D1717559

Graf/Jäger/Wittig
Wirtschafts- und Steuerstrafrecht

Beck'sche Kurz-Kommentare

Wirtschafts- und Steuerstrafrecht

Herausgeber

Prof. Dr. Jürgen Peter Graf

Richter am Bundesgerichtshof, Karlsruhe; Honorarprofessor an der Hochschule
Offenburg; Lehrbeauftragter an der Universität Würzburg

Prof. Dr. Markus Jäger

Richter am Bundesgerichtshof, Karlsruhe; Honorarprofessor an der
Technischen Universität Dresden

Prof. Dr. Petra Wittig

o. Professorin an der Universität München

2. Auflage 2017

C.H.BECK

Zitiervorschlag:
GJW / *Bearbeiter* StGB § 1 Rn. 1

www.beck.de

ISBN 978 3 406 68884 3

© 2017 Verlag C. H. Beck oHG,
Wilhelmstraße 9, 80801 München
Satz, Druck, Bindung und Umschlagsatz: Druckerei C. H. Beck Nördlingen
(Adresse wie Verlag)

Gedruckt auf säurefreiem, alterungsbeständigem Papier
(hergestellt aus chlorfrei gebleichtem Zellstoff)

Vorwort zur 2. Auflage

Im Vorwort zur ersten Auflage dieses Kommentars zum „Wirtschafts- und Steuerstrafrecht" hatten wir als Herausgeber darauf hingewiesen, dass der Begriff des Wirtschaftsstrafrechts trotz vieler Veröffentlichungen, Lehrbücher und Kommentare nicht exakt und abschließend definiert ist.

Mit der Veröffentlichung dieser zweiten Auflage können wir nun feststellen, dass der „Graf/Jäger/ Wittig" mit den hierfür ausgewählten Themen und Vorschriften den Bereich des Wirtschaftsstrafrechts neu umgrenzt und zusammen mit dem umfassenden Abschnitt zum Steuerstrafrecht ein kompaktes Kommentarwissen geschaffen hat, auf welches jeder in dieser Materie tätige Rechtsanwalt und Steuerberater, sei es in beratender oder forensischer Tätigkeit, nicht mehr verzichten kann. Dies gilt ebenso für Richter und Staatsanwälte mit Schwerpunkt im Wirtschafts- oder Steuerstrafrecht.

Die zweite Auflage dieses Kommentars zum „Wirtschafts- und Steuerstrafrecht" enthält, wie bereits die erste Auflage, die maßgeblichen Vorschriften des Strafgesetzbuchs mit wirtschaftsstrafrechtlichem Hintergrund, praktisch alle Straf- und Bußgeldvorschriften des Nebenstrafrechts, welche die wirtschaftlichen Tätigkeiten von Unternehmen, Gewerbetreibenden und Selbstständigen in Deutschland regeln, darüber hinaus auch zahllose Regelungen, welche EU-Rechtsvorschriften in nationales Recht umsetzen und Straf- oder Bußgeldvorschriften enthalten. Hierzu gehören natürlich auch eine Vielzahl von Vorschriften zur Erhaltung unserer Umwelt und zur Vermeidung von Schadstoffen. Gerade hinsichtlich der letztgenannten Gesetze und Verordnungen hat sich ein erheblicher Änderungsbedarf ergeben, weil in diesem Bereich sehr viele EU-Vorschriften geändert oder durch Neuregelungen ersetzt worden sind.

Die Kommentierung war auch um einige Vorschriften zu ergänzen, welche entweder neu geschaffen worden sind oder aber inzwischen in der Praxis eine stärkere Bedeutung erlangt haben, wie dies beispielsweise für das Embryonenschutzgesetz und die dortigen Regelungen zur künstlichen Befruchtung und der Präimplantationsdiagnostik gilt, gerade auch durch das Spannungsverhältnis infolge der teilweise erheblich freizügigeren Regelungen dieser Materie in einigen europäischen Nachbarstaaten sowie einzelnen Staaten in den USA, insbesondere in Kalifornien.

Gerade auch durch die Neuaufnahme von weiteren Gesetzen hat sich das bereits bei der Erstauflage bestehende Problem des nicht beliebig ausweitbaren Druckraums eines einbändigen Kommentars verschärft, sodass wir nicht in allen Fällen jede Kommentierung so umfangreich darstellen konnten, wie es sich manche Autoren gewünscht hätten. Dennoch haben wir nach unserer Auffassung einen guten Kompromiss zwischen einer größeren Anzahl zu kommentierender Vorschriften und einer möglichst ausführlichen Kommentierung gefunden.

Dies gilt natürlich auch für die Verfahrensvorschriften, welche für eine moderne Kommentierung des Wirtschaftsstrafrechts unabdingbar sind.

Eine umfassende Kommentierung des Wirtschaftsstrafrechts muss aber auch das Steuerstrafrecht enthalten, weshalb Herausgeber und Verlag hierfür einen erheblichen Bereich des Druckraums reserviert haben. Das nun vorliegende Ergebnis wird auch insoweit den Benutzer überzeugen.

Herausgeber, Autoren und Verlag hoffen, dass mit der nun vorliegenden zweiten Auflage die Wünsche der Nutzer, ob aus Wirtschaft, Anwaltschaft, Justiz oder Wissenschaft, erneut erfüllt werden. Falls der eine oder andere noch eine wichtige Vorschrift vermissen sollte, welche ebenfalls eine Kommentierung verdient hätte, wünschen wir uns einen entsprechenden Hinweis für die nächste Auflage.

Rechtsstand ist der 1. Juni 2016, teilweise konnten auch noch etwas später liegende Änderungen Berücksichtigung finden, etwa hinsichtlich des WpHG. Kurz vor der Drucklegung konnte auch noch die Entscheidung des BVerfG vom 21. September 2016 zur Verfassungswidrigkeit der Strafvorschrift des Rindfleischetikettierungsgesetzes aufgenommen werden.

Karlsruhe/München, November 2016

Die Herausgeber

Jürgen Graf   *Markus Jäger*   *Petra Wittig*

V

Aus dem Vorwort der 1. Auflage

Der Begriff des Wirtschaftsstrafrechts ist bis heute nicht exakt und abschließend definiert, obgleich zwischenzeitlich viele Veröffentlichungen, Lehrbücher und auch Kommentierungen vorliegen, welche entweder mit „Wirtschaftsstrafrecht" benannt sind oder jedenfalls diese Bezeichnung mit im Namen tragen. Daher war es zunächst eine den Herausgebern vom Verlag gestellte Aufgabe, die Vorschriften und Gesetze zu definieren, welche in einem entsprechenden Kommentar näher dargestellt und erörtert werden sollten. Zudem sollte der Kommentar jederzeit verfügbar und auch zu Besprechungen und Verhandlungen mitgenommen werden können, so dass die Beschränkung auf ein einbändiges Werk einzuhalten war.

Der nun vorliegende Kommentar erfüllt nicht nur diese Voraussetzungen, sondern enthält neben den maßgeblichen Vorschriften des Strafgesetzbuchs mit wirtschaftsstrafrechtlichem Hintergrund praktisch alle Straf- und Bußgeldvorschriften des Nebenstrafrechts, welche die wirtschaftlichen Tätigkeiten von Unternehmen, Gewerbetreibenden und Selbständigen in Deutschland regeln, darüber hinaus auch die zahllosen Vorschriften, welche EU-Rechtsvorschriften in nationales Recht umsetzen und Straf- oder Bußgeldvorschriften enthalten. Dass hierzu zwingend die immer wichtigeren Vorschriften zur Erhaltung unserer Umwelt und zur Vermeidung von Schadstoffen zählen, versteht sich nahezu von selbst.

Allerdings musste unter Berücksichtigung aller aufgenommenen Gesetze und Verordnungen ein Kompromiss gefunden werden; denn viele dieser Vorschriften und Regelungen haben reinen Blankett-Charakter und verweisen ihrerseits auf andere Vorschriften, deren Einhaltung und Vorgaben auf diese Weise gewährleistet werden sollen. Eine ausführliche Kommentierung all dieser Vorschriften auf dem zur Verfügung stehenden Druckraum ist unmöglich, jedoch war es das Ziel der Autoren, auch Blankett-Vorschriften in ihren jeweiligen Zielsetzungen so darzulegen und auszuführen, dass der Benutzer sofort erkennen kann, worauf das jeweilige Gesetz zielt und welche Rechtsgüter dadurch geschützt und welche Zielvorstellungen umgesetzt werden sollen.

Natürlich sind auch Verfahrensvorschriften hierbei enthalten und die für die Praxis wichtigen Regelungen zur Zurechnung von Taten, der konkreten Verantwortlichkeiten sowie zur Strafzumessung, falls eine Verurteilung wegen eines Sachverhalts unabdingbar ist.

Eine moderne Kommentierung des Wirtschaftsstrafrechts muss aber auch den Bereich des Steuerstrafrechts enthalten, weshalb Herausgeber und Verlag für diesen Bereich einen erheblichen Teil des Druckraums reserviert haben. Das nun vorliegende Ergebnis wird auch insoweit den Benutzer überzeugen.

Herausgeber, Autoren und Verlag hoffen, dass wir mit dem vorliegenden Kommentar die Wünsche der Nutzer, ob aus Wirtschaft, Anwaltschaft, Justiz oder Wissenschaft, erfüllen können. Möglicherweise mag dem einen oder anderen noch eine Vorschrift fehlen, welche ebenfalls eine Kommentierung verdient hätte. In diesem Fall erbitten wir einen Hinweis für künftige Auflagen. Aber auch sonst sind wir für Hinweise und Anregungen dankbar und werden diese gern für die weitere Arbeit berücksichtigen. Rechtsstand ist der 1.12.2010. In weiten Teilen (wie beispielsweise im steuerstrafrechtlichen Teil: Gesetz zur Verbesserung der Bekämpfung der Geldwäsche und Steuerhinterziehung v. 28.4.2011, BGBl. I 676: §§ 371, 378, 398a AO) konnten sogar Änderungen darüber hinaus noch Berücksichtigung vor Drucklegung finden.

Karlsruhe/München, im Winter/Frühjahr 2010/2011

Die Herausgeber

Jürgen Graf   *Markus Jäger*   *Petra Wittig*

Bearbeiterverzeichnis

Inhaltsverzeichnis

Inhaltsverzeichnis

Inhaltsverzeichnis

Inhaltsverzeichnis

Inhaltsverzeichnis

Inhaltsverzeichnis

Inhaltsverzeichnis

Inhaltsverzeichnis

Inhaltsverzeichnis

Inhaltsverzeichnis

Inhaltsverzeichnis

Inhaltsverzeichnis

Inhaltsverzeichnis

Inhaltsverzeichnis

Inhaltsverzeichnis

Inhaltsverzeichnis

Inhaltsverzeichnis

Inhaltsverzeichnis

Inhaltsverzeichnis

Inhaltsverzeichnis

Inhaltsverzeichnis

Inhaltsverzeichnis

Inhaltsverzeichnis

Allgemeines Abkürzungsverzeichnis

Allgemeines Abkürzungsverzeichnis

AufenthG	Gesetz über den Aufenthalt, die Erwerbstätigkeit und die Integration von Ausländern im Bundesgebiet (Aufenthaltsgesetz)
Auff.	Auffassung
aufgeh.	aufgehoben
Aufl.	Auflage
AÜG	Gesetz zur Regelung der gewerbsmäßigen Arbeitnehmerüberlassung (Arbeitnehmerüberlassungsgesetz)
AuR	Arbeit und Recht
ausdr.	ausdrücklich
ausf.	ausführlich
AuslR	Ausländerrecht
ausschl.	ausschließlich
AWG	Außenwirtschaftsgesetz
AW-Prax	Außenwirtschaftliche Praxis
AWV	Verordnung zur Durchführung des Außenwirtschaftsgesetzes (Außenwirtschaftsverordnung)
Az.	Aktenzeichen
A & R	Arzneimittel und Recht
BaFin	Bundesanstalt für Finanzdienstleistungsaufsicht
BAG	Bundesarbeitsgericht
BAGE	Entscheidungen des Bundesarbeitsgerichts
BAnz.	Bundesanzeiger
BApO	Bundes-Apothekenordnung
BArbBl.	Bundesarbeitsblatt
BankR	Bankrecht
BattG	Gesetz über das Inverkehrbringen, die Rücknahme und die umweltverträgliche Entsorgung von Batterien und Akkumulatoren (Batteriegesetz)
BauFordSiG	Gesetz über die Sicherung der Bauforderungen (Bauforderungssicherungsgesetz)
BauR	Baurecht
BaustellV	Verordnung über Sicherheit und Gesundheitsschutz auf Baustellen (Baustellenverordnung)
Bay	Bayern
BayObLG	Bayerisches Oberstes Landesgericht
BayObLGSt	Entscheidungen des Bayerischen Obersten Landesgerichts in Strafsachen
BB	Betriebs-Berater
BBankG	Gesetz über die deutsche Bundesbank
Bbg	Brandenburg
BBK	Zeitschrift für Buchführung, Bilanz und Kostenrechnung
BBodSchG	Gesetz zum Schutz vor schädlichen Bodenveränderungen und zur Sanierung von Altlasten (Bundes-Bodenschutzgesetz)
Bd.	Band
BDSG	Bundesdatenschutzgesetz
bearb.	bearbeitet
BeckRS	Beck-Rechtsprechung
BedGgstV	Bedarfsgegenständeverordnung
Begr.	Begründung
begr.	begründet
Bek.	Bekanntmachung
Bem.	Bemerkung
Beschl.	Beschluss
Bespr.	Besprechung
BetrSichV	Verordnung über Sicherheit und Gesundheitsschutz bei der Verwendung von Arbeitsmitteln (Betriebssicherheitsverordnung)
BetrVG	Betriebsverfassungsgesetz
BewHi	Bewährungshilfe (Zeitschrift); auch: Bewährungshelfer/Bewährungshelferin
BFH	Bundesfinanzhof
BFHE	Entscheidungen des Bundesfinanzhofs/Sammlung der Entscheidungen des Bundesfinanzhofs
BGB	Bürgerliches Gesetzbuch
BGBl. I, II	Bundesgesetzblatt Teil I, II
BGH	Bundesgerichtshof

XXXVI

BGHR	BGH-Rechtsprechung in Strafsachen
BGHSt	Entscheidungen des Bundesgerichtshofs in Strafsachen
BGHZ	Entscheidungen des Bundesgerichtshofs in Zivilsachen
BierV	Bierverordnung
BilanzR	Bilanzrecht
BioStoffV	Verordnung über die Sicherheit und Gesundheitsschutz bei Tätigkeiten mit biologischen Arbeitsstoffen (Biostoffverordnung)
BKartA	Bundeskartellamt
BlPMZ	Blatt für Patent-, Muster und Zeichenwesen
BKR	Zeitschrift für Bank- und Kapitalmarktrecht
BLJ	Bucerius Law Journal
Bln	Berlin
BNatSchG	Gesetz über Naturschutz und Landschaftspflege (Bundesnaturschutz-gesetz)
BörsG	Börsengesetz
Bp.	Betriebsprüfung
BpO	Betriebsprüfungsordnung (BpO 2000) Allgemeine Verwaltungsvorschrift für die Betriebsprüfung
BRAO	Bundesrechtsanwaltsordnung
BRat	Bundesrat
BRD	Bundesrepublik Deutschland
BR-Drs.	Bundesrats-Drucksache
BReg	Bundesregierung
Brem	Bremen
BRZ	Zeitschrift für Bilanzierung und Rechnungswesen
bsF	besonders schwerer Fall
BSG	Bundessozialgericht
BSGE	Entscheidungen des Bundessozialgerichts
Bsp.	Beispiel
bspw.	beispielsweise
BStBl.	Bundessteuerblatt
BT	Bundestag; Besonderer Teil
BT-Drs.	Bundestags-Drucksache
BtM	Betäubungsmittel
Buchst.	Buchstabe
ButterV	Verordnung über Butter und andere Milchstreichfette (Butterverordnung)
BuW	Betrieb und Wirtschaft
BVerfG	Bundesverfassungsgericht
BVerfGE	Entscheidungen des Bundesverfassungsgerichts
BVerfGG	Gesetz über das Bundesverfassungsgericht (Bundesverfassungsgerichts-gesetz)
BVerfGK	Kammerentscheidungen des Bundesverfassungsgerichts
BVerwG	Bundesverwaltungsgericht
BVerwGE	Entscheidungen des Bundesverwaltungsgerichts
BW	Baden-Württemberg
bzgl.	bezüglich
bzw.	beziehungsweise
ca.	circa
CCZ	Corporate Compliance Zeitschrift
ChemG	Gesetz zum Schutz vor gefährlichen Stoffen (Chemikaliengesetz)
ChemOzonSchichtV	Verordnung über Stoffe, die die Ozonschicht schädigen (Chemikalien-Ozonschichtverordnung)
ChemSanktionsV	Verordnung zur Sanktionsbewehrung gemeinschafts- oder unionsrechtlicher Verordnungen auf dem Gebiet der Chemikaliensicherheit (Chemikalien-Sanktionsverordnung)
ChemVerbotsV	Verordnung über Verbote und Beschränkungen des Inverkehrbringens gefährlicher Stoffe, Zubereitungen und Erzeugnisse nach dem Chemikaliengesetz (Chemikalien-Verbotsverordnung)
ChemVOCFarbV	Chemikalienrechtliche Verordnung zur Begrenzung der Emissionen flüchtiger organischer Verbindungen (VOC) durch Beschränkung des Inverkehrbringens lösemittelhaltiger Farben und Lacke (Lösemittelhaltige Farben- und Lack-Verordnung)
CR	Computer & Recht

Allgemeines Abkürzungsverzeichnis

CRIM-MAD	Richtlinie 2014/57/EU des Europäischen Parlaments und des Rates v. 16. April 2014 über strafrechtliche Sanktionen bei Marktmanipulation (Marktmissbrauchsrichtlinie) (ABl. 2014 L 179, 179)
DÄBl.	Deutsches Ärzteblatt
DB	Der Betrieb
DDR	Deutsche Demokratische Republik
DepotG	Gesetz über die Verwahrung und Anschaffung von Wertpapieren (Depotgesetz)
Der Konzern	Der Konzern – Zeitschrift für Gesellschaftsrecht, Steuerrecht, Bilanzrecht und Rechnungslegung der verbundenen Unternehmen
ders.	derselbe
DesignG	Gesetz über den rechtlichen Schutz von Design (Designgesetz)
dgl.	dergleichen
DGStZ	Deutsche Gemeindesteuerzeitung
DGVZ	Deutsche Gerichtsvollzieher-Zeitung
dh	das heißt
DiätV	Verordnung über diätische Lebensmittel (Diätverordnung)
dies.	dieselbe
diesbzgl.	diesbezüglich
diff.	differenziert, differenzierend
Diss.	Dissertation
div.	diverse
DJZ	Deutsche Juristenzeitung
DLR	Deutsche Lebensmittel Rundschau
Dok.	Dokument
DRiG	Deutsches Richtergesetz
DRiZ	Deutsche Richterzeitung
Drs.	Drucksache
DRZ	Deutsche Rechtszeitschrift
DStPr	Deutsche Steuer-Praxis
DStR	Deutsches Steuerrecht
DStR-E	Deutsches Steuerrecht – Entscheidungsdienst
DStrZ	Deutsche Strafrechts-Zeitung
DStZ	Deutsche Steuerzeitung
DStZ/A	Deutsche Steuerzeitung Ausgabe A
DStZ/E	Deutsche Steuerzeitung Ausgabe B (Eildienst)
DtZ	Deutsch-Deutsche Rechts-Zeitschrift
DuD	Datenschutz und Datensicherheit
DVBl	Deutsches Verwaltungsblatt
DVR	Deutsche Verkehrsteuer-Rundschau
DZWiR	Deutsche Zeitschrift für Wirtschaftsrecht; ab 09/1999 Deutsche Zeitschrift für Wirtschafts- und Insolvenzrecht
E	Entwurf
ebd.	ebenda
eG	eingetragene Genossenschaft
EG	Europäische Gemeinschaft
EGGenTDurchfG	Gesetz zur Durchführung der Verordnungen der Europäischen Gemeinschaft auf dem Gebiet der Gentechnik und über die Kennzeichnung ohne Anwendung gentechnischer Verfahren hergestellter Lebensmittel (EG-Gentechnik-Durchführungsgesetz)
EGV	Vertrag über die Europäische Gemeinschaft
EierVermNV	Verordnung über Vermarktungsnormen für Eier
Einf.	Einführung
Einl.	Einleitung
EGMR	Europäischer Gerichtshof für Menschenrechte; Entscheidungen des Europäischen Gerichtshofs für Menschenrechte
EL	Ergänzungslieferung
ElektroG	Gesetz über das Inverkehrbringen, die Rücknahme und die umweltverträgliche Entsorgung von Elektro- und Elektronikgeräten (Elektro- und Elektronikgerätegesetz)
EMRK	Konvention zum Schutz der Menschenrechte und Grundfreiheiten (Europäische Menschenrechtskonvention)

endg.	endgültig
entspr.	entspricht, entsprechend
Erg.	Ergebnis
erg.	ergänzend
Erl.	Erläuterung
ESchG	Gesetz zum Schutz von Embryonen (Embryonenschutzgesetz)
EssigV	Verordnung über den Verkehr mit Essig und Essigessenz
EStB	Der Ertragsteuerberater
EStG	Einkommensteuergesetz
etc	et cetera
EU	Europäische Union
EuG	Gericht erster Instanz der Europäischen Gemeinschaften
EuGH	Europäischer Gerichtshof
EuGRZ	Europäische Grundrechte-Zeitschrift
EuLF	The European Legal Forum
EuR	Europarecht
EuropaR	Europarecht
EuZA	Europäische Zeitschrift für Arbeitsrecht
EuZW	Europäische Zeitschrift für Wirtschaftsrecht
e. V.	eingetragener Verein
evtl.	eventuell
EWG	Europäische Wirtschaftsgemeinschaft
EWIVAG	Gesetz zur Ausführung der EWG-Verordnung über die Europäische wirtschaftliche Interessenvereinigung
EWiR	Entscheidungen zum Wirtschaftsrecht
EWMV	Ernährungswirtschaftsmeldeverordnung
EWS	Europäisches Wirtschafts- und Steuerrecht
EzA	Entscheidungssammlung zum Arbeitsrecht
f./ff.	folgende/fortfolgende
FeuerzeugV	Verordnung über das Inverkehrbringen kindergesicherter Feuerzeuge (Feuerzeugverordnung)
FG	Finanzgericht
FinBeh.	Finanzbehörde
FischEtikettG	Gesetz zur Durchführung der Rechtsakte der Europäischen Gemeinschaft über die Etikettierung von Fischen und Fischereierzeugnissen (Fischetikettierungsgesetz)
FKVO	Verordnung (EG) Nr. 139/2004 des Rates vom 20. Januar 2004 über die Kontrolle von Unternehmenszusammenschlüssen („EG-Fusionskontrollverordnung")
FleischG	Fleischgesetz
FlRG	Gesetz über das Flaggenrecht der Seeschiffe und die Flaggenführung der Binnenschiffe (Flaggenrechtsgesetz)
Fn.	Fußnote
FrSaftErfrischGetrV	Verordnung über Fruchtsaft, einige ähnliche Erzeugnisse, Fruchtnektar und koffeinhaltige Erfrischungsgetränke (Fruchtsaft- und Erfrischungsgetränkeverordnung)
FutMV	Futtermittelverordnung
FS	Festschrift
G	Gesetz
GA	Goltdammer's Archiv für Strafrecht
GBl.	Gesetzblatt
GbR	Gesellschaft des bürgerlichen Rechts
geänd.	geändert
GebrMG	Verordnung zum Schutz vor Gefahrstoffen (Gefahrstoffverordnung)
GeflVermNV	Verordnung über Vermarktungsnormen für Geflügelfleisch
gem.	gemäß
GenDG	Gesetz über genetische Untersuchungen bei Menschen (Gendiagnostikgesetz)
GenG	Gesetz betreffend die Erwerbs- und Wirtschaftsgenossenschaften (Genossenschaftsgesetz)
GenTG	Gesetz zur Regelung der Gentechnik (Gentechnikgesetz)
GesR	Gesellschaftsrecht

Allgemeines Abkürzungsverzeichnis

GewArch	Gewerbearchiv, Zeitschrift für Gewerbe- und Wirtschaftsverwaltungsrecht
GewO	Gewerbeordnung
GG	Grundgesetz für die die Bundesrepublik Deutschland
ggf.	gegebenenfalls
ggü.	gegenüber
GmbH	Gesellschaft mit beschränkter Haftung
GmbHG	Gesetz betreffend die Gesellschaften mit beschränkter Haftung
GmbHR	GmbH-Rundschau
Grdl.	Grundlage
grdl.	grundlegend
grds.	grundsätzlich
GrS	Großer Senat des Bundesgerichtshofs in Strafsachen
GRUR	Gewerblicher Rechtsschutz und Urheberrecht
GRUR-Int	Gewerblicher Rechtsschutz und Urheberrecht – International
GRUR-Prax	Gewerblicher Rechtsschutz und Urheberrecht – Praxis im Immaterialgüter- und Wettbewerbsrecht
GRUR-RR	Gewerblicher Rechtsschutz und Urheberrecht – Rechtsprechungs-Report
GS	Gedenkschrift, Gedächtnisschrift
GÜG	Gesetz zur Überwachung des Verkehrs mit Grundstoffen, die für die unerlaubte Herstellung von Betäubungsmitteln missbraucht werden können (Grundstoffüberwachungsgesetz)
GVBl.	Gesetz- und Verordnungsblatt
GVG	Gerichtsverfassungsgesetz
GWB	Gesetz gegen Wettbewerbsbeschränkungen
hA	herrschende Ansicht/Auffassung
HAG	Heimarbeitsgesetz
Halbbd.	Halbband
HalblSchG	Gesetz über den Schutz der Topographien von mikroelektronischen Halbleitererzeugnissen (Halbleiterschutzgesetz)
HandelsR	Handelsrecht
HdB	Handbuch
HeimPersV	Verordnung über personelle Anforderungen für Heime (Heimpersonalverordnung)
Hess	Hessen
HGB	Handelsgesetzbuch
hL	herrschende Lehre
hM	herrschende Meinung
Hmb	Hamburg
HonigV	Honigverordnung
HopfenG	Hopfengesetz
HRRS	Höchstrichterliche Rechtsprechung zum Strafrecht. Internetzeitung für Strafrecht
Hrsg.	Herausgeber
hrsg.	herausgegeben
Hs.	Halbsatz
idF	in der Fassung
idR	in der Regel
idS	in diesem Sinne
iE	im Einzelnen
iErg	im Ergebnis
ieS	im engeren Sinne
IGH	Internationaler Gerichtshof
IHK	Industrie- und Handelskammer
iHv	in Höhe von
insbes.	insbesondere
InsO	Insolvenzordnung
InsR	Insolvenzrecht
int.	international
IPR	Internationales Privatrecht
IPRax	Praxis des Internationalen Privat- und Verfahrensrechts
iRd	im Rahmen des
iS	im Sinne

iSd	im Sinne des/der
IStGH	Internationaler Strafgerichtshof
IStR	Internationales Steuerrecht
ISR	Internationale Steuer-Rundschau
iSv	im Sinne von
iÜ	im Übrigen
IuR	Informatik & Recht
iVm	in Verbindung mit
iW	im Wesentlichen
iwS	im weiteren Sinne
iZw	im Zweifel
JA	Juristische Arbeitsblätter
JArbSchG	Jugendarbeitsschutzgesetz
JArbSchSittV	Verordnung über das Verbot der Beschäftigung von Personen unter 18 Jahren mit sittlich gefährdenden Tätigkeiten – Jugendarbeitsschutz-verordnung
JBl	Juristische Blätter
JGG	Jugendgerichtsgesetz
JMBl.	Justizministerialblatt
JR	Juristische Rundschau
jur.	juristisch
JURA	Juristische Ausbildung
jurisPR-BKR	juris PraxisReport Bank- und Kapitalmarktrecht (Online-Zeitschrift)
jurisPR-HaGesR	juris PraxisReport Handels- und Gesellschaftsrecht (Online-Zeitschrift)
jurisPR-ITR	juris PraxisReport IT-Recht (Online-Zeitschrift)
jurisPR-Steuerrecht	juris PraxisReport Steuerrecht (Online-Zeitschrift)
jurisPR-WettbR	juris PraxisReport Wettbewerbsrecht (Online-Zeitschrift)
JuS	Juristische Schulung
JuSchG	Jugendschutzgesetz
JVA	Justizvollzugsanstalt
JVBl.	Justizverwaltungsblatt
JW	Juristische Wochenschrift
JZ	Juristenzeitung
KaffeeV	Verordnung über Kaffee, Kaffee- und Zichorien-Extrakte
KAGB	Kapitalanlagegesetzbuch
KakaoV	Verordnung über Kakao- und Schokoladenerzeugnisse
Kap.	Kapitel
KapMarktR	Kapitalmarktrecht
KapMarktStrafR	Kapitalmarktstrafrecht
KartellR	Kartellrecht
KartellVO	Verordnung (EG) Nr. 1/2003 des Rates vom 16. Dezember 2002 zur Durchführung der in den Artikeln 81 und 82 des Vertrags niedergelegten Wettbewerbsregeln
KäseV	Käseverordnung
Kfz	Kraftfahrzeug
KG	Kammergericht Berlin/Kommanditgesellschaft
KiStG	Kirchensteuergesetz
KJ	Kritische Justiz
Kl.	Kläger
KmV	Verordnung zur Begrenzung von Kontaminanten in Lebensmitteln (Kon-taminanten-Verordnung)
KonfV	Verordnung über Konfitüren und einige ähnliche Erzeugnisse (Konfitüren-verordnung)
KonsMilchKV	Verordnung über die Kennzeichnung wärmebehandelter Konsummilch (Konsummilch-Kennzeichnungs-Verordnung)
Kosmetikverordnung	Verordnung über kosmetische Mittel
Kriminalistik	Unabhängige Zeitschrift für die kriminalistische Wissenschaft und Praxis
KrimJ	Kriminologisches Jahr
KrimZ	Kriminologische Zentralstelle eV, Wiesbaden
krit.	kritisch
KStZ	Kommunale Steuerzeitschrift

Allgemeines Abkürzungsverzeichnis

KUG	Gesetz betreffend das Urheberrecht an Werken der bildenden Künste und der Photographie (Kunsturhebergesetz)
KuR	Kirche und Gesetz
KWG	Gesetz über das Kreditwesen (Kreditwesengesetz)
K & R	Kommunikation und Recht
LadSchlG	Gesetz über den Ladenschluss (Ladenschlussgesetz)
LAG	Landesarbeitsgericht
LAGE	Entscheidungen der Landesarbeitsgerichte
LärmVibrationsArbschV	Verordnung zum Schutz der Beschäftigten vor Gefährdungen durch Lärm und Vibrationen (Lärm- und Vibrations-Arbeitsschutzverordnung)
LebensmittelR	Lebensmittelrecht
lfd.	laufend
Lfg.	Lieferung
LFGB	Lebensmittel-, Bedarfsgegenstände- und Futtermittelgesetzbuch (Lebensmittel- und Futtermittelgesetzbuch)
LG	Landgericht
Lit.	Literatur
lit.	litera
Lkw	Lastkraftwagen
LKV	Los-Kennzeichnungs-Verordnung
LMBestrV	Verordnung über die Behandlung von Lebensmitteln mit Elektronen-, Gamma- und Röntgenstrahlen, Neutronen oder ultravioletten Strahlen (Lebensmittelbestrahlungsverordnung)
LMEV	Verordnung über die Durchführung der veterinärrechtlichen Kontrollen bei der Einfuhr und Durchfuhr von Lebensmitteln tierischen Ursprungs aus Drittländern sowie über die Einfuhr sonstiger Lebensmittel aus Drittländern (Lebensmitteleinfuhr-Verordnung)
LMHV	Verordnung über Anforderungen an die Hygiene beim Herstellen, Behandeln und Inverkehrbringen von Lebensmitteln (Lebensmittelhygiene-Verordnung)
LMKV	Verordnung über die Kennzeichnung von Lebensmitteln (Lebensmittel-Kennzeichnungsverordnung)
LMRR	Lebensmittelrecht Rechtsprechung
LMR.StrafVO	Verordnung zur Durchsetzung lebensmittelrechtlicher Rechtsakte der Europäischen Gemeinschaft (Lebensmittelrechtliche Straf- und Bußgeldverordnung)
LMuR	Lebensmittel und Recht
Ls.	Leitsatz
LSA	Sachsen-Anhalt
LSG	Landessozialgericht
LSpG	Gesetz zur Durchführung der Rechtsakte der Europäischen Union über Qualitätsregelungen betreffend garantiert traditionelle Spezialitäten und fakultative Qualitätsangaben (Lebensmittelspezialitätengesetz)
lt.	laut
LT-Drs.	Landtags-Drucksache
mÄnd	mit Änderungen
mAnm	mit Anmerkung
MargMFV	Verordnung über Margarine- und Mischfetterzeugnisse (Margarine- und Mischfettverordnung)
MAR	Verordnung (EU) Nr. 596/2014 des Europäischen Parlaments und des Rates v. 16. April 2014 über Marktmissbrauch (Marktmissbrauchsverordnung) und zur Aufhebung der Richtlinie 2003/6/EG des Europäischen Parlaments und des Rates und der Richtlinien 2003/124/EG, 2003/125/EG und 2004/72/EG der Kommission (ABl. L 2014 173, 1)
MarkenG	Gesetz über den Schutz von Marken und sonstigen Kennzeichen (Markengesetz)
MarkenR	Markenrecht
maW	mit anderen Worten
max.	maximal
mBespr	mit Besprechung
MDR	Monatsschrift für deutsches Recht
MedR	Medizinrecht
MilchErzV	Verordnung über Milcherzeugnisse (Milcherzeugnisverordnung)

MilchGV	Verordnung über die Güteprüfung und Bezahlung der Anlieferungsmilch (Milch-Güteverordnung)
MilchMarG	Gesetz über Milch, Milcherzeugnisse, Margarineerzeugnisse und ähnliche Erzeugnisse (Milch- und Margarinegesetz)
MilchFettG	Gesetz über den Verkehr mit Milch, Milcherzeugnissen und Fetten (Milch- und Fettgesetz)
mind.	mindestens
MinTafWV	Verordnung über natürliches Mineralwasser, Quellwasser und Tafelwasser (Mineral- und Tafelwasser-Verordnung)
MMR	MultiMedia und Recht, Zeitschrift für Information, Telekommunikation und Medienrecht
Mio.	Million(en)
MPG	Gesetz über Medizinprodukte (Medizinproduktegesetz)
MSchKrim	Monatsschrift für Kriminologie und Strafrechtsreform
Mitt.	Mitteilung(en)
Mrd.	Milliarde(n)
msF	minder schwerer Fall
MuSchArbV	Verordnung zum Schutze der Mütter am Arbeitsplatz
MuSchG	Gesetz zum Schutz der erwerbstätigen Mutter (Mutterschutzgesetz)
MV	Mecklenburg-Vorpommern
mwN	mit weiteren Nachweisen
mWv	mit Wirkung vom
nachf.	nachfolgend
Nachw.	Nachweise
Nds	Niedersachsen
NdsRpfl.	Niedersächsische Rechtspfleger
NemV	Verordnung über Nahrungsergänzungsmittel (Nahrungsergänzungsmittel-verordnung)
NervA	Der Nervenarzt
nF	neue Fassung
NJ	Neue Justiz
NJW	Neue Juristische Wochenschrift
NJW-RR	Neue Juristische Wochenschrift – Rechtsprechungs-Report
NKrimPol	Neue Kriminalpolitik
NKV	Verordnung über nährwertbezogene Angaben bei Lebensmitteln und die Nährwertkennzeichnung von Lebensmitteln (Nährwert-Kennzeichnungs-verordnung)
NLV	Verordnung zur Durchführung gemeinschaftsrechtlicher Vorschriften über neuartige Lebensmittel und Lebensmittelzutaten (Neuartige Lebensmittel- und Lebensmittelzutaten-Verordnung)
Nr.	Nummer
nrkr	nicht rechtskräftig
NRW	Nordrhein-Westfalen
NStZ	Neue Zeitschrift für Strafrecht
NStZ-RR	Neue Zeitschrift für Strafrecht – Rechtsprechungs-Report
NuR	Natur und Recht
nv	nicht veröffentlicht
NVwZ	Neue Zeitschrift für Verwaltungsrecht
NVwZ-RR	Neue Zeitschrift für Verwaltungsrecht – Rechtsprechungs-Report
NWB	Neue Wirtschaftsbriefe
NZA	Neue Zeitschrift für Arbeits- und Sozialrecht
NZA-RR	Neue Zeitschrift für Arbeits- und Sozialrecht – Rechtsprechungs-Report
NZG	Neue Zeitschrift für Gesellschaftsrecht
NZI	Neue Zeitschrift für das Recht der Insolvenz und Sanierung
NZKart	Neue Zeitschrift für Kartellrecht
NZM	Neue Zeitschrift für Miet- und Wohnungsrecht
NZS	Neue Zeitschrift für Sozialrecht
NZV	Neue Zeitschrift für Verkehrsrecht
NZWehrR	Neue Zeitschrift für Wehrrecht
NZWiSt	Neue Zeitschrift für Wirtschafts-, Steuer- und Unternehmensstrafrecht
o.	oder
oÄ	oder Ähnliche/s

Allgemeines Abkürzungsverzeichnis

öffentl.	öffentlich
oHG	offene Handelsgesellschaft
ÖkoKennzG	Gesetz zur Einführung und Verwendung eines Kennzeichens für Erzeugnisse des ökologischen Landbaus (Öko-Kennzeichengesetz)
OLG	Oberlandesgericht
ÖLG	Gesetz zur Durchführung der Rechtsakte der Europäischen Gemeinschaft auf dem Gebiet des ökologischen Landbaus (Öko-Landbaugesetz)
ÖlSG	Ölschadengesetz
Öst.	Österreich
OVG	Oberverwaltungsgericht
OWi	Ordnungswidrigkeit
OWiG	Gesetz über die Ordnungswidrigkeiten
PAngV	Preisangabenverordnung
PatentR	Patentrecht
PatG	Patentgesetz
PfandBG	Pfandbriefgesetz
PflSchG	Gesetz zum Schutz der Kulturpflanzen (Pflanzenschutzgesetz)
PharmR	PharmaRecht – Fachzeitschrift für das gesamte Arzneimittelrecht
PharmStoffV	Verordnung über Stoffe mit pharmakologischer Wirkung
Pkw	Personenkraftwagen
ProdSG	Gesetz über die Bereitstellung von Produkten auf dem Markt (Produktsicherheitsgesetz)
PStR	Praxis Steuerstrafrecht
PublG	Gesetz über die Rechnungslegung von bestimmten Unternehmen und Konzernen (Publizitätsgesetz)
RA	Rechtsanwalt
RAO	Reichsabgabenordnung
rd.	rund
RdErl.	Runderlass
RdM	Recht der Medizin
RdSchr.	Rundschreiben
RDV	Recht der Datenverarbeitung
RdVfg.	Rundverfügung
RegE	Regierungsentwurf
RennwLottG	Rennwett- und Lotteriegesetz
RG	Reichsgericht
RGBl. I, II	Reichsgesetzblatt Teil I, II
RGSt	Entscheidungen des Reichsgerichts in Strafsachen
RGZ	Entscheidungen des Reichsgerichts in Zivilsachen
RHmV	Verordnung über Höchstmengen an Rückständen von Pflanzenschutz- und Schädlingsbekämpfungsmitteln, Düngemitteln und sonstigen Mitteln in oder auf Lebensmitteln (Rückstands-Höchstmengenverordnung)
RhPf	Rheinland-Pfalz
RiFlEtikettG	Gesetz zur Durchführung der Rechtsakte der Europäischen Gemeinschaft über die besondere Etikettierung von Rindfleisch und Rindfleischerzeugnissen und über die Verkehrsbezeichnung und Kennzeichnung von Fleisch von bis zu zwölf Monate alten Rindern (Rindfleischetikettierungsgesetz)
rkr.	rechtskräftig
RL	Richtlinie
RMed	Rechtsmedizin
Rn.	Randnummer
RPfleger	Der Deutsche Rechtspfleger
Rs.	Rechtssache
Rspr.	Rechtsprechung
RStBl.	Reichssteuerblatt
S.	Seite/Satz
s.	siehe
sa	siehe auch
Saarl.	Saarland
Sachs.	Sachsen

XLIV

SCEAG .... Gesetz zur Ausführung der Verordnung (EG) Nr. 1435/2003 des Rates vom 22. Juli 2003 über das Statut der Europäischen Genossenschaft (SCE-Ausführungsgesetz)

SCEBG .... Gesetz über die Beteiligung der Arbeitnehmer und Arbeitnehmerinnen in einer Europäischen Genossenschaft (SCE-Beteiligungsgesetz)

SchlH .... Schleswig-Holstein

SchwarzArbG .... Gesetz zur Bekämpfung der Schwarzarbeit und illegalen Beschäftigung (Schwarzarbeitsbekämpfungsgesetz)

SEAG .... Gesetz zur Ausführung der Verordnung (EG) Nr. 2157/2001 des Rates vom 8. Oktober 2001 über das Statut der Europäischen Gesellschaft (SE-Ausführungsgesetz)

SEBG .... Gesetz über die Beteiligung der Arbeitnehmer in einer Europäischen Gesellschaft (SE-Beteiligungsgesetz)

SG .... Sozialgericht

SGB III .... Sozialgesetzbuch (SGB) Drittes Buch (III) – Arbeitsförderung

SGB V .... Sozialgesetzbuch (SGB) Fünftes Buch (V) – Gesetzliche Krankenversicherung

SGB VIII .... Sozialgesetzbuch (SGB) Achtes Buch (VIII) – Kinder- und Jugendhilfe

SGB IX .... Sozialgesetzbuch (SGB) Neuntes Buch (IX) – Rehabilitation und Teilhabe behinderter Menschen

SGB X .... Sozialgesetzbuch (SGB) Zehntes Buch (X) – Sozialverwaltungsverfahren und Sozialdatenschutz

Slg. .... Sammlung

sog .... so genannte

SortSchG .... Sortenschutzgesetz

SprAuG .... Gesetz über Sprecherausschüsse der leitenden Angestellten (Sprecherausschußgesetz)

SprengG .... Gesetz über explosionsgefährliche Stoffe (Sprengstoffgesetz)

SpuRt .... Zeitschrift für Sport und Recht

StA .... Staatsanwalt oder Staatsanwaltschaft

StB .... Steuerberater; auch: Der Steuerberater (bis einschl. 1974 Organ der Bundessteuerberaterkammer)

StBerG .... Steuerberatungsgesetz

Stbg .... Die Steuerberatung

StBp .... Die steuerliche Betriebsprüfung

SteuK .... Steuerrecht kurzgefasst

StGB .... Strafgesetzbuch

StoffR .... Zeitung für Stoffrecht

StPO .... Strafprozessordnung

StraFo .... Strafverteidiger Forum

str. .... strittig, streitig

StrafR .... Strafrecht

StRR .... StrafRechtsReport

stRspr .... ständige Rechtsprechung

StrVG .... Gesetz zum vorsorgenden Schutz der Bevölkerung gegen Strahlenbelastung (Strahlenvorsorgeschutzgesetz)

StuB .... Steuern und Bilanzen

StuR .... Steuer und Recht

StuW .... Steuer und Wirtschaft

StV .... Strafverteidiger

StZG .... Gesetz zur Sicherstellung des Embryonenschutzes im Zusammenhang mit Einfuhr und Verwendung menschlicher embryonaler Stammzellen (Stammzellgesetz)

SVR .... Straßenverkehrsrecht

TabakerzG .... Tabakerzeugnisgesetz

TabakerzV .... Verordnung zur Umsetzung der Richtlinie über Tabakerzeugnisse und verwandte Erzeugnisse

TabakProdV .... Tabakprodukt-Verordnung

TabakV .... Tabakverordnung

TabStG .... Tabaksteuergesetz

teilw. .... teilweise

TFG .... Gesetz zur Regelung des Transfusionswesens (Transfusionsgesetz)

Thür .... Thüringen

Allgemeines Abkürzungsverzeichnis

THV	Verordnung über die Verwendung von Extraktionslösungsmitteln und anderen technischen Hilfsstoffen bei der Herstellung von Lebensmitteln (Technische Hilfsstoff-Verordnung)
TierGesG	Gesetz zur Vorbeugung vor und Bekämpfung von Tierseuchen (Tiergesundheitsgesetz)
Tier-LMHV	Verordnung über Anforderungen an die Hygiene beim Herstellen, Behandeln und Inverkehrbringen von bestimmten Lebensmitteln tierischen Ursprungs (Tierische Lebensmittel-Hygieneverordnung)
TKG	Telekommunikationsgesetz
TLMV	Verordnung über tiefgefrorene Lebensmittel
TPG	Gesetz über die Spende, Entnahme und Übertragung von Organen und Geweben (Transplantationsgesetz)
TranspR	Transportrecht
TrinkwV 2001	Verordnung über die Qualität von Wasser für den menschlichen Gebrauch (Trinkwasserverordnung)
u.	und
ua	und andere, unter anderem
uÄ	und Ähnliches
UAbs.	Unterabsatz
UAbschn.	Unterabschnitt
überw.	überwiegend
umstr.	umstritten
UmweltHG	Umwelthaftungsgesetz
UmwG	Umwandlungsgesetz
unstr.	unstreitig
unv.	unverändert
unzutr.	unzutreffend
UPR	Umwelt- und Planungsrecht
UR	Umsatzsteuer-Rundschau
UrhG	Gesetz über Urheberrecht und verwandte Schutzrechte (Urheberrechtsgesetz)
UrhR	Urheberrecht
Urt.	Urteil
UStB	Der Umsatz-Steuer-Berater
UStG	Umsatzsteuergesetz
usw	und so weiter
uU	unter Umständen
uvm	und viele mehr
UWG	Gesetz gegen den unlauteren Wettbewerb
v.	vom, von
va	vor allem
VAG	Gesetz über die Beaufsichtigung der Versicherungsunternehmen (Versicherungsaufsichtsgesetz)
Var.	Variante
VerfGH	Verfassungsgerichtshof
VersR	Versicherungsrecht
VerstV	Verordnung über gewerbsmäßige Versteigerungen (Versteigererverordnung)
VersVermV	Verordnung über die Versicherungsvermittlung und -beratung (Versicherungsvermittlungsverordnung)
VerwArch	Verwaltungsarchiv
VG	Verwaltungsgericht
VGH	Verwaltungsgerichtshof
vgl.	vergleiche
VitaminV	Verordnung über vitaminisierte Lebensmittel
VO	Verordnung
Voraufl.	Vorauflage
Vorb.	Vorbemerkung
VTabakG	Vorläufiges Tabakgesetz
VwGO	Verwaltungsgerichtsordnung
VwVfG	Verwaltungsverfahrensgesetz
WeinG	Weingesetz
WeinÜberwV	Wein-Überwachungsverordnung

XLVI

Allgemeines Abkürzungsverzeichnis

WeinV	Weinverordnung
WettbR	Wettbewerbsrecht
WiB	Wirtschaftsrechtliche Beratung, Zeitschrift für Wirtschaftsanwälte und Unternehmensjuristen
WirtschaftsR	Wirtschaftsrecht
WiSiV	Verordnung über die Sicherstellung von Leistungen auf dem Gebiet der gewerblichen Wirtschaft (Wirtschaftssicherstellungsverordnung)
WiStG 1954	Gesetz zur weiteren Vereinfachung des Wirtschaftsstrafrechts (Wirtschaftsstrafgesetz 1954)
wistra	Zeitschrift für Wirtschafts- und Steuerstrafrecht
WM	Wertpapier-Mitteilungen. Zeitschrift für Wirtschafts- und Bankrecht
WoVermittG	Gesetz zur Regelung der Wohnungsvermittlung (WoVermittG)
WpHG	Gesetz über den Wertpapierhandel (Wertpapierhandelsgesetz)
WPO	Gesetz über eine Berufsordnung der Wirtschaftsprüfer (Wirtschaftsprüferordnung)
WpÜG	Wertpapiererwerbs- und Übernahmegesetz
WRP	Wettbewerb in Recht und Praxis
WuM	Wohnungswirtschaft und Mietrecht
WuW	Wirtschaft und Wettbewerb
WuW/E	Wirtschaft und Wettbewerb/Entscheidungssammlung
ZAP	Zeitschrift für Anwaltspraxis
ZAR	Zeitschrift für Ausländerrecht und Ausländerpolitik
zB	zum Beispiel
ZBR	Zeitschrift für Beamtenrecht
ZfB	Zeitschrift für die Betriebswirtschaft
ZFgG	Zeitschrift für das gesamte Genossenschaftswesen
ZfIR	Zeitschrift für Insolvenzrecht
ZfStrVo	Zeitschrift für Strafvollzug und Straffälligenhilfe
ZfW	Zeitschrift für Wasserrecht
ZfWG	Zeitschrift für Wett- und Glücksspielrecht
ZfZ	Zeitschrift für Zölle und Verbrauchsteuern
ZGR	Zeitschrift für Unternehmens- und Gesellschaftsrecht
ZHR	Zeitschrift für das gesamte Handelsrecht
Ziff.	Ziffer
ZIP	Zeitschrift für Wirtschaftsrecht
ZIS	Zeitschrift für internationale Strafrechtsdogmatik
zit.	zitiert
ZJS	Zeitschrift für das juristische Studium
ZKDSG	Gesetz über den Schutz von zugangskontrollierten Diensten und Zugangskontrolldiensten (Zugangskontrolldiensteschutz-Gesetz)
ZKred	Zeitschrift für das gesamte Kreditwesen
ZLR	Zeitschrift für das gesamte Lebensmittelrecht
ZnÜwVO	Verordnung mit lebensmittelrechtlichen Vorschriften zur Überwachung von Zoonosen und Zoonoseerregern
ZollV	Zollverordnung
ZollVG	Zollverwaltungsgesetz
ZPO	Zivilprozessordnung
ZRP	Zeitschrift für Rechtspolitik
ZSteu	Zeitschrift für Steuern und Recht
ZStW	Zeitschrift für die gesamte Strafrechtswissenschaft
zT	zum Teil
ZuckArtV	Verordnung über einige zur menschlichen Ernährung bestimmte Zuckerarten (Zuckerartenverordnung)
ZUM	Zeitschrift für Urheber- und Medienrecht
ZUR	Zeitschrift für Umweltrecht
zusf.	zusammenfassend
zust.	zustimmend
zutr.	zutreffend
ZVerkV	Verordnung über Anforderungen an Zusatzstoffe und das Inverkehrbringen von Zusatzstoffen für technologische Zwecke (Zusatzstoff-Verkehrsverordnung)
ZVR	Zeitschrift für Verkehrsrecht oder auch Zwangsvollstreckungsrecht
zw.	zweifelhaft

Allgemeines Abkürzungsverzeichnis

Literaturverzeichnis

Achenbach/Ransiek/Rönnau (Hrsg.), Handbuch Wirtschaftsstrafrecht, 4. Aufl. 2015 .... Achenbach/Ransiek/Rönnau WirtschaftsStR-HdB/*Bearbeiter*

Achenbach/Wannemacher (Hrsg.), Beraterhandbuch zum Steuer- und Wirtschaftsstrafrecht (Loseblatt) .... Achenbach/Wannemacher/*Bearbeiter*

Adick/Bülte (Hrsg.), Fiskalstrafrecht, Handbuch, 2015 .... Adick/Bülte FiskalStrafR/*Bearbeiter*

Aichberger, Sozialgesetzbuch mit Nebengesetzen, Ausführungs- und Verwaltungvorschriften (Gesetzessammlung) .... Aichberger

Ambos, Internationales Strafrecht, 4. Aufl. 2014 .... Ambos Int. StrafR

Ambs/Feckler/Götze/Hess/Lampe/Marschner/Müller-Kohlenberg/ Rademacher/Schweitzer/Wagner/Wurtmann, Gemeinschaftskommentar zum Arbeitsförderungsrecht (GK-SGB III) (Loseblatt) GK-SGB III/*Bearbeiter*

Anzinger/Koberski, Arbeitszeitgesetz: ArbZG, Kommentar, 4. Aufl. 2014 .... Anzinger/Koberski

Apel/Keusgen, Sprengstoffgesetz, Bd. II (Loseblatt) .... Apel/Keusgen

Arzt/Weber/Heinrich/Hilgendorf, Strafrecht Besonderer Teil, 3. Aufl. 2015 .... AWHH StrafR BT

Assmann/Pötzsch/Schneider (Hrsg.), Wertpapiererwerbs- und Übernahmegesetz (WpÜG), Kommentar, 2. Aufl. 2013 .... Assmann/Pötzsch/Schneider/*Bearbeiter*

Assmann/Schneider (Hrsg.), Wertpapierhandelsgesetz (WpHG), Kommentar, 6. Aufl. 2012 .... Assmann/Schneider/*Bearbeiter*

Assmann/Schütze, Handbuch des Kapitalanlagerechts, 4. Aufl. 2015 .... Assmann/Schütze KapitalanlageR-HdB/*Bearbeiter*

Baeck/Deutsch, Arbeitszeitgesetz, Kommentar, 3. Aufl. 2014 ... Baeck/Deutsch

Bär, Handbuch zur EDV-Beweissicherung im Strafverfahren, 2007 .... Bär HdB zur EDV-Beweissicherung

Baumann/Weber/Mitsch, Strafrecht Allgemeiner Teil, 11. Aufl. 2003 .... BWM StrafR AT

Baumbach (Begr.)/*Hopt*, Handelsgesetzbuch, Kommentar, 36. Aufl. 2014 .... Baumbach/Hopt/*Bearbeiter*

Baumbach (Begr.)/*Hueck*, GmbHG, Kommentar, 20. Aufl. 2013 .... Baumbach/Hueck/*Bearbeiter*

Baumbach (Begr.)/*Lauterbach/Albers/Hartmann*, Zivilprozessordnung, Kommentar, 74. Aufl. 2014 .... BLAH/*Bearbeiter*

Baumbach/Hefermehl/Casper, Wechselgesetz, Scheckgesetz, Recht der kartengestützten Zahlungen: WG, ScheckG, Kartengestützte Zahlungen, Kommentar, 23. Aufl. 2008 .... Baumbach/Hefermehl/Casper/ *Bearbeiter*

Bechtold/Bosch/Brinker, EU-Kartellrecht, Kommentar, 3. Aufl. 2014 .... Bechtold/Bosch/Brinker/*Bearbeiter*

Beck'scher Bilanz-Kommentar Handels- und Steuerbilanz, hrsg. v. *Grottel/Schmidt/Schubert/Winkeljohann,* 10. Aufl. 2016 .... BeBiKo/*Bearbeiter*

Beck'scher Online-Kommentar zum Arbeitsrecht, hrsg. v. *Rolfs/Giesen/Kreikebohm/Udsching* .... BeckOK ArbR/*Bearbeiter*

Beck'scher Online-Kommentar zum Betriebsverfassungsgesetz, hrsg. v. *Rolfs/Giesen/Kreikebohm/Udsching* .... BeckOK BetrVG/*Bearbeiter*

Beck'scher Onlinekommentar zum Gewerberecht, hrsg. v. *Pielow* .... BeckOK GewO/*Bearbeiter*

Beck'scher Online-Kommentar zum GG, hrsg. v. *Epping/Hillgruber* .... BeckOK GG/*Bearbeiter*

Beck'scher Online-Kommentar zum GmbHG, hrsg. v. *Ziemons/Jaeger* .... BeckOK GmbHG/*Bearbeiter*

Beck'scher Onlinekommentar zum Sozialrecht, hrsg. v. *Rolfs/ Giesen/Kreikebohm/Udsching* .... BeckOK SozR/*Bearbeiter*

Literaturverzeichnis

Beck'scher Online-Kommentar zum StGB, hrsg. v. *von Heintschel-Heinegg* .... BeckOK StGB/*Bearbeiter*

Beck'scher Online-Kommentar zur StPO, hrsg. v. *Graf* .... BeckOK StPO/*Bearbeiter*

Beck'scher Online-Kommentar zum VwVfG, hrsg. v. *Bader/Ronellenfitsch* .... BeckOK VwVfG/*Bearbeiter*

Becker/Kingreen, SGB V – Gesetzliche Krankenversicherung, Kommentar, 4. Aufl. 2014 .... Becker/Kingreen/*Bearbeiter*

Becker/Riewald/Koch, Kommentar zur Reichsabgabenordnung, Finanzgerichtsordnung, 9. Aufl. 1965 .... Becker/Riewald/Koch/*Bearbeiter*

Beermann/Gosch, Abgabenordnung Finanzgerichtsordnung, Kommentar (Loseblatt) .... Beermann/Gosch/*Bearbeiter*

Bender/Möller/Retemeyer, Steuerstrafrecht, Mit Schwerpunkt Zoll- und Verbrauchsteuerstrafrecht, Handbuch (Loseblatt) .... Bender/Möller/Retemeyer SteuerStrafR/*Bearbeiter*

Benkard (Begr.), Patentgesetz, Kommentar, 11. Aufl. 2015 ..... Benkard PatG/*Bearbeiter*

Beuthien, Genossenschaftsgesetz, Kommentar, 15. Aufl. 2011 .. Beuthien

Bieneck (Hrsg.), Handbuch des Außenwirtschaftsrechts, 2004 .. Bieneck AußenwirtschaftsR-HdB/*Bearbeiter*

Birkenfeld/Daumke, Außergerichtliches Rechtsbehelfsverfahren, 2. Aufl. 1996 .... Birkenfeld/Daumke Außerger. Rechtsbehelfsverfahren

Blei, Strafrecht, Bd. I, Allgemeiner Teil, 18. Aufl. 1983; Bd. II Besonderer Teil, 12. Aufl. 1983 .... Blei StrafR AT; Blei StrafR BT

Blümich, EStG, KStG, GewStG – Einkommensteuergesetz, Körperschaftsteuergesetz, Gewerbesteuergesetz, Kommentar, Loseblatt .... Blümich

Bohnert, OWiG, Kommentar, 3. Aufl. 2010; Bohnert/Krenberger/Krumm, OWiG, Kommentar, 4. Aufl. 2016 .... Bohnert OWiG; Bohnert/Krenberger/Krumm OWiG

Boos/Fischer/Schulte-Mattler, KWG, CRR, Kommentar, 4. Aufl. 2012 .... Boos/Fischer/Schulte-Mattler/*Bearbeiter*

Böse, Enzyklopädie Europarecht, Band 9: Europäisches Strafrecht, 2013 .... Böse Enzyklopädie EuropaR

Brüssow/Petri, Arbeitsstrafrecht, 2. Aufl. 2016 .... Brüssow/Petri ArbeitsStrafR

Buchner/Becker, Mutterschutzgesetz, Bundeselterngeld- und Elternzeitgesetz, Kommentar, 8. Aufl. 2008 .... Buchner/Becker

Buddendiek/Rutkowski, Lexikon des Nebenstrafrechts (= Registerband zu Erbs/Kohlhaas, Strafrechtliche Nebengesetze, Loseblatt) .... Buddendiek/Rutkowski

Bühring/Braitmayer/Schmid, Gebrauchsmustergesetz, Kommentar, 8. Aufl. 2011 .... Bühring/*Bearbeiter*

Bürgers/Körber (Hrsg.), Heidelberger Kommentar zum Aktiengesetz, 3. Aufl. 2014 .... Bürgers/Körber/*Bearbeiter*

Burmann/Heß/Hühnermann/Jahnke/Janker, Straßenverkehrsrecht: StVR, Kommentar, 24. Aufl. 2016 .... BHHJJ/*Bearbeiter*

Busse (Begr.)/*Keukenschrijver*, Patentgesetz, Kommentar, 7. Aufl. 2013 .... Busse/Keukenschrijver/*Bearbeiter*

Calliess/Ruffert (Hrsg.), EUV/AEUV, Kommentar, 4. Aufl. 2011 .... Calliess/Ruffert/*Bearbeiter*

Dalichau, Gemeinschaftskommentar zum Sozialgesetzbuch X (Loseblatt) .... GK-SGB X/*Bearbeiter*

Dannecker/Knierim/Hagemeier, Insolvenzstrafrecht, 2. Aufl. 2011 .... Dannecker/Knierim/Hagemeier InsStrafR/*Bearbeiter*

Dannecker/Leitner, Handbuch der Geldwäsche-Compliance, 2010 .... Dannecker/Leitner HdB Geldwäsche-Compliance

Das Recht des Geschäftsführers der GmbH, aus Hachenburg. Gesetz betreffend die Gesellschaften mit beschränkter Haftung (GmbH), 8. Aufl., Bd. 2, 1997, Reprint 2014 .... Hachenburg/*Bearbeiter*

Däubler/Kittner/Klebe/Wedde (Hrsg.), BetrVG: Betriebsverfassungsgesetz, Kommentar, 15. Aufl. 2016 .... DKKW/*Bearbeiter*

Dauner-Lieb/Simon (Hrsg.), Kölner Kommentar zum Umwandlungsgesetz, 2009 .... KölnKomm UmwG/*Bearbeiter*

Dederer, Stammzellgesetz, 2012 .... Dederer

Deutsch/Bender/Eckstein/Zimmermann, Transfusionsrecht, 2. Aufl. 2007 .... Deutsch/Bender/Eckstein/Zimmermann TransfusionsR

Deutsch/Lippert/Ratzel/Tag, Kommentar zum Medizinproduktegesetz, 2010 .... DLRT/*Bearbeiter*

Diering/Timme/Waschull (Hrsg.), Sozialgesetzbuch X, Lehr- und Praxiskommentar, 4. Aufl. 2016 .... LPK-SGB X/*Bearbeiter*

Dölling/Duttge/Rössner, Handkommentar zum gesamten Strafrecht, 3. Aufl. 2013 .... HK-StrafR/*Bearbeiter*

Dötsch/Pung/Möhlenbrock (Hrsg.), Die Körperschaftssteuer, Kommentar zum Körperschaftsteuergesetz, Umwandlungssteuergesetz und zu den einkommensteuerrechtlichen Vorschriften der Anteilseignerbesteuerung (Loseblatt) .... Dötsch/Pung/Möhlenbrock/*Bearbeiter*

Dreier (Hrsg.), Grundgesetz Kommentar: GG, 2013 .... Dreier GG

Dreier/Schulze, Urheberrechtsgesetz: UrhG, Kommentar, 5. Aufl. 2015 .... Dreier/Schulze

Ebenroth/Boujong (Begr.)/*Joost/Strohn* (Hrsg.), Handelsgesetzbuch, Kommentar, Bd. 1: §§ 1–342e, 3. Aufl. 2014 .... EBJS/*Bearbeiter*

Eichmann/v. Falckenstein/Kühne, Designgesetz: DesignG, Kommentar, 5. Aufl. 2015 .... Eichmann/v. Falckenstein/Kühne/*Bearbeiter*

Eidam, Unternehmen und Strafe, Handbuch, 4. Aufl. 2014 .... Eidam Unternehmen/*Bearbeiter*

Eisele, Strafrecht Besonderer Teil 1, 3. Aufl. 2014 .... Eisele StrafR BT I

Eisele, Strafrecht Besonderer Teil 2, 3. Aufl. 2015 .... Eisele StrafR BT II

Eisenberg, Jugendgerichtsgesetz: JGG, Kommentar, 18. Aufl. 2015 .... Eisenberg JGG

Eisenberg, Kriminologie, 6. Aufl. 2005 .... Eisenberg Kriminologie

Erbs/Kohlhaas, Strafrechtliche Nebengesetze, Kommentar (Loseblatt) .... Erbs/Kohlhaas/*Bearbeiter*

Eßer/Kramer/von Lewinski (Hrsg.), Auernhammer – Bundesdatenschutzgesetz (BDSG), Kommentar, 4. Aufl. 2014 .... Auernhammer

Eyermann, Kommentar zur Verwaltungsgerichtsordnung, 14. Aufl. 2014 .... Eyermann/*Bearbeiter*

Fahr/Kaulbach/Bähr/Pohlmann, Versicherungsaufsichtsgesetz – VAG, Kommentar, 5. Aufl. 2012 .... FKBP/*Bearbeiter*

Fehn, Schwarzarbeitsbekämpfungsgesetz, Kommentar, 2005. .. HK-SchwarzArbG/*Bearbeiter*

Feuerich/Weyland, Bundesrechtsanwaltsordnung, Kommentar, 9. Aufl. 2016 .... Feuerich/Weyland/*Bearbeiter*

Fezer, Markenrecht, Kommentar, 4. Aufl. 2009 .... Fezer MarkenR

Fezer/Büscher/Obergfell, Lauterkeitsrecht: UWG, Kommentar, 3. Aufl. 2016 .... Fezer/Büscher/Obergfell

Fischer, Strafgesetzbuch: StGB, mit Nebengesetzen, Kommentar, 63. Aufl. 2016 .... Fischer

Fitzner/Lutz/Bodewig, Patentrechtskommentar, Kommentar, 4. Aufl. 2012 .... Fitzner/Lutz/Bodewig/*Bearbeiter*

Flore/Dörn/Gillmeister, Steuerfahndung und Steuerstrafverfahren, Handbuch, 2. Aufl. 1999 .... Flore/Dörn/Gillmeister Steuerfahndung/*Bearbeiter*

Flore/Tsambikakis (Hrsg.), Steuerstrafrecht, Kommentar, 2. Aufl. 2016 .... Flore/Tsambikakis/*Bearbeiter*

Franzen/Gast/Joecks, Steuerstrafrecht, Kommentar, 7. Aufl. 2009 .... FGJ/*Bearbeiter*

Franzen/Gast/Samson, Steuerstrafrecht, Kommentar, 3. Aufl. 1985 .... FGS/*Bearbeiter*

Freund, Strafrecht Allgemeiner Teil, 2. Aufl. 2008 .... Freund StrafR AT

Frister, Strafrecht Allgemeiner Teil, 7. Aufl. 2015 .... Frister StrafR AT

Literaturverzeichnis

Fritz/Vormeier (Hrsg.), Gemeinschaftskommentar zum Aufenthaltsgesetz (Loseblatt) .... GK-AufenthG/*Bearbeiter*

Fromm/Nordemann, Urheberrecht, Kommentar, 11. Aufl. 2014 Fromm/Nordemann/*Bearbeiter*

Frotscher/Geurts, Kommentar zum Einkommensteuergesetz (EStG), Loseblatt .... Frotscher/Geurts/*Bearbeiter*

Fuchs, Wertpapierhandelsgesetz: WpHG, Kommentar, 2. Aufl. 2016 .... Fuchs/*Bearbeiter*

Führ (Hrsg.), bis 2014: Koch/Pache/Scheuing, Gemeinschaftskommentar zum Bundesimmissionsschutzgesetz (Loseblatt) .... GK-BImSchG/*Bearbeiter*

Gagel, SGB II/SGB III, Kommentar, Loseblatt .... Gagel/*Bearbeiter*

Gaul/Schilken/Becker-Eberhard, Zwangsvollstreckungsrecht, 12. Aufl. 2010 .... Gaul/Schilken/Becker-Eberhard ZVR

Geibel/Süßmann (Hrsg.), Wertpapiererwerbs- und Übernahmegesetz: WpÜG, Kommentar, 2. Aufl. 2008 .... Geibel/Süßmann/*Bearbeiter*

Geppert/Schütz, Beck'scher TKG-Kommentar, Kommentar, 4. Auflage 2013 .... Beck TKG/*Bearbeiter*

Gercke/Brunst, Praxishandbuch Internetstrafrecht, 2010 .... Gercke/Brunst InternetStrafR

Geßler, Aktiengesetz, Kommentar, Loseblatt .... Geßler

Göhler, Gesetz über Ordnungswidrigkeiten, 16. Aufl. 2012 .... Göhler/*Bearbeiter*

Gola/Schomerus, Bundesdatenschutz: BDSG, Kommentar, 12. Aufl. 2015 .... Gola/Schomerus

Göppinger, Kriminologie, 6. Aufl. 2008 .... Göppinger Kriminologie

Gössel/Dölling, Strafrecht, Besonderer Teil 1 (Straftaten gegen Persönlichkeits- und Gemeinschaftswerte), 2. Aufl. 2004 ...... Gössel/Dölling StrafR BT I

Gräber, Finanzgerichtsordnung: FGO, Kommentar, 8. Aufl. 2015 .... Gräber/*Bearbeiter*

Greeve, Korruptionsdelikte in der Praxis, 2005 .... Greeve Korruptionsdelikte

Greeve/Leipold, Handbuch des Baustrafrechts, 2004 .... Greeve/Leipold BauStrafR–HdB

Gropp, Strafrecht Allgemeiner Teil, 4. Aufl. 2015 .... Gropp StrafR AT

Groß, Kapitalmarktrecht, 6. Aufl. 2016 .... Groß KapMR

Große Vorholt, Wirtschaftsstrafrecht, 2. Aufl. 2007 .... Große-Vorholt WirtschaftsStR

Großmann/Schimanski/Spiolek (Hrsg.), Gemeinschaftskommentar zum Sozialgesetzbuch IX, Kommentar, Loseblatt .... GK-SGB IX/*Bearbeiter*

Gußen, Praxiswissen Steuerstrafrecht, 2009 .... Gußen SteuerStrafR

Haarmann/Schüppen (Hrsg.), Frankfurter Kommentar zum WpÜG, 4. Aufl. 2015 .... FK-WpÜG/*Bearbeiter*

Haft, Strafrecht, Allgemeiner Teil, 9. Aufl. 2004; Besonderer Teil II, 8. Aufl. 2005 .... Haft StrafR AT; Haft StrafR BT II

Haft/Hilgendorf, Strafrecht, Besonderer Teil I, 9. Aufl. 2009 .... Haft/Hilgendorf StrafR BT I

Hailbronner (Hrsg.), Ausländerrecht, Kommentar (Loseblatt) ... Hailbronner AuslR

Hannich (Hrsg.), Karlsruher Kommentar zur Strafprozessordnung, 7. Aufl. 2013 .... KK-StPO/*Bearbeiter*

Harte-Bavendamm/Henning-Bodewig, Gesetz gegen den unlauteren Wettbewerb (UWG), Kommentar, 3. Aufl. 2013 .... Harte-Bavendamm/Henning-Bodewig

Hauck/Noftz (Hrsg.), Sozialgesetzbuch IX, Kommentar (Loseblatt) .... Hauck/Noftz/*Bearbeiter*

Hecker, Europäisches Strafrecht, 5. Aufl. 2015 .... Hecker Europäisches StrafR

Heidel (Hrsg.), Aktienrecht und Kapitalmarktrecht, Kommentar, 4. Aufl. 2014 .... NK-AktienKapMR/*Bearbeiter*

Heilmann/Aufhauser, Handkommentar Arbeitsschutzgesetz, 2005 .... HK-ArbSchG/*Bearbeiter*

Hellmann, Das Nebenstrafverfahrensrecht der Abgabenordnung, 1995 .... Hellmann AO-NebenStrafVerfR

Hellmann/Beckemper, Wirtschaftsstrafrecht, 4. Aufl. 2013 .... Hellmann/Beckemper WirtschaftsStR

Helml, Die Reform der Selbstanzeige im Steuerstrafrecht, 2014 .... Helml Selbstanzeige

Hense/Ulrich (Hrsg.), WPO, Kommentar, 2. Aufl. 2013 .... Hense/Ulrich/*Bearbeiter*

Henssler/Strohn, Gesellschaftsrecht: GesR, Kommentar, 3. Aufl. 2016 .... Henssler/Strohn

Herrmann/Heuer/Raupach, Einkommensteuer- und Körperschaftsteuergesetz, Kommentar (Loseblatt) .... Herrmann/Heuer/Raupach/*Bearbeiter*

Herzog, Geldwäschegesetz (GwG), Kommentar, 2. Aufl. 2014 — Herzog/*Bearbeiter*

Hess, Kommentar zur Insolvenzordnung mit EGInsO in 3 Bänden, 1999; 2007 (Neufassung) .... Hess InsO

Heymann (Begr.), Handelsgesetzbuch (ohne Seerecht), Bd. 3: Buch 3; §§ 238–342a, 2. Aufl. 1999 .... Heymann/*Bearbeiter*

Hilgendorf/Valerius, Computer- und Internetstrafrecht, 2. Aufl. 2012 .... Hilgendorf/Valerius ComputerStrafR

Hillebrand/Keßler, Berliner Kommentar zum Genossenschaftsgesetz, 2. Aufl. 2011 .... BerlKomm/*Bearbeiter* GenG

Hirte/Möllers (Hrsg.), Kölner Kommentar zum WpHG, 2. Aufl. 2014 .... KölnKomm WpHG/*Bearbeiter*

Hirte/von Bülow (Hrsg.), Kölner Kommentar zum WpÜG, 2. Aufl. 2010 .... KölnKomm WpÜG/*Bearbeiter*

Höfling (Hrsg.), TPG – Transplantationsgesetz, Kommentar, 2. Aufl. 2013 .... Höfling/*Bearbeiter*

Hohnel, Kapitalmarktstrafrecht, Kommentar, 2013 .... Hohnel

Hopt/Wiedemann (Hrsg.), Großkommentar Aktiengesetz, 4. Aufl. 1992 ff. .... Hopt/Wiedemann/*Bearbeiter*

Hruschka, Strafrecht nach logisch-analytischer Methode, 2. Aufl. 1988 .... Hruschka StrafR logisch

Hübschmann/Hepp/Spitaler, Kommentar zur Abgaben- und zur Finanzgerichtsordnung (Loseblatt) .... Hübschmann/Hepp/Spitaler/*Bearbeiter*

Hüffer, Aktiengesetz, Kommentar, 11. Aufl. 2014 .... Hüffer/*Bearbeiter*

Hüls/Reichling, Heidelberger Kommentar zum Steuerstrafrecht, 2016 .... Hüls/Reichling/*Bearbeiter*

Hümmerich/Boecken/Düwell, AnwaltKommentar Arbeitsrecht, Kommentar, 2. Aufl. 2010 .... AnwK-ArbR/*Bearbeiter*

Ignor/Rixen (Hrsg.), Handbuch Arbeitsstrafrecht, 2. Aufl. 2008; Ignor/Mosbacher (Hrsg.), 3. Aufl. 2016 .... Ignor/Rixen ArbStrafR-HdB/*Bearbeiter;* Ignor/Mosbacher ArbStrafR-HdB/*Bearbeiter*

Immenga/Mestmäcker (Hrsg.), Wettbewerbsrecht, Kommentar, Bd. 1/Teil 2: EG, 4. Aufl. 2007 .... Immenga/Mestmäcker/*Bearbeiter*

Ingerl/Rohnke, Markengesetz: MarkenG, Kommentar, 3. Aufl. 2010 .... Ingerl/Rohnke

Jaeger, Kommentar zur Insolvenzordnung, 1. Aufl. 2004 .... Jaeger/*Bearbeiter*

Jäger, Examens-Repetitorium Strafrecht Allgemeiner Teil, 7. Aufl. 2015 .... Jäger StrafR AT

Jäger/Kokott/Pohlmann/Schroeder (Hrsg.), Frankfurter Kommentar zum Kartellrecht (Loseblatt) .... FK-KartellR/*Bearbeiter*

Jahn, Sozialgesetzbuch für die Praxis – SGB – Kommentar, Loseblatt .... Jahn/*Bearbeiter*

Jakobs, Strafrecht Allgemeiner Teil, 2. Aufl. 1991 .... Jakobs StrafR AT

Jannott/Frodermann, Handbuch der Europäischen Aktiengesellschaft, 2. Aufl. 2014 .... Jannott/Frodermann EuropAG-HdB/*Bearbeiter*

Jarass/Pieroth, Kommentar zum Grundgesetz, 13. Aufl. 2014 .. Jarass/Pieroth

Jescheck/Weigend, Lehrbuch des Strafrechts, Allgemeiner Teil, 5. Aufl. 1996 .... Jescheck/Weigend StrafR AT

Joecks, Studienkommentar Strafgesetzbuch, 11. Aufl. 2014 ..... Joecks StGB

Joecks/Jäger/Randt, Steuerstrafrecht, 8. Aufl. 2015 .... JJR/*Bearbeiter*

Joecks/Randt, Steueramnestie 2004/2005, 2004 .... Joecks/Randt Steueramnestie

Kallmeyer, Umwandlungsgesetz, Kommentar, 5. Aufl. 2013 ... Kallmeyer/*Bearbeiter*

Kasseler Kommentar Sozialversicherungsrecht, hrsg. von Körner/Leitherer/Mutschler, Loseblatt .... KassKomm/*Bearbeiter*

Kilian, Strafbare Werbung (§ 16 UWG), 2011 .... Kilian, Strafbare Werbung

Kindhäuser, Lehrbuch des Strafrechts, Besonderer Teil, BT I (Straftaten gegen Persönlichkeitsrechte, Staat und Gesellschaft) 7. Aufl. 2015; BT II (Straftaten gegen Vermögensrechte) 8. Aufl. 2014 .... Kindhäuser StrafR BT I; Kindhäuser StrafR BT II

Literaturverzeichnis

Kindhäuser, Strafgesetzbuch, Lehr- und Praxiskommentar,
4. Aufl. 2010 .... LPK-StGB/*Kindhäuser*
Kindhäuser, Strafrecht Allgemeiner Teil, 7. Aufl. 2015 .... Kindhäuser StrafR AT
Kindhäuser/Neumann/Paeffgen (Hrsg.), Strafgesetzbuch (StGB),
Kommentar in 3 Bänden, 4. Aufl. 2013 .... NK-StGB/*Bearbeiter*
Kindler, Das Unternehmen als haftender Täter, 2008 .... Kindler Unternehmen
Kirchhof/Söhn/Mellinghoff, Einkommensteuergesetz, Kommen-
tar (Loseblatt) .... Kirchhof/Söhn/Mellinghoff/*Bearbeiter*
Kissel/Mayer, Gerichtsverfassungsgesetz: GVG, Kommentar,
8. Aufl. 2015 .... Kissel/Mayer
Kittner/Däubler/Zwanziger (Hrsg.), KSchR – Kündigungs-
schutzrecht, Kommentar, 9. Aufl. 2014 .... Kittner/Däubler/Zwanziger/
  Bearbeiter
Klauer/Möhring (Begr.), Patentrechtskommentar, 3. Aufl. 1971 .. Klauer/Möhring/*Bearbeiter*
Klein, Abgabenordnung: AO, Kommentar, 13. Aufl. 2016 ..... Klein/*Bearbeiter*
Klein/Orlopp, Abgabenordnung, Kommentar, 5. Aufl. 1996 ... Klein/Orlopp/*Bearbeiter*
Kleine-Cosack, Bundesrechtsanwaltsordnung: BRAO, Kom-
mentar, 7. Aufl. 2015 .... Kleine-Cosack
Kleinknecht/Müller/Reitberger (Begr.); hrsg. v. *von Heintschel-
Heinegg/Stöckel,* Kommentar zur Strafprozessordnung (Lose-
blatt) .... KMR/*Bearbeiter*
Klindt, Geräte- und Produktsicherheitsgesetz: ProdSG, Kom-
mentar, 2. Aufl. 2015 .... Klindt
Kloepfer, Umweltrecht, 3. Aufl. 2004 .... Kloepfer UmweltR
Kloepfer/Heger, Umweltstrafrecht, 3. Aufl. 2014 .... Kloepfer/Heger UmweltStrafR
Koch/Scholtz, Abgabenordnung, Kommentar, 5. Aufl. 1996 .. Koch/Scholtz/*Bearbeiter*
Köhler, Strafrecht Allgemeiner Teil, 1997 .... Köhler StrafR AT
Köhler/Bornkamm, Gesetz gegen den unlauteren Wettbewerb:
UWG, Kommentar, 34. Aufl. 2016 .... Köhler/Bornkamm/*Bearbeiter*
Kohlmann, Steuerstrafrecht, Kommentar (Loseblatt) .... Kohlmann/*Bearbeiter*
Koller/Kindler/Roth/Morck, Handelsgesetzbuch, Kommentar,
8. Aufl. 2015 .... KKRM/*Bearbeiter*
Kollmer/Klindt (Hrsg.), Arbeitsschutzgesetz: ArbSchG, Kom-
mentar, 8. Aufl. 2015 .... Kollmer/Klindt
Kopp/Ramsauer, Verwaltungsverfahrensgesetz: VwVfG, Kom-
mentar, 16. Aufl. 2015 .... Kopp/Ramsauer
Kopp/Schenke, Verwaltungsgerichtsordnung: VwGO, Kom-
mentar, 21. Aufl. 2015 .... Kopp/Schenke
Korn, Einkommensteuergesetz, Kommentar, Loseblatt .... Korn
Körner/Patzak/Volkmer, Betäubungsmittelgesetz: BtMG, Kom-
mentar, 8. Aufl. 2016 .... Körner/Patzak/Volkmer
Koslowski, Steuerberatungsgesetz: StBerG, Kommentar,
7. Aufl. 2015 .... Koslowski/*Bearbeiter*
Kossens/von der Heide/Maaß (Hrsg.), SGB IX, Kommentar,
4. Aufl. 2015 .... Kossens/von der Heide/Maaß
Krahmer/Trenk-Hinterberger (Hrsg.), Sozialgesetzbuch I, Lehr-
und Praxiskommentar, 3. Aufl. 2014 .... LPK-SGB I/*Bearbeiter*
Kraßer, Patentrecht, Lehr- und Handbuch, 6. Aufl. 2009 .... Kraßer PatR
Krekeler/Löffelmann/Sommer (Hrsg.), AnwaltKommentar StPO,
2010 .... AnwK-StPO/*Bearbeiter*
Krekeler/Werner, Unternehmer und Strafrecht, 2006 .... Krekeler/Werner Unternehmer
Krey/Esser, Deutsches Strafrecht Allgemeiner Teil, 6. Aufl.
2016 .... Krey/Esser StrafR AT
Krey/Hellmann/Heinrich, Strafrecht Besonderer Teil, Bd. 1 (oh-
ne Vermögensdelikte), 16. Aufl. 2015 .... Krey/Hellmann/Heinrich StrafR BT I
Krey/Hellmann/Heinrich, Strafrecht Besonderer Teil, Bd. 2
(Vermögensdelikte), 17. Aufl. 2015 .... Krey/Hellmann/Heinrich StrafR
  BT II
Kröber/Dölling/Leygraf/Sass, Handbuch der Forensischen Psy-
chiatrie, Bd. 3 (Psychiatrische Kriminalprognose und Krimin-
altherapie), 2006 .... KDLS HdB Forensische Psychiatrie
Kügel/Hahn/Delewski, Nahrungsergänzungsmittel-Verordnung:
NemV, Kommentar, 2007 .... Kügel/Hahn/Delewski NemV

Kügel/Müller/Hofmann, Arzneimittelgesetz: AMG, Kommentar, 2. Aufl. 2016 .... Kügel/Müller/Hofmann/*Bearbeiter*

Kühl, Strafrecht Allgemeiner Teil, 7. Aufl. 2012 .... Kühl StrafR AT

Kuhls/Meurers/Maxl/Golz/Willenscheid/Busse/Klumann/Rupert/Riddermann, Steuerberatungsgesetz, Praxiskommentar, 3. Aufl. 2011 .... Kuhls/*Bearbeiter*

Kühn/Hofmann, Abgabenordnung, 17. Aufl. 1995 (ab 18. Aufl. 2004: *Kühn/von Wedelstädt*) .... Kühn/Hofmann

Kühn/von Wedelstädt, Abgabenordnung und Finanzgerichtordnung, Kommentar, 21. Aufl. 2015 .... Kühn/v. Wedelstädt

Kuhn/Weigell, Steuerstrafrecht, 2. Aufl. 2013 .... Kuhn/Weigell SteuerStrafR

Kümpel/Wittig, Bank- und Kapitalmarktrecht, 4. Aufl. 2011 ... Kümpel/Wittig

Küper/Zopfs, Strafrecht Besonderer Teil, Definitionen mit Erläuterungen, 9. Aufl. 2015 .... Küper/Zopfs StrafR BT

Küpper, Strafrecht Besonderer Teil 1, 3. Aufl. 2007 .... Küpper StrafR BT I

Lackner/Kühl, Strafgesetzbuch mit Erläuterungen, 28. Aufl. 2014 .... Lackner/Kühl/*Bearbeiter*

Lakies, Jugendarbeitsschutzgesetz, Kommentar, 7. Aufl. 2014 .... Lakies

Landmann/Rohmer (Hrsg.), Gewerbordnung und ergänzende Vorschriften, Kommentar, Bd. II: Ergänzende Vorschriften, Kommentar (Loseblatt) .... Landmann/Rohmer GewO/*Bearbeiter*

Landmann/Rohmer (Hrsg.), Umweltrecht, Kommentar (Loseblatt) .... Landmann/Rohmer UmweltR/*Bearbeiter*

Landsberg/Lülling, Umwelthaftungsrecht, 2000 .... Landsberg/Lülling

Lang/Weidmüller (Begr.), Genossenschaftsgesetz, Kommentar, 37. Aufl. 2011; bzw. 38. Aufl. 2016 .... Lang/Weidmüller/*Bearbeiter*

Langen (Begr.)/*Bunte* (Hrsg.), Kommentar zum deutschen und europäischen Kartellrecht, Bd. 1: Deutsches Kartellrecht, 12. Aufl. 2014, Bd. 2: Europäisches Kartellrecht, 12. Aufl. 2014 .... Langen/Bunte/*Bearbeiter*

Laufs, Arztrecht, 5. Aufl. 1993 .... Laufs ArztR

Lehmann (Hrsg.), Rechtsschutz und Verwertung von Computerprogrammen, 2. Aufl. 1993 .... Lehmann Computerprogramme-Rechtsschutz

Leipold/Tsambikakis/Zöller (Hrsg.), AnwaltKommentar StGB, 2. Aufl. 2015 .... AnwK-StGB/*Bearbeiter*

Leipziger Kommentar zum Strafgesetzbuch, Großkommentar, 12. Aufl. ab 2006 (hrsg. v. Laufhütte/Rissing-van Saan/Tiedemann); 11. Aufl. 1992–2006 (hrsg. v. Jähnke/Laufhütte/Odersky) .... LK-StGB/*Bearbeiter*

Lemke/Mosbacher, Ordnungswidrigkeitengesetz, Kommentar, 2. Aufl. 2005 .... Lemke/Mosbacher

Leßmann/Würtenberger, Deutsches und Europäisches Sortenschutzrecht, 2. Aufl. 2009 .... Leßmann/Würtenberger SortenschutzR

Lingens/Korte, Wehrstrafgesetz: WStG, Kommentar, 5. Aufl. 2012 (bis zur 4. Aufl. *Schölz/Lingens*) .... Lingens/Korte/*Bearbeiter* (bis zur 4. Aufl. Schölz/Lingens/*Bearbeiter*)

Lippert/Flegel, Kommentar zum Transfusionsgesetz (TFG) und den Hämotherapierichtlinien, 2013 .... Lippert/Flegel

Littmann/Bitz/Pust (Hrsg.), Das Einkommensteuerrecht, Kommentar (Loseblatt) .... Littmann/Bitz/Pust/*Bearbeiter*

Loewenheim/Meessen/Riesenkampff/Kersting/Meyer-Lindemann, Kartellrecht, 3. Aufl. 2016 .... Loewenheim/Meessen/Riesenkampff

Loth, Gebrauchsmustergesetz: GebrMG, Kommentar, 2001 .... Loth

Löwe/Rosenberg (Begr.), Strafprozeßordnung und Gerichtsverfassungsgesetz mit Nebengesetzen, Großkommentar, 26. Aufl. 2006 ff. .... Löwe/Rosenberg

Lutter/Hommelhoff (Hrsg.), GmbH-Gesetz, Kommentar, 18. Aufl. 2012 .... Lutter/Hommelhoff/*Bearbeiter*

Literaturverzeichnis

Lutter/Hommelhoff/Teichmann (Hrsg.), SE-Kommentar, Kommentar, 2. Aufl. 2015 .... Lutter/Hommelhoff/Teichmann/*Bearbeiter*

Lutter/Winter (Hrsg.), Umwandlungsgesetz, Kommentar, 4. Aufl. 2009 .... Lutter/Winter/*Bearbeiter*

Malek, Strafsachen im Internet, 2. Aufl. 2015 .... Malek/Popp Strafsachen

Manz/Mayer/Schröder, Europäische Aktiengesellschaft SE, Handkommentar, 2. Aufl. 2010 .... NK-SE/*Bearbeiter*

Marberth-Kubicki, Computer- und Internetstrafrecht, 2. Aufl. 2010 .... Marberth-Kubicki ComputerStrafR

Marx (Hrsg.), Kommentar zum Asylverfahrensgesetz, 8. Aufl. 2014 .... Marx AsylVfG

Matt/Renzikowski (Hrsg.), Strafgesetzbuch: StGB, Kommentar, 2013 .... Matt/Renzikowski/*Bearbeiter*

Maunz (Begr.)/*Schmidt-Bleibtreu/Klein/Bethge,* Bundesverfassungsgerichtsgesetz: BVerfGG, Kommentar (Loseblatt) .... MSKB/*Bearbeiter*

Maunz/Dürig (Begr.), Kommentar zum Grundgesetz: GG (Loseblatt) .... Maunz/Dürig/*Bearbeiter*

Maurach/Gössel/Zipf, Strafrecht Allgemeiner Teil, Teilband 2, 7. Aufl. 1989 .... MGZ StrafR AT

Maurach/Schroeder/Maiwald, Strafrecht Besonderer Teil, Teilband 1 (Straftaten gegen Persönlichkeits- und Vermögenswerte), 10. Aufl. 2009 .... MSM StrafR BT I

Maurach/Schroeder/Maiwald, Strafrecht Besonderer Teil, Teilband 2 (Straftaten gegen Gemeinschaftswerte), 10. Aufl. 2013 . MSM StrafR BT II

Maurach/Zipf, Strafrecht Allgemeiner Teil, Teilband 1, 8. Aufl. 1992 .... Maurach/Zipf StrafR AT I

Mes, Patentgesetz , Gebrauchsmustergesetz: PatG, GebrMG, Kommentar, 4. Aufl. 2015 .... Mes

Meyer/Streinz, LFGB, BasisVO, HCVO, Kommentar, 2. Aufl. 2012 .... Meyer/Streinz

Meyer-Goßner/Schmitt, Strafprozessordnung: StPO, Kommentar, 59. Aufl. 2016 .... Meyer-Goßner/Schmitt/*Bearbeiter*

Meyer-Landrut/Miller/Niehus, Gesetz betreffend die Gesellschaften mit beschränkter Haftung (GmbHG) einschließlich Rechnungslegung zum Einzel- sowie zum Konzernabschluss, Kommentar, 1987, Reprint 2014 .... Meyer-Landrut/Miller/Niehus

Michalski, GmbHG, Kommentar, Band 1 und 2, 2. Aufl. 2010 Michalski/*Bearbeiter*

Mitsch, Strafrecht Besonderer Teil 2 (Vermögensdelikte), 3. Aufl. 2015 .... Mitsch StrafR BT II

Möhring/Nicolini, Urheberrecht: UrhG, Kommentar, 3. Aufl. 2014 .... Möhring/Nicolini/*Bearbeiter*

Momsen/Grützner (Hrsg.), Wirtschaftsstrafrecht, Handbuch, 2013 .... Momsen/Grützner WirtschaftsStR/*Bearbeiter*

Müller, Die Selbstanzeige im Steuerstrafrecht, 2015 .... Müller Selbstanzeige im SteuerStrafR

Müller, Die Selbstanzeige im Steuerstrafverfahren, 2. Aufl. 2015 .... Müller Selbstanzeige

Müller, Genossenschaftsgesetz (GenG), Kommentar, 2. Aufl. 1991 ff. .... Müller GenG

Müller-Glöge/Preis/Schmidt (Hrsg.), begr. von Dieterich/Hanau/Schaub, Erfurter Kommentar zum Arbeitsrecht, 16. Aufl. 2016 .... ErfK/*Bearbeiter*

Müller-Gugenberger (Hrsg.), Wirtschaftsstrafrecht. Handbuch des Wirtschaftsstraf- und -ordnungswidrigkeitenrechts, 6. Aufl. 2015 .... Müller-Gugenberger WirtschaftsStR/*Bearbeiter*

Münchener Kommentar zum Aktiengesetz (AktG), hrsg. v. *Goette/Habersack;* Bd. 9/2 (§§ 329–410), 2. Aufl. 2006 ...... MüKoAktG/*Bearbeiter*

Münchener Kommentar zum Bürgerlichen Gesetzbuch, hrsg. v. *Säcker/Rixecker/Oetker/Limperg,* 7. Aufl. 2015 .... MüKoBGB

Münchener Kommentar zum Europäischen und Deutschen Wirtschaftsrecht (Kartellrecht), hrsg. v. *Hirsch/Montag/Säcker;*

Bd. 1: Europäisches Wettbewerbsrecht (EuWettbR), 2. Aufl.
2015; Bd. 2: GWB, 2008 .... MüKoEuWettbR/*Bearbeiter*
Münchener Kommentar zum Gesetz betreffend die Gesell-
schaften mit beschränkter Haftung (GmbHG), hrsg. v. *Flei-*
scher/Coette; Bd. 3 (§§ 53–85), 2. Aufl. 2016 .... MüKoGmbHG/*Bearbeiter*
Münchener Kommentar zum Handelsgesetzbuch (HGB),
hrsg. v. *K. Schmidt;* Bd. 4 (§§ 238–342e), 3. Aufl. 2013 .... MüKoHGB/*Bearbeiter*
Münchener Kommentar zum Lauterkeitsrecht (UWG), hrsg.
v. *Heermann/Schlingloff,* 2. Aufl. 2014 .... MüKoUWG/*Bearbeiter*
Münchener Kommentar zum Strafgesetzbuch (StGB), hrsg.
v. *Joecks/Miebach,* 2. Aufl. 2011 ff. .... MüKoStGB/*Bearbeiter*
Münchener Kommentar zur Insolvenzordnung, hrsg. v.
Kirchhoff/Eidenmüller/Stürner, 3. Aufl. 2013 .... MüKoInsO/*Bearbeiter*

Naucke, Strafrecht, Eine Einführung, 9. Aufl. 2000 .... Naucke StrafR
Nerlich/Römermann (Hrsg.), Insolvenzordnung (InsO), Kom-
mentar (Loseblatt) .... Nerlich/Römermann/*Bearbeiter*
Neumann/Biebl, Arbeitszeitgesetz: ArbZG, Kommentar,
16. Aufl. 2012 .... Neumann/Biebl
Neumann/Pahlen/Majerski-Pahlen, Sozialgesetzbuch IX: Rehabilitation und Teilhabe behinderter Menschen, Kommentar,
12. Aufl. 2010 .... Neumann/Pahlen/Majerski-Pahlen/
                                 Bearbeiter
Niewerth, Betriebliche Umwelt-Altlasten, Zivilrechtliche Haftung und Versicherungsschutz unter besonderer Berücksichti-
gung der Gewässerschaden-Haftpflichtversicherung, 1993 ..... Niewerth Umwelt-Altlasten

Oehler, Internationales Strafrecht, 2. Aufl. 1983 .... Oehler Int. StrafR
Offerhaus/Söhn/Lange, Umsatzsteuer, Kommentar (Loseblatt) .. Offerhaus/Söhn/Lange/*Bearbeiter*
Ohly/Sosnitza, Gesetz gegen den unlauteren Wettbewerb:
UWG, Kommentar, 6. Aufl. 2014 .... Ohly/Sosnitza/*Bearbeiter*
Omsels, Geographische Herkunftsangaben, 2007 .... Omsels Geographische Herkunfts-
                                 angaben
Osterrieth, Patentrecht, 5. Aufl. 2015 .... Osterrieth PatR
Otto, Aktienstrafrecht, Erläuterungen zu den §§ 399–410 AktG
(Sonderausgabe der Kommentierung der §§ 399–410 AktG
aus: Großkommentar Aktiengesetz, 4., neubearb. Aufl.), 1997,
Reprint 2012 .... Otto AktienStrafR
Otto, Grundkurs Strafrecht, Allgemeine Strafrechtslehre,
7. Aufl. 2004; Die einzelnen Delikte, 6. Aufl. 2005 .... Otto StrafR AT; Otto StrafR BT

Paal/Wolters/Zülch, UWG, Großkommentar zum Gesetz
gegen den unlauteren Wettbewerb mit Nebengesetzen, 2. Aufl.
2015 .... Paal/Wolters/Zülch/*Bearbeiter*
Pahlke/Koenig, Abgabenordnung: AO, Kommentar, 2. Aufl.
2009; Koenig, Abgabenordnung: AO, Kommentar, 3. Aufl.
2014 .... Pahlke/Koenig (ab der 3. Auflage nur
                                 noch Koenig)
Palandt (Begr.), Kommentar zum Bürgerlichen Gesetzbuch
(BGB), 75. Aufl. 2016 .... Palandt/*Bearbeiter*
Park (Hrsg.), Kapitalmarktstrafrecht, Kommentar, 3. Aufl.
2013 .... HK-KapMStrafR/*Bearbeiter*
Parsch/Nuzinger, Selbstanzeigeberatung in der Praxis, Praxisrat-
geber, 2013 .... Parsch/Nuzinger Selbstanzeigebera-
                                 tung
Paschke, Kommentar zum Umwelthaftungsgesetz, 1993 .... Paschke
Plückebaum/Malitzky/Widmann, Umsatzsteuergesetz – Mehr-
wertsteuer, Kommentar (Loseblatt) .... PMW/*Bearbeiter*
Pöhlmann/Fandrich/Bloehs, Genossenschaftsgesetz: GenG,
Kommentar, 4. Aufl. 2012 .... Pöhlmann/Fandrich/Bloehs/*Bearbeiter*
Prölss (Hrsg.), Versicherungsaufsichtsgesetz: VAG, Kommentar,
12. Aufl. 2005 .... Prölss/*Bearbeiter*
Prölss/Martin (Hrsg.), Versicherungsvertragsgesetz: VVG, Kom-
mentar, 29. Aufl. 2015 .... Prölss/Martin/*Bearbeiter*

Literaturverzeichnis

Prütting (Hrsg.), Fachanwaltskommentar Medizinrecht, 3. Aufl. 2014 .... AnwK-MedizinR/*Bearbeiter*

Puppe, Strafrecht Allgemeiner Teil, 3. Aufl. 2016 .... Puppe StrafR AT

Quedenfeld/Füllsack, Verteidigung in Steuerstrafsachen, 4. Aufl. 2012 .... Quedenfeld/Füllsack Steuerstrafsachen

Radtke/Hohmann (Hrsg.), Strafprozessordnung: StPO, Kommentar, 2011 .... Radtke/Hohmann/*Bearbeiter*
Randt, Der Steuerfahndungsfall, Kommentar, 2004 .... Randt Steuerfahndungsfall
Ransiek, Unternehmensstrafrecht, 1996 .... Ransiek UnternehmensStrafR
Rau/Dürwächter (Begr.)/*Flick/Geist* (Hrsg.), Umsatzsteuergesetz, Kommentar, (Loseblatt) .... Rau/Dürrwächter/*Bearbeiter*
Rebmann/Roth/Herrmann, Gesetz über Ordnungswidrigkeiten, Kommentar (Loseblatt) .... Rebmann/Roth/Herrmann/*Bearbeiter*
Redeker/von Oertzen (Begr.), Kommentar zur Verwaltungsgerichtsordnung (Loseblatt) .... Redeker/v. Oertzen/*Bearbeiter*
Rehbinder/Peukert, Urheberrecht, 17. Aufl. 2015 .... Rehbinder/Peukert UrhR
Rehmann, Arzneimittelgesetz (AMG), Kommentar, 4. Aufl. 2014 .... Rehmann
Rehmann/Wagner, Medizinproduktegesetz (MPG), Kommentar, 2. Aufl. 2010 .... Rehmann/Wagner/*Bearbeiter*
Reiß/Kraeusel/Langer (Hrsg.), Umsatzsteuergesetz, Kommentar (Loseblatt) .... Reiß/Kraeusel/Langer/*Bearbeiter*
Rengier, Strafrecht Allgemeiner Teil, 7. Aufl. 2015; Strafrecht Besonderer Teil, Bd. I (Vermögensdelikte) 18. Aufl. 2016; Bd. II (Delikte gegen die Person und die Allgemeinheit) 17. Aufl. 2016 .... Rengier StrafR AT; StrafR BT I; StrafR BT II
Renner (Hrsg.), Ausländerrecht, Kommentar, 8. Aufl. 2005 .... Renner/*Bearbeiter*
Renner/Bergmann/Dienelt (Hrsg.), Ausländerrecht: AuslR, Kommentar, 10. Aufl. 2011 .... Renner/Bergmann/Dienelt/*Bearbeiter*
Richardi (Hrsg.), Betriebsverfassungsgesetz: BetrVG, Kommentar, 15. Aufl. 2016 .... Richardi BetrVG
Rolletschke, Steuerstrafrecht, 4. Aufl. 2012 .... Rolletschke SteuerStrafR
Rolletschke/Kemper (Hrsg.), Steuerstrafrecht, Kommentar (Loseblatt) .... Rolletschke/Kemper/*Bearbeiter*
Rolletschke/Roth, Die Selbstanzeige, 2015 .... Rolletschke/Roth Selbstanzeige
Rosenberg/Schwab/Gottwald, Zivilprozessrecht, 17. Aufl. 2010 . Rosenberg/Schwab/Gottwald ZivilProzR
Roth/Altmeppen, Gesetz betreffend die Gesellschaften mit beschränkter Haftung: GmbHG, Kommentar, 8. Aufl. 2015 ..... Roth/Altmeppen/*Bearbeiter*
Rowedder/Schmidt-Leithoff, Gesetz betreffend die Gesellschaften mit beschränkter Haftung: GmbHG, Kommentar, 5. Aufl. 2013 .... Rowedder/Schmidt-Leithoff/*Bearbeiter* GmbHG
Roxin, Strafrecht, Allgemeiner Teil, Bd. I, 4. Aufl. 2006; Bd. II, 2003 .... Roxin StrafR AT I; StrafR AT II
Roxin, Täterschaft und Tatherrschaft, 9. Aufl. 2015 .... Roxin Täterschaft
Roxin/Schünemann, Strafverfahrensrecht, 28. Aufl. 2014 (bis zur 25. Aufl. 1998: *Roxin*, Strafverfahrensrecht) .... Roxin/Schünemann StVerfR
Ruhs, Strafbare Werbung, 2006 .... Ruhs Strafbare Werbung

Sachs (Hrsg.), Grundgesetz: GG, Kommentar, 7. Aufl. 2014 ... Sachs GG
Sack, Umweltschutz-Strafrecht, Kommentar (Loseblatt) .... Sack
Safferling, Internationales Strafrecht, 2011 .... Safferling Int. StrafR
Salje/Peter, Umwelthaftungsgesetz: UmweltHG, Kommentar, 2. Aufl. 2005 .... Salje/Peter
Sandmann/Marschall, Arbeitnehmerüberlassungsgesetz (AÜG), Kommentar, Loseblatt .... Sandmann/Marschall
Satzger, Internationales und Europäisches Strafrecht, 7. Aufl. 2016 .... Satzger Int. und Europ. StrafR
Satzger/Schluckebier/Widmaier (Hrsg.), StPO-Kommentar, 2. Aufl. 2015 .... SSW StPO/*Bearbeiter*

Satzger/Schluckebier/Widmaier (Hrsg.), Strafgesetzbuch, Kommentar, 2. Aufl. 2014 .... SSW StGB/*Bearbeiter*

Schäfer/Hamann (Hrsg.), Kapitalmarktgesetze, Kommentar zu WpHG, BörsG, BörsZulV, WpPG, VerkProspG, WpÜG, Loseblatt .... Schäfer/Hamann/*Bearbeiter*

Schäfer/Sander/van Gemmeren, Praxis der Strafzumessung, 5. Aufl. 2012 .... SSG Strafzumessung

Scheuerle/Mayen (Hrsg.), Telekommunikationsgesetz: TKG, Kommentar, 2. Aufl. 2009 .... Scheuerle/Mayen/*Bearbeiter*

Schimikowski, Umwelthaftungsrecht und Umwelthaftpflichtversicherung, 1998 .... Schimikowski UmwelthaftungsR

Schmidhäuser, Strafrecht, Lehrbuch, Allgemeiner Teil, 2. Aufl. 1975 .... Schmidhäuser StrafR AT

Schmidhäuser, Strafrecht, Studienbuch, Allgemeiner Teil, 2. Aufl. 1984; Besonderer Teil, 2. Aufl. 1983 .... Schmidhäuser StuB StrafR AT; StuB StrafR BT

Schmidt (Hrsg.), Kommentar zum Einkommensteuergesetz: EStG, 34. Aufl. 2015 .... Schmidt/*Bearbeiter*

Schmidt, Gewinnabschöpfung im Straf- und Bußgeldverfahren, Handbuch für die Praxis, 2006 .... Schmidt Gewinnabschöpfung

Schmidt-Bleibtreu/Hofmann/Henneke, Kommentar zum Grundgesetz: GG, 13. Aufl. 2014 .... Schmidt-Bleibtreu/Hofmann/Henneke GG

Schmidt-Futterer (Begr.), Mietrecht: MietR, Großkommentar, hrsg. v. Blank, 12. Aufl. 2015 .... Schmidt-Futterer/*Bearbeiter*

Scholz (Hrsg.), GmbHG, Kommentar, 11. Aufl. 2012/2015 .... Scholz/*Bearbeiter*

Schomburg/Lagodny/Gleß/Hacker, Internationale Rechtshilfe in Strafsachen, Kommentar, 5. Aufl. 2012 .... SLGH/Bearbeiter

Schönke/Schröder (Begr.), Strafgesetzbuch: StGB, Kommentar, 29. Aufl. 2014 .... Schönke/Schröder/*Bearbeiter*

Schricker/Loewenheim (Hrsg.), Urheberrecht, Kommentar, 4. Aufl. 2010 .... Schricker/Loewenheim/*Bearbeiter*

Schröder, Handbuch Kapitalmarktstrafrecht, 3. Aufl. 2015 ...... Schröder KapMarktStrafR-HdB

Schroth, Strafrecht Besonderer Teil, 5. Aufl. 2010 .... Schroth StrafR BT

Schroth/König/Gutmann/Oduncu, Transplantationsgesetz: TPG, Kommentar, 2005 .... Schroth/König/Gutmann/Oduncu/*Bearbeiter*

Schulte (Hrsg.), Patentgesetz mit Europäischem Patentübereinkommen: PatG mit EPÜ, 9. Aufl. 2014 .... Schulte/*Bearbeiter*

Schwark/Zimmer, Kapitalmarktrechts-Kommentar, 4. Aufl. 2010 .... Schwark/Zimmer/*Bearbeiter*

Schwarz (Hrsg.), Kommentar zur Abgabenordnung (AO) (Loseblatt) .... Schwarz/Pahlke/*Bearbeiter*

Schwarz/Widmann/Radeisen, Kommentar zum Umsatzsteuergesetz (UStG), Loseblatt .... Schwarz/Widmann/Radeisen/*Bearbeiter*

Semler/Stengel, Umwandlungsgesetz: UmwG, Kommentar, 3. Aufl. 2012 .... Semler/Stengel/*Bearbeiter*

Senge (Hrsg.), Karlsruher Kommentar zum Gesetz über Ordnungswidrigkeiten, 4. Aufl. 2014 .... KK-OWiG/*Bearbeiter*

Sieverts/Schneider (Hrsg.), Handwörterbuch der Kriminologie, Bd. I bis IV, 2. Aufl. 1966 bis 1998 .... Sieverts Kriminologie-HdWB

Simitis (Hrsg.), Bundesdatenschutzgesetz, Kommentar, 8. Aufl. 2014 .... NK-BDSG/*Bearbeiter*

Simon/Vogelberg, Steuerstrafrecht, Handbuch, 3. Aufl. 2011 .... Simon/Vogelberg SteuerStrafR/*Bearbeiter*

Spickhoff, Medizinrecht, Kommentar, 2. Aufl. 2014 .... Spickhoff/*Bearbeiter*

Stadie, Umsatzsteuergesetz, Kommentar, 3. Aufl. 2015 .... Stadie

Stahl, Selbstanzeige, 3. Aufl. 2011 .... Stahl Selbstanzeige

Stammkötter, Bauforderungssicherungsgesetz (BauFordSiG), Kommentar, 3. Aufl. 2009 .... Stammkötter

Literaturverzeichnis

Staub (Begr.), Handelsgesetzbuch, Großkommentar, Band 7/1
(§§ 316–330), 5. Aufl. 2012 und 7/2 (§§ 331–342e), 5. Aufl.
2010 .... Staub/*Bearbeiter*
Staudinger (Hrsg.), Kommentar zum Bürgerlichen Gesetzbuch,
Buch 3; Sachenrecht, Neubearbeitung 2015, Umwelthaftungs-
recht: UmweltHR, 2010 .... Staudinger/*Bearbeiter*
Steinmeyer (Hrsg.), WpÜG, Kommentar, 3. Aufl. 2013 .... Steinmeyer/*Bearbeiter*
Sternel, Mietrecht aktuell, Handbuch, 4. Aufl. 2009 .... Sternel MietR aktuell
Stratenwerth/Kuhlen, Strafrecht, Allgemeiner Teil, 6. Aufl.
2011 .... Stratenwerth/Kuhlen StrafR AT
Streck, Die Steuerfahndung, 3. Aufl. 1996 .... Streck Steuerfahndung
Streck/Spatscheck, Die Steuerfahndung, 4. Aufl. 2006 .... Streck/Spatscheck Steuerfahndung
Streinz, Europarecht, 10. Aufl. 2016 .... Streinz EuropaR
Suhr/Naumann/Bilsdorfer, Steuerstrafrecht, Kommentar,
4. Aufl. 1986 .... Suhr/Naumann/Bilsdorfer

Tettinger/Wank/Ennuschat, Gewerbeordnung: GewO, Kom-
mentar, 8. Aufl. 2011 .... Ennuschat/Wank/*Bearbeiter*
Thomas/Putzo (Begr.), Zivilprozessordnung: ZPO, Kommen-
tar, 36. Aufl. 2015 .... Thomas/Putzo/*Bearbeiter*
Thüsing, Arbeitnehmerüberlassungsgesetz, Kommentar,
3. Aufl. 2012 .... Thüsing AÜG/*Bearbeiter*
Tiedemann, Kommentar zum GmbH-Strafrecht. §§ 82–85
GmbHG und ergänzende Straftatbestände, 2010 .... Tiedemann GmbHG-StrafR
Tiedemann, Wirtschaftsbetrug (Erweiterte Sonderausgabe der
Kommentierung der §§ 263a bis 265b aus dem LK, 11. Aufl.),
1999 .... Tiedemann Wirtschaftsbetrug
Tiedemann, Wirtschaftsstrafrecht, Besonderer Teil, 3. Aufl.
2011 .... Tiedemann WirtschaftsStR BT
Tiedemann, Wirtschaftsstrafrecht, Einführung und Allgemeiner
Teil, 4. Aufl. 2014 .... Tiedemann WirtschaftsStR AT
Tipke/Kruse (Hrsg.), Kommentar zu AO (ohne Steuerstraf-
recht) und FGO (Loseblatt) .... Tipke/Kruse/*Bearbeiter*
Tipke/Lang, Steuerrecht, Handbuch, 22. Aufl. 2015 .... Tipke/Lang SteuerR/*Bearbeiter*
Többens, Wirtschaftsstrafrecht, 2006 .... Többens WirtschaftsStR
Tschöpe (Hrsg.), Anwalts-Handbuch Arbeitsrecht, 9. Aufl.
2015 .... Tschöpe ArbR-HdB/*Bearbeiter*

Ulber, AÜG – Arbeitnehmerüberlassungsgesetz, Kommentar,
4. Aufl. 2011 .... Ulber AÜG
Ulmer/Habersack/Henssler, Mitbestimmungsrecht: MitbestR,
Kommentar, 3. Aufl. 2013 .... Ulmer/Habersack/Henssler/*Bearbeiter*
Ulsenheimer, Arztstrafrecht in der Praxis, Handbuch, 5. Aufl.
2015 .... Ulsenheimer ArztStrafR

v. Wulffen/Schütze, SGB X – Sozialverwaltungsverfahren und
Sozialdatenschutz, Kommentar, 8. Aufl. 2014 .... v. Wulffen/Schütze/*Bearbeiter*

Vogel/Lehner, Kommentar zu den Doppelbesteuerungsabkom-
men: DBA, 6. Aufl. 2015 .... Vogel/Lehner
Vogel/Schwarz (Hrsg.), Kommentar zum Umsatzsteuergesetz
(UStG) (Loseblatt) .... Vogel/Schwarz/*Bearbeiter*
Voit/Grube, Lebensmittelinformationsverordnung: LMIV,
Kommentar, 2. Aufl. 2015 .... Voit/Grube LMIV/*Bearbeiter*
Volk (Hrsg.), Verteidigung in Wirtschafts- und Steuerstrafsa-
chen, Münchner Anwaltshandbuch, 2. Aufl. 2014 .... MAH WirtschaftsStR/*Bearbeiter*
von Briel/Ehlscheid, Steuerstrafrecht, Handbuch, 2. Aufl.
2001 .... v. Briel/Ehlscheid SteuerStrafR/*Bearbeiter*

von der Groeben/Schwarze/Hatje (Hrsg.), Europäisches Unions-
recht, Kommentar, 7. Aufl. 2015 .... von der Groeben/Schwarze/Hatje/*Bearbeiter*

von Mangoldt/Klein/Starck, Kommentar zum Grundgesetz: GG,
6. Aufl. 2010 .... v. Mangoldt/Klein/Starck GG

Literaturverzeichnis

Wabnitz/Janovsky (Hrsg.), Handbuch des Wirtschafts- und Steuerstrafrechts, 4. Aufl. 2014 .... Wabnitz/Janovsky WirtschaftsStR-HdB/*Bearbeiter*

Wandtke/Bullinger (Hrsg.), Praxiskommentar zum Urheberrecht: UrhR, 4. Aufl. 2014 .... Wandtke/Bullinger/*Bearbeiter*

Wannemacher (Hrsg.), Steuerstrafrecht, Handbuch, 6. Aufl. 2013 .... Wannemacher SteuerStrafR/*Bearbeiter*

Webel, Steuerfahndung – Steuerstrafverteidigung, Handbuch, 3. Aufl. 2015 .... Webel Steuerfahndung

Weber, Betäubungsmittelgesetz: BtMG, Kommentar, 4. Aufl. 2013 .... Weber BtMG

Weitnauer/Boxberger/Anders, KAGB, Kommentar, 2014 .... Weitnauer/Boxberger/Anders/*Bearbeiter*

Wessels/Beulke/Satzger, Strafrecht Allgemeiner Teil, 45. Aufl. 2015 .... WBS StrafR AT

Wessels/Hettinger, Strafrecht Besonderer Teil 1 (Straftaten gegen Persönlichkeits- und Gemeinschaftswerte), 39. Aufl. 2015 ..... Wessels/Hettinger StrafR BT I

Wessels/Hillenkamp, Strafrecht Besonderer Teil 2 (Straftaten gegen Vermögenswerte), 38. Aufl. 2015 .... Wessels/Hillenkamp StrafR BT II

Weyand, Jugendarbeitsschutzgesetz, Kommentar, 2012 .... NK-JArbSchG/*Bearbeiter*

Weyand/Diversy, Insolvenzdelikte, 10. Aufl. 2016 .... Weyand/Diversy Insolvenzdelikte

Wicke, Gesetz betreffend die Gesellschaften mit beschränkter Haftung (GmbHG), Kommentar, 3. Aufl. 2016 .... Wicke

Widmann/Mayer, Umwandlungsrecht, Kommentar, Loseblatt . Widmann/Mayer/*Bearbeiter*

Wiese/Kreutz/Oetker/Raab/Weber/Franzen/Gutzeit, Gemeinschaftskommentar zum Betriebsverfassungsgesetz, Bd. 2: §§ 74–132, 10. Aufl. 2014 .... GK-BetrVG/*Bearbeiter*

Wimmer (Hrsg.) Frankfurter Kommentar zur Insolvenzordnung, 7. Aufl. 2013 .... FK-InsO/*Bearbeiter*

Witte (Hrsg.), Zollkodex, Kommentar, 6. Aufl. 2013 .... Witte/*Bearbeiter*

Wlotzke/Preis/Kreft (Hrsg.), Betriebsverfassungsgesetz: BetrVG, Kommentar, 4. Aufl. 2009 .... Wlotzke/Preis/Kreft/*Bearbeiter*

Woerner/Grube, Die Aufhebung und Änderung von Steuerverwaltungsakten (AO 77), 8. Aufl. 1988 .... Woerner/Grube Steuerverwaltungsakte/*Bearbeiter*

Wolffgang/Simonsen (Hrsg.), AWR-Kommentar (Loseblatt) .... Wolffgang/Simonsen/Rogmann/*Bearbeiter*

Wolter (Hrsg.), Systematischer Kommentar zum Strafgesetzbuch, Stand 2012 ff.; *Wolter* (Hrsg.), Systematischer Kommentar zur Strafprozeßordnung und zum Gerichtsverfassungsgesetz, 4. Aufl. 2010 ff.; Bd. 6, 5. Aufl. 2016 .... SK-StGB/*Bearbeiter;* SK-StPO/*Bearbeiter*

Zieschang, Strafrecht Allgemeiner Teil, 4. Aufl. 2014 .... Zieschang StrafR AT

Ziouvas, Das neue Kapitalmarktstrafrecht, 2005 .... Ziouvas KapMarktStrafR

Zipfel (Begr.)/*Rathke* (Hrsg.), Lebensmittelrecht, Kommentar (Loseblatt) .... Zipfel/Rathke LebensmittelR/*Bearbeiter*

Zmarzlik/Anzinger, Jugendarbeitsschutzgesetz, Kommentar, 5. Aufl. 1998 .... Zmarzlik/Anzinger

Zöller (Begr.), Zivilprozessordnung, Kommentar, 31. Aufl. 2016 .... Zöller/*Bearbeiter*

Zöller (Hrsg.), Kölner Kommentar zum Aktiengesetz; Bd. 7 (§§ 394–410), 3. Aufl. 2011 .... KölnKomm AktG/*Bearbeiter*

Einführung

Literatur: *Ackermann/Heine* (Hrsg.), Wirtschaftsstrafrecht der Schweiz, 2013; *Brettel/Schneider,* Wirtschaftsstrafrecht, 2014; *Geerds,* Wirtschaftsstrafrecht und Vermögensschutz, 1990; *Gropp* (Hrsg.), Wirtschaftskriminalität und Wirtschaftsstrafrecht in einem Europa auf dem Weg zu Demokratie und Privatisierung, 1998; *Krekeler/Tiedemann/Ulsenheimer/Weinmann,* Handwörterbuch des Wirtschafts- und Steuerstrafrechts, 1985 ff.; *Kudlich/Oğlakcıoğlu,* Wirtschaftsstrafrecht, 2. Aufl. 2014; *Lindemann,* Voraussetzungen und Grenzen legitimen Wirtschaftsstrafrechts, 2012; *Mansdörfer,* Zur Theorie des Wirtschaftsstrafrechts, 2011; *Müller/Wabnitz/Janovsky,* Wirtschaftskriminalität – eine Darstellung der typischen Erscheinungsformen mit praktischen Hinweisen zur Bekämpfung, 5. Aufl. 2014; *Rotsch* (Hrsg.), Criminal Compliance, 2015; *Tiedemann,* Wirtschaftsstrafrecht und Wirtschaftskriminalität, Bd. 1 und 2, 1976; *Többens,* Wirtschaftsstrafrecht, 2006; *Wittig,* Wirtschaftsstrafrecht, 3. Aufl. 2014.

A. Begriff des Wirtschaftsstrafrechts

I. Vorbemerkung

Gegenstand dieses Kommentars ist das Wirtschaftsstrafrecht, das in den letzten Jahren sowohl in der **1** Strafverfolgungspraxis als auch in der Strafrechtswissenschaft erheblich an Bedeutung gewonnen hat. Hierfür müssen die strafrechtlichen Normen ermittelt werden, die dem Wirtschaftsstrafrecht als strafrechtlicher Spezialmaterie zuzuordnen sind.

Bis heute gibt es jedoch **keine allgemein anerkannte Begriffsbestimmung** (s. nur Wabnitz/Janovsky WirtschaftsStR-HdB/*Dannecker/Bülte* Kap. 1 Rn. 5), aber auch keine feststehenden Kriterien zur Abgrenzung zu anderen Bereichen des Strafrechts (*Achenbach* StV 2008, 324). Das Gesetz definiert den Begriff des Wirtschaftsstrafrechts nicht (zur Legaldefinition in § 6 Abs. 2 WiStG 1949, → Rn. 8). Auch gibt es kein Wirtschaftsstrafgesetzbuch, das abschließend das Wirtschaftsstrafrecht kodifiziert. Die WiStG 1949/1954 (→ Rn. 8) kodifizieren als Wirtschaftslenkungsrecht lediglich bestimmte Verstöße gegen Preis- und Sicherstellungsvorschriften. Auch die Regelung des § 30 Abs. 4 Nr. 5 AO (Durchbrechung des Steuergeheimnisses) definiert den Begriff der Wirtschaftsstraftat nicht. Vielmehr finden sich Regelungen sowohl im Kernstrafrecht, das im StGB geregelt ist, als auch im Nebenstrafrecht. Große praktische Bedeutung kommt insbes. dem Steuerstrafrecht zu, das herkömmlicherweise zum Wirtschaftsstrafrecht gerechnet wird.

In der Strafrechtswissenschaft finden sich unterschiedliche Begriffsbestimmungen. Diese knüpfen entweder an die strafprozessuale Regelung des § 74c GVG (strafprozessualer Begriff), an kriminologische Definitionen der Wirtschaftskriminalität (kriminologischer Begriff) oder an genuin strafrechtsdogmatische Kategorien (strafrechtsdogmatischer Begriff) an (vgl. zu Systematisierungsversuchen nur *Otto* ZStW 96 (1984), 339 (349); *Meier,* Kriminologie, 4. Aufl. 2010, § 11 Rn. 3 ff.; MAH WirtschaftsStR/*Grunst/Volk* § 1 Rn. 6 ff.).

II. Begriffsbestimmungen

Literatur: *Achenbach,* Wirtschaftskriminalität und Wirtschaftsstrafrecht – Gedanken zu einer terminologischen Bereinigung, FS Schwind, 2006, 177; *Boers,* Wirtschaftskriminologie, MSchrKrim 2001, 335; *Bottke,* Das Wirtschaftsstrafrecht der Bundesrepublik Deutschland – Lösungen und Defizite, wistra 1991, 1; *Göppinger,* Kriminologie, 6. Aufl. 2008, § 25; *Hefendehl,* Außerstrafrechtliche und strafrechtliche Instrumentarien zur Eindämmung der Wirtschaftskriminalität, ZStW 119 (2007), 816 ff.; *Heinz,* Begriffliche und strukturelle Besonderheiten des Wirtschaftsstrafrechts, in Gropp (Hrsg.), Wirtschaftskriminalität und Wirtschaftsstrafrecht in einem Europa auf dem Weg zu Demokratie und Privatisierung, 1998, 13 ff.; *Kaiser,* Kriminologie, 3. Aufl. 1996, § 74; *Kaiser/Schöch/Kinzig,* Kriminologie, Jugendstrafrecht, Strafvollzug, 8. Aufl. 2015, 208 ff.; *Meier,* Kriminologie, 4. Aufl. 2010, § 11; *Otto,* Konzeption und Grundsätze des Wirtschaftsstrafrechts (einschließlich Verbraucherschutz), ZStW 96 (1984), 339; *Otto,* Die Tatbestände der Wirtschaftskriminalität im Strafgesetzbuch – Kriminalpolitische und damit verbundene rechtsdogmatische Probleme von Wirtschaftsdelikten, JURA 1989, 24; *Samson/Langrock,* Bekämpfung von Wirtschaftskriminalität im und durch Unternehmen, DB 2007, 1684; *Schünemann,* Strafrechtsdogmatische und kriminalpolitische Grundfragen der Unternehmenskriminalität, wistra 1982, 41; *Schwind,* Kriminologie, 22. Aufl. 2013, § 21; *Sutherland,* White Collar Crime, 1949; *Tiedemann,* Entwicklung und Begriff des Wirtschaftsstrafrechts, GA 1969, 71; *Tiedemann,* Wirtschaftsstrafrecht – Einführung und Übersicht, JuS 1989, 689; *Volk,* Strafrecht und Wirtschaftskriminalität, JZ 1982, 85; *Volk,* Kriminologische Probleme der Wirtschaftsdelinquenz, MSchrKrim 1977, 265; *Zirpins/Terstegen,* Wirtschaftskriminalität, 1963.

1. Kriminologischer Begriff. Das Wirtschaftsstrafrecht als normative Wissenschaft dient der Be- **2** kämpfung der Wirtschaftsdelinquenz als empirischer Erscheinung der sozialen Wirklichkeit. Kriminologische Bestimmungen des Begriffs des Wirtschaftsstrafrechts schließen an Bestimmungen des Begriffs der Wirtschaftskriminalität oder besser der Wirtschaftsdelinquenz an (zur terminologischen Unterscheidung zwischen Wirtschaftsdevianz, -delinquenz und -kriminalität s. *Achenbach* FS Schwind, 2006, 177 (180)).

Wirtschaftsstrafrecht ist danach die Normwissenschaft, die die Verhängung von Kriminalstrafen oder Geldbußen als staatliche Reaktion auf ein durch die Wirtschaftskriminologie als wirtschaftsdelinquent definiertes Verhalten regelt. Ein solcher Ansatz ist nur dann sinnvoll, wenn es einerseits gelingt, den Begriff der Wirtschaftskriminalität aus kriminologischer Sicht zu konturieren, und andererseits diese Begriffsbestimmung den spezifischen strafrechtlichen Anforderungen genügt.

Wodurch sich Wirtschaftskriminalität von anderen Kriminalitätsformen unterscheidet, ist jedoch nicht abschließend geklärt (*Boers* MSchrKrim 2001, 335 (338); *Hefendehl* ZStW 119 (2007), 816). Es lassen sich täter-, unternehmens- und opfer- bzw. schadensbezogene Bestimmungen des Begriffs der Wirtschaftskriminalität unterscheiden.

Ausgangspunkt **täterbezogener Ansätze** sind zunächst kriminologische Erkenntnisse zum Tätertyp des Wirtschaftskriminellen, dessen Sozialprofil sich oft (wenn auch nicht immer) von dem anderer Krimineller unterscheidet (Überblick bei *Schwind,* Kriminologie, 22. Aufl. 2013, § 21 Rn. 19 ff.; Göppinger Kriminologie § 25 Rn. 9 ff.). Klassisch ist hierfür die Definition von *Sutherland,* der schon 1939 den Begriff des **„White-Collar-Crime"** (Weißer-Kragen-Verbrechen) verwendete, den er schließlich 1949 definierte (*Sutherland,* American Sociological Review 5 (1940), 1; *Sutherland,* White Collar Crime, 1949): *Sutherland* verstand darunter Straftaten, die von Personen mit sozialem Ansehen und hohem beruflichen Status während ihrer beruflichen Tätigkeit begangen werden. Nach *Göppinger* (Kriminologie § 25 Rn. 9) lässt sich Wirtschaftskriminalität als Kriminalität bei sonstiger sozialer Unauffälligkeit begreifen. Täterbezogene Definitionen haben ein hohes sozialkritisches Potential, da sie verdeutlichen, dass nicht nur Angehörige der „Unterschicht" oder soziale Außenseiter kriminell werden. Allerdings grenzen sie Wirtschaftskriminalität nicht überzeugend von anderen Kriminalitätsformen ab (*Meier,* Kriminologie, 4. Aufl. 2010, § 11 Rn. 5): So ist zB die von einem hoch angesehenen Arzt während einer verpfuschten Operation verwirklichte Körperverletzung (§§ 223 ff. StGB) keine Wirtschaftsstraftat, wohl aber der Verrat von Geschäftsgeheimnissen eines Unternehmens (§ 17 UWG) durch einen schlecht bezahlten Angestellten. Außerdem knüpft das deutsche Strafrecht als Tatstrafrecht nicht an den Tätertyp an, sondern an die Tat, also an ein bestimmtes Verhalten.

Unternehmensbezogene Definitionen stellen auf die besonderen hierarchischen Strukturen ab, innerhalb derer Wirtschaftskriminalität begangen wird. Sie charakterisieren Wirtschaftskriminalität durch das Begriffspaar **„Occupational crime"** (Berufsstraftat) und **„Corporate crime"** (Verbands-, Unternehmensstraftat) (*Clinard/Quinney,* Criminal Behavior Systems, 1973, 187 ff., 206 ff.). Hierauf bezieht sich dann auch die strafrechtliche Begriffsbildung. Mit dem Begriff „corporate crime" (*Samson/ Langrock* DB 2007, 1684 „altruistisches Delikt"; *Schünemann* wistra 1982, 41 „Unternehmenskriminalität") werden Straftaten oder Ordnungswidrigkeiten umschrieben, die Unternehmen oder Unternehmensangehörige zum Nutzen des Unternehmens begehen (zB Schmiergeldzahlungen zur Auftragserlangung). Ein „occupational crime" (*Samson/Langrock* DB 2007, 1684 „eigennütziges Delikt"; *Schünemann* wistra 1982, 41 „Betriebskriminalität") liegt dagegen vor, wenn Unternehmensangehörige Delikte zum eigenen Nutzen und zum Schaden des Unternehmens begehen (zB Unterschlagung von Betriebseigentum). Auch unternehmensbezogene Begriffsbestimmungen sind nicht hinreichend trennscharf, da auch außerhalb von Unternehmen Wirtschaftsstraftaten (zB Steuerhinterziehung) verwirklicht werden können. Außerdem widersprechen sie der Konzeption eines Tatstrafrechts.

Schadens- und opferbezogene Ansätze knüpfen vorrangig an die negativen Folgen wirtschaftskriminellen Verhaltens für die Gesamtwirtschaft bzw. ihre Institutionen an. Ergänzend wird der Gedanke des **Vertrauensmissbrauchs** (verstanden als Vertrauen in die Institution der Wirtschaft) herangezogen (*Schwind,* Kriminologie, 22. Aufl. 2013, § 21 Rn. 17). Krit. lässt sich hierzu anmerken, dass nicht jedes die Wirtschaft schädigende Verhalten eine Wirtschaftsstraftat ist, so dass eine hinreichende Abgrenzung zu (noch) legalem Wirtschaften nicht gewährleistet wird.

Insgesamt lässt sich festhalten, dass kriminologische Bestimmungen des Begriffs des Wirtschaftsstrafrechts nicht wirklich überzeugen. Zum einen ist auch der Begriff der Wirtschaftskriminalität nicht ausreichend konturiert, zum anderen lässt sich die kriminologische Sichtweise nicht immer mit den normativen Vorgaben eines modernen tatbezogenen Strafrechts in Einklang bringen.

3 **2. Strafrechtsdogmatischer Begriff.** Strafrechtsdogmatischen Begriffsbestimmungen des Wirtschaftsstrafrechts liegen originär strafrechtliche Kategorien (Rechtsgüterschutz, Strafwürdigkeit) zugrunde. Anders als kriminologische Ansätze knüpfen sie damit an normative, originär strafrechtliche Konstruktionen an. Auch sie müssen sich daran messen lassen, ob es ihnen gelingt, das Wirtschaftsstrafrecht hinreichend bestimmt von anderen Bereichen des Strafrechts, aber auch von nicht strafbarem, wenn auch wirtschaftsschädigendem Wirtschaften abzugrenzen.

Wirtschaftsstrafrecht wird als der Teilbereich des Strafrechts verstanden, der **überindividuelle Rechtsgüter (Kollektivrechtsgüter) des Wirtschaftslebens** schützt (Tiedemann WirtschaftsStR AT Rn. 65 mwN; krit. zB *Hassemer* JuS 1990, 850) und der sich durch eine „verflüchtigende Opfereigenschaft" auszeichnet (Brettel/Schneider/*Schneider,* Wirtschaftsstrafrecht, 2014, § 1 Rn. 8). Als Konkretisierungen des Schutzbereichs werden genannt die Wirtschaftsordnung in ihrer Gesamtheit (*H.J. Schneider* JZ 1972, 461 (463); *Tiedemann* JuS 1989, 689 (691)), die soziale Marktwirtschaft oder einzelne ihrer konstitutiven Prinzipien (*Bottke* wistra 1991, 1 (4)) und der Schutz der Wirtschaftsordnung als Ganzes bzw. einzelner Instrumente zur Sicherung und Steuerung dieser Wirtschaftsordnung (Müller-

Gugenberger/Bieneck WirtschaftsStR/*Richter,* 5. Aufl. 2011, § 3 Rn. 27). Weniger unbestimmt und damit für eine Bestandsaufnahme zumindest hilfreich sind Systematisierungsversuche, die sich an dem Rechtsgutgedanken und der Schutzrichtung der einzelnen Delikte orientieren (*Lampe* in Albers ua (Hrsg.), Handwörterbuch der Wirtschaftswissenschaft, Bd. 9, 1981, 311 (318 ff.); Gropp/*Heinz,* Wirtschaftskriminalität und Wirtschaftsstrafrecht in einem Europa auf dem Weg zu Demokratie und Privatisierung, 1998, 20 f.; Wabnitz/Janovsky WirtschaftsStR-HdB/*Dannecker/Bülte* Kap. 1 Rn. 10; *Többens,* Wirtschaftsstrafrecht, 2006, 3).

An einer rechtsgutbezogenen Betrachtungsweise wird (neben ihrer Unbestimmtheit) kritisiert, dass sich die Strafwürdigkeit eines Verhaltens nicht nur aus der Rechtsgutsverletzung oder -gefährdung ergebe, sondern auch aus der Art des Angriffs auf das Rechtsgut. Diese soll bei Wirtschaftsstraftaten durch einen Vertrauensmissbrauch gekennzeichnet sein (*Zirpins/Terstegen,* Wirtschaftskriminalität, 1963, 34; *Otto* ZStW 96 (1984), 339 (342)). Auch der Begriff des Vertrauens, hier verstanden als Vertrauen in das System der Wirtschaft, ist jedoch nicht hinreichend aussagekräftig (krit. zu Recht *Achenbach* FS Schwind, 2006, 177 (183); *Kaiser,* Kriminologie, 3. Aufl. 1996, § 74 Rn. 3; *Volk* MSchrKrim 1977, 265 (273)).

Grundsätzlicher wird die Auffassung, das Wirtschaftsstrafrecht diene dem Schutz überindividueller Rechtsgüter, in neuerer Zeit von *Mansdörfer* in Frage gestellt. Er sieht das Wirtschaftsstrafrecht von einem individualistischen Ausgangspunkt als dasjenige Strafrecht, „das die Handlungsbedingungen des Einzelnen zur Verfolgung seiner individuellen Erwerbsinteressen in der Gesellschaft vor Eingriffen Dritter durch Sanktionen sichern und dadurch individuelles Wirtschaften erleichtern soll" und lehnt zugleich die „exklusive konstitutive Geltung" des Rechtsgüterschutzes für das Wirtschaftsstrafrecht ab (*Mansdörfer,* Zur Theorie des Wirtschaftsstrafrechts, 2011, Rn. 25 u. 52 ff.).

3. Strafprozessualer Begriff. Der strafprozessuale Begriff des Wirtschaftsstrafrechts knüpft an den **4** Deliktskatalog des **§ 74c GVG** an, der die Zuständigkeit der Wirtschaftsstrafkammern regelt. Die in § 74c Abs. 1 Nr. 1–5 GVG genannten Delikte werden damit unwiderleglich dem Wirtschaftsstrafrecht zugeordnet, die in § 74c Abs. 1 Nr. 6 genannten Delikte nur, „soweit zur Beurteilung des Falles besondere Kenntnisse des Wirtschaftslebens erforderlich sind". Auch die Polizei bedient sich bei der Zuordnung von Straftaten zur Wirtschaftskriminalität des Katalogs des § 74c Abs. 1 Nr. 1–6b GVG (PKS 2014, 335; *BKA* Bundeslagebild Wirtschaftskriminalität 2014, 3). Nach der PKS werden aber auch Delikte als Wirtschaftskriminalität erfasst, „die im Rahmen tatsächlicher oder vorgetäuschter wirtschaftlicher Betätigung begangen werden und über eine Schädigung von Einzelnen hinaus das Wirtschaftsleben beeinträchtigen oder die Allgemeinheit schädigen können und/oder deren Aufklärung besondere kaufmännische Kenntnisse erfordert" (PKS 2014, 335).

Da hinter der Regelung des § 74c GVG vor allem kriminaltaktische (und nicht strafrechtsdogmatische) Überlegungen stehen, kann es sich hierbei nur um eine pragmatische Lösung des Begriffsproblems handeln (*Kaiser,* Kriminologie, 3. Aufl. 1996, § 74 Rn. 7; *Boers* MSchrKrim 2001, 335 (340)). Kritisiert wird daran zu Recht, dass dem Rechtsgutgedanken nicht ausreichend Rechnung getragen wird und die Bezugnahme auf die besonderen Kenntnisse des Wirtschaftslebens in § 74c Abs. 1 Nr. 6 GVG ein ungeeignetes Kriterium für eine strafrechtstheoretische Begriffsbestimmung ist (Gropp/*Heinz,* Wirtschaftskriminalität und Wirtschaftsstrafrecht in einem Europa auf dem Weg zu Demokratie und Privatisierung, 1998, 20).

4. Kombinationsansatz. Schließlich werden teilweise unterschiedliche Kriterien der genannten **4a** Ansätze zu einer Definition kombiniert. Danach wird unter Wirtschaftsstrafrecht zB „die Gesamtheit der Straftaten (und Ordnungswidrigkeiten), die bei wirtschaftlicher Betätigung unter Missbrauch des im Wirtschaftsleben notwendigen Vertrauens begangen werden und nicht nur eine individuelle Schädigung herbeiführen, sondern auch Belange der Allgemeinheit (Kollektivrechtsgüter) berühren", verstanden (*Kudlich/Oğlakcıoğlu,* Wirtschaftsstrafrecht, 2. Aufl. 2014, Rn. 12; ähnl. Momsen/Grützner WirtschaftsStR/*Rotsch* Kap. 1 Teil B Rn. 7).

5. Eigene Stellungnahme. Keiner der vertretenen Ansätze zur Bestimmung des Begriffs des Wirt- **5** schaftsstrafrechts vermag letztlich vollständig zu überzeugen. Der Begriff des Wirtschaftsstrafrechts ist immer auch im Hinblick auf seine jeweilige Funktion, den Zweck, für den er aufgestellt wird, zu sehen (*Achenbach* FS Schwind, 2006, 177 (185)). Für die Zwecke dieses Kommentars geht es um nicht mehr und nicht weniger als eine Bestandsaufnahme der Normen, die dem Wirtschaftsstrafrecht als strafrechtlicher Spezialmaterie zuzuordnen sind. Sinnvoll ist in diesem Zusammenhang eine Kombination verschiedener Kriterien (in diesem Sinne auch *Achenbach* FS Schwind, 2006, 177 (189): „Modell eines Clusters aus Kriterien unterschiedlicher Art, die sich auch noch überlappen können"). Auf einer strafrechtstheoretischen Ebene ist dies vor allem der Bezug auf bestimmte Kollektivrechtsgüter. Auf einer pragmatischen Ebene vermag zumindest im Hinblick auf Wirtschaftsstraftaten im engeren Sinne § 74c GVG und die daran orientierte Strafverfolgungspraxis eine gewisse Orientierungshilfe bieten (vgl. auch *Kudlich/Oğlakcıoğlu,* Wirtschaftsstrafrecht, 2. Aufl. 2014, Rn. 8). Ein besonderes Augenmerk gilt dabei wegen dessen großer praktischer Bedeutung dem Steuerstrafrecht.

Einführung

Man sollte sich jedoch bewusst sein, dass die Zuordnung eines Delikts zum Wirtschaftsstrafrecht für die materielle Rechtsanwendung nur bedeutsam ist, soweit sich hier bereits eine Sonderdogmatik entwickelt hat (→ Rn. 16).

Ob und in welchen Grenzen ein wirtschaftsschädliches Verhalten auch strafrechtlich sanktioniert werden darf, bestimmt sich nicht nach der Zuordnung zum Wirtschaftsstrafrecht, sondern nach den allgemeinen strafrechtlichen Legitimationskriterien (insbes. Rechtsgüterschutz, Strafwürdigkeit, Ultima-Ratio-Prinzip; hierzu aus neuerer Zeit *Hassemer* wistra 2009, 169). Diese Kriterien gelten im Wirtschaftsstrafrecht in gleicher Weise wie im sonstigen Strafrecht (so auch Ackermann/Heine/*Ackermann*, Wirtschaftsstrafrecht der Schweiz, 2013, § 1 Rn. 9; diff. hinsichtlich des subsidiären und fragmentarischen Charakters des Wirtschaftsstrafrechts zB Tiedemann WirtschaftsStR AT Rn. 187 ff.; vgl. auch Momsen/Grützner WirtschaftsStR/*Rotsch* Kap. 1 Teil B Rn. 28; zu Recht krit. MAH WirtschaftsStR/*Grunst/Volk* § 1 Rn. 120 mwN).

III. Einbeziehung des Wirtschaftsordnungswidrigkeitenrechts

6   In die Betrachtung ist neben dem Wirtschaftsstrafrecht im engeren Sinne auch das Wirtschaftsordnungswidrigkeitenrecht einzubeziehen (*Achenbach* StV 2008, 324). Dieses ist ein effektives und praktisch sehr bedeutsames Instrument zur Bekämpfung der Wirtschaftsdelinquenz. Der folgenden Kommentierung wird deshalb ein weiter Begriff des Wirtschaftsstrafrechts zugrunde gelegt, der beide Normenordnungen umfasst.

Die im Ordnungswidrigkeitenrecht vorgesehene Hauptsanktion der Geldbuße (§ 1 OWiG) ist ggü. der Kriminalstrafe ein „aliud" (Wabnitz/Janovsky WirtschaftsStR-HdB/*Dannecker/Bülte* Kap. 1 Rn. 63). Nur die Kriminalstrafe ist mit einem sozialethischen Unwerturteil verbunden, die Geldbuße ist dagegen (nur) eine „nachdrückliche Pflichtenmahnung", auch wenn Geldbußen das Vermögen in gleicher Weise belasten können wie Geldstrafen (BVerfGE 27, 18 (33)). Geldbußen werden durch die Verwaltungsbehörde im Bußgeldverfahren (§§ 35 ff., 65 f. OWiG) festgesetzt, nur über den Einspruch entscheiden die Strafgerichte (§§ 67 ff. OWiG). Die Verhängung einer Geldbuße wird nicht in das Bundeszentralregister eingetragen.

B. Entwicklung des Wirtschaftsstrafrechts

I. Entwicklung bis 1945

7   Delikte, die heute unter den Begriff der Wirtschaftskriminalität fallen, gab es seit Beginn des Wirtschaftens (zB Wucher, Betrug, Bestechung; s. Tiedemann WirtschaftsStR AT Rn. 69 f.; *Middendorff*, Freiburger Universitätsblätter 1977, 55; Müller-Gugenberger WirtschaftsStR/*Müller-Gugenberger* § 1 Rn. 31). Umfang und Ausgestaltung des Wirtschaftsstrafrechts sind in besonderem Maße abhängig von der Struktur der Wirtschaftsverfassung (*Jescheck* JZ 1959, 457; Müller-Gugenberger WirtschaftsStR/*Müller-Gugenberger* § 1 Rn. 31; Tiedemann WirtschaftsStR AT Rn. 6). Während im 19. Jahrhundert, das durch Industrialisierung und Liberalismus geprägt war, noch der strafrechtliche Schutz individueller Rechtsgüter im Vordergrund stand, setzte im ersten Drittel des 20. Jahrhunderts eine zunehmende rechtliche Regulierung der Wirtschaft durch die Verwaltung ein, die durch wirtschaftsstrafrechtliche Normen abgesichert wurde. Diese Entwicklung gilt als eigentliche Grundlegung des deutschen Wirtschaftsstrafrechts (Wabnitz/Janovsky WirtschaftsStR-HdB/*Dannecker/Bülte* Kap. 1 Rn. 57; MAH WirtschaftsStR/*Grunst/Volk* § 1 Rn. 39 mwN).

II. Entwicklung in der Bundesrepublik

Literatur: *Achenbach,* Das Zweite Gesetz zur Bekämpfung der Wirtschaftskriminalität, NJW 1986, 1835; *Achenbach,* Zur Entwicklung des Wirtschaftsstrafrechts in Deutschland seit dem späten 19. Jahrhundert, JURA 2007, 342; *Achenbach,* Die wirtschaftsstrafrechtliche Reformbewegung – Ein Rückblick, FS Tiedemann, 2008, 47; *Blei,* Das Erste Gesetz zur Bekämpfung der Wirtschaftskriminalität vom 20. Juli 1976 (BGBl. I 2034), JA 1976, 741 (807); *Bröker,* Neue Strafvorschriften im deutschen Börsenrecht, wistra 1995, 130; *Dierlamm,* Das neue Insiderstrafrecht, NStZ 1996, 519; *Dölling,* Die Neuregelung der Strafvorschriften gegen Korruption, ZStW 112 (2000), 334; *Frommel,* Das Zweite Gesetz zur Bekämpfung der Wirtschaftskriminalität, JuS 1987, 667; *Haffke,* Symbolische Gesetzgebung? Das Wirtschaftsstrafrecht in der Bundesrepublik Deutschland, KritV 1991, 165; *Heinz,* Die Bekämpfung der Wirtschaftskriminalität mit strafrechtlichen Mitteln – unter besonderer Berücksichtigung des 1. WiKG, GA 1977, 193 (225); *Jescheck,* Das deutsche Wirtschaftsstrafrecht, JZ 1959, 457; *Joecks,* Anleger- und Verbraucherschutz durch das 2. WiKG, wistra 1986, 142; *König,* Neues Strafrecht gegen die Korruption, JR 1997, 397; *Kuthe,* Änderungen des Kapitalmarktrechts durch das Anlegerschutzverbesserungsgesetz, ZIP 2004, 883; *Middendorff,* Historische und vergleichende Aspekte der Wirtschaftskriminalität, Freiburger Universitätsblätter 77 (1982), 55; *Möhrenschläger,* Das OrgKG – eine Übersicht nach amtlichen Materialien (Erster Teil), wistra 1992, 286; *Möller,* Die Neuregelung des Verbots der Kurs- und Marktpreismanipulation im Vierten Finanzmarktförderungsgesetz, WM 2002, 309; *Müller-Gugenberger* in Müller-Gugenberger (Hrsg.), Wirtschaftsstrafrecht, 6. Aufl. 2015, § 1 Rn. 58 ff.; *Schneider,* Sonderstrafrecht für Ärzte?, HRRS 2013, 473; *Tiedemann,* Der Entwurf eines ersten Gesetzes zur Bekämpfung der Wirtschaftskriminalität, ZStW 87 (1975), 253; *Tiedemann,* Die Bekämpfung der Wirtschaftskriminalität durch den Gesetzgeber – Ein Überblick aus Anlass des Inkrafttretens des 2. WiKG am 1.8.1986, JZ 1986, 865; *Weber,* Das Zweite Gesetz zur Bekämpfung der Wirtschaftskriminalität

(2. WiKG), NStZ 1986, 481; *Wolters,* Die Änderung des StGB durch das Gesetz zur Bekämpfung der Korruption, JuS 1998, 1100; *Zieschang,* Das Verbandsstrafgesetz. Kritische Anmerkungen zu dem Entwurf eines Gesetzes zur Einführung der strafrechtlichen Verantwortlichkeit von Unternehmen und sonstigen Verbänden, GA 2014, 91.

1. Der Aufbau des Wirtschaftsstrafrechts nach 1945. Nach Zusammenbruch des nationalsozialis- **8** tischen Regimes 1945 bekannte sich die BRD mit dem GG zu dem (neoliberalen) **Konzept der sozialen Marktwirtschaft.** Der Staat hat danach (nur) die Aufgabe, den Ordnungsrahmen für den die Wirtschaft steuernden freien Markt zu setzen, soweit dies erforderlich ist. Zu den staatlichen Instrumentarien zur Wirtschaftssteuerung zählt das Wirtschaftsstrafrecht, dem eine verhaltenssteuernde Wirkung zugeschrieben wird (grds. skeptisch zur Steuerungsfunktion des Wirtschaftsstrafrechts zB *Hefendehl* ZStW 119 (2007), 816).

Das **WiStG 1949** v. 26.7.1949 (WiGBl. 193) trat an die Stelle verschiedener bedarfs- und preisregulierender Vorschriften der Kriegs- und Nachkriegszeit. In § 6 Abs. 2 WiStG 1949 wurde der Begriff der Wirtschaftsstraftat in Abgrenzung zu dem der Wirtschaftsordnungswidrigkeit in § 6 Abs. 3 WiStG 1949 legal definiert. Nach § 6 Abs. 2 WiStG ist eine Zuwiderhandlung dann eine Wirtschaftsstraftat, wenn sie das „Staatsinteresse an Bestand und Erhalt der Wirtschaftsordnung im Ganzen oder in einzelnen Bereichen verletzt", ansonsten handelt es sich um eine Ordnungswidrigkeit.

Das **WiStG 1954** v. 9.7.1954 (BGBl. I 175) führte im Zuge der Normalisierung des Wirtschaftslebens in der BRD zum Wegfall zahlreicher Tatbestände des WiStG 1949. Heute ist die praktische Bedeutung dieses „Torsos" (Tiedemann WirtschaftsStR AT Rn. 78), der nur noch bestimmte Verstöße gegen Sicherstellungsvorschriften und das Preisrecht erfasst, eher gering.

Das **GWB** v. 27.7.1959 (BGBl. I 1081; „Kartellgesetz"), dem der Schutz des freien Wettbewerbs und der freien Preisbildung obliegt, enthält das in der Praxis sehr wichtige Kartellordnungswidrigkeitenrecht. Das GWB ist inzwischen vor allem unter dem Einfluss europäischer Vorgaben novelliert worden.

Das inzwischen mehrfache novellierte **OWiG** v. 25.3.1952 (BGBl. I 177) unterscheidet grundlegend zwischen Ordnungswidrigkeiten und Straftaten. Damit wurde die Strafverfügungskompetenz der Exekutive beseitigt, was das Ende der Verwaltungsstrafen (Strafverfügungen) bedeutete. Erst 1967 wurde jedoch die fortbestehende Strafgewalt der Finanzbehörden für verfassungswidrig erklärt (BVerfGE 22, 49). Das Ordnungswidrigkeitenrecht wurde als Mittel zur Entkriminalisierung eingesetzt, auch wenn es in der Folgezeit zu einem enormen **Anwachsen sanktionsbewehrter Gebots- und Verbotsvorschriften** geführt hat (Wabnitz/Janovsky WirtschaftsStR-HdB/*Dannecker/Bülte* Kap. 1 Rn. 63f.). Von besonderer Bedeutung für die Bekämpfung der Wirtschaftskriminalität ist die durch G v. 24.5.1968 (BGBl. I 481) eingeführte inzwischen mehrfach novellierte Vorschrift über die Geldbuße gegen juristische Personen (§ 26 OWiG aF, nun § 30 OWiG), die unterschiedliche Spezialvorschriften ersetzte (Einzelheiten bei § 30 OWiG).

2. Bekämpfung der Wirtschaftskriminalität als staatliche Aufgabe. In den späten sechziger **9** Jahren setzte sich die Überzeugung durch, dass auch die Wirtschaft schädigende Verhaltensweisen mit den Mitteln des Strafrechts bekämpft werden müssen (*Achenbach* StV 2008, 324 (325); zur Entwicklung MAH WirtschaftsStR/*Grunst/Volk* § 1 Rn. 44 mwN). Auch forderten neue technische, soziale und wirtschaftliche Entwicklungen (zB Internet, Globalisierung) tatsächlich oder vermeintlich staatliche Reaktion. Der Präventionsgedanke trat in der Gesetzgebung zunehmend in den Vordergrund, als sozialschädlich anerkannte Handlungen wurden mit Mitteln des Strafrechts bekämpft (Fischer StGB Einl. Rn. 7). Insgesamt hat die Regelungsdichte im Bereich des Wirtschaftsstrafrechts seit den siebziger Jahren stark zugenommen. Nachfolgend die wichtigsten Neuerungen, eine vollständige Zusammenfassung zur neueren Gesetzgebung findet sich zB bei MAH WirtschaftsStR/*Grunst/Volk* § 1 Rn. 46ff.

Das **1. WiKG** v. 29.7.1976 (BGBl. I 2034; hierzu *Blei* JA 1976, 741 (807)) regelte das Konkursstrafrecht (heute Insolvenzstrafrecht) in §§ 283ff. StGB sowie den Wuchertatbestand (§ 302a StGB, heute § 291 StGB) neu. Außerdem wurden neue Straftatbestände des Subventionsbetrugs (§ 264 StGB) und des Kreditbetrugs (§ 265b StGB) eingeführt.

Durch das **2. WiKG** v. 15.5.1986 (BGBl. I 721; Überblick bei *Achenbach* NJW 1986, 1835; *Tiedemann* JZ 1986, 865) wurden das Computerstrafrecht (insbes. §§ 202a, 263a, 269, 303af. StGB), der Missbrauch von Scheck- und Kreditkarten (§ 266b StGB), die Fälschung von Vordrucken für Eurochecks und Euroscheckkarten (§ 152a StGB), der Kapitalanlagebetrug (§ 264a StGB) und das Vorenthalten und Veruntreuen von Arbeitsentgelt (§ 266a StGB) neu in das StGB eingeführt. § 266a StGB wurde neu gefasst durch das „G zur Erleichterung der Bekämpfung von illegaler Beschäftigung und Schwarzarbeit" v. 23.7.2002 (BGBl. I 2787) sowie durch das „G zur Intensivierung der Bekämpfung der Schwarzarbeit und damit zusammenhängenden Steuerhinterziehung" v. 23.7.2004 (BGBl. I 1842). Neu geregelt wurden durch das 2. WiKG auch § 17 UWG, §§ 88f. BörsG. Das UWG wurde um §§ 6c, 13a UWG ergänzt. Diese Vorschriften sind inzwischen novelliert worden.

Durch das **OrgKG** v. 15.7.1992 (BGBl. I 1302) wurde ua der Straftatbestand der Geldwäsche (§ 261 StGB) geschaffen. Dieser wurde ergänzt durch das GwG v. 25.10.1993 (BGBl. I 1770). Sowohl § 261 StGB als auch das GwG sind inzwischen mehrfach neu gefasst worden. Auf der Sanktionenseite wurde der erweiterte Verfall eingeführt (§ 73d StGB) sowie die inzwischen für verfassungswidrig erklärte Vermögensstrafe (§ 43a StGB, s. BVerfGE 105, 135).

Einführung

Durch das **KorrBekG** v. 13.8.1997 (BGBl. I 2038; hierzu *Dölling* ZStW 112 (2000), 334; *Wolters* JuS 1998, 1100) wurden der Abschnitt „Straftaten gegen den Wettbewerb" (§§ 298 ff. StGB) und die Straftatbestände der „Wettbewerbsbeschränkenden Absprachen bei Ausschreibungen" (§ 298 StGB) und der „Bestechlichkeit und Bestechung im geschäftlichen Verkehr" (§ 299 StGB) eingefügt. Außerdem wurden der Amtsträgerbegriff (§ 11 Abs. 1 Nr. 2 StGB) geändert und die Bestechungsdelikte (§§ 331 ff. StGB) neu gestaltet. Eine Gleichstellung von ausländischen mit inländischen Amtsträgern in bestimmten Fällen erfolgte durch das **IntBestG** v. 10.9.1998 (BGBl. II 2327) und das **EUBestG** v. 10.9.1998 (BGBl. II 2340). Diese Vorschriften sind nun weitgehend in das Strafgesetzbuch integriert (su).

Die Kernvorschriften des Umweltstrafrechts, insbes. §§ 324 ff. StGB, sind zunächst durch das **18. StÄG** v. 28.3.1980 (BGBl. I 373) eingefügt worden. Dieses wurde durch das **31. StÄG** v. 27.6.1994 (**2. UKG;** BGBl. I 1440) neu gefasst. Weitere Änderungen des Umweltstrafrechts ergaben sich durch das **45. StÄG** v. 6.12.2011 (BGBl. I 2557), das ua die Umweltstrafrechts-Richtlinie 2008/99/EG v. 19.11.2008 (ABl. 2008 L 328, 28) in nationales Recht umsetzte.

Zwei europäische Richtlinien, nämlich die Insiderrichtlinie 89/592/EWG v. 13.11.1989 (ABl. 1989 L 334, 30) und die Marktmissbrauchsrichtlinie 2003/6/EG v. 28.1.2003 (ABl. 2003 L 96, 16), beeinflussten die Entwicklung des deutschen Insiderstrafrechts (Einzelheiten bei Wabnitz/Janovsky WirtschaftsStR/*Dannecker/Bülte* Kap. 1 Rn. 93 ff.). Diese Vorgaben wurden mit dem **WpHG** durch das Zweite Finanzmarktförderungsgesetz v. 26.7.1994 (BGBl. I 1759) und durch die Neufassung insbes. der §§ 14 f., 38 f. WpHG durch das **AnSVG** v. 28.10.2004 (BGBl. I 2630; hierzu *Kuthe* ZIP 2004, 883) in nationales Recht umgesetzt.

Das **6. StrRG** v. 26.1.1998 (BGBl. I 164) führte ua zur Neuregelung zentraler wirtschaftsstrafrechtlicher Tatbestände im Hinblick auf Regelbeispiele und Qualifikationen (zB §§ 263 Abs. 3, 5, 264 Abs. 3, 266 Abs. 2 StGB).

Grundlegende Änderungen sind zuletzt durch drei Gesetze im Bereich des „Korruptionsstrafrechts" vorgenommen worden. Mit dem **Gesetz zur Bekämpfung der Korruption** v. 20.11.2015 (BGBl. I 2025) sind europäische und internationale Rechtsinstrumente in das deutsche Strafrecht umgesetzt worden, was bereits in der 16. Wahlperiode mit dem Entwurf eines Zweiten Korruptionsbekämpfungsgesetzes versucht worden war (BT-Drs. 16/6558). Durch das Gesetz zur Bekämpfung der Korruption sind zum einen die Vorschriften des EUBestG und des IntBestG weitgehend in das StGB integriert worden. Zum anderen ist § 299 StGB im Sinne eines „Geschäftsherrenmodells" umgestaltet worden (→ StGB § 299 Rn. 3). Nachdem zwei in der 17. Legislaturperiode in das Gesetzgebungsverfahren eingebrachte Entwürfe mit dem Zusammentritt des 18. Deutschen Bundestages aufgrund sachlicher Diskontinuität verfallen sind (hierzu zB *Schneider* HRRS 2013, 473), sind nun durch das **Gesetz zur Bekämpfung von Korruption im Gesundheitswesen** v. 30.5.2016 (BGBl. I 1254) die Tatbestände der Bestechlichkeit im Gesundheitswesen (§ 299a StGB) und der Bestechung im Gesundheitswesen (§ 299b StGB) in das Strafgesetzbuch eingefügt worden. Die Schaffung dieser Sondertatbestände war nötig geworden, nachdem der Große Senat für Strafsachen eine Strafbarkeit von niedergelassenen Ärzten mit Kassenarztzulassung sowohl nach § 299 StGB als auch nach §§ 331, 332 StGB verneinte (BGHSt 57, 202; hierzu zB *Kraatz* NZWiSt 2012, 273; *Kölbel* StV 2012, 592). Bereits durch das **48. StÄG** v. 23.4.2014 (BGBl. I 410) ist der Straftatbestand der Abgeordnetenbestechung grundlegend neu gestaltet worden. Mit der Gesetzesreform sollten die Vorgaben des Übereinkommens der Vereinten Nationen gegen Korruption v. 31.10.2003 (Art. 15 iVm 2 lit. a UNCAC) umgesetzt werden (*Hoven* NStZ 2015, 553). Nachdem bislang in § 108e StGB aF nur der Stimmkauf unter Strafe gestellt war, wird nunmehr jegliche Beeinflussung der Mandatswahrnehmung in die Strafbarkeit miteinbezogen (BeckOK StGB/ *v. Heintschel-Heinegg* § 108e Rn. 1).

Mit dem Entwurf eines **Gesetzes zur Reform der strafrechtlichen Vermögensabschöpfung** v. 13.7.2016 hat die Bundesregierung eine grundlegende Reform der Verfalls- und Einziehungsvorschriften auf den Weg gebracht. Diese dient ua zur Umsetzung der RL 2014/42/EU v. 3.4.2014 über die Sicherstellung und Einziehung von Tatwerkzeugen und Erträgen aus Straftaten in der Europäischen Union (ABl. 2014 L 127, 39; 2014 L 138, 114). In begrifflicher Hinsicht wird der „Verfall" durch die „Einziehung von Taterträgen" (§§ 73–73e StGB-E) ersetzt. Die „Einziehung von Tatprodukten, Tatmitteln und Tatobjekten", welche die traditionelle Form der bisherigen Einziehung darstellt, findet weiterhin – wenn auch in modifizierter Form – in den §§ 74–74e StGB-E ihre Regelung. Die §§ 75 ff. StGB-E gelten für beide Formen der Einziehung. Die zentrale Neuerung des Gesetzesentwurfs stellt die ersatzlose Streichung des § 73 Abs. 1 S. 2 StGB dar (RegE v. 13.7.2016, 55), der wegen seiner weitgehenden Ausschlusswirkung vielfach auch als „Totengräber des Verfalls" bezeichnet wurde (*Eberbach* NStZ 1987, 487 (491); dies konzedierend BGHSt 45, 235). Gleichzeitig führt die Reform zu einer Verstärkung des Opferschutzes, da durch eine Umgestaltung des strafprozessualen Verfahrens Schadenswiedergutmachung auf einem einfacheren Weg erreicht werden kann (RegE 13.7.2016, 61).

Ein weiteres Gesetzesvorhaben betrifft die Strafbarkeit des Sportwettbetruges. Nach dem Regierungsentwurf v. 6.4.2016 für ein **„Gesetz zur Änderung des Strafgesetzbuches – Strafbarkeit von Sportwettbetrug und der Manipulation berufssportlicher Wettbewerbe"** (BR-Drs. 235/16) sollen in das Strafgesetzbuch die neuen Tatbestände des Sportwettbetruges (§ 265c StGB-E) und der Manipulation von berufssportlichen Wettbewerben (§ 265d StGB-E) eingefügt werden. Die Schaffung der neuen Tatbestände wird als notwendig erachtet, da § 263 StGB „den Unrechtsgehalt des Wettbetrugs im Sport und dessen Gefahren für den Sport" nicht ausreichend abbilde, die „Strafverfolgungspraxis vor Anwendungs- und Nachweisschwierigkeiten stellt, die eine effektive Strafverfolgung erschweren", und § 263 StGB auf Manipulationen ohne Bezug zu Sportwetten nicht anwendbar sei (BR-Drs. 235/16, 1).

3. Ausweitung der Unternehmenssanktionierung? Nach geltendem deutschen Recht ist die **Ver-** **10** **hängung von Kriminalstrafen gegen juristische Personen und Personenvereinigungen nicht möglich,** da ihnen die Handlungs- und Schuldfähigkeit fehlt, die nach dem geltenden individualistischen Zurechnungsmodell Voraussetzung der strafrechtlichen Sanktionierung sind (zur Unternehmensstrafbarkeit auch → StGB § 14 Rn. 64 ff.). Damit scheidet eine Strafbarkeit von Unternehmen, die in diesen Rechtsformen organisiert sind, aus.

Eine Sanktionierung juristischer Personen und Personenvereinigungen nach dem Ordnungswidrigkeitenrecht (**§ 30 OWiG**) ist jedoch ebenso möglich wie nach europäischem Recht. Dies kann für ein Unternehmen in der Praxis ähnliche Auswirkungen haben wie eine strafrechtliche Sanktionierung (→ StGB § 14 Rn. 66 ff.; LK-StGB/*Schünemann* StGB Vor § 25 Rn. 20). Gleiches kann bei **außerstrafrechtlichen Sanktionen** (zB Ausschluss aus laufenden Vergabeverfahren, Eintragung in sog Korruptionsregister; hierzu *Dölling,* Handbuch der Korruptionsprävention, 2007, Kap. 7 Rn. 38 ff.) der Fall sein.

Soweit Adressaten eines Straf- oder Bußgeldtatbestandes juristische Personen oder Personenvereinigungen sind, wird durch die in **§ 14 StGB, § 9 OWiG** geregelte Organ-, Vertreter- und Beauftragtenhaftung eine Straflosigkeit der für jene handelnden natürlichen Personen vermieden.

De lege ferenda bleibt jedoch die Frage nach der Einführung einer Unternehmensstrafbarkeit (befürwortend zB *Dannecker* GA 2001, 101; *Vogel* StV 2012, 427; *Kutschaty* ZRP 2013, 74; *Kubiciel* ZRP 2014, 133; ablehnend zB *Ransiek* NZWiSt 2012, 45). Hierfür werden verschiedene Modelle vorgeschlagen (Überblick bei LK-StGB/*Schünemann* StGB Vor § 25 Rn. 22 ff. mwN). Die vom BMJ eingesetzte Kommission zur Reform des Sanktionenrechts hat jedoch eine formelle Strafbarkeit juristischer Personen und Personenvereinigungen klar abgelehnt (Abschlussbericht (März 2000) bei *Hettinger* (Hrsg.), Reform des Sanktionenrechts Bd. 3, 2002, 351 (355)). Neu befeuert wurde die Debatte um die Einführung einer Unternehmensstrafbarkeit jüngst durch den „Entwurf eines Gesetzes zur Einführung der strafrechtlichen Verantwortlichkeit von Unternehmen und sonstigen Verbänden" des Landes Nordrhein-Westfalen (Landtag Nordrhein-Westfalen, Information 16/127, 1 ff.) (vgl. hierzu zB *Jahn/Pietsch* ZIS 2015, 1; *Heuking/v. Coelln* BB 2014, 3016; *Hoven/Wimmer/Schwarz/Schumann* NZWiSt 2014, 161; *Löffelmann* JR 2014, 185; *Rübenstahl/Tsambikakis* ZWH 2014, 8; *Schünemann* ZIS 2014, 1; *Zieschang* GA 2014, 91; *Süße/Schneider,* Newsdienst Compliance 2014, 71002). Auch im Koalitionsvertrag „Deutschlands Zukunft gestalten" für die 18. Legislaturperiode haben sich CDU, CSU und SPD darauf geeinigt, ein Unternehmensstrafrecht für multinationale Konzerne zu prüfen (S. 145).

III. Strafrechtliche Selbstkontrolle der Wirtschaft („Criminal Compliance")

Literatur: *Bock,* Criminal Compliance, 2011; *Bussmann,* Business Ethics und Wirtschaftsstrafrecht, MSchrKrim 2003, 89; *Engelhart,* Sanktionierung von Unternehmen und Compliance, 2012; *Fateh-Moghadam,* Criminal Compliance ernst genommen – zur Garantenstellung des Compliance-Beauftragten, in: Steinberg/Valerius/Popp (Hrsg.), Das Wirtschaftsstrafrecht des StGB, 2011, 25; *Hauschka/Moosmayer/Lösler* (Hrsg.), Corporate Compliance, 3. Aufl. 2016; *Inderst/Bannenberg/Poppe* (Hrsg.), Compliance, 2. Aufl. 2013; *Knierim* in Wabnitz/Janovsky (Hrsg.), Handbuch des Wirtschafts- und Steuerstrafrechts, 4. Aufl. 2014, Kap. 5; *Kölbel,* Criminal Compliance – ein Missverständnis des Strafrechts?, ZStW 125 (2013), 499; *Kölbel/Herold,* Whistleblowing, MSchrKrim 2010, 424; *Kölbel,* Zur wirtschaftsstrafrechtlichen Institutionalisierung des Whistleblowing, JZ 2008, 1134; *Kuhlen/Kudlich/Ortiz de Urbina* (Hrsg.), Compliance und Strafrecht, 2013; *Rathgeber,* Criminal Compliance, 2012; *Rotsch* (Hrsg.), Criminal Compliance, 2015; *Rotsch* (Hrsg.), Criminal Compliance vor den Aufgaben der Zukunft, 2013; *Rotsch* Compliance und Strafrecht – Fragen, Bedeutung, Perspektiven, ZStW 125 (2013), 481; *Rotsch* (Hrsg.), Wissenschaftliche und praktische Aspekte der nationalen und internationalen Compliance-Diskussion, 2. Aufl. 2013 (zitiert: Compliance-Diskussion); *Rotsch* in Achenbach/Ransiek/Rönnau (Hrsg.), Handbuch Wirtschaftsstrafrecht, 4. Aufl. 2015, 1. Teil Kap. 4; *Rotsch,* Compliance und Strafrecht – Konsequenzen einer Neuentdeckung, FS Samson, 2010, 141; *Rotsch,* Criminal Compliance, ZIS 2010, 614; *Saliger,* Grundfragen von Criminal Compliance, RW 2013, 263; *Schünemann,* Die großen wirtschaftsstrafrechtlichen Fragen der Zeit, GA 2013, 193; *Sieber,* Compliance-Programme im Unternehmensstrafrecht, FS Tiedemann 2008, 449; *Zerbes,* Unternehmensinterne Untersuchungen, ZStW 125 (2013), 551.

Die Zunahme staatlicher Regulierung der Wirtschaft geht vor allem in jüngster Zeit mit der Tendenz **11** einher, durch „Compliance" präventiv eine strafrechtliche Selbstkontrolle der Wirtschaft zu etablieren. Während noch zu Beginn der strafrechtswissenschaftlichen Diskussion, der insbes. im Bekanntwerden der Siemens-Korruptionsaffäre 2006 ausgemacht wird (*Saliger* RW 2013, 263), unklar war, ob es sich hier tatsächlich um einen neuen Beschäftigungsgegenstand der Rechtswissenschaft handelt (so aber bereits *Rotsch* ZIS 2010, 614 (617) jedenfalls für „Compliance in einem engeren Sinne"; zweifelnd noch die Vorauflage) und nicht „nur" um ein neues Modell anwaltlicher Beratung, dürfte die in den letzten Jahren geführte Diskussion gezeigt haben, dass es sich hierbei – entgegen anders lautender Stimmen (zB *Schneider* ZIP 2003, 645 (646)) – nicht lediglich um die Umetikettierung alt bekannter Probleme, sondern um ein neuartiges Phänomen handelt, mit dem zumindest auch neue Herausforderungen für

Einführung

Wissenschaft und Praxis, wenn nicht sogar ein Paradigmenwechsel im Strafrecht (idS *Rotsch* ZStW 125 (2013), 481; vgl. auch *Schünemann* GA 2013, 193 (197 f.)) verbunden sind. Es handelt sich dabei um eine heterogene Erscheinung (*Rotsch* in Rotsch, Criminal Compliance vor den Aufgaben der Zukunft, 2013, 7), bei der noch wenig als konsentiert gelten darf. Die jedenfalls hohe praktische Relevanz dürfte schon daran abzulesen sein, dass mittlerweile ca. zwei Drittel der Unternehmen in Deutschland Compliance-Maßnahmen – freilich unterschiedlichen Umfangs – implementiert haben (*Kölbel* ZStW 125 (2013), 499 (500)). Im Rahmen dieser Einführung kann nur auf einige Aspekte der Diskussion hingewiesen werden.

11a **1. Begriff.** Schon die Frage der Begriffsbestimmung ist nicht hinreichend geklärt. Einigkeit dürfte darüber bestehen, dass Compliance nicht mit bereits bekannten wirtschaftsstrafrechtlichen Fragestellungen gleichzusetzen ist, wie dies zu Beginn der Compliance-Diskussion zum Teil der Fall war (Achenbach/Ransiek/Rönnau WirtschaftsStR-HdB/*Rotsch* 1. Teil Kap. 4 Rn. 9). Das als durchsetzende Verständnis dürfte dahingehen, dass Compliance „die Gesamtheit aller Aufsichtsmaßnahmen bezeichnet, um rechtswidriges Verhalten aller Unternehmensangehörigen im Hinblick auf alle gesetzlichen Gebote und Verbote zu gewährleisten" (*Bock* in Rotsch, Compliance-Diskussion, 2. Aufl. 2013, 63 mwN), wobei es bei Criminal Compliance um die Vermeidung der Verletzung strafbewehrter Normen geht (*Kuhlen* in Kuhlen/Kudlich/Ortiz de Urbina, Compliance und Strafrecht, 2013, 1; zu Recht krit. zur Wendung „Vermeidung strafrechtlicher Haftung" *Saliger* RW 2013, 263 (266)).

Den wohl umfassendsten Versuch einer Begriffsbestimmung hat bisher *Rotsch* (ZStW 125 (2013), 481 (483 ff.); *Rotsch* in Rotsch, Criminal Compliance vor den Aufgaben der Zukunft, 2013, § 1 Rn. 41 ff.) unternommen. Danach beinhaltet Criminal Compliance „sämtliche objektiv ex-ante notwendigen und ex-post strafrechtlich zulässigen normativen, institutionellen und technischen Maßnahmen einer Organisation, die an deren Mitglieder, Vertragspartner, den Staat oder die Öffentlichkeit gerichtet sind, um entweder a) das Risiko zu minimieren, durch die Organisation oder Mitglieder der Organisation eine organisationsbezogene Wirtschaftsstraftat unter Verstoß gegen in- oder ausländisches Recht zu begehen bzw. einen diesbezüglichen Anfangsverdacht entstehen zu lassen, oder b) die Chance zu erhöhen, eine (iwS strafrechtliche) Sanktionierung im Konsens mit den Strafverfolgungsbehörden positiv zu beeinflussen, und damit letztlich den Unternehmenswert zu steigern"(*Rotsch* ZStW 125 (2013), 481 (494)). Damit dürfte zumindest zutreffend herausgearbeitet sein, dass es bei Criminal Compliance nicht nur um präventive Risikoverringerung, sondern vielmehr auch repressiv um die Ermöglichung einer nachträglichen Schadensbegrenzung für das Unternehmen etwa durch Zusammenarbeit mit den Strafverfolgungsbehörden bei der Aufklärung unternehmensbezogener Straftaten geht. Weitere Begriffsbestimmungen zB bei *Saliger* RW 2013, 266 (269 ff.); *Hilgendorf* in Rotsch, Criminal Compliance vor den Aufgaben der Zukunft, 2013, 19 ff.; *Rathgeber,* Criminal Compliance, 2012, 25 ff.

11b **2. Erklärungsansätze.** Erste theoretische Erklärungsversuche des Phänomens Criminal Compliance sehen als Entstehungsbedingungen das sog Risikostrafrecht, die Divisionalisierung des Strafrechts, die Entwicklung zur regulierten Selbstregulierung der Wirtschaft sowie die Globalisierung an (vgl. zB *Kuhlen* in Kuhlen/Kudlich/Ortiz de Urbina, Compliance und Strafrecht, 2013, 14 ff.; *Rotsch* in Rotsch, Criminal Compliance, 2015, § 1 Rn. 62 ff.; krit. zur Divisionalisierungsthese zB *Fateh-Moghadam* in Steinberg/Valerius/Popp, Das Wirtschaftsstrafrecht des StGB, 2011, 30 ff.). Andere deuten Criminal Compliance als Erscheinungsform „der Selbstregulierung und der (Teil-)Privatisierung von Kriminalitätsprävention", die mit der Ausdehnung des Strafrechts einerseits und den mangelhaften sachlichen und personellen Kapazitäten zur Durchsetzung andererseits einhergingen, damit auf Seiten des Staates die „Durchsetzungschance" erhöht und auf Seiten der Unternehmen schwer zu kalkulierende Strafbarkeitsrisiken verringert werden (*Saliger* RW 2013, 263 (283 f.)). Neben dem Aspekt der Ausdehnung des Strafrechts werden auch rechtliche Anstöße (→ Rn. 11c) und ein gestiegener Verfolgungsdruck ausgemacht (*Kölbel* ZStW 125 (2013), 499 (523)). Die Rückbesinnung auf alte Werte und Tugenden wie die „kaufmännische Ehrbarkeit" dürfte dagegen als Erklärung aktueller Compliance-Bestrebungen auszuschließen sein (so zutr. *Kuhlen* in Kuhlen/Kudlich/Ortiz de Urbina, Compliance und Strafrecht, 2013, 13).

11c **3. Gesetzliche Verpflichtung zur Einrichtung einer Compliance-Organisation.** Vereinzelt ordnet das Gesetz branchenspezifisch an, dass Unternehmen über eine ordnungsgemäße Geschäftsorganisation verfügen müssen, welche die Einhaltung der von ihnen zu beachtenden Gesetze und Verordnungen sowie der aufsichtsbehördlichen Anforderungen gewährleistet bzw. Geldwäsche und Terrorismusfinanzierung verhindert (vgl. §§ 25 ff. KWG, § 33 WpHG iVm § 12 WpDVerOV, § 28 KAGB, §§ 23 ff. VAG; § 9 GwG, § 22 ZAG). Diese Pflicht ist teilweise straf- (zB § 54a KWG) oder bußgeldbewehrt (§ 39 Abs. 2 Nr. 17b WpHG). Vorgaben – wenngleich nur sehr allgemeiner Natur – enthalten auch §§ 91 Abs. 2, 107 Abs. 3 S. 2 AktG. Ob aus der Legalitätspflicht des Vorstandes (§ 93 Abs. 1 S. 1 AktG) oder aus § 130 Abs. 1 OWiG die allgemeine Pflicht zur Einrichtung eines Compliance-Systems folgt, ist umstritten (vgl. zum Ganzen *Engelhart,* Sanktionierung von Unternehmen und Compliance, 2012, 499 ff.; Wabnitz/Janovsky WirtschaftsStR-HdB/*Knierim* Kap. 5 Rn. 31 ff.; → OWiG § 130 Rn. 9 ff.). Als ein indirekter Mechanismus zur Compliance-Einführung kann die

„Comply or Explain"-Regelung in § 161 Abs. 1 AktG angesehen werden (*Kölbel* ZStW 125 (2013), 499 (510)).

4. Einzelfragen. Einzelfragen betreffen insbes. die Ausgestaltung effektiver Compliance Management **11d** Systeme. Dabei können ausgehend von der „Grundfunktion" der Vermeidung strafbewehrter Normverletzung die Unterfunktionen Prävention, Überwachung, Aufklärung und Sanktionierung ausgemacht werden (*Saliger* RW 2013, 263 (266 ff.); ähnlich *Rotsch* FS Samson, 2010, 141 (144)), anhand derer einzelne Maßnahmen zu spezifizieren sind.

Wesentlich für die **Prävention** ist insbes. das Aufstellen von Verhaltensrichtlinien („Code of Con- **11e** duct") für die Mitarbeiter, die detaillierte Vorgaben zum erwarteten Verhalten in konkreten Situationen enthalten (*Sieber* FS Tiedemann, 2008, 449 (456); vgl. auch *Bock,* Criminal Compliance, 2011, 657 ff.; *Bussmann* MSchKrim 2003, 89 ff.; *Theile* in Rotsch, Criminal Compliance vor den Aufgaben der Zukunft, 2013, 77 ff.; zu Regelungen hinsichtlich der Annahme von Geschenken vgl. *Beckemper* in Rotsch, Compliance-Diskussion, 2. Aufl. 2013, 113 ff.). Neben der hinreichenden **Information** über strafrechtliche Risiken, durch die den Normadressaten ein „sicherer Hafen" aufgezeigt werden soll, in dem sie sich mit Gewissheit nicht strafbar machen (*Saliger* RW 2013, 263 (267)), spielen auch Mitarbeitertrainings, die die Norminternalisierung unterstützen können, eine Rolle.

Die **Überwachung** wird insbes. in größeren Unternehmen sinnvollerweise durch eine eigene Com- **11f** pliance-Abteilung erfolgen (zur notwendigen Überwachung nach § 130 Abs. 1 OWiG → OWiG § 130 Rn. 36 ff.). Deren „Nukleus" ist der Compliance-Beauftragte oder Compliance-Officer (*Inderst* in Inderst/Bannenberg/Poppe, Compliance, 2. Aufl. 2013, Kap. 3 Rn. 12; ausf. *Bürkle* in Hauschka/Moosmayer/Lösler, Corporate Compliance, 3. Aufl. 2016, § 36). Hiermit sind zahlreiche, ungeklärte Rechtsfragen verbunden, insbes. die einer Garantenstellung des Compliance-Officers (→ StGB § 13 Rn. 45). Teil der Überwachung kann darüber hinaus die Einrichtung eines **„Hinweisgeberverfahrens"** zur Aufdeckung von Verstößen gegen Verhaltensvorschriften sein (*Sieber* FS Tiedemann, 2008, 449 (456); ausf. zum sog „Whistleblowing" *Schemmel/Ruhmannseder/Witzigmann,* Hinweisgebersysteme, 2012; *Rotsch/Wagner* in Rotsch, Criminal Compliance, 2015, § 34 C Rn. 1 ff.; *Puschke/Singelnstein* NK 2015, 339; *Hefendehl* NK 2015, 359; *Kölbel* JZ 2008, 1134; *Kölbel/Herold* MSchrKrim 2010, 424). Im Falle des externen Whistleblowing kann der Hinweisgeber arbeits- und strafrechtlichen Risiken (hierzu zB *Engländer/Zimmermann* NZWiSt 2012, 328) ausgesetzt sein. Insbes. das gegen Deutschland ergangene Urteil des *EGMR* NJW 2011, 3501 (hierzu zB *Momsen/Grützner/Oonk* ZIS 2011, 754) hat zu einer Intensivierung der Diskussion über den Schutz von Hinweisgebern geführt. Der Entwurf eines „Hinweisgeberschutzgesetzes" (BT-Drs. 17/12577; vgl. hierzu zB *Mengel* CCZ 2012, 146; *Simonet* RdA 2013, 236) ist aber abgelehnt worden.

Schließlich stellt sich bei Verdacht einer Verletzung von Verhaltensregeln die Frage nach Maßnahmen **11g** zur **Aufklärung** des Sachverhalts. Damit ist insbes. die mit zahlreichen Rechtsproblemen verbundene Durchführung sog **„Internal Investigations"** angesprochen, vor allem deren Vereinbarkeit mit Vorschriften den Straf-, Datenschutz- oder Arbeitsrechts wie auch hinsichtlich der Geltung bzw. Umgehung strafprozessualer Garantien in diesen Verfahren (vgl. hierzu zB Momsen/Grützner WirtschaftsStR/*Grützner* Kap. 4 Rn. 131 ff.; *Montiel* in Kuhlen/Kudlich/Ortiz de Urbina, Compliance und Strafrecht, 2013, 185 ff.; *Sahan* in Kuhlen/Kudlich/Ortiz de Urbina, Compliance und Strafrecht, 2013, 171 ff.; *Momsen* in Rotsch, Criminal Compliance vor den Aufgaben der Zukunft, 2013, 47 ff.; *Momsen* in Rotsch, Criminal Compliance, 2015, § 34 B Rn. 1 ff.; *Taschke* in Rotsch, Criminal Compliance vor den Aufgaben der Zukunft, 2013, 65 ff.; *Theile* StV 2011, 381 ff.; *Zerbes* ZStW 125 (2013), 551 ff.).

Schließlich ist die **Sanktionierung** entsprechender Regelverstöße wesentlicher Bestandteil der **11h** Normdurchsetzung. Die Normbefolgung ist mit arbeits- und disziplinarrechtlichen Maßnahmen bis hin zur Kündigung sicherzustellen (*Bock* in Kuhlen/Kudlich/Ortiz de Urbina, Compliance und Strafrecht, 2013, 68).

Die Einrichtung eines Compliance-Systems dient nicht nur präventiv der Haftungsvermeidung, **11i** sondern hat – wie bereits erläutert (→ Rn. 11a) – auch eine repressive Funktion, insbes. im Hinblick auf die **Bemessung einer Geldbuße** nach §§ 30, 130 OWiG (*Theile* in Rotsch, Criminal Compliance, 2015, § 38 Rn. 24; → OWiG § 30 Rn. 61), wenngleich Präventions- und Aufklärungsmaßnahmen iRd Sanktionsentscheidung nicht derart formalisiert berücksichtigt werden wie dies zB in den Vereinigten Staaten nach den „United States Sentencing Guidelines" der Fall ist (hierzu *Momsen/Tween* in Rotsch, Criminal Compliance, 2015, § 30 Rn. 10 ff.; *Engelhart* NZG 2011, 126). Dies wird durchaus zu Recht kritisiert (vgl. zB *Altenburg/Peukert* BB 2014, 649 (651)). Freilich wird die Einrichtung eines Compliance-Systems und – sollten Regelverstöße bekannt werden – die Durchführung von unternehmensinternen Ermittlungen auch der Vermeidung bzw. Begrenzung von Reputationsschäden dienen.

5. Ausblick. Die Frage der Wirksamkeit von Compliance-Programmen kann aufgrund bisher nur **11j** rudimentärer empirischer Forschung schwer beantwortet werden (*Engelhart,* Sanktionierung von Unternehmen und Compliance, 2012, 280). Die vorhandenen Untersuchungen werden dahingehend gedeutet, dass die bloße Existenz eines formalen Compliance-Programms keine positive Wirkung entfaltet, solange nicht die Effektivität des Programms durch unterstützendes Verhalten der Führungskräfte („tone from the top") und eine „stabilisierende Unternehmenskultur" unterstützt wird (*Kölbel* ZStW 125

Einführung

(2013), 499 (514 f.)). Ob sich diese durch die bisher angewandten regulativen Mechanismen etablieren lässt, wird zu Recht bezweifelt; es werden stattdessen „dichte administrative Kontrollen" vorgeschlagen, die einen größeren Einfluss auf die unternehmenseigene Selbstregulierung hätten (*Kölbel* ZStW 125 (2013), 499 (530 ff., 533 f.)).

IV. Europäisierung und Internationalisierung des Wirtschaftsstrafrechts

Literatur: *Ambos/Rackow,* Erste Überlegungen zu den Konsequenzen des Lissabon-Urteils des Bundesverfassungsgerichts für das Europäische Strafrecht, ZIS 2009, 397; *Böse,* Die Entscheidung des Bundesverfassungsgerichts zum Vertrag von Lissabon und ihre Bedeutung für das Strafrecht, ZIS 2010, 76; *Böse,* Die Europäische Ermittlungsanordnung – Beweistransfer nach neuen Regeln?, ZIS 2014, 152; *Brodowski,* Strafrechtsrelevante Entwicklungen in der Europäischen Union – ein Überblick, ZIS 2013, 455, ZIS 2015, 79; *Dannecker/Bülte* in Wabnitz/Janovsky (Hrsg.), Handbuch des Wirtschafts- und Steuerstrafrechts, 4. Aufl. 2014, Kap. 2; *Esser,* Europäisches und Internationales Strafrecht, 2014; *Folz,* Karlsruhe, Lissabon und das Strafrecht – ein Blick über den Zaun, ZIS 2009, 427; *Heger,* Perspektiven des Europäischen Strafrechts nach dem Vertrag von Lissabon, ZIS 2009, 409; *Kappel/Lagodny,* Der UK Bribery Act – Ein Strafgesetz erobert die Welt, StV 2012, 695; *Krüger,* Unmittelbare EU-Strafkompetenzen aus Sicht des deutschen Strafrechts, HRRS 2012, 311; *Mansdörfer,* Das europäische Strafrecht nach dem Vertrag von Lissabon – oder: Europäisierung des Strafrechts unter nationalstaatlicher Mitverantwortung, HRRS 2010, 11; *Meyer,* Die Lissabon-Entscheidung des BVerfG und das Strafrecht, NStZ 2009, 657; *Engelhart* in Müller-Gugenberger Wirtschaftsstrafrecht, § 5; *Rönnau/Wegner,* Grund und Grenzen der Einwirkung des europäischen Rechts auf das nationale Strafrecht – ein Überblick unter Einbeziehung aktueller Entwicklungen, GA 2013, 561; *Rübenstahl,* Der Foreign Corrupt Practices Act (FCPA) der USA (Teile 1 und 2), NZWiSt 2012, 401; 2013, 6; *Rübenstahl/Boerger,* Der Foreign Corrupt Practices Act (FCPA) der USA (Teile 3–5), NZWiSt 2013, 124, 281, 367; *Schröder,* Die Europäisierung des Strafrechts nach Art. 83 Abs. 2 AEUV am Beispiel des Marktmissbrauchsrechts: Anmerkungen zu einem Fehlstart, HRRS 2014, 253; *Schünemann,* Spät kommt ihr, doch ihr kommt: Glosse eines Strafrechtlers zur Lissabon-Entscheidung des BVerfG, ZIS 2009, 393; *Sieber/Satzger/v. Heintschel-Heinegg* (Hrsg.), Europäisches Strafrecht, 2. Aufl. 2014; *Vogel* in Volk (Hrsg.), Verteidigung in Wirtschafts- und Steuerstrafsachen, 2. Aufl. 2014, § 15; *Zimmermann,* Die Auslegung künftiger EU-Strafrechtskompetenzen nach dem Lissabon-Urteil des Bundesverfassungsgerichts, JURA 2009, 844; *Zöller,* Europäische Strafgesetzgebung, ZIS 2009, 340; *Zöller,* Neue unionsrechtliche Strafgesetzgebungskompetenzen nach dem Vertrag von Lissabon, FS Schenke, 2011, 579.

12   **1. Ausgangssituation.** Die Kompetenz zur Setzung von Strafrechtsnormen ist einer der elementaren Bestandteile staatlicher Souveränität, so dass **internationale und supranationale Organisationen grds. keine originäre Gesetzgebungskompetenz auf dem Gebiet des Strafrechts** haben. Das Strafrecht kann sich jedoch europäischen und internationalen Einflüssen nicht entziehen (Tiedemann WirtschaftsStR AT Rn. 8 ff.). Grenzüberschreitende Kriminalität (zB Korruption) lässt sich faktisch nicht mehr nur national bekämpfen. Dies trifft auch auf die europäische Ebene zu, soweit die Realisierung des Europäischen Binnenmarktes die Entstehung eines „kriminalgeographischen Raumes" begünstigt (Wabnitz/Janovsky WirtschaftsStR-HdB/*Dannecker/Bülte* Kap. 2 Rn. 36 ff.). Auf diese Herausforderung wird (auch und gerade im Bereich des Wirtschaftsstrafrechts) auf internationaler und vor allem europäischer Ebene mit „Internationalisierung" bzw. „Supranationalisierung" reagiert (Müller-Gugenberger WirtschaftsStR/*Engelhart* § 5 Rn. 1 f.).

2. Im Rahmen der EU. a) Die Rechtslage bis zum Inkrafttreten des Vertrags von Lissabon. Unter Geltung des EGV bis zum Inkrafttreten des Vertrags von Lissabon am 1.12.2009 (G v. 8.10.2008, **13**   BGBl. II 1038; ABl. 2008 C 115, 1) hatte nach ganz hM die EG **keine originäre Kompetenz zur Setzung von Strafrechts- oder Strafprozessrechtsnormen** (arg. e Art. 280 Abs. 4 S. 2 EGV) (BGHSt 25, 190; EuGH NStZ 1999, 141; Satzger Int. und Europ. StrafR § 8 Rn. 18 ff.; Hecker Europäisches StrafR § 4 Rn. 68 ff.).

Allerdings erkannte die Rspr. des EuGH eine **„Anweisungs- und Annexkompetenz"** („implied powers") der EG an (EuGH NJW 2006, 281 – Umweltschutz; einschr. EuGH NStZ 2008, 703 – Meeresverschmutzung mAnm *Zimmermann* NStZ 2008, 662; krit. *Böse* GA 2006, 211; *Braum* wistra 2006, 121).

Die polizeiliche und justizielle Zusammenarbeit in Strafsachen (**PJZS**) stellte bis zum Inkrafttreten des Lissabon-Vertrages die „Dritte Säule" der EU dar. Diese Zusammenarbeit hatte lediglich intergouvernementalen Charakter (Satzger Int. und Europ. StrafR § 7 Rn. 6). Mangels Kompetenz konnte deshalb auch iRd PJZS unmittelbar kein europäisches Strafrecht gesetzt werden. Die iRd PJZS getroffenen Maßnahmen (insbes. Rahmenbeschlüsse nach Art. 34 Abs. 2 lit. b EUV aF) bedurften der Umsetzung in nationales Strafrecht. Die getroffenen Maßnahmen haben jedoch das nationale Strafrecht und Strafprozessrecht in erheblichem Maße beeinflusst.

Auf der Ebene des **materiellen Strafrechts** war nach Art. 29 Abs. 2 EUV aF eine Annäherung der Strafvorschriften der Mitgliedstaaten nach Art. 31 lit. e EUV aF vorgesehen, soweit dies erforderlich war. Für das Wirtschaftsstrafrecht relevante Maßnahmen sind zB der Rahmenbeschluss 2001/500/JI des Rates v. 26.6.2001 über Geldwäsche sowie Ermittlung, Einfrieren, Beschlagnahme und Einziehung von Tatwerkzeugen und Erträgen aus Straftaten (ABl. 2001 L 182, 1) umgesetzt in § 261 StGB; der Rahmenbeschluss 2000/413/JI des Rates v. 28.5.2001 zur Bekämpfung von Betrug und Fälschung im Zusammenhang mit unbaren Zahlungsmitteln (ABl. 2001 L 149, 1) umgesetzt in §§ 146, 151, 152a,

263a StGB; der Rahmenbeschluss 2003/568/JI des Rates v. 22.7.2003 zur Bekämpfung der Bestechung im privaten Sektor (ABl. 2003 L 192, 54); der Rechtsakt des Rates v. 26.7.1995 über die Ausarbeitung des Übereinkommens zum Schutz der finanziellen Interessen der EU (PIF-Übereinkommen) (ABl. 1995 C 316, 49), umgesetzt durch das EGFinSchG in § 264 StGB.

Beispiele von Maßnahmen im Bereich der **Strafverfolgung,** die auch die Bekämpfung der Wirtschaftskriminalität betreffen, sind vor allem die Gründung von OLAF (seit 1.6.1999, aufgrund des Beschlusses der Kommission 1999/352 v. 28.4.1999, ABl. 1999 L 136, 20; → Rn. 14c), Europol (seit 1.7.1999, aufgrund des Rechtsaktes des Rates v. 26.7.1995, ABl. 1995 C 316, 1, nun Beschluss 2009/371/JI des Rates v. 6.4.2009, ABl. 2009 L 121, 37, umgesetzt durch das EuropolG), von Eurojust (seit 28.2.2002, aufgrund des Beschlusses 2002/187/JI v. 28.2.2002, ABl. 2002 L 63, 1, umgesetzt durch das EurojustG) und des Europäischen Justiziellen Netzes (seit 7.8.1998, aufgrund gemeinsamer Maßnahme 98/428/JI v. 29.6.1998, ABl. 1998 L 191, 4 und Beschluss 2008/976/JI v. 16.12.2008, ABl. 2008 L 348, 130). Der Schengen-Besitzstand (Schengen-Abkommen: Schengen I v. 1985/1990, das SDÜ v. 1993/1995 und Schengen III v. 2005 und die auf dieser Grundlage erlassenen Regelungen) wurde in die EU integriert. Bedeutsam ist auch der Rahmenbeschluss 2002/584/JI v. 13.6.2002 über den Europäischen Haftbefehl (ABl. 2002 L 190, 1, umgesetzt durch das Europäische Haftbefehlsgesetz) sowie der Rahmenbeschluss 2008/978/JI des Rates v. 18.12.2008 über die europäische Beweisanordnung (ABl. 2008 L 350, 72; hierzu *Roger* GA 2010, 27; s. nun die Richtlinie über eine Europäische Ermittlungsanordnung → Rn. 14a).

b) Die Rechtslage nach Inkrafttreten des Vertrags von Lissabon. Die EU (Union) als Rechts- **14** nachfolgerin der EG (Ar.t 1 Abs. 2 S. 3 EUV) bildet einen Raum der Freiheit, der Sicherheit und des Rechts (Art. 3 Abs. 2 EUV, 67 Abs. 1 AEUV). In diesem Rahmen entwickelt die Union eine justizielle Zusammenarbeit in Strafsachen (Art. 82 ff. AEUV) sowie eine polizeiliche Zusammenarbeit (Art. 87 ff. AEUV).

Durch die **„Vergemeinschaftung" der „Dritten Säule"** (PJZS) durch den Vertrag von Lissabon werden die Kompetenzen der Union im Bereich der polizeilichen und justiziellen Zusammenarbeit zwar erweitert, die Regelung des Straf- und Strafverfahrensrechts bleibt aber weiterhin Kernkompetenz der Mitgliedstaaten. Nach dem Prinzip der begrenzten Einzelermächtigung darf die Union nur im Rahmen einer geteilten Zuständigkeit gem. Art. 4 Abs. 2 lit. j AEUV straf- und strafverfahrensrechtliche Regelungen zur Bildung eines Raumes der Freiheit, der Sicherheit und des Rechts erlassen (*Mansdörfer* HRRS 2010, 11 (14)). Auch sind durch das Lissabon-Urteil des BVerfG (BVerfGE 123, 267) einer ausufernden Einräumung von Kompetenzen der Union im Bereich des Strafrechts Grenzen gezogen (s. nur *Folz* ZIS 2009, 427; *Meyer* NStZ 2009, 657; *Schünemann* ZIS 2009, 393).

Grundlegendes Prinzip der justiziellen Zusammenarbeit in Strafsachen ist das **Prinzip der gegen-** **14a** **seitigen Anerkennung** gerichtlicher Urteile und Entscheidungen (**Art. 82 Abs. 1 AEUV,** vgl. *Esser,* Europäisches und Internationales Strafrecht, 2014, § 5 Rn. 13 ff.; Satzger Int. und Europ. StrafR § 10 Rn. 24 ff.; *Satzger* in Sieber/Satzger/v. Heintschel-Heinegg, Europäisches Strafrecht, 2. Aufl. 2014, §§ 36 ff.). Um eine gegenseitige Anerkennung zu fördern, kann die Union nach Art. 82 Abs. 1 UAbs. 2 AEUV bestimmte Maßnahmen erlassen.

Beispiele (teilweise noch vor Inkrafttreten des Vertrages von Lissabon) für Rechtsakte auf Grundlage des Prinzips der gegenseitigen Anerkennung sind der Rahmenbeschluss 2002/584/JI v. 13.6.2002 über den Europäischen Haftbefehl (ABl. 2002 L 190, 1; umgesetzt durch das (zweite) Europäische Haftbefehlsgesetz (BGBl. 2006 I 1721); hierzu zB *Satzger* in Sieber/Satzger/von Heintschel-Heinegg, Europäisches Strafrecht, 2. Aufl. 2014, § 37), der Rahmenbeschluss 2005/214/JI v. 24.2.2005 über die Anwendung des Grundsatzes der gegenseitigen Anerkennung von Geldstrafen und Geldbußen (ABl. 2005 L 76, 16; umgesetzt durch das EU-Geldsanktionsgesetz (BGBl. 2010 I 1408); hierzu zB *Schünemann/Roger* ZIS 2010, 515 (735); *Böse* ZIS 2010, 607), die RL 2014/41/EU v. 3.4.2014 über eine Europäische Ermittlungsanordnung in Strafsachen (ABl. 2014 L 130, 1; hierzu *Böse* ZIS 2014, 152; Satzger Int. und Europ. StrafR § 10 Rn. 44 ff.).

Daneben umfasst die Justizielle Zusammenarbeit in Strafsachen in gewissen Grenzen auch die **Har-** **14b** **monisierung** des Strafverfahrensrechts (Art. 82 Abs. 2 AEUV) und des materiellen Strafrechts (Art. 83 AEUV) (vgl. zB *Hecker* in Sieber/Satzger/von Heintschel-Heinegg, Europäisches Strafrecht, 2. Aufl. 2014, § 10).

Art. 82 Abs. 2 AEUV ermöglicht den Erlass von Mindestvorschriften durch Richtlinien, soweit dies zur Erleichterung der gegenseitigen Anerkennung und der polizeilichen und justiziellen Zusammenarbeit in Strafsachen mit grenzüberschreitender Dimension erforderlich ist.

Beispiele für auf dieser Grundlage ergangene Rechtsakte sind die RL 2012/13/EU v. 22.5.2012 über das Recht auf Belehrung und Unterrichtung in Strafverfahren (ABl. 2012 L 142, 1) sowie die RL 2010/64/EU v. 20.10.2010 über das Recht auf Dolmetscherleistungen und Übersetzungen in Strafverfahren (ABl. 2010 L 280, 1), beide umgesetzt durch das Gesetz zur Stärkung der Verfahrensrechte von Beschuldigten im Strafverfahren (BGBl. 2013 I 1938).

Nach **Art. 83 Abs. 1 AEUV** können für – in Art. 83 Abs. 1 UAbs. 2 AEUV näher bezeichnete – Bereiche besonders schwerer grenzüberschreitender Kriminalität (zB Geldwäsche, Korruption, Fälschung von Zahlungsmitteln) durch Richtlinien Mindestvorschriften zur Festlegung von Straftaten und Strafen erlassen werden (**„Mindestharmonisierung").** **Art. 83 Abs. 2 AEUV** enthält nun eine ausdrücklich geregelte **Annexkompetenz** der Union zur Angleichung des Strafrechts in bereits harmonisierten Politikbereichen, sofern diese Angleichung unerlässlich für die wirksame Durchführung der Politik der Union ist. Eine allgemeine Annexkompetenz zur Setzung von Kriminalstrafrecht ist damit aber nicht geschaffen worden (Satzger Int. und Europ. StrafR § 8 Rn. 29). Das BVerfG sieht diese Regelungen nur bei restriktiver Auslegung als verfassungskonform an (BVerfGE 123, 267 (410 ff.)). Zudem sind als „Kompetenzausübungsschranke" das Subsidiaritäts- und das Verhältnismäßigkeitsprinzip nach Art. 5 Abs. 3, 4 EUV zu beachten (Wabnitz/Janovsky WirtschaftsStR–HdB/*Dannecker/Bülte* Kap. 2 Rn. 140). Art. 83 Abs. 3 AEUV beschränkt das Harmonisierungsprinzip durch die Möglichkeit der Aussetzung des Gesetzgebungsverfahrens auf Antrag eines Mitgliedstaates („**Notbremseverfahren**"; vgl. hierzu Satzger Int. und Europ. StrafR § 9 Rn. 47 ff.).

Beispiele für Rechtsetzungsakte auf Grundlage von Art. 83 AEUV sind (vgl. auch *Brodowski* ZIS 2013, 455 (464 ff.); 2015, 79 (86 ff.)) die RL 2014/42/EU v. 3.4.2014 über die Sicherstellung und Einziehung von Tatwerkzeugen und Erträgen aus Straftaten in der Europäischen Union (ABl. 2014 L 127, 39), die RL 2014/57/EU v. 16.4.2014 über strafrechtliche Sanktionen bei Marktmanipulation (ABl. 2014 L 173, 179; hierzu *Schröder* HRRS 2014, 253), sowie die RL 2014/62/EU v. 15.5.2014 zum strafrechtlichen Schutz des Euro und anderer Währungen gegen Geldfälschung und zur Ersetzung des Rahmenbeschlusses 2000/383/JI des Rates (ABl. 2014 L 151, 1).

14c Nach **Art. 84 AEUV** kann die Union Maßnahmen festlegen, um das Vorgehen der Mitgliedstaaten im Bereich der **Kriminalprävention** zu fördern und zu unterstützen. Die Harmonisierung von Rechtsvorschriften ist hier aber ausdrücklich ausgeschlossen.

Nach **Art. 325 AEUV** bekämpfen die Union und die Mitgliedstaaten Betrügereien und sonstige gegen die finanziellen Interessen der Union gerichtete rechtswidrige Handlungen. Hierfür haben einerseits die Mitgliedstaaten die gleichen Maßnahmen zu treffen, die sie auch zur Bekämpfung von Betrügereien ergreifen, die sich gegen ihre eigenen finanziellen Interessen richten (Art. 325 Abs. 2 AEUV). Andererseits kann die Union nach Art. 325 Abs. 4 AEUV selbst die erforderlichen Maßnahmen zur Verhütung und Bekämpfung von Betrügereien gegen die finanziellen Interessen der Union ergreifen. Da damit auf alle Handlungsformen des Art. 288 AEUV einschl. der unmittelbar wirkenden Verordnung (Art. 288 UAbs. 2 AEUV) verwiesen wird, wird Art. 325 Abs. 4 AEUV als Grundlage für die Schaffung eines Europäischen Strafrechts im engeren Sinne für den Bereich der Betrugsbekämpfung gesehen (Satzger Int. und Europ. StrafR § 8 Rn. 24 f.; Hecker Europäisches StrafR § 4 Rn. 81; *Esser*, Europäisches und Internationales Strafrecht, 2014, § 2 Rn. 125; *Mansdörfer* HRRS 2010, 11 (17 f.); *Rosenau* ZIS 2008, 9 (16); *Zimmermann* JURA 2009, 844 (846); ähnlich *Heger* ZIS 2009, 406 (416) und *Krüger* HRRS 2012, 311; dagegen *Zöller* FS Schenke, 2011, 579 (584 f.)). Art. 325 Abs. 4 AEUV ist nun auch Grundlage für die Tätigkeit des Europäischen Amtes für Betrugsbekämpfung (OLAF → Rn. 13). Die Befugnisse sind nunmehr in VO Nr. 883/2013 v. 11.9.2013 (ABl. 2013 L 248, 1) näher geregelt (vgl. *Esser*, Europäisches und Internationales Strafrecht, 2014, § 3 Rn. 1 ff.).

14d Schließlich sieht **Art. 86 AEUV** vor, dass ausgehend von Eurojust (Art. 85 AEUV; → Rn. 13) eine Europäische Staatsanwaltschaft eingesetzt wird, die für die Bekämpfung von Straftaten zum Nachteil der finanziellen Interessen der Union zuständig sein soll. Die Kommission hat am 17.7.2013 ein Gesetzespaket vorgelegt, das auch einen Vorschlag für eine Verordnung des Rates über die Errichtung der Europäischen Staatsanwaltschaft beinhaltet (KOM(2013) 532 endg.; näher hierzu *Brodowski* ZIS 2013, 455 (460 ff.); 2015, 79 (83 ff.)). Vonseiten des Rates wurden jedoch erhebliche Änderungen am Entwurf vorgenommen (Satzger Int. und Europ. StrafR § 10 Rn. 22). Während der Entwurf der Kommission die ausschließliche Zuständigkeit der Europäischen Staatsanwaltschaft für die Ermittlung und Verfolgung von Straftaten zum Nachteil der finanziellen Interessen der Union vorsah (Art. 11 Abs. 4 VO-EuStA-E), soll nach dem Rat eine konkurrierende Zuständigkeit zwischen Europäischer Staatsanwaltschaft und den nationalen Strafverfolgungsbehörden (Hintergrund Ratsdokument 9384/1/14) bestehen (Satzger Int. und Europ. StrafR § 10 Rn. 22). Ferner schlägt der Rat anders als die Kommission auf zentraler Ebene die Schaffung eines Kollegialorgans anstelle eines Einzelorgans vor, welches aus einem Staatsanwalt je Mitgliedstaat und einem leitenden Generalstaatsanwalt bestehen soll (Art. 7 Ratsdokument 9834/14) (Satzger Int. und Europ. StrafR § 10 Rn. 22). Besonders kritikwürdig ist die durch den Rat nicht modifizierte Regelung der örtlichen Zuständigkeit in Art. 17 Abs. 4 VO-EuStA-E, wonach die Europäische Staatsanwaltschaft das zuständige Gericht unter Berücksichtigung der Kriterien des Tatorts, des gewöhnlichen Aufenthalts des Beschuldigten bzw. der direkten Opfer und des Ortes, an dem sich die Beweismittel befinden, selbst festlegen kann. Hierdurch wird der Gefahr des „forum shopping" Vorschub geleistet und die Möglichkeit zum Missbrauch eröffnet, indem dasjenige Gericht gewählt wird, welches nach dem geltenden nationalen Recht eine besonders hohe Strafandrohung vorsieht (Satzger Int. und Europ. StrafR § 10 Rn. 23a). Am 3.6.2016 wurde ein weiterer Kompromisstext durch den Rat erarbeitet, in welchem die Bestimmungen zum Fallbearbeitungssystem, zum Datenschutz, zu den vereinfachten Strafverfolgungsverfahren und zu den operativen Ausgaben modifiziert wurden (Ratsdokument 9799/16).

Mit dem Vertrag von Lissabon ist auch die EU-Grundrechtecharta in Kraft getreten (vgl. Art. 6 Abs. 1 EUV). Neuere Entscheidungen des EuGH geben Anlass zu der Annahme, dass diese in Zukunft eine größere Rolle spielen wird, wenngleich noch unklar ist, ob damit eine Absenkung des nationalen Grundrechtsstandards verbunden ist (*Rönnau/Wegner* GA 2013, 561 (569 ff.)).

Die bisher im Unionsrecht enthaltenen **Sanktionen** sind keine Kriminalstrafen, ihnen fehlt das hierfür typische sozialethische Unwerturteil. Dies trifft zB auch auf die praktisch bedeutsamen Geldbu-

ßen gegen Unternehmen nach Art. 103 Abs. 2 lit. a AEUV iVm Art. 23 Abs. 1, 2 EG-VO Nr. 1/2003
– Kartellverordnung (ABl. 2003 L 1, 1; KartellVO = Nr. 432 des Kommentars) zu. Weitere Sanktionen
sind Zwangsgeld und Strafgeld (zB Art. 132 Abs. 3 AEUV iVm Art. 34.1 Satzung EZB), die eine
präventive Zwecksetzung haben, sowie Sanktionen im Agrar- und Fischereirecht, zB Subventionskür-
zungen und -sperren, Strafzuschläge und Kautionsverfall.

3. Internationale Zusammenarbeit außerhalb der EU. Auch außerhalb der Union können sich **15**
die Staaten durch völkerrechtliche Abkommen und Übereinkommen zur Angleichung ihrer nationalen
Strafrechtsordnungen verpflichten. Dies führt zu einer „Internationalisierung" bzw. „Europäisierung"
des Strafrechts. Beispiele sind die Zusammenarbeit iRd Europarates, der Vereinten Nationen und der
OECD. **Übereinkommen** mit strafrechtlichem Bezug iRd **Europarates** sind neben der **EMRK** zB das
Europäische Auslieferungsübereinkommen v. 13.12.1957, das Europäische Übereinkommen über die
Rechtshilfe in Strafsachen v. 20.4.1959, das Europäische Übereinkommen zur Bekämpfung des Terrorismus v. 21.1.1977, das Europäische Übereinkommen über Geldwäsche sowie Ermittlung, Beschlagnahme
und Einziehung v. Erträgen aus Straftaten v. 8.11.1990, das Strafrechtsübereinkommen über Korruption
v. 27.1.1999, das Übereinkommen des Europarates über Geldwäsche, Terrorismusfinanzierung sowie
Ermittlung, Beschlagnahme und Einziehung von Erträgen aus Straftaten v. 16.5.2005 oder das Übereinkommen des Europarates über die Manipulation von Sportwettbewerben v. 18.9.2014 (vgl. Übersicht
bei Hecker Europäisches StrafR § 3 Rn. 11; *Esser*, Europäisches und Internationales Strafrecht, 2014,
§ 8 Rn. 23). Als weiteres wichtiges Übereinkommen mit strafrechtlichem Bezug kann das Übereinkommen der **Vereinten Nationen** gegen Korruption v. 31.10.2003 genannt werden. Beispiel für die
strafrechtliche Zusammenarbeit in der **OECD** ist die Konvention gegen die Bestechung ausländischer
Amtsträger im internationalen Geschäftsverkehr v. 17.12.1997.

4. Foreign Corrupt Practices Act und „UK Bribery Act". Zuletzt ist iRd hier dargestellten **15a**
Aspekte einer Internationalisierung des Wirtschaftsstrafrechts kurz auf ausländische gesetzliche Regelungen einzugehen, die auch für deutsche Unternehmen von besonderer Bedeutung sind. Praktische
Relevanz haben hierbei vor allem der US-amerikanische Foreign Corrupt Practices Act 1977 (hierzu
ausf. *Rübenstahl* NZWiSt 2012, 401; 2013, 6; *Rübenstahl/Boerger* NZWiSt 2013, 124 (281, 367)) sowie
der UK Bribery Act 2010 des Vereinigten Königreichs (hierzu ausf. *Rotsch/Wagner* in Rotsch,
Criminal Compliance, 2015, § 32). Beide Gesetze dienen (auch) der Bekämpfung der grenzüberschreitenden Korruption. Insbesondere der UK Bribery Act 2010 stellt dabei nur sehr geringe
Anforderungen im Hinblick auf seine Anwendbarkeit auf (§ 12 Abs. 5 Bribery Act 2010), so dass auch
für Unternehmen aus Deutschland unmittelbare Sanktionsrisiken bestehen, selbst wenn zum Vereinigten Königreich nur ein mittelbarer Bezug besteht (vgl. *Lagodny/Kappl* StV 2012, 695 (697)). Es
sind deshalb bereits Zweifel über seine Völkerrechtskonformität aufgekommen (*Lagodny/Kappl* StV
2012, 695 (700)).

C. Regelungstechnik (Besonderheiten)

I. Vorbemerkung

Das Wirtschaftsstrafrecht ist ein Teilbereich des Strafrechts, so dass die allgemeinen Regeln, insbes. des **16**
Allgemeinen Teils des StGB, hierfür gelten. Dies gilt auch für das Nebenstrafrecht (Art. 1 EGStGB). Ein
Sonderstrafrecht für Wirtschaftskriminalität ist schon aus verfassungsrechtlichen Gründen abzulehnen
(*Weber* ZStW 96 (1984), 376 (378 ff.)). Zu beobachten ist allerdings, dass sich der Gesetzgeber im
Wirtschaftsstrafrecht bestimmter Regelungstechniken (zB Ausgestaltung der Delikte als Sonderdelikte,
abstrakte Gefährdungsdelikte etc) bedient, die der Komplexität der Wirtschaftskriminalität angeblich
besser gerecht werden (Wabnitz/Janovsky WirtschaftsStR-HdB/*Dannecker/Bülte* Kap. 1 Rn. 2). Auch
lassen sich in einzelnen Teilbereichen der Dogmatik des Allgemeinen Teils bestimmte Besonderheiten
(zB bei der strafrechtlichen Produkthaftung) identifizieren, die zumindest in Richtung einer Sonderdogmatik des Wirtschaftsstrafrechts weisen. Hierzu zählen vor allem besondere Probleme der strafrechtlichen
Zurechnung in wirtschaftsstrafrechtlichen Fallgestaltungen (→ Vorb. StGB §§ 13–14 Rn. 15 ff.) oder bei
der Beteiligungslehre (→ StGB § 25 Rn. 12 ff.). Aufgrund dieser Entwicklung wird teilweise erwogen,
eine „Sonderdogmatik des Wirtschaftsstrafrechts" selbstständig zu normieren, um der im Wirtschaftsstrafrecht zu Tage tretenden Gefahr einer „Abschleifung traditioneller Strafrechtsdogmatik" zu begegnen
(Momsen/Grützner WirtschaftsStR/*Rotsch* Kap. 1 Teil B Rn. 74).

II. Sonderdelikte

Literatur: *Müller-Gugenberger* in Müller-Gugenberger Wirtschaftsstrafrecht § 22 Rn. 8 ff.; *Krause*, Sonderdelikte im
Wirtschaftsstrafrecht, 2008; *Raum* in Wabnitz/Janovsky (Hrsg.), Handbuch des Wirtschafts- und Steuerstrafrechts,
4. Aufl. 2014, Kap. 4 Rn. 67 ff.

Viele Wirtschaftsstraftaten (zB §§ 266, 266a, 283–283c StGB) sind als Sonderdelikte (Pflichtdelikte) **17**
ausgestaltet. Im Gegensatz zu den Allgemeindelikten ist bei diesen Delikten die Täterschaft auf einen

Einführung

Personenkreis mit bestimmten Eigenschaften beschränkt, so dass Täter (§ 25 StGB) nur sein kann, wer eine solche „Täterqualifikation" aufweist (Roxin StrafR AT I § 10 Rn. 129). Dritte können allenfalls Teilnehmer (Anstifter oder Gehilfen, §§ 26, 27 StGB) sein. Täter des § 266a StGB kann zB nur der Arbeitgeber, nicht aber ein Dritter sein. Ggf. kann aber die Täterqualifikation (zB die Arbeitgebereigenschaft) einer anderen Person gem. § 14 StGB, § 9 OWiG zugerechnet werden. Ob es sich um ein Sonderdelikt handelt, ist – sofern sich dies nicht ausdrücklich aus dem Wortlaut ergibt – aus dem Gesamtkontext der Norm abzuleiten (*Kudlich / Oğlakcıoğlu,* Wirtschaftsstrafrecht, 2. Aufl. 2014, Rn. 38)

Weiter ist zwischen echten und unechten Sonderdelikten zu unterscheiden. Bei echten Sonderdelikten wird die Strafbarkeit durch das Vorliegen einer besonderen Tätereigenschaft erst begründet, so bei §§ 266, 266a, 283–283c StGB. Bei unechten Sonderdelikten (zB § 258a StGB) führt die Tätereigenschaft zu einer Strafschärfung; sie kommen allerdings im Gegensatz zu den echten Sonderdelikten im Wirtschaftsstrafrecht selten vor.

Praktische Relevanz entfaltet die Dogmatik der Sonderdelikte vor allem bei der Abgrenzung von Täterschaft und Teilnahme (§§ 25 ff. StGB), iRd § 28 StGB und im Zusammenhang mit den Zurechnungstatbeständen der § 14 StGB, § 9 OWiG.

III. Abstrakte Gefährdungsdelikte

Literatur: *Baumann,* Strafrecht und Wirtschaftskriminalität, JZ 1983, 935; *Hassemer,* Kennzeichen und Krisen des modernen Strafrechts, ZRP 1992, 378; *Hefendehl,* Kollektive Rechtsgüter im Strafrecht, 2002; *Herzog,* Gesellschaftliche Unsicherheit und strafrechtliche Daseinsvorsorge, 1991; *Jakobs,* Kriminalisierung im Vorfeld einer Rechtsgutsverletzung, ZStW 97 (1985), 751; *Kindhäuser,* Gefährdung als Straftat, 1989; *Kindhäuser,* Zur Legitimität der abstrakten Gefährdungsdelikte, in Schünemann/Suárez Gonzáles (Hrsg.), Bausteine des europäischen Wirtschaftsstrafrechts, 1994, 125; *Kindhäuser,* Rechtsgüterschutz durch Gefährdungsdelikte, FS Krey, 2010, 249; *Kuhlen,* Zum Strafrecht der Risikogesellschaft, GA 1994, 347; *Schünemann,* Moderne Tendenzen in der Dogmatik der Fahrlässigkeits- und Gefährdungsdelikte, JA 1975, 787; *Schünemann,* Kritische Anmerkungen zur geistigen Situation der deutschen Strafrechtswissenschaft, GA 1995, 204; *Wohlers,* Deliktstypen des Präventionsstrafrechts, 2000; *Zieschang,* Die Gefährdungsdelikte, 1998.

18 Wirtschaftsstraftaten sind tatbestandlich zunehmend als abstrakte Gefährdungsdelikte ausgestaltet (→ Vorb. StGB §§ 13–14 Rn. 3; zum Gefährdungsstrafrecht *Hefendehl,* Kollektive Rechtsgüter im Strafrecht, 2002, 262; *Kindhäuser,* Gefährdung als Straftat, 1989, 225 ff.; krit. *Herzog,* Gesellschaftliche Unsicherheit und strafrechtliche Daseinsvorsorge, 1991, 70). Dies gilt vor allem, aber nicht nur für Delikte, die (auch) das Vermögen schützen (zB §§ 264, 264a, 265b, 298 StGB). Anders als Erfolgsdelikte erfordern abstrakte Gefährdungsdelikte tatbestandlich nicht den Eintritt eines Verletzungserfolges und – anders als konkrete Gefährdungsdelikte – auch keine konkrete Gefährdung des Handlungsobjekts des Tatbestandes (zum Begriff Roxin StrafR AT I § 10 Rn. 123 f.). Ihr Tatbestand setzt lediglich ein bestimmtes Tun voraus, das typischerweise gefährlich ist (MüKoStGB/*Radtke* StGB Vor §§ 306 ff. Rn. 5; Schönke/Schröder/*Heine/Bosch* StGB Vor §§ 306 ff. Rn. 4; *Zieschang,* Die Gefährdungsdelikte, 1998, 22).

Diese Entwicklung soll der effektiveren Bekämpfung der Wirtschaftskriminalität dienen. Sie hat vor allem einen prozessualen Hintergrund, nämlich die **Umgehung von Beweisschwierigkeiten,** zB hinsichtlich der Kausalität einer Handlung für den Verletzungs- oder konkreten Gefährdungserfolg, des Eintritts eines solchen Erfolges oder des subjektiven Tatbestandes (*Baumann* JZ 1983, 938; MAH WirtschaftsStR / *Grunst / Volk* § 1 Rn. 89).

Der Verzicht auf einen irgendwie gearteten (Gefährdungs- oder Verletzungs-)Erfolg aus letztlich präventiven Gründen führt zu einer Kriminalisierung von Verhaltensweisen, die weit im Vorfeld der eigentlichen Rechtsgutsverletzung liegen. Gegen diese Ausdehnung der Strafbarkeit werden zu Recht erhebliche Bedenken vorgebracht: Eine solche **Vorfeldkriminalisierung** ist jedenfalls bei fehlendem oder unbestimmtem Rechtsgutsbezug kaum zu legitimieren (*Hassemer* ZRP 1992, 378 (381); Übersicht bei Roxin StrafR AT I § 2 Rn. 69). Es ist gerade nicht Aufgabe des Strafrechts, die Probleme moderner Gesellschaften (Umwelt, Wirtschaft, Organisierte Kriminalität, Korruption) zu lösen und ihre Risiken zu bekämpfen (*Hassemer* ZRP 1992, 378 (381); aA *Kuhlen* GA 1994, 347 (367); Schünemann GA 1995, 201 (207); diff. Roxin StrafR AT I § 2 Rn. 72 ff.).

Diese Ausweitung der Strafbarkeit wird aber auch als „die angemessene Reaktionsform des Strafrechts beim Schutz überindividueller (kollektiver) Rechtsgüter" (Tiedemann WirtschaftsStR AT Rn. 181; Wabnitz/Janovsky WirtschaftsStR-HdB/*Dannecker/Bülte* Kap. 1 Rn. 107) gerechtfertigt. Dies geschieht unter der Prämisse, dass die neuen abstrakten Gefährdungsdelikte überindividuelle Rechtsgüter und Institutionen schützen, die durch konkrete Handlungen gar nicht verletzt werden können, aber auf deren Bestand im Wirtschaftsverkehr vertraut werden darf (Tiedemann WirtschaftsStR AT Rn. 181; MüKoStGB/*Wohlers* StGB § 264 Rn. 7 f.; Wabnitz/Janovsky WirtschaftsStR-HdB/*Dannecker/Bülte* Kap. 1 Rn. 107). Beim Subventionsbetrug (§ 264 StGB) soll es zB weniger um Vermögensschutz gehen, sondern um die „Durchkreuzung der Subventionspolitik und ihrer Ziele" (Tiedemann WirtschaftsStR AT Rn. 181).

IV. Blankettstrafgesetze

Literatur: *Böse,* Verweisungen auf das Gemeinschaftsrecht und das Bestimmtheitsgebot (Art. 103 Abs. 2 GG), FS Krey, 2010, 7; *Böse,* Vorsatzanforderungen bei Blankettgesetzen am Beispiel des Kartellrechts, FS Puppe, 2010, 1353; *Debus,* Verweisungen in deutschen Rechtsnormen, 2008; *Enderle,* Blankettgesetze – Verfassungs- und strafrechtliche Probleme von Wirtschaftsstraftatbeständen, 2000 (zitiert: Blankettgesetze); *Harms/Heine,* EG-Verordnung und Blankettgesetz – Zum Verhältnis von Gemeinschaftsrecht und nationalem Strafrecht, FS Amelung, 2009, 393; *Müller-Gugenberger* in Müller-Gugenberger Wirtschaftsstrafrecht, § 1 Rn. 14 ff., § 5 Rn. 99 f.; *Rotsch* in Momsen/Grützner, Wirtschaftsstrafrecht, 2013, Kap. 1 Teil B Rn. 14 ff.; *Tiedemann,* Tatbestandsfunktion und Nebenstrafrecht, 1969; *Raabe,* Der Bestimmtheitsgrundsatz bei Blankettstrafgesetzen am Beispiel der unzulässigen Marktmanipulation, 2007; *Ransiek,* Bestimmtheitsgrundsatz, Analogieverbot und § 370 AO, FS Tiedemann, 2008, 171; *Schuster,* Das Verhältnis von Strafnormen und Bezugsnormen aus anderen Rechtsgebieten, 2012; *Silva Sánchez,* Blankettstrafgesetze und die Rückwirkung der lex mitior, in Schünemann/Suárez Gonzáles (Hrsg.), Bausteine des europäischen Wirtschaftsstrafrechts, 1994, 135; *Walter,* Ist Steuerstrafrecht Blankettstrafrecht?, FS Tiedemann, 2008, 969.

1. Begriff. Eine weitere Besonderheit des Wirtschaftsstrafrechts ist die häufige Verwendung von **19** Blankettstrafgesetzen bzw. -tatbeständen, insbes. im Nebenstrafrecht (Müller-Gugenberger WirtschaftsStR/*Müller-Gugenberger* § 1 Rn. 14; allg. hierzu NK-StGB/*Hassemer/Kargl* StGB § 1 Rn. 22; LK-StGB/*Dannecker* StGB § 1 Rn. 148 ff.). Es handelt sich hierbei um Sanktionsnormen, die die Voraussetzungen der Strafbarkeit oder Ahndung nicht abschließend im Tatbestand selbst regeln, sondern diesbezüglich auf andere Vorschriften (Gesetz, Verordnung, Verwaltungsakt) verweisen (BGHSt 6, 40; Roxin StrafR AT I § 5 Rn. 40, § 12 Rn. 110; man spricht insoweit auch von akzessorischen, dh von außerstrafrechtlichen Regeln abhängigen Normen, Tiedemann WirtschaftsStR AT Rn. 2). Erst die **Zusammenschau von Sanktionsnorm und Ausfüllungsnorm** (Gebot oder Verbot) ergibt die Vollvorschrift (→ StGB § 16 Rn. 14; vgl. auch BGHSt 20, 177 (181); 41, 127; KK-OWiG/*Rogall* OWiG Vorb. Rn. 15; Fischer StGB § 1 Rn. 9 jeweils mwN). Blanketttatbestände können auch durch Unionsrecht oder Gesetze anderer Staaten ausgefüllt werden (BGH NStZ 2007, 595; Fischer StGB § 1 Rn. 12). Die Änderung oder Aufhebung der Ausfüllungsnorm unterliegt dem Grundsatz des milderen Gesetzes (§ 2 Abs. 3 StGB – lex mitior-Prinzip; BGHSt 34, 282; Tiedemann WirtschaftsStR AT Rn. 259 ff.; diff. Schönke/Schröder/*Eser/Hecker* StGB § 2 Rn. 25 – nur bei Schutzzweckänderung der Ausfüllungsnorm).
Terminologisch ist zwischen Blanketttatbeständen im engeren und im weiteren Sinne zu unterscheiden. Von einem **Blanketttatbestand im engeren Sinne** ist auszugehen, wenn eine andere Instanz als der Strafgesetzgeber für die Ausfüllung des Tatbestandes sorgt (sog Außenverweisung; zur Terminologie KK-OWiG/*Rogall* OWiG Vorb. Rn. 16; *Kudlich/Oğlakcıoğlu,* Wirtschaftsstrafrecht, 2. Aufl. 2014, Rn. 48, 51).

Beispiel: Nach § 18 Abs. 2 Nr. 1 AWG wird bestraft, wer ohne Genehmigung nach § 8 Abs. 1 AWV die in Teil I Abschnitt A und Abschnitt B der Ausfuhrliste genannten Güter (zB Rüstungsgüter) ausführt. **Ein Blanketttatbestand im weiteren Sinne** (sog Binnenverweisung) verweist zur Ausfüllung des Tatbestandes auf weitere Akte derselben Normsetzungsinstanz. Beispiel: Die Strafbarkeitsvoraussetzungen der Bilanzdelikte gem. § 331, 332 HGB ergeben sich nur unter Rückgriff auf die Berichts- und Bilanzierungsvorschriften des HGB. Weitere wichtige Binnenverweisungen sind zB §§ 399 ff. AktG, § 82 GmbHG, §§ 38 f. WpHG.

2. Blanketttatbestände und Bestimmtheitsgrundsatz. Dass sich die Tatbestandsmäßigkeit eines **20** Verhaltens bei Blankettstrafgesetzen erst aus der Zusammenschau von Blanketttatbestand und blankettausfüllender Norm ergibt, wirft große Probleme hinsichtlich des Bestimmtheitsgrundsatzes **(Art. 103 Abs. 2 GG)** auf (ausf. *Enderle,* Blankettgesetze, 2000, 173 ff. (205 ff.); *Schuster,* Das Verhältnis von Strafnormen und Bezugsnormen aus anderen Rechtsgebieten, 2012, 258 ff.). Es wird jedoch auch angeführt, dass dies zu einer größeren Flexibilität beitrage, die wohl gerade im Wirtschaftsstrafrecht notwendig und gewünscht sei, so dass die „apodiktische Verdammung" von Blankettstrafgesetzen nicht weiterhelfe (Momsen/Grützner WirtschaftsStR/*Rotsch* Kap. 1 Teil B Rn. 16). Ein Blanketttatbestand genügt nur dann den Anforderungen des Art. 103 Abs. 2 GG, wenn die Voraussetzungen der Strafbarkeit (Ahndung) sowie Art und Ausmaß der Strafe schon aufgrund eines förmlichen Gesetzes (entweder des Blanketttatbestandes oder eines anderen in Bezug genommenen Gesetzes) vorausgesehen werden können (Einzelheiten bei Tiedemann WirtschaftsStR AT Rn. 199 ff.; s. zB BVerfG NJW 1992, 2624 zu § 33 AWG aF, dazu *Achenbach* NStZ 1993, 427 (428); BVerfGE 37, 201 (208); 41, 314 (319) zu § 370 AO). Erfolgt die Ausfüllung aufgrund einer Verordnung, dürfen dem Verordnungsgeber lediglich gewisse Spezifizierungen des Straftatbestandes überlassen werden (BVerfGE 75, 329 (342) mwN), gleiches gilt für eine Ausfüllung durch Verwaltungsakt (BVerfGE 78, 374 (383)). Problematisch sind insbes. sog (grds. zulässige) dynamische Verweisungen, die auf sich ändernde Regelungsmaterien Bezug nehmen (BGHSt 42, 79 (84 f.) mwN; MüKoStGB/*Schmitz* StGB § 1 Rn. 56). Auch Verweisungen auf Unionsrecht (zB §§ 95 Abs. 1 Nr. 11, 96 Nr. 20 AMG, § 18 Abs. 1 AWG) werfen erhebliche Probleme auf (vgl. zB *Nestler* NStZ 2012, 672; Einzelheiten bei *Schuster,* Das Verhältnis von Strafnormen und Bezugsnormen aus anderen Rechtsgebieten, 2012, 323 ff.; LK-StGB/*Dannecker* StGB § 1 Rn. 145 f.; MüKoStGB/*Schmitz* StGB § 1 Rn. 56 mwN). Insbes. die Zulässigkeit dynamischer Verweisungen wird hier bezweifelt (OLG Koblenz NStZ 1989, 188 f.; Satzger Int. und Europ. StrafR § 9 Rn. 71; *Satzger/Langheld*

Einführung

HRRS 2011, 460 (463); *Brettel* in Brettel/Schneider, Wirtschaftsstrafrecht, 2014, § 2 Rn. 11; vgl. aber *Böse,* Strafen und Sanktionen im europäischen Gemeinschaftsrecht, 1996, 439).

21 **3. Abgrenzung zu normativen Tatbestandsmerkmalen.** Auf der Tatbestandsebene ist der Blankettatbestand ieS abzugrenzen von einer „Vollnorm" mit normativen Tatbestandsmerkmalen, die begrifflich eine bestimmte Wertung voraussetzen (→ StGB § 16 Rn. 12 f.; KK-OWiG/*Rogall* OWiG Vorb. Rn. 16; *Enderle,* Blankettgesetze, 2000, 90 ff. (233 ff., 283 ff., 332 ff.) mwN), zB §§ 242, 246 StGB hinsichtlich der Fremdheit der Sache. Relevanz entfaltet diese Unterscheidung nicht nur für die Reichweite des Bestimmtheitsgrundsatzes (Art. 103 Abs. 2 GG), sondern auch für die Problematik der Rückwirkung des milderen Gesetzes (§ 2 Abs. 3 StGB; vgl. SSW StGB/*Satzger* StGB § 2 Rn. 23) und für Irrtumsfragen (→ StGB § 16 Rn. 20 ff.; NK-StGB/*Puppe* StGB § 16 Rn. 60 ff.; MAH WirtschaftsStR/ *Grunst/Volk* § 1 Rn. 114 mwN; vgl. auch *Roxin* FS Tiedemann, 2008, 375; *Böse* FS Puppe, 2010, 1353; *Bülte* NStZ 2013, 65; *Ransiek* wistra 2012, 365).

Zur Unterscheidung kann man eine formale Abgrenzung vornehmen, indem man darauf abstellt, ob der Gesetzeswortlaut ausdrücklich oder nur stillschweigend auf andere Normen verweist (so noch BVerfGE 37, 201 (208 f.); zu Recht krit. Tiedemann WirtschaftsStR AT Rn. 198). Es wird aber auch wertend darauf abgestellt, ob ein offener Tatbestand vorliegt oder ein geschlossener mit dem normativen Erfordernis, zur Auslegung der Tatbestandsmerkmale andere Normen heranzuziehen (so nun BVerfGE 78, 205). Nach aA soll es auf die räumliche Lozierung ankommen (*Puppe* GA 1990, 145 (162 ff.)). Umstritten ist die Zuordnung zB bei § 370 AO (Einzelheiten bei LK-StGB/*Dannecker* StGB § 1 Rn. 149; Tiedemann WirtschaftsStR AT Rn. 198; *Juchem* wistra 2014, 300) sowie bei § 266 StGB (vgl. *Rönnau* ZStW 119 (2007), 887 (903 ff.)).

V. Generalklauseln

Literatur: *Naucke,* Über Generalklauseln und Rechtsanwendung im Strafrecht, 1973; *Rotsch* in Momsen/Grützner, Wirtschaftsstrafrecht, 2013, Kap. 1 Teil B Rn. 18 ff.; *Tiedemann,* Tatbestandsfunktion und Nebenstrafrecht, 1969.

22 Für das Wirtschaftsstrafrecht kennzeichnend ist auch die Verwendung von Generalklauseln, dh von allgemein formulierten und auslegungsbedürftigen Normen. Beispiel ist die Untreue (§ 266 StGB), die aufgrund ihrer tatbestandlichen Weite auf eine Vielzahl von Lebenssachverhalten anwendbar ist und damit zu dem „typische[n] Wirtschaftsverbrechen unserer Zeit" wird (*Schünemann* NStZ 2006, 196).

Vor allem im Bereich des Unternehmensstrafrechts verweisen solch weit gefasste Tatbestände häufig auf Maßfiguren wie die des „ordentlichen Geschäftsmannes" oder des „gewissenhaften Geschäftsleiters" (§ 43 Abs. 1 GmbHG, § 93 Abs. 1 AktG) oder die der „ordnungsgemäßen Wirtschaft" (§ 283 Abs. 1 Nr. 8 StGB). Probleme ergeben sich nicht nur bei der Auslegung dieser Maßfiguren im konkreten Fall, sondern auch bei der Frage, ob und inwieweit im Hinblick auf die Ultima-ratio-Funktion des (Wirtschafts-)Strafrechts ein engerer Maßstab als im Wirtschaftsrecht anzulegen ist.

Beispiele: In BGHSt 47, 187 – SSV Reutlingen ging es um die Frage, wann die Gewährung von Unternehmensspenden durch den Vorstand einer AG eine pflichtwidrige Untreuehandlung iSt, was sich wiederum durch Rückgriff auf § 93 Abs. 1 AktG ergibt. In BGHSt 50, 331 – Mannesmann (hierzu Tiedemann WirtschaftsStR AT Rn. 219 ff.) war zu beurteilen, ob die nachträgliche Gewährung einer Anerkennungsprämie durch Aufsichtsratsmitglieder an mehrere ausscheidende oder bereits ausgeschiedene Vorstandsmitglieder gem. § 266 StGB pflichtwidrig war. Dies beurteilt sich nach §§ 87, 116 AktG. In beiden Fällen ist umstritten, wie die gesellschaftsrechtlichen Anforderungen im konkreten Fall zu beurteilen und die Ergebnisse einer zivilrechtlichen Auslegung auf das Strafrecht zu übertragen sind. Bei der Auslegung von Deliktstatbeständen des Wirtschaftsstrafrechts wird aber bereits eine „deutliche Abkehr von der Zivilrechtsakzessorietät" festgestellt (Momsen/Grützner WirtschaftsStR/*Rotsch* Kap. 1 Teil B Rn. 20).

Die Verwendung von Generalklauseln ist auch im Strafrecht nicht von vornherein unzulässig (BVerfGE 126, 170 (196)). Im Hinblick auf die verfassungsrechtlichen Anforderungen des Bestimmtheitsgrundsatzes (Art. 103 Abs. 2 GG) wird aber zu Recht eine restriktive Auslegung dieser Generalklauseln gefordert (Tiedemann WirtschaftsStR AT Rn. 218; MAH WirtschaftsStR/*Grunst/Volk* § 1 Rn. 112; Momsen/Grützner WirtschaftsStR/*Rotsch* Kap. 1 Teil B Rn. 19). Die Gerichte sind deshalb bei der Anwendung von Generalklauseln, die verhältnismäßig weit und unscharf gefasst sind, dazu gehalten, im Sinne eines **Präzisierungsgebotes** verbleibende Unklarheiten über den Anwendungsbereich einer Norm durch Konkretisierung im Wege der Auslegung nach Möglichkeit auszuräumen (BVerfGE 126, 170 (198 f.)).

VI. Schein- und Umgehungsgeschäfte

Literatur: *Beckemper,* Zivilrechtliche Haftung und strafrechtliche Verantwortlichkeit beim Auftreten als Schein-GmbH, GmbHR 2002, 465; *Hahn,* Das Scheingeschäft im steuerrechtlichen Sinne – Zur Dogmatik des § 41 Abs. 2 AO, DStZ 2000, 433; *Schmid/Ludwig* in Müller-Gugenberger (Hrsg.), Wirtschaftsstrafrecht, 6. Aufl. 2015, § 29; *Vogel,* Schein und Umgehungshandlungen im Strafrecht, in Schünemann/Suárez Gonzáles (Hrsg.), Bausteine des europäischen Wirtschaftsstrafrechts, 1994, 151.

1. Begriff. (Rechtliche) Schein- und Umgehungsgeschäfte bzw. (faktische) Schein- und Umge- **23** hungshandlungen kommen vor allem im Steuer- und Subventionsrecht vor. Scheingeschäfte und -handlungen dienen der Vorspiegelung eines bestimmten rechtlichen oder tatsächlichen Zustandes, dessen Rechtsfolgen aber nicht ernsthaft gewollt werden und die deshalb unwirksam sind; der mit einem Umgehungsgeschäft bzw. einer -handlung herbeigeführte (Rechts-)Zustand wird dagegen ernsthaft gewollt und durchgeführt (umfassend *Müller-Gugenberger* WirtschaftsStR/*Schmid/Ludwig* § 29). Diese Konstellationen können strafrechtlich relevant werden, zB bei § 264 StGB, § 370 AO.

2. Rechtsfolgen. Bei **Scheingeschäften** kommt es auf den durch das Scheingeschäft bzw. die **24** -handlung verdeckten wahren Sachverhalt an (*Schmidt-Hieber* NJW 1980, 322 (325 f.); *Vogel* in Schünemann/*Suárez* Bausteine des europäischen Wirtschaftsrechts, 1994, 151 (156 ff. Fn. 274, 175); LK-StGB/ *Tiedemann* StGB § 264 Rn. 124; SSW StGB/*Saliger* StGB § 264 Rn. 25; MüKoStGB/*Wohlers/Mühlbauer* StGB § 264 Rn. 82 mwN). Dieser allgemeine Rechtsgrundsatz (vgl. § 117 Abs. 2 BGB) ist in § 4 Abs. 1 SubvG, § 41 Abs. 2 AO auch ausdrücklich normiert, daran knüpft zB dann die Strafbarkeit nach § 264 StGB, § 370 AO an. (Beispiele aus dem Steuerstrafrecht bei *Müller-Gugenberger* WirtschaftsStR/*Schmid/Ludwig* § 29 Rn. 47 ff., insbes. zu Briefkastenfirmen § 29 Rn. 68 ff.; FGJ/*Joecks* AO § 370 Rn. 192 ff.; Fallbeispiel bei *Hellmann/Beckemper* ZJS 2008, 61 (63)).

Bei **Umgehungsgeschäften** sieht das Gesetz vielfach außerstrafrechtlich eine Gleichstellung des vom Täter gewählten Sachverhalts mit dem Sachverhalt vor, der dem wirtschaftlich eigentlich gewollten Ziel entsprechen würde (*Tiedemann* WirtschaftsStR AT Rn. 245). Nach § 42 AO zB sollen bei einem Missbrauch von Gestaltungsmöglichkeiten (durch Umgehungsgeschäfte) die steuerlichen Folgen so eintreten, wie dies bei einer den wirtschaftlichen Vorgängen und dem angestrebten Ziel angemessenen rechtlichen Gestaltung geschehen wäre. Bei entsprechenden Angaben in der Steuererklärung sind diese wegen Fehlens der die Umgehung begründenden Umstände dann unvollständig und damit unrichtig, so dass bei entsprechender Steuerverkürzung eine Steuerhinterziehung vorliegt (§ 370 AO) (*Tiedemann* WirtschaftsStR AT Rn. 245).

3. Schein- bzw. Umgehungsgeschäfte und Bestimmtheitsgrundsatz. Bei der strafrechtlichen **25** Erfassung solcher Geschäfte und Handlungen mit Hilfe allgemeiner meist außerstrafrechtlicher Klauseln (zB §§ 41 Abs. 2, 42 AO, § 4 Abs. 1 SubvG; Art. 4 EGVO Nr. 2988/95 v. 18.12.1995 über den Schutz der finanziellen Interessen der Europäischen Gemeinschaften (Finanzschutzverordnung), § 117 Abs. 2 BGB) stellt sich die Frage der Vereinbarkeit mit dem Bestimmtheitssatz (Art. 103 Abs. 2 GG). So kann zB die Strafbarkeit nach § 370 AO davon abhängen, was steuerrechtlich als missbräuchlich gem. § 42 AO angesehen wird. Problematisch ist, ob der Täter noch voraussehen kann, wann er sich durch eine ungewöhnliche steuerliche Gestaltung strafbar macht. In der Praxis werden die unscharfen Generalklauseln restriktiv gehandhabt (Einzelheiten und Beispiele bei *Tiedemann* WirtschaftsStR AT Rn. 236 ff.; *Müller-Gugenberger* WirtschaftsStR/*Schmid/Ludwig* § 29).

VII. Fahrlässigkeit und Leichtfertigkeit

Literatur: *Arzt,* Leichtfertigkeit und recklessness, GS Schröder 1978, 119; *Bottke,* Leichtfertige Geldwäsche nach § 261 Abs. 5 StGB, insbesondere von Bankangehörigen, FS Jakobs, 2001, 45; *Dörn,* Leichtfertige Steuerverkürzung (§ 378 AO) und leichtfertiger Subventionsbetrug (§ 264 Abs. 1, Abs. 3 StGB) durch den Steuerberater, wistra 1994, 215; *Duttge,* Zur Verantwortlichkeit des gutgläubigen Steuerberaters nach § 378 AO – Auf der Suche nach dem gerechten Maß, wistra 2000, 201; *Mahlberg,* Die Leichtfertigkeit im Steuerstrafrecht, 1965; *Sauer,* Zur Leichtfertigkeit iSv § 261 Abs. 5 StGB bei der Annahme von Mandantengeldern durch Strafverteidiger, wistra 2004, 89.

Gem. § 15 StGB ist nur vorsätzliches Handeln strafbar, wenn das Gesetz nicht fahrlässiges Handeln **26** ausdrücklich mit Strafe bedroht. Die Bestrafung fahrlässigen Handelns (→ StGB § 15 Rn. 19 ff.) kennzeichnet das Wirtschaftsstrafrecht (Wabnitz/Janovsky WirtschaftsStR-HdB/*Dannecker/Bülte* Kap. 1 Rn. 109). Insbes. im **Steuer-, Zoll-, Subventions-** und **Lebensmittel**strafrecht wird auch leichtfertiges (also grob fahrlässiges; Schönke/Schröder/*Sternberg-Lieben/Schuster* StGB § 15 Rn. 106; Beck-OK StGB/*Kudlich* StGB § 15 Rn. 32; → StGB § 15 Rn. 26) Verhalten sanktioniert, wobei zT auch die fahrlässige bzw. leichtfertige Verletzung des Vermögens unter Strafe gestellt wird, wie zB §§ 261 Abs. 5, 264 Abs. 4 StGB, § 378 AO (krit. *Hefendehl* JZ 2004, 18 (21); SSW/*Jahn* StGB § 261 Rn. 62; NK-StGB/*Hellmann* StGB § 264 Rn. 151). Hintergrund sind wiederum vielfach prozessuale Beweisschwierigkeiten hinsichtlich des Vorsatzes (Momsen/Grützner WirtschaftsStR/*Rotsch* Kap. 1 Teil B Rn. 23). Diese Regelungstechnik, die zu einer Ausdehnung der Strafbarkeit führt, ist dogmatisch und kriminalpolitisch zu Recht umstritten (befürwortend *Tiedemann* WirtschaftsStR AT Rn. 186 mwN; Überblick bei MAH WirtschaftsStR/*Grunst/Volk* § 1 Rn. 109 ff. mwN).

VIII. Gesetzliche Vermutungen

Literatur: *Putzke,* Gesetzliche Vermutungen und Beweislastregeln im Wirtschaftsstrafrecht, FS Schünemann, 2014, 647; *Tiedemann,* Wirtschaftsstrafrecht – Einführung und Allgemeiner Teil, 4. Aufl. 2014, Rn. 193 ff.; *Walter,* Die Beweislast im Strafprozess, JZ 2006, 340.

Einführung

26a   Einige Tatbestände des Wirtschaftsstrafrechts nehmen Rückgriff auf gesetzliche Vermutungen in außerstrafrechtlichen Vorschriften. Hierin wird ein Widerspruch zu strafrechtlichen Fundamentalprinzipien wie dem Schuldgrundsatz und dem Zweifelssatz gesehen (*Brettel* in Brettel/Schneider, Wirtschaftsstrafrecht, 2014, § 2 Rn. 18; *Lindemann,* Voraussetzungen und Grenzen legitimen Wirtschaftsstrafrechts, 2012, 230). Nach herrschender Auffassung werden denn auch diese Vermutungsregelungen im Strafrecht nicht angewendet (Tiedemann WirtschaftsStR AT Rn. 194). Allerdings wird die unter Hinweis auf den In-dubio-pro-reo-Grundsatz reflexartige Verneinung der Anwendbarkeit dieser Regelungen im Strafrecht auch hinterfragt (so zB *Putzke* FS Schünemann, 2014, 647 (651 ff.)). Dabei wird darauf hingewiesen, dass die Reichweite des Zweifelssatzes durch den Tatbestand bestimmt wird (*Walter* JZ 2006, 340 (346)). Im Kernstrafrecht zeigt dies § 186 StGB, der bei Zweifeln über die Wahrheit der Nachrede zuungunsten des Angeklagten eingreift. Derartige materiell-rechtliche Regelungen, nach denen contra reum zu entscheiden ist, fänden ihre Grenze zwar im Schuldgrundsatz und Verhältnismäßigkeitsprinzip (*Walter* JZ 2006, 340 (346)), seien aber nicht grds. unzulässig.

Beispiel: Nach der widerleglichen Vermutung des § 17 Abs. 2 S. 2 InsO ist die Zahlungsunfähigkeit in der Regel anzunehmen, wenn der Schuldner seine Zahlungen eingestellt hat. Diese Vermutungsregelung findet im Strafrecht keine Anwendung, da sie mit dem Schuldgrundsatz unvereinbar ist (*Wittig,* Wirtschaftsstrafrecht, 3. Aufl. 2014, § 23 Rn. 54 mwN). Die bloße Zahlungseinstellung birgt nicht immer auch die Gefahr einer Zahlungsunfähigkeit. Zur bis 31.12.2014 gültigen Vermutungsregelung in § 48b Abs. 1 S. 2 KWG vgl. einerseits *Putzke* FS Schünemann, 2014, 647 (658 ff.) und andererseits *Goeckenjan* wistra 2014, 201 (204).

Von der gesetzlichen Vermutung sind richterrechtliche Vermutungen zu unterscheiden, die im deutschen Strafprozess für unzulässig gehalten werden (Tiedemann WirtschaftsStR AT Rn. 196); als Beispiel kann hierfür die Entscheidung des EuGH im Fall Akzo Nobel (EuGH Slg. 2009, I-8237) genannt werden, vgl. hierzu *Brettel* ZWeR 2013, 201 (221 f.).

D. Kriminalpolitische Bedeutung der Wirtschaftskriminalität

27   Empirische Daten zur Wirtschaftskriminalität liefern vornehmlich die jährlich vom BKA veröffentlichte Polizeiliche Kriminalstatistik (PKS) sowie das ebenfalls jährlich erscheinende Bundeslagebild Wirtschaftskriminalität.

2014 registrierte die PKS insgesamt 63.194 Fälle von Wirtschaftskriminalität (PKS 2014, 304); ggü. dem Jahr 2013 kam es damit zu einer Abnahme der registrierten Fälle um 11,8 %. Der Anteil der Wirtschaftskriminalität an den insgesamt polizeilich bekannt gewordenen Straftaten ist üblicherweise gering; er betrug im Berichtsjahr 2014 nur 1,0 % (2013: 1,2 %; Bundeslagebild Wirtschaftskriminalität 2014, 3). Ausweislich des IMK-Berichts der PKS 2015 (PKS, IMK-Bericht 2015, 3) sank die Anzahl der registrierten Fälle von Wirtschaftskriminalität im Jahr 2015 um weitere 3,5 % auf 60.977.

In Bezug auf die registrierten Fallzahlen wird zwischen den einzelnen Phänomenbereichen der Wirtschaftskriminalität unterschieden, nämlich zwischen Wirtschaftskriminalität bei Betrug, Insolvenzstraftaten, dem Anlage- und Finanzierungsbereich, Wettbewerbsdelikten, Wirtschaftskriminalität im Zusammenhang mit Arbeitsverhältnissen sowie Betrug und Untreue im Zusammenhang mit Kapitalanlagen. Wirtschaftskriminalität bei Betrug macht mit 31.830 registrierten Fällen im Berichtsjahr 2014 rund 50 % aller registrierten Fälle der Wirtschaftskriminalität aus (PKS 2014, 304); im Vergleich zum Jahr 2013 (38.357 Fälle) kam es damit zu einer Abnahme der Fallzahlen von ca. 17 %.

Deutlich höher ist der Anteil der Wirtschaftskriminalität bezüglich der polizeilich registrierten Schadenssumme. Die 2014 registrierte Schadenssumme iHv 4,645 Mrd. EUR macht knapp die Hälfte des in der PKS ermittelten Gesamtschadens iHv rund 8,6 Mrd. EUR aus (Bundeslagebild Wirtschaftskriminalität 2014, 10). Im Vergleich zum Jahr 2013 ist die registrierte Schadenssumme knapp 22 % höher. Damit wurde 2014 erstmals wieder der Stand des Berichtsjahres 2010 (4,665 Mrd. EUR) erreicht (Bundeslagebild Wirtschaftskriminalität 2014, 4). Der höchste Anteil der registrierten Schadenssumme entfällt auf die Phänomenbereiche Insolvenzstraftaten (1,94 Mrd. EUR) und Wirtschaftskriminalität bei Betrug (1,14 Mrd. EUR) (Bundeslagebild Wirtschaftskriminalität 2014, 4). Nicht in der PKS aufgeführt sind die durch Wirtschaftskriminalität entstehenden und allesamt schwer quantifizierbaren immateriellen Schäden wie Wettbewerbsverzerrungen durch Einsatz unlauterer Wettbewerbsmethoden, Reputationsverluste einzelner Unternehmen oder Wirtschaftszweige oder Vertrauensverluste in die Funktionsfähigkeit der bestehenden Wirtschaftsordnung sowie mögliche „Sog- und Spiralwirkungen".

Soweit wirtschaftskriminelle Taten zur Anzeige kommen, ist die Aufklärungsquote relativ hoch. Im Berichtsjahr 2014 konnte eine Aufklärungsquote von 91 % (2013: 92 %) erreicht werden; sie ist damit wesentlich höher als die Aufklärungsquote bei der Gesamtkriminalität (55 %) (Bundeslagebild Wirtschaftskriminalität 2014, 5). Dagegen ist im Bereich der Wirtschaftskriminalität von einem sehr hohen Dunkelfeld auszugehen, da insbes. das diesbezügliche Anzeigeverhalten der Geschädigten als wenig ausgeprägt anzusehen ist (Bundeslagebild Wirtschaftskriminalität 2014, 3; Wabnitz/Janovsky WirtschaftsStR-HdB/*Dannecker/Bülte* Kap. 1 Rn. 20). So sind nur 7 % der registrierten Fälle von Wirtschaftskriminalität auf die Anzeige eines Opfers selbst zurückzuführen (Wabnitz/Janovsky WirtschaftsStR-HdB/*Dannecker/Bülte* Kap. 1 Rn. 20).

Im Jahr 2014 ist ein Anstieg von Betrug und Untreue im Zusammenhang mit Kapitalanlagen (7.662 Fälle; 18 % mehr als 2013) sowie im Bereich der Anlage- und Finanzierungsdelikte (8.652 Fälle; 15 % mehr als 2013) zu beobachten (Bundeslagebild Wirtschaftskriminalität 2013, 5 f.).

2014 wurde bei mehr als jedem zehnten Fall von Wirtschaftskriminalität das Internet genutzt (6.182 Fälle), wobei der Hauptanteil im Phänomenbereich Wirtschaftskriminalität bei Betrug liegt (4.539 Fälle). Dennoch ist die Anzahl der Fälle der Wirtschaftskriminalität, die mittels des Internets begangen wurden, ggü. dem Vorjahr um ca. 31 % (8.942) zurückgegangen, im Vergleich zum Berichtsjahr 2010 ist ein Rückgang von mehr als 500 % (31.093 Fälle) festzustellen (vgl. Bundeslagebild Wirtschaftskriminalität 2013, 5). Immerhin bleibt die Nutzung des Internets zur Tatbegehung von Bedeutung.

E. Strafprozessuale Aspekte der Wirtschaftskriminalität

Der weitere Fortgang polizeilich registrierter Fälle von Wirtschaftskriminalität im Ermittlungsver- **28** fahren und anschließendem Gerichtsverfahren weist einige Besonderheiten auf.

Es existieren nicht nur speziell für die Aburteilung von Wirtschaftskriminalität iSd § 74c GVG zuständige **Wirtschaftsstrafkammern,** sondern auch spezielle **Schwerpunktstaatsanwaltschaften** für Wirtschaftskriminalität oder speziell für Fälle der Korruption (vgl. § 143 Abs. 4 GVG) und **Spezialdienststellen der Polizei** (hierzu *Kaiser/Schöch/Kinzig,* Kriminologie, Jugendstrafrecht, Strafvollzug, 8. Aufl. 2015, 217 f.; MAH WirtschaftsStR/*Grunst/Volk* § 1 Rn. 90). Trotz dieser Spezialisierung und Bündelung fachlicher Kompetenz zeichnen sich Verfahren der Wirtschaftskriminalität oft durch eine **lange Verfahrensdauer** und durch eine vergleichsweise **seltene Anklageerhebung** aus (*Meier,* Kriminologie, 4. Aufl. 2010, § 11 Rn. 22).

Die Staatsanwaltsstatistik 2014 weist für den – bedauerlicherweise ungenau gefassten – Bereich „Wirtschafts- und Steuerstrafsachen, Geldwäschedelikte" eine durchschnittliche **Verfahrensdauer** (Eingang bei der Staatsanwaltschaft bis zur Erledigung durch die Staatsanwaltschaft) in den erfassten Bundesländern von 4,8 Monaten aus, während der Durchschnittswert für die Gesamtheit aller Strafverfahren mit lediglich 1,6 Monaten deutlich darunter liegt (*Statistisches Bundesamt* Staatsanwaltschaften 2014, Tab 3.6.2. und 2.3.2.).

Hinsichtlich der **Erledigungsart** weist die Staatsanwaltsstatistik 2014 für 34,1 % der Wirtschaftsstrafverfahren eine Erledigung wegen Nichtnachweisbarkeit der Tat nach § 170 Abs. 2 StPO aus (28,1 % für die Gesamtheit aller Strafverfahren), für 20,4 % der Fälle eine Einstellung ohne Auflage (25,4 % im sonstigen Durchschnitt) und für 4,1 % der Fälle eine Einstellung mit Auflage (3,9 % im sonstigen Durchschnitt) (*Statistisches Bundesamt* Staatsanwaltschaften 2013, Tab. 3.6.1. und 2.2.1.2). Bemerkenswert ist die niedrige Quote an Anklageerhebungen – während im Gesamtdurchschnitt in 9,4 % aller Fälle Anklage erhoben wird, sind es im Bereich „Wirtschafts- und Steuerstrafsachen, Geldwäschedelikte" gerade einmal 5,7 %.

Geradezu typisch ist für Verfahren der Wirtschaftskriminalität ein hoher Anteil an **verfahrensbeen-** **29** **denden Absprachen** („Deal"). Dieser ist vor allem auf den großen Umfang und die Komplexität wirtschaftskrimineller Verfahren (Müller-Gugenberger WirtschaftsStR/*Niemeyer* § 12 Rn. 39a; zu weiteren möglichen prozessualen Lösungsansätzen des Komplexitätsproblems *Lindemann,* Voraussetzungen und Grenzen legitimen Wirtschaftsstrafrechts, 2012, 246 ff.) sowie auf die Knappheit personeller Ressourcen innerhalb der Justiz zurückzuführen. Einer aktuellen Studie zufolge werden etwa 20–25 % der Prozesse durch (formelle oder informelle) Deals beendet (*Altenhain/Dietmeier/May,* Die Praxis der Absprachen in Strafverfahren, 2013, 28 ff.; vgl. auch *Lindemann,* Voraussetzungen und Grenzen legitimen Wirtschaftsstrafrechts, 2012, 467 ff.).

Die geltenden Regelungen der Verständigung im Strafverfahren (§ 257c StPO) sind nicht unumstritten (vgl. nur *Schünemann* ZRP 2009, 104); denn damit der Zweck des Deals – der rasche Verfahrensabschluss – erreicht wird, müsse vielfach von einer aufwändigen Beweisaufnahme abgesehen werden, so dass das dem Strafprozess leitende Prinzip der Erforschung der materiellen Wahrheit insoweit aufgegeben werde (*Fezer* NStZ 2010, 177 (180 f.)). Dennoch hat das BVerfG diese Regelungen „zum gegenwärtigen Zeitpunkt" als verfassungskonform angesehen (BVerfGE 133, 168 (203 ff.)). Nach Auffassung des BVerfG wolle der Gesetzgeber mit der Anerkennung der Verständigung kein konsensuales Verfahrensmodell in den Strafprozess einführen und so die dort dominierenden Grundsätze der richterlichen Sachverhaltsaufklärung und Überzeugungsbildung antasten, wie auch der Verweis in § 257c Abs. 1 S. 2 StPO auf die (davon unberührte) Amtsaufklärungspflicht des Gerichts aus § 244 Abs. 2 StPO zeige, sondern eine transparente, kommunikative Verhandlungsführung ermöglichen (BVerfGE 133, 168 (206 ff.)). Eine Verständigung sei nur nach Maßgabe der Vorschriften des Verständigungsgesetzes möglich, informelle Vereinbarungen und „Gentlemen's Agreements" seien unzulässig (BVerfGE 133, 168 (212)). Zwar sei ein in erheblichem Maße defizitärer Vollzug des Verständigungsgesetzes festzustellen, dieser führe derzeit aber nicht zur Verfassungswidrigkeit der gesetzlichen Regelung (BVerfGE 133, 168 (233)). Die Wirksamkeit der vorgesehenen Schutzmechanismen sei aber vom Gesetzgeber fortwährend zu kontrollieren, wobei er bei etwaigen Fehlentwicklungen diese nachzubessern und erforderlichenfalls seine Entscheidung für die Zulässigkeit der Absprachen zu revidieren habe (BVerfGE 133, 168 (235)). Es bleibt damit abzuwarten, wie sich die Verständigungspraxis in Zukunft entwickelt.

Einführung

Neue Herausforderungen an das Strafverfahren stellen zudem die durch die Compliance-Diskussion zunehmend an Bedeutung gewinnenden **„Internal investigations"** (→ Rn. 11g) dar. Auch die Einführung einer **Verbandsstrafbarkeit** (→ Rn. 10) hätte Auswirkung auf das Strafverfahrensrecht. Die hierzu vorgeschlagenen Regelungen sind auf Kritik gestoßen (*Fischer/Hoven* ZIS 2015, 32).

10. Strafgesetzbuch (StGB)

In der Fassung der Bekanntmachung vom 13. November 1998
(BGBl. I S. 3322)

FNA 450-2

Zuletzt geändert durch Art. 1 G zur Bekämpfung von Korruption im Gesundsheitswesen vom 30.5.2016
(BGBl. I S. 1254)

– Auszug –

§ 1 Keine Strafe ohne Gesetz

Eine Tat kann nur bestraft werden, wenn die Strafbarkeit gesetzlich bestimmt war, bevor die Tat begangen wurde.

Literatur: *Alexy,* Mauerschützen, 1993; *P. A. Albrecht,* Die vergessene Freiheit, 2003; *Appel,* Verfassung und Strafe, 1998; *Badura/Kranz,* Die Verfassungsbeschwerde in Strafsachen, ZJS 2009, 382; *Birkenstock,* Die Bestimmtheit von Straftatbeständen mit unbestimmten Gesetzesbegriffen, 2004; *Börner,* § 243 III 1 StPO und der Große Senat für Strafsachen: Die Folgen eines unvollkommenen Anklagesatzes, NStZ 2011, 436; *Bruns,* Die sog. „tatsächliche" Betrachtungsweise im Strafrecht, JR 1984, 133; *Cadus,* Die faktische Betrachtungsweise – ein Beitrag zur Auslegung im Strafrecht, 1993; *Enderle,* Verfassungs- und strafrechtliche Probleme von Wirtschaftsstrafrechtstatbeständen, 2000; *Feuerbach,* Lehrbuch des gemeinen in Deutschland geltenden peinlichen Rechts, 1801; *Greco,* Ist der Strafgesetzgeber an das Analogieverbot gebunden?, GA 2012, 453; *Grünwald,* Bedeutung und Begründung des Satzes „nulla poena sine lege", ZStW 76 (1964), 1; *Grünwald,* Die Entwicklung der Rechtsprechung zum Gesetzlichkeitsprinzip, FS A. Kaufmann, 1993, 444; *Günther,* Warum Art. 103 Abs. 2 GG für Erlaubnissätze nicht gelten kann, FS Grünwald, 1999, 213; *Hardwig,* Pflichtirrtum, Vorsatz und Fahrlässigkeit, ZStW 78 (1966), 1; *Herzog,* Politische Opportunität und Bestimmtheitsdefizite im Außenwirtschaftsstrafrecht am Beispiel des § 34 Abs. 2 AWG, wistra 2000, 41; *Hirsch,* Rechtfertigungsgründe, GS Tjong 1985, 50; *Jäger,* Grund und Grenzen des Gesetzlichkeitsprinzips im Strafprozessrecht, GA 2006, 615; *Krahl,* Die Rechtsprechung des Bundesverfassungsgerichts und des Bundesgerichtshofs zum Bestimmtheitsgrundsatz im Strafrecht (Art. 103 Abs. 2 GG), 1986; *Krey,* Studien zum Gesetzesvorbehalt im Strafrecht – Eine Einführung die Problematik des Analogieverbots, 1977; *Krey,* Keine Strafe ohne Gesetz, 1983; *Moll,* Europäisches Strafrecht durch nationale Blankettstrafgesetzgebung?, 1998; *Kudlich,* Entscheidungen – Straf- und Strafprozessrecht (Anm.), JR 2009, 210; *Scheffler,* Die Wortsinngrenze bei der Auslegung, JURA 1996, 505; *Schreiber,* Gesetz und Richter, 1976; *Schünemann,* Nulla poena sine lege?, 1978; *Schünemann,* Kritische Anmerkungen zur geistigen Situation der deutschen Strafrechtswissenschaft, GA 1995, 201; *Tiedemann,* Verfassungsrecht und Strafrecht, 1991.

Zum Rückwirkungsverbot s. die Literatur zu § 2.

Übersicht

A. Allgemeines

I. Rechtsquellen und Rechtsnatur des Gesetzlichkeitsprinzips

1   **1. National.** Der Wortlaut des § 1 stimmt mit Art. 103 Abs. 2 GG überein. § 1 hat lediglich deklaratorische Bedeutung (LK-StGB/*Dannecker* Rn. 1).

2   Die Normen enthalten das sog Gesetzlichkeitsprinzip (BVerfGE 109, 133 (171)) oder Bestimmtheitsgebot (iwS; zum Bestimmtheitsgebot ieS → Rn. 50 ff.). Es handelt sich um eine Regelung mit Verfassungsrang (NK-StGB/*Hassemer/Kargl* Rn. 1), die als dem StGB vorangestellte programmatische Grundnorm auch Teil der deutschen Rechtsstaatlichkeit (Art. 20 Abs. 3 GG) im Strafrecht ist (vgl. BVerfGE 87, 209 (224); Fischer Rn. 1 f.), indem die Grundsätze der Berechenbarkeit (BVerfGE 37, 201) und des strafrechtlichen Schuldprinzips (BVerfGE 20, 331; 25, 269) gewährleistet werden. Das Votum für den Gesetzesstaat und gegen den Richterstaat (NK-StGB/*Hassemer/Kargl* Rn. 17) trägt dem Umstand Rechnung, dass im Strafen auf die Persönlichkeit durch hoheitliche Missbilligung von Schuld zugegriffen wird (*Appel,* Verfassung und Strafe, 1998, 24 ff.; vgl. auch v. Mangoldt/Klein/Starck/*Nolte* GG Art. 103 Rn. 98) und eine solche Wertung besondere rechtsstaatliche Sicherungen erfordert (LK-StGB/*Dannecker* Rn. 50), um den Bürger vor Willkür zu schützen (BVerfG NStZ 2001, 240).

3   Aufgrund seiner derart freiheitssichernden, da die Staatsgewalt disziplinierenden Funktion enthält Art. 103 Abs. 2 GG auch ein Grundrecht (BVerfGE 71, 108 (114); *Krey,* Keine Strafe ohne Gesetz, 1983, 99; LK-StGB/*Dannecker* Rn. 1), dessen Verletzung mit der Verfassungsbeschwerde gerügt werden kann (→ Rn. 83).

4   § 1 muss im Zusammenhang mit § 2 gesehen werden, der das Rückwirkungsverbot des Art. 103 Abs. 2 GG konkretisiert (→ Rn. 49 und die Erläuterungen zu § 2).

5   Für Ordnungswidrigkeiten gilt nicht § 1, sondern § 3 OWiG (insofern weicht § 1 von Art. 103 Abs. 2 GG ab; LK-StGB/*Dannecker* Rn. 65): „Eine Handlung kann als Ordnungswidrigkeit nur geahndet werden, wenn die Möglichkeit der Ahndung gesetzlich bestimmt war, bevor die Handlung begangen wurde."

6   Zum Anwendungsbereich des Bestimmtheitsgrundsatzes außerhalb des StGB vgl. ferner (LK-StGB/ *Dannecker* Rn. 69) §§ 1, 5 ff. BDO, §§ 14, 95, 97 BNotO, §§ 43, 113 ff. BRAO, §§ 2, 9, 13, 17 ff. JGG, §§ 6 ff., 23 SG, §§ 7 ff., 18 ff. WDO, §§ 57 ff., 89 ff. StBerG, §§ 3 Abs. 1, 9 ff., 15 ff. WStG, §§ 52 ff., 58 ff. ZOG.

7   Im Verhältnis zu anderen Verfassungsnormen (Menschenwürde und materielle Grundrechte, Rechtsstaatsprinzip und Verfahrensrechte, Demokratieprinzip, Art. 3 GG und Willkürverbot, Art. 104 GG) steht das Gesetzlichkeitsprinzip in einem Spezialitätsverhältnis (v. Mangoldt/Klein/Starck/*Nolte* GG Art. 103 Rn. 165 ff.; Dreier/*Schulze-Fielitz* GG Art. 103 Abs. 2 Rn. 59 f.).

8   **2. International.** Der Bestimmtheitsgrundsatz ist auch Teil der EMRK.

Art. 7 EMRK Keine Strafe ohne Gesetz

(1) [1] Niemand darf wegen einer Handlung oder Unterlassung verurteilt werden, die zur Zeit ihrer Begehung nach innerstaatlichem oder internationalem Recht nicht strafbar war. [2] Es darf auch keine schwerere als die zur Zeit der Begehung angedrohte Strafe verhängt werden.

(2) Dieser Artikel schließt nicht aus, dass jemand wegen einer Handlung oder Unterlassung verurteilt oder bestraft wird, die zur Zeit ihrer Begehung nach den von den zivilisierten Völkern anerkannten allgemeinen Rechtsgrundsätzen strafbar war.

9   Bezüglich Art. 7 Abs. 2 EMRK hat die Bundesregierung mit Zustimmung des Bundestages und des Bundesrates den nach Art. 57 der Konvention zulässigen Vorbehalt gemacht, dass auf jeden Fall die Grenzen von Art. 103 Abs. 2 GG gewahrt werden, s. hierzu die Bek. v. 15.12.1953 (BGBl. 1954 II 14).

10   Das Rückwirkungsverbot als Teil des Gesetzlichkeitsprinzips findet sich in Art. 11 Abs. 2 AEMR und Art. 15 IPBPR (hierzu s. die Erläuterungen zu § 2). Zum Bestimmtheitsgrundsatz im Völkerstrafrecht, Europäischen Strafrecht und in den ausländischen nationalen Rechtsordnungen s. LK-StGB/*Dannecker* Rn. 16 ff.

II. Bedeutung

11   **1. Rechtsträger und Adressaten.** Art. 103 Abs. 2 GG und § 1 gelten für jedermann, dh für natürliche und juristische Personen (Art. 19 Abs. 3 GG), soweit diese strafrechtlichen Sanktionen unterworfen werden (LK-StGB/*Dannecker* Rn. 107; Schmidt-Bleibtreu/Hofmann/Henneke/*Schmahl* GG Art. 103 Rn. 53).

Die Vorschrift bindet zum einen den Gesetzgeber, zum anderen den Richter (sowie die anderen **12** Organe der Strafjustiz), je nach Aspekt (zu den Ausformungen näher → Rn. 48 ff.): Das Bestimmtheitsgebot ieS wendet sich an den Gesetzgeber, das Rückwirkungsverbot an Gesetzgeber und Richter, das Verbot von Gewohnheitsrecht an den Richter ebenso wie das Analogieverbot (NK-StGB/*Hassemer/ Kargl* Rn. 13; v. Mangoldt/Klein/Starck/*Nolte* GG Art. 103 Rn. 162).

2. Zwecke. Der Bürger muss seine Freiheit bis an die Grenze des strafbaren Bereichs ausüben können **13** (Fischer Rn. 4). Gesetzesbindung verbürgt diese Freiheit. Jedermann muss hierfür vorhersehen können, welches Verhalten mit Strafe bedroht ist. Die Voraussetzungen der Strafbarkeit sind daher so konkret (verlässlich, voraussehbar, täuschungsfrei und nachprüfbar; vgl. NK-StGB/*Hassemer/Kargl* Rn. 13) zu umschreiben, dass der Einzelne die Möglichkeit hat, sein Verhalten auf die Rechtslage einzurichten (vgl. nur BVerfGE 87, 224; 105, 135 (153)). Erforderlichkeit ist insofern eine Vorhersehbarkeit zur Zeit der Tat (§ 8); s. auch Erläuterungen zu § 2. Zu Recht betont auch das BVerfG die freiheitssichernden Aspekte des Willkürverbots und des Vertrauensschutzes (BVerfGE 64, 389 (394); 95, 96 (131); Mü-KoStGB/*Schmitz* Rn. 8 f.). Freilich kommt es nicht auf den Schutz des konkreten Straftäters vor Überraschungen an, sondern auf die objektive Disziplinierung der (mit gesundem Misstrauen zu begegnenden) Staatsgewalt, die nicht distanzlos wirklichen oder vermeintlichen Strafbedürfnissen und Rechtsgefühlen oder politischen Bedürfnissen ad-hoc nachgeben darf (LK-StGB/*Dannecker* Rn. 54; vgl. auch Dreier/*Schulze-Fielitz* GG Art. 103 Abs. 2 Rn. 12); die Kenntnis des Täters ist irrelevant, vielmehr geht es um das Vertrauen der Rechtsgemeinschaft und objektive Erkennbarkeit.

Die Gesetzesbindung dient ferner dem Demokratieprinzip und der Gewaltenteilung (BVerfGE 78, **14** 374 (382); MüKoStGB/*Schmitz* Rn. 7; *Grünwald* ZStW 76 (1964)), 14; *Schünemann,* Nulla poena sine lege?, 1978, 9 ff.): Der demokratisch-legitimierte Gesetzgeber, nicht die vollziehende oder rechtsprechende Gewalt soll über die Strafbarkeit eines Verhaltens entscheiden. Nur das Parlament als gewählte Volksvertretung legitimiert den einschneidenden Eingriff der Bestrafung in die Freiheit des Bürgers (LK-StGB/*Dannecker* Rn. 55).

Es handelt sich um eine strafrechtliche Fundamentalkategorie, deren historische Wurzeln bis in die **15** frühesten Strafrechtsquellen zurückzuverfolgen sind (ausführlich zur Historie *P. A. Albrecht,* Die vergessene Freiheit, 2003, 47 ff.; *Krey,* Keine Strafe ohne Gesetz, 1983, 3 ff.; *Krahl,* Die Rechtsprechung des Bundesverfassungsgerichts und des Bundesgerichtshofs zum Bestimmtheitsgrundsatz im Strafrecht (Art. 103 Abs. 2 GG), 1986, 14 ff.). In einem sozialvertraglich eingerichteten und legitimierten strafenden Staat muss die Gesetzgebung sanktionierende Normen präzise ankündigen und sich genau an diese Ankündigung halten (NK-StGB/*Hassemer/Kargl* Rn. 10). Vor dem Hintergrund anderslautender Bestimmungen im NS-Staat dient die Vorschrift als Selbstvergewisserung des Gesetzgebers (MüKoStGB/ *Schmitz* Rn. 2).

Es ist auch (rechtspolitisch) einsichtig, dass die Existenz und Bestimmtheit einer gesetzlichen Norm **16** Einfluss auf ihre verhaltenssteuernde Wirkung hat (besonders deutlich beim Rückwirkungsverbot, hierzu s. die Erläuterungen zu § 2; vgl. auch NK-StGB/*Hassemer/Kargl* Rn. 6 f.; *Schünemann,* Nulla poena sine lege?, 1978, 12 ff.): Abschrecken kann nur die vor der Tat, und zwar bestimmt, angedrohte Strafe. Nichtsdestotrotz steht im Zeitalter funktionalen Strafens die Gesetzesbestimmtheit unter dem Druck kriminalpolitischer Forderungen nach teleologischer Flexibilisierung. (vgl. NK-StGB/*Hassemer/ Kargl* Rn. 17 f.). Es gilt insofern, auch die kriminalpolitische Zweckmäßigkeit einer positivistischen Strafrechtspflege in Erinnerung zu rufen.

3. Einschränkbarkeit. Art. 103 Abs. 2 GG gilt mangels ausdrücklicher Schrankenermächtigung **17** vorbehaltlos; Beschränkungen des Gesetzgebers ließen sich allenfalls durch kollidierendes Verfassungsrecht rechtfertigen, was allerdings vor einer nicht zu leistenden Begründungslast steht (Dreier/*Schulze-Fielitz* GG Art. 103 Abs. 2 Rn. 58).

Die strafrechtliche Aufarbeitung der Tötungen an den innerdeutschen Grenzen („Mauerschützen") als **18** Bewältigung einer vorrechtsstaatlichen Vergangenheit verstieß durch seine Negierung des DDR-Strafrechts gegen den Bestimmtheitsgrundsatz. Dieser Verstoß lässt sich weder mit einer menschenrechtsfreundlichen Auslegung (so aber BGHSt 39, 1 (23)) noch mit der Radbruch'schen Formel (so aber BVerfGE 95, 96 (134 f.); hierzu *Alexy,* Mauerschützen, 1993, 24 ff.) kaschieren (MüKoStGB/*Schmitz* Rn. 31; vgl. auch Schmidt-Bleibtreu/Hofmann/Henneke/*Schmahl* GG Art. 103 Rn. 65; Dreier/*Schulze-Fielitz* GG Art. 103 Abs. 2 Rn. 56).

B. „Tat"

Tat iSd § 1 ist zunächst ein menschliches Handeln, das hinsichtlich Subjekt, Gegenstand, Form und **19** Erfolg durch ein Gesetz als strafbar beschrieben ist (Fischer Rn. 3; vgl. auch MüKoStGB/*Schmitz* Rn. 11). Soweit aber die Norm nicht tatbestandsmäßiges Verhalten für nicht strafbar erklärt, wird jedwedes menschliche Tun und Unterlassen vom Tatbegriff erfasst (LK-StGB/*Dannecker* Rn. 79). Die zeitliche relevante Dauer der Tat ergibt sich aus den §§ 2 und 8 (s. Erläuterungen zu § 2).

C. Bestrafung und Strafbarkeit

I. Arten der Bestrafung

20   Die Bestrafung ist der Bezugspunkt der Bestimmtheit. Art. 103 Abs. 2 GG bezieht sich auf einen Strafrechtsbegriff iwS (LK-StGB/*Dannecker* Rn. 65) und erfasst nicht nur Kriminalstrafen, sondern alle staatlichen Maßnahmen, die eine missbilligende hoheitliche Reaktion auf ein schuldhaftes Verhalten enthalten (BGHSt 28, 333 (336 f.); BVerfGE 26, 186 (204); 109, 133 (167)). Unstreitig gilt der Bestimmtheitsgrundsatz im Nebenstrafrecht (vgl. nur NK-StGB/*Hassemer/Kargl* Rn. 2). Zu Ordnungswidrigkeiten → Rn. 5. Erfasst sind auch Nebenstrafen und die Nebenfolgen (MüKoStGB/*Schmitz* Rn. 16).

21   § 2 Abs. 6 macht allerdings eine Ausnahme für Maßregeln der Besserung und Sicherung. Die Rspr. wendet das Bestimmtheitsgebot auf sie nicht an (BVerfGE 109, 133; zustimmend LK-StGB/*Dannecker* Rn. 96 f.): Die Maßregeln seien keine Strafe, sondern dienten allein präventiven Zwecken. Dies ist zu kritisieren, s. Erläuterungen zu § 2.

22   Weisungen und Auflagen im Jugendstrafrecht sind bestrafend iSd § 1 (MüKoStGB/*Schmitz* Rn. 16). Richtigerweise gilt das auch für Bewährungsauflagen, da auch diese in unmittelbarem Zusammenhang mit dem Strafausspruch stehen (MüKoStGB/*Schmitz* Rn. 16; OLG Schleswig NJW 1978, 2107 (2108); aA Fischer Rn. 5; LK-StGB/*Dannecker* Rn. 99).

23   Der Bestimmtheitsgrundsatz gilt darüber hinaus für berufsgerichtliche (ehrengerichtliche) Sanktionen (vgl. *Appel*, Verfassung und Strafe, 1998, 290 ff.) und beamtenrechtliche Disziplinarstrafen sowie Ordnungsgelder und -haft (vgl. nur BVerfGE 66, 337 (355 f.); Schmidt-Bleibtreu/Hofmann/Henneke/*Schmahl* GG Art. 103 Rn. 53; aA MüKoStGB/*Schmitz* Rn. 18). Reine Beugemaßnahmen wie Zwangsgeld und Zwangshaft sind nicht erfasst (Fischer Rn. 5).

II. Bestandteile der Strafbarkeit

24   Die Strafbarkeit ergibt sich zunächst aus den begründenden oder verschärfenden Elementen des Tatbestandes. Richtigerweise (aA *Hardwig* ZStW 78 (1966), 1) gilt das Gesetzlichkeitsprinzip nicht nur für die Regelungen des Besonderen Teils, sondern auch für die Regeln des Allgemeinen Teils des StGB (so die Rspr. und die ganz hL BVerfGE 96, 68 (97); BGHSt 35, 347 (350); MüKoStGB/*Schmitz* Rn. 13; LK-StGB/*Dannecker* Rn. 84 ff.). Hierfür spricht, dass es sich bei den Vorschriften des Allgemeinen Teils um vor die Klammer gezogene ergänzende Bestandteile der im Besonderen Teil vertypten Verbote handelt (LK-StGB/*Dannecker* Rn. 84; *Krey*, Studien zum Gesetzesvorbehalt im Strafrecht, 1977, 229 f.). Die einfachrechtliche Zuordnung der strafkonstituierenden Merkmale kann nicht von verfassungsrechtlicher Bedeutung sein (LK-StGB/*Dannecker* Rn. 85).

25   Dies betrifft etwa das Strafanwendungsrecht der §§ 3 ff. (BVerfGE 92, 277 (313); BGHSt 45, 64 (71)), die Rechtfertigungsgründe (aA *Günther* FS Grünwald, 1999, 213 (215 ff.)) und Gesichtspunkte der Schuld, (zur Verfassungswidrigkeit der actio libera in causa → Rn. 66).

26   Auch wenn der Wortlaut des Art. 103 Abs. 2 GG sich nur auf die Strafbarkeit bezieht, ist es anerkannt, dass das Gesetzlichkeitsprinzip auch für die Folgen der Strafbarkeit gilt (BVerfGE 25, 269; SK-StGB/*Rudolphi/Jäger* Rn. 15; Schönke/Schröder/*Eser/Hecker* Rn. 23). Das Gewicht einer Straftat ergibt sich erst aus der Höhe der angedrohten Strafe (LK-StGB/*Dannecker* Rn. 89). Auch die Rechtsfolge, dh die Strafdrohung selbst, muss daher bestimmt sein (BVerfGE 25, 269 (286 ff.); 86, 310; Dannecker FS Roxin, 2011, 285 ff.). Dies gilt sowohl für die Art (BVerfGE 45, 363 (371)) als auch für das Ausmaß der Strafe. Der Bürger muss das Maß der jeweils verwirkten Strafe abschätzen können (BVerfGE 105, 135 zur Vermögensstrafe nach § 43a aF).

27   Die Strafzumessung fällt ebenfalls unter den Bestimmtheitsgrundsatz (Schönke/Schröder/*Eser/Hecker* Rn. 23). Gerade diese ist für den Betroffenen regelmäßig viel wichtiger als die straftatdogmatischen Abgrenzungen (NK-StGB/*Hassemer/Kargl* Rn. 74). Freilich steht die vorherige Präzisierung des Strafmaßes in einem Spannungsverhältnis zum Schuldgrundsatz und dem Prinzip der Einzelfallgerechtigkeit (vgl. BVerfG wistra 2002, 175 (177 f.); MüKoStGB/*Schmitz* Rn. 57). Der Gesetzgeber darf und muss daher Strafrahmen festlegen (BVerfGE 45, 187 (260)). Aber auch angesichts des großzügigen Maßstabs sind die Regelungen zur Strafzumessung (mangels Leitlinien hinsichtlich der Auswahl und Bemessung der Sanktion; vgl. BVerfGE 105, 135 (155 f.)) in einem recht beklagenswerten Zustand (zur Regelbeispielstechnik → Rn. 64). Mangels Sanktionscharakters sind Maßregeln der Besserung und Sicherung nicht umfasst (BVerfGE 109, 133 (167 ff.)).

28   Verfahrensrecht ist keine Bestrafung iSd Vorschrift (BVerfGE 25, 269 (286 f.); 112, 304 (315); Schmidt-Bleibtreu/Hofmann/Henneke/*Schmahl* GG Art. 103 Rn. 55; LK-StGB/*Dannecker* Rn. 104; aA *Jäger* GA 2006, 615). Hier wird nicht die Strafandrohung an sich, sondern nur die Verfolgbarkeit betroffen. Es fehlt insofern an einem Bedürfnis für Vertrauensschutz, so dass insbesondere das Rückwirkungsverbot nicht gilt. Zum Wegfall des Erfordernisses eines Strafantrags und der Änderung der Verjährungsfrist s. Erläuterungen zu § 2.

Nach zutreffender hM fällt die Rechtsanwendung nicht unter Art. 103 Abs. 2 GG, weil sonst eine 29 Fortentwicklung der Rechtsauslegung unmöglich würde (BVerfGE 18, 224 (240 f.); Schönke/Schröder/ *Eser/Hecker* § 2 Rn. 8 f.; Müller-Gugenberger WirtschaftsStR/*Heitmann* § 3 Rn. 4). Dem Richter ist es also möglich, eine Tat zu bestrafen, obwohl die zur Tatzeit praktizierte Rspr. dies nicht getan hätte (näher zur Nichtgeltung des Rückwirkungsverbots Erläuterungen zu § 2). Anders ist dies allerdings dann, wenn die Rspr. unabhängig von den Umständen eines Einzelfalls quantifizierte Regeln aufgestellt hat, wie etwa bei der BAK (Schönke/Schröder/*Eser/Hecker* § 2 Rn. 9; MüKoStGB/*Schmitz* Rn. 33 f.; aA VRS 32, 229; SK-StGB/*Rudolphi/Jäger* Rn. 8; s. auch Erläuterungen zu § 2). Die normative Relevanz derart fester Präjudizien steht denen eines Gesetzes in nichts nach.

D. Gesetzlich bestimmt: Der Begriff des Gesetzes

I. Allgemeines: Der Vorbehalt des Strafgesetzes

Mit Gesetz meint § 1 die einzelne materiell-rechtliche Strafvorschrift, nicht das Gesetzeswerk im 30 Ganzen (Fischer Rn. 4; LK-StGB/*Dannecker* Rn. 116).

Gesetz iSd Vorschrift setzt (anders als etwa Art. 7 Abs. 1 EMRK) geschriebenes Recht (lex scripta) 31 voraus (MüKoStGB/*Schmitz* Rn. 3, 19; zum Verbot des Gewohnheitsrechts → Rn. 66).

Der Begriff des Gesetzes wird, soweit es um freiheitsbeschränkende Maßnahmen geht, durch Art. 104 32 Abs. 1 S. 1 GG präzisiert: „Die Freiheit der Person kann nur aufgrund eines förmlichen Gesetzes und nur unter Beachtung der darin vorgeschriebenen Formen beschränkt werden." Richtigerweise ist ganz allgemein der Begriff des Gesetzes im Sinne eines formelles Parlamentsgesetzes zu deuten (Sachs/ *Degenhart* GG Art. 103 Rn. 63). Dies bedeutet aber nicht, dass nicht auf Gesetze im materiellen Sinn verwiesen werden könnte (→ Rn. 64 ff.; Schmidt-Bleibtreu/Hofmann/Henneke/*Schmahl* GG Art. 103 Rn. 58 f.).

Für fortgeltende Strafgesetze des früheren Reichsrechts gilt Art. 103 Abs. 2 GG nicht (LK-StGB/ 33 *Dannecker* Rn. 121).

II. Insbesondere: Blankette

1. Grundlagen. Das Wirtschaftsstrafrecht wird durch Blankettstrafgesetze gekennzeichnet; anders als 34 im StGB sind diese hier nicht nur häufig, sondern typisch (Tiedemann WirtschaftsStR AT Rn. 197). Unter Blanketttatbeständen versteht man diejenigen Strafgesetze, die nur Art und Maß der Strafe enthalten und im Übrigen anordnen, dass die Strafe denjenigen trifft, der eine durch ausfüllende Vorschriften festgesetzte Unterlassungs- oder Handlungspflicht verletzt (Fischer Rn. 9). Man kann Blankettstrafgesetze ieS, bei denen an eine andere Instanz im Strafgesetzgeber verwiesen wird, und solche iwS unterscheiden (Tiedemann WirtschaftsStR AT Rn. 197). Soweit Abgrenzungsschwierigkeiten von Blanketttatbeständen zu normativen Tatbestandsmerkmalen existieren, so sind diese für § 1 nicht relevant (s. im Übrigen die Erläuterungen zu § 2 StGB), da für beide Arten der Verweisung die Anforderungen des Gesetzlichkeitsprinzips gelten und bei der Frage einer Verletzung des Art. 103 Abs. 2 GG die einfachrechtliche Einordnung keine Rolle spielen kann. Die Ausfüllungsnormen eines normativen Tatbestands prägen dessen Bestimmtheit in gleicher Weise wie dies bei Blanketttatbeständen der Fall ist (vgl. aber LK-StGB/*Dannecker* Rn. 149).

Es macht richtigerweise (BVerfGE 14, 245 (252 ff.); 75, 329 (345 ff.); aA LK-StGB/*Dannecker* 35 Rn. 158; *Enderle,* Verfassungs- und strafrechtliche Probleme von Wirtschaftsstrafrechtstatbeständen, 2000, 180 ff.; *Moll,* Europäisches Strafrecht durch nationale Blankettstrafgesetzgebung?, 1998, 270 ff.) auch keinen Unterschied, ob es sich um eine dynamische Verweisung auf eine andere Norm in der jeweils geltenden Fassung handelt oder um eine statische (diese werden allgemein für unbedenklich gehalten), die auf eine Norm in einer zu einem bestimmten Zeitpunkt geltenden Fassung verweist. Auch eine dynamische Verweisung auf Gemeinschaftsrecht ist zulässig, da insofern keine Besonderheiten gelten (BVerfGE 75, 329 (342); vgl. aber *Moll,* Europäisches Strafrecht durch nationale Blankettstrafgesetzgebung?, 1998, 61 ff.).

Verweisungsketten (zB im Naturschutz-, Außenwirtschafts- oder Lebensmittelstrafrecht, hierzu LK- 36 StGB/*Dannecker* § 1 Rn. 163 ff.) sind möglich (BGH wistra 1997, 25 (26)).

Für diese Strafgesetze gelten § 1 und Art. 103 Abs. 2 GG ebenso (BVerfGE 78, 374; BGHSt 28, 73; 37 monografisch *Enderle*). Die Blankettvorschrift und die ausfüllende Norm bilden die Vollvorschrift (vgl. nur BVerfGE 37, 201 (208)).

Blankettstrafgesetze ohne bestimmte blankettausfüllende Normen verletzen das Bestimmtheitsgebot 38 (BVerfGE NJW 1992, 107; NK-StGB/*Hassemer/Kargl* Rn. 22; *Herzog* wistra 2000, 41). Hierunter fallen auch gesetzestechnische Fehler, wenn es versäumt wurde, die Strafnorm an eine Änderung der blankettausfüllenden Norm anzupassen und daher die Verweisung ins Leere geht, und sei es in einem noch so kurzen Zeitraum (vgl. BGH NStZ 1992, 535; LK-StGB/*Dannecker* Rn. 157; aA für erkennbare Redaktionsversehen Tiedemann WirtschaftsStR AT Rn. 203; vgl. auch BVerfGE 105, 313; BGH wistra 2001, 262 (264)).

39   An den Inhalt des Regelungsgefüges werden iÜ folgende allgemeinen Anforderungen gestellt: Der Gesetzgeber muss eine Grundentscheidung darüber treffen, was strafbar sein soll, er darf diese nicht delegieren (BVerfGE 78, 374; *Tiedemann,* Verfassungsrecht und Strafrecht, 1991, 46; Tiedemann WirtschaftsStR AT Rn. 201). Eine Verweisung ist dann zulässig, wenn diese selbst hinreichend bestimmt ist. Auch mehrstufige Verweisungen sind zulässig (vgl. zum Außenwirtschaftsrecht *Herzog* wistra 2000, 41). Die nur deklaratorische (Tiedemann WirtschaftsStR AT Rn. 207; LK-StGB/*Dannecker* Rn. 162) Rückverweisung (zB § 3 Abs. 1 WiStG) ist rechtlich irrelevant und auch nicht geboten.

40   Blankette mögen auf den ersten Blick lästig erscheinen und Zweifel an der Bürgerfreundlichkeit wecken (vgl. MüKoStGB/*Schmitz* Rn. 53); nicht zu verkennen ist allerdings, dass eine besondere Bestimmtheit gerade durch die Inbezugnahme oft detaillierter außerstrafrechtlicher Normen erst möglich wird; auch dem Bürger wird idR damit eher gedient sein (erst recht im Zeitalter online kostenlos verfügbarer Normen) als mit der Verwendung normativer Tatbestandsmerkmale, deren Ausfüllung etwa durch Vorschriften des BGB durch nichts erahnbar ist.

41   **2. Der Verweis auf andere formelle Gesetze.** Verweist die Strafnorm auf andere formelle Gesetze, so birgt dies keine Schwierigkeiten; die Normen werden als einheitlicher Tatbestand behandelt. Es genügt die bloße Verweisung (Sachs/*Degenhart* GG Art. 103 Rn. 64; Dreier/*Schulze-Fielitz* GG Art. 103 Abs. 2 Rn. 32), wenn die ausfüllende Norm die Voraussetzungen der Strafbarkeit hinreichend deutlich umschreibt (BVerfGE 75, 329 (342); Schmidt-Bleibtreu/Hofmann/Henneke/*Schmahl* GG Art. 103 Rn. 58). Hieran ändert sich auch nichts dadurch, dass es sich um supranationale oder internationale Rechtsakte, vor allem des EG-/EU-Rechts handelt (vgl. nur *Enderle,* Verfassungs- und strafrechtliche Probleme von Wirtschaftsstrafrechtstatbeständen, 2000, 54 ff., 198 ff., 265 ff.; LK-StGB/*Dannecker* Rn. 146). Richtlinien allerdings können nicht in Bezug genommen werden, da diese keine an den Bürger gerichteten Vorschriften enthalten (LK-StGB/*Dannecker* Rn. 147); auf unmittelbar geltendes Gemeinschaftssekundärrecht darf verwiesen werden (Schmidt-Bleibtreu/Hofmann/Henneke/*Schmahl* GG Art. 103 Rn. 64), dabei muss der Gesetzgeber jedoch sicherstellen, dass nur materiell wertwidrige Verhaltensweisen sanktioniert werden (BVerfGE wistra 2010, 396 (400)).

42   **3. Der Verweis auf Verordnungen und Satzungen.** Die Strafandrohung muss nicht ausschließlich durch ein (oder mehrere) förmliche Gesetze erfolgen (BVerfGE 32, 346 (362); Schmidt-Bleibtreu/Hofmann/Henneke/*Schmahl* GG Art. 103 Rn. 59). Ein Verstoß gegen das Erfordernis des förmlichen Gesetzes (Art. 104 Abs. 1 S. 1 GG) liegt in einer Inbezugnahme bloß materieller Gesetze nicht (BVerfGE 75, 329 (343); MüKoStGB/*Schmitz* Rn. 19). Das Bundesverfassungsgericht begnügt sich insofern mit einem materiellen Gesetzesbegriff, als es auch Verweisungen auf Rechtsverordnungen nach Art. 80 Abs. 1 GG (BVerfGE 14, 174 (185); 51, 60 (73)) und kommunale Satzungen, die auf einer ausreichenden Ermächtigung beruhen (BVerfGE 38, 348 (371 f.); 71, 108 (114 ff.)) billigt.

43   Der Verweis auf nichtförmliche Gesetze ist aber nur dann hinreichend bestimmt, wenn dies schon für das formelle Blankettgesetz gilt. Die Anforderungen hierbei gehen noch über die des Art. 80 Abs. 1 S. 2 GG hinaus (Sachs/*Degenhart* GG Art. 103 Rn. 64). Die wesentlichen Voraussetzungen der Strafbarkeit und die Art der Strafe müssen schon aufgrund des Gesetzes, nicht erst aufgrund der hierauf gestützten Rechtsverordnung vorhersehbar sein (BVerfGE 78, 374). Die blankettausfüllenden untergesetzlichen Normen dürfen lediglich Detailregelungen enthalten (BVerfGE 75, 329 (342); 78, 374 (383); MüKoStGB/*Schmitz* Rn. 50; LK-StGB/*Dannecker* Rn. 119: „spezifizierende Vorschriften"; ebenso Schmidt-Bleibtreu/Hofmann/Henneke/*Schmahl* GG Art. 103 Rn. 62). Dies gilt richtigerweise nicht nur dann, wenn Freiheitsstrafe angedroht ist (Art. 104 Abs. 1 S. 1 GG), sondern vor dem Hintergrund des Demokratieprinzips und der Gewaltenteilung (→ Rn. 14) für alle Strafgesetze (LK-StGB/*Dannecker* Rn. 118, 123).

44   **4. Der Verweis auf Verwaltungsvorschriften und Verwaltungsakte.** Verweisungen auf Verwaltungsvorschriften sind grundsätzlich unzulässig (BGHSt 11, 241 (252); LK-StGB/*Dannecker* Rn. 132). Hiervon ist nur dann eine Ausnahme zu machen, wenn es sich um (genau bezeichnete und rechtsstaatlichen Publizitätserfordernissen genügenden) normspezifizierende Verwaltungsvorschriften, zB des Umweltrechts, handelt, die die gesetzlich begründeten Pflichten näher konkretisieren (LK-StGB/*Dannecker* Rn. 132; Schmidt-Bleibtreu/Hofmann/Henneke/*Schmahl* GG Art. 103 Rn. 62; Sachs/*Degenhart* GG Art. 103 Rn. 65), da diese gegenüber Generalklauseln (→ Rn. 40) einen Beitrag zur Rechtssicherheit der Normadressaten leisten.

45   Die Inbezugnahme von Verwaltungsakten – häufig im Umweltstrafrecht – ist zulässig und verstößt auch nicht gegen Art. 104 Abs. 1 S. 1 GG (BVerfGE 78, 374 (382 f.); Schmidt-Bleibtreu/Hofmann/Henneke/*Schmahl* GG Art. 103 Rn. 62; MüKoStGB/*Schmitz* Rn. 19; LK-StGB/*Dannecker* Rn. 133). Die Anforderungen für den Verweis auf untergesetzliche Rechtsnormen (→ Rn. 42 f.) gelten allerdings erst recht (BVerfG NJW 2012, 504 (505)). Der Gesetzgeber muss selbst über die Strafbarkeit entscheiden; die Verwaltung darf nicht durch die Ausgestaltung des Verwaltungsakts auf Inhalt und Umfang der Strafbarkeit bestimmenden Einfluss nehmen (BVerfGE 78, 374 (389); LK-StGB/*Dannecker* Rn. 135). Es ist daher erforderlich, dass die Voraussetzungen für den Erlass ihrerseits hinreichend durch Gesetz bestimmt sind (Sachs/*Degenhart* GG Art. 103 Rn. 66).

Der Verwaltungsakt muss auch selbst hinreichend bestimmt sein (BVerfGE 8, 274 (326 f.)); dies **46** konkretisieren § 37 VwVfG und die entsprechenden Landesgesetze. Der Verwaltungsakt darf nicht nichtig sein (OLG Oldenburg NVwZ 1992, 607; v. Mangoldt/Klein/Starck/*Nolte* GG Art. 103 Rn. 154); ist er lediglich rechtswidrig, so differenziert die hM nach Art der Genehmigung (näher LK-StGB/*Dannecker* Rn. 139 ff.): Bei präventiven Verboten mit Erlaubnisvorbehalt handelt es sich um negative Tatbestandsmerkmale, so dass eine Genehmigung tatbestandsausschließend wirkt, ungeachtet einer etwaigen Rechtswidrigkeit; bloß rechtfertigend wirken Genehmigungen bei repressiven Verboten mit Befreiungsvorbehalt, hier soll die Verwaltungsakzessorietät in Fällen des Rechtsmissbrauchs durchbrochen werden (zu Recht kritisch LK-StGB/*Dannecker* Rn. 141). Eine materielle Genehmigungsfähigkeit überwindet das Fehlen einer Genehmigung nicht (BGHSt 37, 21 (29)), sondern wirkt lediglich strafmildernd.

In diesem Zusammenhang ist der Begriff der Pönalisierung „bloßen" Verwaltungsungehorsams (vgl. **47** LK-StGB/*Dannecker* Rn. 134) polemisch, da sich der materielle Unwertgehalt daraus ergibt, dass manche riskanten Verhaltensweisen überhaupt erst nach vorheriger behördlicher Kontrolle als tolerabel erscheinen.

E. Ausformungen

Üblicherweise unterscheidet man vier Ausformungen des Gesetzlichkeitsprinzips: Rückwirkungsver- **48** bot, Bestimmtheitsgebot ieS, Verbot des Gewohnheitsrechts und Analogieverbot (vgl. NK-StGB/*Hassemer/Kargl* Rn. 13; Schönke/Schröder/*Eser/Hecker* Rn. 6). Die lateinische Terminologie geht auf *Feuerbach* zurück (Lehrbuch des gemeinen in Deutschland geltenden peinlichen Rechts, 1801, § 24).

I. Rückwirkungsverbot (nulla poena sine lege praevia)

Bestandteil des Gesetzlichkeitsprinzips ist zunächst das Verbot rückwirkender täterbelastender Anwen- **49** dung neuer Strafgesetze auf eine frühere Tat. Die einfachgesetzliche Umsetzung erfolgt in § 2, s. daher die dortigen Erläuterungen.

II. Bestimmtheitsgebot ieS (nulla poena sine lege certa)

Das Bestimmtheitsgebot ieS betrifft die Fassung des Gesetzes, wendet sich also an den Gesetzgeber **50** (NK-StGB/*Hassemer/Kargl* Rn. 14; *Greco* GA 2012, 452). Die Anwendung des Gesetzes durch den Strafrichter fällt unter das Analogieverbot (→ Rn. 68 ff.).

1. Nutzen. Nutznießer des Bestimmtheitsgebots sind die von der Strafdrohung Betroffenen (also **51** letztlich alle Bürger, die Öffentlichkeit) in ihrer Erwartungssicherheit und Orientierung (→ Rn. 13), die Rechtsanwender, die von der Klarheit der Handlungsanweisungen profitieren, aber auch der Strafgesetzgeber selbst, der dazu angehalten wird, seinen Normierungswillen durch Gesetze durchzusetzen, deren Anwendungsreichweite er selbst beherrscht (vgl. NK-StGB/*Hassemer/Kargl* Rn. 14).

2. Kriterien. Eine Strafnorm soll umso präziser sein müssen, je schwerer die angedrohte Strafe ist **52** (BVerfGE 105, 135 (155 f.); 126, 170 (197); Fischer Rn. 7). Hiergegen spricht allerdings, dass dies darauf hinausläuft, bei Bagatellstraftaten das Bestimmtheitsgebot preiszugeben (LK-StGB/*Dannecker* Rn. 186; *Schünemann*, Nulla poena sine lege?, 1978, 32 f.).

Von besonderer Bedeutung für das Wirtschaftsstrafrecht ist, dass das besondere Fachwissen der **53** Adressaten einer Norm berücksichtigt werden soll (BVerfGE 48, 48 (57)): Bei Normen, die sich nur an Angehörige spezieller Berufsgruppen wenden, sollen die Adressaten aufgrund ihrer besonderen Fachkenntnisse zur Orientierung an der Norm in der Lage sein. Allerdings werden hierdurch Erkundigungspflichten statuiert, deren Verletzung mit dem Verstoß gegen die Strafnorm zum Teil gleichgesetzt wird (LK-StGB/*Dannecker* Rn. 211).

3. Relativierung. Das moderne Rechtsdenken erkennt die Grenzen positivistischer Rechtsfestlegung **54** an und hegt keine Illusionen einer Entbehrlichkeit einzelfallbeurteilender Richter mehr. Die Schaffung eindeutiger, nicht auslegungsbedürftiger Tatbestände, die den Richter lediglich zum Munde des Gesetzes (*Montesquieu;* hierzu *Schreiber*, Gesetz und Richter, 1976, 53 ff.; LK-StGB/*Dannecker* Rn. 308) werden lassen, ist unmöglich (MüKoStGB/*Schmitz* Rn. 40).

Die Anforderungen an die Bestimmtheit dürfen nicht übersteigert werden, da der Gesetzgeber ohne **55** allgemeine, normative und wertausfüllungsbedürftige Begriffe nicht in der Lage wäre, der Vielgestaltigkeit des Lebens Herr zu werden (BVerfGE 11, 237; 75, 329 (341); SK-StGB/*Rudolphi/Jäger* Rn. 13). Es besteht ein Bedarf an Vagheit (NK-StGB/*Hassemer/Kargl* Rn. 17). Die Zweifelhaftigkeit von Grenzfällen („neutrale Kandidaten", vgl. NK-StGB/*Hassemer/Kargl* Rn. 36) ist unvermeidlich. Auch zunächst eindeutige Begriffe können mit Fortschreiten des sozialen Wandels, zB aufgrund technischer Entwicklungen, vage werden (NK-StGB/*Hassemer/Kargl* Rn. 37 nennen das Porosität).

Das Bestimmtheitsgebot kann auch nicht so verstanden werden, dass der Gesetzgeber die jeweils **56** engste und präziseste Formel zu wählen hat; fast die gesamte Strafrechtsordnung wäre dann verfassungswidrig, da sich fast alles viel genauer fassen ließe (NK-StGB/*Hassemer/Kargl* Rn. 17; MüKoStGB/ *Schmitz* Rn. 41), mit Ausnahme der lebenslangen Freiheitsstrafe und festen Zahlensystemen. Besonders deutlich werden die Grenzen einer Pflicht zur Bestimmtheit bei den Rechtsfolgen der Strafbarkeit: Je genauer die Einengung der zu verhängenden Strafe für ein gewisses Verhalten ist, desto weniger können die Besonderheiten des Einzelfalls angemessen – gerecht – berücksichtigt werden (vgl. BVerfGE 45, 187 (259 ff.)). Hieraus ergibt sich die Zulässigkeit weiter Strafrahmen.

57   Weil der Gesetzgeber Präzision und Flexibilität zur Erzielung gerechter Ergebnisse verbinden muss, kann der Bestimmtheitsgrundsatz nur als Programmsicherung, nicht als Ergebnissicherung verstanden werden (NK-StGB/*Hassemer/Kargl* Rn. 19 f.): Der Gesetzgeber kann nicht alle Ergebnisse seiner Norm beherrschen, er kann und muss aber ein Prüf- und Argumentationsprogramm der Strafrechtsanwendung vorgeben.

58   Hinzu kommt die Unklarheit jedweden Wortlauts, der – aufgrund des Wirklichkeitsbezugs notwendigerweise – auf der meist mehrdeutigen Alltagssprache beruht (vgl. NK-StGB/*Hassemer/Kargl* Rn. 30 f., 40; MüKoStGB/*Schmitz* Rn. 40; vgl. auch das Analogieverbot → Rn. 68 ff.).

59   **4. Insbesondere: Die Verwendung unbestimmter Rechtsbegriffe.** Rein deskriptive Begriffe kann es im Recht nicht geben, da alle rechtlichen Begriffe in einem normativen Kontext stehen, Wertausfüllungsbedürftigkeit ist nur eine quantitativ zu bestimmende Eigenschaft (NK-StGB/*Hassemer/ Kargl* Rn. 33, 38). Aus dem Bedürfnis nach Vagheit heraus wird die theoretische Pflicht des Gesetzgebers, seine Entscheidung in höchstmöglicher Präzision in den Tatbestandsmerkmalen zum Ausdruck zu bringen (BVerfG NJW 2004, 2213), dahingehend relativiert, dass der Gebrauch unbestimmter Rechtsbegriffe zulässig ist (MüKoStGB/*Schmitz* Rn. 42). Auch die Häufung auslegungsbedürftiger Merkmale wird für zulässig gehalten (BVerfGE 96, 68 (97)). Der Gesetzgeber hat einen Entscheidungsspielraum hinsichtlich der Frage, ob er eine umständliche Detailregelung, die dann der Bürger nicht mehr durchschauen kann, oder eine generalisierende Tatbestandsfassung wählt (NK-StGB/*Hassemer/ Kargl* Rn. 41; MüKoStGB/*Schmitz* Rn. 42). Hier handelt es sich dann um eine Frage der rechtspolitischen Zweckmäßigkeit; freilich dürfte der Berechenbarkeit des Strafrechts durch ausführliche Tatbestände oder genaue Verweisungen in aller Regel besser gedient sein als mit normativen Tatbestandsmerkmalen à la „fremd". Zur Verwendung von Blanketten → Rn. 34 ff. Jedenfalls unzulässig ist die Verwendung eines unbestimmten Rechtsbegriffs dann, wenn er ohne Schwierigkeiten durch eine bestimmte Regelung ersetzt werden kann, zB bei vagen Quantitätsangaben (vgl. das „große Ausmaß" in § 370a AO aF; MüKoStGB/*Schmitz* Rn. 44).

60   Selbst Generalklauseln ohne jede Konkretisierung sollen unbedenklich sein, wenn sie zum überlieferten Bestand an Strafrechtsnormen gehören und sich durch den Normzusammenhang sowie die gefestigte Rspr. eine zuverlässige Grundlage für ihre Auslegung und Anwendung finden lässt (stRspr seit BVerfGE 4, 357; 93, 266 (292 f.) zu § 185; vgl. Fischer Rn. 16 mwN).

61   **5. Resignation.** Das hohe theoretische Prestige der Norm (→ Rn. 13 ff.) findet keine praktische Entsprechung. Auch wenn man nicht davon träumt, alles ausdrücklich im Gesetz zu regeln, so bleibt unklar, weshalb nicht wenigstens wesentlich mehr geregelt wird. Um ein Zeitalter „arg dicker" Gesetze handelt es sich ohnehin; das Strafrecht darf nun nicht gerade eine Ausnahme machen. Die ausufernde Verwendung von Generalklauseln und wertausfüllenden Begriffen (MüKoStGB/*Schmitz* Rn. 10) sowie die schlichte Nichtdefinition tragender Pfeiler des Strafrechtssystems sind verfassungsrechtlich unbeanstandet geblieben.

62   Vielfach angeführt (zB bei MüKoStGB/*Schmitz* Rn. 10) werden die Beispiele der Unterlassensstrafbarkeit nach § 13 (gebilligt durch BVerfGE 96, 68 (97 ff.)) und der (Nichtdefinition der) Fahrlässigkeit. Letzteres verbindet sich gerade im Wirtschaftsstrafrecht mit dem Problem der Maßfiguren (hierzu Tiedemann WirtschaftsStR AT Rn. 209; LK-StGB/*Dannecker* Rn. 208). Hierin liegt eine völlige Verfehlung des Bestimmtheitsgebots (MüKoStGB/*Schmitz* Rn. 49). Die Unmöglichkeit einer perfekten Regelung rechtfertigt jedenfalls nicht das Absehen von jeglicher Konkretisierung.

63   Auch die Kompensation einer Nichtdefinition durch den Rückgriff auf Wissenschaft und Rspr. – etwa bei § 185 – schadet dem Gesetzlichkeitsprinzip. Eine solche nachträgliche Heilungsmöglichkeit ist daher abzulehnen (MüKoStGB/*Schmitz* Rn. 47; LK-StGB/*Dannecker* Rn. 201), da dem Gesetzgeber ein Freibrief für den Verstoß gegen den Bestimmtheitsgrundsatz ausgestellt wird bzw. einen vorkonstitutionellen und nunmehr verfassungswidrigen Zustand perpetuiert. Selbst dann, wenn ein Gesetzesbegriff durch Wissenschaft und Rspr. eine konsentierte Konkretisierung erfahren hat, ist es sinnvoll, den Gesetzgeber zu verpflichten, die Norm der dogmatischen und richterrechtlichen Konkretisierung anzupassen (NK-StGB/*Hassemer/Kargl* Rn. 28). Allein dies kann die Normorientierung der in der Rechtswissenschaft und richterlichen Kasuistik ungeschulten Bürger verbessern.

64   Nicht viel besser sieht es auf der Ebene der Rechtsfolgen aus. Der Gesetzgeber untersteht zB dem Bestimmtheitsgebot auch bei der Ausgestaltung der Regelbeispiele (NK-StGB/*Hassemer/Kargl* Rn. 74; vgl. aber BVerfGE 45, 363 (370)), die Erlaubnis analoger Rechtsanwendung lässt aber jede Bestimmtheit leerlaufen, ganz zu schweigen von unbenannten Strafschärfungsgründen (zutreffende Bedenken bei NK-StGB/*Hassemer/Kargl* Rn. 27; MüKoStGB/*Schmitz* Rn. 58).

Äußerst selten einmal hat die Rspr. eine Verletzung des Art. 103 Abs. 2 GG festgestellt (vgl. **65**
MüKoStGB/*Schmitz* Rn. 46; optimistischer *Krahl,* Die Rechtsprechung des Bundesverfassungsgerichts
und des Bundesgerichtshofs zum Bestimmtheitsgrundsatz im Strafrecht (Art. 103 Abs. 2 GG), 1986,
104 ff.; *Birkenstock,* Die Bestimmtheit von Straftatbeständen mit unbestimmten Gesetzesbegriffen, 2004,
103 ff.). Die Zurückhaltung des BVerfG lässt insofern jede Kritik zur rein rechtspolitischen Stellungnahme werden. Art. 103 Abs. 2 GG enthält ein Programm für den Strafgesetzgeber (und den Strafrechtsanwender), das, wenn schon nicht in der Vergangenheit, dann jedenfalls in der Zukunft bestmöglich
umgesetzt werden muss (MüKoStGB/*Schmitz* Rn. 10).

III. Verbot des Gewohnheitsrechts (nullum crimen sine lege scripta)

Gewohnheitsrecht entsteht aufgrund einer gleichmäßigen langandauernden Rechtsausübung, die all- **66**
gemeine Anerkennung genießt (MüKoStGB/*Schmitz* Rn. 24). Zu Lasten eines Täters (in malam
partem) dürfte solches, sofern es (eher fern liegend, da es nur durch die Gerichte geschaffen werden
kann; vgl. NK-StGB/*Hassemer/Kargl* Rn. 65: „Schimäre") überhaupt existiert, nicht angewendet werden (BVerfGE 73, 235). Entgegen der wohl noch hM (s. nur Fischer § 20 Rn. 55) scheidet zB eine
Legitimation der actio libera in causa (auch der omissio libera in causa) insofern aus (MüKoStGB/*Schmitz*
Rn. 14, 25; LK-StGB/*Dannecker* Rn. 178), unabhängig davon, ob es sich angesichts der seit jeher
bestehenden Kontroverse überhaupt um Gewohnheitsrecht handelt. Ähnliche Bedenken gelten dem von
der hM anerkannten Institut der Wahlfeststellung.

Gewohnheitsrecht zugunsten des Täters (in bonam partem) ist zulässig zB in Gestalt gesetzlich nicht **67**
geregelter Rechtfertigungs- oder Entschuldigungsgründe (BGHSt 11, 245; NK-StGB/*Hassemer/Kargl*
Rn. 64; LK-StGB/*Dannecker* Rn. 175), auch wenn zB Gewohnheitsrecht auf dem Gebiet der Rechtfertigung (vgl. die Einwilligung) insofern mittelbare täterbelastende Wirkung hat, als etwa einem
Angegriffenen das Notwehrrecht genommen wird; derartige mittelbare Auswirkungen bleiben nach der
ratio des Art. 103 Abs. 2 GG aber außer Betracht (NK-StGB/*Hassemer/Kargl* Rn. 67; *Hirsch* GS Tjong,
1950, 63 ff.; MüKoStGB/*Schmitz* Rn. 26). Gleiches gilt für eine (sicher seltene) desuetudo (BGHSt 8,
360 (381); MüKoStGB/*Schmitz* Rn. 27), dh die Derogation eines Straftatbestandes.

IV. Analogieverbot (nullum crimen sine lege stricta)

1. Allgemeines. Das Analogieverbot verlängert das Bestimmtheitsgebot ieS in die Praxis der Ge- **68**
setzesanwendung (NK-StGB/*Hassemer/Kargl* Rn. 70). Der Richter muss den Gesetzgeber beim Wort
nehmen (vgl. Fischer Rn. 24) und darf mangels demokratisch-parlamentarischer Legitimation keine
eigenen Strafnormen begründen (vgl. *Krey,* Studien zum Gesetzesvorbehalt im Strafrecht, 1977, 210 ff.).
Das Analogieverbot setzt insofern vom Gesetzgeber bestimmte Normen voraus, als bei vagen Gesetzen
eine Analogie nicht zu erkennen ist (NK-StGB/*Hassemer/Kargl* Rn. 72; SK-StGB/*Rudolphi/Jäger*
Rn. 14).

Richtigerweise umfasst das Analogieverbot alle Strafen iwS (→ Rn. 20 ff.), also auch Maßregeln der **69**
Besserung und Sicherung (NK-StGB/*Hassemer/Kargl* Rn. 72; anders aber die hM, vgl. BVerfG NJW
2004, 745; s. auch die Erläuterungen zu § 2 Abs. 6).

Der noch mögliche Wortsinn bildet die Grenze zulässiger richterlicher Auslegung (BVerfGE 71, 108 **70**
(114); 73, 206 (235); 126, 170 (197); 130, 1; BGHSt 33, 394 (397); *Scheffler* JURA 1996, 505; *Grünwald*
FS Kaufmann, 1993, 433 (440)). Hierin liegt das externe Kriterium, welches dem Rechtsanwender von
außerhalb des Rechtsanwendungsprozesses eine Grenze zieht, über die er selbst nicht verfügen kann
(NK-StGB/*Hassemer/Kargl* Rn. 79); der Wortlaut kann eine bestimmte Gesetzesauslegung falsifizieren
(vgl. auch *Schünemann,* Nulla poena sine lege?, 1978, 19 ff.). Die Anwendung einer Strafnorm auf eine
planwidrig nicht geregelte Konstellation ist auch dann unzulässig, wenn es sich um ähnliche Sachverhalte
und damit eine vergleichbare Interessenlage handelt. Dem Richter ist eine Korrektur des (vermeintlich)
verfehlten Gesetzeswortlauts nicht gestattet (Fischer Rn. 21). Ungleichbehandlungen sind wegen des
fragmentarischen Charakters des Strafrechts hinzunehmen (LK-StGB/*Dannecker* Rn. 239).

Das Analogieverbot richtet sich nur gegen solche zu Lasten des Täters (vgl. BVerfGE 14, 185; 73, **71**
235). Die Analogie zugunsten des Täters ist – bei Vorliegen der methodischen Voraussetzungen, vgl.
Schönke/Schröder/*Eser/Hecker* Rn. 35 – erlaubt (BGHSt 28, 55; LK-StGB/*Dannecker* Rn. 240, 282 ff.),
auch wenn zB eine Analogie auf dem Gebiet der Rechtfertigung insofern mittelbare täterbelastende
Wirkung hat, als etwa einem Angegriffenen das Notwehrrecht genommen wird; derartige mittelbare
Auswirkungen bleiben aber außer Betracht (→ Rn. 26).

Das eigentliche Problem des Analogieverbots bei der Abgrenzung zur zulässigen Tatbestandsauslegung **72**
ist die Bestimmung des noch möglichen Wortsinns (SK-StGB/*Rudolphi/Jäger* Rn. 35; Schönke/Schrö-
der/*Eser/Hecker* Rn. 55). Aus der mannigfachen Vagheit der Sprache und unvermeidlichen Mehrdeutig-
keit der Begriffe folgen derart erhebliche Unsicherheiten, dass die praktische Bedeutung des Analogieverbots zweifelhaft ist (vgl. NK-StGB/*Hassemer/Kargl* Rn. 81 ff.), insbesondere deshalb, weil das BVerf-
GE große Zurückhaltung bei der Beschränkung strafrichterlicher Auslegung übt bzw. jede
Entscheidung, die eine Verletzung des Art. 103 Abs. 2 GG rügt, einer Sensation gleichkommt.

73 Ausgangspunkt ist der allgemeine Sprachgebrauch der Gegenwart (BVerfGE 71, 115; 92, 1 (12); BVerfG NJW 2007, 1193). Dieses Kriterium des realen Sprachgebrauchs aus Sicht des Bürgers (BVerfGE 64, 389 (393 f.); Schmidt-Bleibtreu/Hofmann/Henneke/*Schmahl* GG Art. 103 Rn. 68) ist notwendig, damit der Wortlaut der Norm seine externe Funktion (→ Rn. 70) wahrnehmen kann. Jede Heranziehung des juristischen Sprachgebrauchs droht die Ratio des § 1, wonach den gesetzesunterworfenen Bürgern der Normbefehl erkennbar sein muss, zu verfehlen (vgl. NK-StGB/*Hassemer/Kargl* Rn. 106). Ein juristischer Sprachgebrauch kann nur dann verwendet werden, wenn er mit der allgemeinsprachlichen Bedeutung vereinbar ist (MüKoStGB/*Schmitz* Rn. 73).

74 Die praktische Bedeutung des Bestimmtheitsgrundsatzes steht und fällt mit der Verlässlichkeit einer Feststellung positiver und negativer Kandidaten (vgl. NK-StGB/*Hassemer/Kargl* Rn. 88, 97). Die Sprache ist zwar zur Wirklichkeit hin offen und in aller Regel mehrdeutig; solange aber eine Verständigung durch Sprache möglich ist, kann sie ihre Abgrenzungsfunktion auch im Strafrecht erfüllen (vgl. NK-StGB/*Hassemer/Kargl* Rn. 96). Da Auslegung und Analogie strukturell identisch und nur graduell unterscheidbar sind, gibt es prima facie kein Ergebnisverbot; das Analogieverbot zeigt seinen Charakter als Argumentationsgebot und Programmsicherung (NK-StGB/*Hassemer/Kargl* Rn. 99).

75 Besonders bedeutsam ist daher das Verfahren zur Feststellung der Wortbedeutung. Verfahrensfehler erzeugen Analogien im Gewand der Auslegung und kaschieren daher Verletzungen des Art. 103 Abs. 2 GG. Der Strafrichter muss sich mit Hilfe von Lexika und notfalls Demoskopie mit der Wortbedeutung argumentativ auseinandersetzen und darf eine festgestellte Wortbedeutung nicht teleologisch überspielen (vgl. NK-StGB/*Hassemer/Kargl* Rn. 101 f.; MüKoStGB/*Schmitz* Rn. 82) und auch innerhalb des möglichen Wortsinns dürfen Tatbestandsmerkmale nicht so weit ausgelegt werden, dass sie vollständig in anderen Tatbestandsmerkmalen aufgehen und daher stets mitverwirklicht werden (BVerfGE 126, 170 (198); BVerfG NJW 2013, 365 (366)). Der Rechtsanwender ist gehalten, ausschließlich Bedeutungen zugrunde zu legen, über die sich ein gesellschaftlicher Konsens erzielen lässt (MüKoStGB/*Schmitz* Rn. 63). Auch historische Absichten der Gesetzgebungsorgane (falls diese überhaupt zu ermitteln sind) können nur dann Berücksichtigung finden, wenn diese im Wortlaut der Norm selbst ihren Niederschlag gefunden haben (NK-StGB/*Hassemer/Kargl* Rn. 108). Weitere Auslegungsregeln jenseits der grammatikalischen finden nur innerhalb des durch den sprachlichen Rahmen geschaffenen Rahmens statt. Der Figur des Redaktionsversehens kommt im Strafrecht keine Bedeutung zu (MüKoStGB/*Schmitz* Rn. 80; aA BVerfGE 105, 313; BGH wistra 2001, 262 (264); LK-StGB/*Dannecker* Rn. 167 ff.; zu Blanketten → Rn. 38).

76 In der Rechtspraxis findet sich eine ganze Reihe wortlautferner Gesetzesauslegungen (NK-StGB/*Hassemer/Kargl* Rn. 92; MüKoStGB/*Schmitz* Rn. 91 ff.; vgl. auch krit. *Börner* NStZ 2011, 436; *Kudlich* JR 2009, 210), nur gelegentlich räumt die Rspr. dem Wortlaut dem ihm gebührenden Vorrang vor der Teleologie ein (Zusammenstellung bei NK-StGB/*Hassemer/Kargl* Rn. 93). Hier bleibt nur der Appell, dass für Korrekturen eines lückenhaften Wortlauts der Gesetzgeber zuständig ist, der seine Fähigkeit zum schnellen Handeln auch schon gezeigt hat, wenn er es für angezeigt hielt.

77 **2. Insbesondere: Analogien im Wirtschafsstrafrecht. a) Eigenständige Auslegung?** Von besonderer Bedeutung im Wirtschaftsstrafrecht sind eigenständige wirtschaftliche (faktische) Auslegungen (monografisch *Cadus*, Die faktische Betrachtungsweise – ein Beitrag zur Auslegung im Strafrecht, 1993; vgl. auch *Bruns* JR 1984, 133), die sich gezielt von einer primärrechtlichen (insbesondere zivilrechtlichen, also zivilrechtsakzessorischen) Auslegung abwenden (hierzu Tiedemann WirtschaftsStR AT Rn. 222).

78 Im Lichte des Analogieverbots gilt hier der Grundsatz asymmetrischer Akzessorietät: Die strafrechtliche Auslegung darf nicht über den Anwendungsbereich der primärrechtlichen Regelung hinausgehen (Subsidiarität des Strafrechts), es kann nichts für strafbar erklärt werden, was primärrechtlich erlaubt ist (vgl. Tiedemann WirtschaftsStR AT Rn. 222; LK-StGB/*Dannecker* Rn. 304, 324). Möglich ist es allein, täterbegünstigend etwas für straffrei zu erklären, obwohl es zivilrechtlich missbilligt ist (Strafrecht als ultima ratio und bloß fragmentarischer Rechtsgüterschutz). Aber auch in diesen Fällen mahnt (allerdings nur rechtspolitisch) die entstehende Normambivalenz bzw. Normspaltung zur Zurückhaltung (vgl. auch LK-StGB/*Dannecker* Rn. 341: „nach Möglichkeit vermieden werden"). Jede einheitliche Auslegung beförder Rechtsklarheit und Rechtssicherheit.

79 Der technischen Gesetzessprache kommt insofern eine sichernde Wirkung gegenüber dem Ausgangspunkt der Alltagssprache zu (LK-StGB/*Dannecker* Rn. 182).

80 Die Erörterung einzelner wirtschaftlicher Auslegungen einschließlich faktischer Stellungen gewisser Unternehmensangehöriger (zB „faktischer Geschäftsführer") erfolgt bei den jeweiligen Tatbeständen. Allgemein liegt in jeder faktischen Auslegung die Gefahr, formal-rechtsstaatliche Sicherungen zu unterlaufen (vgl. LK-StGB/*Dannecker* Rn. 322); auch rechtspolitisch ist eine Entformalisierung in der Auslegung als Entlastung des Gesetzgebers von seiner Verantwortung zweifelhaft.

81 **b) Umgehungshandlungen.** Wirtschaftskriminalität ist, anders als das „Abenteurer- und Elendsstrafrecht" (vgl. *Schünemann* GA 1995, 201 (215)) tendenziell von der Intelligenz und Berechnung der Akteure geprägt. Wenn es den Tätern aber gelingt, in einer Grauzone außerhalb des Gesetzeswortlauts zu bleiben, so ist dies legitim und hinzunehmen (vgl. LK-StGB/*Dannecker* Rn. 263); Abhilfe muss der

Gesetzgeber schaffen. Umgehungshandlungen, die Regelungslücken ausnutzen, sind dann straflos (Mü-KoStGB/*Schmitz* Rn. 64).

Das Problem löst sich, wenn spezielle Umgehungstatbestände geschaffen werden, zB in § 145c oder **82** § 291 Abs. 1 S. 2, oder wenn – bei Blanketttatbeständen – bereits das Primärrecht Umgehungshandlungen gleichstellt (zB § 42 AO, vgl. Tiedemann WirtschaftsStR AT Rn. 239 ff.; MüKoStGB/*Schmitz* Rn. 65; LK-StGB/*Dannecker* Rn. 264 ff.). Diese Regelungstechniken weisen allerdings ihrerseits Probleme mit dem Bestimmtheitsgrundsatz ieS auf (→ Rn. 50 ff.; vgl. auch MüKoStGB/*Schmitz* Rn. 65; BGH wistra 1982, 108 (109)).

F. Folgen einer Verletzung

Die Verletzung des Art. 103 Abs. 2 GG kann mit der Verfassungsbeschwerde (Art. 93 Abs. 1 Nr. 4a **83** GG, § 13 Nr. 8a, §§ 90 ff. BVerfGG), die sich gegen die gerichtliche Entscheidung wendet, gerügt werden (SK-StGB/*Rudolphi/Jäger* Rn. 1). Verfahrensrechtliches ist dem BVerfGG zu entnehmen (zur Verfassungsbeschwerde in Strafsachen *Badura/Kranz* ZJS 2009, 382).

Das BVerfG erklärt, wenn die Strafnorm selbst gegen Art. 103 Abs. 2 GG verstößt, diese gem. § 95 **84** Abs. 3 S. 2 BVerfGG für nichtig. Verstößt nur die richterliche Anwendung der Strafnorm gegen den Bestimmtheitsgrundsatz, hebt das BVerfG die angegriffene Entscheidung auf (v. Mangoldt/Klein/Starck/*Nolte* GG Art. 103 Rn. 163). Unter den Voraussetzungen des § 79 BVerfGG ist ein Wiederaufnahmeverfahren bei bereits abgeschlossenen Strafsachen möglich.

Hält ein Gericht ein nachkonstitutionelles Strafgesetz, auf dessen Gültigkeit es bei der Entscheidung **85** ankommt, im Hinblick auf Art. 103 Abs. 2 GG für verfassungswidrig, so hat es das Verfahren auszusetzen und gem. Art. 100 Abs. 1 S. 1 GG die Entscheidung des BVerfG einzuholen (LK-StGB/*Dannecker* Rn. 71). Das vorlegende Gericht muss zunächst aber jede Möglichkeit nutzen, die Beurteilung einer Norm als verfassungswidrig zu vermeiden (BVerfGE 85, 329 (333 f.); 86, 71 (77)).

Vorkonstitutionelle Strafgesetze können die Fachgerichte selbst verwerfen (BVerfGE 1, 184 (201)). **86**

§ 2 Zeitliche Geltung

(1) Die Strafe und ihre Nebenfolgen bestimmen sich nach dem Gesetz, das zur Zeit der Tat gilt.

(2) Wird die Strafdrohung während der Begehung der Tat geändert, so ist das Gesetz anzuwenden, das bei Beendigung der Tat gilt.

(3) Wird das Gesetz, das bei Beendigung der Tat gilt, vor der Entscheidung geändert, so ist das mildeste Gesetz anzuwenden.

(4) ¹Ein Gesetz, das nur für eine bestimmte Zeit gelten soll, ist auf Taten, die während seiner Geltung begangen sind, auch dann anzuwenden, wenn es außer Kraft getreten ist. ²Dies gilt nicht, soweit ein Gesetz etwas anderes bestimmt.

(5) Für Verfall, Einziehung und Unbrauchbarmachung gelten die Absätze 1 bis 4 entsprechend.

(6) Über Maßregeln der Besserung und Sicherung ist, wenn gesetzlich nichts anderes bestimmt ist, nach dem Gesetz zu entscheiden, das zur Zeit der Entscheidung gilt.

Literatur: *Achenbach,* Aus der 1991/1992 veröffentlichter Rechtsprechung zum Wirtschaftsstrafrecht, NStZ 1993, 427; *P. A. Albrecht,* Das Strafrecht im Zugriff populistischer Politik, StV 1994, 265; *Best,* Das Rückwirkungsverbot nach Art. 103 Abs. 2 GG und die Maßregeln der Besserung und Sicherung (§ 2 Abs. 6 StGB), ZStW 114 (2002), 88; *Bohlander,* Konventionsfreundliche Auslegung von Art. 103 Abs. 2 GG nach Scoppola v Italy (No. 2): Verfassungsrang für das Lex-mitior-Prinzip?, StraFo 2011, 169; *Dannecker,* Das intertemporale Strafrecht, 1993; *Dannecker/Freitag,* Zur neuen europäischen und deutschen Strafgesetzgebung im Recht der Außenwirtschaft und der Finanzsanktionen, ZStW 116 (2004), 797; *Flämig,* Steuerrecht als Dauerrecht, 1985; *Franzheim,* Parteispenden – Steuerhinterziehung – Straffreiheit?, NStZ 1982, 138; *Gaede,* Zeitgesetze im Wirtschaftsrecht und rückwirkend geschlossene Ahndungslücken, wistra 2011, 365; *Gleß,* Zum Begriff des mildesten Gesetzes (§ 2 Abs. 3 StGB), GA 2000, 224; *Küper,* Anmerkung zu BGH 2 StR 681/74, NJW 1975, 1329; *Kunert,* Zur Rückwirkung der milderen Steuerstrafgesetze, NStZ 1982, 276; *Laaths,* Das Zeitgesetz gemäß § 2 Abs. 4 unter Berücksichtigung der Blankettgesetze, 1991; *Mazurek,* Zum Rückwirkungsgebot gem. § 2 Abs. 3 StGB, JZ 1976, 233; *Mitsch,* Anmerkung zu BGH 2 StR 122/05, NStZ 2006, 33; *Mohrbotter,* Garantiefunktion und zeitliche Herrschaft der Strafgesetze am Beispiel des § 250 StGB, ZStW 88 (1976), 923; *Radtke,* Konventionswidrigkeit des Vollzugs erstmaliger Sicherungsverwahrung nach Ablauf der früheren Höchstfrist?, NStZ 2010, 537; *Rübenstahl,* Anmerkung zu BGH 1 StR 160/07, NJW 2008, 595; *Rüping,* Blankettnormen als Zeitgesetze, NStZ 1984, 450; *Samson,* Möglichkeiten einer legislatorischen Bewältigung der Parteispendenproblematik, wistra 1983, 235; *Satzger,* Die zeitliche Geltung des Strafgesetzes – ein Überblick über das „intertemporale Strafrecht", JURA 2006, 746; *F.-C. Schroeder,* Der zeitliche Geltungsbereich der Strafgesetze, FS Bockelmann, 1979, 785; *C. Schröder,* Zur Fortgeltung und Anwendbarkeit des Tatzeitrechts trotz Rechtsänderung, ZStW 112 (2000), 44; *Silva,* Blankettstrafgesetze und die Rückwirkung der lex mitior, in: Schünemann (Hrsg), Bausteine des europäischen Wirtschaftsstrafrechts, 1995, 135; *Sommer,* Das mildeste Gesetz iSd § 2 Abs. 3 StGB, 1979; *Tiedemann,* Der Wechsel von Strafnormen und die Rechtsprechung des, JZ 1975, 692; *Tiedemann,* Das Parteienfinanzierungsgesetz als strafrechtliche lex mitior, NJW 1986, 2475.

Übersicht

A. Allgemeines

I. Zeitlicher Geltungsbereich: Das Intertemporale Strafrecht

1 **1. Die Dynamik der Rechtsordnung.** Die Rechtsordnung ist nicht statisch. Strafgesetze werden zur Bewältigung neu aufkommender Formen sozialschädlichen Verhaltens und als Reaktion auf technische, wissenschaftliche und kulturelle Veränderungen laufend geschaffen, abgeschafft und geändert (*Satzger* JURA 2006, 746 (747)).

2 Zwischen Tatbegehung und Aburteilung vergeht eine gewisse Zeit, innerhalb derer sich das verletzte Strafgesetz – unter Umständen mehrfach – geändert haben kann (vgl. MüKoStGB/*Schmitz* Rn. 1). § 2 enthält die Regeln der zeitlichen Geltung der Strafnorm und insofern zum sog intertemporalen Strafrecht (grundlegend *Dannecker,* Das intertemporale Strafrecht, 1993, 3 ff.).

3 **2. Die Prinzipien des § 2.** Die Vorschrift, die im Ordnungswidrigkeitenrecht in § 4 OWiG ihre Entsprechung findet, gilt auch für die Verhängung von Ordnungsgeld und Ordnungshaft sowie für Disziplinarmaßnahmen und ehrengerichtlichen Sanktionen (BGHSt 28, 336; 29, 128; SK-StGB/*Rudolphi/Jäger* Rn. 1b).

4 Den Regelungen des § 2 liegen unterschiedliche Prinzipien zugrunde (NK-StGB/*Hassemer/Kargl* Rn. 5 f.; vgl. auch Schönke/Schröder/*Eser/Hecker* Rn. 1 f.; LK-StGB/*Dannecker* Rn. 3): Abs. 1 wiederholt das bereits in § 1 und Art. 103 Abs. 2 GG enthaltene Rückwirkungsverbot; Abs. 2 stellt für zeitlich gestreckte Delikte klar, dass auf den Zeitpunkt der Beendigung abzustellen ist; Abs. 3 hebt das Rückwirkungsverbot zugunsten des Täters auf und setzt an dessen Stelle das Meistbegünstigungsprinzip; in Abs. 4 wird dies demgegenüber für Zeitgesetze wieder abgeändert; Abs. 5 erweitert die intertemporalen Regelungen auf bestimmte gegen das Eigentum gerichtete Sanktionen; Abs. 6 zeugt von dem Ziel einer flexiblen und zeitgerechten Prävention, deretwegen Maßregeln der Besserung und Sicherung vom Rückwirkungsverbot ausgenommen werden.

II. Die praktische, insbesondere wirtschaftsstrafrechtliche Bedeutung

5 § 2 hat durchaus beträchtliche praktische Bedeutung, auch wenn die Erforderlichkeit zeitlicher Anwendungsregeln sich auf die kurze Zeitspanne zwischen Gesetzesänderung und Abschluss aller Verfahren, die sich mit Taten zum alten Rechtszeitpunkt befassen, beschränkt (NK-StGB/*Hassemer/Kargl*

Rn. 8 ff.): In einer Zeit präventiv motivierter häufiger Gesetzesänderung (fast immer Verschärfungen) gewinnt das intertemporale Strafrecht zwangsläufig an Bedeutung. Vor allem in seiner Behandlung der Maßregeln erweist sich § 2 auch als Indikator für den strafrechtlichen Zeitgeist (NK-StGB/*Hassemer/ Kargl* Rn. 10), indem Abs. 6 das Interesse des modernen Strafgesetzgebers an prompter und flexibler Intervention belegt (zum Problem präventionslastiger Kriminalpolitik vgl. nur *P. A. Albrecht* StV 1994, 265).

Der Norm kommt im Wirtschaftsstrafrecht größere Bedeutung zu als im allgemeinen Strafrecht, da **6** gewisse Bereiche (zB das Außenwirtschaftsrecht und das Steuerrecht, aber auch Tatbestände, die auf technische EU-Normen Bezug nehmen) häufigen Änderungen unterworfen werden (vgl. Tiedemann WirtschaftsStR AT Rn. 258). Die Regelungstechnik der Blankettgesetzgebung, derer sich das Wirtschaftsstrafrecht häufig bedient, dient auch gerade dem Zweck, Änderungen im Primärrecht zeitnah mit strafrechtlicher Bedeutung zu versehen (vgl. *Satzger* JURA 2006, 746 (751)).

B. Abs. 1: Tatzeitrecht, Rückwirkungsverbot

I. Grundlagen

§ 2 Abs. 1 hat als Rückwirkungsverbot gem. Art. 103 Abs. 2 GG Verfassungsrang. Der Grundsatz **7** *nulla poena sine lege praevia* ist Teil des Bestimmtheitsgrundsatzes (s. die Erläuterungen zu § 1).

Die Anwendung des Tatzeitrechts ist als Regel keineswegs selbstverständlich (*Satzger* JURA 2006, 746 **8** (748)). Grundsätzlich hat ein Gericht das Gesetz anzuwenden, das im Zeitpunkt der Entscheidung gilt. Der Grundsatz „lex posterior derogat legi prior" bringt zum Ausdruck, dass nach modernem Rechtsdenken das aktuelle Gesetz den vorläufigen Schlusspunkt einer Rechtsentwicklung markiert, von der man annehmen darf, dass sie auf der Basis einer beständig wachsenden Fülle an rechtlichen und außerrechtlichen Erkenntnissen einer immer besser werdenden rechtlichen Behandlung des nämlichen Gegenstandes entgegenstrebt (*Mitsch* NStZ 2006, 33; NK-StGB/*Hassemer/Kargl* Rn. 18). Das Rückwirkungsverbot bedeutet auch erhebliche praktische Probleme, da sich alle am Strafverfahren Beteiligten unter Umständen noch über Jahre hinweg das vergangene Recht kennen und anwenden müssen (vgl. *Satzger* JURA 2006, 746 (748)).

Wenn hingegen § 2 Abs. 1 das Gesetz zur Zeit der Tat zur Entscheidungsgrundlage macht, so ist dies **9** eine verfassungsrechtlich gebotene (Art. 103 Abs. 2 GG) Ausnahme. Die Änderung einer Strafnorm ist nichts Anderes als die Aufhebung einer existierenden und die Einführung einer neuen Norm (Mü-KoStGB/*Schmitz* Rn. 2). Das Rückwirkungsverbot schützt den Täter vor der Anwendung eines eigentlich „besseren", da aktuelleren Gesetzes, auf das er sich bei seiner Tat noch gar nicht einstellen konnte (*Mitsch* NStZ 2006, 33). Es handelt sich um die Grundsätze des Vertrauensschutzes und der Täuschungsfreiheit (NK-StGB/*Hassemer/Kargl* Rn. 19). Der Sinn der Regelung lässt sich auch vor seinem kriminalpolitischen Hintergrund erkennen: Die mit den Straftatbeständen verbundene Erwartung, den Einzelnen zu einem erwünschten Verhalten zu bestimmen, kann naturgemäß immer nur von bereits vertypten Normen ausgehen (*Satzger* JURA 2006, 746 (747); vgl. auch LK-StGB/*Dannecker* Rn. 14).

Zulässig und beachtlich ist allerdings die rückwirkende Änderung einer blankettausfüllenden Norm, **10** wenn dies vor der Tatbegehung geschieht (Schönke/Schröder/*Eser/Hecker* Rn. 7).

War eine Tat zu ihrem Zeitpunkt straflos, so kann sie nicht rückwirkend für strafbar erklärt werden. **11** Gleiches gilt für nachträgliche Strafverschärfungen. Da Art. 103 Abs. 2 GG, § 1 Änderungen zugunsten des Täters nicht ausschließen (s. Erläuterungen zu § 1) dürfte der einfache Gesetzgeber in § 2 Abs. 3 (→ § 2 Rn. 29) Milderungen auch rückwirkend für maßgeblich erklären (vgl. BGH NJW 1999, 1647).

Als „Strafe und ihre Nebenfolgen" gelten alle staatlichen Maßnahmen, die eine missbilligende **12** hoheitliche Reaktion auf ein schuldhaftes Verhalten enthalten (BGHSt 28, 333 (336); NK-StGB/ *Hassemer/Kargl* Rn. 12).

II. Begriff des Gesetzes

Gesetz meint den gesamten Rechtszustand hinsichtlich des „Ob" (Strafbegründung, sowohl durch **13** Regelungen des Allgemeinen als auch Besonderen Teils des Strafrechts) und „Wie" (Tatfolgen) der Strafbarkeit (SK-StGB/*Rudolphi/Jäger* Rn. 2a). Die Norm betrifft nur das materielle Recht, wie bei § 1. Unter Gesetz ist auch eine einzelne Strafnorm zu verstehen (MüKoStGB/*Schmitz* Rn. 2). Erfasst wird das gesamte materielle Strafrecht inklusive Strafzumessungsregeln und dem Strafanwendungsrecht der §§ 3 ff. (BVerfG wistra 2003, 255 (257); BGHSt 20, 22 (25); 45, 64 (71); OLG Düsseldorf NJW 1979, 61).

Eine Änderung des persönlichen Anwendungsbereichs soll dann nicht erfasst sein, wenn sich der **14** Inhalt der strafbewerten Verhaltensnorm nicht geändert hat (Fischer Rn. 6; BGHSt 50, 105 (120 f.); BGH NStZ-RR 2005, 247; BGH NJW 2008, 595 (596); hiergegen zu recht *Rübenstahl* NJW 2008, 595 (599); Tiedemann WirtschaftsStR AT Rn. 265).

Sofern ein milderes Gesetz iSd Abs. 3 in Frage steht, ist, in Abweichung vom Gesetzesbegriff des § 1 **15** StGB, auch Gewohnheitsrecht denkbar (LK-StGB/*Dannecker* Rn. 23).

16 Wechsel im Verfahrensrecht bleiben unberücksichtigt (Fischer Rn. 7; s. auch Erläuterungen zu § 1). Es gilt das neue Recht, da nicht die Strafandrohung an sich, sondern nur die Verfolgbarkeit betroffen wird. Es fehlt insofern an einem Bedürfnis für Vertrauensschutz, wie er dem Rückwirkungsverbot zugrunde liegt (*Satzger* JURA 2006, 746 (748); diff. *Dannecker*, Das intertemporale Strafrecht, 1993, 316 ff.). Relevant geworden sind der Wegfall des Erfordernisses eines Strafantrags (BGHSt 46, 310 (317)) und die Änderung der Verjährungsfrist (BGHSt 50, 138 (139); anders, wenn Änderung der Höchststrafe Wirkung nach § 78 Abs. 3 entfaltet: OLG München wistra 2007, 34 (35); BGHSt 50, 138 (140))).

17 Nach zutreffender hM ist auch die rückwirkende Änderung der Rspr. zulässig (vgl. nur Schönke/Schröder/*Eser/Hecker* Rn. 7 f.; BVerfGE 18, 240; BVerfG NStZ 1990, 537; BGHSt 41, 111). Bereits der Wortlaut gebietet eine Beschränkung auf die Gesetze selbst ohne die Einbeziehung der Gesetzesauslegung (*Satzger* JURA 2006, 746 (748)). Dem Richter ist es also möglich, eine Tat zu bestrafen, obwohl die zur Tatzeit praktizierte Rspr. dies nicht getan hätte (Schönke/Schröder/*Eser/Hecker* Rn. 7). Anders ist dies allerdings dann, wenn die Rspr. unabhängig von den Umständen eines Einzelfalls quantifizierte Regeln aufgestellt hat, wie etwa bei der BAK (Schönke/Schröder/*Eser/Hecker* Rn. 7; aA BGH VRS 32, 229; SK-StGB/*Rudolphi/Jäger* § 1 Rn. 8; s. auch Erläuterungen zu § 1). Die normative Relevanz derart fester Präjudizien steht denen eines Gesetzes in nichts nach.

III. Geltung des Gesetzes

18 Die Gesetzesgeltung ergibt sich aus Art. 82 GG: Gesetze müssen im BGBl. verkündet werden. Nicht selten tritt ein Gesetz mit dem Tag seiner Verkündung in Kraft. In diesen Fällen ist umstritten, ob auf den Beginn des Tages der Verkündung (vgl. RGZ 91, 339 (340)), auf den exakten Zeitpunkt der Verkündung (RGSt 57, 49 (50 f.)) oder auf den Ablauf des Verkündungstags abzustellen ist. Richtig ist letzteres (so auch MüKoStGB/*Schmitz* Rn. 16; NK-StGB/*Hassemer/Kargl* Rn. 13; LK-StGB/*Dannecker* Rn. 37), da es sich um eine sowohl praktikable als auch insofern adressatenfreundliche Lösung handelt, weil dann wenigstens eine theoretische Möglichkeit der Information über die Norm besteht.

19 Die Norm darf ferner nicht außer Kraft getreten sein.

IV. Die Zeit der Tat nach § 8

20 Gem. Abs. 1 ist die Zeit der Tat für die Bestimmung des anzuwendenden Gesetzes maßgeblich. Wann die Zeit der Tat ist, normiert § 8. Hiernach ist eine Tat ist zu der Zeit begangen, zu welcher der Täter oder der Teilnehmer gehandelt hat oder im Falle des Unterlassens hätte handeln müssen. Wann der Erfolg eintritt, ist nicht maßgebend.

21 Die Zeit der Tat wird für jeden Beteiligten getrennt ermittelt.

22 Die Norm folgt (anders als § 9 hinsichtlich des Tatorts) der Tätigkeitstheorie und stellt auf die Tathandlung ab (vgl. Fischer § 8 Rn. 1, 3). Die Unmaßgeblichkeit des Erfolgseintritts folgt auch schon aus dem Schuldgrundsatz (SK-StGB/*Rudolphi/Jäger* Rn. 2b). Nur im Stadium des Handelns kann das Recht auch eine verhaltenssteuernde Funktion aufweisen (MüKoStGB/*Schmitz* Rn. 11; NK-StGB/*Hassemer/Kargl* Rn. 13). Zeit der Tat ist mithin das Stadium vom Beginn des Versuchs bis zum Abschluss der letzten Handlung des Täters, bei Unterlassungsdelikten bis zum Ablauf der letzten Erfolgsabwendungsmöglichkeit (MüKoStGB/*Schmitz* Rn. 11; vgl. BGHSt 11, 121 (124)).

23 Bei mittelbarer Täterschaft ist nicht nur die Handlung relevant, mit welcher der Tatmittler eingesetzt wird, sondern auch dessen Ausführungshandlung (Fischer § 8 Rn. 3; aA SK-StGB/*Hoyer* § 8 Rn. 5). Bei Mittäterschaft ist auf die Leistung eines gegenseitig zurechenbaren Tatbeitrags abzustellen (BGH NJW 1999, 1979; Schönke/Schröder/*Eser* § 8 Rn. 3). Bei echten oder unechten Unterlassungsdelikten ist die Zeit entscheidend, zu der ein Täter hätte handeln können und müssen (Schönke/Schröder/*Eser* § 8 Rn. 4). Bei Anstiftung und Beihilfe zählt allein die Teilnahmehandlung (BGH NStZ-RR 2005, 151); die Haupttat bleibt außer Betracht (Schönke/Schröder/*Eser* § 8 Rn. 5).

C. Abs. 2: Änderungen während der Begehung der Tat

I. Anwendungsbereich

24 § 2 Abs. 2 betrifft nur noch Dauerstraftaten (*Satzger* JURA 2006, 746 (748)); die Figur der Fortsetzungstat dürfte nach der einschränkenden Rechtsprechung (BGHSt 40, 138) kaum noch Bedeutung erlangen (Schönke/Schröder/*Eser/Hecker* Rn. 11). Aus der Einheitlichkeit des Dauerdelikts folgt die Notwendigkeit einer einheitlichen Beurteilung (SK-StGB/*Rudolphi/Jäger* Rn. 3). Die praktische Bedeutung ist aber gering (*Satzger* JURA 2006, 746 (748); LK-StGB/*Dannecker* Rn. 41).

25 Die in der Vorschrift angeordnete Maßgeblichkeit des letzten Teilakts durchbricht aber (schon aus normhierarchischen Gründen: *Satzger* JURA 2006, 746 (748)) nicht das verfassungsrechtlich abgesicherte Rückwirkungsverbot, was sich schon aus dem Wortlaut „Strafdrohung" ergibt, der nur Änderungen von Strafart und Strafhöhe betrifft (NK-StGB/*Hassemer/Kargl* Rn. 15): Setzt die Strafbarkeit erst während der Tat ein, so greift Abs. 2 nicht. Strafbar ist in einem solchen Fall nur der Handlungsteil, der schon unter die Strafnorm fällt (Fischer Rn. 3). Vorherige Handlungsteile dürfen nicht einmal für die Strafzumessung berücksichtigt werden (BGH NStZ 1994, 124; Schönke/Schröder/*Eser/Hecker* Rn. 13).

Bei Strafverschärfungen dürfen die zur Geltungszeit eines milderen Gesetzes vorgenommenen Teilakte **26** nur mit dem milderen Gewicht bei der Strafzumessung in Ansatz gebracht werden (NK-StGB/*Hasse-mer/Kargl* Rn. 15; BVerfG NStZ 1996, 192; BGH StV 1984, 202; aA für ehrengerichtliche Sanktionen BGHSt 29, 129). Für Strafmilderungen gilt Abs. 3 (MüKoStGB/*Schmitz* Rn. 22).

II. Bei Beendigung der Tat

Maßgeblicher Zeitpunkt ist die Beendigung der Handlung. Dies ist als das Ende des Handelns oder **27** Unterlassens zu verstehen (LK-StGB/*Dannecker* Rn. 47): Die Anwendung des strengeren Rechts kann nur daraus legitimiert werden, dass die Handlung zeitlich in den Geltungsbereich der verschärften Sanktion hineinreicht. Für das aktive Tun ist auf das Aufgeben des Weiterhandelns abzustellen, beim Unterlassen auf die Erfolgsabwendungsmöglichkeit (LK-StGB/*Dannecker* Rn. 47). Auch für den Versuch ist allein das tatsächliche Ende des Handelns oder Unterlassens relevant.

Bei Zustandsdelikten sind Gesetzesänderungen nach Eintritt des rechtswidrigen Zustandes unbeacht- **28** lich; nur bei Dauerdelikten erlangt Abs. 2 damit Bedeutung (LK-StGB/*Dannecker* Rn. 50, 52), da nur hier keine unteilbare Tat vorliegt, die sich aber im Prinzip aus unterscheidbaren Tatbestandsverwirk-lichungen zusammensetzt.

D. Abs. 3: Meistbegünstigungsprinzip, Lex-mitior-Grundsatz

I. Grundlagen

Die Norm weicht in Übereinstimmung mit dem Schutzzweck des Art. 103 Abs. 2 GG und der §§ 1, **29** 2 Abs. 1 täterbegünstigend vom Tatzeitprinzip ab (→ Rn. 7). Ein milderes Gesetz ist daher auf zurück-liegende Fälle anwendbar. Der Grund der Milderung ist irrelevant (BGHSt 6, 30 (32); 20, 177 (181); SK-StGB/*Rudolphi/Jäger* Rn. 5); sie muss nicht auf einer geänderten Rechtsauffassung beruhen (so noch RGSt 58, 45).

Das Meistbegünstigungsprinzip nimmt nicht am Schutzgehalt des Art. 103 Abs. 2 GG teil (*Satzger* **30** JURA 2006, 746 (747, 749)). Dennoch kommt ihm Verfassungsrang zu: Er ist dem Verhältnismäßig-keitsprinzip immanent (Tiedemann WirtschaftsStR AT Rn. 264). Das Milderungsgebot ist daher auch Teil rechtsstaatlicher Tradition und Bestandteil eines auf rechtsstaatlichen Grundsätzen aufbauenden Strafrechts (LK-StGB/*Dannecker* Rn. 56; *Sommer*, Das mildeste Gesetz iSd § 2 Abs. 3 StGB, 1979, 59). Es handelt sich um einen Grundsatz mit Verfassungsrang (LK-StGB/*Dannecker* Rn. 56; *F.-C. Schroeder* FS Bockelmann, 1979, 785 (789)). Überdies ist der Lex-Mitior-Grundsatz in Art. 15 Abs. 1 S. 3 IPBR völkerrechtlich verankert. Die Norm lautet: „Wird nach Begehung einer strafbaren Handlung durch Gesetz eine mildere Strafe eingeführt, so ist das mildere Gesetz anzuwenden." Darüber hinaus findet sich das Meistbegünstigungsprinzip auch in Art. 49 Abs. 1 S. 3 EU-GrCh (vgl. *Gaede* wistra 2011, 365 (367 ff.)); außerdem soll der Grundsatz nach neuster Rspr. des EGMR nunmehr auch von Art. 7 Abs. 1 EMRK umfasst sein (EGMR HRRS 2011, 600; vgl. auch zur konventionsfreundlichen Auslegung des § 2 *Bohlander* StraFo 2011, 169).

Das Meistbegünstigungsprinzip legitimiert sich aus der materiellen Gerechtigkeit heraus: Ein Täter **31** soll nicht mehr nach einem Gesetz bestraft werden, zu dessen Strenge sich der Gesetzgeber im Ent-scheidungszeitpunkt nicht mehr bekennt (SK-StGB/*Rudolphi/Jäger* Rn. 8b; RGSt 21, 294; *Rüping* NStZ 1984, 450 (451)). Eine derart verhängte Strafe könnte auch die mit der Strafe verbundenen spezial- und generalpräventiven Zielsetzungen nicht mehr erfüllen (*Satzger* JURA 2006, 746 (748)). Angesichts der Berücksichtigung von Zwischengesetzen (→ Rn. 34) kommt noch der Gesichtspunkt hinzu, dass das anwendbare Recht vom Zufall der Verfahrensdauer abhängen soll (*Satzger* JURA 2006, 746 (749)).

Der einfache Gesetzgeber kann das Meistbegünstigungsprinzip daher (außerhalb von § 2 Abs. 4, **32** → Rn. 62 ff.) nicht ohne weiteres ausschließen (aA aber die hM, vgl. Fischer Rn. 12; MüKoStGB/*Schmitz* Rn. 22; BVerfG NJW 1990, 1103; BGH NStZ 2010, 523 (524)).

II. Änderung des Gesetzes

1. Allgemeines. Zum Begriff des Gesetzes → Rn. 13 ff. Für Zeitgesetze gilt die speziellere Regelung **33** des Abs. 4 (→ Rn. 64 ff.).

Änderungen sind Milderungen und Verschärfungen; zu Modifikationen → Rn. 45 ff.

2. Zwischengesetze. Der Wortlaut des § 2 Abs. 3 erfasst auch Zwischengesetze, ie Rechtszustände, **34** die noch nicht zur Tatzeit galten und nicht mehr im Zeitpunkt der Entscheidung gelten (SK-StGB/*Rudolphi/Jäger* Rn. 6; OLG Bremen NStZ 2010, 174). Sie sind in den Vergleich mit einzubeziehen und bilden das im Verfahren geltende Recht, sofern es sich um den mildesten (→ Rn. 52) Rechtszustand handelt (BGH NStZ 1992, 535; hierzu *Achenbach* NStZ 1993, 427; vgl. auch BGH NStZ 2006, 32).

35   Die superlative Formulierung „mildeste" ergibt auch nur Sinn, wenn es möglich ist, dass im konkreten Fall die Auswahlentscheidung zwischen mehr als zwei verschiedenen Gesetzen fallen muss, sonst wäre die Formulierung „mildere" sachgerechter gewesen (*Mitsch* NStZ 2006, 33). Da das Zwischengesetz weder das „beste" (da aktuellste Gesetz) noch das Gesetz ist, auf das sich der Täter bei seiner Tat einzustellen hatte (der Aspekt der materiellen Gerechtigkeit also keine Rolle spielen kann), ergibt sich die sachliche Legitimation dieser gesetzlichen Lösung allein daraus, dass es den Täter nicht belasten soll, wenn sein Verfahren zu einem späteren Zeitpunkt abgeschlossen wird (SK-StGB/*Rudolphi/Jäger* Rn. 6; *Mitsch* NStZ 2006, 33 (34)). Es gilt, Zufallselemente auszuschalten und jedwede Missbrauchsgefahr von staatlicher Seite zu bannen (*Satzger* JURA 2006, 746 (749)).

36   Ein relevanter Zwischenrechtszustand in diesem Sinne ist auch die Straflosigkeit (zB aufgrund gesetzestechnischer Fehler, insbesondere im Falle von Blanketttatbeständen, wenn es versäumt wurde, die Strafnorm an eine Änderung der blankettausfüllenden Norm anzupassen und daher die Verweisung ins Leere geht), und sei es in einem noch so kurzen Zeitraum (*Satzger* JURA 2006, 746 (750, 752); Schönke/Schröder/*Eser/Hecker* Rn. 27; vgl. BGH NStZ 1992, 535).

37   3. Mittelbar wirkende Gesetzesänderungen: Blankette und normative Tatbestände. Die ein Blankett ausfüllenden Gesetze sind Gesetze iSd § 2 Abs. 3, für ihre Änderungen gilt dasselbe wie für die Strafnorm selbst (MüKoStGB/*Schmitz* Rn. 56 ff.; LK-StGB/*Dannecker* Rn. 77; Müller-Gugenberger WirtschaftsStR/*Heitmann* § 3 Rn. 3). Es gibt keinen Grund für eine abweichende Behandlung der Blanketttatbestände. Die Verbotsmaterie ergibt sich in diesen Fällen in ihrem wirklichen Umfang erst aus den Ausfüllungsnormen (vgl. BGHSt 20, 177 (180 f.); *Tiedemann* NJW 1986, 2476). Die Änderung einer blankettausfüllenden Norm ist daher eine Rechtsänderung wie jede andere: Es kann keinen Unterschied machen, ob der Gesetzgeber den Wortlaut der blankettausfüllenden Norm in der Strafvorschrift wiederholt oder ob er sich diesen Aufwand durch Verweisung auf eine andere Norm erspart (*Satzger* JURA 2006, 746 (751)).

38   Vorschriften hingegen, die den Gehalt normativer Tatbestandsmerkmale prägen, sollen aus dem Anwendungsbereich des § 2 Abs. 3 heraus fallen (Müller-Gugenberger WirtschaftsStR/*Heitmann* § 3 Rn. 10). Dies wirft die Frage der Abgrenzung beider Normtypen auf.

39   Im Rahmen des § 2 Abs. 3 sollten aber alle mittelbar auf das Strafrecht wirkenden Gesetzesänderungen als lex mitior in Betracht kommen. Einschränkende Ansichten überzeugen nicht. Es fehlt an rechtssicheren Abgrenzungskriterien (vgl. auch NK-StGB/*Hassemer/Kargl* Rn. 35 f.; LK-StGB/*Dannecker* Rn. 81), wenn man es nicht bei einer rein formalen Unterscheidung (vgl. BVerfGE 37, 201 (208 f.)): Unterscheidung danach, ob der Straftatbestand ausdrücklich oder nur stillschweigend auf andere Normen und Akte verweist; hiergegen Tiedemann WirtschaftsStR AT Rn. 198) von Blanketttatbeständen und solchen mit normativen Tatbestandsmerkmalen bewenden lassen will: Wann eine Strafdrohung an einen bestimmten Regelungseffekt der Norm anknüpft (SK-StGB/*Rudolphi/Jäger* Rn. 8c), lässt sich nicht bestimmen, Gleiches gilt für die Frage der Unrechtsrelevanz (*C. Schröder* ZStW 112 (2000), 44 (64 ff.)), die Frage offener oder geschlossener tatbestandlicher Unrechtsvertypung (BVerfGE 78, 205 (213)) und erst recht für die der Strafbedürftigkeit (Tiedemann WirtschaftsStR AT Rn. 268; *Silva* in Schünemann Bausteine des europäischen Wirtschaftsstrafrechts, 1995, 149). Die Regelungsabsicht des Gesetzgebers (also sein Fortgeltungswille trotz Rechtsänderung) ist selten verlässlich festzustellen. Die einschränkenden Auffassungen finden in § 2 auch keine ausdrückliche Stütze (Tiedemann WirtschaftsStR AT Rn. 268).

40   Jede außertatbestandliche Umwertung, die strafrechtliche Konsequenzen zeitigt, zeitigt diese zu recht, da die Nichtberücksichtigung bei der strafrechtlichen Bewertung gegen das Verhältnismäßigkeitsprinzip verstieße (Tiedemann WirtschaftsStR AT Rn. 268). Es handelt sich um eine rationale Rechtshandhabung, auch im Interesse der Rechtssicherheit und Vorhersehbarkeit. Durch jede Verweisung des Strafrechts auf außerstrafrechtliche Normen wird deren Inhalt dem Strafrecht einverleibt; ob es sich dabei um eine Blankettverweisung, ein normatives Tatbestandsmerkmal oder eine mittelbare Inbezugnahme handelt, ist gleichgültig (ebenso LK-StGB/*Dannecker* Rn. 83, 87 f., der das aber für „rein technische Regelungen" anders sieht). Jede Inbezugnahme konstituiert das Unrecht mit.

41   Es entsteht hieraus keine Gefahr absurder Begünstigungen (aA NK-StGB/*Hassemer/Kargl* Rn. 34). Zum einen sind manche angeführten Beispiele (vgl. die Änderung der Eigentumsvorschriften, SK-StGB/*Rudolphi/Jäger* Rn. 8c; Tiedemann WirtschaftsStR AT Rn. 265) rechtspolitisch nicht sehr realistisch; zum zweiten entspricht dies dem Zweck des Meistbegünstigungsprinzips (→ Rn. 31); zum dritten hat der Gesetzgeber es in der Hand, in Anbetracht unerwünschter Konsequenzen insofern die Reichweite der Gesetzesänderung zu überdenken und es so nicht zu einer rückwirkenden Schutzgutsvernichtung kommen zu lassen (vgl. LK-StGB/*Dannecker* Rn. 96). Ihm bleibt überdies die Möglichkeit, Zeitgesetze zu verwenden (Abs. 4; → Rn. 62 ff.). Angesichts allenfalls geringer Strafwürdigkeit und Strafbedürftigkeit eines Verhaltens, das nunmehr der Gesetzgeber, und sei es nur mittelbar, nicht mehr strafbewehrt, drohen auch keine unerträglichen Strafbarkeitslücken; insofern ist das Kriterium der Strafbedürftigkeit bei Tiedemann WirtschaftsStR AT Rn. 268 zutreffend. Es bleibe unklar, wieso Normen, welche wechselnden Bedürfnissen dienen, eine weiter reichende Rechtsgeltung eingeräumt wird als den klassischen, auf Dauer angelegten Straftatbeständen (LK-StGB/*Dannecker* Rn. 83). Ein

Auseinanderfallen von primärem Fachrecht und der sekundären Strafrechtsordnung im Hinblick auf die rückwirkende Wirkung von Milderungen ist zwar wenig erfreulich (vgl. Schönke/Schröder/*Eser/Hecker* Rn. 21), aber vor dem verfassungsrechtlichen Hintergrund mindestens zu rechtfertigen, wenn nicht geboten.

Im Bereich des Wirtschaftsstrafrechts folgte hieraus eine effektualisierte Geltung des lex-mitior- 42 Prinzips, vor allem im Steuerrecht (hierzu insbesondere die Literatur im Zuge der Parteispendenaffäre in den 1980 er Jahren, zB *Tiedemann* NJW 1986, 2475; Übersicht bei NK-StGB/*Hassemer/Kargl* Rn. 33, 41), aber auch zB im Insolvenzstrafrecht (vgl. RGSt 33, 187 (189)).

Auch mittelbare Auswirkungen von Strafnormänderungen auf bezugnehmende Straftatbestände sind 43 von § 2 Abs. 3 erfasst (ebenso Tiedemann WirtschaftsStR AT Rn. 268; LK-StGB/*Dannecker* Rn. 88; aA MüKoStGB/*Schmitz* Rn. 32; diff. je nach Schutzzweck SK-StGB/*Rudolphi/Jäger* Rn. 8d; ähnlich Schönke/Schröder/*Eser/Hecker* Rn. 24 f.). Sowohl bei § 145d (s. auch OLG Düsseldorf NJW 1969, 1679) und § 164 (vgl. BayObLG JZ 1974, 392) als auch bei den § 257 ff. (insofern s. BGHSt 14, 156 (158)) entfällt die Strafbarkeit. Die Bewertungsänderung, die die in Bezug genommene Norm erfahren hat, betrifft auch das Unrecht der darauf aufbauenden Tat (vgl. LK-StGB/*Dannecker* Rn. 91).

4. Akte der Verwaltung und Rechtsprechung. Zur Nichtanwendung der Norm auf Rechtspre- 44 chungsänderungen → Rn. 17. Auch konstitutive Verwaltungsakte sind keine relevante Rechtsänderung (LK-StGB/*Dannecker* Rn. 98 f.)

5. Die Abgrenzung von Aufhebung und Änderung: Unrechtskontinuität? Die Änderung des 45 Gesetzes iSd Abs. 3 ist von einer Aufhebung des früheren Delikts und der Schaffung eines anderen Delikts zu unterscheiden (*Satzger* JURA 2006, 746 (749)). In letzterem Fall kann aus dem aufgehobenen Delikt wegen Abs. 3 nicht mehr bestraft werden; das neue Delikt ist wegen § 1 für das vergangene Verhalten unbeachtlich.

Die wohl hM hält Modifikationen der Tatbestandsvoraussetzungen dann für Änderungen iSd § 2 46 Abs. 3, wenn eine Kontinuität des Unrechtstyps vorliegt (BGHSt 26, 167 (172); Fischer Rn. 5; *Mohrbotter* ZStW 88 (1976), 923; *Tiedemann* JZ 1975, 692 (693); *Gleß* GA 2000, 224; zu § 34 Abs. 4 AWG *Dannecker/Freitag* ZStW 116 (2004), 797 (815)). Entscheidend sei, ob das Wesen des in dem früheren Gesetz beschriebene Delikts in seinem Kern von der Gesetzesänderung unberührt geblieben sei (BGHSt 26, 167 (172)).

Dieses Kriterium ist an sich schon zu vage (MüKoStGB/*Schmitz* Rn. 29; NK-StGB/*Hassemer/Kargl* 47 Rn. 29), die Rechtsprechung selbst hat es auch unrichtig angewendet (BGHSt 26, 167; hierzu *Mazurek* JZ 1976, 235; LK-StGB/*Dannecker* Rn. 68, 73). Es verstößt auch gegen das Schuldprinzip und den Sinn des Art. 103 Abs. 2 GG (SK-StGB/*Rudolphi/Jäger* Rn. 10), da es ein vom Einzelfall losgelöstes Kriterium ist. Zutreffend ist es, in jeder tatbestandlichen Änderung eines Strafgesetzes eine Aufhebung des bisherigen zu erblicken, sei denn, die neue Tatbestand war bereits völlig in dem alten enthalten (SK-StGB/*Rudolphi/Jäger* Rn. 10; MüKoStGB/*Schmitz* Rn. 31 ff.; NK-StGB/*Hassemer/Kargl* Rn. 32; *F.-C. Schroeder* FS Bockelmann, 1979, 785 (796 ff.)), wie zB beim Wegfall einschränkender Merkmale. Nur dann kann man auch davon sprechen, dass aus Sicht eines objektiven Dritten in der Situation und sozialen Rolle des konkreten Täters das auf die konkrete Sachverhaltskonstellation bezogene Ver- oder Gebot dieselbe (laienmäßige) Aussage für den Täter bereithält (vgl. *Satzger* JURA 2006, 746 (750)).

III. Vor der Entscheidung

Der berücksichtigungsfähige Zeitraum für eine relevante Gesetzesänderung beginnt mit der Beendi- 48 gung der Tat (→ Rn. 27 f.) und endet mit der letztinstanzlichen Entscheidung (*Satzger* JURA 2006, 746 (749); Schönke/Schröder/*Eser/Hecker* Rn. 17). Die Gesetzesänderung muss in jeder Lage des Verfahrens beachtet werden. Zu berücksichtigen sind Gesetzesmilderungen bis zur Entscheidung des Revisionsgerichts (BGHSt 5, 208; 26, 94), vgl. auch § 354a StPO.

Im Revisionsverfahren wird entgegen der Rspr. (BGHSt 26, 94; JR 1991, 347) keine Sachrüge 49 vorausgesetzt (*Küper* NJW 1975, 1329; SK-StGB/*Rudolphi/Jäger* Rn. 7; MüKoStGB/*Schmitz* Rn. 70; NK-StGB/*Hassemer/Kargl* Rn. 25), da auch in anderen Fällen der Gesetzesänderung eine sachliche Nachprüfung der angefochtenen Entscheidung auch ohne Sachrüge nicht ausgeschlossen ist. Die Gesetzesänderung ist auch dann beachtlich, wenn das Urteil im Schuldspruch bereits rechtskräftig geworden war (Teilrechtskraft: BGHSt 20, 117; Schönke/Schröder/*Eser/Hecker* Rn. 17).

Ist noch kein erstinstanzliches Urteil ergangen oder befindet sich das Verfahren in der Berufungs- 50 instanz, wird es gem. § 206b StPO eingestellt.

Bei nach der Entscheidung in Kraft tretenden Gesetzesänderungen bleibt nur der Gnadenweg (SK- 51 StGB/*Rudolphi/Jäger* Rn. 7; MüKoStGB/*Schmitz* Rn. 71).

IV. Mildestes Gesetz: Täterbegünstigung

Gesetzesänderungen gelten nur dann, wenn sie täterbegünstigend sind (*Satzger* JURA 2006, 746 52 (750)). Zur Ermittlung des mildesten Gesetzes ist der konkrete Sachverhalt unverändert (BGHSt 34, 284) unter die zu vergleichenden Rechtszustände (einschließlich der Zwischengesetze, → Rn. 34) zu subsumieren. Es geht um eine konkrete Betrachtungsweise, nicht um einen abstrakten Vergleich der Tatbestände und Strafdrohungen (SK-StGB/*Rudolphi*/*Jäger* Rn. 11; BGHSt 20, 77). Die Frage ist für jeden Tatbeteiligten gesondert zu untersuchen (NK-StGB/*Hassemer*/*Kargl* Rn. 42). Die Prüfung umfasst den gesamten weiten Gesetzesbegriff des § 2 (→ Rn. 13) und damit nicht nur die Strafdrohungen und Deliktstatbestände, sondern auch Änderungen im Allgemeinen Teil und im Internationalen Strafrecht (NK-StGB/*Hassemer*/*Kargl* Rn. 24). Im Falle von Tateinheit ist die Vorschrift heranzuziehen, nach der sich die Strafe gem. § 52 Abs. 2 bestimmt (BGH 3.10.1978 – 4 StR 509/78; LK-StGB/*Dannecker* Rn. 107). Im Falle der Tatmehrheit ist jede Einzelstrafe als mildeste Strafe zu bilden.

53   Auch die blankettausfüllenden Normen sind zu berücksichtigen (→ Rn. 37; Fischer Rn. 8; BGHSt 20, 177). Fehlt es zeitweise an einer wirksamen Verhaltens- oder an einer wirksamen Sanktionsnorm, so führt dies zur Anwendung des fehlerhaften Rechtszustandes und somit zur Straflosigkeit (BGH NStZ 1992, 535).

54   Die Milde kann sich unproblematisch (als das mildeste vorstellbare Gesetz) in einer Straflosigkeit gemäß einem der Rechtszustände darstellen (BGHSt 20, 119; 48, 383), auch bei Herabstufung zur Ordnungswidrigkeit (BGHSt 12, 148 (154)), selbst dann, wenn die angedrohte Geldbuße höher ist als die in dem alten Gesetz angedrohte Geldstrafe (OLG Saarbrücken NJW 1974, 1009; aA *Sommer*, Das mildeste Gesetz iSd § 2 Abs. 3 StGB, 1979, 114 ff.). Hierhin gehört auch die Einführung neuer Strafaufhebungsgründe sowie Beschränkungen der Strafdrohung (MüKoStGB/*Schmitz* Rn. 27; BGHSt 20, 116 (119); *C. Schröder* ZStW 112 (2000), 44 (56)).

55   Auch kollidierendes EG-Recht kann den deutschen Straftatbestand nach Tatbegehung iS eines Anwendungsvorrangs neutralisieren, wenn es unmittelbar anwendbar ist und dem Tatbestand inhaltlich entgegensteht (*Satzger* JURA 2006, 746 (749)).

56   Zu vergleichen sind im Übrigen primär die Hauptstrafen. Dies meint zunächst die Strafart: Geldstrafe ist stets milder als Freiheitsstrafe (RGSt 65, 230; BayObLG MDR 1972, 884; Fischer Rn. 10; aA Jakobs StrafR AT 4/79), selbst dann, wenn die Ersatzfreiheitsstrafe nach § 43 im Einzelfall höher wäre als die nach dem anderen Recht alternativ zu verhängende Freiheitsstrafe (BayObLG MDR 1975, 541; *Dannecker*, Das intertemporale Strafrecht, 1993, 529).

57   Bei gleicher Strafart kommt es auf den Strafrahmen an (BGHSt 20, 121). Hierbei sind Mindeststrafen (OLG München wistra 2007, 34 (35)) und Höchststrafen (zB bei Wegfall eines besonders schweren Falls: Koblenz NStZ 1983, 82; Wegfall eines minder schweren Falls: OLG München wistra 2007, 37; Umwandlung eines Regelbeispiels in eine nicht verwirklichte Qualifikation: BGHSt 55, 11; Schaffung einer Strafmilderungsmöglichkeit) zu berücksichtigen. Führt ein neuer Strafrahmen zu einer Herabsetzung der Verjährungsfrist ist auch das zu berücksichtigen (BGH NStZ 1999, 556; 2006, 32). Ist der Strafrahmen nach beiden Seiten hin verändert worden, so ist die Strafe nach beiden Rechtszuständen zuzumessen und zu prüfen, welche die niedrigere ist (SK-StGB/*Rudolphi*/*Jäger* Rn. 12). Bei gleichem Strafrahmen zählt die konkret zu verhängende Strafe.

58   Erst hilfsweise, nämlich dann, wenn sich bei der Hauptstrafe kein Unterschied ergibt, sind Nebenstrafen und, wiederum nachrangig, Nebenfolgen in den Vergleich einzubeziehen (BGH NJW 1965, 1723; NK-StGB/*Hassemer*/*Kargl* Rn. 45; *Satzger* JURA 2006, 746 (750); aA *Sommer*, Das mildeste Gesetz iSd § 2 Abs. 3 StGB, 1979, 92 ff.).

59   Bei alledem gilt nach stRspr und hL ein Grundsatz strikter Alternativität (BGHSt 20, 30; BGH NStZ-RR 1998, 104; Fischer Rn. 9; SK-StGB/*Rudolphi*/*Jäger* Rn. 12): Eine Kombination täterbegünstigender Elemente aus Gesetzen verschiedener Gültigkeit soll nicht zulässig sein, es könne stets nur ein Gesetz angewendet werden. So soll es zB möglich sein, dass eine in einem nach der Hauptstrafe milderem Gesetz dort vorgesehene Nebenstrafe oder Nebenfolge auch dann angeordnet wird, wenn das strengere Gesetz diese nicht vorsieht (stRspr seit BGHSt 24, 97, vgl. nur BGH NStZ 2000, 136).

60   Weil dann aber entgegen dem Prinzip der Meistbegünstigung und entgegen dem Grundsatz konkreter Betrachtung partiell strengeres Recht angewendet würde, ist dies abzulehnen (ebenso MüKoStGB/*Schmitz* Rn. 45; NK-StGB/*Hassemer*/*Kargl* Rn. 45; LK-StGB/*Dannecker* Rn. 115; *Sommer*, Das mildeste Gesetz iSd § 2 Abs. 3 StGB, 1979, 92 ff.). Für jeden Schritt der Rechtsfindung und für jede einzelne Rechtsfolge ist zu ermitteln, welches Recht das mildere ist. Eine nach neuem Recht allein vorgesehene Hauptstrafe ermächtigt nicht zur Verhängung einer früher angedrohten Nebenstrafe; hierfür bedürfte es einer zum Zeitpunkt der Verurteilung geltenden Eingriffsermächtigung (LK-StGB/*Dannecker* Rn. 115).

61   Unterscheiden sich die Gesetze in ihrer Milde nicht, dann ist das zur Tatzeit geltende Gesetz anzuwenden (Fischer Rn. 10a).

E. Abs. 4: Zeitgesetze

I. Grundlagen

62   § 2 Abs. 4 stellt eine Ausnahme zum Meistbegünstigungsprinzip des Abs. 3 und damit eine Rückkehr zur Grundregel des Abs. 1 (Anwendung des Tatzeitrechts) dar (*Satzger* JURA 2006, 746 (750); Schönke/Schröder/*Eser*/*Hecker* Rn. 34). Weil dies einen Verstoß gegen Art. 15 Abs. 1 S. 3 IPBPR darstellt

(→ Rn. 30), hat Deutschland insofern den Vertrag nur mit Vorbehalt ratifiziert (hierzu LK-StGB/*Dannecker* Rn. 7).

Der rechtfertigende Grund für diese für den Täter ungünstige Regelung liegt darin, dass das Ende der **63** Geltung des Zeitgesetzes nur durch den Wegfall seines Anlasses bedingt ist und ein Zeitgesetz ansonsten gegen Ende seiner Geltungsdauer kaum noch Autorität besäße (BGHSt 6, 38; SK-StGB/*Rudolphi/Jäger* Rn. 14). Ein Täter könnte ohne die Anwendung des Tatzeitrechts darauf spekulieren, dass bei Aburteilung seiner (potentiellen) Straftat das Gesetz bereits wieder außer Kraft getreten ist, so dass er bei Geltung des lex-mitior-Grundsatzes (→ Rn. 29 ff.) keine Strafe zu fürchten hätte (*Satzger* JURA 2006, 746 (751); Tiedemann WirtschaftsStR AT Rn. 261). Die Nachwirkung des Gesetzes (vgl. Schönke/Schröder/*Eser/Hecker* Rn. 37) dient mithin der Sicherung der Geltungskraft der Norm (LK-StGB/*Dannecker* Rn. 7, 117). Ferner beruht der Wegfall des Zeitgesetzes nicht auf besserer Einsicht des Gesetzgebers, sondern auf veränderten Umständen (BWM/*Weber* StrafR AT § 9 Rn. 50).

II. Der Begriff des Zeitgesetzes

Man unterscheidet üblicherweise Zeitgesetze ieS und solche iwS (vgl. nur *Satzger* JURA 2006, 746 **64** (750); Schönke/Schröder/*Eser/Hecker* Rn. 35).

1. Zeitgesetze ieS. Zeitgesetze ieS sind unstreitig von Abs. 4 erfasst. Hierunter fallen Gesetze, die in **65** ihrer Geltung kalendermäßig befristet bzw. nur für eine Zeit bemessen sind (Schönke/Schröder/*Eser/ Hecker* § 2 Rn. 35). Dies kann zunächst vor vornherein der Fall sein, wie zB bei Not-, Seuchen- oder Bewirtschaftungsgesetzen (*Satzger* JURA 2006, 746 (750); EG-VO als Zeitgesetz: BGH wistra 2011, 70) Zeitgesetze können aber auch nachträglich entstehen (MüKoStGB/*Schmitz* Rn. 55), aufgrund einer **66** späteren Rechtsnorm, aber auch durch befristete Weitergeltung einer vom BVerfG (vgl. § 31 Abs. 2 BVerfGG) für verfassungswidrig erklärten eigentlich unbefristeten Norm (zB BVerfGE 93, 121 zum VStG).

2. Zeitgesetze iwS. Als Zeitgesetze iwS werden solche Gesetze bezeichnet, die erkennbar – durch **67** Auslegung von Inhalt und Zielsetzung zu ermitteln – nur als vorübergehende Regelungen für sich ändernde wirtschaftliche oder sonstige zeitbedingte Verhältnisse gedacht seien (BGHSt 6, 36; 20, 183; SK-StGB/*Rudolphi/Jäger* Rn. 15; Schönke/Schröder/*Eser/Hecker* Rn. 35).

Richtigerweise gibt es aber Zeitgesetze iwS nur sehr eingeschränkt (vgl. auch MüKoStGB/*Schmitz* **68** Rn. 53): Es fehlen operable Kriterien für eine Abgrenzung, da jedes Gesetz ursprünglich einen bestimmten situationsbedingten Anlass hatte (vgl. Tiedemann WirtschaftsStR AT Rn. 262). Dies gilt umso mehr, je eher der Gesetzgeber dazu neigt, kriminalpolitische Bedürfnisse funktionalisierend zu befriedigen und ad hoc auf soziale Probleme durch den Einsatz des Strafrechts zu reagieren (NK-StGB/ *Hassemer/Kargl* Rn. 49, 54). Das Strafrecht wird gerade durch Normen gekennzeichnet, die absehbar konsentiertes schweres Unrecht sanktionieren sollen. Die allgemeine Zeitgebundenheit des Rechts ist nicht in eine Zeitgesetzlichkeit nach Abs. 4 umzudeuten (vgl. auch LK-StGB/*Dannecker* Rn. 129). Wenn das Außerkrafttreten eines Zeitgesetzes nicht oder nur ungefähr absehbar ist, so verschwindet die Legitimation für die Ausnahme vom Meistbegünstigungsprinzip (NK-StGB/*Hassemer/Kargl* Rn. 48). Der Ausnahmecharakter des Abs. 4 darf nicht in sein Gegenteil verkehrt werden (vgl. *Rüping* NStZ 1984, 450). Dies korrespondiert mit der (auch verfassungsrechtlichen) Bedeutung des Meistbegünstigungsprinzips.

Eine kalendarische Festlegung wäre zwar ideal (NK-StGB/*Hassemer/Kargl* Rn. 51), ist aber nicht **69** erforderlich. Ausreichend, aber auch notwendig, ist, dass bereits bei Erlass absehbar ist, wann sie wieder außer Kraft treten werden (MüKoStGB/*Schmitz* Rn. 55; *Kunert* NStZ 1982, 276 (279)). Es ist nicht zu leugnen, dass sich für den Gesetzgeber die Notwendigkeit stellen kann, die Dauer der Gesetzesgeltung nicht mit einer klaren Frist zu versehen, sondern sich bei der Umschreibung an bestimmten Situationen (Notlagen, Kriege etc) zu orientieren (*Satzger* JURA 2006, 746 (751)). Es muss sich lediglich um Vorschriften handeln, die von vornherein Übergangscharakter haben. Daher sind die Embargotatbestände der AWV Zeitgesetze; sie sollen erkennbar für eine begrenzte Ausnahmesituation gelten (BGH wistra 1998, 306).

3. Insbesondere: Blankette. Bei den im Wirtschaftsstrafrecht häufigen Blankettvorschriften wird oft **70** ein Zeitgesetz iwS angenommen. Selbst die Anhänger des weiten Zeitgesetzbegriffs betonen aber, dass jede einzelne blankettausfüllende Norm zu prüfen ist (SK-StGB/*Rudolphi/Jäger* Rn. 15b). Auch für blankettausfüllende Normen müssen die allgemeinen Kriterien eines Zeitgesetzes vorliegen, wenn § 2 Abs. 4 greifen soll (LK-StGB/*Dannecker* Rn. 128).

Jedenfalls unzulässig ist es also, alle Normen eines bestimmten Rechtsgebiets als Zeitgesetze ein- **71** zuordnen, wie es vor allem für Steuergesetze vertreten wird (so aber AG Köln NJW 1985, 1040; AG Bochum NJW 1985, 1969; AG Düsseldorf NJW 1985, 1971; *Franzheim* NStZ 1982, 138; *Samson* wistra 1983, 235 (238 f.); hiergegen zutreffend die hM, zB NK-StGB/*Hassemer/Kargl* Rn. 55; *Flämig,* Steuerrecht als Dauerrecht, 1985, 86 ff.).

72 **4. Verlust des Charakters als Zeitgesetz.** Abs. 4 gilt nicht bei Aufhebung des Zeitgesetzes durch den Gesetzgeber, weil dieser dann zum Ausdruck bringt, die dem Zeitgesetz zugrunde liegende Rechtsauffassung nicht mehr zu teilen (SK-StGB/*Rudolphi*/*Jäger* Rn. 16).

73 Der Zeitgesetzcharakter kann aber auch aufgrund langer Dauer verloren gehen (LK-StGB/*Dannecker* Rn. 131; BGHSt 6, 39; vgl. aber auch die Beispiele von Gesetzen, die jahrzehntelang galten und immer noch als Zeitgesetze angesehen wurden, hierzu BGH wistra 1995, 108; 1998, 306; *Laaths,* Das Zeitgesetz gemäß § 2 Abs. 4 unter Berücksichtigung des Blankettgesetzes, 1991, 58 ff.), wenn man mit der hM Zeitgesetze iwS für möglich hält (→ Rn. 67), aber auch dann, wenn sich die situativen Umstände so ändern, dass die Geltungsdauer unabsehbar wird (*Satzger* JURA 2006, 750 (751) zB der zunächst als vorübergehend verstandenen Teilung Deutschlands).

74 Wenn ein Zeitgesetz durch ein neues Zeitgesetz abgelöst wird, das den gleichen Regelungszeitraum betrifft, gilt das Milderungsgebot des Abs. 3 (RGSt 57, 209; MüKoStGB/*Schmitz* Rn. 50; Müller-Gugenberger WirtschaftsStR/*Heitmann* § 3 Rn. 17).

III. Abs. 4 S. 2: Übergangsregelungen

75 Gem. § 2 Abs. 4 S. 2 kann der Gesetzgeber von der Fortgeltung des Zeitgesetzes abweichen.

F. Abs. 5: Verfall, Einziehung, Unbrauchbarmachung

76 Die auf die Abs. 1–4 verweisende Norm beruht darauf, dass es sich bei den genannten Maßnahmen um strafähnliche Eingriffe handelt (SK-StGB/*Rudolphi*/*Jäger* Rn. 17; MüKoStGB/*Schmitz* Rn. 59), so dass es der Billigkeit entspricht, sie hinsichtlich der zeitlichen Geltung wie Strafen zu behandeln. Aus dem weiten Verständnis des Rückwirkungsverbots (→ Rn. 12) folgt darüber hinaus, dass Abs. 5 nur deklaratorische Bedeutung hat (Schönke/Schröder/*Eser*/*Hecker* Rn. 5; *Satzger* JURA 2006, 746 (748)).

77 Dies betrifft insbesondere § 73d Abs. 1 S. 1: Ein erweiterter Verfall ist nur für solche Gegenstände anzuordnen, die vor Inkrafttreten des § 73d (BGHSt 41, 278) oder der jeweiligen Verweisungsvorschrift (BGH NJW 2001, 2339) erlangt worden sind (Fischer Rn. 14).

G. Abs. 6: Maßregeln der Besserung und Sicherung

78 Abs. 6 normiert eine Ausnahme vom Rückwirkungsverbot, indem der Rechtszustand im Zeitpunkt der Entscheidung gilt (*Satzger* JURA 2006, 50 (752)). Der Norm liegt die Annahme zugrunde, dass das verfassungsrechtliche Rückwirkungsverbot (→ Rn. 7) nur für Strafen, nicht für die präventiv ausgerichteten Maßregeln der §§ 61–72 gelte; das Zweckmäßige müsse hier sofort geschehen (BGHSt 24, 103 (106)). Diese scharfe Unterscheidung von Strafen und Maßregeln wird auch gegenüber Einwänden aus Art. 103 Abs. 2 GG und Art. 7 Abs. 1 S. 2 EMRK vorgebracht (hierzu NK-StGB/*Hassemer*/*Kargl* Rn. 58).

79 Die Regelung ist – auch verfassungsrechtlich, nicht nur rechtspolitisch; s. Erläuterungen zu § 1 – zu kritisieren. Das Rückwirkungsverbot des Art. 103 Abs. 2 GG gilt entgegen der hM auch für alle der Strafe an Schwere gleichstehenden Eingriffe aus Anlass einer Straftat (SK-StGB/*Rudolphi*/*Jäger* Rn. 18). Die Verfassungsmäßigkeit wird daher in der Literatur mit guten Gründen bestritten (MüKoStGB/*Schmitz* Rn. 63; *Best* ZStW 114 (2002), 88 (97 ff.); *Dannecker,* Das intertemporale Strafrecht, 1993, 309; *Satzger* JURA 2006, 50 (752)). Maßregeln lassen sich von den Strafen nicht so scharf unterscheiden, dass ihre Sonderregelung hinsichtlich der zeitlichen Geltung zu rechtfertigen wäre (NK-StGB/*Hassemer*/*Kargl* Rn. 61): Die kategorialen Unterscheidungen von Strafen (anknüpfend an die Vergangenheit) und Maßregeln (ausgerichtet auf die Zukunft) versagen sowohl in der Straf- und Maßregeltheorie als auch in der Praxis der Verhängung und Vollstreckung (vgl. LK-StGB/*Dannecker* Rn. 136). Die Sicht des Betroffenen auf den Grundrechtseingriff, den er wegen seiner Tat erleidet, kann in einem Rechtsstaat nicht begrifflich beiseitegeschoben werden. Dies gilt auch für die Frage der zeitlichen Geltung.

80 Das BVerfG hat sich allerdings für die Verfassungsmäßigkeit von § 2 Abs. 6 ausgesprochen (BVerfGE 109, 133 (171); zust. LK-StGB/*Dannecker* Rn. 140): Die Maßregeln dienten allein präventiven Zwecken und hätten sich daher ausschließlich am aktuellen Schutzzweck zu orientieren. Rechtspolitisch unklar bleibt, ob derartige Maßnahmen dann ins Strafrecht gehören. Der EGMR sieht hingegen auch in der Sicherungsverwahrung eine Strafe iSd Art. 7 Abs. 1 EMRK (EGMR NJW 2010, 2495; vgl. dazu Radtke NStZ 2010, 537), die folglich vom Rückwirkungsverbot umfasst sein soll. Strittig ist, diese Rspr. iRd konventionsfreundlichen Auslegung Berücksichtigung finden muss (für eine Bewertung des Art. 7 Abs. 1 EMRK als Ausnahmevorschrift iSd § 2 Abs. 6 BGH NStZ 2010, 567; für eine bloße Verstärkung der Anforderungen des Vertrauensschutzes BVerfGE 128, 326; BGH NJW 2011, 240 (242); 2010, 3315 (3316 f.))

81 Vor diesem Hintergrund sollte der Gesetzgeber wenigstens den eingeräumten Vorbehalt weiter nutzen (NK-StGB/*Hassemer*/*Kargl* Rn. 61b) als er es in den geltenden Vorschriften des EGStGB tut.

H. Der Einigungsvertrag

§ 2 gilt nach dem Einigungsvertrag auch für Straftaten, die in der ehemaligen DDR begangen **82** wurden, allerdings modifiziert durch Art. 315 EGStGB (ausführlich LK-StGB/*Dannecker* Rn. 142 ff.). Dieser lautet:

Art. 315 EGStGB Geltung des Strafrechts für in der Deutschen Demokratischen Republik begangene Taten

(1) Auf vor dem Wirksamwerden des Beitritts in der Deutschen Demokratischen Republik begangene Taten findet § 2 des Strafgesetzbuches mit der Maßgabe Anwendung, daß das Gericht von Strafe absieht, wenn nach dem zur Zeit der Tat geltenden Recht der Deutschen Demokratischen Republik weder eine Freiheitsstrafe noch eine Verurteilung auf Bewährung noch eine Geldstrafe verwirkt gewesen wäre.

(2) [1] Die Vorschriften des Strafgesetzbuches über die Geldstrafe (§§ 40 bis 43) gelten auch für die vor dem Wirksamwerden des Beitritts in der Deutschen Demokratischen Republik begangenen Taten, soweit nachfolgend nichts anderes bestimmt ist. [2] Die Geldstrafe darf nach Zahl und Höhe der Tagessätze insgesamt das Höchstmaß der bisher angedrohten Geldstrafe nicht übersteigen. [3] Es dürfen höchstens dreihundertsechzig Tagessätze verhängt werden.

(3) Die Vorschriften des Strafgesetzbuches über die Aussetzung eines Strafrestes sowie den Widerruf ausgesetzter Strafen finden auf Verurteilungen auf Bewährung (§ 33 des Strafgesetzbuches der Deutschen Demokratischen Republik) sowie auf Freiheitsstrafen Anwendung, die wegen vor dem Wirksamwerden des Beitritts in der Deutschen Demokratischen Republik begangener Taten verhängt worden sind, soweit sich nicht aus den Grundsätzen des § 2 Abs. 3 des Strafgesetzbuches etwas anderes ergibt.

(4) Die Absätze 1 bis 3 finden keine Anwendung, soweit für die Tat das Strafrecht der Bundesrepublik Deutschland schon vor dem Wirksamwerden des Beitritts gegolten hat.

Weitere Sonderregelungen enthalten die Art. 315a–c EGStGB (hierzu LK-StGB/*Dannecker* **83** Rn. 169 ff.).

Vorbemerkungen zu §§ 3–7

A. Grundlagen

I. Das Strafanwendungsrecht iSd §§ 3 ff. im System des Internationalen Strafrechts

§§ 3 ff. regeln – noch nicht ganz präzise formuliert – die Anwendbarkeit deutschen Strafrechts. Sie **1** werden daher häufig – ebenfalls nicht ganz exakt – als **Strafanwendungsrecht** bezeichnet. Nicht ganz unproblematisch ist auch die häufig ohne Weiteres vorgenommene Zuordnung zum Internationalen Strafrecht. Eine grundlegende Systematisierung hat daher zunächst die Fragen nach Begriff (→ Rn. 7) und Regelungsgegenstand (→ Rn. 2 ff.) des Strafanwendungsrechts zu klären.

Das sog Strafanwendungsrecht ist im Wesentlichen Bestandteil des **nationalen Rechts** (vgl. Satzger **2** Int. und Europ. StrafR § 2 Rn. 4 mit Fn. 5; SSW StGB/*Satzger* Rn. 1; Ambos Int. StrafR § 1 Rn. 2; Safferling Int. StrafR § 1 Rn. 2). In Deutschland ist es geregelt in §§ 3 ff. Dieser Erste Titel des Ersten Abschnitts des Allgemeinen Teils ist überschrieben mit „Geltungsbereich". Es handelt sich also um die Regelung der Frage, wann innerstaatliches – im Fall des StGB: deutsches – Strafrecht Anwendung findet. Dabei geht es freilich nicht um die Anwendbarkeit deutschen Strafrechts in seiner Gesamtheit (bzw. auch nur um die Anwendbarkeit des StGB insgesamt), sondern vielmehr allein um die Anwendbarkeit der in einem konkreten Sachverhalt (möglicherweise) einschlägigen konkreten Strafrechtsnorm(en). Dementsprechend kann sich aufgrund von deren unterschiedlicher Deliktsstruktur im Rahmen eines Sachverhaltes ergeben, dass eine der in Betracht kommenden Strafvorschriften anwendbar, die andere hingegen nicht anwendbar ist. Dem widerspricht es nicht, wenn die hA etwa bei § 3 einen prozessualen Tatbegriff zugrunde legt (→ § 3 Rn. 2 f.). Denn damit ist gerade gesagt, dass im Rahmen einer prozessualen Tat eine konkrete Strafnorm Anwendung finden kann. Das ändert aber nichts daran, dass die uneinheitliche Gesetzessprache hier größte Verwirrung stiftet (→ § 3 Rn. 2 ff.).

Die Regelungswirkung der §§ 3 ff. wird gemeinhin beschränkt auf **Strafrecht mit Auslandsbezug 3** (idS etwa *Werle/Jeßberger* JuS 2001, 36; Safferling Int. StrafR § 1 Rn. 2). Das ist allerdings zu eng: Denn selbstverständlich regeln §§ 3 ff. auch die Anwendbarkeit deutschen Strafrechts (im soeben → Rn. 2 genannten Sinne) bei Konstellationen **ohne jeglichen Auslandsbezug** (vgl. insoweit auch noch → § 3 Rn. 4). Denn das grundlegende Prinzip des deutschen Strafanwendungsrechts – der Territorialitätsgrundsatz gem. § 3 (→ Rn. 14) – bestimmt die Anwendung deutschen Strafrechts für den Fall, dass die Tat im Inland begangen wurde. Auch dann, wenn Täter und Opfer deutsche Staatsangehörige sind und die Tat ausschließlich in Deutschland stattfindet, findet – natürlich – deutsches Strafrecht über §§ 9, 3 Anwendung. §§ 3 ff. sind tatsächlich also disparat: Sie sind nicht notwendig entweder dem nationalen oder dem Internationalen Strafrecht zuzurechnen. Ein und dieselbe Vorschrift kann vielmehr in dem einen Fall dem nationalen, in dem anderen Fall hingegen dem Internationalen Strafrecht zuzuordnen sein. Praktisch macht man es sich freilich einfacher und zählt die Regelungen der §§ 3 ff. häufig einheitlich zum **Internationalen Strafrecht** (bes. krit. aber etwa SK-StGB/*Hoyer* Rn. 1 („verfehlt")).

4   Ob es um Internationales oder nationales Strafrecht geht, entscheidet sich nach herrschender und zutreffender Ansicht nicht danach, in welchem Gesetz sich die einschlägigen Strafrechtsnormen finden (so aber wohl MüKoStGB/*Ambos* Rn. 1; Ambos Int. StrafR § 1 Rn. 2). Entscheidend ist vielmehr, dass es sich insoweit (beachte → Rn. 3) um Normen handelt, die Sachverhalte regeln, die sich durch einen **Auslandsbezug** auszeichnen (*Werle,* Völkerstrafrecht, 3. Aufl. 2012, Rn. 117; *Werle/Jeßberger* JuS 2001, 35 f.; Satzger Int. und Europ. StrafR § 2 Rn. 1). Dieser Bezug zum Ausland kann in unterschiedlichster Art und Weise bestehen. So kann etwa eine Straftat durch einen Deutschen im Ausland begangen worden oder der Täter oder/und das Opfer können ausländische Staatsangehörige sein. Praktisch nicht selten ist zum Beispiel auch der Fall, dass ein deutscher Täter nach in Deutschland begangener Straftat ins Ausland flieht und nun die deutschen Strafverfolgungsorgane eine Bestrafung durchsetzen wollen.

5   Festzuhalten bleibt also zunächst, dass es bei Internationalem Strafrecht um Sachverhalte mit Auslandsbezug regelndes Strafrecht, bei nationalem Strafrecht offenbar um Konstellationen ohne Auslandsbezug betreffendes Strafrecht geht. Das ist freilich nicht in dem Sinne misszuversteehen, dass ein Sachverhalt immer entweder vollständig dem Internationalen oder vollständig dem nationalen Strafrecht unterfällt. Vielmehr wird es häufig so sein, dass bei der strafrechtlichen Beurteilung eines Falles Teilaspekte dem Internationalen, andere Fragen hingegen dem nationalen Strafrecht zuzurechnen sind. Wenn etwa der Ausländer A in Deutschland dem Ausländer B unter Vorspiegelung eines zu niedrigen Kilometerstandes seinen Pkw zu einem übereuerten Preis verkauft, stellen sich vor allem zwei Fragen. Zum einen muss geklärt werden, ob auf diese Konstellation das deutsche StGB – genauer: § 263 – überhaupt anwendbar ist. Diese strafanwendungsrechtliche Frage gehört dem Internationalen Strafrecht an. Zum anderen ist die Frage zu beantworten, ob in dem konkreten Fall die Voraussetzungen des § 263 vorliegen. Diese Frage richtet sich ausschließlich nach dem deutschen StGB und ist keine Frage des Internationalen, sondern allein des nationalen Strafrechts.

6   Zum Strafanwendungsrecht werden teilweise (nur) §§ 3–7 gezählt (vgl. zB Ambos Int. StrafR § 1 Rn. 2; anders aber etwa Safferling Int. StrafR § 1 Rn. 2: §§ 3–7, 9 und § 1 VStGB; unklar Satzger Int. und Europ. StrafR § 2 Rn. 4: §§ 3 ff.). Nach dem oben (→ Rn. 3) Gesagten ist die Ausblendung etwa der §§ 8, 9 indessen berechtigt: bei ihnen handelt es sich so sehr oder so wenig um Internationales Strafrecht wie bei den Vorschriften der §§ 3–7. So lässt sich zB nur über die in § 9 normierte Tatortregelung feststellen, ob eine Tat im Inland begangen wurde oder nicht. Ist dies nicht der Fall, ist die Tat also im Ausland begangen (→ § 3 Rn. 10), besteht Auslandsbezug im Sinne der herrschenden Meinung. In diesem Fall gehört § 9 zum Internationalen Strafrecht (so wohl auch *Werle/Jeßberger* JuS 2001, 35 (38 f.)).

7   Geht es also bei den Vorschriften des Strafanwendungsrechts um die rechtliche Normierung der Voraussetzungen der Anwendbarkeit deutschen Strafrechts (→ Rn. 2), müsste man eigentlich korrekterweise (mindestens) von **Strafrechtsanwendungsrecht** (s. *Werle/Jeßberger* JuS 2001, 36 in Fn. 3), genauer noch von **Strafvorschriftenanwendungsrecht** reden. Um diese Begriffsungeheuer zu vermeiden, wird zum Teil auch von **Geltungsbereichsrecht** gesprochen (vgl. MüKoStGB/*Ambos* Rn. 2). Dieser Begriff ist zwar inhaltlich etwas genauer, lässt aber seinen strafrechtlichen Bezugspunkt im Dunkeln. Überwiegend hält man daher nicht ohne Grund an dem Begriff Strafanwendungsrecht fest.

II. Materiell- und verfahrensrechtliche Konsequenzen des Strafanwendungsrechts

8   Nach deutschem Verständnis handelt es sich bei §§ 3 ff. um **materiell-rechtliche** Vorschriften, weil sie den **materiellen Geltungsbereich** des deutschen Strafrechts abstecken (Schönke/Schröder/*Eser* Rn. 2, 6). Damit gelten für sie die Gewährleistungen des Art. 103 Abs. 2 GG, § 1 (BVerfG wistra 2003, 255 (257); BGHSt 20, 22 (25); SSW StGB/*Satzger* § 3 Rn. 2). Das ändert freilich nichts daran, dass bei Fehlen der in §§ 3 ff. geregelten Voraussetzungen von einer **fehlenden Verfahrensvoraussetzung** und von einem Prozesshindernis ausgegangen wird, das zur Einstellung des Verfahrens führt (BGHSt 34, 1). Insbesondere im angloamerikanischen Rechtskreis rechnet man einige dieser Jurisdiktionsregeln hingegen per se zum Verfahrensrecht (Ambos Int. StrafR § 1 Rn. 4). Zum Teil wird im Hinblick auf das deutsche Strafanwendungsrecht vor dem Hintergrund seines dualistischen Charakters von einer materiell-rechtlich-prozessualen Doppelnatur ausgegangen (MüKoStGB/*Ambos* Rn. 4; Ambos Int. StrafR § 1 Rn. 4). Ist deutsches Strafrecht anwendbar, steht damit auch die deutsche Strafberechtigung fest (vgl. Satzger Int. und Europ. StrafR § 3 Rn. 4; Ambos Int. StrafR § 1 Rn. 5).

III. Das Strafanwendungsrecht und seine dogmatische Einordnung

9   Auch wenn die Vorschriften des Strafanwendungsrechts zum materiellen Strafrecht gezählt werden (→ Rn. 8), sind sie keine Merkmale des gesetzlichen Tatbestandes. Die hM geht vielmehr zutreffend davon aus, dass es sich bei ihnen um **objektive Bedingungen der Strafbarkeit** handelt (MüKoStGB/*Ambos* Rn. 3; Schönke/Schröder/*Eser* Rn. 6; SSW StGB/*Satzger* Rn. 3; Jescheck/Weigend StrafR AT § 18 V; *Walter* JuS 2006, 870 (871); AnwK-StGB/*Zöller* Rn. 2; aA NK-StGB/*Böse* Rn. 51 f.; *Neumann* FS Müller-Dietz, 2001, 589 (604 f.); s. auch Jakobs StrafR AT 5/13). Daraus folgt dann insbesondere, dass der Vorsatz sich auf sie nicht beziehen muss (→ § 9 Rn. 21). Damit kann ein Irrtum über die Anwendbarkeit deutschen Strafrechts einen Tatumstandsirrtum iSd § 16 nicht begründen (BGHSt 27,

30 (34)). Möglich bleibt aber ein **Verbotsirrtum** iSv § 17, der in Betracht kommt, wenn der Täter die Beeinträchtigung des von dem verwirklichten Straftatbestand geschützten Rechtsgutes – „verletzt" (vgl. MüKoStGB/*Ambos* Rn. 3; SSW StGB/*Satzger* Rn. 3) muss es (wie im Fall der im Wirtschaftsstrafrecht nicht seltenen abstrakten Gefährdungsdelikte) nicht sein – nicht als Unrecht erkennt (MüKoStGB/*Ambos* Rn. 3; SSW StGB/*Satzger* Rn. 3; AnwK-StGB/*Zöller* Rn. 2). Insoweit genügt das Bewusstsein der Rechtsgutsbeeinträchtigung (BGHSt 45, 97 (100 f.); 44, 52 (60); SSW StGB/*Satzger* Rn. 3).

IV. Die Abgrenzung von Strafanwendungsrecht und interlokalem Strafrecht

Vom Strafanwendungsrecht zu unterscheiden ist das sog **„interlokale Strafrecht"**. Von interlokalem **10** Strafrecht lässt sich sprechen, wenn unterschiedliche partikuläre Strafrechtsordnungen innerhalb mehrerer inländischer Teilgebiete gelten. Ein prominentes Beispiel sind die USA, wo in den einzelnen Ländern neben dem Bundesstrafrecht auch das jeweilige Länderstrafrecht gilt. Ähnliche Kollisionen hatte das interlokale Strafrecht für nach der Wiedervereinigung der ehemaligen DDR und der BRD begangene Taten aufzulösen, da einzelne Strafvorschriften des früheren DDR-Rechts weiterhin Geltung behielten (vgl. noch Satzger Int. und Europ. StrafR § 2 Rn. 4). §§ 3 ff. helfen hier nicht weiter, da es in diesen Fällen nicht um die Frage nach der Anwendbarkeit oder Nichtanwendbarkeit deutschen Strafrechts (→ Rn. 11), sondern vielmehr um die Entscheidung geht, welches Teilgebiet innerhalb einer einheitlichen Strafrechtsordnung Anwendung findet.

V. Die Abgrenzung von Strafanwendungsrecht und Kollisionsrecht

Im deutschen Strafanwendungsrecht wird im Sinne einer einseitigen „Ja oder Nein-Entscheidung" **11** nur die Frage beantwortet, ob deutsches Strafrecht Anwendung findet oder nicht. Es wird daher häufig auch – nicht ganz exakt – als „Entweder-oder-Lösung" bezeichnet. Eine Entscheidung über die Anwendbarkeit einer ausländischen Strafrechtsnorm **iS echten Kollisionsrechts** wird hingegen – anders als etwa im früheren Art. 5 Abs. 1 des schweizerischen StGB oder dem Internationalen Privatrecht (vgl. Satzger Int. und Europ. StrafR § 3 Rn. 3 ff.) – nicht getroffen.

B. Die Anknüpfungsprinzipien des Strafanwendungsrechts

Das Strafanwendungsrecht wird als nationales Recht vom nationalen Gesetzgeber erlassen (→ Rn. 2). **12** Diese einseitige Festlegung des Geltungsbereichs des nationalen Strafrechts findet ihre Beschränkung in anerkannten Grundsätzen des Völkerrechts (vgl. Ambos Int. StrafR § 2). Die nationale Strafgewalt bedarf damit **völkerrechtlicher Legitimation.** Voraussetzung ist daher stets ein sog legitimierender oder sinnvoller Anknüpfungspunkt – genuine connection, real link oder **genuine link** – zwischen dem normierten Lebenssachverhalt und dem normierenden Staat (Ambos Int. StrafR § 2 Rn. 6; Safferling Int. StrafR § 1 Rn. 2; Satzger Int. und Europ. StrafR § 4 Rn. 2; SSW StGB/*Satzger* Rn. 4; AnwK-StGB/*Zöller* Rn. 9. Aus der Rspr. IGH ICJ-Rep 55, 24 – „Nottebohm"; BVerfG NJW 2001, 1848 (1852). Die engere Gegenansicht verlangt die Existenz einer Erlaubnisnorm, vgl. dazu LK-StGB/*Werle*/*Jeßberger* Rn. 19 ff., 26 mwN).

Das Völkerrecht gestattet die Ausübung nationaler Strafgewalt mithin immer dann, wenn mindestens **13** ein solcher **legitimierender Anknüpfungspunkt** vorhanden ist; freilich ist es in das Ermessen des nationalen Gesetzgebers gestellt, mehrere dieser Prinzipien zu **kombinieren** oder – im Rahmen der völkerrechtlichen Grenzen – zu **modifizieren** (LK-StGB/*Werle*/*Jeßberger* Rn. 218). Von dieser Möglichkeit hat der deutsche Gesetzgeber in §§ 3 ff. denn auch Gebrauch gemacht.

Nach dem **Territorialitätsprinzip** kann der nationale Gesetzgeber seine Strafgewalt – unabhängig **14** von der Staatsangehörigkeit des Täters oder des Opfers – auf alle sich auf seinem Staatsgebiet ereignenden Lebenssachverhalte erstrecken. Es kann die Anwendbarkeit deutschen Strafrechts insbesondere freilich in all denjenigen Fällen nicht begründen, in denen an einer Tat im Ausland Deutsche als Täter beteiligt oder als Opfer betroffen sind. Das **Flaggenprinzip** erweitert das Territorialitätsprinzip, indem es die Anwendbarkeit deutschen Strafrechts in denjenigen Fällen ermöglicht, in denen – unabhängig vom Recht des Tatorts – eine Tat auf einem Schiff oder in einem Luftfahrzeug begangen wird, das berechtigt ist, die Bundesflagge oder das Staatszugehörigkeitszeichen der Bundesrepublik Deutschland zu führen. Nach dem **aktiven Personalitätsprinzip** ist die deutsche Staatsangehörigkeit des Täters der Anknüpfungspunkt für die Anwendbarkeit des deutschen Strafrechts. Das Schutzprinzip knüpft hingegen an die Beeinträchtigung inländischer Rechtsgüter an: Sind Rechtsgüter eines Staatsangehörigen des normierenden Staates betroffen, spricht man insoweit vom **Individualschutz- oder passiven Personalitätsprinzip,** geht es um Kollektivrechtsgüter des Staates selbst, handelt es sich um das **Staatsschutzprinzip.** Das (aktive oder passive) **Domizilprinzip** knüpft an den Wohnort des Täters bzw. Opfers an. Das **Weltrechtsprinzip,** das etwa auch dem im deutschen Völkerstrafgesetzbuch geregelten nationalen Völkerstrafrecht zugrunde liegt (zu dem nicht unproblematischen Verhältnis zwischen StGB und VStGB vgl. Satzger Int. und Europ. StrafR § 17 Rn. 1 ff.), erlaubt die Anwendbarkeit nationalen Strafrechts unabhängig von einem der bislang geschilderten Prinzipien (dazu *Weißer* GA 2012, 416).

Völkerrechtlich legitimierender Anknüpfungspunkt soll hier – etwa bei der Bekämpfung des Terrorismus – die Bedrohung gemeinsamer Sicherheitsinteressen aller Staaten (MüKoStGB/*Ambos* Rn. 47) oder die Natur des beeinträchtigten Rechtsgutes (Satzger Int. und Europ. StrafR § 4 Rn. 12) sein. Das – subsidiäre – **Prinzip der stellvertretenden Strafrechtspflege** ermöglicht die Ausübung der eigenen Strafgewalt an Stelle des nach dem Territorialitätsgrundsatz an sich zur Strafverfolgung berufenen Staates (vgl. Satzger Int. und Europ. StrafR § 4 Rn. 15), während das **Kompetenzverteilungsprinzip** eine völkerrechtliche Zuständigkeitsregelung zur Vermeidung von Jurisdiktionskonflikten enthält (näher MüKoStGB/*Ambos* Rn. 53; LK-StGB/*Werle/Jeßberger* Rn. 255 f.).

15   Im deutschen Strafanwendungsrecht iSd §§ 3 ff. ist seit 1975 wieder – wie bereits bis 1940 – der Territorialitätsgrundsatz als Regelprinzip normiert (ausführlich LK-StGB/*Werle/Jeßberger* Rn. 257 ff.). Das entspricht der Entwicklung im Internationalen Recht. Danach ist gem. §§ 3 ff. deutsches Strafrecht grundsätzlich dann anwendbar, wenn die Tat im Inland begangen wird (→ Rn. 3; → § 3 Rn. 1). In §§ 4 ff. sind sodann Erweiterungen und Ausnahmen von diesem Gebietsgrundsatz geregelt.

C. Das Verhältnis von Anwendbarkeits- und Schutzbereichsprüfung

16   Umstritten ist die Frage, in welchem Verhältnis die Prüfung der Anwendbarkeit deutschen Strafrechts (beachte → Rn. 2) zu derjenigen des sog Schutzbereichs der Norm steht. Damit ist der Umstand angesprochen, dass nicht allein §§ 3 ff. darüber entscheiden, ob auf einen Sachverhalt deutsches Strafrecht Anwendung findet. Voraussetzung ist außerdem stets, dass das betreffende Verhalten dem Schutzbereich des in concreto in Betracht kommenden deutschen Straftatbestandes unterfällt. Nach zutreffender Auffassung kommt der in §§ 3 ff. geregelten **Geltungsfrage** der **logische Vorrang** gegenüber der Schutzbereichsprüfung zu. Denn bei der Frage nach dem Schutzbereich – also dem von der konkreten Norm geschützten Rechtsgut – handelt es sich bereits um eine Frage der Auslegung deutschen Rechts, die die vorherige Feststellung seiner Anwendbarkeit voraussetzt (idS auch LK-StGB/*Werle/Jeßberger* Rn. 273; SK-StGB/*Hoyer* Rn. 31 (der freilich anstatt von Schutzbereichsprüfung von Tatbestandsprüfung spricht); SSW StGB/*Satzger* Rn. 7; AnwK-StGB/*Zöller* Rn. 5; aA Schönke/Schröder/*Eser* Rn. 31 f.; NK-StGB/*Böse* Rn. 55). Auch die prozessualen Konsequenzen sprechen für diese Ansicht: Findet deutsches Strafrecht keine Anwendung, weil die Voraussetzungen der §§ 3 ff. nicht erfüllt sind, besteht bereits ein Prozesshindernis (SK-StGB/*Hoyer* Rn. 31; SSW StGB/*Satzger* Rn. 7); ob der Schutzbereich der konkreten Strafnorm berührt ist, spielt dann schon gar keine Rolle mehr (idS auch SSW StGB/*Satzger* Rn. 7).

17   Bei der **Bestimmung des Schutzbereichs** wird zum Teil grundsätzlich zwischen **inländischen** und **ausländischen Rechtsgütern** (SK-StGB/*Hoyer* Rn. 32; SSW StGB/*Satzger* Rn. 8 f.; LK-StGB/*Werle/Jeßberger* Rn. 274), zum Teil zwischen **Individual-** und **Kollektivrechtsgütern** (Ambos Int. StrafR § 1 Rn. 34 ff.) unterschieden. Tatsächlich verliert die Differenzierung zwischen inländischen und ausländischen Rechtsgütern bei Individualrechtsgütern ihren Sinn (so auch Ambos Int. StrafR § 1 Rn. 38; LK-StGB/*Werle/Jeßberger* Rn. 274). Soweit nämlich **Individualrechtsgüter** wie etwa Leben, Freiheit, Vermögen, Eigentum, Ehre betroffen sind, handelt es sich stets um inländische Rechtsgüter. Unabhängig von der Staatsangehörigkeit des Rechtsgutsträgers oder der Belegenheit der betroffenen Sache unterfallen sie dem Schutzbereich der deutschen Straftatbestände (Ambos Int. StrafR § 1 Rn. 38; SSW StGB/*Satzger* Rn. 8; SK-StGB/*Hoyer* Rn. 33; AnwK-StGB/*Zöller* Vor § 3 Rn. 5). Das gilt auch dann, wenn der ausländische Staat Inhaber des von der Tat betroffenen Individualrechtsgutes ist (vgl. Ambos Int. StrafR § 1 Rn. 38). Stets genügt es hierbei, wenn der in Frage stehende Tatbestand zumindest auch Individualrechtsgüter schützt. So kann etwa § 324 auch bei Auslandstaten jedenfalls dann erfüllt sein, wenn man insoweit richtigerweise kein rein ökologisches Rechtsgutsverständnis vertritt (dazu → § 324 Rn. 1). Hinsichtlich **kollektiver Rechtsgüter** sind staatliche Interessen ausländischer Hoheitsträger vom Schutzbereich deutscher Straftatbestände nicht erfasst (BGHSt 22, 282 (285); 29, 85 (88 f.); Ambos Int. StrafR § 1 Rn. 35; AnwK-StGB/*Zöller* Rn. 5). In diesen Fällen kommt eine Anwendung etwa der §§ 80 ff., 113, 120, 145d, 153 ff., 164, 258, § 370 AO, §§ 106, 108 UrhG nicht in Betracht (SSW StGB/*Satzger* Rn. 9; Ambos Int. StrafR § 1 Rn. 35). Eine ausnahmsweise gesetzliche Anordnung der Strafbarkeit der Beeinträchtigung kollektiver ausländischer Rechtsgüter findet sich in §§ 102 ff.

18   Insbesondere durch **völkerrechtliche Übereinkommen** kann der Gesetzgeber den Schutzbereich nationaler Straftatbestände auf ausländische Rechtsgüter erstrecken. Einen solchen **Sonderfall** stellt die Regelung des **§ 299 Abs. 3** dar, mit dessen Einfügung am 22.8.2002 (iK getreten am 30.8.2002) der Schutzbereich des § 299 auf die Interessen der ausländischen Mitbewerber ausgedehnt worden ist (SSW StGB/*Rosenau* § 299 Rn. 30; ausführlich *Rönnau* JZ 2007, 1084). Damit fallen nunmehr – ohne Beschränkung auf die Europäische Union – alle gegen ausländische Wettbewerbsordnungen gerichteten Bestechlichkeits- und Bestechungstaten im geschäftlichen Verkehr in den Schutzbereich des § 299 (NK-StGB/*Dannecker* § 299 Rn. 74). Aufgrund dieses weitreichenden Strafrechtsschutzes, der sich in ausländischen Rechtsordnungen so nicht findet, besteht eine Benachteiligung deutscher Wettbewerber auf ausländischen Märkten (NK-StGB/*Dannecker* § 299 Rn. 74). In diesem Kontext ist auch auf das EU-Bestechungsgesetz **(EUBestG)** v. 10.9.1998 (BGBl. II 2340) und das Gesetz zur Bekämpfung internationaler Bestechung **(IntBestG)** v. 10.9.1998 (BGBl. II 2327) hinzuweisen (vgl.

Beckemper in Rotsch, Criminal Compliance, 2015, § 12 Rn. 53 ff.). In Art. 2 § 1 Nr. 2 und 3 EUBestG findet eine Erweiterung des Schutzbereichs der §§ 332, 334–336, 338 auf Richter und Amtsträger der EG und der EU-Staaten statt (vgl. SSW StGB/*Satzger* § 11 Rn. 16). Art. 2 § 1 des IntBestG erweitert den Schutzbereich der §§ 334, 335, 336, 338 Abs. 2, indem er – nach Ansicht des BGH (NStZ 2009, 95 (99)) im Wege einer autonomen Definition – eine Ausweitung ua des Amtsträgerbegriffs auf Amtsträger in allen Staaten der Welt und internationalen Organisationen vornimmt (vgl. noch SSW StGB/*Satzger* § 11 Rn. 16).

Eine andere – von dem unter → Rn. 16 dargestellten Problem zu unterscheidende – Frage stellt das **19** häufig vernachlässigte Verhältnis der Anwendbarkeitsprüfung und der Prüfung der tatbestandsmäßigen Voraussetzungen der in Betracht kommenden konkreten Strafvorschrift dar. Da die Anwendbarkeit des konkreten Straftatbestandes von seiner Deliktsstruktur abhängt, kann es geboten sein, die Prüfung der tatbestandlichen Voraussetzungen trotz der an sich vorrangigen Anwendbarkeitsfrage zuerst vorzunehmen. Denn wenn etwa bei ausländischem Handlungsort gem. § 9 Abs. 1 Var. 3 für die Begründung eines inländischen Tatorts maßgeblich ist, dass ein tatbestandsmäßiger Erfolg im Inland eingetreten ist, muss zunächst festgestellt werden, dass der Straftatbestand den Eintritt eines solchen Erfolges überhaupt voraussetzt – was die hM zB bei abstrakten Gefährdungsdelikten bekanntermaßen leugnet (→ § 9 Rn. 19 f.).

D. Sondervorschriften zu §§ 3 ff. (im WirtschaftsStR)

Spezielles Strafanwendungsrecht findet sich **außerhalb des StGB**. So ist in Art. 2 § 3 IntBestG **20** (→ Rn. 18) für bestimmte Taten das aktive Personalitätsprinzip normiert, in Art. 2 § 2 EUBestG (→ Rn. 18) findet sich eine Kombination aus aktivem Personalitätsprinzip und Staatsschutzprinzip. § 370 Abs. 7 AO geht für die in § 370 Abs. 1–6 AO normierten Straftaten vom Weltrechtsprinzip aus. In § 17 Abs. 7, 18 Abs. 10 AWG und § 21 KrWaffKontrG findet sich das aktive Personalitätsprinzip, in § 17 Abs. 6, § 18 Abs. 4 und § 19 Abs. 5 UWG das passive Personalitätsprinzip normiert. §§ 120–122 UrhG treffen spezifische Regelungen im Hinblick auf grenzüberschreitende Urheberrechtsfragen (vgl. iE Dreier/Schulze UrhG Vor §§ 120 ff. Rn. 1 ff., 26 ff.; zu den strafrechtlichen Konsequenzen etwa *Reinbacher* HFR 2012, 179 (181)).

§ 3 Geltung für Inlandstaten

Das deutsche Strafrecht gilt für Taten, die im Inland begangen werden.

A. Regelungscharakter

Die Vorschrift regelt mit dem sog **Territorialitätsprinzip** den wichtigsten Anknüpfungspunkt **1** (*genuine link,* → Vorb. §§ 3–7 Rn. 12 ff.) für die Anwendbarkeit deutschen Strafrechts. Indem sie bestimmt, dass deutsches Strafrecht unabhängig von der Nationalität des Täters oder Opfers stets dann Anwendung findet, wenn eine Inlandstat vorliegt, normiert sie den **Regelfall,** der in den §§ 4 ff. ausnahmsweise Durchbrechungen, nämlich die Anwendbarkeit deutschen Strafrechts auf Auslandstaten, erfährt. Um die Anwendbarkeit deutschen Strafrechts auf den Territorialitätsgrundsatz stützen zu können, sind insbesondere drei Fragen zu klären. Die erste Frage ist diejenige nach dem Tatbegriff (→ Rn. 2 ff.), die zweite diejenige nach dem Tatortbegriff (→ Rn. 5). Schließlich ist zu klären, was unter Inland zu verstehen ist (→ Rn. 6 ff.).

B. Die Regelungen im Einzelnen

I. Der Begriff der Tat

Das deutsche Strafrecht gilt nach § 3 nur und gerade für **Taten,** die im Inland begangen werden. Der **2** Begriff der Tat, der in den Haupt- und Nebengesetzen des Strafrechts in völlig uneinheitlicher Art und Weise gebraucht wird, ist schon grundsätzlich von einer inhaltlichen Klärung weit entfernt (vgl. etwa LK-StGB/*Hilgendorf* § 11 Rn. 75 ff.). Im strafanwendungsrechtlichen Kontext stellen sich **zwei Fragen:** Zum einen ist zu klären, ob ein materieller oder ein prozessualer Tatbegriff zugrunde gelegt wird (→ Rn. 3). Zum anderen stellt sich die hiervon zu trennende Frage, welche Form der Beteiligung er umfasst (→ Rn. 4).

Die **ganz hM** geht davon aus, dass § 3 an den **prozessualen Tatbegriff** iSd § 264 StPO anknüpft **3** (LK-StGB/*Werle/Jeßberger* Vor § 3 Rn. 319; SSW StGB/*Satzger* Rn. 2; Ambos Int. StrafR § 1 Rn. 23; aA etwa *Walther* JuS 2012, 203 (204 ff.); AnwK-StGB/*Zöller* Rn. 4; NK-StGB/*Böse* Rn. 2). Auch wenn schon grundsätzlich dessen Inhalt in Abgrenzung zum materiellen (Straf-)Tatbegriff seinerseits nicht unumstritten ist (Meyer-Goßner/Schmitt/*Schmitt* StPO § 264 Rn. 1 ff. mwN), wird die Tat in diesem Sinne weitgehend übereinstimmend beschrieben als einheitlicher geschichtlicher Vorgang, der sich von anderen ähnlichen oder gleichartigen unterscheidet (BGHSt 22, 375 (385); BGH StV 1991, 245) und innerhalb dessen der Angeklagte einen Straftatbestand verwirklicht hat bzw. haben soll (BGHSt 29, 341 (342); 32, 215 (216); BGH NJW 1992, 2838). Es geht also um einen **konkreten Lebenssachverhalt,** der die Grundlage für die strafrechtliche Würdigung abgibt (Ambos Int. StrafR § 1 Rn. 23). Es ist dann nur konsequent, wenn nach hA auch der § 9 zugrunde liegende Tatbegriff derjenige iSd Strafprozessrechts ist (→ § 9 Rn. 7), bestimmt sich doch die Beantwortung der Frage, ob eine Tat im Inland begangen worden ist, nach § 9 (→ Rn. 5). Nicht mehr konsequent erscheint aber die in diesem Zusammenhang häufig vernachlässigte Besonderheit, dass § 7 StPO, der seinerseits § 9 in Bezug nimmt (AnwK-StPO/*Rotsch* StPO § 7 Rn. 6), offensichtlich an die materiell-rechtliche Straftat anknüpft (vgl. AnwK-StPO/*Rotsch* StPO § 7 Rn. 4; Löwe/Rosenberg/*Erb* StPO § 7 Rn. 2). Diesen Widerspruch erklärt die hA nicht.

4   Von der Frage nach dem zugrunde liegenden Tatbegriff ist diejenige nach den von der Vorschrift erfassten **Beteiligungsformen** zu trennen. ZT wird behauptet, der Begriff der Tat iSd § 3 erfasse lediglich die täterschaftliche Deliktsverwirklichung gem. § 25 (Schönke/Schröder/*Eser* Rn. 4; *Mitsch* JURA 1989, 193 (194)). Das kann nicht richtig sein. Vielmehr ist mit der hM davon auszugehen, dass der Begriff der Tat sowohl täterschaftliche wie auch teilnehmerschaftliche Deliktsverwirklichungen erfasst, die Regelungen der §§ 25–27 also insgesamt in Bezug genommen sind (idS LK-StGB/*Werle*/ *Jeßberger* Vor § 3 Rn. 320; SSW StGB/*Satzger* Rn. 2; nun auch MüKoStGB/*Ambos* Rn. 7; Ambos Int. StrafR § 1 Rn. 25; *Walther* JuS 2012, 203 (206); AnwK-StGB/*Zöller* Rn. 4; NK-StGB/*Böse* Vor § 3 Rn. 54). Die Gegenansicht führte zu der durch nichts zu erklärenden Konsequenz, dass auf im Inland vorgenommene Anstiftung bzw. Beihilfe zu Inlandstaten deutsches Strafrecht keine Anwendung finden würde. Dieses Ergebnis wird zu Recht als untragbar bezeichnet (Ambos Int. StrafR § 1 Rn. 25). Der Gegeneinwand, die hM mache § 9 Abs. 2 S. 2 überflüssig (Schönke/Schröder/*Eser* Rn. 4), verfängt nicht: Diese Vorschrift normiert lediglich eine Ausnahme von dem Erfordernis der (limitierten) Akzessorietät der Teilnahme für den Fall, in dem die im Ausland verübte Haupttat, an der im Inland teilgenommen wird, nach dem Recht des Tatortstaates nicht mit Strafe bedroht, daher im Inland nicht strafbar ist (so ganz zutr. auch LK-StGB/*Werle*/*Jeßberger* Vor § 3 Rn. 320) und deshalb an sich keinen tauglichen Anknüpfungspunkt für eine strafbare Teilnahmehandlung darstellen kann (iErg ebenso SSW StGB/*Satzger* Rn. 2; Ambos Int. StrafR § 1 Rn. 25 f.; ausführlich → § 9 Rn. 27). Der **Tatbegriff iSd § 3** umfasst daher **Täterschaft, Anstiftung** und **Beihilfe.**

II. Der Begriff des Tatorts

5   Das deutsche Strafrecht gilt nach dem Territorialitätsgrundsatz des § 3 für diejenigen Taten, die im **Inland** begangen werden. Das Inland muss also **Tatort** sein. Der Begriff des Tatortes ist in § 9 geregelt (→ § 9 Rn. 1; zu der prozessualen Anknüpfung an den Tatortbegriff iSd § 9 → § 7 StPO, hierzu AnwK-StPO/*Rotsch* StPO § 7 Rn. 1, 6). Nur dann, wenn sich über die Regelung des § 9 – mindestens – ein Tatort im Inland begründen lässt, kann die Anwendbarkeit deutschen Strafrechts ohne Weiteres auf § 3 gestützt werden.

III. Der Begriff des Inlands

6   Die Tat muss im **Inland** begangen werden. Der Begriff des Inlands wird im StGB nicht definiert. Hinsichtlich der ehemaligen DDR war daher stets umstritten, ob sie Inland iSd deutschen StGB war. Seit dem Beitritt der DDR zur Bundesrepublik Deutschland am 3.10.1990 bestimmt die Frage sich wieder nach den staats- und völkerrechtlichen Regeln (SSW StGB/*Satzger* Rn. 4).

7   Zuvor, also für die Zeit von 1949 bis zum 3.10.1990, war die DDR nach zunächst herrschendem **staatsrechtlichen** Verständnis Inland, da der DDR die völkerrechtliche Anerkennung durch die Bundesrepublik fehlte (SK-StGB/*Hoyer* Rn. 3). Spätestens mit dem Grundlagenvertrag von 1972 war freilich der **faktische** (auch: funktionaler oder funktioneller) Inlandsbegriff vorherrschend geworden, wonach die DDR als Ausland galt (SK-StGB/*Hoyer* Rn. 3). Seit dem Beitritt der DDR sind staatsrechtlicher und faktischer Inlandsbegriff deckungsgleich, wobei die Notwendigkeit einer faktischen Betrachtungsweise freilich entfallen ist (Satzger Int. und Europ. StrafR § 5 Rn. 55; MüKoStGB/*Ambos* Rn. 9).

8   Danach gehören zum Inland (vgl. ausführlich noch SSW StGB/*Satzger* Rn. 6; LK-StGB/*Werle*/ *Jeßberger* Rn. 24 ff.; Ambos Int. StrafR § 3 Rn. 14 ff.):
– das Staatsgebiet der Bundesrepublik Deutschland (das sind die in der Präambel des GG genannten 16 Länder),
– die Eigengewässer (die innerhalb der Staatsgrenzen liegenden Seen und Flüsse),
– die Binnengewässer (vgl. Oehler Int. StrafR Rn. 402),
– das Küstenmeer (der Meeresstreifen, der sich an das Landgebiet bzw. die Binnengewässer des Küstenstaates anschließt und sich – entgegen früherem Völkergewohnheitsrecht (drei Seemeilen) – gem. Art. 3 SRÜ bis zu zwölf Seemeilen von der sog Basislinie erstrecken kann (vgl. noch SSW StGB/ *Satzger* Rn. 6)),
– der über dem Territorium samt Küstengewässer befindliche Luftraum,
– der Meeresboden und Meeresuntergrund des Küstenmeeres.

Nicht Inland in diesem Sinne sind Schiffe und Luftfahrzeuge des Flaggenstaates, die sich an das   9
Küstenmeer anschließende 24 Seemeilen breite Anschlusszone, die bis zu 200 Seemeilen breite ausschließliche Wirtschaftszone, sowie der bis zu 350 Seemeilen breite Festlandsockel (Ambos Int. StrafR
§ 3 Rn. 14, 18). Ungeklärt ist, wo die Grenze zwischen Luft- und Weltraum verläuft (zu dieser Frage
und der Notwendigkeit einer Unterscheidung zwischen Luft- und Weltraum LK-StGB/*Werle/Jeßberger*
Rn. 52).

Zwischen dem **In-** und dem **Ausland** iSd StGB besteht ein **Ausschließlichkeitsverhältnis:** Was   10
nicht Inland ist, ist Ausland. Damit sind auch all diejenigen Gebiete Ausland, die keiner Staatsgewalt
unterliegen (zB die Hohe See; SSW StGB/*Satzger* Rn. 6).

§ 4 Geltung für Taten auf deutschen Schiffen und Luftfahrzeugen

**Das deutsche Strafrecht gilt, unabhängig vom Recht des Tatorts, für Taten, die auf einem
Schiff oder in einem Luftfahrzeug begangen werden, das berechtigt ist, die Bundesflagge oder
das Staatszugehörigkeitszeichen der Bundesrepublik Deutschland zu führen.**

1. Regelungscharakter. § 4 stellt die erste Regelung des Strafanwendungsrechts dar, mit welcher   1
der in § 3 normierte Territorialitätsgrundsatz durchbrochen wird. Nach dem in § 4 kodifizierten
Flaggenprinzip findet deutsches Strafrecht auch dann Anwendung, wenn die Tat auf einem deutschen
Schiff oder in einem deutschen Luftfahrzeug begangen wird, ohne dass es dabei auf den Tatort oder die
Strafbarkeit nach Tatortrecht ankommt (Ambos Int. StrafR § 3 Rn. 28). Die Vorschrift erstreckt daher
den Anwendungsbereich des deutschen Strafrechts auf Auslandstaten, denn § 4 begründet – entgegen
früher zT vertretener Ansicht – gerade **keinen inländischen Tatort** (SSW StGB/*Satzger* Rn. 1; SK-
StGB/*Hoyer* Rn. 1), vielmehr wird ein solcher lediglich fingiert (Satzger Int. und Europ. StrafR § 5
Rn. 60). Regelmäßig kommt es somit zu einer Kollision mehrerer anwendbarer Strafrechtsordnungen:
Neben der aufgrund der Geltung des Flaggenprinzips anwendbaren (deutschen) Rechtsordnung kann
das seinerseits auf dem Territorialitätsgrundsatz beruhende ausländische Tatortstrafrecht Anwendung
finden. Das Flaggenprinzip erlangt nur dann Geltung, wenn das Schiff bzw. Luftfahrzeug sich im Ausland
befindet. Wird eine Tat also etwa auf einem Schiff, das sich noch in Deutschland befindet, begangen, ist
deutsches Strafrecht bereits aufgrund des Territorialitätsprinzips gem. § 3 anwendbar; § 4 spielt dann
keine Rolle mehr (Satzger Int. und Europ. StrafR § 5 Rn. 60).

Das Flaggenprinzip **schließt Strafverfolgungslücken,** indem es die Anwendbarkeit deutschen Straf-   2
rechts auch in den Fällen sicherstellt, in denen eine Straftat – auf einem Schiff bzw. in einem Luftfahrzeug
– auf staatenlosem Gebiet (wie etwa auf Hoher See) begangen wird (SSW StGB/*Satzger* Rn. 2;
MüKoStGB/*Ambos* Rn. 1; AnwK-StGB/*Zöller* Rn. 1). Auch dann, wenn der Territorialstaat aus
irgendwelchen Gründen nicht gewillt ist, Strafverfolgungsmaßnahmen zu ergreifen, unterfallen über das
Flaggenprinzip die Passagiere eines deutschen Schiffs oder Luftfahrzeugs dem Schutz des deutschen
Strafrechts (LK-StGB/*Werle/Jeßberger* Rn. 7; Ambos Int. StrafR § 3 Rn. 29). Auch werden Beweisprobleme vermieden, da das Flaggenprinzip die Feststellung des Tatortes bei Schiffen und Flugzeugen
überflüssig macht. Dies spielt insbesondere eine Rolle bei der schnellen Durchquerung mehrerer Luft-
hoheitsgebiete durch Flugzeuge (Ambos Int. StrafR § 3 Rn. 29).

2. Die Regelungen im Einzelnen. a) Der Begriff der auf dem Schiff bzw. in dem Luftfahr-   3
zeug begangenen Tat. Wie im Rahmen des § 3 auch, so legt die hM auch bei § 4 den **prozessualen
Tatbegriff** iSd § 264 StPO zugrunde (Ambos Int. StrafR § 1 Rn. 23). Auch hier geht es um den
konkreten Lebenssachverhalt, der die Grundlage für die strafrechtliche Würdigung abgibt (→ § 3
Rn. 3).

Von der Frage nach dem zugrunde liegenden Tatbegriff ist – wie bei § 3 (→ § 3 Rn. 4) – diejenige   4
nach den von der Vorschrift erfassten **Beteiligungsformen** zu trennen. Die Frage wird meist nur für
§ 3 problematisiert, stellt sich aber iRd § 4 ebenso. Auch insoweit umfasst der **Tatbegriff** sämtliche
Beteiligungsformen, also **Täterschaft, Anstiftung** und **Beihilfe.**

b) Zur Führung der Bundesflagge berechtigte Schiffe. Die Vorschrift, an die § 10 StPO zur   5
Regelung der Begründung eines Gerichtsstandes anknüpft (vgl. AnwK-StPO/*Rotsch* StPO § 10 Rn. 1),
setzt zunächst voraus, dass die Tat auf einem Schiff begangen ist. **Schiffe** sind alle Wasserfahrzeuge
(AnwK-StPO/*Rotsch* StPO § 10 Rn. 2), also jedes schwimmfähige, mit einem Hohlraum versehene
Fahrzeug von nicht unbedeutender Größe, das auf dem Wasser bewegt werden kann (BGH NJW 1952,
1135; SSW StGB/*Satzger* Rn. 3). Erfasst sind freilich nur See- und Binnenschiffe, da nur sie zur Führung
der Bundesflagge berechtigt sind (SSW StGB/*Satzger* Rn. 4). Schiff idS ist auch das Wrack (aA NK-
StGB/*Böse* Rn. 3), nicht aber eine feste Ölplattform. Zu weiteren Beispielen vgl. NK-StGB/*Böse*
Rn. 3.

Das Schiff muss berechtigt sein, die Bundesflagge zu führen. Die **Berechtigung,** die häufig eine   6
Verpflichtung ist, die **Bundesflagge zu führen,** ergibt sich aus dem Flaggenrechtsgesetz (FlRG) vom
8.2.1951. Für Seeschiffe gelten insoweit §§ 1 Abs. 2, § 2 Abs. 1 und Abs. 2 sowie §§ 10, 11 FlRG;

Binnenschiffe dürfen gem. § 14 Abs. 1 FlRG die Bundesflagge führen. Für die Seestreitkräfte der Bundeswehr existiert eine besondere Anordnung des Bundespräsidenten (AnwK-StPO/*Rotsch* StPO § 10 Rn. 3; vgl. zum Ganzen auch noch LK-StGB/*Werle/Jeßberger* Rn. 38 ff.; MüKoStGB/*Ambos* Rn. 7). Die Berechtigung erstreckt sich auch auf Zubehör des Schiffs, also etwa Rettungsboote oder -flöße (LK-StGB/*Werle/Jeßberger* Rn. 49).

7   **c) Zur Führung des Staatszugehörigkeitszeichens berechtigte Luftfahrzeuge. Luftfahrzeuge** sind alle Fluggeräte iSd § 1 Abs. 2 LuftVG, also alle zur Benutzung des Luftraums bestimmten Geräte. Sie müssen der Eigenschaft der Luft bedürfen, um sich in der Luft zu halten (Erbs/Kohlhaas/*Lampe* L 213 § 1 Rn. 5 LuftVG). § 1 Abs. 2 LuftVG umschreibt im Hinblick auf die Freiheit des Luftraums den Begriff des Luftfahrzeugs im denkbar weiten Sinne: Zu ihm gehören daher „Flugzeuge, Drehflügler, Luftschiffe, Segelflugzeuge, Motorsegler, Frei- und Fesselballone, Drachen, Rettungsfallschirme, Flugmodelle, Luftsportgeräte und sonstige für die Benutzung des Luftraums bestimmte Geräte, sofern sie in Höhen von mehr als dreißig Metern über Grund oder Wasser betrieben werden können". Auch **Weltraumfahrzeuge** sind erfasst, sofern sie sich im Luftraum befinden (MüKoStGB/*Ambos* Rn. 11; AnwK-StGB/*Zöller* Rn. 6).

8   **Zur Führung des Staatszugehörigkeitszeichens der Bundesrepublik berechtigt** (und verpflichtet) sind nach § 2 Abs. 5 LuftVG die deutschen Flugzeuge. Deutsch sind Flugzeuge, die in Deutschland, nämlich in der Luftfahrzeugrolle beim Luftfahrtbundesamt in Braunschweig eingetragen sind (vgl. AnwK-StPO/*Rotsch* StPO § 10 Rn. 8). Dazu müssen sie gem. § 3 Abs. 1 LuftVG im ausschließlichen Eigentum deutscher Staatsangehöriger stehen, denen gem. § 3 Abs. 1 S. 2 LuftVG Staatsangehörige der Mitgliedstaaten der Europäischen Union gleichstehen.

9   **d) Die Begehung der Tat auf einem Schiff bzw. in einem Luftfahrzeug.** Die Tat muss **auf einem Schiff** bzw. – seit der sprachlichen Korrektur zum 1.3.1999 (BGBl. 1998 I 2432) – **in einem Luftfahrzeug** begangen werden. Damit ist das räumliche Verhältnis von Tat und Fahrzeug umschrieben (LK-StGB/*Werle/Jeßberger* Rn. 60). Es kommt nicht darauf an, ob das Fahrzeug sich in Bewegung bzw. in Betrieb befindet. Auch eine Tat, die auf einem im (ausländischen) Hafen liegenden Schiff oder in einem Luftfahrzeug begangen wird, das in einem (ausländischen) Hangar steht, erfüllt die Voraussetzungen des § 4 (LK-StGB/*Werle/Jeßberger* Rn. 60). Es ist auch unerheblich, ob Täter oder Opfer sich an Bord des Fahrzeugs befinden: Dass es insoweit genügt, das der tatbestandsmäßige Erfolg auf dem Schiff bzw. in dem Luftfahrzeug eintritt, ergibt sich aus § 9 (→ § 9 Rn. 5).

§ 5 Auslandtaten mit besonderem Inlandsbezug

Das deutsche Strafrecht gilt, unabhängig vom Recht des Tatorts, für folgende Taten, die im Ausland begangen werden:

1. **Vorbereitung eines Angriffskrieges (§ 80);**
2. **Hochverrat (§§ 81 bis 83);**
3. **Gefährdung des demokratischen Rechtsstaates**
   a) **in den Fällen der §§ 89, 90a Abs. 1 und des § 90b, wenn der Täter Deutscher ist und seine Lebensgrundlage im räumlichen Geltungsbereich dieses Gesetzes hat, und**
   b) **in den Fällen der §§ 90 und 90a Abs. 2;**
4. **Landesverrat und Gefährdung der äußeren Sicherheit (§§ 94 bis 100a);**
5. **Straftaten gegen die Landesverteidigung**
   a) **in den Fällen der §§ 109 und 109e bis 109g und**
   b) **in den Fällen der §§ 109a, 109d und 109h, wenn der Täter Deutscher ist und seine Lebensgrundlage im räumlichen Geltungsbereich dieses Gesetzes hat;**
6. **Straftaten gegen die persönliche Freiheit**
   a) **in den Fällen der §§ 234a und 241a, wenn die Tat sich gegen eine Person richtet, die zur Zeit der Tat Deutsche ist und ihren Wohnsitz oder gewöhnlichen Aufenthalt im Inland hat,**
   b) **in den Fällen des § 235 Absatz 2 Nummer 2, wenn die Tat sich gegen eine Person richtet, die zur Zeit der Tat ihren Wohnsitz oder gewöhnlichen Aufenthalt im Inland hat, und**
   c) **in den Fällen des § 237, wenn der Täter zur Zeit der Tat Deutscher ist oder wenn die Tat sich gegen eine Person richtet, die zur Zeit der Tat ihren Wohnsitz oder gewöhnlichen Aufenthalt im Inland hat;**
7. **Verletzung von Betriebs- oder Geschäftsgeheimnissen eines im räumlichen Geltungsbereich dieses Gesetzes liegenden Betriebs, eines Unternehmens, das dort seinen Sitz hat, oder eines Unternehmens mit Sitz im Ausland, das von einem Unternehmen mit Sitz im räumlichen Geltungsbereich dieses Gesetzes abhängig ist und mit diesem einen Konzern bildet;**
8. **Straftaten gegen die sexuelle Selbstbestimmung in den Fällen des § 174 Absatz 1, 2 und 4, der §§ 176 bis 179 und des § 182, wenn der Täter zur Zeit der Tat Deutscher ist;**

9. **Straftaten gegen das Leben**
   a) **in den Fällen des § 218 Absatz 2 Satz 2 Nummer 1 und Absatz 4 Satz 1, wenn der Täter zur Zeit der Tat Deutscher ist, und**
   b) **in den übrigen Fällen des § 218, wenn der Täter zur Zeit der Tat Deutscher ist und seine Lebensgrundlage im Inland hat;**
9a. **Straftaten gegen die körperliche Unversehrtheit**
   a) **in den Fällen des § 226 Absatz 1 Nummer 1 in Verbindung mit Absatz 2 bei Verlust der Fortpflanzungsfähigkeit, wenn der Täter zur Zeit der Tat Deutscher ist, und**
   b) **in den Fällen des § 226a, wenn der Täter zur Zeit der Tat Deutscher ist oder wenn die Tat sich gegen eine Person richtet, die zur Zeit der Tat ihren Wohnsitz oder gewöhnlichen Aufenthalt im Inland hat;**
10. **falsche uneidliche Aussage, Meineid und falsche Versicherung an Eides Statt (§§ 153 bis 156) in einem Verfahren, das im räumlichen Geltungsbereich dieses Gesetzes bei einem Gericht oder einer anderen deutschen Stelle anhängig ist, die zur Abnahme von Eiden oder eidesstattlichen Versicherungen zuständig ist;**
11. **Straftaten gegen die Umwelt in den Fällen der §§ 324, 326, 330 und 330a, die im Bereich der deutschen ausschließlichen Wirtschaftszone begangen werden, soweit völkerrechtliche Übereinkommen zum Schutze des Meeres ihre Verfolgung als Straftaten gestatten;**
11a. **Straftaten nach § 328 Abs. 2 Nr. 3 und 4, Abs. 4 und 5, auch in Verbindung mit § 330, wenn der Täter zur Zeit der Tat Deutscher ist;**
12. **Taten, die ein deutscher Amtsträger oder für den öffentlichen Dienst besonders Verpflichteter während eines dienstlichen Aufenthalts oder in Beziehung auf den Dienst begeht;**
13. **Taten, die ein Ausländer als Amtsträger oder für den öffentlichen Dienst besonders Verpflichteter begeht;**
14. **Taten, die jemand gegen einen Amtsträger, einen für den öffentlichen Dienst besonders Verpflichteten oder einen Soldaten der Bundeswehr während der Ausübung ihres Dienstes oder in Beziehung auf ihren Dienst begeht;**
15. **Straftaten im Amt nach den §§ 331 bis 337, wenn**
   a) **der Täter zur Zeit der Tat Deutscher ist,**
   b) **der Täter zur Zeit der Tat Europäischer Amtsträger ist und seine Dienststelle ihren Sitz im Inland hat,**
   c) **die Tat gegenüber einem Amtsträger, einem für den öffentlichen Dienst besonders Verpflichteten oder einem Soldaten der Bundeswehr begangen wird oder**
   d) **die Tat gegenüber einem Europäischen Amtsträger oder Schiedsrichter, der zur Zeit der Tat Deutscher ist, oder einer nach § 335a gleichgestellten Person begangen wird, die zur Zeit der Tat Deutsche ist;**
16. **Bestechlichkeit und Bestechung von Mandatsträgern (§ 108e), wenn**
   a) **der Täter zur Zeit der Tat Mitglied einer deutschen Volksvertretung oder Deutscher ist oder**
   b) **die Tat gegenüber einem Mitglied einer deutschen Volksvertretung oder einer Person, die zur Zeit der Tat Deutsche ist, begangen wird;**
17. **Organ- und Gewebehandel (§ 18 des Transplantationsgesetzes), wenn der Täter zur Zeit der Tat Deutscher ist.**

A. Regelungscharakter

§ 5 erweitert die Geltung des deutschen Strafrechts (beachte → Vorb. §§ 3–7 Rn. 2) auf bestimmte, **1** im Deliktskatalog der Vorschrift genannte **Auslandstaten.** Dabei gilt deutsches Strafrecht – anders als bei § 7 – unabhängig davon, ob die Tat am Tatort strafbar ist. Dies hat nicht nur zur Folge, dass die Anwendbarkeit deutschen Strafrechts – in den Fällen der Nr. 1–17 – auf § 5 gestützt werden kann, wenn die Tat am Tatort nicht mit Strafe bedroht ist, sondern auch dann, wenn die Tat erlaubt ist (→ Rn. 7). Vor diesem Hintergrund wird die Vereinbarkeit der Vorschrift mit dem Völkerrecht zum Teil angezweifelt (LK-StGB/*Werle/Jeßberger* Rn. 113 f.) bzw. für „bedenklich" gehalten (AnwK-StGB/*Zöller* Rn. 2), zum Teil ausdrücklich verneint (MüKoStGB/*Ambos* Rn. 10 f.; aA SSW StGB/*Satzger* Rn. 4).

In der Vorschrift finden sich die unterschiedlichsten legitimierenden **Anknüpfungspunkte** (→ Vorb. **2** §§ 3–7 Rn. 12 ff.) verwirklicht. So liegt § 5 Nr. 1–5, Nr. 10–16 das Staatsschutzprinzip zugrunde, in anderen Vorschriften sind – zum Teil in Ergänzung hierzu – das aktive Personalitätsprinzip (Nr. 3 lit. a, Nr. 5 lit. b, Nr. 8, Nr. 11a, Nr. 12, Nr. 16 lit. a, Nr. 17), das Individualschutzprinzip (Nr. 6, Nr. 7, Nr. 8 lit. a, Nr. 14) sowie das Domizilprinzip (Nr. 3, Nr. 5, Nr. 6 lit. a, Nr. 8 lit. a) normiert (SSW StGB/*Satzger* Rn. 1).

Die amtliche Überschrift wurde nunmehr durch das Neunundvierzigste Gesetz zur Änderung des **3** Strafgesetzbuches v. 21.1.2015 (BGBl. I 10) im Zuge der Umsetzung europäischer Vorgaben zum Sexualstrafrecht mWv 27.1.2015 neu gefasst: Anstelle der bisherigen – missverständlichen (vgl. Voraufl. Rn. 3) – amtlichen Überschrift „Auslandstaten gegen inländische Rechtsgüter" heißt es nun treffender **„Auslandstaten mit besonderem Inlandsbezug".** Denn anders als die frühere Überschrift suggerierte, geht es inhaltlich jedenfalls nicht allein um den Schutz spezifisch deutscher Rechtsgüter (vgl. Nr. 6: Freiheit; Nr. 8: sexuelle Selbstbestimmung). Auch ist der über § 5 geschützte Rechtsgutsträger nicht notwendigerweise Deutscher (LK-StGB/*Werle/Jeßberger* Rn. 5). Maßgeblich ist vielmehr der Inlandsbezug der Tat (LK-StGB/*Werle/Jeßberger* Rn. 5). Dem trägt die Neufassung Rechnung.

4   Die Vorschriften des Strafanwendungsrechts regeln nicht die Anwendbarkeit deutschen Strafrechts generell, sondern vielmehr die Anwendbarkeit einzelner ganz konkreter Strafvorschriften (→ Vor §§ 3 ff. Rn. 2). Während zB bei § 3 von einem prozessualen Tatbegriff ausgegangen wird, was freilich nur zu einem vermeintlichen Widerspruch führt (→ Vor §§ 3 ff. Rn. 2), lässt sich eine solche Sichtweise für § 5 kaum halten, spricht das Gesetz doch ausdrücklich von den „folgende[n] Taten", die es dann im Einzelnen (meist; vgl. aber noch → Rn. 13) unter Bezeichnung des materiellen Gesetzestatbestandes näher bezeichnet. Wenn in § 5 also richtigerweise von einem materiell-rechtlichen (Straf-)Tatbegriff auszugehen ist (so auch Ambos Int. StrafR § 1 Rn. 24; vgl. noch → Rn. 9), das Gesetz also unmittelbar auf die in Frage stehenden anwendbaren Strafvorschriften rekurriert, so liegt es an sich auf der Hand, dass die in § 5 normierte Anwendbarkeitsregelung auch nur dort aufgeführten Straftatbestände betrifft. Dennoch wird die Reichweite des Regelungscharakters des § 5 diskutiert (vgl. zB MüKoStGB/*Ambos* Rn. 7; SSW StGB/*Satzger* Rn. 5). Jedenfalls vor dem Hintergrund der Erkenntnis, dass § 5 die Anwendbarkeit einzelner materiell-rechtlicher Vorschriften bei Auslandstaten unabhängig vom Tatortrecht regelt, erübrigt sich die Frage danach, ob die Vorschrift auch die **Anwendbarkeit tateinheitlich begangener Delikte** oder der sog **Anschlussdelikte** (Begünstigung, Strafvereitelung) ermöglicht. Die Frage ist ohne Weiteres **zu verneinen.**

5   § 5 wurde aufgrund Art. 1 des Gesetzes zur Bekämpfung der Korruption v. 20.11.2015 (BGBl. I 2025) mWv 26.11.2015 um **„korruptionsbezogene" Auslandstaten** ergänzt und insoweit geändert, als Nr. 14 lit. a aF durch die neuen Nrn. 15 (→ Rn. 25 ff.) und 16 (→ Rn. 33) ersetzt und die bisherige Nr. 15 zu Nr. 17 wurde. Nach der neuen Nr. 15 sind die **§§ 331–337** anwendbar, wenn der Täter zur Zeit der Tat Deutscher ist (a), oder der Täter zur Zeit der Tat Europäischer Amtsträger ist, dessen Dienststelle ihren Sitz im Inland hat (b), oder die Tat gegenüber einem Europäischen Amtsträger, einem für den öffentlichen Dienst besonders Verpflichteten oder einem Soldaten der Bundeswehr begangen wird (c) oder (d) die Tat gegenüber einem Europäischen Amtsträger oder Schiedsrichter, der zur Zeit der Tat Deutscher ist, oder einer nach § 335a gleichgestellten Person begangen wird, die zur Zeit der Tat Deutscher ist. § 335a wiederum stellt ausländische und internationale Bedienstete deutschen Richtern und sonstigen Amtsträgern gleich. Gegenüber den Regelungen im EUBestG und IntBestG (→ Vorb. §§ 3–7 Rn. 18) wird der Geltungsbereich des deutschen Strafrechts auch für die Taten der Vorteilsannahme gem. § 331 und der Vorteilsgewährung gem. § 333 auch durch Deutsche begangene Auslandstaten erstreckt, ohne dass es auf die Strafbarkeit am Tatort ankommt. Für den ebenfalls mWv 26.11.2015 geänderten § 299 findet eine Ausweitung des Strafanwendungsrechts nicht statt (BT-Drs. 18/4350, 18).

B. Grundsätze

I. Die Geltung des deutschen Strafrechts

6   Die Wendung „das deutsche Strafrecht gilt" bedeutet (auch) in § 5 allein die Anwendbarkeit eines konkreten materiell-rechtlichen Straftatbestandes, nämlich diejenige der betreffenden Katalogtat iSd Nr. 1–17 (→ Vorb. §§ 3–7 Rn. 2; → Rn. 4; beachte aber → Rn. 13).

II. Irrelevanz der Tatortstrafbarkeit

7   Das deutsche Strafrecht gilt **unabhängig vom Recht des Tatorts.** Selbst dann, wenn die Tat am Tatort (vgl. § 9) ausdrücklich gestattet ist, kommt damit eine Anwendbarkeit deutschen Strafrechts in Frage (BT-Drs. 5/4095, 4 f.; BGHSt 30, 1 (3); Fischer Rn. 1; SSW StGB/*Satzger* Rn. 7; LK-StGB/*Werle/Jeßberger* Rn. 2). Das bedeutet aber nicht, dass dem ausländischen Recht keine Bedeutung zukommen könnte. So kann etwa das ausländische Sachenrecht Einfluss auf die Feststellung der Fremdheit iRd § 246 haben (OLG Schleswig NJW 1989, 3105), oder der Sorgfaltsmaßstab iRe Fahrlässigkeitsvorschrift nach einer ausländischen Sorgfaltsnorm zu bestimmen sein (Schönke/Schröder/*Eser* Vor § 3 Rn. 41; SSW StGB/*Satzger* Rn. 7).

III. Der Begriff der Tat

8   Gem. § 5 gilt deutsches Strafrecht ausnahmsweise für **Taten,** die im Ausland begangen werden. Wie bei § 3 (→ § 3 Rn. 2 ff.), so stellen sich auch hier in Bezug auf den von der Vorschrift verwendeten Tatbegriff **zwei Fragen:** Zunächst ist zu klären, ob der Tatbegriff prozessualer oder materiell-rechtlicher Natur ist. Diese Frage ist anders zu entscheiden als iRd § 3 (sogleich → Rn. 9). Anschließend ist zu untersuchen, welche Formen der Beteiligung der Tatbegriff iSd § 5 umfasst. Diese zweite Frage birgt ein schwieriges und umstrittenes Problem (→ Rn. 10).

Während iRd § 3 der Begriff der Tat im strafprozessualen Sinne (§ 264 StPO) verstanden wird **9** (→ § 3 Rn. 3), liegt § 5 ein **materiell-rechtlicher Tatbegriff** zugrunde ((nur) im Hinblick auf § 5 ebenso NK-StGB/*Böse* Rn. 6; AnwK-StGB/*Zöller* Rn. 7). Gemeint ist hier die konkrete Straftat, und zwar nur eine der im Katalog des § 5 aufgeführten (→ Vorb. §§ 3–7 Rn. 2; → Rn. 4; beachte noch → Rn. 13).

Unklar ist, welche **Beteiligungsformen** vom **Tatbegriff** des § 5 umfasst sind. Dabei sind wiederum **10** zwei Fragen auseinander zu halten. Zunächst stellt sich – wie bei § 3 und § 4 (→ § 3 Rn. 4; → § 4 Rn. 4) – die Frage, ob von dem **Begriff der Tat** auch der Anstifter und der Gehilfe erfasst werden. Auch wenn §§ 3, 4 ein prozessualer, § 5 hingegen ein materiell-rechtlicher Tatbegriff zugrunde liegt (→ Rn. 9), ist die Frage hier nicht anders zu entscheiden als dort. Insoweit sind **Täterschaft, Anstiftung** und **Beihilfe** gemeint. Davon zu unterscheiden ist freilich das weitere Problem, wie der in verschiedenen Nummern des § 5 darüber hinaus verwendete **Begriff des Täters** zu verstehen ist. So setzen Nr. 3 lit. a, Nr. 5 lit. b, Nr. 8 lit. a und b, Nr. 9, Nr. 11a, Nr. 15 lit. a, Nr. 16 lit. a und Nr. 17 voraus, dass der „Täter" zur Zeit der Tat Deutscher ist. Damit wird der völkerrechtlich notwendige **Inlandsbezug** hergestellt, der sich auch aus anderen Umständen – Lebensgrundlage, Wohnsitz, gewöhnlicher Aufenthalt – ergeben kann (vgl. ausf. LK-StGB/*Werle/Jeßberger* Rn. 12 ff.). Auch in § 7 Abs. 2 spielt der Begriff des Täters eine wichtige Rolle (→ § 7 Rn. 6, 21). Wollte man nun den in den einschlägigen Nummern des § 5 verwendeten Begriff des Täters allein iSd materiell-rechtlichen Beteiligungsregel des § 25 verstehen, und insoweit den Anstifter gem. § 26 und den Gehilfen gem. § 27 ausnehmen, so hätte das wenig überzeugende Konsequenzen. In denjenigen Konstellationen nämlich, in denen ein deutscher Staatsangehöriger im Ausland eine einschlägige Haupttat begeht, zu der ihn – im Ausland – ein anderer angestiftet hat, wäre der entsprechende Straftatbestand auf den Anstifter auch dann nicht anwendbar, wenn es sich bei ihm ebenfalls um einen Deutschen handelt. Die hM geht daher im **Strafanwendungsrecht** zutreffend von einem **eigenständigen Täterbegriff** aus, der sich nicht allein auf den Täter iSd § 25 erstreckt. Täter iSd oben genannten Nummern des § 5 sind daher alle Personen, gegen die sich das Verfahren wegen einer der bezeichneten Straftaten richtet. Ob der Betreffende wegen täterschaftlicher oder lediglich wegen teilnehmerschaftlicher Deliktsverwirklichung iSd §§ 25 ff. verdächtig ist, ist irrelevant (so zutr. auch MüKoStGB/*Ambos* Rn. 6; LK-StGB/*Werle/Jeßberger* Rn. 26; AnwK-StGB/*Zöller* Rn. 7). Dagegen einzuwenden, der Begriff des Täters dürfe auch der strafanwendungsrechtlichen Vorschrift des § 5 nur im materiell-rechtlichen Sinne zugrunde gelegt werden, weil § 28 Abs. 2 den Begriff des Beteiligten als Oberbegriff für Täter und Teilnehmer legaldefiniert und daher begrifflich klar zwischen Täterschaft und Teilnahme unterschieden werden müsse (Bedenken bei SSW/*Satzger* Rn. 9), überzeugt in mehrfacher Hinsicht nicht. Zum einen ist es dem deutschen Gesetzgeber häufig nicht gelungen, einen Begriff auch nur in einem Gesetz einheitlich zu gebrauchen. Zum anderen lässt die ganz einhellige Ansicht sich in anderem Zusammenhang – nämlich bei § 3 StPO – nicht einmal von der Verwendung der Begrifflichkeiten „Täter oder Teilnehmer" davon abhalten, sie einem eigenständigen, strafprozessualen Sinne zu verstehen (dazu eing. AnwK-StPO/*Rotsch* § 3 Rn. 5; *Rotsch/Sahan* ZIS 2007, 142). Entscheidend ist aber die Funktion des Täterbegriffs iSd § 5: In den Nr. 3 lit. a, Nr. 5 lit. b, Nr. 8 lit. a und b, Nr. 9, Nr. 11a, Nr. 15 und Nr. 16 lit. a wird über die Anknüpfung an das aktive Personalitätsprinzip (→ Rn. 2) der für die Ausweitung des Anwendungsbereichs des deutschen Strafrechts erforderliche Anknüpfungspunkt des Inlandsbezugs hergestellt. Nur so lässt sich die Ausübung der Strafgewalt über auch durch Inländer begangene Auslandstaten völkerrechtlich rechtfertigen. Daher erfordert und gestattet § 5 ein **eigenständiges strafanwendungsrechtliches Verständnis des Täterbegriffs** (LK-StGB/*Werle/Jeßberger* Rn. 24; iErg ebenso Fischer Rn. 9; *Walter* JuS 2006, 967 (968)). Daraus folgt dann aber auch, dass derjenige, der im Ausland an einer von einem Deutschen begangenen Auslandstat teilnimmt, selbst **Deutscher** sein bzw. darüber hinaus (vgl. Nr. 3 lit. a, Nr. 5 lit. b, Nr. 8 lit. a, Nr. 9) seine Lebensgrundlage in Deutschland haben muss (Satzger Int. und Europ. StrafR § 5 Rn. 70; LK-StGB/*Werle/Jeßberger* Rn. 29; MüKoStGB/*Ambos* Rn. 6; Schönke/Schröder/ *Eser* Rn. 17).

Auch die Zugrundelegung eines eigenständigen strafanwendungsrechtlichen Täterbegriffs ändert **11** freilich nichts daran, dass die Grundsätze der **Akzessorietät der Teilnahme** zu beachten sind (vgl. LK-StGB/*Werle/Jeßberger* Rn. 28; SSW StGB/*Satzger* Rn. 10). Danach setzt eine strafbare Teilnahme an einer Haupttat voraus, dass diese Haupttat ihrerseits nach deutschem Recht strafbar ist (LK-StGB/*Werle/ Jeßberger* § 9 Rn. 48; MüKoStGB/*Ambos* § 9 Rn. 39; AnwK-StGB/*Zöller* Rn. 7). In den Fällen, in denen ein Deutscher als Anstifter oder Gehilfe an der Auslandstat eines Ausländers teilnimmt, fehlt eine solche strafbare Haupttat, da es an einer „deutschen" Haupttat fehlt. Die über § 5 begründete Anwendbarkeit deutschen Strafrechts setzt mindestens die Beteiligung eines Deutschen als Täter in welcher Variante des § 25 auch immer – an der ausländischen Haupttat voraus (vgl. LK-StGB/*Werle/Jeßberger* Rn. 29). Handelt (nur) der Teilnehmer hingegen im Inland, bedarf es eines Rückgriffs auf § 5 nicht; die Anwendbarkeit deutschen Strafrechts folgt dann bereits aus § 9 iVm § 3. Das Erfordernis der Akzessorietät wird dabei über § 9 Abs. 2 S. 2 durchbrochen (→ § 9 Rn. 27). Ist der im Ausland handelnde Teilnehmer Ausländer, bleibt er grundsätzlich selbst dann straflos, wenn der Täter, der die Haupttat im Ausland verwirklicht, Deutscher ist (näher – auch zu möglichen Ausnahmen – LK-StGB/*Werle/Jeßberger* Rn. 33).

IV. Der Begriff der Auslandstat

12   § 5 begründet die Anwendbarkeit der in den Nrn. 1–17 genannten Straftaten (→ Rn. 6), sofern sie im Ausland begangen sind. **Tatort** muss also das **Ausland** sein. Ausland ist alles, was nicht Inland ist (→ § 3 Rn. 6 ff., 10).

C. Die Regelungen der Nr. 7, 11, 11a, 15, 16 und 17 im Einzelnen

I. Verletzung von Betriebs- oder Geschäftsgeheimnissen; Nr. 7

13   § 5 Nr. 7 schützt die durch eine Auslandstat bewirkte „Verletzung von Betriebs- oder Geschäftsgeheimnissen" unabhängig vom Recht des Tatorts. Dabei ist zunächst umstritten, worin die **völkerrechtliche Legitimation** der Vorschrift liegt. Zum Teil wird davon ausgegangen, in Nr. 7 sei das passive Personalitätsprinzip verwirklicht (LK-StGB/*Werle/Jeßberger* Rn. 122; SSW StGB/*Satzger* Rn. 17; SK-StGB/*Hoyer* Rn. 18), während andere in der Vorschrift das Staatsschutzprinzip normiert sehen (MüKoStGB/*Ambos* Rn. 26; vgl. aber auch → Rn. 1). Die Gesetzesmaterialien sprechen für die zweite Ansicht (BT-Drs. 4/650, 111; E 1962 Begr.; BR-Drs. 200/62, 111; LK-StGB/*Werle/Jeßberger* Rn. 123). Allerdings überzeugt es nicht, dem Anwendungsbereich des deutschen Strafrechts auch solche Taten zu unterstellen, die die deutsche Volkswirtschaft (SK-StGB/*Hoyer* Rn. 18; MüKoStGB/*Ambos* Rn. 26) nur höchst mittelbar – etwa durch die Begehung eines Diebstahls (vgl. noch → Rn. 16) – beeinträchtigen (so iE auch LK-StGB/*Werle/Jeßberger* Rn. 124). Die Berufung auf das passive Personalitätsprinzip überzeugt da schon eher, da es als Individualschutzprinzip nicht notwendig eine natürliche Person als Rechtsgutsträger voraussetzt, so dass auch juristische Personen erfasst sind (LK-StGB/*Werle/Jeßberger* Rn. 122).

14   § 5 Nr. 7 betrifft die Verletzung von **Betriebs- oder Geschäftsgeheimnissen**. **Geheimnisse** sind Tatsachen, die nur einem begrenzen Personenkreis bekannt (HK-StrafR/*Rotsch/Sahan* § 355 Rn. 4) oder zugänglich (SSW StGB/*Bosch* § 203 Rn. 2) sind und an denen der Geheimnisbetroffene ein sachlich begründetes Geheimhaltungsinteresse sowie Geheimhaltungswille besitzt (HK-StrafR/*Rotsch/Sahan* § 355 Rn. 4). Der Begriff des Geheimnisses enthält damit drei Elemente: den tatsächlichen Umstand des Geheimseins, den Geheimhaltungswillen und das objektive Geheimhaltungsinteresse (vgl. iE NK-StGB/*Kargl* § 203 Rn. 6 ff. mwN; LK-StGB/*Schünemann* § 203 Rn. 19; SK-StGB/*Hoyer* § 203 Rn. 5 ff.). Die in Nr. 7 in Bezug genommen **Betriebs- oder Geschäftsgeheimnisse** sind freilich nur solche, die sich auf einen Betrieb oder ein Unternehmen beziehen und an deren Wahrung der Inhaber ein gerade wirtschaftliches Interesse hat (MüKoStGB/*Schmitz* § 355 Rn. 18; HK-StrafR/*Rotsch/Sahan* § 355 Rn. 4). Das bedeutet, dass die betreffenden Tatsachen zum Schutz des Interesses des Geheimnisbetroffenen an seiner Wettbewerbsfähigkeit nicht bekannt werden sollen (ähnlich SSW StGB/*Bosch* § 203 Rn. 3; Hopt/Wiedemann/*Otto* AktG § 404 Rn. 11 f.), ihr Bekanntwerden also fremden Wettbewerb fördern oder eigenen Wettbewerb schwächen kann (Köhler/Bornkamm/*Köhler* UWG § 17 Rn. 9). Daher sind auch solche Geheimnisse erfasst, die sich auf illegale Positionen beziehen (MüKoStGB/*Schmitz* § 355 Rn. 18) bzw. sitten- oder gesetzwidrigen Inhalt haben (Paal/Wolters/Zülch/*Otto* UWG § 17 Rn. 16; Köhler/Bornkamm/*Köhler* UWG § 17 Rn. 9). Auch rechtswidrig erlangtes Know-how, die Praxis der Schmiergeldzahlung, Produktionsmethoden unter Verstoß gegen Umweltschutzvorschriften oder eine Kartellbeteiligung können mithin dem Begriff des Betriebs- oder Geschäftsgeheimnisses unterfallen. Auch hindert es das (Weiter-)Bestehen des Geheimnisses nicht, dass der Geheimnisbetroffene stirbt (MüKoStGB/*Schmitz* § 355 Rn. 18). Während **Betriebsgeheimnisse** den technischen Betriebsablauf betreffen, beziehen **Geschäftsgeheimnisse** sich auf den kaufmännischen Geschäftsverkehr. Dementsprechend gehören zu den **Betriebsgeheimnissen** zB alle technischen Daten eines Unternehmens, wie etwa Konstruktionszeichnungen, Herstellungsverfahren, Modellskizzen, Rezepturen, Kontrollverfahren und -ergebnisse sowie Eigenschafts- und Wirkungsanalysen (vgl. Köhler/Bornkamm/*Köhler* UWG § 17 Rn. 12 mwN). Insbesondere können auch Computerprogramme Betriebsgeheimnisse sein. **Geschäftsgeheimnisse** sind alle (geheimen) Daten eines Unternehmens, die sich auf seinen Zustand und sein Marktverhalten beziehen (Köhler/Bornkamm/*Köhler* UWG § 17 Rn. 12). Hierzu gehören ua Bilanzen, Organisation, Absatz- und Werbemethoden, Kunden- und Lieferantendaten sowie allgemeine Marktdaten, die für das Unternehmen von Bedeutung sind (Köhler/Bornkamm/*Köhler* UWG § 17 Rn. 12).

15   Es muss das Betriebs- oder Geschäftsgeheimnis eines im räumlichen Geltungsbereich des StGB liegenden Betriebs (Var. 1), eines Unternehmens, das dort seinen Sitz hat (Var. 2), oder eines Unternehmens mit Sitz im Ausland, das von einem Unternehmen mit Sitz im Geltungsbereich des StGB abhängig ist und mit diesem einen Konzern bildet (Var. 3), verletzt werden. Die Begriffe Betrieb und Unternehmen und ihr Verhältnis zueinander werden uneinheitlich bestimmt. Grundsätzlich ist der **Betrieb** eine organisierte Wirtschaftseinheit, in der insbesondere für den Bedarf Dritter Sachgüter produziert und Dienstleistungen erbracht werden. Da über den Sitz des Betriebs im Geltungsbereich des StGB der erforderliche Inlandsbezug hergestellt wird, wird eine **tatsächliche Betriebs- oder Geschäftstätigkeit im Inland** vorausgesetzt (SSW StGB/*Satzger* Rn. 17). Die bloße Existenz einer Briefkastenadresse genügt nicht (Schönke/Schröder/*Eser* Rn. 13; NK-StGB/*Böse* Rn. 22 mwN; AnwK-

StGB/*Zöller* Rn. 11). Während gemeinhin der Betrieb als die technisch-organisatorische Einheit bezeichnet wird, soll das **Unternehmen** die rechtlich-wirtschaftliche Einheit darstellen (beachte aber auch die Begriffsbestimmung iRd § 14 Abs. 2, vgl. LK-StGB/*Werle/Jeßberger* § 14 Rn. 56 f.). Unternehmen sind von Nr. 7 in zwei Fällen erfasst. Zunächst schützt § 5 Nr. 7 Unternehmen, die ihren **Firmen- oder Geschäftssitz im Inland** haben. Wann dies der Fall ist, bestimmt sich nach den handels- bzw. gesellschaftlichen Regeln (§ 106 HGB, § 5 AktG, §§ 3, 4a, 7, 10 GmbHG). Die Eigentumsverhältnisse sind irrelevant (LK-StGB/*Werle/Jeßberger* Rn. 120). So fallen einerseits Unternehmen, deren Geschäftskapital ganz oder teilweise Ausländern zusteht, unter Nr. 7 (LK-StGB/*Werle/Jeßberger* Rn. 120), da auch sie Bestandteil der deutschen Volkswirtschaft sind (E 1962 Begr., 111). Andererseits genügt es nicht, wenn ein Unternehmen mit Sitz im Ausland sich ganz oder teilweise in den Händen deutscher Anteilseigner befindet (LK-StGB/*Werle/Jeßberger* Rn. 120). Darüber hinaus sind von § 5 Nr. 7 Unternehmen erfasst, die ihren **Sitz** zwar **im Ausland haben,** die aber – etwa als „Tochtergesellschaft" – **von einem Unternehmen mit inländischem Sitz abhängig** sind und mit diesem einen **Konzern** – dies ist der Zusammenschluss eines herrschenden Unternehmens mit einem oder mehreren abhängigen Unternehmen unter der einheitlichen Leitung des herrschenden Unternehmens, vgl. § 18 AktG – **bilden.** Sog Gleichordnungskonzerne fallen nicht darunter (§ 18 Abs. 2 AktG, vgl. LK-StGB/*Werle/Jeßberger* Rn. 121), notwendig ist vielmehr, dass sie einen einheitlichen Konzern iSd § 18 Abs. 1 AktG bilden (SSW StGB/*Satzger* Rn. 17; AnwK-StGB/*Zöller* Rn. 11).

§ 5 Nr. 7 erfasst nur solche im Ausland begangenen **Taten, die Betriebs- oder Geschäftsgeheim-** **16** **nisse verletzen.** Damit stellt sich die Frage, welche **Straftaten** insoweit erfasst sind. Während im Straftatenkatalog des § 5 meist der konkreten Strafnormen genannt sind, hebt Nr. 7 lediglich auf die Beeinträchtigung des geschützten Rechtsgutes ab. In Betracht kommen damit insbesondere §§ 202a, 203, 204. Gem. §§ 17 Abs. 6, 18 Abs. 4, 19 Abs. 5 UWG gilt § 5 Nr. 7 entsprechend für den Verrat von Geschäfts- und Betriebsgeheimnissen, die Verwertung von Vorlagen und das Verleiten und Erbieten zum Verrat iSd §§ 17–19 UWG. Nach hM genügt es außerdem, wenn die Verletzung der Betriebs- oder Geschäftsgeheimnisse durch die Begehung eines Eigentums- oder Vermögensdeliktes iSd §§ 242, 246, 263 oder § 266 erfolgt (MüKoStGB/*Ambos* Rn. 25; LK-StGB/*Werle/Jeßberger* Rn. 116; Lackner/Kühl/*Heger* § 3 Rn. 3). Nach dem Wortlaut der Nr. 7 kann es nicht zweifelhaft sein, dass solche „Begleittaten" (SSW StGB/*Satzger* Rn. 17) erfasst sind, sofern sie die Betriebs- oder Geschäftsgeheimnisse verletzen. Insoweit wiederholt die hM lediglich den Gesetzeswortlaut; in Frage steht vielmehr, ob etwa bereits ein Diebstahl gem. § 242 Betriebs- oder Geschäftsgeheimnisse verletzt. Das ist – wie auch § 17 Abs. 2 Nr. 1 UWG zeigt – nur dann der Fall, wenn die Wegnahme der Sache, in der das Geheimnis verkörpert ist, gerade mit dem Ziel der Interessenbeeinträchtigung erfolgt (anders wohl LK-StGB/*Werle/Jeßberger* Rn. 116; AnwK-StGB/*Zöller* Rn. 11). Denn andernfalls ist der Schutzzweck des § 5 Nr. 7 nicht beeinträchtigt.

II. Straftaten gegen die Umwelt; Nr. 11

Der Anwendungsbereich des deutschen Umweltstrafrechts iSd §§ 324 ff. ergibt sich grundsätzlich aus **17** § 3 (für im Inland begangene Taten, → § 3 Rn. 8; missverständlich insoweit LK-StGB/*Werle/Jeßberger* Rn. 144), § 4 (für Taten, die auf einem deutschen Schiff oder in einem deutschen Luftfahrzeug begangen werden) sowie aus § 7 Abs. 2 Nr. 1 (für Taten eines Deutschen im Ausland; erneut missverständlich LK-StGB/*Werle/Jeßberger* Rn. 144). § 5 Nr. 11 **erweitert** diesen Anwendungsbereich für bestimmte Umweltstraftatbestände (→ Rn. 20) unter zwei Voraussetzungen: Zum einen müssen sie im Bereich der deutschen ausschließlichen Wirtschaftszone (→ Rn. 18) begangen werden, zum anderen muss – kumulativ – ihre Verfolgung als Straftat durch ein völkerrechtliches Übereinkommen zum Schutz des Meeres gestattet sein (→ Rn. 19). Damit erlangt die Vorschrift insbesondere in denjenigen Konstellationen Bedeutung, in denen ein Ausländer im Bereich der deutschen ausschließlichen Wirtschaftszone eine Straftat von einem ausländischen Schiff oder von ausländischen Anlagen und Bauwerken (zB Bohrinseln) aus begeht (vgl. LK-StGB/*Werle/Jeßberger* Rn. 144). Wie die Vorschrift sich völkerrechtlich legitimieren lässt, ist umstritten; die hM legt das Staatsschutzprinzip zugrunde (Jescheck/Weigend StrafR AT § 18 III 3; *Satzger* Int. und Europ. StrafR § 5 Rn. 66; SSW StGB/*Satzger* Rn. 23; aA LK-StGB/ *Werle/Jeßberger* Rn. 157; vgl. noch → Rn. 20).

§ 5 Nr. 11 erweitert den Anwendungsbereich nicht auf das Ausland schlechthin, sondern nur auf den **18** Teil des Auslandes, der **deutsche ausschließliche Wirtschaftszone** (→ § 3 Rn. 9) ist. Das ist ein jenseits des Küstenmeeres (→ § 3 Rn. 8) gelegener und an dieses angrenzender Raum, der einer besonderen Rechtsordnung unterliegt (Art. 55 SeeRÜbk); sie darf sich nicht weiter als 200 Seemeilen von der Basislinie erstrecken, von der aus die Breite des Küstenmeeres gemessen wird (Art. 57 See-RÜbk; vgl. ausführlich LK-StGB/*Werle/Jeßberger* Rn. 55 ff. mwN).

Zu der Straftatbegehung in der deutschen ausschließlichen Wirtschaftszone muss hinzukommen, **19** dass die Verfolgung als Straftat **durch ein völkerrechtliches Übereinkommen zum Schutz des Meeres gestattet** ist. Besondere Bedeutung kommt insoweit ua dem Seerechtsübereinkommen der Vereinten Nationen von 1982 (BGBl. 1994 II 1799; vgl. LK-StGB/*Werle/Jeßberger* Vor § 3 Rn. 94, § 5 Rn. 165 ff.) sowie dem Übereinkommen zur Verhütung der Meeresverschmutzung durch das

Einbringen von Schiffen und Luftfahrzeugen (BGBl. 1977 II 169; vgl. LK-StGB/*Werle/Jeßberger* Vor § 3 Rn. 168) zu.

20   Dem Wortlaut nach betrifft § 5 Nr. 11 nur **Umweltstraftaten** nach §§ 324, 326, 330 und § 330a. Da § 330 den besonders schweren Fall einer Umweltstraftat nach den §§ 324–329 normiert, sind über diese Vorschrift freilich – über die besonders schweren Fälle gem. §§ 324, 326 iVm § 330 hinaus – auch die (besonders schweren) Fälle der §§ 324a, 325, 325a, 327, 328 und § 329 StGB erfasst (so iE auch LK-StGB/*Werle/Jeßberger* Rn. 145 f.; aA offenbar SSW StGB/*Satzger* Rn. 23). Wie problematisch die undifferenzierte Berufung auf das Staatsschutzprinzip als völkerrechtliche Legitimation ist (vgl. oben → Rn. 17), zeigt ein Blick auf den Schutzzweck des § 330a. Die – zugegebenermaßen systemfremde (vgl. SSW StGB/*Saliger* § 330a Rn. 1) – Vorschrift im Abschnitt der „Straftaten gegen die Umwelt" schützt allein Leib und Leben anderer Menschen (eingehend → § 330a Rn. 1). Weshalb § 5 Nr. 11 auf der Grundlage des Staatsschutzprinzips die Anwendbarkeit des § 330a auf die in → Rn. 18 bezeichneten Fälle ausdehnen können soll, ist unklar. Ähnliches gilt für § 325a Abs. 1 (iVm § 330).

21   **Art. 12 AGSRÜ** (BGBl. 1995 I 778), der § 5 Nr. 11 ergänzt, erstreckt die deutsche Strafgewalt auf die einschlägigen Umweltstraftatbestände, die in der **Nord- oder Ostsee** außerhalb der deutschen ausschließlichen Wirtschaftszone begangen werden. Dabei muss die Tat allerdings – anders als bei § 5 Nr. 11 – **von einem Schiff aus** begangen werden (LK-StGB/*Werle/Jeßberger* Rn. 147).

III. Straftaten nach § 328 Abs. 2 Nr. 3 und 4, Abs. 4 und Abs. 5; Nr. 11a

22   § 5 Nr. 11a erweitert den Anwendungsbereich des § 328 Abs. 2 Nr. 3 und 4 auf im Ausland begangene Taten unabhängig vom Recht des Tatorts, sofern der Täter zur Zeit der Tat Deutscher ist. Zum Teil wird davon ausgegangen, die Norm basiere (nur) auf dem **aktiven Personalitätsprinzip** (LK-StGB/*Werle/Jeßberger* Rn. 180; MüKoStGB/*Ambos* Rn. 33), zum Teil (ausschließlich) das **Staatsschutzprinzip** zugrunde gelegt (*A. Schmitz* 2002 S. 201 f.). Richtigerweise wird man von einer **Kombination** beider Prinzipien ausgehen müssen (so auch SSW StGB/*Satzger* Rn. 24; Satzger Int. und Europ. StrafR § 5 Rn. 66). Denn einerseits geht es bei § 328 Abs. 2 Nr. 3 und 4 um den Schutz von Rechtsgütern des Staates (vgl. SSW StGB/*Saliger* § 328 Rn. 1), andererseits setzt § 5 Nr. 11 die deutsche Staatsangehörigkeit des Täters (zum Täterbegriff → Rn. 10) voraus (vgl. auch noch LK-StGB/*Werle/Jeßberger* Rn. 181).

23   Die Vorschrift erfasst mit § 328 Abs. 2 Nr. 3 die **Verursachung einer nuklearen Explosion** und mit § 328 Abs. 2 Nr. 4 die **Verleitung eines anderen zu einer solchen Tat** (Var. 1) sowie ihre **Förderung** (Var. 2). In Bezug genommen sind auch der **Versuch** gem. § 328 Abs. 4 und die **fahrlässige Begehung** nach § 328 Abs. 5 (nur) des § 328 Abs. 2 Nr. 3, da insoweit gem. § 328 Abs. 6 Taten nach § 328 Abs. 2 Nr. 4 ausgenommen sind. Einbezogen sind außerdem gem. § 330 die besonders schweren Fälle des § 328 Abs. 2 Nr. 3 und 4.

24   Da § 5 Nr. 11a sich mit zahlreichen Vorschriften überschneidet, bleibt ihm nur ein **geringer Anwendungsbereich.** Insbesondere greift § 7 Abs. 2 Nr. 1 ein, wenn die Tat am Tatort mit Strafe bedroht ist; auch wird ein Teil der einschlägigen Auslandstaten von § 6 Nr. 2 und § 21 KrWaffKontrG erfasst (LK-StGB/*Werle/Jeßberger* Rn. 182; SSW StGB/*Satzger* Rn. 24).

IV. Straftaten im Amt nach den §§ 331–337; Nr. 15

25   Durch die Einführung der neuen Nr. 15 sollen einzelne, bislang in Nebengesetzen befindliche Gerichtsstandsklauseln in das Strafgesetzbuch überführt und die Vorgaben aus Art. 17 Abs. 1 lit. b des Europarat-Übereinkommens iVm Art. 8 des Europarat-Protokolls zu Vorteilsgewährungen an Amtsträger und zu Korruptionstaten von und gegenüber Schiedsrichtern umgesetzt werden (Strafrechtsübereinkommen über Korruption v. 27.1.1999, SEV Nr. 173; Zusatzprotokoll zum Strafrechtsübereinkommen über Korruption v. 15.5.2003, SEV Nr. 191; BT-Drs. 18/4350, 16). Unabhängig vom Recht des Tatorts finden §§ 331–337 auf Auslandstaten unter den **in Nr. 15 lit. a–d alternativ aufgezählten Voraussetzungen** Anwendung:

26   **1. Der Täter ist zum Tatzeitpunkt Deutscher (Nr. 15 lit. a).** Diese Regelung entspricht Art. 2 § 2 Nr. 1 EUBestG aF und Art. 2 § 3 Nr. 1 IntBestG aF. Mit ihr erfolgt eine Ausdehnung des Geltungsbereichs des deutschen Strafrechts für im Ausland begangene Taten im Bereich der (aktiven) Bestechung (§§ 334, 335) von Europäischen Amtsträgern sowie von nach § 335a Abs. 1 den deutschen Richtern und Amtsträgern gleichgestellten Richtern, Bediensteten und Soldaten ausländischer Staaten und internationaler Organisationen durch Deutsche im Ausland. Außerdem erfasst sind im Ausland begangene Taten der Bestechlichkeit (§§ 332, 335) von Europäischen Amtsträgern und von in § 335a Abs. 1 gleichgestellten Personen, wenn diese Deutsche sind (BT-Drs. 18/4350, 16). Als Grund für die Anwendbarkeit der §§ 332, 335 bei Taten der Bestechlichkeit von Amtsträgern und von für den öffentlichen Dienst besonders Verpflichteten im Ausland wird ausdrücklich das „Interesse einer umfassend gestalteten Regelung" genannt (BT-Drs. 18/4350, 16). Dass diese Regelung sich insoweit mit Nr. 12 überschneidet, hat der Gesetzgeber gesehen.

Zu einer nur geringen Ausweitung des bisherigen Rechts führt die Erstreckung des Geltungsbereichs 27
des deutschen Strafrechts auf Taten der Vorteilsannahme (§ 331) und Vorteilsgewährung (§ 333), die
durch Deutsche im Ausland begangen werden. Wie immer bei § 5 gilt dies unabhängig vom Recht des
Tatorts (→ Rn. 1). Die Vorteilsannahme durch deutsche Amtsträger und für den öffentlichen Dienst
besonders Verpflichtete fällt bereits in den Anwendungsbereich von Nr. 12, während die Vorteilsannahme durch wie auch die Vorteilsgewährung an ausländische und internationale Bedienstete nur im
Anwendungsbereich des § 335a Abs. 2 und 3 sowie nach den §§ 331, 333 im Hinblick auf Europäische
Amtsträger strafbar ist (BT-Drs. 18/4350, 16 f.).

Schließlich fallen zudem die im Ausland begangene Vorteilsannahme durch deutsche Schiedsrichter 28
und die Vorteilsgewährung durch Deutsche an Schiedsrichter wie auch Taten der Vorteilsgewährung
durch Deutsche an die in § 335a Abs. 2 und 3 gleichgestellten Personen und der Vorteilsannahme durch
Richter und Bedienstete des IStGH, die zur Zeit der Tat Deutsche sind, in den Anwendungsbereich der
Nr. 15 (BT-Drs. 18/4350, 17).

Der explizite Hinweis auf den **Tatzeitpunkt** („zur Zeit der Tat") hat lediglich klarstellende Funktion 29
(BT-Drs. 18/4350, 17). Nach dem allgemein anerkannten Koinzidenz- bzw. Simultaneitätsprinzip
müssen Strafbarkeitsvoraussetzungen stets sämtlich zu demselben Zeitpunkt, nämlich demjenigen der Tat
(beachte § 8), vorliegen (vgl. LK-StGB/*Werle/Jeßberger* Rn. 17 f.). Das sagt der Gesetzgeber – wie in
Nr. 15 lit. a – manchmal ausdrücklich, manchmal – wie z.B. in Nr. 3 lit. a – gar nicht, meint es aber
stets in diesem Sinne.

2. Der Täter ist zur Zeit der Tat Europäischer Amtsträger und seine Dienststelle hat ihren 30
Sitz im Inland (Nr. 15 lit. b). In Einklang mit Art. 2 § 2 Nr. 1 lit. b sublit. bb EUBestG aF muss
der Täter Europäischer Amtsträger iSd § 11 Abs. 1 Nr. 2 lit. a sein und seine Dienststelle muss ihren
Sitz in der Bundesrepublik Deutschland haben. Mit der Einfügung der Regelung will der Gesetzgeber
der inzwischen erreichten Integrationsstufe iRd EU Rechnung tragen. Angesichts gemeinsamer
Institutionen der EU, die räumlich auf die einzelnen Mitgliedstaaten verteilt sind, hält er es für
sachgerecht, Auslandstaten von Bediensteten dieser Institutionen dann im demselben Umfang wie
Auslandstaten von deutschen Amtsträgern zu erfassen, wenn sie ihren Sitz in der Bundesrepublik
Deutschland haben (BT-Drs. 18/4350, 17). Der Hinweis auf den Tatzeitpunkt hat hier ebenfalls nur
klarstellende Funktion, da die Amtsträgereigenschaft des Täters in den Fällen der §§ 333, 334 –
abweichend von den in lit. d genannten Fällen (→ Rn. 32) – nicht bereits Tatbestandsmerkmal ist
(BT-Drs. 18/4350, 17).

3. Die Tat wird gegenüber einem Amtsträger, einem für den öffentlichen Dienst besonders 31
Verpflichteten oder einem Soldaten der Bundeswehr begangen (Nr. 15 lit. c). Mit dieser
Regelung wurde weitgehend Art. 2 § 2 Nr. 2 EUBestG aF entsprochen. Abweichungen bestehen zum
einen durch die fehlende gesonderte Hervorhebung von Richtern, da diese bereits nach § 11 Abs. 1
Nr. 2 lit. a Amtsträger sind, zum anderen durch den Verzicht auf das Erfordernis, dass die betreffende
Person die deutsche Staatsangehörigkeit besitzen muss (BT-Drs. 18/4350, 17). Im Ergebnis werden
durch die neu geschaffene Regelung nunmehr auch Vorteilsgewährungen durch Ausländer im Ausland
an Amtsträger, an für den öffentlichen Dienst besonders Verpflichtete und an Soldaten der Bundeswehr,
unabhängig vom Recht des Tatorts, vom Anwendungsbereich des deutschen Strafrechts erfasst (BT-Drs.
18/4350, 17).

4. Die Tat wird gegenüber einem Europäischen Amtsträger oder Schiedsrichter, der zur 32
Zeit der Tat Deutscher ist, oder einer nach § 335a gleichgestellten Person begangen, die zur
Zeit der Tat Deutsche ist (Nr. 15 lit. d). Für eine Bestechungstat wird hiermit im Wesentlichen
Art. 2 § 2 Nr. 2 EUBestG aF entsprochen. Ergänzend werden in Umsetzung von Art. 17 Abs. 1 lit. b
des Europarat-Übereinkommens iVm Art. 8 des Europarat-Protokolls zu Vorteilsgewährungen an Amtsträger und zu Korruptionstaten von und gegenüber Schiedsrichtern die Bestechung deutscher Schiedsrichter und die Vorteilsgewährung an deutsche Schiedsrichter durch Ausländer im Ausland (wie stets:
unabhängig vom Recht des Tatorts) erfasst. Nr. 15 lit. d erstreckt sich zudem auch auf Vorteilsgewährungen durch Ausländer im Ausland an in § 335a Abs. 2 und 3 gleichgestellte Personen, die zum
Tatzeitpunkt Deutsche sind (BT-Drs. 18/4350, 18). Eine besondere Erwähnung des Tatzeitpunktes fehlt
hier im Hinblick auf Taten, die sich gegen einen Europäischen Amtsträger, Schiedsrichter oder eine in
§ 335a gleichgestellte Person richten, da es sich hierbei – anders als bei Nr. 15 lit. b (→ Rn. 30) – um
Tatbestandsmerkmale handelt, die ohnehin immer zum Tatzeitpunkt vorliegen müssen (BT-Drs. 18/
4350, 18).

V. Bestechlichkeit und Bestechung von Mandatsträgern; Nr. 16

§ 5 Nr. 16 (vormals Nr. 14 lit. a) erweitert den Anwendungsbereich der Bestechlichkeit und Beste- 33
chung von Mandatsträgern gem. § 108e auf Auslandstaten, wenn der Täter zur Zeit der Tat Mitglied
einer deutschen Volksvertretung oder Deutscher ist (a) oder die Tat gegenüber einem Mitglied einer
deutschen Volksvertretung oder einer Person, die zur Zeit der Tat Deutsche ist (b), begangen wird. Mit

der Vorschrift, die auf dem Staatsschutz- sowie dem aktiven Personalitätsprinzip beruht (vgl. LK-StGB/ *Werle/Jeßberger* Rn. 213), hat der deutsche Gesetzgeber die Verpflichtung aus dem Protokoll vom 27.9.1996 zum Übereinkommen über den Schutz der finanziellen Interessen der Europäischen Gemeinschaften (BT-Drs. 13/10424, 8 ff.) erfüllt (vgl. noch die Voraufl.). Im Hinblick auf die europarechtlichen Vorgaben war bislang die Befürchtung geäußert worden, § 7 Abs. 2 Nr. 1 gewähre keinen umfassenden Strafrechtsschutz, da er die Tatortstrafbarkeit voraussetze (SSW StGB/*Satzger* Rn. 28; MüKoStGB/ *Ambos* Rn. 38; Schönke/Schröder/*Eser* Rn. 22; LK-StGB/*Werle/Jeßberger* Rn. 210). § 5 Nr. 16 erweitert den Anwendungsbereich des § 108e primär auf diejenigen durch einen oder gegenüber einem Deutschen begangenen Auslandstaten iSd § 108e, in denen das Tatortrecht eine Strafbarkeit nicht vorsieht (BT-Drs. 13/10424, 6 f.). Mit der seit dem 1.9.2014 geltenden Fassung des § 108e ist nunmehr auch die Bestechlichkeit bzw. Bestechung von Mitgliedern des Europäischen Parlaments, einer parlamentarischen Versammlung einer internationalen Organisation und eines Gesetzgebungsorgans eines ausländischen Staates (§ 108e Abs. 3 Nr. 4–6) erfasst, so dass der Anwendungsbereich sogar erweitert wird. Damit sind jegliche Formen der Bestechlichkeit und Bestechung von Mandatsträgern erfasst, die im Ausland begangen werden können.

VI. Organ- und Gewebehandel; Nr. 17

34   Nr. 17 (vormals Nr. 15) ist die einzige Vorschrift iRd § 5, die ausdrücklich eine nebenstrafrechtliche Norm in Bezug nimmt. Sie erweitert den Anwendungsbereich des Organ- und Gewebehandels gem. § 18 TPG (Gesetz über die Spende, Entnahme und Übertragung von Organen und Geweben) auf durch Deutsche begangene Auslandstaten. Sie findet ihre völkerrechtliche Legitimation im aktiven Personalitätsprinzip (LK-StGB/*Werle/Jeßberger* Rn. 215; SSW StGB/*Satzger* Rn. 29). Die weiteren Strafvorschriften des § 19 TPG sind nicht erfasst. Nach dem Willen des Gesetzgebers sollen insbes. im Ausland vorgenommene Vermittlungsgeschäfte erfasst werden (BT-Drs. 13/4355, 15, 32; Schönke/ Schröder/*Eser* Rn. 23). Dass die Staatsangehörigkeit des Organ- bzw. Gewebeempfängers bzw. desjenigen, dessen Organe oder Gewebe gehandelt werden, irrelevant ist, wird in einschlägigen Schrifttum meist ausdrücklich erwähnt (vgl. LK-StGB/*Werle/Jeßberger* Rn. 218; SSW StGB/*Satzger* Rn. 29), bedarf aber an sich aufgrund der eindeutigen Anknüpfung an das aktive Personalitätsprinzip keiner weiteren Betonung.

§ 6 Auslandstaten gegen international geschützte Rechtsgüter

Das deutsche Strafrecht gilt weiter, unabhängig vom Recht des Tatorts, für folgende Taten, die im Ausland begangen werden:

1. *[aufgehoben]*
2. **Kernenergie-, Sprengstoff- und Strahlungsverbrechen in den Fällen der §§ 307 und 308 Abs. 1 bis 4, des § 309 Abs. 2 und des § 310;**
3. **Angriffe auf den Luft- und Seeverkehr (§ 316c);**
4. **Menschenhandel zum Zweck der sexuellen Ausbeutung und zum Zweck der Ausbeutung der Arbeitskraft sowie Förderung des Menschenhandels (§§ 232 bis 233a);**
5. **unbefugter Vertrieb von Betäubungsmitteln;**
6. **Verbreitung pornographischer Schriften in den Fällen der §§ 184a, 184b Absatz 1 und 2 und § 184c Absatz 1 und 2, jeweils auch in Verbindung mit § 184d Absatz 1 Satz 1;**
7. **Geld- und Wertpapierfälschung (§§ 146, 151 und 152), Fälschung von Zahlungskarten mit Garantiefunktion und Vordrucken für Euroschecks (§ 152b Abs. 1 bis 4) sowie deren Vorbereitung (§§ 149, 151, 152 und 152b Abs. 5);**
8. **Subventionsbetrug (§ 264);**
9. **Taten, die auf Grund eines für die Bundesrepublik Deutschland verbindlichen zwischenstaatlichen Abkommens auch dann zu verfolgen sind, wenn sie im Ausland begangen werden.**

A. Regelungscharakter

1   § 6 erweitert die Geltung des deutschen Strafrechts (beachte → Vorb. §§ 3–7 Rn. 2) auf bestimmte, im Deliktskatalog genannte **Auslandstaten**, ohne dass es auf einen **Inlandsbezug**, wie bei § 5 (→ § 5 Rn. 3), ankommt (aA noch BGHSt 45, 64; hiergegen jedenfalls für Nr. 9 BGHSt 46, 292; offen gelassen von BVerfG NJW 2001, 1848, wie hier die hL, vgl. Schönke/Schröder/*Eser* Rn. 1; SSW StGB/*Satzger* Rn. 3; *Ambos* NStZ 1999, 226; *Kreß* NStZ 2000, 617; *Lagodny* JR 1998, 475; *Werle* JZ 1999, 1181; AnwK-StGB/*Zöller* Rn. 1; ausf. noch LK-StGB/*Werle/Jeßberger* Rn. 25 ff., 34). Jüngst hat der *2. Senat* des BGH dies wieder anders gesehen und für Nr. 5 explizit einen hinreichenden Inlandsbezug verlangt (BGH NStZ 2015, 568 mit zu Recht krit. Anm. *Schiemann*). Wegen nicht ausschließbar entgegenstehender Rspr. des *1. Strafsenats* (vgl. BGHR StGB § 6 Nr. 5 Vertrieb 2) hat er an diesen gem. § 132

Abs. 3 S. 1 GVG einen Anfragebeschluss gerichtet, in dessen Antwort vom 16.12.2015 (BeckRS 2016, 05665) der 1. Senat nunmehr klargestellt hat, dass es eines über die Erfüllung der gesetzlichen Voraussetzungen hinausgehenden legitimierenden Anknüpfungspunktes im Sinne einer Begrenzung der strafrechtlichen Regelungsgewalt nicht bedarf (BeckRS 2016, 05665). Nach der zutreffenden Auffassung des 1. Senats ergibt die Notwendigkeit einer solchen Einschränkung sich weder aus dem eindeutigen Wortlaut der Nr. 5 noch aus Sinn und Zweck der Vorschrift. Auch das Rechtsstaatsprinzip sowie der völkerrechtliche Nichteinmischungsgrundsatz erfordern eine solche Restriktion über einen besonderen Inlandsbezug nicht (vgl. BeckRS 2016, 05665). § 6 ermöglicht die Anwendung der in ihm genannten Vorschriften – anders als bei § 7, aber ebenso wie bei § 5 – unabhängig davon, ob die Tat am Tatort strafbar ist.

Umstritten ist die **völkerrechtliche Legitimation** der Vorschrift. Während die hM § 6 einheitlich **2** das Weltrechtsprinzip zugrunde gelegt sieht (BGH NStZ 2015, 568 mwN; Fischer Rn. 1; SK-StGB/*Hoyer* Rn. 1; Schönke/Schröder/*Eser* Rn. 1 (außer für Nr. 9); MüKoStGB/*Ambos* Rn. 1; SSW StGB/*Satzger* Rn. 1), wird diese einheitliche Zuordnung eines Geltungsprinzips zT bestritten und bezüglich des völkerrechtlichen Anknüpfungspunktes zwischen den einzelnen Nummern des § 6 differenziert (LK-StGB/*Werle/Jeßberger* Rn. 9 ff.; AnwK-StGB/*Zöller* Rn. 2 vgl. noch → Rn. 3).

Völkerrechtlich bedenklich ist die Vorschrift jedenfalls im Hinblick auf ihren Katalog an Straftaten, **3** die kaum der amtlichen Überschrift gerecht werden, sich gegen „**international geschützte" Rechtsgüter** zu wenden (Ambos Int. StrafR § 3 Rn. 96; SSW StGB/*Satzger* Rn. 1). So erfasst etwa der in Nr. 8 in Bezug genommene Subventionsbetrug iSd § 264 keine Verhaltensweisen, die die Völkergemeinschaft als solche angehen und entsprechend der ratio des Weltrechtsprinzips die Sicherheit und den Frieden der Menschheit bedrohen (zum Weltrechtsprinzip vgl. → Vorb. §§ 3–7 Rn. 14; zu § 6 vgl. insoweit auch Ambos Int. StrafR § 3 Rn. 96). Tatsächlich geht es um international zu schützende Rechtsgüter, deren Auswahl – intrasystematisch heterogen – aber auch nicht allein der Existenz zwischenstaatlicher Abkommen geschuldet ist (unklar LK-StGB/*Werle/Jeßberger* Rn. 5, Rn. 9 ff.). Daher ist der völkerrechtliche Anknüpfungspunkt bei jeder Nr. des § 6 getrennt zu bestimmen; vgl. noch → Rn. 9.

Hinsichtlich des Tatbegriffs gilt das zu § 5 Gesagte (→ § 5 Rn. 4, 8 ff.). Dementsprechend beschränkt **4** die Reichweite des Regelungscharakters auch des § 6 sich auf die in Nr. 2–4, Nr. 6–8 genannten Straftaten (zu Nr. 5 und Nr. 9 vgl. LK-StGB/*Werle/Jeßberger* Rn. 8). **Tateinheitlich begangene Delikte** sind also **nicht erfasst** (BGHSt 45, 64 (71); BGH NJW 1991, 3104; SSW StGB/*Satzger* Rn. 2; LK-StGB/*Werle/Jeßberger* Rn. 6).

B. Grundsätze

Zur **Geltung des deutschen Strafrechts** vgl. sinngemäß → § 5 Rn. 6; zur **Irrelevanz der Tat- 5 ortstrafbarkeit** → § 5 Rn. 7; zum Begriff der **Tat** → § 5 Rn. 8 ff., zum Begriff der **Auslandstat** → § 5 Rn. 12.

C. Die Regelungen der Nr. 7 und Nr. 8 im Einzelnen

I. Geldfälschungsdelikte; Nr. 7

§ 6 Nr. 7 erweitert die Anwendbarkeit bestimmter Geld-, Wertpapier- und Zahlungskartenfäl- **6** schungsdelikte auf Auslandstaten unabhängig vom Recht des Tatorts. Die Vorschrift basiert auf dem internationalen Abkommen zur Bekämpfung der Falschmünzerei v. 20.4.1929 (RGBl. 1933 II 913). Auch hier ist zunächst umstritten, worin die **völkerrechtliche Legitimation** der Vorschrift liegt. Zum Teil wird davon ausgegangen, in Nr. 7 sei insbes. das Staatsschutzprinzip verwirklicht (LK-StGB/*Werle/Jeßberger* Rn. 92 f.), während der überwiegende Ansicht in der Vorschrift – wie in den anderen Nummern des § 6 ebenfalls (→ Rn. 2) – das **Weltrechtsprinzip** normiert sieht (MüKoStGB/*Ambos* Rn. 17; beachte → Rn. 2 f.). Das angestrebte Ziel, die Anwendbarkeit deutschen Strafrechts auch auf die Herstellung von Falsifikaten im Ausland zu erstrecken (BT-Drs. 10/5058, 25), weil auch sie den inländischen Zahlungsverkehr zu gefährden geeignet ist (vgl. auch Schönke/Schröder/*Eser* Rn. 8), spricht dafür, jedenfalls **zumindest auch** das **Staatsschutzprinzip** heranzuziehen (idS wohl auch MüKoStGB/*Ambos* Rn. 17 aE).

Erfasst sind zunächst die **Geldfälschung iSd § 146** sowie die **Wertpapierfälschung gem. § 151, 7** wobei § 152 beide Vorschriften auch dann für anwendbar erklärt, wenn Geld bzw. Wertpapiere eines fremden Währungsgebietes betroffen sind. Des Weiteren ist erfasst die **Fälschung von Zahlungskarten mit Garantiefunktion und Vordrucken für Euroschecks gem. § 152b Abs. 1–4,** wobei die Einbeziehung von Vordrucken für Euroschecks seit dem Auslaufen der Garantiefunktion zum 31.12.2001 und der daraus resultierenden Abschaffung des Euroscheckverkehrs keine praktische Bedeutung mehr hat (LK-StGB/*Werle/Jeßberger* Rn. 89; SSW StGB/*Satzger* Rn. 10). Zahlungskarten mit Garantiefunktion sind damit insbes. Kreditkarten und sog Debitkarten (insbes. electronic cash), vgl. § 152b Abs. 4. Auch die im StGB eigenständig unter Strafe gestellten **Vorbereitungshandlungen** zu den genannten Delikten gem. §§ 149, 151, 152 und § 152b Abs. 5 sind auf die von § 6 Nr. 7 in Bezug genommenen Auslandstaten anwendbar.

II. Subventionsbetrug; Nr. 8

8   § 6 Nr. 8 erstreckt die Anwendbarkeit des Subventionsbetruges iSd § 264 auf Auslandstaten. Wie immer bei § 6 kommt es dabei nicht darauf an, ob die Tat im Ausland von einem Deutschen oder einem Ausländer begangen wird. Verbreitet wird darauf hingewiesen, dass § 264 als **Inlandstat** bereits gem. §§ 3, 9 Anwendung findet, wenn der Subventionsgeber (vgl. die Legaldefinition in § 264 Abs. 1 S. 1) – wie häufig – sich in Deutschland befindet (SSW StGB/*Satzger* Rn. 11; LK-StGB/*Werle*/*Jeßberger* Rn. 11; Fischer Rn. 8; so iE auch AnwK-StGB/*Zöller* Rn. 9). Das ist in dieser Allgemeinheit nicht richtig. Die Prüfung der Anwendbarkeit eines Straftatbestandes hat immer von § 9 auszugehen (vgl. auch Satzger Int. und Europ. StrafR § 5 Rn. 5). Ob der Tatort im Inland liegt, richtet sich gem. § 9 nach der Struktur des konkret in Frage stehenden Delikts (→ § 9 Rn. 5, 19). Bei einem durch aktives Tun begangenen vollendeten Subventionsbetrug – der nach ganz hM abstraktes Gefährdungsdelikt und damit Tätigkeitsdelikt ist (vgl. nur SSW StGB/*Saliger* § 264 Rn. 2) – kann es damit gem. § 9 Abs. 1 Var. 1 nur auf den Ort ankommen, an dem der Täter gehandelt hat. Die Tathandlung iSd § 264 muss aber nur teilweise (bei Nr. 1, Nr. 3) gegenüber dem Subventionsgeber begangen werden. So ist es durchaus denkbar, dass der Täter gem. § 264 Abs. 1 Nr. 2 eine Geldleistung entgegen einer Verwendungsbeschränkung **im Ausland** verwendet, die Tathandlung des Subventionsbetruges gem. § 9 also gerade nicht im Inland vornimmt. Auch wenn der Subventionsgeber im Inland sitzt, handelt es sich dann aber nicht um eine Inlandstat, so dass § 264 auch nicht bereits über §§ 3, 9 Anwendung finden kann. In diesen Fällen bedarf es daher sehr wohl eines Rückgriffs auf § 6 Nr. 8.

9   Unabhängig von der in → Rn. 8 dargestellten Frage nach der Begründung der Anwendbarkeit des § 264 bei inländischem Subventionsgeber ist umstritten, ob § 264 auch auf **Auslandstaten außerhalb des Unionsgebietes** angewendet werden kann (dafür LK-StGB/*Werle*/*Jeßberger* Rn. 100; dagegen MüKoStGB/*Ambos* Rn. 18 („völkerrechtswidrig"); zweifelnd SSW StGB/*Satzger* Rn. 11 („völkerrechtlich problematisch")). Soweit in diesem Zusammenhang auf § 264 Abs. 7 S. 1 Nr. 1 und 2 hingewiesen wird (SSW StGB/*Satzger* Rn. 11), die den Schutzbereich des Tatbestandes auf inländische bzw. Subventionen der Europäischen Union beschränken, geht dies deshalb fehl, weil damit die Frage der Reichweite des Tatbestandes mit der Frage des Geltungsbereiches der Norm vermengt wird (→ Vorb. §§ 3–7 Rn. 16; auch noch → Rn. 10). Mehr Gewicht kommt dem Einwand zu, dass es sich beim ausländischen Subventionsbetrug weder um ein die gesamte Menschheit betreffendes internationales Verbrechen handelt noch entsprechende völkerrechtliche Abkommen die Anwendbarkeit des § 264 rechtfertigen (MüKoStGB/*Ambos* Rn. 18). Man wird daher zumindest einräumen müssen, dass § 6 Nr. 8 sich kaum mit dem Weltrechtsgrundsatz rechtfertigen lässt (vgl. bereits → Rn. 3). Auch erscheint es nicht recht verständlich, wenn gerade diejenigen Literaturstimmen, die die Existenz zwischenstaatlicher Abkommen, die Deutschland mit anderen Staaten zum Schutz von „internationalen" Rechtsgütern geschlossen hat, als allein entscheidende Grundlage des § 6 ansehen (LK-StGB/*Werle*/*Jeßberger* Rn. 5), dem Umstand, dass es solche Abkommen außerhalb des Unionsgebietes nicht gibt, keine Bedeutung beimessen wollen. Man wird daher differenzieren müssen. Steht eine Subvention gem. § 264 Abs. 7 S. 1 Nr. 1 in Frage, findet die Ausweitung der Anwendbarkeit des Subventionsbetruges bei Taten innerhalb des Unionsgebietes seine Rechtfertigung im Staatsschutzbzw. im Unionsschutzprinzip (zu Letzterem vgl. LK-StGB/*Werle*/*Jeßberger* Vor § 3 Rn. 251 f.), bei Taten außerhalb des Unionsgebietes allein im Staatschutzprinzip. Geht es um eine Subvention gem. § 264 Abs. 7 S. 1 Nr. 2, kann bei Taten innerhalb des Unionsgebietes nur das Unionsschutzprinzip herangezogen werden. Dasselbe muss dann aber insoweit auch für Taten außerhalb des Unionsgebietes gelten, denn auch hier richtet sich die Tat gegen die Interessen der EU (vgl. LK-StGB/*Werle*/*Jeßberger* Vor § 3 Rn. 252). § 6 Nr. 8 lässt sich damit also **völkerrechtlich** durchaus **rechtfertigen**, und zwar auch insoweit, als er die Anwendbarkeit des Subventionsbetruges gem. § 264 auf **Auslandstaten außerhalb des Unionsgebietes** erstreckt. Der **internationalen Dimension des Subventionsbetruges,** die insbesondere den transnationalen Warenverkehr betrifft (vgl. SSW StGB/*Satzger* Rn. 11), ist daher in völkerrechtskonformer Art und Weise nicht nur hinsichtlich im Unionsgebiet begangener Taten Rechnung getragen.

10   Die Tatsache, dass es sich um Subventionen iSd § 264 Abs. 7 S. 1 Nr. 1 oder Nr. 2 handeln muss, ergibt sich aus der tatbestandlichen Fassung des § 264 und stellt daher keine strafanwendungsrechtliche Frage, sondern eine solche des Schutzbereiches des Subventionsbetrugstatbestandes dar (dazu bereits → Rn. 9). Erfasst sind daher nur Leistungen, die aus öffentlichen Mitteln nach **deutschem Bundes- oder Landesrecht (Nr. 1)** oder aus Mitteln der **Europäischen Union (Nr. 2)** gewährt werden. Handlungen iSd § 264, die nach ausländischen, nicht EU-rechtlichen Rechtsgrundlagen gewährt werden, sind daher bereits tatbestandlich nicht erfasst (vgl. LK-StGB/*Werle*/*Jeßberger* Rn. 98).

§ 7 Geltung für Auslandstaten in anderen Fällen

(1) Das deutsche Strafrecht gilt für Taten, die im Ausland gegen einen Deutschen begangen werden, wenn die Tat am Tatort mit Strafe bedroht ist oder der Tatort keiner Strafgewalt unterliegt.

(2) Für andere Taten, die im Ausland begangen werden, gilt das deutsche Strafrecht, wenn die Tat am Tatort mit Strafe bedroht ist oder der Tatort keiner Strafgewalt unterliegt und wenn der Täter

1. zurzeit der Tat Deutscher war oder es nach der Tat geworden ist oder
2. zurzeit der Tat Ausländer war, im Inland betroffen und, obwohl das Auslieferungsgesetz seine Auslieferung nach der Tat zuließe, nicht ausgeliefert wird, weil ein Auslieferungsersuchen innerhalb angemessener Frist nicht gestellt oder abgelehnt wird oder die Auslieferung nicht ausführbar ist.

A. Regelungscharakter

§ 7 erstreckt die Geltung des deutschen Strafrechts (beachte → Vorb. §§ 3–7 Rn. 2) auf **Auslands-** **1** **taten,** die – anders als bei §§ 5, 6 – nicht die Verwirklichung bestimmter Straftatbestände begründen. Die Vorschrift knüpft im Wesentlichen an die **Staatsangehörigkeit des Opfers** (in Abs. 1) bzw. des **Täters** (in Abs. 2) an. Während nach §§ 5, 6 die Anwendbarkeit deutschen Strafrechts unabhängig vom Recht des Tatorts begründet wird (→ § 5 Rn. 1; → § 6 Rn. 1), ist nach § 7 stets Voraussetzung, dass die **Tat am Tatort mit Strafe bedroht** ist, sofern nicht der Tatort keiner Strafgewalt unterliegt.

Während ein Teil der Literatur davon ausgeht, § 7 sei zum Teil (Jescheck/Weigend StrafR AT § 18 III **2** 5) oder sogar insgesamt (SK-StGB/*Hoyer* Rn. 3) dem Stellvertretungsprinzip zuzuordnen, differenziert die hA, indem sie in § 7 zu Recht mehrere **legitimierende Anknüpfungspunkte** (→ Vorb. §§ 3–7 Rn. 12 ff.) verwirklicht sieht: So wird Abs. 1 dem Individualschutzprinzip zugeordnet, Abs. 2 Nr. 1 Var. 1 dem aktiven Personalitätsprinzip, Abs. 2 Nr. 1 Var. 2 und Abs. 2 Nr. 2 dem Prinzip der stellvertretenden Strafrechtspflege (vgl. Schönke/Schröder/*Eser* Rn. 1; SSW StGB/*Satzger* Rn. 2; Satzger Int. und Europ. StrafR § 5 Rn. 80 mwN; AnwK-StGB/*Zöller* Rn. 3, 12, 15; vgl. auch BVerfG StraFo 2008, 151).

Liegen sowohl die Voraussetzungen der §§ 5, 6 einerseits wie auch des § 7 andererseits vor, kann die **3** Anwendbarkeit deutschen Strafrechts auf beide Vorschriften gestützt werden.

B. Grundsätze

I. Die Geltung des deutschen Strafrechts

Auch wenn § 7 – anders als §§ 5, 6 – nicht auf bestimmte Katalogtaten beschränkt ist, bedeutet die **4** Wendung „das deutsche Strafrecht gilt" auch hier allein die Anwendbarkeit eines konkreten materiellrechtlichen Straftatbestandes (→ Vorb. §§ 3–7 Rn. 2).

II. Der Begriff der Tat

Gem. § 7 gilt deutsches Strafrecht für Taten, die im Ausland begangen werden. Diese müssen nach **5** Abs. 1 gegen einen Deutschen begangen werden (→ Rn. 21), die Wendung „andere Taten" nach Abs. 2 betrifft dementsprechend solche Taten, die nicht gegen einen Deutschen begangen werden (→ Rn. 20). Wie bei § 3 und § 4, aber anders als bei §§ 5, 6, ist der Begriff der **Tat im strafprozessualen Sinne** (§ 264 StPO) gemeint (→ § 3 Rn. 2 ff.; s. auch → Rn. 11).

Hinsichtlich der Frage, welche **Beteiligungsformen** vom **Tatbegriff des § 7** umfasst sind, gilt das **6** zu § 5 Gesagte (→ § 5 Rn. 10 f.). Es sind also auch hier **Täterschaft, Anstiftung** und **Beihilfe** gemeint. Hinsichtlich des davon zu unterscheidenden, in Abs. 2 außerdem verwendeten **Begriffs des Täters,** gelten ebenfalls die iRd § 5 dargelegten Grundsätze (→ § 5 Rn. 10 f.): Auch hier kann es sich nur um den **eigenständigen Täterbegriff des Strafanwendungsrechts** handeln (SSW StGB/*Satzger* Rn. 8). Täter iSd § 7 Abs. 2 sind alle Personen, gegen die sich das Verfahren richtet; ob der Betreffende wegen einer Deliktsverwirklichung als Täter oder Teilnehmer iSd §§ 25 ff. verdächtig ist, spielt keine Rolle.

III. Der Begriff der Auslandstat

§ 7 begründet die Anwendbarkeit des deutschen Strafrechts für Taten, die im Ausland begangen **7** werden. **Tatort** (hierzu noch → Rn. 9) muss also das **Ausland** sein. Ausland ist alles, was nicht Inland ist (→ § 3 Rn. 6 ff., 10).

IV. Die Voraussetzung der Bedrohung der Tat am Tatort mit Strafe ("Tatortstrafbarkeit")

8   Das deutsche Strafrecht gilt nach § 7, anders als nach §§ 5, 6, nicht unabhängig vom Recht des Tatorts. Vielmehr ist grds. Voraussetzung, dass die **Tat am Tatort mit Strafe bedroht** ist. Das ist nur dann anders, wenn der Tatort keiner Strafgewalt unterliegt (→ Rn. 16). Mit der Voraussetzung der häufig verkürzt und nicht ganz exakt sog. "Tatortstrafbarkeit" sind mehrere Fragen verbunden, die sämtlich die an die **„identische Tatortnorm"** zu stellenden Anforderungen betreffen. So ist zum einen insbes. zu klären, welche Art von Sanktion angedroht sein muss (→ Rn. 10). Zum anderen ist der Inhalt der Identität der Tatortnorm zu präzisieren (→ Rn. 11). Zuvor ist der Begriff des Tatorts zu konkretisieren (→ Rn. 9).

9   Die Tat muss zunächst **am Tatort** mit Strafe bedroht sein (sog **lex loci**). Wo der Ort der Tat liegt, richtet sich nach § 9 (→ § 9). Auch muss die Strafe (bereits bzw. noch) zum Zeitpunkt der Tatbegehung angedroht sein; wann eine Tat begangen ist, regelt § 8 (→ § 9 Rn. 6). Genau genommen geht es also um die **Bedrohung einer Tat am Tatort zur Tatzeit mit Strafe.**

10   Fraglich ist, was damit gemeint ist, dass die Tat **mit Strafe** bedroht sein muss. Hinsichtlich der insoweit zunächst in Rede stehenden **Sanktionsart** ("mit Strafe") wurde insbes. in der älteren Rechtsprechung des BGH ein extensives Verständnis vertreten und jede Handlung als mit Strafe bedroht iSv § 7 angesehen, für die der Tatortstaat nach den Feststellungen der Hauptverhandlung irgendeine Sühnemaßnahme vorsah (BGHSt 2, 160 (161); 8, 349 (356 f.); vgl. auch LK-StGB/*Werle/Jeßberger* Rn. 28). Damit genügte auch etwa die Androhung einer dem deutschen Ordnungswidrigkeitenrecht entsprechenden Geldbuße oder die auf vergleichbaren Vorschriften basierende öffentlich-rechtliche Ahndung (BGHSt 2, 160 (161 f.); 8, 349 (356 f.); 21, 277 (279)). Zu Recht hat der BGH (BGHSt 27, 5) diese Rechtsprechung aufgegeben. Während das frühere Recht die Unterscheidung zwischen Kriminalstrafen und bloßem Verwaltungsunrecht häufig nicht kannte (LK-StGB/*Werle/Jeßberger* Rn. 28), liegt sie dem modernen, auch internationalen Strafrecht durchaus und zunehmend zugrunde (Ambos Int. StrafR § 3 Rn. 48), auch wenn nicht geleugnet werden kann, dass etwa im Europäischen Strafrecht noch Zuordnungsschwierigkeiten bestehen (vgl. Satzger Int. und Europ. StrafR § 8 Rn. 1 ff., insbes. → Rn. 8 ff.). Dementsprechend vertritt die heute hM zu Recht ein modernes restriktives Verständnis, wonach lediglich die echte **Kriminalstrafe** bzw. eine vergleichbare Sanktion iSd §§ 38 ff. Sanktion iSd § 7 ist (BGHSt 27, 5 (8 f.); MüKoStGB/*Ambos* Rn. 5; Ambos Int. StrafR § 3 Rn. 48; LK-StGB/*Werle/ Jeßberger* Rn. 27 f.; SSW StGB/*Satzger* Rn. 17; AnwK-StGB/*Zöller* Rn. 6).

11   Es muss **die Tat** mit Strafe bedroht sein. Damit ist zunächst der – deutsche – Tatbegriff im strafprozessualen Sinne, also gem. § 264 StPO gemeint (BGH NJW 1997, 334; LK-StGB/*Werle/Jeßberger* Rn. 29; Ambos Int. StrafR § 3 Rn. 49; vgl. schon → Rn. 5). Über diese logische Anbindung an das deutsche Recht hinaus muss diese **konkrete** Tat unter irgendeinem rechtlichen Gesichtspunkt am Tatort strafbar sein (sog **konkrete Betrachtungsweise**, vgl. RGSt 5, 424; BGH NJW 1997, 334; Ambos Int. StrafR § 3 Rn. 49; SSW StGB/*Satzger* Rn. 18; LK-StGB/*Werle/Jeßberger* Rn. 29). Damit ist gesagt, dass die bloße Existenz eines dem deutschen Strafrecht entsprechenden Straftatbestandes am Tatort nicht genügt; vielmehr muss das konkrete Verhalten des Täters dem in Frage stehenden Tatortstraftatbestand subsumiert werden können (LK-StGB/*Werle/Jeßberger* Rn. 29). Dabei genügt es, wenn ein einziger Straftatbestand des Tatortstaates einschlägig ist, um die Anwendbarkeit des deutschen Strafrechts (beachte aber → Rn. 4) zu begründen (BGH NJW 1997, 334; Ambos Int. StrafR § 3 Rn. 49). Freilich ist nicht vorausgesetzt, dass es sich bei dem einschlägigen Tatortstraftatbestand und der in Betracht kommenden deutschen Strafnorm um "identische Tatbestände" handelt. Notwendig ist weder, dass die Tatbestände sich decken (RGSt 5, 424 (425); 54, 249; *Niemöller* NStZ 1993, 172), noch dass sie denselben Schutzzweck verfolgen (BGHSt 2, 160 (161); BGH NJW 1954, 1086). Erforderlich ist also keine Tatbestandsidentität (vgl. Ambos Int. StrafR § 3 Rn. 49), vielmehr genügt nach hM **Tatidentität** (BGH NJW 1997, 334; Fischer Rn. 7; SSW StGB/*Satzger* Rn. 18). Wenn also etwa eine Tat am ausländischen Tatort eine Untreue darstellt, kann dies die Anwendbarkeit des deutschen Unterschlagungstatbestandes auslösen (idS Schönke/Schröder/*Eser* Rn. 8). Freilich muss Tatidentität in denjenigen extremen Fällen verneint werden, in denen die Tat nach der ausländischen Strafrechtsnorm ein völlig anderes Gepräge erhält als nach deutschem Strafrecht (SSW StGB/*Satzger* Rn. 18 mwN; AnwK-StGB/*Zöller* Rn. 6). Prüfungsmaßstab der Tatidentität ist die gesamte ausländische – auch ungeschriebene – Strafrechtsordnung, also auch das Nebenstrafrecht (Ambos Int. StrafR § 3 Rn. 49 mwN). Bei der Überprüfung der Tatidentität geht es zunächst um Fremdstrafrechtsanwendung, die dann, wenn eine ausländische Norm aufgefunden wird, die die Tat am Tatort mit Strafe bedroht, die Anwendung des deutschen Strafrechts – wie immer im Strafanwendungsrecht – (nur) begründet. Danach geht es nur noch um die Überprüfung der Strafbarkeit nach deutschem Strafrecht. Daher sind Strafausschließungsgründe des deutschen Rechts auf gegen Deutsche oder durch Deutsche begangene Auslandstaten auch dann anwendbar, wenn die ausländische Rechtsordnung diese nicht anerkennt (zutr. Ambos Int. StrafR § 3 Rn. 49).

12   Fraglich ist, was die Formulierung bedeutet, dass die Tat mit Strafe **bedroht** sein muss. Gemeinhin wird davon ausgegangen, dass die Strafe tatsächlich drohen muss (SSW StGB/*Satzger* Rn. 19). Dabei ist man sich weitgehend einig, dass die materielle Tatbestandsmäßigkeit der Tat im prozessualen Sinne

notwendige, aber nicht hinreichende Bedingung für die Anwendbarkeit deutschen Strafrechts ist. Grundsätzlich kann es an einer Strafdrohung nach Tatortrecht fehlen und damit die Anwendbarkeit deutschen Strafrechts ausscheiden, wenn ein Straffreistellungsgrund im weitesten Sinne einer Strafbarkeit am Tatort – auf welcher Deliktsstufe auch immer – entgegensteht (vgl. Satzger Int. und Europ. StrafR § 5 Rn. 92). In diesem Zusammenhang stellt sich dann der Frage, inwieweit materielle Straffreistellungsgründe des Tatortrechts (→ Rn. 13), Verfahrenshindernisse des Tatortrechts (→ Rn. 14) und die tatsächliche Nichtverfolgung der Tat am Tatort (→ Rn. 15) zu berücksichtigen sind.

Ganz überwiegend werden **materielle Straffreistellungsgründe des Tatortrechts** bei der Beant- **13** wortung der Frage danach, ob die Tat am Tatort mit Strafe bedroht ist, berücksichtigt (MüKoStGB/ *Ambos* Rn. 10; SK-StGB/*Hoyer* Rn. 4; LK-StGB/*Werle/Jeßberger* Rn. 37; SSW StGB/*Satzger* Rn. 20; AnwK-StGB/*Zöller* Rn. 7). Das ist aus mehreren Gründen richtig. Zum einen ist eine Tat nur dann mit Strafe bedroht, wenn das Tatortrecht insgesamt – also unter Berücksichtigung auch etwaiger Recht- fertigungs- und Entschuldigungsgründe – eine Bestrafung vorsieht. Zum anderen liefe die Funktion der identischen Tatortnorm, die Ausdehnung des deutschen Strafrechts zu begrenzen (vgl. E 1962, BT-Drs. IV/650, 112 f.), leer, wollte man die – regelmäßig gegebene – bloße Tatbestandsmäßigkeit ausreichen lassen. Und schließlich würde mit einer Nichtberücksichtigung die Souveränität des Tatortstaates unterminiert, womit die Beeinträchtigung des völkerrechtlichen Nichteinmischungsgrundsatzes in Rede steht (vgl. Ambos Int. StrafR § 3 Rn. 51). Dieser Grundsatz der Berücksichtigung des Tatortrechts gilt freilich dann nicht, wenn die Straffreistellungsgründe des Tatortstaates gegen den internationalen ordre public verstoßen (BGHSt 42, 275 (279); vgl. LK-StGB/*Werle/Jeßberger* Rn. 38 f.; AnwK-StGB/*Zöller* Rn. 7). Der deutsche ordre public wird hingegen überwiegend für unbeachtlich gehalten (BGHSt 39, 1 (15); SSW StGB/*Satzger* Rn. 20; LK-StGB/*Werle/Jeßberger* Rn. 40).

Weit weniger einmütig beantwortet wird die Frage nach der Beachtlichkeit der **Verfahrenshinder- 14 nisse des Tatortrechts.** Es werden im Wesentlichen drei Meinungen vertreten. Während die Rechts- sprechung von Unbeachtlichkeit ausgeht (BGH NStZ-RR 2000, 208 (Verjährung); BGH NJW 1954, 1086; BGH NStZ-RR 2011, 245 mwN (fehlender Strafantrag); BGHSt 20, 22 (fehlendes Strafverlangen des ausländischen Staates); BGHSt 11, 63; OLG Berlin JR 1988, 345 f. (Amnestie); OLG Karlsruhe Die Justiz 1980, 478 (fehlender Gerichtsstand)), differenziert die hL zwischen § 7 Abs. 1 und Abs. 2 Nr. 1 auf der einen und Abs. 2 Nr. 2 auf der anderen Seite. Da jedenfalls Abs. 2 Nr. 2 nicht das aktive bzw. passive Personalitätsprinzip, sondern der Grundsatz der stellvertretenden Strafrechtspflege zugrunde liege (→ Rn. 2), müssten Verfahrenshindernisse des Tatortrechts jedenfalls insoweit Berücksichtigung finden (idS etwa Schönke/Schröder/*Eser* Rn. 11; LK-StGB/*Werle/Jeßberger* Rn. 44 ff.; Ambos Int. StrafR § 3 Rn. 52 mwN; AnwK-StGB/*Zöller* Rn. 8; auch OLG Düsseldorf MDR 1992, 1161). ZT wird freilich geltend gemacht, dass eine Unterscheidung zwischen materiellem und prozessualem Recht im auslän- dischen Strafrecht häufig nicht möglich sei (Satzger Int. und Europ. StrafR § 5 Rn. 98 ff.) und daher Verfahrenshindernisse wie materielle Straffreistellungsgründe zu behandeln seien. Diese Auffassung plädiert also für die generelle Beachtlichkeit von Verfahrenshindernissen des Tatortrechts (SSW StGB/ *Satzger* Rn. 22; SK-StGB/*Hoyer* Rn. 5).

Umstritten ist auch, inwieweit der Umstand zu berücksichtigen ist, dass die Tat – trotz Strafdrohung – **15** am Tatort tatsächlich nicht verfolgt wird. Die hM hält die **tatsächliche Nichtverfolgung der Tat am Tatort** für grundsätzlich unbeachtlich (OLG Düsseldorf NJW 1983, 1277; OLG Düsseldorf NStZ 1985, 268; Fischer Rn. 7). Auch hier ist freilich zumindest im Hinblick auf das Prinzip der stellvertretenden Strafrechtspflege (→ Rn. 2, 13) zu unterscheiden. Jedenfalls dann, wenn der Tatortstaat seinen Willen, eine konkrete Tat nicht zu verfolgen, hinreichend manifestiert hat (vgl. Schönke/Schröder/*Eser* Rn. 23), ist dies zu respektieren (so auch SSW StGB/*Satzger* Rn. 23; LK-StGB/*Werle/Jeßberger* Rn. 50; Ambos Int. StrafR § 3 Rn. 53; AnwK-StGB/*Zöller* Rn. 8).

V. Tatort ohne Strafgewalt

Nach § 7 findet deutsches Strafrecht auch dann Anwendung, wenn der **Tatort keiner Strafgewalt 16 unterliegt** (→ Rn. 8). Die – völkerrechtlich unbedenkliche (SSW StGB/*Satzger* Rn. 24) – Vorschrift regelt die Fälle, in denen der Tatort nicht im Hoheitsgebiet eines Staates liegt (LK-StGB/*Werle/Jeßberger* Rn. 52). Dabei handelt es sich um sog **Niemandsland,** das im strafrechtlichen Sinne Ausland ist: die Hohe See, der Weltraum, der Mond, die Arktis und die Antarktis einschließlich des darüber liegenden Luftraums (LK-StGB/*Werle/Jeßberger* Rn. 52; bereits → § 3 Rn. 10). Keiner Strafgewalt unterliegt auch der Tatort, über den eine einheitliche Staatsgewalt nicht (mehr) ausgeübt wird. Man spricht insoweit von sog **failed states** (MüKoStGB/*Ambos* Rn. 18; SSW StGB/*Satzger* Rn. 24; LK-StGB/*Werle/Jeßberger* Rn. 53).

C. Die Regelung im Einzelnen

I. Auslandstaten gegen einen Deutschen, Abs. 1

§ 7 Abs. 1 regelt die Anwendbarkeit deutschen Strafrechts bei im Ausland **gegen einen Deutschen 17** begangenen Taten. Hinsichtlich des Begriffs des Deutschen stellt sich vor allem die Frage, ob neben natürlichen Personen auch juristische Personen erfasst sind (→ Rn. 18). Darüber hinaus ist zu klären, wann die Tat *gegen* einen Deutschen iSd Abs. 1 begangen wird (→ Rn. 19).

18   Wer **Deutscher** iSv § 7 ist, bestimmt sich nach Art. 116 Abs. 1 GG (vgl. ausf. LK-StGB/*Werle*/ *Jeßberger* Rn. 55 ff.; Ambos Int. StrafR § 3 Rn. 46). ZT wird in der Lit. die Ansicht vertreten, nicht nur natürliche, sondern auch **juristische Personen** könnten Deutscher idS sein (SK-StGB/*Hoyer* Rn. 8). Die Auffassung weist auf die auf Grundlage der herrschenden Gegenansicht entstehenden unerwünschten Ergebnisse hin. So kann nach ihr eine Anwendbarkeit deutschen Strafrechts zB in denjenigen Fällen nicht auf § 7 gestützt werden, in denen eine ausschließlich aus deutschen Gesellschaftern bestehende GmbH geschädigt wird. Dennoch ist der Gegenauffassung zu folgen. Zwar kann eine juristische Person Träger eines Rechtsgutes sein (→ § 5 Rn. 13). Aber abgesehen von Wortlaut und Systematik des § 7 – anders als bei § 5 Nr. 7, der Unternehmen erfasst (→ § 5 Rn. 15), spricht § 7 nur von „Deutschen" (Ambos Int. StrafR § 3 Rn. 46) und auch der Täter nach § 7 Abs. 2 kann nur eine natürliche Person sein (SSW StGB/*Satzger* Rn. 4) – steht einer Einbeziehung der juristischen Person das Analogieverbot gem. Art. 103 Abs. 2 GG entgegen. Mit der hM sind daher dem Begriff des Deutschen **nur natürliche Personen** zu subsumieren (KG NJW 2006, 3016; OLG Stuttgart NStZ 2004, 403; MüKoStGB/*Ambos* Rn. 23; LK-StGB/*Werle*/*Jeßberger* Rn. 62; SSW StGB/*Satzger* Rn. 4; Fischer Rn. 4; AnwK-StGB/ *Zöller* Rn. 5; nun auch Schönke/Schröder/*Eser* Rn. 6).

19   Die Tat muss sich **gegen** einen Deutschen richten. Das ist der Fall, wenn durch die Tat ein Deutscher verletzt ist oder – bei einer nur versuchten Tat – verletzt werden sollte (LK-StGB/*Werle*/*Jeßberger* Rn. 69). Verletzt ist derjenige, dessen Rechtsgüter die Tat unmittelbar beeinträchtigt (RGSt 68, 305; BGHSt 28, 283 (284)). Damit sind nur solche Taten erfasst, die sich unmittelbar gegen ein Individualrechtsgut richten, dessen Träger ein bestimmter oder bestimmbarer einzelner Deutscher (BGHSt 18, 284) iSd § 7 (→ Rn. 18) ist (LK-StGB/*Werle*/*Jeßberger* Rn. 69; SSW StGB/*Satzger* Rn. 7). Taten, die deutsche Universalrechtsgüter beeinträchtigen, werden von § 7 Abs. 1 nicht erfasst (BGHSt 18, 284 f.; MüKoStGB/*Ambos* Rn. 25; Fischer Rn. 4). Nicht ausreichend ist auch die nur mittelbare Beeinträchtigung von Rechtsgütern, die sich lediglich als Schutzreflex eines Tatbestandes erfassen lässt. Daher ist der deutsche Gesellschafter, der nicht unmittelbarer Geschädigter ist, nach herrschender und zutreffender Ansicht nicht erfasst (vgl. SSW StGB/*Satzger* Rn. 4; OLG Bremen NStZ-RR 2005, 87; zur Problematik iRd § 266 s. *Gribbohm* ZGR 1990, 1; aA LK-StGB/*Werle*/*Jeßberger* Rn. 64). Allerdings kann – insbesondere auch im Wirtschafts- und Umweltstrafrecht – zweifelhaft sein, ob ein Tatbestand Individual- oder Universalrechtsgüter schützt. So richtet sich etwa die Einfuhr von Betäubungsmitteln gem. § 29 Abs. 1 Nr. 1 BtMG gegen die Allgemeinheit; eine solche Tat richtet sich damit nicht gegen einen Deutschen (LK-StGB/*Werle*/*Jeßberger* Rn. 71).

II. Andere Auslandstaten, Abs. 2

20   Abs. 2 erfasst nach seiner auf Abs. 1 bezogenen Formulierung „andere Taten, die im Ausland begangen werden". Damit sind Auslandstaten gemeint, die **nicht gegen einen Deutschen** gerichtet sind. Über die allgemeinen Voraussetzungen des § 7 hinaus – Bedrohung der Tat am Tatort mit Strafe bzw. Tatort ohne Strafgewalt (→ Rn. 8 ff., 16) – wird vorausgesetzt, dass der Täter zur Zeit der Tat Deutscher war (Abs. 2 Nr. 1 Var. 1, → Rn. 21) oder nach der Tat geworden ist (Abs. 2 Nr. 1 Var. 2, → Rn. 22) oder zur Zeit der Tat Ausländer war, im Inland betroffen und unter bestimmten Voraussetzungen nicht ausgeliefert wird (Abs. 2 Nr. 2, → Rn. 23 ff.).

21   **1. Auslandstaten Deutscher, Abs. 2 Nr. 1 Var. 1.** § 7 Abs. 2 Nr. 1 Var. 1 ordnet die Anwendbarkeit deutschen Strafrechts für diejenigen Fälle an, in denen die Tat im Ausland von einer Person begangen wird, die zur Zeit der Tat (§ 8) Deutscher (→ Rn. 18) war. Der **Täter** muss also **Deutscher**, das Opfer Ausländer gewesen sein (ist das Opfer Deutscher, greift Abs. 1 ein). Ob der Täter (zum Begriff → Rn. 6) die deutsche Staatsangehörigkeit nach der Tat aufgibt oder sonst wie verliert, ist irrelevant (Fischer Rn. 9a; SK-StGB/*Hoyer* Rn. 9; AnwK-StGB/*Zöller* Rn. 13).

22   **2. Auslandstaten von Neubürgern, Abs. 2 Nr. 1 Var. 2.** § 7 Abs. 2 Nr. 1 Var. 2 lässt es für die Anwendbarkeit deutschen Strafrechts (über die sonstigen Voraussetzungen des § 7 hinaus) genügen, wenn der **Täter nach der Tat Deutscher geworden** ist. Der Täter (→ Rn. 6) muss also nach der Tat (§ 8) die deutsche Staatsbürgerschaft erworben haben (SSW StGB/*Satzger* Rn. 9). Dogmatisch wird über diese sog **Neubürgerklausel** eine objektive Strafbarkeitsbedingung normiert (LK-StGB/*Werle*/ *Jeßberger* Rn. 88). Wer als Neubürger vor Abschluss der letzten Tatsacheninstanz die deutsche Staatsangehörigkeit wieder aufgibt, wird ebenso wenig erfasst wie ehemalige DDR-Bürger (SSW StGB/ *Satzger* Rn. 9; LK-StGB/*Werle*/*Jeßberger* Rn. 85). Die Vorschrift, die nach überwiegender Ansicht auf dem Prinzip der stellvertretenden Strafrechtspflege basiert (→ Rn. 2), ist **verfassungsrechtlich nicht unproblematisch** (vgl. Ambos Int. StrafR § 3 Rn. 47; Satzger Int. und Europ. StrafR § 5 Rn. 85 mwN). Überwiegend wird die Vorschrift im Ergebnis freilich für verfassungsgemäß gehalten (BGHSt 20, 22 (23); LK-StGB/*Werle*/*Jeßberger* Rn. 87); insbes. im Hinblick auf die Vereinbarkeit mit dem aus Art. 103 Abs. 2 GG folgenden **Rückwirkungsverbot** wird in der Rspr. verlangt, dass der Richter bei der Bestimmung von Art und Maß der Tatfolgen nach deutschem Recht das Tatortrecht zumindest

berücksichtigt (BGHSt 39, 317 (321); 42, 275 (279); KG JR 1988, 345 (346)). Die überwiegende Lit. verlangt darüber hinausgehend, dass der Täter nicht härter bestraft werden darf, als dies nach Tatortrecht zulässig ist (SK-StGB/*Hoyer* Rn. 11; Schönke/Schröder/*Eser* Rn. 21; MüKoStGB/*Ambos* Rn. 26; SSW StGB/*Satzger* Rn. 10, LK-StGB/*Werle/Jeßberger* Rn. 89).

3. Auslandstaten von Ausländern, Abs. 2 Nr. 2. Während § 7 Abs. 2 Nr. 1 Var. 1 und Var. 2 **23** voraussetzen, dass der Täter Deutscher war oder geworden ist (→ Rn. 21 f.), regelt Abs. 2 Nr. 2 über das Prinzip der stellvertretenden Strafrechtspflege (→ Rn. 2) die Anwendbarkeit deutschen Strafrechts in denjenigen Fällen, in denen der Täter (→ Rn. 6) zur Zeit der Tat **Ausländer** war (→ Rn. 24), **im Inland betroffen** (→ Rn. 25) und unter bestimmten Voraussetzungen **nicht ausgeliefert** (→ Rn. 26) wird.

Erfasst sind nur Auslandstaten von Ausländern an Ausländern, da Taten von Ausländern gegen **24** Deutsche bereits von Abs. 1 geregelt sind. **Ausländer** ist jeder, der nicht Deutscher (→ Rn. 18) ist. Auch Staatenlose sind also Ausländer (Schönke/Schröder/*Eser* Vor § 3 Rn. 37; Fischer Rn. 5; SSW StGB/*Satzger* Rn. 11; AnwK-StGB/*Zöller* Rn. 18).

Der Ausländer ist **im Inland betroffen,** wenn seine Anwesenheit dort festgestellt worden ist (LK- **25** StGB/*Werle/Jeßberger* Rn. 94). Besteht zunächst lediglich der Verdacht, dass der ausländische Täter einer Auslandstat sich in Deutschland aufhält, können freilich strafrechtliche Ermittlungen geführt werden (LK-StGB/*Werle/Jeßberger* Rn. 94; MüKoStGB/*Ambos* Rn. 27; SSW StGB/*Satzger* Rn. 11). Der Täter muss sich zum Zeitpunkt des Urteils in der letzten Tatsacheninstanz noch im Inland aufhalten (BGH NStZ-RR 2007, 48 (50); OLG Celle BeckRS 2007, 10172; SSW StGB/*Satzger* Rn. 11). Auch hier (vgl. bereits → Rn. 22) ist im Rahmen der Strafzumessung ggf. milderes Tatortrecht heranzuziehen (MüKoStGB/*Ambos* Rn. 26; Satzger Int. und Europ. StrafR § 5 Rn. 86; LK-StGB/*Werle/Jeßberger* Rn. 92).

Abs. 2 Nr. 2 setzt über die Feststellung der Anwesenheit des ausländischen Täters im Inland **26** (→ Rn. 24 f.) hinaus voraus, dass der Ausländer **nicht ausgeliefert** wird, obwohl das Auslieferungsgesetz seine Auslieferung nach der Art der Tat zuließe. Die **Auslieferung** muss also zunächst grds. **zulässig** sein (LK-StGB/*Werle/Jeßberger* Rn. 95; SSW StGB/*Satzger* Rn. 12; AnwK-StGB/*Zöller* Rn. 19). Existieren keine vorrangigen völkerrechtlichen Vereinbarungen, ist das der Fall, wenn es sich bei der in Frage stehenden Tat um eine auslieferungsfähige Tat gem. § 3 bis § 10 IRG handelt (SSW StGB/*Satzger* Rn. 12). Gründe für die Unzulässigkeit einer Auslieferung finden sich in § 6 Abs. 1 (bei politischen Straftaten) und Abs. 2 (bei politischer Verfolgung), § 7 (bei militärischen Straftaten), § 8 (bei drohender Todesstrafe) und § 73 IRG (bei entgegenstehenden Grundsätzen der deutschen Rechtsordnung). Auslieferung iSd Abs. 2 Nr. 2 ist auch die Überstellung an ein internationales Strafgericht (BayObLG NJW 1998, 392 (395)) und die auf der Grundlage eines Europäischen Haftbefehls erfolgende Überstellung (insoweit gelten §§ 80 ff. IRG; vgl. SSW StGB/*Satzger* Rn. 12). Ist die Auslieferung grds. zulässig, gilt deutsches Strafrecht, wenn der Ausländer **gleichwohl nicht ausgeliefert** wird, weil ein Auslieferungsersuchen innerhalb angemessener Frist nicht gestellt (Var. 1; dazu LK-StGB/*Werle/Jeßberger* Rn. 109 ff.) oder abgelehnt (Var. 2; dazu BGH BeckRS 2004, 00092) oder die Auslieferung nicht durchführbar ist (Var. 3, dazu SSW StGB/*Satzger* Rn. 13). Hinsichtlich des ersten Grundes für die Nichtauslieferung haben sich als angemessene Frist drei Wochen eingebürgert (Schönke/Schröder/*Eser* Rn. 26; Fischer Rn. 12). Zur Entscheidung über die Nichtauslieferung durch die Verwaltungsbehörde vgl. SSW StGB/*Satzger* Rn. 14.

§ 8 Zeit der Tat

[1]**Eine Tat ist zu der Zeit begangen, zu welcher der Täter oder der Teilnehmer gehandelt hat oder im Falle des Unterlassens hätte handeln müssen.** [2]**Wann der Erfolg eintritt, ist nicht maßgebend.**

Literatur: S. die Literatur zu § 2.

1. Allgemeines. a) Bedeutung der Norm. Die Vorschrift ist von Bedeutung (vgl. Schönke/ **1** Schröder/*Eser* Rn. 1) für die Beurteilung des zur Tatzeit geltenden Rechts (§§ 1, 2), das Vorhandensein bestimmter Täterqualitäten (§§ 5 Nr. 9, 7 Abs. 2 Nr. 1, 11 Abs. 1 Nr. 2–4, 16, 19, 20) und für die Bestimmung von Fristen und Zeitabläufen (§§ 55 Abs. 1, 56g Abs. 2, 59 Abs. 2, 66 Abs. 1, 3, 4, Amnestiegesetze vgl. BGHSt 11, 119). Der Beginn der Verfolgungsverjährung ist aber abweichend geregelt (§ 78a: Relevanz des Erfolgseintritts). Zu Besonderheiten bei der nachträglichen Gesamtstrafenbildung gem. § 55 vgl. LK-StGB/*Werle/Jeßberger* Rn. 2, 18 f.

Die Norm gilt auch im Nebenstrafrecht (MüKoStGB/*Ambos* Rn. 19). Im Ordnungswidrigkeiten- **2** recht gilt § 6 OWiG („Eine Handlung ist zu der Zeit begangen, zu welcher der Täter tätig geworden ist oder im Falle des Unterlassens hätte tätig werden müssen. Wann der Erfolg eintritt, ist nicht maßgebend.").

3   **b) Maßgeblichkeit der Handlung und Unmaßgeblichkeit des Erfolgs.** Die Norm folgt (anders als § 9 hinsichtlich des Tatorts, dort gilt eine Einheitstheorie als Verbindung von Tätigkeits- und Erfolgstheorie) der Tätigkeitstheorie und stellt auf die Tathandlung ab (vgl. Fischer Rn. 1, 3; Schönke/Schröder/*Eser* Rn. 2).

4   Der Erfolgseintritt ist irrelevant. Die Unmaßgeblichkeit des Erfolgseintritts folgt schon aus dem Schuldgrundsatz (SK-StGB/*Rudolphi* § 2 Rn. 2). Nur im Stadium des Handelns kann das Recht auch eine verhaltenssteuernde Funktion aufweisen (MüKoStGB/*Schmitz* § 2 Rn. 11; NK-StGB/*Hassemer*/*Kargl* § 2 Rn. 13; vgl. auch die frühere Praxis: RGSt 57, 193 (196); BGHSt 11, 119 (124)). Der Zeitpunkt des Erfolgseintritts ist nicht selten zufällig (MüKoStGB/*Ambos* Rn. 5).

5   Bei objektiven Bedingungen der Strafbarkeit kommt es nicht auf deren Eintritt, sondern auf die tatbestandliche Handlung an (Schönke/Schröder/*Eser* Rn. 3; LK-StGB/*Werle*/*Jeßberger* Rn. 11 f.; aA OLG Braunschweig NJW 1966, 1878). Subjektive Gesichtspunkte (der Wille zu handeln) spielen ebenfalls keine Rolle (MüKoStGB/*Ambos* Rn. 17).

6   **2. Einzelfragen. a) Begehen und Unterlassen.** Zeit der Tat ist bei Begehungsdelikten das Stadium vom Beginn des Versuchs bis zum Abschluss der letzten Handlung des Täters. Bei bloßen Tätigkeitsdelikten kommt es auf den Zeitpunkt der tatbestandsmäßigen Handlung an, bei Erfolgsdelikten auf den Zeitpunkt des auf den Erfolgseintritt gerichteten Handelns (MüKoStGB/*Ambos* Rn. 9; LK-StGB/*Werle*/*Jeßberger* Rn. 7). Beim Begehungsversuch beginnt die Tatzeit mit dem unmittelbaren Ansetzen und endet mit der Versuchsbeendigung (SK-StGB/*Hoyer* Rn. 4; BGH NStZ 1999, 409).

7   Bei echten und unechten Unterlassungsdelikten kommt es auf die Zeit an, in der der Täter hätte handeln müssen (*Bachmann*/*Goeck* NStZ 2010, 510), womit auf die allgemeinen Voraussetzungen des Unterlassungsdelikts (insbesondere sog Garantenstellung, Quasi-Kausalität sowie Möglichkeit, Erforderlichkeit und Zumutbarkeit der Rettungshandlung) rekurriert wird (vgl. Schönke/Schröder/*Eser* Rn. 4). Die Zeit der Tat endet, wenn die Rechtspflicht erlischt oder vom Täter nicht mehr deliktisch verletzt wird (Lackner/Kühl/*Heger* Rn. 3; BGHSt 11, 119 (124)).

8   **b) Dauer- und Zustandsdelikte.** Bei Dauerdelikten (Aufrechterhaltung der Tatbestandsverwirklichung über eine bestimmte Zeit hin) ist das gesamte Dauerverhalten (jeder Einzelakt) Zeit der Tat (Schönke/Schröder/*Eser* Rn. 6; SK-StGB/*Hoyer* Rn. 4). Bei Zustandsdelikten (mit Schaffung des rechtswidrigen Zustands ist das deliktische Handeln abgeschlossen) zählt das zustandsbegründende Handeln (LK-StGB/*Werle*/*Jeßberger* Rn. 13).

9   **c) Täterschaft und Teilnahme.** Bei mittelbarer Täterschaft ist nicht nur die Handlung relevant, mit welcher der Tatmittler eingesetzt wird, sondern auch dessen Ausführungshandlung (Fischer Rn. 3; Schönke/Schröder/*Eser* Rn. 3; MüKoStGB/*Ambos* Rn. 10; aA SK-StGB/*Hoyer* Rn. 5: Tätigwerden des Werkzeugs als bloßer Zwischenerfolg).

10   Bei Mittäterschaft ist auf die Leistung eines gegenseitig zurechenbaren Tatbeitrags abzustellen (BGH NJW 1999, 1979; Schönke/Schröder/*Eser* Rn. 3; Lackner/Kühl/*Heger* Rn. 2).

11   Bei Anstiftung und Beihilfe zählt (anders als beim Tatort gem. § 9) allein die Teilnahmehandlung (BGH NStZ-RR 2005, 151). Die Haupttat bleibt außer Betracht (Schönke/Schröder/*Eser* Rn. 5). Bereits der Wortlaut – gesonderte Erwähnung von Täter und Teilnehmer – deutet auf die Nichtakzessorietät in dieser Hinsicht hin (MüKoStGB/*Ambos* Rn. 6). Bei Teilnahme durch Unterlassen gilt der Zeitpunkt, in dem der Teilnehmer hätte handeln müssen.

12   Bei § 30 beginnt die Zeit der Tat mit Erreichen der Strafbarkeitsgrenze (vgl. MüKoStGB/*Ambos* Rn. 14).

13   **d) Prozessuales.** Möchte das Gericht eine andere als die angeklagte Tatzeit zugrunde legen, ist ein rechtlicher Hinweis gem. § 266 StPO erforderlich.

§ 9 Ort der Tat

(1) **Eine Tat ist an jedem Ort begangen, an dem der Täter gehandelt hat oder im Falle des Unterlassens hätte handeln müssen oder an dem der zum Tatbestand gehörende Erfolg eingetreten ist oder nach der Vorstellung des Täters eintreten sollte.**

(2) [1]**Die Teilnahme ist sowohl an dem Ort begangen, an dem die Tat begangen ist, als auch an jedem Ort, an dem der Teilnehmer gehandelt hat oder im Falle des Unterlassens hätte handeln müssen oder an dem nach seiner Vorstellung die Tat begangen werden sollte.** [2]**Hat der Teilnehmer an einer Auslandstat im Inland gehandelt, so gilt für die Teilnahme das deutsche Strafrecht, auch wenn die Tat nach dem Recht des Tatorts nicht mit Strafe bedroht ist.**

A. Regelungscharakter

1   § 9 regelt den **Ort der Tat,** beantwortet also die Frage, **wo** eine Tat begangen worden ist. Die **Feststellung des Tatortes** entscheidet darüber, ob über § 3 ohne Weiteres deutsches Strafrecht

Anwendung findet (das ist der Fall, wenn der Tatort im Inland liegt) oder ob die Anwendbarkeit deutschen Strafrechts nur über die weiteren Voraussetzungen der §§ 5–7 begründet werden kann (das ist der Fall, wenn der Tatort im Ausland liegt), beachte noch → Rn. 2. Dabei wird zunächst in **Abs. 1** einerseits und **Abs. 2** andererseits zwischen den materiell-rechtlichen Beteiligungsformen von **Täterschaft** und **Teilnahme** iSd §§ 25 ff. unterschieden (→ Rn. 8), so dass sich hier – anders als iRd §§ 3–7 (→ § 3 Rn. 4; → § 4 Rn. 4; → § 5 Rn. 10; → § 6 Rn. 5; → § 7 Rn. 6) – die Fragen nach der Bedeutung der Begriffe Tat und Täter insoweit nicht stellen: Die Tat iSv Abs. 1 und (!) Abs. 2 meint nur die Tat des Täters (beachte aber noch → Rn. 7); der in Abs. 1 verwendete Täterbegriff ist im materiell-rechtlichen Sinne des § 25 zu verstehen. **Abs. 2 S. 2** schließlich stellt eine Sonderregelung für die inländische Teilnahme an einer ausländischen Haupttat dar (→ Rn. 27).

Die **Bestimmung des Tatorts** gem. § 9 stellt die **Voraussetzung für die gesamte Prüfung der** **2** **Anwendbarkeit deutschen Strafrechts** (beachte → Vorb. §§ 3–7 Rn. 2) iSd §§ 3 ff. dar. Denn nur mit der vorrangigen Beantwortung der Frage, wo eine Tat begangen worden ist, kann entschieden werden, ob § 3 und § 4 Anwendung finden und bei Vorliegen ihrer Voraussetzungen deutsches Strafrecht ohne Weiteres – über das in § 3 normierte Territorialitätsprinzip oder das in § 4 geregelte Flaggenprinzip – Anwendung finden kann oder ob die Anwendbarkeit deutschen Strafrechts sich nur über § 5, § 6 oder § 7 und deren zusätzliche Voraussetzungen begründen lässt. Hier zeigt sich erneut, dass §§ 3 ff. natürlich auch die Anwendbarkeit deutschen Strafrechts bei Sachverhalten ohne jeglichen Auslandsbezug regeln: Auch dann, wenn der Tatort einer von einem Deutschen gegen einen Deutschen verübten Tat im Inland liegt, gilt deutsches Strafrecht selbstverständlich auf Grundlage der §§ 9, 3. Die undifferenzierte Zuordnung der §§ 3 ff. zum „Internationalen Strafrecht im weiteren Sinne" ist daher genauso verfehlt wie deren pauschale Ablehnung (s. bereits → Vorb. §§ 3–7 Rn. 3).

§ 9 hat nicht nur Bedeutung für die Prüfung der Anwendbarkeit deutschen Strafrechts, sondern ist **3** auch Bezugspunkt für **§ 7 Abs. 1 StPO**, der zur **Begründung des Gerichtsstands** ebenfalls an die Vorschrift anknüpft (vgl. AnwK-StPO/*Rotsch* StPO § 7 Rn. 1 ff.). Der (inländische) Tatort iSd § 9 begründet damit zunächst die **örtliche Zuständigkeit** der Gerichte **erster Instanz** (AnwK-StPO/*Rotsch* StPO Vor §§ 7 ff. Rn. 1). Da aus der örtlichen Zuständigkeit der erstinstanzlichen Gerichte sich zwangsläufig auch die **örtliche Zuständigkeit der Rechtsmittelgerichte** ergibt (AnwK-StPO/*Rotsch* StPO Vor §§ 7 ff. Rn. 2), folgt auch diese aus der Feststellung eines inländischen Tatorts nach § 9. Und auch die **örtliche Zuständigkeit der Staatsanwaltschaft** ergibt sich aus § 9, da diese gem. § 143 Abs. 1 GVG von der örtlichen Zuständigkeit des Gerichts abhängig ist (vgl. AnwK-StPO/*Rotsch* StPO Vor §§ 7 ff. Rn. 3). IÜ entscheidet sich die Frage, ob die Tat dem Legalitätsprinzip (§ 152 Abs. 2 StPO) oder dem Opportunitätsprinzip (§ 153c Abs. 1 S. 1 Nr. 1 StPO) unterliegt, nach § 9 (LK-StGB/*Werle*/*Jeßberger* Rn. 2).

Eine § 9 entsprechende Regelung findet sich für Ordnungswidrigkeiten in § 7 OWiG; für bestimmte **4** Staatsschutzdelikte (§§ 84, 85, 87) wird § 9 von § 91a verdrängt.

B. Grundsätze

I. Die Anknüpfung an die Ubiquitätstheorie

§ 9 liegt die sog **Ubiquitätstheorie** (Einheitstheorie) zugrunde. Sie verbindet die Tätigkeits- mit der **5** Erfolgstheorie (vgl. LK-StGB/*Werle*/*Jeßberger* Rn. 3) und ermöglicht die Begründung eines Tatortes sowohl über den Ort der Handlungsvornahme (Tätigkeitstheorie) wie auch eine solche über den Ort des Eintritts des tatbestandsmäßigen Erfolges (Erfolgstheorie). Über diese **Kombination von Tätigkeits-** **und Erfolgstheorie** ergibt sich schon grundsätzlich die Möglichkeit der Begründung einer **Vielzahl** **von Tatorten** (→ Rn. 9), eine Möglichkeit, die durch eine von der hM vorgenommene Multiplizierung des Handlungsortes bei Mittäterschaft (→ Rn. 13) und mittelbarer Täterschaft (→ Rn. 13), aber zT auch beim Unterlassungsdelikt (→ Rn. 11) noch gesteigert, die von ihr aber auch weitgehend hingenommen wird (vgl. *Rotsch* ZIS 2006, 17 (20)). Die mittlerweile unbestrittene Anerkennung der Ubiquitätstheorie im Strafanwendungsrecht basiert letztlich auf der allgemeinen strafrechtsdogmatischen Erkenntnis, dass der Unrechtsgehalt einer Tat sich erst aus Handlungs- und Erfolgsunrecht, und nicht lediglich aus einem von beiden ergibt (vgl. hierzu Roxin StrafR AT I § 10 Rn. 88 ff.). Dementsprechend ist die Übertragung dieser Erkenntnis ins Strafanwendungsrecht nur konsequent. In strafprozessualer Hinsicht (→ Rn. 3) ist dies im Hinblick etwa auf Art. 101 Abs. 1 S. 2 GG nicht unproblematisch (vgl. *Rotsch* ZIS 2006, 17); völkerrechtlich ist die mit der Ubiquitätstheorie einhergehende Ausweitung der Strafgewalt aber weitgehend unbestritten (LK-StGB/*Werle*/*Jeßberger* Rn. 3; vgl. aber *Deiters* ZRP 2003, 359 (361)). Allerdings verlangt die Verwirklichung *jedes* Straftatbestands *immer* die Vornahme einer menschlichen Handlung, nicht jedoch stets den Eintritt eines tatbestandsmäßigen Erfolges. Daraus folgt trotz der Zugrundelegung der Ubiquitätstheorie ein Problem bei der Begründung eines inländischen Tatorts, wenn im Ausland gehandelt wurde und der Tatbestand nach seiner Struktur den Eintritt eines tatbestandsmäßigen Erfolges (der alleine dann noch einen inländischen Tatort zu begründen imstande wäre) nicht voraussetzt. Insbesondere iRd **abstrakten Gefährdungsdelikte** wird in diesen Fällen die Anwendbarkeit deutschen Strafrechts kontrovers diskutiert (→ Rn. 19).

6   Auf den ersten Blick **erstaunlich** mutet die von der Zugrundelegung des Ubiquitätsprinzips in § 9 abweichende alleinige Anknüpfung an die **Tätigkeitstheorie in § 8** an. Nach § 8 S. 1 ist eine Tat (nur) zu der Zeit begangen, zu der der Täter oder der Teilnehmer gehandelt hat oder im Falle des Unterlassens hätte handeln müssen. Gem. § 8 S. 2 ist der Eintritt des Erfolges ausdrücklich für nicht maßgebend erklärt. Obwohl in tatsächlicher Hinsicht Ort und Zeit einer Tat nicht auseinanderfallen können, ergibt diese Möglichkeit sich in rechtlicher Hinsicht aus der unterschiedlichen Ausgestaltung der Tatortnorm des § 9 und der Tatzeitnorm des § 8 insoweit, als nach § 9 die Tat an dem Ort des Erfolgseintritts begangen sein kann, während sie nach § 8 zu diesem Zeitpunkt als nicht begangen gilt. In rechtlicher Hinsicht ist aber an dieser Regelung nichts auszusetzen. Während bei § 9 das Interesse des Staates im Mittelpunkt steht, die auf seinem Hoheitsgebiet erfolgende oder von seinem Hoheitsgebiet ausgehende Beeinträchtigung von Rechtsgütern zu verhindern und daher die Anknüpfung an den Tätigkeits- wie den Erfolgsort zulässig ist, muss es dem Täter (oder Teilnehmer) mit Blick auf Art. 103 Abs. 2 GG und das aus ihm folgende Bestimmtheitsge- und Rückwirkungsverbot ermöglicht werden, sein Verhalten nach der aktuellen Rechtslage und auf der Grundlage seiner gegenwärtigen Rechtspflichten treffen zu können (SK-StGB/*Hoyer* § 8 Rn. 2; vgl. auch LK-StGB/*Werle/Jeßberger* § 8 Rn. 4; → Rn. 8). Die **Vereinbarkeit von § 9 mit § 8** kann daher **nicht zweifelhaft** sein.

II. Der Begriff der Tat

7   Wie bei §§ 3, 4, 7, aber anders als bei §§ 5, 6, ist der Begriff der **Tat im strafprozessualen Sinne** gem. § 264 StPO gemeint (→ § 3 Rn. 2 ff.; aA etwa *Walther* JuS 2012, 203 (204 ff.)).

8   Während im Strafanwendungsrecht etwa bei §§ 5, 7 ein eigenständiger strafanwendungsrechtlicher Täterbegriff verwendet wird (→ § 5 Rn. 10 f.; → § 7 Rn. 6), unterscheidet § 9 in Abs. 1 und Abs. 2 ausdrücklich zwischen den **Beteiligungsformen** der §§ 25 ff. (s. bereits → Rn. 1). Täterschaft iSd Abs. 1 meint also nur **Täterschaft gem. § 25,** Teilnahme iSd Abs. 2 umfasst **Anstiftung** und **Beihilfe gem. § 26 bzw. § 27.** Der in Abs. 1 und Abs. 2 verwendete **Begriff der Tat** bezieht sich demgemäß auch nur auf die täterschaftlich iSd § 25 verwirklichte Tat.

C. Die Regelung im Einzelnen

9   § 9 regelt eine **Vielzahl von Möglichkeiten der Tatortbegründung.** Dabei unterscheidet er in Abs. 1 die für den Täter iSd § 25 und in Abs. 2 die für den Teilnehmer iSd §§ 26, 27 begründeten Tatorte (vgl. bereits → Rn. 1, → Rn. 8). Da die Teilnahme materiell-rechtlich (limitiert) akzessorisch zur Täterschaft ist, leuchtet es sofort ein, dass die Anzahl möglicher Tatorte bei der Teilnahme höher ist als bei der Täterschaft, sofern man die materiell-rechtliche Akzessorietät ins Strafanwendungsrecht überträgt. Das ist in § 9 Abs. 2 S. 1 grundsätzlich geschehen (→ Rn. 22). Im Folgenden sind daher zunächst die Möglichkeiten der Tatortbegründung bei **täterschaftlicher Straftatbegehung gem. Abs. 1** zu erörtern (→ Rn. 10 ff.). In Übereinstimmung mit dem § 9 zugrunde liegenden Ubiquitätsprinzip ist dabei zwischen dem Handlungsort beim Begehungsdelikt (Abs. 1 Var. 1, → Rn. 10) und dem Handlungsort beim Unterlassungsdelikt (Abs. 1 Var. 2, → Rn. 11) einerseits sowie dem Erfolgsort beim vollendeten Delikt (Abs. 1 Var. 3, → Rn. 14 ff.) und dem (vorgestellten) Erfolgsort beim versuchten Delikt (Abs. 1 Var. 4, → Rn. 21) andererseits zu differenzieren. Da die unterschiedlichen Varianten kombiniert werden können, lassen sich häufig schon auf diese Weise mehrere inländische Tatorte begründen (*Rotsch* ZIS 2006, 19 f.). Wird etwa iRe Betruges gem. § 263 die Täuschungshandlung bei einem Telefonat im Inland, aber gegenüber einem im Ausland befindlichen Gesprächsteilnehmer vorgenommen, während der Gesprächsteilnehmer im Ausland einem Irrtum unterliegt und dort auch die Vermögensverfügung (zB auf den Irrtum beruhende Unterlassung der Geltendmachung eines im Inland bestehenden Anspruchs) vornimmt, der Vermögensschaden aber erst im Inland eintritt, so lassen sich über § 9 Abs. 1 Var. 3 zwei ausländische Tatorte (Irrtum, Vermögensverfügung) und ein inländischer Tatort (Vermögensschaden) sowie über § 9 Abs. 1 Var. 1 ein weiterer inländischer Tatort (Täuschungshandlung) begründen (vgl. noch → Rn. 17). Anschließend ist die naturgemäß kompliziertere Regelung der Tatortbegründung bei **teilnehmerschaftlicher Straftatbegehung gem. Abs. 2** darzustellen (→ Rn. 22 ff.). Hier findet zunächst in S. 1 eine Anknüpfung an die Haupttat-Tatorte gem. Abs. 1 statt, was nichts anderes darstellt als die Berücksichtigung des Erfolges der Teilnahmetat (Abs. 2 S. 1 Var. 1, → Rn. 23). Des Weiteren knüpft S. 1 an den Handlungsort der Teilnahme beim Begehungsdelikt (Abs. 2 S. 1 Var. 2, → Rn. 25) und beim Unterlassungsdelikt (Abs. 2 S. 1 Var. 3, → Rn. 26) sowie den Erfolgsort beim versuchten Delikt (Abs. 2 S. 1 Var. 4, → Rn. 24) an. Letztlich ist die Regelung in Abs. 2 S. 1 damit konsequent analog derjenigen in Abs. 1 ausgestaltet. In Abs. 2 S. 2 schließlich findet eine Durchbrechung der Akzessorietät der Teilnahme statt (→ Rn. 27).

I. Die Begründung des Tatortes bei Täterschaft, Abs. 1

10   **1. Die Begründung des Tatortes über den Handlungsort, Var. 1 und Var. 2. a) Der Handlungsort beim Begehungsdelikt gem. Var. 1.** Der Handlungsort beim Begehungsdelikt begründet gem. **§ 9 Abs. 1 Var. 1** einen Tatort für den Täter dort, wo er **gehandelt hat,** also im Ausführungs-stadium der Tat eine **auf die Tatbestandsverwirklichung gerichtete Tätigkeit** vornimmt (SSW StGB/*Satzger* Rn. 2). Damit sind Handlungen erfasst, die eine mögliche Strafbarkeit wegen versuchter oder vollendeter Tat begründen. Außerhalb des § 30 liegende bloße Vorbereitungshandlungen begrün-den ebenso wenig einen Tatort wie nicht mehr tatbestandsmäßige Handlungen, die über die Tatvoll-endung hinausreichen und lediglich zur Tatbeendigung gehören (SSW StGB/*Satzger* Rn. 2; LK-StGB/ *Werle/Jeßberger* Rn. 11 f.; NK-StGB/*Böse* Rn. 3; vgl. auch AnwK-StGB/*Zöller* Rn. 4). Auch das bloße Durchqueren des Staatsgebietes ist dann ohne Relevanz, wenn es im Rahmen sog Transitdelikte nicht selbst tatbestandsmäßig ist (SSW StGB/*Satzger* Rn. 2.; NK-StGB/*Böse* Rn. 6 mwN; AnwK-StGB/ *Zöller* Rn. 5); ist der Transitvorgang – wie bei den Betäubungsmitteldelikten – als solcher mit Strafe bedroht, begründet er einen inländischen Tatort gem. Abs. 1 Var. 1 (BGH NStZ 2007, 287; NK-StGB/ *Böse* Rn. 6 mwN; AnwK-StGB/*Zöller* Rn. 5). Das gilt auch für Vorbereitungshandlungen gem. § 30 Abs. 2, auch wenn sie – etwa weil das in Frage stehende Delikt vollendet wurde – wegen Subsidiarität zurücktreten (BGHSt 39, 88; BGH NStZ-RR 2009, 197; BGH wistra 2011, 335 (336); Fischer Rn. 3; vgl. noch → Rn. 13). Umstritten ist die Frage, ob im Rahmen von Mittäterschaft und mittelbarer Täterschaft inländische Tatorte zugerechnet werden können (ausf. → Rn. 13). Zu Recht Einigkeit besteht hingegen im Hinblick auf die Tatsache, dass es für den Tatort der Haupttat nicht darauf ankommt, wo der Teilnehmer gehandelt hat (Schönke/Schröder/*Eser* Rn. 11; LK-StGB/*Werle/Jeßberger* Rn. 16). Dass der Tatort der Haupttat nicht von dem Handlungsort der Teilnahme abhängt, die Regelung des § 9 Abs. 2 S. 1 Var. 1 (→ Rn. 9) also nicht umgekehrt werden kann, ergibt sich neben dem eindeutigen Wortlaut des § 9 Abs. 1 (LK-StGB/*Werle/Jeßberger* Rn. 16) freilich schon aus der Erkenntnis, dass zwar die Teilnahme materiell-rechtlich akzessorisch zur Haupttat ist (→ Rn. 9), dies aber natürlich nicht umgekehrt gilt.

b) Der Handlungsort beim Unterlassungsdelikt gem. Var. 2. Der Handlungsort beim Unterlas- **11** sungsdelikt begründet gem. **§ 9 Abs. 1 Var. 2** einen Tatort für den Täter dort, **wo er hätte handeln müssen.** Da der Unterlassungstäter naturgemäß nichts tut, lässt sich die Frage, wo der Ort der Unterlassungstat liegt, an welchem Ort also die Rechtsordnung an den Unterlassungstäter das Gebot zum Handeln heranträgt, nicht einfach beantworten. Dementsprechend kontrovers wird sie diskutiert; es werden drei Möglichkeiten erwogen, die sich freilich nicht sämtlich ausschließen. So wird zum einen der **Aufenthaltsort** des Unterlassungstäters für maßgeblich gehalten (OLG Frankfurt a. M. NJW 1977, 508 (509); LK-StGB/*Werle/Jeßberger* Rn. 19; Schönke/Schröder/*Eser* Rn. 5; MüKoStGB/*Ambos* Rn. 14; AnwK-StGB/*Zöller* Rn. 7), zum anderen (zT ausschließlich, vgl. LK-StGB/*Gribbohm* (Voraufl.) Rn. 17) auf den **Erfolgsabwendungsort** abgestellt (der nicht mit dem Erfolgsort identisch sein muss, der – auch beim Unterlassungsdelikt – von § 9 Abs. 1 Var. 3 erfasst wird, → Rn. 14). Andere wiederum sind gar der Auffassung, tatortbegründend sei jeder Ort, an den der Täter sich zur Ausführung der Rettungs-handlung hätte begeben müssen (idS zB SK-StGB/*Hoyer* Rn. 4). Damit würde jeder bis zum Erfolgs-abwendungsort zu passierende **Durchgangsort** zum Tatort (krit. hierzu *Rotsch* ZIS 2006, 20). Bei der Beantwortung der Frage nach dem Tatort beim Handeln eines Unterlassungstäters ist zunächst zu beachten, dass sie nur bei Distanzdelikten eine Rolle spielt, nur dann also, wenn Aufenthaltsort und Erfolgsabwendungsort auseinanderfallen. Auch kann die Frage an sich nur dort relevant werden, wo die tatbestandliche Struktur des in Frage kommenden Delikts überhaupt den Eintritt eines Erfolges voraus-setzt. Das ist nicht der Fall bei den sog **echten Unterlassungsdelikten,** die im Unterlassungsbereich als Pendant zu den Tätigkeitsdelikten im Begehungsbereich konstruiert sind (hierzu *Rotsch* ZJS 2009, 712 (715)). Wer also – wie die ganz hM – daran festhält, dass Tätigkeitsdelikte den Eintritt eines tatbestands-mäßigen Erfolges nicht voraussetzen (aA *Rotsch,* „Einheitstäterschaft" statt Tatherrschaft, 2009, 432 ff.), kann in diesen Fällen (etwa bei § 323c) einen Tatort nur dort annehmen, wo der Unterlassungstäter die von ihm geforderte Handlung nicht vorgenommen hat (zum Parallelproblem beim abstrakten Gefähr-dungsdelikt → Rn. 19). Damit muss die Frage also schon nur für die als **Distanzdelikt** verwirklichten **unechten Unterlassungsdelikte** beantwortet werden. Wenn § 9 Abs. 1 Var. 2 die Begründung eines Tatortes für den Ort regelt, an dem der Täter im Falle des Unterlassens hätte handeln müssen, spricht nun aber alles dafür, die für die Strafbarkeit wegen unechten Unterlassens in der allgemeinen Strafrechts-dogmatik anerkannten Grundsätze auch auf das Strafanwendungsrecht zu übertragen. Denn wo es noch keine materielle Strafbarkeit wegen Unterlassens gibt, kann dieses auch keinen Tatort iSd § 9 Abs. 1 Var. 2 begründen. Umgekehrt ist es nur konsequent, einen Tatort dann und dort anzunehmen, wenn und wo materiell-rechtlich die Strafbarkeit beginnt (bereits → Rn. 10). Da für den strafbaren Beginn des Versuchs des unechten Unterlassungsdelikts richtigerweise weder pauschal auf die erste noch einheitlich auf die letzte Rettungsmöglichkeit, sondern differenzierend auf die Nähe der drohenden Rechtsguts-verletzung abzustellen ist (Roxin StrafR AT II § 29 Rn. 217 mwN), gilt zunächst Folgendes: Steht der Eintritt des tatbestandsmäßigen Erfolges nahe bevor, verlangt das Gesetz die sofortige Erfüllung der Rettungspflicht, maßgeblich für den Versuchsbeginn ist daher insoweit die erste Handlungsmöglichkeit. Steht der Eintritt des Erfolges hingegen noch nicht unmittelbar bevor, beginnt der Versuch (erst) mit dem Zeitpunkt, zu dem der Täter weiter untätig bleibt bzw. die Möglichkeit der Rettung aus der Hand gibt und dem Geschehen seinen Lauf lässt (vgl. WBS StrafR AT Rn. 741 f. mwN). Für das Strafanwendungsrecht bedeutet dies, dass der **Aufenthaltsort** des Täters bei der Bestimmung des Tatortes nicht notwendig und stets außer Betracht zu bleiben hat. Sofern die am Aufenthaltsort unterlassene Handlung materiell den Beginn des Versuchs des unechten Unterlassungsdelikts im soeben beschriebenen Sinne begründet, ist der Aufenthaltsort Tatort iSv § 9 Abs. 1 Var. 2. Damit ist freilich noch nicht gesagt, dass in denjenigen Fällen, in denen eine solche Untätigkeit noch dem Vorbereitungsstadium zuzuordnen ist, der Tatort sich nur am Erfolgsabwendungsort befinden kann. Es gilt also immer noch zu klären, was von derjenigen Ansicht zu halten ist, die jeden Durchgangsort tatortbegründend sein lässt. Auch insoweit ist zu differenzieren: Stellt die an einem Durchgangsort unterlassene Handlungsvornahme materiell den Versuchsbeginn des unechten Unterlassungsdelikts dar, kann der **Durchgangsort** Tatort iSd § 9 Abs. 1 Var. 2 sein (anders noch *Rotsch* ZIS 2006, 20 in Fn. 37). Die pauschal bejahte Tatortbegründung am Durchgangsort (RGSt 9, 353; OLG Hamburg NJW 1986, 336; SK-StGB/*Hoyer* Rn. 4) überzeugt hingegen nicht (so iE auch SSW StGB/*Satzger* Rn. 3). Stets tatortbegründend ist der **Erfolgsabwendungsort,** da er den Appell zur Vornahme der Rettungshandlung bereits nach seinem Begriffsinhalt in sich trägt. Wo der Täter die zur Erfolgsabwendung notwendige Handlung vornehmen muss, der Versuch also spätestens beginnt, liegt auch ein Tatort im strafanwendungsrechtlichen Sinne (aA noch SK-StGB/*Samson,* Voraufl., Rn. 8).

12   **c) Der Handlungsort in Sonderfällen.** Bei sog **mehraktigen Delikten** (wie zB §§ 249, 252) ist die Tat an jedem Ort begangen, an dem der Täter einen im jeweiligen Tatbestand vorausgesetzten Einzelakt verwirklicht hat (SSW StGB/*Satzger* Rn. 4). Fallen also etwa die Handlungsorte des Diebstahls iSd § 242 und der Nötigung iSd § 240 auseinander, begründen sie beide iRd Raubes gem. § 249 jeweils einen Tatort im strafanwendungsrechtlichen Sinne. Bei **Dauerdelikten** (wie etwa § 239) sind sämtliche vom Täter verwirklichten Teilakte, die den durch die ursprüngliche Tathandlung herbeigeführten rechtswidrigen Zustand aufrechterhalten, tatortbegründend (LK-StGB/*Werle/Jeßberger* Rn. 66; NK-StGB/*Böse* Rn. 6; AnwK-StGB/*Zöller* Rn. 5). Auch bei sonstigen **tatbestandlichen Handlungseinheiten** wird ein Tatort an jedem Handlungsort eines jeden Teilaktes begründet (SSW StGB/*Satzger* Rn. 4; LK-StGB/*Werle/Jeßberger* Rn. 65 f.). Bei den sog **Sammelstraftaten**, bei denen der Täter einen Zusammenhang zwischen verschiedenen Delikten allein über deren gewerbs-, geschäfts- oder gewohnheitsmäßige Begehung begründet, muss der Tatort hingegen für jede Tat einzeln festgestellt werden (Satzger Int. und Europ. StrafR § 5 Rn. 22; NK-StGB/*Böse* Rn. 6 mwN). Dasselbe gilt für **Anschlussdelikte** im Verhältnis zu ihren Vortaten. Hier ist der Tatort der Folgedelikte (§§ 257–261) selbstständig zu beurteilen (MüKoStGB/*Ambos* Rn. 18; LK-StGB/*Werle/Jeßberger* Rn. 45); ein inländischer Tatort lässt sich also für sie nicht über einen inländischen Tatort der Vortat begründen.

13   Umstritten ist die Frage, ob bei Mittäterschaft und mittelbarer Täterschaft iSd § 25 Abs. 2 bzw. § 25 Abs. 1 Var. 2 eine Zurechnung von inländischen Tatorten möglich ist. Die Frage stellt sich iRv **Mittäterschaft** grundsätzlich in denjenigen Fällen, in denen (nur) einer der Mittäter im Inland, der andere aber ausschließlich im Ausland gehandelt hat. Während ein Teil der Literatur annimmt, dass der Tatort für jeden Mittäter getrennt zu bestimmen sei (SK-StGB/*Hoyer* Rn. 5), geht die hM zutr. von der Möglichkeit der Zurechnung des inländischen Tatortes zu dem ausschließlich im Ausland handelnden Mittäter aus (BGHSt 39, 88; BGH NStZ-RR 2009, 197; Schönke/Schröder/*Eser* Rn. 4; MüKoStGB/ *Ambos* Rn. 10; LK-StGB/*Werle/Jeßberger* Rn. 13; SSW StGB/*Satzger* Rn. 10; NK-StGB/*Böse* Rn. 5; AnwK-StGB/*Zöller* Rn. 6). In der Tat ist kein Grund ersichtlich, weshalb nicht auch hier – wie im Rahmen der Unterlassungsdelikte (→ Rn. 11) – die dogmatischen Grundsätze des materiellen Strafrechts in das Strafanwendungsrecht übertragen werden können sollten. Der Hinweis auf das Verbot der Zurechnung von Tatbeiträgen bei eigenhändigen Delikten (SK-StGB/*Hoyer* Rn. 5) geht fehl: Diese Ansicht geht ersichtlich davon aus, dass eine Zurechnung mittäterschaftlich erbrachter Tatbeiträge im Strafanwendungsrecht dazu führte, dass „die zugerechneten Tatbeiträge wie eigenhändig erbrachte zu behandeln sind" (so ausdrücklich SK-StGB/*Hoyer* Rn. 5). Das trifft aber nicht den Punkt, da es nicht um die originäre materiell-strafrechtliche Begründung täterschaftlicher Verantwortlichkeit geht, sondern – umgekehrt und lediglich – um die vor dem Hintergrund (vorläufig) festgestellter mittäterschaftlicher Strafbarkeit über § 25 Abs. 2 vorgenommene Ausdehnung der inländischen Strafgewalt. Auch auf den im Ausland handelnden Mittäter ist daher **deutsches Strafrecht anwendbar.** Dies gilt auch dann, wenn es sich bei der zurechnungsbegründenden Handlung lediglich um eine eigenständig unter Strafe gestellte Vorbereitungshandlung iSd § 30 Abs. 2 handelt und diese hinter der Ausführung der Tat zurücktritt (BGHSt 39, 88 (89)). Diese Grundsätze beanspruchen nach hM auch Geltung für die **mittelbare Täterschaft.** Tatortbegründend kann danach hier sowohl jeder Handlungsort des mittelbaren Täters wie auch jeder Handlungsort des Tatmittlers sein (vgl. bereits RGSt 67, 138; BGH wistra 1991, 135; LK-StGB/*Werle/Jeßberger* Rn. 14 f.; SSW StGB/*Satzger* Rn. 10; AnwK-StGB/*Zöller* Rn. 6). Dem ist jedenfalls insoweit zuzustimmen, als dabei vorausgesetzt wird, dass ein Handlungsort mindestens ein unmittelbares Ansetzen zur Tatbestandsverwirklichung iSd § 22 voraussetzt. Auch hier werden damit letztlich die materiell-rechtlichen Grundsätze zum Versuchsbeginn bei der mittelbaren Täterschaft (vgl. insoweit WBS StrafR AT Rn. 613 ff.) in das Strafanwendungsrecht übertragen. Zu beachten ist hierbei, dass die Anwendbarkeit deutschen Strafrechts nicht etwa auch für die Vorschrift des § 25 selbst zu prüfen ist. Dass insoweit deutsches Strafrecht Anwendung findet, § 25 also überhaupt grundsätzlich Tatort-

zurechnungsnorm sein kann, ergibt sich aus der Bezugnahme des § 9 auf den materiell-rechtlichen Täterbegriff des deutschen StGB (→ Rn. 1): § 9 setzt die Anwendbarkeit der deutschen Beteiligungsregeln bereits voraus.

2. Die Begründung des Tatortes über den Erfolgsort, Var. 3 und Var. 4. a) Der Erfolgsort 14 **beim vollendeten Delikt gem. Var. 3. aa) Erfolgsdelikte.** Neben dem Handlungsort kann auch der Erfolgsort einen Tatort im strafanwendungsrechtlichen Sinne begründen (→ Rn. 5). Nach § 9 Abs. 1 **Var.** 3 wird dementsprechend ein Tatort für den Täter dort begründet, wo **der zum Tatbestand gehörende Erfolg eingetreten** ist. Insoweit gelten für Begehungs- und (unechte) Unterlassungsdelikte dieselben Regeln (LK-StGB/*Werle/Jeßberger* Rn. 21). Seit der Neufassung der Vorschrift im Jahr 1975, mit der die schon zuvor durch den BGH (BGHSt 20, 45 (51)) praktizierte Auslegung des § 3 Abs. 3 aF bestätigt worden ist, ist klargestellt, dass nicht die Tatbestandsverwirklichung betreffende Wirkungen der Tat nicht erfasst sind (vgl. BGH NStZ 2006, 401; BGH NStZ-RR 2007, 48; LK-StGB/*Werle/Jeßberger* Rn. 22; SSW StGB/*Satzger* Rn. 5). Damit lässt ein Tatort sich nicht nur dort nicht begründen, wo etwa bei einer Hehlerei eine zusätzliche Beeinträchtigung der Vermögensinteressen des von der Vortat betroffenen Eigentümers im Raume steht (KG NJW 2006, 3016; OLG München StV 1991, 504) oder bei einer Unterschlagung nach einer Zueignung im Ausland die geschuldete Rückgabe (im Inland) unterbleibt (AG Bremen NStZ-RR 2005, 87). Vielmehr ist damit an sich auch schon der Streit um die Begründung eines Erfolgsortes beim abstrakten Gefährdungsdelikt entschieden (→ Rn. 19).

Ob im Rahmen der Anwendbarkeitsprüfung ein inländischer Tatort über den Erfolgsort begründet 15 werden kann, richtet sich – insoweit ist der Kommentarliteratur zuzustimmen – nach der **Tatbestandsstruktur** des in Frage stehenden Delikts. Ungenau ist es freilich, insoweit zwischen Verletzungs- und Gefährdungsdelikten zu differenzieren (idS zB LK-StGB/*Werle/Jeßberger* Rn. 24 ff., Rn. 27 ff.; SSW StGB/*Satzger* Rn. 6 f.; AnwK-StGB/*Zöller* Rn. 10). Denn für die Tatortbegründung über den Erfolgsort kommt es auf den Eintritt des tatbestandsmäßigen Erfolges an (→ Rn. 14). Der tatbestandsmäßige Erfolg tritt aber am Handlungsobjekt ein; setzt die konkrete Deliktsstruktur einen Erfolg in diesem Sinne nicht voraus, handelt es sich nach hM um Tätigkeitsdelikte. Die Unterscheidung zwischen Verletzungs- und Gefährdungsdelikten betrifft hingegen bekanntlich die Intensität der Rechtsgutsbeeinträchtigung. Dass beim Verletzungsdelikt die Verletzung des Rechtgutes mit dem Eintritt des tatbestandsmäßigen Erfolges zusammenfällt, ändert hieran nichts. Wenn im Rahmen des Ubiquitätsprinzips auf den Handlungsort einerseits und den Erfolgsort andererseits abgestellt wird (→ Rn. 5), ist dann aber richtigerweise zwischen **Erfolgs- und Tätigkeitsdelikten** zu unterscheiden.

Erfolgsdelikte sind die **Verletzungs-** und **konkreten Gefährdungsdelikte.** Sämtlich setzen sie den 16 Eintritt eines tatbestandsmäßigen Erfolges im oben (→ Rn. 14) genannten Sinne voraus. Dieser Erfolg (zB Eintritt eines Vermögensschadens bei § 263) fällt beim Verletzungsdelikt mit der Verletzung des Rechtsgutes (bei § 263: Vermögen), beim konkreten Gefährdungsdelikt (zB Gefahr des Todes eines anderen Menschen bei § 330a) mit der konkreten Gefährdung des Rechtsgutes (bei § 330a: Leben) zusammen. Damit liegt bei diesen Deliktstypen ein Tatort an jedem Ort, an dem der Verletzungserfolg bzw. der konkrete Gefahrerfolg eingetreten ist (vgl. BGH NJW 1991, 2498).

Erfolgsort iSd § 9 Abs. 1 Var. 3 ist auch der Ort sog tatbestandsmäßiger **Zwischenerfolge** (SK- 17 StGB/*Hoyer* Rn. 6; SSW StGB/*Satzger* Rn. 5; aA AnwK-StGB/*Zöller* Rn. 9). Denn auch der tatbestandsmäßige Zwischenerfolg ist tatbestandsmäßiger Erfolg iSd in → Rn. 14 Gesagten. So ist tatortbegründend bei § 263 nicht nur der Ort, an dem der Vermögensschaden eintritt, sondern auch der Ort, an dem das Täuschungsopfer einem Irrtum unterliegt. Da dieser Irrtum für den Täter **tatbestandsmäßiger** (Zwischen-)**Erfolg** ist, kommt es dabei darauf an, wo der Irrtum (erstmals) eintritt. Außerdem ist bei § 263 ein Tatort iSd § 9 Abs. 1 Var. 3 auch an dem Ort begründet, an dem der Irrende die Vermögensverfügung vornimmt (vgl. bereits → Rn. 9). Denn auch die tatbestandsmäßige Opferhandlung iRd Betruges stellt für den Täter einen Zwischenerfolg dar.

Erfolgsqualifikationen begründen ebenso einen Erfolgsort wie derjenige Ort, an dem das Regelbei- 18 spiel eines **besonders schweren Falles** verwirklicht wird. Wer also etwa eine Sache stiehlt, die durch eine Schutzvorrichtung gegen Wegnahme besonders gesichert ist (§ 243 Abs. 1 S. 2 Nr. 2), begründet einen Tatort am Ort der Wegnahme und – wenn er die Schutzvorrichtung erst später an einem anderen Ort entfernt – darüber hinaus einen weiteren Tatort dort, wo er schließlich endgültigen Zugriff auf die weggenommene Sache erhält (vgl. LK-StGB/*Werle/Jeßberger* Rn. 38). Umstritten ist die Frage für **objektive Strafbarkeitsbedingungen.** Während die hM auch hier (zB am Ort der Rauschtat iSd § 323a vgl. BGHSt 42, 235 (242 f.)) einen Tatort iSd § 9 Abs. 1 Var. 3 begründet sieht, weil es sich auch hierbei um tatbestandlich relevante Folgewirkungen handele (idS BGHSt 42, 235 (242 f.); MüKoStGB/ *Ambos* Rn. 21; Schönke/Schröder/*Eser* Rn. 6c; NK-StGB/*Böse* Rn. 9; *Hirsch* NStZ 1997, 230 (232); *Hecker* ZIS 2011, 398), wird dies zT unter Hinweis auf die strafbarkeitsbegrenzende Funktion objektiver Strafbarkeitsbedingungen bestritten (*Satzger* NStZ 1988, 112 (116); Satzger Int. und Europ. StrafR § 5 Rn. 29 ff.; AnwK-StGB/*Zöller* Rn. 9). Weitgehende Einigkeit besteht wiederum zu Recht dahingehend, dass der Ort, an dem der im Rahmen von **Delikten mit überschießender Innentendenz** erstrebte Erfolg eintritt, nicht tatortbegründend ist (BayObLG NJW 1992, 1248; LK-StGB/*Werle/ Jeßberger* Rn. 39; SSW StGB/*Satzger* Rn. 5; MüKoStGB/*Ambos* Rn. 20; NK-StGB/*Böse* Rn. 9;

AnwK-StGB/*Zöller* Rn. 9). So bleibt zB iRd § 263 der Ort unberücksichtigt, an dem der vom Täter erstrebte Vermögensvorteil schließlich erlangt wird. Dasselbe gilt auch für den Ort, an dem nicht mehr tatbestandliche Beendigungshandlungen vorgenommen werden (SSW StGB/*Satzger* Rn. 5).

19   **bb) Tätigkeitsdelikte.** Da bei **Tätigkeitsdelikten** der Tatbestand nach hA bereits **mit der Vornahme der tatbestandlichen Handlung verwirklicht** ist, der Eintritt eines Erfolges mithin nicht vorausgesetzt wird (Roxin StrafR AT I § 10 Rn. 103 f.), kann im Rahmen von Tätigkeitsdelikten dem Erfolgsort als im strafanwendungsrechtlichen Sinne tatortbegründend keine Bedeutung zukommen. Bei ihnen lässt ein Tatort sich daher nur über den Handlungsort iSd § 9 Abs. 1 Var. 1 oder – beim echten Unterlassungsdelikt – gem. § 9 Abs. 1 Var. 2 begründen. Nach hM gehören zu den Tätigkeitsdelikten auch die **abstrakten Gefährdungsdelikte;** auch sie zeichnen sich nach ganz hM dadurch aus, dass zu ihrer Tatbestandsverwirklichung der Eintritt eines Erfolges nicht gehört (s. bereits → Rn. 11; aA *Rotsch,* „Einheitstäterschaft" statt Tatherrschaft, 2009, 432 ff.; *Rotsch* ZIS 2014, 579 (583 ff.) bzgl. § 298). Daher dürfte es an sich einen Streit darüber, ob auch im Rahmen abstrakter Gefährdungsdelikte ein Tatort über das Vorliegen eines Erfolgsortes iSd § 9 Abs. 1 Var. 3 begründet werden kann, gar nicht geben. Gleichwohl wird die Frage höchst kontrovers diskutiert (vgl. zunächst LK-StGB/*Werle/Jeßberger* Rn. 30 ff.). Diese Auseinandersetzung ist erkennbar von dem Bestreben geleitet, die Anwendung des deutschen Strafrechts auch in denjenigen Fällen zu gewährleisten, in denen – wie etwa häufig im Umweltstrafrecht – im Rahmen eines abstrakten Gefährdungsdelikts die tatbestandsmäßige Handlung im Ausland vorgenommen wird und gleichzeitig zu befürchten ist, dass ein – vom Tatbestand nicht vorausgesetzter – schädlicher Erfolg im Inland eintritt (vgl. Satzger Int. und Europ. StrafR § 5 Rn. 25 ff.). Wenn hier auf die unterschiedlichste Art und Weise (vgl. den Überblick bei LK-StGB/*Werle/Jeßberger* Rn. 30 ff.; Satzger Int. und Europ. StrafR § 5 Rn. 43 ff.; vgl. auch AnwK-StGB/*Zöller* Rn. 10) versucht wird, in das abstrakte Gefährdungsdelikt ausnahmsweise und nur im Strafanwendungsrecht einen tatortbegründenden Erfolgsort hineinzuinterpretieren, so ist dem zu widersprechen. Die Struktur eines Deliktstyps ergibt sich aus seiner gesetzestechnischen Konzeption. Damit ist ein Delikt entweder als abstraktes Gefährdungsdelikt ausgestaltet oder es ist es nicht. Wenn aber in strafrechtsdogmatischer Hinsicht nahezu einmütig davon ausgegangen wird, dass abstrakte Gefährdungsdelikte Tätigkeitsdelikte sind, so lässt sich die mit dieser Ansicht zwingend verbundene Deliktsstruktur nicht plötzlich deshalb im Strafanwendungsrecht modifizieren, weil sie dort zu unerwünschten Ergebnissen führt. Das Problem lässt sich daher nur so lösen, dass man entweder vor dem Hintergrund der hM zum Deliktstyp abstrakter Gefährdungsdelikte einräumt, dass ein Erfolgsort iSv § 9 Abs. 1 Var. 3 sich nicht begründen lässt (vgl. etwa BGH NStZ-RR 2013, 253; NK-StGB/*Böse* Rn. 11 f. mwN; vgl. auch jüngst *Jansen,* Die Inlandstat, Der Tatbestand des § 9 Abs. 1 Var. 3 StGB, 2014, 56 ff. (145 ff.), 167, 178), der allerdings einen inländischen Tatort dann annimmt, wenn es zu einer konkreten Gefahr kommt) oder man richtigerweise schon in strafrechtsdogmatischer Hinsicht anerkennt, dass auch abstrakte Gefährdungsdelikte einen tatbestandsmäßigen Erfolg voraussetzen (so gegen die ganz hM *Rotsch,* „Einheitstäterschaft" statt Tatherrschaft, 2009, 432 ff.; *Rotsch* ZIS 2014, 583 ff.).

20   Auch das in der Kommentarliteratur diskutierte Sonderproblem von **Straftaten im Internet** (vgl. zB LK-StGB/*Werle/Jeßberger* Rn. 73 ff.; Schönke/Schröder/*Eser* Rn. 7 ff.; Satzger Int. und Europ. StrafR § 5 Rn. 43 ff.; AnwK-StGB/*Zöller* Rn. 15) existiert so in Wahrheit nicht (aA ausdrücklich MüKoStGB/*Ambos* Rn. 28). Die hier in Frage stehenden Delikte sind strukturell nicht als „Internetdelikte" konstruiert. Vielmehr geht es auch bei ihnen meist um abstrakte Gefährdungsdelikte (vgl. insbes. BGHSt 46, 212, wo es um die Anwendbarkeit des – abstrakten Gefährdungsdelikts – § 130 Abs. 1, Abs. 3 geht) und damit allein um die → Rn. 19 diskutierte – und auf dem Boden der hM konsequenterweise zu verneinende – Frage der Möglichkeit, einen Erfolgsort iSd § 9 Abs. 1 Var. 3 zu begründen.

21   **b) Der (vorgestellte) Erfolgsort beim versuchten Delikt gem. Var. 4.** Gem. § 9 Abs. 1 Var. 4 ist ein Tatort auch an jedem Ort begründet, an dem **der zum Tatbestand gehörende Erfolg nach der Vorstellung des Täters eintreten sollte.** Dabei geht es nicht um den Erfolgsort der versuchten Tat (missverst. SSW StGB/*Satzger* Rn. 9), da der Versuch sich regelmäßig dadurch auszeichnet, dass der Eintritt des tatbestandsmäßigen Erfolges gerade ausbleibt oder aber zumindest der Erfolg dem Täter nicht zugerechnet werden kann. Entscheidend ist damit – dem Wortlaut der Var. 4 entsprechend – allein, wo der tatbestandsmäßige Erfolg (insoweit bereits → Rn. 14) nach der Vorstellung des Täters eintreten *sollte.* Dies stellt keinen Widerspruch zu der Feststellung dar, dass es sich bei den tatortbegründenden Umständen um objektive Bedingungen der Strafbarkeit handelt (→ Vorb. §§ 3–7 Rn. 9; vgl. auch LK-StGB/*Werle/Jeßberger* Rn. 105). Denn der Vorsatz des Täters muss sich bei Var. 4 lediglich auf das tatortbegründende tatbestandsmäßige Verhalten beziehen, nicht hingegen ist es erforderlich, dass der Täter weiß, ob der Ort, an dem der Erfolg nach seiner Vorstellung eintreten sollte, im Inland oder Ausland liegt und welche Konsequenzen sich aus dieser Differenzierung ergeben (ebenso LK-StGB/*Werle/Jeßberger* Rn. 105 f.). Der tatsächliche Erfolgsort kann dem vom Täter vorgestellten freilich in denjenigen Fällen entsprechen, in denen der Erfolg zwar am vom Täter vorgestellten Ort eintritt, ihm dieser Erfolgseintritt aber zB deshalb nicht zugerechnet werden kann, weil ein atypischer Kausalverlauf vorliegt. Entscheidend ist auch hier freilich nur die Vorstellung des Täters über den Erfolgsort. Entsprechen tatsächlicher und vorgestellter Erfolgsort sich, ohne dass es an der Zurechenbarkeit fehlt, kommt es auf Var. 4 nicht an; der Tatort ist dann bereits gem. § 9 Abs. 1 Var. 3 begründet.

II. Die Begründung des Tatortes bei Teilnahme, Abs. 2

Da die (limitiert) akzessorische Teilnahme einerseits einen eigenen Handlungsort besitzt und ande- **22** rerseits die ihrerseits einen Handlungs- und Erfolgsort aufweisende Haupttat den Erfolgsort der Teilnahme darstellt, ergeben sich bei der Teilnahme insgesamt zehn mögliche Tatorte, über die die Anwendbarkeit deutschen Strafrechts begründet werden kann (vgl. Satzger Int. und Europ. StrafR § 5 Rn. 36). Dabei ist – wie sich auch aus § 9 Abs. 2 S. 2 ergibt – nicht erforderlich, dass die Haupttat selbst Inlandstat ist (SSW StGB/*Satzger* Rn. 11). Freilich begründet der Teilnahmeort ausschließlich einen Tatort für den Teilnehmer, nicht hingegen begründet er einen weiteren Haupttattort (Schönke/Schröder/*Eser* Rn. 11; SSW StGB/*Satzger* § 9 Rn. 11). Für tatbestandlich „vertäterschaftlichte" Teilnahmehandlungen (vgl. etwa §§ 284 Abs. 1 Var. 3, Abs. 4, 285) gilt nicht § 9 Abs. 2, sondern Abs. 1 (BGH NStZ 2004, 45).

1. Die Begründung des Tatortes über den Erfolgsort der Teilnahme, S. 1 Var. 1 und Var. 4. **23**
a) Der Erfolgsort bei der vollendeten Teilnahme gem. S. 1 Var. 1. Gem. § 9 Abs. 2 S. 1 Var. 1 ist ein Tatort an jedem Ort begründet, an dem **die Tat begangen** ist. Da die durch den Täter begangene Haupttat tatbestandsmäßiger Erfolg der vollendeten Teilnahmehandlung ist, findet auf diesem Weg die Begründung eines Tatortes über den Erfolgsort der Teilnahme statt; dies folgt aus der materiell-rechtlichen (limitierten) Akzessorietät der Teilnahme. Tatsächlich ergeben sich aus dieser Anknüpfung an die Haupttat vor dem Hintergrund der Geltung des Ubiquitätsprinzips (→ Rn. 5) **vier Möglichkeiten der Tatortbegründung.** So kann iRd Haupttat der Tatort über zwei mögliche Handlungsorte – dort, wo der Haupttäter gehandelt hat und dort, wo er hätte handeln müssen (→ Rn. 10 f.) – und über zwei mögliche Erfolgsorte – dort, wo der zum Tatbestand gehörende Erfolg eingetreten ist und dort, wo der Erfolg nach der Vorstellung des Täters eintreten sollte (→ Rn. 14, 21) begründet werden. Danach ergeben die über den Erfolgsort der Teilnahme begründbaren Tatorte sich bei der vollendeten Teilnahme am Begehungsdelikt aus § 9 Abs. 2 S. 1 Var. 1 iVm § 9 Abs. 1 Var. 1, bei der vollendeten Teilnahme am Unterlassungsdelikt aus § 9 Abs. 2 S. 1 Var. 1 iVm § 9 Abs. 1 Var. 2, bei der vollendeten Teilnahme an vollendeter Haupttat aus § 9 Abs. 2 S. 1 Var. 1 iVm § 9 Abs. 1 Var. 3, und bei der vollendeten Teilnahme am Versuch der Haupttat aus § 9 Abs. 2 S. 1 Var. 1 iVm § 9 Abs. 1 Var. 4.

b) Der (vorgestellte) Erfolgsort bei der versuchten Teilnahme gem. S. 1 Var. 4. Bei der **24** versuchten Teilnahme – relevant ist dies nur für die Anstiftung, vgl. § 30 Abs. 1 S. 1 – ist ein Tatort gem. **§ 9 Abs. 2 S. 1 Var. 4** an dem Ort begründet, an dem **nach der Vorstellung des Teilnehmers die Tat begangen werden sollte.** Da Bezugspunkte auch hier (vgl. bereits → Rn. 23) mit dem (vorgestellten) Erfolg der Teilnahme der (vorgestellte) Handlungsort und der (vorgestellte) Erfolgsort der Haupttat sind, führt auch diese Verknüpfung von Teilnahme und Haupttat zu (weiteren) **vier möglichen Tatorten.** Sie ergeben sich bei der versuchten Anstiftung zum Begehungsdelikt aus § 9 Abs. 2 S. 1 Var. 4 iVm § 9 Abs. 1 Var. 1, bei der versuchten Anstiftung zum Unterlassungsdelikt aus § 9 Abs. 2 S. 1 Var. 4 iVm § 9 Abs. 1 Var. 2, bei der versuchten Anstiftung zu vollendeter Haupttat aus § 9 Abs. 2 S. 1 Var. 4 iVm § 9 Abs. 1 Var. 3, und bei der versuchten Anstiftung zum Versuch der Haupttat aus § 9 Abs. 2 S. 1 Var. 4 iVm § 9 Abs. 1 Var. 4. Nach der letzten Möglichkeit ist der Tatort an dem Ort begründet, an dem nach der Vorstellung des Anstifters der Haupttäter sich den Eintritt des Erfolges der Haupttat vorgestellt hat (!).

2. Die Begründung des Tatortes über den Handlungsort der Teilnahme, S. 1 Var. 2 und **25**
Var. 3. a) Der Handlungsort bei der Teilnahme durch aktives Tun gem. S. 1 Var. 2. Ein weiterer Tatort folgt aus dem Handlungsort gem. **§ 9 Abs. 2 S. 1 Var. 2,** er liegt an dem Ort, an dem **der Teilnehmer gehandelt** hat. Damit kommt es darauf an, wo der Anstifter seine Bestimmungshandlung bzw. der Gehilfe seine Hilfeleistungshandlung vorgenommen hat. Im Übrigen gilt das zum Handlungsort beim Begehungsdelikt Gesagte entsprechend (→ Rn. 10).

b) Der Handlungsort bei der Teilnahme durch Unterlassen gem. S. 1 Var. 3. Bei der Teil- **26** nahme durch Unterlassen ist der Tatort zudem gem. **§ 9 Abs. 2 S. 1 Var. 3** an dem Ort begründet, an dem **der Teilnehmer hätte handeln müssen.** Auch hier gilt iÜ das zum Handlungsort beim Unterlassungsdelikt Gesagte entsprechend (→ Rn. 11). Hält man etwa eine Beihilfe durch Unterlassen für möglich, kann die Anwendbarkeit deutschen Strafrechts sich mithin ergeben aus einem inländischen Aufenthaltsort, einem inländischen Erfolgsabwendungsort und einem inländischen Durchgangsort (→ Rn. 11).

3. Inländische Teilnahme an einer Auslandstat, S. 2. Gem. § 9 Abs. 2 S. 2 ist es für die **27** Anwendung deutschen Strafrechts auf den in Deutschland handelnden Teilnehmer **nicht erforderlich,** dass die im Ausland begangene Haupttat, zu der im Inland angestiftet oder Hilfe geleistet wird, an ihrem ausländischen Begehungsort (Handlungs- oder Erfolgsort) **mit Strafe bedroht** ist. Die Vorschrift durchbricht die (limitierte) Akzessorietät der Teilnahme (→ Rn. 22), indem sie die Anwendung deutschen Strafrechts auch für diejenige Inlandsteilnahme zulässt, deren ausländische Bezugstat nach dem Tatortrecht nicht mit Strafe bedroht und damit auch von der Geltung deutschen Strafrechts ausgenommen ist (vgl. § 7). Auch kann die Strafbarkeit der Haupttat nach deutschem Recht nicht etwa mit dem inländischen Tatort der Teilnahme begründet werden (LK-StGB/*Werle/Jeßberger* Rn. 49). Die Vorschrift ist nicht unumstritten (vgl. SK-StGB/*Hoyer* Rn. 16; LK-StGB/*Werle/Jeßberger* Rn. 52). Der zur Legitimation der Norm vorgebrachte Hinweis auf die fließenden Grenzen zwischen Täterschaft und Teilnahme (so ausdrücklich SSW StGB/*Satzger* Rn. 13; ebenso LK-StGB/*Werle/Jeßberger* Rn. 53) führt freilich die jahrzehntelangen Bemühungen der hM ad absurdum, die gesetzlich in §§ 25 ff. terminologisch differenzierten Beteiligungsformen inhaltlich voneinander abzugrenzen (zum Unterschied zwischen nur begrifflicher und auch inhaltlicher Differenzierung als maßgebliches Unterscheidungskriterium eines Einheitstäterprinzips einerseits bzw. eines differenzierenden Beteiligungsformensystems andererseits s. *Rotsch*, „Einheitstäterschaft" statt Tatherrschaft, 2009, 144 ff. mwN; s. auch noch *Rotsch* GS Heine, 2016, 309 ff.).

28   Besonders intrikate **Konsequenzen** hat die Regelung des § 9 Abs. 2 S. 2 bei der **Wirtschaftskorruption.** Wenn etwa deutsche Manager zur Zahlung von Bestechungsgeldern im Ausland vom Inland aus einen einheimischen Vermittler zur Erlangung eines Auftrages einschalten, kommt für sie im Hinblick auf § 299 eine Teilnahmestrafbarkeit selbst dann in Betracht, wenn das Verhalten des Vermittlers im Ausland nicht strafbar ist (vgl. *Rönnau* JZ 2007, 1084 (1086)). Dass der BGH (BGHZ 1994, 268 (272) = BGH NJW 1985, 2405) einräumt, von einem deutschen Unternehmer könne nicht verlangt werden, in Ländern, in denen Korruption üblich sei, auf Bestechung zu verzichten, hilft nicht weiter, wenn er gleichzeitig die getroffene Schmiergeldvereinbarung gem. § 138 BGB für nichtig hält. Im Hinblick auf die Strafbarkeit gem. § 299 bleibt dann nur § 153c Abs. 1 Nr. 1 StPO (*Rönnau* JZ 2007, 1084 (1086)).

§ 10 Sondervorschriften für Jugendliche und Heranwachsende

Für Taten von Jugendlichen und Heranwachsenden gilt dieses Gesetz nur, soweit im Jugendgerichtsgesetz nichts anderes bestimmt ist.

§ 11 Personen- und Sachbegriffe

(1) Im Sinne dieses Gesetzes ist
1. **Angehöriger:**
   wer zu den folgenden Personen gehört:
   a) **Verwandte und Verschwägerte gerader Linie, der Ehegatte, der Lebenspartner, der Verlobte, auch im Sinne des Lebenspartnerschaftsgesetzes, Geschwister, Ehegatten oder Lebenspartner der Geschwister, Geschwister der Ehegatten oder Lebenspartner, und zwar auch dann, wenn die Ehe oder die Lebenspartnerschaft, welche die Beziehung begründet hat, nicht mehr besteht oder wenn die Verwandtschaft oder Schwägerschaft erloschen ist,**
   b) **Pflegeeltern und Pflegekinder;**
2. **Amtsträger:**
   wer nach deutschem Recht
   a) **Beamter oder Richter ist,**
   b) **in einem sonstigen öffentlich-rechtlichen Amtsverhältnis steht oder**
   c) **sonst dazu bestellt ist, bei einer Behörde oder bei einer sonstigen Stelle oder in deren Auftrag Aufgaben der öffentlichen Verwaltung unbeschadet der zur Aufgabenerfüllung gewählten Organisationsform wahrzunehmen;**
2a. **Europäischer Amtsträger:**
   wer
   a) **Mitglied der Europäischen Kommission, der Europäischen Zentralbank, des Rechnungshofs oder eines Gerichts der Europäischen Union ist,**
   b) **Beamter oder sonstiger Bediensteter der Europäischen Union oder einer auf der Grundlage des Rechts der Europäischen Union geschaffenen Einrichtung ist oder**
   c) **mit der Wahrnehmung von Aufgaben der Europäischen Union oder von Aufgaben einer auf der Grundlage des Rechts der Europäischen Union geschaffenen Einrichtung beauftragt ist;**
3. **Richter:**
   wer nach deutschem Recht Berufsrichter oder ehrenamtlicher Richter ist;
4. **für den öffentlichen Dienst besonders Verpflichteter:**
   wer, ohne Amtsträger zu sein,
   a) **bei einer Behörde oder bei einer sonstigen Stelle, die Aufgaben der öffentlichen Verwaltung wahrnimmt, oder**

b) **bei einem Verband oder sonstigen Zusammenschluß, Betrieb oder Unternehmen, die für eine Behörde oder für eine sonstige Stelle Aufgaben der öffentlichen Verwaltung ausführen,**

beschäftigt oder für sie tätig und auf die gewissenhafte Erfüllung seiner Obliegenheiten auf Grund eines Gesetzes förmlich verpflichtet ist;

5. **rechtswidrige Tat:**
nur eine solche, die den Tatbestand eines Strafgesetzes verwirklicht;
6. **Unternehmen einer Tat:**
deren Versuch und deren Vollendung;
7. **Behörde:**
auch ein Gericht;
8. **Maßnahme:**
jede Maßregel der Besserung und Sicherung, der Verfall, die Einziehung und die Unbrauchbarmachung;
9. **Entgelt:**
jede in einem Vermögensvorteil bestehende Gegenleistung.

(2) **Vorsätzlich im Sinne dieses Gesetzes ist eine Tat auch dann, wenn sie einen gesetzlichen Tatbestand verwirklicht, der hinsichtlich der Handlung Vorsatz voraussetzt, hinsichtlich einer dadurch verursachten besonderen Folge jedoch Fahrlässigkeit ausreichen läßt.**

(3) **Den Schriften stehen Ton- und Bildträger, Datenspeicher, Abbildungen und andere Darstellungen in denjenigen Vorschriften gleich, die auf diesen Absatz verweisen.**

Literatur: *Dahs/Müssig,* Strafbarkeit kommunaler Mandatsträger als Amtsträger?, NStZ 2006, 191; *Deiters,* Zur Frage der Strafbarkeit von Gemeinderäten wegen Vorteilsannahme und Bestechlichkeit, NStZ 2003, 453; *Haft,* Freiberufler sind keine Amtsträger, NJW 1995, 1113; *Heinrich,* Der Amtsträgerbegriff im Strafrecht, 2001; *Kretschmer,* Die nichteheliche Lebensgemeinschaft in ihren strafrechtlichen und strafprozessualen Problemen, JR 2008, 51; *Müther,* Die verflixten Angehörigen. Legaldefinition und allgemeiner Sprachgebrauch am Beispiel des strafrechtlichen Angehörigenbegriffs, JA 2004, 375; *Niehaus,* Zur Korruptionsstrafbarkeit kommunaler Mandatsträger, ZIS 2008, 49; *Sinner,* Aufgabenprivatisierung und Amtsträgerbegriff, HRRS 2008, 327; *Sowada,* Das „unechte Unternehmensdelikt" – eine überflüssige Rechtsfigur, GA 1988, 195; *Walther,* Grundfragen zum Begriff des Amtsträgers und dem des für den öffentlichen Dienst besonders Verpflichteten, JURA 2009, 421; *Wolters,* Das Unternehmensdelikt, 2001.

Zu Einzelfragen s. auch die Literatur zu den Paragrafen, welche die in § 11 definierten Begriffe verwenden.

A. Abs. 1

I. Angehöriger, Nr. 1

Die Angehörigeneigenschaft zeigt einerseits strafausschließende oder -reduzierende Wirkung (zB **1** §§ 35 Abs. 1, 139 Abs. 3, 157 Abs. 1, 213, 258 Abs. 6), andererseits begründet sie ggf. ein absolutes oder relatives Strafantragserfordernis (zB §§ 247, 248c Abs. 3, 263 Abs. 4, 263a Abs. 2, 265a Abs. 3, 266 Abs. 2, 294), zur strafprozessualen Bedeutung s. § 52 Abs. 1 StPO. Dem liegt eine Rücksichtnahme auf typisierte Näheverhältnisse zugrunde, denen eine Neigung zu gegenseitiger Schonung und Hilfe innewohnt (SK-StGB/*Rudolphi/Stein* Rn. 1).

Die Verwandtschaft gerader Linie ergibt sich aus § 1589 Abs. 1 S. 1 BGB und betrifft Eltern, Groß- **2** eltern, Kinder, Enkel usw. Zur Verschwägerung s. § 1590 Abs. 1 S. 1 BGB und § 11 Abs. 2 S. 1 LPartG. Ehegatten sind die nach den §§ 1303 ff. BGB Verheirateten. Der Lebenspartner richtet sich nach § 1 LPartG (LK-StGB/*Hilgendorf* Rn. 11, anders *Müther* JA 2004, 375 (377 f.); zur Lebenspartnerschaft bei Transsexualität BVerfG NJW 2011, 909). Verlobt (vgl. §§ 1297 ff. BGB) sind Personen, die sich die Eingehung einer Ehe oder einer Lebenspartnerschaft versprochen haben. Geschwister sind Personen, die von mindestens einem gemeinsamen Elternteil abstammen (Fischer Rn. 9). Bei Ehen, Lebenspartnerschaften, Verwandtschafts- und Schwägerschaftsbeziehungen besteht das Angehörigenverhältnis – als gesetzliche unwiderlegliche Vermutung, dass das besondere Näheverhältnis weiterbesteht – fort, anders als bei Verlobten.

Einer (wegen § 1 ohnehin nur zugunsten des Täters denkbare) analoge Anwendung der Vorschrift, **3** etwa auf nichteheliche Lebensgemeinschaften, scheitert am Erfordernis der planwidrigen Regelungslücken (SK-StGB/*Rudolphi/Stein* Rn. 5a, b; vgl. *Kretschmer* JR 2008, 51).

Die Nennung von Pflegeeltern und Pflegekinder erfasst (anders als § 1630 Abs. 2 BGB) nur solche **4** Pflegeverhältnisse, in denen ein dauerhaftes persönliches Näheverhältnis begründet wird (RGSt 58, 61; 70, 324; SK-StGB/*Rudolphi/Stein* Rn. 5).

II. Amtsträger und für den öffentlichen Dienst besonders Verpflichteter, Nr. 2–4

Die definierten Begriffe werden ua in §§ 97b Abs. 2, 113, 120 Abs. 2, 121, 133 Abs. 3, 164, 201 **5** Abs. 3, 206 Abs. 4, 258a, 263, 264, 331 ff., 339, 340, 343 ff., 353b und 355 verwendet. Vgl. daher auch die dortigen Darstellungen, insbesondere zu §§ 331 ff.

Die Legaldefinitionen nehmen auf deutsches Recht Bezug. Europäische Amtsträger sind nun durch **6** Nr. 2a erfasst, nicht jedoch Amtsträger anderer EU-Mitgliedstaaten.

7   **1. Beamter, Nr. 2 lit. a.** Beamter ist, wer zur Tatzeit öffentlich-rechtlich (BRRG, BBG, Landes-beamtengesetze) wirksam in ein Beamtenverhältnis berufen wurde, sog Beamter im statusrechtlichen Sinne (Lackner/Kühl/*Heger* Rn. 4; *Walther* JURA 2009, 421 (422)). Wer Dienstherr ist, ist unerheblich (Bund, Länder, Gemeinden usw), ebenso die Art des Beamtenverhältnisses (auf Lebenszeit, auf Probe, auf Widerruf, Ehrenbeamter). Zusätzliche Merkmale enthalten die einzelnen Delikte des Besonderen Teils.

8   **2. Richter, Nr. 2 lit. a, Nr. 3.** Nr. 2 lit. a schließt den Richter als Amtsträger ein, Nr. 3 definiert den Begriff des Richters. Berufsrichter ist, wer wirksam gem. §§ 8 ff. DRiG in ein Richterverhältnis (auf Lebenszeit, auf Probe oder kraft Auftrags) berufen ist (SK-StGB/*Rudolphi/Stein* Rn. 19a). Ehren-amtlicher Richter sind gem. §§ 44 ff. die dazu Ernannten, insbesondere die Schöffen gem. §§ 31 ff., 77 GVG und Handelsrichter (§§ 107 ff. GVG).

9   **3. In einem sonstigen öffentlich-rechtlichen Amtsverhältnis Stehender, Nr. 2 lit. b.** Hierun-ter fallen Personen, die in einem Dienst- und Treueverhältnis mit personaler Bindung an den Staat stehen und zumindest auch Aufgaben der öffentlichen Verwaltung wahrnehmen (SK-StGB/*Rudolphi/Stein* Rn. 20, vgl. auch Nr. 2 lit. c), zB der Bundespräsident, die Minister der Bundesregierung und der Landesregierungen sowie Notare (LK-StGB/*Hilgendorf* Rn. 31); nicht jedoch Soldaten, für die § 48 WStG eine Sonderregelung enthält (vgl. BGH NJW 2011, 1979).

10   **4. Zur Wahrnehmung von Aufgaben der öffentlichen Verwaltung Bestellter, Nr. 2 lit. c.** Zur Behörde s. → Rn. 15. Sonstige Stellen sind Institutionen, die berufen sind, bei der Ausführung von Gesetzen mitzuwirken (SK-StGB/*Rudolphi/Stein* Rn. 30a). Aufgaben der öffentlichen Verwaltung sind diejenigen Tätigkeiten der öffentlichen Hand, die nach Abzug von Gesetzgebung, Rechtsprechung, Regierung und Militär verbleiben (vgl. NK-StGB/*Saliger* Rn. 30). Zu kommunalen Mandatsträgern *Dahs/Müssig* NStZ 2006, 191; *Deiters* NStZ 2003, 453; *Niehaus* ZIS 2008, 49. Dies kann auch in privatrechtlicher Handlungsform der Fall sein (BGHSt 42, 230). Erforderlich ist aber, dass diese dem Staat zurechenbar ist und als verlängerter Arm des Staates dient (BGHSt 43, 370 (377); *Heinrich,* Der Amtsträgerbegriff im Strafrecht, 2001, 385; *Haft* NJW 1995, 1113 (1114); zum kommunalen Wohnungs-bauunternehmen BGH NJW 2007, 2932; *Sinner* HRRS 2008, 327). „Wahrnehmung" setzt voraus, dass die Person aufgrund inhaltlicher Befassung mit der Aufgabe das Ergebnis mitbestimmt (SK-StGB/*Rudolphi/Stein* Rn. 29 ff.). Die Bestellung hierzu verlangt einen verwaltungsrechtlich wirksamen Akt der Aufgabenübertragung (LK-StGB/*Hilgendorf* Rn. 35). An den Vorsatz des Handelnden bzgl. der Bestel-lung sind nicht zu hohe Anforderungen zu stellen (BGH NStZ-RR 2013, 168). Vertragsärzte werden bei Erfüllung ihrer Verpflichtung zur vertragsärztlichen Versorgung der Patienten als Amtsträger iSd § 11 Abs. 1 Nr. 2 lit. c tätig (BGH NStZ 2012, 35).

10a   **5. Europäische Amtsträger, Nr. 2a.** Die Nr. 2a wurde eingefügt durch das Gesetz zur Bekämpfung der Korruption vom 20.11.2015 (BGBl. I 2025) mWv 26.11.2015. Erfasst werden alle Personen, die bisher nach Art. 2 § 1 Abs. 1 Nr. 2 Buchst. b und c und Abs. 2 EUBestG den (deutschen) Amtsträgern für die Anwendung der dort genannten Straftatbestände gleichgestellt waren. Daneben sind die Mit-glieder eines Gerichts der Europäischen Union mit in die Definition aufgenommen worden, die bisher nach Art. 2 § 1 Abs. 1 Nr. 1 Buchst. b EUBestG den (deutschen) Richtern gleichgestellt waren (vgl. BT-Drs. 16/6558, 11; 18/4250, 18).

11   **6. Für den öffentlichen Dienst besonders Verpflichteter, Nr. 4.** Zu Behörden und sonstigen Stellen sowie Aufgaben der öffentlichen Verwaltung (lit. a) → Rn. 15 bzw. → Rn. 10. Verband (lit. b) ist ein Zusammenschluss von natürlichen oder juristischen Personen oder Vereinigungen zur Förderung gemeinsamer Interessen (SK-StGB/*Rudolphi/Stein* Rn. 34). Zum Betrieb und Unternehmen s. Erl. zu § 14. Beschäftigt ist, wer in einem Dauerverhältnis angestellt ist (LK-StGB/*Hilgendorf* Rn. 70). Tätig für eine solche ist man, wenn man in deren vorübergehendem Auftrag (dh Geschäftsbesorgungsvertrag, Werkvertrag oÄ) handelt. Die förmliche Verpflichtung richtet sich nach dem VerpflichtungsG.

III. Rechtswidrige Tat, Nr. 5

12   Die Legaldefinition ist entbehrlich (SK-StGB/*Rudolphi/Stein* Rn. 38), da sich ihr Aussagegehalt schon aus den strafrechtlichen Vorschriften ergibt, die von dem Begriff der rechtswidrigen Tat Gebrauch machen (zB §§ 12, 26, 27, 35, 63, 64, 69, 70, 73 ff., 111, 140, 145d, 164 Abs. 1, 258).

IV. Unternehmen einer Tat, Nr. 6

13   In verschiedenen Vorschriften wird das „Unternehmen" einer Tat strafbewehrt (zB §§ 81, 82, 108e Abs. 1, 131 Abs. 1 Nr. 4, 307 Abs. 1, 309 Abs. 1, 2, 316c Abs. 1 Nr. 2), sog echte Unternehmensdelikte (*Wolters,* Das Unternehmensdelikt, 2001, 24 ff.). Fälle der Versuchsdefinition des § 22 werden hier der Vollendung gleichgestellt. § 23 Abs. 2 ist ebenso wenig (analog) anzuwenden (SK-StGB/*Rudolphi/Stein* Rn. 42) wie § 24 oder (mangels planwidriger Regelungslücken) spezielle Rücktrittsregelungen.

14   In der Lehre wird auch die Rechtsfigur des unechten Unterlassungsdelikts diskutiert. Hierunter werden solche Delikte verstanden, deren Tathandlungen eine materielle Versuchsstruktur haben (hierzu

Sowada GA 1988, 201 ff.), zB §§ 111 (auffordern), 113 (angreifen), 125 (einwirken), 145d (vortäuschen), 257 und 323c (Hilfe leisten). Schon wegen Art. 103 Abs. 2 GG kann aber aus einer derartigen dogmatischen Einordnung nichts folgen. Der Anwendungsbereich der jeweiligen tatbestandsmäßigen Handlung verbleibt jeweils autonomer Gegenstand der Normauslegung. Die analoge Anwendung von täterbegünstigenden Versuchsvorschriften scheitert wiederum am Fehlen planwidriger Regelungslücken (SK-StGB/*Rudolphi*/*Stein* Rn. 47).

V. Behörde, Nr. 7

Die klarstellende Regelung der Norm, die auch für das Adjektiv „behördlich" gilt (SK-StGB/*Rudol-* **15** *phi*/*Stein* Rn. 48), erklärt sich aus der staatlichen Gewaltenteilung. Was unter einer Behörde zu verstehen ist, regelt die Vorschrift nicht, sondern überlässt dies der Auslegung der jeweiligen den Begriff verwendenden Norm (zB §§ 11 Abs. 1 Nr. 2 und 4, 44 Abs. 2, 138 Abs. 2, 145d, 156, 203 Abs. 1 Nr. 4, 277 ff.). Diese wird sich an § 1 Abs. 4 VwVfG orientieren. Auch was ein „Gericht" ist, enthält die Norm nicht, sondern überlässt die der Auslegung der verwendenden Norm (zB §§ 153, 154). Der Wortlaut lässt ein weites Verständnis einschließlich der Ehren- und Disziplinargerichte zu, sofern nur hoheitliche Kompetenzen vorhanden sind. (LK-StGB/*Hilgendorf* Rn. 95). Es ist auch nicht ausgeschlossen, ausländische und supranationale Spruchkörper zu erfassen (Fischer Rn. 29; MükoStGB/*Radtke* Rn. 127).

VI. Maßnahme, Nr. 8

Die Vorschrift hat eine gesetzestechnische Funktion, indem sie die Kurzformel (SK-StGB/*Rudolphi*/ **16** *Stein* Rn. 49) der Maßnahme für die abschließend (NK-StGB/*Saliger* Rn. 67) aufgeführten Sanktionen (s. §§ 63 ff.) festlegt (verwendet zB in §§ 52 Abs. 4, 55 Abs. 2, 78, 79, 258 Abs. 1, 258a Abs. 1, 344, 345 Abs. 3). Eine ausdrückliche Verweisung wäre (im Umkehrschluss zu Abs. 3) nicht erforderlich. Eine abweichende Auslegung des Begriffs, zB in § 164, ist aber möglich.

VII. Entgelt, Nr. 9

Auf eine Entgeltlichkeit wird zB in den §§ 203 Abs. 5, 235 Abs. 4 Nr. 2, 265a, 265b Abs. 3 Nr. 2 **17** Bezug genommen. Die erforderliche Gegenleistungsabrede (Synallagma) muss nicht rechtlich wirksam sein (SK-StGB/*Rudolphi*/*Stein* Rn. 50). Insbesondere ist eine Nichtigkeit gem. §§ 134, 138 BGB unbeachtlich. Der Begriff des Vermögensvorteils verlangt nur, dass die vereinbarte Gegenleistung als solche einen geldwerten Vorteil darstellt, nicht aber, dass sich nach Saldierung von Leistung und Gegenleistung ein Gewinn ergibt (MüKoStGB/*Radtke* Rn. 133).

B. Abs. 2

Die Legaldefinition zielt zum einen ab auf die sog eigentlichen Vorsatz-Fahrlässigkeits-Kombinationen **18** (SK-StGB/*Rudolphi*/*Stein* Rn. 51), dh solche Tatbestände, bei denen ein Vorsatz-Teil durch einen Fahrlässigkeits-Teil ergänzt wird (zB §§ 97 Abs. 1, 307 Abs. 2, 308 Abs. 5, 315 Abs. 5, 315a Abs. 5 Nr. 1, 315b Abs. 4, 315c Abs. 3 Nr. 1, 353b Abs. 1 S. 2). Zum anderen geht es um die erfolgsqualifizierten Delikte als uneigentliche Vorsatz-Fahrlässigkeits-Kombinationen (zB §§ 221 Abs. 3, 226 Abs. 1, 227, 251, 307 Abs. 3, 308 Abs. 2, 3, 309 Abs. 4, 312 Abs. 4, 314 Abs. 2, 318 Abs. 4). Die Vorschrift ermöglicht für diese Delikte trotz Teilfahrlässigkeit eine Teilnahmestrafbarkeit nach §§ 26, 27 (vgl. OLG Stuttgart MDR 1976, 335).

C. Abs. 3

Vorschriften, in denen der Begriff der „Schriften" vorkommt und in denen auf § 11 Abs. 3 verwiesen **19** werden, nur für diese gilt § 11 Abs. 3, sind zB die §§ 74d, 80a, 86 Abs. 2, 86a Abs. 1, 90 Abs. 1, 90a Abs. 1, 90b Abs. 1, 103 Abs. 2, 111 Abs. 1, 165 Abs. 1, 166, 186, 187, 188 Abs. 1, 194 Abs. 1, 200 Abs. 1.

Die Norm enthält keine näheren Begriffsbestimmungen. Schrift ist die stofflich verkörperte Zusam- **20** menstellung von Zeichen, die für einen gedanklichen Inhalt stehen (SK-StGB/*Rudolphi*/*Stein* Rn. 57; vgl. RGSt 47, 113 (224), BGHSt 13, 175 (376)). Darstellung als Oberbegriff zu den weiteren genannten Verkörperungsformen, „andere" – erfordert, auch in Abgrenzung zu „Live-Darstellungen", eine gewisse Dauerhaftigkeit (Schönke/Schröder/*Eser*/*Hecker* Rn. 69). Ton- und Bildträger sind Sachen, die auf technischem Wege (analog oder digital) gespeicherte Informationen über Töne oder Tonfolgen bzw. Bilder oder Bildfolgen enthalten, welche mit Hilfe eines maschinellen Datenverarbeitungsvorgangs akustisch bzw. optisch wahrnehmbar gemacht werden können (SK-StGB/*Rudolphi*/*Stein* Rn. 59). Datenspeicher sind alle elektronischen, elektromagnetischen, optischen, chemischen oder auf sonstige Weise erfolgenden Aufzeichnungen von gedankliche Inhalte verkörpernden Daten (LK-StGB/*Hilgendorf*

Rn. 121). Abbildungen sind optische Wiedergaben der Außenwelt in Fläche und Raum, die durch Auge oder Tastsinn unmittelbar wahrgenommen werden können (MüKoStGB/*Radtke* Rn. 149).

§ 12 Verbrechen und Vergehen

(1) **Verbrechen sind rechtswidrige Taten, die im Mindestmaß mit Freiheitsstrafe von einem Jahr oder darüber bedroht sind.**

(2) **Vergehen sind rechtswidrige Taten, die im Mindestmaß mit einer geringeren Freiheitsstrafe oder die mit Geldstrafe bedroht sind.**

(3) **Schärfungen oder Milderungen, die nach den Vorschriften des Allgemeinen Teils oder für besonders schwere oder minder schwere Fälle vorgesehen sind, bleiben für die Einteilung außer Betracht.**

Literatur: *Eisele,* Die Regelbeispielsmethode im Strafrecht, 2004.

1   **1. Allgemeines.** Zur Entstehungsgeschichte LK-StGB/*Hilgendorf* Vor Rn. 1.

   a) Bedeutung der Norm. Die Vorschrift enthält Legaldefinitionen der Begriffe „Verbrechen" und „Vergehen" (nach Abschaffung der Übertretungen im Jahr 1975 ist diese Dichotomie verblieben; BGHSt 28, 93 (95); SK-StGB/*Hoyer* Rn. 1). An diese Begrifflichkeit schließen sich materiell-rechtliche (§§ 23 Abs. 1, 30, 45, 126 Abs. 1, 138 Abs. 1 Nr. 6, 241, 261 Abs. 1 S. 2 Nr. 1) und prozessuale (§§ 53 Abs. 2 S. 2, 81h Abs. 1, 100c Abs. 2 Nr. 1g, 110a Abs. 1 S. 2, 140 Abs. 1 Nr. 2, 153, 153a, 154c Abs. 2, 373a Abs. 1, 397a Abs. 1 S. 1, 407 StPO, §§ 24, 25, 74 Abs. 1 GVG, § 1 Abs. 2 Nr. 2 OEG) Konsequenzen an (vgl. zB MüKoStGB/*Radtke* Rn. 7 f.; LK-StGB/*Hilgendorf* Rn. 2 f.). Die Verjährungszeit wird von der Einteilung nicht berührt (§ 78).

2   Die Norm gilt auch im Nebenstrafrecht (vgl. auch § 3 WStG und § 2 VStGB). Im Jugendstrafrecht nimmt § 4 JGG auf § 12 Bezug (vgl. schon BGHSt 8, 78 (80)).

3   **b) Abschichtung von Vergehen und Verbrechen. aa) Formal-quantitativ.** Die Abgrenzung von Verbrechen und Vergehen erfolgt rein formal-quantitativ (SK-StGB/*Hoyer* Rn. 2; MüKoStGB/*Radtke* Rn. 10) nach der Art (Freiheitsstrafe) und Untergrenze (ein Jahr) der Hauptstrafe. Die Norm hat daher rein gesetzestechnische Bedeutung, indem sie materiell-rechtliche und prozessuale Abschichtungen qua Globalverweisung erleichtert (vgl. Schönke/Schröder/*Eser*/*Hecker* Rn. 4; SK-StGB/*Hoyer* Rn. 3: „abkürzungstechnische Funktion").

4   Die Berücksichtigung materieller Gesichtspunkte obliegt dem Gesetzgeber bei der Festlegung der Strafrahmen. Zu (rechtspolitisch beachtlichen) materiellen Verbrechenskriterien vgl. nur Schönke/Schröder/*Eser*/*Hecker* Rn. 21; LK-StGB/*Hilgendorf* Rn. 7. Der sachliche Unterschied zwischen Verbrechen und Vergehen wird insbesondere durch die Einführung benannter und unbenannter schwerer und minder schwerer Fälle nivelliert (MüKoStGB/*Radtke* Rn. 9).

5   Nebenstrafen, Nebenfolgen und Maßnahmen berühren die Einteilung nicht (LK-StGB/*Hilgendorf* Rn. 5).

6   **bb) Abstrakt.** Die Einordnung erfolgt allein nach den Regelstrafrahmen, die den anwendbaren Tatbeständen abstrakt zugeordnet sind, sog abstrakte Betrachtungsweise (Lackner/Kühl/*Heger* Rn. 2). Auf die tatsächlich verhängte Strafe kommt es nicht an (vgl. noch KG DRZ 1947, 99).

7   **2. Einzelfragen. a) Abs. 3: Unbeachtliche Strafschärfungs- und Strafmilderungsgründe.** Unbeachtlich sind zum einen (fakultative oder obligatorische; Schönke/Schröder/*Eser*/*Hecker* Rn. 8) Schärfungen und Milderungen (§ 49 Abs. 1) des Allgemeinen Teils (§§ 13 Abs. 2, 17 S. 2; 21, 23 Abs. 2, 27 Abs. 2, 28 Abs. 1, 30, 35 Abs. 2, 46a, 46b).

8   Zum anderen beeinflussen besonders schwere und minder schwere Fälle die Einordnung nicht (*Eisele,* Die Regelbeispielsmethode im Strafrecht, 2004, 168). Dies gilt für unbenannte Strafänderungen (zB §§ 212 Abs. 2, 306 Abs. 3), aber auch für benannte Erschwerungen oder Milderungen, sog Regelbeispiele (BGHSt 26, 97; SK-StGB/*Hoyer* Rn. 5; MüKoStGB/*Radtke* Rn. 15 f.).

9   Auch Tatbestände (§§ 83a, 113 Abs. 4), bei denen das Gericht nach Ermessen die Strafe mildern kann (§ 49 Abs. 2), werden durch diese Möglichkeit nicht anders eingeordnet (Schönke/Schröder/*Eser*/*Hecker* Rn. 9).

10   **b) Beachtliche Strafänderungsgründe.** Strafänderungsgründe, die anders als Regelbeispiele abschließend und zwingend sind, vielmehr neue Tatbestände mit neuen Strafdrohungen bilden (SK-StGB/*Hoyer* Rn. 6), werden nach ihrer gegenüber dem Grunddelikt modifizierten Rechtsfolge eingeordnet (Schönke/Schröder/*Eser*/*Hecker* Rn. 11 f.). Dies betrifft Qualifikationen (zB die Heraufstufung des § 223 durch §§ 226, 227), Privilegierungen (zB die Herabstufung des § 212 durch § 216) und (selbstverständlich) als eigenständig anerkannte Tatbestände, zB § 249 im Vergleich zu §§ 242 und 240 (MüKoStGB/*Radtke* Rn. 18 f.). Ob es sich bei dem modifizierenden Umständen um täterbezogene oder tatbezogene Merkmale handelt, ist irrelevant (Schönke/Schröder/*Eser*/*Hecker* Rn. 12).

c) **Versuch, Teilnahme, versuchte Beteiligung.** Versuch, Teilnahme und versuchte Beteiligung 11 werden als unselbstständige Erscheinungsform der Delikte ebenso wie diese eingeordnet (Lackner/ Kühl/*Heger* Rn. 4).

Anders ist dies nur bei einer Veränderung der Deliktsqualität aufgrund § 28 Abs. 2 (SK-StGB/*Hoyer* 12 Rn. 7; vgl. BGHSt 6, 308 (309)).

Vorbemerkungen zu §§ 13–14

Der 1. Titel des Zweiten Abschnitts des Strafgesetzbuches (§§ 13–21) befasst sich mit den allgemeinen 1 Merkmalen der Straftat. Hierzu gehören insbesondere der Handlungsbegriff und der Begriff der Straftat und des Straftatbestandes sowie die unterschiedlichen Deliktstypen (vgl. insoweit LK-StGB/*Walter* Rn. 1 ff.; MüKoStGB/*Freund* Rn. 1 ff.; SSW StGB/*Kudlich* Rn. 1 ff.). Aus diesem Bereich gewinnen in wirtschaftsstrafrechtlichen Fallgestaltungen vor allem Fragen im Zusammenhang mit der **Zurechnung** deliktischer Erfolge bei den sog Erfolgsdelikten zunehmend an Bedeutung. Diese stellen sich namentlich bei Kollektiventscheidungen und in der strafrechtlichen Behandlung der Produkthaftungsfälle (vgl. hierzu Wabnitz/Janovsky WirtschaftsStR-HdB/*Raum* Kap. 4 Rn. 29 ff., 47 ff.; *Hilgendorf*, Strafrechtliche Produzentenhaftung in der „Risikogesellschaft", 1995, 115 ff.; *Neudecker*, Die strafrechtliche Verantwortlichkeit der Mitglieder von Kollegialorganen, 1995, 224 f.; *Weißer*, Kausalitäts- und Täterschaftsprobleme bei der strafrechtlichen Würdigung pflichtwidriger Kollegialentscheidungen, 1996, 113 ff.; *Kraatz*, Die fahrlässige Mittäterschaft, 2006, 367; *Schaal*, Strafrechtliche Verantwortlichkeit bei Gremienentscheidungen in Unternehmen, 2001, 22; *Knauer*, Die Kollegialentscheidung im Strafrecht, 2001, 84; Tiedemann WirtschaftsStR AT Rn. 281 ff.; NK-StGB/*Puppe* Rn. 109; MüKoStGB/*Freund* Rn. 319 f.; LK-StGB/*Walter* Rn. 80 ff.).

A. Allgemeine Anforderungen der strafrechtlichen Zurechnung

I. Erfolgsdelikte

Nur bei den sog **Erfolgsdelikten** stellt sich die weitere Voraussetzung eines Zusammenhangs 2 zwischen Tathandlung und Taterfolg, weil der tatbestandlich umschriebene Erfolg gerade auf der Tathandlung beruhen muss. Zu den Erfolgsdelikten zählen **Verletzungsdelikte,** die einen Schadenseintritt am geschützten Rechtsgut für die tatbestandliche Erfüllung verlangen, und **konkrete Gefährdungsdelikte,** bei denen der Eintritt einer konkreten Gefahr für das zu schützende Rechtsgut ausreichend, aber auch notwendig ist (zu den Einzelheiten vgl. Fischer Rn. 18; Tiedemann WirtschaftsStR AT Rn. 167).

Keine Erfolgsdelikte sind dagegen – wie die **Tätigkeitsdelikte** allgemein – die **abstrakten Gefähr-** 3 **dungsdelikte.** Anders als bei den konkreten Gefährdungsdelikten gehört der Eintritt einer Gefahr für das zu schützende Rechtsgut nicht zum Tatbestand. Ausreichend ist die Vornahme der tatbestandlich umschriebenen Handlung, die aber deshalb bestraft wird, weil sie abstrakt gefährlich ist (zB §§ 264, 264a, 265b). Die Gefährlichkeit selbst ist allein Strafgrund. Eine Untergruppe der abstrakten Gefährdungsdelikte sind die **Eignungs- oder potentiellen Gefährdungsdelikte** (auch abstrakt-konkrete oder besondere abstrakte Gefährdungsdelikte genannt). Bei diesen ist zwar ebenfalls der Eintritt einer konkreten Gefahr nicht erforderlich. Notwendig ist – im Gegensatz zu den abstrakten Gefährdungsdelikten – aber das Vorliegen einer generellen Gefährlichkeit von konkreter Tat oder Tatmittel (zB „einer das Leben gefährdenden Behandlung" in § 224 Abs. 1 Nr. 5). Auf einen konkreten Zurechnungszusammenhang zwischen Handlung und Gefahr kommt es somit auch hier nicht an (zum Ganzen vgl. Fischer Rn. 19).

II. Kausalität

Die bei den Erfolgsdelikten erforderliche Verknüpfung zwischen Tathandlung und Erfolg setzt nach 4 stRspr und Teilen der Lit. zunächst einen quasinaturwissenschaftlich-empirischen Zusammenhang, den sog Kausalzusammenhang, voraus, der nach der **Bedingungs- und Äquivalenztheorie** bestimmt wird. Hiernach ist **jede Bedingung kausal, die nicht hinweggedacht werden kann, ohne dass der Erfolg entfiele** (BGHSt 1, 332; 2, 20 (24); 39, 195 (197); 45, 270 (294 f.); zur Rspr. vgl. auch Fischer Rn. 21; sowie ua Schönke/Schröder/*Eisele* Rn. 73a; SK-StGB/*Rudolphi/Stein* Rn. 25, die allerdings auf den Erfolg in seiner konkreten Gestalt abstellen). Dagegen findet sich teilweise in der Lit. die ursprünglich von *Engisch* entwickelte **Lehre von der gesetzmäßigen Bedingung,** nach der Kausalität vorliegt, wenn sich an die Handlung Veränderungen in der Außenwelt angeschlossen haben, die mit der Handlung gesetzmäßig verbunden sind und sich als tatbestandsmäßiger Erfolg darstellen (zu den Einzelheiten hierzu und zu den Abwandlungen von Kindhäuser und Puppe sowie weiteren Abwandlungen der Bedingungs- und Äquivalenztheorie und der Kritik an der Bedingungs- und Äquivalenztheorie vgl. LK-StGB/*Walter* Rn. 72 ff.; Lackner/Kühl/*Kühl* Rn. 10; MüKoStGB/*Freund* Rn. 307; Fischer Rn. 22 ff.).

5   Nach der obigen Definition der Bedingungstheorie gilt für die Bestimmung des Kausalzusammenhangs zwischen Handlung und Erfolg das Folgende:

6   Für die Bestimmung der kausalen Bedingung kommt es allein darauf an, ob der Erfolg bei **Hinwegdenken der Handlung** entfallen würde. Dabei ist jede Handlung bzw. Bedingung gleichwertig. Auf die Zahl der Zwischenursachen und die Wertigkeit einer Bedingung kommt es nicht an. Verboten ist hiernach jegliches Hinzudenken von Handlungen oder Bedingungen, so dass **hypothetische Ersatzursachen oder Kausalverläufe** außer Betracht bleiben. Dies ist allgemein anerkannt (LK-StGB/*Walter* Rn. 76 mwN; LPK-StGB/*Kindhäuser* Rn. 81 f.; BGHSt 2, 20). Zur Klarstellung wird überwiegend das Definitionselement „Erfolg" dahingehend erweitert, dass es auf den „Erfolg in seiner konkreten Gestalt" ankommen muss (vgl. exemplarisch BWM StrafR AT § 14 Rn. 11 ff.; LPK-StGB/*Kindhäuser* Rn. 80; LK-StGB/*Walter* Rn. 79). So wird die Ursächlichkeit einer KZ-Einweisung für den Tod des Häftlings nicht dadurch beseitigt, dass sonst ein anderer das Opfer eingewiesen hätte (BGHSt 2, 20 (24)).

7   Anders ist dies in den Fällen des Abbruchs **rettender Kausalverläufe.** Würde man in diesen Fällen die abbrechende Handlung hinwegdenken, wäre der Erfolg dennoch ausgeblieben. In solchen Fällen ist die Bedingungstheorie zu modifizieren und der Weiterverlauf des rettenden Kausalverlaufs hypothetisch hinzuzudenken, so dass die Kausalität der die Rettung unterbrechenden Handlung zu bejahen ist (vgl. SSW StGB/*Kudlich* Rn. 40; LPK-StGB/*Kindhäuser* Rn. 92; Roxin StrafR AT I § 11 Rn. 32 f.; MüKoStGB/*Freund* Rn. 312).

8   Im Rahmen der **kumulativen Kausalität** werden die Fälle erörtert, in denen unabhängig voneinander vorgenommene Handlungen erst durch ihr Zusammentreffen den Erfolg bewirken. Nach der Bedingungstheorie ist in diesem Fall jede Ursache kausal, da sie nicht hinweg gedacht werden kann, ohne dass der Erfolg entfällt (BGHSt 37, 131; LPK-StGB/*Kindhäuser* Rn. 87; LK-StGB/*Walter* Rn. 75; MüKoStGB/*Freund* Rn. 315; Schönke/Schröder/*Eisele* Rn. 83; NK-StGB/*Puppe* Rn. 120; Fischer Rn. 32). Das gilt auch für solche Fälle, in denen an die Bedingung/Handlung eine Zweithandlung eines weiteren Täters oder des Opfers selbst anknüpft, das den tatbestandlichen Erfolg herbeiführt. Da jede Handlung/Bedingung gleichwertig ist, bleibt die Vorbedingung kausal, wenn sie bis zum Erfolgseintritt fortwirkt. Hiervon abzugrenzen sind die Fälle der **überholenden Kausalität.** Anders als bei der kumulativen Kausalität beseitigt ein späteres Ereignis die Fortwirkung einer früheren Ursachenkette und der Erfolg wird allein unter Eröffnung einer neuen Ursachenkette durch das spätere Ereignis herbeigeführt (BGHSt 4, 362; LPK-StGB/*Kindhäuser* Rn. 84; LK-StGB/*Walter* Rn. 78; Fischer Rn. 38; Lackner/Kühl/*Kühl* Rn. 11).

9   Im Gegensatz zum Vorgenannten kommt die Bedingungstheorie bei der sog **alternativen Kausalität** nicht zu zutreffenden Ergebnissen. Alternative Kausalität ist gegeben, wenn mehrere Bedingungen zwar alternativ, nicht aber kumulativ hinweggedacht werden können, ohne dass der Erfolg entfiele. Besonders gut kann dies durch das Standardbeispiel der gleichzeitigen Gaben von Giftdosen, von denen jede tödlich wirkt, veranschaulicht werden. Bei schlichter Anwendung der Bedingungstheorie kann jede Bedingung hinweggedacht werden, ohne dass der Erfolg entfiele. Dies würde bedeuten, dass der eingetretene Erfolg keiner Handlung zugerechnet werden kann, weil die jeweils andere Handlung ursächlich sein kann. Um dieses Ergebnis zu korrigieren, nimmt die hM eine Anpassung der Bedingungstheorie auf Fälle der **alternativen Kausalität** vor. Hiernach ist bei mehreren **zeitgleich wirkenden Ursachen jede ursächlich, die zwar alternativ, nicht aber kumulativ hinweggedacht werden kann, ohne dass der Erfolg entfiele** (BGHSt 39, 195 (198); WBS StrafR AT Rn. 157; Lackner/Kühl/*Kühl* Rn. 11). Es steht zu bedenken, dass dies nur für solche Fälle gelten kann, in denen feststeht, dass keine der beiden Giftdosen kurzzeitig vor der anderen wirksam geworden ist, es sich also um zeitgleich wirkende Ursachen handeln muss. Andernfalls liegt keine alternative Kausalität vor, sondern ein Fall der überholenden Kausalität bzw. eine unzulässige Berücksichtigung von hypothetischen Reserveursachen (vgl. zum Ganzen LK-StGB/*Walter* Rn. 77 mwN).

10   Die Rspr. und hM in der Lit. wendet die Bedingungstheorie bei den Unterlassungsdelikten sinngemäß an (sog hypothetische Kausalität, → § 13 Rn. 19).

III. Lehre von der objektiven Zurechnung

11   Da nach der Bedingungs- und Äquivalenztheorie jede Bedingung gleichwertig ist, bedarf es vor allem mit Blick auf atypische Kausalverläufe oder auf das Dazwischentreten von Handlungen Dritter oder des Opfers oder der kumulativen Kausalität einer weiteren Begrenzung des Zurechnungszusammenhangs. Die hM in der Lit. erreicht dieses Ziel über die Lehre von der objektiven Zurechnung. Erforderlich für die objektive Zurechnung des Erfolges ist, dass durch die Handlung eine **rechtlich missbilligte Gefahr für das verletzte Rechtsgut geschaffen wurde und sich gerade diese Gefahr im tatbestandsmäßigen Erfolg realisiert hat** (vgl. SSW StGB/*Kudlich* Rn. 48 mwN; Fischer Rn. 25 mwN; Lackner/Kühl/*Kühl* Rn. 14 mwN; LK-StGB/*Walter* Rn. 89).

12   An der Schaffung einer rechtlich **missbilligten Gefahr** fehlt es in den Fälle der **Risikoverringerung,** des **erlaubten Risikos** oder im Falle **solcher Schadensfolgen, die außerhalb des menschlichen Beherrschungsvermögens liegen** (vgl. zu den Einzelheiten LPK-StGB/*Kindhäuser* Rn. 107 ff.; LK-StGB/*Walter* Rn. 90 ff.). Als ein Fall des erlaubten Risikos zählen zB die sog

„Ausreißer" bei der Fabrikation von Massenprodukten, sofern sie generell einwandfrei sind (BGHSt 37, 180).

Der **Risikozusammenhang** ist nicht gegeben bei **völlig atypischen Kausalverläufen** oder **unvor-** 13
hersehbaren Geschehensabläufen, bei Erfolgen, die **außerhalb des Schutzzwecks** der verletzen
Verhaltensnorm liegen oder, die auf einem **eigenverantwortlichen Handeln eines Dritten, des**
Opfers und auf einer völlig neuen, mit der Ersthandlung nicht verknüpften Gefahr beruhen (vgl. zu den
Einzelheiten der Fallgruppen SSW StGB/*Kudlich* Rn. 52 ff.; LPK-StGB/*Kindhäuser* Rn. 107 ff.; LK-
StGB/*Walter* Rn. 90 ff.).

Die Rspr. hat die Lehre von der objektiven Zurechnung bisher nicht ausdrücklich übernommen, auch 14
wenn sie sich sachlich denselben Kriterien zur Einschränkung des Straftatbestandes bedient (Mü-
KoStGB/*Freund* Rn. 328). Sie behandelt die dargestellten Fragen begrifflich als Kausalitäts-Problem auf
der Grundlage der Bedingungstheorie, die sie in einzelnen Fallgruppen normativ einschränkt (vgl. *Fischer*
Rn. 31) und im Übrigen auf die Ebene der Rechtswidrigkeit (vgl. Fischer Vor § 32 Rn. 13) sowie des
subjektiven Tatbestandes. So erfasst der BGH zB die Fälle der atypischen Kausalverläufe als wesentliche
Abweichung vom vorgestellten Kausalverlauf und somit als Irrtum im Rahmen des subjektiven Tatbestandes (BGHSt 7, 325 (329); 38, 32 (34)).

B. Besondere Probleme der strafrechtlichen Zurechnung in
wirtschaftsstrafrechtliche Fallgestaltungen

I. Kollektiventscheidungen

Aus dem Bereich des Wirtschaftsstrafrechts ist die strafrechtliche Behandlung von Kollektiventschei- 15
dungen von Bedeutung. In der Regel werden die wesentlichen Unternehmensentscheidungen in den
Organen der Unternehmen getroffen, die regelmäßig aus mehreren Personen bestehen. Das Handeln in
Gremien bereitet vor allem im Bereich der Täterschaft und Teilnahme (→ § 25 Rn. 116 ff.) sowie bei
der strafrechtlichen Zurechnung Schwierigkeiten.

Bei der Bestimmung der strafrechtlichen Verantwortlichkeit von Gremienmitgliedern durch ihr 16
Abstimmungsverhalten im Gremium und für den durch die Gremienentscheidung verursachten tatbestandlichen Erfolg ist danach zu unterscheiden, ob das Gremienmitglied der pflichtwidrigen Beschlussfassung zugestimmt oder diese abgelehnt bzw. sich enthalten hat und ob Begehungs- oder
Unterlassungsunrecht vorliegt.

Im Falle der Zustimmung beim Begehungsdelikt ist das Stimmverhalten nach der allgemeinen 17
Bedingungstheorie jedenfalls dann kausal für den tatbestandlichen Erfolg, wenn der Beschluss nur
einstimmig getroffen werden konnte oder – im Falle des Mehrheitsentscheids – auf der erforderlichen
Mindeststimmenanzahl beruht (→ § 25 Rn. 126).

Sofern der Beschluss durch Mehrheitsentscheid getroffen wurde und mehr als die erforderliche 18
Stimmenanzahl vorlag, liegt eine Zurechnung zumindest nicht auf der Hand. Bei schlichter Anwendung
der Bedingungstheorie wäre die Kausalität zu verneinen. Würde man sich die Stimmabgabe des
einzelnen Gremienmitglieds wegdenken, dann wäre der Beschluss dennoch getroffen worden und der
tatbestandliche Erfolg eingetreten. Sofern die Gremienmitglieder allerdings gemeinschaftlich handeln,
löst der BGH die Kausalität mit Hilfe der Rechtsfigur der Mittäterschaft, weil sich die Gremienmitglieder das Abstimmungsverhalten wechselseitig zurechnen lassen müssen (BGHSt 37, 102 (128 f.), s.
auch LK-StGB/*Walter* Rn. 88 und Tiedemann WirtschaftsStR AT Rn. 281 ff.). Dies ist in der Lit.
teilweise auf Zustimmung, aber vielfach auch auf Kritik gestoßen (s. im Einzelnen → § 25 Rn. 128 f.).

Auf dem Boden der in der Rspr. herrschenden Bedingungstheorie lässt sich dieses Ergebnis auch ohne 19
die Rechtsfigur der Mittäterschaft finden. Im Grunde handelt es sich bei dieser Fallkonstellation um eine
Kombination aus kumulativer und alternativer Kausalität. Soweit die notwendige Mehrheit
betroffen ist, liegt kumulative Kausalität vor und die Stimmen, die über die erforderliche Stimmenzahl
hinausgehen, stehen zu den übrigen Stimmen in alternativer Kausalität, weil alle Stimmen zeitgleich
wirken, so dass diese alternativ hinweggedacht werden dürfen und keinen Fall der unzulässigen Reserveursache darstellen (sehr anschaulich SSW StGB/*Kudlich* Rn. 43; s. aber auch *Schaal,* Strafrechtliche
Verantwortlichkeit bei Gremienentscheidungen in Unternehmen, 2001, 88 sowie Lackner/Kühl/*Kühl*
Rn. 11, der diese Konstellation ebenfalls als einen Fall der **alternativen Kausalität** behandelt). Da nach
allen Varianten Kausalität vorliegt, kommt es auf eine Zuordnung der Stimmen nicht an. Andere sehen
darin ausschließlich einen Fall der **kumulativen Kausalität** (vgl. Roxin StrafR AT I § 11 Rn. 19;
BWM StrafR AT § 14 Rn. 37, krit. zum Ganzen LK-StGB/*Walter* Rn. 83). Dabei stellt Mitsch nicht
auf den Erfolg, sondern auf den Beschluss in seiner konkreten Form ab. Hiernach ist jedes Gremienmitglied, das mit seiner Ja-Stimme an einen rechtswidrigen Beschluss mitgewirkt hat, für den konkret
eingetretenen Erfolg, den mit dieser Mehrheit gefassten Beschluss, ursächlich. Freund gelangt mit Hilfe
der **Lehre von der gesetzmäßigen Bedingung** zur Bejahung der Kausalität. „Dass ein entsprechender
Beschluss auch ohne einzelne Stimmen gefasst worden wäre, ist nichts weiter als ein hypothetischer
Verlauf, der an der konkreten Mitwirksamkeit dieser eigentlich „überflüssigen" Stimmen nichts ändert"
(MüKoStGB/*Freund* Rn. 319). Ungeachtet der dargestellten unterschiedlichen Begründungen besteht

aber weitgehend Einigkeit in Lit. und Rspr. darüber, dass in solchen Fällen der Erfolg den einzelnen Gremienmitgliedern zuzurechnen ist.

20   Hiernach können somit auch pflichtwidrige Gremienentscheidungen erfasst werden, die außerhalb einer mittäterschaftlichen Begehung getroffen werden. In der Regel handelt es sich hierbei um Fälle, in denen die pflichtwidrige Beschlussfassung fahrlässig erfolgte.

21   Im Falle der Beschlussablehnung oder Enthaltung bei der Abstimmung ist grundsätzlich Kausalität zwischen dem Verhalten im Gremium und dem Eintritt des tatbestandlichen Erfolges zu verneinen. Eine Zurechnung kommt allerdings dann in Betracht, wenn die Stimmenthaltung wie eine Zustimmung wirkt. Dies ist etwa dann der Fall, wenn erst durch die Mitwirkung des Gremienmitglieds, das sich der Stimme enthält, die Beschlussfähigkeit des Gremiums hergestellt wird (→ § 25 Rn. 134). Im Übrigen ist zu prüfen, ob das pflichtgemäß nicht zustimmende Gremienmitglied aus dem Gesichtspunkt des Unterlassungsunrechts strafrechtlich haftet (hinsichtlich der Einzelheiten → § 13 Rn. 18; → § 25 Rn. 135 f.).

22   Des Weiteren ist hiervon die Bestimmung der **Unterlassungskausalität** bei Gremienentscheidungen zu unterscheiden. Eine solche Konstellation liegt vor, wenn durch Gremienbeschluss ein gebotenes Handeln unterlassen wird, zB das Unterlassen des gebotenen Rückrufs eines gefährlichen Produkts, oder, wenn sämtliche Gremienmitglieder untätig bleiben und auf diese Weise den gebotenen Gremienbeschluss nicht herbeiführen. Der BGH bejaht auch hier die Kausalität (→ § 13 Rn. 21; BGHSt 37, 106 ff.). Diese Entscheidung ist zumindest im Ergebnis auf überwiegende Zustimmung in der Lit. gestoßen. Hinsichtlich der Begründung wendet sie jeweils ihre bei der Handlungsverantwortlichkeit entwickelten Grundsätze an (vgl. exemplarisch Roxin StrafR AT II § 8 Rn. 65 ff.; LPK-StGB/*Kindhäuser* Rn. 98; Lackner/Kühl/*Kühl* Rn. 11 f.; *Schaal*, Strafrechtliche Verantwortlichkeit bei Gremienentscheidungen in Unternehmen, 2001, 114). In entsprechender Weise lässt sich die zuvor dargestellte Kombination aus kumulativer und alternativer Kausalität heranziehen. Zudem wird der Kausalverlauf nicht dadurch ausgeschlossen, dass ein anderer Geschehensablauf möglicherweise oder gar in sicherer Erwartung den Erfolg herbeigeführt hätte. Danach haben insbesondere solche hypothetischen Kausalverläufe außer Betracht zu bleiben, die auf eine alternative Deliktsverwirklichung durch Dritte beruhen (→ § 13 Rn. 21). Das ergibt sich aus dem Grundsatz der Unbeachtlichkeit von hypothetischen Kausalverläufen bei der Handlungsverantwortlichkeit.

II. Anforderungen an die Feststellung des Ursachenzusammenhangs in den Fällen strafrechtlicher Produkthaftung

23   Ein weiteres Problem bei der Erfolgszurechnung kann sich in den Fällen stellen, in denen der Ursachenzusammenhang ungewiss ist. Dies ist nicht selten bei gesundheitlichen Schäden infolge der Benutzung von Produkten der Fall.

24   Hinsichtlich der **Anforderungen an die Feststellung des Ursachenzusammenhangs** hat der BGH im Zusammenhang mit den Produkthaftungsfällen klargestellt, dass es keine Rolle spielt, wie die einzelnen Kausalfaktoren (naturwissenschaftlich) zusammenhängen. Ausreichend ist der **Ausschluss aller in Betracht kommenden Alternativursachen** (BGHSt 37, 106; 41, 206). Hiernach ist zwischen Ungewissheiten über das „Wie" und das „Ob" der schädigenden Wirkung zu unterscheiden. Das „Ob" der schädigenden Wirkung muss feststehen, wobei der Ausschluss aller in Betracht kommenden Alternativursachen ausreicht. Dabei handelt es sich nach der Rspr. nicht um die inhaltliche Bestimmung des Kausalitätsbegriffs, sondern um die Anforderungen an eine freie Beweiswürdigung nach § 261 StPO.

25   Der BGH führt in der Lederspray-Entscheidung (BGHSt 37, 106 ff.) hierzu ua aus:

„Ist in rechtsfehlerfreier Weise festgestellt, dass die – wenn auch nicht näher aufzuklärende – inhaltliche Beschaffenheit des Produkts schadensursächlich war, so ist zum Nachweis des Ursachenzusammenhangs nicht noch weiter erforderlich, dass festgestellt wird, warum diese Beschaffenheit schadensursächlich werden konnte, was also nach naturwissenschaftlicher Analyse und Erkenntnis letztlich der Grund dafür war. Freilich müssen dort, wo sich die Ursächlichkeit nicht auf diese Weise darlegen lässt, alle anderen in Betracht kommenden Schadensursachen aufgrund einer rechtsfehlerfreien Beweiswürdigung ausgeschlossen werden können."

26   Diese Rspr. hat der BGH in der Holzschutzmittel-Entscheidung fortgeführt (BGHSt 41, 206 ff.). Dort heißt es:

„Selbst wenn unter den Naturwissenschaftlern keine Einigkeit darüber besteht, ob und auf welche Weise die Gifte, denen die Geschädigten hier ausgesetzt waren, eine Gesundheitsschädigung verursachen, kann der Tatrichter aufgrund einer Bewertung aller relevanten Indizien und der wissenschaftlichen Meinungen rechtsfehlerfrei zu der Überzeugung gelangen, dass die Holzschutzmittelexposition in bestimmten Fällen zu Gesundheitsschäden geführt hat. Ein Ursachenzusammenhang zwischen einer Holzschutzmittelexposition und einer Erkrankung ist nicht etwa nur dadurch nachweisbar, dass entweder die Wirkungsweise der Holzschutzmittelinhaltsstoffe auf den menschlichen Organismus naturwissenschaftlich nachgewiesen oder alle anderen möglichen Ursachen einer Erkrankung aufgezählt und ausgeschlossen werden. Ein Ausschluss anderer Ursachen kann vielmehr – ohne deren vollständige Erörterung – auch dadurch erfolgen, dass nach einer Gesamtbewertung der naturwissenschaftlichen Erkenntnisse und anderer Indiztatsachen die – zumindest – Mitverursachung des Holzschutzmittels zweifelsfrei festgestellt wird. Mit dieser Entscheidung würde der Tatrichter weder gegen ‚anerkannte wissenschaftliche Erfahrungssätze' verstoßen, noch würde er anstelle der dazu berufenen Fachkreise über die ‚Existenz eines zeitlosen Naturgesetzes befinden'; was ihm in der Tat nicht zustünde."

In der Literatur wird diese Fallvariante unter dem Begriff der **generellen Kausalität** erörtert, wobei **27** im Schrifttum nicht abschließend geklärt ist, ob dies eine Frage des materiellen Begriffs der Kausalität oder des Beweisrechts ist (vgl. zum Ganzen Lackner/Kühl/*Kühl* Rn. 11 mwN; SSW StGB/*Kudlich* Rn. 46 f., der sich für die prozessuale Lösung ausspricht).

§ 13 Begehen durch Unterlassen

(1) Wer es unterläßt, einen Erfolg abzuwenden, der zum Tatbestand eines Strafgesetzes gehört, ist nach diesem Gesetz nur dann strafbar, wenn er rechtlich dafür einzustehen hat, daß der Erfolg nicht eintritt, und wenn das Unterlassen der Verwirklichung des gesetzlichen Tatbestandes durch ein Tun entspricht.

(2) Die Strafe kann nach § 49 Abs. 1 gemildert werden.

Literatur (Auswahl): *Arzt,* Zur Garantenstellung beim unechten Unterlassungsdelikt, JA 1980, 553 (647, 712); *Baier,* Unterlassungsstrafbarkeit trotz fehlender Handlungs- und Schuldfähigkeit, GA 1999, 272; *Böse,* Die Garantenstellung des Betriebsbeauftragten, NStZ 2003, 636; *Böse,* Die gesellschaftlichen Regeln über die Geschäftsführung als Grenze von Garantenpflichten am Beispiel der strafrechtlichen Produkthaftung, wistra 2005, 41; *Bottke,* Haftung aus Nichtverhütung von Straftaten Untergebener in Wirtschaftsunternehmen de lege lata, 1994; *Brammsen,* Strafrechtliche Rückrufpflichten bei fehlerhaften Produkten?, GA 1993, 97; *Brammsen,* Tun oder Unterlassen?, GA 2002, 193; *Engisch,* Tun und Unterlassen, FS Gallas, 1973, 163; *Engländer,* Kausalitätsprobleme beim unechten Unterlassungsdelikt, JuS 2001, 958; *Gercke,* Die strafrechtliche Verantwortlichkeit für Hyperlinks, CR 2006, 844; *Gimbernat,* Unechte Unterlassung und Risikoerhöhung im Unternehmensstrafrecht, FS Roxin, 2001, 651; *Grünewald,* Zivilrechtlich begründete Unterlassungspflichten im Strafrecht?, 2001; *Gunia,* Strafrechtliche Garantenstellungen von Wachpersonen des privaten Sicherheitsgewerbes, 2001; *Hassemer,* Produktverantwortung im modernen Strafrecht, 1996; *Hecker,* „Wilde" Müllablagerungen Dritter, NJW 1992, 873; *Herzberg,* Die Unterlassung im Strafrecht und das Garantenprinzip, 1972; *Hilgendorf,* Strafrechtliche Produzentenhaftung in der „Risikogesellschaft", 1993; *Hilgendorf,* Fragen der Kausalität bei Gremienentscheidungen, NStZ 1994, 561; *Hilgendorf,* Wozu brauchen wir die „objektive Zurechnung"? – Skeptische Überlegungen am Beispiel der strafrechtlichen Produkthaftung, FS Weber, 2004, 33; *Hoyer,* Die strafrechtliche Verantwortlichkeit innerhalb von Weisungsverhältnissen, 1998; *Hsü,* Garantenstellung des Betriebsinhabers zur Verhinderung strafbarer Handlungen seiner Angestellten?, 1998; *Iburg,* Zur Unterlassungstäterschaft im Abfallstrafrecht, NJW 1988, 2338; *Kaufmann,* Die Dogmatik der Unterlassungsdelikte, 1988; *Kuhlen,* Grundfragen der strafrechtlichen Produkthaftung, JZ 1994, 1142; *Knauer,* Die Kollegialentscheidung im Strafrecht, 2001; *Neudecker,* Die strafrechtliche Verantwortlichkeit der Mitglieder von Kollegialorganen, 1995; *Otto,* Die Haftung für kriminelle Handlungen in Unternehmen, JURA 1998, 409; *Otto,* Die strafrechtliche Haftung für die Auslieferung gefährlicher Produkte, FS Hirsch, 1968, 291; *Otto,* Die strafrechtliche Verantwortung für die Verletzung von Sicherungspflichten in Unternehmen, FS Schroeder, 2006, 339; *Ranft,* Garantiepflichtwidriges Unterlassen, ZStW 1994 (1982), 815; *Ransiek,* Unternehmensstrafrecht, Strafrecht, Verfassungsrecht, Regelungsalternativen, 2001; *Rogall,* Die Strafbarkeit von Amtsträgern im Umweltbereich, 1991; *Schaal,* Strafrechtliche Verantwortlichkeit bei Gremienentscheidungen in Unternehmen, 2001; *Sangenstedt,* Garantenstellung und Garantenpflicht von Amtsträgern, 1981; *Schünemann,* Unternehmenskriminalität und Strafrecht, 1979; *Schünemann,* Die Unterlassungsdelikte, ZStW 1996 (1984), 287; *Schünemann,* Unternehmenskriminalität, FS BGH 50, Bd. IV, 621; *Weißer,* Kausalitäts- und Täterschaftsprobleme bei der strafrechtlichen Würdigung pflichtwidriger Kollegialentscheidungen, 1996; *Zaczyk,* Zur Garantenstellung von Amtsträgern, FS Rudolphi, 2004, 361.

Übersicht

A. Entstehung und Regelungsbereich

1   Mit Einführung des § 13 durch das 2. StrRG im Jahre 1975 hat der Gesetzgeber die auch schon vorher überwiegend anerkannte Bestrafung wegen unechten Unterlassens auf eine gesetzliche Grundlage gestellt. Die Straftatbestände im Besonderen Teil des Strafgesetzbuches und im Nebenstrafrecht sind regelmäßig als Begehungsdelikte konzipiert. Dennoch kann grundsätzlich das jeweils umschriebene tatbestandsmäßige Geschehen auch durch Nichtvornahme der gebotenen Handlung begangen werden. Für die Fälle, in denen das Unterlassen nicht in den einzelnen Tatbeständen geregelt ist, stellt es § 13 dem tatbestandlich umschriebenen Tun gleich, wenn eine Rechtspflicht zum Tätigwerden besteht und das Unterlassen mit der Begehung durch aktives Tun vergleichbar ist. Von den unechten Unterlassungsdelikten sind die echten Unterlassungsdelikte und die besonders geregelten unechten Unterlassungsdelikte zu unterscheiden, für die § 13 nicht gilt (SSW StGB/*Kudlich* Rn. 1 f.; Lackner/Kühl/*Kühl* Rn. 1; LK-StGB/*Weigend* Vor §§ 13 ff. Rn. 1).

2   Von echten Unterlassungsdelikten spricht man, wenn sich bereits die gesetzliche Tatbestandsbeschreibung im Unterlassen einer gesetzlich beschriebenen Handlung erschöpft, ohne dass es auf einen bestimmten Erfolg ankommt, wobei sie nur solche Handlungsgebote enthalten, die sich an jedermann richten. Hierzu gehören zB § 138 (Nichtanzeige geplanter Straftaten) und § 323c (unterlassene Hilfeleistung) (Fischer Rn. 16; SSW StGB/*Kudlich* Rn. 2).

3   Um besonders geregelte unechte Unterlassungsdelikte handelt es sich bei solchen Tatbestände, bei denen ebenfalls schon nach der Tatbestandsformulierung ein Unterlassen unter Strafe steht, allerdings nicht für jedermann, sondern nur für die in den jeweiligen Vorschriften näher bezeichneten Personenkreise, denen Sonderpflichten zukommen (zB § 266). In diesen Fällen bedarf es keiner über die besonders geschriebene Pflichtenstellung hinausgehende Garantenpflicht und es muss auch nicht gesondert festgestellt werden, dass das Unterlassen einer Begehung durch Tun entspricht (Schönke/Schröder/*Stree*/*Bosch* Rn. 1a).

B. Tatbestandsmerkmale

4   Dem Unterlassungstäter ist der im Rahmen eines Begehungsdelikts umschriebene tatbestandliche Erfolg zuzurechnen, wenn er durch sein Unterlassen den tatbestandsmäßigen Erfolg verursacht, er rechtlich dafür einzustehen hat, dass der Erfolg nicht eintritt (Garantenpflicht) und das Unterlassen einer Begehung durch Tun entspricht.

I. Erfolgseintritt

5   Zunächst ist der tatbestandliche Erfolg zu bestimmen. Nach seinem Wortlaut setzt § 13 voraus, dass es der Täter unterlässt, *„einen Erfolg abzuwenden, der zum Tatbestand eines Strafgesetzes gehört“*. Aus dieser Formulierung ergibt sich, dass § 13 jedenfalls auf solche Tatbestände anwendbar ist, die den Eintritt der Verletzung oder Gefährdung eines Rechtsguts enthalten (SK-StGB/*Rudolphi*/*Stein* Rn. 14; Fischer Rn. 2). Eine weitergehende Auffassung hält den Begriff des *„Erfolgs“* für inhaltsleer. Nach dieser Auffassung ist jedes tatbestandsmäßige Geschehen von § 13 erfasst, so dass auch sog schlichte Tätigkeitsdelikte, wie zB Meineid (§ 154), durch Unterlassen begangen werden können (Schönke/Schröder/*Stree*/*Bosch* Rn. 3; vgl. auch BGHSt 46, 212 (222)).

II. Unterlassen der objektiv gebotenen Handlung

6   Im Rahmen des Unterlassens-Merkmals hat in einem ersten Schritt die Abgrenzung zum aktiven Tun zu erfolgen und in einem zweiten Schritt ist das Unterlassen der objektiv gebotenen Handlung zur Erfolgsabwendung zu prüfen.

7   **1. Abgrenzung von Tun und Unterlassen.** Der Grundsatz ist, wer etwas in Gang setzt, tut etwas, wer den Dingen seinen Lauf lässt, unterlässt. Die Abgrenzung zwischen Tun und Unterlassen ist aber mitunter schwierig. Vor allem in Fällen mehrdeutigen Verhaltens, die sowohl Handlungs- als auch Unterlassungsmomente enthalten. Eine genaue Bestimmung ist aber unerlässlich. Im Falle des Unterlassens kann eine Strafbarkeit vor allem nur bei Vorliegen einer Garantenstellung angenommen werden. Zudem besteht eine Strafmilderungsmöglichkeit nach § 13 Abs. 2 iVm § 49 Abs. 1.

8   Nach der Rspr. und Teilen der Literatur kommt es für die Abgrenzung von Tun und Unterlassen auf den **Schwerpunkt des strafrechtlich relevanten Verhaltens** an (vgl. BGHSt 6, 46 (59); BGH NStZ 1999, 607 f.; 2003, 657; BGH BeckRS 2005, 11775; BGH NStZ 2005, 657; zustimmend Schönke/Schröder/*Eisele* Vor §§ 13 ff. Rn. 158; WBS StrafR AT Rn. 158 und wohl auch SSW StGB/*Kudlich* Rn. 6). Hierfür ist eine wertende Betrachtung erforderlich, die an den sozialen Sinngehalt anknüpft (s. BGH NJW 2015, 1190 zu Veruntreuung von Mandantengeldern durch einen Rechtsanwalt).

9   Die „Schwerpunkt-Formel" wird von der Lehre überwiegend abgelehnt (s. hierzu nur MüKoStGB/ *Freund* Rn. 5 ff.; SK-StGB/*Rudolphi*/*Stein* Rn. 6; Roxin StrafR AT II § 31 Rn. 79 ff.). Vielmehr wird

darauf abgestellt, ob der Täter eine Aktivität bzw. einen **Energieeinsatz in Richtung auf das verletzte Rechtsgut entfaltet** („Energie-Formel", vgl. SK-StGB/*Rudolphi/Stein* Rn. 6; *Sieber* JZ 1983, 431; NK-StGB/*Wohlers/Gaede* Rn. 7) und **ob dies zu einer ununterbrochenen Kette realer Außenweltveränderungen geführt hat, die ohne Hinzudenken hypothetischer Faktoren mit dem Erfolg verknüpft ist** („Kausalitäts-Formel", vgl. Jakobs StrafR AT 28/4; *Samson* FS Welzel 1974, 579 (589) ff.; Stratenwerth/Kuhlen StrafR AT Rn. 329).

Für die hier regelmäßig zu entscheidenden Fallkonstellationen aus dem Wirtschaftsstrafrechtsbereich **10** kommen die unterschiedlichen Auffassungen aber zumeist zu denselben Ergebnissen. Wenn das im Gesamtverhalten liegende positive Tun für den tatbestandsmäßigen Erfolg ursächlich war, liegt zumeist eine Begehungstat vor (vgl. auch LK-StGB/*Weigend* Rn. 7). Das bekannteste Beispiel für diese Konstellation bildet der Ziegenhaarfall (RGSt 63, 211). Hiernach hatte ein Fabrikant Ziegenhaare nicht ausreichend desinfiziert (Unterlassen) als er sodann an seine Arbeiter ausgegeben (Tun), wodurch sie an Milzbrand erkrankten und starben. In diesem Fall kommt als Anknüpfungshandlung die Ausgabe der nicht ausreichend desinfizierten Haare in Betracht. In gleicher Weise kommt der BGH im Auslassen von regelmäßigen Kontrolluntersuchungen auf Hepatitis B durch einen Arzt, der den Patienten bei einer Operation ansteckt, nicht nur zum Unterlassen, sondern die fehlende Untersuchung begründet einen Fahrlässigkeitsvorwurf beim aktiven Tun in Form der Operation (BGH NStZ 2003, 657). Letztlich handelt es sich – wie auch beim Ziegenhaarfall – um Fälle des Unterlassens von Sorgfaltsvorkehrungen, die als Unterlassungskomponente dem aktiven Tun immanent sind und daher das Fahrlässigkeitsdelikt nicht zum Unterlassungsdelikt machen (vgl. zum Ganzen auch SSW StGB/*Kudlich* Rn. 5).

Dagegen gelangt man nach allgemeiner Ansicht zum Unterlassungsvorwurf, wenn bei mehrdeutigem **11** Verhalten das aktive Tun nicht kausal war oder die Begehungstat mangels Vorsatz, Rechtswidrigkeit oder Schuld nicht zur Strafbarkeit führt oder geringer wiegt als der der Unterlassungstat (s. auch LK-StGB/*Weigend* Rn. 10). Das ist zB der Fall, wenn zunächst eine unvorsätzliche Rechtsgutsgefährdung durch aktives Tun vorliegt und der Täter vor Erfolgseintritt die Gefahr erkennt und nichts unternimmt. Da in Bezug auf das Begehungsdelikt allenfalls Fahrlässigkeit in Betracht kommt, ist für die Vorsatztat auf das Unterlassen abzustellen. In den Fällen der strafrechtlichen Produkthaftung kommen als mögliche Handlungen das Produzieren und Inverkehrbringen gefährlicher Waren oder aber auch das Unterlassen des Anbringens eines Warnhinweises oder des Rückrufs in Betracht. Abhängig vom Einzelfall kann ein Tun oder Unterlassen anzunehmen sein. Sofern sich erst nach der Produktion und dem Inverkehrbringen herausstellt, dass zB die Ware gesundheitsschädlich ist, ist auf den unterlassenen Rückruf abzustellen (vgl. Lederspray-Entscheidung – BGHSt 37, 106 ff.).

Ein Unterlassen ist auch dann anzunehmen, wenn sich der Täter durch positives Tun vorsätzlich oder **12** fahrlässig außerstande gesetzt hat, eine erst später aktuell werdende Handlungspflicht zu erfüllen (omissio libera in causa, BGH NStZ-RR 2001, 57 (59); Roxin StrafR AT II § 31 Rn. 103 ff.). Hier fehlt es an der Kausalität zwischen positivem Tun und dem Erfolgseintritt, so dass auf das Unterlassen abzustellen ist. Das Vorverhalten hilft lediglich über die im Gebotszeitpunkt fehlende Handlungsmöglichkeit hinweg.

Aus dem Bereich des Abbruchs von Rettungshandlungen (vgl. zum ganzen LK-StGB/*Weigend* **13** Rn. 8 f.; SSW StGB/*Kudlich* Rn. 7) soll lediglich auf den Fall hingewiesen werden, in dem der behandelnde Arzt automatisierte Rettungshandlungen abbricht, zB durch Abschalten eines Reanimationsgerätes. Der BGH kam im Einklang mit der jedenfalls damals hM in einer früheren Entscheidung – entgegen den oben aufgestellten fallorientierten Grundsätze – nach einer wertenden Betrachtung zu einem Unterlassen (BGHSt 40, 257). Hierzu wird angeführt, dass der Arzt bei normativer Betrachtungsweise lediglich eigene Rettungshandlungen abbricht (kritisch hierzu LK-StGB/*Weigend* Rn. 9, der dies als argumentativen Kunstgriff bezeichnet). Nach neuer Rspr. ist der Abbruch von Rettungshandlungen in Fällen der Sterbehilfe nicht Unterlassen, sondern positives Tun (zum Ganzen BGHSt 55, 191; Fischer Vor § 211 Rn. 61).

2. Unterlassen trotz physisch-realer Handlungsmöglichkeit. Unterlassen bedeutet nicht jede **14** bloße Untätigkeit. Erforderlich ist die Nichtvornahme der zur Erfolgsabwendung objektiv gebotenen Handlung trotz physisch-realer Möglichkeit dazu (SSW StGB/*Kudlich* Rn. 8).

a) Nichtvornahme der zur Erfolgsabwendung objektiv gebotenen Handlung. Der Täter ist **15** verpflichtet, das zu tun, was zur Abwendung des Erfolges geeignet und erforderlich ist. Unter mehreren gleich geeigneten Handlungsmöglichkeiten ist diejenige auszuwählen, die unter den gegebenen Umständen am sichersten den Erfolg abzuwenden vermag (LK-StGB/*Weigend* Rn. 61; Roxin StrafR AT II § 31 Rn. 180). Die geeignete und erforderliche Handlungspflicht ist aus dem Inhalt und der Zielrichtung der Garantenstellung im Hinblick auf den abzuwendenden Erfolg wertend zu ermitteln. Denn nicht alle Garantenstellungen haben unterschiedslos denselben unbegrenzten Pflichtenbereich (vgl. BGHSt 43, 82; Schönke/Schröder/*Stree/Bosch* Rn. 14 f., auch zu sonstigen Ansätzen einer Einschränkung mwN). Es kommt daher auf die **Nichtvornahme der pflichtgemäßen Handlung** an. Insbesondere bei der Garantenstellung aufgrund tatsächlicher Übernahme ist die pflichtgemäße Handlung durch den übernommenen Pflichtenkreis begrenzt (→ Rn. 48). So ist zB ein Mitarbeiter der Kfz-Firmenwerkstatt einer Spedition für die ordnungsgemäße Wartung und Sicherheit der Fahrzeuge verantwortlich. Sofern er nicht zugleich für die Entscheidung über die Stilllegung der Fahrzeuge bis zur notwendigen Reparatur befugt ist, trifft ihn nur eine Unterrichtungspflicht der Firmenleitung (vgl. BGHSt 52, 159 und → Rn. 49). Der Laboratoriumsleiter hat im Allgemeinen nicht die Aufgabe, für die Erfüllung der dem Produzenten selbst obliegenden Instruktionspflichten (zB zum Aufdruck von Warnhinweisen, Rückruf oder Produktionsstop) zu sorgen (vgl. BGHSt 37, 106 und → Rn. 31 ff.).

16   **b) Physisch-reale Möglichkeit zur Erfolgsabwendung.** Die physisch-reale Möglichkeit zur Erfolgsabwendung setzt die individuelle Handlungsmöglichkeit voraus (LK-StGB/*Weigend* Rn. 65). Individuelle Handlungsmöglichkeit bedeutet, dass es dem Täter möglich gewesen sein muss, in sinnvoller Weise das Erforderliche zu tun (RGSt 75, 160 (164); BGHSt 2, 296 (298 f.); Schönke/Schröder/*Eisele* Rn. 142). Dies ist objektiv aus einer „ex-ante"-Sicht zu bestimmen.

17   In diesem Sinne werden im Bereich der **Ausübung der Geschäftsleitung durch mehrere Personen** die aus der Garantenpflicht fließenden, konkreten Handlungspflichten im Falle der **Gesamtgeschäftsführung** durch das Erfordernis der physisch-realen Handlungsmöglichkeit begrenzt. Gegenstand ist nicht die Vornahme der unternehmerischen Handlung (zB Beschlussfassung) selbst (zB Rückruf des Produkts), sondern jeder **Geschäftsführer ist nur verpflichtet, alles ihm Mögliche und Zumutbare zu tun, um die unternehmerische Handlung (Beschlussfassung) herbeizuführen.** Eine Gesamtgeschäftsführung liegt zB regelmäßig bei einer GmbH vor, die mehrere Geschäftsführer hat (§ 37 Abs. 2 GmbHG). Danach sind die Geschäftsführer nur gemeinschaftlich zum Handeln befugt. Keiner von ihnen darf ohne Mitwirkung der anderen vorgehen. Maßnahmen der Geschäftsleitung sind von allen Geschäftsführern gemeinsam zu beschließen, es sei denn, dass durch Satzung oder Geschäftsordnung eine abweichende Regelung getroffen wurde (grundlegend BGHSt 37, 106 ff.). Der Umstand der Gesamtgeschäftsführung begrenzt zwar nicht den Umfang der Garantenstellung, aber die aus dieser Garantenstellung fließenden, konkreten Handlungspflichten im oben genannten Sinne.

18   In Verbindung mit dem **Grundsatz der Generalverantwortung und Allzuständigkeit** (→ Rn. 54 ff.) bedeutet dies, dass jedes einzelne Mitglied der Geschäftsleitung verpflichtet ist, eine Beschlussfassung herbeizuführen und auf schadensverhindernde Maßnahmen zu drängen. Weiß ein Mitglied der Geschäftsleitung, dass es in dem Gremium überstimmt werden wird, muss es gleichwohl für eine schadensverhindernde Unternehmensentscheidung stimmen. Eine Stimmenthaltung reicht nicht aus. Wird das Mitglied, das rechtmäßig für schadensverhindernde Maßnahmen gestimmt hat, überstimmt, dann muss es weitere eigene Schritte zur Schadensverhinderung unternehmen. Zu denken ist hier daran, dass der Täter sich an die Aufsichtsorgane der Gesellschaft, an Verbände, an die Staatsanwaltschaft und an die Polizei zur Gefahrenabwehr wendet (Müller-Gugenberger WirtschaftsStR/*Schmid* § 56 Rn. 88 f.).

III. Ursächlichkeit

19   **1. Hypothetische Kausalität.** Entsprechend der Begehungsdelikte muss auch bei den unechten Unterlassungsdelikten ein gesetzmäßiger Zusammenhang zwischen Unterlassen und Erfolg vorliegen. Die hM wendet die bei den Begehungsdelikten entwickelte Bedingungstheorie sinngemäß auf Unterlassungsdelikte an. Bei den Begehungsdelikten in Form von Erfolgsdelikten ist jede Bedingung kausal, die nicht hinweggedacht werden kann, ohne dass der Erfolg entfiele (Fischer Rn. 21 mwN). Da aber beim Unterlassen dem Täter gerade vorgeworfen wird, dass er nicht durch Setzen einer hindernden Bedingung in eine laufende Kausalkette eingegriffen hat, kommt es deshalb auf die hypothetische Kausalität an (Fischer Rn. 39). Nach stRspr und hM ist das **Unterlassen kausal, wenn die objektiv gebotene (pflichtgemäße) Handlung nicht hinzugedacht werden kann, ohne dass der Erfolg mit an Sicherheit grenzender Wahrscheinlichkeit entfiele** (BGH StV 1984, 247; BGH NStZ 1985, 26 f.; BGHR StGB § 13 Abs. 1 Brandstiftung 1; Lackner/Kühl/*Kühl* Rn. 12; Fischer Rn. 39). Einen weiter reichenden Zusammenhang zwischen Unterlassen und Erfolg fordert die im Schrifttum teilweise vertretene Risikoerhöhungslehre, wonach das Unterlassen bereits dann kausal sein soll, wenn die Vornahme der gebotenen Handlung das Risiko eines Erfolgseintritts vermindert hätte (vgl. *Roxin* ZStW 74 (1962), 411 ff.).

20   Umstritten ist, ob mit der Wendung „*Erfolg (…), der zum Tatbestand eines Strafgesetzes gehört*" der konkrete Erfolg oder allgemein nur der vom Tatbestand vorausgesetzte Erfolg gemeint ist. Die Rspr. stellt, um eine Ausuferung der Haftung für Unterlassungen entgegenzuwirken, nicht auf den Erfolg in seiner konkreten Gestalt, sondern auf den im Gesetz abstrakt umschriebenen Erfolg als solchen ab (vgl. BGHSt 6, 1; BGH JZ 1973, 173).

21   Sofern mehrere Beteiligte unabhängig voneinander den tatbestandsmäßigen Erfolg erst durch die Gesamtheit ihrer Handlungsbeiträge herbeiführen, ist jeder einzelne Beitrag im haftungsbegründenden Sinne ursächlich (sog kumulative Kausalität, vgl. → Vorb. §§ 13–14 Rn. 8). Dieses Problem tritt vor allem bei **Kollegialentscheidungen** auf. Hierzu hat der BGH ausgeführt:

> „Bei Begehungsdelikten ist anerkannt, dass, wo mehrere Beteiligte unabhängig voneinander den tatbestandlichen Erfolg erst durch die Gesamtheit ihrer Handlungsbeiträge herbeiführen, ist jeder einzelne Beitrag im haftungsbegründenden Sinne ursächlich. (…) Was aber hiernach für die Handlungsverantwortlichkeit gilt, muss auch im Bereich der strafrechtlichen Haftung für Unterlassen gelten. Kann die zur Schadensabwendung gebotene Maßnahme, hier der von der Geschäftsführung zu beschließende Rückruf, nur durch das Zusammenwirken mehrerer

Beteiligter zustande kommen, so setzt jeder, der es trotz seiner Mitwirkungskompetenz unterlässt, seinen Beitrag dazu zu leisten, eine Ursache dafür, dass die gebotene Maßnahme unterbleibt; innerhalb dieses Rahmens haftet er für die sich daraus ergebenden tatbestandsmäßigen Folgen (...). Dabei kann er sich nicht damit entlasten, dass sein Bemühen, die gebotene Kollegialentscheidung herbeizuführen, erfolglos geblieben wäre, weil ihn die anderen Beteiligten im Streitfalle überstimmt hätten." (BGHSt 37, 106 ff.)

Hinsichtlich der **Anforderungen an die Feststellung der Kausalität** zwischen Produktverwen- **22** dung und eingetretenen Schaden in den Fällen der Herstellung und des Vertriebs (gefährlicher) Produkte, hat der BGH klargestellt, dass im Falle der Feststellung, dass die inhaltliche Beschaffenheit eines Produkts schadensursächlich war, zum Nachweis des Ursachenzusammenhangs nicht noch die Feststellung weiter erforderlich ist, warum diese Beschaffenheit schadensursächlich werden konnte. Allerdings müssen alle anderen in Betracht kommenden Schadensursachen ausgeschlossen werden können (zust. *Kuhlen* NStZ 1990, 566 (567); abl. *Samson* StV 1991, 182 (183)). Ausreichend ist, dass die Mitverursachung des Produktes für die Gesundheitsschädigung auf nachprüfbarer Weise festgestellt wird (BGHSt 41, 206).

2. Objektive Zurechnung. Die von der Lit. vertretenen strafbarkeitseinschränkende Figur der **23** objektiven Zurechnung soll auch für unechte Unterlassungsdelikte gelten. Hiernach ist erforderlich, dass eine rechtlich missbilligende Gefahr durch das Unterlassen geschaffen wurde, die sich in tatbestandstypischer Weise im Erfolg verwirklicht hat (vgl. SSW StGB/*Kudlich* Rn. 12). Über die zu den Begehungstatbeständen erörterten Fallgruppen der objektiven Zurechnung sind auf zwei weitere besonders hinzuweisen. Teilweise wird innerhalb der Schutzzweckprüfung (Realisierung der Gefahr im Erfolg) erörtert, ob die dem Täter treffende Garantenpflicht auch den Inhalt hatte, den konkreten Erfolg zu verhindern. Eine solche Eingrenzung kann aber auch schon bei der Bestimmung der Garantenstellung sowie bei der hierdurch bedingten erforderlichen Handlung erfolgen. Zudem wird die Fallgruppe des pflichtgemäßen Alternativverhaltens an dieser Stelle erörtert. Ein solches liegt vor, wenn der Täter durch sein Handeln den Erfolg nur in seiner konkreten Gestalt, nicht jedoch mit Blick auf die Erhaltung des Rechtsguts verhindern konnte. Hierbei handelt es sich um die Fälle, in denen der sichere Feuertod nur durch einen anderen Tod, nämlich den Wurf aus dem Fenster eines Hochhauses verhindert werden kann. Auch diese Fälle können aber bereits durch das Merkmal des „Unterlassens" geklärt werden. Insoweit kann es schon an einer strafbewehrten Verpflichtung fehlen. Eine solche Handlung wäre nicht erforderlich. Die Rspr. verneint in diesen Fällen die Kausalität, da es nicht auf den konkreten, sondern auf den abstrakt im Gesetz umschriebenen Erfolg ankommt (→ Rn. 20).

IV. Garantenstellung

1. Allgemeines. Mit der Wendung „*rechtlich dafür einzustehen hat, dass der Erfolg nicht eintritt*" wird die **24** **Garantenpflicht** umschrieben. Die Voraussetzungen der Garantenpflicht werden in Rspr. und Lehre als **Garantenstellung** bezeichnet. Erforderlich ist eine besondere Pflichtenstellung, die über die für jedermann geltenden Handlungspflichten hinausgeht. Nach der Funktionslehre, die auf *A. Kaufmann* zurückgeht, nimmt die überwiegende Auffassung eine Einteilung der Garantenstellungen danach vor, ob der Täter besondere Schutzpflichten für bestimmte Rechtsgüter hat (Beschützergarant) oder für bestimmte Gefahrenquellen verantwortlich ist (Überwachergarant) (vgl. *Kaufmann*, Die Dogmatik der Unterlassungsdelikte, 1988, 282 ff.). Kriterien für die inhaltlichen Anforderungen an die Garantenstellung lassen sich hieraus nicht ableiten. Sie liefert lediglich eine Systematisierung, die aber hilfreich ist und daher beibehalten werden soll. Denn hierbei handelt es sich um die beiden sachlogisch möglichen Herrschaftsformen. Auch die neuere Rspr. des BGH hat die Funktionslehre aufgegriffen (vgl. Fischer Rn. 13; Schönke/Schröder/*Stree/Bosch* Rn. 8; Roxin StrafR AT II § 32 Rn. 32) und löst sich offenkundig von der alten Rechtspflichttheorie. Eine einheitliche Bestimmung der Kriterien für die inhaltliche Begründung der Garantenstellung hat aber bisher weder die Lit. noch die Rspr. entwickeln können (s. zum Ganzen und zu den einzelnen rechtsdogmatischen Legitimationsversuchen Roxin StrafR AT II §§ 1 ff. und LK-StGB/*Weigend* Rn. 23 ff.). *Roxin* bezeichnet daher die rechtsdogmatische Bestimmung der Garantenstellung als „das heute noch umstrittenste und dunkelste Kapitel in der Dogmatik des Allgemeinen Teils" (Roxin StrafR AT II § 32 Rn. 2). Die Verzweiflung hierüber findet seinen besonders plastischen Höhepunkt in dem Vorschlag von *Weigend,* die Legitimation von strafbewehrten Handlungspflichten nur in den allgemeinen Prinzipien der Fairness zu suchen (vgl. LK-StGB/ *Weigend* Rn. 23). Auch hier kann in dogmatischer Hinsicht das „dunkelste Kapitel" durch die Wiedergabe der kasuistisch entwickelten Kriterien nur ganz schwach erhellt werden. Nicht so sehr als dogmatische Legitimation, sondern als Richtschnur ist neben der oben genannten Einteilung in Beschützer- und Überwachergarant für die inhaltliche Bestimmung der Garantenstellung sowohl die rechtliche Stellung des Unterlassenden zum gefährdeten Rechtsgut oder zum schädigenden Ereignis (materieller Gehalt) als auch der rechtliche Grund (Entstehungsgrund) in den Blick zu nehmen (vgl. Schönke/Schröder/*Stree/Bosch* Rn. 8).

2. Überwachungsgarant. Überwachergarant ist, wer für bestimmte Gefahrenquellen verantwortlich **25** ist und dem insoweit Sicherungspflichten oblieg (vgl. Schönke/Schröder/*Stree/Bosch* Rn. 9). Hier lassen sich drei große Bereiche der Gefahrverantwortlichkeit unterscheiden. Überwachungspflichten können aus dem eigenen gefährdenden Handeln (Ingerenz), aus der Beherrschung einer sachlichen Gefahrenquelle und aus der Pflicht zur Beaufsichtigung anderer entstehen. Alle drei Bereiche sind in der Unternehmenskriminalität und im Wirtschaftsstrafrecht von Bedeutung.

26　　**a) Tatsächliche Herbeiführung einer Gefahrenlage (Ingerenz).** Nach der Rspr. des BGH (vgl. BGHSt 4, 20; 7, 287; 11, 353; 19, 152; 25, 220; 23, 237; 25, 218; 26, 37; 37, 106; 54, 44) ist derjenige Garant, der durch pflichtwidriges Vorverhalten eine Gefahrenlage für Dritte geschaffen hat. Dies gilt aber nur dann, wenn das **pflichtwidrige Vorverhalten** die **Gefahr des Schadenseintritts als naheliegend erscheinen** lässt (Adäquanz) und die Pflichtwidrigkeit gerade in der Verletzung eines solchen Gebotes besteht, das dem Schutz des gefährdeten Rechtsguts zu dienen bestimmt ist (**Pflichtwidrigkeitszusammenhang**). Aus der Garantenstellung der Ingerenz folgt die Pflicht, den hierdurch drohenden Schaden abzuwenden.

27　　Erforderlich ist zunächst eine **nahe Gefahr für den Schadenseintritt** (BGHR StGB § 13 Abs. 1 Garantenstellung 14; BGH NJW 1999, 69 (71); BGHSt 54, 44). Das ist dann der Fall, wenn das Vorverhalten eine Gefahrerhöhung für den Schadenseintritt begründet hat (BGH NJW 2004, 294; 2005, 93; 2009, 381).

28　　Die weitere Voraussetzung für eine Ingerenz-Garantenstellung ist die **objektive Pflichtwidrigkeit** des Vorverhaltens (BGHSt 19, 152; 23, 327; 25, 218; 34, 82; Fischer Rn. 52 mwN). Das ist dann der Fall, wenn es als solches missbilligt werden kann (vgl. nur BGH NStZ 1998, 93). Hiernach liegt keine Garantenstellung vor, wenn sich das Vorverhalten innerhalb des erlaubten Risikos hält. So hat ein Kraftfahrer, der sich in jeder Hinsicht pflichtgemäß und verkehrsgerecht verhält, gegenüber dem alleinschuldigen Unfallopfer keine Garantenstellung (vgl. BGHSt 25, 218). Dasselbe muss auch für alle anderen Fälle sorgfaltsgemäßen Handelns gelten, zB beim Betrieb von Maschinen, bei Bauarbeiten usw (vgl. Roxin StrafR AT II § 32 Rn. 165). Hierher gehört auch der Fall des zulässigen Alkoholausschanks (BGHSt 19, 152; 4, 20).

29　　Zuletzt bedarf es eines **Pflichtwidrigkeitszusammenhangs.** Für die Schutzzweckprüfung ist auf die Umstände des Einzelfalles hinsichtlich der Pflichtverletzung sowie des später eintretenden Erfolges und ihres Verhältnisses zueinander abzustellen. Nach der Rspr. ist hierfür ausreichend, dass die vorangegangene Pflichtwidrigkeit in der Verletzung eines Gebotes bestanden hat, das dem Schutz des gefährdeten Rechtsguts zu dienen bestimmt war. Nicht erforderlich ist, dass sich die Gefahr gerade aus der Sorgfaltspflichtverletzung selbst entwickelt haben muss (vgl. BGHSt 34, 82; 37, 115).

30　　Ob die **strafrechtliche Produkthaftung** ein Fall der Ingerenz ist, ist umstritten. Der BGH hat in der Lederspray-Entscheidung (BGHSt 37, 106 ff.) eine Ingerenz-Garantenstellung für die Herstellung und den Vertrieb **fehlerhafter** Produkte auch für den Fall angenommen, in dem sich erst nach der Produktion und dem Vertrieb herausgestellt hat, dass das Produkt gesundheitsschädlich war (aA LK-StGB/*Weigend* Rn. 53; NK-StGB/*Wohlers/Gaede* Rn. 48 mwN, die eine Garantenstellung aus der Verkehrssicherungspflicht herleiten).

„Wer dadurch, dass er fehlerhafte Produkte in den Verkehr bringt, pflichtwidrig eine Gefahr für den Verbraucher herbeiführt, muss prinzipiell dafür einstehen, dass sich die Gefahr nicht in einem entsprechenden Schaden verwirklicht. Das gilt namentlich bei der Herstellung und dem Vertrieb von Konsumgütern, die derart beschaffen sind, dass deren bestimmungsgemäße Verwendung für den Verbraucher – entgegen ihren berechtigten Erwartungen – die Gefahr des Eintritts gesundheitlicher Schäden begründet. Insoweit haftet nicht nur, wer den Schaden durch positives Tun verursacht, sondern auch derjenige, der die Abwendung des drohenden Schadens unterlässt."

Dabei hat der BGH für die objektive Pflichtwidrigkeit des zweifelsohne gefahrbegründenden Vorverhaltens allein die rechtliche Missbilligung des Gefährdungserfolges ausreichen lassen. „Die objektive Pflichtwidrigkeit des Vorverhaltens setzt nicht voraus, dass der Handelnde bereits damit seine Sorgfaltspflicht verletzt, sich also fahrlässig verhalten hat. Diese folgt bereits vielmehr daraus, dass es die Rechtsordnung grundsätzlich verbietet, Gefahren zu schaffen, aus denen sich körperliche Schäden für Dritte entwickeln" (Verstoß gegen Art. 2 Abs. 2 S. 1 GG, körperliche Unversehrtheit). „Das gilt auch dort, wo sich keine besondere Gesetzesnorm nachweisen lässt, die solches Gefährdungsverhalten mit Sanktionen belegt, insbesondere den Verursacher strafrechtlich haftbar macht." Die objektive Pflichtwidrigkeit kann sich aber aus dem Verstoß besonderer gesetzlicher Bestimmungen ergeben, die die Produktsicherheit betreffen und ein entsprechendes Verbot über das Inverkehrbringen oder Bereitstellen enthalten (zB § 3 ProdSG). Die vom BGH vorgenommene Bestimmung der Pflichtwidrigkeit, wonach es ausreicht, dass aus der ex post-Betrachtung das Verhalten objektiv pflichtwidrig war, ist in der Lit. vielfach auf Kritik gestoßen (vgl. nur Roxin StrafR AT II § 32 Rn. 199 ff. mwN). Einige Stimmen in der Lit. verlangen daher keine Pflichtwidrigkeit, sondern lassen für die Garantenstellung der verantwortlichen Produzenten ein gesteigertes oder qualifiziert riskantes Vorverhalten genügen (vgl. Lackner/Kühl/*Kühl* § 13 Rn. 13; *Rengier* JuS 1989, 807; Freund StrafR AT § 6 Rn. 69 f., zur Kritik vgl. nur Roxin StrafR AT II § 32 Rn. 202 ff.). *Roxin* schlägt vor, die Garantenstellung des Produzenten als Übernahme einer Schutzfunktion zu deuten (Roxin StrafR AT II § 32 Rn. 210 ff.). In ähnlicher Richtung hat der BGH in der Lederspray-Entscheidung auch erwogen, eine Garantenstellung des Produzenten aus der zivilrechtlichen Verkehrssicherungspflicht, namentlich der Pflicht zur Produktbeobachtung, abzuleiten. Letztlich hat er dies aber offen gelassen (BGHSt 37, 106 ff.).

Die objektive Pflichtwidrigkeit kann in Fällen der strafrechtlichen Produktverantwortlichkeit aber **31** unter dem Gesichtspunkt des erlaubten Risikos entfallen. Ein Fall des erlaubten Risikos wird etwa dann angenommen, wenn bei der Herstellung von Massenprodukten, sofern sie generell einwandfrei sind, ein einzelner „Ausreißer" einen Schaden verursacht (BGHSt 37, 106 ff.; Schönke/Schröder/*Lenckner/Sternberg-Lieben* Vor §§ 32 ff. Rn. 94; Fischer Vor § 32 Rn. 13a).

Etwaige Unbedenklichkeits- oder Zulassungsentscheidungen sind ohne Einfluss auf die Garantenstel- **32** lung. Die Produktverantwortlichkeit besteht unabhängig davon, was die zuständigen Behörden für geboten erachten (vgl. BGHSt 37, 106 ff.).

Da man nur für eigenes pflichtwidriges Vorverhalten strafrechtlich haften kann, kann die Ingerenz- **33** Garantenstellung grundsätzlich nicht übertragen werden. Für die Ingerenzhaftung im Rahmen des betrieblichen Handelns, hat der BGH allerdings angeführt, dass derjenige, der in den Betrieb eintritt, regelmäßig durch Übernahme der Aufgaben in die Garantenstellung des Vorgängers einrückt, und die – aus fortbestehender Garantenstellung folgende – Handlungspflicht des Ausgeschiedenen sich naturgemäß darauf beschränkt, was er als nunmehr Betriebsfremder noch zur Schadenabwendung beitragen kann (BGHSt 37, 106 ff.).

Der Umfang der innerbetrieblichen Pflichtenstellung und die daraus folgende pflichtgemäße Hand- **34** lung fließt aus der Garantenstellung, wonach die Geschäftsleitung dafür zu sorgen hat, dass Verbraucher der (gefährlichen) Produkte vor Gesundheitsschäden gewahrt bleiben, die ihnen bei bestimmungsgemäßer Benutzung dieser Artikel infolge deren Beschaffenheit zu entstehen drohen. Die zur Schadensabwendung erforderlichen Handlungen sind regelmäßig der Produktionsstop, der Rückruf der bereits im Handel gelangten Produkte und/oder Warnungen, die durch alle Medien verbreitet werden/Aufdruck eines Warnhinweises auf die Produkte. Die Bestimmung der pflichtgemäßen Handlung hängt von einer Abwägung im Einzelfall ab (zur Produktbeobachtungspflicht vgl. Müller-Gugenberger WirtschaftsStR/*Schmid* § 56 Rn. 98 ff.).

**b) Beherrschung einer in den eigenen Zuständigkeitsbereich fallenden sachlichen Gefah- 35
renquelle.** Wer die Herrschaft über Sachen, Anlagen oder Tiere ausübt, ist zur Sicherung gegen die davon ausgehenden Gefahren verpflichtet (Herrschafts-Gedanke, vgl. LK-StGB/*Weigend* § 13 Rn. 25). Er hat diese zu kontrollieren und zu verhindern, dass aus ihnen Schädigungen fremder Rechtsgüter entstehen (BGH NJW 2002, 1888; SK-StGB/*Rudolphi/Stein* Rn. 27 ff.). Hierbei handelt es sich in der Sache um die aus dem Zivilrecht bekannten Verkehrssicherungspflichten. Umstritten ist, ob diese inhaltsgleich vom Strafrecht übernommen werden können. Der BGH neigt hierzu, hat dies aber letztlich offen gelassen (BGHSt 37, 106 ff.). Ausreichend ist, dass allein aus der Sachbeherrschung eine Pflicht zur Gefahrüberwachung resultiert. Auf eine tatsächliche Gewährsübernahme oder auf ein pflichtwidriges Vorverhalten kommt es nicht an. Nach anerkannten Rechtsgrundsätzen hat jeder, der Gefahrenquellen schafft oder unterhält, die nach Lage der Verhältnisse erforderlichen Vorkehrungen zum Schutz anderer Personen zu treffen (stRspr; BGHZ 103, 338 (340); BGHSt 53, 38). Dabei beschränkt sich „die Verkehrssicherungspflicht auf das Ergreifen solcher Maßnahmen, die nach den Gesamtumständen zumutbar sind und die ein verständiger und umsichtiger Mensch für notwendig und ausreichend hält, um Andere vor Schäden zu bewahren (so BGH NStZ 2012, 319). Haftungsbegründend wirkt demgemäß die Nichtabwendung einer Gefahr erst dann, wenn sich vorausschauend für ein sachkundiges Urteil die nahe liegende Möglichkeit ergibt, dass Rechtsgüter anderer Personen verletzt werden können" (stRspr; vgl. BGHR BGB § 823 Abs. 1, BGH NStZ 2012, 319).

Wer die Herrschaft über Grundstücke und Gebäude ausübt, ist zur Sicherung gegen die davon **36** ausgehenden Gefahren verpflichtet. Der Besitzer eines Hauses oder Grundstücks muss also dafür sorgen, dass Bewohner oder Besucher nicht durch unzureichende Sicherungsmaßnahmen zu Schaden kommen. Ebenso müssen Betriebe und Maschinen von Betreibern in verkehrsgerechtem Zustand gehalten werden und gegen die hiervon ausgehenden Gefahren Sicherungsmaßnahmen getroffen werden (Schönke/Schröder/*Stree/Bosch* Rn. 43 mwN). Hierzu zählen das Betreiben von Skipisten (OLG München NJW 1974, 189), Kinderspielplätzen (OLG Karlsruhe OLGSt 29 zu § 222), Sprungturmanlagen (OLG Stuttgart VersR 1961, 1026), Seilbahnen und Sportplätzen (BGH VRS 18, 48). Ebenso besteht eine Überwachungspflicht für den Betreiber von (gefährlichen) Anlagen oder Veranstaltungen (BGH NJW 1975, 533; LG Waldshut-Tiengen NJW 2002, 153 f.; Fischer Rn. 36, 37).

Weitere Überwachungspflichten betreffen die Verhinderung von Arbeitsunfällen im Betrieb und bei **37** Bauarbeiten. Bei letztere bezieht sich die Überwachungspflicht sowohl auf Gefahren für die Mitarbeiter als auch für Dritte. Im Bereich der Durchführung von Bauarbeiten trifft die Garantenstellung für die aus der Bauausführung fließenden Gefahren gegenüber Dritten grundsätzlich den Bauunternehmer und nicht den Bauherrn (→ Rn. 46, Garantenpflicht aus tatsächlicher Übernahme von Schutzpflichten). Diesem hat der Bauherr gerade wegen seiner besonderen Sachkunde und Erfahrung die Ausführung der gefährlichen Aufgabe anvertraut. Dieser Haftungsübergang vom Bauherrn auf den Bauunternehmer wirkt ebenso zugunsten derjenigen, die wie ein „Oberbauleiter" (zB Architekt, Statiker) im Auftrag des Bauherrn dessen Belange gegenüber dem Bauunternehmer wahrnehmen. Die aus der allgemeinen

Verkehrssicherungspflicht zu entnehmende Garantenstellung des Bauherrn bleibt aber insoweit weiter wirksam, als er die Verantwortung für die Auswahl des beauftragten Unternehmers trägt. Nimmt er wahr, dass der Bauunternehmer in bestimmter Weise nachlässig arbeitet oder dass eine neue Gefahrenquelle entsteht, die der beauftragte Bauunternehmer mit seinen Mitteln und Kenntnissen möglicherweise nicht gewachsen ist, so darf er nicht untätig bleiben (BGHSt 19, 286 ff., → Rn. 60, Mitübernahme von Pflichten des ursprünglichen Garanten). Hervorzuheben ist weiter die aus der Überwachungsgarantenstellung folgende Pflicht zur Sicherung von Baustellen durch Absperrungen und Warnlampen (VFRS 16, 28).

38   **c) Pflicht zur Beaufsichtigung anderer.** Die Pflicht zur Beaufsichtigung anderer kann auch Überwachungspflichten begründen, insbesondere die Pflicht zur Verhinderung von Straftaten. Eine solche Garantenstellung als Überwachergarant kann sich daraus ergeben, dass jemand für das Verhalten anderer Personen verantwortlich ist und deshalb diese zu beaufsichtigen hat, dass sie Dritten keinen Schaden zufügen (vgl. Schönke/Schröder/*Stree*/*Bosch* Rn. 52).

39   Von besonderer Bedeutung für das Wirtschaftsstrafrecht ist die sog **strafrechtliche Geschäftsherrenhaftung.** Hierbei handelt es sich um eine Garantenpflicht des Betriebsinhabers oder -leiters zur Verhinderung von Straftaten seiner Angestellten und Arbeiter. Nach allgemeiner Ansicht besteht keine allgemeine Garantenpflicht von Personen der Unternehmensleitung zur Verhinderung von Straftaten Beschäftigter (Schönke/Schröder/*Stree*/*Bosch* Rn. 52; Fischer Rn. 68; *Rogall* ZStW 98 (1986), 573). Die überwiegende Ansicht nimmt aber eine Garantenpflicht des Betriebsinhabers und leitender Funktionäre zur Verhinderung von **betriebsbezogenen Straftaten** nachgeordneter Betriebsangehöriger an (BGHSt 57, 42; Lackner/Kühl/*Kühl* Rn. 14 mwN; s. auch Roxin StrafR AT II § 32 Rn. 134, Fn. 236 mwN; Fischer Rn. 68; SK-StGB/*Rudolphi*/*Stein* Rn. 35a; LK-StGB/*Weigend* Rn. 56). Der materielle Grund liegt in der Organisationsherrschaft und Herrschaft über die Gefahrenquelle „Betrieb" durch die Leitungsperson. Die Geschäftsherrnhaftung ist als ein Unterfall der obigen Sachgarantenhaftung zu verstehen, so dass auf die oben genannten allgemeinen Anforderungen an die Garantenpflicht im Bereich der sachlichen Gefahrenquellen (→ Rn. 35) zurückgegriffen werden kann. Der Vorgesetzte hat die Möglichkeit, durch Anweisungen und Kontrolle strafbare Betriebshandlungen zu verhindern. Er ist gehalten, dort Vorkehrungen zu treffen, wo sich Gefahren durch den betrieblichen Ablauf entwickeln können. Hiermit wird zugleich die Reichweite der Garantenstellung auf betriebsbezogene Straftaten beschränkt. Umfasst sind daher nicht solche Taten, die der Mitarbeiter lediglich bei Gelegenheit seiner Tätigkeit im Betrieb begeht (BGHSt 57, 42 zum Mobbing).

40   Zudem haben auch Überwachungsorgane von Kapitalgesellschaften, wie insbesondere die Mitglieder des Aufsichtsrates, eine Garantenstellung als Überwachungsgarant zur Verhinderung von Straftaten anderer Organe (zB Vorstand) und Mitarbeiter der Gesellschaft (vgl. zum Ganzen Tiedemann WirtschaftsStR AT Rn. 183). Dies folgt aus dem eigentlichen Aufgabenbereich und der Hauptpflicht des Aufsichtsrates nach § 111 Abs. 1 AktG. Hiernach hat der Aufsichtsrat die Geschäftsführung zu überwachen. Grundsätzlich wird danach vom Aufsichtsrat verlangt, fehlerhaftes oder gesellschaftsschädigendes Verhalten des Vorstandes abzuwenden. Die Verpflichtung bezieht sich nicht nur auf abgeschlossene Geschäftsvorgänge, sondern auch auf laufende Geschäfte und Maßnahmen (*Henze*/*Born*/*Drescher*, Aktienrecht, 6. Aufl. 2015, Rn. 620).

41   **3. Beschützergarant.** Der Beschützergarant ist dem Schutz bestimmter Rechtsgüter vor Gefahren verpflichtet. Dies kann sich unmittelbar aus dem Gesetz ergeben, zB Schutzpflicht der Eltern gem. § 1626 BGB, der Ehegatten gem. § 1353 BGB, des Rechtsanwalts gem. § 4a RVG (vgl. BGHSt 59, 318 zur Garantenstellung des Rechtsanwalts zum Schutz des Mandanten bei Abschluss einer Erfolgshonorarvereinbarung hinsichtlich der Aufklärung über die voraussichtliche gesetzliche Vergütung), aber auch aus natürlicher Verbundenheit oder engen Vertrauensverhältnissen wie (Gefahren-)Gemeinschaften, die ihrer Natur nach auf gegenseitige Hilfeleistung angewiesen sind (zB Bergtour, Segeltörn) (vgl. nur Schönke/Schröder/*Stree*/*Bosch* Rn. 17 ff. mwN). Von wesentlicher Bedeutung im Bereich des WirtschaftsStR ist die Übernahme von Schutzfunktionen aufgrund von Organstellungen und Amtsträgerpflichten sowie die tatsächliche Übernahme von Schutzpflichten.

42   **a) Organstellung/Amtsträgerpflicht.** Eine **Garantenstellung als Beschützergarant** kommt in erster Linie den **vertretungsberechtigten Organen** (Vorstand, Geschäftsführer) der Kapitalgesellschaften kraft ihrer Organstellung zu. Da die juristische Person nicht selbst handeln kann, muss sie ihre Rechtsgüter ihren Organen anvertrauen, die dadurch zum Beschützergaranten werden. Sie sind verpflichtet, die Rechtsgüter der juristischen Person vor Schaden zu bewahren (SK-StGB/*Rudolphi*/*Stein* Rn. 54). Die Schutzpflicht erstreckt sich vor allem auf das Rechtsgut des Vermögens der Gesellschaft. In diesem Bereich findet sich zumeist das besonders geregelte unechte Unterlassungsdelikt in Form der Untreue (durch Unterlassen). Neben den vertretungsberechtigten Organen haben aber auch die **Überwachungsorgane** von Kapitalgesellschaften eine Garantenstellung als Beschützergarant insbesondere für das Gesellschaftsvermögen. Dies folgt für den Aufsichtsrat einer AG – wie bei der Garantenstellung als Überwachergarant – aus der aus § 111 Abs. 1 AktG folgenden Überwachungspflicht der Geschäftsführung (vgl. dazu nur BGH wistra 2001, 304 (305); Tiedemann WirtschaftsStR AT Rn. 122).

Eine **Übernahme von Schutzpflichten** ist zudem für **Amtsträger** im Rahmen ihres Aufgaben- 43
bereichs anerkannt (vgl. LK-StGB/*Weigend* Rn. 30 ff.; Roxin StrafR AT II § 32 Rn. 77 f.; Fischer
Rn. 17 ff.). Das ist dann der Fall, wenn den Amtsträgern hoheitliche Rechte anvertraut sind, für deren
Wahrung sie einzustehen haben. Das gleiche gilt auch für Beauftragte. Ein Finanzbeamter, der pflicht-
widrig Steuern nicht erhebt, begeht Steuerhinterziehung durch Unterlassen (Roxin StrafR AT II § 32
Rn. 79; SK-StGB/*Rudolphi/Stein* Rn. 54c). Nach der Rspr. und der überwiegenden Ansicht in der
Literatur kommt zB den Bediensteten der Wasserbehörden eine Garantenstellung als Beschützergarant
zu, da das Wasserhaushaltsgesetz diesen Behörden einen genau abgegrenzten Aufgabenbereich zuweist,
innerhalb dessen ihnen der Schutz der Gewässerreinheit obliegt (LK-StGB/*Steindorf* § 324 Rn. 64;
Winkelbauer NStZ 1986, 149 (151)). Aus dieser Rechtsstellung ergibt sich ua eine konkrete Rechtspflicht
des zuständigen Amtsträgers, tatbestandsmäßige Gewässerverunreinigungen Dritter zu verhindern, wenn
und soweit für sie eine wasserhaushaltsrechtliche Pflicht gleichen Inhalts besteht (vgl. Roxin StrafR
AT II § 32 Rn. 99 ff.; BGHSt 38, 325; OLG Frankfurt a. M. NJW 1987, 2753).

Auch hinsichtlich der **Betriebsbeauftragten** hat die Rspr. eine Garantenstellung anerkannt, die – 44
wie bei den Amtsträgern (→ Rn. 43) – aus der Übernahme von bestimmten Funktionen abgeleitet wird
(vgl. BGHSt 54, 44). Betriebsbeauftragte nehmen aufgrund ausdrücklicher gesetzlicher Verpflichtung,
betriebsinterne Kontroll- und Überwachungsaufgaben wahr (vgl. *Böse* NStZ 2003, 636). Ihnen
kommt insoweit eine Beschützergarantenstellung der jeweiligen zu schützenden Rechtsgüter zu, so
obliegt zB dem Beauftragten für Gewässerschutz (§§ 64 ff. WHG) der Schutz der Gewässerreinheit.
Hierdurch wird zugleich die Gefahrverantwortlichkeit des Betriebsinhabers gesetzlich delegiert, so dass
es sich in der Sache um eine gesetzlich bestimmte tatsächliche Übernahme von Schutzpflichten handelt
(→ Rn. 50). Mit der Bestellung und Aufnahme seiner Tätigkeit hat der Betriebsbeauftragte die Wahrnehmung der Granatenpflicht tatsächlich übernommen. Der Pflichtenkreis ergibt sich aus den jeweiligen
gesetzlichen Regelungen. Weitere Beauftragte finden sich zB im Bereich des Immissionsschutzes
(§§ 53 ff. BImSchG), Strahlenschutzes (§§ 31 ff. StrahlenschutzVO), Abfalls (54 KrW-/AbfG) oder
Datenschutzes (§§ 4f, 4g BDSG).

Hierher gehört auch die vom BGH bejahte **Garantenstellung eines Leiters der Innenrevision** 45
einer Anstalt des öffentlichen Rechts, betrügerische Abrechnungen zu unterbinden (BGHSt 54, 44).
Der BGH hat aufgrund der Rechtsform des Unternehmens als Anstalt des öffentlichen Rechts und der
Zugehörigkeit der nicht unterbundenen Tätigkeit zum hoheitlichen Bereich des Unternehmens, nämlich die durch den Anschluss- und Benutzungszwang geprägte Stadtreinigung, die gegenüber den
Anliegern nach öffentlich-rechtlichen Gebührengrundsätzen abzurechnen hat, eine Beschützer-Garan-
tenstellung der Straßenanlieger vor betrügerisch überhöhten Gebühren abgeleitet. Als Anstalt des öffent-
lichen Rechts war sie den Anliegern gegenüber zu gesetzmäßigen Gebührenabrechnungen verpflichtet.
Hierauf bezog sich die Überwachungspflicht des Leiters der Innenrevision im konkreten Fall.

b) Tatsächliche Übernahme von Schutzpflichten (sog Gewährsübernahme). Eine Rechts- 46
pflicht zur Abwendung von Gefahren kann sich auch daraus ergeben, dass der Täter es übernommen hat,
für den Schutz bestimmter Rechtsgüter zu sorgen, und zwar gegenüber dem Gefährdeten oder gegenüber einem Dritten zugunsten des Gefährdeten (sog Gewährsübernahme). Die Garantenstellung kraft
Übernahme kann auch eine abgeleitete sein (vgl. zum Ganzen Schönke/Schröder/*Stree/Bosch*
Rn. 26 ff.). Es müssen zwei Voraussetzungen vorliegen:

Der Verpflichtete muss es tatsächlich übernommen haben, für den Schutz des Rechtsguts zu sorgen. 47
Die Pflicht wird nicht allein durch Abschluss eines Vertrages, sondern erst durch die **tatsächliche
Übernahme des Pflichtenkreises** begründet.

Nicht jede Übernahme von Pflichten begründet auch eine Garantenstellung. Hinzutreten muss regel- 48
mäßig ein **besonderes Vertrauensverhältnis,** das den Übertragenden gerade dazu veranlasst, dem
Verpflichteten besondere Schutzpflichten zu überantworten (vgl. auch BGHSt 54, 44). Ein bloßer
Austauschvertrag oder ein bloßes Arbeitsverhältnis genügen nicht. Erforderlich ist vielmehr, dass jemand
im Vertrauen auf die Übernahme von Schutzpflichten sich Gefahren aussetzt oder wegen seiner Hilflosigkeit auf einen Beschützer angewiesen ist und im Vertrauen hierauf andere Schutzvorkehrungen
unterlässt. Zu verhindern sind die aus einer solchen Gefahr resultierenden Schäden.

Der Inhalt und der Umfang der Garantenpflicht bestimmen sich aus dem konkreten Pflichtenkreis, 49
den der Verantwortliche übernommen hat. Typische Fälle sind der Leibwächter, der Bademeister, der
Arzt, das Kindermädchen (vgl. zur Übernahme einer Schutzfunktion Schönke/Schröder/*Stree/Bosch*
Rn. 27 f.; Roxin StrafR AT II § 32 Rn. 53 ff.; und zur Garantenstellung bei Übernahme einer ärzt-
lichen Behandlung BGHSt 7, 212; Schönke/Schröder/*Stree/Bosch* Rn. 28a; Roxin StrafR AT II § 32
Rn. 70 ff.; LK-StGB/*Weigend* Rn. 36).

Eine Garantenstellung durch tatsächliche Übernahme einer Schutzfunktion kommt aber auch unter 50
den in → Rn. 47, 48 genannten Voraussetzungen in den Fällen in Betracht, in denen **zur Beherrschung von Gefahrenquellen bestimmte Schutzpersonen eingesetzt werden.** Diese übernehmen
gegenüber dem Einzelnen oder der Allgemeinheit die Pflicht, in dem übernommenen und zu überwachenden Bereich (Pflichtenkreis) dafür zu sorgen, dass keine Schäden eintreten (Schönke/Schröder/
Stree/Bosch Rn. 26). Dieser Fallgruppe sind zugehörig die Delegation von Verkehrssicherungs- und

Schutzpflichten durch den Geschäftsherrn/Betriebsinhaber im Rahmen der Beauftragung Dritter auch innerhalb einer mehrstufigen oder arbeitsteiligen Organisation (innerhalb von Betrieben oder beim Zusammenwirken von Beteiligten mit unterschiedlichen Spezialkenntnissen, → Rn. 59 ff.), zB die Beseitigung einer Gefahrenquelle durch einen beauftragten Dritten. Insoweit besteht eine Schutzpflicht gegenüber den gefährdeten Personenkreis. (BGHSt 47, 224 – Beseitigung einer Gefahrenquelle im schienengebundenen Verkehr). Der Mitarbeiter der Kfz-Firmenwerkstatt einer Spedition hat mit der arbeitsvertraglichen Übertragung der Wartungspflichten der Firmenfahrzeuge zugleich eine Schutzfunktion gegenüber allen Verkehrsteilnehmern übernommen (BGHSt 52, 159).

51   Hierher gehört auch die vom BGH angenommene Garantenstellung für die sog **„Compliance Officers"** zur Verhinderung von Rechtsverstößen, insbesondere auch von Straftaten, die aus dem Unternehmen heraus begangen werden (BGHSt 54, 44). Der BGH leitet diese Pflicht aus der **tatsächlichen Übernahme eines Pflichtenkreises** her, wobei er erörtert, ob es sich um eine Schutz- oder Überwachungspflicht handelt. Der BGH führt hierzu aus: Bei einem „Compliance Officer" gehören typischerweise auch zum Pflichtenkreis, vom Unternehmen ausgehende Rechtsverstöße zu beanstanden und zu unterbinden, insbesondere auch von Straftaten, die aus dem Unternehmen heraus begangen werden und diesem erhebliche Nachteile durch Haftungsrisiken oder Ansehensverlust bringen können. Dieser Ansicht ist zuzustimmen. Im Ergebnis handelt es sich um eine tatsächliche Übernahme von Schutzpflichten für das Unternehmen, nämlich des Vermögensschutzes der Gesellschaft.

52   **4. Pflichtenstellung und unternehmerische Organisationsstruktur.** Im Unternehmensbereich liegt idR die besondere Pflichtenstellung – sofern sie sich nicht schon aus der Stellung selbst ergibt (→ Rn. 42 ff.) – bei der Geschäftsleitung (zB Vorstand, Geschäftsführer, Betriebsinhaber, leitende Angestellte). Dort sind in Form der Allzuständigkeit und Gesamtverantwortung die Pflichten zur Auswahl, Organisation, Führung, Aufsicht und Kontrolle im Unternehmen zusammengefasst. Diese sind in der Regel rechtlich und tatsächlich zur Entscheidung über die vorzunehmende Handlung befugt.

53   Bei **Kollektivorganen** ist für die Bestimmung der Handlungspflicht bzw. Garantenstellung der einzelnen Organmitglieder das idR bestehende Spannungsverhältnis zwischen gesellschaftsrechtlicher Allzuständigkeit und Gesamtverantwortung auf der einen Seite und der regelmäßig bestehenden innerorganschaftlichen Ressortverteilung auf der anderen Seite aufzulösen.

54   **Die strafrechtliche Rspr. geht im Prinzip von der Allzuständigkeit und Gesamtverantwortung der Organmitglieder entsprechend der gesellschaftsrechtlichen Wertung aus.** Hiernach sind die Geschäftsführer einer GmbH kraft ihrer Amtsstellung grundsätzlich für alle Angelegenheiten der Gesellschaft zuständig. *„Deshalb trifft, auch wenn mehrere zum Geschäftsführer einer GmbH bestellt sind, im Grundsatz jeden von ihnen die Pflicht zur Geschäftsführung und damit auch für die Geschäftsführung im Ganzen, denn die Führung der Geschäfte umfasst nicht in erster Linie die Besorgung bestimmter Geschäfte, sondern die verantwortliche Leitung der Geschäfte in ihrer Gesamtheit"* (BGHZ 133, 370; BFHE 141, 443 = BFH ZIP 1984, 1345; BGH wistra 1990, 97 f.).

55   Dieser vom Gesetz vorgesehenen **Allzuständigkeit** des Geschäftsführers steht eine entsprechend **umfassende Verantwortung** für die Belange der Gesellschaft gegenüber. Demgemäß ist auch in einer mehrgliedrigen Geschäftsleitung grundsätzlich jeder Geschäftsführer für die Erfüllung der Pflichten der Gesellschaft verantwortlich. Dieser Pflichten können sich die Geschäftsführer weder durch Zuständigkeitsverteilungen innerhalb der Geschäftsleitung noch durch Delegation besonderer Aufgaben auf Personen außerhalb der Geschäftsleitung entledigen. Was die – vom Gesetz umfassend ausgestaltete – rechtsgeschäftliche Vertreterstellung angeht, ist eine Beschränkung mit Außenwirkung ohnehin nicht möglich (§ 37 GmbHG; BGHZ 133, 370). Für den Vorstand einer Aktiengesellschaft gilt im Grunde das Gleiche, auch wenn es sich um weltweit tätige Aktiengesellschaften mit einer nicht unerheblichen Produktvielfalt und weit verstreuten Betriebsstätten handelt (Wabnitz/Janovsky WirtschaftsStR-HdB/ *Raum* Kap. 4 Rn. 35).

56   Hieran anknüpfend nimmt die strafrechtliche Rechtsprechung an, dass interne Zuständigkeitsregelungen in der Geschäftsleitung zwar nicht zu einer Aufhebung, wohl aber zu einer **Beschränkung der strafrechtlichen Verantwortlichkeit** führen können. Das beruht auf dem Gedanken, dass der Geschäftsführer oder der Vorstand den ihm zukommenden Handlungspflichten für die Gesellschaft als Ganzes auf unterschiedliche Weise nachkommen kann. So kann er etwa an einer Regelung mitwirken, durch die jedem Geschäftsführer/Vorstand bestimmte Aufgaben zugewiesen werden. Auf diese Weise trägt er durch organisatorische Maßnahmen zur Erfüllung der der Gesellschaft obliegenden Pflichten bei. Durch eine derartige Aufteilung der Geschäfte wird die Verantwortlichkeit des nicht betroffenen Geschäftsführers/Vorstands nach innen und außen beschränkt, denn im allgemeinen kann er sich darauf verlassen, dass der zuständige Geschäftsführer/Vorstand die ihm zugewiesenen Aufgaben erledigt. Doch verbleiben dem nicht betroffenen Geschäftsführer in jedem Fall **kraft seiner Allzuständigkeit gewisse Überwachungspflichten,** die ihn zum Eingreifen veranlassen müssen, wenn Anhaltspunkte dafür bestehen, dass die Erfüllung der der Gesellschaft obliegenden Aufgaben durch den zuständigen Geschäftsführer nicht mehr gewährleistet ist (BGHZ 133, 370; BGH NJW-RR 1986, 1293; BGHSt 37, 106; OLG Hamm NJW 1971, 817; OLG Schleswig SchlHA 1975, 194; OLG Koblenz GewArch 1987, 242; OLG Düsseldorf NStZ 1981, 265).

Im Bereich der strafrechtlichen Haftung für Unterlassungen bedeutet dies, dass im Falle einer ressort- **57** mäßigen Aufteilung eine Handlungspflicht grundsätzlich nur in dem eigenen betreuten Geschäfts- und Verantwortungsbereich besteht. Im Übrigen wandelt sich die allgemeine Handlungspflicht in eine Überwachungspflicht, was aber nicht bedeutet, dass Kontrollmaßnahmen unter den Organmitgliedern getroffen werden müssen. Die Überwachungspflicht ist dergestalt konzipiert, dass erst bei Anhaltspunkten für eine unzureichende Erfüllung der der Gesellschaft obliegenden Pflichten durch das zuständige Organmitglied konkrete Kontroll- und Handlungspflichten entstehen. Der Vorsitzende und die nicht ressortmäßig befassten Mitglieder können sich zunächst auf die Vorlage oder Erledigung der Aufgaben durch das zuständige Mitglied verlassen. Nur wenn sich Unstimmigkeiten oder sonstige Verdachtsmomente ergeben, lebt die Handlungspflicht wieder auf. Welche Handlungspflichten veranlasst sind, ist anhand des Einzelfalls zu entscheiden. Beschränkt sich der Problemfall auf ein einzelnes Ressort, kann die Vornahme von organisatorischen Maßnahmen genügen. Anders ist die Situation zu beurteilen, wenn ein ressortübergreifendes Problem besteht (vgl. Wabnitz/Janovsky WirtschaftsStR-HdB/*Raum* Kap. 4 Rn. 37).

Insbesondere dort, wo – wie etwa in Krisen- und Ausnahmesituationen – aus besonderem Anlass das **58** Unternehmen als Ganzes betroffen ist, greift der Grundsatz der **Generalverantwortung und Allzuständigkeit** der Geschäftsleitung wieder ein. Das bedeutet, dass in Krisenzeiten immer eine Gesamtverantwortung des Organs besteht und die Geschäftsführung insgesamt zum Handeln berufen ist. Das gilt jedenfalls dann, wenn unternehmerische Entscheidungen zum Krisenmanagement getroffen werden müssen (zB Rückruf eines gefährlichen Produkts) oder öffentlich-rechtliche Pflichten tangiert sind (zB Abführung von Arbeitnehmerbeiträgen zur Sozialversicherung). Die Handlungspflicht des jeweiligen Organmitglieds ist jedoch durch den Grundsatz der Gesamtgeschäftsführung begrenzt (→ Rn. 18).

Auch eine **Delegation der unternehmerischen Aufgaben an Betriebs-Mitarbeiter oder sons- 59 tige Beauftragte durch die Geschäftsleitung (vertikale Aufgabenverteilung)** ist möglich, lässt aber ebenso die Verantwortung nicht entfallen. So braucht zB der Geschäftsführer die in sein Ressort fallenden Pflichten nicht in eigener Person erfüllen (vgl. BGHSt 37, 106 grundlegend zur strafrechtlichen Relevanz von Ressortzuständigkeiten). Er kann sie auch delegieren, ihre Erfüllung anderen Personen überlassen (BGHZ 133, 370 (378); hinsichtlich steuerlicher Pflichten vgl. auch BFHE 141, 443). In diesen Fällen muss er durch geeignete organisatorische Maßnahmen die ordnungsgemäße Pflichtenerfüllung sicherstellen. Jedenfalls nach einer angemessenen und beanstandungsfreien Einarbeitungszeit darf er sich dann grundsätzlich auf die Erledigung dieser Aufgaben durch den von ihm Betrauten verlassen, solange zu Zweifeln kein Anlass besteht (vgl. BGHZ 133, 370 (378)). Es trifft ihn dann jedoch eine Überwachungspflicht. Wie diese ausgestaltet ist, wird nach den Umständen des Einzelfalles zu bestimmen sein. Von Bedeutung sind insbesondere die hierarchische Einordung des Mitarbeiters und die Schadensanfälligkeit der Tätigkeit (vgl. Wabnitz/Janovsky WirtschaftsStR-HdB/*Raum* Kap. 4 Rn. 42 ff.).

Eine **Mitübernahme von Pflichten des ursprünglichen Garanten durch Dritte** (andere Mit- **60** arbeiter/Beauftragte) lässt die Garantenstellung des bisherigen Garanten nicht entfallen. Sie kann aber zu einer Modifizierung der übernommenen Garantenpflichten führen. So muss zB *„der ursprüngliche Garant die übernommene Gefahrenbeseitigung nicht mehr notwendig eigenhändig durchführen, sondern kann sie ganz oder arbeitsteilig dem zur Übernahme bereiten Dritten überlassen. Welche Sorgfaltspflichten ihn im letztgenannten Fall treffen, richtet sich nach den Umständen des Einzelfalles."* Der ursprüngliche Garant bleibt verpflichtet, den Übernehmenden sorgfältig auszusuchen, und die ordnungsgemäße Erfüllung der Garantenpflicht durch ihn zu überprüfen. Für den Umfang der Überprüfung sind von Bedeutung insbesondere das Ausmaß der Gefahr, für deren Beseitigung der (ursprüngliche) Garant einzustehen hat, und die Zuverlässigkeit der an der Beseitigung der Gefahrenquelle beteiligten übrigen Garanten (BGHSt 47, 224). *„Ein umfassender Vertrauensschutz in die ordnungsgemäße Erfüllung der von einem anderen arbeitsteilig übernommenen Aufgabe besteht dagegen insbesondere im Bereich der ärztlichen Heilbehandlung für Ärzte unterschiedlicher Fachrichtungen und damit klar abgegrenzter Aufgaben"* auf der Ebene der horizontalen Arbeitsteilung (→ Rn. 62, BGHSt 47, 224 ff.).

Bei der (Mit-)Übernahme einer Pflicht gegenüber Personen, die ihrerseits Garanten sind, rückt der **61** Übernehmende in vollem Umfang in die Garantenstellung ein. Hierfür reicht nicht jedes allgemein gehaltene, ersichtlich unverbindliche Hilfsangebot aus. Erforderlich ist vielmehr, dass durch die Wahrnehmung bestimmter Aufgaben in zurechenbarer Weise das Vertrauen der übrigen Garanten in die verantwortliche Mitwirkung des Hilfswilligen bei der Gefahrenabwehr begründet wird (BGHSt 47, 224; Schönke/Schröder/*Stree*/*Bosch* Rn. 26a).

Eine Garantenstellung des Betriebs-Mitarbeiters/-Beauftragten endet durch eine der ursprünglichen **62** Aufgabenzuweisung (oder Auftrag) ganz oder teilweise zurücknehmende Weisung des Auftraggebers/ Vorgesetzten oder durch vollständige Erfüllung der übernommenen Schutzpflicht (vgl. SK-StGB/*Rudolphi*/*Stein* Rn. 63; BGHSt 47, 224 ff.).

Für die **Beteiligung mehrerer Personen im Rahmen einer horizontalen Aufteilung einzelner** **63** **Verantwortungsbereiche** im Rahmen eines einheitlichen Arbeitsvorganges zB bei gefahrträchtigen Baumaßnahmen (aber auch zB beim Zusammenwirken mehrerer Ärzte bei Operationen) gilt, dass sie untereinander verpflichtet sind, sich in zumutbarer Weise gegenseitig zu informieren und abzustimmen, um vermeidbare Risiken für Dritte auszuschalten. Vor allem, wenn erkennbare Sicherungsmaßnahmen erforderlich sind, die vor Beginn der eigentlich gefahrträchtigen Handlung durchgeführt werden müssen, muss sich der für die Gefahrenquelle Verantwortliche im Rahmen des ihm Zumutbaren vergewissern, dass der für die notwendige Sicherung Verantwortliche seine Aufgaben erfüllt hat, und darf nicht blindlings darauf vertrauen, dass dies auch zutrifft. Bei Abbrucharbeiten ergibt sich dies zB schon kraft Natur der Sache. Es besteht somit – über die vertraglich geschuldete Leistung hinaus – auch hinsichtlich der durch die Koordination entstehenden Gefahren eine Sorgfaltspflicht. Für die Begründung von Sorgfaltspflichten ist regelmäßig die tatsächliche Übernahme eines entsprechenden Pflichtenkreises ausreichend. Anders als bei der (Mit-)Übernahme (→ Rn. 60) darf sich der Garant im Bereich der horizontalen Aufteilung einzelner Verantwortungsbereiche allerdings auf die Fehlerfreiheit des Mitwirkungsbeitrages der beteiligten Personen verlassen (Vertrauensgrundsatz), es sei denn, dass Anhaltspunkte für eine besondere Unzuverlässigkeit oder Risikobereitschaft der beteiligten Person bestehen (vgl. zur Abgrenzung der Verantwortlichkeiten für einen Gebäudeeinsturz bei arbeitsteiliger Erledigung der Bauleistungen durch verschiedene Gewerke BGHSt 53, 38).

V. Entsprechungsklausel

64   Nach § 13 Abs. 1 muss das Unterlassen der Verwirklichung des gesetzlichen Tatbestandes durch ein Tun entsprechen. Wann eine solche Gleichwertigkeit anzunehmen ist, ist umstritten. Die Untätigkeit muss denselben sozialen Sinngehalt aufweisen, wie das im Tatbestand beschriebene positive Tun (Modalitätenäquivalent, vgl. *Rudolphi* ZStW 86 (1984), 70).

65   Die Entsprechungsklausel ist in der Praxis aber von geringer Bedeutung. Bei reinen **Erfolgsdelikten,** bei denen es allein auf die Verursachung des tatbestandlichen Erfolges ankommt, liegt die Gleichwertigkeit des Unterlassens mit dem aktiven Tun immer vor. Allein die Nichtabwendung des Erfolges durch den Garanten entspricht dem Tun. Hier wird die Gleichstellung schon mit der Garantenstellung begründet (vgl. SK-StGB/*Rudolphi/Stein* Rn. 17, Lackner/Kühl/*Kühl* Rn. 16; MüKoStGB/*Freund* Rn. 202; OLG Karlsruhe JR 1989, 210).

66   Bedeutung kommt ihr allenfalls bei sog **verhaltensgebundenen Delikten** zu, die besondere Handlungsmodalitäten für die Tatbestandsverwirklichung voraussetzen. Sofern allerdings die Straftatbestände schon eine **bestimmte Tatbestandshandlung** voraussetzen (zB Betrug, Erpressung), kann der Unterlassene den Tatbestand nur erfüllen, wenn sein passives Verhalten unter die Beschreibung der tatbestandlichen Handlung subsumiert werden kann (zB Täuschung durch Unterlassen bei § 263). Ist das der Fall, ist zugleich die Gleichwertigkeit gegeben (LK-StGB/*Weigend* Rn. 77).

67   Einen eigenen Anwendungsbereich hat die Entsprechungsklausel lediglich bei den Straftatbeständen mit solchen **besonders strafschärfenden Merkmalen,** die eine besondere verbrecherische Intensität beschreiben (zB §§ 224, 211). Hier hängt die Zurechnung des strafschärfenden Tatbestandsmerkmals von der Art der Garantenstellung ab. Nicht einzustehen hat der Beschützergarant, der einen grausamen Tod oder eine gefährliche Körperverletzung nur geschehen lässt. Er haftet lediglich wegen einfacher Körperverletzung oder wegen Totschlages. Der Überwachergarant, der einer Tat der zu beaufsichtigenden Person nicht entgegen tritt, hat auch dafür zu sorgen, dass der zu Beaufsichtigende nicht mit besonderer krimineller Energie vorgeht. Ihm fällt daher auch das höhere Unrecht zur Last (vgl. Schönke/Schröder/*Stree/Bosch* Rn. 4).

68   Bei **erfolgsqualifizierten Delikten** unterscheidet der BGH danach, ob das Unterlassen bereits dazu beigetragen hat, die Gefahr für den Eintritt der besonders schwere Folge (zB bei § 227 Todesgefahr) zu schaffen. Nur in diesem Fall soll das Unterlassen dem Tun entsprechen. Nicht ausreichend sei, wenn bereits die Gefahr des Eintritts der besonders schweren Folge besteht, mag auch der Garant sie hätte beseitigen können (vgl. BGH NJW 1995, 3194; auch *Ingelfinger* GA 1997, 586 ff.; krit. Schönke/Schröder/*Stree/Bosch* Rn. 4).

VI. Subjektiver Tatbestand

69   Wie bei den Begehungsdelikten setzen die unechten Unterlassungsdelikte Vorsatz des Unterlassenden hinsichtlich aller Elemente des objektiven Tatbestandes voraus (Schönke/Schröder/*Sternberg-Lieben/Schuster* § 15 Rn. 93; NK-StGB/*Wohlers/Gaede* Rn. 20; SK-StGB/*Horn* Rn. 19), es sei denn, dass der Straftatbestand auch fahrlässig begangen werden kann (zB §§ 222, 229). Es ist keine bestimmte Vorsatzform erforderlich. Sofern der Straftatbestand besondere Absichten verlangt, müssen auch diese vorliegen (vgl. LK-StGB/*Weigend* Rn. 73 f.).

70   Der Vorsatz beim unechten Unterlassungsdelikt muss sich somit auch auf die Nichtvornahme der objektiv gebotenen und möglichen Handlung sowie die Abhängigkeit des Erfolgseintritts hiervon und die Garantenstellung beziehen.

71   Die **Garantenstellung** bezeichnet die die Garantenpflicht begründenden Umstände und umschreibt somit die tatsächlichen Voraussetzungen. Ein Irrtum hierüber ist daher sachverhaltsbezogen und führt zu einem **Tatbestandsirrtum nach § 16.** Bei der Garantenstellung handelt es sich um ein normatives Tatbestandsmerkmal, so dass der Irrtum über die die Garantenpflicht begründenden Umstände (Garantenstellung) auf Unkenntnis im tatsächlichen Bereich oder auf Rechtsirrtümer im Bereich außerstraf-

rechtlicher Vorfragen (Parallelwertung in der Laiensphäre) beruhen kann. Die irrige Annahme der die Garantenpflicht begründenden Umstände führt zum Versuch. Hiervon zu unterscheiden ist die (strafrechtliche) Schlussfolgerung aus den dem Täter bekannten Umständen, dass er als Garant zum Handeln verpflichtet ist **(Garantenpflicht).** Diese gehört zum Unrechtsbewusstsein. Ein Irrtum über die Garantenpflicht ist somit normbezogen und begründet nur einen **Verbotsirrtum,** der nach § 17 zu behandeln ist (BGHSt 16, 155; 19, 295; SSW StGB/*Kudlich* Rn. 37). Die auf irriger rechtlicher Bewertung beruhende Annahme einer Garantenpflicht, stellt ein Wahndelikt dar.

In Bezug auf die Möglichkeit zur Abwendung der Gefahr tätig zu werden, reicht die allgemeine 72 Vorstellung des Täters aus, dass er etwas zur Abwendung des Erfolges unternehmen kann. Über Einzelheiten braucht er sich keine Gedanken zu machen (LK-StGB/*Weigend* Rn. 73).

C. Rechtswidrigkeit und Schuld

I. Rechtswidrigkeit und rechtfertigende Pflichtenkollision

Im Rahmen der Rechtswidrigkeit kommt neben den herkömmlichen Rechtfertigungsgründen bei 73 den Unterlassungsdelikten ein spezieller Rechtfertigungsgrund in Fällen der sog rechtfertigenden Pflichtenkollision hinzu (hM, vgl. nur Schönke/Schröder/*Lenckner/Sternberg-Lieben* Vor §§ 32 ff. Rn. 71 ff.; Lackner/Kühl/*Kühl* § 34 Rn. 15; SSW StGB/*Kudlich* Rn. 38 f.). Ein solcher ist gegeben, wenn der Täter von mehreren gleichrangigen Handlungspflichten nur eine erfüllen kann.

Erforderlich ist zunächst eine Kollision zweier Handlungspflichten. Sofern eine Handlungspflicht mit 74 einem Verletzungsverbot kollidiert, kommt eine Rechtfertigung nur nach § 34 in Betracht. Eine solche Situation ist zB gegeben, wenn der Täter die Rettungshandlung nur durch aktiven Eingriff in ein anderes Rechtsgut vornehmen kann.

Es muss sich um rechtliche und gleichrangige Handlungspflichten handeln. Für die Gleichrangigkeit 75 sind maßgeblich der Wert der gefährdeten Güter, die rechtliche Stellung des Normadressaten, die Nähe der Gefahr und die Wahrscheinlichkeit des Schadenseintritts. Die Gleichrangigkeit fehlt etwa, wenn zugunsten des Opfers keine Garantenpflicht, sondern nur eine allgemeine Solidaritätspflicht des § 323c besteht. In diesem Fall handelt der Täter rechtswidrig, wenn er die höherrangige Pflicht vernachlässigt.

Eine Handlungspflicht muss auf Kosten der anderen erfüllt werden. Der Täter muss mit Rettungs- 76 willen handeln. Eine rechtfertigende Pflichtenkollision liegt vor, wenn zB ein Feuerwehrmann in einem brennenden Haus nur eine von zwei Personen retten kann.

II. Schuld und Unzumutbarkeit normgemäßen Verhaltens

Die Unzumutbarkeit normgemäßen Verhaltens ist nach der Rspr. ein allgemeiner Schuldausschlie- 77 ßungsgrund (Fischer Rn. 45). Nach aA schließt die Unzumutbarkeit schon die tatbestandliche Handlungspflicht aus (LK-StGB/*Weigend* Rn. 68; MüKoStGB/*Freund* Rn. 193; Schönke/Schröder/*Eisele* Vor §§ 13 ff. Rn. 155). Nicht zumutbar ist eine Handlung dann, wenn durch sie billigenswerte Interessen in einem gegenüber der drohenden Gefahr nicht angemessenen Umfang gefährdet würden. In die Abwägung sind der drohende Erfolg, die Wahrscheinlichkeit der Rettung und das Gewicht der gefährdeten Interessen des Garanten einzustellen. In den Fällen der strafrechtlichen Produkthaftung wäre bei der Abwägung der auszuwählenden Maßnahme auch die mit der Maßnahme verbundenen Kosten, die Rufbeeinträchtigung und der Absatzrückgang zu berücksichtigen, wobei aber idR die wirtschaftlichen Gesichtspunkte vor dem Schutz der Verbraucher zurücktreten müssen (→ Rn. 34).

D. Täterschaft und Teilnahme

Das unechte Unterlassungsdelikt ist ein Sonderdelikt. Täter kann nur sein, wer eine Garantenstellung 78 innehat. Nichtgaranten können somit nur Teilnehmer an der Unterlassungs-(haupt-)tat sein. Die Garantenstellung ist aber kein besonderes persönliches Merkmal iSv §§ 14, 28 Abs. 1 (vgl. Fischer Rn. 50; → § 14 Rn. 25).

Die Abgrenzung zwischen Täterschaft und Beihilfe durch Unterlassen ist umstritten (vgl. zum Ganzen 79 LK-StGB/*Weigend* Rn. 89 ff.). Der BGH nimmt diese wie bei den Begehungsdelikten vor und stellt darauf ab, ob der Täter mit Täter- oder Teilnehmerwillen unterlässt (vgl. BGHSt 43, 381; 48, 77). Hiernach gilt § 25 auch bei Unterlassungstätern uneingeschränkt.

So kommt zB Mittäterschaft im Rahmen von Kollektiventscheidungen bei denjenigen Mitgliedern in 80 Betracht, die der Entscheidung, eine rechtlich gebotene Handlung zu unterlassen, zugestimmt haben. Derjenige, der zB bei Entscheidungen durch Mehrheitsbeschluss nicht mitgestimmt hat, ist nicht Beteiligter der Tat. Er hat aber die Pflicht, alles ihm Mögliche und Zumutbare zu tun, um einen strafrechtlich relevanten Beschluss zu verhindern (→ Rn. 17).

Im Rahmen der mittelbaren Täterschaft durch Unterlassen ist besonders die mittelbare Täterschaft 81 kraft Organisationsherrschaft hervorzuheben (vgl. BGH NJW 2003, 522). Eine solche Konstellation ist anzunehmen, wenn eine Unrechtsorganisation bereits besteht, die eine Gefahr für die Begehung von Straftaten in sich birgt und der Garant das konzertierte strafbare Handeln nicht bekämpft. Das ist zB der

Fall, wenn ein neu eingetretener Geschäftsführer um die Begehung betrügerischer Geschäfte durch die Mitarbeiter einer Abteilung des Unternehmens weiß und hiergegen nichts unternimmt.

E. Versuch des Unterlassungsdelikts

82   Die Strafbarkeit des Versuchs eines Unterlassungsdelikts ist auch nach § 23 zu behandeln. Umstritten ist hier vor allem der Zeitpunkt des unmittelbaren Ansetzens (→ § 23 Rn. 85). Beim Rücktritt vom Unterlassungsversuch spielt die Unterscheidung zwischen beendeten und unbeendeten Versuch nach der Rspr. keine Rolle (BGH NJW 2002, 3719 f.). Es kommt stets auf die Voraussetzungen des § 24 Abs. 1 S. 1 Alt. 2 an, wonach ein aktives Tätigwerden für die Erfolgsabwendung erforderlich ist (→ § 24 Rn. 40).

F. Rechtsfolgen

83   Nach Abs. 2 besteht eine fakultative Strafmilderung nach § 49 Abs. 1 für unechte Unterlassungsdelikte. Bei der Frage der Gewährung der Strafmilderung kommt es auf eine wertende Gesamtwürdigung an. Hierbei sind vor allem solche Gesichtspunkte von Bedeutung, die „unterlassungsbezogen" sind (BGH NJW 1998, 3068; BGH NStZ 2013, 340; BGH StV 2015, 297; aA die hM in der Lit., vgl. Schönke/Schröder/*Stree*/*Bosch* Rn. 64; LK-StGB/*Weigend* Rn. 100, die bei der Gesamtwürdigung nur unterlassungsbezogene Gesichtspunkte berücksichtigen wollen), die also darüber etwas aussagen, ob das Unterlassen im Vergleich zu einer entsprechenden Begehungstat weniger schwer wiegt (BGH NJW 1982, 393; BGH NStZ-RR 2011, 334). Hierbei sind die konkreten Merkmale der Deliktsbegehung maßgeblich.

84   Fälle, in denen keine Strafmilderung nach Abs. 2 in Betracht kommen soll, sind nach Auffassungen in der Literatur solche, in denen der Garant eine „regelhaft" zu erwartende Handlung nicht vornimmt (Roxin StrafR AT II § 32 Rn. 242; Schönke/Schröder/*Stree*/*Bosch* Rn. 64; LK-StGB/*Weigend* Rn. 101). Hierher gehört zB die Erfüllung regulärer, nicht mit persönlichem Risiko verbundener beruflicher Pflichten. Eine Strafmilderung ist dagegen in den Fällen naheliegend, in denen die Erfüllung der Garantenpflicht mehr vom Täter verlangt hätte, als den normalen Einsatz rechtstreuen Willens (BGH NJW 1982, 393).

85   Erfolgte eine Strafrahmenverschiebung nach § 13 Abs. 2, § 49 Abs. 1 darf der Umstand, dass nur Unterlassen vorliegt, nicht erneut berücksichtigt werden (Doppelverwertungsverbot, § 50).

§ 14 Handeln für einen anderen

(1) Handelt jemand

1. als vertretungsberechtigtes Organ einer juristischen Person oder als Mitglied eines solchen Organs,
2. als vertretungsberechtigter Gesellschafter einer rechtsfähigen Personengesellschaft oder
3. als gesetzlicher Vertreter eines anderen,

so ist ein Gesetz, nach dem besondere persönliche Eigenschaften, Verhältnisse oder Umstände (besondere persönliche Merkmale) die Strafbarkeit begründen, auch auf den Vertreter anzuwenden, wenn diese Merkmale zwar nicht bei ihm, aber bei dem Vertreter vorliegen.

(2) ¹Ist jemand von dem Inhaber eines Betriebs oder einem sonst dazu Befugten

1. beauftragt, den Betrieb ganz oder zum Teil zu leiten, oder
2. ausdrücklich beauftragt, in eigener Verantwortung Aufgaben wahrzunehmen, die dem Inhaber des Betriebs obliegen,

und handelt er auf Grund dieses Auftrags, so ist ein Gesetz, nach dem besondere persönliche Merkmale die Strafbarkeit begründen, auch auf den Beauftragten anzuwenden, wenn diese Merkmale zwar nicht bei ihm, aber bei dem Inhaber des Betriebs vorliegen. ²Dem Betrieb im Sinne des Satzes 1 steht das Unternehmen gleich. ³Handelt jemand auf Grund eines entsprechenden Auftrags für eine Stelle, die Aufgaben der öffentlichen Verwaltung wahrnimmt, so ist Satz 1 sinngemäß anzuwenden.

(3) Die Absätze 1 und 2 sind auch dann anzuwenden, wenn die Rechtshandlung, welche die Vertretungsbefugnis oder das Auftragsverhältnis begründen sollte, unwirksam ist.

Literatur (Auswahl): *Achenbach,* Ausweitung des Zugriffs bei den ahndenden Sanktionen gegen die Unternehmensdelinquenz, wistra 2002, 441; *Beuthin,* Gibt es eine organschaftliche Stellvertreung?, NJW 1999, 1142; *Blauth,* „Handeln für einen anderen" nach geltendem und kommendem Strafrecht, 1968; *Bruns,* Grundprobleme der strafrechtlichen Organ- und Vertreterhaftung, GA 1982, 1; *Bruns,* Über die Organ- und Vertreterhaftung im Strafrecht, JZ 1984, 14; *Bender,* Die Neuregelung der Verbandstäterschaft im Ordnungswidrigkeitenrecht, 1989; *Cadus,* Die faktische Betrachtungsweise, 1984; *Dehne-Niemann,* Ein Abgesang auf die Interessentheorie bei der Abgrenzung von Untreue und Bankrott, wistra 2009, 417; *Dierlamm,* Der faktische Geschäftsführer im Strafrecht – ein Phantom?, NStZ 1996, 153; *Fuhrmann,* Die Bedeutung des „faktischen Organs" in der strafrechtlichen Rechtsprechung des Bundesgerichtshofes, FS Tröndle, 1989, 139; *Gallas,* Der dogmatische Teil des Alternativentwurfs, ZStW 80 (1968), 1; *Göhler,* Die strafrechtliche Verantwortlichkeit juristischer Personen, ZStW 90 (1978), 100 (Beiheft); *Gübel,* Die Auswirkungen der faktischen Betrachtungsweise auf die strafrechtliche Haftung faktischer GmbH-Geschäftsführer, 1994; *Heine,* Die strafrechtliche Verantwortlichkeit von Unternehmen, 1995; *Herzberg,* Die Problematik der besonderen persönlichen Merkmale" im Strafrecht, ZStW 88 (1976), 68; *Hirsch,* Strafrechtliche Verantwortlichkeit von Unternehmen, ZStW 107 (1995), 285; *A. Kaufmann,* Möglichkeiten der sanktionsrechtlichen Erfassung von (Sonder-)Pflichtverletzungen in Unternehmen, 2003; *König,* Haftung einer juristischen Person, JR 2001, 426; *Korte,* Juristische Person und strafrechtliche Verantwortung, 1991; *Korte,* Der Schutz der finanziellen Interessen der Europäischen Gemeinschaften mit den Mitteln des Strafrechts – Das „Zweite Protokoll", NJW 1998, 1464; *Kremnitzer/Ghanayim,* Die Strafbarkeit von Unternehmen, ZStW 113 (2001), 539; *R. Lange,* Zur Strafbarkeit der juristischen Person, JZ 1952, 261; *Lindemann,* Die strafrechtliche Verantwortlichkeit des Unternehmens, 2012; *Marxen,* Die strafrechtliche Organ- und Vertreterhaftung – eine Waffe im Kampf gegen die Wirtschaftskriminalität?, JZ 1988, 286; *Neudecker,* Die strafrechtliche Verantwortlichkeit der Mitglieder von Kollegialorganen, 1995; *Otto,* Die Strafbarkeit von Unternehmen und Verbänden, 1993; *Otto,* Die Haftung für kriminelle Handlungen in Unternehmen, JURA 1998, 409; *Oertle,* Die Geschäftsherrenhaftung im Strafrecht, 1996; *Ransiek,* Unternehmensstrafrecht, 1996; *Ransiek,* Strafrecht im Unternehmen und Konzern, ZGR 1999, 613; *Schaal,* Strafrechtliche Verantwortlichkeit bei Gremienentscheidungen in Unternehmen, 2001; *Schünemann,* Unternehmenskriminalität und Strafrecht, 1979; *Schünemann,* Strafrechtsdogmatische und kriminalpolitische Grundfragen der Unternehmenskriminalität, wistra 1982, 41; *Schünemann,* Die Bedeutung der besonderen persönlichen Merkmale für die strafrechtliche Teilnehmer- und Vertreterhaftung, JURA 1980, 354 (571); *Seelmann,* Kollektive Verantwortung im Strafrecht, 2002; *Schröder,* Der erweiterte Täterkreis der Organhaftungsbestimmungen, 1997; *Tiedemann,* Die strafrechtliche Vertreter- und Unternehmenshaftung, NJW 1986, 1842; *Wiesener,* Die strafrechtliche Verantwortlichkeit von Stellvertretern und Organen, 1971.

Übersicht

A. Entstehungsgeschichte und Regelungscharakter

I. Entstehungsgeschichte

Die allgemeine strafrechtliche Verantwortlichkeit von Organen und Vertretern ist unter Aufhebung **1** zahlreicher Sondervorschriften des Bundes- und Landesrechts in das Strafgesetzbuch erstmals durch das Einführungsgesetz zum Gesetz über Ordnungswidrigkeiten (EGOWIG) v. 24.5.1968 (BGBl. I 503) zunächst als § 50a eingefügt worden. Diese allgemeine Regelung erfuhr nur geringfügige Änderungen. Durch das Zweite Gesetz zur Bekämpfung der Wirtschaftskriminalität (2. WiKG) v. 15.5.1986 (BGBl. I 721) wurde das Merkmal „Erfüllung von Pflichten" durch „Wahrnehmung von Aufgaben" in Abs. 2 S. 1 Nr. 2 und durch das Gesetz zur Ausführung des Zweiten Protokolls zum Schutz der finanziellen Interessen der Europäischen Gemeinschaften v. 22.8.2002 (BGBl. I 3387) wurde der Begriff der „Personenhandelsgesellschaft" durch den Begriff der „rechtsfähigen Personengesellschaft" in Abs. 1 Nr. 2 ersetzt. Eine gleichlautende Regelung findet sich in § 9 OWiG.

II. Regelungscharakter

1. Zweck und Hintergrund. Zweck der mit der gesetzlichen Überschrift „Handeln für einen **2** anderen" versehenen Vorschrift ist die strafrechtliche Erfassung derjenigen, die für einen anderen handeln, ohne die im Gesetz geforderte Täterqualifikation zu besitzen. Erweitert wird hiermit der Täterkreis bei den **sogenannten Sonder- oder Pflichtdelikten** im Besonderen Teil des Strafgesetzbuches und im Nebenstrafrecht. Die dogmatische Erfassung ist nicht ganz unumstritten. Der Gesetzgeber selbst bezeichnet § 14 funktional als **Zurechnungsvorschrift** (BT-Drs. 14/9889, 8). Ganz überwiegend wird § 14 als ein **Strafausdehnungsgrund** angesehen, durch den zur Schließung von Strafbarkeitslücken der Täterkreis der Sonderdelikte erweitert wird (vgl. nur Fischer Rn. 1b). Dem stimmt *Schünemann* zwar grundsätzlich zu, gibt aber zutreffend zu bedenken, dass „die strafrechtliche Erfassung des vom Gesetzgeber sog Handelns für einen anderen keine künstliche Erweiterung des Adressatenkreises der Verbotsnorm, sondern genau umgekehrt eine Realisierung der sachlogischen Bedingungen des Rechtsgüterschutzes in der modernen arbeitsteiligen Gesellschaft bedeutet, gegenüber denen die ursprüngliche Beschränkung des Täterkreises in den Sonderdelikten des Besonderen Teils und des Nebenstrafrechts (…) unzeitgemäß und unzulänglich geworden ist" (eingehend LK–StGB/*Schünemann* Rn. 1 ff.). Diese kriminalpolitische Erkenntnis war auch der gesetzgeberische Grund für die Einführung der allgemeinen Regelung in § 14 (= § 50a StGB aF) zur strafrechtlichen Verantwortlichkeit von Organen und Vertretern. In der Begründung des Regierungsentwurfs eines Zweiten Gesetzes zur Bekämpfung der Wirtschaftskriminalität heißt es:

„Damit ist eine **strafrechtliche Lücke** geschlossen worden, die sich daraus ergibt, dass eine Vielzahl von Straftatbeständen, namentlich auf dem Gebiete des Wirtschaftsstrafrechts, besondere Tätermerkmale voraussetzen, die in der Person des stellvertretend für den eigentlichen Normadressaten Handelnden nicht vorhanden sind. Ohne eine besondere Regelung könnte weder der Normadressat, bei dem die besonderen Tätermerkmale vorliegen, strafrechtlich verantwortlich gemacht werden, noch der für ihn Handelnde: der eine nicht, weil er nicht gehandelt hat, der andere nicht, weil er nicht Normadressat ist." (BT-Drs. 10/318, 14)

Geschlossen werden sollten Strafbarkeitslücken, die in zweierlei Hinsicht durch die Schaffung von Sonderdelikten und die damit einhergehende Täterbegrenzung vor allem im Wirtschaftsstrafrechtsbereich zwangsläufig entstehen.

3   Die erste Lücke entsteht dort, wo der im Gesetz bezeichnete Täter als solcher überhaupt nicht in strafrechtlicher Weise handeln kann. Das ist der Fall bei juristischen Personen, Personengesellschaften und in den Fällen der gesetzlichen Vertretung. Diese Lücke wird durch Abs. 1 geschlossen.

4   Die zweite Lücke des Auseinanderfallens von Normadressaten und Handelnden ergibt sich aus der Ausgestaltung des modernen Wirtschaftslebens. In diesem Bereich findet ein hoher Grad an Arbeitsteilung und eine damit einhergehende Übertragung von Verantwortungsbereichen statt. Daraus folgt, dass der Vertreter funktional in die Rolle des Vertretenen schlüpft. Ohne eine eigene Strafbarkeit des Vertreters könnte die Gefahr bestehen, dass im Falle der Straflosigkeit des Vertretenen die Handlung des Vertreters mangels Haupttat strafrechtlich auch nicht in Form einer Teilnahmehandlung erfasst werden könnte. Für die Schließung dieser Lücke ist vornehmlich Abs. 2 geschaffen worden.

5   **2. Allgemeiner Anwendungsbereich.** Vor dem Hintergrund der genannten Strafbarkeitslücken wird der Regelungscharakter des § 14 verständlich. § 14 ist nur in den Fällen zu prüfen, in denen der gesetzliche Straftatbestand als **echtes Sonderdelikt** ausgestaltet ist und ein **Auseinanderfallen von Normadressat und Handelnden** vorliegt. Da allerdings in den allermeisten Fällen die Sondereigenschaft an den Handelnden faktisch oder rechtlich unmittelbar anknüpft und diesen somit zum Normadressaten macht, ist der Anwendungsbereich des § 14 gering.

6   Gesetzestechnisch ergibt sich der beschriebene Anwendungsbereich aus der in § 14 umschriebenen Rechtsfolge. Die Voraussetzung der Sonderdeliktseigenschaft findet sich in der Umschreibung als „*Gesetz, nach dem besondere persönliche Eigenschaften, Verhältnisse oder Umstände (besondere persönliche Merkmale) die Strafbarkeit begründen*". Die weitere Voraussetzung des Auseinanderfallens von Normadressat und Handelnden kommt in der Wendung „*wenn diese Merkmale zwar nicht bei ihm, aber bei dem Vertretenen/Inhaber des Betriebs vorliegen*" zum Ausdruck. Hieraus ergibt sich zugleich, dass nicht jede Sonderpflicht unter § 14 fällt, was zur Folge hat, dass die Erfassung der Sonderpflicht von § 14 positiv zu prüfen ist. Liegen diese drei Voraussetzungen für den Anwendungsbereich vor, ist § 14 für die Strafbarkeitsbegründung heranzuziehen und es kommt für das Vorliegen der Strafausdehnung auf den Vertreter auf die in Abs. 1 oder Abs. 2 bestimmten weiteren Voraussetzungen an.

B. Die Regelung im Einzelnen

I. Anwendungsbereich und Rechtsfolge

7   **1. Bestimmung der besonderen persönlichen Merkmale.** Weitgehende Übereinstimmung in Lit. und Rspr. besteht darin, dass nicht jede strafbegründende Sonderpflicht unter § 14 fällt und dass die in § 14 und § 28 erfassten besonderen persönlichen Merkmale nicht dieselben sind, sondern nach abweichenden Gesichtspunkten bestimmt werden müssen, auch wenn § 28 insoweit ausdrücklich auf § 14 verweist (MüKoStGB/*Radtke* Rn. 48 ff.; Schönke/Schröder/*Perron* Rn. 8; Lackner/Kühl/*Kühl* Rn. 25; *Gallas* ZStW 80 (1968), 1 (21); *Bruns* GA 1982, 1 (13); LK–StGB/*Schünemann* Rn. 32; *Herzberg* ZStW 88 (1976), 110 (114)). Die ursprüngliche Identitätstheorie (vgl. nur *Langer* FS Lange, 1976, 255) ist so gut wie aufgegeben. Die Bestimmung des Begriffs der besonderen persönlichen Merkmale ist aber äußerst umstritten. Der dogmatische Ansatz für die Bestimmung des Umfangs der besonderen persönlichen Merkmale ergibt sich aus dem Sinn und Zweck der Vorschrift.

8   **a) Dogmatische Einordnung des § 14.** Für die juristische Legitimation der strafrechtlichen Organ- und Vertreterhaftung knüpft *Roxin* (Roxin StrafR AT II § 27 Rn. 98) und ihm folgend *Marxen* mit der

Theorie der „Pflichtenteilnahme" (NK-StGB/*Böse* Rn. 15 ff.) an den Grundgedanken an, dass die Erstreckung eines Straftatbestandes auf jemanden, auf den die Täterbeschreibung nicht passt, teleologisch nur zu rechtfertigen ist, wenn die Sonderpflichten auf den Vertreter übertragen werden. § 14 zieht also die strafrechtlichen Konsequenzen aus der Möglichkeit ersatzweiser Wahrnehmung eines Pflichtenkreises (sog Theorie der **Pflichtenübernahme**). Für die Frage, ob ein Tätermerkmal als „besonderes persönliches Merkmal" iSd § 14 angesehen werden kann, kommt es darauf an, „ob eine durch einen Tatbestand beschriebene Pflicht auch durch einen anderen als den dort Bezeichneten wahrgenommen werden kann" (Roxin StrafR AT II § 27 Rn. 102). Dies ist der Maßstab für die inhaltliche Bestimmung der Sonderpflichten iSd § 14.

In ähnlicher Weise bestimmt die überwiegend vertretene **Pflichtentheorie** (*Blauth,* „Handeln für **9** einen anderen" nach geltendem und kommendem Strafrecht, 1968, 81 f.; *Gallas* ZStW 80 (1968), 21 f.) den materiellen Grund für eine strafrechtliche Organhaftung. Hiernach besteht der Strafgrund in dem Einrücken des Organs/Vertreters in die Pflichtenposition des Vertretenen. § 14 erfasst nur solche Sonderpflichten, deren Verletzung durch den Vertretenen selbst dessen Strafbarkeit bei gegebener Handlungs- und Deliktsfähigkeit begründen würde. Auf dem Boden der Pflichtentheorie hat *Radtke* die Theorie der **spezifizierten Pflichtenteilhabe** (MüKoStGB/*Radtke* Rn. 23 ff.) und *Rogall* die Theorie der **systematischen Repräsentantenhaftung** (KK-OWiG/*Rogall* OWiG § 9 Rn. 17 ff.) entwickelt.

Dagegen stellt die von *Schünemann* begründete **Garantentheorie** nicht auf eine normative Zuständig- **10** keit für die Pflichterfüllung (Pflichtentheorie), sondern in durchaus überzeugender Weise auf die tatsächliche Innehabung von Geschehensherrschaft als Strafgrund für die Organhaftung ab. Bei der Vertreterhaftung handelt es sich um eine Form der Übernahme einer Garantenstellung, die der jeweilige Statusinhaber einnehme (eingehend LK-StGB/*Schünemann* Rn. 10 ff.).

Aus dem unterschiedlichen Verständnis über den Strafgrund ergibt sich allerdings im Ergebnis in der **11** konkreten Bestimmung der unter § 14 fallenden Sonderdelikte praktisch keine Unterschiede (zum Ganzen MüKoStGB/*Radtke* Rn. 16 ff.; 50).

b) Bestimmung der einzelnen besonderen persönlichen Merkmale. Für die inhaltliche Kon- **12** kretisierung des **besonderen persönlichen Merkmals,** das nach der Legaldefinition des Abs. 1 die *„besonderen persönlichen Eigenschaften, Verhältnisse oder Umstände"* umfasst, ist unter Berücksichtigung des materiellen Strafgrundes von § 14 zu fragen, **ob eine durch einen Tatbestand beschriebene Pflicht auch durch einen anderen als den dort Bezeichneten wahrgenommen werden kann.** Nur in diesem Fall handelt es sich um eine Sonderpflicht iSd § 14. Hieraus ergibt sich, dass die Unterscheidung zwischen „Eigenschaften", „Verhältnisse" und „Umstände" in § 14 nach hM keine praktische Bedeutung hat (vgl. nur Roxin StrafR AT II § 27 Rn. 103 und MüKoStGB/*Radtke* Rn. 54).

aa) Besondere persönliche Eigenschaften und Umstände. Besondere persönliche Eigen- 13 schaften sind die mit der Person des Menschen als solcher verbundenen Merkmale geistiger, körperlicher oder rechtlicher Art (zB Geschlecht, Alter, Volljährigkeit). Solche dem Täter unlösbar anhaftende Merkmale können nicht auf andere Personen übertragen werden. Eine Vertretung ist hier nicht möglich, so dass eine Anwendung des § 14 nicht in Betracht kommt (*Gallas* ZStW 80 (1968), 22 f.; Schönke/Schröder/ *Perron* Rn. 10 f.; LK-StGB/*Schünemann* Rn. 40; MüKoStGB/*Radtke* Rn. 54). Auch **besondere persönliche Umstände** spielen bei § 14 keine Rolle. Hierdurch sollen vor allem vorübergehende seelische Haltungen bezeichnet werden. Hierzu zählen solche Delikte, die auf die Täterpsyche abstellen, Motive oder Einstellungen beschreiben. Auch diese werden mangels Übertragbarkeit des Merkmals wegen ihres personalen Bezugs nicht von § 14 erfasst (Lackner/Kühl/*Kühl* Rn. 11; Schönke/Schröder/*Perron* Rn. 12; LK-StGB/*Schünemann* Rn. 40). Hinzu kommt, dass bei einer juristischen Person oder Personenvereinigung iSd Abs. 1 als Vertretenen solche derartigen subjektiven Merkmale von vornherein nicht vorliegen können, was nach § 14 aber notwendig wäre. Hierzu zählen auch die **subjektiv täterschaftlichen Merkmale.** Dementsprechend fallen sog Delikte mit **„egoistisch beschränkter Innentendenz"** (zB Zueignungsabsicht bei § 242) aus dem Anwendungsbereich des § 14 heraus. Diese sind untrennbar mit dem Handlungsvollzug verbunden und können deshalb nicht selbstständig bei Vertretenen vorliegen (hM, vgl. BGHSt 41, 198; Schönke/Schröder/*Perron* Rn. 8 mwN; anders *Bruns* GA 1982, 1 (33)).

bb) Besondere persönliche Verhältnisse und allgemeine Bestimmung der unter § 14 fallen- 14 den Merkmale. Alleinige Bedeutung im Rahmen des § 14 kommt dem Merkmal der besonderen persönlichen Verhältnisse zu. Hierbei handelt es sich um die äußeren Beziehungen eines Menschen zu anderen Menschen, Institutionen oder Sachen (BGHSt 6, 262; Schönke/Schröder/*Perron* Rn. 10 f.). Dieses Merkmal umfasst die sog **objektiv-täterschaftlichen Merkmale.** Diese unterfallen § 14, soweit sie vertretbare Sonderpflichten enthalten (Roxin StrafR AT II § 27 Rn. 103 f.; Schönke/Schröder/ *Perron* Rn. 8). Diese Einschränkung ergibt sich aus der zum Strafgrund der Organ- und Vertreterhaftung genannten Theorie der Pflichtenübernahme. Hiernach kommt es darauf an, ob die Sonderpflicht auch durch einen anderen wahrgenommen werden kann.

Aus dem Regelungsbereich des § 14 scheiden daher **eigenhändige Delikte** aus. Objektiv-täter- **15** schaftliche Merkmale, die durch einen anderen wahrgenommen werden können, enthalten die Sonderdelikte, die die Beziehung zu dem geschützten Rechtsgut über die Verwendung von Statusbegriffen herstellen (sog **Sonderdelikte mit Statusbezeichnungen**) oder bestimmte Funktions- und Tätigkeits-beschreibungen zur Kennzeichnung des Täters **(Sonderdelikte kraft Sachzusammenhangs)** verwenden (Roxin StrafR AT II § 27 Rn. 107). Auszunehmen sind nach hM allerdings solche Statusbe-zeichnungen, die **höchstpersönlicher Natur** sind (Lackner/Kühl/*Kühl* Rn. 12; MüKoStGB/*Radtke* Rn. 53; Schönke/Schröder/*Perron* Rn. 8). Hierunter sind alle Merkmale zu fassen, die den Täter in einer tatsächlichen, nicht auswechselbaren Lage beschreiben (zB Gefangener § 121; Schiffsführer § 297) oder die aus rechtlichen Gründen an seine Person gebunden sind (Amtsträger § 11 Abs. 1 Nr. 2; Arzt, Zahnarzt usw § 203, Unfallbeteiligter § 142; aA LK-StGB/*Schünemann* Rn. 34; Roxin StrafR AT II § 27 Rn. 101, der aber iErg ebenso eine Anwendung des § 14 ablehnt).

16   **2. Bestimmung des Anwendungsbereichs im Einzelnen sowie Prüfungsreihenfolge.** Unter Berücksichtigung des Vorstehenden ergibt sich folgender konkreter Prüfungsaufbau für die Anwend-barkeit von § 14:

17   Soweit es sich um **Allgemeindelikte** handelnd, bedarf es keiner besonderen Strafausdehnung. Der Handelnde wird unmittelbar von der Strafnorm erfasst, und zwar unabhängig davon, ob er für sich oder einen anderen handelt. Bei den Straftatbeständen, die die Strafbegründung an besondere Pflichten anknüpfen (nicht ausreichend sind strafschärfende persönliche Merkmale) und Täter nur derjenige sein kann, der Adressat dieser Pflicht ist **(sog Sonder- oder Pflichtdelikte)**, ist zu differenzieren:

18   Trifft das strafbegründende besondere persönliche Merkmal die handelnde natürliche Person unmit-telbar, was der Fall ist, wenn sie die Adressatin der gesetzlichen Pflicht oder wenn sie ausdrücklich in dem Straftatbestand als Normadressatin benannt ist, bedarf es ebenfalls keiner besonderen Regelung iSd § 14 (BGHSt 31, 118; Schönke/Schröder/*Perron* Rn. 4 mwN). Dies ist insbesondere bei den besonde-ren **Organ- und Vertretertatbeständen** des HGB, AktG, GmbHG usw der Fall. Hierzu zählen insbesondere **§§ 82, 84 GmbHG, §§ 399, 400, 401 AktG, § 331 HGB**, die sich ua unmittelbar an den Geschäftsführer, Vorstand, Aufsichtsrat das vertretungsberechtigte Organ wenden. In diesen Fällen ist der Handelnde ohnehin schon Normadressat.

19   Die häufig praxisrelevante Frage, ob auch der **faktische Geschäftsführer** Täter sein kann, richtet sich bei den Organ- und Vertretertatbestände ganz allgemein nach der von der Rspr. entwickelten Rechtsfigur des „faktischen Geschäftsführers". Auf Abs. 3, der nach dem Wortlaut lediglich das fehler-haft bestellte Organ betrifft, und auf seine umstrittene Auslegung kommt es nicht an (vgl. BGHSt 31, 118; Schönke/Schröder/*Perron* Rn. 4 mwN).

20   Bei den übrigen Sonderdelikten im Anwendungsbereich des § 14 – also bei den Sonderdelikten mit Statusbegriffen oder kraft Sachzusammenhangs – ist im Einzelfall zu prüfen, ob die handelnde natürliche Person unmittelbar selbst Adressatin der strafbegründenden besonderen persönlichen Merkmale und somit Normadressatin ist oder nicht.

21   Ob ein **Sonderdelikt mit Statusbezeichnungen** oder **kraft Sachzusammenhangs** gegeben ist, hängt davon ab, ob die Statusbegriffe oder die Funktions- und Tätigkeitsbeschreibungen an **bestimmte Rechtspositionen** anknüpfen (vgl. auch Roxin StrafR AT II § 27 Rn. 107). Hierunter fallen der **Arbeitgeber** bei dem Vorenthalten und Veruntreuen von Arbeitsentgelt (§ 266a), der **Schuldner** bei den Insolvenzstraftaten (§§ 283 ff.), bei den Vereiteln der Zwangsvollstreckung (§ 288) und bei der Verletzung einer Unterhaltspflicht (§ 170) und der **Subventionsnehmer** beim Subventionsbetrug (§ 264 Abs. 1 Nr. 2). Aus dem Nebenstrafrecht sind zu nennen, der Arbeitgeber (§ 58 Abs. 5, Abs. 6 JArbSchG, § 21 Abs. 3, Abs. 4 MuSchG), der Inhaber einer Verkaufsstelle oder eines Betriebes des Friseurhandwerks (§ 25 LadSchlG).

22   Für eine Zurechnung über § 14 ist darauf abzustellen, ob der Vertreter selbst den Status innehat oder der Vertretene. Im Falle des Vertretenen ist eine Zurechnung über § 14 möglich und auch erforderlich. Anders als bei den Organ- und Vertretertatbeständen kann hier die Zurechnung im Falle einer faktischen Organstellung nur im Rahmen von § 14 beantwortet werden (→ Rn. 51 ff.).

23   Bei den Sonderdelikten, bei denen die Beziehung zu dem geschützten Rechtsgut nicht erst über einen bestimmten Status hergestellt wird, sondern diese schon im Zusammenhang mit der Ausübung bestimm-ter Funktionen verletzt werden kann, und zwar unabhängig davon, ob der Täter dabei für sich oder einen anderen handelt, zählt insbesondere auch der **Untreuetatbestand.** Nach allgemeiner Ansicht handelt es sich um ein Sonderdelikt. Täter des § 266 kann nur derjenige sein, der selbst die besondere Vermögensbetreuungspflicht innehat. Hier ist Normadressat aber jeder, der selbst in einer solchen Pflichtenstellung steht, so dass in der Regel die Vertreter oder Organe unmittelbar Normadressaten sind (hM, vgl. hierzu Schönke/Schröder/*Perron* Rn. 5). Nur in dem seltenen Fall, in dem die Wahrnehmung fremder Vermögensinteressen etwa einer juristischen Person übertragen wurde, kommt es für die Haftung der handelnden Person auf § 14 an.

24   Ganz allgemein lässt sich als Leitlinie aufstellen, dass – sofern die Täterbegriffe oder -umschreibungen nicht an eine **bestimmte Rechtsbeziehung** gebunden sind, sondern den Rechtsbezug über Funk-tions- bzw. Tätigkeitsbeschreibungen herstellen, – jeder, der die Tätigkeit, die mit dem Begriff um-schrieben ist, ausübt, unmittelbar die Täterqualifikation hat, und zwar unabhängig von der Frage der Einordnung als Sonderdelikt, die im Einzelnen ebenso umstritten ist. Das ist zB bei dem Begriff des Bauleiters bei § 323 oder bei der unerlaubten Veranstaltung eines Glücksspiels oder einer Lotterie

(§§ 284, 287, wobei BayObLG zwischen „Halten" und „Veranstalten" differenziert und im ersten Fall ein Sonderdelikt im zweiten Fall ein Allgemeindelikt annimmt, vgl. BGH NJW 1979, 2258; zustimmend *Bruns* GA 1982, 1 (4, 34)) der Fall. Das gleiche gilt für den Begriff des Handeltreibens (§ 29 Abs. 1 Nr. 1 BtMG) und beim Ankaufen (§ 259). Hier kommt es nicht auf die zivilrechtliche Position, sondern auf die tatsächliche Vornahme der beschriebenen Handlung an. Wer als Vertreter fremde Umsatzgeschäfte fördert, ist selbst des Handeltreibens oder Ankaufens schuldig. Ebenso verhält es sich beim Betreiben einer Anlage iSd §§ 325, 327 (im Einzelnen umstr., vgl. hierzu Roxin StrafR AT II § 27 Rn. 107 ff.; MüKoStGB/*Radtke* Rn. 33 ff.).

Bei **Unterlassungsdelikten** gilt nichts anderes. **Echte Unterlassungsdelikte,** die eine bestimmte 25 Eigenschaft („Täterqualifikation") aufweisen, können von einem Dritten nur unter den Voraussetzungen des § 14 begangen werden. Dasselbe gilt für diejenigen **unechten Unterlassungsdelikte,** bei denen der entsprechende Begehungstatbestand nur von einem besonders qualifizierten Täter begangen werden kann. Bei den unechten Unterlassungsdelikten, deren Begehungstatbestand von jedermann erfüllt werden kann, bedarf es keiner Anwendung des § 14.

3. Rechtsfolge. Bei Vorliegen der weiteren Voraussetzungen der Abs. 1 und 2 ist der Vertreter 26 strafrechtlich haftbar. Aus der Wendung „auch auf den Vertreter anzuwenden" ergibt sich allerdings, dass durch den Eintritt des Vertreters die Verantwortlichkeit des Vertretenen nicht ausgeschlossen wird. Voraussetzung ist jedoch, dass der Vertretene überhaupt strafrechtlich Verantwortlicher sein kann. Das ist zB bei juristischen Personen nicht der Fall (vgl. auch zur Verantwortlichkeit von juristischen Personen und Verbandsgeldbuße §§ 30, 130 OWiG). Für die strafrechtliche Beurteilung des Vertretenen kommt es allein auf sein Verhalten an. Begeht auch der Vertretene in eigener Person ein § 14 unterfallendes Sonderdelikt, haftet er strafrechtlich eingeschränkt (OLG Hamm NJW 1971, 817; LK-StGB/*Schünemann* Rn. 66, Roxin StrafR AT II § 27 Rn. 137). Ob zudem eine strafbare Beteiligung durch aktives Tun am Begehungsdelikt des Vertreters angenommen werden kann, ist umstritten (verneinend MüKoStGB/*Radtke* Rn. 122, bejahend KK-OWiG/*Rogall* OWiG § 9 Rn. 88). Schreitet der Vertretene trotz Möglichkeit gegen eine ihm bekannte Straftat des Vertreters nicht ein, kommt eine strafrechtliche Verantwortlichkeit aus unechtem Unterlassungsdelikt in Betracht. Im Falle des positiven Tuns des Vertreters ist der Vertretene zum Eingreifen verpflichtet. Im Fall des Unterlassens des Vertreters hat der Vertretene die gebotene Handlung notfalls selbst vorzunehmen (vgl. zum Ganzen Schönke/Schröder/ *Perron* Rn. 7). Eine eigene Fahrlässigkeitsstrafbarkeit des Vertretenen kommt nur in Betracht, wenn aus den konkreten Umständen ihm die Erkenntnis über eine Pflichtverletzung des Vertreters hätte aufdrängen müssen oder wenn ein pflichtwidriges Handeln bei der Auswahl oder Beaufsichtigung der Vertreter vorliegt (OLG Hamm NJW 1974, 72; OLG Köln VRS 66 (1984), 157; Schönke/Schröder/*Perron* Rn. 7; KK-OWiG/*Rogall* OWiG § 9 Rn. 8, LK-StGB/*Schünemann* Rn. 66).

II. Voraussetzungen

Die Strafausdehnung auf den Handelnden nach § 14 setzt ein Handeln einer Person in einer der in 27 den Abs. 1 und Abs. 2 genannten Funktionen voraus. Abs. 1 erfasst die strafrechtliche Verantwortlichkeit der gesetzlichen Vertreter und Abs. 2 die der gewillkürten Vertreter.

1. Fallgruppe der Vertretung (Abs. 1). Hier wird die Ausdehnung der strafrechtlichen Verantwort- 28 lichkeit von Vertretern auf Organe juristischer Personen und Personenvereinigungen sowie auf gesetzliche Vertreter geregelt.

a) Vertretungsberechtigte Organe einer juristischen Person (Nr. 1). Juristische Personen 29 sind alle Organisationen mit eigener Rechtspersönlichkeit aus dem Bereich des Zivilrechts und des öffentlichen Rechts. Die juristische Person muss wirksam entstanden sein (LK-StGB/*Schünemann* Rn. 43 mwN). Es ist aber ausreichend, wenn die Gesellschaft nach den Grundsätzen über die fehlerhafte Gesellschaft als existent zu betrachten ist (vgl. MüKoStGB/*Radtke* Rn. 71). Hierunter fallen ua die folgenden Gesellschaften:

– Eingetragener Verein/Stiftung,
– Aktiengesellschaft (AG),
– Gesellschaft mit beschränkter Haftung (GmbH),
– Kommanditgesellschaft auf Aktien (KGaA),
– Eingetragene Genossenschaft,
– Versicherungsverein auf Gegenseitigkeit,
– Öffentlich-rechtliche Körperschaften, Anstalten und Stiftungen.

Ob auch **juristische Personen nach ausländischem Recht,** zB die Limited nach englischem 30 Recht, in den Anwendungsbereich des § 14 fallen, ist höchstrichterlich – soweit ersichtlich – bisher nicht entschieden. Da § 14 an das Institut der juristischen Person anknüpft, ohne den Anwendungsbereich auf die nach deutschem Recht statuierten juristischen Personen zu beschränken, ergibt sich, dass auch juristische Personen nach ausländischem Recht von § 14 erfasst werden (vgl. OLG Stuttgart wistra 2008, 226 ff.). Die Anwendung des § 14 hängt allerdings davon ab, ob der ausländischen juristischen

Person selbst Täterqualität zukommt. Das bestimmt sich nach der jeweiligen Strafnorm des Besonderen Teils und Nebenstrafrechts. Ist das der Fall, kommt auch eine Zurechnung – bei Vorliegen der weiteren Voraussetzungen – nach § 14 in Betracht.

31   Weiter ist erforderlich, dass der Handelnde **vertretungsberechtigtes Organ oder Mitglied eines vertretungsberechtigten Organs** der juristischen Person ist. Der Begriff „vertretungsberechtigt" soll die Organstellung kennzeichnen und sie von anderen Organen der juristischen Person abgrenzen. Vertretungsberechtigt ist ein Organ, das gesetzlich befugt ist, nach innen und außen die Geschäfte der Gesellschaft zu führen. Nicht jedes Organ einer juristischen Person ist hiernach ausreichend. Zu den nichtvertretungsberechtigten Organen gehören etwa der Aufsichtsrat bei der AG oder die Mitglieder-versammlung beim Verein. Welches Organ in diesem Sinne vertretungsberechtigt ist, ergibt sich aus den jeweiligen gesetzlichen Bestimmungen. Hierzu zählen namentlich (zum Ganzen vgl. auch Schönke/ Schröder/*Perron* Rn. 16 f.):
- der Vorstand beim rechtsfähigen Verein (§§ 26, 29 BGB), bei der rechtsfähigen Stiftung (§§ 86, 88 BGB) und bei der AG (§§ 76, 78 AktG),
- der Geschäftsführer bei der GmbH (§ 35 GmbHG),
- der persönlich haftende Gesellschafter bei der KGaA (§§ 278 Abs. 2, 285 AktG, § 170 BGB),
- Liquidatoren (Abwickler) haben die Rechtsstellung der jeweiligen Organe (vgl. §§ 265, 269, 290 AktG, § 68 GmbHG), zumindest sind sie gesetzliche Vertreter iSv Abs. 1 Nr. 3.

32   Weiter ergibt sich aus der Alternative „oder **Mitglied** eines vertretungsberechtigten Organs", dass nicht nur das Handeln des Organs, sondern auch das Handeln eines einzelnen Mitglieds des Organs die Vertreterhaftung auslösen kann. Normadressat ist somit jedes Mitglied des Organs. Diese strafrechtliche Haftung kann auch nicht durch eine interne Geschäftsverteilung begrenzt werden. Bei mehrgliedrigen Organen ist auf dieser Prüfungsstufe eine **interne Geschäftsverteilung** etwa durch Satzung, Geschäfts-ordnung, Anstellungsvertrag oder interner Vereinbarung für die Zurechnung somit ohne Bedeutung. Relevanz gewinnt eine solche Begrenzung nur im Falle der Prüfung der Unterlassungstäterschaft eines intern unzuständigen Mitglieds eines vertretungsberechtigten Organs auf der Prüfungsstufe des Merk-mals „Handeln" (→ Rn. 56). Das Gleiche gilt für den Fall des aktiven Tuns unter dem Gesichtspunkt der Prüfung des objektiven Zusammenhangs mit dem Pflichtenkreis des Normadressaten (→ Rn. 57).

33   Anders als bei der juristischen Person selbst, ist nicht erforderlich, dass das Organ formell bestellt wurde. Erfasst sind zumindest auch die nicht wirksam bestellten Organe. Ob **faktische Organe** ins-gesamt über Abs. 3 in den § 14 einbezogen werden können, ist umstritten (→ Rn. 53).

b) Vertretungsberechtigter Gesellschafter einer rechtsfähigen Personengesellschaft (Nr. 2).
34   Aufgrund der Neuregelung des § 14 Abs. 1 Nr. 2 durch das Gesetz zur Ausführung des Zweiten Protokolls v. 19.6.1997 zum Übereinkommen über den Schutz der finanziellen Interessen der Europäi-schen Gemeinschaft v. 22.8.2002 findet nunmehr eine Überwälzung besonderer persönlicher Merkmale von der rechtsfähigen Personengesellschaft auf deren vertretungsberechtigte Gesellschafter statt. Gründe für eine Begrenzung der strafrechtlichen Verantwortlichkeit im Bereich der rechtsfähigen Personenge-sellschaften auf die Personenhandelsgesellschaften waren nicht ersichtlich, so dass nunmehr alle rechts-fähigen Personengesellschaften erfasst sind (vgl. auch BT-Drs. 14/8998, 8).

35   Zu den rechtsfähigen Personengesellschaften gehören die Personenhandelsgesellschaften (oHG, KG, EWIV), die Vor-GmbH, die Partnergesellschaft und nunmehr auch die BGB-Gesellschaft, soweit sie als Außengesellschaft am Rechtsverkehr teilnimmt (vgl. *Achenbach* wistra 2002, 442 f.). Das Gleiche gilt für den sog nichtrechtsfähigen Verein. Nicht erfasst sind beispielsweise die BGB-Innengesellschaft, die stille Gesellschaft oder die Wohnungseigentümergemeinschaft. Auch hier ist erforderlich, dass sie rechtlich wirksam entstanden sind.

36   Zu den vertretungsberechtigten Gesellschaftern gehören zB bei der oHG alle Gesellschafter (§ 125 HGB), bei der KG die persönlich haftenden Gesellschafter (§§ 161, 170 HGB) und bei der BGB-Gesellschaft im Zweifel der geschäftsführende Gesellschafter (§ 714 BGB), allerdings kann im Gesell-schaftsvertrag die Vertretungsbefugnis anders geregelt sein. Bei der GmbH & Co. KG ist vertretungs-berechtigter Gesellschafter die GmbH. Doch sieht die Rspr. auch den GmbH-Geschäftsführer teils als vertretungsberechtigten Gesellschafter an und teils kommt sie über eine doppelte Anwendung des § 14 Abs. 1 zu demselben Ergebnis (BGHSt 19, 174 (176); 28, 371 (372); BGH NStZ 1984, 119). Zudem gilt für das Merkmal „vertretungsberechtigt" das zu → Rn. 31 Ausgeführte.

37   Auch hier ist ungeachtet der internen Aufgabenverteilung jeder einzelne vertretungsberechtigte Gesellschafter Normadressat (→ Rn. 32).

38   **c) Gesetzlicher Vertreter (Nr. 3).** Hierunter fallen alle Personen, deren Vertretungsmacht nicht auf Rechtsgeschäft, sondern unmittelbar auf Gesetz beruht. Hierzu gehören:
- Eltern (§§ 1626, 1629 Abs. 1 BGB), Vormund (§ 1773 BGB) und Betreuer (§ 1902 BGB),
- Insolvenzverwalter (§ 80 InsO),
- Zwangsverwalter (§ 152 ZVG),
- Nachlassverwalter (§ 1985 BGB),
- Testamentsvollstrecker (§§ 2203, 2205 BGB).

2. Fallgruppe der Beauftragung (Abs. 2). Abs. 2 erfasst Beauftragte in Betrieben, Unternehmen 39 und bei Stellen der öffentlichen Verwaltung. Einbezogen mit Abs. 2 ist der **gewillkürte Vertreter.** Nach den Vorschlägen der Großen Strafrechtskommission sollte zunächst die strafrechtliche Verantwortlichkeit von Vertretern lediglich auf Organe juristischer Personen und Personenvereinigungen sowie auf gesetzliche Vertreter allgemein ausgedehnt werden. Jedoch hat es sich bei der damaligen Bereinigung des Nebenstrafrechts sowie bei der anwachsenden Fülle wirtschaftlicher Regelungen gezeigt, dass eine Ausdehnung der strafrechtlichen Verantwortlichkeit auf gewillkürte Vertreter unerlässlich ist. „Die moderne arbeitsteilige Wirtschaft bedingt es einfach, dass Verantwortungsbereiche aufgeteilt werden müssen und dass sich dabei der eigentliche Normadressat, dem als Unternehmer oder Betriebsinhaber besondere Pflichten gelten, einer Vielzahl von Mitarbeitern bedienen muss, die wiederum ihrerseits die ihnen aufgetragene Verantwortung zT anderen Personen übertragen müssen, weil sie außerstande sind, die ihnen aufgetragenen Aufgaben in allen Teilbereichen selbst auszuführen" (BT-Drs. 10/318, 14).

Der damalige Gesetzgeber sah allerdings bei der Ausdehnung auf gewillkürte Vertreter die Gefahr 40 einer unangemessenen Abwälzung auf Hilfspersonen und hat deshalb eine Eingrenzung vorgenommen, um einer – aus seiner Sicht – zu weiten Vertreterhaftung zu begegnen. Deshalb ist in Abs. 2 S. 1 eine **kasuistische Regelung** gewählt worden, bei der in Nr. 1 die **leitenden Angestellten** eines Betriebes oder Unternehmens ohne weitere Voraussetzungen in die Vertreterhaftung gerückt sind, während in Nr. 2 bei **allen übrigen Beauftragten** eines Betriebes oder Unternehmens die Vertreterhaftung davon abhängig gemacht ist, dass sie „ausdrücklich" beauftragt sind (BT-Drs. 10/318, 14). Diese Abstufung blieb bis heute – trotz erheblicher Kritik (vgl. nur LK-StGB/*Schünemann* Rn. 5 ff., 55) – unverändert.

Auch der Regierungsentwurf eines Zweiten Gesetzes zur Bekämpfung der Wirtschaftskriminalität 41 kritisierte diese Unterscheidung und schlug eine Neuregelung vor, die die strafrechtliche Verantwortlichkeit allein nach funktionellen Merkmalen abgrenzte. Hiernach sollte es darauf ankommen, ob jemand von dem Inhaber eines Betriebes oder einem sonst dazu Befugten beauftragt ist, in eigener Verantwortung Aufgaben wahrzunehmen, die dem Inhaber des Betriebes obliegen. Zu einer so weitgehenden Änderung ist es nicht gekommen. Der Gesetzgeber wollte letztlich auf das Erfordernis einer „ausdrücklichen" Beauftragung in den Fällen des Abs. 2 Nr. 2 nicht verzichten (s. hierzu die Empfehlung des Rechtsausschusses, BT-Drs. 10/5058, 25).

a) Leitung eines Betriebs (Nr. 1). Unter Nr. 1 fallen also nach wie vor die leitenden Angestellten 42 eines Betriebes oder Unternehmens ohne dass diese ausdrücklich beauftragt wurden. Im Gegensatz zu Nr. 2 ist eine konkludente Beauftragung, den Betrieb ganz oder zum Teil zu leiten, ausreichend.

Betrieb ist die nicht nur vorübergehende Zusammenfassung mehrerer Personen unter Einsatz von 43 Sachmitteln in räumlichem Zusammenhang unter einer Leitung zur Erreichung eines bestimmten, stets wirtschaftlichen Zwecks (vgl. MüKoStGB/*Radtke* Rn. 86; Schönke/Schröder/*Perron* Rn. 28 f.). Unter den Begriff fallen Produktions- und Handwerksbetriebe sowie Handels- und Dienstleistungsbetriebe, aber auch Forschungseinrichtungen, freiberufliche Tätigkeiten (zB Arztpraxis, Rechtsanwaltskanzlei), Krankenhäuser und sonstige karitative Einrichtungen, Museen und Theater. Die rechtliche Form ist ohne Bedeutung. Nach Abs. 2 S. 2 ist dem Betrieb das **Unternehmen** gleichgestellt. Mit der Gleichstellung soll nur klargestellt werden, dass kein Unternehmen außerhalb des Anwendungsbereichs von Abs. 2 steht. Es geht darum, alles zu erfassen, was technisch als Unternehmen oder Betrieb angesehen werde. Auf eine begriffliche Abgrenzung kommt es für § 14 nicht an (hM, vgl. LK-StGB/ *Schünemann* Rn. 57; Schönke/Schröder/*Perron* Rn. 28; MüKoStGB/*Radtke* Rn. 88). Teilweise werden in der Lit. verschiedene Abgrenzungsversuche unternommen.

Beauftragt mit der Leitung des Betriebs ist derjenige, dem die Geschäftsführung des Betriebs 44 nach innen und außen übertragen ist und der selbstständig an Stelle des Betriebsinhabers handelt (NJW-RR 1989, 1185; Schönke/Schröder/*Perron* Rn. 31). Auf die Bezeichnung kommt es nicht an, sondern nur auf die tatsächliche Funktion. Erforderlich ist die **eigenverantwortliche** sowie **selbstständige** Wahrnehmung dieser Funktion (OLG Düsseldorf VRS 1974, 204; *Achenbach* NStZ 1991, 410; Schönke/Schröder/*Perron* Rn. 30; MüKoStGB/*Radtke* Rn. 89). Der Betriebsleiter muss in die Pflichtenstellung des Betriebsinhabers einrücken. Beauftragt können auch mehrere Personen werden. Sie müssen aber gemeinsam für den ganzen Betrieb verantwortlich sein. Diese sind wie die Mitglieder mehrgliedriger Organe zu behandeln (→ Rn. 32). Die bloße Beaufsichtigung des Betriebes ist noch keine Beauftragung. Personen mit Aufsichtsfunktion haften allenfalls unter den Voraussetzungen des Abs. 2 Nr. 2 (Schönke/Schröder/*Perron* Rn. 31; MüKoStGB/*Radtke* Rn. 89, LK-StGB/*Schünemann* Rn. 56).

Dem Betriebsleiter steht der **Teilleiter** eines Betriebs/Unternehmens gleich. Hierdurch sollen zwei 45 unterschiedliche Konstellationen erfasst werden. Gemeint ist mit der Teilleitung einerseits die Ausübung von Leitungsfunktionen bei räumlich und organisatorisch vom Hauptbetrieb getrennten Betriebsteilen (zB Nebenstelle, Zweigstelle, Filiale, einzelne Werke als Fabrikationsstätten). Andererseits sollen Personen mit Leitungsfunktion von sachlich abgegrenzten Teilbereichen innerhalb des Betriebes erfasst werden. Dies zielt in erste Linie auf die Leitung einzelner Abteilungen (zB Einkauf, Verkauf, Buchhaltung). Dabei wird überwiegend unter Hinweis auf den Strafgrund gefordert, dass das Merkmal des Teilleiters eng auszulegen ist. Hiernach muss der ausreichend abgrenzbare Betriebsteil eine gewisse Bedeutung für den Gesamtbetrieb und zudem ein nicht zu geringes Maß an Selbstständigkeit aufweisen.

In gleicher Weise muss der Leiter eines sachlich abgegrenzten Teilbereichs einen Grad an Selbstständigkeit und Eigenverantwortlichkeit innehaben, der dem Leiter eines räumlich und organisatorisch abgetrennten Betriebsteils entspricht. Als Indizien für die erforderliche Selbstständigkeit und Eigenverantwortlichkeit könnte sprechen, wenn der Teilleiter leitender Angestellter iSd BetrVG ist. Auch die Ansiedlung der Person auf der oberen, nicht aber der obersten Leitungsebene spricht für eine Stellung als Teilleiter oder eine Vorgesetzteneigenschaft (s. zum Ganzen MüKoStGB/*Radtke* Rn. 95 ff. mwN und OLG Stuttgart Die Justiz 1980, 419).

46 Letztlich muss der **Auftrag vom Inhaber des Betriebes oder vom sonst Beauftragten erteilt sein.** Sofern eine juristische Person Betriebsinhaberin ist, sind ihre geschäftsführenden Organe zur Beauftragung befugt. Bei mehrgliedrigen Organen kommt es auf die Geschäftsverteilung an. Unter dem Merkmal *„oder einem dazu sonst Befugten"* sind Personen zu verstehen, die aufgrund einer Vollmacht des Betriebsinhabers, der geschäftsführenden Organe bei einer juristischen Person oder auch aufgrund Gesetzes (zB bei der gerichtlichen Bestellung eines Abwicklers, § 265 AktG) befugt sind, die (Teil-) Leitung des Betriebes zu übertragen (Schönke/Schröder/*Perron* Rn. 38). Hinsichtlich des Erfordernisses der Rechtswirksamkeit der Befugnis zur Übertragung → Rn. 52.

47 **b) Sonstige Beauftragte (Nr. 2).** Anders als bei Nr. 1, die die Übertragung der Betriebs- oder Unternehmensleitung oder -teilleitung beinhaltet, bezieht sich Nr. 2 auf die **Übertragung einzelner Aufgaben.** Hierbei muss es sich um Aufgaben handeln, *„die dem Inhaber des Betriebs obliegen"*. Die Übertragung muss also **betriebliche Aufgaben** betreffen. Zudem muss der Beauftragte die ihm übertragenden Aufgaben *„in eigener Verantwortung"* wahrnehmen. Eine **eigenverantwortliche Wahrnehmung** liegt vor, wenn der Beauftragte ohne Weisung selbstständig entscheiden kann. Die Möglichkeit einer nachträglichen Kontrolle steht dem nicht entgegen (Roxin StrafR AT II § 27 Rn. 133; *Demuth/ Schneider* BB 1970, 645; Fischer Rn. 13). Der Beauftragte muss nicht zwangsläufig Betriebsangehöriger sein. Sofern betriebsfremden Personen (zB Wirtschaftsprüfer, Steuerberater, Rechtsanwälte) Aufgaben übertragen wurden, ist insbesondere in Blick zu nehmen, ob diese lediglich beratende Funktion haben. Dies ist nicht ausreichend für eine eigenverantwortliche Wahrnehmung (*Demuth/Schneider* BB 1970, 646).

48 Die Übertragung betrieblicher Aufgaben ist nach der Auffassung des Gesetzgebers und ihm folgend in Teilen der Lit. dann aber nicht zulässig, wenn sie außerhalb des **Sozialadäquaten** liegt (vgl. Fischer Rn. 13). Eine solche Einschränkung lässt sich weder dem Gesetzeswortlaut entnehmen noch folgt sie aus dem Strafgrund. Im Hinblick auf die Konturenlosigkeit des Begriffs der Sozialadäquanz erscheint eine solche Einschränkung auch nicht als sachgerecht (Roxin StrafR AT II § 27 Rn. 134; MüKoStGB/ *Radtke* Rn. 98; LK-StGB/*Schünemann* Rn. 62). Sie würde ohne Not weitere Unwägbarkeiten in den ohnehin schon nicht ganz klaren Regelungsbereich hineintragen. Der Vertretene wird im Falle der Übertragung der Aufgaben auf eine ersichtlich unkundige Person von seiner Verantwortung nicht entlastet. Der Vertreter würde ohne Schuld handeln, sofern er sich in einem unvermeidbaren Verbotsirrtum befinden würde. Jenseits der allgemeinen Schuldausschließungsgründe besteht keine Notwendigkeit für eine weitere Beschränkung. Die vom Gesetzgeber befürchtete Gefahr einer ausufernden Übertragung von Aufgaben auf ersichtlich Ungeeignete ergibt sich zumindest aus strafrechtlicher Sicht nicht.

49 Anders als bei Nr. 1 kann die Beauftragung nicht stillschweigend erfolgen. Der Begriff **„ausdrücklich beauftragt"** verlangt aber keine Schriftform. Ausreichend ist eine mündliche Beauftragung, die nicht nach außen bekannt gemacht zu werden braucht. Die Auftragserteilung muss aber inhaltlich so eindeutig hinsichtlich des übertragenen Aufgabenkreises sein, dass der Beauftragte Art und Umfang der ihm übertragenden Aufgaben zumindest im Wesentlichen erkennen kann, mag er sich über seine aufgabenrelevanten Pflichten im Einzelnen noch näher informieren müssen (Schönke/Schröder/*Perron* Rn. 34; MüKoStGB/*Radtke* Rn. 104). Der Grad der inhaltlichen Konkretisierung der Aufgaben richtet sich nach dem Einzelfall. Ausreichend kann auch schon eine pauschale Beauftragung sein (Zu den Anforderungen an eine ausdrückliche Beauftragung iSd Nr. 2 vgl. zuletzt BGHSt 58, 10).

50 **c) Handeln für eine Stelle, die Aufgaben der öffentlichen Verwaltung wahrnimmt (Abs. 2 S. 2).** Abs. 2 S. 3 erweitert den Anwendungsbereich des Abs. 2 S. 1 auf die Beauftragten einer Stelle, die Aufgaben der öffentlichen Verwaltung wahrnimmt. Hintergrund der Gleichstellung der Angehörigen von Verwaltungsstellen mit den Vertretern von privaten Betrieben ist der Umstand, dass auch Verwaltungsstellen in gleicherweise Normadressaten der genannten Sonderdelikte sein können. Ohne eine ausdrückliche Erstreckung des Anwendungsbereichs auf Verwaltungsstellen würden diese ungerechtfertigt bevorzugt werden. Hieraus ergibt sich zugleich, dass die Anwendung des Abs. 2 S. 3 auf solche Fälle beschränkt ist, in denen die öffentliche Verwaltung fiskalisch handelt oder als Arbeitgeber, Eigentümer oder sonst als Teilnehmer am Rechts- und Wirtschaftsleben Verpflichtungen hat, die denen von Betriebsinhabern entsprechen (MüKoStGB/*Radtke* Rn. 106; Fischer Rn. 15). **Verwaltungsstellen** iSd S. 3 sind Verwaltungseinheiten im eigentlichen Sinne (Behörden, Ämter) und selbstständige Teile von Behörden sowie Körperschaften und Anstalten des öffentlichen Rechts. An die Stelle des Betriebsinhabers tritt der Behördenleiter oder derjenige, der sonst zur Übertragung von Pflichten befugt ist (BGH NJW 1988, 2121).

3. Faktische Organe/Vertreter (Abs. 3). Einigkeit besteht darin, dass Abs. 3 die Fälle fehlerhaft 51 bestellter Organe/Vertreter regelt. Erforderlich hierfür ist ein Bestellungsakt, dem lediglich die Wirksamkeit fehlt. Nach teilweiser vertretener Auffassung muss dieser zumindest bezweckt gewesen sein. Nach dem eindeutigen Wortlaut des Abs. 3 hilft dieser nur darüber hinweg, dass der Bestellungsakt unbeabsichtigt zivilrechtlich nicht erfolgte (zB wegen Formmangels, vgl. Schönke/Schröder/*Perron* Rn. 42 f.; *Lindemann* JURA 2005, 305).

Umstritten ist hinsichtlich der gewillkürten Vertreter (Abs. 2), ob die Befugnis zur Erteilung eines 52 Auftrages nach Abs. 2 rechtswirksam bestanden haben muss. Zutreffend wird dies (überwiegend) verneint, weil sich an der allein entscheidenden Faktizität der Vertreter- oder Beauftragtenstellung nichts ändert und weil auch zivilrechtlich ein faktischer Geschäftsführer übernommene Aufgaben wirksam an einen Vertreter weiterdelegieren kann (zustimmend Schönke/Schröder/*Perron* Rn. 38, Fischer Rn. 18; *Roxin* StrafR AT II § 27 Rn. 139; ablehnend SK-StGB/*Hoyer* Rn. 62).

Streit besteht vor allem aber über die **Einbeziehung faktischer Organe,** bei denen ein wirksamer 53 Bestellungsakt gerade nicht beabsichtigt war. Dies ist insbesondere in den Fällen des § 266a von Bedeutung. Im Ergebnis zutreffend bejaht der BGH die Einbeziehung der faktischen Organe in den Kreis der Normadressaten des § 14 (vgl. BGHSt 47, 318 ff., weitere Entscheidungen hierzu sind nicht ersichtlich. Soweit Gegenstand von BGH-Entscheidungen faktische Organe sind, ist § 14 nicht tangiert, sei es, dass diese vor Einführung von § 14 ergingen, sei es, dass Vertretertatbestände betroffen sind, auf die § 14 nicht anwendbar ist, vgl. zB → Rn. 18). Aus den Urteilsgründen der zuvor genannten Entscheidung ist allerdings nichts herzuleiten. Zur Begründung wird auf eine Entscheidung aus dem Jahr 1966 verwiesen, die mithin vor der Einführung des § 14 erfolgt war. Dieser Entscheidung liegt die faktische Betrachtungsweise zugrunde, die gerade durch § 14 modifiziert wurde. Allerdings kann der in Bezug genommenen Entscheidung der folgende Grundgedanke entnommen werden:

„Wer unter Missbrauch wirtschaftlicher Macht und rechtlicher Gestaltungsmöglichkeiten Strohmänner als Vorstandmitglieder vorschiebt, könnte so der gerechten Strafe entkommen. Handelsrechtliche Vorschriften dienen jedoch dem redlichen Geschäftsverkehr. Sie sind von Rechts wegen kein Mittel, die wahre Sachlage zu verschleiern (...). Sie sind kein Schild für den Rechtsmissbrauch und hindern daher den Durchgriff auf den tatsächlich Handelnden und mithin Verantwortlichen strafrechtlich so wenig wie bürgerlichrechtlich." (BGHSt 21, 101 (105))

Gerade aber in diesen „Strohmann-Fällen" würde eine strafbare Lücke entstehen, wenn die faktischen Organe per se in § 14 nicht einbezogen werden würden (vgl. auch MüKoStGB/*Radtke* Rn. 113), und zwar insbesondere dann, wenn besonders raffiniert vorgegangen und das formal bestellte Organ gar nicht tätig wird. In diesem Fall hilft weder die Krücke der Teilnahmestrafbarkeit noch eine Begründung der täterschaftlichen Begehung durch (konkludente) Beauftragung durch das formale Organ nach Abs. 2 Nr. 1 zur (teilweisen) Leitung des Betriebes (zur Anwendung des Abs. 2 Nr. 1 auf Fälle des faktischen Geschäftsführers vgl. OLG Karlsruhe NJW 2006, 1364 ff.). Dieses besonders strafwürdige und außerhalb von § 14 ansonsten strafbare Verhalten hatte der Gesetzgeber bei Schaffung des Abs. 3 vor Augen. Mit Abs. 3 sollte klargestellt werden, dass es nur darauf ankommt, ob der *„Vertreter oder Beauftragte im Wirkungskreis des eigentlichen Normadressaten mit dessen Einverständnis oder dem Einverständnis des hierzu Befugten dessen Stellung tatsächlich eingenommen hat"* (EEGOWIG 65). Schünemann versteht in Übereinstimmung mit dem gesetzgeberischen Willen den Abs. 3 weit und liest diesen im Zusammenhang mit Abs. 1 und Abs. 2, so dass er die faktischen Organe über Abs. 3 unmittelbar in den Anwendungsbereich einbezieht. Dennoch sperrt bei aller Strafwürdigkeit der eindeutige Wortlaut des Abs. 3, der einen Bestellungsakt verlangt, die unmittelbare Übernahme der Rechtsfigur des faktischen Geschäftsführers in § 14. Gelöst werden können diese Fälle aber über Abs. 2 Nr. 1, ohne dass es einer (konkludenten) Beauftragung durch das formale Organ bedarf. Denn lässt man zu Recht die Beauftragung iSv Abs. 2 durch ein faktisches Organ ausreichen, dann liegt in der bewussten Nichtbestellung zugleich eine konkludente Beauftragung zur Betriebs-/Unternehmensleitung durch das faktische Organ selbst vor (Abs. 2 Nr. 1). Diese Lösung steht in Einklang mit dem Willen des Gesetzgebers sowie dem Strafgrund (→ Rn. 8 ff.) und steht nicht im Widerspruch zum Wortlaut.

4. „Handeln" als Vertreter oder Beauftragter (Abs. 1 und 2). a) Begriff des Handelns. Der 54 Begriff des Handelns umfasst sowohl aktives Tun als auch Unterlassen. Dabei muss es sich nicht um eine rechtsgeschäftliche Handlung handeln. Erfasst ist auch faktisches Handeln. In der Regel sind zwei Problemkomplexe in der Praxis immer wieder von Bedeutung. Zum einen stellt sich die Frage nach einer möglichen Unterlassungstäterschaft sowie Fahrlässigkeitsstrafbarkeit bei einer internen Verteilung der Aufgabenbereiche (→ Rn. 55 f.). Zum anderen bedarf es eines objektiven Zusammenhangs zwischen dem Handeln und dem Pflichtenkreis des Normadressaten (→ Rn. 57).

b) Problem: Unterlassungs- und Fahrlässigkeitsstrafbarkeit bei Verteilung des Aufgaben- 55 bereichs. Wie dargestellt sind alle Mitglieder des Organs trotz Ressortaufteilung Normadressaten (→ Rn. 32). Bei Begehungsdelikten kann sich eine Ressortaufteilung allenfalls bei Fahrlässigkeitsdelikten pflichtbegrenzend auswirken. Wie bei der Haftung des Vertretenen neben dem Vertreter (→ Rn. 26) kommt auch hier eine Fahrlässigkeitshaftung des unzuständigen Organmitglieds nur in engen Grenzen in Betracht. Ein sorgfaltswidriges Handeln des intern nicht zuständigen Mitglieds ist allenfalls in den

Fällen anzunehmen, in denen sich die in Rede stehende Pflichtwidrigkeit ohne weiteres hätte auf-drängen müssen oder wenn aufgrund besonderer Umstände (zB frühere Unregelmäßigkeiten) Anlass bestanden hätte, sich um die Angelegenheiten des anderen Organmitglieds zu kümmern (vgl. Schönke/Schröder/*Perron* Rn. 19).

56 Auch bei Unterlassungsdelikten ist eine strafrechtliche Haftung regelmäßig auf den eigenen Organisa-tionsbereich begrenzt. Die im Gesellschaftsrecht bestehende allgemeine Überwachungspflicht führt jedenfalls bei gleichgeordneten Organmitgliedern nur bei Vorliegen besonderer Umstände zu einer Kontrollpflicht. Eine weitergehende Kontrollpflicht würde dem Sinn der Arbeitsteilung bei horizontaler Verantwortungsverteilung zuwiderlaufen. Sekundäre Überwachungspflichten sind in dieser Konstellati-on in der Regel zu verneinen. Eine Haftung ist daher regelmäßig nur bei Kenntnis von Pflichtverlet-zungen des primär zuständigen Leitungsorgans anzunehmen. Auch eine Allzuständigkeit ist nur in besonderen Krisen und Ausnahmesituationen anzunehmen (→ § 13 Rn. 54 ff.; *Bosch,* Organisations-verschulden in Unternehmen, 2002, 372 ff.).

57 **c) Objektiver Zusammenhang.** Aus den Wörtern „als" in Abs. 1 und „aufgrund dieses Auftrages" in Abs. 2 ergibt sich, dass nicht jedes Handeln des Vertreters ausreicht. Erforderlich ist vielmehr ein objektiver (funktionaler) Zusammenhang mit dem Pflichtkreis des Normadressaten, an dem es nach früherer Rspr. bei Handeln in ausschließlich eigenem Interesse fehlen sollte (so die zu § 283 entwickelte, inzwischen aufgegebene Interessentheorie des BGH, vgl. BGHSt 30, 127 (128) f.; 34, 221 (223); BGHR StGB § 283 Abs. 1 Konkurrenzen 3). Nach neuer Rspr. des BGH ist nicht mehr darauf abzustellen, ob die Tathandlung im Interesse der Gesellschaft liegt, sondern darauf, ob der Vertreter im Geschäftskreis des Vertretenen tätig geworden ist (BGHSt 57, 229; BGH NStZ 2014, 469 – Aufgabe der Interes-sentheorie; BGH wistra 2012, 113 (149, 191). Dies wird bei rechtsgeschäftlichem Handeln zu bejahen sein, wenn der Vertreter entweder im Namen des Vertretenen auftritt oder letzteren wegen der bestehenden Vertretungsmacht jedenfalls im Außerverhältnis die Rechtswirkungen des Geschäfts un-mittelbar treffen (so BGH wistra 2012, 25; BGHSt 57, 229 und aus der Lit.: Schönke/Schröder/*Perron* Rn. 26; MüKoStGB/*Radtke* Rn. 63). Gleiches gilt, wenn sich der Vertretene zur Erfüllung seiner strafbewehrten Pflichten (zB § 283 Abs. 1 Nr. 5–Nr. 7) eines Vertreters bedient (BGHSt 57, 229). Bei faktischem Handeln muss die Zustimmung des Vertretenen ebenfalls dazu führen, dass der Vertreter in seinem Auftrag handelt und ihm die Schuldnerstellung zugerechnet wird (so BGHSt 57, 229; Mü-KoStGB/*Radtke* Rn. 67; Fischer Rn. 5b)). Ansonsten kommt es darauf an, ob das tatsächliche Handeln seiner Art nach als Wahrnehmung der Angelegenheiten des Vertretenen erscheint (Schönke/Schröder/*Perron* Rn. 26 mwN). Maßgeblich ist, ob der Vertreter die rechtlichen oder tatsächlichen Handlungs-möglichkeiten nach außen einsetzt und ausnutzt, die ihm seine Organ/Vertreterstellung einräumt (MüKoStGB/*Radtke* Rn. 60). Nach alledem kommt es für § 14 nur noch bei solchen Tatbeständen auf ein Handeln im Interesse des Vertretenen an, die eine eigennützige Tendenz voraussetzen, oder bei solchen Handlungen, die in ihrer objektiven Bedeutung ambivalent sind (vgl. Schönke/Schröder/*Perron* Rn. 26 mwN).

58 **5. Vorsatz/Irrtum.** Bei Vorsatzdelikten muss sich der Vorsatz des Vertreters auch auf die tatsäch-lichen Umstände beziehen, die die Organ-/Vertreterstellung nach Abs. 1 und Abs. 2 begründen. Irrt sich der Täter jedoch über den Umfang seiner Pflichtstellung, also über die mit seiner Vertreterposition verbundenen Verbote und Gebote, unterliegt er einem Verbotsirrtum.

C. Exkurs: Faktische Geschäftsführung

59 Wie bereits dargelegt (→ Rn. 53) ist die Rechtsfigur der faktischen Geschäftsführung von der Rspr. außerhalb von § 14 entwickelt worden (vgl. zusammenfassend MüKoStGB/*Radtke* Rn. 114 ff.).

60 Hiernach ist faktischer Geschäftsführer, wer, ohne förmlich dazu bestellt oder in das Handelsregister eingetragen zu sein, **im Einverständnis der Gesellschafter** die Stellung eines Geschäftsführers tatsäch-lich einnimmt und ausübt (BGHSt 46, 62; 31, 118; 21, 101; BGH NStZ 2000, 34 (36); BGH wistra 1990, 60 (61)). Das kann der Fall sein, wenn jemand im Einverständnis der Gesellschafter, sei es allein, sei es mit anderen Geschäftsführern zusammen, den Geschäftsbetrieb leitet, dh auf sämtliche **inneren und äußeren Geschäftsvorgänge bestimmenden Einfluss nimmt und auch nach außen als Ge-schäftsführer auftritt** (vgl. nur BGH BB 1958, 930).

61 Nach ständiger höchstrichterlicher Rspr. kommt es für die Beurteilung der Frage, ob jemand faktisch wie ein Organmitglied gehandelt und als Konsequenz seines Verhaltens sich wie ein nach dem Gesetz bestelltes Organmitglied zu verantworten hat, auf das **Gesamterscheinungsbild seines Auftretens an** (vgl. BGHSt 31, 118). Hierzu gehört die Bestimmung der Unternehmenspolitik, Organisation des Unternehmens, Einstellung von Mitarbeitern, Bestimmung der Gehaltshöhe, Gestaltung der Geschäfts-beziehungen zu Vertragspartnern, Verhandlungen mit Kreditgebern, Entscheidung der Steuerangelegen-heiten und Steuerung der Buchhaltung (BGH NJW 1997, 66).

62 Es ist allerdings nicht erforderlich, dass der faktische Geschäftsführer die gesetzliche Geschäftsführung völlig verdrängt, so dass das **Bestehen eines förmlich bestellten Geschäftsführers, der ebenfalls Geschäfte für die Gesellschaft vornimmt, die Annahme der faktischen Geschäftsführertätig-**

keit nicht hindert. Entscheidend ist aber, dass der faktische Geschäftsführer die Geschicke der Gesellschaft – über die **interne Einwirkung** auf die satzungsmäßige Geschäftsführung hinaus – durch eigenes **Handeln im Außenverhältnis,** das die Tätigkeit des rechtlichen Geschäftsführungsorgans nachhaltig prägt, **maßgeblich in die Hand genommen hat** (BGHZ 150, 61 (69 f.); 104, 44 (48)). Es genügt somit nicht, dass der Täter auf die satzungsmäßigen Geschäftsführer gesellschaftsintern einwirkt. Erforderlich ist auch ein nach außen hervortretendes, üblicherweise der Geschäftsführung zuzurechnendes Handeln (BGHZ 104, 44 (48) = BGH NJW 1988, 1789; BGH NJW-RR 2008, 1066). Der 3. Strafsenat des BGH hat entschieden, dass der eingetragene Geschäftsführer der Annahme der faktischen Geschäftsführertätigkeit jedenfalls dann nicht entgegensteht, wenn der faktische Geschäftsführer die **überragende Stellung in der Geschäftsführung** (nach innen und außen) hat (BGHSt 31, 118; BGH wistra 2013, 272).

Letztlich ist noch das **Einverständnis der Gesellschafter oder des maßgeblichen Gesellschafts- 63 organs** mit dem Handeln des faktischen Geschäftsführers erforderlich. Ein Dulden dieser Tätigkeit reicht aus (BGHSt 21, 101). Nach OLG Karlsruhe (NJW 2006, 1364) genügt für die Begründung der Pflichtenstellung als faktischer Geschäftsführer das Einverständnis einer **Mehrheit der Gesellschafter,** sofern diese Gesellschaftermehrheit nach den gesellschaftsvertraglich getroffenen Bestimmungen ausreichend wäre, auch eine formelle Bestellung eines Geschäftsführers zu beschließen (so auch LK-StGB/ *Schünemann* Rn. 70).

D. Exkurs: Unternehmensstrafbarkeit

Unter der „strafrechtlichen Unternehmenshaftung" wird zum einen die strafrechtliche Verantwort- 64 lichkeit der für das Unternehmen handelnden Personen und die besondere Strafausdehnung durch § 14 als sog Organ- und Vertreterhaftung und zum anderen die „Strafbarkeit" des „Unternehmens" selbst erörtert. Beide Sanktionsmöglichkeiten sind für eine effektive Bekämpfung der Wirtschaftskriminalität notwendig.

Die Verantwortlichkeit von „Unternehmen" für Straftaten der für sie handelnden Täter ist in §§ 30, 65 130 OWiG geregelt (zu den Einzelheiten s. §§ 30, 130 OWiG). Hiernach können gegen juristische Personen und rechtsfähige Personengesellschaften wegen der Begehung von Straftaten Geldbußen verhängt werden. Hintergrund für die Regelung der Verantwortlichkeit juristischer Personen und rechtsfähiger Personengesellschaften über das Verwaltungsunrecht ist die herrschende Auffassung in der Literatur und Rechtsprechung, dass eine Verbandsperson nicht handlungs-, schuld- und straffähig sein kann, so dass eine Kriminalstrafe gegen sie nicht verhängt werden kann (vgl. hierzu Schönke/Schröder/ *Heine/Weißer* Vor § 25 Rn. 119; Lackner/Kühl/*Kühl* Rn. 1a; LK-StGB/*Jescheck,* 11. Aufl., § 14 Rn. 39; MüKoStGB/*Radtke* Rn. 123).

Letztlich ist die dogmatische Einordnung der Verantwortlichkeit juristischer Personen für Straftaten 66 der für sie agierenden Täter von nur theoretischer Bedeutung. In der Sache hat Deutschland mit der Verbandsgeldbuße ein „Unternehmensstrafrecht", auch wenn es materiell-rechtlich in das Kleid des Ordnungswidrigkeitenrechts gehüllt ist. Verfahrensrechtlich folgt die Verhängung einer Verbandsgeldbuße wegen einer Straftat den Regeln des Strafverfahrens und gehört zur Zuständigkeit der Strafverfolgungsorgane. In diesen Fällen ist grds. die Zuständigkeit der Staatsanwaltschaft zur Verfolgung und die des Strafgerichts zur Festsetzung der Geldbuße gegeben (zu den Einzelheiten vgl. → § 30 Rn. 92 f.). Auch kann die juristische Person unter den Voraussetzung der §§ 30 Abs. 4 OWiG, 444 Abs. 3 StPO selbstständig verfolgt werden. Der Gesetzgeber hat zuletzt mit dem 41. StrafÄndG (BT-Drs. 16/3656) durch die Streichung der Wörter „als solchen" bei § 130 OWiG klargestellt, dass von der Verantwortlichkeit juristischer Personen nicht nur Sonderdelikte, sondern alle Straftatbestände erfasst werden, soweit ein betrieblicher Zusammenhang besteht.

In Nr. 180a RiStBV ist die gleichmäßige Anwendung der Vorschriften über die Verhängung von 67 Geldbußen gegen Unternehmen geregelt. Hiernach soll die Staatsanwaltschaft in Fällen, in denen der Täter zum Leitungsbereich einer juristischen Person oder Personenvereinigung gehört, prüfen, ob neben der Strafverfolgung der natürlichen Person – die Festsetzung einer Geldbuße iSv § 30 OWiG und § 444 StPO gegen die juristische Person oder Personenvereinigung in Betracht kommt. Die RiStBV sehen ferner vor, dass der Staatsanwalt gegebenenfalls durch eine entsprechende Antragstellung auf eine Beteiligung der juristischen Person oder Personenvereinigung an dem Verfahren sowie auf die (selbstständige) Festsetzung einer angemessenen Geldbuße gegen sie hinwirken soll.

Von der dogmatischen Einordnung der Geldsanktion als Geldbuße oder Kriminalstrafe ist die Frage zu 68 trennen, ob die gesetzliche Höchstgrenze der vorgesehenen Verbandsgeldbuße von 1 Mio. EUR für vorsätzlich begangene Taten eine ausreichende Sanktion gegen das Unternehmen ermöglicht. Daran lassen die in letzter Zeit bekannt gewordenen Fälle schwerer Korruption unter Beteiligung großer Unternehmen Zweifel aufkommen. Auch stellt sich die Frage, ob und welche weiteren Sanktionsformen neben der Geldsanktion für eine effektive Bekämpfung der Unternehmenskriminalität vorgehalten werden müssen, wie zB die Einführung von Korruptionsregistern in Nordrhein-Westfalen (Gesetz zur Verbesserung der Korruptionsbekämpfung und zur Errichtung und Führung eines Vergaberegisters in

NRW v. 16.12.2004, GVBl. NRW Nr. 1 v. 4.1.2005) oder der Ausschluss der Unternehmen von Vergabeverfahren.

69   Zusammenfassend bleibt festzuhalten, dass Deutschland sich mit der in §§ 30, 130 OWiG, § 444 StPO erfolgten Ausgestaltung der Verantwortlichkeit juristischer Personen in Übereinstimmung mit den internationalen Vorgaben der EU sowie der Rechtsinstrumente des Europarates und der Vereinten Nationen befindet. Vor diesem Hintergrund besteht in Deutschland bereits ein effektives „Unternehmensstrafrecht", das den internationalen Vorgaben entspricht, auch wenn die Unternehmenssanktion – anders als in zahlreichen ausländischen Rechtsordnungen, wie zB in Frankreich, Belgien, Niederlande, Schweiz, England und den skandinavischen Ländern – nicht ausdrücklich als „Kriminalstrafe" bezeichnet, sie in der Sache aber als solche behandelt wird.

§ 15 Vorsätzliches und fahrlässiges Handeln

Strafbar ist nur vorsätzliches Handeln, wenn nicht das Gesetz fahrlässiges Handeln ausdrücklich mit Strafe bedroht.

A. Bedeutung und Regelungsinhalt der Vorschrift

1   Aus § 15 ergibt sich zunächst, dass alle Strafbestimmungen des StGB und des Nebenstrafrechts (Art. 1 EGStGB) ohne eigenen Regelungsinhalt hinsichtlich des subjektiven Tatbestandes **Vorsatz** voraussetzen. Diese allgemeine Regelung ermöglicht eine **normtechnische Vereinfachung,** weil das Vorsatzerfordernis nicht in jede Strafbestimmung aufgenommen werden muss (vgl. LK-StGB/*Vogel* Rn. 2).

2   **Fahrlässigkeit** ist dagegen nur sanktioniert, wenn es sich aus einer Strafbestimmung ergibt. In Übereinstimmung mit Art. 103 Abs. 2 GG erfordert § 15, dass dies „ausdrücklich" geregelt ist (vgl. LK-StGB/*Vogel* Vor § 15 Rn. 10, 40, § 15 Rn. 1). Eine solche Regelung kann sich auf Teile des objektiven Tatbestandes beschränken (§§ 11 Abs. 2, 18; vgl. Schönke/Schröder/*Sternberg-Lieben*/*Schuster* Rn. 107 f.; LK-StGB/*Vogel* Rn. 3, 21).

3   „Handeln" iSv § 15 bedeutet strafrechtlich relevantes Verhalten, dh sowohl Tun als auch Unterlassen (LK-StGB/*Vogel* Rn. 59).

4   Das Gesetz enthält **keine Definition** oder Präzisierung der Begriffe Vorsatz und Fahrlässigkeit. Es ist verfassungsrechtlich unbedenklich, die nähere Ausgestaltung der Rechtsprechung zu überlassen (LK-StGB/*Vogel* Vor § 15 Rn. 39 ff., 203; MüKoStGB/*Joecks* Rn. 33 ff.).

B. Vorsatz und Fahrlässigkeit

5   Vorsatz und Fahrlässigkeit beschreiben die **Schuldform** (BGHSt 32, 48 = BGH NJW 1983, 2889; BGHSt 36, 1 = BGH NJW 1989, 781; BGHSt 39, 100 = BGH NJW 1993, 1662; BGH NStZ 1983, 407; 1987, 362; 2008, 451). Zwischen diesen Schuldformen besteht ein **normatives Stufenverhältnis** (vgl. zu abweichenden Ansichten Schönke/Schröder/*Sternberg-Lieben*/*Schuster* Rn. 3 f.; LK-StGB/*Vogel* Rn. 16 ff.). Daher ist im Zweifel für den Angeklagten wegen Fahrlässigkeit zu verurteilen (BGHSt 32, 48 = BGH NJW 1983, 2889; BGHSt 32, 262 = BGH NJW 1984, 1469; BGHSt 39, 100 = BGH NJW 1993, 338). Ein Verhalten, das bei Vorsatz straflos ist, kann erst recht nicht wegen Fahrlässigkeit bestraft werden (BGHSt 13, 162 = BGH NJW 1959, 1738; BGHSt 24, 342 = BGH NJW 1972, 1207; BGHSt 32, 262 = BGH NJW 1984, 1469; BGHSt 53, 288 = BGH NJW 2009, 2611; Schönke/Schröder/*Sternberg-Lieben*/*Schuster* Rn. 164 f.).

6   **Bezugspunkte** von Vorsatz und Fahrlässigkeit sind die Umstände, die den **Tatbestand** der einschlägigen Strafnorm ausfüllen (BGHSt 19, 295; Schönke/Schröder/*Sternberg-Lieben*/*Schuster* Rn. 15 f.; LK-StGB/*Vogel* Rn. 24, 29, 40, 44, 47, 73, 76, in Rn. 25 ff., 32 ff. auch zu Präzisierungsversuchen und Differenzierungen der Lit.). Davon zu unterscheiden sind die Fragen, wie präzise das Vorstellungsbild sein muss und wie sich Fehlvorstellungen auswirken (→ § 16 Rn. 17 ff., → § 17 Rn. 4 ff.). Entscheidend ist der **Zeitpunkt des tatbestandsmäßigen Verhaltens** (BGHSt 10, 151; BGH NStZ 1983, 452; 2004, 201; 2004, 386; 2010, 503; Schönke/Schröder/*Sternberg-Lieben*/*Schuster* Rn. 48; MüKoStGB/*Joecks* § 16 Rn. 14; LK-StGB/*Vogel* Rn. 52 ff.). Ob ein **Vorsatzwechsel** Auswirkungen hat, hängt von dessen Art und Umfang sowie dem einschlägigen Straftatbestand ab (vgl. BGHSt 22, 350; BGH NStZ-RR 2009, 246; LK-StGB/*Vogel* § 16 Rn. 91 f.).

I. Vorsatz

7   Der Vorsatz und seine **Ausformungen** (Absicht, direkter Vorsatz, Eventualvorsatz) sind durch eine **Wissens-** und eine **Willenskomponente** gekennzeichnet (vgl. zu abweichenden Ansichten Schönke/Schröder/*Sternberg-Lieben*/*Schuster* Rn. 12; LK-StGB/*Vogel* Vor § 15 Rn. 56 ff., § 15 Rn. 75).

8   Es hängt von der Struktur des einschlägigen Tatbestands ab, ob sich der Vorsatz ausschließlich auf ein bestimmtes **Verhalten** (Tun, Unterlassen) oder (auch) auf eine (konkrete) **Gefährdung** bzw. einen

Verletzungserfolg bezieht (→ Rn. 6). Die Verwirklichung eines konkreten Gefährdungsdelikts setzt über den **Gefährdungsvorsatz** hinaus keinen **Verletzungsvorsatz** voraus (BGHSt 22, 74; 26, 176; 26, 246; 36, 1 = BGH NJW 1989, 781). Ein Verletzungsvorsatz umfasst dagegen stets auch den Vorsatz einer konkreten Gefährdung (Schönke/Schröder/*Sternberg-Lieben/Schuster* Rn. 8a; LK-StGB/*Vogel* Rn. 129).

Vorsätzliches Verhalten setzt immer voraus, dass die **Verwirklichung des Tatbestandes zumindest** 9 **für möglich und nicht ganz fern liegend gehalten** wird (Wissenskomponente). Insoweit reicht ein sog **sachgedankliches Mitbewusstsein** aus, das insbes. bei **automatisierten Handlungsabläufen** gegeben sein kann. Unzureichend ist dagegen ein nicht in das Bewusstsein gelangtes Wissen oder ein nur potentielles Bewusstsein (BGH NJW 1953, 152; BGH NStZ 2002, 314; 2004, 201; 2008, 451; BGH NStZ-RR 2006, 100; BGH StV 2002, 191; Schönke/Schröder/*Sternberg-Lieben/Schuster* Rn. 51; speziell zu besonderen Tätereigenschaften MüKoStGB/*Joecks* § 16 Rn. 45). Ebenso reicht nicht aus, dass sich bestimmte Erkenntnisse hätten aufdrängen müssen (LK-StGB/*Vogel* Rn. 67, 137).

Manche Strafnormen stellen durch **Tatbestandsmerkmale** wie „absichtlich", „Absicht", „Zweck", 10 „um … zu", „zu", „abzielt", „wider besseres Wissen", „wissentlich" **besondere Anforderungen** an den Vorsatz. Mangels einheitlicher Wortwahl des Gesetzgebers ist hinsichtlich jeder Strafnorm und jedes entsprechenden Tatbestandsmerkmals durch Auslegung zu klären, welche Formen des Vorsatzes damit umschrieben werden (Schönke/Schröder/*Sternberg-Lieben/Schuster* Rn. 70; LK-StGB/*Vogel* Rn. 86, 91, 96).

1. Absicht. Absicht (*dolus directus* ersten Grades) wird entscheidend durch die **Willenskomponente** 11 geprägt. Es muss dem Täter auf die Verwirklichung des Tatbestandes (Herbeiführung des tatbestandlichen Erfolges) ankommen (BGHSt 16, 1; 18, 151; 46, 53 = BGH NJW 2000, 2433; 1981, 2204; BGH NStZ 2001, 247). Auch wenn die Erreichung dieses Ziels lediglich für möglich gehalten wird, liegt Absicht vor (BGHSt 21, 283; 35, 328 = BGH NJW 1989, 22; LK-StGB/*Vogel* Rn. 84, auch zu abw. Ansichten). Die angestrebte Realisierung als notwendiges Zwischenziel zur Erreichung anderer bzw. weiterer, aus Sicht des Täters eigentlich entscheidender Zwecke genügt, da maßgeblicher Bezugspunkt der Tatbestand ist (→ Rn. 6, 8) und außertatbestandliche Motive insoweit keine Bedeutung haben (BGHSt 4, 107; 16, 1; 18, 151; 46, 53 = BGH NJW 2000, 2433; LK-StGB/*Vogel* Rn. 81). Im Gegensatz dazu reicht nicht aus, dass die Tatbestandsverwirklichung lediglich willkommen ist oder als (sogar unvermeidbare) Nebenfolge akzeptiert wird (LK-StGB/*Vogel* Rn. 82).

2. Direkter Vorsatz. Direkter Vorsatz (dolus directus zweiten Grades) wird entscheidend durch die 12 **Wissenskomponente** geprägt. Der Täter weiß um die Verwirklichung des Tatbestandes (Herbeiführung des tatbestandlichen Erfolges) oder erwartet sie als sicher (BGHSt 46, 59 = BGH NJW 2000, 2433; 2001, 980; BGH NStZ-RR 2006, 174). Direkter Vorsatz liegt auch vor, wenn dies unerwünscht ist. Das Hoffen auf einen zum Ausbleiben der Tatbestandsverwirklichung oder zum nachträglichen Wegfall des Erfolges führenden Zufall steht dem direkten Vorsatz nicht entgegen (BGH NStZ-RR 2006, 174).

3. Eventualvorsatz. Eventualvorsatz (bedingter Vorsatz, *dolus eventualis*) setzt zunächst voraus, dass 13 der Täter die Verwirklichung des Tatbestandes (Herbeiführung des tatbestandlichen Erfolges) für möglich und nicht ganz fern liegend hält (BGHSt 36, 1 = BGH NJW 1989, 781; BGH NStZ 1994, 584; 2002, 314; 2003, 603; 2004, 201; 2007, 700; BGH NStZ-RR 2007, 43). Die **Abgrenzung zur bewussten Fahrlässigkeit** erfolgt nach der Willenskomponente (→ Rn. 24). Der Täter muss die Tatbestandsverwirklichung billigen bzw. billigend in Kauf nehmen oder sich wenigstens damit abfinden (BGH NStZ 1987, 362; 1994, 483; 1994, 584; 1999, 507; 2003, 603; 2004, 201; 2007, 150; 2007, 700; 2008, 451; BGH NStZ-RR 1996, 2) bzw. damit einverstanden sein (so BGHSt 17, 262; 36, 1 = BGH NJW 1998, 781). Einverstanden ist der Täter auch im Fall der Gleichgültigkeit (BGHSt 40, 304 = BGH NJW 1995, 974; BGHSt 50, 1 = BGH NJW 2005, 996). Das vage Hoffen auf einen zum Ausbleiben der Tatbestandsverwirklichung oder zum nachträglichen Wegfall des Erfolges führenden Zufall steht dem nicht entgegen (BGH NStZ 1994, 483; 1999, 507; 2000, 583; 2003, 264; 2007, 150; 2009, 629). Eventualvorsatz liegt auch vor, wenn dem Täter die Tatbestandsverwirklichung unerwünscht ist (BGHSt 7, 363 = BGH NJW 1955, 1688; 36, 1 = BGH NJW 1989, 781; BGH NStZ 1994, 483; 1994, 584; 2000, 583; 2004, 201; 2007, 700; BGH NStZ-RR 1996, 2; 1998, 127). Dies kann jedoch indiziell von Bedeutung sein (BGH NStZ 1985, 516; 2001, 475).

Zur Abgrenzung von Eventualvorsatz und bewusster Fahrlässigkeit werden zahlreiche **abweichende** 14 **Ansichten** vertreten. Überwiegend umschreiben sie das Willenselement mit anderen Formulierungen, stellen insoweit geringere Anforderungen oder halten die Wahrscheinlichkeit der Tatbestandsverwirklichung aus Tätersicht für entscheidend (vgl. dazu MüKoStGB/*Joecks* § 16 Rn. 18ff., 32ff.; Schönke/Schröder/*Sternberg-Lieben/Schuster* Rn. 73a ff.; LK-StGB/*Vogel* Rn. 118 jew. mN).

Aus der Nähe von Eventualvorsatz und bewusster Fahrlässigkeit, der erheblichen Bedeutung der 15 Abgrenzung und dem entscheidenden Gewicht der ohnehin schwer zu beurteilenden Willenskomponente ergeben sich besondere Anforderungen an die **Beweiswürdigung** (BGHSt 36, 1 = BGH NJW 1989, 781; BGH NStZ 1987, 362; 1994, 584; 1999, 507; 2000, 583; 2001, 475; 2002, 314; 2003, 603; 2004, 329; 2007, 150; 2008, 453; 2010, 571; BGH NStZ-RR 2007, 43; 2010, 144). Dabei ist insbes. der je nach betroffenem Rechtsgut unterschiedlich hohen (bei Tötungsdelikten idR erheblichen) natürlichen inneren Hemmschwelle und dem Maß der Gefährlichkeit von Angriffshandlungen sowie Tatmotivation und Persönlichkeit des Angeklagten Rechnung zu tragen (BGHSt 57, 183 = BGH NJW 2012, 1524). Insbesondere Alkohol- oder Drogeneinfluss sowie psychische Defekte können dazu führen, dass die Gefährlichkeit nicht erkannt wird (BGH NStZ 1988, 175; 1994, 483; 1994, 584; 2001, 475; 2004, 329; 2007, 150; BGH NStZ-RR 2005, 90; vgl. weiter zu verschiedenen Fallgruppen Schönke/ Schröder/*Sternberg-Lieben/Schuster* Rn. 87; LK-StGB/*Vogel* Rn. 105, 140).

16　　Praktische Relevanz haben die genannten Kriterien und Indizien vor allem im Bereich der schweren Gewaltkriminalität und der Tötungsdelikte (vgl. MüKoStGB/*Schneider* § 212 Rn. 6 ff.). Sie sind jedoch ebenso für das **Wirtschaftsstrafrecht** von Bedeutung, insbesondere den **Schädigungsvorsatz** betreffend (zur Untreue durch Kreditvergabe BGHSt 46, 30 = BGH NJW 2000, 2364; 47, BGHSt 148 = BGH NJW 2002, 1211; BGH wistra 2009, 1930; zum Kapitalanlagebetrug BGHSt 48, 331 = BGH NJW 2004, 375; BGHSt 53, 199 = BGH NJW 2009, 2390; zur Untreue durch Verstoß gegen die Grundsätze der Wirtschaftlichkeit und Sparsamkeit durch Vorstand KG wistra 2015, 71). Die intensiv geführte **Diskussion** steht in engem Zusammenhang mit nicht abschließend geklärten Fragen zum **Schadensbegriff** bei Betrug und Untreue (→ § 263 Rn. 117; → § 266 Rn. 223 ff.). Teilweise hat die Rspr. zu einzelnen Regelungsbereichen umfangreiche Indizienkataloge erarbeitet, die normativ aufgeladen sind (vgl. etwa zu Geschwindigkeitsüberschreitungen und Fahruntüchtigkeit nach Betäubungsmittelkonsum OLG Hamburg NStZ-RR 2014, 257; OLG Dresen VD 2013, 135; OLG Hamm Blutalkohol 48, 288; 50, 94; OLG Koblenz ZfSch 2013, 471; *Krumm* NZV 2007, 501 mwN).

17　　**4. Alternativvorsatz, kumulativer Vorsatz.** Die Konstellation des Alternativvorsatzes (dolus alternativus) beschreibt Situationen, in denen der Täter davon ausgeht, lediglich *einen* von zwei sich ausschließenden Tatbeständen zu verwirklichen, mangels vollständiger Tatsachenkenntnis jedoch nicht weiß, welchen von diesen. Es besteht also Eventualvorsatz hinsichtlich der Verwirklichung aller Tatbestände oder Absicht hinsichtlich der Verwirklichung eines Tatbestandes und Eventualvorsatz hinsichtlich des anderen (→ § 16 Rn. 39). Nach überwiegender Ansicht liegt bei Vollendung eines Tatbestandes (fehlende Subsidiarität und Strafbarkeit des Versuchs vorausgesetzt) Tateinheit mit dem versuchten Delikt vor (BGH NJW 1993, 210: jedenfalls bei Ungleichwertigkeit zwischen beabsichtigtem und eingetretenem Taterfolg), bei ausgebliebener Vollendung Tateinheit zwischen den versuchten Delikten (vgl. *Jeßberger/Sander* JuS 2006, 1065; Schönke/Schröder/*Sternberg-Lieben/Schuster* Rn. 91; LK-StGB/*Vogel* Rn. 135 f.).

18　　In der Konstellation des kumulativen Vorsatzes hält der Täter hingegen die *gleichzeitige* Verwirklichung verschiedener Tatbestände zumindest für möglich (LK-StGB/*Vogel* Rn. 134; → § 16 Rn. 37).

II. Fahrlässigkeit

19　　**1. Elemente und Bezugspunkt der Fahrlässigkeit.** Fahrlässiges Verhalten setzt in allen Erscheinungsformen (→ Rn. 23) voraus, dass der Täter **vorhersehbar** und **vermeidbar** durch eine **Sorgfaltspflichtverletzung** den Tatbestand verwirklicht (BGHSt 49, 1 = BGH NJW 2004, 237; BGHSt 53, 55 = BGH NJW 2009, 1155; 2001, 1075; zu abweichenden Ansichten LK-StGB/*Vogel* Rn. 165).

20　　Es hängt von der **Struktur** des einschlägigen **Tatbestands** ab, ob sich die Fahrlässigkeit ausschließlich auf ein bestimmtes **Verhalten** (Tun, Unterlassen) oder (auch) auf eine (konkrete) **Gefährdung** bzw. einen **Verletzungserfolg** bezieht (→ Rn. 6; vgl. Schönke/Schröder/*Sternberg-Lieben/Schuster* Rn. 120, 154; LK-StGB/*Vogel* Rn. 146).

21　　**2. Subjektiver Maßstab.** Für die strafrechtlich relevante Fahrlässigkeit gilt ein **subjektiver Maßstab** (BGHSt 12, 75 = BGH NJW 1958, 1980; BGHSt 14, 52; BGH NJW 2001, 1075; BGH NStZ 2005, 446; Lackner/Kühl/*Kühl* Rn. 49). Es ist also nicht auf allgemeine oder durchschnittliche Anforderungen abzustellen. Wer durch diese nach seinen konkreten individuellen Fähigkeiten überfordert ist, macht sich nicht wegen fahrlässigen Verhaltens strafbar (BayObLG NJW 1998, 3580; OLG Karlsruhe NStZ-RR 2000, 141; OLG Köln NStZ-RR 2002, 304; Schönke/Schröder/*Sternberg-Lieben/Schuster* Rn. 133, 196; LK-StGB/*Vogel* Rn. 157 mit Beispielen). Allerdings kann die Fahrlässigkeit als **Vor- oder Übernahmeverschulden** auch daran anknüpfen, Tätigkeiten ausgeübt oder Verantwortung für Gefahrenquellen ohne die dafür erforderlichen Fähigkeiten übernommen zu haben (BGHSt 40, 341 = BGH NJW 1995, 795; BGHSt 42, 235 = BGH NJW 1997, 138; BGHSt 43, 306 = BGH NJW 1998, 1802; BGHSt 55, 121 = BGH NJW 2010, 2595; OLG Nürnberg NStZ-RR 2006, 248; Schönke/Schröder/ *Sternberg-Lieben/Schuster* Rn. 136, 198).

22　　Umgekehrt können sich aus besonderen Fähigkeiten Pflichten ergeben, die über den allgemeinen oder durchschnittlichen Anforderungen liegen (Schönke/Schröder/*Sternberg-Lieben/Schuster* Rn. 133, 138 ff.; LK-StGB/*Vogel* Rn. 159 ff. jew. mwN auch zu Gegenansichten).

23　　**3. Erscheinungsformen der Fahrlässigkeit.** Das StGB und Nebengesetze verwenden ausschließlich die Begriffe **fahrlässig** und **leichtfertig.** Insbesondere zur Abgrenzung gegenüber dem (Eventual-) Vorsatz wird darüber hinaus zwischen **bewusster** und **unbewusster** Fahrlässigkeit unterschieden.

a) Bewusste Fahrlässigkeit. Bewusste Fahrlässigkeit liegt vor, wenn der Täter die Möglichkeit der 24 Tatbestandsverwirklichung (Herbeiführung des tatbestandlichen Erfolges) erkennt. Im **Unterschied zum Eventualvorsatz** (→ Rn. 13) nimmt er dies jedoch nicht billigend in Kauf und ist damit nicht einverstanden. Es ist ihm auch nicht gleichgültig. Vielmehr **vertraut** er darauf, dass er den **Tatbestand nicht verwirklicht** (den tatbestandlichen Erfolg nicht herbeiführt).

b) Unbewusste Fahrlässigkeit. Unbewusste Fahrlässigkeit liegt vor, wenn der Täter die Möglichkeit 25 der Tatbestandsverwirklichung nicht erkennt (BGHSt 41, 218 = BGH NJW 1995, 2930; 1995, 589).

c) Leichtfertigkeit. Leichtfertigkeit setzt einen hohen Grad von Fahrlässigkeit voraus. Der Täter 26 muss sich **in grobem Maße sorgfaltspflichtwidrig** verhalten (BGHSt 20, 315; 50, 347 = BGH NJW 2006, 1297; 2008, 2516; BGH StV 1994, 480). Das ist der Fall, wenn er die sich aufdrängende Möglichkeit der Tatbestandsverwirklichung aus besonderem Leichtsinn (grober Unachtsamkeit) oder aus besonderer Gleichgültigkeit außer Acht lässt (BGHSt 33, 66 = BGH NJW 1985, 690; BGHSt 43, 158 = BGH NJW 1997, 3323; BGHSt 50, 347 = BGH NJW 2006, 1297; 2008, 2516; die Lit. betont überwiegend den Gesichtspunkt einer sich aufdrängenden Gefährlichkeit, vgl. Schönke/Schröder/*Sternberg-Lieben/Schuster* Rn. 205; LK-StGB/*Vogel* Rn. 296 f. mwN zu abw. Ansichten). Bewusste Fahrlässigkeit ist danach weder erforderlich noch ausreichend (BGH StV 1994, 480; BGH NStZ-RR 2000, 366; LK-StGB/*Vogel* Rn. 295, 297). Auch hier sind (im Unterschied zur groben Fahrlässigkeit im Zivilrecht) die persönlichen Fähigkeiten des Täters entscheidend (BGHSt 50, 347 = BGH NJW 2006, 1297; 2008, 2516; → Rn. 21).

4. Voraussetzungen der Fahrlässigkeit (→ Rn. 19). a) Sorgfaltspflichtverstoß. Allgemeiner 27 **Maßstab** für die Bestimmung von Sorgfaltspflichten ist das Verhalten eines besonnenen und gewissenhaften Menschen in der konkreten Lage und sozialen Rolle des Handelnden (BGHSt 7, 307; 49, 1 = BGH NJW 2004, 237; 2000, 2754; BGH NStZ 2003, 657; 2005, 446). Die **Konkretisierung** im Einzelfall ist das Ergebnis einer umfassenden **Abwägung**. Dabei sind insbesondere folgende Gesichtspunkte zu berücksichtigen:

Besondere Bedeutung haben rechtliche und außerrechtliche **Regelwerke** (Sondernormen). Dazu 28 gehören Gesetze, Verordnungen, Verwaltungsvorschriften, Dienstanweisungen, Unfallverhütungsvorschriften, (anerkannte) Berufsregeln, technische Normen, Sportregeln und betriebliche Übungen (Übersicht bei LK-StGB/*Vogel* § 15 Rn. 220). Die Einhaltung solcher Regeln indiziert sorgfaltsgemäßes Verhalten, der Verstoß indiziert eine Sorgfaltspflichtverletzung (BGHSt 4, 182; 12, 75 = BGH NJW 1958, 1980; BGHSt 55, 121 = BGH NJW 2010, 2595; MüKoStGB/*Duttge* Rn. 137 mwN; einschränkend Schönke/Schröder/*Sternberg-Lieben/Schuster* Rn. 135, 224a). Jedoch können insbes. bei außergewöhnlichen Gefährdungssituationen über das Regelwerk hinaus gehende Sorgfaltspflichten bestehen (BGHSt 6, 27; 37, 184 = BGH NJW 1991, 501; BGHSt 53, 288 = BGH NJW 2009, 2611; OLG Bamberg NStZ-RR 2008, 10).

Wer eine **Gefahrenquelle** schafft oder unterhält, muss die nach den Gesamtumständen **zumutbaren** 29 Maßnahmen ergreifen, die ein verständiger und umsichtiger Mensch für notwendig und ausreichend hält. Die Anforderungen steigen mit der Gefahr der Risikoverwirklichung und der Bedeutung des betroffenen Rechtsgutes (BGHSt 4, 20; 37, 184 = BGH NJW 1991, 501; BGHSt 53, 38 = BGH NJW 2009, 240).

Begrenzt werden Sorgfaltspflichten durch den **Vertrauensgrundsatz** (zu Begründungsansätzen 30 Schönke/Schröder/*Sternberg-Lieben/Schuster* Rn. 148; LK-StGB/*Vogel* Rn. 225). Danach darf (bei eigenem verkehrsgerechten Verhalten) grundsätzlich davon ausgegangen werden, dass sich andere Personen ebenfalls verkehrsgerecht verhalten. Sorgfaltspflichtgemäßes Verhalten setzt also nicht voraus, auf verkehrswidriges Verhalten anderer vorbereitet zu sein und daraus resultierende Risiken abwenden zu können. Praktische Bedeutung hat dies vor allem im **Straßenverkehr**, dh bei gegenläufigen Sorgfaltspflichten (BGHSt 7, 118; 9, 92; 12, 81 = BGH NJW 1958, 1982; BGHSt 12, 162 = BGH NJW 1959, 250; BGHSt 14, 97 (201); Schönke/Schröder/*Sternberg-Lieben/Schuster* Rn. 208). Der Vertrauensgrundsatz gilt jedoch darüber hinaus auch, wenn **Sorgfaltspflichten mit derselben Schutzrichtung nebeneinander** (gleich gerichtet) bestehen (BGHSt 43, 306 = BGH NJW 1998, 1802; BGHSt 47, 224 = BGH NJW 2002, 1887; BGHSt 53, 38 = BGH NJW 2009, 240; BGHSt 55, 121 = BGH NJW 2010, 2595; 1980, 649; 1991, 1539; OLG Stuttgart NStZ 1997, 190; OLG Karlsruhe NStZ-RR 2000, 141; vgl. weiter Schönke/Schröder/*Sternberg-Lieben/Schuster* Rn. 151; LK-StGB/*Vogel* Rn. 232). Besondere Umstände können allerdings dazu führen, dass das Vertrauen in verkehrsgerechtes Verhalten anderer Personen nicht (mehr) gerechtfertigt ist (BGHSt 10, 3; 12, 162 = BGH NJW 1959, 250; BGHSt 13, 169; 14, 97). Der Vertrauensgrundsatz soll stets und allgemein eigenes verkehrsgerechtes Verhalten voraussetzen (so BGHSt 11, 389 = BGH NJW 1958, 1358; 1968, 1532). Allerdings steht ein eigenes verkehrswidriges Verhalten der Begrenzung der Sorgfaltspflichten nur entgegen, wenn sich das daraus resultierende Risiko verwirklicht oder es anderes verkehrswidriges Verhalten veranlasst hat (zutreffend LK-StGB/*Vogel* Rn. 226).

Sorgfaltspflichten können durch Vereinbarungen **übertragen** und **übernommen** werden. Den 31 Übertragenden trifft jedoch weiterhin eine Überwachungspflicht (BGHSt 19, 286; 47, 224 = BGH

NJW 2002, 1887; BGHSt 52, 159 = BGH NJW 2008, 1897). Entscheidend ist, in welchem Umfang **tatsächlich Sicherungspflichten übernommen** wurden (BGH NJW 2000, 2754; 2010, 1087). Je nach Fallgestaltung können Sorgfaltspflichten auch (gestuft) **nebeneinander** bestehen (BGHSt 53, 38 = BGH NJW 2009, BGHSt 240; 55 (121) = BGH NJW 2010, 2595; *Bußmann* NStZ 2009, 386).

32   **b) Kausalität des Pflichtverstoßes (Pflichtwidrigkeitszusammenhang).** Bei fahrlässigen **Erfolgsdelikten** fehlt es am **ursächlichen Zusammenhang** zwischen Sorgfaltspflichtverstoß und Erfolg (**Pflichtwidrigkeitszusammenhang,** Rechtswidrigkeitszusammenhang), wenn (iS einer hypothetischen Kausalität) der Erfolg auch bei verkehrsgerechtem Verhalten eingetreten wäre (BGHSt 4, 20; 10, 369; 11, 1; 24, 31 = BGH NJW 1971, 388; BGHSt 30, 228 = BGH NJW 1982, 292; BGHSt 33, 61 = BGH NJW 1985, 1350; BGHSt 49, 1 = BGH NJW 2004, 237; BGHSt 52, 159 = BGH NJW 2008, 1897; BGHSt 53, 55 = BGH NJW 2009, 1155; BGHSt 53, 288 = BGH NJW 2009, 2611; BGH NStZ 2008, 150; BGH NJW 2010, 1087). Eine Verurteilung setzt voraus, dass dies „nach der Überzeugung des Tatrichters nicht auszuschließen ist" (BGHSt 11, 1; 24, 31 = BGH NJW 1971, 388; BGHSt 30, 228 = BGH NJW 1982, 292; BGHSt 33, 61 = BGH NJW 1985, 1350; BGHSt 49, 1 = BGH NJW 2004, 237; 2000, 2754; 2010, 1087; BGH NStZ 1985, 26: „an Sicherheit grenzende Wahrscheinlichkeit"; BGH StV 1994, 425: „mit Sicherheit"). Auszugehen ist von der konkreten Tatsituation, die unmittelbar zu dem schädigenden Ereignis geführt hat, und dem tatsächlichen Geschehensablauf (BGHSt 24, 31 = BGH NJW 1971, 150; BGHSt 33, 61 = BGH NJW 1985, 1350; BGHSt 49, 1 = BGH NJW 2004, 237; BGHSt 53, 55 = BGH NJW 2009, 1155; Schönke/Schröder/*Sternberg-Lieben/Schuster* Rn. 176; zur berechtigten Kritik LK-StGB/*Vogel* Rn. 199). Entsprechendes gilt für Gefährdungs- und Tätigkeitsdelikte (LK-StGB/*Vogel* Rn. 183).

33   Nach Teilen der Lit. soll es bereits ausreichen, dass die Sorgfaltspflichterhöhung zu einer (möglichen oder wesentlichen) **Risikoerhöhung** geführt hat (dazu Lackner/Kühl/*Kühl* Rn. 44; Schönke/Schröder/*Sternberg-Lieben/Schuster* Rn. 179; LK-StGB/*Vogel* Rn. 193 mN; dagegen ausdrücklich BGH NJW 2010, 1087; speziell zu fahrlässiger Mit- und Nebentäterschaft *Gropp* GA 2009, 265; *Puppe* JR 2010, 353; *Kühl* NJW 2010, 1092).

34   **c) Schutzzweckzusammenhang.** Über die Kausalität des Pflichtverstoßes hinaus muss bei Erfolgs- und Gefährdungsdelikten ein Schutzzweckzusammenhang vorliegen. Dieser ist nur gegeben, wenn der **Schutzzweck der Sorgfaltspflicht** die eingetretene Verletzung (bzw. Gefährdung) verhindern sollte (vgl. OLG Stuttgart NStZ 1997, 190; OLG Bamberg NStZ-RR 2008, 110; LK-StGB/*Vogel* Rn. 189, 202 mit Beispielen; Schönke/Schröder/*Sternberg-Lieben/Schuster* Rn. 130, 157 ff.; unter dem Stichwort Schutzzweckzusammenhang werden allerdings zahlreiche weitere Sachfragen erörtert, vgl. Lackner/Kühl/*Kühl* Rn. 43, 46; MüKoStGB/*Duttge* Rn. 180).

35   **d) Vorhersehbarkeit.** Fahrlässig handelt nur, wer die Verwirklichung des Tatbestandes vorhersehen konnte. Die Vorhersehbarkeit muss sich zwar **nicht** auf die **Einzelheiten des Kausalverlaufs** erstrecken (BGHSt 39, 322 = BGH NJW 1994, 205; BGHSt 37, 179 = BGH NJW 1991, 307; BGHSt 49, 1 = BGH NJW 2004, 237; BGHSt 53, 55 = BGH NJW 2009, 1155). Bei **Zusammenwirken mehrerer Umstände** müssen jedoch alle erkennbar sein (BGH NJW 2001, 1075). Voraussehbar sind auch nur mögliche Folgen, soweit sie sich noch im Rahmen der gewöhnlichen Erfahrung bewegen (BGHSt 10, 369; 12, 75 = BGH NJW 1958, 1980; BGHSt 17, 223 = BGH NJW 1962, 1166; BGHSt 31, 96 = BGH NJW 1982, 2831; BGH NStZ 1992, 333; OLG Stuttgart NStZ 1997, 190; BayObLG NJW 2003, 371; vgl. Schönke/Schröder/*Sternberg-Lieben/Schuster* Rn. 186 f., 199 mit zahlreichen Beispielen aus der Rspr.).

36   **e) Kasuistik.** Zu einzelnen **Strafvorschriften** und **Lebensbereichen** hat die Rechtsprechung eine umfangreiche Kasuistik entwickelt (Übersichten bei Lackner/Kühl/*Kühl* Rn. 39, 40; Schönke/Schröder/*Sternberg-Lieben/Schuster* Rn. 206; LK-StGB/*Vogel* Rn. 267). Generell findet – anders als im Zivilrecht – **keine Wissenszurechnung** statt. Die Voraussetzungen von Vorsatz und Fahrlässigkeit sind daher für jeden Beteiligten immer **individuell festzustellen**, insbes. auch bei **Arbeits- und Verantwortungsteilung in Unternehmen** (Wabnitz/Janovsky WirtschaftsStR-HdB/*Raum* Kap. 4 Rn. 45 ff.; → § 14 Rn. 58; → § 25 Rn. 107 ff.).

§ 16 Irrtum über Tatumstände

(1) ¹Wer bei Begehung der Tat einen Umstand nicht kennt, der zum gesetzlichen Tatbestand gehört, handelt nicht vorsätzlich. ²Die Strafbarkeit wegen fahrlässiger Begehung bleibt unberührt.

(2) Wer bei Begehung der Tat irrig Umstände annimmt, welche den Tatbestand eines milderen Gesetzes verwirklichen würden, kann wegen vorsätzlicher Begehung nur nach dem milderen Gesetz bestraft werden.

A. Bedeutung und Regelungsinhalt der Vorschrift

Eine allgemeine Regelung über Irrtümer enthält neben $\S$ 16 auch $\S$ 17. Die Abgrenzung der 1
Anwendungsbereiche ist von großer praktischer Bedeutung ($\rightarrow$ Rn. 25). **Spezielle Regelungen** enthält
insbesondere das **StGB** ($\S\S$ 97b, 113 Abs. 4, 125 Abs. 2, 136 Abs. 4). Inhaltlich entspricht **$\S$ 11 Abs. 1
OWiG** dem $\S$ 16 Abs. 1 ($\rightarrow$ OWiG $\S$ 11 Rn. 1).

Gemäß **$\S$ 16 Abs. 1 S. 1** begründet die Unkenntnis eines den Tatbestand ausfüllenden Umstandes 2
einen den **Vorsatz ausschließenden Tatbestandsirrtum** (so zB BGHSt 48, 322 = BGH NJW 2003,
3283; BGHSt 53, 145 = BGH NJW 2009, 1360; BGHSt 54, 148 = BGH NJW 2010, 92; BGH
NStZ 2008, 626) bzw. **Tatumstandsirrtum** (so zB BGHSt 39, 195 = BGH NJW 1993, 1723; BGHSt
53, 210 = BGH NJW 2009, 1984; 1994, 61; LK-StGB/*Vogel* $\S$ 15 Rn. 14). Es ist unerheblich, ob der
Irrtum verschuldet war (BGH NStZ-RR 1998, 322).

Durch **$\S$ 16 Abs. 1 S. 2** wird klargestellt, dass die Fahrlässigkeitsstrafbarkeit auch nach erfolgsqualifi- 3
zierten Delikten oder Vorsatz-Fahrlässigkeits-Kombinationen ($\rightarrow$ $\S$ 18 Rn. 6) unberührt bleibt.

Wer sich Umstände vorstellt, die zur Verwirklichung eines Privilegierungstatbestandes führen würden, 4
kann wegen einer Vorsatztat nur nach diesem bestraft werden (**$\S$ 16 Abs. 2).** Diese Vorschrift ist über
ihren Wortlaut hinaus anwendbar ($\rightarrow$ Rn. 41).

B. Anwendungsbereich des Abs. 1 S. 1

I. Umstand des gesetzlichen Tatbestandes

1. Gesetzlicher Tatbestand. Gesetzlicher Tatbestand iSv $\S$ 16 Abs. 1 S. 1 sind die einschlägigen 5
Strafnormen des StGB oder des Nebenstrafrechts sowie die ggf. relevanten Vorschriften aus dem Allgemeinen Teil des StGB.

Zum gesetzlichen Tatbestand gehören auch Vorsatz voraussetzende **Qualifikationsnormen.** Bei 6
fehlender Kenntnis eines Tatumstands einer Qualifikationsnorm bleibt die Strafbarkeit nach einem
erfolgsqualifizierten Tatbestand ($\S$ 18) oder einer Vorsatz-Fahrlässigkeits-Kombination unberührt ($\S$ 16
Abs. 1 S. 2; $\rightarrow$ Rn. 3).

Auf **benannte besonders schwere Fälle** und **Regelbeispiele** ist $\S$ 16 Abs. 1 S. 1 **entsprechend** 7
anzuwenden (Schönke/Schröder/*Sternberg-Lieben/Schuster* $\S$ 15 Rn. 27, $\S$ 16 Rn. 8). Hinsichtlich unbenannter besonders schwerer Fälle ist dies umstritten (dafür zB Schönke/Schröder//*Sternberg-Lieben/
Schuster* $\S$ 15 Rn. 29; vgl. weiter LK-StGB/*Vogel* Rn. 95).

Objektive Bedingungen der Strafbarkeit müssen dagegen nicht vom Vorsatz umfasst sein, Fehl- 8
vorstellungen sind unerheblich (teilw. aA Schönke/Schröder/*Sternberg-Lieben/Schuster* $\S$ 15 Rn. 34, $\S$ 16
Rn. 27a, 35; MüKoStGB/*Joecks* Rn. 101; zum Verbotsirrtum $\rightarrow$ $\S$ 17 Rn. 4).

Ebenso unerheblich sind Fehlvorstellungen über das Erfordernis oder das Vorliegen eines **Straf-** 9
antrages, über die **Verjährung,** oder über die **Anwendbarkeit deutschen Strafrechts** ($\rightarrow$ $\S$ 17
Rn. 4).

2. Umstand. StRspr und ganz hM unterscheiden hinsichtlich der Umstände gesetzlicher Tatbestände 10
zwischen **deskriptiven, normativen** und **blankettartigen Tatbestandsmerkmalen:**

a) Deskriptive Tatbestandsmerkmale. Deskriptive Tatbestandsmerkmale beschränken sich auf die 11
Beschreibung realer, sinnlich wahrnehmbarer Gegenstände und Ereignisse. Deren Existenz lässt sich
ohne zusätzliche Bewertung oder rechtliche Einordnung feststellen (Schönke/Schröder/*Sternberg-Lie-
ben/Schuster* $\S$ 15 Rn. 18; LK-StGB/*Vogel* Rn. 21 mit Beispielen). Unerheblich ist, dass auch deskriptive
Tatbestandsmerkmale auslegungsfähig und -bedürftig sind. Es kommt entscheidend darauf an, dass sie in
ihrem Anwendungsbereich unmittelbar und allein auf sinnlich wahrnehmbare Gegenstände und Ereignisse Bezug nehmen (LK-StGB/*Vogel* Rn. 23).

b) Normative Tatbestandsmerkmale (gesamttatbewertende Merkmale, Komplexbegriffe).
Normative Tatbestandsmerkmale nehmen dagegen (auch) Bezug auf **Bewertungen** und **rechtliche** 12
Einordnungen (BGHSt 44, 175 = BGH NJW 1999, 299; BGH NStZ 1993, 442; 2002, 481; 2009,
153; BGH NStZ-RR 1999, 6; 2009, 17; BGH StV 1991, 20; 2009, 357; Schönke/Schröder/*Sternberg-
Lieben/Schuster* $\S$ 15 Rn. 19; LK-StGB/*Vogel* Rn. 25, 33, 48 f.; KK-OWiG/*Rengier* OWiG $\S$ 11
Rn. 15 ff., 19, 21 ff. jew. mit Beispielen; $\rightarrow$ Einf. Rn. 21).

Die **Lit.** erörtert als verwandte Kategorien „**gesamttatbewertende Merkmale**" und „**Komplex-** 13
begriffe". Zu Abgrenzung, Einordnung sowie den daraus zu ziehenden Konsequenzen werden ganz
unterschiedliche Ansichten vertreten (vgl. Schönke/Schröder/*Sternberg-Lieben/Schuster* $\S$ 15 Rn. 22,
45 f.; LK-StGB/*Vogel* Rn. 50; KK-OWiG/*Rengier* OWiG $\S$ 11 Rn. 45 ff.; *Roxin* FS Tiedemann, 2008,
375).

c) Blankettstrafnormen. Blankettstrafnormen beschreiben das erfasste Unrecht nur (mehr oder 14
weniger) **unvollständig.** Die Verwirklichung zumindest einzelner Tatbestandsvoraussetzungen (teil-

weise auch der dadurch verursachte Schuldumfang) können nur unter Rückgriff auf andere Vorschriften (oder Verwaltungsakte) beurteilt werden. Somit müssen diese anderen Vorschriften (oder Verwaltungsakte) die Blankettstrafnorm **ergänzen** oder **ausfüllen,** erst dadurch entsteht eine vollständige Sanktionsnorm (→ Einf. Rn. 19; vgl. zu weiteren, für Vorsatz- und Irrtumsfragen nicht relevanten Differenzierungen Tiedemann WirtschaftsStR AT Rn. 197 ff.; LK-StGB/*Dannecker* § 1 Rn. 148 ff.; LK-StGB/*Vogel* § 16 Rn. 36).

15 **d) Rechtskenntnis als Tatbestandsmerkmal.** Die Auslegung eines Straftatbestandes kann ergeben, dass der Vorsatz eine rechtliche Bewertung umfassen muss (MüKoStGB/*Joecks* Rn. 74; Schönke/Schröder/*Sternberg-Lieben/Schuster* § 15 Rn. 100). In Betracht kommt dies insbes. bei echten Unterlassungsdelikten (KK-OWiG/*Rengier* OWiG § 11 Rn. 33 ff.; Schönke/Schröder/*Sternberg-Lieben/Schuster* § 15 Rn. 94; zum Erfordernis einer öffentlich-rechtlichen Gestattung → Rn. 27), sowie bei Normen, die Fälschungen, Täuschungen und unrichtige Erklärungen sanktionieren (Tiedemann WirtschaftsStR AT Rn. 348 ff.). Teilweise wird das für das gesamte „Nebenstrafrecht, insbesondere Wirtschaftsstrafrecht" angenommen (*Bülte* NStZ 2013, 65); diese Abgrenzung bleibt unklar (Was gehört zum Neben- und Wirtschaftsstrafrecht? → Einf. Rn. 1 ff.).

16 **e) Einordnung und Abgrenzung von Tatbestandsmerkmalen.** Zunehmend umstritten ist, ob und ggf. nach welchen (allgemeinen) Kriterien die **Unterscheidung** und **Abgrenzung** insbes. von **blankettartigen** sowie **normativen Tatbestandsmerkmalen** mit Bezugnahme auf rechtliche Einordnungen (rechtsnormative Tatbestandsmerkmale) erfolgen kann (→ Einf. Rn. 21; vgl. LK-StGB/*Vogel* Rn. 38 f., 40; Schönke/Schröder/*Sternberg-Lieben/Schuster* § 15 Rn. 103, § 17 Rn. 12; KK-OWiG/*Rengier* OWiG § 11 Rn. 28 f.; *Roxin* FS Tiedemann, 2008, 375; *Heinrich* FS Roxin, 2011, 449 jew. mit Beispielen). Die **praktische Relevanz** dieser Frage ergibt sich aus den unterschiedlichen Vorsatzanforderungen und den aus Irrtümern resultierenden Konsequenzen (→ Rn. 18, 25). Teilweise wird die Vorsatz- und Irrtumsproblematik jedoch unabhängig von diesen Einordnungs- und Abgrenzungsfragen erörtert (→ Rn. 24).

II. Unkenntnis

17 **Bezugspunkte** des Vorsatzes sind sämtliche Umstände, die die **Merkmale** des gesetzlichen Tatbestandes ausfüllen (→ Rn. 5; → § 15 Rn. 8). Dazu gehört auch der **Kausalverlauf** (→ Rn. 28). Bereits die Unkenntnis eines dieser Umstände führt gemäß § 16 Abs. 1 S. 1 zum Ausschluss des Vorsatzes (→ Rn. 2).

18 **1. Erforderliche Kenntnis bei deskriptiven, normativen und blankettartigen Tatbestandsmerkmalen.** Der für den Vorsatz erforderliche Kenntnisstand hängt nach hM davon ab, ob es sich um ein deskriptives, ein normatives oder ein blankettartiges Tatbestandsmerkmal handelt (→ Rn. 10):

19 **a) Deskriptive Tatbestandsmerkmale.** Hinsichtlich **deskriptiver Tatbestandsmerkmale** (→ Rn. 11) reicht das Wissen um die (bzw. die Wahrnehmung der) relevanten **tatsächlichen Umstände** aus. Fehlende Tatsachenkenntnis begründet einen Tatumstandsirrtum (§ 16 Abs. 1 S. 1).

20 **b) Normative Tatbestandsmerkmale.** Dagegen ist hinsichtlich **normativer Tatbestandsmerkmale** (→ Rn. 12) über das Wissen um die (bzw. die Wahrnehmung der) relevanten tatsächlichen Umstände hinaus sog **Bedeutungskenntnis** erforderlich (vgl. BGHSt 54, 39 = BGH NJW 2009, 3248; 2005, 2242; 2010, 784; BGH NStZ 2008, 87; BGH NStZ-RR 2004, 45; 2006, 305; BGHR StGB § 17 Vermeidbarkeit 8; BayObLG wistra 1995, 58; vgl. weiter LK-StGB/*Vogel* Rn. 28 mN zu Differenzierungen in der Lit.). Diese Bedeutungskenntnis setzt keine präzise juristische Erfassung voraus. Es genügt, dass die im Gesetz zum Ausdruck kommende Bewertung (der wesentliche Bedeutungsgehalt des normativen Umstandes) laienhaft nachvollzogen („Parallelwertung in der Laiensphäre") wird (BGHSt 4, 347; 27, 255 = BGH NJW 1977, 2364; BGHSt 48, 322 = BGH NJW 2003, 3283; abw. zB LK-StGB/*Vogel* Rn. 30: „Kenntnis im Sinne sinnhaften Verstehens der konventionellen Eigenschaften, die nach der juristischen Sprachverwendungsregel für das jeweilige Merkmal erforderlich sind"). Daher liegt ein Tatumstandsirrtum (§ 16 Abs. 1 S. 1) auch vor, wenn die Bedeutungskenntnis wegen eines Bewertungs- oder Rechtsirrtums fehlt (BGH NStZ 1993, 594; BGH NStZ-RR 1998, 235; 2003, 55).

21 Der auf Bewertungs- oder Rechtsirrtum beruhende **umgekehrte Irrtum** begründet einen **untauglichen Versuch** (BGHSt 42, 268 = BGH NJW 1997, 750; BGH NStZ 2003, 663; 2008, 214; BayObLG NJW 1963, 310; aA MüKoStGB/*Joecks* Rn. 71; *Streng* GA 2009, 540; diff. mN zu abw. Ansichten LK-StGB/*Vogel* Rn. 27; → § 22 Rn. 32).

22 **c) Blankettartige Tatbestandsmerkmale.** Bei **blankettartigen Tatbestandsmerkmalen** (→ Rn. 14) ergibt sich erst aus ihrer Ergänzung oder Ausfüllung durch andere Vorschriften der **Umfang** der erforderlichen Tatsachenkenntnis. Dagegen setzt vorsätzliches Verhalten keine Kenntnis der ergänzenden oder ausfüllenden Vorschrift selbst voraus (BGH NZWiSt 2013, 113 mAnm *Krell*; → § 17 Rn. 1 f.; Schönke/Schröder/*Sternberg-Lieben/Schuster* § 15 Rn. 99, 101; KK-OWiG/*Rengier* OWiG

§ 11 Rn. 25 f.; vgl. zu abw. Ansichten LK-StGB/*Vogel* Rn. 40, der selbst zwischen „echten" und „unechten" Blankettstrafgesetzen differenziert).

Bei Bezugnahme auf eine **Einzelanordnung** (Verwaltungsakt) mit beschränktem Adressatenkreis **23** muss deren Existenz, Inhalt und Vollziehbarkeit bekannt sein. Anderenfalls liegt ein Tatumstandsirrtum vor (Schönke/Schröder/*Sternberg-Lieben/Schuster* § 17 Rn. 102; KK-OWiG/*Rengier* OWiG § 11 Rn. 14, 18, 27, 37 ff., 109 ff.).

d) Abweichende Meinungen. Nach hM ergibt sich aus der Qualifizierung eines Tatbestandsmerk- **24** mals als deskriptiv, normativ oder blankettartig, welche tatsächlichen Umstände vom Vorsatz umfasst sein müssen und ob neben dieser Tatsachenkenntnis zusätzlich Bedeutungskenntnis erforderlich ist. Teilweise wird eine entsprechende Einordnung von Tatbestandsmerkmalen nach allgemeinen Kriterien (insbes. im Bereich des Nebenstrafrechts und der Ordnungswidrigkeiten) für unmöglich oder nicht sinnvoll gehalten. Vielmehr sei gesondert für jeden Tatbestand durch Auslegung zu klären, ob und inwieweit es neben Tatsachenkenntnis auch einer Erfassung der rechtlichen Zusammenhänge oder Bewertung bedarf. Teilweise wird allgemein eine (zusätzliche) Bedeutungskenntnis (Erfassung des im Tatbestand typisierten Unrechts) für erforderlich gehalten, falls die Sachverhaltskenntnis allein den Gehalt eines Tatbestandsmerkmals in seiner sozialen Bedeutung noch nicht vermittelt (vgl. dazu Tiedemann WirtschaftsStR AT Rn. 336 ff.; MüKoStGB/*Joecks* Rn. 69, 74; Schönke/Schröder/*Sternberg-Lieben/Schuster* § 15 Rn. 20, 39 ff.; Wabnitz/Janovsky WirtschaftsStR-HdB/*Dannecker/Bülte* Kap. 1 Rn. 40; Roxin StrafR AT I § 12 Rn. 100 ff.; *Roxin* FS Tiedemann, 2008, 375).

e) Abgrenzung zum Verbotsirrtum. Sind zumindest einzelne **Tatsachen** nicht bekannt, die den **25** gesetzlichen Tatbestand der Strafnorm ausfüllen, liegt ein Tatumstandsirrtum (§ 16 Abs. 1 S. 1) vor.

Wenn relevante **rechtliche Zusammenhänge** nicht bekannt sind oder unzutreffend bewertet **26** werden, kann dies unterschiedliche Konsequenzen haben: Ein Tatumstandsirrtum liegt vor, wenn die Fehlvorstellung dazu führt, dass hinsichtlich eines normativen Tatbestandsmerkmals keine Bedeutungskenntnis vorliegt. Allerdings setzt Bedeutungskenntnis keine präzise juristische Erfassung voraus (→ Rn. 20). Ebenso liegt ein Tatumstandsirrtum vor, wenn wegen der Fehlvorstellung eine juristische Bewertung nicht erfasst wird, auf die sich der Vorsatz erstrecken muss (→ Rn. 15). Ansonsten handelt es sich um einen Verbotsirrtum.

Bei einem **Irrtum über** das **Erfordernis einer öffentlich-rechtlichen Gestattung** differenziert **27** die (neuere) Rspr. (BGH NJW 1994, 61; BGH NStZ 2007, 644; BGH NStZ-RR 2003, 55; OLG Stuttgart NStZ-RR 2009, 356; NStZ 2012, 453; BayObLG NJW 1997, 1319; wistra 1992, 273; NStZ-RR 1996, 341; 1997, 184; OLG Braunschweig NStZ-RR 1998, 175; OLG Jena NStZ-RR 1997, 315; OLG Frankfurt a.M. NStZ-RR 2006, 353; OLG Celle NJW 2004, 3790; OLG Düsseldorf NuR 2014, 813; OLG Oldenburg wistra 2014, 114; weitere Nachweise und Beispiele bei KK-OWiG/*Rengier* OWiG § 11 Rn. 41a ff., 117; Schönke/Schröder/*Sternberg-Lieben/Schuster* § 17 Rn. 12a): Ein Tatumstandsirrtum liegt vor, wenn die Genehmigung nur der Kontrolle eines im allgemeinen sozialadäquaten Verhaltens dient und die Tat ihren Unwert erst aus dem Fehlen der Genehmigung herleitet (sog präventives Verbot mit Erlaubnisvorbehalt). Dagegen liegt ein Verbotsirrtum vor, wenn es sich um ein grundsätzlich wertwidriges Verhalten handelt, das im Einzelfall aufgrund der Genehmigung erlaubt ist (sog repressives Verbot mit Befreiungsvorbehalt).

2. Fehlvorstellungen über den Kausalverlauf. Zum gesetzlichen Tatbestand iSv § 16 Abs. 1 S. 1 **28** gehört auch der Kausalverlauf (→ Rn. 17). Er muss daher vom Vorsatz umfasst sein (MüKoStGB/*Joecks* Rn. 81; LK-StGB/*Vogel* Rn. 71; zu abweichenden Ansichten Schönke/Schröder/*Sternberg-Lieben/ Schuster* § 15 Rn. 54a). Dies setzt jedoch **keine genaue Kenntnis sämtlicher Einzelheiten** voraus. **Abweichungen** des tatsächlichen vom vorgestellten Kausalverlauf sind unerheblich, wenn sie sich **innerhalb der Grenzen des nach allgemeiner Lebenserfahrung Voraussehbaren** halten (BGHSt 38, 32 = BGH NJW 1991, 3161; BGHSt 48, 34 = BGH NJW 2003, 150; BGHSt 56, 162 = BGH NJW 2011, 2065; 1989, 176; BGH NStZ 2001, 29; 2007, 700).

Eine **unwesentliche Abweichung** vom vorgestellten Kausalverlauf kann vorliegen (weitere Beispiele **29** aus der Rspr. bei Schönke/Schröder/*Sternberg-Lieben/Schuster* § 15 Rn. 55, 58; LK-StGB/*Vogel* Rn. 57), wenn

– der Täter den tatbestandlichen Erfolg (auch mit bedingtem Vorsatz) bereits für erreicht hält, ihn jedoch tatsächlich erst **später** durch Verdeckungshandlungen verwirklicht (BGHSt 14, 193; BGH NStZ 1992, 333);

– der Erfolg nach Versuchsbeginn **früher** als erwartet eintritt (BGH NJW 2002, 1057; BGH NStZ 2002, 475; anders bei Vorsatzwechsel BGH NStZ 1992, 277; 2009, 266; BGH NStZ-RR 1999, 101);

– **nach Beginn der Tatausführung** (auch aus dieser heraus) unerwartet **Schuldunfähigkeit** eintritt und in diesem Zustand der Erfolg herbeigeführt wird (BGHSt 7, 329; 23, 133; BGH NStZ 1998, 30; 2003, 535; anders bei Eintritt der Schuldunfähigkeit vor Beginn der Tatausführung, BGHSt 23, 356);

– ein **anderer Tatbeteiligter** einem (unerheblichen) **Irrtum über Eigenschaften des Tatobjektes** (→ Rn. 34) unterliegt (BGHSt 11, 268 bzgl. Mittäter; BGHSt 37, 214 = BGH NJW 1991, 933; zu den zahlreichen abweichenden Ansichten Schönke/Schröder/*Sternberg-Lieben/Schuster* § 15 Rn. 59a; LK-StGB/*Vogel* Rn. 90).

30   **Abweichende Ansichten** gehen teilweise davon aus, dass der Kausalverlauf nicht vom Vorsatz umfasst sein müsse. Tatsächlich handle es sich (in erster Linie) um eine Frage der objektiven Zurechnung. Die Rechtsprechung zum früher als erwartet bewirkten Erfolg und zum unerwarteten Eintritt der Schuldunfähigkeit findet im Ergebnis weitgehend Zustimmung. Dagegen werden gegen die Entscheidungen zum später als erwartet verursachten Erfolg zahlreiche Einwände angeführt (vgl. dazu MüKoStGB/*Joecks* Rn. 86 ff.; LK-StGB/*Vogel* Rn. 65 ff. jew. mwN).

31   **3. Irrige Annahme der Umstände eines Rechtfertigungstatbestandes.** Die irrige Annahme der **Umstände** eines Rechtfertigungstatbestandes **(Erlaubnistatbestandsirrtum, Erlaubnistatumstandsirrtum)** schließt die Vorsatzstrafbarkeit aus (BGHSt 31, 264 = BGH NJW 1983, 2509: „wie ein den Vorsatz ausschließender Irrtum über Tatumstände nach § 16 Abs. 1 StGB zu bewerten"; BGHSt 32, 243 = BGH NJW 1984, 1049; BGHSt 45, 378 = BGH NJW 2000, 1348; BGHSt 49, 34 = BGH NJW 2004, 1054; BGHSt 49, 166 = BGH NJW 2004, 2458; 2003, 1955; BGH NStZ 1987, 172; 1996, 29; 1996, 34; 2001, 530; 2002, 141; 2009, 90; 2012, 272; BGH NStZ-RR 2002, 73; 2011, 238). Eine Fehlvorstellung über die **rechtlichen Grenzen** eines Rechtfertigungstatbestandes begründet dagegen nach § 17 einen Verbotsirrtum (BGHSt 32, 243 = BGH NJW 1984, 1049; BGHSt 35, 347 = BGH NJW 1989, 912; BGHSt 49, 166 = BGH NJW 2004, 2458; 2003, 1955; BGH NStZ 2003, 596; BGH NStZ-RR 2002, 73).

32   In der **Lit.** wurden und werden solche Fallgestaltungen intensiv diskutiert. Während die Ergebnisse der Rspr. weitgehend Zustimmung finden, weichen die Begründungen dafür erheblich voneinander ab (vgl. Schönke/Schröder/*Sternberg-Lieben/Schuster* § 15 Rn. 35, § 16 Rn. 14 ff.; MüKoStGB/*Joecks* Rn. 121 ff.; LK-StGB/*Vogel* Rn. 115 ff.): Der Ausschluss der Vorsatzstrafbarkeit wird auf die Anwendung des § 16, den Verweis auf dessen Rechtsfolgen oder den Entfall nur der Vorsatzschuld gestützt. Obwohl der BGH für solche Differenzierungen bislang keinen Anlass hatte, werden seine Entscheidungen entsprechend interpretiert (vgl. zB MüKoStGB/*Joecks* Rn. 90; LK-StGB/*Vogel* Rn. 130).

33   **4. Fehlvorstellungen über Umstände außerhalb des gesetzlichen Tatbestandes.** Bezugspunkte des Vorsatzes sind die zum gesetzlichen Tatbestand gehörenden Umstände (→ Rn. 5, 17). Fehlvorstellungen über andere Umstände fallen nicht in den Anwendungsbereich des § 16 Abs. 1 S. 1. Sie sind auch dann nicht von Bedeutung, wenn die Tat ohne die Fehlvorstellung unterblieben wäre. Die irrige Annahme, ein Verhalten sei mangels eines entsprechenden Tatbestands oder mangels Erfassung durch existierende Tatbestände nicht strafbar („Subsumtionsirrtum"), kann einen Verbotsirrtum (§ 17) begründen (→ § 17 Rn. 8).

34   Ohne Bedeutung können danach insbesondere Fehlvorstellungen über **Eigenschaften des Tatobjektes** (*„error in persona sive objecto"*) sein. Es liegen dann unbeachtliche Motivirrtümer vor (BGHSt 11, 268; 37, 214 = BGH NJW 1991, 933; BGH NStZ 1998, 294; Schönke/Schröder/*Sternberg-Lieben/Schuster* § 15 Rn. 59; MüKoStGB/*Joecks* Rn. 96; zu abweichenden Begründungen LK-StGB/*Vogel* Rn. 75). Für **weitere Tatbeteiligte** können solche Irrtümer zu einer unerheblichen Abweichung vom vorgestellten Kausalverlauf führen (→ Rn. 29).

35   **5. Fehlvorstellungen über Handlungs- oder Erfolgsalternativen eines Straftatbestands.** Eine Fehlvorstellung darüber, welche gleichwertige Handlungs- oder Erfolgsalternative eines Straftatbestandes verwirklicht wird, ist unerheblich. Es wird unterschiedlich beurteilt, ob es sich um eine unwesentliche Abweichung vom vorgestellten Kausalverlauf (→ Rn. 28) oder eine unerhebliche Fehlvorstellung über Eigenschaften des Tatobjekts (→ Rn. 34) handelt und welche Alternativen eines Straftatbestandes gleichwertig sind (vgl. Schönke/Schröder/*Sternberg-Lieben/Schuster* Rn. 12; LK-StGB/*Vogel* Rn. 42).

6. Entscheidende Bedeutung des konkreten Vorstellungsbildes (Fehlgehen des Angriffs).
36   Für die Frage, ob und ggf. wie sich eine Fehlvorstellung auswirkt, ist das konkrete Vorstellungsbild entscheidend. Dessen präzise Erfassung und Beschreibung kommt bei der Erörterung von Vorsatz-, Fahrlässigkeits- und Irrtumsfragen mitunter zu kurz.

37   **a) Fehlgehen des Angriffs (aberratio ictus).** Die entscheidende Bedeutung einer präzisen Erfassung und Beschreibung des Vorstellungsbildes wird besonders deutlich bei einem Vergleich verschiedener Fallkonstellationen, die unter der Bezeichnung **„Fehlgehen des Angriffs" (aberratio ictus)** erörtert werden:

38   Wird die Verletzung eines individualisierten Objektes vorsätzlich angestrebt, tatsächlich jedoch ein anderes Objekt ohne diesbezüglich zumindest bedingten Vorsatz verletzt, so liegt versuchte Verletzung hinsichtlich des individualisierten Objektes ggf. in Tateinheit mit fahrlässiger Verletzung des anderen Objektes vor (BGHSt 34, 53 = BGH NJW 1986, 2325; Schönke/Schröder/*Sternberg-Lieben/Schuster* § 15 Rn. 59; zu abweichenden Ansichten, insbesondere dem „Kriterium der Planverwirklichung" LK-StGB/*Vogel* Rn. 78, 82 ff., 88).

39   Anders ist die Situation, wenn die Verletzung des anderen Objektes zwar nicht angestrebt wurde, insoweit jedoch zumindest bedingter Vorsatz bestand (BGHSt 34, 53 = BGH NJW 1986, 2325). Dies ist

möglich als **genereller Vorsatz**, der sich auf die gleichzeitige Verletzung mehrerer Objekte bezieht. Möglich ist auch ein **alternativer Vorsatz**, nach dem nur eines von mehreren Objekten verletzt werden kann (BGH NJW 1993, 210; BGH NStZ 1998, 294; 2009, 210; → § 15 Rn. 17).

b) Sachverhaltsaufklärung statt Fallgruppenbildung. Die Bestimmung des Vorstellungsbildes **40** und des subjektiven Tatbestandes hängt von den **Besonderheiten des jeweiligen Sachverhaltes** und den **möglichen Feststellungen** ab. Allgemein gehaltene Aussagen und Differenzierungen zB hinsichtlich der (optischen, akustischen) Wahrnehmung oder Individualisierung und Konkretisierung der Tatausführung sind weder möglich noch hilfreich (vgl. BGH NStZ 1998, 294; Schönke/Schröder/*Sternberg-Lieben*/*Schuster* § 15 Rn. 59; zu entsprechenden Ansätzen in der Literatur MüKoStGB/*Joecks* Rn. 95 ff.; LK-StGB/*Vogel* Rn. 86 ff.). Dies gilt auch für **weitere Tatbeteiligte** (→ Rn. 29).

C. Anwendungsbereich des Abs. 2

I. Unmittelbare Anwendung

Milderes Gesetz iSv § 16 Abs. 2 bedeutet (echten) **Privilegierungstatbestand.** Wenn ein Privilegie- **41** rungstatbestand unmittelbar an das Vorstellungsbild anknüpft (subjektiv gefasst ist), bedarf es keines Rückgriffs auf § 16 Abs. 2. Daher kann diese Vorschrift nur in wenigen Konstellationen unmittelbar zur Anwendung kommen (Schönke/Schröder/ *Sternberg-Lieben*/*Schuster* Rn. 26).

II. Entsprechende Anwendung

Für einen Täter können sich auch **andere Vorschriften günstig auswirken.** Soweit diese nicht **42** allein an das Vorstellungsbild anknüpfen (subjektiv gefasst sind), stellt sich die Frage der entsprechenden Anwendbarkeit des § 16 Abs. 2.

Auf (benannte und unbenannte) **minder schwere Fälle** ist § 16 Abs. 2 **entsprechend** anzuwenden **43** (Schönke/Schröder/*Sternberg-Lieben*/*Schuster* § 15 Rn. 32, § 16 Rn. 27a; LK-StGB/*Vogel* Rn. 99).

Entschuldigungs- und **Schuldausschließungsgründe** behandelt das Gesetz sehr speziell und **44** differenziert. Teilweise kommt es auf das Vorstellungsbild nicht an, teilweise kann es zu Fehlvorstellungen nicht kommen und teilweise sind sie ausdrücklich geregelt. Dies spricht gegen das Vorliegen von Regelungslücken, die durch eine entsprechende Anwendung der allgemein gehaltenen Regelung in § 16 Abs. 2 gefüllt werden könnten. Schon eher in Betracht kommt eine entsprechende Anwendung einzelner Vorschriften aus dem Bereich der Entschuldigungs- und Schuldausschließungsgründe, wie es zB für § 35 Abs. 2 erwogen wird (vgl. Schönke/Schröder/*Sternberg-Lieben*/*Schuster* Rn. 27a, 29 ff.; MüKoStGB/*Joecks* Rn. 139; LK-StGB/*Vogel* Rn. 130).

Entsprechendes gilt für **Strafausschließungs- und Strafaufhebungsgründe.** Ihre Voraussetzungen **45** und die in ihnen zum Ausdruck kommenden Bewertungen sind ebenfalls sehr speziell und differenziert. Teilweise werden diesbezügliche Fehlvorstellungen im Rahmen des § 16 Abs. 2 generell für unerheblich gehalten (so zB Fischer Rn. 27: „... Irrtum ... schadet und nützt dem Täter grundsätzlich nicht, kann aber Quelle eines Verbotsirrtums sein."). Nach wohl überwiegender Ansicht soll § 16 Abs. 2 dagegen entsprechend anzuwenden sein, wenn die Strafausschließungs- und Strafaufhebungsgründe „unrechts- und/oder schuldrelevant" sind (vgl. MüKoStGB/*Joecks* Rn. 140; LK-StGB/*Vogel* Rn. 101, 130; Schönke/Schröder/ *Sternberg-Lieben*/*Schuster* Rn. 27a, 34).

Vertreten wird dies (grundsätzlich) auch für die Vorstellung von Umständen, bei deren Vorliegen ein **46** **Absehen von Strafe** oder eine **Straffreierklärung** erfolgen kann (vgl. LK-StGB/ *Vogel* Rn. 103 f.).

III. Unkenntnis privilegierender Umstände

Die Unkenntnis privilegierender Umstände ist unerheblich, wenn die entsprechende Norm allein an **47** das Vorstellungsbild anknüpft (subjektiv gefasst ist).

Dagegen wird die Rechtslage sehr unterschiedlich beurteilt, wenn eine privilegierende Norm neben **48** objektiven Umständen auch deren Kenntnis voraussetzt, diese jedoch fehlt („umgekehrter Irrtum"). Es existiert keine (allgemeine) Regelung, die solche Fallgestaltungen erfasst. Teilweise werden allgemeine Lösungen vorgeschlagen, teilweise hängen die vorgeschlagenen Lösungen von den betroffenen Vorschriften ab (vgl. Schönke/Schröder/*Sternberg-Lieben*/*Schuster* Rn. 28; LK-StGB/*Vogel* Rn. 106 f.).

§ 17 Verbotsirrtum

¹ **Fehlt dem Täter bei Begehung der Tat die Einsicht, Unrecht zu tun, so handelt er ohne Schuld, wenn er diesen Irrtum nicht vermeiden konnte. ² Konnte der Täter den Irrtum vermeiden, so kann die Strafe nach § 49 Abs. 1 gemildert werden.**

A. Bedeutung und Regelungsinhalt der Vorschrift

1   Gemäß § 17 S. 1 führt der unvermeidbare Verbotsirrtum zur Schuldlosigkeit. Das (potentielle) Unrechtsbewusstsein ist keine Voraussetzung des Vorsatzes oder der Fahrlässigkeit, sondern allein der **Schuld** (zur Entwicklung der Rspr. und des Gesetzes LK-StGB/*Vogel* § 15 Rn. 38, § 16 Rn. 111, 114, § 17 Rn. 1; Schönke/Schröder/*Sternberg-Lieben/Schuster* § 16 Rn. 1, § 17 Rn. 2 f.). Die Irrtumsregelung des § 17 ist mit dem Schuldgrundsatz und mit dem Gleichheitsgrundsatz vereinbar (BVerfGE 41, 121; LK-StGB/*Vogel* Rn. 2). Von erheblicher praktischer Bedeutung ist die **Abgrenzung** der Anwendungsbereiche des **§ 16 Abs. 1 S. 1** einerseits und des § 17 andererseits (→ Rn. 25).

2   Grundsätzlich ist § 17 im gesamten **Nebenstrafrecht** anzuwenden (Art. 1 EGStGB). Auch dort ist das Unrechtsbewusstsein nur Voraussetzung des Vorsatzes, wenn es sich aus einzelnen Strafvorschriften ergibt (→ § 16 Rn. 15). Zu Verbotsirrtümern enthalten verschiedene Vorschriften **Sonderregelungen** (§ 3 JGG, § 5 WStG, § 11 SoldatenG, § 30 ZDG, § 7 UZwG, § 97 StVollzG, § 3 VStGB; dazu LK-StGB/*Vogel* Rn. 111 ff.; MüKoStGB/*Joecks* Rn. 94 ff.). Auch **§§ 20, 21** regeln spezielle Fälle des Verbotsirrtums (BGHSt 40, 341 = BGH NJW 1995, 795; Schönke/Schröder/*Perron/Weißer* § 20 Rn. 4, § 21 Rn. 6). Verbotsirrtümer sind grds. auch im Bereich der **Fahrlässigkeitsstrafbarkeit** möglich (MüKoStGB/*Joecks* Rn. 5, 79 ff.; Schönke/Schröder/*Sternberg-Lieben/Schuster* § 15 Rn. 193, § 17 Rn. 9; LK-StGB/*Vogel* Rn. 108 ff.; KK-OWiG/*Rengier* OWiG § 11 Rn. 120 ff.). Eine § 17 S. 1 entsprechende Regelung enthält **§ 11 Abs. 2 OWiG.**

3   Das Vorliegen eines Verbotsirrtums ist nur zu prüfen und in den **Urteilsgründen** zu erörtern, wenn im konkreten Fall dazu Anlass besteht (BGH NJW 1996, 735; BGH NStZ 2008, 87; OLG Stuttgart NZWiSt 2014, 301 mAnm *Nestler*). Die Prüfung eines Verbotsirrtums und seiner Vermeidbarkeit setzt vollständige Feststellungen zum objektiven und subjektiven Tatbestand voraus (BGH NJW 2006, 522; BGH NStZ 1996, 236; 2000, 307; OLG Karlsruhe NStZ-RR 2000, 60; OLG Oldenburg NZV 2010, 305). Im Fall eines vermeidbaren Verbotsirrtums muss die Milderungsmöglichkeit nach § 17 S. 2 erkennbar erwogen werden (BGH StV 1998, 186; BGH BeckRS 2009, 86664).

B. Fehlende Unrechtseinsicht bei Tatbegehung

I. Unrecht

4   Die Einsicht, **Unrecht** zu tun, besteht nicht schon bei einem Bewusstsein moralisch verwerflichen oder sozial missbilligten/schädlichen Verhaltens (OLG Karlsruhe NStZ-RR 2000, 60). Andererseits **erfordert** sie **keine Kenntnis der Strafbarkeit** (BGHSt 52, 182 = BGH NJW 2008, 1827; BGHSt 52, 227 = BGH NStZ 2009, 275; BGHSt 52, 307 = BGH NJW 2008, 2723; BGHSt 54, 44 = BGH NJW 2009, 3173; BGH wistra 1986, 218; BGH NJW 1996, 1604; BGH NStZ 1996, 236; BGH NStZ-RR 1996, 24; OLG Stuttgart NStZ 1993, 344) oder **Anwendbarkeit deutschen Strafrechts** (BGHSt 27, 34 = BGH NJW 1977, 507; BGHSt 45, 97 = BGH NJW 1999, 2908; aA OLG Düsseldorf NStZ 1985, 268). Erforderlich (aber auch ausreichend) ist die Einsicht, rechtsgutsspezifisch **gegen** die **Rechtsordnung** zu **verstoßen** (BGHSt 45, 97 = BGH NJW 1999, 2908; BGHSt 52, 182 = BGH NJW 2008, 1827; BGHSt 52, 227 = BGH NStZ 2009, 275; BGHSt 56, 174 = BGH NJW 2011, 1236; BGHSt 58, 15 = BGH NJW 2013, 93; 1995, 737; BGH NStZ-RR 1996, 24; OLG Karlsruhe NStZ-RR 2000, 60; s. aber auch BGHSt 52, 307 = BGH NJW 2008, 2723; aA MüKoStGB/*Joecks* Rn. 14 ff. mwN; dazu LK-StGB/*Vogel* Rn. 16). Darüber hinaus bedarf es keiner Kenntnis, welche Norm verletzt wird (BGHSt 45, 97 = BGH NJW 1999, 2908; BGH NStZ-RR 1996, 24; OLG Karlsruhe NStZ-RR 2000, 60) oder dass eine objektive Bedingung der Strafbarkeit vorliegt (diff. MüKoStGB/*Joecks* Rn. 35; → § 16 Rn. 8). Unerheblich ist danach die Vorstellung, statt einer Straftat nur eine Ordnungswidrigkeit zu begehen (OLG Stuttgart NStZ 1993, 344; BayObLG NJW 1990, 2833; OLG Celle NJW 1987, 78), lediglich gegen zivilrechtliche bzw. öffentlich-rechtliche Vorschriften zu verstoßen (BGHSt 52, 227 = BGH NStZ 2009, 275) oder nur einer innerdienstlichen Pflicht zu unterliegen (offen OLG Hamburg StV 1996, 606; aA Schönke/Schröder/*Sternberg-Lieben/Schuster* Rn. 5). Unerheblich ist auch, dass die vorhandene Unrechtseinsicht auf einer tatsächlichen oder rechtlichen Fehlvorstellung beruht (aA Schönke/Schröder/*Sternberg-Lieben/Schuster* Rn. 6, 11 mwN); jedoch nicht bei Verkennung des betroffenen Rechtsgutes (vgl. LK-StGB/*Vogel* Rn. 23).

5   Das Bewusstsein, gegen die Rechtsordnung zu verstoßen, muss **rechtsgutsspezifisch** sein (BGHSt 45, 97 = BGH NJW 1999, 2908; BGH NStZ 1996, 236; OLG Stuttgart NStZ 1993, 345). Die Unrechtseinsicht kann daher (auch bei Tateinheit) **hinsichtlich** der Verwirklichung **einzelner Straftatbestände fehlen,** also „teilbar" sein (BGH NStZ-RR 1996, 24). Hinsichtlich einer **Qualifikation** ist kein gesondertes oder gesteigertes Unrechtsbewusstsein erforderlich (BGHSt 42, 123 = BGH NJW 1996, 2804: jedenfalls wenn ein straferhöhender Umstand schon für sich strafrechtliches Unrecht begründet und der Täter ersichtlich davon Kenntnis hatte; s. aber auch BGH StV 1982, 218; diff. LK-StGB/*Vogel* Rn. 22: „qualitative Unrechtsdifferenz"; Schönke/Schröder/*Sternberg-Lieben/Schuster* Rn. 8; aA MüKoStGB/*Joecks* Rn. 18 f.).

II. Bei Tatbegehung

Die Unrechtseinsicht muss bei Begehung der Tat (dh zum Zeitpunkt des tatbestandlich relevanten **6** Verhaltens) vorliegen. Sie kann nicht rückwirkend entfallen (BGHSt 45, 97 = BGH NJW 1999, 2908).

III. Fehlen der Einsicht

Unrechtseinsicht hat auch, wer einen rechtsgutsspezifischen Verstoß gegen die Rechtsordnung **7** lediglich für **möglich hält und** dies **billigend in Kauf nimmt** (BGHSt 27, 196 = BGH NJW 1977, 1784; BGHSt 45, 148 = BGH NJW 1999, 3568; BGHSt 54, 243 = BGH NJW 2010, 2528; BGHSt 56, 174 = BGH NJW 2011, 1236; BGHSt 58, 15 = BGH NJW 2013, 93; BGH NStZ 1996, 236; BGH NJW 1996, 1604; 2002, 3415; BGHR StGB § 17 Vermeidbarkeit 8; BGH BeckRS 2016, 08874; OLG Karlsruhe NStZ-RR 2000, 60; OLG Stuttgart NStZ 2012, 453; verfassungsrechtlich nicht zu beanstanden: BVerfG NJW 2006, 2684, s. weiter *Papathanasiou* FS Roxin, 2011, 467). Ebenso, wer sich (als Gewissens- oder Überzeugungstäter) nicht an die Rechtsordnung gebunden fühlt (BGH JZ 1978, 762; OLG Karlsruhe NJW 1974, 2142; Schönke/Schröder/*Sternberg-Lieben/Schuster* Rn. 7, 16; diff. MüKoStGB/*Joecks* Rn. 21 f.; LK-StGB/*Vogel* Rn. 95 ff.) oder eine Rspr. für unrichtig hält (→ Rn. 20).

Dagegen fehlt die Unrechtseinsicht bei der Annahme, sich rechtmäßig zu verhalten (zur Abgrenzung **8** gegenüber § 16 Abs. 1 S. 1 → Rn. 25). Es ist unerheblich, worauf sich die Fehlvorstellung bezieht (zB das Bestehen, die Wirksamkeit oder den Anwendungsbereich einer Norm; zur Fallgruppenbildung und teilweise uneinheitlichen Terminologie MüKoStGB/*Joecks* Rn. 28 ff.; Schönke/Schröder/*Sternberg-Lieben/Schuster* Rn. 10; LK-StGB/*Vogel* Rn. 30 ff.). Die Unrechtseinsicht fehlt auch dem, der sich **keine Gedanken** über die Rechtmäßigkeit oder -widrigkeit seines Verhaltens **macht.** Ein entsprechendes „sachgedankliches Mitbewusstsein" reicht jedoch aus (MüKoStGB/*Joecks* Rn. 27; Schönke/Schröder/ *Sternberg-Lieben/Schuster* Rn. 9; LK-StGB/*Vogel* Rn. 12, 26). In §§ 20, 21 sind Sonderfälle des Verbotsirrtums geregelt (→ Rn. 2).

C. Vermeidbarkeit

I. Allgemeiner Maßstab

„Nach gefestigter Rspr. ist der Irrtum unvermeidbar, wenn der Täter trotz der ihm nach den **9** Umständen des Falles, seiner Persönlichkeit sowie seines Lebens- und Berufskreises zuzumutenden **Anspannung des Gewissens** die Einsicht in das Unrechtmäßige nicht zu gewinnen vermochte; im Zweifel trifft ihn eine **Erkundigungspflicht**" (BGH NJW 1996, 1604; ähnl. BayObLG NJW 1989, 1745; OLG Köln NJW 1996, 472; OLG Frankfurt a. M. NStZ RR 2003, 263; zu abweichenden Ansichten LK-StGB/*Vogel* Rn. 36 ff.; KK-OWiG/*Rengier* OWiG § 11 Rn. 62). Die sich daraus ergebenden Anforderungen sollen über das zur Vermeidung einer Fahrlässigkeit Erforderliche hinausgehen (so OLG Frankfurt a. M. NStZ-RR 2003, 263; aA KK-OWiG/*Rengier* OWiG § 11 Rn. 62; vgl. weiter LK-StGB/*Vogel* Rn. 36 ff.). Es gilt ein **individueller Maßstab** (Schönke/Schröder/*Sternberg-Lieben/ Schuster* Rn. 17; LK-StGB/*Vogel* Rn. 40). Abzustellen ist auf den Zeitpunkt der Tatbestandsverwirklichung.

Bei **Prägung durch** einen **anderen Kultur-** oder **Rechtskreis** ist zwar nicht von den darauf **10** beruhenden Wertvorstellungen auszugehen, da die Möglichkeit abweichender Regelungen selbstverständlich ist. Allerdings kann es im Einzelfall an einem hinreichenden Anlass fehlen, die Rechtmäßigkeit des Verhaltens zu hinterfragen (→ Rn. 13; Schönke/Schröder/*Sternberg-Lieben/Schuster* Rn. 17; LK-StGB/*Vogel* Rn. 101; vgl. weiter *Laubenthal/Baier* GA 2000, 205; *Grünewald* NStZ 2010, 1).

Außerhalb des Regelungsbereichs kernstrafrechtlicher Sanktionsnormen (dh insbesondere im **11** **Nebenstrafrecht**) wird die Anspannung des Gewissens idR nicht ausreichen, sondern wegen verbleibender Zweifel eine (ergänzende) Auskunft einzuholen sein (OLG Stuttgart NJW 2006, 2422). Gleichwohl bedarf es auch dann zunächst eines Anlasses, das Verhalten einer Rechtmäßigkeitsprüfung zu unterziehen (BGHSt 48, 278 = BGH NJW 2003, 2838; BayObLG NJW 1989, 1744; OLG Oldenburg NJW 1992, 2438; NStZ-RR 1999, 122; Schönke/Schröder/*Sternberg-Lieben/Schuster* § 15 Rn. 99, § 17 Rn. 15 f.; LK-StGB/*Vogel* Rn. 51 f.; KK-OWiG/*Rengier* OWiG § 11 Rn. 63 ff.). Dies gilt ebenso für **Grenzfälle im Bereich des Kernstrafrechts** (zutr. LK-StGB/*Vogel* Rn. 39; vgl. zB BGH NJW 1996, 1604).

Ein Verbotsirrtum ist in der Regel vermeidbar, wenn die **Möglichkeit** zur **Einholung qualifizier- 12 ten Rechtsrats** (BGH NJW 1994, 61) oder zur **Klärung** der Frage **in** einem **Verwaltungsverfahren** (BGH wistra 2010, 29) besteht. Allerdings führt nicht bereits allein die **unterlassene Einholung** einer **gebotenen Erkundigung** zur Vermeidbarkeit des Verbotsirrtums. Dies ist nur der Fall, wenn die Erkundigung **zu** einer die **Unrechtseinsicht vermittelnden Auskunft geführt hätte** (BGHSt 37, 55 = BGH NJW 1990, 3026; BGHSt 45, 148 = BGH NJW 1999, 3568; BGHSt 58, 15 = BGH NJW 2013, 93; 1996, 1604; BGH NStZ 1996, 236; BGH BeckRS 2016, 08874; OLG Celle NJW 1977,

1644; KG NJW 1990, 782; BayObLG NJW 1989, 1745; BayObLG NStZ 2003, 270; OLG Schleswig NStZ 1997, 546; OLG Oldenburg NZV 2010, 305; OLG Stuttgart NZWiSt 2014, 301 mAnm *Nestler;* NStZ 2012, 453; LK-StGB/*Vogel* Rn. 46: „Vermeidbarkeitszusammenhang", Rn. 47 mN zur Präzisierung des Maßstabes in der Lit.).

13 **Anlassbezogen** besteht eine **Pflicht zur Erkundigung,** wenn die eigene Prüfung zu keinem sicheren Ergebnis führt oder bewusst im Grenzbereich agiert wird (BGH NStZ 1996, 236; BGHR StGB § 17 Vermeidbarkeit 8; BayObLG NStZ 2003, 270). Auch **ohne konkreten Anlass** können sich **allgemeine Erkundigungs- und Informationspflichten** aus der **Ausübung einer Funktion** (BGH NStZ 2007, 211), aus einer **Geschäftstätigkeit** (BGHSt 52, 182 = BGH NJW 2008, 1827: Normen des unmittelbaren beruflichen Bereichs; BGH NJW 1988, 272; BGH NStZ 1996, 236: zwischenzeitliche Gesetzesänderung; 2000, 364; BGHR StGB § 17 Vermeidbarkeit 8; OLG Stuttgart NStZ 1981, 262; BayObLG NStZ 2000, 148: dennoch unvermeidbarer Irrtum wegen irreführender Gesetzesüberschrift; OLG Düsseldorf wistra 1990, 317; 1995, 317; KK-OWiG/*Rengier* OWiG § 11 Rn. 65 ff.) oder aus der **Zugehörigkeit zu einem Verkehrskreis** (BayObLG NJW 1993, 2760; 2003, 2253; KK-OWiG/*Rengier* OWiG § 11 Rn. 66) ergeben.

II. Entscheidungen und Duldung staatlicher Stellen

14 Auf die sich aus förmlichen **Entscheidungen** staatlicher Stellen ergebende Straflosigkeit darf grds. vertraut werden, wenn diese aus Sicht des Adressaten auf einem ordnungsgemäßen Verfahren beruhen (BayObLG NJW 1980, 1057: Einstellungsverfügung der Staatsanwaltschaft). Ergibt sich aus einer Entscheidung die Rechtswidrigkeit eines Verhaltens, so liegt bei deren Kenntnis in der Regel schon kein Verbotsirrtum vor. Jedenfalls ist er vermeidbar (vgl. LK-StGB/*Vogel* Rn. 73).

15 Eine **behördliche Duldung** kann im Einzelfall einen Vertrauenstatbestand begründen. Allgemeingültige Aussagen lassen sich dazu nicht treffen, entscheidend sind die konkreten Umstände des Einzelfalls (vgl. etwa OLG Stuttgart NStZ 1981, 262; OLG Frankfurt a. M. NStZ 1985, 130; OLG Celle NStZ 1993, 291; KK-OWiG/*Rengier* OWiG § 11 Rn. 73 ff.; LK-StGB/*Vogel* Rn. 72 jew. mit Beispielen).

III. Auskünfte

16 Die **Auskunft** einer aus Sicht des Anfragenden zuverlässigen Person schließt die Vermeidbarkeit eines Verbotsirrtums in der Regel aus. Zuverlässig ist eine zuständige, sachkundige, unvoreingenommene Person, die mit der Erteilung der Auskunft keinerlei Eigeninteressen verfolgt und die Gewähr für eine objektive, sorgfältige, pflichtgemäße und verantwortungsbewusste Auskunftserteilung bietet (BGHSt 40, 257 = BGH NJW 1995, 204; BGH NStZ 2000, 307; BGHR StGB § 17 Vermeidbarkeit 8; BayObLG NJW 1989, 1745; OLG Frankfurt a. M. NStZ-RR 2003, 263; zu danach geeigneten Stellen KK-OWiG/*Rengier* OWiG § 11 Rn. 92 ff.; Schönke/Schröder/*Sternberg-Lieben/Schuster* Rn. 18). Die Verlässlichkeit der Auskunft setzt außerdem voraus, dass sie auf zutreffenden und vollständigen Informationen beruht (BGH NStZ 2000, 307; 2000, 364). Ihre Aussagekraft kann beschränkt sein, wenn sie sich auf einzelne Aspekte eines Sachverhalts beschränkt (BGHSt 45, 97 = BGH NJW 1999, 2908; BGH NStZ 2000, 307; BGHR StGB § 17 Vermeidbarkeit 8). Darüber hinaus ist die Auskunft kritisch zu prüfen. Bei leicht erkennbarer Unrichtigkeit darf auf sie nicht vertraut werden, bei Anhaltspunkten für ihre Unrichtigkeit sind weitere Erkundigungen erforderlich (BGH NStZ 2000, 307; 2000, 364; 2001, 379; BGHR StGB § 17 Vermeidbarkeit 8; OLG Stuttgart NJW 1977, 1408; OLG Köln NJW 1982, 659; BayObLG wistra 1992, 273; OLG Frankfurt a. M. NStZ-RR 2003, 263; OLG Köln NJW 1982, 657; kritisch LK-StGB/*Vogel* Rn. 50). Entsprechendes gilt bei allgemein gehaltenen Auskünften (OLG Hamm BeckRS 2012, 08183: Informationsbroschüre eines Ministeriums „in der Regel").

17 Ausreichen kann insbesondere die Auskunft einer aus Sicht des Anfragenden zuständigen und kompetenten **Behörde** (BGH NStZ 2000, 364; BGH NJW 1988, 272; 2007, 3078; OLG Frankfurt a. M. NStZ-RR 2003, 263; OLG Stuttgart NJW 2006, 2422; KK-OWiG/*Rengier* OWiG § 11 Rn. 68 ff.; Schönke/Schröder/*Sternberg-Lieben/Schuster* Rn. 18) oder eines Fachverbands (OLG Stuttgart NZWiSt 2014, 301 mAnm *Nestler*).

18 Ebenso wird ein **Rechtsanwalt** in der Regel eine verlässliche Auskunft erteilen, wenn er vertrauenswürdig ist sowie die Anfrage sorgfältig, ausführlich und vor allem ergebnisoffen (dh kritisch) geprüft hat (BGHSt 48, 278 = BGH NJW 2003, 2838; BGHSt 58, 15 = BGH NJW 2013, 93; 2007, 3078; BGH NStZ 2000, 307; 2013, 461 mAnm *Dahs* StV 2014, 14 und *Gaede* HRRS 2013, 449; BGHR StGB § 17 Vermeidbarkeit 8; OLG Hamburg NJW 1977, 1831; BayObLG wistra 1992, 273; OLG Frankfurt a. M. NStZ-RR 2003, 263; OLG Stuttgart NJW 2006, 2422; OLG Braunschweig NStZ-RR 1998, 251; KG wistra 2015, 71 KK-OWiG/*Rengier* OWiG § 11 Rn. 76 f.). Auch ein angestellter Rechtsanwalt kann eine objektive Auskunft erteilen (OLG Braunschweig NStZ-RR 1998, 251; vgl. aber OLG Stuttgart NJW 1977, 1408; KK-OWiG/*Rengier* OWiG § 11 Rn. 78; umfassender Überblick zu **juristischen**

Gutachten bei *Kirch-Heim/Samson* wistra 2008, 81; für Orientierung an zivilrechtlichen Grundsätzen *Eidam* ZStW 2015, 120).

IV. Rechtsprechung

Über die Auslegung von Normen entscheiden (abschließend) die Gerichte (Art. 92 GG). Deren 19 Rechtsprechung bildet die Grundlage für die Beurteilung, ob ein Verhalten rechtswidrig ist (OLG Frankfurt a. M. NStZ 1985, 130; KK-OWiG/*Rengier* OWiG § 11 Rn. 84).

Daher hat Unrechtseinsicht auch, wer eine **zur Strafbarkeit führende Rechtsprechung für** 20 **unzutreffend hält.** Dies gilt selbst, „wenn sehr gewichtige neue Argumente gegen die Rspr. vorgebracht werden können oder sehr ernsthafte Bedenken gegen ihr Verfassungsmäßigkeit bestehen" (aA LK-StGB/*Vogel* § 17 Rn. 62). Auch eine von früheren Entscheidungen abweichende Begründung steht der Unrechtseinsicht nicht entgegen (BGHSt 53, 54 = BGH NJW 2009, 1516; verfassungsrechtlich unbedenklich: BVerfGK 18, 482 = BVerfG NJW 2011, 3778).

Umgekehrt darf **auf** eine die **Strafbarkeit verneinende Rechtsprechung vertraut** werden (BGH 21 NJW 1990, 1057; OLG Karlsruhe NStZ-RR 2002, 277; KG NJW 1990, 782; Schönke/Schröder/ *Sternberg-Lieben/Schuster* Rn. 20). Daher liegt bei einer **nicht absehbaren Änderung der Rechtsprechung** (bzw. deren Bekanntwerden) nach Tatbegehung ein unvermeidbarer Verbotsirrtum vor (vgl. BGHSt 37, 55 = BGH NJW 1990, 3026; BGHSt 55, 121 = BGH NJW 2010, 2595; 1976, 1949; LK-StGB/*Vogel* Rn. 63 f.; KK-OWiG/*Rengier* OWiG § 11 Rn. 81; Schönke/Schröder/*Sternberg-Lieben/ Schuster* Rn. 20).

Bei **voneinander abweichenden Gerichtsentscheidungen** ist es stets möglich, dass die (spätere) 22 Klärung der Rechtsfrage zur Strafbarkeit führt. Ein Verbotsirrtum liegt daher nicht vor (→ Rn. 7; OLG Celle NStZ-RR 2009, 110; OLG Hamm NStZ-RR 2010, 59; OLG Braunschweig NStZ-RR 1998, 251; LK-StGB/*Vogel* Rn. 75; MüKoStGB/*Joecks* Rn. 55; KK-OWiG/*Rengier* OWiG § 11 Rn. 54, 87; aA BGH NJW 2007, 3078; OLG Stuttgart NJW 2007, 3078; 2008, 243: unvermeidbarer Verbotsirrtum bei extrem unklarer Rechtslage). Bei noch ungeklärter Rechtslage kann ein normgemäßes Verhalten jedoch im Einzelfall unzumutbar sein (OLG Celle NStZ-RR 2009, 110; OLG Hamm NStZ-RR 2010, 59; Schönke/Schröder/*Sternberg-Lieben/Schuster* Rn. 21; vgl. LK-StGB/*Vogel* Rn. 66 ff. mN auch zu abw. Ansichten).

Entsprechendes gilt, wenn zu einer Rechtsfrage **noch keine** (gesicherte) **Rspr.** vorliegt (BGHSt 54, 23 243 = BGH NJW 2010, 2528; BGHSt 58, 15 = BGH NJW 2013, 93; BGH NStZ 2008, 408; BGH NJW 2014, 2595; OLG Stuttgart NStZ 2012, 453; verfassungsrechtlich nicht zu beanstanden: BVerfGK 18, 482 = BVerfG NJW 2011, 3778; 2006, 2684; 2008, 3205: → AO § 369 Rn. 44 ff.; abw. *Cornelius* GA 2015, 100; *Welke* NZWiSt 2014, 339; Schönke/Schröder/*Sternberg-Lieben/Schuster* Rn. 19: kein Vorwurf bei Verhalten im Rahmen der Auslegungsmöglichkeiten). Auf einzelne, nicht rechtskräftige Entscheidungen eines Instanzgerichts darf nicht vertraut werden (BayObLG NJW 1991, 1493; OLG Düsseldorf NJW 1981, 2478; abw. MüKoStGB/*Joecks* Rn. 52; KK-OWiG/*Rengier* OWiG § 11 Rn. 82 f.). Es ist regelmäßig möglich und zumutbar, offen Rechtsfragen in einem Verwaltungs- oder Gerichtsverfahren zu klären, statt auf das Bestehen einer vermeintlichen Strafbarkeitslücke zu hoffen (BVerfGK 18, 482 = BVerfG NJW 2011, 3778).

V. Staatlich getragenes Unrecht

Staatlich getragenes Verhalten ist Unrecht, wenn es gegen die eigene Rechtsordnung oder diese gegen 24 höherrangiges Recht verstößt. Insbesondere bei „organisierten" Rechtsverstößen oder Unvereinbarkeit der staatlichen Rechtsordnung mit höherrangigem Recht stellt sich angesichts eingeschränkter rechtsstaatlicher Orientierungsmöglichkeit die Frage, unter welchen Umständen Unrechtseinsicht möglich ist. Für während der **Herrschaft der Nationalsozialisten** begangene Taten wurden vielfach unvermeidbare Verbotsirrtümer angenommen (vgl. LK-StGB/*Vogel* Rn. 103; *Müller,* Furchtbare Juristen, 1989, 275 ff.). Entsprechendes gilt für Taten, die in der **ehemaligen DDR** begangen worden waren (vgl. Schönke/Schröder/*Sternberg-Lieben/Schuster* Rn. 7a).

D. Abgrenzung zum Tatumstandsirrtum

Bei Unkenntnis zumindest einzelner den gesetzlichen Tatbestand ausfüllender **Tatsachen** liegt ein 25 Tatumstandsirrtum (§ 16 Abs. 1 S. 1) vor (→ § 16 Rn. 25). Bei Unkenntnis oder unzutreffender Bewertung relevanter **rechtlicher Zusammenhänge** liegt ein Tatumstandsirrtum vor, wenn wegen dieser Fehlvorstellung hinsichtlich eines normativen Tatbestandsmerkmals die Bedeutungkenntnis fehlt (→ § 16 Rn. 26). Ebenso liegt ein Tatumstandsirrtum vor, wenn eine juristische Bewertung nicht erfasst wird, auf die sich der Vorsatz erstrecken muss (→ § 16 Rn. 26). Ansonsten handelt es sich um einen Verbotsirrtum (→ Rn. 8).

Die **neuere Rspr.** hat **allgemeine Abgrenzungskriterien** für den **Irrtum über das Erfordernis** 26 **einer öffentlich-rechtlichen Gestattung** entwickelt (→ § 16 Rn. 27).

§ 18 Schwerere Strafe bei besonderen Tatfolgen

Knüpft das Gesetz an eine besondere Folge der Tat eine schwerere Strafe, so trifft sie den Täter oder den Teilnehmer nur, wenn ihm hinsichtlich dieser Folge wenigstens Fahrlässigkeit zur Last fällt.

A. Bedeutung und Regelungsgehalt der Vorschrift

1   Aus § 18 ergibt sich zunächst, dass bei den **erfolgsqualifizierten Delikten** hinsichtlich der besonderen Folge der Tat Fahrlässigkeit ausreichend (aber auch erforderlich) ist (→ § 15 Rn. 2; MüKoStGB/*Hardtung* Rn. 1). Teilweise setzen Qualifikationen jedoch (wenigstens) Leichtfertigkeit oder Vorsatz voraus (→ Rn. 5). Die Vorschrift stellt zudem klar, dass dies für jeden Tatbeteiligten gesondert zu beurteilen ist. Dies gilt gem. Art. 1 EGStGB auch im gesamten **Nebenstrafrecht.**

2   Erfolgsqualifikationen verstoßen nicht gegen den Schuld- oder den Gleichheitsgrundsatz (MüKoStGB/*Hardtung* Rn. 3; LK-StGB/*Vogel* Rn. 22 ff. mN zu abw. Ansichten; zweifelnd Schönke/Schröder/*Sternberg-Lieben*/*Schuster* Rn. 1). Sie werden bei fahrlässiger Herbeiführung der besonderen Folge von **§ 11 Abs. 2** erfasst.

B. Geltungsbereich

3   Eine **schwerere Strafe** knüpft das Gesetz an die besondere Folge der Tat nur bei einem **Qualifikationstatbestand,** was ein entsprechendes strafbares Grunddelikt voraussetzt (vgl. MüKoStGB/*Hardtung* Rn. 5 ff.; LK-StGB/*Vogel* Rn. 7, 12 f.). Daher ist § 18 nicht anwendbar auf die Strafbarkeit erst begründende objektive Strafbarkeitsbedingungen (vgl. Schönke/Schröder/*Sternberg-Lieben*/*Schuster* Rn. 2; LK-StGB/*Vogel* § 15 Rn. 313 ff., § 18 Rn. 11). Auch auf besonders schwere Fälle ist die Vorschrift nicht (entsprechend) anzuwenden (Schönke/Schröder/*Sternberg-Lieben*/*Schuster* Rn. 2; aA MüKoStGB/*Hardtung* Rn. 15; diff. LK-StGB/*Vogel* Rn. 14).

4   **Besondere Folge** der Tat ist nur ein **Verletzungserfolg,** nicht bereits eine (konkrete) Gefahr (BGH NStZ 2005, 156; MüKoStGB/*Hardtung* Rn. 12; Schönke/Schröder/*Sternberg-Lieben*/*Schuster* Rn. 2; LK-StGB/*Vogel* Rn. 15 mit teilw. Abw. Begründungen; offen BGHSt 46, 225 = BGH NJW 2001, 836). Die besondere Folge besteht ganz überwiegend in der Verursachung einer bestimmten Körperverletzung, Gesundheitsschädigung oder des Todes (Übersicht bei LK-StGB/*Vogel* Rn. 9 f., 16 f.).

5   Viele **Qualifikationstatbestände** legen ausdrücklich und **speziell** fest, ob hinsichtlich der besonderen Tatfolge vorsätzliches, fahrlässiges oder (wenigstens) leichtfertiges Verhalten vorliegen muss. Die allgemeine Regelung des § 18 findet dann keine Anwendung. Auch ohne den Zusatz „wenigstens" können diese Qualifikationen vorsätzlich verwirklicht werden (→ Rn. 11).

C. Verursachung der besonderen Folge

6   Der Grundtatbestand muss subjektiv vollständig, rechtswidrig und schuldhaft verwirklicht sein (BGHSt 45, 378 = BGH NJW 2000, 1348; 2001, 1075; MüKoStGB/*Hardtung* Rn. 5, 7). Möglich ist jedoch auch ein erfolgsqualifizierter Versuch (→ Rn. 12).

7   Bei allen Erfolgsqualifikationen muss sich in der schweren Folge über eine kausale Verursachung hinaus die **spezifische** (eigentümliche) **Gefahr des Grunddelikts verwirklicht** haben, insoweit bedarf es eines unmittelbaren Zusammenhangs (BGHSt 31, 96 = BGH NJW 1982, 2831; BGHSt 32, 25 = BGH NJW 1984, 621; BGHSt 33, 322 = BGH NJW 1986, 438; BGHSt 38, 295 = BGH NJW 1992, 2103; BGHSt 41, 113 = BGH NJW 1995, 2045; 1992, 1708; BGH NStZ 2008, 686; BGH NStZ-RR 1998, 171; 1999, 170; ähnl. LK-StGB/*Vogel* Rn. 35: Verwirklichung der durch Art und Weise der Begehung des Grunddelikts besonders gesteigerten Gefahr; anders MüKoStGB/*Hardtung* Rn. 19: Frage des Schutzzweckzusammenhangs, → Rn. 9). Wann dies der Fall ist, hängt vom jeweiligen Tatbestand ab (BGHSt 31, 96 = BGH NJW 1982, 2831; BGHSt 33, 66 = BGH NJW 1985, 690; BGHSt 33, 322 = BGH NJW 1986, 438; BGHSt 38, 295 = NJW 1992, 2103; 1998, 3361; 1999, 1039; Analyse der Rspr. zu § 227 bei *Steinberg* NStZ 2010, 72). An der Verwirklichung der spezifischen Gefahr kann es zB bei Herbeiführung der besonderen Folge (auch) durch das Eingriffen Dritter oder das eigene Verhalten des Opfers (BGHSt 31, 96 = BGH NJW 1982, 2831; BGHSt 32, 25 = BGH NJW 1984, 621; BGHSt 33, 322 = BGH NJW 1986, 438; BGHSt 48, 34 = BGH NJW 2003, 150; 1992, 1708; BGH NStZ 1992, 333; 2009, 92) sowie in Unterlassungskonstellationen (BGH NJW 1995, 3194; dazu Schönke/Schröder/*Sternberg-Lieben*/*Schuster* Rn. 7a; LK-StGB/*Vogel* Rn. 63) fehlen. Bei einem vorsätzlichen Grunddelikt muss der Vorsatz auch das Geschehen umfassen, aus dem sich die spezifische Gefahr ergibt (BGHSt 41, 113 = BGH NJW 1995, 2045; 1985, 2958; 1987, 77).

8   In der **Lit.** werden die Ergebnisse der Rspr. als wenig einheitlich kritisiert und Einschränkungen aus der allgemeinen Fahrlässigkeitsdogmatik (vor allem unter dem Gesichtspunkt der objektiven Zurechnung) abgeleitet (vgl. Schönke/Schröder/*Sternberg-Lieben*/*Schuster* Rn. 4; MüKoStGB/*Hardtung* Rn. 25 ff., 44 ff.; LK-StGB/*Vogel* Rn. 33 f., 36 ff. jew. mN und Fallgruppenbildung). Unabhängig davon

müsse zumindest bei einzelnen Erfolgsqualifikationen die besondere Folge durch den Erfolg des Grundtatbestands verursacht werden, eine Verursachung (nur) durch das tatbestandsmäßige Verhalten sei nicht ausreichend (dazu ausführlich MüKoStGB/*Hardtung* Rn. 31 ff.; dagegen LK-StGB/*Vogel* Rn. 45 f.).

D. Wenigstens Fahrlässigkeit

Bei einfacher **Fahrlässigkeit** liegt die **Sorgfaltspflichtverletzung** regelmäßig bereits in der Ver- **9** wirklichung des Grundtatbestandes (BGHSt 24, 213; 51, 18 = BGH NJW 2006, 1822; BGH NStZ 2008, 686; Schönke/Schröder/*Sternberg-Lieben*/*Schuster* Rn. 5; anders MüKoStGB/*Hardtung* Rn. 19: auch Schutzzweckzusammenhang erforderlich, → Rn. 7). Dagegen ist im Einzelfall festzustellen, ob die Herbeiführung der besonderen Folge **vorhersehbar** war (BGHSt 24, 213; 51, 18 = BGH NJW 2006, 1822; BGHSt 48, 34 = BGH NJW 2003, 150; 1992, 1708; BGH NStZ 1982, 27; 1997, 82; 2008, 686; 2009, 92; BGH NStZ-RR 2008, 350; Schönke/Schröder/*Sternberg-Lieben*/*Schuster* Rn. 5: auch Kausalverlauf in seinen wesentlichen Grundzügen und tatbestandsspezifischer Zurechnungszusammenhang muss erkennbar sein).

Die von einzelnen Erfolgsqualifikationen vorausgesetzte **Leichtfertigkeit** resultiert im Gegensatz zur **10** (einfachen) Fahrlässigkeit regelmäßig nicht bereits aus der Verwirklichung des Grundtatbestands. Eine leichtfertige Erfolgsverursachung muss sich aus den konkreten Tatumständen ergeben, zB durch eine die Herbeiführung der besonderen Folge besonders nahe legende Tatbegehung (Schönke/Schröder/*Sternberg-Lieben*/*Schuster* Rn. 5; LK-StGB/*Vogel* Rn. 57 f.).

Eine Erfolgsqualifikation kann **vorsätzlich** verwirklicht werden. Dies gilt auch für Tatbestände, die **11** ohne den klarstellenden Zusatz „wenigstens" die fahrlässige oder leichtfertige Verursachung der besonderen Folge voraussetzen (BGHSt 39, 100 = BGH NJW 1993, 1662; Schönke/Schröder/*Sternberg-Lieben*/*Schuster* Rn. 3; LK-StGB/*Vogel* Rn. 56; MüKoStGB/*Hardtung* Rn. 56; → Rn. 5).

E. Versuch

Die Strafbarkeit wegen Versuchs wirft bei erfolgsqualifizierten Delikten in zwei Konstellationen spezi- **12** fische Fragen auf: Die besondere Folge ist verwirklicht, hinsichtlich des Grundtatbestands liegt aber nur ein Versuch vor (**erfolgsqualifizierter Versuch**). Die besondere Folge ist nicht verwirklicht, insoweit liegt aber Tatentschluss vor (**versuchte Erfolgsqualifikation**).

I. Erfolgsqualifizierter Versuch

Ein Versuch kann erfolgsqualifiziert sein, wenn sich aus ihm die spezifische Gefahr des Grunddelikts **13** ergibt und in der besonderen Folge realisiert (BGHSt 48, 34 = BGH NJW 2003, 150; BGH NStZ 2003, 34; → Rn. 7; aA MüKoStGB/*Hardtung* Rn. 74; *Wolters* GA 2007, 65; → § 22 Rn. 76). Dies gilt auch dann, wenn der Versuch des Grunddelikts nicht schon für sich strafbar ist (§ 11 Abs. 2; aA Schönke/Schröder/*Sternberg-Lieben*/*Schuster* Rn. 9 mwN).

Die Verwirklichung der besonderen Folge hindert einen strafbefreienden Rücktritt nicht grund- **14** sätzlich, sie kann jedoch der Freiwilligkeit des Rücktritts entgegenstehen (BGHSt 42, 158 = BGH NJW 1996, 2663; BGH NStZ 2003, 34 LK-StGB/*Vogel* Rn. 85; Schönke/Schröder/*Sternberg-Lieben*/*Schuster* Rn. 13; → § 24 Rn. 8).

II. Versuchte Erfolgsqualifikation

Eine Erfolgsqualifikation kann versucht sein (BGHSt 21, 194; BGH NJW 1998, 3361; 2001, 2187; **15** BGH NStZ 2001, 534; zu Gegenansichten MüKoStGB/*Hardtung* Rn. 67; → § 22 Rn. 75). Es kommt nicht darauf an, ob der Grundtatbestand vollendet oder ob der Versuch des Grundtatbestands strafbar ist.

Ein strafbefreiender Rücktritt ist vor Vollendung des Grundtatbestandes und Verwirklichung der **16** besonderen Folge insgesamt möglich. Nach Vollendung des Grundtatbestandes kann von diesem nicht mehr zurückgetreten werden, wohl aber vom Versuch der Erfolgsqualifikation (LK-StGB/*Vogel* Rn. 84; Schönke/Schröder/*Sternberg-Lieben*/*Schuster* Rn. 13; → § 24 Rn. 9).

F. Beteiligung

Aus §§ 11 Abs. 2, 18 ergibt sich, dass auch bei fahrlässiger oder leichtfertiger Verursachung der **17** besonderen Folge eine teilnahmefähige Haupttat vorliegt. Für jeden an der Verwirklichung des Grunddelikts Beteiligten (Täter, Teilnehmer) ist unabhängig von der Verantwortung der anderen Beteiligten festzustellen, ob ihm hinsichtlich der besonderen Folge wenigstens Fahrlässigkeit zur Last fällt. Eine entsprechende Verantwortlichkeit setzt nicht voraus, dass sie auch bei dem oder einem anderen Täter oder Teilnehmer vorliegt (vgl. BGHSt 48, 34 = BGH NJW 2003, 150). Ihr steht nicht entgegen, dass ein anderer Beteiligter vorsätzlich handelt (BGHSt 19, 339; zu abw. Ansichten Schönke/Schröder/*Sternberg-Lieben*/*Schuster* Rn. 7; LK-StGB/*Vogel* Rn. 70). Die Abgrenzung der Beteiligungsformen erfolgt nach den allgemeinen Regeln (zur mittelbaren Täterschaft LK-StGB/*Vogel* Rn. 67; MüKoStGB/

Hardtung Rn. 59). Das die besondere Folge herbeiführende Verhalten muss vom Vorsatz umfasst sein (BGH NJW 1987, 77; 1998, 3361; BGH NStZ 1997, 82; 1998, 513; 2008, 280; → Rn. 7).

G. Konkurrenzen

18   Die Beurteilung der Gesetzeskonkurrenz von Erfolgsqualifikationen und anderen Delikten hängt maßgeblich von den jeweiligen Tatbeständen ab (Schönke/Schröder/*Sternberg-Lieben*/*Schuster* Rn. 6; Übersicht bei LK-StGB/*Vogel* Rn. 87 ff.; MüKoStGB/*Hardtung* Rn. 82).

§ 19 Schuldunfähigkeit des Kindes

Schuldunfähig ist, wer bei Begehung der Tat noch nicht vierzehn Jahre alt ist.

§ 20 Schuldunfähigkeit wegen seelischer Störungen

Ohne Schuld handelt, wer bei Begehung der Tat wegen einer krankhaften seelischen Störung, wegen einer tiefgreifenden Bewußtseinsstörung oder wegen Schwachsinns oder einer schweren anderen seelischen Abartigkeit unfähig ist, das Unrecht der Tat einzusehen oder nach dieser Einsicht zu handeln.

§ 21 Verminderte Schuldfähigkeit

Ist die Fähigkeit des Täters, das Unrecht der Tat einzusehen oder nach dieser Einsicht zu handeln, aus einem der in § 20 bezeichneten Gründe bei Begehung der Tat erheblich vermindert, so kann die Strafe nach § 49 Abs. 1 gemildert werden.

§ 22 Begriffsbestimmung

Eine Straftat versucht, wer nach seiner Vorstellung von der Tat zur Verwirklichung des Tatbestandes unmittelbar ansetzt.

Literatur: *Beckemper,* Steuerhinterziehung durch Erschleichen eines unrichtigen Feststellungsbescheids?, NStZ 2002, 518; *Blesinger,* Grundlagenbescheide als Gegenstand einer Steuerhinterziehung?, wistra 2009, 294; *Bottke,* Untauglicher Versuch und freiwilliger Rücktritt, FG BGH, 2000, 135; *Brockhaus,* Die Europäisierung des Versuchs und Rücktritts im Wirtschaftsstrafrecht, ZIS 2006, 481; *Burckhardt,* Zur Abgrenzung von Versuch und Wahndelikt im Steuerstrafrecht, wistra 1982, 178; *Cancio,* Überlegungen zu einer gemeineuropäischen Regelung des Versuchs, in: *Tiedemann,* Wirtschaftsstrafrecht in der Europäischen Union, 2003, 169; *Ceffinato,* Zum Versuchsbeginn bei der Steuerhinterziehung durch Unterlassen, wistra 2014, 88; *Claus,* Der unrichtige Feststellungsbescheid als nicht gerechtfertigter Steuervorteil, HRRS 2009, 102; *Degener,* Strafgesetzliche Regelbeispiele und deliktisches Versuchen, FS Stree/Wessels, 1993, 305; *Detter,* Zum Strafzumessungs- und Maßregelrecht, NStZ 1998, 182; *Dörn,* Versuch oder Vollendung der Steuerverkürzung durch Nichtabgabe von Steuererklärungen bei Veranlagungssteuern, DStZ 1994, 39; *Eisele,* Die Regelbeispielsmethode: Tatbestands- oder Strafzumessungslösung?, JA 2006, 309; *Erb,* Zur Konstruktion eines untauglichen Versuchs der Mittäterschaft bei scheinbarem unmittelbarem Ansetzen eines vermeintlichen Mittäters zur Verwirklichung des Tatbestandes, NStZ 1995, 424; *Eschenbach,* Die Abgrenzung zwischen strafloser Vorbereitungsphase und Versuchsbeginn bei der Steuerhinterziehung nach § 370 AO, DStZ 1997, 851; *Gaede,* Vollendung und Versuch beim Handeltreiben – Zur „kleinen Vorlage" des dritten Strafsenats, HRRS 2005, 250; *Gehrmann,* Reichweite der Strafbarkeit des versuchten Insiderdelikts gemäß § 38 Abs. 3 WpHG, wistra 2009, 334; *Gribbohm/Utech,* Probleme des allgemeinen Steuerstrafrechts, NStZ 1990, 209; bei der Abgrenzung des Versuchs von der Vorbereitungshandlung im Steuerstrafrecht, DStZ 1997, 577; *Müller,* Straflose Vorbereitungshandlung oder strafbarer Hinterziehungsversuch?, AO-StB 2005, 28; *Mylonopoulos,* Versuchsbeginn und Mittäterschaft, GA 2011, 462; *Neudecker,* Die strafrechtliche Verantwortlichkeit der Mitglieder von Kollegialorganen, 1995; *Puppe,* Der halbherzige Rücktritt – Zugleich *Gropp,* Der Diebstahlstatbestand unter besonderer Berücksichtigung der Regelbeispiele, JuS 1999, 1041; *Gropp,* Vom Rücktrittshorizont zum Versuchshorizont – Überlegungen zur Abgrenzung zwischen strafloser Vorbereitung und Versuch, FS Gössel, 2002, 175; *Günther,* Versuchsbeginn und Mittäterschaft, GA 1983, 330; *Haas,* Zum Rechtsgrund für Versuch und Rücktritt, ZStW 123 (2011), 226; *Harms/Jäger,* Aus der Rechtsprechung des BGH zum Steuerstrafrecht – 2001/2002, NStZ 2002, 244; *Heckler,* Versuchsbeginn bei vermeintlicher Mittäterschaft, GA 1997, 72; *Herzberg,* Der Versuch beim unechten Unterlassungsdelikt, MDR 1973, 89; *Herzberg,* Die Straftat durch einen anderen zu begehen, FS Roxin, 2001, 749; *ders./Putzke,* Straflose Vorbereitung oder strafbarer Versuch? Zur Eingrenzung von § 22 und Art. 13 § 1 K. k., FS Szwarc, 2009, 205; *Hillenkamp,* Zur „Vorstellung von der Tat" im Tatbestand des Versuchs, FS Roxin, 2001, 689; *Höser,* Vorbereitungshandlung und Versuch im Steuerstrafrecht, 1984; *Jäger,* Aus der Rechtsprechung des BGH zum Steuerstrafrecht 2005/2007, NStZ 2008, 21; *Jung,* Die Vorstellung von der tatbestandlichen Versuch, JA 2006, 228; *Kaufmann,* Die Dogmatik der Unterlassungsdelikte, 2. Aufl. 1988; *Krack,* Der Versuchsbeginn bei Mittäterschaft und mittelbarer Täterschaft, ZStW 110 (1998), 611; *Kretschmer,* Der Versuchsbeginn bei der Steuerhehlerei (§ 374 AO) – Eine Besprechung von BGH, Urteil vom 7.11.2007, NStZ 2008, 379; *Kühl,* Versuchsstrafbarkeit und Versuchsbeginn, FS Küper, 2007, 289; *Küper,* Der Versuchsbeginn bei mittelbarer Täterschaft, JZ 1983, 361; *Küper,* „Teilverwirklichung" des Tatbestandes: Ein Kriterium des Versuchs?, JZ 1992, 338; *Mack,* Die Abgrenzung zwischen

Vorbereitung und Versuch im Wirtschafts- und Nebenstrafrecht, 2004; *Meine,* Die Abgrenzung von Vorbereitungshandlung und Versuchsbeginn bei der Hinterziehung von Veranlagungssteuern unter Zuhilfenahme einer falschen
Buchführung, GA 1978, 321; *Mösbauer,* Aktuelle Rechtsfragen eine Besprechung von BGHSt 31, 46, NStZ 1984, 488;
Roßmüller/Rohrer, Versuch und Mittäterschaft – Anmerkungen zu BGHSt 40, 299, MDR 1996, 986; *Roxin,* Der Anfang
des beendeten Versuchs, FS Maurach, 1972, 213; *Roxin,* Tatentschluß und Anfang der Ausführung beim Versuch, JuS
1979, 1; *Roxin,* Die Abgrenzung von untauglichem Versuch und Wahndelikt, JZ 1996, 981; *Roxin,* Zur Strafbarkeit des
untauglichen Versuchs, FS Jung, 2007, 829; *Safferling,* Die Abgrenzung zwischen strafloser Vorbereitung und strafbarem
Versuch im deutschen, europäischen und im Völkerstrafrecht, ZStW 118 (2006), 682; *Seidel,* Debit Card Fraud:
Strafrechtliche Aspekte des sog. „Skimmings", ZIS 2012, 415; *Sonnen,* Vermeintliche Mittäterschaft, JA 1995, 361;
Steinberg/Burghaus, Versuchte Steuerhinterziehung „in großem Ausmaß" nach § 370 Abs. 3 S. 2 Nr. 1 AO, ZIS 2011,
578; *Sternberg-Lieben,* Versuch und § 243 StGB, JURA 1986, 183; *Streng,* Der Irrtum beim Versuch – ein Irrtum?,
ZStW 109 (1997), 862; *Streng,* Das „Wahndelikt" – ein Wahn? Überlegungen zum umgekehrten Irrtum über normative
Tatbestandsmerkmale, GA 2009, 529; *Timpe,* Untauglicher Versuch und Wahndelikt, ZStW 125 (2013), 755; *Trüg,*
Umfang und Grenzen des Scalping als strafbare Marktmanipulation, NStZ 2014, 558; *Vogler,* Der Beginn des Versuchs,
FS Stree/Wessels, 1993, 285; *Weber,* Probleme der Versuchsstrafbarkeit bei mehreren Beteiligten, FS Lenckner, 1998,
435; *Weidemann,* Der Irrtum über die Steuerrechtslage, FS Herzberg, 2008, 299; *Zopfs,* Vermeintliche Mittäterschaft
und Versuchsbeginn, JURA 1996, 19.

Übersicht

A. Allgemeines

Für den Versuch ist kennzeichnend, dass „der vollständigen Erfüllung des subjektiven Tatbestands **1**
durch den Täter" zwar „ein Mangel im objektiven Tatbestand gegenübersteht" (BGHSt 36, 221
(222 f.)), die Tat aber durch das unmittelbare Ansetzen das Vorbereitungsstadium verlassen hat (s. auch
Lackner/Kühl/*Kühl* Rn. 1).

I. Voraussetzungen und Anwendungsbereich

Voraussetzungen für das Vorliegen eines nach Maßgabe des § 23 Abs. 1 strafbaren Versuchs sind **2**
Nichtvollendung, Tatentschluss und **unmittelbares Ansetzen** zur Tatbestandsverwirklichung. In
Bezug auf Rechtswidrigkeit und Schuld gelten die allg. Grundsätze (Schönke/Schröder/*Eser/Bosch*
Rn. 59). § 24 eröffnet die Möglichkeit einer Strafaufhebung durch Rücktritt vom Versuch.

Versuch iSv §§ 22, 23 ist nur bei Vorsatzdelikten möglich. **Bei welchen Delikten** der Versuch **3**
strafbar ist, bestimmt sich nach § 23 Abs. 1 (→ § 23 Rn. 1 ff.). Die Vorschriften sind nur auf täterschaftliches Verhalten (BWM StrafR AT § 26 Rn. 12; SSW StGB/*Kudlich/Schuhr* Rn. 10) und auf echte
Tatbestände anwendbar (zu Regelbeispielen → Rn. 78 ff.). Daher gibt es keinen Versuch eines unbenannten bsF. Nach hM kann jedoch der Versuch selbst ein (unbenannter) bsF sein (Lackner/Kühl/*Kühl*
§ 46 Rn. 15; *Detter* NStZ 1998, 182).

4   Die auf europäischer Ebene auszumachenden allg. Harmonisierungsbestrebungen betreffen auch den Versuch, wobei insbs. das WirtschaftsStR eine zentrale Rolle spielt (dazu *Brockhaus* ZIS 2006, 481 ff.; *Cancio* in *Tiedemann,* Wirtschaftsstrafrecht in der Europäischen Union, 2003, 169 ff.).

II. Stadien der Deliktsverwirklichung

5   Die Deliktsverwirklichung wird in die Stadien **Vorbereitung, Versuch, Vollendung** und **Beendigung** unterteilt, zwischen denen nicht zwingend eine zeitliche Zäsur liegen muss (s. iE Schönke/Schröder/*Eser*/*Bosch* Vor § 22 Rn. 1 ff.; LK-StGB/*Hillenkamp* Vor § 22 Rn. 1 ff.; Jakobs StrafR AT 25/19 ff.). Das Versuchsstadium ist daher auf der einen Seite zur Vorbereitung, auf der anderen zur Vollendung abzugrenzen.

6   **1. Abgrenzung zur Vorbereitung.** Bei Vorbereitungshandlungen steht im Gegensatz zu dem nach Maßgabe des § 23 Abs. 1 strafbaren Versuch die Verwirklichung des Tatbestandes mangels unmittelbaren Ansetzens noch nicht unmittelbar bevor (→ Rn. 35 ff.). Handlungen in diesem Stadium sind nur in den vom G ausdr. bestimmten Fällen strafbar (§§ 80, 83, 87, 149, 234a Abs. 3, 275, 310), bei denen die Vorbereitung der Begehung bestimmter Delikte zur selbstständigen Tat erhoben ist und daher bereits in diesem Stadium vollendet werden kann (Fischer Rn. 5).

7   Andere Tatbestände begründen faktisch eine **Vorfeldstrafbarkeit,** indem sie Handlungen unter Strafe stellen, die regelmäßig im Vorfeld bestimmter Straftaten stattfinden. So stellt bspw. § 38 Abs. 1 Nr. 2 WpHG für bestimmte Personen Verstöße gegen das Weitergabe- und das Empfehlungsverbot aus § 14 Abs. 1 Nr. 2, Nr. 3 WpHG unter Strafe, und damit Tätigkeiten, die im Vorfeld von Insiderdelikten erfolgen (dazu Ziouvas KapMarktStrafR, 87 ff.). Gleichwohl ordnet § 38 Abs. 3 WpHG auch hierfür noch die Versuchsstrafbarkeit an (krit. *Gehrmann* wistra 2009, 339). Ebenso sieht § 143 Abs. 3 MarkenG die Versuchsstrafbarkeit für die Vorbereitungshandlungen des § 143 Abs. 1 Nr. 3 MarkenG vor (dazu Achenbach/Ransiek/Rönnau WirtschaftsStR-HdB/*Ebert-Weidenfeller* Teil 11 Kap. 4 Rn. 77).

8   **2. Zeitpunkt der Vollendung, Beendigung.** Mit Vollendung, dh der Verwirklichung (auch) aller objektiven Merkmale des jeweiligen gesetzlichen Tatbestandes, endet das Versuchsstadium (zur Abgrenzung → Rn. 13 ff.). Nur bis zu diesem Zeitpunkt kommt ein strafbefreiender Rücktritt nach § 24 in Betracht (s. aber → § 24 Rn. 80 ff. zu § 24 Abs. 2 S. 2 Var. 2) und bestimmt sich die Strafe nach § 23 Abs. 2, Abs. 3. Bei Unternehmensdelikten iSv § 11 Abs. 1 Nr. 6 fallen Versuch und Vollendung zusammen (dazu BWM StrafR AT § 26 Rn. 7).

9   Wie ausgedehnt das Versuchsstadium eines Delikts ist, hängt maßgeblich davon ab, ob der jeweilige Tatbestand einen frühen oder späten Vollendungszeitpunkt vorsieht. Ordnet ein Tatbestand einen **frühen Vollendungszeitpunkt** an und erfasst insbs. Handlungen, die üblicherweise das Versuchsunrecht kennzeichnen, als vollendetes Unrecht, spielt eine fehlende Anordnung der Versuchsstrafbarkeit idR keine Rolle. Im WirtschaftsStR gilt dies neben § 264 (dazu BGHSt 34, 265 (267)), § 264a und § 265b insbes. auch für §§ 298, 299. Eine vollendete Bestechlichkeit bzw. Bestechung im Verkehr liegt bereits im einseitigen Fordern der Gegenleistung bzw. im bloßen Anbieten des Vorteils (§ 299 Abs. 1, Abs. 2). Auf eine tatsächliche Bevorzugung oÄ kommt es nicht an (→ § 299 Rn. 54; NK-StGB/*Dannecker* § 299 Rn. 85; Hellmann/Beckemper WirtschaftsStR Rn. 764, 772). Auch der (untaugliche) Versuch, einen gar nicht existierenden Wettbewerb zu gefährden, wird bereits als vollendetes Delikt erfasst (Fischer § 299 Rn. 21b). Bei der Insolvenzverschleppung durch die organschaftlichen Vertreter juristischer Personen uÄ nach § 15a Abs. 4 InsO tritt Vollendung bereits mit der ersten pflichtwidrig nicht genutzten Handlungsmöglichkeit ein (→ InsO § 15a Rn. 127 f.).

10   Der Zeitpunkt der **Beendigung** markiert den endgültigen Abschluss des Tatgeschehens. Damit endet die Möglichkeit sukzessiver Beteiligung (→ § 25 Rn. 95 ff., → § 27 Rn. 26) und beginnt die Verjährung, § 78a (zu einzelnen Delikten Fischer § 78a Rn. 7 ff.). Beim Betrug ist Beendigung bspw. anzunehmen, wenn der gesamte Vorteil tatsächlich erlangt ist (hM, MüKoStGB/*Hefendehl* § 263 Rn. 828 ff.; s. aber NK-StGB/*Kindhäuser* § 263 Rn. 381; auch zum Eingehungs- und Anstellungsbetrug Fischer § 263 Rn. 201; zu § 265b BGH wistra 2010, 219). Bei der Steuerhinterziehung tritt Beendigung idR mit der unrichtigen Steuerfestsetzung ein; bei der USt kommt es entspr. auf die Abgabe der Jahreserklärung bzw. den Ablauf der Frist hierfür an (BGHSt 38, 165 (170 f.); allg. zum SteuerStrafR Müller-Gugenberger WirtschaftsStR/*Muhler* § 44 Rn. 93 ff.; zum Schmuggel *Jäger* NStZ 2008, 22).

III. Strafgrund des Versuchs

11   Der Strafgrund des Versuchs (zusf. *Haas* ZStW 123 (2011), 226 ff.; MüKoStGB/*Herzberg*/*Hoffmann-Holland* Rn. 3 ff.; *Safferling* ZStW 118 (2006), 688 ff.) wird von der Rspr. in der Betätigung des verbrecherischen Willens gesehen (**subjektive Versuchstheorie;** RGSt 1, 439 (441 f.); 8, 198 (203); BGHSt 2, 74 (76); 11, 324 (327); 41, 94 (96))). In der Lit. wird vornehmlich argumentiert, dass bereits diese auf eine Tatbestandsverwirklichung gerichtete Betätigung geeignet sein könne, das Vertrauen der Allgemeinheit in die Geltung der Rechtsordnung zu erschüttern (**Eindruckstheorie**; s. WBS StrafR

AT Rn. 843; Gropp StrafR AT § 9 Rn. 88; Jescheck/Weigend StrafR AT § 49 II 2; SK-StGB/*Rudolphi* Vor § 22 Rn. 13, 14). Dieser Ansatz steht der von der Rspr. angeführten Begr. näher, als die ebenso vertretenen **objektiven Theorien** (Nachw. bei Fischer Rn. 2a).

Rechtstatsächlich hat die Versuchsstrafbarkeit bei solchen Delikten besondere Bedeutung, bei denen 12 der Nachweis des Erfolgseintritts bzw. der Kausalität schwierig ist. Dies betr. bspw. Delikte gegen die Umwelt (vgl. Lackner/Kühl/*Heger* § 324 Rn. 15).

B. Nichtvollendung der Tat

Eine Strafbarkeit wegen Versuchs setzt zunächst voraus, dass die Tat nicht vollendet, der objektive 13 Tatbestand der jeweiligen Strafnorm also nicht erfüllt wurde (Schönke/Schröder/*Eser/Bosch* Rn. 5 ff.; krit. MüKoStGB/*Herzberg/Hoffmann-Holland* Rn. 28 ff.; zum Nichteintritt einer konkreten Gefährdung BGH StV 2012, 217). Nichtvollendung liegt auch vor, wenn sich erst im Nachhinein herausstellt, dass der Täter den von ihm vorgestellten Erfolg nicht erreicht hat (s. BGH NStZ 2006, 686 (687); vgl. auch SK-StGB/*Rudolphi* Rn. 22). Im Zweifelsfall ist von einem – für den Täter günstigeren – Versuch auszugehen (BGHSt 36, 262 (268)). Bei (sukzessiver) Mittäterschaft kann nach der herrschenden Gesamtlösung (→ Rn. 63 f.) auch für solche Mittäter Vollendung anzunehmen sein, die ihren Beitrag noch gar nicht erbracht haben.

I. Vollendung bei Delikten des WirtschaftsStR

Bei **Betrug** und betrugsähnlichen Delikten kann in den von BVerfGE 130, 1 gezogenen Grenzen 14 Vollendung bereits mit Eintritt einer schadensgleichen Vermögensgefährdung vorliegen. IÜ genügt auch der nur teilweise Eintritt des Schadens; der angestrebte Vermögensvorteil muss nicht erlangt sein (BGHSt 32, 236 (243); MüKoStGB/*Hefendehl* § 263 Rn. 588 ff., 826; Dannecker/Knierim/Hagemeier Ins-StrafR/*Knierim/Smok* Rn. 884). § 263a setzt voraus, dass der Vermögensschaden unmittelbare Folge eines vermögensrelevanten Datenverarbeitungsvorgangs ist und dieser seinerseits durch die Tathandlung beeinflusst wird (BGH NJW 2013, 2608).

Einen sehr frühen Vollendungszeitpunkt weist der **Versicherungsmissbrauch** auf. Obgleich § 265 15 Abs. 1 typische Vorbereitungshandlungen (zum Betrug) als vollendete Tat erfasst, ordnet der Tatbestand eine Versuchsstrafbarkeit an. Dies führt zu einer problematischen Vorverlagerung der Strafbarkeit, die etwa auch die versuchte Beschädigung eigener Sachen betr. (→ § 265 Rn. 27; zur Einordnung des § 265 LK-StGB/*Hillenkamp* Vor § 22 Rn. 8), obwohl schon der vollendete Versicherungsmissbrauch auch sozial unauffällige und ungefährliche Handlungen erfasst (s. Schönke/Schröder/*Perron* § 265 Rn. 1, 15; Wessels/Hillenkamp StrafR BT II Rn. 660; anders NK-StGB/*Hellmann* § 265 Rn. 39).

Bei § 283 Abs. 1 ist Vollendung mit der Bankrotthandlung gegeben, bei Abs. 2 mit Eintritt der 16 Zahlungsunfähigkeit oder Überschuldung (Wabnitz/Janovsky WirtschaftsStR-Hdb/*Pelz* Kap. 9 Rn. 184). Abs. 6 markiert hingegen den Zeitpunkt der Beendigung (NK-StGB/*Kindhäuser* § 283 Rn. 115). § 283b Abs. 1 Nr. 3 lit. b ist mit Ablauf des Zeitraums vollendet, in dem die Bilanzerstellung hätte erfolgen müssen (BGH wistra 2014, 356). Bei § 332 ist die Tat bereits mit dem Abschluss der Unrechtsvereinbarung bzw. einer diesbzgl. Forderung vollendet (BGH NStZ 2012, 511 (513); 2006, 628 (629): Kenntniserlangung des anderen von der Forderung). Auf die Erbringung der pflichtwidrigen Handlung kommt es nicht an, sodass es ohne Bedeutung ist, wenn die Amtsperson diese gar nicht erbringen kann oder will (BGHSt 48, 44 (46); Lackner/Kühl/*Heger* § 332 Rn. 5).

Bei § 38 Abs. 1 Nr. 1 WpHG genügt für die Vollendung der Abschluss eines obligatorischen 17 Vertrags über **Insiderpapiere,** wenn hierdurch eine gesicherte Erwerbsposition begründet wird, dh idR die Orderausführung durch die beauftragte Bank (*Gehrmann* wistra 2009, 336; s. aber Assmann/Schneider/*Vogel* WpHG § 38 Rn. 43). Bei einer lediglich bedingt vereinbarten Transaktion oder bei Abgabe einer Order gegenüber der depotführenden Bank kommt nur Versuch in Betracht (§ 38 Abs. 3 WpHG). Wegen der Natur des § 38 Abs. 1 Nr. 1 WpHG als abstraktes Gefährdungsdelikt (→ WpHG § 38 Abs. 1 Nr. 2) ist nicht erforderlich, dass der Täter durch die Transaktion einen Gewinn erzielt. Bei § 38 Abs. 1 Nr. 2 WpHG reicht es aus, dass dem Empfänger die Insiderinformationen tatsächlich zur Kenntnis gelangen (Weitergabe) bzw. es unternommen wird, seinen Willen zu beeinflussen (Empfehlung; so HK-KapMStrafR/*Hilgendorf* WpHG §§ 38, 39 Rn. 275; aA Gehrmann wistra 2009, 339 f.). § 38 Abs. 2 WpHG setzt eine Preiseinwirkung als Taterfolg voraus (OLG Stuttgart NJW 2011, 3667; *Trüg* NStZ 2014, 558 (560 f.)). § 22a Abs. 1 Nr. 7 KWKG ist erst vollendet, wenn es zu einem Vertragsabschluss iS einer tatsächlichen Einigung gekommen ist (BGH NStZ 1983, 172; 1994, 135 (136)). Im **BtM-StrafR** soll vollendetes Handeltreiben bereits vorliegen, wenn der Täter bei einem beabsichtigten Ankauf von zum Weiterverkauf bestimmten BtM in ernsthafte Verhandlungen mit dem potentiellen Verkäufer eintritt (BGHSt 50, 252 (254); BGH NStZ 2000, 207 (208); s. zum Handeltreiben auch *Gaede* HRRS 2005, 250 ff.; zur Einfuhr BGHSt 56, 162; zu Ein- und Ausfuhrdelikten Fischer Rn. 15).

II. Vollendung im SteuerStrafR

18   Bei der Steuerhinterziehung als Erfolgsdelikt kommt es auf den Eintritt der Steuerverkürzung an und es ist zwischen Fälligkeits- und Veranlagungssteuern zu differenzieren (→ AO § 370 Rn. 7, 90 ff., 105 ff.; *Gribbohm/Utech* NStZ 1990, 210 f.). Bei **Veranlagungssteuern** wie der ESt ist § 370 Abs. 1 Nr. 1 AO idR mit der Bekanntgabe des Steuerbescheids vollendet (Wabnitz/Janovsky WirtschaftsStR-HdB/*Pflaum* Kap. 20 Rn. 19). Die Kenntnis der Steuerbehörde von allen für die Steuerfestsetzung bedeutsamen Tatsachen soll dem nicht entgegenstehen (NJW 2011, 1299; anders JJR/*Joecks* AO § 370 Rn. 279 f.). Bei § 370 Abs. 1 Nr. 2 AO ist hingegen grds. der Zeitpunkt maßgeblich, zu dem das FA die Veranlagungsarbeiten in dem betr. Bezirk für den maßgeblichen Zeitraum im Wesentlichen abgeschlossen hat und zu dem der Stpfl. bei Abgabe der Steuererklärung also spätestens veranlagt worden wäre (BGHSt 37, 340 (344 f.); BGH wistra 2012, 484 f.; *Dörn* DStZ 1994, 41 f.; *Harms/Jäger* NStZ 2002, 249). Bei einem Schätzungsbescheid *vor* Veranlagungsschluss ist die Steuerhinterziehung durch Unterlassen bereits mit Erlass des Bescheides vollendet, wenn die Schätzung zu niedrig war (BGH NStZ 2013, 410; OLG Düsseldorf NJW 2005, 1960 (1961) unter Verweis auf § 370 Abs. 4 S. 1 Hs. 2 AO).

19   Bei **Fälligkeitssteuern** (USt, LSt) liegt Vollendung des § 370 Abs. 1 Nr. 1 AO grds. mit Einreichung der unrichtigen Anmeldung beim FA vor bzw. zum Zeitpunkt der Zustimmung nach § 168 S. 2 AO. Vollendung von Nr. 2 ist mit Ablauf der Anmelde- bzw. Abgabefrist gegeben (Wabnitz/Janovsky WirtschaftsStR-HdB/*Pflaum* Kap. 20 Rn. 19).

20   Bei der gesonderten Feststellung von Besteuerungsgrundlagen nach § 180 Abs. 1 Nr. 2 lit. a AO ist eine Steuerhinterziehung durch die Abgabe einer **unrichtigen Feststellungserklärung** nach der neueren Rspr. bereits vollendet, wenn der unrichtige Feststellungsbescheid erwirkt wurde (BGHSt 53, 99 (104 ff.)). Schon zu diesem Zeitpunkt sei ein nicht gerechtfertigter Steuervorteil iSd Norm erlangt (aA *Beckemper* NStZ 2002, 519 ff. mwN; krit. auch *Blesinger* wistra 2009, 294; *Claus* HRRS 2009, 103).

21   Bei **Einfuhrvergehen** ist § 370 Abs. 1 AO mit ordnungsgemäßem Abschluss der Zollabfertigung zum freien Verkehr vollendet (OLG Karlsruhe wistra 2001, 229 (231); s. zur Zollhinterziehung auch BGHSt 24, 178 (179 ff.)), auf den Zeitpunkt der Entdeckung des Schmuggelguts kommt es nicht an (*Jäger* NStZ 2008, 22). Bei anderen Formen der Steuerhinterziehung fehlt es gänzlich an einem Versuchsstadium, da sogleich Vollendung eintritt (s. Müller-Gugenberger WirtschaftsStR/*Muhler* § 44 Rn. 76 ff.).

C. Tatentschluss

22   In subjektiver Hinsicht verlangt § 22 für die Versuchsstrafbarkeit, dass der Täter mit Tatentschluss handelt.

I. Anforderungen

23   Tatentschluss ist gegeben, wenn zum Zeitpunkt des unmittelbaren Ansetzens die **gesamten Merkmale des subjektiven Tatbestandes** erfüllt sind (SSW StGB/*Kudlich/Schuhr* Rn. 16). Erforderlich ist zunächst ein auf die Vollendung des Delikts gerichteter Vorsatz (BWM StrafR AT § 26 Rn. 26; zum agent provocateur → § 26 Rn. 21). Bedingter Vorsatz genügt, sofern dieser auch bei Vollendung ausreichend wäre (BGH NStZ 1998, 615 f.; MüKoStGB/*Herzberg/Hoffmann-Holland* Rn. 43 ff.; Jescheck/Weigend StrafR AT § 49 III 1; SK-StGB/*Rudolphi* Rn. 2; krit. *Puppe* NStZ 1984, 490 ff.).

24   Darüber hinaus müssen auch die weiteren, im subjektiven Tatbestand des jeweiligen Delikts verlangten Merkmale gegeben sein, wie besondere Absichten und Motive. Ein versuchter Betrug nach § 263 Abs. 1, 2 kommt daher nicht in Betracht, wenn der Vorsatz für die Rechtswidrigkeit der Bereicherung nicht gegeben ist (s. BGH NStZ 2002, 433 (434): Erstreben einer Provision, die tatsächlich geschuldet war; zum Irrtum → Rn. 26).

25   Nach hM fehlt es am Tatentschluss, wenn der Täter über das „Ob" der Tat noch nicht abschließend entschieden hat, also lediglich **tatgeneigt** ist (RGSt 71, 53 (54); BGH StV 1987, 528 (529); NK-StGB/*Zaczyk* Rn. 15). Dagegen soll zur Tat entschlossen sein, wer die Ausführung nur noch von einer Bedingung abhängig macht, deren Eintritt er nicht selbst beherrscht (**Tatentschluss auf bewusst unsicherer Tatsachengrundlage;** vgl. BGHSt 12, 306 (309 f.); Jescheck/Weigend StrafR AT § 49 III 1), wie bspw. im Fall einer limitierten Kauforder beim Insiderdelikt des § 38 Abs. 1 Nr. 1 WpHG (Schröder KapMarktStrafR-HdB Rn. 315). Gleiches gilt, wenn der Täter sich zum Zeitpunkt des unmittelbaren Ansetzens vorbehält, bei Vorliegen bestimmter Umstände von der Tatbestandsverwirklichung abzusehen (**Tatentschluss unter Rücktrittsvorbehalt;** LK-StGB/*Hillenkamp* Rn. 51).

26   Unterliegt der Handelnde einem **Tatsachenirrtum** iSv § 16, fehlt es am Tatentschluss (SSW StGB/*Kudlich/Schuhr* Rn. 26 f.; anders *Streng* ZStW 109 (1997), 862 ff.). Dies ist zB der Fall, wenn mit Mitteln der Täuschung iSv § 263 Abs. 1 ein tatsächlich rechtswidriger, nach Vorstellung des Handelnden aber rechtmäßiger Anspruch durchgesetzt werden soll (BGHSt 42, 268 (272); BGH NStZ 2003, 663).

II. Untauglicher Versuch

Nachdem gem. § 22 die subjektiven Vorstellungen des Handelnden maßgeblich sind, werden nach **27** der Rspr. auch sämtliche Formen des untauglichen Versuchs von der Vorschrift erfasst (vgl. BGHSt 3, 248 (253 f.); 4, 199 (200); 11, 324 (327 f.); 13, 235 (239); 14, 345 (350); 30, 363 (366); einschr. Köhler StrafR AT 8/I/2.3; *Roxin* FS Jung, 2007, 832; NK-StGB/*Zaczyk* Rn. 37; aA *Bottke* FG BGH, 2000, 150 ff.; zur Abgrenzung vom Wahndelikt vgl. *Timpe* ZStW 125 (2014), 755 ff.). Dies gilt auch bei (unechten) Unterlassungsdelikten (BGHSt 38, 356 (358 f.); s. zur aA die Nachw. bei Lackner/Kühl/*Kühl* Rn. 17). Ein untauglicher Versuch liegt vor, wenn die Tat nicht gelingen kann, weil die tatsächlichen Voraussetzungen eines oder mehrerer Tatbestandsmerkmale fehlen, der Täter diese jedoch irrig für gegeben hält (BGHSt 6, 251 (256); SSW StGB/*Kudlich/Schuhr* Rn. 21; zur Abgrenzung zum abergläubischen (irrealen) Versuch → § 23 Rn. 16 f.; Lackner/Kühl/*Kühl* Rn. 14). Dies ist in ex ante-Betrachtung zu beurteilen (Fischer Rn. 39).

Der **Mangel im Vorstellungsbild des Täters** kann sich beziehen auf: die Tauglichkeit des **Tat- 28 objekts** (Ausfuhr von Gütern, von denen der Täter auf tatsächlicher Ebene irrig annimmt, dass für diese eine Genehmigungspflicht besteht, § 18 Abs. 1, 2, 6 AWG); des **Tatmittels** (Betrugsversuch mit irrtümlich für falsch gehaltenen Tatsachenbehauptungen, RGSt 50, 35 (36)); der **Tatsituation** (Beiseiteschaffen von Vermögenswerten einer Firma, die der Täter irrtümlich für zahlungsunfähig hält, BGH JZ 1979, 75 (77) zu § 283 Abs. 1 Nr. 1, Abs. 3; zu § 299 → Rn. 9). Das betr. Merkmal kann auch nur im **subjektiven Teil des Tatbestands** enthalten sein (Täuschender geht bei § 263 Abs. 1, 2 irrtümlich von der Rechtswidrigkeit der Bereicherung aus, BGHSt 42, 268 (272 f.); BGH NStZ 2003, 663).

Schließlich kann der Irrtum auch das **Tatsubjekt** betreffen. Bei Sonderdelikten (allg. → § 25 **29** Rn. 25 ff.) gilt dies nach hM auch für die besondere Pflichtenstellung, wenn der Handelnde diese irrig für gegeben hält (RGSt 47, 189 (191); Schönke/Schröder/*Eser/Bosch* Rn. 75 f.; MüKoStGB/*Herzberg/ Hoffmann-Holland* Rn. 62 ff.; Kühl StrafR AT § 15 Rn. 102 ff.; aA zB NK-StGB/*Zaczyk* Rn. 39 mwN, der von Straflosigkeit ausgeht). Daher kann sich zB auch derjenige wegen Versuchs des § 332 Abs. 1 strafbar machen, der nur irrig davon ausgeht, Amtsträger und daher tauglicher Täter zu sein.

Zur **Begründung der Strafbarkeit** des untauglichen Versuchs wird auf den Wortlaut von § 22 **30** abgestellt, nach dem es allein darauf ankommt, dass die vom Täter vorgestellte Tat im Falle der Vollendung den objektiven Tatbestand eines Strafgesetzes erfüllen würde. Die Richtigkeit seiner Vorstellungen spielt danach grds. keine Rolle (BGHSt 30, 363 (366); 34, 265 (269); 40, 257 (271)). Auf die tatsächliche Gefährdung eines bestimmten Rechtsgutes soll es nicht maßgeblich ankommen, im Vordergrund stehe die an sich bereits gefährliche „Auflehnung gegen die rechtlich geschützte Ordnung" (BGHSt 11, 268 (271); 30, 363 (366); s. auch Stratenwerth/Kuhlen StrafR AT § 11 Rn. 46: Strafbarkeit nur bei ernstlichem Angriff). Zudem erklärt § 23 Abs. 3 sogar den grob unverständigen Versuch für strafbar (→ § 23 Rn. 15 ff.), sodass dies erst Recht für den untauglichen Versuch gelten müsse.

III. Wahndelikt

Vom strafbaren (untauglichen) Versuch ist das **straflose Wahndelikt** zu unterscheiden (zur Abgren- **31** zung Jakobs StrafR AT 25/37; *Roxin* JZ 1996, 981 ff.). Bei diesem unterliegt der Handelnde idR einem **umgekehrten Verbotsirrtum**, also einem Rechts- anstelle eines Tatsachenirrtums (Schönke/Schröder/*Eser/Bosch* Rn. 78 f.; NK-StGB/*Paeffgen* Vor §§ 32 ff. Rn. 258; SK-StGB/*Rudolphi* Rn. 30 ff.). Er erkennt die tatsächlichen Umstände, nimmt aber irrig die Rechtswidrigkeit seines Tuns an. Dies ist insbes. der Fall, wenn der Handelnde zu seinen Ungunsten eine nicht existierende Strafnorm für gegeben hält (Täter nimmt an, dass die Übernahme eines Unternehmens strafbar sei) oder eine existierende Strafnorm überdehnt (Lottogewinner meint, dass er seinen Gewinn versteuern müsste, Müller-Gugenberger WirtschaftsStR/*Muhler* § 44 Rn. 88). Ein solches Verhalten ist mangels Strafandrohung straflos, zumal es an einem Willen fehlt, der das Recht in Frage stellen würde.

Besondere Probleme bereitet die **Abgrenzung** zum strafbaren Versuch beim **Irrtum über normati- 32 ve Tatbestandsmerkmale** (dazu SSW StGB/*Kudlich/Schuhr* Rn. 31 f.; *Streng* GA 2009, 530 ff.). Hier ist mitunter nur schwer zu unterscheiden, ob der Handelnde über Tatumstände oder den Anwendungsbereich der Strafnorm irrt (vgl. BGHSt 13, 235 (240 f.) zu § 267; Lackner/Kühl/*Kühl* Rn. 15). Insbes. bei Fehlvorstellungen im Vorfeld des Tatbestandes, bei denen der Irrtum auf einem falschen Verständnis außerstrafrechtl. Normen beruht, die von dem jeweiligen Tatbestand in Bezug genommen werden, ist str., wo und wie die Abgrenzung zu erfolgen hat.

In der Lit. werden für diese im WirtschaftsStR nicht seltene Konstellation stark voneinander abw. **33** Lösungen vorgeschlagen (Nachw. bei LK-StGB/*Hillenkamp* Rn. 210 ff.; *Roxin* JZ 1996, 986 f.; *Streng* GA 2009, 534 ff.: „Vollendbarkeitsprobe"). Die Rspr. geht zwar wie bei Fehlvorstellungen bzgl. des Tatbestands von der Unterscheidung zwischen Tatsachenirrtümern und einer subjektiven Überdehnung des Tatbestands aus, gelangt hierdurch aber nicht zu einer stringenten Entscheidungspraxis (LK-StGB/ *Hillenkamp* Rn. 216 ff.). Während bspw. bei der irrigen Vorstellung, falsche Rechtsbehauptungen könnten eine Strafbarkeit wegen Prozessbetrugs begründen, ein Wahndelikt vorliegen soll (OLG Koblenz NJW 2001, 1364), wurde untauglicher Versuch angenommen für den Fall, dass ein Täuschender einen nichtigen Vertrag für wirksam und daher einen Vermögensschaden für möglich hält (LG Mannheim NJW 1995, 3398 (3399) m. abl. Bespr. *Behm* NStZ 1996, 317). Ebenso soll Versuch in Betracht kommen, wenn der Handelnde eine aus Kopien hergestellte Collage irrig für eine Urkunde hält (OLG Düsseldorf NJW 2001, 167 (168) m. abl. Anm. *Erb* NStZ 2001, 317).

34   Von gesteigerter Relevanz, aber weniger str. ist die Problematik bei **Blankettnormen** (SSW StGB/ *Kudlich/Schuhr* Rn. 34), wie § 370 Abs. 1 AO, dessen materieller Unrechtsgehalt sich erst aus der Verbindung mit dem SteuerG ergibt (JJR/*Joecks* AO § 370 Rn. 534 ff.; *Weidemann* FS Herzberg, 2008, 299 ff.). Nimmt der Irrende fälschlich an, er begehe eine Steuerhinterziehung, weil er bei zutr. Sach-verhaltskenntnis die Steuerrechtslage falsch einschätzt, so liegt nach hM nur ein Wahndelikt vor (OLG Düsseldorf NStZ 1989, 370 (372); *Burckhardt* wistra 1982, 178 ff.; Müller-Gugenberger WirtschaftsStR/ *Niemeyer* § 18 Rn. 30). Der Handelnde geht hier zu Unrecht davon aus, dass er als Normadressat verpflichtet wird und überdehnt daher den Anwendungsbereich der ausgefüllten Strafnorm (Lackner/ Kühl/*Kühl* Rn. 15; ähnl. *Roxin* JZ 1996, 986; anders in einem vereinzelt gebliebenen Judikat KG NStZ 1982, 73 (74): untauglicher Versuch).

D. Unmittelbares Ansetzen

35   Auf objektiver Seite verlangt § 22, dass der Handelnde zur Verwirklichung des Tatbestandes unmittel-bar ansetzt. Dieser Zeitpunkt markiert den **Beginn des Versuchsstadiums** und grenzt es von der idR straflosen Vorbereitung ab. Wo er liegt, ist oft nicht leicht zu bestimmen und in verschiedenen speziellen Konstellationen str.

I. Abgrenzung zur Vorbereitungshandlung

36   Zu der Frage, wie Vorbereitung und Versuch voneinander abzugrenzen sind, werden unterschiedliche Ansätze vertreten (s. Schönke/Schröder/*Eser/Bosch* Rn. 25 ff.; LK-StGB/*Hillenkamp* Rn. 63 ff.; Kühl StrafR AT § 15 Rn. 44 ff.; *Vogler* FS Stree/Wessels, 1993, 285 ff.; NK-StGB/*Zaczyk* Rn. 23 ff.; krit. *Gropp* FS Gössel, 2002, 176; Roxin StrafR AT II § 29 Rn. 129). Der Gesetzgeber hat mit der **individuell-objektiven** bzw. subjektiv-objektiv gemischten Abgrenzungsformel in § 22 vorgegeben, dass von den Vorstellungen des Täters auszugehen ist, dass der gesetzliche Tatbestand den Bezugspunkt darstellt und dass ein enges Näheverhältnis zur Verwirklich des Tatbestandes gegeben sein muss.

37   **1. Ausgangspunkte.** Nach der Rspr. ist unmittelbares Ansetzen idR zu bejahen, wenn bereits ein oder mehrere Merkmale des jeweiligen Tatbestandes verwirklicht worden sind (BGHSt 37, 294 (296); BGH NStZ 2002, 433 (435); 2015, 207 zu Ausnahmekonstellationen; ebenso *Vogler* FS Stree/Wessels, 1993, 297 f.; Fischer Rn. 9; krit. *Herzberg/Putzke* FS Szwarc, 2009, 212 f.; *Küper* JZ 1992, 341 ff. verlangt stets eine materielle Bestimmung anhand der Kriterien des § 22; zu mehraktigen Geschehensabläufen beim Betrug → Rn. 51 f.). Dies ist jedoch nicht unbedingt erforderlich (anders die formell-objektive Methode, vgl. RGSt 69, 327 (328 f.)). Vielmehr reichen nach hM Handlungen aus, die zwar der Erfüllung des Tatbestandes vorgelagert sind, aber bei ungestörtem Fortgang des Geschehens unmittelbar in die Tatbestandsverwirklichung einmünden sollen (→ Rn. 42). Kern der Abgrenzungsproblematik ist hiernach die Differenzierung zwischen Vorbereitungshandlungen einerseits und der **Tatbestandsver-wirklichung *unmittelbar vorgelagerten Handlungen*** andererseits.

38   Für die Durchführung der Abgrenzung ist bereits nach dem Wortlaut des § 22 auf die **Vorstellungen des Täters** von der Tat abzustellen (dazu BGHSt 35, 6 (9 f.); BGH NStZ 2002, 309 (310); 2008, 209; BGH StraFo 2005, 38 f.; BGH BeckRS 2011, 25183; Schönke/Schröder/*Eser/Bosch* Rn. 33 ff.). Damit bildet der konkrete Tatplan zum Zeitpunkt der zu beurteilenden Handlung die Grundlage für die einzelfallbezogene Anwendung der im Folgenden dargestellten Abgrenzungskriterien (*Jung* JA 2006, 228 ff.; zur Vernachlässigung dessen in der Praxis *Hillenkamp* FS Roxin, 2001, 689 ff.). Speziell beim **untauglichen Versuch** (→ Rn. 27 ff.) ist auf diejenige Handlung abzustellen, die nach der Vorstellung des Täters das unmittelbare Ansetzen begründen soll. Soweit diese Handlung bei unterstellter Tauglich-keit tatsächlich zur Tatbestandserfüllung führen könnte, ist sie so zu betrachten, als wäre sie tauglich (BGHSt 40, 299 (302); Jescheck/Weigend StrafR AT § 50 I 5).

39   Die Abgrenzung zwischen Vorbereitung und Versuch ist im Einzelfall für jeden in Betracht kom-menden Tatbestand mit seiner jeweiligen Struktur gesondert vorzunehmen (BGHSt 37, 294 (296); BGH NStZ 2000, 418). Bezugspunkt sind dabei die gesetzlich umschriebenen **konkreten tatbestandlichen Handlungen** (vgl. *Kühl* FS Küper, 2007, 300 ff.; SK-StGB/*Rudolphi* Rn. 13), was insbes. bei gestreck-ten Handlungsabläufen relevant werden kann. Daher können auch bei verschiedenen Varianten des gleichen Tatbestandes unterschiedliche Anforderungen für das unmittelbare Ansetzen gelten (s. zB zu § 331 Abs. 2 Fischer § 331 Rn. 30c).

40   Für das **WirtschaftsSR** gilt an dieser Stelle **kein anderer Maßstab**. Es sind die allg. Abgrenzungs-kriterien heranzuziehen (*Mack*, Die Abgrenzung zwischen Vorbereitung und Versuch im Wirtschafts-und Nebenstrafrecht, 2004, 164 f.). Unterschiede können sich jedoch aus den Besonderheiten der Tatbestände im WirtschaftsStrR ergeben, die zB besonders häufig bereits eine Gefährdung unter Strafe

stellen, einen frühen Vollendungszeitpunkt vorsehen und komplexe Abläufe erfassen, die oft im Verborgenen begangen werden.

2. Kriterien in Rspr. und Lit. Wann Handlungen, die der Erfüllung des Tatbestandes vorgelagert **41** sind, ein ausreichendes Näheverhältnis zu selbiger aufweisen, wird von der stRspr in wertender Betrachtung des Einzelfalls beurteilt (BGH NStZ 2002, 309 (310); BGH NJW 2014, 1463). Die dabei verwendete Formel vereinigt unterschiedliche, vor allem in der Lit. entwickelte Kriterien, die für sich genommen nicht in der Lage sind, in allen Fallgestaltungen eine Abgrenzung zu ermöglichen. Die Formel der Rspr. lässt demgegenüber offen, welchem Kriterium welches Gewicht zukommt. Allerdings werden in der Praxis einige der Kriterien regelmäßig, andere eher ergänzend herangezogen (speziell zum WirtschaftsStR LK-StGB/*Hillenkamp* Rn. 117 ff.; MAH WirtschaftsStR/*Volk* § 2 Rn. 33).

a) Formel der Rspr. Nach der **gemischt subjektiv-objektiven** Formel der stRspr sind Hand- **42** lungen der Erfüllung des Tatbestandes unmittelbar vorgelagert und unmittelbares Ansetzen daher zu bejahen, wenn der Täter subjektiv die Schwelle zum „jetzt geht es los" überschreitet bzw. es keines weiteren „Willensimpulses" mehr bedarf und er objektiv zur tatbestandsmäßigen Angriffshandlung ansetzt, da sein Tun ohne weitere Zwischenakte in die Tatbestandsverwirklichung übergehen soll oder in unmittelbarem räumlichen und zeitlichen Zusammenhang mit ihr steht (s. BGHSt 26, 201 (202 ff.); 28, 162 (163); 30, 363 (364); 37, 294, (297 f.); 40, 257 (268 f.); 48, 34 (35 f.); ähnlich die hL, s. WBS StrafR AT Rn. 855; auf den individuellen Tatplan abstellend SK-StGB/*Rudolphi* Rn. 11 mwN).

Bloße **Vorbereitungshandlungen** sind hingegen solche, die eine Tatausführung ermöglichen oder **43** erleichtern sollen, welche sich nicht unmittelbar anschließt (s. etwa BGH NStZ 1996, 38 f.). Hierunter fallen zB Täuschungshandlungen, die selbst noch nicht tatbestandsmäßig iSv § 263 Abs. 1 sind, weil sie nicht unmittelbar zu einer Vermögensverfügung führen, sondern nur weitere Täuschungen vorbereiten sollen (BGHSt 37, 294 (296 f.) mAnm *Kienapfel* JR 1992, 122; KG NStZ 2011, 240 (241); → Rn. 51 ff.). Gleiches gilt für das bloße Auskundschaften eines Tatorts, das Beschaffen von Nachschlüsseln (BGHSt 28, 162 (163 f.)) oder das Bereitlegen von Werkzeugen in der Nähe des Tatorts (BGH NStZ 1989, 473).

b) Zwischenaktskriterium. Besonderes Gewicht für die Abgrenzung hat in der Rspr. das Zwi- **44** schenaktskriterium. Danach liegt ein Ansetzen zur tatbestandsmäßigen Angriffshandlung iSv § 22 grds. nur vor, wenn aus Sicht des Täters zwischen der zu beurteilenden Handlung und der Tatbestandsverwirklichung **keine weiteren wesentlichen Zwischenakte liegen** (s. nur BGHSt 26, 201 (202 f.); BGH NStZ 1987, 20; 2002, 309 (310); BGH NJW 2014, 1463 (1463 f.); BGH NStZ 2014, 447 (448); zum Aspekt der Wesentlichkeit LK-StGB/*Hillenkamp* Rn. 65; s. KG NStZ-RR 2013, 138 zum Trickdiebstahl). Das Kriterium erfasst nur Handlungsschritte, die vom Täter selbst zu erbringen sind. Daher kann es ausreichen, wenn der Täter mit seinen Handlungen das Geschehen aus der Hand gegeben hat und im weiteren Fortgang, wenn auch zeitlich nicht unmittelbar anschließend, mit der Tatbestandsverwirklichung rechnet (BGH NStZ 2008, 209; s. auch BGH NStZ 2003, 423 f. zum Inverkehrbringen von Falschgeld; BGH NStZ 2008, 465 (466 f.) zur Geldwäsche; BGH NStZ 2011, 517 (518) zur Fälschung von Zahlungskarten mit Garantiefunktion). Ebenso ist es regelmäßig unschädlich, wenn unbeteiligte Personen noch Handlungen vollziehen müssen. Darüber hinausgehend soll es im Einzelfall auch ausreichen, wenn ein vorgelagerter Teilakt des Täters mit der eigentlichen Tathandlung eine natürliche Einheit bildet (BGH NJW 1980, 1759 f.; BGH NStZ 2002, 309 (310)).

Vor diesem Hintergrund ist zB beim versuchten Vermitteln eines Vertrages über den **Erwerb** von im **45** Ausland befindlichen **Kriegswaffen** (§ 22a Abs. 1 Nr. 7 KWKG) zu differenzieren. Eine das unmittelbare Ansetzen begründende, bei ungestörtem Fortgang des Geschehens in den Vertragsabschluss einmündende Handlung ist erst gegeben, wenn der Vermittler seinem Interessenten das bindende Angebot eines anderen übermittelt, das alle für einen Vertragsschluss notwendigen Angaben enthält (BGH NJW 1988, 3109 f.; OLG Düsseldorf wistra 2007, 192). Das bloße Sondieren, ob Vertragsbereitschaft besteht, stellt hingegen eine Vorbereitungshandlung dar. Beim **Insiderhandel** iSv § 38 Abs. 1 Nr. 1 WpHG liegt unmittelbares Ansetzen idR mit Erteilung der Order vor, die aufgrund der Insiderinformationen vorgenommen wird, nicht jedoch bereits mit der Vorbereitung (Assmann/Schneider/*Vogel* WpHG § 38 Rn. 43). Dabei kann es genügen, dass eine Transaktion bedingt vereinbart wird (HK-KapM-StrafR/*Hilgendorf* WpHG §§ 38, 39 Rn. 274; Schröder KapMarktStrafR-HdB Rn. 313 ff.).

c) „Jetzt geht es los". Ebenfalls besonderes Gewicht misst die Rspr. subjektiven Aspekten zu, die die **46** **innere Haltung** des Täters betreffen. Die Vorstellungen des Täters bilden insofern nicht nur die Grundlage für die Abgrenzung (→ Rn. 38), sondern ihnen kommt auch eigenständige Bedeutung als Abgrenzungskriterium zu. Nach stRspr muss der Täter nach seinem Tatplan die Schwelle zum „jetzt geht es los" überschritten haben (s. nur BGHSt 26, 201 (202 f.); BGH NJW 2014, 1463; krit. LK-StGB/*Hillenkamp* Rn. 67). In der neueren Rspr. wird dieses Kriterium auch derart gefasst, dass für den Eintritt in die Tatbestandsverwirklichung **kein weiterer Willensimpuls** mehr erforderlich sein darf (BGH NStZ 1999, 395 (396); 2004, 38 (39); BGH NJW 2014, 1463; BGH NStZ 2015, 207).

d) Unmittelbarer räumlicher und zeitlicher Zusammenhang. Alternativ zum Zwischenakts- **47** kriterium formuliert die Rspr. in ihrer Abgrenzungsformel das Kriterium des unmittelbaren räumlich-zeitlichen Zusammenhangs. Danach sollen der Tatbestandsverwirklichung vorgelagerte Handlungen ein unmittelbares Ansetzen darstellen, wenn sie aus Sicht des Handelnden eine derartige Nähe zu der Verwirklichung von Tatbestandsmerkmalen aufweisen (s. BGHSt 22, 80 (82); 36, 249 (250) zur BtM-Einfuhr; BGH NStZ 2011, 517 zum Skimming). So setzt der Täter des § 267 Abs. 1 zum Gebrauchen eines falschen Kfz-Briefes erst unmittelbar an, wenn er sich einer Kontrollstelle insoweit genähert hat, dass ein Umkehren praktisch unmöglich wird (KG JR 1981, 37 (38)), nicht aber, wenn er ihn nur bei sich führt, um ihn im Fall einer Kontrolle vorzuzeigen (s. auch BGH GA 1973, 179). Dem Kriterium kommt in erster Linie **ergänzende Bedeutung** zu, da sich die meisten Fallgruppen mit dem Zwischen-aktskriterium besser handhaben lassen (s. auch Roxin StrafR AT II § 29 Rn. 139).

48   **e) Gefährdung des Rechtsguts.** Ebenfalls eher **ergänzend** (s. aber → Rn. 68 f., 85) wird die Gefährdung des jeweiligen Rechtsguts als Kriterium für die Abgrenzung herangezogen (BGHSt 43, 177 (181 f.); BGH NStZ 2006, 331 f.; 2013, 156 (157); *Küper* JZ 1992, 340 mwN; abl. JJR/*Joecks* AO § 369 Rn. 60; krit. Jakobs StrafR AT 25/57). Zwar reicht es nach der Rspr. nicht aus, dass der Handelnde eine objektive Gefahr für das Rechtsgut begründet, solange keine unmittelbare Beziehung dieser Handlungen zur Tatbestandsverwirklichung besteht (OLG Hamburg StV 2013, 216), und wird die Gefährdung umgekehrt nicht (mehr) als Voraussetzung verlangt (vgl. BGHSt 26, 201 (203) m. krit. Anm. *Otto* NJW 1976, 578). Handlungen, die nach der Vorstellung des Täters das Rechtsgut bereits konkret gefährden, werden aber oft eine so unmittelbare Beziehung zur Tat haben, dass dem Kriterium eine **indizielle Wirkung** hinsichtlich des geforderten Näheverhältnisses zukommt (s. BGHSt 32, 177 (181); BGH NJW 2002, 1057 f.).

49   Eine weitergehende Bedeutung kann dem Kriterium auch im **WirtschaftsStR** nicht zukommen. Zwar wird es in diesbzgl. Fällen von der Rspr. häufiger herangezogen, zB bei Ausfuhrdelikten. Angesichts seiner nur eingeschränkten Begrenzungswirkung im Einzelfall vermag es aber auch hier ein unmittelbares Ansetzen alleine nicht zu begründen (s. auch *Mack,* Die Abgrenzung zwischen Vorbereitung und Versuch im Wirtschafts- und Nebenstrafrecht, 2004, 139 ff.).

50   **3. Einzelne Delikte und Fallgruppen.** Angesichts der unklaren Gewichtung der verschiedenen Kriterien lässt sich einer abstrakten Betrachtung kein hinreichend verlässlicher Maßstab für die Abgrenzung zwischen Vorbereitung und Versuch entnehmen (ausführliche Kritik bei MüKoStGB/*Herzberg/ Hoffmann-Holland* Rn. 109 ff.). Daher kommt der fallgruppenorientierten Betrachtung der gerichtlichen Entscheidungspraxis Bedeutung zu.

51   **a) Betrug.** Beim Betrug kommt es für das unmittelbare Ansetzen (allg. MüKoStGB/*Hefendehl* § 263 Rn. 816 ff.) auf die Handlung an, die gerade den iSv § 263 Abs. 1 tatbestandsmäßigen Irrtum her-vorrufen soll, also den Irrtum, der unmittelbar zu der schädigenden Vermögensverfügung führen soll (→ Rn. 43; s. auch *Küper* JZ 1992, 345 ff.). Dies gilt insbes. bei sog **gestreckten Täuschungen** (BGH NStZ 2011, 400 (401); MüKoStGB/*Hefendehl* § 263 Rn. 818), bei denen verschiedene Täuschungs-handlungen aufeinander folgen (OLG Hamm StV 2012, 155 (155 f.) zu **Verbraucherkrediten**).

52   Daher fehlt es an einem unmittelbaren Ansetzen, wenn ein Käufer bei Vertragsschluss zwar täuschende Angaben macht, aber weiß, dass der Vertragspartner nur zur **Leistung Zug-um-Zug** verpflichtet ist. Für den Erhalt der Leistung ohne Gegenleistung, der erst den Schaden begründet, wären weitere Täuschungen bzw. Zwischenschritte erforderlich (BGH wistra 2005, 222 f.; s. auch BGH NStZ 2002, 433 (435)). Anderes kann gelten, wenn der Täuschende davon ausgeht, er werde die von dem Vertrags-partner geschuldete Leistung auch ohne Erbringung der eigenen Leistung erhalten (BGH NStZ 1998, 85). Beim **Abrechnungsbetrug** bei Baumaßnahmen genügt das Beschaffen falscher Aufmaßunterlagen noch nicht, da die tatbestandsmäßige Täuschung erst mit der überhöhten Schlussrechnung erfolgen soll (BGH wistra 2000, 379 (381); zust. *Beckemper* NStZ 2002, 522). Vergleichbares gilt bei der absichtlichen Herbeiführung von Unfällen zwecks Betruges gegenüber dem Kfz-Haftpflichtversicherer, wo unmittel-bares Ansetzen erst bei der Schadensmeldung gegeben ist (OLG München wistra 2006, 436). Fälscht ein Beteiligter in Absprache mit dem Kontoinhaber dessen Schecks, damit er sie einlösen kann und sodann der Kontoinhaber vom Scheckkartenversicherer die vermeintlich fällige Versicherung ausgezahlt be-kommt, so liegt unmittelbares Ansetzen erst vor, wenn der Kontoinhaber zwecks der Regulierung an die Bank herantritt (BayObLG NJW 1988, 1401). Nimmt der Täter beim geplanten Erwerb einer Immobi-lie einen **Makler** (§§ 652 ff. BGB) in Anspruch, wobei er von vornherein zahlungsunfähig bzw. -unwil-lig ist, so liegt unmittelbares Ansetzen erst bei Handlungen vor, die nach Tätervorstellung unmittelbar zum Abschluss des entspr. Geschäfts führen sollen (BGHSt 31, 178 (182 f.)).

53   Beim **Eingehungsbetrug** ist das reine Sondieren von Vertragsbereitschaft idR nur Vorbereitungs-handlung. Unmittelbares Ansetzen kann hingegen vorliegen, wenn der Täter ein Vertragsangebot macht und davon ausgeht, dass der andere Teil dieses uU annehmen wird (BGH NStZ 1997, 31 (32)). Beim **Prozessbetrug** (s. auch Fischer § 263 Rn. 43 f., 85, 199) beginnt das Versuchsstadium bereits mit dem Einreichen unrichtiger Schriftsätze, weil das Gericht schon hierdurch und nicht erst durch die Bezug-nahme in der mündlichen Verhandlung beeinflusst werden kann (BayObLG NJW 1996, 406 (408)). Bei Stufenklage ist jedoch zwischen den verschiedenen Stufen zu differenzieren (OLG Hamm wistra 2009, 322 (324)). Beim **Phishing** wird zu § 263a erst unmittelbar angesetzt, wenn die erlangten Daten tatsächlich iSd Tatbestandes verwendet, dh insbesondere in den Computer eingegeben werden (KG StV 2013, 515).

b) SteuerStrafR. Bei der versuchten **Steuerhinterziehung** durch **unrichtige Angaben** nach 54 § 370 Abs. 1 Nr. 1, Abs. 2 AO liegt unmittelbares Ansetzen grds. erst vor, wenn dem FA tatsächlich unrichtige Angaben zur Kenntnis bzw. in diese Richtung auf den Weg gebracht werden, vor allem in Form unrichtiger Steuererklärungen (näher → AO § 370 Rn. 243 f.; JJR/*Joecks* AO § 370 Rn. 540; *Eschenbach* DStZ 1997, 855; *Mösbauer* DStZ 1997, 579). Adressat der unrichtigen Angabe kann auch das Finanzgericht sein (OLG München NStZ-RR 2013, 15). In Fällen der **Untätigkeit** eines zur Abgabe der Steuererklärung Verpflichteten (§ 370 Abs. 1 Nr. 2 AO) liegt bei Veranlagungssteuern Versuch erst ab dem Zeitpunkt vor, zu dem die Erklärung spätestens hätte abgegeben werden müssen (OLG Düsseldorf wistra 1987, 354; näher zum Versuch bei Nr. 2 → AO § 370 Rn. 259 ff.). Str. ist jedoch, wann dies der Fall ist, insbesondere unter welchen Voraussetzungen Fristverlängerungen zu berücksichtigen sind (s. dazu BGH wistra 2013, 430; *Ceffinato* wistra 2014, 88; JJR/*Joecks* AO § 370 Rn. 543 ff. mwN; Müller-Gugenberger WirtschaftsStR/*Muhler* § 44 Rn. 74 f.; Wabnitz/Janovsky WirtschaftsStR-HdB/*Pflaum* Kap. 20 Rn. 17). Die (versuchte) Erschleichung einer Wiedereinsetzung zum Zweck der Zulassung einer verspäteten Klage gegen die FinBeh. kann unmittelbares Ansetzen nur begründen, wenn dadurch der materielle Steueranspruch des Staates beeinträchtigt wird (OLG Hamm NStZ-RR 2009, 177).

Bloße Vorbereitungshandlungen (zur Abgrenzung *Gribbohm/Utech* NStZ 1990, 210; Wabnitz/ 55 Janovsky WirtschaftsStR-HdB/*Pflaum* Kap. 20 Rn. 16 ff.; *Müller* AO-StB 2005, 28 ff.) sind bspw. unrichtige Verbuchung (BGH wistra 1995, 345; *Höser*, Vorbereitungshandlung und Versuch im Steuerstrafrecht, 1984, 122; s. aber § 379 AO), Absprachen mit Geschäftsfreunden über ohne Rechnungs-Geschäfte (OLG Düsseldorf wistra 1987, 354 (355); JJR/*Joecks* AO § 370 Rn. 540), der Antrag auf Erteilung einer Steuernr. (BGH NStZ-RR 2003, 20 (21)), Übergabe gefälschter Belege an einen gutgläubigen Steuerberater (BGH wistra 1994, 268; v. Briel/Ehlscheid SteuerStrafR § 1 Rn. 22; s. auch BGH wistra 2015, 29 (32)) sowie das unrichtige Ausfüllen von Steuererklärungsvordrucken (JJR/*Joecks* AO § 370 Rn. 540; Müller-Gugenberger WirtschaftsStR/*Muhler* § 44 Rn. 84) oder die Vernichtung von Aufzeichnungen (Hübschmann/Hepp/Spitaler/*Hellmann* AO § 370 Rn. 298; *Höser*, Vorbereitungshandlung und Versuch im Steuerstrafrecht, 1984, 42; aA *Meine* GA 1978, 330).

Beim **Schmuggel** ist unmittelbares Ansetzen grds. erst mit dem Erreichen der Hoheitsgrenze oder 56 Zollstelle gegeben bzw. bei der Vorlage wahrheitswidriger Zollanmeldungen, wenn die Steuerverkürzung auf diesem Weg erreicht werden soll (BGH NStZ 2004, 580 (581 f.); JJR/*Joecks* AO § 370 Rn. 549; ähnlich zur **BtM-Einfuhr** BGHSt 36, 249 (250); BGH NJW 1985, 1035; BGH NStZ 2008, 41 f.; s. zu Ein- und Ausfuhrdelikten auch → Rn. 60 f.). Anderes kann bei der Übergabe an einen gutgläubigen Transporteur gelten, der sich sogleich auf den Weg zur Grenze machen soll (→ Rn. 69 f.). Bei einer Zollkontrolle vor der Hoheitsgrenze soll das unmittelbare Ansetzen demnach entspr. früher beginnen (krit. *Mack*, Die Abgrenzung zwischen Vorbereitung und Versuch im Wirtschafts- und Nebenstrafrecht, 2004, 221 f.; s. auch JJR/*Jäger* AO § 372 Rn. 71 ff. zum Bannbruch). Str. ist, ob es genügt, wenn schon bei der Ausreise eine überhöhte Menge mitgeführten Treibstoffs angegeben wird, um beim erneuten Einreisen eine höhere Menge Treibstoff steuerfrei einführen zu können (so BayObLG JR 1978, 38 f.; aA LK-StGB/*Hillenkamp* Rn. 118).

Bei der **Steuerhehlerei** (§ 374 AO) ist zu berücksichtigen, dass das Rechtsgut noch nicht durch den 57 schuldrechtl. Kaufvertrag in Gefahr gerät, sondern erst durch eine verschiebende Weitergabe (vgl. *Kretschmer* NStZ 2008, 381). Daher stellen Verhandlungen ein unmittelbares Ansetzen nur dann dar, wenn im Fall einer Einigung keine weiteren Zwischenschritte erforderlich sind. Dies ist nur der Fall, wenn die Verschaffung der Verfügungsgewalt über die Ware unmittelbar anschließend erfolgen soll. Daran fehlt es bei telefonischen Verhandlungen jedenfalls solange eine Lfg. noch nicht konkret geplant wurde (BGH NStZ 2008, 409 (410)).

c) Sonstige Delikte im WirtschaftsStR. Bei § 147 genügt das Anbieten von Falschgeld, soweit der 58 Täter dieses bei erfolgter Annahme tatsächlich übergeben kann (BGH NStZ 2003, 423). Bei § 152b liegt unmittelbares Ansetzen erst vor, wenn mit den eigentlichen Fälschungshandlungen begonnen wird (BGH NStZ 2011, 89). Daher stellen (erfolgreiche) Bemühungen, erforderliche Rohlinge zu erhalten (OLG Jena wistra 2009, 204 (204 f.)) oder das Auslesen von Zahlungskarten mittels eines sog **Skimmers** (BGH NStZ-RR 2011, 369 (368); BGH wistra 2011, 399; BGH NJW 2014, 1463 (1464)) noch kein unmittelbares Ansetzen zur Tat dar (zum Skimming insgesamt *Seidl* ZIS 2012, 417 ff.). Ausreichend sein soll jedoch die Weitergabe der abgefangenen Daten an Mittäter, die diese dann plangemäß nutzen sollen (BGH NStZ 2011, 517 (517 f.); zusammenfassend zur Rspr. des BGH NJW 2014, 1463 (1464); *Seidl* ZIS 2012, 419). Im Fall von § 263a Abs. 1, Abs. 2 iVm § 263 Abs. 2 ist der Beginn eines Eingabevorgangs maßgeblich, sodass es idR ausreicht, eine gefälschte ec-Karte zur Geldabhebung in einen Geldautomaten einzuführen (BayObLG wistra 1993, 304 (305)). Bei §§ 283, 283d ist grds. unmittelbares Ansetzen zu der Bankrotthandlung erforderlich (Fischer § 283 Rn. 33). Daher genügt bei § 283d nicht eine schlichte Anfrage an den Schuldner, ob dieser mit der Tat einverstanden sei (Wabnitz/Janovsky WirtschaftsStR-Hdb/*Pelz* Kap. 9 Rn. 220). Zu § 283c setzt an, wer mit der Begünstigungshandlung beginnt (Fischer § 283c Rn. 9), bspw. einem Gläubiger trotz eingetretener Zahlungsunfähigkeit zusagt, keinen Insolvenzantrag zu stellen, um ihm die Pfändung zu ermöglichen (Wabnitz/Janovsky Wirt-schaftsStR-Hdb/*Pelz* Kap. 9 Rn. 204). Bei §§ 331 Abs. 2, 332 Abs. 1 gelten ähnliche Maßstäbe wie beim Eingehungsbetrug (→ Rn. 53). Erforderlich ist eine nach außen in Erscheinung tretende Kund-gabehandlung bzw. Handlungen, die unmittelbar zur Vorteilsannahme hinführen sollen (Fischer § 331 Rn. 30c).

59   Ein Versuch des § 38 Abs. 1 Nr. 1 WpHG (s. bereits → Rn. 45) liegt grds. mit Erteilung der Kauforder vor, während zB die Eröffnung eines Wertpapierdepots noch nicht genügt (*Gehrmann* wistra 2009, 337). Dies gilt idR auch bei einer limitierten Order, selbst wenn bei einer positiven Insider-information das Limit zu niedrig oder bei einer negativen zu hoch angesetzt war, sodass eine Ausführung unterbleibt (Wabnitz/Janovsky WirtschaftsStR-HdB/*Benner*, 3. Aufl. 2007, Kap. 9 Rn. 119).

60   Bei **Ein- und Ausfuhrdelikten** kann Versuch idR frühestens mit Erreichen der Grenznähe an-genommen werden, dh die Grenze muss in Sichtweite sein (*Mack,* Die Abgrenzung zwischen Vorberei-tung und Versuch im Wirtschafts- und Nebenstrafrecht, 2004, 219 ff.; vgl. auch die neuere Rspr. zum Schmuggel → Rn. 56; zur mittelbaren Täterschaft → Rn. 68 ff.). Im Gegensatz dazu hatte die ältere Rspr. zu § 34 Abs. 1 AWG aF den Zeitpunkt des unmittelbaren Ansetzens sehr weit vorverlegt (BGHSt 20, 150 (152): Verladen der Ware zum baldigen Transport; dazu Wabnitz/Janovsky Wirt-schaftsStR-Hdb/*Harder* Kap. 23 Rn. 38; vgl. auch Achenbach/Ransiek/Rönnau WirtschaftsStR-HdB/ *Junck/Kirch-Heim* Teil 4 Kap. 3 Rn. 86; Tiedemann WirtschaftsStR BT Rn. 86). Dies ist jedoch ab-zulehnen, da der Transport zur Grenze einen wesentlichen Zwischenschritt darstellt, sodass idR zu-mindest ein Eintritt in unmittelbare Grenznähe erforderlich ist (offen gelassen von BGH NJW 1992, 3114 (3115); s. auch LK-StGB/*Hillenkamp* Rn. 118).

61   Etwas anderes kommt allerdings bei einem **Transport zur See oder auf dem Luftweg** in Betracht (s. auch Fischer Rn. 15a). Kann der Täter hier nach dem Einstieg ins Flugzeug oder dem Ablegen des Schiffes die Grenzüberschreitung des Gutes praktisch nicht mehr verhindern, so ist regelmäßig bereits zu diesem Zeitpunkt die Schwelle zum „jetzt geht es los" überschritten und sind keine weiteren Zwischen-akte mehr erforderlich (s. *Mack,* Die Abgrenzung zwischen Vorbereitung und Versuch im Wirtschafts-und Nebenstrafrecht, 2004, 222 f.; zur BtM-Einfuhr per Flugzeug BGH NStZ 1990, 442 f.; 2010, 222; per Kfz BGH NStZ 1983, 224; *Vogler* FS Stree/Wessels, 1993, 295). So soll unmittelbares Ansetzen zu § 22a Abs. 1 Nr. 4 KWKG nach der Rspr. bereits vorliegen können, wenn die Waffen beim Transport auf dem Seeweg durch Veranlassung des Täters den letzten geplanten Anlegehafen vor Erreichen der Hoheitsgrenze verlassen haben (OLG Düsseldorf NJW 1993, 2253 (2255); zu Nr. 7 → Rn. 45; zu sonstigen Tatbeständen des KWKG s. *Mack,* Die Abgrenzung zwischen Vorbereitung und Versuch im Wirtschafts- und Nebenstrafrecht, 2004, 225 ff.).

II. Versuchsbeginn bei Beteiligung Mehrerer

62   Sind mehrere Personen an einer Tat beteiligt, stellt sich die Frage, ab welchem Zeitpunkt für jeden einzelnen das unmittelbare Ansetzen und damit der Eintritt in das Versuchsstadium zu bejahen ist.

63   **1. Mittäterschaft.** Nach der von Rspr. und hM vertretenen **Gesamtlösung** überschreiten alle Mit-täter die Schwelle zum strafbaren Versuch, sobald einer von ihnen zur Verwirklichung des Tatbestandes unmittelbar ansetzt. Dies wird mit der bei § 25 Abs. 2 erfolgenden wechselseitigen Zurechnung begründet, die alle iRd Tatplans liegenden Tatbeiträge erfasst (→ § 25 Rn. 88 f.). Erfasst werden auch Mittäter, die ihren Tatbeitrag bereits im Vorbereitungsstadium erbracht haben (stRspr, BGHSt 39, 236 (237 f.); 40, 299 (301); BGH NStZ 1981, 99; BGH wistra 2000, 379 (381); MüKoStGB/*Herzberg*/ *Hoffmann-Holland* Rn. 138 f.; Lackner/Kühl/*Kühl* Rn. 9; diff. *Mylonopoulos* GA 2011, 462 ff.). Die in der Lit. zT vertretene **Einzellösung** stellt demgegenüber auf das unmittelbare Ansetzen jedes einzelnen Mittäters ab (vgl. *Günther* GA 1983, 333; diff. SK-StGB/*Rudolphi* Rn. 19a; dazu Roxin StrafR AT II § 29 Rn. 297; abl. *Krack* ZStW 110 (1998), 614 ff.).

64   **a) Tatentschluss als Grundlage der Zurechnung.** Voraussetzung für die **Zurechnung gem. der Gesamtlösung** ist, dass der handelnde Mittäter zum Zeitpunkt des Handelns (noch) mit Tatentschluss vorgeht, dh mit den anderen Beteiligten zum Zweck der Tatausführung zusammenwirken will. Andern-falls liegt kein mittäterschaftlicher Tatbeitrag iSv § 25 Abs. 2 vor, der ein unmittelbares Ansetzen der anderen Beteiligten begründen könnte (BGHSt 39, 236 (237 f.); BGH wistra 1987, 26 f.; Schönke/ Schröder/*Eser/Bosch* Rn. 55a; *Zopfs* JURA 1996, 23). Dies gilt auch dann, wenn die anderen Mittäter vom fehlenden Willen des Handelnden nichts wissen (aA Fischer Rn. 22a; *Heckler* GA 1997, 76 ff.). Sie setzen in diesem Fall erst unmittelbar an, wenn einer von ihnen seinerseits mit Tatentschluss in das Versuchsstadium eintritt.

65   Bei **vermeintlicher Mittäterschaft** genügt es für ein unmittelbares Ansetzen daher nicht, wenn nur der vermeintliche und also ohne Tatentschluss handelnde Mittäter Handlungen ausführt, die eine die Kriterien für ein unmittelbares Ansetzen erfüllen (anders BGHSt 40, 299 (302) mBespr *Sonnen* JA 1995, 361 ff.; *Roßmüller/Rohrer* MDR 1996, 986; s. auch BGH NStZ 2004, 110 m. abl. Anm. *Krack* NStZ 2004, 697 ff.). In diesem Fall fehlt es an einer Zurechnungsgrundlage, da ein gemeinsamer Tatplan zum Zeitpunkt des Ansetzens gerade nicht vorliegt (s. *Erb* NStZ 1995, 428; LK-StGB/*Hillenkamp* Rn. 176;

Lackner/Kühl/*Kühl* Rn. 9; *Streng* ZStW 109 (1997), 892; *Zopfs* JURA 1996, 23; in diese Richtung auch BGHSt 39, 236 (238); aA Fischer Rn. 23a mwN).

b) Gremienentscheidungen. Bei Gremienentscheidungen, die von der Rspr. weitgehend über die **66** Mittäterschaft gelöst werden (→ § 25 Rn. 116 ff.), ist für die Frage nach dem Beginn des Versuchsstadiums zu differenzieren. Verwirklicht bereits die Beschlussfassung selbst einen Straftatbestand, sodass die Tat mit der Gremienentscheidung vollendet ist, ist unmittelbares Ansetzen idR gegeben, wenn die Gremienmitglieder einvernehmlich zur Abstimmung schreiten.

Bedarf der gefasste Beschluss hingegen – wie typischerweise der Fall – noch der **Umsetzung,** so stellt **67** die Gremienentscheidung grds. nur eine Vorbereitungshandlung dar. Die Umsetzung bedingt dann zumeist wesentliche Zwischenakte (→ Rn. 44 f.), sodass der Beschluss der eigentlichen Tatbestandsverwirklichung deutlich vorgelagert ist (→ § 25 Rn. 117 f.; *Neudecker,* Die strafrechtliche Verantwortlichkeit der Mitglieder von Kollegialorganen, 1995, 235 f.). Wann für die Gremienmitglieder als Mittäter unmittelbares Ansetzen bejaht werden kann, hängt in diesem Fall davon ab, wie ihr Verhältnis zu den umsetzenden Beteiligten zu bewerten ist. In Betracht kommt vornehmlich Mittäterschaft bzw. mittelbare Täterschaft (vgl. *Neudecker,* Die strafrechtliche Verantwortlichkeit der Mitglieder von Kollegialorganen, 1995, 239 f.) oder Anstiftung (→ § 25 Rn. 117, 139). Daher ist für das unmittelbare Ansetzen zumeist der Zeitpunkt relevant, zu dem die ausführenden Beteiligten zur Umsetzung des Beschlusses unmittelbar ansetzen (→ Rn. 63 ff., 68 ff.).

2. Mittelbare Täterschaft. Auch für den mittelbaren Täter kommt es darauf an, welche Handlungen **68** nach den allg. Regeln ein ausreichendes Näheverhältnis zur Tatbestandsverwirklichung aufweisen (BGHSt 40, 257 (269); LK-StGB/*Hillenkamp* Rn. 158 f.). Nach hM ist entscheidend, wann sich der Hintermann des Einflusses auf den Tatmittler begibt und das Rechtsgut bereits konkret gefährdet ist. Praktisch ist daher idR nach dem **Zeitpunkt** zu differenzieren, zu dem der **Tatmittler tätig werden soll** (MüKoStGB/*Herzberg/Hoffmann-Holland* Rn. 137; BeckOK StGB/*Beckemper/Cornelius* Rn. 57, 59; aA *Krack* ZStW 110 (1998), 625 f.; Lackner/Kühl/*Kühl* Rn. 9: Versuchsbeginn stets erst bei unmittelbarem Ansetzen durch Tatmittler; BWM StrafR AT § 29 Rn. 155: Versuchsbeginn schon durch Einwirken auf den Tatmittler; krit. *Herzberg* FS Roxin, 2001, 756). Für die im WirtschaftsStR bedeutsame Fallgruppe der **Organisationsherrschaft** (→ § 25 Rn. 55 ff.) ergeben sich insofern keine Besonderheiten, sondern sind beide möglichen Konstellationen denkbar.

Soll der Tatmittler die Tathandlung nach den Vorstellungen des Täters in **engem Zusammenhang 69 mit dessen Einwirkung** vornehmen, so liegt unmittelbares Ansetzen idR bereits dann vor, wenn der Täter die Einwirkung auf den Tatmittler abgeschlossen hat und ihn aus seinem Einwirkungsbereich entlässt (BGH wistra 2000, 379 (381); 2015, 29 (32); *Roxin* FS Maurach, 1972, 227; *Streng* ZStW 109 (1997), 886; krit. *Küper* JZ 1983, 361 ff.). Voraussetzung ist, dass der unmittelbare Täter das von ihm in Gang gesetzte Geschehen so aus der Hand gibt, dass nach dem Tatplan eine unmittelbar anschließende Tatausführung bevorsteht (BGHSt 30, 363 (365); 40, 257 (269)). Nach der Rspr. kommt bei der Beurteilung dessen dem Kriterium der Gefährdung des geschützten Rechtsguts (→ Rn. 48 f.) große Bedeutung zu (vgl. BGHSt 43, 177 (179 f.); BGH wistra 2015, 29 (32); Schönke/Schröder/*Eser/Bosch* Rn. 54a). Die Gut- oder Bösgläubigkeit des eingeschalteten Tatmittlers soll nach heute hM keine Rolle spielen (WBS StrafR AT Rn. 872 f.).

Bedient sich zB der Täter eines Versicherungsbetruges eines gutgläubigen RA, so soll das unmittelbare **70** Ansetzen bereits mit der Beauftragung des RA zu bejahen sein, wenn der Täter davon ausgeht, der RA werde die Forderung in engem zeitlichen Zusammenhang und ohne weitere Prüfung geltend machen (OLG München wistra 2006, 436 f.; s. auch OLG München NStZ 2007, 157 f. zum gutgläubigen Sachverständigen). Bei Ausfuhrdelikten nach dem AWG kann unmittelbares Ansetzen mit der Übergabe an den für gutgläubig gehaltenen Frachtführer bzw. Spediteur gegeben sein (krit. *Mack,* Die Abgrenzung zwischen Vorbereitung und Versuch im Wirtschafts- und Nebenstrafrecht, 2004, 223 f.).

Soll die tatbestandliche Angriffshandlung nach dem Willen des mittelbaren Täters hingegen erst mit **71 zeitlicher Verzögerung nach dem Abschluss des Einwirkens** vorgenommen werden, so tritt der Täter erst mit dem unmittelbaren Ansetzen des Tatmittlers in das Versuchsstadium ein. Erst zu diesem Zeitpunkt konkretisiert sich die Gefahr für das geschützte Rechtsgut in hinreichender Weise (BGHSt 40, 257 (269); 43, 177 (179 f.); BGH wistra 2000, 379 (381); aA SK-StGB/*Rudolphi* Rn. 20a; einschr. Fischer Rn. 27). Dies gilt insbes., wenn noch vorbereitende Zwischenakte des Tatmittlers erforderlich sind oder wenn im Fall der Organisationsherrschaft eine allg. Anweisung erteilt wird, die eine Mehrzahl noch nicht genau bestimmter Fälle betr. Daher liegt in der Regel nur eine Vorbereitungshandlung vor, wenn ein mit der Buchführung eines Unternehmens beauftragtes Steuerbüro Daten erfasst und verbucht, da es bis zur Einreichung der Steuererkläung weiterer Zwischenschritte bedarf (BGH wistra 2015, 29 (32)).

3. Beihilfe. Im Gegensatz zur versuchten Beihilfe (BGH NStZ 1983, 462) ist die Beihilfe zur nur **72** versuchten Tat strafbar (→ § 27 Rn. 6, 28). Für das unmittelbare Ansetzen gelten ähnliche Regeln wie bei der Mittäterschaft (→ Rn. 63 ff.; Schönke/Schröder/*Eser/Bosch* Rn. 55b). Versuchsbeginn für alle Beteiligten kann (ausnahmsweise) bereits durch die Gehilfenhandlung gegeben sein, wenn diese der

Tatbestandsverwirklichung durch den Haupttäter unmittelbar vorgelagert ist. Anders liegt der Fall hingegen, wenn der Gehilfe nur eine Vorbereitungshandlung erbringt (s. *Weber* FS Lenckner, 1998, 452 ff.).

III. Versuchsbeginn bei besonderen Deliktsformen

73   Auch bei verschiedenen besonderen Erscheinungsformen der Straftat bzw. Strafzumessungsregeln stellt sich die Frage, wann ein unmittelbares Ansetzen gegeben ist.

74   **1. Qualifikationen.** Einfache, tatbestandlich gefasste Qualifikationen begründen keine vom Grundtatbestand gelöste Ausdehnung des Versuchsbereichs (WBS StrafR AT Rn. 864). Nach hM ist daher auf das Ansetzen zur **Verwirklichung des Gesamttatbestands** (Jakobs StrafR AT 25/70) und nicht alleine der Qualifikation abzustellen (Fischer Rn. 36). Beginnt der Täter mit einer qualifizierenden Tatbestandshandlung, kann unmittelbares Ansetzen daher nur angenommen werden, wenn im unmittelbaren Anschluss der Grundtatbestand verwirklicht werden soll (Roxin StrafR AT II § 29 Rn. 170; SK-StGB/ *Rudolphi* Rn. 18). Verwirklicht der Täter umgekehrt zunächst nur ein Merkmal des Grundtatbestandes, liegt ein Versuch der Qualifikation erst vor, wenn er auch zu deren Verwirklichung unmittelbar ansetzt (BGHSt 31, 178 (181 f.)). Vergleichbares gilt grds. für Privilegierungen und mehraktige Delikte (Fischer Rn. 36). Der Versuch der Qualifikation steht im Verhältnis zum vollendeten Grunddelikt idR in Tateinheit (Roxin StrafR AT II § 33 Rn. 183, str.).

75   Bei **erfolgsqualifizierten Delikten** (allg. → § 18 Rn. 1 ff.) ist zwischen erfolgsqualifiziertem Versuch und Versuch der Erfolgsqualifizierung zu unterscheiden (Kühl StrafR AT § 17a Rn. 32 ff.).

      Bei der **versuchten Erfolgsqualifizierung** – Täter will die schwere Folge vorsätzlich herbeiführen, bleibt jedoch insoweit im Versuchsstadium stecken (s. BGHSt 21, 194 ff.; BGH NJW 2001, 2187) – finden die für Qualifikationen allg. geltenden Regeln (→ Rn. 74) Anwendung (Jescheck/Weigend StrafR AT § 49 VII 2 f.). Der Täter muss daher zur Verwirklichung der schweren Folge selbst unmittelbar ansetzen. Dies kann, muss aber nicht bereits der Fall sein, wenn er mit Vorsatz für die schwere Folge zur Verwirklichung des Grunddelikts unmittelbar ansetzt (s. MüKoStGB/*Hardtung* § 18 Rn. 68).

76   Beim **erfolgsqualifizierten Versuch** wird bei dem Versuch des Grunddelikts vorsätzlich oder fahrlässig die schwere Folge verwirklicht. Nach hM ist diese Konstellation nur bei Tatbeständen möglich, bei denen die schwere Folge eine typische Auswirkung schon der tatbestandlichen *Handlung* des Grunddelikts ist (Lackner/Kühl/*Kühl* § 18 Rn. 9). Ein erfolgsqualifizierter Versuch scheidet daher aus, wenn sich die schwere Folge nach der Deliktsstruktur erst aus dem *Erfolg* des Grunddelikts ergeben kann, sodass dieses vollendet sein müsste (s. Fischer § 18 Rn. 7; LK-StGB/*Vogel* § 18 Rn. 72 ff. mwN). Nach der Rspr. muss sich in der schweren Folge gerade die tatbestandsspezifische Gefahr des Grunddelikts niederschlagen (BGHSt 48, 34 (37 f.); BGH NStZ 1998, 511).

77   Kann die Versuchsstrafbarkeit nur aus dem Verbrechenscharakter der Erfolgsqualifikation folgen, weil der Versuch des Grunddelikts nicht unter Strafe steht, scheidet nach wohl hM ein erfolgsqualifizierter Versuch aus, wenn die schwere Folge nur fahrlässig herbeigeführt wurde (sehr str., s. Schönke/Schröder/ *Sternberg-Lieben/Schuster* § 18 Rn. 9; MüKoStGB/*Hardtung* § 18 Rn. 70; Lackner/Kühl/*Kühl* § 18 Rn. 11).

78   **2. Regelbeispiele.** Stark umstr. ist die Frage der Versuchsstrafbarkeit bei Regelbeispielen, wie zB § 263 Abs. 3 oder § 370 Abs. 3 AO (eingehend zu § 370 Abs. 3 S. 2 Nr. 1 AO *Steinberg/Burghaus* ZIS 2011, 578 ff.). Diese stellen keine Tatbestände dar, sodass § 22 nicht anwendbar ist. Andererseits werden Regelbeispiele von der stRspr als tatbestandsähnlich angesehen und entspr. behandelt (vgl. BGHSt 26, 167 (173 f.); 33, 370 (374)). Es sind drei Fallgestaltungen zu unterscheiden.

79   Wird eine **Tat nur versucht** und dabei ein **Regelbeispiel voll verwirklicht,** ist nicht die Frage der Anwendbarkeit der §§ 22, 23 auf Regelbeispiele zu entscheiden, sondern nur, ob Regelbeispiele ihre Wirkung auch bei einer nur versuchten Tat entfalten. Dies wird von der hM grds. bejaht, sodass in dieser Konstellation von der Regelwirkung auszugehen ist (BGH NStZ 1984, 262; OLG Stuttgart NStZ 1981, 222; OLG Düsseldorf NJW 1983, 2712 (2713); *Sternberg-Lieben* JURA 1986, 186). Allerdings finden die allg. Grundsätze zur Behandlung von Regelbeispielen (→ § 46 Rn. 12) Anwendung, so dass ggf. zu prüfen ist, ob wegen des geringeren Unrechtsgehalts der nur versuchten Tat die Regelwirkung uU entkräftet wird (MüKoStGB/*Schmitz* § 243 Rn. 86).

80   Für die Frage des unmittelbaren Ansetzens gilt das zu den Qualifikationen Gesagte (→ Rn. 74). Danach genügt es für den Versuch der Tat nicht, dass der Täter das Regelbeispiel erfüllt. Er muss auch zur Verwirklichung des Tatbestandes selbst unmittelbar ansetzen (*Degener* FS Stree/Wessel, 1993, 309 f.; *Eisele* JA 2006, 313; Schönke/Schröder/*Eser/Bosch* Rn. 58; *Gropp* JuS 1999, 1051).

81   Werden **sowohl die Tat, als auch das Regelbeispiel nicht voll verwirklicht,** soll dies nach der Rspr. die Indizwirkung begründen können (BGHSt 33, 370 (374)), obwohl §§ 22, 23 ihrem Wortlaut nach nur für Tatbestände gelten. Voraussetzung ist, dass der Täter die Merkmale des Regelbeispiels in seinen Tatentschluss aufgenommen und zu dessen Verwirklichung unmittelbar angesetzt hat (BGH NStZ 1995, 339), sodass die für den Versuch geltenden Grundsätze praktisch auch auf Regelbeispiele angewendet werden (krit. dazu LK-StGB/*Hillenkamp* Vor § 22 Rn. 141 ff.; MGZ/*Gössel* StrafR AT § 40 Rn. 174 ff.). Dabei reicht es wiederum nicht aus, wenn der Täter allein zur Verwirklichung des

Regelbeispiels ansetzt (→ Rn. 80). Liegen diese Voraussetzungen vor, soll der Strafrahmen des Regelbeispiels Anwendung finden können, sodass zB bei § 370 Abs. 1, 2, 3 AO wegen versuchter Steuerhinterziehung in einem bsF zu bestrafen ist (BGH NStZ 2011, 167). Die nach § 23 Abs. 2 mögliche Milderung hat dann vom Strafrahmen des § 370 Abs. 3 AO auszugehen (s. JJR/*Joecks* AO § 370 Rn. 586).

Die hL lehnt eine Indizwirkung der Regelbeispiele in dieser Konstellation zutr. ab, da die §§ 22, 23 **82** auf Strafzumessungsregeln nicht anwendbar sind (Schönke/Schröder/*Eser/Bosch* § 243 Rn. 44; MüKoStGB/*Schmitz* § 243 Rn. 89 f.; aA SK-StGB/*Hoyer* § 243 Rn. 54). In Betracht kommt allenfalls die Annahme eines unbenannten bsF (Lackner/Kühl/*Kühl* § 46 Rn. 15).

Wird die **Tat vollendet**, das **Regelbeispiel** aber **nicht voll verwirklicht**, geht die hL mit der **83** gleichen Begr. davon aus, dass eine Indizwirkung nicht in Betracht kommt, sondern nur ein unbenannter bsF (vgl. *Eisele* JA 2006, 313 ff.; Schönke/Schröder/*Eser/Bosch* § 243 Rn. 44; Lackner/Kühl/*Kühl* § 46 Rn. 14). Der BGH hat die Frage in dieser Konstellation offen gelassen (BGHSt 29, 319 (322); 33, 370 (376); s. auch BGHSt 48, 354 zu § 263 Abs. 3 Nr. 2).

3. Unterlassungsdelikte. Nach hM ist ein strafbarer Versuch auch bei Unterlassungsdelikten mög- **84** lich, und zwar bei **echten** (Schönke/Schröder/*Eser/Bosch* Rn. 53; zB § 283 Abs. 1 Nr. 5, 7b, Abs. 3; zu § 370 Abs. 1 Nr. 2 AO s. bereits → Rn. 54 f.) ebenso wie bei **unechten** (BGHSt 38, 356 (358 f.) mwN). Bei Tätigkeitsdelikten ist dies allerdings kaum denkbar, da das Unterlassen bereits vollendet ist, sobald die Handlungspflicht einsetzt (LK-StGB/*Hillenkamp* Vor § 22 Rn. 102).

Sehr str. und von der Rspr. nicht abschließend beantwortet ist die Frage, ab welchem Zeitpunkt bei **85** **unechten Unterlassungsdelikten unmittelbares Ansetzen** zu bejahen ist (offen gelassen in BGHSt 38, 356 (360); vergleichbares gilt bei echten Unterlassungsdelikten, Schönke/Schröder/*Eser/Bosch* Rn. 53). In der Lit. werden hierzu im Wesentlichen drei Ansätze vertreten. Nach einer Auffassung kommt es auf das bewusste Verstreichenlassen der ersten Rettungsmöglichkeit an (*Herzberg* MDR 1973, 96; anders MüKoStGB/*Herzberg/Hoffmann-Holland* Rn. 115 f.). Andere stellen auf das Verstreichenlassen der letzten Rettungsmöglichkeit ab (*Kaufmann*, Die Dogmatik der Unterlassungsdelikte, 2. Aufl. 1988, 210 (216)). Beide Auffassungen sind wegen der zu starken Ausdehnung bzw. Begrenzung des Versuchsstadiums abzulehnen (so auch BGHSt 40, 257 (271)). Die hL verlangt daher, dass die Erfolgsabwendung aus der Sicht des Täters **geboten**, das betreffende Rechtsgut also konkret gefährdet sein muss. Unmittelbares Ansetzen ist danach grds. erst anzunehmen, wenn sich die Gefahrenlage nach Vorstellung des Unterlassenden jederzeit verschlechtern kann er gleichwohl untätig bleibt (WBS StrafR AT Rn. 1043 f.; Schönke/Schröder/*Eser/Bosch* Rn. 50 f.; Lackner/Kühl/*Kühl* Rn. 17; Gropp StrafR AT § 9 Rn. 77; NK-StGB/*Zaczyk* Rn. 64). Bloße Vorbereitung liegt hingegen vor, wenn noch weitere sichere Erfolgsabwendungsmöglichkeiten bestehen, sodass noch keine besondere Gefährdung gegeben ist (*Roxin* JuS 1979, 12; Jescheck/Weigend StrafR AT § 60 II 2), oder wenn noch Zwischenschritte Dritter oder des Opfers notwendig sind, wie zB beim Unterlassen einer Aufklärung (Fischer Rn. 33).

In die Richtung der hL tendiert grds. auch die **Rspr.** (s. BGHSt 38, 356 (360)). Sie will aber die **86** klassischen Kriterien für die Bestimmung des Versuchsbeginns (→ Rn. 41 ff.) stärker betonen und gelangt dadurch mitunter zu einem früheren Versuchsbeginn (s. BGHSt 40, 257 (271 f.)).

4. Actio libera in causa. Ein strafbarer Versuch ist nur bei der vorsätzlichen actio libera in causa **87** möglich (allgem. zur alic BGHSt 42, 235 (237 ff.); BGH JR 1997, 391; BGH NStZ 1999, 448; 2000, 584). Für das unmittelbare Ansetzen ist nicht die Herbeiführung des Defekts, sondern der Beginn der tatbestandlichen Ausführungshandlungen maßgeblich (s. Jescheck/Weigend StrafR AT § 40 VI 2; diff. LK-StGB/*Hillenkamp* Rn. 166).

§ 23 Strafbarkeit des Versuchs

(1) Der Versuch eines Verbrechens ist stets strafbar, der Versuch eines Vergehens nur dann, wenn das Gesetz es ausdrücklich bestimmt.

(2) Der Versuch kann milder bestraft werden als die vollendete Tat (§ 49 Abs. 1).

(3) Hat der Täter aus grobem Unverstand verkannt, daß der Versuch nach der Art des Gegenstandes, an dem, oder des Mittels, mit dem die Tat begangen werden sollte, überhaupt nicht zur Vollendung führen konnte, so kann das Gericht von Strafe absehen oder die Strafe nach seinem Ermessen mildern (§ 49 Abs. 2).

Literatur: *Bilsdorfer,* Klarere Strafzumessungsregeln bei Steuerhinterziehung, NJW 2009, 476; *Bloy,* Unrechtsgehalt und Strafbarkeit des grob unverständigen Versuchs, ZStW 113 (2001), 76; *Ellbogen,* Untauglicher Versuch – grob unverständiger Versuch – abergläubischer Versuch, FS v. Heintschel-Heinegg, 2015, 125; *Frisch,* Die Strafrahmenmilderung beim Versuch, FS Spendel, 1992, 381; *Heinrich,* Die Abgrenzung von untauglichem, grob unverständigem und abergläubischem Versuch, JURA 1998, 393; *Kretschmer,* Der abergläubische Irrtum in seiner strafrechtlichen Irrelevanz, JR 2004, 444; *Rolletschke/Jope,* Die Grundsatzentscheidung des BGH zur Strafhöhe bei Steuerhinterziehung, wistra 2009, 219; *Roxin,* Über den Strafgrund des Versuchs, FS Nishihara, 1998, 155; *Spatscheck/Zumwinkel,* BGH versucht

Vereinheitlichung des Steuerstrafrechts, StraFo 2009, 361; *Steinberg/Burghaus,* Versuchte Steuerhinterziehung „in großem Ausmaß" nach § 370 Abs. 3 S. 2 Nr. 1 AO, ZIS 2011, 578; *Wolters,* Die Milderung des Strafrahmens wegen versuchter Tat beim echten Unternehmensdelikt, FS Rudolphi, 2004, 347.

A. Versuchsstrafbarkeit (Abs. 1)

1 Der Versuch eines Verbrechens ist stets, der eines Vergehens nur dann strafbar, wenn dies im jeweiligen Tatbestand ausdr. vorgesehen ist.

I. Grundsätze

Ausgangspunkt für die Bestimmung der Versuchsstrafbarkeit sind somit die Legaldefinitionen des § 12. Danach sind **Verbrechen** rechtswidrige Taten, die im Mindestmaß mit einem Jahr Freiheitsstrafe bedroht sind (§ 12 Abs. 1), während sonstige rechtswidrige Taten nach § 12 Abs. 2 **Vergehen** darstellen. Maßgeblich für diese Deliktseinteilung ist allein die abstrakte Betrachtungsweise. Schärfungen und Milderungen, die lediglich einen anderen Strafrahmen vorsehen ohne andersartiges Unrecht zu beschreiben, bleiben unberücksichtigt (§ 12 Abs. 3). Dies umfasst insbes. auch Regelbeispiele (s. etwa § 95 Abs. 3 AMG). Ebenso ist die Vorstellung des Täters für die rechtl. Einordnung der Tat ohne Bedeutung (Schönke/Schröder/*Eser/Bosch* Rn. 2; LK-StGB/*Hillenkamp* Rn. 2; NK-StGB/*Zaczyk* Rn. 2).

Bei **Ordnungswidrigkeiten** kann der Versuch nach § 13 Abs. 2 OWiG nur geahndet werden, wenn dies ausdr. bestimmt ist, was eher selten der Fall ist (zB § 36 Abs. 5 MOG bzgl. Zollverletzungen nach § 36 Abs. 2 MOG; vgl. iÜ KK-OWiG/*Rengier* OWiG § 13 Rn. 3 ff.).

II. Versuchsstrafbarkeit im WirtschaftsStrR

2 Im **WirtschaftsStrR** überwiegt noch stärker als im allg. StrR die Einordnung der Tatbestände als Vergehen (s. aber § 264 Abs. 3 iVm § 263 Abs. 5 zum banden- und gewerbsmäßigen Subventionsbetrug sowie die in §§ 17, 18 Abs. 7, 8 AWG umschriebenen Verstöße gegen Ein- und Ausfuhrverbote). Dies ist zum einen durch die in diesem Bereich geschützten Rechtsgüter (hierzu Tiedemann WirtschaftsStrR BT Rn. 12 ff.) begründet. Zum anderen sind die tatbestandlichen Voraussetzungen im WirtschaftsStrR nicht selten weit gefasst und erfassen zahlreiche Begehungsformen mit stark divergierendem Unrechtsgehalt (vgl. Tiedemann WirtschaftsStrR BT Rn. 1 ff.), was eine flexible Strafzumessung erforderlich macht.

3 Bei Vergehen hat der Gesetzgeber ua in folgenden Fällen den Versuch für strafwürdig erachtet: Betrug (§ 263 Abs. 2), Computerbetrug (§ 263a Abs. 2), Bankrott (§ 283 Abs. 3), Gläubiger- und Schuldnerbegünstigung (§§ 283c Abs. 2, 283d Abs. 2), Steuerhinterziehung (§ 370 Abs. 2 AO), Insiderhandel unter Verstoß gegen § 14 Abs. 1 WpHG (§ 38 Abs. 3 WpHG), falsche Ausstellung von Bescheinigungen über das Stimmrecht in einer AG-Hauptversammlung (§ 402 Abs. 3 AktG), unerlaubte Verwertung urheberrechtl. geschützter Werke (§ 106 Abs. 2 UrhG), Verrat von Geschäfts- und Betriebsgeheimnissen (§ 17 Abs. 3 UWG), Lebensmittelstraftaten nach den § 58 Abs. 1–3 LFGB (§ 58 Abs. 4 LFGB), Straftaten nach dem AWG (§ 18 Abs. 6 AWG), Verletzung von Geschmacksmustern (§ 51 Abs. 3 DesignG). Auf eine Versuchsstrafbarkeit verzichtet wurde hingegen bspw. bei der Untreue (§ 266), der Beschäftigung von Ausländern ohne Genehmigung und zu ungünstigen Arbeitsbedingungen (§ 10 SchwarzArbG), der Unrichtigen Darstellung (§ 313 UmwG) sowie der Bilanzfälschung nach § 331 HGB. Die fehlende Anordnung der Versuchsstrafbarkeit spielt bei solchen Vergehen eine untergeordnete Rolle, die einen frühen Vollendungszeitpunkt und daher nur ein kurzes oder gar kein Versuchsstadium aufweisen (→ § 22 Rn. 9; zur Untreue Achenbach/Ransiek/Rönnau WirtschaftsStrR-HdB/*Seier* Teil 5 Kap. 2 Rn. 34, 127).

III. Konkurrenz mit vollendeten Delikten

4 Das **Konkurrenzverhältnis** zwischen **versuchten und vollendeten Delikten** ist mitunter nicht leicht zu bestimmen und von den jeweils verwirklichten Tatbeständen abhängig. Schwierigkeiten entstehen insbes. wenn durch eine Handlung sowohl ein Delikt vollendet, als auch ein anderes nur versucht wird (→ § 24 Rn. 85 f. zum Rücktritt). Die neuere Rspr. tendiert dazu, beide Delikte in Tateinheit bestehen zu lassen, da oft nur dadurch der spezifische Unrechtsgehalt der Tat zum Ausdruck komme. Anders sei dies nur, wenn in dem vollendeten Delikt das versuchte „notwendig" enthalten sei (BGHSt 44, 196 (199); 46, 25 (26); BayObLG NJW 2003, 911 (912) m. abl. Anm. *Jäger* JR 2003, 478). Andererseits soll ein vollendeter Kreditbetrug nach § 265b nicht nur hinter einen vollendeten Betrug als subsidiär zurücktreten, sondern auch hinter einen versuchten Betrug (BGHSt 36, 130 (132) m. krit. Anm. *Kindhäuser* JR 1990, 520). Grund hierfür sei, dass das Ausmaß der Rechtsgutgefährdung nicht hinter der Gefährdung zurückbleibe, welche eine Tat nach § 265b in sich trage.

B. Fakultative Strafmilderung (Abs. 2)

Nach Abs. 2 kann der Versuch milder bestraft werden, als die vollendete Tat (für eine Anwendbarkeit **5** auf das materiell nur versuchte echte Unternehmensdelikt *Wolters* FS Rudolphi, 2004, 358 f.). Die im Gegensatz zu § 44 StGB aF nur fakultative Milderungsmöglichkeit wird damit begründet, dass die fehlende Vollendung durch strafschärfende Umstände wieder ausgeglichen werden könne, sodass die Strafmilderung zu verweigern sei (vgl. BGHSt 16, 351 (352 f.); LK-StGB/*Hillenkamp* Rn. 23; für eine obligatorische Milderung NK-StGB/*Zaczyk* Rn. 4; diff. *Frisch* FS Spendel, 1992, 399 ff.; zusf. Schönke/Schröder/*Eser/Bosch* Rn. 6). Die **Strafzumessung** hat **zweiaktig** zu erfolgen (Schönke/Schröder/ *Eser/Bosch* Rn. 7 ff.; Lackner/Kühl/*Kühl* Rn. 2; SK-StGB/*Rudolphi* Rn. 2). Auf der ersten Stufe findet die Strafrahmenwahl statt, auf der zweiten die konkrete Strafzumessung innerhalb des gewählten Rahmens (vgl. LK-StGB/*Hillenkamp* Rn. 13; NK-StGB/*Zaczyk* Rn. 5).

I. Strafrahmenwahl

Der Verweis auf § 49 Abs. 1 stellt klar, dass mit Strafmilderung der Übergang auf den milderen **6** Strafrahmen nach § 49 Abs. 1 gemeint ist, nicht die Unterschreitung der unteren Grenze des Regelstrafrahmens oder eine Strafmilderung innerhalb des Regelstrafrahmens (Schönke/Schröder/*Eser/Bosch* Rn. 4). Dies soll auch für Regelbeispiele gelten (s. zu § 370 Abs. 3 AO BGH NStZ 2011, 167).

1. Maßstab. Die Entscheidung zwischen Regel- und dem nach § 49 Abs. 1 zu bildenden Sonder- **7** strafrahmen erfolgt nach der Rspr. entspr. den allg. Regeln der Strafzumessung aufgrund einer **Gesamtwürdigung aller schuldrelevanten Umstände** inkl. der Persönlichkeit des Täters und der Tatumstände im weitesten Sinne, wobei den **versuchsspezifischen Umständen** ein besonderes Gewicht zukommt (stRspr, BGHSt 16, 351 (352); 35, 347 (355); 36, 1 (18); BGH NStZ 1993, 134; 1995, 285 f.; 2004, 620; BGH StraFo 2003, 60; BGH NStZ-RR 2010, 305). Die Lit. möchte demgegenüber an dieser Stelle ausschl. die versuchsspezifischen Umstände berücksichtigen und misst den allg. strafzumessungsrelevanten Aspekten erst für die Stufe der konkreten Strafzumessung Bedeutung zu (vgl. Schönke/ Schröder/*Eser/Bosch* Rn. 7; *Frisch* FS Spendel, 1992, 391 ff.; LK-StGB/*Hillenkamp* Rn. 26 ff.; Lackner/ Kühl/*Heger* § 49 Rn. 4; SK-StGB/*Rudolphi* Rn. 3; wohl auch NK-StGB/*Zaczyk* Rn. 8).

Von besonderer Bedeutung für die Strafrahmenwahl sind somit die durch den Versuch bewirkte **8** Rechtsgutsgefährdung und die Nähe zur Deliktsvollendung, zum Ausbleiben des Taterfolges führenden Umstände sowie etwaige Rücktrittsbemühungen des Täters (BGHSt 16, 351 (353); 35, 347 (355 f.); BGH NStZ 2004, 620; Fischer Rn. 4). Das Abstellen alleine auf die Nähe zur Tatvollendung unter Außerachtlassung schuldmindernder Umstände ist jedoch unzulässig (BGH NStZ-RR 2014, 9). Auch spielt es keine Rolle, ob der Versuch beendet, unbeendet oder fehlgeschlagen ist (s. für den beendeten Versuch BGH StV 1991, 105; vgl. auch Fischer Rn. 3). Das Fehlen von Rücktrittsbemühungen darf wegen des Doppelverwertungsverbots nicht berücksichtigt werden, da es die Versuchsstrafbarkeit erst begründet (BGH StV 2014, 411).

2. Besondere Aspekte im WirtschaftsStR. Bei den allg. strafzumessungsrelevanten Umständen **9** kommt im **WirtschaftsStR** regelmäßig dem Aspekt des **Vermögensschadens** besondere Bedeutung zu. Insofern ist zu ermitteln, wie hoch der Schaden im Fall der Deliktsvollendung voraussichtlich ausgefallen wäre. Jedoch darf keine schematische Betrachtung erfolgen, die allein an der möglichen Schadenshöhe orientiert ist. Daneben sind, wie auch sonst, insbes. die Motivation des Täters, die Intensität der Tat, etwaige Vorstrafen, die persönlichen und wirtschaftlichen Verhältnisse des Täters sowie das Vorliegen eines Geständnisses zu berücksichtigen (Wabnitz/Janovsky WirtschaftsStR-HdB/*Raum* Kap. 4 Rn. 152).

Bei der **versuchten Steuerhinterziehung** ist festzustellen, welchen Umfang der Steuerausfall im Fall **10** der Vollendung gehabt hätte (vgl. auch BGH wistra 1998, 269 (270); BGH NStZ 2011, 167). Der Ausfall und seine Berechnung sind in den Urteilsgründen darzustellen (OLG Rostock 11.7.2005 – 1 Ss 113/05 I 53/05 (insow. nicht abgedruckt in StV 2006, 528 = BeckRS 2005, 09637)). Dabei ist die neuere Rspr. des BGH zur Strafzumessung bei der Steuerhinterziehung zu berücksichtigen (→ AO § 370 Rn. 583 ff., 616 f.; zusf. *Bilsdorfer* NJW 2009, 476 ff.; *Rolletschke/Jope* wistra 2009, 219 ff.; *Spatscheck/Zumwinkel* StraFo 2009, 361; s. auch *Steinberg/Burghaus* ZIS 2011, 578). Danach ist im Fall der Vollendung bei einem sechsstelligen Hinterziehungsbetrag eine Geldstrafe nur bei Vorliegen gewichtiger Milderungsgründe noch schuldangemessen; bei Beträgen in Millionenhöhe soll eine Aussetzung der Freiheitsstrafe zur Bewährung nur ausnahmsweise noch in Betracht kommen (BGHSt 53, 71 (86) unter Verweis auf BGH NStZ-RR 2007, 176 (178)). Ist die Tat im Versuchsstadium stecken geblieben, steht aber fest, dass bei Vollendung derartige Summen hinterzogen worden wären, wird die Anwendung des Sonderstrafrahmens aus § 49 Abs. 1 dementspr. eher selten angezeigt sein.

3. Sonstiges. Macht das Gericht von der Milderungsmöglichkeit nach Abs. 2 Gebrauch, ist dies im **11** Urt. zu begründen. Der bloße Verweis, dass es beim Versuch geblieben ist, reicht nicht aus (BGH StV 1990, 62 (63)).

Trifft der Versuch mit allg. oder **weiteren** besonderen gesetzlichen **Milderungsmöglichkeiten** zusammen, ist eine mehrfache Herabsetzung des Strafrahmens möglich, wobei zunächst die allg. Milderungsmöglichkeit zu prüfen ist (dazu BGH StraFo 2008, 173 (174); BGH NStZ-RR 2008, 105; BGH wistra 2013, 153; Schönke/Schröder/*Eser/Bosch* Rn. 4; Jescheck/Weigend StrafR AT § 49 V 2; zum Verhältnis zur Annahme eines msF BGH NStZ-RR 2010, 305; BGH StV 2014, 15).

II. Strafzumessung

12   Unabhängig davon, ob der Regel- oder der Sonderstrafrahmen aus § 49 Abs. 1 gewählt wird, gelten für die Bestimmung der konkreten Strafe die **allg. Strafzumessungsregeln** des § 46. Das Gericht hat (wiederum, vgl. → Rn. 7) eine Gesamtwürdigung von Tat und Täter vorzunehmen (s. zur Strafzumessung im WirtschaftsStR allg. die Erl. zu § 46 sowie Wabnitz/Janovsky WirtschaftsStR-HdB/*Raum* Kap. 4 Rn. 151 ff.). Die Tatsache, dass der Täter nicht nach § 24 zurückgetreten ist, darf sich wegen § 46 Abs. 3 nicht straferhöhend auswirken (BGH NStZ 1983, 217 f.).

13   Wendet das Gericht den **Regelstrafrahmen** an, so muss die Tatsache, dass die Tat nicht zur Vollendung gekommen ist, jedenfalls strafmindernd berücksichtigt werden (OLG Köln StV 1997, 244; Schönke/Schröder/*Eser/Bosch* Rn. 9; Fischer Rn. 3; aA LK-StGB/*Hillenkamp* Rn. 39). Wird die Strafe hingegen in den Grenzen des **Sonderstrafrahmens** gem. § 49 Abs. 1 gebildet, ist der Umstand der Nichtvollendung nicht (erneut) zu berücksichtigen (BGHSt 16, 351 (354); BGH StV 1990, 62 (63)). Die tatsächlichen Umstände, die die konkrete Versuchstat kennzeichnen, bleiben jedoch neben den allg. Strafzumessungsgründen berücksichtigungsfähig (BGHSt 17, 266 (267); 26, 311 (312)).

14   Im **WirtschaftsStR** kommt auch an dieser Stelle der **Höhe des Vermögensschadens bzw. Steuerausfalls,** wie er im Fall der Vollendung eingetreten wäre, besondere Bedeutung zu (schon → Rn. 9; BGHSt 37, 341 (343); vgl. auch BGH wistra 1992, 103; zu § 106 UrhG s. Dreier/Schulze UrhG § 106 Rn. 15). Für die Strafzumessung bei der **Steuerhinterziehung** ist hierbei die neuere Rspr. des BGH zu berücksichtigen (→ Rn. 10). Eine vollständige Ausblendung sonstiger strafzumessungsrelevanter Umstände ist aber auch hier nicht zulässig.

C. Grob unverständiger Versuch (Abs. 3)

15   Abs. 3 ermöglicht eine weitergehende Strafmilderung bzw. ein Absehen von Strafe, wenn der Täter aus grobem Unverstand nicht erkannt hat, dass sein Versuch nicht zur Vollendung führen konnte.

I. Allgemeines

16   Es muss zunächst ein strafbarer Versuch vorliegen (LK-StGB/*Hillenkamp* Rn. 50). Daran fehlt es beim **abergläubischen (irrealen) Versuch,** bei dem der Täter den tatbestandlichen Erfolg durch übersinnliche Kräfte herbeiführen möchte (zB Tötung durch Beschwörung des Teufels oder sog Sympathiemittel, vgl. RGSt 33, 321 (322)). In derartigen Konstellationen liegt schon keine hinreichende Vorstellung von der Tat vor, da man Umstände, die sich nur herbeiwünschen lassen, nicht in seinen Deliktsverwirklichungswillen aufnehmen kann (*Bloy* ZStW 113 (2001), 108; LK-StGB/*Hillenkamp* Rn. 50; *Kretschmer* JR 2004, 444 (445); aA *Ellbogen* FS v. Heintschel-Heinegg, 2015, 125 (128 ff.); Fischer Rn. 9 f. mwN; *Heinrich* JURA 1998, 398).

17   Der Vorschrift kommt eine nur äußerst geringe **praktische Relevanz** zu. Im WirtschaftsStR gilt dies umso mehr, als es oft um die Bewertung komplizierter Geschehensabläufe geht, bei denen die (Un-)Tauglichkeit einer bestimmten Vorgehensweise gerade nicht für jeden Menschen mit durchschnittlichem Erfahrungswissen unmittelbar ersichtlich ist.

II. Fehlende Vollendungsmöglichkeit

18   Abs. 3 verlangt zunächst, dass der Versuch überhaupt nicht zur Vollendung führen konnte. Wann diese Voraussetzung im Einzelfall erfüllt ist, wird uneinheitlich beantwortet. Die Rspr. betont, dass dies nicht losgelöst vom Merkmal des groben Unverstandes beurteilt werden dürfe (BGHSt 41, 94 (95)) und prüft die beiden Voraussetzungen in Bezug aufeinander (vgl. BGHSt 42, 268 (273 f.) zum Betrug). Zu vergleichbaren Ergebnissen gelangen Stimmen in der Lit., die jeden untauglichen Versuch (→ § 22 Rn. 27 ff.) als ausreichend ansehen und eine Eingrenzung erst über das Merkmal der Verkennung aus grobem Unverstand vornehmen wollen (LK-StGB/*Hillenkamp* Rn. 53 ff.; NK-StGB/*Zaczyk* Rn. 18). Danach erfüllen alle Formen des untauglichen Versuchs die Eingangsvoraussetzung der fehlenden Vollendungsmöglichkeit, auch die des untauglichen Subjekts (Schönke/Schröder/*Eser/Bosch* Rn. 15 f.; Fischer Rn. 6; aA NK-StGB/*Zaczyk* Rn. 19). Nach aA ist bereits an dieser Stelle zwischen „bloß" untauglichen und „qualifiziert" untauglichen Versuchen zu differenzieren (Lackner/Kühl/*Kühl* Rn. 6 mwN; vgl. auch BT-Drs. 5/4095, 12). Die Gegenmeinung hält diese Unterscheidung für nicht durchführbar (*Heinrich* JURA 1998, 395; LK-StGB/*Hillenkamp* Rn. 59; NK-StGB/*Zaczyk* Rn. 18).

III. Grober Unverstand

Der Täter verkennt die Untauglichkeit des Versuchs aus grobem Unverstand, wenn er „bei der **19** Tatausführung von **völlig abwegigen Vorstellungen über gemeinhin bekannte Ursachenzusammenhänge** ausgeht" (BGHSt 41, 94 (95); ausführlich zum Begriff *Bloy* ZStW 113 (2001), 100 ff.; *Heinrich* JURA 1998, 396). Eine Verkennung von naturgesetzlichen Zusammenhängen ist daher alleine nicht ausreichend, vielmehr muss die Fehlvorstellung des Täters offensichtlich sein: „Der Irrtum (muss) nicht nur für fachkundige Personen, sondern für jeden Menschen mit durchschnittlichem Erfahrungswissen offenkundig" sein (BGHSt 41, 94 (95); BayObLG wistra 1993, 304 (306); Schönke/Schröder/ *Eser/Bosch* Rn. 17; *Fischer* Rn. 7; weiter LK-StGB/*Hillenkamp* Rn. 67 ff.). Die Vorschrift erfasst Versuchstaten, die „kein besonnener Mensch ernst nimmt" (BT-Drs. 4/650, 145) und die mehr „Heiterkeit als Besorgnis" hervorrufen (*Roxin* FS Nishihara, 1998, 161), bspw. wenn der Täter eine Abtreibung durch Kamillentee herbeiführen möchte (Schönke/Schröder/*Eser/Bosch* Rn. 17).

Die Fehlvorstellung des Täters muss gerade auf seinen Unverstand und nicht auf schlichtes Nicht- **20** wissen oder einen Wahrnehmungsfehler zurückzuführen sein. Kein grob unverständiger Versuch liegt somit vor, wenn der Täter eines Geldwäscheversuchs das Tatobjekt an einen VE verschiebt, den er für einen Dritten iSv § 261 Abs. 2 hält, oder wenn er den zu tötenden Nachbarn mit einem Baumstamm verwechselt (LK-StGB/*Hillenkamp* Rn. 63).

IV. Rechtsfolge

Liegt ein grob unverständiger Versuch vor, kann das Gericht **von Strafe absehen oder die Strafe 21 nach seinem Ermessen mildern,** was jeweils im Urt. zu begründen ist (LK-StGB/*Hillenkamp* Rn. 72). Im ersten Fall erfolgt zwar ein Schuldspruch mit der Folge, dass der Verurteilte nach § 465 Abs. 1 S. 2 StPO die Verfahrenskosten zu tragen hat (BGHSt 4, 172 (176)). In der Urteilsformel wird aber von der Verhängung einer Strafe abgesehen. Hält das Gericht eine Strafmilderung für angemessen, gelten die in § 49 Abs. 2 normierten Grundsätze. Das Absehen von Strafe soll bei grob unverständigen Versuchen den Regelfall darstellen (BT-Drs. 5/4095, 12; vgl. auch Lackner/Kühl/*Kühl* Rn. 4; NK-StGB/*Zaczyk* Rn. 21). Eine Verweigerung jeglicher Strafmilderung dürfte angesichts des erheblich eingeschränkten Strafbedürfnisses nur höchst selten in Betracht kommen (für eine obligatorische Strafmilderung daher *Ellbogen* FS v. Heintschel-Heinegg, 2015, 125 (133); SK-StGB/*Rudolphi* Rn. 10; aA Schönke/Schröder/*Eser/Bosch* Rn. 6).

Bereits im **Ermittlungsverfahren** kann die StA von der Anklageerhebung absehen, wenn das **22** Gericht dem zustimmt (§ 153b Abs. 1 StPO). Nach Anklageerhebung kann das Gericht gem. § 153b Abs. 2 StPO das Verfahren mit Zustimmung der StA und des Beschuldigten einstellen.

§ 24 Rücktritt

(1) [1] **Wegen Versuchs wird nicht bestraft, wer freiwillig die weitere Ausführung der Tat aufgibt oder deren Vollendung verhindert.** [2] **Wird die Tat ohne Zutun des Zurücktretenden nicht vollendet, so wird er straflos, wenn er sich freiwillig und ernsthaft bemüht, die Vollendung zu verhindern.**

(2) [1] **Sind an der Tat mehrere beteiligt, so wird wegen Versuchs nicht bestraft, wer freiwillig die Vollendung verhindert.** [2] **Jedoch genügt zu seiner Straflosigkeit sein freiwilliges und ernsthaftes Bemühen, die Vollendung der Tat zu verhindern, wenn sie ohne sein Zutun nicht vollendet oder unabhängig von seinem früheren Tatbeitrag begangen wird.**

Literatur: *Ahmed,* Rücktritt vom versuchten unechten Unterlassungsdelikt, 2007; *Amelung,* Zur Theorie der Freiwilligkeit eines strafbefreienden Rücktritts vom Versuch, ZStW 120 (2008), 205; *Anders,* Zur Möglichkeit des Rücktritts vom erfolgsqualifizierten Versuch, GA 2000, 64; *Becker,* Anmerkung zu BGH Urt. v. 18.2.2015 – 2 StR 38/14, NStZ 2015, 262; *Beyer,* Selbstanzeige ab 1.1.2015 – Fallstricke in der Praxis, NWB 2015, 769; *Bloy,* Strafrecht – Die Sterne lügen doch, JuS 1986, 986; *Bloy,* Zurechnungsstrukturen des Rücktritts vom beendeten Versuch und Mitwirkung Dritter an der Verhinderung der Tatvollendung – BGHSt 31, 46 und BGH, NJW 1985, 813, JuS 1987, 528; *Bott,* Die sogenannte Denkzettelkonstellation: Der Rücktritt vom Versuch trotz des Erreichens eines außertatbestandlichen Ziels, JURA 2008, 753; *Bottke,* Untauglicher Versuch und freiwilliger Rücktritt, FG BGH, 2000, 135; *Brand/Wostry,* Kein Rücktritt vom beendeten „fehlgeschlagenen" Versuch?, GA 2008, 611; *Eisele,* Abstandnahme von der Tat vor Versuchsbeginn bei mehreren Beteiligten, ZStW 112 (2000), 745; *Engländer,* Der Rücktritt vom versuchten Unterlassensdelikt durch bloßes Untätigbleiben, JZ 2012, 130; *Eschenbach,* Die Abgrenzung zwischen strafloser Vorbereitungsphase und Versuchsbeginn bei der Steuerhinterziehung nach § 370 AO, DStZ 1997, 851; *Exner,* Versuch und Rücktritt vom beendeten Unterlassensdelikts, JURA 2010, 276; *Fahl,* Der „fehlgeschlagene Versuch" – ein „Fehlschlag"?, GA 2014, 453; *Feltes,* Der (vorläufig) fehlgeschlagene Versuch – Zur Abgrenzung von fehlgeschlagenem, beendetem und unbeendetem Versuch, GA 1992, 395; *Gehrmann,* Reichweite der Strafbarkeit des versuchten Insiderdelikts gemäß § 38 Abs. 3 WpHG, wistra 2009, 334; *Gössel,* Der fehlgeschlagene Versuch: Ein Fehlschlag, GA 2012, 67; *Haas,* Zum Rechtsgrund von Versuch und Rücktritt, ZStW 123 (2011), 226; *Heckler,* Die Ermittlung der beim Rücktritt vom Versuch erforderlichen Rücktrittsleistungen anhand der objektiven Vollendungsgefahr, 2002; *Heger,* Die neuere Rechtsprechung zum strafbefreienden Rücktritt vom Versuch (§ 24 StGB), StV 2010,

320; *v. Heintschel-Heinegg,* Versuch und Rücktritt – Eine kritische Bestandsaufnahme, ZStW 109 (1997), 29; *Herzberg,* Grundprobleme des Rücktritts vom Versuch und Überlegungen de lege ferenda, NJW 1991, 1633; *Jäger,* Der Rücktritt vom erfolgsqualifizierten Versuch, NStZ 1998, 161; *Jakobs,* Rücktritt als Tatänderung versus allgemeines Nachtatverhalten, ZStW 104 (1992), 82; *Knörzer,* Fehlvorstellungen des Täters und deren „Korrektur" beim Rücktritt vom Versuch nach § 24 Abs. 1 StGB, 2008; *Kottke,* Verhältnis der Selbstanzeige bei Steuerhinterziehung zum Rücktritt vom Versuch, DStZ 1998, 151; *Krack,* Die tätige Reue im Wirtschaftsstrafrecht, NStZ 2001, 505; *Kudlich,* Grundfälle zum Rücktritt vom Versuch, JuS 1999, 240, 349; *Küper,* Der Rücktritt vom „erfolgsqualifizierten Versuch", JZ 1997, 229; *ders,* Der Rücktritt vom Versuch des unechten Unterlassungsdelikts, ZStW 112 (2000), 1; *Lenckner,* Probleme beim Rücktritt des Beteiligten, FS Gallas, 1973, 281; *Loos,* Beteiligung und Rücktritt – Zur Abgrenzung zwischen Abs. 1 und Abs. 2 des § 24 StGB, JURA 1996, 518; *Marschall,* Die Selbstanzeige im Umfeld steuerlicher Beratung, BB 1998, 2496; *Mitsch,* Der Rücktritt des Angestifteten oder unterstützten Täters, FS Baumann, 1992, 89; *Murmann,* Rücktritt vom Versuch des Unterlassensdelikts durch Verzicht auf aktive Erfolgsherbeiführung, GA 2012, 711, *Neubacher,* Der halbherzige Rücktritt in der Rechtsprechung des BGH – Zugleich eine Besprechung der Entscheidung vom 20.12.2002 – 2 StR 251/02, NStZ 2003, 576; *Ostermeier,* Die Begrenzung der Aufgabevariante des § 24 Abs. 1 S 1 StGB auf den unbeendeten Versuch, StraFo 2008, 102; *Otto,* Versuch und Rücktritt bei mehreren Tatbeteiligten, JA 1980, 707; *Puppe,* Der halbherzige Rücktritt, NStZ 1984, 488; *Puppe,* Die Rechtsprechung des BGH zum Rücktrittshorizont, ZIS 2011, 524; *Rotsch,* Rücktritt durch Einverständnis, GA 2002, 165; *Rolletschke,* § 371 AO vs. § 24 StGB: Gibt es im Steuerstrafrecht noch einen Rücktritt vom Versuch?, ZWH 2013, 186; *Roxin,* Über den Rücktritt vom unbeendeten Versuch, FS Heinitz, 1972, 251; *Roxin,* Der Rücktritt bei Beteiligung mehrerer, FS Lenckner, 1998, 267; *Roxin,* Der fehlgeschlagene Versuch – eine kapazitätsvergeudende, überflüssige Rechtsfigur?, NStZ 2009, 319; *Schroeder,* Rücktrittsunfähig und fehlerträchtig: der fehlgeschlagene Versuch, NStZ 2009, 9; *Spatscheck/Bertrand,* Rücktritt vom Versuch der Steuerhinterziehung durch Unterlassen als Alternative zur strafbefreienden Selbstanzeige, DStR 2015, 2420; *Stein,* Beendeter und unbeendeter Versuch beim Begehungs- und Unterlassungsdelikt, GA 2010, 129; *Streng,* Rücktritt und dolus eventualis, JZ 1990, 212; *Streng,* Teilrücktritt und Tatbegriff, JZ 2007, 1089; *Vogler,* Versuch und Rücktritt bei der Beteiligung mehrerer an der Straftat, ZStW 1998 (1986), 331; *Weber,* Rücktritt vom vermögensgefährdenden Betrug, FS Tiedemann, 2008, 637; *Wörner,* Der fehlgeschlagene Versuch zwischen Tatplan und Rücktrittshorizont, 2009; *Wolters,* Die Milderung des Strafrahmens wegen versuchter Tat beim echten Unternehmensdelikt, FS Rudolphi, 2004, 347; *Zieschang,* Anforderungen an die Vollendungsverhinderung beim beendeten Versuch gemäß § 24 I 1, 2. Alt. StGB, GA 2003, 353; *Zwiehoff,* Das Rücktrittsverhalten beim beendeten Versuch, StV 2003, 631.

Übersicht

A. Allgemeines

I. Rechtsnatur und Begründung

Der Rücktritt stellt nach hM einen **persönlichen Strafaufhebungsgrund** dar (BGH StV 1982, 1; **1** Schönke/Schröder/*Eser/Bosch* Rn. 4; BWM StrafR AT § 27 Rn. 5; Jescheck/Weigend StrafR AT § 51 VI 1; MGZ/*Gössel* StrafR AT § 41 Rn. 49; aA SK-StGB/*Rudolphi* Rn. 6; NK-StGB/*Zaczyk* Rn. 5: Schuldaufhebungsgrund; *Roxin* FS Heinitz, 1972, 273: Schuldausschließungsgrund; *Amelung* ZStW 120 (2008), 242 f.). Die bereits eingetretene Versuchsstrafbarkeit des Zurücktretenden wird wieder aufgehoben.

Zur **Begründung** der dogmatischen Figur werden unterschiedliche Ansätze vertreten (zusf. *Ahmed,* **2** Rücktritt vom versuchten unechten Unterlassungsdelikt, 2007, 13 ff.; *Amelung* ZStW 120 (2008), 216 ff.; Jakobs StrafR AT 26/1 ff.; Jescheck/Weigend StrafR AT § 51 I; *Haas* ZStW 123 (2011), 226 ff.). Nach der älteren kriminalpolitischen Theorie soll die Regelung dem Täter eine „goldene Brücke" zurück in die Rechtsordnung bauen (so RGSt 73, 52 (60); *Puppe* NStZ 1984, 490; diff. *Kudlich* JuS 1999, 241). Die neuere Rspr. argumentiert hingegen, dass der Rücktritt die Legitimationsgrundlage der Versuchsstrafbarkeit nachträglich entfallen lasse (BGHSt 14, 75 (80)). Zugleich stellt der BGH auf den Gedanken des Opferschutzes ab und ist bemüht, die Möglichkeit des Rücktritts als Anreiz zur Aufgabe der Tat recht weitgehend offen zu halten (s. BGHSt 39, 221 (232); *Heger* StV 2010, 320). Die von der wohl hL vertretene Strafzwecktheorie kombiniert general- und spezialpräventive Aspekte anderer Ansätze (Fischer Rn. 2).

II. Anwendungsbereich

§ 24 differenziert zwischen **sechs Fällen des Rücktritts vom strafbaren Versuch,** der grds. nur in **3** diesem Deliktsstadium möglich ist (→ Rn. 7 ff., 65 f., 88 f.; für eine Anwendbarkeit auf das materiell nur versuchte echte Unternehmensdelikt *Wolters* FS Rudolphi, 2004, 359). In Abs. 1 sind die Anforderungen an das Rücktrittsverhalten des Alleintäters normiert, der beim sog unbeendeten Versuch freiwillig die weitere Ausführung der Tat aufgeben muss (S. 1 Var. 1). Beim sog beendeten Versuch muss er die Vollendung der Tat verhindern (S. 1 Var. 2) oder sich freiwillig und ernsthaft hierum bemühen (S. 2). Abs. 2 bestimmt die Rücktrittsvoraussetzungen bei mehreren Tatbeteiligten (zum Anwendungsbereich → 61 ff.). Neben der freiwilligen Verhinderung der Tatvollendung (S. 1) ist ein Rücktritt auch hier wegen des freiwilligen und ernsthaften Bemühens um die Nichtvollendung möglich (S. 2).

§ 24 findet auch auf den **untauglichen Versuch** Anwendung (str. bei Unterlassen, s. Fischer Rn. 5), **4** solange kein Fehlschlag vorliegt (→ Rn. 11 ff.).

Wendet man die Grundsätze der Versuchsstrafbarkeit auch auf **Regelbeispiele** an (→ § 22 Rn. 78 f.), **5** so muss dem Täter insoweit auch das Rücktrittsprivileg zugutekommen (insgesamt abl. LK-StGB/*Lilie/ Albrecht* Rn. 139; zum erfolgsqualifizierten Versuch und zum Versuch der Erfolgsqualifikation → Rn. 8 f.). Da es sich um nur tatbestandsähnliche Strafzumessungsregeln handelt, muss dies bei der Strafzumessung Eingang finden. Vorsatz und Handlungen bzgl. des Regelbeispiels dürfen hier daher nicht strafschärfend berücksichtigt werden, wenn der Täter von dessen Verwirklichung freiwillig Abstand genommen hat (BGH NStZ-RR 2001, 199).

B. Generelle Voraussetzungen

Ein Rücktritt nach § 24 kommt grds. nur in Betracht, wenn die Tat nicht zur Vollendung gelangt ist. **6** Stets ausgeschlossen ist ein Rücktritt darüber hinaus, wenn der Versuch fehlgeschlagen ist oder der Zurücktretende nicht freiwillig handelt.

I. Keine Vollendung

Eine Strafbefreiung über § 24 ist – mit Ausnahme von Abs. 2 S. 2 Var. 2 – ausgeschlossen, wenn die **7** Tat vollendet wurde (zur Abgrenzung der Deliktsverwirklichungsstadien → § 22 Rn. 5 ff.). In diesem Fall besteht nur noch die Möglichkeit der **tätigen Reue,** falls diese für den betr. Tatbestand vom G vorgesehen ist (→ Rn. 88 f.). Wenn der Täter bereits von **Vorbereitungshandlungen** Abstand nimmt, hat er die Strafbarkeitsgrenze idR noch nicht überschritten (s. aber → Rn. 65 f.), sodass es eines Rücktritts nicht bedarf. Ausnahmen hiervon regeln die §§ 30, 31.

Bei erfolgsqualifizierten Delikten wird ein strafbefreiender Rücktritt nach hM nicht schon dadurch **8** ausgeschlossen, dass die schwere Folge eingetreten ist (sog **erfolgsqualifizierter Versuch,** → § 18 Rn. 13 f.; → § 22 Rn. 76 f.). Vielmehr kann der Täter von dem nur versuchten Grunddelikt nach § 24 zurücktreten und damit der Erfolgsqualifikation die notwendige Grundlage entziehen (hM, BGHSt 42, 158 (160 ff.); Schönke/Schröder/*Eser/Bosch* Rn. 26; *Küper* JZ 1997, 232 f.; Lackner/Kühl/*Kühl* Rn. 22; iErg auch *Anders* GA 2000, 64; aA *Jäger* NStZ 1998, 161 ff.; NK-StGB/*Zaczyk* Rn. 81). Der Wortlaut von § 24 schließt dies trotz Eintritt der schweren Folge nicht aus (BGHSt 42, 158 (160 f.)). Voraussetzung ist nur, dass der Qualifikationstatbestand auf den Versuch des Grunddelikts aufbaut und diesen voraussetzt (Schönke/Schröder/*Eser/Bosch* Rn. 26). Möglich bleibt eine isolierte (Fahrlässigkeits-)Strafbarkeit wegen der Herbeiführung der schweren Folge (SSW StGB/*Kudlich/Schuhr* Rn. 72 f.).

9   Auch vom **Versuch der Erfolgsqualifikation** (→ § 22 Rn. 75) kann der Täter strafbefreiend zurücktreten (Schönke/Schröder/*Sternberg-Lieben/Schuster* § 18 Rn. 13; Kühl StrafR AT § 17a Rn. 54 f.; LK-StGB/*Vogel* § 18 Rn. 84). Dies ist zunächst dann anzunehmen, wenn der Täter noch vor Vollendung des Grunddeliktes sowohl von diesem als auch von der Qualifikation Abstand nimmt. Nach hM ist es aber auch ausreichend, wenn der Täter nach Vollendung des Grunddeliktes den Eintritt der ursprünglich angestrebten schweren Folge verhindert (Fischer Rn. 28). Es handelt sich insoweit um eine spezielle Variante des Teilrücktritts von einer Qualifikation (Kühl StrafR AT § 17a Rn. 55).

10   Ein **Teilrücktritt von einer Qualifikation** ist anzunehmen, wenn der Täter nach Überschreiten der Versuchsschwelle deren Verwirklichung aufgibt (s. *Streng* JZ 2007, 1089 ff.). Dies ist im Interesse des jeweils geschützten Rechtsguts mit dem Grundgedanken des § 24 vereinbar (s. auch BGHSt 51, 276 (279); anders noch BGH NStZ 1984, 216 f.; offen gelassen in BGHSt 33, 142 (145); krit. *Küper* JZ 1997, 232). Voraussetzung ist, dass nicht bereits sämtliche Tatbestandsmerkmale voll erfüllt sind und der Qualifikationstatbestand seine unrechtssteigernde Qualität nicht vollständig entfaltet hat (vgl. BGHSt 51, 276 (279); Fischer Rn. 27; NK-StGB/*Zaczyk* Rn. 79).

II. Kein fehlgeschlagener Versuch

11   Der (subjektive) Fehlschlag des Versuchs führt zum **Ausschluss der Rücktrittsmöglichkeit,** da bereits der Anwendungsbereich des § 24 nicht eröffnet ist, wenn der Täter davon ausgeht, den angestrebten Erfolg nicht oder nur noch nach einer räumlich-zeitlichen Zäsur herbeiführen zu können (hM, BGHSt 34, 53 (56); 35, 90 (94); 39, 221 (228); BGH NStZ 2010, 690 (691); BGH NStZ-RR 2013, 273 (274); zur Rspr. *Wörner,* Der fehlgeschlagene Versuch zwischen Tatplan und Rücktrittshorizont, 2009, 180 ff.; vgl. Kühl StrafR AT § 16 Rn. 9 ff.; SK-StGB/*Rudolphi* Rn. 8 ff.; grundlegend krit. zu der Figur *Fahl* GA 2014, 453 ff.; *Feltes* GA 1992, 395 ff.; *Gössel* GA 2012, 65 ff.; *v. Heintschel-Heinegg* ZStW 109 (1997), 33 ff.; *Schroeder* NStZ 2009, 9 ff.; Erwiderung darauf bei *Roxin* NStZ 2009, 319; differenzierend *Brand/Wostry* GA 2008, 619 ff.).

12   **1. Perspektive der Beurteilung.** Ob ein Fehlschlag vorliegt, bestimmt sich nach stRspr allein nach der **subjektiven Sicht des Handelnden.** Nur soweit der Täter selbst die Verwirklichung der Tatbegehung noch für möglich hält, kann ein strafbefreiender Rücktritt in Betracht kommen. Hieran fehlt es, wenn die Erreichung des tatbestandlichen Ziels objektiv nicht mehr möglich ist und der Täter dies erkennt oder wenn der Täter den Erfolgseintritt irrig für nicht mehr möglich hält (BGHSt 34, 53 (56); 39, 221 (228); BGH NStZ 2014, 396; NK-StGB/*Zaczyk* Rn. 21). Umgekehrt bleibt bei einem objektiv fehlgeschlagenen Versuch der Rücktritt möglich, wenn der Täter das Fehlgehen seiner Ausführungsbemühungen nicht erkennt (BGH NStZ-RR 2005, 70 (71); 2015, 105 (106); vgl. auch LK-StGB/*Lilie/Albrecht* Rn. 64a; Kindhäuser StrafR AT § 32 Rn. 7; *Kudlich* JuS 1999, 351: nur „objektiv-untauglicher Versuch").

13   Maßgeblich für die Beurteilung sind nach hM die Vorstellungen des Täters nach Abschluss der letzten Ausführungshandlung, sog **Rücktrittshorizont** (stRspr, BGHSt 33, 295 (299) mAnm *Roxin* JR 1986, 424 ff.; BGHSt 34, 53 (56 f.); 35, 90 (94) mAnm *Rengier* JZ 1988, 931 ff.; BGH NStZ 2006, 685; 2014, 396). Daher liegt ein Fehlschlag nicht alleine deswegen vor, weil der Täter meint, von seinem ursprünglichen Tatplan abweichen zu müssen (BGH NStZ 2009, 688 (689)). Den Vorstellungen bei der Planung der Tat kommt nur insoweit Bedeutung zu, als eine erkannte Notwendigkeit, Tathandlung, -mittel oder -ablauf grundlegend zu ändern, die Annahme eines Fehlschlags zumindest nahe legen kann (BGH NStZ 2008, 393; BGH NStZ-RR 2012, 239 (240)).

14   **2. Fallgruppen.** Ein Fehlschlag ist zunächst bei (erkannter) **Unerreichbarkeit des tatbestandlichen Handlungsziels** gegeben. Dies ist der Fall, wenn die zur Tatausführung vorgenommenen Handlungen nicht erfolgreich waren und der Taterfolg aus Sicht des Täters mit den zur Verfügung stehenden Mitteln gar nicht oder nicht mehr ohne zeitliche Zäsur erreicht werden kann (BGHSt 35, 90 (94 f.); 39, 221 (228); 41, 368 (369); BGH NStZ 2010, 690 (691); 2014, 396; WBS StrafR AT Rn. 890). Hiervon ist bspw. dann auszugehen, wenn das eingesetzte Tatmittel untauglich war und weitere Mittel nicht (unmittelbar) zur Verfügung stehen (Betrugsopfer erkennt die Täuschung, s. BGH wistra 2014, 186 (188); SK-StGB/*Rudolphi* Rn. 10; diff. *Weber* FS Tiedemann, 2008, 646 f., der in bestimmten Fällen einen freiwilligen Rücktritt noch für möglich hält), oder wenn das erwartete Tatobjekt nicht vorhanden ist (geknackter Tresor ist leer, s. Kühl StrafR AT § 16 Rn. 13) oder untauglich ist.

15   Bei § 38 Abs. 1, Abs. 3 WpHG liegt ein derartiger Fehlschlag bspw. vor, wenn die Insiderinformation ad-hoc publiziert wird oder die Börse den Kurs wegen der Insiderinformation aussetzt, bevor die Order ausgeführt wird (s. näher *Gehrmann* wistra 2009, 338). Der Erhalt eines ablehnenden Steuerbescheids begründet im Fall des § 370 Abs. 1 AO solange keinen Fehlschlag, wie der Täter davon ausgeht, den Taterfolg noch durch Einlegung von Rechtsmitteln erreichen zu können. Ein Fehlschlag ist daher idR erst mit Eintreten der Bestandskraft des für den Täter ungünstigen Steuerbescheides anzunehmen

(BGHSt 38, 37 (40)). Von einem Fehlschlag ist auch auszugehen, wenn das Finanzgericht zum Zeitpunkt einer Klagerücknahme bereits die Wahrheitswidrigkeit der Klagebegründung aufgrund weiterer Gerichtsentscheidungen kennt (OLG München wistra 2012, 490 (491)). Bei der Unterlassungstat des § 370 Abs. 1 Nr. 2, Abs. 2 AO soll ein Fehlschlag hingegen bereits dann vorliegen, wenn dem Täter das diesbzgl. Ermittlungsverfahren bekannt gegeben wird, weil damit die strafbewehrte Erklärungspflicht suspendiert wird, sodass keine Vollendung mehr eintreten kann (BGH NJW 2002, 1733 (1734)).

Darüber hinaus ist ein Versuch auch dann fehlgeschlagen, wenn die **Tat gänzlich sinnlos** geworden 16 ist (Schönke/Schröder/*Eser/Bosch* Rn. 11; krit. *Feltes* GA 1992, 407 ff.; *Heger* StV 2010, 321). Hiervon ist auszugehen, wenn der Täter zwar den tatbestandlichen Erfolg noch herbeiführen könnte, jedoch den von ihm verfolgten Zweck nicht mehr erreichen kann (LK-StGB/*Lilie/Albrecht* Rn. 130 ff.; zu außertatbestandlichen Handlungszielen → Rn. 39). Dies ist vor allem dann der Fall, wenn das Tatobjekt deutlich hinter den Erwartungen des Täters zurückbleibt (herzustellendes Falschgeld wurde außer Kurs gesetzt; Beute ist für den Täter nutzlos; s. allg. BGH NStZ 2004, 333; SK-StGB/*Rudolphi* Rn. 9).

Keinen Fehlschlag nimmt die Rspr. bei der sog **rechtlichen Unmöglichkeit** an, wo der Täter irrig 17 davon ausgeht, dass ein tatbestandsausschließendes Einverständnis des Opfers vorliegt (BGHSt 39, 244 (246 f.); ähnlich BGHSt 7, 296 (299 f.); zust. *Amelung* ZStW 120 (2008), 223 f.; SSW StGB/*Kudlich/Schur* Rn. 28; aA *Roxin* NStZ 2009, 320).

3. Vorläufiges Scheitern und mehraktiges Tatgeschehen. Auch wenn der Täter bereits mehrere 18 erfolglose auf die Tatbestandsverwirklichung gerichtete Handlungen vorgenommen hat, liegt nach hM kein Fehlschlag vor, wenn er nach der letzten Ausführungshandlung davon ausgeht, den tatbestandlichen Erfolg ohne maßgebliche räumlich-zeitliche Zäsur noch herbeiführen zu können. Nach der sog **Gesamtbetrachtungslehre** ist das Rücktrittsgeschehen einheitlich zu betrachten, sodass der Täter auch noch nach mehreren misslungenen Ausführungshandlungen von der gesamten Tat strafbefreiend zurücktreten kann (BGHSt 34, 53 (56 ff.); 35, 90 (94 f.); 39, 221 (228 ff.); BGH NStZ 1986, 264 (265); BGH NStZ-RR 2013, 273 (274); BGH NStZ 2015, 26; Jescheck/Weigend StrafR AT § 51 II; NK-StGB/*Zaczyk* Rn. 27; s. auch *Feltes* GA 1992, 407 ff.).

Ein strafbefreiender Rücktritt soll nach der Rspr. in dieser Konstellation solange in Betracht kommen, 19 wie die bisherigen, misslungenen und die vom Täter noch für möglich gehaltenen Ausführungshandlungen einen **einheitlichen Lebensvorgang** (BGHSt 39, 221 (228 ff.); BGH NStZ 1994, 493; BGH StraFo 2009, 78) bzw. eine natürliche Handlungseinheit bilden (BGHSt 40, 75 (77); 41, 368 (370 f.); BGH NStZ 2001, 315; BGH NStZ-RR 2013, 273 (274)). Hiernach müssen die Einzelakte Teile eines durch die subjektive Zielrichtung des Täters verbundenen Geschehens darstellen, zwischen denen ein unmittelbarer räumlicher und zeitlicher Zusammenhang besteht (BGHSt 39, 221 (232); BGH NStZ 2005, 263 (264); 2007, 399 f.; BGH NStZ-RR 2003, 40 (41); LK-StGB/*Lilie/Albrecht* Rn. 106; zu diesen Anforderungen bei Taten nach § 370 AO s. BGHSt 36, 105 (115); zu Einzelfällen Fischer Rn. 12). Einem Wechsel des Angriffsmittels kommt dabei keine entscheidende Bedeutung zu. Unerheblich ist es wegen des Abstellens auf den Rücktrittshorizont (→ Rn. 13), ob der Täter erst nach der letzten Ausführungshandlung erkennt, dass ihm noch weitere Möglichkeiten zur Verfügung stehen, den tatbestandlichen Erfolg herbeizuführen, oder ob diese Möglichkeiten bereits Bestandteil des ursprünglichen Tatplans waren (BGH NStZ 2007, 91; 2009, 688 (689); BGH NStZ-RR 2009, 230 (231); 2012, 239 (240)).

Die teilweise in der Lit. vertretene **Einzelaktstheorie** will demgegenüber jeden Teilakt getrennt 20 betrachten und gelangt hierdurch immer schon dann zur Annahme eines Fehlschlags, wenn der Täter erkennt, dass es ihm nicht gelungen ist, den tatbestandlichen Erfolg auf eine von ihm ursprünglich für möglich gehaltene Art und Weise herbeizuführen (Schönke/Schröder/*Eser/Bosch* Rn. 20 ff.; *Haas* ZStW 123 (2011), 247; *Jakobs* ZStW 104 (1992), 89 ff.).

III. Freiwilligkeit

Der Täter muss die Rücktrittsleistung freiwillig erbringen. Dies erfordert nach der psychologischen 21 Betrachtungsweise der hM, dass er sich selbstbestimmt aus freier Entscheidung zum Rücktritt entschließt.

1. Grundsätze. Freiwillig handelt danach, wer aus autonomen, also **selbst gesetzten Motiven** die 22 Tatvollendung nicht mehr will (SSW StGB/*Kudlich/Schuhr* Rn. 63; WBS StrafR AT Rn. 915) und noch „**Herr seiner Entschlüsse**" ist (stRspr, BGHSt 7, 296 (299); 21, 216 f.; 35, 184 (187); BGH NStZ-RR 2014, 9 (10); krit. *Amelung* ZStW 120 (2008), 209). Unfreiwillig handelt, wer seinen Plan wegen zwingender Gründe bzw. Umstände aufgibt, die von seinem Willen unabhängig sind, und daher keine echte Wahlmöglichkeit hat (BGHSt 35, 90 (95); Schönke/Schröder/*Eser/Bosch* Rn. 45; Lackner/Kühl/*Kühl* Rn. 17).

Auf die **ethische Qualität der Rücktrittsmotive** kommt es nach hM nicht an (BGHSt 9, 48 (49 f.); 23 35, 184 (186) m. zust. Anm. *Lackner* NStZ 1988, 405; BGH StraFo 2013, 343; *Bottke* FG BGH, 2000, 176; Jescheck/Weigend StrafR AT § 51 III 1). Mitleid, Scham, Erschrecken oder Vernunft kommen ebenso in Betracht, wie die Absicht, durch den Rücktritt die Begehung einer anderen Tat zu ermöglichen (BGH StRR 2009, 243; Fischer Rn. 19a ff. mwN). Wenn der Täter beabsichtigt, sich durch den Rücktritt die Vorteile aus einem anderen, vorangegangenen Betrug zu sichern, handelt er somit freiwillig (BGH NJW 1980, 602). Teile der Lit. wollen den Begriff der Freiwilligkeit dagegen normativ bestimmen und stellen darauf ab, ob der Rücktritt als innere Distanzierung von der Tat, als Rückkehr in die Legalität zu bewerten ist (*Roxin* FS Heinitz, 1972, 255; aA MüKoStGB/*Herzberg/Hoffmann-Holland* Rn. 109 ff.; zusf. Schönke/Schröder/*Eser/Bosch* Rn. 42 ff.).

24   Ob Freiwilligkeit gegeben ist, muss **anhand der konkreten Tätersicht** beurteilt werden (BGH NStZ 1999, 395 (396); Schönke/Schröder/*Eser/Bosch* Rn. 44), auf die ggf. aus dem objektiven Geschehen zu schließen ist. Daher sind im Einzelfall umfassende Feststellungen auch zu den äußeren Tatumständen erforderlich (BGH StV 2006, 687 f.). Bei mehreren Motiven kommt es auf den bestimmenden Beweggrund an (BGH NStZ 2007, 399 (400)). Zweifel bei der Feststellung der Freiwilligkeit als innere Tatsache wirken sich zugunsten des Täters aus (BGH NStZ 1999, 300 (301)).

25   **2. Fallgruppen.** Nach diesem Maßstab kommt es für die Freiwilligkeit darauf an, ob der Täter die Ausführung seines Plans noch für möglich hält oder ob ihm ein zwingendes Hindernis entgegensteht. Er darf weder durch eine äußere Zwangslage gehindert, noch durch seelischen Druck unfähig geworden sein, die Tat zu vollbringen (stRspr, BGHSt 7, 296 (299); 35, 184 (186); zusf. *Heger* StV 2010, 321 f.; LK-StGB/*Lilie/Albrecht* Rn. 248 ff.; einschr. *Bottke* FG BGH, 2000, 175 f.).

26   Unfreiwilligkeit wegen einer **äußeren Zwangslage** kommt insbes. in Betracht, wenn der Täter das **Tat- bzw. Entdeckungsrisiko** für nicht mehr vertretbar hält (BGHSt 9, 48 (51); BGH NStZ 1993, 76 (77); 2007, 265 f.; BGH NStZ-RR 2006, 168 (169); BGH StV 2006, 687 (688); zu § 38 Abs. 1, 3 WpHG *Gehrmann* wistra 2009, 339) oder das Ausführen der Tat angesichts der Entdeckung für sinnlos hält (OLG München wistra 2012, 490 (491)). Fehlende Freiwilligkeit kann dabei aber grds. nur dann angenommen werden, wenn sich das Risiko wegen einer Änderung der äußeren Umstände im Verhältnis zum Tatplan beträchtlich erhöht hat (BGH NStZ 1992, 536; 2011, 454 (455)) oder sich der Täter erst bei der Tatausführung des hohen Risikos bewusst geworden ist (BGH NStZ 1993, 279). Auch die unvorhergesehene Anwesenheit Dritter am Tatort kann daher Unfreiwilligkeit begründen (BGH GA 1980, 24 (25)); jedoch reicht die Entdeckung durch Dritte dann nicht aus, wenn die Tat ohnehin in der Öffentlichkeit stattfindet und die Entdeckung daher nicht geeignet ist, einen zusätzlichen Druck auf den Täter auszuüben (BGH NStZ 2007, 399 (400); s. auch BGH NStZ-RR 2014, 9 (10)).

27   Ein die Freiwilligkeit ausschließendes **psychisches Unvermögen** kann zB durch innere Hemmungen oder Schock (BGHSt 42, 158 (161); BGH BeckRS 2015, 11573) verursacht sein. Unfreiwilligkeit liegt dabei aber nur dann vor, wenn die Hemmungen einen zwingenden, die Vollendung hindernden Grund darstellen (BGHSt 21, 216 (217); 35, 90 (95)). Freiwilligkeit ist daher möglich, wenn der Täter aufgrund von Scham von der Tatvollendung Abstand nimmt (BGHSt 9, 48 (53); OLG Düsseldorf NJW 1983, 767) oder weil er mutlos geworden ist (BGH NStZ 1992, 537).

28   **Schuldunfähigkeit** bzw. eingeschränkte Schuldfähigkeit (§§ 20, 21) schließen die Freiwilligkeit nicht aus, solange ein Handeln mit natürlichem Vorsatz vorliegt (BGHSt 23, 356 (359 f.); BGH NStZ-RR 1999, 8; 2001, 15).

Gleiches gilt, wenn der **Anstoß** zum Umdenken **von außen** gekommen ist (BGHSt 7, 296 (299)), bspw. durch das Einwirken von Dritten auf den Täter, wobei es sich sowohl um einen sonstigen Tatbeteiligten (BGH StV 2003, 615 f.: Rücktritt aufgrund Anraten eines Mittäters) oder das Opfer (BGH NStZ 2013, 639 (640)), als auch um unbeteiligte Zeugen handeln kann (BGH NStZ 1988, 69 (70); zum vom Opfer erkannten Eingehungsbetrug *Weber* FS Tiedemann, 2008, 647). Selbst ein hinderndes Eingreifen eines Dritten schließt nicht zwingend die Freiwilligkeit aus, wenn es dem Täter dennoch möglich wäre, die Tat fortzusetzen (BGH StV 2014, 336).

C. Rücktritt des Alleintäters (Abs. 1)

29   Hinsichtlich der Rücktrittsleistung stellt § 24 Abs. 1 für den Alleintäter unterschiedliche Anforderungen danach auf, ob der Versuch unbeendet (S. 1 Var. 1) oder beendet (S. 1 Var. 2 sowie S. 2) ist (krit. *Heckler,* Die Ermittlung der beim Rücktritt vom Versuch erforderlichen Rücktrittsleistungen anhand der objektiven Vollendungsgefahr, 2002, 151; *v. Heintschel-Heinegg* ZStW 109 (1997), 34 (50 f.); *Herzberg* NJW 1991, 1634; *Ostermeier* StraFo 2008, 106).

I. Abgrenzung von unbeendetem und beendetem Versuch

30   Für die Abgrenzung kommt es darauf an, ob der Täter nach der letzten Ausführungshandlung (→ Rn. 37 f.) den Eintritt des tatbestandsmäßigen Erfolgs für möglich hält (SSW StGB/*Kudlich/Schuhr* Rn. 32 ff.).

31   **1. Kriterien der Abgrenzung.** Ein Versuch ist unbeendet, wenn der Täter glaubt, noch weitere Handlungen vornehmen zu müssen, um den Taterfolg herbeizuführen. Dagegen liegt ein beendeter Versuch vor, wenn der Täter meint, **alles getan zu haben,** was nach seiner Vorstellung von der Tat zur Erreichung des tatbestandlichen Erfolgs notwendig bzw. ausreichend ist (BGHSt 31, 170 (176); BGH

NStZ-RR 2015, 105 (106); Fischer Rn. 14) oder wenn er sich **gar keine Vorstellung** davon macht, ob die Tat ohne sein weiteres Zutun vollendet wird (BGHSt 40, 304 (306); BGH NStZ 2009, 264 (266); 2010, 384; *v. Heintschel-Heinegg* ZStW 109 (1997), 30 f.; einschränkend BGH StV 2005, 386 (387); abl. *Becker* NStZ 2015, 262). Die fehlende Vorstellung muss allerdings positiv feststehen, wozu in der Regel eine zusammenfassende Würdigung aller maßgeblichen objektiven Umstände erforderlich ist (BGH NStZ 2013, 703 (704 f.)); aus der fehlenden Feststellbarkeit darf nicht auf das Fehlen der Vorstellungen geschlossen werden (BGH NStZ 2014, 143; BGH NStZ-RR 2014, 202 (203)).

Für die Annahme eines beendeten Versuchs genügt es, wenn der Täter die naheliegende **Möglichkeit** 32 **des Erfolgseintritts** erkennt; dessen Gewissheit ist nicht erforderlich. Auch reicht ein Erkennen der tatsächlichen Umstände, die den Erfolgseintritt nach allg. Lebenserfahrung nahelegen (BGHSt 34, 295 (299 f.); 35, 90 (93); BGH NStZ 2005, 263 (264); 2011, 35). Die entspr. Erkenntnis muss aber tatsächlich positiv vorliegen, weshalb die Annahme eines beendeten Versuchs nicht allein darauf gestützt werden kann, dass der Täter mit dem Erfolgseintritt hätte „rechnen müssen" (BGH NStZ 2007, 634 (635)). Ob der Täter den Erfolgseintritt zum entscheidungserheblichen Zeitpunkt noch will oder billigt, ist für die Beurteilung unerheblich (BGHSt 39, 221 (230 f.); BGH NStZ 1999, 300 (301)).

Versucht der Täter, den Tatbestand in mehreren, teilweise erfolglos gebliebenen **Teilakten** zu erfüllen, 33 kann dies nach der **Gesamtbetrachtungslehre** einen einzigen unbeendeten Versuch darstellen, wenn das Geschehen einen einheitlichen Lebensvorgang bildet (→ Rn. 18 f.; WBS StrafR AT Rn. 895 ff.).

Nach diesen Kriterien ist zB beim **Insiderhandel** nach dem WpHG der Versuch idR mit Erteilung 34 der Order beendet (*Schröder* KapMarktStrafR-HdB Rn. 327). Bei **Steuerhinterziehung** durch Abgabe einer unrichtigen Erklärung ist der begonnene Versuch idR sogleich beendet, da unmittelbares Ansetzen erst mit Abgabe der Erklärung vorliegt (*JJR/Joecks* AO § 371 Rn. 416). Anders ist es, wenn der Täter davon ausgeht, noch Rechtsmittel gegen den erwarteten Bescheid einlegen zu müssen (Müller-Gugenberger WirtschaftsStR/*Muhler* § 44 Rn. 73).

2. Perspektive der Beurteilung. Für die Abgrenzung kommt es nach hM alleine auf die **sub-** 35 **jektiven Vorstellungen des Täters** von der Tat an (BGHSt 31, 170 (175 f.); 33, 295 (299); Schönke/ Schröder/*Eser/Bosch* Rn. 13; Kühl StrafR AT § 16 Rn. 24; aA *Heckler,* Die Ermittlung der beim Rücktritt vom Versuch erforderlichen Rücktrittsleistungen anhand der objektiven Vollendungsgefahr, 2002, 202; *Ostermeier* StraFo 2008, 103). Die objektive Sachlage erlangt daher nur Relevanz, wenn sie Rückschlüsse auf die innere Einstellung des Täters zulässt (BGH StV 1988, 527; zu Beweisproblemen *Knörzer,* Fehlvorstellungen des Täters und deren „Korrektur" beim Rücktritt vom Versuch nach § 24 Abs. 1 StGB, 2008, 125 ff.).

Dies gilt auch bei **Fehleinschätzungen** des Täters. Ein Versuch ist daher auch dann beendet, wenn 36 der Täter bei objektiver Ungeeignetheit seines Tuns den Erfolgseintritt irrig für möglich hält. Umgekehrt gilt der Versuch als unbeendet, wenn der Täter in Verkennung der durch seine Handlung verursachten Gefährdung nicht mit dem Erfolgseintritt rechnet (BGHSt 33, 295 (299); 39, 221 (227); BGH NStZ 2010, 690 (692); dazu *Knörzer,* Fehlvorstellungen des Täters und deren „Korrektur" beim Rücktritt vom Versuch nach § 24 Abs. 1 StGB, 2008, 87).

Maßgeblich ist nach stRspr die Sicht des Täters nach der letzten von ihm konkret vorgenommenen 37 Ausführungshandlung, sog **Rücktrittshorizont** (BGHSt 31, 170 (175); 33, 295 (298 f.); 35, 90 (91 ff.); BGH NStZ 2011, 35; BGH NStZ-RR 2006, 6). Der Tatplan spielt insofern keine Rolle (BGH NStZ 2009, 25; anders noch BGHSt 14, 75 (79); 22, 330 (331), sog Tatplantheorie).

Hält der Täter nach seinem Handeln den Erfolgseintritt zwar zunächst für möglich, gelangt aber 38 alsbald darauf zu der Annahme, sein bisheriges Tun reiche doch nicht aus, liegt eine durchgreifende **Korrektur des Rücktrittshorizonts** vor, sodass ein unbeendeter Versuch anzunehmen ist (BGHSt 36, 224 (225 f.); 39, 221 (227 f.); BGH NStZ 2007, 399 (400); 2014, 569 (570); BGH NStZ-RR 2015, 106 (107); WBS StrafR AT Rn. 899; NK-StGB/*Zaczyk* Rn. 42; krit. zu dieser Möglichkeit *Puppe* ZIS 2011, 525 ff.).

Dies kommt zB beim versuchten Insiderdelikt gem. § 38 Abs. 1, 3 WpHG in Betracht, wenn eine erteilte Order nicht ausgeführt wurde (*Gehrmann* wistra 2009, 338). Eine umgekehrte Korrektur des Rücktrittshorizonts und daher die Annahme eines beendeten Versuchs ist zulässig, wenn der Täter zunächst von einem unbeendeten Versuch ausgeht, aber bei fortbestehender Handlungsmöglichkeit in engstem räumlichen und zeitlichen Zusammenhang mit der letzten Tathandlung erkennt, dass er sich geirrt hat, der Erfolgseintritt also zumindest möglich ist (BGH NStZ 1998, 614 (615); BGH StraFo 2008, 212 f.; BGH NStZ-RR 2012, 106). Die Anforderungen an die Rücktrittsleistung werden in diesen Konstellationen daher jeweils von der zum späteren Zeitpunkt vorliegenden, geänderten Tätervorstellung bestimmt (*Knörzer,* Fehlvorstellungen des Täters und deren „Korrektur" beim Rücktritt vom Versuch nach § 24 Abs. 1 StGB, 2008, 377 f.).

3. Außertatbestandliche Zielerreichung. Ein **unbeendeter Versuch** kann auch vorliegen, wenn 39 der Täter von der Vollendung der Tat Abstand nimmt, weil er ein außertatbestandliches Handlungsziel erreicht hat (BGHSt 39, 221 (230 f.); BGH NStZ 2009, 86; BGH NStZ-RR 2013, 105; BGH NStZ 2014, 450; Fischer Rn. 9 mwN; vgl. auch *Bott* JURA 2008, 753 ff.). Es genügt gem. § 24 Abs. 1, wenn sich der Entschluss zur Aufgabe der weiteren Tatausführung auf die Verwirklichung der gesetzlichen

Tatbestandsmerkmale beschränkt. Auf außerhalb hiervon liegende Motive oder Ziele stellt die Norm nicht ab, sodass für eine wertende Betrachtung kein Raum ist (BGHSt 39, 221 (230 f.); LK-StGB/*Lilie*/ *Albrecht* Rn. 190 ff.). Daher kann ein Rücktritt in diesen Fällen grds. auch durch bloße Aufgabe der weiteren Tatausführung erfolgen (aA Kühl StrafR AT § 16 Rn. 40 f.). Allerdings müssen die sonstigen Voraussetzungen des § 24 vorliegen, sodass insbes. kein Fehlschlag wegen sinnlos gewordenen Tatplans vorliegen darf (→ Rn. 16). Teile der Lit. wollen einen Rücktritt in diesen Fällen wegen fehlender Freiwilligkeit ablehnen (*Streng* JZ 1990, 214 ff.).

40 **4. Unterlassungsdelikte.** Die Rspr. beurteilt den Versuch eines unechten Unterlassungsdelikts nach den Grundsätzen für den **beendeten Versuch** eines Begehungsdelikts (BGHSt 48, 147 (149); BGH NJW 2000, 1730 (1732); 2003, 1057 f.; BGH NStZ 1997, 485 mAnm *Kudlich*/*Hannich* StV 1998, 370; BGH NStZ 2003, 252 (253); anders – aber wohl nicht verallgemeinerungsfähig – BGH NStZ 2010, 690 (692); vgl. *Küper* ZStW 112 (2000), 5; krit. Überblick zur BGH-Rspr. bei *Ahmed*, Rücktritt vom versuchten unechten Unterlassungsdelikt, 2007, 87 ff.; insges. hierzu *Engländer* JZ 2012, 130 ff.; *Murmann* GA 2012, 711). Daher muss der Täter für einen Rücktritt in gleicher Weise aktiv werden, wie beim beendeten Versuch (*Küper* ZStW 112 (2000), 42 ff.; vgl. auch BGH NStZ 1997, 485).

41 Die wohl hL unterscheidet hingegen auch bei Unterlassungsdelikten zwischen beendetem und unbeendetem Versuch (Schönke/Schröder/*Eser*/*Bosch* Rn. 27 ff.; *Exner* JURA 2010, 280 f.; Gropp StrafR AT § 9 Rn. 145; Lackner/Kühl/*Kühl* Rn. 22a; LK-StGB/*Lilie*/*Albrecht* Rn. 467; ausführlich *Stein* GA 2010, 129 ff.; krit. *Küper* ZStW 112 (2000), 30 ff. (42)). Unbeendet soll der Versuch sein, solange der Täter davon ausgeht, dass zur Vermeidung des Erfolgseintritts die Vornahme der ursprünglich gebotenen Handlung ausreicht. Geht er hingegen davon aus, dass er mehr tun müsste, soll der Versuch beendet sein (LK-StGB/*Lilie*/*Albrecht* Rn. 467 f.).

II. Rücktritt vom unbeendeten Versuch (S. 1 Var. 1)

42 Beim unbeendeten Versuch besteht die erforderliche Rücktrittsleistung des Täters darin, dass er freiwillig die Ausführung der Tat aufgibt, dh bewusst von weiteren Handlungen zur Erreichung des tatbestandlichen Erfolges absieht (BGHSt 39, 221 (228); BGH NStZ-RR 2009, 230 (231)). Diese Voraussetzung erfüllt der Täter grds. bereits durch schlichtes **Nichtweiterhandeln** (Schönke/Schröder/ *Eser*/*Bosch* Rn. 37; SSW StGB/*Kudlich*/*Schuhr* Rn. 43). Unproblematisch ist es daher, wenn der Täter sich endgültig dazu entscheidet, den Tatbestand nicht zu verwirklichen, bspw. wenn er, nachdem das Insolvenzverfahren eröffnet wurde und er zum Beiseiteschaffen von Insolvenzgütern unmittelbar angesetzt hat, doch noch sämtlichen Insolvenzpflichten nachkommt.

43 Als problematisch stellen sich hingegen Fälle dar, in denen der Täter zwar die Tatbestandsverwirklichung abbricht, sich jedoch **weitere Ausführungshandlungen vorbehält.** Hier ist nach hM anhand der konkreten Tatsituation zu differenzieren. Nach der Rspr. fehlt es an einer wirksamen Tataufgabe, wenn die durchgeführten und die vorbehaltenen Ausführungshandlungen eine **(natürliche) Handlungseinheit** bilden und denselben materiellrechtlich Tatbestand verwirklichen würden (BGHSt 33, 142 (144 ff.); 35, 184 (186 f.); 39, 221 (230); BGH NStZ 1992, 537; s. auch *Bloy* JuS 1986, 986; Roxin StrafR AT II § 30 Rn. 160; Schönke/Schröder/*Eser*/*Bosch* Rn. 40: Absehen von äquivalenten Angriffen auf das gleiche Tatobjekt erforderlich). Daher liegt idR kein wirksamer Rücktritt vor, wenn der Täter nach seinen Vorstellungen nur kurzfristig mit dem Versuch der Begehung innehält und im weiteren Verlauf der Tatausführung an die bereits vorgenommenen Ausführungsakte anknüpft (BGH NStZ 2009, 501 (502); Schönke/Schröder/*Eser*/*Bosch* Rn. 38; Kühl StrafR AT § 16 Rn. 42).

44 Soweit die zum Zeitpunkt des Nichtweiterhandelns vorbehaltenen weiteren Ausführungsakte aus Sicht des Täters erst nach einer räumlich-zeitlichen Zäsur erfolgen sollen bzw. ein erneutes Ansetzen iSd § 22 erfordern würden, steht dies einer Aufgabe der Tatausführung iSv § 24 Abs. 1 S. 1 Var. 1 nicht entgegen (BGHSt 33, 142 (145 f.); BGH NStZ 2002, 28; Fischer Rn. 26a; s. aber SK-StGB/*Rudolphi* Rn. 18a: der Tatverwirklichung entgegenstehende Motive müssen Übergewicht erreichen; ähnlich auch noch BGHSt 7, 296 (297); 21, 319 (321)). Daher liegt bspw. ein wirksamer Rücktritt vom unbeendeten Versuch des § 106 UrhG idR auch dann vor, wenn der Täter es für möglich hält, dass er die Verbreitung urheberrechtlich geschützter Werke zu einem anderen Zeitpunkt doch noch vornehmen wird.

III. Rücktritt vom beendeten Versuch

45 Beim beendeten Versuch kann der Täter Straflosigkeit nicht mehr durch schlichtes Nichtweiterhandeln erlangen. Vielmehr muss er die Vollendung der Tat verhindern (Abs. 1 S. 1 Var. 2) oder sich freiwillig und ernsthaft um die Verhinderung der Vollendung bemühen (Abs. 1 S. 2).

46 **1. Rücktritt durch Verhindern der Tatvollendung (Abs. 1 S. 1 Var. 2).** Eine Rücktrittsleistung iSv § 24 Abs. 1 S. 1 Var. 2 liegt vor, wenn der Täter bewusst und gewollt eine **neue Kausalkette** in Gang setzt, die die Vollendung der Tat verhindert (ausführlich zu den Anforderungen *Zieschang* GA 2003, 353 ff.; zur Rspr. *Heger* StV 2010, 323 f.).

a) Objektive Anforderungen. Der Täter muss durch **aktives Handeln** den als möglich erkannten 47
Erfolgseintritt verhindern (BGHSt 31, 46 (50); NStZ 1993, 39 (40); SSW StGB/*Kudlich/Schuhr* Rn. 44;
Kühl StrafR AT § 16 Rn. 64; LK-StGB/*Lilie/Albrecht* Rn. 279). Hierfür kann ein Telefonruf genügen; nicht ausreichend ist jedoch das bloße Dulden von Rettungsmaßnahmen Dritter oder des Opfers
selbst (Fischer Rn. 31). Die so in Gang gesetzte neue Kausalkette muss für die Nichtvollendung der Tat
zumindest **mitursächlich** sein (BGHSt 33, 295 (301); BGH NStZ 2004, 614 f.; 2006, 503 (505); 2008,
329).

aa) Art und Zeitpunkt der Handlung. Stehen dem Täter mehrere Erfolgsabwendungsmöglich- 48
keiten zur Verfügung, muss er nach der Rspr. **nicht** die sicherste, **bestmögliche Rettungsmaßnahme**
ergreifen. Vielmehr soll wegen des Gesetzeswortlauts grds. jedwede auf Rettung gerichtete Handlung
genügen, die für die Verhinderung des tatbestandlichen Erfolgs mitursächlich wird (BGHSt 48, 147
(149 ff.) mAnm *Seelmann* JR 2004, 162 ff.; m. krit. Anm. *Jakobs* JZ 2003, 743 ff.; *Puppe* NStZ 2003,
309 f.; teilw. krit. *Neubacher* NStZ 2003, 576 ff.; s. auch bereits BGHSt 33, 295 (301); BGH StV 1999,
211 (212)). Danach kommt es nur auf die Kausalität für die Vollendungsverhinderung an (BGH NStZ
2006, 503 (505); 2008, 508 (509); SSW StGB/*Kudlich/Schuhr* Rn. 45; Lackner/Kühl/*Kühl* Rn. 20;
Zwiehoff StV 2003, 631 ff.). Allerdings darf die Erfolgsverhinderung auch nicht nur auf einen Zufall
zurückzuführen sein, sondern muss der Rücktrittswillige mit der berechtigten Erwartung handeln, dass
durch sein Tun der Erfolg abgewendet werden kann (Fischer Rn. 35; → Rn. 52). Teile der Lit. wollen
demgegenüber einen strengeren Maßstab anlegen (s. etwa *Jakobs* ZStW 104 (1992), 90; BWM StrafR
AT § 27 Rn. 28) oder differenzieren, bspw. danach, ob eine eigenhändige oder fremdhändige Erfolgsverhinderung vorliegt (so Roxin StrafR AT II § 30 Rn. 243 ff.; zu Entwicklung und Positionen des
Streits Fischer Rn. 33 ff.; LK-StGB/*Lilie/Albrecht* Rn. 288 ff.).

Kommt es letztlich zu einer dem Täter objektiv zurechenbaren Verhinderung des Taterfolges, ist es für 49
den Rücktritt unerheblich, **zu welchem Zeitpunkt** der Täter sich zum Rücktritt entschieden, was er
bis zu diesem getan bzw. unterlassen und aus welchen Beweggründen er zunächst keine Rettungsmaßnahmen eingeleitet hat (BGH NStZ 1981, 388; 2003, 252 (253)).

Verhindert der Täter im Rahmen einer Kfz-Schieberei das Beiseiteschaffen durch den Kfz-Schieber, 50
indem er rechtzeitig die Polizei informiert, so liegt ein wirksamer Rücktritt vom **Versicherungsmissbrauch** in der Form des Beiseiteschaffens daher auch dann vor, wenn es dem Täter auch möglich
gewesen wäre, das Beiseiteschaffen durch unmittelbare Einwirkung auf den KfZ-Schieber zu verhindern
(vgl. SSW StGB/*Saliger* § 265 Rn. 12; zum Rücktritt von § 265 allg. NK-StGB/*Hellmann* § 265
Rn. 38 ff.). Beim versuchten **Insiderhandel** nach dem WpHG ist für einen wirksamen Rücktritt idR
die Stornierung der betr. Order erforderlich, was jedoch angesichts der schnellen Umsetzung iRd
Abläufe an der Börse rein praktisch häufig nicht möglich sein wird (Schröder KapMarktStrafR-HdB
Rn. 327).

bb) Handlungen Dritter. Nimmt ein **Dritter** die zur Erfolgsverhinderung führende Handlung vor, 51
so genügt dies, wenn der Täter die Handlung **willentlich veranlasst** hat (BGHSt 33, 295 (301); 48, 147
(152); BGH NJW 1986, 1001 (1002); SSW StGB/*Kudlich/Schuhr* Rn. 44; LK-StGB/*Lilie/Albrecht*
Rn. 286 f.). Ein wirksamer Rücktritt vom Betrug ist demnach möglich, wenn der Täter einen anderen
dazu veranlasst, den Getäuschten über den wahren Sachverhalt aufzuklären und es infolgedessen nicht
zur schädigenden Vermögensverfügung kommt (RGSt 15, 44 (46); vgl. ferner BGH NJW 1973, 632
(633); 1985, 813 (814) sowie *Bloy* JuS 1987, 528 ff.). Soweit Dritte oder das Opfer die Tatvollendung
verhindern, ohne hierzu vom Täter veranlasst worden zu sein, kommt ein Rücktritt allenfalls nach § 24
Abs. 1 S. 2 in Betracht (vgl. BGH NJW 1990, 3219).

b) Subjektive Anforderungen. Subjektiv muss der Täter seinen konkreten **Tatvorsatz aufgeben** 52
und den von ihm in Gang gesetzten Kausalverlauf bewusst und gewollt unterbrechen, gerade um die
Vollendung zu verhindern (vgl. Kühl StrafR AT § 16 Rn. 65 f.; LK-StGB/*Lilie/Albrecht* Rn. 282; s.
auch BGHSt 33, 295 (302)). Deswegen genügt es nicht, wenn er den Erfolgseintritt lediglich versehentlich oder nur zum Schein verhindert oder billigend in Kauf nimmt, dass der tatbestandliche Erfolg
trotz seiner Rücktrittsleistung eintritt (BGH NStZ-RR 1999, 327; vgl. auch SSW StGB/*Kudlich/Schuhr*
Rn. 44; LK-StGB/*Lilie/Albrecht* Rn. 282 ff.; NK-StGB/*Zaczyk* Rn. 62).

Die Verhinderung der Tatvollendung muss das **bestimmende Motiv** sein (vgl. BGH NStZ 1999, 53
300 (301)). Daher ist es unschädlich, wenn die Rücktrittshandlung auch anderen Zielen dient, wie der
Verschleierung der eigenen Täterschaft (BGH NJW 1989, 2068; 1990, 3219), solange diese nicht den
zentralen Beweggrund darstellen (BGH NJW 1986, 1001 (1002); BGH NStZ 2008, 329 f.).

2. Rücktritt durch ernsthaftes Sichbemühen (Abs. 1 S. 2). § 24 Abs. 1 S. 2 erfasst Fälle in 54
denen die Nichtvollendung nicht auf der Rücktrittsleistung des Täters beruht. Dies meint insbes.
untaugliche sowie nur objektiv „fehlgeschlagene" Versuche, die der Täter für vollendbar hält (BGH
NStZ-RR 2005, 70 (71); Kühl StrafR AT § 16 Rn. 83 f.; NK-StGB/*Zaczyk* Rn. 82; vgl. auch OLG
Brandenburg BeckRS 2009, 21992 zum Rücktritt vom untauglichen Betrugsversuch) sowie Fälle, in
denen Dritte die Vollendung der Tat verhindern (SSW StGB/*Kudlich/Schuhr* Rn. 46; LK-StGB/*Lilie/
Albrecht* Rn. 327). Zuletzt wird ein Rücktritt nach Abs. 1 S. 2 auch für möglich gehalten, wenn die

Vollendung zwar eintritt, dies dem Täter aber nicht zugerechnet werden kann, bspw. weil das Opfer den Rücktritt bewusst vereitelt (vgl. hierzu SSW StGB/*Kudlich*/*Schuhr* Rn. 7; NK-StGB/*Zaczyk* Rn. 82).

55 Ist trotz der Verhinderungsbemühungen des Täters Vollendung eingetreten und ein Rücktritt daher ausgeschlossen, können die Bemühungen bei der Strafzumessung strafmildernd berücksichtigt werden (Schönke/Schröder/*Eser*/*Bosch* Rn. 115; NK-StGB/*Zaczyk* Rn. 131).

56 **a) Objektive Anforderungen.** Freiwilliges und ernsthaftes Sichbemühen verlangt, dass der Täter alles tut, **was in seinen Kräften steht** und was nach seiner Überzeugung zur Erfolgsabwendung erforderlich ist (BGHSt 33, 295 (302); BGH NStZ 2008, 508 (509)). Hierzu muss er unmittelbar angesetzt haben, bevor er erkennt, dass der Erfolg endgültig nicht eingetreten ist; bloße Vorbereitungen sind nicht ausreichend (ähnl. BGH NJW 1973, 632 f.; Jakobs StrafR AT 26/22; SK-StGB/*Rudolphi* Rn. 30; krit. LK-StGB/*Lilie*/*Albrecht* Rn. 355).

57 Im Gegensatz zu Abs. 1 S. 1 Var. 2 muss der Täter nach der Rspr. grds. sämtliche Verhinderungs-möglichkeiten ausschöpfen und unter mehreren zur Verfügung stehenden Möglichkeiten die optimale auswählen, dh eine **Bestleistung erbringen** (BGHSt 31, 46 (49 f.); 33, 295 (302); BGH NStZ 2008, 508 (509)). Teile der Lit. lassen demgegenüber auch Handlungen ausreichen, die „mit hinreichender Sicherheit" dazu geeignet sind, die Vollendung zu verhindern (s. etwa LK-StGB/*Lilie*/*Albrecht* Rn. 340; NK-StGB/*Zaczyk* Rn. 84 f.). Soweit sich der Täter der **Hilfe Dritter oder des Opfers** bedient, muss er sich vergewissern, dass die Hilfspersonen das Notwendige und Erforderliche tatsächlich veranlasst haben (BGHSt 33, 295 (302); BGH StV 1997, 244; SSW StGB/*Kudlich*/*Schuhr* Rn. 46).

58 Die Tauglichkeit der Rettungsmaßnahmen ist dabei nicht objektiv, sondern **aus der Perspektive des Täters** zu bestimmen (BGHSt 31, 46 (49 f.); BGH NStZ 2008, 508 (509); BGH NStZ-RR 2000, 42 (43); Schönke/Schröder/*Eser*/*Bosch* Rn. 71; Fischer Rn. 36). Der Umstand, dass der Täter objektiv schon eher handeln und möglicherweise noch mehr hätte tun können, schließt einen Rücktritt nach Abs. 1 S. 2 daher nicht unbedingt aus, solange er eine aus seiner Sicht eindeutig erfolgversprechende Handlung vorgenommen hat (BGH StV 1982, 467; 1999, 211 (212); SSW StGB/*Kudlich*/*Schuhr* Rn. 47). So kann es bei einem untauglichen Betrugsversuch ausreichen, wenn der Täter die von ihm zuvor gemachten Angaben berichtigt und infolgedessen darauf vertraut, dass es nicht mehr zu einer schädigenden Vermögensverfügung kommen wird (OLG Brandenburg BeckRS 2009, 21992). Entspr. der Regelung in § 23 Abs. 3 kann ein ernsthaftes Bemühen um Nichtvollendung sogar dann anzunehmen sein, wenn der Täter Maßnahmen ergreift, die er grob unverständig für tauglich hält (NK-StGB/*Zaczyk* Rn. 87).

59 **b) Subjektive Anforderungen.** Subjektiv müssen die Rettungshandlungen auch beim Rücktritt nach S. 2 vom **ernsthaften Rettungswillen** getragen sein, sich das Bemühen also als bewusstes und gewolltes Abbrechen des in Bewegung gesetzten Kausalverlaufs darstellen (→ Rn. 52 f.; vgl. auch LK-StGB/*Lilie*/*Albrecht* Rn. 334).

D. Rücktritt bei mehreren Tatbeteiligten (Abs. 2)

60 Bei mehreren Tatbeteiligten stellt Abs. 2 **erhöhte Anforderungen** an die Rücktrittsleistung, was insbes. mit der erhöhten Gefährlichkeit begründet wird (*Eisele* ZStW 112 (2000), 748; LK-StGB/*Lilie*/*Albrecht* Rn. 363; WBS StrafR AT Rn. 911; aA *Herzberg* NJW 1991, 1639). Der rücktrittswillige Beteiligte muss die Vollendung der Tat verhindern (S. 1) bzw. sich in den Fällen des S. 2 freiwillig und ernsthaft hierum bemühen. Die Straffreiheit nach Abs. 2 kommt immer nur dem Beteiligten zugute, der selbst die Rücktrittsvoraussetzungen erfüllt.

I. Anwendungsbereich

61 In den Fällen des Abs. 2 muss die Haupttat in das Versuchsstadium eingetreten sein (*Eisele* ZStW 112 (2000), 745; Lackner/Kühl/*Kühl* Rn. 28); ist hingegen § 30 einschlägig, richtet sich der Rücktritt nach § 31. Nach seinem Wortlaut kommt Abs. 2 bei Beteiligung mehrerer Personen an einer Tat stets zur Anwendung. Ganz überwiegend wird jedoch eine **einschr. Auslegung** der Vorschrift zugunsten von Abs. 1 befürwortet (vgl. Schönke/Schröder/*Eser*/*Bosch* Rn. 73; Lackner/Kühl/*Kühl* Rn. 25; LK-StGB/*Lilie*/*Albrecht* Rn. 365 ff.).

62 **1. Einschränkungen des Anwendungsbereichs.** Eine Einschränkung ist zunächst für den **alleine handelnden Haupttäter** vorzunehmen, der von einem anderen angestiftet oder unterstützt wird (Fischer Rn. 37; LK-StGB/*Lilie*/*Albrecht* Rn. 69; WBS StrafR AT Rn. 913; aA NK-StGB/*Zaczyk* Rn. 96). Trotz Tatbeteiligung mehrerer Personen bestimmen sich für den Alleintäter die Rücktritts-voraussetzungen hier nach § 24 Abs. 1, da er das Geschehen regelmäßig alleine beherrscht und nicht zu befürchten ist, dass die Tat ohne sein Zutun den Teilnehmer doch noch vollendet wird (LK-StGB/*Lilie*/*Albrecht* Rn. 69; Roxin StrafR AT II § 30 Rn. 306). Für den Teilnehmer gilt hingegen auch in dieser Konstellation § 24 Abs. 2 (LK-StGB/*Lilie*/*Albrecht* Rn. 369; aA Mitsch FS Baumann, 1992, 91 ff.).

Differenziert zu bestimmen sind die Anforderungen an das Rücktrittsverhalten weiterhin in Fällen **63** **mittelbarer Täterschaft.** Ein unmittelbar alleine handelnder Tatmittler kann idR unter den Voraussetzungen des Abs. 1 zurücktreten (vgl. BGHSt 35, 347 (349); Schönke/Schröder/*Eser/Bosch* Rn. 106) – was für seine Straflosigkeit grds. nur erforderlich ist, wenn er selbst volldeliktisch handelt, vor allem in den Konstellationen der Organisationsherrschaft (→ § 25 Rn. 53 ff.). Für den Hintermann gelten hingegen stets die strengeren Rücktrittsvoraussetzungen des Abs. 2 (BGHSt 44, 204 (207); SSW StGB/*Kudlich/Schuhr* Rn. 54; LK-StGB/*Lilie/Albrecht* Rn. 450; aA *Roxin* FS Lenckner, 1998, 270: nur bei volldeliktisch handelndem Tatmittler; vgl. auch Stratenwerth/Kuhlen StrafR AT § 12 Rn. 110).

Auch bei **mittäterschaftlicher Tatbegehung** wollen einige Autoren Abs. 1 anstelle von Abs. 2 **64** anwenden, wenn dem Rücktritt ein gemeinsamer Entschluss der Mittäter zugrunde liegt (Schönke/Schröder/*Eser/Bosch* Rn. 73) oder ein Mittäter das Geschehen alleine beherrscht (*Loos* JURA 1996, 519). Die hM wendet bei Mittätern hingegen stets Abs. 2 an, da nur hierdurch dem Grds. der wechselseitigen Zurechnung (→ § 25 Rn. 89) hinreichend Rechnung getragen werden kann (LK-StGB/*Lilie/Albrecht* Rn. 367; s. aber zur Nebentäterschaft wegen Fehlen eines gemeinsamen Tatplans BGH NStZ 2010, 690 (691)).

2. Tatidentität. Nach der Erbringung von Tatbeiträgen im Vorbereitungsstadium und insbes. in **65** Fällen des S. 2 Var. 2 ist ein Rücktritt nur erforderlich, wenn gerade die Tat, zu der der Betreffende einen Beitrag geleistet hat, (später) versucht bzw. vollendet (S. 2 Var. 2) wird. Es muss daher **Tatidentität** gegeben sein (vgl. Schönke/Schröder/*Eser/Bosch* Rn. 80/81; Lackner/Kühl/*Kühl* Rn. 27; → § 25 Rn. 110; → § 31 Rn. 14). Hierfür ist es grds. erforderlich, dass das Geschehen einen einheitlichen Lebensvorgang bildet und sich Angriffsziel und Begehungsweise der Tat nicht wesentlich geändert haben (*Roxin* FS Lenckner, 1998, 283 ff.; NK-StGB/*Zaczyk* Rn. 105 f.; vgl. auch BGH NStZ 1999, 449 (450)).

3. Rückgängigmachung. Wer bereits im **Vorbereitungsstadium** seinen dort geleisteten Tatbeitrag **66** – zB die Mitwirkung an einem pflichtwidrigen, umsetzungsbedürftigen Beschluss eines Gremiums (→ § 25 Rn. 116) – mit allen Auswirkungen rückgängig macht, ist schon nicht Beteiligter der Tat (BGHSt 28, 346 (347 f.); Lackner/Kühl/*Kühl* Rn. 28; Roxin StrafR AT II § 30 Rn. 309 mwN), sodass es eines Rücktritts nicht bedarf bzw. sich dieser in Fällen des § 30 nach § 31 richtet. Hieran werden jedoch hohe Anforderungen gestellt, insbes. bei der Mittäterschaft (→ § 25 Rn. 109 ff.). Str. ist, ob in dieser Konstellation eine (direkte oder analoge) Anwendung von Abs. 2 S. 1 und S. 2 Var. 1 in Betracht kommt, wenn der Beteiligte die Kausalität seines Beitrages im Vorbereitungsstadium nicht zu beseitigen vermag und die übrigen Beteiligten die Tat später (nur) versuchen (s. Schönke/Schröder/*Eser/Bosch* Rn. 80 f.; Fischer Rn. 43; SK-StGB/*Rudolphi* Rn. 37; aA *Lenckner* FS Gallas, 1973, 286 ff.).

II. Rücktritt nach Abs. 2 S. 1

Abs. 2 S. 1 verlangt von dem Beteiligten **unabhängig vom Gewicht des geleisteten Tatbeitrags 67** die Verhinderung der Tatvollendung (dazu NK-StGB/*Zaczyk* Rn. 98 ff.).

1. Allgemeine Anforderungen. Der Rücktrittswillige muss wie bei Abs. 1 S. 1 Var. 2 **68** (→ Rn. 46 ff.) grds. eine neue Kausalreihe in Gang setzen, die für die Nichtvollendung zumindest mitursächlich wird (vgl. BGHSt 33, 295 (301); SSW StGB/*Kudlich/Schuhr* Rn. 57). Nach hM ist aber auch eine Vollendungsverhinderung **durch Unterlassen** möglich, etwa durch Nichterbringen des eigenen Tatbeitrags, wenn hierdurch die Tatbegehung erfolgreich verhindert wird (Schönke/Schröder/*Eser/Bosch* Rn. 89; Fischer Rn. 40; Köhler StrafR AT 9/II/7.2.1; LK-StGB/*Lilie/Albrecht* Rn. 400 f.; aA *Lenckner* FS Gallas, 1973, 295).

Die Neutralisierung bzw. **Rückgängigmachung des eigenen Tatbeitrags** genügt als Rücktritts- **69** leistung nur, wenn hierdurch die Vollendung der Tat auch tatsächlich verhindert wird (hM, Jakobs StrafR AT 26/27; Roxin StrafR AT II § 30 Rn. 317 ff.; generell krit. zu Abs. 2 Krey/Esser StrafR AT Rn. 1325; *Herzberg* NJW 1991, 1633 (1638 ff.)). Daher ist es nicht ausreichend, wenn ein Beteiligter nach Erbringung seines Beitrages im Vorbereitungsstadium noch vor Eintritt in den Versuchsbereich von der Tat Abstand nimmt, wenn sein Beitrag bei der Tatausführung durch die anderen Beteiligten fortwirkt (→ Rn. 65 f.).

In subjektiver Hinsicht ist wie bei Abs. 1 S. 1 Var. 2 erforderlich, dass die Tatvollendung bewusst **70** verhindert wird, wobei dies nicht das einzige Handlungsmotiv des Zurücktretenden darstellen muss (→ Rn. 52 f.; LK-StGB/*Lilie/Albrecht* Rn. 395).

2. Einzelne Beteiligungsformen. Aus diesen Grundsätzen ergeben sich für die verschiedenen **71** Beteiligungsformen teils voneinander divergierende Anforderungen an das Rücktrittsverhalten (zu Ausnahmen vom Anwendungsbereich → Rn. 61 ff.).

a) Mittäterschaft. Ein Mittäter kann bereits dadurch Strafbefreiung erlangen, dass er seinen für die **72** Vollendung erforderlichen Tatbeitrag unterlässt oder unschädlich macht, wenn hierdurch die Tatvollendung tatsächlich verhindert wird (NK-StGB/*Zaczyk* Rn. 101). Hat bspw. ein Gremium einen pflichtwidrigen Beschluss gefasst (→ § 25 Rn. 116 ff.) und ist die Tat mangels Umsetzung dessen noch nicht vollendet, ist eine Verhinderung der Vollendung etwa dadurch möglich, dass ein Gremienmitglied nach Eintritt in das Versuchsstadium die für die Umsetzung erforderliche Mitwirkung verweigert oder eine neuerliche Beratung des Gremiums mit nun pflichtgemäßer Beschlussfassung herbeiführt, sodass die Umsetzung des vormaligen Beschlusses ausbleibt.

73   Ein wirksamer Rücktritt sämtlicher Mittäter ist anzunehmen, wenn diese **einvernehmlich nicht weiterhandeln,** obwohl ihnen dies möglich wäre (BGHSt 42, 158 (162); BGH StraFo 2003, 207; BGH NStZ 2004, 614 f.; 2009, 688 (689); BGH NStZ-RR 2015, 8 f.; SSW StGB/*Kudlich/Schuhr* Rn. 58). Hierfür kann es zwar grds. ausreichen, dass ein Mittäter mit dem die Tatvollendung verhindernden Rücktritt eines anderen einverstanden ist (BGH NStZ 2007, 91 f.; aA *Rotsch* GA 2002, 174 ff.). Nicht genügen soll es aber, dass ein Mittäter nur innerlich von der Tat Abstand nimmt, jedoch keinerlei Handlungen vornimmt, um die übrigen Mittäter von der Tatbestandsverwirklichung abzubringen (BGH NStZ 2009, 381 (382)).

74   **b) Mittelbare Täterschaft.** Der mittelbare Täter erfüllt die Voraussetzungen des Abs. 2 S. 1, wenn er die Tatvollendung entweder selbst verhindert oder bewirkt, dass der Tatmittler oder ein Dritter dies tun (ausführlich LK-StGB/*Lilie/Albrecht* Rn. 453 ff.). Wird die Tatvollendung durch den Tatmittler oder Dritte verhindert, verlangt die Rspr. für den Rücktritt des Hintermanns, dass das eingesetzte Werkzeug in „bewusster Willensvertretung des mittelbaren Täters" handelt und die Tat nach dessen – zu Beginn oder nachträglich erteilten – Weisungen verhindert (vgl. bereits RGSt 39, 37 (41); Schönke/Schröder/*Eser/Bosch* Rn. 106). Im Fall der **Organisationsherrschaft** (→ § 25 Rn. 55 ff.) ist eine dem Hintermann zurechenbare Rücktrittsleistung daher bspw. anzunehmen, wenn dieser bereits bei Anordnung des strafbaren Verhaltens darauf hingewiesen hat, dass die Tatvollendung bei Vorliegen bestimmter Umstände verhindert werden soll und die eingesetzten Tatmittler dementspr. handeln (BGHSt 44, 204 (207)). Kein wirksamer Rücktritt soll hingegen vorliegen, wenn der Tatmittler aus eigenem Entschluss von der Deliktsbegehung absieht und der mittelbare Täter nur innerlich von der Tat Abstand genommen hat (*Vogler* ZStW 98 (1986), 346).

75   Ausnahmsweise kann der mittelbare Täter auch durch **Unterlassen** die Vollendung der Tat iSv Abs. 2 S. 1 verhindern, wenn er freiwillig davon absieht, den durch eine Nötigung hervorgerufenen Druck auf den Tatmittler aufrechtzuerhalten (vgl. BGH NStZ 1986, 547; NK-StGB/*Zaczyk* Rn. 100).

76   **c) Teilnahme.** Ein wirksamer Rücktritt des **Anstifters** kommt insbes. in Betracht, wenn es ihm gelingt, den Täter von der Tatbestandsverwirklichung abzubringen (RGSt 70, 293 (295)), aber auch bei einvernehmlichem Nichtweiterhandeln aller Tatbeteiligten (BGH NStZ-RR 2012, 167 (168)).

77   Auch der **Gehilfe** erfüllt trotz seiner nur untergeordneten Bedeutung für die Tatbestandsverwirklichung die Voraussetzungen des Abs. 2 S. 1 nur dann, wenn er die Vollendung der Gesamttat verhindert. Unterlässt er lediglich seinen eigenen Tatbeitrag bzw. macht diesen unschädlich, liegt kein wirksamer Rücktritt vor, wenn es den übrigen Tatbeteiligten unabhängig hiervon möglich ist, die Tat zu vollenden (LK-StGB/*Lilie/Albrecht* Rn. 403 f.). Mit welchen Mitteln der Gehilfe die Vollendung verhindert ist grds. unerheblich. Daher kann es ausreichen, wenn er dem Haupttäter gegenüber vortäuscht, dass die Tat entdeckt zu werden droht und dieser daher von weiteren Ausführungshandlungen absieht (BGH NStZ-RR 2007, 37). Kein wirksamer Rücktritt soll aber anzunehmen sein, wenn der Täter dem Gehilfen gegenüber nur vorspiegelt, die Tat ohne dessen Beitrag nicht ausführen zu wollen (vgl. RGSt 47, 358 (359 ff.)).

III. Rücktritt nach Abs. 2 S. 2

78   Werden die Rücktrittsbemühungen des Tatbeteiligten nicht kausal für die Verhinderung der Vollendung, so lässt Abs. 2 S. 2 in zwei Varianten bereits das ernsthafte und freiwillige Bemühen um die Vollendungsverhinderung genügen.

79   **1. Anwendungsbereich.** In der **Var. 1** bleibt die Vollendung der Tat ohne Zutun des Beteiligten aus. Dies erfasst zunächst die gleichen Konstellationen wie beim Alleintäter (→ Rn. 54), wie etwa den nur objektiv „fehlgeschlagenen" Versuch. Ein solcher liegt zB vor, wenn ein Betrugsopfer die Täuschung durchschaut und die Warnung des Beteiligten daher keinen Einfluss auf die Nichtvollendung hat (Roxin StrafR AT II § 30 Rn. 338; vgl. auch BGH NStZ-RR 2007, 37: Tatvollendung scheitert an Gegenwehr des Opfers). Darüber hinaus kann die Nichtvollendung hier auch darauf zurückzuführen sein, dass ein anderer Tatbeteiligter die Tatvollendung freiwillig und kausal verhindert oder einen für die Tatbestandsverwirklichung erforderlichen Tatbeitrag gegen seinen Willen nicht erbringt (Schönke/Schröder/*Eser/Bosch* Rn. 94; SSW StGB/*Kudlich/Schuhr* Rn. 59).

80   Die **Var. 2** ermöglicht trotz Tatvollendung einen Rücktritt für solche Tatbeteiligte, deren Beitrag für die Tat nicht kausal geworden ist (→ Rn. 82). Da sich die Kausalität einer Anstiftung für die spätere Tatbestandsverwirklichung regelmäßig nicht verhindern lässt, ist der Anwendungsbereich der Vorschrift faktisch auf Mittäter, mittelbare Täter und Gehilfen beschränkt (SSW StGB/*Kudlich/Schuhr* Rn. 60; LK-StGB/*Lilie/Albrecht* Rn. 438; *Roxin* FS Lenckner, 1998, 281).

2. Anforderungen an die Rücktrittsleistung. In **beiden Varianten** des Abs. 2 S. 2 muss sich der 81 Täter **ernsthaft und freiwillig** um die Verhinderung der Vollendung bemühen. Hierbei gelten grds. die gleichen Anforderungen wie beim Alleintäter im Fall des Abs. 1 S. 2 (→ Rn. 56 ff.; vgl. auch Schönke/ Schröder/*Eser/Bosch* Rn. 101 ff.). Was geeignet ist, muss auch hier aus der Perspektive des Rücktritts-willigen beurteilt werden (Fischer Rn. 42b). Erkennt dieser aber, dass seine Bemühungen entgegen seines ursprünglichen Eindrucks gescheitert sind, liegt ein ernsthaftes Bemühen nur vor, wenn er weitere Maßnahmen ergreift, um die Vollendung der Tat zu verhindern (LK-StGB/*Lilie/Albrecht* Rn. 431 f.; Roxin StrafR AT II § 30 Rn. 341; aA Jakobs StrafR AT 26/27; *Otto* JA 1980, 709).

Bei der **Var. 2** muss die Tat darüber hinaus unabhängig von dem früheren Tatbeitrag des Beteiligten 82 vollendet worden sein (s. BGH NJW 1951, 410; Schönke/Schröder/*Eser/Bosch* Rn. 97 f.). Die Rspr. verlangt insofern eine **vollständige Neutralisierung des Tatbeitrags**, der auch nicht in Form einer psychischen Beihilfe weiterwirken darf (vgl. BGHSt 28, 346 (348 f.); SK-StGB/*Rudolphi* Rn. 40; zur Tatidentität → Rn. 65). Hierfür reicht weder ein stillschweigendes Entfernen vom Tatort aus (BGH GA 1966, 209 f.), noch ein bloßes Lossagen von der Tat oder den übrigen Tatbeteiligten (BGH NJW 1951, 410). Eine überzeugende Auffassung in der Lit. nimmt an dieser Stelle insoweit eine Einschränkung vor, als der Rücktritt nicht bereits daran scheitert, dass nach erfolgter Rückgängigmachung des eigenen Tatbeitrags dieser noch psychisch bestärkend auf die anderen Tatbeteiligten fortwirkt. Andernfalls würde die Vorschrift weitgehend leerlaufen (Schönke/Schröder/*Eser/Bosch* Rn. 99; SSW StGB/*Kudlich/Schuhr* Rn. 60; aA wohl Fischer Rn. 42a).

Erbringt der Beteiligte bei der Var. 2 keine ausreichenden Verhinderungsbemühungen, bleibt er 83 wegen Versuchs strafbar (Fischer Rn. 42b). Kann er schon die Kausalität seines Beitrags für die Voll-endung nicht verhindern, ist er wegen vollendeter Tat zu bestrafen (Lackner/Kühl/*Kühl* Rn. 27 mwN).

E. Rechtsfolgen des Rücktritts

Wer erfolgreich zurücktritt, ist hinsichtlich des versuchten Delikts straffrei und insofern freizuspre-84 chen. Dies gilt nur für den Zurücktretenden selbst; seine Rücktrittsleistung wirkt sich grds. nicht auf die Strafbarkeit anderer Beteiligter aus (Schönke/Schröder/*Eser/Bosch* Rn. 111 ff.).

Die Strafaufhebung betr. grds. nur die Delikte, von deren Versuch der Täter tatsächlich wirksam 85 zurückgetreten ist. Er wird daher nicht straflos, wenn durch seine Handlungen gleichzeitig weitere Delikte verwirklicht sind, ohne dass insofern ein Rücktritt vorliegt (BGHSt 16, 122 (123 f.); BGH NStZ 1997, 387). Praktisch bedeutsam sind Konstellationen, in denen durch den Versuch der vom Rücktritt betroffenen Tat zugleich ein anderer Tatbestand vollendet wurde (sog **qualifizierter Versuch;** s. Schönke/Schröder/*Eser/Bosch* Rn. 109; Fischer Rn. 45). Der Täter bleibt hier auch dann wegen der vollendeten Tat strafbar, wenn zwischen beiden Tatbeständen Gesetzeskonkurrenz gegeben ist. Str. ist, ob im Verhältnis von versuchtem Verletzungs- zu **vollendetem Gefährdungsdelikt** von diesem Grds. eine Ausnahme zu machen ist, sofern beide Tatbestände das gleiche Rechtsgut schützen (so etwa SK-StGB/*Rudolphi* Rn. 44; anders BGHSt 39, 128 (129 f.); LK-StGB/*Lilie/Albrecht* Rn. 486 ff.). Tritt der Täter in derartigen Fällen von einer **Privilegierung** zurück, so ist der Strafrahmen bei Bestrafung wegen des vollendeten Tatbestandes auf die Höchststrafe der Privilegierung begrenzt.

IRd **Strafzumessung** – sowie der Anordnung von Maßregeln der Besserung und Sicherung – bzgl. 86 des beim qualifizierten Versuch verbleibenden vollendeten Delikts darf wegen des Rücktrittsprivilegs der Vorsatz für das vom Rücktritt erfasste Delikt nicht strafschärfend eingestellt werden (BGH NStZ 2013, 158; BGH NStZ-RR 2010, 202). Gleiches gilt für das notwendig vor dem Rücktritt erfolgte Über-schreiten der Versuchsschwelle sowie ausschl. auf diesen Tatbestand bezogene Handlungen (BGHSt 41, 10 (14); 42, 43 (45); BGH NStZ 2003, 143 (144); 2003, 533; Schönke/Schröder/*Eser/Bosch* Rn. 114; SK-StGB/*Rudolphi* Rn. 43; NK-StGB/*Zaczyk* Rn. 131).

Anders verhält es sich bei äußeren Umständen, die sich auf das Tatgeschehen insgesamt beziehen und auch den Unrechts- und Schuldgehalt der vollendeten Tat charakterisieren (BGHSt 42, 43 (45 f.); zu Tatmotiven BGH NStZ 2003, 143 (144); Fischer Rn. 46).

Eine Verhängung von **Maßregeln** nach §§ 61 ff. ist zwar prinzipiell nicht ausgeschlossen, da der 87 Rücktritt als Strafaufhebungsgrund das Vorliegen einer rechtswidrigen Tat nicht beseitigt. Jedoch steht ein wirksamer Rücktritt der Annahme einer besonderen Gefährlichkeit idR entgegen (BGHSt 31, 132 (134)).

F. Sonstiges

I. Abgrenzung

Regelungen der **tätigen Reue** ermöglichen Straffreiheit bzw. -milderung, wenn der Täter *nach* 88 *Vollendung* des Delikts den Eintritt des Schadens verhindert (Schönke/Schröder/*Eser/Bosch* Rn. 116; Lackner/Kühl/*Kühl* Rn. 29, auch zu den verschiedenen Konzepten des Gesetzes). Anders als bei § 24 ist die Deliktsvollendung also formell bereits eingetreten, bei materieller Betrachtung liegt jedoch keine Vollendung vor (*Krack* NStZ 2001, 505). Beide Möglichkeiten der Strafbefreiung können parallel zur

Anwendung kommen, wenn durch die gleiche Handlung verschiedene Tatbestände vollendet bzw. versucht wurden.

89   Der tätigen Reue kommt gerade im WirtschaftsStR Bedeutung zu, wo die Tatbestände häufig einen frühen Vollendungszeitpunkt vorsehen und die Strafbarkeit insoweit vorverlagern (→ § 22 Rn. 9, 14 ff.). Es handelt sich um obligatorische oder fakultative persönliche **Strafaufhebungs- bzw. milderungs-gründe,** die sich bspw. in den §§ 149 Abs. 2, 152a Abs. 5, 261 Abs. 9, 264 Abs. 5, 264a Abs. 3 (dazu HK-KapMStrafR/*Park* § 264a Rn. 216 ff.) § 265b Abs. 2 (dazu HK-KapMStrafR/*Park* § 265b Rn. 279 ff.), § 266a Abs. 6 (dazu SSW StGB/*Saliger* § 266a Rn. 30 ff.), § 298 Abs. 3 (*Krack* NStZ 2001, 507 schlägt vor, § 298 Abs. 3 auf § 299 auszudehnen) finden (für eine Rechtsanalogie hinsichtlich des nur wegen Vermögensgefährdung vollendeten Betrugs *Weber* FS Tiedemann, 2008, 642 ff.; zu § 265 → § 265 Rn. 28).

90   Im SteuerStrafR findet sich über § 24 hinaus die im StrafR ungewöhnliche Möglichkeit der Straf-freiheit durch **Selbstanzeige nach § 371 AO** (s. die Erläut. zu § 371 AO sowie Wabnitz/Janovsky WirtschaftsStR-HdB/*Pflaum* Kap. 20 Rn. 108 ff.). Nach hM sind beide Regelungen nebeneinander anwendbar, sodass im Versuchsstadium (auch) die Selbstanzeige zur Straffreiheit führen kann (s. zur Lit. *Eschenbach* DStZ 1997, 856; JJR/*Joecks* AO § 369 Rn. 65 f.; Kohlmann/*Schauf* AO § 371 Rn. 820 f.; ausführlich *Kottke* DStZ 1998, 151 ff.; *Marschall* BB 1998, 2496 ff.; Hübschmann/Hepp/Spitaler/*Beck-emper* AO § 371 Rn. 234 f.; anders nach der Neuregelung des § 371 AO *Rolletschke* ZWH 2013, 188 f.). Die Rspr. begründet dies mit dem Wortlaut sowie Sinn und Zweck des § 371 AO, der danach alleine aus „steuerpolitischen Gründen" eine Straffreiheit über den Bereich des § 24 hinaus ermöglichen soll, unabhängig von der Strafwürdigkeit der Tat (BGHSt 37, 340 (345 f.); 49, 136 (139); 55, 180 (182); BayObLG wistra 2002, 231). Voraussetzung für eine Straffreiheit ist jedoch die tatsächliche Rückkehr zur „Steuerehrlichkeit", so dass der Täter vollständige und richtige Angaben machen muss (BGHSt 55, 180 (182)), wie auch die einschränkende Neuregelung des § 371 AO zum 1.1.2015 zum Ausdruck bringt.

91   Relevant wird die Frage der parallelen Anwendbarkeit beider Normen angesichts der divergierenden Voraussetzungen in Fällen, in denen die von § 24 vorausgesetzte Freiwilligkeit zu verneinen ist, aber kein Ausschlussgrund gem. § 371 Abs. 2 AO vorliegt (dazu JJR/*Joecks* AO § 369 Rn. 65). Umgekehrt kann § 371 AO ausscheiden, aber § 24 einschlägig sein (s. *Beyer* NWB 2015, 769; JJR/*Joecks* AO § 371 Rn. 417 ff.; Kohlmann/*Schauf* AO § 371 Rn. 823), etwa wenn ein Stpfl. im FA Selbstanzeige erstattet, während gleichzeitig ohne sein Wissen der Prüfer in seinem Betrieb zur Prüfung erscheint (vgl. auch *Kottke* DStZ 1998, 151 ff.). Auch ist ein wirksamer Rücktritt nach § 24 – anders als die Selbstanzeige seit der Neuregelung zum 1.1.2015 (§ 371 Abs. 3 AO) – nicht an die Steuer- und Zinsnachzahlung geknüpft (hierzu und zu der allg. durch die Verschärfung des § 371 AO gesteigerten Relevanz von § 24 *Spatscheck/Bertrand* DStR 2015, 2420). Bei Fälligkeitssteuern wie der USt kommt § 24 wegen § 370 Abs. 4 S. 1 AO regelmäßig nicht zur Anwendung, da die Tat bereits mit fruchtlosem Ablauf des Fälligkeitszeitpunktes vollendet ist (*Marschall* BB 1998, 2496 ff.).

92   Die verschiedenen persönlichen Strafaufhebungsgründe schließen, wenn sie beim Vortäter vorliegen, eine Bestrafung des Täters des § 369 Abs. 1 Nr. 4 AO wegen Begünstigung nicht aus.

II. Prozessuales

93   Der **Zweifelssatz** ist auch auf die Rücktrittsvoraussetzungen anzuwenden, wenn bei Gesamtbetrach-tung der Beweistatsachen keine eindeutigen Feststellungen möglich sind. Es ist aber nicht geboten, zu Gunsten des Täters Tatvarianten zu unterstellen, für deren Vorliegen keine konkreten Anhaltspunkte sprechen (BGH NStZ 2008, 508 (509); 2009, 264 (266) mAnm *Kudlich* StV 2009, 513). Unterstellungen zu Gunsten des Angekl. sind daher nur dann rechtsfehlerfrei, wenn hierfür reale Anknüpfungspunkte bestehen (BGH NStZ 2009, 630 (631) m. Bespr. *Wörner* NStZ 2010, 66 ff.).

94   Ob ein strafbefreiender Rücktritt vorliegt, ist von Amts wegen zu klären. Daher sind **Erörterungen in den Urteilsgründen** notwendig, wenn nach den Tatsachenfeststellungen die Möglichkeit eines strafbefreienden Rücktritts nahe liegt. Gleiches gilt gem. § 267 Abs. 2 StPO, wenn der Angeklagte oder sein Verteidiger das Vorliegen eines strafbefreienden Rücktritts darlegen (Schönke/Schröder/*Eser/Bosch* Rn. 115a).

Vor diesem Hintergrund ist es rechtsfehlerhaft, wenn das Gericht sich in seinem Urt. nicht mit der Frage auseinandersetzt, ob der Versuch beendet oder unbeendet ist, wenn ein strafbefreiender Rücktritt des Alleintäters nicht von Anfang an ausgeschlossen ist (BGH NStZ 2002, 28; s. auch Fischer Rn. 14, 16a).

§ 25 Täterschaft

(1) **Als Täter wird bestraft, wer die Straftat selbst oder durch einen anderen begeht.**

(2) **Begehen mehrere die Straftat gemeinschaftlich, so wird jeder als Täter bestraft (Mit-täter).**

Literatur: *Ambos,* Täterschaft durch Willensherrschaft kraft organisatorischer Machtapparate, GA 1998, 226; *Amelung* (Hrsg.), Individuelle Verantwortung und Beteiligungsverhältnisse bei Straftätern in bürokratischen Organisationen des Staates, der Wirtschaft und der Gesellschaft, 2000; *Beulke/Bachmann,* Die „Lederspray-Entscheidung" – BGHSt 37, 106, JuS 1992, 737; *Bloy,* Grenzen der Täterschaft bei fremdhändiger Tatausführung, GA 1996, 424; *Böse,* Die Garantenstellung des Betriebsbeauftragten, NStZ 2003, 636; *Bottke,* Mittäterschaft bei gemeinsam fahrlässiger oder leichtfertiger Erfolgserwirkung, GA 2001, 463; *ders.,* Täterschaft und Teilnahme im deutschen Wirtschaftskriminalrecht – de lege lata und de lege ferenda, JuS 2002, 320; *ders.,* Straftäterliche Beteiligung Übergeordneter an von Untergeordneten begangenen Straftaten im Rahmen Organisierter Kriminalität, FS Gössel, 2002, 235; *Brammsen,* Kausalitäts- und Täterschaftsfragen bei Produktfehlern, JURA 1991, 533; *Brammsen,* Unterlassungshaftung in formellen Organisationen, in: Amelung, Individuelle Verantwortung und Beteiligungsverhältnisse bei Straftätern in bürokratischen Organisationen des Staates, der Wirtschaft und der Gesellschaft, 2000, 105; *Brammsen,* Bemerkungen zur mittelbaren Unterlassungstäterschaft – Eine Ergänzung zu BGHSt 40, 257, NStZ 2000, 337; *Brand/Sperling,* Die Bedeutung des § 283d StGB im GmbH-Strafrecht, ZStW 121 (2009), 281; *Breuer,* Öffentliches und privates Wasserrecht, 3. Aufl. 2004; *Corell,* Strafrechtliche Verantwortlichkeit durch Mitwirkung an Kollegialentscheidungen auf der Leitungsebene von Wirtschaftsunternehmen bei vorsätzlichen Begehungsdelikten, 2007; *Dencker,* Kausalität und Gesamttat, 1996; *Dencker,* Mittäterschaft in Gremien, in: Amelung, Individuelle Verantwortung und Beteiligungsverhältnisse bei Straftätern in bürokratischen Organisationen des Staates, der Wirtschaft und der Gesellschaft, 2000, 63; *Denuyck,* Probleme der Verfolgung und Ahndung von Verbandskriminalität im deutschen und belgischen Recht, ZStW 103 (1991), 705; *Donna,* Roxins Konzept der Täterschaft und die Theorie der Machtapparate, FS Gössel, 2002, 261; *Dous,* Strafrechtliche Verantwortlichkeit in Unternehmen, 2009; *Dreher,* Mittelbare Unterlassungstäterschaft und Kausalität bei kollektivem Unterlassen – BGH NJW 2003, 522, JuS 2004, 17; *Feldmann,* Strafbarkeit und Strafbarkeitslücken im Zusammenhang mit Skimming und Fälschung von Zahlungskarten – zugleich eine Analyse der Rechtsprechung zur Abgrenzung von Mittäterschaft und Beihilfe, wistra 2015, 41; *Fincke,* Der Täter neben dem Täter, GA 1975, 161; *Garcia Cavero,* Zur strafrechtlichen Verantwortlichkeit des faktischen Geschäftsführers, FS Tiedemann, 2008, 299; *Geilen,* Suizid und Mitverantwortung, JZ 1974, 145; *Gössel,* Sukzessive Mittäterschaft und Täterschaftstheorien, FS Jescheck, 1985, 537; *Graul,* Zur Haftung eines (potentiellen) Mittäters für die Vollendung bei Lossagung von der Tat im Vorbereitungsstadium, GS Meurer 2002, 89; *Greco,* Organisationsherrschaft und Selbstverantwortungsprinzip, ZIS 2011, 9; *Gribbohm/Utech,* Probleme des allgemeinen Steuerstrafrechts, NStZ 1990, 209; *Gropp,* Die Mitglieder des Nationalen Verteidigungsrates als „Mittelbare Mit-Täter hinter den Tätern"? – BGHSt 40, 218, JuS 1996, 13; *Groß,* Die strafrechtliche Verantwortlichkeit faktischer Vertretungsorgane bei Kapitalgesellschaften, 2007; *Haas,* Kritik der Tatherrschaftslehre, ZStW 119 (2007), 519; *Haas,* Erscheinungsformen und Problematik der teilweisen Mittäterschaft, JR 2014, 104; *Hassemer,* Rechtsprechungsübersicht: Strafrechtliche Produkthaftung, JuS 1991, 253; *Hassemer,* Produktverantwortung im modernen Strafrecht, 2. Aufl. 1996; *Hefendehl,* Tatherrschaft in Unternehmen vor kriminologischer Perspektive, GA 2004, 575; *Heine,* Die strafrechtliche Verantwortlichkeit von Unternehmen, 1995; *Heinrich,* Rechtsgutzugriff und Entscheidungsträgerschaft, 2002; *Herzberg,* Täterschaft und Teilnahme, 1977; *Herzberg,* Mittelbare Täterschaft und Anstiftung in formalen Organisationen, in: Amelung, Individuelle Verantwortung und Beteiligungsverhältnisse bei Straftätern in bürokratischen Organisationen des Staates, der Wirtschaft und der Gesellschaft, 2000, 33; *Hilgendorf,* Fragen der Kausalität bei Gremienentscheidungen am Beispiel des Lederspray-Urteils, NStZ 1994, 561; *Hirte,* Die zivilrechtliche Produkthaftung von Mitarbeitern und Managern, JZ 1992, 257; *Höll,* Mittäterschaft bei der Steuerhinterziehung durch Unterlassen, wistra 2013, 455; *Hoffmann-Holland,* Die Beteiligung des Garanten am Rechtsgutsangriff – Zur Abgrenzung von Täterschaft und Beihilfe durch Unterlassen, ZStW 118 (2006), 620; *Hoyer,* Die strafrechtliche Verantwortlichkeit innerhalb von Weisungsverhältnissen, 1998; *Jakobs,* Strafrechtliche Haftung durch Mitwirkung an Abstimmungen, FS Miyazawa, 1995, 419; *Joecks,* Anleger- und Verbraucherschutz durch das 2. WiKG, wistra 1986, 142; *Joerden,* Strukturen des strafrechtlichen Verantwortlichkeitsbegriffs: Relationen und ihre Verkettungen, 1988; *Kaufmann,* Möglichkeiten der sanktionsrechtlichen Erfassung von (Sonder-)Pflichtverletzungen im Unternehmen, 2003; *Knauer,* Die Kollegialentscheidung im Strafrecht, 2001; *ders,* Die Strafbarkeit der Bankvorstände für missbräuchliche Kreditgewährung, NStZ 2002, 399; *Kraatz,* Die fahrlässige Mittäterschaft – Ein Beitrag zur strafrechtlichen Zurechnungslehre auf der Grundlage eines finalen Handlungsbegriffs, 2005; *Krause,* Strafrechtliche Haftung des Aufsichtsrates, NStZ 2011, 57; *Kretschmer,* Anmerkungen zur strafrechtlichen Verantwortlichkeit der Unternehmensleitung für das Verhalten von Mitarbeitern – Begründung und deren Vermeidung unter Berücksichtigung von Compliance, StraFo 2012, 259; *Kuhlen,* Strafhaftung bei unterlassenem Rückruf gesundheitsgefährdender Produkte, NStZ 1990, 566; *Kuhlen,* Die Abgrenzung von Täterschaft und Teilnahme, insbesondere bei den sogenannten Betriebsbeauftragten, in: Amelung, Individuelle Verantwortung und Beteiligungsverhältnisse bei Straftätern in bürokratischen Organisationen des Staates, der Wirtschaft und der Gesellschaft, 2000, 71; *Kuhlen,* Internationaler Schmuggel, europäischer Gerichtshof und deutsches Strafrecht, FS Jung, 2007, 445; *Küpper,* Zur Abgrenzung der Täterschaftsformen, GA 1998, 519; *Lampe,* Systemunrecht und Unrechtssysteme, ZStW 106 (1994), 683; *Langneff,* Die Beteiligtenstrafbarkeit von Hintermännern innerhalb von Organisationsstrukturen bei normativ-rechtlich handelndem Werkzeug, 2000; *Lassmann,* Untreue zu Lasten gemeinnütziger Stiftungen – Strafbarkeitsrisiken im Non-Profit-Bereich, NStZ 2009, 473; *Loeck,* Strafbarkeit des Vorstands der Aktiengesellschaft wegen Untreue, 2006; *Meier,* Verbraucherschutz durch Strafrecht? – Überlegungen zur strafrechtlichen Produkthaftung nach der „Lederspray"-Entscheidung des BGH NJW 1992, 3193; *Murmann,* Tatherrschaft durch Weisungsmacht, GA 1996, 269; *Nack,* Mittelbare Täterschaft durch Ausnutzung regelhafter Abläufe, GA 2006, 342; *Neudecker,* Die strafrechtliche Verantwortlichkeit der Mitglieder von Kollegialorganen, 1995; *Noltenius,* Betrug kraft Organisationsherrschaft und die Rechtsprechung des Bundesgerichtshofes, in: Steinberg/Valerius/Popp, Das Wirtschaftsstrafrecht des StGB – Analysen zur aktuellen höchstrichterlichen Rechtsprechung, 2011, 9; *Otto,* Die Haftung für kriminelle Handlungen in Unternehmen, JURA 1998, 409; *Otto,* Die strafrechtliche Verantwortung für die Verletzung von Sicherungspflichten in Unternehmen, FS Schroeder, 2006, 339; *Pfeiffer,* Notwendigkeit und Legitimität der fahrlässigen Mittäterschaft, JURA 2004, 519; *Puppe,* Zur Kausalitätsproblematik bei der strafrechtlichen Produkthaftung, JR 1992, 30; *Puppe,* Wider die fahrlässige Mittäterschaft, GA 2004, 129; *Puppe,* Die Architektur der Beteiligungsformen, GA 2013, 514; *Renzikowski,* Fahrlässige Mittäterschaft, FS Otto, 2007, 423; *Rodriguez Montanes,* Einige Bemerkungen über das Kausalitätsproblem und die Täterschaft im Falle rechtswidriger Kollegialentscheidungen, FS Roxin, 2001, 307; *Rogall,* Dogmatische und kriminalpolitische Probleme der Aufsichtspflichtverletzung in Betrieben und Unternehmen (§ 130 OWiG), ZStW 1998 (1986), 573; *Rogall,* Die Strafbarkeit von Amtsträgern im Umweltbereich, 1991; *Rotsch,* Individuelle Haftung in Großunternehmen, 1998; *Rotsch,* Die Rechtsfigur des Täters hinter dem Täter bei der Begehung von Straftaten im Rahmen organisatorischer Machtapparate und ihre Übertragbarkeit auf wirtschaftliche Organisationsstrukturen, NStZ 1998, 491; *Rotsch,* Unternehmen, Umwelt und Strafrecht – Ätiologie einer Misere (Teil 1), wistra 1999, 321; *Rotsch,* Tatherrschaft kraft Organisationsherrschaft?, ZStW 112 (2000), 518; *Rotsch,* Mittelbare Täterschaft kraft Organisationsherrschaft im Wirtschaftsunternehmen, JR 2004, 248; *Rotsch,* Neues zur Organisationsherrschaft, NStZ 2005, 13; *Rotsch,* Von Eichmann bis Fujimori – Zur Rezeption der Organisationsherrschaft nach dem Urteil des Obersten Strafgerichtshofs Perus, ZIS 2009, 549; *Rotsch,* Mythologie und Logos des § 298 StGB, ZIS 2014, 579; *Roxin,* Organisationsherrschaft und Tatentschlossenheit, FS Schroeder, 2006, 387; *Roxin,* Zum Ausscheiden eines Mittäters im Vorbereitungsstadium bei fortwirkenden Tatbeiträgen, NStZ 2009, 7; *Roxin,* Zur neuesten Diskussion über die Organisationsherrschaft, GA 2012, 395; *Rütsch,* Strafrechtlicher Durchgriff bei verbundenen Unternehmen?, 1987; *Salje,* Zivilrechtliche und strafrechtliche Verantwortung des Betriebsbeauftragten für Umweltschutz, BB 1993, 2297; *Samson,* Probleme strafrechtlicher Produkthaftung, StV 1991, 182; *Satzger,* Kausalität und Gremienentscheidungen, JURA 2014, 186; *Schaal,* Strafrechtliche Verantwortlichkeit bei Gremienentscheidungen in Unternehmen, 2001; *Schall,* Zur Strafbarkeit von Amtsträgern in Umweltverwaltungsbehörden – BGHSt 38, 325, JuS 1993, 719; *Schild,* Täterschaft als Tatherrschaft, 1994; *Schilha,* Die Aufsichtsratstätigkeit in der Aktiengesellschaft im Spiegel strafrechtlicher Verantwortung, 2008; *Schlösser,* Organisationsherrschaft durch Tun und Unterlassen, GA 2007, 161; *Schmidt-Lademann,* Zum neuen Straftatbestand „Kapitalanlagebetrug" (§ 264a StGB), WM 1986, 1241; *Schmidt-Salzer,* Strafrechtliche Produktverantwortung – Das Lederspray-Urteil des BGH, NJW 1990, 2966; *Schmidt-Salzer,* Konkretisierungen der strafrechtlichen Produkt- und Umweltverantwortung, NJW 1996, 1; *Schmuck/Steinbach,* Geldbußen gegen juristische Personen und Personenvereinigungen gem. § 30 OWiG – Unzulässigkeit einer isolierten Festsetzung, StraFo 2008, 235; *Schmucker,* Strafrechtliche Verantwortlichkeit der Unternehmensleitung durch innerbetriebliche Anweisungen, StraFo 2010, 235; *Schroeder,* Der Täter hinter dem Täter, 1965; *Schroeder,* Der Sprung des Täters hinter dem Täter aus der Theorie in die Praxis, JR 1995, 177; *Schroeder,* Tatbereitschaft gegen Fungibilität, ZIS 2009, 569; *Schulz,* Der faktische Geschäftsführer als Täter der §§ 82, 84 GmbHG unter Berücksichtigung der Problematik des Strohmannes, StraFo 2003, 155; *Schünemann,* Unternehmenskriminalität, FG BGH, 2000, 621; *Schütz,* Die „Bestattung" insolventer Kapitalgesellschaften in der strafrechtlichen Praxis, wistra 2016, 53; *Steinberg/Valerius/Popp* (Hrsg.), Das Wirtschaftsstrafrecht des StGB – Analysen zur aktuellen höchstrichterlichen Rechtsprechung, 2011; *Timpe,* Mittelbare Täterschaft bei Selbstschädigung, StraFo 2013, 358; *Vassilaki,* Ist eine alternative Tatsachenfeststellung bei fahrlässiger Beteiligung möglich?, FS Schreiber, 2003, 499; *Vierhaus,* Die neue Gefahrgutbeauftragtenverordnung aus der Sicht des Straf-, Ordnungswidrigkeiten- und Umweltverwaltungsrechts, NStZ 1991, 466; *Weißer,* Kausalitäts- und Täterschaftsprobleme bei der strafrechtlichen Würdigung pflichtwidriger Kollegialentscheidungen, 1996; *Wendt/Elicker,* Zur steuerstrafrechtlichen Verantwortlichkeit des steuerlich vertretenen Unternehmers oder Geschäftsführers, wistra 2009, 329; *Wohlers,* Generelle Kausalität als Problem richterlicher Überzeugungsbildung, JuS 1995, 1019; *Wohlers,* Der Erlaß rechtsfehlerhafter Genehmigungsbescheide als Grundlage mittelbarer Täterschaft, ZStW 108 (1996), 61; *Zaczyk,* Die „Tatherrschaft kraft organisatorischer Machtapparate" und der BGH, GA 2006, 411; *Zieschang,* Mittäterschaft bei bloßer Mitwirkung im Vorbereitungsstadium?, ZStW 107 (1995), 361; *Zieschang,* Gibt es den Täter hinter dem Täter?, FS Otto, 2007, 505.

Übersicht

A. Allgemeines

Nach den §§ 25 ff. ist bei der Beteiligung an einer Straftat zwischen Täterschaft und Teilnahme zu **1** differenzieren. Während in § 25 die Täterschaftsformen geregelt sind (s. SK-StGB/*Hoyer* Rn. 1), normieren die nachfolgenden Vorschriften die Voraussetzungen der Teilnahmestrafbarkeit in Form der Anstiftung (§ 26) bzw. Beihilfe (§ 27).

I. Abgrenzung Täterschaft und Teilnahme

Während die Rspr. zur Abgrenzung von Täterschaft und Teilnahme einer – heute zunehmend **2** modifizierten – subjektiven Theorie folgt, geht die Lit. fast einhellig von der sog Tatherrschaftslehre (auch materiell-objektive Theorie) aus. Die Abgrenzung ist für jede Tat gesondert vorzunehmen, auch wenn die Täter durch eine Bandenabrede verbunden sind (BGH wistra 2013, 97).

1. Subjektive Theorie der Rspr. Das **RG** entwickelte für die Abgrenzung zwischen Täterschaft **3** und Teilnahme die sog **Animus-Formel,** nach der es für die Feststellung der Beteiligungsform allein auf die innere Willensrichtung der an der Tatbestandsverwirklichung beteiligten Personen ankommt (bspw. RGSt 3, 181 (182 f.)). Täter ist danach, wer die Tat als eigene will (animus auctoris), Teilnehmer, wer nur einen vom Täter abhängigen Willen aufweist (animus socii; RGSt 3, 181 (182) aE). Konsequenz der animus-Formel ist, dass einerseits derjenige Täter sein kann, der selbst keinerlei Tatbestandsmerkmale verwirklicht (RGSt 9, 75 (77 f.)) und andererseits eine bloße Beihilfestrafbarkeit bei demjenigen vorliegen kann, der selbst sämtliche Tatbestandsmerkmale erfüllt (RGSt 74, 84 (85 f.)): Beihilfe trotz eigenhändiger Ertränkung eines Kindes; ähnlich noch BGHSt 18, 87 (89 ff.)).

Der BGH hat die animus-Formel zunächst übernommen, tendierte aber schon früh dazu, den für die **4** Abgrenzung maßgeblichen Willen des Beteiligten anhand **objektivierender Kriterien** zu bestimmen. Danach soll sich die „innere Haltung zur Tat und zum Taterfolg" nicht nur aus der Willensrichtung und dem Interesse am Taterfolg, sondern auch aus dem Umfang der eigenen Tatbestandsverwirklichung und der Tatherrschaft zusammensetzen (BGHSt 2, 150 (151); 8, 393 (396)).

Die **neuere Rspr.** führt die Abgrenzung zwar weiterhin anhand des Willens des Beteiligten durch, **5** bezieht dabei aber alle von der Vorstellung des Beteiligten umfassten Umstände in **wertender Betrachtung** mit ein und nähert sich damit der Tatherrschaftslehre an (s. etwa BGHSt 28, 346 (348 f.); 37, 289 (291); BGH NStZ 2002, 200; 2009, 25 (26); BGH ZWH 2012, 360 zum Skimming). **Kriterien,** die von der Rspr. für die Bestimmung des Beteiligungswillens herangezogen werden, sind insbes. die objektive Beherrschung des tatbestandlichen Geschehens (BGH NStZ 1987, 364), der Umfang der Tatbeteiligung (BGH NStZ 1990, 80 (81)), die Bedeutung der Beteiligungshandlung im Gesamtgeschehen (BGHSt 51, 219 (222); BGH NStZ 2013, 549), der Wille zur Tatherrschaft (BGH NStZ-RR 2004, 40 (41); BGH NJW 2016, 884 (886)) sowie das Interesse am Taterfolg (BGHSt 16, 12 (13); BGH NStZ-RR 2010, 319 f.).

Hiernach können zwar auch bloße Vorbereitungshandlungen und die eigentliche Tatbestandsverwirk- **6** lichung lediglich fördernde Beiträge eine (Mit-)Täterschaft begründen, wenn sie auf der Grundlage eines gemeinsamen Willens erbracht werden und die Ausführung der Tat bei ihrem Ausbleiben wesentlich erschwert wäre (BGHSt 41, 299 (301); BGH NStZ 1999, 609 f.; 2002, 200; 2003, 253 (254)). Das hohe Interesse an der Tatbestandsverwirklichung soll jedoch nicht zur Annahme einer Täterschaft führen, wenn nur ein gänzlich untergeordneter Tatbeitrag erbracht wird (BGHSt 36, 363 (367)). Umgekehrt kann auch bei geringem Eigeninteresse des Beteiligten an der Tatbestandsverwirklichung

Täterschaft anzunehmen sein, wenn ein wesentlicher Tatbeitrag geleistet wird (s. etwa BGH NStZ 2008, 273 (275); BGH StV 2012, 669 (670)).

7 **2. Tatherrschaftslehre der Lit.** Innerhalb der Lit. wird ganz überwiegend gefordert, die Abgrenzung vorwiegend an **objektiven Gesichtspunkten** auszurichten, da die subjektive Theorie trotz ihrer Ergänzung um objektive Kriterien zu erheblichen Unsicherheiten und willkürlichen Ergebnissen führe (s. nur Kühl StrafR AT § 20 Rn. 35; Roxin StrafR AT II § 25 Rn. 25 f.; aA aber BWM StrafR AT § 29 Rn. 59).

8 Weitgehend durchgesetzt hat sich die Bestimmung der Beteiligungsform anhand des Kriteriums der **Tatherrschaft** (Jescheck/Weigend StrafR AT § 61 V 1; Kühl StrafR AT § 20 Rn. 29; Roxin StrafR AT II § 25 Rn. 13; LK-StGB/*Schünemann* Rn. 32 ff.; WBS StrafR AT Rn. 751 jeweils mwN; trotz Kritik auch Jakobs StrafR AT 21/34 ff.; andere Ansätze bei *Haas* ZStW 119 (2007), 534 ff.; *Heinrich,* Rechtsgutzugriff und Entscheidungsträgerschaft, 2002, 143 ff.; Schmidhäuser StrafR AT § 10 Rn. 163 ff.). Unzw. als Täter anzusehen ist hiernach zunächst derjenige, der eigenhändig sämtliche Tatbestandsmerkmale verwirklicht. Wo dies nicht der Fall ist, soll eine Täterschaft immer dann vorliegen, wenn dem Beteiligten im deliktischen Gesamtgeschehen gleichwohl die Tatherrschaft zufällt (s. nur Roxin StrafR AT II § 25 Rn. 13).

9 Die **Ausfüllung des Begriffs** der Tatherrschaft erfolgt in der Lit. nicht einheitlich (krit. daher MüKoStGB/*Joecks* Rn. 13). Überwiegend wird diese jedoch umschrieben als das „vom Vorsatz umfasste In-den-Händen-Halten des tatbestandsmäßigen Geschehensablaufs" (so MGZ/*Renzikowksi* § 47 Rn. 87). Zum maßgeblichen Abgrenzungskriterium wird damit die Frage, wer die finale Steuerung des tatbestandsmäßigen Geschehens innehat. Danach ist derjenige als Täter anzusehen, „der die Verwirklichung des Gesamterfolges je nach seinem Willen hemmen, ablaufen oder abbrechen lassen kann" (MGZ StrafR AT, 7. Aufl. 1989, § 47 Rn. 85). Es wird vom Täter als „Zentralgestalt" bzw. Schlüsselfigur und vom Teilnehmer als „Randfigur" des Geschehens gesprochen (WBS StrafR AT Rn. 746). Wann ein Beteiligter als Zentralgestalt des Geschehens anzusehen ist, wird vielfach unter Zugrundelegung der einzelnen Täterschaftsformen beantwortet. So soll nach *Roxin* unmittelbarer Täter sein, wer **Handlungs-,** mittelbarer Täter wer **Willens-,** und Mittäter wer **funktionale Tatherrschaft** aufweist (Roxin StrafR AT II § 25 Rn. 38, 45, 188). IErg weitgehend übereinstimmend kann nach *Jakobs* Tatherrschaft durch den Vollzug der Ausführungshandlung, die Entscheidung über das „Ob" der Tat, die Gestaltung der Tat oder die Kumulierung dieser Prinzipien begründet werden (Jakobs StrafR AT 21/35).

10 Trotz ihrer objektiven Ausrichtung kommt es nach der Tatherrschaftslehre für die endgültige Bewertung eines Tatbeitrages als täterschaftlich auch auf die Erfüllung subjektiver Voraussetzungen an, namentlich auf die **willentliche Beherrschung des tatbestandlichen Geschehens** (MGZ/*Renzikowski* StrafR AT § 47 Rn. 92). Insbes. soll derjenige, der von seiner beherrschenden Stellung keine Kenntnis hat, auch keine Herrschaft über das Geschehen ausüben können (LK-StGB/*Schünemann* Rn. 37).

11 **3. Fazit.** Die Einbeziehung der inneren Willensrichtung iRd Tatherrschaftslehre und die Annäherung der subjektiven Theorie an die Tatherrschaftslehre führen dazu, dass Lit. und Rspr. im Einzelfall nur **selten zu abw. Ergebnissen** gelangen. Nach beiden Ansätzen ist regelmäßig derjenige Täter iSv § 25, der als Zentralgestalt des Geschehens die objektive Tatbestandsverwirklichung nach seinem Willen hemmen bzw. ablaufen lassen kann (Roxin StrafR AT II § 25 Rn. 13; WBS StrafR AT Rn. 746; der BGH nähert sich dem am stärksten in Fällen mittelbarer Täterschaft an, vgl. BGHSt 32, 38 (42 f.); 40, 218 (232 ff.)). Der maßgebliche Vorteil der Tatherrschaftslehre besteht hierbei darin, dass sie sich für ein verbindliches Abgrenzungskriterium entscheidet, während die Rspr. lediglich „Anhaltspunkte" und „Indizien" benennt und durch deren unterschiedliche Gewichtung im Einzelfall wenig berechenbar erscheint (JJR/*Joecks* AO § 369 Rn. 74; Kühl StrafR AT § 20 Rn. 35).

II. Spezielle Abgrenzungsfragen im WirtschaftsStR

12 Auch im WirtschaftsStR nimmt die Rspr. die Abgrenzung anhand des über objektive Kriterien zu ermittelnden Willens des Beteiligten vor (vgl. etwa BGHSt 51, 219 (222 ff.); BGH NStZ 1999, 451 (452); 2006, 44 (45); s. zu den verschiedenen Phasen des Skimmings *Feldmann* wistra 2015, 44 ff.).

13 **1. Getrennte Verantwortungsbereiche und Aufgabendelegation in Unternehmen.** Spezielle Abgrenzungsprobleme ergeben sich, wenn die an der Tatbestandsverwirklichung beteiligten Personen auf unterschiedlichen Hierarchieebenen wirken und für unterschiedliche Aufgabenbereiche zuständig sind (vgl. auch Große Vorholt WirtschaftsStR 1/A Rn. 171 ff.).

14 **a) Getrennte Verantwortungsbereiche.** Grds. wirkt sich die **Verteilung von unternehmerischen Pflichten** auf einzelne **Organe bzw. Organmitglieder** auch auf die strafrechtl. Verantwortlichkeit aus (BGHSt 47, 148 (156); Greeve/Leipold BauStrafR-HdB § 5 Rn. 24 f.; Krekeler/Werner Unternehmer Rn. 52 ff.; *Otto* FS Schroeder, 2006, 346 f.; ausführlich Ransiek UnternehmensStrafR 43 ff.). Liegt eine zulässige Aufgabenverteilung vor, kommt eine täterschaftliche Deliktsbegehung grds.

nur für diejenigen Unternehmensmitglieder in Betracht, die für die Erfüllung der jeweiligen Aufgabe verantwortlich sind. So sind Aufsichtsratsmitglieder einer AG idR nur als Teilnehmer an durch den Vorstand verwirklichten Straftaten anzusehen (Große Vorholt WirtschaftsStR 1/A Rn. 145; vgl. auch Greeve/Leipold BauStrafR-HdB § 5 Rn. 32). Zugleich führt die Verteilung aber nicht zu einer vollständigen Entlastung der Unternehmensorgane; zB bleiben sämtliche Vorstandsmitglieder eines Unternehmens zum Einschreiten verpflichtet, wenn das pflichtwidrige Verhalten eines Organmitgliedes offensichtlich ist (BGHSt 37, 106 (123 f.); *Otto* FS Schroeder, 2006, 347; ausführlich hierzu → Rn. 123 ff.).

b) Aufgabendelegation. Durch **Delegation** einzelner Aufgabenbereiche auf **untergeordnete Mit-** **15** **arbeiter** kann die strafrechtl. Verantwortlichkeit der unternehmerischen Leitungsebene eingeschränkt werden. Für die Erfüllung der übertragenen Pflichten sind dann in erster Linie die eingesetzten Mitarbeiter zuständig (Greeve/Leipold BauStrafR-HdB § 5 Rn. 30; Wabnitz/Janovsky WirtschaftsStR-HdB/*Raum* Kap. 4 Rn. 41). Jedoch bleibt die Unternehmensleitung verpflichtet, die ordnungsgemäße Aufgabenerfüllung zu überwachen (*Otto* FS Schroeder, 2006, 349 f.; Bieneck AußenwirtschaftsStR-HdB/*Bieneck* § 24 Rn. 10). Bestehen hinreichende Anhaltspunkte für ein pflichtwidriges Verhalten der Mitarbeiter, kommt eine täterschaftliche Haftung auch der Unternehmensleitung in Betracht, wenn sie gleichwohl untätig bleibt (*Hoyer,* Die strafrechtliche Verantwortlichkeit innerhalb von Weisungsverhältnissen, 1998, 30 ff.; Wabnitz/Janovsky WirtschaftsStR-HdB/*Raum* Kap. 4 Rn. 42 ff.). Der Umfang der erforderlichen Überwachungsmaßnahmen nimmt mit der Schadensanfälligkeit der übertragenen Aufgaben zu (BGHSt 37, 184 (187 ff.); 47, 224 (231)).

Soweit die Verschiebung von Verantwortung durch Delegation nach unten in der **Anordnung eines** **16** **strafbaren Verhaltens** besteht, begründet dies idR Täterschaft des Anordnenden. Existiert bspw. in einem Unternehmen eine Aufgabenteilung nach Geschäftsbereichen, ist der für einen Geschäftsbereich Zuständige regelmäßig als Täter anzusehen, wenn er Hilfspersonen anweist, eine strafbare Handlung vorzunehmen. Erscheint die Hilfsperson lediglich als ausführendes Werkzeug, ist sie mangels eigener Tat- und Willensherrschaft idR nur Gehilfe (*Meier* NJW 1992, 3199; *Tiedemann* WirtschaftsStR AT Rn. 362; vgl. auch Bieneck AußenwirtschaftsStR-HdB/*Bieneck* § 24 Rn. 6 ff.). Durch die Anerkennung von Tatherrschaft begründenden Organisationsstrukturen in Unternehmen kommt eine (mittelbare) Täterschaft des anweisenden Hintermanns jedoch auch bei täterschaftlicher Deliktsbegehung der Hilfsperson in Betracht (Große Vorholt WirtschaftsStR 1/A Rn. 117; ausführlich → Rn. 55 ff.). Geht die Hilfsperson von der Verbindlichkeit der Weisung aus, kann aber auch ein vermeidbarer Verbotsirrtum vorliegen, der – unabhängig vom Bestehen einer Organisationsherrschaft – mittelbare Täterschaft des Anweisenden zu begründen vermag (→ Rn. 50).

2. Tatbeteiligung durch Betriebsbeauftragte. Betriebsbeauftragte, deren Bestellung gesetzlich **17** vorgeschrieben ist (bspw. in § 53 BImSchG; § 54 KrW-/AbfG; § 4 f. BDSG), nehmen betriebsinterne Kontroll- und Überwachungsaufgaben wahr, verfügen aber typischerweise nicht über eigene Entscheidungs- bzw. Weisungsbefugnisse (*Kuhlen* in Amelung, Individuelle Verantwortung und Beteiligungsverhältnisse bei Straftätern in bürokratischen Organisationen des Staates, der Wirtschaft und der Gesellschaft, 2000, 71 f.; zur häufigen „Doppelstellung" in der Praxis *Böse* NStZ 2003, 637). Sie sind in der Praxis zunehmend verbreitet und haben teilweise einen erheblichen Einfluss auf die Betriebsleitung.

Vor diesem Hintergrund wird die **Abgrenzung** zwischen Täterschaft und Teilnahme bei solchen **18** Tatbeteiligten **uneinheitlich** vorgenommen (Große Vorholt WirtschaftsStR 1/A Rn. 180 ff.; *Kuhlen* in Amelung, Individuelle Verantwortung und Beteiligungsverhältnisse bei Straftätern in bürokratischen Organisationen des Staates, der Wirtschaft und der Gesellschaft, 2000, 74 ff.; Müller-Gugenberger WirtschaftsStR/*Schmid/Fridrich* § 30 Rn. 55). Aus dem Fehlen eigener Entscheidungsbefugnisse ist gefolgert worden, dass der Betriebsbeauftragte nie Täter sein könne, dass von ihm vorgenommene Einwirkung auf die Entscheidungsträger des Betriebs vielmehr als Teilnahme an deren Straftaten zu bewerten sei (*Breuer,* Öffentliches und privates Wasserrecht, 3. Aufl. 2004, Rn. 772). Demgegenüber ist heute weitgehend anerkannt, dass ein Betriebsbeauftragter, der einen Betriebsinhaber vorsätzlich falsch informiert, über die für eine mittelbare Täterschaft erforderliche überlegene Stellung (→ Rn. 38 f.) verfügen kann. Zugleich wird man einen Betriebsbeauftragten, der an einer vorsätzlich begangenen Straftat der betrieblichen Entscheidungsträger beteiligt ist, nicht per se als bloßen Teilnehmer ansehen können. Vielmehr bleibt auch hier eine gemeinschaftliche Tatbestandsverwirklichung möglich (*Kuhlen* in Amelung, Individuelle Verantwortung und Beteiligungsverhältnisse bei Straftätern in bürokratischen Organisationen des Staates, der Wirtschaft und der Gesellschaft, 2000, 75 ff. (78 ff.)).

Richtigerweise sind daher die allg. Kriterien für die Abgrenzung von Täterschaft und Teilnahme **19** anzuwenden, insbes. das Merkmal der Tatherrschaft (*Salje* BB 1993, 2298 f. (2301 f.)). Auch die nur vereinzelt mit der Frage befasste (*Böse* NStZ 2003, 637) Rspr. will in erster Linie anhand des Umfangs der Tatbeteiligung und nicht aufgrund der formellen Stellung als Betriebsbeauftragter über die Abgrenzung entschieden. Danach können Betriebsbeauftragte aufgrund ihrer fehlenden Entscheidungsbefugnisse zwar „idR nicht als Täter angesehen werden". Dies entbinde aber nicht davon, im Einzelfall zu überprüfen, ob eine Beteiligung vorliegt, „die zu einer Bestrafung als Täter führt" (OLG Frankfurt a. M. NStZ 1987, 508 (509) im Anschluss an AG Frankfurt a. M. NStZ 1986, 72 (74 f.)).

20   **3. Tatbeteiligung durch Bedienstete von Genehmigungs- und Überwachungsbehörden.** Bei der Überwachung unternehmerischer Tätigkeit durch staatliche Behörden (vgl. Tiedemann WirtschaftsStR AT Rn. 315 ff. sowie §§ 326 Abs. 2, 327 Abs. 1, 328 Abs. 1 Nr. 1: Handeln „ohne die erforderliche Genehmigung") ist eine Tatbeteiligung der für die Überwachung zuständigen Amtsträger möglich, zB wenn eine materiell fehlerhafte Genehmigung erteilt wird oder die Überwachungsbehörde gegen rechtswidriges Verhalten nicht einschreitet (Fischer Vor § 324 Rn. 13 ff.; Müller-Gugenberger WirtschaftsStR/*Pfohl* § 54 Rn. 310 ff.; *Wohlers* ZStW 108 (1996), 61 ff.).

21   Wird eine verwaltungsrechtl. rechtswidrige, aber strafrechtl. wirksame **Genehmigung erteilt** und machen sich die Unternehmensträger durch deren Gebrauch nicht strafbar, hält die Rspr. eine mittelbare Täterschaft des die Genehmigung erteilenden Amtsträgers für möglich (BGHSt 39, 381 (387 ff.); hierzu Eidam Unternehmen Rn. 239 ff.; *Horn* JZ 1994, 636; *Schirrmacher* JR 1995, 386 ff.). Zwar wird zT eingewandt, der Amtsträger verfüge nicht über die Tatherrschaft, da er keinen Einfluss darauf habe, ob die Genehmigungsempfänger die Genehmigung tatsächlich nutzen (*Rogall,* Die Strafbarkeit von Amtsträgern im Umweltbereich, 1991, 195 ff.; *Schall* JuS 1993, 721). Jedoch wird man dem Amtsträger die Tatherrschaft zumindest dann zuzusprechen haben, wenn von vornherein feststeht, dass der Empfänger der Genehmigung auf diese zurückgreifen wird (MüKoStGB/*Joecks* Rn. 257; *Rudolphi* NStZ 1994, 434). Bei Sonderdelikten (→ Rn. 25 ff.) kommt eine Täterschaft des Amtsträgers idR ohnehin nicht in Betracht (Müller-Gugenberger WirtschaftsStR/*Pfohl* § 54 Rn. 313).

22   Handeln die **Unternehmensmitglieder selbst volldeliktisch,** so ist fraglich, wie Täterschaft und Teilnahme für den beteiligten Amtsträger abzugrenzen sind. Die Rspr. nimmt Mittäterschaft an, wenn zwischen den für ein Unternehmen handelnden Personen und dem Amtsträger ein (ggf. stillschweigendes) Einverständnis darüber besteht, dass die Genehmigungserteilung rechtswidrig erfolgt (BGHSt 39, 381 (386 f.)). Auch in der Lit. wird teilweise vertreten, dass der Amtsträger Tatherrschaft haben kann, obgleich er nur im Vorbereitungsstadium tätig wird, da der rechtswidrigen Genehmigungserteilung für das gesamtdeliktische Geschehen herausragende Bedeutung zukomme (*Horn* JZ 1994, 636). Hiergegen spricht, dass die Genehmigungserteilung eine typische Gehilfenleistung darstellt (MüKoStGB/*Joecks* Rn. 257; zu BGHSt 39, 381 auch *Schirrmacher* JR 1995, 388).

23   **4. Tatbeteiligung durch faktischen Geschäftsführer.** Problematisch kann sich die Abgrenzung auch bei faktischen Geschäftsführern (näher → Rn. 27) darstellen. Liegt eine täterschaftliche Deliktsverwirklichung durch einen wirksam bestellten Geschäftsführer vor, so ist ein daneben handelndes Gesellschaftsmitglied idR nur Teilnehmer (OLG Düsseldorf NJW 1988, 3166 (3167); Wabnitz/Janovsky WirtschaftsStR-HdB/*Pelz* Kap. 9 Rn. 327). Ausnahmsweise soll jedoch eine Mittäterschaft in Form einer faktischen Mitgeschäftsführung anzunehmen sein, namentlich bei einer **überragenden Stellung in der Geschäftsführung** (BGHSt 31, 118 (119 ff.); OLG Düsseldorf NJW 1988, 3166 (3167)).

III. Besondere Täterqualität

24   Täter kann grds. jede **natürliche Person** sein (zum Täterbegriff SK-StGB/*Hoyer* Vor § 25 Rn. 1 ff.). Abw. von den Modellen anderer Staaten und vom deutschen OWiG (vgl. § 30 OWiG; *Schmuck/Steinbach* StraFo 2008, 235 ff.) kennt das StGB keine **Strafbarkeit juristischer Personen oder Organisationen,** denen Handlungs-, Schuld- und Straffähigkeit fehlen sollen (→ § 14 Rn. 3; *Bottke* JuS 2002, 321; *Otto* JURA 1998, 415). Neben den Allgemeindelikten, die durch jedermann begangen werden können, verlangen einzelne Tatbestände eine besondere Täterqualität. Täter kann hier nur sein, wer die geforderte Eigenschaft selbst aufweist. Ist dies nicht der Fall, so kommt allenfalls eine Teilnahmestrafbarkeit bzw. eine Täterschaft hinsichtlich eines anderen Tatbestands in Betracht (→ § 28 Rn. 1 f.; vgl. BGH NStZ 2009, 627 (628)).

25   **1. Sonderdelikte.** Die **echten Sonderdelikte** verlangen eine besondere Subjektsqualität, knüpfen die Bewertung eines Verhaltens als täterschaftlich also an die Voraussetzung, dass in der Person des Beteiligten bestimmte Umstände vorliegen (Kühl StrafR AT § 20 Rn. 13; Wabnitz/Janovsky WirtschaftsStR-HdB/*Raum* Kap. 4 Rn. 67; allg. → § 28 Rn. 7 ff.). So setzen zB die Straftaten im Amt (§§ 331 ff.) eine Amtsträgereigenschaft iSd § 11 Abs. 1 Nr. 2 voraus. Ein an der Tat beteiligter Nichtbeamter kann in diesen Fällen nicht Täter sein (BGHSt 14, 123 (129); vgl. auch Wabnitz/Janovsky WirtschaftsStR-HdB/*Bannenberg* Kap. 12 Rn. 77 f.). Bei **unechten Sonderdelikten** führt das Vorliegen der besonderen Subjektsqualität hingegen nur dazu, dass für den jeweiligen Tatbeteiligten ein schärferer Strafrahmen gilt (WBS StrafR AT Rn. 54).

26   Weist ein Beteiligter eine im Tatbestand geforderte besondere Subjektsqualität nicht auf, kommt ausnahmsweise gleichwohl eine Bestrafung als Täter in Betracht, wenn die Voraussetzungen der in § 14 (gleichlautend § 9 OWiG) normierten **Organ- bzw. Vertreterhaftung** erfüllt sind und das fehlende Merkmal bei dem Vertretenen vorliegt (BGH NStZ 2009, 437 (438 f.); Achenbach/Ransiek/Rönnau WirtschaftsStR-HdB/*Achenbach* Teil 1 Kap. 3 Rn. 6 ff.; Wabnitz/Janovsky WirtschaftsStR-HdB/*Raum* Kap. 4 Rn. 7 ff.; Dannecker/Knierim/Hagemeier InsStrafR/*Dannecker/Hagemeier* Rn. 50).

27   Zu einer erweiterten Haftung führt dabei die Figur des **faktischen Geschäftsführers** (dazu MüKoStGB/*Radtke* § 14 Rn. 44 ff.), mittels der eine Zurechnung von täterschaftsbegründenden Sonder-

pflichten nicht nur für tatsächlich zum Organ oder Vertreter einer juristischen Person bzw. einer rechts-fähigen Personengesellschaft bestellte Tatbeteiligte möglich ist. Bereits aus § 14 Abs. 3 folgt, dass es auf die formelle Wirksamkeit der Bestellung nicht ankommt. Darüber hinaus wird von der Rspr. aber auch derjenige als tauglicher Täter angesehen, der aufgrund seiner überragenden Stellung im Hinblick auf unternehmerische Entscheidungen faktisch die Position eines Geschäftsführers einnimmt (BGHSt 31, 118 ff.; 46, 62 (64 ff.); vgl. auch → § 14 Rn. 53, 59 ff.; *Groß,* Die strafrechtliche Verantwortlichkeit faktischer Vertretungsorgane bei Kapitalgesellschaften, 2007, 136 ff.; KölnKomm UmwG/*Rönnau* UmwG § 313 Rn. 33 ff.; Achenbach/Ransiek/Rönnau WirtschaftsStR-HdB/*Ransiek* Teil 8 Kap. 1 Rn. 31 ff.; *Schulz* StraFo 2003, 155 ff.; *Garcia Cavero* FS Tiedemann, 2008, 299 ff.; *Kaufmann,* Möglich-keiten der sanktionsrechtlichen Erfassung von (Sonder-)Pflichtverletzungen im Unternehmen, 2003, 89 ff.).

2. Einzelne Sonderdelikte im WirtschaftsStR und SteuerStrafR. In Parallele zu den Besonder- **28** heiten, die Wirtschaftskriminalität aus kriminologischer Perspektive aufweist (s. nur Eisenberg Kriminologie § 47 Rn. 4 ff.), ist die Ausgestaltung von Straftatbeständen als Sonderdelikte im WirtschaftsStR stark verbreitet (Tiedemann WirtschaftsStR AT Rn. 64, 177; s. iE → § 28 Rn. 18 f.).

Täter einer **Untreue** kann bspw. nur sein, wer eine Vermögensbetreuungspflicht iSd § 266 innehat **29** (→ § 266 Rn. 20 ff.; BGHSt 13, 330 (331 f.); zur Stiftungsuntreue *Lassmann* NStZ 2009, 474 f.; zum Insolvenzverwalter Weyand/Diversy Insolvenzdelikte Rn. 211; bejahend für Prüfer von Subventions-anträgen BGH 14.12.1983 – 3 StR 452/83 (insoweit nicht abgedruckt in BGHSt 32, 203 = BGH NJW 1984, 2230)). Nur Anstiftung, nicht aber mittelbare Täterschaft kommt daher in Betracht, wenn ein Beteiligter zwar als Ideengeber alle wichtigen Entscheidungen selbst getroffen hat und diese durch einen Dritten umsetzen lässt, ihn aber keine Vermögensbetreuungspflicht trifft (LG Flensburg 24.8.2006 – I KLs 3/06).

Täter einer **Veruntreuung von Arbeitsentgelt** kann nur ein ArbG bzw. eine diesem durch § 266a **30** Abs. 5 gleichgestellte Person sein. Täter einer **Bestechlichkeit** nach § 299 Abs. 1 kann nur sein, wer Angestellter oder Beauftragter eines Unternehmens ist (Achenbach/Ransiek/Rönnau WirtschaftsStR-HdB/*Rönnau* Teil 3 Kap. 2 Rn. 8 ff.; zum Insolvenzverwalter Weyand/Diversy Insolvenzdelikte Rn. 211). Bei § 283 Abs. 1 kann nur derjenige Täter sein, der selbst von der Überschuldung oder (drohenden) Zahlungsunfähigkeit betroffen ist (BGHSt 58, 115, auch zu Abs. 2), außerdem muss sich die Zahlungseinstellung oder Insolvenzeröffnung bzw. -abweisung (Abs. 6) auf dieselbe Vermögensmasse beziehen (→ § 283 Rn. 74) Dannecker/Knierim/Hagemeier InsStrafR/*Dannecker/Hagemeier* Rn. 48; LK-StGB/*Tiedemann* § 283 Rn. 226). Eine mittäterschaftliche Begehung von § 283 ist daher nur möglich, wenn das Vermögen einer Gesellschaft oder sonstigen juristischen Person durch die Handlung von mehreren Mitgesellschaftern betroffen ist (Wabnitz/Janovsky WirtschaftsStR-HdB/*Pelz* Kap. 9 Rn. 95 f.). Für Außenstehende ist nur eine Strafbarkeit wegen Teilnahme oder nach § 283d möglich (*Brand/Sperling* ZStW 121 (2009), 282; s. aber zur Haftung des externen „Firmenbestatters" bei rechts-widriger Gesellschaftsabwicklung als faktischer Liquidator *Schütz* wistra 2016, 53 (57 f.)).

Noch verbreiteter ist die Reduzierung des Täterkreises auf bestimmte Personengruppen im **Neben- 31 StrafR,** etwa bei § 38 Abs. 1 Nr. 2 WpHG (HK-KapMStrafR/*Hilgendorf* WpHG §§ 38, 39 Rn. 256; anders hingegen § 38 Abs. 2 WpHG, BGHSt 59, 105 (110)), Bilanzstraftaten nach §§ 331 f. HGB, § 399 AktG (Achenbach/Ransiek/Rönnau WirtschaftsStR-HdB/*Ransiek* Teil 8 Kap. 1 Rn. 25), § 17 Abs. 1 UWG, § 313 UmwG (KölnKomm UmwG/*Rönnau* UmwG § 313 Rn. 27 ff.), unbefugten Geschäftstätigkeiten nach § 140 VAG (Prölss/*Kollhosser* VAG § 140 Rn. 3) sowie der Insolvenzver-schleppung gem. § 15a Abs. 4 InsO. Hingegen ist die ungenehmigte Ausfuhr nach §§ 17 ff. AWG kein Sonderdelikt, das nur der „Ausführer" iSv § 2 Abs. 2, 3 AWG begehen könnte (BGH NJW 1992, 3114; Bieneck AußenwirtschaftsR-HdB/*Bieneck* § 24 Rn. 5).

Bei der **Steuerhinterziehung** ist zwischen Tun und Unterlassen zu differenzieren (→ AO § 370 **32** Rn. 12, 16). Bei § 370 Abs. 1 Nr. 1 AO muss den Beteiligten keine Steuerschuld oder -pflicht treffen. Täter kann auch ein Dritter sein, der zugunsten des Stpfl. handelt (BGHSt 38, 37 (41); BGH NStZ 1986, 463; wistra 2007, 261 (262); v. Briel/Ehlscheid SteuerStrafR § 1 Rn. 43; *Kuhlen* FS Jung, 2007, 449), wenngleich dann häufig nur Teilnahme in Betracht kommen wird (Wabnitz/Janovsky WirtschaftsStR-HdB/*Kummer,* 3. Aufl. 2007, Kap. 18 Rn. 64). Täter iSv § 370 Abs. 1 Nr. 2 AO kann hingegen nur sein, wer selbst zur Aufklärung steuerlich erheblicher Tatsachen verpflichtet ist (BGHSt 48, 52 (58); 58, 218; Eidam Unternehmen Rn. 216; Gribbohm/*Utech* NStZ 1990, 211; Tiedemann WirtschaftsStR BT Rn. 105 ff.; detailliert zu den Gegenauffassungen *Höll* wistra 2013, 455 ff.; zur Übertragung steuerrechtl. Pflichten auf Mitarbeiter oder Berater *Wendt/Elicker* wistra 2009, 329 ff.). Mittäter einer Zollhinterzie-hung kann auch sein, wer selbst nicht gestellungspflichtig war und bei ordnungsmäßiger Verzollung nicht Zollschuldner geworden wäre (BGHSt 31, 323 (347)).

Von diesen Sonderdelikten abzugrenzen sind Tatbestände, die sich zwar formell an jedermann richten, **33** aber **faktisch nur** von einem bestimmten Personenkreis begangen werden können. Speziell einzelne Tatbestände des WirtschaftsStR können bei sachgerechter Auslegung nur durch **unternehmerisches Führungs- und Leitungspersonal** begangen werden (LK-StGB/*Walter* Vor § 13 Rn. 59). Bspw. ist nicht jede Person, die an der Erstellung unrichtiger Prospekte iSv § 264a Abs. 1 beteiligt ist, tauglicher

Täter eines Kapitalanlagebetrugs, sondern nur, wer den Inhalt des Prospektes maßgeblich beeinflusst bzw. sich diesen zu eigen macht. Wer allein an der Herstellung und Verbreitung beteiligt ist, erbringt nur eine Gehilfenhandlung (HK-KapMStrafR/*Park* § 264a Rn. 223; LK-StGB/*Tiedemann/Vogel* § 264a Rn. 101 ff.; *Schmidt-Lademann* WM 1986, 1242; aA wohl Schröder KapMarktStrafR-HdB Rn. 98; *Joecks* wistra 1986, 148).

34   **3. Eigenhändige Delikte.** Bei eigenhändigen Delikten (zB §§ 153 ff., 316, 323a, 339; nicht hingegen § 267 Abs. 1, s. BGH wistra 2013, 236; zur Unterteilung in echte bzw. unechte eigenhändige Delikte SK-StGB/*Hoyer* Rn. 17 ff.) kann nur derjenige Täter sein, der die tatbestandliche Handlung selbst voll verwirklicht. Mittelbare Täterschaft scheidet zugunsten einer Teilnahmestrafbarkeit aus (Eidam Unternehmen Rn. 215; vgl. auch RGSt 75, 112 (113) zu § 156). Mittäterschaft setzt voraus, dass alle Täter den Tatbestand selbst voll verwirklichen, eine Zurechnung iSd § 25 Abs. 2 ist ausgeschlossen (BGH NStZ 2010, 456).

35   **4. Delikte mit überschießender Innentendenz.** Bei Delikten, die das Vorliegen einer bestimmten Absicht (überschießende Innentendenz) voraussetzen, kann nur derjenige Täter sein, der selbst mit dieser Absicht handelt. So liegt ein täterschaftlich begangener Versicherungsmissbrauch (§ 265) nur vor, wenn der Beteiligte zum Zeitpunkt der Tathandlung die Absicht hat, sich oder einem Dritten Leistungen aus der Versicherung zu verschaffen. Eine Zurechnung solcher Absichten im Rahmen der Mittäterschaft ist nicht möglich (BGHSt 34, 124 (125 f.)).

B. Unmittelbare und Alleintäterschaft

36   Als unmittelbarer Alleintäter iSv § 25 Abs. 1 Var. 1 wird bestraft, wer die Straftat selbst begeht, dh **voll tatbestandsmäßig** handelt. Das ist dann der Fall, wenn der Täter in seiner Person und in seinem Handeln sämtliche Tatbestandsmerkmale erfüllt (Müller-Gugenberger WirtschaftsStR/*Häcker* § 19 Rn. 4). In diesem Fall wird die Täterschaft grds. auch nicht dadurch ausgeschlossen, dass sein Handeln maßgeblich fremdnützig und weisungsabhängig (vgl. BGHSt 35, 347 (349 ff.); BGH wistra 2016, 191) oder gar altruistisch erfolgt (BGHSt 38, 315 (316)).

C. Mittelbare Täterschaft

I. Allgemeines

37   Der mittelbare Täter begeht die Tat durch einen anderen (§ 25 Abs. 1 Var. 2). Dieser andere tritt dabei in Form eines **„menschlichen Werkzeugs"** (Jescheck/Weigend StrafR AT § 62 I 1) in Erscheinung. Er fungiert als Tatmittler, dessen sich der Hintermann bedient (Eidam Unternehmen Rn. 218; Müller-Gugenberger WirtschaftsStR/*Häcker* § 19 Rn. 8; Roxin StrafR AT II § 25 Rn. 45; NK-StGB/*Schild* Rn. 75).

38   **1. Wesen der mittelbaren Täterschaft.** Das Sich-Bedienen setzt eine Stellung des Hintermanns voraus, aus der er **kraft überlegener Kenntnisse oder Fähigkeiten** in der Lage ist, den Tatmittler seinem Willen entspr. zu steuern (zum Versuchsbeginn → § 22 Rn. 68 ff.). Hierdurch hält der Hintermann das tatbestandliche Geschehen in seinen Händen, weshalb ihm das Handeln des Tatmittlers wie eigenes zugerechnet werden kann (SK-StGB/*Hoyer* Rn. 40; MüKoStGB/*Joecks* Rn. 54; NK-StGB/*Schild* Rn. 75). Die Rspr. stellt bei der Frage, ob mittelbare Täterschaft anzunehmen ist, wie gewöhnlich auf den subjektiven Willen des Handelnden ab. Weite Teile der Lehre gehen demgegenüber vom Konzept der Tatherrschaft aus (so bspw. Lackner/Kühl/*Kühl* Rn. 2; MGZ/*Renzikowski* StrafR AT § 48 Rn. 6 ff.; *Donna* FS Gössel, 2002, 265). Diese lässt sich bei der mittelbaren Täterschaft als Tatherrschaft durch Willensherrschaft fassen, zB kraft Irrtums, kraft Nötigung oder kraft organisatorischer Machtapparate (Roxin StrafR AT II § 25 Rn. 45 ff.). Andere Autoren sprechen von einer „Übermacht" des mittelbaren Täters (*Cramer* FS Bockelmann, 1979, 397) oder von „überlegener Entscheidungsherrschaft" (Jakobs StrafR AT 21/62 ff.).

39   Typischerweise erscheint die mittelbare Täterschaft in der Form, dass beim Tatmittler ein **deliktskonstitutives Defizit** vorliegt, das durch den mittelbaren Täter ausgeglichen wird (Fischer Rn. 5). Ein beim Tatmittler vorhandener Strafbarkeitsmangel wird vom mittelbaren Täter bewusst zur Deliktsverwirklichung ausgenutzt (→ Rn. 44 ff.). Für einzelne Fallgestaltungen ist jedoch zunehmend anerkannt, dass eine mittelbare Täterschaft auch durch andere Umstände begründet werden kann (vgl. Roxin StrafR AT II § 25 Rn. 94 ff.). Weist der Tatmittler selbst keinen Strafbarkeitsmangel auf, soll ein hinter ihm agierender Beteiligter ausnahmsweise gleichwohl mittelbarer Täter sein können. Voraussetzung ist, dass er im deliktischen Gesamtgeschehen eine **beherrschende Stellung** einnimmt, sodass seine Einwirkungsmöglichkeiten auf den Vordermann denjenigen des mittelbaren Täters in der ersten Konstellation entsprechen (Kühl StrafR AT § 20 Rn. 72 ff.). Im WirtschaftsStR hat dies erhebliche praktische Bedeutung für die Einordnung von unternehmerischen und geschäftlichen Organisations- und Entscheidungsstrukturen gewonnen (→ Rn. 55 ff.).

2. Unterlassen. Die Rspr. hält eine Deliktsverwirklichung in mittelbarer Täterschaft auch durch **40** Unterlassen für möglich (BGHSt 40, 257 (265 ff.); hierzu *Brammsen* NStZ 2000, 337 ff.; Eidam Unternehmen Rn. 221 f.). Weite Teile der Lit. gehen in solchen Fällen hingegen von *unmittelbarer* Täterschaft durch Unterlassen aus (vgl. zu Nachw. Fischer Rn. 10). Für die Einordnung eines Unterlassens könne es keine Rolle spielen, ob der zum Handeln Verpflichtete sein Einschreiten in einen durch natürliche Gegebenheiten oder durch einen nicht verantwortlich handelnden Menschen ausgelösten Kausalverlauf unterlässt (Schönke/Schröder/*Heine*/*Weißer* Rn. 57; MüKoStGB/*Joecks* Rn. 179; aA *Dreher* JuS 2004, 17 f.).

3. Abgrenzung. Problematisch kann sich die Abgrenzung zwischen mittelbarer Täterschaft und **41** **Anstiftung** gestalten. Weist der Vordermann einen Strafbarkeitsmangel auf Tatbestands- oder Rechtswidrigkeitsebene auf, kommt für den Hintermann mangels rechtswidriger Haupttat allein mittelbare Täterschaft in Betracht (Kühl StrafR AT § 20 Rn. 135). Handelt der Vordermann selbst volldeliktisch, kann mittelbare Täterschaft nur unter besonderen Voraussetzungen angenommen werden (dazu → Rn. 53 ff.). Handelt der Vordermann lediglich schuldlos, ist mittelbare Täterschaft anzunehmen, wenn der Hintermann die Schuldunfähigkeit des Tatmittlers kennt und diese gezielt ausnutzt, um den Tatmittler als Werkzeug „in der Hand" zu halten (vgl. auch BWM StrafR AT § 29 Rn. 137 f.).

Speziell für das WirtschaftsStR ist ferner die Abgrenzung zu sachverwandten Vorschriften von **42** Bedeutung. Dies gilt zunächst für die in § 14 (gleichlautend § 9 OWiG) normierte **Organ- bzw. Vertreterhaftung**, die bewirkt, dass Sonder- bzw. Pflichtdelikte täterschaftlich auch von Beteiligten begangen werden können, die zwar ein im Tatbestand gefordertes strafbarkeitsbegründendes besonderes persönliches Merkmal nicht selbst aufweisen, jedoch in Vertretung für eine Person bzw. Personengesellschaft handeln, bei der dies der Fall ist (→ Rn. 26; Fischer § 14 Rn. 1b).

Einen gänzlich eigenen Tatbestand schafft **§ 130 OWiG** für den Fall, dass ein Betriebs- oder Unter- **43** nehmensinhaber seine Aufsichtspflicht gegenüber seinen Beschäftigten verletzt, sofern es infolgedessen zu einem straf- oder bußgeldbewehrten pflichtwidrigen Verhalten seitens der Beschäftigten kommt. Anders als bei der mittelbaren Täterschaft muss der Betriebsinhaber hier kein strafbares oder ordnungswidriges Verhalten seiner Beschäftigten anstreben (vgl. Achenbach/Ransiek WirtschaftsStR-HdB/ *Achenbach* Teil 1 Kap. 3 Rn. 38 ff.; *Otto* JURA 1998, 413 ff.; *Rogall* ZStW 98 (1986), 573 ff.).

II. Tatherrschaft durch Defizit beim Tatmittler

Mittelbare Täterschaft setzt in ihrem ursprünglichen Verständnis ein Strafbarkeitsdefizit beim unmit- **44** telbar handelnden Tatmittler voraus (→ Rn. 38 f.; Fischer Rn. 5; Kühl StrafR AT § 20 Rn. 46 ff.).

1. Mögliche Defizite beim Tatmittler. Das Defizit kann zunächst in der **fehlenden objektiven** **45** **Tatbestandsmäßigkeit** des Handelns liegen, zB wenn der Hintermann den Tatmittler durch eine Täuschung zur Beschädigung einer dem Tatmittler gehörenden Sache bewegt. Gleiches gilt, wenn der Tatmittler den objektiven Tatbestand nur zT verwirklicht, etwa wenn er aufgrund einer Täuschung oder Drohung des Hintermanns Gewalt gegen einen Dritten anwendet, um den Hintermann zur Wegnahme einer Sache ausnutzt (Schönke/Schröder/*Heine*/*Weißer* Rn. 9 ff.). In seltenen Fällen kann sich die Tatherrschaft des Hintermannes auch aus einer **Sonderpflicht** ergeben, die nur den Hintermann, nicht aber den eingesetzten Tatmittler trifft (RGSt 28, 109 (110)).

Auf der Ebene des **subjektiven Tatbestandes** kann ein **fehlender Vorsatz** das Defizit darstellen, **46** bspw. wenn der Tatmittler täuschungsbedingt einem Tatbestandsirrtum unterliegt und daher nicht um die möglichen Konsequenzen seines Tuns weiß (BGH NStZ 1981, 437: Veranlassung eines gutgläubigen Subventionsnehmers, unrichtige Angaben gegenüber dem Subventionsgeber zu machen; BGH wistra 2016, 195 (197): Veranlassung gutgläubiger Anleger durch ihren Steuerberater zur Abgabe falscher Steuererklärungen im Rahmen einer „Steuerstrategie null"; vgl. auch BGHSt 30, 363 (364 f.); Achenbach/Ransiek/*Rönnau* WirtschaftsStR-HdB/*Achenbach* Teil 1 Kap. 3 Rn. 26; zum Einsatz eines undolosen Werkzeugs beim Insiderhandel und im SteuerStrafR *Schröder* KapMarktStrafR-HdB Rn. 341 ff.; v. Briel/Ehlscheid SteuerStrafR § 1 Rn. 35). Dabei ist es grds. irrelevant, ob dem vorsatzlos handelnden Tatmittler der Vorwurf der Fahrlässigkeit gemacht werden kann (Schönke/Schröder/*Heine*/*Weißer* Rn. 16; SK-StGB/*Hoyer* Rn. 69; LK-StGB/*Schünemann* Rn. 83). Mittelbare Täterschaft bzgl. der vom Hintermann gewollten Tat liegt hier auch vor, wenn der Tatmittler durch sein Vorgehen selbst einen gesetzlichen Straftatbestand verwirklichen wollte, täuschungsbedingt jedoch einen anderen Erfolg herbeiführt (BGHSt 30, 363 (364 ff.); Kühl StrafR AT § 20 Rn. 53; vgl. auch noch → Rn. 54).

Umstr. ist, ob mittelbare Täterschaft auch im Fall des **absichtslos dolosen Werkzeuges** in Betracht **47** kommt, bei dem der Vordermann nur eine vom Gesetz geforderte überschießende Innentendenz nicht aufweist (RGSt 39, 37 (39) zu § 242; zur praktischen Bedeutung Fischer Rn. 9; Roxin StrafR AT II § 25 Rn. 153 ff.; LK-StGB/*Schünemann* Rn. 140). Gegen die Annahme mittelbarer Täterschaft spricht hier, dass die Veranlassung der Tat einer vollverantwortlich handelnden Person keine Herrschaft des Hintermanns begründet, sondern Anstiftungscharakter aufweist (Jakobs StrafR AT 21/104; LK-StGB/ *Schünemann* Rn. 138; aA WBS StrafR AT Rn. 775).

48 Weiterhin kann das Defizit in einem Fehlen der **Rechtswidrigkeit** bestehen, zB wenn ein Amtsträger bewusst eine fehlerhafte rechtfertigende Genehmigung erteilt (OLG Frankfurt a. M. NJW 1987, 2753 (2757); Achenbach/Ransiek/Rönnau WirtschaftsStR-HdB/*Achenbach* Teil 1 Kap. 3 Rn. 26; s. zum gerechtfertigten Tatmittler auch BGHSt 3, 4 (5 f.); *Donna* FS Gössel, 2002, 267 f.).

49 Im Bereich der **Schuld** kommt der Einsatz Schuldunfähiger oder solcher Personen in Betracht, die sich in einem entschuldigenden Notstand iSd § 35 befinden (RGSt 64, 30 (32 f.); zur geringen praktischen Bedeutung im WirtschaftsStR Achenbach/Ransiek/Rönnau WirtschaftsStR-HdB/*Achenbach* Teil 1 Kap. 3 Rn. 27). Str. ist, ob und unter welchen Umständen mittelbare Täterschaft angenommen werden kann, wenn die durch den Hintermann geschaffene Zwangslage des Tatmittlers nicht den Schweregrad des § 35 erreicht (hierzu Schönke/Schröder/*Heine/Weißer* Rn. 40; MüKoStGB/*Joecks* Rn. 62; Kühl StrafR AT § 20 Rn. 64).

50 Hat der Hintermann objektiv die Tatherrschaft inne, so genügt ggf. auch ein **vermeidbarer Verbotsirrtum** des Tatmittlers für die Annahme mittelbarer Täterschaft (BGHSt 35, 347 (353); *Zieschang* FS Otto, 2007, 520; *Donna* FS Gössel, 2002, 269 f.). Wer kraft überlegenen Wissens einen im vermeidbaren Verbotsirrtum handelnden Anteilserwerber veranlasst, nicht gerechtfertigte Steuererstattungen zu beantragen, begeht hiernach eine Steuerhinterziehung in mittelbarer Täterschaft, wenn ihm die wirtschaftlichen Vorteile der Tat zufließen sollen (LG Bochum BeckRS 2007, 03336).

51 **2. Tatmittler als Opfer.** Der Tatmittler kann auch selbst das Opfer der Tat sein, wenn der Hintermann **Zwang** ausübt (RGSt 26, 242 (243)) oder das gegen sich selbst vorgehende Werkzeug über die Folgen des eigenen Handelns täuscht (BGHSt 32, 38 (41 ff.); s. auch Jescheck/Weigend StrafR AT § 62 II 1; *Timpe* StraFo 2013, 363). In dieser Fallgruppe ist eine **Abgrenzung** zwischen mittelbarer Täterschaft und strafloser Anstiftung zur Selbstschädigung vorzunehmen, die anhand des Merkmals der **Freiverantwortlichkeit** erfolgt. Handelt der gegen sich selbst vorgehende Tatmittler freiverantwortlich, ist der Hintermann straflos, da er keine Tatherrschaft innehat und es bei der tatbestandslosen Selbstschädigung an einer rechtswidrigen Haupttat fehlt. Ansonsten kommt mittelbare Täterschaft des Hintermanns in Betracht (WBS StrafR AT Rn. 777).

52 Welcher **Maßstab für die Beurteilung der Freiverantwortlichkeit** gelten soll, ist str. Teilweise wird eine entspr. Anwendung der Exkulpationsregeln der §§ 20, 35 bzw. von § 3 JGG befürwortet (Schönke/Schröder/*Heine/Weißer* Rn. 11; Jakobs StrafR AT 21/98; Roxin StrafR AT II § 25 Rn. 55 ff.). Hiernach ist darauf abzustellen, ob der Tatmittler auf Grundlage der vorgenannten Normen ohne Schuld gehandelt hätte, wenn sein Angriff gegen Rechtsgüter eines Dritten gerichtet gewesen wäre. Andere greifen auf die Kriterien der Einwilligungslehre zurück (*Geilen* JZ 1974, 151; Krey/Esser StrafR AT Rn. 913 ff.; WBS StrafR AT Rn. 777). Mittelbare Täterschaft soll anzunehmen sein, wenn die Anforderungen an eine wirksame Einwilligung nicht vorgelegen haben, dem handelnden Tatmittler also insbes. die Tragweite seines Handelns nicht in einer den Erfordernissen des § 216 bzw. § 228 entspr. Weise bewusst war.

III. Täter hinter dem Täter

53 Nach verbreiteter Auffassung insbes. in der Rspr. (s. nur BGHSt 30, 363 (364 f.); 40, 218 (236)) ist mittelbare Täterschaft auch bei einem **voll verantwortlich handelnden Vordermann** möglich (grundlegend *Schroeder*, Der Täter hinter dem Täter, 1965, 107 ff.; teilw. krit. MüKoStGB/*Joecks* Rn. 147; BWM StrafR AT § 29 Rn. 147; *Bottke* FS Gössel, 2002, 251 ff.; zum Selbstverantwortungsprinzip *Greco* ZIS 2011, 9 f.; *Jakobs* NStZ 1995, 26 f.; Jescheck/Weigend StrafR AT § 62 II 8; *Murmann* GA 1996, 269 ff.; *Rotsch* ZStW 112 (2000), 518 ff.; *ders.* NStZ 2005, 14 ff.; *Zaczyk* GA 2006, 414; *Zieschang* FS Otto, 2007, 519 ff.). Zu unterscheiden sind Fälle, in denen der Vordermann trotz eines vom Hintermann hervorgerufenen Irrtums selbst volldeliktisch handelt, von Konstellationen, bei denen die Tatherrschaft des Hintermanns durch die Ausnutzung eines organisatorischen Machtapparates begründet wird (→ Rn. 55 ff.).

54 Handelt der unmittelbare Täter in einem seine **Täterschaft nicht beeinträchtigenden Irrtum,** kann nach hM der Beteiligte, der den Irrtum verursacht hat, gleichwohl mittelbarer Täter sein. Voraussetzung ist, dass sich die von ihm vorgenommene Täuschung nicht nur auf die Motive, sondern auch auf die Tat als solche bezieht (instruktiv Roxin StrafR AT II § 25 Rn. 95 ff.). Die Tatherrschaft kann sich insoweit insbes. ergeben aus einer Täuschung über die Unrechtshöhe (Tatmittler zerstört ein wertvolles Kunstwerk im Glauben, es handle sich um eine wertlose Imitation; Schönke/Schröder/*Heine/Weißer* Rn. 23) oder aus einer Täuschung über die Identität des Opfers (der Hintermann verursacht beim Vordermann einen unbeachtlichen error in persona).

IV. Tatherrschaft kraft Organisationsherrschaft

55 Als weitere Form der Täterschaft hinter dem Täter nimmt die Rspr. mittelbare Täterschaft zunehmend auch in Konstellationen an, in denen der Vordermann weder einen Strafbarkeitsmangel, noch einen seine Täterschaft nicht beeinträchtigenden Irrtum aufweist, aber aufgrund seiner Einbindung in

eine hierarchische Organisationsstruktur als Werkzeug des die Tatausführung beherrschenden Hintermanns erscheint.

1. Entwicklung der Rspr. Nach dem BGH liegt mittelbare Täterschaft kraft Organisationsherrschaft 56 vor, wenn der Hintermann „durch Organisationsstrukturen bestimmte Rahmenbedingungen ausnutzt, innerhalb derer sein Tatbeitrag regelhafte Abläufe auslöst (und er sich hierdurch) die unbedingte Bereitschaft des unmittelbar Handelnden, den Tatbestand zu erfüllen", zu Nutze macht (BGHSt 40, 218 (236); hierzu *Gropp* JuS 1996, 13 ff.). Ursprünglich ging es dabei um Tatbeteiligte, die zwar nicht an der unmittelbaren Tatausführung mitwirken, jedoch durch Ausnutzen ihrer Stellung in einem Machtapparat auf den Vordermann Einfluss nehmen und hierdurch maßgeblich an der Tatbestandsverwirklichung beteiligt sind (BGHSt 40, 218 (237) unter Verweis auf *Schroeder,* Der Täter hinter dem Täter, 1965, 166).

Erstmals anerkannt wurde die Figur vom BGH im Zusammenhang mit der Beurteilung der 57 Verantwortung von Mitgliedern des Nationalen Verteidigungsrates der DDR für den Gebrauch von Schusswaffen an der innerdeutschen Grenze (BGHSt 40, 218 (236 f.); s. auch 42, 65 (68 ff.); entspr. für das SED-Politbüro BGHSt 45, 270 (296)). Obgleich die Grenzsoldaten, die die tödlichen Schüsse auf flüchtende Personen abgegeben hatten, selbst als Täter bestraft wurden, nahm der BGH für die Mitglieder des Verteidigungsrates Totschlag in mittelbarer Täterschaft an. Begründet wurde dies damit, dass der Verteidigungsrat durch seine Beschlüsse eine Befehlslage geschaffen hätte, nach der Grenzdurchbrüche in jedem Falle zu verhindern gewesen seien (BGHSt 40, 218 (222)). Dass die Hintermänner in dieser Konstellation über die Tatherrschaft bzw. den Willen hierzu verfügen, sei darauf zurückzuführen, dass der von ihnen geleistete Beitrag „nahezu automatisch zu der (…) erstrebten Tatbestandsverwirklichung führt" (BGHSt 40, 218 (236)). Die Schaffung einer hierarchischen Organisationsstruktur habe zur Folge, dass sich die mittelbaren Täter sicher sein könnten, dass ihre Anordnungen ausgeführt werden, ohne dass es auf die individuelle Person des Ausführenden und den Mitgliederbestand der jeweiligen Organisation ankomme (so insbes. Roxin Täterschaft 245; zT aufgegriffen in BGHSt 40, 218 (236); 45, 270 (299); vgl. auch *Langneff,* Die Beteiligtenstrafbarkeit von Hintermännern innerhalb von Organisationsstrukturen bei verantwortlich handelndem Werkzeug, 2000, 74 ff.; *Knauer,* Die Kollegialentscheidung im Strafrecht, 2001, 73 f.; *Donna* FS Gössel, 2002, 261 ff.).

Schon in BGHSt 40, 218 (236 f.) stellte der BGH ausdr. fest, dass Organisationsherrschaft auch bei 58 **mafiaähnlichen** sowie **unternehmerischen oder geschäftsähnlichen Organisationsstrukturen** und Befehlshierarchien in Betracht komme, da auch diese über Rahmenbedingungen mit regelhaften Abläufen verfügten (zur Entwicklung der Rspr. *Rotsch* ZIS 2009, 549 ff.). Die Vergleichbarkeit mafiaähnlich verfasster Organisationen mit dem Grenzregime der DDR soll sich insbes. daraus ergeben, dass sich beide hinsichtlich der von ihnen verwirklichten Straftatbestände vom Recht gelöst hätten und sich der gesamte Apparat außerhalb der Rechtsordnung bewege (vgl. BGHSt 40, 218 (236); 45, 270 (296); Roxin Täterschaft 250; ausführlich zu Organisationen Eisenberg Kriminologie § 57 Rn. 67 ff.).

Bis **heute** geht der BGH trotz vielfacher Kritik davon aus, dass die Konstruktion der Tatherrschaft 59 kraft Organisationsherrschaft auch geeignet sei, „das Problem der Verantwortlichkeit beim Betrieb wirtschaftlicher Unternehmen zu lösen" (BGHSt 40, 218 (237)). Da die Fallgruppe der staatlichen Machtapparate ihre praktische Bedeutung weitgehend verloren haben dürfte, werden unternehmerische Führungs- und Leitungspersonen künftig wohl den Hauptanwendungsfall der Organisationsherrschaft darstellen (ähnlich Tiedemann WirtschaftsStR AT Rn. 363). Aus den hierzu ergangenen Entscheidungen lässt sich die Tendenz entnehmen, mittelbare Täterschaft unter weit weniger strengen Voraussetzungen anzunehmen, als noch in den Entscheidungen zum DDR-Grenzregime angedeutet (näher → Rn. 63 ff., 78 ff.; vgl. auch *Rotsch* ZIS 2009, 550).

Mittelbare Täterschaft bei unternehmerischer und geschäftsähnlicher Betätigung wird hiernach immer 60 dann in Betracht zu ziehen sein, wenn Mitarbeiter ihre Weisungsbefugnis gegenüber untergeordneten Mitarbeitern zur Anordnung deliktischer Verhaltensweisen ausnutzen und es aufgrund der Unternehmensstrukturen wahrscheinlich erscheint, dass den Anordnungen Folge geleistet wird. Unerheblich ist dabei, ob die Betätigung des Unternehmens insgesamt einen deliktischen Charakter aufweist, ob die eingesetzten Tatmittler selbst gut- oder bösgläubig handeln oder das Unternehmen eine mit staatlichen Machtapparaten vergleichbare Größe bzw. Mitarbeiterzahl aufweist. Hierdurch wird die mittelbare Täterschaft kraft Organisationsherrschaft – sofern es an dem für die Mittäterschaft erforderlichen arbeitsteiligen Zusammenwirken fehlt (→ Rn. 88 f., 98 ff.) – zur **regelmäßigen Beteiligungsform von unternehmerischem Führungs- und Leitungspersonal,** wenn es zur weisungsgemäßen Ausführung angeordneter Straftaten kommt (Große Vorholt WirtschaftsStR 1/A Rn. 36; KölnKomm UmwG/ *Rönnau* UmwG § 313 Rn. 80).

2. Voraussetzungen. Mittelbare Täterschaft kraft Organisationsherrschaft soll nach der Rspr. an- 61 zunehmen sein, wenn in bestehenden Organisationsstrukturen bestimmte Rahmenbedingungen bewusst und willentlich ausgenutzt und hierdurch regelhafte Abläufe ausgelöst werden.

a) Rahmenbedingungen in bestehenden Organisationsstrukturen. Die Organisationsstruktu- 62 ren müssen derart beschaffen sein, dass der Tatbeitrag des Hintermanns, der regelmäßig in der **Anordnung eines bestimmten Verhaltens** besteht, **nahezu automatisch** die erstrebte Tatbestandsver-

wirklichung zur Folge hat (BGHSt 40, 218 (236); Roxin StrafR AT II § 25 Rn. 105 f.). Dies kann angenommen werden, wenn eine „Befehlsstruktur" besteht, welche die Ausführung des vom Hintermann angeordneten Verhaltens erwarten lässt. Ist die Schaffung entspr. Rahmenbedingungen zu bejahen, soll dies anderen (mittelbaren) Mittätern über § 25 Abs. 2 zugerechnet werden können (BGHSt 48, 331 (342)). Ob entspr. Organisationsstrukturen auch in Unternehmen und anderen wirtschaftlichen bzw. geschäftsähnlichen Strukturen gesehen werden können, ist stark umstr.

63   **aa) Rspr. zu wirtschaftlichen Strukturen.** Bei staatlichen Machtapparaten waren einschlägige Strukturen von der Rspr. wegen der existierenden Machtverteilung bejaht worden, bei auf die Begehung von Straftaten angelegten Gruppierungen wegen des auf den einzelnen Mitgliedern lastenden Drucks, Anordnungen zu folgen (BGHSt 35, 347 (354); 40, 218 (236); 42, 65 (68); 45, 270 (296 ff.); Schönke/Schröder/*Heine/Weißer* Rn. 26 ff.; krit. *Jakobs* NStZ 1995, 26 f.; *Rotsch* NStZ 1998, 491 ff.). Ausgehend von seinem obiter dictum in BGHSt 40, 218 (236) hält der **BGH** aber auch eine Anwendung der mittelbaren Täterschaft kraft Organisationsherrschaft auf Unternehmen und andere wirtschaftliche Strukturen **uneingeschränkt** für möglich (BGHSt 43, 219 (232); 45, 270 (296); 48, 331 (342); 49, 147 (164); BGH NStZ 2008, 89 (90); BGH JR 2004, 245 (246); vgl. auch *Schlösser* GA 2007, 161 ff.; *Nack* GA 2006, 344; zu entspr. Tendenzen in der Judikatur des EuGH zur Behandlung von Mutter- und Tochterunternehmen bei KartellOWi Tiedemann WirtschaftsStR AT Rn. 363, 427 ff.; *Rütsch,* Strafrechtlicher Durchgriff bei verbundenen Unternehmen?, 1987, 47). Teile der Lit. schließen sich dem unter Verweis auf die in Unternehmen existierende soziale Machtverteilung an (Müller-Gugenberger WirtschaftsStR/*Häcker* § 19 Rn. 9; Ransiek UnternehmensStrafR 48 f.; *Schild,* Täterschaft als Tatherrschaft, 1994, 22).

64   Die Figur soll danach auch auf Strukturen Anwendung finden, die sich nicht insgesamt außerhalb der Rechtsordnung bewegen (ähnlich MAH WirtschaftsStR/*Knauer/Kämpfer* § 3 Rn. 121 ff.; krit. Roxin StrafR AT II § 25 Rn. 130). Es soll ausreichen, dass Rahmenbedingungen existieren, welche die Durchführung des angeordneten Verhaltens wahrscheinlich erscheinen lassen (Wabnitz/Janovsky WirtschaftsStR-HdB/*Raum* Kap. Rn. 64). Hierfür soll es etwa genügen können, dass der Tatmittler aufgrund seiner Eigenschaft als ArbN faktisch an die Weisungen des Hintermanns gebunden ist (BGH JR 2004, 245 (246)).

65   Auf die **Größe der wirtschaftlichen Organisation** soll es nach der Rspr. nicht wesentlich ankommen. Insbes. sei es nicht unbedingt erforderlich, dass der jeweilige Betrieb über eine große Anzahl von Mitarbeitern verfügt (aA *Langneff,* Die Beteiligtenstrafbarkeit von Hintermännern innerhalb von Organisationsstrukturen bei verantwortlich handelndem Werkzeug, 2000, 109: erforderliche Unabhängigkeit vom Mitgliederbestand der Organisation bei kleinen Betrieben nicht gegeben; vgl. auch Corell, Strafrechtliche Verantwortlichkeit durch Mitwirkung an Kollegialentscheidungen auf der Leitungsebene von Wirtschaftsunternehmen bei vorsätzlichen Begehungsdelikten, 2007, 95; *Hefendehl* GA 2004, 579 f.). So wurde eine Arzneimittelstraftat in mittelbarer Täterschaft für einen Tierarzt bejaht, der in seiner Praxis durchschnittlich zwölf weitere Ärzte angestellt hatte. Durch die streng hierarchische Organisation der Praxis sowie die Anweisungen an die angestellten Tierärzte seien Rahmenbedingungen geschaffen worden, die zu dem gewünschten unzulässigen Medikamentenverkauf führten (BGH JR 2004, 245 (246); krit. *Rotsch* JR 2004, 248).

66   **bb) Kritik der Lit.** In der Lit. ist die Annahme von Organisationsherrschaft in Unternehmen **überwiegend** auf **Ablehnung** gestoßen (Achenbach/Ransiek/Rönnau WirtschaftsStR-HdB/*Achenbach* Teil 1 Kap. 3 Rn. 30; Schönke/Schröder/*Heine/Weißer* Rn. 30; MüKoStGB/*Joecks* Rn. 150; Roxin StrafR AT II § 25 Rn. 129 ff., jeweils mwN; *Dous,* Strafrechtliche Verantwortlichkeit in Unternehmen, 2009, 143 ff.; *Herzberg* in Amelung, Individuelle Verantwortung und Beteiligungsverhältnisse bei Straftätern in bürokratischen Organisationen des Staates, der Wirtschaft und der Gesellschaft, 2000, 39, 51 ff.; *Kretschmer* StraFo 2012, 260 f.; *Noltenius* in Steinberg/Valerius/Popp, Das Wirtschaftsstrafrecht des StGB – Analysen zur aktuellen höchstrichterlichen Rechtsprechung, 2011, 14 ff.; *Schünemann* FG BGH, 2000, 631; *Schmucker* StraFo 2010, 238; *Zaczyk* GA 2006, 415).

67   Zur Begr. wird angeführt, dass Organisationsherrschaft auf Konstellationen zu beschränken sei, in denen die Organisation als Ganzes außerhalb der Rechtsordnung wirkt. Nur dann laste ein Gehorsamszwang auf den Tatmittlern, der zur Folge hat, dass von einer „nahezu automatischen" Ausführung der Anordnungen ausgegangen werden könne (Roxin Täterschaft 249 f.; ders. GA 2012, 410; aA Corell, Strafrechtliche Verantwortlichkeit durch Mitwirkung an Kollegialentscheidungen auf der Leitungsebene von Wirtschaftsunternehmen bei vorsätzlichen Begehungsdelikten, 2007, 39 ff.: dies hätte die praktische Unanwendbarkeit der Figur zur Folge; ähnlich *Bottke* FS Gössel, 2002, 250). Soweit unternehmerisches Leitungspersonal rechtswidrige Anordnung trifft, könne den Vordermännern zugemutet werden, Rechtsschutz zu suchen (*Hoyer,* Die strafrechtliche Verantwortlichkeit innerhalb von Weisungsverhältnissen, 1998, 29; vgl. auch Ransiek UnternehmensStrafR 47, der aber iErg mit der Rspr. übereinstimmt). Schließlich hätten Unternehmen keine mit staatlichen Machtapparaten vergleichbare Struktur. Vielmehr trete an die Stelle des „klassischen hierarchischen Gliederungssystems" zunehmend eine „moderne Organisationsstruktur, die gekennzeichnet ist durch die der Vielfalt der betrieblichen Aktivitäten" entsprechende zahllose betriebliche Subsysteme (*Rotsch* NStZ 1998, 494; übereinstimmend *Heine,*

Die strafrechtliche Verantwortlichkeit von Unternehmen, 1995, 35 ff.). Dementspr. sei zu bezweifeln, dass Anordnungen von unternehmerischen Leitungspersonen dazu geeignet sind, mit der gleichen Gewissheit bestimmte Automatismen in Gang zu setzen, wie dies bei staatlichen Machtapparaten der Fall ist (*Rotsch* NStZ 1998, 494).

Im Fall eines vollverantwortlich handelnden Tatmittlers kommt danach für unternehmerisches Lei- **68** tungspersonal vor allem **Mittäterschaft, Anstiftung oder Beihilfe** in Betracht (*Schünemann* FG BGH, 2000, 631; LK-StGB/*Schünemann* Rn. 132; zur Anstiftung *Schmucker* StraFo 2010, 240; zu weiteren Ansätzen *Dous,* Strafrechtliche Verantwortlichkeit in Unternehmen, 2009, 177 ff.). Schwierigkeiten, die in einzelnen Fällen bei der Begr. des gemeinsamen Tatplans bzw. der Voraussetzungen einer Teilnahme auftreten, dürfte nicht durch die bedenkliche Konstruktion einer mittelbaren Täterschaft begegnet werden (Schönke/Schröder/*Heine/Weißer* Rn. 30).

cc) Einzelfälle. Angenommen wurde eine einschlägige Organisationsstruktur von der Rspr. **bspw.** **69** für die Gründer einer oHG, die über von ihnen geschulte (gutgläubige) Handelsvertreter Einlagen einwarben, ohne über die hierfür erforderliche Genehmigung zu verfügen (vgl. § 54 Abs. 1 Nr. 2 KWG; BGHSt 48, 331 (342)). Organisationsherrschaft soll auch im Verhältnis eines **Mutterkonzerns** **zu einer Tochtergesellschaft** in Betracht kommen. Hiernach begehen Vorstandsmitglieder einer AG, die veranlassen, dass ihre als GmbH geführte Tochtergesellschaft Geldmittel an die AG überweist, eine Untreue in mittelbarer Täterschaft, wenn Liquiditätsschwierigkeiten der AG zur Folge haben, dass die angelegten Gelder der GmbH dauerhaft nicht mehr zur Verfügung stehen werden (BGHSt 49, 147 (163 f.); zur Annahme von Organisationsherrschaft bei Beauftragung eines selbstständigen Unternehmens BGHSt 43, 219 (231 f.); krit. *Schünemann* FG BGH, 2000, 632).

Besonders naheliegend soll die Annahme von Tatherrschaft begründenden Organisationsstrukturen **70** sein, wenn das Unternehmen insgesamt **auf die Begehung von Straftaten ausgelegt** ist (hierzu Wabnitz/Janovsky WirtschaftsStR-HdB/*Raum* Kap. 4 Rn. 62 f.). Bejaht wird dies für sog **Warenterminsfirmen,** bei denen die Unternehmensleitung ein umfassendes, sämtliche Mitarbeiter einschließendes Konzept zur Einwirkung auf die Opfer von Betrugstaten entwickelt hat (BGH NStZ 1996, 296 (297); Wabnitz/Janovsky WirtschaftsStR-HdB/*Raum* Kap. 4 Rn. 63).

b) Ausnutzen durch Auslösen regelhafter Abläufe. Weitere Voraussetzung der mittelbaren Tä- **71** terschaft kraft Organisationsherrschaft ist, dass die in der Organisationsstruktur bestehenden Rahmenbedingungen derart ausgenutzt werden, dass regelhafte Abläufe ausgelöst werden. In der Lit. wird die Figur mitunter eingeschränkt, indem eine Ausnutzung nur angenommen wird, wenn die Strukturen „planvoll zur Deliktsverwirklichung in einer unbestimmten Anzahl von Fällen genutzt werden" und es im konkreten Fall eines organisatorischen Gerüstes zur Deliktsbegehung auch tatsächlich bedurfte (Wabnitz/Janovsky WirtschaftsStR-HdB/*Raum* Kap. 4 Rn. 64).

aa) Anforderungen der Rspr. Als regelhafter Ablauf stellt sich die Tatbestandsverwirklichung in **72** Abgrenzung zur Mittäterschaft nur dann dar, wenn ein räumlicher, **zeitlicher und hierarchischer** **Abstand zwischen Anordnendem und Tatmittler** besteht (→ Rn. 60, 62 ff.) und das Geschehen daher nicht als gemeinschaftliche Verwirklichung eines gemeinsamen Tatplans erscheint. Keine mittelbare Täterschaft kraft Organisationsherrschaft sondern Mittäterschaft soll wegen mangelnder „Organisationstiefe" bspw. für den Geschäftsführer einer Firma anzunehmen sein, wenn die im Rahmen eines Betrugs abgegebenen Täuschungen nicht von ihm selbst, sondern vom Gründer der Firma ausgesprochen werden und der Geschäftsführer durch die Unterzeichnung der mit den getäuschten Personen abgeschlossenen Verträge zur Tatbestandsverwirklichung beiträgt (BGH NStZ 2008, 89 (90)).

Andererseits setzt das Ausnutzen der durch die Organisationsstrukturen entstandenen Rahmenbedin- **73** gungen nicht voraus, dass der Hintermann an der Spitze der Struktur steht. Nach der Rspr. ist mittelbare Täterschaft bei unternehmerischen Organisationsstrukturen **nicht auf die Unternehmensleitung** **beschränkt,** sondern kann grds. bei jedem Tatbeteiligten vorliegen, der aufgrund seiner Position im Unternehmen automatisierte Geschehensabläufe auslösen kann. Danach kommt jeder, der eine Anordnung innerhalb einer Befehlskette trifft, als Täter in Betracht (BGHSt 45, 270 (302)). Hiergegen wird eingewandt, dass die Konstruktion der Organisationsherrschaft so auch auf Konstellationen Anwendung findet, in denen dem Beitrag des Hintermanns jeglicher Bezug zur tatbestandlichen Handlung fehlt (*Rotsch* NStZ 2005, 16).

Ebenso soll eine nur **faktische Geschäftsführung** (→ Rn. 23, 27 sowie → § 14 Rn. 53, 59 ff.) der **74** Annahme von Organisationsherrschaft nicht entgegenstehen (BGH NStZ 1998, 568 (569): Betrug durch faktischen GmbH-Geschäftsführer; vgl. auch Müller-Gugenberger WirtschaftsStR/*Schmid/Fridrich* § 30 Rn. 7).

bb) Unterlassen. Mittelbare Täterschaft in Organisationsstrukturen setzt nach der Rspr. keine Ak- **75** tivität des Täters voraus, sondern kann auch in Form des Unterlassens begangen werden (BGHSt 48, 77 (91 f.); vgl. auch *Schlösser* GA 2007, 168 f.). Nach aA fehlt es dann an dem für die Ausnutzung der Organisationsstruktur kennzeichnenden und tatauslösenden Anstoß durch den Hintermann (Roxin Täterschaft 471 f.; abl. auch *Brammsen* in Amelung, Individuelle Verantwortung und Beteiligungsverhältnisse bei Straftätern in bürokratischen Organisationen des Staates, der Wirtschaft und der Gesellschaft,

2000, 141 ff.). In Unternehmen kommt eine Unterlassensstrafbarkeit etwa in Betracht, wenn ein neu eingesetzter Geschäftsführer bemerkt, dass das Unternehmen eine Struktur aufweist, die dazu geeignet erscheint, automatisierte deliktische Geschehensabläufe auszulösen, hiergegen jedoch nichts unternimmt (Wabnitz/Janovsky WirtschaftsStR-HdB/*Raum* Kap. 4 Rn. 65).

76   **c) Fungibilität.** Mit gewichtigen Argumenten wird in der Lit. (*Hefendehl* GA 2004, 578 ff.; *Langneff,* Die Beteiligtenstrafbarkeit von Hintermännern innerhalb von Organisationsstrukturen bei verantwortlich handelndem Werkzeug, 2000, 106 f.; Roxin Täterschaft S. 245; LK-StGB/*Schünemann* Rn. 122; s. auch *Puppe* GA 2013, 529 f.) als weitere Voraussetzung die sog Fungibilität gefordert, dh die beliebige **Austauschbarkeit des unmittelbar Handelnden.** Die Organisation entfalte ein eigenständiges Leben, das vom Bestand der Mitglieder unabhängig sei. Die Strukturen sicherten die Durchführung der Anweisung wobei der Hintermann nicht den konkret Ausführenden, sondern den Apparat insgesamt beherrsche (*Bloy* GA 1996, 441; *Herzberg,* Täterschaft und Teilnahme, 1977, 42 f.). Auf die individuelle Person des unmittelbar Handelnden komme es aufgrund der Austauschbarkeit nicht an, er sei nur „ersetzbares Rädchen im Getriebe des Machtapparates" (Roxin Täterschaft 245). Hierin läge ein wesentlicher Unterschied zur Anstiftung, da der Hintermann bei mittelbarer Täterschaft kraft Organisationsstruktur der Tatbestandsverwirklichung sicherer sein könne (Roxin StrafR AT II § 25 Rn. 114 f.; aA *Herzberg* in Amelung, Individuelle Verantwortung und Beteiligungsverhältnisse bei Straftätern in bürokratischen Organisationen des Staates, der Wirtschaft und der Gesellschaft, 2000, 39 ff.; *Rotsch* NStZ 2005, 15). Für den Bereich wirtschaftlicher Organisationsstrukturen wird daher zT angenommen, dass dem Hintermann die Tatherrschaft zumindest dann nicht zukommen könne, wenn er „weisungsbefugte Untergebene einsetzt, welche die Tat nicht als frei fungible Werkzeuge durchführen" (*Corell,* Strafrechtliche Verantwortlichkeit durch Mitwirkung an Kollegialentscheidungen auf der Leitungsebene von Wirtschaftsunternehmen bei vorsätzlichen Begehungsdelikten, 2007, 95; vgl. auch *Küpper* GA 1998, 525). Insbes. beim Einsatz hoch qualifizierter und mit Spezialkenntnissen ausgestatteter Mitarbeiter könne nicht von einer Austauschbarkeit ausgegangen werden. Vielmehr könne deren Weigerung, entspr. einer Anordnung zu handeln, „den kompletten Betrieb zum Erliegen bringen" (*Corell,* Strafrechtliche Verantwortlichkeit durch Mitwirkung an Kollegialentscheidungen auf der Leitungsebene von Wirtschaftsunternehmen bei vorsätzlichen Begehungsdelikten, 2007, 95).

77   Die **Rspr.** hat das Merkmal der **Fungibilität nicht übernommen** (vgl. *Nack* GA 2006, 344; aA *Langneff,* Die Beteiligtenstrafbarkeit von Hintermännern innerhalb von Organisationsstrukturen bei verantwortlich handelndem Werkzeug, 2000, 77; *Rotsch* NStZ 2005, 17). Insbes. sei das Auslösen von regelhaften Abläufen nicht zwingend mit Fungibilität verbunden. Entscheidend für die Begründung der Tatherrschaft sei allein, dass durch die organisatorischen Rahmenbedingungen die Entscheidung gegen das Recht durch den unmittelbar Handelnden vorgegeben sei und kein Hindernis zur Verwirklichung des erstrebten Erfolges existiere (BGHSt 40, 218 (236 f.)). Auch in der Lit. ist das Kriterium der Fungibilität auf Kritik gestoßen (*Ambos* GA 1998, 239 ff.; *Murmann* GA 1996, 273 f.; *Schroeder* ZIS 2009, 570 f.), da es für Organisationsherrschaft nicht auf die Austauschbarkeit des Vordermanns ankommen müsse (*Schroeder,* Der Täter hinter dem Täter, 1965, 168 unter Hinweis auf BGHSt 18, 87 ff.). Auch wenn sich der Hintermann im Rahmen existierender Organisationsstrukturen „eines unersetzlichen Spezialisten" bediene, ändere dies nichts an seiner Verantwortlichkeit (*Schroeder* JR 1995, 178). Die Austauschbarkeit sei nur *ein* Mittel zur Erlangung der Tatherrschaft, nicht aber deren tragender Grund (*Schroeder,* Der Täter hinter dem Täter, 1965, 168; s. auch SK-StGB/*Hoyer* Rn. 91 f.).

78   **d) Nutzbarmachung der Bereitschaft des unmittelbar Handelnden.** In seinen ersten Entscheidungen zur mittelbaren Täterschaft kraft Organisationsherrschaft stellte der BGH noch die Voraussetzung auf, der mittelbare Täter müsse die „unbedingte Bereitschaft des unmittelbar Handelnden, den Tatbestand zu erfüllen" ausnutzen (BGHSt 40, 218 (236); 45, 270 (296)). Hingegen soll es nach BGHSt 48, 331 (342) der Annahme von Organisationsherrschaft nicht entgegenstehen, wenn der mittelbare Täter existierende Rahmenbedingungen ausnutzt, um **gutgläubige Vorderleute** zur Begehung von Straftaten zu veranlassen. Hiernach ist es „unerheblich, ob der Tatmittler seinerseits dolos handelt oder gutgläubig ist, (solange der) Hintermann (…) mit den durch die Organisationsstruktur geschaffenen Rahmenbedingungen das deliktische Geschehen maßgeblich beeinflussen kann" (BGHSt 48, 331 (342)). Zumindest für den Bereich des WirtschaftsStR soll die Nutzbarmachung der Ausführungsbereitschaft des unmittelbar Handelnden somit keine zwingende Voraussetzung für die Annahme einer Organisationsherrschaft darstellen (zu den Auswirkungen auf das InsiderStrafR Schröder KapMarktStrafR-HdB Rn. 342 f.).

79   Weiterhin hält es der BGH auch nicht mehr für zwingend erforderlich, dass der Tatmittler selbst formal in die Organisationsstruktur eingebunden ist (BGHSt 48, 331 (342)).

80   Mit den in der Lit. angeführten Begründungsansätzen für die Organisationsherrschaft ist dieser Wandel der Rspr. nicht vereinbar. Hier entspricht es der heute ganz hL, dass die **organisationsspezifische Tatbereitschaft** ein wesentliches Kriterium der Organisationsherrschaft darstelle (*Schroeder,* Der Täter hinter dem Täter, 1965, 168; *ders.* ZIS 2009, 569; *Heinrich,* Rechtsgutzugriff und Entscheidungsträgerschaft, 2002, 273 ff.; jetzt auch *Roxin* FS Schroeder, 2006, 397 f.). Durch seine Organisationszugehörigkeit sei der Vordermann zahlreichen Einflüssen unterworfen, die ihn „tatbereiter machen als andere

potenzielle Delinquenten", was dazu führe, dass die Hintermänner auf die Durchsetzung ihrer Anordnungen vertrauen könnten (*Roxin* FS Schroeder, 2006, 397 f.). Zwar müsse der Vordermann die Tatbestandsverwirklichung nicht notwendigerweise gutheißen, sondern könne auch infolge der Erkenntnis handeln, dass es ohnehin zur Tatbestandsverwirklichung kommen wird (*Roxin* FS Schroeder, 2006, 398). Sobald er aber unvorsätzlich handelt, kommt eine Organisationsherrschaft der Hintermänner danach nicht mehr in Betracht.

3. Konkurrenzen. Soweit sich im Fall der Organisationsherrschaft der Tatbeitrag der Hintermänner **81** auf die Gründung bzw. Leitung einer zu strafbaren Zwecken gegründeten Organisation beschränkt, werden mehrere durch die Mitarbeiter der Organisation verwirklichte Taten nach Auffassung der Rspr. für die Hintermänner zu einer einheitlichen Handlung iSd § 52 verknüpft (BGHSt 48, 331 (343); BGH wistra 2001, 144). Für das Leitungspersonal eines Unternehmens soll grds. solange nur ein einziges sog Organisationsdelikt vorliegen, wie es nicht bei einzelnen durch die Mitarbeiter begangenen Taten eine über die bloße Leitungsfunktion hinausgehende Tätigkeit entfaltet (so für die Mittäterschaft BGH wistra 1998, 224 (225); 2001, 217 (218)).

V. Subjektiver Tatbestand

Der mittelbare Täter muss vorsätzlich bzgl. der objektiven Tatbestandsverwirklichung durch den **82** Tatmittler und in dem Bewusstsein der die mittelbare Täterschaft begründenden Umstände handeln. Soweit der jeweilige Tatbestand voraussetzt, dass der Täter aus einer bestimmten Absicht heraus handelt, muss diese (nur) beim mittelbaren Täter selbst vorliegen.

Bei **mittelbarer Täterschaft kraft Organisationsherrschaft** muss der mittelbare Täter auch die **83** seine beherrschende Stellung begründenden Organisationsstrukturen kennen und die Rahmenbedingungen bewusst zur Verwirklichung des Tatbestandes ausnutzen. Weitergehend fordert der BGH, dass der Hintermann den tatbestandlichen Erfolg als Ergebnis seines eigenen Handelns will (BGHSt 40, 218 (236); krit. Roxin StrafR AT II § 25 Rn. 135).

Will der Hintermann **lediglich eine Anstiftung begehen,** handelt objektiv jedoch als mittelbarer **84** Täter, weil er irrig annimmt, dass der Vordermann das Tatgeschehen beherrscht, so ist zu differenzieren. Bei schuldlos handelndem Vordermann kommt wegen des fehlenden Vorsatzes nur Anstiftung in Betracht. Weist der Vordermann einen Strafbarkeitsmangel auf Tatbestands- oder Rechtswidrigkeitsebene auf, ist mangels Haupttat nur versuchte Anstiftung möglich (WBS StrafR AT Rn. 787, 789). Will der Hintermann eine mittelbare Täterschaft begehen, handelt jedoch mangels Steuerung des Vordermanns objektiv als Anstifter, so umfasst sein Vorsatz auch den Anstiftervorsatz. Nach hM ist daher vollendete Anstiftung in Tateinheit mit versuchter mittelbarer Täterschaft anzunehmen. Nach aA liegt nur eine versuchte, bei strikter Anwendung der animus-Formel eine vollendete mittelbare Täterschaft vor (ausführlich Kühl StrafR AT § 20 Rn. 86 ff.).

Der Hintermann hat nur für diejenigen Handlungen des Tatmittlers einzustehen, die er vorsätzlich in **85** Gang gesetzt hat. Bei einem **Exzess** des Tatmittlers kommt aber uU eine Fahrlässigkeitsstrafbarkeit in Betracht (Roxin StrafR AT II § 25 Rn. 168). Ist die vom Hintermann initiierte Tat jedoch in der des Tatmittlers enthalten (zB Raub statt Diebstahl), haftet der Hintermann für das Grunddelikt (Roxin StrafR AT II § 25 Rn. 170).

Greift der Tatmittler ein anderes Tatobjekt an, als vom Hintermann beabsichtigt, so ist zu differenzie- **86** ren. Wurde dem Tatmittler die Individualisierung des Tatobjekts überlassen, liegt lediglich ein unbeachtlicher **error in persona vel obiecto,** anderenfalls eine **aberratio ictus** vor (str., vgl. Schönke/ Schröder/*Heine/Weißer* Rn. 53 ff.; Roxin StrafR AT II § 25 Rn. 171 ff.).

D. Mittäterschaft

I. Allgemeines

Mittäter iSv § 25 Abs. 2 ist, wer gemeinschaftlich mit einem oder mehreren Anderen dieselbe Straftat **87** als Täter begeht.

1. Wesen der Mittäterschaft. Mittäterschaft setzt einen **gemeinsamen Tatentschluss** und dessen **88** **arbeitsteilige Durchführung** voraus (Müller-Gugenberger WirtschaftsStR/*Häcker* § 19 Rn. 13; LK-StGB/*Schünemann* Rn. 156; s. zur teilweisen Mittäterschaft Haas JR 2014, 104 ff.). Unzw. ausreichend ist es hierfür, wenn jeder Mittäter bei der Tatausführung selbst einen wesentlichen Teil der Tatbestandsverwirklichung vornimmt (→ Rn. 99 ff.). Str. ist hingegen, inwiefern Tatbeiträge im Vorbereitungsstadium eine Mittäterschaft begründen können (→ Rn. 102 ff.). Für den Bereich des WirtschaftsStR ist insbes. von Interesse, inwieweit die Mitwirkung an einer Kollegialentscheidung mit strafrechtl. relevantem Inhalt als mittäterschaftliche Beteiligung bewertet werden kann (→ Rn. 116 ff.).

Sind die Voraussetzungen der Mittäterschaft erfüllt, gilt das Prinzip der **wechselseitigen Zurech-** **89** **nung.** Jedem Mittäter werden sämtliche Tatbeiträge der übrigen Mittäter zugerechnet, solange sich diese im Rahmen des abgesprochenen Tatplans bewegen (BGH NStZ 2008, 89 (90); Eidam Unternehmen

Rn. 223; Müller-Gugenberger WirtschaftsStR/*Häcker* § 19 Rn. 14; zu den Grenzen der Zurechnung → Rn. 113 f.).

90   Wie andere Formen der Täterschaft setzt auch die Mittäterschaft voraus, dass der Beteiligte eine ggf. geforderte **besondere Täterqualität** aufweist (ausführlich → Rn. 24 ff.). Verbinden sich zB mehrere Personen zu einer Vereinigung, welche Alkohol einführt, ohne die nach § 143 Abs. 4 S. 3 BranntwMonG erforderliche Steueranmeldung abzugeben, so sind Mittäter des § 370 Abs. 1 Nr. 2 AO nur diejenigen, die selbst Schuldner der Branntweinsteuer geworden (§ 143 Abs. 4 S. 2 BranntwMonG) und daher zur Aufklärung steuerrechtlich erheblicher Tatsachen verpflichtet sind (BGHSt 48, 52 (58)). Auch darüber hinaus kann eine Steuerhinterziehung durch Unterlassen nur derjenige begehen, der selbst zur Aufklärung der steuerrechtlich erheblichen Tatsachen verpflichtet ist. Eine Zurechnung des Merkmals „pflichtwidrig" aus § 370 Abs. 1 Nr. 2 AO nach den Grundsätzen der Mittäterschaft ist ausgeschlossen (BGHSt 58, 218 (227, 231)).

91   Die **Konkurrenzen** sind für jeden Beteiligten gesondert zu prüfen. Es kommt bei jedem Mittäter auf die Einheit bzw. Mehrheit eigener Handlungen an (Fischer Rn. 48; Müller-Gugenberger WirtschaftsStR/*Niemeyer* § 20 Rn. 6; vgl. auch BGH NStZ-RR 2008, 275; BGH NStZ 2013, 641; BGH wistra 2014, 437; BGH NStZ-RR 2015, 41).

92   **2. Unterlassen.** Auch Unterlassungsdelikte können mittäterschaftlich begangen werden (BGHSt 37, 106 (129); Fischer Rn. 31; LK-StGB/*Schünemann* Rn. 213). Dies ist zunächst dann der Fall, wenn mehrere Personen vereinbarungsgemäß gegen die aus einem echten oder unechten Unterlassungsdelikt resultierende Handlungspflicht verstoßen (BGHSt 48, 52 (58): Unterlassen der Steueranmeldung durch mehrere Mitglieder einer kriminellen Vereinigung; zur geringen Bedeutung der Mittäterschaft in dieser Konstellation Roxin StrafR AT II § 31 Rn. 173; allg. einschr. MüKoStGB/*Joecks* Rn. 264). Gleiches gilt aber auch, wenn „mehrere Garanten, die eine ihnen gemeinsam obliegende Pflicht nur gemeinsam erfüllen können, gemeinschaftlich den Entschluss fassen, dies nicht zu tun" (BGHSt 37, 106 (129): Unterlassen des Rückrufs eines gesundheitsschädlichen Produktes durch mehrere Geschäftsführer, näher → Rn. 120, 125, 131).

93   Umstr. ist, inwieweit (Mit-)Täterschaft angenommen werden kann, wenn ein Garant nicht gegen die **Tatbestandsverwirklichung eines anderen durch aktives Tun** vorgeht (zusf. *Hoffmann-Holland* ZStW 118 (2006), 620 ff.; WBS StrafR AT Rn. 1033; JJR/*Joecks* AO § 369 Rn. 93). Während die Rspr. für die Abgrenzung zwischen Täterschaft und Teilnahme vor allem auf die „innere Haltung zur Tat und zum Erfolg" abstellen möchte (BGH StV 1986, 59 (60) mit Verweis auf BGH NJW 1966, 1763), soll nach in der Lit. vertretenen Auffassungen der neben dem aktiv Handelnden untätig bleibende Garant entweder stets Täter (Roxin StrafR AT II § 31 Rn. 140 ff.) oder immer Teilnehmer sein (Lackner/Kühl/*Kühl* § 27 Rn. 5). Andere Lösungen stellen auf das Kriterium der Tatherrschaft ab, unterscheiden danach, ob eine Beschützer- oder Überwachergarantenstellung vorliegt (LK-StGB/*Schünemann* 211 f.) oder differenzieren zwischen situationsunabhängigen (dann Täterschaft) oder situationsbezogenen (dann Teilnahme) Garantenpflichten (*Hoffmann-Holland* ZStW 118 (2006), 620 (633 ff.)).

94   Geht ein **Betriebsbeauftragter** (→ Rn. 17 ff.) unter Verletzung seiner Überwachungspflichten nicht gegen die aktive Tatbegehung durch Betriebsmitglieder vor, so wird für die Abgrenzung zwischen (Mit-)Täterschaft und Teilnahme darauf abgestellt, welche Bedeutung seinem Unterlassen für die Deliktsverwirklichung zukommt (*Kuhlen* in Amelung, Individuelle Verantwortung und Beteiligungsverhältnisse bei Straftätern in bürokratischen Organisationen des Staates, der Wirtschaft und der Gesellschaft, 2000, 90 f.). Entspricht die unterlassene Aufdeckung der Deliktsbegehung wertungsmäßig der fehlerhaften Information des Betriebsvorstandes durch aktives Tun, bspw. weil die Begehungstäter die Entscheidung zur Tatbestandsverwirklichung von der Erwartung abhängig machen, dass der Betriebsbeauftragte nicht einschreitet, ist eine (mit-)täterschaftliche Deliktsbegehung in Betracht zu ziehen (*Kuhlen* in Amelung, Individuelle Verantwortung und Beteiligungsverhältnisse bei Straftätern in bürokratischen Organisationen des Staates, der Wirtschaft und der Gesellschaft, 2000, 91). Die Gegenauffassung, welche allenfalls eine Teilnahme durch Unterlassen annehmen möchte (*Vierhaus* NStZ 1991, 467), berücksichtigt zu wenig, dass der Betriebsbeauftragte trotz fehlender Entscheidungsbefugnisse erheblichen Einfluss auf die Tatbestandsverwirklichung nehmen kann (vgl. bereits → Rn. 17 f. sowie SK-StGB/*Schall* Vor § 324 Rn. 159; zur Garantenpflicht des Betriebsbeauftragten → § 13 Rn. 44; Müller-Gugenberger WirtschaftsStR/*Schmid/Fridrich* § 30 Rn. 51; *Böse* NStZ 2003, 638 ff.).

95   **3. Sukzessive Mittäterschaft.** Die **Rspr.** hält eine sukzessive Mittäterschaft während des gesamten **Ausführungsstadiums** für möglich, wenn der Hinzukommende in Kenntnis und Billigung des bisherigen Geschehens in die bereits begonnene Ausführungshandlung als Mittäter eintritt (BGH NStZ 2008, 280 (281)). Dies soll auch für den Zeitraum zwischen formeller Vollendung und materieller Beendigung der Tat gelten (BGH NStZ 2008, 280 (281); abl. NK-StGB/*Schild* Rn. 140). Da Handlungen hier nur selten einen wesentlichen Tatbeitrag darstellen und die Bejahung eines Täterwillens rechtfertigen (Lackner/Kühl/*Kühl* Rn. 12), stellt dies jedoch eine Ausnahme dar (s. etwa BGH NStZ 1984, 548 (549); BGH wistra 2007, 258). Keine Haftung für den Hinzutretenden lässt sich jedenfalls für solches Geschehen herleiten, das bei seinem Eintritt schon **vollständig abgeschlossen** war (BGH wistra 2009, 389 (390): sukzessive Mittäterschaft zum Betrug nur solange kein endgültiger Vermögensschaden einge-

treten ist; vgl. auch BGH NStZ 1985, 215; 1998, 565 (566); 2009, 631 (632); BGH wistra 2008, 20 (21); BGH NStZ-RR 2014, 73; zusf. Kühl StrafR AT § 20 Rn. 129).

In der **Lit.** wird die weite **Ausdehnung** der sukzessiven Mittäterschaft durch die Rspr. überwiegend **96** **abgelehnt** (Schönke/Schröder/*Heine/Weißer* Rn. 96; *Gössel* FS Jescheck, 1985, 548 ff.; Lackner/Kühl/ *Kühl* Rn. 12; LK-StGB/*Schünemann* Rn. 200). Bei Vorgängen, die vor dem Eintritt des Beteiligten in den Tatplan bereits abgeschlossen sind, fehle es an der für die Annahme der Mittäterschaft erforderlichen Mitbeherrschung des Geschehens; deren bloße Billigung könne nicht als „Täterwille" gedeutet werden (LK-StGB/*Schünemann* Rn. 200). Der mit Einverständnis der übrigen Täter erfolgende Eintritt in eine bereits begonnene Tat soll daher allenfalls bis zum Zeitpunkt der Vollendung eine Mittäterschaft begründen können (Roxin StrafR AT II § 25 Rn. 221).

Sukzessive Mittäterschaft zum **Schmuggel** kommt gem. der Rspr. solange in Betracht, wie das **97** geschmuggelte Gut noch nicht seinem Bestimmungsort zugeführt worden ist und der Hinzutretende noch einen eigenen wesentlichen Tatbeitrag erbringen kann (jeweils verneint in BGH NStZ 2000, 594 (595); BGH NStZ-RR 1997, 319). Demgegenüber liegt lediglich eine (sukzessive) Beihilfe und keine Mittäterschaft zum **Betrug** vor, wenn der Tatbeteiligte erst nach Tatvollendung in das Gesamtgeschehen eintritt und er durch seine Tätigkeit den Haupttäter nur kurze Zeit bei der finanziellen Ausnutzung des bereits vollendeten Betrugs unterstützt (BGH wistra 2001, 378: Vermittlung von Telefongesprächen über einen durch Täuschung über die Zahlungsbereitschaft erlangten Telefonanschluss; ähnlich BGH NStZ 2002, 482).

II. Objektive Voraussetzungen

In objektiver Hinsicht verlangt § 25 Abs. 2 ein **arbeitsteiliges Zusammenwirken** bei der Tat- **98** bestandsverwirklichung (zum Versuchsbeginn → § 22 Rn. 63 ff.). Jeder Mittäter muss einen Tatbeitrag erbringen, ohne den die Tatausführung zumindest wesentlich erschwert wäre (Fischer Rn. 32). Nach der Rspr. muss dieser Beitrag „derart in eine gemeinschaftliche Tat eingefügt" sein, dass er „als Teil der Tätigkeit aller und umgekehrt das Tun der anderen als Ergänzung seines Tatbeitrages" erscheint (BGHSt 37, 289 (291); BGH NStZ 1990, 130; 2006, 44 (45); BGH wistra 2004, 105 (107)). Ob dies der Fall ist oder lediglich eine Teilnahmehandlung vorliegt, bestimmt sich nach den **allg. Abgrenzungskriterien.**

1. Mitwirkung im Ausführungsstadium. Unproblematisch bejaht werden kann ein arbeitsteiliges **99** Zusammenwirken für Tatbeteiligte, die während des unmittelbaren Ausführungsstadiums einen für die Tatbestandsverwirklichung wesentlichen Beitrag leisten (Kühl StrafR AT § 20 Rn. 107 f.). Dies ist bspw. der Fall, wenn nach Eröffnung des Insolvenzverfahrens Vermögenswerte eines Unternehmens von mehreren nach § 14 verantwortlichen Gesellschaftern beiseite geschafft werden (Wabnitz/Janovsky WirtschaftsStR-HdB/*Pelz* Kap. 9 Rn. 95) oder wenn eine Täuschung über subventionserhebliche Tatsachen durch mehrere Tatbeteiligte gemeinsam erfolgt (BGH wistra 1995, 222; zum Kreditbetrug durch kollusives Zusammenwirken von Kreditnehmer und Mitarbeitern des Kreditgebers Dannecker/ Knierim/Hagemeier InsStrafR/*Knierim/Smok* Rn. 859; s. auch Müller-Gugenberger WirtschaftsStR/ *Schmid/Fridrich* § 30 Rn. 10).

Bei **mehraktigen** bzw. **unvollkommenen** Straftatbeständen (zB § 267) kann auch die Mitwirkung **100** an einem Teilakt des Tatbestandes einen mittäterschaftlichen Tatbeitrag darstellen (so etwa am Fälschen oder Gebrauchen der Urkunde; Schönke/Schröder/*Heine/Weißer* Rn. 66; vgl. auch BGHSt 27, 205 (206)). Nicht notwendig erforderlich ist die Anwesenheit jedes Mittäters am Tatort. Bspw. kann auch derjenige Mittäter sein, der im Rahmen eines Betruges bei der erwarteten Rückfrage die Täuschungen eines Kollegen telefonisch bestätigt (Roxin StrafR AT II § 25 Rn. 200; LK-StGB/*Schünemann* Rn. 184). Mittäterschaft wird nicht dadurch ausgeschlossen, dass die Mittäter auch verschiedene Tatbestände verwirklichen. Notwendig für eine **teilweise Mittäterschaft** ist jedoch, dass die Beteiligten jedenfalls auch an ders. Tat mitwirken (Fischer Rn. 26; LK-StGB/*Schünemann* § 25 Rn. 169).

Beschränkt sich der Tatbeitrag eines Beteiligten auf eine **geringfügige Unterstützung des Haupt-** **101** **täters,** kann Mittäterschaft aber selbst dann nicht angenommen werden, wenn er in unmittelbarem Zusammenhang mit der Tatbestandsverwirklichung steht (Schönke/Schröder/*Heine/Weißer* Rn. 70; LK-StGB/*Schünemann* Rn. 188). Keine mittäterschaftliche Steuerhinterziehung begeht bspw. ein Ehe-gatte, der sich darauf beschränkt, die gemeinsame Steuererklärung zu unterschreiben, in welche der andere Ehegatte unzutr. Angaben eingetragen hat (ausführlich v. Briel/Ehlscheid SteuerStrafR § 1 Rn. 38). Auch ein „massives Eigeninteresse an dem Erfolg der Steuerhinterziehung" begründet keine Mittäterschaft, solange keine aktive Unterstützung bei der Eintragung unzutr. Angaben erfolgt (OLG Karlsruhe NStZ 2008, 413 (414); BFH wistra 2002, 353; aA JJR/*Joecks* AO § 370 Rn. 523). Ebenso sind Bankangestellte, die die Order eines Primärinsiders ausführen, ohne hierbei auf eigenes Insiderwissen zurückzugreifen oder von einem ihnen zustehenden Ermessensspielraum Gebrauch zu machen, idR lediglich Teilnehmer einer Insiderstraftat (Assmann/Schneider/*Assmann* WpHG § 14 Rn. 187).

2. Mitwirkung im Vorbereitungsstadium. Umstr. ist, unter welchen Voraussetzung eine Täter- **102** schaft bei Personen vorliegen kann, die nur im Vorbereitungsstadium tätig werden (vgl. Schönke/

Schröder/*Heine*/*Weißer* Rn. 67; *Puppe* GA 2013, 522 ff.; Roxin Täterschaft 292 ff.; LK-StGB/*Schüne-mann* Rn. 180 ff.; NK-StGB/*Schild* Rn. 139).

103   Nach der subjektiven Abgrenzungsformel der **Rspr.** (→ Rn. 3 ff.) können grds. auch Handlungen, die sich äußerlich nur als vorbereitende oder unterstützende Tätigkeit darstellen, Täterschaft begründen (BGHSt 16, 12 (14); 39, 381 (386); 48, 52 (56 f.)). Insbes. soll eine Mitwirkung am „Kerngeschehen" für die Annahme von Mittäterschaft nicht erforderlich sein. Vielmehr könne jeder auf der Grundlage gemeinsamen Wollens die Tatbestandsverwirklichung fördernder Beitrag ausreichen, der sich auf eine Vorbereitungs- oder Unterstützungshandlung beschränken kann (BGH NStZ 1999, 609; 2009, 25 (26); BGH wistra 2012, 433 (434); s. auch Jakobs StrafR AT 21/47 f.; Kühl StrafR AT § 20 Rn. 110 f.).

104   In der **Lit.** wird demgegenüber teilweise verlangt, dass die Tatbeteiligten auch **im Ausführungs-stadium noch (irgendeinen) tatfördernden Beitrag** leisten (LK-StGB/*Schünemann* Rn. 184 f.; Roxin StrafR AT II § 25 Rn. 200 ff.; vgl. auch *Zieschang* ZStW 107 (1995), 377 ff.). Dies begegnet Bedenken, soweit hierdurch Tatbeteiligte, welche (nur) die Organisation der Tatbestandsverwirklichung maßgeblich beherrschen, lediglich als Anstifter bestraft werden könnten (s. BGHSt 33, 50 ff. zum „Bandenchef"; WBS StrafR AT Rn. 764). Die Annahme, der „Bandenchef" müsse zumindest „telefo-nisch, per Funkspruch oder durch Mittelsmänner" die einzelnen Ausführungshandlungen delegieren (LK-StGB/*Schünemann* Rn. 184 f.), berücksichtigt nicht ausreichend, dass schon durch die genaue Planung und Organisation das Gesamtgeschehen in erster Linie durch den „Bandenchef" und nicht durch die Vorderleute beherrscht wird (Kühl StrafR AT § 20 Rn. 111; WBS StrafR AT Rn. 764).

105   Weitergehend spricht gegen die Forderung nach Tätigwerden sämtlicher Mittäter im Ausführungs-stadium, dass hierdurch typische Erscheinungsformen arbeitsteiliger Wirtschaftskriminalität nicht sach-gerecht erfasst werden könnten. Wer bspw. als Mitglied einer Schmuggelorganisation die Transporte der Ware steuert, Tarnpapiere beschafft und den Absatz organisiert, kann nicht deswegen lediglich als Teilnehmer zu bestrafen sein, weil er nicht am unmittelbaren Transport der Ware über die Grenze beteiligt ist (BGHSt 48, 52 (56 ff.)). Auch bei Tatbeteiligung mehrerer Mitglieder eines Betriebs oder Unternehmens erfolgt die Tatbestandsverwirklichung häufig durch komplexes Zusammenwirken auf horizontaler und vertikaler Ebene (Tiedemann WirtschaftsStR AT Rn. 353; s. zu § 298 *Rotsch* ZIS 2014, 592 f.), wobei die Tatherrschaft des unternehmerischen Leitungspersonals nicht dadurch auf-gehoben wird, dass die unmittelbare Tatausführung durch sonstige Mitarbeiter erfolgt (→ Rn. 59 f., 62 ff., 119).

106   Richtigerweise können daher auch im Vorbereitungsstadium erbrachte Tatbeiträge für die Annahme eines arbeitsteiligen Zusammenwirkens ausreichen. Zu fordern ist jedoch, dass es sich bei wertender Betrachtung um einen **entscheidenden Vorbereitungsakt** handelt, der während des Ausführungs-stadiums maßgeblich fortwirkt (Schönke/Schröder/*Heine*/*Weißer* Rn. 67; Kühl StrafR AT § 20 Rn. 111 f.). Im Bereich des WirtschaftsStR kommt dies zunächst durch Mitwirkung an einer pflicht-widrigen Gremienentscheidung in Betracht (ausführlich → Rn. 116 ff.). IÜ liegt bspw. eine Mittäter-schaft am Versicherungsbetrug auch bei einem Tatbeteiligten vor, der zwar nicht an den Verhandlungen mit der Versicherung beteiligt ist, jedoch die Voraussetzungen für die täuschende Schadensmeldung geschaffen und seine Belohnung bereits vor der Schadensmeldung erhalten hat (BGHSt 40, 299 (300 f.)). Hingegen begründet das bloße Herstellen von gefälschten Schecks keine Mittäterschaft an hiermit begangenen Betrugstaten, wenn der Hersteller auf diese keinen Einfluss hat (BGH wistra 2002, 97 (98)).

III. Subjektive Voraussetzungen

107   In subjektiver Hinsicht müssen die Beteiligten vorsätzlich und auf Grundlage eines **gemeinsamen Tatplans** handeln (zur vermeintlichen Mittäterschaft → § 22 Rn. 65). Dabei ist nicht erforderlich, dass bei sämtlichen Mittätern die gleiche Vorsatzform gegeben ist (RGSt 59, 245 (246 f.)). Etwaig geforderte besondere subjektive Absichten müssen bei jedem Mittäter selbst vorliegen, eine wechselseitige Zurech-nung findet nicht statt (BGHSt 34, 124 (125 f.)).

108   **1. Gemeinsamer Tatentschluss.** Der Tatbeitrag sämtlicher Mittäter muss auf einem gemeinsamen Tatplan beruhen, der auch konkludent und während der Tatausführung gefasst werden kann (BGHSt 37, 289 (292); BGH NStZ 2012, 207 (208)). Erforderlich ist ein **„bewusstes und gewolltes Zusammen-wirken"** (BGHSt 6, 248 (249)), wofür ein einseitiges Einverständnis ebenso wenig ausreicht, wie die bloße Billigung der durch andere verwirklichten Delikte (BGHSt 36, 363 (367 ff.); BGH NStZ 1997, 336; 2003, 85). Nicht notwendig ist hingegen, dass jeder Mittäter die genauen Umstände der Tat kennt; ein gemeinsamer Tatentschluss kann selbst bei solchen Tatbeteiligten vorliegen, die sich nicht kennen, solange sie nur in dem Bewusstsein gemeinschaftlicher Tatbestandsverwirklichung handeln (LK-StGB/*Schünemann* Rn. 173).

109   **2. Distanzierung von der Tatausführung im Vorbereitungsstadium.** Hat ein Beteiligter im Vorbereitungsstadium bereits Tatbeiträge erbracht, die eine mittäterschaftliche Stellung begründen (→ Rn. 102 ff.), so wird seine Strafbarkeit als Mittäter nach der Rspr. nicht bereits dadurch aufgehoben, dass er sich noch vor Eintritt in das Versuchsstadium subjektiv von der Tat distanziert, auch wenn er die anderen Beteiligten über seinen Rückzug informiert (BGHSt 28, 346 (348 f.); s. auch RGSt 55, 105 (106); ausführlich *Graul* GS Meurer, 2002, 89 ff.), solange kein Rücktritt vorliegt (→ § 24 Rn. 66, 72 f.).

Eine Bestrafung wegen der später begangenen Tat soll allerdings dann ausscheiden, wenn es sich nicht **110** mehr um die ursprünglich geplante Tat handelt (BGH NStZ 1999, 449 (450)). Die somit erforderliche **Tatidentität** fehlt bei erheblichen Abweichungen vom ursprünglichen Tatplan, etwa wenn dieser zunächst aufgegeben, später aber aufgrund eines neuen Tatentschlusses ausgeführt wird, oder wenn die Tat ohne Kenntnis des Beteiligten absprachewidrig zu einem anderen Zeitpunkt in anderer Besetzung begangen wird (BGH NStZ 2009, 25 (26 f.)). In der Lit. wird zur Vermeidung willkürlicher Ergebnisse verlangt, dass es sich um einen zusammenhängenden Geschehenskomplex in der Weise handelt, dass die Tat an Ort und Stelle aus dem Vorbereitungsstadium heraus ohne längere Unterbrechung zu Ende geführt wird (*Roxin* NStZ 2009, 8 f. mwN). Bei fehlender Tatidentität kommt ggf. eine Strafbarkeit gem. § 30 Abs. 2 in Betracht (→ § 31 Rn. 14).

Ebenfalls ausgeschlossen ist eine Mittäterschaft, wenn die im Rahmen eines Zueignungs- oder **111** Bereicherungsdeliktes erforderliche besondere Absicht im Zeitpunkt der Tatbegehung nicht mehr vorliegt (BGH NStZ 1994, 29 (30)).

In der **Lit.** wird die Möglichkeit einer Mittäterschaft trotz erfolgter Distanzierung von der Tat- **112** ausführung im Vorbereitungsstadium **überwiegend abgelehnt.** Während einige Autoren die Täterschaft ohnehin auf Tatbeteiligte beschränken wollen, die im Ausführungsstadium selbst tätig geworden sind (→ Rn. 104 ff.), fordern andere, dass zumindest der Tatvorsatz bis zum Zeitpunkt des Versuchsbeginns fortbestehen muss (Kühl StrafR AT § 20 Rn. 105; vgl. MGZ/*Renzikowski* StrafR § 49 Rn. 104; *Graul* GS Meurer, 2002, 99 f. fordert, dass die Distanzierung gegenüber den Tatgenossen offen erfolgt). Wer zum Zeitpunkt der Tatausführung die Tat nicht mehr will oder von der Ausführung keine Kenntnis hat, könne weder Tatherrschaft, noch den von der Rspr. geforderten Täterwillen haben (Lackner/Kühl/*Kühl* Rn. 10; *Roxin* NStZ 2009, 8).

3. Exzess eines Mittäters. Handlungen eines Mittäters können den anderen nur zugerechnet **113** werden, wenn sie Gegenstand des gemeinsamen Tatplans und vom jeweiligen Vorsatz umfasst waren (RGSt 57, 307 (308); BGHSt 36, 231 (234 f.)). Verwirklicht ein Mittäter hiervon abw. Qualifikationsmerkmale oder weitere Straftaten, findet eine Zurechnung über § 25 Abs. 2 nicht statt (vgl. BGH NStZ 2005, 93 (94); 2010, 81 f.; BGH NStZ-RR 2006, 37 (38); vgl. auch NK-StGB/*Schild* Rn. 145). **Kleinere Abweichungen,** mit denen nach den Umständen des Falls und den verwirklichten Tatbeständen zu rechnen ist, gelten jedoch als vom gemeinsamen Tatplan abgedeckt (BGH NStZ 2002, 597 (598); 2005, 261 (262); 2013, 400; LK-StGB/*Schünemann* Rn. 176).

Kein Exzess liegt nach hM vor, wenn ein Mittäter einem für ihn unbeachtlichen **error in persona 114** unterliegt und die jeweilige Tathandlung die bestehenden Abmachungen nicht überschreitet (BGHSt 11, 268 (270 ff.); WBS StrafR AT Rn. 771). Nach der Gegenauffassung macht es für die Einordnung einer Überschreitung des Tatplans keinen Unterschied, ob sie vorsätzlich oder irrtümlich erfolgt, sodass auch hier ein Exzess vorläge (Roxin StrafR AT II § 25 Rn. 195).

4. Mittäterschaft bei Fahrlässigkeitsdelikten. Nach hM kommt eine Mittäterschaft bei Fahrlässig- **115** keitsdelikten nicht in Betracht, da die Tatbestandsverwirklichung hier nicht auf einem gemeinsamen Tatentschluss beruhen könne (ausführlich *Kraatz,* Die fahrlässige Mittäterschaft – Ein Beitrag zur strafrechtlichen Zurechnungslehre auf der Grundlage eines finalen Handlungsbegriffs, 2005, 58 ff.; Jescheck/Weigend StrafR AT § 63 I 3). Zunehmend wird in der Lit. für bestimmte Fallkonstellationen jedoch ein Bedürfnis gesehen, Schwierigkeiten bei der Begründung bzw. Nachweisbarkeit des Kausalzusammenhangs zwischen Handlung und Erfolg durch die Annahme fahrlässiger Mittäterschaft zu begegnen (Kühl StrafR AT § 20 Rn. 116a ff.; zu Gremienentscheidungen → Rn. 130; s. auch Schönke/Schröder/*Heine/Weißer* Vor §§ 25 ff. Rn. 114 ff.).

IV. Mittäterschaft bei Gremienentscheidungen

Die Rspr. nimmt Mittäterschaft in weitem Umfang auch für die Mitglieder eines Kollegialorgans an, **116** die am Zustandekommen einer Gremienentscheidung mit strafrechtl. relevanten Inhalt mitwirken (grundlegend BGHSt 37, 106 (129); vgl. auch BGH NJW 2006, 522 (527); OLG Düsseldorf NJW 1980, 71; OLG Stuttgart NStZ 1981, 27 (28)). Hierdurch werden insbes. Schwierigkeiten bei der Zurechung von Gremienbeschlüssen und einem darauf beruhenden tatbestandlichen Erfolg vermieden. Dementspr. betr. die vor allem durch die Lederspray-Entscheidung (BGHSt 37, 106 ff.) ausgelöste **Diskussion in der Lit.** über die strafrechtl. Haftung bei Gremienbeschlüssen in erster Linie Zurechnungsfragen (vgl. *Beulke/Bachmann* JuS 1992, 737 ff.; *Brammsen* JURA 1991, 533 ff.; *Corell,* Strafrechtliche Verantwortlichkeit durch Mitwirkung an Kollegialentscheidungen auf der Leitungsebene von Wirtschaftsunternehmen bei vorsätzlichen Begehungsdelikten, 2007, 116 ff.; *Dencker* in Amelung, Individuelle Verantwortung und Beteiligungsverhältnisse bei Straftätern in bürokratischen Organisationen des Staates, der Wirtschaft und der Gesellschaft, 2000, 63 ff.; Große Vorholt WirtschaftsStR 1/A Rn. 37 ff.; *Hassemer* JuS 1991, 253 ff.; *Hirte* JZ 1992, 257 ff.; *Jakobs* FS Miyazawa, 1995, 419 ff.; *Krekeler/Werner* Unternehmer Rn. 55 ff.; *Kuhlen* NStZ 1990, 566 ff.; *Meier* NJW 1992, 3193 ff.; *Neudecker,* Die strafrechtliche Verantwortlichkeit der Mitglieder von Kollegialorganen, S. 195 ff.; *Puppe* JR 1992, 30 ff.; *Rodriguez Montanes* FS Roxin, 2001, 307 ff.; *Samson* StV 1991, 182 ff.; *Schaal,* Strafrechtliche Verantwortlichkeit bei Gremienentscheidungen in Unternehmen, 2001, 22 ff.; *Schmidt-Salzer* NJW 1990, 2966 ff.; *Weißer,* Kausalitäts- und Täterschaftsprobleme bei der strafrechtlichen Würdigung pflichtwidriger Kollegialentscheidungen, 1996, 162 ff.; *Wohlers* JuS 1995, 1019 ff.; zusammenfassend *Satzger* JURA 2014, 191 ff.). Die Lösung des BGH wird dabei zumeist entweder abgelehnt oder eingeschränkt.

117   **1. Ausgangspunkte. a) Tätigwerden im Vorbereitungsstadium.** Die Abstimmung in einem Gremium führt eher selten unmittelbar zur Verwirklichung eines Straftatbestandes (*Dencker* in Amelung, Individuelle Verantwortung und Beteiligungsverhältnisse bei Straftätern in bürokratischen Organisationen des Staates, der Wirtschaft und der Gesellschaft, 2000, 65; *Jakobs* FS Miyazawa, 1995, 425; *Rodriguez Montanes* FS Roxin, 2001, 318). Regelmäßig **bedarf der Beschluss der Umsetzung,** die im Einzelfall auf Mitglieder des entscheidenden Gremiums übertragen sein kann, häufig aber auch unter Einbeziehung weiterer Personen erfolgt (*Corell,* Strafrechtliche Verantwortlichkeit durch Mitwirkung an Kollegialentscheidungen auf der Leitungsebene von Wirtschaftsunternehmen bei vorsätzlichen Begehungsdelikten, 2007, 7 f.; *Neudecker,* Die strafrechtliche Verantwortlichkeit der Mitglieder von Kollegialorganen, 1995, 235 f.). Insbes. im Produkthaftungsrecht ist der Abstimmungsvorgang dem Eintritt des tatbestandlichen Erfolges idR weit vorgelagert, da es noch zur Herstellung, zum Vertrieb und zur Anwendung des Produktes kommen muss (*Schmidt-Salzer* NJW 1996, 2; vgl. auch *Dencker,* Kausalität und Gesamttat, 1996, 180, 189). Hinsichtlich der Beteiligungsverhältnisse ist dann zwischen demjenigen der Gremienmitglieder untereinander sowie demjenigen zwischen Gremium und ausführenden Personen zu unterscheiden.

118   Selbst wenn ein Kollegialbeschluss als Unterlassen zu bewerten ist (→ Rn. 120) und keiner weiteren Umsetzung bedarf, tritt die Deliktsvollendung regelmäßig noch nicht infolge der Abstimmung ein. Vor allem bei der pflichtwidrigen Entscheidung, eine Warnung vor Produktfehlern oder eine Rückrufaktion zu unterlassen, liegt Vollendung erst vor, wenn es tatsächlich zu einem tatbestandlichen Erfolg kommt, der auf den jeweiligen Produktfehler zurückzuführen ist (*Neudecker,* Die strafrechtliche Verantwortlichkeit der Mitglieder von Kollegialorganen, 1995, 243 f. (264 f.)).

119   Dass Kollegialentscheidungen hiernach idR bloße Vorbereitungshandlungen darstellen, ganz überwiegend aber gleichwohl eine täterschaftliche Haftung der Abstimmenden für möglich gehalten wird, ist auf die herausragende **Bedeutung des Kollegialorgans im gesamtdeliktischen Geschehen** zurückzuführen (*Neudecker,* Die strafrechtliche Verantwortlichkeit der Mitglieder von Kollegialorganen, 1995, 243). Aufgrund der regelhaften Abläufe insbes. in wirtschaftlichen Unternehmen ist bis zu einem gewissen Grad mit der Umsetzung auch pflichtwidriger Beschlüsse zu rechnen und die endgültige Entscheidung zur Deliktbegehung daher bereits mit Zustandekommen des Beschlusses getroffen (*Corell,* Strafrechtliche Verantwortlichkeit durch Mitwirkung an Kollegialentscheidungen auf der Leitungsebene von Wirtschaftsunternehmen bei vorsätzlichen Begehungsdelikten, 2007, 8; *Schilha,* Die Aufsichtsratstätigkeit in der Aktiengesellschaft im Spiegel strafrechtlicher Verantwortung, 2008, 391; vgl. aber zur Kritik auch → Rn. 66 ff., 76 ff.). Da das jeweilige Gremium darüber hinaus die Einzelheiten der Deliktsbegehung weitgehend abschließend festlegen kann, kommt ihm eine Position zu, die derjenigen eines im Hintergrund agierenden „Bandenchefs" entspricht (vgl. bereits → Rn. 104 ff. sowie *Jakobs* FS Miyazawa, 1995, 425; zurückhaltender *Rodriguez Montanes* FS Roxin, 2001, 328 f.). Der BGH geht in der Lederspray-Entscheidung noch weiter, indem er Produktion und Vertrieb von (gesundheitsschädlichen) Produkten durch eine GmbH den Geschäftsführern unmittelbar als eigenes Handeln zurechnet (BGHSt 37, 106 (114)).

120   **b) Tun und Unterlassen.** Ob sich der Beschluss eines Gremiums als Tun oder Unterlassen darstellt, bestimmt sich nach den **allg. Grundsätzen.** Von Unterlassen ist auszugehen, wenn sich ein Kollegialorgan dazu entscheidet, eine rechtl. gebotene Handlung nicht durchzuführen (Wabnitz/Janovsky WirtschaftsStR-HdB/*Raum* Kap. 4 Rn. 30). In der Lederspray-Entscheidung waren hiernach sowohl die Voraussetzungen eines Begehungs- als auch eines Unterlassungsdeliktes verwirklicht. Der Beschluss, gesundheitsschädigende Ledersprays zu vertreiben, stellt ein positives Tun dar. Derjenige, keine Rückrufaktion zu starten, bedeutet ein Unterlassen (BGHSt 37, 106 (114)). Da sowohl in Fällen des Tuns, als auch des Unterlassens ein Abstimmungsergebnis vorliegt, das den einzelnen Mitgliedern zugerechnet werden muss (vgl. auch *Weißer,* Kausalitäts- und Täterschaftsprobleme bei der strafrechtlichen Würdigung pflichtwidriger Kollegialentscheidungen, 1996, 167; Krekeler/Werner Unternehmer Rn. 57), gelten die nachfolgenden Erörterungen für beide Konstellationen, soweit nichts Abweichendes vermerkt ist.

121   **c) Zuständigkeitsverteilung in Kollegialorganen.** In der unternehmerischen Praxis existiert bei mehrköpfigen Gremien häufig eine interne Aufgabenverteilung wonach jedem Organmitglied die Verantwortung für ein bestimmtes Ressort übertragen wird (Krekeler/Werner Unternehmer Rn. 53).

122   Ergeht eine Kollegialentscheidung auf einem Gebiet, das in den Verantwortungsbereich eines einzelnen Organmitglieds fällt, kann sich die Aufgabenverteilung auch **auf den Umfang der strafrechtlichen Haftung auswirken** (*Neudecker,* Die strafrechtliche Verantwortlichkeit der Mitglieder von

Kollegialorganen, 1995, 48 ff.; zu Aufsichtsräten *Krause* NStZ 2011, 65). Für die Untreue durch Kreditvergabe hat der BGH ausgeführt, dass auch bei einstimmig getroffenen Entscheidungen eine unterschiedliche Verantwortlichkeit der Beteiligten in Betracht kommen kann. So dürfe sich ein Vorstandsvorsitzender regelmäßig auf Berichte des zuständigen Sachbearbeiters verlassen, solange mit der Kreditvergabe nicht „besonders hohe Risiken" verbunden sind (BGHSt 46, 30 (35); 47, 148 (156); krit. *Knauer* NStZ 2002, 403 f.).

Soweit die zu entscheidende Frage also den Verantwortungsbereich eines einzelnen Gremienmitglieds **123** betr., können sich die Übrigen grds. auf die Rechtmäßigkeit seiner Ausführungen verlassen. Eine Mittäterschaft scheitert hier zumindest an den fehlenden subjektiven Strafbarkeitsvoraussetzungen (Große Vorholt WirschaftsStR 1/A Rn. 39 ff.; Krekeler/Werner Unternehmer Rn. 54; Wabnitz/Janovsky WirtschaftsStR-HdB/*Raum* Kap. 4 Rn. 29). Drängt sich die Unstimmigkeit der Ausführungen auf, bleiben die übrigen Gremienmitglieder jedoch verpflichtet, eine eigene Prüfung des Sachverhalts vorzunehmen (Krekeler/Werner Unternehmer Rn. 54; ausführlich zu Garantenstellungen zur Überwachung von Gremienkollegen *Neudecker,* Die strafrechtliche Verantwortlichkeit der Mitglieder von Kollegialorganen, 1995, 72 ff.).

Eine weitergehende Auswirkung der Verteilung und Delegation unternehmerischer Pflichten wird **124** jedoch mehrheitlich abgelehnt. Allerdings wird diskutiert, ob sich das Vorliegen einer Ressortverteilung auf die Reichweite unternehmerischer Garantenpflichten auswirkt, ob bspw. die Pflicht zum Rückruf gesundheitsschädigender Produkte auf Gremienmitglieder beschränkt ist, die für Herstellung und Absatz des Produktes zuständig sind (*Beulke/Bachmann* JuS 1992, 741 f.; *Schmidt-Salzer* NJW 1990, 2970 f.).

Der BGH betont hingegen, dass der „**Grundsatz der Generalverantwortung und Allzuständig- 125 keit** der Geschäftsleitung" eingreife, wenn eine konkrete Entscheidung das gesamte Unternehmen betr. (BGHSt 37, 106 (123 f.)). Vor allem in Krisen- und Ausnahmesituationen sind die ein Unternehmen treffenden Pflichten hiernach von sämtlichen Gremienmitgliedern zu erfüllen (BGHSt 37, 106 (124); *Hassemer,* Produktverantwortung im modernen Strafrecht, 2. Aufl. 1996, 62 ff.; s. auch OLG Celle wistra 2014, 109 zur Pflicht zur Abführung von Sozialversicherungsbeiträgen iSv § 266a). Ist eine unternehmerische Garantenpflicht betroffen, bleiben alle Organmitglieder zum Einschreiten verpflichtet (*Schmidt-Salzer* NJW 1996, 4 f.; Wabnitz/Janovsky WirtschaftsStR-HdB/*Raum* Kap. 4 Rn. 38 f.; zu Bereichen „zwingender Gesamtverantwortung" im Aktienrecht *Loeck,* Strafbarkeit des Vorstands der Aktiengesellschaft wegen Untreue, 2006, 248 f.). Auch bei vorhandener Ressortverteilung trifft bspw. jeden Geschäftsführer die Pflicht, einen Insolvenzantrag zu stellen (Dannecker/Knierim/Hagemeier InsStrafR/*Knierim/Smok* Rn. 508; zu den Folgen des Ausscheidens eines Organmitglieds Dannecker/Knierim/Hagemeier InsStrafR/*Knierim/Smok* Rn. 525 ff.; Große Vorholt WirtschaftsStR 1/A Rn. 102 ff.) bzw. steuerliche Pflichten nach § 34 AO zu erfüllen (BGH wistra 2000, 137 (141 ff.); Große Vorholt WirtschaftsStR 1/A Rn. 50 ff.).

2. Zurechnung bei zustimmenden Gremienmitgliedern. Bei zustimmenden Gremienmitglie- **126** dern bereitet die Zurechnung bereits nach den allg. Kausalitätsregeln keine Probleme, wenn die Entscheidung nach den geltenden Abstimmungsregeln nur **einstimmig** getroffen werden kann (Krekeler/ Werner Unternehmer Rn. 58). Das Gleiche gilt, wenn nach dem Mehrheitsprinzip entschieden wird und der Beschluss auf der **erforderlichen Mindeststimmenzahl** beruht (*Corell,* Strafrechtliche Verantwortlichkeit durch Mitwirkung an Kollegialentscheidungen auf der Leitungsebene von Wirtschaftsunternehmen bei vorsätzlichen Begehungsdelikten, 2007, 119 ff.; *Weißer,* Kausalitäts- und Täterschaftsprobleme bei der strafrechtlichen Würdigung pflichtwidriger Kollegialentscheidungen, 1996, 171). Schwierigkeiten entstehen jedoch, wenn mehr Personen für eine pflichtwidrige Entscheidung gestimmt haben, als nach den geltenden Abstimmungsregeln erforderlich gewesen wäre (s. bspw. BGHSt 37, 106 (109)).

a) Vorsätzliche Beteiligung an einer pflichtwidrigen Kollegialentscheidung. Liegt eine vor- **127** sätzliche Beschlussfassung vor, rechnet der BGH auch in letzterer Konstellation sämtliche Gremienmitgliedern, die für das pflichtwidrige Ergebnis gestimmt haben, das Gesamtergebnis zu. Da die Beschlussfassung auf dem gemeinsamen Entschluss der Abstimmenden beruhe, seien diese als Mittäter anzusehen und müssten sich ihr **Abstimmungsverhalten wechselseitig zurechnen** lassen (BGHSt 37, 106 (128 f.); zust. *Beulke/Bachmann* JuS 1992, 742 f.; *Kuhlen* NStZ 1990, 570; *Schünemann* FG BGH, 2000, 633; zu Aufsichtsräten *Krause* NStZ 2011, 65). Da eine mittäterschaftliche Stellung nicht voraussetzt, dass ein für den Gesamterfolg kausaler Tatbeitrag geleistet wird, scheitert die Zurechnung nicht an dem Einwand, dass auch ein ordnungsgemäßes Stimmverhalten eines Organmitglieds nichts an dem Zustandekommen des Beschlusses geändert hätte. Über die Figur der sukzessiven Mittäterschaft (→ Rn. 95 ff.) hält der BGH es sogar für möglich, das Abstimmungsergebnis noch solchen Personen zuzurechnen, die dem Beschluss erst im Nachhinein zustimmen (BGHSt 37, 106 (129 f.)).

In der Lit. ist diese Lösung teilweise auf **Kritik** gestoßen (vgl. insbes. *Puppe* JR 1992, 31 f.; *Hassemer,* **128** Produktverantwortung im modernen Strafrecht, 2. Aufl. 1996, 68; *Rotsch* wistra 1999, 321 (325 ff.); *ders.,* Individuelle Haftung in Großunternehmen, 1998, 120 ff.; *Samson* StV 1991, 184). Der Umstand, dass es für das Zustandekommen des Beschlusses nicht auf die einzelne Stimme eines Tatbeteiligten ankommt, führe dazu, dass dieser nicht über das „Ob und Wie" der Tat entscheiden und daher auch keine Tatherrschaft innehaben könne (*Samson* StV 1991, 184). Auch werde durch die vorschnelle Annahme einer Mittäterschaft die eigentlich auf der Ebene von Kausalität und objektiver Zurechnung liegende **Problematik unzulässig verschoben** (*Rotsch,* Individuelle Haftung in Großunternehmen, 1998, 121; *Puppe* JR 1992, 32). Die Diskussion konzentriert sich dementspr. auf die Frage, wie sich die bei Kollegialentscheidungen geltenden Abstimmungsregeln in die allg. Kausalitätsdogmatik einordnen lassen (exemplarisch *Corell,* Strafrechtliche Verantwortlichkeit durch Mitwirkung an Kollegialentscheidungen auf der Leitungsebene von Wirtschaftsunternehmen bei vorsätzlichen Begehungsdelikten, 2007, 118 ff.; Kühl StrafR AT § 4 Rn. 20b; Schönke/Schröder/*Eisele* Vor §§ 13 ff. Rn. 83a; *Schaal,* Strafrechtliche Verantwortlichkeit bei Gremienentscheidungen in Unternehmen, 2001, 22 ff.).

129   Wenngleich diese Stimmen in der Lit. zutr. auf die dogmatischen Probleme der Lösung in der Rspr. hinweisen, begegnet doch die Annahme von Mittäterschaft bei vorsätzlicher Beteiligung an einer pflichtwidrigen Kollegialentscheidung letztlich **keinen durchgreifenden Bedenken.** Die Mitglieder eines Kollegialorgans, die mehrheitlich beschließen, dass ein strafrechtl. relevantes Verhalten in Gang gesetzt bzw. eine rechtl. gebotene Maßnahme nicht vorgenommen wird, verwirklichen hierdurch zunächst die Voraussetzung eines gemeinsamen Tatplans (MAH WirtschaftsStR/*Knauer/Kämpfer* § 3 Rn. 63 ff.; KölnKomm UmwG/*Rönnau* UmwG § 313 Rn. 81; *Schilha,* Die Aufsichtsratstätigkeit in der Aktiengesellschaft im Spiegel strafrechtlicher Verantwortung, 2008, 384 f.; *Weißer,* Kausalitäts- und Täterschaftsprobleme bei der strafrechtlichen Würdigung pflichtwidriger Kollegialentscheidungen, 1996, 90). Zugleich stellt sich der mehrheitliche Beschlussfassung als gemeinschaftliche Tatbestandsverwirklichung dar, wobei jeder Abstimmende eine „wesentliche, rollenbedingte Funktion innerhalb des Tatplans" ausübt (*Beulke/Bachmann* JuS 1991, 743; Schönke/Schröder/*Heine/Weißer* Rn. 79 f.; Greeve/Leipold BauStrafR-HdB § 5 Rn. 26 f.; Krekeler/Werner Unternehmer Rn. 63; Müller-Gugenberger WirtschaftsStR/*Schmid/Fridrich* § 30 Rn. 33; *Knauer,* Die Kollegialentscheidung im Strafrecht, 2001, 180; *Weißer,* Kausalitäts- und Täterschaftsprobleme bei der strafrechtlichen Würdigung pflichtwidriger Kollegialentscheidungen, 1996, 90 ff.). Dass eine Kausalität der Beiträge einzelner Beteiligter nicht vorliegt bzw. festzustellen ist, steht der Annahme von Mittäterschaft nicht entgegen, sondern entspricht vielmehr deren Wesen und ist auch in anderen Konstellationen zu finden (*Beulke/Bachmann* JuS 1991, 743; Krekeler/Werner Unternehmer Rn. 63).

130   **b) Fahrlässige Beteiligung an einer pflichtwidrigen Kollegialentscheidung.** Problematischer stellt sich die Lösung über die Mittäterschaft indes dar, wenn die Beschlussfassung fahrlässig erfolgt, die Gremienmitglieder also unter Verletzung der im Verkehr erforderlichen Sorgfalt verkennen, dass sie durch ihren Beschluss einen gesetzlichen Tatbestand erfüllen. Zwar ergeben sich keine Änderungen gegenüber der Lösung bei der vorsätzlichen Beschlussfassung, wenn man mit einer vordringenden Auffassung auch eine **fahrlässige Mittäterschaft** für möglich hält (so etwa *Hilgendorf* NStZ 1994, 563; MüKoStGB/*Joecks* Rn. 283; *Pfeiffer* JURA 2004, 519; *Renzikowski* FS Otto, 2007, 423 ff.; Roxin StrafR AT II § 25 Rn. 242; vgl. auch *Brammsen* JURA 1991, 537 f.; *Weißer,* Kausalitäts- und Täterschaftsprobleme bei der strafrechtlichen Würdigung pflichtwidriger Kollegialentscheidungen, 1996, 146 ff.). Die hM lehnt dies aber wegen des fehlenden gemeinsamen Tatentschlusses ab (BWM StrafR AT § 29 Rn. 90; *Bottke* GA 2001, 474; *Puppe* GA 2004, 129 ff.; *Kraatz,* Die fahrlässige Mittäterschaft – Ein Beitrag zur strafrechtlichen Zurechnungslehre auf der Grundlage eines finalen Handlungsbegriffs, 2005, 294 f.; *Vassilaki* FS Schreiber, 2003, 502; s. aber Schönke/Schröder/*Heine/Weißer* Vor §§ 25 ff. Rn. 114 ff. mwN). Ausgehend davon bleibt daher zu prüfen, ob das pflichtwidrige Abstimmungsergebnis trotzdem zugerechnet werden kann, obgleich auch ein rechtmäßiges Stimmverhalten eines einzelnen Organmitgliedes das Zustandekommen des Beschlusses nicht verhindert hätte.

131   Der BGH hat in der Lederspray-Entscheidung die Zurechenbarkeit bejaht und hierbei maßgeblich auf die Herbeiführung des tatbestandsmäßigen Erfolges durch das Zusammenwirken der Abstimmenden abgestellt (BGHSt 37, 106 (131 f.)). Die darin liegende Zurechnung über die Figur der **kumulativen Kausalität** (für diese Deutung auch *Neudecker,* Die strafrechtliche Verantwortlichkeit der Mitglieder von Kollegialorganen, 1995, 260 f.) wird in der Lit. teilweise befürwortet (*Kuhlen* NStZ 1990, 570; *Meier* NJW 1992, 3198; *Salje* BB 1993, 2302), überwiegend – zumindest für den Bereich des fahrlässigen Unterlassens – jedoch abgelehnt (*Puppe* JR 1992, 32; *Rotsch,* Individuelle Haftung in Großunternehmen, 1998, 124; *Weißer,* Kausalitäts- und Täterschaftsprobleme bei der strafrechtlichen Würdigung pflichtwidriger Kollegialentscheidungen, 1996, 105 ff.; insoweit auch *Schünemann* FG BGH, 2000, 634).

132   Auch in der Lit. herrscht aber jedenfalls iErg weitgehende Einigkeit darüber, dass sich sämtliche für den pflichtwidrigen Beschluss stimmenden Kollegialmitglieder wegen eines Fahrlässigkeitsdeliktes strafbar machen (KölnKomm UmwG/*Rönnau* UmwG § 313 Rn. 82; MüKoStGB/*Dierlamm* § 266 Rn. 296; Große Vorholt WirtschaftsStR 1/A Rn. 85; Achenbach/Ransiek/Rönnau WirtschaftsStR-HdB/*Kuhlen* Teil 2 Kap. 1 Rn. 59; Müller-Gugenberger WirtschaftsStR/*Niemeyer* § 17 Rn. 13a). Um dem Einwand des rechtmäßigen Alternativverhaltens zu entgehen, wird zB eine Lösung über die **Formel der gesetzesmäßigen Bedingungen** befürwortet (*Neudecker,* Die strafrechtliche Verantwortlichkeit der Mitglieder von Kollegialorganen, 1995, 263; *Weißer,* Kausalitäts- und Täterschaftsprobleme bei der strafrechtlichen Würdigung pflichtwidriger Kollegialentscheidungen, 1996, 113 ff.). Andere stellen auf das Vorliegen **„hinreichender Mindestbedingungen"** ab (*Puppe* JR 1992, 32 ff.) oder gehen vom Vorliegen **alternativer Kausalität** aus (*Dreher* JuS 2004, 18; LPK-StGB/*Kindhäuser* Vor § 13 Rn. 98).

3. Zurechnung bei Ablehnung sowie Stimmenthaltung. In der Rspr. wurde vereinzelt auch **133** Gremienmitgliedern, die gegen einen pflichtwidrigen Beschluss gestimmt oder sich der Stimme enthalten hatten, ein tatbestandlicher Erfolg zugerechnet (BGH NJW 2006, 522 (527); OLG Stuttgart NStZ 1981, 27 (28)). Indes können weder die Mitgliedschaft in einem Kollegialorgan, noch die Beteiligung an einer Abstimmung für sich genommen eine strafrechtl Verantwortlichkeit begründen (*Corell*, Strafrechtliche Verantwortlichkeit durch Mitwirkung an Kollegialentscheidungen auf der Leitungsebene von Wirtschaftsunternehmen bei vorsätzlichen Begehungsdelikten, 2007, 156 ff.; Schönke/Schröder/*Heine/Weißer* Rn. 82; MüKoStGB/*Dierlamm* § 266 Rn. 297; *Otto* FS Schroeder, 2006, 348; s. zu Aufsichtsräten *Krause* NStZ 2011, 65). Wer gegen einen pflichtwidrigen Mehrheitsbeschluss stimmt, kommt vielmehr dem strafrechtl. Verhaltensgebot nach. Eine Beteiligung am nachfolgenden Erfolgseintritt kann daher nur **in wenigen Ausnahmekonstellationen** in Betracht kommen.

a) Stimmenthaltung mit Zustimmungswirkung. Eine solche Ausnahme kommt zunächst für **134** Stimmenthaltungen in Betracht, die sich im Einzelfall wie eine Zustimmung auswirken. Dies ist insbes. der Fall, wenn erst die Mitwirkung des Abstimmenden die **Beschlussfähigkeit des Gremiums herstellt.** In dieser Konstellation soll daher eine Zurechnung des Abstimmungsergebnisses trotz Stimmenthaltung möglich sein, wenn dem Abstimmenden die Folge seiner Mitwirkung bewusst ist (*Dencker* in Amelung, Individuelle Verantwortung und Beteiligungsverhältnisse bei Straftätern in bürokratischen Organisationen des Staates, der Wirtschaft und der Gesellschaft, 2000, 70; aA MüKoStGB/*Dierlamm* § 266 Rn. 298). So hat der BGH etwa in der **Mannesmann**-Entscheidung die durch eine Mehrheitsentscheidung verwirklichte Untreue auch einem sich enthaltenden Abstimmungsmitglied zugerechnet (BGH NJW 2006, 522 (527)).

b) Pflicht zur Verhinderung der Beschlussfassung. Weitgehend anerkannt ist darüber hinaus, dass **135** auch bei pflichtgemäßer Stimmabgabe oder Stimmenthaltung in **engen Grenzen** eine **Unterlassensstrafbarkeit** wegen der Nichtverhinderung der Beschlussfassung in Betracht kommen kann (KölnKomm UmwG/*Rönnau* UmwG § 313 Rn. 83; Greeve/Leipold BauStrafR-HdB § 5 Rn. 27 f.; Wabnitz/Janovsky WirtschaftsStR-HdB/*Raum* Kap. 4 Rn. 31 f.; gänzlich abl. *Weißer*, Kausalitäts- und Täterschaftsprobleme bei der strafrechtlichen Würdigung pflichtwidriger Kollegialentscheidungen, 1996, 178 ff.). Erkennt ein Gremienmitglied die Pflichtwidrigkeit eines Beschlusses, kann es sich hiernach nicht darauf beschränken, sich seiner Stimme zu enthalten, sondern muss auf die anderen Gremienmitglieder einwirken, um die Beschlussfassung insgesamt zu verhindern (*Jakobs* FS Miyazawa, 1995, 430 ff.; Krekeler/Werner Unternehmer Rn. 68).

Der BGH nimmt in diesem Zusammenhang allerdings an, dass sich die Pflicht der Abstimmenden **136** grds. darauf beschränkt, „unter vollem **Einsatz (ihrer) Mitwirkungsrechte** das (ihnen) Mögliche und Zumutbare zu tun", um einen rechtmäßigen Beschluss herbeizuführen (BGHSt 37, 106 (126); hierzu sowie zu nicht teilnehmenden Gremienmitgliedern Große Vorholt WirtschaftsStR 1/A Rn. 79 f.). Daher werden sich einzelne Kollegialmitglieder auf das nach dem Gesellschaftsrecht zur Beschlussverhinderung Mögliche beschränken dürfen, sodass das Unterlassen bspw. einer Strafanzeige grds. keine Strafbarkeit nach sich zieht (*Tiedemann* WirtschaftsStR AT Rn. 287, 297). Anders wird idR zu entscheiden sein, wenn ein Kollegialmitglied nicht von einem ihm zustehenden **Vetorecht** Gebrauch macht (*Weißer*, Kausalitäts- und Täterschaftsprobleme bei der strafrechtlichen Würdigung pflichtwidriger Kollegialentscheidungen, 1996, 218 f.).

Soweit sich der betr. Beschluss als Unterlassen darstellt (zur Abgrenzung → Rn. 120) bleibt darüber **137** hinaus zu prüfen, inwieweit Gremienmitglieder, die gegen den Beschluss gestimmt bzw. der Stimme enthalten haben, dazu verpflichtet sind, den **Eintritt des tatbestandlichen Erfolgs auf andere Art und Weise zu verhindern** (ausführlich Große Vorholt WirtschaftsStR 1/A Rn. 86 ff.; MAH WirtschaftsStR/*Knauer/Kämpfer* § 3 Rn. 71 f.). Entscheidet sich ein Kollegialorgan bspw. dazu, eine rechtl. gebotene Rückrufaktion zu unterlassen, ist zu prüfen, ob bei der Abstimmung unterlegene Personen gleichwohl an die Öffentlichkeit treten und diese vor bekannten Produktrisiken zu warnen haben (Müller-Gugenberger WirtschaftsStR/*Schmid/Fridrich* § 30 Rn. 35 ff.; vgl. auch Wabnitz/Janovsky WirtschaftsStR-HdB/*Raum* Kap. 4 Rn. 31).

c) Mitwirken an der Umsetzung. Zuletzt kann eine Strafbarkeit für rechtmäßig abstimmende **138** Gremienmitglieder dadurch begründet werden, dass sie an der Umsetzung des Beschlusses mitwirken und die Voraussetzungen sukzessiver Mittäterschaft bzw. Beihilfe erfüllen. In einzelnen Fällen kommt darüber hinaus eine Verwirklichung des § 138 in Betracht (Wabnitz/Janovsky WirtschaftsStR-HdB/*Raum* Kap. 4 Rn. 32; *Weißer*, Kausalitäts- und Täterschaftsprobleme bei der strafrechtlichen Würdigung pflichtwidriger Kollegialentscheidungen, 1996, 183).

4. Sonstiges. Zwar rechtfertigt die herausragende Stellung des Gremiums im tatbestandlichen Ge- **139** schehen (→ Rn. 119) idR die Annahme (mit-)täterschaftlicher Tatbegehung durch die Gremienmitglieder, gleichwohl **kommen auch abw. Beteiligungsformen in Betracht** (*Dencker*, Mittäterschaft in

Gremien, 65; *Rodriguez Montanes* FS Roxin, 2001, 318; ähnlich *Corell,* Strafrechtliche Verantwortlichkeit durch Mitwirkung an Kollegialentscheidungen auf der Leitungsebene von Wirtschaftsunternehmen bei vorsätzlichen Begehungsdelikten, 2007, 8). Insbes., wenn sich die Umsetzung des Beschlusses durch untergeordnete Unternehmensmitglieder oder Dritte (hierzu *Dous,* Strafrechtliche Verantwortlichkeit in Unternehmen, 2009, 43 ff.) als wesentlicher Tatbeitrag darstellt – bspw. im Fall der Anordnung, industrielle Abfälle pflichtwidrig zu entsorgen –, hängt es maßgeblich von der Stellung des Vordermanns ab, ob für die Mitglieder des Kollegialorgans Mittäterschaft, Anstiftung oder mittelbare Täterschaft (idR kraft Organisationsherrschaft) anzunehmen ist (*Neudecker,* Die strafrechtliche Verantwortlichkeit der Mitglieder von Kollegialorganen, 1995, 237; *Rodriguez Montanes* FS Roxin, 2001, 328 ff.; vgl. auch *Corell,* Strafrechtliche Verantwortlichkeit durch Mitwirkung an Kollegialentscheidungen auf der Leitungsebene von Wirtschaftsunternehmen bei vorsätzlichen Begehungsdelikten, 2007, 7 f.; *Hassemer,* Produktverantwortung im modernen Strafrecht, 2. Aufl., 1996, 62). Da es sich hierbei jedoch um eine mittäterschaftliche Anstiftung bzw. mittäterschaftliche mittelbare Täterschaft handeln würde, gelten die vorstehenden Ausführungen entspr. (vgl. *Dencker* in Amelung, Individuelle Verantwortung und Beteiligungsverhältnisse bei Straftätern in bürokratischen Organisationen des Staates, der Wirtschaft und der Gesellschaft, 2000, 65).

140   Bei der Bewertung einer Kollegialentscheidung können sich im Einzelfall **deliktsbezogene Besonderheiten** auswirken. Bei der Untreue etwa spielt die Zurechnung eines pflichtwidrigen Kollegialbeschlusses häufig nur eine untergeordnete Rolle (Achenbach/Ransiek/Rönnau WirtschaftsStR-HdB/ *Seier* Teil 5 Kap. 2 Rn. 83; LK-StGB/*Schünemann* § 266 Rn. 248). Schon nach Maßgabe der jeweiligen Vermögensbetreuungspflicht ist jedes Gremienmitglied verpflichtet, die Vermögensinteressen des Unternehmens nicht zu gefährden (→ § 266 Rn. 23; zu Aufsichtsratsmitgliedern Große Vorholt WirtschaftsStR 1/A Rn. 149 ff.). Zur Wahrnehmung dieser Pflicht hat jedes Gremienmitglied sämtliche zur Verfügung stehenden Maßnahmen zu ergreifen, um Zustandekommen und Umsetzung eines vermögensschädigenden Beschlusses zu verhindern. Unabhängig vom eigenen Abstimmungsverhalten kann also zumindest ein treuwidriges Unterlassen anzunehmen sein (Achenbach/Ransiek/Rönnau WirtschaftsStR-HdB/*Seier* Teil 5 Kap. 2 Rn. 83).

141   Erhebliche **Beweisschwierigkeiten** ergeben sich, wenn die jeweilige Abstimmung **geheim** stattgefunden hat und sich nicht feststellen lässt, wer für und wer gegen einen pflichtwidrigen Beschluss gestimmt hat. Diesbzgl. ist jedoch weitgehend anerkannt, dass prozessuale Probleme eher hinzunehmen sind, als eine durch die kollektive Bestrafung sämtlicher Gremienmitglieder begründete Umgehung des Verantwortungsprinzips (*Deruyck* ZStW 103 (1991), 711; Krekeler/Werner Unternehmer Rn. 69 f.; *Neudecker,* Die strafrechtliche Verantwortlichkeit der Mitglieder von Kollegialorganen, 1995, 245).

E. Nebentäterschaft

142   Von Neben- oder Mehrtäterschaft spricht man, wenn mehrere Personen dasselbe Rechtsgut verletzen, dabei aber **unabhängig voneinander** handeln, also in keinem Beteiligungsverhältnis zueinander stehen (vgl. auch MüKoStGB/*Joecks* Rn. 289). Die rechtl. Behandlung von Nebentätern entspricht derjenigen von Alleintätern (*Fincke* GA 1975, 161 ff.; Müller-Gugenberger WirtschaftsStR/*Häcker* § 19 Rn. 16). Somit muss jeder Nebentäter in seiner Person sämtliche Strafbarkeitsvoraussetzungen erfüllen, eine wechselseitige Zurechnung findet nicht statt. Umgekehrt kann sich bei Fahrlässigkeit der eine Nebentäter nicht mit dem Hinweis auf das sorgfaltswidrige Verhalten des anderen Nebentäters entlasten (WBS StrafR AT Rn. 970).

143   Nebentäterschaft ist auch in Form **kollektiven Unterlassens** möglich, bspw. wenn zwischen den Mitgliedern eines Entscheidungsgremiums keine Verständigung stattgefunden hat. Hier ist für jedes einzelne Mitglied isoliert festzustellen, ob es die Umstände erkannt hat bzw. im Falle eines Fahrlässigkeitsdeliktes hätte erkennen müssen, die eine Einberufung des Gesamtgremiums erforderlich gemacht hätten (Wabnitz/Janovsky WirtschaftsStR-HdB/*Raum* Kap. 4 Rn. 40; vgl. auch BGHSt 48, 77 (95)). Vergleichbares gilt im Hinblick auf §§ 283, 283b, wenn mehrere Geschäftsführer einer GmbH es ohne Absprache unterlassen, die Jahresbilanz rechtzeitig fertigzustellen (Müller-Gugenberger WirtschaftsStR/ *Häcker* § 19 Rn. 16), bzw. wenn sie im Fall der Insolvenzverschleppung unabhängig voneinander keinen Insolvenzantrag stellen, wofür jeder verantwortlich wäre (Wabnitz/Janovsky WirtschaftsStR-HdB/*Pelz* Kap. 9 Rn. 46 ff.).

144   **Fahrlässige Nebentäterschaft** kann auch durch die mangelhafte Organisation eines Unternehmens bzw. Betriebs begründet werden, bspw. wenn aufgrund der Anordnungen eines Betriebsinhabers die Fahrer eines Speditionsunternehmens die Lenkzeiten überschreiten und infolge dessen fahrlässig Verkehrsunfälle verursachen (LG Nürnberg-Fürth NJW 2006, 1824 (1825 f.)).

§ 26 Anstiftung

     Als Anstifter wird gleich einem Täter bestraft, wer vorsätzlich einen anderen zu dessen vorsätzlich begangener rechtswidriger Tat bestimmt hat.

Literatur: *Amelung,* Die Anstiftung als korrumpierende Aufforderung zu strafbedrohtem Verhalten, FS Schroeder, 2006, 146; *Baumgarte,* Die Strafbarkeit von Rechtsanwälten und anderen Beratern wegen unterlassener Konkursanmeldung, wistra 1992, 41; *Bemmann,* Die Umstimmung des Tatentschlossenen zu einer schwereren oder leichteren Begehungsweise, FS Gallas, 1973, 273; *ders.,* Die Objektsverwechselung des Täters in ihrer Bedeutung für den Anstifter, FS Stree/Wessels, 1993, 397; *Bock,* Die Anstiftung des zur Tat bereits Entschlossenen – zum Begriff des „alias" oder „omnimodo facturus", JR 2008, 143; *Börner,* Die sukzessive Anstiftung, JURA 2006, 415; *Bülte/Hagemeier,* Vergabe unwirtschaftlicher Aufträge als strafbare Teilnahme?, NStZ 2015, 317; *Deiters,* Straflosigkeit des agent provocateur?, JuS 2006, 302; *Geppert,* Die Anstiftung, JURA 1997, 299, 358; *Grabow,* Die sukzessive Anstiftung, JURA 2009, 408; *Hardtung,* „Aufstiftung" bei Unrechtsintensivierungen und Unrechtsverknüpfungen, FS Herzberg, 2008, 411; *Hilgendorf,* Was meint „zur Tat bestimmen" in § 26 StGB?, JURA 1996, 9; *Krüger,* Zum „Bestimmen" iSv §§ 26, 30 StGB, JA 2008, 492; *Kudlich,* Die Abstiftung, JuS 2005, 592; *ders.,* Tiroler Gastfreundschaft auch für deutsches Geld – Anstiftung zur Steuerhinterziehung durch berufsbedingtes Verhalten?, FS Tiedemann, 2008, 221; *Mitsch,* Straflose Provokation strafloser Taten, 1996; *Puppe,* Der objektive Tatbestand der Anstiftung, GA 1984, 101; *dies,* Was ist Anstiftung?, NStZ 2006, 424; *dies.,* Die Architektur der Beteiligungsformen, GA 2013, 514; *Riklin,* Anstiftung durch Fragen, GA 2006, 361; *Rogall,* Die verschiedenen Formen des Veranlassens fremder Taten, GA 1979, 11; *Roxin,* Zur Strafbarkeit des Teilnehmervorsatzes, FS Salger, 1994, 129; *Schulz,* Die Bestrafung des Ratgebers, 1980; *Sowada,* Kettenregeln versus Lagertheorie – Die Teilnahmestrafbarkeit bei Tatbeständen mit spiegelbildlicher Deliktsstruktur, FS Tiedemann, 2008, 273; *Stratenwerth,* Objektsirrtum und Tatbeteiligung, FS Baumann, 1992, 57; *Timpe,* Zum Begriff des Bestimmens bei der Anstiftung, GA 2013, 145; *Wessing,* Strafbarkeitsgefährdungen für Berater, NJW 2003, 2265.

A. Bestimmen eines anderen

Bestimmen ist das **Hervorrufen eines Tatentschlusses** bei einem Anderen, den dieser in die Tat **1** umsetzt (*Krüger* JA 2008, 492 ff.; LK-StGB/*Schünemann* Rn. 16; hierzu ausführlich *Timpe* GA 2013, 145). Hinsichtlich der Tat soll der Angestiftete Tatherrschaft ausüben, nicht der Anstifter (Fischer Rn. 2; zur Abgrenzung bei Beteiligung verschiedener Ebenen einer Unternehmenshierarchie → § 25 Rn. 13 ff.).

I. Voraussetzungen und Formen

1. Anforderungen für das Bestimmen. Nach der **Rspr.** ist lediglich irgendeine erfolgsursächliche **2** Anstiftungshandlung erforderlich, sog **Verursachungstheorie** (BGHSt 9, 370 (379); BGH NStZ 1994, 29 (30); 2001, 41 (42); abl. *Puppe* NStZ 2006, 424 ff.; *dies.* GA 2013, 517 ff.). Es ist daher gleichgültig, welcher Mittel sich der Anstifter bei der Einflussnahme auf den Willen des Anderen bedient (vgl. BGHSt 2, 279 (281); 45, 373 (374); BGH NJW 1985, 924; BGH NStZ 2000, 421). In Betracht kommen zB auch Anregungen, Ratschläge, Nötigungen oder Verharmlosungen. Sogar Fragen (BGH GA 1980, 183 f.; *Riklin* GA 2006, 361) oder konkludente Aufforderungen können genügen (Fischer Rn. 6). Bei tatbegünstigenden Auskünften, bspw. von Beratern, nimmt die Rspr. indes oft nur Beihilfe an (→ Rn. 6). Nicht ausreichend ist das reine Eröffnen von Möglichkeiten. Die Rspr. verlangt hier für die Abgrenzung in Anlehnung an die Lit. (→ Rn. 4) mitunter einen „kommunikativen Akt" für das Bestimmen (BGH NStZ 2009, 393 f. zu § 30a Abs. 2 Nr. 1 BtMG).

Die Anstiftung muss sich nicht an eine bestimmte Person richten (LK-StGB/*Schünemann* Rn. 16), **3** ausreichend ist ein bestimmbarer Personenkreis (→ Rn. 20; Fischer Rn. 9).

Die in der Lit. vorherrschende **Kommunikationstheorie** (s. etwa *Amelung* FS Schroeder, 2006, **4** 163 ff.; *Roxin* StrafR AT II § 26 Rn. 74; WBS StrafR AT Rn. 814; präzisierend *Jakobs* StrafR AT 22/ 22) grenzt das weite Verständnis der Rspr. insofern ein, als ein offener geistig-kommunikativer Akt zwischen Anstifter und Täter verlangt wird. Die bloße Schaffung von objektiven Tatanreizen soll nicht ausreichen (LK-StGB/*Schünemann* Rn. 2 mwN; weiter *Hilgendorf* JURA 1996, 9 ff.). Begründet wird dies damit, dass allein das Setzen einer „für die Deliktsausführung notwendigen Bedingung" (LK-StGB/ *Schünemann* Rn. 1) die Anstiftung noch nicht charakterisiere; vielmehr ermögliche der Anstifter erst das Delikt. Da er gleich einem Täter zu bestrafen ist, müssten Täterschaft und Anstiftung im Unrechtsgehalt vergleichbar sein (Schönke/Schröder/*Heine/Weißer* Rn. 3, Vor §§ 25 ff. Rn. 16). Nach *Puppe* ist sogar ein gemeinsamer Tatplan iS eines **Unrechtspaktes** erforderlich, in welchem sich der Täter faktisch zur Tat verpflichtet (*Puppe* GA 1984, 112; 2013, 517; dazu *Roxin* StrafR AT II § 26 Rn. 89).

2. Einzelne Delikte und Fallgruppen. IE liegt zB eine Anstiftung zu § 370 AO vor, wenn ein **5** Autohändler den Käufer eines neuen Pkw veranlasst, das Kennzeichen eines alten Fahrzeugs weiter zu verwenden (OLG Hamm ZfZ 1961, 88). Bei Anstiftung zu den §§ 331 ff. durch einen Dritten ist danach zu differenzieren, ob der Dritte im Lager des Gebers oder des Nehmers steht. Im ersten Fall kann Anstiftung zu §§ 333, 334 vorliegen; im zweiten Fall zu § 331, wobei ggf. § 28 Abs. 1 zu beachten ist (Wabnitz/Janovsky WirtschaftsStR-HdB/*Bannenberg* Kap. 12 Rn. 77; s. zu Tatbeständen mit spiegelbildlicher Deliktsstruktur, insbes. zur „Lagertheorie" *Sowada* FS Tiedemann, 2008, 273 ff.). Bei **Insiderdelikten** nach dem WpHG war sehr str., ob sog Sekundärinsider bei der Weitergabe von Insiderinformationen wegen Anstiftung zu einem daraus folgenden Insiderdelikt strafbar sind, obgleich die Weitergabe selbst nicht geahndet werden konnte (Schröder KapMarktStrafR-HdB Rn. 345 f.). Der Streit hat an Bedeutung verloren, nachdem die in § 14 Abs. 1 Nr. 2, 3 WpHG genannten Handlungen, wie zB die Weitergabe, heute gem. § 39 Abs. 2 Nr. 3, 4 WpHG als OWi geahndet werden können (vgl.

Assmann/Schneider/*Assmann* WpHG § 14 Rn. 185; HK-KapMStrafR/*Hilgendorf* WpHG §§ 38, 39 Rn. 260). Im **Aufenthaltsrecht** nehmen legal ohne Aufenthaltsgenehmigung eingereiste Positivstaatler eine besondere Rolle ein. Da ihr Aufenthalt erst illegal wird, wenn eine Beschäftigungsaufnahme gem. der EUVisaVO iVm §§ 17, 18 S. 1 Nr. 2 AufenthV erfolgt, kann eine Anstiftung zum illegalen Aufenthalt vorliegen, wenn ein ArbG den Ausländer zur Aufnahme einer Beschäftigung bewegt, weil gerade diese die vollziehbare Ausreisepflicht begründet (Achenbach/Ransiek/Rönnau/*Mosbacher* XII 5 Rn. 140).

6   Bei **Beratern** kommt Anstiftung ebenso wie (die häufiger angenommene) Beihilfe in Betracht, sodass eine Abgrenzung nicht nur zur Täterschaft, sondern auch zu § 27 erforderlich ist (→ § 27 Rn. 4 f., 7, 15 ff.; zum Vorsatz → Rn. 18; allg. *Wessing* NJW 2003, 2265 ff.; Weyand/Diversy Insolvenzdelikte Rn. 203 ff.; zu § 370 AO Wabnitz/Janovsky WirtschaftsStR-HdB/*Pflaum* Kap. 20 Rn. 20 ff.; zur Insolvenzverschleppung *Baumgarte* wistra 1992, 41 ff.). So soll nur bei Beihilfe gegeben sein, wenn ein Notar einem Vertragsschließenden rät, in einem Grundstückskaufvertrag einen geringeren Kaufpreis anzugeben (RGSt 58, 54; 60, 6 (8)).

7   **3. Bestimmen durch Unterlassen.** Die Möglichkeit einer Anstiftung durch Unterlassen wird weitgehend abgelehnt bzw. nur für Ausnahmefälle anerkannt (Schönke/Schröder/*Heine/Weißer* Rn. 4; Fischer Rn. 6; *Geppert* JURA 1997, 365; Lackner/Kühl/*Kühl* Rn. 3; Roxin Täterschaft 484; bejahend in Fällen der „Nichthinderung der Entschlussfassung beim Täter" MGZ StrafR AT, 7. Aufl. 1989, § 51 Rn. 17). Allerdings wird beim Garanten im Nichtstun, das einen Tatentschluss veranlasst, oft bereits eine konkludente Tataufforderung liegen (str., s. Jakobs StrafR AT 29/104; LK-StGB/*Schünemann* Rn. 54; MGZ/*Renzikowski* StrafR AT § 51 Rn. 48 f.). Grds. aber reicht bloßes Schweigen gegenüber einem möglicherweise Tatbereiten nicht aus (s. BGH NStZ 1993, 489).

8   **4. Kausalität für den Tatenschluss.** Die Einwirkung des Anstiftenden muss kausal für die Entstehung des Tatentschlusses und damit für die Begehung der Tat sein (BGHSt 9, 370 (379 f.)), wobei bloße **Mitursächlichkeit genügt** (BGHSt 45, 373 (374); BGH NStZ 1994, 29 (30)). Nicht erforderlich ist es, dass der Anzustiftende die Kausalität erkennt.

9   An der Kausalität fehlt es, wenn der Anzustiftende den Tatentschluss aufgibt und die Tat später aufgrund eines neuen Tatentschlusses begeht, oder wenn er zum Zeitpunkt der Anstiftung bereits zur Tat entschlossen war, sog **omnimodo facturus** (BGHSt 45, 373 (374); BGH wistra 1988, 108; BGH StV 1996, 2; BGH BeckRS 2013, 1094 Rn. 21; Fischer Rn. 4; zum Begriff *Bock* JR 2008, 143 ff.). In diesen Fällen kommt jedoch versuchte Anstiftung nach § 30 Abs. 1 oder psychische Beihilfe in Betracht (Roxin StrafR AT II § 26 Rn. 65). Die Figur des omnimodo facturus ist von der bloßen **Tatgeneigtheit** abzugrenzen. Hier ist Anstiftung möglich, wenn der Schwankende zu einem festen Tatentschluss bestimmt wird (RGSt 37, 171 (172); BGHSt 45, 373 (374); BGH NStZ 2001, 41 (42)). Für die Abgrenzung kommt es darauf an, ob die zur Tat hindrängenden Motive deutliches Übergewicht über noch bestehende Bedenken erlangt haben, ohne dass eine unumstößliche Entschlossenheit erforderlich wäre (Roxin StrafR AT II § 26 Rn. 67).

II. Bestimmen zur Änderung eines bestehenden Tatentschlusses

10   **1. Umstiftung.** Wird ein bereits zur Tat Entschlossener zur Begehung einer gänzlich anderen Tat bestimmt, so liegt Anstiftung zu der neuen Tat vor (BGH StV 1996, 2; Fischer Rn. 5). Wird die Tat hingegen nur modifiziert, kommt lediglich (psychische) Beihilfe in Betracht (Schönke/Schröder/*Heine/Weißer* Rn. 8; zur Abgrenzung LK-StGB/*Schünemann* Rn. 22 ff.). Ein Wechsel des Täters (Jakobs StrafR AT 22/26) oder des angegriffenen Rechtsgutes wird als Übergang zu einer neuen Tat beurteilt. Bei Veränderung des Tatobjektes oder des Tatmotivs ist danach zu differenzieren, ob dies zu einem neuen Tatplan oder zur Einfügung in den bestehenden führt (LK-StGB/*Schünemann* Rn. 24 ff.). Die Veranlassung einer Änderung von Tatmodalitäten oder einer Intensivierung bei gleichbleibendem Delikt wird idR nur Beihilfe sein (BGH StV 1996, 2; *Schulz,* Die Bestrafung des Ratgebers, 1980, 156 ff.).

11   **2. Aufstiftung.** Aufstiftung bzw. Hochstiftung liegt vor, wenn der Tatentschlossene zur Begehung eines schwereren Delikts bestimmt wird (umfassend *Hardtung* FS Herzberg, 2008, 411 ff.). Hierbei kann es sich nach hM auch um eine Qualifikation handeln, da der Unrechtsgehalt der Tat dadurch erheblich erhöht wird. Der Anstifter haftet nach hM dann in vollem Umfang (BGHSt 19, 339 (340) mBespr *Cram*er JZ 1965, 31; BWM StrafR AT § 30 Rn. 34; Roxin StrafR AT II § 26 Rn. 105). Teile der Lit. wollen demgegenüber nur hinsichtlich der Tatbestandsteile verurteilen, zu denen der Täter nicht ohnehin entschlossen war (*Bemmann* FS Gallas, 1973, 274 ff.; Schönke/Schröder/*Heine/Weißer* Rn. 9; MüKoStGB/*Joecks* Rn. 41; abl. LK-StGB/*Schünemann* Rn. 34). Jedenfalls ist der Unterschied in dem vom Anstifter verwirklichten Unrecht bei der Strafzumessung zu berücksichtigen (Roxin StrafR AT II § 26 Rn. 106).

12   **3. Abstiftung.** Keine Anstiftung liegt vor, wenn der Täter zur Begehung einer leichteren Form der gleichen Tat veranlasst wird. Da der Vorsatz für das schwerere Delikt das leichtere umfasst, wird kein Tatentschluss hervorgerufen. Die mögliche psychische Beihilfe scheitert an der objektiven Zurechnung,

wenn das **Risiko** für das geschützte Rechtsgut ausschl. **vermindert** wird (LK-StGB/*Schünemann* Rn. 28). Anderes gilt uU, wenn zugleich das Begehungsrisiko verstärkt wird (s. *Kudlich* JuS 2005, 594; Lackner/Kühl/*Kühl* Rn. 2a).

III. Zeitpunkt des Bestimmens

Umstr. ist, ob eine Anstiftung auch noch in der Phase zwischen (Versuch bzw.) Vollendung und **13** Beendigung möglich ist, sog **sukzessive Anstiftung.** Zwar scheidet eine Anstiftung aus, wenn der Tatentschluss bereits vorliegt (→ Rn. 9). Es wird jedoch vertreten, dass ein Bestimmen nach Vollendung in der Form möglich sei, dass der Täter dazu bestimmt werde, die Fortführung der Tat entgegen seiner ursprünglichen Absicht nicht aufzugeben, wenn hierdurch das Unrecht vertieft wird (vgl. *Börner* JURA 2006, 415 ff.; *Grabow* JURA 2009, 408 ff.).

B. Vorsätzliche rechtswidrige Haupttat

Voraussetzung der Strafbarkeit nach § 26 ist eine aufgrund des veranlassten Tatentschlusses vorsätzlich **14** begangene, rechtswidrige, nicht notwendig schuldhafte Tat, sog limitierte **Akzessorietät der Teilnahme.** Es kann sich auch um ein eigenhändiges Delikt oder ein Sonderdelikt handeln, die der Anstifter mangels Täterqualität nicht selbst begehen könnte (Schönke/Schröder/*Heine/Weißer* Rn. 30 f.). Ebenso ist eine Anstiftung zur Anstiftung (**Kettenanstiftung,** BGHSt 40, 307 (313)) möglich, die als Anstiftung zur Haupttat behandelt wird. Hierbei braucht der Anstifter den Haupttäter nach hM nicht zu kennen (BGHSt 6, 359 (362)). Ein Glied innerhalb der Kette kann dabei auch gutgläubig sein (BGHSt 8, 137 (138 f.)).

Das Verfahren gegen den Haupttäter muss für die Verurteilung nicht abgeschlossen sein. Bei Steuer- **15** hinterziehung ist es nicht notwendig, dass die FinBeh. entschieden haben, ob und in welcher Höhe der Steueranspruch gegen den Angestifteten verkürzt ist (OLG Hamm ZfZ 1961, 88).

Es genügt der (strafbare) **Versuch des Hauptdelikts,** solange sich der Vorsatz des Anstifters auf die **16** Vollendung der Tat bezieht (→ Rn. 18). Bleibt hingegen bereits die Anstiftung im Versuchsstadium stecken, sodass es am erfolgreichen Bestimmen fehlt, ist nur bei Verbrechen eine Strafbarkeit nach § 30 Abs. 1 möglich.

Bei verselbstständigter bzw. **zur Täterschaft erhobener Teilnahme,** die eigenständige Delikte **17** darstellen, ist idR keine strafbare „Haupttat" erforderlich (Fischer Vor § 25 Rn. 10; → § 27 Rn. 1). Anderes gilt bei § 96 AufenthG, der für den „Teilnehmer" zwar eine deutlich höhere Strafdrohung vorsieht als für den „Haupttäter" (s. Wabnitz/Janovsky WirtschaftsStR-HdB/*Richtarsky* Kap. 19 Rn. 115), neben der Anstiftung oder Beihilfe aber das Vorliegen einer Tat iSv § 95 AufenthG verlangt (vgl. BGHSt 50, 105 (108); BGH NStZ 2000, 657 (659) zu § 92a AuslG aF).

C. Vorsatz

I. Doppelter Anstiftervorsatz

In subjektiver Hinsicht ist zumindest **bedingter Vorsatz** erforderlich (vgl. BGHSt 2, 279 (281); 44, **18** 99 (100) mAnm *Roxin* NStZ 1998, 616). Dieser muss sowohl auf das Hervorrufen des Tatentschlusses, als auch auf die Vollendung der hinreichend konkretisierten Haupttat gerichtet sein (BGHSt 34, 63 (64 f.); 44, 99 (101); Roxin StrafR AT II § 26 Rn. 61), sog doppelter Anstiftervorsatz. Bei **sozialüblichen Verhaltensweisen** (→ § 27 Rn. 15 ff.) ist er besonders sorgfältig festzustellen. Dies gilt im WirtschaftsStR insbes. bei Beratern und anderen Außenstehenden (s. Schönke/Schröder/*Heine/Weißer* Rn. 12 ff. zur Erteilung eines rechtl. Rates; Wabnitz/Janovsky WirtschaftsStR-HdB/*Pelz* Kap. 9 Rn. 44 zur Insolvenzverschleppung bei einer GmbH; *Kudlich* FS Tiedemann, 2008, 221 ff. zur Anstiftung zu § 370 AO durch eine ausländische Sparkasse; *Bülte/Hagemeier* NStZ 2015, 317 (318 ff.) zur möglichen Strafbarkeit ua wegen Anstiftung zu § 266a bei der Vergabe unwirtschaftlicher Aufträge. Die Rspr. nimmt hier häufig nur Beihilfe an, zB bei Auskünften hinsichtlich strafrechtl. relevanter Risiken eines bestimmten Verhaltens (→ § 27 Rn. 4 f.).

II. Bestimmtheit der Haupttat

Der Vorsatz muss sich auf eine bestimmte Haupttat beziehen. Er ist hinreichend konkretisiert, wenn **19** er die Tat zwar nicht in allen Einzelheiten, aber doch in ihren **wesentlichen Grundzügen** umfasst (BGHSt 34, 63 (64 f.); Lackner/Kühl/*Kühl* Rn. 5). Der Anstifter muss ein umrisshaftes Tatbild vor Augen haben, in dem bestimmte Merkmale wie etwa Objekt, Ort, Zeit und Umstände der Tatausführung individualisiert sind (BGHSt 34, 63 (66); 37, 218 mAnm *Puppe* NStZ 1991, 124; *Roxin* JZ 1991, 680). Nicht ausreichend ist idR die bloße Aufforderung zur Begehung von tatbestandlich unbestimmten (RGSt 1, 110 f.) oder nur nach dem gesetzlichen Tatbestand umschriebenen Taten (BGHSt 34, 63 (65); *Roxin* FS Salger, 1995, 129).

20   Dies betr. auch die Person des Anzustiftenden. Daher genügt die Aufforderung an einen unbestimmten Personenkreis nicht (OLG Hamm VRS 26, 105; *Rogall* GA 1979, 12). Etwas anderes gilt, wenn sich die Aufforderung an eine unbestimmte Person aus einem individuell bestimmbaren Personenkreis richtet (wohl hM, s. KG NJW 1991, 2653 (2654 f.); Schönke/Schröder/*Heine/Weißer* Rn. 19; *Geppert* JURA 1997, 359 f.; Krey/Esser StrafR AT Rn. 1052; Roxin StrafR AT II § 26 Rn. 148).

III. Vollendung der Haupttat

21   Der Vorsatz muss auf die Vollendung der Haupttat gerichtet sein. Provozieren V-Personen, ArbG oder private Ermittler (Achenbach/Ransiek/Rönnau WirtschaftsStR-HdB/*Salvenmoser/Schreier* XV Rn. 93 ff.) die Tat mit dem Ziel der Ermittlung des Haupttäters (sog **agent provocateur**), machen sie sich daher idR nicht wegen Anstiftung strafbar (BGH GA 1975, 333; *Deiters* JuS 2006, 304; *Mitsch*, Straflose Provokation strafloser Taten, 1996, 138). Str. ist, ob der Wille des agent provocateur auf die Verhinderung der formellen Vollendung der Tat gerichtet sein muss (so die früher hM, s. RGSt 44, 172 (174)) oder ob es genügt, wenn die materielle Beendigung ausbleiben soll (so OLG Oldenburg NJW 1999, 2751; Schönke/Schröder/*Heine/Weißer* Rn. 21 ff.; Kühl StrafR AT § 20 Rn. 205; Roxin StrafR AT II § 26 Rn. 164; WBS StrafR AT Rn. 820).

22   Umstr. ist, wie sich eine **Tatprovokation** auf die **Strafbarkeit des Haupttäters** auswirkt. Wird eine nicht zur Tat geneigte, unverdächtige Person zu einer Tat veranlasst, so ist das Recht auf ein faires Verfahren aus Art. 6 Abs. 1 EMRK verletzt (BGHSt 45, 321 (323); EGMR NStZ 1999, 47 f.). Die nationalen Behörden sind dann verpflichtet, dies anzuerkennen und eine Wiedergutmachung zu leisten (EGMR NJW 1992, 3088).

Eine unzulässige Tatprovokation liegt auch vor, wenn zwar ein Anfangsverdacht besteht, die Tatprovokation jedoch im Verhältnis zu diesem unvertretbar übergewichtig ist (BGH NStZ 2014, 277 (279); 1984, 78 (79)) oder kein deliktsspezifisches Verhältnis mehr zum Tatverdacht besteht (BGHSt 47, 44 (49)).

Die deutsche Rspr. erkannte bislang in einer unzulässigen Tatprovokation keine Verwirkung des staatlichen Strafanspruchs. Von einzelnen Strafsenaten des BGH vertretene gegenläufige Ansichten zur Annahme eines Verfahrenshindernisses bei erheblicher Einwirkung auf den Täter (2. Strafsenat: BGH NJW 1981, 1626; BGH NStZ 1982, 156; 4. Strafsenat: BGH NStZ 1981, 70 (71)) setzten sich nicht durch (vgl. BGHSt 33, 356 (358)). Nach bisheriger Rspr. sollte lediglich ein Ausgleich iRd Strafzumessung erfolgen (BGHSt 45, 321 (326 ff.)). Str. ist, ob insoweit die neuere Rspr. zur Kompensation überlanger Verfahrensdauer im Wege der Vollstreckungslösung (BGHSt 52, 124 (129)) entsprechend anzuwenden ist (dafür MüKoStPO/*Kölbel* StPO § 163 Rn. 23; abl. NK-StGB/*Streng* § 46 Rn. 91; Schönke/Schröder/*Stree/Kinzig* § 46 Rn. 13). Dieser Ansatz greift aber zumindest mit Blick auf die Entscheidung der Großen Kammer des EGMR in Ramanauskas vs. Litauen zu kurz, nach der schon die Verwendung von Beweisen, die durch eine Tatprovokation erlangt werden, dem Angeklagten das Recht auf ein faires Verfahren vollständig nimmt (EGMR NJW 2009, 3565 (3566) als Konkretisierung von EGMR NStZ 1999, 47 – Teixeira de Castro vs. Portugal). Das BVerfG hält die von deutschen Strafgerichten praktizierte Strafzumessungslösung dennoch für zulässig und will ein Verfahrenshindernis allenfalls in extremen Ausnahmefällen aus dem Rechtsstaatsprinzip herleiten (BVerfG NJW 2015, 1083 (1084 ff.)).

Nachdem der EGMR in Furcht vs. Deutschland nunmehr erstmals unmittelbar über die deutsche Strafzumessungslösung als Wiedergutmachung für eine Verletzung des Rechts auf ein faires Verfahren entschieden und diese für nicht ausreichend befunden hat (EGMR NJW 2015, 3631 (3635)), entwickelt sich die Rspr. des BGH uneinheitlich (hierzu *Kudlich/Jahn* JR 2016, 54). Der 2. Strafsenat hat in der Folge entschieden, dass eine unzulässige rechtstaatswidrige Tatprovokation idR zu einem Verfahrenshindernis führt (BGHSt 60, 276 (299)). Der 1. Strafsenat hält unter Berufung auf die og Entscheidung des BVerfG dagegen an der bisherigen Rechtsprechung fest; allenfalls in extremen Ausnahmefällen soll die Annahme eines Verfahrenshindernisses in Betracht kommen (BGHSt 60, 238 (240 f.)).

23   Auch bei der **Anstiftung zum Versuch** ist der Vorsatz des Anstifters auf Vollendung der Haupttat gerichtet, diese bleibt jedoch im Versuchsstadium stecken. Dass sich Vorsatz und Haupttat in diesem Fall nicht entsprechen, ist unschädlich (vgl. *Geppert* JURA 1997, 302).

IV. Abweichungen zwischen Vorstellung und Ausführung

24   Dem Anstifter wird die Tat nur insoweit zugerechnet, als sie von seinem Vorsatz umfasst war bzw. ein unbeachtlicher Irrtum über den Kausalverlauf vorliegt. Bei Abweichungen zwischen vorgestellter und tatsächlich ausgeführter Haupttat ist entspr. zu differenzieren.

25   **1. Erhebliche und unerhebliche Abweichungen.** Unbeachtlich sind **unerhebliche Abweichungen** bspw. hinsichtlich der Modalitäten der Ausführung, zumal Einzelheiten der Tatbegehung oft nicht vorhersehbar oder vom Anstifter nicht konkret in den Vorsatz aufgenommen sind (Roxin StrafR AT II § 26 Rn. 110). Übersteigt der Ausführende nur das durch die Anstiftung bezeichnete Maß, ohne dass

die Tat hierdurch ein neues Gepräge erhielte, schadet dies ebenfalls nicht, wenngleich sich der geringere Unrechtsgehalt in der Strafzumessung niederschlagen kann.

Wird eine **völlig andere Tat** begangen als die, zu der angestiftet wurde, so haftet der Anstifter nicht 26 für diese (vgl. MüKoStGB/*Joecks* Rn. 63), es sei denn, er hatte (auch) insoweit bedingten Vorsatz (Fischer Rn. 15). Gleiches gilt beim **Exzess des Haupttäters,** vor allem in Form eines Wechsels des Tatobjekts oder des Tatbestandes (Roxin StrafR AT II § 26 Rn. 111 f.). Auch bei einer vom Anstifter nicht gewollten Qualifizierung haftet dieser grds. nur für das Grunddelikt. Bei erfolgsqualifizierten Delikten genügt es gem. § 18 allerdings, wenn der Anstifter hinsichtlich des schwereren Erfolgs fahrlässig gehandelt hat (vgl. BGHSt 2, 223 (225)).

Umgekehrt kommt es dem Anstifter wegen der Akzessorietät der Teilnahme grds. zugute, wenn der 27 Haupttäter **weniger verwirklicht,** als sich der Anstifter vorgestellt hatte (Fischer Rn. 17). Verzichtet der Haupttäter zB auf eine vom Anstifter vorgesehene Qualifikation, kommt nur Anstiftung zum Grunddelikt in Betracht. Hinsichtlich der Qualifikation ist ggf. eine Bestrafung nach § 30 Abs. 1 möglich.

2. Error in persona des Haupttäters. Umstr. sind die Auswirkungen eines error in persona (s. allg. 28 → § 16 Rn. 34) des Haupttäters für den Anstifter (vgl. RGSt 70, 293 (295 f.); BGHSt 37, 214 (217 ff.); Fischer Rn. 14 mwN). Die Rspr. geht davon aus, dass der Irrtum auch für den Anstifter **grds. unbeachtlich** ist. Entscheidend sei, dass der Haupttäter die Tat aufgrund des hervorgerufenen Tatentschlusses begangen habe. Etwas anderes gilt, wenn die Objektsverwechselung durch den Täter für den Anstifter eine wesentliche Abweichung des Kausalverlaufs darstellt (BGHSt 37, 214 (217 ff.)).

Weite Teile der Lit. wollen den Fall hingegen wie ein Fehlgehen der Tat behandeln (*Bemmann* FS 29 Stree/Wessels, 1993, 387; Jescheck/Weigend StrafR AT § 64 II 4). Danach ist die beim Ausführenden unbeachtliche Objektsverwechslung für den Anstifter beachtlich, sodass dieser nur wegen versuchter Anstiftung zu der geplanten und wegen fahrlässiger Beteiligung an der verwirklichten Tat bestraft werden kann. Als vermittelnde Position lässt sich darauf abstellen, ob sich der Haupttäter iRd Vorgaben des Anstifters zur Identifizierung des Opfers gehalten hat (Lackner/Kühl/*Kühl* Rn. 6; *Stratenwerth* FS Baumann, 1992, 57).

D. Sonstiges
I. Abgrenzung und besondere Formen

Die Abgrenzung zur Täterschaft erfolgt nach den allg. Kriterien (→ § 25 Rn. 2 ff.; zur Mittäterschaft 30 BGH NStZ 2009, 25 (26)). In Fällen **vertikaler Organisationsherrschaft** stellt die Verschiebung von Verantwortung durch Delegation nach unten idR Täterschaft dar (→ § 25 Rn. 15 f.). Fehlt einem Hintermann ein strafbegründendes **besonderes persönliches Merkmal** (§ 28 Abs. 1), kommt nur Teilnahme in Frage (vgl. etwa LG Flensburg 24.8.2006 – I KLs 3/06; allg. → § 25 Rn. 24 ff.). Steht ein faktischer Geschäftsführer neben einem eingetragenen, so trifft ihn die insolvenzstrafrechtl. Verantwortlichkeit nicht, solange seine Stellung nicht ein Übergewicht bzw. überragenden Einfluss aufweist (BGHSt 31, 118 (121 f.)). Ebenso wie für Gesellschafter oder sonstige einflussnehmenden Dritte kommt aber Teilnahme in Betracht (Wabnitz/Janovsky WirtschaftsStR-HdB/*Pelz* Kap. 9 Rn. 326 ff.). Fehlt einem Außenstehenden die Tatherrschaft bzgl. § 283d, so kommt immer noch Teilnahme an § 283 in Betracht (Wabnitz/Janovsky WirtschaftsStR-HdB/*Pelz* Kap. 9 Rn. 211).

Besonders relevant ist die Abgrenzung zur **mittelbaren Täterschaft.** Wird bei dem Tatnäheren ein 31 Irrtum erzeugt (BGHSt 35, 347 ff.) oder mittels Drohung auf ihn eingewirkt, so kommt unterhalb der Schwelle des § 35 Anstiftung in Betracht (→ § 25 Rn. 41, 49; vgl. auch BGH NStZ 2003, 312 (313)).

Anstiftung ist auch gemeinschaftlich (sog **Mitanstiftung**) möglich, wenn mehrere Personen durch 32 Zusammenwirken den Tatentschluss hervorrufen (LK-StGB/*Schünemann* Rn. 97 ff.). Anstiftung in **„Nebentäterschaft"** liegt vor, wenn mehrere Personen voneinander unabhängig den Täter bestimmen. Möglich ist auch eine **mittelbare Anstiftung,** selbst wenn der Hintermann seine objektiv bestehende Tatherrschaft bzgl. der Mittelsperson nicht kennt (BGHSt 8, 137 (138 f.) mAnm *Gallas* JR 1956, 226). Anstiftung zur Beihilfe und Beihilfe zur Anstiftung werden als Beihilfe zur Haupttat behandelt.

Kann ein Tatbestand notwendiger Weise nur durch das Zusammenwirken Mehrerer verwirklicht 33 werden **(notwendige Teilnahme),** kann die Strafbarkeit auf einzelne Beteiligte beschränkt sein (Schönke/Schröder/*Heine/Weißer* Vorb. zu §§ 25 ff. Rn. 41 ff.). Bei Begegnungsdelikten sind idR notwendige Teilnehmer straflos, die das notwendige Maß der Mitwirkung nicht überschreiten (BGHSt 10, 386 (387); 19, 107 f.). Eine weitergehende Straflosigkeit kommt für solche Teilnehmer in Frage, die vom Gesetz gerade geschützt werden (Lackner/Kühl/*Kühl* Vor § 25 Rn. 12), wie zB der Kreditnehmer, der beim Zustandekommen eines wucherischen Kreditvertrags mitwirkt und dadurch zur Erfüllung des Tatbestands des § 291 beiträgt (Müller-Gugenberger WirtschaftsStR/*Häcker* § 19 Rn. 26).

Ob die (notwendige) Teilnahme zu ahnden ist, muss im Einzelfall anhand des Strafzwecks der 34 jeweiligen Norm geprüft werden (Lackner/Kühl/*Kühl* Vor § 25 Rn. 12; Müller-Gugenberger WirtschaftsStR/*Häcker* § 19 Rn. 29; vgl. auch MGZ/*Renzikowski* StrafR AT § 50 Rn. 93 ff.). Bei § 283c bspw. ist der Gläubiger grds. straflos, wenn er die Leistung bloß an- oder entgegennimmt. Anstiftung ist nach hM aber gegeben, wenn von ihm die Initiative zur bevorzugten Sicherung oder Befriedigung ausgeht (BGH NJW 1993, 1278 (1279); Wabnitz/Janovsky WirtschaftsStR-HdB/*Pelz* Kap. 9 Rn. 203; LK-StGB/*Tiedemann* § 283c Rn. 38).

II. Konkurrenzen und Strafe

35 Für die Beurteilung der Konkurrenzen ist auf die **Handlungen des Anstifters** abzustellen. Zwischen einer Anstiftung zur schweren Brandstiftung und versuchtem (Versicherungs-)Betrug besteht zB Tatmehrheit (BGH NStZ-RR 2004, 366 (367)).

Bei verschiedenen Beteiligungsformen tritt die leichtere hinter der schweren als subsidiär zurück, sodass Beihilfe gegenüber der Anstiftung (BGHSt 4, 244 (248)) und die Anstiftung gegenüber allen Formen der Täterschaft subsidiär ist. Stellt sich der Anstifter falsche qualifizierende Merkmale vor, kann Tateinheit zwischen vollendeter und versuchter Anstiftung vorliegen (vgl. BGHSt 50, 1 (10) zu Mordmerkmalen).

36 Der Anstifter ist gem. § 26 nach dem **Strafrahmen des Täters** zu bestrafen. Daher kommt bei nur versuchter Haupttat auch die Milderung der Strafe des Anstifters nach § 23 Abs. 2 in Betracht. Besondere persönliche Strafmilderungen oder in der Person des Täters liegende Strafbefreiungsgründe kommen dem Anstifter nicht zugute. Bei echten Amts- oder Sonderdelikten findet § 28 Abs. 1 Anwendung. Regelmäßige Auswirkungen der Anstiftungshandlung dürfen wegen § 46 Abs. 3 nicht strafschärfend berücksichtigt werden (BGH NJW 2014, 1403).

§ 27 Beihilfe

(1) Als Gehilfe wird bestraft, wer vorsätzlich einem anderen zu dessen vorsätzlich begangener rechtswidriger Tat Hilfe geleistet hat.

(2) ¹Die Strafe für den Gehilfen richtet sich nach der Strafdrohung für den Täter. ²Sie ist nach § 49 Abs. 1 zu mildern.

Literatur: *Amelung,* Die „Neutralisierung" geschäftsmäßiger Beiträge zu fremden Straftaten im Rahmen des Beihilfetatbestands, FS Grünwald, 1999, 9; *Baumgarte,* Die Strafbarkeit von Rechtsanwälten und anderen Beratern wegen unterlassener Konkursanmeldung, wistra 1992, 41; *Behr,* Die Strafbarkeit von Bankmitarbeitern als Steuerhinterziehungsgehilfen bei Vermögenstransfers ins Ausland, wistra 1999, 245; *Brammsen/Cefinato,* Doppelte Strafmilderung für Bankrottgehilfen?, NZI 2013, 619; *v. Briel,* Strafbarkeitsrisiko des beratenden Rechtsanwalts, StraFo 1997, 71; *Burkhard,* Beihilfe zur Steuerhinterziehung durch Belegverkäufe über eBay, PStR 2004, 164; *Charalambakis,* Zur Problematik der psychischen Beihilfe, FS Roxin, 2001, 625; *Dannecker/Dannecker,* Die „Verteilung" der strafrechtlichen Geschäftsherrenhaftung im Unternehmen, JZ 2010, 981; *Frisch,* Beihilfe durch neutrale Handlungen, FS Lüderssen, 2002, 539; *Gaede/Leydecker,* Subventionsbetrug mit Hilfe der Kurzarbeit im Schatten der globalen Finanzmarktkrise, NJW 2009, 3542; *Geuenich,* Österreichische und liechtensteinische Berater als Beitragstäter deutscher Steuerdelikte – Riskante Hilfe über die Grenze?, in *Gröhns/Kotschnigg,* Wirtschafts- und Finanzstrafrecht in der Praxis, Bd. 3 2009, 37; *Greco,* Strafbarkeit der berufsbedingten bzw. neutralen Beihilfe erst bei hoher Wahrscheinlichkeit der Haupttat?, wistra 2015, 1; *Grötsch,* Gefährdung des laufenden Steuermandats durch „Amnestie-Beratung", PStR 2004, 76; *Harzer/Vogt,* „Mitarbeit" von Banken an Steuerhinterziehungen: Ein Problem der Beihilfekausalität, StraFo 2000, 39; *Hassemer,* Professionelle Adäquanz, wistra 1995, 41, 81; *Heghmanns,* Überlegungen zum Unrecht von Beihilfe und Anstiftung, GA 2000, 473; *Herzberg,* Anstiftung und Beihilfe als Straftatbestände, GA 1971, 1; *Holthausen,* Zum Tatbestand des Förderns in den neuen Strafvorschriften des Kriegswaffenkontrollgesetzes (§§ 16–21 KWKG), NJW 1991, 203; *Kindhäuser,* Zum Begriff der Beihilfe, FS Otto, 2007, 355; *Kindshofer/Wegner,* Zum maßgeblichen Tatzeitpunkt bei der Beihilfe zur Steuerhinterziehung, PStR 2005, 55; *Krüger,* Beteiligung durch Unterlassen an fremden Straftaten – Überlegungen aus Anlass des Urteils zum Compliance Officer, ZIS 2011, 1; *Krumdiek,* Unerlaubtes Handeltreiben mit Betäubungsmitteln – Abgrenzung der vollendeten zur versuchten (straflosen) Beihilfehandlung, StV 2009, 385; *Kubiciel,* Strafbarkeitsrisiken für Softwareproduzenten – Die Programmierung einer Internettauschbörse als Beihilfehandlung, wistra 2012, 453; *Kudlich,* Die Unterstützung fremder Straftaten durch berufsbedingtes Verhalten, 2004; *Kühn,* Vollstreckungsvereitelung – die unbekannte Beraterfalle?, NJW 2009, 3610; *Leplow,* Doppelte Strafmilderung beim Gehilfen?, PStR 2007, 208; *Lesch,* Zur Beihilfe zur Steuerhinterziehung, JR 2001, 383; *Löwe-Krahl,* Beteiligung von Bankangestellten an Steuerhinterziehungen ihrer Kunden – die Tatbestandsmäßigkeit berufstypischer Handlungen, wistra 1995, 201; *Martin,* Beihilfe zur Anstiftung, DRiZ 1955, 290; *Meyer-Arndt,* Beihilfe durch neutrale Handlungen, wistra 1989, 281; *Momsen/Christmann,* Untreue im Fall des Lastschriftwiderrufs durch den Insolvenzverwalter – Potenzielle Strafbarkeitsrisiken für die Beteiligten, NZI 2010, 121; *Müller, J. R.,* Die steuerstraf- und bußgeldrechtliche Verantwortung des Steuerberaters, StBp 2009, 299; *Müller, K.,* Beihilfe durch wirtschaftliches Handeln, FS Schreiber, 2003, 343; *Murmann,* Zum Tatbestand der Beihilfe, JuS 1999, 548; *Otto,* Das Strafbarkeitsrisiko berufstypischen, geschäftsmäßigen Verhaltens, JZ 2001, 436; *Podewils/Hellinger,* Strafrechtliche Risiken für steuerliche Berater, DStZ 2013, 660; *Ransiek,* Pflichtwidrigkeit und Beihilfeunrecht, wistra 1997, 41; *ders.,* Die Information der Kunden über strafprozessuale und steuerrechtliche Ermittlungsmaßnahmen bei Kreditinstituten, wistra 1999, 401; *Rönnau/Schneider,* Der Compliance-Beauftragte als strafrechtlicher Garant, ZIP 2010, 53; *Roxin,* Was ist Beihilfe?, FS Miyazawa, 1995, 501; *Sahan/Ruhmannseder,* Steuerstrafrechtliche Risiken für Banken und ihre Mitarbeiter bei Kapitaltransfers in die Schweiz, IStR 2009, 715; *Samson/Langrock,* Beihilfe zur Steuerhinterziehung durch „Schwarzverkäufe"?, wistra 2007, 161; *Samson/Schillhorn,* Beihilfe zur Steuerhinterziehung durch anonymisierten Kapitaltransfer?, wistra 2001, 1; *Schaffstein,* Die Risikoerhöhungslehre als objektives Zurechnungsprinzip im Strafrecht, insbes bei Beihilfe, FS Honig, 1970, 169; *Schröder,* Die berufstypische Beihilfe im Strafprozess: Methodisches zur Feststellung erkennbarer Tatgeneigtheit, FS Geppert, 2011,

633; *Sieja,* Strafrechtliche Beteiligung des steuerlichen Beraters an Steuerdelikten und Sicherungsinstrumente in der Steuerberatungspraxis, DStR 2012, 991; *Silva Sanchez,* Zur Beteiligung von Notaren an Vermögens- und Wirtschaftsstraftaten, FS Tiedemann, 2008, 237; *Stoffers/Landowski,* Verjährung der Beihilfe zur Steuerhinterziehung, StraFo 2005, 228; *Tag,* Beihilfe durch neutrales Verhalten, JR 1997, 49; *Wegner,* Haftung eines Großhändlers wegen Beihilfe zur Steuerhinterziehung, PStR 2004, 151; *Weigend,* Grenzen strafbarer Beihilfe, FS Nishihara, 1998, 197; *Welz,* Zum Verhältnis von Anstiftung und Beihilfe, 2010; *Wenzel,* Anstiftung und Beihilfe im Steuerstrafrecht, sj 2009, 18; *Werner,* Dürfen Unternehmen Verfahrenskosten, Geldstrafen etc. ihrer Mitarbeiter übernehmen?, PStR 2004, 282; *Wessing,* Strafbarkeitsgefährdungen für Berater, NJW 2003, 2265; *Wohlers,* Hilfeleistung und erlaubtes Risiko – zur Einschränkung der Strafbarkeit gem § 27 StGB, BGH NStZ 2000, 169; *Wollweber,* Zur Garantenstellung eines Polizeibeamten, der außerdienstlich Kenntnis von einer Straftat erlangt, wistra 2000, 338; *Wybitul,* Strafbarkeitsrisiken für Compliance-Verantwortliche, BB 2009, 2590.

A. Hilfeleisten

Beihilfe ist die vorsätzliche Unterstützung einer fremden, vorsätzlich begangenen rechtswidrigen Tat **1** (Schönke/Schröder/*Heine/Weißer* Rn. 1; zur Abgrenzung zur Täterschaft → Rn. 37). Verselbstständigte Beihilfedelikte finden sich zB in den §§ 206 Abs. 2 Nr. 3, 328 Abs. 2 Nr. 4 und § 357 Abs. 1, §§ 19 Abs. 1 Nr. 2, 20 Abs. 1 Nr. 2, 20a Abs. 1 Nr. 3 KWKG (dazu *Holthausen* NJW 1991, 203 f.) sowie in § 96 AufenthG (→ § 26 Rn. 17).

I. Voraussetzungen und Formen

1. Förderung der Haupttat. Hilfeleisten ist jede Handlung, die die Herbeiführung des Taterfolgs **2** durch den Haupttäter **physisch oder psychisch fördert, dh sie ermöglicht oder erleichtert oder die Rechtsgutsverletzung verstärkt** (stRspr, BGHSt 42, 135 (136); 46, 107 (109); BGH NStZ 1985, 318).

a) Anforderungen. Es muss eine für den Täter vorteilhafte Veränderung der (Tat-)Bedingungen geschaffen werden; auf das Gewicht des Beitrages kommt es nicht an (BGH NJW 2007, 384 (388 f.); *Fischer* Rn. 10, 14). Das Merkmal ist damit weiter auszulegen als in § 257 (Schönke/Schröder/*Heine/ Weißer* Rn. 14). Der Gehilfe unterstützt lediglich die Tat eines anderen, der selbst mit Tatherrschaft bzw. Täterwillen handelt (*Fischer* Rn. 2). Eine Willensübereinstimmung zwischen Täter und Gehilfen ist nicht erforderlich. Beihilfe kann daher auch vorliegen, wenn der Täter von der Hilfeleistung keine Kenntnis hat (Schönke/Schröder/*Heine/Weißer* Rn. 14; MüKoStGB/*Joecks* Rn. 1; *Roxin* FS Miyazawa, 1995, 511; aA *Heghmanns* GA 2000, 479).

b) Einzelne Delikte und Fallgruppen. IE liegt Beihilfe zu § 266a vor, wenn ein ArbN einver- **3** nehmlich Schwarzlohn entgegennimmt. Unternehmer können sich bei ausländischen ArbN wegen Beihilfe zum **illegalen Aufenthalt** strafbar machen (s. Krekeler/Werner Unternehmer Rn. 681 f., 698 ff.). Die bloße Beschäftigung eines ArbN, der **Sozialleistungen** bezieht, stellt indes keine Beihilfe zum Betrug dar, da die Tat hierdurch nicht gefördert wird (Wabnitz/Janovsky WirtschaftsStR-HdB/ *Richtarsky* Kap. 19 Rn. 91). Ebenso begründet die bloße **Veröffentlichung eines Dienstgeheimnisses** iSd § 353b im Hinblick auf Art. 5 Abs. 1 S. 2 GG keinen hinreichenden Verdacht der Beihilfe zum Geheimnisverrat (BVerfGE 117, 244 (258 ff.)). Die alleinige Duldung der Lagerung von **BtM** durch einen Untermieter begründet keine Beihilfestrafbarkeit des Untervermieters (BGH NStZ-RR 2009, 184; s. aber zur eigenen Wohnung BGH NStZ 2014, 164). Bei § 264a kommt Beihilfe bereits in Frage, wenn der Beteiligte ohne Tatherrschaft beim Vertrieb der Prospekte oder bei der Konzeption mitgewirkt hat (Achenbach/Ransiek/Rönnau WirtschaftsStR-HdB/*Joecks* Teil 10 Kap. 1 Rn. 91; HK-KapM-StrafR/*Park* § 264a Rn. 222 f.). ArbN können sich auf verschiedene Weise wegen Beihilfe zum Betrug bei der **Beantragung von Kurzarbeit** strafbar machen (*Gaede/Leydecker* NJW 2009, 3544 f.).

Gerade im WirtschaftsStR kann Beihilfe durch **berufliches Verhalten** (ausführlich dazu **4** → Rn. 15 ff.) und insbes. durch **Beratung** erfolgen (s. *Wessing* NJW 2003, 2265 ff.; → § 26 Rn. 2, 18; allg. zu RAen *v. Briel* StraFo 1997, 71 ff.; *Kudlich,* Die Unterstützung fremder Straftaten durch berufsbedingtes Verhalten, 2004, 476; zu Steuerberatern *Müller* StBp 2009, 299 ff.; *Podewils/Hellinger* DStZ 2013, 660 ff.; *Sieja* DStR 2012, 991 ff.; *Wenzel* sj 2009, 18 ff.; Weyand/Diversy Insolvenzdelikte Rn. 203 ff.). Ein RA, der sachlich richtige und sprachlich klare Broschüren zur Kundenwerbung für ein betrügerisches Unternehmen erstellt, fördert objektiv den Betrug gegenüber den geworbenen Kunden (BGH NStZ 2000, 34; zum Vorsatz → Rn. 18).

Wegen Beihilfe zur **Steuerhinterziehung** kann sich strafbar machen (detailliert JJR/*Joecks* AO § 370 **5** Rn. 520 ff.), wer steuerrelevante aktuelle Belege (Tankquittungen etc) veräußert (*Burkhard* PStR 2004, 166), Software zur Manipulation von Kassenabrechnungen vertreibt (FG RhPf NZWiSt 2015, 154 (158 f.)) oder eine GmbH zur Verfügung stellt, die zum Schein für andere als auftragnehmende Baufirma auftritt (BGH NStZ 2013, 587 (588)). Gleiches gilt für den, der geschätzte Umsätze des Haupttäters trotz des bekannten Umstandes, dass ordnungsgemäße Einnahmenaufzeichnungen nicht vorliegen, in die USt-Voranmeldungen und USt-Erklärungen übernimmt (FG Münster EFG 2007, 488). Beihilfe zur ESt-Hinterziehung durch den ArbG kann vorliegen, wenn durch den Abschluss eines Scheinvertrages eine Gehaltszahlung an den Gehaltsempfänger verschleiert werden soll (BGH NStZ 2002, 485 (486) mAnm *Cramer/Hund* JR 2002, 514). Hingegen macht sich der Ehepartner, der die ESt-Erklärung des anderen Ehepartners lediglich unterschreibt, nicht ohne weiteres wegen Beihilfe strafbar (BGH 17.4.2008 – 5 StR 547/07 (insoweit nicht abgedruckt in NStZ 2009, 157 ff.) mAnm *Wulf* Stbg 2009, 165 ff.; BFHE 198, 66). Bei Steuerhinterziehung kann sich der Geschäftsführer wegen Beihilfe strafbar, wenn er sein privates Girokonto für Zahlungseingänge in erheblichem Umfang zur Verfügung stellt (FG München BeckRS 2009, 26027873).

Wer an der Entstehung eines Besteuerungstatbestandes mitwirkt, soll nicht wegen Beihilfe strafbar sein, da er damit nur an der Entstehung des zu schützenden Rechtsgutes beteiligt ist (*Amelung* FS Grünwald, 1999, 22). Anderes gilt, wenn das ganze Unternehmen ausschl. darauf zielt, einen Gewinn durch Steuerhinterziehung zu erreichen (BGH wistra 1988, 261).

6   **c) Versuch.** Die Hilfeleistung muss zur Vollendung gelangen. Der **Versuch der Beihilfe** ist im Gegensatz zur Beihilfe zum Versuch und den von § 30 erfassten Fällen der versuchten Anstiftung straflos. Dies gilt auch, wenn die Haupttat bereits endgültig gescheitert ist und die Handlungen des Gehilfen deshalb untaugliche Bemühungen darstellen, denen jegliche Eignung zur Förderung der Haupttat fehlt bzw. die erkennbar nutzlos für deren Gelingen sind (BGH NJW 2008, 1460 (1461)).

Wann die **Vollendung** der Gehilfentätigkeit eintritt, bestimmt sich nicht nach der Vollendung der Haupttat, sondern ist für jeden Teilnehmer gesondert zu prüfen (BGH NJW 2008, 1460 (1461)).

7   **2. Psychische Beihilfe.** Das Hilfeleisten kann auch durch eine bloß **mentale bzw. geistige Unterstützung** des Täters erfolgen, die mitunter schwer zur Anstiftung abzugrenzen ist (hierzu *Welz,* Zum Verhältnis von Anstiftung und Beihilfe, 2010, 117 ff.).

a) Anforderungen. Psychische Beihilfe liegt idR vor, wenn der Täter bei der Tatausführung beraten wird, sofern es sich um konkrete ("technische") Ratschläge handelt, die sich in der Tat auswirken (Schönke/Schröder/*Heine/Weißer* Rn. 15; Roxin StrafR AT II § 26 Rn. 198; Stratenwerth/Kuhlen StrafR AT § 12 Rn. 159; vgl. auch die Fallgruppen bei *Charalambakis* FS Roxin, 2001, 634 ff.; zu § 95 Abs. 1 Nr. 2 AufenthG Achenbach/Ransiek/Rönnau WirtschaftsStR-HdB/*Mosbacher* Teil 12 Kap. 5 Rn. 144).

Nach der Rspr. soll es aber auch ausreichen, wenn der Täter in seinem Tatentschluss bestärkt wird, zB durch das Vermitteln eines subjektiven Eindrucks der Sicherheit (stRspr, s. etwa BGHR StGB § 27 Abs. 1 Hilfeleisten 8; BGH NStZ 1999, 609 (610); BayObLG NStZ 1999, 627; OLG Karlsruhe NStZ 1985, 78; OLG Naumburg NJW 2001, 2034). Genügen kann etwa die Zusage, den Täter bei der späteren Tatausführung oder -verdeckung zu unterstützen (BGH NStZ 1993, 535; Fischer Rn. 11; krit. *Krumdiek* StV 2009, 387) oder als Hehler tätig zu werden (BGHSt 8, 390 (392); BGH NStZ 2003, 32 (33 f.)). Bei neutralen Handlungen wird die Möglichkeit psychischer Beihilfe zT generell abgelehnt (*Meyer-Arndt* wistra 1989, 285).

8   **b) Abgrenzung zum straflosen Verhalten.** Insbes. bei der Fallgruppe der bloßen Bestärkung des Tatentschlusses ist die Grenze zwischen noch straflosem Verhalten und psychischer Beihilfe fließend. Für die **Abgrenzung** sind zumindest **besondere Feststellungen** notwendig (BGH NStZ 2012, 316 (316 f.)). Die bloße Anwesenheit bei der Tat sowie deren Duldung reichen grds. nicht aus, selbst wenn der Anwesende einen Teil der Beute erhält (BGH NStZ 1995, 490 (491); BGH wistra 2004, 180; OLG Düsseldorf NStZ-RR 2005, 336; MüKoStGB/*Joecks* Rn. 41; Roxin StrafR AT II § 26 Rn. 205; s. aber auch Fischer Rn. 12). Ansonsten würde ein Unterlassen ohne Garantenpflicht unter Strafe gestellt (BGH StV 1993, 25; 1993, 28 (29); BGH NStZ 1999, 451; MüKoStGB/*Joecks* Rn. 42; *Roxin* FS Miyazawa, 1995, 507 f.). Erforderlich sind vielmehr konkrete Anhaltspunkte dafür, dass sich der Beitrag des Gehilfen tatsächlich auf die Haupttat ausgewirkt hat und der Gehilfe sich dessen bewusst war (BGHSt 46, 107 (115); BGH NStZ 1993, 233; 1996, 563 (564); 2014, 351 (352)). Hieran kann es insbes. bei einem bereits fest zur Tat entschlossenen Täter fehlen (BGH NJW 1951, 451; *Murmann* JuS 1999, 552; *Weigend* FS Nishihara, 1998, 209) oder wenn der Gehilfe sich vollständig passiv verhalten hat (s. Schönke/Schröder/*Heine/Weißer* Rn. 15).

9   Ausreichen kann danach eine auch nur konkludent erklärte Billigung der Tat, wenn dies den Tatentschluss bestärkt (BGH NStZ 1995, 490 (491)). Dies gilt aber grds. nicht für Zusagen eines iErg völlig nutzlosen Gehilfenbeitrags, denn die Umdeutung der darin liegenden Billigung der Tat in eine vollendete psychische Beihilfe würde die Wertung des Gesetzgebers unterlaufen (BGH NJW 2008, 1460 (1461)). Genügen kann es, wenn sich ein RA über eine in Aussicht gestellte uneidliche Falschaussage erfreut zeigt (vgl. BGH NJW 2009, 2690 (2694)). Dem BFH zufolge soll es bei der Steuerhinterziehung ausreichen, dass der Schwarzgeschäfte tätigende Haupttäter aufgrund der Rechnungslegungs- und Buchführungspraxis des Gehilfen annehmen kann, in der Buchführung nicht aufzutauchen (BFHE 205, 394; krit. *Samson/Langrock* wistra 2007, 161; s. auch *Wegner* PStR 2004, 151 f.).

10   **3. Hilfeleisten durch Unterlassen.** Das Hilfeleisten kann auch durch zielgerichtetes Unterlassen verwirklicht werden, sofern eine Rechtspflicht zum Tätigwerden besteht (BGH StV 1993, 25; 1993, 28 (29); Fischer Rn. 10, 13a; Gropp StrafR AT § 10 Rn. 312 f.; Jescheck/Weigend StrafR AT § 64 III 5;

zu Rechtspflichten von Notaren *Silva Sanchez* FS Tiedemann, 2008, 241 (248); zur Abgrenzung von der Täterschaft durch Unterlassen → § 25 Rn. 93). Zur Ermittlung der Garantenstellung kann auf die Grundsätze zur täterschaftlichen Begehung von unechten Unterlassungsdelikten zurückgegriffen werden (BGH NStZ 1985, 24; Schönke/Schröder/*Heine/Weißer* Rn. 19; → § 13 Rn. 24 ff.).

Danach können sich bspw. **Compliance Officer** oder Leiter einer **Innenrevision** wegen Beihilfe **11** durch Unterlassen strafbar machen, wenn sie betriebsbezogene Straftaten anderer Mitarbeiter nicht unterbinden (→ § 13 Rn. 44 f.). Die Rspr. leitet die Garantenpflicht dabei aus dem Gesichtspunkt der Übernahme von Überwachungs- und Schutzpflichten her; sie soll Compliance Officer im Regelfall, Leiter einer Innenrevision hingegen nur bei Vorliegen besonderer Umstände treffen (BGHSt 54, 44 (47 ff.); dazu *Dannecker/Dannecker* JZ 2010, 981 ff.; *Krüger* ZIS, 2011, 1 ff.; *Rönnau/Schneider* ZIP 2010, 53 ff.; *Wybitul* BB 2009, 2590 ff.; s. auch BGHSt 57, 42). Für **Amtsträger**, die **außerdienstlich von Straftaten Kenntnis** erlangen, kommt eine Strafbarkeit wegen Beihilfe in Betracht, wenn die Taten während der Dienstausübung fortwirken. Es ist nicht zwingend erforderlich, dass eine Katalogtat des § 138 vorliegt; ausreichen können bspw. auch schwere Vermögensstraftaten mit hohem wirtschaftlichem Schaden oder besonderem Unrechtsgehalt (BGH NStZ 2000, 147; krit. *Wollweber* wistra 2000, 338 f.).

4. Kausalitätserfordernis. Nach stRspr muss die Beihilfehandlung nicht iSd conditio sine qua non- **12** Formel kausal für den Tat*erfolg* sein, sondern nur die **Tat***handlung* in irgendeiner Form **fördern oder erleichtern** (BGHSt 46, 107 (109); BGH NStZ 1983, 462; 1996, 488; 2004, 499 (500); 2008, 284; BGH NJW 2007, 384 (388 f.)). Letztere darf daher noch nicht endgültig gescheitert sein (→ Rn. 6). Andererseits spielt es danach keine Rolle, wenn der Haupttäter auch ungeachtet der Hilfeleistung zur (Fortsetzung der) Haupttat entschlossen ist (BGHSt 54, 140; OLG Köln NStZ-RR 2003, 184 f.; OLG Frankfurt a. M. NStZ-RR 2005, 184 (186); diff. Achenbach/Ransiek/Rönnau WirtschaftsStR-HdB/ *Mosbacher* Teil 12 Kap. 5 Rn. 146).

Dies ist begrifflich insoweit zweifelhaft, als vor allem ein Fördern kaum vorstellbar ist, das nicht für **13** den Taterfolg zumindest in seiner ganz *konkreten Gestalt* auch kausal würde. Zudem führt der Verzicht auf das Kausalitätserfordernis zu Problemen bei der Abgrenzung zwischen vollendeter und strafloser versuchter Beihilfe (vgl. zu BtM-Delikten *Krumdiek* StV 2009, 385 ff.). Weite Teile der **Lit.** verlangen daher eine Kausalität für den Taterfolg (Fischer Rn. 14a; Lackner/Kühl/*Kühl* Rn. 2; Roxin StrafR AT II § 26 Rn. 184 mwN; Schönke/Schröder/*Heine/Weißer* Rn. 6 f.; *Hassemer* wistra 1995, 42; zur Mitwirkung von Banken an Steuerhinterziehungen *Harzer/Vogt* StraFo 2000, 39 ff.). Andere lassen eine Erhöhung des Risikos des Erfolgseintritts durch den Tatbeitrag des Gehilfen genügen (sog Risikoerhöhungslehre; *Herzberg* GA 1971, 4 ff.; *Müller* FS Schreiber, 2003, 354; *Schaffstein* FS Honig, 1970, 179 (184); *Weigend* FS Nishihara, 1998, 207 f.).

IdR führen die verschiedenen Ansichten zu vergleichbaren Ergebnissen, zumal der BGH Kausalitäts- **14** fragen ggf. im Zusammenhang mit Zurechnungsproblemen behandelt (Fischer Rn. 14b mit Verweis auf BGH NStZ 2007, 230 (232)). Vermag zB ein rechtl. Hinweis eines RA allenfalls zu einer Verringerung eines etwaigen Betrugsschadens bei dem Kunden seines Klienten beizutragen, so kann in der rechtl. Beratung durch den RA keine Beihilfe zum Betrug erblickt werden (OLG Stuttgart NJW 1979, 2573). In jedem Fall unbeachtlich für die Kausalität ist das Gewicht des Tatbeitrags (→ Rn. 2; anders bei der Strafzumessung, → Rn. 43).

II. Berufstypisches Verhalten, neutrale Handlungen

Problematisch gestaltet sich die Bewertung von neutralen und insbes. von berufstypischen Verhaltens- **15** weisen als strafbare Beihilfe (ausführlich *Frisch* FS Lüderssen, 2002, 539 ff.; *Otto* JZ 2001, 436 ff.; LK-StGB/*Schünemann* Rn. 17 ff.; *Tag* JR 1997, 49 ff.). Dies betr. im WirtschaftsStR insbes. Berater und vergleichbare Außenstehende (→ Rn. 4; zum SteuerStrafR *JJR/Joecks* AO § 370 Rn. 514 ff.; zur Insolvenzverschleppung *Baumgarte* wistra 1992, 41 ff.; zu § 288 *Kühn* NJW 2009, 3611 f.; zum Personen- und Gütertransport *Kudlich,* Die Unterstützung fremder Straftaten durch berufsbedingtes Verhalten, 2004, 473; zum Druckgewerbe *Kudlich,* Die Unterstützung fremder Straftaten durch berufsbedingtes Verhalten, 2004, 497 ff.; zur Strafbarkeit im Zusammenhang mit Internet-Providing *Kudlich,* Die Unterstützung fremder Straftaten durch berufsbedingtes Verhalten, 2004, 501 ff.).

1. Position der Rspr. Die Rspr. nimmt keine generelle Abgrenzung zwischen strafbarem und **16** straflosem Verhalten vor, sondern geht **einzelfallbezogen** mit einem Schwerpunkt auf dem **subjektiven Tatbestand** vor (so auch Teile der Lit., s. *Baumgarte* wistra 1992, 43; krit. *Lesch* JR 2001, 383; *Kindhäuser* FS Otto, 2007, 359; *Müller* FS Schreiber, 2003, 347; MAH WirtschaftsStR/*Kämpfer/Kämpfer* § 3 Rn. 107 f.; s. auch → Rn. 31 ff. zum Vorsatz). Dabei geht sie von dem Grundsatz aus, dass weder Alltagshandlungen noch berufstypische Handlungen in jedem Fall neutral sind (BGHSt 46, 107 (113) mit Darstellung des Streitstandes). Sie sollen ihren „Alltagscharakter" verlieren, wenn der Hilfeleistende weiß, dass das Handeln des Haupttäters ausschl. auf die Begehung einer Straftat gerichtet ist, weil dann eine Solidarisierung mit dem Täter stattfinde (BGH NStZ-RR 1999, 184 (186); BGH NStZ 2000, 34; 2001, 364 (365); BGH wistra 2000, 459 (460)). Bei fehlender positiver Kenntnis soll die Schwelle zur Strafbarkeit erst überschritten sein, wenn es angesichts der Umstände aus der Sicht des Hilfeleistenden

„sehr wahrscheinlich" ist, dass das Tun der Haupttäter auf die Begehung von Straftaten gerichtet ist (BGH wistra 2014, 176 (178 ff.); krit. *Greco* wistra 2015, 1 ff.).

17   So kann etwa der an sich neutrale Hinweis, an welche Institutionen sich ein Kunde zwecks Geldtransfer und -anlage in der Schweiz wenden kann, bei Schwarzgeldempfängern seinen Alltagscharakter verlieren (BGH NStZ 2004, 41 (43)). Beihilfe zur Untreue eines Geschäftsführers durch einen **RA** kann vorliegen, wenn dieser aufgrund der Häufung von verdachtsbegründenden Umständen das strafbare Gesamtsystem erkannt hat (BGH wistra 2003, 259). Für Steuerberater können sich entspr. Probleme im Zusammenhang mit Mandanten ergeben, die ihnen gegenüber offenbaren, Erträge nicht versteuert zu haben (s. iE *Grötsch* PStR 2004, 76 f.). Bei Notaren sind Belehrungspflichten bei ungleichwertigen Geschäften und die Beurkundung von Scheingeschäften von besonderer Relevanz (*Silva Sanchez* FS Tiedemann, 2008, 237 ff. (247, 249 f.)).

18   Nicht ausreichend ist es, wenn der Hilfeleistende es **lediglich für möglich hält,** dass sein Beitrag zur Begehung einer Straftat genutzt wird (BGHSt 46, 107 (112); BGH wistra 2014, 176 (178); *Meyer-Arndt* wistra 1989, 287; aA *Müller* FS Schreiber, 2003, 355). Etwas anderes soll aber gelten, wenn das Risiko strafbaren Verhaltens des Haupttäters äußerst hoch ist, der Hilfeleistende dies erkennt, und er daher die **Unterstützung eines erkennbar tatgeneigten Täters** seine Angelegenheit sein lässt (BGH NStZ 2000, 34; 2004, 41 (43); vgl. auch BGHR StGB § 266 Abs. 1 Beihilfe 3; dazu *Schröder* FS Geppert, 2011, 634 ff.). Der Handelnde muss also Umstände erkennen, aus denen sich ein besonderes Risiko der Tatbegehung durch den Haupttäter ergibt (für „triftige Anhaltspunkte" plädiert *Kudlich,* Die Unterstützung fremder Straftaten durch berufsbedingtes Verhalten, 2004, 458 ff. (534); ebenso *Amelung* FS Grünwald, 1999, 24). Straflos soll die Inkaufnahme eines abstrakten Geschäftsrisikos sein, strafbar hingegen die Inkaufnahme einer konkreten Erfolgsgefahr (*Amelung* FS Grünwald, 1999, 27). Bei Hilfe zur Kundenwerbung für ein betrügerisches Unternehmen ist es bspw. erforderlich, dass der Gehilfe den ausschl. betrügerischen Zweck zumindest für hochgradig wahrscheinlich hält; die alleinige Kenntnis von der besonderen Risikohaftigkeit eines Anlagemodells reicht hierfür nicht unbedingt aus (BGH NStZ 2000, 34 (35)).

19   **Zusf.** besehen ist nach der Rspr. also grds. direkter Vorsatz erforderlich (s. JJR/*Joecks* AO § 370 Rn. 519; LK-StGB/*Schünemann* Rn. 19 ff.), an dessen Nachweis erhöhte Anforderungen gestellt werden (HK-KapMStrafR/*Hilgendorf* WpHG §§ 38, 39 Rn. 265; Schröder KapMarktStrafR-HdB Rn. 350; zur prozessualen Umsetzung *Schröder* FS Geppert, 2011, 638 ff.). Dolus eventualis kann aber ausnahmsweise in der Fallgruppe des erkannt tatgeneigten Haupttäters (→ Rn. 18) genügen. Bei Notaren soll nach teilweise vertretener Auffassung wegen deren Funktion als „gatekeeper" grds. dolus eventualis ausreichen (*Silva Sanchez* FS Tiedemann, 2008, 245; *Kudlich,* Die Unterstützung fremder Straftaten durch berufsbedingtes Verhalten, 2004, 490), nicht aber bei Steuerberatern (*Kudlich,* Die Unterstützung fremder Straftaten durch berufsbedingtes Verhalten, 2004, 487) und im InsiderStrR (Schröder KapMarktStrafR-HdB Rn. 351).

20   **2. Ansätze in der Lit.** In der Lit. werden verschiedene andere bzw. ergänzende Ansätze für eine Begrenzung der Strafbarkeit insbes. berufstypischer Verhaltensweisen auf **objektiver Ebene** vertreten (Überblick bei MAH WirtschaftsStR/*Kämpfer/Kämpfer* § 3 Rn. 82 ff.; *Müller* FS Schreiber, 2003, 347 ff.; LK-StGB/*Schünemann* Rn. 23 ff.; s. auch *Greco* wistra 2015, 1 ff.; für Softwareproduzenten anhand des TMG *Kubiciel* wistra 2012, 454 ff.). In der Diskussion sind eine Abgrenzung anhand von Verantwortungssphären (*Wohlers* NStZ 2000, 173); anhand der Anpassung der Berufsausübung an das deliktische Handeln des Kunden (*Löwe-Krahl* wistra 1995, 205 f.); anhand der objektiven Zurechnung (Jakobs StrafR AT 24/15 ff.; *Ransiek* wistra 1997, 43 ff.; LK-StGB/*Schünemann* Rn. 17 ff.); mittels des Kriteriums der Sozialadäquanz (WBS StrafR AT Rn. 830; SK-StGB/*Hoyer* Rn. 24) bzw. professionellen Adäquanz (*Hassemer* wistra 1995, 41 ff. (81 ff.)); unter Berücksichtigung des Verhältnisses zur Haupttat (*Kindhäuser* FS Otto, 2007, 360 ff.). Die verschiedenen Ansätze kommen nur zT zu anderen Ergebnissen, bspw. beim anonymen Geldtransfer ins Ausland. Nach einer Ansicht liegt mangels Pflichtwidrigkeit keine strafbare Beihilfe des Bankangestellten vor (*Ransiek* wistra 1997, 47). Andere stellen hingegen darauf ab, ob die Bank organisatorische Vorkehrungen für den reibungslosen Ablauf strafrechtl. relevanter Transaktionen trifft und ihre Dienstleistung somit auf das deliktische Handeln des Kunden zuschneidet (*Löwe-Krahl* wistra 1995, 206).

21   Teilweise wird auch vorgeschlagen, die Problematik auf der Ebene der Rechtfertigung zu lösen (*Müller* FS Schreiber, 2003, 356 ff.; für ArbN über § 34, *Kudlich,* Die Unterstützung fremder Straftaten durch berufsbedingtes Verhalten, 2004, 517 f.). Ihre Grenzen soll die Rechtfertigung dabei finden, wenn eine den §§ 138, 323c vergleichbare Gefahr besteht oder rechtsmissbräuchlich gehandelt wird (*Amelung* FS Grünwald, 1999, 28 f.).

22   **3. Einzelfälle.** Beihilfe zu §§ 263, 288 durch einen **RA** liegt vor, wenn dieser für einen Forderungsschuldner im Zwangsvollstreckungsverfahren rückdatierte Sicherungsabtretungen bzgl. des Gehalts erstellt (BGH wistra 2000, 311 ff.; s. zu § 288 auch *Kühn* NJW 2009, 3611 f.). Beihilfe zu § 263 kann vorliegen, wenn ein RA in einer Vielzahl von Fällen unberechtigte Forderungen aus sog Abo-Fallen im Internet geltend macht (AG Marburg K & R 2010, 358; AG Karlsruhe NJW-RR 2010, 68). Beihilfe zum Kreditbetrug durch einen **Steuerberater** kann vorliegen, wenn sich dieser bei der Erstellung einer

Vermögensübersicht allein auf die Angaben seiner Mandantschaft verlässt (LG Mannheim wistra 1985, 158; zum Betrug bei **Beantragung** von Kurzarbeit *Gaede/Leydecker* NJW 2009, 3546 f.). Ebenso ist eine (psychische) Beihilfe des Steuerberaters zu § 283 Abs. 1 möglich, wenn dieser zwischen Vollendung und Beendigung eines Bankrotts eine Forderung durch ordnungswidrige Buchungen zu verheimlichen hilft (LG Lübeck wistra 2012, 281).

Beihilfe zur Insolvenzverschleppung bei einer **GmbH** nach § 15a Abs. 4 InsO ist sowohl durch Gesellschafter und Angestellte, als auch durch Berater und andere Außenstehende möglich; der Grat zwischen strafloser Beratung und Beihilfe ist schmal (s. Wabnitz/Janovsky WirtschaftsStR-HdB/*Pelz* Kap. 9 Rn. 42 ff.).

Bankmitarbeiter können sich insbes. wegen Beihilfe zur Steuerhinterziehung strafbar machen (JJR/   **23** *Joecks* AO § 370 Rn. 525 f.; Wabnitz/Janovsky WirtschaftsStR-HdB/*Pflaum* Kap. 20 Rn. 23 f.; *Sahan/ Ruhmannseder* IStR 2009, 715 ff.; zur Verjährung *Stoffers/Landowski* StraFo 2005, 228 ff.). Dies kann etwa der Fall sein, wenn in Kenntnis der Absicht des Kunden geholfen wird, Gelder oder Wertpapiere anonymisiert ins Ausland zu transferieren (zur Strafbarkeit österreichischer und liechtensteinischer Berater *Geuenich* in Gröhns/Kotschnigg, Wirtschafts- und Finanzstrafrecht in der Praxis, Bd. 3 2009, 37 ff.); und zwar auch dann, wenn der Bankmitarbeiter auf die Steuerpflichtigkeit von Zinserträgen hinweist (BGHSt 46, 107 (113 f.) m. zust. Anm. *Kudlich* JZ 2000, 1178; LG Bochum NJW 2000, 1430 ff.; ähnlich LG Wuppertal wistra 1999, 473; aA *Ransiek* wistra 1997, 47; krit. *Samson/Schillhorn* wistra 2001, 1; s. auch *Behr* wistra 1999, 245 ff.). Strafbar macht sich auch der Bankangestellte, der Hinweise zur technischen Durchführung einer Hinterziehung gibt (*Löwe-Krahl* wistra 1995, 203). Beihilfe zu § 266 kann in Konstellationen des Lastschriftwiderrufs durch den Insolvenzverwalter in Betracht kommen (*Momsen/Christmann* NZI 2010, 121 ff.). Bei Insiderdelikten nach dem WpHG kann Beihilfe gegeben sein, wenn der Bankmitarbeiter mit Vorsatz eine entspr. Kundenorder ausführt (HK-KapMStrafR/*Hilgendorf* WpHG §§ 38, 39 Rn. 263 ff.; vgl. Assmann/Schneider/*Assmann* WpHG § 14 Rn. 188 ff.). Hinsichtlich einer Beihilfestrafbarkeit wegen Unterrichtung von Kunden über staatliche Ermittlungsmaßnahmen ist Zurückhaltung geboten (*Ransiek* wistra 1999, 401 ff.).

III. Zeitpunkt

Die Hilfeleistung muss erfolgen, bevor die Haupttat vollständig abgeschlossen oder endgültig geschei-   **24** tert (→ Rn. 6) ist. Unproblematisch ist es daher, wenn die Hilfe **im Vorfeld** (BGH NStZ 1995, 122; SK-StGB/*Hoyer* Rn. 20; Jakobs StrafR AT 22/38; Lackner/Kühl/*Kühl* Rn. 3; Roxin StrafR AT II § 26 Rn. 256) oder **während der eigentlichen Tatausführung** geleistet wird. Hingegen kann die Zusage eines ArbG, Geldstrafen von Mitarbeitern zu übernehmen, keine Beihilfe darstellen, wenn diese Zusage erst *nach* Beendigung der Straftat des Mitarbeiters abgegeben wird (*Werner* PStR 2004, 284).

Der **Begehungszeitpunkt** der Beihilfe bestimmt sich nach dem Zeitpunkt der Teilnahmehandlung   **25** als solcher und nicht nach dem Begehungszeitpunkt der Haupttat (BGH wistra 2005, 147 (148) zur Steuerhinterziehung m. Besprechung *Kindshofer/Wegner* PStR 2005, 55 f.). Bei fortgeschrittener Tatausführung können dem Gehilfen bereits verwirklichte Tatbestandsmerkmale zugerechnet werden.

Die Rspr. geht von der Möglichkeit einer **sukzessiven Beihilfe** aus, dh nach der *Vollendung* jedoch   **26** vor der *Beendigung* der Tat (BGH NStZ 1996, 563 (564); 1999, 609 f.; 2000, 31; BGH NJW 1985, 814; BGH wistra 2001, 378; zu den Stadien der Deliktsverwirklichung → § 22 Rn. 5 ff.). Dies kommt zB bei Wegnahmedelikten in Betracht, wenn nur zur Sicherung der Beute Hilfe geleistet wird. Bei Betrugsdelikten tritt Vollendung bereits mit Eintritt des Schadens ein, Beendigung hingegen erst, wenn der gesamte Vorteil tatsächlich erlangt ist (MüKoStGB/*Hefendehl* § 263 Rn. 828 ff.). Eine Beihilfe zu § 265b soll daher bis zum Erbringen der letzten Leistung möglich sein, wobei dieser Zeitpunkt von der Art des beantragten Kredits abhängt (BGH wistra 2010, 219). Bei der Hinterziehung von Einfuhrabgaben tritt Beendigung erst ein, wenn das Schmuggelgut zur Ruhe gekommen ist, weshalb Beihilfe auch durch Hilfeleistung zum Transport nach dem Grenzübertritt möglich sein soll (BGH wistra 2016, 74 (76)). Handeltreiben mit BtM soll auch dann noch nicht beendet und Beihilfe also möglich sein, wenn die BtM bereits bei einem anderen Beteiligten sichergestellt wurden (BGH NStZ 2010, 522 f.). Ist die Tat bereits beendet, ist nur noch Begünstigung (§ 257) möglich (BGH NStZ 2014, 516 zum Betrug). Bei Dauerdelikten ist sukzessive Beihilfe möglich, bis der rechtswidrige Zustand aufgehoben ist (BGH NStZ 2004, 44 (45); Fischer Rn. 8; Achenbach/Ransiek/Rönnau WirtschaftsStR-HdB/*Mosbacher* Teil 12 Kap. 5 Rn. 143; zum Problem der Kausalität in diesem Zusammenhang → Rn. 12).

Bei mehraktigen Geschehensabläufen, die verschiedene Tatbestände verwirklichen, kann der Gehilfe   **27** nur solche Haupttaten fördern, die noch bevorstehen (vgl. BGHSt 2, 344 (347)). Dies gilt grds. auch, wenn er sich dabei der Früchte vorangegangener Taten bedient (zB Betrug mittels einer zuvor von einem anderen gefälschten Urkunde; BGH wistra 1999, 21).

B. Vorsätzliche rechtswidrige Haupttat

Die Beihilfe setzt eine vom Haupttäter vorsätzlich begangene rechtswidrige Tat voraus (MüKoStGB/   **28** *Joecks* Rn. 1), sog limitierte Akzessorietät der Beihilfe (WBS StrafR AT Rn. 795; zu verselbstständigten

Teilnahmedelikten → Rn. 1 und → § 26 Rn. 17). Hierfür genügt ein strafbarer Versuch der Haupttat; dann kommt jedoch eine doppelte Strafrahmensenkung in Betracht (→ Rn. 42; Fischer Rn. 3, 29 f.). Ebenso schadet ein Erlaubnistatbestandsirrtum des Haupttäters nicht (Fischer Rn. 25 mwN), da dieser nach hM nur den Vorsatz als Schuldform entfallen lässt (→ § 16 Rn. 31).

Hat ein Teilnehmer nur zu konkurrenzrechtlich unselbstständigen Teilakten einer mehraktigen Haupttat Beihilfe geleistet, sind für die Bestrafung nur die Handlungen des Haupttäters relevant, zu denen er tatsächlich Hilfe geleistet hat (BGH NStZ 2013, 102 (102)). Dies soll auch dann gelten, wenn den Teilakten für die rechtliche Bewertung der Haupttat keine Bedeutung zukommt (BGH wistra 2014, 309).

29   Auch zu Sonder- und eigenhändigen Delikten (→ § 25 Rn. 25 ff.) kann Beihilfe geleistet werden (Schönke/Schröder/*Heine*/*Weißer* Rn. 34; s. zu § 15a Abs. 4 InsO Wabnitz/Janovsky WirtschaftsStR-HdB/*Pelz* Kap. 9 Rn. 42 f.; zu § 8 UWG Köhler/Bornkamm UWG § 8 Rn. 2.15).

30   Die Verurteilung eines Gehilfen setzt nicht voraus, dass der Täter bereits bestraft wurde; selbst dessen Ermittlung ist nicht zwingend erforderlich (OLG Hamburg JR 1953, 27). Jedoch muss das Vorliegen einer rechtswidrigen Haupttat individuell feststellbar sein (s. OLG München wistra 2010, 155 ff. zur Untreue; OLG Celle StV 2016, 13 (15) zur Steuerhinterziehung; vgl. BFHE 240, 195; BFH ZIP 2009, 1659 zur finanzgerichtlichen Rspr. zu § 71 AO bei Bankangestellten mit Kunden als möglichen Haupttätern).

C. Vorsatz

31   Der Gehilfe muss mit zumindest bedingtem Vorsatz (BGHSt 42, 135 (137); einschr. bei neutralen Handlungen, → Rn. 16 ff.) sowohl bzgl. seiner Hilfeleistung als auch bzgl. der Vollendung der Haupttat handeln, sog doppelter Gehilfenvorsatz (BGHSt 2, 279 (281 f.); zu den Anforderungen an die tatrichterliche Feststellung BGH wistra 1999, 376 f.; 2000, 297). Er muss also die Tat in ihren wesentlichen Merkmalen kennen und in dem Bewusstsein handeln, durch sein Verhalten das Vorhaben des Täters zu fördern (BGHR StGB § 27 Abs. 1 Vorsatz 2; Fischer Rn. 22).

I. Vorsatz für die Hilfeleistung

32   Der Vorsatz muss gerade die unterstützende Wirkung der Hilfeleistung betreffen, sodass eine bloße (innere) Billigung der Haupttat nicht genügt (BGHSt 3, 65 (66); Lackner/Kühl/*Kühl* Rn. 7). Hieran fehlt es, wenn der Gehilfe keine Kenntnis von der tatfördernden Qualität seiner Handlungen erlangt oder wenn er davon ausgeht, dass seine Beihilfehandlung untauglich ist, die Haupttat zu fördern (BGH MDR 1954, 335). Ausreichen kann indes, wenn der Gehilfe dem Täter ein entscheidendes Tatmittel willentlich überlässt und damit bewusst das Risiko erhöht, dass eine durch den Einsatz gerade dieses Mittels typischerweise geförderte Haupttat verübt wird (BGH wistra 2000, 382; zum Betrug BGHSt 42, 135 (138)).

33   **RAe** handeln bei Erteilung eines Rechtsrats idR nur mit dem Willen, pflichtgemäß Rat zu erteilen und wollen damit keine Straftat fördern; begeht der Beratene aufgrund dessen eine Tat, so fehlt es ohne weitere Anhaltspunkte an einem Gehilfenvorsatz des RA (BGH NJW 1992, 3047 f.). Dies gilt auch bei unrichtigen oder nur vertretbaren Auskünften (OLG Stuttgart NJW 1987, 2883). Bei Beihilfe zu § 95 Abs. 1 AufenthG muss ein **ArbG** gerade den illegalen Aufenthalt fördern wollen, nicht nur die Beschäftigung ausländischer ArbN ohne Arbeitserlaubnis, um billige Arbeitskräfte zu gewinnen (Achenbach/Ransiek/Rönnau WirtschaftsStR-HdB/*Mosbacher* Teil 12 Kap. 5 Rn. 148).

II. Vorsatz für die Haupttat

34   Der Gehilfe muss die **Vollendung der Haupttat** zumindest billigend in Kauf nehmen. Es ist nicht notwendig, dass er ein eigenes Interesse an der Tat hat, ggf. kann er sie gar missbilligen (BGHR StGB § 27 Abs. 1, Vorsatz 5; BGHSt 7, 363 (369 f.); BGH NStZ 1985, 24; s. auch Fischer Rn. 22 f.). Der Vorsatz muss sich auf sämtliche Tatbestandsmerkmale beziehen und daher bei § 266 insbesondere auch den Vermögensnachteil als eigenständiges Tatbestandsmerkmal umfassen (BGH NStZ-RR 2015, 81 (82)). Die Mitwirkung an einem untauglichen Versuch, der für den Haupttäter strafbar ist, bleibt für den Teilnehmer straflos, wenn er dessen Untauglichkeit erkennt (BGHR StGB § 27 Abs. 1 Vorsatz 11).

35   Für die **Bestimmtheit** des Vorsatzes gelten wegen der geringeren Nähe des Gehilfen zur Tat geringere Anforderungen als bei der Anstiftung (MüKoStGB/*Joecks* Rn. 91; vgl. auch SK-StGB/*Hoyer* Rn. 34). Erforderlich, aber auch ausreichend, ist die Kenntnis des tatbestandlichen Unrechtsgehalts und der Angriffsrichtung (BGH NStZ 1990, 501; BGH wistra 2012, 302). Nicht notwendig ist die Kenntnis von Details oder der quantitativen „Unrechtsdimension" (BGH NStZ 2007, 230 (233)) der Tat (BGHR StGB § 27 Abs. 1, Vorsatz 7; BGHSt 42, 135 (137); BGH NStZ 2011, 399 (400)); nicht einmal die Person des Täters muss dem Gehilfen genau bekannt sein (BGH NStZ 2002, 145 (146)). Daher kann es genügen, wenn der Gehilfe weiß, dass seine Handlung den Haupttäter in die Lage versetzt, eine noch nicht weiter konkretisierte Haupttat bestimmter Art zu begehen (Lackner/Kühl/*Kühl* Rn. 7). Nicht

ausreichend ist aber das allgemeine Bewusstsein, dass es sich um etwas Illegales handelt (BGH wistra 2012, 302). Wer sich am Verkehr mit Falschgeld beteiligt, hat idR ausreichenden Vorsatz hinsichtlich Anzahl, Nennwert und Fälschungsqualität von Geldscheinen (BGH NStZ 2004, 494).

Der Gehilfe haftet wie der Anstifter (→ § 26 Rn. 26) nicht für einen **Exzess des Täters.** Verwirklicht **36** der Täter bei der Tatausführung ein Delikt, das wesentlich vom Vorsatz des Gehilfen bzgl. der Tat abweicht, so haftet der Gehilfe nur für das von seinem Vorsatz umfasste Delikt (BGHSt 11, 66 f.; BGH NStZ 1999, 513 (514); s. SSW StGB/*Murmann* Rn. 13). Ebenso haftet der Anstifter bei mehraktigen Delikten nur für die Teile, die von seinem Vorsatz umfasst sind (Lackner/Kühl/*Kühl* Rn. 7; → Rn. 28).

D. Sonstiges

I. Abgrenzung und besondere Formen

Kein Gehilfe sondern **Täter** ist derjenige, der selbst alle Tatbestandsmerkmale verwirklicht (Roxin **37** StrafR AT II § 25 Rn. 41 f.; zur **Abgrenzung** → § 25 Rn. 2 ff.; zu Drogenkurieren BGH NStZ-RR 2009, 254 (255)). Davon sind Fälle zu unterscheiden, in denen die eigenverantwortliche Verwirklichung eines Delikts gleichzeitig eine Beihilfe zu einer fremden Tat darstellt, wie zB bei der Mitwirkung an einem USt-Karussellgeschäft (BGH NStZ 2003, 268; 2016, 39 (40)). Durch dem Mitwirken beim Bandenschmuggel ist nicht ohne Weiteres Mittäterschaft gegeben (BGHSt 8, 70 f.). Ein Vorteilsgeber ist nicht auch wegen Teilnahme an § 331 strafbar, weil seine Strafbarkeit in den §§ 333, 334 abschließend geregelt ist (Wabnitz/Janovsky WirtschaftsStR-HdB/*Bannenberg* Kap. 12 Rn. 77; → § 26 Rn. 5).

Beihilfe zur Beihilfe ist Beihilfe zur Haupttat (BGH NStZ 2001, 364; SK-StGB/*Hoyer* Rn. 37; **38** Jescheck/Weigend StrafR AT § 64 IV 1). Der „Zweitgehilfe" will zwar uU nur den „Erstgehilfen" unterstützen. Dabei ist ihm aber idR bewusst, dass er damit einer Haupttat Vorschub leistet, was für seinen Gehilfenvorsatz ausreichen soll (RGSt 23, 300 (306); vgl. auch *Herzberg* GA 1971, 1; zur Strafzumessung → Rn. 42). Anstiftung zur Beihilfe ist ebenfalls Beihilfe zur Haupttat (Roxin StrafR AT II § 26 Rn. 178; Stratenwerth/Kuhlen StrafR AT § 12 Rn. 224). Gleiches gilt nach hM bzgl. der Beihilfe zur Anstiftung (BGH NStZ 1996, 562 (563); 2000, 421; Roxin StrafR AT II § 26 Rn. 178; aA *Martin* DRiZ 1955, 290 f.: Beihilfe zur Anstiftung).

Bei **notwendiger Teilnahme** kommt Straflosigkeit des Teilnehmers in Betracht, wenn er das Maß **39** notwendiger Mitwirkung nicht überschreitet oder gerade geschützt werden soll (→ § 26 Rn. 30). Dies gilt etwa bei § 283 Abs. 1 Nr. 2 für die Geschäftspartner der genannten Geschäfte, solange kein kollusives Zusammenwirken gegeben ist (HK-KapMStrafR/*Sorgenfrei* § 283 Rn. 120).

II. Konkurrenzen

Hinsichtlich der Konkurrenzen wird die Beihilfe als **schwächste Form der Beteiligung** von allen **40** anderen Formen verdrängt. So geht etwa auch die täterschaftliche Verwirklichung von § 283d der Beihilfe zu § 283 vor (Fischer § 283d Rn. 2).

Für die Beurteilung ist sowohl auf die Handlungen des Gehilfen als auch auf die Haupttat abzustellen. **41** Demnach liegt Tatmehrheit (§ 53) vor, wenn durch mehrere selbstständige Hilfeleistungen verschiedene Haupttaten gefördert werden (BGH wistra 2007, 262 (266 f.); 2008, 217). Dem steht es nicht entgegen, wenn der Gehilfe bereits bei der Anbahnung des Gesamtgeschäfts, auf das die einzelnen Haupttaten zurückgehen, beteiligt war (BGH NStZ 2009, 159 (161)). Eine **fortlaufende Förderung von Straftaten** durch mehrere Hilfeleistungen kann sich in einer Gesamtschau aber auch als nur eine dauerhafte Beihilfe zu mehreren Straftaten darstellen (vgl. BGH NStZ 2000, 430; BGH wistra 2006, 104). Mehrere Hilfeleistungen zu einer Haupttat stellen hingegen nur eine Beihilfe dar, da sich deren Unrechtsgehalt aus dem Haupttat ableitet (BGH NStZ 1999, 513 (514); BGH wistra 2008, 217; BGH NStZ 2014, 465; LK-StGB/*Schünemann* Rn. 65). Gleichfalls nur eine Beihilfe liegt vor, wenn durch eine Hilfeleistung mehrere Haupttaten gefördert werden (BGH wistra 2007, 262 (267) zur fortlaufenden Förderung von Schmuggeltaten; BGH NStZ 2016, 39 (40) zur Mitwirkung an einem USt-Karussellgeschäft; s. auch BGH wistra 2004, 417; 2008, 217; 2015, 56).

III. Strafe

Gem. Abs. 2 S. 1 richtet sich die Strafe für den Gehilfen nach dem **Strafrahmen des Täters.** S. 2 **42** bestimmt jedoch eine obligatorische Herabsetzung nach § 49 Abs. 1. Kommen weitere Milderungsgründe in Betracht, ist grds. auch eine doppelte Milderung möglich (umfassend BGH StV 1992, 371 f.; Fischer Rn. 30; zu § 28 Abs. 1 wistra 2009, 105; näher → § 28 Rn. 21; insbes. zur Vermögensbetreuungspflicht iSv § 266 BGH NStZ 2012, 316 (317); 2012, 630; insbes. zum Bankrott BGHSt 58, 115; krit. dazu *Brammsen/Ceffinato* NZI 2013, 619 ff.; zum msF BGH NStZ 1988, 128; zu Fällen der USt-Hinterziehung *Leplow* PStR 2007, 208). Eine solche ist aber nicht geboten, wenn bei Beihilfe nur deshalb angenommen wird, da dem Beteiligten das besondere strafbarkeitsbegründende Merkmal fehlt (BGH wistra 2015, 146 zu § 266).

Dabei ist ggf. § 50 zu beachten. Bei einer Beihilfe zur Beihilfe (→ Rn. 38) ist die Strafe für den „Zweitgehilfen" nicht doppelt zu reduzieren (Jescheck/Weigend StrafR AT § 64 IV 1).

43   Für die **Bewertung der Beihilfehandlung** ist primär auf den Unwert des vom Gehilfen erbrachten Tatbeitrags und die damit einhergehende persönliche Schuld abzustellen (BGH wistra 2009, 369 f.). Ein besonders schwerer Fall kann für den Gehilfen daher nur dann bejaht werden, wenn die Teilnahmehandlung selbst einen besonders schweren Fall darstellt, unabhängig davon, ob es sich um einen möglichen unbenannten besonders schweren Fall handelt oder die Indizwirkung eines Regelbeispiels zu prüfen ist (BGH wistra 2012, 435; BGH StV 2016, 16 (17)). Das mit der Haupttat verwirklichte Unrecht ist nur mittelbar zu berücksichtigen (BGH wistra 2000, 55; 2000, 463). Der Gehilfe kann daher in den Grenzen des für ihn geltenden Strafrahmens auch schwerer bestraft werden als der Täter. Allerdings wirken sich zugunsten des Täters festgestellte Umstände, die zum objektiven Tatgeschehen gehören, auch zu Gunsten des Gehilfen aus (BGH StV 1983, 326; Fischer Rn. 30). Umgekehrt kann es sich strafschärfend für den Gehilfen auswirken, wenn er zwar selbst ein **besonderes** persönliches Merkmal iSd § 28 Abs. 2 nicht aufweist, aber das Unrecht der Tat zB durch das gewerbsmäßige Handeln des Haupttäters oder eine Vielzahl von Opfern entsprechend gesteigert ist (BGH wistra 2005, 177).

44   Bei Wettbetrügereien im Fußball sind bei der Strafzumessung für den durch Zurückhaltung Beihilfe leistenden Spieler auch die Schädigung der zahlenden Zuschauer, des Vereins und des Fußballsports insgesamt zu berücksichtigen (BGH wistra 2007, 183). Bei § 370 AO ist die Höhe des Hinterziehungsbetrags zu berücksichtigen (*Sahan/Ruhmannseder* IStR 2009, 716). Aus dem Urt. muss hervorgehen, in welcher Höhe die eingetretene Steuerverkürzung vom Gehilfen gefördert wurde (BGH wistra 2009, 396 f.).

§ 28 Besondere persönliche Merkmale

(1) **Fehlen besondere persönliche Merkmale (§ 14 Abs. 1), welche die Strafbarkeit des Täters begründen, beim Teilnehmer (Anstifter oder Gehilfe), so ist dessen Strafe nach § 49 Abs. 1 zu mildern.**

(2) **Bestimmt das Gesetz, daß besondere persönliche Merkmale die Strafe schärfen, mildern oder ausschließen, so gilt das nur für den Beteiligten (Täter oder Teilnehmer), bei dem sie vorliegen.**

Literatur: *Börner,* Die sukzessive Anstiftung, JURA 2006, 415; *Bottke,* Täterschaft und Teilnahme im deutschen Wirtschaftskriminalrecht – de lege lata und de lege ferenda, JuS 2002, 320; *Brammsen/Ceffinato,* Doppelte Strafmilderung für Bankrottgehilfen? NZI 2013, 619; *Deumeland,* Die Strafbarkeit gewerbsmäßiger Urheberrechtsverletzung in der BRD, StraFo 2006, 487; *Geppert,* Zur Problematik des § 50 Abs. 2 StGB im Rahmen der Teilnahme am unechten Unterlassungsdelikt, ZStW 1982 (1970), 40; *Gössel,* Die Strafzumessung im System des Strafrechts, FS Tröndle, 1989, 357; *Grunst,* § 370 I Nr. 2 AO – Sonderdelikt und besonderes persönliches Merkmal (§ 28 I StGB), NStZ 1998, 548; *Hake,* Zu den Fragen ob es sich bei der Pflicht nach AO § 370 Abs. 1 Nr. 2 J 1977 um ein besonderes persönliches Merkmal iSv StGB § 28 Abs. 1 handelt und ob ein unechtes Unterlassungsdelikt vorliegt, JR 1996, 162; *Herzberg,* Akzessorietät der Teilnahme und persönliche Merkmale, GA 1991, 145; *ders.,* Die Problematik der „besonderen persönlichen Merkmale" im Strafrecht, ZStW 1988 (1976), 68; *Hirsch,* Zum Spannungsverhältnis von Theorie und Praxis im Strafrecht, FS Tröndle, 1989, 19; *Küper,* Im Dickicht der Beteiligung an Mord und Totschlag, JZ 2006, 1157; *ders.,* „Besondere persönliche Merkmale" und „spezielle Schuldmerkmale", ZStW 104 (1992), 559; *Niedermair,* Tateinstellungsmerkmale als Strafbedürftigkeitskorrektive, ZStW 106 (1994), 388; *Roger,* Die sog. Zumessungslösung zu § 28 II StGB: ihre (zweifelhafte) Berechtigung und ihre Bedeutung für die Vorfeldbestrafung (§ 30 StGB), GA 2013, 694; *Schulz,* Der faktische Geschäftsführer als Täter der §§ 82, 84 GmbHG unter Berücksichtigung der Problematik des Strohmannes, StraFo 2003, 155; *Schünemann,* Die deutschsprachige Strafrechtswissenschaft nach der Strafrechtsreform im Spiegel des Leipziger Kommentars und des Wiener Kommentars, GA 1986, 293; *ders.,* Die „besonderen persönlichen Merkmale" des § 28 StGB, FS Küper, 2007, 561; *Sowada,* Täterschaft und Teilnahme beim Unterlassungsdelikt, JURA 1986, 399; *Valerius,* Besondere persönliche Merkmale, JURA 2013, 15; *Vogler,* Zur Bedeutung des § 28 StGB für die Teilnahme am unechten Unterlassungsdelikt, FS Lange, 1976, 265; *Waschkewitz,* Das Merkmal der Gewerbsmäßigkeit im Wirtschafts- und Steuerstrafrecht bei Handeln zum Vorteil eines Unternehmens – am Beispiel von Straftaten im Gesundheitswesen, wistra 2015, 50.

A. Allgemeines

I. Bedeutung der Vorschrift

1   § 28 konstituiert **Lockerungen** der (ohnehin limitierten) **Akzessorietät der Teilnahme.** Es soll nur derjenige Beteiligte einer Straftat für das Fehlen bzw. Vorliegen eines besonderen persönlichen Merkmals privilegiert bzw. strenger bestraft werden, bei dem ein solches Merkmal auch tatsächlich fehlt bzw. vorliegt. Eine Zurechnung solcher Merkmale eines anderen Beteiligten – vergleichbar mit der Zurechnung von verwirklichten Tatbestandsmerkmalen bei der Mittäterschaft – findet nicht statt (s. Schönke/Schröder/*Heine/Weißer* Rn. 1 ff.).

2   Nur Abs. 2, der strafmodifizierende Merkmale betr., gilt gleichermaßen für alle Beteiligten einer Straftat (Teilnehmer *und* Täter). Abs. 1 erfasst demgegenüber nur den Teilnehmer und sieht beim Fehlen

strafbegründender Merkmale in seiner Person eine Strafmilderung vor. Damit bestätigt die Vorschrift zugleich, dass für die Strafbarkeit des Teilnehmers das Vorliegen strafbegründender Merkmale in seiner Person nicht erforderlich ist. Während Abs. 1 lediglich privilegierend wirkt, kann Abs. 2 eine strengere Bestrafung gegenüber einem anderen Beteiligten nach sich ziehen (s. auch Fischer Rn. 7 ff.).

Die Vorschrift gilt nicht nur bei der vollendeten Teilnahme, sondern auch in den Fällen des § 30.   **3**

Der Zweck der Vorschrift findet in der Lit. grds. Zustimmung, wenngleich die mit § 28 erfolgte   **4** Umsetzung mannigfaltiger Kritik ausgesetzt ist (s. bspw. Schönke/Schröder/*Heine/Weißer* Rn. 2; Lackner/Kühl/*Kühl* Rn. 1; NK-StGB/*Puppe* §§ 28, 29 Rn. 6: „praktisch und theoretisch gravierende Unstimmigkeiten"; LK-StGB/*Schünemann* Rn. 1: „dunkelster und verworrenster Abschnitt der (...) Beteiligungslehre").

II. Abgrenzung zu § 29

Die Frage, ob in entspr. Fallgestaltungen § 28 oder § 29 anzuwenden ist, wird nicht einheitlich **5** beurteilt (s. Roxin StrafR AT II § 27 Rn. 5 ff.). Die Rspr. und weite Teile der Lit. wollen § 29 (nur) auf allg. Schuldmerkmale anwenden (→ § 29 Rn. 3). Umgekehrt sind danach alle in den Tatbeständen des BT enthaltenen besonderen persönlichen Merkmale dem Anwendungsbereich des § 28 zuzuordnen (s. zur Rspr. bspw. BGHSt 8, 206 (209); 17, 215 (217); 22, 376 (378) zu § 50 StGB aF; zur Lit. BWM StrafR AT § 32 Rn. 6 f.; Schönke/Schröder/*Heine/Weißer* Rn. 3 ff. mwN; Köhler StrafR AT 9/III/2.4; Lackner/Kühl/*Kühl* Rn. 1; MGZ/*Renzikowski* StrafR AT § 53 Rn. 51 ff.; *Niedermair* ZStW 106 (1994), 388; NK-StGB/*Puppe* §§ 28/29 Rn. 19 ff.; LK-StGB/*Schünemann* Rn. 17 ff.).

Bei strafmodifizierenden Merkmalen gelangen die verschiedenen Ansichten zu gleichen Ergebnissen, da beide Vorschriften insoweit eine nichtakzessorische Behandlung anordnen (LK-StGB/*Schünemann* Rn. 16).

B. Besondere persönliche Merkmale

I. Bestimmung

Wie im Einzelfall zu bestimmen ist, ob ein Merkmal – unabhängig von der Einordnung als straf-   **6** begründend oder strafmodifizierend – ein besonderes persönliches Merkmal iSv § 28 darstellt, ist („heillos", LK-StGB/*Schünemann* Rn. 1) umstr.

Hilfreich ist es, zunächst zwischen **persönlichen und nichtpersönlichen** Merkmalen zu unterscheiden. Anschließend ist dann zu ermitteln, ob es sich gerade um ein **besonderes** persönliches Merkmal iSd § 28 handelt oder ob die allg. Akzessorietätsregelungen Anwendung finden (MüKoStGB/*Joecks* Rn. 17; *Valerius* JURA 2013, 17 ff.).

1. Persönliche Merkmale. Abs. 1 verweist auf § 14 Abs. 1 und die dort enthaltene Legaldefinition **7** der besonderen persönlichen Merkmale (krit. dazu Schönke/Schröder/*Heine/Weißer* Rn. 2; *Herzberg* ZStW 88 (1976), 110 f.; MüKoStGB/*Joecks* Rn. 19; Lackner/Kühl/*Kühl* Rn. 3; NK-StGB/*Puppe* §§ 28/29 Rn. 4). Danach handelt es sich um besondere persönliche Eigenschaften, Verhältnisse oder Umstände. Dem wird entnommen, dass persönliche Merkmale solche sind, die einen Bezug zur Person des Täters haben. Erfasst sind daher alle subjektiven Merkmale sowie objektive Merkmale mit einem nicht unerheblichen Bezug zur Täterperson (MüKoStGB/*Joecks* Rn. 22; s. auch Wabnitz/Janovsky WirtschaftsStR-HdB/*Raum* Kap. 4 Rn. 9).

„Eigenschaften" sind Gegebenheiten, die mit dem Wesen des Täters verbunden sind (arg. e **8** contrario BGHSt 6, 260 (262)), also körperliche, physische oder rechtliche Wesensmerkmale wie Schwangerschaft, Alter und Geschlecht (Fischer Rn. 4).

„Verhältnisse" sind Beziehungen des Täters zu anderen Menschen oder Dingen (RGSt 25, 266 **9** (270); BGHSt 6, 260 (262)), wie etwa die Stellung als Amtsträger und andere täterschaftsbegründende Pflichtenpositionen (Roxin StrafR AT II § 27 Rn. 23). Eine präzise Differenzierung zwischen Eigenschaften und Verhältnissen ist indes oftmals nicht durchführbar (LK-StGB/*Schünemann* Rn. 51 belegt dies am Bsp. der „Verwandtschaft"; s. hierzu auch BGHR StGB § 173 Anstifter 1 einerseits und BGHSt 39, 326 (328) andererseits).

„Umstände" sind Merkmale, die weder „Eigenschaften" noch „Verhältnisse" sind, wie etwa die **10** Gewerbs- und Gewohnheitsmäßigkeit, aber auch die sog Gesinnungsmerkmale (BGHSt 8, 70 (72); MüKoStGB/*Joecks* Rn. 21; Schönke/Schröder/*Heine/Weißer* Rn. 14; Roxin StrafR AT II § 27 Rn. 23). Nach BGHSt 22, 375 (377 f.) zählen zu den „Umständen" bspw. die niedrigen Beweggründe des § 211.

2. Tat- und täterbezogene Merkmale. Welche persönlichen Merkmale als **besondere** dem § 28 **11** unterfallen und für welche gleichwohl die strenge Akzessorietät gilt, ist grds. und in zahlreichen Einzelfällen str.

Die **Rspr.** orientiert sich für die Bestimmung an der Unterscheidung zwischen **täterbezogenen und tatbezogenen Umständen** (sog Differenzierungslösung). Danach werden erstere von § 28 erfasst, tatbezogene hingegen nicht (BGHSt 6, 260 (262); 8, 70 (72); 17, 215 (217); 22, 375 (378); 23, 39 (40); 39, 326 (327); 50, 1 (5)). Weite Teile der Lit. folgen dem (BWM StrafR AT § 32 Rn. 9; Schönke/Schröder/*Heine/Weißer* Rn. 10, 15 ff.; Jescheck/Weigend StrafR AT § 61 VII 4; MüKoStGB/*Joecks* Rn. 17; Kühl StrafR AT § 20 Rn. 154; WBS StrafR AT Rn. 797 ff.; krit. MGZ/*Renzikowski* StrafR AT § 53 Rn. 65, 70 f.; NK-StGB/*Puppe* §§ 28, 29 Rn. 16; *Schünemann* FS Küper, 2007, 565: „bloße Leerformel").

Die Differenzierung zwischen tat- und täterbezogen hängt davon ab, ob das jeweilige Merkmal im Schwergewicht nur die Tat selbst oder aber die Persönlichkeit des Täters kennzeichnet. Diese Bestimmung soll in wertender Betrachtung unter Beachtung der Schutzrichtung des jeweiligen Straftatbestandes erfolgen. Dabei komme es nicht primär darauf an, ob die jeweiligen Umstände in der Person des Täters angesiedelt sind oder nicht. Merkmale, die nur die besondere Gefährlichkeit einer Handlung bzw. die Ausführungsart eines Delikts beschreiben, sind aber idR tatbezogen (BGHSt 39, 326 (328)).

12   Daneben werden verschiedene **andere Lösungen** zur Bestimmung der Besonderheit persönlicher Merkmale vorgeschlagen. Nach der Einheitslösung sind solche Merkmale dem § 28 zuzuordnen, die nicht im Wege der mittelbaren Täterschaft verwirklicht werden können (LK-StGB/*Schünemann* Rn. 10, 45, 50). Andere wollen § 28 auf alle Merkmale anwenden, die den Täter in einer „besonderen Pflichtenstellung kennzeichnen"; daneben seien häufig „Gesinnungs-, Motiv- und Absichtsmerkmale" einzubeziehen (Lackner/Kühl/*Kühl* Rn. 4 aE). *Herzberg* will die von ihm so bezeichneten „funktionell sachlichen persönlichen Merkmale" sowie die „rein typisierenden Merkmale" nicht unter die Norm subsumieren (s. *Herzberg* GA 1991, 169 ff.). *Roxin* will die Akzessorietätslockerung des § 28 bei sog „unrechtsunabhängigen Schuld-, Verantwortlichkeits- und Strafbarkeitsmerkmalen" sowie bei „qualifizierten Pflichtenstellungen" anwenden (s. iE Roxin StrafR AT II § 27 Rn. 51 ff.).

II. Fallgruppen und einzelne Merkmale

13   **1. Sonderdelikte und eigenhändige Delikte.** Sonderdelikte verlangen eine **besondere Subjektqualität** des Täters (→ § 25 Rn. 25 ff.; Kühl StrafR AT § 20 Rn. 13). So setzen zB die Straftaten im Amt (§§ 331 ff.) eine Amtsträgereigenschaft iSd § 11 Abs. 1 Nr. 2 voraus. Diese Subjektqualität stellt idR ein besonderes persönliches Merkmal dar (s. MüKoStGB/*Joecks* Rn. 27 ff.), welches strafbegründend (zB §§ 331, 332) oder strafschärfend (zB § 340) wirken kann.

So stellen bspw. beim **Bankrott** sowohl die Krise nach § 283 Abs. 1, 2 und die damit verbundene Haftung (BGHSt 58, 115), als auch das Betroffensein der objektiven Bedingung der Strafbarkeit aus § 283 Abs. 6 ein strafbegründendes besonderes persönliches Merkmal dar (str., → § 25 Rn. 29; s. auch *Brammsen/Ceffinato* NZI 2013, 622 f.; Fischer § 283 Rn. 38).

14   Von den Vertretern der Einheitslösung (→ Rn. 12) wird idR auch die **Eigenhändigkeit** als Tätermerkmal iSd § 28 angesehen (LK-StGB/*Schünemann* Rn. 60). Das zentrale Bsp. stellen die Aussagedelikte der §§ 153 ff. dar. Die in diesen Vorschriften normierte Wahrheitspflicht sei ein besonderes persönliches Merkmal (LK-StGB/*Schünemann* Rn. 61; aA Schönke/Schröder/*Lenckner/Bosch* Vor 153 ff. Rn. 42), ebenso das Sichberauschen in § 323a und das Führen eines Fahrzeugs nach den §§ 315c, 316 (LK-StGB/*Schünemann* Rn. 62; aA *Herzberg* GA 1991, 182 f.).

15   **2. Garantenstellung iSv § 13 Abs. 1 StGB.** In der Rspr. des BGH ist die Frage, ob die Garantenstellung beim unechten Unterlassungsdelikt ein besonderes persönliches Merkmal darstellt, bislang nicht entschieden. Inwieweit sich aus BGHSt 41, 1 (4) (tatbezogene Pflicht des § 370 Abs. 1 Nr. 2 AO sei nicht „mit der des Garanten eines der sonstigen unechten Unterlassungsdelikte vergleichbar") ein Umkehrschluss dahingehend ziehen lässt, dass die Garantenstellung zumindest idR ein täterbezogenes Merkmal darstellt, ist unklar (so aber *Hake* JR 1996, 164). In der Lit. ist die Frage insgesamt umstr. (grds. dafür: WBS StrafR AT Rn. 800; Fischer Rn. 5a; Schönke/Schröder/*Heine/Weißer* Rn. 19; *Hake* JR 1996, 164; SK-StGB/*Hoyer* Rn. 35; *Vogler* FS Lange, 1976, 265 ff.; dagegen: *Geppert* ZStW 82 (1970), 70; wohl auch *Sowada* JURA 1986, 400; *Valerius* JURA 2013, 19; differenzierend: *Herzberg* GA 1991, 162 ff.).

16   **3. Einzelne besondere persönliche Merkmale.** Als besondere persönliche Merkmale iSv § 28 werden ua angesehen:

- **Amtsträgereigenschaft** bei den Amtsdelikten (BGHSt 5, 75 (81 f.); 41, 1 (3); BGH NJW 1955, 720);
- Eigenschaft als Angestellter oder Beauftragter eines Unternehmens bei § 299 Abs. 1 (Fischer § 299 Rn. 3);
- Anvertrautsein iRd § 246 Abs. 2 (BGH StV 1995, 84), iRd § 356 (SK-StGB/*Rogall* § 356 Rn. 45) sowie bei § 18 Abs. 1 UWG;
- Arbeitgebereigenschaft iSd § 266a (BGH wistra 2011, 344 (346); aA Schönke/Schröder/*Perron* § 266a Rn. 20 mwN);
- Eigenschaft als Bandenmitglied beim Schmuggel nach § 373 Abs. 2 Nr. 3 AO (BGHSt 12, 220 (226); BGH wistra 2005, 227 (228); Wabnitz/Janovsky WirtschaftsStR-HdB/*Harder* Kap. 22 Rn. 107; anders noch BGHSt 6, 260; 8, 70 (72); vgl. hierzu auch BGH wistra 2003, 351 (353)); beim Diebstahl nach § 244 Abs. 1 Nr. 2 (BGHSt 47, 214 (216); BGH StV 1995, 408 (409); 2007, 458; BGH NStZ-

RR 2007, 112; BGH wistra 2013, 307); beim Handeltreiben mit BtM in nicht geringer Menge nach §§ 29, 29a BtMG (BGH StV 1992, 379; BGH NStZ-RR 1998, 588 (589); BGH NStZ 2007, 101; 2008, 354), bei § 30a BtMG (BGH NStZ-RR 2013, 210) sowie iRd § 370 Abs. 3 S. 2 Nr. 5 AO (Erbs/Kohlhaas/*Hadamitzky*/*Senge* AO § 370 Rn. 91a);

– Berufsangehörigkeit iRd § 203 (BGHSt 4, 355 (359); AWHH StrafR BT 8/35; *Herzberg* GA 1991, 179; SK-StGB/*Hoyer* § 203 Rn. 66; NK-StGB/*Kargl* § 203 Rn. 86; LK-StGB/*Schünemann* § 203 Rn. 160; aA Gössel/Dölling StrafR BT I 37/102);

– Geschäftsführer- bzw. Gesellschaftereigenschaft iSd § 82 Abs. 1 GmbHG (BGHSt 46, 62 (64 f.)); Geschäftsführereigenschaft iSd § 84 Abs. 1 GmbHG (Michalski/*Dannecker* GmbHG § 84 Rn. 30);

– die Rspr. überträgt die Lehre vom faktischen Geschäftsführer auf die strafrechtliche Haftung nach dem GmbHG, sodass auch dieser geeigneter Täter ist (BGHSt 46, 62 (64 f.); krit. dazu *Joerden* JZ 2001, 310 ff.; *Schulz* StraFo 2003, 155; s. auch *Roth*/*Altmeppen* GmbHG § 82 Rn. 19 mwN; Wabnitz/Janovsky WirtschaftsStR-HdB/*Raum* Kap. 4 Rn. 14 ff.);

– Gewerbsmäßigkeit (krit. zum Merkmal im WirtschaftsStR *Waschkewitz* wistra 2015, 50), bspw. nach § 260 Abs. 1 Nr. 1 (BGH StV 1994, 17; 1996, 87; BGH NStZ 2009, 95) und § 244a Abs. 1 iVm § 243 Abs. 1 S. 2 Nr. 3 (BGH StraFo 2014, 215; vgl. auch OLG Bamberg wistra 2016, 244); Lackner/Kühl/*Kühl* Rn. 5 generell: soweit die Gewerbsmäßigkeit für die Strafbarkeit konstitutiv ist, zB auch in § 180a Abs. 1; § 152a Abs. 3 (BGH wistra 2005, 177), § 291 Abs. 2 Nr. 2; § 373 Abs. 1 AO (Wabnitz/Janovsky WirtschaftsStR-HdB/*Harder* Kap. 22 Rn. 107), § 49 BörsG (HK-KapMStrafR/*Park* BörsG §§ 26, 49 Rn. 359) oder bei Urheberrechtsverletzungen (*Deumeland* StraFo 2006, 487);

– Eigenschaft als Gründer oder als Mitglied des Vorstands oder des Aufsichtsrats einer AG iSv § 399 Abs. 1 AktG (vgl. Krekeler/Werner Unternehmer Rn. 288);

– Eigenschaft als Medizinalperson iSd § 278 (Fischer § 278 Rn. 8; Lackner/Kühl/*Kühl* § 278 Rn. 1; str.);

– Eigenschaft als Mitglied des Vertretungsorgans, als Abwickler oder als organschaftlicher Vertreter der zur Vertretung der Gesellschaft ermächtigten Gesellschafter einer juristischen Person bei der Insolvenzverschleppung nach § 15a Abs. 1, 4, 5 InsO (s. Wabnitz/Janovsky WirtschaftsStR-HdB/*Pelz* Kap. 9 Rn. 41 ff.);

– Eigenschaft als Mitglied des Vorstandes/Aufsichtsrates, Hauptbevollmächtigter, Liquidator iSd § 141 Abs. 1, § 143 Abs. 1 VAG oder § 147 GenG (Lang/Weidmüller/*Cario* GenG, 37. Aufl. 2011, § 147 Rn. 16) bzw. als Mitglied vertretungsberechtigter Organe oder des Aufsichtsrats einer Kapitalgesellschaft nach § 331 HGB (vgl. Krekeler/Werner Unternehmer Rn. 300);

– niedrige Beweggründe nach § 211 Abs. 2 (BGHSt 22, 375 (377)) sowie die Verdeckungsabsicht (BGHSt 23, 39 (40)); allg. die Mordmerkmale der 1. und 3. Gruppe (BGHSt 50, 1 (5));

– Rückfall (RGSt 23, 378; BGHSt 17, 215 (217));

– Schutzverhältnis des § 225 und zwar soweit § 225 die Körperverletzung qualifiziert nach § 28 Abs. 2, ansonsten nach § 28 Abs. 1 (insgesamt str.; s. LK-StGB/*Hirsch* § 225 Rn. 1; Lackner/Kühl/*Kühl* § 225 Rn. 3; Rengier StrafR BT II § 17 Rn. 4);

– Zugehörigkeit zum Personenkreis des § 315 Abs. 1 UmwG (Semler/Stengel/*Taschke* UmwG § 315 Rn. 7 Fn. 21);

– Soldateneigenschaft zB iRd §§ 16, 27 jeweils iVm § 1 WStG (LK-StGB/*Schünemann* Rn. 54);

– Eigenschaft als illegaler Verleiher iSv § 15 AÜG (Wabnitz/Janovsky WirtschaftsStR-HdB/*Richtarsky* Kap. 19 Rn. 156);

– Vermögensbetreuungspflicht iRd § 266 (BGHSt 26, 53 (54); BGH NStZ-RR 2007, 269; BGH wistra 2009, 105) bzw. allgemeiner das „Treueverhältnis" (BGH wistra 1988, 305; 2005, 260 (261); BGH StV 1995, 73; BGH NStZ 2012, 316 (317); 2012, 630).

4. Einzelne Merkmale ohne besonderen Persönlichkeitsbezug. Die Anwendung des § 28 wird **17** abgelehnt bei folgenden Merkmalen:

– Das ungeschriebene Tatbestandsmerkmal der **Eigennützigkeit** in den §§ 29–30a BtMG (BGH NStZ 2000, 432);

– **Eigennutz** iSd § 96 Abs. 1 Nr. 1 AufenthG (BayObLG StV 1999, 255 (257) m. abl. Anm. *Kleczewski* zu § 92a Abs. 1 Nr. 1 AuslG aF);

– **Gewinnsucht** in §§ 283a Nr. 1, 283d Abs. 3 Nr. 1 (Fischer Rn. 6a);

– die Eigenschaft als **Insider** bei den Insiderdelikten nach dem WpHG, da es sich um ein tatbezogenes Merkmal handele (aA bzgl. § 38 Abs. 1 Nr. 2 WpHG HK-KapMStrafR/*Hilgendorf* WpHG §§ 38, 39 Rn. 257 mwN);

– das nur dem Ausländer mögliche **illegale Einreisen** iSd § 95 Abs. 1 Nr. 3 AufenthG (BGH NStZ 1999, 409 (410) zu § 92 Abs. 1 Nr. 6 AuslG aF);

– **Mitsichführen einer Schusswaffe** oder sonstiger Gegenstände, die ihrer Art nach zur Verletzung von Personen geeignet und bestimmt sind iSd § 30a Abs. 2 Nr. 2 BtMG (BGH NStZ 2000, 431 (432); BGH NStZ-RR 2002, 277; BGH StraFo 2004, 253; 2008, 254);

– Eigenschaft als **Schuldner iRd** § 170 (Schönke/Schröder/*Lenckner*/*Bosch* § 170 Rn. 35);

- **steuerliche Gestellungspflicht,** dh die Pflicht, FinBeh über steuerlich erhebliche Tatsachen nicht im Unklaren zu lassen, bei § 370 Abs. 1 Nr. 2 AO (BGHSt 41, 1 mAnm *Hake* JR 1996, 162 ff.; BGHSt 56, 153 (155); aA *Grunst* NStZ 1998, 548; JJR/*Joecks* AO § 369 Rn. 84);
- **verfassungsfeindliche Absicht** nach § 94 aF (BGHSt 17, 215 (218));
- **Verwandtschaft** iSd § 173 (BGHSt 39, 326 (327));
- der **Vorsatz** in seinen verschiedenen Formen (Fischer Rn. 6a mwN).

C. Strafbegründende Merkmale (Abs. 1)

18   Ein besonderes persönliches Merkmal ist strafbegründend, wenn bei seinem Fehlen die Strafbarkeit (nach dem jeweiligen Grundtatbestand) entfallen würde (vgl. auch MüKoStGB/*Joecks* Rn. 48).

I. Einzelfälle

19   Dies gilt bspw. für die Eigenschaft als **Mitglied des Vertretungsorgans** einer zahlungsunfähigen oder überschuldeten juristischen Person iSv § 15a Abs. 1, 4 InsO, sodass bei Teilnehmern nach § 28 Abs. 1 eine Strafmilderung vorzunehmen ist (*Börner* JURA 2006, 416). Gleiches gilt für die **Vermögensbetreuungspflicht** des § 266 und die **Gewerbsmäßigkeit** bei § 49 BörsG (HK-KapM-StrafR/*Park* BörsG §§ 26, 49 Rn. 359). Trifft diese **Personenhandelsgesellschaften** oder **juristische Personen,** richtet sich die Verantwortlichkeit nach § 14 Abs. 1 (→ § 14 Rn. 23; vgl. *Bottke* JuS 2002, 321). Nach der Rspr. sind auch die Mordmerkmale der 1. und 3. Gruppe strafbegründende besondere persönliche Merkmale iSv § 28 Abs. 1 (BGHSt 22, 375 (377); 50, 1 (5); aA die hL).

II. Rechtsfolge

20   Fehlt ein strafbegründendes Merkmal des Täters beim Teilnehmer, so ist dieser gleichwohl strafbar, aber seine Strafe gem. § 28 Abs. 1 zwingend nach § 49 Abs. 1 **zu mildern,** ohne dass aus einem anderen Tatbestand bestraft würde (sog Strafrahmenverschiebung). Es handelt sich um einen „obligatorischen besonderen gesetzlichen Milderungsgrund" (Lackner/Kühl/*Kühl* Rn. 7), um „eine Strafzumessungsregel für den nicht qualifizierten Teilnehmer" (Fischer Rn. 7; so auch *Küper* JZ 2006, 1158 f.).

21   Nach der Rspr. kommt eine doppelte Strafrahmensenkung aufgrund der §§ 27 Abs. 2, 28 Abs. 1 (→ § 27 Rn. 42) dann nicht in Betracht, wenn schon die Beihilfe statt Täterschaft nur deswegen bejaht wurde, weil dem Beteiligten ein besonderes persönliches Merkmal fehlt (BGHSt 26, 53 (55); stärker einschränkend für Bankrottgehilfen *Brammsen*/*Ceffinato* NZI 2013, 620 ff.), wie zB die Vermögensbetreuungspflicht iRd § 266 Abs. 1 (BGH wistra 2005, 260 (261); 2015, 146).

22   Auch wenn dem Teilnehmer ein besonderes persönliches Merkmal fehlt, kann im Rahmen der **Strafzumessung** strafschärfend berücksichtigt werden, dass er an einer Tat teilnimmt, deren Täter durch sein Handeln gesteigertes Unrecht begeht (BGH wistra 2005, 177; abl. *Gössel* FS Tröndle, 1989, 366).

D. Strafmodifizierende Merkmale (Abs. 2)

23   Strafmodifizierend, dh **strafschärfend, -mildernd oder -ausschließend,** sind besondere persönliche Merkmale, ohne die (bereits) eine Strafbarkeit gegeben wäre, die aber die mit den jeweiligen Tatbeständen verbundene Strafdrohung verändern (vgl. auch MüKoStGB/*Joecks* Rn. 48).

I. Fallgruppen

24   Strafschärfende Merkmale sind bspw. die **Gewerbsmäßigkeit** iSd § 260 (BGH NStZ 2009, 95), § 152a Abs. 3 (BGH StV 1996, 87; BGH wistra 2005, 177) und § 373 Abs. 1 AO (BGH StV 1987, 443); die **Bandenmitgliedschaft** beim Diebstahl bzw. Raub (BGH wistra 2005, 227 (228); 2013, 307; aA SK-StGB/*Hoyer* Rn. 34) und bei § 30 Abs. 1 BtMG (BGH NStZ 2008, 354); das **Anvertrautsein** iSd § 246 Abs. 2 (BGH StV 1995, 84); die **Beamteneigenschaft** bei unechten Amtsdelikten (BGH NJW 1955, 720).

25   **Ausgeschlossen** wird die Strafe bspw. in den §§ 36, 173 Abs. 3, 258 Abs. 6.

Folgt man der hA bzgl. des Verhältnisses der §§ 28, 29 (→ Rn. 5), so gehören auch strafändernde reine Schuldmerkmale in den Anwendungsbereich des § 28 Abs. 2 (Lackner/Kühl/*Kühl* Rn. 11).

26   Über echte Qualifikationen bzw. Privilegierungen hinausgehend wird Abs. 2 mitunter auch auf im Prinzip unabhängige **Sondertatbestände** angewendet (so Fischer Rn. 12, der zudem von einer Anwendbarkeit bei erfolgsqualifizierten Delikten ausgeht; s. auch BGHSt 17, 215 (216 f.)). In diesem Zusammenhang ist ggf. § 14 Abs. 4 OWiG zu beachten, wenn eine OWi (wie zB der Beharrlichkeit iSd § 184f) durch ein besonderes persönliches Merkmal zu einer Straftat qualifiziert wird (s. Lackner/Kühl/*Kühl* Rn. 12).

II. Rechtsfolge

Anders als Abs. 1 sieht Abs. 2 als Rechtsfolge eine sog **Tatbestandsverschiebung** vor (hM, BGHSt **27** 8, 205 (208); BGH StV 1994, 17; 1995, 84; BWM StrafR AT § 32 Rn. 35; Fischer Rn. 8 mN zur Gegenmeinung; Jescheck/Weigend StrafR AT § 61 VII 4; MüKoStGB/*Joecks* Rn. 10; Krey/Esser StrafR AT Rn. 1015; *Küper* ZStW 104 (1992), 581). Demnach wird jeder Beteiligte nach dem Tatbestand bestraft, dessen besondere persönliche Merkmale er selbst aufweist. Er ist beim Fehlen etwa eines strafschärfenden Merkmals also nur wegen Beteiligung an dem Grunddelikt strafbar (BGH NStZ 2007, 526).

Nach aA ist der Teilnehmer aus dem vom Täter verwirklichten Tatbestand schuldig zu sprechen und lediglich bei der Strafzumessung auf den Tatbestand zurückzugreifen, dessen Merkmale der Beteiligte aufweist (*Hirsch* FS Tröndle, 1989, 35; Roxin StrafR AT II § 27 Rn. 19; *Schünemann* GA 1986, 340; krit. dazu *Roger* GA 2013, 694).

§ 28 Abs. 2 findet auch in den Fällen des § 30 Anwendung, führt hier aber nach der Rspr. ggf. nur zu **28** einer Strafrahmenverschiebung (→ § 30 Rn. 12 ff.).

§ 29 Selbständige Strafbarkeit des Beteiligten

Jeder Beteiligte wird ohne Rücksicht auf die Schuld des anderen nach seiner Schuld bestraft.

1. Allgemeines. In der Vorschrift kommt das **Prinzip der limitierten Akzessorietät** zum Aus- **1** druck (Lackner/Kühl/*Kühl* Rn. 1). Danach wird jedem Beteiligten zwar das vom Täter verwirklichte Unrecht zugerechnet, die Schuld jedoch für jeden Beteiligten individuell bestimmt (LK-StGB/*Schünemann* Rn. 1). Für Anstifter und Gehilfen findet sich das Prinzip in dem Erfordernis einer vorsätzlichen rechtswidrigen Haupttat in den §§ 26, 27 sowie in den Begrenzungen durch § 28 (Schönke/Schröder/*Heine/Weißer* Rn. 1; zur Abgrenzung → § 28 Rn. 5). § 29 hat insoweit nur klarstellende Funktion, zumal mit der Regelung nur einfachgesetzlich ein Teilaspekt konkretisiert wird, der sich schon aus dem verfassungsrechtlichen (Art. 2 Abs. 1 iVm Art. 1 Abs. 1 GG, vgl. BVerfGE 9, 167 (169); BVerfG NJW 2009, 1061 (1062 f.)) Schuldprinzip ergibt.

2. Beteiligte. Beteiligte iSv § 29 sind **Mittäter, Anstifter** und **Gehilfen.** Auf **Nebentäter** ist die **2** Vorschrift nicht anwendbar, da deren Schuld ohnehin individuell festzustellen und zu beurteilen ist (Schönke/Schröder/*Heine/Weißer* Rn. 3). Die Norm gilt nicht nur für das Verhältnis von Täter und Teilnehmer, sondern für das aller Beteiligten, also etwa auch für Mittäter untereinander (LK-StGB/*Schünemann* Rn. 7).

Über seinen Wortlaut hinaus wird § 29 auch für **teilnehmerähnliche Beziehungen** angewendet, bei denen der Gesetzgeber entspr. den §§ 26, 27 bestimmt hat, dass die Tat rechtswidrig, aber nicht notwendig schuldhaft begangen worden sein muss, so zB in den §§ 111, 257, 259, 357 (LK-StGB/*Schünemann* Rn. 8).

3. Schuld. Was vom Merkmal der Schuld umfasst ist, wird uneinheitlich bewertet. Eine wohl überwA **3** will § 29 für sog **allg. Schuldmerkmale** anwenden, dh Schuldausschließungs- bzw. Schuldminderungsgründe des StGB AT (BWM StrafR AT § 32 Rn. 6 f.; Schönke/Schröder/*Heine/Weißer* Rn. 2; Fischer Rn. 3 f.; Köhler StrafR AT 9/III 2.4; MGZ/*Renzikowski* StrafR AT § 53 Rn. 51 ff.; NK-StGB/*Puppe* §§ 28, 29 Rn. 19 ff.; LK-StGB/*Schünemann* § 28 Rn. 14 ff.; s. zur Gegenmeinung SK-StGB/*Hoyer* § 28 Rn. 9 ff.; Jescheck/Weigend StrafR AT § 61 VII 4c; *Langer* FS Lange, 1976, 252; WBS StrafR AT Rn. 801; diff. *Herzberg* ZStW 1988 (1976), 68 ff.; Kühl StrafR AT § 20 Rn. 157; *Küper* ZStW 104 (1992), 582 f. (587 ff.)).

Danach sind von der Vorschrift Fälle erfasst, in denen einer der Beteiligten ein Kind ist (§ 19), vermindert schuldfähig oder schuldunfähig ist (§§ 20, 21), sich in einem Verbotsirrtum befindet (§ 17) oder aufgrund der §§ 33, 35 entschuldigt ist. Für jugendliche Täter ist darüber hinaus § 3 JGG zu beachten. § 29 bezieht sich damit auf die Schuld im eigentlichen Sinne, also auf die Umstände, die den Täter für sein willentliches Handeln verantwortlich erscheinen lassen bzw. diese Beurteilung modifizieren oder ausschließen (Schönke/Schröder/*Heine/Weißer* Rn. 4). Folgt man dem, sind die **tatbestandlich typisierten Schuldmerkmale** bzw. **strafbegründende besondere persönliche Schuldmerkmale** (zB „Böswilligkeit" in § 90a Abs. 1 Nr. 1 oder „Rücksichtslosigkeit" in § 315c Abs. 1 Nr. 2) nicht erfasst, sondern unterliegen dem Anwendungsbereich des § 28 (*Niedermair* ZStW 106 (1996), 388).

Die Vorschrift kann auch für die **konkrete Strafzumessung** herangezogen werden, hat jedoch neben dem spezielleren § 46 keine weitergehende Bedeutung.

4. Regelungsgehalt. § 29 bestimmt, dass die allg. Schuldausschließungsgründe (zB §§ 17 **4** S. 1, 19, 20, 33, 35 und § 3 JGG; teilweise wird auch der Rücktritt als Schuldausschließungsgrund angesehen, → § 24 Rn. 1) und Schuldminderungsgründe (zB §§ 17 S. 2, 21) nur dem Beteiligten zugutekommen, bei dem sie vorliegen. Umgekehrt folgt daraus, dass die Teilnahme möglich bleibt, wenn der Täter zwar rechtswidrig, aber ohne Schuld handelt.

5   Dies wird von der hM auch für die Teilnahme an einer wegen Notstands (§ 35) oder Notwehrexzesses (§ 33) ohne Schuld begangenen Tat bejaht (Fischer Rn. 3; SK-StGB/*Hoyer* Rn. 2; Lackner/Kühl/*Kühl* Rn. 1; LK-StGB/*Schünemann* Rn. 2; aA MGZ, StrafR AT, 7. Aufl. 1989, § 53 Rn. 95 f.; *Rudolphi* ZStW 78 (1966), 98). Die fehlende Schuld des Täters ist dann jedoch für den Teilnehmer iRd Strafzumessung strafmildernd zu berücksichtigen (SK-StGB/*Rogall* § 35 Rn. 51; LK-StGB/*Schünemann* Rn. 3). Weiß der Teilnehmer, dass der Täter schuldlos handelt, kommt mittelbare Täterschaft in Betracht (→ § 25 Rn. 49; Fischer Rn. 3; Lackner/Kühl/*Kühl* Rn. 1).

§ 30 Versuch der Beteiligung

(1) [1]Wer einen anderen zu bestimmen versucht, ein Verbrechen zu begehen oder zu ihm anzustiften, wird nach den Vorschriften über den Versuch des Verbrechens bestraft. [2]Jedoch ist die Strafe nach § 49 Abs. 1 zu mildern. [3]§ 23 Abs. 3 gilt entsprechend.

(2) Ebenso wird bestraft, wer sich bereit erklärt, wer das Erbieten eines anderen annimmt oder wer mit einem anderen verabredet, ein Verbrechen zu begehen oder zu ihm anzustiften.

Literatur: *Barthelmeß,* Strafbarkeit im Vorfeld des Fördertatbestandes des § 20 Abs. 1 Nr. 2 KWKG, wistra 2001, 14; *Bloy,* Grund und Grenzen der Strafbarkeit der mißlungenen Anstiftung, JR 1992, 493; *Dessecker,* Im Vorfeld eines Verbrechens: die Handlungsmodalitäten des § 30 StGB, JA 2005, 549; *Flemming/Reinbacher,* „Die unausgeführte Bande" – Zur Vorfeldstrafbarkeit bei Bandendelikten, NStZ 2013, 136; *Geppert,* Die versuchte Anstiftung (§ 30 Abs. 1 StGB), JURA 1997, 546; *Jakobs,* Kriminalisierung im Vorfeld einer Rechtsgutsverletzung, ZStW 97 (1985), 751; *Kretschmer,* Zur Tatkonkretisierung bei einer versuchten Anstiftung, NStZ 1998, 401; *Kroß,* Die versuchte Kettenanstiftung und der Rücktritt der an ihr Beteiligten, JURA 2003, 250; *Kütterer-Lang,* Versuch der Anstiftung und Rücktritt, JuS 2006, 206; *Maurach,* Die Problematik der Verbrechensverabredung (§ 49a II StGB), JZ 1961, 137; *Roger,* Die sog. Zumessungslösung zu § 28 II StGB: ihre (zweifelhafte) Berechtigung und ihre Bedeutung für die Vorfeldbestrafung (§ 30 StGB), GA 2013, 694; *Rotsch,* Verbrechensverabredung im Internet, ZJS 2012, 680; *Roxin,* Die Strafbarkeit von Vorstufen der Beteiligung, JA 1979, 169; *Schröder,* Grundprobleme des § 49a StGB, JuS 1967, 289; *Thalheimer,* Die Vorfeldstrafbarkeit nach §§ 30, 31 StGB, 2008.

A. Allgemeines

1   § 30 macht von dem Grundsatz, dass bloße Vorbereitungshandlungen (auch bei schweren Straftaten) straflos sind, eine **Ausnahme** für solche Handlungen, die sich als **Vorstufen der Beteiligung** an einem Verbrechen darstellen. Diesbzgl. enthält die Norm vier Tatbestandsvarianten. Begründet wird die Ausnahme damit, dass das angestrebte Zusammenwirken der Beteiligten bei einem Verbrechen schon vor Eintritt in das Versuchsstadium eine besondere Gefährlichkeit aufweise (BGHSt 1, 305 (309); 10, 388 (389); BGH NStZ 1998, 347 (348); *Bloy* JR 1992, 495). Geschützt wird das durch die geplante Tat bedrohte Rechtsgut (Fischer Rn. 2a; krit. *Jakobs* ZStW 97 (1985), 756).

2   Systematisch handelt es sich um eine in den **Vorfeldbereich** greifende und daher restriktiv auszulegende **Strafausdehnungsnorm** (grds. krit. *Dessecker* JA 2005, 554; Köhler StrafR AT 9/II/8.2: „mit rechtsstaatlichem Tatstrafrecht nicht vereinbar"; Stratenwerth/Kuhlen StrafR AT § 12 Rn. 170; *Thalheimer,* Die Vorfeldstrafbarkeit nach §§ 30, 31 StGB, 2008, 13 ff.). Entspr. enthält § 30 keine selbstständigen Tatbestände (so BGHSt 40, 73 (75); Kühl StrafR AT § 20 Rn. 243), sondern erfasst generell die Vorbereitung von Deliktstäterschaft oder Teilnahme an Verbrechen (vgl. Jescheck/Weigend StrafR AT § 65 I 1; MüKoStGB/*Joecks* Rn. 10) auch außerhalb des StGB (s. *Barthelmeß* wistra 2001, 16 zum KWKG). Es handelt sich um Sonderformen der Deliktsbeteiligung, weshalb auch die §§ 28, 29 Anwendung finden (Schönke/Schröder/*Heine/Weißer* Rn. 10).

3   Eine **Parallelnorm** findet sich in **§ 19 Abs. 1, 2 UWG** (→ UWG § 19 Rn. 1, 4, 8) für Fälle, in denen der Täter zu Zwecken des Wettbewerbs oder aus Eigennutz im Hinblick auf eine Tat nach §§ 17 f. UWG handelt (nach Wabnitz/Janovsky WirtschaftsStR-HdB/*Möhrenschlager* Kap. 15 Rn. 35 ff. kommt der Norm keine praktische Bedeutung zu).

B. Zukünftiges Verbrechen

4   Alle Varianten des § 30 müssen auf eine hinreichend **bestimmte zukünftige Tat** gerichtet sein. Bei dieser muss es sich um ein Verbrechen iSv § 12 (→ § 23 Rn. 1) handeln (BGHSt 12, 306 (308)). Etwas anderes gilt nur, wenn Spezialregelungen auch Vergehen in den Anwendungsbereich des § 30 einbeziehen (so zB § 159 sowie § 16 Abs. 4, § 19 Abs. 4, § 44 Abs. 6 WStG; Fischer Rn. 3). Die Tat darf nicht ins Versuchsstadium gelangt sein (→ Rn. 43).

I. Allgemeines

Für die Feststellung des Verbrechenscharakters der zukünftigen Tat sind die **Vorstellungen der** 5 **Beteiligten** entscheidend (BGHSt 6, 308 (309); krit. zur unausgeführten Bande *Flemming/Reinbacher* NStZ 2013, 136). Es kommt daher nicht darauf an, ob die vorgestellten Tatbestandsmerkmale tatsächlich vorliegen oder eintreten könnten, da die Norm auf das Sichtbarwerden des verbrecherischen Willens abstellt (BGHSt 4, 254 zu § 49a aF; Fischer Rn. 4).

Auch wenn die Tat im Ausland begangen werden soll, ist die Frage des Verbrechenscharakters nach deutschem Recht zu beurteilen (Schönke/Schröder/*Heine/Weißer* Rn. 9). Kann nicht nachgewiesen werden, ob die vorgestellte Tat Vergehen oder Verbrechen sein sollte, so muss – in dubio pro reo – freigesprochen werden (Schönke/Schröder/*Heine/Weißer* Rn. 15; *Thalheimer,* Die Vorfeldstrafbarkeit nach §§ 30, 31 StGB, 2008, 35 f.).

Unter Zugrundlegung dieses Maßstabs muss es sich bei den ins Auge gefassten Handlungen um eine 6 tatbestandsmäßige, rechtswidrige **und schuldhafte** Tat handeln. Daher kommt bei einem erfolglos Angestifteten, der schuldunfähig ist, § 30 nur in Frage, wenn der Anstifter die Schuldunfähigkeit nicht erkannt hat. Andernfalls kann ein Versuch der Haupttat in mittelbarer Täterschaft vorliegen (Fischer Rn. 4).

Die von § 30 erfassten Handlungen können auch eine Anstiftung betreffen, wie sich aus Abs. 1 S. 1 7 Var. 2 (Kettenanstiftung) sowie Abs. 2 aE ergibt. Dies gilt grds. nicht für die **Beihilfe,** wie sich dem Umkehrschluss entnehmen lässt (BGHSt 7, 234 (237); BGH wistra 2004, 265 (267)).

Etwas anderes kann sich bei verselbstständigten Beihilfetatbeständen ergeben. Wenn diese eine eigene 8 Tat darstellen, so ist für § 30 auf diese abzustellen, nicht auf die noch dahinter stehende Haupttat. Daher soll § 30 in all seinen Varianten etwa auf den Fördertatbestand des **§ 20 Abs. 1 Nr. 2 KWKG** Anwendung finden (*Barthelmeß* wistra 2001, 16).

II. Hinreichende Konkretisierung

Die Tat muss in der Vorstellung des Handelnden schon hinreichend, dh in ihren **wesentlichen** 9 **Grundzügen** konkretisiert sein (BGH NStZ 2009, 497 (498); Schönke/Schröder/*Heine/Weißer* Rn. 5). Die Anforderungen hieran sind mit denen bzgl. des Tatplans bei § 25 Abs. 2 vergleichbar (OLG Jena wistra 2009, 204 (205)). Es ist daher nicht erforderlich, dass die Tat bereits in allen Einzelheiten (Art der Ausführung, Ort, Zeit, vgl. OLG Köln NJW 1951, 612 (613)) bestimmt ist (BGHSt 18, 160 (161); BGH NStZ 2007, 697). Erst recht muss noch keine konkrete Rechtsgutsgefährdung eingetreten sein (BGH NStZ 1998, 347 (348)). Auch kann die Ausführung der Tat noch von einer Bedingung abhängig gemacht sein (vgl. BGHSt 12, 306 (310); KG GA 1971, 54 (55)) und ist es unschädlich, wenn mehrere Begehungsmöglichkeiten ins Auge gefasst werden (BGHSt 12, 306 (308)), solange alle strafbar wären (BGH NStZ 2009, 497 (498)). Es genügt bedingter Vorsatz; einer darüber hinausgehenden „Ernstlichkeit" bedarf es nicht (BGHSt 44, 99 (101 f.); → Rn. 20).

Nicht ausreichend sind jedoch bloße Vorbesprechungen, um die Erfolgschancen abzuwägen (BGHSt 10 12, 306 (309)). Insbes. im Fall der versuchten Anstiftung ist es vielmehr nötig, dass der designierte Täter die Tat „begehen könnte, wenn er wollte" (BGHSt 44, 99 (101); 50, 142 (145); BGH NStZ 1998, 347 (348); zust. Schönke/Schröder/*Heine/Weißer* Rn. 5; *Geppert* JURA 1997, 550; Lackner/Kühl/*Kühl* Rn. 3; Roxin StrafR AT II § 28 Rn. 20; krit. *Kretschmer* NStZ 1998, 401).

Der erforderliche Grad der Konkretisierung hängt auch von der **Art und den Gegebenheiten der** 11 **jeweils geplanten Tat** und damit den in Frage kommenden Tatbeständen ab (Schönke/Schröder/ *Heine/Weißer* Rn. 5). Bei Delikten gegen die Person ist es grds. nicht ausreichend, wenn das Opfer nur so allg. bestimmt ist, dass der Plan von den anderen Beteiligten alleine noch nicht umgesetzt werden könnte (BGHSt 18, 160 (161); OLG Zweibrücken NStZ-RR 2002, 136). Dagegen ist es bei Eigentumsdelikten regelmäßig nicht erforderlich, dass die Person des Verletzten bereits individuell bestimmt ist (BGH MDR 1960, 595).

III. Auswirkung von Merkmalen iSv § 28 Abs. 2

Sehr str. ist die Frage, ob für die Beurteilung des Verbrechenscharakters der Tat hinsichtlich strafmodi- 12 fizierender Merkmale iSv § 28 Abs. 2 (→ § 28 Rn. 6 ff., 23 ff.) auf die **Person des Haupttäters oder die des Vorbereitenden** abzustellen ist. Das Problem wird nur in den Fällen des § 30 relevant, in denen der daran Beteiligte bei Durchführung der Haupttat Teilnehmer wäre, sodass das Prinzip der Akzessorietät greift (vgl. Schönke/Schröder/*Heine/Weißer* Rn. 10). Dies betr. die versuchte Anstiftung und die Annahme eines Anerbietens, aber auch das Sichbereiterklären zu einer Anstiftung (vgl. BGHSt 53, 174 (176 ff.)).

Die **Rspr.** wendet § 28 Abs. 2 in diesen Fällen nur für den maßgeblichen Strafrahmen an und stellt 13 für die Einordnung der beabsichtigten Tat als Verbrechen oder Vergehen alleine auf die **Person des designierten Haupttäters** ab (BGHSt 6, 308 (310 f.); 8, 294 f.; 53, 174 (177); s. auch SSW StGB/ *Murmann* Rn. 7). Strafschärfende Merkmale, die ein Vergehen zum Verbrechen qualifizieren (etwa § 263

Abs. 5), müssen danach nur bei diesem vorliegen, soweit es um die Frage der Anwendbarkeit des § 30 geht. Hierfür spricht vor allem der Strafgrund des § 30, wonach nicht gefährliche Täter, sondern besonders gefährliche Taten erfasst werden sollen (so auch Jescheck/Weigend StrafR AT § 65 I 4). Um Wertungswidersprüche zu vermeiden, wendet die Rspr. gleichwohl den Strafrahmen des Grunddelikts an, wenn die verbrechensbegründenden Merkmale beim Vorbereitenden iSv § 30 nicht gegeben sind (BGHSt 6, 308 (310)).

14   Die **hL** lässt demgegenüber § 28 Abs. 2 auch für die Frage des **Deliktscharakters** Bedeutung zukommen (BWM StrafR AT § 32 Rn. 48; Schönke/Schröder/*Heine/Weißer* Rn. 10 ff.; Fischer Rn. 5 ff.; SK-StGB/*Hoyer* Rn. 18; Lackner/Kühl/*Kühl* Rn. 2). Danach kommt es für die Anwendbarkeit des § 30 darauf an, ob die vorgestellte Tat im Falle der Verwirklichung (auch) für den dann als Teilnehmer agierenden Beteiligten des § 30 ein Verbrechen wäre (BWM StrafR AT § 32 Rn. 48; Schönke/Schröder/*Heine/Weißer* Rn. 10; Lackner/Kühl/*Kühl* Rn. 2; MGZ/*Renzikowski* StrafR AT § 53 Rn. 118 ff.; *Roger* GA 2013, 705 ff.; NK-StGB/*Zaczyk* Rn. 29). Begründet wird dies mit den zahlreichen Wertungswidersprüchen und systematischen Brüchen, die sich aus der Lösung der Rspr. ergeben (s. Fischer Rn. 6b).

C. Versuchte Anstiftung (Abs. 1)

I. Allgemeines

15   Abs. 1 regelt die versuchte Anstiftung, worunter auch eine solche zur Mittäterschaft fällt (Schönke/Schröder/*Heine/Weißer* Rn. 16), auch wenn ein Mittäter versucht, einen anderen zur Mittäterschaft anzustiften. Ebenso erfasst wird die versuchte Anstiftung zur Verbrechensanstiftung (sog Kettenanstiftung, s. *Kroß* JURA 2003, 251), nicht aber die versuchte Anstiftung zur Beihilfe (→ Rn. 7).

16   Nach der Rspr. finden wegen des Wortlauts „zu bestimmen versucht" neben den Grundsätzen zu § 26 auch die **allg. Grundsätze der Versuchsstrafbarkeit** Anwendung (vgl. BGHSt 8, 261 (262)). Hinsichtlich der Tat kommt es daher nicht nur bzgl. des Verbrechenscharakters (→ Rn. 5), sondern auch allg. auf die **Vorstellungen des Anstifters** an (→ § 22 Rn. 38).

17   Daher ist es ohne Belang, **aus welchen Gründen** die Anstiftung **nicht erfolgreich** war. Eine versuchte Anstiftung liegt somit auch vor, wenn der Anzustiftende sich nicht bestimmen ließ, da er bereits selbst zur Tat entschlossen war (untaugliche Anstiftung, vgl. RGSt 72, 373 (375)), oder wenn er eine andere als die vom Anstifter vorgesehene Tat begeht (Exzess, hierzu Roxin StrafR AT II § 28 Rn. 22). Gleiches gilt, wenn der zunächst bestimmte Täter seine Meinung später ändert oder wenn die Anstiftung aus sonstigen Gründen nicht ursächlich für die Haupttat geworden ist.

II. Subjektiver Tatbestand

18   Wie bei § 26 (→ § 26 Rn. 18) ist auch für die versuchte Anstiftung ein **doppelter Anstiftervorsatz** notwendig. Der Anstifter muss sowohl wissen und wollen, dass der Angestiftete den Tatvorsatz fasst (Bestimmungsvorsatz), als auch, dass die Haupttat tatsächlich begangen und vollendet wird (Tatvorsatz). Bedingter Vorsatz genügt.

19   **Bestimmen** meint wie bei § 26 (→ § 26 Rn. 1 ff.) jedes Handeln, durch das in einem anderen der Verbrechensentschluss hervorgerufen werden soll (MüKoStGB/*Joecks* Rn. 28; LK-StGB/*Schünemann* Rn. 14). Es genügt grds. jedes Mittel der intellektuellen Beeinflussung, sodass auch ein bloßer Rat ausreichend sein kann (RGSt 53, 351 (352); BGH NJW 1951, 666 (667)). Eine vollständige Individualisierung der anzustiftenden Person muss nicht gegeben sein, wenngleich die Aufforderung an einen unbestimmten Personenkreis nicht genügt (KG NJW 1991, 2653 (2654)).

20   Die **mangelnde Ernstlichkeit** der abgegebenen, zum Bestimmen geeigneten Erklärung ist eine Frage alleine des subjektiven Tatbestandes. Auch in diesen Fällen genügt für § 30 Eventualvorsatz (s. BGHSt 44, 99 (101 f.); aA NK-StGB/*Zaczyk* Rn. 17, der mit beachtlichen Argumenten Absicht oder Wissentlichkeit fordert). Dieser liegt bereits dann vor, wenn der Anstiftende damit rechnet, dass der andere aufgrund seiner Erklärung die Haupttat ausführen und zur Vollendung bringen möchte (BGH NStZ 1998, 403 (404)). Für diese Lösung sprechen insbes. der Wortlaut des Gesetzes, der eine über den bedingten Vorsatz hinausgehende Absicht nicht verlangt, und der Regelungszweck im Hinblick auf besonders gefährliche Taten.

21   Hinsichtlich der Haupttat muss der Vorsatz ggf. erforderliche strafbegründende **besondere persönlicher Merkmale** iSv § 28 Abs. 1 in der Person des Anzustiftenden umfassen. Weiß der Anstifter, dass diese nicht vorliegen, liegt kein Fall des Abs. 1 vor, da der Anzustiftende die Tat nach den Vorstellungen des Anstifters nicht als Täter begehen kann (Schönke/Schröder/*Heine/Weißer* Rn. 12; Fischer Rn. 6). Geht der Anstifter hingegen irrig vom Vorliegen der Merkmale aus, so liegt ein strafbarer untauglicher Versuch der Anstiftung vor (Schönke/Schröder/*Heine/Weißer* Rn. 12).

III. Unmittelbares Ansetzen

22   Die Strafbarkeit nach Abs. 1 erfordert ein **unmittelbares Ansetzen** (allg. → § 22 Rn. 35 ff.) zum Bestimmen. Dies ist gegeben, wenn der Anstifter die Aufforderung in einer Form auf den Weg bringt,

die nach seinem Tatplan geeignet ist, bei ungestörtem Fortgang der Dinge den Anzustiftenden ohne weitere Zwischenschritte zum Tatentschluss zu veranlassen. Ein vorbereitendes Hinleiten des Anzustiftenden genügt demnach noch nicht (Fischer Rn. 9a). Die Bestimmungshandlung muss sich auf eine hinreichend konkretisierte Tat (→ Rn. 9 ff.) beziehen, sodass der Anzustiftende nach der Vorstellung des Anstifters bei erfolgreicher Anstiftung die Tat begehen könnte (BGHSt 50, 142 (145); krit. dazu *Kütterer-Lang* JuS 2006, 207).

Nicht notwendig ist, dass die Äußerung dem anderen zugeht (BGHSt 8, 261 (262); SK-StGB/*Hoyer* **23** Rn. 31 f.; *Roxin* JA 1979, 171; LK-StGB/*Schünemann* Rn. 17; aA *Schröder* JuS 1967, 290) oder dieser die Erklärung versteht (RGSt 47, 230 (231)).

D. Sonstige Beteiligungsformen im Vorbereitungsstadium (Abs. 2)

Abs. 2 enthält sonstige Beteiligungsformen im Vorbereitungsstadium, die sich ebenfalls auf ein Ver- **24** brechen oder die Anstiftung zu einem solchen (vgl. BGHSt 53, 174 (176)) beziehen müssen. Anstiftung hierzu ist möglich, nicht aber Beihilfe (Fischer Rn. 14 mwN).

Versuch und Vorbereitung von Handlungen nach Abs. 2 sind nicht strafbar (Roxin StrafR AT II **25** § 28 Rn. 67; LK-StGB/*Schünemann* Rn. 78), solange in diesen Handlungen nicht eine versuchte Anstiftung iSv Abs. 1 oder ein Sich-Bereiterklären nach Abs. 2 zu finden ist.

I. Sichbereiterklären (1. Var.)

Objektiv ist erforderlich, dass der Handelnde die Bereitschaft erklärt, ein Verbrechen iSv § 30 **26** (→ Rn. 4 ff.) zu begehen. Über eine bloße Mitteilung hinaus muss er sich damit gegenüber dem Adressaten der Erklärung binden wollen (BGH NJW 2015, 1032 (1033); MüKoStGB/*Joecks* Rn. 43). Dies ist etwa der Fall, wenn ein Vermittler iSv **§ 22a Abs. 1 Nr. 7 KWKG** sondiert, ob Bereitschaft besteht, einen Vertrag über den Erwerb von im Ausland befindlichen Kriegswaffen abzuschließen (OLG Düsseldorf wistra 2007, 192).

Das Sicherbereiterklären kann sowohl durch die **Annahme** einer Aufforderung geschehen, als auch **27** durch ein bloßes **Sicherbieten.** Jedenfalls aber muss die Erklärung gegenüber einer Person erfolgen, die den Erklärenden zur Begehung aufgefordert hat oder die dem Deliktsplan zustimmen soll (Schönke/Schröder/*Heine/Weißer* Rn. 22). Im zweiten Fall muss der Erklärende davon ausgehen, dass der Adressat ein eigenes Interesse an der Herbeiführung des Taterfolges hat. Unschädlich ist es, wenn der Erklärende seine Bereitschaft von bestimmten äußeren Bedingungen abhängig macht.

Nach der Rspr. muss die Erklärung dem Empfänger wie bei der versuchten Anstiftung **nicht 28 zugehen** (BGH GA 1963, 126; Fischer Rn. 10; aA SK-StGB/*Hoyer* Rn. 40; MüKoStGB/*Joecks* Rn. 48, die den Zugang sowohl für die Fälle der Annahme als auch solche des Sicherbietens fordern).

Im **subjektiven Tatbestand** muss der Erklärende zum Zeitpunkt seiner vorsätzlich abgegebenen **29** Erklärung tatsächlich innerlich bereit sein, die zukünftige Tat zu begehen. Hieran fehlt es, wenn er sich nur zum Schein bereit erklärt, ein Verbrechen zu begehen (BGHSt 6, 346 (347)). Denn ist er idS von Beginn an zum Wortbruch entschlossen, fehlt es an der besonderen Gefährlichkeit der Willensbildung und Zusage (MüKoStGB/*Joecks* Rn. 46). Nicht entscheidend ist hingegen, ob eine vorausgegangene Aufforderung ihrerseits ernst gemeint war.

II. Annahme eines Erbietens (Var. 2)

Für die Var. 2 ist es in **objektiver Hinsicht** erforderlich, dass der Annehmende sich damit ein- **30** verstanden erklärt, dass ein anderer sein vorangegangenes Anerbieten zur Begehung eines Verbrechens in die Tat umsetzt (MüKoStGB/*Joecks* Rn. 49; NK-StGB/*Zaczyk* Rn. 43). Dies kann ausdr. oder durch schlüssiges Verhalten erfolgen. Die Erklärung muss sich an die anbietende Person richten und deren Angebot in eine verpflichtende Zusage wandeln (Fischer Rn. 11). Ob ein Zugang der Erklärung erforderlich ist, ist str. (→ Rn. 28; bejahend MüKoStGB/*Joecks* Rn. 52).

Nach hM muss das **vorangegangene Anerbieten** nicht ernst gemeint gewesen sein (BGHSt 10, 388 **31** (390); Fischer Rn. 11; Lackner/Kühl/*Kühl* Rn. 6; Wabnitz/Janovsky/*Möhrenschlager* Kap. 15 Rn. 36 zu § 19 Abs. 2 UWG). Dies ist angesichts der vorverlagerten Strafbarkeit bedenklich, da es an der besonderen Gefährlichkeit fehlt, wenn der Anerbietende die Tat ohnehin nicht ausführen will (abl. daher RGSt 57, 243 (244 f.); SK-StGB/*Hoyer* Rn. 41; MüKoStGB/*Joecks* Rn. 50).

Nach wohl überw. Auffassung darf es sich bei der anbietenden Person nicht um einen omnimodo **32** facturus handeln, dh der Anbietende muss die Ausführung von der Annahme des Erbietens abhängig machen. Die bloße Festigung eines bereits bestehenden Tatentschlusses durch die Annahme des Erbietens reicht dafür nicht aus (MüKoStGB/*Joecks* Rn. 51; LK-StGB/*Schünemann* Rn. 90; aA Jescheck/Weigend StrafR AT § 65 III 2). Andernfalls würde ein Fall erfolgloser psychischer Beihilfe unter Strafe gestellt (so MüKoStGB/*Joecks* Rn. 51).

33   **Subjektiv** ist Vorsatz erforderlich. Der Beteiligte muss also seine Annahmeerklärung ernst meinen oder jedenfalls damit rechnen, dass der andere die Tat aufgrund der Erklärung ausführen wird (s. *Fischer* Rn. 11).

III. Verbrechensverabredung (Var. 3)

34   Abs. 2 Var. 3 setzt „die vom ernstlichen Willen getragene Einigung mehrerer Personen voraus, an der Verwirklichung eines bestimmten Verbrechens mittäterschaftlich, also nicht nur als Gehilfen, mitzuwirken" (BGHSt 53, 174 (176)).

35   **1. Objektive Anforderungen.** Erforderlich ist eine – auch konkludent mögliche (*Maurach* JZ 1961, 139) – **Willenseinigung zwischen mind. zwei Personen,** die in einem gleichrangigen Verhältnis zueinander stehen (Schönke/Schröder/*Heine/Weißer* Rn. 24). Eine Verabredung zwischen Personen, die als Täter und Teilnehmer agieren sollen, erfüllt den Tatbestand nicht (BGH NStZ 1988, 406; BGH NStZ-RR 2002, 74 (75)). In diesem Fall kann jedoch ein Anstifter nach Abs. 1 strafbar sein, der verabredungsgemäße Haupttäter nach Abs. 2 Var. 1; der potentielle Gehilfe bleibt hingegen straflos (Schönke/Schröder/*Heine/Weißer* Rn. 24). Es ist nicht zwingend erforderlich, dass die Beteiligten die Identität des jeweils anderen kennen. Vielmehr kann wegen des vergleichbaren Motivationsdrucks die Verwendung von Tarnnamen – auch in einem Chat – genügen, wenn jeder Beteiligte trotzdem in der Lage ist, von den anderen den zugesagten Beitrag einzufordern, die Verabredung also eine entsprechende Ernstlichkeit aufweist. Setzt das verabredete Delikt die gleichzeitige Präsenz der Mittäter am Tatort voraus, muss der Tatplan die spätere Auflösung der völligen Anonymität vorsehen (BGH NStZ 2011, 570 (571 f.); dazu *Rotsch* ZJS 2012, 680).

36   Eine tatbestandliche Verabredung liegt nach teilweise vertretener Auffassung auch dann vor, wenn einer von zwei Beteiligten nur zum Schein mitwirkt, seine **Mitwirkungsbereitschaft** also **nicht ernstlich** ist (Schönke/Schröder/*Heine/Weißer* Rn. 29; diff. MüKoStGB/*Joecks* Rn. 64 f.). Nach aA müssen mind. zwei Beteiligte die Verabredung ernst meinen (SK-StGB/*Hoyer* Rn. 48; MGZ/*Renzikowski* StrafR AT § 53 Rn. 131; LK-StGB/*Schünemann* Rn. 63). Andernfalls sei der (alleine) ernstlich entschlossene Beteiligte nur wegen Sichbereiterklärens oder der Annahme eines Anerbietens zu bestrafen, wenn die diesbezügl. Voraussetzungen vorliegen (zur Strafbarkeit des vorspiegelnden Beteiligten → Rn. 40).

37   Die Anforderungen an die **Intensität der Verabredung** stehen in Verbindung mit denjenigen an die Konkretisierung der geplanten Tat (→ Rn. 9 ff.). Mind. erforderlich ist ein gemeinsamer Tatentschluss iSv § 25 Abs. 2 (→ § 25 Rn. 107 f.), aufgrund dessen eine tatbestandliche Zuordnung der Tat möglich ist (BGHSt 25, 35 (36); BGH NStZ 2007, 697; SK-StGB/*Hoyer* Rn. 53 f.; Jescheck/Weigend StrafR AT § 65 III 1; LK-StGB/*Schünemann* Rn. 67). Hinsichtlich der einzelnen Tatumstände werden die gleichen Anforderungen an die Konkretisierung gestellt wie beim Tatplan nach § 25 Abs. 2 (MüKoStGB/*Joecks* Rn. 57 ff. mwN). Nicht ausreichend ist danach etwa die Absprache, sich bei einer Institution gewaltsam Geld zu verschaffen oder bloße Vorbesprechungen (BGHSt 12, 306 (309)).

38   Die **geplante Tat** (allg. → Rn. 4 ff.) kann ein Verbrechen sein oder die gemeinsame Anstiftung zu einem solchen. Dabei soll es nach der Rspr. genügen, wenn eine von mehreren alternativ ins Auge gefassten Taten ein Verbrechen ist (BGHSt 12, 306 (308 ff.)). Ebenso soll es nach hM ausreichen, wenn nur einer der Beteiligten ein besonderes persönliches Merkmal iSv § 28 aufweist, das die Tat erst zum Verbrechen macht (Schönke/Schröder/*Heine/Weißer* Rn. 10; aA LK-StGB/*Schünemann* Rn. 76, der fordert, dass das besondere persönliche Merkmal bei mind. zwei Komplottanten vorliegen muss). Allerdings sei dann auch nur dieser Beteiligte aus Abs. 2 Var. 3 zu bestrafen (SK-StGB/*Hoyer* Rn. 51).

39   **2. Subjektive Anforderungen.** In **subjektiver Hinsicht** müssen die Beteiligten mit Vorsatz handeln und unbedingt zur Begehung der geplanten Tat entschlossen sein (BGH NStZ 1998, 403 (404)). Eine bloße Tatgeneigtheit genügt also nicht, was ggf. ein gewisses Maß an Konkretisierung der Tat erfordert (BGH NStZ 2009, 497 (498); → Rn. 9 ff.).

40   Wirkt einer der Beteiligten nur zum Schein an der Verabredung mit (→ Rn. 36), macht er sich gleichwohl nach Abs. 1 strafbar, wenn er davon ausgeht, dass seine Erklärung bei dem Anderen den endgültigen Entschluss zur Tat erst hervorruft. Geht er hingegen davon aus, dass eine spätere Tatbegehung durch den Anderen ohne seine Mitwirkung nicht möglich ist, kommt eine Bestrafung nicht in Betracht (BGHSt 18, 160 (161)).

E. Sonstiges

I. Konkurrenzen

41   Auch bei Verabredung mehrerer Verbrechen ist für jeden Beteiligten jeweils nur auf dessen Handlungen iSv § 30 abzustellen (BGHSt 56, 170; BGH NStZ 2013, 33 (34)). Die einheitliche Verabredung zu mehreren Verbrechen ist nur eine Tat. Realkonkurrenz kommt in Betracht, wenn mehrere Tatbestandsvarianten verwirklicht werden, die sich auf verschiedene Tatbestände beziehen (im Einzelnen

str., s. NK-StGB/*Zaczyk* Rn. 71 f.; zur Fassung des Schuldspruchs BGH NJW 2010, 623 (624); s. aber BGH NStZ 2013, 33 (34)).

Innerhalb des § 30 ist grds. die tatbestandsfernere Variante gegenüber der tatbestandsnäheren subsidiär **42** (LK-StGB/*Schünemann* Rn. 79; NK-StGB/*Zaczyk* Rn. 68 f.). Deshalb geht die Verabredung nach Abs. 2 Var. 3 der versuchten Anstiftung nach Abs. 1 vor (BGH NStZ 1994, 383), es sei denn, die Verabredung bezieht sich auf die später versuchte Anstiftung (BayObLG NJW 1956, 1000 (1001)). Das Sichbereiterklären tritt hinter den Anstiftungsversuch zurück.

In all seinen Varianten tritt § 30 selbst hinter die speziellen Vorbereitungsdelikte (zB §§ 83, 357) zurück (s. Fischer Rn. 18). Sehr str. ist indes das Verhältnis der Verbrechensverabredung zu § 149 Abs. 1 Nr. 1 (BGH wistra 2011, 422 mwN).

§ 30 wird von der (auch nur versuchten) Begehung der in Aussicht genommenen Tat verdrängt, selbst **43** wenn diese mit anderen Teilnehmern als den erfolglos Angestifteten erfolgt, solange die Tatidentität gegeben bleibt (BGHSt 8, 38 (39 f.); 14, 378 (379); BGH NStZ 1999, 449 (450); 2009, 25; s. zu Ausnahmen Fischer Rn. 17). Dies gilt auch dann, wenn statt der geplanten Tat eine diese umfassende, schwerere Tat begangen wird (Schönke/Schröder/*Heine*/*Weißer* Rn. 38; Lackner/Kühl/*Kühl* Rn. 10). Im umgekehrten Fall, wenn also statt einer besprochenen schwereren Tat eine leichtere begangen wird, liegt hingegen Tateinheit vor zwischen der geplanten und der begangenen Tat (BGHSt 9, 131 (132 f.)). Tateinheit mit anderen Taten (zB Bestechung, BGHSt 6, 308 (311 f.)) ist möglich.

II. Strafe

Bei allen Varianten des § 30 ist die Strafe dem § 23 zu entnehmen mit dem Unterschied, dass die **44** Strafmilderung nach § 49 Abs. 1 **obligatorisch** ist. Eine doppelte Milderung ist möglich, wenn dem erfolglosen Anstifter strafbegründende besondere persönliche Merkmale fehlen, sodass der auch in Fällen des § 30 anwendbare § 28 Abs. 1 einschlägig ist (SK-StGB/*Hoyer* Rn. 17).

Darüber hinaus kann bereits das Vorliegen eines vertypten Milderungsgrundes für sich allein oder **45** zusammen mit unbenannten Milderungsgründen zur Annahme eines msF führen (BGH NStZ 1990, 96), sodass die diesbzgl. Strafdrohung Anwendung findet (s. BGHSt 32, 133 (135 ff.)).

Nach Abs. 1 S. 3 gilt für Fälle des grob unverständigen Versuchs (→ § 23 Rn. 15 ff.) § 23 Abs. 3 entspr.

Bei der **Strafzumessung ieS** fallen das Ausmaß und die Beschaffenheit der Verabredung selbst ins **46** Gewicht sowie das Maß, in dem sich die Beteiligten durch abredegemäße Vorbereitungshandlungen bereits dem Tatbeginn genähert haben (BGH StV 1997, 241 (242)).

§ 31 Rücktritt vom Versuch der Beteiligung

(1) Nach § 30 wird nicht bestraft, wer freiwillig

1. den Versuch aufgibt, einen anderen zu einem Verbrechen zu bestimmen, und eine etwa bestehende Gefahr, daß der andere die Tat begeht, abwendet,
2. nachdem er sich zu einem Verbrechen bereit erklärt hatte, sein Vorhaben aufgibt oder,
3. nachdem er ein Verbrechen verabredet oder das Erbieten eines anderen zu einem Verbrechen angenommen hatte, die Tat verhindert.

(2) Unterbleibt die Tat ohne Zutun des Zurücktretenden oder wird sie unabhängig von seinem früheren Verhalten begangen, so genügt zu seiner Straflosigkeit sein freiwilliges und ernsthaftes Bemühen, die Tat zu verhindern.

Literatur: *Bottke*, Der Rücktritt vom Versuch der Beteiligung nach § 31, 1980; *Brand*/*Wostry*, Kein Rücktritt vom beendeten „fehlgeschlagenen" Versuch?, GA 2008, 611; *Dessecker*, Im Vorfeld eines Verbrechens: die Handlungsmodalitäten des § 30 StGB, JA 2005, 549; *Kroß*, Die versuchte Kettenanstiftung und der Rücktritt der an ihr Beteiligten, JURA 2003, 250; *Kütterer-Lang*, Versuch der Anstiftung und Rücktritt, JuS 2006, 206; *Mösbauer*, Das Erscheinen eines Amtsträgers der Finanzbehörde zur steuerlichen (Außen-)Prüfung als Sperre für die Straffreiheit nach § 371 AO, StBp 1999, 225; *Roxin*, Zum Ausscheiden eines Mittäters im Vorbereitungsstadium bei fortwirkenden Tatbeiträgen, NStZ 2009, 7; *Thalheimer*, Die Vorfeldstrafbarkeit nach §§ 30, 31 StGB, 2008; *Többens*, Die Straftaten nach dem Gesetz gegen den unlauteren Wettbewerb (§§ 16–19 UWG), WRP 2005, 552.

A. Allgemeines

I. Anwendungsbereich

§ 31 enthält eine **spezielle Rücktrittsregelung** für die in § 30 normierten Formen der versuchten **1** Beteiligung. § 24 ist hier nicht anwendbar, da die Haupttat nicht ins Stadium des strafbaren Versuchs gelangt ist. Es handelt sich, ebenso wie bei § 24, um einen **persönlichen Strafaufhebungsgrund** (OLG Karlsruhe GA 1992, 137; MGZ/*Renzikowski* StrafR AT § 53 Rn. 146; *Thalheimer*, Die Vorfeldstrafbarkeit nach §§ 30, 31 StGB, 158 f., 2008, 241; vgl. zu den Rechtsfolgen → § 24 Rn. 84 ff.).

2   Der Anwendungsbereich von § 31 Abs. 1 Nr. 1, Abs. 2 wird durch § 159 auf die versuchte Beteiligung an den Vergehenstatbeständen der §§ 153, 156 ausgedehnt. **§ 19 Abs. 3 UWG** erklärt § 31 in den Fällen des § 19 Abs. 1, 2 UWG (versuchte Beteiligung an einem Vergehen nach §§ 17, 18 UWG) für entspr. anwendbar (→ UWG § 19 Rn. 18; Köhler/Bornkamm UWG § 19 Rn. 16; *Többens* WRP 2005, 561; Wabnitz/Janovsky WirtschaftsStR-HdB/*Möhrenschlager* Kap. 15 Rn. 35 ff.). In Fällen des § 370 AO ist neben § 31 auch § 371 AO zu berücksichtigen (vgl. *Mösbauer* StBp 1999, 225).

II. Endgültigkeit und Freiwilligkeit

3   Wie bei § 24 (→ § 24 Rn. 21 ff. 43 f.) muss der Beteiligte endgültig und freiwillig auf das Vorhaben verzichten, um straffrei zu werden (BGH NStZ 1998, 510; Schönke/Schröder/*Heine/Weißer* Rn. 10; Lackner/Kühl/*Kühl* Rn. 2; gegen das Merkmal der Endgültigkeit *Bottke,* Der Rücktritt vom Versuch der Beteiligung nach § 31, 1980, 30 ff.; *Thalheimer,* Die Vorfeldstrafbarkeit nach §§ 30, 31 StGB, 2008, 202). Freiwillig handelt auch, wer die Tat aus Mutlosigkeit oder Furcht vor Strafe aufgibt (Schönke/Schröder/*Heine/Weißer* Rn. 10).

III. Kein fehlgeschlagener Versuch

4   Ist der Versuch der Beteiligung aus Sicht des Handelnden **endgültig gescheitert,** so ist ein Rücktritt nach § 31 **ausgeschlossen.** Dies kann etwa der Fall sein, wenn ein Anzustiftender das Ansinnen zurückweist oder das verabredete Verbrechen nicht zustande kommen kann. Die Vorschrift setzt mithin voraus, dass kein Fehlschlag vorliegt, da ein gescheiterter Versuch schon begrifflich nicht aufgegeben werden kann (LK-StGB/*Schünemann* Rn. 3) bzw. Bemühungen zur Verhinderung einer Tat nicht möglich sind, wenn deren Begehung nicht droht (Roxin StrafR AT II § 28 Rn. 90). Daher scheidet in diesen Fällen auch ein Rücktritt nach Abs. 2 aus.

   Umstr. ist, ob bei der versuchten Anstiftung ein Rücktritt (auch) nach Abs. 1 Nr. 1 möglich ist, wenn der Anstifter erkennt, dass er einem *omnimodo facturus* gegenübersteht und sodann den Erfolg abwendet, etwa indem er sich an die Polizei wendet (abl. LK-StGB/*Schünemann* Rn. 13; aA *Brand/Wostry* GA 2008, 624; *Thalheimer,* Die Vorfeldstrafbarkeit nach §§ 30, 31 StGB, 2008, 164 f.).

5   Für die **Beurteilung** der Frage, **ob ein Fehlschlag** vorliegt, ist alleine auf die **Vorstellung des Beteiligten** abzustellen (zum Rücktrittshorizont BGH NStZ 2002, 311). Er muss von einem Fehlschlag ausgehen, unabhängig davon, ob dies irrig ist oder der Wahrheit entspricht (Kühl StrafR AT § 20 Rn. 259). Nimmt er umgekehrt irrig an, eine bereits objektiv fehlgeschlagene Beteiligung sei noch möglich, so kommt ein Rücktritt (nur) nach Abs. 2 Var. 1 (→ Rn. 15) in Betracht (BGHSt 50, 142 (145) zur versuchten Anstiftung mAnm *Kühl* NStZ 2006, 94 f.; *Kütterer-Lang* JuS 2006, 207).

6   Wann ein Fehlschlag vorliegt, lässt sich nicht ohne Weiteres durch Heranziehung der bei § 24 geltenden **Grundsätze** (→ § 24 Rn. 11 ff.) beantworten. Vor allem in den Fällen des § 30 Abs. 2 ist der Beteiligte nämlich idR noch erheblich weiter von der Tatbestandsverwirklichung entfernt, als dies in der Situation des § 24 der Fall ist (BGH StV 2003, 217; *Kütterer-Lang* JuS 2006, 207). Kein fehlgeschlagener Versuch liegt insbes. vor, wenn der Anstifter nach dem Misslingen eines Anstiftungsversuchs sogleich zu der Annahme gelangt, dass er den Erfolg ohne zeitliche Zäsur mit den bereits eingesetzten oder anderen bereitstehenden Mitteln doch noch erreichen könne (BGH NStZ 2002, 311; BGH StV 2008, 248).

B. Rücktritt nach Abs. 1

7   Voraussetzung des Rücktritts nach Abs. 1 ist, dass kein Fehlschlag vorliegt (→ Rn. 4 ff.) und dass das beabsichtigte Verbrechen nicht bis in das Stadium des strafbaren Versuchs gelangt ist. Andernfalls richtet sich die Bewertung nach § 24 Abs. 2 (MüKoStGB/*Joecks* Rn. 2). § 31 scheidet selbst dann aus, wenn der Versuch nicht auf dem Beitrag des Vorbereitenden beruht (vgl. BGH NStZ 1987, 118 (119)). Die Regelung erfasst drei Beteiligungsformen.

I. Rücktritt von der versuchten Anstiftung (Nr. 1)

8   Bei Nr. 1 ist zwischen unbeendetem und beendetem Anstiftungsversuch zu differenzieren (LK-StGB/*Schünemann* Rn. 9). Maßstab ist die subjektive Vorstellung des Beteiligten nach der letzten Tatausführungshandlung (BGHR StGB § 31 Abs. 1 Freiwilligkeit 3) bzw. zum Zeitpunkt des Rücktrittsverhaltens (Schönke/Schröder/*Heine/Weißer* Rn. 3).

9   Ein **unbeendeter Anstiftungsversuch** liegt vor, wenn der Anstiftende zwar mit dem Versuch des Bestimmens bereits begonnen hat, aus seiner Sicht aber noch keine Gefahr der Tatbegehung besteht, insbes. da der Andere noch keinen Tatentschluss gefasst hat. Hier genügt das bloße Aufgeben der Einwirkung auf den Anderen (BGH StV 2008, 248). Dies gilt, wie bei § 24, auch dann, wenn der Anstifter bloß **irrig** davon ausgeht, dass noch keine Gefahr bestehe (Schönke/Schröder/*Heine/Weißer* Rn. 5; Fischer Rn. 3; LK-StGB/*Schünemann* Rn. 5; *Thalheimer,* Die Vorfeldstrafbarkeit nach §§ 30, 31 StGB, 2008, 174 ff.; aA *Bottke,* Der Rücktritt vom Versuch der Beteiligung nach § 31, 1980, 58).

Besteht aus Sicht des Anstiftenden bereits eine Gefahr der Tatbegehung durch den Angestifteten **10** (**beendeter Anstiftungsversuch**), so ist für die Straffreiheit eine Abwendung dieser Gefahr erforderlich, zB indem der Tatentschlossene von seinem Vorhaben abgebracht wird (RGSt 56, 209 (210); 70, 293 (295)).

Auch bei der sog Kettenanstiftung (ausführlich *Kroß* JURA 2003, 252 ff.) ist die Frage des Rücktritts **11** nach diesen Grundsätzen zu beurteilen. Für das vom Anstifter zu verlangende Rücktrittsverhalten ist darauf abzustellen, wie weit sich die durch ihn gesetzte Gefahr bereits der Tatverwirklichung genähert hat (Fischer Rn. 3; *Thalheimer,* Die Vorfeldstrafbarkeit nach §§ 30, 31 StGB, 2008, 181 f.). Zur Gefahrabwendung kann sowohl die weitere Anstiftung, als auch die Haupttat verhindert werden (Schönke/Schröder/*Heine/Weißer* Rn. 6).

II. Rücktritt von der Bereiterklärung (Nr. 2)

Für den Rücktritt von einer Bereiterklärung muss der Erklärende das aus seiner Sicht noch durchführ- **12** bare Vorhaben aufgeben und sich passiv verhalten (BGH NStZ 2011, 570 (572); Schönke/Schröder/ *Heine/Weißer* Rn. 8; *Dessecker* JA 2005, 552; Fischer Rn. 4; ausführlich LK-StGB/*Schünemann* Rn. 16 ff.). Eine andere Ansicht verlangt darüber hinaus, dass dies **nach außen erkennbar** wird, zB durch einen Widerruf (BWM StrafR AT § 32 Rn. 55; Lackner/Kühl/*Kühl* Rn. 4). Nicht ausreichend ist jedenfalls das bloße Verschieben der Tatausführung auf eine günstigere Gelegenheit (OLG Hamm StV 1997, 242 (244)).

III. Rücktritt von der Verabredung oder der Annahme eines Erbietens (Nr. 3)

Für die Verabredung und die Annahme eines Erbietens als Fälle der versuchten Beteiligung sieht das G **13** einen strafbefreienden Rücktritt nur vor, wenn der Betreffende die **Tat verhindert.** Dies erfordert es idR, über den eigenen Rückzug hinaus **aktiv hindernd** tätig zu werden (LK-StGB/*Schünemann* Rn. 20). Im Einzelfall kann jedoch auch bloße Untätigkeit ausreichen, wenn das verabredete Verbrechen nach der Vorstellung des Beteiligten ohne ihn nicht ausgeführt werden kann oder wird (BGHSt 32, 133 (134 f.); BGH StV 1984, 70; BGH JA 1990, 319 mAnm *Sonnen;* BGH NStZ-RR 1997, 289; BGH NStZ 2007, 287 (288); *Dessecker* JA 2005, 552).

Wird das Delikt trotz entgegenstehender Erwartung des Ausscheidenden begangen oder kann er nicht **14** verhindern, dass ein Mittäter den Plan später mit anderen Beteiligten ausführt, stellt sich die Frage, ob er gleichwohl zurücktreten kann (zur Parallelproblematik → § 24 Rn. 65 f.).

Die Rspr. stellt diesbezüglich zunächst darauf ab, ob es sich überhaupt um die gleiche Tat handelt, die spätere Ausführung also noch mit der ursprünglich geplanten Tat identisch ist. An dieser **Tatidentität** fehlt es zB, wenn der Tatplan zunächst aufgegeben, später aber aufgrund eines neuen Tatentschlusses ausgeführt wird und das Tatgeschehen so wesentlich vom ursprünglichen Tatplan abweicht, dass es sich aus Sicht des Betreffenden als Exzess darstellt (BGH NStZ 1992, 537 (538); s. auch BGH NStZ 2009, 25; *Roxin* NStZ 2009, 8 f.). In diesen Fällen ist der Rücktritt möglich, da die verabredete Tat nicht begangen wurde.

Ist Tatidentität hingegen gegeben, so ist der Ausscheidende nach der Rspr. idR wegen Beteiligung am vollendeten Delikt strafbar (BGH NStZ 1999, 449 (450)), und zwar je nach den im Vorbereitungsstadium erbrachten Beiträgen wegen Mittäterschaft, Anstiftung oder Beihilfe (→ § 25 Rn. 109 ff.; LK-StGB/*Schünemann* Rn. 21). Infolgedessen wird die Strafbarkeit nach § 30 Abs. 2 als subsidiär verdrängt (→ § 30 Rn. 43) und scheidet ein Rücktritt nach § 31 Abs. 1 Nr. 1 aus. Nur ausnahmsweise kommt ein Rücktritt nach Abs. 2 Var. 2 in Betracht (BGH NStZ 1987, 118; LK-StGB/*Schünemann* Rn. 21).

C. Rücktritt nach Abs. 2

§ 31 Abs. 2 regelt zwei besondere Fälle des Rücktritts, in denen die Verhinderungsbemühungen des **15** Ausscheidenden für das Ausbleiben der Tat ausnahmsweise nicht kausal werden müssen. In der **Var. 1** muss die Tat **ohne Zutun** des Zurücktretenden unterbleiben. Dies erfasst zB Fälle des nur objektiv fehlgeschlagenen Versuchs (→ Rn. 5).

In der **Var. 2** muss die Tat **unabhängig** von seinem früheren Zutun begangen werden. Dies erfasst den seltenen Fall, dass jemand glaubt, einen anderen zur Tat bestimmt zu haben, der bereits zuvor fest zur Tat entschlossen war (omnimodo facturus, s. BGH NStZ 1987, 118 (119)). Teilweise wird dafür plädiert, in diesem Fall den Rücktritt nach Abs. 1 Nr. 1 zu beurteilen, falls es dem Anstifter gelingt, die intendierte Tat zu vereiteln (*Thalheimer,* Die Vorfeldstrafbarkeit nach §§ 30, 31 StGB, 2008, 164 f.).

Bei Abs. 2 genügt für die Straffreiheit das **freiwillige und ernsthafte Bemühen,** die Tat zu ver- **16** hindern. Hierfür gilt der gleiche Maßstab wie bei § 24 (BGH NStZ 1998, 510; Fischer Rn. 6; → § 24 Rn. 56 ff.). Danach ist es zumindest erforderlich, dass der Rücktrittswillige alle seine Kräfte anspannt, um den im Fall erfolgreicher Anstiftung begründeten Tatentschluss des Täters rückgängig zu machen oder die Tat auf andere Weise zu verhindern (vgl. BGHSt 50, 142 (146) m. abl. Anm. *Puppe* JR 2006, 75 ff.).

Für die Ernsthaftigkeit ist auf die subjektiven Vorstellungen des Zurücktretenden, nicht auf die objektive Geeignetheit der Bemühungen abzustellen (Schönke/Schröder/*Heine/Weißer* Rn. 11; für einen „subjektiv-objektiven" Begriff der Ernsthaftigkeit *Bottke*, Der Rücktritt vom Versuch der Beteiligung nach § 31, 1980, 61 ff.). Mehrheitlich wird gefordert, dass der Rücktrittswillige den Tatentschluss auch selbst aufgibt (so wohl BGHSt 50, 142 (145); Fischer Rn. 6; aA *Kütterer-Lang* JuS 2006, 208). Vereinzelt wird in der Literatur für eine Streichung des Merkmals der Ernsthaftigkeit und eine gesetzgeberische Angleichung an Abs. 1 plädiert (*Thalheimer*, Die Vorfeldstrafbarkeit nach §§ 30, 31 StGB, 2008, 214).

Vorbemerkungen zu §§ 32–35

Literatur (Auswahl): *Achenbach*, Die klassische Entscheidung: Fahrlässigkeit, Schuld und Unzumutbarkeit normgemäßen Verhaltens. Das Leinenfänger-Urteil (RG Urt. v. 23.3.1897 = RGSt 30, 25), JURA 1997, 635; *Amelung*, Die Einwilligung in die Beeinträchtigung eines Grundrechtsguts, 1981; *Amelung*, Über die Einwilligungsfähigkeit, ZStW 104 (1992), 525; *Amelung/Eymann*, Die Einwilligung der Verletzten im Strafrecht, JuS 2001, 937; *Arzt*, Willensmängel bei der Einwilligung, 1970; *Arzt*, Zum privaten Festnahmerecht, FS Kleinknecht, 1985, 1; *Arzt*, Heileingriffe aufgrund einer Blanko-Einwilligung bezüglich der Person des Arztes, FS Baumann, 1992, 201; *Aselmann/Krack*, Übungsklausur Strafrecht für Fortgeschrittene: Der Notstand im Notstand, JURA 1999, 254; *Beulke*, Pflichtenkollision bei § 323c StGB?, FS Küper, 2007, 1; *Bloy*, Freiheitsberaubung ohne Verletzung fremder Autonomie?, ZStW 96 (1984), 703; *Börner*, Der Erlaubnistatbestandsirrtum bei Fahrlässigkeitsdelikten, GA 2002, 276; *Böse*, Die Glaubens- und Gewissensfreiheit im Rahmen der Strafgesetze (insbesondere § 34 StGB), ZStW 113 (2001), 40; *Breuer*, Empfehlen sich Änderungen des strafrechtlichen Umweltschutzes insbesondere in Verbindung mit dem Verwaltungsrecht?, NJW 1988, 2072; *Bülte*, § 127 Abs. 1 S. 1 StPO als Eingriffsbefugnis für den Bürger und als Rechtfertigungsgrund, ZStW 121 (2009), 377; *Dannecker*, Rechtfertigungs- und Entschuldigungsgründe in einem europäischen Allgemeinen Teil, FS Hirsch, 1999, 147; *Dannecker/Hagemeier*, Grenzen der Beteiligung an Finanzvergehen unter besonderer Berücksichtigung von europarechtlichen und völkerrechtlichen Vorgaben, in: Leitner (Hrsg.), Finanzstrafrecht 2008, 2009, 63; *Dölling*, Gerechtfertigter Behandlungsabbruch und Abgrenzung von Tun und Unterlassen, ZIS 2011, 345; *Duttge*, Die „hypothetische Einwilligung" als Strafausschlußgrund: wegweisende Innovation oder Irrweg?, FS Schroeder, 2006, 179; *Engisch*, Einheit der Rechtsordnung, 1935; *Engländer*, Von der passiven Sterbehilfe zum Behandlungsabbruch, JZ 2011, 513; *Fateh-Moghadam*, Religiöse Rechtfertigung?, Die Beschneidung von Knaben zwischen Strafrecht, Religionsfreiheit und elterlichem Sorgerecht, RW 2010, 115; *Felix*, Einheit der Rechtsordnung, 1998; *Freund*, Erfolgsdelikt und Unterlassen, 1992; *Frisch*, Grund- und Grenzprobleme des sog. subjektiven Rechtfertigungselements, FS Lackner, 1987, 113; *Frisch*, Grundrecht der Gewissensfreiheit und Gewissensdruck im Strafrecht, GA 2006, 273; *Gaede*, Durchbruch ohne Dammbruch – Rechtssichere Neuvermessung der Grenzen strafloser Sterbehilfe, NJW 2010, 2925; *Geerds*, Einwilligung und Einverständnis des Verletzten im Strafrecht, GA 1954, 262; *Geppert*, Rechtfertigende „Einwilligung" des verletzten Mitfahrers bei Fahrlässigkeitsstraftaten im Straßenverkehr, ZStW 83 (1971), 947; *Geulen*, Grundlegende Neuregelung des Umweltstrafrechts, ZRP 1988, 323; *Gropp*, Die „Pflichtenkollision": weder eine Kollision von Pflichten noch Pflichten in Kollision, FS Hirsch, 1999, 207; *Gropp*, Hypothetische Einwilligung im Strafrecht?, FS Schroeder, 2006, 197; *Günther*, Strafrechtswidrigkeit und Strafunrechtsausschluß, 1981; *Günther*, Klassifikation der Rechtfertigungsgründe im Strafrecht, FS Spendel, 1992, 189; *Haft/Eisele*, Auswirkungen des § 241a BGB auf das Strafrecht, GS Meurer 2002, 245; *Hassemer*, Prozedurale Rechtfertigung, FS Mahrenholz, 1994, 731; *Heinrich, M.*, Rechtsgutzugriff und Entscheidungsträgerschaft, 2002; *Hengstenberg*, Die hypothetische Einwilligung im Strafrecht, 2013; *Henkel*, Zumutbarkeit und Unzumutbarkeit als regulatives Rechtsprinzip, FS Mezger, 1954, 249; *Hermes/Wieland*, Die staatliche Duldung, 1988; *Herzberg*, Steht dem biblischen Gebot der Beschneidung ein rechtliches Verbot entgegen?, MedR 2012, 169; *Heuer*, Die strafrechtliche Verantwortlichkeit innerhalb von Weisungsverhältnissen, 1988; *Hirsch*, Rechtfertigungsfragen und Judikatur des Bundesgerichtshofs, FG 50 Jahre BGH 2000, Bd. IV, 199; *Hirsch*, Anmerkung zu BGH, Urteil vom 25.6.2010, 2 StR 454/09 (LG Fulda), JR 2011, 37; *Hruschka*, Extrasystematische Rechtfertigungsgründe, FS Dreher, 1977, 189; *Hüting*, Die Wirkung der behördlichen Duldung, 1995; *Jahn*, Zur Strafbarkeit einer medizinisch nicht indizierten Beschneidung aufgrund religiös motivierten Wunsches der Eltern, JuS 2012, 850; *Jäger*, Die hypothetische Einwilligung – ein Fall der rückwirkenden juristischen Heilung in der Medizin, FS Jung, 2006, 345; *Jäger*, Zurechnung und Rechtfertigung, 2006; *Jerouschek*, Beschneidung und das deutsche Recht, Historische, medizinische, psychologische und juristische Aspekte, NStZ 2008, 313; *Joerden*, Erlaubnisskollisionen, insbesondere im Strafrecht, FS Otto, 2007, 331; *Kargl*, Inhalt und Begründung der Festnahmebefugnis nach § 127 Absatz 1 StPO, NStZ 2000, 8; *Köhler*, Medizinische Forschung in der Behandlung des Notfallpatienten, NJW 2002, 853; *Krause*, Vorläufige Festnahme von Strafunmündigen nach § 127 Abs. 1 StPO, FS Geerds, 1995, 489; *Kubiciel*, Entscheidungsbesprechung zu BGH, Urteil vom 25.6.2010, 2 StR 454/09 (LG Fulda), ZJS 2010, 656; *Kuhlen*, Hypothetische Einwilligung und „Erfolgsrechtfertigung", JZ 2005, 713; *Kuhlen*, Ausschluss der objektiven Erfolgszurechnung bei hypothetischer Einwilligung der Betroffenen. Zugleich Anmerkung zu BGH, Beschl. v. 15.10.2003 – 1 StR 300/03 –, JR 2004, 227; *Küper*, Noch einmal: Rechtfertigender Notstand, Pflichtenkollision und übergesetzliche Entschuldigung, JuS 1971, 474; *Küper*, Grund und Grenzfragen der rechtfertigenden Pflichtenkollision im Strafrecht, 1979; *Küper*, Tötungsverbot und Lebensnotstand, JuS 1981, 785; *Küper*, Grundsatzfragen der „Differenzierung" zwischen Rechtfertigung und Entschuldigung, JuS 1987, 81; *Lagodny*, Strafrecht vor den Schranken der Grundrechte, 1996; *Lenckner*, Die Einwilligung Minderjähriger und deren gesetzlicher Vertreter, ZStW 72 (1960), 446; *Lenckner*, Der rechtfertigende Notstand, 1965; *Lenckner*, Der Grundsatz der Güterabwägung als Grundlage der Rechtfertigung, GA 1985, 295; *Marlie*, Lernbausteine Strafrecht: Zum mutmaßlichen Einverständnis, JuS 2007, 112; *Marxen*, Zum Begriff der frischen Tat in § 127 Abs. 1 StPO, FS Stree/Wessels, 1993, 705; *Matzky*, § 241a BGB – ein neuer Rechtfertigungsgrund im Strafrecht?, NStZ 2002, 458; *Merz*, Strafrechtlicher Ehrenschutz und Meinungsfreiheit, 1998; *Meurer*, Wahrnehmung berechtigter Interessen und Meinungsfreiheit, FS H.-J. Hirsch, 1999, 651; *Mitsch*, Die „hypothetische Einwilligung" im Arztstrafrecht, JZ 2005, 279; *ders.*, Die mutmaßliche Einwilligung, ZJS 2012, 38; *Momsen*, Die Zumutbarkeit als Begrenzung strafrechtlicher Pflichten, 2006; *Müller-Dietz*, Mutmaßliche Einwilligung und Operationserweiterung, JuS 1989, 280; *Neumann,* Der Rechtfertigungsgrund der Kollision von Rettungsinteressen – Rechte, Pflichten und Interessen als Elemente der rechtfertigenden „Pflichtenkollision", FS Roxin, 2001, 421; *Otto,* Pflichtenkollision und Rechtswidrigkeitsurteil, 3. Aufl. 1978; *Otto,* Probleme der vorläufigen Festnahme, § 127 StPO, JURA 2003, 685; *Otto,* Konsequenzen aus § 241a BGB für das Strafrecht, JURA 2004, 389; *Otto,* Einwilligung, mutmaßliche, gemutmaßte und hypothetische Einwilligung, JURA 2004, 679; *Otto,* Einverständnis, Einwilligung und eigenverantwortliche Selbstgefährdung, FS Geerds, 1995, 603; *Pawlik,* Der rechtfertigende Defensivnotstand im System der Notrechte, GA 2003, 12; *Perschke,* Die Verwaltungsakzessorietät des Umweltstrafrechts nach dem 2. UKG, wistra 1996, 161; *Peters,* „Wertungsrahmen" und „Konflikttypen" bei der „Konkurrenz" zwischen § 34 StGB und den besonderen Rechtfertigungsgründen?, GA 1981, 445; *Puppe,* Die strafrechtliche Verantwortlichkeit des Arztes bei mangelnder Aufklärung über eine Behandlungsalternative. Zugleich Anmerkung zu BGH, Urt. v. 3.3.1994 – 4 StR 819/93 – und Anmerkung zu BGH, Urt. v. 29.6.1995 – 4 StR 760/94, GA 2003, 764; *Rath,* Das subjektive Rechtfertigungselement, 2002; *Reichling,* § 241a BGB und die Strafbarkeit aus Eigentumsdelikten, JuS 2009, 111; *Rengier,* Die öffentlich-rechtliche Genehmigung im Strafrecht, ZStW 101 (1989), 874; *Rieger,* Die mutmaßliche Einwilligung in den Behandlungsabbruch, 1997; *Riehm,* Das Gesetz über Fernabsatzverträge und andere Fragen des Verbraucherrechts, JURA 2000, 912; *Rogall,* Die Duldung im Umweltstrafrecht, NJW 1995, 922; *Rissing-van Saan,* Strafrechtliche Aspekte der aktiven Sterbehilfe, ZIS 2011, 544; *Rönnau,* Willensmängel bei der Einwilligung im Strafrecht, 2001; *Rönnau,* Voraussetzungen und Grenzen der Einwilligung im Strafrecht, JURA 2002, 665; *Rönnau,* Anmerkung zu BGH, Beschluss vom 15.10.2003 – 1 StR 300/03, JZ 2004, 801; *Rönnau,* Grundwissen – Strafrecht: Einwilligung und Einverständnis, JuS 2007, 18; *Rosenau,* Die hypothetische Einwilligung im Strafrecht, FS Maiwald, 2010, 683; *Rosenau,* Die Neuausrichtung der passiven Sterbehilfe, FS Rissing-van Saan, 2011, 547; *Roxin,* Über die mutmaßliche Einwilligung, FS Welzel, 1974, 447; *Roxin,* Bemerkungen zur sozialen Adäquanz im Strafrecht, FS Klug, 1983, 303; *Roxin,* Das strafrechtliche Unrecht im Spannungsfeld von Rechtsgüterschutz und individueller Freiheit, ZStW 116 (2004), 929; *Roxin,* Einwilligung, Persönlichkeitsautonomie und tatbestandliches Rechtsgut, FS Amelung, 2009, 269; *Rudolphi,* Probleme der strafrechtlichen Verantwortlichkeit von Amtsträgern für Gewässerverunreinigungen, FS Dünnebier, 1982, 561; *Rudolphi,* Primat des Strafrechts im Umweltschutz?, NStZ 1984, 193; *Saliger,* Prozedurale Rechtfertigung im Strafrecht, FS Hassemer, 2010, 599; *Samson,* Zur Strafbarkeit der klinischen Arzneimittelprüfung, NJW 1978, 1182; *Satzger,* Das Jedermann-Festnahmerecht nach § 127 Abs. 1 StPO als Rechtfertigungsgrund, JURA 2009, 107 ff.; *Schlehofer,* Einwilligung und Einverständnis, 1985; *Schroeder,* Zur Strafbarkeit von Tötungen in staatlichem Auftrag, JZ 1992, 990; *Schünemann,* Die deutschsprachige Strafrechtswissenschaft nach der Strafrechtsreform im Spiegel des Leipziger Kommentars und des Wiener Kommentars, GA 1985, 341; *Seelmann,* Das Verhältnis von § 34 StGB zu anderen Rechtfertigungsgründen, 1978; *Seelmann,* Zur materiell-rechtlichen Problematik des V-Mannes, ZStW 95 (1983), 797; *Sickor,* Die Übertragung der hypothetischen Einwilligung auf das Strafrecht, JA 2008, 11, 12 ff.; *Späth,* Rechtfertigungsgründe im Wirtschaftsstrafrecht, 2016; *Spendel,* Gegen den „Verteidigungswillen" als Notwehrerfordernis, FS Bockelmann, 1979, 245; *Sternberg-Lieben,* Die objektiven Schranken der Einwilligung im Strafrecht, 1997; *Sternberg-Lieben,* Strafbarkeit eigenmächtiger Genomanalyse, GA 1990, 289; *Stratenwerth,* Prinzipien der Rechtfertigung, ZStW 68 (1956), 41; *Streng,* Straflose aktive Sterbehilfe und die Reichweite des § 216 StGB, FS Frisch, 2013, 739; *Tachau,* Ist das Strafrecht strenger als das Zivilrecht?, 2005; *Thiel,* Die Konkurrenz von Rechtfertigungsgründen, 2000; *Tiedemann,* Bemerkungen zur Rechtsprechung in den sog. Demonstrationsprozessen, JZ 1969, 721; *Tiedemann,* Neuordnung des Umweltstrafrechts, 1980; *Verrel,* Kinderdelinquenz – ein strafprozessuales Tabu?, NStZ 2001, 286; *Verrel,* Ein Grundsatzurteil? – Jedenfalls bitter nötig! Sterbehilfeentscheidung des BGH vom 25.6.2010 – 2 StR 454/09 (Fall Fulda), NStZ 2010, 671; *Voßkuhle,* Theorie und Praxis der verfassungskonformen Auslegung von Gesetzen durch Fachgerichte, AöR 125 (2000), 177; *Walter,* Der Gesetzesentwurf zur Beschneidung – Kritik und strafrechtliche Alternative, JZ 2012, 1110 ff.; *Warda,* Zur Konkurrenz von Rechtfertigungsgründen, FS Maurach, 1972, 143; *Walter,* Sterbehilfe: Teleologische Reduktion des 216 StGB statt Einwilligung! Oder: Vom Nutzen der Dogmatik, ZIS 2011, 76; *Weber,* Zur strafrechtsgestaltenden Kraft des Zivilrechts, FS Baur, 1981, 133; *Weigend,* Über die Begründung der Straflosigkeit bei Einwilligung des Betroffenen, ZStW 98 (1986), 44; *Welzel,* Studien zum System des Strafrechts, ZStW 58 (1939), 491; *Winkelbauer,* Die strafrechtliche Verantwortung von Amtsträgern im Umweltstrafrecht, NStZ 1986, 149; *Winkelbauer,* Die behördliche Genehmigung im Strafrecht, NStZ 1988, 203; *Winkelbauer,* Die Verwaltungsabhängigkeit des Umweltstrafrechts, DÖV 1988, 723; *Wolfslast/Weinrich,* Anmerkung zu BGH, Urteil vom 25.6.2010, 2 StR 454/09 (LG Fulda), StV 2011, 286; *Zaczyk,* § 193 StGB als Rechtfertigungsgrund, FS Hirsch, 1999, 819; *Zieschang,* Strafbarkeit des Geschäftsführers einer GmbH wegen Untreue trotz Zustimmung sämtlicher Gesellschafter? FS Kohlmann, 2003, 351.

Übersicht

Rn.

A. Rechtswidrigkeit und Rechtfertigung

I. Systematik der Rechtfertigung und praktische Bedeutung

1 **1. Rechtfertigung als eigene Wertungskategorie.** Der Unterscheidung zwischen Tatbestandsmäßigkeit, Rechtswidrigkeit und Schuld kommt nach hM systemtragende Bedeutung zu (Jescheck/Weigend StrafR AT § 21 I 2, S. 195). Der Tatbestand stellt eine Unrechtsvertypung durch Beschreibung eines deliktischen Verhaltens dar, das dem Täter als „seine Tat" zugerechnet wird. Die Rechtswidrigkeit besagt, dass ein bestimmtes Verhalten im Widerspruch zur Rechtsordnung steht. Schuld begründet ein Unwerturteil über eine bestimmte Person. Dabei werden die Kategorien Tatbestand, Rechtswidrigkeit und Schuld nicht nur deskriptiv verstanden, sondern als aufeinander folgende Wertungsstufen interpretiert. Damit kommt der **Rechtswidrigkeit eigenständige Bedeutung** zu (Roxin StrafR AT I § 10 Rn. 19 mwN; vgl. LK-StGB/*Rönnau* Rn. 9 ff.). Sie bildet eine gesonderte Prüfungsstufe bei der strafrechtlichen Bewertung eines Verhaltens. Auf der Ebene der Rechtswidrigkeit werden die durch die Subsumtion unter eine Vorschrift des Besonderen Teils erzielten Ergebnisse mit der **Gesamtrechtsordnung abgeglichen** (s. nur Lackner/Kühl/*Kühl* Rn. 2; *Küper* JZ 1973, 95). Ein abschließendes Urteil, ob ein Verhalten als Unrecht zu gelten hat, ist erst möglich, wenn alle Umstände der Tat in die Bewertung einbezogen worden sind. Die Rechtswidrigkeit besagt, dass ein bestimmtes Verhalten im Widerspruch zur Strafrechtsordnung steht. Strafrechtswidrigkeit ist mehr als bloße Rechtswidrigkeit; sie bringt eine qualifizierte rechtliche Missbilligung zum Ausdruck, die die Verhängung einer Strafe als härtester staatlicher Sanktion legitimiert (MüKoStGB/*Erb* Rn. 3).

2 Rechtfertigungsgründe (Unrechtsausschließungsgründe) sind **geschriebene und ungeschriebene Erlaubnissätze,** die ein an sich verbotenes Handeln oder ein gebotswidriges Unterlassen straflos (besser: „legitimieren", um zur Schuldebene zu differenzieren) stellen. Wenn diese Erlaubnissätze mit einer Verbots- oder Gebotsnorm kollidieren, haben sie Vorrang vor der Verbots- oder Gebotsnormen. Die Rechtfertigungswirkung von Erlaubnissätzen greift nur ein, wenn die **Rechtfertigungslage objektiv** gegeben ist und der Täter hiervon auch **Kenntnis** hat oder diese jedenfalls für möglich hält (*Schünemann* GA 1985, 341 (371); s. auch *Frisch* FS Lackner, 1987, 113 (133)). Denn die „personale Unrechtslehre" gilt gleichermaßen für die Tatbestandsverwirklichung und den Unrechtsausschluss (hM; vgl. Rspr. *Hirsch* FG BGH, 2000, 199 (233); *Rath,* Das subjektive Rechtfertigungselement, 2002, 29 (76); aA *Spendel* FS Bockelmann, 1979, 245). Entsprechend wird bei **Fahrlässigkeitsdelikten** für die Rechtfertigung ein Verteidigungs- oder Rettungswillen in generalisierter Form verlangt (BGHSt 25, 229 (232); vgl. LK-StGB/*Rönnau* Rn. 92 mwN). Jedoch geht die hM davon aus, dass die ohne Erfüllung des subjektiven Rechtfertigungselements begangene Tat zumindest wie ein Versuch zu behandeln ist (BGHSt 38, 144 (145); LK-StGB/*Rönnau* Rn. 90 mwN; aA BGHSt 2, 111 (114 f.); Krey/Esser StrafR AT Rn. 467 ff.). Von der Rspr. wird als Teil des subjektiven Rechtfertigungselements eine gewissenhafte Prüfung der Rechtfertigungsvoraussetzungen gefordert (BGHSt 1, 329 (330); 2, 112 (114); 3, 7 (11); 14, 1 (2); BGH JZ 1977, 139). Als Grund für dieses Erfordernis werden zu vermeidende Strafbarkeitslücken angeführt. Die hA folgt dem jedoch schon deswegen grds. nicht, weil diese Konstruktion letztlich in einer überwiegenden Zahl der Fälle zu einem „fahrlässigen Versuch" führen würde, wenn man dem objektiv gerechtfertigten Täter die fehlende Sorgfalt vorwerfen wollte. Ferner werden Bedenken im Hinblick auf Art. 103 Abs. 2 GG geäußert (LK-StGB/*Rönnau* Rn. 94 mwN).

3 Ob alle Rechtfertigungsgründe auf ein einheitliches Grundprinzip zurückgeführt werden können oder nur aus verschiedenen Leitgesichtspunkten erklärbar sind, ist umstritten (dazu Lackner/Kühl/*Kühl* Rn. 3 mwN). Im Anschluss an *Mezger* lassen sich die Rechtfertigungsgründe durch **zwei Grundsituationen** erklären: die des **überwiegenden Interesses des Täters** (Notwehr, Notstand, Pflichtenkollision, Festnahmerecht) und die des **mangelnden Interesses des Opfers** (vor allem mutmaßliche Einwilligung). Weiterhin kommen **prozedurale Aspekte** hinzu, so insbesondere bei der Sterbehilfe (dazu *Hassemer* FS Mahrenholz, 1994, 733 ff.; *Saliger* FS Hassemer, 2010, 599; HK-StrafR/*Duttge* Rn. 8 differenziert zwischen fünf Prinzipien). Im Gegensatz zu den klassischen Rechtfertigungsgründen geht es bei der **Einwilligung** (→ Rn. 37 ff.) nicht um die Entscheidung eines Konflikts. Deshalb wird die

Einwilligung auch nicht als echter Rechtfertigungsgrund verstanden, sondern als **Unrechtsausschließungsgrund** (Kindhäuser StrafR AT § 12 Rn. 5; Puppe StrafR AT § 11 Rn. 1; Roxin StrafR AT I § 12 Rn. 113 ff.).

2. Bedeutung der Grundrechte im Rahmen der Rechtswidrigkeit. Für die Rechtfertigung sind **4** die Grundrechte nach überkommener Auffassung ohne praktische Bedeutung (*Lenckner,* Der rechtfertigende Notstand, 1965, 133; *ders.* GA 1985, 295 (302); *Stratenwerth* ZStW 68 (1956), 41). Jedoch ist die Bedeutung der Grundrechte nach neuerer Auffassung nicht unwesentlich. So wird von einigen Autoren geltend gemacht, dass ein Verhalten, das sich im Rahmen der durch die Rechtsordnung gezogenen Schranken eines Grundrechts halte, nicht im strafrechtlichen Sinne rechtswidrig sein könne (*Frisch* GA 2006, 273 (274 ff.); *Günther* FS Spendel, 1992, 189 (193); s. auch Leitner/*Dannecker*/*Hagemeier,* Finanzstrafrecht 2008, 63 (88 ff.) zur Bedeutung von Art. 12 GG bei berufsneutralem Verhalten; grundlegend zur verfassungskonformen Auslegung des einfachen Rechts durch Fachgerichte: *Vosskuhle* AöR 125 (2000), 177 ff.). Diese Auffassung vertritt auch der BGH im Fall „Putz". Hierin hat das Gericht einen für den Patienten tödlichen technischen Behandlungsabbruch durch einen „Nicht-Arzt" für zulässig erachtet, weil das andernfalls verletzte verfassungsrechtlich verbürgte Selbstbestimmungsrecht des Patienten eine Einwilligungsrechtfertigung des als aktive Tötung zu qualifizierenden technischen Behandlungsabbruchs gebiete (BGHSt 55, 191 ff.). Das hierin liegende Plädoyer für eine verfassungskonforme Auslegung der Einwilligungsvoraussetzungen ist im Schrifttum auf breite Zustimmung gestoßen (*Dölling* ZIS 2011, 345 ff.; *Duttge* MedR 2011, 36 ff.; *Gaede* NJW 2010, 2925 ff.; *Hirsch* JR 2011, 37 ff.; *Kubiciel* ZJS 2010, 656 ff.; *Rosenau* FS Rissing-van Saan, 2011, 547 ff.; *Streng* FS Frisch, 2013, 743 ff.; *Verrel* NStZ 2010, 671 ff.; *Walter* ZIS 2011, 76 ff.; *Wolfslast/Weinrich* StV 2011, 286 ff.; aA *Engländer* JZ 2011, 513 (518); *Rissing-van Saan* ZIS 2011, 544 (549 f.), die die allseits befürwortete Zulässigkeit des technischen Behandlungsabbruchs durch „Nicht-Ärzte" im Fall „Putz" über eine verfassungskonforme Auslegung der objektiven Zurechnung begründen).

Rönnau (LK-StGB/*Rönnau* Rn. 60; vgl. auch *Lagodny,* Strafrecht vor den Schranken der Grundrechte, 1996, 264 ff.) geht noch einen Schritt weiter, indem er davon ausgeht, dass nicht nur bei der Auslegung von gesetzlich geregelten Erlaubnissätzen die Ausstrahlungswirkung der Grundrechte zu berücksichtigen sei, sondern vielmehr auch eine Rechtfertigung unmittelbar unter Berufung auf Grundrechte sowie auf die Grundfreiheiten der EMRK zu erwägen sei (aA *Böse* ZStW 113 (2001), 40 (61 ff.)).

3. Geltung des Gesetzlichkeitsprinzips (nullum crimen sine lege) für Rechtfertigungsgrün- 5 de. Im Hinblick auf die Rechtfertigungsgründe gilt ebenso wie für den Bereich des Tatbestandes und der Strafdrohung das Gesetzlichkeitsprinzip des Art. 103 Abs. 2 GG. Das bedeutet insbesondere, dass die teleologische Reduktion von (geschriebenen) Rechtfertigungsgründen, die eine Erweiterung der Strafbarkeit mit sich bringt und damit zu Lasten des Handelnden wirkt, nach hM grds. unzulässig ist (vgl. BVerfGE 95, 96 (132 f.); BGHSt 40, 167; 41, 101 (105, 111); 42, 158 (161); 235, 241; LK-StGB/ *Dannecker* § 1 Rn. 261 f.; LK-StGB/*Rönnau* Rn. 62; aA Krey/Esser StrafR AT Rn. 94; *Schroeder* JZ 1992, 990 (991)). Dies gilt auch dann, wenn es sich um Rechtfertigungsgründe handelt, die nicht genuin strafrechtlicher Natur sind, wie etwa die Notrechte aus dem Zivilrecht (LK-StGB/*Dannecker* § 1 Rn. 262; LK-StGB/*Rönnau* Rn. 62).

4. Irrtum über Rechtfertigungsgründe. Ein **Irrtum über das Vorliegen der tatsächlichen 6 Voraussetzungen eines anerkannten Rechtfertigungsgrundes** stellt nach der von der Rechtsprechung und vor allem vom BGH vertretenen eingeschränkten Schuldtheorie einen Erlaubnistatbestandsirrtum dar, dessen Behandlung str. ist (→ § 16 Rn. 31 f.; ferner Krey/Esser StrafR AT Rn. 736 ff.). Von der hM (eingeschränkte Schuldtheorie) wird eine Tatbestandserfüllung, bei der der Handelnde irrig Umstände annimmt, bei deren tatsächlichem Vorliegen ein anerkannter Rechtfertigungsgrund erfüllt wäre, in analoger Anwendung des § 16 dem vorsatzlosen Handeln gleichgestellt (BGHSt 3, 105 (106); 3, 357 (364); 31, 264 (286 f.); BGH NStZ 2012, 205 (206); 2012, 272; OLG Düsseldorf NStZ 1994, 343 f.; Krey/Esser StrafR AT Rn. 740 mwN). Andere kommen lediglich zum Wegfall der Vorsatzschuld (rechtsfolgenverweisende eingeschränkte Schuldtheorie) oder allenfalls zu einem Vorliegen eines entschuldigenden Verbotsirrtums (strenge Schuldtheorie); insofern unterscheiden sich insbesondere die Auswirkungen auf die Teilnahme an der Tat (Fischer § 16 Rn. 20 ff.; Schönke/Schröder/*Sternberg-Lieben*/*Schuster* § 16 Rn. 14 ff.; SSW StGB/*Satzger* §§ 15, 16 Rn. 110 ff.; Krey/Esser StrafR AT Rn. 742 ff.; WBS StrafR AT Rn. 467 ff.; *Herzberg* JA 1989, 243 ff. (294 ff.)).

Der Erlaubnistatbestandsirrtum steht einer Bestrafung wegen **Fahrlässigkeit** nicht entgegen, wenn **7** der Irrtum auf sorgfaltswidrigem Verhalten des Täters beruhte und deshalb vorwerfbar ist (BGHSt 2, 234 (236); 3, 105 (107); 3, 272 (357); 17, 87 (91); 31, 264 (287); ausführlich zum Erlaubnistatbestandsirrtum bei Fahrlässigkeitsdelikten: *Ludes/Pannenborg* JURA 2013, 24 ff.).

Hingegen liegt ein nach § 17 zu behandelnder **Erlaubnisirrtum** vor, wenn sich der Täter über die **8** Grenzen eines Rechtfertigungsgrundes irrt.

5. Besonderheiten der Rechtfertigung im Wirtschaftsstrafrecht. Im Wirtschaftsstrafrecht stößt **9** die Lehre von der Rechtfertigung auf **Besonderheiten,** die geradezu typisch sind, so auf die Abwägung des Interesses an der **Betriebsfortführung** und der **Arbeitsplatzerhaltung** (→ § 34 Rn. 92); beide

Interessen kommen im Rahmen des § 34 zum Tragen. Weiterhin stellt sich die Frage nach der Reichweite der **behördlichen Genehmigung** (→ Rn. 62 ff.), insbesondere im Außenwirtschafts- und Umweltstrafrecht. Die neuere Entwicklung betrifft die Frage, ob **sozialadäquates Verhalten** oder das **erlaubte Risiko** die Strafbarkeit ausschließt (→ Rn. 87 f.).

II. Quellen für Rechtfertigungsgründe

10   Rechtfertigungsgründe finden sich im **Allgemeinen Teil des Strafgesetzbuchs:** Notwehr (§ 32) und Notstand (§ 34), und des **Ordnungswidrigkeitengesetzes** (§§ 15, 16 OWiG), vereinzelt auch im **Besonderen Teil des Strafgesetzbuchs,** so § 193 (→ Rn. 86). Sie können darüber hinaus aus der gesamten Rechtsordnung stammen (RGSt 59, 404 (406); 61, 242 (247); 63, 215 (218); BGHSt 11, 244; LK-StGB/*Rönnau* Rn. 59 mwN). Der Grund hierfür liegt zum einen im Postulat der Widerspruchsfreiheit und Einheit der Rechtsordnung (eingehend dazu *Engisch,* Einheit der Rechtsordnung, 1935, 55 ff.; *Felix,* Einheit der Rechtsordnung, 1998, 296 ff.; LK-StGB/*Rönnau* Rn. 28 ff.), zum anderen ist er im ultima ratio-Prinzip zu sehen: Was im Zivilrecht und öffentlichen Recht erlaubt ist, kann nicht im strafrechtlichen Sinne als verboten gelten. Strafsanktionen als schärfste Eingriffe des Staates in die Freiheit des Bürgers sind nur möglich, wenn das Verhalten nicht zu milderen, nachteiligen Rechtsfolgen führen kann.

11   Praktische Bedeutung haben neben dem **rechtfertigenden Notstand** (§ 34; § 16 OWiG; → § 34 Rn. 1 ff.) insbesondere die **bürgerlich-rechtlichen Notrechte** der §§ 229, 2320, 859 BGB (→ Rn. 14 ff.), die Sonderregelung des § 241a BGB für die **Zusendung unbestellter Waren** (→ Rn. 21) und der **zivilrechtliche Notstand** (§§ 228, 904 BGB; → Rn. 24 ff.), die **rechtfertigende Pflichtenkollision** (→ Rn. 32 ff.), weiterhin die **Einwilligung** (→ Rn. 37 ff.), die **mutmaßliche Einwilligung** (→ Rn. 54 ff.) sowie die **hypothetische Einwilligung** (→ Rn. 60), die **behördliche Genehmigung** (→ Rn. 62 ff.), die **Duldung** (→ Rn. 73), das **Handeln auf Weisung** (→ Rn. 64 ff.), das **Jedermann-Festnahmerecht** des § 127 Abs. 1 S. 1 StPO sowie das **sozialadäquate Verhalten** (→ Rn. 87) und das **erlaubte Risiko** (→ Rn. 88 f.).

12   Die **Notwehr,** die in § 32 und § 15 OWiG geregelt ist und auf dem Grundsatz beruht, dass das Recht dem Unrecht nicht zu weichen braucht, spielt im Wirtschaftsstrafrecht eine untergeordnete Bedeutung, da in der Regel kein gegenwärtiger Angriff vorliegt, der nicht anders abwendbar ist (vgl. zu den Einzelheiten des Notwehrrechts → § 32 Rn. 1 ff. sowie Fischer § 32 Rn. 1 ff.; LK-StGB/*Rönnau/Hohn* § 32 Rn. 1 ff.; MüKoStGB/*Erb* § 32 Rn. 1 ff.; NK-StGB/*Kindhäuser* § 32 Rn. 1 ff.).

III. Die einzelnen Rechtfertigungsgründe außerhalb des Strafgesetzbuchs

13   Außerhalb des Strafgesetzbuchs finden sich zahlreiche Rechtfertigungsgründe, die auch im Strafrecht anwendbar sind. Näher erörtert werden die **erlaubte Selbsthilfe** (→ Rn. 13 ff.), die **Zusendung unbestellter Ware** (→ Rn. 21), der **Defensiv-** (→ Rn. 24 ff.) und der **Aggressivnotstand** (→ Rn. 29 ff.), das **Festnahmerecht Privater** (→ Rn. 78 ff.) und die **Wahrnehmung berechtigter Interessen** (→ Rn. 86).

14   **1. Erlaubte Selbsthilfe nach §§ 229, 230, 859 BGB.** Trotz des staatlichen Gewaltmonopols und der primären Zuständigkeit der Zivilgerichte für die Durchsetzung zivilrechtlicher Ansprüche steht den Anspruchsberechtigten ausnahmsweise ein Selbsthilferecht zu, wenn staatliche Organe nicht rechtzeitig zur Stelle sind und die Durchsetzung von Ansprüchen vereitelt oder erschwert würde. Selbsthilfe ist die **Durchsetzung oder Sicherung eines Anspruchs durch private Gewalt** (Palandt/*Ellenberger* BGB § 229 Rn. 1). Besondere Selbsthilfevorschriften stellen die §§ 562b, 859, 860, 704 S. 2 BGB dar. Wenn eine Selbsthilfelage besteht und der Handelnde mit Selbsthilfewillen handelt, sind die in §§ 229, 859 BGB umschriebenen Handlungen gerechtigt, soweit sich die erlaubte Sachbeschädigung oder -entziehung oder die vorläufige Festnahme im Rahmen des Verhältnismäßigen und Erforderlichen im Sinne des § 230 Abs. 1 BGB bewegt (Roxin StrafR AT I § 17 Rn. 29).

15   **a) Anspruchslage.** Voraussetzung ist ein **Anspruch des Handelnden,** der diesem selbst zustehen muss. Im Gegensatz hierzu darf der Anspruch eines Dritten nicht im Wege der Selbsthilfe durchgesetzt oder gesichert werden. Auch genügt guter Glaube nicht. Nicht einklagbare, verjährte oder rechtskräftig abgewiesene Ansprüche dürfen nicht durch Selbsthilfe gesichert werden.

16   **Obrigkeitliche Hilfe** (zB durch Arrest oder einstweilige Verfügung) darf **nicht rechtzeitig zu erlangen** sein. Dies ist auch der Fall, wenn die staatliche Hilfe zu Unrecht abgelehnt worden ist.

17   Weiterhin muss eine **Gefährdung des Anspruchs** vorliegen, die auch gegeben ist, wenn kein endgültiger Verlust droht. Eine wesentliche Erschwerung der Durchsetzung des Anspruchs reicht aus. Die Gefahr der Vereitelung etwa einer Anspruchsdurchsetzung muss konkret sein, weshalb Taschenkontrollen im Supermarkt ohne Tatverdacht unzulässig sind (BGHZ 124, 40 (43 f.); 183, 184 (190)).

18   **b) Selbsthilfehandlung.** Es muss sich um eine vom Selbsthilfewillen getragene Wegnahme, Zerstörung oder Beschädigung einer Sache handeln, die dem Schuldner gehören und vollstreckungs- und arrestfähig sein muss (§ 230 Abs. 2 BGB). Die Festnahme des Schuldners setzt **Fluchtverdacht** voraus,

wobei die Voraussetzungen des persönlichen Sicherungsarrestes nach § 918 ZPO vorliegen müssen (§ 230 Abs. 3 BGB). Ein Festhalten zur Feststellung der Personalien des Schuldners ist auch ohne Arrestgrund iSd § 230 Abs. 2 BGB iVm §§ 917 f. ZPO gerechtfertigt, da es sich beim Anspruch auf Angabe der Personalien nicht um eine gemäß § 916 ZPO zu sichernde Geldforderung handelt (Schönke/Schröder/*Lenckner/Sternberg-Lieben* Rn. 66). Dies gilt entsprechend für einen kurzzeitigen Sachentzug als milderes Mittel (BGH NStZ 2012, 144 mAnm *Grabow* NStZ 2012, 146).

Die Selbsthilfehandlung muss **erforderlich** sein, wobei auch Widerstand gebrochen werden darf, **19** sofern der Betroffene zur Duldung der Handlung verpflichtet ist. Die Duldungspflicht kann sich aus dem zu sichernden Anspruch oder dem Selbsthilferecht ergeben.

Im Übrigen begründet § 229 BGB nur ein Substitut hoheitlichen Handelns. Deshalb räumt die **20** Selbsthilfe keinen weiteren **Handlungsspielraum** ein, als ein **zuständiges staatliches Organ in vergleichbarer Situation** hätte (BGHSt 17, 87; OLG Düsseldorf NJW 1991, 2717; Roxin StrafR AT I § 17 Rn. 29). Der BGH leitet dies aus § 230 Abs. 2 BGB ab und folgert daraus, dass im Falle der Wegnahme von Sachen deren dinglicher Arrest zu beantragen ist, nicht aber eine eigenmächtige Zueignung von Gattungssachen (einschließlich Geld) gerechtfertigt werden kann (BGHSt 17, 87 (89 f.)). Wenn die Personen feststellbar sind, muss eine Wegnahme sogar ganz ausscheiden (BayObLG NJW 1991, 934 mAnm *Joerden* JuS 1992, 23 ff.).

Notwehr gegen eine durch § 229 BGB gerechtfertigte Wegnahme einer Sache ist nicht zulässig (*BGH* JuS 2011, 940 mAnm *Hecker*).

2. Zusendung unbestellter Waren (§ 241a BGB). Nach dem durch das Schuldrechtsmodernisie- **21** rungsgesetz eingefügten § 241a BGB werden durch die Lieferung unbestellter Sachen **keine Ansprüche gegenüber dem Verbraucher** begründet. Der Verbraucher setzt sich nach hM im Zivilrecht selbst dann keinen Ansprüchen aus, wenn er die Sache vernichtet oder veräußert (Palandt/*Grüneberg* BGB § 241a Rn. 7; *Riehm* JURA 2000, 506 (512)). Wegen des Postulats der Einheit der Rechtsordnung ist der Verbraucher daher gerechtfertigt, wenn er eine nicht bestellte Sache beschädigt oder zerstört (LK-StGB/*Rönnau* Rn. 307; Jäger StrafR AT Rn. 163; Wessels/Hillenkamp StrafR BT II Rn. 20, 320; *Haft/Eisele* GS Meurer, 2002, 245 (257); *Matzky* NStZ 2002, 458 ff.; *Reichling* JuS 2009, 111 (113); aA *Otto* JURA 2004, 389: Tatbestandsausschluss). Wenn der Verbraucher die Ware veräußert, scheitert eine Unterschlagung nach § 246 an der fehlenden Rechtswidrigkeit der Zueignung, da § 241a BGB den freien Umgang mit fremdem Eigentum gerade zulässt (dazu *Haft/Eisele* GS Meurer, 2002, 245 ff.).

3. Zivilrechtliche Notstandsrechte der §§ 228, 904 BGB: Defensiv- und Aggressivnotstand. Bei der Gefahrenabwehr, die zu Eingriffen in fremdes Sacheigentum führt, sehen der Defensivnotstand **22** des § 228 BGB und der Aggressivnotstand des § 904 BGB spezielle Notstandsregelungen vor, die die strafrechtliche Regelung des § 34 verdrängen. Beim **Aggressivnotstand** ist die Beschädigung oder Zerstörung, aber auch die Wegnahme und Nutzung einer fremden Sache, von der die Gefahr nicht ausgeht, gerechtfertigt. Dies grenzt die Situation zum **Defensivnotstand** ab, bei dem sich die Tat gerade gegen die Sache richtet, von der die Gefahr ausgeht.

Entsprechend gilt beim Defensivnotstand ein anderer **Maßstab der Interessenabwägung** für die **23** Annahme der Notstandslage: § 904 BGB verlangt für den **Aggressivnotstand** einen unverhältnismäßig großen Schaden, den es zu verhindern gilt und der damit gesetzlich das wesentliche Überwiegen des § 34 in einer Konstellation des § 904 BGB formuliert hat (Roxin StrafR AT I § 16 Rn. 107 und 110). Hingegen tritt das Recht zur **Sachwehr des § 228 BGB** bereits dann ein, wenn der verursachte Schaden nicht unverhältnismäßig größer als der drohende Schaden ist. Dies erklärt sich aus dem Umstand, dass die Gefahr ihren Ursprung im Herrschafts- und Verantwortungsbereich des Eigentümers der Sache hat (Schönke/Schröder/*Lenckner/Sternberg-Lieben* Rn. 69). Aus dem gleichen Grund spricht ihm im Gegensatz zur Regelung des § 904 S. 2 BGB das Gesetz auch keinen verschuldensunabhängigen Schadensersatzanspruch zu.

a) Defensiver Notstand (§ 228 BGB)

§ 228 BGB Notstand

[1] Wer eine fremde Sache beschädigt oder zerstört, um eine durch sie drohende Gefahr von sich oder einem anderen abzuwenden, handelt nicht widerrechtlich, wenn die Beschädigung oder die Zerstörung zur Abwendung der Gefahr erforderlich ist und der Schaden nicht außer Verhältnis zu der Gefahr steht. [2] Hat der Handelnde die Gefahr verschuldet, so ist er zum Schadensersatz verpflichtet.

Der defensive Notstand dient der Abwehr einer **Gefahr durch Einwirkung auf die gefahrver- 24 ursachende Sache** (eingehend zum Defensivnotstand im System der Notrechte *Pawlik* GA 2003, 12 ff.). Ihm liegt der Gedanke zugrunde, dass die Schutzinteressen des Bedrohten höher zu bewerten sind als das Interesse des Eigentümers an der Erhaltung einer Sache, deren Zustand andere gefährdet und zu Abwehrmaßnahmen zwingt (s. nur WBS StrafR AT Rn. 293).

Hier gelten für die Interessenabwägung Besonderheiten, weil es um die **notwehrähnliche Ver- 25 teidigung** gegen eine von einer Sache ausgehende Gefahr geht. Diese Eingriffsbefugnis beruht (anders als bei § 34 und § 904 BGB) nicht auf dem Solidaritätsgrundsatz, sondern auf dem Prinzip der

Unrechtsverantwortung. Deshalb ist trotz Höherwertigkeit des betroffenen Rechtsguts ein Wertvorzug des verteidigten Interesses möglich.

26 **aa) Notstandslage.** Erforderlich ist eine Notstandslage in Form einer **Gefahr der Verletzung eines Rechtsguts,** die durch eine fremde Sache droht. Notstandsfähig sind Rechtgüter aller Art, auch reine Vermögensinteressen. Ausreichend ist eine drohende Gefahr. Gegenwärtigkeit iSv § 32 ist nicht erforderlich. Die Wahrscheinlichkeit eines alsbald erfolgenden Schadenseintritts reicht aus. Die Gefahr muss **von der Sache ausgehen,** auf die mit der Notstandshandlung eingewirkt wird.

27 **bb) Notstandshandlung.** Weiterhin muss eine Notstandhandlung in Form der Beschädigung oder Zerstörung der Sache, von der die Gefahr ausgeht, vorliegen. Diese Handlung muss erforderlich, verhältnismäßig und vom Abwehrwillen getragen sein. Die **Erforderlichkeit** ist objektiv zu bestimmen. **Verhältnismäßigkeit** erfordert, dass der durch die Handlung angerichtete Schaden nicht außer Verhältnis zur abgewendeten Gefahr steht. Hier gilt der Grundsatz, dass Leben und Gesundheit höher als Vermögenswerte zu bewerten sind. Bei der Gefahr für Sachgüter ist grundsätzlich der Wert entscheidend, jedoch müssen auch ideelle Aspekte berücksichtigt werden.

28 **cc) Subjektive Voraussetzungen.** Zudem muss der **Abwehrwille** als subjektives Rechtfertigungselement vorliegen.

b) Aggressiver Notstand (§ 904 BGB)

§ 904 BGB Notstand

¹ Der Eigentümer einer Sache ist nicht berechtigt, die Einwirkung eines anderen auf die Sache zu verbieten, wenn die Einwirkung zur Abwendung einer gegenwärtigen Gefahr notwendig und der drohende Schaden gegenüber dem aus der Einwirkung dem Eigentümer entstehenden Schaden unverhältnismäßig groß ist. ² Der Eigentümer kann Ersatz des ihm entstehenden Schadens verlangen.

29 Der aggressive Notstand erlaubt die zur Abwehr einer dem Einwirkenden (Notstand) oder einem Dritten (Notstandshilfe) drohenden Gefahr vorgenommene Einwirkung auf fremde Sachen, von denen die Gefahr nicht ausgeht, die zu der Gefahrenlage in keinerlei Beziehung stehen. Damit ist § 904 BGB Ausdruck des allgemeinen Aufopferungsgedankens. Die Ratio dieser Regelung liegt in der **Solidarität der Rechtsgemeinschaft,** die von den Einzelnen in bestimmten Fällen der Not ein gewisses Maß an Opferbereitschaft fordert.

30 **aa) Notstandslage.** Erforderlich ist eine Notstandslage in Form einer Gefahr der Verletzung eines Rechtsguts, die nicht von der Sache droht, auf die eingewirkt wird. Notstandsfähig sind eigene und fremde **Rechtsgüter aller Art.** Die Gefahr muss **gegenwärtig** sein. Voraussetzung hierfür ist, dass die Wahrscheinlichkeit eines alsbald erfolgenden Schadenseintritts besteht. Eine **Dauergefahr** genügt grundsätzlich (OLG Hamm NJW 1972, 1374).

31 **bb) Notstandshandlung.** Es muss eine unmittelbare oder mittelbare **Einwirkung auf eine fremde Sache** vorliegen. Diese muss gezielt und nicht nur zufällig erfolgen; ansonsten kommt nur eine Rechtfertigung über § 34 in Betracht (BGH NJW 1985, 490). Außerdem muss der **drohende Schaden** gegenüber dem aus der Einwirkung **unverhältnismäßig groß** sein. Die Güterabwägung muss eindeutig zu Gunsten des von der Gefahr bedrohten ausfallen (BGHZ 92, 357). Auch hier gilt, dass Leben und Gesundheit grundsätzlich höher zu bewerten sind als Sachwerte. Bei Sachwerten ist durch Schätzung des Geldwertes abzuwägen.

4. Rechtfertigende Pflichtenkollision. a) Situation der rechtfertigenden Pflichtenkollision.
32 Die gesetzlich nicht geregelte Pflichtenkollision (dazu *Otto,* Pflichtenkollision und Rechtswidrigkeitsurteil, 3. Aufl. 1978; *Küper,* Grund und Grenzfragen der rechtfertigenden Pflichtenkollision im Strafrecht, 1979; krit. *Gropp* FS Hirsch, 1999, 207; zur rechtfertigenden Pflichtenkollision zudem: *Rönnau* JuS 2013, 113) hat einen von § 34 unabhängigen Anwendungsbereich (*Küper* JuS 1987, 81 (88); *Neumann* FS Roxin, 2001, 421 ff.; s. auch LK-StGB/*Rönnau* Rn. 118 mwN). Die rechtfertigende Pflichtenkollision ist dadurch gekennzeichnet, dass den Täter mehrere **verschiedenwertige Pflichten** treffen und er in diesem Pflichtenstreit zwangsläufig bei Erfüllung der einen rechtlichen Pflicht die andere verletzen muss (*Küper* JuS 1987, 81 (88); s. auch Lackner/Kühl/*Kühl* § 34 Rn. 15; LK-StGB/ *Rönnau* Rn. 115). Er ist verpflichtet, die objektiv höherwertige Pflicht zum Nachteil der geringerwertigen Pflicht zu erfüllen (RGSt 60, 246; 61, 254; 64, 91; BGHSt 2, 242; LK-StGB/*Rönnau* Rn. 115). Ein „wesentliches Überwiegen" einer der Pflichten ist nicht erforderlich, da der Täter – anders als im Falle des Notstands – nicht die Möglichkeit hat, keine Pflicht zu verletzen (Jescheck/Weigend StrafR AT § 33 Rn. 5; ähnlich *Neumann* FS Roxin, 2001, 421 (423 f.)). Aus dem Umstand, dass die Erfüllung beider Pflichten den Täter objektiv unmöglich ist, folgt die dogmatische Einordnung der Pflichtenkollision als Rechtfertigungsgrund, da dass Zurückbleiben hinter etwas objektiv Unmöglichem nicht als rechtswidrige Verhaltensweise qualifiziert werden kann („ultra posse nemo tenetur") (hM Lackner/ Kühl/*Kühl* § 34 Rn. 15; LK-StGB/*Rönnau* Rn. 115 f.; SSW StGB/*Rosenau* Rn. 59; Roxin StrafR AT I § 16 Rn. 118 ff.; aA Jescheck/Weigend StrafR AT § 33 V und NK-StGB/*Paeffgen* Rn. 174, die nur einen Entschuldigungsgrund bejahen).

Durch die Pflichtenkollision werden mehrere in concreto miteinander unvereinbare Pflichten aufeinander abgestimmt, so dass den Täter nur noch **eine Pflicht** trifft. Einer der Pflichten wird der Vorrang eingeräumt, die „Verletzung" der anderen gerechtfertigt. Damit besteht in der konkreten Situation nur *eine* Pflicht, deren Verletzung zur Strafbarkeit führt, wenn der Pflichtige keine der kollidierenden Normen befolgt (zum hypothetischen Charakter der Pflichtenkollision *Gropp* FS Hirsch, 1999, 207; zust. MüKoStGB/*Schlehofer* Rn. 208).

b) Kollision mehrerer Handlungspflichten. Im Falle der Kollision mehrerer Handlungspflichten **33** ist die Rechtfertigung unproblematisch, wenn die **höherwertige** auf Kosten der geringerwertigen Pflicht erfüllt wird (*Küper* JuS 1987, 81 (87)). Bei der Kollision von **gleichwertigen Handlungspflichten** ist der Täter gerechtfertigt, da das Recht nur die Erfüllung einer Pflicht und nichts Unmögliches verlangen kann (vgl. Lackner/Kühl/*Kühl* § 34 Rn. 15; LK-StGB/*Rönnau* Rn. 116 f.; MüKoStGB/*Schlehofer* Rn. 208; Schönke/Schröder/*Lenckner/Sternberg-Lieben* Rn. 73; BWM StrafR § 17 Rn. 137; Kühl StrafR AT § 18 Rn. 137; Roxin StrafR AT I § 16 Rn. 103; *Gropp* FS Hirsch, 1999, 207 (215); *Joerden* FS Otto, 2007, 331 (332)). Der Täter hat nach hM ein Wahlrecht, welche der Pflichten er erfüllt. Wenn der Täter keine der Pflichten erfüllt, ist er gleichwohl nur wegen einer Pflichtverletzung strafbar (LK-StGB/*Rönnau* Rn. 126; eingehend dazu *Neumann* FS Roxin, 2001, 421 (430 ff.); aA Fischer Vor § 32 Rn. 11a; NK-StGB/*Paeffgen* Rn. 174; Jescheck/Weigend StrafR AT § 33 V, die einen Entschuldigungsgrund annehmen).

c) Kollision von Unterlassungspflichten. Nach hM ist auch eine Kollision von Unterlassungs- **34** pflichten möglich (Fischer Rn. 11c; aA *Gropp* FS Hirsch, 1999, 207 (217 ff.)). Für sie gilt § 34 (BWM StrafR AT § 17 Rn. 132 f.; *Aselmann/Krack* JuS 1999, 254 (256); *Neumann* FS Roxin, 2001, 421 (427); **aA** Schönke/Schröder/*Lenckner/Sternberg-Lieben* Rn. 71 ff.). Bei der Kollision einer **Garantenpflicht** (§ 13) und einer **allgemeinen Handlungspflicht** (zB § 323c) kommt es nicht auf die Höherwertigkeit der Pflichtenstellung, sondern auf die Höherwertigkeit des geschützten Rechtsguts an. Nur bei Gleichwertigkeit des Rechtsguts ist die Sonderpflicht zu erfüllen (hM; LK-StGB/*Rönnau* Rn. 125; Schönke/Schröder/*Lenckner/Sternberg-Lieben* Rn. 75; BWM StrafR AT § 17 Rn. 136; Jakobs StrafR AT 15/7; Roxin StrafR AT I § 16 Rn. 108; *Neumann* FS Roxin, 2001, 421 (436 f.); iErg ebenso *Beulke* FS Küper, 2007, 1 ff., der bereits das Entstehen einer allgemeinen Handlungspflicht verneint; **aA** SK-StGB/*Rudolphi/Stein* Vor § 13 Rn. 47; *Freund,* Erfolgsdelikt und Unterlassen, 1992, 282).

d) Kollision einer Handlungs- und einer Unterlassungspflicht. Bei der Kollision einer Hand- **35** lungs- und einer Unterlassungspflicht soll bei Gleichwertigkeit der Pflichten eine **Rechtfertigung durch Pflichtenkollision** möglich sein (so *Küper* JuS 1971, 474 (475); *ders.* JuS 1981, 785; *ders.* JuS 1987, 81 (88); *Gropp* FS Hirsch, 1999, 207 (209)). Dies ist jedoch mit der Gleichstellungsklausel des § 13 nicht vereinbar (NK-StGB/*Paeffgen* Rn. 171; Jescheck/Weigend StrafR AT § 33 V; zust. Fischer Vor § 32 Rn. 11d). Vielmehr ist bei der Kollision einer Handlungs- und einer Unterlassungspflicht nach § 34 zu entscheiden, ob die Verletzung der Unterlassungspflicht gerechtfertigt ist, mit der Folge, dass keine Pflichten kollidieren (LK-StGB/*Rönnau* Rn. 120; Schönke/Schröder/*Lenckner/Sternberg-Lieben* Rn. 71 f.; *Neumann* FS Roxin, 2001, 421 (426)).

e) Subjektive Voraussetzungen. In subjektiver Hinsicht ist lediglich die **Kenntnis von der Pflich-** **36** **tenkollision** zu verlangen, die jedoch die Aspekte einschließt, aufgrund derer die Bewertung der Pflichten zu erfolgen hat (LK-StGB/*Rönnau* Rn. 127 mwN; Schönke/Schröder/*Lenckner/Sternberg-Lieben* Rn. 77).

5. Einwilligung. Die Einwilligung ist ein gewohnheitsrechtlich entwickeltes Institut, das an die aus **37** dem Römischen Recht bekannte Vorstellung „volenti non fit iniuria" anknüpft. Heute findet es seine Grundlage im **Selbstbestimmungsrecht des Art. 2 Abs. 1 GG** (Kühl StrafR AT § 9 Rn. 20). Die Einwilligung beruht auf dem Grundgedanken, dass der Einsatz des Strafrechts an den Zweck des Rechtsgüterschutzes gebunden ist und deshalb die Legitimation staatlichen Strafens fehlt, wenn der Inhaber eines rechtlich geschützten Gutes dieses selbst preisgibt (LK-StGB/*Rönnau* Rn. 146). Deshalb kann die Einwilligung, obwohl sie ausdrücklich nur für die Körperverletzung in § 228 geregelt ist, auch in anderen Tatbeständen als **Verzicht des Verletzten auf Rechtsschutz** (Schönke/Schröder/*Lenckner/Sternberg-Lieben* Rn. 33) rechtfertigend wirken. Die (noch) hM sieht darin einen Rechtfertigungsgrund (BGHSt 16, 309; 17, 359; 23, 1 (3 f.); zust. *Hirsch* FG BGH, 2000, 199 (214); Kühl StrafR AT § 9 Rn. 22; Jescheck/Weigend StrafR AT § 34 I 3; *Amelung/Eymann* JuS 2001, 937 (938); *Otto* JURA 2004, 679 (680)), jedoch setzt sich zunehmend die Auffassung durch, dass es im Falle einer Einwilligung bereits an einer Rechtsgutsverletzung und damit an der Tatbestandsmäßigkeit fehlt (s. nur *Jäger,* Examens-Repetitorium StrafR Allgemeiner Teil, 7. Auflage 2015, Rn. 135; *ders.,* Zurechnung und Rechtfertigung, 2006, 22 f. mwN; *Rönnau,* Willensmängel bei der Einwilligung im Strafrecht, 2001, 92, 124; *Schlehofer,* Einwilligung und Einverständnis, 1985, 4 ff.; Roxin StrafR AT I § 13 Rn. 12 ff.; *ders.* FS Amelung, 2009, 269 ff.; *Weigend* ZStW 98 (1986), 44 (60)).

a) Anwendungsbereich der Einwilligung. Die Einwilligung des Rechtsgutsträgers kann grund- **38** sätzlich nur Straftaten gegen **Individualrechtsgüter** rechtfertigen, insbesondere gegen die körperliche

Integrität, die Ehre, den persönlichen Geheimbereich, das Eigentum und das Vermögen (Lackner/Kühl/ *Kühl* Rn. 15). Der Einwilligende muss zu der Verfügung **befugt** sein. Hieran fehlt es beispielsweise für den Eigentümer nach Eröffnung des Insolvenzverfahrens (§ 80 InsO; BGH NJW 1992, 250 f.; LK-StGB/*Rönnau* Rn. 178; zur Dispositionsbefugnis des Insolvenzverwalters *Tachau,* Ist das Strafrecht strenger als das Zivilrecht?, 2005, 449 ff.). Verfügungsbefugt kann auch der Stellvertreter sein. Wenn jedoch höchstpersönliche Rechtsgüter betroffen sind, bedarf eine stellvertretende Entscheidung, zB der Eltern über ein Rechtsgut ihres Kindes, einer besonderen rechtlichen Legitimation, die im Wohl des Kindes zu sehen ist. Umstritten ist in diesem Zusammenhang die Wirksamkeit der elterlichen Einwilligung in die Beschneidung eines Jungen (LG Köln NStZ 2012, 449; *Fateh-Moghadam* RW 2010, 115; *Herzberg* MedR 2012, 169 ff.; *Hörnle/Huster* JZ 2013, 328 (335); *Jahn* JuS 2012, 850; *Jerouschek* NStZ 2008, 313; SSW StGB/*Rosenau* Rn. 37); *Walter* JZ 2012, 1110 ff.

Ein begrenzt altruistischer Rechtsgutsverzicht ist nicht generell ausgeschlossen, wie § 41 Abs. 2 Nr. 2a AMG zur Forschung an Minderjährigen zeigt.

39 Bei bestimmten Individualrechtsgütern, namentlich beim Leben und der körperlichen Integrität, ist die **Disponibilität eingeschränkt,** wie den §§ 216, 228 entnommen werden kann (vgl. BGH NStZ 2013, 342 (343 f.)). Allerdings hat der *BGH* in seiner Entscheidung v. 25.6.2010 (BGH NJW 2010, 2963 ff.) eine Ausnahme vom Prinzip der Unverfügbarkeit des menschlichen Lebens anerkannt, indem er hinsichtlich der der Entscheidung zugrundeliegenden Fallkonstellation die Einwilligungsvorausset- zungen (insbesondere die Voraussetzung der Disponibilität des verletzten Rechtsguts) im Lichte des verfassungsrechtlich verbürgten Selbstbestimmungsrechts ausgelegt und eine wirksame Einwilligung in den – für den Patienten tödlichen – technischen Behandlungsabbruch durch „Nicht-Ärzte" angenom- men hat. Dies ist auf breite Zustimmung im Schrifttum gestoßen. Dies gilt insbesondere im Hinblick auf das Ergebnis der Entscheidung, wonach das verfassungsrechtlich verbürgte Selbstbestimmungsrecht des Patienten die Zulässigkeit des technischen Behandlungsabbruchs durch „Nicht-Ärzte" erzwingt. Aber auch der vom BGH gewählte Lösungsweg, den technischen Behandlungsabbruch durch „Nicht-Ärzte" über eine verfassungskonforme Auslegung der Einwilligungsvoraussetzungen zu legitimieren, hat große Zustimmung seitens der Literatur erfahren (*Dölling* ZIS 2011, 345 ff.; *Duttge* MedR 2011, 36 ff.; *Gaede* NJW 2010, 2925 ff.; *Hirsch* JR 2011, 37 ff.; *Kubiciel* ZJS 2010, 656 ff.; *Rosenau* FS Rissing-van Saan, 2011, 547 ff.; *Streng* FS Frisch, 2013, 743 ff.; *Verrel* NStZ 2010, 671 ff.; *Walter* ZIS 2011, 76 ff.; *Wolflast/ Weinrich* StV 2011, 286 ff.). Allerdings mehren sich die Stimmen, die für eine Tatbestandslösung eintreten. Da bereits die Aufnahme der Behandlung des Patienten nicht vom Willen des Patienten gedeckt gewesen war und somit gegen das Selbstbestimmungsrecht des Patienten verstoße, benötige der technische Behandlungsabbruch keiner Einwilligung, sondern sei bereits nicht tatbestandsmäßig, denn er stelle rechtmäßige Verhältnisse wieder her (*Engländer* JZ 2011, 513 (518 ff.); *Gaede* NJW 2010, 2925 (2927 ff.); *Rissing-van Saan* ZIS 2011, 544 (549 ff.)).

40 **Paternalistische Eingriffe** des Gesetzgebers in die Dispositionsbefugnisse des Einzelnen, wie sie in §§ 216, 218 zum Ausdruck kommen, sind jedoch nur bei gravierenden Verletzungen hochrangiger Rechtsgüter legitimierbar (BGHSt 49, 166 (171)). Diese Regelungen sind daher für andere Delikte nicht analogiefähig. Ferner scheidet eine Einwilligung aus, wenn die Strafvorschrift gerade dem Schutz des an der Tatbestandsverwirklichung notwendig mitwirkenden Opfers dient, weil dem Opfer die Fähigkeit zu freier und eigenverantwortlicher Entscheidung abgesprochen wird, so zB beim Wucher (§ 291).

41 **Überindividuelle Rechtsgüter,** die Güter der Allgemeinheit betreffen, sind nicht disponibel. Daher kommt eine rechtfertigende Einwilligung nicht in Betracht. So ist bei der Schwarzarbeit die Einwilli- gung des Arbeitnehmers in eine Nettolohnzahlung und Nichtabführung von Steuern und Sozialver- sicherungsbeiträgen durch den Arbeitgeber unbeachtlich, weil der Steuerhinterziehungstatbestand des § 370 AO das staatliche Interesse an einem vollständigen Steueraufkommen (→ AO § 370 Rn. 3) und § 266a das Interesse der Sozialversicherungsträger und der Solidargemeinschaft der Versicherten an dem vollständigen Beitragsaufkommen (→ § 266a Rn. 2) schützt.

42 Wenn ein Tatbestand neben einem Individualrechtsgut ein Kollektivrechtsgut schützt, soll es darauf ankommen, ob das tatbestandliche Unrecht auch verwirklicht ist, wenn der Rechtsgutsinhaber auf seinen Schutz verzichtet hat und das bestimmt sich danach, ob die geschützten Rechtsgüter in einem **Verhältnis des alternativen oder kumulativen Schutzes** zueinander stehen (Roxin StrafR AT I § 13 Rn. 33 f.; Schönke/Schröder/*Lenckner/Sternberg-Lieben* Rn. 36). Eine alternative Schutzrichtung liegt bei Tat- beständen vor, für die es genügt, dass der Täter eines von mehreren Schutzgütern verletzt (Roxin StrafR AT I § 13 Rn. 34). Entscheidend ist jedoch, ob bereits die Verletzung eines Schutzgutes ausreicht, um die Strafbarkeit zu begründen und dies muss für jeden Tatbestand gesondert begründet werden (vgl. Schönke/Schröder/*Lenckner/Sternberg-Lieben* Rn. 36; *Sowada,* Die „notwendige Teilnahme" als funk- tionales Privilegierungsmodell im Strafrecht, 1992, 94 ff.; aA Roxin StrafR AT I § 13 Rn. 34). Wenn **individuelle und überindividuelle Rechtsgutsaspekte** bei einem Straftatbestand gleichrangig **ne- beneinander** treten, kann die Einwilligung der individuellen Rechtsgutträger unter bestimmten Voraussetzungen rechtfertigend wirken, so wenn alle Gläubiger eines insolventen Unternehmens Sanie- rungsmaßnahmen zustimmen, die als solche ein Beiseiteschaffen von Vermögensbestandteilen darstellen. Der mit dem Gläubigerschutz gleichrangige Schutz der Kreditwirtschaft erfordert insoweit, dass die Maßnahmen nicht gegen die Anforderungen einer ordnungsgemäßen Wirtschaft verstoßen.

Die Einwilligung des Betroffenen kann sowohl bei **Vorsatz-** als auch bei **Fahrlässigkeitsdelikten** 43
rechtfertigend wirken (BayObLG VRS 53, 349; *Geppert* ZStW 83 (1971), 947 (969 ff.)).

b) Voraussetzungen der rechtfertigenden Einwilligung. Einwilligen kann nur der **Einwil-** 44
ligungsfähige, der im Stande ist, die Bedeutung und Folgen seines Rechtsgutsverzichts abzusehen und
sich dementsprechend zu verhalten (BGHSt 4, 88 (92); 23, 1 (4); BGH NJW 1978, 1206 mAnm
Hassemer JuS 1978, 710 (711); NStZ 2000, 87 (88); Fischer Rn. 3c; *Rönnau* JURA 2002, 665 (668 f.));
zivilrechtliche Geschäftsfähigkeit ist nicht erforderlich (BGHSt 8, 357 (358); 12, 379 (383); BayObLG
NJW 1999, 372). Die nötige **Einsichtsfähigkeit** ist unabhängig vom Alter des Einwilligenden festzustellen. Vielmehr kommt es auf die individuelle intellektuelle Reife des Einwilligenden an, wobei die
an diese zu stellenden Anforderungen vom jeweils berührten Lebensbereich abhängig sind (Zur Begrenzung des elterlichen Sorgerechts bei medizinisch nicht oder nur relativ indizierten Eingriffen bei
Kindern, insbesondere bei der Beschneidung: *Amelung/Eymann* JuS 2001, 937 (943); *Fateh-Moghadam*
RW 2010, 115 (138 ff.); MüKoStGB/*Schlehofer* Rn. 140 ff.).

Umstritten ist allerdings, ob bei Vermögensdelikten die zivilrechtlichen **Maßstäbe zur Geschäfts-** 45
fähigkeit auf die Einwilligung übertragbar sind (so Jakobs StrafR AT 7/114; MüKoStGB/*Schlehofer*
Rn. 148; *Lenckner* ZStW 72 (1960), 446 (456)); die hM lehnt dies jedoch zu Recht ab (Fischer Rn. 3c;
Lackner/Kühl/*Kühl* Rn. 16; Schönke/Schröder/*Lenckner/Sternberg-Lieben* Rn. 39; WBS StrafR AT
Rn. 375; *Amelung* ZStW 104 (1992), 525 (528); *Otto* FS Geerds, 1995, 603 (614); *Weber* FS Baur,
1981, 133 (141)), da es im Strafrecht um die Frage der Strafwürdigkeit trotz Preisgabe des betroffenen
Rechtsguts und nicht um die Übertragung von Rechten geht.

Bei **Rechtsgütern juristischer Personen** einschließlich Körperschaften des öffentlichen Rechts 46
setzt die Wirksamkeit der Einwilligung auch die zivil- oder öffentlich-rechtliche **Befugnis des Einwil-**
ligenden voraus, für die juristische Person zu handeln (BGH NJW 2003, 1824); hieran fehlt es im Fall
eines evidenten Missbrauchs der Vertretungsmacht.

Die Einwilligung muss nach außen **kundgetan** werden; ein Zugang beim Täter ist nicht erforderlich 47
(BGH NJW 1956, 1106; BayObLG NJW 1968, 665; Roxin StrafR AT I § 13 Rn. 71); einem im forum
internum verbleibenden Umstand wird im Interesse der Rechtssicherheit rechtliche Relevanz abgesprochen (Roxin AT I Rn. 73; Schönke/Schröder/*Lenckner/Sternberg-Lieben* Rn. 43; dazu auch *Späth,*
Rechtfertigungsgründe in Wirtschaftsstrafrecht, 2016, 183 f.). Die Einwilligung muss **vor der Tat**
erklärt worden sein (BGHSt 17, 359 (360); Lackner/Kühl/*Kühl* § 228 Rn. 4; Schönke/Schröder/
Lenckner/Sternberg-Lieben Rn. 44; *Amelung/Eymann* JuS 2001, 937 (941)) und zum Zeitpunkt des Eintritts eines Schadens für das Rechtsgut noch fortbestehen. Eine konkludente Kundgabe ist ausreichend.
Die nachträgliche Genehmigung ist strafrechtlich irrelevant (BGHSt 7, 294 (295); 17, 359 (360);
Schönke/Schröder/*Lenckner/Sternberg-Lieben* Rn. 44). Eine erteilte Einwilligung kann bis zur Tat frei
widerrufen werden (RGSt 25, 375 (382); WBS StrafR AT Rn. 378), es sei denn, dass die Einwilligung
zuvor unwiderruflich erklärt worden ist (Jakobs StrafR 7/115 iVm 110; zur Bindungswirkung
zivilrechtlicher Verträge: Schönke/Schröder/*Lenckner/Sternberg-Lieben* Rn. 44, 53). Der Berechtigte
kann die Wirksamkeit seiner Einwilligung auch von bestimmten Bedingungen abhängig machen. Sind
diese Bedingungen vor oder bei der Tat nicht erfüllt, so wird die Einwilligung nicht wirksam (näher dazu
Sternberg-Lieben, Die objektiven Schranken der Einwilligung im Strafrecht, 1997, 535 ff.).

Die Einwilligung muss freiwillig und ernstlich erklärt sein. Eine Einwilligung ist unwirksam, wenn sie 48
mit **Willensmängeln** behaftet, also durch Irrtum, Täuschung oder Drohung zustande gekommen ist.
Umstritten ist allerdings, ob jeder Irrtum eine wirksame Einwilligung ausschließt. Nach wohl hM kann
dies nur bei einem Irrtum mit **hinreichendem Rechtsgutsbezug** angenommen werden (*Arzt,* Willensmängel bei der Einwilligung, 1970, 15 ff.; *ders.* FS Baumann, 1992, 205 ff.; *Bloy* ZStW 96 (1984),
714 ff.; *Sternberg-Lieben* GA 1990, 289 (292 f.); aA BGHSt 16, 309 (310); Puppe StrafR AT § 11 Rn. 3;
M. Heinrich, Rechtsgutszugriff und Entscheidungsträgerschaft, 2002, 333 f.; *Otto* FS Geerds, 1995, 603
(615 ff.)). Beachtlich sind Irrtümer bzgl. des Wertes des aufgegebenen Gutes (Schönke/Schröder/
Lenckner/Sternberg-Lieben Rn. 46); reine Motivirrtümer sind unbeachtlich (Jäger StrafR AT Rn. 138).
Das Erfordernis eines Rechtsgutsbezugs lässt sich auf **Täuschungen** weitestgehend übertragen. **Gewalt**
und **Drohung** haben einwilligungsausschließende Wirkung, wenn sie die Schwelle des § 240 überschreiten (OLG Hamm NJW 1987, 1034 (1035); Lackner/Kühl/*Kühl* § 228 Rn. 8; Schönke/Schröder/
Lenckner/Sternberg-Lieben Rn. 48).

Demgegenüber grenzt die **Rspr.** den beachtlichen Irrtum zum bloßen Motivirrtum im Einzelfall ab; 49
bei der Einwilligung des Patienten in einen ärztlichen Heileingriff verlangt sie Aufklärung über Art,
Umfang, Gefahren, Folgen und Ziele des Eingriffs (BGHSt 12, 379). Eine durch Täuschung erschlichene Einwilligung soll stets unwirksam sein (OLG Stuttgart NJW 1982, 2266 (2267); s. auch *Rönnau*
JURA 2002, 665 (674)).

Die vorgenommene Handlung muss sich **im Rahmen der erteilten Einwilligung** bewegen. 50

Weiterhin muss das **subjektive Rechtfertigungselement** gegeben sein. Dies setzt zumindest Kennt- 51
nis des Handelnden vom Vorliegen der Einwilligung voraus (hM Lackner/Kühl/*Kühl* § 228 Rn. 9).

c) Abgrenzung der Einwilligung zum Einverständnis. Delikte, die ein Handeln gegen den 52
Willen oder ohne Willen des Betroffenen voraussetzen, liegen bereits tatbestandsmäßig nicht vor, wenn

der Berechtigte mit der Verletzung des Rechtsguts einverstanden ist (*Geerds* GA 1954, 262; *Rönnau* JuS 2007, 18 ff.). Hier genügt die natürliche Fähigkeit zur Willensbildung. **Willensmängel** sind hier in dem Umfang irrelevant, wie das tatsächliche Einverständnis noch die Qualität einer bewussten Zustimmung hat. Willensmängel bleiben generell unbeachtlich; es kommt nur auf die tatsächliche Zustimmung an. Aus diesem Grund ist auch das mutmaßliche Einverständnis abzulehnen (*Marlie* JA 2007, 112 ff. mwN).

53   Praktische Relevanz hat das Einverständnis vor allem bei der **Untreue** (§ 266) und ihrer Anwendung im Gesellschaftsrecht: Die Einwilligung der Gesellschafter als wirtschaftliche Inhaber des Gesellschaftsvermögens kann die Pflichtwidrigkeit einer Vermögensverfügung des Geschäftsführers, aber auch den Vermögensnachteil der GmbH ausschließen. Da beide Merkmale zum Tatbestand der Untreue gehören, handelt es sich idR um ein tatbestandsausschließendes Einverständnis (BGH NStZ 2012, 80; BGHSt 50, 331; 54, 52 (57); 55, 66 (278); BGH NStZ 2010, 700 (702 f.); *Tiedemann* WirtschaftsStR AT Rn. 326; s. auch → § 266 Rn. 144 ff.). Allerdings ist ein Einverständnis der Gesellschafter unzulässig und die Vermögensverfügung des Geschäftsführers deshalb missbräuchlich, wenn unter Verstoß gegen Gesellschaftsrecht die wirtschaftliche Existenz der Gesellschaft gefährdet wird, etwa durch Beeinträchtigung des Stammkapitals entgegen § 30 GmbHG, durch Herbeiführung oder Vertiefung einer Überschuldung oder durch Gefährdung der Liquidität (BGH NStZ 2012, 80; NK-StGB/*Kindhäuser* § 266 Rn. 68 ff.; Schönke/Schröder/*Perron* § 266 Rn. 21 ff.). Hingegen ist das Einverständnis nicht bereits deshalb unwirksam, weil der Gesellschaft durch Falschbuchungen zum Zwecke der Steuerhinterziehung Gewinne entnommen werden (BGHSt 35, 333). Entsprechende Grundsätze gelten für das vom Willen der Aktionäre gedeckte Handeln des Vorstands einer AG (Schönke/Schröder/*Perron* § 266 Rn. 21c).

54   **6. Mutmaßliche Einwilligung.** Wenn es an einer erklärten Einwilligung fehlt oder der Rechtsgutsträger keinen Wert auf eine solche Erklärung legt, kommt als weiterer Rechtfertigungsgrund die mutmaßliche Einwilligung in Betracht (BGHSt 16, 309 (312)). Sie steht zwischen Einwilligung und rechtfertigendem Notstand (Fischer Rn. 4; LK-StGB/*Rönnau* Rn. 214 ff.; *Roxin* FS Welzel, 1974, 447; NK-StGB/*Paeffgen* Rn. 157: Fall des rechtfertigenden Notstands). Die mutmaßliche Einwilligung ist gewohnheitsrechtlich anerkannt (BVerfG NJW 2002, 2164 (2165); BGHSt 16, 309 (312); 40, 257 (263); 45, 212 (221); Fischer Rn. 4; NK-StGB/*Paeffgen* Rn. 157; *Jäger,* Zurechnung und Rechtfertigung, 2006, 34; *Sternberg-Lieben,* Die objektiven Schranken der Einwilligung im Strafrecht, 1997, 206).

55   **a) Rechtsnatur der mutmaßlichen Einwilligung.** Die Rechtsnatur der mutmaßlichen Einwilligung ist umstritten. Die Rechtsprechung sieht hierin einen gesetzlich nicht geregelten **eigenständigen Rechtfertigungsgrund** (BGHSt 35, 246 (249) mAnm *Geppert/Giesen* JZ 1988, 1025 (1031); BGH NJW 2000, 886; zur Rspr. des BGH *Hirsch* in FG BGH, 2000, 199 (221 ff.); *Mitsch* ZJS 2012, 38 ff.; **aA** *Gropp* FS Schroeder, 2006, 197 (206 f.); *Duttge* FS Schroeder, 2006, 179 (185 ff.); *Jäger* FS Jung, 2006, 345 ff. (359 f.)), der teilweise als Ausprägung des erlaubten Risikos (so *Roxin* FS Welzel, 1974, 447; *Sternberg-Lieben,* Die objektiven Schranken der Einwilligung im Strafrecht, 1997, 206), teilweise als Sonderform der Einwilligung (*Hruschka* FS Dreher, 1977, 189 (205)) oder des Notstands (so *Otto* StrafR AT § 8 Rn. 131) verstanden wird. Die Rspr. stellt nicht auf eine objektivierte Interessenabwägung, sondern auf das **subjektive** – ggf. unvernünftige – **Interesse des Betroffenen** ab (NK-StGB/*Paeffgen* Rn. 161 mwN): auf dessen persönliche Umstände, seine individuellen Interessen, Wünsche und Wertvorstellungen (dazu *Rieger,* Die mutmaßliche Einwilligung in den Behandlungsabbruch, 1997, 94). Der Maßstab objektiver Vernünftigkeit hat nur indizielle Bedeutung und kommt lediglich dann zum Tragen, wenn für einen entgegenstehenden Willen keine Anhaltspunkte vorliegen (BGHSt 35, 246 (249)).

56   **b) Voraussetzungen der mutmaßlichen Einwilligung.** Die mutmaßliche Einwilligung setzt voraus, dass die Handlung im Interesse des Betroffenen vorgenommen wird und dieser vermutlich einwilligen würde, aber nicht rechtzeitig einwilligen kann (BGHSt 35, 246 (249) mAnm *Fuchs* StV 1988, 526; *Hoyer* StV 1989, 245; *Müller-Dietz* JuS 1989, 280). Sie kommt in zwei Formen vor: als **Handeln im Interesse des Betroffenen,** eng verwandt mit der zivilrechtlichen Geschäftsführung ohne Auftrag, und als Handeln zu eigenem, dem Interesse des Betroffenen nicht ernstlich widerstreitenden Nutzen **(mangelndes Interesse).** Beide Formen der mutmaßlichen Einwilligung erfordern, dass der Betroffene **zur Einwilligung befugt** ist und zu ihr **vermutlich auch willens** wäre, dass er aber **nicht rechtzeitig** (BVerfG NJW 2002, 2164; *Roxin* FS Welzel, 1974, 447 (461)) oder **ohne Gefährdung des bedrohten Interesses** (*Samson* NJW 1978, 1182 mwN) gefragt werden kann (*Köhler* NJW 2002, 853 (854)).

57   Die mutmaßliche Einwilligung erlaubt in einer konkreten Situation die Preisgabe eines Rechtsguts, wenn dies dem **vermuteten Willen des Betroffenen** entspricht. Bei der Ermittlung dieses Willens kann nur auf eine **Abwägung objektiver Kriterien** zurückgegriffen werden, wenn der wahre Wille nicht feststellbar ist (BGHSt 35, 246 (249); 45, 219 (221); LK-StGB/*Rönnau* Rn. 214). Auch objektiv unvernünftige Eingriffe in Rechtspositionen können durch die mutmaßliche Einwilligung gerechtfertigt werden (BVerfGE 32, 98 ff.; Fischer Rn. 4). Aus der zivilrechtlichen Regelung der Geschäftsführung ohne Auftrag (§§ 677 ff. BGB) können für das Strafrecht keine Rückschlüsse gezogen werden, weil es bei dem privatrechtlichen Institut primär um gegenseitige Ausgleichsansprüche geht, im Strafrecht

dagegen um die hoheitliche Sanktionierung zum Schutz von Rechtsgütern (LK-StGB/*Rönnau* Rn. 215; Roxin StrafR AT I § 18 Rn. 7 f.; **aA** Lackner/Kühl/*Kühl* Rn. 9).

Die mutmaßliche Einwilligung tritt als Einwilligungssurrogat an die Stelle der tatsächlich erteilten **58** Einwilligung. Folglich müssen alle sonstigen Kriterien vorliegen, die für eine erteilte Einwilligung zu verlangen wären. Es muss also gegeben sein: **Disponibilität des Rechtsguts** (→ Rn. 38 ff.), **Fehlen der Sittenwidrigkeit** (vgl. § 228) sowie **Verfügungsbefugnis** (→ Rn. 38). Der Betroffene muss in der Lage sein, Schwere, Bedeutung und Tragweite des Vorgangs richtig einzuschätzen (→ Rn. 44 ff.). Fehlt es hieran, wie etwa bei Kindern, so ist auf den vermuteten Willen des gesetzlichen Vertreters abzustellen (*Mitsch* ZJS 2012, 38 (41)). Von der Einwilligungserklärung kann nur abgesehen werden, wenn die Einholung der Erklärung aus tatsächlichen Gründen unmöglich ist und ein Abwarten nicht hinnehmbar war. Es gilt das Prinzip der **Subsidiarität der mutmaßlichen Einwilligung** (BGHSt 16, 309 (312); 35, 246 (249); Fischer Rn. 4; *Mitsch* ZJS 2012, 38 (41)).

Bei Tatbeständen, die ein **Handeln gegen den Willen des Rechtsgutinhabers** verlangen, genügt **59** der mutmaßliche Wille des Berechtigten nicht für einen Ausschluss des objektiven Tatbestands, denn ein solcher Ausschluss kommt nur in Betracht, wenn die Handlung dem tatsächlichen Willen entspricht. Wer weiß, dass eine tatsächliche Zustimmung fehlt, erfüllt objektiv und subjektiv den Tatbestand und kann allenfalls durch die mutmaßliche Einwilligung gerechtfertigt sein (LK-StGB/*Rönnau* Rn. 216).

7. Hypothetische Einwilligung. Dieser Rechtfertigungsgrund steht im Zusammenhang mit dem **60** **Medizinrecht.** Dadurch soll eine ausufernde Aufklärungshaftung im Zivilrecht, die von der Judikatur entwickelt worden ist (BGHZ 29, 176 (187); BGH NJW 1992, 2351 (2353); 1994, 2414 (2415); 1998, 2734; dazu *Sickor* JA 2008, 11 (12 ff.); *Rosenau* FS Maiwald, 2010, 683 (684 ff.)), im Strafrecht eingeschränkt werden. In der Praxis kommt der hypothetischen Einwilligung vor allem in solchen Fällen Bedeutung zu, in denen ein Arzt bei einem narkotisierten Patienten einen operativen Eingriff vornimmt, über den der Arzt den Patienten vorher nicht ordnungsgemäß aufgeklärt hatte; die Ursache für diese Vorgehensweise liegt häufig darin, das die Notwendigkeit für den ohne Einwilligung durchgeführten Eingriff erst bekannt wurde, als der Patient schon narkotisiert war und der Arzt dem Patienten eine zweite Operation und insbesondere eine zweite Narkose ersparen möchte, die bei ordnungsgemäßer Aufklärung des Patienten unvermeidbar wäre. Die Strafrechtsprechung verneint unter dem Begriff der hypothetischen Einwilligung die Rechtswidrigkeit des ärztlichen Handelns, wenn der **Patient bei einer vollständigen Aufklärung** in die Behandlung **eingewilligt hätte** (BGH NStZ 1996, 34 (35); BGH StV 2004, 367 f.; BGH NStZ 2004, 442; BGH NStZ-RR 2007, 340; BGH NStZ 2012, 205 (206); BGH NJW 2013, 1688 (1689); zustimmend: Spickhoff/*Knauer/Brose* § 223 Rn. 89; *Rönnau* JZ 2004, 801 ff.; Ulsenheimer ArztStrafR § 1 Rn. 132a ff.; WBS StrafR AT § 9 Rn. 384a), soweit es sich um eine Behandlung lege artis handelt (BGH StV 2008, 189 (190)). Nimmt der Arzt irrtümlich an, der Patient hätte ordnungsgemäß eingewilligt, so kommt nach dieser Auffassung ein Erlaubnistatbestandsirrtum in Betracht (BGH NStZ 2012, 205 (206)). Während es bei der mutmaßlichen Einwilligung darum geht, ob der Betroffene eingewilligt hätte, wenn man ihn vor dem Eingriff hätte fragen können, wird der Patient bei der hypothetischen Einwilligung gefragt, ob er eingewilligt hätte, wenn man ihn – was möglich war, wofür aber scheinbar kein Anlass bestand – vor dem Eingriff gefragt hätte. In der Sache geht es darum, solche durch Aufklärungsmängel bewirkten Wissensdefizite des Patienten für die Wirksamkeit der Einwilligung für belanglos zu erklären, die an dessen Entscheidung nichts geändert hätten. Dies bedeutet, dass nur noch Willensmängel relevant sind, die für den Patienten von Bedeutung sind und ihn vor einen echten Entscheidungskonflikt gestellt hätten. Der Sache nach handelt es sich nicht um eine Frage der Einwilligung, sondern um **Grundsätze der Lehre der objektiven Zurechnung,** die auf die Rechtswidrigkeitsebene übertragen werden: Es fehlt am notwendigen Zurechnungszusammenhang, wenn sich die Pflichtverletzung bei der Aufklärung nicht auf die Einwilligungserklärung des Patienten und damit auch nicht auf den tatbestandsmäßigen Erfolg ausgewirkt hätte (*Hengstenberg,* Die hypothetische Einwilligung im Strafrecht, 2013, 404 ff.; Kühl StrafR AT § 9 Rn. 47a; LK-StGB/*Rönnau* Rn. 230 f.; *Kuhlen* JR 2004, 227 ff.; *ders.* JZ 2005, 713 ff.; *Ulsenheimer* NStZ 1996, 132 (133)).

Für die Anerkennung der hypothetischen Einwilligung spricht, dass unter den soeben genannten **61** Voraussetzungen die fehlende Aufklärung des Arztes nicht im Erfolg der rechtswidrigen Körperverletzung wirksam wird, weil der Eingriff auch bei rechtmäßigem Alternativverhalten vorgenommen worden wäre (BGH NStZ-RR 2004, 16 mBespr *Eisele* JA 2005, 252; *Kuhlen* JR 2004, 227 ff.; *ders.* JZ 2005, 713 ff.; *Rönnau* JZ 2004, 801). In der Literatur ist die **Übertragung der Zurechnungsgrundsätze des rechtmäßigen Alternativverhaltens** auf die Einwilligung überwiegend auf **Ablehnung** gestoßen (*Duttge* FS Schroeder, 2006, 185 ff.; *Gropp* FS Schroeder, 2006, 199 ff.; *Jäger* FS Jung, 2006, 345 ff.; *Eisele* JA 2005, 252 ff.; *Mitsch* JZ 2005, 279 (283); *Puppe* GA 2003, 764 (770)). Hierfür spricht insbesondere, dass die Einwilligung im Vorfeld der Operation Ausdruck des Selbstbestimmungsrechts des Patienten ist und der Eingriff ohne Einwilligung deshalb als solcher die „rechtspflichtwidrige Rechtsgutsbeeinträchtigung" ist (*Gaede,* Limitiert akzessorisches Medizinstrafrecht statt hypothetischer Einwilligung, 2014, 38 f.; *Jäger* FS Jung, 2006, 349 ff.; Otto StrafR AT § 8 Rn. 135; *ders.* JURA 2004, 679 (682 f.)).

Zur hypothetischen Einwilligung im Zivil- und Strafrecht vor dem Hintergrund des neuen § 630h Abs. 2 S. 2 BGB s. *Conrad/Koranyi* JuS 2013, 979.

62   **8. Behördliche Erlaubnis und Genehmigung.** Bei bestimmten Delikten setzen die Tatbestände ein Handeln ohne behördliche Gestattung voraus. Besondere Relevanz hat die Problematik der behördlichen Genehmigung im Rahmen des Umweltstrafrechts (*Winkelbauer* NStZ 1998, 201 ff.; auch → Vorb. §§ 324–330d Rn. 23 ff.). Durch das Erfordernis einer behördlichen Genehmigung oder Erlaubnis kommt es zu einer Anbindung des Strafrechts an die formelle Bestandskraft von Verwaltungsakten (Schönke/Schröder/*Lenckner/Sternberg-Lieben* Rn. 62a): der Tatbestand wird **verwaltungsakzessorisch,** mit der Folge, dass die Erteilung der Genehmigung die Strafbarkeit ausschließt (vgl. LK-StGB/*Rönnau* Rn. 274)

63   **a) Tatbestands- oder Rechtfertigungsmerkmal.** Für die Einordnung der Genehmigung als Tatbestandsausschließungs- oder Rechtfertigungsgrund hat die verwaltungsrechtliche Unterscheidung von **präventiven Verboten mit Erlaubnisvorbehalt** und **repressivem Verbot mit Befreiungsvorbehalt** Bedeutung (BGH NStZ 1993, 594 (595); Schönke/Schröder/*Lenckner/Sternberg-Lieben* Rn. 61; Roxin StrafR AT I § 17 Rn. 59 ff.; Momsen/Grützner WirtschaftsStR/*Rotsch* Kap. 1 Teil B Rn. 68). Dabei ist die dogmatische Einordnung eine Frage des jeweiligen Tatbestandes und kann im Einzelfall Schwierigkeiten bereiten. Doch hat dieser Kategorienstreit für die hM kaum Folgen (so NK-StGB/*Paeffgen* Rn. 201; Schönke/Schröder/*Lenckner/Sternberg-Lieben* Rn. 61).

64   Bei **präventiven Verboten mit Erlaubnisvorbehalt** ist das fragliche Verhalten an sich sozialadäquat; das Erfordernis einer behördlichen Genehmigung bezweckt lediglich die Kontrolle über möglicherweise entstehende Gefahren, so bei der Ausfuhr von Waren nach § 18 AWG. Das präventive Verbot mit Erlaubnisvorbehalt ist **negatives Tatbestandsmerkmal,** also schon auf Tatbestandsebene zu berücksichtigen, mit der Folge, dass das Vorhandensein einer behördlichen Genehmigung bereits zur Verneinung der Tatbestandsmäßigkeit führt (vgl. LK-StGB/*Rönnau* Rn. 274), so zB die behördliche Genehmigung bei der Luftverunreinigung (Tiedemann WirtschaftsStR AT Rn. 320), § 23 ApoG, § 21 StVG, § 95 Abs. 1 Nr. 2 AufenthG, § 34 AWG, § 54 Abs. 1 Nr. 2 KWG (Schönke/Schröder/*Lenckner/Sternberg-Lieben* Rn. 61).

65   Bei **repressiven Verboten mit Befreiungsvorbehalt** wird nach Abwägung kollidierender Interessen ein an sich bestehendes Verbot im Einzelfall mit Rücksicht auf höherrangige Interessen aufgehoben. Diese Verbote betreffen erst die **Rechtswidrigkeit,** so zB die Genehmigung bei Gewässerverunreinigung nach § 324, weil ein per se gefährliches, verbotenes, unerwünschtes Verhalten unter den Vorbehalt einer Erlaubnis gestellt ist (LK-StGB/*Rönnau* Rn. 274).

66   **b) Reichweite der Genehmigung.** Was die Reichweite der Genehmigung anbetrifft, so ging die klassische Auffassung davon aus, dass die behördliche Erlaubnis für einen Gewerbebetrieb die Rechtswidrigkeit von Störungen, die ein Betrieb verursacht, ausschließt. Dies hat das RG bereits 1904 für eine Gaststätte bejaht, deren Lärm in Gestalt eines „Orchestrions" an Sonntagen den Gottesdienst in der benachbarten Kirche störte und damit den Straftatbestand des § 167 aF erfüllte (RGSt 37, 150 ff.). Demgegenüber hat der BGH im *Kronkorken-Fall* (bei *Dallinger* MDR 1975, 723; näher dazu bei *Tiedemann,* Neuordnung des Umweltstrafrechts, 1980, 58 ff.) die zentrale Frage nach der Reichweite der behördlichen Genehmigung, nämlich ob **Nebenwirkungen der genehmigten Tätigkeit** gerechtfertigt sind, wie es das RG angenommen hat, offen gelassen. Seit der Entscheidung BVerwGE 55, 118 (122 ff.) zur Kabelabbrennung in einem Betrieb mit erheblicher Belästigung der Nachbarschaft durch Rauchschwaden besteht im Verwaltungsrecht die Tendenz, trotz der Legalisierungswirkung emissionsschutzrechtlicher Genehmigungen den Rückgriff auf die ordnungsrechtliche Generalklausel zuzulassen, die Nebenwirkungen also nicht schlechthin als gerechtfertigt anzusehen. Nach heute hM sind Nebenwirkungen gerechtfertigt, wenn die **Genehmigung unter Abwägung der Gefahren auch für Individualrechtsgüter** erteilt worden ist (LK-StGB/*Rönnau* Rn. 168 mN). Allerdings ist zu beachten, dass in Fällen, in denen absehbar war, dass die genehmigte Tätigkeit mit mehr oder weniger hoher Wahrscheinlichkeit zu einer Körperverletzung eines Dritten oder eines Totschlags führen könnte, die Genehmigung nichtig und somit strafrechtlich unbeachtlich ist (Schönke/Schröder/*Lenckner/Sternberg-Lieben* Rn. 63c).

Nicht gerechtfertigt sind auch solche Verletzungen von Individualrechtsgütern, die vorsätzlich oder aufgrund von Verletzungen solcher Sorgfaltspflichten entstehen, deren Beachtung die Genehmigung voraussetzt (LK-StGB/*Rönnau* Rn. 289).

67   Wird gegen die mit einer Genehmigung verbundenen **Nebenbestimmungen iSd § 36 VwVfG** verstoßen, so ist zu differenzieren: Handelt es sich um **Bestandteile der Genehmigung** wie Befristungen, Bedingungen oder sog modifizierende Auflagen und wird diesen zuwider gehandelt, so wird der Tatbestand der Strafvorschrift erfüllt, weil der Täter den Genehmigungsgehalt der Erlaubnis verlässt (vgl. Schönke/Schröder/*Lenckner/Sternberg-Lieben* Rn. 62b; MüKoStGB/*Schlehofer* Rn. 195). Handelt es sich jedoch um eine **Genehmigung mit einer echten Auflage,** so hat dies keine strafrechtlichen Folgen, weil die Auflage nicht den Inhalt der Genehmigung selbst betrifft und rechtlich selbstständig ist; die Behörde wollte in diesem Fall die Genehmigung als solche erteilen und das Verhalten erlauben (LK-StGB/*Rönnau* Rn. 288 mwN).

68   **c) Probleme der Verwaltungsakzessorietät.** Grundsätzlich kommt es für die rechtfertigende Wirkung im Strafrecht auf die **Wirksamkeit des Verwaltungsaktes** an (§ 43 Abs. 1, 2 VwVfG); die

etwaige Fehlerhaftigkeit berührt die tatbestandsausschließende oder rechtfertigende Wirkung nicht (LG Hanau NJW 1988, 571 (574 f.); NStZ 1988, 179 (180); *Rengier* ZStW 101 (1989), 890 ff.). Aber auch eine **rechtswidrige,** nicht gemäß § 44 VwVfG nichtige **Genehmigung** schließt demnach, weil sie nur anfechtbar ist oder nach § 48 VwVfG zurückgenommen werden kann, aufgrund der Idee der Widerspruchsfreiheit der Rechtsordnung die Strafbarkeit aus (LK-StGB/*Rönnau* Rn. 20 ff., 277 ff.; NK-StGB/*Paeffgen* Rn. 202; Schönke/Schröder/*Lenckner/Sternberg-Lieben* Rn. 62a; diff. *Perschke* wistra 1996, 161 (165)). Zur rechtfertigenden Genehmigung im Kapitalmarktstrafrecht *Späth,* Rechtfertigungsgründe im Wirtschaftsstrafrecht, 2016, 273 ff.

Wenn eine Genehmigung verwaltungsrechtlich **nichtig** ist (§ 44 VwVfG; dazu *Kopp/Ramsauer* **69** VwVfG, 14. Aufl. 2013, § 44 mwN; *Maurer* VerwR, 18. Aufl. 2011, § 10 Rn. 31 ff.), so ist sie dagegen auch strafrechtlich unbeachtlich (LK-StGB/*Rönnau* Rn. 279 mwN; *Kühl* StrafR AT § 9 Rn. 128; *Rengier* ZStW 101 (1989), 874 (897 f.); NK-StGB/*Paeffgen* Rn. 202).

Die **Genehmigungsfähigkeit** – das Vorliegen der materiellen verwaltungsrechtlichen Voraussetzun- **70** gen für die Erteilung einer Genehmigung, die jedoch nicht beantragt oder nicht erteilt worden ist – bleibt bei der Beurteilung der Strafbarkeit nach hM unberücksichtigt (BGHSt 37, 21 (29); NK-StGB/ *Paeffgen* Rn. 202; *Dannecker* in Tiedemann, Wirtschaftsstrafrecht in der EU, 369 (401)). Dies gilt sowohl bei einer tatbestandsausschließenden Genehmigung, weil dort in der Regel die Kontrollmöglichkeit der Verwaltung gesichert werden soll (*Rudolphi* NStZ 1984, 193 (198); *Winkelbauer* NStZ 1986, 149; *ders.* NStZ 1988, 203), als auch bei einer rechtfertigenden Genehmigung (BGHSt 37, 21 (28 f.); Lackner/ Kühl/*Heger* § 324 Rn. 10b; NK-StGB/*Paeffgen* Rn. 202), weil es dort an der Erlaubnis für das tatbestandsmäßige Verhalten fehlt und der Täter keine Befugnis zur Eigenmächtigkeit geltend machen kann (Schönke/Schröder/*Lenckner/Sternberg-Lieben* Rn. 62c mwN). Wenn der Betroffene jedoch einen Anspruch auf die Ausstellung der Genehmigung hatte, kommt nur ein Strafaufhebungsgrund in Betracht (*Roxin* StrafR AT I § 17 Rn. 66). Die Genehmigungsfähigkeit wirkt stets **strafmildernd,** weil eine Unrechtsminderung vorliegt (vgl. ferner LK-StGB/*Rönnau* Rn. 290 f.). Etwas anderes gilt jedoch nach der Judikatur des BGH zu § 284 (BGH NJW 2007, 3078 ff.), wenn ein **Gesetz für nichtig erklärt** wird, das ein verwaltungsrechtliches repressives Verbot konstituiert, auf dem die Strafvorschrift aufsetzt (vgl. BVerfGE 115, 276 ff.). In diesem Fall ist nicht nur derjenige straffrei, der die vermeintlich erforderliche Genehmigung beantragt, aber nicht erhalten hat, sondern auch derjenige, der den Tatbestand der Strafvorschrift erfüllt hat, ohne sich um eine Genehmigung bemüht zu haben (BGH NJW 2007, 3078 (3081)). Das bedeutet, dass die Strafvorschrift, deren verwaltungsrechtliche Basis durch das Verdikt der **Verfassungswidrigkeit** beseitigt wird, inhaltslos und damit unanwendbar wird. Gleiches gilt, wenn die verwaltungsrechtliche Vorschrift zwar nicht vom BVerfG für verfassungswidrig erklärt worden ist, wohl aber die **Unionsrechtswidrigkeit** einer Anwendung entgegensteht. Einer Feststellung der Unionsrechtswidrigkeit durch den EuGH bedarf es nicht (→ § 284 Rn. 29 f.).

Wird eine **Genehmigung nachträglich aufgehoben** (§§ 48 f. VwVfG), so wirkt sich dies auf die **71** strafrechtliche Beurteilung naturgemäß nur ex nunc aus (vgl. LK-StGB/*Rönnau* Rn. 287).

Bei **Erschleichung und sonstigem Missbrauch der Genehmigung** schlägt die Rechtswidrigkeit **72** des wirksamen Verwaltungsakts nicht auf die **tatbestandsausschließende Wirkung** der erteilten **Erlaubnis** durch (LK-StGB/*Rönnau* Rn. 281; aA *Geulen* ZRP 1988, 323 (325); *Perschke* wistra 1996, 161 (164 f.)). Hingegen steht bei einer rechtfertigenden Genehmigung Art. 103 Abs. 2 GG der Einschränkung der Verwaltungsakzessorietät durch den Rechtsmissbrauchsgedanken nicht entgegen (BGHSt 39, 381 (387); Schönke/Schröder/*Lenckner/Sternberg-Lieben* Rn. 63a f. mN; krit. LK-StGB/ *Rönnau* Rn. 285 f.). Daneben gibt es ausdrückliche **gesetzliche Missbrauchsklauseln** in § 17 Abs. 6 AWG, § 330d Nr. 5 StGB für das Außenwirtschafts- und das Umweltstrafrecht; diese gesetzgeberischen Lösungen durchbrechen den Grundsatz des § 48 VwVfG, nach dem eine erschlichene Erlaubnis nur rechtswidrig und nicht unwirksam ist (hierzu im Einzelnen LK-StGB/*Rönnau* Rn. 282 ff.).

9. Duldung. Auch die Duldung der Behörden (zu deren Erscheinungsformen *Hermes/Wieland*, Die **73** staatliche Duldung, 1988, 6 ff.; *Hüting,* Die Wirkung der behördlichen Duldung, 1995, 39 ff.; ferner *Rogall* NJW 1995, 922 ff.) kann die Genehmigung grundsätzlich nicht ersetzen (*Roxin* StrafR AT I § 17 Rn. 67 mwN). Weitgehend unstr. ist dies für die **passive Duldung** im Sinne eines sehenden Untätigbleibens (BGHSt 37, 21 (28); OLG Braunschweig ZfW 1991, 52 (62); OLG Stuttgart NJW 1977, 1408 m. zust. Anm. *Sack* JR 1978, 295; LG Bonn NStZ 1988, 224; *Breuer* NJW 1988, 2072 (2082)); sie kann eine Genehmigung nicht ersetzen. Eine **konkludente, verwaltungsrechtlich wirksame Gestattung** ist jedoch grds. möglich, wenn die Genehmigung nicht an eine bestimmte Form gebunden ist. In der Regel führt der Formmangel jedoch zur Unwirksamkeit (*Czychowski/Reinhardt,* WHG, 10. Aufl. 2010, § 10 Rn. 9 f.; *Kopp/Ramsauer,* VwVfG, 14. Aufl. 2013, § 44 Rn. 25). Ob ein aktives Dulden, das keine konkludente Genehmigung darstellt, sondern einer solchen nur nahe kommt, gleichermaßen als Rechtfertigungsgrund in Betracht kommt, ist str. (bejahend: LG Bonn NStZ 1988, 224 f.; LK-StGB/*Rönnau* Vor § 32 Rn. 293; *Rudolphi* FS Dünnebier, 1982, 561 (570); *ders.* NStZ 1984, 193 (198); *Rengier* ZStW 101 (1989), 874 (905 f.); *Winkelbauer* DÖV 1988, 723 (727 f.); verneinend: OLG Karlsruhe ZfW 1996, 406 (409); BayObLG NuR 2000, 407 (409); näher dazu LK-StGB/*Rönnau* Rn. 292; NK-StGB/*Paeffgen* Rn. 205 mwN). Eine **rechtswidrige Duldung** hat keine rechtfertigende

Wirkung (LK-StGB/*Rönnau* Rn. 294), kann aber einen Verbotsirrtum (§ 17) hervorrufen (vgl. AG Lübeck StV 1989, 348 f.).

74   **10. Betriebliche und gesellschaftsrechtliche Weisungen.** Im Wirtschaftsleben spielen betriebliche und sonstige Weisungen eine zentrale Rolle; Beispiele aus dem Arbeitsrecht bilden § 665 BGB und § 121 GewO, aus dem Gesellschaftsrecht § 37 GmbHG. Die strafrechtliche Rechtslage ist insoweit eindeutig:

75   Wenn die **Weisung rechtmäßig** ist, ist auch die Ausführung der Weisung gerechtfertigt (Tiedemann WirtschaftsStR AT Rn. 198; *Späth,* Rechtfertigungsgründe im Wirtschaftsstrafrecht, 2016, 287 ff.). Eine Ausnahme hiervon gilt nur bei der Anordnung staatlichen Zwangs. Hier ist von einer Rechtswidrigkeit der Ausführung der rechtswidrigen Weisung auszugehen, wenn der Untergebene einen Irrtum des Vorgesetzten erkennt oder ein solcher Irrtum offensichtlich ist (Jescheck/Weigend StrafR AT § 35 II 2 mN).

76   Bei **rechtswidriger Weisung** ist die Ausführung grundsätzlich rechtswidrig. Der Untergebene hat nur abgeleitete Handlungsbefugnisse. Eine auf Begehung einer Straftat oder Ordnungswidrigkeit gerichtete Weisung ist unwirksam, so die Anweisung der Gesellschafter an den GmbH-Geschäftsführer, entgegen § 15a InsO bei Überschuldung der GmbH keinen Antrag auf Eröffnung des Insolvenzverfahrens zu stellen (*Dannecker* in Michalski, GmbHG, 2. Aufl. 2010, § 84 Rn. 34; *Zieschang* FS Kohlmann, 2003, 351 (355) mwN).

77   Eine eingehende Darstellung der Gesamtproblematik der betrieblichen und gesellschaftsrechtlichen Weisungen findet sich bei *Hoyer,* Die strafrechtliche Verantwortlichkeit innerhalb von Weisungsverhältnissen, 1988 und *Meyer* GA 2012, 567.

78   **11. Festnahmerecht Privater.** Das Festnahmerecht Privater nach § 127 Abs. 1 S. 1 StPO besteht parallel zu dem der staatlichen Organe (§ 127 Abs. 2 StPO) gegen einen auf frischer Tat betroffenen oder verfolgten fluchtverdächtigen Täter (zusf. *Bülte* ZStW 121 (2009), 377 ff.; *Satzger* JURA 2009, 107 ff.). Das Festnahmerecht besteht grds. nicht gegenüber strafunmündigen Kindern, da das Festnahmerecht bezweckt, den Täter der Strafverfolgung zuzuführen, was bei strafunmündigen Kindern nicht möglich ist (Meyer-Goßner/Schmitt/*Schmitt* StPO § 127 Rn. 3a; *Bülte* ZStW 121 (2009) 386; aA OLG Berlin JR 1971, 30; Fischer Rn. 7; *Verrel* NStZ 2001, 286). Gegenüber aus anderen Gründen Schuldunfähigen besteht das Festnahmerecht hingegen, soweit die Durchführung eines Strafverfahrens in Betracht kommt (Fischer Rn. 7; *Krause* FS Geerds, 1995, 489).

79   Der Festgenommene ist auf **frischer Tat** betroffen oder verfolgt, sofern die Tat noch nicht vollendet ist oder aber zumindest ein unmittelbarer zeitlicher Zusammenhang mit der Festnahme bzw. Verfolgung besteht (Otto StrafR AT § 8 Rn. 153).

80   Dieser Rechtfertigungsgrund setzt nach wohl hM eine **tatsächlich begangene Straftat** voraus (sog Tatlösung oder materiell-rechtliche Lösung; so OLG Hamm NJW 1972, 1826; 1977, 590; Fischer Rn. 7a; Schönke/Schröder/*Lenckner/Sternber-Lieben* Rn. 81 f.; Meyer-Goßner/Schmitt/*Schmitt* StPO § 127 Rn. 4; Jescheck/Weigend StrafR AT § 35 IV 2; *Otto* JURA 2003, 685; *Satzger* JURA 2009, 107 (110); *Schumann* JuS 1979, 559 (560); offen gelassen BGHSt 45, 378). Demgegenüber lässt ein Teil der Rspr. und Literatur das Vorliegen eines **dringenden Tatverdachts** genügen (Verdachtslösung oder prozessuale Lösung; BGH NJW 1981, 745; OLG Zweibrücken NJW 1981, 2016; AG Grevenbroich NJW 2002, 1060 (1061); *Kühne,* Strafprozessrecht, 8. Aufl. 2010, Rn. 450; KK-StPO/*Schultheis* StPO § 127 Rn. 9); andere fordern unter Hinweis auf den Wortlaut und die Entstehungsgeschichte des § 127 StPO einen **Tatverdacht ohne vernünftigen Zweifel** (eingeschränkte Verdachtslösung; BayObLG JZ 1987, 344; OLG Hamm NStZ 1998, 370; SK-StPO/*Paeffgen* StPO § 127 Rn. 10; Freund StrafR AT § 3 Rn. 11, 13; Köhler StrafR AT Rn. 319; Rengier StrafR AT § 22 Rn. 10; Roxin StrafR AT I § 17 Rn. 23 ff.; *Arzt* FS Kleinknecht, 1985, 1; *Bülte* ZStW 121 (2009), 377 (400); *Kargl* NStZ 2000, 8; vgl. ferner *Marxen* FS Stree/Wessels, 1993, 705). Für die **Verdachtslösung** spricht, dass es sich bei dem Festnahmerecht um ein **Handeln pro magistratu** handelt, der Bürger also für den Staat tätig wird; der Polizeibeamte handelt aber bereits dann rechtmäßig, wenn er nach pflichtgemäßer Prüfung von einem Festnahmerecht ausgehen durfte.

81   Wenn die Voraussetzungen der Festnahme objektiv nicht gegeben sind, aus der Sicht des Täters jedoch vorliegen, kommt nach der **Verdachtslösung** eine Rechtfertigung des sich der Festnahme Widersetzenden durch Notwehr in Betracht, wenn die Voraussetzungen der Festnahme zwar objektiv nicht gegeben sind, aus der Sicht des Täters jedoch offensichtlich vorliegen (BGH(Z) NJW 1981, 745; BayObLG 86, 52 mAnm *Schlüchter* JR 1987, 309; OLG Hamm NStZ 1998, 370; OLG Zweibrücken NJW 1981, 2016; *Arzt* FS Kleinknecht, 1985, 1). Hingegen wird dieser Fall nach der **Tatlösung** nach strafrechtlichen Irrtumsgrundsätzen gelöst: Hiernach ist Notwehr gegen den Festnehmenden zulässig, weil sich letzterer rechtswidrig verhält. Das Notwehrrecht bestimmt sich nach den allg. Regeln (BGHSt 45, 378).

82   Die vom Festnehmenden **eingesetzten Mittel** müssen auf Festnahme zielen. Gerechtfertigt sind nur Handlungen, die im Allgemeinen für eine Festnahme notwendig sind; hierzu gehört auch die Anwendung von Gewalt (OLG Karlsruhe MDR 1974, 597; Fischer Rn. 7), ggf. auch die Fesselung, die Wegnahme von Sachen (OLG Koblenz NJW 1963, 1991) oder das Versperren des Wegs (KG VM 1972, 54). Auch die mit dem Eingriff in die Freiheitsrechte notwendig verbundene Körperverletzung ist

gerechtfertigt. Nicht gerechtfertigt sind hingegen gravierende Körperverletzungen oder der Einsatz von Hieb-, Stich- und Schusswaffen (BGHSt 45, 378 mAnm *Baier* JA 2000, 630; *Mitsch* JuS 2000, 848 und *Kargl/Kirsch* NStZ 2000, 604; NStZ-RR 1998, 50; *Roxin* StrafR AT I § 17 Rn. 28; *Bülte* ZStW 121 (2009), 377 (406 ff., 415); *Otto* JURA 2003, 685 (687)), wenn nicht während der Auseinandersetzung das Recht zur Notwehr ausgeübt wird (→ Rn. 81).

Das Festnahmerecht besteht grundsätzlich **unabhängig von der Schwere der Anlasstat** (*Otto*   **83** JURA 2003, 685 (686); str.). Bei Straftaten von geringerer Bedeutung darf aber keinesfalls eine Gefahr ernsthafter Gesundheitsschäden oder gar des Todes für den Festzunehmenden eingegangen werden (BGHSt 45, 378 (381) mAnm *Baier* JA 2000, 630; *Börner* GA 2002, 276; *Kargl* NStZ 2000, 604; *Kirsch* NStZ 2000, 604; *Mitsch* JuS 2000, 848 und *Trüg* JURA 2001, 30; BGH NStZ-RR 2007, 303).

Die Festnahme kann nicht nur zur **Feststellung der Identität,** sondern auch zur **vorläufigen**   **84** **Anwesenheitssicherung** erfolgen (BayObLG NStZ-RR 2002, 336; *Bülte* ZStW 121 (2009), 405 mwN).

Subjektiv muss der Festnehmende **zum Zwecke der Identitätsfeststellung** im Interesse der Straf-   **85** verfolgung handeln. Fehlt dieser Wille, so scheidet nach hA nicht nur die Rechtfertigung aus, sondern der Täter handelt zudem unter Verwirklichung des Erfolgsunrechts, so dass auch keine Behandlung der Tat als Versuchskonstellation (vgl. LK-StGB/*Rönnau* Rn. 90) in Betracht kommt (LK-StGB/*Rönnau* Rn. 89).

12. Wahrnehmung berechtigter Interessen. Die Wahrnehmung berechtigter Interessen ist, soweit   **86** Gesichtspunkte der Meinungsbildung eine Rolle spielen, Ausfluss der Meinungsäußerungsfreiheit gemäß Art. 5 Abs. 1 und 2 GG (BVerfGE 42, 143 (152); *Meurer* FS Hirsch, 1999, 651 (655); aA NK-StGB/ *Zaczyk* § 193 Rn. 6; *ders.* FS Hirsch, 1999, 819; *Merz,* Strafrechtlicher Ehrenschutz und Meinungs- freiheit, 1998, 93). Daher kommt § 193 nach hM außerhalb der Beleidigungsdelikte nicht zur Anwen- dung; hierfür spricht auch die systematische Stellung des § 193 (vgl. hierzu auch *Tiedemann* JZ 1969, 721 ff.).

13. Sozialadäquanz und erlaubtes Risiko. Sozialadäquat sind Handlungen, die dem äußeren   **87** Anschein nach zwar einen Tatbestand erfüllen, sich aber völlig im Rahmen der normalen geschichtlich gewordenen Sozialordnung bewegen (*Welzel* ZStW 58 (1939), 491 (516 ff., 527); ferner LK-StGB/ *Rönnau* Rn. 48). Solche Handlungen stellen kein Unrecht dar (LK-StGB/*Rönnau* Rn. 48 mwN). Der BGH führt aus, dass „übliche, von der Allgemeinheit gebilligte und daher in strafrechtlicher Hinsicht im sozialen Leben gänzlich unverdächtige, weil im Rahmen der sozialen Handlungsfreiheit liegende Hand- lungen nicht tatbestandsmäßig oder zumindest nicht rechtswidrig sein" können (BGHSt 23, 226 (228)). Die Sozialadäquanz eines Verhaltens kommt nicht als Rechtfertigungsgrund in Betracht, sondern führt bereits zum **Ausschluss des Tatbestandes** (OLG München NStZ 1985, 594 (550); OLG Düsseldorf NJW 1991, 1625; Fischer Rn. 12; Jescheck/Weigend StrafR AT § 25 IV 1; aA bzgl. berufsneutralen Verhaltens: *Silva Sánchez* FS Tiedemann, 2008, 238; *Tiedemann* FS Hirsch, 1999, 775; offen gelassen BGHSt 23, 226 (228)). Hiernach sind alle Tatbestände teleologisch dahingehend zu reduzieren oder einschränkend auszulegen, dass ihnen nur sozial inadäquates Verhalten unterfällt (Lackner/Kühl/*Kühl* Rn. 29; *Roxin* FS Klug, 1983, 303 (310)). Die Sozialadäquanz kommt vor allem im Zusammenhang mit dem berufsneutralen Verhalten zum Tragen (→ § 27 Rn. 15 ff.).

Von der Sozialadäquanz abzugrenzen ist das **erlaubte Risiko,** das vorliegt, wenn die Gefahrenträch-   **88** tigkeit des Verhaltens absehbar ist, aus allg. Erwägungen (etwa weil die mit dem gefahrträchtigen Verhalten einhergehenden Vorteile überwiegen) aber als hinnehmbar betrachtet wird (LK-StGB/*Rönnau* Rn. 53; Maurach/Zipf StrafR AT I § 28 Rn. 23). Beispiele sind der Betrieb gefährlicher Anlagen oder das Inverkehrbringen mangelfreier Produkte (BGHSt 37, 180). Insbesondere im Fahrlässigkeitsbereich (teilweise auch nur hier, vgl. LK-StGB/*Rönnau* Rn. 57; NK-StGB/*Puppe* Vor §§ 13 ff. Rn. 154) wird eine rechtfertigende Wirkung des erlaubten Risikos bejaht, wenn das gefährliche Handeln nicht per se gebilligt wird (dann schon Tatbestandsausschluss), sondern nur aufgrund einer Einzelabwägung tolerier- bar ist (LK-StGB/*Rönnau* Rn. 54; Schönke/Schröder/*Lenckner/Sternberg-Lieben* Rn. 107b iVm 100; vgl. ferner *Roxin* ZStW 116 (2004), 929 (930)). Dann dürften aber in aller Regel bereits allgemeine Rechtfertigungsgründe, insbesondere § 34, eingreifen. Daher gilt, dass das erlaubte Risiko das Unrecht aus- schließt, dies aber bereits auf Tatbestandsebene zu berücksichtigen ist (offen gelassen in BGHSt 36, 1 (16)). Denn gefährliche, von der Rechtsordnung aber als verkehrsüblich tolerierte Handlungen sind nicht geeignet, tatbestandliches Unrecht zu begründen. Die Tatbestandsverwirklichung setzt aber die Schaffung eines unerlaubten Risikos voraus (*Roxin* FS Klug, 1983, 303 (310); *Roxin* StrafR AT I § 10 Rn. 38; WBS StrafR AT Rn. 183). Das erlaubte Risiko wird heute überwiegend über die objektive Zurechnung gelöst (dazu *Kindhäuser* FS Maiwald, 2010, 397 ff.).

IV. Verhältnis der Rechtfertigungsgründe zueinander

Die **Notwehr** ist der am weitesten reichende und nur an wenige Einschränkungen gebundene   **89** Erlaubnissatz, dem nach Auffassung der Rechtsprechung (BGHSt 24, 256 (359)) und hL als Prinzip zugrunde liegt, dass das Recht dem Unrecht nicht zu weichen braucht, der Täter also nicht nur seine eigenen oder fremde Rechtsgüter verteidigt (Schutzprinzip), sondern zugleich die Rechtsordnung (Rechtsbewährungsprinzip). Der Notwehrtäter ist Repräsentant und Bewahrer der Rechtsordnung und hat damit eine „überpersönliche Legitimation".

90 Der **rechtfertigende Notstand** stellt eine „ultima ratio für Konfliktlagen außergewöhnlicher Art" (WBS StrafR AT Rn. 287) dar. Die allgemeine Interessensabwägung nach § 34 ist allerdings eine inhaltlich unsichere Lösung auf außerordentlich schwankender Grundlage (*Lenckner* GA 1985, 295 (313)). Im Vergleich dazu weisen die zivilrechtlichen Notstandsregeln eine stärkere Konkretisierung auf. Sie sind häufig spezieller als die strafrechtlichen Rechtfertigungsgründe (vgl. LK-StGB/*Rönnau* Rn. 78). So rechtfertigen §§ 228, 904 BGB (→ Rn. 22 ff.) als spezielle Notstandsregeln nur Sacheingriffe. Solche speziellen gesetzlichen Konkretisierungen von Notrechten gehen § 34 ebenso vor wie das Festnahmerecht des Bürgers (§ 127 Abs. 1 StPO; → Rn. 78 ff.). (Zum **Verhältnis der Rechtfertigungsgründe zueinander** s. *Warda* FS Maurach, 1972, 143; *Seelmann,* Das Verhältnis von § 34 StGB zu anderen Rechtfertigungsgründen, 1978; *ders.* ZStW 107 (1995), 797 (808); s. auch *Thiel,* Die Konkurrenz von Rechtfertigungsgründen, 2000, 50 (148, 225); ferner *Günther,* Strafrechtswidrigkeit und Strafunrechtsausschluß, 1981, 361; *Peters* GA 1981, 445 ff.; *Renzikowski,* Notstand und Notwehr, 1994, 18).

B. Schuldausschließungs- und Entschuldigungsgründe

I. Gesetzlich geregelte Schuldausschließungs- und Entschuldigungsgründe

91 Entschuldigungsgründe schließen lediglich die Schuld des Täters aus, dessen Handeln oder Unterlassen bleibt tatbestandsmäßig und rechtswidrig. **Schuldausschließungsgründe** bilden die §§ 17, 19 und 20, **Entschuldigungsgründe** die §§ 33 und 35. Da diese Vorschriften im Wirtschaftsstrafrecht von untergeordneter Bedeutung sind, wird im Wesentlichen auf die jeweiligen Erläuterungen in den allgemeinen Kommentierungen zu diesen Vorschriften verwiesen. Daneben sind **nicht** im StGB **normierte Entschuldigungsgründe** zu finden. Dabei spielt der Gedanke der Unzumutbarkeit normgemäßen Verhaltens (→ Rn. 92 ff.) eine Rolle, auch wenn dieser als eigener Entschuldigungsgrund angesichts der Vagheit dieser Formel ohne gesetzliche Grundlage abgelehnt wird (Roxin StrafR AT I § 22 Rn. 145; WBS StrafR AT Rn. 451; *Momsen,* Die Zumutbarkeit als Begrenzung strafrechtlicher Pflichten, 2006, 447 ff.).

II. Gesetzlich nicht geregelte Schuldausschließungs- und Entschuldigungsgründe

92 Die **Unzumutbarkeit normgemäßen Verhaltens** (vgl. hierzu auch → § 13 Rn. 77 ff.; LK-StGB/ *Rönnau* Vor § 32 Rn. 322 ff.; *Späth,* Rechtfertigungsgründe im Wirtschaftsstrafrecht, 2016, 231 ff.) kann nach hM bei den Fahrlässigkeits- und Unterlassungsdelikten als strafbarkeitsbegrenzendes Prinzip zum Tragen kommen, so wenn bei Einhaltung der im konkreten Fall indizierten (Vorsorge-)Maßnahmen wegen der hohen Kosten für das Unternehmen ein Verlust von Arbeitsplätzen unausweichlich geworden wäre oder ein einzelner Mitarbeiter sich durch Hinweise etwa auf von ihm erkannte Sicherheitsmängel in eine „unpopuläre Position" gebracht und dadurch die Gefahr begründet hätte, seinen Arbeitsplatz zu verlieren (vgl. für Fahrlässigkeit BGHSt 2, 194 (204); 4, 20 (23); LK-StGB/*Rönnau* Rn. 336). *Welzel* (Welzel StrafR § 23 II 2) hat insofern von der „Nachsicht menschlicher Schwächen" gesprochen, der sich das Strafrecht vornehmlich bei den Fahrlässigkeitsdelikten öffne (LK-StGB/*Rönnau* Rn. 336).

93 Diesen Gesichtspunkt hat das RG im sog *Leinenfängerfall* erstmals aufgegriffen, in dem ein Kutscher auf Weisung seines Dienstherrn ein als „Leinenfänger" bekanntes und damit unfallträchtiges Pferd einspannte, weil er Angst hatte andernfalls seinen Arbeitsplatz zu verlieren. Das RG fordert nicht nur eine pflichtwidrige Unvorsichtigkeit und einen Verstoß gegen die generellen Sorgfaltsanforderungen und die dem Täter individuell mögliche und leistbare Sorgfalt, sondern spricht darüber hinaus von einem Maß an Aufmerksamkeit, „dessen Prestierung von dem Handelnden billigerweise gefordert werden darf", und erwägt dann, was dem Angeklagten als Pflicht zugemutet werden kann. Dies soll wiederum nach dem „Verhältnisse ihrer Erheblichkeit" zu der Besorgnis um die Arbeitsstelle beurteilt werden (RGSt 30, 27 (28)). Das RG legt dar: „Wollte man den Satz aufstellen, es müsse zur Vermeidung der strafrechtlichen Verantwortlichkeit wegen Fahrlässigkeit jede Handlung unterlassen werden, bezüglich derer die Möglichkeit gegeben und vorhersehbar ist, daß sie für einen rechtswidrigen Erfolg kausal werden kann, so würde dies zu Konsequenzen führen, deren Unvereinbarkeit mit den bestehenden Lebensverhältnissen und den Bedürfnissen des Verkehrs offensichtlich ist" (RGSt 30, 27; vgl. ferner RGSt 74, 195; LK-StGB/*Rönnau* Rn. 337 mwN). Die Problematik wird also **bei der anzuwendenden Sorgfalt verortet,** die durch jenes Gefährdungsverhalten begrenzt wird, das in der Gesellschaft allgemein akzeptiert wird, vor allem wenn die Bedürfnisse des Verkehrs es erfordern. Damit orientiert sich das RG an den Grundprinzipien des erlaubten Risikos (→ Rn. 88). Ein solches lag jedoch angesichts der erheblichen, dem Täter zudem bewussten Gefahr für Dritte nicht vor. Vielmehr hatte der Täter sehenden Auges eine erhebliche Gefahr geschaffen. Nur mit Rücksicht auf Umstände, die allein seine Person und sein internes Verhältnis zu seinem Arbeitgeber betrafen, wurde er freigesprochen. Deshalb wird das Leinenfänger-Urteil in der Literatur als Beleg für die These herangezogen, die Grenze der

Strafbarkeit wegen Fahrlässigkeit werde letztlich durch die Unzumutbarkeit normgemäßen Verhaltens bestimmt. Dadurch wird es möglich, im Falle des drohenden Verlustes der wirtschaftlichen Existenzgrundlage unter erheblicher Beeinträchtigung der sozialen Einbindung, wie sie bei dem Kutscher vorgelegen hat, die Schuld zu verneinen.

Im Anschluss an *Henkel* hat sich die Deutung der „Zumutbarkeit und Unzumutbarkeit als regulatives **94** Rechtsprinzip" durchgesetzt (*Henkel* FS Mezger, 1954, 249 ff.), das „als solches nicht den Inhalt der Entscheidung, wohl aber den Weg dazu, durch die Anweisung nämlich, aus der Gesamtheit aller im Einzelfall erkennbaren Umstände und der sich darbietenden Wertungsgesichtspunkte durch konkrete Zumessung die zweifelhaften Grenzen von Berechtigungen und Rechtspflichten zu bestimmen", weist (*Henkel* FS Mezger, 1954, 249 (268)). Hier gilt nach *Rönnau* (LK-StGB/*Rönnau* Rn. 337) die Faustformel, je näher und größer die Gefahr und je unerheblicher der dem Täter drohende Nachteil ist, desto weniger könne die erkennbare Sorgfaltspflichtverletzung entschuldigt werden. Dabei komme es auf eine objektive Wertung und nicht auf die subjektive Beurteilung durch den Täter an (Welzel StrafR § 23 II 2b; LK-StGB/*Rönnau* Rn. 337). Die Problematik der Unzumutbarkeitsklausel liegt jedoch in ihrer Inhaltsleere, die mit den Vorgaben des Art. 103 Abs. 2 GG nicht vereinbar ist (*Achenbach* JURA 1997, 635). Diesbezüglich kommt *Roxin* (Roxin StrafR AT I § 22 Rn. 145) zu dem Ergebnis, der Richter dürfe nicht generell mit Hilfe einer Leerformel wie der Unzumutbarkeit zu Straffreistellungen ohne gesetzliche Grundlage ermächtigt werden.

Sofern man überhaupt die Unzumutbarkeit normkonformen Verhaltens als ein die Schuld begrenzen- **95** des Prinzip anerkennt (Kühl StrafR AT § 18 Rn. 33; WBS StrafR AT Rn. 739 mwN; aA *Bringewat,* Grundbegriffe des Strafrechts, 2003, Rn. 505: tatbestandsbegrenzendes Regulativ), bedarf es einer **Konkretisierung durch einen Rückgriff auf § 35:** Es muss eine dem entschuldigenden Notstand vergleichbare Situation vorliegen, weil der Gesetzgeber in dieser Vorschrift normativ vorgegeben hat, unter welchen Voraussetzungen vom Bürger ein normkonformes Verhalten nicht mehr erwartet wird. Auch bei § 35 bedarf es einer Abwägung, bei der der drohende und der herbeigeführte Schaden zu berücksichtigen sind. Sofern man entsprechend der Wertung des Gesetzgebers in § 35 eine Entschuldigung nur nach Maßgabe dieser Norm zulässt, wird die Sorge um den Arbeitsplatz allenfalls in Ausnahmefällen als Entschuldigungsgrund anzuerkennen sein. Reine Vermögensinteressen des Arbeitgebers sind jedenfalls nicht ausreichend. Vor allem kommt die Abwendung der Insolvenz eines Unternehmens in der Regel nicht als Entschuldigungsgrund in Betracht, weil der Gesetzgeber mit dem Insolvenzrecht speziell geregelt hat, dass die Rettung der Arbeitsplätze nicht berücksichtigt werden darf.

Vgl. zu **speziellen Fällen der Unzumutbarkeit normgemäßen Verhaltens** → § 266a Rn. 55, 65, **96** 76; → OWiG § 130 Rn. 44, 64; → AufenthG § 95 Rn. 7 ff.; → KartellVO Art. 23 Rn. 30; → GmbHG § 84 Rn. 17; → InsO § 15a Rn. 151; → AO § 370 Rn. 68; → AO § 393 Rn. 52 ff.; → UStG § 26c Rn. 23; ferner LK-StGB/*Rönnau* Rn. 338 ff.

§ 32 Notwehr

(1) Wer eine Tat begeht, die durch Notwehr geboten ist, handelt nicht rechtswidrig.

(2) Notwehr ist die Verteidigung, die erforderlich ist, um einen gegenwärtigen rechtswidrigen Angriff von sich oder einem anderen abzuwenden.

Literatur (Auswahl): *Alwart,* Zum Begriff der Notwehr, JuS 1996, 953; *Amelung/Tyrell,* Zur Behandlung des Rechts am eigenen Bild in der neueren strafrechtlichen Rechtsprechung (zugl Anmerkung zu OLG Schleswig, Urt. v. 3.10.1979 – 1 Ss 313/79), NJW 1980, 1560; *Arzt,* Notwehr, Selbsthilfe, Bürgerwehr – Zum Vorrang der Verteidigung der Rechtsordnung durch den Staat, FS Schaffstein, 1975, 77; *Berner,* Lehrbuch des deutschen Strafrechts, 14. Aufl. 1886; *Bockelmann,* Notwehr gegen verschuldete Angriffe, FS Honig, 1970, 19; *Bernsmann,* Überlegungen zur Notwehr bei nicht lebensbedrohlichen Angriffen, ZStW 104 (1992), 290; *Bülte,* Der Verhältnismäßigkeitsgrundsatz im deutschen Notwehrrecht aus verfassungsrechtlicher und europäischer Perspektive, GA 2011, 145; *Engels,* Rezension: Der partielle Ausschluss der Notwehr bei tätlichen Auseinandersetzungen zwischen Ehegatten, GA 1982, 109; *Engländer,* Grund und Grenzen der Nothilfe, 2008; *Erb,* Aus der Rechtsprechung des BGH zur Notwehr seit 1991, NStZ 2004, 396 ff.; *Erb,* Notwehr als Menschenrecht, NStZ 2005, 593; *Erb,* Die Rechtsprechung des BGH zur Notwehr seit 2004, NStZ 2012, 194 ff.; *Frisch,* Grund- und Grenzprobleme des sog. subjektiven Rechtfertigungselements, FS Lackner, 1987, 113; *Frister,* Die Notwehr im System der Notrechte, GA 1988, 291; *Geilen,* Notwehr und Notwehrexzess, JURA 1981, 200 (370); *Haberstroh,* Notwehr gegen unbefugte Bildaufnahmen – Angst als Rechtfertigungsgrund?, JR 1983, 314; *Hassemer,* Die provozierte Provokation oder Über die Zukunft des Notwehrrechts, FS Bockelmann, 1978, 225; *Hillenkamp,* Vorsatztat und Opferverhalten, 1981; *Hoyer,* Das Rechtsinstitut der Notwehr, JuS 1988, 89 ff.; *Jahn,* Das Recht des Staatsnotstandes, 2004; *Kargl,* Die intersubjektive Begründung und Begrenzung der Notwehr, ZStW 110 (1998), 55; *Kindhäuser,* Gefährdung als Straftat, 1989; *Koch,* Prinzipientheorie der Notwehreinschränkungen, ZStW 104 (1992), 785; *ders.,* Die aufgedrängte Nothilfe im Strafrecht, 2003; *Kratzsch,* Grenzen der Strafbarkeit im Notwehrrecht, 1968; *Krause,* Notwehr bei Angriffen Schuldloser und bei Bagatellangriffen, GS Kaufmann, 1986, 673; *Kretschmer,* Die nichteheliche Gemeinschaft in ihren strafrechtlichen und strafprozessualen Problemen, JR 2008, 51; *Kühl,* Die „Notwehrprovokation", JURA 1991, 57; *Kühl,* Die „Notwehrprovokation": Die Hauptgruppen der Notwehrprovokation, JURA 1991, 175; *Kühl,* Notwehr und Nothilfe, JuS 1993, 177; *Kühl,* Angriff und Verteidigung bei der Notwehr, JURA 1993, 233; *Kuhlen,* Einschränkungen der Verteidigungsbefugnis bei der Nothilfe, GA 2008, 282; *Kunz,* Die organisierte Nothilfe, ZStW 95 (1983), 973; *Kunz,* Die automatisierte Gegenwehr. Zur Zulässigkeit der

Offensivverteidigung mit selbsttätigen Schutzvorrichtungen, GA 1984, 539; *Lagodny*, Notwehr gegen Unterlassen. Zugleich ein Beitrag zur Subsidiarität der Notwehr gegenüber gerichtlichem (Eil-)Rechtsschutz, GA 1991, 300; *Lindemann/Reichling,* Die Behandlung der so genannten Abwehrprovokation nach den Grundsätzen der actio illicita in causa, JuS 2009, 496; *Matt,* Eigenverantwortlichkeit und Subjektives Recht im Notwehrrecht, NStZ 1993, 271; *Merkel,* Die Kollision rechtmäßiger Interessen, 1895; *Meyer,* Opfer des Angriffs strafbar durch Verteidigung? Zu den subjektiven Voraussetzungen der Verteidigung bei der Notwehr, GA 2003, 807; *Mitsch,* Notwehr gegen juristische Personen, NZWiSt 2015, 259; *Neumann,* in: Lüderssen-Tremel/Weigend (Hrsg.), Modernes Strafrecht und Ultima-Ratio-Prinzip, 1990, 215; *Pawlik,* Die Notwehr nach Kant und Hegel, ZStW 114 (2002), 259; *Prittwitz,* Zum Verteidigungswillen bei der Notwehr, GA 1980, 388 (384); *Renzikowski,* Notstand und Notwehr, 1994; *Roxin,* Die provozierte Notwehrlage, ZStW 75 (1963), 541; *Roxin,* Rechtfertigungs- und Entschuldigungsgründe in Abgrenzung von sonstigen Strafausschließungsgründen, JuS 1988, 425; *Schlüchter,* Antizipierte Notwehr, FS Lenckner, 1998, 313; *Schmitt,* Tonbänder im Strafprozess – OLG Celle, NJW 1965, 1677 –, JuS 1967, 19; *Schroeder,* Die Notwehr als Indikator politischer Grundanschauungen, FS Maurach, 1972, 127; *Schroth,* Notwehr bei Auseinandersetzungen in engen persönlichen Beziehungen, NJW 1984, 2562; *Seeberg,* Aufgedrängte Nothilfe, Notwehr und Notwehrexzess, 2004; *D. Sternberg-Lieben,* Voraussetzungen der Notwehr, JA 1996, 299; *Suppert,* Studien zur Notwehr und „Notwehrähnlichen Lage", 1973; *Zieschang,* Einschränkung des Notwehrrechts bei engen persönlichen Beziehungen?, JURA 2003, 527.

A. Allgemeines

1   Das Notwehrrecht wird von der heute hM dualistisch begründet: Es dient dem **Schutz der Rechtsgüter des Angegriffenen** und der **Bewährung der Rechtsordnung** (BGHSt 48, 207 (212); BGHSt 24, 356 (359); *Arzt* FS Schaffstein, 1975, 77 (87); *Kühl* JuS 1993, 177 (182 f.); *Sternberg-Lieben* JuS 1999, 444 (446); *Meyer/Ulbrich* JA 2006, 775 (777); *Geppert* JURA 2007, 33; s. auch *v. Rienen,* Die „sozialistischen" Einschränkungen des Notwehrrechts, 2009, 59 (150, 300); *Bülte* GA 2011, 145 (148 ff.); krit. *Neumann* in Lüderssen/Nestler-Tremel/Weigend, Modernes Strafrecht und Ultima-Ratio-Prinzip, 1990, 215 ff.; den Güterschutz als Zweckmoment verneinend *Haas,* Notwehr und Nothilfe, 1978, 171 (215, 223); *Schmidhäuser* GA 1991, 97 ff.; zu individualistischen Erklärungen *Engländer,* Grund und Grenzen der Nothilfe, 2008, 7 ff.; *MüKoStGB/Erb* Rn. 18; *Seeberg,* Aufgedrängte Nothilfe, Notwehr und Notwehrexzess, 2004, 52 ff.). Bereits *Berner* hat den Grundgedanken der Notwehr dahingehend formuliert, dass das Recht dem Unrecht nicht zu weichen braucht (*Berner,* Lehrbuch des deutschen Strafrechts, 14. Aufl. 1886, 102). Dieser Satz ist nicht in einem überindividualistischen Sinn dahingehend zu verstehen, dass der Angegriffene „in seinem Recht zugleich die Gemeininteressen und das objektive Recht" verteidigt (*Merkel,* Die Kollision rechtmäßiger Interessen, 1895, 66; in der Sache ebenso BGHSt 24, 256 (259); krit. *Renzikowski,* Notstand und Notwehr, 1994, 76 ff.). Es geht nicht um eine „Übertragung des staatlichen Strafmonopols auf Private" (*Hassemer* FS Bockelmann, 1978, 240), sondern um die Wahrung des Rechts in der Person des Angegriffenen (eingehend dazu *Bülte* GA 2011, 145 (153 ff.); *Kargl* ZStW 110 (1998), 55 ff.; *Pawlik* ZStW 114 (2002), 259 ff.).

2   Die Notwehr ist ein **Rechtfertigungsgrund,** so dass keine Notwehr gegen eine durch Notwehr gerechtfertigte Handlung geübt werden kann, und zwar auch nicht bei zeitlich aufeinanderfolgenden, wechselseitigen Angriffen (BGH NStZ 2003, 599).

3   Notwehrregelungen außerhalb des Strafgesetzbuchs finden sich in **§ 15 OWiG** und **§ 227 BGB.** Für das Strafrecht ist § 32 lex specialis. Zur **Konkurrenz** mit anderen Rechtfertigungsgründen → Vorb. §§ 32–35 Rn. 89 f.).

B. Voraussetzungen der Notwehr

4   Die Rechtfertigung durch Notwehr setzt zunächst eine **Notwehrlage** im Sinne eines gegenwärtigen rechtswidrigen Angriffs (→ Rn. 5 ff.), weiterhin eine **Notwehrhandlung,** die sich nur gegen den Angreifer und dessen Rechtsgüter richten darf (→ Rn. 25 f.) und geeignet und erforderlich (→ Rn. 28 ff.) sowie geboten sein muss (→ Rn. 33 ff.), und **Verteidigungswillen** (→ Rn. 46 f.) voraus (zusf. *D. Sternberg-Lieben* JA 1996, 299 ff.; *Stemler* ZJS 2010, 347 ff.).

I. Notwehrlage

5   Begründet wird die Notwehrlage durch einen **gegenwärtigen, rechtswidrigen Angriff** (§ 32 Abs. 2). Bei der Notwehr im engeren Sinn verteidigt der Angegriffene eigene Güter. Im Falle der Nothilfe wird ein gegen die Güter eines Dritten gerichteter Angriff abgewendet.

6   **1. Angriff.** Ein Angriff ist jede durch **menschliches Verhalten** drohende Verletzung rechtlich geschützter Interessen (Lackner/Kühl/*Kühl* Rn. 2; *Roxin* ZStW 93 (1963), 68 (82)). Der Angriff muss **von einem Menschen** ausgehen. Von **juristischen Personen** kann kein Angriff ausgehen, wohl aber von deren Organen (MüKoStGB/*Erb* Rn. 58; *Mitsch* NZWiSt 2015, 259 ff.; SSW StGB/*Rosenau* Rn. 4; *Späth,* Rechtfertigung im Wirtschaftsstrafrecht, 2016, 64 ff.; speziell zum Problem der Konfrontation mit staatlich veranlasstem Unrecht: MüKoStGB/*Erb* Rn. 58).

7   Soweit **Tiere** oder Sachen nicht von einem Menschen als Werkzeug eingesetzt werden (BGHSt 14, 152 (155); Krey/Esser StrafR AT Rn. 474), sind die von ihnen ausgehenden Gefahren keine Angriffe

(*Krause* GS Kaufmann, 1986, 673 (676)). Die Berechtigung zur Abwehr richtet sich dann nach den Notstandsvorschriften in § 228 Abs. 1 S. 1 BGB (dazu *Seier* JuS 1982, 521 ff.; → Vorb. § 32–35 Rn. 24 ff.) bzw. § 34. Das menschliche Verhalten muss, um Gegenstand der Notwehr sein zu können, Handlungsqualität aufweisen, also zumindest willensgetragen sein (aA NK-StGB/*Herzog* Rn. 5; Fischer Rn. 5: auch Handlungen ohne Handlungsbewusstsein). Ansonsten kann das Verhalten nicht als rechtswidrig gewertet werden. Die Zuständigkeit des Angreifers für ein *„(zumindest) handlungsbezogenes Risiko"* begründet die gegenüber dem defensiven Notstand nach § 228 BGB erheblich weitergehenden Befugnisse des Notwehrrechts (LPK-StGB/*Kindhäuser* Rn. 11).

Das Verhalten des Angreifers muss nach hM **weder vorsätzlich noch schuldhaft** sein (Fischer Rn. 5 **8** mwN auch zur aA Krey/Esser StrafR AT Rn. 478, Otto StrafR AT § 8 Rn. 18). Ein Angriff setzt kein Handeln zum Zweck der Rechtsgutsverletzung voraus. Auch unvorsätzliches Verhalten kann einen Angriff iSd § 32 darstellen (*D. Sternberg-Lieben* JA 1996, 299 (300)). Maßgeblich ist, ob das Verhalten seiner objektiven Tendenz nach unmittelbar auf eine Verletzung gerichtet ist.

Ein notwehrfähiger Angriff kann bei bloßer Untätigkeit auch durch **Unterlassen** begangen werden, **9** wenn hierdurch gegen eine Rechtspflicht verstoßen wird (BayObLG NJW 1963, 824 (825); Krey/Esser StrafR AT Rn. 476; NK-StGB/*Kindhäuser* Rn. 33 ff. mwN; *Lagodny* GA 1991, 300). Weitergehend wird in der Literatur gefordert, dass sich das Unterlassen als Verletzung einer Garantenpflicht darstellt (Roxin StrafR AT I § 15 Rn. 11; *Kühl* JURA 1993, 57 (59); *Lagodny* GA 1991, 300) oder zumindest gegen eine straf- bzw. ordnungsrechtlich sanktionierte Pflicht verstößt (Jescheck/Weigend StrafR AT § 32 II 1a; Krey/Esser StrafR AT Rn. 476; *Geilen* JURA 1981, 200 (204)). Notwehrbefugnisse bestehen nicht gegen Vertragsverletzungen, insbesondere wenn der Schuldner nicht bereit ist, eine Forderung zu erfüllen (MüKoStGB/*Erb* Rn. 68), weil diese nur innerhalb eines bestimmten Rechtsverhältnisses bestehenden Rechte nicht dem Rechtsbewährungsgrundsatz unterfallen (*Späth*, Rechtfertigungsgründe im Wirtschaftsstrafrecht, 2016, 58; vgl. auch Roxin StrafR AT I § 15 Rn. 35).

Gegenstand des Angriffs kann jedes Individualrechtsgut, also jedes **rechtlich geschützte Interesse 10** des Verteidigers oder eines Dritten sein (BGH NJW 1989, 2479 (2481)). Dritter in diesem Sinne muss nicht zwingend ein Mensch sein, auch juristische Personen werden erfasst (LK-StGB/*Rönnau*/*Hohn* Rn. 83; *Späth,* Rechtfertigungsgründe im Wirtschaftsstrafrecht, 2016, 63 f.). Als Rechtsgüter in Betracht kommen namentlich Leben, körperliche Unversehrtheit, Eigentum (BGH StV 1982, 219 (220)), unabhängig von dessen Wert (SK-StGB/*Günther* Rn. 45), das Vermögen (BGHSt 48, 207 (212)); Pfandrecht, berechtigter Besitz (RGSt 60, 273; BGH NStZ-RR 2004, 10; str., ob auch der unberechtigte Besitz erfasst wird; teilweise wird auch angenommen, dass §§ 859 f., 229 BGB abschließende Sonderregelungen für den Besitz darstellen (vgl. SK-StGB/*Günther* Rn. 46)), das Hausrecht (BGH MDR 1979, 986; OLG Düsseldorf NJW 1997, 3383) und das Persönlichkeitsrecht (BGH NJW 1975, 2075 mAnm *Schmidt* JZ 1976, 31; *Paeffgen* JZ 1978, 738) mit seinen speziellen Ausprägungen der Ehre (BGHSt 3, 217; OLG Celle NJW 1968, 1342), nicht aber die Ehe und das Verlöbnis als solche. Auch das Vorfahrtsrecht im Straßenverkehr ist kein notwehrfähiges Recht (Krey/Esser StrafR AT Rn. 475). Weiterhin kommen Eingriffe in den Persönlichkeitsbereich in Betracht (BayObLG NJW 1962, 1782 f.), speziell durch fotografische Aufnahmen (BGH JZ 1978, 762; OLG Karlsruhe GA 1982, 224 ff.; *Amelung*/*Tyrell* NJW 1980, 1560; *Haberstroh* JR 1983, 314 ff.). Auch das Recht am eigenen Bild wird als notwehrfähiges Recht anerkannt (BGH NJW 1975, 2975 (2076); BGH NStZ 2003, 599 (600); OLG Karlsruhe NStZ 1982, 123; Lackner/Kühl/*Kühl* Rn. 3), wobei die hM alle Beeinträchtigungen des Rechts am eigenen Bild als notwehrfähig betrachtet und nicht nur die in § 22 KUG untersagten Beeinträchtigungen (MüKoStGB/*Erb* Rn. 93; Fischer Rn. 8; SK-StGB/*Günther* Rn. 43; Roxin StrafR AT I § 15 Rn. 30; aA NK-StGB/*Herzog* Rn. 18). Besondere Probleme ergeben sich ferner bei Ehrverletzungen (BayObLG NJW 1991, 2031) und bei Verletzungen des Hausrechts (BGH/H MDR 1979, 985 (986)).

Die Beeinträchtigung der **allgemeinen Handlungsfreiheit** löst ein Notwehrrecht nur aus, wenn die **11** Beeinträchtigung die **Grenze der Nötigung überschreitet** (OLG Stuttgart NJW 1966, 745; OLG Frankfurt a. M. NStZ 1983, 25; OLG Düsseldorf NJW 1994, 1232; Kühl StrafR AT § 7 Rn. 35; SK-StGB/*Günther* Rn. 40; NK-StGB/*Kindhäuser* Rn. 36; weitergehend Schönke/Schröder/*Perron* Rn. 5a). Hierbei sind die Einschränkungen des Gewaltbegriffs durch BVerfGE 92, 1 ff. zu beachten. Die allgemeine Handlungsfreiheit umfasst zudem die Willensentschließungsfreiheit, so dass auch Drohungen einen Angriff darstellen können (LK-StGB/*Rönnau*/*Hohn* Rn. 91 f.; SSW StGB/*Rosenau* Rn. 7).

Eng mit diesem Problem verbunden ist die Ausübung der **Notwehr im Straßenverkehr.** Diese ist **12** nur zulässig, wenn eine Beeinträchtigung von Verkehrsteilnehmern vorliegt, die über die bloße Bagatellbeeinträchtigung hinausgeht und selbst einen strafrechtlichen Tatbestand verwirklicht (OLG Hamburg NJW 1968, 662; OLG Hamm NJW 1970, 2074; OLG Schleswig NJW 1984, 1470; weitergehend Lackner/Kühl/*Kühl* Rn. 3; Schönke/Schröder/*Perron* Rn. 9; krit. *Heinrich* JuS 1994, 17). Der Verkehrsverstoß eines anderen als solcher, der nicht Rechte eines Dritten berührt, löst kein Notwehrrecht aus (OLG Stuttgart NJW 1966, 745; LK-StGB/*Rönnau*/*Hohn* Rn. 89; NK-StGB/*Kindhäuser* Rn. 38; Schönke/Schröder/*Perron* Rn. 9).

Angriffe auf **Rechtsgüter der Allgemeinheit** und **die öffentliche Ordnung,** die nicht zugleich **13** Rechte des Einzelnen unmittelbar gefährden, berechtigen nach ganz hM, der insbesondere auch Vertreter der dualistischen Begründung des Notwehrrechts zuzurechnen sind, nicht zur Notwehr (allgM;

vgl. nur BGHSt 5, 245 (247); BGH NJW 1975, 1161 (1162); Jakobs StrafR AT 12/9 ff.; Roxin StrafR AT I 15 Rn. 36). Dementsprechend ist auch die Rechtsordnung als solche kein einem individuellen Notwehrrecht unterliegendes Rechtsgut (Fischer Rn. 10). Das schneidige Notwehrrecht will nicht den Einzelnen als „Hilfspolizisten" für die Wahrnehmung staatlicher Ordnungsinteressen legitimieren. So darf ein Privatmann nicht auf der Grundlage der Notwehr aus einer Kioskauslage pornografische Schriften eigenmächtig entfernen (BGH NJW 1975, 1162; Jescheck/Weigend StrafR AT § 32 II 1b). Individualrechtsgüter wie Eigentum, Vermögen und Besitz sind dagegen stets notwehrfähig, auch wenn sie einem **Träger öffentlicher Gewalt** wie dem Fiskus zustehen.

14   Die hM bejaht die Möglichkeit der **Staatsnotwehr,** sofern existenzielle staatliche Interessen unmittelbar bedroht sind und die zuständigen Organe in der gegebenen Situation nicht zum Schutz in der Lage sind (Schönke/Schröder/*Perron* Rn. 6 f.; Otto StrafR AT § 8 Rn. 23), während manche Literaturvertreter die Abwehr von Gefahren für hoheitliche Rechtsgüter des Staates nur nach Maßgabe der Regeln des rechtfertigenden Notstands als möglich betrachten (MüKoStGB/*Erb* Rn. 101; LK-StGB/*Rönnau/Hohn* Rn. 8; Jescheck/Weigend StrafR AT § 32 II 1b) und eine ganz restriktive Auffassung die Zulässigkeit der Staatsnotwehr ausschließlich an Art. 20 Abs. 4 GG misst (LK-StGB/*Günther* Rn. 54 f.).

15   Ein besonders drängendes Problem stellt die zunehmende **Privatisierung der Sicherheit** dar. Private Sicherheitskräfte können sich bei der Verteidigung von Rechtsgütern, wenn sie nicht mit hoheitlichen Befugnissen beliehen sind, nur auf das Nothilferecht berufen. Obwohl der Eindruck entsteht, dass in diesem Gewerbe häufig problematische Persönlichkeiten tätig sind, Unzulänglichkeiten in der Ausbildung bestehen und in der Praxis häufig Befugnisse überschritten werden (dazu *Helmrich,* Die Berufung gewerblicher Sicherheitskräfte, 2008, 2 ff. mwN), darf das Nothilferecht durch private Sicherheitskräfte nicht dem Vorbehalt der Beachtung des Verhältnismäßigkeitsprinzips unterstellt werden (ebenso MüKoStGB/*Erb* Rn. 181; LK-StGB/*Rönnau/Hohn* Rn. 205 aE mwN; gegen den Vorschlag von *Helmrich, Helmrich,* Die Berufung gewerblicher Sicherheitskräfte, 2008, 104 ff.; aA NK-StGB/*Kindhäuser* Rn. 50).

16   **2. Gegenwärtigkeit des Angriffs.** Ein Angriff ist **gegenwärtig,** wenn die Rechtsgutverletzung unmittelbar bevorsteht, bereits begonnen hat oder noch fortdauert (BGH JZ 2003, 50 (51)).

17   Ein **unmittelbares Bevorstehen** liegt nach der Rspr. vor, wenn das Verhalten des Angreifers unmittelbar **in eine Rechtsgutsverletzung umschlagen kann,** so dass durch das Hinausschieben der Abwehrhandlung deren Erfolg gefährdet würde (BGH NJW 1973, 255; BGH NStZ 2000, 365; BGH NJW 2013, 2133 (2134)). In der Literatur werden teilweise die Kriterien zur Bestimmung des unmittelbaren Ansetzens bei § 22 auf den Beginn der Gegenwärtigkeit bei § 32 übertragen (SK-StGB/*Günther* Rn. 70; Jakobs StrafR AT 12/23; Kühl StrafR AT § 7 Rn. 40), teilweise wird auf das Endstadium der Vorbereitungsphase abgestellt (LK-StGB/*Rönnau/Höhn* Rn. 146; *Otto* JURA 1999, 552; Schönke/Schröder/*Perron* Rn. 14; weitergehend LPK-StGB/*Kindhäuser* Rn. 17: wenn das betroffene Rechtsgut durch ihn bei objektiver Betrachtung konkret gefährdet wird). Jedenfalls muss der Wille, ein Rechtsgut zu verletzen, bereits nach außen hin betätigt worden sein (BayObLG NJW 1985, 2600 (2601); SSW StGB/*Rosenau* Rn. 13). Entscheidend ist, ob durch weiteres Zuwarten die Chancen zur Erhaltung des Gutes erheblich verschlechtert werden. Die Gegenwärtigkeit ist also nicht auf die Angriffshandlung (so aber *Frister* GA 1988, 302 (306 f.); *Renzikowski,* Notstand und Notwehr, 1994, 291; Schönke/Schröder/*Perron* Rn. 13), sondern auf die **Rechtsgutsverletzung** zu beziehen (BGH NJW 1973, 255; BGH NStZ 2000, 365; BayObLG NJW 1985, 2600 (2601); *Späth,* Rechtfertigungsgründe im Wirtschaftsstrafrecht, 2016, 59). Deshalb ist die Verteidigung bis zum Eintritt des Verletzungserfolgs trotz Beendigung der Handlung zulässig (Fischer Rn. 18; Roxin StrafR AT I § 15 Rn. 28 f.; LK-StGB/*Rönnau/Hohn* Rn. 142).

18   Der Angriff **dauert fort** bis zu seinem vollständigen Abschluss (BGHSt 27, 336 (339); 48, 207 (208 f.); BGH NStZ 1987, 20; BGH NJW 1992, 516; BGH NStZ-RR 2004, 10; *Kühl* JuS 2002, 729 (735)). Noch fortdauernd ist auch der vollendete, aber noch nicht *beendete* Angriff (BGHSt 48, 207 (209); *Quentin* NStZ 2005, 128 f.; *Zaczyk* JuS 2004, 752); nicht beendet ist etwa der Diebstahl oder Raub vor Sicherung der Beute (bei *Holtz* MDR 1979, 985; BGH NStZ 2005, 332; WBS StrafR AT Rn. 328). Ebenso dauert die Notwehrlage noch an, wenn der Angreifer sein Angriffswerkzeug verloren hat und eine Wiederholung unmittelbar zu befürchten ist (BGH NStZ 2006, 152; differenzierend: *Erb* NStZ 2012, 194). Wenn jedoch ein auf dem Rückzug befindlicher Angreifer attackiert wird, liegt kein gegenwärtiger Angriff mehr vor. Vielmehr kann der Angriff des zunächst Angegriffenen seinerseits durch Notwehr abgewehrt werden (BGH bei *Altvater* NStZ 2004, 23 (29)). Auch die Schaffung eines bedrohlichen Dauerzustandes genügt, wenn sich die Gefahr akut zuspitzt (*Schroeder* JZ 1974, 113). Auch bei unbefugten Bildaufnahmen, die das Persönlichkeitsrecht verletzen, wurde Gegenwärtigkeit angenommen, soweit von den Negativen noch keine Abzüge gefertigt worden sind (OLG Düsseldorf NJW 1994, 1971).

19   Wenn ein sicher zu erwartender Angriff nicht unmittelbar bevorsteht, aber nur durch alsbaldige Maßnahme und hinreichend effektiv abgewendet werden kann, wird teilweise eine **notwehrähnliche Lage** angenommen, in der eine **„Präventivnotwehr"** analog § 32 gerechtfertigt sein soll (so *Schmitt* JuS 1967, 1924; *Suppert,* Studien zur Notwehr und „Notwehrähnlichen Lage", 1973, 356 ff. (381)). Die

hM lehnt eine solche Ausweitung der Notwehr jedoch ab und will das Notwehrrecht an enge Voraussetzungen binden, zu denen eine auf zeitliche Unmittelbarkeit begrenzte Gegenwärtigkeit des Angriffs gehöre. Die notwehrähnliche Lage sei eine Notstandslage, auf die § 34 anzuwenden sei (BGHSt 39, 133 (136) mAnm *Arzt* JZ 1994, 314 f.; *Roxin* NStZ 1993, 335 f.; *Kühl* JURA 1993, 57 (61 f.)). Zulässig ist es jedoch, sich auf eine erwartete Notwehrlage vorzubereiten und zu diesem Zweck beispielsweise eine Waffe bei sich zu führen (BGH StV 2011, 156 f.).

Kein Angriff liegt ferner bei nur „latenter" Bedrohung in dem Zweitraum zwischen einzelnen Eingriffsakten vor (BGHSt 48, 255; Fischer Rn. 18; SK-StGB/*Günther* Rn. 66).

3. Rechtswidrigkeit des Angriffs. Der Angriff ist rechtswidrig, wenn er als Gefährdung eines **20** fremden Guts objektiv die Rechtsordnung verletzt und vom Betroffenen daher nicht zu dulden ist (Jescheck/Weigend StrafR AT § 32 II 1c). Teilweise wird für die Rechtswidrigkeit verlangt, dass das Verhalten dem Angreifer auch subjektiv als Handlungsunrecht zurechenbar sein müsse (MüKoStGB/*Erb* Rn. 37; Lackner/Kühl/*Kühl* Rn. 5; Roxin StrafR AT I § 15 Rn. 14 ff.). Handlungsunrecht kann hierbei jedoch nur in einem untechnischen Sinn verstanden werden, weil der Angriff nicht auf die Verwirklichung eines Deliktstatbestands gerichtet sein muss (SSW StGB/*Rosenau* Rn. 19). Gegen einen objektiv sorgfaltsgemäß handelnden Täter bedarf es keiner Bewährung der Rechtsordnung, der Angegriffene muss sich auf die Abwehrmöglichkeiten des § 34 beschränken (MüKoStGB/*Erb* Rn. 40; NK-StGB/*Kindhäuser* Rn. 61; *Sinn* GA 2003, 105; zum Problem der objektiven Rechtfertigung bei Fehlen des subjektiven Rechtfertigungselements beim Angreifer Kühl StrafR AT § 7 Rn. 64).

Umstritten ist, ob der Angriff auch **schuldhaft** sein muss. Die hM verlangt – entsprechend dem **21** Gesetzeswortlaut des § 32 Abs. 2 – nur ein rechtswidriges Verhalten, so dass auch ein schuldloses Verhalten als Angriff in Betracht kommt (BGHSt 3, 217; Hirsch FS Dreher, 1977, 211 (215 ff.); *Roxin* JuS 1988, 425 (428) jew. mwN). Nach einer verbreiteten Mindermeinung erfordert ein notwehrfähiger Angriff hingegen schuldhaftes Verhalten des Angreifers (*Hruschka,* Strafrecht nach logisch-analytischer Methode, Systematisch entwickelte Fälle mit Lösungen zum Allgemeinen Teil, 2. Aufl. 1988, 140 ff.; *Renzikowski,* Notstand und Notwehr, 1994, 99 ff.; *Frister* GA 1988, 291 (305 f.); *Hoyer* JuS 1988, 89 (96); NK-StGB/*Kindhäuser* Rn. 26 iVm 22 f.: Angreifer muss eine schuldfähige Person sein), weil nur bei schuldhaftem Handeln die Geltung der Rechtsordnung in Frage gestellt werde, deren Verteidigung die Notwehr (auch) diene (Otto StrafR AT § 8 Rn. 19 f.); nur ein schuldhaft Handelnder habe in vollem Umfang die Kosten des Konflikts, also seine Gütereinbußen infolge der Verteidigung durch den Angegriffenen, zu tragen (Jakobs StrafR AT 12/16). Nach dieser Ansicht gelten beim schuldlosen Angriff die Regeln des rechtfertigenden (defensiven) Notstands (→ Vorb. §§ 32–35 Rn. 24 ff.).

Auch die hM verschließt sich gegenüber den überzeugenden Argumenten der Mindermeinung nicht, **22** indem diese bei schuldlos Handelnden zwar einen rechtswidrigen Angriff bejaht, jedoch im Rahmen der Gebotenheit der Verteidigung für eine Beschränkung der Notwehrbefugnisse eintritt, sofern der Angreifer offensichtlich schuldlos handelt (→ Rn. 38).

Da der Angriff im Widerspruch zur Rechtsordnung stehen muss, kann es weder **Notwehr gegen** **23** **Notwehr** (RGSt 54, 196 (198); BGHSt 39, 374; BGH NStZ 2005, 85 (86); Fischer Rn. 22) noch **Notwehr gegen sonstiges durch einen Rechtfertigungsgrund gedecktes Verhalten** geben (BGH NStZ 2012, 144 zu § 229 BGB; SSW StGB/*Rosenau* Rn. 18 mwN). Auch steht den Beteiligten einer einverständlichen Prügelei kein Notwehrrecht zu (BGH NStZ-RR 2006, 376; *Erb* NStZ 2012, 194). Fehlt es an der Rechtswidrigkeit des Angriffs, kann eine Rechtfertigung unter Notstandsgesichtspunkten in Betracht kommen (BGH NJW 1989, 2481).

II. Verteidigungshandlung

Unter Notwehrhandlung ist die erforderliche und gebotene Verteidigung gegenüber dem Angreifer **24** und dessen Rechtsgütern zu verstehen. Die Verteidigungshandlung muss geeignet und erforderlich sein.

1. Verteidigung gegen den Angreifer und seine Rechtsgüter. Die Verteidigung, die nach hM **25** auch in einem Unterlassen bestehen kann (BWM StrafR AT § 17 Rn. 23; LK-StGB/*Rönnau/Hohn* Rn. 156; NK-StGB/*Kindhäuser* Rn. 82; Schönke/Schröder/*Perron* Rn. 30; SK-StGB/*Günther* Rn. 85; aA *Kratzsch,* Grenzen der Strafbarkeit im Notwehrrecht, 1968, 33 (50)) darf sich nur **gegen den Angreifer** richten, weil ihre Berechtigung auf dessen gefährdendem Verhalten beruht. Benutzt der Angreifer Gegenstände eines Dritten, greift Notwehr nicht ein (NK-StGB/*Kindhäuser* Rn. 80 f.). Die Berechtigung eines Eingriffs in die Rechtsgüter Dritter richtet sich hingegen nach den Grundsätzen des rechtfertigenden Notstands (§ 34 StGB, §§ 228, 904 BGB). Eine Ausnahme wird zT für den Fall angenommen, dass der Angriff mit fremden Gütern ausgeführt wird (LK-StGB/*Rönnau/Hohn* Rn. 163; ablehnend NK-StGB/*Kindhäuser* Rn. 81).

2. Nothilfe. Wenn die Notwehr zu Gunsten eines Dritten ausgeübt wird, handelt es sich um **Not-** **26** **hilfe.** Für die Nothilfe gelten prinzipiell dieselben Grundsätze wie für die Notwehr (*Holtz* MDR 1979, 985; LK-StGB/*Rönnau/Hohn* Rn. 204; Fischer Rn. 11; NK-StGB/*Kindhäuser* Rn. 83; Jescheck/Weigend StrafR AT § 32 IV 1; Kühl StrafR AT § 7 Rn. 138). Nothilfe ist auch bei einem Angriff auf

Rechtsgüter einer juristischen Person möglich (Fischer Rn. 11; *Späth,* Rechtfertigungsgründe im Wirtschaftsstrafrecht, 2016, 63 f.). Einschränkungen gelten jedoch insoweit, als die Nothilfe nicht aufgedrängt werden darf (BGHSt 5, 245 (245); 27, 313; BGH JZ 1976, 138; Fischer Rn. 11; *Kargl* ZStW 110 (1998), 38 (64); ausführlich dazu *Koch,* Die aufgedrängte Nothilfe im Strafrecht, 2003, 63 ff.).

27   **3. Notwehr als öffentlich-rechtliche Ermächtigungsgrundlage.** § 32 ist nicht als öffentlich-rechtliche Ermächtigungsgrundlage anzusehen, sondern allein als strafrechtlicher Rechtfertigungsgrund (BayObLG JR 1991, 248 ff.; SK-StGB/*Günther* § 32 Rn. 18; Roxin StrafR AT I § 15 Rn. 89 ff.; *Rogall* JuS 1992, 551 ff.; *Schmidhäuser* JZ 1991, 937 ff.). Eine generelle Beschränkung des Notwehrrechts auf Privatpersonen ist allerdings nicht mit dem Wortlaut des § 32 vereinbar. Für Handeln im öffentlichen Interesse durch Hoheitsträger ist jedoch einschränkend vorauszusetzen, dass der nach § 32 gerechtfertigt handelnde Hoheitsträger den allgemein für öffentliches Handeln geltenden **Grundsatz der Verhältnismäßigkeit** beachtet, der in dieser Konsequenz für § 32 ansonsten nicht gilt (*Kunz* ZStW 1995, 982.; aA MüKoStGB/*Erb* Rn. 189)

Zum Tragen kommt § 32 StGB insbesondere in Entführungsfällen (Fall *Jakob von Metzler/Daschner;* dazu OLG Frankfurt a. M. NJW 2005, 692 ff.) oder in Fällen terroristischer Bedrohung (zur Rechtfertigung der sog Rettungsfolter *Erb* JURA 2005, 25 ff.; *Brugger* JZ 2000, 165 ff.). Gegen eine solche Rechtfertigung spricht allerdings die eindeutig geltende Rechtslage, wie sie sich im Verfassungsrecht über internationale Verträge und Konventionen bis zum Strafverfahrensrecht und den Polizeigesetzen der Länder findet (OLG Frankfurt a. M. NJW 2005, 692 ff.; BVerfG NJW 2005, 656; *Roxin* FS Eser, 2005, 461 ff.; *Wittreck* DÖV 2003, 873 ff.). Eingehend dazu auch NK-StGB/*Herzog* Rn. 59 mit weiteren Nachweisen: Aus der Nothilfe ergibt sich in keinem Fall eine Berechtigung zur „Rettungsfolter" oder deren Rechtfertigung. Dies hat der EGMR in der Entscheidung Gäfgen versus Germany v. 30.6.2008 (22 978/05 Rn. 63) eindeutig dargelegt:

„Article 3 of the Convention enshrines one of the most fundamental values of democratic societies. Unlike most of the substantive clauses of the Convention, Article 3 makes no provision for exceptions and no derogation from it is permissible under Article 15 § 2 even in the event of a public emergency threatening the life of the nation (…). The Convention prohibits in absolute terms torture and inhuman or degrading treatment or punishment, irrespective of the conduct of the person concerned (…)."

28   **4. Geeignetheit und Erforderlichkeit.** Die Verteidigungshandlung muss zur sofortigen Beendigung des Angriffs **geeignet** (BGHSt 27, 336 (337); BGH NStZ 2006, 152 (153)) und erforderlich sein. Dies ist der Fall, wenn sie aus der objektiven **Ex-ante-Perspektive** zu einer endgültigen und sofortigen Beendigung des Angriffs führen kann und damit die endgültige Beseitigung der Gefahr gewährleistet (BGHSt 27, 336 (337); BGH NStZ 2005, 152 (153); BGH NStZ-RR 2013, 139 (140); BGH BeckRS 2014, 08027 Rn. 19). Eine mit geringfügigeren Eingriffen in Rechtsgüter des Angreifers verbundene Abwehr als die erforderliche ist zulässig, sofern sie geeignet ist, den Angriff zumindest **abzuschwächen, zu erschweren** oder zu **verzögern** (hM; s. nur Lackner/Kühl/*Kühl* Rn. 9; SSW StGB/*Rosenau* Rn. 23; jew. mwN). Die **Erforderlichkeit** bezieht sich nach hM auf die **Verteidigungshandlung** und nicht auf den Verteidigungserfolg (BGH NStZ 1981, 138; Kühl StrafR AT § 7 Rn. 112), so dass etwa der notwendige Schlag mit einer ungesicherten Pistole auch dann nach § 32 gerechtfertigt bleibt, wenn sich hierbei versehentlich ein Schuss löst, der den Angreifer lebensgefährlich verletzt (BGHSt 27, 313).

29   **Erforderlich** ist diejenige Verteidigung, die aufgrund eines objektiven ex ante-Urteils geeignet erscheint, den Angriff sicher, sofort und endgültig zu beenden (BGHSt 27, 336 (337); BGH NStZ 2000, 365; 2004, 615 (616); 2006, 152 (153); BayObLG NStZ 1988, 408) und dabei unter den gleichermaßen geeigneten Mitteln den geringsten Verlust beim Angreifer herbeiführt (BGHSt 3, 217 f.; BGH StV 1990, 543; BayObLG NStZ 1988, 408 f.). Der Angegriffene muss sich deshalb nicht auf das Risiko einer ungenügenden Abwehrhandlung einlassen (BGH NJW 1980, 2263 m. krit. Anm. *Arzt* JR 1980, 211; BGH NStZ 1983, 500; 1996, 29; 1998, 508 (509) mBespr *Martin* JURA 1990, 393 (396); *Murmann/Rath* NStZ 1994, 215; BGH NStZ 2005, 31; 2012, 272 (274) mAnm *Engländer* NStZ 2012, 274). Eine Besonderheit der Konfliktlösung im wirtschaftlichen Bereich liegt darin begründet, dass Streitigkeiten in institutionalisierten Verfahren, insbesondere in Gerichtsverfahren ausgetragen werden. Der staatliche Schutz ist nur vorrangig, wenn er dieselben Aussichten wie ein privates Vorgehen bietet und die Rechtsgüter des Angreifers nicht stärker belastet (BGHSt 39, 133 (140); LK-StGB/*Rönnau/Hohn* Rn. 183). Insofern kann die Inanspruchnahme **einstweiligen Rechtsschutzes** geboten sein (*Späth,* Rechtfertigungsgründe im Wirtschaftsstrafrecht, 2016, 61 f.).

29a   Auf eine **Proportionalität** zwischen dem angegriffenen und dem durch die Verteidigung betroffenen Gut kommt es bei der Notwehr grundsätzlich nicht an, denn das Recht braucht dem Unrecht nicht zu weichen (RGSt 21, 168 (170); BGH NJW 2003, 1953 (1957); BGH NStZ 2005, 85 (87); Kühl StrafR AT § 7 Rn. 4). Deshalb dürfen auch angegriffene Sachgüter notfalls mit lebensgefährlichen Handlungen verteidigt werden (hM *Bülte* GA 2011, 145 ff.; *Erb* NStZ 2005, 593 ff.; Fischer Rn. 39; Roxin StrafR AT I § 15 Rn. 83 ff.; aA *Bernsmann* ZStW 104 (1992), 290 (315); Schönke/Schröder/*Perron* Rn. 50); eine Ausnahme gilt lediglich bei Geringwertigkeit des Sachwerts, weil in diesem Fall ein unerträgliches Missverhältnisses zwischen angegriffenen Rechtsgut und dem durch die Verteidigungshandlung beeinträchtigten Rechtsgut vorliegt, das eine sozialethische Einschränkung des Notwehrrechts gebietet (→ Rn. 37).

Schäden an Rechtsgütern des Angreifers, die aus einer erforderlichen Verteidigung resultieren, sind von der Notwehrbefugnis gedeckt (BGHSt 27, 313 (314); BayObLG JZ 1988, 725). Folglich kann eine erforderliche Verteidigung von Sachgütern sogar bis zur schweren Verletzung oder Tötung des Angreifers reichen, wenn gleichermaßen wirksame, aber mildere Mittel nicht zur Verfügung stehen (BGHSt 42, 97 (100 ff.); BGH NStZ 1994, 539; BGH StV 1999, 143 (145); *Roxin* ZStW 93 (1981), 68 (99 ff.); aA OLG München NJW 1988, 1860 ff. m. abl. Anm. *Beulke* JURA 1988, 641 ff.; *Mitsch* NStZ 1989, 26 f.; *Puppe* JZ 1989, 728 ff.; *Frister* GA 1985, 553 (560 f.)). Bei der Installation automatisierter Sicherungen wie zB Selbstschussanlagen, bei deren Verwendung jedoch häufig bereits die Gebotenheit fehlen wird (→ Rn. 34 ff.), müssen Überreaktionen durch Warnhinweise und abgestufte Maßnahmen ausgeschlossen werden (*Kunz* GA 1984, 539 ff.; *Schlüchter* FS Lenckner, 1998, 313). Wenn der Verteidiger das Maß des Erforderlichen überschreitet, ist sein Verhalten zwar rechtswidrig, gegebenenfalls aber nach Maßgabe der Regeln des Notwehrexzesses (§ 33) schuldlos. Der Einsatz verdeckter Kameras ist nur kurzfristig als Notwehrhandlung gegen akute Straftaten zulässig, wenn weniger einschneidende Mittel nicht verfügbar sind (BAG AP BetrVG 1972 § 87 Überwachung Nr. 36 = BAG NZA 2003, 1193). Auch eine dauernde offene Videoüberwachung stellt einen schwerwiegenden Eingriff in die Persönlichkeitssphäre der kontrollierten Arbeitnehmer dar und ist deshalb nur in der jeweils schonendsten Form zulässig (BAG NZA 2004, 1278).

Bei der Verteidigung muss *nicht* auf weniger gefährliche Verteidigungsmittel zurückgegriffen werden, **30** wenn deren Wirkung für die Abwehr zweifelhaft ist (BGHSt 24, 356 (358); 27, 336 (337); BGH NStZ 1998, 508; BGH NStZ-RR 2013, 105 (106) mAnm *Hecker* JuS 2013, 563). Auch muss der Angegriffene keine Gefährdung eigener Güter hinnehmen, um den Angreifer zu schonen (BGH NJW 1980, 2263; Schönke/Schröder/*Perron* Rn. 36c). Der Verteidiger braucht sich nicht auf einen Kampf mit ungewissem Ausgang einzulassen (BGH NStZ-RR 2007, 199 (200)). Wer die Möglichkeit hat, sich wirksam zu verteidigen (Trutzwehr), muss sich, bevor er selbst zum Angriff übergeht, nicht zunächst im Wege der Schutzwehr verteidigen oder sich in anderer Weise in Sicherheit bringen (BGH StV 1986, 15; *Roxin* ZStW 75 (1963), 541 ff.). Hat ein Angriff auf die körperliche Integrität erkennbar nachgelassen und gilt er nunmehr in erster Linie dem Besitz, so ist ein lebensgefährlicher und bedingt vorsätzlich geführter Verteidigungsschlag mittels eines gefährlichen Werkzeugs – jedenfalls ohne vorherige Androhung – grds. nicht mehr zulässig (BGH NStZ-RR 2004, 10 f.).

Nach hM sind **ungeeignete Verteidigungshandlungen** grundsätzlich mangels Erforderlichkeit **31** nicht gerechtfertigt (*Kühl* JURA 1993, 118 (121); *Warda* JURA 1990, 344 (393 ff.)). Jedoch nimmt die wohl hL an, dass der Angegriffene sich auch dann verteidigen darf, wenn aufgrund der Intensität des Angriffs nicht einmal eine Aussicht besteht, den Angriff auch nur abzuschwächen (Krey/Esser StrafR AT Rn. 509; *Alwart* JuS 1996, 953 (956); *Warda* JURA 1990, 393 ff.; aA Jakobs StrafR AT 12/34; Kühl StrafR AT § 7 Rn. 97).

Eine Verteidigung ist nach hM ferner dann nicht erforderlich, wenn der Schutz des angegriffenen **32** Gutes nur in einem bestimmten **rechtsförmigen Verfahren** garantiert ist. Deshalb darf der Vermieter den Mieter, der vertragswidrig die Wohnung nicht räumt, nicht im Wege der Notwehr zum Auszug zwingen (*Kühl* JURA 1993, 118 (125); *Lagodny* GA 1991, 300 (309 ff.)).

5. Gebotenheit. Die Verteidigung muss geboten sein. Während sich das Merkmal der Erforderlich- **33** keit auf die tatsächliche Notwendigkeit zur Beendigung des Angriffs bezieht, betrifft die Gebotenheit die normative Angemessenheit der als erforderlich angesehenen Verteidigungshandlung. Die Gebotenheit fehlt, wenn die Voraussetzungen **sozialethischer Einschränkungen** vorliegen (hM; BGHSt 39, 374 (378); *Matt* NStZ 1993, 271 (272); *Schroth* NJW 1984, 2562; aA *Koch* ZStW 104 (1992), 785 (819 f.)). Solche Begrenzungen des Notwehrrechts werden vorgenommen, wenn in der Wahrnehmung der Notwehr ein **Rechtsmissbrauch** liegt (hM: BGHSt 24, 356; BGH NJW 1995, 2646; Roxin StrafR AT I § 15 Rn. 56). Das Vorliegen eines Rechtsmissbrauchs wird regelmäßig dadurch begründet, dass auch für die Notwehr in gewissem Umfang der Verhältnismäßigkeitsgrundsatz gelte. Bei der Abwehr bestimmter, geringfügiger Angriffe bedürfe es keiner Bewährung der Rechtsordnung bzw. bestehe kein Rechtsbewährungsinteresse (Jescheck/Weigend StrafR AT § 32 III 3).

6. Einschränkungen der Notwehrbefugnis. Eine Einschränkung der Notwehr ist in folgenden **34** Fallgruppen anerkannt (zur Nothilfe s. *Engländer,* Grund und Grenzen, 2008, 313 ff.; *Kuhlen* GA 2008, 282 (289) mwN):

– bei Bagatellangriffen/Unfugabwehr,
– bei einem unerträglichen Missverhältnis zwischen den betroffenen Gütern,
– bei Angriffen von Schuldunfähigen bzw. eingeschränkt Schuldfähigen,
– bei Angriffen innerhalb bestimmter Garantenstellungen des Verteidigers zum Angreifer.

Die Begrenzung der Notwehrbefugnis bedeutet, dass sich der Angegriffene mit einer **unsicheren 35 Verteidigung** begnügen oder sich vorläufig auf **Schutzwehr** beschränken muss (BGH BeckRS 2014, 08027 Rn. 21).

36   **a) Bagatellangriffe.** Bagatellangriffe sind Verhaltensweisen, die an der Grenze zum Sozialadäquaten liegen. Die Abwehr solcher Verhaltensweisen (Unfugabwehr) ist zwar zulässig, jedoch nur in einem schonenden Maße (BGH NStZ-RR 2012, 71 (71); Jakobs StrafR AT 12/48; *Kühl* JURA 1990, 244 (251)).

37   **b) Unerträgliches Missverhältnis.** Obwohl es bei der Notwehr nicht auf eine Proportionalität der Güter sondern auf das Verhältnis von Angriff und Verteidigung ankommt, ist anerkannt, dass die Notwehr bei einem **krassen Missverhältnis der betroffenen Güter** eingeschränkt ist (BGH NStZ 1987, 172; 1987, 322; 2011, 630 (631); NK-StGB/*Kindhäuser* Rn. 111 f.; weitergehend Schönke/ Schröder/*Perron* Rn. 50 f.: das Notwehrrecht sei gänzlich zu versagen; *Geilen* JURA 1981, 374; *Otto* FS Würtenberger, 1977, 129 ff.). Ein krasses Missverhältnis der betroffenen Güter kommt insbesondere bei Tötung des Angreifers in Betracht. Hier stellt sich die Frage, ob Art. 2 Abs. 2a EMRK zu berücksichtigen ist, wonach eine vorsätzliche Tötung des Angreifers nur gestattet ist, wenn sie unbedingt erforderlich ist, *„um jemanden gegen rechtswidrige Gewalt zu verteidigen"*. Die hM bezieht Art. 2 Abs. 2a EMRK jedoch unter Berufung auf die Entstehungsgeschichte, den Wortlaut und den Zweck der Vorschrift nur auf hoheitliches Handeln, mit der Folge, dass lediglich die vorsätzliche Tötung von Menschen zur Verwirklichung staatlicher Zwecke verboten ist. Demnach ist Privaten die Tötung eines Angreifers zur Verteidigung von Sachgütern grundsätzlich nicht untersagt (Fischer Rn. 40; einschränkend: NK-StGB/*Kindhäuser* Rn. 103 f.; Jakobs StrafR AT 12/39 f.; Jescheck/Weigend StrafR AT § 32 V). Nach einer verbreiteten Mindermeinung soll die EMRK dagegen auch für privates Handeln unmittelbare Wirkung entfalten, mit der Folge, dass ein Angreifer nur bei rechtswidriger Gewaltanwendung gegen Leib und Leben getötet werden darf (*Frister* GA 1985, 553 (564); krit. Kühl StrafR AT § 7 Rn. 118; *Roxin* ZStW 93 (1981), 68 (98 f.); *Schroeder* FS Maurach, 1972, 127 ff.).

38   **c) Angriffe erkennbar schuldloser Personen.** Das Verhalten eines **erkennbar Schuldlosen** wird von der herrschenden Meinung als Angriff im Sinne der Notwehr qualifiziert. Jedoch wird die Notwehrbefugnis gegenüber diesem Personenkreis wie auch gegenüber ersichtlich Irrenden begrenzt (BGH JR 1987, 344; Welzel StrafR AT § 14 II 2; krit. Krey/Esser StrafR AT Rn. 533 ff.), da in diesen Fällen lediglich ein Individualschutzinteresse besteht, nicht jedoch das die scharfen Notwehrrechte rechtfertigende Rechtsbewährungsinteresse. Hierbei wird regelmäßig die zulässige Verteidigung zunächst auf **Schutzwehr**, namentlich auf ein Ausweichen, beschränkt und nur für den Fall, dass dies nicht möglich ist, eine zunächst **schonende Trutzwehr** zugelassen (BGHSt 3, 217; BGH NStZ 1991, 433 mAnm *Vormbaum* JR 1992, 163 ff.; *Mitsch* JuS 1992, 289). Dies gilt auch, wenn die Schuldfähigkeit nur iSd § 21 gemindert ist, weil auch dann ein nur eingeschränktes Rechtsbewährungsinteresse gegeben ist (AG Rudolstadt NStZ-RR 2007, 265).

39   **d) Garanten.** Kraft institutioneller Fürsorge steht dem **Beschützergaranten** aufgrund seiner besonderen Verantwortung nur ein eingeschränktes Notwehrrecht gegenüber den von ihm zu beschützenden zu. Vor allem im Verhältnis von Ehegatten untereinander und im Eltern-Kind-Verhältnis hat der Angegriffene in erster Linie auszuweichen oder leichtere Beeinträchtigungen seiner Güter hinzunehmen, bevor er existenzielle Güter des Angreifers beeinträchtigen darf (BGH NJW 1984, 986; NStZ 1994, 581; Jakobs StrafR AT 12/58; *Schroth* NJW 1984, 2562; einschränkend LK-StGB/*Rönnau/Hohn* Rn. 240; gegen Einschränkungen *Engels* GA 1982, 109; Freund StrafR AT § 3 Rn. 123; Frister StrafR AT § 16 Rn. 33; *Walther* JZ 2003, 52 (56); *Zieschang* JURA 2003, 527 ff.; für Ehegatten offen gelassen JZ 2003, 50 (51); zur Anwendbarkeit auf nichteheliche Lebensgemeinschaften *Kretschmer* JR 2008, 51 (53)). Begründet wird diese Einschränkung bei institutionellen Garantenverhältnissen teilweise mit der Fürsorgepflicht (so *Geilen* JURA 1981, 370 (374); *Roxin* ZStW 93 (1981), 68 (101)), teils mit der vom Angegriffenen zu erwartenden Zurückhaltung um des Fortbestehens der Gemeinschaft willen (Jescheck/Weigend StrafR AT § 32 III 3a; krit. Krey/Esser StrafR AT Rn. 538 ff.).

40   **e) Verschuldete Notwehrlage.** Eine umstrittene Fallgruppe der Einschränkung des Notwehrrechts betrifft Situationen, in denen der Verteidiger die Notwehrlage verschuldet bzw. mitverschuldet hat (eingehend dazu *Kühl* JURA 1991, 57 (60 ff., 175 ff.)). Die hM beschränkt das Notwehrrecht unter Berufung auf den **Gedanken des Rechtsmissbrauchs,** wenn der Verteidiger die Notwehrlage mitverschuldet, insbesondere absichtlich provoziert hat (**„Absichtsprovokation";** BGHSt 39, 374; BGH NJW 1983, 2267 mAnm *Hassemer* JuS 1983, 966 f.; BGH NJW 2003, 1955 (1958) m. krit. Anm. *Roxin* NJW 2003, 966 (967); *ders.* ZStW 93 (1981), 68 ff.; BGH NStZ-RR 2011, 305). Umstritten ist, ob das die Notwehrbefugnis beschränkende Vorverhalten des Verteidigers rechtswidrig sein muss (so Freund StrafR AT § 3 Rn. 117; NK-StGB/*Kindhäuser* Rn. 126; *Kühl* JURA 1991, 57 ff.; LK-StGB/*Rönnau/ Hohn* Rn. 253, 255; *Roxin* ZStW 93 (1981), 68 (91)) oder ob ein lediglich sozial vorwerfbares Verhalten ausreicht (BGHSt 24, 356 ff.; 27, 336; 42, 97 m. zust. Bespr. *Kühl* StV 1997, 298; abl. *Krack* JR 1996, 833; NStZ 2006, 332 (333) mAnm *Bosch* JA 2006, 490; *Roxin* StV 2006, 235; abl. Krey/Esser StrafR AT Rn. 559). In jedem Fall muss der Angriff zum Zeitpunkt des Vorverhaltens vorhersehbar sein (BGHSt 27, 336 (338); BGH NStZ 2009, 626 (627); BGH NStZ-RR 2011, 74 (75); zur Strafbarkeit wegen fahrlässiger Erfolgsherbeiführung BGH NStZ 2001, 143 mAnm *Eisele* NStZ 2001, 416;

Jäger JR 2001, 512; *Mitsch* JuS 2001, 751; *Roxin* JZ 2001, 667; eingehend dazu *Hruschka* ZStW 113 (2001), 870 ff.).

Nach der Gegenansicht, die sich auf den Gedanken der **Rechtsbewährung** beruft, ist die Ver- **41** teidigung selbst bei der Absichtsprovokation gerechtfertigt, weil sich der Angriff nicht nur gegen Rechtsgüter des Provokateurs, sondern gegen die Rechtsordnung richtet (*Bockelmann* FS Honig, 1970, 119 ff.; *Hassemer* FS Bockelmann, 1979, 225 ff.; *Hillenkamp,* Vorsatztat und Opferverhalten, 1981, 125 ff. (167 ff.)).

Schließlich wird von einer Ansicht in der Lehre nach der Rechtsfigur der **actio illicita in causa** dem **42** Provokateur die Verletzung des Angreifers als rechtswidrige und gegebenenfalls schuldhafte Tat zuge-rechnet (*Lindemann/Reichling* JuS 2009, 496 ff.; *Schmidhäuser* StrafR AT 6/81 ff.; einschr. auch *Freund* GA 2006, 267 (271 f.)). Dies bedeutet: Die an sich rechtmäßige Notwehrhandlung wirkt für den Verteidiger nicht rechtfertigend, weil er die Rechtfertigungslage aufgrund seines unerlaubten Vorver-haltens selbst zu vertreten hat. Ob der Verteidiger wegen vorsätzlicher oder fahrlässiger Tat zu bestrafen ist, richtet sich danach, ob er die die Verteidigung auslösende Lage vorsätzlich oder fahrlässig her-beigeführt hat (vgl. Schönke/Schröder/*Perron* Rn. 61).

Die Rspr. lehnt die actio illicita in causa allerdings zu Recht ab (BGH NStZ 1983, 452; 1988, 450; **43** einschr. BGH NJW 2001, 1075 (1076); BGH NStZ 2011, 83 (83): jedenfalls wenn nicht an eine vorwerfbare Provokation der Notwehrlage angeknüpft werden kann). Wenn bereits das Vorverhalten des Verteidigers die Voraussetzungen eines **gegenwärtigen rechtswidrigen Angriffs** erfüllt, ist eine Reaktion des Provozierenden, die sich im Rahmen der erforderlichen Abwehr bewegt, ihrerseits nach § 32 gerechtfertigt.

Soweit eine Beschränkung der Notwehrbefugnis im Falle der verschuldeten Notwehrlage anerkannt **44** wird, werden hierzu zwei Wege vorgeschlagen: Die hM **stuft die Abwehrberechtigung** je nach Tatumständen **ab:** Sofern eine Absichtsprovokation vorliegt, wird dem Verteidiger das Notwehrrecht teilweise vollständig versagt (so WBS StrafR AT Rn. 347; *Roxin* ZStW 93 (1981), 68 (86 f.)); hier bleibt dem Täter nur die Flucht und, wenn eine solche nicht möglich ist, die Duldung des Angriffs. Ansonsten, jedenfalls bei sonst vorwerfbarer Herbeiführung der Notwehrlage, wird hinsichtlich der Intensität der Verteidigung differenziert: Der Angegriffene muss zunächst ausweichen; falls dies nicht möglich ist, muss er sich bis an die Grenze des Zumutbaren defensiv verhalten, bevor er zu Trutzwehr übergehen darf (**Ausweichen, Schutzwehr, Trutzwehr;** BGHSt 24, 356; 26, 143 (145 ff.); 39, 374 (379 f.); BGH NJW 1991, 503 mAnm *Rudolphi* JR 1991, 210 ff.; BGH NStZ 1993, 133; BGH NStZ-RR 1997, 194). Der Verteidiger muss keine erheblichen eigenen Verletzungen hinnehmen (Krey/Esser StrafR AT Rn. 559; vgl. Schönke/Schröder/*Perron* Rn. 60).

In der Literatur findet sich auch die Ansicht, dass bei der mitverschuldeten Notwehrlage eine Ver- **45** teidigung nur nach Maßgabe der Güterproportionalität des defensiven Notstands (§ 228 BGB analog bzw. § 34 (→ § 34 Rn. 15 ff.) zulässig sei (*Hruschka* ZStW 113 (2001), 371 ff. (376 ff.); Jakobs StrafR AT 12/53; Jescheck/Weigend StrafR AT § 32 III 3a; *Schroeder* FS Maurach, 1972, 127 ff.).

III. Subjektives Rechtfertigungselement

Das subjektive Rechtfertigungselement der Notwehr wird als **Verteidigungswille** bezeichnet. Rspr. **46** und ein Teil des Schrifttums verlangen ein Handeln in Verteidigungsabsicht, also einen finalen Willen, der jedoch nicht das alleinige Motiv sein muss (BGHSt 5, 245; BGH NStZ 2007, 325 (326); BGH NJW 2013, 2133 (2135); BayObLG StV 1999, 147; Fischer Rn. 25 f.; Jescheck/Weigend StrafR AT § 32 II 2a). Hierfür spricht die Formulierung des Gesetzes in § 32 Abs. 2: „um … abzuwenden".

Nach hL genügt als subjektives Rechtfertigungselement **Kenntnis der Notwehrlage** und damit ein **47** Handeln im Bewusstsein, einen Angriff abzuwehren (Jakobs StrafR AT 11/21; LPK-StGB/*Kindhäuser* § 16 Rn. 37 f.; *Frisch* FS Lackner, 1987, 113 (135 ff.); *Frister* StrafR AT § 14 Rn. 24 f.; NK-StGB/ *Kindhäuser* Rn. 146; *Kühl* JURA 1993, 233 (234); *Meyer* GA 2003, 807 ff.; *Prittwitz* GA 1980, 388 (384); *Roxin* ZStW 75 (1963), 541 (563)). Hierfür spricht, dass die Bewertung eines Verhaltens als rechtswidrig nicht allein auf Motive gestützt werden kann.

§ 33 Überschreitung der Notwehr

Überschreitet der Täter die Grenzen der Notwehr aus Verwirrung, Furcht oder Schrecken, so wird er nicht bestraft.

Literatur (Auswahl): *Aschermann,* Die Rechtsnatur des § 33 StGB, 1990; *Diederich,* Ratio und Grenzen des straflosen Notwehrexzesses, 2001; *Frister,* Die Struktur des „voluntativen Schuldelements", 1993; *Geilen,* Notwehr und Notwehrexzess, JURA 1981, 200 (256, 308, 370); *Motech,* Der straflose Notwehrexzess, 2003; *Müller-Christmann,* Der Notwehrexzess, JuS 1989, 717; *Otto,* Grenzen strafloser Überschreitung der Notwehr, § 33 StGB, JURA 1987, 604; *Renzikowski,* Der verschuldete Notwehrexzess, FS Lenckner, 1998, 249; *Roxin,* Über den Notwehrexzess, FS Schaffstein, 1975, 105.

Vgl. ferner die Literatur zu § 32.

A. Allgemeines

1   § 33 enthält einen **Entschuldigungsgrund** für denjenigen, der als Angegriffener aus **Verwirrung, Furcht oder Schrecken** die Grenzen seiner Notwehrbefugnis (§ 32) überschreitet (BGHSt 3, 194 (197 f.); 39, 133; Krey/Esser StrafR AT Rn. 764; Schönke/Schröder/*Perron* Rn. 2; SK-StGB/*Rogall* Rn. 1; *Roxin* FS Schaffstein, 1975, 105 (125); zu anderen Konzeptionen NK-StGB/*Kindhäuser* Rn. 2 f.). Die Entschuldigung trägt zum einen der besonderen Konfliktsituation des Angegriffenen oder seines Nothelfers Rechnung, der die auf Verteidigung gerichtete Handlung aus psychischen Gründen in einer Weise überzieht, die nicht mehr von der Notwehrbefugnis gedeckt ist und ihn deshalb selbst zu einem rechtswidrig Angreifenden macht, dem gegenüber Notwehr geübt werden darf. Zum anderen lässt sich die mangelnde Strafwürdigkeit der Notwehrüberschreitung aus dem Umstand erklären, dass der ursprüngliche Angreifer nicht nur für die ursprüngliche Notwehrsituation, sondern in gewissem Maße auch für die aus ihr resultierende Überreaktion des ursprünglich Angegriffenen und nunmehrigen Täters zuständig ist (**doppelte Schuldminderung**, Jakobs StrafR AT 20/28; zur Frage, ob § 33 eingreift, wenn der Exzesstäter selbst die Notwehrlage schuldhaft herbeigeführt hat, s. BGHSt 39, 133 (139 f.); *Roxin* FS Schaffstein, 1975, 105 (122 ff.)).

B. Intensiver Notwehrexzess

2   § 33 erfasst zunächst den Fall, dass das Opfer eines rechtswidrigen Angriffs aus Verwirrung, Furcht oder Schrecken das Maß der erforderlichen Verteidigung gegenüber einem wirklichen rechtswidrigen Angriff überschreitet (BGH NStZ-RR 2009, 70 (71)). Das Überschreiten der Notwehrgrenzen ist widerrechtlich und damit selbst als rechtswidriger Angriff anzusehen. Gegen einen Notwehrexzess ist deshalb Notwehr möglich (RGSt 1966, 288).

3   **Voraussetzungen** des intensiven Notwehrexzesses sind:
Es muss objektiv eine **Notwehrlage,** also ein gegenwärtiger rechtswidriger Angriff, gegeben sein (→ § 32 Rn. 5 ff.). Auf Konstellationen der Putativnotwehr ist § 33 nicht anwendbar (BGH NStZ 2003, 599 f.); Fischer Rn. 5). Nimmt der Täter irrig an, dass das Opfer im Begriff steht, ihn anzugreifen oder einen zunächst unterbundenen Angriff fortzusetzen, kommt jedoch ein Erlaubnistatbestandsirrtum in Betracht (BGH NJW 2014, 30 (31)).

4   Der ursprünglich Angegriffene muss das **erforderliche Maß der Abwehr überschreiten,** also ein Mittel einsetzen, das hinsichtlich der Intensität seines Einsatzes oder wegen verfügbarer gleich wirksamer, aber milderer Mittel über das zur Verteidigung Notwendige hinausgeht (Krey/Esser StrafR AT Rn. 765).

5   Der ursprünglich Angegriffene muss aus Verwirrung, Furcht oder Schrecken handeln. Allein diese **Schwächeaffekte** (*asthenische* Affekte, näher dazu NK-StGB/*Kindhäuser* Rn. 21 ff.; LK-StGB/*Zieschang* § 32 Rn. 53 ff.) wirken entschuldigend, nicht dagegen Motive wie Not, Empörung oder Hass (sog *sthenische* Affekte) oder sonstige Gründe. Wenn asthenische Effekte mit weiteren Motiven zusammentreffen, müssen sie, um entschuldigend zu wirken, zwar nicht dominant, wohl aber zumindest mitbestimmend sein (BGHSt 3, 195 (198); BGH StV 1999, 148 (149); BGH NStZ 2001, 591 (593); Krey/Esser StrafR AT Rn. 767; WBS StrafR AT Rn. 446; NK-StGB/*Kindhäuser* Rn. 25; *Otto* JURA 1987, 604 (606 f.); aA Schönke/Schröder/*Perron* Rn. 5; *Roxin* FS Schaffstein, 1975, 105 (121 f.)).

6   Unklar ist im Hinblick auf den Gesetzestext, ob § 33 auch dann zur Anwendung kommen kann, wenn der Täter trotz seiner Beeinflussung durch Verwirrung, Furcht oder Schrecken um die Überschreitung der Grenze der Erforderlichkeit weiß. Die hM lässt eine Entschuldigung auch in diesen Fällen des **bewussten Exzesses** zu (so etwa BGHSt 39, 139; BGH NStZ 1987, 20 (89); Krey/Esser StrafR AT Rn. 768; Fischer Rn. 8; Lackner/Kühl/*Kühl* Rn. 3; Matt/Renzikowski/*Engländer* Rn. 12). Dies wird jedoch in der Lit. insbesondere mit dem Argument abgelehnt, dass die Vorschrift Fälle erfassen soll, in denen der Täter in seiner Fähigkeit zu einer sachgemäßen Beurteilung des Geschehens erheblich eingeschränkt ist, weil die Wahrnehmung der Situation durch die Affekte behindert ist. Daher sei eine Situation, in der der Täter einerseits unter dieser Einschränkung leide, andererseits aber erkenne, dass seine Maßnahme überzogen sei, schon kein Handeln „aus Verwirrung, Furcht oder Schrecken" (Schönke/Schröder/*Perron* Rn. 6).

Umstritten ist ferner, ob eine Entschuldigung nach § 33 ausscheidet, wenn der Exzesstäter den **Angriff** selbst **provoziert** hat. Während nach Auffassung der Rspr. zumindest die planmäßige Provokation zu einer Versagung von § 33 führt (BGHSt 39, 133 (139 f.)), hält die hL § 33 hingegen für uneingeschränkt anwendbar, sofern nicht das Notwehrrecht bereits wegen Absichtsprovokation vollständig entfallen sei (Fischer Rn. 6; LK-StGB/*Zieschang* Rn. 67 f.; Matt/Renzikowski/*Engländer* Rn. 14).

C. Extensiver Notwehrexzess

7   Ein extensives Überschreiten der Notwehrgrenzen liegt vor, wenn der Täter die **zeitlichen Grenzen der Notwehr** nicht einhält. Der extensive Notwehrexzess betrifft also eine Situation, in der der Täter

einen noch nicht begonnenen oder schon beendeten Angriff abwehrt, in der sich also die Verteidigung gegen keinen gegenwärtigen Angriff richtet und damit zu früh oder zu spät erfolgt. Nach hM greift § 33 beim extensiven Exzess nicht ein, mit der Folge, dass der Exzesstäter nicht entschuldigt ist (BGH NStZ 1987, 20; 2002, 141 f.; 2011, 630; *Geilen* JURA 1981, 370 (379); SK-StGB/*Rogall* Rn. 4; Jescheck/ *Weigend* StrafR AT § 45 II 4; *Krey/Esser* StrafR AT Rn. 765). Da eine Notwehrlage weder bei einem noch nicht begonnenen noch bei einem bereits beendeten Angriff objektiv bestehe, könne auch keine Notwehrbefugnis im asthenischen Effekt überschritten werden.

Nach einer verbreiteten Gegenansicht soll § 33 jedoch auch auf den extensiven Exzess anwendbar **8** sein, weil unter den „Grenzen der Notwehr" auch die zeitlichen Grenzen verstanden werden könnten (so Jakobs StrafR AT 20/31; Schönke/Schröder/*Perron* Rn. 7; *Müller-Christmann* JuS 1989, 717 (718 f.); *Roxin* FS Schaffstein, 1975, 105 (111 ff.); diff. LK-StGB/*Zieschang* Rn. 6, 10 f.; Matt/*Renzikowski/ Engländer* Rn. 5). Außerdem sei wegen der gleichartigen Motivationslage ein Unterschied zum intensiven Exzess sachlich nicht gerechtfertigt. Die Ungleichbehandlung, die sich im Übrigen auch nicht aus dem Gesetz ergebe, sei insbesondere dann schwer zu begründen, wenn zwischen der noch erforderlichen Verteidigung und der exzessiven Handlung ein so enger zeitlicher Zusammenhang besteht, dass beide Handlungen grundsätzlich als eine Bewertungshandlung angesehen werden müssten und nun die Trennung künstlich durch den Wegfall der Rechtfertigung entstehe. Auch unter Schuldgesichtspunkten spreche nichts gegen eine Gleichbehandlung der Überschreitung der zeitlichen und der sachlichen Grenzen der Notwehr (Schönke/Schröder/*Perron* Rn. 7 mwN).

§ 34 Rechtfertigender Notstand

[1] Wer in einer gegenwärtigen, nicht anders abwendbaren Gefahr für Leben, Leib, Freiheit, Ehre, Eigentum oder ein anderes Rechtsgut eine Tat begeht, um die Gefahr von sich oder einem anderen abzuwenden, handelt nicht rechtswidrig, wenn bei Abwägung der widerstreitenden Interessen, namentlich der betroffenen Rechtsgüter und des Grades der ihnen drohenden Gefahren, das geschützte Interesse das beeinträchtigte wesentlich überwiegt. [2] Dies gilt jedoch nur, soweit die Tat ein angemessenes Mittel ist, die Gefahr abzuwenden.

Literatur: *Arzt,* Kleiner Notstand bei kleiner Kriminalität?, FS Rehberg, 1996, 25; *Beulke,* Ist die „Babyklappe" noch zu retten?, FS Herzberg, 2008, 605 ff.; *Dann,* Korruption und Notstand – Zur Rechtfertigung von Schmiergeld und Bestechungszahlungen, wistra 2011, 127; *Dencker,* Der verschuldete rechtfertigende Notstand – BayObLG, NJW 1978, 2046; JuS 1979, 779; *Dornseifer,* Strafrecht: Der in Not geratene Giftmischer, JuS 1982, 763; *Engländer,* Die Anwendbarkeit von § 34 StGB auf intrapersonale Interessenkollisionen, GA 2010, 15; *Fleischer,* Statthaftigkeit und Grenzen der Kursstabilisierung, ZIP 2003, 2045; *Frister,* Die Notwehr im System der Notrechte, GA 1988, 291; *Gallas,* Der dogmatische Teil des Alternativ-Entwurfs, ZStW 80 (1968), 1; *Gössel,* Überlegungen zum Verhältnis von Norm, Tatbestand und Irrtum über das Vorliegen eines rechtfertigenden Sachverhalts, FS Triffterer, 1996, 99; *Grebing,* Die Grenzen des rechtfertigenden Notstands im Strafrecht. Ein Beitrag zur dogmatischen Bedeutung der Angemessenheitsklausel des § 34 Satz 2 StGB, GA 1979, 81; *Günther,* Mordunrechtsmindernde Rechtfertigungselemente, JR 1985, 268; *Herzberg,* Die Verantwortung für Arbeitsschutz und Unfallverhütung im Betrieb, 1984; *Hilgendorf,* Forum: Zwischen Humanexperiment und Rettung ungeborenen Lebens. Der Erlanger Schwangerschaftsfall, JuS 1993, 97; *Hillenkamp,* In tyrannos – viktimodogmatische Bemerkungen zur Tötung des Familientyrannen, FS Miyazawa, 1995, 141; *Hirsch,* Rechtfertigungsfragen und Judikatur des Bundesgerichtshofs, FG BGH IV 2000, 198; *Hruschka,* Strafrecht nach logisch-analytischer Methode, Systematisch entwickelte Fälle mit Lösungen zum Allgemeinen Teil, 2. Aufl. 1988; *Joerden,* § 34 Satz 2 StGB und das Prinzip der Verallgemeinerung, GA 1991, 411; *ders.,* Interessenabwägung im rechtfertigenden Notstand bei mehr als einem Eingriffsopfer, GA 1993, 245; *Kretschmer,* Der Begriff der Gefahr in § 34 StGB, JURA 2005, 663; *Kühl,* Zur rechtsphilosophischen Begründung des rechtfertigenden Notstands, FS Lenckner, 1998, 143; *Kühl,* Freiheit und Solidarität bei den Notrechten. Rechtsphilosophische Überlegungen auf der Basis der praktischen Philosophie Kants, FS Hirsch, 1999, 259; *Küper,* Zum rechtfertigenden Notstand bei Kollision von Vermögenswerten. Anmerkung zu BGH, Urteil vom 27.1.1976 – 1 StR 739/75 –, JZ 1976, 515; *Küper,* Die sog. „Gefahrtragungspflichten" im Gefüge des rechtfertigenden Notstandes. Ein Beitrag zum Verhältnis von Interessenabwägungs- und Angemessenheitsformel, JZ 1980, 755; *Küper,* Der „unverschuldete" rechtfertigende Notstand, 1983; *Küper,* Das „Wesentliche" am „wesentlich überwiegenden Interesse". Zur Interpretation der Interessenabwägungsformel des § 34 StGB, GA 1983, 289; *Küper,* Notstand und Zeit – Die „Dauergefahr" beim rechtfertigenden und entschuldigenden Notstand, FS Rudolphi, 2004, 151; *Lenckner,* Der rechtfertigende Notstand, 1965; *Lenckner,* Der Grundsatz der Güterabwägung als Grundlage der Rechtfertigung, GA 1985, 295; *Lenckner,* Die Wahrnehmung berechtigter Interessen, ein „übergesetzlicher" Rechtfertigungsgrund?, GS Noll 1984, 243; *Lenckner,* Das Merkmal der „Nicht-anders-Abwendbarkeit" der Gefahr in den §§ 34, 35 StGB, FS Lackner, 1987, 95; *Meißner,* Die Interessenabwägungsformel in der Vorschrift über den rechtfertigenden Notstand (§ 34 StGB), 1990; *Neumann,* Rezension: Andreas Meißner, Die Interessenabwägungsformel in der Vorschrift über den rechtfertigenden Notstand (§ 34 StGB), Berlin 1990, GA 1992, 93; *Otto,* Gegenwärtiger Angriff (§ 32 StGB) und gegenwärtige Gefahr (§§ 34, 35, 249, 255 StGB), JURA 1999, 552; *Otto,* Die strafprozessuale Verwertbarkeit von Beweismitteln, die durch Eingriff in Rechte anderer von Privaten erlangt wurden, FS Kleinknecht, 1985, 319; *Pawlik,* Der rechtfertigende Notstand, 2002; *Renzikowski,* Notstand und Notwehr, 1994; *Roxin,* Die notstandsähnliche Lage – ein Strafrechtsausschließungsgrund?, FS Oehler, 1985, 181; *Rudolphi,* Inhalt und Funktion des Handlungsunwertes im Rahmen der personalen Unrechtslehre, FS Maurach, 1972, 51; *Rudolphi,* Rechtfertigungsgründe im Strafrecht. Ein Beitrag zur Funktion, Struktur und den Prinzipien der Rechtfertigung, FS Kaufmann, 1989, 371; *Rudolphi,* Primat des Strafrechts im Umweltschutz?, NStZ 1984, 193; 1984, 248; *Zimmermann,* Rettungstötungen, 2009.

A. Allgemeines

1   Der rechtfertigende Notstand nach § 34 ist Ausdruck der **Prinzipien des überwiegenden Interesses und der gegenseitigen Mindestsolidarität** (hM; NK-StGB/*Neumann* Rn. 9 ff. mwN; *Frister* GA 1988, 291 (292); *Kühl* FS Lenckner, 1998, 143 (156); *ders.* FS Hirsch, 1999, 259 (266); *Neumann* GA 1992, 93 (95); krit. *Pawlik,* Der rechtfertigende Notstand, 2002, 57 ff.; für eine utilitaristisch geprägte Regelung *Meißner,* Die Interessenabwägungsformel in der Vorschrift über den rechtfertigenden Notstand (§ 34 StGB), 1990, 158 ff.; *Joerden* GA 1993, 245 (247 f.); *Hruschka,* Strafrecht nach logischanalytischer Methode, Systematisch entwickelte Fälle mit Lösungen zum Allgemeinen Teil, 2. Aufl. 1988, 112 ff.). Wenn ein Rechtsgut in Gefahr ist, entspricht es dem Gebot der Mindestsolidarität, zu seiner Rettung erheblich geringerwertige Güter zu opfern. § 34 enthält die allgemeinste und weitestgehende Regelung zur Interessenabwägung in einer Notstandslage. Diese Vorschrift tritt deshalb hinter den spezielleren Regelungen der §§ 228 und 904 BGB (→ Vorb. §§ 32–35 Rn. 22 ff.) und der mutmaßlichen Einwilligung (→ Vorb. §§ 32–35 Rn. 53 ff.) zurück (*Lenckner* GA 1985, 295 ff.; *Rudolphi* FS Kaufmann, 1989, 371 (396)). Wenn §§ 228, 904 BGB keine Rechtfertigung der Tat ermöglichen, kann sich eine solche aus dem allgemeinen Notstandsrecht nach § 34 ergeben. Die Begründung eines Eingriffsrechts und die Auferlegung einer damit korrespondierenden Duldungspflicht des von der Notstandshandlung nachteilig Betroffenen muss auf begründete Ausnahmefälle beschränkt bleiben. Das Gesetz trägt dem durch die gesetzlichen Erfordernisse des **„wesentlichen" Überwiegens des geschützten Interesses** (→ Rn. 30) und der **„Angemessenheit" der Notstandshandlung** (→ Rn. 31) Rechnung. Diese Voraussetzungen dürfen deshalb nicht durch eine extensive Auslegung des § 34 überspielt werden (MüKoStGB/*Erb* Rn. 5). Der rechtfertigende Notstand des § 34 ist, anders als die BGB-Notstände, in seinem Anwendungsbereich nicht auf bestimmte Tatbestände beschränkt (vgl. die Beispiele bei LK-StGB/*Zieschang* Rn. 41 f.). Eine dem § 34 im Wortlaut gleichende Regelung findet sich in § 16 OWiG.

B. Voraussetzungen des rechtfertigenden Notstandes

2   § 34 setzt eine **Notstandslage** voraus, die in einer gegenwärtigen Gefahr für ein Rechtsgut besteht (→ Rn. 3 ff.), weiterhin eine **Notstandshandlung**, mit der eine Tat begangen wird, durch die in ein anderes Rechtsgut eingegriffen wird (→ Rn. 14 ff.). Dabei darf die Gefahr nicht anders abwendbar, die Notstandshandlung muss mithin erforderlich sein (→ Rn. 14). Sodann muss das geschützte Interesse das beeinträchtigte Interesse **wesentlich überwiegen** (→ Rn. 15 ff.), und der Eingriff muss **angemessen** sein (→ Rn. 31 ff.). Schließlich ist ein **Rettungswille** (→ Rn. 35 f.) als subjektives Element erforderlich.

I. Notstandslage: Gegenwärtige Gefahr für ein Rechtsgut

3   Grundvoraussetzung einer Rechtfertigung nach § 34 ist die Notstandslage. Diese besteht in einer gegenwärtigen Gefahr für ein Rechtsgut.

4   **1. Notstandsfähige Rechtsgüter.** In § 34 S. 1 werden als **Rechtsgüter** beispielhaft Leben, Leib, Freiheit, Ehre und Eigentum genannt. Darüber hinaus kommen alle sonstigen **Individualrechtsgüter** und – im Unterschied zur Notwehr – alle **Güter der Allgemeinheit** (BGH NStZ 1988, 558 (559); OLG Frankfurt a. M. NStZ-RR 1996, 136; LK-StGB/*Zieschang* Rn. 22; Krey/Esser StrafR AT Rn. 588; *Kühl* StrafR AT § 8 Rn. 26 ff.; enger NK-StGB/*Neumann* Rn. 22; SK-StGB/*Günther* Rn. 24), so die Funktionsfähigkeit der Wirtschaft, die Lebensmittelversorgung oder die Verkehrssicherheit (LK-StGB/*Zieschang* Rn. 23) in Betracht. Sofern ein Rechtsgut der Allgemeinheit betroffen ist, ist zu beachten, dass die Gefahr in der Regel durch die primäre Heranziehung staatlicher Organe „anders abwendbar" sein wird (SSW StGB/*Rosenau* Rn. 7). Die Wertigkeit des Rechtsguts spielt an dieser Stelle keine Rolle, da sich die Frage nach einem eventuellen Wertverhältnis erst bei der Interessenabwägung stellt (LK-StGB/*Zieschang* Rn. 24).

5   Der **Begriff des Interesses,** den § 34 unspezifisch verwendet, ist als Oberbegriff für rechtlich bewertete Güter und Handlungen zu verstehen und bezieht sich nicht etwa nur auf materielle Bedürfnisse (*Gallas* ZStW 80 (1968), 1 (27)). So werden das Interesse an der Erhaltung des eigenen Arbeitsplatzes anerkannt (RGSt 30, 25 (28); Momsen/Grützner WirtschaftsStR/*Rotsch* Kap. 1 Teil B Rn. 64; *Späth,* Rechtfertigungsgründe im Wirtschaftsstrafrecht, 2016, 293 ff.), ebenso die Arbeitsplätze in einem Betrieb (BGH bei *Dallinger* MDR 1975, 723; OLG Hamm NJW 1952, 838 (839); BayObLG NJW 1953, 1602; OLG Köln NJW 1953, 1844), die Sicherung eines persönlichen Arbeitsplatzes (OLG Oldenburg NJW 1978, 1869; BayObLG NJW 1994, 2303 (2306); BayObLG NStZ-RR 1999, 312; aA NK-StGB/*Neumann* Rn. 26), das Vermögensinteresse der Versichertengemeinschaft, die ungerechtfertigte Auszahlung einer Hinterbliebenenrente zu verhindern (OLG Frankfurt a. M. JZ 1975, 379 m. abl. Anm. *Geilen;* zust. *Roxin* JuS 1976, 505 (508)), der Honoraranspruch des Rechtsanwalts (in Kollision mit seiner Schweigepflicht; BGHSt 1, 366 (368)). Um die Solidarität der Rechtsgutsinhaber

aber nicht über Gebühr zu beanspruchen und den Rechtfertigungsgrund des Notstands nicht zu einer allgemeinen Wahrnehmung berechtigter Interessen umzugestalten, werden teilweise bereits im Rahmen der Berücksichtigungsfähigkeit von Individualrechtsgütern erhebliche Einschränkungen gefordert (NK-StGB/*Neumann* Rn. 24 ff.).

§ 34 dient nur der **Erhaltung eines vorhandenen Wertbestands,** nicht hingegen der Schaffung **6** neuer Werte, auch wenn die Mehrung des eigenen Güterbestands besonders „lohnend" ist. Eine so weitreichende Solidarpflicht Dritter zur Unterstützung von Erwerbschancen besteht nicht (MüKoStGB/ *Erb* Rn. 57; Schönke/Schröder/*Perron* Rn. 1; *Lenckner* GS Noll, 1984, 243 (255)). Wenn aber das Erhaltungsinteresse bereits zur Rechtssphäre des Notstandstäters gehört und die Rechtsordnung dies anerkennt, besteht grundsätzlich Notstandsfähigkeit, ohne dass damit bereits eine Entscheidung über das Gewicht im Rahmen der Interessenabwägung gesagt wäre (MüKoStGB/*Erb* Rn. 55; *Lenckner* GS Noll, 1984, 243 (255 f.); *Späth,* Rechtfertigungsgründe im Wirtschaftsstrafrecht, 2016, 114).

Träger des durch die Notstandshandlung geschützten Rechtsguts kann der Täter selbst („von sich" – **7** **Notstand im engeren Sinne**) oder ein Dritter („oder einem anderen" – **Notstandshilfe**) sein. Dritter kann auch eine juristische Person sein (*Mitsch* NZWiSt 2015, 259 (261)). Wie der Notwehrhelfer darf auch der Notstandshelfer nicht mehr Rechte geltend machen, als der Betroffene ausüben will (LK-StGB/*Zieschang* Rn. 25).

2. Gegenwärtige Gefahr. Gefahr ist ein Zustand, in dem nach den konkreten Umständen der **8** **Eintritt oder die Intensivierung eines Schadens ernstlich zu erwarten** ist, wenn nicht alsbald Abwehrmaßnahmen ergriffen werden (vgl. RGSt 66, 222; BGHSt 18, 271 (272); 26, 176 (179); 48, 255 (258); BGH NStZ 1988, 554; Fischer Rn. 4; LK-StGB/*Zieschang* Rn. 26; WBS StrafR AT Rn. 303; Kühl StrafR AT § 8 Rn. 38 ff.; *Otto* JURA 1999, 552). Der Grad der Wahrscheinlichkeit ist erst bei der Interessenabwägung zu berücksichtigen (Jäger StrafR AT Rn. 152). Das Gefahrenurteil ist objektiv **ex ante** zu bestimmen (BayObLG StV 1996, 484; BayObLG NJW 2000, 888; Rengier StrafR AT § 19 Rn. 9; Kühl StrafR AT § 8 Rn. 45; Roxin StrafR AT I § 16 Rn. 15; WBS StrafR AT Rn. 304; *Dornseifer* JuS 1982, 763; *Kretschmer* JURA 2005, 663). Umstritten ist, ob hierbei auf die Vorstellung eines sachkundigen Beobachters abzustellen ist (so LK-StGB/*Zieschang* Rn. 29; Maurach/Zipf StrafR AT I § 27 Rn. 15; Roxin StrafR AT I § 16 Rn. 15, stellt auf das Wahrscheinlichkeitsurteil einer in der Situation des Handelnden befindlichen Maßstabsperson ab) oder ob die Umstände, die der Gefahr-prognose zugrunde liegen, tatsächlich gegeben sein müssen (so Schönke/Schröder/*Perron* Rn. 13 f.; SK-StGB/*Günther* Rn. 21 mwN; ebenso MüKoStGB/*Erb* Rn. 61 ff.). Prognosefehlbeurteilungen können über den Erlaubnistatbestandsirrtum gelöst werden (Kühl StrafR AT § 8 Rn. 50; umfassend zu dieser Problematik *Kretschmer* JURA 2005, 662 ff.). Deshalb wirkt sich der Streit im Ergebnis regelmäßig nicht aus. Das allgemeine Risiko, einen Verlust zu erleiden, kann in die Nähe einer Gefahr rücken, die alle oder viele Mitglieder einer Rechtsgemeinschaft trifft (sog **Jedermannsgefahr**). Hier muss im Einzelfall geprüft werden, ob die Schwelle zur Gefahr bereits überschritten ist bzw. eine hinreichende Wahr-scheinlichkeit des Schadenseintritts besteht (näher dazu MüKoStGB/*Erb* Rn. 73 f.). Der Umstand, dass eine Vielzahl betroffen ist, schließt die Notstandslage nicht aus (Kühl StrafR AT § 8 Rn. 40; *Späth,* Rechtfertigungsgründe im Wirtschaftsstrafrecht, 2016, 116 mwN).

Die Notstandshandlung muss den Zweck haben, die bestehende Gefahr von sich oder einem anderen **9** **abzuwenden**. Die Abwendung der Gefahr kann in der Bekämpfung einer vorhandenen und in der Unterdrückung einer sich andernfalls realisierenden Gefahr liegen.

Eine Gefahr ist **gegenwärtig,** wenn sie in nächster Zeit zu einem Schaden führen kann und ein **10** Abwarten zu einer Verringerung der Abwehrchancen führt (Effizienzprinzip). Gegenwärtigkeit liegt daher bereits dann vor, wenn der Schadenseintritt zwar noch nicht unmittelbar bevorsteht, eine Abwehr aber später nicht mehr oder nur noch unter sehr viel größeren Risiken möglich wäre. Es kommt also weniger auf den Zeitpunkt der zu erwartenden Gefahrrealisierung als auf die **Notwendigkeit soforti-gen Handelns** zur Abwendung des drohenden Schadens an (BGHSt 5, 371 (373); BGH NJW 2003, 2464 (2466); Schönke/Schröder/*Perron* Rn. 17).

Nach hM werden vom Notstand auch Situationen erfasst, die einer **Notwehrlage vorgelagert** sind **11** (BGHSt 13, 197; 39, 133 (136 f.); Roxin StrafR AT I § 16 Rn. 17), so heimliche Tonbandaufnahmen zur Abwendung einer späteren Nötigung oder Erpressung (dazu BGH NJW 1982, 277 (278); *Otto* FS Kleinknecht, 1985, 319 (335)).

Gegenwärtige Gefahr iSd § 34 kann auch eine **Dauergefahr** sein (BGH NJW 2003, 2464 (2466); **12** Fischer Rn. 8; Lackner/Kühl/*Kühl* Rn. 2; LK-StGB/*Hirsch* Rn. 36; Schönke/Schröder/*Perron* Rn. 17; Kühl StrafR AT § 8 Rn. 65 ff.; Roxin StrafR AT I § 16 Rn. 21; *Hillenkamp* FS Miyazawa, 1995, 141 (154); *Küper* FS Rudolphi, 2004, 151), dh ein gefahrdrohender Zustand von längerer Dauer, der – wie zB eine Baufälligkeit eines Gebäudes –zwar einerseits jederzeit in eine Rechtsgutsbeeinträchtigung umschlagen kann, andererseits aber auch die Möglichkeit besteht, dass der Eintritt des Schadens noch eine Weile auf sich warten lässt. **Gegenwärtig** ist die Dauergefahr, wenn sie so dringend ist, dass sie nur durch unverzügliches Handeln wirksam abgewendet werden kann (BGHSt 48, 255 (258); BGH JR 1980, 113; NStZ-RR 2006, 200; *Hillenkamp* FS Myazawa, 1995, 141 (154); *ders.* JZ 2004, 48; *Küper* FS Rudolphi, 2004, 141 (151)).

13   Der **Ursprung der Gefahr** ist für den Notstand als umfassende Regelung von Interessenkollisionen in Gefahrenlagen grundsätzlich ohne Bedeutung (LK-StGB/*Zieschang* Rn. 35); die Gefahr kann von Naturgewalten oder menschlichem Verhalten herrühren (Roxin StrafR AT I § 16 Rn. 16). Sie kann auch von Tieren oder Sachen ausgehen; in diesen Fällen ist jedoch die Spezialregelung des § 228 BGB (→ Vorb. §§ 32–35 Rn. 19 ff.) maßgebend, soweit ihr Anwendungsbereich eröffnet ist. Für die Beantwortung der Frage nach dem Vorliegen einer Notstandslage ebenfalls grundsätzlich irrelevant ist, ob der Notstandstäter die Gefahr selbst verursacht hat; jedoch fließt dieser Aspekt in die Interessenabwägung mit ein (BGH NJW 1989, 2479 (2481); SSW StGB/*Rosenau* Rn. 10).

II. Notstandshandlung: Vornahme eines erforderlichen Eingriffs

14   Der Eingriff in die Güter eines unbeteiligten Dritten muss nach § 34 S. 1 **erforderlich** ("nicht anders abwendbar") sein. Voraussetzung hierfür ist, dass die Handlung zur **Gefahrenabwehr geeignet** ist, also eine Rettungschance besteht, und zugleich das **mildeste** zur Verfügung stehende **Mittel** zur sicheren Erfolgsabwendung darstellt (BGHSt 2, 242; OLG Karlsruhe JZ 1984, 240 mAnm *Hruschka;* LK-StGB/*Zieschang* Rn. 51; *Lenckner* FS Lackner, 1987, 95 (111)). Hierbei darf die erfolgreiche Abwendung des drohenden Schadens nicht ganz unwahrscheinlich sein (OLG Karlsruhe NJW 2004, 3645; OLG Koblenz NJW 1988, 2316; LK-StGB/*Zieschang* Rn. 51 mwN). Die Erforderlichkeitsfrage erfordert eine Prognoseentscheidung, die nach sachverständigem Ex-ante-Urteil in der konkreten Handlungssituation zu treffen ist (LK-StGB/*Zieschang* Rn. 50). Anders als § 32 dient § 34 jedoch ausschließlich der Erhaltung des gefährdeten Rechtsguts, nicht aber der Rechtsbewährung. Als milderes Mittel zur Gefahrenabwendung kommt demzufolge auch das Ausweichen vor der Gefahr in Betracht (SSW StGB/*Rosenau* Rn. 13).

15   **1. Interessenabwägung.** Ob die Notstandshandlung gerechtfertigt ist, hängt im Wesentlichen von einer Interessenabwägung ab. Bei der **Abwägung der widerstreitenden Interessen** nach objektiven Maßstäben (Fischer Rn. 12) muss das geschützte Interesse das benachteiligte Interesse im konkreten Einzelfall **wesentlich überwiegen** (Grundsatz des überwiegenden Interesses; dazu *Arzt* FS Rehberg, 1996, 25 ff.; *Beulke* FS Herzberg, 2008, 605 ff.; *Hilgendorf* JuS 1993, 97 (100)); in diese Abwägung sind alle erkennbaren Folgen der Rettungshandlung einzubeziehen, auch wenn sie mittelbarer Natur sind (LK-StGB/*Zieschang* Rn. 55). Umstritten ist, ob es allein auf den objektiven Wert ankommt oder ob auch die konkrete Bedeutung von Vermögen für den Inhaber des Eingriffguts berücksichtigt werden darf. Für eine Berücksichtigung eines persönlichen Einschlags spricht das Erfordernis einer umfassenden Berücksichtigung aller betroffener Interessen (Lackner/Kühl/*Kühl* Rn. 6; NK-StGB/*Neumann* Rn. 68) sowie die Berücksichtigung der "Persönlichkeitsnähe" der betroffenen Abwägungsbelange (Schönke/Schröder/*Perron* Rn. 43; MüKoStGB/*Erb* Rn. 8). Der "Wert" eines Interesses hängt auch von der Bedeutung ab, die der Inhaber eines Rechtsguts diesem beimisst (Schönke/Schröder/*Perron* Rn. 25, 33; *Küper* JZ 1976, 515 (518); MüKoStGB/*Erb* Rn. 137 ff.; *Pawlik,* Der rechtfertigende Notstand, 2002, 165 Fn. 61; zustimmend *Späth,* Rechtfertigungsgründe im Wirtschaftsstrafrecht, 2016, 119). Der Gesetzgeber hat angesichts der Vielzahl der möglichen Anwendungsfälle bewusst darauf verzichtet, deutlich umrissene Abgrenzungsmerkmale zu benennen, und sich darauf beschränkt, die für die Wertentscheidung maßgebenden Richtlinien anzugeben.

16   Die **Gesamtbewertung** vollzieht sich in mehreren gedanklichen Schritten:

– Abwägung der betroffenen Rechtsgüter, gemäß ihres Ranges,
– Berücksichtigung der Intensität der drohenden Rechtsgutsverletzung,
– Berücksichtigung des Grades der den Rechtsgütern drohenden Gefahren,
– Berücksichtigung sonstiger Interessen,
– Bewertung, ob die geschützten Interessen die beeinträchtigten wesentlich überwiegen,
– Korrektur des Ergebnisses nach der Angemessenheitsklausel.

17   **a) Rang der kollidierenden Rechtsgüter.** Ausgangspunkt und Fundament der Interessenabwägung ist das **abstrakte Gewicht der betroffenen Rechtsgüter** in der Rechtsordnung (LK-StGB/*Zieschang* Rn. 56 ff.; Kühl StrafR AT § 8 Rn. 106 ff.) wobei gerade der Verfassung besondere Bedeutung zukommt; für die Strafandrohungen des StGB gilt dies hingegen nur eingeschränkt (BVerfGE 39, 1 (59); Fischer Rn. 13). Das **menschliche Leben** genießt den höchsten Rang und darf nicht relativiert oder quantifiziert werden (hM; vgl. nur LK-StGB/*Zieschang* Rn. 65 mwN; differenzierend: MüKoStGB/*Erb* Rn. 116 ff.; NK-StGB/*Neumann* Rn. 73 ff., wonach das Rechtsgut Leben nur insofern Höchstwert ist, als niemand zur solidarischen Aufopferung seines Lebens gezwungen werden darf); persönliche Rechtsgüter stehen grundsätzlich höher als wirtschaftliche. So haben die Gesundheitsinteressen der Anwohner im Zweifel Vorrang vor den Produktionsinteressen (BGH/D MDR 1975, 723). Hierfür spricht insbesondere, dass das Ergebnis der Interessenabwägung eindeutig sein muss (Roxin StrafR AT I § 16 Rn. 77). Bereits BGHSt 5, 61 hebt hervor, dass bestimmte kollektive Rechtsgüter wie das Interesse am vollständigen Steueraufkommen **individuellen Vermögensinteressen** vorgehen.

b) Intensität des drohenden Schadens. Weiterhin ist das Ausmaß der den Rechtsgütern drohenden   18
Verletzungen zu berücksichtigen: Bei quantifizierbaren Rechtsgütern wie Gesundheit und Eigentum
fällt auch die Quantität der Verletzungen ins Gewicht, insbesondere bei der Kollision gleichwertiger
Rechtsgüter (Fischer Rn. 23; LK-StGB/*Zieschang* Rn. 63; NK-StGB/*Neumann* Rn. 79; Kühl StrafR
AT § 8 Rn. 120 ff.; Roxin StrafR AT I § 16 Rn. 32). Die hM rechtfertigt sogar einen Eingriff in die
menschliche Gesundheit oder Freiheit, sofern diesen Rechtsgütern nur geringe Einbußen drohen, und
dem (geringerwertigen) Rechtsgut Eigentum immense Schäden drohen (Schönke/Schröder/*Perron*
Rn. 26; SSW StGB/*Rosenau* Rn. 19; BWM StrafR AT § 17 Rn. 69 f.; Kühl StrafR AT § 8 Rn. 121;
Rengier StrafR AT § 19 Rn. 31; Roxin StrafR AT I § 16 Rn. 31).

Nach der hM können auch **Eingriffe in fremdes Vermögen** zum Schutz erheblich höherer eigener   19
Vermögenswerte in Betracht kommen (BGHSt 12, 299; BGH NJW 1976, 681; ähnl. Fischer Rn. 23,
Schönke/Schröder/*Perron* Rn. 26; Roxin StrafR AT I § 16 Rn. 32; aA NK-StGB/*Neumann* Rn. 79:
nur wenn das Vermögen gegen die drohenden Beeinträchtigungen geschützt ist). Bei drohender **Gefahr
des Verlustes von Geld** stellt sich die Frage, ob der rechtfertigende Notstand gegenüber Untreue und
Unterschlagung eingreifen kann. Der BGH (BGHSt 12, 299 ff. – Detmolder-Singakademie) bejaht dies
unter Hervorhebung der „künstlerischen" Identität einer öffentlich-rechtlichen Musikakademie mit
einer am selben Ort befindlichen Singakademie eV, die für das Ansehen Deutschlands im Ausland
relevant sei (BGHSt 12, 299 (304 ff.); zustimmend Roxin StrafR AT I § 16 Rn. 42), während die
Rechtslehre dies überwiegend verneint (*Pawlik*, Der rechtfertigende Notstand, 2002, 163 ff. mN). Bei
Geldinteressen soll es regelmäßig an der gelegentlich geforderten spezifischen Kollisionslage, jedenfalls
aber an der Angemessenheit (→ Rn. 31) der Veruntreuung als Mittel der Gefahrenabwehr fehlen
(*Bockelmann* JZ 1959, 495 ff.; aA *Küper* JZ 1976, 515 ff.). Der BGH (BGH NJW 1976, 681 mAnm
Kienapfel JR 1977, 27; dazu auch *Späth*, Rechtfertigungsgründe im Wirtschaftsstrafrecht, 2016, 137 ff.)
stellt klar, dass die Inanspruchnahme fremder Gelder zur Abwendung einer Gefahr für eigenes oder
fremdes Vermögen bereits nach BGHSt 12, 299 (304 ff.) als gerechtfertigt zu behandeln ist, wenn
Gemeinwohlerwägungen (dort: Ansehen Deutschlands im Ausland) hinzutreten. Weiterhin kommt
eine Rechtfertigung in Betracht, wenn der Täter auf das Vermögen eines Unbeteiligten nicht willkürlich
zugreift, sondern **Konnexität mit dem Erhaltungsgut** besteht (Tiedemann WirtschaftsStR AT
Rn. 308), so wenn Aufsichtsratsmitglieder Zahlungen beschließen, um den Vorstand zur Befürwortung
einer „freundlichen Übernahme" zu bewegen und damit den ansonsten drohenden Kursverfall von
Aktien zu verhindern; Vermögen der AG und der Anteilseigner sind in einem wirtschaftlichen Sinn
sogar identisch. Auch eine nach § 87 AktG unangemessene oder von vornherein nicht unter diese
Vorschrift fallende Zahlung an Vorstandsmitglieder kann angemessen im Sinne des § 34 sein, wenn
Unternehmensgelder zur Kurssicherung eingesetzt werden, die nach dem Maßstab des § 71 AktG
angemessen sind (Notstandshilfe zugunsten der Aktionäre; *Fleischer* ZIP 2003, 2045 (2053) Assmann/
Schneider/*Vogel*, WpHG, 3. Aufl. 2003, § 20a Rn. 123, jew. mN). Denn die maßgeblichen Bezugs-
größen sind nicht nur die Leistung des Zahlungsempfängers und die wirtschaftliche Lage des Unter-
nehmens, vielmehr finden die Maßstäbe der gesamten Rechtsordnung Berücksichtigung (Tiedemann
WirtschaftsStR AT Rn. 308).

c) Abwägung nach dem Grad der Wahrscheinlichkeit des Schadenseintritts. Weiterhin ist der   20
Grad der den Rechtsgütern drohenden Gefahren zu berücksichtigen. Das Gewicht des betroffenen
Rechtsguts wird umso größer, je wahrscheinlicher der Schadenseintritt ist (LK-StGB/*Zieschang* Rn. 60).
Je höher der Grad der drohenden Gefahren auf der Erhaltungsseite und je geringer er auf der Eingriffs-
seite ist, desto mehr spricht für die Rechtfertigung der Notstandshandlung. Deshalb kann die Abwägung
zugunsten eines geringerwertigen Gutes ausfallen, wenn das höherwertige Rechtsgut nur einer geringen
Gefährdung ausgesetzt ist (LK-StGB/*Zieschang* Rn. 60). Eine Rechtfertigung kommt insbesondere in
Betracht, wenn das Erhaltungsgut konkret und das Eingriffsgut nur abstrakt gefährdet ist (NK-StGB/
Neumann Rn. 81; *Bockelmann/Volk,* Strafrecht Allgemeiner Teil, 4. Aufl. 1987, 99; Roxin StrafR AT I
§ 16 Rn. 43; einschränkend Fischer Rn. 23). Im umgekehrten Fall ist eine Rechtfertigung zu verneinen.

In besonderen Einzelfällen kann die Abwägung nach dem Gefahrgrad ergeben, dass ein Eingriff in   21
die allgemeine Verkehrssicherheit auch zum Schutz von Eigentum und eigentumsähnlichen Positionen
gerechtfertigt ist, sofern die Gefahren für die Allgemeinheit gering erscheinen.

d) Weitere Abwägungsgesichtspunkte. Ein weiterer Aspekt, der bei der Abwägung zu berück-   22
sichtigen ist, kann die **Größe der Rettungschance** sein (Schönke/Schröder/*Perron* Rn. 29; Kühl
StrafR AT § 8 Rn. 123; *Küper,* Grund und Grenzfragen der rechtfertigenden Pflichtenkollision im
Strafrecht, 1979, 143 ff. (150): Entleeren von „harmlosen" Fäkalien auf ein Grundstück zum Schutze
eines wertvollen Lastwagens). Hier spielen die Konkretheit des Schadenseintritts sowie die Größe von
Personen-, Sach- und Vermögensschäden eine Rolle.

Weiterhin ist die **Schutzwürdigkeit kollidierender Rechtsgüter** zu berücksichtigen. Bei selbst-   23
verschuldeter Beeinträchtigung des Rechtsguts durch das Opfer kann die Schutzwürdigkeit fehlen.

Beim Eingriff in die **Güter verschiedener Rechtsgutträger** sind diese Güter nach hM als Gesamt-   24
heit zu betrachten und gegenüber dem geschützten Gut abzuwägen (Jakobs StrafR AT 13/32; *Joerden*

GA 1993, 253 f.; *Küper,* Der „unverschuldete" rechtfertigende Notstand, 1983, 146 ff.; LK-StGB/ *Zieschang* Rn. 55; **aA** Otto StrafR AT § 8 Rn. 177, der jeden Eingriff gesondert würdigt).

25   **„Gesetzesadäquate" Gefahren,** die der Gesetzgeber einkalkuliert hat und die deshalb als gesamt-gesellschaftliche Interessen als schutzwürdiger anzusehen sind, sind vom Täter hinzunehmen (Schönke/ Schröder/*Perron* Rn. 35). Eine Rechtfertigung ist hier nur bei außergewöhnlichen, vom Gesetzgeber nicht einkalkulierten Gefahren möglich (BGH/D MDR 1975, 723). Wenn daher der Täter handelt, um Arbeitsplätze zu erhalten und die Produktion fortzuführen, kommt § 34 nur zum Tragen, wenn die Gefahren nicht bereits vom Gesetzgeber berücksichtigt sind, wobei in derartigen Konstellationen die Zahl der bedrohten Arbeitsplätze irrelevant sein soll (Schönke/Schröder/*Perron* Rn. 35). Wirtschaftliche Notlagen können grundsätzlich keine Verstöße gegen Vorschriften rechtfertigen, die allgemein die Grenzen der wirtschaftlichen Betätigungsfreiheit markieren, wie dies bei den Regeln über Arbeits-, Umwelt- und Wettbewerbsschutz und der Verpflichtung zur Entrichtung von Steuern und Abgaben oder der Auferlegung ähnlicher Belastungen der Fall ist.

26   **e) Güter desselben Rechtsgutsträgers.** § 34 bezieht sich nur auf die Kollision von Gütern unter-schiedlicher Rechtsgutsträger, da nur dann auf einen objektiven Bewertungsmaßstab zurückgegriffen werden muss (LPK-StGB/*Kindhäuser* Rn. 39; einschränkend WBS StrafR AT Rn. 322: zumindest der Rechtsgedanke des § 34 sei auf derartige Konstellationen übertragbar; aA Schönke/Schröder/*Perron* Rn. 8a; *Engländer* GA 2010, 15 ff.; ferner LK-StGB/*Zieschang* Rn. 59). Hier ist nach den Regeln der **mutmaßlichen Einwilligung** vorzugehen. Auch wenn man § 34 für anwendbar hält, sind die **Wert-vorstellungen des Betroffenen** zu berücksichtigen (BGHSt 42, 301 (305); Schönke/Schröder/*Perron* Rn. 8a).

27   **f) Pflicht zur Hinnahme von Gefahren.** Im Rahmen der Interessenabwägung ist ferner zu berück-sichtigen, wenn den Täter eine besondere Pflicht zur Duldung der abzuwendenden Gefahr trifft. Dies gilt insbesondere bei **Angehörigen bestimmter Berufe,** denen eine Pflicht zur Hinnahme berufs-typischer Gefahren auferlegt ist, wie etwa bei Feuerwehrleuten, Polizisten oder Militärangehörigen (vgl. bereits BT-Drs. 4/650, 159 f.; ferner LK-StGB/*Zieschang* Rn. 59 mwN; Krey/Esser StrafR AT Rn. 610; Roxin StrafR AT I § 16 Rn. 65; *Küper* JZ 1980, 755). Ferner kann sich die Duldungspflicht nach hM etwa aus einer Garantenstellung gegenüber dem Eingriffsgut (Roxin StrafR AT I § 16 Rn. 65), und zwar unabhängig davon, ob sich die Garantenstellung aus der besonderen strukturellen Beziehung zu diesem Rechtsgut ergibt (Eltern-Kind-Beziehung) oder aus dem gefahrschaffenden Vorverhalten des Täters. Das Kriterium der Gefahrtragungspflicht ist zwar anders als in § 35 (→ § 35 Rn. 17) nicht gesetzlich geregelt. Dennoch stellt es keinen Verstoß gegen das Analogieverbot dar, diesen Gedanken in die Interessenabwägung mit einzubringen; auch in materieller Hinsicht erscheint seine Berücksichtigung sachgerecht (vgl. Fischer Rn. 25). Bei der Abwägung ist jedoch zwingend zu berücksichtigen, dass es sich bei der Duldungspflicht nicht um eine Pflicht zur Aufopferung, sondern lediglich um eine solche zur erhöhten Risikoerduldung handelt (Roxin StrafR AT I § 16 Rn. 65).

28   **g) Verschuldete Notlage.** Eine Rechtfertigung kommt grundsätzlich auch in Betracht, wenn die Gefahr von dem sich auf die Rechtfertigung Berufenden schuldhaft verursacht worden ist (BayObLG NJW 1978, 2046 – Fäkalien-Fall; JR 1979, 124; Fischer Rn. 11; LPK-StGB/*Kindhäuser* Rn. 40; NK-StGB/*Neumann* Rn. 93; *Küper* Der „unverschuldete" rechtfertigende Notstand, 1983, 136 ff.; *ders.* GA 1983, 289 ff.). Es ist allgemein anerkannt, dass die schuldhafte Herbeiführung der Notstandslage eine Anwendung von § 34 nicht ausschließt, weil auf den Zeitpunkt der konkreten Notstandshandlung abzustellen ist (OLG Düsseldorf VRS 30, 444 (446); BayObLG NJW 1978, 2046 (2047); OLG Stuttgart Die Justiz 1983, 346 (347)). Dies ergibt sich aus einem Umkehrschluss aus § 35 Abs. 1 S. 2 sowie aus den §§ 228, 904 BGB, die eine solche Einschränkung nicht kennen (*Hruschka* JR 1979, 125 f.; *Dencker* JuS 1979, 779 (780); KK-OWiG/*Rengier* OWiG § 16 Rn. 50).

29   Jedoch ist das **Verschulden im Rahmen der Interessenabwägung** zu berücksichtigen (BGH NJW 1989, 2479 (2481); *Dencker* JuS 1979, 779 (780 f.); NK-StGB *Neumann* Rn. 93; abweichend Fischer Rn. 25 (Angemessenheit), mit der Folge, dass Schäden an eigenen Rechtsgütern in erheblichem Um-fang hinzunehmen sind (Otto StrafR AT § 8 Rn. 174; Roxin StrafR AT I § 16 Rn. 53; LK-StGB/ *Zieschang* Rn. 70; **aA** Hruschka JR 1979, 125 (126); *Renzikowski,* Notstand und Notwehr, 1994, 54 ff.; zur Unanwendbarkeit der actio illicita in causa in diesen Fällen NK-StGB/*Neumann* § 34 Rn. 98 mwN). Jedoch darf ein **Verschulden des Retters** dem (schuldlos) Gefährdeten nicht angelastet werden (LPK-StGB/*Kindhäuser* § 34 Rn. 40), es sei denn, der Rechtsgutsträger hat der Hilfsperson auch die „Kom-petenz" übertragen, das Risiko einer (Notstands-)Gefahr einzugehen (*Küper,* Der „unverschuldete" rechtfertigende Notstand, 1983, 151 ff. (163)). Pflichtwidriges Vorverhalten wirkt sich so als Abwä-gungsfaktor zu Lasten des Rechtsgutsinhabers aus (Roxin StrafR AT I § 16 Rn. 62; *Späth,* Recht-fertigungsgründe im Wirtschaftsstrafrecht, 2016, 120 f.).

30   **h) Wesentliches Überwiegen.** Bei der Abwägung der widerstreitenden Interessen muss festgestellt werden, dass ein **Übergewicht zugunsten des zu schützenden Interesses** besteht. Erforderlich ist ein wesentliches Überwiegen (dazu *Küper* GA 1983, 289 (290 ff.)); ein einfaches Überwiegen des geschützten Interesses reicht nicht aus. Allerdings ist umstritten, ob ein qualifiziertes Überwiegen

erforderlich ist (so LK-StGB/*Zieschang* Rn. 76; NK-StGB/*Neumann* Rn. 67; Jakobs StrafR AT 13/33; *Renzikowski,* Notstand und Notwehr, 1994, 240 f.; *Günther* JR 1985, 268 (273); *Hruschka* JZ 1984, 241 ff.) oder ob durch das Merkmal „wesentlich" lediglich klargestellt werden soll, dass das positive Abwägungsergebnis zweifelsfrei und eindeutig festgestellt sein muss, wobei eine schlichte (eindeutig festgestellte) Wertdifferenz ausreicht (so Lackner/Kühl/*Kühl* Rn. 6; Schönke/Schröder/*Perron* Rn. 45; Roxin StrafR AT I § 16 Rn. 77 f.; *Küper* GA 1983, 289 ff.). Da die Preisgabe rechtlich geschützter Interessen unter dem Gesichtspunkt der Solidarität nur verlangt werden kann, wenn es für den anderen um wesentlich wichtigere Interessen geht als für den Solidaritätspflichtigen, ist ein **qualifiziertes Übergewicht** des zu schützenden Interesses zu verlangen.

2. Angemessenheitsklausel. Nach § 34 S. 2 ist die Tat nur dann gerechtfertigt, wenn sie ein 31 angemessenes Mittel ist, um die Gefahr abzuwenden (näher dazu *Grebing* GA 1979, 81; *Joerden* GA 1991, 411). Mit der Angemessenheitsklausel schränkt das Gesetz auf einer zweiten Wertungsstufe den Interessenabwägungsgedanken ein, um sicherzustellen, dass im Rahmen einer sozialethischen Gesamtwertung das Verhalten des Notstandstäters dahingehend überprüft wird, ob es auch nach den anerkannten Wertvorstellungen der Allgemeinheit als eine sachgemäße und rechtlich billigenswerte Lösung der Konfliktlage erscheint (Jescheck/Weigend StrafR AT § 33 IV 3d). Zwar ist umstritten, ob der Angemessenheitsklausel eigenständige Bedeutung zukommt (so Jakobs StrafR AT 13/36 ff.; Jescheck/Weigend StrafR AT § 33 IV 3d; NK-StGB/*Neumann* Rn. 117) oder ob es sich um einen Unterfall des Interessenabwägungsgedankens handelt (so Schönke/Schröder/*Perron* Rn. 46 f.; Roxin StrafR AT I § 60 Rn. 80 ff.). Jedoch hat dies keinen Einfluss auf die gewonnenen Ergebnisse für die einschlägigen Fallgruppen (zusammenfassend dazu LK-StGB/*Zieschang* Rn. 80), die im Folgenden dargestellt werden sollen.

Die Notstandshandlung ist unangemessen, wenn die Gefahr für das geschützte Rechtsgut eine 32 **einkalkulierte Folge einer gesetzlichen Regelung** ist (Schönke/Schröder/*Perron* Rn. 35; Kühl StrafR AT § 8 Rn. 176). Diese Problematik stellt sich insbesondere bei Verstößen gegen arbeits-, steuer-, wirtschafts- und umweltrechtliche Vorschriften, so bei Verstößen gegen Höchstpreisvorschriften zum Zwecke der Erhaltung des Betriebs und der Arbeitsplätze (OLG Hamm NJW 1952, 838; BayObLG NJW 1953, 1602; OLG Köln NJW 1953, 1844). Diesbezüglich hat das BayObLG (NJW 1953, 1602 (1603)) ausgeführt, die „Einführung und Durchführung von Vorschriften über die Verhütung von Unfällen, über sonstige Maßnahmen des Arbeitsschutzes, sei es in gesundheitlicher, sozialer oder sittlicher Beziehung, auch von Vorschriften rein wirtschaftlicher Art, wie die Einführung, Änderung oder Aufhebung von Schutzzöllen" habe der Gesetzgeber seit jeher in dem Bewusstsein verfügt, „daß damit Einzelnen Opfer zugemutet werden müssen, die bis zum Verlust von Arbeitsplätzen, ja sogar bis zu Schließung einzelner Betriebe reichen können". Somit kommt eine Rechtfertigung nach § 34 nur in Betracht, wenn gesetzgeberisch nicht einkalkulierte Gefahren in Frage stehen (Schönke/Schröder/ *Perron* Rn. 35), so die Verletzung von Arbeitsschutz- und Unfallverhütungsvorschriften zur Rettung eines Verletzten (*Herzberg,* Die Verantwortung für Arbeitsschutz und Unfallverhütung im Betrieb, 1984, 184 ff.). Allerdings muss die Verletzung der Pflicht ein geeignetes und zugleich das relativ mildeste, wenn auch nicht das einzige, Mittel der Gefahrenabwehr sein, um die Wirkung der Rechtfertigung auszulösen (Immenga/Mestmäcker/*Dannecker*/*Biermann* GWB Vor § 81 Rn. 77).

Nicht angemessen iSv § 34 S. 2 ist die Gefahrenabwehr, wenn hierfür **rechtlich geordnete Ver-** 33 **fahren** zur Verfügung stehen (*Späth,* Rechtfertigungsgründe im Wirtschaftsstrafrecht, 2016, 121 ff.) oder die Lösung des Konflikts einer bestimmten Institution zugewiesen ist (Schönke/Schröder/*Perron* Rn. 41; Jakobs StrafR AT 13/36; Kühl StrafR AT § 8 Rn. 177 f.; Jescheck/Weigend StrafR AT § 33 IV 3d; Roxin StrafR AT I § 16 Rn. 46 ff.; *Joerden* GA 1991, 411 (427)). Bei staatlichen Möglichkeiten der Gefahrenabwehr sind diese vorrangig in Anspruch zu nehmen (BGHSt 39, 133 (137); BGH NJW 1979, 2053 (2054); Fischer Rn. 9). Wenn das Recht Genehmigungs-, Erlaubnis-, Verwaltungsverfahren zur Sicherung von Interessen vorsieht, ist ein eigenmächtiges Vorgehen nicht mehr angemessen, so ein Meineid zur Abwendung der Verurteilung eines Unschuldigen (LPK-StGB/*Kindhäuser* Rn. 38). Eine Rechtfertigung ist nur denkbar, wenn es um Gefahren geht, die außerhalb der einkalkulierten Folgen solcher Verfahrensregelungen liegen (*Rudolphi* NStZ 1984, 193 (196); 1984, 248 (252); NK-StGB/ *Neumann* Rn. 119 f.).

Erhöhte Opferpflichten bestehen bei **besonderen Gefahrtragungspflichten** (→ Rn. 27), wie sie 34 bei bestimmten Berufen und engen persönlichen Bindungen bestehen können (Fischer Rn. 25 mwN; LK-StGB/*Zieschang* Rn. 67; Jakobs StrafR AT 13/36 ff.).

34 S. 2 findet zudem bei der Verletzung des Autonomieprinzips und Eingriffen, durch die die Menschenwürde betroffen wird, Anwendung (vgl. hierzu SSW StGB/*Rosenau* Rn. 33 f.).

3. Subjektives Rechtfertigungselement. Das subjektive Rechtfertigungselement setzt **Kenntnis** 35 **vom Vorliegen der objektiven Notstandsmerkmale** voraus. Darüber hinaus verlangt die hM einen entsprechenden **Rettungswillen** (BGHSt 35, 270 (279); *Gallas* ZStW 80 (1968), 1 (26); differenzierend Schönke/Schröder/*Perron* Rn. 48). Rettungswille in Form der **Absicht im engeren Sinne** soll wegen des Wortlauts von § 34 S. 1 („um ... abzuwenden") erforderlich sein (BGHSt 2, 11 (114); Welzel StrafR AT § 14 IV; Zieschang StrafR AT 70; aA MüKoStGB/*Erb* Rn. 201 mwN). Demgegenüber führt das OLG Karlsruhe (JZ 1984, 240 (241)) zu § 16 OWiG in einem Fall, in dem ein

Geisterfahrer ein Wendemanöver auf der Autobahn durchführte, aus, dass der Rettungswille schon dann anzunehmen sei, wenn der Täter im Bewusstsein der Gefahrensituation handelt und weiß, dass sein Handeln das einzige Mittel zum Schutz des bedrohten Rechtsguts ist. Dass die Rettung Motiv oder auch nur Zweck seines Handelns gewesen ist, ist nicht erforderlich. Weitergehend fordert eine Mindermeinung den **Verzicht auf das Erfordernis eines Rettungswillens** und lässt für die Rechtfertigung Kenntnis der Tatsachen, welche die objektive Rechtmäßigkeit des Handelns begründen, ausreichen (*Rudolphi* FS Maurach, 1972, 51 (57); ebenso Frister StrafR AT § 14 Rn. 25; Kindhäuser StrafR AT § 17 Rn. 41; Kühl StrafR AT § 8 Rn. 183; Puppe StrafR AT § 13 Rn. 5). Hierfür spricht, dass die Motive eines Bürgers, solange er nur rechtmäßig handelt, irrelevant sind. Andernfalls würde man eine bloße Gesinnung bestrafen.

Fehlt das subjektive Rechtsfertigungselement, bleibt die Tat rechtswidrig. Der Täter ist jedoch lediglich wegen Versuchs zu bestrafen, sofern eine Versuchsstrafbarkeit besteht.

36   Eine **pflichtgemäße Prüfung der Notstandslage** durch den Täter ist nach heute hM nicht erforderlich (vgl. nur (LK-StGB/*Zieschang* § 34 Rn. 48; MüKoStGB/*Erb* § 34 Rn. 202; Puppe StrafR AT § 13 Rn. 14; *Küper*, Der „unverschuldete" rechtfertigende Notstand, 1983, 115 ff.; *Hirsch* FG BGH IV, 2000, 198 (211 f.)). Die früher von der Rspr. geforderte „pflichtgemäße Prüfung" durch den Täter (RGSt 62, 138; 64, 101 (104); BGHSt 2, 111 (114); 3, 7 (8); BGH NStZ 1992, 487; KG StV 2003, 167; zust. *Gössel* FS Triffterer, 1996, 99) ist mit dem Analogieverbot des Art. 103 Abs. 2 GG, der auch für Rechtfertigungsgründe gilt (→ Vorb. §§ 32–35 Rn. 5), nicht vereinbar (LK-StGB/*Zieschang* § 34 Rn. 77; Roxin StrafR AT I § 14 Rn. 81; *Küper*, Der „unverschuldete" rechtfertigende Notstand, 1983, 115).

§ 35 Entschuldigender Notstand

(1) ¹Wer in einer gegenwärtigen, nicht anders abwendbaren Gefahr für Leben, Leib oder Freiheit eine rechtswidrige Tat begeht, um die Gefahr von sich, einem Angehörigen oder einer anderen ihm nahestehenden Person abzuwenden, handelt ohne Schuld. ²Dies gilt nicht, soweit dem Täter nach den Umständen, namentlich weil der die Gefahr selbst verursacht hat oder weil er in einem besonderen Rechtsverhältnis stand, zugemutet werden konnte, die Gefahr hinzunehmen; jedoch kann die Strafe nach § 49 Abs. 1 gemildert werden, wenn der Täter nicht mit Rücksicht auf ein besonderes Rechtsverhältnis die Gefahr hinzunehmen hatte.

(2) ¹Nimmt der Täter bei Begehung der Tat irrig Umstände an, welche ihn nach Absatz 1 entschuldigen würden, so wird er nur dann bestraft, wenn er den Irrtum vermeiden konnte. ²Die Strafe ist nach § 49 Abs. 1 zu mildern.

Literatur (Auswahl): *Bernsmann*, „Entschuldigung" durch Notstand, 1989; *Lenckner*, Das Merkmal der „Nichtanders-Abwendbarkeit" der Gefahr in den §§ 34, 35 StGB, FS Lackner, 1987, 95 (111); *Rengier*, Totschlag oder Mord und Freispruch aussichtslos? – Zur Tötung von (schlafenden) Familientyrannen, NStZ 2004, 233; *Roxin*, Der entschuldigende Notstand nach § 35 StGB, JA 1990, 97; *Timpe*, Grundfälle zum entschuldigenden Notstand (§ 35 StGB) und zum Notwehrexzess (§ 33 StGB), JuS 1984, 859; *Zieschang*, Der rechtfertigende und der entschuldigende Notstand, JA 2007, 679.

Vgl. ferner die Literatur zu § 34.

A. Allgemeines

1   § 35 normiert einen **Entschuldigungsgrund,** der auf dem Gedanken der **Unzumutbarkeit normengemäßen Verhaltens** in einer Situation außergewöhnlichen seelischen Drucks (RGSt 66, 225) beruht (*Bringewat*, Grundbegriffe des Strafrechts, 2. Aufl. 2008, Rn. 533; Lackner/Kühl/*Kühl* Rn. 1; LK-StGB/*Zieschang* Rn. 5; MüKoStGB/*Müssig* Rn. 1; Schönke/Schröder/*Perron* Rn. 2). Hinzu kommt, dass durch die Rettung eines Rechtsguts nur ein gemindertes Unrecht vorliegt und dadurch zugleich die Strafbegründungsschuld, die durch das Unrecht begrenzt wird, gemindert ist (doppelte Schuldminderung; Schönke/Schröder/*Perron* Rn. 2; Jescheck/Weigend StrafR AT § 44). Ein Teil der Literatur begründet den Strafausschluss zusätzlich mit einer Minderung des Handlungsunrechts (Jescheck/Weigend StrafR AT § 43 III; krit. Krey/Esser StrafR AT Rn. 749). Vom Täter wird wegen der besonderen Zwangslage, in der er sich befindet, die Befolgung der Norm nicht erwartet. Deshalb wird das voluntative Schuldelement verneint. Mit der Unterscheidung von rechtfertigendem und entschuldigendem Notstand trägt das Gesetz der Erkenntnis Rechnung, dass der Notstand keine einheitliche Erscheinung darstellt und daher keiner einheitlichen rechtlichen Beurteilung zugänglich ist **(Differenzierungstheorie).** Wenn die Voraussetzungen des rechtfertigenden Notstands vorliegen, ist ein Rückgriff auf den entschuldigenden Notstand ausgeschlossen. Scheitert eine Rechtfertigung nach § 34 jedoch an der Interessenabwägung, so kommt häufig ein entschuldigender Notstand nach § 35 in Betracht (SSW StGB/*Rosenau* Rn. 2).

2   Diese Unterscheidung zwischen rechtfertigendem und entschuldigendem Notstand hat zur Folge, dass der Täter in den Fällen des rechtfertigenden Notstands nicht gegen die Rechtsordnung verstößt und

deshalb der Betroffene die Notstandshandlung dulden muss. Hingegen besteht im Falle des nur ent- schuldigenden Notstands gegen die nur entschuldigte, aber rechtswidrige Handlung ein **Notwehrrecht** (LK-StGB/*Zieschang* Rn. 2). Außerdem ist die **Teilnahme an einer entschuldigten Haupttat** mög- lich, weil es **nach dem Grundsatz der limitierten Akzessorietät** für die Teilnahmefähigkeit nur auf eine (vorsätzliche) rechtswidrige Haupttat ankommt. Der **Irrtum über den entschuldigenden Not- stand** ist in § 35 Abs. 2 (→ Rn. 19) geregelt und unterfällt deshalb nicht den §§ 16, 17.

Im Wirtschaftsstrafrecht ist der entschuldigende Notstand zwar von untergeordneter Bedeutung. Da **3** es sich jedoch um einen kodifizierten Fall der **Unzumutbarkeit normgemäßen Verhaltens** handelt, sind die gesetzlichen Maßstäbe, die in § 35 zum Ausdruck kommen, für die Zumutbarkeitserwägungen, die insbesondere beim unechten Unterlassungs- und beim Fahrlässigkeitsdelikt anzustellen sind, relevant (dazu → Vorb. §§ 32–35 Rn. 92 ff.).

B. Voraussetzungen

Der entschuldigende Notstand gliedert sich in vier Voraussetzungen: **Notstandslage:** eine gegen- **4** wärtige für Leib, Leben oder Freiheit des Täters oder einer ihm nahestehenden Person, die objektiv gegeben sein muss (→ Rn. 5 ff.), **Notstandshandlung,** die erforderlich ist, weil die Gefahr nicht anders abwendbar ist (→ Rn. 10), **Handeln mit Rettungswillen** (→ Rn. 11 f.), Fehlen von Umständen, unter denen die **Handlung im Einzelfall zumutbar** ist (§ 35 Abs. 1 S. 2; → Rn. 14 ff.). Sind die objektiven Voraussetzungen des § 35 Abs. 1 nicht erfüllt, geht der Täter aber irrig von deren Vorliegen aus, so greift der Entschuldigungsgrund nicht ein **(objektive Notstandstheorie).** Dies ergibt sich aus der Irrtums- regelung des § 35 Abs. 2 (→ Rn. 19 ff.).

I. Notstandslage

Eine Notstandslage liegt vor, wenn eine gegenwärtige Gefahr für Leben, Leib oder Freiheit des Täters, **5** eines Angehörigen iSd § 11 Abs. 1 Nr. 1 oder einer nahestehenden Person besteht.

1. Notstandsfähige Rechtsgüter. Nach hM sind allein die in § 35 ausdrücklich genannten Güter: **6** Leben, Leib und Freiheit, notstandsfähig. Eine analoge Anwendung des § 35 auf andere Güter kommt nicht in Betracht (OLG Frankfurt a. M. StV 1989, 107 (108); BWM StrafR AT § 23 Rn. 20; Jescheck/ Weigend StrafR AT § 44 I 1; SK-StGB/*Rogall* Rn. 15; aA Jakobs StrafR AT 20/9 und *Timpe* JuS 1984, 859 (863 f.), die auch Sachgüter, die den Persönlichkeitsrechten im Gewicht entsprechen, als Schutzgüter des § 35 einbeziehen).

Das Rechtsgut **Leben** bezieht sich nur auf das geborene Leben, das durch die §§ 211 ff. geschützt wird (str., ebenso Fischer Rn. 3; Matt/ Renzikowski/ *Engländer* Rn. 5; Roxin StrafR AT I § 22 Rn. 24; weitergehend Schönke/Schröder/*Perron* Rn. 5; SK-StGB/*Rogall* Rn. 15; Jakobs StrafR AT 20/8; Otto StrafR § 14 Rn. 9: Einbeziehung des Rechtsguts des § 218). Aus der Gleichstellung des Begriffs **Leib** mit dem des Lebens folgt, dass der Leib nur insoweit geschützt ist, als die Gefahr einer erheblichen Verletzung besteht (VRS 61, 213 (214); Schönke/Schröder/Perron § 32 Rn. 6 f.; SSW StGB/*Rosenau* Rn. 6; Roxin StrafR AT I § 22 Rn. 25; *ders.* JA 1990, 97 (101)) und nicht bereits bei der Gefahr einer leichten Köperverletzung (so aber *Bernsmann* ZStW 104 (1992), 322). Teilweise wird die Erheblichkeit bei der Verhältnismäßigkeit der Rettungshandlung berücksichtigt (so LK-StGB/*Zieschang* Rn. 16; NK- StGB/*Neumann* Rn. 15). Unter den Begriff der **Freiheit** wird nur die Fortbewegungsfreiheit iSd § 239, nicht hingegen die allgemeine Handlungsfreiheit oder die Willensbetätigungsfreiheit verstanden (Schön- ke/Schröder/*Perron* Rn. 8; Kühl StrafR AT § 12 Rn. 30; weitergehend Matt/ Renzikowski/ *Engländer* Rn. 5).

2. Gegenwärtige Gefahr. Für das Vorliegen einer gegenwärtigen Gefahr kann auf die Ausführungen **7** zu § 34 verwiesen werden (→ § 34 Rn. 8 ff.; LK-StGB/*Zieschang* Rn. 16; aA Matt/Renzikowski/ *Engländer* Rn. 4, der das Drohen einer erheblichen Gefahr fordert).

Die Selbstverursachung der Gefahr wird erst im Rahmen der Zumutbarkeitsklausel des § 35 Abs. 1 **8** S. 2 relevant (→ Rn. 14 ff.; vgl. auch BGHSt 5, 371 (373); BGH NJW 2003, 2464 (2466)).

3. Kreis der Betroffenen. § 35 begrenzt den Kreis der Betroffenen auf den **Täter** selbst, dessen **9** Angehörige und ihm nahestehende Personen, weil nur in solchen Fällen ein außergewöhnlicher see- lischer Druck entsteht, der die Entschuldigung begründen kann. **Angehöriger** ist, wer unter die Legaldefinition des § 11 Abs. 1 Nr. 1 fällt; die tatsächliche Beziehung zwischen Täter und Angehörigem ist ohne Bedeutung (MüKoStGB/*Müssig* Rn. 18). Nahe steht dem Täter ein Mensch, dem er gegen- wärtig in einer auf Dauer angelegten und auf Gegenseitigkeit beruhenden Weise persönlich eng ver- bunden ist (MüKoStGB/*Müssig* Rn. 19; Matt/Renzikowski/*Engländer* Rn. 6, zB sehr enge Freunde (OLG Koblenz NJW 1988, 2316 (2317)) sowie Personen, die mit dem Täter in Hausgemeinschaft leben (LK-StGB/*Zieschang* Rn. 35).

II. Notstandshandlung

10   Die den Notstand begründende **Gefahr** darf **nicht anders** als durch die gewählte Handlung **abwendbar** sein. Die Notstandshandlung muss deshalb zur Behebung der Gefahr objektiv **erforderlich, geeignet** und das **relativ mildeste Mittel** sein, das dem Täter zur Verfügung steht. Die Gefahr ist insbesondere dann **anders abwendbar,** wenn staatliche Hilfe in Anspruch genommen werden kann. Wenn hingegen staatliche Institutionen in vorausgegangenen Konflikten nicht oder nicht wirksam eingegriffen haben (dazu BGHSt 48, 255 (260 ff.) mAnm *Otto* NStZ 2004, 142; *Rengier* NStZ 2004, 233 ff.), ist die Wirksamkeit der staatlichen Hilfe zu verneinen. Wenn der Täter mehrere Möglichkeiten zur Gefahrenabwehr hat, ist es ihm zumutbar, auch ein weniger aussichtsreiches Mittel zu ergreifen, falls dieses mit weniger gravierenden Folgen verbunden ist (dazu *Lenckner* FS Lackner, 1987, 95 (111)). Weiterhin muss **Proportionalität zwischen dem zu schützenden und dem verletzten Rechtsgut** bestehen. Wenn nur unerhebliche körperliche Schäden drohen, ist der Eingriff in fremde Rechtsgüter nicht entschuldigt (RGSt 66, 397 (399 f.); *Kühl* StrafR AT § 12 Rn. 53). Im Übrigen kann bezüglich der nicht anders abwendbaren Gefahr auf die Ausführungen zu → § 34 Rn. 14 verwiesen werden.

III. Subjektives Entschuldigungselement

11   **1. Handeln des Täters, um die Gefahr abzuwenden.** In subjektiver Hinsicht setzt § 35 ein Handeln in **Kenntnis der Gefahrenlage** voraus. Außerdem ist ein **Handeln zum Zweck der Gefahrenabwendung** erforderlich, weil die Entschuldigung an die Motivation geknüpft ist (BGHSt 3, 271 (273 ff.); *Fischer* Rn. 8; Schönke/Schröder/*Perron* Rn. 16; *Roxin* JA 1990, 97 (102); aA Jakobs StrafR AT 20/10 f.; *Timpe* JuS 1984, 859 (860)). Wenn es am Gefahrabwendungswillen fehlt, entfällt die Entschuldigung, auch wenn die objektiven Voraussetzungen des § 35 vorliegen, und der Täter ist wegen vollendeter Tat zu bestrafen (LK-StGB/*Zieschang* Rn. 41; NK-StGB/*Neumann* Rn. 20; SSW StGB/ *Rosenau* Rn. 19).

12   **2. Kein Erfordernis einer gewissenhaften Prüfung.** Die Rechtsprechung fordert weiterhin eine umso **sorgfältigere Prüfung** anderer Rettungsmöglichkeiten, je gravierender der Eingriff in fremde Güter ist (BGHSt 18, 311 (312); BGH NStZ 1992, 487; WBS StrafR AT Rn. 659; dagegen *Bernsmann*, „Entschuldigung" durch Notstand, 1989, 73 (107); Matt/Renzikowski/*Engländer* Rn. 16; Schönke/ Schröder/*Perron* Rn. 17). Allerdings hat der BGH angedeutet, dass die Frage einer gewissenhaften Prüfung Gegenstand der Beurteilung der Vermeidbarkeit im Rahmen des § 35 Abs. 1 ist (BGHSt 48, 255 (262)).

IV. Folgen der Entschuldigung

13   **Notwehr** gegen einen im entschuldigenden Notstand Handelnden ist nach hM zulässig, da § 35 Abs. 1 nur einen Entschuldigungsgrund darstellt (→ § 32 Rn. 21, auch zur Gegenansicht). Ferner sind rechtswidrige und auch strafbare **Teilnahmehandlungen** an der Notstandshandlung wegen des Grundsatzes der limitierten Akzessorietät möglich; die Entschuldigung ist gemäß § 29 für jeden Teilnehmer gesondert zu prüfen (hM; MüKoStGB/*Müssig* Rn. 86).

C. Zumutbarkeitsklausel (§ 35 Abs. 1 S. 2)

14   Nach § 35 Abs. 1 S. 2 entfällt der Schuldvorwurf nicht, wenn dem Täter den Umständen nach **zugemutet** werden konnte, die **Gefahr hinzunehmen,** insbesondere wenn der Täter die Notstandslage selbst verursacht hat oder in einem besonderen Rechtsverhältnis mit erhöhten Gefahrtragungspflichten stand (eingehend dazu NK-StGB/*Neumann* Rn. 34 ff.; *Roxin* JA 1990, 97 (137 ff.)).

I. Gefahrverursachung durch den Täter

15   Was unter der Gefahrverursachung durch den Täter iSd § 35 Abs. 1 S. 2 zu verstehen ist, ist umstritten. Einigkeit besteht insofern, als entgegen dem Wortlaut die bloße Verursachung nicht genügt (hM; Matt/Renzikowski/*Engländer* Rn. 9). Die Entschuldigung greift nur dann nicht ein, wenn sich der Täter **ohne zureichenden Grund in eine Situation** begeben hat, aus der die **Gefahrenlage vorhersehbar erwachsen** ist (Lackner/Kühl/*Kühl* Rn. 8; Schönke/Schröder/*Perron* Rn. 20; SSW StGB/ *Rosenau* Rn. 14; SK-StGB/*Rogall* Rn. 29 ff.; Jescheck/Weigend StrafR AT § 44 III 2a; Roxin StrafR AT I § 22 Rn. 44 ff.; weitergehend LK-StGB/*Zieschang* Rn. 49: bereits pflichtwidriges Vorverhalten reicht aus; noch weitergehend *Bernsmann*, „Entschuldigung" durch Notstand, 1989, 398; *Fischer* Rn. 11: kausales Herbeiführen reicht aus).

16   Nach einer Mindermeinung soll § 35 Abs. 1 S. 1 auch dann nicht eingreifen, wenn der Täter zugunsten eines **Angehörigen** oder ihm **Nahestehenden** handelt und dieser Person die Hinnahme der Gefahr zumutbar ist. Hiergegen spricht jedoch der klare Wortlaut des Gesetzes („er selbst"), außerdem ist beim entschuldigenden Notstand auf die Motivationslage des Täters abzustellen. Insoweit macht es

keinen Unterschied, ob der zu Rettende für die Gefahr zuständig ist oder nicht (Fischer Rn. 11; Matt/Renzikowski/*Engländer* Rn. 10; Schönke/Schröder/*Perron* Rn. 20a).

II. Bestehen eines besonderen Rechtsverhältnisses

In einem **Rechtsverhältnis mit erhöhter Gefahrtragungspflicht** stehen typischerweise Täter mit **17** beruflichen oder berufsähnlichen Schutzpflichten, so zB Polizeibeamte, Soldaten, Seeleute sowie Angehörige der Feuerwehr oder des Bergrettungsdienstes (vgl. BGH NJW 1964, 730 (731)). Hier wird als Voraussetzung für die Versagung der Entschuldigung verlangt, dass sich aus dem Rechtsverhältnis eine besondere Pflichtenstellung gegenüber der Allgemeinheit ergibt, so dass zB die Eltern, die nur gegenüber ihren eigenen Kindern Schutzpflichten haben, nicht betroffen sind (Kühl StrafR AT § 12 Rn. 70; Schönke/Schröder/*Perron* Rn. 22; aA *Zieschang* JA 2007, 679 (684)). Keine Gefahrtragungspflicht besteht jedoch hinsichtlich solcher Gefahren, die in keinem funktionalen Zusammenhang mit der beruflichen Tätigkeit stehen (Matt/Renzikowski/*Engländer* Rn. 11; Schönke/Schröder/*Perron* Rn. 25).

In **Ausnahmefällen** kann trotz des besonderen Rechtsverhältnisses Unzumutbarkeit vorliegen, wenn **18** ungeachtet der allgemeinen Gefahrtragungspflicht des Täters die in der konkreten Situation drohende Rechtsgutsverletzung völlig außer Verhältnis zur Verletzung des vom Täter zu schützenden Rechtguts steht (Fischer Rn. 12; SSW StGB/*Rosenau* Rn. 17).

D. Irrtum über die Voraussetzungen der Entschuldigung nach § 35 Abs. 1

§ 35 Abs. 2 regelt den Irrtum des Täters über das Vorliegen von tatsächlichen Umständen, bei deren **19** Vorliegen der Täter entschuldigt gewesen wäre **(putativer entschuldigender Notstand).** Wenn der Täter irrig davon ausgeht, dass die tatsächlichen Voraussetzungen eines entschuldigenden Notstands erfüllt sind, so ist er nach § 35 Abs. 2 S. 1 nur bei Unvermeidbarkeit seines Irrtums entschuldigt. Bei Vermeidbarkeit des Irrtums kommt eine Strafmilderung in Betracht (§ 35 Abs. 2 S. 2). Der Irrtum ist für den Täter unvermeidbar, wenn er auch bei gewissenhafter Prüfung nicht erkennen konnte, dass eine Notstandslage nicht gegeben war oder eine anderweitige Abwendbarkeit bestand (BGHSt 48, 255 (261)). Wenn der Täter das Vorliegen der entschuldigenden Umstände lediglich für möglich hält, liegt kein Irrtum vor (LK-StGB/*Zieschang* Rn. 74).

Der **Irrtum über** die Existenz eines **rechtlich nicht anerkannten Entschuldigungsgrundes** oder **20** über die Grenzen eines anerkannten Entschuldigungsgrundes ist unbeachtlich. Umgekehrt hat es auf die Entschuldigung gemäß § 35 jedoch keinen Einfluss, wenn der Täter die rechtlichen Grenzen des § 35 zu seinen Lasten verengt.

§ 35 Abs. 2 kann für die **Behandlung des Irrtums bei anderen Entschuldigungsgründen 21 analog** herangezogen werden (LPK-StGB/*Kindhäuser* Rn. 14).

§ 46 Grundsätze der Strafzumessung

(1) [1]Die Schuld des Täters ist Grundlage für die Zumessung der Strafe. [2]Die Wirkungen, die von der Strafe für das künftige Leben des Täters in der Gesellschaft zu erwarten sind, sind zu berücksichtigen.

(2) [1]Bei der Zumessung wägt das Gericht die Umstände, die für und gegen den Täter sprechen, gegeneinander ab.
[2]Dabei kommen namentlich in Betracht:
die Beweggründe und die Ziele des Täters, besonders auch rassistische, fremdenfeindliche oder sonstige menschenverachtende,
die Gesinnung, die aus der Tat spricht, und der bei der Tat aufgewendete Wille,
das Maß der Pflichtwidrigkeit,
die Art der Ausführung und die verschuldeten Auswirkungen der Tat,
das Vorleben des Täters, seine persönlichen und wirtschaftlichen Verhältnisse sowie
sein Verhalten nach der Tat, besonders sein Bemühen, den Schaden wiedergutzumachen, sowie das Bemühen des Täters, einen Ausgleich mit dem Verletzten zu erreichen.

(3) Umstände, die schon Merkmale des gesetzlichen Tatbestandes sind, dürfen nicht berücksichtigt werden.

Übersicht

A. Einführung

1   Die Strafe dient dem Rechtsgüterschutz (BVerfGE 28, 264 (278); 32, 98 (109); BGHSt 24, 40 (44)). Sie soll die Gesellschaft vor sozialschädlichem Verhalten bewahren und die elementaren Werte des Gemeinschaftslebens schützen (BVerfGE 45, 187; BGH NStZ-RR 1998, 206; 2002, 38; 2003, 73).

2   Art und Höhe der Strafe haben sich gemäß § 46 Abs. 1 S. 1 an der Schuld des Täters zu orientieren. Entscheidend für die Bemessung der Strafe ist die **Tatschuld** (BGH StV 1983, 332), die sich aus der Schwere der Rechtsverletzung und dem Grad der persönlichen Schuld des Täters ablesen lässt (BGH NJW 1965, 2016 (2017)).

3   Aus dem Zweck der Strafe, den Rechtsfrieden zu sichern, folgt, dass die Strafe einen gerechten **Schuldausgleich** schaffen muss. Danach müssen die Wirkungen der Strafe auf das künftige Leben des Täters berücksichtigt werden, § 46 Abs. 1 S. 2. Das bedeutet, dass bei mehreren Tätern mit gleicher Tatschuld die Strafe unterschiedlich hoch bemessen werden kann (SSG Strafzumessung Rn. 412).

4   **In Wirtschaftsstrafsachen gelten die gleichen Grundsätze wie im allgemeinen Strafrecht** (Wabnitz/Janovsky WirtschaftsStR-HdB/*Raum* Kap. 4 Rn. 125). Zwar wird die Schadenshöhe regelmäßig einen gewichtigen Faktor bilden. Eine schematische, allein an der Schadenshöhe orientierte Strafzumessung ist indes nicht zulässig (BGH NJW 2009, 528 (531)).

B. Strafrahmen

5   Die Strafzumessung beginnt in jedem Fall mit der Ermittlung des Strafrahmens, in dem im konkreten Fall die Strafe anzusiedeln ist.

6   Der Normalstrafrahmen ergibt sich aus der jeweiligen Vorschrift des Besonderen Teils des StGB.

7   Für verschiedene Formen der Tatbegehung, verminderte Schuldfähigkeit, Versuch, Beihilfe usw kann der Normalstrafrahmen über die sog vertypten Milderungsgründe gemäß § 49 verändert werden.

8   In den Fällen, in denen das Gesetz einen unbenannten **minder schweren Fall** vorsieht, ist eine **Gesamtabwägung** aller für und gegen den Täter sprechenden Umstände vorzunehmen (BGHR StGB Vor § 1/minder schwerer Fall Gesamtwürdigung 1). Bei dieser Gesamtabwägung sind alle Umstände zu bedenken, die für die Wertung von Tat und Täter bedeutsam sein können, gleichgültig, ob sie der Tat selbst innewohnen, sie begleiten, ihr vorausgehen oder nachfolgen. Es kommt darauf an, ob das gesamte Tatbild einschließlich aller subjektiven Momente und der Täterpersönlichkeit vom Durchschnitt der erfahrungsgemäß gewöhnlich vorkommenden Fälle in einem so erheblichen Maße abweicht, dass der Regelstrafrahmen nicht mehr angemessen erscheint. Neben den Tatfolgen, also insbesondere der Schadenshöhe, kommt der Person des Täters besondere Bedeutung zu. Der Umstand, ob er ein straffreies Leben geführt hat oder vorbestraft ist, hat erhebliches Gewicht. Verwerfliche, egoistische Tatziele sind anders zu beurteilen als verständliches, uneigennütziges Handeln.

9   Trifft bei der Prüfung der Frage, ob der Strafrahmen des minder schweren Falles anzuwenden ist, ein vertypter Milderungsgrund mit allgemeinen Milderungsgründen zusammen, so ist im Rahmen der gebotenen Gesamtbetrachtung aller maßgebenden Strafzumessungstatsachen zunächst – unter Ausklammerung des besonderen, vertypten Grundes – allein auf die allgemeinen Milderungsgründe abzustellen und zu erwägen, ob diese bereits für die Annahme des minder schweren Falles ausreichen oder ob erst das Hinzutreten des vertypten Milderungsgrundes die Tat als minder schwer erscheinen lässt (BGH NStZ 2008, 338; 2012, 271; BGH BeckRS 2014, 16720). Hierdurch soll der „Verbrauch" des vertypten Grundes nach § 50 verhindert werden, so dass der Strafrahmen des minder schweren Falles ggf. über § 49 weiter gemildert werden kann.

10   Für die Annahme eines minder schweren Falles sprechen etwa eine verständliche Motivation des Täters, ein strafloses Vorleben, Schadenswiedergutmachung, ein langer Zeitraum seit Tatbegehung oder geringe Tatfolgen. Ist die Tat eine Folge fehlgeschlagener Geschäftspolitik, wurde sie durch eine ungünstige wirtschaftliche Entwicklung mit verursacht oder hat der Täter sich nicht bereichert, liegt eine Milderung ebenfalls nahe. Vorstrafen, hohe Rückfallgeschwindigkeit oder die Unbelehrbarkeit des

Täters stehen einer Milderung regelmäßig entgegen. Hat der Täter die Verhältnisse des Wirtschaftslebens bewusst ausgenutzt, um sich zu bereichern, kommt ein minder schwerer Fall ebenfalls nicht in Betracht.

Genügen die allgemeinen Milderungsgründe nicht, um einen minder schweren Fall zu begründen, ist **11** zu prüfen, ob ein vertypter Milderungsgrund vorliegt. In diesem Fall steht das Gericht vor der Wahl, entweder gemäß § 49 zu mildern oder den Strafrahmen der Vorschrift über den minder schweren Fall zu entnehmen. Die Urteilsgründe müssen in einem solchen Fall erkennen lassen, dass sich der Richter beider Möglichkeiten bewusst war.

Bei den unbenannten **besonders schweren Fällen** ist im Rahmen einer **Gesamtwürdigung** zu **12** prüfen, ob die Persönlichkeit des Täters sowie die Umstände, die der Tat innewohnen oder mit ihr in Zusammenhang stehen, den Fall soweit vom Durchschnitt der praktisch vorkommenden Fälle abhebt, dass die Anwendung des Ausnahmestrafrahmens geboten ist (BGHSt 28, 319; BGH NStZ 1981, 391; 1983, 407). Dies kann bei einer auf mehrere Jahre und auf das Erlangen erheblicher Vorteile angelegten Unrechtsvereinbarung der Fall sein (BGH BeckRS 2011, 00424). Dort, wo sich das Gesetz der Regelbeispielsmethode bei besonders schweren Fällen bedient, spricht beim Vorliegen eines Beispiels eine Vermutung dafür, dass ein besonders schwerer Fall gegeben ist. Die Gesamtabwägung aller Umstände kann aber die Regelwirkung entkräften (BGH NJW 2004, 2394; BGH NStZ 2011, 643). Ein vertypter Milderungsgrund kann auch hier entweder zu einer Milderung nach § 49 oder dazu führen, nur den Strafrahmen des Grundtatbestands heran zu ziehen.

Bei mehreren Tatbeteiligten reicht es nicht aus, wenn lediglich der Haupttäter das Regelbeispiel **13** verwirklicht hat. Täterbezogene persönliche Merkmale, wie zB die Gewerbsmäßigkeit, begründen nur bei dem Tatbeteiligten den besonders schweren Fall, in dessen Person sie vorliegen (SSG Strafzumessung Rn. 561). Bei tatbezogenen Merkmalen ist anhand des konkreten Regelbeispiels in einer Gesamtwürdigung festzustellen, ob für die jeweiligen Tatbeteiligten ein besonders schwerer Fall vorliegt. Hierbei ist freilich die Schwere der Haupttat zu berücksichtigen, was gerade bei dem Regelbeispiel des Vermögensverlustes großen Ausmaßes nahe liegt (BGH BeckRS 2007, 15729).

Neben der Schadenshöhe spielt bei Wirtschaftsstrafsachen § 28 Abs. 1 eine entscheidende Rolle. **14** Fehlt bei einem Beteiligten ein strafbegründendes persönliches Merkmal, muss die Strafe gemildert werden (BGH NStZ-RR 2008, 6). Dies kann beim Gehilfen zu einer doppelten Strafrahmenverschiebung führen, da ihm auch die zwingende Strafrahmenverschiebung nach §§ 27, 49 zusteht. Eine doppelte Strafrahmenmilderung findet aber nicht statt, wenn beispielsweise bei § 266 Beihilfe statt Täterschaft ausschließlich wegen Fehlens des Treueverhältnisses vorliegt (BGHSt 26, 53 = BGH NJW 1975, 837).

C. Spielraumtheorie

Innerhalb des Strafrahmens ist zunächst allein nach dem Maß des verschuldeten Unrechts des Täters **15** ein Schuldrahmen zu bestimmen, der unter Berücksichtigung der übrigen anerkannten Strafzwecke zu einer bestimmten Strafe zu konkretisieren ist (BGHSt 7, 28 (32)). Die **Spielraumtheorie** eröffnet dem Tatrichter einen Beurteilungsspielraum, in dem die Strafe an der unteren Grenze **schon schuldangemessen** und an der oberen Grenze **noch schuldangemessen** ist. Nur innerhalb dieses allein durch die Tatschuld gebildeten Spielraums kann und darf der Tatrichter spezial- und generalpräventive Erwägungen zur Festlegung der konkreten Strafe nach Art und Höhe heranziehen. Bewegt sich das Gericht bei der Bemessung der Strafe in diesem Spielraum, ist die Strafzumessung vom Revisionsgericht hinzunehmen (BGHSt 7, 89; 20, 264 (266); 34, 345 (349)).

D. Tatschuld

I. Kriterien der Schuld

Das tatbestandsmäßige Unrecht wird gekennzeichnet durch das **Erfolgsunrecht** und das **Hand-** **16** **lungsunrecht.** Neben der unmittelbar den gesetzlichen Tatbestand erfüllenden Handlung wird die Tat durch alle Umstände charakterisiert, die ihr unmittelbar vorangehen, sie begleiten und ihr unmittelbar nachfolgen. Zeitlich weiter vor oder nach der Tat liegende Geschehnisse können als Indizien für die kriminelle Energie den Schuldvorwurf positiv oder negativ beeinflussen. Dabei können dem Täter auch vom gesetzlichen Tatbestand nicht ausdrücklich erfasste Tatfolgen unter dem Aspekt des Erfolgsunwertes zugerechnet werden. Von Bedeutung sind schließlich im Hinblick auf den Handlungsunwert nicht vom gesetzlichen Tatbestand erfasste **Verhaltensweisen vor und nach der Tat.**

Sein Charakter und seine Lebensführung dürfen dem Täter allerdings nur dann angelastet werden, **17** wenn sie in enger Beziehung zur Tat stehen und Schlüsse auf den Unrechtsgehalt zulassen oder Einblicke in die innere Einstellung des Täters gewähren (BGH NStZ-RR 2001, 295). Der Täter darf nicht für das bestraft werden, was er ist, sondern für das, was er getan hat. Eine schuldhafte Persönlichkeitsgestaltung kann ihm nur dann zum Vorwurf gemacht werden. Umstände, die die **private Lebensführung** und den **allgemeinen Charakter** des Täters betreffen, dürfen daher nie in die Strafzumessung regelmäßig nicht einfließen (BGH StV 1985, 102).

II. Katalog der Zumessungstatsachen

18   Die Aufzählung in § 46 Abs. 2 S. 2 ist nicht abschließend. Die verschuldeten Auswirkungen der Tat beschreiben das Erfolgsunrecht. Das Handlungsunrecht bei der Tatbegehung wird durch die Beweggründe und Ziele des Täters, die Gesinnung, die aus der Tat spricht, den bei der Tat aufgewendeten Willen, das Maß der Pflichtwidrigkeit und die Art der Tatausführung umschrieben. Das Vorleben des Täters, seine persönlichen und wirtschaftlichen Verhältnisse sowie sein Verhalten nach der Tat, besonders sein Bemühen, den Schaden wieder gutzumachen, sowie das Bemühen, einen Ausgleich mit dem Verletzten zu erreichen, gehören zu den nicht vom gesetzlichen Tatbestand erfassten Verhaltensweisen vor und nach der Tat.

19   **1. Verschuldete Auswirkungen der Tat.** Zu den Tatauswirkungen gehören die materiellen und immateriellen Folgen der Tat.

20   Im Wirtschaftsstrafrecht hat die **Höhe des angerichteten Schadens** besonderes Gewicht (BGH wistra 2002, 420 zur Bestechlichkeit eines Finanzbeamten). Bei der Berechnung des Vermögensschadens (vgl. Wabnitz/Janovsky WirtschaftsStR-HdB/*Raum* Kap. 4 Rn. 127) sind aber zugunsten des Täters die Vorteile zu berücksichtigen, die für den Geschädigten unmittelbar aus der Tat entstehen, dh wenn die Vermögensverfügung selbst Vorteil und Nachteil zugleich hervorbringt (BGH NStZ 1999, 353 (354)). So sind etwa im Steuerrecht nur die **tatsächlichen steuerlichen Auswirkungen** als Schaden anzusetzen (BGH NJW 2002, 1963 (1965); BGH BeckRS 2014, 19858). Wegen des Kompensationsverbots in § 370 AO vermindern Aufrechnungsposten, die bei einer richtigen Steuererklärung hätten geltend gemacht werden können, den Steuerschaden nicht. Sie können jedoch bei der Strafzumessung berücksichtigt werden (*Jäger* NStZ 2005, 552 (559) mwN). Auch das Vorsteuerabzugsrecht lässt die entstandene Einfuhrumsatzsteuer unberührt (BGH NStZ 2014, 102). Beachtlich ist auch die Gewinnverlagerung in ein anderes Geschäftsjahr, die den wirtschaftlichen Schaden vermindern kann. Bei der Umsatzsteuer sind Vorsteuern, die der Täter hätte geltend machen können (BGH StV 1984, 152), und bei der Einkommensteuer sind Betriebsausgaben, die absetzbar gewesen wären (BGH StV 1988, 107), schadensmindernd in Abzug zu bringen. In Fällen fingierter Ketten- oder Karussellgeschäfte ist nicht nur auf den beim jeweiligen Täter entstandenen Steuerschaden abzustellen. Vielmehr ist bei der Strafzumessung der aus dem Gesamtsystem erwachsene deliktische Schaden zugrunde zu legen (BGH BeckRS 2009, 15989). Bei der verdeckten Gewinnausschüttung, die zunächst die Körperschaftssteuer und später die Einkommensteuer des Täters erfasst, ist der Täter bei der Einkommensteuer strafzumessungsrechtlich so zu behandeln, als ob für die Gesellschaft steuerehrlich gehandelt worden wäre (*Jäger* NStZ 2005, 552 (559) mwN). Wird bei einem betrügerisch erlangten Darlehen eine Sicherheit gewährt, ist der im Zeitpunkt der Kreditgewährung vorhandene Wert der Sicherheit von der Kreditsumme abzuziehen (BGH BeckRS 2009, 05305). Bei Taten mit **Seriencharakter** ist bereits bei der Zumessung der Einzelstrafen nicht allein der jeweils durch die Einzeltat verursachte Schaden entscheidend. Vielmehr ist schon hier die Gesamtserie und der dadurch verursachte Gesamtschaden in den Blick zu nehmen (BGH BeckRS 2012, 01447).

21   Bei gleich gelagerten Begehungsformen kommt zwar eine Katalogisierung nach der Schadenshöhe in Betracht. So ist von einem Vermögensverlust großen Ausmaßes in § 263 Abs. 3 Nr. 2 (BGHSt 48, 360) und in § 370 Abs. 3 S. 2 Nr. 1 AO (BGH NJW 2009, 528 (531); BGH BeckRS 2012, 12750) auszugehen, wenn ein Schaden von über 50.000,00 EUR oder eine **Vermögensgefährdung** von über 100.000,00 EUR eingetreten ist. Dabei kommt es bei § 370 AO auf die **Höhe der verkürzten Steuern,** nicht auf den Auszahlungsbetrag oder die verbleibenden Zahllasten an (BGH BeckRS 2012, 24880). Im Falle einer sechsstelligen Schadenshöhe hält der BGH im Allgemeinen eine Geldstrafe für nicht mehr angemessen. Bei einer Schadenssumme in Millionenhöhe kommt eine Strafaussetzung zur Bewährung nur in Ausnahmefällen in Betracht (BGH NJW 2009, 528 (531)). Eine schematische, quasi tarifmäßige Grenzziehung allein an der Schadenshöhe ist indes unzulässig. Vielmehr muss die Strafe immer am Maß des der konkreten Tat immanenten Schuldumfangs orientiert sein (BGH NStZ-RR 2003, 72; BGH NJW 2009, 528 (531)). Die Indizwirkung der Schadenshöhe kann insbesondere dann zugunsten des Täters verschoben werden, wenn er nicht vorbestraft und geständig ist oder Schadenswiedergutmachung geleistet hat. So hat es erhebliche strafmildernde Bedeutung, wenn die Verkürzung von Steuern beim Fiskus nicht zu einem dauerhaften Steuerausfall geführt hat, etwa weil der Täter die geschuldeten Steuern nachgezahlt und damit Schadenswiedergutmachung geleistet hat (BGH BeckRS 2009, 12862). Wird der Schaden dadurch ausgeglichen, dass die Beute beim Täter beschlagnahmt oder die unverzollt eingeführten Waren nicht in den Verkehr gelangt sind, wirkt sich das ebenfalls günstig aus (BGH NStZ-RR 2007, 237 (238); *Jäger* NStZ 2008, 21 (25)). Andererseits werden ein gewerbsmäßiges Handeln oder der Aufbau eines aufwändigen Täuschungssystems die Wirkung der Schadenshöhe zum Nachteil des Täters beeinflussen. Schließlich ist die Relation vom Verkürzungserfolg zur Steuerschuld regelmäßig von Bedeutung.

22   Neben der Unterscheidung zwischen dem tatsächlich eingetretenen Schaden und der bloßen Vermögensgefährdung spielt auch der **Zeitfaktor** eine Rolle. Sollen die im Rahmen eines Kettenbetrugs erlangten Gegenstände nach einiger Zeit an den Geschädigten zurückgeführt werden, kann nicht der

gesamte Wert des Gegenstands als Schaden angesetzt werden (BGH BeckRS 2003, 30301253). Auch bei den Fällen der Lastschriftenreiterei muss bedacht werden, dass mit der neuen Darlehensgewährung zugleich die Gefährdung durch die frühere Darlehensgewährung beseitigt wird, so dass nicht der gesamte Betrag der Vermögensgefährdung den Schuldumfang bestimmt (BGH BeckRS 2005, 10590 = BGH wistra 2006, 20). Seine frühere Ansicht, dass in den Fällen, in denen die Steuer nicht dauerhaft, sondern nur vorübergehend nicht abgeführt werden soll, wie etwa bei monatlichen Umsatzsteuervoranmeldungen (BGH NStZ 1987, 78; BGH wistra 1986, 23), der Verkürzungserfolg allein im Zinsschaden zu sehen sei (BGH NStZ 2002, 550; 1997, 553), hat der BGH ausdrücklich aufgegeben (BGH BeckRS 2009, 12216). Die Schadenshöhe bemisst sich nunmehr an Hand des Steueranspruchs unabhängig davon, ob der Steuerschuldner beabsichtigt, zu einem späteren Zeitpunkt die falschen Angaben zu berichtigen oder fehlende Angaben nachzuholen. Die Verkürzung auf Dauer und die Verkürzung auf Zeit unterscheiden sich danach nicht im Erfolgs-, sondern nur im Handlungsunrecht.

Bei betrügerisch veranlassten Risikogeschäften ist zur Feststellung des Schadens auf den unmittelbar **23** mit der Vermögensverfügung eingetretenen Vermögensnachteil abzustellen. Dieser wird durch das Verlustrisiko zum Zeitpunkt der Vermögensverfügung bestimmt und ist nach wirtschaftlichen Maßstäben zu bewerten (BGH BeckRS 2009, 08260).

Darüber hinaus können neben dem unmittelbaren Schaden auch **außertatbestandliche Auswir-** **24** **kungen** berücksichtigt werden. Hierunter werden alle Auswirkungen verstanden, die in ihrer Art und ihrem Gewicht im Wesentlichen voraussehbar waren (BGHSt 37, 179 (180); BGH NStZ 1991, 392; BGH NStZ-RR 2006, 372). Insoweit hat die Rspr. bei der Bestechlichkeit eines Zollbeamten den dem Fiskus entstehenden Schaden (BGH wistra 2002, 420 = BGH BeckRS 2002, 30278337) und bei der Untreue eines Landrats den Ansehensverlust des Amtes (BGH wistra 2000, 96 = BGH BeckRS 1999, 30077854) als Zumessungsfaktor anerkannt. Auch der Zusammenbruch eines durch Betrug geschädigten Betriebs oder besonders harte finanzielle Konsequenzen für das Tatopfer (BGH NJW 1991, 2574 (2575)) gehören zu den voraussehbaren Tatfolgen (SSG Strafzumessung Rn. 524).

2. Beweggründe und Ziele. Unter **Beweggründen und Zielen** versteht man neben einer ver- **25** festigten rechtsfeindlichen oder gleichgültigen Haltung insbesondere die **Motive** des Täters, die nach Art und Stärke von Bedeutung sein können. Verachtenswerte, niedere Beweggründe werden regelmäßig schärfend, verständliche Gründe hingegen mildernd zu beachten sein. Je gewichtiger das Motiv ist, desto mehr wirkt es sich bei der Strafhöhe aus.

In Betracht kommen Habgier, Gewinnsucht, von verwerflichem Gewinnstreben geprägte kriminelle **26** Energie (BGH NStZ 2001, 311), reiner Egoismus (BGH NJW 1966, 787 (788)) und grober Eigennutz (Fischer Rn. 27 mwN; BGH bei *Detter* NStZ 1990, 173 (177)), nicht jedoch das bloße Fehlen eines nachvollziehbaren Anlasses für die Tat (BGH StV 1982, 419). Nachvollziehbare Motive, wie ungünstige wirtschaftliche Verhältnisse, können ebenso wie die Tatverstrickung durch Dritte strafmildernd zu Buche schlagen; ihr Fehlen berechtigt nicht, dies zu Lasten des Täters zu werten (BGH BeckRS 2012, 11970). Egoistische Ziele sind grds. anders zu bewerten als uneigennützige. Dass der Täter aus reinem Eigennutz gehandelt hat, vermag aber einen besonders schweren Fall nicht zu begründen, das Handeln ohne Eigennutz könnte vielmehr einen Strafmilderungsgrund abgeben (BGH NStZ 1983, 455; BGH wistra 1987, 27 (28)). So wurde strafmildernd bedacht, dass der Testamentsvollstrecker eine Untreue nicht eigennützig, sondern zum Vorteil des Nachlasses verwirklicht hat (Schönke/Schröder/*Stree/Kinzig* Rn. 13a mwN; RGSt 41, 2179). Auch der Umstand, dass der Täter die Untreue nicht zur persönlichen Bereicherung, sondern zum Erhalt des Geschäfts begangen hat, rechtfertigt eine günstige Bewertung der Tat. Bei der Steuerhinterziehung kann von Bedeutung sein, ob der Täter allein die Rettung des ohne Vorsteuerüberhang nicht finanzierbaren Kaufgeschäfts bezweckte oder ob er darüber hinaus weiteres steuerunehrliches Verhalten verdecken wollte (BGH NStZ 2007, 150). Die Feststellung, dass der Täter die Früchte seiner Tat genießt, anstatt sich mit Skrupeln zu plagen, ist allerdings kein strafhöhender Umstand. Andererseits kann ihm aber auch nicht zugutekommen, dass er das deliktisch erlangte Vermögen nicht tatsächlich hat genießen können (BGH BeckRS 2005, 09691). Die Verwendung der Beute für eigene Bedürfnisse des Täters ist das regelmäßige Erscheinungsbild von Vermögenstaten und darf daher nicht schulderschwerend berücksichtigt werden (BGH BeckRS 2012, 22357).

Die **wirtschaftlichen Verhältnisse** des Täters können insoweit von Bedeutung sein, als sie auf die **27** Motivation und die Gesinnung des Täters hinweisen. Aus ihnen kann sich ergeben, dass die Tat mehr oder weniger verständlich, unverständlich oder verwerflich erscheint (BGH NStZ 1987, 450). Eine Bewertung kann aber nur nach Lage des Einzelfalls erfolgen, bei der auch der mit dem Vermögenserwerb verfolgte Zweck oder die Wechselwirkungen zu den Verhältnissen des Opfers bedacht werden müssen. Der aufwändige Lebenswandel des Angeklagten kann sich strafschärfend auswirken (BGH BeckRS 1977, 00200). Strafmildernd kann der Umstand wirken, dass sich der Täter, der sich zu bereichern sucht, in wirtschaftlicher Not (BGHR BtMG § 29 Strafzumessung 20) oder in einer wirtschaftlich ungünstigen Lage (BGH wistra 1988, 145) befindet. Umgekehrt darf aber das bloße Fehlen eines solchen Umstandes nicht strafschärfend gewertet werden (BGH NStZ 1981, 343; BGH BeckRS 2011, 02215; 2012, 00389; 2013, 15851).

28   **3. Bei der Tat aufgewendeter Wille.** Der bei der Tat aufgewendete Wille dokumentiert die kriminelle Energie des Täters. Er kann sich daraus ergeben, dass der Täter die Tat plant (BGH MDR 1974, 544), sie monatelang vorbereitet (BGH bei *Detter* NStZ 1990, 177) oder sein Ziel hartnäckig verfolgt (BGH VRS 22, 35 (37)). In Wirtschaftsstrafsachen gilt das dann, wenn über viele Jahre hinweg tägliche Verschleierungshandlungen vorgenommen werden (BGH StV 1993, 520). Andererseits ist bei einem zeitlichen, sachlichen und situativen Zusammenhang der Taten zu beachten, dass im Laufe der Zeit die Hemmschwelle sinkt, was zu Gunsten des Täters spricht (BGH NStZ 1995, 77). Je größer die Schwierigkeiten waren, die der Täter bei der Tat zu überwinden hatte, desto mehr lässt sich ihm vorwerfen und desto größer ist demgemäß seine Schuld. Andererseits spricht für den Täter, wenn ihm die Tatausführung leicht gemacht worden ist und er deswegen keine besondere Willensstärke zur Tat hat aufwenden müssen. Dies kann der Fall sein, wenn sorgloses und nachlässiges Verhalten eines Beamten ein betrügerisches Vorgehen gegen den Staat erleichtert (BGH StV 1983, 326) oder die Geldgier eines leichtgläubigen Opfers die Tat beeinflusst hat (Schönke/Schröder/*Stree/Kinzig* Rn. 16). Der Umstand, dass er nicht aus eigenem Antrieb handelte, sondern durch andere zur Tat veranlasst wurde, kann ebenfalls strafmildernd wirken (BGH NStZ 1986, 162). Auch die Einbindung in gruppendynamische Prozesse kann die Schuld in einem milderen Licht erscheinen lassen (BGH NJW 1996, 857 (863)) Das Gleiche gilt, wenn der Täter im Gesamtgeschehen nur eine untergeordnete Rolle spielte und am wirtschaftlichen Erfolg der Tat nur in geringem Umfang beteiligt war (BGH wistra 2007, 262 (265)).

29   **4. Maß der Pflichtwidrigkeit.** Das Maß der Pflichtwidrigkeit spielt in erster Linie bei den Fahrlässigkeits- und Unterlassungsdelikten sowie bei den Taten eine Rolle, bei denen der Täter gegen besondere Rechtspflichten verstößt.

30   Bei der Untreue wird das Strafmaß dadurch bestimmt, wie weit sich der Täter von den ihm gegebenen Richtlinien entfernt hat oder wie gewichtig sein Verantwortungsbereich gewesen ist (Schönke/Schröder/*Stree/Kinzig* Rn. 17).

31   Bei der Bestechlichkeit kommt es auf die Erheblichkeit der Pflichtverletzung durch den Beamten an. Das Fordern bzw. die Annahme eines Vorteils für eine geringfügige Pflichtwidrigkeit wiegt leichter als bei einer erheblichen Pflichtwidrigkeit. Bei der Bestechlichkeit eines Finanzbeamten ist die Höhe der Steuereinbuße maßgebend (BGH wistra 2002, 420). Bei Verstößen gegen das AWG ist die Gefährlichkeit der ausgeführten Gegenstände für das friedliche Zusammenleben der Völker ein wesentlicher Faktor.

32   Auch berufliche Pflichten des Täters sind zu berücksichtigen, soweit sie eine unmittelbare Beziehung zur Tat haben (BGH NStZ 1981, 258; wistra 1982, 65; BGH NJW 1996, 3089; BGH NStZ 2000, 366). Dies gilt etwa beim Betrug eines Rechtsanwalts zum Nachteil seines Mandanten (BGH NStZ 1987, 406) oder bei einer Tat unter Missbrauch seiner Stellung als Rechtsanwalt (BGH NStZ 1988, 126).

33   Das besondere Vertrauensverhältnis zwischen einem Kassenarzt und der gesetzlichen Versicherung bzw. der kassenärztlichen Vereinigung kann die Strafhöhe ebenfalls beeinflussen (BGH StV 1993, 520). Besondere Rechtskenntnisse des Täters begründen aber nicht per se die Möglichkeit der Strafschärfung. Vielmehr eröffnet das Strafrecht bei fehlender Unrechtseinsicht die Möglichkeit der Strafmilderung (BGH NStZ 1988, 175).

34   **5. Art der Tatausführung.** Die Art der Tatausführung wird durch alle Umstände definiert, die die Tat prägen oder sie im Übrigen begleiten (BGHSt 37, 154), wie zB Ort, Zeit und Dauer der Tat oder die verwendeten Tatmittel. Die tateinheitliche Verwirklichung mehrerer Tatbestände oder eine professionelle Begehensweise können zu Lasten des Täters, eine dilettantische Vorgehensweise kann zu Gunsten des Täters gewertet werden (Fischer Rn. 33). Das Verbergen von Geschäftsunterlagen, Vernichten von Belegen (BGHR AO § 370 Abs. 1 Strafzumessung 3), der Aufbau eines internationalen Firmengeflechts, die Nutzung verschiedener Konten zu Verschleierungszwecken und die Vermögensverlagerung ins Ausland können als Indizien für eine hohe kriminelle Energie gewertet werden (BGH BeckRS 2009, 08260). Das Gleiche gilt für die Dauer und Hartnäckigkeit, mit der der Täter die Tat begeht oder verschleiert (BGHR AO § 370 Abs. 1 Strafzumessung 8; BGH NJW 2001, 1874 (1876)). Das Benutzen gefälschter Personalpapiere ist ebenfalls ein Umstand, der den Täter und das Tatgeschehen charakterisiert (BGH BeckRS 2009, 08260). Auch das Verhalten des Opfers kann die Strafhöhe beeinflussen. Hierzu gehört insbesondere das **Mitverschulden** des Geschädigten, das etwa darin liegen kann, dass ungenügende Kontrollen (BGH wistra 1986, 172; BGH JZ 1988, 472) oder bestimmte Anreize die Tat erleichtert haben. Andererseits hat ein Straftäter keinen Anspruch darauf, dass staatliche Stellen rechtzeitig gegen ihn einschreiten, um seine Taten zu verhindern. Das Verhalten des **Steuerfiskus** kann daher allenfalls dann zu einer milderen Beurteilung führen, wenn es das Täterverhalten unmittelbar beeinflusst hat (BGH NStZ 2011, 283). Mängel der Dienstaufsicht bilden bei einer Verurteilung wegen Bestechlichkeit oder Verletzung von Dienstgeheimnissen aber regelmäßig keinen Milderungsgrund, weil die Pflichten des Beamten, deren Verletzung in den genannten Vorschriften um der Lauterkeit und Verschwiegenheit der Amtsführung willen unter Strafe gestellt ist, sich so sehr von selbst verstehen, dass Unzulänglichkeiten der Dienstaufsicht seine Verantwortlichkeit grundsätzlich nicht zu mindern vermögen (BGH NJW 1989, 1938). Eine andere Beurteilung kommt allenfalls dann in Betracht, wenn sich infolge der Vernachlässigung von Aufsichtspflichten durch den Dienstvorgesetzten schon allgemeine,

über Pflichtverletzungen Einzelner hinausreichende Missstände eingestellt hatten und der Täter einer daraus erwachsenen Versuchung, zB zur Ausnutzung von Organisationsmängeln oder Lücken innerhalb eines Kontrollsystems (vgl. BGHSt 29, 319 (324) = BGH NJW 1981, 136; BGH StV 1988, 253), erliegt (BGH NJW 1989, 1938).

Auf die Herkunft des Täters aus einem Land, in dem Bestechungen oder Schmiergeldzahlungen **35** möglicherweise allgemein gebilligt werden, kann es bei der Gesamtwürdigung, ob das Tatmotiv als niedrig einzuschätzen ist, nicht ankommen. Der Maßstab für die Bewertung eines Beweggrundes ist grds. den Vorstellungen der Rechtsgemeinschaft der Bundesrepublik Deutschland zu entnehmen (vgl. BGHR StGB § 211 Abs. 2 Niedrige Beweggründe 41; BGH NStZ 2004, 332).

6. Vorleben des Täters. Bisherige Straffreiheit ist keine Selbstverständlichkeit, sie ist vielmehr grds. **36** mildernd zu berücksichtigen (BGH NStZ 1982, 376; 1988, 70). **Vorverurteilungen,** die vor Begehung der nun zu ahndenden Tat erfolgt sind, wirken strafschärfend, wenn ein kriminologischer Zusammenhang besteht, insbesondere wenn sie einschlägig sind (BGH NJW 1971, 1996). Nicht einschlägige Taten können strafschärfend berücksichtigt werden, wenn sie erkennen lassen, dass der Täter sich über die sich hieraus ergebende Warnwirkung hinwegsetzt (BGH StV 1988, 103; OLG Nürnberg NStZ-RR 1997, 168 (169)). **Frühere Verfahren** entfalten selbst dann eine beachtliche Warnfunktion, wenn sie mit Einstellung oder Freispruch geendet haben und es um einen ähnlichen Schuldvorwurf ging (BGH NStZ 2006, 620 mwN). Begeht der Täter trotz dieser Warnung eine Tat, ist sein Handlungsunrecht schwerer als ohne sie. Deshalb darf dieser Umstand zum Nachteil des Angeklagten bei der Strafzumessung verwertet werden (BGH NJW 1973, 289 (290)). Auch die Zustellung einer Anklageschrift oder eines Strafbefehls können eine Warnwirkung begründen. Zeitlich später liegende Taten sind für das nun zu ahndende Delikt nur dann beachtlich, wenn sie nach ihrer Art und nach der Persönlichkeit des Täters auf Rechtsfeindlichkeit, Gefährlichkeit und die Gefahr künftiger Rechtsbrüche schließen lassen (BGH BeckRS 2001, 30207996). Verjährte Taten können, wenn auch mit eingeschränktem Gewicht, bei der Strafzumessung berücksichtigt werden (BGH NStZ-RR 2008, 142 (143)). Andere, noch nicht abgeurteilte Taten dürfen allerdings nur dann bei der Zumessung beachtet werden, wenn sie prozessordnungsgemäß und so bestimmt festgestellt sind, dass sie in ihrem wesentlichen Unrechtsgehalt abgeschätzt werden können (BGH BeckRS 2014, 19206; 15068). Auch **ausländische Vorstrafen** dürfen zum Nachteil des Täters bedacht werden (BGH NStZ-RR 2007, 368).

Bei der Gewichtung der Vorstrafen kommt es insbesondere darauf an, welche Warnwirkung sie **37** entfaltet haben. Dabei spielen insbesondere Art und Höhe der Vorstrafe sowie der seit der Verurteilung abgelaufene Zeitraum eine Rolle (BGHSt 5, 131; BGH StV 1992, 225).

Getilgte oder tilgungsreife Vorstrafen haben, auch bezüglich der von ihnen ausgehenden Warnfunk- **38** tion, völlig außer Betracht zu bleiben (BGH NStZ 1983, 19; BGH StV 1990, 348).

7. Nachtatverhalten. Als beachtliche Verhaltensweisen nennt das Gesetz das Bemühen, den Schaden **39** wiedergutzumachen und einen Ausgleich mit dem Verletzten zu erreichen. Strafmildernd wirkt aber nur die freiwillige Schadenswiedergutmachung durch den Täter selbst. Leistungen Dritter (BGH VRS 14, 59) oder eine erzwungene Schadensersatzleistung bleiben außer Betracht (Schönke/Schröder/*Stree*/*Kinzig* Rn. 40). Auch das Verhindern einer Schadensvertiefung spricht für den Täter.

Da von dem Angeklagten ein Verhalten nach der Tat, das geeignet ist, seine Verteidigung zu beein- **40** trächtigen, nicht erwartet werden kann, darf die Unterlassung eines solchen Verhaltens nicht strafschärfend gewertet werden. Die bloße Weigerung, den Schaden wieder gut zu machen, entfaltet deshalb grds. keine Wirkung bei der Strafzumessung (BGH NStZ 1981, 343). Bei einem nicht bestreitenden, zahlungsfähigen Täter kann die unterbliebene Schadenswiedergutmachung hingegen nachteilig gewertet werden (BGH NStZ 1993, 77). Eine Schadensvertiefung kann dann strafschärfend berücksichtigt werden, wenn besondere Umstände vorliegen, die Rückschlüsse auf die Tat oder den Täter zulassen (BGH NStZ 1994, 582). Das Gleiche gilt, wenn der Täter die Schadenswiedergutmachung hintertreibt, namentlich dann, wenn er die Beute für den Fall seiner Überführung sichert (BGH NStZ 1981, 343), insbesondere wenn er zur Verhinderung des Zugriffs durch die Geschädigten Vermögen ins Ausland verschiebt (SSG Strafzumessung Rn. 377).

Darüber hinaus kann jedes Verhalten berücksichtigt werden, das Schlüsse auf die Strafzumessungs- **41** schuld zulässt (BGH NStZ 1981, 257; 1985, 545; BGH NStZ-RR 1997, 196). Zu Gunsten des Täters sprechen insoweit Anzeichen von Reue (KG VRS 30, 200) oder ein Geständnis. Fehlende Schuldeinsicht und fehlende innere Abkehr von der Tat dürfen dem Angeklagten aber nicht zum Vorwurf gemacht werden (BGH BeckRS 2012, 20351). Entsprechend dem Rechtsgedanken des § 31 BtMG und des § 46b wirkt die Kooperationsbereitschaft mit den Ermittlungsbehörden sowie die Aufdeckung der Tat über seine Beteiligung hinaus sich günstig für den Angeklagten aus. Auch ein längerer Zeitraum zwischen Tat und Urteil, innerhalb dessen der Täter keine oder jedenfalls keine vergleichbaren Straftaten begangen hat, ist bei der Strafzumessung strafmildernd zu berücksichtigen (BGH StV 1988, 487). Neue Straftaten können sich nachteilig auswirken, wenn sie nach ihrer Art und nach der Persönlichkeit des Täters auf Rechtsfeindschaft, Gefährlichkeit und die Gefahr künftiger Rechtsbrüche schließen lassen. Nur unter solchen Umständen kann eine weitere Strafbarkeit Hinweise auf den Unrechtsgehalt der früher begangenen Tat und die innere Einstellung des Täters zu ihr geben (BGH NStZ 1998, 404).

42 Das Verhalten des Täters im Strafverfahren ist grds. nur dann beachtlich, wenn sich hieraus Schlüsse auf die Täterpersönlichkeit ziehen lassen. Schweigen und Leugnen sind zulässige Verhaltensweisen, die dem Täter nicht angelastet werden dürfen (BGH NStZ 1983, 118; BGH BeckRS 2013, 04116; SSG Strafzumessung Rn. 379 mwN). Zum Nachteil des Angeklagten kann nicht gewertet werden, dass er sich im Hinblick auf ein laufendes Zivilverfahren nicht entschuldigt hat (BGH NStZ-RR 2009, 148). Auch Angriffe auf die Glaubwürdigkeit von Zeugen sind erlaubt, soweit sie sich im Rahmen von § 193 halten. Strafschärfend kann aber berücksichtigt werden, wenn Zeugen verleumdet werden (BGH NStZ 1995, 78; Schönke/Schröder/*Stree/Kinzig* Rn. 41a mwN). Die Forderung an den Geschädigten, eine „Ehrenerklärung" für den Angeklagten abzugeben, kann als Hinweis auf die kriminelle Energie des Angeklagten gewertet werden (BGH BeckRS 2009, 08260). Das Geständnis wirkt grds. strafmildernd. Der Umfang der Milderung hängt allerdings von der Art des Geständnisses ab. Das strafmildernde Gewicht eines Geständnisses kann dann geringer sein, wenn prozesstaktische Überlegungen bestimmend waren (BGH NStZ 2007, 232) oder es erst nach Durchführung der Beweisaufnahme erfolgt (BGHR StGB § 46 Abs. 2 Verteidigungsverhalten 7). Erlittene Untersuchungshaft kann nur dann strafmildernd beachtet werden, wenn mit ihrem Vollzug ungewöhnliche, über die üblichen deutlich hinausgehende Beschwernisse verbunden sind (BGH NStZ-RR 2012, 42). Diese besonderen Umstände müssen in den Urteilsgründen dargelegt werden (BGH NStZ-RR 2014, 82).

III. Mehrere Tatbeteiligte

43 Für alle Angeklagte, die in einem Verfahren gemeinsam abgeurteilt werden, muss der Schuldgehalt der Tat getrennt bestimmt und die jeweils schuldangemessene Strafe aus der Sache selbst, dh insbesondere nach dem Erfolgs- und Handlungsunrecht gefunden werden (BGH StV 1998, 481 f. mwN). Der Gesichtspunkt, dass gegen Tatbeteiligte verhängte Strafen in einem gerechten Verhältnis zueinander stehen, darf aber nicht unberücksichtigt bleiben (BGH NStZ-RR 2009, 71; BGH StV 1991, 557; 1993, 241).

44 Bei gleichen Tatbeiträgen können die Beweggründe und Tatziele unterschiedlich sein und zu unterschiedlichen Strafen führen. Dasselbe gilt für das Vorleben des Täters und sein Nachtatverhalten. Auch die Wirkungen der Strafe sowie die Folgen der Tat können bei gleicher Vorwerfbarkeit zu unterschiedlichen Strafhöhen führen. Schließlich können erhebliche Verfahrensverzögerungen beim Haupttäter eine mildere Strafe rechtfertigen.

45 Tatbeiträge von unterschiedlichem Gewicht sollen auch zu unterschiedlichen Strafen führen. Ein untergeordneter Tatbeitrag ist daher im Verhältnis zum Haupttäter grds. strafmildernd zu berücksichtigen (BGH NJW 1994, 1885 (1886); BGH NStZ-RR 2007, 237 (238); BGH StV 2009, 244 (245); BGH BeckRS 2009, 311; 2010, 21495). Bei der Beihilfe zur Steuerhinterziehung ist zu berücksichtigen, in welcher Höhe die Steuerverkürzung vom Gehilfen gefördert wurde, wenn der Haupttäter unabhängig vom Gehilfenbeitrag weitere Steuern verkürzt hat (BGH NStZ-RR 2009, 311). Darüber hinaus kann von Bedeutung sein, ob der Täter Initiator der Tat oder die Triebfeder während des Tatgeschehens war. Auch die Rangordnung der Beteiligten, insbesondere eine übergeordnete Funktion eines der Mittäter, kann die Höhe der schuldangemessenen Strafe beeinflussen (BGH StV 1998, 481). Das größere oder geringere wirtschaftliche Interesse an der Tat sowie der Umfang der Beteiligung am Taterfolg sind ebenfalls Aspekte, die das Verhältnis der Tatbeteiligten zueinander wesentlich charakterisieren (BGH StV 2009, 244; BGH NJW 1993, 1604 (1607)).

46 Zwar darf der Umstand, dass andere Tatbeteiligte strafrechtlich nicht belangt werden können, sich nicht so weit auswirken, dass der Täter straffrei ausgehen könnte. Dieser Gesichtspunkt ist aber von besonderer Bedeutung (BGH StV 1993, 520 (521)). Das gilt insbesondere dann, wenn es sich bei den bislang unbehelligten Beteiligten um Funktionsträger handelte, die einen größeren Einfluss auf das Tatgeschehen und weitergehende wirtschaftliche Interessen hatten (BGH NJW 1993, 1604 (1607); 1993, 141 (149)).

Der Grundsatz der Gleichbehandlung gilt aber nicht bei Tatbeteiligten, die in einem anderen Verfahren verurteilt wurden. (BGH NStZ 2011, 689).

E. Schuldausgleich

47 Aus dem Zweck der Strafe, den Rechtsfrieden zu sichern, folgt, dass die Strafe einen gerechten **Schuldausgleich** schaffen muss. Zu den in § 46 Abs. 1 S. 2 ausdrücklich genannten Wirkungen der Strafe auf das künftige Leben des Täters gehören insbesondere spezialpräventive Gesichtspunkte. Bei der Bestimmung des gerechten Schuldausgleichs sind sämtliche Wirkungen des Rechtsfolgenausspruchs zu berücksichtigen. Dies gilt einmal, wenn eine Geldstrafe neben einer Freiheitsstrafe verhängt wird (BGH NStZ 1996, 78 (79)). Auch **Nebenstrafen,** etwa die Einziehung oder der Verlust der Amtsfähigkeit (BGH NStZ 2008, 283), sind bei der Bemessung der Strafhöhe zu beachten (BGH StV 1996, 206). Strafe und **Maßregel** verfolgen unterschiedliche Ziele. Die Anordnung der Maßregel darf daher nicht zu einer Unterschreitung der schuldangemessenen Strafe führen (BGH NJW 1971, 61). Die gleichwohl bestehende Wechselwirkung erfordert es aber, Strafe und Maßregel aufeinander abzustimmen (BGHSt 33, 69). Die Anordnung der **Sicherungsverwahrung** kann sich bei der Verhängung der Freiheitsstrafe

mildernd auswirken (BGH NStZ-RR 2002, 38). Der Schuldausgleichsgedanke findet bei der **Gesamt-strafenbildung** in Form des Härteausgleichs seinen Niederschlag. Wenn der Täter im Ausland wegen derselben Tat eine weitere Bestrafung zu erwarten hat, ist dies mildernd zu berücksichtigen (BGH StV 1992, 155).

Besondere berufliche oder wirtschaftliche Folgen der Verurteilung sind bei der Bemessung des **48** Schuldausgleichs ebenfalls von Bedeutung. Das gilt namentlich für beamtenrechtliche Konsequenzen, etwa ein Disziplinarverfahren, die Entlassung aus dem Beamtenverhältnis oder der Verlust des Pensionsanspruchs (BGH NStZ 1988, 494). Aber auch in anderen Berufssparten sind vergleichbare Nachteile beachtlich, so bei Rechtsanwälten (BGH StV 1991, 207; BGH BeckRS 2014, 18772), Steuerberatern (BGH wistra 1991, 300), Notaren (BGHR StGB § 46 Abs. 1 Schuldausgleich 5), Apothekern (BGHR § 46 Abs. 1 Schuldausgleich 23) und selbstständigen Unternehmern durch Verlust des Geschäfts und damit der Existenzgrundlage (BGH StV 1993, 421). Die hierdurch bedingte Herabsetzung der Freiheitsstrafe kann durch begleitende Maßnahmen, Geldstrafe neben Freiheitsstrafe gemäß § 41 oder erhöhte Bewährungsauflagen, ausgeglichen werden (BGH NStZ 1990, 488; BGH NJW 2001, 1436 (1437)). Schadensersatzansprüche von Geschädigten aus der Straftat sind typische und vorhersehbare Folgen der Tat, die nicht strafmildernd berücksichtigt werden dürfen (BGH BeckRS 2005, 09691). Über den eigentlichen Schaden der Tat hinausgehende Folgen, etwa die Insolvenz des Täters und seine persönliche Inanspruchnahme für Verbindlichkeiten der von ihm betriebenen Gesellschaft, können strafmildernd herangezogen werden (BGH BeckRS 2006, 04015). Der Verlust des Unternehmens infolge der Beschlagnahme des Warenbestands und der Kontosperrung durch Banken oder der Druck durch die mediale Berichterstattung (Gammelfleisch) kann als vorweggenommene Bestrafung mildernd bewertet werden (BGH NStZ-RR 2008, 343). **Schwere Erkrankungen,** Aids, Schlaganfall, Diabetes oder Krebs (BGH NStZ-RR 2008, 105) begründen eine höhere Strafempfindlichkeit und sind deshalb auch strafmildernd zu bedenken (BGH BeckRS 2004, 10308; BGHR StGB § 46 Abs. 1 Schuldausgleich 3, 7, 13, 19, 25, 31). Auch das vorgerückte Lebensalter des Angeklagten, „in dem er nun nach jahrzehntelanger erfolgreicher beruflicher Tätigkeit vor einem Scherbenhaufen steht" kann mildernd bedacht werden (BGH wistra 2001, 388).

Begeht der Täter Straftaten in Ausübung eines öffentlichen Amtes, muss er mit einem besonderen **49** Interesse an seiner Person rechnen. Der Umstand, dass der **öffentliche Druck** durch permanente Medienbegleitung extrem war, rechtfertigt daher keine Strafmilderung (BGH NStZ 2008, 451). Eine aggressive und vorverurteilende Berichterstattung hat für die Strafbemessung regelmäßig keine wesentliche Bedeutung. Anders kann dies zu beurteilen sein, wenn der Angeklagte unter der Berichterstattung in besonderer Weise gelitten hat (BGH BeckRS 2011, 09437).

Die Frage der Strafempfindlichkeit stellt sich in der Regel schuldunabhängig. Eine Milderung kann **50** daher, von Ausnahmen abgesehen, nicht mit der Begründung abgelehnt werden, dem Täter sei vorzuwerfen, dass er in Kenntnis seiner erhöhten Strafempfindlichkeit gehandelt habe (BGH NStZ 1998, 566).

Bei der **Verfahrensverzögerung** kommen drei unterschiedliche Umstände in Betracht, der große **51** zeitliche Abstand zwischen Tat und Urteil, die Belastungen durch die lange Verfahrensdauer und die Verletzung des aus Art. 2 Abs. 1 GG iVm dem Rechtsstaatsprinzip abgeleiteten und in Art. 6 Abs. 1 S. 1 MRK ausdrücklich genannten Beschleunigungsgebotes (BGH NStZ 2009, 181). Während der Abstand zwischen Tat und Urteil sowie Belastungen durch die Verfahrensdauer im Rahmen des gerechten Schuldausgleichs zu beachten sind, begründet die rechtsstaatswidrige Verletzung des Beschleunigungsgebots eine Kompensation zugunsten des Täters. Sie erfolgt dadurch, dass zunächst die Strafe nach allgemeinen Strafzumessungsgesichtspunkten festgesetzt und dann in der Urteilsformel ausgesprochen wird, dass ein bezifferter Teil der verhängten Strafe als vollstreckt gilt (BGH NStZ 2008, 860 (866)). Bei der Höhe der Kompensation spielen der Umfang der Verzögerung und das Maß des Fehlverhaltens der Behörden sowie die Auswirkungen auf den Angeklagten eine erhebliche Rolle (BGH NStZ-RR 2008, 208). Zwar steht die Verfahrenserledigung in angemessener Zeit im Vordergrund. Was angemessen ist, bestimmt sich aber nach den jeweiligen Rahmenbedingungen. In Wirtschaftsstrafsachen ist insoweit zu berücksichtigen, dass das Gericht sich regelmäßig nicht sogleich mit der eingegangenen Anklageschrift eingehend befassen kann. Eine intensive und zeitaufwändige Vorbereitung der Sache seitens des Gerichts ist aber gerade in Wirtschaftsstrafsachen Voraussetzung für eine konzentrierte Hauptverhandlung. Darüber hinaus ist bei der Terminierung darauf Rücksicht zu nehmen, dass der vom Angeklagten gewählte Verteidiger und der Staatsanwalt, der die Ermittlungen geleitet hat, teilnehmen können (BGH NStZ 2008, 457 (458)). Vor diesem Hintergrund ist bei der Bemessung der Kompensation darauf zu achten, dass die effektive Verteidigung der Rechtsordnung nicht durch zu niedrige Strafen unterlaufen wird (vgl. *Jäger* NStZ 2007, 688 (690)).

Bei der Frage, ob hinreichende Anhaltspunkte für die Einleitung eines Ermittlungsverfahrens nach **52** § 152 Abs. 2 StPO vorliegen, steht den Ermittlungsbehörden ein Beurteilungsspielraum zu. Führt die verspätete Verfahrenseinleitung dazu, dass der Täter wegen vollendeter Tat und nicht nur wegen Versuchs verurteilt wird, ist dies bei den Rechtsfolgen zu berücksichtigen. Allerdings kann der Täter aus dem Verhalten der Behörden kein Recht herleiten, nur wegen Versuchs bestraft zu werden (BGH NStZ 2008, 686; 2007, 635; 2005, 519).

F. Spezialprävention

53   Dem Gesichtspunkt der **Spezialprävention** kommt bei der Bildung der Strafhöhe kaum eine eigenständige Bedeutung zu. Die insoweit maßgebenden Umstände fließen regelmäßig bereits in den gerechten Schuldausgleich ein.

G. Generalprävention

54   Der Gedanke der **Generalprävention** kann grds. zu einer Strafschärfung führen. Voraussetzung hierfür ist, dass eine gemeinschaftsgefährliche Zunahme solcher oder ähnlicher Straftaten festgestellt wird und die Notwendigkeit besteht, potentielle Täter abzuschrecken (BGH NStZ 1986, 358; BGH NJW 1979, 1666 (1668)). Vom BGH anerkannt wurden generalpräventive Erwägungen bei Steuerhinterziehung (BGHR § 46 Abs. 1 Generalprävention 1), umfangreichen Wirtschaftsstraftaten und organisierter Kriminalität (BGHR StGB § 46 Abs. 1 Generalprävention 6) sowie bei Umweltdelikten (BGHR § 46 Abs. 1 Generalprävention 4). Der Strafzweck der Abschreckung darf aber nur innerhalb des Spielraums der schuldangemessenen Strafe berücksichtigt werden (BGH NStZ 1997, 336).

55   Bereits durch die schuldangemessene Strafe wird der **Genugtuungsfunktion** Genüge getan. Der Täter-Opfer-Ausgleich oder die Schadenswiedergutmachung können aber eine Herabsetzung der Strafe rechtfertigen (BGH NJW 2003, 1466).

H. Doppelverwertungsverbot

56   Umstände, die schon **Merkmale des gesetzlichen Tatbestands** sind, dürfen nach § 46 Abs. 3 nicht berücksichtigt werden. Das ist etwa der Fall, wenn dem Gehilfen das Erbringen einer Unterstützungsleistung zugunsten des Haupttäters oder die helfende Beteiligung an den Taten der Mitangeklagten angelastet wird (BGH BeckRS 2008, 07933). Denn diese Handlungen begründen ja erst die Strafbarkeit des Gehilfen. Der gewerbsmäßigen Begehungsweise als ein dem Tatbestand des § 266a immanentes Merkmal kann im Regelfall keine strafschärfende Bedeutung zukommen (BGH NStZ 2007, 527). Durch die Erwägung, der Täter habe sich ohne Not zur Beteiligung an der Tat entschlossen, wird im Ergebnis zu seinen Lasten gewertet, dass er die Tat überhaupt begangen hat (BGH bei *Detter* NStZ 2008, 264 (266)). Unzulässig ist auch, dem Täter bei Steuerhinterziehung und Betrug strafschärfend hinzuzurechnen, er habe ganz bewusst gegen Rechtspflichten verstoßen, um ohne Rücksicht auf die Belange anderer nur seine eigenen Interessen bzw. die der von ihm geführten Firma wahrzunehmen (BGH bei *Theune* NStZ 1987, 164). Das bedeutet allerdings nicht, dass die besondere Art, in der solche Umstände des Tatbestands im Einzelfall gegeben oder verwirklicht sind, bei der Strafzumessung nicht verwertet werden darf (SSG Strafzumessung Rn. 694). Das gilt insbesondere für die Art der Täuschung und die Höhe der verkürzten Steuer bei der Steuerhinterziehung (BGH NJW 2009, 528 (531)).

57   Das Gleiche gilt für die **Regelbeispiele besonders schwerer Fälle**, die wie Tatbestandsmerkmale zu behandeln sind (BGH NStZ-RR 2005, 374). Danach ist es unzulässig, Umstände, die einen besonders schweren Fall begründet haben, als solche noch einmal zu Lasten des Täters zu verwerten. Wenn aber der Eingangswert für den Vermögensverlust großen Ausmaßes bei § 263 Abs. 3 Nr. 2, der bei 50.000 EUR liegt, mit 480.000 EUR deutlich überschritten wird, kann das im Strafrahmen des besonders schweren Falls nachteilig berücksichtigt werden (BGH BeckRS 2006, 04015).

58   Das Doppelverwertungsverbot gilt nur bedingt für die sog vertypten Milderungsgründe, die zwingend oder fakultativ zu einer Strafrahmenverschiebung nach § 49 führen oder einen minder schweren Fall begründen. Wurden diese Umstände bereits bei der Findung des Strafrahmens bedacht, dürfen sie bei der konkreten Strafzumessung mit ihrem verbleibenden Gewicht berücksichtigt werden (BGH NStZ-RR 1998, 295). Ob ein nicht umschriebener besonders schwerer Fall oder ein minder schwerer Fall vorliegt, entscheidet sich nach einer Gesamtabwägung aller strafzumessungserheblichen Umstände. Die innerhalb des besonderen Strafrahmens angemessene Strafe darf unter Berücksichtigung der bereits bei der Strafrahmenwahl bedachten allgemeinen Umstände festgesetzt werden (Schönke/Schröder/*Stree*/ *Kinzig* Rn. 49). Insoweit liegt keine Doppelverwertung vor.

§ 52 Tateinheit

(1) **Verletzt dieselbe Handlung mehrere Strafgesetze oder dasselbe Strafgesetz mehrmals, so wird nur auf eine Strafe erkannt.**

(2) [1] **Sind mehrere Strafgesetze verletzt, so wird die Strafe nach dem Gesetz bestimmt, das die schwerste Strafe androht.** [2] **Sie darf nicht milder sein, als die anderen anwendbaren Gesetze es zulassen.**

(3) **Geldstrafe kann das Gericht unter den Voraussetzungen des § 41 neben Freiheitsstrafe gesondert verhängen.**

(4) ¹Läßt eines der anwendbaren Gesetze die Vermögensstrafe zu, so kann das Gericht auf sie neben einer lebenslangen oder einer zeitigen Freiheitsstrafe von mehr als zwei Jahren gesondert erkennen. ²Im übrigen muß oder kann auf Nebenstrafen, Nebenfolgen und Maßnahmen (§ 11 Abs. 1 Nr. 8) erkannt werden, wenn eines der anwendbaren Gesetze sie vorschreibt oder zuläßt.

A. Eine materiell-rechtliche Tat

Die Anwendbarkeit von § 52 setzt voraus, dass eine materiell-rechtliche Tat vorliegt. Das ist bei **1** natürlicher oder rechtlicher Handlungseinheit der Fall.

I. Natürliche Handlungseinheit

Die **natürliche Handlungseinheit** ist durch einen solchen unmittelbaren Zusammenhang zwischen **2** mehreren menschlichen, strafrechtlich erheblichen Verhaltensweisen gekennzeichnet, dass sich das gesamte Tätigwerden an sich (objektiv) auch für einen Dritten als ein einheitliches zusammengehöriges Tun bei natürlicher Betrachtungsweise erkennbar macht (BGH NJW 1953, 1357; BGH BeckRS 2014, 01755). Sie setzt außer dem **unmittelbaren räumlichen und zeitlichen Zusammenhang** zwischen den strafrechtlich erheblichen Verhaltensweisen voraus, dass diese Ausdruck eines **einheitlichen Tatwillens** sind, der bei Verwirklichung eines einmaligen Entschlusses in einer einzigen Tathandlung, die die Rechtsgüter mehrerer Menschen verletzt, gegeben sein kann (BGH NJW 1977, 2321).

So hat der BGH bei mehrfachem unberechtigtem Einsatz einer entwendeten Karte ein und demselben **3** Geldautomaten innerhalb kürzester Zeit bei vornherein auf die Erlangung einer möglichst großen Bargeldsumme gerichtetem Vorsatz die einzelnen Zugriffsversuche nicht als selbstständige Taten, sondern als Teile einer einheitlichen Tat nach § 263a im materiell-rechtlichen Sinne angesehen (BGH wistra 2008, 220; BGH BeckRS 2010, 12945). Das Gleiche gilt für mehrere Überweisungen von einem fremden Konto auf das Girokonto des Täters (BGH BeckRS 2010, 15616). Die falsche Beurkundung in einem Notartermin bildet ebenfalls eine natürliche Handlungseinheit (BGH BeckRS 2014, 01755). Auch bei mehreren Embargoverstößen unter einer einheitlichen Registrierungsnummer (BGH NJW 1996, 602 (604)) und beim gleichzeitigen Vorenthalten von Sozialversicherungsbeiträgen für mehrere Arbeitnehmer gegenüber derselben Einzugsstelle (BGH BeckRS 2007, 09380) wurde eine natürliche Handlungseinheit bejaht. Dasselbe gilt bei mehrfachen Überweisungen bzw. Barabhebungen an einem Tag (BGH BeckRS 2010, 15616; 2014, 19394). Andererseits wurden Handlungen im Rahmen eines auf Betrugstaten angelegten Unternehmens (BGH NJW 1976, 1512) und Geldabhebungen mit gefälschten Sparbüchern bei verschiedenen Banken (BGH wistra 2004, 417) als Mehrheit einzelner Taten gewertet, weil der zeitliche und räumliche Zusammenhang fehlte. Das Eingeben fingierter Einkommensteuererklärungen mit entsprechenden Veranlagungen – ohne Anlegen von Akten – in das Datenverarbeitungssystem des Finanzamts, wodurch sich jeweils Einkommensteuererstattungen ergaben, die auf das in den Erklärungen benannte Konto eines Tatbeteiligten überwiesen wurden, hat der BGH als Tatmehrheit bewertet. Dabei wurde ausdrücklich bedacht, dass die Zeitpunkte der letzten Bearbeitung bei Erklärungen unter identischen Namen teilweise nur wenige Minuten auseinander lagen (BGH BeckRS 2009, 20746). Bei mehreren **Steuerstraftaten** liegt grundsätzlich materiell-rechtliche Tatmehrheit vor. Die Abgabe jeder einzelnen Steuererklärung für verschiedene Steuerarten, verschiedene Besteuerungszeiträume oder verschiedene Steuerpflichtige ist eine eigenständige Tat (BGH BeckRS 2014, 17290; vgl. zur einheitlichen prozessualen Tat BGH BeckRS 2004, 12227).Tateinheit kann ausnahmsweise vorliegen, wenn die Hinterziehungen durch dieselbe Erklärung bewirkt oder wenn mehrere Erklärungen durch eine körperliche Handlung gleichzeitig abgegeben werden. Auch bei Steuerhinterziehung durch Unterlassen liegt regelmäßig Tatmehrheit vor. Von Tateinheit kann nur dann ausgegangen werden, wenn die unterlassenen Angaben durch ein und dieselbe Handlung zu erbringen gewesen wären (BGH BeckRS 2014, 17290).

In Fällen **sukzessiver Tatausführung** wird für die Beurteilung, inwieweit Teilakte zu einer Tat im **4** Rechtssinne verbunden werden, darauf abgestellt, ob die der Tatbestandsvollendung dienenden Teilakte in sich einen einheitlichen Lebensvorgang bilden (BGH NJW 1998, 1568 (1570)). Eine solche tatbestandliche Einheit scheidet aus, wenn der Täter nach den Regelungen über den Rücktritt vom Versuch nicht mehr strafbefreiend zurücktreten kann. Im Steuerbeitreibungsverfahren stellt sich die Vorlage des unrichtigen Vermögensstatus tatbestandlich als versuchte Steuerhinterziehung nach § 370 AO dar (BGH NJW 1998, 1568 (1570)), so dass die natürliche Handlungseinheit endet, sobald von diesem Versuch nicht mehr zurückgetreten werden kann. Wenn der Täter einen noch nicht fehlgeschlagenen Versuch der Steuerhinterziehung durch falsche Angaben gegenüber der Finanzbehörde oder im steuergerichtlichen Verfahren mit dem Ziel fortsetzt, eine und dieselbe Steuer zu verkürzen, liegt selbst dann nur eine Tat vor, wenn die späteren Täuschungshandlungen auf einem neuen Entschluss beruhen. In diesen Fällen ist der Versuch erst dann fehlgeschlagen, wenn das Verfahren rechtskräftig abgeschlossen ist (BGH NStZ 1991, 539).

5   Die Grundsätze der natürlichen Handlungseinheit gelten auch für **Unterlassungstaten** (BGH NJW 1998, 1568 (1573)).

II. Bewertungseinheit

6   Als eine Tat im Rechtssinn wird auch die **Bewertungseinheit** gesehen, bei der die mehrfache Verwirklichung eines Tatbestands auf einem Gesamtplan des Täters beruht. Dieses Rechtsinstitut kommt insbesondere bei einer Kartellabsprache in Betracht (BGH NStZ 2006, 228). Der Einfuhrschmuggel von Waren und die dabei verwirklichte Hinterziehung von Einfuhrabgaben und die nachfolgende Hinterziehung von Umsatzsteuer bilden keine Bewertungseinheit, sondern sind als Tatmehrheit, auch im prozessualen Sinne, zu betrachten (BGH NStZ 2014, 102).

III. Rechtliche Handlungseinheit

7   **Rechtliche Handlungseinheit** liegt vor, wenn eine Tat gleichzeitig mehrere Gesetze oder das gleiche Gesetz mehrfach verletzt.

8   **Gleichartige Idealkonkurrenz** wird etwa dann angenommen, wenn durch eine Täuschungshandlung mehrere Vermögensverfügungen im Rahmen von § 263 veranlasst werden (BGH wistra 1987, 257).

9   Von **ungleichartiger Idealkonkurrenz** spricht man, wenn beispielsweise durch eine einzige Steuererklärung mehrere Steuerarten hinterzogen werden (BGH NStZ 1986, 68) oder wenn verschiedene Erklärungen zu unterschiedlichen Steuerarten, die in einem äußeren Vorgang zusammen fallen, übereinstimmende unrichtige Angaben enthalten (BGH NStZ-RR 2008, 244). Im Übrigen ist die Abgabe jeder einzelnen unrichtigen Steuererklärung als selbstständige Tat nach § 53 zu werten. Tatmehrheit wird auch bejaht, wenn jeweils am selben Tag mehrere unrichtige, aber inhaltlich voneinander unabhängige Zollanmeldungen abgegeben werden (BGH BeckRS 2008, 20929).

10   Tateinheit kommt nur dann in Betracht, wenn die tatbestandlichen, mehrere Strafgesetze oder dasselbe Strafgesetz mehrfach verletzenden Ausführungshandlungen in einem für sämtliche Tatbestandsverwirklichungen notwendigen Teil zumindest teilweise identisch sind. Dagegen vermögen ein einheitliches Motiv, eine Gleichzeitigkeit von Geschehensabläufen, die Verfolgung eines Endzwecks, eine Mittel-Zweck-Verknüpfung oder eine Grund-Folge-Beziehung eine Tateinheit nicht zu begründen (BGH NStZ 2000, 85; BGH BeckRS 2010, 04244). Die mehrfache Verletzung von Strafgesetzen durch dieselbe Handlung ist in der Regel nur dann möglich, wenn die Handlung jeweils zur Tatbestandserfüllung beiträgt. Dies ist bis zur Beendigung der Tat möglich. Eine **nach der Vollendung** der Tat liegende Handlung, die der Verwirklichung der tatbestandsmäßig vorausgesetzten Absicht des Täters dient und **zur Beendigung** führen soll, kann, wenn zugleich ein weiteres Strafgesetz verletzt wird, ebenfalls Ausführungshandlung beider Delikte sein und Tateinheit begründen. Das kann der Fall sein, wenn der Täter die Urkundenfälschung durch Herstellung des Falsifikats vollendet, aber nicht beendet hat und sie danach entsprechend seinem Plan durch betrügerisches Gebrauchmachen von dem Falschstück beendet (BGH NJW 1954, 608; 1975, 320).

11   Zwei selbstständige Delikte können durch ein weiteres Delikt zur Tateinheit verbunden werden, wenn zwischen jeder der selbstständigen Taten und dem verbindenden Delikt Idealkonkurrenz vorliegt **(Klammerwirkung).** Die Verklammerung ist aber nur zulässig, wenn zwischen den an sich selbstständigen Straftaten und dem das Bindeglied bildenden Tatbestand annähernde Wertgleichheit besteht oder die verbindende Tat die schwerste darstellt. Daher kann ein Vergehen keine selbstständigen Verbrechen zur Tateinheit verbinden (Fischer Vor § 52 Rn. 32 mwN). So kann ein Verstoß gegen ein Berufsverbot nicht mehrere selbstständige Betrugstaten zu einer Tat verbinden (BGH NStZ 1991, 549 (550)). Eine Untreue kann hingegen einen Betrug und eine Bestechlichkeit zu einer Tat verklammern (BGH NStZ 2001, 479; 2008, 340).

IV. Beteiligung mehrerer Personen

12   Sind an einer Deliktsserie **mehrere Personen** als Mittäter, mittelbare Täter, Anstifter oder Gehilfen beteiligt, ist die Frage, ob die Straftaten tateinheitlich oder tatmehrheitlich zusammentreffen, nach stRspr für jeden der Beteiligten gesondert zu prüfen und zu entscheiden (BGH NStZ-RR 2008, 275). Maßgeblich ist dabei der Umfang des Tatbeitrags jedes Tatbeteiligten. Wenn der Gehilfe mit einer einzigen Unterstützungshandlung zu mehreren Haupttaten eines Anderen Hilfe leistet, liegt nur eine Beihilfe iSd § 52 vor (BGH NStZ 2007, 526; BGH BeckRS 2010, 01602; 2014, 15363 und 22279). Lässt sich nicht feststellen, durch wie viele Handlungen der Beteiligte die festgestellten Taten gefördert hat, ist zu seinen Gunsten davon auszugehen, dass er nur eine Handlung begangen hat (BGH BeckRS 2014, 15363). Mehrere Beihilfehandlungen zu einer einzigen Tat des Haupttäters rechtfertigen jedenfalls dann, wenn ein enger zeitlicher und örtlicher Zusammenhang zwischen den Einzelhandlungen besteht, nur die Annahme einer Tat, da sich das Unrecht des Gehilfen nur aus dem Unrecht der Rechtsgutsverletzung der einmalig begangenen Haupttat ableiten lässt (BGH NStZ 1999, 513 (514)). Tatmehrheit ist anzuneh-

men, wenn durch mehrere Hilfeleistungen mehrere selbstständige Taten unterstützt werden, also den Haupttaten jeweils eigenständige Beihilfehandlungen zuzuordnen sind (BGH NStZ-RR 2008, 168; BeckRS 2011, 26345). Gibt der Haupttäter monatlich unrichtige Umsatzsteuererklärungen, unrichtige Lohnsteueranmeldungen sowie unrichtige Sozialversicherungsbeitragsnachweise ab, liegt beim Gehilfen, der zur Unterstützung der Haupttaten mehrfach Scheinrechnungen überlässt, in jedem Monat eine Beihilfe zur Steuerhinterziehung und zum tateinheitlichen Vorenthalten von Arbeitsentgelt vor. Wenn die Scheinrechnungen auch die Abgabe einer unrichtigen Umsatzsteuerjahreserklärung unterstützen sollen, ist nur eine Tat, Beihilfe zur falschen Steuerjahreserklärung, gegeben (BGH NStZ-RR 2008, 168). Bei mittelbarer Täterschaft kommt Tateinheit in Betracht, wenn die Tathandlung darin besteht, eine **Organisation** zu schaffen oder zu leiten (BGH BeckRS 2001, 30194698; BGH NStZ 1996, 296). Auch hier ist allein auf die Anzahl der Tathandlungen des jeweiligen Beteiligten abzustellen. Die einzelnen Ausführungshandlungen sind dem Hintermann im Rahmen von Tateinheit zuzurechnen (BGH BeckRS 2013, 11827).

B. Gesetzeseinheit

Von der Tateinheit ist die Gesetzeseinheit zu unterscheiden.   **13**

I. Spezialität

Spezialität ist gegeben, wenn ein Tatbestand die Voraussetzungen eines anderen Tatbestandes umfasst   **14** und darüber hinaus durch wenigstens ein zusätzliches Merkmal den Sachverhalt unter einem genaueren Gesichtspunkt beschreibt.

So erfasst das Vorenthalten von Arbeitnehmer- und Arbeitgeberanteilen nach § 266a auch betrugs-   **15** ähnliche Begehungsweisen und geht dem Betrug als lex specialis vor (BGH NStZ 2007, 527). Bewirkt ein Sachbearbeiter des Finanzamts durch die eigenhändig vorgenommene Eingabe erfundener Daten in die EDV-Anlage des Finanzamts für fingierte Steuerpflichtige die Erstattung in Wirklichkeit nicht vorhandener Steueranrechnungsbeträge (§ 36 Abs. 2 EStG), macht er sich wegen Untreue (§ 266) in Tateinheit mit Steuerhinterziehung (§ 370 AO), nicht aber wegen Computerbetrugs (§ 263a) strafbar. Denn beim Tatbestand des § 370 AO handelt es sich um eine abschließende Sonderregelung, die gemäß ihrem gesetzgeberischen Zweck den allgemeinen Betrugstatbestand verdrängt und allenfalls dann eine tateinheitliche Begehung zulässt, wenn der Täter mit Mitteln der Täuschung außerhalb der Verkürzung von Steuereinnahmen oder der Erlangung ungerechtfertigter Steuervorteile noch weitere Vorteile erstrebt (BGH NStZ 2007, 596 (598)).

II. Subsidiarität

Subsidiarität liegt vor, wenn eine Vorschrift nur dann gelten soll, wenn keine andere Norm eingreift.   **16** Dies ist etwa bei § 265a der Fall.

III. Konsumtion

Von **Konsumtion** spricht man, wenn eine Tatbestandsverwirklichung regelmäßig mit einem anderen   **17** Tatbestand zusammen trifft, dessen Unrechts- und Schuldgehalt bereits durch die Bestrafung der Haupttat ausgeglichen wird. Das sind insbesondere die Fälle der mitbestraften Vor- und Nachtat. Bei den monatlichen Umsatzsteuervoranmeldungen liegt zwar nur eine Steuerhinterziehung auf Zeit vor. Die falsche Jahreserklärung zielt hingegen auf eine endgültige Steuerverkürzung, so dass ihr ein selbstständiger Unrechtsgehalt zukommt (BGH BeckRS 2009, 12216; *Jäger* NStZ 2005, 552). Daher liegt insoweit keine mitbestrafte Vor- bzw. Nachtat vor.

Das bei der Gesetzeskonkurrenz zurücktretende Gesetz darf nicht nur im Rahmen der Strafzumessung   **18** berücksichtigt werden (BGH NJW 1964, 559). Es entfaltet auch hinsichtlich des Strafrahmens eine Sperrwirkung (BGH NStZ 2000, 419). Darüber hinaus können die beim verdrängten Gesetz zulässigen Nebenfolgen angeordnet werden.

C. Rechtsfolgen der Tateinheit

Bei **gleichartiger Idealkonkurrenz** ist die Strafe dem mehrfach verletzten Gesetz zu entnehmen.   **19** Der Umstand, dass die Vorschrift mehrfach verletzt wurde, kann im Rahmen des Erfolgs- bzw. Handlungsunrechts strafschärfend berücksichtigt werden.

Bei **ungleichartiger Idealkonkurrenz** wird der Strafrahmen nach unten durch die höchste der   **20** Mindeststrafen und nach oben durch die höchste der Höchststrafen der anwendbaren Einzelstrafgesetze bestimmt (Abs. 2). Dabei kommt es nicht auf den abstrakten, sondern den im konkreten Fall anwendbaren Strafrahmen, also unter Berücksichtigung etwaiger minder schwerer oder besonders schwerer Fälle sowie etwaiger Milderungen nach § 49, an (BGH NStZ 2004, 109 (110)). Neben der Hauptstrafe kann auf Nebenstrafen, Nebenfolgen oder Maßnahmen erkannt werden, wenn nur eines der verletzten

Gesetze sie vorschreibt oder zulässt (Abs. 4). Das gilt auch beim Zusammentreffen mit einer Ordnungs-widrigkeit, die über das Strafgesetz hinausgehende Nebenfolgen vorsieht. Sehen die verletzten Normen **verschiedene Strafarten** vor, wird die mildere durch die schwerere Strafart verdrängt Droht eines der Gesetze Freiheitsstrafe, das andere nur Geldstrafe an, so hat der Täter Freiheitsstrafe verwirkt. Auf Geldstrafe kann nur über § 47 erkannt werden. Geldstrafe kann aber unter den Voraussetzungen des § 41 StGB neben Freiheitsstrafe verhängt werden (Abs. 3). In der Regel ist das tateinheitliche Zusammen-treffen mehrerer Straftatbestände geeignet, den Unrechts- und Schuldgehalt der Tat zu verstärken, und kann deshalb ein Strafschärfungsgrund sein (vgl. zu Ausnahmen BGH NStZ 1993, 434).

§ 53 Tatmehrheit

(1) Hat jemand mehrere Straftaten begangen, die gleichzeitig abgeurteilt werden, und dadurch mehrere Freiheitsstrafen oder mehrere Geldstrafen verwirkt, so wird auf eine Ge-samtstrafe erkannt.

(2) ¹Trifft Freiheitsstrafe mit Geldstrafe zusammen, so wird auf eine Gesamtstrafe erkannt. ²Jedoch kann das Gericht auf Geldstrafe auch gesondert erkennen; soll in diesen Fällen wegen mehrerer Straftaten Geldstrafe verhängt werden, so wird insoweit auf eine Gesamtgeldstrafe erkannt.

(3) ¹Hat der Täter nach dem Gesetz, nach welchem § 43a Anwendung findet, oder im Fall des § 52 Abs. 4 als Einzelstrafe eine lebenslange oder eine zeitige Freiheitsstrafe von mehr als zwei Jahren verwirkt, so kann das Gericht neben der nach Absatz 1 oder 2 zu bildenden Gesamtstrafe gesondert eine Vermögensstrafe verhängen; soll in diesen Fällen wegen mehre-rer Straftaten Vermögensstrafe verhängt werden, so wird insoweit auf eine Gesamtver-mögensstrafe erkannt. ²§ 43a Abs. 3 gilt entsprechend.

(4) § 52 Abs. 3 und 4 Satz 2 gilt sinngemäß.

1 **1. Anwendungsbereich.** Liegen mehrere selbstständige Handlungen vor, die gleichzeitig abgeurteilt werden, ist nach § 53 eine einzige Strafe zu bilden.
2 Von selbstständigen Taten ist auszugehen, wenn keine Tateinheit iSv § 52 gegeben ist.
3 Unterbleibt die an sich mögliche Aburteilung mehrerer Taten in einem Urteil, ist die Bildung einer Gesamtstrafe nachzuholen, § 55 StGB, § 460 StPO.

4 **2. Bildung der Gesamtstrafe.** Sind mehrere Freiheitsstrafen verwirkt, muss nach Abs. 1 zwingend auf eine **Gesamtfreiheitsstrafe** erkannt werden.
5 Werden mehrere Einzelgeldstrafen ausgeworfen, ist eine **Gesamtgeldstrafe** zu bilden.
6 Treffen Freiheitsstrafen mit Geldstrafen zusammen, ist nach Abs. 2 grundsätzlich auf eine Gesamtfrei-heitsstrafe zu erkennen. In Ausnahmefällen (vgl. BGH NStZ 2001, 311, wonach bei einer Tatserie, bei der ein Teil der Taten mit Freiheitsstrafen geahndet wird, regelmäßig für sämtliche Taten auch im Bereich von § 47 eine Freiheitsstrafe zu verhängen ist) kann aber neben der Freiheitsstrafe eine gesonderte Geldstrafe angemessen sein. Dies ist dann der Fall, wenn nach den Umständen des Einzelfalls die Bildung der Gesamtfreiheitsstrafe das schwerere Übel darstellt, insbesondere wenn durch die Ein-beziehung der Geldstrafe die Vollstreckung der Freiheitsstrafe nicht mehr zur Bewährung ausgesetzt werden kann (KG NStZ 2003, 208 mwN; BGH BeckRS 2007, 15728; 2012, 07425) oder die Gesamt-strafe zum Verlust der Beamtenrechte führt (BGH NJW 1989, 2900). Das Gleiche gilt, wenn durch die Einbeziehung der Geldstrafe die Gesamtfreiheitsstrafe die Mindesthöhe von § 358 erst erreicht (BGH NJW 2008, 929). Eine Geldstrafe neben einer Freiheitsstrafe ist auch dann zulässig, wenn die Vollstreckung der Freiheitsstrafe zur Bewährung ausgesetzt wird und der Täter mit einer sofort zu vollstre-ckenden (Geld-)Strafe belegt werden soll. Werden mehrere Geldstrafen ausgeworfen, muss aus ihnen, wenn sie nicht in die Freiheitsstrafe einbezogen werden, eine Gesamtgeldstrafe gebildet werden (BGH NJW 1975, 126). Eine neben einer Freiheitsstrafe verhängte Geldstrafe nach § 41 ist nicht einbezie-hungsfähig.
7 Wird eine Einzelstrafe mit einer weiteren Rechtsfolge, einer Nebenstrafe, Nebenfolge oder Maßregel, verbunden, ist diese auch bei der Gesamtstrafe auszuwerfen.

§ 54 Bildung der Gesamtstrafe

(1) ¹Ist eine der Einzelstrafen eine lebenslange Freiheitsstrafe, so wird als Gesamtstrafe auf lebenslange Freiheitsstrafe erkannt. ²In allen übrigen Fällen wird die Gesamtstrafe durch Erhöhung der verwirkten höchsten Strafe, bei Strafen verschiedener Art durch Erhöhung der ihrer Art nach schwersten Strafe gebildet. ³Dabei werden die Person des Täters und die einzelnen Straftaten zusammenfassend gewürdigt.

(2) ¹Die Gesamtstrafe darf die Summe der Einzelstrafen nicht erreichen. ²Sie darf bei zeitigen Freiheitsstrafen fünfzehn Jahre, bei Vermögensstrafen den Wert des Vermögens des

Täters und bei Geldstrafe siebenhundertzwanzig Tagessätze nicht übersteigen; § 43a Abs. 1 Satz 3 gilt entsprechend.

(3) Ist eine Gesamtstrafe aus Freiheits- und Geldstrafe zu bilden, so entspricht bei der Bestimmung der Summe der Einzelstrafen ein Tagessatz einem Tag Freiheitsstrafe.

1. Grundsatz. Nach Abs. 1 S. 2 wird zunächst für jede Tat eine Einzelstrafe gebildet. Dabei muss bei **1** Geldstrafen neben der Tagessatzanzahl auch die Tagessatzhöhe festgesetzt werden. Die höchste Einzelstrafe **(Einsatzstrafe)** ist sodann zur Bildung der Gesamtstrafe zu erhöhen. Das Mindestmaß muss somit die Einsatzstrafe überschreiten. Das Höchstmaß darf nach Abs. 3 die Summe der Einzelstrafen nicht erreichen.

2. Bemessung der Gesamtstrafe. Die Bestimmung der Gesamtstrafe ist ein **eigener Strafzumes-** **2** **sungsakt,** dem jeder Schematismus fremd ist (BGH BeckRS 2009, 10962) und bei dem die Person des Täters und die einzelnen Straftaten zusammenfassend gewürdigt werden müssen. Unzulässig ist es in jedem Fall, die Gesamtstrafe aufgrund einer Rechenformel zu bilden (BGH StV 1994, 424 (425)). Der Summe der Einzelstrafen darf regelmäßig kein besonderes Gewicht zukommen. Wird die Einsatzstrafe nur geringfügig überschritten oder wird die Gesamtstrafe in der Nähe der Strafobergrenze angesiedelt, ist eine eingehende Begründung erforderlich (BGH NJW 1972, 454; BGH NStZ-RR 2007, 71; BGH StV 1996, 263). Werden mehrere jeweils für sich genommen aussetzungsfähige Einzelstrafen in eine Gesamtfreiheitsstrafe einbezogen, bei der die Strafaussetzung zur Bewährung nicht mehr möglich ist, muss geprüft werden, ob die Wirkung der Strafe für das künftige Leben des Täters angemessen ist (BGH NStZ 2001, 365). Das gilt insbesondere dann, wenn die Grenze zur Möglichkeit einer Strafaussetzung nur knapp überschritten wird. In diesen Fällen sind die Strafhöhe einerseits und die Möglichkeit von Geldstrafe neben Freiheitsstrafe andererseits zu überdenken (SSG Strafzumessung Rn. 1221).

Der wichtigste Gesichtspunkt ist das **Verhältnis der einzelnen Straftaten zueinander,** insbesonde- **3** re ihr Zusammenhang, ihre größere oder geringere Selbstständigkeit, ferner die Häufigkeit der Begehung, die Gleichheit oder Verschiedenheit der verletzten Rechtsgüter und der Begehungsweisen. Besteht zwischen ihnen ein enger zeitlicher, sachlicher und situativer Zusammenhang, rechtfertigt dies, die Gesamtstrafe enger zusammenzuziehen. Demgegenüber kann die Begehung mehrerer Straftaten aber auch Rückschlüsse auf die innere Einstellung des Täters, etwa auf eine bestehende Rechtsfeindlichkeit oder Gefährlichkeit sowie auf eine erhebliche Gefahr künftiger Rechtsbrüche, zulassen (BGH NStZ-RR 2007, 72). Ein wesentlicher Gesichtspunkt ist schließlich das **Gesamtgewicht des abzuurteilenden Sachverhalts** (BGH NStZ-RR 1998, 236 (237)). Das ist insbesondere dann der Fall, wenn die Zäsurwirkung einer einzubeziehenden Strafe nach § 55 zur Bildung mehrerer Gesamtstrafen führt (BGH BeckRS 2009, 11465). Darüber hinaus kann der Gesamtschaden bereits bei der Bildung der Einzelstrafen Bedeutung erlangen. Wird bei den gewichtigeren Taten auf Einzelfreiheitsstrafen von sechs Monaten und mehr erkannt, liegt es nahe, bei Einzelfällen mit geringerem Schaden kurze Freiheitsstrafen nach § 47 zu verhängen (BGH NStZ 2001, 311; 2004, 554; BGH BeckRS 2009, 12216). Allerdings darf der Gesamtschaden nicht dazu herangezogen werden, einen Verlust großen Ausmaßes nach § 263 Abs. 3 oder § 370 AO zu begründen. Das große Ausmaß muss vielmehr bei jeder einzelnen Tat erreicht sein (BGH wistra 2005, 144 (145)).

Bei **Serientaten** kann berücksichtigt werden, dass der Täter trotz Aufdeckung seiner Straftaten und **4** der Einleitung eines Verfahrens sein strafbares Verhalten bedenkenlos fortgesetzt oder sogar in der Erwartung gehandelt hat, die weiteren Taten würden aufgrund des sog Asperationsprinzips bei der Bildung der Gesamtstrafe nicht ins Gewicht fallen und damit praktisch straflos bleiben (BGH NJW 1972, 454 (456)). In diesen Konstellationen ist auch bei den weniger gravierenden Fällen regelmäßig auf eine (kurze) Freiheitsstrafe zu erkennen. Wird gleichwohl nur eine Einzelgeldstrafe verhängt, ist diese grds. in die Gesamtfreiheitsstrafe einzubeziehen. Die gesonderte Verhängung einer Geldstrafe nach § 53 Abs. 2 S. 1 liegt hier fern (BGH NStZ 2001, 311). Andererseits muss eine wiederholte Tatbegehung nicht in jedem Fall Ausdruck einer sich steigernden rechtsfeindlichen Einstellung sein. Vielmehr kann sie auch darauf zurückzuführen sein, dass die Hemmschwelle immer niedriger wurde, was nicht nur bei der Bildung der Einzelstrafen, sondern auch bei der Bildung der Gesamtstrafe zugunsten des Täters zu berücksichtigen ist (BGH NJW 1995, 2234).

Die Würdigung der **Person des Täters** hat neben seiner Strafempfänglichkeit vor allem seine **5** größere oder geringere Schuld im Hinblick auf das Gesamtgeschehen sowie die Frage zu berücksichtigen, ob die mehreren Straftaten einem kriminellen Hang bzw. bei Fahrlässigkeitstaten einer allgemeinen gleichgültigen Einstellung entspringen oder ob es sich um Gelegenheitsdelikte ohne innere Verbindung handelt (BGH NJW 1972, 454). Wie bereits bei der Bestimmung der Einzelstrafe wirkt es mildernd, wenn es sich um einen Ersttäter oder um eine erstmalige Strafverbüßung handelt. Bei hohen Gesamtstrafen sind ferner die Auswirkungen der Strafe auf das weitere Leben des Täters zu prüfen (BGH NStZ 1988, 126). Das Nachtatverhalten, insbesondere die Stabilisierung der Lebensverhältnisse oder die Schadenswiedergutmachung, kann ebenfalls von Bedeutung sein (BGHR StGB § 46 Abs. 1 Beurteilungsspielraum 1).

§ 56 Strafaussetzung

(1) ¹Bei der Verurteilung zu Freiheitsstrafe von nicht mehr als einem Jahr setzt das Gericht die Vollstreckung der Strafe zur Bewährung aus, wenn zu erwarten ist, daß der Verurteilte sich schon die Verurteilung zur Warnung dienen lassen und künftig auch ohne die Einwirkung des Strafvollzugs keine Straftaten mehr begehen wird. ²Dabei sind namentlich die Persönlichkeit des Verurteilten, sein Vorleben, die Umstände seiner Tat, sein Verhalten nach der Tat, seine Lebensverhältnisse und die Wirkungen zu berücksichtigen, die von der Aussetzung für ihn zu erwarten sind.

(2) ¹Das Gericht kann unter den Voraussetzungen des Absatzes 1 auch die Vollstreckung einer höheren Freiheitsstrafe, die zwei Jahre nicht übersteigt, zur Bewährung aussetzen, wenn nach der Gesamtwürdigung von Tat und Persönlichkeit des Verurteilten besondere Umstände vorliegen. ²Bei der Entscheidung ist namentlich auch das Bemühen des Verurteilten, den durch die Tat verursachten Schaden wiedergutzumachen, zu berücksichtigen.

(3) Bei der Verurteilung zu Freiheitsstrafe von mindestens sechs Monaten wird die Vollstreckung nicht ausgesetzt, wenn die Verteidigung der Rechtsordnung sie gebietet.

(4) ¹Die Strafaussetzung kann nicht auf einen Teil der Strafe beschränkt werden. ²Sie wird durch eine Anrechnung von Untersuchungshaft oder einer anderen Freiheitsentziehung nicht ausgeschlossen.

A. Anwendungsbereich

1   Die Vorschrift gilt nur für Freiheitsstrafen iSv § 38. Die zusätzliche Festsetzung einer Geldstrafe nach § 41 oder § 53 Abs. 2 S. 2 steht einer Strafaussetzung auch dann nicht entgegen, wenn Freiheitsstrafe und Geldstrafe zusammen die Zweijahresgrenze überschreiten. Dies folgt aus dem Wortlaut des § 56 und aus dem Zweck der Strafaussetzung zur Bewährung, der ua darauf gerichtet ist, die Vollstreckung kurzer Freiheitsstrafen zurückzudrängen (BGH NJW 1985, 1719). Werden neben der Freiheitsstrafe freiheitsentziehende Maßregeln angeordnet, berührt dies die Möglichkeit der Strafaussetzung grds. nicht (BGH NJW 1978, 599). Für die Aussetzung der Maßregeln gilt § 67b, für die Aussetzung des Berufsverbots § 70a.

B. Voraussetzungen

I. Grundsatz

2   Das Gesetz unterscheidet drei Gruppen von Freiheitsstrafen:
3   Bei Freiheitsstrafen bis zu sechs Monaten ist die Aussetzung bei günstiger Kriminalprognose zwingend.
4   Bei Freiheitsstrafen über sechs Monate bis zu einem Jahr ist die Aussetzung bei günstiger Prognose zwingend, wenn nicht die Verteidigung der Rechtsordnung die Vollstreckung gebietet.
5   Bei Freiheitsstrafen über einem Jahr bis zu zwei Jahren wird die Vollstreckung der Strafe ausgesetzt, wenn die Prognose günstig ist, die Verteidigung der Rechtsordnung die Vollstreckung nicht gebietet und zudem besondere Umstände vorliegen.
6   Für die jeweils maßgebende Dauer der Freiheitsstrafe gilt die Höhe der ausgesprochenen Strafe. Bei Gesamtfreiheitsstrafen ist die Gesamtstrafe maßgebend, § 58. Der Umstand, dass Untersuchungshaft angerechnet wird, spielt grds. keine Rolle. Auch in diesen Fällen ist die gesamte verhängte Freiheitsstrafe zur Bewährung auszusetzen. Ist die ausgesprochene Strafe durch Untersuchungshaft aber bereits vollständig verbüßt, kommt eine Strafaussetzung zur Bewährung nicht mehr in Betracht (BGH NStZ 1982, 326).
7   Gesichtspunkte der Strafzumessung iSd Findung einer schuldangemessenen Strafe dürfen mit solchen der Strafaussetzung zur Bewährung nicht vermengt werden (BGH NStZ 2001, 311; 2014, 31). Eine das Schuldmaß unterschreitende Strafe darf daher nicht verhängt werden, nur um die Möglichkeit der Strafaussetzung zu schaffen (BGH NJW 1984, 2170 (2171)). Andererseits ist eine Mitberücksichtigung der Aussetzungsfrage im Hinblick auf § 46 Abs. 1 S. 2 zulässig, solange ein angemessener Ausgleich für die Schuld des Täters gewährleistet ist (BGH NJW 1984, 2170 (2171); BGH NStZ 1990, 488). Dies gilt insbesondere bei Steuerstraftaten (BGH NJW 1984, 2170 (2171)) vor allem für die Möglichkeit, nach § 41 oder § 53 Abs. 2 S. 2 neben der Freiheitsstrafe eine Geldstrafe zu verhängen, wenn dadurch eine nicht aussetzungsfähige Freiheitsstrafe vermieden und die kombinierte Strafe dem Täter besser gerecht wird.
8   Werden zugleich mehrere Strafen verhängt, muss die Prognose einheitlich getroffen werden. Die Strafaussetzung kann nur einheitlich gewährt werden (BGHSt 11, 342 (343)).

II. Prognose

1. Erwartensklausel. Eine Strafaussetzung zur Bewährung setzt in allen Fällen die Erwartung voraus, **9** dass der Täter auch ohne die Vollstreckung künftig, dh auch nach Ablauf der Bewährungszeit, keine Straftaten mehr begehen wird. Als künftige Straftat gilt jede strafbare Handlung, nicht nur eine nach Art und Schwere der Verurteilung ähnliche Tat (BGH NStZ-RR 2001, 15 (16)). Erforderlich für die Annahme einer solchen Erwartung ist die **begründete Wahrscheinlichkeit straffreier Führung** (BGH NStZ-RR 2005, 38). Eine sichere Gewähr ist nicht notwendig (BGH NStZ 1997, 594). Andererseits genügt es aber nicht, dass nur die Hoffnung oder Möglichkeit künftiger straffreier Führung besteht. Vielmehr muss die Wahrscheinlichkeit straffreien Lebens größer sein als diejenige neuer Straftaten (BGH NStZ 1997, 594). Die Prognose muss auf Tatsachen begründet werden. Der Grundsatz in dubio pro reo gilt weder für die Feststellung dieser Tatsachen, noch für die Prognose selbst (SSG Strafzumessung Rn. 132).

Maßgeblicher Zeitpunkt ist die Hauptverhandlung (BGH StV 1992, 13) bzw. der Beschluss der **10** nachträglichen Gesamtstrafenbildung nach § 460 StPO (BGH NStZ 2004, 85). Eine beachtliche Stabilisierung der Lebensverhältnisse seit der Tat (BGH StV 1991, 346) oder eine Wandlung der Persönlichkeit unter dem Eindruck des Tatgeschehens (BGH StV 1992, 13) können daher eine günstige Prognose begründen.

2. Gesamtabwägung. Die Prognose ist aufgrund einer individuellen Gesamtabwägung zu treffen, **11** die Schlüsse auf das weitere Verhalten des Täters zulässt, ohne dass es darauf ankäme, ob diese Umstände verschuldet sind oder nicht. Hierbei sind die Tat, die Persönlichkeit des Täters einschließlich seines Vorlebens, sein Verhalten nach der Tat sowie die sozialen Perspektiven zu berücksichtigen. In diese Abwägung können auch Umstände einbezogen werden, die schon für die Festsetzung der Strafhöhe bedeutsam waren.

Ein wesentlicher Faktor ist nach Abs. 1 S. 2 die **Persönlichkeit des Täters.** Von Bedeutung sind **12** insoweit seine Veranlagung, seine Gesinnung und seine Überzeugung sowie die Einsicht in die Verwerflichkeit seiner Tat. Fehlende Unrechtseinsicht darf zwar bei der Bestimmung der Strafhöhe nicht strafschärfend berücksichtigt werden. Für die Frage, ob die Begehung weiterer Straftaten zu besorgen ist, kommt einer vorhandenen oder aber auch fehlenden Unrechtseinsicht demgegenüber eine durchaus maßgebliche Bedeutung zu. Fehlt die Unrechtseinsicht, besteht die Gefahr der Begehung weiterer gleichgelagerter Straftaten (OLG Hamm BeckRS 2014, 09419). Erhebliches Gewicht kommt den Vorstrafen zu. Bei einem nicht Vorbestraften wird die Prognose regelmäßig günstig sein (BGH NStZ-RR 2004, 201). Umgekehrt stehen Vorstrafen einer günstigen Prognose nicht ohne weiteres entgegen. Bei Vorverurteilungen ist auf ihre Art und auf die zeitliche Abfolge abzustellen (BGH StV 1992, 417). Fahrlässigkeitstaten sind grds. nur dann von Bedeutung, wenn sie Schlüsse auf eine rechtsfeindliche oder rechtsgleichgültige Gesinnung zulassen (BGH NJW 1967, 579). Länger zurückliegende Taten sprechen nicht notwendig für eine ungünstige Prognose (BayObLG NStZ-RR 2003, 105). Das Gleiche gilt, wenn der Täter inzwischen berufliche oder familiäre Bindungen aufgebaut hat. Eine zunehmende Straffälligkeit oder die Begehung einer Straftat kurz nach der Entlassung aus Untersuchungs- oder Strafhaft weisen regelmäßig auf eine ungünstige Prognose hin. Eine Straftat während der Bewährungszeit belegt, dass die frühere günstige Prognose falsch war. Eine erneute günstige Prognose ist daher nur unter besonderen Umständen zulässig (OLG Karlsruhe NStZ-RR 2005, 200). Jedoch schließt ein derartiger Bewährungsbruch eine günstige Prognose nicht von vornherein aus. Die Bewährung kann somit nicht lediglich unter Berufung auf den Bewährungsbruch versagt werden (BGH NStZ 1983, 454). Hat der Täter bereits eine Freiheitsstrafe verbüßt, ist zu prüfen, welche Wirkungen die Verbüßung hatte (OLG Karlsruhe NStZ-RR 2005, 200). Auch Untersuchungshaft (BGH StV 2001, 676; BGH NStZ-RR 2005, 38) oder der begonnene Vollzug einer anderen Strafe (OLG Karlsruhe StV 2001, 626) können einen Warneffekt ausgeübt haben, so dass die Prognose nunmehr günstig ist.

Auch das **Verhalten des Täters nach der abzuurteilenden Tat,** insbesondere neue Straftaten, kann **13** einer günstigen Prognose entgegenstehen. Das gilt vor allem, wenn sich hieraus Rechtsfeindschaft oder Gleichgültigkeit gegenüber der Rechtsordnung ableiten lassen. Allerdings sind weitere Taten während des Strafverfahrens kein zwingender Grund, die Strafaussetzung zu versagen. Die Erwägung, das Urteil werde den Täter mehr beeindrucken als das laufende Verfahren, kann insbesondere bei unvorbestraften und geständigen Tätern den Weg zur Bewährung rechtfertigen (BGH BeckRS 2008, 20316). Beachtlich ist auch das Verheimlichen des Beuteverbleibs (OLG Karlsruhe MDR 1978, 71), soweit es sich nicht als bloße Konsequenz des Ableugnens der Tat erweist. Denn bei der Würdigung des Prozessverhaltens ist darauf zu achten, dass zulässiges Verteidigungsverhalten, etwa fehlende Reue und Unrechtseinsicht, nicht zum Nachteil des Täters gewertet werden darf (BGH NStZ-RR 2003, 264). Gute Führung über längere Zeit nach der Tat ist zugunsten des Täters zu berücksichtigen (BGH StV 1991, 346; BGH BeckRS 2012, 07421).

Auch die **Umstände der Tat** können von Bedeutung sein. Insoweit ist zu bedenken, ob die Tat lange **14** geplant war, ob es sich um eine einzelne Tat oder eine Tatserie handelte sowie die sich aus der Tat ergebende Einstellung des Täters und seine Beweggründe.

15   Wichtige Faktoren für die Prognoseentscheidung ergeben sich aus den **wirtschaftlichen und persönlichen Lebensverhältnissen** des Täters. Positiv kann ins Gewicht fallen, dass er sich von Personen,
die ihn negativ beeinflusst haben, gelöst hat oder eine sonstige Ursache für die Straffälligkeit fortgefallen
ist (BayObLG StV 1994, 186 (187)). Eine Stabilisierung kann auch durch andere Veränderungen,
Arbeitsplatz, Wohnung, feste Beziehung, eintreten (BGH StV 1996, 207). Die Prognose kann auch
durch ein gleichzeitig verhängtes Berufsverbot oder begleitende Maßnahmen im Rahmen der Bewäh-
rungsüberwachung günstig beeinflusst werden. Schließlich spricht der Umstand, dass der Täter erstmals
in fortgeschrittenem Alter straffällig wurde, dafür, dass er sich auch künftig rechtstreu verhalten werde
(OLG Hamm BeckRS 2009, 21365).

C. Besondere Umstände nach Abs. 2

16   Besondere Umstände iS dieser Bestimmung sind solche, die im Vergleich mit gewöhnlichen, durchschnittlichen, allgemeinen oder einfachen Milderungsgründen von besonderem Gewicht sind und eine
Strafaussetzung trotz des erheblichen Unrechts- und Schuldgehalts der Tat, wie er sich in der Höhe der
Strafe widerspiegelt, als nicht unangebracht und den vom Strafrecht geschützten Interessen nicht
zuwiderlaufend erscheinen lassen. Ob derartige Umstände vorliegen, ist auf der Grundlage einer
umfassenden Gesamtwürdigung von Tat und Täter zu prüfen. Hierbei können Umstände, die einzeln
lediglich durchschnittliche Milderungsgründe wären, durch ihr Zusammentreffen ein solches Gewicht
erlangen, dass ihnen in ihrer Gesamtheit die Bedeutung besonderer Umstände iS jener Vorschrift
zuerkannt werden muss (BGH NStZ 1986, 27). Es kommen insbesondere solche Gründe in Betracht,
die eine Vollstreckung spezialpräventiv schädlich erscheinen ließen oder die geeignet sind, auf eine
Vollstreckung aus Gründen der Generalprävention zu verzichten, weil der Täter anderweitig ausreichende Nachteile als Folgen seiner Tat erfahren hat (SSG Strafzumessung Rn. 159). Auch Umstände, die die
Anwendung eines gemilderten Strafrahmens begründet haben, sind nicht verbraucht, sondern können
erneut heran gezogen werden (BGH NStZ-RR 2014, 138).Die Milderungsgründe müssen umso
gewichtiger sein, je näher die Strafe an der Obergrenze von zwei Jahren liegt (BGH NStZ 1987, 21).

17   Neben den vertypten Milderungsgründen sind alle Umstände von Bedeutung, die die Tat oder den
Täter kennzeichnen. Hierzu gehören namentlich das Alter des Täters, sein vorstrafenfreies Leben und
sein Verhalten nach der Tat, etwa ein Geständnis, geleistete Schadenswiedergutmachung oder Aufklä-
rungshilfe (BGH NStZ-RR 2014, 138). Desgleichen können mittelbare Tatfolgen, wie berufliche
Nachteile (BGH NStZ 1987, 172), familiäre und wirtschaftliche Schwierigkeiten (BGHR StGB § 56
Abs. 2 Sozialprognose 2) oder die Stabilisierung der Lebensverhältnisse (BGHR StGB § 56 Abs. 2
Gesamtwürdigung, unzureichende 8) eine Rolle spielen. Auch eine lange Verfahrensdauer oder ein
erheblicher Zeitablauf seit der Tat kommen als besondere Umstände in Betracht (SSG Strafzumessung
Rn. 162 mwN). Von Bedeutung sind schließlich eine unverschuldete finanzielle Notlage sowie erlittene
Untersuchungshaft (BGH wistra 1987, 62). Liegt bei Gesamtstrafen keine Einzelstrafe über einem Jahr,
lässt sich eine Strafaussetzung nach § 56 Abs. 2 regelmäßig eher begründen (SSG Strafzumessung
Rn. 164).

D. Verteidigung der Rechtsordnung

18   Die Verteidigung der Rechtsordnung gebietet die Vollstreckung der verhängten Strafe, wenn eine
Aussetzung der Strafe zur Bewährung im Hinblick auf schwerwiegende Besonderheiten des Einzelfalles
für das allgemeine Rechtsempfinden schlechthin unverständlich erscheinen müsste und das Vertrauen
der Bevölkerung in die Unverbrüchlichkeit des Rechts und in den Schutz der Rechtsordnung vor
kriminellen Angriffen dadurch erschüttert werden könnte (BGH NJW 1971, 439 (440)). Die Frage, ob
diese Voraussetzungen gegeben sind, ist anhand einer Gesamtwürdigung aller der Tat und den Täter
kennzeichnenden Umstände zu beantworten. Hierbei sprechen für den Täter ein vorstrafenfreies Leben
(BGHR StGB § 56 Abs. 3 Verteidigung 7), das Verbüßen von Untersuchungshaft, ein Geständnis, ein
bloß untergeordneter Tatbeitrag (BGHR StGB § 56 Abs. 3 Verteidigung 11; BGH BeckRS 2014,
01825), Handeln innerhalb einer Gruppendynamik oder Schadenswiedergutmachung (SSG Strafzumessung Rn. 149 mwN).

19   Besondere Tatfolgen, ein hartnäckiges, rechtsmissachtendes Verhalten, eine besondere Sozialschädlichkeit, die Häufung bestimmter Taten, der Missbrauch einer beruflichen Stellung, etwa eines Anlageberaters einer Bank (BGHR StGB § 56 Abs. 3 Verteidigung 10), oder das Spekulieren auf eine Strafaussset-
zung bei Begehung der Tat legen eine Vollstreckung der Strafe nahe (SSG Rn. 225 mwN). Bei Steuerhinterziehungen beträchtlichen Umfangs kann die Verteidigung der Rechtsordnung bejaht werden,
wenn die Tat Ausdruck einer verbreiteten Einstellung ist, die eine durch einen erheblichen Unrechtsgehalt gekennzeichnete Norm nicht ernst nimmt und von vornherein auf die Strafaussetzung vertraut
(BGH NStZ 1985, 459). Das gilt insbesondere bei großen Steuerausfällen im Rahmen eines komplexen
und aufwändigen Täuschungssystems, das die systematische Verschleierung von Sachverhalten über
einen längeren Zeitraum bezweckte (BGH BeckRS 2009, 15989). Die beträchtliche Schädigung der
Solidargemeinschaft der gesetzlich Rentenversicherungspflichtigen unter Ausnutzung der besonderen

beruflichen Vertrauensstellung kann jedenfalls dann der Strafaussetzung entgegenstehen, wenn gleichzeitig der Verdacht auf Kollegen gelenkt wird und diese der Gefahr einer unberechtigten Strafverfolgung ausgesetzt werden (BGH BeckRS 2014, 17642).

§ 56a Bewährungszeit

(1) ¹Das Gericht bestimmt die Dauer der Bewährungszeit. ²Sie darf fünf Jahre nicht überschreiten und zwei Jahre nicht unterschreiten.

(2) ¹Die Bewährungszeit beginnt mit der Rechtskraft der Entscheidung über die Strafaussetzung. ²Sie kann nachträglich bis auf das Mindestmaß verkürzt oder vor ihrem Ablauf bis auf das Höchstmaß verlängert werden.

1. Dauer. Im Bewährungsbeschluss, der grds. mit dem Urteil zu verkünden ist (§ 268a StPO), ist der **1** Zeitraum festzulegen, in dem der Verurteilte sich bewähren muss. Die Bewährungszeit beträgt mindestens zwei und höchstens fünf Jahre. Die Mindestzeit gilt auch dann, wenn die Festsetzung der Bewährungszeit unterblieben ist (OLG Hamm NStZ-RR 2000, 126).

2. Festsetzung. Bei der Bestimmung der Bewährungszeit ist auf den Sinn und Zweck der Bewährung **2** abzustellen. Entscheidend ist danach, wie lange der Verurteilte unterstützt und überwacht werden muss. Von Bedeutung ist dabei insbesondere der Zeitraum, der für die Erfüllung der Auflagen und Weisungen notwendig ist. Die äußerste Grenze bildet insoweit der Grundsatz der Verhältnismäßigkeit.

3. Beginn. Die Bewährungszeit beginnt mit Rechtskraft des Urteils oder des Gesamtstrafenbeschlus- **3** ses. Sie wird nicht dadurch unterbrochen, dass der Verurteilte flüchtig ist, sich verborgen hält oder auf behördliche Anordnung in einer Anstalt verwahrt wird (OLG Düsseldorf NStZ 1994, 559).

4. Änderung. Die Bewährungszeit kann nachträglich durch Beschluss, vor dem die Staatsanwaltschaft **4** und der Verurteilte zu hören sind (§ 453 Abs. 1 StPO), geändert werden, wenn neue Gründe, insbesondere prognoserelevante Veränderungen, vorliegen. Bei der Verlängerung der Bewährungszeit kann die in Abs. 2 bestimmte Frist im Rahmen von § 56f Abs. 2 S. 2 verlängert werden.

Die Zuständigkeit für diese Entscheidung ist in § 462a StPO geregelt. **5**

§ 56b Auflagen

(1) ¹Das Gericht kann dem Verurteilten Auflagen erteilen, die der Genugtuung für das begangene Unrecht dienen. ²Dabei dürfen an den Verurteilten keine unzumutbaren Anforderungen gestellt werden.

(2) ¹Das Gericht kann dem Verurteilten auferlegen,
1. nach Kräften den durch die Tat verursachten Schaden wiedergutzumachen,
2. einen Geldbetrag zugunsten einer gemeinnützigen Einrichtung zu zahlen, wenn dies im Hinblick auf die Tat und die Persönlichkeit des Täters angebracht ist,
3. sonst gemeinnützige Leistungen zu erbringen oder
4. einen Geldbetrag zugunsten der Staatskasse zu zahlen.
²Eine Auflage nach Satz 1 Nr. 2 bis 4 soll das Gericht nur erteilen, soweit die Erfüllung der Auflage einer Wiedergutmachung des Schadens nicht entgegensteht.

(3) Erbietet sich der Verurteilte zu angemessenen Leistungen, die der Genugtuung für das begangene Unrecht dienen, so sieht das Gericht in der Regel von Auflagen vorläufig ab, wenn die Erfüllung des Anerbietens zu erwarten ist.

A. Sinn und Zweck

Wird die Vollstreckung einer Freiheitsstrafe zur Bewährung ausgesetzt, erfährt der Verurteilte keine **1** fühlbare Sanktion. Diesem Umstand trägt die Regelung des § 56b Rechnung. Die in der Vorschrift abschließend aufgezählten Auflagen dienen der **Genugtuung für das begangene Unrecht**, Abs. 1 S. 1. Das Gericht kann sich auf eine bestimmte Auflage beschränken oder mehrere Auflagen nebeneinander erteilen. Der Sinn der Auflagen besteht in erster Linie darin, dem Verurteilten zu verdeutlichen, dass Straftaten eine staatliche Reaktion nach sich ziehen.

B. Voraussetzungen

Die Anordnung von Auflagen liegt im pflichtgemäßen **Ermessen** des Gerichts. Insoweit ist einmal zu **2** beachten, dass die Schadenswiedergutmachung den übrigen Auflagen vorgeht, Abs. 2 S. 2. Darüber hinaus dürfen **keine unzumutbaren Auflagen** verhängt werden, Abs. 1 S. 2. Ein solcher Fall ist nicht schon dann gegeben, wenn sie die Leistungsfähigkeit des Verurteilten übersteigt, sondern erst, wenn die Auflage in krassem Missverhältnis zur wirtschaftlichen Situation des Verurteilten steht (OLG Düsseldorf NStZ 1993, 136). Schließlich ist von der Anordnung **von Auflagen (vorläufig) abzusehen,** wenn der Verurteilte freiwillige Leistungen anbietet, Abs. 3. Diese Regelung bietet dem Angeklagten in Fällen, in denen die Bewährung auf der Kippe steht, eine gute Möglichkeit, auf die Strafaussetzung zur Bewährung hinzuwirken (BGH wistra 2006, 343).

C. Auflagen nach Abs. 2

I. Schadenswiedergutmachung

3   Die **Schadenswiedergutmachung** hat **Vorrang** vor den anderen Auflagen. Sie umfasst den materiellen Schaden und das Schmerzensgeld des unmittelbaren Tatopfers, nicht eines mittelbar Geschädigten, etwa einer Versicherung (OLG Hamm NStZ-RR 1998, 138) oder eines Dritten im Rahmen des Gesamtschuldnerausgleichs (OLG Hamburg StV 2004, 657). Sie ist der Höhe nach durch den zivilrechtlichen Anspruch begrenzt. Die Verjährung des privatrechtlichen Anspruchs schließt die Anwendung der Nr. 1 aber nicht aus. Die Schadenswiedergutmachung erfasst auch öffentlich-rechtliche Schadenspositionen (BVerfG NStZ-RR 2000, 264), beispielsweise Steuerschulden (OLG Frankfurt a. M. NStZ-RR 2004, 262). Gerichtskosten oder die Kosten der Nebenklage gehören aber nicht zu dem zu ersetzenden Schaden.

4   Zwar ist nach dem Gesetz nur eine Schadenswiedergutmachung nach Kräften vorgesehen. Die Bewährungsauflage sollte gleichwohl einen bestimmten Betrag nennen, um etwaige Verstöße sicher feststellen zu können. Die Höhe der Auflage hat sich an den finanziellen Verhältnissen des Verurteilten zu orientieren. Sie darf zwar die Leistungsfähigkeit des Verurteilten übersteigen, aber nicht in krassem Missverhältnis zur seiner wirtschaftlichen Situation stehen (OLG Düsseldorf NStZ 1993, 136). Bei der Beurteilung der Leistungsfähigkeit ist es auch zulässig, den Verurteilten auf die Verwertung seines Grundvermögens zu verweisen (BGHR StGB § 56b Wiedergutmachung 2 Leistungsfähigkeit). Vor diesem Hintergrund sollte gerade in Wirtschaftsstrafsachen, in denen sich der Täter häufig durch die Tat bereichert hat, unabhängig von den Möglichkeiten der §§ 73 ff. auf eine umfassende Schadenswiedergutmachung hingewirkt werden. Wenn die finanziellen Verhältnisse des Verurteilten nicht festgestellt werden können, darf ihm nicht aufgegeben werden, die Einkommensverhältnisse zwecks Nachweises der ordnungsgemäßen Erfüllung der Wiedergutmachung offen zu legen (BVerfG NJW 1995, 2279). Auch die Auflage, unverzüglich ein Arbeitsverhältnis zu begründen, um die Schadenswiedergutmachung leisten zu können, ist nicht zulässig (BVerfG NJW 1982, 67). Das Gericht sollte für die Erfüllung der Auflage eine genaue Frist bestimmen. Ist das unterblieben, steht für die Erfüllung der Auflage die gesamte Bewährungszeit zur Verfügung (OLG Dresden StV 2009, 531).

II. Zahlung an gemeinnützige Einrichtung

5   Soweit die Schadenswiedergutmachung nicht gefährdet wird, kann die Zahlung eines Geldbetrags an eine gemeinnützige Einrichtung auferlegt werden. Diese Auflage kann **allein oder neben der Schadenswiedergutmachung** angeordnet werden. Die Höhe des Betrags darf nicht außer Verhältnis zur Tatschuld und den wirtschaftlichen Verhältnissen des Verurteilten stehen. Eine Höchstgrenze ist gesetzlich nicht vorgesehen. Allerdings wird man sich an den Grundsätzen der Geldstrafe zu orientieren haben (Fischer Rn. 7 mwN).

III. Sonst gemeinnützige Leistungen

6   Die Auflage nach Nr. 3, die nicht gegen Art. 12 GG verstößt, erfasst in erster Linie Arbeitsleistungen. Das Gericht hat die Leistungen nach Art, Maß, Zeit und Ort grds. selbst fest zu setzen und darf sie nicht einem Dritten überlassen (OLG Frankfurt a. M. NStZ-RR 1997, 2). Die Auflagen müssen so bestimmt sein, dass der Verurteilte unmissverständlich weiß, wann er einen Widerruf der Strafaussetzung zu erwarten hat (BVerfG BeckRS 2014, 57453). Daher muss der Zeitraum, innerhalb dessen die Arbeitsleistung zu erbringen ist, hinreichend bestimmt sein. Im Rahmen der Zumutbarkeit ist insbesondere die körperliche Leistungsfähigkeit des Verurteilten zu berücksichtigen.

IV. Zahlung an die Staatskasse

7   Die Auflage steht ebenfalls in der Rangfolge hinter der Schadenswiedergutmachung. Bei der Höhe des Betrags sind die gleichen Grundsätze zu beachten wie bei der Auflage Nr. 2.

D. Prozessrecht

8   Die Auflagen werden in einem zusammen mit dem Urteil zu verkündenden Beschluss angeordnet (§ 268a StPO). Unterbleibt der Beschluss, können nachträglich keine Auflagen mehr festgesetzt werden (OLG Köln NStZ-RR 2000, 338).

Die Überwachung der Erfüllung der Auflagen obliegt dem Gericht, § 453b StPO. 9

Die Anfechtung des Urteils umfasst nicht den Bewährungsbeschluss. Ob das Berufungsgericht über 10 etwaige Auflagen neu zu entscheiden hat und ob das Verschlechterungsverbot in der Berufung gilt, ist umstritten (vgl. Fischer Rn. 10 mwN). Mit der Aufhebung des Rechtsfolgenausspruchs in der Revision wird der Beschluss jedoch gegenstandslos.

Gegen den Bewährungsbeschluss ist die einfache Beschwerde statthaft. Eine Überprüfung findet aber 11 nur im Rahmen von § 305a StPO statt.

§ 56c Weisungen

(1) ¹Das Gericht erteilt dem Verurteilten für die Dauer der Bewährungszeit Weisungen, wenn er dieser Hilfe bedarf, um keine Straftaten mehr zu begehen. ²Dabei dürfen an die Lebensführung des Verurteilten keine unzumutbaren Anforderungen gestellt werden.

(2) Das Gericht kann den Verurteilten namentlich anweisen,

1. Anordnungen zu befolgen, die sich auf Aufenthalt, Ausbildung, Arbeit oder Freizeit oder auf die Ordnung seiner wirtschaftlichen Verhältnisse beziehen,
2. sich zu bestimmten Zeiten bei Gericht oder einer anderen Stelle zu melden,
3. zu der verletzten Person oder bestimmten Personen oder Personen einer bestimmten Gruppe, die ihm Gelegenheit oder Anreiz zu weiteren Straftaten bieten können, keinen Kontakt aufzunehmen, mit ihnen nicht zu verkehren, sie nicht zu beschäftigen, auszubilden oder zu beherbergen,
4. bestimmte Gegenstände, die ihm Gelegenheit oder Anreiz zu weiteren Straftaten bieten können, nicht zu besitzen, bei sich zu führen oder verwahren zu lassen oder
5. Unterhaltspflichten nachzukommen.

(3) Die Weisung,

1. sich einer Heilbehandlung, die mit einem körperlichen Eingriff verbunden ist, oder einer Entziehungskur zu unterziehen oder
2. in einem geeigneten Heim oder einer geeigneten Anstalt Aufenthalt zu nehmen,

darf nur mit Einwilligung des Verurteilten erteilt werden.

(4) Macht der Verurteilte entsprechende Zusagen für seine künftige Lebensführung, so sieht das Gericht in der Regel von Weisungen vorläufig ab, wenn die Einhaltung der Zusagen zu erwarten ist.

1. Zweck. Die nach der Vorschrift zulässigen Weisungen haben ausschließlich **spezialpräventiven** 1 **Charakter** und dienen dazu, den Verurteilten von weiteren Straftaten abzuhalten. Sie dürfen nur angeordnet werden, wenn der Verurteilte diese Hilfe benötigt, Abs. 1 S. 1. Der Katalog in Abs. 2 ist nicht abschließend. Es sind auch andere, nicht im Gesetz genannte Weisungen zulässig (Erwerb der Fahrerlaubnis, OLG Stuttgart BeckRS 2013, 01990; Verbot der Internetnutzung, OLG Frankfurt a. M. NStZ-RR 2010, 389), soweit sie nicht gesetzwidrig (BVerfG NJW 1983, 442) oder unzumutbar sind.

2. Katalog des Abs. 2. Bei den Weisungen nach Abs. 2 Nr. 1 ist im Wirtschaftsstrafrecht insbeson- 2 dere die Ordnung der wirtschaftlichen Verhältnisse von Bedeutung. Dabei kann dem Verurteilten zur Unterstützung bei der Schuldenregulierung auch ein Bewährungshelfer beigeordnet werden (§ 56d). Die Weisungen sind im Wesentlichen vom Gericht selbst anzuordnen und dürfen nicht einem Dritten überlassen werden. Sie müssen darüber hinaus so bestimmt sein, dass ihre Einhaltung überprüft werden kann (BVerfG BeckRS 2014, 57453). Die Wiederholung des gesetzlichen Wortlauts wird diesen Erfordernissen nicht gerecht. Zulässig ist es, dem Verurteilten aufzuerlegen, einen Schuldentilgungsplan aufzustellen, dessen Realisierung mit nachträglichen Weisungen (§ 56e) konkretisiert wird. Zulässig ist auch die Weisung, keine weiteren Kredite aufzunehmen oder monatlich einen bestimmten Betrag zur Schuldentilgung zu verwenden. Dem Verurteilten darf auch die Aufnahme einer selbstständigen kauf-männischen Tätigkeit untersagt werden, wenn diese für die Straftat ursächlich war (SSW StGB/*Mosbacher* Rn. 8; vgl. zu berufsbezogenen Weisungen BGH NJW 1956, 1447; OLG Frankfurt a. M. BeckRS 2012, 19534). Weisungen nach § 56c gehen der Anordnung eines Berufsverbots grds. vor (→ § 70 Rn. 40).

Die Meldeauflage nach Abs. 2 Nr. 2 dient wie die wie die Weisung, den Wohnsitz- und Arbeitsplatz- 3 wechsel mitzuteilen, der Kontrolle des Verurteilten.

Eine Weisung nach Abs. 2 Nr. 3 ist angezeigt, wenn die Straftaten aus sozialen Kontakten zum Opfer 4 oder zu Gruppen resultieren.

Abs. 2 Nr. 4 betrifft vor allem Gegenstände, deren Besitz nicht bereits nach dem Gesetz verboten ist, 5 etwa Utensilien zum Konsum von Betäubungsmitteln (vgl. zum Handy-Verbot *Lutz* NStZ 2000, 127 (128)).

Die Verpflichtung, den Unterhaltspflichten nachzukommen, beschreibt eine Selbstverständlichkeit, 6 zumal da § 170 die schuldhafte Nichtzahlung mit einer Strafe bedroht.

7 **3. Weisungen nach Abs. 3.** Die in Abs. 3 geregelten Weisungen greifen tief in die Lebensumstände des Verurteilten ein und dürfen daher nur mit seiner Zustimmung verhängt werden. Eine jederzeit mögliche Rücknahme der Einwilligung führt nicht zwangsläufig zum Widerruf der Strafaussetzung zur Bewährung, es sei denn, der Verurteilte hat sich die Bewährung erschlichen. Vielmehr kommt zunächst eine nachträgliche Änderung bzw. Ergänzung der Weisungen nach § 56e in Betracht (BGH NJW 1989, 1556; OLG Hamburg NStZ 1992, 301).

8 **4. Zusagen nach Abs. 4.** Bietet der Angeklagte von sich aus die Erfüllung von Weisungen an, kann vorläufig von der Anordnung gerichtlicher Weisungen im Bewährungsbeschluss abgesehen werden, Abs. 4.

9 **5. Prozessrecht.** Zur Anfechtung des Bewährungsbeschlusses und der Überwachung der Weisungen → § 56b Rn. 8.

10 Das **Verschlechterungsverbot** gilt bei Weisungen nach § 56c nicht (KG NStZ-RR 2006, 137).

Vorbemerkungen zu §§ 70–70b

Literatur: *Čopič,* Berufsverbot und Pressefreiheit, JZ 1963, 494; *Cramer, S.,* Anmerkung zum Beschluss des OLG Karlsruhe vom 19.1.1995 – 2 Ss 177/94, NStZ 1996, 136; *Detter,* Zum Strafzumessungs- und Maßregelrecht, NStZ 2008, 554; *Eyermann,* Untersagung der Berufsausübung durch Strafurteil und Verwaltungsakt, JuS 1964, 269; *Kangarani/Hampe,* Das Berufsverbot des § 70 Abs. 1 StGB in einem Vergleich zu dem Entzug der Approbation nach § 5 BÄO, MedR 2014, 797; *Krüger/Burgert,* Neues vom Straf- und Verfassungsrecht zum Abrechnungsbetrug und zur Vertragsarztuntreue, ZWH 2012, 213; *Lang-Hinrichsen,* Umstrittene Probleme bei der strafgerichtlichen Untersagung der Berufsausübung, FS Heinitz, 1972, 477; *Lehmann,* Der Verstoß gegen das Berufsverbot (§ 145c StGB), 2007; *Meier,* Strafrechtliche Sanktionen, 4. Aufl. 2014; *Miebach,* Probleme des Allgemeinen Teils des StGB in Strafurteilen aus revisionsrechtlicher Sicht – Teil 2, NStZ 2007, 570; *Olischläger,* Zeitliches Berufsverbot, AnwBl 1973, 321; *Parriger,* Urteilsfolgen neben der Strafe, StraFo 2011, 447; *Rapsch,* Das Berufsverbot gegen Journalisten, 1978; *Röth,* Nebenfolgen strafrechtlicher Verurteilung, StraFo 2012, 354; *Schmid, M. J.,* Kein Berufsverbot für Rechtsanwälte durch den Strafrichter?, ZRP 1975, 79; *Schmitt Glaeser,* Parteiverbot und Strafrecht, JZ 1970, 59; *Sigloch,* Zur Bedeutung des Artikels 18 GG für das einfache Recht, MDR 1964, 881; *Spohr,* Die strafgerichtliche Untersagung der Berufsausübung, GS 105 (1935), 71; *Stettner,* Art. 18 Grundgesetz und das strafrechtliche Berufsverbot, 1973; *Sträßner,* Das Berufs- und Beschäftigungsverbot in der Pflege, PKR 2007, 48; *Streng,* Strafrechtliche Sanktionen, 3. Aufl. 2012; *Walter,* Zur Zulässigkeit journalistischen Berufsverbots nach der Europäischen Menschenrechtskonvention, DÖV 1966, 380; *Wedekind,* Die Reform des strafrechtlichen Berufsverbotes, 2006; *Wilke,* Anm. zu BGH NJW 1965, 1388, NJW 1965, 2211; *Willms,* Art. 18 GG und der strafrechtliche Staatsschutz, NJW 1964, 225.

1 **1. Überblick.** Die §§ 70–70b regeln entgegen der verkürzenden amtlichen Überschrift nicht das **Berufs-,** sondern auch das **Gewerbeverbot.** Es handelt sich um eine **Maßregel (§ 61 Nr. 6) der Sicherung** (→ § 70 Rn. 2). § 70 trifft Regelungen zur strafrichterlichen Anordnung, § 70a zur Aussetzung sowie § 70b zum Widerruf der Aussetzung und zur Erledigung. Ergänzend gestattet **§ 132a StPO** die Anordnung vorläufiger Berufs- bzw. Gewerbeverbote. **§ 145c** dient der Durchsetzung der Verbote.

2 **2. Gesetzeshistorie.** Vorgänger der Regelungen war die Maßregel der „Untersagung der Berufsausübung", die ihre Ursprünge in der Weimarer Zeit hatte und mit dem „Gesetz gegen gefährliche Gewohnheitsverbrecher und über Maßregeln der Sicherung und Besserung" **(GewVerbrG)** v. 24.11.1933 (RGBl. I 995) mWv 1.1.1934 als § 42 S. 1 in das StGB eingefügt worden war (*Wedekind,* Die Reform des strafrechtlichen Berufsverbotes, 2006, 8 ff.). Das **2. StrRG** v. 4.7.1969 (BGBl. I 717) und das **EGStGB** v. 2.3.1974 (BGBl. I 469) gestalteten die Regelungen in §§ 70–70b in enger Anlehnung an den **E 1962** (§ 70: § 101; § 70a: § 106, § 107 Abs. 1; § 70b: § 108) differenziert aus und glichen sie den übrigen Maßregeln an. Hierbei wurde Forderungen, das Berufsverbot als Haupt- oder Nebenstrafe auszugestalten, wie dies zT im Ausland der Fall ist, nicht entsprochen (vgl. Begr. E 1962, 231; *Wedekind,* Die Reform des strafrechtlichen Berufsverbotes, 2006, 15 ff.).

3 **3. Weitere Berufs- und Gewerbeverbote. a) Allgemeines.** Neben dem strafrichterlich angeordneten Verbot des § 70 existieren **zahlreiche bundes- und landesrechtliche Vorschriften,** mit denen die Ausübung eines Berufs oder Gewerbes untersagt, Betriebe geschlossen sowie Approbationen und Zulassungen entzogen werden können (Übersichten bei *Lehmann,* Der Verstoß gegen das Berufsverbot (§ 145c StGB), 2007, 16 ff.; LK-StGB/*Hanack* § 70 Rn. 85; *Parriger* StraFo 2011, 447 (452 ff.); *Röth* StraFo 2012, 354 (356 ff.)). Diese Verbote und das Verbot des § 70 sind **grds. unabhängig** voneinander.

4 **b) Spezielle Berufsverbote. § 20 Abs. 1 TierSchG** gestattet in Bezug auf Personen, die **berufsmäßig Umgang mit Tieren** haben und eine rechtswidrige Tat nach § 17 TierSchG begangen haben (Tötung eines Wirbeltieres ohne vernünftigen Grund; Zufügung erheblicher Schmerzen oder Leiden aus Rohheit; Zufügung länger anhaltender oder sich wiederholender erheblicher Schmerzen oder Leiden), die strafrichterliche Anordnung eines Berufsverbots für die Dauer von einem Jahr bis zu fünf Jahren oder sogar für immer. **§ 41a Abs. 1 BJagdG** ermöglicht die Anordnung des **Verbots der Jagdausübung** für die Dauer von einem Monat bis zu sechs Monaten, wenn eine Straftat bei oder im

Zusammenhang mit der Jagdausübung oder eine Ordnungswidrigkeit nach § 39 BJagdG unter grober oder beharrlicher Verletzung der Pflichten bei der Jagdausübung begangen wurde.

c) Berufsverbote als Nebenfolgen. § 6 Abs. 2 S. 2 Nr. 3 GmbHG regelt ein bereits mit 5 Rechtskraft des Urteils kraft Gesetzes bestehendes Berufsverbot. Danach kann für die Dauer von fünf Jahren **nicht Geschäftsführer einer GmbH** sein, wer wegen einer Insolvenzverschleppung, Insolvenzstraftat (§§ 283–283d StGB), Falschangabe (§ 82 GmbHG; § 399 AktG), einer unrichtigen Darstellung (§ 400 AktG; § 331 HGB; § 313 UmwG; § 17 PublG) oder einer Betrugs- bzw. Untreuetat (§§ 263–264a; §§ 265b–266a) zu einer Freiheitsstrafe von mindestens einem Jahr verurteilt worden ist. Entsprechendes gilt nach **§ 76 Abs. 3 S. 3 AktG** für die **Mitglieder des Vorstands einer AG.**

Ein weiteres, kraft Gesetzes bestehendes Berufsverbot regelt **§ 45 Abs. 1.** Danach kann für die Dauer 6 von fünf Jahren **keine öffentlichen Ämter** bekleiden, wer wegen eines Verbrechens zu einer Freiheitsstrafe von mindestens einem Jahr verurteilt wird. Diese Regelung ist lex specialis zu § 70 (→ § 70 Rn. 44). Nach **§ 49 BNotO** führt eine strafgerichtliche Verurteilung auch für **Notare** zum Amtsverlust.

d) Berufsgerichtliche Verbote. Im Rahmen von Berufsgerichtsverfahren können ebenfalls Berufs- 7 verbote verhängt werden (näher *Wedekind,* Die Reform des strafrechtlichen Berufsverbotes, 2006, 133 ff.). So kann gegen einen **Rechtsanwalt** als berufsgerichtliche Maßnahme ein Berufsverbot insbes. dann angeordnet werden, wenn er schuldhaft gegen Pflichten verstößt, die in der BRAO oder in der Berufsordnung bestimmt sind. **§ 114 Abs. 1 Nr. 4 BRAO** gestattet die Anordnung des Verbotes, auf bestimmten Rechtsgebieten als Vertreter oder Beistand für die Dauer von einem Jahr bis zu fünf Jahren tätig zu werden. **§ 114 Abs. 1 Nr. 5 BRAO** ermöglicht sogar die Ausschließung aus der Rechtsanwaltschaft. Entsprechende berufsgerichtliche Maßnahmen sind für **Wirtschaftsprüfer** in **§ 68 Abs. 1 Nr. 2–4 WPO** vorgesehen.

e) Behördliche Verbote. Gemäß **§ 35 GewO** können Verwaltungsbehörden ein **Gewerbeverbot** 8 **wegen Unzuverlässigkeit** anordnen und damit die Ausübung eines bestimmten Gewerbes ganz oder teilweise untersagen (hierzu *Wedekind,* Die Reform des strafrechtlichen Berufsverbotes, 2006, 127 ff.). Voraussetzung ist nicht nur das Vorliegen von Tatsachen, die die Unzuverlässigkeit des Gewerbetreibenden oder einer mit der Leitung des Gewerbebetriebes beauftragten Person dartun, sondern auch, dass die Untersagung zum Schutze der Allgemeinheit oder der im Betrieb Beschäftigten erforderlich ist. Zur **Bindungswirkung** eines strafgerichtlichen Berufsverbots → § 70 Rn. 63.

Ein verwaltungsrechtliches **Berufsverbot** kann sich insbes. daraus ergeben, dass die **Erlaubnis zum** 9 **Führen einer geschützten Berufsbezeichnung widerrufen** wird. So ist zB nach § 2 Abs. 2 KrPflG der Widerruf des Führens der Berufsbezeichnung „Gesundheits- und Krankenpfleger-/in" (§ 1 Abs. 1 Nr. 1 KrPflG) zwingend, wenn sich die Pflegekraft eines Verhaltens schuldig gemacht hat, aus dem sich die Unzuverlässigkeit zur Ausübung des Berufs ergibt; entsprechendes gilt nach § 2 Abs. 2 AltPflG für den Widerruf des Führens der Berufsbezeichnung „Altenpfleger-/in" (§ 1 S. 1 AltPflG) (*Strääßner* PKR 2007, 48 (50 f.)).

§ 70 Anordnung des Berufsverbots

(1) [1]Wird jemand wegen einer rechtswidrigen Tat, die er unter Mißbrauch seines Berufs oder Gewerbes oder unter grober Verletzung der mit ihnen verbundenen Pflichten begangen hat, verurteilt oder nur deshalb nicht verurteilt, weil seine Schuldunfähigkeit erwiesen oder nicht auszuschließen ist, so kann ihm das Gericht die Ausübung des Berufs, Berufszweiges, Gewerbes oder Gewerbezweiges für die Dauer von einem Jahr bis zu fünf Jahren verbieten, wenn die Gesamtwürdigung des Täters und der Tat die Gefahr erkennen läßt, daß er bei weiterer Ausübung des Berufs, Berufszweiges, Gewerbes oder Gewerbezweiges erhebliche rechtswidrige Taten der bezeichneten Art begehen wird. [2]Das Berufsverbot kann für immer angeordnet werden, wenn zu erwarten ist, daß die gesetzliche Höchstfrist zur Abwehr der von dem Täter drohenden Gefahr nicht ausreicht.

(2) [1]War dem Täter die Ausübung des Berufs, Berufszweiges, Gewerbes oder Gewerbezweiges vorläufig verboten (§ 132a der Strafprozeßordnung), so verkürzt sich das Mindestmaß der Verbotsfrist um die Zeit, in der das vorläufige Berufsverbot wirksam war. [2]Es darf jedoch drei Monate nicht unterschreiten.

(3) Solange das Verbot wirksam ist, darf der Täter den Beruf, den Berufszweig, das Gewerbe oder den Gewerbezweig auch nicht für einen anderen ausüben oder durch eine von seinen Weisungen abhängige Person für sich ausüben lassen.

(4) [1]Das Berufsverbot wird mit der Rechtskraft des Urteils wirksam. [2]In die Verbotsfrist wird die Zeit eines wegen der Tat angeordneten vorläufigen Berufsverbots eingerechnet, soweit sie nach Verkündung des Urteils verstrichen ist, in dem die der Maßregel zugrunde

liegenden tatsächlichen Feststellungen letztmals geprüft werden konnten. ³Die Zeit, in welcher der Täter auf behördliche Anordnung in einer Anstalt verwahrt worden ist, wird nicht eingerechnet.

Übersicht

A. Allgemeines

I. Gegenstand

1   § 70 bildet die **zentrale Vorschrift** des strafgerichtlichen Berufs- bzw. Gewerbeverbotes. Abs. 1 regelt die Voraussetzungen der Anordnung. Abs. 2 trifft eine Regelung zur Verkürzung der Verbotsfrist im Fall eines vorläufigen Verbotes. Abs. 3 und Abs. 4 enthalten Regelungen zur Wirkung bzw. zum Wirksamwerden.

II. Zweck

2   Das Berufs- bzw. Gewerbeverbot dient dem **Schutz der Allgemeinheit** vor den Gefahren, die sich aus einer weiteren Ausübung des Berufs bzw. Gewerbes durch den Täter ergeben können (BVerfG BeckRS 2003, 24274; Jescheck/*Weigend* StrafR AT § 78 III 1; MüKoStGB/*Bockemühl* Rn. 2; *Schmid* ZRP 1975, 79 (80); SK-StGB/*Sinn* Rn. 2; *Spohr* GS 105 (1935), 71 (72); Schönke/Schröder/*Stree/ Kinzig* Rn. 1). Bei dem Verbot handelt es sich trotz der Folgen für den Täter nicht um eine mit einem sozialethischen Tadel verbundene Strafe (zum Vorwurf des „Etikettenschwindels" Wedekind, Die Reform des strafrechtlichen Berufsverbotes, 2006, 24 ff.), sondern um eine **reine Sicherungsmaßregel** (OLG Karlsruhe StV 1993, 403 (404); LK-StGB/*Hanack* Rn. 1; *Meier*, Strafrechtliche Sanktionen, 4. Aufl. 2014, 2.3.1; MüKoStGB/*Bockemühl* Rn. 2; NK-StGB/*Pollähne* Rn. 1; aA *Wedekind*, Die Reform des strafrechtlichen Berufsverbotes, 2006 32 ff.), die ihn **spezialpräventiv** von dem gefahrenträchtigen Lebensbereich fernhalten soll (de lege ferenda für Ausgestaltung als Hauptstrafe Wedekind, Die Reform des strafrechtlichen Berufsverbotes, 2006, 59 ff. (109 ff.) 124). Eine Besserung des Täters ist nicht bezweckt, vielmehr wirkt die stigmatisierende Wirkung idR der Resozialisierung entgegen (→ Rn. 6).

III. Anwendungsbereich

Das Berufs- bzw. Gewerbeverbot kann **nur gegen Erwachsene** angeordnet werden. **Ausgeschlos-** 3
sen ist die Anordnung ggü. Jugendlichen (§ 7 JGG) und Heranwachsenden, soweit diese Jugendlichen
gleichstehen (§ 105 Abs. 1 JGG iVm § 7 JGG). Auch ggü. juristischen Personen und Personenvereinigungen kann ein Verbot nicht angeordnet werden (LK-StGB/*Hanack* Rn. 6; NK-StGB/*Pollähne*
Rn. 6).

§ 70 erstreckt sich grds. auf **alle Berufe und Gewerbe** (MüKoStGB/*Bockemühl* Rn. 12; NK-StGB/ 4
Pollähne Rn. 6; Wedekind, Die Reform des strafrechtlichen Berufsverbotes, 2006, 39), auch solche, für
die eine Berufsgerichtsbarkeit (wie für Ärzte, Zahnärzte, Tierärzte, Apotheker, Rechtsanwälte, Notare,
Richter, Steuerberater, Wirtschaftsprüfer, Architekten, Ingenieure) existiert (aA hinsichtlich Rechtsanwälten *Olischläger* AnwBl 1973, 321 (330)).

IV. Praktische Bedeutung

Das Berufs- bzw. Gewerbeverbot ist eine **seltene Maßregel** (vgl. *Wedekind,* Die Reform des 5
strafrechtlichen Berufsverbotes, 2006, 28 ff.). Im Jahr 2014 wurde sie nur in 40 Fällen angeordnet
(Strafverfolgungsstatistik 2014, 367). Bedeutung hat die Maßregel insbes. für die **Wirtschaftskrimi-**
nalität (*Wedekind,* Die Reform des strafrechtlichen Berufsverbotes, 2006, 62 ff.): Anlass gaben in 13 Fällen
Betrugs- und Untreuestraftaten, in 9 Fällen Straftaten des Nebenstrafrechts und in gleichfalls 9 Fällen
Straftaten gegen die sexuelle Selbstbestimmung. Die **Gründe** für diese restriktive Praxis sind nicht nur
darin zu erblicken, dass es sich um eine sehr einschneidende Maßnahme handelt (→ Rn. 6), sondern
auch darin, dass die Prognose der Gefährlichkeit schwierig ist.

V. Legitimation

Das Berufs- bzw. Gewerbeverbot ist ein **sehr schwerwiegender Eingriff** in Art. 12 Abs. 1 GG. Es 6
zerstört idR die wirtschaftliche Existenzbasis des Täters und stigmatisiert, was die Resozialisierung und
weitere Lebensführung ohne Straftaten in Frage stellen kann (Jescheck/Weigend StrafR AT § 78 III 1;
LK-StGB/*Hanack* Rn. 3; MüKoStGB/*Bockemühl* Rn. 3; *Parriger* StraFo 2011, 447 (451); SSW StGB/
Jehle/Harrendorf Rn. 3; aA *Wedekind,* Die Reform des strafrechtlichen Berufsverbotes, 2006, 31 ff. (66)).
Da das Verbot stärkere Auswirkungen als eine Strafe haben kann, bedarf es besonderer Legitimation. Es
darf nur im **überwiegenden öffentlichen Interesse** zum Schutz wichtiger Gemeinschaftsrechtsgüter
und unter strikter Beachtung des Verhältnismäßigkeitsgrundsatzes angeordnet werden (BVerfGE 25, 88
(101); 93, 213 (235); Jescheck/Weigend StrafR AT § 78 III 1; *Meier,* Strafrechtliche Sanktionen, 4. Aufl.
2014, 2.3.1; MüKoStGB/*Bockemühl* Rn. 4; NK-StGB/*Pollähne* Rn. 3). Die Anordnung muss auf **Aus-**
nahmefälle beschränkt bleiben, es handelt sich idR um Einzelfallentscheidungen (*Cramer* NStZ 1996,
136). IÜ genügt die Regelung des § 70 grds. dem **Bestimmtheitsgebot** des Art. 103 Abs. 2 GG
(*Lehmann,* Der Verstoß gegen das Berufsverbot (§ 145c StGB), 2007, 48 ff. (64)).

B. Voraussetzungen des Berufs- bzw. Gewerbeverbotes

I. Überblick

§ 70 Abs. 1 regelt die Voraussetzungen des Verbots. Vorausgesetzt wird **formell** eine Straftat als 7
Anlasstat, die entweder unter Missbrauch des Berufs oder Gewerbes oder unter grober Verletzung der
hiermit verbundenen Pflichten begangen wurde. Die beiden Alt. **überschneiden** sich häufig (Mü-
KoStGB/*Bockemühl* Rn. 10; NK-StGB/*Pollähne* Rn. 13). Eine genaue Unterscheidung ist nur im Falle
einer fahrlässigen Anlasstat notwendig (→ Rn. 12, 16). **Materiell** muss eine **negative Gefährlichkeits-**
prognose gestellt werden.

II. Anlasstat

1. Rechtswidrige Tat. Erforderlich ist die Begehung einer rechtswidrigen Tat, die den **Tatbestand** 8
eines Strafgesetzes erfüllt (§ 11 Abs. 1 Nr. 5), nicht aber notwendigerweise schuldhaft sein muss.
Ohne Bedeutung ist, ob es sich um Kern- oder Nebenstrafrecht handelt. Eine bloße Ordnungswidrigkeit
genügt nicht (Fischer Rn. 3; LK-StGB/*Hanack* Rn. 7; *Wedekind,* Die Reform des strafrechtlichen
Berufsverbotes, 2006, 19). Täterschaft und Teilnahme, Vollendung und Versuch stehen gleich (LK-
StGB/*Hanack* Rn. 7; MüKoStGB/*Bockemühl* Rn. 6; NK-StGB/*Pollähne* Rn. 10). Eine strafbare Vorbereitungshandlung (§ 30) genügt (MüKoStGB/*Bockemühl* Rn. 6; NK-StGB/*Pollähne* Rn. 10). Eine
Mindesthöhe der Strafandrohung ist nicht gefordert (NK-StGB/*Pollähne* Rn. 11). Die Tat muss – nach
der begründeten Überzeugung des Gerichts – **tatsächlich begangen** worden sein und darf zudem
noch nicht verjährt sein.

Die begangene Tat muss **erheblich** sein (Begr. E 1962, 231; BT-Drs. 5/4095, 38; Fischer Rn. 6; LK- 9
StGB/*Hanack* Rn. 8; MüKoStGB/*Bockemühl* Rn. 21; NK-StGB/*Pollähne* Rn. 12; SK-StGB/*Sinn*

Rn. 3; aA Schönke/Schröder/*Stree/Kinzig* Rn. 12; *Sträßner* PKR 2007, 48 (49)), da nur dann die Prognose, dass der Täter gefährlich ist, weil „erhebliche rechtswidrige Taten der bezeichneten Art" drohen, gestellt werden kann. Maßgebend ist die **einzelne Tat,** nicht die Kumulation mehrerer Taten (LK-StGB/*Hanack* Rn. 9; NK-StGB/*Pollähne* Rn. 12).

10 **2. Missbrauch bzw. grobe Pflichtverletzung. a) Beruf oder Gewerbe.** Unter **Beruf** ist eine auf Dauer angelegte, der Schaffung einer Lebensgrundlage dienende Tätigkeit zu verstehen, für die sich idR ein Berufsbild entwickelt hat (LK-StGB/*Hanack* Rn. 13; NK-StGB/*Pollähne* Rn. 14), unter **Gewerbe** das in der Absicht der fortdauernden Gewinnerzielung erfolgende Unterhalten eines Betriebs, der auf die Herstellung, Verarbeitung oder den Umsatz von Waren, Gütern oder sonstigen Leistungen gerichtet ist (*Lehmann,* Der Verstoß gegen das Berufsverbot (§ 145c StGB), 2007, 50 f.; LK-StGB/*Hanack* Rn. 14; NK-StGB/*Pollähne* Rn. 15). Häufig lassen sich die beiden Merkmale nicht scharf voneinander abgrenzen und gehen ineinander über.

11 **Unerheblich** ist, ob es sich um Haupt- oder Nebenberuf bzw. -gewerbe handelt, die Ausübung besondere Kenntnisse und Fähigkeiten erfordert oder eine Erlaubnis bzw. Zulassung voraussetzt (LK-StGB/*Hanack* Rn. 13 mwN). Ebenso sind Ausbildungsstand (zB Lehrling, Geselle, Meister) und Hierarchieebene (zB Geschäftsherr, Untergebener) ohne Bedeutung. Erfasst sind auch Fälle, in denen ein Ehegatte im Geschäft des anderen tätig ist (RG DJ 1940, 458; LK-StGB/*Hanack* Rn. 16). Eine soziale Anerkennung ist ebenfalls nicht gefordert, so dass zB auch die Prostitution einbezogen ist (LK-StGB/ *Hanack* Rn. 13; NK-StGB/*Pollähne* Rn. 14). **Nicht erfasst** sind unerlaubte Betätigungen, wie die „gewerbsmäßige" Betätigung als Dieb (LK-StGB/*Hanack* Rn. 15; NK-StGB/*Pollähne* Rn. 16).

12 **b) Missbrauch (Alt. 1).** Ein Missbrauch liegt vor, wenn der Täter die durch seinen Beruf oder Gewerbe gegebenen **Möglichkeiten bewusst und planmäßig ausnutzt,** um eine rechtswidrige Tat zu begehen, die den **Aufgaben dieses Berufs bzw. Gewerbes zuwiderläuft** (BGHSt 22, 144 (146); BGH NJW 1989, 3231 (3232); BGH wistra 2003, 423; OLG Frankfurt a. M. NStZ-RR 2001, 16; 2003, 113; Schönke/Schröder/*Stree/Kinzig* Rn. 10 mwN). Diese Alt. erfordert damit eine **vorsätzliche Anlasstat.**

13 Vorausgesetzt wird ein **innerer Zusammenhang** zwischen Missbrauch und Ausübung des Berufs bzw. Gewerbes (BGHSt 22, 144; BGH NJW 1983, 2099; 2001, 3349; BGH StV 2008, 80; BeckRS 2011, 07824; MüKoStGB/*Bockemühl* Rn. 9 mwN). Die Tat muss die Gefährlichkeit des Täters gerade in seinem Beruf bzw. Gewerbe erkennbar werden lassen. Maßgebend ist, dass die vom Täter genutzte Möglichkeit in einer spezifischen Beziehung zu dem Beruf oder Gewerbe steht, **berufs- oder gewerbetypisch** ist.

14 **Beispiele: Anästhesist:** Diebstahl und Konsum von Opiaten während der Arbeitszeit (OLG Frankfurt a. M. NStZ-RR 2001, 16); **Arzt:** illegales Verschreiben von Betäubungsmitteln; Sexualdelikte an Patienten (BGH NStZ 1997, 434); unerlaubter Schwangerschaftsabbruch (MüKoStGB/*Bockemühl* Rn. 9); Abrechnungsbetrug (BGHSt 57, 95 Rn. 112); **Buchhändler:** Vertrieb verbotener Schriften (Schönke/Schröder/*Stree/Kinzig* § 70 Rn. 10); **Drucker:** Herstellung von Falschgeld (MüKoStGB/*Bockemühl* Rn. 9); **Gastwirt:** Bereitstellen eines Gästezimmers für unerlaubtes Glücksspiel oder zur Hehlerei (Schönke/Schröder/*Stree/Kinzig* Rn. 10); **Gewerbetreibende:** Verstoß gegen lebens- und futtermittelrechtliche Vorschriften (§§ 58, 59 LFGB) (Fischer Rn. 4; Schönke/Schröder/*Stree/Kinzig* Rn. 11); **Kaufmann:** fortlaufender Betrug durch Verschweigen der Zahlungsunfähigkeit bzw. Überschuldung bei der Warenbestellung (BGH NJW 1989, 3231 (3232)); **Krankenpfleger:** Sexualdelikte an Patienten und Heimbewohnern (*Sträßner* PKR 2007, 48); **Krankenschwester:** Diebstahl von Morphium (OLG Hamburg NJW 1955, 1568); heimliche Verabreichung eines Narkotikums an eine Arbeitskollegin (AG Frankfurt a. M. PflR 2010, 585); **Lehrer:** sexueller Missbrauch von Schülern (BGH NStZ 2002, 198); **Notar:** Beihilfe zum Betrug eines Mandanten (BGHR StGB § 70 Abs. 1 Pflichtverletzung 7; BGH wistra 2000, 459 (462)); **Pfleger:** Sexualdelikte an betreuten Behinderten (BGH NStZ 1998, 30); **Rechtsanwalt:** Veruntreuung von Mandantengeldern (BGH wistra 1999, 297; NStZ-RR 2004, 54 (55)); Anstiftung von Mandanten zur Steuerhinterziehung (BGH NStZ 2001, 380); Hehlerei im Rahmen eines Mandats (BGH NJW-RR 1997, 1287); Inanspruchnahme berufsspezifischen Vertrauens durch Auftreten als Rechtsanwalt (BGH BeckRS 2011, 07824); **Steuerberater:** Hinterziehung von Steuern im Zusammenwirken mit dem Mandanten (SSG Strafzumessung Rn. 525); **Strafverteidiger:** unerlaubte Begünstigung des Mandanten; Schmuggel von Waffen oder verbotenen Mitteilungen zum inhaftierten Mandanten (BGHSt 28, 84); **Therapeut:** Überlassen von Betäubungsmitteln (LG Berlin BeckRS 2012, 04204); **Viehmäster:** Behandlung von Kälbern mit illegalen Hormonen (BGH wistra 1992, 344); **Winzer:** Weinfälschungen (OLG Mainz GewArch 1990, 181); **Wirtschaftsprüfer:** Betrug im Zusammenhang mit Kapitalanlagegeschäften im Bereich treuhänderischer Vermögensverwaltung (KG WPK Magazin 2/2005, 36).

15 **Nicht ausreichend** ist es, wenn Beruf bzw. Gewerbe **nur rein äußerlich** die Möglichkeit geben, die Tat zu begehen (BGH NJW 1983, 2099; wistra 2003, 423; OLG Frankfurt a. M. NStZ-RR 2003, 113 (114); Lackner/Kühl/*Heger* Rn. 3; *Lehmann,* Der Verstoß gegen das Berufsverbot (§ 145c StGB), 2007, 52; LK-StGB/*Hanack* Rn. 18; NK-StGB/*Pollähne* Rn. 17) bzw. die Tat **nur gelegentlich** der Ausübung unter Ausnutzung einer günstigen Gelegenheit oder eines bestehenden Vertrauensverhältnisses begangen wird. Deshalb fehlt es zB an einem berufstypischen Missbrauch, wenn ein Arzt von einem Patienten (BGH NJW 1983, 2099) oder ein Fahrlehrer von einem Fahrschüler (BGH wistra 2003, 423) betrügerisch ein Darlehen erschleicht, ein Krankenpfleger und Rettungsassistent Medikamente im Krankenhaus entwendet, um diese später im privaten Umfeld für sexuelle Übergriffe bei seinen

Freundinnen zu nutzen (BGH StV 2008, 80), oder ein Rechtsanwalt missbräuchlich einen – zur Ausübung des Berufs grds. nicht erforderlichen – Doktortitel führt (OLG Frankfurt a. M. NStZ-RR 2003, 113 (114)). Ebenso genügt es nicht, dass zur Tatbegehung **beruflich erworbene Kenntnisse und Fähigkeiten** eingesetzt werden (BGHSt 22, 144 (145)).

c) Grobe Verletzung von Pflichten (Alt. 2). Die **Anordnung eines Verbotes** ist auch dann **16** möglich, wenn die rechtswidrige Tat unter grober Verletzung der mit dem Beruf oder Gewerbe verbundenen Pflichten begangen wird. Für diese Alt. genügt – im Gegensatz zum Missbrauch (→ Rn. 12) – eine **fahrlässige Anlasstat** (LK-StGB/*Hanack* Rn. 24; NK-StGB/*Pollähne* Rn. 19; Schönke/Schröder/*Stree/Kinzig* Rn. 11), die den Tatbestand eines Strafgesetzes erfüllt.

Die **Pflichten**, die sich aus Gesetz, Rechtsverordnung, Vertrag, öffentlich-rechtlicher Verfügung oder **17** Herkommen ergeben können (LK-StGB/*Hanack* Rn. 26; NK-StGB/*Pollähne* Rn. 19), müssen mit dem Beruf oder Gewerbe verbunden, **berufs- oder gewerbetypisch** sein (BGHSt 22, 144 (146); BGH NJW 1989, 3231 (3232); KG JR 1980, 147). Vorausgesetzt wird damit auch hier ein **innerer Zusammenhang** (→ Rn. 13).

Keine Rolle spielt, ob es sich bei den **verletzten Pflichten** um berufs- oder gewerbespezifische **18** Sonderpflichten – wie die Sorgfaltspflicht eines ordentlichen Kaufmannes – oder um allgemeine Pflichten handelt, die dem Täter im Zusammenhang mit seinem Beruf oder Gewerbe obliegen (Fischer Rn. 4, 6; *Lang-Hinrichsen* FS Heinitz, 1972, 477 (493 f.); *Lehmann,* Der Verstoß gegen das Berufsverbot (§ 145c StGB), 2007, 52 f.; LK-StGB/*Hanack* Rn. 29; NK-StGB/*Pollähne* Rn. 19; *Spohr* GS 105 (1935), 71 (73 f.); *Wedekind,* Die Reform des strafrechtlichen Berufsverbotes, 2006, 45). Daher kann auch gegen den, der im Rahmen seiner beruflichen oder gewerblichen Tätigkeit eine **Steuerhinterziehung** begeht, insbes. Einkommen-, Umsatz- oder Gewerbesteuer hinterzieht, ein Berufs- bzw. Gewerbeverbot verhängt werden (Lackner/Kühl/*Heger* Rn. 3; *Meier,* Strafrechtliche Sanktionen, 4. Aufl. 2014, 2.3.2; HK-StrafR/*Pflieger* Rn. 5; aA KG JR 1980, 247; Jescheck/Weigend StrafR AT § 78 III 2a; LK-StGB/ *Hanack* Rn. 31; MüKoStGB/*Bockemühl* Rn. 11; SK-StGB/*Sinn* Rn. 5; Schönke/Schröder/*Stree/Kinzig* Rn. 11), sofern die Pflichtverletzung grob ist (→ Rn. 19), wie bei schwerwiegenden Verletzungen von Buchführungs- und Aufzeichnungspflichten (vgl. BGHR StGB § 70 Abs. 1 Pflichtverletzung 3; BGH NStZ 1995, 124; Fischer Rn. 7), oder wenn die Tätigkeit gerade auf die systematische Steuerhinterziehung angelegt ist (BGH NStZ 1995, 124). Auch ein Steuerbevollmächtigter (Steuerberater), der in eigenen Angelegenheiten (Umsatzsteuer aus der Praxistätigkeit; Lohnsteuer für Angestellte; Einkommensteuer für Einkünfte aus seiner Tätigkeit) Steuerpflichten verletzt, verstößt gegen Pflichten im beruflichen Bereich (BGHSt 29, 97 (98); Fischer Rn. 7; SSW StGB/*Jehle/Harrendorf* Rn. 10). Ein **außerberufliches Verhalten** liegt dagegen vor, wenn es als das eines Privatmannes anzusehen ist (BGHSt 29, 97 (98)).

Grob ist eine Pflichtverletzung, wenn der Verstoß **besonders schwer** oder die verletzte **Pflicht 19 besonders gewichtig** ist (*Lehmann,* Der Verstoß gegen das Berufsverbot (§ 145c StGB), 2007, 53; LK-StGB/*Hanack* Rn. 25; NK-StGB/*Pollähne* Rn. 19; Schönke/Schröder/*Stree/Kinzig* Rn. 11). Daher kann bei Berufen, die mit besonders hoher Verantwortung einhergehen oder besonders hohe Zuverlässigkeit voraussetzen, schon ein für sich allein betrachtet nicht besonders schwerer Verstoß ausreichen (BGH MDR/D 1953, 19; OLG Hamburg NJW 1955, 1568; NK-StGB/*Pollähne* Rn. 19; Schönke/ Schröder/*Stree/Kinzig* Rn. 11). Nicht ausreichend sind idR situativ bedingte Fehlleistungen, wie Behandlungs- und Aufklärungsfehler eines Arztes (SSG Strafzumessung Rn. 527 unter Hinweis auf BGH BeckRS 2004, 01930).

Beispiele: Apotheker: Verstöße gegen das BtMG (BGH A&R 2009, 234); **Arbeitgeber:** Nichtabführung einbehal- **20** tener Sozialversicherungsbeiträge (KG JR 1980, 247; LG München wistra 1987, 261; Fischer Rn. 6; Lackner/Kühl/ *Heger* Rn. 3; *Lang-Hinrichsen* FS Heinitz, 1972, 477 (493 f.); LK-StGB/*Hanack* Rn. 29; *Meier,* Strafrechtliche Sanktionen, 4. Aufl. 2014, 2.3.2; MüKoStGB/*Bockemühl* Rn. 11; SSW StGB/*Jehle/Harrendorf* Rn. 10; *Wedekind,* Die Reform des strafrechtlichen Berufsverbotes, 2006, 44 f.; aA BayObLG NJW 1957, 958; Jescheck/Weigend StrafR AT § 78 III 2a; SSG Strafzumessung Rn. 527; Schönke/Schröder/*Stree/Kinzig* Rn. 11); **Arzt:** Verstoß gegen die ärztliche Schweigepflicht; Abrechnungsbetrug (LG Bochum MedR 1988, 161; OLG Koblenz wistra 1997, 280); **Ausbilder:** sexuelle Verfehlungen ggü. Lehrlingen (BGH MDR/H 1954, 529); **Gewerbetreibende:** umweltgefährdende Abfallbeseitigung (BGH wistra 2001, 259; LG Frankfurt a. M. NStZ 1983, 171; LK-StGB/*Hanack* Rn. 27; SK-StGB/*Sinn* Rn. 4); **Kantinenpächter:** lebensmittelrechtliche Verstöße (LG Berlin LRE 22, 274); **Rechtsanwalt:** Verstoß gegen die anwaltliche Schweigepflicht (Schönke/Schröder/*Stree/Kinzig* Rn. 11); Parteiverrat (Fischer Rn. 6); Bereitstellen der technischen Einrichtungen für die Kommunikation zwischen inhaftierten und im Untergrund lebenden Terroristen (BGHSt 28, 84 (85)); Entwicklung eines „Steuermodells", das auf überhöhten Rechnungen basiert (BGH wistra 2001, 220); **Steuerberater, Steuerbevollmächtigter:** Nichtabführung von Einkommens- und Umsatzsteuer aus der Praxistätigkeit (BGHSt 29, 98).

3. Tatsächliche Ausübung des Berufs bzw. Gewerbes. Weitere Voraussetzung ist, dass der Täter **21** den Beruf bzw. das Gewerbe **tatsächlich ausübt** (BGHSt 22, 144 (145 f.); Schönke/Schröder/*Stree/ Kinzig* Rn. 9 mwN), da er sonst nicht „seinen" Beruf bzw. „sein" Gewerbe missbrauchen bzw. hiermit verbundene Pflichten verletzen kann. Daher genügt es **nicht,** wenn der Täter mit der Tat die Aufnahme oder Fortführung des Berufs bzw. Gewerbes lediglich **vorbereiten** will (zB mit einer betrügerischen

Kreditaufnahme, BGH NStZ 1988, 176) oder die Ausübung nur **vortäuscht.** Daher kann gegen denjenigen, der nur vorgibt, Filmproduzent (BGHSt 22, 144), Anlageberater oder -vermittler (BGHR StGB § 70 Abs. 1 Pflichtverletzung 4; BGH wistra 1999, 222; 2001, 59), Kreditvermittler (BGH NStZ-RR 2000, 326), Schuldenregulierer (BGH wistra 2001, 386 (387)) oder Rechtsanwalt (BGH NStZ 1998, 567) zu sein, kein Berufs- bzw. Gewerbeverbot angeordnet werden.

III. Verurteilung bzw. Schuldunfähigkeit

22   Der Täter muss wegen der Tat verurteilt oder nur deshalb nicht verurteilt werden, weil seine Schuldunfähigkeit erwiesen oder nicht auszuschließen ist. Das Verbot kann daher sowohl **unselbst-ständig** als auch **selbstständig** (§ 71 Abs. 2; Verfahrensvorschriften in §§ 413 ff. StPO) angeordnet werden.

23   **Verurteilt** ist der Täter, wenn in einem Strafverfahren ein Schuldspruch ergangen ist. Eine Ver-urteilung zu Strafe ist nicht erforderlich, auch ein Absehen von Strafe (§ 60) genügt (LK-StGB/*Hanack* Rn. 10; MüKoStGB/*Bockemühl* Rn. 8). **Schuldunfähigkeit** ist iSd § 20 zu verstehen.

IV. Gefahr erheblicher rechtswidriger Taten

24   Die Anordnung eines Berufsverbotes setzt voraus, dass die Gesamtwürdigung von Täter und Tat die Gefahr erkennen lässt, dass er bei weiterer Ausübung von Beruf, Berufszweig, Gewerbe oder Gewerbe-zweig erhebliche rechtswidrige Taten der bezeichneten Art begehen wird **(negative Gefährlichkeits-prognose).** Die hiermit geforderte Vorhersage eines künftigen Verhaltens ist **sehr schwierig** (*Wedekind,* Die Reform des strafrechtlichen Berufsverbotes, 2006, 49 ff.).

25   **1. Prognose.** Maßgebend für die Gefährlichkeitsprognose ist der Zeitpunkt der **letzten tatrichter-lichen Verhandlung** (BGH NJW 1975, 2249 f.; NStZ 2003, 543 (544)). Es genügt die begründete **richterliche Überzeugung** von der Gefährlichkeit (*Detter* NStZ 1990, 575 (580); OLG Frankfurt a. M. NStZ-RR 2003, 113 (114); *Wedekind,* Die Reform des strafrechtlichen Berufsverbotes, 2006, 47).

26   **2. Gefahr der Begehung.** Gefordert ist die „**Gefahr**" der Begehung. Dies setzt eine **hohe Wahr-scheinlichkeit** voraus (OLG Frankfurt a. M. NStZ-RR 2003, 113 (114); LK-StGB/*Hanack* Rn. 35 mwN). Für diese Restriktion spricht nicht nur, dass das Verbot einen schweren Eingriff in die Berufs-freiheit darstellt, sondern auch, dass eine Aussetzung erst nach einem Jahr (vgl. § 70a Abs. 2 S. 1) möglich ist. Nicht erforderlich ist die „Erwartung" der Begehung, die § 63 für die Unterbringung verlangt.

27   **3. Drohende Taten.** Es müssen rechtswidrige Taten „**der bezeichneten Art**" drohen, dh Taten, die durch ein Handeln oder Unterlassen unter Missbrauch des Berufs oder Gewerbes bzw. unter grober Verletzung der damit verbundenen Pflichten begangen werden (→ Rn. 8 ff.). Die Anlasstat muss symp-tomatisch für die Unzuverlässigkeit des Täters im Beruf (**„Symptomtat"**) sein (BGH BeckRS 2011, 07824; Fischer Rn. 8; LK-StGB/*Hanack* Rn. 37; MüKoStGB/*Bockemühl* Rn. 14; SK-StGB/*Sinn* Rn. 3, 10).

28   Die drohenden Taten müssen „**erheblich**" sein. An die Erheblichkeit sind einerseits keine zu geringen Anforderungen zu stellen (vgl. nur LK-StGB/*Hanack* Rn. 38), da Eingriffe in die Berufsfreiheit nur ausnahmsweise statthaft sind. Andererseits bestehen aber keine so hohen Anforderungen wie bei der Sicherungsverwahrung (§ 66), bei der die Taten geeignet sein müssen, den Rechtsfrieden in besonders schwerer Weise zu stören. **Kriterien** sind: Gewicht der bedrohten Rechtsgüter; Ausmaß der Bedro-hung; Grad der Gefahr; Begehungshäufigkeit. **Nicht ausreichend** ist die Gefahr der Begehung leichter Straftaten (zB kleiner Diebstahl, Beleidigung).

29   Die **Gefährdung einer bestimmten Personengruppe** oder eines **begrenzten Personenkreises** (zB Geschäftspartner, Patienten, Mandanten) genügt (BGH GA 1960, 183; StV 1982, 72 (73)), da – anders als bei § 63 und § 66 (Unterbringung; Sicherungsverwahrung) – eine „Gefährlichkeit für die Allgemeinheit", dh die Gefährdung einer unbestimmten Vielzahl von Personen, nicht vorausgesetzt wird. **Nicht ausreichend** ist die Gefährdung von Personen, die bereits Opfer des Täters waren (LK-StGB/*Hanack* Rn. 39; *Spohr* GS 105 (1935), 71 (74 f.); MüKoStGB/*Bockemühl* Rn. 19), da sie eine weitere Gefährdung – insbes. durch Nichtinanspruchnahme der Dienste des Täters – selbst abwenden können.

30   **4. Gesamtwürdigung von Tat und Täter.** Gefordert ist eine Gesamtwürdigung, die **alle Umstän-de** in der Person des Täters und der Tat berücksichtigt. Eine Beschränkung auf Mängel, die in der rechtswidrigen Tat ihren Ausdruck gefunden haben, existiert – anders als bei § 69 (Entziehung der Fahrerlaubnis) – nicht (LPK-StGB/*Kindhäuser* Rn. 7). Damit ist die Einbeziehung früherer Taten (LK-StGB/*Hanack* Rn. 42; MüKoStGB/*Bockemühl* Rn. 22) und des Nachtatverhaltens (NK-StGB/*Pollähne* Rn. 21) nicht nur möglich, sondern auch geboten. **Nicht berücksichtigt** werden dürfen jedoch Verurteilungen, die nach dem BZRG nicht mehr verwertbar sind (LK-StGB/*Hanack* Rn. 41; Mü-

KoStGB/*Bockemühl* Rn. 22), ein zulässiges Verteidigungsverhalten (BGHR StGB § 70 Abs. 1 Dauer 1; BGH wistra 1987, 65 (66); BGH NJW 2001, 3349; BGH NStZ-RR 2004, 54 (55)) sowie fehlende „Reue und Einsicht" (BGH NStZ 2003, 543 (544)).

Die Gefährlichkeitsprognose muss stets auf **konkreten Tatsachen** beruhen. Bei Zweifeln gilt der **31** Grundsatz **in dubio pro reo** (LK-StGB/*Hanack* Rn. 50; *Wedekind,* Die Reform des strafrechtlichen Berufsverbotes, 2006, 47). Tatsachen sind insbes.: einschlägige Vorverurteilungen nebst Berufsverboten (BGH NStZ 1981, 391 (392)); eine große Zahl von Anlasstaten und ein erheblicher Schadensumfang (BGH NStZ 2002, 198); Charaktermängel, psychische Defizite und mangelnde berufliche Kenntnisse und Fähigkeiten (LK-StGB/*Hanack* Rn. 42; SSG Strafzumessung Rn. 534); die Fortsetzung des strafbaren Verhaltens auch nach der Durchsuchung im Ermittlungsverfahren (OLG Koblenz wistra 1997, 280).

Bei **erstmaliger Anordnung** sind an die Prognose sehr hohe Anforderungen zu stellen, insbes. ist zu **32** prüfen, ob nicht bereits die Verurteilung zu Strafe oder deren Verbüßung genügt, um den Täter von weiteren Taten abzuhalten (BGH MDR/D 1956, 143; BGH NStZ 1995, 124; BGH StV 2013, 699; OLG Frankfurt a. M. NStZ-RR 2003, 113 (114)). Entsprechendes gilt für **Konflikt-** und **Gelegenheitstäter** (NK-StGB/*Pollähne* Rn. 21). Die Gefährlichkeit kann nicht nur durch **fortgeschrittenes Alter** (BGHR StGB § 70 Abs. 1 Wiederholungsgefahr 1), sondern auch dadurch entkräftet werden, dass die Anlasstat längere Zeit zurückliegt und der Täter sich **straffrei geführt** hat (BGH NStZ 1995, 124; OLG Frankfurt a. M. NStZ-RR 2003, 113 (114)).

Dadurch, dass der Täter **Beruf bzw. Gewerbe aufgegeben** oder diese **Absicht geäußert** hat, ist die **33** Gefährlichkeit nicht ohne weiteres beseitigt (Fischer Rn. 11; Jescheck/Weigend StrafR AT § 78 III 2b; LK-StGB/*Hanack* Rn. 44; MüKoStGB/*Bockemühl* Rn. 23; NK-StGB/*Pollähne* Rn. 22; HK-StrafR/ *Pflieger* Rn. 9; aA *Sträßner* PKR 2007, 48 (50)), da er seine Entscheidung jederzeit ändern kann. Entscheidend ist die Dauerhaftigkeit der Aufgabe (zB Übergabe des Gewerbetriebs) bzw. die Glaubhaftigkeit entsprechender Erklärungen des Täters.

Die Gefährlichkeitsprognose fällt für den Täter **positiv** aus, wenn der Gefahr durch **weniger ein-** **34** **schneidende Maßnahmen** als ein Berufs- bzw. Gewerbeverbot begegnet werden kann, der **Strafvollzug** voraussichtlich hinreichend positive Auswirkungen auf die Gefährlichkeit haben wird (OLG Frankfurt a. M. NStZ-RR 2003, 113 (114)) oder ihm iRd **Strafaussetzung nach § 56 Abs. 2** eine günstige Prognose gestellt wird (BGH NStZ-RR 2004, 54 (55)).

C. Gerichtliche Anordnung des Berufs- bzw. Gewerbeverbotes

I. Gerichtliche Entscheidung

Die Anordnung des Berufs- bzw. Gewerbeverbots steht im **pflichtgemäßen Ermessen** des Gerichts **35** (BGH wistra 2007, 343 (344); MüKoStGB/*Bockemühl* Rn. 25 mwN). Bei der Ermessensausübung ist das Gericht hinsichtlich „Ob" und „Wie" in besonderer Weise an den **Grundsatz der Verhältnismäßigkeit** (§ 62) gebunden. In Anbetracht des schwerwiegenden Eingriffs besteht ein **weiter Ermessensspielraum** (BGH wistra 2007, 343 (344)). Das Gericht hat sich allein an dem **Zweck der Maßregel** zu orientieren, künftig erhebliche berufs- bzw. gewerbebezogene Straftaten spezialpräventiv zu verhindern (BGH NStZ 1981, 391 (392)). **Nicht berücksichtigt** werden dürfen Gesichtspunkte der Schuld, Sühne oder Generalprävention (→ Rn. 2).

Bereits im **Ermittlungsverfahren** kann das Gericht nach § 132a StPO ein vorläufiges Berufs- bzw. **36** Gewerbeverbot anordnen, wenn dringende Gründe für die Annahme vorhanden sind, dass ein Verbot nach § 70 angeordnet werden wird. Dies ist in Ausnahmefällen denkbar, in denen ein dringender Tatverdacht besteht und es um die Abwehr konkret drohender Gefahren für wichtige Gemeinschaftsgüter geht (BVerfGE 44, 105 (119); 48, 292 (296); BVerfG MedR 2007, 43; OLG Bremen StV 1997, 9; OLG Karlsruhe StV 2002, 147 (149); OLG Frankfurt a. M. NStZ 2003, 113). Ist ein Strafverfahren wegen Schuld- oder Verhandlungsunfähigkeit undurchführbar, besteht nach § 71 Abs. 2 im **Sicherungsverfahren** die Möglichkeit der selbstständigen Anordnung.

Die **Mitwirkung eines Verteidigers** ist nach § 140 Abs. 1 Nr. 3 StPO notwendig, wenn das **37** Verfahren zu einem Berufs- oder Gewerbeverbot führen kann. Es genügt, dass die Anordnung mit einiger Wahrscheinlichkeit zu erwarten ist (*Wedekind,* Die Reform des strafrechtlichen Berufsverbotes, 2006, 56 f.). Wurde in der Anklage die Möglichkeit eines Verbotes nicht genannt und ergeben sich Umstände, die die Anordnung rechtfertigen, besteht nach § 265 Abs. 2 StPO eine **Hinweispflicht** des Gerichts (BGHSt 2, 85 (87 f.)), um dem Angeklagten die Verteidigung zu ermöglichen.

Das Verbot ist in einem **Urteil** auszusprechen (vgl. § 260 Abs. 2 StPO). Die Anordnung in einem **38** Strafbefehl ist unzulässig (Umkehrschluss aus § 407 Abs. 2 StPO). Aus den **Urteilsgründen** muss sich ergeben, weshalb das Verbot angeordnet oder entgegen einem gestellten Antrag nicht angeordnet worden ist (vgl. § 267 Abs. 6 S. 1 StPO). Die Begründung muss umso ausführlicher sein, je länger das Verbot dauern soll bzw. je näher die Anordnung des Verbotes lag (vgl. BGH wistra 1994, 100 (101)).

II. Anordnung des Verbots

39   **1. Abwägung.** Für die Entscheidung über die Anordnung sind die **Folgen des Verbots** für den Täter gegen die Bedeutung der drohenden Taten und den Grad der vom Täter ausgehenden Gefahr abzuwägen. Dabei ist das **Verbot subsidiär,** dh zur Abwendung der Gefahr ebenso geeigneten und weniger belastenden strafrechtlichen und außerstrafrechtlichen Maßnahmen ist der Vorrang einzuräumen (LK-StGB/*Hanack* Rn. 47; MüKoStGB/*Bockemühl* Rn. 26). IÜ scheidet eine Anordnung insbes. auch dann aus, wenn ein **eindeutiges Missverhältnis** zwischen dem Eingriff in die Berufsfreiheit und der Schwere der zu erwartenden Tat besteht.

40   **2. Gesichtspunkte. Weisungen nach § 56c** sind vorrangig, wenn hiermit der Gefahr weiterer Straftaten ebenso wirksam begegnet werden kann (LK-StGB/*Hanack* Rn. 47; SK-StGB/*Sinn* Rn. 11; Schönke/Schröder/*Stree/Kinzig* Rn. 18). Ausreichend sein kann zB die Weisung, regelmäßig nachzuweisen, dass die Arbeitnehmerbeiträge abgeführt wurden (*Meier,* Strafrechtliche Sanktionen, 4. Aufl. 2014, 2.3.2.), oder für die Dauer von drei Jahren sich jeglicher Tätigkeit im Bereich der Herstellung und Verarbeitung sowie Bearbeitung von Fleisch- und Wurstwaren zu enthalten (vgl. BGH NStZ 2008, 343).

41   Die **Anordnung anderer Maßregeln** kann die Anordnung eines Berufs- bzw. Gewerbeverbots entbehrlich machen (Fischer Rn. 17). Sind mehrere geeignete Maßregeln vorhanden, ist derjenigen Maßregel der Vorzug zu geben, die den Täter am wenigsten beschwert (vgl. § 72 Abs. 1 S. 2). IÜ kann das Berufs- bzw. Gewerbeverbot neben anderen Maßregeln angeordnet werden (vgl. § 72 Abs. 2), wenn der angestrebte Sicherungszweck nur hierdurch erreichbar erscheint.

42   Beim Vollzug einer **längeren Freiheitsstrafe** ist ein paralleles Berufs- bzw. Gewerbeverbot idR entbehrlich (NK-StGB/*Pollähne* Rn. 32). Ist sicher absehbar, dass der Täter nach dem **Vollzugsende** nicht mehr gefährlich ist, muss die Anordnung eines Verbots unterbleiben (Lackner/Kühl/*Heger* Rn. 13; NK-StGB/*Pollähne* Rn. 24).

43   Dass dem Täter anderweitig die Berufsausübung in einem **behördlichen oder berufsgerichtlichen Verfahren als Maßnahme** teilweise oder vollständig untersagt werden kann oder bereits untersagt ist (zB durch Ruhen der Approbation; Entzug der Zulassung), steht nach hM der Anordnung eines Verbots nach § 70 **nicht entgegen** (BGHSt 28, 84 (85); BGH NJW 1975, 1712; 1975, 2249; OLG Frankfurt a. M. NStZ-RR 2001, 16; Fischer Rn. 17; Lackner/Kühl/*Heger* Rn. 7; LK-StGB/*Hanack* Rn. 48, 79, 88; NK-StGB/*Pollähne* Rn. 33; HK-StrafR/*Pflieger* Rn. 6; *Schmid* ZRP 1975, 79 ff.; SK-StGB/*Sinn* Rn. 11; Schönke/Schröder/*Stree/Kinzig* Rn. 4; *Wedekind,* Die Reform des strafrechtlichen Berufsverbotes, 2006, 53 (125); aA *Olischläger* AnwBl 1973, 321 (330); *Sträßner* PKR 2007, 48 (50)). Denn bei diesen Verboten geht es um die „Reinhaltung" des Berufsstandes vor untragbaren Mitgliedern, beim Verbot nach § 70 dagegen um den Schutz der Allgemeinheit (→ Rn. 2). Zudem ist nur die Zuwiderhandlung gegen eine strafgerichtliche Untersagung durch § 145c mit Strafe bedroht. Allerdings sind anderweitige Verbote im Rahmen der Ermessensausübung zu beachten (LK-StGB/*Hanack* Rn. 79; NK-StGB/*Pollähne* Rn. 23), so dass ein Verbot nach § 70 nur dann in Betracht kommt, wenn ein anderweitiges Verbot nicht ausreichend erscheint und der Täter voraussichtlich nur mittels der Strafdrohung des § 145c an der weiteren Berufsausübung zu hindern ist. Umgekehrt ist infolge des Bestehens bzw. des Drohens eines anderweitigen Verbots die Anordnung eines Berufsverbots nach § 70 nicht determiniert, da das strafrechtliche und das berufsgerichtliche Verfahren nebeneinander bestehen (BGH NJW 1991, 1069).

44   **3. Beamte und Notare.** Bei **Beamten** wird § 70 grds. von § 45, wonach der Beamte die Amtsfähigkeit kraft Gesetzes verliert, als lex specialis verdrängt (BGH NJW 1987, 2685 (2687); BGH NStZ 2002, 198; Fischer Rn. 2; LK-StGB/*Hanack* Rn. 32; MüKoStGB/*Bockemühl* Rn. 12; Schönke/Schröder/ *Stree/Kinzig* Rn. 5). Der Amtsverlust erstreckt sich aber nur auf die **dienstliche** Betätigung. Daher kann ein Verbot nach § 70 angeordnet werden, wenn der Beamte **außerdienstlich** (zB als privater Nachhilfelehrer statt beamteter Lehrer; als Privatarzt statt Amtsarzt) seinen Beruf ausüben könnte (BGH NStZ 2002, 198; Schönke/Schröder/*Stree/Kinzig* Rn. 5 mwN). Entsprechendes gilt für den Amtsverlust des **Notars** nach § 49 BNotO (BGH wistra 1987, 60; 2000, 459 (462); LK-StGB/*Hanack* Rn. 32; MüKoStGB/*Bockemühl* Rn. 12; NK-StGB/*Pollähne* Rn. 7). Liegen im Einzelfall die hohen Voraussetzungen für den Verlust der Amtsfähigkeit nicht vor, entfalten die Spezialnormen **Sperrwirkung,** so dass die Verhängung eines Berufsverbots, auch begrenzt auf den privaten Bereich (LK-StGB/*Hanack* Rn. 33; aA Schönke/Schröder/*Stree/Kinzig* Rn. 5), ausscheidet.

45   **4. Presseangehörige.** Ggü. **Presseangehörigen** (insbes. **Journalisten**) ist die Anordnung eines Berufsverbotes nach § 70, das der **Verhinderung politisch neutraler Delikte** (zB Betrug, Sexualdelikte) oder **nichtpolitischer Meinungsäußerungsstraftaten** (zB Verbreitung pornografischer Schriften; Beleidigungen durch Presseberichte) dient, trotz des Art. 5 Abs. 1 GG zulässig (*Čopič* JZ 1963, 494 (496); Jescheck/Weigend StrafR AT § 78 III 2c; LK-StGB/*Hanack* Rn. 65, 67; SK-StGB/*Sinn* Rn. 7; *Wilke* NJW 1965, 2211), da § 70 ein allgemeines Gesetz ist, welches das Grundrecht der Meinungs- und Pressefreiheit einschränken kann (vgl. Art. 5 Abs. 2 GG).

Darüber hinaus ist nach hM die Anordnung eines Berufsverbots nach § 70 auch in Bezug auf **46** **politische Meinungsäußerungsstraftaten** möglich (BGHSt 17, 38 (39 ff.); BGH NJW 1965, 1388; LK-StGB/*Hanack* Rn. 73; MüKoStGB/*Bockemühl* Rn. 5; NK-StGB/*Pollähne* Rn. 8 f.; SK-StGB/*Sinn* Rn. 7; Schönke/Schröder/*Stree/Kinzig* Rn. 6; *Willms* NJW 1964, 225 (227 f.); diff. *Schmitt Glaeser* JZ 1970, 59 (60); aA *Čopić* JZ 1963, 494 (497 ff.); Jescheck/Weigend StrafR AT § 78 IIII 2c; *Lang-Hinrichsen* FS Heinitz, 1972, 477 (480 ff.); *Sigloch* MDR 1964, 881 (883 f.); *Wilke* NJW 1965, 2211 f.). Art. 18 GG, der dem BVerfG dann, wenn die Pressefreiheit (Art. 5 Abs. 1 GG) zum Kampf gegen die freiheitliche demokratische Grundordnung missbraucht wird, den Ausspruch der Verwirkung des Grundrechts iSe Entscheidungsmonopols vorbehält, steht der Anordnung nicht entgegen, da Art. 18 GG keine Einschränkung der strafrechtlichen Sicherungsmaßnahmen, sondern eine Erweiterung des geltenden Rechts zum Schutz gegen Angriffe auf die freiheitliche demokratische Ordnung bezweckt. Der Anspruch auf freie Meinungsäußerung aus Art. 10 Abs. 1 EMRK steht der Anordnung ebenfalls grds. nicht entgegen, da nach Art. 10 Abs. 2 EMRK zur Verhütung von Straftaten gesetzliche Einschränkungen zulässig sind; daher kann – sofern es der Schutz der Allgemeinheit erfordert – auch ein weit reichendes Berufsverbot ausgesprochen werden (→ Rn. 48; aA *Walter* DÖV 1966, 380: nur auf politische Publizistik beschränktes Verbot). Nach Auffassung des **BVerfG** (BVerfGE 25, 88 (95 ff.)) ist ein Berufsverbot nach § 70 jedenfalls dann zulässig, wenn der Täter sich wegen einer **organisations- bezogenen Bekämpfung** der freiheitlich demokratischen Grundordnung – insbes. wegen Unterstüt- zung einer vom BVerfG bereits verbotenen Partei – strafbar gemacht hat, dh die Anlasstat gegen einen Tatbestand verstieß, der den Staat vor verfassungsfeindlichen Parteien schützen soll.

III. Art und Umfang des Verbots

Nach § 260 Abs. 2 StPO ist der Beruf, der Berufszweig, das Gewerbe oder der Gewerbezweig, dessen **47** Ausübung verboten wird, **im Urteil genau zu bezeichnen.** Das Verbot kann grds. in Bezug auf **alle Berufe, Berufszweige, Gewerbe und Gewerbezweige** angeordnet werden (MüKoStGB/*Bockemühl* Rn. 12; *Wedekind,* Die Reform der strafrechtlichen Berufsverbotes, 2006, 37 ff.). Es ist ohne Bedeutung, ob die Tätigkeit jedermann freisteht oder ob sie der Zulassung oder Genehmigung bedarf. Ein **generel- les Verbot** ist allerdings unzulässig (BGH MDR/H 1979, 454 (455)). Dies folgt bereits aus § 70 Abs. 1, lässt sich aber auch aus § 260 Abs. 2 StPO ableiten. Bei **Zweifeln** über die Auslegung ist nach § 458 Abs. 1 StPO die Entscheidung des Gerichts herbeizuführen (LK-StGB/*Hanack* Rn. 58).

Das Verbot hat sich nach dem **Verhältnismäßigkeitsgrundsatz** auf das zur Gefahrenbeseitigung **48** Notwendige zu beschränken. Untersagt werden kann nur der Beruf bzw. das Gewerbe, bei dessen Ausübung die Anlasstat begangen worden ist (BGH StV 1987, 20). Das Verbot darf sich zudem nur auf die **berufliche oder gewerbliche Tätigkeit** erstrecken, von der die Gefahr weiterer Straftaten ausgeht (Fischer Rn. 12; Lackner/Kühl/*Heger* Rn. 13; LK-StGB/*Hanack* Rn. 52; *Miebach* NStZ 2007, 570 (577)). Hierbei ist es möglich, die **Gattung** mit zu erfassen, sofern der Schutz der Allgemeinheit dies gebietet (RGSt 71, 69; BGH MDR 1958, 783; BGH NJW 1965, 1388), so dass zB einem Milchhändler der Betrieb eines Einzelhandelsgeschäfts und einem Journalisten, der für die Ziele einer verbotenen Partei kämpft, die Betätigung als Verleger und Redakteur untersagt werden kann. Das Verbot **völlig anderer** Berufe oder Gewerbe bzw. Gattungen ist hingegen unzulässig, selbst wenn zu befürchten sein sollte, dass gerade dort Straftaten begangen werden (LK-StGB/*Hanack* Rn. 53; Schönke/Schröder/ *Stree/Kinzig* Rn. 20).

Beispiele (Überblick bei *Lehmann,* Der Verstoß gegen das Berufsverbot (§ 145c StGB), 2007, 72 ff.) **49** **für zulässige Verbote:** Untersagung der Ausübung „jedweden Handelsgewerbes" (RGSt 71, 69; BGH NJW 1965, 1389), „des Vertreterberufes im weitesten Sinne" (OLG Celle NJW 1965, 265; Schönke/ Schröder/*Stree/Kinzig* Rn. 21; aA Fischer Rn. 12a; NK-StGB/*Pollähne* Rn. 28; krit. LK-StGB/*Hanack* Rn. 56), „des Gewerbezweigs Galvanik" (OLG Frankfurt a.M. NStZ 1983, 171); Betätigung „als liquidationsberechtigter Arzt oder als angestellter Arzt mit eigenem Abrechnungsrecht" (BGHSt 57, 95); **Unzulässige Verbote:** Untersagung einer Betätigung „als Manager" (BGH MDR/D 1958, 139), der Ausübung „jeder selbständigen Geschäftstätigkeit" (BGH MDR/D 1952, 530), „jeder selbständigen Gewerbetätigkeit" (BGH GA 1967, 153; BGH MDR/H 1979, 455; OLG Karlsruhe NStZ 1995, 446 f.), „des Kaufmannsgewerbes" (BGH MDR/D 1956, 143; 1958, 783), einer „Tätigkeit, die die Möglichkeit gibt, über fremde Gelder zu verfügen" (BGH MDR/D 1974, 12).

Die **Beschränkung** des Verbots auf eine **bestimmte Art der Ausübung** ist angezeigt, wenn der **50** Gefahr weiterer Straftaten bereits hiermit ausreichend entgegengewirkt werden kann (Schönke/Schrö- der/*Stree/Kinzig* Rn. 20 mwN). Ausreichend kann sein: einem **Arzt** allein die Behandlung weiblicher Personen zu untersagen (BGH StV 2004, 653); bei Abrechnungsbetrug die Beschränkung des Verbots auf eine selbstständige Tätigkeit (OLG Koblenz wistra 1997, 280); einem **Kaufmann** lediglich die Tätigkeit als Textilkaufmann zu verbieten (BGH GA 1960, 183); einer **Krankenschwester** lediglich die Tätigkeit als Kinderkrankenschwester zu untersagen (Fischer Rn. 12a); einem **Lehrer** nur die Erteilung von Sportunterricht (SSG Strafzumessung Rn. 538) oder die Unterrichtung von Personen weiblichen Geschlechts unter 18 Jahren zu verbieten (BGH NStZ-RR 2014, 177); einem **Musiklehrer** lediglich die Unterrichtung von Kindern und Jugendlichen zu untersagen (BGHR StGB § 70 Abs. 1 Umfang, zulässiger 2; BGH bei *Detter* NStZ 2008, 554 (560)). Andererseits ist es **nicht ausreichend** einem **Rechtsanwalt,** der seinen Beruf zur Unterstützung von Terroristen missbraucht hat, nur die „Verteidigung terroristischer Straftaten" zu untersagen (BGHSt 28, 84 (85)).

IV. Dauer des Verbots

51   Die Dauer des Berufs- bzw. Gewerbeverbots ist **im Urteilstenor** auszusprechen. Für die Bemessung der Dauer gilt ebenfalls der **Verhältnismäßigkeitsgrundsatz.** Im Regelfall ist das Verbot zu befristen (§ 70 Abs. 1 S. 1), nur ganz ausnahmsweise darf ein lebenslanges Verbot (§ 70 Abs. 1 S. 2) angeordnet werden.

52   **Kriterium** bildet allein die **prognostizierte Dauer der weiteren Gefährlichkeit des Täters** (LK-StGB/*Hanack* Rn. 59; MüKoStGB/*Bockemühl* Rn. 27; NK-StGB/*Pollähne* Rn. 29; Schönke/Schröder/*Stree/Kinzig* Rn. 23). Gesichtspunkte der Schuld, Sühne oder Generalprävention sind irrelevant. Die Prognose bedarf genauer Begründung. Berücksichtigt werden können: die Einwirkungen einer verhängten Strafe; innerhalb welcher Zeit der Täter Kenntnisse oder Fähigkeiten erlangen wird, deren Fehlen für die negative Gefährlichkeitsprognose maßgebend war; flankierende Maßnahmen nach § 56c (Weisungen) und § 56d (Bewährungshilfe), die den Täter bei dem Bemühen um künftige Straffreiheit unterstützen sollen (SSG Strafzumessung Rn. 540).

53   Das **befristete Berufs- bzw. Gewerbeverbot** beträgt zwischen einem Jahr und fünf Jahren (§ 70 Abs. 1 S. 1). Das Mindestmaß der Verbotsfrist verkürzt sich um die Zeit, in der ein **vorläufiges Berufs- bzw. Gewerbeverbot** nach § 132a Abs. 1 StPO wirksam war (§ 70 Abs. 2 S. 1). Hierbei darf aber eine Mindestfrist von drei Monaten nicht unterschritten werden (§ 70 Abs. 2 S. 2; krit. LK-StGB/*Hanack* Rn. 62). Dies gilt auch in der **Berufungsinstanz** (hM, vgl. Schönke/Schröder/*Stree/Kinzig* Rn. 25 mwN). Kommt das Gericht allerdings zu dem Ergebnis, dass bereits das vorläufige Verbot die Gefährlichkeit vollständig beseitigt hat, hat es von der Anordnung eines endgültigen Verbots nach § 70 abzusehen (LK-StGB/*Hanack* Rn. 61 mwN) und das vorläufige Verbot nach § 132a Abs. 2 StPO aufzuheben. Wird bei der **nachträglichen Bildung der Gesamtstrafe** ein früheres Verbot aufrechterhalten, darf die einheitlich zu bestimmende Verbotsfrist die Höchstdauer von fünf Jahren nicht überschreiten (BGHR StGB § 55 Abs. 2 Aufrechterhalten 5).

54   Ein **lebenslanges Verbot** darf nur dann angeordnet werden, wenn zu erwarten ist, dass die Höchstfrist von fünf Jahren nicht ausreicht, um die vom Täter drohende Gefahr abzuwehren (§ 70 Abs. 1 S. 2). Ein derartiges Verbot stellt wegen des gravierenden Grundrechtseingriffs in Art. 12 Abs. 1 GG und in Anbetracht des Verhältnismäßigkeitsgrundsatzes die **absolute Ausnahme** dar und bedarf **eingehender Begründung** (Schönke/Schröder/*Stree/Kinzig* Rn. 24). Es setzt **schwerste oder chronische Berufskriminalität** voraus (BGH NStZ 1995, 124; Lackner/Kühl/*Heger* Rn. 11; *Lehmann,* Der Verstoß gegen das Berufsverbot (§ 145c StGB), 2007, 63; LK-StGB/*Hanack* Rn. 63a; MüKoStGB/*Bockemühl* Rn. 28; SK-StGB/*Sinn* Rn. 15). Die Anordnung ist zB bei einem Serienbetrug möglich, der sehr hohe Schäden zur Folge hatte (BGH wistra 1997, 22: Betrug in 68 Fällen mit einem Gesamtschaden von fast 140.000 DM), bei schwersten Straftaten (*Sträßner* PKR 2007, 48 (50): Verurteilung einer Pflegekraft wegen aktiver Sterbehilfe oder Mordes) oder dann, wenn frühere Verbote ohne Wirkung blieben (LK-StGB/*Hanack* Rn. 63a).

D. Rechtsfolgen des Berufs- bzw. Gewerbeverbots

I. Wirkungen (§ 70 Abs. 3)

55   Die Wirkung des Verbots besteht darin, dass der Betroffene seinen Beruf, Berufszweig, Gewerbe oder Gewerbezweig **nicht selbst** (eigennützig) **ausüben darf** (§ 70 Abs. 3). Das Verbot beschränkt sich hierbei auf den Geltungsbereich des deutschen Rechts (de lege ferenda für europaweite Vereinheitlichung und Vollstreckung *Wedekind,* Die Reform des strafrechtlichen Berufsverbotes, 2006, 191 ff.). Um Umgehungen zu verhindern, gilt nach § 70 Abs. 3 StGB das Verbot auch im Hinblick auf die (fremdnützige) **Ausübung für einen anderen** oder die (mittelbare) Ausübung durch eine von seinen **Weisungen abhängige Person** (NK-StGB/*Pollähne* Rn. 31).

56   **Nicht verboten** ist dem Betroffenen das Weiterführen eines Gewerbes durch eine **selbstständige, nicht weisungsabhängige Person,** selbst wenn die Gewinne aus der Tätigkeit an den Betroffenen abgeführt werden (MüKoStGB/*Bockemühl* Rn. 31 mwN). Maßgebend für das Vorliegen von Selbstständigkeit sind die tatsächlichen Verhältnisse. Unschädlich ist, dass die unternehmerischen Entscheidungen (zB Praxis- oder Kanzleivergrößerung) dem Täter vorbehalten bleiben (SK-StGB/*Sinn* Rn. 12).

57   Bei einem **vorsätzlichen Verstoß** gegen das Verbot besteht eine Strafbarkeit nach **§ 145c.**

II. Wirksamwerden (§ 70 Abs. 4)

58   Das Berufs- bzw. Gewerbeverbot wird mit **Rechtskraft des Urteils** wirksam (§ 70 Abs. 4 S. 1). Dies gilt auch dann, wenn die Rechtskraft nicht unmittelbar nach Verkündung des Urteils eintritt, in dem die der Maßregel zugrunde liegenden tatsächlichen Feststellungen letztmals überprüft werden konnten,

sondern wegen eines Rechtsmittels erst längere Zeit danach (VerfGH Berlin NJW-RR 2005, 1294 (1295)). Nach Rechtskraft kann die Dauer **weder verlängert noch verkürzt** werden (MüKoStGB/ *Bockemühl* Rn. 27; NK-StGB/*Pollähne* Rn. 29; SK-StGB/*Sinn* Rn. 13). Allerdings können Gericht und Vollstreckungsbehörde das Wirksamwerden gemäß § 456c StPO zur Vermeidung einer Härte aufschieben bzw. aussetzen (→ Rn. 61 f.). Zudem kann das Gericht das Verbot nach § 70a zur Bewährung aussetzen.

Eingerechnet wird in die Verbotsfrist die Zeit eines wegen der Tat angeordneten **vorläufigen** 59 **Berufs- bzw. Gewerbeverbots** nach § 132a StPO, soweit sie nach Verkündung des letzten tatrichterlichen Urteils verstrichen ist (vgl. § 70 Abs. 4 S. 2). Läuft noch während des laufenden **Revisionsverfahrens** die tatrichterlich nach § 70 Abs. 1 S. 1 verhängte, zeitlich befristete Verbotsfrist ab, ist ein vorläufiges Verbot nach § 132a StPO nicht aufzuheben (hM, Schönke/Schröder/*Stree/Kinzig* Rn. 27 mwN), da mit dem „Ablauf" der Verbotsfrist nicht der Rechtsgrund des vorläufigen Verbots, die Möglichkeit der Anordnung eines endgültigen Verbots, entfallen ist.

Nicht eingerechnet in die Verbotsfrist wird die Zeit, in welcher der Täter auf behördliche An- 60 ordnung in einer **Anstalt verwahrt** worden ist (§ 70 Abs. 4 S. 3), dh die Zeit eines Freiheitsentzuges.

III. Aufschub und Aussetzung (§ 456c StPO)

Würde das sofortige Wirksamwerden des Verbots für den Täter oder seine Angehörigen eine **erheb-** 61 **liche Härte** darstellen, die außerhalb des Zweckes liegt und durch späteres Wirksamwerden vermeidbar ist, kann das **Gericht** bei Erlass des Urteils auf Antrag oder mit Einwilligung des Verurteilten bzw. seines gesetzlichen Vertreters durch Beschluss das **Wirksamwerden aufschieben** (§ 456c Abs. 1 S. 1, S. 2 StPO). Dieser Beschluss ist mit sofortiger Beschwerde anfechtbar, wobei jedoch nur die sofortige Beschwerde der Staatsanwaltschaft aufschiebende Wirkung hat (§ 456c Abs. 1 S. 3 iVm § 462 Abs. 3 StPO). Unter denselben Voraussetzungen kann die **Vollstreckungsbehörde** das **Verbot aussetzen** (§ 456c Abs. 2 StPO).

Aufschub und Aussetzung können an die **Leistung einer Sicherheit** oder an **andere Bedingungen** 62 geknüpft werden und dürfen den Zeitraum **von sechs Monaten** nicht übersteigen (§ 456c Abs. 3 StPO). Die Zeit des Aufschubs bzw. der Aussetzung wird auf die Verbotsfrist **nicht angerechnet** (§ 456c Abs. 4).

IV. Bindungswirkung

Das **Strafurteil** entfaltet für das **gewerberechtliche Untersagungsverfahren wegen Unzuver-** 63 **lässigkeit** Bindungswirkung in Bezug auf die Feststellung des Sachverhalts, die Beurteilung der Schuldfrage und die Beurteilung der Frage, ob bei weiterer Ausübung des Gewerbes die Begehung erheblicher rechtswidriger Taten droht und zur Abwehr die Untersagung angebracht ist (vgl. § 35 Abs. 3 S. 1 Nr. 1–3 GewO). Aus Gründen der Rechtsklarheit und Rechtssicherheit beschränkt sich die Bindung auf den **Urteilstenor** und die **schriftlichen Urteilsgründe** (VGH München GewArch 1990, 172; OVG Lüneburg GewArch 2003, 383). Die Verwaltungsbehörde kann insoweit von dem Inhalt des Strafurteils nicht zum Nachteil des Gewerbetreibenden abweichen. Dies gilt auch für die Entscheidung über ein vorläufiges Berufs- bzw. Gewerbeverbot (vgl. § 35 Abs. 1 S. 3 GewO). Die **Einstellung des Strafverfahrens** (§ 170 Abs. 2 StPO; §§ 153 ff. StPO) entfaltet dagegen keine Bindungswirkung (*Kangarani/Hampe* MedR 2014, 797 (802 f.)).

Auch für **berufsgerichtliche Maßnahmen** sowie **Disziplinarmaßnahmen** existieren zT **Rege-** 64 **lungen** – wie zB in § 118 BRAO (*Parriger* StraFo 2011, 447 (455)) – die eine **Bindung** an Entscheidungen nach § 70 vorsehen und verhindern, dass Verwaltungsbehörden und Berufsgerichte zum Nachteil des Betroffenen von der strafgerichtlichen Beurteilung abweichen (*Wedekind,* Die Reform des strafrechtlichen Berufsverbotes, 2006, 140 ff.). Soweit derartige **Regelungen fehlen,** scheidet eine Bindung aus. Dies gilt auch dann, wenn das Strafgericht alle Gesichtspunkte, die für eine standesrechtliche Ahndung in Betracht zu ziehen wären, geprüft und damit die maßgeblichen berufsrechtlichen Erwägungen im Kern vorweggenommen hat (*Eyermann* JuS 1964, 269 (271 f.); *Krüger/Burgert* ZWH 2012, 213; *Lang-Hinrichsen* FS Heinitz, 1972, 477 (499 f.); LK-StGB/*Hanack* Rn. 91 f.; aA unter Rückgriff auf „ne bis in idem" BVerwG NJW 1963, 875 (877); *Wedekind,* Die Reform des strafrechtlichen Berufsverbotes, 2006, 141 (144 ff.); aus rechtsstaatlichen Gründen NK-StGB/*Pollähne* Rn. 33) ist es nicht Aufgabe des Strafrichters ist, standesrechtliche Maßnahmen zu treffen (de lege ferenda für Statuierung einer Bindungswirkung *Wedekind,* Die Reform des strafrechtlichen Berufsverbotes, 2006, 165 ff. (179)). Außerdem ist den zuständigen Behörden regelmäßig die Verfolgung von **weiteren Zwecken** auferlegt, die nicht Gegenstand der strafgerichtlichen Maßregeln sind, und es können auch **weitere Verfehlungen** berücksichtigt werden, die nicht Gegenstand des Strafverfahrens waren. Besteht ein **„berufsrechtlicher Über-hang"** (BVerwGE 137, 1 Rn. 22 mwN), darf daher die Verwaltungsbehörde weitere Maßnahmen treffen, wenn der zu verfolgende Zweck im Strafverfahren noch nicht erreicht wurde und noch zusätzlich eine berufsrechtliche Reaktion erforderlich ist, um berufsrechtlichen Gesichtspunkten erschöpfend Rechnung zu tragen (**Beispiele:** Widerruf der Führung der Berufsbezeichnung als Logopäde wegen

Unzuverlässigkeit BVerwGE 137, 1 Rn. 22; Widerruf der Apothekenbetriebserlaubnis wegen Unzuverlässigkeit VG Berlin BeckRS 2010, 49750; Widerruf der Approbation wegen Unwürdigkeit OVG Lüneburg BeckRS 2012, 49890; VG München BeckRS 2010, 36437; 2012, 47410).

V. Eintragung

65 Das Berufs- bzw. Gewerbeverbot ist nach § 4 Nr. 2 BZRG in das **Führungszeugnis** einzutragen. In das **Führungszeugnis für Behörden** wird es nach § 32 Abs. 4 iVm § 32 Abs. 2 Nr. 8 BZRG aufgenommen, wenn es für die in § 149 Abs. 2 Nr. 1 GewO bezeichneten Entscheidungen, dh für vollziehbare und nicht mehr anfechtbare Entscheidungen einer Verwaltungsbehörde über die Geeignetheit oder Zuverlässigkeit, bestimmt ist.

VI. Beendigung

66 Das Berufs- bzw. Gewerbeverbot endet entweder **mit Ablauf der Verbotsfrist** oder – falls es nachträglich gemäß § 70a zur Bewährung ausgesetzt wurde – **nach Ablauf der Bewährungszeit** mit der gerichtlichen Erledigungserklärung nach § 70b Abs. 5.

E. Rechtsmittel

67 Das **Berufs- bzw. Gewerbeverbot** nach § 70 ist durch **gesondertes Rechtsmittel** anfechtbar, da es selbstständig neben der Strafe steht (BGH NJW 1975, 2249; OLG Hamm NJW 1957, 1773; OLG Frankfurt a. M. NStZ-RR 2001, 16). Allerdings wird ein Rechtsmittel nur selten auf das Verbot beschränkt werden können, da idR die gesamte Straffrage berührt ist (Fischer Rn. 18; LK-StGB/*Hanack* Rn. 94; NK-StGB/*Pollähne* Rn. 35; SSW StGB/*Jehle*/*Harrendorf* Rn. 26; vgl. auch BayObLG NJW 1955, 353).

§ 70a Aussetzung des Berufsverbots

(1) Ergibt sich nach Anordnung des Berufsverbots Grund zu der Annahme, daß die Gefahr, der Täter werde erhebliche rechtswidrige Taten der in § 70 Abs. 1 bezeichneten Art begehen, nicht mehr besteht, so kann das Gericht das Verbot zur Bewährung aussetzen.

(2) ¹Die Anordnung ist frühestens zulässig, wenn das Verbot ein Jahr gedauert hat. ²In die Frist wird im Rahmen des § 70 Abs. 4 Satz 2 die Zeit eines vorläufigen Berufsverbots eingerechnet. ³Die Zeit, in welcher der Täter auf behördliche Anordnung in einer Anstalt verwahrt worden ist, wird nicht eingerechnet.

(3) ¹Wird das Berufsverbot zur Bewährung ausgesetzt, so gelten die §§ 56a und 56c bis 56e entsprechend. ²Die Bewährungszeit verlängert sich jedoch um die Zeit, in der eine Freiheitsstrafe oder eine freiheitsentziehende Maßregel vollzogen wird, die gegen den Verurteilten wegen der Tat verhängt oder angeordnet worden ist.

A. Allgemeines

I. Gegenstand

1 § 70a gestattet zu Gunsten des Täters die **nachträgliche Aussetzung** eines nach § 70 rechtskräftig verhängten Berufs- bzw. Gewerbeverbotes **zur Bewährung.**

II. Zweck

2 Die Regelung soll **nachträglichen positiven Entwicklungen** Rechnung tragen, die die Aussetzung des Berufs- bzw. Gewerbeverbots gestatten. § 70a wahrt damit den präventiven Charakter des Verbots und trägt dem Verhältnismäßigkeitsgrundsatz Rechnung (VerfGH Berlin NJW-RR 2005, 1294; NK-StGB/*Pollähne* Rn. 1; *Wedekind,* Die Reform des strafrechtlichen Berufsverbotes, 2006, 58). Sie fördert die **Resozialisierung** (NK-StGB/*Pollähne* Rn. 4; *Sträßner* PKR 2007, 48 (50)).

III. Verfassungsmäßigkeit

3 Die Regelung des § 70a wird mit Recht dahingehend kritisiert, dass die Aussetzung erst nach Ablauf einer **Mindestdauer von einem Jahr** möglich ist. Dieser strenge Formalismus ist verfehlt, da nach Verbüßung einer längeren Freiheitsstrafe die Gefahr der Begehung weiterer Taten – entgegen der ursprünglichen Prognose – entfallen sein kann, aber der Entlassene aufgrund des Verbotes trotzdem an der Ausübung seines Berufes bzw. Gewerbes gehindert ist; dies ist nicht nur der Resozialisierung abträglich, sondern bedeutet einen verfassungswidrigen Eingriff in die Grundrechte des Betroffenen (LK-StGB/*Hanack* Rn. 8 f.; Schönke/Schröder/*Stree*/*Kinzig* Rn. 1). Rechtspolitisch ist daher die **Statuierung von Ausnahmen** geboten.

B. Voraussetzungen der Aussetzung zur Bewährung

I. Überblick

§ 70a betrifft nicht nur die Aussetzung des **befristeten,** sondern auch des **lebenslangen** Berufs- bzw. **4** Gewerbeverbotes (Fischer Rn. 2; LK-StGB/*Hanack* Rn. 4; MüKoStGB/*Bockemühl* Rn. 1; Schönke/ Schröder/*Stree/Kinzig* Rn. 1). Vorausgesetzt wird **materiell** Grund zu der Annahme, dass die Gefahr, der Täter werde erhebliche rechtswidrige Taten der in § 70 Abs. 1 bezeichneten Art begehen, nicht mehr besteht, und **formell** das Verstreichen einer Mindestdauer.

II. Wegfall der Gefahr

Gefordert ist die **begründete richterliche Überzeugung** (LK-StGB/*Hanack* Rn. 1), dass die bei **5** der Anordnung des Berufs- bzw. Gewerbeverbots angenommene **negative Gefährlichkeitsprognose nicht mehr aufrechterhalten werden kann.** Dies setzt **konkreten Grund** zu der Annahme voraus, dass der Täter künftig erhebliche rechtswidrige Taten, die berufs- bzw. gewerbetypisch sind (→ § 70 Rn. 13, 17) nicht begehen wird. Einer positiven Gefährlichkeitsprognose steht es nicht entgegen, dass weitere Straftaten zu erwarten sind, die zwar erheblich, aber nicht berufs- bzw. gewerbetypisch, oder zwar berufs- bzw. gewerbetypisch, aber unerheblich sind (LK-StGB/*Hanack* Rn. 3; MüKoStGB/*Bockemühl* Rn. 3; NK-StGB/*Pollähne* Rn. 3). **Nicht ausreichend** ist die bloße allg. Erwartung, der Täter werde künftig keine einschlägigen Straftaten mehr begehen.

Vorausgesetzt wird, dass nach Anordnung des Verbots **neue Umstände** (vgl. § 70b Abs. 2) **einge- 6 treten oder bekannt geworden** sind (VerfGH Berlin NJW-RR 2005, 1294; LK-StGB/*Hanack* Rn. 6 mwN). Neue Umstände sind zB das Nachholen einer beruflichen Ausbildung (Begr. E 1962, 237), eine erfolgreiche Umschulung, der Wegfall besonderer kriminogener Anreize oder die resozialisierende Wirkung einer Freiheitsstrafe. Denkbar ist auch, dass aufgrund neuer Umstände nunmehr die Unterstellung unter einen Bewährungshelfer bzw. die Erteilung von Weisungen (vgl. § 70a Abs. 3 S. 1) genügt (Schönke/Schröder/*Stree/Kinzig* Rn. 3 mwN). **Nicht ausreichend** ist eine lediglich andere Bewertung im Erkenntnisverfahren bereits bekannter und berücksichtigter oder wegen der Beschränkung der Revision nicht berücksichtigter Umstände (VerfGH Berlin NJW-RR 2005, 1294).

Der Grundsatz **in dubio pro reo** findet keine Anwendung, da Zweifel am Wegfall der Gefährlichkeit **7** zu Lasten des Verurteilten gehen (LK-StGB/*Hanack* Rn. 2; MüKoStGB/*Bockemühl* Rn. 2; Schönke/ Schröder/*Stree/Kinzig* Rn. 3).

III. Verstreichen der Mindestdauer

Die Aussetzung ist nach § 70a Abs. 2 S. 1 – anders als bei den Maßregeln der §§ 63, 64, bei denen **8** mit der Anordnung der Maßregel zugleich die Aussetzung erfolgen kann – **frühestens zulässig,** wenn das Verbot **mindestens ein Jahr gedauert** hat. Dies soll sicherstellen, dass die vom Täter ausgehende Gefahr für eine Mindestzeit beseitigt ist (Begr. E 1962, 238; zur Kritik → Rn. 3).

Wurde das Verbot nur für die Dauer **von bis zu einem Jahr angeordnet,** scheidet eine Aussetzung **9** aus, da die Maßregel bereits mit Ablauf erledigt ist (LK-StGB/*Hanack* Rn. 12; MüKoStGB/*Bockemühl* Rn. 6).

Die **Jahresfrist beginnt** mit Wirksamwerden des Berufsverbotes (→ § 70 Rn. 58). Der Täter muss **10** sich **auf freiem Fuß** befunden haben, da nach § 70a Abs. 2 S. 3 die Zeit, in der er auf behördliche Anordnung in einer Anstalt verwahrt worden ist, nicht eingerechnet wird. Eingerechnet wird die Zeit eines vorläufigen Berufsverbots nach § 132a StPO, soweit sie nach Verkündung des letzten tatrichterlichen Urteils liegt (§ 70a Abs. 2 S. 2 iVm § 70 Abs. 4 S. 2) und der Täter sich auf freiem Fuß befand, und auch die Zeit, in der sich der Täter aufgrund einer später widerrufenen Strafaussetzung in Freiheit war (OLG Hamburg NJW 1956, 921; 1966, 1183). **Unberücksichtigt** bleibt die Zeit eines vorläufigen Berufsverbots bis zum Urteil in der letzten Tatsacheninstanz (LK-StGB/*Hanack* Rn. 11; Schönke/ Schröder/*Stree/Kinzig* Rn. 6).

Die **Jahresfrist gilt nicht,** wenn nachträglich bekannt gewordene Umstände zeigen, dass die Voraus- **11** setzungen für die Anordnung eines Berufs- oder Gewerbeverbots bereits zum **Zeitpunkt der Anordnung fehlten,** oder wenn sich nach Verbüßung einer längeren Freiheitsstrafe herausstellt, dass der Täter **jetzt ungefährlich** ist (NK-StGB/*Pollähne* Rn. 4). Diese Korrektur der formellen Voraussetzungen ist erforderlich, um Grundrechten des Täters Rechnung zu tragen (→ Rn. 3).

C. Gerichtliche Anordnung der Aussetzung zur Bewährung

I. Zuständigkeit

Zuständig für die Entscheidung über die Aussetzung ist das **erstinstanzliche Gericht.** Es kann die **12** Sache allerdings **bindend abgeben,** und zwar an das AG am Wohnsitz des Täters oder in Ermangelung eines Wohnsitzes an das AG am gewöhnlichen Aufenthaltsort (§ 463 Abs. 1, Abs. 6 S. 1 StPO iVm § 462, § 462a Abs. 2 StPO).

II. Prüfung

13   Die Möglichkeit der Aussetzung hat das Gericht **auf Antrag des Täters** zu prüfen. Der Antrag kann bereits vor Ablauf der Mindestfrist zeitnah gestellt werden, damit das Gericht zum Ablauf der Mindestfrist entscheiden kann (Schönke/Schröder/*Stree/Kinzig* Rn. 8). Einen **abgelehnten Antrag** kann der Täter jederzeit erneut stellen, da eine zeitliche Beschränkung – anders als bei der Aussetzung des Restes einer Freiheitsstrafe, der Überprüfung der weiteren Vollstreckung der Unterbringung und der Aufhebung der Führungsaufsicht (vgl. § 57 Abs. 6, § 67e Abs. 3, § 68e Abs. 3) – gesetzlich nicht vorgesehen ist, so dass das Gericht diesbezüglich keine verbindlichen Fristen festsetzen kann (Schönke/Schröder/*Stree/Kinzig* Rn. 8). Wird dennoch eine **Frist festgesetzt,** so ist diese als bloßer Hinweis darauf anzusehen, dass ein vor Fristablauf gestellter Antrag grds. keine Aussicht auf Erfolg hat (LK-StGB/*Hanack* Rn. 19).

14   Eine Prüfung **von Amts wegen** nach Ablauf fester Fristen ist in § 70a – anders als bei der Unterbringung (§ 67e) – gesetzlich **nicht vorgesehen.** Allerdings legen es sowohl der gravierende Eingriff in die Grundrechte als auch der Grundsatz der Verhältnismäßigkeit nahe, dass das Gericht darauf zu achten hat, ob eine Aussetzung angezeigt ist (LK-StGB/*Hanack* Rn. 18; NK-StGB/*Pollähne* Rn. 9; *Wedekind,* Die Reform des strafrechtlichen Berufsverbotes, 2006, 58). Im Interesse der Rechtssicherheit sind hierfür die **festen Prüfungsfristen** des § 67e entsprechend anzuwenden (MüKoStGB/*Bockemühl* Rn. 7; SK-StGB/*Sinn* Rn. 5; aA LK-StGB/*Hanack* Rn. 19; NK-StGB/*Pollähne* Rn. 9; Schönke/Schröder/*Stree/Kinzig* Rn. 8), so dass bei einem zeitigen Berufsverbot alle 6 Monate, bei einem lebenslangen Berufsverbot von Amts wegen alle zwei Jahre die Möglichkeit der Aussetzung zu prüfen ist.

III. Gerichtliche Entscheidung

15   § 70a Abs. 1 ist nach dem Wortlaut eine „Kann-Vorschrift", die Entscheidung über die Aussetzung ist aber dennoch eine **gebundene Entscheidung** (Lackner/Kühl/*Heger* Rn. 3; LK-StGB/*Hanack* Rn. 7; MüKoStGB/*Bockemühl* Rn. 7; SK-StGB/*Sinn* Rn. 6; vgl. auch NK-StGB/*Pollähne* Rn. 3; iErg ebenso Fischer Rn. 3; Schönke/Schröder/*Stree/Kinzig* Rn. 5). Dies folgt daraus, dass Maßregeln nur bis zur Zweckerreichung gerechtfertigt sind. Daher muss eine Aussetzung erfolgen, wenn das Gericht vom Wegfall der Gefährlichkeit überzeugt ist und damit die weitere Anwendung der Maßregel nicht mehr erforderlich ist.

16   Das Gericht entscheidet **ohne mündliche Verhandlung** durch Beschluss (§ 463 Abs. 6 S. 1 StPO iVm § 462 Abs. 1 S. 1 StPO). Zuvor sind die Staatsanwaltschaft und der Täter **anzuhören** (§ 463 Abs. 6 S. 1 StPO iVm § 462 Abs. 2 S. 1 StPO).

D. Rechtsfolgen der Aussetzung zur Bewährung

I. Wirkung

17   Im Falle der Aussetzung ist das Berufs- bzw. Gewerbeverbot **zeitlich begrenzt aufgehoben** (LK-StGB/*Hanack* Rn. 13), so dass eine Strafbarkeit nach § 145c ausscheidet.

II. Folgeentscheidungen

18   Die Aussetzung des Verbots hat zur Folge, dass nach § 70a Abs. 3 S. 1 nunmehr § 56a, § 56c, § 56d und § 56e entsprechend gelten, so dass die **Regeln der Aussetzung einer Freiheitsstrafe zur Bewährung** Anwendung finden. Unzulässig ist wegen der fehlenden Bezugnahme die Erteilung von Auflagen nach § 56b (Fischer Rn. 5; LK-StGB/*Hanack* Rn. 14; MüKoStGB/*Bockemühl* Rn. 8; SK-StGB/*Sinn* Rn. 8).

19   Das Gericht hat eine **Bewährungszeit zwischen 2 und 5 Jahren** zu bestimmen (§ 56a Abs. 1). Sie **verlängert** sich nach § 70a Abs. 3 S. 2 um die Zeit, in der eine Freiheitsstrafe oder freiheitsentziehende Maßregel vollzogen wird, die gegen den Verurteilten wegen derselben Tat verhängt oder angeordnet wurde. Haft oder Unterbringung wegen einer anderen Tat berühren die Bewährungszeit nicht (LK-StGB/*Hanack* Rn. 16; MüKoStGB/*Bockemühl* Rn. 9; Schönke/Schröder/*Stree/Kinzig* Rn. 7). Die Bewährungszeit **beginnt** mit Rechtskraft des Beschlusses über die Aussetzung und kann nachträglich bis auf das Mindestmaß verkürzt oder bis auf das Höchstmaß verlängert werden (§ 56a Abs. 2). Eine Verlängerung liegt insbes. nahe, wenn der Verurteilte wegen einer anderen Tat eine Freiheitsstrafe verbüßt (LK-StGB/*Hanack* Rn. 16; Schönke/Schröder/*Stree/Kinzig* Rn. 7).

20   Darüber hinaus kann das Gericht für die Dauer der Bewährungszeit **Weisungen** erteilen, wenn der Verurteilte dieser Hilfe bedarf, um keine Straftaten mehr zu begehen (§ 56c Abs. 1; iE § 56c Abs. 2). Der Verurteilte kann **Zusagen** nach § 56c Abs. 4 für seine künftige Lebensführung machen (Fischer Rn. 5; NK-StGB/*Pollähne* Rn. 7; Schönke/Schröder/*Stree/Kinzig* Rn. 7). Ist deren Einhaltung zu

erwarten, wird das Gericht idR von Weisungen absehen (§ 56c Abs. 4). Der Verurteilte kann außerdem einem **Bewährungshelfer** unterstellt werden (vgl. § 56d).

Entscheidungen zu Weisungen (§ 56c) und zur Bewährungshilfe (§ 56d) kann das Gericht auch **21** **nachträglich** treffen, ändern oder aufheben (vgl. § 56e).

E. Rechtsmittel

Der Beschluss des Gerichts ist mit **sofortiger Beschwerde** anfechtbar (§ 463 Abs. 6 StPO iVm § 462 **22** Abs. 3 S. 1 StPO). In Bezug auf einen Beschluss, der die Aussetzung angeordnet hat, entfaltet die sofortige Beschwerde der Staatsanwaltschaft **aufschiebende Wirkung** (§ 463 Abs. 6 StPO iVm § 462 Abs. 3 S. 2 StPO).

§ 70b Widerruf der Aussetzung und Erledigung des Berufsverbots

(1) Das Gericht widerruft die Aussetzung eines Berufsverbots, wenn die verurteilte Person
1. während der Bewährungszeit unter Mißbrauch ihres Berufs oder Gewerbes oder unter grober Verletzung der mit ihnen verbundenen Pflichten eine rechtswidrige Tat begeht,
2. gegen eine Weisung gröblich oder beharrlich verstößt oder
3. sich der Aufsicht und Leitung der Bewährungshelferin oder des Bewährungshelfers beharrlich entzieht

und sich daraus ergibt, daß der Zweck des Berufsverbots dessen weitere Anwendung erfordert.

(2) Das Gericht widerruft die Aussetzung des Berufsverbots auch dann, wenn Umstände, die ihm während der Bewährungszeit bekannt werden und zur Versagung der Aussetzung geführt hätten, zeigen, daß der Zweck der Maßregel die weitere Anwendung des Berufsverbots erfordert.

(3) Die Zeit der Aussetzung des Berufsverbots wird in die Verbotsfrist nicht eingerechnet.

(4) Leistungen, die die verurteilte Person zur Erfüllung von Weisungen oder Zusagen erbracht hat, werden nicht erstattet.

(5) Nach Ablauf der Bewährungszeit erklärt das Gericht das Berufsverbot für erledigt.

A. Allgemeines

I. Gegenstand

§ 70b Abs. 1–4 enthält **Regelungen zum Widerruf der Aussetzung** eines Berufs- bzw. Gewerbe- **1** verbotes zur Bewährung. § 70b Abs. 5 trifft eine **Regelung zur Erledigung** eines ausgesetzten Verbotes.

II. Zweck

§ 70b ergänzt die Regelungen des § 70a zur Aussetzung. Die Vorschrift gestattet es einerseits, **nach- 2** **träglichen Änderungen** Rechnung zu tragen, die den Widerruf der Aussetzung zu Lasten der verurteilten Person erforderlich machen. Andererseits trifft sie für den **Fall des erfolgreichen Ablaufs** der Bewährungszeit aus Gründen der Rechtssicherheit zu Gunsten der verurteilten Person eine notwendige Teilregelung zur Erledigung der Maßregel.

B. Voraussetzungen des Aussetzungswiderrufs

I. Überblick

Der Aussetzungswiderruf setzt **formell** voraus, dass ein rechtskräftiger Aussetzungsbeschluss nach **3** § 462 StPO ergangen ist, und **materiell,** dass einer der Widerrufsgründe nach § 70b Abs. 1, Abs. 2 vorliegt, aus denen sich ableiten lässt, dass die weitere Anwendung des Berufs- bzw. Gewerbeverbots erforderlich ist.

II. Widerrufsgründe

1. Allgemeines. Die Widerrufsgründe des § 70b Abs. 1, Abs. 2 sind **abschließend** (LK-StGB/ **4** *Hanack* Rn. 4 mwN). Sie lehnen sich an die Gründe für den Widerruf der Strafaussetzung zur Bewährung (§ 56 f.) an, decken sich damit aber nicht vollständig, so dass der Widerruf der Strafaussetzung nicht zwangsläufig den Widerruf der Aussetzung des Berufs- bzw. Gewerbeverbots zur Folge hat. **§ 70b Abs. 1 Nr. 1–3** erfasst nach einer Aussetzung eingetretene Umstände, während **§ 70b Abs. 2** eine Aussetzung betrifft, die wegen unzureichender Kenntnis der ursprünglich bestehenden Umstände stattfand. Der Grundsatz **in dubio pro reo** ist anzuwenden (LK-StGB/*Hanack* Rn. 13; MüKoStGB/

Bockemühl Rn. 9; NK-StGB/*Polläkne* Rn. 6; Schönke/Schröder/*Stree*/*Kinzig* Rn. 7), so dass Zweifel einem Widerruf entgegenstehen.

5   **2. Begehung einer neuen rechtswidrigen Tat (Abs. 1 Nr. 1).** Die verurteilte Person muss nach der **begründeten Überzeugung des Gerichts** (NK-StGB/*Polläkne* Rn. 6) eine **rechtswidrige Tat** begangen haben, und zwar unter Missbrauch ihres Berufs oder Gewerbes bzw. unter grober Verletzung der hiermit verbundenen Pflichten. Es muss sich somit um eine **erhebliche** (LK-StGB/*Hanack* Rn. 5; MüKoStGB/*Bockemühl* Rn. 3; NK-StGB/*Polläkne* Rn. 4) **Straftat iSd § 70 Abs. 1** handeln.

6   **Nicht erforderlich** ist es iRd § 70b, dass die Person wegen der begangenen Straftat verurteilt oder nur wegen erwiesener oder nicht auszuschließender Schuldunfähigkeit nicht verurteilt wurde (vgl. MüKoStGB/*Bockemühl* Rn. 3; Schönke/Schröder/*Stree*/*Kinzig* Rn. 3; zweifelnd LK-StGB/*Hanack* Rn. 5a). Die Unschuldsvermutung des Art. 6 Abs. 2 EMRK steht dem nicht entgegen, da es beim Widerruf der Aussetzung eines Berufs- bzw. Gewerbeverbotes nicht um die Bestrafung geht. In jedem Fall ist ein Widerruf zulässig, wenn die Person **glaubhaft gestanden** hat (OLG Stuttgart NJW 2005, 83).

7   Vorausgesetzt wird, dass die verurteilte Person die rechtswidrige Tat **während der Bewährungszeit,** dh nach der Rechtskraft des Aussetzungsbeschlusses und vor dem Ende der nach § 70a Abs. 3, § 56a Abs. 1 festgelegten Bewährungsfrist (Fischer Rn. 3; MüKoStGB/*Bockemühl* Rn. 3), begangen hat.

8   **3. Gröblicher oder beharrlicher Verstoß gegen eine Weisung (Abs. 1 Nr. 2).** Erforderlich ist, dass die verurteilte Person gegen eine **Weisung nach § 56c gröblich oder beharrlich** verstößt. Der Verstoß muss symptomatisch für die Gefahr der Begehung neuer erheblicher rechtswidriger Straftaten sein (SK-StGB/*Sinn* Rn. 5). Dies ist zB bei einer weisungswidrigen Kontaktaufnahme zu Personen der Fall, die Gelegenheit oder Anreiz zu weiteren Straftaten geben. **Nicht ausreichend** ist der Verstoß gegen eine bloße Zusage für die künftige Lebensführung (Fischer Rn. 4; LK-StGB/*Hanack* Rn. 6; MüKoStGB/*Bockemühl* Rn. 5).

9   **4. Beharrliches Sichentziehen der Bewährungshilfe (Abs. 1 Nr. 3).** Die verurteilte Person muss sich der **Aufsicht und Leitung** der Bewährungshelferin bzw. des Bewährungshelfers (§ 56d) **beharrlich entziehen.** Dies ist insbes. der Fall, wenn konkret vorgesehene Einwirkungsmöglichkeiten vereitelt werden (LK-StGB/*Hanack* Rn. 7; MüKoStGB/*Bockemühl* Rn. 6).

10   **5. Nachträgliches Bekanntwerden von Versagungsumständen (Abs. 2).** Vorausgesetzt wird, dass dem Gericht **während der Bewährungszeit,** dh nach der Aussetzungsentscheidung gem. § 70a, **Umstände bekannt werden,** die zur Versagung der Aussetzung geführt hätten. **Nicht zu berücksichtigen** sind Umstände, die dem Gericht schon bei der Aussetzung bekannt waren, jetzt aber anders bewertet werden (vgl. nur Schönke/Schröder/*Stree*/*Kinzig* Rn. 6), sowie Umstände, die erst nach Ablauf der Bewährungszeit bekannt werden. Erforderlich ist, dass die Umstände zum Zeitpunkt der Widerrufsentscheidung **noch fortbestehen.**

III. Negative Gefährlichkeitsprognose

11   Sowohl der Widerruf nach § 70b Abs. 1 als auch der Widerruf nach § 70b Abs. 2 setzen voraus, dass der **Zweck des Berufs- bzw. Gewerbeverbots dessen weitere Anwendung erfordert.** Die negative Gefährlichkeitsprognose muss den gleichen Inhalt und das gleiche Gewicht wie die ursprüngliche Anordnung des Verbots haben (LK-StGB/*Hanack* Rn. 1; NK-StGB/*Polläkne* Rn. 3; SK-StGB/*Sinn* Rn. 3; diff. Schönke/Schröder/*Stree*/*Kinzig* Rn. 3), dh die **Gesamtwürdigung** von Täter und Tat muss die Gefahr erkennen lassen, dass die verurteilte Person bei weiterer Ausübung erhebliche rechtswidrige Taten unter Missbrauch ihres Berufs bzw. Gewerbes oder unter grober Verletzung der damit verbundenen Pflichten begehen wird (→ § 70 Rn. 24 ff.).

12   Lässt in den **Fällen des § 70b Abs. 1** das **nachfolgende Verhalten** erkennen, dass trotz der Begehung einer rechtswidrigen Tat, des Verstoßes gegen eine Weisung oder des Sichentziehens keine erheblichen Straftaten mehr zu erwarten sind, ist ein Widerruf ausgeschlossen (vgl. Schönke/Schröder/*Stree*/*Kinzig* Rn. 3, 6).

13   In den **Fällen des § 70b Abs. 2,** in denen nachträglich Umstände bekannt werden, die der Aussetzung zur Bewährung entgegenstanden, sind an die negative Gefährlichkeitsprognose besonders hohe Anforderungen zu stellen; die Umstände müssen eine **besonders hohe Gefährlichkeit** der verurteilten Person nahe legen, um den Entzug des Vertrauens, das ihr durch die Aussetzung entgegengebracht wurde, zu rechtfertigen. Der Widerruf ist daher nur in **Ausnahmefällen** zulässig (LK-StGB/*Hanack* Rn. 8; MüKoStGB/*Bockemühl* Rn. 8).

C. Gerichtliche Anordnung des Aussetzungswiderrufs

I. Zuständigkeit

14   Zuständig für die Entscheidung über den Widerruf ist – wie für die Entscheidung zur Aussetzung (→ § 70a Rn. 12) – das **erstinstanzliche Gericht** bzw. im Falle der bindenden Abgabe das AG am

Wohnsitz der verurteilten Person oder an ihrem gewöhnlichen Aufenthaltsort (§ 463 Abs. 1, Abs. 6 S. 1 StPO iVm § 462, § 462a Abs. 2 StPO).

Kenntnis von einem Widerrufsgrund kann das Gericht insbes. durch eine Mitteilung nach Nr. 13 15
Abs. 1 Nr. 3 MiStra erlangen. Danach ist dem zuständigen Gericht von Staatsanwaltschaften und Gerichten Mitteilung zu machen, sobald Umstände bekannt werden, die zu einem Widerruf der Aussetzung führen können.

II. Gerichtliche Entscheidung

Der Aussetzungswiderruf ist eine **gebundene Entscheidung** (Fischer Rn. 2; MüKoStGB/*Bockemühl* 16
Rn. 1; NK-StGB/*Pollähne* Rn. 10; SSW StGB/*Jehle/Harrendorf* Rn. 9; Schönke/Schröder/*Stree/Kinzig*
Rn. 7; krit. LK-StGB/*Hanack* Rn. 9). Bei Vorliegen eines Widerrufsgrundes und negativer Gefährlichkeitsprognose ist daher der Widerruf zwingend. Dennoch ist ausnahmsweise nach hM analog § 56f
Abs. 2 von einem **Widerruf abzusehen,** wenn zur Gefahrabwendung bereits die **Intensivierung der Bewährungsmaßnahmen** genügt, dh die Erteilung weiterer Weisungen, die Bestellung eines Bewährungshelfers oder die Verlängerung der Bewährungs- oder Unterstellungszeit (Lackner/Kühl/*Heger*
Rn. 1; LK-StGB/*Hanack* Rn. 11; MüKoStGB/*Bockemühl* Rn. 4; NK-StGB/*Pollähne* Rn. 5; SSW
StGB/*Jehle/Harrendorf* Rn. 4; Schönke/Schröder/*Stree/Kinzig* Rn. 3; aA SK-StGB/*Sinn* Rn. 2). Dies
folgt daraus, dass auch für den Widerruf der Verhältnismäßigkeitsgrundsatz gilt. Jedoch darf analog § 56f
Abs. 2 S. 2 die Bewährungszeit nicht um mehr als die Hälfte der ursprünglichen Bewährungszeit
verlängert werden.

In der Sache bedeutet der Aussetzungswiderruf eine **Neuanordnung des Berufs- bzw. Gewerbe-** 17
verbots (LK-StGB/*Hanack* Rn. 1; MüKoStGB/*Bockemühl* Rn. 1; SK-StGB/*Sinn* Rn. 2), bei dem das
Gericht die Verbotsfrist nicht neu festlegt. Wird die Aussetzung widerrufen, ist daher die **Verkürzung
eines lebenslangen Verbots** durch Anordnung eines zeitlich befristeten Verbots selbst dann ausgeschlossen, wenn im Zeitpunkt der Entscheidung die Gefährlichkeitsprognose weniger negativ ausfällt.
Härten kann durch eine spätere erneute Aussetzung ausreichend Rechnung getragen werden (LK-
StGB/*Hanack* § 70 Rn. 2, 14; MüKoStGB/*Bockemühl* Rn. 10; SSW StGB/*Jehle/Harrendorf* Rn. 11;
Schönke/Schröder/*Stree/Kinzig* Rn. 8; aA SK-StGB/*Sinn* Rn. 3, 7). Umgekehrt ist auch die **Verlängerung eines zeitlich befristeten Verbots** unzulässig (Schönke/Schröder/*Stree/Kinzig* Rn. 8).

Ein Widerruf ist noch **nach Ablauf der Bewährungszeit** zulässig, solange keine Erledigungserklä- 18
rung vorliegt (→ Rn. 27).

Das Gericht entscheidet **ohne mündliche Verhandlung durch Beschluss** (§ 463 Abs. 6 S. 1 StPO 19
iVm § 462 Abs. 1 S. 1 StPO). Die Staatsanwaltschaft und die verurteilte Person sind **anzuhören** (§ 463
Abs. 6 S. 1 StPO iVm § 462 Abs. 2 S. 1 StPO).

D. Rechtsfolgen des Aussetzungswiderrufs

Der Widerruf führt nicht zur Entstehung einer neuen Frist, sondern die nach § 70 festgesetzte **Frist** 20
beginnt erneut zu laufen (Fischer Rn. 6; LK-StGB/*Hanack* Rn. 14; NK-StGB/*Pollähne* Rn. 11). In
die Verbotsfrist wird nach § 70b Abs. 3 die **Zeit der Aussetzung** nicht eingerechnet. Erfolgte die
Aussetzung eines dreijährigen Verbotes nach einem Jahr, dauert daher das Verbot nach dem Widerruf
noch zwei Jahre an.

Erfolgt der Widerruf wegen der **Begehung einer neuen rechtswidrigen Tat** nach § 70 Abs. 1, ist 21
das Gericht nicht gehindert, ein neues, länger andauerndes Berufs- bzw. Gewerbeverbot anzuordnen,
das ab Rechtskraft selbstständig neben dem alten Verbot läuft (LK-StGB/*Hanack* Rn. 15; NK-StGB/
Pollähne Rn. 12).

Zur Erfüllung von Weisungen oder Zusagen **erbrachte Leistungen** werden der verurteilten Person 22
nach § 70b Abs. 4 – wie beim Widerruf der Strafaussetzung (vgl. § 56f Abs. 3) – nicht erstattet.

E. Rechtsmittel

Der Beschluss ist mit **sofortiger Beschwerde** anfechtbar (§ 463 Abs. 6 StPO iVm § 462 Abs. 3 S. 1 23
StPO). **Aufschiebende Wirkung** hat die sofortige Beschwerde der Staatsanwaltschaft (§ 463 Abs. 6
StPO iVm § 462 Abs. 3 S. 2 StPO).

F. Gerichtliche Erledigungserklärung im Falle der Aussetzung (§ 70b Abs. 5)

I. Anwendungsbereich

Mit **Ablauf der Bewährungsfrist** ist das Berufs- bzw. Gewerbeverbot trotz erfolgreicher Bewährung 24
nicht automatisch erledigt. Vielmehr muss das Gericht das Verbot nach § 70b Abs. 5 für erledigt
erklären.

Keiner Erledigungserklärung nach § 70b Abs. 5 bedarf es beim **Ablauf eines zeitlich befristeten** 25
Verbots, das **nicht zur Bewährung ausgesetzt** wurde, da die Maßregel dann bereits mit Ablauf der

Verbotsfrist erledigt ist (LK-StGB/*Hanack* Rn. 17; MüKoStGB/*Bockemühl* Rn. 15; NK-StGB/*Pollähne* Rn. 15). Keiner Erledigungserklärung bedarf es auch dann, wenn das **Verbot ausgesetzt und später widerrufen** wurde, da dann die ursprüngliche Verbotsfrist erneut zu laufen beginnt (→ Rn. 17), so dass die Maßregel mit Fristablauf erledigt ist (LK-StGB/*Hanack* Rn. 18; MüKoStGB/*Bockemühl* Rn. 15).

II. Erledigungserklärung

26   Das zuständige Gericht hat das Verbot durch **Beschluss** gemäß § 463 Abs. 6 StPO iVm § 462 StPO ausdrücklich für erledigt zu erklären. Dieser Beschluss ist nicht widerrufbar und damit **endgültig** (vgl. nur MüKoStGB/*Bockemühl* Rn. 14 mwN).

27   Entgegen dem Wortlaut des § 70b Abs. 5 ist das Gericht nicht darauf beschränkt, den für die Erledigung maßgebenden Fristablauf festzustellen. Es kann **auch nach Ablauf der Bewährungszeit** noch den Widerruf der Aussetzung beschließen (LK-StGB/*Hanack* Rn. 21; MüKoStGB/*Bockemühl* Rn. 13; NK-StGB/*Pollähne* Rn. 10; Schönke/Schröder/*Stree*/*Kinzig* Rn. 7), da auch bei Aussetzung der Freiheitsstrafe nach § 56g Abs. 1 die Möglichkeit des Widerrufs nach Ablauf der Bewährungszeit besteht. Voraussetzung für den Widerruf ist aber, dass der Widerrufsgrund während der Bewährungszeit eintrat bzw. bekannt wurde.

28   Die Erledigungserklärung **beendet** nach § 68g Abs. 3 kraft Gesetzes auch eine aufgrund derselben Tat angeordnete **befristete Führungsaufsicht**.

29   **Leistungen,** die die verurteilte Person zur Erfüllung von Weisungen oder Zusagen **erbracht** hat, werden auch im Fall der Erledigungserklärung (zum Widerruf der Aussetzung → Rn. 22) nicht erstattet.

§ 73 Voraussetzungen des Verfalls

(1) [1]Ist eine rechtswidrige Tat begangen worden und hat der Täter oder Teilnehmer für die Tat oder aus ihr etwas erlangt, so ordnet das Gericht dessen Verfall an. [2]Dies gilt nicht, soweit dem Verletzten aus der Tat ein Anspruch erwachsen ist, dessen Erfüllung dem Täter oder Teilnehmer den Wert des aus der Tat Erlangten entziehen würde.

(2) [1]Die Anordnung des Verfalls erstreckt sich auf die gezogenen Nutzungen. [2]Sie kann sich auch auf die Gegenstände erstrecken, die der Täter oder Teilnehmer durch die Veräußerung eines erlangten Gegenstandes oder als Ersatz für dessen Zerstörung, Beschädigung oder Entziehung oder auf Grund eines erlangten Rechts erworben hat.

(3) Hat der Täter oder Teilnehmer für einen anderen gehandelt und hat dadurch dieser etwas erlangt, so richtet sich die Anordnung des Verfalls nach den Absätzen 1 und 2 gegen ihn.

(4) Der Verfall eines Gegenstandes wird auch angeordnet, wenn er einem Dritten gehört oder zusteht, der ihn für die Tat oder sonst in Kenntnis der Tatumstände gewährt hat.

Neuere Literatur: *Achenbach,* Obligatorische Zurückgewinnungshilfe, NStZ 2001, 401; *Achenbach,* Ausweitung des Zugriffs bei den ahndenden Sanktionen gegen die Unternehmensdelinquenz, wistra 2002, 441; *Arzt,* Verfallanordnung gegen juristische Personen, GS Zipf, 1999, 165; *Barreto da Rosa,* Zum Verfall von Bestechungsgeld und Tatlohn, wistra 2012, 334; *Berg,* Beweiserleichterungen bei der Gewinnabschöpfung, 2001; *H.-L. Bock,* Illegale Abfallbeseitigung und strafrechtliche Gewinnabschöpfung, AbfallPrax 2000, 115; *Bittmann,* Vom Annex zur Säule: Vermögensabschöpfung als 3. Spur des Strafrechts, NZWiSt 2016, 131; *Bittmann,* Strafprozessuale Rückgewinnungshilfe und Insolvenz, ZWH 2015, 58; *Bittmann,* Insolvenzrecht und Rückgewinnungshilfe: Funktionelle Konkordanz, ZInsO 2014, 2024; *Bohne/ Boxleitner,* Eins vor und zwei zurück, NStZ 2007, 552; *Brenner,* Das Bruttoprinzip (usw), NStZ 2004, 256; *Brundiers/ Löwe-Krahl,* Vorrang des steuerlichen Arrests vor der strafprozessualen Rückgewinnungshilfe?, PStR 2009, 36; *Burghart,* Das erlangte „Etwas" nach strafbarer Vertragsanbahnung, wistra 2011, 241; *Cramer,* Zur verfahrensrechtlichen Zulässigkeit einer selbständigen Anordnung des Verfalls gegen eine juristische Person oder Personenvereinigung nach § 29a Abs. 4 OWiG, FS Meyer-Goßner, 2001, 733; *Dahm/Hamacher,* Geldwäschebekämpfung und strafrechtliche Verfahrensgarantien, wistra 1995, 206; *Dannert,* Die verfassungsrechtliche Zulässigkeit von Eigentumsentziehungen zur Verfolgung und Verhinderung von Straftaten, 1998; *da Rosa,* Gesamtschuldnerische Haftung bei der Vermögensabschöpfung, NJW 2009, 1702; *Dessecker,* Gewinnabschöpfung im Strafrecht und in der Strafrechtspraxis, 1991; *Dölp,* Auswirkung der Anordnung des Verfalls von Wertersatz bei verbrauchtem Agentenlohn, NStZ 1993, 26; *Dörstelmann,* Gewinne aus der Vermarktung von Straftaten durch den Täter und mögliche Gegenmaßnahmen des Gesetzgebers, ZRP 1999, 421; *Eberbach,* Einziehung und Verfall beim illegalen Betäubungsmittelhandel, NStZ 1985, 294; *Eser,* Neue Wege der Gewinnabschöpfung im Kampf gegen die organisierte Kriminalität?, FS Stree/Wessels, 1993, 833; *Franzheim,* Der Verfall des Vermögensvorteils aus Umweltstrafsachen – sein Umfang und seine Berechnung, wistra 1989, 87; *Gaßmann,* Abschöpfung illegitimer Tatvorteile und Ansprüche geschädigter Aktionäre, wistra 2004, 41; *Gehrmann,* Verfall nach Insiderhandel, wistra 2010, 346; *Göhler,* Die neue Regelung zum Verfall im StGB und OWiG, wistra 1992, 133; *Greeve,* Verstärkte Rückgewinnungshilfe und Vermögensabschöpfung seit dem 1.1.2007, NJW 2007, 14; *Güntert,* Gewinnabschöpfung als strafrechtliche Sanktion, 1983; *Hansen/Wolff-Rojzyk,* Effiziente Schadenswiedergutmachung für geschädigte Unternehmen der Marken- und Produktpiraterie, GRUR 2007, 468; *Hellmann,* Richterliche Überzeugungsbildung und Schätzung bei der Bemessung strafrechtlicher Sanktionen, GA 1997, 503; *Hetzer,* Gewinnabschöpfung durchBeweislastumkehr?, wistra 2000, 368; *ders.,* Beweisprobleme bei Geldwäschebekämpfung und Gewinnabschöpfung, ZfZ 2001, 7; *Hildenstab,* Die Gewinnabschöpfung im Umweltstrafverfahren, 1990; *Hofmann,* Verfallsanordnung gegen tatunbeteiligte Unternehmen, wistra 2008, 401; *Hohn,* Die Bestimmung des erlangten Etwas iSd § 73 StGB durch den BGH, wistra 2003, 321; *ders.*, Wertersatzeinziehung und Wertersatzverfall bei verbrauchten Betäubungsmitteln, StraFo 2003, 302; *ders.*, Abschöpfung der Steigerung des Firmenwerts als Bruttowertersatzverfall?, wistra 2006, 321; *Hoyer,* Die Rechtsnatur des Verfalls angesichts des neuen Verfallsrechts, GA 1993, 406; *Hüls/Reichling,* Vermögensabschöpfung vor und nach dem Strafurteil Verfall (usw.), StraFo 2009, 198; *Husberg,* Verfall bei Bestechungsdelikten, 1999; *Janovsky,* Einziehung und Verfall, Kriminalistik 2000, 483; *Janssen,* Gewinnabschöpfung im Strafverfahren, 2007; *Joecks,* Abzugsverbot für Bestechungs- und Schmiergelder, DStR 1997, 1025; *Julius,* Einziehung, Verfall und Art. 14 GG, ZStW 1997 (1985), 58; *Käbisch,* Zum Vorgehen der Steuerfahndung gem. §§ 73 ff. StGB, § 111b StPO, wistra 1984, 10; *Kaiser,* Strafrechtliche Gewinnabschöpfung im Dilemma zwischen Rechtsstaatlichkeit und Effektivität, ZRP 1999, 144; *Kaiser,* Möglichkeiten zur Verbesserung des Instrumentariums zur Bekämpfung von Geldwäsche und zur Gewinnabschöpfung, wistra 2000, 121; *Katholnigg,* Die Neuregelungen beim Verfall, JR 1994, 353; *Keusch,* Probleme des Verfalls im Strafrecht (Diss.), 2005; *Kiethe/Hohmann,* Das Spannungsverhältnis von Verfall und Rechten Verletzter (§ 73 I 2 StGB), NStZ 2003, 505; *Kiethe/Groeschke/Hohmann,* Die Vermögenszurückgewinnung beim Anlagebetrug im Spannungsverhältnis zur Insolvenzordnung, ZIP 2003, 185; *Kilching,* Die vermögensbezogene Bekämpfung der Organisierten Kriminalität, wistra 2000, 241; *Kilching,* Die Praxis der Gewinnabschöpfung in Europa, 2002; *Kilching/ Kaiser* (Hrsg.), Möglichkeiten der Gewinnabschöpfung zur Bekämpfung der Organisierten Kriminalität, Bestandsaufnahme und Perspektiven im internationalen Vergleich, 1997; *Klöhn,* Insiderhandel vor deutschen Strafgerichten, DB 2010, 769; *Kracht,* Gewinnabschöpfung und Wiedergutmachung bei Umweltdelikten, wistra 2000, 326; *Krey/ Dierlamm,* Gewinnabschöpfung und Geldwäsche, JR 1992, 353; *Kudlich/Noltensmeier,* Die Anordnung des Verfalls (§§ 73 ff. StGB) bei verbotenem Insiderhandel nach § 38 iVm § 14 WpHG, wistra 2007, 121; *Lindemann/Reichling,* Anwendungsprobleme des Verfalls und des Verfalls von Wertersatz bei Umweltstraftaten, wistra 2014, 369; *Lohse,* Verfall von Wertersatz bei Vertragsschluss aufgrund Korruption, JR 2009, 188; *Madauß,* Gewinnabschöpfung und steuerliche Ordnungswidrigkeiten, NZWiSt 2016, 98; *Mainzer,* Gewinnabschöpfung im Strafverfahren, DRiZ 2002, 97; *Malitz,* Die Berücksichtigung privater Interessen bei vorläufigen strafprozessualen Maßnahmen gem §§ 111b ff. StPO, NStZ 2002, 337; *Mayer,* Zur Abgrenzung von Verfall und erweitertem Verfall sowie zur Einzahlung sichergestellter Gelder, JR 2016, 112; *Meyer,* Reformiert die Rückgewinnungshilfe! – Denkanstöße für eine Generalüberholung der Vermögensabschöpfung, ZStW 127 (2015), 241; *Minoggio,* Das Schweigerecht der juristischen Person als Nebenbeteiligte im Strafverfahren, wistra 2003, 121; *Möhrenschläger,* Das OrgKG – eine Übersicht nach amtlichen Materialien, wistra 1992, 281; *Moldenhauer/Momsen,* Beschlagnahme in der Insolvenzmasse?, wistra 2001, 456; *Nack,* Aktuelle Rechtsprechung des Bundesgerichtshofs zum Verfall, GA 2003, 879; *Neufeind,* Strafrechtliche Gewinnabschöpfung, JA 2004, 155; *Odenthal,* Zur Anrechnung von Steuern beim Verfall, wistra 2002, 246; *ders.,* Zur Bestimmung des erlangten Vorteils im Rahmen des Verfalls, wistra 2002, 338; *ders.,* Gewinnabschöpfung und illegales Glücksspiel; NStZ 2006, 14; *Pieth,* Gewinnabschöpfung bei Betäubungsmitteldelikten, StV 1990, 558; *Podolsky/ Brenner,* Vermögensabschöpfung im Strafverfahren, 2003; *Rönnau,* Die Vermögensabschöpfung in der Praxis, 1. Aufl. 2003; *Rönnau,* Zeitliche Grenzen der Aufrechterhaltung von Maßnahmen zur Sicherung von Ansprüchen Tatgeschädigter, StV 2003, 581; *Rönnau,* Zur Frage der Vermögensabschöpfung, JZ 2009, 1125; *Rönnau/Hohn,* Zur Bedeutung von § 73 Absatz 1 Satz 2 StGB für den Verfall bei bestehenden Steuerforderungen, JR 2002, 298; *Rönnau/Hohn,* Wertverlust sichergestellter Gegenstände, wistra 2002, 445; *Rübenstahl/Schilling,* Doppelter Verfall? – Zur Frage mehrfacher Vermögensabschöpfung bei Straftaten mit Auslandsbezug, HRR 2008, 492; *Rückert,* Vermögensabschöpfung und Sicherstellung bei Bitcoins, MMR 2016, 295; *Schlachetzki,* Das Ermessen bei der Zurückgewinnungshilfe, wistra 2011, 41; *Schmid/Winter,* Vermögensabschöpfung in Wirtschaftsstrafsachen (usw.), NStZ 2002, 8; *Schmidt,* Gewinnabschöpfung im Straf- und Bußgeldverfahren, 2006; *Schmidt,* Möglichkeiten und Grenzen der Vermögensabschöpfung bei Bestechung im geschäftlichen Verkehr, wistra 2011, 321; *Schröder,* Der Grundsatz der Unmittelbarkeit beim Vermögensverfall – Praxishinweise zu § 29a OWiG und § 73 StGB, GewArch 2009, 396; *Schultehinrichs,* Gewinnabschöpfung bei Betäubungsmitteldelikten, 1991; *Sedemund,* Der Verfall von Unternehmensvermögen bei Schmiergeldzahlungen durch die Geschäftsleitung von Organgesellschaften, DB 2003, 323; *Stiebig,* Unterliegt von Ermittlungsbehörden eingesetztes Kaufgeld dem Wertersatzverfall?, JR 2010, 35; *Wächter,* Zivilrechtliche Zweifelsfragen und Unklarheiten beim Verfall (§§ 73 ff. StGB), StraFo 2006, 221; *Wallschläger,* Die strafrechtlichen Verfallsvorschriften, Diss Greifswald, 2002; *Weßlau,* Neue Methoden der Gewinnabschöpfung?, StV 1991, 225; *Wilk/Stewen,* Rückgewinnungshilfe in der staatsanwaltlichen Praxis, wistra 2013, 409.

Übersicht

A. Allgemeines

1   Der Verfall ist eine Maßnahme (§ 11 Abs. 1 Nr. 8) eigener Art ohne Strafcharakter, die dem Ausgleich einer durch die Tat bewirkten unrechtmäßigen Vermögensverschiebung dient.

I. Systematik und Anwendungsbereich

2   Die §§ 73–73d regeln den Verfallsanordnung im sog **subjektiven Verfahren,** dh seine Anordnung im Zusammenhang mit der gegen einen Tatbeteiligten gerichteten Strafverfolgung. Im Gegensatz hierzu kann auf die Maßnahme in Fällen, in denen ein subjektives Strafverfahren nicht durchgeführt werden kann, nach § 76a Abs. 1 auch in einem selbstständigen Verfalls- bzw. Einziehungsverfahren erkannt werden (objektives Verfahren). Die Verfallsvorschriften sind strukturiert nach **Art, Umfang und Herkunft des Erlangten** einerseits und den möglichen **Adressaten der Verfallsanordnung** andererseits. § 73 Abs. 1 regelt den Verfall des originären Vermögenswertes, § 73 Abs. 2 erstreckt den Verfall auf die gezogenen Nutzungen und fakultativ auf vorhandene Surrogate, § 73 Abs. 4 auf Gegenstände in Dritteigentum oder -inhaberschaft. Ist ein originärer Verfall nicht möglich oder wird von Surrogatverfall nach § 73 Abs. 2 S. 2 abgesehen, tritt an die Stelle des ursprünglichen Verfallsgegenstandes Wertersatz nach § 73a. 73b erlaubt Wertschätzungen, § 73c bietet eine Handhabe für Härtefälle. § 73d erweitert den Bezugszusammenhang auf andere Taten als die verfahrensgegenständlichen. Während § 73 Abs. 1 den Verfall von Vermögenswerten anordnet, die der Tatbeteiligte selbst erlangt hat, sieht § 73 Abs. 3 den Zugriff auf Vermögenswerte vor, die von Dritten infolge der Tat erlangt worden sind. Die Verfallsanordnung ist grundsätzlich **obligatorisch,** soweit die Verfallsvoraussetzungen vorliegen (vgl. BGHSt 47, 369 (370 f.); BGH NStZ 2004, 400). In das Ermessen des Tatrichters gestellt sind allein Anordnungen nach § 73 Abs. 2 S. 2 sowie teilweise die Anwendung der Härtevorschrift § 73c.

3   Die Verfallsvorschriften gelten **für das gesamte Strafrecht.** Erfasst ist insbes. auch das **Jugendstrafrecht** (BGHSt 55, 174 = BGH NJW 2010, 3106 m. abl. Anm. *Eisenberg* StV 2010, 580; Schönke/ Schröder/*Eser* Vor § 73 Rn. 11). Bei Verstößen iSv §§ 1–6 WiStG ist der Verfall nach **§ 8 Abs. 4 WiStG** durch die Abführung des Mehrerlöses ersetzt. Für **Ordnungswidrigkeiten** gelten die § 17 Abs. 4, § 29a, § 30 Abs. 3 und Abs. 5 OWiG; danach ist das Erlangte grds. durch die Verhängung einer den wirtschaftlichen Vorteil übersteigenden Geldbuße abzuschöpfen. Die Anordnung eines Verfalls nach den §§ 73 ff. oder nach § 29a OWiG gegen eine Personenvereinigung oder juristische Person ist nach § 30 Abs. 5 OWiG dementsprechend ausgeschlossen, wenn gegen diese bereits eine Geldbuße verhängt worden ist (zur Bemessung vgl. BGH StV 2007, 358 (359)). Für **kartellrechtliche Verstöße** vgl. §§ 34, 34a GWB. Die **Anordnungs- und Vollstreckungsverjährung** des Verfalls richtet sich nach der Strafandrohung bzw. -verhängung für die Anlasstat (§ 78 Abs. 1, § 79 Abs. 1).

II. Entstehungsgeschichte, Reformvorhaben

4   Die Vorschriften der §§ 73–73d sind – noch ohne Regelung über den erweiterten Verfall – durch das **2. StrRG** (BGBl. 1969 I 717) zum 1.1.1975 in das StGB eingefügt worden, nachdem verfallsähnliche Institute zuvor nur in Einzelvorschriften des Besonderen Strafrechts enthalten waren (zB §§ 296a, 335 StGB aF). Die ursprünglich vorgesehene Regelung in den §§ 109–112 E 1962 (vgl. E 62, 241) war im Bundestags-Sonderausschuss zur Strafrechtsreform dahingehend abgeändert worden, dass am Erfordernis einer schuldhaften Tat nicht festgehalten und der Verfall von Rechten Dritter durch § 73 Abs. 4 eingeschränkt wurde (BT-Drs. V/4095, 39; näher LK-StGB/*Schmidt* Rn. 2 ff.). Die Möglichkeit erweiterten Verfalls (§ 73d) wurde durch das OrgKG v. 22.7.1992 (BGBl. I 1302) eingeführt (näher → § 73d Rn. 4).

5   Gegenstand des Verfalls war nach der ursprünglichen Fassung von § 73 Abs. 1 ein von dem Betroffenen erlangter „Vermögensvorteil". Damit galt ein **Nettoprinzip:** Abgeschöpft werden konnte nur der dem Täter aus der Tat verbliebene Nettogewinn, der – ähnlich konditionsrechtlichen Grundsätzen unter Anerkennung eines Entreicherungseinwandes – durch den Gesamterlös abzüglich aller gewinnmindernden Aufwendungen, Kosten und Schäden zu ermitteln war (vgl. BGHSt 28, 369). Durch das **AWG/StGBÄG vom 28.2.1992** (BGBl. I 372, in Kraft seit 7.3.1992) wurde der Wortlaut des Abs. 1 neu gefasst, der Verfall auf das „Erlangte" bezogen und damit die Nettogewinnabschöpfung durch das

Bruttoprinzip abgelöst. Hiernach ist Gegenstand des Verfalls der gesamte Taterlös ohne Abzug etwaiger Tatkosten (vgl. BT-Drs. 12/1134, 5 f. 12; 12/1475; 12/1952; BR-Drs. 380/91; *Göhler* wistra 1992, 133).

Die **Anwendbarkeit des schärferen neuen Rechts** hängt nach § 2 Abs. 2, Abs. 5 davon ab, ob die verfalls- **5a** begründende Tat vor oder nach dem Inkrafttreten der Novelle begangen wurde (vgl. BGHSt 41, 278 (283) = BGH NJW 1996, 136 (137)); für infolge einer Bewertungseinheit zusammengefasste BtM-Straftaten, die über das Inkrafttreten hinaus andauern, ist nach Handlungsabschnitten zu differenzieren (BGH NStZ 1996, 539; 1994, 123 (124)).

In verfahrensrechtlicher Hinsicht ist durch das **Gesetz zur Stärkung der Rückgewinnungshilfe** **6** und der Vermögensabschöpfung bei Straftaten v. 24.10.2006 (BGBl. I 2350, in Kraft seit 1.1.2007) allerdings mit § **111i Abs. 5 StPO** ein Auffangerwerb des Staates eingeführt und damit die praktische Schwierigkeit einer Verfallanordnung bei unklaren Drittansprüchen weitgehend behoben worden (BT-Drs. 16/700, BT-Drs. 16/2021; zusammenfassend *Greve* NJW 2007, 14; krit. *Bohne/Boxleitner* NStZ 2007, 552). Unionsrechtlich ist am 19.5.2014 die **RL 2014/42/EU** des Europäischen Parlaments und des Rates vom 3.4.2014 über die Sicherstellung und Einziehung von Tatwerkzeugen und Erträgen aus Straftaten in der Europäischen Union (ABl. L 127 v. 29.4.2014, S. 39; korrigiert in ABl. L 138 v. 13.5.2014, S. 114) in Kraft getreten, durch die die Mitgliedsstaaten bis zum 4.10.2016 zur Umsetzung von Mindestvorschriften für eine Abschöpfung von Vermögensgegenständen in Strafsachen verpflichtet werden.

Die Richtlinie reicht bereits in ihrem Mindestgehalt inhaltlich weit. Vgl. hierzu die Begriffsbestimmungen in ihrem **6a** Art. 2:

„(…) bezeichnet der Ausdruck 1. ‚Ertrag‘ jeden wirtschaftlichen Vorteil, der direkt oder indirekt durch eine Straftat erlangt wird; dieser Vorteil kann aus Vermögensgegenständen aller Art bestehen und schließt eine spätere Reinvestition oder Umwandlung direkter Erträge sowie geldwerte Vorteile ein; 2. ‚Vermögensgegenstände‘ körperliche oder unkörperliche, bewegliche oder unbewegliche Vermögensgegenstände jeder Art sowie Urkunden oder rechtserhebliche Schriftstücke, die das Recht auf solche Vermögensgegenstände oder Rechte daran belegen".

Art. 5 der Richtlinie sieht einen Katalog von Straftaten vor, hinsichtlich derer die Möglichkeit einer „Erweiterten Einziehung" – terminologisch umfassend die Rechtsinstitute der Einziehung und des Verfalls nach deutschem Recht, der Sache nach dem erweiterten Verfall nach § 73d entsprechend – vorgesehen werden muss. Neben Delikten der Bestechung und Bestechlichkeit, Straftaten mit Bezug auf Kinderpornographie und den Missbrauch informationstechnischer Systeme zählt hierzu jede Tat, die im Höchstmaß mit einer Freiheitsstrafe von mindestens vier Jahren bedroht ist.

Reformbemühungen, die auf die **Zusammenfassung von Verfall und Einziehung** zu einer **6b** einheitlichen Maßnahme zielten, sind bislang ohne Ergebnis geblieben (vgl. BT-Drs. 13/9742; dazu *Heghmanns* ZRP 1998, 477; *Hetzer* JR 1999, 146), dürften wenn nicht bereits in der gegenwärtigen 18. Legislaturperiode, so aber wahrscheinlich in der folgenden umgesetzt werden. Die Bundesregierung hat die Umsetzung der RL 2014/42/EU (→ Rn. 6, 6a) zum Anlass eines am 8.3.2016 vorgelegten **Referentenentwurfes** genommen, durch den das **Recht der strafrechtlichen Vermögensabschöpfung vollständig neu gefasst** werden soll. Vorgesehen ist die Vereinheitlichung von Verfall und Einziehung durch ein als „Einziehung von Taterträgen" bezeichnetes alleiniges Rechtsinstitut, das sich in einer Vielzahl von Einzelheiten grundlegend insbesondere von der bisherigen Ausgestaltung des Verfalls unterscheidet (zusammenfassend und zustimmend *Bittmann* NZWiSt 2016, 131). Wesentliche Änderungen bilden die Streichung des Vorrangs von Verletztenansprüchen (§ 73 Abs. 1 S. 2) und der strafprozessualen Rückgewinnungshilfe (§§ 111g ff. StPO) zugunsten einer Befriedigung von Opferansprüchen erst im Strafvollstreckungsverfahren, die Möglichkeit einer Verlagerung der Entscheidung über die Vermögensabschöpfung in ein nachträgliches Verfahren, die Erstreckung einer möglichen „erweiterten Einziehung" (bislang: erweiterter Verfall nach § 73d) auf alle Straftaten, für den Bereich des Terrorismus und der organisierten Kriminalität auch bezogen auf Vermögen unklarer Herkunft und die Konkretisierung des Erlangten unter Anwendung des Bruttoprinzipes.

III. Rechtsnatur und Zweck

Die **Rechtsnatur** des Verfalls ist **seit jeher umstritten;** die Umstellung vom Netto- auf das **7** Bruttoprinzip hat die Auseinandersetzung über einen möglichen Strafcharakter des Rechtsinstituts neu belebt (vgl. MüKoStGB/*Joecks* Rn. 4, 8 ff.; LK-StGB/*Schmidt* Rn. 7 ff.; Schönke/Schröder/*Eser* Rn. 18; *Hellmann* GA 1997, 521). Praktische Bedeutung gewinnt die Einordnung nicht nur für die Frage, ob eine Verfallanordnung im Rahmen der Strafzumessung berücksichtigungsfähig und ggf. auch -bedürftig sein kann (→ Rn. 75), sondern auch für die Bestimmung des „Erlangten" sowie für zivil- und steuerrechtliche Folgewirkungen (→ Rn. 77 f.).

Formal handelt es sich bei dem Verfall weder um eine Haupt- oder Nebenstrafe noch um eine **8** Maßregel oder Nebenfolge, sondern um eine **Maßnahme iSv § 11 Abs. 1 Nr. 8.** Auch die systematische Einordnung in einem eigenen Titel zusammen mit den Regeln der Einziehung trennt den Verfall von den sonstigen Rechtsfolgen der Tat, insbes. den im Ersten Titel des Dritten Abschnitts geregelten Strafarten. Für seine Anordnung ist ein **Verschulden des Betroffenen nicht erforderlich;** der Verfall knüpft allein an die Begehung einer rechtswidrigen Tat an. Er dient nicht der Einwirkung auf den

Betroffenen und setzt keine von ihm ausgehende Gefahr voraus; auch nach der Rspr. verfolgt er keinen Strafzweck (BGHSt 57, 79 = BGH NJW 2012, 1159 (1160)) Vielmehr kann der Verfall auch gegenüber unbeteiligten Dritten (§ 73 Abs. 3) oder im objektiven Verfahren unabhängig von der strafrechtlichen Verfolgung einer Person ausgesprochen werden (§ 76a). Dieser Regelungsgehalt entspricht dem Willen des Gesetzgebers, den Verfall als ein **eigenständiges Instrument zur Abschöpfung rechtswidrig erzielter Gewinne** auszugestalten, das keine vergeltenden oder schuldausgleichenden Züge trägt, wie sie einer Strafe zu eigen sind (vgl. BT-Drs. 5/4095, 39; s. auch BGHSt 57, 79 = BGH NJW 2012, 1159 (1160): „öffentlich-rechtliche Maßnahme eigener Art"), oder das maßregelartig auf eine Besserung des Betroffenen angelegt ist. Die Maßnahme ist in ihrer Zielrichtung damit nicht täter-, sondern tat- und objektbezogen. Sie dient der **Beseitigung einer objektiven Unrechtsfolge** in Gestalt einer deliktischen Vermögenszuordnung, deren Fortbestand unter dem Gesichtspunkt materieller Gerechtigkeit nicht hingenommen werden kann. So erschiene schlechterdings untragbar, die durch die Tat eingetretene Vermögensverschiebung zu tolerieren und dem Täter oder einem Drittbegünstigten das unrechtmäßig Erlangte zu belassen (vgl. auch BT-Drs. 11/6623 und BVerfGE 110, 1 = BVerfG NJW 2004, 2073 (2074) zu § 73d: „ordnender Zugriff des Rechts", „Maßnahme der Störungsbeseitigung"; SK-StGB/*Wolters/Horn* Rn. 3). Die Abschöpfung deliktisch erlangten Vermögens stellt neben der auf den Täter zielenden Strafe insoweit einen weiteren Beitrag zur Wiederherstellung der Rechtsordnung dar (BGHSt 57, 79 = BGH NJW 2012, 1159 (1160); LK-StGB/*Schmidt* Rn. 8). Zugleich verfolgt der Verfall einen **spezial- und generalpräventiven Zweck** im Hinblick auf gewinnorientierte Straftaten: Den hieran Beteiligten und der Allgemeinheit soll verdeutlicht werden, dass sich die Tat auch dann nicht lohnt, wenn Rückforderungsansprüche eines Geschädigten oder Geldgebers nicht zu erwarten sind, da jedenfalls der Staat auf das Erlangte Zugriff nimmt. Hierdurch wird einer Spekulation auf einen verbleibenden Gewinn trotz Tataufdeckung die Grundlage entzogen und der Anreiz für die Tatbegehung reduziert (BGHSt 57, 79 = BGH NJW 2012, 1159 (1160); MüKoStGB/*Joecks* Vor §§ 73 ff. Rn. 3: „damit Verbrechen sich nicht lohne"; LK-StGB/*Schmidt* Rn. 8; s. auch BT-Drs. 11/6623, 4 zu § 73d). Zugleich kommt der Maßnahme – wenngleich nur niederschwellig und vornehmlich durch die Möglichkeit erweiterten Verfalls nach § 73d – eine **sichernde Wirkung** zu, soweit die Abschöpfung von Verbrechensgewinnen geeignet ist, die Finanzierung künftiger Straftaten zu verhindern oder zu erschweren; diese Funktion erlangt vor allem für den Bereich der Organisierten Kriminalität Bedeutung. Den **Belangen der durch die Tat Verletzten** tragen die materiellen Verfallsvorschriften nur insoweit Rechnung, als sie den Vorrang entsprechender Ersatz- oder Rückforderungsansprüche vorsehen (§ 73 Abs. 1 S. 2); dagegen bewirken sie keine eigenständige Rückzuordnung des erlangten Vermögenswertes an den Geschädigten. Dieser muss eigene Bemühungen zur Durchsetzung seiner Ansprüche entfalten. Insoweit bietet das Verfahrensrecht allerdings eine sichernde Rückgewinnungshilfe (§ 111b Abs. 5 StPO).

9   Die **Umstellung vom Netto- auf das Bruttoprinzip** → Rn. 27 f.) durch die Neufassung der Verfallvorschriften im Jahr 1992 hat diese **Zwecksetzung verstärkt,** teilweise auch verschoben, ohne an der grundlegenden Rechtsnatur des Verfalls etwas zu ändern (vgl. BGHSt 47, 260 (265); 51, 65 (67); BGH NJW 1995, 2235; BGH NStZ 1994, 123). Entgegen einer verbreiteten Auffassung in der Literatur (vgl. Schönke/Schröder/*Eser* Rn. 2; Lackner/Kühl/*Heger* Rn. 4b; *Kilching* wistra 2000, 241 (244); Jescheck/Weigend StrafR AT § 76 I 5; *Hellmann* GA 1997, 503 (521); *Perron* JZ 1993, 918; *Hoyer* GA 1993, 406 (421); weitere Nachw. bei MüKoStGB/*Joecks* Rn. 12) trifft es nicht zu, dass die Maßnahme nunmehr über einen quasi-konditionellen Ausgleich hinausgehe und strafähnlichen Charakter angenommen habe, weil dem Täter durch den Verlust seiner Aufwendungen *und* des Erlangten eine echte wirtschaftliche Einbuße und damit ein zusätzliches Übel erwachse. Denn ein bloß saldierender Vergleich der Vermögenslagen ist bereits dem Bereicherungsrecht fremd. So erfährt der Bösgläubige infolge der § 818 Abs. 4, § 819 BGB keinen Schutz im Hinblick auf entreichernde Aufwendungen oder Schäden; auch verweigert das Kondiktionsrecht demjenigen, der Vermögen in ein verbotenes Geschäft investiert hat, nach § 817 S. 2 BGB eine Rückforderung. Diese Risikozuweisung erlangt **keine strafende oder strafähnliche Wirkung,** nur weil sie auf den Bereich des Strafrechtes übertragen wird (vgl. BVerfGE 110, 1 = BVerfG NJW 2004, 2073 (2076); BGHSt 51, 65 (67) = BGH NJW 2006, 2500; *Wallschläger,* Die strafrechtlichen Verfallsvorschriften, 2002, 34 ff.; SK-StGB/*Wolters/Horn* Rn. 3a ff.: s. auch MüKoStGB/*Joecks* Rn. 14: Maßstab sei allein Art. 14 GG und der Verhältnismäßigkeitsgrundsatz). Vielmehr vermeidet sie Wertungswidersprüche und führt va im Hinblick auf die erstrebte Präventionswirkung des Verfalls zu stimmigeren Ergebnissen, wie der **BGH** (BGHSt 47, 260; 51, 65 (67) = BGH NJW 2006, 2500; BGH NStZ-RR 2015, 310 (311)) im Anschluss an die Gesetzesbegründung (BT-Drs. 12/1134, 12) herausgestellt hat. So trägt der Täter erst dadurch, dass auch das in die Tat investierte unwiederbringlich verloren geht, ein wirtschaftliches Risiko; bliebe die Abschöpfung auf den Nettoerlös beschränkt, müsste er keinen finanziellen Verlust befürchten (vgl. BGHSt 51, 65 (67); 52, 227 (248); BGH NStZ 2011, 83 (85); BGH NStZ-RR 2015, 310 (311)). Im Hinblick darauf, dass ihm die Zivilrechtsordnung eine Rückerlangung seines Einsatzes versagt, dieser zudem – sofern er sich noch oder wieder in seinem Vermögen befinden sollte – der Einziehung nach § 74 Abs. 1 unterläge (vgl. BGH NJW 1995, 2225), wäre es kaum erklärlich, wenn der Einsatz im Rahmen des Verfalls in Abzug gebracht werden könnte. In praktischer Hinsicht bewirkt das Bruttoprinzip eine **Erleichterung der Bestimmung des Verfallsumfanges** (BGHSt 51, 65 (67) = BGH NJW 2006, 2500).

Kann der Betroffene demgemäß von Vornherein nicht darauf vertrauen, das Erlangte zumindest **9a** teilweise behalten zu dürfen, scheidet eine Berücksichtigung des Verfalls bei der **Strafzumessung** aus (BGHSt 51, 65 (69) = BGH NJW 2006, 2500; 1995, 2235; Fischer Rn. 4; **aA** SK-StGB/*Wolters/Horn* Rn. 3b aE, 5). Im Einzelfall auftretende Härten sind durch Anwendung von § 73c Rechnung zu tragen (BGHSt 47, 369 = BGH NJW 2002, 3339; BGH BeckRS 2000, 30149499); dass hierbei – auch – der Resozialisierungsgedanke Bedeutung erlangen kann, stellt den Verfall noch nicht in Wechselwirkung zu der parallel verhängten Strafe (**aA** MüKoStGB/*Joecks* Rn. 15).

Verfassungsrechtlich bilden die §§ 73 ff. eine verhältnismäßige Beschränkung des Eigentums **10** (BVerfGE 110, 1 = BVerfG NJW 2004, 2073; BVerfG (Kammer) StV 2004, 409 (410); SK-StGB/ *Wolters/Horn* Rn. 3c). Die Ausgestaltung des Verfalls ist auch unter Geltung des Bruttoprinzipes nicht zu beanstanden (BVerfGE 110, 1 = BVerfG NJW 2004, 2073 (2074)); insbes. unterliegt die Maßnahme nicht von Verfassungs wegen zwingend dem Schuldgrundsatz, da sie keine repressiv-vergeltende, son- dern präventiv-ordnende Ziele verfolgt. Soweit das BVerfG dies für die – weiterreichende – Vorschrift des § 73d ausgeführt hat (näher → § 73d Rn. 7), gilt es erst recht für den einfachen Verfall nach § 73.

B. Anordnungsvoraussetzungen

I. Begehung einer rechtswidrigen Tat (Abs. 1 S. 1)

Die Verfallsanordnung nach § 73 Abs. 1 S. 1 setzt – anders als die Einziehung – eine bloß rechts- **11** widrige Tat iSv § 11 Abs. 1 Nr. 5 voraus. Erfasst sind damit auch **schuldlos begangene Taten** (vgl. BGH NStZ 2003, 422) und **Fahrlässigkeitsdelikte** (BGHSt 57, 79 (81) = BGH NJW 2012, 1159; BGH BeckRS 2015, 13331, Rn. 28; Schönke/Schröder/*Eser* Rn. 4). Erforderlich ist jedenfalls aber die Verwirklichung des objektiven und subjektiven Tatbestandes. Bei Vorsatztaten muss der Beteiligte zumindest mit natürlichem Vorsatz gehandelt haben; bei Fahrlässigkeitstaten muss die objektive Pflicht- widrigkeit feststehen (Fischer Rn. 6; LK-StGB/*Schmidt* Rn. 15). Ein Verbotsirrtum, der im verfalls- trächtigen Nebenstrafrecht häufig gemacht wird, hindert die Anordnung des Verfalls nicht (vgl. Schönke/Schröder/*Eser* Rn. 4); auch persönliche Strafaufhebungs- und Strafausschließungsgründe oder ein Versuchsrücktritt stehen dem Verfall nicht entgegen (LK-StGB/*Schmidt* Rn. 15 f.). Im Falle von Vermögensdelikten setzt § 73 weder den Eintritt eines **Vermögensschadens** noch einen bei dem Täter eingetretenen **Vermögensvorteil** voraus (→ Rn. 24). Ausreichend ist auch eine **versuchte Tat,** sofern nur der Betroffene aus ihr etwas erlangt hat (BGH NStZ 2011, 83 (85): versuchter Betrug mit möglicher Schadenskompensation durch die Gegenleistung bei einem Austauschvertrag; BGH NJW 2014, 401 (405): rechtswidrig erlangte Zahlungen aufgrund einer versuchten Nötigung mit nicht nachgewiesener Kausalität der Drohung für die Zahlungen; LK-StGB/*Schmidt* Rn. 16), oder eine Vorbereitungshand- lung nach § 30 (SK-StGB/*Wolters/Horn* Rn. 6). Angeordnet werden kann der Verfall oder Wertersatz- verfall über § 2 Abs. 2, § 8 Abs. 3 JGG auch gegen Jugendliche oder Heranwachsende, auf die **Jugend- strafrecht** angewendet wird (BGHSt 55, 174 = BGH NJW 2010, 3106; *Altenhain* NStZ 2011, 272; NK-StGB/*Saliger* Rn. 2).

Die Anlasstat, aus der das Verfallsobjekt stammt, muss – anders als beim erweiterten Verfall gem. § 73d **12** – Gegenstand des Verfahrens gewesen sein, in dem die Anordnung nach § 73 Abs. 1 S. 1 erfolgt. Sie muss daher **von der Anklage umfasst** und **im tatrichterlichen Urteil festgestellt** sein (BGHSt 28, 369 = BGH NJW 1979, 1942; BGH NStZ 2003, 422; BGH StV 1981, 627; BGH StraFo 2003, 283 mwN). Insofern bedarf es hinreichender Feststellungen, dass der Verfallsgegenstand einer der prozessua- len Taten zuzuordnen ist, die Gegenstand des Urteils ist. Sofern sich eine solche Zuordnung ergibt, sind weiterreichende Feststellungen dahin, welcher einzelnen aus einer Mehrzahl festgestellter Taten der Gegenstand entstammt, entbehrlich (BGH NStZ 2004, 400; BGH StraFo 2003, 283; krit. SK-StGB/ *Wolters/Horn* Rn. 6). Kommen allerdings Gegenansprüche unterschiedlicher Verletzter in Betracht, muss eine Zuordnung erfolgen muss (BGH NStZ 2001, 419; LK-StGB/*Schmidt* Rn. 25).

Eine endgültige **Verfahrenseinstellung** hinsichtlich der Anlasstat hindert die Verfallsanordnung (vgl. **13** BGH BeckRS 2003, 05110 (Strafklageverbrauch)); im Fall dauerhafter Verfahrenshindernisse ist auch ein Übergang in das selbstständige Verfahren nach § 76a Abs. 1, 3 nicht mehr möglich (vgl. zur dauerhaften Verhandlungsunfähigkeit des Angeklagten OLG Celle NStZ-RR 1996, 209). Auch eine Einstellung nach § 154 Abs. 2 StPO hindert eine Verfallsanordnung nach §§ 73, 73a; insoweit bedarf es einer Wiederaufnahme nach § 154 Abs. 3–5 StPO (BGH NStZ 2003, 422). Allerdings kann nach § 76a Abs. 1 und Abs. 3 verfahren werden; nachrangig ist zudem eine Anwendung von § 73d zu prüfen (BGH BeckRS 2004, 05411 (insoweit in BGH NStZ 2005, 213 nicht abgedr.); BGH NStZ 2003, 422; vgl. → § 73d Rn. 25).

II. Gegenstand des Verfalls (Abs. 1 S. 1, Abs. 2)

Abzuschöpfen sind **alle Vermögensvorteile,** die der Verfallsbetroffene durch die gegenständliche Tat **14** tatsächlich erlangt hat. Umfasst ist der gesamte Tatablauf **vom Vorbereitungs- bis zum Beendigungs- stadium** (vgl. BGHSt 53, 179; 52, 227 (246); 50, 299; BGH NStZ 1994, 123 (124); 2001, 155 (156):

„in irgendeiner Phase des Tatablaufes"). Nach dem in der Rspr. (BGHSt 50, 299 = BGH NJW 2006, 925 (929); BGHSt 47, 260 (268) = BGH NJW 2002, 2257; BGH NStZ 2011, 83 (85)) anerkannten **Unmittelbarkeitsprinzip** müssen die Vermögenswerte dem Beteiligten jedoch unmittelbar aus der Verwirklichung des Tatbestandes zufließen. Hat der Angeklagte **auf die Rückgabe sichergestellter Gegenstände endgültig verzichtet,** scheidet eine Verfallsanordnung grds. aus (vgl. BGH NStZ-RR 2016, 83; NStZ 2000, 480 (481) Fischer Rn. 41); sie kann allerdings nach § 73 Abs. 4 erforderlich werden, wenn der Verfallsgegenstand sich nicht im Eigentum des Angeklagten befindet. Bezieht sich der Verzicht auf eine Teilmenge oder einen Teilbetrag des Verfallsgegenstandes, so bildet er einen Abzugsposten mit der Folge, dass sich der Umfang des Verfalls oder die Höhe des Wertersatzverfalls entsprechend verringert (BGHSt 48, 40 = BGH NJW 2003, 300; BGH NStZ-RR 2016, 83; BGH NStZ 2000, 480 (481)).

15   § 73 Abs. 1 S. 1 hat hinsichtlich der Bestimmung des Verfallsobjektes eine doppelte Funktion. Die Vorschrift bildet zum einen die Grundlage für einen Verfall des **ursprünglich erlangten Gegenstandes,** sofern dieser bei dem Angeklagten noch vorhanden oder bei ihm sichergestellt worden ist. Sie beschreibt zum anderen die allgemeine gegenständliche Anknüpfung eine Verfallanordnung nach den §§ 73 ff. Ob Verfall anzuordnen ist und worauf dieser sich bezieht, richtet sich gemäß § 73 Abs. 1 S. 1 nach dem erstmaligen Erwerb im Zusammenhang mit der Tat und dem hierdurch erlangten Vorteil, auch wenn dieser eine nur kurzzeitige Vermögenssteigerung bewirkt. Die Verfallsvoraussetzungen sind bereits **durch den Ersterwerb unwiderruflich ausgelöst;** zugleich ist der Gegenstand der Abschöpfung **dem Grunde nach festgelegt.** Das weitere **Schicksal des Erlangten bis zur Verfallsentscheidung** ist insoweit unerheblich. Insbes. setzt der Verfall nicht voraus, dass das ursprünglich erlangte „Etwas" im Vermögen des Verfallsbetroffenen noch vorhanden oder sichergestellt worden ist. Sein Wegfall hindert lediglich einen originären Zugriff nach § 73 Abs. 1 S. 1 und bewirkt eine Ersatzanordnung nach § 73 Abs. 2 oder § 73a. Zwischenzeitliche Vermögensverminderungen sind unerheblich; ein Entreicherungseinwand steht dem Betroffenen nicht zur Seite. Dass ein **wirtschaftlicher Vorteil nicht mehr vorhanden** ist, kann einzig unter dem Gesichtspunkt der Härtevorschrift des § 73c Abs. 1 S. 2 Bedeutung erlangen (BGH StraFo 2003, 283). Zu unterscheiden sind im Hinblick auf den Verfallsgegenstand demnach die auf unterschiedlichen Prüfungsebenen (instruktiv BGHSt 48, 40 = NJW 2003, 300; BGH StraFo 2003, 283) angesiedelten Fragen,

16   – ob der Betroffene verfallsauslösend etwas erlangt hat, das jedenfalls ursprünglich zu einer Vermögensmehrung geführt hat (§ 73 Abs. 1 S. 1),
    – worauf sich die Verfallsanordnung in Anbetracht der Qualität des Erlangten und etwaiger nachträglicher Veränderungen richtet (§ 73 Abs. 1 S. 1, Abs. 2, § 73a),
    – ob eine Vermögensmehrung nicht mehr besteht, so dass die Eingangsvoraussetzungen für eine Ermessensentscheidung nach § 73c Abs. 1 S. 2 erfüllt sind.

17   **1. „Etwas". a) Taugliche Verfallsobjekte.** Mögliche Verfallsobjekte sind alle vermögenswerten Güter. Idealtypisch handelt es sich um **Geldbeträge,** die der Täter als Tatbeute, als Gewinn aus unerlaubten Geschäften oder als Bestechungsgeld erlangt hat. Dem Verfall unterliegen aber auch alle anderen **beweglichen Sachen,** gleichgültig, ob der Betroffene nur den Besitz oder auch das Eigentum daran erlangt (vgl. BGH NJW 1989, 3165 (3166); → Rn. 19), weiterhin **Grundstücke** und dingliche Rechte (zu ausländischen Grundstücken vgl. BGH NStZ 2000, 483), Forderungen und andere **vermögenswerte Rechte aller Art** (vgl. § 111c StPO), etwa einen Auszahlungsanspruch gegenüber einer – auch ausländischen – Bank (vgl. BGH wistra 2001, 379; zu virtuellen Währungen, insbes. Bitcoins vgl. *Rückert* MMR 2016, 295). Erlangt sind auch Vermögensvorteile, auf die nicht gegenständlich zugegriffen werden kann und daher dem Wertersatzverfall unterliegen, wie eine **Befreiung von Verbindlichkeiten** (zB durch Zahlung seitens eines Dritten, vgl. § 267 BGB), die **Gebrauchsnutzung von Sachen** oder **Inanspruchnahme von Dienstleistungen** durch den Verfallbetroffenen (vgl. BGHSt 38, 23 (25) = BGH NJW 1991, 2714), durch die Tat **ersparte Aufwendungen** (→ Rn. 18a; vgl. BGHSt 57, 79 = BGH NJW 2012, 1159 (ersparte Kosten für Genehmigungsverfahren); BGH NStZ 2014, 89 (93) (ersparte Kosten für ordnungsgemäße Abfallentsorgung); OLG Düsseldorf wistra 1999, 477; AG Köln NStZ 1988, 274 (ersparte Deponiekosten); zur Aufwendungsersparnis bei Umweltstraftaten vgl. *Franzheim* wistra 1989, 87), auch in Gestalt **hinterzogener Steuern** (BGH wistra 2011, 394 (395); 2010, 406; 2015, 469 (470); KG BeckRS 2016, 09292; → Rn. 18b), oder **Genussvorteile,** zB durch in Eigenkonsum verbrauchte BtM (vgl. BGH NStZ 2001, 381 (382); BGH BeckRS 2015, 18052; → Rn. 76a). Erfasst sind auch Zuwendungen, die sich in der Nutzung oder dem Konsum von **Luxusgütern** ohne verbleibenden Vermögenszuwachs erschöpfen (Reisen, Restaurantbesuche, Teilnahme an kulturellen Veranstaltungen etc), auch wenn der Zuwendungsempfänger gleiche Aufwendungen aus eigenem Vermögen nicht getätigt hätte (LK-StGB/*Schmidt* Rn. 21). **Immaterielle Vorteile** können dagegen nicht Gegenstand eines Verfalls sein (vgl. BT-Drs. 12/989, 23; BGH NStZ 1994, 123 (124); SK-StGB/ *Wolters/Horn* Rn. 7).

18   Verfallsobjekt kann nur dasjenige sein, was der Betroffene **tatsächlich erlangt** und einen zumindest kurzzeitigen Vermögenszuwachs bei ihm ausgelöst hat (→ Rn. 31). Was ihm lediglich angeboten oder

versprochen wurde, kann vor einem Wechsel der Verfügungsgewalt nicht für verfallen erklärt werden. So kann im Falle eines von dem Adressaten zurückgewiesenen Bestechungsangebotes nicht auf das Bestechungsgeld im Verfallswege zugegriffen werden; in Betracht kommt nur eine Einziehung (vgl. LK-StGB/*Schmidt* Rn. 30). Auch ein nicht erfülltes Bestechungsbegehren löst keinen Verfall aus (BGH wistra 1999, 464). Soweit dem Angeklagten durch die Tat **bloße Chancen** auf Vermögensvorteile eröffnet werden, sind diese ebenfalls kein taugliches „Etwas" iSv § 73 Abs. 1; denn ein **lediglich erzielbarer Vermögenszuwachs** kann nicht für verfallen erklärt werden (BGH StV 2002, 485; BGH NStZ-RR 2001, 82). So ist es nicht statthaft, den **voraussichtlichen Verkaufspreis oder Verkehrswert** für der Tat entstammende Gegenstände, die der Einziehung unterliegen, zu ermitteln und eine Verfallsanordnung hierauf zu erstrecken, wenn die Gegenstände nicht veräußert worden sind, sondern noch bei dem Angeklagten lagern oder ihm abhanden gekommen sind (BGH NStZ-RR 2002, 208 für BtM). Von einer wirtschaftlich wertlosen Absicht oder Aussicht zu unterscheiden sind Fälle, in denen die Tat eine **konkretisierte Erwerbs- oder Gewinnchance** eröffnet. Hierzu zählen ein durch die Tat – etwa infolge korruptiver Auftragvergabe – erlangter wirksamer **Abschluss eines Vertrages** (BGHSt 50, 299 (310) = BGH NJW 2006, 925 (929 f.)), dessen Wert sich nach dem zu erwartenden Gewinn bestimmt (näher → Rn. 25 f.). Erlangt sein können zudem im Wirtschaftsverkehr anerkannte und – zumindest durch Hinzuziehung eines Sachverständigen – bewertbare Vorteile „wie etwa die konkrete Chance auf Abschluss von Wartungsverträgen für eine errichtete Anlage oder von sonstigen Folgegeschäften durch **Aufbau einer Geschäftsbeziehung**, die Chance zur Erlangung weiterer Aufträge für vergleichbare Anlagen, die Steigerung des wirtschaftlich werthaltigen ‚Goodwill' eines Unternehmens durch Errichtung eines Prestigeobjekts für einen renommierten Auftraggeber, die Vermeidung von Verlusten durch Auslastung bestehender Kapazitäten oder die **Verbesserung der Marktposition** durch Ausschalten von Mitwettbewerbern" (BGHSt 50, 299 (311) = BGH NJW 2006, 925 (930); iErg zustimmend *Saliger* NJW 2006, 3377; krit. *Hohn* wistra 2006, 321). Hat sich der Wert des Vertrages durch seine Durchführung realisiert, konkretisiert sich der Gegenstand des Verfalls auf den tatsächlich erzielten Gewinn, soweit dieser die vorherige Gewinnerwartung übersteigt.

Soweit **ersparte Aufwendungen** ein taugliches, im Wege vom Wertersatzverfall abschöpfbares Verfallsobjekt bilden **18a** (→ Rn. 17; BGHSt 57, 79 = BGH NJW 2012, 1159; BGH NStZ 2014, 89 (93)), müssen auch diese im Sinne eines geldwerten Vorteils erlangt sein. Dem Betroffenen muss daher eine tatsächliche Ersparnis entstanden sein. Dies ist nur dann der Fall, wenn feststeht, dass er ohne den Tatvorteil Ausgaben getätigt hätte, dh insbesondere dann, wenn er **Forderungen oder gesetzlichen Verpflichtungen ausgesetzt wäre**, denen er unter Vermögensaufwand hätte nachkommen müssen (vgl. BGH NStZ 2014, 89 (93): ersparte Kosten für ordnungsgemäße Abfallentsorgung). Dabei ist zu beachten, dass die Verpflichtung den Verfallsbetroffenen selbst treffen muss, und nicht etwa allein einen anderen Tatbeteiligten.

Im Fall hinterzogener Steuern muss es sich daher bei dem Betroffenen **um den Steuerschuldner handeln**, was **18b** für den **Steuerhehler (§ 374 AO)** ohne weiteres nicht zutrifft; denn er haftet originär nicht für die Steuerschulden aus der Vortat (BGH wistra 2011, 394 (395)). Die von den Vortätern ersparten Steuern und Abgaben hat er daher nicht erlangt. Er erspart aus *seiner* Tat auch keine Aufwendungen, nur weil die Ware aufgrund der zuvor von Dritten begangenen Steuerhinterziehung günstiger erwerben kann. Dass er wegen seiner Tat für die zuvor verkürzten Drittsteuern nach **§ 71 AO** gesamtschuldnerisch einzustehen hat, bildet eine aus der Tat rührende Belastung, und keine Ersparnis. Vielmehr erlangt er die angekaufte Ware und einen durch Weiterverkauf erzielten Erlös (BGH NStZ 2015, 469, (470); BGH wistra 2011, 394). Eine im Verfallswege zu berücksichtigende steuerliche Aufwendungsersparnis kann darüber hinaus nur dann bestehen, wenn der **Steuerhehler mit eigenen Steuern belastet** wird und sie nicht abführt (vgl. BGH NStZ 2015, 469 (470); BGH wistra 2011, 394 für Steuerschulden nach § 23 Abs. 1 S. 2 TabStG).

Zur Ermittlung des genauen Gegenstandes des Verfalls kann es auf eine **zivilrechtliche Beurteilung** **19** **des Erwerbsvorganges** ankommen. An gewaltsam erlangter Tatbeute oder Hehlerware hat der Verfallsbetroffene nur den Besitz erlangt (§ 935 BGB). Erwerbsgeschäfte, die gegen ein gesetzliches Verbot verstoßen (§ 134 BGB), sind regelmäßig auch auf sachenrechtlicher Ebene unwirksam und können einen Eigentumsübergang nicht bewirken (vgl. BGHSt 31, 145 = BGH NJW 1983, 636 für Erlöse aus BtM-Geschäften). Soweit der Angeklagte das Eigentum nicht wirksam erworben hat, kann darauf nur im Rahmen von § 73 Abs. 4 zugegriffen werden; hat er es wirksam, aber in Vertretung für Dritte erworben, kann es dem Verfall nach § 73 Abs. 3 unterliegen. Bei zunächst unwirksam erworbenen **Geldbeträgen** tritt ein Eigentumsübergang häufig nachträglich infolge Vermischung **(§§ 947, 948 BGB)** ein; statt eines praktisch ausscheidenden Zugriffs auf die Miteigentumsanteile an der Gesamtsumme (§ 73 Abs. 1 S. 1 und § 73 Abs. 4 iVm Abs. 2 S. 2) wird in diesen Fällen die Anordnung des Verfalls von Wertersatz in Betracht kommen (§ 73a), denn der Betroffene hat die tatsächliche Möglichkeit erlangt, über das Geld zu verfügen. Dies stellt einen dem Geldbetrag entsprechenden Wert dar (BGHSt 53, 179 = BGH NJW 2009, 2073).

Bsp.: Erhält der Angeklagte **Bargeld** als Verkaufserlös aus einem BtM-Geschäft, so ist die dingliche Übereignung **20** (§ 929 BGB) der Geldscheine und -münzen nach § 134 BGB nichtig. Werden diese noch gesondert aufgefunden, so ist neben dem Verfall zu Lasten des Angeklagten gem § 73 Abs. 1 S. 1 Drittverfall gem § 73 Abs. 4 zu Lasten des Käufers anzuordnen (vgl. BGH StraFo 2010, 424; BGH NStZ-RR 2010, 255). Erwirbt der Angeklagte mit dem Kaufgeld wirksam eine andere Sache, etwa einen Pkw, kann dieser als Surrogat gem § 73 Abs. 1 S. 1, Abs. 2 allein zu Lasten des Angeklagten für verfallen erklärt werden. Vermischt der Angeklagte den Erlös mit anderem Bargeld, erwirbt er in rechtlicher Hinsicht zusammen mit dem Käufer daran Miteigentum (§§ 947, 948 BGB). In praktischer Hinsicht wird hier statt eines kombinierten Zugriffs nach § 73 Abs. 1 S. 1, Abs. 4 Wertersatzverfall nach § 73a anzuordnen sein; auch eine vorangehende Sicherstellung nach § 111b StPO kann auf dieser Grundlage angeordnet werden. Erwirbt der Angeklagte mit dem vermischten Geld einen Pkw, ist er allein Betroffener eines hierauf gerichteten Surrogatverfalls nach § 73 Abs. 1 S. 1, Abs. 2. Denn das Surrogat ist im Hinblick auf den Miteigentumsanteil des BtM-Käufers an die Stelle des Besitzes am Geld getreten (vgl. §§ 929, 935 Abs. 2 BGB); im Übrigen vollendet sich mit dem Surrogaterwerb nur die zwischen den Beteiligten des BtM-Geschäftes gewollte Vermögensverschiebung.

21   Für **Einzahlungen und Überweisungen** vgl. → § 73a Rn. 7; für **Sicherstellungen** und Einzahlungen bei der Gerichtskasse vgl. BGH NStZ-RR 2015, 282 und → § 73a Rn. 11a. Kein dem Verfall unterliegendes „Etwas" sind **Forderungen aus deliktischen Geschäften;** denn der zugrunde liegende Vertrag ist unwirksam (§ 134 BGB), so dass Forderungen daraus nicht entstanden können und damit nicht werthaltig sind. Dies gilt zB für **Außenstände gegenüber einem Abnehmer von Betäubungsmitteln** (BGH NStZ 2000, 480 (481); 2003, 198). Dass entsprechenden Ansprüchen aufgrund Zahlungsbereitschaft und -fähigkeit des Dritten gleichwohl ein abschöpfbarer wirtschaftlicher Wert zukommt, kommt praktisch nicht in Betracht (vgl. BGH NStZ 2003, 198). Ist die vermeintliche Forderung erfüllt worden, ist ein Verfall des Wertersatzes in Höhe des erlangten Betrages gegenüber dem Empfänger auszusprechen (vgl. BGHSt 47, 369 (376) = BGH NJW 2002, 3339 (3341)). Bei Zahlung eines Dritten hat der angeklagte Schuldner des deliktischen Geschäftes nichts erlangt, denn er konnte von einer nicht bestehenden Forderung nicht frei werden (BGH StraFo 2010, 348). Kein geeignetes Verfallsobjekt bildet auch ein vermeintlicher Anspruch gegenüber einem anderen Tatbeteiligten auf eine **noch nicht vollzogene Aufteilung und Auskehrung des Taterlöses,** der sich in Händen des anderen befindet; in entsprechenden Fällen wird allerdings nicht selten bereits eine unmittelbare Mitverfügungsgewalt des Angeklagten am Erlös anzunehmen sein (vgl. BGH NStZ-RR 2007, 121). Bei einem zugunsten des Angeklagten ausgesprochenen **Erlass von Forderungen** ist entscheidend, ob sich der Erlass auf Verfügungsebene (§ 397 BGB) als wirksam oder – wie im Falle eines Entgelts für verbotene Geschäfte regelmäßig – ebenfalls als nichtig gem. § 134 BGB erweist; in letzterem Fall hat der Angeklagte nichts erlangt (BGH BeckRS 2007, 06233). **Von den Ermittlungsbehörden für Betäubungsmittelaufkäufe eingesetztes Geld,** das ein Scheinaufkäufer dem Angeklagten übergeben hat und das hiernach sichergestellt worden ist, ist nicht für verfallen zu erklären, da staatliches Eigentum daran fortbesteht (BGHSt 31, 145 (147) = BGH NJW 1983, 336; BGH NStZ 1995, 495); kann es nicht sichergestellt werden, unterliegt es dem Wertersatzverfall nach § 73a S. 1 (BGHSt 53, 179 = BGH NJW 2009, 2073 mAnm *Stiebig* JR 2010, 35).

22   Ist der im Zusammenhang mit der Tat geschlossene **Vertrag wirksam,** kann der darin dem Angeklagten versprochene gegenständliche Vorteil erst für verfallen erklärt werden, wenn er an ihn ausgekehrt worden ist. Zuvor bildet das originäre Verfallsobjekt grds. allein die **vertragliche Forderung** in ihrem jeweiligen rechtlichen Bestand. Ob im Falle noch unerfüllter gegenseitiger Verträge gleichwohl der nominelle Wert der – nach § 320 BGB einredebehafteten – Forderung, insbes. ein dem Angeklagten versprochenes Entgelt (vgl. § 11 Abs. 1 Nr. 9) gem. § 73a für verfallen erklärt werden kann, hängt davon ab, ob nach den Fallumständen die dem Angeklagten versprochene Leistung unabhängig von ihrer Einbettung in eine Gesamtvereinbarung als unmittelbar erlangtes „Etwas" anzusehen ist (s. nachfolgend → Rn. 23).

23   **b) Unmittelbarkeit.** Nicht jeder Vorteil, der nur entfernt mit der Tat zusammenhängt oder im Sinne einer äquivalenten Kausalität auf die Tat zurückgeführt werden kann, unterliegt dem Verfall. § 73 StGB unterscheidet insoweit zwischen dem eigentlich Erlangten (Abs. 1) und mittelbaren Tatvorteilen, die allein in Gestalt von Nutzungen und Surrogaten für verfallen erklärt werden können (Abs. 2). In der Rspr. wird hieraus hergeleitet, dass das Erlangte dem Täter unmittelbar aus der Verwirklichung des Tatbestandes der Anlasstat zufließen und die Abschöpfung spiegelbildlich dem Vermögensvorteil entsprechen muss, den der Täter gerade aus der Tat gezogen hat. Dies setzt eine **unmittelbare Kausalbeziehung zwischen Tat und Vorteil** voraus (BGHSt 45, 235 (247 f.) = BGH NJW 2000, 297; BGHSt 47, 260 (269) = BGH NJW 2002, 2257; BGH NStZ 2011, 83 (85); 2001, 155; LK-StGB/*Schmidt* Rn. 17). Ausreichend hierfür ist grds. jede Anknüpfung an eines der Tatbestandsmerkmale. Gewinne, die sich aus der Tatbegehung ergeben, unterliegen dabei dem Verfall ohne Prüfung, ob sie auch bei rechtmäßigem Verhalten hätten erzielt werden können (vgl. MüKoStGB/*Joecks* § 73c Rn. 16; s. nunmehr aber → Rn. 25b) Vorteile, die erst durch Zwischenschritte nach der Anlasstat erzielt werden, scheiden andererseits als originär Erlangtes aus. Das wenig trennscharfe Kriterium der Unmittelbarkeit dient va in den Fällen erlangter Vertragschancen oder -abschlüsse oder bei wirtschaftlichem Einsatz des erlangten Vermögensgegenstandes als wertendes Korrektiv (vgl. auch BVerfG (Kammer) BeckRS 2006, 28160). In Fällen der **Weiterleitung der Tatbeute** durch andere Tatbeteiligte an den Verfallsbetroffenen ist das Unmittelbarkeitserfordernis regelmäßig gewahrt (s. etwa BGH NStZ-RR 2012, 81).

24   **c) Bruttoprinzip, Austauschverträge.** Aufgrund der Neufassung von Abs. 1 (vgl. → Rn. 5) ist nicht mehr auf den sich nach Saldierung mit Unkosten ergebende Tatgewinn (vgl. § 73 Abs. 1 aF: „Vermögensvorteil"), sondern grundsätzlich alles abzuschöpfen, was der Täter aus der Tat oder aus ihr erhalten hat. Gegenstand des Verfalls ist daher **das zugeflossene Erlangte in seiner Gesamtheit, ohne dass gewinnmindernde Kosten in Abzug zu bringen sind,** die der Angeklagte in Zusam-

menhang mit der Tat oder der Vorteilserlangung bestritten hat („Bruttoprinzip"; BGHSt 47, 369 (372) = BGH NJW 2000, 3339; BGHSt 51, 65 (66 f.) = BGH NJW 2006, 2500; BGH NStZ 2011, 83; BGH NJW 1995, 2335; BGH NStZ 1994, 123; 2000, 480 f.; BGH NStZRR 2015, 310; BGH StraFo 2003, 283; s. auch *Nack* GA 2003, 879; verfassungsrechtlich gebilligt von BVerfG NJW 2004, 273 (275 f.); wistra 2004, 378 (381); krit. NK-StGB/*Saliger* Rn. 15 ff.); eine Ermittlung solcher Kosten ist – gleich ob es sich um freiwillige Aufwendungen oder Schäden handelt – daher nicht erforderlich. So ist etwa bei der Einfuhr und dem Handeltreiben mit Betäubungsmitteln der gesamte erzielte Erlös verfallbar, ohne dass der Täter davon den Einkaufspreis oder Reisekosten absetzen könnte. In gleicher Weise ist bei Berechnung des durch einen betrügerischen Verkauf Erlangten grds. von dem gesamten Verkaufserlös auszugehen (BGHSt 47, 369 = BGH NJW 2000, 3339; BGH NStZ 2011, 83 (85); nachfolgend → Rn. 25 ff.). Aufwendungen des Hehlers oder Steuerhehlers für den Erwerb des gehehlten Gutes bleiben unberücksichtigt (BGH NStZ 2011, 83). **In zeitlicher Hinsicht** ist unerheblich, ob die Kosten vor oder nach dem Erhalt des Vorteils entstanden und beglichen sind. Das Bruttoprinzip findet **auch zu Lasten Drittbegünstigter** Anwendung (BGHSt 47, 369 (372) = BGH NJW 2000, 3339; BGH NStZ 2011, 83 (85); BGH NStZ-RR 2004, 214 (215)). In seinem Zweck und seinen Wirkungen hat es va generalpräventiven Charakter. Vgl. etwa BGH NStZ-RR 2004, 214 zum Fall eines Embargoverstoßes: „Nur so kann das Bewusstsein dafür geschärft werden, dass sich derartige Geschäfte nicht lohnen, Aufwendungen hierfür nutzlos sind und es deshalb auch wirtschaftlicher ist, wirksame Kontrollmechanismen zur Verhinderung solcher Straftaten einzurichten.".

Für die Bestimmung desjenigen, was der Täter aus einer Tat oder für sie erlangt, ist das Bruttoprinzip **25** unerheblich. Erst wenn feststeht, worin der erlangte Vorteil des Täters besteht, besagt es, dass entstandene Unkosten bei der Bemessung der Höhe des Erlangten unberücksichtigt bleiben (vgl. BGHSt 47, 260 (269) = BGH NJW 2002, 2257; BGHSt 50, 299 (310) = BGH NJW 2006, 925 (929); Fischer Rn. 8d). Das Bruttoprinzip bezieht sich demnach nur auf Kosten, die im Zusammenhang mit einer rechtswidrigen Vorteilserlangung stehen, nicht aber auf **Abzugsposten, die dem Erlangten selbst immanent sind** und seinen Wert bestimmen, oder auf Vorteile, die in rechtlich nicht zu beanstandender Weise erzielt wurden. Diese Unterscheidung führt nicht selten zu Schwierigkeiten.

Kontrovers beurteilt werden insbes. Fälle, in denen die Tat in Zusammenhang mit einer wirt- **25a** schaftlichen Tätigkeit erfolgt, insbes. – etwa bei einer Bestechung im geschäftlichen Verkehr nach § 299 oder einem Betrug nach § 263 – auf die **Gelegenheit zum Abschluss eines Austauschvertrages** abzielt, aus dem der Täter für sich oder einen Drittbegünstigten einen Gewinn erhofft (vgl. eingehend *Heine* NStZ 2015, 127). Nach der Rspr. des 1. StrS des BGH unterliegt **die dem Täter zugeflossene vertragliche Leistung** in solchen Fällen grundsätzlich insgesamt dem Verfall, ohne dass die von ihm erbrachte oder geschuldete Gegenleistung oder sonstige Aufwendungen in Abzug gebracht werden (BGHSt 47, 369 (370) = BGH NJW 2002, 3339 (Verkaufserlös bei **Verstößen gegen das AWG**), s. aber BGHSt 57, 79 = NJW 2012, 1159 (3. StrS) und → Rn. 25b; BGHSt 50, 227 = BGH NStZ 2009, 275 (Erlöse durch **strafbare Werbung**); 2011, 83 (85) (Erlöse aus **betrügerischem Aktienverkauf nach Bilanzmanipulation**)). Nach der Rspr. des 3. und 5. StrS des BGH ist dies anders zu beurteilen, wenn dem Austauschvertrag selbst **kein rechtlicher Makel anhaftet.** Der dem Verfall unterliegende Vorteil soll sich in diesen Fällen allein **danach bestimmen, was letztlich strafbewehrt ist** und sich als Ergebnis einer rechtswidrigen Vermögensverschiebung darstellt (BGHSt 57, 79 = BGH NJW 2012, 1159; 2014, 1399 (1402) (3. StrS); so iE auch MüKoStGB/*Joecks* Rn. 35). Bei in diesem Sinne nicht zu beanstandenden Geschäften bildet **der Vertrag selbst das Erlangte.** Zur Bestimmung des abschöpfbaren Verfallsgegenstandes kann daher nicht isoliert auf die dem Verfallsbetroffenen zustehende Leistung abgestellt werden, zumal wenn es zum Leistungsaustausch noch nicht gekommen und der Anspruch auf die versprochene Leistung erst mit Erbringung der Gegenleistung durchsetzbar ist. Es kommt dann auf den – ggf. sachverständig zu ermittelnden – wirtschaftlichen Wert des Vertrages an, mithin idR auf **den zu erwartenden Gewinn,** in dessen Höhe Wertersatzverfall anzuordnen ist.

Die Unterscheidung wird angewandt auch auf eine gesonderte Fallgruppe, in der die geschäftliche **25b** Tätigkeit **einem Erlaubnis- oder Genehmigungsvorbehalt unterliegt,** den der Täter in strafbarer Weise umgeht. Hier besteht Einigkeit, dass der **rechtliche Makel von der Genehmigungsfähigkeit des Geschäftes abhängt.** Hatte der Täter Anspruch auf eine Genehmigung, so wird das Geschäft und seine Durchführung von der Rechtsordnung an sich nicht beanstandet; durch die Strafbewehrung sanktioniert ist in diesem Fall allein die Umgehung der Kontrollbefugnis der Genehmigungsbehörde. Verfallsgegenstand ist dann nur der Nichtdurchführung des Genehmigungsverfahrens erwachsene Sondervorteil, mithin der – erforderlichenfalls zu schätzende (§ 73b) – wirtschaftliche **Wert der Aufwendungen, welche der Verfallsbetroffene dadurch erspart hat, dass er die Genehmigung nicht eingeholt hat** (BGHSt 57, 79 = BGH NJW 2012, 1159 (3. StrS); zustimmend BGHR StGB § 73 Erlangtes 18 = BGH BeckRS 2015, 13331 (1. StrS)). Ist das Geschäft dagegen schlechterdings oder nach Lage des konkreten Falles nicht genehmigungsfähig, unterliegt das gesamte hieraus Erlangte dem Verfall. Im Ergebnis obliegt dem Strafrichter damit die inzidente Beurteilung, welche Verwaltungsentscheidung auf einen hypothetischen Antrag des Verfallsbetroffenen ergangen wäre. Dies zumindest dann an Grenzen stoßen dürfte, wenn der zuständigen Verwaltungsbehörde ein – uU auch politischen Erwägungen unterliegendes – Ermessen eingeräumt gewesen wäre (→ Rn 27 ff.; für die identische Fragestellung bei

§ 29a OWiG vgl. OLG Koblenz ZfSch 2007, 108 (110 f.); OLG Celle NStZ-RR 2012, 151; NZV 2013, 610; OLG Hamburg NStZ 2014, 340; OLG Schleswig DAR 2016, 93).

25c   Eine nach diesem Maßstab nur teilweise Bemakelung wurde zunächst angenommen für eine **korruptiv erlangte Auftragserteilung** (BGHSt 50, 299 (309) = BGH NJW 2006, 925 (929 f.) (5. StrS), „Kölner Müllskandal"; BGH BeckRS 2006, 08963 = BGH NStZ-RR 2006, 338 (Ls.); Fischer Rn. 8 f.; **aA** BGHSt 52, 227 = BGH NStZ 2009, 275 (277 f.) (1. StrS, obiter); *Hohn* wistra 2006, 321 (323); *Saliger* NJW 2006, 3377), bei welcher nicht der vereinbarte Preis, sondern der wirtschaftliche Wert des Auftrags im Zeitpunkt des Vertragsschlusses als im Sinne von § 73 Abs. 1 erlangt angesehen wurde; diesen bestimmte der 5. StrS des BGH aus dem kalkulierten Gewinn und etwaigen weiteren, erforderlichenfalls durch Schätzung zu ermittelnden wirtschaftlichen Vorteilen. Denn strafrechtlich bemakelt sei nur die Art und Weise der Erlangung, nicht aber der Auftrag selbst (hier: Errichtung einer Müllverbrennungsanlage). Das Bruttoprinzip ist dieser Bestimmung nachrangig; es kann erst angewendet werden, wenn das Erlangte und die hiermit in Zusammenhang stehenden Aufwendungen feststehen (BGHSt 50, 299 (309 ff.)). Auch im Falle von Spekulationsgewinnen durch Verkauf von Bauland nach einem **durch Bestechung erwirkten Erlass eines Bebauungsplans** sollen der Ankaufs- von dem Verkaufspreis abzuziehen und Nebenkosten – nicht aber Zinsen, die für Kredite anfallen, die der Angeklagte zur Ermöglichung seiner beabsichtigten Spekulation aufgenommen hat – mindernd zu berücksichtigen sein (BGHSt 47, 260 (5. StrS) = BGH NJW 2002, 2257 (2260) mAnm *Wolters* JR 2003, 157; s. auch MüKoStGB/*Joecks* § 73a Rn. 7). Entsprechendes gilt für andere Geschäfte unter unzulässiger Ausnutzung von Informationen, insbes. von **Insidergeschäften nach § 38 WpHG.** Denn der Abschluss des Wertpapierhandelsvertrages als solchem steht dem Angeklagten frei; auch das eingesetzte Vermögen ist strafrechtlich nicht bemakelt. Erlangt – und Gegenstand des strafrechtlichen Vorwurfs – ist allein die spekulative Sonderchance, deren wirtschaftliches Korrelat der durch die erhoffte Kurssteigerung erzielte Gewinn oder ein vermiedener Verlust bildet (vgl. BGH NJW 2010, 882 (884) (5. StrS): „Sondervorteil"; OLG Stuttgart NStZ 2016, 28; *Kudlich/Noltensmeier* wistra 2007, 121 (123); krit. *Vogel* JZ 2010, 370). Anders liegt es bei Wertpapiergeschäften unter Marktmanipulation iSv § 20a WpHG; hier wird der gesamte Erlös als verfallbar angesehen (BGH NJW 2014, 1399 (1402), vgl. → Rn. 26). Im Fall einer **rechtswidrig zurückgehaltenen Ad-hoc-Mitteilung** darf sich die zur Bestimmung des Erlangten erforderliche Schätzung nicht allein auf die Differenz zwischen Tagesanfangs- und -endkurs stützen, sondern muss eine längerfristige Beurteilung der Kursentwicklung zum Gegenstand haben (BGH NJW 2010, 882 (884)). Ist der erlangte Sondervorteil auf diese Weise bestimmt, bleiben spätere Verluste durch „Stehenlassen" erworbener Papiere allerdings außer Betracht. Im Fall einer durch Anstiftung zur **Verletzung eines Dienstgeheimnisses** erlangten Listen mit potentiellen Versicherungskunden soll nur der Verkehrswert der Daten im Anschriftenhandel für verfallen erklärt werden können, nicht aber die durch Abschlüsse von Versicherungsverträgen durch den Angeklagten erzielten Provisionen (BGH NStZ 2006, 334 (3. StrS); zw., denn als wirtschaftliches Korrelat der Tat erscheint eher die realisierte Gewinnchance). Bei **Verstößen gegen das AWG** ist grundsätzlich der Vertrag an sich zu beanstanden. Sind Waren ohne die erforderliche Genehmigung ausgeführt worden, hätte diese indes erteilt werden müssen, so ist Verfallsgegenstand ausschließlich die Ersparnis durch die unterbliebene Einholung der Genehmigung (BGHSt 57, 79 = BGH NJW 2012, 1159 (3. StrS); zustimmend BGH BeckRS 2015, 13331 (1. StrS); → Rn. 25b). Anders verhält es sich bei – von vornherein nicht genehmigungsfähigen – Embargoverstößen (BGHSt 57, 79 = BGH NJW 2012, 1159 (1161); BGHSt 57, 79 = BGH NJW 2012, 1159; BGHSt 47, 369 = BGH NJW 2002, 3339 (3341); BGH NStZ-RR 2004, 214; → nachfolgend Rn. 26).

26   Demgegenüber scheidet bei **Geschäften, die an sich, dh ihrem Inhalt nach rechtlich bemakelt sind,** eine Saldierung aus. Soweit das Geschäft oder seine Abwicklung an sich verboten und strafbewehrt ist, unterliegt grundsätzlich der gesamte daraus erlangte Erlös dem Verfall (BGHSt 57, 79 = BGH NJW 2012, 1159; BGHSt 52, 277 = BGH NStZ 2009, 275 (277); BGH NJW 2014, 1399 (1402); BGH NStZ 2011, 83; BGH NJW 2010, 882 (884)). Dies betrifft va von dem Angeklagten abgeschlossene Verträge, die für sich genommen strafbar sind, etwa im **BtM-Handel** (BGH NStZ-RR 2003, 366; BGH NJW 1989, 3265) oder bei **Embargoverstößen** (BGHSt 47, 369 = BGH NJW 2002, 3339 (3341); BGH NStZ-RR 2004, 214); in solchen Fällen findet das Bruttoprinzip zwingend Anwendung. Auch bei der Veranstaltung **illegalen Glücksspiels** (§§ 284, 287) müssen demgemäß die Einsätze ohne Berücksichtigung der Gewinnausschüttungen als erlangt gelten, sofern der Angeklagte darauf nach dem Spielablauf tatsächlich Zugriff hat (anderenfalls: Gewinn des Veranstalters; **aA** Fischer Rn. 10; *Odenthal* NStZ 2006, 14: stets nur Gewinn). Darüber hinaus unterliegen auch Geschäfte legalen Inhalts dem Bruttoprinzip, wenn sie **in einer strafrechtlich zu beanstandenden Weise zustande gekommen** sind, die sich in ihrem Inhalt – etwa durch ein Missverhältnis von Leistung und Gegenleistung oder durch Willensmängel einer Partei – fortsetzt. Denn auch hier ist das vereinbarte Synallagma von der Rechtsordnung nicht geschützt (vgl. BGHSt 47, 369 = BGH NJW 2002, 3339 (3340); BGH NStZ 2001, 312: „kein rechtlich schützenswertes Vertrauen"), so dass es nicht zum Bezugspunkt für die Ermittlung des Erlangten herangezogen werden und die vereinbarte (geflossene) Gegenleistung des Betroffenen keine Berücksichtigung finden kann. Dies betrifft alle Fälle, in denen der Angeklagte sein Tatopfer **durch Täuschung zur Abgabe einer Willenserklärung veranlasst,** insbes. also Vertragsabschlüsse infolge eines **Eingehungsbetrugs** (BGH NStZ 2011, 83; s. auch BVerfG BeckRS 2006, 28160). Dementsprechend unterliegt im Fall eines **Aktienverkaufes nach Manipulierung der Umsatz- und Ertragszahlen** des emittierenden Unternehmens der gesamte betrügerisch erlangte Verkaufserlös dem Verfall, ohne dass eine Saldierung mit der Gegenleistung – hier: dem tatsächlichen Aktienwert – vorzunehmen ist Dabei kommt es auch nicht darauf an, in welcher Höhe und zu welchem Stichtag Leistung und Gegenleistung ein Wertgefälle aufweisen und dem Tatopfer ein Vermögensschaden tatsächlich entstanden ist, da die Verfallsanordnung auch an einen versuchten Betrug anknüpfen kann (BGH NStZ 2011, 83 (85)). Erfasst sind dementsprechend auch **Verstöße gegen das UWG,** soweit hierauf Vertragsabschlüsse zurückgehen; auch hier sind die von den beworbenen Kunden gezahlten Kaufpreise insgesamt für verfallen zu erklären, soweit nicht § 73 Abs. 1 S. 2 entgegensteht (BGHSt 52, 227 = BGH NStZ 2009, 275 (277)). Gleiches – Verfall des gesamten erzielten Kaufpreises – gilt für **Wertpapiergeschäfte mit Eignung zur Marktmanipulation** unter kollusivem Zusammenwirken der Geschäftspartner entgegen § 20a Abs. 1 S. 1 Nr. 2, § 38 WpHG, da hier nach § 20a Abs. 1 S. 1 Nr. 2 WpHG das abgeschlossene Geschäft selbst verboten ist: „Strafrechtlich bemakelt ist demnach nicht nur die Art und Weise der Ausführung des Geschäfts, sondern dieses selbst, weil es den manipulierten Börsenpreis und damit den tatbestandlichen Erfolg herbeiführt" (BGH NJW 2014, 1399 (1402) (3. StrS)). Bei der **Erbringung von Zahlungsdiensten ohne Erlaubnis** nach § 31 ZAG war im zu entscheidenden Fall die Vereinbarung und Durchführung des Zahlungsdienstes insgesamt strafrechtlich bemakelt, da ein hypothetischer Antrag der Verfallsbeteiligten auf Erteilung der Erlaubnis mangels Genehmigungsfähigkeit des konkreten Geschäftskonzepts abgelehnt worden wäre (BGHR StGB § 73 Erlangtes 18 = BGH BeckRS 2015, 13331). Infolgedessen unterlagen sämtliche von dem Dienstleister im Rahmen seiner Tätigkeit erlangten Gutschriften und Gebühren dem Verfall.

Die der abweichenden Auffassung der befassten Senate des BGH geschuldete Differenzierung zwischen rechtlich **27** bemakelten und unbemakelten Verträgen oder – anders gewendet – nach dem Gegenstand der Strafbewehrung ist **wenig unterscheidungskräftig** und in der Sache **fragwürdig** (so auch *Heine* NStZ 2015, 127: „konturlos"). Die betroffenen Verträge sind in ihrem strafrechtlichen Makel im Kern gleich. So ist etwa in den Fällen korruptiver Auftragserlangung der schuldrechtliche Vertrag auf eine strafrechtlich zu beanstandende Willensbeeinflussung zurückzuführen; im Börsen- und Wertpapierrecht soll letztlich der Handel unter beanstandungswürdiger Ausnutzung von Sonderinformationen strafrechtlich unterbunden werden. Eine Abgrenzung, welchen geschäftlichen Vorgang die jeweilige Strafvorschrift ihrem Zweck nach verhindern will, lässt sich indessen kaum treffen. Sofern nicht schon die Vertragserfüllung Teil des Straftatbestandes ist, hat der Täter aus der Tat regelmäßig „nur" den Vertragsschluss oder – wie in den Korruptionsfällen – eine Chance darauf erlangt. Dementsprechend wird zur Unterscheidung der Fälle der strafrechtliche Bezugspunkt aufgegeben und auf zivil- oder verwaltungsrechtliche Vorschriften zurückgegriffen, wobei offen bleibt, ob ein „an sich verbotenes" Geschäft eine generelle, durch Verbotsnormen vermittelte Vertragsunwirksamkeit erfordert und diese auch das Verfügungsgeschäft ergreifen muss, und inwieweit es für die Rechtsbeständigkeit des Vertrages auch auf Gestaltungsrechte und Genehmigungsmöglichkeiten ankommt. Soweit im Einzelfall auf eine Genehmigungsfähigkeit von Verträgen oder Handlungen abzustellen sein soll, wird die Verbotsfrage zudem mittels – dem Recht des Verfalls grds. fremder (vgl. OLG Celle NStZ-RR 2012, 151; OLG Zweibrücken NStZ-RR 2010, 256) – Erwägungen zu rechtmäßigen hypothetischen Kausalverläufen umgangen, wobei unklar bleibt, ob der Strafrichter auch berechtigt sein soll, ein – im Ergebnis verfallsbegründendes oder -ausschließendes – hypothetisches Verwaltungsermessen auszuüben.

Die Bestimmung des Verfallsgegenstandes erscheint in den betreffenden Fällen demgegenüber eher als **Kausalitäts- 27a und Zurechnungsfrage.** Nach dem Zweck des strafrechtlichen Verfalls geht es um den **von dem Täter vorgestellten wirtschaftlichen Erfolg,** wie er sich als mögliches Ergebnis der Tathandlung darstellt und **auch tatsächlich kausal auf die Straftat zurückgeführt** werden kann. Soweit sich diese auf einen Geschäftsabschluss richtet, kommt es daher nicht auf ein eher zufällig hinzutretendes zivil-, verwaltungs- oder strafrechtliches Verbot an, das sich unmittelbar auf den Austauschvertrag bezieht; vielmehr ist schlicht diejenige versprochene oder erlangte Leistung als illegitimer Vorteil aus der Tat anzusehen, auf die die Tat jedenfalls ihrem Fernziel nach ausgerichtet ist (so iE auch MüKoStGB/ *Joecks* Rn. 38). Ein solches Verständnis entspricht der gesetzgeberischen Konzeption und einer Orientierung des Verfalls am Bereicherungsrecht dergestalt, dass die Straftat den Grund für die Rückabwicklung des Austauschverhältnisses unter Ausschluss einer Anrechnung der Gegenleistung bildet. Zugleich wirkt es einer unklaren, im Gesetz nicht angelegten Betonung der Unmittelbarkeit zwischen Tat und Erlangtem entgegen (zutreffend *Heine* NStZ 2015, 127 (131 ff.): „Verselbständigung des Unmittelbarkeitskriteriums", zudem unter Hinweis auf unionsrechtliche Vorgaben durch die RL 2014/42/EU, → Rn. 6a). Soweit die praktischen Folgen einer solchen Abschöpfung kritisiert werden (vgl. *Saliger* NJW 2006, 3381: „Lahmlegung und Vernichtung ganzer Unternehmen"), kann auf zweiter Stufe – und muss im Einzelfall auch – über § 73c Abhilfe gefunden werden. Voraussetzung einer leistungs- statt vertragsbezogenen Abschöpfung ist allerdings, dass der Tatbeteiligte ein geldwertes (§ 73a) Leistungsversprechen überhaupt erlangt hat, sich der geschlossene Vertrag daher nicht von vornherein als unwirksam und die darauf beruhende Forderung als uneinbringlich erweist, und dass die tatsächlich erlangte Leistung von Wert ist.

Unabhängig von der vertretenen Auffassung hat die Divergenz in der Rspr. der befassten Senate des BGH zu einem **27b für die Praxis unbefriedigenden Zustand** geführt. Da die Judikate von starkem Einzelfallbezug geprägt sind, haben sie – obwohl in ihrer Linie voneinander abweichend – bislang nicht zu einer Befassung des GrS des BGH geführt. Für verwandte Fallgestaltungen leisten sie einer erheblichen **Rechtsunsicherheit** Vorschub; was durch die Tat als „erlangt" angesehen werden kann und demzufolge dem Verfall unterliegt, ist in von Austauschbeziehungen geprägten Sachverhalten derzeit kaum mehr vorhersehbar. Zudem kann – worauf Fischer (§ 73 Rn. 8h) zu Recht hinweist – der Gegenstand und die Höhe einer revisionsgerichtlich gebilligten Verfallanordnung in erheblicher Weise von den bundesgerichtlichen Zuständigkeitsbereichen abhängen. Auch der **Referentenentwurf** zur Reform der strafrechtlichen Vermögensabschöpfung (→ Rn. 6b) bietet keinen eindeutigen Anhalt zur Lösung der Problematik. § 73e Abs. 1 StGB-E enthält zwar eine – wenig geglückte – Ausformung des Bruttoprinzipes („Bei der Bestimmung des Wertes des Erlangten sind die Aufwendungen des Täters oder Teilnehmers abzuziehen. Außer Betracht bleibt jedoch das, was er für die Begehung der Tat oder für ihre Vorbereitung aufgewendet oder eingesetzt hat."); die Differenzierung zwischen absetzbaren und nicht-absetzbaren Aufwendungen kann je nach Vorverständnis aber entweder als Bestätigung einer rechtsgutbezogenen Bestimmung des Erlangten oder als hierfür bedeutungslos angesehen werden (vgl. *Bittmann* NZWiSt 2016, 131 (132 f.)), zumal eine Neuregelung richtlinienkonform (→ Rn. 6) auszulegen wäre.

28   **2. „Erlangt". a) Grundsatz.** Erlangt ist ein Gegenstand oder Wert, sobald er **in irgendeiner Phase des Tatablaufs unmittelbar in die eigene Verfügungsgewalt** des Verfallsbetroffenen **übergegangen** ist und ihm hierdurch wirtschaftlich messbar etwas zugute kommt (BGHSt 53, 179 = BGH NJW 2009, 2073; BGHSt 52, 227 (246); 51, 65 (68); BGH NStZ-RR 2014, 44; BGH NJW 2011, 624 (625); BGH NStZ 2011, 83 (85); 2003, 198 f.; BGH NStZ-RR 2007, 121; 2008, 287; BGH NStZ 2009, 499; *Fischer* Rn. 13; *Nack* GA 2003, 879 (880)). Dabei handelt es sich um einen **tatsächlichen Vorgang,** dem keine Abreden oder rechtsgeschäftlichen Übereinkünfte zugrunde zu liegen brauchen; auf die Wirksamkeit abgeschlossener Verpflichtungsgeschäfte oder der dinglichen Verfügung kommt es gleichfalls nicht an (BGH NStZ 2009, 499; BGH NStZ-RR 2015, 310 (311)). Es reicht aus, dass der Betroffene auf das Erlangte – wenn auch nur kurzzeitig – ungehindert Zugriff nehmen kann und hierdurch einen Vermögenszuwachs erzielt hat (BGH NJW 2011, 624 (625)); insoweit können die Voraussetzungen „tatsächlicher Gewalt" iSv § 854 Abs. 1 BGB herangezogen werden. Ob der Tatbeteiligte den Vermögensgegenstand nach der Tatabrede nicht behalten sollte und ihn alsbald weitergereicht hat, ist unerheblich (s. etwa BGH NStZ-RR 2015, 310; → Rn. 30a). Nicht ausreichend ist, dass der Täter nur etwas Bestimmtes hätte erlangen wollen oder können (vgl. BGH NStZ 2000, 481 (uneinbringliche Außenstände); 2003, 198 (nicht-existente Forderung aus BtM-Geschäft); 2010, 85 (erzielbarer Gewinn aus BtM-Geschäft; → Rn. 18), oder der Erwerb nur bevorstand (BGH NStZ-RR 2015, 248: Festnahme auf dem Weg zur Übergabe). Die Verfügungsgewalt des Verfallsbetroffenen muss feststehen und **im Urteil festgestellt** werden (BGH NStZ-RR 2008, 287; 2015, 248).

29   **b) Mitverfügungsgewalt.** Dass auch Dritte Zugriff auf den Gegenstand haben, ist unschädlich. Eine erlangte Mitverfügungsgewalt, insbes. im Fall mehrerer Tatbeteiligter, ist daher ausreichend, wenn die Position der anderen Beteiligten nicht derart überwiegt und auf einen jederzeitigen Entzug des Gegenstandes ausgerichtet ist, dass von einer gefestigten Verfügungsgewalt nicht mehr gesprochen werden kann. Eine **Zurechnung der Verfügungsgewalt Dritter** – etwa nach den Grundsätzen der Mittäterschaft – findet nicht statt (BGH NStZ 2010, 390 f.; s. aber → Rn. 31 f.). Eine Anordnung des Verfalls kann daher nicht allein darauf gestützt werden, dass die Tatbeteiligten arbeitsteilig vorgegangen sind oder sich darüber einig waren, dass der Betroffene am Erlangten beteiligt werden soll. Sie setzt voraus, dass der Betroffene eine **zumindest wirtschaftliche Mitverfügungsgewalt auch tatsächlich erhalten** hat (vgl. BGHSt 56, 39 (45) = BGH NJW 2011, 624 (625); BGHSt 52, 227 (256) = BGH NStZ 2009, 275; BGH NJW 2011, 624 (625); BGH NStZ-RR 2007, 121; BGH NStZ 2003, 198 (199); BGH NStZ-RR 1997, 262; *Schmidt* NStZ 2003, 8; vgl. auch BVerfG (Kammer) StV 2004, 409 (410)); dies ist im Einzelfall zu prüfen und festzustellen (vgl. BGH NStZ 2008, 565 (566)). Ob insoweit die bloße Einigung der Betroffen darüber ausreicht, dass sie Mitverfügungsmacht haben (so BGH NStZ 2010, 85 (86); 2010, 568 mAnm *Spillecke* (jeweils nicht tragend); offen gelassen von BGH NJW 2011, 624 (625); unklar BGH NStZ-RR 2007, 121), ist bislang nicht abschließend geklärt, dürfte nach zivilrechtlichen Grundsätzen mittelbaren Besitzes aber zu bejahen sei, Haben mehrere Tatbeteiligte an demselben Gegenstand Mitverfügungsgewalt erlangt, spielt für die Bestimmung des Erlangten **keine Rolle, welchem Tatbeteiligten welcher Anteil letztlich verbleiben sollte** (BGH NJW 2011, 624 (626); BGH NStZ 2008, 565 (566)), und inwieweit er die Verfügungsmacht später wieder aufgegeben hat (vgl. BGHSt 51, 65 = BGH NJW 2006, 2500; BGHSt 52, 227 = BGH NStZ 2009, 275); vielmehr ist gegenüber jedem einzelnen der Verfall des Erlangten anzuordnen, allerdings mit der Folge **gesamtschuldnerischer Haftung,** die im Tenor der Anordnung ihren Ausdruck finden muss (vgl. BGHSt 56, 39 = BGH NJW 2011, 624 (625); BGH NStZ 2012, 382 (383); 2005, 454 (455); 2003, 198 (199); BGH NStZ-RR 1997, 262; BGH NStZ 1996, 442; *Schmidt,* Gewinnabschöpfung im Straf- und Bußgeldverfahren, 2006, 260 f.; s. auch BVerfG wistra 2004, 278 (282); s. auch → Rn. 44). Dabei kann besonderen Umständen nach § 73c, insbesondere die vollständige Weitergabe des Erlangten für die einzelnen Tatbeteiligten in unterschiedlichem Umfang Rechnung getragen werden mit der Folge, dass trotz ursprünglich gleicher Mitverfügungsgewalt im Rahmen des Gesamtschuldneranspruches unterschiedlich hohe Vermögenswerte für verfallen erklärt werden können (vgl. BGHSt 56, 39 = BGH NJW 2011, 624 (626) für § 111i StPO; s. auch → Rn. 30).

30   **c) Weitergabe bei mehreren Tatbeteiligten.** Die Vermögenswerte müssen nicht direkt aus der **Tat** in die Verfügungsgewalt des Betroffenen geraten; sie sind auch dann iSv § 73 Abs. 1 aus der Tat erlangt, wenn sie zwischenzeitlich **einem anderen Tatbeteiligten zugeflossen waren und erst von dort an den Betroffenen gelangt** sind (BGH NJW 2014, 401 (405); → Rn. 30). Reicht umgekehrt der Verfallsbetroffene das Erlangte an andere weiter, bleibt dies auf das „Erlangen" ohne Einfluss, es kann nicht nachträglich entfallen. Der Grundtatbestand des § 73 Abs. 1 bezieht sich zwar allein auf den ursprünglich in die Verfügungsgewalt des Täters oder Drittbegünstigten (Abs. 3) übergegangenen

Gegenstand. Eine Weitergabe des Erlangten ändert am Eintritt der Voraussetzungen des Verfalls aber nichts; sie ist bedeutsam nur insoweit, als sich die Verfallsanordnung auf Surrogate oder Wertersatz zu erstrecken hat (§ 73 Abs. 2, § 73a) und die Härtevorschrift des § 73c zu prüfen ist (vgl. BGHSt 56, 39 (45) = BGH NJW 2011, 624 (625); BGHSt 51, 65 (68) = BGH NJW 2006, 2500 (2501); BGH NStZ-RR 2015, 310 (311); BGH NStZ 2014, 32; s. auch → Rn. 15 f.). Eine Weitergabe an Tatbeteiligte oder Drittbegünstigte (§ 73 Abs. 3), gegen die gleichfalls Verfall angeordnet werden kann, hindert daher nicht die Inanspruchnahme desjenigen, der den Verfallsgegenstand ursprünglich erlangt hat (vgl. BGH wistra 2013, 474 (insoweit in BGH NStZ 2014, 32 nicht abgedr.)).

In den Fällen einer **Durchreichung von Taterlösen an Lieferanten, Mittelsleute oder Mittäter** **30a** – häufig im Bereich der **BtM-Kriminalität** – kommt es allein darauf an, ob dem Verfallsbetroffenen zumindest kurzzeitig die Verfügungsgewalt über die Erlöse eingeräumt wurde. Hierfür ist eine faktische Übertragung ausreichend, ohne dass dem zwischen den Beteiligten vereinbarten Verwendungszweck eine einschränkende Wirkung zukommt; auch auf die zivilrechtlichen Besitz- und Eigentumsverhältnisse kommt es nicht an (BGH NStZ 2004, 440). Grundsätzlich kann daher eine vollständige Abschöpfung der erlangten Mittel stattfinden, auch wenn diese **absprachegemäß kurz nach ihrer Erlangung an weitere Tatbeteiligte weitergereicht** worden sind (BGH NStZ 2003, 198 (199)). Vgl. insoweit BGHSt 51, 65 (66 f.) = BGH NJW 2006, 2500 (2501) für den Fall des BtM-Handels: „Selbst wenn ein Zwischenhändler dieselben Geldscheine, die er von seinen Rauschmittelkäufern erhalten hat, unmittelbar im Anschluss daran an seinen Lieferanten weitergibt, werden diese Beträge zunächst Teil seines Vermögens. Spätere Mittelabflüsse können dann allenfalls noch im Rahmen der Prüfung der Härtevorschrift des § 73c von Bedeutung sein." (ebenso BGHSt 53, 179 = BGH NJW 2009, 2073; BGH NStZ-RR 2015, 310 für Schleuserlohn; BGH NStZ 2004, 440). In gleicher Weise zu behandeln sind Fälle, in denen zunächst ein Täter die gesamte Tatbeute in Besitz genommen, und er erst später eine **Aufteilung** gegenüber seinen Mittätern unternommen oder den **Erlös vollständig an andere Beteiligte ausgekehrt** hat (BGH NStZ 2003, 198); insoweit ist lediglich eine Prüfung von § 73c Abs. 1 S. 2 Alt. 1 zu erfolgen (vgl. BGH NStZ 2003, 422). Auch bei Einbindung in eine **Handelskette** hat jedes Glied all das erlangt, was in seine Verfügungsmacht übergegangen ist, auch wenn – etwa im Fall eines BtM-Kommissionsgeschäftes – die Einnahmen durch einen Weiterverkauf überwiegend an den Erstlieferanten abgeführt worden sind (BGHSt 51, 65 (66) = BGH NJW 2006, 2500; BGH NStZ-RR 2007, 121). Trotz der wirtschaftlichen Identität des Erlangten können daher voneinander unabhängige Verfallsanordnungen auf den unterschiedlichen Umsatzstufen ergehen, ohne dass die Betroffenen als Gesamtschuldner haften (vgl. BGHSt 51, 65 (71); → Rn. 44).

Eine Ausnahme soll nach Rspr. des 3. und 5. StrS. des BGH dann bestehen, wenn dem Betroffenen **30b** der wirtschaftliche Wert **nur kurzzeitig, „transitorisch" oder „gelegentlich" seiner Tat** zufließt, insbes. in Fällen der BtM-Kriminalität bei nur kurzfristigem Besitz des Kuriers, der das Entgelt aus dem Rauschgiftgeschäft unverzüglich an den Verkäufer weiterleiten soll (BGH NStZ 2011, 87 (5. StrS); BGH NStZ-RR 2002, 366 (3. StrS); *Winkler* NStZ 2003, 247 (250); krit. MüKoStGB/*Joecks* Rn. 24), oder bei kurzfristiger Zugriffsmöglichkeit während des Transports von Diebesbeute (BGH NStZ-RR 2014, 44 (3. StrS)). Ob der Erlös erlangt iSv § 73 Abs. 1 ist, soll vom Grad der Tatherrschaft des Betroffenen und der Dauer der Verfügungsmacht abhängen. Dies erscheint zweifelhaft; denn wenn es für die Frage eines tauglichen Verfallsgegenstandes allein auf die faktische Verfügungsgewalt ankommt, kann anderen Tatumständen wie dem fraglichen Zeitraum, den Abreden der Tatbeteiligten und ihrer jeweiligen Tatherrschaft nur dann Bedeutung zukommen, wenn hierdurch die tatsächliche Verfügungsmöglichkeit des Betroffenen derart eingeschränkt erscheint, dass von einem „Erlangen" nicht mehr gesprochen werden kann. Dies wird indes nur Ausnahmefälle betreffen, in dem der Betroffene einer engmaschigen Überwachung durch die sonstigen Beteiligten und ihrem jederzeitigem Zugriff unterliegt. Grundsätzlich fällt daher auch der einem **BtM-Kurier** ausgehändigte Kaufpreis vollumfänglich dem Verfall zu Lasten des Kuriers anheim unabhängig davon, ob sich dessen Tatbeitrag – wie regelmäßig – als nur untergeordnet darstellt (BGHSt 51, 65 (78) = BGH NJW 2006, 2500; BGH NStZ 2004, 440 (jeweils 1. StrS); vgl. auch BGH NJW 1989, 3165; Fischer Rn. 14). Ob die Mittel auf den Verfallsbetroffenen ursprünglich bar oder unbar übergegangen sind, mit anderen Geldern vermischt oder gesondert aufbewahrt wurden, und ob dieselben Geldscheine weitergeleitet werden, die ursprünglich erlangt worden sind, ist dabei unerheblich (BGHSt 51, 65 (68) = BGH NJW 2006, 2500), da jedenfalls Wertersatzverfall nach § 73a angeordnet werden kann. Die spätere Weiterleitung der Erlöse kann nur nach § 73c berücksichtigt werden.

d) Wirtschaftliche Identität, insbes. bei Gesellschaften. Erhält originär ein Dritter anstelle **31** **des Täters den Verfallsgegenstand,** kommt grds. nur ein Durchgriff nach Abs. 3 in Betracht (→ Rn. 45 ff.). Dies gilt insbes. für die Fälle, in denen der Täter als Organ, Vertreter oder Beauftragter des Dritten handelt und der Vorteil in dessen Vermögen fließt. Die dem **Gesellschaftsvermögen** einer jur. Person zugeflossenen Werte stellen sich trotz abstrakter Zugriffsmöglichkeiten der Gesellschafter oder Organe nicht ohne weiteres zugleich als von diesen erlangt iSv § 73 Abs. 1 S. 1 dar (BGH NStZ 2014, 89 (93); 2014, 32 (33); 2011, 83 (86); BGH wistra 2008, 387 (insoweit in BGHSt 52, 227 nicht abgedr.); BVerfG (Kammer) StV 2004, 409 (410); BVerfG NJW 2005, 3630; *Engländer* NStZ 2014, 33).

Für eine Verfallsanordnung gegen den Täter bedarf es daher einer darüber hinausgehende Feststellung, dass (auch) dessen Vermögen etwa zugeflossen ist (BGH NStZ 2014, 89 (93)). Dies setzt eine **faktisch wirtschaftliche Identität** voraus, die – insbes. bei einer Ein-Personen-GmbH – namentlich dann angenommen werden kann, wenn der Täter die juristische Person nur als einen **formalen Mantel seiner Tat** nutzt, eine Trennung zwischen der eigenen Vermögenssphäre und derjenigen der Gesellschaft mithin nicht vornimmt, oder **Vermögenszuflüsse an die Gesellschaft sogleich an sich weiterleitet** (BGH NStZ 2014, 89 (93); BGH BeckRS 2014, 09500, Rn. 75 ff. (insoweit in BGH NStZ 2014, 269 nicht abgedr.); BGH wistra 2008, 387; s. auch BVerfG NStZ 2006, 639 (640); KG BeckRS 2016, 09292 Rn. 22). Sie liegt immer dann nahe, wenn die betreffende Gesellschaft ausschließlich zum Zweck der Beutesicherung geführt wird. Der Täter muss jedenfalls aber Zugriff auf das Erlangte haben; so kann es ihm nicht zugerechnet werden, wenn wegen hoher Verbindlichkeiten eine Entnahmemöglichkeit des Gesellschafters nicht besteht, etwa bei sofortiger Verrechnung des Geldzuflusses im Kontokorrent (vgl. BGH NJW 2013, 950 (952)). Soweit der Täter das Erlangte nachträglich einer von ihm kontrollierten Gesellschaft zuwendet, gewinnt die Frage einer wirtschaftlichen Identität und fortbestehenden Verfügungsgewalt – unabhängig von der Haftung des Dritten nach Abs. 3 – bei Prüfung von § 73c Bedeutung.

31a   Vgl. **beispielhaft** die BGH NStZ 2014, 32 = BGH wistra 2013, 474 zugrunde liegende Fallgestaltung: Betrügerisch erschlichene Darlehen wurden auf Konten von Scheingesellschaften unter Geschäftsführung der Angekl eingezahlt. Die Angekl ließen die Gelder von Strohleuten abheben und sich auszahlen, verbrauchten sie teilweise und leiten sie im Übrigen an andere, von ihnen gleichfalls kontrollierte Gesellschaften weiter, die sie zu Beutesicherungszwecken gegründet hatten. – Der BGH hatte hier angenommen, dass die Angekl – spätestens – durch die Auszahlungen „etwas erlangt" hatten; da eine wirtschaftliche Identität mit den Scheingesellschaften vorlag, dürfte eine Verfügungsgewalt und damit ein „Erlangen" iSv § 73 Abs. 1 indes schon durch den erstmaligen Geldzufluss an die Scheingesellschaften vorgelegen haben. Soweit die ausgezahlten Gelder später an die weiteren Gesellschaften abgeführt wurden, war dies allein nach § 73c berücksichtigungsfähig. Sollte – wie die mitgeteilten Feststellungen nahelegen – auch hier eine wirtschaftliche Identität vorgelegen haben, würde eine Anwendung von § 73c ausscheiden. Der BGH vermisste insoweit allerdings nähere Ausführungen zur Frage einer Trennung der Vermögenssphären von Angekl und Gesellschaften, und zu den Geschäftsanteilen der Angekl.

31b   Angenommen wurde eine unmittelbare Verfügungsgewalt (auch) des Täters zudem in Fällen, in denen eine **natürliche Mittelperson (Strohmann)** Gegenstände erlangt hatte, die dem Täter zugute kommen sollten (vgl. BGH (ErmRi) NStZ-RR 2006, 266). Dies setzt allerdings voraus, dass sich der Dritte dem Willen des Täters faktisch unbedingt unterordnet. Bestehen demgegenüber rechtlich wirksame Vereinbarungen, aus denen dem Täter Herausgabeansprüche gegenüber dem Dritten zustehen, wären diese erlangt.

32   **3. „Für die Tat oder aus ihr".** Die Unterscheidung ist bedeutsam für einen eventuellen Ausschluss des Verfalls nach **§ 73 Abs. 1 S. 2,** der nur bei Gegenansprüchen des Verletzten hinsichtlich des aus der Tat Erlangten eintritt (BGH NJW 2012, 2051), dient aber auch zur Bestimmung des Verfallsgegenstandes und seiner Abgrenzung zu Vermögenswerten, die der Einziehung (§ 74) unterliegen. **„Für die Tat erlangt"** iSv § 73 Abs. 1 S. 1 sind Vermögenswerte, die dem Täter nicht nur gelegentlich einer Straftat, sondern **als Gegenleistung für sein rechtswidriges Handeln gewährt** werden, die aber nicht auf der Tatbestandsverwirklichung selbst beruhen (BGHSt 57, 79 = BGH NJW 2012, 1159 (1160); BGHSt 50, 299 = BGH NJW 2006, 925 (929); 2001, 693; BGH NStZ-RR 2003, 10), mithin ein Entgelt iSv § 11 Abs. 1 Nr. 9. Hierzu zählen etwa ein Lohn für die Tatbegehung oder -unterstützung (vgl. BGH NStZ 2007, 150: Kurierlohn; BGH NJW 2012, 2051: Belohnung für besonders erfolgreiche Tatunterstützung), Honorare (BGH wistra 2013, 347 (350): Vergütung für rechtswidrige Beurkundung von Verträgen; s. andererseits aber BGH NJW 2014, 401 (405) sowie → Rn. 32a), Provisionen (BGH NStZ-RR 2004, 342 (343)), soweit sie sich nicht gerade als Ertrag betrügerischer Vermittlungsgeschäfte zu Lasten des Geschäftsherrn darstellen (dann: aus der Tat, vgl. BGH wistra 2009, 350), Bestechungsgeld, soweit die Bezugstat die rechtswidrige Diensthandlung bildet (BHGSt 30, 46 (51) = BGH NJW 1981, 1457; s. andererseits NK-StGB/*Saliger* Rn. 6), oder die Gegenleistung für einen Landesverrat (BGH (ErmRi) NStZ-RR 2007, 11). **„Aus der Tat erlangt"** iSv § 73 Abs. 1 S. 1 sind alle Vermögenswerte, die dem Täter unmittelbar **aus der Verwirklichung des Tatbestands in irgendeiner Phase des Tatablaufs zufließen,** mithin der Tatgewinn oder die Tatbeute (BGHSt 31, 145 (147) = BGH NJW 1983, 336; 2012, 2051; BGH NStZ 2003, 37 (38); 2001, 693; s. auch *Nack* GA 2003, 879 (880)). Dies sind etwa Erträge aus betrügerischen Geschäften (BGH NStZ-RR 2003, 10; BGH wistra 2009, 350), der Erlös aus Betäubungsmitteldelikten (BGH StraFo 2003, 283), Einkünfte aus Zuhälterei und Menschenhandel (BGH NStZ 2003, 533; BGH BeckRS 2004, 05411 Rn. 16 ff. (insoweit in BGH NStZ 2005, 213 nicht abgedr.)) und aus ausländerrechtlichen Taten (BGH NStZ 2003, 533), Erlöse aus einer Tätigkeit entgegen berufsrechtlichen Vorschriften (BGH NJW 1978, 599), der Kaufpreis bei Embargoverstößen (BGHSt 47, 369 = BGH NJW 2002, 3339), im privatwirtschaftlichen Verkehr das an den Bestochenen geflossene Schmiergeld (BGH NStZ 2014, 397; BGH NStZ-RR 2004, 242; zu Vorteilen aufgrund von Taten nach §§ 332, 331 → Rn. 73), Vergütungen aus aufgrund von Bestechung abgeschlossenen Geschäften (BGH BeckRS 2014, 09500 Rn. 72 ff., insoweit in BGH NStZ 2014, 469 nicht abgedr.) sowie hinterzogene Steuern (BGH wistra 2010, 406; BGH NStZ 2001, 155). Im Falle von Umweltdelikten soll „aus der Tat" auch das Entgelt für eine illegal vorgenommene Abfallentsorgung stammen (BGHSt 58, 152 = BGH NJW 2013, 950 (951), zw., → Rn. 68a, → Rn. 71a); hiervon zu unterscheiden sind nicht verfallbare Entgelte für die legale Entgegennahme von Abfällen, die dann nicht fachgerecht entsorgt werden (BGH NStZ 2014, 89 (93): erlangt sind dann nur die insoweit ersparten Aufwendungen).

Ob **Zuwendungen, die der Tatbeute entstammen,** „aus" der Tat oder „für" sie erlangt sind, kann **32a** im Einzelfall schwierig abzugrenzen sein. Wird die Tatbeute oder der Tatgewinn **unter mehreren Beteiligten nachträglich aufgeteilt,** so hat grds. jeder seinen Anteil aus der Tat erlangt (BGH NStZ-RR 2003, 10). Anders kann es liegen, wenn einem Beteiligten hiervon getrennt ein Vorteil zugewandt wird. Maßgeblich ist insoweit, ob der Beteiligte zufolge der Tatabrede oder einem nachträglich gefassten Entschluss an der Beute partizipieren sollte; dass er seinen Anteil gesondert oder mit Verzögerung erlangt, ist für die Einordnung ebenso ohne Bedeutung wie ein Durchgangserwerb eines anderen Beteiligten und eine dabei eintretende Vermengung des Erlangten (zB spätere Auskehrung von auf das Konto eines Mittäters geflossenen Täterlösen; s. auch → Rn. 28 ff.). Dagegen spricht es für eine Tatbelohnung, wenn ein nur untergeordnet Beteiligter (zB ein Teilnehmer oder ein Nicht-Bandenmitglied) nachträglich eine Zuwendung für seine Dienste erhält, auch wenn diese wirtschaftlich aus der Tatbeute stammt (vgl. BGH NJW 2012, 2051), oder wenn die Zuwendung unabhängig vom Eintritt des Taterfolges gewährt werden soll (BGH NStZ 2011, 229). Bei **Diensten, die – wie bei Ärzten, Steuerberatern oder Rechtsanwälten – normalerweise gegen ein festes Honorar erbracht** werden, stellt sich eine hieran orientierte Zuwendung als Entgelt „für die Tat" dar; wird die Zuwendung abhängig von der Beutehöhe gewährt, stammt sie „aus der Tat" (vgl. BGH NJW 2014, 401 (405) für das kriminellen Eintreiben von Geldforderungen durch einen Rechtsanwalt; NK-StGB/*Saliger* Rn. 5)

Werden Geldbeträge unter den Tatbeteiligten im Wege einer **Vorauszahlung** an den Verfallsbetroffe- **33** nen ausgekehrt, bevor der Tatgewinn von dem Geschädigten erlangt wird, kommt grds. nur eine Erlangung „für die Tat" in Betracht. Dementsprechend ist im Fall weitergeleiteter Vermittlungsprovisionen für betrügerische Darlehensgeschäfte darauf abgestellt worden, dass der Auskehrende seinerseits das Darlehen von der geschädigten Bank bereits ausgezahlt erhalten hat (BGH wistra 2009, 350). Für Fälle, in denen die Erlangung des Täterlöses von den Tatbeteiligten sicher erwartet wird und auch tatsächlich eintritt, ist eine solche Unterscheidung im Hinblick auf Ersatzansprüche Dritter iSv § 73 Abs. 1 S. 2 kaum gerechtfertigt. Maßgeblich dürfte vielmehr sein, ob sich die Zahlung an den Verfallsbetroffen nach dem erkennbaren Willen der Tatbeteiligten als bloßer Vorschuss darstellt, der aus der Beute bestritten und in ihrer sicheren Erwartung geleistet wird. Sie ist in diesem Fall aus der Tat erlangt. Hiervon zu unterscheiden sind Mittel, die einem Beteiligten im Voraus zum Zweck der Tatdurchführung überlassen werden, etwa Geldbeträge zum Zweck einer Bestechung oder dem Ankauf von Betäubungsmitteln; sie sind weder für die Tat noch aus ihr erlangt (vgl. BGH StV 2011, 16; Fischer Rn. 12).

Erforderlich für beide Varianten des Abs. 1 S. 1 ist eine **unmittelbare Kausalbeziehung** zwischen **34** Tat und Vorteil. Vorteile für **rechtmäßiges Handeln im Vorfeld der Tat,** das noch nicht dem Versuchsstadium zuzurechnen ist, unterliegen nicht dem Verfall (vgl. BGH NStZ 2014, 89 (93)). Gleiches gilt für **mittelbare Vorteile,** die der Angeklagte nach der Tat durch gewinnbringenden Einsatz des Erlangten erzielt hat. Dies betrifft etwa die **Gewinn aus Glücksspielen,** die der Angeklagte aus dem Erlangten bestritten hat (vgl. BGH NStZ 1996, 332; OLG Köln NStZ-RR 2008, 107 (108)), oder Erlöse aus einer **gewinnbringenden Anlage des Erlangten,** soweit es sich nicht um nach Abs. 2 abschöpfbare Nutzungen oder Surrogate handelt (s. näher → Rn. 36).

4. Nutzungen und Surrogate (§ 73 Abs. 2). Der Verfall erstreckt sich auch auf **mittelbare Tat- 35 vorteile,** die allerdings von einem – nicht abschöpfbaren – mittelbaren Gewinn abzugrenzen sind. § 73 Abs. 2 ist **§ 818 Abs. 1 BGB nachgebildet,** dessen zivilrechtliche Auslegung für das Verfallsrecht herangezogen werden kann (Lackner/Kühl/*Heger* Rn. 7). Der Ausschluss nach § 73 Abs. 1 S. 2 bezieht sich auch auf den Nutzungs- und Surrogationsverfall (vgl. BGH NJW 1986, 1186; BGH 30.8.1985 – 3 StR 339/85; OLG Karlsruhe NJW 1982, 456; Schönke/Schröder/*Eser* Rn. 32, jeweils für Surrogate).

a) Nutzungen (§ 73 Abs. 2 S. 1). Gemäß § 73 Abs. 2 S. 1 ist die Verfallsanordnung **zwingend** auf **36** gezogene Nutzungen zu erstrecken. Nach **§§ 99, 100 BGB** handelt es sich dabei um Sach- und Rechtsfrüchte sowie Gebrauchsvorteile. Beispiele sind Mieteinnahmen, die der Täter aus einer erlangten Immobilie erzielt (vgl. OLG Karlsruhe JR 1976, 121), oder Zinsen aus der Anlage erlangten Kapitals. Die Nutzungen müssen tatsächlich gezogen sein; ihre bloße Erwartung – etwa hinsichtl künftiger Mieteinnahmen – oder eine naheliegende, aber unterbliebene Nutzung – etwa im Fall unterlassener Vermietung – ist nicht erfasst (BGH MDR 1981, 629 (bei Holtz); MüKoStGB/*Joecks* Rn. 57). **Gebrauchsvorteile,** die der Verfallsbetroffene durch eigene Nutzung einer erlangen Sache – etwa dem Bewohnen einer erlangten Immobilie oder der Nutzung eines erlangten Fahrzeuges – gezogen hat, sind nach dem objektiven Nutzwert zu bestimmen, etwa dem ortsüblichen Miet- oder Pachtwert; zur näheren Bestimmung können die zivilrechtlich entwickelten Grundsätze herangezogen werden (vgl. etwa Palandt/*Heinrichs* BGB Vor § 249 Rn. 20 f., 25 f.; vgl. auch → § 73a Rn. 16). **Mittelbare Gewinne,** die der Betroffene aus einer wirtschaftlichen Verwendung des Erlangten durch persönlichen Einsatz, etwa in einem eigenen Unternehmen zieht, sind nicht erfasst (vgl. LK-StGB/*Schmidt* Rn. 44), wobei die

Grenzziehung schwierig ist; so dürfte es sich bei erzielten Spekulationsgewinnen noch um verfallbare Nutzungen handeln, da hier der Kapitaleinsatz im Vordergrund steht (→ Rn. 42 und 37).

37   **Nutzungen aus Surrogaten** unterliegen dem Verfall, sofern nach pflichtgemäßem tatrichterlichem Ermessen der Surrogatverfall angeordnet worden ist. Bei **verzinslicher Anlage erlangter Gelder** auf einem Sparkonto (Tagesgeld- oder Geldmarktkonto, Sparbuch) oder durch Vergabe eines Darlehens unterliegen die erlangten Zinsen unmittelbar dem Nutzungsverfall. Bei Ankauf verzinslicher oder ausschüttender Wertpapiere bilden diese Surrogate, so dass auf die Erträge nur zugegriffen werden kann, wenn die Papiere selbst nach § 73 Abs. 2 S. 2 für verfallen erklärt werden; die Anordnung von Wertersatzverfall ist insoweit nicht ausreichend. Bei mehrfacher, sukzessiver Geldanlage ist eine Abschöpfung in kombinierter Anwendung von § 73 Abs. 2 S. 1 und S. 2 möglich, sofern der letztmalige Wertpapierankauf noch auf das ursprünglich Erlangte zurückverfolgt werden kann und sich das Wertpapier als dessen Surrogat. **Aufwendungen und Belastungen,** die in Zusammenhang mit der Nutzungsziehung entstehen, etwa werterhaltende Maßnahmen bei Vermietung eines Hauses, sind nicht in Abzug zu bringen; denn § 73 Abs. 2 verweist allein auf die gezogenen Nutzungen, nicht auf die entsprechenden zivilrechtlichen Gegenansprüche nach § 102 BGB. Allerdings sind Einnahmen, die von Vornherein nicht als Entgelt für eine Sachnutzung bestimmt sind, von dem Verfall nicht erfasst. So kann in Vermietungsfällen nur die Nettomiete abgeschöpft werden. **Auf die Nutzungen anfallende Steuern** – insbes. Kapitalertrags- bzw. Abgeltungssteuer und Einkommensteuer – sind demgegenüber im Rahmen von § 73c in Abzug zu bringen (→ Rn. 77, → § 73c Rn. 18); nur dann, wenn sie – wie bei einer Abführung als Quellensteuer – die erlangte Nutzung unmittelbar mindern, sind sie bereits bei Ermittlung der Höhe des Nutzungsverfalls zu berücksichtigen. Zur Abgrenzung von abschöpfbaren Nutzungen zu mittelbaren Gewinnen vgl. → Rn. 42.

38   **b) Surrogate (§ 73 Abs. 2 S. 2).** Einen Verfall von Ersatzgegenständen stellt § 73 Abs. 2 S. 2 in das pflichtgemäße **Ermessen** des Gerichts. Dem Tatrichter sollen damit schwierige Ermittlungen erspart werden, ob ein Surrogat und ggf. welches angefallen ist (vgl. LK-StGB/*Schmidt* Rn. 49). Außer aus prozessökonomischen Gründen kann ein Absehen von einem Surrogatverfall gerechtfertigt sein, wenn die Werthaltigkeit und Verwertbarkeit des Ersatzgegenstandes zweifelhaft erscheinen (*Fischer* § 73a Rn. 6; **aA** MüKoStGB/*Joecks* § 73a Rn. 9). **An die Stelle eines nicht ausgesprochenen Surrogatverfalles** tritt obligatorisch der Wertersatzverfall nach § 73a Abs. 1 Alt. 3 (vgl. MüKoStGB/*Joecks* § 73a Rn. 9); es ist dann der Wert des ursprünglich Erlangten vor seinem surrogationsauslösenden Wegfall oder seiner Verschlechterung für verfallen zu erklären. Soweit nur **ein Teil des Erlangten surrogiert** wurde, ist originärer Verfall neben solchem nach § 73 Abs. 2 auszusprechen (s. etwa BGH NStZ-RR 2016, 83); dabei verringert sich die Höhe der Anordnung des originären oder Wertersatzverfalls um den Teil, an dessen Stelle das Surrogat getreten ist.

39   Das Surrogat muss nach dem Wortlaut von § 73 Abs. 2 **aus einem bestimmten Gegenstand (Sache oder Recht) bestehen,** dessen Eigentümer oder Inhaber der Verfallbetroffene geworden ist. Erfasst ist nicht jede Ersetzung des unmittelbar Erlangten, sondern nur ein Ersatz, der hierzu in einer Unmittelbarkeitsbeziehung steht. So unterliegt bei einer **Veräußerung** des Erlangten die aufgrund des schuldrechtlichen Austauschgeschäftes erworbene Gegenleistung, insbes. ein Geldbetrag oder ein Tauschobjekt dem Verfall; umgekehrt zählen Gegenstände, die der Täter **unter Verwendung deliktisch erlangter Geldbeträge erworben** hat, zu Surrogaten nach § 73 Abs. 2 (BGH NStZ-RR 2016, 83). Auch Gegenstände, die mit dem auf diese Weise Erlangten oder im Austausch hierfür erworben werden, unterliegen infolge **sukzessiver Surrogation** dem Verfall. Dagegen ist von § 73 Abs. 2 S. 2 nicht erfasst, wenn der Verfallsbetroffene eine erlangte Sache aufgibt und durch ein gesondertes Erwerbsgeschäft durch eine andere ersetzt (vgl. LK-StGB/*Schmidt* Rn. 45: Ersetzung des als Bestechungslohn erlangten Pkw durch ein größeres Fahrzeug), oder wenn er aus erlangten Geldbeträgen Einkäufe tätigt oder sie in anderer vermögensmehrender Weise einsetzt (→ Rn. 42). Anders verhält es sich nur dann, wenn der Täter dem Verfall unterliegendes Geld einsetzt, das noch nicht infolge Vermischung in seinem Vermögen aufgegangen ist. Verfahrensrechtlich tritt eine Surrogation nach **§ 111l Abs. 1 S. 3 StPO** im Falle des Notverkaufes eines beschlagnahmter oder gepfändeter Vermögenswerte und nach **§ 111c Abs. 6 S. 2 StPO** bei Herausgabe sichergestellter Sachen gegen Erlegung ihres Wertes ein.

40   Bei den von § 73 Abs. 2 S. 2 gleichfalls erfassten **Ersatzansprüchen** kann es sich um Schadensersatzforderungen gegenüber einem Sachbeschädiger oder um Versicherungsansprüche handeln; auch jeder vertragliche erlaubte, bestimmungsgemäße Ge- oder Verbrauch des Gegenstandes, für den der Verfallsbetroffene eine Gegenleistung erhalten hat oder sich hat versprechen lassen, stellt eine von der Vorschrift erfasste Surrogation dar, sofern nicht bereits Nutzungsverfall nach § 73 Abs. 2 S. 2 anzuordnen ist. „Auf Grund eines erlangten Rechts" ist erlangt, was dem Betroffenen aus der **Realisierung des Rechtes** zufließt. Dies betrifft die **Erfüllung von Ansprüchen** oder die Realisierung dinglicher Rechte. Bei einer Anspruchserfüllung durch Überweisung oder Einziehung ist die Kontogutschrift als Surrogat erlangt, die ihrerseits dem Wertersatzverfall unterliegt (s. etwa BGH BeckRS 2015, 13331 Rn. 32; → § 73a Rn. 7). Bewirkt die Erfüllung die Entstehung eines anderweitigen Anspruchs, so bildet dieser das Surrogat; auf das zu seiner Erfüllung Geleistete kann im Wege doppelter Surrogation zugegriffen werden (vgl. BGH BeckRS 2015, 13331 Rn. 31 f.). Gleichfalls erfasst sind Ansprüche aus einer

schuldrechtlichen Surrogation (zB § 285 BGB) oder ein Erwerb infolge dinglicher Surrogation (zB § 949 S. 2, §§ 1048, 1370, 2111 BGB). Im Wege weiteren Surrogationsverfalls kann auch hier auf diejenigen Gegenstände zugegriffen werden, die der Angeklagte aus dem Erlös nach Erfüllung der Ersatzforderung oder durch ihre Veräußerung erworben hat (→ Rn. 40).

Keinen Fall der Surrogation, sondern des Wertersatzverfalls nach § 73a S. 1 Alt. 2 bildet die **Ver-** 41 **mischung von erlangtem Bargeld** mit anderen Geldmünzen oder -scheinen des Verfallsbetroffenen. Soweit der Verfallsbetroffene erlangte Geldbeträge **auf ein eigenes Konto eingezahlt** hat, ist zwar der Auszahlungsanspruch gegenüber der Bank an die Stelle des ursprünglich Erlangten getreten; auch in diesem Fall wird allerdings regelmäßig Wertersatzverfall nach § 73a anzuordnen sein (→ Rn. 19 f.). Bei einem **nicht genau feststellbaren** Ersatz für das usprünglich Erlangte wird im Zweifel gleichfalls auf Wertersatzverfall zu erkennen sein. Zu Nutzungen aus Surrogaten → Rn. 37.

c) Mittelbare Gewinne. Lediglich mittelbare Gewinne scheiden aus dem Anwendungsbereich von 42 § 73 aus. Hat der Angeklagte das ursprünglich Erlangte durch wirtschaftlichen Einsatz vermehrt, kommt es daher darauf an, ob ein Gewinn nach dem gewöhnlichen Verlauf noch erwartet werden konnte. So unterfallen Erträge aus Aktienankäufen noch dem Nutzungsbegriff, nicht dagegen solche aus hochspekulativen Geschäften oder Glücksspielgewinne (BGH NStZ 1996, 332). Hier überwiegt bei wertender Betrachtung die persönliche Investitionsentscheidung des Angeklagten, durch die sich das Erlangte nicht mehr unmittelbar der Tat zuordnen lässt. Dementsprechend unterliegt dem Verfall auch kein Vermögenszuwachs, der auf persönlichen Einsatz des Angeklagten zurückgeht, etwa bei Investitionen in ein von ihm geführtes Unternehmen (vgl. LK-StGB/*Schmidt* Rn. 44; MüKoStGB/*Joecks* Rn. 58). Hiervon zu trennen ist die Frage, ob bei einer Geldwäschevortat die Erträge unmittelbarer Vermögensvorteil einer Geldwäsche (§ 261) sein können.

III. Verfallsbetroffene (§ 73 Abs. 1 S. 1, Abs. 3, Abs. 4)

1. Tatbeteiligte (Abs. 1 S. 1). Primärer Adressat der Verfallsanordnung nach § 73 Abs. 1 und Abs. 2 43 ist derjenige Tatbeteiligte der Bezugstat, der das vermögensmehrende „Etwas" selbst erlangt hat. Zwischen Täterschaft und Teilnahme unterscheidet § 73 Abs. 1 nicht.

Bei mehreren Tatbeteiligten ist ein **kumulativer Zugriff** möglich und geboten, sofern sie jeweils die 44 Verfügungsgewalt über das Erlangte erlangt haben. Sie haften – auch untereinander (§ 426 BGB) – **nur dann als Gesamtschuldner, soweit sie zu einem bestimmten Zeitpunkt gemeinsam Mitverfügungsgewalt** über den – originär oder seinem Wert nach – für verfallen erklärten Gegenstand oder Geldbetrag hatten (BGHSt 56, 39 = BGH NJW 2011, 624; BGH NStZ 2014, 32 (33); BGH wistra 2011, 113; BGH NStZ 2008, 623; 2007, 121; Vorbehalte noch bei BGH NJW 2012, 92; gegen Annahme von Gesamtschuld generell *Spillecke* NStZ 2010, 569; s. auch → Rn. 29); die Gesamtschuld sollte in diesem (Ausnahme-)Fall klarstellend tenoriert, jedenfalls aber in den Urteilsgründen zum Ausdruck gebracht werden (vgl. BGH NStZ-RR 2011, 343). Die Mitverfügungsgewalt muss nicht unmittelbar aus der Tat entstanden sein (so aber die BGHSt 56, 39 = BGH NJW 2011, 624 zugrundeliegende Fallgestaltung; s. aber BGH NJW 2012, 92); die nachträgliche gemeinsame Erlangung – zB über einen anderen Beteiligten – reicht aus. Eine sukzessive Erlangung des identischen Gegenstandes oder nur wirtschaftliche Identität des Erlangten führt dagegen nicht zur Gesamtschuld. In einer **Handelskette** kann daher auf den Erlös für denselben Gegenstand gegenüber den Beteiligten auf den unterschiedlichen Stufen zugegriffen werden, auch wenn er zur Refinanzierung des jeweiligen Erwerbs eingesetzt wurde. So „ist jeder Täter, jeder Teilnehmer einer Handelskette, in der ein und dieselbe Menge an Betäubungsmitteln mehrfach umgesetzt und der entsprechende Kaufpreis jeweils bezahlt und vom Verkäufer im Sinne von § 73 Abs. 1 S. 1 erlangt wird, für sich zu betrachten und allein daran zu messen, was er konkret erhalten hat (…). Bei einer Handelskette kann deshalb die Summe der Beträge, hinsichtlich derer gegen die verschiedenen Händler der Verfall angeordnet wurde, den maximalen Handelspreis um ein mehrfaches übersteigen. Dies dann über das Rechtsinstitut der Gesamtschuldnerschaft zu begrenzen und auszugleichen, widerspräche dem Zweck des Verfalls" (BGHSt 51, 65 (71 f.) = BGH NJW 2006, 2500 (2502)). Diese Grundsätze gelten auch bei jeder anderen **Weiterleitung des Erlangten** an Tatbeteiligte, die den betreffenden Gegenstand dadurch nacheinander erlangen (s. etwa BGH NJW 2012, 92).

2. Drittbegünstigte (Abs. 3). a) Allgemeines. § 73 Abs. 3 erlaubt eine Verfallsanordnung auch 45 gegenüber tatunbeteiligten Dritten, sofern der Tatbeteiligte für ihn gehandelt und der Dritte hierdurch etwas erlangt hat. Die Möglichkeit eines derartigen Verfallsdurchgriffs ist von praktischer Bedeutung insbes. in den **Bereichen der Wirtschafts- und Verbandskriminalität** sowie **des organisierten Verbrechens,** in denen Vermögensvorteile regelmäßig bei Hintermännern oder Unternehmen anfallen oder zur Verschleierung über Dritte, insbes. Scheinfirmen verschoben werden (zB BGH NStZ 2014, 32), so dass ein Bedürfnis nach einer Gewinnabschöpfung über den unmittelbar Tatbeteiligten hinaus besteht (vgl. LK-StGB/*Schmidt* Rn. 50). Auch für den Verfall zu Lasten Drittbegünstigter gilt das **Bruttoprinzip,** das sich insbes. in Vertretungsfällen auswirkt, in denen der Tatbeteiligte für den Dritten wirtschaftlich tätig geworden ist, etwa einen Austauschvertrag abgeschlossen hat (vgl. BGHSt 47, 369 = BGH NJW 2002, 3339 (3340 f.); BGHSt 52, 227 (247) = BGH NStZ 2009, 275; 2011, 83 (85); BGH wistra 2004, 465). Der Verfall erlangt hier präventive Wirkung auch insoweit, als der Drittbegünstigte sich nicht darauf verlassen kann, dass ein strafbewehrtes Handeln der für ihn tätigen Personen wirtschaftlich folgenlos bleibt, so dass ein Anreiz zur Einrichtung von Kontrollmechanismen besteht (vgl. BGH NStZ-RR 2004, 214). § 73 Abs. 3 **setzt nicht voraus, dass ein primärer Zugriff** gem. § 73 Abs. 1 **gegenüber dem Tatbeteiligen ausgeschlossen ist** (BGHSt 45, 235 (246)); ein Verfall kann daher auch kumulativ gegenüber dem Täter und dem Dritten angeordnet werden (→ Rn. 30; vgl. BGH wistra 2014, 47 (insoweit in BGH NStZ 2014, 32 nicht abgedr.)). Im Falle **mehrfacher Weiterleitung** („Ketten-Verschiebung") kann auch insoweit eine kumulative Verfallsanordnung ergehen; nach BGHSt 52, 227 (248) = BGH NStZ 2009, 275 (278) soll dabei auch die Abschöpfung eines Betrages in Betracht kommen, der über das von den Erstbegünstigten Erlangte hinausgeht. Sofern die Drittbegünstigten sich durch die Weiterleitung ihrerseits nicht strafbar gemacht haben, haften sie dann allerdings – anders als Tatbeteiligte – untereinander gesamtschuldnerisch (vgl. BGH wistra 2014, 192 (193)).

46   § 73 Abs. 3 steht hinsichtlich Art und Umfang der Verfallsanordnung dem originären Verfall nach § 73 Abs. 1 S. 1 gleich. Der Drittzugriff bezieht sich insbes. auch auf Nutzungen und Surrogaten (§ 73 Abs. 2), erlaubt einen Wertersatzverfall nach § 73a und steht unter dem Vorbehalt vorrangiger Drittansprüche nach § 73 Abs. 1 S. 2 (BGHSt 52, 227 = BGH NStZ 2009, 275 (276); 2001, 257 (258); BGH wistra 2010, 406 für Steueransprüche). Der Zugriff ist grds. **unabhängig von einem Verschulden** des betroffenen Dritten (→ Rn. 53).

47   **b) Dritter.** „Anderer" iSv § 73 Abs. 3 kann **jede natürliche oder juristische Person** oder eine Personenvereinigung sein, soweit sie Träger von Rechten und Pflichten sein kann (BGHSt 47, 369 (373) = NJW 2002, 3339; MüKoStGB/*Joecks* Rn. 64), mithin auch eine GbR (Fischer Rn. 29; *Kiethe/ Hohmann* NStZ 2003, 505 (508); **aA** LK-StGB/*Schmidt* Rn. 51). Ob der Dritte hinsichtlich des Tatbestandes der Anlasstat oder ihrer Rechtswidrigkeit **gut- oder bösgläubig** war, ist ohne Belang. Auch ein schuldhaftes Handeln ist nicht erforderlich (BGHSt 47, 369 (375) = BGH NJW 2002, 3339). § 73 Abs. 3 erlaubt daher auch die Inanspruchnahme solcher Dritter, die undolos durch die Tat begünstigt wurden; in diesen Fällen ist allerdings die Anwendung von § 73c Abs. 1 S. 1 zu prüfen. Ist der Hintermann selbst – etwa als mittelbarer Täter – an der Tat beteiligt, richtet sich die Anordnung unmittelbar nach § 73 Abs. 1; gleiches gilt, wenn der Dritte sich im Zusammenwirken mit der Entgegennahme des Erlangten anderweitig strafbar macht. Bei wirtschaftlicher Identität des Täters mit dem begünstigten Dritten, zB einer nur formal existenten Gesellschaft, kommt eine Verfallsanordnung unmittelbar zu Lasten des Täters nach § 73 Abs. 1 in Betracht (→ Rn. 31).

48   **c) Zurechnung („für einen anderen gehandelt").** § 73 Abs. 3 erfasst **nicht jede Zuwendung des Tatbeteiligten an einen Dritten,** die aus dem Erlangten bestritten wird. So sind etwa Erwerbsgeschäfte des täglichen Lebens (vgl. etwa MüKoStGB/*Joecks* Rn. 65: Brötchenkauf aus Tatbeute) kein Fall eines abschöpfbaren Dritterwerbs. Der Beteiligte muss vielmehr für den Dritten gehandelt, dieser infolge der Tat einen Vermögensvorteil erlangt haben. Dies trifft jedenfalls dann zu, wenn sich der Dritterwerb als **Teil der rechtswidrigen Anlasstat** darstellt, die Tat insbes. auf eine Drittbegünstigung ausgerichtet war (Fischer Rn. 31). Umfasst sind damit alle Fälle einer Drittzueignung oder Drittbereicherung im Rahmen von Eigentums- und Vermögensdelikten, ferner die Zuwendung von Bestechungsentgelt an einen vom Bestochenen bezeichneten Dritten (vgl. MüKoStGB/*Joecks* Rn. 66). § 73 Abs. 3 erfasst weiterhin die Fälle des **§ 14,** in denen der Tatbeteiligte infolge eines organschaftlichen Handelns oder einer rechtsgeschäftlichen Stellvertretung nach §§ 164 ff. BGB das Erlangte seinem Geschäftsherrn zuwendet. Hat der Dritte den Vorteil andererseits unabhängig von der Tat im Wege eines **unbemakelten Erwerbsvorganges** von einem anderen erlangt, der seinerseits nicht Beteiligter der Anlasstat, sondern selbst „Anderer" iSv § 73 Abs. 3 ist, kann der Verfall nicht angeordnet werden (BGH NStZ 2001, 257 (258): Erbfolge nach einem verfallsbetroffenen Dritten).

49   Die Behandlung der verbleibenden Fallgestaltungen, insbes. die Weitergabe des Erlangten aufgrund vermittelnder Rechtsgeschäfte wird in der **Literatur** uneinheitlich beurteilt (vgl. zusammenfassend MüKoStGB/*Joecks* Rn. 67 ff.; s. auch BGHSt 45, 235 (241 f.) = BGH NJW 2000, 297 (298 f.)); vertreten wird etwa, als Differenzierungskriterium die Einflussmöglichkeiten des Dritten auf die Tat heranzuziehen (vgl. Schönke/Schröder/*Eser* Rn. 37), einen engen Unmittelbarkeitszusammenhang vorauszusetzen, der einen Zugriff bei einem zwischengeschalteten Vertragsschluss ausschließt (vgl. Fischer Rn. 38; LK-StGB/*Schäfer* (10. Aufl.) Rn. 41; vgl. auch *Franzheim* wistra 1989, 87), eine fremdnützige Willensrichtung des Tatbeteiligten zu fordern (SK-StGB/*Horn* (Voraufl.) Rn. 14) oder ein Handeln im objektiven Interesse des Dritten ausreichen zu lassen (Lackner/Kühl/*Heger* Rn. 9).

50   In der **Rspr. des BGH** hat die Vorschrift erst allmählich eine Konturierung erfahren. So ist in mehreren Einzelfallentscheidungen zunächst auf das Erfordernis einer Unmittelbarkeit des Vermögensvorteils abgestellt worden (vgl. BGH NJW 1991, 367 (371) (insoweit in BGHSt 37, 191 nicht abgedr.); BGH NStZ-RR 1997, 262; vgl. auch OLG Düsseldorf NJW 1979, 992). Soweit hiernach jeder Fall eines unmittelbaren Zuflusses von Vermögensvorteilen unter willentlicher Fremdbereicherung von § 73 Abs. 3 erfasst sein soll, ist dies zur Bestimmung des Anwendungsbereiches indes überholt. In einer **Grundsatzentscheidung (BGHSt 45, 235 = BGH NJW 2000, 297)** hat der BGH dann ausgehend von der Entstehungsgeschichte der Vorschrift (BGHSt 45, 235 (237 f.) unter Bezug auf BR-Drs. 200/62;

BT-Drs. 5/4095, Sonderausschuss Prot. V, 543 ff., 1015 ff.) eine nähere Eingrenzung vorgenommen und sich leitlinienhaft an den Voraussetzungen einer zivilrechtlichen Durchgriffskondiktion nach § 822 BGB orientiert. Danach kommt es auf einen **Bereicherungszusammenhang** an, nicht jedoch auf eine Unmittelbarkeit im Sinne einer Handlungsidentität von Tat und Zuwendung, an der es bei Wirtschafts- und Umweltdelikten, auf die die Vorschrift nach ihrem Zweck vorrangig abzielt, wegen des typischer- weise mehraktigen Umsatzes regelmäßig fehlt. Demnach **hindern zwischengeschaltete Geschäfte den Verfallsdurchgriff grds. nicht;** erforderlich ist insbes. nicht, dass der Vermögensvorteil dem Dritten unmittelbar aus der abgeurteilten Straftat zufließt (BGHSt 45, 235 (246) = BGH NJW 2009, 297; BGH wistra 2014, 219 (222); *Engländer* NStZ 2014, 33). Anders als bei § 822 BGB bildet es auch keine Voraussetzung für den Durchgriffsverfall, dass eine Verfallsanordnung gegenüber dem primär begünstigten Tatbeteiligten ausgeschlossen ist (BGHSt 45, 235 (245); → Rn. 45).

Zu einer praktischen Handhabbarkeit führt allerdings erst die Konkretisierung der abstrakten Ab- **50a** grenzungskriterien anhand typischer Fallgestaltungen des Vorteilserwerbs. Der **BGH unterscheidet insoweit drei Fallgruppen** (BGHSt 45, 235 = BGH NJW 2000, 297; BGH wistra 214, 219 (221 ff.); s. auch BGH NStZ 2011, 83 (85 f.)):

(1) Ein Durchgriffsverfall nach § 73 Abs. 3 ist möglich in **Vertretungsfällen,** zu denen das Handeln **51** des Tatbeteiligten **als Organ, Vertreter oder Beauftragter iSv § 14** zählt (Vertretungsfälle im engeren Sinne; BGHSt 45, 235 (245) = BGH NJW 2000, 297 (299); BGH NStZ 2011, 83 (85); BGH BeckRS 2015, 13331, Rn. 27). Wie bereits zuvor in der Rspr. anerkannt (BGH NJW 1991, 367 (371)), kommt darüber hinaus auch ein nur **faktisches Handeln des Tatbeteiligten für den Dritten** in Betracht, ohne dass eine rechtlich wirksame Vertretung besteht. Der Handelnde muss die Vertretung auch nicht nach außen kundgetan haben oder in fremdem Namen aufgetreten sein. Es reicht aus, wenn er bei oder jedenfalls im Zusammenhang mit der rechtswidrigen Tat faktisch im Interesse des Dritten gehandelt hat (BGH NStZ 2014, 89 (93) (insoweit in BGHSt 59, 45 nicht abgedr.); BGH BeckRS 2014, 04053 Rn. 36 = BGH wistra 2014, 219 (222); BGH BeckRS 2015, 00938 Rn. 31) Zu Vertretungsfällen in einem solch weiteren Sinne gehört jede **Tätigkeit als Angehöriger einer Organisation im Organi- sationsinteresse.** Dies ist zB bei dem Angestellten eines Unternehmens der Fall, der zugunsten des gutgläubigen Inhabers eine Steuerhinterziehung begeht, Bestechungsgelder ausreicht oder Rechts- geschäfte unter Verstoß gegen das AWG tätigt (vgl. BGH wistra 2004, 465), aber auch bei Angehörigen einer kriminellen Organisation, die für andere, tatunbeteiligte Angehörige handeln (BGHSt 45, 235 (245) = BGH NJW 2000, 297 (299); vgl. auch BGH NStZ-RR 1997, 262: Sammelaktion zugunsten der PKK). Auf eine Kenntnis des Dritten kommt es nicht an; die Gutgläubigkeit wird jedoch § 73c zu prüfen sein (BGH wistra 2004, 465 (466)). Vertretungsfälle sind insbes. angenommen worden bei Zuwiderhandlungen gegen das AWG (Embargoverstöße) seitens Angestellter des begünstigten exportie- renden Unternehmens (BGHSt 47, 369 (377) = BGH NJW 2002, 3339 (3341); BGH wistra 2004, 465 (466)) oder bei Verstößen gegen das UWG (BGHSt 52, 277 = BGH NStZ 2009, 275 (277)). Die Stellung des Handelnden als Organ oder Organisationsangehöriger rechtfertigt für sich genommen dagegen noch nicht den Durchgriff (BGH NStZ 2014, 89 (94)).

(2) § 73 Abs. 3 findet weiterhin Anwendung in sog **Verschiebungsfällen,** in denen der Tatbeteiligte **52** dem Dritten Tatvorteile im eigenen Interesse **unentgeltlich oder aufgrund eines bemakelten Rechtsgeschäftes** zukommen lässt, um sie dem Zugriff der Geschädigten zu entziehen oder die Tat zu verschleiern (BGHSt 45, 235 (246) = BGH NJW 2000, 297 (300); BGH NStZ 2014, 89 (94); BeckRS 2014, 11495 = BGH wistra 2014, 219 (222); BGH wistra 2013, 474 (insoweit in BGH NStZ 2014, 32 nicht abgedr.); BGH wistra 2012, 264; BGH NStZ 2011, 83 (85 f.); vgl. bereits BGH NJW 1991, 367 (371); OLG Düsseldorf NJW 1979, 992). Der Täter muss dabei nicht im Einflussbereich des Dritten stehen. Gleichgültig ist auch, ob der Täter die Verschiebung primär im Drittinteresse vornimmt, oder ob – wie regelmäßig – sein eigenes Interesse an der Beutesicherung im Vordergrund steht und das Interesse des Dritten nur faktisch hinzutritt (BGHSt 45, 235 (245) = BGH NJW 2000, 297 (300); BGH BeckRS 2014, 11495). Hierunter fallen Zuwendungen an **zu Beutesicherungszwecken betriebenen Gesell- schaften** (vgl. etwa BGH NStZ 2014, 32; KG BeckRS 2016, 09292), aber auch **Zuwendungen im innerfamiliären Bereich,** etwa die Weiterleitung des Erlangten auf das Konto eines Familienangehöri- gen, Umlenkungen von Tatvorteilen an die Ehefrau aufgrund eines Scheinvertrages (vgl. BGH 9.9.2014 – 4 StR 200/14), den Erwerb von Luxusgeschenken oder Investitionen in gemeinsame Sachwerte, etwa ein Familienheim, mit Mitteln aus der Tat (vgl. BGH NStZ-RR 2007, 109; andererseits BGH NStZ 2007, 12 (ErmRi): kein Handeln im Unterhaltsinteresse mangels zeitl. Zusammenhangs). Ein Ver- schiebungsfall durch unentgeltliche Weiterleitung von Tatvorteilen an den **Ehepartner** liegt auch bei sog unbenannten Zuwendungen vor (BGH BeckRS 2014, 11495 = BGH wistra 2014, 219 (223) unter Bezug auf BGHZ 142, 300 = BGH NJW 2000, 134), nicht aber bei Erfüllung einer ehevertraglichen Verpflichtung aus der Zeit vor der Tat und ohne Bezug zu ihr (BGH BeckRS 2014, 11495; dann Erfüllungsfall → Rn. 53).

Ein Durchgriffsverfall kommt in Verschiebungsfällen auch dann in Betracht, wenn das Erlangte vor **52a** der Weiterleitung **mit legalem Vermögen vermischt** worden ist, oder wenn es lediglich **aus erspar- ten Aufwendungen besteht** (vgl. BGH NStZ 2014, 89 (94) (insoweit in BGHSt 59, 45 nicht abgedr.); BGH BeckRS 2014, 11495 = BGH wistra 2014, 219 (222)). Nahe liegen kann auch eine **eigene**

Strafbarkeit des Dritten nach § 261 – insbes. Abs. 5 der Vorschrift – mit der Folge einer unmittelbaren Zugriffsmöglichkeit nach § 73 Abs. 1; allerdings muss dann auch eine Verurteilung des Dritten
wegen einer derartigen Tat erfolgt sein. In Verschiebungsfällen ist zudem zu prüfen, ob der Tatbeteiligte
sich nicht selbst eine **Mitverfügungsgewalt an dem drittzugeleiteten Vermögenswert** vorbehalten
hat, zB in Form einer Kontovollmacht; in diesem Fall kann nach §§ 73 Abs. 1 S. 1, 73a unmittelbar
gegen den Täter vorgegangen werden (so wohl BGH (ErmRi) NStZ 2006, 266 f.). Um einen Ver-
schiebungsfall anzunehmen, muss der Tatrichter die Motivlage der Beteiligten hinreichend feststellen
(BGH wistra 2012, 264).

53   (3) Keine Verfallanordnung zu Lasten des Dritten kann im sog **Erfüllungsfall** ergehen; ein solcher
liegt vor, wenn der Tatbeteiligte **einem gutgläubigen Dritten Tatvorteile in Erfüllung einer nicht
bemakelten entgeltlichen Forderung zuwendet,** die nach ihrer Entstehung und ihrem Inhalt in
keinem Zusammenhang mit der Anlasstat steht (BGHSt 45, 235 (247) = BGH NJW 2000, 297 (300);
BGH NStZ 2011, 83 (86); BGH BeckRS 2014, 11495). Auch wenn der Tatbeteiligte bei der Tat faktisch
im Interesse des Dritten handelt – etwa dann, wenn er von diesem zur Erfüllung gedrängt wird und er
sich erst hierdurch zu der Tat veranlasst sieht –, hat der Dritte den Vorteil nicht durch die Tat erlangt.
Ebensowenig ist ein Durchgriff allein dadurch eröffnet, dass der Täter die Forderung des Dritten deshalb
erfüllt, um sich auf diesem Wege die Tatvorteile dauerhaft zu sichern (vgl. BGH BeckRS 2014, 11495).
Das von der Tat unabhängige Rechtsgeschäft bildet insoweit eine Zäsur, das den Zugriff im Wege des
Verfalls hindert. Der **gute Glaube des Dritten** bezieht sich auf den Zeitpunkt der Forderungsent-
stehung; dass der Dritte – erst – bei Erfüllung damit rechnet oder weiß, mit Mitteln aus einer Straftat
befriedigt zu werden, ist dagegen ohne Belang (BGH BeckRS 2014, 11495 = BGH wistra 2014, 223 f.).
Allerdings kann die Vorstellung des Dritten beim Empfang auch hier (s. bereits → Rn. 52a) dazu führen,
dass der Dritte sich einer zumindest leichtfertig begangenen Geldwäsche (§ 261 Abs. 5) schuldig
gemacht hat und ihm gegenüber unmittelbar Verfall angeordnet werden kann (BGH BeckRS 2014,
11495). Auch wird in den Erfüllungsfällen ein Verfall gegenüber dem zuwendenden Tatbeteiligten selbst
zumindest dadurch in Betracht kommen, dass dieser – bei unmittelbarer Durchreichung ohne Eigenerwerb primär, sonst als fortbestehendem Wert in seinem Vermögen – die Befreiung von der Verbindlichkeit gegenüber dem Dritten erlangt hat.

54   **d) Verfahrensrechtliche Bestimmungen.** § 73 Abs. 3 wird – auch im Hinblick auf Art. 103 Abs. 1
GG – flankiert von den Verfahrensbestimmungen der **§§ 442, 430 ff. StPO,** wonach der Dritte als
Verfallsbeteiligter am Strafverfahren zu beteiligen ist. Zu den Kosten vgl. § 472b StPO.

55   **3. Verfall bei Rechten Dritter (Abs. 4). a) Zweck und Anwendungsbereich.** § 73 Abs. 4
erweitert den Kreis der Verfallsbetroffenen über den von Abs. 1 und Abs. 3 erfassten Vorteilsempfänger
hinaus. Die Vorschrift trägt dem Umstand Rechnung, dass der Tatbeteiligte oder ein Drittbegünstigter
wegen **zivilrechtlicher Unwirksamkeit (§§ 134, 138 BGB) des dinglichen Erwerbsgeschäftes**
häufig kein Eigentum erlangen oder nicht Rechtsinhaber werden kann (→ Rn. 19 f.), obwohl ein
solcher Erwerb seitens des Zuwendenden beabsichtigt ist (vgl. Prot. V/1018, 3258). In derartigen Fällen
oder solchen, in denen ein Rechtsübergang nicht eindeutig festgestellt werden kann, würden die
Verfallswirkungen nach § 73e Abs. 1 ins Leere gehen, da ein Rechtsübergang auf den Staat nur zu Lasten
des Verfallsbetroffenen erfolgen kann, während anderweitige Rechte unberührt bleiben. § 73 Abs. 4 hält
den Dritten in Fällen, in denen der Vorteil tatbezogen gewährt wurde, daher an seiner Zuwendungs-
absicht fest, indem der Dritte verfallsrechtlich so **behandelt wird, als ob die gewollte Rechtswirkung eingetreten ist** (vgl. LK-StGB/*Schmidt* Rn. 66). Auf den zivilrechtlichen Rechtsübergang
kommt es demnach nicht an.

56   Praktisch wirkt die Vorschrift häufig als **Beweiserleichterung.** Sofern der Tatrichter festzustellen
vermag, dass der Vorteil für die Tat oder sonst in Kenntnis der Tatumstände gewährt wurde, ist er von
der Notwendigkeit enthoben, die zivilrechtlichen Rechtsverhältnisse zu klären. Er kann dann offen
lassen, ob das Recht von dem gewährenden Dritten auf den Empfänger übergegangen ist (vgl. BGHSt
36, 251 (253); Schönke/Schröder/*Eser* Rn. 43). Soweit der Dritte **selbst Beteiligter der Tat** ist,
insbesondere Anstifter und mittelbarer Täter, kann ein Verfall unmittelbar auf Grundlage von § 73
Abs. 1 ergehen; eine Anordnung über § 73 Abs. 4 ist in dem Fall, dass gegen den Dritten strafrechtlich
nicht vorgegangen wird oder werden kann – etwa bei Einstellung des Verfahrens, unbekanntem Aufenthalt oder unbekannter Identität des Dritten – aber nicht gehindert. Hat der Verfallsbetroffene das
seitens des Dritten Erlangte in einem weiteren, wirksamen Erwerbsgeschäft umgesetzt und der Dritte
sein Recht verloren, scheidet eine Anordnung nach Abs. 4 aus (→ Rn. 20).

57   **b) Voraussetzungen und Verfahren. „Für die Tat"** ist zu verstehen wie in Abs. 1 (→ Rn. 32 f.).
„Kenntnis der Tatumstände" hat der Dritte jedenfalls dann, wenn er um die Tatbegehung weiß; dies
ist bei verbotenen Geschäften regelmäßig anzunehmen. Ausreichend ist bedingter Vorsatz; eine auch
grobe Fahrlässigkeit reicht nicht (vgl. MüKoStGB/*Joecks* Rn. 85). Abschöpfbar ist allerdings **nur der
Vermögensvorteil, der seitens des Dritten „gewährt"** werden sollte. § 73 Abs. 4 gestattet keinen
Verfall von Vermögensgegenständen, deren Übertragung seitens des Zuwendenden und des Empfängers
nicht beabsichtigt worden war, sondern überwindet nur die zivilrechtliche Unwirksamkeit des Erwerbs-

vorganges. Hat der Dritte dem Tatbeteiligten eine Sache geliehen, kann nicht das Dritteigentum daran für verfallen erklärt werden (Fischer Rn. 39; LK-StGB/*Schmidt* Rn. 67 f.; str.). Die entgegenstehende Auffassung (Schönke/Schröder/*Eser* Rn. 39), die in § 73 Abs. 4 einen Parallelfall zur strafähnlichen Dritteinziehung nach § 74a sieht, ist mit dem Abschöpfungszweck des Verfalls nicht zu vereinbaren. In dem Fall, dass der Tatbeteiligte dem Dritten **das Erlangte zurückgewährt** (vgl. Schönke/Schröder/ *Eser* Rn. 40; *Rengier* JR 1985, 249 (250); *Wallschläger,* Die strafrechtlichen Verfallsvorschriften, 2002, 110) wird zutreffenderweise kein Zugriff auf den ursprünglichen Verfallsgegenstand möglich sein. Denn dieser ist verfallsrechtlich betrachtet zwar zunächst im Vollrecht auf den Tatbeteiligten übergegangen; die Rückgewährung führt aber nur zur Anwendung von § 73a, ggf. auch § 73c, ohne dass § 73 Abs. 4 hierfür Folgen zu entnehmen wären (vgl. MüKoStGB/*Joecks* Rn. 86 f.).

Von § 73 Abs. 4 umfasst sind zB Fälle einer Vorteilsgewährung im Rahmen einer straflosen Nachtat **58** oder einer einfachen Bestechung (vgl. Schönke/Schröder/*Eser* Rn. 41); aber auch Betäubungsmittel-geschäfte bei unklaren Erwerbsvorgängen (vgl. BGH BeckRS 2001, 00799) Der Dritte ist nach Maßgabe der **§§ 442 Abs. 1, 432 StPO** am Verfahren zu beteiligten. Die **Verfallsanordnung** ergeht aber nicht ihm, sondern dem Empfänger gegenüber (Fischer Rn. 39); dabei kann es sich auch um einen verfalls-beteiligten Dritten nach § 73 Abs. 3 handeln.

IV. Ausschluss durch Rechte Dritter (Abs. 1 S. 2)

1. Zweck und Anwendungsbereich. § 73 Abs. 1 S. 2 räumt den Individualansprüchen des aus **59** einer Straftat Verletzten den Vorrang vor einer Abschöpfung des illegitim Erlangten zugunsten der Staatskasse ein. Die Vorschrift dient dem doppelten Zweck, das **Interesse des Geschädigten zu wahren** und die Erfüllung seiner Ersatzansprüche zu gewährleisten, sowie den Täter vor einer **zweifachen Inanspruchnahme** durch den Staat und den Geschädigten zu bewahren (vgl. BGH NStZ 2003, 423; BGH wistra 2001, 295 (297); vgl. *Rönnau* StV 2003, 581). Der Ausschluss bezieht sich **nur auf einen Verfall hinsichtlich solcher Gegenstände, die der Tatbeteiligte aus der Tat** erlangt hat (→ Rn. 32); was er *für die Tat* erhalten hat, kann unbeschadet dritter Rückforderungs- oder Ersatz-ansprüche für verfallen erklärt werden (BGH NJW 2014, 401 (404); 2013, 950 (951); BGH wistra 2013, 347 (350); BGH NJW 2012, 2051; BGH NStZ-RR 2011, 283; BGH NStZ 2011, 229). Der An-spruchsvorrang nach Abs. 1 S. 2 gilt **für alle Verfallsarten und -gegenstände,** insbesondere auch hinsichtlich eines Verfalls **gegenüber einem Drittbegünstigten** gem. § 73 Abs. 3 (BGHSt 52, 227 = BGH NStZ 2009, 275 (276); 2011, 83 (86); BGH NStZ-RR 2007, 109 (110)) sowie seit Neufassung von § 73d durch Gesetz vom 24.10.2006 (BGBl. I 2350, in Kraft seit 1.1.2007) **auch für den erweiterten Verfall** (→ § 73d Rn. 33). § 73 Abs. 1 S. 2 kann bei Konkurrenz von Verfall und **Einziehung,** die Anordnung der Einziehung hindern (BGH wistra 2010, 264).

Die Ansprüche des Verletzten sind gem. § 111b Abs. 5 StPO prozessual flankiert durch die Berechti- **60** gung zur Sicherstellung von Gegenständen, hinsichtlich derer die Anordnung des Verfalls nach § 73 Abs. 1 S. 2 voraussichtlich ausscheidet (sog **Rückgewinnungshilfe,** vgl. *Schmid/Winter* NStZ 2002, 8 (10)). Den materiell-rechtlichen Verfall darf das Tatgericht dagegen nicht zu dem Zweck anordnen, um hierdurch Ansprüche von Verletzten sichern und eine nachträgliche Verteilung zu ihren Gunsten ver-anlassen zu können (BGH NStZ 2006, 621). Auch der neu eingeführte Auffangrechtserwerb des Staates (§ 111i StPO; → Rn. 61) wirkt nur verfahrensrechtlich und hat auf den materiellrechtlichen Verfalls-ausschluss keine Auswirkungen.

§ 73 Abs. 1 S. 2 hat bei Verletzung individualschützender Strafnormen in der Praxis häufig dazu **61** geführt, dass trotz fehlenden tatsächlichen Zugriffs Dritter auf das Erlangte von einer Verfallsanordnung abgesehen werden musste (vgl. BGHSt 45, 235 (245) = BGH NJW 2000, 297 (300): „Totengräber des Verfalls“) und der Taterlös im Vermögen des Angeklagten verblieben ist oder nach ursprünglicher Sicherstellung wieder an ihn herausgegeben werden musste (vgl. Nr. 75 RiStBV). Dies betraf ins-besondere solche Fälle, in denen der Geschädigte nicht ermittelt werden konnten, oder in denen er seine Ansprüche nicht geltend gemacht hatte, weil er das an den Täter verlorene Vermögen seinerseits – etwa als Schwarzgeld – deliktisch erlangt hatte und selbst eine Strafverfolgung befürchtete, oder weil er bei relativ geringen Verlusten den Verfahrensaufwand scheute. Besonders in Fällen mit einer Vielzahl Geschädigter hat dies zu einer Privilegierung des Täters geführt (vgl. Fischer Rn. 18; *Bohne/Boxleitner* NStZ 2007, 552). Mit § 111i StPO ist nunmehr – anwendbar auf nach dem 1.1.2007 begangene Taten (BGH NJW 2013, 950 (951); wistra 2009, 241; 2014, 310) – ein **Auffangrechtserwerb des Staates** eingeführt worden für den Fall, dass Geschädigte ihre Ansprüche innerhalb einer dreijährigen Frist nicht geltend machen. Der Tatrichter hat hierfür allerdings nicht nur sämtliche tatbestandliche Voraussetzun-gen des Verfalls zu prüfen (vgl. BGH NStZ 2010, 390 (394)), sondern darüber hinaus umfangreiche Feststellungen im Urteil zu treffen und im Tenor auszusprechen, dass eine Verfallsanordnung wegen näher bezeichneten Drittansprüchen unterblieben ist (§ 111i Abs. 2 StPO; vgl. zB die Tenorierung bei BGH BeckRS 2009, 86136). Aus diesem Grund und wegen des hohen Aufwandes für die Ermittlungs-behörden wird die Neuregelung in ihrer Wirksamkeit kritisch beurteilt (vgl. *Bohne/Boxleitner* NStZ 2007, 552; s. auch *Kiethe/Groeschke/Hohmann* wistra 2003, 92). Zur Anwendbarkeit der Regelung auf Altfälle vgl. BGH NJW 2008, 1093; BGH wistra 2008, 193. Nach dem **Referentenentwurf** zur

Reform der strafrechtlichen Vermögensabschöpfung (→ Rn. 6b) soll § 73 Abs. 1 S. 2 gestrichen und Ansprüche Tatgeschädigter im Vollstreckungsverfahren befriedigt werden.

62   **2. Drittanspruch. a) Rechtlicher Bestand.** Ausreichend – aber auch erforderlich – ist die **rechtliche Existenz** eines Drittanspruches; auf seine Geltendmachung kommt es nicht an (BGH NStZ 2011, 83 (86); 2006, 621 (622); BGH wistra 2002, 57; BGH NStZ 2001, 257 (258); 1996, 332; 1984, 409; LK-StGB/*Schmidt* Rn. 39; **aA** OLG München NStZ 2004, 443 (444); Schönke/Schröder/*Eser* Rn. 26; *Kiethe/Hohmann* NStZ 2003, 505 (510); *Brettschneider* wistra 2006, 461). Insbes. ermöglichen eine – auch längerfristige – tatsächliche Untätigkeit des Dritten und die fehlende Erwartung künftiger Geltendmachung der Ansprüche eine Verfallanordnung nicht (BGH NStZ 2011, 83 (86); BGH NStZ-RR 2007, 110; MüKoStGB/*Joecks* Rn. 44, 49; **aA** OLG München NStZ 2004, 443; → Rn. 63). So ist Abs. 1 S. 2 auch dann anzuwenden, wenn der (bekannte) Verletzte, der von dem laufenden Verfahren und der Sicherstellung der Tatbeute weiß, über einen längeren Zeitraum keine Anstalten trifft, seine Ansprüche gegen den Täter geltend zu machen (BGHSt 52, 227 = BGH NStZ 2009, 275 (276); ausführlich unter Bezug auf die Entstehungsgeschichte BGH NStZ 2006, 621 (622)). Dass die Person des Verletzten namentlich nicht bekannt, sein Aufenthalt nicht ermittelbar oder eine unbekannte Vielzahl von Personen geschädigt worden ist, behindert die Anwendung von § 73 Abs. 1 S. 2 gleichfalls nicht (BGHSt 52, 227 = BGH NStZ 2009, 275 (276); BGH NStZ-RR 2007, 110; BGH NStZ 2006, 621 (622); MüKoStGB/*Joecks* Rn. 55; **aA** Schönke/Schröder/*Eser* Rn. 26).

63   Anders liegt es dann, wenn der Geschädigte **auf seinen Anspruch verzichtet,** so dass dem Angeklagten keine doppelte Inanspruchnahme droht und dem Geschädigten durch den Verfall keine Ersatzmöglichkeit entzogen wird; ein Verfall ist dann von § 73 Abs. 1 S. 2 nicht gehindert (BGH NStZ 2011, 83 (86f.); 2006, 621; BGH NStZ-RR 2004, 54 (55); BGH BeckRS 2004, 05411 Rn. 18 (insoweit in BGH NStZ 2005, 213 nicht abgedr.); Fischer Rn. 19). Hierfür sind der Abschluss und die Feststellung eines zivilrechtlichen Erlassvertrages nicht erforderlich (BGH NStZ 2006, 621 (622); BGH NStZ-RR 2004, 54 (55)); es reicht etwa aus, dass der Geschädigte – ggf. auch konkludent (offen gelassen von BGH NStZ 2006, 621 (622), vgl. hiergegen Fischer Rn. 19) – bekundet, nicht gegen den Angeklagten vorgehen zu wollen (vgl. BGH BeckRS 2004, 05411: der Angeklagte habe „korrekt" abgerechnet und sich „ordentlich" verhalten), da einer Geltendmachung in diesem Fall zumindest der Verwirkungseinwand entgegengehalten werden könnte. Andererseits reicht eine bloße Untätigkeit der Geschädigten für die Annahme eines Verzichtswillens auch dann nicht aus, wenn er Kenntnis von den Ansprüchen hat (BGH NStZ-RR 2007, 110; BGH NStZ 2006, 621 (622); **aA** OLG München NStZ 2004, 443 (444)). Anderes wird sich nur unter den Voraussetzungen zivilrechtlicher Verwirkung annehmen lassen, mithin bei Hinzutritt eines über die Untätigkeit hinausreichenden Umstandsmomentes. Soweit sich der Verletzte unter Verzicht auf seine Ansprüche **im Wege eines Vergleichs** mit dem Tatbeteiligten geeinigt hat, kommt ein Verfall gleichwohl in Betracht, soweit der Verfallsbetroffene aus der Tat einen die Vergleichssumme übersteigenden Wert erlangt hat; die Vergleichsparteien können hierüber nicht mit verfallsausschließender Wirkung disponieren (BGH NStZ 2011, 83 (86f.); Fischer Rn. 23). Dagegen ist § 73 Abs. 1 S. 2 anzuwenden, soweit im Vergleichswege nur ein Teilverzicht auf den Drittanspruch erklärt wurde; in dem hiernach fortbestehenden Umfang schließt der Anspruch einen Verfall aus (OLG Zweibrücken NStZ 2002, 254 (256); LK-StGB/*Schmidt* Rn. 36; MüKoStGB/*Joecks* Rn. 48, 54).

63a   Hat der Verfallsbetroffene die Drittansprüche bereits ganz oder teilweise **erfüllt,** hindert § 73 Abs. 1 S. 2 insoweit einen Verfall nicht (§ 362 Abs. 1 BGB; BGH NStZ 2011, 83 (87)); die Leistung kann sich aber nach § 73c oder im Strafausspruch auswirken Bei Erfüllung durch einen Dritten kommt es darauf an, ob der Anspruch hierdurch erlischt oder ein Forderungsübergang auf den Dritten stattfindet. Wichtigster Fall ist die Versicherungsleistung: Wird der **Verletzte durch eine Versicherung entschädigt,** und geht der gegen den Täter gerichtete Ersatzanspruch gem. § 86 Abs. 1 VVG auf die Versicherung über, bleibt Abs. 1 S. 2 anwendbar (BGH NStZ 2010, 693 (694) aE; BGH NStZ 2009, 145 (146); OLG Düsseldorf NStZ 1986, 222; MüKoStGB/*Joecks* Rn. 54); Gleiches gilt für einen **Forderungsübergang auf leistende Sozialversicherungsträger** (§ 116 Abs. 1 S. 1, § 19 Abs. 1 S. 1 SGB X). Bei **Leistung eines Mittäters** findet Abs. 1 S. 2 trotz § 426 Abs. 2 BGB keine Anwendung, denn ein Tatbeteiligter ist hiervon nicht privilegiert (OLG Karlsruhe NJW 2005, 1815). Bei **teilweiser Rückerlangung von Diebesgut** – mithin der Erfüllung hieraus gerichteter Ansprüche – ist ein Wertersatz- oder Surrogatverfall an dem von dem Täter erzielten Erlös nur im Hinblick auf die verbleibenden Ansprüche des Verletzten gehindert (BGH NStZ 2010, 693; → Rn. 70a),

64   § 73 Abs. 1 S. 2 verhält sich im Übrigen **zivilrechtsakzessorisch.** Der Tatrichter hat daher zu prüfen, ob Ansprüche entstanden und durchsetzbar sind. Er muss dabei die Wirksamkeit von mit den Geschädigten geschlossenen Verträgen beurteilen (vgl. etwa BGH BeckRS 2004, 05411 zur Prostitutionsausübung), den Gegenstand des Drittanspruches prüfen (vgl. BGH NStZ 2014, 397 zu Ansprüchen des Geschäftsherrn gegen Schmiergeld bei Taten nach § 299 Abs. 1) und mögliche Einwendungen gegen die Ansprüche berücksichtigen. Im Falle von nicht wirksam entstandenen, untergegangenen oder nicht durchsetzbaren Ansprüchen greift § 73 Abs. 1 S. 2 nicht ein. Dies gilt insbes. für eine mögliche **Verjährung** der Drittansprüche, ohne dass hierfür die Verjährungseinrede seitens des Angeklagten erhoben

worden sein muss (vgl. BGHSt 52, 227 = BGH NStZ 2009, 275 (276); 2011, 83 (86); 2006, 621 (623); **aA** OLG Zweibrücken NStZ 2002, 254 (256)). § 73 Abs. 1 S. 2 gilt auch bei einer **Abtretung** des Drittanspruchs oder einem Forderungsübergang infolge Legalzession, insbesondere auf eine leistende Versicherung gem. § 86 VVG (OLG Düsseldorf NStZ 1986, 222; LK-StGB/*Schmidt* Rn. 36; **aA** Schönke/Schröder/*Eser* Rn. 25; s. auch → Rn. 63), denn der Verfallsausschluss setzt nicht voraus, dass der Verletzte die Forderung noch innehat, sondern dass sie ihm ursprünglich aus der Tat entstanden ist. Denn § 73 Abs. 1 S. 2 erfasst nach seinem Schutzzweck den wirtschaftlichen Wert des Anspruches, über den der Verletzte verfügen kann. Dagegen hindert eine Erfüllung des Anspruches und sein Erlöschen nach § 362 Abs. 1 BGB nach dem Zweck von Abs. 1 S. 2 eine Verfallanordnung (→ Rn. 63).

Soweit der **Verfall zu Lasten eines Drittbegünstigten gem. § 73 Abs. 3** auszusprechen wäre,   **65** kommt gleichfalls eine Anwendung von § 73 Abs. 1 S. 2 in Betracht (BGHSt 52, 227 = BGH NStZ 2009, 275 (276); 2011, 83 (86); BGH NStZ-RR 2007, 109). Ansprüche des Verletzten müssen sich dann aber unmittelbar gegen den Dritten richten (vgl. BGH NStZ-RR 2007, 109 (110)); Ersatzansprüche gegen den Tatbeteiligten als unmittelbaren Schädiger reichen nicht aus. Zu denken ist insoweit an dingliche Herausgabe- oder bereicherungsrechtliche Durchgriffsansprüche, oder an Rückforderungsansprüche aufgrund insolvenzrechtlicher Anfechtungsvorschriften.

§ 73 Abs. 1 S. 2 setzt den **eindeutigen Beleg von Ansprüchen** des Verletzten voraus (BGH NStZ-   **66** RR 2004, 242 (244); missverständlich BGH NStZ 2011, 83 (86)). Damit soll ausgeschlossen werden, dass der Angeklagte ein grds. verfallbares, nicht sicher den Ansprüchen Dritter ausgesetztes Erlangtes behalten kann. Die Anspruchsvoraussetzungen müssen im tatrichterlichen Urteil daher festgestellt sein, sofern sie sich nicht aus der festgestellten Anlasstat von selbst ergeben. Der **Zweifelssatz** gilt insoweit nicht (vgl. BGH NStZ-RR 2004, 242 (244)). Allerdings erlaubt **§ 73b** eine Schätzung der Höhe des Drittanspruches. Bei Anlasstaten, bei denen dritte Ansprüche auf der Hand liegen, insbes. Eigentums- und Vermögensdelikten, bedarf ihre Existenz und rechtliche Herleitung keiner näheren Darlegung (vgl. BGH NStZ 2006, 621 (622 f.); BGH BeckRS 2006, 09664).

b) Anspruchsarten. § 73 Abs. 1 S. 2 lassen sich keine Beschränkungen hinsichtlich der Art und der   **67** Rechtsgrundlage der vorrangigen Ansprüche entnehmen (vgl. BGH NStZ 2001, 155 (156)). Als Ansprüche kommen daher nicht nur deliktische Schadensersatzansprüche (§§ 823 ff. BGB, insbes. auch § 826 BGB, vgl. BGH NStZ 2010, 326; 2011, 83 (86)), sondern **Forderungen aller Art** in Betracht (LK-StGB/*Schmidt* Rn. 41; Fischer Rn. 20). Geschützt sind daher sindvertragliche Schadensersatz- oder Erfüllungsansprüche, etwa auf eine ausstehende Gegenleistung bei einem Eingehungsbetrug, quasivertragliche Ansprüche (§ 311 Abs. 2 BGB) und solche aus Geschäftsführung ohne Auftrag (§§ 687, 667 BGB; zu Schmiergeldern vgl. BGH NStZ 2014, 397; BGH wistra 2008, 262; BGH NStZ-RR 2007, 109 (110)) oder aus ungerechtfertigter Bereicherung (§§ 812 ff. BGB). Bei bereicherungsrechtlichen Ansprüchen ist allerdings zu beachten, ob ein **Ausschluss nach § 814 BGB oder § 817 S. 2 BGB** eingreift (vgl. Fischer Rn. 20; MüKoStGB/*Joecks* Rn. 48). Dem Verfall entgegenstehende Ansprüche können auch solche des Urheberrechts (§ 97 UrhG), des Markenrechts (§ 14 MarkenG) oder des Patentrechts (§ 139 PatG) sein. Zu Ansprüchen auf Grundlage des UWG vgl. BGHSt 52, 227 = BGH NStZ 2009, 275 (276). Der Gegenstand des Anspruches ist – soweit die vorausgesetzte Anbindung an die Anlasstat besteht – unerheblich; in Betracht kommen daher Schadensersatzansprüche auf Naturalrestitution oder Geldleistung, schuldrechtliche oder dingliche Herausgabeansprüche, nicht aber Ansprüche auf Zahlung von Schmerzensgeld, da hiermit kein aus der Tat „Erlangtes" korrespondieren kann (OLG Zweibrücken NStZ 2002, 254 (256); SK-StGB/*Wolters/Horn* Rn. 18; MüKoStGB/*Joecks* Rn. 45; **aA** SSW StGB/*Burghart* Rn. 36). Ist der Anspruch infolge der Tat nicht in Person des unmittelbar Verletzten, sondern **in Person Dritter entstanden** (§ 844 BGB) oder auf einen Dritten übergegangen (§ 116 Abs. 1 S. 1, § 119 Abs. 1 S. 1 SGB X), wirkt dies ebenfalls verfallsausschließend, soweit dem Dritten durch die Tat ein Nachteil entstanden ist, zu dessen Ausgleich der Ersatzanspruch dient (SSW StGB/*Burghart* Rn. 35).

c) Tatzusammenhang. Der Anspruch muss nach dem Wortlaut von § 73 Abs. 1 S. 2 „aus der Tat   **68** erwachsen" und darauf gerichtet sein, dem Täter die erlangten Vorteile ganz oder teilweise zu entziehen. Hieraus wurde überwiegend gefolgert, dass nach Herkunft und Inhalt des Anspruches ein enger Tatzusammenhang dergestalt bestehen müsse, dass sich der Drittanspruch als **Korrelat des aus der Tat Erlangten** darstellt und auf seine Restitution im weitesten Sinne gerichtet ist. Der BGH (BGHSt 58, 152 = BGH NJW 2013, 950 (5. StrS); ähnlich bereits BGH NStZ 2010, 326) hat dies dahingehend erweitert, dass eine **über den Schaden vermittelte Kausalität zwischen Tat und Anspruch** ausreicht; maßgeblich ist danach, ob der Schaden und der daraus folgende Ersatzanspruch auf die Tathandlung zurückgehen: „Für die Anwendung des § 73 Abs. 1 S. 2 StGB ist (…) der **historische Sachverhalt** entscheidend, aus dem der Ersatzanspruch ergibt, und nicht das Schutzgut des verletzten Strafgesetzes (…). Ist durch eine Handlung, die zugleich strafrechtlich relevant ist, ein anderer geschädigt worden, geht dieser als Verletzter gem. § 73 Abs. 1 S. 2 StGB vor".

BGHSt 58, 152 lag der Sachverhalt zugrunde, dass der Angekl als Betreiber eines Entsorgungsunternehmens   **68a** Abfalldeponien mit nicht genehmigten, zT gefährlichen Abfallmaterialien verfüllte (§ 326). Er hatte für die Entsorgung der Abfälle von Müllunternehmern Entgelte erhalten; durch die unsachgemäße Verfüllung entstand den betroffenen Gemeinden andererseits ein erheblicher Schaden in Form der erforderlichen Deponiesanierung. – Die Entscheidung hat vor allem Bedeutung hinsichtlich einer Einbeziehung von allgemeinschützenden Vorschriften in den Geltungsbereich von Abs. 1 S. 2 (→ Rn. 71a). Denn auch nach bisherigem Maßstab müsste man den eingetretenen Schaden mit dem Erlangten als ausreichend zusammenhängend betrachten; denn das Entgelt erhielt – und Kosten ersparte (*Bittmann* wistra 2013, 309) – der Angekl im Hinblick auf eine ordnungsgemäße Entsorgung, für die nun die geschädigten Gemeinden Sorge müssen.

69 Im Regelfall knüpft die Entstehung des Anspruches unmittelbar an die Verwirklichung des Straftatbestands selbst an; der Anspruch dient dann der **Rückerlangung von durch die Straftat verlorenen Vermögensbestandteilen** (vgl. BGH NStZ 2001, 155 (156 f.); OLG Zweibrücken NStZ 2002, 254 (255); *Käbsch* wistra 1984, 10 (14)). Es sind dies Ansprüche auf Rückerstattung des von dem Tatbeteiligten oder Dritten (§ 73 Abs. 3) gegenständlich erlangten Vermögensvorteils, auf einen seinem Wert entsprechenden Ersatz oder auf eine entsprechende Abschöpfung; insoweit betreffen Drittansprüche typischerweise etwa die Herausgabe des Diebesgutes oder unterschlagener Sachen, oder den Ausgleich von Vermögensschäden, die infolge eines Betrugs oder einer Untreue entstanden sind. Der Anspruchsgegenstand braucht mit dem straftatbestandlichen **Vermögensschaden** allerdings nicht kongruent zu sein (BGH NStZ 2011, 83 (86) für § 826 BGB unter Verweis auf BGHZ 160, 149; BGH NJW 2005, 2450), noch muss dem Dritten überhaupt eine feststellbare Vermögenseinbuße entstanden sein. Es reicht aus, wenn das Erlangte **nach zivilrechtlichem Maßstab nicht dem Täter, sondern dem Dritten zuzuordnen ist** und daher von diesem **abgeschöpft** werden kann (vgl. BGH NStZ 2014, 397; wistra 2008, 262 für Ansprüche des Unternehmers auf Herausgabe von Schmiergeldern nach §§ 687, 667 BGB).

69a Der Anspruch muss **nicht notwendigerweise durch die Straftat entstanden** sein, sondern kann **bereits vor der strafbaren Handlung bestanden** und den Gegenstand der Straftat gebildet haben. Dies betrifft va Steuerhinterziehungen, aber auch solche Vermögensdelikte, bei denen das Tatopfer daran gehindert wird, seine bestehenden zivilrechtlichen Ansprüche geltend zu machen (BGH NStZ 2001, 155 (157); BayObLG wistra 2000, 395 (397); LG Berlin NStZ 1991, 437 mAnm *Meurer* NStZ 1991, 438). Unerheblich ist gleichfalls, dass der Anspruch erst durch die **nachträgliche Ausübung zivilrechtlicher Gestaltungsrechte** (Anfechtung, Widerruf oder Rücktritt) entstanden ist, sofern das Gestaltungsrecht selbst auf die Tat zurückgeht. So handelt es sich im Falle eines betrügerischen Vertragsschlusses bei Rückforderungsansprüchen infolge einer Anfechtung gemäß § 123 BGB fraglos um solche nach Abs. 1 S. 2. Sonstige Ansprüche eines Dritten, deren Erfüllung dem Täter oder Teilnehmer den Wert des aus der Tat Erlangten entziehen würde, ohne dass ein Zusammenhang zwischen der Straftat und dem Anspruch besteht, sind dagegen von § 73 Abs. 1 S. 2 nicht umfasst (BGH NStZ 2001, 155 (156 f.)). Daher ist **nicht jeder Drittanspruch** dinglicher oder schuldrechtlicher Art aus einer Verwendung des Erlangten, etwa seiner Veräußerung, der sich auf den erworbenen Gegenstand richtet, ein solcher iSv § 73 Abs. 1 S. 2.

70 § 73 Abs. 1 S. 2 erfasst auch die in Abs. 2 S. 2 genannten, an die Stelle der unmittelbar erlangten Vorteile tretenden **Nutzungen und Surrogate** (BGH NStZ 2010, 693 (694)). Zu berücksichtigen sind damit insbes. Ansprüche auf die von den Angeklagten durch eine Weiterveräußerung des Erlangten erzielten Veräußerungsgewinne. Soweit der Angeklagte mit dem Taterlös Hehlerware erwirbt, stehen den Verletzten, denen die gehehlten Gegenstände gebühren, hieran vorrangige Ersatzansprüche zu, soweit eine Verurteilung nach § 259 StGB erfolgt ist (vgl. BGH BeckRS 2002, 02455); es liegt dann bzgl. der Hehlerei allerdings idR ein originärer Erwerb nach § 73 Abs. 1 vor.

70a Die Verfallssperre für Surrogate tritt jedenfalls dann ein, wenn sich ein **Drittanspruch auch oder gerade auf das Surrogat** richtet (zB §§ 285, 818 BGB). Darüber hinaus greift sie auch dann ein, wenn der Dritte hinsichtlich des konkret surrogierten Verfallsgegenstandes schon kompensiert ist, aber **aufgrund der Tat noch anderweitige Ansprüche** bestehen. Der BGH hat dies für den Fall angenommen, dass der Dieb einen Teil der Tatbeute weiterveräußert und der bestohlene Eigentümer diesen Teil zurückerlangt; ein Verfall des Veräußerungserlöses soll von Abs. 1 S. 2 im Hinblick auf die fortbestehenden Ersatzansprüche aus dem Rest des Diebesgutes gehindert sein (BGH NStZ 2010, 693). Bei isolierter Betrachtung des über § 73 Abs. 2 Erlangten ist dies systematisch nur schwer zu rechtfertigen, denn dem Dritten wird losgelöst vom Gegenstand seines Anspruches letztlich ein Haftungszugriff auf das allgemeine Vermögen des Täter eröffnet, obwohl das Erlangte allein den veräußerten Gegenständen zuzuordnen war. Der Entscheidung gebühret gleichwohl Zustimmung. Denn bei einer erforderlichen Gesamtbetrachtung hat der Täter aus der abgeurteilten prozessualen Tat den gesamten Beutewert erlangt; deswegen kann er § 73a kann er im Umfang seines korrespondierenden Anspruchs **auf das Tätervermögen insgesamt Zugriff nehmen,** ohne dass hiervon bestimmte Gegenstände auszusondern wären, nur weil sie sich als Ersatz für einen bereits kompensierten Beuteanteil darstellen. Bestätigt wird dies dadurch, dass statt Surrogatverfall im Hinblick auf den veräußerten Teil von Vornherein insgesamt Wertersatzverfall (vgl. 73a Abs. 1 Alt. 3; → Rn. 38; → § 73a Rn. 13) angeordnet werden könnte mit der Folge, dass sich die Frage der Zuordnung eines bestimmten Teilerlöses nicht stellt.

71 **3. Verletzter. a) Grundsatz.** „Verletzter" ist der durch die rechtswidrige Tat Geschädigte; dabei kann es sich um **natürliche oder juristische Personen sowie Personenvereinigungen** handeln, die Träger von Rechten und Pflichten sein können (zB BGH NStZ 2001, 257 (für GmbH)). Im Falle des geschädigten Gesamthandvermögens einer **oHG oder KG** sind Verletzte allerdings deren Gesellschafter

(BGH NStZ 2013, 38). Verletzt ist auch der **Insolvenzverwalter** einer geschädigten Gesellschaft sein (vgl. OLG Celle NStZ-RR 2008, 44; str., **aA** OLG Frankfurt a. M. NStZ-RR 2006, 242; *Hansen/Greier* NStZ 2007, 587, aber der herangezogene § 77 verfolgt einen anderen Zweck als § 73 Abs. 1 S. 2) und der **Rechtsnachfolger des Geschädigten** (OLG Stuttgart NStZ-RR 1999, 383; Fischer Rn. 21), gleichgültig ob es sich um Gesamtrechtsnachfolge handelt oder allein der Anspruch durch Abtretung oder Legalzession übergegangen ist (→ Rn. 63 f.).

Verletzt iSv § 73 Abs. 1 S. 2 ist nach bisher hM nur derjenige, dessen **Individualinteressen durch 71a das verletzte Strafgesetz geschützt** werden; bei Verletzung von Allgemeinrechtsgütern, etwa bei Straftaten nach dem 1. bis 8. Abschnitt des Besonderen Teils, bei Umweltdelikten (vgl. *Kiethe/Hohmann* NStZ 2003, 505 (509)) oder Taten nach dem KWKG (vgl. BGH NJW 1989, 2139). kommt eine Anwendung von Abs. 1 S. 2 daher nicht in Betracht (BGH NStZ 2000, 589 (590); 1999, 560; s. auch LG Augsburg NStZ 2005, 109; Schönke/Schröder/Eser Rn. 26; *Gaßmann* wistra 2004, 41; *Satzger* wistra 2003, 401). Hiervon ist neuerdings **BGHSt 58, 152** (= BGH NJW 2013, 950 (5. StrS); zust. *Mahler* ZWH 2013, 190) abgegangen und nimmt eine Verfallsperre nach § 73 Abs. 1 S. 2 **auch bei ausschließlich die Allgemeinheit schützenden Vorschriften** an, in casu bei Umweltstraftaten nach § 326. Maßgeblich sollen danach allein Kausalitätsgesichtspunkte auf Grundlage des Tatgeschehens sein („historischer Sachverhalt"; → Rn. 68 f.), nicht aber das Schutzgut des verletzten Straftatbestandes. Ob die Strafverfolgung auf derartige Taten unter Ausklammerung individualschützender Delikte nach §§ 154, 154a StPO beschränkt wurde, sei folglich unerheblich.

Dies erscheint indes zweifelhaft. Zutreffend ist zwar, dass es auch bei Verletzung von Allgemeinrechtsgütern zu **71b** materiellen Individualschäden kommen kann. Die Begriffe des „Verletzten" und der „Tat" im Sinne von Abs. 1 S. 2 sind aber strafrechtliche, die **nach strafrechtlicher Betrachtungsweise auszulegen** sind, dennes geht um die Zuordnung deliktischer erlangter Vermögenswerte. Bezweckt eine Strafnorm und demzufolge auch eine Verurteilung nach ihr den alleinigen Schutz von Allgemeinrechtsgütern, so können durch die Tat auch nur diese Rechtsgüter in rechtserheblicher Weise verletzt sein; ein überschießender Individualschutz auf Rechtsfolgenseite nach § 73 Abs. 1 S. 2 wäre sachfremd (vgl. *Bittmann* wistra 2013, 309; s. auch den Konnex von Strafrecht und zivilrechtlicher Haftung in § 823 Abs. 2 S. 1 BGB). Da die Entscheidung des 5. StrS. sich auch gegen die std Rspr. anderer StrS des BGH stellt (vgl. BGHSt 53, 179 = BGH NJW 2009, 2073; BGH wistra 2010, 439; BGH NStZ 2000, 589; 1999, 560; BGH NJW 1989, 2139), bleibt abzuwarten, ob sie sich durchsetzt.

b) Einzelfälle. Nach dem Wortlaut von § 73 Abs. 1 S. 2 sind nicht nur Privatpersonen geschützt, **72** sondern grds. auch **öffentlich-rechtliche Vermögensträger,** sofern sie eigenständige öffentlich-rechtliche Ansprüche hat, welche eine Kompensation ihrer verletzten Interessen gewährleisten sollen (BGHSt 53, 179 = NJW 2009, 2073). Hierunter fallen insbes. **Ansprüche des Steuerfiskus** im Falle von **Steuerdelikten,** hinter die der Justizfiskus zurückzustehen hat (BGH wistra 2015, 29 (33); 2010, 406; BGH NStZ-RR 2007, 237 (238); BGH NStZ 2001, 155; 2003, 423; **aA** SK-StGB/*Wolters/Horn* Rn. 17a; *Brenner* DRiZ 1977, 203 (204)); denn die zugrunde liegenden Straftatbestände schützen allein das Fiskalinteresse des Staates. Dabei ist ausreichend, dass die Straftat den Steueranspruch zum Gegenstand hat. Nicht erforderlich ist, dass die Straftat den Grund für die Entstehung des Steueranspruches bildet. Vorgehende steuerliche Ansprüche können auch an Bestechungsgeldern bestehen; § 73 Abs. 1 S. 2 sperrt den Verfall dann aber nur in Höhe der auf die Bestechungszahlungen entfallenden Einkommensteuer (BGH NStZ-RR 2004, 242 (244)). Bei Anordnung von Verfall gegenüber Drittbegünstigten (§ 73 Abs. 3) kommt es darauf an, ob auch der Drittbegünstigte auf die von dem Täter verkürzten Steuern haftet; ist dies – wie regelmäßig– nicht der Fall, ist ein Durchgriffsverfall zu Lasten des Dritten nicht gehindert (BGH wistra 2010, 406). Einer Verfallerklärung von eingesetztem, nicht mehr sicherzustellendem **Scheinkaufgeld** polizeilicher Ermittler steht Abs. 1 S. 2 nicht entgegen, da der öffentlichen Hand insoweit keine eigenständigen Ersatzansprüche zur Verfügung stehen (BGHSt 53, 179 = NJW 2009, 2073 m. abl. Anm. *Stiebig* JR 2010, 35).

Im Fall der **Bestechung oder Vorteilsannahme** (§§ 332, 331) bestehen **regelmäßig keine vor- 73 rangigen Ansprüche des Dienstherren** auf das erlangte Bestechungsgeld, denn der Dienstherr ist – anders als der Geschäftsherr im privaten Berich bei Taten nach § 299 Abs. 1 (→ Rn. 74) – nicht „Verletzter" im Sinne von § 73 Abs. 1 S. 2. Da das Schutzgut der Straftatbestände nicht in einem Vermögensinteresse der Anstellungskörperschaft besteht, sondern im Vertrauen der Allgemeinheit in die Lauterkeit des öffentlichen Dienstes, erleidet er durch die Tat als solche keinen Vermögensnachteil (BGH wistra 2010, 439 (440) unter Bezug auf BGHSt 30, 46 (47 f.)). Zudem ist der Bestechungslohn idR „für" die Tat und nicht „aus" ihr erlangt, so dass eine Anwendung von Abs. 1 S. 2 auch aus diesem Grund ausscheidet (BGH wistra 2010, 439). Dies gilt für Beamte wie Angestellte des Öffentlichen Dienstes gleichermaßen (BGHSt 30, 46 (48 f.) = BGH NJW 1981, 1457; BGH wistra 1999, 464; BGH NStZ 2000, 589 (590)). Schließlich fehlt es – anders als im privaten Arbeitsrecht – idR auch an einem konkurrierenden Anspruch auf Herausgabe des Bestechungslohnes (BGHSt 30, 46 (47 f.) = BGH NJW 1981, 1457; BGH NStZ 2000, 589 (590); BGH NStZ-RR 2004, 242 (244); mAnm *Odenthal* wistra 2004, 472; BGH NStZ 1999, 560). So führt der Bestochene unter keinem denkbaren Gesichtspunkt ein Geschäft seines Dienstherren (BGH NStZ 2000, 589 (590); s. auch BVerwGE 115, 389 = BVerwG NJW 2002, 1968). Der – einschlägige – Herausgabeanspruch nach § 71 Abs. 2 BBG iVm § 812 BGB ist nach der ausdrücklichen Anordnung in § 71 Abs. 2 S. 1 BBG gegenüber einer strafrechtlichen Verfallanordnung subsidiär. Eventuelle Schadensersatzansprüche – etwa aus § 75 Abs. 1 BBG – richten sich regelmäßig nicht auf das Bestechungsgeld. Eine **Ausnahme** besteht für den Fall, dass dem Vermögenszuwachs beim Täter ein Schaden des Dienstherrn aus der Verletzung der Dienstpflicht in der Weise spiegelbildlich gegenübersteht, weil dem Dritten Vorteile aus dem Vermögen des Dienstherrn verschafft werden, die dessen Aufwendungen für den Bestechungslohn kompensieren (BGH wistra 2010, 439 (440); 2001, 295; BGH NStZ 2003, 423; vgl. auch BGH StV 2007, 358 (359)). Dies ist etwa dann angenommen worden, wenn der bestochene Angeklagte im Rahmen einer öffentlichen Ausschreibung eine Preisgestaltung bewirkt hat, die über eine Mehrvergütung einen entsprechenden Schmiergeldanteil mit abdeckt (BGH wistra 2001, 295 (297); s. auch BGH wistra 2010, 439 (440)), oder wenn ein für Betreuung von Liegenschaften zuständiger Amtsträger gegen Schmiergelder auf die Vereinbarung eines Pacht- oder Mietzinses verzichtet (BGH NStZ 2003, 423). Das Bestechungsgeld ist in diesen Fällen aus der Tat erlangt, entspricht einem Mindestschaden des Dienstherrn und ist nach § 73 Abs. 1 S. 2 seinem Zugriff vorbehalten. Dies gilt insbes. dann, wenn die Verurteilung wegen Bestechung in Tateinheit mit einem Vermögensdelikt, insbes. Untreue erfolgt ist (vgl. BGH NJW 2009, 3248 (3252); s. auch BGH wistra 2010, 439 für den Fall der Einstellung des Untreuevorwurfs nach § 154 StPO). Stammt das Bestechungsgeld dagegen nicht aus Vorteilen, die dem Dritten infolge der Tat entstanden und letztlich dem Vermögen des Dienstherrn zuzuordnen sind, sondern aus anderen Quellen (vgl. BGH wistra 2010, 439: schwarze Kassen), scheidet eine Anwendung von Abs. 1 S. 2 aus. Gleiches gilt in Zweifelsfällen, in denen sich die Herkunft des Bestechungslohns nicht aufklären lässt; denn der vorrangige Anspruch des Dienstherrn muss feststehen (→ Rn. 66). Ist nicht sicher feststellbar, ob der Angeklagte seinem Dienstherrn einen Schaden zugefügt hat, und scheidet deshalb eine Verurteilung wegen eines Vermögensdeliktes aus, kann daher auch nicht im Wege einer doppelten Anwendung des Zweifelssatzes die Existenz eines verfallsausschließenden Anspruches unterstellt werden (BGH NStZ-RR 2004, 242 (244)). Zu abgepressten Bestechungen vgl. BGHSt 33, 37 = BGH NJW 1985, 752 (753).

74   Im Fall einer **Bestechlichkeit im geschäftlichen Verkehr** (§ 299) kommen regelmäßig vorrangige vertragliche oder deliktische Schadensersatzansprüche des Arbeitgebers des Bestochenen oder solche nach §§ 687, 681, 667 BGB in Betracht (vgl. BGH NStZ 2014, 397; BGH wistra 2008, 262; BGH NStZ-RR 2007, 109). Denn § 299 schützt neben der Lauterkeit des Geschäftsverkehrs auch Individualinteressen der Wettbewerber und des Geschäftsherrn (BGHSt 31, 20 = BGH NJW 1983, 1919); dass sich die durch die Tat bezweckte Willensbeeinflussung zum Nachteil des letzteren ausgewirkt hat (vgl. BGH NStZ 2014, 307; LK-StGB/*Tiedemann* § 299 Rn. 6; vorausgesetzt auch von BGH NStZ-RR 2007, 109). Bei einer manipulativen Auftragsvergabe, die sich zugleich als Untreue gegenüber dem Auftraggeber darstellt, können dessen Ersatzansprüche daher den Verfall des – nach der Rspr. allein erlangten (→ Rn. 25) – Auftragswertes beim Auftragnehmer hindern (BGHSt 50, 299 = BGH NJW 2006, 925 (930); BGH BeckRS 2006, 08963; anders noch BGHZ 39, 1 = BGH NJW 1963, 649 aus der Zeit vor der allgemeinen Vorrangregel des § 73 Abs. 1 S. 2). Ansprüche nach **§ 10 UWG** hindern eine Verfallsanordnung nach § 73 Abs. 1 S. 2 nicht, da der hiernach abzuschöpfende Gewinn nicht dem Verletzten zugute kommt; allerdings können bei Verletzung der §§ 16 ff. UWG deliktische Schadensersatzansprüche von Geschädigten in Betracht kommen, soweit sich die Strafvorschriften als Schutzgesetze iSv § 823 Abs. 2 BGB darstellen (vgl. BGHSt 52, 227 = BGH NStZ 2009, 275 (278) für § 16 UWG).

74a   Verletzte iSv § 73 Abs. 1 S. 2 sind auch von Straftaten nach §§ 180a, 181a, 232 betroffene **Prostituierte,** die in ihrem persönlichen und wirtschaftlichen Selbstbestimmungsrecht von den Vorschriften geschützt werden; daher sind deliktische Schadensersatzansprüche (vgl. OLG Zweibrücken NStZ 2002, 254), nach zivilrechtlicher Legalisierung der Prostitutionsausübung durch das ProstG aber auch vertragliche Ansprüche von § 73 Abs. 1 S. 2 umfasst (vgl. BGH NStZ 2003, 533; BGH BeckRS 2004, 10261).

C. Verhältnis zu anderen Vorschriften

I. Strafrecht

75   **1. Strafzumessung.** Der Anordnung des Verfalls kommt – anders als die Einziehung – angesichts seiner Rechtsnatur **kein Einfluss auf die Strafzumessung** zu; dies gilt auch im Hinblick auf § 46 Abs. 1 S. 2 (BGHSt 47, 260 = BGH NJW 2002, 2258; BGH NStZ-RR 2015, 281; BGH NStZ 2011, 83 (87); 2001, 312; BGH NJW 1995, 2235; **aA** MüKoStGB/*Joecks* Rn. 15; Schönke/Schröder/*Eser* Rn. 44). Insbes. bildet die mit der Anwendung des Bruttoprinzipes verbundene Vermögenseinbuße beim Angeklagten keinen Strafmilderungsgrund. Besonderen Härten, die die Maßnahme für sich genommen oder in Zusammenhang mit der zugleich verhängten Strafe als unverhältnismäßig erscheinen lassen könnte, sind durch eine Anwendung von § 73c zu begegnen. Soweit der BGH für den **erweiterten Verfall** nicht ausgeschlossen hat, die Höhe der Strafe und die Anordnung des erweiterten Verfalls aufeinander abzustimmen, wenn wegen der zu erwartenden Wirkungen auf den Angeklagten hierzu besonderer Anlass besteht (BGH NJW 1995, 2235 (2236)), betrifft dies Ausnahmefälle; in erster Linie sind auch hier die Härtevorschriften der §§ 73d Abs. 4, 73c anzuwenden. Im Rahmen der Ermessens-

entscheidung nach § 73c ist der Tatrichter nicht gehindert, Umstände einzubeziehen, die ihrerseits auch als allgemeine Strafmilderungsgründe zu berücksichtigen sind, etwa ein zu einer erheblichen Erhöhung des Verfallsbetrages führendes Geständnis des Angeklagten oder die Auswirkungen des Verfalls auf seine Resozialisierung (vgl. BGHSt 48, 40 = BGH NJW 2003, 300; BGH NStZ 2001, 42).

2. Einziehung. Verfall und Einziehung stehen in einem **Alternativverhältnis.** Maßgeblich ist ihr **76** funktionaler Bezug zur Straftat. Die gleichzeitige Anordnung von Verfall und Einziehung darf sich nicht auf denselben Gegenstand beziehen; Verfall und Einziehung dürfen auch nicht denselben Geldbetrag wirtschaftlich doppelt erfassen (BGHSt 5, 155 (162); 28, 369 = BGH NJW 1979, 1942). Dies gilt insbesondere dann, wenn sich der fragliche Gegenstand sowohl als Tatobjekt iSv § 74 als auch als für die Tat oder aus ihr Erlangtes iSv § 73 darstellt. So kann im Fall einer **Geldwäsche nach § 261** ein der Einziehung unterliegender Beziehungsgegenstand zugleich das aus der Herkunftstat Erlangte iSv § 73 Abs. 1 S. 1 bilden (BGH wistra 2010, 264). **Bei mehreren abgeurteilten Taten** kann sich derselbe Gegenstand als Erlangtes aus der einen Tat und als Tatmittel zur Begehung der anderen erweisen (BGH NStZ-RR 2016, 41: mit Beute erworbenes Fluchtauto). **Stehen dem Verfall Drittansprüche nach § 73 Abs. 1 S. 2 entgegen,** ist die Anordnung der Einziehung grds. gehindert; zumindest muss der Tatrichter bei seiner Ermessensentscheidung, welche Maßnahme er wählt, den Vorrang einer Befriedigung der Tatverletzten berücksichtigen. Die Anordnung der Einziehung wird dabei nur dann in Betracht kommen, wenn die Befriedigung der Geschädigtenansprüche anderweit gesichert oder der Verletzte bereits entschädigt ist (BGH wistra 2010, 264; BGH NStZ-RR 2016, 41; *Barreto da Rosa* NStZ 2012, 419).

Im **Betäubungsmittelstrafrecht** sind zum Erwerb von BtM bereitgehaltenes Geld (vgl. BGH **76a** BeckRS 2003, 05636) oder einem BtM-Kurier überlassene Reisespesen (BGH NStZ-RR 2012, 313; BGHR StGB § 73 Erlangtes 3) als zur Begehung der Tat bestimmte Gegenstände iSv § 74 Abs. 1 einzuziehen und können allenfalls nach bestimmungsgemäßer Verwendung und Besitzwechsel als aus der Tat Erlangtes für verfallen erklärt werden. **Aus der Tat erlangte Betäubungsmittel** unterliegen als Beziehungsgegenstände grds. nur der Einziehung nach **§ 33 Abs. 2 BtMG;** sind sie nicht mehr vorhanden, kommt eine Einziehung – mangels ihrer Voraussetzungen auch eine solche von Wertersatz nach § 74c Abs. 1 – nicht in Betracht (BGH NStZ 2011, 100; 2004, 400; BGH NStZ-RR 2002, 208). Dies gilt dann nicht, wenn feststeht, dass der Betreffende die **BtM konsumiert hat.** In diesem Fall kann **Wertersatzverfall** nach §§ 73, 73a angeordnet werden, da den BtM ein wirtschaftlicher Wert zukam, der Fall daher nicht anders zu bewerten ist, als wenn der Betreffende erlangtes Geld zum Erwerb von BtM eingesetzt hätte (BGHR StGB § 73 Erlangtes 17 = BGH BeckRS 2015, 18052; **aA** OLG Dresden NStZ-RR 2003, 214 (215)). Die Unanwendbarkeit von § 74c sperrt den Wertersatzverfall nach § 73a nicht. Gleiches gilt, wenn die **BtM verkauft wurden** (BGH NStZ-RR 2009, 320). Zudem kommt der Verfall des Kaufpreises beim ursprünglichen Verkäufer im Falle von dessen Verurteilung, anderenfalls im Wege des Drittverfalls (§ 73 Abs. 3) in Betracht. Weder der Einziehung noch dem Verfall unterliegen etwaige ersparte Aufwendungen bei einer Tat nach **§ 170.**

II. Steuerrecht

Für verfallen erklärte Vermögenswerte können **steuermindernd geltend gemacht** werden; ein **77** Abzugsverbot nach § 12 Nr. 4 EStG besteht mangels Strafcharakters der Maßnahme nicht (BGHSt 47, 260 = BGH NJW 2002, 2257 (2258 f.); vgl. auch BGHSt 51, 65 (67)). Soweit der für verfallen erklärte Vermögensvorteil seinerseits als Einnahme bestandskräftig besteuert wurde, muss dies im Rahmen von § 73c StGB Berücksichtigung finden, da ansonsten eine staatliche Doppelbelastung desselben Vermögenswertes – Abschöpfung und Besteuerung – vorläge; dies gilt zumindest dann, wenn die steuermindernden Vorteile die Steuerlast nicht annähernd erreichen (BGHSt 47, 260 = BGH NJW 2002, 2257 (2258 f. f.) unter Bezug auf BVerfGE 81, 228 (241) = BVerfG NJW 1990, 1900 und BVerfG NJW (Kammer) 1996, 2086; BGH NStZ-RR 2004, 214 (215); **aA** obiter BGH wistra 2001, 388 (390)). So sind abgeführte Umsatzsteuern auf erlangte Einnahmen zwingend von dem Verfallsbetrag abzuziehen (BGH NJW 2012, 92 (93 aE)). Ist die Besteuerung noch nicht bestandkräftig erfolgt, muss sie im Strafverfahren dagegen nicht berücksichtigt werden (→ § 73c Rn. 18).

III. Insolvenzrecht

Die **Eröffnung des Insolvenzverfahrens** über das Vermögen der Verfallsbetroffenen hindert die **78** Anordnung des Verfalls nicht. Die aus dem Verfall erwachsende staatliche Forderung ist als Nebenfolge einer Straftat oder Ordnungswidrigkeit **nachrangig gemäß § 39 Abs. 1 Nr. 3 InsO** (vgl. BGHSt 50, 299 (312) = BGH NJW 2006, 925 (930); 52, 277 = BGH NStZ 2009, 275 (278); OLG Schleswig wistra 2001, 312 (313); *Moldenhauer/Momsen* wistra 2001, 456). Der Schutz der Geschädigten ist durch § 73 Abs. 1 S. 2 und die insolvenzrechtlichen Vorschriften daher hinreichend gewahrt. Auch eine Unterbrechung des Strafverfahrens entsprechend § 240 ZPO scheidet aus. Auch eine Feststellung nach **§ 111i Abs. 2 StPO** ist durch die zwischenzeitliche Eröffnung des Insolvenzverfahrens nicht gehindert (BGH NJW 2015, 713). Für den Fall einer der Feststellung vorangehenden Arrestanordnung ist bislang ungeklärt, wie sich eine nachfolgende Insolvenz des Verfallsbetroffenen auf die Anordnung und die Durchsetzung des staatlichen Herausgabe- oder Zahlungsanspruches auswirkt (s. einerseits OLG Nürnberg NZG 2014, 514; 2013, 952; andererseits OLG Hamm NStZ 2014, 344; KG wistra 2013, 445 = KG NStZ-RR 2014, 85 (Ls.); OLG Karlsruhe NZI 2014, 430 = OLG Karlsruhe NStZ-RR 2014, 144 (Ls.); offen gelassen von BGH BeckRS 2015, 00938 = BGH ZIP 2015, 293).

D. Verfahrensrecht

I. Feststellung und Anordnung des Verfalls

79   Die Voraussetzungen des Verfalls sind im **Vollbeweisverfahren** festzustellen; Beweiserleichterungen gelten nur hinsichtlich seiner Höhe nach § 73b. Der **Zweifelssatz** findet grds. Anwendung; dies gilt wegen des Ausnahmecharakters von § 73 Abs. 1 S. 2 allerdings nicht für das Vorliegen von Drittansprüchen. Fehlen eindeutige Belege für konkurrierende Ansprüche Tatverletzter, so ist der Verfall anzuordnen (BGH NStZ-RR 2004, 242 (244); vgl. SSW StGB/*Burghart* Rn. 38: § 73 Abs. 1 S. 2 als Beweislastregel). Um die Voraussetzungen einer etwaigen Anwendung von § 73 Abs. 2 S. 2, § 73a und § 73c überprüfen zu können, bedarf es regelmäßig **näherer Feststellungen,** inwieweit die ursprünglich in das Vermögen des Angeklagten gelangten Vermögenswerte dort noch vorhanden sind, und ob sein gegenwärtiges Vermögen den erlangten Betrag übersteigt (vgl. BGH NJW 2003, 300; BGH NStZ 2005, 454 (455)). Das Urteil muss auch die Berechnung des Verfallsbetrages nachvollziehbar darlegen. Angesichts des geltenden Bruttoprinzipes besteht dagegen keine Veranlassung, die mit der Tatbegehung verbundenen Aufwendungen gesondert zu ermitteln und festzustellen (vgl. näher *Hohn* wistra 2003, 321 (326)). Die Anordnung der **Verfahrensbeteiligung eines Dritten nach §§ 442, 431 StPO,** gegen den sich der Verfall richtet, ist zwingend und unabhängig von einem Antrag der StA. Im Berufungsverfahren kann die Verfahrensbeteiligung noch bis zur Beendigung der Schlussvorträge angeordnet werden (OLG Düsseldorf wistra 1999, 477). Gem. **§ 430 Abs. 1, § 442 Abs. 1 StPO** kann der **Verfall isoliert von der Verfolgung ausgenommen** werden. Zur Frage einer **Entschädigung** für Sicherstellungen in Erwartung einer Verfallsanordnung vgl. §§ 2, 7 StrEG sowie *Rönnau/Hohn* wistra 2002, 445. Wird – wie in der Praxis häufig – durch den Angeklagten zu Protokoll ein **endgültiger Verzicht** auf die Rückgabe sichergestellter, grds. verfallbarer Gegenstände erklärt, scheidet eine Verfallanordnung aus (BGH NStZ 2000, 480 (481); → Rn. 14).

80   Der Verfall ist für jeden Angeklagten einheitlich **im Urteilstenor auszusprechen.** Seine Anordnung kann nach § 407 Abs. 2 Nr. 1 StPO auch **im Strafbefehlswege** erfolgen. Ein für verfallen erklärter Geldbetrag ist zu beziffern, für verfallen erklärte Gegenstände sind in der Urteilsformel oder in einer Anlage hierzu vollstreckungsfähig, dh so **konkret zu bezeichnen,** dass für die Beteiligten und die Vollstreckungsbehörde Klarheit über den Umfang des Verfalls geschaffen und eine Nachprüfung durch das Revisionsgericht ermöglicht wird (vgl. für die Einziehung BGH BeckRS 2009, 20908; 2007, 00016). Nicht tatbeteiligte Verfallsbetroffene nach § 73 Abs. 3 und 4 sind bereits **im Rubrum als Verfallsbeteiligte aufzuführen,** müssen daher im Tenor nur namentlich bezeichnet werden. Tritt bei Verfallsanordnungen gegenüber mehreren Verfallsbetroffenen ausnahmsweise **Gesamtschuldnerschaft** ein, ist diese im Tenor zu bezeichnen (SK-StGB/*Wolters/Horn* Rn. 26; **aA** MüKoStGB/*Joecks* Rn. 89; LK-StGB/*Schmidt* Rn. 72; vgl. zu § 111i StPO: BGH NJW 2011, 624), da das rechtskräftige Urteil die Vollstreckungsgrundlage für die Verfallsanordnung bildet. Im Falle einer **nachträglichen Gesamtstrafenbildung** muss ein Verfall, der in einer früheren Entscheidung angeordnet worden war, gesondert aufrechterhalten werden (§ 55 Abs. 2). Die Maßnahme ist dann wie bei gleichzeitiger Aburteilung aller Taten einheitlich anzuordnen. Sofern ihre Voraussetzungen auch in Bezug auf die Taten bestehen, die dem späteren Urteil zugrunde liegen, ist sie durch den Gesamtstrafenrichter neu zu beurteilen (BGH BeckRS 2003, 05110; Schönke/Schröder/*Sternberg-Lieben/Bosch* § 55 Rn. 53 f.). Dabei ist der Angeklagte so zu stellen, als wenn über alle einzubeziehenden Straftaten und Verfallsfolgen gleichzeitig befunden worden wäre. Der aufgrund einheitlicher Anordnung im neuen Urteil festzusetzende Verfallsbetrag darf dann zwar nicht niedriger ausfallen als in der früheren Entscheidung; er kann bei gebotener Anwendung von § 73c aber die Summe des im alten Urteil festgesetzten und des sich aus den neu abgeurteilten Taten ergebenden Verfallsbetrages unterschreiten. Durch die Entscheidung nach § 55 wird die Verfallsanordnung im früheren Urteil gegenstandslos (§ 55 Abs. 2 S. 1). Die Anordnung des Verfalls ist nach § 5 Abs. 1 Nr. 7 BZRG in das **Bundeszentralregister** einzutragen.

II. Revision

81   Mit der Revision kann die Anordnung oder Nichtanordnung des Verfalls (zB BGH NStZ 1999, 560 (561); BGH StraFo 2003, 179; KK-StPO/*Gericke* StPO § 344 Rn. 12) sowie sein Umfang (zB BGHSt 57, 79 = BGH NJW 2012, 1159 (11161); BGH NStZ 2001, 531) **isoliert angegriffen** werden. So kann der Angeklagte rügen, dass der Verfall auf bestimmte Gegenstände erstreckt oder – insbes. bei Wertersatzverfall – zu hoch angesetzt wurde. Umgekehrt kann die StA zu Lasten des Angeklagten beanstanden, dass der Verfall auf weitere Gegenstände oder einen höheren Betrag hätte erstreckt werden müssen

(vgl. BGHSt 51, 65 = BGH NJW 2006, 2500). Ein zur Unwirksamkeit der Rechtsmittelbeschränkung führender Zusammenhang mit dem sonstigen Rechtsfolgenausspruch besteht mangels Strafcharakters der Anordnung nicht. Im Falle der Aufhebung einer Verfallsanordnung oder der Aufhebung und Zurückverweisung insoweit, wie eine Verfallsanordnung unterlassen wurde, bedarf es aus diesem Grunde idR auch keiner Mitaufhebung einer verhängten Strafe, deren Höhe auf dem Umstand und der Höhe einer Verfallanordnung nicht beruhen kann (vgl. etwa BGH StraFo 2003, 283; BGH NStZ 2000, 137; 2001, 312; BGHR StGB § 73d Strafzumessung 1). Hat allerdings das Tatgericht selbst den Rechtsfolgenausspruch einschließlich der Verfallsanordnung oder des Absehens hiervon als Teil einer einheitlichen Sanktionsentscheidung angesehen, ist eine Rechtsmittelbeschränkung ausnahmsweise unwirksam und eine Aufhebung auf den gesamten Rechtsfolgenausspruch zu erstrecken (vgl. BGH NStZ-RR 2005, 104 (105)). Nicht beschränken kann der Revisionsführer seinen Angriff auf bestimmte rechtliche Aspekte der vorgenommenen oder unterbliebenen Verfallsanordnung, etwa auf eine Einordnung des Verfallsgegenstandes als Wertersatz (BGH NStZ-RR 2015, 282). Der Angekl. ist durch die Anordnung des Verfalls auch dann **beschwert,** wenn Drittansprüche nach § 73 Abs. 1 S. 2 bestehen, das Gericht aber nicht nach § 111i Abs. 2 StPO vorgegangen ist; denn ihm wird die Chance verwehrt, durch den Verfallgegenstand von den Drittansprüchen befreit zu werden (BGH NStZ 2010, 693 (694)). Keine Beschwer liegt darin, dass das Tatgericht unzutreffend Drittansprüche annimmt und deshalb den Verfall ausschließt oder (nur) nach § 111i Abs. 2 StPO verfährt (BGH NJW 2014, 401 (406)).

In geeigneten, keiner weiteren Sachaufklärung bedürftigen Fällen kann durch **eigene Entscheidung** **82** **des Revisionsgerichtes** nach § 354 Abs. 1 StPO analog der Verfall reduziert oder insgesamt in Wegfall gebracht, aber auch erstmals angeordnet oder in seinem Umfang heraufgesetzt werden (zB BGHSt 47, 369 (377) = BGH NJW 2002, 3339 (3342); BGH NStZ 2010, 568; BGH NStZ-RR 2015, 282 (für § 73d); vgl. *Nack* GA 2003, 879 (887)). Soweit tatrichterlich die Existenz von Drittansprüchen iSv § 73 Abs. 1 S. 2 nicht hinreichend erörtert wurde, ist idR eine Zurückverweisung angezeigt, um die Möglichkeit zu eröffnen, Feststellungen über einen etwaigen Anspruchsverzicht oder Anordnungen und Feststellungen für eine Rückgewinnungshilf e mit einem Auffangerwerb des Staates nach § 111i StPO zu treffen (vgl. BGH NStZ-RR 2006, 346). Nach **§ 357 StPO** kann sich die Aufhebung des Urteils im Ausspruch über den Verfall oder Wertersatzverfall bei identischen sachlichrechtlichen Fehlern auch auf einen nichtrevidierenden Mitangeklagten erstrecken, etwa in Fällen fehlender Berücksichtigung von Rechten Geschädigter nach § 73 Abs. 1 S. 2 (BGH NStZ-RR 2006, 346; BGHR StGB § 73 Gewinn 2 = BGH BeckRS 1997, 31121216; 2002, 30271084) oder bei hinsichtlich des Revidenten und des Nichtrevidenten gleichermaßen fehlender Verfügungsgewalt über das Erlangte (vgl. BGH NStZ 2010, 568 (569)), idR aber nicht bei fehlerhafter Anwendung oder Nichtanwendung von § 73c, da es insoweit auf eine persönlich-individuelle Betrachtung ankommt (BGH NStZ-RR 2015, 44; BGH NStZ 2008, 565 (567); anders bei einem grundsätzlich fehlerhaften Anwendungsmaßstab, vgl. BGHSt 56, 39 (44) = BGH NJW 2011, 624 (627)). Eine Anwendung von § 357 StPO scheidet auch dann aus, wenn der identische Rechtsfehler bei Anwendung des § 73 unterschiedliche Taten betrifft (BGH NJW 2012, 92 (93)). Das Verschlechterungsverbot **(§ 358 Abs. 2 StPO)** umfasst die Anordnung und Höhe des Verfalls, auch in Verbindung mit einer Feststellung nach § 111i Abs. 2 StPO (BGH NStZ 2014, 32 (33); OLG Hamm StV 2008, 132). Der Ausspruch, dass nur deshalb nicht (Wertersatz-)Verfall angeordnet wurde, weil Ansprüche Verletzter entgegenstehen, muss aufgrund des Verschlechterungsverbots ersatzlos entfallen, wenn das dem Täter Zugeflossene entgegen der Auffassung des Tatrichters nicht aus der Tat, sondern für die Tat erlangt wurde (BGH NJW 2014, 401 (404 f.); BGH wistra 2013, 347 (350); BGH NStZ 2011, 229). Eine Verfallsanordnung anstelle einer vorherigen Einziehung ist von § 358 Abs. 2 StPO nicht gehindert (BGH NStZ-RR 2016, 41 für eine Entscheidung nach § 73 Abs. 1 S. 2, § 111i Abs. 2 StPO).

§ 73a Verfall des Wertersatzes

[1] Soweit der Verfall eines bestimmten Gegenstandes wegen der Beschaffenheit des Erlangten oder aus einem anderen Grunde nicht möglich ist oder von dem Verfall des Ersatzgegenstandes nach § 73 Abs. 2 Satz 2 abgesehen wird, ordnet das Gericht den Verfall eines Geldbetrags an, der dem Wert des Erlangten entspricht. [2] Eine solche Anordnung trifft das Gericht auch neben dem Verfall eines Gegenstandes, soweit dessen Wert hinter dem Wert des zunächst Erlangten zurückbleibt.

A. Zweck, Anwendungsbereich und Rechtsnatur

§ 73a soll eine Gewinnabschöpfung auch in den praktisch bedeutsamen Fällen gewährleisten, in denen **1** das Erlangte im Zeitpunkt der tatrichterlichen Entscheidung bei dem Verfallsbetroffenen **nicht mehr vorhanden ist,** oder es – unabhängig vom Fortbestand in Händen des Verfallsbetroffenen – aufgrund seiner Beschaffenheit **nicht gegenständlich abgeschöpft werden kann.** Dem Betroffenen wird hierdurch der Einwand einer Entreicherung abgeschnitten (vgl. SSW StGB/*Burghart* Rn. 1). An die Stelle des nicht oder nicht mehr möglichen Originalverfalls tritt die Abschöpfung eines dem Wert des originären Verfallsobjektes entsprechenden Geldbetrages, der aus dem allgemeinen Vermögen des Betroffenen zu zahlen ist und erforderlichenfalls beigetrieben werden kann. Wird die Abschöpfung des ursprünglich Erlangten nach Anordnung seines Verfalls undurchführbar, kommt eine nachträgliche Anordnung von Wertersatzverfall nach § 76 in Betracht. Eine selbstständige Anordnung ermöglicht § 76a. Bei Anordnung einer Geldbuße gegen eine juristische Person oder Personenvereinigung im Ordnungswidrigkeitsverfahren gem. § 30 Abs. 5 OWiG ist die Anordnung des Wertersatzverfalls ausgeschlossen (LK-StGB/*Schmidt* Rn. 3). Der Wertersatzverfall ist **keine eigenständige Maßnahme,** sondern knüpft an die Voraussetzungen des einfachen Verfalls (§ 73) oder des erweiterten Verfalls (vgl. § 73d Abs. 2) an und enthält lediglich eine gegenständliche Erstreckung. Er hat daher gleichfalls keinen Strafcharakter; seine Anordnung und Höhe beeinflussen eine parallel verhängte Geldstrafe nicht. Trifft das Gericht Feststellungen für einen Auffangrechtserwerb des Staates nach § 111i StPO, hat es unter den Voraussetzungen von § 73a den Wert des Erlangten zu bestimmen **(§ 111i Abs. 2 S. 3 StPO).**

B. Voraussetzungen

2   Erforderlich für die Anordnung von Wertersatzverfall ist das Vorliegen der persönlichen und sachlichen Eingangsvoraussetzungen von § 73 sowie eines in § 73a genannten Ersetzungsgrundes.

I. Verfallstatbestand nach § 73

3   **§ 73a knüpft an die Voraussetzungen von § 73 an,** setzt daher voraus, dass der Betroffene jedenfalls ursprünglich „für die Tat oder aus ihr etwas erlangt" hat, das ein tauglicher Verfallsgegenstand ist (vgl. BGH NStZ 2003, 198 (199); BGH BeckRS 2005, 12966 = BGH NStZ-RR 2006, 39 (Ls.); *Fischer* Rn. 2). Kann nicht gesichert festgestellt werden, dass dem verfallsbetroffenen Tatbeteiligten eine zumindest kurzzeitige Mitverfügungsgewalt an einem Taterlös zugekommen ist, besteht für einen Wertersatzverfall kein Raum (BGH NStZ 2003, 198 (199)). Unterlag der ursprüngliche Gegenstand nicht dem Verfall, sondern der **Einziehung,** kann bei seinem Verlust kein Wertersatzverfall angeordnet werden (BGH NStZ-RR 2002, 208; BGH NStZ 2004, 400; OLG Dresden NStZ-RR 2003, 214 (215); jeweils zu **§ 33 Abs. 2 BtMG**); ebenso wenig kann im Wege des Wertersatzverfalls der Verkaufswert von sichergestellten Gegenständen, die der Einziehung unterliegen, abgeschöpft werden (vgl. BGH NStZ-RR 2002, 208 für BtM). Anders verhält es sich für Genussvorteile im Eigenkonsum verbrauchter BtM, die dem Wertersatzverfall unterliegen (vgl. BGH NStZ 2001, 381 (382)). Für im Zusammenhang mit einer Geldwäsche erlangte Geldbeträge vgl. LG Berlin wistra 2004, 154.

4   Wertersatzverfall nach § 73a kann **auch für Nutzungen und Surrogate iSv § 73 Abs. 2** angeordnet werden, die sich gegenständlich nicht mehr im Vermögen des Betroffenen befinden oder ihrer Natur nach nicht unmittelbar abgeschöpft werden können. Für Ersatzgegenstände wird dies bezweifelt; insbes. soll keine Abschöpfung ihres Wertes möglich sein, soweit er den Wert des ursprünglichen Verfallsobjektes übersteigt (Lackner/Kühl/*Heger* Rn. 5). Den Wertersatzverfall in diesem Sinne einzuschränken, besteht jedoch keine Veranlassung. Denn zu dem zunächst Erlangten gehören nach § 73 Abs. 2 auch höherwertige Surrogate. Sind sie einmal in das Vermögen des Verfallsbetroffenen gelangt, unterliegen sie irreversibel dem Verfall, ohne dass es auf ihre Gestalt und ihr weiteres Schicksal ankommt. Nach dem Wertersatzprinzip können sie daher auch dann für verfallen erklärt werden, wenn sie nicht gegenständlich oder überhaupt nicht mehr im Vermögen vorhanden sind. Der nicht obligatorische Charakter des Surrogatverfalls steht dem nicht entgegen, denn das eingeräumte Ermessen soll nicht den Verfallsbetroffenen privilegieren, sondern unpraktikable Fälle vom Surrogatverfall ausnehmen. Allerdings ist eine zweifelhafte Verwertbarkeit des Surrogates auch bei der Ermessensfrage, ob eine Anordnung nach §§ 73 Abs. 2, 73a vorzunehmen ist, und bei der Wertbestimmung zu berücksichtigen.

5   Die Anordnung kann sich unter den Voraussetzungen von § 73 Abs. 3 auch gegen einen Dritten richten, mithin dann, wenn der Drittbegünstigte einen originär nicht verfallbaren Vermögenszuwachs erlangt hat oder das gegenständlich verfallbare Erlangte bei ihm nicht mehr vorhanden ist. Dies gilt auch für den Fall, dass er das Erlangte nachträglich an den Tatbeteiligten weitergeleitet hat; eine Verfallsanordnung auch gegen diesen kommt nur in Betracht, wenn eine noch hinreichende Tatverknüpfung besteht. Der Wertersatzverfall setzt nicht voraus, dass der Tatbeteiligte oder Drittbegünstigte **noch bereichert** ist; die Einbuße des erlangten Vorteils ist nur im Rahmen der Härteklausel § 73c zu berücksichtigen (→ § 73 Rn. 15). **Drittansprüche iSv § 73 Abs. 1 S. 2** hindern die Anordnung von Wertersatzverfall (vgl. BGH NStZ 2006, 621 (622); BGH NStZ-RR 2006, 346; Schönke/Schröder/*Eser* § 73 Rn. 6).

II. Ersetzungsgrund (§ 73a S. 1)

6   Ein Verfall von Wertersatz findet statt im Falle der von § 73a S. 1 aufgezählten Ersetzungsgründe. § 73a S. 1 betrifft grds. die vollständige Unmöglichkeit eines Verfalls des originär Erlangten (Wertersatz *anstelle* des Erlangten); bei Teilunmöglichkeit oder bloßen Verschlechterungen ist ergänzend 73a S. 2

heranzuziehen (Wertersatz *neben* dem Erlangten). Liegt ein Ersetzungsgrund vor, ist der Verfall nach § 73a **zwingend anzuordnen** (vgl. BGH StV 1998, 599). Die Vorschrift eröffnet kein tatrichterliches Ermessen, allerdings einen Beurteilungsspielraum im Hinblick auf die tatsächlichen Voraussetzungen des Ersetzungsgrundes. Ein **Verschulden** des Verfallsbetroffenem am Eintritt des Ersetzungsgrundes oder eine entsprechende Vereitelungsabsicht (vgl. § 74c) ist nicht erforderlich (MüKoStGB/*Joecks* Rn. 2).

1. Beschaffenheit des Erlangten (§ 73a S. 1 Alt. 1). Undurchführbar im Sinne der ersten Alterna- **7** tive ist die Verfallsanordnung immer dann, wenn bei dem Tatbeteiligten oder einem Drittbegünstigten (§ 73 Abs. 3) **bereits auf das ursprünglich Erlangte nicht gegenständlich zugegriffen** werden kann, weil es nicht in einer übergebenen oder übereigneten Sache oder einem erlangten oder übertragenen Recht besteht. Dies trifft etwa auf **Gebrauchsvorteile**, die **Ersparung von Aufwendungen** und die **Befreiung von Verbindlichkeiten** zu (vgl. MüKoStGB/*Joecks* Rn. 5), weiterhin auf gezogene Nutzungen (§ 73 Abs. 2), soweit sie in dem Gebrauch einer Sache und nicht im Anfall gegenständlicher Sach- oder Rechtsfrüchte bestehen (§§ 99, 100 BGB). Bei **Überweisungen, Einziehungen oder Lastschriften** zugunsten eines Kontos des Tatbeteiligten bildet die erlangte Buchung nur einen unselbständigen Abrechnungsposten im Kontokorrent. Zutreffend wird daher in der Praxis nicht ein Auszahlungsanspruch gegenüber dem Kreditinstitut bzw. – bei negativem Saldo – die Befreiung von einer Verbindlichkeit als erlangt angesehen, sondern das erlangte Giralgeld unabhängig vom Stand des Kontokorrentes mit gegenständlich nicht mehr vorhandenem Bargeld gleichgesetzt und auf Wertersatzverfall erkannt (vgl. etwa BGH NStZ-RR 2006, 266; s. auch BGH BeckRS 2015, 13331 Rn. 32 nach Surrogation eines Anspruchs).

Der ersten Alternative von § 73a S. 1 unterfallen auch der von Teilen der Rspr. in Korruptionsfällen **8** als Erlangtes angenommene **Auftragswert** (BGHSt 50, 299 (309) = BGH NJW 2006, 925 (929 f.)) und **erlangte Gewinnchancen** in Spekulationsfällen (BGHSt 47, 260 (5. StrS) = BGH NJW 2002, 2257 (2260); → § 73 Rn. 25 ff.). Nicht unter § 73a S. 1 Alt. 1 fallen die Verbindung, Vermischung oder Verarbeitung (§§ 946 ff. BGB) einer ursprünglich erlangten Sache; derartige Fälle betreffen die nachträgliche Veränderung eines nach ihrer Beschaffenheit ursprünglich abschöpfbaren Gegenstandes, so dass sie der zweiten Alternative der Vorschrift zuzurechnen sind (MüKoStGB/*Joecks* Rn. 6; *Wallschläger*, Die strafrechtlichen Verfallsvorschriften, 2002, 113; **aA** Fischer Rn. 4; Schönke/Schröder/*Eser* Rn. 4).

2. Andere Gründe (§ 73a S. 1 Alt. 2). Der Verfall ist aus einem anderen Grund nicht möglich, **9** wenn der Betroffene das Erlangte, welches ursprünglich Objekt einer originären Verfallsanordnung nach § 73 Abs. 1 S. 1 hätte sein können, vor der Verfallsentscheidung **verbraucht, verloren, weitergegeben oder beiseite geschafft** hat, ohne dass der Verfall gegenüber einen Drittbegünstigten eröffnet wäre (vgl. Fischer Rn. 5; Lackner/Kühl/*Heger* Rn. 2). Liegen die Voraussetzungen für einen Durchgriff auf den **Drittbegünstigten** nach § 73 Abs. 3 vor (→ § 73 Rn. 45 ff.), ist er dem Wertersatzverfall vorrangig (MüKoStGB/*Joecks* § 73 Rn. 8), denn der Originalverfall ist dann nicht unmöglich. Hat auch der Drittbegünstigte das Erlangte verloren, ist gegen ihn Wertersatzverfall nach § 73 Abs. 3 iVm § 73a S. 1 Alt. 2 anzuordnen. Im Falle einer Schenkung findet vorbehaltlich eines Durchgriffs nach § 73 Abs. 3 Wertersatzverfall gegen den schenkenden Tatbeteiligten statt (BGH NStZ-RR 1997, 270).

Unmöglich ist der Verfall auch im Falle einer **Veräußerung.** Sofern hierbei die Gegenleistung als **10** Surrogat verfügbar ist, darauf nach § 73 Abs. 2 S. 2 aber nicht zugegriffen wird, richtet sich der Wertersatzverfall nach § 73a S. 1 Alt. 3. Gleiches gilt für Fälle der Zerstörung oder zumindest wesentlichen Beschädigung einer erlangten Sache. Sofern auch hier ein Surrogat, etwa eine Versicherungsleistung oder ein Ersatzanspruch in das Vermögen des Betroffenen gelangt und nicht nach § 73 Abs. 1 S. 1, Abs. 2 S. 2 für verfallen erklärt wurde, gilt § 73a S. 1 Alt. 3.

Zu Fällen nachträglicher Unmöglichkeit nach § 73a S. 1 Alt. 2 zählt auch die **Verbindung, Ver- 11 mischung oder Verarbeitung** des Erlangten. Auf erlangtes **Bargeld** kann im Wege originären Verfalls nach § 73 Abs. 1 S. 1 nur zugegriffen werden, wenn es bei dem Betroffenen noch unterscheidbar aufgefunden wird (vgl. BGH BeckRS 2010, 17266 = BGH StraFo 2010, 424; BGH NStZ-RR 2010, 255). Ist dies nicht der Fall, muss davon ausgegangen werden, dass es ausgegeben oder vermischt wurde, so dass – unabhängig von einer fortbestehenden Bereicherung (MüKoStGB/*Joecks* Rn. 8) – jedenfalls Wertersatzverfall eintritt (vgl. BGH NStZ-RR 2016, 83; BGH NStZ 2010, 85; 2003, 198 (199); BGH NJW 1985, 752 (753); vgl. → § 73 Rn. 19 f.).

Wird dem Verfall unterliegendes Bargeld beim Angeklagten **sichergestellt** und **bei der Gerichtskasse eingezahlt**, **11a** so hat der Angeklagte hierdurch – während des laufenden Verfahrens lediglich nicht durchsetzbaren – Rückzahlungsanspruch gegen die Staatskasse als Surrogat erworben. Eine Verfallentscheidung ist daher nicht gehindert. Sie kann nach § 73 Abs. 2 auf den Rückzahlungsanspruch oder im Wege des Wertersatzverfalls nach § 73a auf den Geldbetrag gerichtet werden (vgl. → § 73 Rn. 38). Soweit der BGH (NStZ-RR 2015, 282 mBespr *Mayer* JR 2016, 112) eine unmittelbare Verfallsanordnung nach § 73 Abs. 1 oder § 73d Abs. 1 angenommen hat, erscheint dies – indes ohne praktische Auswirkung – ungenau; wenngleich zutrifft, dass eine Zuordnung des Geldbetrages zum Vermögen des Täters nicht aufgehoben ist, so hat er auf den originären Verfahrensgegenstand – hier: die konkreten Geldnoten – doch keinen Zugriff mehr.

Hatten ursprünglich mehrere Tatbeteiligte **Mitverfügungsgewalt** an demselben erlangten Geld- **12** betrag, ist gegenüber jedem einzelnen Wertersatzverfall in voller Höhe, indes unter der Einschränkung gesamtschuldnerischer Haftung auszusprechen (BGH NStZ 2003, 198 (199); → § 73 Rn. 29, 44). Dies gilt auch für erlangte und der Mitverfügungsgewalt mehrerer Beteiligter unterliegende Sachen, die hiernach untergegangen sind.

13   **3. Absehen von Surrogatverfall (§ 73a S. 1 Alt. 3).** Die dritte Alternative ergänzt **§ 73 Abs. 2 S. 2.** Hat das Gericht von einem Surrogatverfall nach pflichtgemäßem Ermessen abgesehen (→ § 73 Rn. 38), ist **zwingend** Wertersatzverfall anzuordnen. Eine Unmöglichkeit des ursprünglichen Verfalls ist nicht Voraussetzung. Der anzusetzende Wert bemisst sich in diesem Fall nicht nach dem Surrogat, sondern wie in den anderen Varianten des § 73a S. 1 nach dem ursprünglich Erlangten (aA Mü-KoStGB/*Joecks* Rn. 17; *Wallschläger,* Die strafrechtlichen Verfallsvorschriften, 2002, 113: Wert des Ersatzgegenstandes im Zeitpunkt der Verfallsanordnung), weil durch die Ermessensentscheidung das Abschöpfungsobjekt nicht geändert wurde.

III. Anordnung neben dem Verfall (§ 73a S. 2)

14   § 73a S. 2 dient der **Lückenschließung** in der Vermögensabschöpfung für den Fall von Wertverschlechterungen des noch vorhandenen und grds. abschöpfbaren Originalobjektes. Da nur eine negative Wertentwicklung des Verfallsobjektes auszugleichen, Wertsteigerungen den Verfall dagegen nicht berühren, weist § 73a S. 2 das Risiko von Wertveränderungen damit grds. dem Betroffenen zu (vgl. SSW StGB/*Burghart* Rn. 5). Die Anordnung ist bei Vorliegen ihrer Voraussetzungen **zwingend;** häufig wird jedoch eine Reduzierung der Verfallsanordnung nach § 73c S. 2 Alt. 1 angezeigt sein. Soweit ein Surrogatverfall nach § 73 Abs. 2 S. 2 angeordnet worden ist, kann ergänzend Wertersatzverfall anzuordnen sein, wenn die erlangten Surrogate hinter dem Wert des Originalobjekts zurückbleiben (Schönke/Schröder/*Eser* Rn. 10; SK-StGB/*Wolters*/*Horn* Rn. 2; LK-StGB/*Schmidt* Rn. 11).

15   Wertersatz neben dem Originalverfalls ist anzuordnen, wenn das Erlangte im Tätervermögen eine Wertminderung erfahren hat (MüKoStGB/*Joecks* Rn. 11). Zu vergleichen ist der Wert des Erlangten im **Zeitpunkt des Zuflusses in das Vermögen** und sein Wert im **Zeitpunkt der letzten tatrichterlichen Entscheidung.** Dass Bezugspunkt für die Wertdifferenz der höchste Wert sein soll, den das Verfallsobjekt in der Zeit seit dem Zufluss im Tätervermögen gehabt hat (so SSW StGB/*Burghart* Rn. 5), ist mit dem Wortlaut von § 73a – „Wert des zunächst Erlangten" – dagegen kaum zu vereinbaren.

16   Erfasst von § 73a S. 2 sind Fälle, in denen eine Sache **beschädigt** wird oder **in Teilen verloren gegangen oder verbraucht worden** ist, aber auch ein **infolge Zeitablaufes eintretender Wertverlust** einer für verfallen erklärten Sache. Konkurrieren kann hiermit ein nach § 73 Abs. 2 S. 1 zwingend anzuordnender Nutzungsverfall (vgl. hierzu LK-StGB/*Schmidt* Rn. 10; MüKoStGB/*Joecks* Rn. 11). **Gebrauchsbedingte Werteinbußen** fallen daher unter den originären und damit vorrangigen Nutzungsverfall; auch gezogene Nutzungen, deren Wert dem zeitbedingten Wertverlust entspricht, sind § 73 Abs. 2 S. 2 zuzuordnen. Ein darüber hinausgehender Wertverlust durch alleinigen Zeitablauf („Veraltung"), der sich zB bei Kraftfahrzeugen oder elektronischen Geräten ergeben kann, wäre sodann nach § 73a S. 2 auszugleichen. Die Trennung muss praktisch allerdings nicht vollzogen werden, da auch die gezogenen Nutzungen wegen ihrer nicht-gegenständlichen Beschaffenheit nach § 73a S. 1 Alt. 1 im Wege des Wertersatzverfalles zu entgelten sind. Ausreichend ist daher eine auf die Lebenszeit der Sache bezogene, ggf. im Wege der Schätzung nach § 73b zu ermittelnde Abschreibung für den Nutzungszeitraum anzusetzen und insoweit Wertersatzverfall gestützt auf §§ 73 Abs. 2 S. 1, 73a anzuordnen. Für kurze Zeiträume wird dabei ein Absehen von Verfall nach § 73c Abs. 1 S. 2 Alt. 2 nahe liegen.

17   Werteinbußen, die ein vorhandenes Verfallsobjekt ohne gegenständliche Beeinträchtigung allein **aufgrund einer schwankenden Marktentwicklung** erleidet, sind über § 73a S. 2 nicht auszugleichen. Dies betrifft va Gegenstände mit einem kursnotierten Marktwert, etwa **Wertpapiere** und Edelmetalle (→ Rn. 19). So müsste ein Verfallsbetroffener, der für oder aus der Anlasstat Aktien im Börsenwert von 5.000 EUR erlangt hat, bei einem im Zeitpunkt der tatrichterlichen Entscheidung auf 1.000 EUR herabgesunkenen Börsenwert die Differenz von 4.000 EUR erstatten, hielte man § 73a S. 2 insoweit für anwendbar. Eine solch wirtschaftliche Erfolgshaftung führt zu unbilligen, letztlich auf Zufälligkeiten beruhenden Ergebnissen und entspricht nicht dem Zweck von § 73a. Dagegen kommt es in dem Sonderfall, dass der Betroffene die Gegenstände anstelle eines auf Geldzählung gerichteten Anspruchs erhält (vgl. § 364 BGB), auf die Anspruchshöhe an, sofern bereits der Anspruch als Erlangtes qualifiziert werden kann (vgl. BGH NStZ 2011, 83 (86) für eine Inzahlungnahme von Aktien).

C. Höhe des Wertersatzes

18   Für verfallen zu erklären ist ein bestimmter Geldbetrag, der dem Wert des gegenständlich nicht verfallbaren Erlangten entspricht. Für die Wertbestimmung ist anzuknüpfen an die **Eigenschaften und den Zustand des Verfallsobjektes im Zeitpunkt der ursprünglichen Vorteilserlangung,** mithin nicht an den Zustand, den das ursprünglich Erlangte im Zeitpunkt der Verfallsanordnung haben würde (vgl. BGHSt 4, 305 = BGH NJW 1953, 1640); denn § 73a bezieht sich auf die Voraussetzungen des Originalverfalls nach § 73 Abs. 1 S. 1 und damit auf das ursprünglich erlangte „Etwas". Ob eine Sache mittlerweile verdorben oder infolge technischer Überholung wertlos geworden wäre, ist daher unerheblich. Maßgeblich ist sodann der **inländische Verkehrswert des erlangten Vermögensvorteils im Zeitpunkt der letzten tatrichterlichen Entscheidung** (BGHSt 4, 305 = BGH NJW 1953, 1640; vgl. auch BGH NStZ-RR 2000, 57 (58); LK-StGB/*Schmidt* Rn. 12; Schönke/Schröder/*Eser* Rn. 11; Lackner/Kühl/*Heger* Rn. 4; **aA** wohl SK-StGB/*Wolters/Horn* Rn. 3: objektiv-individueller Maßstab, *Horn* in Voraufl.: subjektiver Wert für den Verfallbetroffenen), dh der im Entscheidungszeitpunkt geltende gewöhnliche inländische Verkaufspreis für Güter gleicher Art und Güte auf identischer Handelsstufe (MüKoStGB/*Joecks* § 73a Rn. 15; BeckOK StGB/*Heuchemer* Rn. 9). Das bedeutet, dass – etwa im Fall technischer Weiterentwicklungen – auf den Verkehrswert vergleichbarer Produkte im Entscheidungszeitpunkt abzustellen ist (zB Wert eines neuen Laptops einer bestimmten Ausstattungs- und Leistungsstufe für ein erlangtes, nach dem seinerzeitigen Entwicklungsstand vergleichbares Modell). Sind bestimmte äußere Merkmale für die Wertbestimmung des Verfallobjektes maßgeblich, die im Zeitpunkt der Erlangung vorgelegen haben, sind sie auch für die Verfallsanordnung zugrunde zu legen (zB Zeitpunkt einer Fahrzeug- oder Hotelzimmeranmietung; Urlaubsreise in Hoch- oder Nebensaison, vgl. MüKoStGB/*Joecks* Rn. 17). Zur Berücksichtigung von Wertsteigerungen eines mit Taterlösen erworbenen Grundstückes vgl. KG BeckRS 2016, 09292 (dort Rn. 39 ff.).

Problematisch sind Fälle, in denen dem Erlangten ein **größeren Schwankungen unterliegender,** **19** **zB börsennotierter Marktpreis** zukommt, wie dies für Wertpapiere und Edelmetalle, aber auch für Kunstobjekte zutrifft. Um unbillige, von Zufälligkeiten der Marktentwicklung abhängige Ergebnisse zu vermeiden, wird hier teilweise angenommen, dass auf den Preis im Erlangungszeitpunkt oder im Zeitpunkt des Verlustes des originär Erlangten abzustellen sein soll (MüKoStGB/*Joecks* Rn. 17; SK-StGB/*Wolters/Horn* Rn. 3; *Wallschläger,* Die strafrechtlichen Verfallsvorschriften, 2002, 117). Dies würde allerdings bedeuten, derartige Gegenstände auch von der allgemeinen Preisentwicklung abzukoppeln und den Tatrichter, etwa bei größeren tagesunterschiedlichen Schwankungen im potentiellen Erwerbszeitraum, vor die Aufgabe schwieriger Wertermittlungen zu stellen (BeckOKStGB/*Heuchemer* Rn. 10.1), zumal nicht scharf abzugrenzen wäre, wie weit der Kreis marktpreisabhängiger Gegenstände zu ziehen ist. Vorzugswürdig erscheint daher, auch hier auf den Zeitpunkt der letzten tatrichterlichen Entscheidung abzustellen. Wertzuwächsen, die sich nicht im Vermögen des Betroffenen niedergeschlagen haben, kann über eine Anwendung von § 73c Rechnung getragen werden. Hat der Verfallsbetroffene umgekehrt für das ursprüngliche Verfallobjekt einen Wert realisiert, der über dem Marktwert im Zeitpunkt der tatrichterlichen Entscheidung liegt, kann hierauf ggf. nach § 73 Abs. 2 S. 2 zugegriffen werden. Zur Behandlung der Wertdifferenz noch vorhandener Gegenstände → Rn. 17.

Im Falle von **Gebrauchsvorteilen oder ersparten Aufwendungen** ist darauf abzustellen, welcher **19a** Marktwert dem Gebrauch oder der anderenfalls getätigten Aufwendung zugekommen wäre. Bei Eigenkonsum erlangter BtM ist demgemäß der (ersparte) Einkaufspreis zugrunde zu legen (BGH NStZ 2001, 381; BGH BeckRS 2015, 18052).

Zur Wertermittlung hat das Gericht sich erforderlichenfalls **sachverständiger Hilfe** zu bedienen. **20** Sofern genaue Wertfeststellungen nicht getroffen werden können, erlaubt § 73b eine **Wertschätzung.** Dabei ist die Umsatzstufe zugrunde zu legen, auf der der Täter gehandelt hätte (vgl. BGH NStZ 2001, 381 (382)). Zur Bestimmung im BtM-Recht vgl. BGH NStZ-RR 2000, 57 (58); BGH NStZ 2001, 381 (382); 2005, 455. Für die Umweltstrafrecht vgl. AG Köln NStZ 1988, 274; AG Gummersbach NStZ 1988, 460. Eine Einziehung von Vermögenswerten im Ausland ist auf den Wertersatzverfall nicht anzurechnen, sondern nur im Rahmen von § 73c zu berücksichtigen, sofern völkerrechtliche Übereinkünfte nichts anderes gebieten (BGH NStZ 2005, 455 (456)).

D. Verfahrensrecht, Wirkung

Die Anordnung von Wertersatzverfall ist bei Vorliegen seiner Voraussetzungen **obligatorisch** **21** (→ Rn. 6). Eine Anordnung kann auch im Strafbefehlswege (§ 407 Abs. 2 Nr. 1 StPO), nachträglich (§ 76) oder im selbständigen Verfahren (§ 76a) ergehen. Ein Drittbegünstigter iSv § 73 Abs. 3 StGB ist über § 442 Abs. 2 StPO am Verfahren zu beteiligen. Im **Tenor** muss allein der für verfallen erklärte Geldbetrag, grds. aber nicht auch der Gegenstand, für der Wertersatzverfall angeordnet wird, aufgeführt werden (s. aber § 111i Abs. 2 StPO).

Anders als beim Originalverfall (vgl. § 73e Abs. 1) begründet die Anordnung des Wertersatzverfalls **22** keinen unmittelbaren Rechtsübergang, sondern einen **staatlichen Zahlungsanspruch** in Höhe des festgesetzten Geldbetrages gegenüber dem Betroffenen (BayObLG NStZ-RR 1999, 269; Fischer Rn. 8). Der Anspruch wird ähnlich der Geldstrafe vollstreckt (§ 459g Abs. 2 StPO, §§ 459, 459c StPO; § 57 StVollstrO; Einforderungs- und Beitreibungsanordnung v. 23.3.2001 (BAnz. Nr. 87, 9157); vgl. LK-StGB/*Schmidt* Rn. 17). Eine Anrechnung nach **§ 51** findet nicht statt.

Die Anordnung oder Nichtanordnung von Wertersatzverfall kann mit der **Revision** gesondert gerügt **23** werden. Die Rüge der Nichtanordnung des Verfalls schließt die Beanstandung einer Nichtanordnung von Wertersatzverfall ein; in Anbetracht der Anknüpfung an den Grundtatbestand des § 73 stellt sich der Wertersatzverfall gegenüber dem Originalverfall nicht als Maßnahme eigener Art dar (**aA** BayObLG NStZ-RR 1999, 269 (270); Schönke/Schröder/*Eser* Rn. 13).

§ 73b Schätzung

Der Umfang des Erlangten und dessen Wert sowie die Höhe des Anspruchs, dessen Erfüllung dem Täter oder Teilnehmer das aus der Tat Erlangte entziehen würde, können geschätzt werden.

A. Allgemeines

1   Die durch das AWG/StGBÄG v. 28.2.1992 (BGBl. I 372, in Kraft seit 7.3.1992) neu gefasste Vorschrift dient der Vereinfachung und Beschleunigung des Verfahrens, mithin der **Prozessökonomie** (LK–StGB/*Schmidt* Rn. 2). Sie „verfolgt den Zweck, das Gericht der mitunter recht schwierigen, wenn nicht überhaupt unmöglichen Aufgabe zu entheben, bis ins einzelne gehende Feststellungen über Art und Umfang der dem Verfall unterliegenden Vermögenswerte zu treffen" (BGH NStZ 1989, 361; vgl. auch BT-Drs. V/4095, 40; Prot. V 1025 f.). § 73b hat vornehmlich prozessuale Wirkungen. Im Anwendungsbereich der Vorschrift ist der Tatrichter **vom Strengbeweisverfahren und von der Amtsaufklärungspflicht nach § 244 StPO befreit** (Fischer Rn. 5; LK–StGB/*Schmidt* Rn. 3). Sind ihm gesicherte Feststellungen auf anderem Wege nicht oder nur unter unverhältnismäßigem Aufwand möglich, muss er auf die Beweiserleichterung zurückgreifen; er darf wegen Schwierigkeiten bei der Bestimmung des Verfallsgegenstandes nicht vom Verfall absehen (→ Rn. 7). Zur Anwendung von § 73b können die zur zivilrechtlichen Parallelvorschrift des **§ 287 ZPO** entwickelten Grundsätze herangezogen werden (Fischer Rn. 5; LK–StGB/*Schmidt* Rn. 2). § 73b gilt nach **§ 73d Abs. 2** auch für den erweiterten Verfall. Der Schätzung des Erlangten nachrangig ist die Frage, ob zugunsten des Verfallsbetroffene von der Härtevorschrift des § 73c Gebrauch zu machen ist, der Betroffene etwa noch um das schätzungsweise Erlangte bereichert ist (vgl. BGH NStZ-RR 2009, 94). Auch insoweit ist allerdings eine – gesonderte – Schätzung zulässig (→ Rn. 4).

B. Gegenstand der Schätzung

2   Gegenstand der Schätzung können nur Umstände sein, die Art und Umfang des Verfalls betreffen; § 73b betrifft dagegen nicht die Eingangsvoraussetzungen des Verfalls selbst (→ Rn. 6). Geschätzt werden können drei Werte:

3   – § 73b Alt. 1 erlaubt die Schätzung des **Umfangs** des „Erlangten" iSv § 73 Abs. 1. Dies betrifft die Frage, in welcher Anzahl und Menge der Verfallsbetroffene Gegenstände erlangt hat, die dem Verfall unterliegen. Geschätzt werden kann insbes. **die Höhe vereinnahmter Geldbeträge,** etwa die Höhe von über einen längeren Zeitraum erhaltenen Bestechungsgeldern (BGH NStZ-RR 2004, 242 (244)) oder die Höhe von Erlösen aus BtM-Geschäften, wenn hierzu nur die Menge der umgesetzten Drogen bekannt ist (vgl. BGH NStZ-RR 2009, 94; *Winkler* NStZ 2001, 304; **aA** Schönke/Schröder/*Eser* Rn. 4: Fall von § 73b Alt. 2). Der Schätzung kann auch unterliegen, zu welchem Anteil sich Entgelte oder Provisionen, die ein Tatbeteiligter insgesamt erlangt hat, auf die abgeurteilten Taten beziehen (vgl. BGH BeckRS 2008, 11757 Rn. 65 (insoweit in BGHSt 52, 227 nicht abgedr.)). Auch der **Umfang von Nutzungen und Surrogaten** nach § 73 Abs. 2 kann geschätzt werden. Angesichts des Bruttoprinzips (→ § 73 Rn. 24 f.) bedarf es dagegen keiner Bestimmung vermögensmindernder Aufwendungen. Ob verfallbare Gegenstände überhaupt in das Vermögen des Verfallsbetroffenen gelangt sind, unterliegt keiner Schätzung.

4   – Eine Schätzung ist nach § 73b Alt. 2 weiterhin zulässig zur Bestimmung des **Wertes des Erlangten.** Hiervon erfasst sind die **Fälle des Wertersatzverfalls nach § 73a,** zB die Schätzung des Wertes einer erlangten, im Vermögen des Täters aber nicht mehr vorhandenen Sache, oder des Wertes nichtgegenständlicher Zuwendungen (vgl. MüKoStGB/*Joecks* Rn. 6). Auch der **Wert von Nutzungen und Surrogaten** unterliegt der Schätzung (LK–StGB/*Schmidt* Rn. 7). Der nach **§ 73a S. 2** verfallbare Differenzwert nach einer Verschlechterung des Originalobjektes kann gleichfalls nach § 73b Alt. 2 geschätzt werden (vgl. Fischer Rn. 2: Fall von § 73b Alt. 1). Die Wertbestimmung ist nach dem Bruttoprinzip immer nur auf das „Erlangte" ohne Berücksichtigung etwaiger Aufwendungen zu beziehen. Soweit der noch vorhandene Wert des Erlangten für **§ 73c** Bedeutung erlangt, kann eine Schätzung auch insoweit stattfinden (vgl. Schönke/Schröder/*Eser* Rn. 7; MüKoStGB/*Joecks* Rn. 6). Allerdings ermächtigt § 73b nicht zu Beweiserleichterungen im Hinblick auf die sonstigen Anknüpfungstatsachen der Ermessensentscheidung, insbes. nicht zu einer Schätzung hinsichtlich der über den Wert des Erlangten hinausreichenden Vermögensverhältnisse des Verfallbetroffenen.

5   – Schätzbar ist nach § 73b Alt. 3 auch die **Höhe eines Drittanspruches iSv § 73 Abs. 1 S. 2.** Die Formulierung „das … Erlangte entziehen würde" ist nicht dahin zu verstehen, dass der Drittanspruch sich auf das Erlangte insgesamt beziehen muss; vielmehr ist **jeder Fall einer Verminderung des Erlangten erfasst** (Fischer Rn. 4; LK–StGB/*Schmidt* Rn. 9 unter Bezug auf die Gesetzesbegründung). Erleichtert wird vor allem die Bestimmung, in welcher Höhe der Täter dem Dritten **Schadensersatz** schuldet, damit mittelbar auch, welcher Wert einer dem geschädigten Dritten entzogenen

Sache zukommt. § 73b erlaubt keine Bestimmung, ob Drittansprüche in rechtlicher und tatsächlicher Hinsicht überhaupt bestehen. Gleichfalls keiner Schätzung zugänglich – aber auch nicht bedürftig, da nach § 73 Abs. 1 S. 2 unerheblich – ist die Frage, ob und in welcher Höhe die Ansprüche voraussichtlich geltend gemacht werden (**aA** Schönke/Schröder/*Eser* Rn. 5). Bei Eigentums- oder Vermögensdelikten, die Herausgabe- oder Ersatzansprüche auslösen, deren Gegenstand spiegelbildlich dem Erlangten entspricht, besteht kein Anlass für eine Schätzung (vgl. LK-StGB/*Schmidt* Rn. 10; zu möglichen Anwendungsfällen vgl. MüKoStGB/*Joecks* Rn. 7).

C. Voraussetzungen und Vornahme der Schätzung

Eine Schätzung setzt das Vorliegen der **Eingangsvoraussetzungen des Verfalls** nach § 73 StGB **6** voraus. Die Begehung der verfallsauslösenden rechtswidrigen Tat muss im Strengbeweisverfahren festgestellt worden sein. Feststehen muss auch, dass der betroffene Tatbeteiligte oder ein Drittbegünstigter iSv § 73 Abs. 3 für die Tat oder daraus etwas erlangt hat. Soweit sich die Schätzung auf den Umfang oder den Wert von Nutzungen oder Surrogaten bezieht, muss gesichert sein, dass diese in verfallsbegründender Weise angefallen sind. Soll die Höhe von Drittansprüchen iSv § 73 Abs. 1 S. 2 geschätzt werden, müssen sie dem Grunde nach bestehen und durchsetzbar sein.

Für eine Schätzung der in § 73b genannten Werte muss weiterhin ein **Bedürfnis** bestehen. Die **7** Beweiserleichterung ist daher nur anwendbar auf Fälle, in denen im Strengbeweisverfahren **nicht mit hinreichender Sicherheit oder nur mit unverhältnismäßigem Aufwand festgestellt** werden kann, in welchem Umfang oder Wert ein Verfallsgegenstand angefallen ist (vgl. NStZ-RR 2001, 327; LK-StGB/*Schmidt* Rn. 5). Sich anbietende Ermittlungsmöglichkeiten und Beweismittel sind grds. auszuschöpfen; erst für verbleibende Unsicherheiten ist § 73b heranzuziehen. Sind weitere Ermittlungen möglich, würden sie aber einen unverhältnismäßigen Zeit- oder Kostenaufwand verursachen, kann gleichfalls auf eine Schätzung zurückgegriffen werden (Schönke/Schröder/*Eser* Rn. 6; vgl. BT-Drs. V/4095, 40 f.). Ob dies der Fall ist, obliegt dem pflichtgemäßen tatrichterlichen Ermessen; maßgebliches Gewicht für die Frage, ob eine Beweisaufnahme durchzuführen ist, kommt dabei dem erforderlichen Aufwand und der zu erwartenden Verfahrensverzögerung im Verhältnis zur voraussichtlichen Verfallshöhe zu (Fischer Rn. 5; LK-StGB/*Schmidt* Rn. 3, 11).

Liegen diese Voraussetzungen vor, ist das Gericht zu einer Schätzung **nicht nur berechtigt, sondern 8 auch verpflichtet.** Es darf sich statt der im Strengbeweisverfahren erforderlichen beweisgestützten Ermittlung mit Anhaltspunkten begnügen, die nach der Lebenserfahrung und den Besonderheiten der zugrunde liegenden Tat eine verlässliche Grundlage für eine Schätzung bieten (LK-StGB/*Schmidt* Rn. 3). Solche **Anknüpfungstatsachen** müssen auf Grundlage des Ergebnisses der Beweisaufnahme ihrerseits gesichert feststehen (vgl. BGH NStZ-RR 2009, 94; BGH NStZ 2005, 455; BGH NStZ-RR 2000, 57). Der Tatrichter ist nach § 73b verpflichtet, sie insoweit aufzuklären und festzustellen, bis sie ihm eine hinreichend sichere Schätzung ermöglichen. So kann vor Durchführung der Schätzung die Einholung eines Sachverständigengutachtens angezeigt sein (LK-StGB/*Schmidt* Rn. 3); es kommt auch zur Bestimmung der Ober- und Untergrenze eines Sachwertes in Betracht, soweit hierauf eine Schätzung gestützt werden kann. Im Bereich der BtM-Kriminalität können für die Schätzung von Verkaufserlösen der Einkaufspreis und der üblicherweise für Betäubungsmittel der festgestellten Art und Qualität erzielbare Preis herangezogen werden (BGH NStZ-RR 2000, 57; BGH NStZ 1989, 361); allerdings müssen hierfür die Menge der umgesetzten Betäubungsmittel und ihr Wirkstoffgehalt feststehen (vgl. BGH NStZ 2005, 455 für Cannabis). Für die Ermittlung der Schätzungsgrundlage gilt der **Zweifelssatz** (BGH NStZ 1989, 361; Fischer Rn. 5). Sind zureichende Anknüpfungstatsachen nicht erweislich, kommt eine Schätzung nicht in Betracht; der Gegenstand des Verfalls darf auch nach § 73b nicht willkürlich und ohne ein Mindestmaß an Anhaltspunkten bestimmt werden (vgl. BGH NStZ-RR 2001, 327; BGH NStZ 1989, 361; für § 287 ZPO vgl. BGHZ 91, 243 (256); BGH NJW-RR 2004, 1023). In Grenzfällen wird allerdings häufig bereits in Frage stehen, ob der Betroffene überhaupt etwas erlangt hat.

Die Schätzung selbst kann entsprechend den für **§ 287 ZPO** entwickelten Grundsätzen vorgenommen **9** werden (vgl. etwa Musielak/*Foerste*, ZPO, 12. Aufl. 2015, ZPO § 287 Rn. 8 ff.). Der Zweifelssatz gilt insoweit nicht (BGH NStZ 1989, 361); allerdings darf die Schätzung sich nicht auf bloße Vermutungen stützen, sondern muss von den Anknüpfungstatsachen hinreichend getragen sein. Steht eine Höchstsumme des Erlangten fest, kann bei Restunsicherheiten – etwa dahingehend, ob der Verfallsbetroffene an dem Erlangten insgesamt Verfügungsgewalt hatte – ein Sicherheitsabschlag vorgenommen werden (BGH NStZ-RR 2009, 94). Ggf. kann auch ein Teil- oder Mindest(wert)betrag für verfallen erklärt werden. Andererseits darf der Tatrichter das Erlangte nicht unter dem Betrag ansetzen, der nach der Schätzungsgrundlage mit hoher Wahrscheinlichkeit erlangt wurde (vgl. BGH NStZ-RR 2000, 57).

D. Verfahrensrecht

Das **Urteil** muss erkennen lassen, dass eine Schätzung vorgenommen wurde (vgl. BGH NStZ-RR **10** 2006, 376), und die zugrunde liegenden Anknüpfungstatsachen sowie ihre Herkunft darlegen. Die bloße Mitteilung des berechneten Verfallsbetrages ist nicht ausreichend (BGH NStZ-RR 2001, 327).

11   Mit der **Revision** kann gerügt werden, dass von einer Verfallanordnung abgesehen wurde, obwohl
die Voraussetzungen für eine Schätzung vorgelegen haben. Bieten bereits die Urteilsfeststellungen eine
hinreichend sichere Schätzgrundlage oder Anhaltspunkte, dass eine solche gefunden werden kann, ist
insoweit die Erhebung der Sachrüge ausreichend (vgl. BGH NStZ-RR 2009, 94; 2000, 57; BGH NStZ
1989, 361); iÜ kommt eine Verfahrensrüge des Inhaltes in Betracht, dass das Tatgericht die Aufklärung
nahe liegender Anknüpfungstatsachen unterlassen hat. Ist ein Verfall unter Anwendung von § 73b
ausgesprochen worden, überprüft das Revisionsgericht auf Ermessensfehler, ob der Tatrichter zu Recht
von weiteren Ermittlungen zur konkreten Bestimmung des Erlangten, seines Wertes oder des Umfanges
von Drittansprüchen abgesehen hat. Die vorgenommene Schätzung unterliegt einer Nachprüfung
dahingehend, ob ihr hinreichende Anknüpfungstatsachen zugrunde liegen, insbes. solche, die sich den
Anlasstaten zuordnen lassen (vgl. insoweit BGH NStZ 2010, 85). Das Ergebnis der Schätzung kontrolliert das Revisionsgericht allein auf Vertretbarkeit. Ergibt sich aus den Feststellungen eine nach der
Lebenswahrscheinlichkeit jedenfalls höhere Summe als der ausgeurteilte Verfallsbetrag, unterliegt die
Schätzung der Aufhebung (BGH NStZ 2000, 57 für BtM-Verkäufe). Im Falle einer aus den Urteilsgründen hinreichend hervorgehenden Schätzungsgrundlage kann das Revisionsgericht zur Höhe des
Wertersatzes in entsprechender Anwendung des **§ 354 Abs. 1 StPO** durchentscheiden (vgl. BGH NStZ
2000, 57), sofern nicht weitere tatsächliche Umstände, insbes. zur Anwendung von § 73c einer ergänzenden Aufklärung bedürftig sind (vgl. BGH NStZ 2009, 94).

§ 73c Härtevorschrift

(1) ¹Der Verfall wird nicht angeordnet, soweit er für den Betroffenen eine unbillige Härte
wäre. ²Die Anordnung kann unterbleiben, soweit der Wert des Erlangten zur Zeit der Anordnung in dem Vermögen des Betroffenen nicht mehr vorhanden ist oder wenn das Erlangte
nur einen geringen Wert hat.

(2) Für die Bewilligung von Zahlungserleichterungen gilt § 42 entsprechend.

A. Zweck und Anwendungsbereich

1   § 73c ist Ausdruck des **Verhältnismäßigkeitsgrundsatzes** und Übermaßverbotes (vgl. BGH NJW
1995, 2236; BGH NStZ-RR 2000, 365; Schönke/Schröder/*Eser* Rn. 1; *Rönnau,* Vermögensabschöpfung in der Praxis, 1. Aufl. 2003, 222). Die Vorschrift ermöglicht, auf eine verfahrensökonomische
Weise Härten Rechnung zu tragen, die sich aus der obligatorischen Natur des Verfalls sowie daraus
ergeben können, dass die Verfallsanordnung unabhängig davon zu erfolgen hat, ob sich das Erlangte oder
sein Wert noch im Vermögen des Betroffenen befindet (vgl. BGH StV 1995, 635; LK-StGB/*Schmidt*
Rn. 1 ff.). Infolge der Umstellung auf das **Bruttoprinzip** kommt § 73c gesteigerte Bedeutung zu (vgl.
MüKoStGB/*Joecks* Rn. 3); allerdings ergibt sich eine unbillige Härte nicht aus der bloßen Anwendung
des Bruttoprinzips, etwa aus dem Umstand, dass Aufwendungen für ein rechtswidriges Geschäft bei der
Berechnung des Verfallbetrages unberücksichtigt geblieben sind (BGH NJW 2009, 2755). Wegen der
individuellen Prüfung für jeden Verfallbetroffenen können trotz gleicher Höhe des Erlangten abhängig
von den jeweiligen persönlichen Verhältnissen und den jeweiligen Schicksal des Erlangten bei mehreren
Tatbeteiligten unterschiedlich hohe Vermögenswerte für verfallen erklärt werden (vgl. BGHSt 56, 40
(50 f.) = BGH NJW 2011, 624; BGH NStZ-RR 2014, 44 (jeweils für § 111i StPO)).

2   Die Härtevorschrift enthält **in Abs. 1 S. 1 eine Generalklausel,** die in ihrem Anwendungsbereich
das Absehen von der Verfallsanordnung zwingend vorschreibt. Sie ist nur anwendbar, soweit kein **Fall
des spezielleren Abs. 1 S. 2** vorliegt, der in zwei Ausgestaltungen die Ausübung tatrichterlichen
Ermessens eröffnet (BGH NStZ-RR 2014, 44; BGH NStZ 2010, 86). Aus der Systematik folgt, dass
eine nach Abs. 1 S. 2 zu berücksichtigende Entreicherung oder ein geringer Wert des Erlangten für sich
genommen keine unbillige Härte nach Abs. 1 S. 1 begründen kann (BGH NStZ 2000, 589 (590);
Fischer Rn. 2; näher → Rn. 6). Die Fälle des Abs. 1 S. 1 und S. 2 können **kumulativ** zur Anwendung
gelangen, etwa bei einem nur noch in Teilen vorhandenen Erlangten und – hiermit zusammentreffend –
anderweitigen härtebegründenden Umständen. Wird nach Abs. 1 teilweise von Verfall abgesehen,
können im verbleibenden Umfang Zahlungserleichterungen nach Abs. 2 bewilligt werden.

3   § 73c ist **anwendbar auf alle Verfallanordnungen nach §§ 73, 73a,** mithin auf die Anordnung
originären Verfalls nach § 73 Abs. 1, des Nutzungs- und Surrogatverfalls nach § 73 Abs. 2 und des
Werteverfalls nach § 73a. In persönlicher Hinsicht können sich **Tatbeteiligte, Drittbegünstigte iSv
§ 73 Abs. 3** (vgl. BGH BeckRS 2014, 18274 = BGH NStZ-RR 2015, 44 (Ls.); BGH BeckRS 2015,
13331 Rn. 48; BGH NStZ-RR 2007, 109) **und Rechtsinhaber nach § 73 Abs. 4** auf die Vorschrift
berufen (vgl. MüKoStGB/*Joecks* Rn. 10). Gemäß **§ 73d Abs. 4** findet § 73c auch auf den erweiterten
Verfall Anwendung. § 73c ist auch im Rahmen der nach **§ 111i Abs. 2 StPO** zu treffenden Entscheidung zu berücksichtigen (BGHSt 56, 39 (44) = BGH NJW 2011, 624 (625); BGH NStZ-RR
2015, 44; BGH NStZ 2014, 32; BGH wistra 2009, 241; BGH BeckRS 2010, 21230).

B. Härtefälle (Abs. 1)

§ 73c Abs. 1 unterscheidet **drei Härtefälle:** Der Generalklausel einer „unbilligen Härte" des Abs. 1   **4**
S. 1 stehen die spezielleren Fälle des „Nichtmehrvorhandenseins" des Erlangten nach Abs. 1 S. 2 Alt. 1
und seine Geringwertigkeit nach Abs. 1 S. 2 Alt. 2 gegenüber. **Rechtsfolge** einer Anwendung von
§ 73c Abs. 1 ist die Nichtanordnung des Verfalls, „soweit" die den Härtefall begründenden Umstände
reichen. Dies erlaubt, von der Verfallsanordnung gänzlich abzusehen; möglich – und ggf. geboten (vgl.
BGH NStZ-RR 2009, 235) – ist aber auch, die Anordnung nach Maßgabe des Einzelfalles lediglich zu
beschränken (vgl. BGH NStZ 2010, 86; BGH NStZ-RR 2003, 75; BGH BeckRS 2009, 04873
(insoweit in BGH NStZ-RR 2009, 142 nicht abgedr.)), etwa auf den Umfang des bei dem Betroffenen
vorhandenen Vermögens (vgl. BGH NStZ 1995, 495).

I. Unbillige Härte (Abs. 1 S. 1)

Eine „unbillige Härte" (vgl. zum Rechtsbegriff auch § 459 f. StPO; § 765a Abs. 1 ZPO; § 80 Abs. 4   **5**
VwGO; § 361 Abs. 2 AO) ist anzunehmen, wenn der Verfall im Betroffenen in Ansehung aller
Fallumstände derart belasten würde, dass seine Anordnung **schlechthin ungerecht** wäre und das
verfassungsrechtliche Übermaßverbot verletzen würde (BGHSt 51, 65 = BGH NJW 2006, 2500 (2501);
BGH NStZ 2010, 86; BGH NStZ-RR 2009, 234; BGH wistra 2003, 426 (427)). Die **Anforderungen
hierfür sind hoch** (s. etwa BGH NStZ 1995, 495; BGH NStZ-RR 2002, 7 (8)). Entscheidend ist, wie
sich die Entziehung des Erlangten auf den Betroffenen und seine Lebensumstände konkret auswirken
würde (BGH NStZ-RR 2000, 365). Es müssen besondere Umstände vorliegen, aufgrund derer mit der
Vollstreckung des Verfalls eine außerhalb des Verfallszwecks liegende zusätzliche Härte verbunden wäre,
die den Betroffenen auch unter Berücksichtigung des Zwecks des Verfalls nicht zugemutet werden kann
(BGH NStZ 2010, 86). Auch in diesem Fall ist allerdings zu prüfen, ob als milderes Mittel eine
reduzierte Verfallanordnung gerechtfertigt wäre. Von der Anordnung ist nur dann vollständig abzusehen, wenn auch der Verfall eines Teilbetrags den Angeklagten unbillig hart träfe (BGH NStZ-RR
2009, 235 (236)). Dem Tatgericht ist bei Gewichtung der für eine evtl. unbillige Härte maßgeblichen
Umstände ein **weiter Beurteilungsspielraum** eröffnet (BGHSt 57, 79 (87) = BGH NJW 2012, 1159
(1161); BGH BeckRS 2015, 13331, Rn. 52; → Rn. 24).

Die **Vermögenslage des Betroffenen** kann für die Beurteilung, ob der Verfall eine unbillige Härte   **6**
bedeuten würde, einen wesentlichen Umstand darstellen. Allerdings ist hierbei das systematische Verhältnis der Regelungen des Abs. 1 zu beachten (vgl. BGH NStZ 2010, 86; 2000, 589 (590)). Da eine
sich aus der Vermögenslage ergebende Entreicherung nach Abs. 1 S. 2 Alt. 1 ein Absehen vom Verfall
nach pflichtgemäßem Ermessen ermöglicht und damit nicht zugleich einen zwingenden Ausschlussgrund nach Abs. 1 S. 1 bilden kann, besteht insoweit **eine Spezialität von Abs. 1 S. 2 Alt. 1** (BGH
wistra 2003, 424 (425); BGH NStZ-RR 2016, 83). Der Umstand, dass das Erlangte im Vermögen des
Betroffenen nicht mehr vorhanden ist, rechtfertigt für sich genommen nicht die Annahme einer
unbilligen Härte (BGHSt 52, 227 = BGH NStZ 2009, 275 (278)). Für die Anwendung von Abs. 1 S. 1
bedarf es zusätzlicher Umstände, die eine Verfallsanordnung als ungerecht und unverhältnismäßig
erscheinen lassen (BGH NStZ 2000, 589 (590); Lackner/Kühl/*Heger* Rn. 3; LK-StGB/*Schmidt* Rn. 7).
Diese liegen nicht bereits dann vor, wenn dem Verfallsbetroffenen infolge des Verfalls **nur ein geringes
Restvermögen verbliebe,** wenn er gänzlich **vermögenslos** geworden **ist oder zu werden droht**
(BGH NStZ-RR 2009, 234 (235)), wenn der Verfallbetrag nicht beigetrieben werden kann, selbst dann
nicht, wenn der Betroffene unfähig ist, die **Mittel für den eigenen Unterhalt** aufzubringen (BGH
NStZ 2010, 86; BGH NJW 2009, 2755). Allerdings kann die wirtschaftliche Situation des Betroffenen
ergänzend zu anderen, tatbezogenen Umständen herangezogen werden und zur Annahme einer unbilligen Härte führen (vgl. BGH NStZ-RR 2007, 109 (110)). Zudem kann es eine unbillige Härte
begründen, wenn der Täter wegen der Tat erheblichen, dem Verfall nicht vorgehenden Schadensersatzansprüchen eines Dritten ausgesetzt ist (BGH wistra 2010, 439 (441)).

Aus dem systematischen Verhältnis der Härtefallregelungen zueinander folgt andererseits, dass Abs. 1   **6a**
S. 1 auch dann Anwendung finden kann, wenn der **Wert des Erlangten im Vermögen des Betroffenen noch vorhanden** ist oder dieser anderweitig über Vermögen verfügt (vgl. BGH NStZ-RR 2002, 7
(8); BGH NStZ 1995, 495), sofern besondere härtebegründende Umstände hinzutreten. Hält man die
Anwendung von Abs. 1 S. 2 Alt. 1 generell für ausgeschlossen, wenn vorhandenes Vermögen dem Wert
des Erlangten entspricht oder darüber hinausgeht (vgl. BGHSt 51, 65 = BGH NJW 2006, 2500 (2501)
(1. StrS); näher → Rn. 10), so kann zumindest eine unbillige Härte daraus folgen, dass die Vermögenswerte **in keinem denkbaren Zusammenhang mit der Anlasstat** stehen. Dies kommt etwa dann in
Betracht, wenn ein anderweitiger Erwerbsgrund eindeutig feststellbar ist (zB Erbschaft) oder bestimmte
Vermögensteile (zB eine Immobilie) bereits vor der Tat bestanden. Gleiches gilt, wenn der Betroffene
den Verfallsgegenstand nur kurzfristig und transitorisch erlangt hat (vgl. BGH NJW 2012, 92 (93) für
weiterüberwiesenes Giralgeld).

7   Die Auswirkung des **Bruttoprinzips,** dass Aufwendungen für ein rechtswidriges Geschäft bei Bestimmung des Verfallsbetrages unberücksichtigt bleiben, obwohl sie den Gewinn mindern, berechtigt nicht bereits für sich genommen zur Annahme einer unbilligen Härte, da der Zweck des Bruttoprinzipes ansonsten durch § 73c unterlaufen würde (BGHSt 52, 227 = BGH NStZ 2009, 275 (278); BGH NJW 2009, 2755; BGH NStZ 2004, 457; BGH wistra 2003, 424 (425)). Allerdings kann bei erheblichen Tatinvestitionen eines verfallsbetroffenen Unternehmens, die bei voller Abschöpfung des Erlangten zu einer **unternehmerischen Existenzgefährdung** führen würden, eine Reduzierung der Verfallsanordnung auf den Betrag, der die Leistungsfähigkeit nicht überschreitet, angezeigt sein (vgl. BayObLGSt 67, 162; Schönke/Schröder/*Eser* Rn. 2; **aA** LK-StGB/*Schmidt* Rn. 8; MüKoStGB/*Joecks* Rn. 15). Bedeutsam ist insoweit die bilanzielle Situation, die Gewinnerwartung, aber auch eine etwaige Konzerngebundenheit des Unternehmens (vgl. BGH NStZ-RR 2004, 214; BGH BeckRS 2015, 13331 Rn. 53: Verfall von 451.756 EUR bei Bilanzgewinn von 989.523 EUR). In Ermangelung besonderer Anhaltspunkte kann der Tatrichter allerdings ohne weitere Nachforschungen davon ausgehen, dass ein in Anwendung des Bruttoprinzips ausgesprochener Verfall keine wirtschaftlich existenzgefährdenden Auswirkungen haben wird. Ob das Erwerbsgeschäft, mit dem der Betroffene einen dem Verfall unterliegenden Vorteil erzielt hat, wirksam oder genehmigungsfähig ist, hat demgegenüber Bedeutung bereits für die Bestimmung des Erlangten (vgl. BGHSt 57, 79 = BGH NJW 2012, 1159 (1161); → § 73 Rn. 25a ff.).

8   **Weitere Einzelfälle:** Eine unbillige Härte nach Abs. 1 S. 1 kann darin begründet liegen, dass der **Verfallsbetroffene den Tatverletzten bereits vollständig oder großteils entschädigt** hat, so dass nur deshalb die Verfallssperre nach § 73 Abs. 1 S. 2 (Wegfall des Drittanspruchs nach § 362 Abs. 1 BGB, vgl. → § 73 Rn. 63a) nicht eintritt und der Täter durch die Verfallsanordnung letztlich doppelt in Anspruch genommen würde (vgl. BGH NStZ 2011, 83 (97)). Gleiches gilt, wenn der Betroffene damit rechnen muss, aufgrund einer dem Verfall nicht vorrangigen **Rechtsverfolgung eines Geschädigten** voraussichtlich sein gesamtes Vermögen zu verlieren (vgl. BGH wistra 2010, 439 (441); 1999, 464). § 73c Abs. 1 S. 1 kann ferner eingreifen, wenn der Verfallsbetroffene den erlangten Vermögensvorteil **unentgeltlich einem Dritten zugewandt** hat, der nicht § 73 Abs. 3 unterfällt (vgl. OLG Hamm NJW 1973, 719 (Spende an gemeinnützige Einrichtung); MüKoStGB/*Joecks* Rn. 14), oder wenn ein Drittberechtigter iSv § 73 Abs. 4 den seitens des Verfallsbetroffenen erlangten Gegenstand zwischenzeitlich zurückerhalten hat, ferner bei **Gutgläubigkeit des verfallsbetroffenen Dritten iSv § 73 Abs. 3** (vgl. BGH NStZ-RR 2007, 109 (110): „zentraler Ermessensgesichtspunkt"), etwa der Unternehmensleitung bei betriebsbezogenen Geschäften in den sog Vertretungsfällen (BGHSt 47, 369 (376) = BGH NJW 2002, 3339 (3341); BGH wistra 2004, 465 (466) mAnm *Schäfer* JR 2004, 518; → § 73 Rn. 51). Ein Härtefall kann auch darin begründet liegen, dass der Betroffene **über den Verfallsgegenstand nur kurzzeitig verfügen** konnte und ihn alsbald weitergeleitet hat (vgl. BGH NJW 2012, 92; BGH NStZ-RR 2015, 310 (allerdings Anwendung von § 73 Abs. 1 S. 2), → Rn. 6 und 11b), dass dem Täter in Zusammenhang mit dem Erlangten erhebliche Kosten entstanden sind oder eine vom Betroffenen nicht zu vertretende **erhebliche Wertminderung iSv § 73a S. 2** eingetreten ist (vgl. BGH NStZ 2011, 83 (86); Kursverfall erlangter Aktien). Hat der Betroffene durch **beamtenrechtliche Auswirkungen von Verfahren und Urteil** erhebliche finanzielle Einbußen hinzunehmen, und sind die ihm zugute gekommenen Vorteile in seinem Vermögen zugleich nicht mehr vorhanden, kann dies gleichfalls die Annahme einer unbilligen Härte rechtfertigen. Eine Anwendung von Abs. 1 S. 1 kommt auch dann in Betracht, wenn durch die Zahlungsverpflichtung des vermögenslosen Angeklagten dessen **Resozialisierung** nach der Haftentlassung erheblich erschwert würde (BGH NStZ-RR 2003, 75; BGH NStZ 1995, 495), nicht allerdings dann, wenn sich diese Wirkung erst aus einer erteilten Bewährungsauflage ergibt (BGH NStZ-RR 2002, 7 (8)). Maßgeblich sind hier in besonderem Maße die Umstände des Einzelfalles; so genügt die Erwägung, der Angeklagte verfüge über kein nennenswertes Vermögen und müsse nach seiner Entlassung von einer Rente oder Sozialleistungen leben, auch unter Berücksichtigung des Resozialisierungsgedankens zur Begründung einer unbilligen Härte nicht (BGH NStZ 2010, 86). Als Kriterien nach Abs. 1 S. 1 untauglich sind mittelbare **Auswirkungen der Maßnahme auf Dritte,** insbes. die drohende **Vernachlässigung von Unterhaltspflichten** (BGH NStZ 2010, 86; BGH NStZ-RR 2009, 234 (235): LK-StGB/*Schmidt* Rn. 7). Eine **Besteuerung** des Erlangten ist – soweit sie bestandskräftig festgesetzt ist – zur Vermeidung eines doppelten staatlichen Zugriffs zu berücksichtigen, fällt aber unter Abs. 1 S. 2 Alt. 1 (→ Rn. 18). Dagegen ist die **Schwere der Anlasstat** wegen der von Strafe zu unterscheidenden Natur des Verfalls kein tauglicher Anknüpfungspunkt für eine Beurteilung als Härtefall (**aA** Schönke/Schröder/*Eser* Rn. 2).

II. Wegfall der Bereicherung (Abs. 1 S. 2 Alt. 1)

9   **1. Nicht mehr im Vermögen vorhanden.** § 73c setzt voraus, dass der Verfallsbetroffene **ursprünglich etwas erlangt** hat, das im Original, in Form von Nutzungen, Surrogaten oder seinem Wert nach dem Verfall unterliegt, das in seinem Vermögen jedoch **nicht mehr vorhanden** ist. Die Prüfung, ob nach dem Maßstab der §§ 73, 73a eine abschöpfbare Vermögensmehrung eingetreten ist, geht der Anwendung von § 73c Abs. 1 S. 2 Alt. 1 daher vor (vgl. BGHSt 38, 23 (25) = BGH NJW 1991, 2714).

Lässt sich der Fortbestand des originär Erlangten im Vermögen des Betroffenen nicht (mehr) feststellen, darf der Tatrichter es nicht bei der Anordnung von Werteverfall nach § 73a bewenden lassen, sondern muss § 73c Abs. 1 S. 2 Alt. 1 prüfen (BGH NStZ-RR 2003, 145). Eine strafprozessuale **Sicherstellung** bewirkt keine Aufhebung der Zuordnung des sichergestellten Gegenstandes zum Vermögen des Betroffenen (BGH NStZ-RR 2015, 282).

Für die Anwendung von Abs. 1 S. 2 Alt. 1 reicht es nicht aus, dass das originär Erlangte oder eine **10** hierdurch bewirkte Wertsteigerung des Vermögens weggefallen ist. Vielmehr muss ausgeschlossen sein, dass **irgendein Gegenwert des Erlangten im Vermögen des Betroffenen noch vorhanden ist.** Das vorhandene Vermögen braucht hierfür keinen konkreten oder unmittelbaren Bezug zur Anlasstat aufzuweisen. So hängt die Anordnung des Verfalls nicht davon ab, ob der Angeklagte vorhandene Vermögenswerte mit Gewinnen aus der Anlasstaten erworben hat, oder ob er mit den Gewinnen andere Aufwendungen bestritten und mit den eingesparten Mitteln das vorhandene Vermögen gebildet hat (BGH NStZ-RR 2002, 7 (8); BGH NStZ 2000, 480 (481)). Eine Anwendung von Abs. 1 S. 2 Alt. 1 **scheidet daher grds. schon dann aus,** wenn der Verfallsbetroffene im maßgeblichen Zeitpunkt der Verfallsanordnung **über Vermögen verfügt, das wertmäßig nicht hinter dem Verfallsbetrag zurückbleibt.** Denn in diesem Fall liegt es nahe, dass der Wert des Erlangten in seinem Vermögen noch vorhanden ist (BGHSt 48, 40 (41) = BGH NJW 2003, 300 (301); BGH BeckRS 2015, 13331 Rn. 49; BGH NJW 2012, 92; BGH NStZ 2006, 376; BGH NStZ-RR 2005, 104 (105); BGH NStZ 2005, 455; BGH NStZ-RR 2002, 7; sog „Vermutungwirkung"). Dementsprechend ist eine tatrichterliche Aufklärung über die Verwendung des Erlangten, über die Quellen des vorhandenen Vermögens und über Vermögensumschichtungen idR entbehrlich (BGHSt 51, 65 (69 f.) = BGH NJW 2006, 2500 (2501)). Dies ist soweit unstreitig.

Nach **BGHSt 48, 40** (= BGH NJW 2003, 300 (301) (4. StrS), m. zust. Anm. *Rönnau* NStZ 2003, **11** 367; ebenso BGH NJW 2012, 92 (5. StrS); BGH NStZ-RR 2009, 234 (235) (4. StrS); BGH NStZ-RR 2005, 104 (105) (3. StrS); **aA** BGHSt 51, 65 (70) = BGH NJW 2006, 2500 (2501) (1. StrS); zustimmend Fischer Rn. 4a; MüKoStGB/*Joecks* Rn. 24) handelt es sich bei der Annahme, dass vorhandenes Vermögen seinen Ursprung in dem Erlangten habe, allerdings nur um eine widerlegliche Vermutung. Steht im Einzelfall zweifelsfrei fest, dass es **in keinem denkbaren Zusammenhang mit den verfalls-begründenden Straftaten** steht, soll eine Anwendung von Abs. 1 S. 2 nicht ausgeschlossen sein. Dies soll etwa – so der BGHSt 48, 40 zugrunde liegende Fall – auf mehrere Jahre vor den Anlasstaten durch Erbschaft in das Vermögen des Verfallsbetroffenen gelangte Sachwerte, auf eine bereits bestehende Kapitallebensversicherung (BGH NStZ-RR 2009, 234) oder für den Fall unverzüglicher Weiterleitung vereinnahmter Beträge an Mittäter (BGH NJW 2012, 92) zutreffen. Vermögen ohne denkbare Beziehung zum Erlangten behält hiernach aber Bedeutung für die im Rahmen von Abs. 2 S. 1 Alt. 1 zu treffende Ermessensentscheidung (BGHSt 48, 40 (41) = BGH NJW 2003, 300 (301); BGHSt 38, 23 (25) = BGH NJW 1991, 2714). Nach der entgegenstehenden Auffassung von **BGHSt 51, 65** (1. StrS (nicht tragend); abl. Anm. *Dannecker* NStZ 2006, 683) schließt vorhandenes Vermögen eine Anwendung von Abs. 2 S. 1 unwiderleglich aus, da zur Feststellung eines etwaigen Ausnahmefalles umfangreiche Finanzermittlungen erforderlich werden könnten und dies der Praktikabilität, Effektivität und der Präventivwirkung der Verfallsvorschriften zuwiderlaufen würde. In besonders gelagerten Einzelfällen soll über § 73c Abs. 1 S. 1 Schutz zu gewähren sein, ohne dass es hierfür einer genauen Untersuchung der Herkunft des vorhandenen Vermögens bedürfte.

Die Auffassung des 1. StrS. verdient Zustimmung. Angesichts des **Ausnahmecharakters** von § 73c schließt **11a** vorhandenes Vermögen eine Entreicherung aus. Eine Abgrenzung zwischen bemakeltem und unbemakeltem Vermögen würde die Wirksamkeit der Verfallvorschriften in ihrer Gesamtheit nachhaltig beeinträchtigen, da sie auf eine aufwändige und regelmäßig nicht mehr nachvollziehbare **Rekonstruktion der Vermögensentwicklung,** der Finanzierung und des Schicksals einzelner Vermögenswerte hinausläuft. Die von der Gegenauffassung zugelassene Ausnahme läuft letztlich auf das – auch von ihr abgelehnte – Erfordernis eines tatrichterlich nachzuweisenden Bezugs des Verfalls-objektes zur Anlasstat hinaus. Soll etwa der Rückkaufswert einer vor der Anlasstat beitragsfrei gestellten Lebensversicherung aus dem verfallbaren Vermögen ausscheiden (so BGH NStZ-RR 2009, 234), so müsste gleiches für jede Vermögensinvestition des Betroffenen vor der Anlasstat gelten. Unter Kausalitätsgesichtspunkten ist ein Zusammenhang vorhandenen Vermögens mit dem Erlangten andererseits kaum auszuschließen; denn regelmäßig verbleibt die Möglichkeit, dass der Betroffene sich sein ursprüngliches Vermögen nur dadurch erhalten hat, weil er spätere Ausgaben aus dem Erlangten finanzieren konnte (vgl. MüKoStGB/*Joecks* Rn. 24). Auch der **Wortlaut** von § 73c verlangt keine Unterteilung des Vermögens nach Herkunft. So lässt sich der „Wert des Erlangten" ohne weiteres als eine bloß quantitative Größe verstehen.

Die in der Praxis häufigen Fälle der **Weiterleitung eines Vermögensgegenstandes** von erheblichem Wert **durch 11b den nur untergeordnet tatbeteiligten Verfallsbetroffenen an Hinterleute** (→ § 73 Rn. 28, 30a) können demnach befriedigend dadurch gelöst werden, dass Abs. 2 S. 1 Anwendung findet, soweit der Wert des Erlangten das vorhandene Vermögen des Verfallsbeteiligten übersteigt. Liegt es so, dass der Verfallsbeteiligte durch die Abschöpfung vollständig vermögenslos gestellt würde und dieses Ergebnis nach den Fallumständen nicht tragbar erschiene, kann eine (weitere) Verringerung des Verfallsbetrages durch Annahme einer unbilligen Härte nach Abs. 1 S. 1 erreicht werden.

Die Vermutungs- oder Ausschlusswirkung tritt nur ein, soweit das Vermögen des Betroffenen im **12** Zeitpunkt der Verfallsanordnung einen positiven Wert aufweist. Ein „Wertzuwachs" durch eine **allgemeine Schuldentilgung,** der sich nur in einer Verringerung der Passiva des Betroffenen ausdrückt, steht einer Anwendung von Abs. 1 S. 2 Alt. 1 daher nicht entgegen; denn der Umstand, dass eine bestimmte Schuld nicht mehr besteht, bildet für sich genommen keinen im Vermögen vorhandenen Wert (BGHSt 38, 23 (25) = BGH NJW 1991, 2714; BGH NStZ 2000, 480 (481)). Anderes gilt dann, wenn das Erlangte zur **Abzahlung eines noch vorhandenen Vermögenswertes** verwendet wurde, etwa zur Entschuldung eines noch vorhandenen Grundstücks (BGHSt 51, 65 (70 f.) (Einzahlungen auf zur späteren Tilgung abgeschlossene Bauspar- und Lebensversicherungsverträge); BGHSt 38, 23 (25) = BGH NJW 1991, 2714 (Tilgung von Darlehensraten)) oder zur Tilgung eines Ratenkredites für eine erworbene, noch vorhandene Sache. Auch das Bestreiten der **allgemeinen Lebenshaltungskosten** oder der **Finanzierung einer Betäubungsmittelsucht** des Betroffenen hinterlässt keinen bleibenden Vermögenswert und hindert – jedenfalls bei im Übrigen fehlendem Vermögen – die Annahme einer Entreicherung iSv Abs. 1 S. 2 Alt. 1 nicht (BGH NStZ 2000, 480 (481); Fischer Rn. 4a; LK-StGB/ *Schmidt* Rn. 11); allerdings kann der Umstand, dass der Betroffene in diesen Fällen aus dem Erlangten Vorteile gezogen hat, im Rahmen der Ermessensentscheidung Berücksichtigung finden (LK-StGB/ *Schmidt* Rn. 12; NK-StGB/*Herzog* Rn. 5).

13   **2. Erforderliche Feststellungen.** Die Anwendung von § 73c Abs. 1 S. 2 Alt. 1 setzt die **gesicherte Feststellung** voraus, dass das Erlangte im Vermögen des Verfallsbetroffenen **nicht oder nicht mehr vollständig vorhanden** ist; eine Ausübung von Ermessen oder das Einfließen von Billigkeitsgesichtspunkten scheidet insoweit aus. Ein nur mutmaßlicher Verbrauch oder in Art und Höhe nicht näher festgestellte Vermögenseinbußen sind nicht hinreichend (vgl. BGH NStZ-RR 2002, 7 (8)). Vielmehr muss auszuschließen sein, dass sich das Erlangte im Vermögen des Verfallsbetroffenen unmittelbar oder seinem Wert nach wieder findet (BGH NStZ 1995, 495; 2000, 480).

14   Erforderlich ist daher eine **Gegenüberstellung des Wertes des aus der Straftat Erlangten mit dem Wert des bestehenden Vermögens** (BGH NStZ-RR 2014, 44; BGH NStZ 2010, 86; BGH NStZ-RR 2005, 104 (105); Fischer Rn. 5). Bereits im Rahmen der vorgreiflichen Prüfung (→ § 73 Rn. 15 f.), ob und in welchem Umfang die Voraussetzungen für eine Verfallsanordnung nach §§ 73, 73a vorliegen, ist zunächst der Wert des Erlangten festzustellen (vgl. BGH NStZ 2010, 86; 2005, 454 (455)). Von einer entsprechenden Ermittlung ist der Tatrichter auch dann nicht enthoben, wenn die Vermögenslosigkeit des Betroffenen feststeht; denn der Umfang des ursprünglich Erlangten bildet eine wesentliche Grundlage für die zu treffende Ermessensentscheidung, insbes. für die weitere Feststellung und Bewertung, in welchem Umfang und auf welche Weise die Bereicherung nachträglich weggefallen ist (BGH NStZ-RR 2005, 104 (105)). Möglich ist allenfalls die Schätzung (§ 73b) eines Maximalbetrages, den der Betroffene erlangt haben könnte, sofern er auch in dieser Höhe jedenfalls entreichert ist und eine Ermessensausübung jedenfalls zu einen Gunsten ausfällt. Verfügt der Verfallsbetroffene über nicht nur unerhebliches Vermögen, ist dagegen der Verfallsbetrag zu ermitteln und konkret festzustellen (BGH NStZ-RR 2005, 104 (105)). Hiernach sind in einem zweiten Schritt die wirtschaftlichen Verhältnisse des Betroffenen aufzuklären und dem Verfallsbetrag gegenüberzustellen (vgl. BGH NStZ 2005, 454 (455); BGH BeckRS 2007, 04557). Maßgeblich ist das **Nettovermögen,** dh die Summe der vorhandenen Vermögenswerte nach ihrem Verkehrswert unter Abzug bestehender Verbindlichkeiten und Belastungen (BGH wistra 2003, 424 (426)). Dementsprechend kann geboten sein, den Verkehrswert einer im Eigentum des Betroffenen befindlichen Immobilie sowie die darauf ruhenden, noch valutierenden Darlehensbelastungen zu ermitteln (vgl. BGH NStZ 2005, 454 (455); 2000, 480 (481)) oder eine **Aufstellung nach Vermögenswerten und Verbindlichkeiten** zu erstellen, um den Saldo zu ermitteln (vgl. BGH wistra 2003, 424 (426)). Seitens des Betroffenen nur behauptete Schulden müssen zur Überzeugung des Tatrichters feststehen; im Zweifel ist ihr Bestehen nicht zu unterstellen (→ Rn. 22). Nur soweit der Verfallbetrag nicht durch das solchermaßen festgestellte Vermögen gedeckt ist, ist eine Ermessensentscheidung eröffnet. Nach der von Teilen der Rspr. vertretenen Auffassung, dass **Vermögensbestandteile ohne denkbaren Zusammenhang mit der Anlasstat** die Anwendung von Abs. 1 S. 2 nicht hindern (→ Rn. 10), ist zusätzlich die Herkunft einzelner Vermögenswerte zu ermitteln, für die das Fehlen eines Tatbezuges nahe liegt; diese sind aus der Gegenüberstellung von Erlangtem und Vermögen auszuscheiden. Maßgeblich für die Bestimmung des Entreicherungsumfangs ist der Zeitpunkt der Anordnung des Verfalls (Fischer Rn. 4).

15   In einem dritten Schritt sind als Grundlage der Ermessensausübung die hierfür bedeutsamen Umstände aufzuklären und festzustellen, soweit sie nach Lage des Falles Bedeutung erlangen könnten. Dies betrifft insbesondere den Verwendungszweck des Erlangten, soweit der Betroffene es verbraucht oder ausgegeben hat, oder die anderweitigen **Gründe, aus denen das Erlangte abhanden kam.** Auch dies setzt konkrete tatrichterliche Feststellungen voraus (BGH NStZ 2010, 86; BGH NStZ-RR 2009, 234 (235)).

16   **3. Ermessen, Einzelfälle.** Abs. 1 S. 2 Alt. 1 eröffnet die Möglichkeit einer – revisionsrechtlich nur eingeschränkt überprüfbaren (→ Rn. 24) – Billigkeitsentscheidung nach Ermessen des Tatrichters, in die im Rahmen einer **Gesamtbetrachtung** alle Besonderheiten des Einzelfalles Eingang finden. So können einzelne Gesichtspunkte, für sich genommen noch nicht, wohl aber in ihrer Kombination eine dem Betroffenen günstige Ermessensausübung rechtfertigen.

Der Umstand, dass der Betroffene vermögenslos ist, reicht für sich genommen zur Begründung eines **17** Härtefalles nach Abs. 1 S. 2 nicht aus; vielmehr bedarf es darüber hinausgehender Gründe, um ein Absehen von Verfall zu rechtfertigen (LK-StGB/*Schmidt* Rn. 10). Ermessensleitend kann insbes. die konkrete **Ursache** sein, **die zum Wegfall des Erlangten geführt hat** (BGH NStZ-RR 2009, 234 (235); 2005, 104 (105); BGH NStZ 2005, 455; SK-StGB/*Wolters/Horn* Rn. 4; *Wallschläger,* Die strafrechtlichen Verfallsvorschriften, 2002, 131). So kann eine Rolle spielen, ob der Betroffene das Erlangte für Luxusaufwendungen und zum Vergnügen „verprasst", oder ob er es für den **allgemeinen Lebensunterhalt** oder in einer Notlage verbraucht hat (BGH NStZ 2005, 104 (105); BGH NJW 1982, 774; Fischer Rn. 5). Die abredegemäße Weitergabe des Erlangten im Verlaufe der Anlasstat an andere Tatbeteiligte kann im Rahmen von Abs. 1 S. 2 Alt. 1 zugunsten des Betroffenen Berücksichtigung finden; dagegen spricht es gegen die Annahme eines Härtefalles, wenn der Betroffene nachträglich Teile seines Vermögens im Hinblick auf den drohenden Verfall an Dritte weitergibt und sich damit **bewusst entreichert** (BGH wistra 2003, 426 (427)). Aufwendungen im Zusammenhang mit der Tat, welche nach Maßstab des **Bruttoprinzips** bei Bemessung des Verfallsumfanges unberücksichtigt bleiben, können für sich genommen eine Anwendung von § 73c nicht rechtfertigen, als härtebegründender Umstand jedoch in die Abwägung miteinfließen; dies gilt insbes. dann, wenn sich die Tat für den Betroffenen bereits ohne Berücksichtung des Verfalls als erhebliches Verlustgeschäft erwiesen hätte (vgl. BGH wistra 2003, 424 (425)). So kann der Umstand, dass es sich bei dem Verfallsbetrag um nicht mehr im Vermögen des Betroffenen befindliche Bruttoerlöse handelt und das vorhandene Vermögen für den Lebensunterhalt des Betroffenen und seiner Familie verbraucht wurde, eine Reduzierung des Verfallsbetrages rechtfertigen (vgl. BGH BeckRS 2001, 00799). Berücksichtigt werden kann auch, dass die Höhe des Verfallbetrags maßgeblich auf die **Aufklärungs- und Geständnisbereitschaft des Betroffenen** zurückgeht, insbes. dann, wenn der Betroffene verfallserhöhende Taten eingeräumt hat, die ihm ansonsten nicht hätten nachgewiesen werden können (BGHSt 48, 40 (41) = BGH NJW 2003, 300). Tatsächliche und rechtliche **Auswirkungen der Tat und des Verfahrens**, etwa die wirtschaftlichen Belastungen langer Untersuchungshaft, der Verlust der wirtschaftlichen Existenz oder standes- und berufsrechtliche Urteilsfolgen sind als Teil der wirtschaftlichen Verhältnisse des Betroffenen in die Ermessensausübung einzustellen. Auch kann berücksichtigt werden, dass die **Resozialisierung** des vermögenslosen Angeklagten durch die Belastung mit einer erheblichen Verfallsschuld gefährdet werden würde (BGHSt 48, 40 (41) = BGH NJW 2003, 300; BGH NStZ 2001, 42); dagegen kann nicht von einer Verfallsanordnung abgesehen werden, um dem Betroffenen zum Zweck der Resozialisierung vorhandene Vermögenswerte zu erhalten (vgl. BGH NStZ 2010, 286; 1995, 495). Auf Grundlage der Auffassung, dass mit dem Erlangten in keinem Zusammenhang stehende Vermögen die Anwendung von Abs. 1 S. 2 Alt. 1 nicht hindert, sind die **vorhandenen Vermögenswerte** im Rahmen der Ermessensausübung zu berücksichtigen. So kann gegen einen Härtefall sprechen, dass die wirtschaftlichen Auswirkungen der Maßnahme den Betroffenen angesichts seines Gesamtvermögens nicht tiefgreifend belasten (BGHSt 48, 40 (41) = BGH NJW 2003, 300 (301)), oder dass der Betroffene unbemakeltes Vermögen geschont und Ausgaben mit dem aus den Straftaten Erlangten bestritten hat (BGH NStZ-RR 2009, 234 (235)).

Ein Sonderproblem bildet die mögliche Doppelbelastung durch Verfall des Erlangten und dessen **18** gleichzeitige **Besteuerung** (§ 40 AO; vgl. BVerfGE 81, 228 (241 f.) = BVerfG NJW 1990, 1900 für die Mehrerlösabschöpfung nach § 17 Abs. 4 OWiG). Ihr ist durch Anwendung von Abs. 1 S. 2 Alt. 1 zu begegnen; das eingeräumte Ermessen reduziert sich im Umfang festgesetzter Steuern auf Null (vgl. MüKoStGB/*Joecks* Rn. 18). Maßgeblich ist eine Gesamtbetrachtung der konkreten steuerlichen Auswirkungen des Verfalls. So wirkt der Verfall sich steuermindernd aus, da das Abzugsverbot des § 12 Nr. 4 EStG mangels Strafcharakters des Verfalls nicht gilt (BGH NJW 2002, 2257 (2258) (insoweit in BGHSt 47, 260 nicht abgedr.); vgl. auch § 4 Abs. 5 Nr. 8 S. 2 EStG), so dass er sowohl im Steuerverfahren berücksichtigt werden kann. Für die Konkurrenz von Steuer- und Strafverfahren gilt demnach ein Prioritätsprinzip: Ist das **Steuerverfahren über das Erlangte noch nicht bestandskräftig abgeschlossen,** und ist eine steuerliche Berücksichtigung des Verfalls noch für den Veranlagungszeitraum des Erlangten möglich, so hat die notwendige Abgleichung im Steuerverfahren stattzufinden; zu veranlagen sind die um den Verfall gekürzten Einkünfte. Die Besteuerung hat daher auf den Verfall keine Auswirkung. Soweit noch möglich, ist für den Verfallsbetroffenen die Anfechtung eines bereits ergangenen Steuerbescheides erforderlich. **Im Fall einer bestandskräftigen Steuerfestsetzung** muss die Doppelbelastung durch die Anrechnung im Rahmen des Verfalls durch das Strafgericht ausgeglichen werden. Daher ist die steuerliche Belastung abzuziehen, die auf dem verfallsbetroffenen Betrag ruht (BGHSt 33, 37 (40) = BGH NJW 1985, 752; 2012, 92 (93); 2002, 2257 (2259); 1989, 2139 (2140)). Ob die Steuer bereits gezahlt wurde, ist unerheblich; auch die bloße Steuerschuld ist bei der Bemessung der Verfallshöhe mindernd zu berücksichtigen. Kann im Veranlagungszeitraum für das Erlangte der Verfall nicht mehr steuermindernd geltend gemacht werden, so gilt grds. nichts anderes; insbes. kann bei bestandskräftigem Steuerbescheid oder eines im laufenden Steuerverfahren nicht berücksichtigungsfähigen Verlustes oder Verlustrücktrags von einer Anwendung des § 73c nicht deshalb pauschal abgesehen werden, weil eine Steuerkompensation in jedenfalls gleicher Höhe zu erwarten sei (BGH NJW 2002, 2257 (2258)). Der Tatrichter hat hier positiv festzustellen, dass die Steuerbelastung und die voraussichtliche

Steuervergünstigung sich aufheben, sofern er den Verfall ungemindert festsetzen will. Im Zweifel hat er nach § 73c Abs. 1 S. 2 Alt. 1 zu verfahren mit der Folge, dass eine nochmalige steuerliche Kompensation dann ausscheidet. Handelt es sich bei der Anlasstat um eine Steuerstraftat, so dass der **Finanzfiskus als Geschädigter** anzusehen ist, geht dessen Nachforderung dem Verfall bereits nach § 73 Abs. 1 S. 2 vor (→ § 73 Rn. 72).

19   Soweit ein **Zugriff des Geschädigten auf das Erlangte** möglich erscheint, ist eine Verfallsanordnung bereits zwingend nach § 73 Abs. 1 S. 2 ausgeschlossen. In dem Fall, dass der Angeklagte einem **aus einer anderweitigen Tat Verletzten Schadensersatz oder Wiedergutmachung geleistet** oder sich hierzu vollstreckbar verpflichtet hat, kann dagegen eine Ermessensentscheidung nach Abs. 1 S. 2 eröffnet sein (vgl. BGH NStZ 1999, 560 (561); BGH wistra 1999, 464).

III. Geringwertigkeit des Erlangten (Abs. 1 S. 2 Alt. 2)

20   Abs. 1 S. 2 Alt. 2 betrifft Bagatellfälle, in denen die Verfallsanordnung der Sache nach zwar keine „Härte" für den Betroffenen bedeuten, die Anordnung und Vollstreckung des Verfalls sich unter **prozessökonomischen Gesichtspunkten** aber als nicht lohnend erweisen würde (vgl. SK-StGB/ *Wolters/Horn* Rn. 7). Auf die wirtschaftlichen Verhältnisse des Betroffenen kommt es daher nicht an (*Wallschläger*, Die strafrechtlichen Verfallsvorschriften, 2002, 132). Der Maßstab für eine Geringwertigkeit entspricht jenem für § 243 Abs. 2, § 248a; die Grenze dürfte derzeit bei etwa **50 EUR** liegen (vgl. OLG Frankfurt a. M. NStZ-RR 2008, 311; MüKoStGB/*Joecks* Rn. 32; **aA** noch BGH BeckRS 2004, 07428: 25 EUR; eing. Fischer § 248a Rn. 3). Maßgeblich ist der Wert des Erlangten **im Zeitpunkt der ursprünglichen Vorteilserlangung;** bei nachträglich gezogenen Nutzungen und erlangten Surrogaten ist gleichfalls auf deren Wert bei Erhalt abzustellen. Zur Wertermittlung sind die für § 73a geltenden Grundsätze heranzuziehen. Alternativ zur Anwendung von Abs. 1 S. 2 Alt. 2 oder in Fällen eines nicht mehr geringwertigen Erlangten kommt eine Anwendung von §§ 430, 422 StPO in Betracht.

C. Zahlungserleichterungen (Abs. 2)

21   Nach § 73c Abs. 2 können dem Verfallsbetroffenen **nach den für Geldstrafen geltenden Grundsätzen** des § 42 Zahlungserleichterungen bewilligt werden. Bedeutsam ist dies insbes. für Fälle des Wertersatzverfalls nach § 73a (vgl. Fischer Rn. 7). Bei hohen Verfallsbeträgen müssen die Urteilsgründe sich mit dieser Möglichkeit auseinandersetzen (vgl. BGHSt 33, 37 (40); MüKoStGB/*Joecks* Rn. 34), es sei denn, dass der Angekl angesichts seiner wirtschaftlichen Verhältnisse der Erleichterung ersichtlich nicht bedarf. Die Anordnung erfolgt **im Urteil;** nach §§ 459g Abs. 2, 459a Abs. 1 StPO kann auch erst die **Vollstreckungsbehörde** im Vollstreckungsverfahren Zahlungserleichterungen bewilligen.

D. Verfahrensrecht

22   Bieten sich konkrete Anhaltspunkte für das Vorliegen von Umständen, die eine Härtefallentscheidung nach § 73c rechtfertigen könnten, unterliegen diese der **Aufklärungspflicht.** So kann geboten sein, nähere Feststellungen zu den Vermögensverhältnissen des Verfallsbetroffenen zu treffen oder bei Vermögenslosigkeit deren Gründe zu erforschen (vgl. BGH NStZ 2000, 480). Da es auf einen konkreten Bezug vorhandenen Vermögens zur Anlasstat nicht ankommt, ist eine Aufklärung über die Verwendung des aus der Tat Erlangten, über die Quellen des Vermögens, Vermögensumschichtungen oder ersparte Aufwendungen dagegen grds. nicht erforderlich (BGHSt 51, 65 (69) = BGH NJW 2006, 2500 (2501)); anderes kann sich nur dann ergeben, wenn sich aufdrängt, dass ein Zusammenhang des Vermögens mit der Tat ausgeschlossen ist (BGHSt 48, 40 (41) = BGH NJW 2003, 300 (301); **aA** BGHSt 51, 65 (69) = BGH NJW 2006, 2500 (2501); näher → Rn. 10). Die tatsächlichen **Voraussetzungen eines Härtefalles müssen gesichert feststehen.** Wegen des Ausnahmecharakters der Vorschrift wirkt sich eine Unaufklärbarkeit zu Lasten des Betroffenen aus, so dass **im Zweifel** nicht von einem Härtefall auszugehen ist. In geeigneten, erheblicher Aufklärung bedürftigen Fällen kann sich anbieten, die Anordnung des (Wertersatz-)Verfalles nach §§ 430, 422 StPO von der Verfolgung auszunehmen. § 73c findet auch Anwendung im Rahmen einer Entscheidung nach **§ 111i StPO** (BGH NStZ-RR 2015, 44; BGH NJW 2011, 624 (625); BGH wistra 2009, 241 (242)).

23   Die Voraussetzungen von § 73c bedürfen aufgrund des Ausnahmecharakters der Härtevorschrift besonderer Darlegung und **Begründung im Urteil** (BGHSt 48, 41; BGH NStZ 1989, 436; BGH wistra 2004, 466). Kommt eine Absehen vom Verfall in Betracht, muss das Urteil **Feststellungen zu den wirtschaftlichen Verhältnissen des Verfallsbetroffenen** und Angaben dazu enthalten, wie sich die Anordnung des Verfalls auf sein Vermögen auswirken würde (BGH NStZ-RR 2016, 83 (84); BGH BeckRS 2014, 18274 = BGH NStZ-RR 2015, 44 (Ls.)). Bei Anwendung von § 73c muss der Tatrichter mitteilen, auf welche Alternative der Vorschrift er sich stützt (vgl. BGH NStZ 1995, 495), und auf welche konkreten härtefallbegründenden (Abs. 1 S. 1) oder ermessensleitenden (Abs. 1 S. 2) Erwägun-

gen sich das Absehen von Verfall gründet. Andererseits ist die Ablehnung eines nach den Feststellungen nahe liegenden Härtefalles zu begründen (BGH wistra 1999, 464; OLG Oldenburg StV 2007, 416; Schönke/Schröder/*Eser* Rn. 7). Ist etwa der Wert des Erlangten im Vermögen des Angeklagten nicht mehr vorhanden, so muss erörtert werden, ob von der Anordnung des Verfalls ganz oder teilweise abgesehen werden kann (BGH NStZ-RR 2003, 144; BGH NStZ 2008, 565 (566)). Auf die Strafzumessung hat die Zuerkennung oder Ablehnung eines Härtefalles keine Auswirkung und bedarf dort daher keiner Berücksichtigung (BGH NStZ 2001, 312).

Mit der **Revision** ist die Anwendung von § 73c nur begrenzt überprüfbar (vgl. BGHSt 57, 79 (87) =   **24** BGH NJW 2012, 1159 (1161); BGH NStZ 2010, 86; BGH NStZ-RR 2007, 109 (110); BGH wistra 2004, 465). Revisionsgerichtlicher Beurteilung unterliegt, ob das Tatgericht sich **mit § 73c hinreichend auseinandergesetzt** hat, soweit die Feststellungen Anknüpfungspunkte für einen Härtefall bieten (vgl. BGH NStZ 2003, 257; 2003, 367), ob das Tatgericht bei der Anwendung von § 73c Abs. 1 S. 1 das **Merkmal der unbilligen Härte rechtsfehlerhaft ausgelegt** hat, etwa Umstände berücksichtigt hat, die von Rechts wegen außer Betracht bleiben müssen, oder ob es in seiner Erörterung einen festgestellten maßgeblichen Gesichtspunkt übergangen hat. (BGH NStZ 2010, 86; BGH NJW 2009, 2755; BGH NStZ-RR 2009, 234; 2003, 424 (426)). Revisionsgerichtlicher Prüfung unterliegt weiterhin, ob der Tatrichter das ihm nach § 73c Abs. 1 S. 2 eingeräumte **Ermessen fehlerfrei ausgeübt** hat, insbes., ob er sich seines Ermessensspielraumes bewusst gewesen ist, alle ermessensrelevanten Tatsachen in seine Entscheidung einbezogen und die Grenzen des Ermessens beachtet hat (vgl. BGH wistra 2003, 424 (426)). Die darüber hinausreichende inhaltliche Anwendung von § 73c ist dagegen grds. Sache des Tatrichters (BGH NStZ 2010, 86; BGH wistra 2003, 424 (425); BGH NStZ-RR 2002, 7). Dies betrifft insbes. die Gewichtung der für das Vorliegen einer unbilligen Härte iSd Abs. 1 S. 1 maßgeblichen Umstände (zB BGHSt 57, 79 (87) = BGH NJW 2012, 1159 (1161); BGH NStZ-RR 2007, 109 (110); BGH 21.10.1994 – 2 StR 328/94 Rn. 27 (insoweit in BGHSt 40, 287 nicht abgedr.)) sowie die eigentliche Ermessensausübung nach Abs. 1 S. 2. Solange das dabei gefundene Ergebnis nicht gänzlich unvertretbar erscheint, ist es vom dem Revisionsgericht hinzunehmen (BGH NStZ-RR 2007, 109 (110)). Sind allerdings bereits die **Feststellungen** derart **lückenhaft**, dass sie keine revisionsgerichtliche Überprüfung erlauben, ob das Tatgericht den Begriff der unbilligen Härte (§ 73c Abs. 1 S. 1) richtig angewandt oder sein Ermessen nach § 73c Abs. 1 S. 2 fehlerfrei ausgeübt hat. unterliegt die Anordnung oder das Absehen von Verfall bereits aus diesem Grund der Aufhebung (BGH BeckRS 2014, 18274 = BGH NStZ-RR 2015, 44 (Ls.): fehlende Angaben zu wirtschaftlichen Verhältnissen des Betroffenen).

Die rechtsfehlerhafte **Annahme einer unbilligen Härte** kann ausnahmsweise auch **auf die Revisi-** **25** **on des Verfallsbetroffenen** zur Aufhebung führen, wenn sich nicht ausschließen lässt, dass der Tatrichter von Feststellungen zum Vorliegen eines Härtefalles nach § 73c Abs. 1 S. 2 abgesehen hat, die zu einem dem Betroffenen günstigeren Ergebnis hätten führen können (vgl. BGH NStZ 2009, 627). Im zweiten tatrichterlichen Durchgang ist § 358 Abs. 2 StPO zu beachten. Die Erstreckung einer Aufhebung der Verfallsanordnung gegen einen Nichtrevidenten nach § **357 StPO** scheidet aus; denn die Frage, ob wegen einer unbilligen Härte (Abs. 1 S. 1) oder aufgrund einer Ermessensentscheidung (Abs. 1 S. 2) von einer Verfallsentscheidung abzusehen ist, beruht auf individuellen, von den persönlichen Verhältnissen des jeweils Betroffenen abhängigen Erwägungen (BGH NStZ-RR 2015, 44; BGH NStZ 2008, 565 (567)), es sei denn, dass die (Nicht-)Anwendung von § 73c auf einer den Revidenten wie Nichtrevidenten gleichermaßen betreffenden grundsätzlichen Fehlvorstellung Anwendbarkeit der Vorschrift beruht, ohne dass dabei individuelle Bewertungen eine Rolle spielen (vgl. BGHSt 56, 39 (44) = BGH NJW 2011, 624 (627) zu § 111i Abs. 2 StPO).

§ 73d Erweiterter Verfall

(1) [1]Ist eine rechtswidrige Tat nach einem Gesetz begangen worden, das auf diese Vorschrift verweist, so ordnet das Gericht den Verfall von Gegenständen des Täters oder Teilnehmers auch dann an, wenn die Umstände die Annahme rechtfertigen, daß diese Gegenstände für rechtswidrige Taten oder aus ihnen erlangt worden sind. [2]Satz 1 ist auch anzuwenden, wenn ein Gegenstand dem Täter oder Teilnehmer nur deshalb nicht gehört oder zusteht, weil er den Gegenstand für eine rechtswidrige Tat oder aus ihr erlangt hat. [3]§ 73 Abs. 1 Satz 2, auch in Verbindung mit § 73b, und § 73 Abs. 2 gelten entsprechend.

(2) [1]Ist der Verfall eines bestimmten Gegenstandes nach der Tat ganz oder teilweise unmöglich geworden, so finden insoweit die §§ 73a und 73b sinngemäß Anwendung.

(3) [1]Ist nach Anordnung des Verfalls nach Absatz 1 wegen einer anderen rechtswidrigen Tat, die der Täter oder Teilnehmer vor der Anordnung begangen hat, erneut über den Verfall von Gegenständen des Täters oder Teilnehmers zu entscheiden, so berücksichtigt das Gericht hierbei die bereits ergangene Anordnung.

(4) [1]§ 73c gilt entsprechend.

A. Allgemeines

1   § 73d bietet eine eigenständige Grundlage für eine Verfallsanordnung, ist allerdings gegenüber § 73 subsidiär und dient der **Lückenschließung.** Die wesentlichen Unterschiede zum herkömmlichen Verfall bestehen in zwei Punkten:

2   – Die dem erweiterten Verfall unterliegenden Vermögenswerte müssen nicht aus den abgeurteilten Taten stammen, sondern anderweitig deliktisch erlangt sein.
– Die rechtswidrige Herkunft der Verfallsobjekte aus anderweitigen Taten muss nicht im Einzelnen nachgewiesen sein.

3   Die Vorschrift ist damit hauptsächlich beweisrechtlicher Natur (vgl. Fischer Rn. 3); im Normcharakter weicht sie von § 73 nicht ab. Wie im Falle des herkömmlichen Verfalls handelt es sich beim erweiterten Verfall um eine allein der Gewinnabschöpfung dienende Maßnahme ohne Straf- oder strafähnlichen Charakter.

I. Entstehungsgeschichte und Normzweck

4   Die Vorschrift ist durch das Gesetz zur Bekämpfung des illegalen Rauschgifthandels und anderer Erscheinungsformen der Organisierten Kriminalität **(OrgKG) vom 15.7.1992** (BGBl. I 1302) eingefügt worden und am 22.9.1992 in Kraft getreten. Der Gesetzesentwurf (BT-Drs. 12/989) geht auf einen früheren „Entwurf eines Strafrechtsänderungsgesetzes – Erweiterter Verfall (StrÄndG)" (BT-Drs. 11/ 6623) und einen „Entwurf eines Gesetzes zur Bekämpfung des illegalen Rauschgifthandels und anderer Erscheinungsformen der Organisierten Kriminalität" (BT-Drs. 11/7663) zurück, die infolge Diskontinuität nicht weiterverfolgt wurden (zur Entstehungsgeschichte näher LK-StGB/*Schmidt* Rn. 1). Um den seitens des BVerfG geäußerten Bedenken (BVerfGE 110, 1 = BVerfG NJW 2004, 2073 (2079)) hinsichtlich der Rechte Tatgeschädigter Rechnung zu tragen, ist durch das Gesetz zur Stärkung der Rückgewinnungshilfe und der Vermögensabschöpfung bei Straftaten v. 24.10.2006 (BGBl. I 2350) **Abs. 1 S. 3** in die Vorschrift **neu eingefügt** worden (vgl. BT-Drs. 16/700; 16/2021; BR-Drs. 940/06) und am 1.1.2007 in Kraft getreten.

5   § 73d dient einer **wirkungsvollen Bekämpfung der Organisierten Kriminalität,** insbes. solcher auf dem Gebiet des Betäubungsmittelhandels, deren idR erhebliche Gewinne in weiterreichendem Umfang abgeschöpft werden sollen, als dies bei Anwendung der herkömmlichen Verfallsvorschriften möglich ist. Nach der Vorstellung des Gesetzgebers soll organisierten Kriminalitätsformen hierdurch die wirtschaftliche Grundlage entzogen werden (BT-Drs. 12/989, 23). Die Vorschrift erlaubt zu diesem Zweck einen **Zugriff auf Vermögenswerte, die aus anderen als den verfahrensgegenständlichen Taten stammen;** zugleich sieht sie eine auf die Verfallanordnung beschränkte Beweiserleichterung dahingehend vor, dass die Gerichte **von einem Nachweis der konkreten deliktischen Herkunft des Verfallsobjektes befreit** werden. Das praktische Bedürfnis für eine solche Regelung ist unabweisbar. Typischerweise fallen im Bereich Organisierter Kriminalität durch die wiederholte Begehung gleichartiger Straftaten, etwa durch kontinuierliche Betäubungsmittelverkäufe, hohe Gewinne an. Da die Taten wegen des konspirativen Vorgehen der betroffenen Tätergruppen erfahrungsgemäß nur zu einem Bruchteil aufgedeckt werden und zur Anklage gelangen, können die erzielten Erlöse im Wege herkömmlichen Verfalls nur begrenzt – soweit ein Zusammenhang mit der abgeurteilten Tat erweislich ist – für verfallen erklärt werden. Vorgefundene Vermögenswerte, die der verfahrensgegenständlichen Tat nicht zugeordnet werden können, müssen dem Angeklagten belassen bleiben, auch wenn sie mit hoher Wahrscheinlichkeit aus der Begehung weiterer Straftaten stammen. Diese Lücke in der Gewinnabschöpfung soll § 73d schließen. Da Straftäter sich nicht mehr darauf verlassen können, bei Aufdeckung von Einzeltaten einen Großteil der erzielten Gewinne behalten zu können, mindert die Vorschrift zugleich den Tatanreiz und wirkt hierdurch **generalpräventiv;** dies gilt auch insoweit, als kriminellen Strukturen durch die Anordnung des erweiterten Verfalls das Investitionskapital für weitere Taten entzogen wird (vgl. BT-Drs. 11/6623, 1; 12/989, 1, 23; LK-StGB/*Schmidt* Rn. 3; Schönke/Schröder/*Eser* Vor § 73 Rn. 2a, § 73d Rn. 1; Fischer Rn. 2). Das BVerfG hat diese Ziele und die gesetzgeberische Einschätzung, dass eine effektive Gewinnabschöpfung bei organisiert vorgehenden Straftätern nur unter erleichterten Voraussetzungen möglich ist, gebilligt; die – im Unterschied zum herkömmlichen Verfall – abweichende Behandlung dieser Tätergruppen ist damit auch von Verfassungs wegen sachlich gerechtfertigt (BVerfGE 110, 1 = BVerfG NJW 2004, 2073 (2079)).

II. Rechtsnatur und verfassungsrechtliche Grundlagen

6   Der erweiterte Verfall bildet eine **eigenständig ausgestaltete Erscheinungsform des Verfalls** (vgl. BGHSt 41, 278 (284) = BGH NJW 1996, 136 (138)), **mit** dem er die Rechtsnatur und dem Zweck als eine kondiktionsähnliche **Maßnahme ohne Strafcharakter** teilt (BVerfGE 110, 1 = BVerfG NJW 2004, 2073; 1995, 2235; BGH NStZ 2000, 137; LK-StGB/*Schmidt* Rn. 4; Lackner/Kühl/*Heger* Rn. 3; *Möhrenschlager* wistra 1992, 286; vgl. → § 73 Rn. 7 f.). Er soll einen „ordnenden Zugriff" des Rechts zur

Korrektur einer deliktisch zustande gekommenen Vermögenszuordnung ermöglichen (BT-Drs. 11/6623, 7 f.).

Diese Einordnung ist nach Einführung der Vorschrift zunächst vielfach bezweifelt worden; insbes. ist **7** angenommen worden, dass der erweiterte Verfall wesentliche Merkmale einer zumindest strafähnlichen Sanktion aufweise. Hieran anknüpfend sind § 73d verfassungsrechtliche Bedenken entgegengehalten worden. Dass die Vorschrift keinen Nachweis der Herkunftstat und der Schuld des Betroffenen an der Tat verlange, und dass nach ihrem Wortlaut eine bloße Verdachtslage zur deliktischen Herkunft des Verfallsobjektes ausreichen lasse, sei weder mit der Unschuldsvermutung und dem Schuldprinzip (Art. 2 Abs. 1 iVm Art. 20 Abs. 3 GG) noch mit der Eigentumsgarantie (Art. 14 Abs. 1 GG) zu vereinbaren (vgl. etwa Schönke/Schröder/*Eser* Rn. 3; NK-StGB/*Herzog* Rn. 3; *Berg*, Beweiserleichterungen bei der Gewinnabschöpfung, 191; *Hoyer* GA 1993, 413; *Perron* JZ 1993, 919; *Julius* ZStW 109 (1997), 58; *Wallschläger*, Die strafrechtlichen Verfallsvorschriften, 2002, 159; *Weßlau* StV 1991, 226 (228 f.)). Der **BGH** (BGHSt 40, 371 = BGH NJW 1995, 470; 1995, 2235; BGH NStZ 2000, 137; näher → Rn. 29) ist dem durch eine **verfassungskonforme Auslegung der Anordnungsvoraussetzungen** begegnet, indem er die Anforderungen an den Nachweis der deliktischen Herkunft des Verfallsgegenstandes heraufgesetzt hat und insoweit – entgegen der nach der Vorstellung des Gesetzgebers genügenden „ganz hohen Wahrscheinlichkeit" (BT-Drs. 11/6623, 5) – eine uneingeschränkte tatrichterliche Überzeugung fordert. Das **BVerfG** hat dies gebilligt und die Vorschrift für verfassungsgemäß erklärt (BVerfGE 110, 1 = BVerfG NJW 2004, 2073 m. abl. Anm. *Herzog* JR 2004, 494; krit. auch Fischer Rn. 6). Hiernach bildet der erweiterte Verfall keine dem Schuldgrundsatz unterliegende strafähnliche Maßnahme, da er **nicht repressiv-vergeltende, sondern präventiv-ordnende Ziele** verfolgt. Nach Wortlaut, Systematik und Entstehungsgeschichte zielt er nicht darauf ab, dem Betroffenen die Begehung der Herkunftstat vorzuhalten und über sie ein Unwerturteil zu sprechen, sondern einen rechtswidrigen Zustand für die Zukunft zu beseitigen. Er „antwortet auf eine gegenwärtige Störung der Vermögensordnung mit einem korrigierenden und normbekräftigenden Eingriff" (BVerfG NJW 2004, 2073 (2075)). Aus diesem Grund besteht auch keine Veranlassung, hinsichtlich der Herkunftstat die Schuld des Betroffenen festzustellen. Im Hinblick auf Art. 14 GG enthält § 73d eine wirksame Inhalts- und Schrankenbestimmung, sofern sich der Tatrichter – wie seitens des BGH gefordert – durch Ausschöpfung der vorhandenen Beweismittel von der deliktischen Herkunft des Verfallsgegenstandes überzeugt hat (BVerfG NJW 2004, 2073 (2077)).

Für die praktische Rechtsanwendung bedeutet dies, dass grundsätzlichen verfassungsrechtlichen Ein- **8** wänden gegen eine Anordnung erweiterten Verfalls die Grundlage entzogen ist, ein restriktives Verständnis der Anordnungsvoraussetzungen allerdings geboten bleibt. Mangels eigenen Strafcharakters der Maßnahme bildet die Entziehung von Vermögenswerten durch Anordnung erweiterten Verfalls **keinen Strafmilderungsgrund**. Vielmehr verbietet sich wie beim einfachen Verfall jeglicher Einfluss der Vermögensabschöpfung auf die Strafzumessung (vgl. BGH NStZ 2001, 531; 2000, 137; Fischer Rn. 2).

III. Systematik

§ 73d bildet neben § 73 eine selbstständige Eingriffsgrundlage. Wie bei § 73 ist der Verfall als **9** **zwingende Rechtsfolge auszusprechen**, sofern die Anordnungsvoraussetzungen vorliegen. Im Verhältnis der Vorschriften zueinander **hat eine Anordnung nach den § 73 oder § 73a Vorrang** (BGH NStZ-RR 2016, 83; BGH StV 2014, 617 (619); BGH NStZ-RR 2006, 138 (139); 2003, 75 (76); BGH StraFo 2004, 283; BGH BeckRS 2010, 17266 = BGH StraFo 2010, 424; LK-StGB/*Schmidt* Rn. 11). § 73d ist nicht lex specialis, sondern besitzt im Gegenteil eine Auffangfunktion. Dies ergibt sich weniger aus dem Wortlaut der Vorschrift („auch dann", vgl. MüKoStGB/*Joecks* Rn. 11) als vielmehr aus dem Umstand, dass § 73 die konkreteren Voraussetzungen für die Verhängung der Maßnahme vorsieht (Lackner/Kühl/*Heger* Rn. 11; LK-StGB/*Schmidt* Rn. 11). Es entspricht auch der gesetzgeberischen Konzeption (vgl. BT-Drs. 11/6623, 6). Vor der Anwendung von § 73d muss daher unter Ausschöpfung aller prozessual zulässigen Mittel ausgeschlossen werden, dass die Voraussetzungen der §§ 73, 73a erfüllt sind und eine Verfallsanordnung hierauf gestützt werden kann (BGH NStZ-RR 2010, 255; 2006, 138 (139); 2003, 75 (76); BGH NStZ 2003, 422 (423); BGH BeckRS 2010, 17266). Dies gilt insbes. für den erforderlichen Zusammenhang aufgefundener Vermögenswerte mit den von der Anklage umfassten Taten einschließlich der Möglichkeit der Abschöpfung eines sekundären Vermögenszuwachses durch Verfall von Surrogaten, Nutzungen oder Wertersatz (vgl. BGH NStZ-RR 2003, 75 (76)). Erst wenn eine derartige Zuordnung misslingt, ist eine Anwendung von § 73d eröffnet. Die Anordnung erweiterten Verfalls ist dann auch nicht dadurch gehindert, dass die Herkunft der Gegenstände aus den verfahrensgegenständlichen Taten weiterhin in Betracht kommt und nur nicht zweifelsfrei festgestellt werden kann, sofern nur ihr deliktischer Ursprung zur tatrichterlichen Überzeugung feststeht. Nicht angängig ist dagegen, das Erlangte über § 73d einer anderen Tat „zuzuschlagen", wenn ein Verfallsanspruch nach § 73 wegen fehlender Nachweisbarkeit einer verfahrensgegenständlichen Tat oder verurteilungshindernder Rechtsgründe nicht erfolgen kann. Dies gilt auch für den Fall der Verjährung der angeklagten Tat (vgl. § 78 Abs. 1; Lackner/Kühl/*Heger* Rn. 11; **str.** für die Herkunftstat, vgl. Schönke/Schröder/*Eser* Rn. 7, BT-Drs. 11/6623, 7) oder eine Verfahrenseinstellung nach §§ 153 ff. StPO (vgl. BGH NStZ 2003, 422). Der **Einziehung** nach § 74 gebührt in ihrem Anwendungsbereich Vorrang vor § 73d, etwa dann, wenn im Rahmen der Verfolgung von BtM-Delikten sichergestelltes Bargeld dazu bestimmt war, im Rahmen des Tatgeschehens noch weitere Betäubungsmittel zu erwerben (vgl. BGH NStZ 2000, 137; 1999, 124 bei Detter). Zur **Konkurrenz** und **paralleler Anordnung von Maßnahmen nach § 73 und § 73d** vgl. *Mayer*, JR 2016, 112.

10   Die Regelungen in § 73 über den **Umfang und den persönlichen Anwendungsbereich des Verfalls** sowie die §§ 73a–73c sind auf den erweiterten Verfall – wie auch die Abfolge der Vorschriften verdeutlicht (vgl. MüKoStGB/*Joecks* Rn. 10) – nicht unmittelbar anwendbar, denn sie beziehen sich anders als § 73d auf ein aus einer bestimmten Tat Erlangtes (LK-StGB/*Schmidt* Rn. 6; Lackner/Kühl/ *Heger* Rn. 3; vgl. auch BT-Drs. 11/6623, 6). Sie finden daher nur entsprechende Anwendung, soweit § 73d Abs. 1 S. 3, Abs. 2 und Abs. 4 ausdrücklich auf sie verweist. Dabei ist den Besonderheiten des erweiterten Verfalls Rechnung zu tragen (Fischer Rn. 8; näher → Rn. 18 ff.). § 73 Abs. 3 und Abs. 4 gelten hiernach nicht. Unmittelbar anwendbar sind dagegen die **§ 73e** und die **§§ 111b ff. StPO.** Auch die Durchführung eines objektiven Verfahrens nach **§ 76a Abs. 1, §§ 440 ff. StPO** zum Zweck der Anordnung erweiterten Verfalls ist grds. statthaft; es kann aber nicht im Fall des **Todes des Täters** erfolgen (OLG Frankfurt a. M. NStZ-RR 2006, 39; Schönke/Schröder/*Eser* § 76a Rn. 5; SK-StGB/ *Wolters/Horn* § 76a Rn. 4; KK-StPO/*Schmidt* StPO § 440 Rn. 2; **aA** OLG Stuttgart NJW 2000, 2598; KK-StPO/*Boujong*, 5. Aufl., StPO § 440 Rn. 2).

11   § 73d ist selbst als **Blankettnorm** ausgestaltet. Nach Abs. 1 S. 1 setzt die Anordnung erweiterten Verfalls eine Anlasstat aufgrund einer Strafnorm voraus, die ausdrücklich auf § 76d verweist. Den betreffenden Vorschriften ist gemeinsam, dass die zugrunde liegenden Tathandlungen auf Gewinn erzielung ausgerichtet und – dem Zweck von § 73d entsprechend – häufig der organisierten Kriminalität zuzurechnen sind (näher → Rn. 5).

B. Anordnungsvoraussetzungen

12   § 73d Abs. 1 S. 1 enthält – regelungstechnisch ähnlich § 73 – die Grundvoraussetzungen für die Anordnung erweiterten Verfalls. Abs. 1 S. 2 erlaubt als enger gefasste Parallelvorschrift zu § 73 Abs. 4 den Zugriff auf Gegenstände in Dritteigentum.

I. Anknüpfungstat

13   Wie der herkömmliche Verfall setzt auch § 73d Abs. 1 S. 1 eine verfahrensgegenständliche **rechts widrige Tat iSv § 11 Abs. 1 Nr. 5** voraus; aus dieser **Anknüpfungstat** darf der Verfallsgegenstand allerdings nicht nachweisbar stammen, da der Verfall sonst vorrangig auf § 73 zu stützen wäre. Die Anknüpfungstat muss **nicht notwendig schuldhaft** begangen sein (**aA** Schönke/Schröder/*Eser* Rn. 9); auch persönliche Strafaufhebungs- und Strafausschließungsgründe (vgl. BGH wistra 2002, 307 zu § 261 Abs. 9 S. 2), ein Verbotsirrtum oder ein Versuchsrücktritt schließen die Verfallanordnung nicht aus (s. näher → § 73 Rn. 11 ff.). Bei der in der Literatur geführten Diskussion, ob eine **Verjährung** die Anordnung erweiterten Verfalls hindert (vgl. MüKoStGB/*Joecks* Rn. 24), ist zwischen Anknüpfungs und Herkunftstat (→ Rn. 24) zu unterscheiden (undeutlich LK-StGB/*Schmidt* Rn. 24 f.). Da der erwei terte Verfall eine Rechtsfolge der Anknüpfungstat bildet, ist bei deren Verjährung eine Verfallsanordnung gemäß § 78 Abs. 1 ausgeschlossen; § 76a Abs. 2 Nr. 1 findet wegen des fehlenden primären Sicherung scharakters des Verfalls (vgl. § 74 Abs. 2 Nr. 2) keine Anwendung (vgl. Fischer § 76a Rn. 10). Dagegen ist **§ 78 Abs. 1 auf die Herkunftstat nicht anwendbar,** denn diese liegt der Verfallsanordnung weder prozessual noch materiell-rechtlich zugrunde. Dass damit iE über § 73d auch aus verjährten Straftaten stammende Vermögensvorteile abgeschöpft werden können, bedeutet keinen Wertungswiderspruch, sondern ist bewusste Folge der gesetzgeberischen Konzeption (vgl. BT-Drs. 11/6623, 7), aus Gesichts punkten der Prävention und Sicherung im Bereich organisierter Kriminalität den Verfall erweitert zuzulassen. Die Notwendigkeit von Feststellungen über den Zeitpunkt der Herkunftstat ist iÜ mit dem Wortlaut und Zweck von § 73d kaum vereinbar; da eine zeitliche Einordnung nur selten möglich ist, wäre die Maßnahme praktisch entwertet (vgl. SK-StGB/*Wolters/Horn* Rn. 6 aE; LK-StGB/*Schmidt* Rn. 39; **aA** Schönke/Schröder/*Eser* Rn. 7; MüKoStGB/*Joecks* Rn. 24; *Wallschläger*, Die strafrechtlichen Verfallsvorschriften, 2002, 173; krit. auch Lackner/Kühl/*Heger* Rn. 3).

14   Die Anordnung erweiterten Verfalls kommt nur dann in Betracht, wenn die Anknüpfungstat **nach einer Strafvorschrift begangen ist, die ausdrücklich auf § 73d verweist** (vgl. BGHSt 41, 278 (284) = NJW 1996, 136 (138): „Katalogtat"). „Gesetz" iSv Abs. 1 S. 1 meint nicht das entsprechende Regelungswerk, sondern die einzelne Rechtsnorm, für die der Gesetzgeber individuell entscheiden muss, ob sie die Möglichkeit einer Anordnung erweiterten Verfalls eröffnen und daher das Blankett des § 73d StGB ausfüllen soll (vgl. LK-StGB/*Schmidt* Rn. 8; Lackner/Kühl/*Heger* Rn. 2). Der Gesetzgeber hat hiervon insbes. im Nebenstrafrecht in Bereichen Gebrauch gemacht. Den einbezogenen Vorschriften ist gemein, dass die von ihnen erfassten Taten regelmäßig auf erhebliche Gewinnerzielung gerichtet sind und häufig in organisierter Form („milieutypisch", vgl. MüKoStGB/*Joecks* Rn. 22) begangen werden. Betroffen sind daher vor allem banden- und gewerbsmäßig begangene Delikte sowie solche aus dem

Bereich der Wirtschaftskriminalität. In der Praxis stehen Anordnungen nach § 33 **BtMG** im Vordergrund. Die Anknüpfungstaten sind **einschließlich Versuch, Teilnahme und versuchter Beteiligung** nach § 30 StGB erfasst (Lackner/Kühl/*Heger* Rn. 2).

Die Anordnung erweiterten Verfalls ist im **StGB** vorgesehen in § 89a Abs. 6, § 129b Abs. 2, § 150 **15** Abs. 1, § 181c, § 184b Abs. 6, § 233b Abs. 2, § 244 Abs. 3, § 244a Abs. 3, § 256 Abs. 2, § 260 Abs. 3, § 260a Abs. 3, § 261 Abs. 7, § 236 Abs. 7, § 282 Abs. 1, § 286 Abs. 1, § 302 Abs. 1 und Abs. 2 sowie in § 338 Abs. 1 und Abs. 2. Im Nebenstrafrecht erfolgt ein Verweis auf § 73d in § 33 Abs. 1 **BtMG**, §§ 84 Abs. 5, 84a Abs. 3 **AsylVfG**, §§ 92a Abs. 5, 92b Abs. 3 **AuslG** aF, § 54 Abs. 3 **WaffG**, § 24 Abs. 3 **KWKG**, § 36 Abs. 3 **AWG**, § 5 **AntiDopG** und in § 19 Abs. 3 **CWÜAG**.

Eine Anordnung erweiterten Verfalls bei Verurteilungen aufgrund anderer als ausdrücklich auf § 73d **16** verweisender Vorschriften widerspricht dem **Analogieverbot** (Art. 103 Abs. 2 GG; vgl. Lackner/ Kühl/*Heger* Rn. 2), das auch Maßnahmen iSv § 11 Abs. 1 Nr. 8 umfasst (BGHSt 18, 136; Fischer § 1 Rn. 10). Nach dem **Rückwirkungsverbot** des § 2 Abs. 1, Abs. 5 kommt eine Verfallsanordnung nicht in Betracht, wenn die Anlass- oder die Herkunftstaten vor Inkrafttreten von § 73d (22.9.1992) begangen wurden (BGHSt 41, 278 (284) = BGH NJW 1996, 136 (137 f.)). Aufgrund des Gebotes zusammenfassender Betrachtung von Blankettvorschrift und ausfüllenden Regelungen (vgl. Fischer § 1 Rn. 5a) kann der erweiterte Verfall auch dann nicht angeordnet werden, wenn die Anlasstat vor Inkrafttreten eines Verweises auf § 73d in der entsprechende Strafvorschrift begangen wurde (BGH NJW 2001, 2339; BGH wistra 2003, 228 (jeweils zu § 263 Abs. 7)). Dies soll **auch für die Herkunftstaten** gelten (BGH wistra 2003, 228; Schönke/Schröder/*Eser* Rn. 8; LK-StGB/*Schmidt* Rn. 25, 41), erscheint indes zw.; denn Grundlage des Verfalls bildet die Anlasstat, bei deren Begehung die Möglichkeit einer über das aus ihr Erlangte hinausreichenden Vermögensabschöpfung als Tatfolge hinlänglich bekannt ist. Auch hier ergeben sich zudem erhebliche praktische Probleme bei der zeitlichen Einordnung der Herkunftstat (→ Rn. 13).

Der **Referentenentwurf** zur Reform der strafrechtlichen Vermögensabschöpfung (→ § 73 Rn. 6b) **16a** sieht für das dort vereinheitlichte Institut der Einziehung eine § 73d entsprechende erweiterte Einziehung für jede rechtswidrige Straftat als Anknüpfungstat vor.

II. Verfallsgegenstand

1. Gegenstand des erweiterten Verfalls (§ 73d Abs. 1 S. 1). Der erweiterte Verfall bezieht sich **17** anders als § 73 Abs. 1 nicht auf ein erlangtes „etwas", sondern nach dem Wortlaut von Abs. 1 S. 1 auf „Gegenstände", dh nach der bürgerlich-rechtlichen Begriffsbestimmung auf **Rechte und Sachen** (LK-StGB/*Schmidt* Rn. 29; vgl. auch § 73e Abs. 1; undeutlich BT-Drs. 11/6623, 6: „jedes Rechtsobjekt"). Damit unterfallen lediglich rechnerisch bestimmbare Vorteile wie ersparte Aufwendungen oder eine Schuldbefreiung nicht dem erweiterten Verfall (vgl. Schönke/Schröder/*Eser* Rn. 11). Zugegriffen werden kann zB auf bewegliche Sachen, insbes. Bargeld oder Kraftfahrzeuge (vgl. BGH BeckRS 2004, 07145), auf Grundstücke, Grundpfandrechte, Wertpapiere oder Bankguthaben. Ideelles Miteigentum oder Gesamthandseigentum kann dem erweiterten Verfall unterliegen, soweit es pfändbar ist (**aA** LK-StGB/*Schmidt* Rn. 30). Zum Verfall eines Grundstückes im Ausland vgl. BGH NStZ 2000, 483. Auch auf den erweiterten Verfall findet das **Bruttoprinzip** Anwendung, so dass ein Abzug erbrachter Aufwendungen vom Tatgewinn ausscheidet.

2. Inhaberschaft des Betroffenen, Dritteigentum (§ 73d Abs. 1 S. 2). Wie sich mittelbar aus **18** Abs. 1 S. 2 ergibt, setzt die Anordnung erweiterten Verfalls voraus, dass die verfallbaren Gegenstände dem Tatbeteiligten „gehören" oder „zustehen" (vgl. BGH NStZ 2001, 531). Hiermit ist eine **Rechtsinhaberschaft** gemeint. Da § 73d einen Zugriff gegenüber Dritten – wie vor § 73 Abs. 3 und Abs. 4 vorgesehen – nicht erlaubt, ist zudem eine **tatsächliche Verfügungsgewalt** des Beteiligten über den Gegenstand erforderlich, vorbehaltlich einer Anwendung von Abs. 1 S. 2 für sich genommen aber nicht ausreichend (**aA** LK-StGB/*Schmidt* Rn. 32; MüKoStGB/*Joecks* Rn. 26). Dementsprechend unterliegt das von einem polizeilichen Scheinaufkäufer erhaltene Entgelt für ein BtM-Geschäft nicht dem erweiterten Verfall, da es nicht in das Eigentum des Täters gelangt ist (BGH NStZ 1995, 540).

Abs. 1 S. 2 erstreckt den erweiterten Verfall auf **täterfremdes Vermögen,** sofern der Beteiligte **19** gerade wegen der deliktischen Herkunft des Verfallsgegenstandes keine Rechte daran erlangen konnte. Die Vorschrift verdeutlicht, dass es für die Anordnung erweiterten Verfalls nicht auf einen wirksamen zivilrechtlichen Erwerb des Verfallsobjektes durch den Tatbeteiligten ankommt (OLG Frankfurt a. M. NStZ-RR 2006, 39). Erfasst sind Fälle der Nichtigkeit – auch – des dinglichen Verfügungsgeschäftes nach §§ 134, 138 BGB, zB einer verbotswidrigen Übereignung des Kaufpreises bei einem BtM-Geschäft (vgl. BGHSt 31, 145 = BGH NJW 1983, 636). Die Erstreckung nach Abs. 1 S. 2 ersetzt § 73 Abs. 4, da hiernach ein Nachweis zu erbringen wäre, dass der Gegenstand von dem Dritten für die Tat oder in Kenntnis der Tatumstände gewährt wurde; nach dem Zweck des erweiterten Verfalls soll die hiermit verbundene Ausermittlung der Herkunftstat aber gerade entbehrlich sein (vgl. Fischer Rn. 15; BT-Drs. 11/6623, 8). In der Praxis sind die Ermittlungsbehörden und der Tatrichter damit davon enthoben, eine konkrete Eigentumszuordnung von bei dem Beteiligten aufgefundenen Vermögenswerten vorzunehmen, sofern nur zu ihrer Überzeugung feststeht, dass sie in Zusammenhang mit rechtswidrigen Taten erlangt sind.

20   **3. Nutzungen, Surrogate und Wertersatz (§ 73d Abs. 1 S. 3, Abs. 2).** Der Verfallsgegenstand muss ursprünglich in Zusammenhang mit der Herkunftstat (→ Rn. 24 ff.) in das Vermögen des Beteiligten gelangt sein. Der erweiterte Verfall erstreckt sich dann nach Abs. 1 S. 3 iVm § 73 Abs. 2 S. 2 auch auf **Nutzungen und Surrogate.** Ist **Geld** erlangt, unterliegen dem Verfall daher alle Gegenstände, die der Täter mit dem Geld erworben hat (BGH NStZ 2001, 531; BGH BeckRS 2004, 07145); auch das Wechseln und Vermischen von Barbeträgen (Schönke/Schröder/*Eser* Rn. 14) oder ihre Einzahlung auf Bankkonten unterfällt dem Surrogatverfall. Generell sind alle Vorteile erfasst, die der Beteiligte aus dem Verfallsobjekt gezogen hat oder die an die Stelle des Verfallsobjektes getreten sind (→ § 73 Rn. 35 ff.). Die Anordnung ist dabei nicht wie beim primär Erlangten auf Gegenstände beschränkt; denn § 73 Abs. 2 S. 2 ist nur insoweit nicht unmittelbar anzuwenden, wie die Vorschrift sich auf das nachgewiesenermaßen Erlangte bezieht (vgl. Fischer Rn. 8). Wie von § 73 Abs. 2 vorgesehen, sind auch im Rahmen von § 73d Nutzungen obligatorisch, Surrogate dagegen fakultativ verfallbar. Die zeitliche Einschränkung des Abs. 2 gilt für die Surrogation und die Nutzungsziehung nicht.

21   Nach Abs. 2 ist der **Verfall von Wertersatz** in entsprechender Anwendung von § 73a möglich. Voraussetzung ist der **Verlust des ursprünglich erlangten Gegenstandes** (enger MüKoStGB/*Joecks* Rn. 37: Zugriffsvereitelung durch den Beteiligten), der dem erweiterten Verfall nach Abs. 1 S. 1 unterlegen hätte (BGH NStZ 2001, 531); eine Unmöglichkeit wegen „Beschaffenheit des Erlangten" (§ 73a) ist nicht erfasst, da der erweiterte Verfall nach § 73d nur Sachen und Rechte erfasst, die ihrem Wesen nach unmittelbar verfallbar sind. Die Unmöglichkeit muss „nach der Tat" (Abs. 2) eingetreten sein; gemeint ist hiermit die eingangs Abs. 1 S. 1 bezeichnete Anknüpfungstat. Der ursprünglich erlangte Gegenstand muss daher **bei Begehung der Anknüpfungstat noch vorhanden** gewesen sein (BGH StraFo 2004, 394; BGH NStZ 2003, 422 (423); 2001, 531; Schönke/Schröder/*Eser* Rn. 17); ein Verlust zwischen Herkunfts- und Anknüpfungstat rechtfertigt die Anordnung von Wertersatzverfall nicht (Fischer Rn. 17). Bei aus der Herkunftstat erlangten Geldbeträgen ist daher zu prüfen, ob der nämliche Betrag oder ein infolge Surrogation an seine Stelle getretener Vermögenswert im Zeitpunkt der Begehung der Anknüpfungstat noch im Vermögen des Beteiligten vorhanden war, und ob vorhandene Geldbeträge nicht-deliktischen Quellen zugeordnet werden können (BGH StraFo 2004, 394). Da es sich hierbei um die primären Zugriffsvoraussetzungen des erweiterten Verfalls handelt, gilt die zu § 73c entwickelte Vermutungswirkung (→ § 73c Rn. 10) nicht.

22   Der Wertersatzverfall richtet sich auf einen dem Wert des ursprünglich dem Verfall unterliegenden Gegenstandes entsprechenden Geldbetrag und erzeugt einen Zahlungsanspruch des Staates gegen den Tatbeteiligten (BGH NStZ 2001, 531; BGH BeckRS 2001, 30196292 (insoweit in BGH NStZ-RR 2002, 52 nicht abgedr.)). Zur Bestimmung seiner Höhe erlaubt Abs. 2 iVm § 73b eine **Schätzung des Wertes des ursprünglich erlangten Gegenstandes** (vgl. BGH NStZ 2001, 531).

23   **4. Härtefälle (§ 73d Abs. 4).** § 73c ist gem. Abs. 4 sinngemäß anzuwenden; es gelten die dortigen Maßstäbe für das Vorliegen eines Härtefalles. Angesichts des von § 73d ermöglichten umfassenden Zugriffs auf Taterlöse kann bei deren zwischenzeitlichem Verlust geboten sein, ein Absehen von der Anordnung des Wertersatzverfalls nach § 73c Abs. 1 S. 2 zu prüfen. Allerdings ist der Umstand, dass die Anforderungen an den Nachweis der deliktischen Herkunft des Verfallsgegenstandes durch § 73d gelockert sind, zur Begründung einer besonderen Härte ungeeignet (LK-StGB/*Schmidt* Rn. 56; **aA** Schönke/Schröder/*Eser* Rn. 19; MüKoStGB/*Joecks* Rn. 41).

III. Herkunft des Verfallsgegenstandes

24   **1. Herkunftstat.** Die Besonderheit des erweiterten Verfalls liegt darin, dass der Verfallsgegenstand nicht aus der abgeurteilten Tat erlangt, sondern anderen rechtswidrigen Taten zuzuordnen ist (Abs. 1 S. 1). Dabei muss es sich anders als bei der abgeurteilten Anknüpfungstat nicht um Tatbestände nach Strafvorschriften handeln, die auf § 73d verweisen; vielmehr **genügen beliebige Straftaten, die keinen Bezug zur organisierten Kriminalität aufweisen müssen** (Schönke/Schröder/*Eser* Rn. 14; NK-StGB/*Herzog* Rn. 8; **aA** SK-StGB/*Wolters/Horn* Rn. 5b). Die Herkunftstat muss rechtswidrig, nicht notwendig auch schuldhaft begangen sein; persönliche Strafaufhebungs- oder -ausschließungsgründe, ein Verbotsirrtum oder ein Versuchsrücktritt schließen es beim herkömmlichen Verfall eine Eignung als Verfallsquelle nicht aus. Ob die Tat vor oder nach der Anknüpfungstat begangen wurde, ist unerheblich; Ort, Zeit und Umstände der Herkunftstat bedürfen keiner näheren Feststellung (→ Rn. 30). Zur Verjährung der Herkunftstat vgl. → Rn. 13; zur Frage der Rückwirkung bei späterer Einfügung eines Verweises auf § 73d in die Strafvorschrift zur Anknüpfungstat vgl. → Rn. 16.

25   Die Herkunftstat darf bei Anwendung von § 73d grds. **nicht Gegenstand des Ausgangsverfahrens** sein, da anderenfalls § 73 Abs. 1 unmittelbar anzuwenden wäre. § 73d kommt daher erst in Betracht, wenn nach Ausschöpfung aller zulässigen Beweismittel ausgeschlossen werden kann, dass die Voraussetzungen des § 73 erfüllt sind (BGH NStZ-RR 2016, 83; BGH NStZ 2014, 82; 2003, 422; BGH StV 2014, 617 (619)). Besteht aber gerade die **Schwierigkeit, das Erlangte den abgeurteilten oder**

anderen rechtswidrigen Taten zuzurechnen, so kann erweiterter Verfall angeordnet werden; denn das Rangverhältnis der §§ 73, 73d dient nicht dem Zweck, dem an einer rechtswidrigen Tat Beteiligten das Erlangte nur deshalb zu erhalten, weil die Zuordnung zu einer bestimmten (anderen) rechtswidrigen Tat misslingt (BGH BeckRS 2011, 19724 (obiter) = BGH NStZ-2012, 312 (Ls.)). War die Tat ursprünglich von der Anklage erfasst, wird ihre Verfolgung jedoch im Hauptverfahren nach §§ 153 ff. StPO **eingestellt** (vgl. BGH NStZ 2003, 422), kommt vorrangig eine auf § 73 Abs. 1 gestützte selbstständige Anordnung nach § 76a Abs. 1, Abs. 3 in Betracht. Erst wenn diese ausscheidet, kann § 73d herangezogen werden. Auch ein erweiterter Verfall wird dann aber idR nicht anzuordnen sein. Denn wenn die Einstellung aus Opportunitätsgründen in zu erwartenden tatsächlichen Nachweisschwierigkeiten der Tat begründet liegt, und auch eine Anwendung von § 76a hieran scheitert, wird der Tatrichter sich keine Überzeugung von der deliktischen Herkunft des Verfallsgegenstandes bilden können; denn diese muss sich jedenfalls darauf erstrecken, dass eine rechtswidrige Tat vorliegt. Auch von der Klärung von Rechtsfragen, die einer Einstellung zugrunde liegen, entbindet § 73d nicht.

Für die Frage des erforderlichen **Zusammenhanges** des Verfallsgegenstandes mit der Herkunftstat – **26** „aus ihr" oder „für sie" erlangt – gelten identische Anforderungen wie beim herkömmlichen Verfall (vgl. Fischer Rn. 13; → § 73 Rn. 32 ff.).

2. Beweis der Herkunft, tatrichterliche Überzeugung. Nach dem Wortlaut von § 73d Abs. 1 **27** kann der erweiterte Verfall angeordnet werden, wenn „die Umstände die Annahme rechtfertigen", dass die Verfallsgegenstände „für rechtswidrige Taten oder aus ihnen erlangt worden sind". Damit ist zunächst klargestellt, dass eine **konkrete Herkunftstat nicht bewiesen** zu werden braucht, der Tatrichter sich vielmehr auf Umstände stützen kann, die für eine Herkunft des Verfallsgegenstandes aus irgendwelchen Taten sprechen. Unter welchen Voraussetzungen eine solche Annahme gerechtfertigt ist, bildet die Kernfrage bei Anwendung von § 73d.

Nach Vorstellung des **Gesetzgebers** sollte genügen, dass „die Herkunft des Verfallsgegenstandes mit **28** den Erkenntnismöglichkeiten des Gerichts nicht feststellbar ist", dass sich aber eine „ganz hohe Wahrscheinlichkeit der Herkunft aus rechtswidrigen Taten in dem Sinn ergibt, dass sich die rechtswidrige Herkunft für einen objektiven Beobachter geradezu aufdrängt" (BT-Drs. 11/6623, 5). Der erweiterte Verfall soll angeordnet werden können, „wenn sich diese Herkunftsmöglichkeit von allen in Betracht zu ziehenden Möglichkeiten als die ganz überwiegend wahrscheinlichste darstellt", „wenn sich rechtmäßige Quellen nicht feststellen lassen und sich die Herkunft aus rechtswidrigen Taten im Hinblick auf die Situation des Täters und sein Vorleben einem objektiven Betrachter geradezu aufdrängt" (BT-Drs. 11/6623, 7). Dies lässt letztlich eine **bloße Verdachtslage** für die Anordnung erweiterten Verfalls genügen, rückt die Beweiserleichterung in die **Nähe einer Beweislastumkehr** und hat vor allem in verfassungsrechtlicher Hinsicht weitreichend Kritik erfahren (vgl. Schönke/Schröder/*Eser* Rn. 15; LK-StGB/*Schmidt* Rn. 36; NK-StGB/*Herzog* Rn. 3, 8; Lackner/Kühl/*Heger* Rn. 8; *Julius* ZStW 109 (1997), 58 (94); *Wallschläger,* Die strafrechtlichen Verfallsvorschriften, 2002, 152; *Weßlau* StV 1991, 226 (233)).

Nach der **Rspr.** (BGHSt 40, 371 (373) = BGH NJW 1995, 470; BGH NStZ-RR 1998, 297; BGH **29** NStZ 2001, 531; gebilligt von BVerfGE 110, 1 = BVerfG NJW 2004, 2073; → Rn. 7) ist die Vorschrift verfassungskonform eng auszulegen. Hiernach gilt: Die Anordnung erweiterten Verfalls kommt nur dann in Betracht, wenn der Tatrichter **aufgrund erschöpfender Beweiserhebung und -würdigung die uneingeschränkte Überzeugung von der deliktischen Herkunft der Gegenstände gewonnen hat, ohne dass die Herkunftstaten selbst im Einzelnen festgestellt werden müssen** (BGHSt 40, 371 (373) = BGH NJW 1995, 470; BGH NStZ-RR 1998, 297; BGH NStZ 2001, 531; BGH StraFo 2004, 394; BGH BeckRS 2011, 19724; OLG Düsseldorf wistra 2000, 315). Maßgeblich sind die in der Rspr. entwickelten Anforderungen an eine rechtsfehlerfreie richterliche Überzeugungsbildung zum Schuldspruch (vgl. insoweit KK-StPO/*Schoreit* StPO § 261 Rn. 2 ff. mwN). Die seitens des Gesetzgebers für ausreichend gehaltene hohe Wahrscheinlichkeit der deliktischen Herkunft des Verfallsgegenstandes reicht danach für sich genommen nicht aus, da sie die tatrichterliche Überzeugung nicht ersetzen kann (BGHSt 40, 371 (373) = BGH NJW 1995, 470; BGH NStZ-RR 1998, 297). Damit setzt § 73d StGB die Beweisanforderungen qualitativ nicht herab; Erleichterungen ergeben sich nur hinsichtlich des Nachweisgegenstandes (→ Rn. 30). Es gelten andererseits keine schärferen Anforderungen als im sonstigen Verfahrensrecht. Insofern ist das Gericht schon nach allgemeinen Grundsätzen nicht gehindert, seine Überzeugung auf hinreichende tatsächliche Anknüpfungspunkte zu stützen, die eine derart hohe Wahrscheinlichkeit für eine deliktische Herkunft begründen, dass sie sich aus objektiver Sicht geradezu aufdrängt (vgl. Fischer Rn. 5; Lackner/Kühl/*Heger* Rn. 8). Eine auf solcher Grundlage gewonnene tatrichterliche Überzeugung ist nicht rechtsfehlerhaft. In diesem Sinne dürften auch Entscheidungen des 1. StrS. zu verstehen sein, die auf den Grad der Wahrscheinlichkeit abstellen (BGH NStZ-RR 1996, 116; BGH 29.8.1995 – 1 StR 482/95; vgl. *Nack* GA 2003, 879 (885)). **Nicht ausreichend** ist dagegen eine nur überwiegende Wahrscheinlichkeit für einen deliktischen Erwerb (BGH NStZ-RR 1998, 297), eine nur nahe liegende (BGH StV 1995, 17) oder nur mögliche (BGH NStZ-RR 2004, 347) oder überhaupt nicht näher begründete (BGH StraFo 2004, 394) deliktische Herkunft. Auch stehen Gründe, die **Anlass zu vernünftigen Zweifeln** an einer solchen Herkunft geben und nicht auszuräumen sind, der Anordnung entgegen. Begründen daher bestimmte Tatsachen die nicht nur theoretische Möglichkeit, dass Vermögensgegenstände des Täters aus anderen Quellen als aus rechtswidrigen Taten stammen, so scheidet die Anordnung des erweiterten Verfalls aus (BGHSt 40, 371 (373) = BGH NJW 1995, 470; BGH NStZ-RR 1998, 25; BGH BeckRS 2004, 07145). Andererseits **muss ausgeschlossen sein, dass der Betroffene den Verfallsgegenstand aus konkret feststell-, nachweis- und noch verfolgbaren Straftaten erlangt hat;** denn diese Taten müssen zum Gegenstand eines gesonderten Strafverfahrens gemacht werden, in dem die Voraussetzungen des vorrangig anwendbaren § 73 zu prüfen sind (BGH NStZ 2014, 82). Dies gilt erste recht, wenn wegen der anderen Tat bereits ein weiteres Strafverfahren geführt wird (BGH NStZ-RR 2013, 207).

30   **Gegenstand der richterlichen Überzeugungsbildung** ist nicht die konkrete Erwerbstat oder der konkrete Erwerbsvorgang. Feststellungen hierzu sind entbehrlich. Hinreichend ist die Überzeugung, der Beteiligte habe – vor oder nach der Anknüpfungstat – irgendwelche weiteren rechtswidrigen Taten begangen, aus denen die verfallbaren Vermögenswerte stammen (krit. Fischer Rn. 6: „Wahlfeststellung unter Weglassen der Tatbestandsgarantie"), mithin die Überzeugung von einer **unspezifizierten kriminellen Herkunft des Verfallsgegenstandes** oder – negativ gewendet – davon, dass ein legaler Erwerb des Verfallsgegenstandes ausscheidet.

31   Der Tatrichter hat seine Überzeugung aus **„Umständen"** zu gewinnen, die im Strengbeweisverfahren aufgeklärt und im Urteil festgestellt werden müssen. Entsprechende Indizien können aus den Umständen der Anknüpfungstat gewonnen werden (BGHSt 40, 371 (373) = BGH NJW 1995, 470), etwa aus sichergestellten Waffen, Betäubungsmitteln und Werkzeugen (vgl. BGH NStZ-RR 2009, 384: „typische Utensilien eines Rauschgifthändlers"), aus der Vorgehensweise und dem Umfang der Anknüpfungstat oder in Zusammenhang hiermit gewonnenen Hinweisen auf gewonnene oder erwartete weitere rechtswidrige Einkünfte (BGH NStZ-RR 2009, 384) oder andere, von der Verurteilung nicht erfasste Taten (BGH NStZ 2001, 531). Bedeutung können die allgemeinen Lebensverhältnisse des Angeklagten erlangen, etwa eine Beschränkung auf Kontakte zum kriminellen Milieu (Fischer Rn. 12). Auch die Art der Vermögenswerte – hohe Bargeldbeträge, Einlagen auf Tarn- oder ausländischen Konten – und ein versteckter Fundort können zur Überzeugung von einer deliktischen Herkunft beitragen. Zu berücksichtigen sind vor allem die **Einkommens- und Vermögensverhältnisse** des Angeklagten, insbes. ein fehlendes, geringfügiges oder ungesichertes Einkommen und eine hierdurch nicht erklärliche hohe Vermögenslage und ein aufwändiger Lebensstil (vgl. BGH NStZ-RR 2009, 384; BGH NStZ 2001, 531; BGH BeckRS 2004, 07145). Im Falle legaler Einkommensquellen kann eine Gegenüberstellung der hierdurch erzielten oder erzielbaren Einkünfte mit dem vorhandenen Vermögen angezeigt sein (vgl. BGHSt 40, 371 (373) = BGH NJW 1995, 470). Verfügt der Angeklagte über ein Einkommen, das bei ihm sichergestellte Geldbeträge keinesfalls erklären kann, kommt eine Zuordnung zu strafbaren Erwerbsgeschäften ersichtlich in Betracht (vgl. BGH NStZ-RR 1996, 116). **Rechtmäßige Erwerbsquellen,** denen aufgefundene Vermögenswerte konkurrierend zugeordnet werden können, hindern dagegen die Annahme einer deliktischen Herkunft (BGH NStZ-RR 2004, 347). Erhebliche Beweisschwierigkeiten durch die Vielgestalt möglicher Erwerbsmöglichkeiten und entsprechende Schutzbehauptungen des Angeklagten (so Schönke/Schröder/*Eser* Rn. 15; Lackner/Kühl/*Heger* Rn. 8 unter Hinweis auf LG Bremen StV 1993, 121) sind hierdurch nicht zu besorgen; denn schon nach allgemeinen Grundsätzen ist es weder im Hinblick auf den Zweifelssatz noch sonst geboten, zugunsten des Angeklagten Sachverhaltsvarianten zu unterstellen, für deren Vorliegen kein konkreter Anhalt besteht, auch wenn sie sich nicht widerlegen lassen (BGHSt 51, 324 (325) = BGH NJW 2007, 2274; BGH NStZ-RR 2009, 90; BGH NStZ 2008, 626).

32   **Zur näheren Bestimmung des Vorliegens und der Höhe** eines nach § 73d etwaig verfallbaren Vermögenswertes ist dem Tatrichter weder eine Befugnis zur Schätzung noch ein Ermessen eingeräumt (BGH NStZ 2001, 531; Fischer Rn. 14). Zweckmäßigerweise wird sich ein Vorgehen daran orientieren, dass zunächst solche Vermögenswerte auszuscheiden sind, die der Anknüpfungstat zuzurechnen sind und daher §§ 73, 73a unterfallen. Hiernach ist das Vermögen des Angeklagten festzustellen und von den Vermögenswerten die darin enthaltenen legalen Einkünfte abzuziehen. Die verbleibende Differenz ist unter Berücksichtigung des Lebensunterhalts daraufhin zu untersuchen, ob es sich auch insoweit um plausible Einkünfte aus legalen Einkommensquellen handeln kann (BGH NStZ 2001, 531; krit. Fischer Rn. 14).

C. Ausschluss durch Drittansprüche (§§ 73d Abs. 1 S. 3, 73 Abs. 1 S. 2)

33   Nach dem ursprünglichen **Willen des Gesetzgebers** sollte der erweiterte Verfall im Interesse effektiver Abschöpfung krimineller Gewinne auch solche Fälle erfassen, in denen Ansprüche Geschädigter letztlich nicht aufklärbar sind, so dass eine Vorrangregelung entsprechend § 73 Abs. 1 S. 2 oder ein Verweis hierauf bewusst unterblieb (BT-Drs. 11/6623, 4). Dem lag auch die Vorstellung zugrunde, dass konkurrierende Ersatzansprüche nach der Struktur des erweiterten Verfalls regelmäßig nicht feststellbar würden (BT-Drs. 11/6623, 4; vgl. Schönke/Schröder/*Eser* Rn. 6; LK-StGB/*Schmidt* Rn. 7). Die **Rspr.** ist dem gefolgt (vgl. BGHSt 41, 248 (284) = BGH NJW 1996, 136; BGH NStZ-RR 2006, 138 (139)). Das BVerfG (NJW 2004, 2073 (2079)) hat dem Gesetzgeber indes einen Prüfauftrag erteilt, ob

die Rechte Geschädigter angesichts der steigenden Anzahl von Anordnungen erweiterten Verfalls noch hinreichend gewahrt sind.

Mit Wirkung vom 1.1.2007 ist in § 73d Abs. 1 S. 3 ein Verweis auf § 73 Abs. 1 S. 2 eingefügt worden **34** (BGBl. 2007 I 2350; BT-Drs. 16/700; → Rn. 4), so dass nunmehr auch im Rahmen von § 73d den **Ersatzansprüchen Geschädigter der Vorrang gegenüber dem staatlichen Verfallsanspruch** zukommt. Auf Alt- und Übergangsfälle findet zugunsten der Betroffenen § 2 Abs. 3 Anwendung. Wegen der fehlenden konkreten Zuordnung des Verfallsgegenstandes zu einer bestimmten Erwerbstat ist die Beurteilung, ob – und ggf. von welcher Seite – konkurrierende Ersatzansprüche zu erwarten sind, häufig allerdings mit beträchtlichen Unsicherheiten behaftet. Insoweit wird sich eine Typisierung nach Tatbeständen (vgl. etwa § 263 Abs. 7 gegenüber § 33 BtMG) anbieten; in fraglichen Fällen werden die **§§ 111b ff. StPO** mit Aussicht auf einen Auffangerwerb nach § 111i Abs. 5 StPO anzuwenden sein, auch wenn das Ziel der Rückgewinnungshilfe häufig nicht zu erreichen sein wird (vgl. Fischer Rn. 16; KK-StPO/*Nack* § 111i Rn. 3; **aA** LK-StGB/*Schmidt* Rn. 51: §§ 111b, 111i StPO unanwendbar). Vorzugswürdig erscheint daher, die nur entsprechende Anwendung von § 73 Abs. 1 S. 2 angesichts der Besonderheiten des erweiterten Verfalls einschränkend dahin zu verstehen, dass mit Ansprüchen Geschädigter ernsthaft zu rechnen sein muss (so LK-StGB/*Schmidt* Rn. 51). Die Höhe der einzelnen Ansprüche – nicht ihr Bestand und ihre Anzahl – kann nach Abs. 1 S. 3 iVm § 73b **geschätzt** werden.

D. mehrfache Verfallanordnung (Abs. 3)

Nach Abs. 3 soll ein **mehrfacher Zugriff auf denselben Gegenstand** bei der Anordnung des **35** Verfalls ausgeschlossen sein. Eine solche Gefahr besteht, weil der erweiterte Verfall nicht an konkret festgestellte Erwerbstaten anknüpft (vgl. BT-Drs. 11/6623, 9; Fischer Rn. 18; LK-StGB/*Schmidt* Rn. 54). Die Vorschrift ist systematisch ungenau platziert. Sie gilt übergreifend für alle dem erweiterten Verfall nachfolgenden Verfallsanordnungen, mithin auch für solche nach §§ 73, 73a. Jedes anordnende Gericht hat daher zu untersuchen, ob das Erlangte nicht bereits von einer vorangehenden Anordnung nach § 73d erfasst war; der **Zweifelssatz** ist hierauf anwendbar. Abs. 3 ist sinngemäß nicht nur auf Fälle einer dem erweiterten Verfall nachfolgenden weiteren Verfallanordnung anzuwenden, sondern auch im Fall zurückliegender (einfacher) Verfallanordnungen; lässt sich nach dem Zweifelssatz nicht ausschließen, dass diese bereits den nunmehrigen Verfallsgegenstand oder seinen Wert ergriffen haben, ist von einem Verfall abzusehen.

E. Prozessuales

Die Anordnung erweiterten Verfalls ist bei Vorliegen seiner Voraussetzungen obligatorisch (BGH **36** NStZ-RR 2009, 384; Schönke/Schröder/*Eser* Rn. 16; Ausn: Surrogate, → Rn. 20). Kommt die Verletzung von Strafvorschriften in Betracht, welche auf § 73d verweisen, hat sich der Tatrichter daher im Rahmen seiner **Aufklärungspflicht** auch mit der Herkunft von Vermögenswerten zu befassen, die nicht mit der verfahrensgegenständlichen Tat in Zusammenhang gebracht werden können. Er hat alle Indizien aufzuklären, die für oder gegen einen deliktischen Ursprung entsprechender Gegenstände sprechen können. Zugleich muss er mit allen prozessualen Mitteln ausschließen, dass die Voraussetzungen herkömmlichen Verfalls nach den §§ 73, 73a erfüllt sind (BGH NStZ-RR 2006, 138; 2003, 75; BGH BeckRS 2010, 17266 = BGH StraFo 2010, 424). § 73d enthebt hinsichtlich der rechtswidrigen Herkunftstat nicht von den **Erfordernissen des Strengbeweises.** Auch wenn die Herkunftstat als solche nicht konkret erwiesen sein muss, so sind doch die Umstände, auf die sich die tatrichterliche Überzeugung von der deliktischen Herkunft des Erlangten stützt, prozessordnungsgemäß durch förmliche Beweiserhebung aufzuklären und hierauf gestützt festzustellen (vgl. BGH NStZ 2003, 422 (423); Fischer Rn. 12). Aus dem **Urteil** muss hinreichend hervorgehen, dass erweiterter Verfall angeordnet werden soll; dementsprechend müssen die Feststellungen belegen, dass die abgeurteilten Taten nach Straftatbeständen zu beurteilen sind, die auf § 73d verweisen (vgl. *Nack* GA 2003, 879 (885)).

Die **Revision** kann auf die Rüge der Anordnung oder Nichtanordnung erweiterten Verfalls be- **37** schränkt werden (BGH NStZ-RR 1997, 270); sie ist allerdings notwenig zugleich auf die Nichtanordnung (einfachen) Verfalls bezogen, wenn das angefochtene Urteil die Herkunft des Verfallsgegenstandes offen lässt (BGH BeckRS 2011, 19724). Das Revisionsgericht hat in letzterem Fall auch zu prüfen, ob sich angesichts der Feststellungen zur Person des Angeklagten und seinen wirtschaftlichen Verhältnissen eine deliktische Herkunft von Vermögenswerten aufdrängte; ein Schweigen des Urteils zu einer möglichen Anwendung von § 73d stellt in diesem Fall einen auf die Sachrüge zu berücksichtigenden Erörterungsmangel dar (BGH BeckRS 2004, 07145). Ergeben die Feststellungen, dass der Verfall sich auf Erlöse aus den verfahrensgegenständlichen Taten bezieht, kann das Revisionsgericht nach **§ 354 Abs. 1 StPO** den angeordneten erweiterten Verfall durch eine einfache Verfallsanordnung nach den §§ 73, 73a ersetzen (BGH BeckRS 2007, 16093; 2001, 04660; *Nack* GA 2003, 879 (887)). Mangels strafbestimmenden Einflusses des erweiterten Verfalls lässt die Aufhebung der Verfallanordnung den **sonstigen Rechtsfolgenausspruch** grds. unberührt (BGH NStZ 2001, 531; s. aber BGH NJW 1995, 2235 (2236)).

§ 73e Wirkung des Verfalls

(1) ¹Wird der Verfall eines Gegenstandes angeordnet, so geht das Eigentum an der Sache oder das verfallene Recht mit der Rechtskraft der Entscheidung auf den Staat über, wenn es dem von der Anordnung Betroffenen zu dieser Zeit zusteht. ²Rechte Dritter an dem Gegenstand bleiben bestehen.

(2) Vor der Rechtskraft wirkt die Anordnung als Veräußerungsverbot im Sinne des § 136 des Bürgerlichen Gesetzbuches; das Verbot umfaßt auch andere Verfügungen als Veräußerungen.

1   **1. Allgemeines.** Die Vorschrift (eingefügt zum 1.1.1975 durch das 2. StrRG als § 73d; mit Einfügung von § 73d nF durch Art. 1 Nr. 8 OrgKG v. 15.7.1992 zu § 73e geworden) regelt die Wirkungen des Verfalls eines konkreten Gegenstandes, dh einer Sache oder eines Rechtes **nach § 73 oder § 73d.** Der Verfall von **Wertersatz (§ 73a)** wird von § 73e nicht erfasst, da er einen allgemeinen Zahlungsanspruch des Staates gegenüber dem Betroffenen einräumt, dessen Sicherung allein über §§ 111b Abs. 2, 111d StPO erfolgen kann, und der nach den allgemeinen Vorschriften über Geldforderungen (§§ 459g Abs. 2, 459, 459c StPO; § 57 StVollstrO; Einforderungs- und Beitreibungsanordnung v. 1.8.2011 (BAnz. Nr. 112a, 1) vollstreckt wird.

2   § 73e ist in Zusammenhang mit den Vorschriften über die Sicherstellung, die Beschlagnahme und den Arrest von Verfallsobjekten nach den §§ 111b ff. StPO zu sehen und regelt zwei von vier einander abfolgenden **Wirkungsstufen des auf dem Verfall beruhenden Rechtsübergangs** (vgl. Schönke/Schröder/*Eser* Rn. 8; Fischer Rn. 2; *Rönnau,* Vermögensabschöpfung in der Praxis, 1. Aufl. 2003, 116 ff., 246 ff.):

3   – Fakultative Beschlagnahme nach §§ 111b Abs. 1, 111c StPO mit Wirkung eines Veräußerungsverbotes nach § 136 BGB (§ 111c Abs. 5 StPO; vgl. *Hellerbrand* wistra 2003, 201);
   – Verfallanordnung bis Rechtskraft mit gleicher Wirkung gem. § 73e Abs. 2;
   – Rechtskraft der Verfallanordnung mit Wirkung des Rechtsüberganges auf den Staat gem. § 73e Abs. 1;
   – Vollstreckung nach den §§ 459 ff. StPO, §§ 60 ff. StVollstrO.

4   **2. Rechtsübergang (Abs. 1).** Mit **Rechtskraft** der Verfallanordnung geht das für verfallen erklärte Recht oder das Eigentum an der für verfallen erklärten Sache wie im Fall der Einziehung (§ 74e) auf den Staat über, ohne dass es hierfür noch eines gesonderten Hoheitsaktes oder einer Besitzergreifung bedürfte. Die erwerbende Körperschaft richtet sich nach **§ 60 StVollstrO;** grds. handelt es sich um den Justizfiskus des Landes, dessen Gericht im ersten Rechtszug entschieden hat. Anders als im Falle des § 74e findet der Rechtsübergang nach der ausdrücklichen Einschränkung in Abs. 1 S. 1 Hs. 2 allerdings nur dann statt, wenn der Verfallsgegenstand im Zeitpunkt der Rechtskraft der Entscheidung – infolge Abs. 2 vorverlagert auf den Anordnungszeitpunkt – „dem Betroffenen" zusteht. Betroffener in diesem Sinne sind alle Verfallsadressaten nach den §§ 73 ff., dh neben den Tatbeteiligten iSv § 73 Abs. 1 und § 73a Abs. 1 auch Drittbegünstigte iSv **§ 73 Abs. 3** sowie Dritteigentümer iSv **§ 73 Abs. 4.** Da **§ 73d Abs. 1 S. 2** ansonsten leer liefe, erfolgt der Rechtsübergang wie im Fall des § 73 Abs. 4 auch zu Lasten eines solchen Dritten, der im Rahmen eines verbotenen Geschäftes infolge zivilrechtlicher Doppelnichtigkeit sein Recht oder Eigentum nicht verloren hat.

5   Geht der Verfall zu Lasten einer diesen Gruppen nicht zugehörigen, **unbeteiligten Person,** etwa weil der Tatrichter die Eigentumsverhältnisse unzutreffend beurteilt, bleibt dessen Rechtsposition von der Verfallsanordnung unberührt; § 74f gilt nicht. Der tatsächliche Rechtsinhaber kann daher über seine Sache oder sein Recht wirksam verfügen und ist nicht auf das Nachverfahren nach §§ 442 Abs. 2, 439 StPO verwiesen (Fischer Rn. 5; LK-StGB/*Schmidt* Rn. 7; s. auch LG Frankfurt a. M. NStZ 1998, 3785). Besteht zwischen dem Justizfiskus und dem Dritten Streit über die Wirkung der Verfallsanordnung, darf nach § 61 Abs. 4 S. 2 StVollstrO auf Grundlage der Anordnung nicht vollstreckt werden; geschieht dies gleichwohl, kann der Dritte Einwendungen nach § 458 Abs. 1 StPO erheben (vgl. MüKoStGB/*Joecks* Rn. 4; LK-StGB/*Schmidt* Rn. 7). Der Streit zwischen den Rechtsprätendenten ist grds. vor den Zivilgerichten auszutragen (vgl. § 61 Abs. 3 S. 2, Abs. 4 S. 3 StVollstrO). Zu herrenlosen Sachen vgl. Schönke/Schröder/*Eser* Rn. 8.

6   Bei Verfallserklärungen von **im Ausland belegenem Vermögen** (vgl. BGH wistra 2001, 379: Bankkonto in Luxemburg; BGH NStZ 2000, 483: Grundstück in Spanien; vgl. LK-StGB/*Schmidt* Rn. 4) verlagert sich die Frage der Wirkung des Verfalls wegen der nur innerstaatlichen Wirkung von Strafurteilen regelmäßig auf die Stufe der im Wege der Rechtshilfe zu bewirkenden Anordnungsvollstreckung. Im Anwendungsbereich des **EuGeldwäscheÜbk** (BGBl. 1998 I 520), dem auch der deutsche Verfall unterfällt, leitet der ersuchte Staat auf ein entsprechendes Rechtshilfeersuchen ein Einziehungsverfahren ein und erlangt Eigentum an dem Abschöpfungswert (vgl. BGH NStZ 2000, 483).

7   Nach **Abs. 1 S. 2** bestehen Rechte Dritter – zB Grundpfandrechte an dem Gegenstand, nicht aber Sicherungs- oder Vorbehalteigentum (vgl. LK-StGB/*Schmidt* Rn. 8) – unabhängig davon fort, ob das

anordnende Gericht von ihrer Existenz Kenntnis hatte; § 74e Abs. 2 gilt nicht. Einer Belastung des Gegenstandes noch während des Verfahrens kann durch Beschlagnahme vorgebeugt werden.

3. Veräußerungsverbot (Abs. 2). Abs. 2 Hs. 1 begründet für den Schwebezustand zwischen An- **8** ordnung und Rechtskraft des Verfalls ein Veräußerungsverbot iSv § 136 BGB, das nach Abs. 2 Hs. 2 auch für dingliche Belastungen des Gegenstandes gilt. Da es nur den Eigentumsübergang auf den Fiskus sichern soll, **wirkt das Verbot relativ iSv § 135 Abs. 1 BGB** (Lackner/Kühl/*Heger* Rn. 3; Mü-KoStGB/*Joecks* Rn. 6). Ein **gutgläubiger Erwerb** des Gegenstandes vor Rechtskraft ist daher nach § 135 Abs. 2 BGB möglich und hindert nach Abs. 1 den Rechtsübergang (**aA** Fischer § 73e Rn. 5, § 74e Rn. 3).

§ 74 Voraussetzungen der Einziehung

(1) Ist eine vorsätzliche Straftat begangen worden, so können Gegenstände, die durch sie hervorgebracht oder zu ihrer Begehung oder Vorbereitung gebraucht worden oder bestimmt gewesen sind, eingezogen werden.

(2) Die Einziehung ist nur zulässig, wenn

1. die Gegenstände zur Zeit der Entscheidung dem Täter oder Teilnehmer gehören oder zustehen oder

2. die Gegenstände nach ihrer Art und den Umständen die Allgemeinheit gefährden oder die Gefahr besteht, daß sie der Begehung rechtswidriger Taten dienen werden.

(3) Unter den Voraussetzungen des Absatzes 2 Nr. 2 ist die Einziehung der Gegenstände auch zulässig, wenn der Täter ohne Schuld gehandelt hat.

(4) Wird die Einziehung durch eine besondere Vorschrift über Absatz 1 hinaus vorgeschrieben oder zugelassen, so gelten die Absätze 2 und 3 entsprechend.

Übersicht

A. Grundgedanke

§ 74 enthält die Grundnorm für die Einziehung von Gegenständen. Durch die Einziehung können **1** Gegenstände (zu Schriften s. § 74d), die in Bezug zu einer Straftat stehen, in staatliches Eigentum überführt werden. Die Einziehung gehört zu den traditionellen Einschränkungen des Privateigentums und stellt eine verfassungsrechtlich unbedenkliche **Schrankenbestimmung** für Eingriffe in von Art. 14 Abs. 1 GG geschützte Grundrechtspositionen dar (BVerfG NJW 1996, 246; krit. *Julius* ZStW 109 (1997), 58 (101)), da Art. 14 Abs. 1 GG nicht vor dem Verlust von Eigentum als Nebenfolge einer strafgerichtlichen Entscheidung schützt (BVerfG NJW 1982, 1512).

Spezialgesetzlich geregelte Einziehungsbestimmungen wie § 21 Abs. 3 StVG gehen den allgemeinen **2** Regeln der §§ 74 ff. vor (OLG Nürnberg NJW 2006, 3448).

§ 74 regelt in Abs. 1 die für die Einziehung erforderliche Anknüpfungstat und die Einziehung **3** unterliegenden Gegenstände (Schönke/Schröder/*Eser* Rn. 1). In Abs. 2 unterscheidet die Norm **zwei**

Arten der Einziehung: die Einziehung nach Abs. 2 Nr. 1 lässt die Einziehung von Gegenständen zu, die zur Zeit ihrer Entscheidung einem Beteiligten gehören oder zustehen. Sie dient vornehmlich dem Schuldausgleich (LK-StGB/*Schmidt* Rn. 4; aA Lackner/Kühl/*Heger* Rn. 1, der den Gesichtspunkt der Sicherung der Allgemeinheit betont). Diese Einziehung hat Strafcharakter und ist bei Frage der Strafzumessung zu berücksichtigen (BGH NStZ-RR 2012, 169; BGH NStZ 2005, 362; BGH NStZ-RR 1996, 56) Nach OLG Celle (wistra 2009, 35) handelt es sich um eine gegenständlich spezifizierte Vermögensstrafe. Diese Einziehung kann als **Nebenstrafe** in Verbindung mit der Hauptstrafe oder im selbstständigen Verfahren verhängt werden (§ 76a Abs. 1), ohne dass sich der Strafcharakter ändert. Demgegenüber hat die Einziehung nach Abs. 2 Nr. 2 vornehmlich eine **Sicherungsfunktion** (OLG Düsseldorf NJW 1993, 1485 (1486)). Sie soll die Einziehung eines Gegenstandes ermöglichen, von dem eine Gefahr für die Allgemeinheit ausgeht. Die Einziehung nach Abs. 3, die sich gegen einen schuldlos handelnden Täter richtet, hat ebenfalls Sicherungscharakter (MüKoStGB/*Joecks* Rn. 45).

B. Allgemeine Einziehungsvoraussetzungen (Abs. 1)

I. Vorsätzliche Straftat

4   Die Einziehung setzt die tatbestandsmäßige, rechtswidrige und schuldhafte Begehung einer **vorsätzlichen** Straftat voraus, sei es ein vollendetes Verbrechen oder Vergehen, ein strafbarer Versuch oder ein nach § 30 strafbarer Versuch einer Beteiligung (BGHSt 13, 311 (314)). Auf die Form der Begehung, sei es als Täter oder Teilnehmer, kommt es nicht an (LK-StGB/*Schmidt* Rn. 9), solange nur der gesamte objektive und subjektive Tatbestand der Strafnorm verwirklicht wird (BGHSt 23, 64 (68)).

5   Hingegen ist die Einziehung infolge **fahrlässig** begangener Delikte nur dann zulässig, wenn sie ausdrücklich auch für diese zugelassen wird, zB § 322 iVm § 311 Abs. 3, §§ 58 Abs. 6, 61 LFGB, § 36 AWG, oder vorgeschrieben ist, § 74 Abs. 4, § 23 Nr. 2 OWiG (LK-StGB/*Schmidt* Rn. 9).

6   Zudem muss die Tat **rechtswidrig und schuldhaft** begangen sein; anderenfalls ist die Einziehung – abgesehen von Abs. 2 Nr. 2, Abs. 3 – nicht zulässig, gleich aus welchem Grund die Rechtswidrigkeit oder Schuld ausgeschlossen ist (Schönke/Schröder/*Eser* Rn. 2). Die verminderte Schuldfähigkeit nach § 21 steht der Einziehung nicht entgegen (BGH MDR/D 1952, 530).

7   Zudem müssen für die Einziehung sämtliche **sonstigen Straf- und Prozessvoraussetzungen** (Strafantrag, objektive Strafbarkeitsbedingung) vorliegen; die Verjährung steht der strafweisen Einziehung genauso entgegen (RGSt 50, 386 (392)) wie die Verfahrenseinstellung nach § 153 StPO (LG Bremen NJW 1955, 959; Schönke/Schröder/*Eser* Rn. 4). Zur Folge von Verfahrenshindernissen → § 76a Rn. 4).

II. Einziehungsobjekte

8   **1. Sachen und Rechte.** Gegenstände iSv Abs. 1 sind Sachen und Rechte (LK-StGB/*Schmidt* Rn. 13). Der Sachbegriff entspricht § 90 BGB und umfasst daher bewegliche Sachen und Grundstücke (LG Kleve NStZ 2013, 167); auch Tiere nach § 90a BGB können der Einziehung unterliegen (zu Kampfhunden s. OLG Karlsruhe NJW 2001, 2488).

9   Die § 74 unterfallenden **Rechte** können zB Forderungen, Bankguthaben, Anwartschaftsrechte und beschränkt dingliche Rechte sein (LK-StGB/*Schmidt* Rn. 13). Demgegenüber bleiben schuldrechtliche Verschaffungsansprüche außer Betracht (MüKoStGB/*Joecks* Rn. 13). Ein Recht unterfällt der Einziehung nur, wenn es selbst tatverstrickt ist oder mit der tatverstrickten Sache eine so enge innere Einheit bildet, dass im Missbrauch der Sache zugleich ein Missbrauch des Rechts zu sehen ist (BGH NStZ 1991, 496; *Eser* JZ 1973, 173).

10   Zudem muss sich das Recht auf einen bestimmten, **abtrennbaren Gegenstand** beziehen. Daher sind das Vermögen in seiner Gesamtheit, zahlenmäßig begrenzte Vermögensteile (LK-StGB/*Schmidt* Rn. 13) oder unteilbare Sachen keine Gegenstände nach Abs. 1.

11   Auch Miteigentumsanteile können eingezogen werden (BGH NStZ 1991, 496; *Eser* JZ 1973, 173; aA Göhler/*Gürtler* OWiG § 22 Rn. 11). Dabei ist stets zwischen dem Miteigentumsanteil und der Sache als solcher zu unterscheiden. Die Sache selbst kann, wenn sie im **Miteigentum** mehrerer steht, eingezogen werden, wenn alle Berechtigten an der Tat beteiligt waren (Schönke/Schröder/*Eser* Rn. 23), wenn hinsichtlich der tatunbeteiligten Miteigentümer die Voraussetzungen von § 74a vorliegen (OLG Karlsruhe NJW 1974, 709 (710)) oder wenn die Einziehung aus Sicherungszwecken nach Abs. 2 Nr. 2 erfolgen kann (LK-StGB/*Schmidt* Rn. 59). Entsprechendes gilt für das **Gesamthandseigentum** mit der Ausnahme, dass eine Einziehung des Anteils am Gesamthandseigentum nur in Betracht kommt, wenn sich das Gesamthandsvermögen im Tatgenossen erschöpft (vgl. LK-StGB/*Schmidt* Rn. 50).

12   Der Einziehungsgegenstand muss zudem ein Gegenstand der angeklagten Tat sein (BGH NStZ-RR 1997, 318); im Urteil muss eindeutig festgestellt werden, dass der einzuziehende Gegenstand gerade bei der abgeurteilten Tat eine bestimmte Rolle gespielt hat (BGH BeckRS 2003, 06216).

13   **2. Durch die Tat hervorgebrachte Gegenstände.** Durch die Tat hervorgebracht sind Gegenstände, die **unmittelbar** durch die Tat in strafbarer Weise entstehen oder verändert werden, *producta sceleris*

(Schönke/Schröder/*Eser* Rn. 8). Hierbei handelt es sich typischerweise um unechte oder verfälschte Urkunden (§ 267) oder technische Aufzeichnungen (§ 268), nachgemachtes oder verfälschtes Geld, verfälschte nachgemachte oder verbotswidrig hergestellte Lebensmittel. Vielfach ist die Einziehung dieser Gegenstände speziell geregelt zB in §§ 150, 282 (Schmidt Gewinnabschöpfung Rn. 153).

Hingegen reicht es nicht aus, dass die Gegenstände durch die Tat lediglich erlangt sind, sog **Früchte** 14 der Tat *(scelere quaesita),* zB das durch den Betrug oder den Diebstahl erlangte Geld. Diese Gegenstände können, soweit sie nicht zur Begehung weiterer Straftaten bestimmt sind (BGH NStZ-RR 2003, 57), für verfallen erklärt oder durch Sondervorschriften wie § 40 Abs. 1 BJagdG erfasst werden (Schönke/Schröder/*Eser* Rn. 8). Auch das im Austausch gegen einen durch die Tat hervorgebrachten Gegenstand Erworbene ist nicht „hervorgebracht".

3. Gegenstände, die zur Begehung der Tat oder ihrer Vorbereitung gebraucht worden oder 15 **bestimmt gewesen sind.** Als *instrumenta sceleris* unterliegen alle Gegenstände der Einziehung, die **zur Begehung** der Tat oder ihrer Vorbereitung gebraucht oder bestimmt sind, die mithin nach der Absicht des Täters als Mittel zur Verwirklichung eines verbrecherischen Plans eingesetzt oder dazu bestimmt worden sind (BGHSt 10, 28 (29)), die Tat überhaupt ermöglicht und zu ihrer Durchführung gedient haben oder hierzu erforderlich waren (BGH NStZ-RR 2002, 332 (333)). Unter Gebrauchen ist die tatsächliche Verwendung des Gegenstands zur Tat zu verstehen (OLG Düsseldorf NJW 1993, 1485 (1486)).

Der Einziehung unterliegen daher: **Spesengeld** als Reisespesen (BGH NStZ 1993, 340); ein Mobil- 16 telefon, mit dessen Hilfe das kriminelle Geschäft verabredet wurde (BGHR StGB § 74 Abs. 1 Tatmittel 5); eine Wohnung, deren unentgeltliche Nutzung die Täter einem Dritten zum Zwecke der Bestechung überlassen hat (OLG Frankfurt a. M. NStZ-RR 2000, 45); ein Fahrzeug, das zum Auskundschaften des Tatorts benutzt wurde (BGH NStZ-RR 2002, 332) oder das zur Anfahrt zum Tatort, zum Transport des Werkzeugs, der Beute oder der Flucht dient oder dazu bestimmt war (BGH NStZ 2005, 232).

Zwar brauchen die Gegenstände nicht ausschließlich der Tatbegehung zu dienen, sondern können 17 **auch zu weiteren Zwecken** verwendet werden. Jedoch reicht die lediglich gelegentliche Benutzung eines Gegenstandes im Zusammenhang mit der Tat nicht aus (BGH NStZ-RR 2002, 332 (333)), sein Gebrauch muss vielmehr gezielt die Verwirklichung des deliktischen Vorhabens fördern oder nach der Planung fördern sollen (BGH StV 2005, 210; Fischer Rn. 6). Während der BGH keine weitere Einschränkung vornimmt, wird in der oberlandesgerichtlichen Rechtsprechung vertreten, die Tat müsse von dem Einsatz des Gegenstandes „abhängig" sein (OLG Düsseldorf NJW 1992, 3050 (3051)) oder der Gegenstand müsse nach der Absicht des Täters als „eigentliches Mittel" zur Verwirklichung eines Straftatbestandes eingesetzt werden (OLG Köln NStZ 2006, 225 (226)). Mit *Eser* wird eine mittelbare Förderung der Tat durch einen Gegenstand allenfalls dann ausreichen, wenn dessen Herstellung oder Benutzung in deliktischer Absicht geschieht (Schönke/Schröder/*Eser* Rn. 12). Daher können Unterlagen im Falle eines Betruges nur dann eingezogen werden, wenn sie falsch erstellt oder verfälscht wurden, nicht hingegen ordnungsgemäß erstellte Bilanzen, deren Zahlenmaterial lediglich falsch ausgewertet wurde (LG Stuttgart NJW 1976, 2030). Der Einziehung unterliegen auch falsche oder verfälschte Unterlagen, die bei einer Steuerhinterziehung Verwendung gefunden haben, nicht aber auch sämtliche übrigen Unterlagen (LG Fulda NJW 2000, 1508 (1511)). Verschafft sich der Täter eine Vielzahl von Wechseln in der Absicht, alle Wechsel nach deren Verfälschung zu Betrugszwecken einzusetzen, ist die Einziehung aller Wechsel zulässig, auch wenn nur ein Bruchteil zum Zwecke des Prozessbetruges verwendet wurde (BGH BeckRS 1989, 31099338).

Als **zur Tat bestimmt** gelten Gegenstände, die zwar nicht tatsächlich benutzt worden, aber dazu 18 vorgesehen und auch bereitgestellt sind (OLG Düsseldorf NJW 1993, 1485 (1486)), wenn auch nur für den Eventualfall (OLG Dresden NStZ-RR 1999, 372 (374)). Nicht ausreichend ist die Anfertigung auf Vorrat ohne Beziehung zur konkreten Tat (BGHSt 8, 205 (212)).

Die **zeitliche Grenze,** bis zur der Gebrauch stattfinden muss oder soll, geht von der Vorbereitung 19 der Tat bis zu deren materieller Beendigung. Der Gegenstand muss zumindest zur raschen Flucht gebraucht worden oder zur Bergung der Beute bestimmt gewesen sein; wird aber ein Fahrzeug (ohne vorherige Bestimmung) erst nach der Beendigung der Tat zur Flucht verwendet, scheidet eine Einziehung aus (BayObLG NJW 1963, 600).

Eine Einziehung setzt voraus, dass der Einziehungsgegenstand zum Zeitpunkt der Entscheidung noch 20 derselbe ist, wie er als Gegenstand der Tat Verwendung gefunden hat. Ob der Einziehungsgegenstand diese Identität aufweist oder ob eine Sache etwa durch Vermischung zu einer neuen Sache mit anderem Wesen und Gehalt geworden ist, beurteilt sich nach der Verkehrsanschauung (BGH NStZ 1993, 538). Eine **Identität** ist anzunehmen, wenn eine bestimmte Banknote als vertretbare Sache durch einen gleichwertigen Anspruch auf einen entsprechenden Geldbetrag gegen die Staatskasse ersetzt wird (BGH NStZ 1993, 538). Gleiches gilt, wenn ein bestimmter Gegenstand ein Teil einer zusammengesetzten einheitlichen Sache oder wesentlicher Bestandteil einer anderen Sache geworden ist, der körperliche Zusammenhang aber ohne Wertzerstörung aufgehoben und der Gegenstand ausgeschieden werden kann (RGSt 12, 198 (202)). Identität ist weiter anzunehmen, wenn zB Zubehör gemäß § 97 BGB vom Gegenstand ohne weiteres getrennt werden kann (LK-StGB/*Schmidt* Rn. 21). Ist der Tatgegenstand hingegen zu einer neuen selbstständigen Sache verarbeitet, verändert oder vermischt worden, zB bei dem Verschnitt von Weinen im Verhältnis 2:1 (RGSt 42, 123 (125)), kommt lediglich eine Ersatzeinziehung nach § 74c in Betracht.

21 **Beziehungsgegenstände** werden von der Einziehung nach §§ 74 f. nicht erfasst. Sie bilden den Gegenstand der Tat, ohne dass sie als Mittel zur Verwirklichung des verbrecherischen Plans eingesetzt oder dazu bestimmt worden sind (LK-StGB/*Schmidt* Rn. 19). Beziehungsgegenstände sind im Verhältnis zu den Einziehungs- und Verfallsgegenständen im Wege negativer Abgrenzung zu ermitteln und bilden lediglich das **passive Objekt** der Tat; ihre Verwendung erschöpft sich in dem Gebrauch, auf dessen Verhinderung der jeweilige Tatbestand abzielt (Schönke/Schröder/*Eser* Rn. 12a). Sie können lediglich aufgrund von Sondervorschriften eingezogen werden, zB §§ 261 Abs. 7, 264 Abs. 6, 282 Abs. 2, 322 Nr. 2, 330c S. 1 Nr. 2, § 110 UrhG, § 25d Abs. 5 WZG, § 20 Abs. 3 VereinsG, § 7 WiStG, § 98 ArzneimittelG oder § 375 Abs. 2 AO).

22 Bloße **Beweismittel** unterliegen nicht der Einziehung; ihre Beschlagnahme ist allenfalls nach § 94 StPO zulässig (Schönke/Schröder/*Eser* Rn. 14).

C. Besondere Einziehungsvoraussetzungen

23 Während Abs. 1 für jeden Fall der Einziehung allgemeine Voraussetzungen aufstellt, unterscheidet die Vorschrift in Abs. 2 die Einziehung von tätereigenen Gegenständen (Nr. 1) und solchen, die die Allgemeinheit gefährden oder bei denen die Gefahr einer Nutzung zur Begehung rechtswidriger Taten besteht (Nr. 2).

I. Dem Beteiligten zustehende Gegenstände (Abs. 2 Nr. 1)

Eine Einziehung ist nach Abs. 2 Nr. 1 nur zulässig, wenn die Gegenstände zur Zeit der Entscheidung dem Täter oder Teilnehmer gehören oder zustehen:

24 **1. Täter oder Teilnehmer.** Der Begriff von Täter und Teilnehmer folgt §§ 25 ff. (LK-StGB/*Schmidt* Rn. 23) und umfasst alle Täterschaftsformen sowie Anstifter und Gehilfen. Unter Abs. 2 Nr. 1 fallen nicht der Begünstigte und der Hehler (vgl. RGSt 67, 29 (32)). Eine Einziehung gegenüber dem Hehler ist nur dann möglich, wenn der Gegenstand auch zur Begehung der Hehlerei verwendet wurde (Schönke/Schröder/*Eser* Rn. 20).

25 Es ist nicht erforderlich, dass der Eigentümer den Gegenstand bei der Begehung der Tat verwendet. Vielmehr genügt es, dass der Eigentümer dem anderen Tatbeteiligten den Gegenstand bewusst zur Tatbegehung **überlassen** hat (MüKoStGB/*Joecks* Rn. 23) oder dass er einen anderen Beteiligten durch das Zurverfügungstellen des Gegenstandes zur Tat bestimmt hat (LK-StGB/*Schmidt* Rn. 23). Die überwiegende Auffassung bejaht ein die Einziehung nach Abs. 2 Nr. 1 begründendes Verschulden eines Eigentümers – und nicht lediglich die Anwendbarkeit der Dritteinziehung nach § 74a – auch dann, wenn dieser einen ihm gehörenden Gegenstand zwar nicht billigend, aber doch zumindest leichtfertig einem Beteiligten im Hinblick auf die Tat überlassen hat; Entsprechendes soll im Falle eines Exzesses gelten, wenn einen Beteiligten der Vorwurf leichtfertiger Ermöglichung der Verwendung seines Eigentums gerade im Hinblick auf die Weiterung trifft (LK-StGB/*Schmidt* Rn. 223; Fischer Rn. 12; aA MüKoStGB/*Joecks* Rn. 25). Gegenstände eines Beteiligten können hingegen nicht eingezogen werden, wenn sie in einem Tatabschnitt eingesetzt werden sollten, zu dessen – auch versuchsweiser – Ausführung es nicht gekommen ist (RGSt 49, 208 (212)).

26 **2. Gehören.** Eine Sache gehört dem Beteiligten, wenn sie in dessen **Alleineigentum** steht. Dies bemisst sich nach dem Sachenrecht des BGB (BGHSt 24, 222 (227)); bei einem Auslandsbezug der Tat kann die Eigentumslage nach ausländischem Zivilrecht vom Tatrichter zu ermitteln sein (BGH WiB 1995, 524). Dabei hat das Gericht – soweit erforderlich – die maßgeblichen Verfügungsgeschäfte auf ihre Wirksamkeit hin zu überprüfen; ist ein Verfügungsgeschäft, durch das der Beteiligte das Eigentum erworben haben soll, unwirksam, gehört ihm die Sache iSv Abs. 2 Nr. 1 nicht (Schönke/Schröder/*Eser* Rn. 22). Dies gilt insbesondere dann, wenn sich die Nichtigkeit der dinglichen Einigung aus dem Delikt selbst ergibt, zB im Betäubungsmittelhandel sowohl hinsichtlich der Drogen als auch des Kaufpreises (BGHSt 31, 145 (146 f.)). Zur Eigentümerstellung und Einziehung bei § 241a BGB: *Mitsch* NStZ 2005, 534.

27 Der **Besitz,** die tatsächliche Sachherrschaft, oder ein Besitzrecht haben auf die Beurteilung des „Gehörens" keinen Einfluss (BGH/D MDR 1969, 722). Zwar kann der Besitz nach § 1006 BGB eine Eigentumsvermutung begründen (LK-StGB/*Schmidt* Rn. 25; aA wohl OLG Karlsruhe NJW 2001, 2488) und bei der Frage nach dem Eigentum an einem Kfz die Zulassungsbescheinigung Teil 2 (der ehemalige Kfz-Schein) einen hohen Beweiswert haben (OLG Bremen VRS 50, 34 (38)). Jedenfalls muss der Tatrichter in den Urteilsgründen ausführen, worauf er seine wertende Feststellung zu den Eigentumsverhältnissen gründet (OLG Karlsruhe NJW 2001, 2488). Kreditkarten stehen aufgrund der zugrunde liegenden allgemeinen Geschäftsbedingungen idR im Eigentum des ausstellenden Unter-

nehmens (BGHR StGB § 74 Abs. 2 Nr. 1 Eigentümer 2). Steht die Sache im Eigentum einer juristischen Person, ist § 75 zu beachten (BGH NStZ 1997, 30 (31)).

Maßgebend ist ausschließlich die **formale Rechtsposition.** Ungeachtet der im Einzelnen gewählten 28 Konstruktionen von Vorbehalts- oder Sicherungseigentum kann eine Einziehung nach Abs. 2 Nr. 1 nur dann erfolgen, wenn der Beteiligte formeller Eigentümer des Gegenstandes ist (BGHSt 24, 222 (225); LK-StGB/*Schmidt* Rn. 27). Wer nach rein wirtschaftlicher Betrachtungsweise als Eigentümer der Sache angesehen werden kann, ist unerheblich (LG Köln NStZ-RR 2012, 74; aA Schönke/Schröder/*Eser* Rn. 24; SK-StGB/*Horn/Wolters* Rn. 16). Ist der Beteiligte Sicherungsgeber, kann lediglich das Anwartschaftsrecht und nicht die Sache selbst eingezogen werden (BGH NStZ-RR 1999, 11).

Rechte unterliegen der Einziehung, wenn der Beteiligte deren Inhaber ist (LK-StGB/*Schmidt* 29 Rn. 44).

3. Maßgebender Zeitpunkt. Für die Beurteilung der dinglichen Zuordnung ist der Zeitpunkt der 30 **letzten tatrichterlichen Entscheidung** maßgebend (BGH NStZ-RR 2011, 370). Unter Entscheidung ist die Anordnung oder Bestätigung der Einziehung durch das Tatgericht zu verstehen; ob dies in der ersten Instanz, in der Berufung oder nach Zurückverweisung geschieht, ist unerheblich (BGHSt 8, 205 (212); Schönke/Schröder/*Eser* StGB Rn. 26). Ohne Belang ist auch die Frage, ob der Beteiligte im Zeitpunkt der Tat Eigentümer des Einziehungsgegenstandes war (LK-StGB/*Schmidt* Rn. 40). Verliert der Beteiligte zwischenzeitlich das Eigentum an der Sache oder die Inhaberschaft an dem Recht, kommt lediglich eine Einziehung von Wertersatz in Betracht, § 74c.

Veränderungen in der Zuordnung der Gegenstände nach der letzten tatrichterlichen Entscheidung 31 bleiben unberücksichtigt, ausgenommen im Falle des § 354 Abs. 1 StPO (BGHSt 16, 49 (57)). Geht das Eigentum/Recht nach dem Zeitpunkt der letzten mündlichen Entscheidung auf einen Dritten über, verliert dieser es mit Rechtskraft der Entscheidung, § 74e, und ist auf den Entschädigungsanspruch nach § 74f verwiesen.

Stirbt der Beteiligte vor Erlass eines Urteils, ist eine (selbstständige) Einziehung ausgeschlossen (LK- 32 StGB/*Schmidt* Rn. 43; Schönke/Schröder/*Eser* Rn. 22).

II. Sicherungseinziehung (Abs. 2 Nr. 2)

Abs. 2 Nr. 2 lässt die Einziehung von Gegenständen zu, um die Allgemeinheit vor Gefahren zu 33 schützen. Die Einziehung aus Sicherungszwecken erfolgt – abweichend von Nr. 1 – **ohne Berücksichtigung der Eigentumslage,** weil sie nach Art. 14 Abs. 2 GG dem Allgemeinwohl dient (BGHSt 19, 63 (76)). Der Eigentümer hat einen Entschädigungsanspruch nach Maßgabe des § 74f (MüKoStGB/*Joecks* Rn. 34). Nr. 2 unterscheidet zwischen der Einziehung, weil der Gegenstand nach seiner Art und den Umständen die Allgemeinheit gefährdet (Alt. 1), und der Einziehung, weil die Gefahr besteht, dass der Gegenstand der Begehung rechtswidriger Taten dienen wird (Alt. 2).

1. Ihrer Art nach gefährliche Gegenstände (Alt. 1). Ihrer Art nach gefährlich sind **generell** 34 (abstrakt) **gefährliche Gegenstände.** Die Gefährlichkeit kann sich zum einen aus den physikalischen oder chemischen Eigenschaften des Gegenstandes selbst ergeben, zB bei radioaktivem Material, Giften oder Waffen. Zum anderen kann sie auf den Verwendungsmöglichkeiten eines Gegenstandes beruhen. Dies ist idR der Fall, wenn der Gegenstand praktisch nur zur Verwendung bei Straftaten dient, zB bei Propagandaschriften verbotener Parteien (BGHSt 26, 258 (266)) oder Falschgeld (LK-StGB/*Schmidt* Rn. 53).

Über seine abstrakte Gefährlichkeit hinaus muss der Gegenstand auch **nach den Umständen** gefähr- 35 lich sein, dh auch in der Hand des Gewahrsamsinhabers. Dies gilt vor allem, wenn sich der Gegenstand in der Hand unzuverlässiger Personen befindet. Denn es gibt keine absolut gefährlichen Gegenstände; so sind bspw. Betäubungsmitteln in der Hand eines Arztes nach den Umständen ungefährlich (LK-StGB/*Schmidt* Rn. 53).

Eine Einziehung kann nur bei **Gefahr für die Allgemeinheit** erfolgen. Dieser Begriff ist weit zu 36 fassen; die Einziehung muss lediglich zum Schutze jedes allgemein anerkannten, also praktisch jedes rechtlich geschützten Interesses erfolgen (Schönke/Schröder/*Eser* Rn. 32).

2. Zur Begehung rechtswidriger Taten dienende Gegenstände (Alt. 2). Ohne Rücksicht auf 37 die gegenstandsbezogene Gefährlichkeit kann ein Gegenstand eingezogen werden, wenn die Gefahr besteht, dass er rechtswidrigen Taten dient **(individuelle Gefährlichkeit).** Auf die Art der zu besorgenden Tat kommt es nicht an (MüKoStGB/*Joecks* Rn. 40). Allerdings muss der Gegenstand als Tatwerkzeug und nicht lediglich als Beziehungsgegenstand der zukünftigen Tat dienen (BayObLG 1963, 106 (110)).

Die von Abs. 2 Nr. 2 vorausgesetzte Gefahr muss konkret sein (BGHSt 23, 64 (69)). Die **konkrete** 38 **Gefahr** kann sich aus den besonderen Umständen der Tat oder den Merkmalen der Persönlichkeit des Täters ergeben. Die bloße Möglichkeit in Form einer gedanklichen Wahrscheinlichkeit genügt nicht (BGHSt 18, 271 (274)). So reicht bei Kunstfälschungen die bloße gedankliche Möglichkeit einer Verwendung zu rechtswidrigen Zwecken nicht aus (BGH MDR 1991, 701).

39   Bei **Tatprodukten oder -werkzeugen** kann sich die Gefahr schon daraus ergeben, dass diese praktisch gar nicht anders als missbräuchlich genutzt werden können (LK-StGB/*Schmidt* Rn. 56). Daneben kann sich die Gefahr aus Vorverurteilungen des Täters ergeben. Allerdings genügt der Gesichtspunkt, der Täter habe bereits einmal unter Verwendung eines ähnlichen Gegenstandes das gleiche Delikt begangen, nicht zur Konkretisierung der Gefahr eines strafrechtswidrigen Gebrauchs der einzuziehenden Gegenstände (BGH StV 1991, 262). Abweichendes anderes kann gelten, wenn infolge hartnäckiger Rückfälligkeit des Täters die Bejahung einer solchen Gefahr nahe liegt (OLG Karlsruhe NJW 2001, 2488).

40   Die konkrete Gefahr muss sich nach überwiegender Auffassung auf eine Tat beziehen, die **in ihrem Umrissen** bereits einigermaßen klar bestimmbar sein (Schönke/Schröder/*Eser* Rn. 34; aA LK-StGB/*Schmidt* Rn. 56).

41   **3. Zusammentreffen beider Gründe.** Liegen sowohl die Voraussetzungen von Nr. 1 als auch von Nr. 2 vor, kann das Gericht nach seinem **Ermessen** die Entscheidung auf eine Norm oder auch auf beide stützen (MüKoStGB/*Joecks* Rn. 43). Da die Rechtsfolgen nach §§ 74b, 74c, 74e Abs. 2, 76 Abs. 2 unterschiedlich sind, muss sich das Tatgericht auf eine Rechtsgrundlage festlegen (LK-StGB/*Schmidt* Rn. 59). Stützt das Gericht die Einziehung auf Nr. 1, obwohl der Gegenstand nicht dem Täter gehört, wird entgegen der hM das Revisionsgericht die Einziehung auf Nr. 2 – wenn deren Voraussetzungen vorliegen – nur stützen können, falls die Einziehung im Hinblick auf die Strafe im Übrigen nicht ins Gewicht fällt (aA LK-StGB/*Schmidt* Rn. 59). Denn die Einziehung nach Nr. 1 ist bei der Strafzumessung zu berücksichtigen, diejenige nach Nr. 2 dient allein Sicherungszwecken und muss den Täter nicht zwingend belasten.

D. Einziehung bei schuldlosem Handeln (Abs. 3)

42   Abs. 3 ermöglicht die Einziehung aus Sicherungsgründen (Abs. 2 Nr. 2) auch dann, wenn der Täter zwar vorsätzlich und rechtswidrig, aber schuldlos gehandelt hat (BGH NJW 1982, 2565). Ob hingegen auch Gegenstände eines schuldlos handelnden Teilnehmers eingezogen werden können, die dieser ohne Wissen des Haupttäters gebraucht, ist umstritten; mit *Joecks* wird dies im Hinblick auf die Grenzen des Wortlauts von Abs. 3 zu verneinen sein (MüKoStGB/*Joecks* Rn. 46; aA LK-StGB/*Schmidt* Rn. 60).

43   Die Einziehung nach Abs. 3 erstreckt sich grundsätzlich nur auf Gegenstände, die durch die Tat hervorgebracht – *producta sceleris* – oder zu ihrer Begehung oder Vorbereitung gebraucht oder bestimmt sind – *instrumenta sceleris* (OLG Düsseldorf NJW 1993, 1485 (1486)).

E. Verweis aus anderen Normen (Abs. 4)

44   Abs. 4 stellt eine gemeinsame **Rahmenvorschrift** für die Einziehung nach Abs. 1 aufgrund von Verweisungen aus dem StGB oder dem Nebenstrafrecht dar (§§ 101a Abs. 1 S. 3, 109k Abs. 1 S. 3, 150, 267 Abs. 7 S. 1, 286 Abs. 2 S. 1, 295, 375 Abs. 2 AO). Die Norm soll sicherstellen, dass Abs. 2 und 3 auch dort zur Anwendung gelangen, wo die Einziehung über die Grenzen von Abs. 1 hinaus zugelassen wird (Schönke/Schröder/*Eser* Rn. 37), sei es, dass Beziehungsgegenstände eingezogen werden können, sei es, dass die Einziehung auch bei fahrlässigem Handeln zulässig ist, sei es, dass die Einziehung zwingende Rechtsfolge ist. Abs. 4 findet bei Verweisungen aus anderen Normen nur insoweit Anwendung, wie dort nichts anderes bestimmt ist (LK-StGB/*Schmidt* Rn. 61). Im Rahmen von § 375 Abs. 2 AO finden Abs. 2 und 3 uneingeschränkte Anwendung (BGH wistra 1995, 30). Die Anwendbarkeit von Abs. 4 kann bei anderen Normen ausdrücklich oder stillschweigend ausgeschlossen sein. Wird durch die Einziehung aufgrund einer Spezialnorm in Rechte Dritter eingegriffen, ist § 7a zu beachten.

F. Rechtsfolge

45   Die Entscheidung über die Einziehung steht im pflichtgemäßen **Ermessen** des Tatgerichts, wenn nicht über eine Spezialvorschrift iVm Abs. 4 die Einziehung zwingend ist. Bei der Ermessensausübung sind insbesondere die Grundsätze von § 74b zu berücksichtigen, → § 74b Rn. 9.

G. Verfahrensrechtliches

46   Mit den Vorschriften der §§ 74 ff. gehen die prozessualen Bestimmungen der §§ 430 ff. StPO einher. Grundsätzlich ist über die Einziehung im subjektiven Verfahren zu entscheiden. Ist der Tatbeteiligte Eigentümer des einzuziehenden Gegenstandes, erfolgt die Einziehung innerhalb des Strafverfahrens, in dem die zur Einziehung führende Tat Gegenstand der Anklage ist und tatrichterlich nachgewiesen wird (BGH NStE Nr. 1). Gibt es mehrere Tatbeteiligte, scheidet eine Einziehung im Verfahren gegen einen Mittäter, der nicht Einziehungsbetroffener ist, aus. Ist der Einziehungsgegenstand einem Dritten zugeordnet, erfolgt die Einziehung in dem Verfahren gegen den Angeklagten, auf das sich die Einziehung gestützt (Schönke/Schröder/*Eser* Rn. 43). Der Dritte wird nach § 431 Abs. 1 S. 1 StPO Einziehungsbeteiligter. Nach § 433 Abs. 1 StPO stehen ihm grundsätzlich die Befugnisse eines Ange-

klagten zu. Unterbleibt eine Beteiligung, kann der Einziehungsbetroffene ein Nachverfahren anstrengen, § 439 StPO. Statt des subjektiven kann ein selbstständiges Einziehungsverfahren nach § 440 StPO eingeleitet werden, wenn es nicht um die Strafverfolgung, sondern lediglich um die Einziehung eines Gegenstandes geht. Die von der Einziehung betroffenen Personen haben wie im subjektiven Verfahren die Stellung eines Nebenbeteiligten. Ihre Rechte entsprechen denen im subjektiven Verfahren, § 440 Abs. 3 StPO.

In der Urteilsformel ist der eingezogene Gegenstand so genau wie möglich zu **bezeichnen** (BGH 47 NStZ 1993, 95). Dem Urteil stehen der Strafbefehl (Schönke/Schröder/*Eser* Rn. 44) und der Beschluss im selbstständigen Verfahren nach § 440 StPO gleich. Die Einziehungsgegenstände müssen so genau angegeben werden, dass bei allen Beteiligten und Vollstreckungsorganen Klarheit über den Umfang der Einziehung besteht; bei umfangreichem Material kann dies in einer besonderen Anlage zum Urteilstenor erfolgen; eine Bezugnahme auf das Asservatenverzeichnis genügt hingegen nicht, da nicht hinreichend deutlich wird, um welche Gegenstände oder Geldbeträge es sich handelt (BGH StraFo 2008, 302). Nach dem BGH (StV 1993, 245) soll die genaue Bezeichnung in den Urteilsgründen ausreichend sein. Eine unzureichende Bezeichnung kann nachträglich nicht nachgebessert werden (LK-StGB/*Schmidt* Rn. 65). Ist eine Entscheidung über eine Einziehung versehentlich unterblieben, ist der Strafanspruch mit Eintritt der Rechtskraft verbraucht; davon ausgenommen ist die nachträgliche Einziehungsmöglichkeit nach §§ 74b Abs. 2, 76 StGB iVm § 462 Abs. 2 S. 2 StPO (LK-StGB/*Schmidt* Rn. 65).

Die **Urteilsgründe** müssen Feststellungen enthalten, dass der Gegenstand bei Begehung oder Vor- 48 bereitung der Tat eine bestimmte Rolle gespielt hat (OLG München StRR 2012, 235). Sie müssen auch erkennen lassen, ob die Einziehung nach Abs. 2 Nr. 1 oder Nr. 2 angeordnet wurde (KG BeckRS 2014, 11428) und ob das Tatgericht sein Ermessen ausgeübt und die Grundsätze des § 74b beachtet hat (BGHSt 19, 245 (256)). Dabei hat das Tatgericht in der Strafzumessung ausdrücklich zu erörtern, ob und gegebenenfalls in welchem Umfang die Einziehung strafmildernd zu berücksichtigen ist (BGH NStZ 2005, 362; BGH NStZ-RR 1996, 56). Einer ausdrücklichen Erörterung bedarf es aber nicht, wenn angesichts des Werts des Gegenstands die Einziehung die Bemessung der Strafe nicht wesentlich beeinflussen kann (BGH NStZ 1984, 181). Anderenfalls genügt es regelmäßig, die Einziehung eines wertvollen Gegenstands erst bei der Bemessung der Gesamtstrafe zu berücksichtigen (OLG Nürnberg NJW 2006, 3449 (3449)).

H. Formlose Einziehung

Das Eigentum an Einziehungsgegenständen kann nicht nur durch die Rechtskraft der Anordnung auf 49 den Staat übergehen, § 74e Abs. 1. In der Praxis verzichten Täter in einer Vielzahl von Fällen auf die Herausgabe sichergestellter und der Einziehung unterliegender Gegenstände. Die Erklärung, mit einer formlosen Einziehung sichergestellter Gegenstände einverstanden zu sein, beinhaltet einen unwiderruflichen Verzicht auf etwa bestehende Herausgabeansprüche und macht einen förmlichen Einziehungsausspruch überflüssig (BayObLG NStZ-RR 1997, 51) Diese Verfahrensweise begegnet auch bei höherwertigen Gegenständen keinen Bedenken (OLG Koblenz JurBüro 1995, 541; MüKoStGB/*Joecks* Rn. 51; aA M. *Thode* NStZ 2002, 62), sofern dies bei der Strafzumessung Berücksichtigung findet. Die Erklärung verstößt auch nicht allein deswegen gegen ein gesetzliches Verbot oder die guten Sitten, wenn sie im Zusammenhang mit einem von dem Angeklagten noch vor Urteilsverkündung abgegebenen Rechtsmittelverzicht erfolgt (OLG Frankfurt a. M BeckRS 2011, 19395). Ordnet das Gericht trotz „Verzichts" des Täters später dennoch die Einziehung an, so ist dieser lediglich deklaratorisch wirkende Beschluss mangels Beschwer des Angeklagten unanfechtbar (OLG Düsseldorf NStZ 1993, 452).

I. Rechtsmittel

Rechtsmittel gegen Entscheidungen über die Einziehung richten sich nach allgemeinen Regeln. Eine 50 Beschränkung des Rechtsmittels auf die Einziehung nach Abs. 2 Nr. 1 ist grundsätzlich unzulässig. Die Einziehung stellt eine Nebenstrafe dar und ist daher Teil der Strafzumessung; die Anfechtung erstreckt sich folglich auf den **gesamten Strafausspruch** (BGH NStZ 1993, 400). Hebt das Rechtsmittelgericht den Rechtsfolgenausspruch hinsichtlich der Hauptstrafe auf, so ist auch die Entscheidung über eine Einziehung nach Abs. 2 Nr. 1 aufzuheben (OLG Hamm BeckRS 2004, 30345299).

Demgegenüber hat die Einziehung nach Abs. 2 Nr. 2 als **Sicherungsnahme** keinen Einfluss auf die 51 Höhe der Strafe; hier ist die isolierte Anfechtung zulässig (OLG Jena NStZ-RR 2009, 120).

Kann die Einziehung sowohl nach Abs. 2 Nr. 1 als auch nach Nr. 2 angeordnet werden, hat die 52 Maßnahme einen **gemischten Charakter.** Hier ist zu berücksichtigen, dass das mit der Einziehung verbundene Sonderopfer für den Täter oder Teilnehmer der Tat auch dann bei der Strafzumessung zu berücksichtigen ist, wenn es zu diesem im Rahmen der Sicherungsmaßnahme nach Nr. 2 kommt, sofern es nur so erheblich ist, dass es als die Wirkung einer Strafe hat. In diesem Fall ist die isolierte Anfechtung der Einziehung nur dann möglich, wenn diese Einziehung keinen Einfluss auf die Höhe der verhängten Strafe hat (OLG Jena NStZ-RR 2009, 120).

53   Die **Rechtskraft** der Einziehungsanordnung tritt spätestens dann ein, wenn das Urteil insgesamt rechtskräftig wird. Sie kann in einem Verfahren gegen mehrere Beteiligte auch früher eintreten, wenn nur diejenigen Beteiligten Rechtsmittel einlegen, die kein Recht am Einziehungsgegenstand geltend machen (OLG Düsseldorf JMBl. 2002, 112).

54   In einem Verfahren gegen **Jugendliche** schließt § 55 JGG die Revision des Einziehungsbeteiligten nach vorangegangenem Berufungsverfahren nicht aus (OLG Oldenburg VRS 90, 285 f.).

§ 74a Erweiterte Voraussetzungen der Einziehung

Verweist das Gesetz auf diese Vorschrift, so dürfen die Gegenstände abweichend von § 74 Abs. 2 Nr. 1 auch dann eingezogen werden, wenn derjenige, dem sie zur Zeit der Entscheidung gehören oder zustehen,

1. **wenigstens leichtfertig dazu beigetragen hat, daß die Sache oder das Recht Mittel oder Gegenstand der Tat oder ihrer Vorbereitung gewesen ist, oder**
2. **die Gegenstände in Kenntnis der Umstände, welche die Einziehung zugelassen hätten, in verwerflicher Weise erworben hat.**

A. Grundgedanke

1   § 74a eröffnet neben § 74 Abs. 2 Nr. 2 eine weitere Möglichkeit, tatverstrickte Gegenstände einzuziehen, die sich im Eigentum eines **tatunbeteiligten Dritten** befinden. Da die Vorschrift einerseits kein strafrechtlich relevantes Verhalten des Dritten verlangt, die Einziehung andererseits einen strafähnlichen, da repressiven Charakter besitzt (LK-StGB/*Schmidt* Rn. 4; Fischer Rn. 4), bestehen verfassungsrechtliche Bedenken gegen die Rechtfertigung des Eingriffs in eine von Art. 14 Abs. 1 GG geschützte Grundrechtsposition (MüKoStGB/*Joecks* Rn. 5 f.) bzw. gegen die Vereinbarkeit mit dem Schuldprinzip (Schönke/Schröder/*Eser* Rn. 2; aA LK-StGB/*Schmidt* Rn. 4; Fischer Rn. 1). Deshalb sollte die Anwendung von § 74a auf diejenigen Dritteigentümer beschränkt werden, die zumindest mittelbar in die Tatbegehung verstrickt sind (BGHSt 2, 311 (312 f.); MüKoStGB/*Joecks* Rn. 6).

B. Abhängigkeit von Rechtsgrundverweisungen

2   Bei der Norm handelt es sich um ein **Blankettgesetz,** da ihre Anwendung auf die Fälle beschränkt ist, in denen eine andere Vorschrift rechtsgrundverweisend auf sie Bezug nimmt (MüKoStGB/*Joecks* Rn. 2). Verweisungen können sich auf formellen Gesetzen, aber auch aus Rechtsverordnungen iSv Art. 80 GG ergeben (BGH NJW 1962, 1339). Solche finden sich zB in § 92b, § 101a S. 2, § 109k S. 2, § 129b Abs. 2, § 201 Abs. 5 S. 2, § 201a Abs. 4 S. 2, § 261 Abs. 7, § 264 Abs. 6 S. 3, § 286 Abs. 2 S. 2, § 295 S. 2 und im Nebenstrafrecht in § 375 Abs. 2 **AO,** § 98 Abs. 1, 2 **AMG,** § 36 **AWG,** § 19 Abs. 1, 2 **CWÜAG,** § 27b **ChemG,** § 25 Abs. 5 **GebrMG,** § 51 Abs. 5 **DesignG,** § 31 **GÜG,** § 10 Abs. 5 **HalblSchG,** § 24 Abs. 1 **KrWaffKG,** § 55, § 61 **LMBG,** § 9 **LSpG,** § 143 Abs. 5 **MarkenG,** § 43 **MPG,** § 142 **PatG,** § 6 Abs. 3 **PflVersG,** § 12 **RiFlEtikettG,** § 39 **SortSchG,** § 110 **UrhG,** § 30 Abs. 3 **VereinsG,** § 52 **WeinG,** § 7 **WiStG 1954.**

3   Von erheblicher Bedeutung ist § 143 Abs. 5 MarkenG. Hiernach können rechtswidrig gekennzeichnete Waren vernichtet werden. Auch die Kennzeichnungsmittel wie Etiketten, Anhänger, Aufnäher uÄ nach § 14 Abs. 4 Nr. 1 MarkenG sind eingeschlossen. Eine Einziehung steht im pflichtgemäßen Ermessen des Richters. Die Einziehungsmöglichkeit bezieht sich auch auf die zur Herstellung der schutzrechtsverletzenden Waren dienenden Maschinen und sonstige Gegenstände (Wabnitz/Janovsky WirtschaftsStR-HdB/*Möller* Kap. 17 Rn. 27). Der zivilrechtliche Vernichtungsanspruch nach § 18 MarkenG geht vor, sofern ihm im Adhäsionsverfahren stattgegeben wird. In diesem Fall tritt die strafrechtliche Einziehung zurück, § 143 Abs. 5 S. 2 MarkenG (Wabnitz/Janovsky WirtschaftsStR-HdB/*Möller* Kap. 17 Rn. 28). Der BGH (BB 1997, 2126) geht davon aus, dass der Anspruch auf Vernichtung der schutzrechtsverletzenden Ware die Regel und nur ausnahmsweise andere Maßnahmen in Betracht kommen sollen, denn die Verletzung von Schutzrechten ist in einigen Bereichen des geistigen Eigentums ein Massendelikt, welches wirksame zivilrechtliche Gegenmaßnahmen erfordert. Diese Wertung sollte auch im strafrechtlichen Verfahren prägend sein (Wabnitz/Janovsky WirtschaftsStR-HdB/*Möller* Kap. 17 Rn. 29).

C. Betroffener der Anordnung

4   Adressat der Einziehung nach § 74a kann nur derjenige sein, der **kein Tatbeteiligter** iSv §§ 25 ff. ist, da in einem solchen Fall § 74 Abs. 2 Nr. 1 gilt. Der Adressat muss im Zeitpunkt der letzten tatrichterlichen Entscheidung (→ § 74 Rn. 30) **Eigentümer** des Gegenstandes oder Inhaber des Rechts sein, auf deren Einziehung die Anordnung gerichtet ist.

D. Erweiterte Einziehung wegen Quasibeihilfe (Nr. 1)

Die erweiterte Einziehung ist zulässig, wenn demjenigen, welchem die Gegenstände im Zeitpunkt **5** der Entscheidung gehören oder zustehen, wenigstens leichtfertig dazu beitragen hat, dass die Sache oder das Recht Mittel oder Gegenstand der Tat oder ihrer Vorbereitung gewesen ist:

I. Einziehungsgegenstand

In objektiver Hinsicht muss der einzuziehende Gegenstand (Sache oder Recht) Gegenstand oder **6** Mittel der Tat oder ihrer Vorbereitung gewesen sein. Hierunter fallen jedenfalls die *instrumenta et producta sceleris* iSv § 74 Abs. 1 (LK-StGB/*Schmidt* Rn. 8).

Ob und unter welchen Voraussetzungen die Einziehung von **Beziehungsgegenständen** zulässig sein **7** ist, wird nicht einheitlich beantwortet. Teils wird die Zulässigkeit bejaht, wenn der Gegenstand als passives Objekt in die Tat verwickelt war (Schönke/Schröder/*Eser* Rn. 5), teils soll die Einziehung von Beziehungsgegenständen nur zulässig sein, wenn auch die Voraussetzungen von § 74 Abs. 4 gegeben sind (LK-StGB/*Schmidt* Rn. 9). Letzterer Auffassung dürfte zuzustimmen sein, da anderenfalls die Einziehung gegen den leichtfertig handelnden Dritten weiter reichen würde als gegen den Beteiligten (MüKoStGB/*Joecks* Rn. 9).

Der Gegenstand kann auch lediglich im **Vorbereitungsstadium der Tat** zum Einsatz gekommen **8** sein. Sofern die Vorbereitungshandlung nicht strafbar ist, muss das Tatgeschehen zumindest die Schwelle eines strafbaren Versuchs überschritten haben (Schönke/Schröder/*Eser* Rn. 5).

II. Tatbeitrag

Die Verwicklung des Gegenstandes muss auf einen Beitrag des Rechtsinhabers zurückzuführen sein **9** **(Quasi-Beihilfe).** Ein garantenpflichtiges Unterlassen steht dem aktiven Tun gleich (MüKoStGB/*Joecks* Rn. 10).

Unklar ist, inwieweit sich der Tatbeitrag des Quasi-Gehilfen auf den Taterfolg auswirken muss. **10** Teils wird gänzlich auf eine kausale Verknüpfung zwischen dem Einsatz des Gegenstandes und Tatausführung verzichtet (NK-StGB/*Herzog/Saliger* Rn. 5; aA MüKoStGB/*Joecks* Rn. 11, der zu Recht darauf hinweist, dass die Grenze in Nr. 1 nicht zwischen kausalen und nicht kausalem Handeln, sondern zwischen vorsätzlichem und nicht vorsätzlichem Handeln verläuft). Teils wird eine Kausalbeziehung verlangt, deren Ausgestaltung unterschiedlich gesehen wird. Die zutreffende überwiegende Meinung geht davon aus, dass die Dritteinziehung nach Nr. 1 nicht weiter reichen darf als die Einziehung gegenüber dem Eigentümer nach § 74 Abs. 2 Nr. 1; der Quasi-Gehilfe soll nicht strenger behandelt werden als ein vorsätzlich handelnder Eigentümer, dessen Tatbeitrag unbeachtlich geblieben ist (LK-StGB/*Schmidt* Rn. 11). Daher reicht wie bei § 27 (→ § 27 Rn. 2) **jeder für die Tat förderliche Beitrag** aus (Schönke/Schröder/*Eser* Rn. 5, Fischer Rn. 4; enger MüKoStGB/*Joecks* Rn. 11: die Sache oder das Recht muss Mittel oder Gegenstand der Tat oder ihrer Vorbereitung gewesen sein).

III. Leichtfertigkeit

Der Rechtsinhaber muss in subjektiver Hinsicht leichtfertig gehandelt haben. Dies entspricht einer **11** **grobfahrlässigen** Beihilfe (MüKoStGB/*Joecks* Rn. 12). Das Erfordernis der Leichtfertigkeit bezieht sich sowohl auf die Besitzüberlassung des Gegenstandes an den Täter oder auf eine unzureichende Sicherung vor unbefugter Ingebrauchnahme durch Dritte als auch auf die Möglichkeit, wie der Täter vom Gegenstand Gebrauch machen kann. Dabei reicht es auch, wenn der Rechtsinhaber die konkrete Tat wenigstens ihrer Art nach in groben Umrissen hätte voraussehen können (KG BeckRS 1998, 15419).

Der Wortlaut der Vorschrift irritiert, da von einem wenigstens leichtfertigen Handeln die Rede ist. Bei einem bedingt vorsätzlichen Handeln wäre der Dritte aber Beteiligter. Daher kann die Formulierung „wenigstens" nur bei der Unterstützung strafbarer Vorbereitungshandlungen von Bedeutung sein, weil es eine Beihilfe dazu nicht gibt (MüKoStGB/*Joecks* Rn. 12).

Kann der Dritte trotz Kenntnis oder leichtfertiger Unkenntnis von der Tat diese nicht verhindern, **12** scheidet eine Einziehung seines Tatgegenstandes aus; Entsprechendes gilt, wenn beim Dritten **keine Schuld** festzustellen ist (LK-StGB/*Schmidt* Rn. 12).

E. Erweiterte Einziehung wegen Quasi-Hehlerei (Nr. 2)

Der Einziehung unterliegen auch Gegenstände, die ein Dritter in verwerflicher Weise und in Kenntnis **13** der Umstände, die die Einziehung zugelassen hätten, erworben hat. Damit will das Gesetz neben dem Quasi-Gehilfen iSv Nr. 1 auch den **Quasi-Hehler** erfassen (MüKoStGB/*Joecks* Rn. 13). Der Anwendungsbereich von Nr. 2 beschränkt sich jedoch nicht auf eine Tatverstrickung eines Gegenstandes nach § 74 Abs. 2 Nr. 1, sondern erfasst auch die Fälle von § 74a Nr. 1, wenn ein Dritter leichtfertig den

Gegenstand zur Tatbegehung zur Verfügung gestellt und diesen dann veräußert hat (LK-StGB/*Schmidt* Rn. 13):

I. Erwerb des tatverstrickten Gegenstandes

14 Die Einziehung nach Nr. 2 setzt voraus, dass der Dritte den tatverstrickten Gegenstand erworben hat. Die Sache oder das Recht müssen daher im Zeitpunkt der Tat schon bestanden haben. Erwerb bedeutet **Erlangung des Eigentums** an der Sache oder Erwerb eines Rechts (LK-StGB/*Schmidt* Rn. 14). Hingegen genügen die Besitzerlangung, die Begründung eines schuldrechtlichen Verschaffungsanspruches oder eines beschränkt dinglichen Rechts, das die Einziehung nicht verhindern kann, nicht (Schönke/Schröder/*Eser* Rn. 7).

15 Auf welche Weise der Übergang des Eigentums oder des Rechts erfolgt, ist grundsätzlich unerheblich. Ausgenommen sind lediglich die Fälle, in denen der Dritte am Rechtserwerb nicht **aktiv mitwirkt,** sondern sich sein Verhalten auf eine rein passive Rolle beschränkt, bspw. bei einer Universalsukzession infolge Erbschaft. Hier kann von einem Erwerb in verwerflicher Weise nicht die Rede sein (LK-StGB/*Schmidt* Rn. 14).

16 Von wem der Dritte den Gegenstand erworben hat, ist unerheblich. Er kann ihn sowohl von einem Tatbeteiligten als auch von einem Dritten erworben haben. Dritter kann neben einer Person iSv Nr. 1 zudem jemand sein, der mit dem Tatgeschehen nichts zu tun hat. Daher muss der Erwerb des Einziehungsbetroffene nicht kausal dafür sein, dass eine Einziehung nach § 74 Abs. 2 Nr. 1 ausscheidet. Diese kann bereits durch einen Zwischenerwerb ausgeschlossen sein.

17 Maßgebend für die Beurteilung des Eigentums oder der Rechtsinhaberschaft ist die letzte tatrichterliche Entscheidung (→ § 74 Rn. 30).

II. Zeitpunkt des Erwerbs

18 Der Dritte muss den Gegenstand **nach dem Tatgeschehen** erworben haben. Zwar ist der Gesetzeswortlaut von Nr. 2 nicht eindeutig und würde auch einen Erwerb vor der Tat zulassen. Hingegen hat der Gesetzgeber bei Nr. 2 den Fall der Quasi-Hehlerei im Blick gehabt. Auch wäre der Anwendungsbereich von Nr. 2 bei Erwerb vor der Tatausführung fraglich (Schönke/Schröder/*Eser* Rn. 8), da ein Erwerb in verwerflicher Absicht erforderlich ist. Regelmäßig läge dann zumindest eine Tatbeteiligung vor, die die Einziehung nach § 74 Abs. 2 Nr. 1 ermöglicht; jedenfalls wird in solchen Fällen wegen leichtfertigen Verhaltens der Anwendungsbereich von Nr. 1 eröffnet sein (LK-StGB/*Schmidt* Rn. 13).

III. Kenntnis von den Tatumständen

19 Der Erwerber muss die Gegenstände in Kenntnis der Umstände, die zur Einziehung geführt hätten, erworben haben. Die erforderliche Kenntnis hat sich darauf zu beziehen, dass der Gegenstand in eine strafbare, die Einziehung ermöglichende Handlung verstrickt ist (MüKoStGB/*Joecks* Rn. 15). Sie muss sich **wie bei der Begünstigung** auf die Rolle des Gegenstandes als Tatmittel, -produkt oder Beziehungsgegenstand und auf die Umstände von § 74 Abs. 2 Nr. 1 oder § 74a Nr. 1 erstrecken (Fischer Rn. 7), nicht aber auf die rechtliche Würdigung (LK-StGB/*Schmidt* Rn. 15).

20 Der Einziehungsbetroffene muss diese Umstände **im Zeitpunkt des Erwerbs** gekannt haben. Eine Kenntniserlangung zu einem späteren Zeitpunkt reicht nicht aus.

21 Umstritten ist, ob Kenntnis im Sinne der Vorschrift als positive Kenntnis oder lediglich aus *dolus eventualis* zu verstehen ist. Die wohl überwiegende Meinung, die erhebliche Anforderungen an die Vorstellung des Täters verlangt (→ Rn. 22), lässt einen **Eventualvorsatz** mit dem überzeugenden Hinweis genügen, auch bei der Hehlerei reiche ein solcher aus (LK-StGB/*Schmidt* Rn. 16; Fischer Rn. 7; aA Schönke/Schröder/*Eser* Rn. 9; MüKoStGB/*Joecks* Rn. 14).

IV. Erwerb in verwerflicher Weise

22 Der Erwerb eines Gegenstandes in verwerflicher Weise verlangt ein Handeln zur Vereitelung der Einziehung oder zumindest ein Handeln, das in einem erhöhten Maße **sittlich missbilligenswert** ist (LK-StGB/*Schmidt* Rn. 18). Dabei ist die positive Kenntnis von den Umständen der Quasi-Hehlerei regelmäßig ausreichend, um eine verwerfliche Gesinnung zu begründen (Fischer Rn. 8). Denn nach den Gesetzesmaterialen soll diese bei einem kollusiven Zusammenwirken zwischen Täter und Quasi-Hehler stets anzunehmen sein. Lediglich in den Fällen, in denen den Dritten trotz Kenntnis der Umstände kein Vorwurf trifft, zB in Fällen der Versteigerung, liegt kein Handeln in verwerflicher Weise vor (LK-StGB/*Schmidt* Rn. 18; enger Schönke/Schröder/*Eser* Rn. 10, der einen Erwerb in begünstigender, hehlerischer oder sonst wie ausbeuterischer Absicht verlangt).

V. Zusammentreffen mit § 74

Liegen die Voraussetzungen für eine Dritteinziehung nach Nr. 2 und für eine Sicherungseinziehung **23** nach § 74 Abs. 2 Nr. 2 vor, hat die Einziehung nach letztgenannter Norm zu erfolgen (LK-StGB/*Schmidt* Rn. 21; Schönke/Schröder/*Eser* Rn. 14, aA SK-StGB/*Horn/Wolters* Rn. 11, der dies nicht für zwingend, sondern lediglich für empfehlenswert hält). Sind die Eigentumsverhältnisse unklar, kann die Einziehung „wahlweise" auf eine der beiden Normen gestützt werden; Täter und Dritter müssen jedoch beide so behandelt werden, als wäre jeder von ihnen von der Einziehung betroffen. Jedem muss die für ihn jeweils günstigere Beurteilung zugutekommen (LK-StGB/*Schmidt* Rn. 22).

F. Entscheidung

Die Entscheidung über die Einziehung liegt im pflichtgemäßen Ermessen des Gerichts. Das Tatgericht **24** hat die Schwere des gegen den erhobenen Vorwurfs und die Schwere der wirtschaftlichen Wirkung abzuwägen (BGH StV 1983, 107). Es trifft die Entscheidung im Verfahren gegen den Angeklagten, auf dessen Tat die Einziehung beruht (Schönke/Schröder/*Eser* Rn. 13) und hat über die Entschädigung und ggf. über deren Höhe zu befinden, § 74f Abs. 3.

§ 74b Grundsatz der Verhältnismäßigkeit

(1) Ist die Einziehung nicht vorgeschrieben, so darf sie in den Fällen des § 74 Abs. 2 Nr. 1 und des § 74a nicht angeordnet werden, wenn sie zur Bedeutung der begangenen Tat und zum Vorwurf, der den von der Einziehung betroffenen Täter oder Teilnehmer oder in den Fällen des § 74a den Dritten trifft, außer Verhältnis steht.

(2) [1] Das Gericht ordnet in den Fällen der §§ 74 und 74a an, daß die Einziehung vorbehalten bleibt, und trifft eine weniger einschneidende Maßnahme, wenn der Zweck der Einziehung auch durch sie erreicht werden kann. [2] In Betracht kommt namentlich die Anweisung,

1. die Gegenstände unbrauchbar zu machen,
2. an den Gegenständen bestimmte Einrichtungen oder Kennzeichen zu beseitigen oder die Gegenstände sonst zu ändern oder
3. über die Gegenstände in bestimmter Weise zu verfügen.

[3] Wird die Anweisung befolgt, so wird der Vorbehalt der Einziehung aufgehoben; andernfalls ordnet das Gericht die Einziehung nachträglich an.

(3) Ist die Einziehung nicht vorgeschrieben, so kann sie auf einen Teil der Gegenstände beschränkt werden.

A. Grundgedanke

Die Vorschrift enthält eine einfachgesetzliche Ausgestaltung des mit Verfassungsrang ausgestalteten **1** **Verhältnismäßigkeitsgrundsatzes** im Hinblick auf die Einziehung von Eigentum (BVerfG NJW 1996, 246 (247)). Die Regelung über die strafrechtliche Einziehung stellt eine verfassungsrechtlich unbedenkliche Schrankenbestimmung für Eingriffe in von Art. 14 Abs. 1 S. 1 GG geschützte Grundrechtspositionen dar (BVerfGE 22, 387 (422)). In Abs. 1 bestimmt die Norm die Unzulässigkeit der Einziehung für den Fall der Unverhältnismäßigkeit, in Abs. 2 und 3 werden Mittel normiert, die bei einer geringeren Belastung des Einziehungsbetroffenen das von Gesetzgeber erstrebte Ziel ebenfalls erreichen können.

Zwar gilt die Vorschrift ihrem Wortlaut nach nur für Fälle, in denen die Einziehung nicht zwingend **2** vorgeschrieben ist. Da das Verhältnismäßigkeitsprinzip als Verfassungsgrundsatz ggf. unmittelbare Wirkung entfaltet, ist dieses auch in den Fällen zwingend vorgeschriebener Einziehungen zu beachten. Daher gelten die Grundsätze von § 74b auch für die zwingend vorgeschriebenen Einziehungen (LK-StGB/*Schmidt* Rn. 2). Ist eine Einziehung in weiteren, von dieser Vorschrift nicht erfassten Fällen, unverhältnismäßig, ist das Gericht ebenfalls gehalten, das Verhältnismäßigkeitsgebot zu beachten und unverhältnismäßige Eingriffe zu vermeiden (Schönke/Schröder/*Eser* Rn. 2).

B. Unterbleiben der Einziehung

Wann die Einziehung aus Gründen der Verhältnismäßigkeit nicht angeordnet werden darf, richtet sich danach, ob sie zu strafähnlichen oder Sicherungszwecken erfolgt:

I. Strafähnliche Einziehung

Die Frage der Verhältnismäßigkeit einer Einziehung mit strafähnlichem Charakter ist Bestandteil der **3** **Strafzumessung** (OLG Saarbrücken NJW 1975, 65 (66)). Die Einziehung darf nicht angeordnet werden, wenn sie unverhältnismäßig ist. Die Unverhältnismäßigkeit kann sich daraus ergeben, dass die

Einziehung zur Bedeutung der begangenen Tat und zum Vorwurf, der den von der Einziehung betroffenen Täter oder Teilnehmer trifft, **außer Verhältnis** steht. Unverhältnismäßig kann die Einziehung auch dann sein, wenn der Unrechtsgehalt der Tat und die Täterschuld so gering sind, dass demgegenüber der Entzug des Eigentums eine unangemessene Härte und damit ein inadäquates Übel bedeuten würde. Insoweit verbieten sich schematisierende Betrachtungen (OLG Nürnberg NZV 2006, 665 (666)).

4   Im Bereich des Wirtschaftsstrafrechts hat das OLG Hamm die Einziehung eines zum Schmuggel von Zigaretten verwendeten Pkw im Werte von 2.500 DM für unverhältnismäßig gehalten, weil sich die Zollabgabe lediglich auf 120 DM belief (BGH NJW 1962, 828 (829)).

5   Die (Un-)Verhältnismäßigkeit der Einziehung kann nicht nur aus der isolierten Betrachtung der Entscheidung über die Einziehung selbst ergeben. Vielmehr ist eine **Gesamtbetrachtung** anzustellen, bei der sämtliche Rechtsfolgen umfassend gegeneinander abgewogen werden. Der Tatrichter muss erkennen lassen, dass er sich bei der Anordnung der Einziehung bewusst war, eine (Neben-)Strafe zu verhängen, und dass er aus diesem Grund – um insgesamt zu einer schuldangemessenen Reaktion zu kommen – eine Gesamtschau mit der Hauptstrafe vorgenommen hat (BGH NJW 1983, 2170 (2171)). Daher kann das Gericht mit Rücksicht auf die Einziehung die an sich angemessene Freiheits- oder Geldstrafe niedriger bemessen (OLG Saarbrücken NJW 1975, 65).

6   Im Rahmen seiner Erwägungen zur Verhältnismäßigkeit der Strafe muss das Gericht erkennen lassen, dass es sein Ermessen erkannt und bei der **Abwägung** die wirtschaftliche Wirkung, insbesondere auch den Wert des Einziehungsgegenstandes, die Bedeutung der Tat und den Vorwurf gegen den Dritteigentümer einbezogen hat (BGH StV 1983, 107). Zudem hat das Gericht im Urteil den Wert, sofern dieser nicht bekannt ist, nachvollziehbare Anhaltspunkte für die Beurteilung des Werts eines Gegenstandes darzulegen (OLG Celle wistra 2009, 35), denn die Verhältnismäßigkeit der Einziehung versteht sich bei einem erheblichen Wert des Gegenstandes nicht von selbst (KG BeckRS 1998, 15419).

II. Sicherungseinziehung

7   § 74b gilt nicht unmittelbar für den Fall der Sicherungseinziehung. Allerdings gilt der Grundsatz der Verhältnismäßigkeit ungeachtet der Frage, ob von einer Sache Gefahren ausgehen können, vgl. § 62. In Modifizierung des zur Einziehung mit strafähnlichem Charakter Gesagten sind Art und Bedeutung der Gefahr und der Wahrscheinlichkeitsgrad eines Schadenseintritts in die Erwägungen einzustellen (OLG Oldenburg VRS 90, 285 f.). Das Gericht darf auch den Grad der Vorwerfbarkeit strafbaren Verhaltens, aber auch lediglich sozialwidrigen Verhaltens berücksichtigen (BGH StV 1983, 107).

C. Vorbehalt der Einziehung

8   Statt der Einziehung kann auch der Vorbehalt der Einziehung angeordnet werden. Dadurch kann das Gericht die Einziehung davon abhängig machen, dass der Einziehungsbetroffene eine bestimmte Handlung vornimmt.

I. Milderes Mittel

9   Der Vorbehalt ist ein vom Gesetz vorgesehenes **milderes Mittel** im Verhältnis zur Einziehung. Ein milderes Mittel ist eine ebenso geeignete Maßnahme, den Zweck der Einziehung zu erreichen, die aber unterhalb der Schwelle des Eigentumsentzugs liegt. Um das mildeste Mittel zu bestimmen, muss das Gericht zunächst den **Zweck** festlegen, den es mit der Einziehung erreichen will. Danach hat das Gericht zu prüfen, ob ein milderes Mittel vorhanden ist, dass ebenso geeignet ist, das Ziel zu erreichen, aber milder wirkt als die Entziehung des Gegenstandes. In diesem Fall ist die Einziehung vorzubehalten; ein Ermessen steht dem Gericht nicht zu. Ob das mildere Mittel kostenintensiv ist, bleibt außer Betracht (BGH NJW 2009, 692 (693)).

10   Bei mehreren gleich wirksamen milderen Mitteln, ordnet das Gericht die **mildeste Maßnahme** an. Ein Ermessen ist ihm in diesem Fall nicht eröffnet. Etwas anderes gilt dann, wenn sich nicht zweifelsfrei feststellen lässt, welches Mittel tatsächlich milder wirkt. In jedem Fall hat das Gericht zu prüfen, ob ein Vorbehalt in Betracht kommt. Die Erwägungen müssen sich den Urteilsgründen entnehmen lassen, es sei denn, dieser Vorbehalt scheidet erkennbar aus (OLG Schleswig 28.4.1981 – 1 Ss 210/81; LK-StGB/ *Schmidt* Rn. 8).

II. Gesetzlich normierte mildere Mittel

Die in Abs. 2 Nr. 1–3 genannten Maßnahmen sind Beispiele („namentlich") für mildere Mittel:

11   **1. Unbrauchbarmachen der Gegenstände (Nr. 1).** Das Unbrauchbarmachen von Gegenständen (vgl. § 63 Abs. 3 StVollstrO) entzieht dem Gegenstand seine Gefährlichkeit, belässt dem Berechtigten aber das Eigentum an der **Substanz,** zB bei durch Einschmelzen gefälschter Goldmünzen (Schönke/ Schröder/*Eser* Rn. 7). Zur Unbrauchbarmachung → § 74d Rn. 16.

2. Beseitigung oder Änderung von Einrichtungen oder Kennzeichen (Nr. 2). Einrichtungen 12
sind Gesamtheiten von Personen und/oder Sachen, die einem bestimmten Zweck dienen. Es kommt
nicht darauf an, ob die Einrichtung auf Dauer angelegt ist, mit Grund und Boden fest verbunden oder zu
einer sachlichen Einheit verbunden ist oder die Verbindung nur zu einem gemeinsamen Zweck hergestellt wird (BGHSt 31, 1 (2)). Unter das Beseitigen oder Ändern fällt zB das Entfernen von Schmuggeleinrichtungen in Fahrzeugen oder Schiffen (Schönke/Schröder/*Eser* Rn. 8), das Ändern von Etiketten auf Weinflaschen, wenn der Wein bei richtiger Etikettierung in den Verkehr gelangen darf (LK-
StGB/*Schmidt* Rn. 10) sowie die Entfernung von Kennzeichen, die die Verletzung eines Warenzeichens
darstellen (MüKoStGB/*Joecks* Rn. 12). Die Änderung eines Gegenstandes stellt es dar, wenn verkehrs-
unfähiger Wein der Essigherstellung zugeführt wird (LK-StGB/*Schmidt* Rn. 10).

3. Verfügung über Gegenstände (Nr. 3). Die Maßnahme, über Gegenstände zu verfügen, kommt 13
immer dann in Betracht, wenn der Gegenstand im Besitz anderer Personen keine Gefahr mehr darstellt
oder wenn sich ein Gegenstand nur im Besitz befugter Personen befinden darf, zB die Veräußerung
verschreibungspflichtiger Medikamente an einen Apotheker (BayObLG NJW 1974, 2060), die freihändige Veräußerung eines Kraftfahrzeugs, § 21 StVG (BVerfG NJW 1996, 246 (247)).

Mit der Verfügung über Gegenstände ist bei Rechten die Übertragung des Rechts, bei Gegenständen 14
die Übertragung des Eigentums und die vollständige Aufgabe des Besitzes zu verlangen. In der Regel
kommt es gerade darauf an, dem Einziehungsbetroffenen die tatsächliche Gewalt über den Gegenstand
zu entziehen, so dass eine rein sachenrechtliche Verfügung nicht ausreichend ist.

4. Sonstige Maßnahmen. Über die in Nr. 1–3 genannten Beispiele hinaus kann das Gericht **jedes** 15
mildere Mittel anordnen. Die Anweisung kann darin liegen, für einen genehmigungspflichtigen
Gegenstand eine Ausnahmegenehmigung zu beantragen (OLG Koblenz BeckRS 1988, 07417). Für
Waffen ist diese Maßnahme in § 54 Abs. 4 WaffG geregelt; durch sie kann dem gegen das Waffengesetz
Verstoßenden auferlegt werden, binnen einer angemessenen Frist eine Entscheidung der zuständigen
Behörde über eine Erlaubnis vorzulegen oder die Waffe einem Berechtigten zu überlassen. Nicht
ausreichend ist eine Maßnahme, die dem Täter verbietet, eine Sache in Zukunft zu benutzen (Mü-
KoStGB/*Joecks* Rn. 11; aA OLG Karlsruhe NJW 1970, 394 (396)). Auch eine Anordnung mehrerer
Maßnahmen ist zulässig, zB die Anordnung eines Einziehungsvorbehalts verbunden mit der Unbrauch-
barmachung (LK-StGB/*Schmidt* Rn. 11).

III. Vorrang des Vorbehalts vor der Einziehung

Der Vorbehalt findet vornehmlich auf die **Sicherungseinziehung** Anwendung. In vielen Fällen lässt 16
sich die von einem Gegenstand ausgehende Gefahr durch Veränderungen oder durch Weggabe in
kundige Hände verhindern mit der Folge, dass dem Berechtigten der wirtschaftliche Wert erhalten bleibt
(LK-StGB/*Schmidt* Rn. 8).

Demgegenüber ist der Vorbehalt auf die Einziehung mit **strafähnlichem Charakter** regelmäßig 17
nicht anzuwenden. Hier steht die Einziehung der Rechtsposition als Strafübel im Vordergrund, zu der
es kein milderes Mittel gibt (OLG Köln OLGSt § 74 S. 1; Schönke/Schröder/*Eser* § 74 Rn. 6).

Abs. 2 hat – anders als Abs. 1 und 3 dieser Norm – als Ausfluss des Verhältnismäßigkeitsgrundsatzes 18
auch in den Fällen obligatorischer Einziehung **zwingenden Charakter** (BGH NJW 2009, 692 (693)).

IV. Verfahren beim Vorbehalt

Will das Gericht die Einziehung vorbehalten, ist dies im Urteil auszusprechen (OLG Celle wistra 19
2009, 35). Der Urteilsspruch muss den Vorbehalt und die Ersatzmaßnahme enthalten (Fischer Rn. 5).

Zur Durchführung der Maßnahme kann das Gericht **Weisungen** erteilen (LK-StGB/*Schmidt* 20
Rn. 11). So wird das Gericht eine **Frist** setzen, innerhalb derer die Maßnahme zu erfüllen ist (Schönke/
Schröder/*Eser* StGB Rn. 10). Zudem wird das Gericht überlegen müssen, wie es Einwänden des
Verurteilten, er habe die Auflage nicht fristgemäß erfüllen können, bereits im Vorfeld begegnet. Wird
dem Verurteilten die Veräußerung eines Gegenstandes auferlegt, so kann dem Einwand, es habe sich für
einen angemessenen Preis kein Käufer finden lassen, mit der Weisung begegnet werden, innerhalb einer
Frist zu einem durch Sachverständigengutachten ermittelten Schätzpreis zu veräußern, das der Verurteilte auf seine Kosten in Auftrag zu geben hat (OLG Braunschweig MDR 1974, 594).

Der Vorbehalt der Einziehung wirkt als **Veräußerungsverbot** iSv § 136 BGB gemäß § 74e Abs. 3 21
iVm § 73e Abs. 2 (Schönke/Schröder/*Eser* Rn. 10). Zur Durchführung der Maßnahmen braucht das
Gericht eine ggf. angeordnete Beschlagnahme nicht aufzuheben. Es hat aber den Gegenstand unter
Aufrechterhaltung der Beschlagnahme vorübergehend dem Betroffenen zu überlassen (LK-StGB/
Schmidt Rn. 14).

Die Anweisungen über die Behandlung des Gegenstandes **richten** sich an den Täter, wenn dieser 22
Eigentümer ist, anderenfalls an den Eigentümer, der als Einziehungsbetroffener nach §§ 431 ff. StPO an
Verfahren zu beteiligen ist (LK-StGB/*Schmidt* Rn. 11).

23   Die Anordnungen können auch **von Amts wegen** durchgeführt werden, insbes. die Unbrauchbarmachung. Die Kosten der von Amts wegen durchgeführten Maßnahmen trägt der Angeklagte nach
§ 465 StPO, wenn er Eigentümer ist, anderenfalls der Dritteigentümer nach § 472b StPO (LK-StGB/
Schmidt § 74 Rn. 12).

V. Verfahren zur nachträglichen Einziehung

24   Hat der Einziehungsbetroffene die Maßnahme erfüllt, hebt das Gericht den Vorbehalt durch Beschluss
auf. Anderenfalls wird die Einziehung angeordnet. Das Verfahren über die nachträgliche Anordnung der
Einziehung richtet sich nach § 462 StPO (Schönke/Schröder/*Eser* Rn. 10), die Zuständigkeit des
Gerichts nach den allgemeinen Vorschriften (vgl. OLG Koblenz OLGSt StPO § 462a Nr. 4 zur
Einziehungszuständigkeit der Strafvollstreckungskammer). Dabei hat das Gericht die Maßnahme nochmals am Grundsatz der Verhältnismäßigkeit zu prüfen (BVerfG NJW 1996, 246). Nach OLG Koblenz
soll das Gericht hingegen an den in Rechtskraft erwachsenen Ausspruch im Urteil darüber, wann der
Vorbehalt entfallen kann, gebunden sein, so dass jede andere Entscheidung über den Wegfall des
Vorbehalts, auch eine Verlängerung der Frist für die Vorlage von Ausnahmegenehmigungen, in unzulässiger Weise in die Rechtskraft der Entscheidung eingreift (OLG Koblenz BeckRS 1988, 07417). Dies
erscheint im Hinblick auf die vom Bundesverfassungsgericht verlangte nochmalige **Verhältnismäßigkeitsprüfung** bedenklich.

25   Unstreitig kann das Gericht, das erst nachträglich eine **Frist** zur Erfüllung der Maßnahme gesetzt hat,
deren Verlängerung bestimmen (LK-StGB/*Schmidt* Rn. 11). Dabei hat es auch bei der Sicherungseinziehung zu berücksichtigen, ob den Betroffenen an der Nichtbefolgung der Anweisung ein Verschulden
trifft (Göhler/*Gürtler* OWiG § 24 Rn. 17; aA MüKoStGB/*Joecks* Rn. 14). Eine nachträgliche Anordnung der strafähnlichen Einziehung wird unterbleiben, wenn sich der Verurteilte ernsthaft um die
Befolgung und ein Einhaltung der Maßnahme bemüht hat (MüKoStGB/*Joecks* Rn. 11).

D. Teileinziehung

26   Die Teileinziehung gilt ihrem Wortlaut nach nur für Fälle der fakultativen Einziehung. Dem Grundsatz der Verhältnismäßigkeit folgend kommt der Gedanke der Teileinziehung auch bei der obligatorischen Einziehung zur Anwendung (MüKoStGB/*Joecks* Rn. 15; enger LK-StGB/*Schmidt* Rn. 15, der die
Teileinziehung auf atypische Fälle beschränken will).

27   Die Teileinziehung gilt sowohl für die Sicherungseinziehung als auch für die Einziehung mit strafähnlichem Charakter (MüKoStGB/*Joecks* Rn. 15).

28   Mit der Teileinziehung nach Abs. 3 können einzelne von mehreren Gegenständen eingezogen
werden. Zudem kann auch ein Teil eines teilbaren Gegenstandes eingezogen werden. Der Wortlaut der
Vorschrift ist hier entgegen Schönke/Schröder/*Eser* Rn. 12 nicht zu eng, weil die Norm die Einziehung
von Teilen und bei einiger von mehreren Gegenständen zulässt.

29   Die Zulässigkeit der Teileinziehung setzt die Teilbarkeit des Gegenstandes voraus, wie dies für Gegenstände gilt, die sich ohne Verminderung ihres Wertes in gleichartige Teile zerlegen lassen (LK-StGB/
Schmidt Rn. 16); nicht aber bei einheitlichen Sachen, zB bei wirtschaftlichen oder technischen Funktionseinheiten wie Kraftfahrzeugen. Hier kommt nur die Anordnung einer Beseitigung oder Veränderung nach Abs. 2 in Betracht (MüKoStGB/*Joecks* Rn. 16). Ob eine Teilung des Gegenstandes möglich
ist, bestimmt sich nicht nach den Bestimmungen des bürgerlichen Rechts, sondern nach einer faktisch-
wirtschaftlichen Betrachtungsweise (Schönke/Schröder/*Eser* Rn. 12).

E. Ausscheiden aus verfahrensrechtlichen Gründen

30   Zur Wahrung der Verhältnismäßigkeit kann das Gericht über § 430 StPO die Einziehung aus dem
Verfahren ausscheiden, wenn sie neben der zu erwartenden Strafe nicht ins Gewicht fällt, einen unangemessenen Aufwand erfordern oder die Herbeiführung einer Entscheidung über die anderen Rechtsfolgen unangemessen erschweren würde.

§ 74c Einziehung des Wertersatzes

(1) Hat der Täter oder Teilnehmer den Gegenstand, der ihm zur Zeit der Tat gehörte oder
zustand und auf dessen Einziehung hätte erkannt werden können, vor der Entscheidung über
die Einziehung verwertet, namentlich veräußert oder verbraucht, oder hat er die Einziehung
des Gegenstandes sonst vereitelt, so kann das Gericht die Einziehung eines Geldbetrags gegen
den Täter oder Teilnehmer bis zu der Höhe anordnen, die dem Wert des Gegenstandes
entspricht.

(2) Eine solche Anordnung kann das Gericht auch neben der Einziehung eines Gegenstandes oder an deren Stelle treffen, wenn ihn der Täter oder Teilnehmer vor der Entscheidung über die Einziehung mit dem Recht eines Dritten belastet hat, dessen Erlöschen ohne

Entschädigung nicht angeordnet werden kann oder im Falle der Einziehung nicht angeordnet werden könnte (§ 74e Abs. 2 und § 74f); trifft das Gericht die Anordnung neben der Einziehung, so bemißt sich die Höhe des Wertersatzes nach dem Wert der Belastung des Gegenstandes.

(3) Der Wert des Gegenstandes und der Belastung kann geschätzt werden.

(4) Für die Bewilligung von Zahlungserleichterungen gilt § 42.

A. Grundgedanke

Scheitert eine Einziehung daran, dass der Beteiligte im Zeitpunkt der Entscheidung **nicht mehr** 1 **Eigentümer** (Rechtsinhaber) des Einziehungsgegenstandes ist, kommt stattdessen die Einziehung von Wertersatz in Betracht. § 74c ergänzt § 74 sowie § 74a und schließt Sanktionslücken, wenn der Beteiligte die Einziehung durch Verwertung des Gegenstandes verhindert (LK-StGB/*Schmidt* Rn. 1).

Die Vorschrift findet auf **alle Einziehungsfälle** Anwendung und ist nicht auf die Fälle von § 74 2 Abs. 1 beschränkt (BGHSt 28, 369 (370)). § 74c hat Strafcharakter (Schönke/Schröder/*Eser* Rn. 2; LK-StGB/*Schmidt* Rn. 1; aA SK-StGB/*Horn/Wolters* Rn. 7. F., der die Bestrafung durch § 258 geregelt und als Grundgedanken von § 74c die Erfassung des an die Stelle des Einziehungsgegenstandes getretenen Surrogats sieht; hierzu LK-StGB/*Schmidt* Rn. 9) in Form einer an die Stelle einer Einziehung tretenden Ersatzsanktion; die Einziehung von Wertersatz ist keine Geldstrafe (BGHSt 6, 304 (307 f.)). Sie kann auch selbstständig oder nachträglich angeordnet werden (MüKoStGB/*Joecks* Rn. 2).

B. Voraussetzungen der Wertersatzeinziehung (Abs. 1)

I. Anordnung gegen den tatbeteiligten Eigentümer

Der Täter oder Teilnehmer muss im Zeitpunkt der Tat Eigentümer (Rechtsinhaber) des Einziehungs- 3 gegenstandes gewesen sein (BGH NJW 1985, 2773). Die Wertersatzeinziehung richtet sich ausschließlich gegen den tatbeteiligten Eigentümer. Sie ist nicht gegenüber dem Beteiligten zulässig, der kein Eigentum oder Recht am Einziehungsgegenstand hatte. Eine rechtliche Zuordnung des Einziehungsgegenstands erfolgt nach den **bürgerlich-rechtlichen Vorschriften;** oftmals wird ein dingliches Rechtsgeschäft im Zusammenhang mit einer Straftat nach § 134 BGB nichtig sein, wenn die Übertragung von Gegenständen mit Strafe belegt ist (zum Betäubungsmittelerwerb OLG Dresden NStZ-RR 2003, 214; zu Waffengeschäften BGHR StGB § 74 Abs. 1 Tatmittel 3). Eine Wertersatzeinziehung ist auch dann unzulässig, wenn der Beteiligte den Gegenstand nicht für sich selbst, sondern für einen Dritten erworben hat zB als Vertreter, anders aber als Kommissionär. Beim Erwerb für Dritte kommt § 73a hinsichtlich des Kaufpreises in Betracht (BGH NStE Nr. 1). Ob der Tatbeteiligte nach der Tat Eigentümer oder Rechtsinhaber des Einziehungsgegenstandes geworden ist, bleibt – abweichend von § 74 Abs. 2 Nr. 1 – außer Betracht.

Gegen einen **Dritten,** der nicht Beteiligter der Tat ist, kann die Einziehung von Wertersatz nicht 4 angeordnet werden. Dies gilt auch dann, wenn er an der Vereitelung der Einziehung mitgewirkt hat (LK-StGB/*Schmidt* Rn. 17). Bei einem im ideellen Miteigentum stehenden Einziehungsgegenstand richtet sich sie Wertersatzeinziehung nur gegen die Tatbeteiligten, die an der Vereitelung/Verwertung mitgewirkt haben; sie ist auf den jeweiligen Anteil beschränkt (Fischer Rn. 2).

II. Fehlende Greifbarkeit des Gegenstandes

Um Wertersatz einziehen zu können, muss die originäre Einziehung allein daran scheitern, dass der 5 Einziehungsgegenstand nicht mehr greifbar ist. Daher müssen alle übrigen Voraussetzungen für eine Einziehung gegeben sein einschließlich des Grundsatzes der Verhältnismäßigkeit (LK-StGB/*Schmidt* Rn. 5). Der Wertersatzeinziehung kann sowohl eine Einziehung mit Strafcharakter als auch eine Sicherungseinziehung zugrunde liegen, wobei letzteres nur in Ausnahmefällen eintreten wird (Schönke/Schröder/*Eser* Rn. 4). Solange die Einziehung gegenüber einem Dritten – ggf. außerhalb eines gegen den Beteiligten anhängigen Verfahrens – zulässig ist, scheidet eine Wertersatzeinziehung aus (LK-StGB/*Schmidt* Rn. 6).

III. Vereitelung der Einziehung

Der Tatbeteiligte muss den Einziehungsgegenstand verwertet oder die Originaleinziehung auf sonstige 6 Weise vereitelt haben. Dies muss dem Tatbeteiligten nachgewiesen werden (Schönke/Schröder/*Eser* StGB Rn. 5).

Die Begriffe der Verwertung und der Vereitelung sind nicht deckungsgleich; das Vereiteln ist nicht der 7 Oberbegriff im Verhältnis zur Verwertung (LK-StGB/*Schmidt* Rn. 7; aA *Bender* NJW 1969, 1056 (1057)). In beiden Fällen muss der Tatbeteiligte die **Einziehung** entweder aus tatsächlichen oder aus rechtlichen Gründen **unmöglich** gemacht haben (MüKoStGB/*Joecks* Rn. 6). Die zur Unmöglichkeit der Einziehung führende Handlung darf mit der eigentlichen Tathandlung nicht identisch sein (BGH NStZ 1992, 81). Reicht der Täter gewaschenes Geld dem Tatplan gemäß an den Auftraggeber weiter, so soll hierin keine Verwertung liegen (LG Berlin wistra 2004, 154).

8   **Verwertung** bedeutet jedes aktive Tun eines Beteiligten, das eine Einziehung des Gegenstandes zum Vorteil des Tatbeteiligten verhindert (LK-StGB/*Schmidt* Rn. 12). Dem Handeln des Beteiligten steht das Handeln eines Dritten gleich, der mit Billigung des Beteiligten tätig wird (Schönke/Schröder/*Eser* Rn. 5). Unter die Verwertung fällt vor allem die entgeltliche Veräußerung des Gegenstandes. Auch die unentgeltliche Veräußerung kann eine Verwertung darstellen, wenn dem Beteiligten Vorteile anderer Art zufließen, zB die Hebung des Ansehens oder Verknüpfung vorteilhafter Beziehungen (LK-StGB/*Schmidt* Rn. 12), oder die Ersparnis von Aufwendungen (LG Berlin wistra 2004, 154). Maßgebend ist die Übertragung des Eigentums an dem Einziehungsgegenstand bzw. die Übertragung des Rechts. Die Begründung eines schuldrechtlichen Verschaffungsanspruchs genügt zur Übertragung nicht (Schönke/Schröder/*Eser* Rn. 5). Auch der Verbrauch stellt eine Verwertung dar. Er kann durch den Verzehr der Sache erfolgen, der zur Identitätsaufgabe führenden Verbindung, Vermischung oder Verarbeitung oder auch durch den (bestimmungsgemäßen) Gebrauch bis zur wirtschaftlichen Entwertung (MüKoStGB/*Joecks* Rn. 7). Die Verwertung verlangt kein vorwerfbares Verhalten des Beteiligten (LK-StGB/*Schmidt* Rn. 12).

9   Als Fälle **sonstigen Vereitelns** verbleiben im Wesentlichen die Zerstörung oder der Verlust des Gegenstandes (MüKoStGB/*Joecks* Rn. 10). Abweichend von der Verwertung erlangt der Beteiligte durch das sonstige Vereiteln keinen irgendwie gearteten Vorteil. Unter Berücksichtigung des Strafcharakters der Werteinziehung muss der objektive Wegfall des Gegenstandes dem Beteiligten **vorwerfbar** sein; eine besondere Vereitelungsabsicht ist nicht zu verlangen (Schönke/Schröder/*Eser* Rn. 6). Der Vereitelnde muss aber zumindest bedingt vorsätzlich handeln; fahrlässiges Verhalten genügt nicht, zB das Verkommenlassen aus Nachlässigkeit (LK-StGB/*Schmidt* Rn. 8; MüKoStGB/*Joecks* Rn. 11; aA Schönke/Schröder/*Eser* Rn. 6). Eine Wertersatzeinziehung scheidet zudem bei einem unfreiwilligen Verlust oder Untergang der Sache aus. Dies gilt auch dann, wenn der Beteiligte infolge Brandes oder Diebstahls Ansprüche gegen einen Schädiger oder eine Versicherung erwirbt, denn hierin ist kein Verwerten oder Vereiteln zu sehen (*Bender* NJW 1969, 1056 (1057); MüKoStGB/*Joecks* Rn. 8; aA SK-StGB/*Horn/Wolters* Rn. 8). Wird der Gegenstand im Wege der Zwangsvollstreckung entzogen, ist der Verlust als unfreiwillig anzusehen, wenn keine andere pfändbare Habe vorhanden ist oder das Pfändungsorgan nicht auf die Verstrickung des Gegenstandes hingewiesen wurde (MüKoStGB/*Joecks* Rn. 9; Fischer Rn. 3; aA LK-StGB/*Schmidt* Rn. 13).

C. Belastung durch ein Recht

10   Eine besondere Form der Verwertung/Vereitelung ist nach Abs. 2 die Belastung eines Gegenstandes mit einem Recht. Hierdurch kann der Wert des Einziehungsgegenstandes **wirtschaftlich ausgehöhlt** werden (Schönke/Schröder/*Eser* Rn. 7). Allerdings muss die Belastung dazu führen, dass das Recht im Falle der Einziehung entweder gar nicht oder nur gegen eine Entschädigung zum Erlöschen gebracht werden kann, §§ 74e Abs. 2 S. 2, S. 3, 74f Abs. 2 S. 2. Als belastende Rechte kommen zB Hypothek, Pfandrecht, Nießbrauch in Betracht. Auf ein vorwerfbares Verhalten des Tatbeteiligten kommt es nicht an (LK-StGB/*Schmidt* Rn. 19; aA Schönke/Schröder/*Eser* Rn. 7 bei einer Belastung im Wege der Zwangsvollstreckung oder durch ein gesetzliches Pfandrecht).

D. Wertersatz

Die Rechtsfolge einer Verwertungs- oder sonstigen Vereitelungshandlung ist auf Wertersatz gerichtet:

I. Ermessensentscheidung

11   Die Einziehung von Wertersatz steht im pflichtgemäßen **Ermessen** des Gerichts. Ein Ermessen besteht auch dann, wenn die vereitelte Einziehung zwingenden Charakter gehabt hätte (Schönke/Schröder/*Eser* Rn. 8). Im Gegensatz zu § 74b Abs. 3 kann die Einziehung von Wertersatz stets auf einen Teil des Wertes einzelner oder mehrerer Gegenstände beschränkt werden (LK-StGB/*Schmidt* Rn. 16).

12   Das Gericht hat bei seiner Ermessensausübung neben den Erwägungen, die bei der fakultativen Einziehung anzustellen sind, zusätzlich zu berücksichtigen, dass die Einziehung von Wertersatz den Beteiligten durch Begründung eines Zahlungsanspruchs härter treffen kann als die Einziehung des Gegenstandes selbst (LK-StGB/*Schmidt* Rn. 16). Es wird von einer Wertersatzeinziehung absehen, wenn die Anordnung der Einziehung aus Sicherungsgründen (§ 74 Abs. 2 Nr. 2, Abs. 3) erfolgt wäre (Lackner/Kühl/*Heger* Rn. 5). Zudem kann das Gericht sowohl bei der Frage nach der Wertersatzeinziehung an sich als auch nach dessen Höhe den Grad des Verschuldens berücksichtigen, der dem Beteiligten anzulasten ist (Schönke/Schröder/*Eser* Rn. 10).

II. Begründung eines Zahlungsanspruches

Durch die Wertersatzeinziehung wird anders als bei der Einziehung ein Zahlungsanspruch des Staates **13** gegen den Beteiligten in Geld begründet (BGH NJW 1979, 1942). Die **Höhe des Zahlungsanspruchs** bestimmt sich nach dem Wert des Gegenstandes. Dieser bildet die Obergrenze der Wertersatzeinziehung (LK-StGB/*Schmidt* Rn. 14). Der Wert des Gegenstandes bestimmt sich nach dem im Inland erzielbaren gewöhnlichen verkehrsüblichen Verkaufspreis für Waren gleicher Art und Güte. Maßgebend für die Beurteilung des Zustands der Sache ist der Zeitpunkt der Verwertung/Vereitelung, maßgebend für die Wertberechnung der Zeitpunkt der gerichtlichen Entscheidung. Keine Berücksichtigung finden besondere Vorteile, die der Beteiligte durch die Verwertung erlangt hat und die den Wert des Gegenstandes übersteigen (BGHSt 28, 369 (370)), oder der fiktive Preis, den der Staat durch die Verwertung erzielen könnte (LG Neustadt NJW 1957, 554). Hat der Beteiligte einen höheren Preis als den gemeinen Wert erzielt, kann der Verfall neben die Wertersatzeinziehung treten, ohne dass eine Doppelbelastung des Beteiligten eintreten darf (Fischer Rn. 6).

Nach Abs. 3 kann der Wert des Gegenstandes **geschätzt** werden. Eine Schätzung wird vorzunehmen **14** sein, wenn die Dauer oder die Kosten einer genauen Wertberechnung außer Verhältnis stünden (krit. *Hellmann* GA 1997, 503 (519 f.)). Die Schätzung erfolgt nach §§ 287, 813 ZPO und orientiert sich im Zweifel am niedrigsten Schätzwert (LK-StGB/*Schmidt* Rn. 18). Will das Gericht sich nicht mit dieser Untergrenze begnügen, hat es Beweis nach den allgemeinen Regeln zu erheben (*Hellmann* GA 1997, 503 (519 f.)).

Da die Einziehung von Wertersatz Strafcharakter hat, ist **keine gesamtschuldnerische Haftung 15** mehrerer Tatbeteiligter zulässig (BGHSt 8, 98 (100); Schönke/Schröder/*Eser* Rn. 2).

Der durch die Wertersatzeinziehung entstandene Zahlungsanspruch ist indes **keine Geldstrafe** ieS. **16** Daher ist eine Umwandlung in einer Ersatzfreiheitsstrafe nicht zulässig (Schönke/Schröder/*Eser* Rn. 13).

Die Vollstreckung der Wertersatzeinziehung richtet sich nach § 459g Abs. 2 StPO. Die Sicherung des **17** Zahlungsanspruchs kann durch Anordnung eines dinglichen Arrests nach § 111d StPO erfolgen (LK-StGB/*Schmidt* Rn. 22). Dem Verurteilten können Zahlungserleichterungen nach Abs. 4 iVm § 42 gewährt werden, nicht aber Stundungen oder Teilzahlungen; §§ 43, 51 sind nicht anzuwenden (Fischer Rn. 7).

§ 74d Einziehung von Schriften und Unbrauchbarmachung

(1) [1]**Schriften (§ 11 Abs. 3), die einen solchen Inhalt haben, daß jede vorsätzliche Verbreitung in Kenntnis ihres Inhalts den Tatbestand eines Strafgesetzes verwirklichen würde, werden eingezogen, wenn mindestens ein Stück durch eine rechtswidrige Tat verbreitet oder zur Verbreitung bestimmt worden ist. [2]Zugleich wird angeordnet, daß die zur Herstellung der Schriften gebrauchten oder bestimmten Vorrichtungen, wie Platten, Formen, Drucksätze, Druckstöcke, Negative oder Matrizen, unbrauchbar gemacht werden.**

(2) **Die Einziehung erstreckt sich nur auf die Stücke, die sich im Besitz der bei ihrer Verbreitung oder deren Vorbereitung mitwirkenden Personen befinden oder öffentlich ausgelegt oder beim Verbreiten durch Versenden noch nicht dem Empfänger ausgehändigt worden sind.**

(3) [1]**Absatz 1 gilt entsprechend bei Schriften (§ 11 Abs. 3), die einen solchen Inhalt haben, daß die vorsätzliche Verbreitung in Kenntnis ihres Inhalts nur bei Hinzutreten weiterer Tatumstände den Tatbestand eines Strafgesetzes verwirklichen würde. [2]Die Einziehung und Unbrauchbarmachung werden jedoch nur angeordnet, soweit**

1. **die Stücke und die in Absatz 1 Satz 2 bezeichneten Gegenstände sich im Besitz des Täters, Teilnehmers oder eines anderen befinden, für den der Täter oder Teilnehmer gehandelt hat, oder von diesen Personen zur Verbreitung bestimmt sind und**
2. **die Maßnahmen erforderlich sind, um ein gesetzwidriges Verbreiten durch diese Personen zu verhindern.**

(4) **Dem Verbreiten im Sinne der Absätze 1 bis 3 steht es gleich, wenn eine Schrift (§ 11 Abs. 3) oder mindestens ein Stück der Schrift durch Ausstellen, Anschlagen, Vorführen oder in anderer Weise öffentlich zugänglich gemacht wird.**

(5) **§ 74b Abs. 2 und 3 gilt entsprechend.**

A. Grundgedanke

§ 74d ist eine **Sondervorschrift** für die Einziehung von Schriften, um Gefahren abzuwenden, die **1** sich aus deren Inhalt ergeben. Da die Einziehung/Unbrauchbarmachung weder eine Straftat voraussetzt noch auf das Eigentum eines Beteiligten abstellt, handelt es sich um eine Maßnahme zu Sicherungszwecken (LK-StGB/*Schmidt* Rn. 2).

2   Schriften sind nach § 11 Nr. 3 Sachen, die eine Gedankenäußerung durch Zeichen verkörpern, welche für Auge oder Tastsinn wahrnehmbar sind, sowie Ton-, Bild- und Datenträger, Abbildungen, andere Darstellungen (LK-StGB/*Schmidt* Rn. 4) und Videobänder (OLG Düsseldorf NStZ 1987, 367). Die Vorschrift enthält **zwei Fallgruppen,** die die Einziehung von Schriften ermöglichen: Abs. 1 und 2 verlangen die vorsätzliche Verbreitung einer Schrift in Kenntnis, dass der Inhalt der Schrift den Tatbestand eines Strafgesetzes verwirklichen würde, Abs. 3 erfordert über das vorsätzliche Verbreiten der Schrift in Kenntnis ihres Inhalts das Hinzutreten weiterer Tatumstände.

B. Einziehung von Schriften nach Abs. 1

Schriften, die einen solchen Inhalt haben, dass jede vorsätzliche Verbreitung in Kenntnis ihres Inhalts den Tatbestand eines Strafgesetzes verwirklichen würde, sind nach Abs. 1 S. 1 einzuziehen:

I. Inhalt der Schrift

3   Die Verbreitung der Schrift muss im Hinblick auf deren Inhalt eine strafbare Handlung darstellen (Schönke/Schröder/*Eser* Rn. 4), so dass sich die **Strafbarkeit** bei einem hypothetischen Verbreiten der Schrift **allein aus deren Inhalt** und nicht aus anderen Umständen ergeben muss (BGH NJW 1970, 818 (819)). Die Strafbarkeit der Verbreitung kann sich vor allem aus einem ehrenrührigen, Geheimnis verletzenden oder verfassungsfeindlichen Inhalt ergeben (BGH NJW 1970, 818 (819); 1980, 406 zu § 88a Abs. 1 Nr. 1).

4   Der Inhalt der Schrift beschränkt sich nicht auf den reinen Wortlaut, sondern kann durch das, was der verständige Durchschnittsleser „zwischen den Zeilen" lesen kann, und durch allgemein bekannte Tatsachen **ergänzend ausgelegt** werden (BGH NStZ 1982, 25). Dabei braucht die Schrift nicht alle Tatsachen zu enthalten, von denen die Strafbarkeit abhängt, zB nicht diejenigen der objektiven Strafbarkeitsbedingung nach § 186. Andererseits bleiben Rechtfertigungsgründe, die die Rechtswidrigkeit im Einzelfall ausschließen können, sich aber nicht aus dem Inhalt selbst ergeben, außer Betracht (LK-StGB/ *Schmidt* Rn. 6). Ob weitere Prozessvoraussetzungen hinzutreten müssen, ist unerheblich (Fischer Rn. 7). Hingegen findet die Vorschrift keine Anwendung auf Fälle, in denen lediglich formelle Gestaltungs- oder Vertriebsvorschriften verletzt wurden, zB durch Fehlen eines Impressums (Schönke/Schröder/*Eser* Rn. 6).

II. Anknüpfungshandlung

5   Die Einziehung einer Schrift ist nur zulässig, wenn diese auf eine Verbreitung angelegt ist. Dazu muss mindestens ein Stück der Schrift verbreitet oder zur Verbreitung bestimmt worden sein. **Verbreiten** meint jede Tätigkeit, die die Schrift einem größeren, nicht notwendig unbestimmten Personenkreis zugänglich macht (RGSt 36, 330 (331)). Auch die Aushändigung an eine einzelne Person reicht aus, wenn diese den überlassenen Gegenstand nicht vertraulich behandeln soll, sondern der Aushändigende zumindest billigend in Kauf nimmt, dass diese den Gegenstand weiteren Personen zugänglich machen wird (RGSt 7, 113 (114)); anders aber, wenn ein Stück lediglich einem nahen Angehörigen zur persönlichen Verwendung übergeben wird (KG BeckRS 2000, 16019). Auch das Übersenden einer Schrift an 200 Mitglieder des Bundestages, um ein Gesetzesvorhaben zu beeinflussen, stellt ein Verbreiten dar (BGH NStZ 1996, 436). Zum Verbreiten gehört, dass nicht lediglich der Inhalt der Schrift wiedergegeben wird, sondern die Schrift selbst anderen zugänglich gemacht wird (BGHSt 18, 63 (64)), es sei denn, die Voraussetzungen von Abs. 4 sind erfüllt (LK-StGB/Schmidt Rn. 8). Das Versenden an den Empfänger ist ein vollendetes Verbreiten (MüKoStGB/*Joecks* Rn. 10).

6   Die Formulierung „jede" (vorsätzliche Verbreitung) ist im Sinne von ausnahmslos jede zu verstehen, sondern als Abgrenzung zu Abs. 3; eine Rechtfertigung im Einzelfall hindert die Einziehung daher nicht, wenn zumindest ein Exemplar rechtswidrig verbreitet worden ist (MüKoStGB/*Joecks* Rn. 4).

7   Abs. 4 stellt den in den Abs. 1–3 genannten Tathandlungen gleich, dass eine Schrift oder mindestens ein Stück der Schrift **in anderer Weise öffentlich gemacht** wird, namentlich durch Verbreiten, Ausstellen, Anschlagen oder Vorführen oder dazu bestimmt ist. Dazu müssen diese Handlungen von der zugrunde liegenden Strafnorm sanktioniert werden. Die Auslegung dieser Tatbestandsmerkmale richtet sich nach den jeweiligen Strafgesetzen zB §§ 131 Abs. 1 Nr. 2, 184a Nr. 2 (LK-StGB/*Schmidt* Rn. 24).

8   Da es zur Verwirklichung des Tatbestandes von Abs. 1 ausreicht, dass eine Schrift **zur Verbreitung bestimmt** worden ist, kommt es auf die tatsächliche Verbreitung nicht an. Dies betrifft allerdings nur solche rechtswidrigen Taten, die Vorbereitungshandlungen umfassen (LK-StGB/*Schmidt* Rn. 9). Eine Schrift ist zur Verbreitung bestimmt, wenn der Beteiligte sie gedanklich bereitstellt oder auf andere Weise vorbereitet (BGH NJW 1963, 2034).

9   Die Verbreitungshandlung braucht **nicht schuldhaft** begangen zu sein. Es reicht aus, wenn der Beteiligte den inneren und äußeren Tatbestand rechtswidrig verwirklicht hat (LK-StGB/*Schmidt* Rn. 10).

III. Reichweite der Einziehung

Der Einziehung unterliegen nach Abs. 1 diejenigen Schriften, die verbreitet wurden oder zur Ver- 10
breitung bestimmt waren. Da diese Schriften idR schon in den Anwendungsbereich von §§ 74, 74a
fallen, liegt der eigentliche Anwendungsbereich in der Beschreibung der Reichweite der Einziehung.
So erweitert Abs. 2 die Einziehungsmöglichkeit auf **sämtliche Exemplare** der Schrift, bei denen die
konkrete Gefahr der Weiterverbreitung besteht (BGH NJW 1963, 2034). Andererseits wird die Einziehung auf solche Exemplare beschränkt, die sich im Besitz der bei ihrer Verbreitung oder deren
Vorbereitung mitwirkenden Personen befinden. Bei diesen Personen muss es sich nicht unbedingt um
Beteiligte handeln. Es reicht aus, wenn sich die Exemplare im Besitze von Personen befinden, die mit
der Herstellung und Verbreitung in engem Zusammenhang stehen (Schönke/Schröder/*Eser* Rn. 8).
Der **mittelbare Besitz** genügt (BGH NJW 1963, 2034). Auf das Eigentum an den Schriften kommt es
hingegen wegen des Sicherungszwecks der Maßnahme nicht an (OLG Hamm NJW 1970, 1754
(1756)).

Wenn verlangt wird, der von der Maßnahme Betroffene müsse die Schrift in seiner beruflichen 11
Eigenschaft besitzen (Schönke/Schröder/*Eser* Rn. 9), ist diese Beschränkung nicht nachzuvollziehen.
Joecks grenzt von der beruflichen Eigenschaft negativ den Fall ab, dass der Betroffene die Sache nur als
Bestandteil seiner Privatbibliothek besitzt (MüKoStGB/*Joecks* Rn. 16). Ein solches Exemplar wird von
§ 74d sicherlich nicht erfasst. Hingegen lässt die hM unberücksichtigt, dass § 74d auch auf solche
Personenkreise Anwendung finden muss, die Schriften ohne Bezug zu ihrer beruflichen Tätigkeit
verbreiten; dies wird bei rechts- oder linksextremen Aktivisten regelmäßig der Fall sein. Richtigerweise sollte die Vorschrift lediglich nicht auf solche Personen anzuwenden sein, die eine Schrift
ausschließlich zum privaten Gebrauch ohne Öffentlichkeitsbezug besitzen (vgl. LK-StGB/*Schmidt*
Rn. 12 f.).

Sind die Schriften schon **an den Empfänger versandt** worden, liegt hierin ein vollendetes Ver- 12
breiten, Abs. 2. Sie unterliegen der Einziehung solange, wie sie nicht in den Besitz des (Letzt-)
Empfängers gelangt sind (MüKoStGB/*Joecks* Rn. 10). In diesem Fall kommt es auf die Frage nach der
besitzrechtlichen Zuordnung nicht an (LK-StGB/*Schmidt* Rn. 15). Gleiches gilt in dem Fall, dass die
Stücke öffentlich ausgelegt wurden, damit sich ein unbestimmt großer Personenkreis von ihrem Inhalt
Kenntnis verschaffen kann. Auch hier kommt es auf den Besitz einer Mitwirkungsperson nicht an (LK-
StGB/*Schmidt* Rn. 14).

C. Einziehung von Schriften nach Abs. 3

Abs. 3 schränkt die Einziehung solcher Schriften ein, deren vorsätzliche Verbreitung in Kenntnis ihres 13
Inhalts nur bei **Hinzutreten weiterer Tatumstände** den inneren oder äußeren Tatbestand eines
Strafgesetzes erfüllt. Hierunter fallen vor allem Straftatbestände, die ein bestimmtes Wissen oder einen
bestimmten Willen des Täters voraussetzen, im Wirtschaftsstrafrecht namentlich § 27 JuSchG, aufgrund
dessen das Vertreiben jugendgefährdender Schriften nur unter bestimmten Voraussetzungen strafbar ist
(LK-StGB/*Schmidt* Rn. 19). Unter Abs. 3 fällt auch § 16 Abs. 1 UWG, der irreführende Werbung unter
Strafe stellt, durch die vorsätzlich der Anschein eines besonders günstigen Angebots erweckt wird
(MüKoStGB/*Joecks* Rn. 20). Das Verbreiten an sich braucht nach wohl noch überwiegender Meinung
keine Tatbestandsvoraussetzung des Strafgesetzes zu sein (SK-StGB/*Horn/Wolters* Rn. 16; Fischer
Rn. 10; einschränkend LK-StGB/*Schmidt* Rn. 19). Auch fahrlässige Taten können unter Abs. 3 fallen
(Fischer Rn. 10).

Abweichend von Abs. 1 S. 2 kommt nach Abs. 3 S. 2 Nr. 1 ist von der Einziehung nur ein **enger** 14
begrenzter Personenkreis betroffen: die Maßnahme reicht nur soweit, wie sich die Schriftstücke oder
die der Unbrauchbarmachung unterliegenden Gegenstände im Besitz eines Beteiligten oder einer Person
befinden, für die der Beteiligte gehandelt hat, oder sie von diesen Personen zur Verbreitung bestimmt
sind. Eine solche Person kann zB der Geschäftsherr oder die juristische Person sein, für den oder die
gehandelt wurde (LK-StGB/*Schmidt* Rn. 21), wobei jeder einfache Auftrag oder jede Stellvertretung
ausreicht (MüKoStGB/*Joecks* Rn. 22). Die Gegenstände unterfallen auch dann dem Anwendungsbereich
von Abs. 3, wenn sie sich bereits auf dem Versandwege beim Spediteur befinden, den Adressaten aber
noch nicht erreicht haben (Fischer Rn. 12; SK-StGB/*Horn/Wolters* Rn. 17; aA Schönke/Schröder/*Eser*
Rn. 14).

Zudem verlangt Abs. 3 S. 2 Nr. 2 eine **konkrete Verbreitungsgefahr,** die von diesen Personen 15
ausgeht. Die Maßnahmen müssen erforderlich sein, um die gesetzwidrige Verbreitungsgefahr zu
beseitigen. Der Begriff der gesetzwidrigen Verbreitung ist im Richtung auf § 11 Abs. 1 Nr. 5 zu
verstehen und bedeutet die Verbreitung durch eine rechtswidrige Tat (hM; LK-StGB/*Schmidt* Rn. 22;
Fischer Rn. 13; zw. Schönke/Schröder/*Eser* Rn. 15, der auch eine ordnungswidriges Handeln genügen lassen will).

D. Unbrauchbarmachung von Herstellungseinrichtungen

16   Mit der Einziehung von Schriften ist zugleich die Unbrauchbarmachung der Herstellungseinrichtungen anzuordnen, Abs. 1 S. 2. Deren Einziehung ist nicht erforderlich, da es zur **Verhinderung der weiteren Verbreitung** von Schriften ausreicht, die Herstellungseinrichtungen unbrauchbar zu machen.

17   Unter den Begriff der Herstellungseinrichtungen fallen sämtliche Vorrichtungen, die zur Herstellung der Einziehungsstücke bereits gebraucht wurden oder aber zur Herstellung weiterer gleichartiger Einziehungstücke bestimmt sind (Fischer Rn. 9). Erfasst werden aber nicht alle Tatwerkzeuge, die auch der Einziehung nach §§ 74, 74a unterfallen können wie Kopiermaschinen, sondern nur solche Mittel, die **speziell zur Herstellung** der Stücke strafbaren Inhalts verwendet werden (sollen) wie Platten, Drucksätze, Druckstöcke, Negative oder Matrizen (LK-StGB/*Schmidt* Rn. 17). Die Aufzählung ist nicht abschließend. Hinzu kommen insbesondere Speichermedien, die als Vorlage für die Vervielfältigung dienen sollen (Schönke/Schröder/*Eser* Rn. 3) wie Disketten, Video- und Magnetbänder, Festplatten, CDs, DVDs, USB-Sticks, SD-Speicherkarten.

18   Die Unbrauchbarmachung soll das **mildeste Mittel** sein, um die Verwendung der Vorrichtungen für die Zukunft zu unterbinden. Allerdings muss die Maßnahme eine ausreichende Gewähr dafür bieten, dass die Nutzung sicher unterbleibt. So wird ein Löschen von Datenträgern nur ausreichen, wenn die darauf gespeicherten Daten physisch gelöscht und auch unter Berücksichtigung des Fortschritts der Technik nicht wieder herzustellen sind (MüKoStGB/*Joecks* Rn. 14).

19   Abs. 2 findet auf die Unbrauchbarmachung keine Anwendung (Fischer Rn. 9). Daher sind von der Maßnahme alle Herstellungsvorrichtungen ohne Rücksicht darauf betroffen, an welchem Ort und in wessen Besitz oder Eigentum sie sich befinden (vgl. LK-StGB/*Schmidt* Rn. 18).

E. Verhältnismäßigkeitsprinzip

20   Auch für Maßnahmen nach § 74d gilt der Verhältnismäßigkeitsgrundsatz. Hierzu verweist Abs. 5 auf § 74b Abs. 2, 3. Da diese Bestimmungen nur für die fakultative Einziehung gelten, Maßnahmen nach § 74d aber zwingend anzuordnen sind, finden sie entsprechende Anwendung. Auch wenn der in § 74b Abs. 1 einfachgesetzlich niedergelegte Grundsatz der Verhältnismäßigkeit keine Erwähnung findet, besteht doch Einigkeit, dass **jede Maßnahme** schon aus verfassungsrechtlichen Gründen verhältnismäßig sein muss (BGH NJW 1970, 1558). Daher darf nur der – abtrennbare – Teil einer Druckschrift eingezogen werden, der den inkriminierten Artikel enthält (OLG Schleswig SchlHA 1993, 72).

F. Spannungsverhältnis zu Art. 5 GG

21   Die Zulässigkeit der Einziehung von Schriften ist regelmäßig am Garantiegehalt der in Art. 5 GG niedergelegten Meinungs- und Kunstfreiheit zu messen. Gegen die Verfassungsmäßigkeit von § 74d bestehen keine Bedenken. Probleme können sich bei der Anwendung d Norm im Einzelfall ergeben. Dort muss die Einziehung/Unbrauchbarmachung den verfassungsrechtlichen Anforderungen im Einzelfall genügen. Wenn die Rechtsfolgen von § 74d als Regelfall anzusehen sind, bei dem der Gesetzgeber die grundrechtsrelevante Güterabwägung bereits berücksichtigt hat (LK-StGB/*Schmidt* Rn. 27), so kann doch im Einzelfall eine grundrechtskonforme Auslegung eine andere Rechtsfolge gebieten. Im Falle des Abs. 3 kann dies die Rechtswidrigkeit des Handelns entfallen lassen, im Falle des Abs. 1 ggf. die Tatbestandsmäßigkeit eines strafrechtlichen Handelns (MüKoStGB/*Joecks* Rn. 26).

G. Verfahrensrechtliches

22   Die Einziehung/Unbrauchbarmachung kann sowohl im **subjektiven Verfahren** erfolgen als auch im Wege einer selbstständigen Anordnung nach § 76a. Kann gegen eine bestimmte Person ein Strafverfahren wegen fahrlässiger Verbreitung einer Druckschrift strafbaren Inhalts durchgeführt werden, ist ein **selbstständiges Einziehungsverfahren** unzulässig, auch wenn die Verfolgung einer bestimmten Person wegen vorsätzlicher Verbreitung der Druckschrift nicht möglich ist (BayObLG MDR 1987, 870).

23   Die Einziehung/Unbrauchbarmachung ist ausdrücklich im Tenor auszusprechen (MüKoStGB/*Joecks* Rn. 27). Beschränkungen des Einziehungsbereichs auf bestimmte Personen oder Umstände nach Abs. 2 sollen in die **Urteilsformel** aufgenommen werden; bei Maßnahmen nach Abs. 3 ist dies geboten (SK-StGB/*Horn/Wolters* Rn. 21). Die tatnahen Personen sind genauso namentlich zu bezeichnen wie im Falle der Teileinziehung der gegenständliche Umfang zu begrenzen ist; anderenfalls ist die Maßnahme unwirksam (Schönke/Schröder/*Eser* Rn. 19).

24   In den **Urteilsgründen** muss das Tatgericht hinreichende Feststellungen zum Inhalt der Schrift treffen, ihn genau bezeichnen, jedenfalls in seinem Kern (BGH NJW 1969, 1970). Zudem muss es erkennen lassen, dass es sich mit dem Grundsatz der Verhältnismäßigkeit auseinander gesetzt hat (OLG Düsseldorf NJW 1967, 1143) sowie mit der Reichweite des Art. 5 GG.

25   Die von der Maßnahme Betroffenen haben die Stellung eines **Einziehungsbetroffenen,** §§ 431, 442 StPO (Fischer Rn. 15).

Von der nach § 74d vorgeschriebenen Einziehung darf nicht allein deswegen abgesehen werden, weil der Angeklagte zu der außergerichtlichen Einziehung der in seinem Besitz befindlichen Schriften **einverstanden erklärt** hat (BGHR StGB § 74d Besitz 2).

Der Eintritt der **Strafverfolgungsverjährung** schließt die Sicherungszwecken dienende Einziehung 26 von Schriften im selbstständigen Verfahren nicht aus (BGH NStZ 1983, 220).

Die **Beschlagnahme** der Schriften richtet sich nach §§ 111m, 111n StPO. 27

§ 74e Wirkung der Einziehung

(1) **Wird ein Gegenstand eingezogen, so geht das Eigentum an der Sache oder das einge-zogene Recht mit der Rechtskraft der Entscheidung auf den Staat über.**

(2) [1]**Rechte Dritter an dem Gegenstand bleiben bestehen.** [2]**Das Gericht ordnet jedoch das Erlöschen dieser Rechte an, wenn es die Einziehung darauf stützt, daß die Voraussetzungen des § 74 Abs. 2 Nr. 2 vorliegen.** [3]**Es kann das Erlöschen des Rechts eines Dritten auch dann anordnen, wenn diesem eine Entschädigung nach § 74f Abs. 2 Nr. 1 oder 2 nicht zu gewäh-ren ist.**

(3) **§ 73e Abs. 2 gilt entsprechend für die Anordnung der Einziehung und die Anordnung des Vorbehalts der Einziehung, auch wenn sie noch nicht rechtskräftig ist.**

1. Grundgedanke. § 74e bestimmt die **Rechtsfolgen der Einziehung** nach dem Urteil. Abs. 1 1 regelt den Eigentumsübergang bei Eintritt der Rechtskraft, Abs. 2 die Frage, welche Auswirkung die Einziehung auf Rechte am Einziehungsgegenstand hat. Durch Abs. 3 entfaltet die Einziehung schon vor der Rechtskraft Wirkung in Form eines Veräußerungsverbots.

2. Wirkung der Einziehung (Abs. 1). Mit der Rechtskraft der Einziehung geht das Eigentum an 2 der verstrickten Sache **auf den Staat** über. Entsprechendes gilt für ein Inhaberschaft an einem Recht.

Bei dem Eigentumsübergang handelt es sich um einen **originären Erwerb** durch den Staat. Der 3 Übergang des Eigentums bzw. des Rechts erfolgt unabhängig von der inhaltlichen Richtigkeit der Entscheidung (LK-StGB/*Schmidt* Rn. 3). Veräußert der Staat einen beschlagnahmten Gegenstand bereits vor der Entscheidung, tritt nach § 111l Abs. 1 S. 3. StPO der Erlös an die Stelle des Einziehungsgegen-standes. In diesem Fall ist auf Einziehung des Erlöses zu entscheiden (BGHSt 8, 46 (53)).

Die Wirksamkeit des Rechtsübergangs bedarf keines weiteren Übertragungsaktes oder eines Publizi- 4 tätsaktes zB durch Eintragung im Grundbuch (LK-StGB/*Schmidt* Rn. 4). Ein unrichtig gewordenes Grundbuch ist zu berichtigen (MüKoStGB/*Joecks* Rn. 4). Auch auf den Besitzerwerb durch den Staat kommt es nicht an (Schönke/Schröder/*Eser* Rn. 1).

Wird ein Verfahren nach einer rechtskräftigen Einziehungsanordnung **wiederaufgenommen,** indem 5 die Erneuerung der Hauptverhandlung nach § 370 Abs. 2 StPO angeordnet wird, lebt das Eigentum des Voreigentümers wegen Beseitigung des Rechtskraft wieder auf (MüKoStGB/*Joecks* Rn. 4). Unterbleibt eine Einziehung und ist der Gegenstand nicht mehr vorhanden, kommen nur Ansprüche nach dem StrEG in Betracht (Schönke/Schröder/*Eser* Rn. 4a).

Hat das Gericht auf Einziehung eines Gegenstandes erkannt, obwohl ein **Dritter** Eigentümer/ 6 Rechtsinhaber war, kann dieser nach § 74f eine Entschädigung verlangen. Im Übrigen hängen seine Rechte davon ab, ob ihm im Verfahren rechtliches Gehör gewährt worden ist. Konnte er seine Rechte als Einziehungsbeteiligter im Verfahren des ersten Rechtszugs oder Berufungsverfahren ohne Verschul-den nicht geltend machen, steht ihm das Nachverfahren offen. Anderenfalls ist er auf seine Rechte im Verfahren gegen den Tatbeteiligten beschränkt. Eine Wiederaufnahme des Verfahrens nach § 359 Nr. 5 StPO zu dem Zweck, die Eigentümerstellung des Dritten, geltend zu machen, ist ausgeschlossen, § 439 Abs. 6 StPO.

Mit dem Staat iSv § 74e ist der **Justizfiskus des Landes** gemeint, dessen Gericht im ersten Rechts- 7 zug entschieden hat. Dies gilt auch dann, wenn Ländergerichte die in die Zuständigkeit des Bundes nach Art. 96 Abs. 5 GG fallende Gerichtsbarkeit nach § 120 Abs. 6 GVG ausüben, § 60 S. 2 StrVollstrO. Das Recht am Einziehungsgegenstand kann nur auf den Bund übergehen, wenn ein Gesetz dies ausdrücklich anordnet wie § 24 KrWaffKG.

3. Rechte Dritter (Abs. 2). Rechte Dritter am Einziehungsgegenstand **bleiben** grundsätzlich 8 **bestehen,** Abs. 2 S. 1. Unter Rechten Dritter sind wie bei § 74 nur beschränkt dingliche Rechte wie Hypothek, § 1113 BGB, Pfandrecht, § 1204, 1279 BGB, oder Nießbrauch, § 1030 BGB, zu ver-stehen, nicht aber schuldrechtliche Ansprüche, der Besitz, Sicherungs- und Vorbehaltseigentum oder Anwartschaftsrechte (LK-StGB/*Schmidt* Rn. 8).

Die Rechte Dritter **erlöschen,** wenn das Gericht diese Rechtsfolge ausdrücklich anordnet. Beruht 9 die Einziehung auf Sicherungsgründen, § 74 Abs. 2 Nr. 2, hat das Gericht das Erlöschen anzuordnen. Ein Ermessen ist nicht eröffnet. Die Sicherung gefährlicher Gegenstände soll nicht an Rechten Dritter scheitern (LK-StGB/*Schmidt* Rn. 9). Diese sind ausschließlich auf einen Entschädigungsanspruch nach § 74f verwiesen. Der Einziehung nach § 74 Abs. 2 Nr. 2 stehen solche nach §§ 74 Abs. 3, Abs. 4, 150,

282 und auch nach § 74d gleich (Schönke/Schröder/*Eser* Rn. 9; Fischer Rn. 4; enger MüKoStGB/ *Joecks* Rn. 11, der zusätzlich das Vorliegen der Voraussetzungen von § 74 verlangt). Eine analoge Anwendung auf den Herausgabeverzicht des Eigentümers ist unzulässig (LG Düsseldorf BeckRS 2011, 10235).

10   In den **übrigen Einziehungsfällen** ist dem Gericht ein Ermessen eröffnet, das Erlöschen von Rechten Dritter anzuordnen, wenn eine Entschädigung nach § 74f Abs. 2 Nr. 1 oder 2 nicht zu gewähren ist. Der Drittberechtigte wird wie der tatunbeteiligte Dritte behandelt (LK-StGB/*Schmidt* Rn. 10). Bei der Ermessensausübung hat sich das Gericht von denselben Erwägungen leiten zu lassen wie bei der Dritteinziehung (Schönke/Schröder/*Eser* Rn. 10). Ob dem Dritten nach § 74f Abs. 3 trotzdem eine billige Entschädigung zu gewähren ist, ist unerheblich (LK-StGB/*Schmidt* Rn. 10). Die Frage, ob und ggf. in welcher Höhe eine Entschädigung zu gewähren ist, ist ausnahmsweise im Strafverfahren zu beurteilen, § 436 Abs. 3 StPO.

11   **4. Veräußerungsverbot (Abs. 3).** Erkennt das Gericht auf eine Einziehung, entsteht **bis zur Rechtskraft** der Entscheidung nach Abs. 3 ein Veräußerungsverbot iSv § 136 BGB. Das Gleiche gilt für den Vorbehalt der Einziehung, bis rechtskräftig über die Einziehung – und nicht lediglich über den Vorbehalt – entschieden ist (LK-StGB/*Schmidt* Rn. 12).

12   Abs. 3 erlangt Bedeutung, wenn der Einziehungsgegenstand im Verfahren bislang **nicht beschlagnahmt** wurde, insbes. weil die Beschlagnahme nicht vollzogen werden konnte. Denn eine vollzogene Beschlagnahme lässt ein Veräußerungsverbot entstehen, bei einer Maßnahme nach § 111b Abs. 2 StPO oder nach § 111c Abs. 2 StPO ein absolutes Veräußerungsverbot nach § 134 BGB, wenn sie eine Sicherungsmaßnahme darstellt, im Übrigen ein relatives Veräußerungsverbot nach § 136 BGB (Mü-KoStGB/*Joecks* Rn. 5). Parallel dazu entsteht durch die Einziehung bzw. deren Vorbehalt über § 73e hinsichtlich abstrakt gefährlicher Gegenstände ein absolutes Veräußerungsverbot iSv § 134 BGB, im Übrigen ein relatives iSv § 136 BGB (Schönke/Schröder/*Eser* Rn. 5).

13   Entsteht ein **relatives Veräußerungsverbot,** kann das Eigentum an der verstrickten Sache unter den Voraussetzungen des Erwerbs vom Nichtberechtigten übertragen werden (§ 135 Abs. 2 BGB), vgl. §§ 892, 932, 1058, 1138, 1155, 1207 BGB. Nicht im guten Glauben befindet sich der Erwerber, wenn er das Veräußerungsverbot kennt oder grob fahrlässig nicht kennt. Letzteres ist regelmäßig anzunehmen, wenn der Erwerber vom Strafverfahren Kenntnis hat, in dem die Sache eine Rolle gespielt hat (LK-StGB/*Schmidt* Rn. 15).

14   Ein **gutgläubiger Erwerb** nach Anordnung der Einziehung oder eines Vorbehalts hindert den Eigentumsübergang mit Eintritt der Rechtskraft nicht. Der Eigentümer kann entweder eine Entschädigung verlangen, § 74f, oder seine Rechte im Nachverfahren geltend machen (MüKoStGB/*Joecks* Rn. 6; LK-StGB/*Schmidt* Rn. 15; aA Schönke/Schröder/*Eser* Rn. 5). Erlangt das Gericht vor der letzten tatrichterlichen Entscheidung von der Veräußerung Kenntnis, ist der Erwerber wie jeder sonstige Dritteigentümer zu behandeln (Schönke/Schröder/*Eser* Rn. 5).

§ 74f Entschädigung

(1) Stand das Eigentum an der Sache oder das eingezogene Recht zur Zeit der Rechtskraft der Entscheidung über die Einziehung oder Unbrauchbarmachung einem Dritten zu oder war der Gegenstand mit dem Recht eines Dritten belastet, das durch die Entscheidung erloschen oder beeinträchtigt ist, so wird der Dritte aus der Staatskasse unter Berücksichtigung des Verkehrswertes angemessen in Geld entschädigt.

(2) Eine Entschädigung wird nicht gewährt, wenn

1. der Dritte wenigstens leichtfertig dazu beigetragen hat, daß die Sache oder das Recht Mittel oder Gegenstand der Tat oder ihrer Vorbereitung gewesen ist,

2. der Dritte den Gegenstand oder das Recht an dem Gegenstand in Kenntnis der Umstände, welche die Einziehung oder Unbrauchbarmachung zulassen, in verwerflicher Weise erworben hat oder

3. es nach den Umständen, welche die Einziehung oder Unbrauchbarmachung begründet haben, auf Grund von Rechtsvorschriften außerhalb des Strafrechts zulässig wäre, den Gegenstand dem Dritten ohne Entschädigung dauernd zu entziehen.

(3) In den Fällen des Absatzes 2 kann eine Entschädigung gewährt werden, soweit es eine unbillige Härte wäre, sie zu versagen.

A. Grundgedanke

1   § 74f bestimmt die Voraussetzungen für eine Entschädigung eines Berechtigten, der von der Einziehung eines Gegenstandes betroffen ist. Das Gesetz geht in Abs. 1 vom Regelfall einer Entschädigung aus. Abs. 2 bestimmt Ausnahmen, in denen eine Entschädigung ausgeschlossen ist. Abs. 3 dient als

Korrektiv und lässt im Hinblick auf den Verhältnismäßigkeitsgrundsatz in besonderen Fällen eine billige Entschädigung zu.

B. Entschädigung (Abs. 1)

Eine Entschädigung können nur **Dritte** verlangen, die Eigentümer/Inhaber des Einziehungsgegen- 2 standes sind oder an diesem ein Recht besitzen, das durch die Einziehung erlischt. Als Dritte kommen nur **tatunbeteiligte Personen** in Betracht. Täter und Teilnehmer sind nicht entschädigungsberechtigt (LG Hamburg NJW 1974, 374). Auch schuldlos handelnde Beteiligte erhalten keine Entschädigung, wenn die Einziehung aus Sicherungsgründen erfolgt, § 74 Abs. 2 Nr. 2, Abs. 3 (MüKoStGB/*Joecks* Rn. 3). Dem Tatbeteiligten steht ein unbeteiligter Dritter gleich, der die Voraussetzungen von § 74a erfüllt (MüKoStGB/*Joecks* Rn. 3).

Für die Frage, wer Dritter ist, ist auf den **Zeitpunkt** des Eintritts der Rechtskraft abzustellen. Nur 3 Rechtsverluste, die in diesem Zeitpunkt eintreten, sind zu entschädigen. Veräußert der Dritte in Erwartung der Rechtskraft der Einziehung den Gegenstand mit Verlust, kann er die Vermögensdifferenz nicht verlangen (Schönke/Schröder/*Eser* Rn. 4).

Eine nachträgliche Entschädigung **scheidet aus,** wenn das Tatgericht den Einziehungsbetroffenen beteiligt, die Sach- und Rechtslage aber fehlerhaft gewürdigt und keine Entschädigung festgesetzt hat. Einen Entschädigungsanspruch hat der Berechtigte hingegen, wenn er hingegen unverschuldet keine Möglichkeit hatte, seine Rechte als Einziehungsberechtigter im Strafverfahren zu verfolgen. Dies kann sich daraus ergeben, dass er vom Strafverfahren unverschuldet keine Kenntnis hatte oder dass er die entschädigungspflichtige Rechtsposition nach der letzten tatrichterlichen Entscheidung und vor Rechtskraft des Urteils erlangt hat (MüKoStGB/*Joecks* Rn. 4), sei es das Eigentum an der verstrickten Sache, sei es Inhaberschaft am verstrickten Recht oder an einem durch die Einziehung erlöschendem Recht. Entschädigungsberechtigt ist auch derjenige, dessen Rechtsposition durch eine Unbrauchbarmachung oder Veränderung des Einziehungsgegenstandes beeinträchtigt wird.

Erfolgt die **Einziehung aus Sicherungsgründen** und lässt das Gericht die Frage nach der Inhaber- 4 schaft des Einziehungsgegenstands offen, kommt es weder darauf an, wann er die entschädigungspflichtige Rechtsposition erworben hat, noch ob er am Verfahren beteiligt worden ist. Um eine Entschädigung verlangen zu können, muss der Berechtigte lediglich von der Einziehung oder der Unbrauchbarmachung betroffen sein (LK-StGB/*Schmidt* Rn. 3).

Die Norm findet keine entsprechende Anwendung auf **sonstige Fälle des Eigentumsverlusts** 5 anlässlich eines Strafverfahrens. Geht die Vollstreckungsbehörde irrtümlich von der Rechtskraft der Einziehungsentscheidung aus und verwertet sie den Einziehungsgegenstand, bestimmen sich die Rechtsfolgen nach den allgemeinen staatshaftungsrechtlichen Bestimmungen, nicht aber nach § 74f (LG Hamburg NJW 1974, 373 f.).

Die Entschädigung richtet sich danach, worin die **Vermögenseinbuße** liegt. Diese kann im Entzug 6 des Eigentums oder – bei einem Recht – im Verlust der Inhaberschaft liegen, aber auch in der wirtschaftlichen Entwertung des Gegenstandes durch Veränderung oder Unbrauchbarmachung. Der Einwand, die Einziehung widerspreche dem Grundsatz der Verhältnismäßigkeit, ist unbeachtlich und kann nur im Rechtsmittelverfahren gegen die Einziehungsentscheidung selbst vorgebracht werden (LK-StGB/*Schmidt* Rn. 4). Die Höhe der Entschädigung orientiert sich am Verkehrswert der entzogenen Rechtsposition.

Dem Inhaber **beschränkt dinglicher Rechte** steht grundsätzlich kein Entschädigungsanspruch zu, 7 weil diese Rechte von der Einziehung grundsätzlich unberührt bleiben, § 74e Abs. 2 S. 1. Nur wenn ausnahmsweise das Erlöschen des Rechts angeordnet wird, § 74e Abs. 2 S. 2, oder sich der Wert des Rechts durch die Einziehung verringert, kann der Rechtsinhaber eine Entschädigung verlangen (MüKoStGB/*Joecks* Rn. 6).

C. Keine Entschädigung (Abs. 2)

Abs. 2 enthält in den Nr. 1–3 Gründe, bei deren Vorliegen eine Entschädigung nicht zu gewähren ist. 8 Der Anwendungsbereich der Versagungsgründe ist jedoch gering. Denn die Einziehungsvoraussetzungen von Abs. 2 Nr. 1 und 2 sind parallel zu § 74a Nr. 1 und 2 ausgestaltet. Da die Personen, die den Tatbestand des § 74a erfüllen, der Quasi-Gehilfe und der Quasi-Hehler, nicht als Dritte iSv § 74f Abs. 1 anzusehen sind (→ § 74f Rn. 2), muss sich ein Dritter in den von Nr. 1 und 2 beschriebenen Weisen verhalten haben (MüKoStGB/*Joecks* Rn. 7). Nr. 1 und 2 finden daher praktisch nur Anwendung, wenn die **Einziehung zu Sicherungszwecken** erfolgt. Ob sie aufgrund einer Vorschrift angeordnet wird, die auf § 74a verweist, ist unbeachtlich. Daher gilt Nr. 2 auch für den Fall, dass der Dritte den Gegenstand in Kenntnis der Umständen erwirbt, die eine Einziehung aus Sicherungsgründen zulässt (Fischer Rn. 5).

Von Abs. 2 werden zudem die Fälle der **Unbrauchbarmachung** nach § 74d verfasst (MüKoStGB/ 9 *Joecks* Rn. 9) wie auch die Konstellation, dass das Gericht bei einer Einziehung nach § 74 Abs. 2 Nr. 1

von einem anderen Berechtigten ausgegangen ist, sich der wahre Berechtigte nachträglich herausstellt, dieser aber selbst Quasi-Gehilfe oder Quasi-Hehler war (Fischer Rn. 5).

10   Nr. 3 hat lediglich eine **Klarstellungsfunktion** (NK-StGB/*Herzog/Saliger* Rn. 9). Ist eine Einziehung nach anderen Gesetzen entschädigungslos zulässig, kann der Rechtsinhaber auch nach § 74f keine Entschädigung verlangen. Hier gelten maßgebend die Polizeigesetze der Länder zur präventiven Sicherstellung, aber auch § 51b BranntwMG iVm § 216 Abs. 3 S. 4 AO (MüKoStGB/*Joecks* Rn. 10). Kann der Gegenstand verwertet werden, ist der Erlös abzüglich der Kosten an den Berechtigten auszukehren (Fischer Rn. 6).

D. Entschädigung nach billigem Ermessen (Abs. 3)

11   Schließt Abs. 2 eine Entschädigung mit dem Umfang des Abs. 1 aus, kann ausnahmsweise eine billige Entschädigung zu gewähren sein. Die Entscheidung steht im pflichtgemäßen Ermessen des Gerichts. Das Gericht muss sich bei seiner Ermessensausübung von den Maßgaben des Art. 14 GG leiten lassen. Insbesondere sollen Ungerechtigkeiten vermieden werden, die sich aus einer Versagung einer Entscheidung im Vergleich zu § 74a ergeben können (MüKoStGB/*Joecks* Rn. 11). Es gilt die Härten des „Alles-oder-nichts-Prinzips" im Einzelfall zu mildern. Dies kann der Fall sein, wenn die entschädigungslose Einziehung außer Verhältnis zum Fehlverhalten des Berechtigten stünde (Fischer Rn. 8); allerdings wird in diesem Fall nochmals zu erörtern sein, ob die Einziehung an sich dem **Verhältnismäßigkeitsgrundsatz** genügt (Schönke/Schröder/*Eser* Rn. 9). Ist die Einziehung an sich verhältnismäßig, hat das Gericht zunächst zu erörtern, ob eine billige Entschädigung erforderlich ist, im Bejahungsfalle deren Höhe.

12   Die billige Entschädigung ist regelmäßig **geringer als die angemessene Entschädigung** iSv Abs. 1. Ausnahmsweise kann sie die Höhe der angemessenen Entschädigung erreichen, jedoch nicht übersteigen. Mit der billigen Entschädigung soll keine angemessene Entschädigung erreicht werden, sondern nur vermieden werden, dass die Einziehung eine unbillige Härte darstellt.

E. Verfahrensrechtliches

13   Über den Entschädigungsanspruch wird grundsätzlich nicht im Strafverfahren entschieden (Meyer-Goßner/Schmitt/*Meyer-Goßner* StPO Vor § 430 Rn. 11). Ordnet das Tatgericht die Einziehung an und ist eine Entschädigung ausgeschlossen, hat das Gericht dies **ausdrücklich** auszusprechen, § 436 Abs. 3 S. 1 StPO. Zu den Versagungsvoraussetzungen hat es die erforderlichen Feststellungen zu treffen (BGH NJW 1970, 818 (820)). Etwas anderes gilt für die billige Entschädigung nach Abs. 3; hier soll der Richter, wenn er eine solche für geboten erachtet, nicht nur über den Grund, sondern auch über die Höhe entscheiden (LG Hamburg NJW 1974, 383 (384)). Die Entscheidung des Strafrichters bindet den Zivilrichter in einem späteren Entschädigungsverfahren (MüKoStGB/*Joecks* Rn. 13).

14   Entscheidet der Strafrichter nicht über die Entschädigung, steht dem Berechtigten ein **Wahlrecht** zu, ob er seine Ansprüche im Nachverfahren geltend macht oder eine Entschädigung verlangt. Die Voraussetzungen für das Nachverfahren ergeben sich aus §§ 431 StPO ff. Entscheidet sich der Betroffene für eine Entschädigung, richtet sich der Anspruch gegen den Fiskus des Staates, dem der Gegenstand zufällt oder dessen Gericht die Einziehung in erster Instanz angeordnet hat (Schönke/Schröder/*Eser* Rn. 12). Für die Verfolgung des Entschädigungsanspruchs ist der Zivilrechtsweg eröffnet, Art. 14 Abs. 3 GG (MüKoStGB/*Joecks* Rn. 9).

§ 75 Sondervorschrift für Organe und Vertreter

[1] Hat jemand

1. als vertretungsberechtigtes Organ einer juristischen Person oder als Mitglied eines solchen Organs,
2. als Vorstand eines nicht rechtsfähigen Vereins oder als Mitglied eines solchen Vorstandes,
3. als vertretungsberechtigter Gesellschafter einer rechtsfähigen Personengesellschaft,
4. als Generalbevollmächtigter oder in leitender Stellung als Prokurist oder Handlungsbevollmächtigter einer juristischen Person oder einer in Nummer 2 oder 3 genannten Personenvereinigung oder
5. als sonstige Person, die für die Leitung des Betriebs oder Unternehmens einer juristischen Person oder einer in Nummer 2 oder 3 genannten Personenvereinigung verantwortlich handelt, wozu auch die Überwachung der Geschäftsführung oder die sonstige Ausübung von Kontrollbefugnissen in leitender Stellung gehört,

eine Handlung vorgenommen, die ihm gegenüber unter den übrigen Voraussetzungen der §§ 74 bis 74c und 74f die Einziehung eines Gegenstandes oder des Wertersatzes zulassen oder den Ausschluß der Entschädigung begründen würde, so wird seine Handlung bei Anwendung dieser Vorschriften dem Vertretenen zugerechnet. [2] § 14 Abs. 3 gilt entsprechend.

1. Grundgedanke. Die Vorschrift ermöglicht die Einziehung von Gegenständen oder Wertersatz **1** **gegenüber Personenverbänden.** Hierfür rechnet § 75 das Handeln einer natürlichen Person einem Personenverband zu, für den diese tätig geworden ist. Zur Verantwortlichkeit von Personenverbänden → OWiG § 130 Rn. 1.

Die **Zurechnung des Vertreterhandelns** schließt die Lücke des Zugriffs auf verstrickte Gegen- **2** stände, wenn diese nicht im Eigentum von natürlichen Personen, sondern von Personenverbänden stehen. Anderenfalls wäre die Einziehung nach § 74 Abs. 2 Nr. 1 und § 74a gegenüber Personenverbänden ausgeschlossen. Der Zurechnung über § 75 bedarf es nicht, wenn der Beteiligte selbst Eigentümer ist oder wenn die Einziehung ohne Rücksicht auf die Eigentümerstellung erfolgen kann, vgl. § 74 Abs. 2 Nr. 2 (MüKoStGB/*Joecks* Rn. 2).

2. Personenverbände und vertretungsberechtigte Personen. Der Wortlaut von § 75 S. 1 Nr. 1 **3** bis 5 entspricht § 30 Abs. 1 S. 1 Nr. 1–5 OWiG. Auf die Kommentierung zu → OWiG § 30 Rn. 7–25 wird verwiesen.

Durch den Verweis auf § 14 Abs. 3 in § 75 S. 2 gilt die Zurechnung auch dann, wenn die Rechts- **4** handlung, welche die Vertretungsbefugnis oder Organstellung begründet, unwirksam ist.

3. Handeln „als" Organ oder Vertreter. Die natürliche Person muss „als" Organ oder Vertreter **5** des Personenverbandes gehandelt haben. → OWiG § 130 Rn. 49–54.

4. Zurechnung. Handelt ein Beteiligter als Organ oder Vertreter eines Personenverbandes iSv § 75 **6** S. 1, wird der Verband so behandelt, als ob er selbst die Tat begangen hätte. Erfüllt das Organ die weiteren Voraussetzungen der §§ 74, 74a und gehört der Gegenstand im Zeitpunkt der letzten Tatsachenentscheidung dem Personenverband, kann bzw. muss die **Einziehung** erfolgen. Hat der Personenverband durch sein Organ oder Vertreter den Gegenstand verwertet, schuldet er Wertersatz nach § 74c (LK-StGB/*Schmidt* Rn. 14). § 74f gilt mit der Maßgabe, dass bei der Verhältnismäßigkeitsprüfung auf die Bedeutung der Tat des Organs und des ihn treffenden Vorwurfs, aber auch auf ein etwaiges Mitverschulden des Vertretenen und dessen Verhältnisse abzustellen ist (Schönke/Schröder/*Eser* Rn. 11).

Auf § 75 findet auf § 74d keine Anwendung, da die **Unbrauchbarmachung** aus Sicherungsgründen **7** erfolgt, bei der die Eigentumsverhältnisse unberücksichtigt bleiben. § 74d Abs. 3 Nr. 1 enthält im Übrigen eine Sonderregelung (MüKoStGB/*Joecks* Rn. 15). §§ 74e, 76a weisen keine Zurechnungsproblematik auf und finden ohne Weiteres Anwendung (LK-StGB/*Schmidt* Rn. 16).

5. Verfahrensrechtliches. Der Personenverband ist Einziehungsbetroffener nach § 431 Abs. 3 StPO. **8**

Da S. 1 Nr. 4 erst im Jahre 1994 eingeführt würde, kann eine Zurechnung von Handlungen der in **9** Nr. 4 genannten Personen erst ab diesem Zeitpunkt erfolgen; Entsprechendes gilt für Handlungen der in Nr. 5 genannten Personen nach dem 30.8.2002 (MüKoStGB/*Joecks* Rn. 16).

§ 76 Nachträgliche Anordnung von Verfall oder Einziehung des Wertersatzes

Ist die Anordnung des Verfalls oder der Einziehung eines Gegenstandes nicht ausführbar oder unzureichend, weil nach der Anordnung eine der in den §§ 73a, 73d Abs. 2 oder § 74c bezeichneten Voraussetzungen eingetreten oder bekanntgeworden ist, so kann das Gericht den Verfall oder die Einziehung des Wertersatzes nachträglich anordnen.

1. Grundgedanke. § 76 gilt sowohl für die Anordnung des Verfalls als auch der Einziehung. Die **1** Vorschrift ermöglicht die **Durchbrechung der Rechtskraft** im Hinblick auf die Verfalls- oder Einziehungsanordnung (LK-StGB/*Schmidt* Rn. 1); die ursprüngliche Anordnung kann, wenn sie undurchführbar geworden oder unzureichend ist, in den Verfall oder die Einziehung von Wertersatz umgewandelt werden.

Die nachträgliche Anordnung ist mit Art. 103 Abs. 3 GG vereinbar, da der Wertersatz in der ursprünglichen Anordnung bereits immanent enthalten ist (Schönke/Schröder/*Eser* Rn. 3).

2. Nicht ausführbar oder unzureichend. Die ursprüngliche Anordnung, sei es der Verfall, sei es **2** die Einziehung, darf nicht mehr ausführbar sein. Dies ist der Fall, wenn das ursprüngliche Objekt dem **staatlichen Zugriff entzogen** ist (NK-StGB/*Herzog/Saliger* Rn. 3). Der Einziehungsgegenstand ist dem staatlichen Eingriff entzogen, wenn er verwertet, dh verbraucht wurde, § 74c. Zudem kann eine Einziehung nicht ausführbar sein, wenn der Einziehungsgegenstand vor der Einziehungsanordnung an einen Dritten wirksam veräußert wurde und dieser im Nachverfahren nach § 439 StPO seine Rechte erfolgreich geltend gemacht hat. Der Verfallsgegenstand ist dem staatlichen Zugriff zudem entzogen, wenn der Verfall aus einem anderen Grunde iSv § 73a nicht möglich ist, zB durch Verbrauch oder Beiseiteschaffen (MüKoStGB/*Joecks* Rn. 3). Das Gleiche gilt, wenn ein Dritter den Gegenstand nach der Anordnung im Hinblick auf das Veräußerungsverbot gutgläubig erworben hat oder im Falle des § 439 Abs. 5 StPO, wenn die Einziehung wegen unangemessenen Aufwands für das Nachverfahren aufgehoben wird (Schönke/Schröder/*Eser* Rn. 5). Hingegen ist die Einziehung nicht unausführbar, wenn die Justizbehörde nach § 61 Abs. 4 S. 5 StVollstrO wegen unangemessenen Aufwands von einer

Klage gegen den Gewahrsamsinhaber absieht (LK-StGB/*Schmidt* Rn. 4). Eine fehlerhaft zu niedrige Festsetzung oder Schätzung des Werts des zunächst Erlangten lässt jedoch keine Korrektur durch eine Nachtragsentscheidung zu (LK-StGB/*Schmidt* Rn. 6).

3   Die nachträgliche Anordnung der Einziehung oder des Verfalls von Wertersatz kann auch dann erfolgen werden, wenn die ursprüngliche Anordnung **unzureichend** ist. Hierunter ist vor allem die Konstellation zu verstehen, dass der Gegenstand **mit Rechten belastet** worden ist, die bei der Einziehung eine Entschädigungspflicht auslösen würden, §§ 74c Abs. 2, 74f (Schönke/Schröder/*Eser* Rn. 6).

4   **3. Maßgeblicher Zeitpunkt.** Der Umstand, der die Einziehung oder den Verfall scheitern lässt, muss nach der letzten tatrichterlichen Entscheidung bekannt geworden sein. Es kommt nicht nur auf den objektiven Eintritt des Umstandes an, sondern vor allem darauf, ob das Gericht vor seiner letzten tatrichterlichen Entscheidung von diesem Umstand **Kenntnis** erlangt hat oder diese veränderte Situation nicht mehr berücksichtigen konnte (Schönke/Schröder/*Eser* Rn. 7).

5   **4. Sonstige Voraussetzungen.** Die nachträgliche Anordnung setzt voraus, dass auch die übrigen Voraussetzungen des Verfalls bzw. der Einziehung von Wertersatz vorliegen. Stellt sich nachträglich heraus, dass der Verfall oder die Einziehung nicht hätten angeordnet werden dürfen, wird das Gericht sein Ermessen jedenfalls dahin ausüben, dass der Verfall oder die Einziehung von Wertersatz nicht angeordnet wird (MüKoStGB/*Joecks* Rn. 7).

6   **5. Ermessensentscheidung.** Die Entscheidung über die nachträgliche Anordnung ist stets eine Ermessensentscheidung. Dies gilt auch dann, wenn die ursprüngliche Entscheidung zwingend zu fällen war; allerdings wird die nachträgliche Anordnung geboten sein, wenn die Einziehung oder der Verfall bei der Strafzumessung zugunsten des Täters berücksichtigt worden ist (Schönke/Schröder/*Eser* Rn. 9). Die Höhe des Wertersatzes bestimmt sich nach § 73a oder § 74c und kann in vollem oder beschränktem Umfang angeordnet werden (Fischer Rn. 1).

7   **6. Verfahrensrechtliches.** Das Gericht des ersten Rechtszuges entscheidet ohne mündliche Verhandlung durch Beschluss, § 462 Abs. 1 StPO (Fischer Rn. 1).

§ 76a Selbständige Anordnung

(1) **Kann wegen der Straftat aus tatsächlichen Gründen keine bestimmte Person verfolgt oder verurteilt werden, so muß oder kann auf Verfall oder Einziehung des Gegenstandes oder des Wertersatzes oder auf Unbrauchbarmachung selbständig erkannt werden, wenn die Voraussetzungen, unter denen die Maßnahme vorgeschrieben oder zugelassen ist, im übrigen vorliegen.**

(2) [1]**Unter den Voraussetzungen des § 74 Abs. 2 Nr. 2, Abs. 3 und des § 74d ist Absatz 1 auch dann anzuwenden, wenn**

1. **die Verfolgung der Straftat verjährt ist oder**
2. **sonst aus rechtlichen Gründen keine bestimmte Person verfolgt werden kann und das Gesetz nichts anderes bestimmt.**

[2]**Einziehung oder Unbrauchbarmachung dürfen jedoch nicht angeordnet werden, wenn Antrag, Ermächtigung oder Strafverlangen fehlen.**

(3) **Absatz 1 ist auch anzuwenden, wenn das Gericht von Strafe absieht oder wenn das Verfahren nach einer Vorschrift eingestellt wird, die dies nach dem Ermessen der Staatsanwaltschaft oder des Gerichts oder im Einvernehmen beider zuläßt.**

A. Grundgedanke

1   § 76a ermöglicht die selbstständige Anordnung des Verfalls oder der Einziehung für den Fall, dass eine Anordnung im subjektiven Verfahren nicht möglich ist. Die Vorschrift schließt die Anordnung im subjektiven Verfahren nicht aus, wenn der Beteiligte nicht verurteilt werden kann. Sie ermöglicht vielmehr auch dann die Verfalls- oder Einziehungsanordnung, wenn feststeht, dass es zu keiner Verurteilung des Beteiligten kommen wird. Die selbstständige Anordnung erfolgt in einer **selbstständigen Verfahrensart,** dem „objektiven Verfahren" gemäß §§ 440–442 StPO.

2   Die Verfahrensart beeinflusst die **Rechtsnatur der verhängten Maßnahme** nicht (MüKoStGB/ *Joecks* Rn. 3). Das objektive Verfahren findet ungeachtet der Zielrichtung der Maßnahme, sei sie präventiv oder repressiv, Anwendung (MüKoStGB/*Joecks* Rn. 3; LK-StGB/*Schmidt* Rn. 5; aA Schönke/Schröder/*Eser* Rn. 2, der den Anwendungsbereich ohne Not auf präventive und quasi-konditionelle Gründe beschränken will).

B. Anordnung nach Abs. 1

Der Anwendungsbereich der selbstständigen Anordnung nach Abs. 1 erfasst alle Fälle der Einziehung, **3** die einen **Strafcharakter** aufweisen und nicht sicherungsbedingt sind. Dies sind die Einziehung gegenüber dem Tatbeteiligten nach § 74 Abs. 2 Nr. 1, Abs. 3 und die Einziehung gegen den Quasi-Gehilfen oder Quasi-Hehler nach § 74a (Schönke/Schröder/*Eser* Rn. 4). Zudem unterfällt der Verfall nur dem Anwendungsbereich von Abs. 1, weil er niemals zu Sicherungszwecken erfolgt.

Für die Durchführung des selbstständigen Verfahrens müssen alle Voraussetzungen der Einziehung/ **4** des Verfalls vorliegen; lediglich der **persönlichen Verfolgbarkeit** muss ein tatsächliches Hindernis entgegenstehen. Eine Einziehung darf ausschließlich am Fehlen dieses tatsächlichen Hindernisses scheitern. Im Falle der Einziehung muss der Beteiligte tatbestandsmäßig, rechtswidrig und schuldhaft gehandelt haben (BGHSt 13, 311 (312)), ggf. sonstige Strafbarkeitsvoraussetzungen wie objektive Strafbarkeitsbedingung oder Strafantrag müssen vorliegen (Schönke/Schröder/*Eser* Rn. 6) sowie sämtliche Einziehungsvoraussetzungen (MüKoStGB/*Joecks* Rn. 7). Für den Verfall genügt nach §§ 73, 73a und 73d ein rechtswidriges Handeln, ein schuldhaftes Handeln ist nicht erforderlich. Da der Verfall aber in den vorgenannten Fällen zwingende Rechtsfolge ist, gilt dies auch für die selbstständige Anordnung (MüKoStGB/*Joecks* Rn. 11).

Die Gründe, die die Einziehung/den Verfall hindern, müssen **tatsächlicher Art** sein, also die Ver- **5** folgbarkeit verhindern, hingegen die Strafbarkeit als solche unberührt lassen (Schönke/Schröder/*Eser* Rn. 5). Dies ist dann der Fall, wenn der Täter sich ins Ausland abgesetzt hat und eine Auslieferung keinen Erfolg verspricht (vgl. LG Bayreuth NJW 1970, 574), wenn er flüchtig ist oder sich verborgen hält, wenn eine Tat zweifelsfrei begangen wurde, die Identität des Täters aber nicht ermittelt werden kann (s. *Oppe* MDR 1973, 183), nicht aber die dauernde Verhandlungsunfähigkeit gelten (OLG Celle NStZ-RR 1996, 209; zw.). § 76a gilt entsprechend für den erweiterten Verfall, wenn der Angeklagte von einem unbekannten Mittäter einen Geldbetrag zur Aufbewahrung erhalten hat, welcher aus einer Tat nach § 29a BtMG stammt, die Taten im Verhältnis von §§ 3, 264 zueinander stehen und die übrigen Voraussetzungen des erweiterten Verfalls beim Unbekannten vorliegen (AG Berlin-Tiergarten NStZ-RR 1997, 212; LK-StGB/*Schmidt* Rn. 8).

Der Tod des Beteiligten schließt die selbstständige Anordnung aus, da durch ihn die Verfolgbarkeit entfällt **6** (Schönke/Schröder/*Eser* Rn. 5; MüKoStGB/*Joecks* Rn. 6; aA OLG Stuttgart NJW 2000, 2598 (2599)).

Der **maßgebende Zeitpunkt** für die Beurteilung der fehlenden Verfolgbarkeit ist die Entscheidung **7** des Revisionsgerichts, nicht des letzten Tatgerichts (BGHSt 21, 55 (56)).

C. Anordnung nach Abs. 2

Abs. 2 erstreckt den Anwendungsbereich der selbstständigen Anordnung auf die **Sicherungseinzie- 8 hung,** namentlich auf § 74 Abs. 2 Nr. 2, Abs. 3 und die Unbrauchbarmachung nach § 74d Abs. 2 gilt auch für Sicherungsfälle aufgrund von besonderen Vorschriften iSv § 74 Abs. 4 (LK-StGB/*Schmidt* Rn. 10). Für den Verfall gilt Abs. 2 hingegen nicht (MüKoStGB/*Joecks* Rn. 1).

Eine selbstständige Anordnung zu Sicherungszwecken kann auch ergehen, wenn aus **rechtlichen 9 Gründen** keine bestimmte Person verfolgt werden kann, Nr. 2. Hierzu ist die in Nr. 1 ausdrücklich erwähnte Verjährung zu zählen. Da die materiellen Mindestvoraussetzungen der Sicherungseinziehung gegeben sein müssen, ist zumindest eine rechtswidrige Verwirklichung des Tatbestandes iSv § 11 Abs. 1 Nr. 5 zu verlangen (MüKoStGB/*Joecks* Rn. 8). Soweit formuliert wird, es sei zumindest ein „natürlicher Vorsatz" zu verlangen (Fischer Rn. 7), ist dies ein Relikt der finalen Handlungslehre (MüKoStGB/*Joecks* Rn. 8). Entbehrlich sind nur solche rechtlichen Voraussetzungen, die lediglich auf die Person des Beteiligten bezogen sind (Schönke/Schröder/*Eser* Rn. 8). Dies gilt insbesondere für eine dauernde Verhandlungsunfähigkeit, Schuldunfähigkeit, persönliche Strafaufhebungs- und ausschließungsgründe (RGSt 11, 121; 57, 3), Amnestie (vgl. BGHSt 23, 64 (66)), Immunität des Abgeordneten, Tod des Täters (LK-StGB/*Schmidt* Rn. 11), Niederschlagung durch ein Straffreiheitsgesetz oder Rücktritt vom Versuch (MüKoStGB/*Joecks* Rn. 8).

Etwas anderes gilt nach Abs. 2 S. 1 Nr. 2 nur dann, wenn durch das Gesetz etwas anderes bestimmt **10** ist. Solche Ausnahmen ergeben sich zunächst aus Abs. 2 S. 2, der die Einziehung oder Unbrauchbarmachung bei Fehlen des Antrags (§ 77a), Ermächtigung (§§ 77e iVm zB 353a Abs. 2, 353b Abs. 4) oder Strafverlangen (§ 104a) untersagt. Dem Fehlen eines Antrags steht es gleich, wenn er nicht wirksam oder verspätet gestellt oder wirksam zurückgenommen wurde (LK-StGB/*Schmidt* Rn. 13). Das Fehlen deutscher Gerichtsbarkeit (§§ 18, 19 GVG, Art. 7 NATO-Truppenstatut) schließt die Einziehung oder Unbrauchbarmachung genauso aus (Fischer Rn. 9).

D. Einstellung des Verfahren (Abs. 3)

Abs. 3 erweitert die Möglichkeit, den Verfall, die Einziehung und die Unbrauchbarmachung an- **11** zuordnen, auf die Fälle, in denen das Gericht von Strafe absieht oder das Verfahren einstellt. Dem

Absehen von Strafe bspw. nach §§ 23 Abs. 3, 60, 199 steht die Verwarnung mit Strafvorbehalt nach § 59 Abs. 3 gleich (LK-StGB/*Schmidt* Rn. 14). Die Verfahrenseinstellung fällt unter Abs. 3, wenn es sich um eine Ermessensentscheidung handelt, die eine **Durchbrechung des Verfolgungszwangs** darstellt. Ob die Entscheidung durch die StA allein, das Gericht allein, beide Stellen im Einvernehmen oder auch mit Zustimmung weiterer Verfahrensbeteiligter handelt, ist unerheblich. Der Verfahrenseinstellung stehen das Absehen von der Verfolgung oder von der Klageerhebung gleich (Fischer Rn. 11). Daher fallen unter Abs. 3 insbes. §§ 153–154c, 383 Abs. 2 StPO, 45 Abs. 2, 47 JGG, 37 BtMG. Hingegen findet Abs. 3 keine Anwendung auf § 154d StPO (MüKoStGB/*Joecks* Rn. 13).

E. Rechtsfolge

12 Die nachträgliche Anordnung steht grundsätzlich im Ermessen des Gerichts. Ob es die Maßnahme anordnet, bestimmt sich grundsätzlich nach den im subjektiven Verfahren anzustellenden Erwägungen. Steht dem Gericht im subjektiven Verfahren ein Ermessensspielraum zu, hat es im selbstständigen Verfahren dieselben Erwägungen anzustellen. Kommt es nur zu einer strafbaren Vorbereitungshandlung statt einer vollendeten oder strafbaren versuchten Tat, soll nach pflichtgemäßem Ermessen von der Möglichkeit der Einziehung nur zurückhaltend Gebrauch gemacht werden (BGHSt 13, 311 (315)). Auch die erforderlichen Erwägungen zur Verhältnismäßigkeit der Anordnung entsprechen denen im subjektiven Verfahren (Schöne/Schröder/*Eser* Rn. 10). Stehen zwei Rechtsfolgen im subjektiven Verfahren nebeneinander wie bspw. Unbrauchbarmachung und Einziehung, so gilt dies auch im objektiven (RGSt 36, 145 (146)).

F. Verfahrensrechtliches

13 Das objektive Verfahren ist in §§ 440–442 StPO geregelt. Es wird durch einen Antrag eingeleitet, die ähnlich einer Anklage den Gegenstand und die Tatsachen enthält, die eine selbstständige Anordnung rechtfertigen (Schönke/Schröder/*Eser* Rn. 11). Den Antrag können Privatkläger oder StA stellen. Ob die StA den Antrag stellt, steht nach dem Wortlaut des § 440 Abs. 1 StPO grundsätzlich in ihrem Ermessen. Ist die Rechtsfolge indes zwingend vorgeschrieben, wird sich das Ermessen regelmäßig auf null reduzieren (vgl. auch MüKoStGB/*Joecks* Rn. 17).

14 Ist ein subjektives Verfahren bereits durchgeführt worden, ohne dass eine Maßnahme angeordnet wurde, ist die Einleitung eines objektiven Verfahrens unzulässig (RGSt 65, 175 (176)).

15 Wurde bereits ein subjektives Verfahren eingeleitet, kann dieses als objektives nach § 441 Abs. 2–4 StPO bei Eintritt eines Ereignisses nach Abs. 1 oder Abs. 2 fortgeführt und ohne (weitere) mündliche Verhandlung einer Entscheidung zugeführt werden. Das objektive Verfahren entspricht dem subjektiven Verfahren nahezu vollständig. Ein Übergang in das objektive Verfahren erfolgt allerdings nur auf ausdrücklichen Antrag (Schönke/Schröder/*Eser* Rn. 12).

§ 145c Verstoß gegen das Berufsverbot

Wer einen Beruf, einen Berufszweig, ein Gewerbe oder einen Gewerbezweig für sich oder einen anderen ausübt oder durch einen anderen für sich ausüben läßt, obwohl dies ihm oder dem anderen strafgerichtlich untersagt ist, wird mit Freiheitsstrafe bis zu einem Jahr oder mit Geldstrafe bestraft.

Literatur: *Cramer, S.,* Anmerkung zum Beschluss des OLG Karlsruhe vom 19.1.1995 – 2 Ss 177/94, NStZ 1996, 136; *Dölp,* Anmerkung zum Urteil des BGH v. 26.1.1989 – 1 StR 740/88, NStZ 1989, 475; *Kretschmer,* Die Reichweite des strafrechtlichen Berufsverbotes für Rechtsanwälte, NStZ 2002, 576; *Lehmann,* Der Verstoß gegen das Berufsverbot (§ 145c StGB), 2007; *Olischläger,* Zeitliches Berufsverbot, AnwBl. 1973, 321; *Ostendorf,* Strafbare Angriffe auf einzelne Staatsgewalten sowie auf den Bestand staatlicher Maßnahmen, JZ 1997, 1104; *Schmid,* Kein Berufsverbot für Rechtsanwälte durch den Strafrichter?, ZRP 1975, 79; *Stree,* Zu den Anforderungen an die Bestimmtheit eines strafgerichtlich verhängten Berufsverbots, NStZ 1995, 447.

A. Allgemeines

I. Gegenstand

1 § 145c dient entgegen der verkürzenden amtlichen Überschrift nicht nur der Durchsetzung von strafgerichtlich angeordneten **Berufs-,** sondern auch von **Gewerbeverboten.** Die Vorschrift richtet sich zum einen an die **unmittelbar verbotsbetroffene Person,** zum anderen seit dem 1.1.1975 im Interesse der effektiven Durchsetzung des Verbots (Begr. E 1962, 614) auch an **jede andere Person,** mit der das Verbot umgangen werden soll.

II. Gesetzeshistorie

Das **GewVerbrG** v. 24.11.1933 führte zusammen mit der Maßregel der „Untersagung der Berufsaus- **2** übung" (→ Vorb. §§ 70–70b ff. Rn. 2) eine korrespondierende, das Berufsverbot absichernde Strafvorschrift ein. Die heutige, erweiterte Fassung des § 145c (→ Rn. 1) geht auf § 430 Abs. 1 E 1962 zurück, war bereits im **2. StrRG** v. 4.7.1969 (BGBl. I 717) enthalten und wurde durch das **EGStGB** v. 9.3.1974 (BGBl. I 469) mWv 1.1.1975 in Kraft gesetzt.

III. Schutzgut

§ 145c dient wie § 70 dem **Schutz der Allgemeinheit** (vgl. nur BGH wistra 1999, 222; *Lehmann,* **3** Der Verstoß gegen das Berufsverbot (§ 145c StGB), 2007, 102 (108); MüKoStGB/*Zopfs* Rn. 1 mwN). Die verbotsbetroffene Person soll an einer beruflichen bzw. gewerblichen Betätigung gehindert werden, bei der die Gefahr der Begehung erheblicher rechtswidriger Taten besteht. Zugleich wird der **Ungehorsam** gegen die gerichtliche Anordnung pönalisiert (BGH wistra 1999, 222), die **Autorität** der gerichtlichen Entscheidung untermauert (LK-StGB/*Krehl* Rn. 1; MüKoStGB/*Zopfs* Rn. 1; NK-StGB/*Schild/Kretschmer* Rn. 3; aA (keine eigene Schutzrichtung) Fischer Rn. 2; *Lehmann,* Der Verstoß gegen das Berufsverbot (§ 145c StGB), 2007, 103 f. (109); (bloße Nebenfolge) SSW StGB/*Jeßberger* Rn. 1).

IV. Deliktsnatur

§ 145c ist ein **abstraktes Gefährdungsdelikt** (Fischer Rn. 2; LK-StGB/*Krehl* Rn. 1, 19; Mü- **4** KoStGB/*Zopfs* Rn. 1; SK-StGB/*Wolters* Rn. 2; abw. – Eignungsdelikt – NK-StGB/*Schild/Kretschmer* Rn. 3; Schönke/Schröder/*Sternberg-Lieben* Rn. 1), da es zur Begehung einer rechtswidrigen Tat, die verhindert werden soll, nicht kommen muss, sondern der Tatbestand bereits mit der Ausübung der untersagten Tätigkeit vorliegt. Es handelt sich weiter um ein **Dauerdelikt** (BeckOK StGB/*Stoll* Rn. 11; Fischer Rn. 12; NK-StGB/*Schild/Kretschmer* Rn. 16), da die Tat erst mit vollständiger Aufgabe der untersagten Tätigkeit beendet ist (→ Rn. 29). IÜ ist § 145c ein **Blankettdelikt,** das an ein strafrichterlich angeordnetes Verbot anknüpft (*Lehmann,* Der Verstoß gegen das Berufsverbot (§ 145c StGB), 2007, 23 f.).

V. Bedeutung und Kriminologie

§ 145c hat **absolut** betrachtet, dh mit Blick auf die Zahl der Verurteilten, nur **geringe praktische** **5** **Bedeutung.** Im Jahre 2014 wurden lediglich 15 Erwachsene verurteilt, hiervon einer zu einer Freiheits- und 14 zu Geldstrafen; elf Verurteilte waren Deutsche; die Verurteilten waren überwiegend in einem fortgeschrittenen Alter (vgl. Strafverfolgungsstatistik 2014, 29, 96 f.). **Relativ** betrachtet, dh mit Blick auf den potentiellen Täterkreis, hat § 145c hingegen **erhebliche praktische Bedeutung,** da nur ggü. wenigen Personen überhaupt ein Berufs- und Gewerbeverbot angeordnet wird (im Jahr 2014: 40 Personen; iE vgl. → § 70 Rn. 5).

VI. Notwendigkeit und Verfassungsmäßigkeit

Zur effektiven Durchsetzung strafgerichtlich angeordneter Berufs- bzw. Gewerbeverbote ist eine **6** strafrechtliche Absicherung **kriminalpolitisch notwendig** (*Lehmann,* Der Verstoß gegen das Berufsverbot (§ 145c StGB), 2007, 195 f.; LK-StGB/*Krehl* Rn. 1; Schönke/Schröder/*Sternberg-Lieben* Rn. 1; aA – Ordnungswidrigkeit ausreichend – NK-StGB/*Schild/Kretschmer* Rn. 5), da im Interesse der Allgemeinheit (→ Rn. 3) einem gefahrenträchtigen Verhalten, vor dem verwaltungsrechtliche Maßnahmen nur begrenzt Schutz bieten können, entgegenzuwirken ist. Dies gilt ebenso für die effektive Durchsetzung des **vorläufigen Berufsverbotes** nach § 132a StPO (krit. LK-StGB/*Krehl* Rn. 9; NK-StGB/ *Schild/Kretschmer* Rn. 5). Auch die **Einbeziehung anderer Personen** (→ Rn. 17 ff.) ist notwendig (krit. NK-StGB/*Schild/Kretschmer* Rn. 5), um Umgehungen entgegenzutreten.

§ 145c ist trotz der Anknüpfung an ein strafgerichtlich angeordnetes Verbot – und damit ein Strafurteil **7** (→ Rn. 10) – **ausreichend bestimmt** (Fischer Rn. 2; *Lehmann,* Der Verstoß gegen das Berufsverbot (§ 145c StGB), 2007, 39 ff. (67); MüKoStGB/*Zopfs* Rn. 2; aA *Cramer* NStZ 1996, 136). Entscheidend ist, dass das gerichtliche Verbot hinreichend bestimmt ist; sollte dies nicht der Fall sein, scheidet eine Strafbarkeit nach § 145c aus (→ Rn. 11).

Angesichts des **Ausnahmecharakters** des § 145c, der von dem das Strafrecht grds. beherrschenden **8** Prinzip der straflosen Selbstbegünstigung abweicht, ist eine **restriktive Auslegung** geboten (*Kretschmer* NStZ 2002, 576; LK-StGB/*Krehl* Rn. 1, Rn. 21; NK-StGB/*Schild/Kretschmer* Rn. 8).

B. Objektiver Tatbestand

I. Überblick

9   Die stark verdichtete Tatbestandsfassung des § 145c enthält **fünf Tatalternativen,** die durch **zwei Arten von Tätern** verwirklicht werden können. Erfasst ist nicht nur die unmittelbar verbotsbetroffene Person (Alt. 1–3), sondern einbezogen sind auch andere Personen, die dem Verbot selbst nicht unmittelbar unterliegen (Alt. 4, 5). § 145c ist damit sowohl ein **Sonder-** als auch ein **Allgemeindelikt.**

II. Strafgerichtliches Berufsverbot

10   Die Ausübung eines Berufes, Gewerbes oder Berufs- oder Gewerbezweigs muss **strafgerichtlich untersagt** sein. Erfasst ist damit nicht nur das durch rechtskräftiges Urteil angeordnete **Berufs- bzw. Gewerbeverbot nach § 70** – sofern das Wirksamwerden nicht aufgeschoben oder das Verbot ausgesetzt wurde (→ Rn. 13) –, sondern auch das durch Beschluss angeordnete und mit Bekanntmachung wirksame **vorläufige Verbot nach § 132a StPO. Nicht erfasst** sind Berufs- bzw. Gewerbeverbote, die eine **Verwaltungsbehörde** oder ein **Disziplinar- oder Berufsgericht** angeordnet hat (Fischer Rn. 3; LK-StGB/*Krehl* Rn. 5; NK-StGB/*Schild/Kretschmer* Rn. 4; Schönke/Schröder/*Sternberg-Lieben* Rn. 3). Dies gilt ebenso für Verbote, die (wie bei § 6 Abs. 2 S. 1 Hs. 1 Nr. 3 GmbHG und § 76 Abs. 3 S. 1 Hs. 1 Nr. 3 AktG) nur **gesetzliche Nebenfolge** einer Verurteilung sind.

11   **Inhaltlich** muss das Verbot **hinreichend bestimmt** sein (*Lehmann,* Der Verstoß gegen das Berufsverbot (§ 145c StGB), 2007, 69 ff.; LK-StGB/*Krehl* Rn. 10; MüKoStGB/*Zopfs* Rn. 8; NK-StGB/*Schild/Kretschmer* Rn. 8; Schönke/Schröder/*Sternberg-Lieben* Rn. 3) und damit den Bestimmtheitsanforderungen des Art. 103 Abs. 2 GG genügen, da deutlich sein muss, welche Tätigkeit untersagt ist. Dies ist idR dadurch gewährleistet, dass im Urteil der Beruf, der Berufszweig, das Gewerbe oder der Gewerbezweig, dessen Ausübung verboten wird, genau zu bezeichnen ist (→ § 70 Rn. 47 ff.). **Nicht geschützt** sind **zu unbestimmte** Verbote, wie die Untersagung „jeder selbständigen Erwerbstätigkeit" oder „für immer ein selbständiges Gewerbe auszuführen" (OLG Karlsruhe NStZ 1995, 446; BeckOK StGB/*Stoll* Rn. 9; MüKoStGB/*Zopfs* Rn. 8; SSW StGB/*Jeßberger* Rn. 4; krit. *Ostendorf* NStZ 1997, 1104 (1105); Schönke/Schröder/*Sternberg-Lieben* Rn. 3).

12   Die **materielle Rechtmäßigkeit** des Verbots ist nach hM **iÜ ohne Bedeutung,** da das Urteil für die Dauer seiner Existenz zu beachten ist (BGH Jurion RS 1979, 11837; Fischer Rn. 4; Lackner/Kühl/ *Kühl* Rn. 1; HK-StrafR/*Pflieger* Rn. 3; NK-StGB/*Schild/Kretschmer* Rn. 18; SK-StGB/*Wolters* Rn. 9; SSW StGB/*Jeßberger* Rn. 4; aA *Lehmann,* Der Verstoß gegen das Berufsverbot (§ 145c StGB), 2007, 87 ff. (94 f., 121); LK-StGB/*Krehl* Rn. 7; MüKoStGB/*Zopfs* Rn. 7; diff. BeckOK StGB/*Stoll* Rn. 9). Daher können Verstöße gegen das gerichtliche Verbot in einem Strafverfahren nach § 145c auch dann bestraft werden, wenn zur Tatzeit die prognostizierte Gefahr entfallen und damit das Verbot nach § 70a auszusetzen war oder das Verbot später im Wiederaufnahmeverfahren aufgehoben (BGH Jurion RS 1979, 11837) wird. Allerdings ist es wegen des stark reduzierten Unrechts- und Schuldgehalts sachgerecht, das **Verfahren einzustellen** (→ Rn. 41).

13   **Zeitlich** besteht das **Verbot nach § 70** von der Rechtskraft des Urteils bis zum Ablauf der Verbotsfrist, das **vorläufige Verbot nach § 132a StPO** von der Bekanntmachung bis zur Aufhebung nach § 132a Abs. 2 StPO. Das Verbot gilt auch während der Zeit, in der der Täter auf behördliche Anordnung in einer Anstalt verwahrt wird, selbst wenn diese Zeit nach § 70 Abs. 4 S. 3 nicht in die Verbotsfrist eingerechnet werden darf (SK-StGB/*Wolters* Rn. 9; Schönke/Schröder/*Sternberg-Lieben* Rn. 3); von Bedeutung ist dies insbes. beim Einsatz eines „Strohmannes" (→ Rn. 16). **Keine Geltung** hat das Verbot für den Zeitraum, für den das Wirksamwerden nach § 456c Abs. 1 StPO **aufgeschoben** ist (LK-StGB/ *Krehl* Rn. 8). Dies gilt auch im Falle der **Aussetzung** des Verbots nach § 70a bzw. § 456c Abs. 2 StPO. Insoweit scheidet auch nach Ablauf der Bewährungszeit – selbst wenn es an einer Erledigungserklärung nach § 70b Abs. 5 noch fehlt – ein Verstoß gegen § 145c aus (Fischer Rn. 3; LK-StGB/*Krehl* Rn. 8; MüKoStGB/*Zopfs* Rn. 6), da sich der Täter bewährt hat und Verzögerungen nicht zu seinen Lasten gehen.

III. Tathandlungen

14   **1. Handeln der unmittelbar verbotsbetroffenen Person (§ 145c Alt. 1–3).** § 145c Alt. 1–3 wenden sich an die **Person,** der durch das Verbot die Berufs- bzw. Gewerbeausübung **unmittelbar untersagt** ist.

15   Tatbestandsmäßig ist es, wenn diese Person den untersagten Beruf bzw. das untersagte Gewerbe **selbst ausübt,** und zwar entweder **für sich** (also „eigennützig") **(Alt. 1)** oder in einem Weisungsverhältnis **für einen anderen** (dh „fremdnützig") **(Alt. 2),** also insbes. für einen Arbeitgeber.

16   Darüber hinaus macht sich die unmittelbar verbotsbetroffene Person auch dann strafbar, wenn sie den untersagten Beruf bzw. das Gewerbe **durch einen anderen** (dh „mittelbar") **ausüben lässt (Alt. 3).** Erforderlich ist hierbei aber (vgl. § 70 Abs. 3), dass die andere Person **von den Weisungen** der unmittelbar verbotsbetroffenen Person **abhängig** ist (Fischer Rn. 7; LK-StGB/*Krehl* Rn. 17; Mü-KoStGB/*Zopfs* Rn. 10; diff. *Lehmann,* Der Verstoß gegen das Berufsverbot (§ 145c StGB), 2007, 126 f.), dh die andere Person derart beherrscht und kontrolliert wird, dass sie lediglich als „Strohmann" erscheint. **Nicht erfasst** ist die **bloße Duldung** der Tätigkeit einer anderen Person und damit ein Unterlassen. Daher verhält sich die unmittelbar verbotsbetroffene Person, die eine andere Person nicht daran hindert, für sie die Praxis bzw. Firma weiterzuführen, nicht tatbestandsmäßig, selbst wenn die Gewinne abgeführt werden (*Lehmann,* Der Verstoß gegen das Berufsverbot (§ 145c StGB), 2007, 129; LK-StGB/*Krehl* Rn. 17, 20). Nicht erfasst ist iÜ auch die „Weisung" an eine andere Person, die Praxis bzw. Firma **selbstständig weiterzuführen** oder die **Ausübung wieder aufzugeben** (SK-StGB/*Wolters* Rn. 13), da es hierbei um eine unternehmerische Entscheidung zum „Ob" – und nicht zum „Wie" – der Ausübung geht. Ein tatbestandsmäßiges Handeln liegt erst dann vor, wenn darüber hinaus für die Art und Weise der Ausübung konkrete Weisungen erteilt werden.

2. Handeln anderer Personen (§ 145c Alt. 4 und 5). Diese Tatalternativen erfassen dagegen **17** **Personen,** die dem Berufs- bzw. Gewerbeverbot **nicht selbst** unterliegen. Sonst nach Teilnahmegrundsätzen zu beurteilende Taten werden hierdurch zu Haupttaten erhoben (BeckOK StGB/*Stoll* Rn. 6; NK-StGB/*Schild/Kretschmer* Rn. 11).

Die andere Person handelt zum einen tatbestandsmäßig, wenn sie **für die unmittelbar verbots-** **18** **betroffene Person** in dem von dem Berufs- bzw. Gewerbeverbot betroffenen Bereich **weisungs-abhängig** (dh „fremdnützig"; als „Strohmann") **tätig** wird **(Alt. 4)** (LK-StGB/*Krehl* Rn. 18; Mü-KoStGB/*Zopfs* Rn. 11). Die unmittelbar verbotsbetroffene Person, die sich ebenfalls strafbar macht (Alt. 3, → Rn. 16), handelt damit „durch" die andere Person. Von wem die Initiative ausgegangen ist, ist ohne Bedeutung (NK-StGB/*Schild/Kretschmer* Rn. 10). **Nicht erfasst** ist ein **selbstständiges Weiterführen** der Praxis bzw. Firma (→ Rn. 16), selbst wenn die Gewinne an die unmittelbar verbotsbetroffene Person abgeführt werden (BeckOK StGB/*Stoll* Rn. 5; LK-StGB/*Krehl* Rn. 18; NK-StGB/*Schild/Kretschmer* Rn. 10; SK-StGB/*Wolters* Rn. 6).

Zum anderen handelt die andere Person tatbestandsmäßig, wenn sie die **unmittelbar verbotsbetrof-** **19** **fene Person** in dem von dem Berufs- bzw. Gewerbeverbot betroffenen Bereich **für sich** (dh „eigennützig") **eine Tätigkeit ausüben lässt (Alt. 5)** (NK-StGB/*Schild/Kretschmer* Rn. 10; SK-StGB/*Wolters* Rn. 7), insbes. als **Arbeitgeber** fungiert. Die unmittelbar verbotsbetroffene Person macht sich hierbei ebenfalls strafbar (Alt. 2, → Rn. 15). Auch hier ist es unerheblich, von wem die Initiative ausgegangen ist (NK-StGB/*Schild/Kretschmer* Rn. 10). **Nicht ausreichend** ist wiederum (→ Rn. 16), dass die andere Person die Tätigkeit der unmittelbar verbotsbetroffenen Person **bloß duldet** und damit lediglich ein Unterlassen vorliegt. Dies ist selbst dann nicht anders, wenn die andere Person als Garant verpflichtet ist, Straftaten zu verhindern (Fischer Rn. 9; *Lehmann,* Der Verstoß gegen das Berufsverbot (§ 145c StGB), 2007, 130; NK-StGB/*Schild/Kretschmer* Rn. 10; aA SK-StGB/*Wolters* Rn. 13), da es auch in diesem Fall mangels Weisungen an einer Ausübung der Tätigkeit „für sich" fehlt und daher (vgl. § 13 S. 2) das Unterlassen nicht der Verwirklichung des gesetzlichen Tatbestands durch ein Tun entspricht.

Da die **andere Person** in den Fällen der Alt. 4 und Alt. 5 **selbst Täter** – und nicht bloßer Teilnehmer **20** – des § 145c ist, muss die unmittelbar verbotsbetroffene Person nicht vorsätzlich handeln (NK-StGB/*Schild/Kretschmer* Rn. 11). Daher macht sich die andere Person – sofern sie weiß, dass sie für eine unmittelbar verbotsbetroffene Person weisungsabhängig (fremdnützig) tätig wird oder diese Person für sich (eigennützig) eine Tätigkeit ausüben lässt – auch dann strafbar, wenn die unmittelbar verbotsbetroffene Person in Verkennung der Sachlage irrtümlich annimmt, dem Verbot nicht mehr zu unterliegen (NK-StGB/*Schild/Kretschmer* Rn. 11).

3. Ausübung. Unter Ausübung ist **jede Betätigung** in dem untersagten Beruf oder Gewerbe bzw. **21** Berufs- oder Gewerbezweig zu verstehen (Lackner/Kühl/*Kühl* Rn. 1; Schönke/Schröder/*Sternberg-Lieben* Rn. 4). IdR wird es sich um eine **fortlaufende** Betätigung handeln, es genügt aber bereits ein **einmaliges** Tätigwerden (Fischer Rn. 5; *Kretschmer* NStZ 2002, 576 (577); *Lehmann,* Der Verstoß gegen das Berufsverbot (§ 145c StGB), 2007, 141; LK-StGB/*Krehl* Rn. 5).

Voraussetzung ist nach hM weder eine **Wiederholungsabsicht** (BGH BeckRS 2009, 05110; OLG **22** Düsseldorf NJW 1966, 410; Fischer Rn. 5; Lackner/Kühl/*Kühl* Rn. 1; *Lehmann,* Der Verstoß gegen das Berufsverbot (§ 145c StGB), 2007, 141; MüKoStGB/*Zopfs* Rn. 12; HK-StrafR/*Pflieger* Rn. 4; Schönke/Schröder/*Sternberg-Lieben* Rn. 4; aA LK-StGB/*Krehl* Rn. 15; NK-StGB/*Schild/Kretschmer* Rn. 9; SK-StGB/*Wolters* Rn. 8; SSW StGB/*Jeßberger* Rn. 5; diff. *Kretschmer* NStZ 2002, 576 (577), der bei spezifischen Berufsaktivitäten mit besonderem Gefährdungspotential – zB den Steuern eines Passagierflugzeugs – die einmalige Betätigung ausreichen lässt) noch die **Entgeltlichkeit** des Tuns (BGH BeckRS 2009, 05110; OLG Düsseldorf NJW 1966, 410; *Lehmann,* Der Verstoß gegen das Berufsverbot (§ 145c StGB), 2007, 143; LK-StGB/*Krehl* Rn. 14; MüKoStGB/*Zopfs* Rn. 12; NK-StGB/*Schild/Kretschmer* Rn. 9; aA BeckOK StGB/*Stoll* Rn. 3; *Kretschmer* NStZ 2002, 576 (577); SK-StGB/*Wolters* Rn. 8), da die Gefahr der Begehung von erheblichen rechtswidrigen Taten bei jeder Betätigung der verbotsbetroffenen Person in dem untersagten Bereich besteht, unabhängig davon, ob die Betätigung fortgesetzt werden soll oder eine Einnahmequelle darstellt. Mit Recht hat daher der Gesetzgeber auf das Erfordernis einer geschäfts- oder gewerbsmäßigen Ausübung verzichtet.

23   **Nicht erfasst** sind **Gefälligkeiten** (BeckOK StGB/*Stoll* Rn. 3; *Kretschmer* NStZ 2002, 576 (578); *Lehmann,* Der Verstoß gegen das Berufsverbot (§ 145c StGB), 2007, 145 ff.; LK-StGB/*Krehl* Rn. 13; NK-StGB/*Schild/Kretschmer* Rn. 9), die nicht als Ausübung des Berufs bzw. Gewerbes iSd § 145c zu begreifen sind, wie der Rechtsrat eines verbotsbetroffenen Rechtsanwaltes an Angehörige oder Bekannte, der keine Besorgung einer fremden Rechtsangelegenheit darstellt, oder die Versorgung eines Angehörigen durch einen verbotsbetroffenen Arzt. Insoweit ist auch auf den Rechtsgedanken der § 155 Abs. 4 BRAO und § 6 Nr. 2 StBerG hinzuweisen (*Kretschmer* NStZ 2002, 576 (579)). Maßgebend ist eine Gesamtbetrachtung (*Lehmann,* Der Verstoß gegen das Berufsverbot (§ 145c StGB), 2007, 146). Nicht erfasst ist zudem die **private Tätigkeit in eigener Sache,** wie das Ausfüllen der eigenen Steuererklärung (Fischer Rn. 5). Dies gilt auch für Verhaltensweisen, die noch nicht als Ausübung anzusehen sind, wie das **bloße Auftreten** (Berühmen) als Berufs- oder Gewerbeinhaber (*Kretschmer* NStZ 2002, 576 (577 f.)) oder das **kurzzeitige Platznehmen** auf der Verteidigerbank zu Beginn der Hauptverhandlung noch vor Feststellung der Präsenz (BGH BeckRS 2009, 05110).

C. Subjektiver Tatbestand

24   § 145c verlangt **vorsätzliches** Handeln. **Bedingter Vorsatz** genügt (Fischer Rn. 10; LK-StGB/*Krehl* Rn. 22; MüKoStGB/*Zopfs* Rn. 13). Die **unmittelbar verbotsbetroffene Person** muss wissen, dass das Berufs- bzw. Gewerbeverbot bereits bzw. noch gilt und ihr Tätigwerden unter das Verbot fällt, dh als Ausübung oder als Ausübenlassen des untersagten Berufs bzw. Gewerbes anzusehen ist. Eine Wiederholungsabsicht ist nicht vorausgesetzt (→ Rn. 22). Die **andere Person** muss wissen, dass der unmittelbar verbotsbetroffenen Person die Ausübung des Berufs bzw. Gewerbes strafgerichtlich untersagt ist.

25   Ein **Tatbestandsirrtum,** der den Vorsatz ausschließt, liegt zB vor, wenn die **unmittelbar verbotsbetroffene Person** sich aufgrund **fehlender voller Sachverhaltskenntnis** über Existenz, Dauer oder Tragweite des Verbotes irrt (vgl. LK-StGB/*Krehl* Rn. 22; NK-StGB/*Schild/Kretschmer* Rn. 12; Schönke/Schröder/*Sternberg-Lieben* Rn. 5; SSW StGB/*Jeßberger* Rn. 4;) oder die **andere Person,** die eine unmittelbar verbotsbetroffene Person beschäftigt bzw. für sie weisungsabhängig tätig ist, von dem Verbot selbst keine Kenntnis hat (MüKoStGB/*Zopfs* Rn. 13).

26   Ein **Verbotsirrtum,** der nur im Falle der Unvermeidbarkeit die Schuld ausschließt, ist zB anzunehmen, wenn die **unmittelbar verbotsbetroffene Person** sich **in Verkennung der Rechtslage** über den Umfang des Verbots täuscht, also zB annimmt, die ausgeübte Tätigkeit falle nicht unter das Verbot (SK-StGB/*Wolters* Rn. 11), das Verbot sei zu unbestimmt (Schönke/Schröder/*Sternberg-Lieben* Rn. 5) oder sie dürfe die Tätigkeit zwar nicht für sich, aber für einen anderen ausüben oder durch einen anderen ausüben lassen (LK-StGB/*Krehl* Rn. 22). Ein Verbotsirrtum liegt auch dann vor, wenn irrig von der **materiellen Unrichtigkeit des Verbotes** ausgegangen wird (NK-StGB/*Schild/Kretschmer* Rn. 12); dasselbe gilt für die irrige Annahme der **formellen Unwirksamkeit,** wie die Annahme, eine eingelegte Beschwerde habe aufschiebende Wirkung (*Dölp* NStZ 1989, 475 f.; SK-StGB/*Wolters* Rn. 11; aA – Tatbestandsirrtum – BGH NJW 1989, 1939; BeckOK StGB/*Stoll* Rn. 10; Fischer Rn. 10; Lackner/Kühl/*Kühl* Rn. 3; LK-StGB/*Krehl* Rn. 22; NK-StGB/*Schild/Kretschmer* Rn. 12; Schönke/Schröder/*Sternberg-Lieben* Rn. 5). Die **andere Person** unterliegt zB einem Verbotsirrtum, wenn sie annimmt, trotz des Verbots für die verbotsbetroffene Person weisungsabhängig tätig sein zu dürfen.

27   An die **Unvermeidbarkeit** stellt die Rspr. (vgl. nur BGHSt 2, 194 (201); 21, 18 (20)) hohe Ansprüche: Der Täter muss bei der ihm nach den Umständen sowie seinem Lebens- und Berufskreis zuzumutenden Gewissensanspannung sowie bei Ausschöpfung der zur Verfügung stehenden Erkenntnismittel nicht in der Lage gewesen sein, das Unrecht einzusehen. Daher gilt sowohl für die unmittelbar verbotsbetroffene Person als auch für andere Personen, insbes. wenn sie als Arbeitgeber fungieren, ein **strenger Maßstab.**

D. Versuch, Vollendung und Beendigung

28   Der **Versuch** des § 145c ist mangels ausdrücklicher Bestimmung (vgl. § 23 Abs. 1) **nicht strafbar.**

29   Die Tat ist **vollendet,** wenn die untersagte Tätigkeit aufgenommen wird (LK-StGB/*Krehl* Rn. 21). **Beendet** ist die Tat nicht bereits bei Unterbrechungen (durch Nächte, Wochenenden, Urlaub, Reisen), sondern erst, wenn die Tätigkeit vollständig aufgegeben wurde (LK-StGB/*Krehl* Rn. 28).

E. Rechtswidrigkeit

30   Die Rechtswidrigkeit richtet sich nach den **allgemeinen Regeln.** Sofern der Täter Personen, zu deren Schutz das Berufs- bzw. Gewerbeverbot (auch) erlassen wurde (insbes. Kunden, Mandanten, Patienten), auf das **bestehende Verbot hinweist,** beseitigt dies nicht die Rechtswidrigkeit, da der durch § 145c bezweckte Schutz der Allgemeinheit nicht der Disposition unterliegt (NK-StGB/*Schild/Kretschmer* Rn. 13).

F. Täterschaft und Teilnahme

§ 145c ist sowohl ein **Sonder-** als auch ein **Allgemeindelikt** (→ Rn. 9; zu den **Tätern** → Rn. 14 ff., **31** 17 ff.). **Mittäterschaft** liegt zB dann vor, wenn die unmittelbar verbotsbetroffene Person, die die untersagte Tätigkeit ausübt, und die andere Person, die sie weisungsabhängig beschäftigt, einvernehmlich handeln.

Eine Teilnahme ist nach den **allgemeinen Regeln** sowohl an der Tat der Person, der die Berufs- bzw. **32** Gewerbeausübung gerichtlich untersagt ist, als auch an der Tat der anderen Person, der die Ausübung gerichtlich nicht selbst untersagt ist, denkbar (*Lehmann,* Der Verstoß gegen das Berufsverbot (§ 145c StGB), 2007, 151 ff.). Eine **Beihilfe** ist insbes. dadurch möglich, dass der unmittelbar verbotsbetroffenen Person Betriebsmittel zur Verfügung gestellt werden, ohne dass Weisungsabhängigkeit besteht (LK-StGB/*Krehl* Rn. 25; NK-StGB/*Schild/Kretschmer* Rn. 15). Eine **Anstiftung** liegt zB vor, wenn die unmittelbar verbotsbetroffene Person zur Tatbegehung überredet wird.

Wegen **notwendiger Teilnahme** bleibt derjenige **straflos,** dessen Hilfeleistung zur Ausübung der **33** Tätigkeit und damit der Erfüllung des Tatbestands notwendigerweise erforderlich ist. Daher ist straflos, wer die untersagte Tätigkeit **im Rahmen gewöhnlicher geschäftlicher Beziehungen** lediglich als Empfänger von Leistungen – zB als Kunde, Mandant, Patient – oder durch die Gewährung von Leistungen – zB als Lieferant, Darlehensgeber, Zuarbeiter – unterstützt (Fischer Rn. 11; Lackner/*Kühl* Rn. 2; LK-StGB/*Krehl* Rn. 26; MüKoStGB/*Zopfs* Rn. 14; NK-StGB/*Schild/Kretschmer* Rn. 15; Schönke/Schröder/*Sternberg-Lieben* Rn. 6; SK-StGB/*Wolters* Rn. 3; diff. *Lehmann,* Der Verstoß gegen das Berufsverbot (§ 145c StGB), 2007, 153 ff.). Der Bereich der notwendigen Teilnahme ist allerdings dann überschritten („Rollenüberschreitung"), wenn der Täter zur Aufnahme oder Fortführung der untersagten Tätigkeit – insbes. als Mitgesellschafter, Geldgeber, Verpächter, Vermieter – ausschlaggebend bewegt oder durch die Hilfeleistung die Ausübung der untersagten Tätigkeit der Kenntnis der Strafverfolgungsbehörden entzogen werden soll (vgl. *Lehmann,* Der Verstoß gegen das Berufsverbot (§ 145c StGB), 2007, 167 f.; LK-StGB/*Krehl* Rn. 26; NK-StGB/*Schild/Kretschmer* Rn. 15).

Die **Anwendung des § 28 Abs. 1** auf Teilnehmer ist heute **ausgeschlossen** (Fischer Rn. 11; **34** *Lehmann,* Der Verstoß gegen das Berufsverbot (§ 145c StGB), 2007, 186 ff.; LK-StGB/*Krehl* Rn. 25; MüKoStGB/*Zopfs* Rn. 15; HK-StrafR/*Pflieger* Rn. 7; NK-StGB/*Schild/Kretschmer* Rn. 15; Schönke/Schröder/*Sternberg-Lieben* Rn. 6; SSW StGB/*Jeßberger* Rn. 7; aA SK-StGB/*Wolters* Rn. 4), da sich § 145c seit dem 1.1.1975 (→ Rn. 1) auch auf „andere Personen", gegen die das Berufs- bzw. Gewerbeverbot nicht selbst angeordnet wurde, erstreckt.

G. Konkurrenzen

Nimmt der Täter **mehrere Handlungen** vor, behandelt er zB als Arzt mehrere Patienten oder wird **35** er als Rechtsanwalt für mehrere Mandanten tätig, liegt Tateinheit vor (Fischer Rn. 12; LK-StGB/*Krehl* Rn. 28; NK-StGB/*Schild/Kretschmer* Rn. 16), da bei engem räumlich-zeitlichem Zusammenhang Handlungseinheit besteht. Tateinheit liegt auch dann vor, wenn der Täter zunächst gegen ein **vorläufiges Berufs- bzw. Gewerbeverbot** nach § 132a StPO und anschließend gegen das in derselben Sache ergangene Verbot nach § 70 verstößt (LK-StGB/*Krehl* Rn. 28; NK-StGB/*Schild/Kretschmer* Rn. 16).

Tateinheit ist auch mit **Betrug** (§ 263) (BGH MDR/D 1973, 370; BGH NStZ 1991, 549), **36 Untreue** (§ 266), **Urkundendelikten** (§§ 267 ff.), **Umweltdelikten** (§§ 324 ff.) und **Verstrickungsbruch** (§ 136 Abs. 1) (vgl. nur LK-StGB/*Krehl* Rn. 27 mwN). Mehrere tatmehrheitlich begangene Betrugstaten kann § 145c als weniger schweres Delikt nicht zu einer Bewertungseinheit verbinden (BeckOK StGB/*Stoll* Rn. 11; LK-StGB/*Krehl* Rn. 27).

Tateinheit ist auch mit **Tatbeständen des Nebenstrafrechts** möglich, die Verstöße gegen eine **37** behördliche, disziplinar- oder berufsgerichtliche Untersagung selbstständig unter Strafe stellen (Überblick bei LK-StGB/*Krehl* Rn. 2), wie zB **§ 148 Nr. 1 GewO** die behördliche Gewerbeuntersagung, **§ 13 BÄO** das Ruhen der ärztlichen Approbation und **§ 5 HeilprG** die Ausübung der Heilkunde ohne Erlaubnis. Ist der Verstoß nach den nebenstrafrechtlichen Vorschriften nur eine Ordnungswidrigkeit (wie im Falle des § 146 Abs. 1 Nr. 1 GewO), findet allein § 145c Anwendung (vgl. § 21 Abs. 1 S. 1 OWiG), wobei aber auf die in dem anderen Gesetz angedrohten Nebenfolgen erkannt werden kann (vgl. § 21 Abs. 1 S. 2 OWiG).

H. Verjährung

Die Frist der **Verfolgungsverjährung** beträgt **drei Jahre** (vgl. § 78 Abs. 3 Nr. 5). Sie beginnt, sobald **38** die Tat beendet ist (hierzu → Rn. 29). Sie ruht, solange nach dem Gesetz die Verfolgung nicht begonnen oder nicht fortgesetzt werden kann (§ 78b Abs. 1 Nr. 2). Unterbrochen wird sie durch die in § 78c Abs. 1 aufgeführten Verfahrenshandlungen. Die Frist der **absoluten** Verfolgungsverjährung beträgt **sechs Jahre** (vgl. § 78c Abs. 3 Nr. 2).

39   Die Frist der **Vollstreckungsverjährung** richtet sich nach der rechtskräftig verhängten Strafe und kann **drei oder fünf Jahre** betragen (vgl. § 79 Abs. 3 Nr. 4, Nr. 5). Sie beginnt mit Rechtskraft (§ 79 Abs. 6) und ruht, solange nach dem Gesetz die Vollstreckung nicht begonnen oder fortgesetzt werden kann, Aufschub, Unterbrechung, Aussetzung zur Bewährung bzw. Zahlungserleichterung bewilligt ist oder der Verurteilte in einer Anstalt verwahrt wird (iE § 79a Nr. 1–3).

I. Strafverfahren

40   Taten nach § 145c sind **Offizialdelikte** und werden **von Amts wegen** verfolgt.

41   Eine **Einstellung** des Verfahrens nach §§ 153, 153a StPO ist wegen des (stark) reduzierten Unrechts- und Schuldgehalts geboten, wenn sich der Verstoß gegen das Verbot nach § 70 als **bloßer Ungehorsam** ggü. einer strafgerichtlichen Entscheidung erweist, weil das Verbot nach § 70a auszusetzen war oder es im Wiederaufnahmeverfahren aufgehoben wurde (LK-StGB/*Krehl* Rn. 7; NK-StGB/*Schild/Kretschmer* Rn. 21; Schönke/Schröder/*Sternberg-Lieben* Rn. 3; SSW StGB/*Jeßberger* Rn. 10). Dies gilt auch, wenn ein vorläufiges Verbot nach § 132a StPO wegen Fehlens der Voraussetzungen **aufgehoben** oder ein endgültiges Verbot **nicht angeordnet** wird (LK-StGB/*Krehl* Rn. 9; MüKoStGB/*Zopfs* Rn. 16; NK-StGB/*Schild/Kretschmer* Rn. 21).

42   Wie sich den Rechtsgedanken der §§ 154d, 154e, 262 Abs. 2 StPO entnehmen lässt, ist das **Strafverfahren auszusetzen,** wenn die **Wiederaufnahme** des Verfahrens, aus dem das Berufs- bzw. Gewerbeverbot herrührt, angeordnet worden ist (MüKoStGB/*Zopfs* Rn. 7; NK-StGB/*Schild/Kretschmer* Rn. 20).

43   Bei einem Verstoß gegen ein **vorläufiges Berufs- bzw. Gewerbeverbot** nach § 132a StPO ist es zweckmäßig, vor Anklageerhebung abzuwarten, ob die Maßnahme durch die Anordnung eines Verbots nach § 70 **bestätigt** wird (LK-StGB/*Krehl* Rn. 32; NK-StGB/*Schild/Kretschmer* Rn. 20).

J. Rechtsfolgen

44   Für den **Täter** des § 145c beträgt die **Freiheitsstrafe** von einem Monat (vgl. § 38 Abs. 2) bis zu einem Jahr. Die **Geldstrafe** reicht von fünf bis zu 360 Tagessätzen, die Höhe eines Tagessatzes beträgt mindestens ein und höchstens 30.000 EUR (vgl. § 40 Abs. 2 S. 3). Beide Strafen können **gemeinsam** verhängt werden, wenn der Täter sich durch die Tat bereichert oder zu bereichern versucht hat (vgl. § 41).

45   Der **Anstifter** wird gleich dem Täter bestraft (§ 26). Die Strafe des **Gehilfen** ist nach § 49 Abs. 1 obligatorisch zu mildern (§ 27 Abs. 2 S. 2). Zur Nichtanwendung des § 28 Abs. 1 vgl. → Rn. 34.

46   Grundlage für die **Strafzumessung** bildet die Schuld, wobei die Wirkungen, die von der Strafe für das künftige Leben in der Gesellschaft zu erwarten sind, zu berücksichtigen sind (§ 46 Abs. 1). Bei den **abzuwägenden Umständen** (§ 46 Abs. 2) sind im Rahmen des § 145c von besonderer Bedeutung: Beweggründe und Ziele (entgeltlich; unentgeltlich); Maß der Pflichtwidrigkeit (regelmäßige Ausübung; einmaliger Verstoß; SK-StGB/*Wolters* Rn. 14); Art der Ausführung (Umfang und Grad der Weisungsabhängigkeit); verschuldete Auswirkungen (besondere Gefährdungen durch die Ausübung und verursachte Schäden; SSW StGB/*Jeßberger* Rn. 9); Vorleben (ungetilgte einschlägige Vorstrafen); persönliche und wirtschaftliche Verhältnisse (herausgehobene Stellung); Nachtatverhalten (Geständnis, Reue, Schuldeinsicht). Bei einer **überlangen Dauer des Strafverfahrens** ist seit dem Beschluss des Großen Senates v. 17.1.2008 (BGHSt 52, 124) in der Urteilsformel auszusprechen, dass ein bezifferter Teil der verhängten Strafe als vollstreckt gilt (sog Vollstreckungslösung; zuvor folgte die Rspr. der sog Rechtsfolgenlösung, vgl. nur OLG Düsseldorf wistra 2004, 436 (438): Strafmilderung).

47   Die **Geldstrafe** ist idR die angemessene Sanktion (LK-StGB/*Krehl* Rn. 29; NK-StGB/*Schild/Kretschmer* Rn. 17), gerade wenn ein einmaliger Verstoß vorliegt (SK-StGB/*Wolters* Rn. 14). Eine **Freiheitsstrafe** ist gemäß § 56 Abs. 1 auszusetzen, sofern zu erwarten ist, dass der Verurteilte sich schon die Verurteilung zur Warnung dienen lassen und künftig auch ohne die Einwirkung des Strafvollzugs keine Straftaten mehr begehen wird, dh insbes. kein besonders hartnäckiger Verstoß vorliegt.

48   Der Verstoß gegen das Berufs- bzw. Gewerbeverbot ist eine Straftat nach § 56f Abs. 1 Nr. 1, so dass der **Widerruf der Strafaussetzung** (§ 56) bzw. die **Aussetzung eines Strafrestes** (§ 57) möglich ist, sofern andere Maßnahmen (vgl. § 56f Abs. 2) nicht genügen (SK-StGB/*Wolters* Rn. 15; krit. LK-StGB/*Krehl* Rn. 30; aA – nur Bestrafung aus § 145c – NK-StGB/*Schild/Kretschmer* Rn. 19).

49   **Ausgeschlossen** ist es grds., allein wegen des Verstoßes gegen das Berufs- bzw. Gewerbeverbot ein **neues Verbot nach § 70** anzuordnen, da die Anlasstat über die bloße Ausübung des Berufs oder Gewerbes hinausgehen muss (LK-StGB/*Krehl* Rn. 30).

§ 201 Verletzung der Vertraulichkeit des Wortes

    (1) Mit Freiheitsstrafe bis zu drei Jahren oder mit Geldstrafe wird bestraft, wer unbefugt

1. das nichtöffentlich gesprochene Wort eines anderen auf einen Tonträger aufnimmt oder

2. eine so hergestellte Aufnahme gebraucht oder einem Dritten zugänglich macht.

(2) Ebenso wird bestraft, wer unbefugt

1. das nicht zu seiner Kenntnis bestimmte nichtöffentlich gesprochene Wort eines anderen mit einem Abhörgerät abhört oder

2. das nach Absatz 1 Nr. 1 aufgenommene oder nach Absatz 2 Nr. 1 abgehörte nichtöffentlich gesprochene Wort eines anderen im Wortlaut oder seinem wesentlichen Inhalt nach öffentlich mitteilt.

Die Tat nach Satz 1 Nr. 2 ist nur strafbar, wenn die öffentliche Mitteilung geeignet ist, berechtigte Interessen eines anderen zu beeinträchtigen. Sie ist nicht rechtswidrig, wenn die öffentliche Mitteilung zur Wahrnehmung überragender öffentlicher Interessen gemacht wird.

(3) Mit Freiheitsstrafe bis zu fünf Jahren oder mit Geldstrafe wird bestraft, wer als Amtsträger oder als für den öffentlichen Dienst besonders Verpflichteter die Vertraulichkeit des Wortes verletzt (Absätze 1 und 2).

(4) Der Versuch ist strafbar.

(5) Die Tonträger und Abhörgeräte, die der Täter oder Teilnehmer verwendet hat, können eingezogen werden. § 74a ist anzuwenden.

Literatur (Auswahl): *Alber,* Zum Tatbestandsmerkmal „nichtöffentlich" in § 201 Abs. 1 Nr. 1 StGB, JR 1981, 495; *Heinker,* Strafrechtlicher Schutz des gesprochenen Wortes und des Bildnisses bei „Spaßtelefonaten" und „versteckter Kamera", AfP 2008, 573; *Kramer,* Heimliche Tonbandaufnahmen im Strafprozeß, NJW 1990, 1760; *Lüderssen,* Gesprächskontrollen im Call Center, wistra 2006, 441; *Walther/Silverman,* Lauschangriffe durch Informanten, ZRP 1999, 100; *Wölfl,* Rechtfertigungsgründe bei der Verletzung der Vertraulichkeit des Wortes, JURA 2000, 231.

A. Allgemeines

Der Straftatbestand des § 201 eröffnet den 15. Abschnitt des Besonderen Teils des StGB über die **1** Verletzung des persönlichen Lebens- und Geheimbereichs. Als Rechtsgut der Vorschrift wird das aus dem Allgemeinen Persönlichkeitsrecht abgeleitete Recht auf Wahrung der Unbefangenheit des gesprochenen Wortes angesehen (BGHSt 34, 39 (53) = BGH NJW 1986, 2261 (2264); Schönke/Schröder/ *Lenckner/Eisele* Rn. 2; LK-StGB/*Schünemann* Rn. 2), bildet die vertrauliche und unbefangene menschliche Kommunikation doch einen Teil der Persönlichkeitssphäre des Menschen, des Bereichs der privaten Lebensgestaltung des Einzelnen (OLG Jena NStZ 1995, 502 (503)). Jedermann darf grundsätzlich selbst und allein entscheiden, ob sein Wort aufgenommen sowie ob und vor wem es wieder abgespielt werden soll (BVerfGE 34, 238 (246) = BGH NJW 1973, 891 (892); BVerfGE 106, 28 (39 f.) = BVerfG NJW 2002, 3619 (3621); s. auch BGHSt 14, 358 (359 f.) = BGH NJW 1960, 1580 (1581); 31, 296 (299) = BGH NJW 1983, 1569 (1570)).

Die Vorschrift des § 201 erfasst **zwei unterschiedliche Angriffsformen** auf das nichtöffentlich **2** gesprochene Wort. Zum einen kann das Recht des Betroffenen am eigenen Wort dadurch verletzt werden, dass unmittelbar auf die geäußerten Gedanken des Einzelnen zugegriffen wird, sei es durch die Aufnahme des nichtöffentlich gesprochenen Wortes (Abs. 1 Nr. 1) oder durch dessen Abhören mit einem Abhörgerät (Abs. 2 S. 1 Nr. 1). Im erstgenannten Fall liegt die Missachtung des Persönlichkeitsrechts in der Perpetuierung und jederzeit wieder abspielbaren Konservierung des gesprochenen Wortes, bei der letztgenannten Tathandlung in der Ausspähung des persönlichen Lebensbereichs des Sprechenden (Schönke/Schröder/*Lenckner/Eisele* Rn. 2). Zum anderen kann das Recht am eigenen Wort (erneut; LK-StGB/*Schünemann* Rn. 2) verletzt werden, indem die auf die vorstehende Weise hergestellte Aufnahme gebraucht oder zugänglich gemacht (Abs. 1 Nr. 2) bzw. öffentlich mitgeteilt wird (Abs. 2 S. 1 Nr. 2); Gleiches gilt nach der letztgenannten Norm für die öffentliche Mitteilung des abgehörten nichtöffentlich gesprochenen Wortes. Während in Abs. 1 Nr. 2 ein erneuter Eingriff in das Persönlichkeitsrecht unter Strafe gestellt wird, kommt Abs. 2 S. 1 Nr. 2 der Charakter eines Indiskretionsdelikts zu (Schönke/Schröder/*Lenckner/Eisele* Rn. 2; LK-StGB/*Schünemann* Rn. 26).

Nahtlos fügt sich die Regelung des § 201 nicht in den Normenkomplex des 15. Abschnitts des **3** Besonderen Teils ein. So wird anders als bei § 201a Abs. 1 Nr. 4 der – im Umfang des Abs. 1 Nr. 2 und des Abs. 2 S. 1 Nr. 2 unter Strafe gestellte – Akt der Verwertung nach herrschendem Verständnis (→ Rn. 14, 22) nur dann sanktioniert, wenn zuvor die unmittelbare Verletzung des Rechts am nichtöffentlich gesprochenen Wort ihrerseits unbefugt war. Im Vergleich zu § 202 reicht die Strafbarkeit indes weiter, weil dort mittelbare Verletzungshandlungen wie in § 201 Abs. 1 Nr. 2 und Abs. 2 S. 1 Nr. 2 nicht unter Strafe gestellt werden (vgl. Schönke/Schröder/*Lenckner/Eisele* Rn. 2).

B. Tatbestand

I. Objektiver Tatbestand

1. Tatobjekt. a) Gesprochenes Wort. Geschütztes Objekt der Tat ist das nichtöffentlich gesproche- **4** ne Wort eines anderen. Unter „gesprochenes **Wort**" ist jede Äußerung eines (eigenen oder fremden) Gedankens zu verstehen (Fischer Rn. 3; LK-StGB/*Schünemann* Rn. 4). Es genügt die akustische Wahrnehmbarkeit; Verständlichkeit ist hingegen nicht erforderlich. Geschützt sind auch Worte in einer seltenen Sprache oder in einer Kunstsprache (Fischer Rn. 3; LK-StGB/*Schünemann* Rn. 3). Nicht-sprachliche Formen der stimmlichen Äußerung (zB Seufzen oder Gähnen) sind hingegen nicht geschützt (MüKoStGB/*Graf* Rn. 10; BeckOK StGB/*Heuchemer* Rn. 3; Schönke/Schröder/*Lenckner/Eisele* Rn. 5). Zur einschränkenden Voraussetzung des Abs. 2, wonach das nichtöffentlich gesprochene Wort nicht zur Kenntnis des Täters bestimmt sein darf, → Rn. 21.

5   **Gesprochen** iSd Vorschrift ist ein Wort auch dann, wenn es gesungen oder in einem Sprechgesang geäußert wird (Fischer Rn. 3; Schönke/Schröder/*Lenckner/Eisele* Rn. 5; **aA** Lackner/Kühl/*Kühl* Rn. 2). Da der Persönlichkeitsbezug nicht zuletzt auf der Individualität der eigenen Stimme und des eigenen Ausdrucks beruht, muss der Betroffene sich aber jedenfalls selbst stimmlich äußern. Morsezei-chen sind ebenso wenig erfasst wie (klassische und moderne) Formen der schriftlichen Kommunikation (Briefe, SMS, Konversationen in Chaträumen; Schönke/Schröder/*Lenckner/Eisele* Rn. 5). Auch Erklä-rungen mittels einer computergenerierten Stimme scheiden als Angriffsobjekt aus (Fischer Rn. 3; MüKoStGB/*Graf* Rn. 12).

6   Von der notwendigen Missachtung des Allgemeinen Persönlichkeitsrechts (→ Rn. 1) kann nur die Rede sein, wenn **unmittelbar** auf das „live" gesprochene Wort zugegriffen wird. Unerheblich ist, ob die jeweilige Äußerung über das Telefon (BGHSt 14, 358 (363) = BGH NJW 1960, 1580 (1581); BGH(Z) NJW 1982, 1397 (1398); OLG Karlsruhe NJW 1979, 1513) oder über sonstige technische Kommunika-tionswege (zB Funk oder Internet) verbreitet wird (Schönke/Schröder/*Lenckner/Eisele* Rn. 5). Nicht von Nr. 1 erfasst ist hingegen die Aufnahme einer Konserve, zB von einem anderen Tonträger (Lackner/Kühl/*Kühl* Rn. 3); einschlägig ist insoweit aber Abs. 1 Nr. 2 (MüKoStGB/*Graf* Rn. 23; BeckOK StGB/*Heuchemer* Rn. 5; Schönke/Schröder/*Lenckner/Eisele* Rn. 12).

7   **b) Nichtöffentlich.** Geschützt ist das gesprochene Wort nur dann, wenn es **nichtöffentlich** geäußert wird. Nichtöffentlich ist das gesprochene Wort, wenn es weder für einen größeren, nach Zahl und Individualität unbestimmten noch für einen bestimmten, aber innerlich nicht durch persönliche oder sachliche Beziehungen miteinander verbundenen Personenkreis wahrnehmbar ist (OLG Karlsruhe NJW 1979, 1513; Schönke/Schröder/*Lenckner/Eisele* Rn. 6). Entscheidend ist somit nicht die Größe, sondern die Abgeschlossenheit des Adressatenkreises (MüKoStGB/*Graf* Rn. 15). Mit dem Merkmal „nichtöffentlich" wird hingegen kein unterschiedlicher Schutz dienstlicher und privater Äußerungen bezweckt; auch das in dienstlichem Zusammenhang gesprochene Wort kann daher nicht-öffentlich sein (OLG Frankfurt a. M. NJW 1977, 1547; OLG Karlsruhe NJW 1979, 1513 (1514) = OLG Karlsruhe JR 1979, 466 m. abl. Anm. *Ostendorf*; MüKoStGB/*Graf* Rn. 17; *Alber* JR 1981, 495 (497 f.); s. auch BVerfG NJW 2011, 1859 (1862); BGH(Z) NJW 1988, 1016 (1017)). Ebenso unerheb-lich ist die Öffentlichkeit des Ortes, an dem gesprochen wird (Lackner/Kühl/*Kühl* Rn. 2).

8   Beispiele: Nichtöffentlich sind telefonische Besprechungen mit Beamten (OLG Karlsruhe NJW 1979, 1513) oder Selbstgespräche (vgl. MüKoStGB/*Graf* Rn. 11). Dass eine Vernehmung von Beschuldigten und Zeugen in einer späteren Hauptverhandlung wiederholt werden kann, steht ihrer Nichtöffentlichkeit (auch und gerade in der Person des Vernehmungsbeamten) nicht entgegen (OLG Frankfurt a. M. NJW 1977, 1547 = OLG Frankfurt a. M. JR 1978, 168 m. zust. Anm. *Arzt*).

9   Maßgeblich sind der **Wille des Sprechers** sowie die objektiven Umstände (BGHSt 31, 304 (306) = BGH NStZ 1983, 466; OLG Frankfurt a. M. NJW 1977, 1547; OLG Karlsruhe NJW 1979, 1513) unter Berücksichtigung des Zwecks der Vorschrift, das unbefangene Wort zu schützen (OLG Nürnberg NJW 1995, 974). Dies hat zum einen zur Folge, dass sämtliche Äußerungen, die **an die Öffentlichkeit gerichtet** sind, nicht von § 201 erfasst sind. Hierunter fallen beispielsweise Äußerungen in einer öffent-lichen Gerichtsverhandlung (MüKoStGB/*Graf* Rn. 16; Schönke/Schröder/*Lenckner/Eisele* Rn. 10) oder in Rundfunk und Fernsehen (BeckOK StGB/*Heuchemer* Rn. 4; Schönke/Schröder/*Lenckner/Eisele* Rn. 7).

10   Wegen der Berücksichtigung der **objektiven Umstände** bleibt die Nichtöffentlichkeit des gespro-chenen Wortes abzulehnen, wenn nach den Umständen (zB Äußerung in einer gut besuchten Gaststätte) erkennbar ist, dass Dritte es zur Kenntnis nehmen können und somit eine **„faktische Öffentlichkeit"** besteht (Fischer Rn. 4; Schönke/Schröder/*Lenckner/Eisele* Rn. 9; LK-StGB/*Schünemann* Rn. 7). Auch größere Versammlungen (zB Parteiversammlungen, Erörterungstermine) können indessen nichtöffent-lich bleiben, wenn es sich bei den Teilnehmern um einen innerlich verbundenen Personenkreis handelt und die Öffentlichkeit durch besondere Maßnahmen wirksam ausgeschlossen ist (OLG Nürnberg NJW 1995, 974 f.; MüKoStGB/*Graf* Rn. 15; Schönke/Schröder/*Lenckner/Eisele* Rn. 8; s. auch OLG Bran-denburg (Z) NJW-RR 2007, 1641 (1642); **aA** Lackner/Kühl/*Kühl* Rn. 2; Schönke/Schröder/*Lenck-ner/Eisele* Rn. 9).

11   **c) Keine inhaltlichen Anforderungen.** Weder Abs. 1 noch Abs. 2 stellen besondere Anforderun-gen an den Inhalt des nichtöffentlich gesprochenen Wortes. Insbesondere ist keinerlei Tiefgang erforder-lich und sind auch völlig triviale Äußerungen geschützt (Fischer Rn. 3). Unerheblich bleibt zudem, ob es sich um eine private oder berufliche Äußerung (→ Rn. 7) oder um die eigene oder um eine fremde Gedankenerklärung handelt (MüKoStGB/*Graf* Rn. 11; Schönke/Schröder/*Lenckner/Eisele* Rn. 5; → Rn. 4). Ebenso wenig muss das Angriffsobjekt etwas Höchstpersönliches oder ein Geheimnis darstellen (OLG Karlsruhe NJW 1979, 1513). Nur das Wort, nicht dessen Inhalt muss nach der amtlichen Überschrift vertraulich sein.

2. Tathandlung. a) Tathandlungen des Abs. 1. aa) Aufnahme auf einen Tonträger (Nr. 1). 12
Abs. 1 Nr. 1 stellt zunächst die **Aufnahme** des nichtöffentlich gesprochenen Wortes eines anderen **auf einen Tonträger** unter Strafe. Die Tathandlung umfasst jegliche beliebige Fixierung des Wortes, sei es auf „klassischem" analogen (zB Ton- und Videobänder) oder auf dem inzwischen üblichen digitalen Weg (zB Speicherkarten oder Festplatten), die eine spätere akustische Wiedergabe gestattet (MüKoStGB/*Graf* Rn. 20; Schönke/Schröder/*Lenckner/Eisele* Rn. 11; LK-StGB/*Schünemann* Rn. 14). Heimlich muss die Aufnahme nicht erfolgen (MüKoStGB/*Graf* Rn. 22; BeckOK StGB/*Heuchemer* Rn. 6.1; Lackner/Kühl/*Kühl* Rn. 3).

bb) Gebrauchen oder Zugänglichmachen einer so hergestellten Aufnahme (Nr. 2). Strafbare 13
Verwertungshandlungen nach Abs. 1 Nr. 2 sind das Gebrauchen und das Zugänglichmachen einer so hergestellten Aufnahme. Täter kann außer dem Hersteller der Aufnahme nach Nr. 1 auch jeder beliebige Dritte sein (Schönke/Schröder/*Lenckner/Eisele* Rn. 15).

Um eine **„so hergestellte Aufnahme"** handelt es sich nach hM nur bei einer unbefugten Kon- 14
servierung des Wortes (Fischer Rn. 6; BeckOK StGB/*Heuchemer* Rn. 9; LK-StGB/*Schünemann* Rn. 16; diff. MüKoStGB/*Graf* Rn. 25; Schönke/Schröder/*Lenckner/Eisele* Rn. 16; *Kramer* NJW 1990, 1760 (1762)). Dies ergibt sich zwar nicht zwingend aus dem Wortlaut, da das Merkmal „unbefugt" vor Nr. 1 steht und daher vor der Bezugnahme nicht erfasst sein muss. Ansonsten würde es sich aber bei der Tathandlung des Abs. 1 Nr. 2 nicht um eine erneute Missachtung des Persönlichkeitsrechts des Betroffenen handeln und das der Variante innewohnende Perpetuierungselement (→ Rn. 2) fehlen (Schönke/Schröder/*Lenckner/Eisele* Rn. 16; LK-StGB/*Schünemann* Rn. 16). Nicht strafbar ist es somit, eine befugt (zB mit Einwilligung des Sprechenden; zu deren Unwirksamkeit bei vorgetäuschter fehlender Verwendungsabsicht → Rn. 32) hergestellte Aufnahme unbefugt (zB insoweit gegen den Willen des Betroffenen) zu gebrauchen oder zugänglich zu machen.

Als **Gebrauchen** ist jedes beliebige Verwenden der technischen Möglichkeiten des Tonträgers 15
anzusehen (BeckOK StGB/*Heuchemer* Rn. 7; Schönke/Schröder/*Lenckner/Eisele* Rn. 17). Dies ist insbesondere bei einem Abspielen der Aufnahme der Fall, sei es gegenüber Dritten oder auch nur vor sich selbst (MüKoStGB/*Graf* Rn. 26; Schönke/Schröder/*Lenckner/Eisele* Rn. 17), aber ebenso bei einer technischen Aufbereitung (OLG Düsseldorf NJW 1995, 975) oder Kopie der Aufnahme (Lackner/Kühl/*Kühl* Rn. 4; Schönke/Schröder/*Lenckner/Eisele* Rn. 17). Mittelbare Verwertungshandlungen wie zB die Veröffentlichung des Inhalts einer Aufnahme unterfallen nicht Abs. 1 Nr. 2 (Lackner/Kühl/*Kühl* Rn. 4; Schönke/Schröder/*Lenckner/Eisele* Rn. 17).

Alternativ kann das Recht am eigenen Wort erneut beeinträchtigt werden, indem die so hergestellte 16
Aufnahme einem Dritten zugänglich gemacht wird. Von einem **Zugänglichmachen** ist anders als beim Gebrauchen bereits die Rede, wenn der Zugriff auf die Aufnahme selbst ermöglicht wird, zB durch Überlassen des jeweiligen Tonträgers oder die Zusendung einer entsprechenden Audiodatei per E-Mail (MüKoStGB/*Graf* Rn. 27; Schönke/Schröder/*Lenckner/Eisele* Rn. 17). Auf den aufgenommenen Inhalt muss hierbei nicht notwendigerweise zugegriffen werden. Es genügt die Möglichkeit der Kenntnisnahme (Fischer Rn. 6; BeckOK StGB/*Heuchemer* Rn. 7).

b) Tathandlungen des Abs. 2. aa) Abhören mit einem Abhörgerät (S. 1 Nr. 1). Abs. 2 S. 1 17
Nr. 1 setzt den Einsatz von Abhörgeräten unter Strafe, um das nicht zu seiner Kenntnis bestimmte (→ Rn. 21) nichtöffentlich gesprochene Wort abzuhören. Unter **Abhören** ist sowohl das unmittelbare Zuhören durch den Täter selbst als auch das unmittelbare Hörbarmachen für andere zu verstehen (BeckOK StGB/*Heuchemer* Rn. 10). Jedoch ist nicht erforderlich, dass irgendjemand das abgehörte nichtöffentliche Wort versteht oder zur Kenntnis nimmt (MüKoStGB/*Graf* Rn. 31; LK-StGB/*Schünemann* Rn. 21).

Erfasst ist nur das Abhören mit einem Abhörgerät. Das bloße Belauschen eines Gesprächs ohne 18
technische Unterstützung genügt nicht. **Abhörgeräte** sind technische Mittel, die das gesprochene Wort verstärken oder übertragen und dadurch dessen unmittelbare Wahrnehmung über dessen normalen Klangbereich hinaus ermöglichen (MüKoStGB/*Graf* Rn. 32; Lackner/Kühl/*Kühl* Rn. 5). Insbesondere nach der Rechtsprechung soll der Tatbestand allerdings auf Geräte beschränkt werden, deren Einsatz besonders gefährlich für den geschützten Bereich und die Kontrolle der Sprechenden über die Reichweite ihrer Äußerungen sei (BGH(Z) NJW 1982, 1397 (1398), der zudem – jedenfalls missverständlich – von dem „Einsatz verbotener technischer Mittel" spricht). Hingegen sei eine einschränkende Auslegung angezeigt, wenn Geräte üblicherweise bei Telefonanschlüssen als Zusatzeinrichtungen verwendet werden, da der Sprecher mit deren Installation und Benutzung rechnen müsse (BGH(Z) NJW 1982, 1397 (1398); zustimmend BGHSt 39, 335 (343) = BGH NJW 1994, 596 (598); aus dem Schrifttum jedenfalls iErg ebenso MüKoStGB/*Graf* Rn. 33; BeckOK StGB/*Heuchemer* Rn. 11; Lackner/Kühl/*Kühl* Rn. 5).

Beispiele: Zu den Abhörgeräten gehören nach der Rspr. vor allem versteckt angebrachte Mikrophone, Richtmikro- 19
phone, drahtlose Kleinstsender und Vorrichtungen zum „Anzapfen" von Telefonleitungen (BGH(Z) NJW 1982, 1397

(1398); LG Regensburg NStZ 1983, 366). Weitere Beispiele wären Stethoskope sowie Webcams mit Tonübertragung (Schönke/Schröder/*Lenckner*/*Eisele* Rn. 19). Allgemein üblich und daher nicht als Abhörgerät einzuordnen sind nach hM hingegen im Telefon eingebaute Lautsprecher, Zweithörer und sonstige Mithöreinrichtungen (BGH(Z) NJW 1982, 1397 (1398); OLG Hamm StV 1988, 374 (375) m. krit. Anm. *Krehl*) wie zB eine Nebenstellenanlage (LG Regensburg NStZ 1983, 366 f.). Auch Freisprecheinrichtungen für Mobiltelefone in Kraftfahrzeugen wären hierzu zu zählen (Schönke/Schröder/*Lenckner*/*Eisele* Rn. 19).

20   Eine solche Interpretation lässt aber zum einen außer Betracht, dass angesichts des Schutzgutes der Vorschrift die **Üblichkeit des Abhörens** und nicht des hierzu verwendeten Geräts maßgeblich ist. Zum anderen wird der technischen Entwicklung von Kommunikationsgeräten, bei denen Freisprechfunktionen (zB bei Mobiltelefonen) und Tonübertragungen (zB bei Webcams) mittlerweile zum Standard zählen, zu wenig Rechnung getragen (s. hierzu Schönke/Schröder/*Lenckner*/*Eisele* Rn. 19). Insofern bietet es sich an, die Üblichkeit bei dem Merkmal zu berücksichtigen, ob das gesprochene Wort unter Berücksichtigung sämtlicher Umstände des Einzelfalls zur Kenntnis des Ab- oder Mithörenden bestimmt ist (→ Rn. 21; Fischer Rn. 7b; LK-StGB/*Schünemann* Rn. 21).

21   Abs. 2 setzt einschränkend voraus, dass das nichtöffentlich gesprochene Wort **nicht zur Kenntnis des Täters bestimmt** ist. Nach wohl hM soll es bereits genügen, wenn der Inhalt der jeweiligen Äußerung für ihn bestimmt ist (Fischer Rn. 7; LK-StGB/*Schünemann* Rn. 24; **aA** MüKoStGB/*Graf* Rn. 30; Schönke/Schröder/*Lenckner*/*Eisele* Rn. 21a). Ansonsten entfällt bereits der Tatbestand (Lackner/Kühl/*Kühl* Rn. 5). Maßgeblich ist der Wille des Sprechenden (Fischer Rn. 7b; MüKoStGB/*Graf* Rn. 29; Schönke/Schröder/*Lenckner*/*Eisele* Rn. 21a).

22   **bb) Öffentliches Mitteilen des nichtöffentlich gesprochenen Wortes (S. 1 Nr. 2).** Als erneuten Eingriff in das Recht am eigenen Wort stellt S. 1 Nr. 2 die öffentliche Mitteilung des nach Abs. 1 Nr. 1 **aufgenommenen oder** nach Abs. 2 Nr. 1 **abgehörten nichtöffentlich gesprochenen Wortes** unter Strafe. Diese Tatmodalität setzt keinen unmittelbaren Zugriff auf das nichtöffentlich gesprochene Wort voraus, sondern ahndet schon dessen inhaltliche Weitergabe und somit einen lediglich mittelbaren Angriff. Wiederum (→ Rn. 14) muss es sich nach hM um ein „unbefugt" aufgenommenes oder abgehörtes nichtöffentlich gesprochenes Wort handeln (LK-StGB/*Schünemann* Rn. 27; diff. MüKoStGB/*Graf* Rn. 35; Schönke/Schröder/*Lenckner*/*Eisele* Rn. 23).

23   Verwertungshandlung ist die öffentliche **Mitteilung** des nichtöffentlich gesprochenen Wortes. Eine tatsächliche Kenntnisnahme ist nicht notwendig (MüKoStGB/*Graf* Rn. 36; BeckOK StGB/*Heuchemer* Rn. 14). Täter kann sowohl derjenige sein, der das nichtöffentlich gesprochene Wort aufgenommen oder abgehört hat, als auch jeder beliebige Dritte (BeckOK StGB/*Heuchemer* Rn. 13; Schönke/Schröder/*Lenckner*/*Eisele* Rn. 24).

24   Das nichtöffentlich gesprochene Wort muss „im Wortlaut oder seinem wesentlichen Inhalt nach" mitgeteilt werden. **Im Wortlaut** wird das nichtöffentlich gesprochene Wort mitgeteilt, wenn es wortgetreu wiedergegeben wird (MüKoStGB/*Graf* Rn. 36; Schönke/Schröder/*Lenckner*/*Eisele* Rn. 25). Seinem **wesentlichen Inhalt** nach wird das nichtöffentlich gesprochene Wort mitgeteilt, wenn die wiedergegebenen Ausschnitte eine im Großen und Ganzen zutreffende Vorstellung der jeweiligen Äußerung vermitteln können, insbesondere keine sinnentstellenden Änderungen oder Kürzungen beinhalten (MüKoStGB/*Graf* Rn. 36; Schönke/Schröder/*Lenckner*/*Eisele* Rn. 25). Eine vollständige Wiedergabe des Gesprochenen ist jeweils nicht erforderlich (Lackner/Kühl/*Kühl* Rn. 7).

25   **Öffentlich** ist eine Mitteilung, die einem nach Zahl und Individualität unbestimmten oder einem nicht durch persönliche Beziehungen innerlich verbundenen größeren bestimmten Kreis von Personen zugänglich gemacht wird (MüKoStGB/*Graf* Rn. 36; Lackner/Kühl/*Kühl* Rn. 7; Schönke/Schröder/*Lenckner*/*Eisele* Rn. 26; vgl. auch OLG Stuttgart NJW 2004, 622; LG Mannheim NStZ-RR 1996, 360 (361) jeweils zu § 353d). Einer tatsächlichen Kenntnisnahme bedarf es nicht (MüKoStGB/*Graf* Rn. 36; Schönke/Schröder/*Lenckner*/*Eisele* Rn. 26).

26   Mit der **Bagatellklausel** des Abs. 2 S. 2 werden nicht strafwürdige Verhaltensweisen (zB offensichtlich belanglose Äußerungen über das Wetter; BT-Drs. 11/7414, 4) bereits tatbestandlich ausgeschieden. Sie gilt nach dem ausdrücklichen Wortlaut nur für öffentliche Mitteilungen nach Abs. 2 S. 1 Nr. 2 (s. hierzu OLG Jena NStZ 1995, 502 (503)). Nach dem Wortlaut genügt die Eignung der öffentlichen Mitteilung, beliebige (zB private oder berufliche, materielle oder immaterielle) berechtigte Interessen eines anderen, sei es des Sprechenden oder auch eines Dritten (BeckOK StGB/*Heuchemer* Rn. 26; Schönke/Schröder/*Lenckner*/*Eisele* Rn. 27; **aA** MüKoStGB/*Graf* Rn. 38), zu beeinträchtigen. Abzustellen ist auf Art und Inhalt der Wiedergabe und auf deren Umstände (Lackner/Kühl/*Kühl* Rn. 8; Schönke/Schröder/*Lenckner*/*Eisele* Rn. 27). Einer konkreten Gefährdung oder sogar Verletzung der jeweiligen Interessen bedarf es nicht (Schönke/Schröder/*Lenckner*/*Eisele* Rn. 27).

27   **3. Unbefugt.** Das sowohl in Abs. 1 als auch in Abs. 2 enthaltene Merkmal „unbefugt" weist nach hM lediglich auf die Deliktsstufe der Rechtswidrigkeit hin (KG JR 1981, 254; OLG Karlsruhe NJW 1979, 1513 (1514)). Um ein Tatbestandsmerkmal handelt es sich hierbei demzufolge nicht (Fischer Rn. 10; BeckOK StGB/*Heuchemer* Rn. 6; **aA** Lackner/Kühl/*Kühl* Rn. 9). Nach aA bleibt die Zustimmung des Sprechenden hingegen als tatbestandsausschließendes Einverständnis zu werten (Schönke/Schröder/

Lenckner/Eisele Rn. 13). Die Auswirkungen dieses Meinungsstreits sind im Ergebnis aber allenfalls gering (MüKoStGB/*Graf* Rn. 40; LK-StGB/*Schünemann* Rn. 9).

4. Versuch und Vollendung. Die Tat nach den Nrn. 1 des Abs. 1 und Abs. 2 S. 1 ist bereits **voll-** 28 **endet,** wenn der Täter irgendein nichtöffentlich gesprochenes Wort aufgenommen oder abgehört hat. Es reicht aus, dass der Sprechende mit seinen Äußerungen begonnen hat. Hingegen ist unerheblich, ob er seine Ausführungen abschließt oder diese ggf. gerade deswegen abbricht, weil er den Täter oder dessen Vorgehen bemerkt. Entsprechendes gilt für die Angriffsformen des Abs. 1 Nr. 2 und Abs. 2 S. 1 Nr. 2.

Ein (gemäß Abs. 4 strafbarer) **Versuch** liegt beispielsweise vor, wenn der Abzuhörende bei bereits 29 eingeschaltetem Abhörgerät überhaupt nicht spricht (OLG Hamm 24.6.1976 – 4 Ss 289/76) oder die Aufnahme misslingt oder das gesprochene Wort nicht wieder reproduzierbar ist (BeckOK StGB/*Heuchemer* Rn. 5; Schönke/Schröder/*Lenckner/Eisele* Rn. 11). Das Versuchsstadium beginnt, wenn der Täter das Aufzeichnungs- bzw. Abhörgerät einschaltet (MüKoStGB/*Graf* Rn. 60; LK-StGB/*Schünemann* Rn. 52).

II. Subjektiver Tatbestand

Bedingter **Vorsatz** bezüglich der einzelnen tatbestandlichen Angriffsformen auf die Vertraulichkeit 30 des nichtöffentlich gesprochenen Wortes ist erforderlich wie ausreichend. Bei den Verwertungshandlungen des Abs. 1 Nr. 2 und Abs. 2 S. 1 Nr. 2 muss sich der Vorsatz auch auf die Unbefugtheit der Aufnahme nach Abs. 1 Nr. 1 bzw. des Abhörens nach Abs. 2 S. 1 Nr. 1 erstrecken (OLG Düsseldorf NJW 1995, 975). Wer insoweit irrigerweise Tatsachen annimmt, bei deren Vorliegen Aufnahme bzw. Abhören des nichtöffentlich gesprochenen Wortes befugt gewesen wären, befindet sich in einem vorsatzausschließenden Tatumstandsirrtum (Fischer Rn. 14; **aA** Schönke/Schröder/*Lenckner/Eisele* Rn. 35). Bei den Tatmodalitäten des Abs. 1 Nr. 1 und Abs. 2 S. 1 Nr. 1 begründete hingegen – sofern dem Merkmal „unbefugt" mit der hM nur Bedeutung für die Rechtswidrigkeit zugemessen wird (→ Rn. 27) – eine entsprechende Fehlvorstellung in Bezug auf Tatumstände, bei deren Vorliegen Aufnahme bzw. Abhören befugt wären, einen Erlaubnistatumstandsirrtum, die irrige Annahme einer Befugnis infolge unzutreffender rechtlicher Wertung einen Erlaubnis- und somit Verbotsirrtum (OLG Frankfurt a. M. NJW 1977, 1547 (1548); OLG Karlsruhe NJW 1979, 1513 (1515)).

C. Rechtswidrigkeit

Eine Rechtfertigung der Tat kann vor allem auf der **Einwilligung** des Betroffenen beruhen (zum 31 Meinungsstreit um das Merkmal „unbefugt" → Rn. 27). Sie kann nach allgemeinen Grundsätzen ausdrücklich oder stillschweigend erteilt werden. Aus der bloßen Kenntnis des Sprechenden darf aber nicht stets auf dessen rechtfertigende Zustimmung geschlossen werden, die vielmehr auch einen dahingehenden (ggf. nur konkludent geäußerten) Willen voraussetzt (OLG Jena NStZ 1995, 502 (503); Fischer Rn. 10; Schönke/Schröder/*Lenckner/Eisele* Rn. 14; LK-StGB/*Schünemann* Rn. 11; **aA** AG Hamburg NJW 1984, 2111). Der Einwand, dass das Wissen um eine laufende Aufnahme einem unbefangenen und vertraulichen Wort entgegenstehe (so AG Hamburg NJW 1984, 2111), geht schon deswegen fehl, da sich dann der Täter durch schlichte Offenlegung seines Vorhabens von einer strafrechtlichen Verantwortung nach § 201 freizeichnen könnte. Zudem wird die Unbefangenheit des Sprechenden gerade besonders berührt, wenn er um die Aufnahme seiner Worte gegen seinen Willen weiß (OLG Jena NStZ 1995, 502 (503)).

Die Einwilligung des Sprechenden kann auf bestimmte Aspekte der Vertraulichkeit des nichtöffentlich 32 gesprochenen Wortes **beschränkt** sein und muss demzufolge keinen völligen Verzicht auf das Recht am eigenen Wort beinhalten. So willigt noch nicht in die Aufnahme seines Wortes ein, wer sich mit dem (nicht tatbestandlichen) Mithören einverstanden erklärt (Kramer NJW 1990, 1760 (1762)). Wer in die Aufnahme seines Wortes einwilligt, muss noch nicht jegliches Gebrauchen oder Zugänglichmachen der Aufnahme akzeptieren (Lackner/Kühl/*Kühl* Rn. 11). Wird über den Verwendungszweck der Aufnahme getäuscht, kann dies daher die diesbezügliche Einwilligung unwirksam werden lassen (Fischer Rn. 10; **aA** Schönke/Schröder/*Lenckner/Eisele* Rn. 14, die aber von einem tatbestandsausschließenden Einverständnis ausgehen).

Rechtfertigend kann mitunter eine **mutmaßliche Einwilligung** wirken. Erwägenswert ist dies vor 33 allem bei entsprechenden Gepflogenheiten im geschäftlichen Bereich (s. etwa OLG Jena (Z) MDR 2006, 533), soweit hier sachliche Informationen übermittelt werden (zB telefonische Durchsagen, Bestellungen oder Börsennachrichten), deren objektiver Gehalt so sehr im Vordergrund steht, dass die Persönlichkeit des Sprechenden nahezu vollständig dahinter zurücktritt (OLG Karlsruhe NJW 1979, 1513 (1514); vgl. BVerfGE 34, 238 (247) = BVerfG NJW 1973, 891 (892)). Allerdings bleibt die Subsidiarität der mutmaßlichen Einwilligung zu beachten, auf die daher nur zurückgegriffen werden darf, wenn eine (ausdrückliche oder stillschweigende) Einwilligung des Betroffenen nicht eingeholt werden kann (s. hierzu MüKoStGB/*Graf* Rn. 42 f.; LK-StGB/*Schünemann* Rn. 32). Anrufe in Call-Centern oder bei Service-Hotlines dürfen daher mit Einwilligung des Kunden aufgenommen werden (Fischer Rn. 10; Schönke/Schröder/*Lenckner/Eisele* Rn. 30; *Lüderssen* wistra 2006, 441 (445)). Zur (fehlenden) Rechtfertigung der Aufzeichnung sog Spaßtelefonate *Heinker* AfP 2008, 573 f.

34   Eine Verletzung der Vertraulichkeit des Wortes kann ferner aus **Notwehr** gemäß § 32 oder – insbesondere bei fehlendem gegenwärtigem Angriff – aus **rechtfertigendem Notstand** gemäß § 34 gerechtfertigt sein. Dies gilt vor allem bei der Aufnahme von Droh- und Erpressungsanrufen (BGH(Z) NJW 1958, 1344 (1345); OLG Düsseldorf NJW 1966, 214; MüKoStGB/*Graf* Rn. 50 f.; Schönke/ Schröder/*Lenckner/Eisele* Rn. 31a; LK-StGB/*Schünemann* Rn. 42 ff.; *Kramer* NJW 1990, 1760 (1762); s. hierzu auch KG JR 1981, 254 f. mAnm *Tenckhoff; Wölfl* JURA 2000, 231 (232 ff.)). Das Interesse, Beweismittel zu erlangen und die Inhalte des aufgenommenen nichtöffentlich gesprochenen Wortes nachzuweisen, vermag allein die Aufnahme idR indes nicht zu rechtfertigen (BGHSt 31, 304 (307) = BGH NStZ 1983, 466; OLG Düsseldorf NJW 1966, 214; siehe zB OLG Frankfurt a. M. NJW 1977, 1547 (1548) = JR 1978, 168 mAnm *Arzt* zur heimlichen Aufnahme einer eigenen polizeilichen Vernehmung als Zeuge oder Beschuldigter; OLG Stuttgart NJW 1977, 1546 (Ls.) für das Abhören und Aufnehmen einer des Ehebruchs mit ihrem Ehemann verdächtigten Dritten zu Beweiszwecken für ein beabsichtigtes Scheidungsverfahren). Ausnahmen kommen nur nach einer für den Aufnehmenden streitenden umfassenden Interessenabwägung nach den Maßstäben des § 34 in Betracht (BGH(Z) NStZ 1982, 254 (255) mAnm *Dünnebier;* 1990, 1760 (1762 f.); s. zum Ganzen auch MüKoStGB/*Graf* Rn. 52 f.; Schönke/Schröder/*Lenckner/Eisele* Rn. 31b; s. auch BGH(Z) NJW 1958, 1344 (1345); OLG Frankfurt a. M. NJW 1967, 1047 (1048)). Ähnlich kann es zulässig sein, eine zugespielte unbefugt hergestellte Aufnahme zu verwenden, um einen Ablehnungsantrag wegen Besorgnis der Befangenheit glaubhaft zu machen (OLG Frankfurt a. M. NJW 1979, 1172 f.).

35   Für **hoheitliche Beeinträchtigungen** des Rechts am eigenen Wort bedarf es einer gesetzlichen Ermächtigungsgrundlage. Eine Eingriffsbefugnis gewähren ua §§ 1 Abs. 1 Nr. 1, 3 G10, §§ 16, 20g, 20h, 20l, 23 BKAG sowie §§ 100a ff., §§ 100c ff. StPO, außerdem § 49 Abs. 7 AufenthG, § 16 Abs. 1 S. 3 AsylVerfG und §§ 20, 22 f., 23a ff. ZFdG. Liegen deren Voraussetzungen nicht vor (zB bei Missachtung der Anordnungsbefugnis gemäß § 100b StPO), kommt ein Rückgriff auf die allgemeinen Rechtfertigungsgründe wie Notwehr und rechtfertigender Notstand – selbst bei Fällen schwerer Kriminalität (BGHSt 34, 39 (51) = BGH NJW 1986, 2261 (2264) mAnm *Wolfslast* NStZ 1987, 103) – allenfalls in ganz außergewöhnlichen Fällen in Betracht (BGHSt 31, 304 (307) = BGH NStZ 1983, 466 mAnm *Meyer;* s. zur Thematik auch *Walther/Silverman* ZRP 1999, 100 (105 f.); *Wölfl* JURA 2000, 231 f.).

36   Gemäß **Abs. 2 S. 3** ist die Tat nach Abs. 2 S. 1 Nr. 2 nicht rechtswidrig, wenn die öffentliche Mitteilung zur Wahrnehmung überragender öffentlicher Interessen gemacht wird. Es handelt sich hierbei um einen **speziellen Rechtfertigungsgrund,** welcher der Meinungsäußerungs- und Pressefreiheit aus Art. 5 Abs. 1 GG Rechnung tragen soll (BT-Drs. 11/7414, 4). Rechtswidrig erlangte Informationen dürfen demnach verwendet werden, wenn sie nach einer umfassenden Interessenabwägung für die Unterrichtung der Öffentlichkeit derart bedeutend sind, dass sie eindeutig die Nachteile des rechtswidrigen Vorgehens für den Betroffenen und die (tatsächliche) Geltung der Rechtsordnung überwiegen (BVerfGE 66, 116 (139) = BVerfG NJW 1984, 1741 (1743)). Ein überragendes öffentliches Interesse ist somit vor allem bei der Aufdeckung von Missständen von erheblichem Gewicht (zB Aufdeckung einer Katalogtat nach § 129a Abs. 1 oder § 138 Abs. 1 oder schwerwiegende Verstöße gegen das Außenwirtschaftsgesetz; BT-Drs. 11/7414, 5) gegeben. Auf die Tathandlungen des Abs. 1 sowie des Abs. 2 S. 1 Nr. 1 findet die Vorschrift keine Anwendung (BT-Drs. 11/7414, 5; MüKoStGB/ *Graf* Rn. 55; Schönke/Schröder/*Lenckner/Eisele* Rn. 33a).

D. Qualifikation des Abs. 3

37   Das Höchstmaß der Freiheitsstrafe wird von drei auf fünf Jahre erhöht, wenn der Täter die Tat gemäß Abs. 1 oder 2 als **Amtsträger** (§ 11 Abs. 1 Nr. 2) oder als **für den öffentlichen Dienst besonders Verpflichteter** (§ 11 Abs. 1 Nr. 4) begeht. Bei der qualifizierten Subjekteigenschaft handelt es sich um ein besonderes persönliches Merkmal. Da Abs. 3 ein unechtes Sonderdelikt ist, gilt für Teilnehmer, die nicht zu dem beschriebenen Personenkreis gehören, § 28 Abs. 2 StGB (Lackner/Kühl/*Kühl* Rn. 17; Schönke/Schröder/*Lenckner/Eisele* Rn. 28).

38   Der Täter hat „als" Amtsträger, dh in einem inneren Zusammenhang mit seiner Amtseigenschaft zu handeln (Lackner/Kühl/*Kühl* Rn. 17) und nicht nur bei Gelegenheit seiner Dienstausübung die Vertraulichkeit des Wortes zu verletzen. Die Tat muss daher während der dienstlichen Tätigkeit oder zu dienstlichen Zwecken, sei es während oder außerhalb der Dienstzeit, begangen werden (Schönke/ Schröder/*Lenckner/Eisele* Rn. 28). Der erforderliche dienstliche Bezug ist allerdings nicht gegeben, wenn ein Amtsträger seine Möglichkeiten „lediglich" ausnutzt und zB ihm dienstlich zugängliche Einrichtungen außerhalb der Dienstzeit missbraucht (MüKoStGB/*Graf* Rn. 56; Schönke/Schröder/ *Lenckner/Eisele* Rn. 28; **aA** LK-StGB/*Schünemann* Rn. 50).

E. Konkurrenzen

39   **Innerhalb** des § 201 ist zwischen den einzelnen Tathandlungen des Abs. 1 einerseits und des Abs. 2 S. 1 andererseits Tateinheit möglich (Fischer Rn. 18; Schönke/Schröder/*Lenckner/Eisele* Rn. 38). Die

an sich eigenständigen Angriffe auf die Vertraulichkeit des Wortes gemäß Abs. 1 Nr. 1 und Abs. 1 Nr. 2 bilden hingegen eine einheitliche Tat, wenn der Täter schon zum Zeitpunkt der Aufnahme die Absicht der späteren Verwertung gefasst hat. Ansonsten ist idR von Tatmehrheit auszugehen (Fischer Rn. 18; MüKoStGB/*Graf* Rn. 61; Schönke/Schröder/*Lenckner/Eisele* Rn. 38).

Mit den **anderen Straftatbeständen** der §§ 94 ff., § 203 StGB und § 17 UWG kommt Tateinheit **40** in Betracht (Schönke/Schröder/*Lenckner/Eisele* Rn. 37). Die Qualifikation des Abs. 3 kann tateinheitlich mit § 353b Abs. 1 und § 206 begangen werden (Fischer Rn. 18).

F. Rechtsfolgen

Gemäß Abs. 5 S. 1 können sowohl Tonträger als auch Abhörgeräte, die der Beteiligte bei der Tat **41** verwendet hat, eingezogen werden. Bei den Tonträgern handelt es sich bei Abs. 1 Nr. 1 um die Produkte der Tat *(producta sceleris)*, bei Abs. 1 Nr. 2 hingegen um bloße Beziehungsgegenstände (Fischer Rn. 17). Die Abhörgeräte unterliegen als Tatwerkzeuge *(instrumenta sceleris)* bei Abs. 2 S. 1 Nr. 1 der **Einziehung.** Gehören die Tonträger oder Abhörgeräte einem tatunbeteiligten Dritten, ist deren Einziehung gemäß Abs. 5 S. 2 unter den Voraussetzungen des § 74a zulässig.

G. Prozessuales

In den Fällen des Abs. 1 und 2 setzt die Verfolgung der Tat nach § 205 Abs. 1 S. 1 einen **Strafantrag 42** voraus. Bei der Qualifikation des Abs. 3 handelt es sich hingegen um ein Offizialdelikt. Antragsberechtigt ist der Verletzte. Bei dessen Tod geht das Antragsrecht nach § 77 Abs. 2 auf die Angehörigen über (§ 205 Abs. 2 S. 1 Hs. 1). Die **Verjährungsfrist** beträgt gemäß § 78 Abs. 3 Nr. 4 fünf Jahre.

Zur **Verwertbarkeit** einer rechtswidrig gewonnenen Tonbandaufnahme im Strafverfahren s. BGHSt **43** 31, 304 (307 ff.) = BGH NStZ 1983, 466 (467) mAnm *Meyer;* BGHSt 34, 39 (52 f.) = BGH NJW 1986, 2261 (2264) mAnm *Wolfslast* NStZ 1987, 103; zur Verwertung einer heimlichen Tonbandaufnahme als Beweismittel im Zivilprozess BGHZ 27, 284 = BGH NJW 1958, 1344; BGH(Z) NJW 1982, 277; 1982, 1397. Die streitige Auslegung des Merkmals „unbefugt" (→ Rn. 27) soll einen Fall der **notwendigen Verteidigung** nach § 140 Abs. 2 S. 1 StPO nach sich ziehen (KG NStZ 2009, 55 (56)).

§ 202a Ausspähen von Daten

(1) Wer unbefugt sich oder einem anderen Zugang zu Daten, die nicht für ihn bestimmt und die gegen unberechtigten Zugang besonders gesichert sind, unter Überwindung der Zugangssicherung verschafft, wird mit Freiheitsstrafe bis zu drei Jahren oder mit Geldstrafe bestraft.

(2) Daten im Sinne des Absatzes 1 sind nur solche, die elektronisch, magnetisch oder sonst nicht unmittelbar wahrnehmbar gespeichert sind oder übermittelt werden.

Literatur (Auswahl): *Bär,* Wardriver und andere Lauscher, MMR 2005, 434; *Bär/Hoffmann,* Das Zugangskontrolldiensteschutz-Gesetz, MMR 2002, 654; *Beck/Dornis,* „Phishing" im Marken(straf)recht, CR 2007, 642; *Brodowski,* Strafprozessualer Zugriff auf E-Mail-Kommunikation, JR 2009, 402; *Bühler,* Ein Versuch, Computerkriminellen das Handwerk zu legen: Das Zweite Gesetz zur Bekämpfung der Wirtschaftskriminalität, MDR 1987, 448; *Buggisch,* Dialer-Programme, NStZ 2002, 178; *Buggisch/Kerling,* „Phishing", „Pharming" und ähnliche Delikte, Kriminalistik 2006, 531; *Busch/Giessler,* SIM-Lock und Prepaid-Bundles. Strafbarkeit bei Manipulationen, MMR 2001, 586; *Dann/Gastell,* Geheime Mitarbeiterkontrollen: Straf- und arbeitsrechtliche Risiken bei unternehmensinterner Aufklärung, NJW 2008, 2945; *Dietrich,* Die Rechtsschutzbegrenzung auf besonders gesicherte Daten des § 202a StGB, NStZ 2011, 247; *Dornseif/Schumann/Klein,* Tatsächliche und rechtliche Risiken drahtloser Computernetzwerke, DuD 2002, 226; *Dressel,* Strafbarkeit von Piraterie-Angriffen gegen Zugangsberechtigungssysteme von Pay-TV-Anbietern, MMR 1999, 390; *Eichelberger,* Sasser, Blaster, Phatbot & Co. – alles halb so schlimm?, MMR 2004, 594; *Eisele,* Der Kernbereich des Computerstrafrechts, JURA 2012, 922; *Ernst,* Wireless LAN und das Strafrecht, CR 2003, 898; *Ernst,* Hacker und Computerviren im Strafrecht, NJW 2003, 3233; *Ernst,* Das neue Computerstrafrecht, NJW 2007, 2661; *Fülling/Rath,* Internet-Dialer, JuS 2005, 598; *B. Gercke,* Zur Zulässigkeit sog. Transborder Searches – Der strafprozessuale Zugriff auf im Ausland gespeicherte Daten, StraFo 2009, 271; *M. Gercke,* Die Strafbarkeit von „Phishing" und Identitätsdiebstahl, CR 2005, 606; *Goeckenjan,* Auswirkungen des 41. Strafrechtsänderungsgesetzes auf die Strafbarkeit des „Phishing", wistra 2009, 47; *Graf,* „Phishing" derzeit nicht generell strafbar!, NStZ 2007, 129; *v. Gravenreuth,* Computerviren, Hacker, Datenspione, Crasher und Cracker, NStZ 1989, 201; *Gröseling/Höfinger,* Hacking und Computerspionage. Auswirkungen des 41. StrÄndG zur Bekämpfung der Computerkriminalität, MMR 2007, 549; *Härting,* E-Mail und Telekommunikationsgeheimnis, CR 2007, 311; *Haft,* Das Zweite Gesetz zur Bekämpfung der Wirtschaftskriminalität (2. WiKG). Teil 2: Computerdelikte, NStZ 1987, 6; *Heghmanns,* Strafbarkeit des „Phishing" von Bankkontendaten und ihrer Verwertung, wistra 2007, 167; *Helberger,* Hacken von Premiere bald europaweit verboten?, ZUM 1999, 295; *Hilgendorf,* Grundfälle zum Computerstrafrecht, JuS 1996, 509, 702, JuS 1997, 323; *Höfinger,* Zur Straflosigkeit des sogenannten »Schwarz-Surfens«, ZUM 2011, 212; *Klein,* Offen und (deshalb) einfach – Zur Sicherstellung und Beschlagnahme von E-Mails beim Provider, NJW 2009, 2996; *Lenckner/Winkelbauer,* Computerkriminalität – Möglichkeiten und Grenzen des 2. WiKG (I), CR 1986, 483; *Malpricht,* Haftung im Internet – WLAN und die möglichen Auswirkungen, ITRB 2008, 42; *Marberth-Kubicki,* Internet und Strafrecht, DRiZ 2007, 212; *Marberth-Kubicki,* Neuregelungen des Computerstrafrechts, ITRB 2008, 17; *Meier,* Softwarepiraterie – eine Straftat?, JZ 1992, 657; *Meyer-*

Spasche/Störing/Schneider, Strafrechtlicher Schutz für Lizenzschlüssel, CR 2013, 131; *Möhrenschlager,* Das neue Computerstrafrecht, wistra 1986, 128; *Oberwetter,* Arbeitnehmerrechte bei Lidl, Aldi & Co., NZA 2008, 609; *Planert,* „Einer zahlt, viele genießen" – Die Strafbarkeit von Cardsharing, StV 2014, 430; *Popp,* Von „Datendieben" und „Betrügern", NJW 2004, 3517; *Popp,* „Phishing", „Pharming" und das Strafrecht, MMR 2006, 84; *Popp,* Informationstechnologie und Strafrecht, JuS 2011, 385; *Puschke/Singelnstein,* Telekommunikationsüberwachung, Vorratsdatenspeicherung und (sonstige) heimliche Ermittlungsmaßnahmen der StPO nach der Neuregelung zum 1.1.2008, NJW 2008, 113; *Rinker,* Strafbarkeit und Strafverfolgung von „IP-Spoofing" und „Portscanning", MMR 2002, 663; *Roos/Schumacher,* Botnetze als Herausforderung für Recht und Gesellschaft – Zombies außer Kontrolle?, MMR 2014, 377; *Rübenstahl/Debus,* Strafbarkeit verdachtsabhängiger E-Mail- und EDV-Kontrollen bei Internal Investigations?, NZWiSt 2012, 129; *Schlüchter,* Zweckentfremdung von Geldspielgeräten durch Computerspielmanipulationen, NStZ 1988, 53; *Schmachtenberg,* Überwindung „besonderer Zugangssicherungen" nach § 202a StGB, DuD 1998, 7; *Schmidl,* „To Disclaim or not to Disclaim", MMR 2005, 501; *Schmitz,* Ausspähen von Daten, § 202a StGB, JA 1995, 478; *Schnabl,* Strafbarkeit des Hacking, wistra 2004, 211; *Schreibauer/Hessel,* Das 41. Strafrechtsänderungsgesetz zur Bekämpfung der Computerkriminalität, K&R 2007, 616; *Schultz,* Neue Strafbarkeiten und Probleme, DuD 2006, 778; *Schumann,* Das 41. StRÄndG zur Bekämpfung der Computerkriminalität, NStZ 2007, 675; *Schuster, F.,* Die Internetnutzung als Kündigungsgrund, 2009; *Schuster, F. P.,* IT-gestützte interne Ermittlungen in Unternehmen – Strafbarkeitsrisiken nach den §§ 202a, 206 StGB, ZIS 2010, 68; *Seidl/Fuchs,* Zur Strafbarkeit des sog. „Skimmings", HRRS 2011, 265; *Störing,* Strafprozessualer Zugriff auf E-Mailboxen, CR 2009, 475; *Stuckenberg,* Zur Strafbarkeit von „Phishing", ZStW 118 (2006), 878; *Thal,* Wireless Local Area Networks, in: Dimensionen des IT-Rechts, 2008, 43; *Tyszkiewicz,* Skimming als Ausspähen von Daten gemäß § 202a StGB?, HRRS 2010, 207; *Vahle,* Neues Gesetz zur Bekämpfung der Computerkriminalität, DVP 2007, 491; *Vassilaki,* Das 41. StRÄndG, CR 2008, 131; *Weißberger,* Das Einsehen kennwortgeschützter Privatdaten des Arbeitnehmers durch den Arbeitgeber, NZA 2003, 1005; *Wohlwend,* Die strafrechtliche Relevanz des § 202a StGB bei Tätigwerden eines Software-Ingenieurs, JurPC Web-Dok. 180/2008.

A. Allgemeines

1   Der Straftatbestand des § 202a über das Ausspähen von Daten beruht auf einem Vorschlag des Rechtsausschusses im Gesetzgebungsverfahren zum **Zweiten Gesetz zur Bekämpfung der Wirtschaftskriminalität (2. WiKG)** vom 15.5.1986 (BGBl. I 721; hierzu allgemein *Haft* NStZ 1987, 6; *Lenckner/Winkelbauer* CR 1986, 483; 1986, 654; 1986, 824; *Weber* NStZ 1986, 481). Das Gesetz sollte bestehende Strafbarkeitslücken schließen und die Wirtschaftskriminalität wirksamer bekämpfen (BT-Drs. 10/318, 1). Dabei versuchte der Gesetzgeber der Entwicklung Rechnung zu tragen, dass in Wirtschaft und Verwaltung zunehmend Datenverarbeitungsanlagen eingesetzt und dadurch strafwürdige Missbrauchsmöglichkeiten eröffnet werden (BT-Drs. 10/318, 11). Vor allem der Rechtsausschuss verwies insoweit auf neue Formen der Computerkriminalität, die mit dem bis dahin geltenden Recht nicht (ausreichend) bekämpft werden könnten (BT-Drs. 10/5058, 24 f.).

2   Ursprünglich beschränkte sich der Entwurf auf die Tatbestände des Computerbetrugs in § 263a und der Fälschung gespeicherter (auf Vorschlag des Rechtsausschusses geändert in: beweiserheblicher) Daten in § 269. Von weiteren Strafvorschriften über die Computerspionage und -sabotage sowie die unberechtigte Benutzung eines Rechners unter dem Gesichtspunkt eines Gebrauchs- oder Zeitdiebstahls sah der Entwurf zunächst hingegen ab, da derartige Missbräuche auch sonst bei der Verwendung hochwertiger Wirtschaftsgüter in Betracht kämen und angesichts deren geringer praktischer Bedeutung kein dringendes Bedürfnis für ergänzende Straftatbestände gegeben sei (BT-Drs. 10/318, 17 f.). Der Rechtsausschuss widersprach dem jedoch weitgehend (BT-Drs. 10/5058, 24 f.; speziell zu § 202a BT-Drs. 10/5058, 28) und schlug umfassende Änderungen vor, unter anderem die Einführung von § 152a, § 266b, §§ 303a, 303b und § 202a, die letztlich auch Gesetz wurden.

3   Die bislang einzige, aber nicht unbedeutende Änderung erfuhr die Vorschrift durch das **Einundvierzigste Strafrechtsänderungsgesetz zur Bekämpfung der Computerkriminalität (41. StÄG)** vom 7.8.2007 (BGBl. I 1786; hierzu allgemein *Ernst* NJW 2007, 2661; *Gröseling/Höfinger* MMR 2007, 549; *Marberth-Kubicki* ITRB 2008, 17; *Schreibauer/Hessel* K&R 2007, 616; *Schultz* DuD 2006, 778; *Schumann* NStZ 2007, 675). Sie hatte vornehmlich zum Ziel, das sog Hacking selbst dann zu erfassen, wenn sich der Täter dabei keine Daten verschafft (BT-Drs. 16/3656, 7 und 9; → Rn. 28 f.). Die Änderung war nicht zuletzt europäischen Dokumenten geschuldet (BT-Drs. 16/3656, 7), namentlich Art. 2 des Rahmenbeschlusses 2005/222/JI des Rates v. 24.2.2005 über Angriffe auf Informationssysteme (ABl. 2005 L 69, 67) sowie Art. 2 des Übereinkommens des Europarates über Computerkriminalität v. 23.11.2001 (SEV Nr. 185, in den ersten Staaten in Kraft getreten zum 1.7.2004; dazu *Valerius* K&R 2004, 513; von Deutschland am 23.11.2001 unterzeichnet, Zustimmungsgesetz des Bundestages vom 5.11.2008 in BGBl. II 1242; Erläuternder Bericht abgedruckt in BT-Drs. 16/7218, 57 ff.), und ist ein weiteres Beispiel für den wachsenden europäischen Einfluss auf die Strafgesetzgebung. Ziel der internationalen Vorgaben war die Schaffung strafrechtlicher Mindeststandards zur Bekämpfung der Computerkriminalität, die angesichts der rasanten Fortschritte in der Informationstechnologie ein breites Spektrum neuer Erscheinungsformen annahm. Der Gesetzgeber nannte exemplarisch „komplexe Attacken gegen moderne Informationsstrukturen durch Computerviren, digitale trojanische Pferde, logische Bomben oder Würmer und Denial-of-Service-Attacken", die hohe Schäden verursachten. Er verwies zudem auf die schon seit längerem internationale Dimension der Computerkriminalität, wie insbesondere grenzüberschreitende Taten im Internet belegten (BT-Drs. 16/3656, 7).

Der nationale Gesetzgeber hat allerdings zum einen von der Möglichkeit nach Art. 2 Abs. 2 des EU-Rahmen- **4** beschlusses (vgl. auch Art. 2 S. 2 des Europarats-Übereinkommens; zur Vorbehaltserklärung der Bundesregierung BT-Drs. 16/7218, 41 und 42 f.) Gebrauch gemacht und – nunmehr ausdrücklich – daran festgehalten, dass die Strafbarkeit wegen Datenausspähung eine **Verletzung von Sicherheitsmaßnahmen** voraussetzt (→ Rn. 32 f.). Zum anderen hat er gemäß Art. 5 Abs. 3 auf die in Art. 5 Abs. 2 des EU-Rahmenbeschlusses angeregte **Pönalisierung** auch **des Versuchs** des rechtswidrigen Zugangs zu Informationssystemen **verzichtet** (kritisch *Kudlich* Stellungnahme S. 4 und Anhörung S. 29 f.; *Stuckenberg* Stellungnahme S. 2 f., unter Verweis auf § 201 Abs. 4; NK-StGB/*Kargl* Rn. 3a; *Ernst* NJW 2007, 2661 (2662); *Marberth-Kubicki* ITRB 2008, 17 (18); *Vassilaki* CR 2008, 131 (135)). Dies steht im Einklang mit Art. 11 Abs. 2 des Europarats-Übereinkommens, der ebenso von einer Versuchsstrafbarkeit solcher Taten absah. Der Gesetzgeber hat insoweit auf die nach der Neufassung der Norm ohnehin geringere Schwelle zur Tatbestandsverwirklichung verwiesen (BT-Drs. 16/3656, 10). Umso widersprüchlicher erscheint, mit demselben Gesetz zugleich die Vorbereitung der Datenausspähung in § 202c unter Strafe gestellt zu haben (*Bruns* Stellungnahme S. 6; *Stuckenberg* Stellungnahme S. 2), was allerdings weitgehend den Vorgaben des Europarats-Übereinkommens geschuldet ist (→ § 202c Rn. 1). Schließlich hat der Gesetzgeber die Begehung der Tat im Rahmen einer **kriminellen Vereinigung** nicht als erschwerenden Umstand eingeführt. Das hierfür von Art. 7 Abs. 1 des EU-Rahmenbeschlusses geforderte Mindesthöchstmaß von zwei bis fünf Jahren Freiheitsstrafe sieht § 202a ohnehin bereits vor (BT-Drs. 16/3656, 6).

Eine nicht vollständige Umsetzung der europäischen Vorgaben ist insoweit festzustellen, als § 202a den „Zugang zu **5** Daten" und nicht den „Zugang zu einem Informationssystem" (so Art. 2 Abs. 1 des EU-Rahmenbeschlusses) bzw. den „Zugang zu einem Computersystem" (Art. 2 S. 1 des Europarats-Übereinkommens) unter Strafe stellt. Bedeutung wird der scheinbar unerhebliche Unterschied in der Praxis zwar nur selten erlangen (*Gröseling/Höfinger* MMR 2007, 549 (551)). Denkbar ist aber etwa, dass mit dem verschafften Zugang auf ein Informationssystem ausnahmsweise nicht die Möglichkeit einhergeht, auf Daten zuzugreifen, zB bei einem passwortgeschützten Zugang, der nur zum Aufspielen von Daten, nicht aber zu deren Abruf berechtigt (*M. Gercke* Stellungnahme S. 6).

Die Norm schützt die Verfügungsberechtigung an Daten iSd § 202a Abs. 2, sofern sie in einer **6** besonderen Zugangssicherung zum Ausdruck kommt. Rechtsgut ist daher ein dadurch formalisiertes, ansonsten aber **allgemeines Geheimhaltungsinteresse** (kritisch *Dietrich* NStZ 2011, 247 ff.) an den darin verkörperten Informationen, dh unabhängig von ihrem Inhalt (→ Rn. 8) und somit auch über den vom Fünfzehnten Abschnitt des Besonderen Teils geschützten persönlichen Lebens- und Geheimbereich hinaus (BT-Drs. 10/5058, 28 und 29; Fischer Rn. 2; NK-StGB/*Kargl* Rn. 3). Den Stellenwert dieses Interesses im Informationszeitalter hat das BVerfG in seiner Entscheidung zur Online-Durchsuchung verdeutlicht, in der es das Grundrecht auf Gewährleistung der Vertraulichkeit und Integrität informationstechnischer Systeme begründete (BVerfGE 120, 274). Einen Schutz Außenstehender, insbes. derjenigen, die vom Inhalt der ausgespähten Daten betroffen sind, gewährt die Norm nicht (Schönke/Schröder/*Lenckner/Eisele* Rn. 1; **aA** Lackner/Kühl/*Heger* Rn. 1). Ebenso wenig bezweckt die Norm den Schutz des Vermögens, mögen auch die tatgeständlichen Daten nicht selten wirtschaftliche Bedeutung haben (MüKoStGB/*Graf* Rn. 2; LK-StGB/*Hilgendorf* Rn. 6; NK-StGB/*Kargl* Rn. 3; Schönke/Schröder/*Lenckner/Eisele* Rn. 1; Hilgendorf/Valerius ComputerStrafR Rn. 536; **aA** *Grosch/Liebl* CR 1988, 567 (573); *Haft* NStZ 1987, 6 (9)).

B. Tatbestand

I. Objektiver Tatbestand

1. Tatobjekt. a) Daten iSd § 202a Abs. 2. Objekt der Tat sind **Daten,** die für den Täter nicht **7** bestimmt (→ Rn. 13 ff.) und gegen unberechtigten Zugang besonders gesichert sind (→ Rn. 19 ff.). Der Gesetzgeber hat die nähere Bestimmung des Datenbegriffs als nicht notwendig angesehen (BT-Drs. 10/5058, 29); auch § 202a Abs. 2 enthält keine Legaldefinition, sondern schränkt den Tatbestand lediglich auf bestimmte Daten ein (LK-StGB/*Hilgendorf* Rn. 7; Gercke/Brunst InternetStrafR Rn. 92; Hilgendorf/Valerius ComputerStrafR Rn. 538). Eine erste Orientierungshilfe bietet die Definition der International Organization for Standardization (ISO), wonach unter Computerdaten **jede Darstellung** von Tatsachen, Informationen oder Konzepten **in einer für die Verarbeitung in einem Computersystem geeigneten Form** einschließlich eines Programms, das die Ausführung einer Funktion durch ein Computersystem auslösen kann, zu verstehen ist (ISO/IEC-Norm 2282, die an Stelle der früheren DIN-Norm 44300 Nr. 19 trat). Auf diese Definition hat auch Art. 1 lit. b des Europarats-Übereinkommens SEV Nr. 185 (im Wesentlichen identisch Art. 1 lit. b des EU-Rahmenbeschlusses 2005/222/JI) zurückgegriffen (BT-Drs. 16/7218, 41). Entscheidend und somit nur erforderlich ist aber, dass die betreffenden Informationen in einer Weise codiert sind, in der sie unmittelbar von einer Datenverarbeitungsanlage verarbeitet werden können (BeckOK StGB/*Weidemann* Rn. 3; vgl. auch den Erläuternden Bericht BT-Drs. 16/7218, 60), nicht jedoch, dass die Daten bereits in einer Datenverarbeitungsanlage gespeichert sind oder in eine solche oder aus einer solchen übermittelt werden (BT-Drs. 16/3656, 10). Demnach sind auch Informationen erfasst, die keinen direkten Verarbeitungszweck aufweisen (MüKoStGB/*Graf* Rn. 10; LK-StGB/*Hilgendorf* Rn. 7; *Lenckner/Winkelbauer* CR 1986, 483 (484); *Schmitz* JA 1995, 478 (479)). Beispiele für Daten sind insbesondere digitalisierte Informationen wie Audio-, Video- und sonstige Mediendateien (MüKoStGB/*Graf* Rn. 11). Auch **Datenverarbeitungsprogramme** setzen sich aus Daten zusammen und sind daher – vgl. die ISO/IEC-Norm 2282 – ein taugliches Tatobjekt (BT-Drs. 10/5058, 29; MüKoStGB/*Graf* Rn. 11; LK-StGB/*Hilgendorf* Rn. 7; NK-

StGB/*Kargl* Rn. 4; Schönke/Schröder/*Lenckner/Eisele* Rn. 3; *Hilgendorf* JuS 1996, 509 (511); *Lenckner/Winkelbauer* CR 1986, 483 (485); *Schmitz* JA 1995, 478 (479); **aA** *v. Gravenreuth* NStZ 1989, 201 (205)).

8   § 202a betrifft wegen der **Einschränkung in Abs. 2** nur Daten, „die … nicht unmittelbar wahrnehmbar gespeichert sind oder übermittelt werden". Inhaltliche Anforderungen an die geschützten Daten enthält § 202a nicht (Fischer Rn. 4; LK-StGB/*Hilgendorf* Rn. 6; *Weißberger* NZA 2003, 1005 (1007)). Vor allem ist unerheblich, ob es sich hierbei um Geheimnisse iSd § 203 oder um personenbezogene Daten iSd BDSG handelt (Fischer Rn. 3; MüKoStGB/*Graf* Rn. 10; Schönke/Schröder/*Lenckner/Eisele* Rn. 3; *Popp* JuS 2011, 385 (386); → Rn. 6; **aA** *Haft* NStZ 1987, 6 (9): Daten müssen einen wirtschaftlichen Wert verkörpern).

9   **Nicht unmittelbar wahrnehmbar** sind Daten, wenn sie den menschlichen Sinnen nicht direkt zugänglich sind und nur durch technische Hilfsmittel wahrgenommen werden können (Fischer Rn. 4; Schönke/Schröder/*Lenckner/Eisele* Rn. 5; BeckOK StGB/*Weidemann* Rn. 4). Die fehlende Wahrnehmbarkeit kann auf elektronischer (zB Speicherkarten oder USB-Sticks), magnetischer (zB Disketten, Festplatten, Ton-, Video- und Magnetbänder oder Magnetkarten) oder auf einer Speicherung oder Übermittlung auf sonstige Weise (zB durch optische Speicherung auf CD(-ROM)s, DVD(-ROM)s oder Blu-ray Discs) beruhen (MüKoStGB/*Graf* Rn. 15 f.; Lackner/Kühl/*Heger* Rn. 2). Der Gesetzgeber wollte damit den Datenbegriff offen und unabhängig von künftigen Speicherungstechnologien gestalten (BT-Drs. 10/5058, 29).

10   Abzustellen ist dabei allein auf die **syntaktische Ebene,** dh auf die als Datum codierte Darstellung einer Information, nicht auf die darin verborgene Information (der semantischen Ebene) selbst (LK-StGB/*Hilgendorf* Rn. 7). Die fehlende unmittelbare Wahrnehmbarkeit kann lediglich auf einer verkleinerten Abbildung unverschlüsselter Daten auf einem **Mikrofilm** beruhen, die für das menschliche Auge erst unter Zuhilfenahme eines vergrößernden Lesegerätes sichtbar werden (MüKoStGB/*Graf* Rn. 15; NK-StGB/*Kargl* Rn. 5; Schönke/Schröder/*Lenckner/Eisele* Rn. 5; Hilgendorf/Valerius ComputerStrafR Rn. 539; *Hilgendorf* JuS 1996, 509 (511); *Schmitz* JA 1995, 478 (480)); Gleiches gilt für die Speicherung von Daten auf CD oder CD-ROM in Form mikroskopisch kleiner Vertiefungen (s. dazu LK-StGB/*Hilgendorf* Rn. 11). Der notwendige Rückgriff auf technische Hilfsmittel ist nur insoweit ohne Belang, als diese (wie zB Brillen oder Hörgeräte) körperliche Defizite des Einzelnen ausgleichen und dessen Wahrnehmungsvermögen auf ein gewöhnliches Maß zurückführen (LK-StGB/*Hilgendorf* Rn. 11; NK-StGB/*Kargl* Rn. 5; Schönke/Schröder/*Lenckner/Eisele* Rn. 5; *Schmitz* JA 1995, 478 (480)). Andererseits scheiden **Lochkarten** als Datenträger aus, da hier die Daten ohne Hilfsmittel visuell wahrnehmbar sind. Dass es Hilfsmittel zu ihrer Entschlüsselung und somit zur Erfassung ihres Bedeutungsgehalts bedarf, ist ohne Belang (LK-StGB/*Hilgendorf* Rn. 10; Lackner/Kühl/*Heger* Rn. 2; *Lenckner/Winkelbauer* CR 1986, 483 (484); *Schmitz* JA 1995, 478 (479); **aA** MüKoStGB/*Graf* Rn. 14). Gleiches gilt für Strichcodes auf Waren, die durch optische Lesegeräte eingescannt und sodann elektronisch weiterverarbeitet werden (MüKoStGB/*Graf* Rn. 17; LK-StGB/*Hilgendorf* Rn. 10; NK-StGB/*Kargl* Rn. 5).

11   Daten sind **gespeichert,** wenn sie zum Zwecke ihrer weiteren Verarbeitung oder Nutzung auf einem Datenträger erfasst, aufgenommen oder aufbewahrt werden (vgl. § 3 Abs. 4 S. 2 Nr. 1 BDSG). Ob die Speicherung digital (insbesondere auf Festplatte, Speicherkarten oder USB-Sticks) oder analog (zB auf Tonband) bzw. permanent (zB auf CD-ROM) oder flüchtig (zB im Arbeitsspeicher; MüKoStGB/*Graf* Rn. 18; NK-StGB/*Kargl* Rn. 6; **aA** *Schmitz* JA 1995, 478 (481)) erfolgt, ist unerheblich (BeckOK StGB/*Weidemann* Rn. 5).

12   **Übermittelt** werden Daten, indem sie unkörperlich (dh unabhängig von dem Medium, auf dem sie gespeichert sind) auf elektronischem oder sonst technischem Wege weitergeleitet werden (MüKoStGB/*Graf* Rn. 18). Das Versenden eines Datenträgers per Post genügt also nicht (LK-StGB/*Hilgendorf* Rn. 10; *Hilgendorf* JuS 1996, 509 (512)). Eine Übermittlung liegt vornehmlich bei Daten vor, die in Netzwerken wie dem heimischen WLAN (zB zwischen Speicher und Ausgabegerät wie einem Drucker; MüKoStGB/*Graf* Rn. 18) oder im Internet übertragen werden. Das Anzapfen von Datenübertragungsvorgängen kann somit grundsätzlich den Tatbestand des § 202a verwirklichen (Hilgendorf/Valerius ComputerStrafR Rn. 541); s. nunmehr hierzu § 202b. Auch zum Zeitpunkt der Übermittlung dürfen die Daten gemäß Abs. 2 nicht unmittelbar wahrnehmbar sein (Fischer Rn. 6). Auf die Begriffsbestimmung aus § 3 Abs. 4 S. 2 Nr. 3 BDSG kann daher nicht zurückgegriffen werden, da hier das Übermitteln der (wahrnehmbaren) Dateninhalte im Vordergrund steht. § 202a erfasst jedenfalls nicht Informationen, die noch nicht eingegeben (Inputdaten) oder schon ausgegeben wurden (Outputdaten; MüKoStGB/*Graf* Rn. 18; Schönke/Schröder/*Lenckner/Eisele* Rn. 6; BeckOK StGB/*Weidemann* Rn. 6; Gercke/Brunst InternetStrafR Rn. 92).

13   **b) Nicht für den Täter bestimmt.** Abs. 1 schränkt den Tatbestand auf Daten ein, die **nicht für den Täter bestimmt** sind. Die Zustimmung in die Zugangsverschaffung durch den Täter erweist sich somit als tatbestandsausschließendes Einverständnis (LK-StGB/*Hilgendorf* Rn. 20; NK-StGB/*Kargl* Rn. 8 und 16). Voraussetzung ist daher, dass sich die Daten zum Zeitpunkt der Tathandlung überhaupt nicht in dem Herrschaftsbereich des Täters befinden sollen (NK-StGB/*Kargl* Rn. 7; Lackner/Kühl/*Heger* Rn. 3; Gercke/Brunst InternetStrafR Rn. 93). Bloße Nutzungsbeschränkungen, die mit Einräumung des

Zugangs zu den Daten erklärt werden, bleiben unerheblich. Die lediglich zweckwidrige Verwendung von Daten verwirklicht somit nicht den Tatbestand (BayObLG NJW 1999, 1727 mAnm *Kühn* StV 1999, 214 für den Fall eines Polizeibeamten, der ohne dienstlichen Anlass eine Halterabfrage vornahm; LK-StGB/*Hilgendorf* Rn. 23; Schönke/Schröder/*Lenckner/Eisele* Rn. 11; *Wohlwend* JurPC 180/2008, 7; kritisch wegen des nicht wirksamen Schutzes MüKoStGB/*Graf* Rn. 21), zumal dies mitunter die strafrechtliche Sanktionierung bloßer Vertragsverletzungen bedeutete (BeckOK StGB/*Weidemann* Rn. 9; *Dauster/Braun* NJW 2000, 313 (315)). Ebenso ist ohne Belang, wen die Daten inhaltlich betreffen. Dass der Täter Daten ausspäht, die sich auf ihn selbst beziehen, lässt den Tatbestand nicht entfallen (MüKoStGB/*Graf* Rn. 19; NK-StGB/*Kargl* Rn. 7; Lackner/Kühl/*Heger* Rn. 3; Schönke/Schröder/*Lenckner/Eisele* Rn. 10; Hilgendorf/Valerius ComputerStrafR Rn. 544; *Lenckner/Winkelbauer* CR 1986, 483 (485); *Möhrenschlager* wistra 1986, 128 (140)).

Für wen die Daten bestimmt sind, entscheidet der **Verfügungsberechtigte.** Er ist weder notwendigerweise identisch mit dem Eigentümer an dem jeweiligen Datenträger noch mit dem Hersteller der jeweiligen Datenverarbeitungsanlage (zur Verfügungsberechtigung an Messrohdaten einer Geschwindigkeitsmessanlage OLG Naumburg ZD 2014, 628 (629 f.)). Nach verbreiteter Ansicht resultiert die Verfügungsberechtigung vielmehr aus der erstmaligen Abspeicherung des betreffenden Datums, dem sog Skripturakt (Fischer Rn. 7a; LK-StGB/*Hilgendorf* Rn. 26; NK-StGB/*Kargl* Rn. 7; BeckOK StGB/*Weidemann* Rn. 8; vgl. auch MüKoStGB/*Graf* Rn. 19; *Hilgendorf* JuS 1996, 509 (512) und JuS 1997, 323 (326); *Möhrenschlager* wistra 1986, 128 (140)). Den Ausschlag gibt hierbei allerdings nicht, wer die Daten gespeichert hat, sondern wem die Speicherung rechtlich zuzurechnen ist. Bei Speicherungen in fremdem Auftrag bleibt also der Auftraggeber, auf dessen Veranlassung die Speicherung erfolgt, der Verfügungsberechtigte (MüKoStGB/*Graf* Rn. 19; LK-StGB/*Hilgendorf* Rn. 26).

Eine **Übertragung** der Verfügungsberechtigung auf andere Personen ist möglich. So kommt bei **15** übermittelten Daten auch der Empfänger als Verfügungsberechtigter in Betracht (MüKoStGB/*Graf* Rn. 19; NK-StGB/*Kargl* Rn. 7; Schönke/Schröder/*Lenckner/Eisele* Rn. 11; BeckOK StGB/*Weidemann* Rn. 8; *Möhrenschlager* wistra 1986, 128 (140)). Im Einzelfall gilt es jedoch stets zu unterscheiden, an welchen Daten die Verfügungsberechtigung übergehen soll. Vor allem bei der Überlassung von Software ist zu differenzieren, ob nur die Nutzung des Programms oder auch der Zugriff auf die Programmdaten selbst gestattet ist. Steht der Kopierschutz wie im Regelfall nur der Vervielfältigung der Software entgegen, ohne dem Nutzer den Zugang zu den Programmdaten zu verwehren, stellt die Anfertigung einer **Raubkopie** jedenfalls mangels Überwindung einer Zugangssicherung keine Datenausspähung iSd § 202a dar (LK-StGB/*Hilgendorf* Rn. 22; NK-StGB/*Kargl* Rn. 8; Schönke/Schröder/*Lenckner/Eisele* Rn. 12; Hilgendorf/Valerius ComputerStrafR Rn. 555; *Lenckner/Winkelbauer* CR 1986, 483 (486); vgl. auch MüKoStGB/*Graf* Rn. 29 ff. und 78; *Kuhlmann* CR 1989, 177 (185); *Meier* JZ 1992, 657 (661 ff.)); zur Strafbarkeit des Auslesens des im BIOS gespeicherten Lizenzschlüssels für ein Betriebssystem *Meyer-Spasche/Störing/Schneider* CR 2013, 131 (133 ff.).

Beispiele: Der Inhaber einer codierten **Scheck- oder Kreditkarte** ist nicht berechtigt, über die im Magnetstreifen **16** gespeicherten Programmdaten zu verfügen (AG Böblingen WM 1989, 64 (65); Fischer Rn. 7a; MüKoStGB/*Graf* Rn. 26; LK-StGB/*Hilgendorf* Rn. 27; NK-StGB/*Kargl* Rn. 7; Schönke/Schröder/*Lenckner/Eisele* Rn. 11; *Richter* CR 1989, 303 (305)). Verfügungsberechtigter bleibt insoweit das kartenausstellende Institut (BGH NStZ 2005, 566; LK-StGB/*Hilgendorf* Rn. 26; Lackner/Kühl/*Heger* Rn. 9; nach JR 2010, 479 (498) sind aber Daten in dem Magnetstreifen einer Zahlungskarte gegen unberechtigten Zugang nicht besonders gesichert). Der Käufer eines **Geldspielautomaten** erwirbt mit dem Eigentum nicht die Befugnis, über Einsatz und Verwendung der Programmdaten des Automaten zu verfügen (MüKoStGB/*Graf* Rn. 27; LK-StGB/*Hilgendorf* Rn. 27; Schönke/Schröder/*Lenckner/Eisele* Rn. 11; *Arloth* CR 1996, 359 (360); *Etter* CR 1988, 1021 (1024); *Neumann* JuS 1990, 535 (539); *Schlüchter* NStZ 1988, 53 (55); **aA** LG Duisburg CR 1988, 1027 (1028)). Das Auslesen von **Unlock-Codes** aus der Software eines Telefons mit SIM-Lock ist tatbestandlich erfasst, da der Unlock-Code dem Kunden nur gegen Zahlung eines Entgelts oder nach Ablauf einer gewissen Zeit überlassen wird und daher nicht für ihn bestimmt ist (LK-StGB/*Hilgendorf* Rn. 27; *Busch/Giessler* MMR 2001, 586 (589 f.)).

Kostenpflichtige Zugänge wie vor allem **Datenbanken** sind nicht allein infolge der (entgeltlichen) allgemeinen **17** Zugänglichkeit für jedermann bestimmt (BT-Drs. 10/5058, 29; 16/3656, 10; MüKoStGB/*Graf* Rn. 24; LK-StGB/*Hilgendorf* Rn. 21; NK-StGB/*Kargl* Rn. 7; Hilgendorf/Valerius ComputerStrafR Rn. 544; *Lenckner/Winkelbauer* CR 1986, 483 (486); *Möhrenschlager* wistra 1986, 128 (140)). Wird einem ehemals berechtigten Teilnehmer die weitere Nutzung der Datenbank lediglich untersagt, die Sperrung seines Zugangs jedoch versäumt, verwirklicht der Abruf von Daten aber mangels Zugangssicherung nicht den Tatbestand der Datenausspähung (LK-StGB/*Hilgendorf* Rn. 21; Schönke/Schröder/*Lenckner/Eisele* Rn. 10; *Ernst* NJW 2003, 3233 (3236)). Jedenfalls verwirklicht das Auslesen von Verschlüsselungscodes aus Halbleitern oder Hardwarebauteilen von Decodern für **Pay-TV-Angebote** den Tatbestand des Ausspähens von Daten (LK-StGB/*Hilgendorf* Rn. 17; Hilgendorf/Valerius ComputerStrafR Rn. 549; *Dressel* MMR 1999, 390 (393 f.); **aA** *Helberger* ZUM 1999, 295 (304); s. auch *Planert* StV 2014, 430 (433) zum sog Cardsharing); vgl. dazu auch § 4 ZKDSG (hierzu *Bär/Hoffmann* MMR 2002, 654).

In Bezug auf **private Daten des Arbeitnehmers** (zB E-Mails oder aus dem Internet heruntergeladene Dateien, **18** die er an seinem Arbeitsplatz speichert, ist der Arbeitgeber selbst dann nicht verfügungsberechtigt, wenn er die Speicherung privater Daten untersagt hat. Auch aus dem Eigentum des Arbeitgebers an den Speichermedien resultiert nicht seine Verfügungsbefugnis (→ Rn. 14). Sofern die weiteren Voraussetzungen der Vorschrift gewahrt sind, vor allem die Daten gegen unberechtigten Zugang besonders gesichert sind (zB durch ein dem Arbeitgeber nicht bekanntes Passwort, vor allem auf einem privaten E-Mail-Konto), stellt die nicht gestattete Einsichtnahme gespeicherter privater

Daten ein Ausspähen von Daten dar (NK-StGB/*Kargl* Rn. 7; *F. Schuster,* Die Internetnutzung als Kündigungsgrund, 2009, 35; *Barton* CR 2003, 839 (841 f.); *Dann/Gastell* NJW 2008, 2945 (2947); *Nägele/Meyer* K&R 2004, 312 (315); *Oberwetter* NZA 2008, 609 (611); *F. P. Schuster* ZIS 2010, 68 (70); *Weißberger* NZA 2003, 1005 (1007 f.)). Rechtfertigungsgründe stehen dem Arbeitgeber hier nur selten zu (*Weißberger* NZA 2003, 1005 (1008 f.)). Anderes gilt in Bezug auf E-Mail-Postfächer, deren Passwortschutz dienstlichen Zwecken dient und dem Systemadministrator und somit letztlich auch dem Arbeitgeber bekannt sind (NK-StGB/*Kargl* Rn. 7; *Härting* CR 2007, 311 (314); vgl. hierzu ferner Hilgendorf/Valerius ComputerStrafR Rn. 551; *F. Schuster,* Die Internetnutzung als Kündigungsgrund, 2009, 38; *Jofer/Wegerich* K&R 2002, 235 (239); *Rübenstahl/Debus* NZWiSt 2012, 129 ff.).

19   **c) Gegen unberechtigten Zugang besonders gesichert.** Die Daten müssen zum Zeitpunkt der Tathandlung **gegen unberechtigten Zugang,** dh gegen ungehinderten Zugriff oder Einwirkungsmöglichkeit (BeckOK StGB/*Weidemann* Rn. 12), **besonders gesichert** sein. Diese sehr bedeutende Eingrenzung des Tatbestands (vgl. BT-Drs. 16/3656, 10) enthält ein **viktimodogmatisches Element,** so dass Vorgänge nicht geahndet werden, in denen der nachlässige Umgang des Verfügungsberechtigten mit den Daten den Zugriff des Täters ermöglicht. Außerdem dient die Zugangssicherung der Dokumentation des Geheimhaltungsinteresses des Berechtigten (BT-Drs. 10/5058, 29; 16/3656, 10; LK-StGB/*Hilgendorf* Rn. 29; NK-StGB/*Kargl* Rn. 9; Lackner/Kühl/*Heger* Rn. 4; Schönke/Schröder/*Lenckner/Eisele* Rn. 14; BeckOK StGB/*Weidemann* Rn. 13; Gercke/Brunst InternetStrafR Rn. 94; → Rn. 6). Kommt dieses in der Sicherheitsvorkehrung nicht zum Ausdruck, scheidet der Tatbestand daher ebenfalls aus. Der Wortlaut der Norm erfordert jedoch nicht, dass die Zugangssicherung erkennbar ist. Vielmehr vermögen auch versteckte Sicherungen das Geheimhaltungsinteresse des Berechtigten zu manifestieren (MüKoStGB/*Graf* Rn. 32; NK-StGB/*Kargl* Rn. 9).

20   Unerheblich ist die Art des zu verhindernden Zugangs. Der Begriff des Zugangs bleibt angesichts möglicher künftiger technischer Entwicklungen weit auszulegen (MüKoStGB/*Graf* Rn. 33). In Betracht kommen insbesondere der technische Zugang zu den Daten (bzw. dem sie beherbergenden Datenspeicher oder Computersystem) sowie der körperliche Zugriff auf den Datenträger. Dementsprechend reicht das Spektrum möglicher **Zugangssicherungen** (ausführlich MüKoStGB/*Graf* Rn. 36 ff.) von technischen Vorkehrungen (zB die Verwendung von Magnetkarten, biometrischen Verfahren – vgl. hierzu MüKoStGB/*Graf* Rn. 40 –, Fingerabdrucks- oder Stimmerkennungsgeräten), vor allem dem Betriebssystem immanenten Sicherungen (zB Benutzerkennungen, Passwortabfragen oder Schreib- und Leseberechtigungen), bis hin zu mechanischen oder baulichen Sicherungsmaßnahmen, zB dem Verschließen eines Behältnisses oder von Räumlichkeiten bzw. das Anbringen einer gesicherten Eingangsschleuse zum Rechnerraum (Fischer Rn. 9; MüKoStGB/*Graf* Rn. 37; LK-StGB/*Hilgendorf* Rn. 34; NK-StGB/*Kargl* Rn. 10; Lackner/Kühl/*Heger* Rn. 4; BeckOK StGB/*Weidemann* Rn. 13; *Hilgendorf* JuS 1996, 702).

21   Darüber hinaus kommen Maßnahmen am Datum selbst als Zugangssicherung in Betracht. Dies gilt zwar nicht für die Speicherung in elektronischer, magnetischer oder sonst nicht unmittelbar wahrnehmbarer Form als solche, die erst die Dateneigenschaft iSd Abs. 2 begründet (→ Rn. 9). Das Speichern von Daten auf einer CD-ROM oder auf einer Magnetkarte, die sich mit einem handelsüblichen Gerät auslesen lässt, bedeutet demzufolge keine Sicherung gegen unberechtigten Zugang. Daher verwirklicht etwa nicht den § 202a, wer im Rahmen des sog **Skimmings** die auf dem Magnetstreifen einer Zahlungskarte gespeicherten (und nicht anderweitig gegen unbefugten Zugriff gesicherten) Daten ausliest, um sodann Kartendubletten herzustellen (BGH NStZ 2010, 275 m. zust. Bespr. *Tyszkiewicz* HRRS 2010, 207 in einem obiter dictum entgegen BGH NStZ 2005 266; auf den Anfragebeschluss BGH NStZ 2010, 509 des 4. Strafsenats haben die anderen Senate ihre (möglicherweise) entgegenstehende Rechtsprechung aufgegeben; BGH NStZ 2011, 154 m. krit. Anm. *Schuhr* = JR 2010, 497 mAnm *Schiemann*). Eine Zugangssicherung stellt hingegen die **Verschlüsselung** von Daten (Fischer Rn. 9a; NK-StGB/*Kargl* Rn. 10; Hilgendorf/Valerius ComputerStrafR Rn. 548; *Ernst* NJW 2003, 3233 (3236); *Möhrenschlager* wistra 1986, 128 (140); **aA** *Schumann* NStZ 2007, 675 (676)), insbes. im Stadium der Datenübertragung (MüKoStGB/*Graf* Rn. 46; LK-StGB/*Hilgendorf* Rn. 35; Schönke/Schröder/*Lenckner/Eisele* Rn. 16; *Hilgendorf* JuS 1996, 702; *Lenckner/Winkelbauer* CR 1986, 483 (487); *Schmachtenberg* DuD 1998, 7 (8); **aA** *Dornseif/Schumann/Klein* DuD 2002, 226 (230)), sowie das **Verstecken** einer Datei in einer Trägerdatei dar (sog Steganografie; Fischer Rn. 9a; MüKoStGB/*Graf* Rn. 47; LK-StGB/*Hilgendorf* Rn. 35; NK-StGB/*Kargl* Rn. 10; *Hilgendorf* JuS 1996, 702 (703)). Allein das Abspeichern einer Datei in einem unverdächtigen Verzeichnis wird angesichts moderner Suchfunktionen zumindest keine besondere Zugangssicherung darstellen (iErg ebenso MüKoStGB/*Graf* Rn. 47). Die Übersetzung der Daten in eine seltene, kaum verbreitete Fremdsprache genügt jedenfalls nicht (MüKoStGB/*Graf* Rn. 46; *Lenckner/Winkelbauer* CR 1986, 483 (487)).

22   Zur fehlenden Strafbarkeit des „Schwarzsurfens" in einem nicht verschlüsselten **WLAN** MüKoStGB/*Graf* Rn. 84; BeckOK StGB/*Weidemann* Rn. 13; *Bär* MMR 2005, 434 (436); *Eisele* JURA 2012, 922 (925); *Ernst* CR 2003, 898 (899); *Malpricht* ITRB 2008, 42; diff. *Thal* in Dimensionen des IT-Rechts, 2008, 43 (52 ff.). Auch eine zunächst diskutierte Strafbarkeit nach § 89 S. 1 TKG, § 148 Abs. 1 Nr. 1 TKG und § 44 Abs. 1 BDSG, § 43 Abs. 2 Nr. 3 BDSG (s. AG Wuppertal NStZ 2008, 161) wird inzwischen überwiegend abgelehnt (AG Wuppertal BeckRS 2010, 19628 und LG Wuppertal K & R 2010, 838 mAnm *Gramespacher/Wichering; Eisele* JURA 2012, 922 (925); s. hierzu auch *Höfinger* ZUM 2011, 212).

Dass die Sicherung **weiteren Zwecken** außer der Verhinderung des Zugangs dient, ist unerheblich. **23** Insbesondere Sicherheitsvorkehrungen nur allgemeiner Art (zB Brandschutztüren), die ausschließlich andere Zwecke verfolgen oder bei denen die Datensicherung nur von ganz untergeordneter Relevanz ist oder einen bloßen Nebeneffekt bedeutet, stellen indes keine Zugangssicherung dar, da dadurch ein etwaiges Geheimhaltungsinteresse des Verfügungsberechtigten an den zugleich geschützten Daten nicht hinreichend belegt wird (BT-Drs. 16/3656, 10; Fischer Rn. 9; Schönke/Schröder/*Lenckner/Eisele* Rn. 14; BeckOK StGB/*Weidemann* Rn. 13; Hilgendorf/Valerius ComputerStrafR Rn. 546; *Lenckner/ Winkelbauer* CR 1986, 483 (487); *Schumann* NStZ 2007, 675 (676)).

Besteht die Zugangssicherung selbst aus Daten (zB einem Passwort), ist zwischen den Zugangsdaten und den dadurch **24** geschützten Daten zu unterscheiden. Exemplarisch kann insoweit auf das **Phishing** verwiesen werden (zu den Erscheinungsformen *Goeckenjan* wistra 2009, 47 (48 f.)). Die per E-Mail oder auf andere Weise abgelisteten Zugangsdaten (PIN, TANs) dienen der Zugangssicherung, sind aber selbst nicht gegen unberechtigten Zugang gesichert. Wer einen anderen zur Preisgabe dieser Daten veranlasst, verwirklicht demnach (noch) nicht den Tatbestand des §202a (Fischer Rn. 9a; LK-StGB/*Hilgendorf* Rn. 17; Gercke/Brunst InternetStrafR Rn. 97; *Buggisch/Kerling* Kriminalistik 2006, 531 (535); *Goeckenjan* wistra 2009, 47 (49 f.); *Graf* NStZ 2007, 129 (131); *Popp* MMR 2006, 84 (85); iErg ebenso *Stuckenberg* ZStW 118 (2006), 878 (884)). Erst der (unberechtigte) Einsatz der erschlichenen Zugangsdaten führt zu einer strafbaren Ausspähung jener Daten, die dadurch geschützt werden sollen, beim Phishing insbesondere durch die PIN geschützten Kontodaten (Fischer Rn. 9a; LK-StGB/*Hilgendorf* Rn. 17; NK-StGB/*Kargl* Rn. 10; BeckOK StGB/*Weidemann* Rn. 16.1; *M. Gercke* CR 2005, 606 (610 f.); *Goeckenjan* wistra 2009, 47 (52 f.); *Heghmanns* wistra 2007, 167 (169); *Stuckenberg* ZStW 118 (2006), 878 (906); **aA** *Graf* NStZ 2007, 129 (131)). Mittlerweile stellt aber §202c Abs. 1 Nr. 1 das Verschaffen von Passwörtern, beispielsweise per betrügerischer E-Mail, unter Strafe (→ §202c Rn. 31). Zur Strafbarkeit des Phishings *Buggisch/Kerling* Kriminalistik 2006, 531; *M. Gercke* CR 2005, 606; *Graf* NStZ 2007, 129; *Popp* NJW 2004, 3517; *ders.* MMR 2006, 84; *Stuckenberg* ZStW 118 (2006), 878 (883 ff.); zur Rechtslage nach dem 41. StÄG *Beck/Dornis* CR 2007, 642; *Goeckenjan* wistra 2009, 47 (49 ff.). Zur Strafbarkeit des **Skimmings** generell *Eisele* JURA 2012, 922 (926); *Seidl/Fuchs* HRRS 2011, 265 (266 ff.); *Tyszkiewicz* HRRS 2010, 207 (209 ff.); zum unmittelbaren Ansetzen BGH NJW 2014, 1463.

Bloße Verbote (zB Disclaimer bei (fehlgeleiteten) E-Mails; *Schmidl* MMR 2005, 501 (506)), Arbeits- **25** anweisungen oder Genehmigungsvorbehalte genügen mangels physischer Verhinderung ebenso wenig wie Maßnahmen, die – wie zB Überwachungskameras oder die Protokollierung von Anmeldungen am System – lediglich der Beweissicherung oder der nachträglichen Aufklärung dienen (Fischer Rn. 8a; MüKoStGB/*Graf* Rn. 35; LK-StGB/*Hilgendorf* Rn. 30; NK-StGB/*Kargl* Rn. 9). Außerdem muss die Sicherheitsvorkehrung den Zugang zu Daten zu verhindern versuchen. Nicht erfasst sind daher Maßnahmen, die nur den unbefugten Gebrauch von Hardware oder Datenträgern unterbinden sollen, zB das Verschließen von elektronischen Abspielgeräten oder die Einrichtung eines Kopierschutzes (BT-Drs. 16/3656, 10; Fischer Rn. 8a; LK-StGB/*Hilgendorf* Rn. 30; BeckOK StGB/*Weidemann* Rn. 13; *Vahle* DVP 2007, 491).

Eine **besondere** (Zugangs-)**Sicherung** liegt vor, wenn die getroffenen Vorkehrungen geeignet sind, **26** den Zugriff Unbefugter auszuschließen oder zumindest erheblich zu erschweren (MüKoStGB/*Graf* Rn. 35; vgl. auch BT-Drs. 16/3656, 10; Gercke/Brunst InternetStrafR Rn. 95). Ein absoluter Schutz muss nicht gewährleistet sein. Vorkehrungen, die jeder Interessierte – als Maßstab dienen also weder der technische Laie (so aber *Schumann* NStZ 2007, 675 (676)) noch der Experte (so aber wohl *Rübenstahl/ Debus* NZWiSt 2012, 129 (131)) – ohne Weiteres überwinden kann, genügen jedoch nicht (Fischer Rn. 9; LK-StGB/*Hilgendorf* Rn. 32; BeckOK StGB/*Weidemann* Rn. 17; vgl. auch BT-Drs. 16/3656, 10; *Dornseif/Schumann/Klein* DuD 2002, 226 (229); *Vassilaki* CR 2008, 131). Schließlich muss sich gerade in der Überwindung der Zugangssicherung die strafwürdige kriminelle Energie des Täters manifestieren (LK-StGB/*Hilgendorf* Rn. 18). In kabellosen Netzen genügt ein Rückgriff auf standardisierte Verschlüsselungen (Schönke/Schröder/*Lenckner/Eisele* Rn. 16). Passwörter gewähren eine besondere Zugangssicherung bereits dann, wenn sie in irgendeiner Form individualisiert sind. Dass Personen aus dem Umfeld des Inhabers das jeweilige Passwortes dieses ggf. leicht erraten können (zB bei Verwendung des Geburtsdatums oder des Vornamens des Ehegatten), schließt §202a nicht aus (*Ernst* NJW 2003, 3233 (3236); **aA** LK-StGB/*Hilgendorf* Rn. 36), da auch insoweit auf den durchschnittlichen Interessierten und nicht den Experten (hier in Bezug auf persönliche Fragen) abzustellen bleibt. Bloße organisatorische Maßnahmen oder Registrierungspflichten stellen hingegen keine besondere Sicherung dar (BT-Drs. 16/3656, 10; NK-StGB/*Kargl* Rn. 14a; *Vahle* DVP 2007, 491).

Nicht erforderlich ist, dass die Sicherung gerade gegenüber dem Täter wirkt. So können **Betriebs-** **27** **interne** selbst dann den Tatbestand verwirklichen, wenn die Daten, auf die sie nicht zugreifen dürfen, nur gegenüber Betriebsexternen vor unberechtigtem Zugang gesichert sind (Fischer Rn. 8; LK-StGB/ *Hilgendorf* Rn. 33; NK-StGB/*Kargl* Rn. 11; Schönke/Schröder/*Lenckner/Eisele* Rn. 17; BeckOK StGB/*Weidemann* Rn. 14; **aA** *Lenckner/Winkelbauer* CR 1986, 483 (487)). Dem Wortlaut lässt sich nicht entnehmen, dass es eines Schutzes bedarf, der jedem Nichtberechtigten entgegensteht (MüKoStGB/*Graf* Rn. 34; NK-StGB/*Kargl* Rn. 11; Hilgendorf/Valerius ComputerStrafR Rn. 554; *Hilgendorf* JuS 1996, 702 (704)). Dies gilt insbesondere für „closed shops", dh in separaten Räumen untergebrachte Datenverarbeitungsanlagen von Unternehmen, zu denen neben den betreffenden Mitarbeitern auch das Aufsichts- und Sicherungspersonal Zutritt hat, für welche die gespeicherten Daten nicht bestimmt sind. Hier genügt für die besondere Sicherung, dass die bauliche Abtrennung der Daten gegenüber Betriebsexternen wirkt, mögen auch die gesicherten Daten nicht für jeden Angehörigen des innerhalb der Räumlichkeit anwesenden Betriebspersonals bestimmt sein.

28   **2. Tathandlung.** Die Tathandlung des § 202a besteht darin, dass der Täter sich oder einem anderen **Zugang zu** dem Tatobjekt der **Daten** (→ Rn. 7 ff.) **verschafft.** Abweichend von der früheren Gesetzeslage ist seit dem 41. StÄG v. 7.8.2007 (→ Rn. 3) ein Zugriff auf das geschützte Datum selbst nicht mehr erforderlich. Dadurch wird nunmehr auch das sog **Hacking** tatbestandlich erfasst, das sich in der Überwindung der Zugangssicherung, also in dem Eindringen in das betreffende Computersystem erschöpft, ohne auf die darin abgelegten Daten zuzugreifen. Gleiches gilt für das **Portscanning,** bei dem am Zielsystem offene Ausgänge als mögliche Angriffspunkte gesucht werden (BeckOK StGB/ *Weidemann* Rn. 15; *Marberth-Kubicki* DRiZ 2007, 212 (213 f.); ITRB 2008, 17).

29   Nach der aF der Vorschrift war die Strafbarkeit des Hacking umstritten (abl. Lackner/Kühl/*Heger* Rn. 5; bejahend Fischer Rn. 10a; ausführlich zum Meinungsstand *Schnabl* wistra 2004, 211 (212 ff.)). Zur (fehlenden) Strafbarkeit des Portscanning *Ernst* NJW 2003, 3233 (3237); *Rinker* MMR 2002, 663 (664). Dem Willen des Gesetzgebers entsprach es jedenfalls, das Hacking nicht zu erfassen, solange sich der Täter mit dem unbefugten Zugang begnügte und nicht darüber hinaus Daten abrief, da das Strafrecht erst bei Eintritt eines Schadens oder zumindest der Beeinträchtigung eines Rechtsguts eingreifen und eine Überkriminalisierung vermieden werden sollte. Zwar könne schon das erfolgreiche Eindringen in fremde Datenbanken Integritätsinteressen von Betreibern und Benutzern gefährden und eine zu starke Systembelastung hervorrufen. Es bestünden jedoch aus allgemein strafrechtlichen Erwägungen Bedenken, Vorbereitungshandlungen zu Vergehen mit Strafe zu bedrohen (BT-Drs. 10/5058, 28 f.). Diese Argumentation beruhte auf dem damaligen Bild eines Hackers, der Zugangssicherungen nicht zu weiteren kriminellen Aktivitäten, sondern nur zum Spaß oder aus sportlichem Ehrgeiz überwand. Die aus den Anfangszeiten der digitalen Welt stammende Vorstellung dürfte mittlerweile überholt sein (*Bruns* Stellungnahme S. 2; *Graf* Stellungnahme S. 2; LK-StGB/*Hilgendorf* Rn. 14; *Ernst* NJW 2007, 2661 (2661); *Schultz* DuD 2006, 778 (779); vgl. hierzu auch *Ernst* NJW 2003, 3233 (3233 f.); *Vassilaki* MMR 2006, 212 (213 f.); kritisch schon *Goldmann/Stenger* CR 1989, 543 (545)). In der Begründung des 41. StÄG verwies der Gesetzgeber darauf, dass durch das Hacking möglicherweise nur mit erheblichem Aufwand zu beseitigende Schäden sowie Gefahren für die Integrität von Daten und Programmen hervorgerufen und weitere Straftaten ermöglicht werden könnten (BT-Drs. 16/3656, 9; vgl. auch BT-Drs. 16/7218, 62). Außerdem sei schwierig nachzuvollziehen, dass das Hacking nicht das geschützte Rechtsgut der Norm verletze, da es jedenfalls die „formale Geheimsphäre" oder die Integrität des betreffenden Computersystems beeinträchtige. Die generelle Gefährlichkeit und Schädlichkeit des Hackings – und somit letztlich seine Strafwürdigkeit und -bedürftigkeit – zeigte sich anhand von Angriffen auch in Deutschland, zB durch den Einsatz von Key-Logging-Trojanern, Sniffern oder Backdoorprogrammen (BT-Drs. 16/3656, 9; → Rn. 31).

30   Die Verschaffung des Zugangs geschieht insbesondere durch die Erlangung der **Verfügungsmacht über** den **Datenträger,** auf dem die fraglichen Daten gespeichert sind (LK-StGB/*Hilgendorf* Rn. 15; NK-StGB/*Kargl* Rn. 12; **aA** BeckOK StGB/*Weidemann* Rn. 16; *Vassilaki* CR 2008, 131 (132)), oder durch die **Kopie der Daten** selbst (Fischer Rn. 11; LK-StGB/*Hilgendorf* Rn. 15; NK-StGB/*Kargl* Rn. 12; BeckOK StGB/*Weidemann* Rn. 16). Eine **Kenntnisnahme** der Daten (zB auf einem Bildschirm oder einem Ausdruck) ist insoweit nicht erforderlich, genügt aber ihrerseits ebenso für die Zugangsverschaffung aus (MüKoStGB/*Graf* Rn. 51; LK-StGB/*Hilgendorf* Rn. 16; Hilgendorf/Valerius ComputerStrafR Rn. 556). Von einem Zugang kann indes jeweils noch nicht gesprochen werden, wenn die Daten verschlüsselt und – mangels Verfügungsgewalt über den Schlüssel – daher einem ungehinderten Zugriff nach wie vor unzugänglich sind (Fischer Rn. 11a; MüKoStGB/*Graf* Rn. 53; *Planert* StV 2014, 430 (433); *Schmitz* JA 1995, 478 (483); vgl. auch Schönke/Schröder/*Lenckner/Eisele* Rn. 19; Gercke/Brunst InternetStrafR Rn. 99; einschränkend *Lenckner/Winkelbauer* CR 1986, 483 (488); ergänzend → Rn. 32; *Ernst* NJW 2007, 2661 (2661) hätte von einer Änderung der Norm gewünscht, damit der Täter bei einer wirksamen Verschlüsselung seitens des Opfers nicht ungerechtfertigt privilegiert ist). Entsprechend der weiten Auslegung des Zugangsbegriffs (→ Rn. 20) ist unerheblich, ob sich die Daten etwa auf einem Computer desselben oder eines anderen Netzwerks befinden oder auf welchen Kommunikationswegen (aus der Nähe oder Ferne, drahtlos oder leitungsgebunden) sich der Täter den Zugang verschafft (vgl. BT-Drs. 16/7218, 62).

31   Moderne Formen der Zugangsverschaffung sind die Infizierung eines Computersystems mit spezieller **Schadsoftware** zum Ausspähen von Daten, zB Trojaner, die nach sensiblen Dateien wie Passwörtern und Kontonummern suchen oder den Zugriff auf Webcams der Zielrechner gestatten (s. hierzu AG Düren K&R 2011, 216), oder Schnüffelsoftware, die den Datenverkehr des Benutzers aufzeichnet (sog Sniffer) oder Tastatureingaben mitprotokolliert (sog Keylogger); vgl. dazu bereits *Eichelberger* MMR 2004, 594 (596 f.); ferner *Roos/Schumacher* MMR 2014, 377 (379). Die bloße Verbreitung eines Virus genügt demgegenüber nicht, solange solche Schadprogramme (Beispiele bei *Ernst* NJW 2003, 3233 (3234 f.)) sich auf ihre weitere Verbreitung bzw. auf das Löschen oder Unterdrücken von Daten beschränken, ohne dem Urheber oder dem Verbreiter selbst zugleich Daten oder den Zugang hierzu zu verschaffen (MüKoStGB/*Graf* Rn. 76; *Eichelberger* MMR 2004, 594 (596 f.)). Ebenso wenig geht in der Regel mit der Installation von Dialer-Programmen, die sich darauf beschränken, unbemerkt kostenpflichtige Telekommunikationsverbindungen zu Servicenummern aufzubauen, eine Datenausspähung einher (MüKoStGB/*Graf* Rn. 95; BeckOK StGB/*Weidemann* Rn. 16; *Buggisch* NStZ 2002, 178 (179); *Fülling/Rath* JuS 2005, 598 (602)).

Die Zugangsverschaffung muss **unter Überwindung der Zugangssicherung** (→ Rn. 19 ff.) erfol- 32
gen. Das Merkmal wurde durch das 41. StÄG klarstellend eingeführt (BT-Drs. 16/3656, 10), ergab sich
aber schon zuvor aus dem Sinn und Zweck der Norm (BeckOK StGB/*Weidemann* Rn. 17) und war als
mögliche Einschränkung des Tatbestands ausdrücklich in Art. 2 Abs. 2 des EU-Rahmenbeschlusses sowie
Art. 2 S. 2 des Europarats-Übereinkommens vorgesehen. Die Tatbestandsverwirklichung setzt demnach
voraus, die bestehenden Sicherheitsvorkehrungen zu überwältigen oder zu umgehen, da nur dadurch die
strafwürdige kriminelle Energie manifestiert wird (BT-Drs. 16/3656, 10; *Eichelberger* MMR 2004, 594
(596); *Lenckner/Winkelbauer* CR 1986, 483 (486); *Schmachtenberg* DuD 1998, 7). Dies kann allerdings auch
nach der Zugangsverschaffung geschehen, zB durch die anschließende **Entschlüsselung** der ausgespähten Daten. Zwar kann von einer Verfügungsgewalt über verschlüsselte Daten bereits dann gesprochen
werden, wenn der Täter den angewandten Schlüssel kennt (→ Rn. 30). Die Zugangssicherung der
Verschlüsselung ist allerdings erst dann überwunden, wenn die betreffenden Daten tatsächlich entschlüsselt werden (*Gröseling/Höfinger* MMR 2007, 549 (551); *Marberth-Kubicki* DRiZ 2007, 212 (213)).

Von einer Überwindung der Zugangssicherung kann nicht gesprochen werden, wenn der Täter auf 33
andere Art und Weise an die betreffenden Daten gelangt. Nicht von § 202a erfasst ist etwa die „Entschlüsselung" der Programmdaten eines **Glücksspielautomaten** durch Analyse des Spielablaufs, ohne
den diesen beherbergenden Chip selbst dem Automaten zu entnehmen und auszuwerten (MüKoStGB/
Graf Rn. 27; Schönke/Schröder/*Lenckner/Eisele* Rn. 19). Dagegen ist § 202a verwirklicht, wenn der
Täter das Blechgehäuse des Automaten als Zugangssicherung aufbricht und den Programmchip direkt
ausliest (*Arloth* CR 1996, 359 (360); *Etter* CR 1988, 1021 (1024); *Neumann* JuS 1990, 535 (539);
Schlüchter NStZ 1988, 53 (55); *Westphal* CR 1987, 515 (517)). Das bloße Ausnutzen einer anderweitig
beseitigten Sicherungsmaßnahme, zB der Erwerb bereits ausgespähter und in wahrnehmbarer Form
ausgedruckter Daten (OLG Celle CR 1990, 276 (277); MüKoStGB/*Graf* Rn. 51; LK-StGB/*Hilgendorf*
Rn. 19; *Schmitz* JA 1995, 478 (483)) oder die Wahrnehmung von auf einem Monitor abgebildeten
Daten (LK-StGB/*Hilgendorf* Rn. 18; NK-StGB/*Kargl* Rn. 14), genügt ebenfalls nicht.

3. Unbefugt. Bei dem Merkmal „unbefugt" handelt es sich lediglich um ein **allgemeines Delikts-** 34
merkmal der Rechtswidrigkeit (NK-StGB/*Kargl* Rn. 16; Schönke/Schröder/*Lenckner/Eisele*
Rn. 24; *Bär* MMR 2005, 434 (436); *Bühler* MDR 1987, 448 (453); *Gröseling/Höfinger* MMR 2007, 549
(553); *Lenckner/Winkelbauer* CR 1986, 483 (488)), nicht hingegen um ein Merkmal mit Doppelfunktion
(so MüKoStGB/*Graf* Rn. 58; Gercke/Brunst InternetStrafR Rn. 100; vgl. auch BeckOK StGB/*Weide-*
mann Rn. 18). Allerdings ist zu beachten, dass die Bestimmtheit der Daten für den Täter bereits den
Tatbestand ausschließt (→ Rn. 13). Zu Irrtümern → Rn. 35.

II. Subjektiver Tatbestand

Erforderlich ist zumindest **bedingter Vorsatz.** Er muss sich unter anderem darauf beziehen, dass die 35
betreffenden Daten nicht für den Täter bestimmt sind (→ Rn. 13 ff.). Die irrige Annahme des Gegenteils
begründet einen vorsatzausschließenden Tatumstandsirrtum gemäß § 16 Abs. 1 S. 1. In einem Verbotsirrtum befindet sich hingegen, wer aus den zutreffend erkannten tatsächlichen Umständen den falschen
rechtlichen Schluss zieht (Fischer Rn. 13; LK-StGB/*Hilgendorf* Rn. 37; *Hilgendorf* JuS 1996, 702 (705)).
Dies gilt etwa für die Vorstellung eines Betroffenen iSd BDSG, Daten bereits wegen des Bezugs auf seine
Person ausspähen zu dürfen (Schönke/Schröder/*Lenckner/Eisele* Rn. 27), oder die irrige Annahme des
Täters, ein ihm gegenüber erklärter Widerruf einer Datenbestimmung durch den Verfügungsberechtig-
ten sei unwirksam (MüKoStGB/*Graf* Rn. 72; NK-StGB/*Kargl* Rn. 15); in beiden Fällen dürfte der
Verbotsirrtum idR vermeidbar sein (MüKoStGB/*Graf* Rn. 72).

C. Rechtswidrigkeit

Sind die ausgespähten Daten für den Täter bestimmt, stellt dies bereits ein tatbestandsausschließendes 36
Einverständnis dar (→ Rn. 13). In bestimmten Situationen kommt aber auch eine rechtfertigende
Einwilligung des Verfügungsberechtigten (→ Rn. 14) als Inhaber des verletzten Rechtsguts (→ Rn. 6)
in Betracht. Denkbar erscheint dies nach der Neufassung der Vorschrift vor allem dann, wenn ein
Unternehmen einen IT-Sicherheitsdienstleister als „Hacker" mit dem Aufspüren von Sicherheitslücken
in seinem EDV-System beauftragt. In diesem Fall dürften die im EDV-System gespeicherten Daten nach
wie vor nicht für den Hacker bestimmt und der Tatbestand demnach bei gefundener Sicherheitslücke
verwirklicht sein. Das Verschaffen des Zugangs zu den Daten geschieht jedoch mit der Zustimmung des
verfügungsberechtigten Unternehmens (vgl. BT-Drs. 16/3656, 10; NK-StGB/*Kargl* Rn. 16; Schreibau-
er/Hessel K&R 2007, 616 (617); *Vahle* DVP 2007, 491 (492); *Vassilaki* CR 2008, 131 (132); **aA** Gercke/
Brunst InternetStrafR Rn. 100: Tatbestand entfällt). Die Einwilligung des Betroffenen, auf den sich die
jeweiligen Daten beziehen, bleibt hingegen unbeachtlich (Fischer Rn. 12; LK-StGB/*Hilgendorf* Rn. 26;
Schönke/Schröder/*Lenckner/Eisele* Rn. 24; *Hilgendorf* JuS 1996, 702 (705); *Lenckner/Winkelbauer* CR
1986, 483 (485)).

Eine **mutmaßliche Einwilligung** kann vor allem dann vorliegen, wenn die ausgespähten Daten zwar 37
nicht für den Täter selbst, aber für denjenigen, dem er sie verschafft, bestimmt sind (BT-Drs. 10/5058,

29; Lackner/Kühl/*Heger* Rn. 7; Schönke/Schröder/*Lenckner/Eisele* Rn. 24; *Möhrenschlager* wistra 1986, 128 (140)). Allerdings darf der tatsächliche Wille des Verfügungsberechtigten vor der Tat nicht ermittelt werden können (NK-StGB/*Kargl* Rn. 16; vgl. hierzu *Wohlwend* JurPC 180/2008, 25 ff.), was in der Regel ausscheiden dürfte (MüKoStGB/*Graf* Rn. 64; LK-StGB/*Hilgendorf* Rn. 38). Die nachträglich erteilte Zustimmung vermag die Rechtswidrigkeit der Datenausspähung nicht rückwirkend zu beseitigen (MüKoStGB/*Graf* Rn. 64; NK-StGB/*Kargl* Rn. 16). Als allgemeiner Rechtfertigungsgrund kommt im Einzelfall auch Notstand gemäß § 34 in Betracht, etwa zur Abwehr von Virenangriffen (*Härting* CR 2007, 311 (314); *Wohlwend* JurPC 180/2008, 32 ff.).

38   Als Ermächtigungsgrundlagen für **hoheitliche Eingriffe** dienen vornehmlich die §§ 100a f. StPO für die Überwachung und Aufzeichnung der Telekommunikation. Die Zulässigkeit der (heimlichen) „**Beschlagnahme**" **von E-Mails** im Postfach des E-Mail-Providers soll sich allerdings nach BGH nach § 99 StPO richten. Während der – möglicherweise auch nur Sekundenbruchteile andauernden – Speicherung sei kein Telekommunikationsvorgang gegeben (BGH NJW 2009, 1828 mAnm *Bär* NStZ 2009, 398, *B. Gercke* StV 2009, 624 und Bespr. *Brodowski* JR 2009, 402, *Klein* NJW 2009, 2996; vgl. schon LG Ravensburg NStZ 2003, 325 (326)). Die – angesichts der detaillierten und umfangreichen Stellungnahmen aus Lit. und Rspr. zur Problematik recht knappe (zur berechtigten Kritik *Sankol* K&R 2009, 396) – Begründung des BGH vermag jedoch schon deswegen nicht zu überzeugen, weil sie den Begriff der Überwachung iSd § 100a Abs. 1 StPO künstlich verengt, um sich überhaupt erst den Rückgriff auf andere Befugnisnormen mit geringeren Eingriffsvoraussetzungen zu ermöglichen. Dies hat zur Folge, dass gespeicherte E-Mails weniger Schutz genießen als gerade im Übermittlungsvorgang befindliche, was dem durchweg betroffenen Fernmeldegeheimnis des Beschuldigten nicht gerecht wird. Folgerichtig wäre demnach eine Anwendung des § 100a Abs. 1 StPO auch auf die Beschlagnahme beim Provider gespeicherter E-Mails (so LG Hamburg MMR 2008, 186 m. zust. Anm. *Störing;* LG Hanau NJW 1999, 3647; LG Mannheim StV 2002, 242 mAnm *Jäger;* Hilgendorf/Valerius ComputerStrafR Rn. 783; *Gaede* StV 2009, 96 (99 ff.); *Sankol* K&R 2009, 396; *Störing* CR 2009, 475 (478 f.)). Es stellt sich sodann aber die Frage, warum E-Mails einen stärkeren Schutz als herkömmliche Postsendungen genießen sollten (s. hierzu Hilgendorf/Valerius ComputerStrafR Rn. 784). Der Gesetzgeber blieb hierauf in dem „Gesetz zur Neuregelung der Telekommunikationsüberwachung ..." vom 21.12.2007 (BGBl. I 3198) eine Antwort schuldig und nahm keine Änderungen vor (zu Recht krit. *Störing* CR 2009, 475 (478)).

39   Für den **offenen,** also nicht verdeckt erfolgenden **Zugriff auf E-Mail-Postfächer** lässt das BVerfG zwar die §§ 94 ff. StPO als Grundlage für einen Eingriff in das Fernmeldegeheimnis genügen. Allerdings müsse der Grundsatz der Verhältnismäßigkeit anhand des Verfahrens so ausgestaltet werden, dass Art. 10 Abs. 1 GG effektiv geschützt bleibe (BVerfG NJW 2009, 2431 mAnm *B. Gercke* StV 2009, 624, *Krüger* MMR 2009, 680, *Szebrowski* K&R 2009, 563 und Bespr. *Brodowski* JR 2009, 402, *Klein* NJW 2009, 2996); zur Beachtung des Übermaßverbots BGH NStZ 2010, 345. Eine Übertragung dieser Grundsätze auf heimliche Eingriffe in das Fernmeldegeheimnis erscheint aber nicht möglich, da das BVerfG insoweit darauf hinweist, dass hier besonders hohe Anforderungen an die Bedeutung der zu verfolgenden Straftat und den für den Zugriff erforderlichen Grad des Tatverdachts zu stellen sind (BVerfG NJW 2009, 2431 (2434 f.)). Die Entscheidung des BGH, für die heimliche Beschlagnahme von E-Mails § 99 StPO als Ermächtigungsgrundlage heranzuziehen (→ Rn. 38), dürfte mit diesen Grundsätzen kaum vereinbar sein (*Klein* NJW 2009, 2996 (2998)). **§ 110 Abs. 3 StPO** gestattet im Rahmen der Durchsicht eines elektronischen Speichermediums, auch hiervon räumlich getrennte Speichermedien zu durchsuchen und ggf. zu sichern, soweit auf sie von dem Speichermedium aus zugegriffen werden kann und andernfalls der Verlust der gesuchten Daten zu besorgen ist (kritisch *Puschke/Singelnstein* NJW 2008, 113 (115)). Allerdings gestattet § 110 Abs. 3 StPO als nationale Ermächtigungsgrundlage lediglich den Zugriff auf Daten, die auf Servern im Inland gespeichert sind (*Bär* MMR 2008, 215 (221); *B. Gercke* StraFo 2009, 271 (272)).

40   § 202a stellt keine Straftat von erheblicher Bedeutung iSd § 100g Abs. 1 S. 1 Nr. 1 StPO (Erhebung von Verkehrsdaten) dar (vgl. LG Dortmund MMR 2003, 54). **§ 100g Abs. 1 S. 1 Nr. 2 StPO** enthält allerdings keine derartige Einschränkung nach dem Gewicht der aufzuklärenden Straftat, sondern verlangt lediglich deren Begehung „mittels Telekommunikation". Dafür genügt der finale Einsatz der Telekommunikation für die Straftat, zB die Benutzung eines Rechners (vgl. *Bär* MMR 2003, 54). Im Rahmen von Ermittlungen wegen Datenausspähung können daher auch Verkehrsdaten erhoben werden, sofern die weiteren Voraussetzungen des § 100g StPO gewahrt bleiben, vor allem die Erforschung des Sachverhalts oder die Ermittlung des Aufenthaltsortes des Beschuldigten auf andere Weise aussichtslos wäre und die Erhebung der Daten in einem angemessenen Verhältnis zur Bedeutung der Sache steht (§ 100g Abs. 1 S. 2 StPO). Eine weitere Befugnisnorm für die Überwachung und Aufzeichnung der Telekommunikation ua durch den Bundesnachrichtendienst enthält **§ 1 Abs. 1 iVm § 3 G 10.**

D. Täterschaft und Teilnahme

41   Täter kann jedermann sein, für den die betreffenden Daten nicht bestimmt sind. Aufgrund dieser Einschränkung handelt es sich bei § 202a um ein **negatives Sonderdelikt** (Fischer Rn. 7). Personen,

für welche die Daten bestimmt sind, kommen lediglich als Teilnehmer in Betracht. § 202c stellt vorbereitende Teilnahmehandlungen selbstständig unter Strafe.

E. Konkurrenzen

Das Ausspähen mehrerer Daten eines Verletzten kann auch dann eine einheitliche Tat darstellen, wenn 42 sich die Aufzeichnungsvorgänge über ein Wochenende erstrecken (so BGH NStZ 2005, 566 für das Auslesen von Datensätzen aus ec-Karten und der dazugehörigen PINs an Geldautomaten ein und desselben Kreditinstituts; vgl. dazu → Rn. 16, 21).

Bei bestimmten Inhalten der verschafften Daten kommt **Tateinheit** mit § 17 UWG (bei Betriebs- 43 und Geschäftsgeheimnissen) oder § 44 BDSG (bei personenbezogenen Daten) in Betracht (Fischer Rn. 15; Schönke/Schröder/*Lenckner/Eisele* Rn. 29; BeckOK StGB/*Weidemann* Rn. 23; *Hilgendorf* JuS 1996, 702 (706); *Schmitz* JA 1995, 478 (484); **aA** mit Verweis auf § 1 Abs. 3 BDSG Lackner/Kühl/*Heger* Rn. 8: § 44 BDSG tritt zurück; hiergegen NK-StGB/*Kargl* Rn. 18). Je nach Ausführung der Tat ist des Weiteren Tateinheit möglich mit §§ 242, 246 (bei Entwendung des Datenträgers; Fischer Rn. 15; MüKoStGB/*Graf* Rn. 102; NK-StGB/*Kargl* Rn. 19; *Hilgendorf* JuS 1996, 702 (705)), §§ 269, 274 Abs. 1 Nr. 2, §§ 303a, 303b (bei Beeinträchtigungen der Daten; MüKoStGB/*Graf* Rn. 101; LK-StGB/*Hilgendorf* Rn. 43; NK-StGB/*Kargl* Rn. 18; Lackner/Kühl/*Heger* Rn. 8; *Schmitz* JA 1995, 478 (484)), § 263a (Lackner/Kühl/*Heger* Rn. 8; BeckOK StGB/*Weidemann* Rn. 23), § 303 und § 123 (MüKoStGB/*Graf* Rn. 102; LK-StGB/*Hilgendorf* Rn. 43; NK-StGB/*Kargl* Rn. 19; Lackner/Kühl/*Heger* Rn. 8; *Hilgendorf* JuS 1996, 702 (705 f.)) sowie mit §§ 106, 108a UrhG (MüKoStGB/*Graf* Rn. 101; Schönke/Schröder/*Lenckner/Eisele* Rn. 29).

F. Prozessuales

Die Verfolgung der Tat setzt nach § 205 Abs. 1 S. 2 grds. einen **Strafantrag** voraus. Antragsberechtigt 44 ist der verletzte Verfügungsberechtigte. Bei dessen Tod geht das Antragsrecht allerdings nicht nach § 77 Abs. 2 auf die Angehörigen über (§ 205 Abs. 2 S. 1 Hs. 2; krit. LK-StGB/*Hilgendorf* Rn. 44). Das Antragserfordernis bezeichnete der Gesetzgeber einst als „wichtigen Filter zur Verhinderung von unnötigen Strafverfahren" (BT-Drs. 10/5058, 29). Seit dem 41. StÄG (→ Rn. 3) bleibt der Antrag aber nunmehr entbehrlich, sofern die Strafverfolgungsbehörde ein besonderes öffentliches Interesse an der Strafverfolgung annimmt (hierzu auch *Kudlich* Stellungnahme S. 9). Diese Einschränkung wurde für notwendig erachtet, um Taten effektiv zu verfolgen, bei denen die Daten von Dritten betroffen sind, die mangels formeller Verfügungsberechtigung keinen Strafantrag stellen können (BT-Drs. 16/3656, 12; nach *Ernst* NJW 2007, 2661 (2664) dürfte dieser Erweiterung allerdings „kaum praktische Bedeutung zukommen"). In den Katalog der Privatklagedelikte in § 374 Abs. 1 StPO wurde § 202a nicht aufgenommen.

Die **Verjährungsfrist** beträgt gemäß § 78 Abs. 3 Nr. 4 fünf Jahre. 45

G. Sonstiges

§ 202a stellt ein **Schutzgesetz** iSd § 823 Abs. 2 BGB dar (OLG Celle NJW-RR 2011, 1047). Ein 46 unbefugter Zugriff auf personenbezogene Daten kann daher einen Anspruch auf Geldentschädigung als immateriellen Schadensersatz wegen Eingriffs in das Persönlichkeitsrecht des Betroffenen begründen (AG Frankfurt a. M. RDV 2002, 86).

§ 202b Abfangen von Daten

Wer unbefugt sich oder einem anderen unter Anwendung von technischen Mitteln nicht für ihn bestimmte Daten (§ 202a Abs. 2) aus einer nichtöffentlichen Datenübermittlung oder aus der elektromagnetischen Abstrahlung einer Datenverarbeitungsanlage verschafft, wird mit Freiheitsstrafe bis zu zwei Jahren oder mit Geldstrafe bestraft, wenn die Tat nicht in anderen Vorschriften mit schwererer Strafe bedroht ist.

Literatur: *Eisele,* Der Kernbereich des Computerstrafrechts, JURA 2012, 922; *Ernst,* Das neue Computerstrafrecht, NJW 2007, 2661; *Gröseling/Höfinger,* Hacking und Computerspionage. Auswirkungen des 41. StRÄndG zur Bekämpfung der Computerkriminalität, MMR 2007, 549; *Koch,* Aspekte des technischen und strafrechtlichen Zugriffsschutzes von EDV-Systemen, RDV 1996, 123; *Kusnik,* Abfangen von Daten – Straftatbestand des § 202b StGB auf dem Prüfstand, MMR 2011, 720; *Schreibauer/Hessel,* Das 41. Strafrechtsänderungsgesetz zur Bekämpfung der Computerkriminalität, K&R 2007, 616; *Schultz,* Neue Strafbarkeiten und Probleme, DuD 2006, 778; *Schumann,* Das 41. StRÄndG zur Bekämpfung der Computerkriminalität, NStZ 2007, 675; *Vahle,* Neues Gesetz zur Bekämpfung der Computerkriminalität, DVP 2007, 491; *Vassilaki,* Das 41. StRÄndG, CR 2008, 131.

A. Allgemeines

1   Eingeführt wurde § 202b durch das **Einundvierzigste Strafrechtsänderungsgesetz zur Bekämpfung der Computerkriminalität (41. StÄG)** v. 7.8.2007 (BGBl. I 1786). Ebenso wie die Änderung
des § 202a (→ § 202a Rn. 3) weist die Vorschrift mit Art. 3 des Übereinkommens des Europarates über
Computerkriminalität v. 23.11.2001 (SEV Nr. 185) einen europarechtlichen Hintergrund auf. Sie soll
Strafbarkeitslücken schließen, die dem technischen Fortschritt geschuldet sind, der neben dem herkömmlichen Telefon weitere und inzwischen gängige (nichtöffentliche) Kommunikationsformen etabliert hat. Gleichwohl schützte das bisher geltende Strafrecht die allesamt ebenso schutzwürdigen Kommunikationsvorgänge nur fragmentarisch. Strafbar waren bislang lediglich nach § 201 das illegale Abhören von Telefongesprächen sowie nach § 148 Abs. 1 Nr. 1 iVm § 89 TKG das Abhören von
Nachrichten mit einer Funkanlage. § 202a erfasst zwar auch übermittelte Daten (→ § 202a Rn. 12),
allerdings nur, wenn sie gegen unberechtigten Zugang besonders gesichert sind. § 202b schützt nunmehr
sämtliche nichtöffentliche Kommunikationsvorgänge unabhängig von dem eingesetzten Kommunikationsmittel und einer etwaigen Verschlüsselung der übertragenen Daten (BT-Drs. 16/3656, 11). Der
Gesetzgeber hat die Vorschrift daher als das „elektronische Pendant zu dem Abhören und Aufzeichnen
von Telefongesprächen" bezeichnet (BT-Drs. 16/3656, 11).

2   Das Europarats-Übereinkommen über Computerkriminalität regte zwar eine Strafbarkeit auch des Versuchs des
Abfangens von Daten an (Art. 11 Abs. 2). Der nationale Gesetzgeber hat aber von einer Einführung der **Versuchsstrafbarkeit** abgesehen, weil die Schwelle zur Verwirklichung des Tatbestands gering ist und § 202a, hinter den die
Vorschrift im Wege der Subsidiarität zurücktritt (→ Rn. 13), ebenso wenig den Versuch unter Strafe stellt (BT-Drs. 16/
3656, 11; begründend *Schultz* DuD 2006, 778 (781)); zur Vorbehaltserklärung der Bundesregierung nach Art. 11 Abs. 3
s. BT-Drs. 16/7218, 41 (46)). Von den Einschränkungsmöglichkeiten des Art. 3 S. 2, für die Strafbarkeit die unredliche
Absicht des Täters oder eine Begehung „in Zusammenhang mit einem Computersystem, das mit einem anderen
Computersystem verbunden ist", vorauszusetzen, hat der Gesetzgeber keinen Gebrauch gemacht (BT-Drs. 16/7218,
43).

3   **Rechtsgut** der Norm ist wie bei § 202a (→ § 202a Rn. 6) das allgemeine Geheimhaltungsinteresse
des Verfügungsberechtigten an Daten. Es bedarf hier allerdings keiner Dokumentation des Geheimhaltungswillens in Gestalt einer besonderen Zugangssicherung. Vielmehr genügt die Nichtöffentlichkeit des
gewählten Übermittlungsvorgangs, worin das allgemeine Recht auf Nichtöffentlichkeit der Kommunikation zum Ausdruck kommt (BT-Drs. 16/3656, 11; Fischer Rn. 2; LK-StGB/*Hilgendorf* Rn. 2; NK-
StGB/*Kargl* Rn. 3; BeckOK StGB/*Weidemann* Rn. 2; vgl. auch BT-Drs. 16/7218, 63; *Vassilaki* CR
2008, 131 (132)).

B. Tatbestand

I. Objektiver Tatbestand

4   **1. Tatobjekt.** Tatobjekt der Vorschrift sind **Daten** iSd § 202a Abs. 2 (→ § 202a Rn. 7 ff.), dh solche,
die nicht unmittelbar wahrnehmbar gespeichert sind oder übermittelt werden. Entgegen der missverständlichen Gesetzesbegründung (BT-Drs. 16/3656, 11: „Tatobjekt sind nur Daten, die sich zur Zeit der
Tat in einem Übertragungsvorgang befinden") bleibt somit festzuhalten, dass auch gespeicherte Daten,
insbesondere aus der elektromagnetischen Abstrahlung der Datenverarbeitungsanlage, abgefangen werden können (LK-StGB/*Hilgendorf* Rn. 12; *Schumann* NStZ 2007, 675 (677)). Wie bei § 202a (→ § 202a
Rn. 13 ff.) dürfen die abgefangenen Daten nicht für den Täter bestimmt sein. Hierbei handelt es sich um
ein Tatbestandsmerkmal, so dass die Bestimmung der Daten für den Täter durch den Verfügungsberechtigten ein tatbestandsausschließendes Einverständnis darstellt. Im Gegensatz zu § 202a ist allerdings nicht erforderlich, dass die abgefangenen Daten gegen unberechtigten Zugang besonders gesichert
sind. § 202b erfasst daher auch unverschlüsselt oder in einem ungeschützten Netzwerk (zB in einem
unverschlüsselten WLAN) übertragene Daten (Fischer Rn. 4; LK-StGB/*Hilgendorf* Rn. 10; Lackner/
Kühl/*Heger* Rn. 2; BeckOK StGB/*Weidemann* Rn. 6; **aA** wohl *Schumann* NStZ 2007, 675 (677)).

5   § 202b schränkt den Tatbestand allerdings auf Daten aus einer nichtöffentlichen Datenübermittlung
oder aus der elektromagnetischen Abstrahlung einer Datenverarbeitungsanlage ein. Bei Var. 1 muss der
Zugriff während der **Datenübermittlung** erfolgen. Erfasst ist jede beliebige Art und Weise, auf welche
Daten als solche übertragen werden (BT-Drs. 16/3656, 11). Die Übermittlung kann also sowohl digital
(zB E-Mail, Dateien, „Voice over IP"-Telefonie) oder analog (zB klassische Telefonie, Telefax) als auch
leitungsgebunden oder drahtlos (zB WLAN, GSM) erfolgen (LK-StGB/*Hilgendorf* Rn. 8; *Ernst* NJW
2007, 2661 (2662)). Ausgeschlossen sind hingegen sowohl Zugriffe auf gerade übermittelte Datenträger
(zB auf eine per Post versendete CD-ROM) als auch auf vor oder nach der Übertragung gespeicherte
Daten (Fischer Rn. 3; LK-StGB/*Hilgendorf* Rn. 8; BeckOK StGB/*Weidemann* Rn. 3; *Kusnik* MMR
2011, 720 (721); vgl. auch BT-Drs. 16/3656, 11). Insoweit sind Daten aber durch § 202a geschützt,
soweit dessen Voraussetzungen gewahrt sind, vor allem eine besondere Zugangssicherung vorliegt
(→ § 202a Rn. 19 ff.).

Zur Auslegung des Merkmals „**nichtöffentlich**" verwies der Gesetzgeber auf die Regelung des 6
§ 201 Abs. 2 S. 1 Nr. 2 (BT-Drs. 16/3656, 11; kritisch *Ernst* NJW 2007, 2661 (2662); *Gröseling/
Höfinger* MMR 2007, 549 (552); *Kusnik* MMR 2011, 720 (721 ff.)). Danach ist eine Datenübermittlung
nichtöffentlich, wenn sie nicht an die Allgemeinheit, sondern allenfalls an einen durch persönliche oder
sachliche Beziehungen abgegrenzten Personenkreis gerichtet ist (Fischer § 201 Rn. 3; LK-StGB/*Hilgendorf* Rn. 9). Hierzu zählt der Versand von Dateien in privaten Netzwerken (zB WLAN, Intranet), bei
denen die Übermittlung von vornherein nur einem konkreten Personenkreis offen steht. Erfasst sind
aber ebenso Übermittlungswege, auf die jedermann zurück-, aber nicht zugleich frei zugreifen kann.
Dies betrifft den klassischen Informationsaustausch per Telefon oder Telefax, aber auch die Kommunikation über Dienste des Internets (BeckOK StGB/*Weidemann* Rn. 6; *Schultz* DuD 2006, 778 (780)), zB
die Übertragung von E-Mails oder Kommunikationsdaten in Chaträumen (LK-StGB/*Hilgendorf* Rn. 9;
Kamen SchAZtg 2008, 229 (230 f.)). Als öffentlich sind demnach nur Übertragungen per Funk oder
Rundfunk zu betrachten, bei denen jedermann ohne Weiteres die gesendeten Inhalte empfangen kann.
Klarzustellen bleibt, dass Bezugspunkt der Nichtöffentlichkeit die Datenübermittlung als solche ist, nicht
hingegen das übermittelte Datum. Unerheblich ist somit insbesondere, ob der Inhalt der abgefangenen
Daten privater Natur ist (BT-Drs. 16/3656, 11; LK-StGB/*Hilgendorf* Rn. 9; *Schreibauer/Hessel* K&R
2007, 616 (617); vgl. schon BT-Drs. 16/7218, 63). Demnach verwirklicht sogar das Abfangen von
Inhalten, die auf einer Webseite frei abrufbar sind, den Tatbestand des § 202b, wenn dies während ihrer
(nichtöffentlichen) Übermittlung vom Anbieter der Webseite auf den Webserver geschieht. Dass die
übertragenen Inhalte letztlich für die Öffentlichkeit bestimmt sind, steht der Nichtöffentlichkeit der
Übermittlung nicht entgegen (Hilgendorf/Valerius ComputerStrafR Rn. 568; *Vahle* DVP 2007, 491
(492); s. auch *Eisele* JURA 2012, 922 (927); **aA** wohl BeckOK StGB/*Weidemann* Rn. 6; Gercke/Brunst
InternetStrafR Rn. 106).

Var. 2 benennt den Zugriff auf die **elektromagnetische Abstrahlung einer Datenverarbeitungs-** 7
anlage. Die elektromagnetischen Felder, die Computer oder Peripheriegeräte wie insbesondere Bildschirme während ihres Betriebs erzeugen, können noch in einiger Entfernung gemessen werden. Zwar
stellen solche Abstrahlungen keine Daten iSd § 202a Abs. 2 dar. Aus ihnen lassen sich jedoch wieder
Daten (zB durch Ermittlung der Anzeige auf einem Bildschirm anhand dessen abgefangener elektromagnetischer Wellen und Darstellung auf einem zweiten Monitor) rekonstruieren, weswegen der Gesetzgeber entsprechende Tathandlungen in § 202b aufgenommen hat (BT-Drs. 16/3656, 11; s. hierzu schon
Koch RDV 1996, 123 (128 f.)). Allerdings stellt der Empfang elektromagnetischer Abstrahlung nicht die
einzige Möglichkeit dar, um mittelbar auf eingegebene oder sonst verarbeitete Daten zu schließen (sog
Side-Channel-Angriffe; kritisch daher *Schumann* NStZ 2007, 675 (677)).

2. Tathandlung. Tathandlung ist das **Verschaffen der Daten** für sich oder einen anderen. Anders als 8
bei § 202a genügt nicht bereits das Verschaffen des Zugangs zu den Daten unter den in § 202b
beschriebenen Voraussetzungen (→ Rn. 5 ff.). Die Eröffnung einer bloßen Möglichkeit, auf Daten
zuzugreifen, verwirklicht demnach noch nicht den Tatbestand des § 202b (Fischer Rn. 5). Vielmehr
muss der Täter – wie nach § 202a aF – die Verfügungsgewalt über die Daten erlangen (LK-StGB/
Hilgendorf Rn. 13; Hilgendorf/Valerius ComputerStrafR Rn. 571; *Schumann* NStZ 2007, 675 (677)); vgl.
auch BT-Drs. 16/3656, 11), dh die körperliche Herrschaft über den Datenträger erhalten oder die Daten
zur Kenntnis nehmen. Beispiele hierfür sind die Aufzeichnung, Kopie oder Übermittlung der Daten auf
den Rechner des Täters. Eine permanente Speicherung oder Aufzeichnung der abgefangenen Daten ist
nicht erforderlich (Fischer Rn. 5; LK-StGB/*Hilgendorf* Rn. 13; NK-StGB/*Kargl* Rn. 6; Gercke/Brunst
InternetStrafR Rn. 108; *Vahle* DVP 2007, 491 (492); *Vassilaki* CR 2008, 131 (133)). Es genügt bereits
die Kenntnisnahme der Daten, zB durch Darstellung auf einem Monitor, etwa durch Lesen einer E-Mail
(Fischer Rn. 5; LK-StGB/*Hilgendorf* Rn. 13; *Schreibauer/Hessel* K&R 2007, 616 (617); *Vassilaki* CR
2008, 131 (133)) oder durch Mithören eines Telefongesprächs (BT-Drs. 16/3656, 11).

Das Verschaffen von Daten muss **unter Anwendung von technischen Mitteln** erfolgen. Technische 9
Mittel sind bspw. Vorrichtungen zur Erfassung und Aufzeichnung drahtloser Kommunikationsvorgänge,
zudem Software, Codes oder Passwörter, die den Zugang auf die nichtöffentliche Datenübermittlung
gewähren (BT-Drs. 16/3656, 11; kritisch Fischer Rn. 6). Allerdings ist die Verschlüsselung oder Sicherung der Datenübermittlung gerade nicht Voraussetzung für einen Schutz nach § 202b (→ Rn. 4). Bei
dem Merkmal handelt es sich entgegen dem Gesetzgeber nicht um eine Einschränkung des Tatbestandes,
um eine Überkriminalisierung zu verhindern (so BT-Drs. 16/3656, 11; vgl. auch BT-Drs. 16/7218, 63),
sondern allenfalls um eine klarstellende Bestimmung der Tathandlung. Ein Abfangen von Daten aus
einer nichtöffentlichen Datenübermittlung oder aus der elektromagnetischen Abstrahlung einer Datenverarbeitungsanlage dürfte ohne technische Mittel nämlich überhaupt nicht denkbar sein (LK-StGB/
Hilgendorf Rn. 15; NK-StGB/*Kargl* Rn. 7; *Ernst* NJW 2007, 2661 (2662); *Schreibauer/Hessel* K&R 2007,
616 (617 f.); vgl. auch *Kudlich* Stellungnahme S. 5; Fischer Rn. 6). Die Vorschrift erfasst insbesondere
nicht das Phishing durch trügerische E-Mails, die deren Empfänger zur Übermittlung ihrer Zugangsdaten bewegen. Hier greift der Täter nicht auf gerade übermittelte Daten zu, sondern veranlasst deren
Übermittlung (BeckOK StGB/*Weidemann* Rn. 9; Hilgendorf/Valerius ComputerStrafR Rn. 569;
Schultz DuD 2006, 778 (781)).

10   **3. Unbefugt.** Bei dem Merkmal **unbefugt** handelt es sich um einen allgemeinen Hinweis auf die
Rechtswidrigkeit (*Gröseling/Höfinger* MMR 2007, 549 (553); → § 202a Rn. 34; **aA** BeckOK StGB/
Weidemann Rn. 11: tatbestandsausschließendes Einverständnis). Sind die Daten allerdings für den Täter
bestimmt, schließt dies bereits den Tatbestand aus (→ Rn. 4).

II. Subjektiver Tatbestand

11   Der subjektive Tatbestand setzt zumindest **bedingten Vorsatz** voraus (NK-StGB/*Kargl* Rn. 9;
kritisch *Schumann* NStZ 2007, 675 (677), der eine Einschränkung auf wissentliches Handeln sachgerechter hält), der sich auch auf die fehlende Bestimmtheit der abgefangenen Daten für den Täter erstrecken
muss. Eine diesbezügliche Fehlvorstellung stellt einen vorsatzausschließenden Tatumstandsirrtum dar
(vgl. schon → § 202a Rn. 35). Ein rechtlich unzutreffender Schluss bei richtiger Erfassung der Sachlage
begründet hingegen einen Verbotsirrtum.

C. Rechtswidrigkeit

12   Zur Rechtswidrigkeit vgl. → § 202a Rn. 36 ff.

D. Konkurrenzen

13   Wegen der in § 202b aE angeordneten **formellen Subsidiarität** tritt die Vorschrift zurück, wenn die
Tat in anderen Vorschriften mit schwererer Strafe bedroht ist. Zu den anderen Vorschriften zählen insbes.
§ 201 sowie § 202a, sofern auf übermittelte Daten unter Überwindung einer Zugangssicherung zugegriffen wird (BT-Drs. 16/3656, 11; Fischer Rn. 10; Lackner/Kühl/*Heger* Rn. 6; BeckOK StGB/
Weidemann Rn. 15; *Gröseling/Höfinger* MMR 2007, 549 (552)). Auch § 148 Abs. 1 Nr. 1 Var. 1 iVm
§ 89 S. 1 TKG verdrängt § 202b (LK-StGB/*Hilgendorf* Rn. 21; BeckOK StGB/*Weidemann* Rn. 15;
Gröseling/Höfinger MMR 2007, 549 (552); *Vassilaki* CR 2008, 131 (132)).

E. Prozessuales

14   Sofern die Strafverfolgungsbehörde nicht das besondere öffentliche Interesse an der Strafverfolgung
bejaht, bedarf es gemäß § 205 Abs. 1 S. 2 eines **Strafantrags.** Antragsberechtigt ist der Verfügungsberechtigte. Sein Antragsrecht geht bei dessen Tod allerdings nicht nach § 77 Abs. 2 auf die Angehörigen
über (§ 205 Abs. 2 S. 1 Hs. 2). Das besondere öffentliche Interesse kommt insbesondere in Betracht,
wenn Daten von Dritten betroffen sind, die mangels formeller Verfügungsbefugnis keinen Strafantrag
stellen können (vgl. BT-Drs. 16/3656, 12).

15   Gemäß § 78 Abs. 3 Nr. 4 beträgt die **Verjährungsfrist** fünf Jahre.

§ 202c Vorbereiten des Ausspähens und Abfangens von Daten

(1) Wer eine Straftat nach § 202a oder § 202b vorbereitet, indem er
1. Passwörter oder sonstige Sicherungscodes, die den Zugang zu Daten (§ 202a Abs. 2)
ermöglichen, oder
2. Computerprogramme, deren Zweck die Begehung einer solchen Tat ist,
herstellt, sich oder einem anderen verschafft, verkauft, einem anderen überlässt, verbreitet
oder sonst zugänglich macht, wird mit Freiheitsstrafe bis zu zwei Jahren oder mit Geldstrafe
bestraft.
(2) § 149 Abs. 2 und 3 gilt entsprechend.

Literatur: *Beck/Dornis,* „Phishing" im Marken(straf)recht, CR 2007, 642; *Böhlke/Yilmaz,* Auswirkungen von
§ 202c StGB auf die Praxis der IT-Sicherheit, CR 2008, 261; *Borges/Stuckenberg/Wegener,* Bekämpfung der Computerkriminalität, DuD 2007, 275; *Cornelius,* Zur Strafbarkeit des Anbietens von Hackertools, CR 2007, 682; *Eisele,*
Der Kernbereich des Computerstrafrechts, JURA 2012, 922; *Ernst,* Das neue Computerstrafrecht, NJW 2007, 2661;
Gaertner, Zur Zulässigkeit der Berichterstattung über die Umgehung von Schutzmaßnahmen („Hacking-Techniken"),
in: Im Zweifel für die Pressefreiheit, 2008, 167; *Goeckenjan,* Auswirkungen des 41. Strafrechtsänderungsgesetzes auf
die Strafbarkeit des „Phishing", wistra 2009, 47; *Golla/von zur Mühlen,* Der Entwurf eines Gesetzes zur Strafbarkeit
der Datenhehlerei. Zur Legitimation und Zweckmäßigkeit eines allgemeinen Perpetuierungsdeliktes im Informati-
onsstrafrecht, JZ 2014, 668; *Gröseling/Höfinger,* Computersabotage und Vorfeldkriminalisierung, MMR 2007, 626; *I.
Hassemer/Ingeberg,* Dual-Use-Software aus der Perspektive des Strafrechts (§ 202c StGB), ITRB 2009, 84; *Holzner,*
Klarstellung strafrechtlicher Tatbestände durch den Gesetzgeber erforderlich, ZRP 2009, 177; *Marberth-Kubicki,*
Neuregelungen des Computerstrafrechts, ITRB 2008, 17; *Popp,* § 202c StGB und der neue Typus des europäischen
„Software-Delikts", GA 2008, 375; *Roos/Schumacher,* Botnetze als Herausforderung für Recht und Gesellschaft –
Zombies außer Kontrolle?, MMR 2014, 377; *Schreibauer/Hessel,* Das 41. Strafrechtsänderungsgesetz zur Bekämpfung
der Computerkriminalität, K&R 2007, 616; *Schultz,* Neue Strafbarkeiten und Probleme, DuD 2006, 778; *Schumann,*
Das 41. StRÄndG zur Bekämpfung der Computerkriminalität, NStZ 2007, 675; *Schuster,* Der Hackerparagraph – ein
kurzes Intermezzo?, DuD 2009, 742; *Sensburg,* Schutz vor Angriffen auf Informationssysteme, Kriminalistik 2007,

607; *Vahle,* Neues Gesetz zur Bekämpfung der Computerkriminalität, DVP 2007, 491; *Vassilaki,* Das 41. StRÄndG, CR 2008, 131.

A. Allgemeines

Die Vorschrift wurde durch das **Einundvierzigste Strafrechtsänderungsgesetz zur Bekämp-** 1 **fung der Computerkriminalität (41. StÄG)** vom 7.8.2007 (BGBl. I 1786) eingeführt. Die Inkriminierung von Vorbereitungshandlungen zu Taten nach §§ 202a, 202b entspricht den Vorgaben von Art. 6 Abs. 1 lit. a des Übereinkommens des Europarates über Computerkriminalität vom 23.11.2001 (SEV Nr. 185) zum „Missbrauch von Vorrichtungen". Sie soll solche Tathandlungen auch dann bestrafen, wenn es nicht zur Begehung der vorbereiteten Haupttat kommt und somit eine Strafbarkeit wegen diesbezüglicher Beihilfe ausscheidet, obwohl die hohe Gefährlichkeit der von § 202c aufgelisteten Vorbereitungshandlungen für ein Strafbedürfnis spreche (BT-Drs. 16/3656, 12; kritisch LK-StGB/*Hilgendorf* Rn. 3; *Gröseling/Höfinger* MMR 2007, 626 (628); *Schultz* DuD 2006, 778 (782) wegen des dann zu niedrigen Strafrahmens). Exemplarisch verweist der Gesetzgeber auf sog Hacker-Tools, die wegen ihrer weiten Verbreitung und leichten Verfügbarkeit im Internet sowie ihrer einfachen Anwendung eine erhebliche Gefahr darstellten, „die nur dadurch effektiv bekämpft werden kann, dass bereits die Verbreitung solcher an sich gefährlichen Mittel unter Strafe gestellt wird" (BT-Drs. 16/3656, 12; vgl. auch BT-Drs. 16/7218, 65). Eine ähnliche Ausweitung des strafbaren Bereichs enthalten § 303a Abs. 3 und § 303b Abs. 5, die für die Vorbereitung einer Datenveränderung nach § 303a Abs. 1 bzw. einer Computersabotage nach § 303b Abs. 1 die entsprechende Geltung des § 202c anordnen.

In Abweichung vom Europarats-Übereinkommen hat der nationale Gesetzgeber zum einen darauf verzichtet, neben 2 Computerprogrammen auch den in Art. 6 Abs. 1 lit. a sublit. i vorgeschlagenen Oberbegriff der „Vorrichtungen" als Tatgegenstand in § 202c Abs. 1 Nr. 2 aufzunehmen, und zum anderen entgegen Art. 6 Abs. 1 lit. b von der Strafbarkeit des Besitzes von Vorrichtungen und Sicherungscodes abgesehen (BT-Drs. 16/3656, 12; zur Vorbehaltserklärung der Bundesregierung BT-Drs. 16/7218, 41 und 44). Weitere Vorbehaltsmöglichkeiten wurden hingegen nicht wahrgenommen – nach Art. 6 Abs. 3 des Europarats-Übereinkommens wären letztlich nur „das Verkaufen, Verbreiten oder anderweitige Verfügbarmachen" von Passwörtern und Zugangsdaten als Straftaten zu erfassen gewesen –, da der Gesetzgeber die Erstreckung der Strafbarkeit insoweit für sachgerecht hielt (BT-Drs. 16/3656, 12; kritisch *Lindner* Stellungnahme S. 6). Zudem weicht § 202c in seinen Tathandlungen und vor allem bei der näheren Bestimmung der Computerprogramme in Abs. 1 Nr. 2 von dem Text des Europarats-Übereinkommens ab, ohne der Vorschrift damit einen klareren Anwendungsbereich zu verschaffen (→ Rn. 6ff., 34).

Geschütztes **Rechtsgut** der Norm ist wie bei den durch § 202c vorbereiteten Taten der §§ 202a, 3 202b das allgemeine Geheimhaltungsinteresse des Verfügungsberechtigten an den tatgegenständlichen Daten (OLG Köln JMBl. NRW 2008, 238 (239); BeckOK StGB/*Weidemann* Rn. 2; vgl. → § 202a Rn. 6 und → § 202b Rn. 3). Da die Vorbereitungshandlungen nicht zu einer Verletzung des Geheimhaltungsinteresses führen müssen, stellt § 202c ein abstraktes Gefährdungsdelikt dar (BT-Drs. 16/3656, 12; LK-StGB/*Hilgendorf* Rn. 3; NK-StGB/*Kargl* Rn. 3; BeckOK StGB/*Weidemann* Rn. 3; *Böhlke/ Yilmaz* CR 2008, 261).

Anders als die ebenso noch junge Norm des § 202b hat § 202c in der Rspr. und im Schrifttum schon einigen, 4 zumeist kritischen Widerhall gefunden. In der IT-Branche wird er nur als „Hackerparagraf" bezeichnet. Neben den kriminalpolitischen Bedenken an der erheblichen Vorverlagerung der Strafbarkeit bereitet vor allem die Zweckbestimmung von Computerprogrammen nach Abs. 1 Nr. 2 Schwierigkeiten. Ob eine Software einem strafbaren Ausspähen oder Abfangen von Daten dient, bestimmt sich nicht zuletzt nach der Gestattung des Verfügungsberechtigten. Dabei handelt es sich aber um ein Element, das in die datenausspähende oder -abfangende Funktionsweise eines Computerprogramms in der Regel nicht einfließt. Ein und dieselbe Software kann demnach sowohl legalen als auch illegalen Zwecken zugleich dienen. Die Behandlung solcher sog „dual use"-Tools erweist sich demnach als problematisch, wie exemplarisch der schon im September 2007 Aufsehen erregende Fall des Bundesamtes für Sicherheit in der Informationstechnik (BSI) belegt. Das BSI hatte auf seiner Webseite unter anderem das Programm „John the Ripper" zum Herunterladen angeboten, mit dem sich Passwörter ausspionieren ließen. Die StA Bonn lehnte eine Strafbarkeit nach § 202c ab und stellte das auf eine Anzeige der Redaktion eines Online-Portals eingeleitete Ermittlungsverfahren (430 Js 1496/07) ein. Ebenso lehnte im März 2009 die StA Hannover die Aufnahme eines Ermittlungsverfahrens aus rechtlichen Gründen ab, als sich der Chefredakteur einer Computerzeitschrift wegen der Veröffentlichung von Sicherheitssoftware auf der einer Ausgabe seiner Zeitschrift beigelegten DVD selbst anzeigte (1111 Js 181/09). Wenngleich sich in der Praxis somit eine deutliche Tendenz zu einer einengenden Auslegung der Vorschrift erkennen lässt (zur Problematik → Rn. 6ff.), dürften – selbst nach der Entscheidung des BVerfG vom 18.5.2009 (→ Rn. 18ff.) – weitere Abgrenzungsprobleme und damit einhergehende Strafbarkeitsrisiken vorprogrammiert sein.

B. Tatbestand

I. Objektiver Tatbestand

1. Tatgegenstände. a) Passwörter oder sonstige Sicherungscodes. Tatgegenstände nach Nr. 1 5 sind Passwörter oder sonstige Sicherungscodes, die den Zugang zu Daten iSd § 202a Abs. 2 (→ § 202a

Rn. 7 ff.) ermöglichen. Eine solche Gelegenheit bieten aber nur zum Zeitpunkt der Tat aktuelle und nach wie vor gültige, nicht hingegen früher verwendete Codes (NK-StGB/*Kargl* Rn. 4; Gercke/Brunst InternetStrafR Rn. 118; *Ernst* NJW 2007, 2661 (2663)). Passwörter können aus beliebigen Buchstaben- und Zeichenkombinationen gebildet, müssen also keine Wörter im engeren Sinne sein (LK-StGB/*Hilgendorf* Rn. 7; BeckOK StGB/*Weidemann* Rn. 4). Bei den Codes muss es sich nicht um nicht unmittelbar wahrnehmbar gespeicherte oder übermittelte Daten handeln (Fischer Rn. 3; LK-StGB/*Hilgendorf* Rn. 7). Auch die handschriftlich auf einem Zettel vermerkte PIN für das Online-Banking stellt etwa einen Sicherungscode iSd Nr. 1 dar. Nach zT soll Nr. 1 auch Verschlüsselungs- bzw. Entschlüsselungssoftware erfassen (Fischer Rn. 3; vgl. auch BeckOK StGB/*Weidemann* Rn. 4). Von einem „Sicherungscode", der erst durch Anwendung der Software auf die zu verschlüsselnden oder zu entschlüsselnden Daten entsteht bzw. ermittelt wird, kann hier aber kaum die Rede sein; insoweit kommt jedoch eine Verwirklichung der Nr. 2 in Betracht.

6   **b) Computerprogramme. aa) Zum „Zweck" eines Computerprogramms.** Nr. 2 erfasst **Computerprogramme,** dh fixierte Arbeitsanweisungen an einen Computer, die aus einer Folge von Befehlen als einzelnen Programmablaufschritten bestehen (vgl. Schönke/Schröder/*Perron* § 263a Rn. 5; Lackner/Kühl/*Heger* § 263a Rn. 3). **Zweck** des Computerprogramms muss die Begehung einer Tat nach § 202a oder § 202b sein. Das § 263a Abs. 3 (zur Kritik dort s. Fischer § 263a Rn. 30 ff.) sowie § 22b Abs. 1 Nr. 3 StVG (zur diesbezüglichen Problematik BHHJJ/*Janker* StVG § 22b Rn. 4) entnommene Merkmal erweist sich als problematisch, da es suggeriert, dass Programmen eine bestimmte Verwendungsart zu eigen sei. Zwar lässt sich den einzelnen Arbeitsschritten und der Funktionsweise eines Programms entnehmen, welche Aufgaben es objektiv zu erfüllen in der Lage ist. Hieraus auf den Zweck der Begehung einer Straftat zu schließen, wäre jedoch nur möglich, wenn die Ausführung des Programms stets oder zumindest in der Regel mit einer Straftat einherginge. Dies ist aber gerade bei den §§ 202a, 202b, bei denen die Verwirklichung des Tatbestands davon abhängt, ob die ausgespähten oder abgefangenen Daten für den Täter bestimmt sind, nicht der Fall, da dies in der Software nicht zum Ausdruck kommt (→ Rn. 4).

7   Dass Computerprogramme nicht per se den „Zweck" der Begehung einer Straftat nach den §§ 202a, 202b verfolgen, verdeutlichen etwa sog **Passwort-Scanner.** Sie können einerseits Systemadministratoren und IT-Sicherheitsbeauftragten in Unternehmen dazu dienen, die Sicherheit der Passwörter ihrer Nutzer zu testen, können aber andererseits herangezogen werden, um Passwörter zu knacken und zu kriminellen Zwecken zu gebrauchen. Mit welchem Ziel eine solche Software letztlich verwendet wird, findet in einem Programm selbst keinen Anhaltspunkt. Gleiches gilt für **Port-Scanner,** welche Netzwerke auf offene Ports und somit mögliche Einfallstore für Angreifer untersuchen, oder **Exploits,** die Sicherheitslücken gezielt ausnutzen, um die Auswirkungen eines erfolgreichen Angriffs auf ein Unternehmensnetzwerk zu testen. **Sniffer,** die den Datenverkehr innerhalb eines Netzwerks überwachen, aufzeichnen und auswerten, können sowohl der Fehlerbeseitigung oder Optimierung des Datenverkehrs als auch der Verschaffung sensibler Daten wie Passwörter oder Zugangscodes dienen. **Fernwartungssoftware** gestattet ihren Anwendern weitreichenden Zugriff auf den jeweiligen Rechner. Sie können Bildschirm, Tastatureingaben und Mausbewegungen überwachen oder auch selbst Aktionen durchführen. Dadurch kann der Nutzer des gewarteten Rechners auf seine Anfrage unterstützt, aber auch ein Rechner gegen den Willen seines Nutzers ferngesteuert werden. Die Funktionsweise und Einsatzmöglichkeiten dieser und weiterer (Beispiele bei *Borges* Stellungnahme S. 7 f.; *Lindner* Stellungnahme S. 2 ff.; *Cornelius* CR 2007, 682 f.) **„dual use"-Tools** lassen also keinen eindeutigen Schluss auf ihre Zweckbestimmung zu. Solche Programme werden von Softwareherstellern entwickelt, auf CD- und DVD-ROMs in Computerzeitschriften vertrieben und sind häufig sogar kostenlos im Internet abrufbar, zT auch auf Webseiten von Behörden, wie der Fall des Bundesamtes für Sicherheit in der Informationstechnik belegt (→ Rn. 4).

8   Welchen Zweck ein Computerprogramm aufweist, ergibt sich somit nicht aus dem Programm selbst, sondern aus der Entscheidung eines Menschen. Die Bestimmung eines Programms ist ihm nicht immanent, sondern wird ihm erst durch die verantwortliche Person verliehen (LK-StGB/*Hilgendorf* Rn. 15; *Borges/Stuckenberg/Wegener* DuD 2007, 275 (276); *I. Hassemer/Ingeberg* ITRB 2009, 84 (85); *Popp* GA 2008, 375 (380); *Schreibauer/Hessel* K&R 2007, 616 (619); *Vassilaki* CR 2008, 131 (135 f.)). Ein Programm als solches hat daher nur Eigenschaften, aber keinen Zweck (*Cornelius* CR 2007, 682 (685)). Dies verdeutlicht Art. 6 Abs. 1 lit. a sublit. i des Europarats-Übereinkommens, der von einem Computerprogramm spricht, das „dafür ausgelegt oder hergerichtet worden ist, eine (...) Straftat zu begehen", und somit die individuelle Ausrichtung des Programms zum Ausdruck bringt. Fraglich ist demzufolge nun, wie der „Zweck" eines Computerprogramms iSd § 202c zu ermitteln bleibt. Schwierigkeiten ergeben sich vor allem dadurch, dass es nicht zu einem Einsatz des Programms kommen muss, dem sich der Zweck der Begehung einer Straftat entnehmen lässt. Vielmehr genügt zur Tatbestandsverwirklichung bereits die Vorbereitung einer Straftat nach § 202a oder § 202b durch aufgelistete neutrale Vorfeldhandlungen (→ Rn. 29 ff.), die unter Umständen keine Rückschlüsse auf die Zweckbestimmung gestatten. Die Problematik „zweckneutraler" Programme erinnert an die Diskussion zur Strafbarkeit wegen Beihilfe durch neutrale Handlungen (s. schon *Kudlich* Stellungnahme S. 8; zum Streitstand Fischer § 27 Rn. 16 ff.; MüKoStGB/*Joecks* § 27 Rn. 48 ff.; BeckOK StGB/*Kudlich* § 27 Rn. 10 ff.). Es verwundert daher nicht, dass auch im Rahmen des § 202c sowohl objektive als auch subjektive Ansätze vertreten werden.

bb) Objektive Zweckbestimmung. Der **Gesetzgeber** selbst stellte zunächst auf die objektivierte **9** bzw. **objektive Zweckbestimmung** des Programms ab (BT-Drs. 16/3656, 12; der Gesetzgeber verwendet beide Begriffe synonym; → Rn. 21). Dies sollte gewährleisten, dass die Vorschrift nur Hacker-Tools, nicht aber die allgemeinen Programmier-Tools, -sprachen oder sonstigen Anwendungsprogramme erfasse. Allerdings müsse das Programm nicht ausschließlich für die Begehung einer Computerstraftat bestimmt sein, sondern es reiche aus, „wenn die objektive Zweckbestimmung des Tools *auch* (HdV) die Begehung einer solchen Straftat ist" (BT-Drs. 16/3656, 12). In der Gegenäußerung der Bundesregierung zur Stellungnahme des Bundesrates wurde versucht, diese Vorgaben zu konkretisieren bzw. zu berichtigen. Danach müsse dem Programm die illegale Verwendung immanent sein, dh es müsse nach Art und Weise des Aufbaus oder seiner Beschaffenheit auf die Begehung von Computerstraftaten angelegt sein. Sei hingegen der funktionale Zweck bei Programmen nicht eindeutig kriminell und würden sie erst durch ihre Anwendung zu einem Tat- oder zu einem legitimen Werkzeug (zB bei Sicherheitsüberprüfungen oder im Forschungsbereich; erwähnt werden ausdrücklich die sog „dual use"-Tools), werde der objektive Tatbestand des § 202c nicht verwirklicht (BT-Drs. 16/3656, 19).

Die widersprüchliche Begründung des Gesetzgebers verdeutlicht die Problematik einer objektiven **10** Zweckbestimmung bei Computerprogrammen. Gerade deren Aufbau und Beschaffenheit, auf die der Gesetzgeber verweist, bieten keine Anhaltspunkte, um den Zweck des Programms zu ermitteln. Dies gilt gerade für Software, die dem Ausspähen oder Abfangen von Daten dient, deren Legalität stets von der Bestimmtheit der betroffenen Daten für den Täter abhängt (→ Rn. 4 und → Rn. 6). Die Folge sind Abgrenzungsschwierigkeiten, welche Programme im Einzelnen § 202c erfasst. Wird als ausreichend angesehen, dass ein Programm *auch* der Begehung einer Straftat nach §§ 202a, 202b dient (so etwa *Vahle* DVP 2007, 491 (492)), sind „dual use"-Tools und damit gerade Programme als taugliche Tatobjekte anzusehen, welche die IT-Sicherheitsbranche bei ihren Tätigkeiten einsetzt (*Böhlke/Yilmaz* CR 2008, 261 (262 f.); *Schreibauer/Hessel* K&R 2007, 616 (618); vgl. auch *Gercke/Brunst* InternetStrafR Rn. 121). Werden hingegen nicht eindeutig kriminelle Programme als Tatobjekte ausgeschlossen, führt dies dazu, dass die Vorschrift faktisch jeglichen Anwendungsbereich verliert.

Aufzeigen lässt sich das Dilemma der objektiven Zweckbestimmung an den in der **Lit.** vertretenen Ansichten. **11** Nach einer Ansicht soll – in dem Bestreben um eine restriktive Auslegung der Vorschrift – einem Programm nur dann der Zweck der Begehung eines bestimmten Computerdelikts zugeschrieben werden, wenn „es unabhängig von den Intentionen des Täters nach sachverständigem Urteil zu deliktischer Verwendung ‚wie geschaffen' erscheint" (*Popp* GA 2008, 375 (389)). Der kriminelle Zweck müsse einer Software geradezu auf der Stirn stehen, was nur bei typischen Schadprogrammen zu bejahen sei, während neutrale Software bereits objektiv nicht dem Tatbestand unterfalle (*Popp* GA 2008, 375 (389)). Auch diesem Ansatz bleibt entgegenzuhalten, dass ein eindeutiges „Hackertool" nicht existiert. Das Abstellen auf einengende objektive Eigenschaften, die den deliktischen Zweck unmissverständlich zum Ausdruck brächten, erscheint daher als illusorischer Weg (vgl. auch *I. Hassemer/Ingeberg* ITRB 2009, 84 (86); *Hornung* CR 2009, 677 (678); *Vassilaki* CR 2008, 131 (135)). Es stünde zu erwarten, dass der Vorschrift in der Handhabung durch die Praxis von vornherein allenfalls ein geringer Anwendungsbereich verbliebe. Dies wäre angesichts der bedenklichen Vorverlagerung der Strafbarkeit durch die Norm zwar zu begrüßen, ließe sich aber kaum mit dem Ziel des Gesetzgebers vereinbaren, weit verbreitete und leicht verfügbare Hacker-Tools effektiv zu bekämpfen (→ Rn. 9).

Eine andere Ansicht will daher bereits den möglichen Zweck eines Computerprogramms zur Begehung einer **12** Straftat genügen lassen. Dies hätte zur Folge, Software schon dann als taugliches Tatobjekt zu erfassen, wenn ihr die Möglichkeit einer Vorbereitungshandlung gemäß § 202c innewohne. Nur wenn ein solcher Einsatzzweck nach objektiven Maßstäben unwahrscheinlich und damit auszuschließen sei, weise ein Programm nicht den erforderlichen Zweck iSd Abs. 1 Nr. 2 auf (*Böhlke/Yilmaz* CR 2008, 261 (263)). Eine derart weite Interpretation dürfte aber bereits daran scheitern, dass sie sich zu sehr der objektiven Eignung der Software zur Begehung von Straftaten annähert (LK-StGB/*Hilgendorf* Rn. 16). Jedoch besteht bei der Auslegung des § 202c Einigkeit jedenfalls insoweit, als die bloße **Eignung** eines Programms, auch für kriminelle Aktivitäten verwendet zu werden, **nicht genügt** (*Goeckenjan* wistra 2009, 47 (53); *I. Hassemer/Ingeberg* ITRB 2009, 84 (86); vgl. auch BT-Drs. 16/3656, 19; BVerfG NJW 2006, 2318 (2319) zu § 22b Abs. 1 Nr. 3 StVG). Dies zeigt ein Vergleich zu § 275 Abs. 1 Nr. 1 sowie § 149 Abs. 1 Nr. 1, der etwa für die Vorbereitung der Fälschung von Geld und Wertzeichen ausdrücklich darauf abstellt, ob „… Computerprogramme oder ähnliche Vorrichtungen (…) ihrer Art nach zur Begehung der Tat geeignet sind" (*Cornelius* CR 2007, 682 (687); *Popp* GA 2008, 375 (385 und 388)).

cc) Subjektive Zweckbestimmung. Da sich eine maßvolle Reichweite der Vorschrift demnach **13** kaum durch objektive Kriterien bestimmen lässt, wollen einige Stimmen in der Literatur erst im Vorsatz über die Tatbestandsmäßigkeit eines Verhaltens entscheiden (*Borges/Stuckenberg/Wegener* DuD 2007, 275 (277); *Ernst* NJW 2007, 2661 (2663); *Marberth-Kubicki* ITRB 2008, 17 (18)). Allerdings liegt es näher, den tatbestandlichen Zweck eines Computerprogramms anhand **subjektiver Kriterien** zu ermitteln, namentlich dem Einsatz, welcher der jeweiligen Software zugedacht wurde (Fischer Rn. 6; NK-StGB/*Kargl* Rn. 7; *Cornelius* CR 2007, 682 (685)). Insoweit wäre aber zunächst fraglich, aus wessen Sicht sich der Zweck des Computerprogramms bestimmt (zur Problematik *Böhlke/Yilmaz* CR 2008, 261 (262)). Auf den jeweiligen Verwender des Programms kann hierbei kaum abgestellt werden. Wenngleich eine objektivierte Zweckbestimmung mangels Anhaltspunkten in Aufbau und Funktionsweise des Programms ausscheidet, kann die Qualifikation eines bereits existierenden Computerprogramms sich nicht je nach innerer Einstellung des jeweiligen Benutzers ändern. Darauf weist auch die Begründung des Gesetzgebers hin, der zwischen Hacking-Tools und allgemeinen Anwendungsprogrammen unterscheiden, allein den Missbrauch von Software also nicht mit § 202c erfassen will (BT-Drs. 16/3656, 19; ebenso iErg *Böhlke/Yilmaz* CR 2008, 261 (262)). Entscheidend dürfte demnach die **Zweckbestimmung** durch denjenigen sein, der die **Software herstellt,** für kriminelle Anliegen modifiziert oder verbreitet. Dies hat zur Folge, dass derjenige, der sich ein nicht für kriminelle Zwecke bestimmtes Computerprogramm verschafft etc, nicht gemäß § 202c strafbar ist, auch wenn er damit eine Straftat nach den §§ 202a, 202b begehen will (kritisch LK-StGB/*Hilgendorf* Rn. 19). Ebenso wenig verwirklicht den Straftatbestand des § 202c, wer sich ein Hacker-Tool zu legalen Zwecken etwa aus dem Internet herunterlädt. In diesem Fall liegt zwar ein taugliches Tatobjekt vor. Allerdings wird keine Straftat nach den §§ 202a, 202b vorbereitet, so dass auch hier schon der objektive Tatbestand nicht gegeben ist (→ Rn. 25 ff.).

14   Der derart subjektiv verstandene Zweck des Computerprogramms muss **anhand objektiver Anhaltspunkte** ermittelt werden (vgl. dazu *Cornelius* CR 2007, 682 (686 f.)). Dazu zählen – mangels Anknüpfungsmöglichkeiten an das Programm und seine Eigenschaft selbst – etwa die Ankündigung und Bewerbung der betreffenden Software oder die Nutzungsbeschreibung. Weniger aussagekräftig ist die Gewinnerzielungsabsicht des Vertreibers eines Computerprogramms, sofern der Gewinn nicht gerade durch die Förderung krimineller Aktivitäten gesteigert werden soll (*Cornelius* CR 2007, 682 (687)). Auch aus dem – oftmals martialischen (zB das in → Rn. 4 erwähnte Programm „John the Ripper") – Namen einer Software darf nicht allein auf ihren Zweck geschlossen werden, ebenso wenig wie umgekehrt eine bewusst verklärende Programmbeschreibung wie „für das Testen der eigenen Computeranlage" deliktische Ziele nicht auszuschließen vermag. Schließlich eignet sich die tatsächliche Verwendung eines Programms nur bedingt für einen Rückschluss auf seinen hauptsächlichen Zweck, da vor allem bei neu entwickelten Technologien mögliche Missbräuche nicht immer von vornherein absehbar sind (*Cornelius* CR 2007, 682 (687 f.)). Insgesamt bedarf es somit jeweils einer **Gesamtschau** der Umstände des Einzelfalls.

15   Wie „dual use"-Tools belegen, können bei der Verwendung von Computerprogrammen mitunter sowohl legale als auch illegale Zwecke gleichermaßen verfolgt werden. Dies ist den Herstellern der Software allerdings häufig bekannt, weswegen nicht auszuschließen ist, dass sie der Software mit deren Programmierung mehrere Zwecke beilegen. Allein das Wissen um den möglichen Gebrauch bzw. Missbrauch eines Computerprogramms zu kriminellen Aktivitäten ausreichen zu lassen, ließe jedoch den Tatbestand des § 202c ausufern und würde „dual use"-Tools in der Regel als Tatobjekte erfassen. Dies widerspricht aber dem Willen des Gesetzgebers (BT-Drs. 16/3656, 19; → Rn. 9) sowie dem Anliegen des Europarats-Übereinkommens, nur Computerprogramme zu erfassen, „die in erster Linie dafür ausgelegt oder hergerichtet worden" sind, eine Computerstraftat zu begehen (Art. 6 Abs. 1 lit. a sublit. i des Übereinkommens). Es bietet sich daher an, § 202c einschränkend nur auf solche Computerprogramme zu erstrecken, die der Täter **hauptsächlich** oder primär für die Begehung von Straftaten nach § 202a oder § 202b vorgesehen hat (*Cornelius* CR 2007, 682 (687); *Eisele* JURA 2012, 922 (929); *Schumann* NStZ 2007, 675 (678); vgl. auch BeckOK StGB/*Weidemann* Rn. 7.1). Nur in diesem Fall wird zudem die notwendige kriminelle Energie entfaltet, die eine Strafbarkeit von Vorbereitungshandlungen noch zu rechtfertigen weiß.

16   Zwingend erschließt sich dies aus dem Wortlaut der Vorschrift indessen nicht. Vielmehr hat der Gesetzgeber in der ursprünglichen Begründung ausgeführt, dass das Programm nicht ausschließlich für die Begehung einer Computerstraftat bestimmt sein müsse, sondern es ausreiche, „wenn die objektive Zweckbestimmung des Tools *auch* (HdV) die Begehung einer solchen Straftat ist" (BT-Drs. 16/3656, 12; → Rn. 9; kritisch *Borges/Stuckenberg/Wegener* DuD 2007, 275 (276); *Ernst* NJW 2007, 2661 (2663); *Gröseling/Höfinger* MMR 2007, 626 (628 f.); *Schumann* NStZ 2007, 675 (678); vgl. auch die Bedenken des Bundesrates, BT-Drs. 16/3656, 17). Der Rechtsausschuss hielt später in seinem Bericht zwar fest – nach seiner Ansicht nur klarstellend und zur Vermeidung von Missverständnissen –, dass § 202c hinsichtlich seiner Zweckbestimmung iSv Art. 6 des Europarats-Übereinkommens auszulegen sei (BT-Drs. 16/5449, 4). Es müsse sich demnach bei dem Computerprogramm um sog Schadsoftware handeln. Zu einer Änderung des Gesetzentwurfs und etwa einer Einfügung des Merkmals „in erster Linie" aus Art. 6 des Europarats-Übereinkommens und einer ausdrücklichen Einschränkung der Norm vermochte sich aber nicht durchzuringen, obwohl dahin gehende Vorschläge in der Sachverständigenanhörung vermehrt vorgetragen wurden (*U. Gercke* Stellungnahme S. 8; ähnlich *Borges* Stellungnahme S. 9; s. auch *Borges/Stuckenberg/Wegener* DuD 2007, 275 (277): „vorrangig"; vgl. ferner *Hilgendorf* Stellungnahme S. 7; *Schultz* DuD 2006, 778 (782): „offensichtlicher Zweck" oder „überwiegender Zweck").

17   Art. 6 Abs. 1 lit. a des Europarats-Übereinkommens sieht vor, dass die Vertragsparteien „das Herstellen, Verkaufen, Beschaffen zwecks Gebrauchs, Einführen, Verbreiten oder anderweitige Verfügbarmachen (i) einer Vorrichtung einschließlich eines Computerprogramms, die in erster Linie dafür ausgelegt oder hergerichtet worden ist, eine nach den Artikeln 2 bis 5 (unter anderem der rechtswidrige Zugang und das rechtswidrige Abfangen) umschriebene Straftat zu begehen", unter Strafe stellen. Art. 6 Abs. 2 hält ausdrücklich fest, dass der Artikel „nicht

so ausgelegt werden (darf), als begründe er die strafrechtliche Verantwortlichkeit in Fällen, in denen das Herstellen, Verkaufen, Beschaffen zwecks Gebrauchs, Einführen, Verbreiten oder anderweitige Verfügbarmachen oder der Besitz nach Abs. 1 nicht zum Zweck der Begehung einer nach den Artikeln 2 bis 5 umschriebenen Straftat, sondern beispielsweise zum genehmigten Testen oder zum Schutz eines Computersystems erfolgt." Die Verfasser des Europarats-Übereinkommens versprachen sich hiervon, „dual use"-Tools gewöhnlich auszuschließen. Eine Beschränkung auf Programme, die ausschließlich oder speziell für die Begehung von Straftaten bestimmt sind, wurde indes nicht vorgenommen, da unüberwindliche Beweisschwierigkeiten befürchtet wurden, welche die Strafvorschrift praktisch unanwendbar oder nur selten anwendbar werden ließen (BT-Drs. 16/7218, 65). Ebenso wenig sollten sämtliche, dh auch rechtmäßig hergestellte und verbreitete Programme einbezogen werden, da dann nur der Vorsatz über das Vorliegen einer Straftat entscheide. Als Kompromiss wurde die Vorschrift auf Fälle beschränkt, in denen die Programme objektiv in erster Linie zu dem Zweck konstruiert oder bearbeitet wurden, um eine Straftat zu begehen (BT-Drs. 16/7218, 65).

dd) Beschluss des BVerfG vom 18.5.2009 und Folgerungen für die Praxis. Was bleibt, ist ein **18** gewisses Maß an **Rechtsunsicherheit** (s. während des Gesetzgebungsverfahrens *Borges* Stellungnahme S. 9: „Risiko, legale Tätigkeiten zu pönalisieren"; *Bruns* Stellungnahme S. 5: „Beurteilungsspielraum der Strafrechtspraxis"; *Hilgendorf* Stellungnahme S. 6 f. und *ders.* Anhörung S. 30 ff.; *Kudlich* Stellungnahme S. 7 f.; *Lindner* Stellungnahme S. 4 ff. und *ders.* Anhörung S. 27 ff.; *Stuckenberg* Stellungnahme S. 4 ff.; *Schultz* DuD 2006, 778 (782); ebenso nach Inkrafttreten der Norm *Böhlke/Yilmaz* CR 2008, 261 (263); *Gröseling/Höfinger* MMR 2007, 626 (629 f.); *I. Hassemer/Ingeberg* ITRB 2009, 84 (87); *Vassilaki* CR 2008, 131 (136); **aA** *Hange* Stellungnahme S. 3), zum einen bedingt durch die Formulierung des § 202c, die im Unklaren lässt, wonach sich der geforderte Zweck eines Computerprogramms bestimmt, und zum anderen durch die widersprüchlichen Aussagen des Gesetzgebers in Bezug darauf, ob die Software lediglich „auch" oder „in erster Linie" der Begehung von Straftaten nach §§ 202a, 202b dienen muss. Beides hätte sich durch geringfügige Änderungen des Gesetzestexts, der dann nicht zuletzt mit dem Wortlaut des Europarats-Übereinkommens besser in Einklang gestanden hätte, vermeiden lassen.

Das **BVerfG** vermochte gleichwohl in seinem Beschluss vom 18.5.2009 (JR 2010, 79 mAnm **19** *Heckmann/Höhne* K&R 2009, 636, *Höfinger* ZUM 2009, 751, *Holzner* ZRP 2009, 177, *Hornung* CR 2009, 677, *Kudlich* JA 2009, 742 *Stuckenberg* wistra 2010, 41 und Bespr. *Schuster* DuD 2009, 739, *Valerius* JR 2010, 84) keine Auslegungsschwierigkeiten und demzufolge kein Strafbarkeitsrisiko zu konstatieren. Gegenstand der Entscheidung waren die gegen § 202c Abs. 1 gerichteten Verfassungsbeschwerden eines Geschäftsführers eines Unternehmens, das unter anderem Sicherheitsüberprüfungen von EDV-Anlagen mit „dual use"-Tools vornahm, eines Hochschullehrers, der im Rahmen seiner Informatikvorlesung „dual use"-Software an die Studierenden verteilte, um Kompetenz zur Nutzung sog Sicherheitsanalysewerkzeuge zu vermitteln, sowie eines Linux-Nutzers, der sich im Internet frei erhältliche Komponenten des Betriebssystems herunterlud und anwendete. Das BVerfG nahm die Verfassungsbeschwerden nicht zur Entscheidung an, da mangels eines Risikos strafrechtlicher Verfolgung die Beschwerdeführer nicht unmittelbar in ihren Grundrechten betroffen und ihre Verfassungsbeschwerden daher unzulässig seien (BVerfG JR 2010, 79 (81 f.)). Dem Begriff „Zweck" sei nach allgemeinem Sprachgebrauch eine **finale Dimension** zuzusprechen. Computerprogramme iSd Abs. 1 Nr. 2 müssten demnach mit der Absicht entwickelt oder modifiziert sein, sie zur Begehung der vorbereiteten Straftaten nach §§ 202a, 202b einzusetzen. Die bloße oder selbst die spezifische Eignung eines Programms für die Begehung der §§ 202a, 202b genüge nach dem Wortlaut des § 202c nicht (BVerfG JR 2010, 79 (82)). Dieser Befund werde sowohl in systematischer Hinsicht durch die Auslegung der §§ 149, 275 als auch durch historische Erwägungen, unter anderem die Gegenäußerung der Bundesregierung zu den Bedenken des Bundesrates (BT-Drs. 16/ 3656, 18 f.; → Rn. 9) bestätigt. Vor allem habe aber der Rechtsausschuss empfohlen, nur Computerprogramme unter die Norm zu subsumieren, „die in erster Linie ausgelegt oder hergestellt würden, um damit Straftaten nach den §§ 202a, 202b zu begehen" (BT-Drs. 16/5449, 4); dies entspreche weitgehend Art. 6 Abs. 1 lit. a sublit. i des Europarats-Übereinkommens (BVerfG JR 2010, 79 (83)). Dass im Laufe des Gesetzgebungsverfahrens häufig der objektive Charakter der Zweckbestimmung betont wurde, sei dadurch zu berücksichtigen, eine **äußerlich feststellbare Manifestation** der Absicht des Programmentwicklers zu fordern. Sie könne in der Gestalt des Programms selbst oder auch in der Vertriebspolitik oder Werbung des Herstellers zum Ausdruck kommen. Die Klärung im Einzelnen obliege den zuständigen Fachgerichten (BVerfG JR 2010, 79 (83)).

Nach diesen Grundsätzen seien „dual use"-Tools grundsätzlich kein tauglicher Tatgegenstand des **20** § 202c Abs. 1 Nr. 2, da ihre bloße Eignung für die Begehung von Computerstraftaten nicht für die insoweit verlangte Zweckbestimmung ausreiche (BVerfG JR 2010, 79 (83)). Doch auch Vorbereitungshandlungen im Hinblick auf Schadsoftware, etwa aus zweifelhaften Quellen im Internet, bedeuteten nicht ohne Weiteres die Strafbarkeit nach dieser Vorschrift. Wer sich etwa Schadsoftware beschaffe, um damit die Sicherheit von Computersystemen im Einverständnis mit den darüber Verfügungsberechtigten zu überprüfen und somit einen legalen Zweck zu verfolgen, handele jedenfalls nicht mit dem erforderlichen **Vorsatz,** eine Straftat nach §§ 202a, 202b vorzubereiten (BVerfG JR 2009, 79 (83)). Ein Strafbarkeitsrisiko ergebe sich insoweit erst, sobald die betreffenden Programme auch Personen zugänglich gemacht würden, von deren Vertrauenswürdigkeit nicht ausgegangen werden kann, und der Handelnde billigend in Kauf nehme, dass die Personen das Programm zu rechtswidrigen Zwecken einsetzen (BVerfG JR 2010, 79 (84)).

21   Der Beschluss ist offenbar um Herstellung von Rechtssicherheit bemüht, vermag allerdings nicht restlos zu überzeugen (kritisch etwa auch *Hornung* CR 2009, 677). Zwar ist dem BVerfG mit der hier vertretenen Auffassung zuzustimmen, dass dem Merkmal Zweck eine finale Dimension innewohnt, welche die Verwendungsbestimmung desjenigen zu berücksichtigen hat, der die betreffende Software entwickelt, modifiziert oder verbreitet (→ Rn. 13). Fragwürdig ist aber zum einen, dass das BVerfG aus der Betonung des objektiven Charakters der Zweckbestimmung im Gesetzgebungsverfahren auf das Erfordernis einer „äußerlich feststellbaren Manifestation der Absicht des Programmentwicklers" schließt. Zwar bedarf es für den Nachweis subjektiver Tatsachen wie der Verwendungsbestimmung stets objektiver Kriterien (→ Rn. 14). Eine darüber hinaus gehende äußerlich feststellbare Manifestation der Absicht des Softwareherstellers (so wohl auch LK-StGB/*Hilgendorf* Rn. 21) lässt sich dem Wortlaut der Vorschrift indes nicht entnehmen und bringt lediglich weitere Nachweisschwierigkeiten mit sich (kritisch schon *Holzner* ZRP 2009, 177 (178)). Das BVerfG scheint mit diesem einschränkenden Merkmal zu versuchen, die widersprüchlichen Äußerungen des Gesetzgebers im Laufe des Gesetzgebungsverfahrens in Wohlgefallen aufzulösen, um jegliches Strafbarkeitsrisiko bei dem Einsatz von „dual use"-tools zu vermeiden. Hierzu mag auch das Abstellen der Gesetzesbegründung auf eine „objektivierte" Zweckbestimmung (BT-Drs. 16/3656, 12) beigetragen haben, die den Gesetzgeber aber kaum als Manifestation, sondern vielmehr als Synonym zur „objektiven" Zweckbestimmung verstanden haben dürfte, nachdem er beide Begriffe innerhalb ein und desselben Absatzes unterschiedslos verwendet. Zum anderen vermag der Verweis des BVerfG auf das Europarat-Übereinkommen nicht zufrieden zu stellen, da der Gesetzgeber bewusst davon abgesehen hat, den Wortlaut von Art. 6 Abs. 1 des Übereinkommens zu übernehmen, obwohl dies – zumindest in Bezug auf den einschränkenden Zusatz „in erster Linie" – ohne Weiteres möglich gewesen wäre. Auch Stellungnahmen in der Sachverständigenanhörung (*Montag* Anhörung S. 22: „Wir sehen das überhaupt nicht so, dass wir Rahmenbeschlüsse wortwörtlich umsetzen wollen, wir sehen das inzwischen so, dass wir Rahmenbeschlüsse vielleicht sogar überhaupt nicht umsetzen.") lassen nicht unbedingt darauf schließen, dass das Übereinkommen trotz oder gerade wegen der Abweichung im Wortlaut nach wie vor für die Auslegung maßgeblich sein.

22   Auch wenn der Anschein bleibt, dass das BVerfG eine eindeutige Auslegung des § 202c herbeireden wollte, um sich einer Entscheidung über grundrechtliche Fragen wie etwa die Berücksichtigung eines „chilling effect" einer missverständlichen Norm mit widersprüchlicher Begründung enthalten zu können (zur Kritik *Valerius* JR 2010, 84 (86)), ist der Beschluss als erster Schritt hin zur gebotenen restriktiven Interpretation des § 202c iErg zu begrüßen. Die postulierte Rechtssicherheit existierte aber weder vor noch existiert sie nach dem Beschluss des BVerfG (LK-StGB/*Hilgendorf* Rn. 4 und 19; *Leipold/Beukelmann* NJW-Spezial 2009, 457). Eine Bindungswirkung nach § 31 BVerfGG entfaltet der Beschluss, der bereits die Zulässigkeit der Verfassungsbeschwerde ablehnt, ohnehin nicht, da er keine Sachentscheidung enthält (BVerfGE 92, 91 (107)).

23   Die Diskussion um die Vorschrift des § 202c verstummte durch den Beschluss des BVerfG erwartungsgemäß nicht. So plädierte *Holzner* ZRP 2009, 177 (178) für eine Einschränkung des § 202c nach dem Vorbild des § 184b Abs. 5 StGB, wonach Besitz und (Eigen- bzw. Fremd-)Besitzverschaffung kinderpornografischer Schriften nicht strafbar sind, wenn sie „ausschließlich der Erfüllung rechtmäßiger dienstlicher oder beruflicher Pflichten dienen". Diese an sich überdenkenswerte Anregung lässt sich indes mit den Vorgaben des Europaratsübereinkommens nicht in Einklang bringen.

24   Für die tägliche Praxis von IT-Sicherheitsunternehmen ist daher nach wie vor zu empfehlen, den Umgang mit „dual use"-Tools zu legalen Zwecken ausreichend und nachvollziehbar zu **dokumentieren,** um verbleibende Strafbarkeitsrisiken zu minimieren. So sollte unter anderem festgehalten werden, woher die eingesetzte Software stammt, wer auf sie Zugriff hat und wofür sie verwendet wird (*I. Hassemer/Ingeberg* ITRB 2009, 84 (87); vgl. auch *Böhlke/Yilmaz* CR 2008, 261 (266); *Marberth-Kubicki* ITRB 2008, 17 (18)). Darüber hinaus sollte eine schriftliche Einwilligung des Kunden, nach Möglichkeit sogar aller Angehörigen des Unternehmens, auf deren Daten zugegriffen wird, eingeholt werden (*I. Hassemer/Ingeberg* ITRB 2009, 84 (87)). Stehen Berührungspunkte mit § 202c im Raum, bietet sich zudem die vorherige Einholung eines Gutachtens von IT-Sachverständigen und Juristen an (*I. Hassemer/ Ingeberg* ITRB 2009, 84 (87)).

25   **2. Tathandlungen. a) Vorbereiten.** Tathandlung ist das Vorbereiten einer Straftat nach § 202a oder § 202b. Hierbei handelt es sich entgegen vielfach vertretener Auffassung bereits um ein **objektives Tatbestandsmerkmal** (LK-StGB/*Hilgendorf* Rn. 25, dem das Merkmal insoweit allerdings keine eigenständige Bedeutung zugesteht; *Kudlich* Anhörung S. 16; vgl. auch Fischer § 263a Rn. 33), das durch die im Einzelnen aufgezählten Vorbereitungshandlungen lediglich begrenzt, nicht aber ersetzt wird. Die Vorbereitung eines Ausspähens oder Abfangens von Daten ist somit nur dann strafbar, wenn dies auf die näher beschriebene Art und Weise geschieht. Umgekehrt verwirklicht eine der genannten Handlungen nur dann den Tatbestand, wenn dadurch zugleich eine Straftat nach § 202a oder § 202b vorbereitet wird.

26   Die vorbereitete **Straftat nach § 202a oder § 202b** muss zumindest tatbestandsmäßig und rechtswidrig sein (zur Strafbarkeit des Datenhandels zum Zwecke des Identitätsmissbrauchs *Golla/von zur Mühlen* JZ 2014, 668 (671 ff.)). Bereitet jemand ein Ausspähen oder Abfangen von Daten vor,

das bereits den Tatbestand nicht verwirklicht, weil die betreffenden Daten für den Handelnden bestimmt sind (→ § 202a Rn. 13 ff.), oder mangels Unbefugtheit gerechtfertigt ist (zB bei der Überprüfung der Systemsicherheit eines Unternehmens; → § 202a Rn. 36), scheidet § 202c bereits tatbestandlich aus (BT-Drs. 16/3656, 19; BeckOK StGB/*Weidemann* Rn. 9b; vgl. auch *M. Gercke* Stellungnahme S. 8; *Gröseling/Höfinger* MMR 2007, 626 (629); *Popp* GA 2008, 375 (392 f.); **aA** LK-StGB/ *Hilgendorf* Rn. 30; *Böhlke/Yilmaz* CR 2008, 261 (265): Rechtfertigung; hiergegen BeckOK StGB/ *Weidemann* Rn. 9b); vgl. auch Art. 6 Abs. 2 des Europarats-Übereinkommens und BT-Drs. 16/7218, 65.

Vorbereiten iSd Vorschrift lässt sich als das unmittelbare oder mittelbare Fördern oder Ermöglichen **27** definieren (LK-StGB/*Hilgendorf* Rn. 25; *Böhlke/Yilmaz* CR 2008, 261 (263)). Dies darf jedoch nicht so verstanden werden, dass es der Begehung einer – eigenen oder fremden – Straftat bedarf (*Böhlke/Yilmaz* CR 2008, 261 (264); *Ernst* NJW 2007, 2661 (2664); *Popp* GA 2008, 375 (390)). Ebenso wenig muss die vorbereitete Tat bereits in ihren wesentlichen Umrissen, zB nach Ausführung, Zeit und Ort oder potentiellen Opfern, konkretisiert sein (*Golla/von zur Mühlen* JZ 2014, 668 (673); vgl. *Stuckenberg* Stellungnahme S. 9; OLG München NStZ-RR 2008, 280 zu § 275; MüKoStGB/*Erb* § 149 Rn. 11; Lackner/Kühl/*Heger* § 149 Rn. 5; NK-StGB/*Puppe* § 149 Rn. 3; **aA** LK-StGB/*Hilgendorf* Rn. 28; *Goeckenjan* wistra 2009, 47 (54); *Gröseling/Höfinger* MMR 2007, 626; *Popp* GA 2008, 375 (392)). Wegen des Charakters der Vorschrift als abstraktes Gefährdungsdelikt (→ Rn. 3) und der fehlenden Beschränkung auf die Vorbereitung eigener Straftaten reicht es vielmehr aus, dass die Vorbereitungshandlung die Begehung eines bestimmten „Deliktstyps", also die Förderung oder Ermöglichung einer bestimmten Art von Straftaten nach § 202a oder § 202b ernsthaft befürchten lässt (vgl. NK-StGB/*Kargl* Rn. 13; *Eisele* JURA 2012, 922 (930); *Roos/Schumacher* MMR 2014, 377 (379); *Schumann* NStZ 2007, 675 (678 f.)). Nur dadurch wird dem Anliegen des Gesetzgebers Rechnung getragen, bereits die Verbreitung von Hacker-Tools als an sich gefährlicher Mittel unter Strafe zu stellen (BT-Drs. 16/3656, 12). Eine von vornherein ungeeignete Vorbereitung scheidet als Tathandlung hingegen aus (**aA** *Böhlke/Yilmaz* CR 2008, 261 (264)). Gleiches gilt für die nur mögliche, aber nicht nahe liegende Anknüpfung einer späteren Tat an die jeweilige Vorbereitungshandlung.

Wer auf einschlägigen Hacker-Webseiten im Internet eine Software anbietet, die zum Zweck des unbefugten **28** Ausspähens oder Abfangens von Daten hergestellt worden ist, bereitet demnach auch dann eine Straftat nach § 202a und § 202b vor, wenn er nicht einmal weiß, wer auf die Software im Einzelnen zugreift. Für den vorbereitenden Charakter des Zugänglichmachens der Software (→ Rn. 33) genügt, dass deren Verwendung für eine bestimmte Art von Straftaten, entsprechend ihrer Funktionsweise etwa zum Ausspähen von Passwörtern oder zum Aufspüren von Sicherheitslücken, nahe liegt. Hingegen scheidet die Vorbereitung einer Straftat aus, wenn sich jemand die besagte Software für sein IT-Sicherheitsunternehmen von der Webseite herunterlädt, um sie im Auftrag seiner Kunden zur Überprüfung deren Sicherheitsstandards zu verwenden. Der bloß mögliche, nicht aber ernsthaft zu befürchtende Missbrauch der Software durch die eigenen Mitarbeiter gereicht nicht zur Vorbereitung einer Straftat. Hier weist die Handlung des Sichverschaffens der Software (→ Rn. 31) nicht die notwendige Gefährlichkeit auf, um auf strafrechtliche Mittel zurückzugreifen.

b) Vorbereitungshandlungen. Die Vorbereitung muss durch eine der aufgezählten Verhaltensweisen **29** geschehen, die sich in weiten Teilen an den verwandten Vorschriften der § 149 Abs. 1 und § 263a Abs. 3 orientieren. Auch wenn Tatgegenstände der Vorbereitungshandlungen „Passwörter oder sonstige Sicherungscodes" (Nr. 1) bzw. „Computerprogramme" (Nr. 2) sind, genügt zur Verwirklichung bereits der Bezug zu einem einzigen Code oder einem einzigen Programm. Das Gesetz verwendet den Plural nur aus sprachlichen Gründen und in Angleichung an ähnliche Tatbestände wie § 149 Abs. 1, § 263a Abs. 3 und § 275 Abs. 1 (BT-Drs. 16/3656, 12; LK-StGB/*Hilgendorf* Rn. 7; NK-StGB/*Kargl* Rn. 5; BeckOK StGB/*Weidemann* Rn. 5 f.; *Schumann* NStZ 2007, 675 (678)); vgl. auch BGHSt 46, 146 (150 f.); BGH NJW 1995, 1686 (1687); OLG Düsseldorf NJW 1993, 869).

Herstellen umfasst jede beliebige Form der Entwicklung eines Sicherungscodes oder vor allem **30** eines Computerprogramms (LK-StGB/*Hilgendorf* Rn. 22). Auch die Modifikation eines bereits existierenden Tatgegenstands ist ein Herstellen, setzt aber bei Software eine entsprechende Zweckbestimmung durch den Urheber der Veränderung voraus (→ Rn. 13). Maßgeblich ist nicht die Handlung, sondern der Erfolg des Herstellens. Bereits die bloße herstellende Tätigkeit, zB das Schreiben der ersten Zeile eines Computerprogramms, genügen zu lassen, bedeutete eine nicht mehr hinnehmbare Verlagerung der Strafbarkeit in das Vorfeld der Tat. Die Software muss sich vielmehr in einem gebrauchsfertigen Zustand befinden (NK-StGB/*Kargl* Rn. 9; Hilgendorf/Valerius ComputerStrafR Rn. 582).

Sich oder einem anderen verschafft den Tatgegenstand, wer ihn in seine eigene oder die Ver- **31** fügungsgewalt eines Dritten bringt (LK-StGB/*Hilgendorf* Rn. 22; NK-StGB/*Kargl* Rn. 9). Dies kann insbesondere durch die Ansichnahme oder die Weitergabe des Datenträgers, auf dem das Computerprogramm bzw. der Sicherungscode in Datenform gespeichert ist, oder durch die Kopie bzw. Weiterleitung der betreffenden Datei, zB durch Versand als E-Mail-Anhang oder Herunterladen aus dem Internet, geschehen. Vor allem bei Passwörtern genügt außerdem die bloße Kenntnisnahme (Hilgendorf/Valerius ComputerStrafR Rn. 583). Dadurch wird mittlerweile das (erfolgreiche) Phishing, sowohl in seiner klassischen Form durch betrügerische E-Mails als auch auf anderen Kommunikationswegen wie durch telefonische oder schriftliche Kontaktaufnahme (**aA** insoweit *Stuckenberg* Stellungnahme S. 10), weitgehend als strafbare Tat erfasst (LK-StGB/*Hilgendorf* Rn. 10; Hilgendorf/Valerius ComputerStrafR Rn. 584; *Borges/Stuckenberg/Wegener* DuD 2007, 275 (278); *Goeckenjan* wistra 2009, 47 (54); *Schultz* DuD 2006, 778 (781); *Schumann* NStZ 2007, 675 (678); *Sensburg* Kriminalistik 2007, 607 (608); vgl. auch *Borges* Stellungnahme S. 5 f.; zurückhaltend *Gröseling/Höfinger* MMR 2007, 626 (628)). Eine umfassende Strafbarkeit des Phishings, die sich auch auf erfolglose Versuche erstreckt, ist hingegen nach wie vor nicht gegeben (kritisch *Ernst* NJW 2007, 2661 (2665); vgl. hierzu *Beck/Dornis* CR 2007, 642 (644)). Der bloße **Besitz** oder das **Verwahren** sind nicht strafbar (Fischer Rn. 7; LK-StGB/*Hilgendorf* Rn. 22).

32   **Verkaufen** bedeutet die Übereignung an einen anderen gegen Entgelt. Zwar scheint der Begriff „Verkaufen" in Anbetracht des im deutschen Zivilrecht geltenden Trennungsprinzips darauf hinzudeuten, dass der bloße Abschluss des Verpflichtungsgeschäfts genügt. Jedoch ist zu bedenken, dass das Trennungsprinzip nicht in allen nationalen Zivilrechtsordnungen der Mitgliedstaaten des Europarates gilt und demzufolge nicht zur Auslegung dessen Übereinkommen herangezogen werden kann. Auch mit Blick auf die vom Gesetzgeber postulierte hohe Gefährlichkeit der Vorbereitungshandlungen des § 202c liegt daher näher, ein Verkaufen erst mit Übergabe des verkauften Sicherungsprogramms oder Computerprogramms anzunehmen (LK-StGB/*Hilgendorf* Rn. 24; *Eisele* JURA 2012, 922 (929); *Schumann* NStZ 2007, 675 (678); vgl. auch Schönke/Schröder/*Heine/Bosch* § 314 Rn. 20; LK-StGB/*Wolff* § 314 Rn. 12; **aA** Fischer Rn. 7; Gercke/Brunst InternetStrafR Rn. 123). Dass der Tatvariante des Verkaufens dadurch neben dem „einem anderen Verschaffen" (→ Rn. 31) – anders als in § 314, der dieses Merkmal nicht enthält – keine eigenständige Bedeutung verbleibt (LK-StGB/*Hilgendorf* Rn. 24), liegt an der pleonastischen Ausgestaltung des Tatbestands durch den deutschen Gesetzgeber (→ Rn. 34).

33   **Überlassen** ist die – ggf. lediglich vorübergehende – Gewährung des Tatgegenstands zum Gebrauch (NK-StGB/*Kargl* Rn. 9; Gercke/Brunst InternetStraR Rn. 123). **Verbreitet** wird ein Tatgegenstand, wenn er aktiv an eine unbestimmte Vielzahl von Personen weitergegeben wird (LK-StGB/*Hilgendorf* Rn. 22; vgl. auch BT-Drs. 16/7218, 65), unabhängig davon, ob die Empfänger das Computerprogramm überhaupt verwenden oder die Sicherungscodes inhaltlich zur Kenntnis nehmen. Für das **Zugänglichmachen** genügt bereits, den Zugriff auf den Tatgegenstand zu eröffnen (LK-StGB/*Hilgendorf* Rn. 22; NK-StGB/*Kargl* Rn. 11; Gercke/Brunst InternetStrafR Rn. 123), insbes. durch Veröffentlichung eines Passwortes auf einer Webseite oder das Zurverfügungstellen von Software zum Herunterladen im Internet. Erfasst sind auch das Setzen und Zusammenstellen von Hyperlinks, die den Zugriff auf die Tatgegenstände erleichtern (BT-Drs. 16/7218, 65). Die bloße Berichterstattung über Hacker-Tools genügt nicht (*Gaertner* FS 100. Arbeitstagung der Arbeitsgemeinschaft der Verlagsjustitiare am 29.6.2007 auf dem Hambacher Schloß, 2007, 167 (179)).

34   Für die Verwirklichung des § 202c reicht bereits die Begehung einer einzigen Vorbereitungshandlung aus. Wie der Normtext bereits durch das „*sonst* zugänglich macht" verdeutlicht, gibt es aber zwischen den einzelnen Vorbereitungshandlungen einige Überschneidungen. Exemplarisch kann auf die Bedeutungslosigkeit des Verkaufens als eigenständige Tatvariante neben dem „einem anderen Verschaffen" verwiesen werden (→ Rn. 32). Die Fülle der Vorbereitungshandlungen (zu Recht kritisch LK-StGB/*Hilgendorf* Rn. 23; *Schumann* NStZ 2007, 675 (678)) steht zudem im Widerspruch zu dem Anliegen des Gesetzgebers, dass „*bestimmte besonders* (HdV) gefährliche Vorbereitungshandlungen selbstständig mit Strafe bedroht werden" (BT-Drs. 16/3656, 11).

II. Subjektiver Tatbestand

35   Der Täter muss zumindest mit **bedingtem Vorsatz** handeln, der sich unter anderem auf den **Zweck des Computerprogramms** iSd Abs. 1 Nr. 2 beziehen muss. Sofern sich der Zweck einer Software mit der hier vertretenen Auffassung aber aus der subjektiven Bestimmung ihres Herstellers oder Verbreiters ergibt (→ Rn. 13 ff.), erübrigen sich insoweit in der Regel Ausführungen zum Vorsatz. Ansonsten bliebe zu erwägen, ob vornehmlich bei Mitarbeitern der IT-Sicherheitsbranche der Vorbereitungsvorsatz in Bezug auf zweckentfremdete Software oder auf „dual use"-Tools zu verneinen ist (so BeckOK StGB/ *Weidemann* Rn. 9; *Borges/Stuckenberg/Wegener* DuD 2007, 275 (277); *Ernst* NJW 2007, 2661 (2663); *Marberth-Kubicki* ITRB 2008, 17 (18)). Dagegen spricht aber, dass gerade ihnen Möglichkeit und Häufigkeit des Missbrauchs solcher Programme durchaus bewusst sind (*Borges* Stellungnahme S. 8; vgl. schon → Rn. 15).

36   Der Vorsatz des Täters muss sich zudem auf die **Vorbereitung einer Straftat** nach § 202a oder § 202b erstrecken. Dies bedeutet, dass der Täter sich des vorbereitenden Charakters seiner Handlung in Bezug auf die vorbereitete (eigene oder fremde) Tat nach § 202a bzw. § 202b bewusst sein muss. Er muss also erkennen, dass er mit seiner Handlung die Begehung einer bestimmten Art von Straftaten nach § 202a oder § 202b ernsthaft fördert oder ermöglicht. Ein Vorsatz in Bezug auf eine in ihren wesentlichen Umrissen bereits konkretisierte vorbereitete Tat ist hingegen nicht erforderlich (vgl. schon → Rn. 27).

Zwar wurde zur **Einschränkung der Vorschrift** schon im Gesetzgebungsverfahren wiederholt **37** vorgeschlagen, den subjektiven Tatbestand auf **Absicht** (*Hilgendorf* Stellungnahme S. 7; s. auch *Schultz* DuD 2006, 778 (782)) oder Absicht und positive Kenntnis zu begrenzen (*Borges* Stellungnahme S. 9; *Stuckenberg* Stellungnahme S. 6; vgl. schon *Borges/Stuckenberg/Wegener* DuD 2007, 275 (277)). Dies stünde nicht zuletzt im Einklang mit den Vorgaben des Europarats-Übereinkommens, das direkten Vorsatz verlangt (vgl. den Erläuternden Bericht, Nr. 76, BT-Drs. 16/7218, 65). Der Gesetzgeber hat diese Vorschläge aber nicht aufgegriffen, so dass nach dem insoweit eindeutigen Gesetzeswortlaut hinsichtlich der Vorbereitung einer Straftat dolus eventualis genügt (LK-StGB/ *Hilgendorf* Rn. 27; NK-StGB/*Kargl* Rn. 14; *Gercke/Brunst* InternetStrafR Rn. 126; *Borges/Stuckenberg/Wegener* DuD 2007, 275 (277); *Gröseling/Höfinger* MMR 2007, 626 (629); *Schreibauer/Hessel* K&R 2007, 616 (619); *Vassilaki* CR 2008, 131 (136); **aA** *Goeckenjan* wistra 2009, 47 (54); *Popp* GA 2008, 375 (391 f.)).

C. Rechtswidrigkeit

Eine Rechtfertigung ist nach allgemeinen Grundsätzen möglich (BeckOK StGB/*Weidemann* Rn. 9a). **38** Allerdings ist eine **Einwilligung** wegen des Charakters der Vorschrift als abstraktes Gefährdungsdelikt **ausgeschlossen** (BeckOK StGB/*Weidemann* Rn. 9b). Eine Einwilligung in die vorbereitete Tat des Ausspähens oder Abfangens von Daten ist im Rahmen des § 202c bereits tatbestandlich mangels Vorbereitung einer (rechtswidrigen) Tat nach §§ 202a, 202b zu berücksichtigen (→ Rn. 26).

D. Tätige Reue

Nach **Abs. 2** gelten die Vorschriften über **tätige Reue** in § 149 Abs. 2 und Abs. 3 entsprechend. **39** Danach wird nicht bestraft, wer entweder freiwillig die Ausführung der vorbereiteten Tat aufgibt und eine von ihm verursachte Gefahr, dass andere die Tat weiter vorbereiten oder sie ausführen, abwendet oder die Vollendung der Tat verhindert (vgl. § 149 Abs. 2 Nr. 1), oder – wenn ohne Zutun des Täters diese Gefahr abgewendet oder die Vollendung der Tat verhindert wird – sich freiwillig und ernsthaft bemüht, dieses Ziel zu erreichen (vgl. § 149 Abs. 3). Zusätzlich ist in Anlehnung an § 149 Abs. 2 Nr. 2 jeweils erforderlich, dass der Täter die Sicherungscodes bzw. Computerprogramme, soweit sie noch vorhanden und zur Begehung von Taten nach §§ 202a, 202b brauchbar sind, vernichtet, unbrauchbar macht, ihr Vorhandensein einer Behörde anzeigt oder sie dort abliefert.

E. Konkurrenzen

Die Vorbereitung nach § 202c **tritt** hinter die später begangene (Teilnahme an der) Tat nach § 202a **40** bzw. § 202b **zurück** (Fischer Rn. 10; LK-StGB/*Hilgendorf* Rn. 32; Lackner/Kühl/*Heger* Rn. 7; Beck-OK StGB/*Weidemann* Rn. 11). Mit Taten, die der Verschaffung der Sicherungscodes oder der Computerprogramme dienen (zB §§ 202a, 242, 263), steht § 202c dagegen in **Tateinheit** (LK-StGB/*Hilgendorf* Rn. 32).

F. Prozessuales

Anders als bei §§ 202a, 202b ist ein Strafantrag nach § 205 nicht erforderlich. Die Qualifizierung **41** des § 202c als Offizialdelikt verwundert auf den ersten Blick, weil sie zu dem kuriosen Ergebnis führt, dass das Vorbereitungsdelikt ein Offizialdelikt darstellt, der Versuch nicht strafbar und die Vollendung nur ein Antragsdelikt ist (LK-StGB/*Hilgendorf* § 202a Rn. 42; NK-StGB/*Kargl* § 202a Rn. 1a; *Borges/ Stuckenberg/Wegener* DuD 2007, 275; *Ernst* NJW 2007, 2661 (2662); *Gröseling/Höfinger* MMR 2007, 626 (628); *Marberth-Kubicki* ITRB 2008, 17 (18); *Schumann* NStZ 2007, 675 (680))). Diese Ungereimtheit kann zwar dadurch erklärt werden, dass bei einer bloßen Vorbereitungshandlung in der Regel noch kein Verfügungsberechtigter vorliegt, der als Verletzter einen Strafantrag stellen könnte (BT-Drs. 16/3656, 12; *Kudlich* Stellungnahme S. 9; *Ernst* NJW 2007, 2661 (2664)), und ein lediglich allgemeines Interesse an der Strafverfolgung nicht genügt (OLG Köln JMBl. NRW 2008, 238 (239) zur vergleichbaren Auslegung des Verletzten iSd § 172 Abs. 1 S. 1 StPO, wonach der Klageerzwingungsantrag des Chefredakteurs einer Zeitschrift ohne Darlegung einer konkreten Rechtsgutsverletzung bereits unzulässig ist). Der Hinweis des Gesetzgebers auf die allgemeinen Vorschriften der §§ 153, 153a StPO sowie §§ 45, 47 JGG als „wichtige Filter zur Verhinderung von unnötigen Strafverfahren" (BT-Drs. 16/3656, 12; schon → § 202a Rn. 44) vermag aber nicht zufrieden zu stellen.

Gemäß § 78 Abs. 3 Nr. 4 beträgt die **Verjährungsfrist** fünf Jahre. **42**

§ 203 Verletzung von Privatgeheimnissen

(1) Wer unbefugt ein fremdes Geheimnis, namentlich ein zum persönlichen Lebensbereich gehörendes Geheimnis oder ein Betriebs- oder Geschäftsgeheimnis, offenbart, das ihm als

1. Arzt, Zahnarzt, Tierarzt, Apotheker oder Angehörigen eines anderen Heilberufs, der für die Berufsausübung oder die Führung der Berufsbezeichnung eine staatlich geregelte Ausbildung erfordert,
2. Berufspsychologen mit staatlich anerkannter wissenschaftlicher Abschlußprüfung,
3. Rechtsanwalt, Patentanwalt, Notar, Verteidiger in einem gesetzlich geordneten Verfahren, Wirtschaftsprüfer, vereidigtem Buchprüfer, Steuerberater, Steuerbevollmächtigten oder Organ oder Mitglied eines Organs einer Rechtsanwalts-, Patentanwalts-, Wirtschaftsprüfungs-, Buchprüfungs- oder Steuerberatungsgesellschaft,
4. Ehe-, Familien-, Erziehungs- oder Jugendberater sowie Berater für Suchtfragen in einer Beratungsstelle, die von einer Behörde oder Körperschaft, Anstalt oder Stiftung des öffentlichen Rechts anerkannt ist,
4a. Mitglied oder Beauftragten einer anerkannten Beratungsstelle nach den §§ 3 und 8 des Schwangerschaftskonfliktgesetzes,
5. staatlich anerkanntem Sozialarbeiter oder staatlich anerkanntem Sozialpädagogen oder
6. Angehörigen eines Unternehmens der privaten Kranken-, Unfall- oder Lebensversicherung oder einer privatärztlichen, steuerberaterlichen oder anwaltlichen Verrechnungsstelle

anvertraut worden oder sonst bekanntgeworden ist, wird mit Freiheitsstrafe bis zu einem Jahr oder mit Geldstrafe bestraft.

(2) [1]Ebenso wird bestraft, wer unbefugt ein fremdes Geheimnis, namentlich ein zum persönlichen Lebensbereich gehörendes Geheimnis oder ein Betriebs- oder Geschäftsgeheimnis, offenbart, das ihm als

1. Amtsträger,
2. für den öffentlichen Dienst besonders Verpflichteten,
3. Person, die Aufgaben oder Befugnisse nach dem Personalvertretungsrecht wahrnimmt,
4. Mitglied eines für ein Gesetzgebungsorgan des Bundes oder eines Landes tätigen Untersuchungsausschusses, sonstigen Ausschusses oder Rates, das nicht selbst Mitglied des Gesetzgebungsorgans ist, oder als Hilfskraft eines solchen Ausschusses oder Rates,
5. öffentlich bestelltem Sachverständigen, der auf die gewissenhafte Erfüllung seiner Obliegenheiten auf Grund eines Gesetzes förmlich verpflichtet worden ist, oder
6. Person, die auf die gewissenhafte Erfüllung ihrer Geheimhaltungspflicht bei der Durchführung wissenschaftlicher Forschungsvorhaben auf Grund eines Gesetzes förmlich verpflichtet worden ist,

anvertraut worden oder sonst bekanntgeworden ist. [2]Einem Geheimnis im Sinne des Satzes 1 stehen Einzelangaben über persönliche oder sachliche Verhältnisse eines anderen gleich, die für Aufgaben der öffentlichen Verwaltung erfaßt worden sind; Satz 1 ist jedoch nicht anzuwenden, soweit solche Einzelangaben anderen Behörden oder sonstigen Stellen für Aufgaben der öffentlichen Verwaltung bekanntgegeben werden und das Gesetz dies nicht untersagt.

(2a) Die Absätze 1 und 2 gelten entsprechend, wenn ein Beauftragter für den Datenschutz unbefugt ein fremdes Geheimnis im Sinne dieser Vorschriften offenbart, das einem in den Absätzen 1 und 2 Genannten in dessen beruflicher Eigenschaft anvertraut worden oder sonst bekannt geworden ist und von dem er bei der Erfüllung seiner Aufgaben als Beauftragter für den Datenschutz Kenntnis erlangt hat.

(3) [1]Einem in Absatz 1 Nr. 3 genannten Rechtsanwalt stehen andere Mitglieder einer Rechtsanwaltskammer gleich. [2]Den in Absatz 1 und Satz 1 Genannten stehen ihre berufsmäßig tätigen Gehilfen und die Personen gleich, die bei ihnen zur Vorbereitung auf den Beruf tätig sind. [3]Den in Absatz 1 und den in Satz 1 und 2 Genannten steht nach dem Tod des zur Wahrung des Geheimnisses Verpflichteten ferner gleich, wer das Geheimnis von dem Verstorbenen oder aus dessen Nachlaß erlangt hat.

(4) Die Absätze 1 bis 3 sind auch anzuwenden, wenn der Täter das fremde Geheimnis nach dem Tod des Betroffenen unbefugt offenbart.

(5) Handelt der Täter gegen Entgelt oder in der Absicht, sich oder einen anderen zu bereichern oder einen anderen zu schädigen, so ist die Strafe Freiheitsstrafe bis zu zwei Jahren oder Geldstrafe.

Literatur (Auswahl): I. Lehrbücher, Monografien und Festschriftbeiträge: *Ackermann,* Zur Verschwiegenheitspflicht des Rechtsanwalts in Strafsachen, in: FS zum 100-jährigen Bestehen der deutschen Juristentags, Bd. I, 1960, 479; *Aldoney Ramírez,* Der strafrechtliche Schutz von Geschäfts- und Betriebsgeheimnissen, 2009; *Amelunxen,* Spionage und Sabotage im Betrieb, 1977; *Amelunxen,* Kritische Überlegungen zur Deutung des strafrechtlichen Unternehmensgeheimnisschutzes als Vermögensschutz, in: FS Tiedemann, 2008, 1141; *Arians,* Der strafrechtliche Schutz des

Geschäfts- und Betriebsgeheimnisses in der Bundesrepublik Deutschland, in: Oehler (Hrsg.), Der strafrechtliche Schutz des Geschäfts- und Betriebsgeheimnisses in den Ländern der Europäischen Gemeinschaft sowie in Österreich und der Schweiz, Bd. II, 1978, 307; *Behm,* Juristische Personen als Schutzobjekte von § 203 StGB?, 1985; *Brammsen,* Die Anzeige von Kartellverstößen im Widerstreit mit dem Schutz von Unternehmensgeheimnissen, in: Forschungsinstitut für Wirtschaftsverfassung und Wettbewerb (Hrsg.), Schwerpunkte des Kartellrechts 1992/1993, 77; *Bülte,* Die Geldwäschegesetzgebung als Ermächtigungsgrundlage für den Informationsaustausch zwischen den Steuerbehörden und den Strafverfolgungsorganen, 2007; *Burgstaller,* Der strafrechtliche Schutz wirtschaftlicher Geheimnisse, in: Ruppe (Hrsg.), Geheimnisschutz im Wirtschaftsleben, 1980, 5; *Dahs,* Die Entbindung des Rechtsanwalts von der Schweigepflicht im Konkurs der Handelsgesellschaft, in: FS Kleinknecht, 1985, 63; *Dannecker,* Beweisgewinnungsmethoden und Beweisverwertungsverbote im europäischen Kartellordnungswidrigkeitenrecht in: Höpfel/Huber (Hrsg.), Beweisverbote in Ländern der EU und vergleichbaren Rechtsordnungen, 1999, 285; *Dingeldey,* Insider-Handel und Strafrecht, 1983; *Druey,* Geheimsphäre des Unternehmens, 1977; *Dittrich,* Geheimnisverletzungen, in: Müller-Gugenberger (Hrsg.), Wirtschaftsstrafrecht, 6. Aufl. 2015, § 33; *Eidenmüller,* Ausländische Kapitalgesellschaften im deutschen Recht, 2004; *Erb,* Inwieweit schützt § 17 UWG ein ausländisches „Bankgeheimnis"?, in: FS Roxin II 2011, 1103; *Eser,* Wahrnehmung berechtigter Interessen als allgemeiner Rechtfertigungsgrund, 1969; *Fleck,* Eigengeschäfte eines Aufsichtsratsmitglieds, in: FS Heinsius, 1991, 89; *Föbus,* Die Insuffizienz des strafrechtlichen Schutzes von Geschäfts- und Betriebsgeheimnissen durch § 17 UWG, 2011; *Frommann,* Sozialdatenschutz, 1985; *Harte-Bavendamm,* Der Schutz von Geschäfts- und Betriebsgeheimnissen, in: Gloy (Hrsg.), Handbuch des Wettbewerbsrechts, 2. Aufl.1997; *Hilgendorf,* Strafrechtliche Probleme beim Outsourcing von Versicherungsdaten, in: Hilgendorf (Hrsg.), Informationsstrafrecht und Rechtsinformatik, 2004, 81; *ders.,* Strafbarkeitsrisiken nach § 203 StGB bei Offenbarungsketten im Kontext des IT-Outsourcing, in: FS Tiedemann, 2008, 1125; *Hueck et al* (Arbeitskreis Gesellschaftsrecht), Verbot des Insiderhandels, 1976; *Kalbfus,* Know-how-Schutz in Deutschland zwischen Strafrecht und Zivilrecht – welcher Reformbedarf besteht?, 2011; *Kragler,* Wirtschaftsspionage, Schutz des Wirtschaftsgeheimnisses, Bd. II: Strafrechtlicher Bereich, 1982; *Krüger,* Der strafrechtliche Schutz des Geschäfts- und Betriebsgeheimnisses im Wettbewerbsrecht, 1984; *Lampe,* Artikel „Geheimnisverrat" und „Wirtschaftsspionage" in: Handwörterbuch des Wirtschafts- und Steuerstrafrechts, Stand 1990; *ders.,* Schutz des geheimen Know-how, 1987; *Liebl* (Hrsg.), Betriebsspionage: Begehungsformen – Schutzmaßnahmen – Rechtsfragen, 1987; *Lilie,* Datenentfernung durch Geheimnisträger – Ein Beitrag zur Reform des § 203 StGB, in: FS Otto, 2007, 673; *Lutterbach,* Die strafrechtliche Würdigung des Whistleblowing, 2010; *Lutter,* Information und Vertraulichkeit im Aufsichtsrat, 2. Aufl. 1984; *Maier,* Der Schutz des „kritischen" Know-how vor Industriespionage, 1992; *Oehler,* Verrat von Wirtschaftsgeheimnissen, Jahrbuch des Landesamtes für Forschung des Landes Nordrhein-Westfalen 1969, 383; *Pfeiffer,* Der strafrechtliche Verrat von Betriebs- und Geschäftsgeheimnissen nach § 17 UWG, in: FS Nirk, 1992, 861; *Pfeiffer,* Verletzungen von Geheimhaltungspflichten nach § 85 GmbHG, in: FS Raisch, 1995, 255; *Platzer,* Der Schutz des Unternehmensgeheimnisses in den Mitgliedstaaten der Europäischen Wirtschaftsgemeinschaft, 1966; *Probst,* Wirtschaftsverrat und Wirtschaftsspionage, 1976; *Rudolphi,* Der strafrechtliche und strafprozessrechtliche Schutz der Geheimsphäre der anerkannten Schwangerschaftskonfliktsberatungsstellen nach den §§ 3 und 8 des Schwangerschaftskonfliktgesetzes und ihrer Mitglieder und Beauftragten, in: FS Bemmann, 1997, 412; *Schafheutle,* Wirtschaftsspionage und Wirtschaftsverrat im deutschen und schweizerischen Strafrecht, 1972; *Schemmel/Ruhmannseder/Witzigmann,* Hinweisgebersysteme. Implementierung im Unternehmen, 2012; *Schlötter,* Schutz von Betriebs- und Geschäftsgeheimnissen, 1997; *Schubarth,* Insidermißbrauch, in: GS Peter Noll, 1984, 303; *Seiler,* Der strafrechtliche Schutz der Geheimsphäre, 1960; *Sieber,* Der strafrechtliche Schutz des Arzt- und Patientengeheimnisses unter den Bedingungen der modernen Informationstechnik, in: FS Eser, 2005, 1155; *Stadler,* Der Schutz des Unternehmensgeheimnisses im deutschen und US-amerikanischen Zivilprozess und im Rechtshilfeverfahren, 1989; *von Stebut,* Geheimnisschutz und Verschwiegenheitspflicht im Aktienrecht, 1972; *Sternberg-Lieben,* Die objektiven Schranken der Einwilligung im Strafrecht, 1997; *Taeger,* Die Offenbarung von Betriebs- und Geschäftsgeheimnissen, 1988; *Theuner,* Die ärztliche Schweigepflicht im Strafrecht: eine Untersuchung der Interdependenzen zwischen materiellem und formellem Geheimnisschutzstrafrecht unter besonderer Berücksichtigung seiner Bezüge zu Standesethik und Standesrecht, 2009; *Tiedemann,* Rechtsnatur und strafrechtliche Bedeutung von technischem Know-how, in: FS von Caemmerer, 1978, 643; *Tiedemann,* Untreue bei Interessenkonflikten – am Beispiel der Tätigkeit von Aufsichtsratsmitgliedern, FS Tröndle, 1989, 319; *Tiedemann,* Verfassungsrecht und Strafrecht, 1991; *Tiedemann,* Die strafrechtliche Verschwiegenheitspflicht des Bankiers – Bemerkungen zum Fall Leo Kirch./. Deutsche Bank, in: FS Kohlmann, 2003, 307; *Troller,* Immaterialgüterrecht, Bd. I, 3. Aufl. 1983; Bd. II, 3. Aufl. 1985; *Tüffner,* Der strafrechtliche Schutz von Wirtschaftsgeheimnissen im Staatsschutzrecht und Wettbewerbsrecht, 1978; *Volhard/Weber,* Gesellschaftsvertragliche Verschwiegenheits- und Offenbarungspflichten bei der Veräußerung von GmbH-Gesellschaftsanteilen, in: FS Semler, 1993, 387; *Wenninger,* Die aktienrechtliche Schweigepflicht, 1983; *Zirngibl,* Die Due Diligence bei der GmbH und der Aktiengesellschaft, 2003.

II. Aufsätze: *Anderlohr/Crößmann,* Befugnis der Betriebsprüfung zur Erstellung von Kontrollmaterial, StBp 2005, 331; *Arloth,* Arztgeheimnis und Auskunftspflicht bei AIDS im Strafvollzug, MedR 1986, 295; *Au,* Namen und Anschriften von Patienten in steuerlichen Fahrtenbüchern, NJW 1999, 340; *Baier,* Kein strafprozessuales Zeugnisverweigerungsrecht mehr für Wirtschaftsprüfer?, wistra 2000, 165; *Behm,* Zum Strafrechtsschutz für Fahrzeug- und Halterdaten (§ 39 Abs. 1 StVG) gem § 203 Abs. 2 StGB, JR 2000, 274; *Behm,* Verletzung des Dienstgeheimnisses und des Datenschutzgesetzes, StV 2002, 29; *Behm,* Privatgeheimnis und Amtsgeheimnis: Die Entstehungsgeschichte des § 203 Abs. 2 StGB und sein Verhältnis zu § 353b Abs. 1 StGB, GA 2004, 85; *Berger,* Zur Neuregelung der Zession anwaltlicher Gebührenforderungen, NJW 1995, 1406; *Berger,* Die Abtretung ärztlicher Honorarforderungen, NJW 1995, 1584; *ders.,* Anwaltliche telefonische Rechtsberatung unter der „Service-Nummer 0190", NJW 1999, 1353; *Bongen/Kremer,* Probleme der Abwicklung ärztlicher Privatliquidationen durch externe Verrechnungsstellen, NJW 1990, 2911; *Bork,* Die Berichterstattung über inoffizielle Stasi-Mitglieder, ZIP 1992, 90; *Breer/Kohler,* Amtshilfe – Umfang und Grenzen der zwischenbehördlichen Hilfeleistungspflicht, VerwRdsch 1987, 114; *Breuer,* Schutz von Betriebs- und Geschäftsgeheimnissen im Umweltrecht, NVwZ 1986, 171; *Brötel,* Reden ist Silber, Schweigen ist Gold? – Zur Behandlung ärztlicher Honoraransprüche bei Abgabe der eidesstattlichen Versicherung, NJW 1998, 3387; *Bruns,* Das Gespenst der „Insider-Information", ZKW 1969, 882; *Büchter-Hole,* Wahrung der Geheimhaltungsinteressen eines in § 102 Abs. 1 Nr. 3 AO bezeichneten Berufsträgers bei Durchführung einer Bp, EFG 2005, 1405; *Bülte,* Die Strafbarkeit des Amtsträgers wegen Strafvereitelung und Steuerhinterziehung bei Verletzung der Mitteilungspflicht aus § 116 I 1 AO, NStZ 2009, 57; *Bullinger,* Wettbewerbsgefährdung durch präventive Wirtschaftsaufsicht, NJW 1978,

2121; *Dannecker,* Der Schutz von Geschäfts- und Betriebsgeheimnissen, BB 1987, 1614; *Diepold,* Hat § 49b BRAO Auswirkungen auf die Pfändbarkeit von Vergütungsforderungen von Rechtsanwälten?, MDR 1995, 23; *Dittmar,* Weitergabe von Informationen im faktischen Aktienkonzern, AG 2013, 498; *Domke/Sperlich,* Verkauf notleidender Kredite – zivilrechtliche und strafrechtliche Fragestellungen, BB 2008, 342; *Eichler/Peukert,* Vertraulichkeit der Rechtsberatung durch Syndikusanwälte und EMRK, AnwBl 2002, 189; *Engländer/T. Zimmermann,* Whistleblowing als strafbarer Verrat von Geschäfts- und Betriebsgeheimnissen?, NZWiSt 2012, 328; *Eser,* Medizin und Strafrecht – Eine schutzgutorientierte Problemübersicht, ZStW 97 (1985), 1; *Everts,* Sicherung anwaltlicher Honorarforderungen durch Arrest?, NJW 2002, 3136; *Fahrig,* Zulässigkeit von Whistleblowing aus arbeits- und datenschutzrechtlicher Sicht, NZA 2010, 1223; *Fahrig,* Verhaltenskodex und Whistleblowing im Arbeitsrecht, NJW 2010, 1503; *Fischer,* Die Schweigepflicht des Amts- oder Betriebsarztes und das Beamtenrecht, DöD 1985, 165; *Flor,* Beruf- und Schweigepflicht – Eine Gegenüberstellung, JR 1953, 368; *Gaul,* Information und Vertraulichkeit der Aufsichtsratmitglieder einer GmbH, GmbHR 1986, 296; *Gaul,* Die Durchsetzung des Schutzes eines betriebsgeheimen Know-how, WRP 1988, 215; *Gienapp/v. Hugo,* Wirksamkeitsprobleme bei der Übertragung von Steuerberatungs- und Rechtsanwaltskanzleien, BB 1997, 2229; *Göpfert,* Die steuerliche Außenprüfung beim Rechtsanwalt – Mitwirkungspflichten versus Verschwiegenheitspflicht, DB 2006, 581; *Goette,* Anmerkung zu DStR 1996, 157: Steuerberaterpraxis: Nichtigkeit des Verkaufs samt Akten ohne Zustimmung der Mandanten, DStR 1996, 1577; *Goette,* Anmerkung zu DStR 2001, 1262: Schutz des Mandantengeheimnisses, DStR 2001, 1263; *Gülzow,* Beschlagnahme von Unterlagen der Mandanten bei deren Rechtsanwälten, Wirtschaftsprüfern oder Steuerberatern, NJW 1981, 265; *Haas,* Die Schweigepflicht eines für eine in Konkurs geratene GmbH tätig gewesenen Wirtschaftsprüfers – Ein Beitrag zum Beschluss des OLG Schleswig vom 27.5.1980, wistra 1983, 183; *Hartung,* Kommentar zum BGH-Urteil vom 13.6.2001, BB 2001, 1921; *Hassemer,* Das Zeugnisverweigerungsrechts des Syndikusanwalts, wistra 1986, 1; *Heckel,* Behördeninterne Geheimhaltung – Ein Beitrag zum amtsinternen Datenaustausch, NVwZ 1994, 224; *Heghmanns/Niehaus,* Outsourcing im Versicherungswesen und der Gehilfenbegriff des § 203 III 2 StGB, NStZ 2008, 57; *Heghmanns/Niehaus,* Datenschutz und strafrechtliche Risiken beim Outsourcing durch private Versicherungen, wistra 2008, 161; *Heldmann,* Das deutsche Insider-Gesetz ad portas, ZRP 1990, 393; *Henssler,* Das anwaltliche Berufsgeheimnis, NJW 1994, 1817; *Henssler,* Mediation und Rechtsberatung, NJW 2003, 241; *Huffer,* Schweigepflicht im Umbruch, NJW 2002, 1382; *Jahn,* Steuerliche Betriebsprüfungen in Rechtsanwaltskanzleien – Reichweite anwaltlicher Verschwiegenheitspflichten, SAM 2007, 18; *Jungfer,* Strafverteidiger und Detektiv, StV 1989, 495; *Kalsbach,* Über die Schweigepflicht und das Offenbarungsrecht des Rechtsanwalts, AnwBl 1955, 41; *Kamps,* Datenschutz und ärztliche Schweigepflicht in Landeskrankenhäusern, MedR 1985, 200; *Kamps,* Der Verkauf der Patientenkartei und die ärztliche Schweigepflicht, NJW 1992, 1545; *Kilian,* Rechtliche Aspekte der digitalen medizinischen Archivierung von Röntgenunterlagen, NJW 1987, 695; *Koch,* Korruptionsbekämpfung durch Geheimnisverrat? Strafrechtliche Aspekte des Whistleblowing, ZIS 2008, 500; *König,* Anmerkung zu OLG Köln: Factoring von ärztlichen Honorarforderungen, CR 1991, 473; *Körber,* Geschäftsleitung der Zielgesellschaft und due diligence bei Paketerwerb und Unternehmenskauf, NZG 2002, 263; *Körner-Dammann,* Weitergabe von Patientendaten an ärztliche Verrechnungsstellen, NJW 1992, 729; *Körner-Dammann,* Datenschutzprobleme beim Praxisverkauf, NJW 1992, 1543; *Kohlhaas,* Strafrechtliche Schweigepflicht und prozessuales Schweigerecht, GA 1958, 65; *Kohlhaas,* Versicherungsansprüche, Vertrauensarzt und Schweigepflicht, VersR 1965, 529; *Kohlhaas,* Die Schweigepflicht der in der Medizin technisch tätigen Personen, NJW 1972, 1502; *Konopatsch,* Whistleblowing in der Schweiz – Mitteilung an die Presse als ultima ratio, NZWiSt 2012, 217; *Krauß,* Schweigepflicht und Schweigerecht des ärztlichen Sachverständigen im Strafprozeß, ZStW 97 (1985), 81; *Kreuzer,* Schweigepflicht von Krankenhausärzten gegenüber Aufsichtsbehörden, NJW 1975, 2232; *Kühne,* Innerbehördliche Schweigepflicht von Psychologen, NJW 1977, 1478; *Kühne,* Die begrenzte Aussagepflicht des ärztlichen Sachverständigen vor Gericht nach §§ 53 I Nr. 3 StPO, 203 I Nr. 1 StGB, JZ 1981, 647; *Kunz,* Betriebs- und Geschäftsgeheimnisse und Wettbewerbsverbot während der Dauer und nach Beendigung des Angestelltenverhältnisses, DB 1993, 2482; *Kurz,* Geheimhaltungspflichten nach dem Ausscheiden von Mitarbeitern, WiB 1995, 414; *Lenckner,* Aussagepflicht, Schweigepflicht und Zeugnisverweigerungsrecht, NJW 1965, 321; *Lensdorf/Mayer-Wegelin/Mantz,* Outsourcing unter Wahrung von Privatgeheimnissen, CR 2009, 62; *Lutter,* Due dilligence des Erwerbers beim Kauf einer Beteiligung, ZIP 1997, 613; *Mack,* Betriebsprüfung beim Rechtsanwalt – Mitwirkungspflicht contra Schweigepflicht, BRAKMagazin 05/2009, 8; *Maume,* Know-how-Schutz – Abschied vom Geheimhaltungswillen, WRP 2008, 1275; *Meincke,* Geheimhaltungspflichten im Wirtschaftsrecht, WM 1998, 749; *Mennicke/Radtke,* Die Abtretung von Honorarforderungen aus strafrechtlicher Sicht, MDR 1993, 400; *Mes,* Arbeitsplatzwechsel und Geheimnisschutz, GRUR 1975, 584; *Michalski/Römermann,* Verkauf einer Anwaltskanzlei, NJW 1996, 1305; *Michalski/Römermann,* Interprofessionelle Zusammenarbeit von Rechtsanwälten, NJW 1996, 3233; *Molkenruhr,* Pflicht zur Geheimniswahrung nach Ende des Arbeitsverhältnisses?, BB 1990, 1196; *Mutschler,* Betriebsprüfungen bei Steuerberatern und die Pflicht zur Verschwiegenheit, DStR 2008, 2087; *Nastelski,* Der Schutz des Betriebsgeheimnisses, GRUR 1957, 1; *Oppenländer,* Grenzen der Auskunftserteilung durch Geschäftsführer und Gesellschafter beim Verkauf von GmbH-Geschäftsanteilen, GmbHR 2000, 535; *Ostendorf,* Die Informationsrechte der Strafverfolgungsbehörden gegenüber anderen staatlichen Behörden im Widerstreit mit deren strafrechtlichen Geheimhaltungspflichten, DRiZ 1981, 4; *Otto,* Verrat von Betriebs- und Geschäftsgeheimnissen, § 17 UWG, wistra 1988, 125; *Otto,* Strafrechtliche Konsequenzen aus der Ermöglichung der Kenntnisnahme von Bankgeheimnissen in einem öffentlich-rechtlichen Kreditinstitut durch Wartungs- und Servicepersonal eines Computer-Netzwerks, wistra 1999, 203; *Pätzel,* Unbefugte Datenübermittlung durch Rechtsanwälte in Ermittlungsverfahren, DuD 2000, 646; *Paulus,* Überlegungen zur Zulässigkeit einer Abtretung von Honoraransprüchen von Anwälten an Anwälte, NJW 2004, 21; *v. Pelchrzim,* Whistleblowing und der strafrechtliche Geheimnisschutz nach § 17 UWG, CCZ 2009, 25; *Petersen,* Postmortaler Persönlichkeitsschutz, JURA 2008, 271 ff.; *Pickel,* Geheimhaltung und Offenbarung von Daten im Sozialrecht, MDR 1984, 885; *Prechtel,* Zulässigkeit der Abtretung anwaltlicher Honorarforderungen an Rechtsanwälte angesichts § 49b IV BRAO, NJW 1997, 1813; *Quick,* Geheimhaltungspflicht des Abschlussprüfers: Strafrechtliche Konsequenzen bei Verletzung, BB 2004, 1490; *Redeker,* Der Syndikusanwalt als Rechtsanwalt, NJW 2004, 889; *Rein,* Die Bedeutung der §§ 203 ff. StGB nF für die private Personenversicherung, VersR 1976, 117; *Reinecke,* Rechtliche Bedeutung von Schweigepflichten ehemaliger Bediensteter der ehemaligen Staatsverwaltung der DDR, DtZ 1993, 261; *Reuter,* Informationsrechte in Unternehmen und Betrieb, ZHR 144 (1980), 493; *Rieger,* Praxisverkauf und Schweigepflicht – Zugleich Besprechung des BGH-Urteils vom 11.12.1991, MedR 1992, 147; *Ring,* Honorarzession und Verschwiegenheitspflicht, BB 1994, 373; *Risse/Reichert,* Offenlegung eines vertraulichen Vergleichsangebots – Kavaliersdelikt oder strafbarer Geheimnisverrat, NJW 2008, 3680; *Rittmeister,* Due Diligence und Geheimhaltungspflichten beim Unternehmenskauf, NZG 2004, 1032; *Roebel/Wenk/Parzeller,* Postmortale ärztliche Schweigepflicht, Rechtsmedizin 2009, 37; *Römermann,* OLG Köln: Veräußerung einer Arztpraxis mit Überlassung von Patientenunterlagen, NZG 1999, 60; *Römermann/Funke,* Anwalts-Hotlines; Ein Überblick über System und Rechtsprechung, MDR 2001, 1; *Rogall,* Die Verletzung von Privatgeheimnissen (§ 203 StGB) – Aktuelle Probleme und ungelöste Fragen, NStZ 1983, 1; *Roßnagel,* Datenschutz bei Praxisübergabe, NJW 1989, 2303; *Roxin,* Das Zeugnisverweigerungsrecht des Syndikusanwalts, NJW 1992, 1129; *Roxin,* Das Beschlagnahmeprivileg des Syndikusanwalts im Lichte der neuesten Rechtsentwicklung, NJW 1995, 17; *Rützel,* Illegale Unternehmensgeheimnisse?, GRUR 1995, 557; *Säcker,* Aktuelle Probleme der Verschwiegenheitspflicht der Aufsichtsratsmitglieder, NJW 1986, 801; *Schäcker,* Zur Schweigepflicht der Angehörigen werksärztlicher Abteilungen, BB 1964, 968; *H. Schäfer,* Der Konkursverwalter im Strafverfahren, wistra 1985, 209; *U. Schäfer,* Sicherungsabtretung von Honorarforderungen und Schweigepflicht, wistra 1993, 281; *Schalast/Safran/Sassenberger,* Strafbarkeit von Sparkassenvorständen beim Verkauf notleidender Kredite, NJW 2008, 1486; *G. Schmidt,* Zur Problematik des Indiskretionsdelikts, ZStW 79 (1967), 741; *Schmitz,* Verletzung von (Privat)geheimnissen – Der Tatbestand des § 203 StGB, JA 1996, 772; *Schmitz,* Verletzung von (Privat)geheimnissen – Qualifikation und ausgewählte Probleme der Rechtfertigung, JA 1996, 949; *Schmitz,* Kleine Anmerkung zur privaten Nutzung betrieblicher Kraftfahrzeuge durch Schweigepflichtige, wistra 1997, 293; *Schnapp,* Amtshilfe, behördliche Mitteilungspflichten und Geheimhaltung, NJW 1980, 2165; *Schünemann,* Der strafrechtliche Schutz von Privatgeheimnissen, ZStW 90 (1978), 11; *Schulz,* Die Verletzung der Verschwiegenheitspflicht in strafrechtlichen Nebengesetzen, GA 1962, 274; *Schwintowski,* Verschwiegenheitspflicht für politisch motivierte Mitglieder des Aufsichtsrats, NJW 1990, 1009; *Spatscheck,* Straftatbestände der Bilanzfälschung nach dem HGB – ein Überblick, DStR 2003, 173; *Stahl,* Beschlagnahme von Änderkonten von Berufsgeheimnisträgern bei Kreditinstituten, wistra 1990, 94; *v. Stebut,* Gesetzliche Vorschriften gegen den Missbrauch von Insider-Informationen, DB 1974, 613; *Teufel,* Verrat von Wirtschaftsgeheimnissen, ArchKrim 162 (1978), 129; *Tiedemann/Dannecker,* Examensklausur Strafrecht, JURA 1984, 655; *Tiedemann,* Neue Aspekte zum strafrechtlichen Schutz des Bankgeheimnisses, NJW 2003, 2213; *Többens,* Wirtschaftsspionage und Konkurrenzausspähung in Deutschland, NStZ 2000, 505; *Trossen,* Umfang der Vorlagepflicht im Rahmen einer Außenprüfung: Zulässigkeit des Datenzugriffs, EFG 2005, 669; *Ulsenheimer,* Zur Strafbarkeit des Mißbrauchs von Insider-Informationen, NJW 1975, 1999; *Vahle,* Wirksamer Vertrag über Verkauf einer Anwaltskanzlei, DSB 2001 Nr. 10, 22; *van Venrooy,* Das strafrechtliche Risiko des Geschäftsführers bei Verletzung von Geheimhaltungspflichten, GmbHR 1993, 609; *Viskorf,* Elektronische Betriebsprüfung bei Rechtsanwälten und Steuerberatern – Mitwirkungspflichten von Berufsgeheimnisträgern beim Datenzugriff, DB 2005, 1929; *Volk,* Strafrecht gegen Insider?, ZHR 142 (1978), 1; *Weihrauch,* Zur Entbindungsbefugnis des Konkursverwalters von der Schweigepflicht, JZ 1978, 300; *Weiß,* Haben juristische Personen ein Aussageverweigerungsrecht?, JZ 1998, 289; *Wolff,* Der verfassungsrechtliche Schutz der Geschäfts- und Betriebsgeheimnisse, NJW 1997, 1998; *Ziegler,* „Due Diligence“ im Spannungsfeld zur Geheimhaltungspflicht von Geschäftsführern und Gesellschaftern, DStR 2000, 249; *Zöller,* Datenschutzrechtliche Aspekte der Bankauskunft, ZHR 149 (1985), 179.

Übersicht

A. Allgemeines

I. Überblick

Der Straftatbestand der Verletzung von Privatgeheimnissen nach § 203 wirft häufig Schwierigkeiten 1 auf, weil er einen sachgerechten Ausgleich zwischen Schweigepflicht und Offenbarungsbefugnissen erfordert. Dabei kommt dem Verfassungsrecht zentrale Bedeutung zu (Maunz/Dürig/*Di Fabio* GG Art. 2 I Rn. 189; *Kühne* NJW 1977, 1478 (1481)). Denn die Vorschrift dient in weiten Teilen der Verwirklichung des verfassungsrechtlich gewährleisteten Schutzes der Persönlichkeit (BVerfGE 32, 373 (379); BGHZ 24, 72 (79); BSGE 55, 150 (156); BFH NJW 1958, 646; *Eser* ZStW 97 (1985), 1 (41)). Der Schutz der Betriebs- und Geschäftsgeheimnisse dient dem **Schutz des Eigentums** (Art. 14 GG), **der Berufsfreiheit** (Art. 12 GG) **und der Wettbewerbsfreiheit** (Art. 2 Abs. 1 GG), zu deren Schutz der Gesetzgeber verpflichtet ist (LK-StGB/*Schünemann* Rn. 5 mwN). Die nachfolgenden Erläuterungen sollen auf das Wirtschaftsstrafrecht begrenzt sein und können daher keine Gesamtkommentierung darstellen. Vielmehr sollen die §§ 203, 204 und 205 aus spezifisch wirtschaftsstrafrechtlicher Sicht beleuchtet werden.

II. Normzweck, Aufbau und Rechtsnatur des Straftatbestandes

1. Rechtsgut. Geschütztes Rechtsgut ist der **persönliche Lebens- und Geheimnisbereich,** der im 2 Individualinteresse der Betroffenen steht, bei Unternehmensgeheimnissen auch der **Vermögensschutz,** der von Trägern sozial bedeutsamer Berufe nicht verletzt werden soll, weil sich der Einzelne ihnen weitgehend anvertrauen muss (BGH NJW 1990, 510; Fischer Rn. 2; LK-StGB/*Schünemann* Rn. 14 mwN). Daneben geht es auch um den **Schutz des allgemeinen Vertrauens in die genannten Berufe und deren Funktionsfähigkeit,** also um die **ungestörte Berufsausübung** (BGH NJW 1968, 2288 (2290); 1990, 510 (511 f.); SSW StGB/*Bosch* Rn. 1) und nicht nur um das allgemeine Persönlichkeitsrecht, das das Recht auf informationelle Selbstbestimmung (BVerfGE 65, 1 (43)) einschließt (so aber LK-StGB/*Schünemann* Rn. 14). Der Geheimnisträger soll selbst entscheiden können, wann und innerhalb welcher Grenzen er persönliche oder geschäftliche Lebenssachverhalte offenbaren will (nur Fischer Rn. 2 mwN). Dieses Recht ist allerdings durch das Medienprivileg des § 41 Abs. 1 BDSG eingeschränkt.

2. Rechtsnatur des Delikts. Das unbefugte Offenbaren nach § 203 ist ein **echtes Sonderdelikt** 3 (BGHSt 4, 355 (359); LK-StGB/*Schünemann* Rn. 1, 58), da nur die im Gesetz ausdrücklich genannten Personen als Täter (Allein-, Mit- oder mittelbare Täter) in Betracht kommen. Die Teilnahme ist möglich und bestimmt sich nach den allgemeinen Regeln (Rn. 75; vgl. dazu auch → § 25 Rn. 1 ff.). Wer lediglich den Anschein erweckt, zu einer der im Gesetz genannten Berufsgruppen zu gehören (zB Hochstapler, der sich als Arzt ausgibt) oder dessen Bestellung unwirksam ist, kann ebenfalls Täter des § 203 sein, da der Anvertrauende in der Regel keine Möglichkeit der Überprüfung hat und in gleicher Weise schutzwürdig ist (LK-StGB/*Schünemann* Rn. 59; Matt/Renzikowski/*Altenhain* Rn. 5; NK-StGB/*Kargl* Rn. 29; Schönke/Schröder/*Lenckner/Eisele* Rn. 34).

§ 203 setzt nicht voraus, dass durch die Offenbarung des Geheimnisses ein Schaden entsteht oder eine 4 konkrete Gefährdung eintritt. Grund für die Strafbarkeit ist die generelle Gefährlichkeit der Offenbarung von Geheimnissen. Es handelt sich um ein **abstraktes Gefährdungsdelikt** in Gestalt eines **Tätigkeitsdelikts.** § 203 ist **Schutzgesetz** iSd § 823 Abs. 2 BGB (MüKoBGB/*Wagner* BGB § 823 Rn. 340; *Coester-Waltjen* JURA 2002, 102).

III. Stellung des § 203 im strafrechtlichen Geheimnisschutz

Bei § 203 stehen ebenso wie bei § 204 (→ § 204 Rn. 2) **Individualinteressen** (BVerfGE 32, 373 5 (379 f.)) an der Geheimhaltung bestimmter Tatsachen (→ Rn. 10 ff.) sowie das **allgemeine Vertrauen in die Verschwiegenheit der Angehörigen bestimmter Berufsgruppen** im Vordergrund (Lackner/Kühl/*Heger* Rn. 1; aA Schönke/Schröder/*Lenckner/Eisele* Rn. 3, jeweils mwN). Gleichwohl werden nicht nur natürliche, sondern auch juristische Personen und Personenverbände geschützt (→ Rn. 14 f.).

Daneben finden sich Straftatbestände, die die Gesellschaftsgeheimnisse einer juristischen Person 6 schützen: Der Straftatbestand des § 85 GmbHG schützt die **Gesellschaftsgeheimnisse der GmbH** gegen Verletzungen durch Geschäftsführer, Mitglieder des Aufsichtsrats und Liquidatoren. **§ 404 AktG** enthält eine entsprechende Strafvorschrift zum Schutz von Aktiengesellschaften, **§ 151 GenG** für Genossenschaften, **§ 19 PublG** für dem PublG unterfallende Unternehmensstrukturen, **§ 138 VAG** für Versicherungsgesellschaften, **§ 315 UmwG** für die an einer Umwandlung beteiligten Personen, die für den betroffenen Rechtsträger tätig werden, und **§ 14 EWIV-Ausführungsgesetz** (Gesetz v. 14.4.1988, BGBl. I 514) für Europäische Wirtschaftliche Interessenvereinigungen, bei denen, obwohl es sich hierbei um Personengesellschaften handelt, Nichtgesellschafter zum Geschäftsführer bestellt werden können.

Die Verletzung der Geheimhaltungspflicht durch Abschlussprüfer ist in **§ 333 HGB,** auch iVm den **§§ 340m, 341m** HGB, für Kapitalgesellschaften und nicht in der Form einer Kapitalgesellschaft betriebene Kreditinstitute und Versicherungsunternehmen unter Strafe gestellt (Staub/*Dannecker* HGB § 333 Rn. 1). Diesen Strafvorschriften zum Schutz von Geheimnissen ist gemeinsam, dass sie die **unbefugte Offenbarung** und **Verwertung von Betriebs- und Geschäftsgeheimnissen** durch Mitglieder von Organen oder Aufsichtsräten sowie durch Abwickler bzw. Liquidatoren, teilweise auch durch Abschlussprüfer und deren Gehilfen, unter Strafandrohung stellen. Wenn das Offenbaren gegen Entgelt oder in der Absicht, sich oder einen anderen zu bereichern oder zu schädigen, erfolgt, liegt eine **Qualifikation** vor, die mit derselben Strafe wie das unbefugte Verwerten bedroht ist. Voraussetzung für die Verfolgbarkeit ist bei allen Strafvorschriften, die dem Geheimnisschutz dienen, ein **Strafantrag** der Gesellschaft oder des Verletzten und im Falle seines Todes der Angehörigen oder Erben (→ § 205 Rn. 3).

7   **§ 17 UWG** stellt den **Geheimnisverrat durch Beschäftigte** (§ 17 Abs. 1 UWG), die Betriebsspionage – das Ausspähen eines Geheimnisses durch bestimmte Mittel und Methoden (§ 17 Abs. 2 Nr. 1 UWG) – sowie die Geheimnisverwertung als die unbefugte Verwertung eines durch Verrat oder Ausspähung erlangten Geheimnisses (§ 17 Abs. 2 Nr. 2 UWG) unter Strafandrohung (Fezer MarkenR/*Rengier* UWG § 17 Rn. 50 ff.); **§ 18 UWG** die Verwertung von Vorlagen. Diese Vorschriften haben wettbewerbsregelnden Charakter, doch ist der Geheimbereich ebenso wie in § 203 zu bestimmen und abzugrenzen.

8   Die **Geheimnisse des Staates** werden ua durch die §§ 93 ff. (Landesverrat und Gefährdung der äußeren Sicherheit) bzw. § 353b (Verletzung des Dienstgeheimnisses und einer besonderen Geheimhaltungspflicht) und nicht durch § 203 geschützt (Fischer Rn. 2).

B. Tatbestandsvoraussetzungen des § 203

I. Handlungsobjekt: Fremdes Geheimnis

9   § 203 schützt als Handlungsobjekt „ein fremdes Geheimnis, namentlich ein zum persönlichen Lebensbereich gehörendes Geheimnis oder ein Betriebs- oder Geschäftsgeheimnis".

10   **1. Begriff des Geheimnisses.** Geheimnis ist eine Tatsache, die nur einem begrenzten Personenkreis bekannt oder zugänglich ist und die nach dem sachlich begründeten Willen oder mutmaßlichen Interesse des Geheimnisbetroffenen keine weitere Verbreitung erfahren soll (RGSt 74, 110 (111); BGH NJW 1995, 2301 (zu § 17 UWG)). Elemente des Geheimnisbegriffs sind Geheimsein, Geheimhaltungswille und Geheimhaltungsinteresse (OLG Hamm NJW 2001, 1957 (1958); *G. Schmidt* ZStW 79 (1967), 741 (782)). Hiervon geht auch die hM in Rspr. (BGHSt 41, 140 (142); 46, 339 (340 f.); 48, 126 (129)) und Literatur (Fischer Rn. 4 ff.; Gössel/Dölling StrafR BT I § 37 Rn. 133 ff.; Lackner/Kühl/*Heger* Rn. 14; LK-StGB/*Schünemann* Rn. 19; SK-StGB/*Hoyer* Rn. 5; Schönke/Schröder/*Lenckner/Eisele* Rn. 5; *Tiedemann* ZStW 86 (1974), 1030 f.; Wessels/Hettinger StrafR BT I Rn. 563; aA *Rogall* NStZ 1983, 1 (6)) aus (näher dazu → Rn. 16 ff.).

11   **a) Gegenstand des Geheimnisses.** Gegenstand des Geheimnisses sind **Tatsachen,** die sich auf die Person des Betroffenen sowie seine vergangenen und bestehenden Lebensverhältnisse beziehen müssen und seine Identifizierung ermöglichen (OLG Karlsruhe NJW 1984, 676; *Rogall* NStZ 1983, 1 (5)). Werturteile werden zwar vom Tatbestand des § 203 nicht erfasst, wohl aber die Tatsache, dass eine Person ein bestimmtes Werturteil oder eine bestimmte „Meinung" vertritt (Schönke/Schröder/*Lenckner/Eisele* Rn. 5; LK-StGB/*Schünemann* Rn. 20). Schlussfolgerungen, die auf der Grundlage besonderen beruflichen Wissens gezogen werden, sind Gegenstand eines Geheimnisses, sofern Tatsachen und Erfahrungssätze miteinander verknüpft werden (vgl. *Knemeyer* DB Beilage 18/1984; SSW StGB/*Bosch* Rn. 2; NK-StGB/*Kargl* Rn. 6), so etwa Schlüsse aus Befundtatsachen im Rahmen einer Gutachtenerstellung. Das Fehlen eines bestimmten Umstandes ist nur dann eine Tatsache, wenn dadurch ein geheimnisfähiger Zustand charakterisiert wird. Deshalb unterliegen Liquiditätsprobleme eines angeblich florierenden Unternehmens der Schweigepflicht (vgl. LK-StGB/*Schünemann* Rn. 20). Sofern Umstände, die für sich genommen keinen geheimen Charakter haben, mit einem Geheimnis untrennbar verbunden sind, unterliegen sie der Schweigepflicht (OLG München AnwBl 1975, 159).

12   Das Gesetz unterscheidet nicht abschließend („namentlich") zwischen Geheimnissen, die zum **persönlichen Lebensbereich** gehören, und sonstigen Geheimnissen des äußeren Wirkungsbereichs einer Person, insbes. den **Betriebs- und Geschäftsgeheimnissen,** die sich auf einen wirtschaftlichen Geschäftsbetrieb beziehen und für seine Wettbewerbsfähigkeit von Bedeutung sind (BGHSt 44, 140 (142); BGH NJW 2010, 166; OLG Köln NJW 2010, 166 (167); *Dannecker* BB 1987, 1614 (1615); *G. Schmidt* ZStW 79 (1967), 741 (785)), insbes. auch das Know-how (LK-StGB/*Schünemann* Rn. 21 mwN). Betriebs- und Geschäftsgeheimnisse sind danach zu unterscheiden, ob sie zum technischen oder zum kaufmännischen Bereich gehören. Angesichts der Tatsache, dass Betriebs- und Geschäftsgeheimnisse gleichermaßen strafrechtlich geschützt sind, bedarf es keiner klaren Abgrenzung der beiden Begriffe (RGSt 31, 90 (91); *Aldoney Ramírez,* Der strafrechtliche Schutz von Geschäfts- und Betriebsgeheim-

nissen, 2009, 156 ff.; *Kurz* WiB 1995, 414). Gleichermaßen irrelevant ist die Zuordnung eines Geheimnisses zum persönlichen Lebensbereich oder zum äußeren Wirkungsbereich einer Person.

Geheimnisse sind auch Drittgeheimnisse, dh solche **Tatsachen über Dritte,** von denen der Berufs-   **13**
träger in inhaltlich untrennbarem Zusammenhang mit der beruflichen Tätigkeit erfährt (SK-StGB/*Hoyer*
Rn. 26). Der erforderliche innere Zusammenhang ist nicht nur dann gegeben, wenn der Berufsträger
intern für den Bereich, den das Geheimnis betrifft, zuständig ist. Vielmehr reicht jeder innere Zusammenhang mit seiner beruflichen Stellung aus, der auch vorliegt, wenn der Täter aufgrund seiner
Stellung in der Lage war, sich ungehindert Kenntnis von dem Geheimnis zu verschaffen. Es ist
umstritten, ob und in welchem Umfang ein über das berufliche Vertrauensverhältnis hinausgehender
und davon unabhängiger Geheimnisbereich des Dritten von § 203 geschützt sein kann. Ein solcher
Schutz ist grds. abzulehnen (Fischer Rn. 9a; s. auch LK-StGB/*Schünemann* Rn. 39; NK-StGB/*Kargl*
Rn. 17 f.; weiter Schönke/Schröder/*Lenckner/Eisele* Rn. 15; zum Streitstand *Risse/Reichert* NJW 2008,
3680 (3682 f.)).

b) Geschützter Personenkreis. Der Tatbestand schützt Geheimnisse sowohl **natürlicher Personen**   **14**
als auch **juristischer Personen und Personenverbände** (LK-StGB/*Schünemann* Rn. 31; MüKoStGB/
Cierniak/Pohlit Rn. 25 f.; SK-StGB/*Hoyer* Rn. 17; aA *Behm,* Juristische Personen als Schutzobjekte von
§ 203 StGB?, 1985, 207). Bei juristischen Personen und Personenverbänden sind insbes. Geheimnisse,
die zu ihrem Schutz im Interesse ihrer Wettbewerbsfähigkeit und ihres Ansehens nicht bekannt werden
sollen, also auch immaterielle Interessen, geschützt. Bei der **GmbH & Co KG** sind die Geheimnisse des
Unternehmens der KG idR zugleich Geheimnisse der Komplementär-GmbH (Michalski/*Dannecker*
GmbHG § 85 Rn. 26; Scholz/*Tiedemann/Rönnau* GmbHG § 85 Rn. 13; aA Rowedder/Schmidt-
Leithoff/*Schaal* GmbHG § 85 Rn. 11). Der Schutz des Geheimnisses einer Gesellschaft entfällt allerdings
mit deren Erlöschen (Hachenburg/*Kohlmann* GmbHG § 85 Rn. 58; Baumbach/Hueck/*Haas* GmbHG
§ 85 Rn. 7). Hingegen erlischt das Geheimnis einer natürlichen Person nicht mit deren Tod (§ 203
Abs. 4). Der postmortale Geheimnisschutz dauert über den Tod des Geschützten hinaus (dazu *Solbach*
DRiZ 1978, 204; vgl. auch → Rn. 40). Allerdings gilt dies nicht für vermögenswerte Güter, da diese auf
die Erben übergehen.

Bei Geheimnissen **juristischer Personen des öffentlichen Rechts** ist zu differenzieren: Geheim-   **15**
nisse des Staates sind im Verhältnis zu seinen Amtsträgern nicht fremd (LK-StGB/*Schünemann* Rn. 32;
Schönke/Schröder/*Lenckner/Eisele* Rn. 44a). Der Staat hat ggü. seinen Bediensteten eine Stellung inne,
die eines Arztes vergleichbar ist, der seine Angestellten in seine eigenen Geheimnisse einweiht.
Dieses Innenverhältnis wird im öffentlichen Bereich ua durch § 353b geschützt (LK-StGB/*Schünemann*
Rn. 32). Hingegen schützt § 203 Abs. 2 Geheimnisse, die vom Bürger der staatlichen Verwaltung
zugänglich gemacht wurden. Außerdem können Geheimnisse juristischer Personen des öffentlichen
Rechts in den Schutzbereich des § 203 Abs. 1 fallen, wenn diese am Privatrechtsverkehr teilnehmen
(LK-StGB/*Schünemann* Rn. 32; MüKoStGB/*Cierniak/Pohlit* Rn. 27). Der Straftatbestand der Verletzung des Steuergeheimnisses nach § 355 schützt das individuelle Geheimhaltungsinteresse des Steuerpflichtigen an seinen Angaben und soll das Interesse an der Erzielung wahrheitsgemäßer Steuererklärungen sichern (NK-StGB/*Kuhlen* § 355 Rn. 4). Hierbei handelt es sich um eine spezielle Regelung, die
den §§ 203, 204 vorgeht (→ Rn. 82).

c) Anforderungen an ein Geheimnis. Ein Geheimnis ist eine **nicht allgemein bekannte Tatsa-**   **16**
che, bezüglich derer ein individuelles und objektiv anzuerkennendes Geheimhaltungsinteresse besteht.
Offenkundige Tatsachen (→ Rn. 18) sind nicht geheim, da hieran kein objektiv anzuerkennendes
Geheimhaltungsinteresse besteht. Während die „Interessentheorie" lediglich auf die berechtigten
Interessen an der Geheimhaltung abstellt, ist nach der „Willenstheorie" das subjektive Merkmal, dass
der Betroffene die Tatsache nicht offenbaren will, entscheidend. Nach hM sind objektive und subjektive
Merkmale für das Vorliegen eines Geheimnisses konstitutiv (→ Rn. 21). Wille und Interesse sind hier-
nach zu kombinieren (vgl. nur BGH NJW 1982, 937 f.; Fischer Rn. 6; LK-StGB/*Schünemann*
Rn. 24 ff.; MüKoStGB/*Cierniak/Pohlit* Rn. 17 ff.; NK-StGB/*Kargl* Rn. 6b; SK-StGB/*Hoyer* Rn. 7 ff.;
Schönke/Schröder/*Lenckner/Eisele* Rn. 7). Der Geheimnisbegriff ist im gesamten Tatbestand einheitlich
auszulegen und kann nicht im Zuge der verschiedenen Fallgruppen anders bewertet werden (OLG
Stuttgart BeckRS 2009, 10924).

Für die Kombination von **Geheimhaltungsinteresse** und **Geheimhaltungswille** wird geltend   **17**
gemacht, dass zum einen auf den Geheimhaltungswillen des Berechtigten als eine Art formelle Sekretur
nicht verzichtet werden könne. Sie sei jedenfalls zusätzlich erforderlich. Für den Bereich der Wirtschaft
soll dies bereits aus der Fülle möglicher Beispiele für denkbare Geschäfts- und Betriebsgeheimnisse wie
Kundenlisten, Musterbücher, Jahresabschlüsse, Modelle, Preisberechnungen, getätigte oder beabsichtigte
Vertragsabschlüsse, Agentenverzeichnisse, einzelne Geschäftsvorgänge usw folgen. Auf der anderen Seite
kann aber der Wille des Unternehmers allein „keinen strafbaren Tatbestand schaffen; es bedarf einer
Beeinträchtigung" (so Baumbach/Hueck/*Haas* GmbHG § 85 Rn. 10), also einer Interessenwidrigkeit,
die sich im wirtschaftlichen Bereich auf die Eignung, dem Unternehmen wirtschaftliche Nachteile
zuzufügen, beschränkt.

18   **aa) Fehlende Offenkundigkeit.** Eine Tatsache ist offenkundig, wenn sie **allgemein bekannt** oder derart zugänglich ist, dass jeder Interessierte die Möglichkeit hat, sich auf lautere Weise Kenntnis von ihr zu verschaffen (OLG Köln CR 1998, 199; *Arians,* Der strafrechtliche Schutz des Geschäfts- und Betriebsgeheimnisses in der Bundesrepublik Deutschland, 1978, 326 ff.). Deshalb ist die Bilanz eines Unternehmens, die im Geschäftsbericht veröffentlicht wird (*Kurz* WiB 1995, 414 f.), oder ein Patent nicht als Geheimnis anzusehen (RGSt 39, 321 (323)). Wenn eine Tatsache demgegenüber nur einem eng begrenzten, noch überschaubaren Personenkreis bekannt ist (dazu RGSt 74, 110 (111); vgl. auch BAG DB 1982, 2247; BAG NJW 1988, 1686), so dass das Geheimnis nicht dem beliebigen Zugriff Dritter preisgegeben ist, fehlt es an der Offenkundigkeit (Fischer Rn. 5). Dies bedeutet, dass auch Tatsachen weiterhin als geheim anzusehen sind, die über den Kreis der Personen, für deren Kenntnis sie bestimmt sind, hinaus bekannt geworden sind, sofern es sich lediglich um eine **relative Bekanntheit** handelt, weil die Tatsachen anderen Personen noch unbekannt sind und unbekannt bleiben soll (BGH NJW 1996, 2576). Erst wenn das Geheimnis beliebigem Zugriff preisgegeben ist, führt die Offenkundigkeit zum Entfallen des Geheimnischarakters. Deshalb bleibt der Geheimnischarakter bestehen, wenn Wirtschaftsprüfer, Steuerberater, Betriebsangehörige, einzelne Kunden oder Lieferanten bei einem Arbeitsvorgang Kenntnis von einem Geheimnis erlangen (RGSt 42, 394 (396) zu § 17 UWG aF). Selbst Preislisten und Musterbücher, die den Kunden vorgelegt werden, verlieren ihre Eigenschaft als Geheimnis nicht, wenn diese Unterlagen nach dem Willen der Geschäftsleitung der Konkurrenz nicht bekannt werden sollen (RGSt 42, 394 (396)). Hingegen beseitigt die Veröffentlichung in einer Fachzeitschrift grundsätzlich das Geheimnis (*Arians,* Der strafrechtliche Schutz des Geschäfts- und Betriebsgeheimnisses in der Bundesrepublik Deutschland, 1978, 307 (329); Müller-Gugenberger WirtschaftsStR/*Dittrich* § 33 Rn. 49). Demgegenüber sind die nach § 325 HGB offen gelegten Angaben keine Geheimnisse. Diese Angaben verlieren spätestens mit Ablauf der Offenlegungsfristen die Eignung, Geheimnis zu sein (BGH GmbHR 2000, 85 (86 f.)). Technische Neuerungen verlieren ihren Geheimnischarakter mit der Markteinführung (*Bullinger* NJW 1978, 2121 (2124)).

19   **bb) Geheimhaltungsinteresse.** An der relativ unbekannten (nicht offenkundigen) Tatsache muss ein persönlich oder sachlich (aA MüKoStGB/*Cierniak*/*Pohlit* Rn. 21) begründetes **Geheimhaltungsinteresse** bestehen (Fischer Rn. 6). Zudem muss das Interesse schutzwürdig, dh unter Würdigung der Lage und des Standpunkts des Betroffenen verständlich sein (*Rogall* NStZ 1983, 1 (6); *Rudolphi* FS Bemmann, 1997, 412 (417); LK-StGB/*Schünemann* Rn. 27; enger SK-StGB/*Hoyer* Rn. 8, der nur Informationen, deren unwahre Mitteilung § 186 unterfiele, ausreichen lässt; krit. auch NK-StGB/*Kargl* Rn. 8). Dadurch wird bloße „Geheimniskrämerei mit Bagatellcharakter" vom strafrechtlichen Schutz ausgeschlossen (Fischer Rn. 6 mwN). Das Bestehen einer Vertragsbeziehung kann ein schutzwürdiges Geheimnis sein, so zB eine Mandatsbeziehung (Fischer Rn. 6), ein Bankvertrag (*Mennicke*/*Radtke* MDR 1993, 400 (402)) oder ein Versicherungsverhältnis (*Heghmanns*/*Niehaus* NStZ 2008, 57), ebenso Gegenstand und Inhalt des Vertrages, zB Gegenstand der Beratung und anfallende Kosten (Fischer Rn. 6).

20   Das objektive Interesse ist bei **Wirtschaftsunternehmen** gegeben, wenn das Bekanntwerden der Tatsache der juristischen Person oder dem Kaufmann möglicherweise einen materiellen oder immateriellen Schaden zufügt (BGH NJW 1996, 576; OLG Hamm GmbHR 1988, 218; Baumbach/Hueck/*Haas* GmbHG § 85 Rn. 9), insbes. die Wettbewerbsfähigkeit beeinträchtigt, zu einer Ansehensminderung oder einem Vertrauensverlust führt (vgl. BGH(Z) GmbHR 1996, 612 (613); Scholz/*Tiedemann*/*Rönnau* GmbHG § 85 Rn. 18). Im Bereich wirtschaftlicher Betätigung besteht bei Fehlen jeglichen wirtschaftlichen Interesses auch kein Geheimnisschutz (LK-StGB/*Schünemann* Rn. 27). Würde man in diesem Bereich auf ein objektives Geheimhaltungsinteresse verzichten und nur auf den Willen der Gesellschaft abstellen, so läge die Statuierung des strafrechtlich geschützten Tatobjekts allein in der Hand der Gesellschaft, die damit den Anwendungsbereich des Straftatbestandes beliebig bestimmen könnte, auch wenn letztlich keine Schutzwürdigkeit vorliegt (*Lutter,* Information und Vertraulichkeit im Aufsichtsrat, 2. Aufl. 1984, 129 ff.). Deshalb kann auf ein objektives Interesse an der Geheimhaltung nicht verzichtet werden (OLG Karlsruhe OLGR-SÜD 2006, 27 f.).

21   **cc) Erfordernis eines Geheimhaltungswillens?** Umstritten ist, ob neben den objektiven Voraussetzungen des Geheimnisses der Geheimhaltungswille, andere von der Kenntnis des Geheimnisses auszuschließen, als subjektives Merkmal hinzukommen muss. Die hM bejaht dies (s. nur Fischer Rn. 6 mwN). Diesem Willen wird für das Vorliegen eines Geheimnisses überwiegend konstitutive Bedeutung beigemessen. Allerdings ist umstritten, ob hierfür eine bloße Willensvermutung ausreicht (so zB Fischer Rn. 6) oder ob eine ausdrückliche oder konkludente Erklärung erforderlich ist (dazu BGH GRUR 1961, 43; OLG Stuttgart wistra 1990, 277 f.; *Brammsen,* Die Anzeige von Kartellverstößen im Widerstreit mit dem Schutz von Unternehmensgeheimnissen, 1992/1993, 81; *Pfeiffer* FS Nirk, 1992, 861 (867); Scholz/*Tiedemann*/*Rönnau* GmbHG § 85 Rn. 22).

22   Wenn ein tatsächlich vorliegender Geheimhaltungswille gefordert wird, entsteht insbes. bei großen Gesellschaften erhebliche Rechtsunsicherheit, weil die Geschäftsführer oder die Vorstände über neue Tatsachen, zB Forschungsergebnisse etc, häufig nicht informiert sein werden und deshalb auch keinen entsprechend konkretisierten Geheimhaltungswillen begründen können. Deshalb läuft bei großen Gesellschaften die Feststellung des Geheimhaltungswillens regelmäßig auf eine bloße **Fiktion** hinaus (*Lutter,*

Information und Vertraulichkeit im Aufsichtsrat, 2. Aufl. 1984, 138), mit der das Erfordernis der nachweisbaren Manifestation des Geheimhaltungswillens umgangen wird. Denn eine konkrete Kenntnis aller geheimhaltungswürdigen Umstände auf der Ebene der Geschäftsleitung entspricht nicht der Realität. Aus diesem Grund verzichtet die hM auf die Feststellung des konkreten Geheimhaltungswillens und begnügt sich mit der Annahme eines generellen Geheimhaltungswillens (näher dazu Scholz/Tiedemann/Rönnau GmbHG § 85 Rn. 22). So unterstellt der BGH einen Geheimhaltungswillen des Unternehmers, der ein Arbeitsergebnis als Geheimnis behandelt hätte, sofern er davon erfahren hätte (BGH NJW 1977, 1062). Das Reichsgericht hat bei komplizierten Maschinen den Geheimhaltungswillen sogar ohne weiteres unterstellt (RGZ 149, 133). Bloße Vermutungen und Fiktionen sind jedoch im Strafrecht äußerst fragwürdig. Wenn man das Vorliegen eines Geheimhaltungswillens fordert, um ein Geheimnis zu begründen, und hierfür Vermutungen nicht ausreichen lässt, wird aber eine fragwürdige Begrenzung des Geheimnisschutzes vorgenommen, denn angesichts der Fülle möglicher Geheimnisse in einem Unternehmen ist eine auf den Einzelfall bezogene Bildung des Willens nicht mehr nachweisbar.

Deshalb ist, wenn ein angemessener Geheimnisschutz erreicht werden soll, bei Geheimnissen auf das **23** **Willenselement** als konstitutives Merkmal für das Entstehen eines Geheimnisses **zu verzichten** (so Baumbach/Hueck/Haas GmbHG § 85 Rn. 9 f.; Lutter/Hommelhoff GmbHG § 85 Rn. 4; Lutter, Information und Vertraulichkeit im Aufsichtsrat, 2. Aufl. 1984, 139; Meyer-Landrut/Miller/Niehus GmbHG § 85 Rn. 4), zumal der Begriff des Geheimnisses nicht zwingend ein subjektives Element voraussetzt. Dadurch wird dem Umstand Rechnung getragen, dass natürliche und insbes. juristische Personen und Personenvereinigungen grundsätzlich an der Geheimhaltung aller Tatsachen interessiert sind und nur in Ausnahmefällen ein solches Interesse fehlt, bzw. durch Entscheidung des Geheimnisträgers bzw. des zuständigen Organs aufgegeben wird. Deshalb ist nicht der konkrete Wille, sondern das **objektive Geheimhaltungsinteresse** alleiniger Maßstab dafür, ob ein Geheimnis anzunehmen ist. Gegen einen solchen strafrechtlichen Schutz solcher Geheimnisse spricht, dass das Strafrecht grundsätzlich nicht zur Verdeckung strafbarer oder sonst rechtswidriger Handlungen beitragen darf.

dd) Sachgemäße Unternehmensführung als Maßstab für die Anerkennung eines Geheim- 24 haltungsinteresses bei Unternehmen. Bei **Unternehmen** ist das Geheimhaltungsinteresse Bestandteil des Unternehmensinteresses. Deshalb ist Maßstab für die Anerkennung eines Geheimhaltungsinteresses die **sachgemäße Unternehmensführung** (Baumbach/Hueck-Haas GmbHG § 85 Rn. 10; Lutter, Information und Vertraulichkeit im Aufsichtsrat, 2. Aufl. 1984, 132; Lutter/Hommelhoff GmbHG § 85 Rn. 3; Michalski/Dannecker GmbHG § 85 Rn. 34; Scholz/Tiedemann/Rönnau GmbHG § 85 Rn. 18). Ein solches Interesse ist stets gegeben, wenn durch die Offenbarung der Tatsachen dem Unternehmen ein **materieller oder immaterieller Schaden** drohen könnte (BGH ZIP 1996, 1342), insbes. wenn die Wettbewerbsfähigkeit bedroht ist (Lutter/Hommelhoff GmbHG § 85 Rn. 3) oder eine Ansehensminderung und ein Vertrauensverlust zu befürchten sind (BGH ZIP 1996, 1342). Das Geheimhaltungsinteresse kann im Einzelfall fehlen, wenn sich die Offenbarung bspw. notwendigerweise aus der Teilnahme einer juristischen Person am Geschäftsverkehr ergibt, so bei der Vermarktung von Knowhow einer GmbH, die im Bereich Forschung und Entwicklung tätig ist (Roth/Altmeppen/Altmeppen GmbHG § 85 Rn. 5; vgl. auch Scholz/Tiedemann/Rönnau GmbHG § 85 Rn. 35, der in diesem Fall ein tatbestandsausschließendes Einverständnis annimmt, sowie van Venrooy GmbHR 1993, 609 (611), der ein Geheimnis aufgrund einer teleologischen Reduktion des Tatbestands verneint).

Bezüglich des Geheimnisbegriffs jedenfalls bei Geschäfts- und Betriebsgeheimnissen ergeben sich **24a** weitere Verschärfungen durch die „Richtlinie über den Schutz vertraulicher Know-hows und vertraulicher Geschäftsinformationen (Geschäftsgeheimnisse) vor rechtswidrigem Erwerb sowie rechtswidriger Nutzung und Offenlegung" (dazu Rauer/Eckert DB 2016, 1239 (1239 f.)). Gegenstand dieser Richtlinie ist der Schutz von Geschäftsgeheimnissen vor rechtswidrigem Erwerb, rechtswidriger Nutzung und rechtswidriger Offenlegung (Art. 1 Abs. 1). Die Richtlinie bezweckt nur eine Mindest- und keine Vollharmonisierung. Art. 2 Abs. 1 enthält erstmals eine einheitliche, **unionsweite Definition des Geschäftsgeheimnisses,** die sich stark an Art. 39 Abs. 2 des TRIPS-Übereinkommens orientiert und aus drei Elementen besteht: Geschäftsgeheimnisse sind Informationen, die geheim sind, einen kommerziellen Wert haben, gerade weil sie geheim sind, und Gegenstand von angemessenen Geheimhaltungsmaßnahmen. Von Bedeutung ist das Merkmal der „angemessenen Geheimhaltungsmaßnahmen", das aus Art. 39 Abs. 2 lit. c des TRIPS-Übereinkommens stammt und in einigen TRIPS-Mitgliedsländern so verstanden wird, dass der Schutz von Geschäftsgeheimnissen in jedem Fall **explizite Vertraulichkeitsmaßnahmen oder -vereinbarungen** verlangt (Stellungnahme des Max-Planck-Instituts vom 12.5.2014, GRUR Int. 2014, 554 (556)). Solche Maßnahmen können in Zugangskontrollen, Passwörtern oder im Einsatz von Verschlüsselungstechnologien liegen. Zu Dritten hin müssen Vertraulichkeitsvereinbarungen getroffen werden. Nach der Richtlinie genügt es jedenfalls nicht mehr, dass sich der Wille aus der „Natur der geheim zu haltenden Tatsache" ergibt (so BGH(Z) BB 1995, 2546; BGH(Z) DB 2006, 2459).

2. Fremdes Geheimnis. Das Geheimnis muss für den Täter fremd sein, also mindestens einer **25** anderen Person als dem Schweigepflichtigen gehören (SK-StGB/Hoyer Rn. 14). Dies ist der Fall, wenn das Geheimnis nicht der Sphäre des Schweigepflichtigen entstammt (NK-StGB/*Kargl* Rn. 9). Dabei kann das Geheimnis auch mehreren Personen nebeneinander zustehen (RGZ 53, 169).

26   **3. Verlust des Geheimnischarakters durch Äußerung des Offenbarungswillens.** Ein Geheimnis verliert seine Geheimniseigenschaft, wenn der Geheimnisträger den Willen zur Offenbarung des Geheimnisses äußert und damit das Geheimhaltungsinteresse aufgibt. Im Gegensatz zur Entstehung eines Geheimnisses hängt die Aufhebung auch vom Willen des Geheimnisinhabers ab. Ein solcher Verzicht kann auch **formlos** oder **konkludent** erfolgen (*Lutter,* Information und Vertraulichkeit im Aufsichtsrat, 2. Aufl. 1984, 138 f.).

27   Bei juristischen Personen und Personenverbänden ist hierfür die Geschäftsleitung zuständig. Bei der **Aktiengesellschaft** ist dies der **Vorstand** bzw. **Liquidator** sowie – für seinen Tätigkeitsbereich – der Aufsichtsrat, bei der **GmbH** sind es grundsätzlich die **Geschäftsführer** bzw. **Liquidatoren** sowie – für seinen Tätigkeitsbereich – der Aufsichtsrat. Daneben können ggf. auch die **Gesellschafter** das Unternehmensinteresse bestimmen und damit das Geheimhaltungsinteresse aufgeben (Michalski/*Dannecker* GmbHG § 85 Rn. 36; Scholz/*Tiedemann*/*Rönnau* GmbHG § 85 Rn. 20; vgl. auch Baumbach/Hueck/ *Haas* GmbHG § 85 Rn. 10). Hierfür ist ein **förmlicher Mehrheitsbeschluss der Gesellschafterversammlung** oder zumindest eine **konkludente Zustimmung aller Gesellschafter** erforderlich (OLG Hamm GmbHR 1988, 218 (219)). Eine solche Entscheidung findet in der zivilrechtlichen Unwirksamkeit nach den §§ 134 und 138 BGB ihre Grenze, wenn der Verzicht auf das Geheimnis zB gemäß § 266 als Untreue oder gemäß § 283 als Bankrott strafbar ist. Diese Grenze ist allerdings im Zusammenhang mit dem Geheimnisschutz von nur untergeordneter Bedeutung, weil selbst im Falle der Unwirksamkeit des Verzichts der strafrechtliche Schutz endet, wenn das Geheimnis tatsächlich preisgegeben wird und es deshalb bereits an der nur relativen Bekanntheit fehlt (Michalski/*Dannecker* GmbHG § 85 Rn. 36).

28   Nach der Eröffnung des Insolvenzverfahrens ist bezüglich Angelegenheiten der Insolvenzmasse der **Insolvenzverwalter** „Geheimnisherr" (BGHZ 109, 260 (270)). Die zusätzliche Zustimmung des Geschäftsführers ist bei bloßen Geschäftsgeheimnissen, wenn bspw. in einem gegen ihn gerichteten Verfahren der Steuerberater von seiner Schweigepflicht entbunden werden soll, nicht erforderlich (Rowedder/Schmidt-Leithoff/*Schaal* GmbHG § 85 Rn. 6 mwN; LG Hamburg wistra 2002, 77 (78)).

29   **4. Schutz rechtswidriger Geheimnisse.** Umstritten ist, ob auch rechtswidrige Geheimnisse durch § 203 geschützt werden, wenn diese zB einem Rechtsanwalt, Steuerberater oder Wirtschaftsprüfer anvertraut werden. Im unternehmerischen Bereich sind dies zB rechts- und sittenwidrige Verträge, Steuer-, Zoll- und Umweltstraftaten, Verstöße gegen das Außenwirtschafts- oder das Kriegswaffenkontrollgesetz, Schmiergeldzahlungen, Publizitätsverletzungen sowie die Beteiligung an Kartellabsprachen und strafbaren Submissionsabsprachen (*Brammsen,* Die Anzeige von Kartellverstößen im Widerstreit mit dem Schutz von Unternehmensgeheimnissen, 1992/1993, 82 ff.; *Engländer*/*Zimmermann* NZWiSt 2012, 328 (330 ff.); *Erb* FS Roxin II, 2011, 1103 (1105 ff.); Hachenburg/*Kohlmann* GmbHG § 85 Rn. 33; Kallmeyer/*Marsch-Barner* UmwG § 315 Rn. 5; Müller-Gugenberger WirtschaftsStR/*Dittrich* § 33 Rn. 102; *v. Stebut,* Geheimnisschutz und Verschwiegenheitspflicht im Aktienrecht, 1972, 45 f.; Scholz/ *Tiedemann*/*Rönnau* GmbHG § 85 Rn. 19; aA *Aldony,* Der strafrechtliche Schutz von Geschäfts- und Betriebsgeheimnissen, 2009, 351 ff.; *Arians,* Der strafrechtliche Schutz des Geschäfts- und Betriebsgeheimnisses in der Bundesrepublik Deutschland, 1978, 337 f.; *Schafheutle,* Wirtschaftsspionage und Wirtschaftsverrat im deutschen und schweizerischen Strafrecht, 1972, 87; *Tiffner,* Der strafrechtliche Schutz von Wirtschaftsgeheimnissen im Staatsschutzrecht und Wettbewerbsrecht, 1978, 58 ff.; differenzierend *Rützel* GRUR 1995, 557 (560)). Gegen einen strafrechtliche Schutz solcher Geheimnisse spricht, dass das Strafrecht grundsätzlich nicht zur Verdeckung strafbarer oder sonst rechtswidriger Handlungen darf (so *Arians,* Der strafrechtliche Schutz des Geschäfts- und Betriebsgeheimnisses in der Bundesrepublik Deutschland, 1978, 337 f.; *Föbus,* Die Insuffizienz des strafrechtlichen Schutzes von Geschäfts- und Betriebsgeheimnissen nach § 17 UWG, 2011, 104 ff.; *Schafheutle,* Wirtschaftsspionage und Wirtschaftsverrat im deutschen und schweizerischen Strafrecht, 1972, 87 ff.; *Tiffner,* Der strafrechtliche Schutz von Wirtschaftsgeheimnissen im Staatsschutzrecht und Wettbewerbsrecht, 1978, 58 ff.; differenzierend *Rützel* GRUR 1995, 557 (560)). Gegen einen solchen strafrechtlichen Schutz solcher Geheimnisse spricht, dass das Strafrecht grds. nicht zur Verdeckung strafbarer oder sonst rechtswidriger Handlungen beitragen darf. Dies gilt zwar nicht generell, wie ein Blick auf den strafrechtlichen Vermögensschutz des rechtswidrig erlangten Besitzes und die gesetzliche Regelung des illegalen Staatsgeheimnisses in den §§ 93 Abs. 2, 97a zeigt. Diese Vorschriften machen deutlich, dass die **Illegalität** zwar das Schutzinteresse mindert, **den Geheimnischarakter** aber **nicht aufhebt** (Lutter/ *Kuhlen* UmwG § 315 Rn. 8; auch NK-StGB/*Kargl* Rn. 8; aA *Rützel* GRUR 1995, 557; *Rüpke* NJW 2002, 2835 (2836)). Dennoch ist unter Zugrundelegung der neueren Rechtsprechung des BVerfG, das im Stellen einer Strafanzeige eine grundrechtlich geschützte Wahrnehmung staatsbürgerlicher Rechte sieht, davon auszugehen, dass die Erstattung einer Strafanzeige grundsätzlich berechtigt und nicht nach § 203 StGB strafbar ist. Allerdings würde die Einschränkung des Geheimnisbegriffes auf eine Vermengung der das Geheimnis konstituierenden Elemente und der Strafwürdigkeit hinauslaufen, über die

der Geheimnisträger im Einzelfall entscheiden müsste. Dies ist aber nicht Aufgabe der in § 203 als taugliche Täter genannten Personen. Diese haben die Interessen der Geheimnisträger zu wahren und nicht die Kontrolle über den Geheimnisberechtigten auszuüben. Daher ist auch die Offenlegung eines sittenwidrigen oder illegalen Geheimnisses grundsätzlich tatbestandsmäßig (BVerfG NJW 1977, 1491; MüKoStGB/*Cierniak*/*Pohlit* Rn. 21 f. mwN; s. auch *Brammsen,* Die Anzeige von Kartellverstößen im Widerstreit mit dem Schutz von Unternehmensgeheimnissen, 1992/1993, 83), sie kann jedoch ausnahmsweise gerechtfertigt sein (→ Rn. 55 ff.).

II. Täterstellung

Täter des § 203 können nur die in Abs. 1 Nr. 1–7, Abs. 2 Nr. 1–6 und in Abs. 2a genannten **30** Personen sein. § 203 Abs. 3 stellt ihnen weitere Personengruppen gleich. Die jeweiligen Kataloge sind abschließend (*Schünemann* ZStW 90 (1978), 11 (51)).

1. Berufsgruppen nach § 203 Abs. 1. Die Berufsgruppen des § 203 Abs. 1 sind: **31**
– Nr. 1: **Heilberufe,** insbes. Ärzte, Zahnärzte, Tierärzte, Apotheker und Angehörige eines anderen Heilberufs, der eine staatlich geregelte Ausbildung erfordert; hierunter fallen nicht die Heilpraktiker, da es sich hierbei nicht um einen staatlich geregelten Ausbildungsberuf handelt (krit. dazu Spickhoff/*Spickhoff* Rn. 9 ff.);
– Nr. 2: **Berufspsychologen** mit einer staatlich anerkannten Abschlussprüfung, soweit sie therapeutisch tätig sind; wenn sie die Approbationsvoraussetzungen der §§ 5 und 6 PsychThG erfüllen, fallen sie bereits unter Nr. 1; Betriebspsychologen, die z. B. Eignungstests durchführen, sowie Verkehrspsychologen unterfallen ebenfalls der Nr. 2, nicht hingegen Werbepsychologen mangels Vertrauensstellung (Spickhoff/*Spickhoff* Rn. 14);
– Nr. 3: Rechtspflege- und Wirtschaftsberatungsberufe (näher → Rn. 91 ff.);
– Nr. 4: Ehe-, Familien-, Erziehungs-, Jugendberater und Berater für Suchtfragen in einer öffentlich-rechtlich anerkannten Beratungsstelle, nicht Berater in einer Beraterstelle eines freien Trägers (LK-StGB/*Schünemann* Rn. 67);
– Nr. 4a: **Mitglieder** oder **Beauftragte** einer anerkannten **Beratungsstelle** zum Zweck der gesundheitlichen Vorsorge und Lösung von Schwangerschaftskonflikten (§§ 9–11 SchKG);
– Nr. 5: staatlich anerkannte **Sozialarbeiter** und **Sozialpädagogen** (ein abgeschlossenes Hochschul- oder Fachhochschulstudium reicht aus; Fischer Rn. 17, str.), nicht hingegen staatlich anerkannte Erzieher;
– Nr. 6: **Angehörige eines Unternehmens** der **privaten Kranken-, Unfall- und Lebensversicherung,** nicht der Haftpflicht- oder Kfz-Versicherung, sowie einer privatärztlichen, steuerberaterlichen oder einer anwaltlichen **Verrechnungsstelle** (näher → Rn. 158 ff.; auch → Rn. 13).

2. Gleichgestellte Personen nach § 203 Abs. 3. Nach § 203 Abs. 3 wird der Anwendungsbereich **32** des § 203 Abs. 1 erweitert auf:
S. 1: andere **Mitglieder einer Rechtsanwaltskammer,** die nicht selbst Rechtsanwalt sind, mit einem solchen aber in einer Sozietät verbunden sind und denselben Berufspflichten unterliegen (Rechtsbeistände);
S. 2: **berufsmäßig tätige Gehilfen** und zur **Vorbereitung auf den Beruf tätige Personen** (→ Rn. 150 ff.);
S. 3: Personen, die von einem Geheimnis **nach dem Tod** des Verpflichteten Kenntnis haben und dieses entweder vor seinem Tod von dem Verpflichteten oder aus dessen Nachlass erlangt haben.

3. Personengruppen nach § 203 Abs. 2. Die Berufsgruppen des § 203 Abs. 2 sind: **33**
– Nr. 1: **Amtsträger** (§ 11 Abs. 1 Nr. 2), auch Organe einer privat organisierten juristischen Person, die öffentliche Aufgaben wahrnimmt wie Sparkassen und Landesbanken (näher → Rn. 167 ff.);
– Nr. 2: **für den öffentlichen Dienst besonders Verpflichtete** jeder Art. (§ 11 Abs. 1 Nr. 4), so etwa in Fällen, in denen private Unternehmen als „sonstige Stellen" zur Datenverarbeitung von Behörden herangezogen werden (näher → Rn. 189 ff.);
– Nr. 3: Personen, die Aufgaben oder Befugnisse nach dem **Personalvertretungsrecht** des Bundes und der Länder, einschließlich des Vertretungsrechts der Richter, Staatsanwälte, Soldaten und Ersatzdienstleistenden, wahrnehmen (näher → Rn. 196 ff.);
– Nr. 4: Mitglieder oder Hilfskräfte von **Ausschüssen,** die für ein Gesetzgebungsorgan des Bundes oder eines Landes auf Zeit oder auf Dauer tätig sind (Enquete-Kommissionen, beratende Gremien, Sachverständigenräte, die die Tätigkeit eines Parlaments von außen unterstützen), nicht hingegen Ausschüsse der Parlamente oder Parlamentarier, soweit sie einem solchen Gremium angehören;
– Nr. 5: **öffentlich bestellte Sachverständige,** die auf die gewissenhafte Erfüllung ihrer Obliegenheiten aufgrund eines Gesetzes förmlich verpflichtet worden sind (näher → Rn. 202 ff.);
– Nr. 6: Personen, die auf die gewissenhafte Erfüllung ihrer Geheimhaltungspflicht bei der Durchführung **wissenschaftlicher Forschungsvorhaben** aufgrund eines Gesetzes förmlich verpflichtet worden sind (näher → Rn. 209 ff.).

34   **4. Personengruppen nach § 203 Abs. 2a.** Durch das StVÄG 1999 vom 22.8.2006 wurden auch **externe Datenschutzbeauftragte** gemäß § 4f Abs. 2 BDSG in den Kreis möglicher Täter einbezogen (näher → Rn. 214 ff.), so dass § 203 Abs. 2 S. 2 nunmehr auch für Datenschutzbeauftragte gilt. Weder der Geheimnisbegriff noch der sachliche Anwendungsbereich weist in diesen Fällen einen erweiterten Anwendungsbereich auf (Fischer Rn. 29c).

III. Kenntniserlangung aufgrund des spezifischen Vertrauensverhältnisses

35   Das Geheimnis muss dem Täter „als" Angehörigem einer der genannten Berufsgruppen, dh in dieser Eigenschaft und Funktion und nicht nur als Privatperson, zur Kenntnis gelangt sein. Nur auf solche Kenntnisse kann sich das nach § 203 strafbare Täterverhalten beziehen. Eine außerdienstliche Kenntniserlangung ohne inneren Zusammenhang zu der beruflichen Stellung, zB durch private Mitteilung oder aufgrund einer Information von dritter Seite, die mit der beruflichen Position oder Funktion des Täters nichts zu tun hat, reicht nicht aus. Dabei ist die Abgrenzung zwischen dem berufs- oder funktionsbezogenen und dem privaten Bereich oft schwierig (*Frommann,* Sozialdatenschutz, 1985, 166; LK-StGB/*Schünemann* Rn. 35 ff.). Es kommt darauf an, dass der Täter **in seiner Eigenschaft,** dh berufs- oder funktionsbezogen, Kenntnis von dem Geheimnis erlangt hat. Hierbei kann man sich am beruflichen Rollenbild orientieren (so LK-StGB/*Schünemann* Rn. 35). Dies schließt eine strafbare oder rechtswidrige Kenntniserlangung nicht aus (SSW StGB/*Bosch* Rn. 6; s. auch Schönke/Schröder/*Lenckner/Eisele* Rn. 15).

36   **1. Anvertrauen eines Geheimnisses.** Anvertraut wird ein Geheimnis, wenn es dem Täter unter der zumindest stillschweigenden Auflage mitgeteilt wird, es geheim zu halten (RGSt 13, 62; OLG Köln NJW 2000, 3656 (3657)). Hier ergibt sich die Bestimmung in der Regel schon aus dem Mitteilungsverhältnis; im Übrigen ist auf das übliche Berufsbild abzustellen. Der Anvertrauende und der Geheimnisgeschützte müssen nicht personengleich sein (Fischer Rn. 8). Jedoch muss der Täter tatsächlich Kenntnis erlangt haben.

37   **2. Sonst bekannt gewordene Geheimnisse.** Das Geheimnis kann dem Täter auch sonst bekannt geworden sein. Diese Alternative hat Auffangfunktion für alle Fälle, in denen dem Täter die Tatsache zwar kraft Berufsausübung, aber unmittelbar ohne einen besonderen Vertrauensakt des Geheimnisbetroffenen bekannt geworden ist. Die Kenntniserlangung kann auf eigener Tätigkeit oder auf derjenigen Dritter, unter Umständen auch der betroffenen Person selbst, soweit dies außerhalb des Anvertrauens erfolgt, beruhen. Entscheidend ist hier das **Bekanntwerden kraft Berufsausübung** (BGHSt 33, 150 mAnm *Hanack* JR 1986, 35). Es kommt nicht darauf an, dass der Täter die Tatsache im Rahmen einer konkreten Sonderbeziehung erfährt (OLG Köln NJW 2000, 3656; Fischer Rn. 9; LK-StGB/*Schünemann* Rn. 38; NK-StGB/*Kargl* Rn. 15 f.; aA *Rudolphi* FS Bemmann, 1997, 412 (418); Schönke/Schröder/*Lenckner/Eisele* Rn. 15; SK-StGB/*Hoyer* Rn. 25). Ein Vertrauensverhältnis ist darüber hinaus nicht erforderlich, sodass auch unfreiwillige Beziehungen (Amtsarzt, Arzt im Maßregelvollzug) zum Beruf des Täters erfasst sind. Maßgebend ist allein, dass der Geheimnispflichtige das Geheimnis iRs Berufsausübung erlangt (Schönke/Schröder/*Lenckner/Eisele* Rn. 15; NK-StGB/*Kargl* Rn. 16).

37a   Das ist insbesondere bei Drittgeheimnissen von Bedeutung, von denen der Berufsträger bei seiner beruflichen Tätigkeit Kenntnis erlangt. Die Anerkennung eines eigenständigen Geheimnisbereichs Dritter ist allerdings fragwürdig (Fischer Rn. 9a mwN), wird aber insbesondere von der Rspr. bejaht (BGHSt 33, 150; OLG Köln NStZ 1983, 412; LG Karlsruhe StV 1983, 144).

38   **3. Geheimnisverletzung durch zur Tatzeit nicht mehr dem pflichtigen Personenkreis angehörige Täter.** Die Täterqualifikation des § 203 muss nur zum Zeitpunkt der Kenntniserlangung des Geheimnisses bestanden haben. Zur Tatzeit muss er den Beruf nicht mehr ausüben oder die Funktion nicht mehr wahrnehmen. Entscheidend ist allein, dass der Täter die **Kenntnis als Funktionsträger** erlangt hat. Das Ausscheiden zB aus dem Amt oder dem Dienstverhältnis ist also grundsätzlich unbeachtlich: Die strafrechtliche Schweigepflicht besteht über das Dienstverhältnis hinaus fort. Die Tatsache, dass der Täter zur Zeit der Tat nicht mehr die Sonderqualifikation aufweist, steht somit der Anwendung des § 203 – anders als bei § 17 UWG (*Arians,* Der strafrechtliche Schutz des Geschäfts- und Betriebsgeheimnisses in der Bundesrepublik Deutschland, 1978, 354 ff. (401 ff.)) – nicht entgegen.

39   **4. Der zur Tatzeit beruflich verpflichtete Täter.** Geheimnisse, die dem Täter schon bekannt waren, bevor er die Sonderdeliktseigenschaft erlangt hat, sind durch § 203 nicht geschützt. Das Bekanntwerden muss **nach Erlangung der Sonderqualifikation** erfolgen, damit § 203 zur Anwendung kommen kann.

IV. Postmortaler Geheimnisschutz (§ 203 Abs. 4)

40   Nach § 203 Abs. 4 wirkt der Geheimnisschutz auch nach dem Tod der Bezugsperson fort (ausf. dazu *Petersen* JURA 2008, 271 ff.). Dies gilt jedoch nur für **zum persönlichen Lebensschutz gehörende Geheimnisse** als Nachwirkungen des Persönlichkeitsrechts (vgl. BGHZ 15, 249 (259); 50, 133; zu den

verfassungsrechtlichen Grundlagen vgl. *Roebel/Wenk/Parzeller* Rechtsmedizin 2009, 37 ff.), nicht hingegen für **vermögenswerte Geheimnisse,** da diese als Vermögensbestandteil in der Regel mit dem Erbfall auf den Erben übergehen (zum Schutz bei juristischen Personen s. → Rn. 14 f.). Eine Geheimnisoffenbarung nach dem Tod verletzt hier mithin nicht mehr den Erblasser (BayObLG 66, 86 (90); Hamburg NJW 1962, 689 (691); OLG Stuttgart OLGZ 1983, 6 (9); Lackner/Kühl/*Heger* Rn. 27; Schönke/Schröder/*Lenckner/Eisele* Rn. 25; vgl. auch LK-StGB/*Schünemann* Rn. 54 ff. insbes. zur Frage, welcher Einfluss dem Zeitablauf nach dem Tod zukommt). Einige Probleme im Zusammenhang mit Patientengeheimnissen sind jetzt in § 630g BGB geregelt.

V. Einzelangaben nach § 203 Abs. 2 S. 2

Den Geheimnissen werden durch § 203 Abs. 2 S. 2 **Einzelangaben über persönliche oder** 41 **sachliche Verhältnisse anderer,** die für Aufgaben der öffentlichen Verwaltung erfasst worden sind, gleich gestellt. Die Angaben müssen sich auf eine bestimmte natürliche oder juristische Person beziehen (*Rupp* wistra 1985, 140) und können in Akten, Karteien oder auch elektronisch erfasst sein. Da sich die Angaben auch hier auf eine bestimmte, zumindest aber bestimmbare natürliche oder juristische Person beziehen müssen, hat die Vorschrift nur für Angaben ohne Geheimnischarakter Bedeutung.

In der Literatur wird die Verfassungsmäßigkeit dieser Ausweitung des Straftatbestandes auf alle **per-** 42 **sonenbezogenen Daten ohne Geheimnischarakter** in Frage gestellt. Eine extensive Auslegung sei unter dem Gesichtspunkt des Grundsatzes „nullum crimen sine lege certa bzw. stricta" nicht zulässig (so LK-StGB/*Schünemann* Rn. 48; Schönke/Schröder/*Lenckner/Eisele* Rn. 46; SK-StGB/*Hoyer* Rn. 29) und mit dem verfassungsrechtlichen Verhältnismäßigkeitsgrundsatz in seiner Ausprägung der Unverhältnismäßigkeit bei minimalem Schutzinteresse einer scharfen staatlichen Reaktion durch das Strafrecht (dazu BVerfGE 90, 145 (171 ff.); *Tiedemann,* Verfassungsrecht und Strafrecht, 1991, 50 ff.) nicht vereinbar (LK-StGB/*Schünemann* Rn. 48). Der BGH wendet die Vorschrift auch auf Angaben ohne Geheimnischarakter an (BGHSt 48, 28 m. zust. Anm. *Behm* JR 2003, 292). Allerdings sieht auch er **offenkundige** Tatsachen und Daten als nicht geschützt an (BGHSt 48, 28 (30); 48, 126 (129 f.); BayObLG NJW 1999, 1727 mBespr *Pötzel* NJW 1999, 3246; OLG Hamburg NStZ 1998, 358 mAnm *Weichert* NStZ 1999, 490). Daher sind Daten aus öffentlichen Registern, in die jedermann Einsicht nehmen oder aus denen er Auskunft erlangen kann (Handels-, Vereins-, Güterrechts-, Melderegister für einfache Auskünfte und Denkmalbücher), nicht geschützt (näher → Rn. 186 f.). Hingegen sind nach Auffassung des BGH Fahrzeug- und Halterdaten nicht offenkundig (BGHSt 48, 28 m. zust. Anm. *Behm* JR 2003, 292; aA OLG Hamburg NStZ 1998, 358; BayObLG NJW 1999, 1727; dazu *Krauskopf* NJW Sonderheft f. G. Schäfer 2002, 40 f.).

Wenn der Betroffene **offensichtlich kein Interesse** daran hat, dass ein Umstand unbekannt bleibt, 43 entfällt die Tatbestandlichkeit.

Nach § 203 Abs. 2 S. 2 Hs. 2 ist § 203 Abs. 2 S. 1 nicht anzuwenden, wenn die **Einzelangaben** 44 **anderen Behörden oder sonstigen Stellen für Aufgaben der öffentlichen Verwaltung bekannt gegeben werden** und das Gesetz dies nicht untersagt. In diesen Fällen entfällt bereits die Tatbestandsmäßigkeit (Lackner/Kühl/*Heger* Rn. 15; MüKoStGB/*Cierniak/Pohlit* Rn. 101).

VI. Tathandlung: Offenbaren

§ 203 Abs. 1 und 2 stellt das unbefugte Offenbaren unter Strafandrohung. 45

1. Begriff des Offenbarens. Das Offenbaren umfasst jede **Mitteilung, Weitergabe oder Wei-** 46 **terleitung** eines Geheimnisses oder einer Einzelangabe an einen anderen, dem das Geheimnis oder die Einzelangabe noch nicht bekannt ist (RGSt 26, 5 (8); 38, 62 (65)). Es reicht aus, wenn er das Geheimnis nicht in dem Umfang, nicht in dieser Form oder nicht sicher kennt (BayObLG NJW 1995, 1623 mAnm *Fabricius* StV 1996, 485 und *Gropp* JR 1996, 478). Bereits die Bestätigung einer Vermutung oder eines Gerüchts kann ein Offenbaren sein, weil es zuvor an sicherer Kenntnis fehlt (RGSt 26, 5 (7); 38, 62 (65); *Säcker* NJW 1986, 801 (805); vgl. ferner → AO § 393 Rn. 65). Die Offenbarung muss die geheime Tatsache und die Person des Berechtigten, so dass dieser zumindest identifiziert werden kann, umfassen. Daher sind anonymisierte Tatsachenmitteilungen, zB medizinisch erhobene Befunde, über die in Fachpublikationen berichtet wird, nicht erfasst (LG Köln MedR 1984, 110). Die **Art und Weise,** wie das Geheimnis dem Dritten zugänglich gemacht wird, ist irrelevant (zB Veröffentlichung, Auskunfterteilung, Akteneinsichtsgewährung, mündliche Mitteilung, Verschaffung des Datenzugangs). Auch ein Offenbaren durch Unterlassen ist möglich (→ Rn. 51).

Auch die Offenbarung eines Geheimnisses an einen seinerseits **zur Verschwiegenheit Verpflich-** 47 **ten** ist strafbar (BGHZ 116, 268 (273 ff.); BayObLG NJW 1995, 1623 mAnm *Fabricius* StV 1996, 485 und *Gropp* JR 1996, 478; *Rudolphi* FS Bemmann, 1997, 412 (419); *Schöch* FS Schreiber, 2003, 437 (438)), es sei denn, dass der Empfänger der Mitteilung dem Kreis der zum Wissen Berufenen angehört und die Mitteilung im Rahmen der Befugnis geboten und mit Billigung des Geheimnisträgers zu rechnen ist (SSW StGB/*Bosch* Rn. 31, Fischer Rn. 30b). Hingegen ist die Mitteilung an einen bereits Informierten lediglich ein strafloser Versuch.

48   Ob der Dritte einen Rechtsanspruch auf die Information hat, spielt erst im Rahmen der Unbefugtheit eine Rolle. Auf die Kenntnisnahme durch den Dritten kommt es nicht an, wenn das Geheimnis in einem Schriftstück oder anderweitig verkörpert ist (Schönke/Schröder/*Lenckner/Eisele* Rn. 19; LK-StGB/*Schünemann* Rn. 41; *Schmitz* JA 1996, 772 (777); krit. dazu Matt/*Renzikowski/Altenhain* Rn. 29). In diesen Fällen reicht es aus, dass dem Dritten die **Kenntnisnahme möglich gemacht** wird (RGSt 26, 5 (8); s. auch *Többens* NStZ 2000, 505 (507), der eine Mitteilung durch konkludentes Verhalten annimmt, wenn der Täter bewusst ein Schriftstück liegen lässt, in dem ein Geheimnis enthalten ist). Eine objektiv verständliche, aber trotzdem vom Empfänger nicht verstandene Erklärung oder das Überlassen von Dokumenten an einen Unbefugten, die von diesem nicht durchgesehen werden, reicht deshalb zur Vollendung des Offenbarens aus (*Többens* NStZ 2000, 505 (507)). Hingegen liegt in dem bloßen Anbieten eines Geheimnisses zum Kauf ohne Bekanntgabe seines Inhaltes erst ein strafloser Versuch.

49   Ob das Verschaffen der tatsächlichen Möglichkeit der Kenntnisnahme etwa durch Zugriff von **Computer-Servicepersonal** auf die gesamte EDV-Anlage als ein Offenbaren aller darin gespeicherten Geheimnisse ausreicht (so *Ehmann* CR 1991, 293; *Otto* wistra 1999, 201 (202); enger *Koch* CR 1987, 284) ist zweifelhaft, weil eine reale Kenntnisnahme bei der Durchführung des Service allenfalls in exemplarischer Hinsicht in Betracht kommt und aufgrund der Masse an digitalisierten Geheimnissen zumindest eine zusätzliche Speicherung oder die Erstellung von entsprechenden Ausdrucken nötig wäre (so LK-StGB/*Schünemann* Rn. 41; zust. MüKoStGB/*Cierniak/Pohlit* Rn. 52; zu den Problemen bei der Datenfernwartung *Lilie* FS Otto, 2007, 673 (679 ff.)). Vergleichbare Probleme stellen sich beim Einsatz digitalisierter Bildarchivierungs- und Kommunikationssysteme (dazu *Inhester* NJW 1995, 685 ff.) sowie bei der Versendung unverschlüsselter E-Mails (dazu *Sassenberg* AnwBl 2006, 196; *Sassenberg/Bannenberg* DStR 2006, 2052 (2053 f.)).

50   Beim kompletten **Outsourcing der Datenverarbeitung,** bei dem Patienten- oder Mandantengeheimnisse übermittelt werden (zum Outsourcing durch Anwaltskanzleien *Spatscheck* AnwBl 2012, 478 ff.; im Gesundheitswesen *Hergeth,* Rechtliche Anforderungen an das IT-Outsourcing im Gesundheitswesen, 2009; *Jandt/Roßnagel/Wilke* NZS 2011, 641 ff.), liegt bereits in der elektronischen Übermittlung ein Offenbaren, weil es um die inhaltliche Bearbeitung und nicht um die technische Wartung geht (*Hilgendorf,* Strafrechtliche Probleme beim Outsourcing von Versicherungsdaten, 2004, 81 ff.; *ders.* FS Tiedemann, 2008, 1125 ff.; *Lilie* FS Otto, 2007, 673 ff.). Deshalb ist de lege ferenda eine Erweiterung des § 203 Abs. 3 S. 2 erforderlich, durch die zur ordnungsgemäßen Berufsausübung herangezogenen IT-Dienstleister den Gehilfen iSd § 203 Abs. 3 Nr. 2 gleichzustellen sind (so die Große Strafrechtskommission des Deutschen Richterbundes in einem Gutachten aus dem Jahr 2007; Kurzfassung bei *Kintzi* DRiZ 2007, 244 ff.).

50a   Vergleichbare Probleme wirft das **Cloud Computing** auf, das sich zunehmend durchsetzt (*Hornung/ Städtler* CR 2012, 38 (39); *Spatscheck* AnwBl 2012, 478 ff.). Hier wird teilweise ein tatbestandliches Offenbaren bei unüberschaubaren Datenmengen verneint (so Fischer Rn. 30a; MüKoStGB/*Cierniak/ Pohlit* Rn. 52), es sei denn, der Dienstleister speichere einzelne Daten für sich oder drucke sie aus (krit. dazu *Lilie* FS Otto, 2007, 673 (680)). Teilweise werden Externe ausnahmsweise als berufsmäßig tätige Gehilfen des Schweigepflichtigen angesehen (krit. dazu → Rn. 155), die zum Wissen berufen sind (*Heghmanns/Niehaus* NStZ 2008, 57 ff.; *dies.* wistra 2008, 161 ff.; *Kort* NStZ 2011, 193 (193)), sodass sie als berufsmäßig tätige Gehilfen selbst als Täter des § 203 in Betracht kommen, nicht aber der Hauptschweigepflichtige, der die anvertraute Information weitergeben durfte (LK-StGB/*Schünemann* Rn. 41). Teilweise wird eine konkludente oder mutmaßliche Einwilligung angenommen (*Enwer* AnwBl 2011, 847 ff.). Häufig werden diese Voraussetzungen aber nicht vorliegen. Deshalb wird vorgeschlagen, § 203 Abs. 2 S. 2 um die „zur ordnungsgemäßen Berufsausübung herangezogenen Auftragsdatenverarbeitenden" zu erweitern (Gutachten der Großen Strafrechtskommission des Deutschen Richterbundes, 2007) und so den Bezug zu § 11 BDSG herzustellen, der auf eine Übermittlungsbefugnis verzichtet, wenn die Vorkehrungen des § 11 Abs. 2 BDSG eingehalten sind.

51   **2. Offenbaren durch Unterlassen.** Das Offenbaren kann auch durch Unterlassen erfolgen, wenn der Geheimhaltungspflichtige es pflichtwidrig zulässt, dass ein Dritter Einblick in geheime Unterlagen nimmt. Das die Tätereigenschaft begründende Sonderpflichtmerkmal begründet regelmäßig eine **Garantenpflicht des Täters** (Fischer Rn. 30b). Auch das „Herumliegenlassen" von geschützten Schriftstücken kann ein Offenbaren durch Unterlassen sein (Fischer Rn. 30b; Lackner/Kühl/*Heger* Rn. 17; *Langkeit* NStZ 1994, 6). Vollendung liegt jedoch erst vor, wenn ein Dritter vom Inhalt des Geheimnisses tatsächlich Kenntnis genommen hat (Fischer Rn. 30b; SSW StGB/*Bosch* Rn. 34). Nicht erforderlich ist, dass der jeweilige Geheimnisträger (Schriftstück, Datenträger etc) in seinen Gewahrsam gebracht und der Schweigepflichtige dies zumindest billigend in Kauf genommen hat (so aber Schönke/Schröder/ *Lenckner/Eisele* Rn. 20).

52   **3. Vollendung und Beendigung der Tat.** Der Tatbestand des § 203 Abs. 1 ist erst mit Vollendung strafbar, da der Versuch des § 203 nicht unter Strafandrohung steht (vgl. §§ 12 Abs. 2, 23 Abs. 1). Vollendung liegt vor, wenn das Geheimnis durch die Handlung des Sonderpflichtigen zumindest **einem Unbefugten zugegangen** ist. Hierbei ist zwischen verkörperten und mündlichen Mitteilungen zu unterscheiden:

Bei **schriftlichen Mitteilungen oder auf Diskette gespeicherten Daten** liegt Vollendung vor, 53 wenn die Mitteilung so in den Herrschaftsbereich eines unbefugten Dritten gelangt ist, dass diesem die Kenntnisnahme jederzeit möglich ist. Inhaltliche Kenntnis braucht der Adressat noch nicht erlangt zu haben, sofern ihm das Geheimnis in einer Form mitgeteilt worden ist, die ihm das Ausnutzen der geheim zu haltenden Tatsachen ermöglicht. Da es sich bei § 203 um ein abstraktes Gefährdungsdelikt handelt (→ Rn. 4), ist bei **mündlichen Mitteilungen** die Tat mit der Mitteilung vollendet (BGH NStZ 1993, 538; *Brüning* NStZ 2006, 253), ohne dass es darauf ankommt, ob der Empfänger das Mitgeteilte inhaltlich verstanden hat.

Zur **Beendigung** der Tat kommt es erst mit der Kenntnisnahme des Geheimnisses durch einen 54 Empfänger.

VII. Unbefugtheit der Offenbarung

Das Offenbaren muss unbefugt erfolgen. Es ist mit Zustimmung des Geheimnisträgers erlaubt. In einer 55 solchen Zustimmung wird teilweise ein Tatbestandsausschluss (BGHSt 4, 355 f.; OLG Köln NJW 1962, 686 mAnm *Bindokat;* MüKoStGB/*Cierniak/Pohlit* Rn. 55; Schönke/Schröder/*Lenckner/Eisele* Rn. 22), teilweise ein Rechtfertigungsgrund gesehen (BayObLG 82, 76; OLG Schleswig NJW 1985, 1092 mAnm *Wente* NStZ 1986, 366; *Warda* JURA 1979, 296; *Rogall* NStZ 1983, 1 (6); *Rudolphi* FS Bemmann, 1997, 412 (419); LK-StGB/*Schünemann* Rn. 93; NK-StGB/*Kargl* Rn. 50; SK-StGB/*Hoyer* Rn. 20, 67). Zutreffenderweise muss unterschieden werden, ob mit der Zustimmung insgesamt auf die Geheimhaltung verzichtet oder nur der Kreis der Geheimnisträger erweitert werden soll. Wenn in der Befugniserteilung ein **allgemeiner Offenbarungswille** des Geheimnisträgers zum Ausdruck kommt, wird auf den Willen zur Geheimhaltung verzichtet; damit liegt kein Geheimnis mehr vor, so dass der Tatbestand des § 203 mangels Tatobjekt nicht mehr verwirklicht werden kann. Soll hingegen die Information ggü. sonstigen Dritten weiterhin als Geheimnis geschützt bleiben, so entfällt nur für den in den Kreis der Geheimnisträger Einbezogenen die Unbefugtheit und damit nach hM die **Rechtswidrigkeit** (BayObLG 1982, 76; OLG Schleswig NJW 1985, 1092 mAnm *Wente* NStZ 1986, 366; Fischer Rn. 31; *Klug* FS Oehler, 1988, 397 (401); LK-StGB/*Schünemann* Rn. 93; *Rogall* NStZ 1983, 6; *Rudolphi* FS Bemmann, 1997, 412 (419); *Warda* JURA 1979, 296). Eine solche Einwilligung hebt die Geheimnisqualität nicht auf.

1. Einwilligung. Liegt eine Einwilligung des Geheimnisgeschützten vor, so ist die Offenbarung 56 befugt. Dabei kann sich die Einwilligung auf konkret bestimmte Geheimnisse beziehen (BGHSt 38, 371) oder auf einen Teil der geheim zu haltenden Tatsachen. Weiterhin kann sich die Einwilligung auf Geheimnisse einer bestimmten Art beziehen, so zB bei der Schufa-Klausel (dazu BGHZ 95, 362 (367)) oder bei der Einwilligung in die Weitergabe von Patientendaten an eine Verrechnungsstelle (BGHZ 115, 123 mBespr *Emmerich* JuS 1992, 153 und Anm. *Taupitz* MedR 1990, 331; BGH NJW 1992, 2348 mAnm *Schlund* JR 1993, 25; BGH NJW 1996, 775; OLG Hamm NJW 1993, 79; OLG Düsseldorf NJW 1994, 2421; OLG Karlsruhe 1998, 831; s. dazu *Gramberg/Danielsen/Kern* NJW 1998, 2708 ff.; *Schmitz* JA 1996, 949 (953); aA *Giesen* NStZ 2012, 122, der bereits ein tatbestandliches Offenbaren verneint). Der Patient steckt mit der Einwilligung in die Behandlung den Kreis der erlaubten Wissenden ab und erklärt sich mit der Informierung eines Behandlungsteams, Krankenhausärzte und -schwester, Pflegepersonal etc. (*Knauer* FS Schöch, 2010, 439 (444 ff.)) wie auch der Mitglieder der Krankenhausverwaltung einverstanden, soweit die patientenbezogenen Daten zur Erledigung der Aufgaben erforderlich sind (*Langkeit* NStZ 1994, 6 ff.; *Heinemeyer,* Elektronische Datenverarbeitung in den neuen medizinischen Versorgungssystemen, 2005; *Meyer,* Der Rechtliche Schutz patientenbezogener Gesundheitsdaten, 2003). Ein Behandlungsvertrag enthält keine konkludente Einwilligung in die Mitteilung der Diagnose bei Arbeitsunfähigkeit oder krankheitsbedingter Prüfungsverhinderung (Fischer Rn. 33a; *Kühne* JA 199, 523; LK-StGB/*Schünemann* Rn. 107; aA BVerwG DVBl 1996, 1379; *Seebass* NVwZ 1985, 521). Das Schweigen eines Patienten auf eine Anzeige über die Praxisübernahme in der Tagespresse reicht für eine konkludente Einwilligung nicht aus (Fischer Rn. 33a; aA *Rieger* MedR 1992, 149). Grundsätzlich setzt die Einwilligung nur die **Einsichtsfähigkeit des Einwilligenden** voraus; dieser muss die Bedeutung seiner Erklärung verstehen. Daher ist auch die Einwilligung eines Minderjährigen wirksam, selbst wenn diese gegen den Willen des gesetzlichen Vertreters erklärt wird (Fischer Rn. 32; Lackner/Kühl/*Heger* Rn. 18; SK-StGB/*Hoyer* Rn. 73; Schönke/Schröder/*Lenckner/Sternberg-Lieben* Vor §§ 32 ff. Rn. 42). Nur bei Geschäfts- und Betriebsgeheimnissen erfordert die Einwilligung **Geschäftsfähigkeit des Erklärenden** (Fischer Rn. 32; LK-StGB/*Schünemann* Rn. 95; Schönke/Schröder/*Lenckner/Sternberg-Lieben* Vor §§ 32 ff. Rn. 24).

Die Einwilligung ist grundsätzlich **formlos** möglich. Wenn lediglich gesetzliche Formvorschriften 57 nicht eingehalten werden, begründet dies noch kein nach § 203 strafwürdiges Unrecht (Fischer Rn. 33; LK-StGB/*Schünemann* Rn. 106; Schönke/Schröder/*Lenckner/Eisele* Rn. 24a; SK-StGB/*Hoyer* Rn. 74). Das Einverständnis kann auch **konkludent** erteilt werden. Allerdings ist auch hier Zurückhaltung geboten (SSW StGB/*Bosch* Rn. 37). Eine konkludente Erklärung liegt insbes. dann vor, wenn der Betroffene Vorgänge initiiert oder beantragt, bei denen die Offenbarung selbstverständlich oder nach allgemeinem Verständnis regelmäßig üblich ist (Fischer Rn. 33a; Schönke/Schröder/*Lenckner/Eisele* Rn. 24b). So wird mit dem Einverständnis zur Überweisung an einen Facharzt (BGH NJW 1983, 350 (351)) oder eine Klinik (BGH NJW 1993, 797 (798)) konkludent in die Mitteilung der fachärztlichen bzw. klinischen Feststellungen an den überweisenden Hausarzt eingewilligt, weil die Untersuchung ansonsten keinen Sinn hätte (Fischer Rn. 33). Mit der Benennung eines Zeugen wird dieser konkludent von der Schweigepflicht entbunden, soweit die Beweisbehauptung reicht (MüKoStGB/*Cierniak/Pohlit* Rn. 63). Hingegen kann eine konkludente Zustimmung noch nicht aus der Sachgerechtigkeit oder der inneren Notwendigkeit eines Vorgangs abgeleitet werden, etwa wenn der Betroffene einen Kredit beantragt oder Klage vor Gericht erhoben hat (Fischer Rn. 33). Bei formularmäßig erteilten Ermächtigungen zB in Krankenhausaufnahme- und Versicherungsverträgen ist bei der Anerkennung der Wirksamkeit Vorsicht geboten (Schönke/Schröder/*Lenckner/Eisele* Rn. 24; zustimmend SSW StGB/*Bosch* Rn. 36; zur Wirksamkeit von sog. Schufa-Klauseln in AGB, die zur Auskunft der Schufa oder der Hausbank über die Zahlungsfähigkeit des Kunden ermächtigen, BGH NJW 2003, 1237 (1240 f.)).

58   Die Einwilligung muss der **Verfügungsberechtigte** erteilen. Bei eigenen Geheimnissen ist dies die anvertrauende Person und nicht ein Dritter, der nur mittelbar betroffen ist. Bei **Drittgeheimnissen** ist umstritten, ob es ausreicht, wenn derjenige zustimmt, den das Geheimnis betrifft (so OLG Hamburg NJW 1962, 689; NK-StGB/*Kargl* Rn. 55; *Rogall* NStZ 1983, 1 (6); *Sternberg-Lieben,* Die objektiven Schranken der Einwilligung im Strafrecht, 1997, 89), oder ob auch der **Anvertrauende** zustimmen muss (so zutreffend OLG Köln NStZ 1983, 412; differenzierend Schönke/Schröder/*Lenckner/Eisele* Rn. 23; LK-StGB/*Schünemann* Rn. 99 ff.; *ders.* ZStW 90 (1978), 11 (58); *Krauß* ZStW 97 (1985), 81 (113)).

59   Bei **juristischen Personen** ist das **Einverständnis des zuständigen Organs** erforderlich, unabhängig davon, ob das Geheimnis durch eine andere Person, welche für die juristische Person gehandelt hat, anvertraut worden ist (Schönke/Schröder/*Lenckner/Eisele* Rn. 23a), sie selbst ist, wenn sie kein Organ ist, nicht verfügungsberechtigt. Wenn die Gesellschafter oder die Geschäftsführer im Rahmen ihrer Zuständigkeit ihr Einverständnis mit der Offenbarung des Geheimnisses erklären, weil sie das Geheimhaltungsinteresse aufgeben wollen, verliert das Geheimnis seinen Geheimnischarakter und ist nicht mehr durch § 203 geschützt (→ Rn. 20). Durch das Einverständnis entfällt die **Tatbestandsmäßigkeit.** Soll hingegen lediglich der Kreis der Geheimnisträger erweitert werden, so führt die Einwilligung durch das zuständige Organ nach hM zu einer **Rechtfertigung** des Verhaltens des Täters. Hierfür reicht die Einwilligung der Geschäftsführer nicht immer aus: Wenn zB das Unternehmen der GmbH oder eine wesentliche Beteiligung an ihr veräußert werden soll, müssen dem Kaufinteressenten idR detaillierte und weit in die Geheimnissphäre der Gesellschaft reichende Informationen zur Verfügung gestellt werden (*Lutter* ZIP 1997, 613). Eine solche Offenbarung darf nur mit Zustimmung der Gesellschafterversammlung erfolgen, die generell oder im Einzelfall erteilt werden kann (Michalski/*Dannecker* GmbHG § 85 Rn. 36; Scholz/*Tiedemann/Rönnau* GmbHG § 85 Rn. 25). Geschäftsführer und Aufsichtsratsmitglieder sind zur Herausgabe solcher Informationen oder zur Öffnung der Bücher ohne eine solche Zustimmung nicht berechtigt und handeln daher unbefugt, wenn eine solche Zustimmung fehlt (vgl. Lutter/*Hommelhoff* GmbHG § 85 Rn. 7).

60   **2. Gesetzliche Offenbarungspflichten und Offenbarungsbefugnisse.** Auch gesetzliche **Auskunfts- und Aussagepflichten** können die Offenbarung eines Geheimnisses rechtfertigen. Zu nennen sind insbes. Vorschriften der Abgabenordnung, der Gewerbeordnung, des Außenwirtschaftsgesetzes oder des Gesetzes gegen Wettbewerbsbeschränkungen (eingehend dazu *v. Stebut,* Geheimnisschutz und Verschwiegenheitspflicht im Aktienrecht, 1972, 112 ff. mwN). Auch die Offenlegung des Jahresabschlusses nach § 325 HGB ist befugt (BGH NJW 2000, 1329 (1330)). Weiterhin sind Auskunftspflichten zB eines Rechtsanwalts im Rahmen eines gemeinschaftsrechtlichen Kartellverfahrens nach Art. 11 VO 17/62 zu nennen, sofern kein Aussageverweigerungsrecht besteht (ausf. dazu *Dannecker,* Beweisgewinnungsmethoden und Beweisverwertungsverbote im europäischen Kartellordnungswidrigkeitenrecht, 1999, 285 (309 ff.); *ders.* ZStW 111 (1999), 256 ff.; *Weiß* JZ 1998, 289 (294)). Für den **Datenschutzbeauftragten** ergibt sich aus der Pflicht, die Einhaltung datenschutzrechtlicher Vorschriften zu überwachen, regelmäßig die Befugnis zur Offenbarung von geheimen personenbezogenen Daten, soweit dies mit dem gesetzlichen Beanstandungsverfahren notwendig verbunden ist (BGHSt 48, 126 (129 ff.) zu § 353b).

61   **Besondere Offenbarungspflichten** bestehen zB nach § 138, der besonders schwerwiegende Straftaten betrifft (eingehend dazu MüKoHGB/*Quedenfeld* HGB § 333 Rn. 26), sowie nach § 807 ZPO in Bezug auf Geheimnisse von Drittschuldnern (KG JR 1985, 161 f.; OLG Köln MDR 1993, 1007; OLG Stuttgart NJW 1994, 2838). Weiterhin finden sich besondere gesetzliche Offenbarungsbefugnisse in § 1 Abs. 2 Nr. 2, Abs. 4 GWG und in § 11 GWG (vgl. *Bülte,* Die Geldwäschegesetzgebung als Ermächtigungsgrundlage für den Informationsaustausch zwischen den Steuerbehörden und den Strafverfolgungsorganen, 2007, 298 ff.) sowie in § 159 Abs. 1 StPO bezüglich der Anzeige eines unnatürlichen Todes.

62   **Gesetzliche Offenbarungsbefugnisse** finden sich zB in den §§ 202, 203 SGB V, § 100 SGB X, in den §§ 31, 31a, 116 AO (zu § 116 AO *Bülte* NStZ 2009, 57 ff.), in § 4 Abs. 5 Nr. 10 EStG, im GwG und im TKG, im Gesetz zur Kooperation und Information im Kinderschutz (dazu *Wüstenberg* StraFo

2012, 348 ff.) sowie in § 8 Abs. 5–7 BVerfSchG, § 2 Abs. 1a BNDG und in § 7 Abs. 2 BKAG (vgl. auch → § 258 Rn. 24 ff.).

3. Zeugenpflichten in Straf-, Zivil- und Verwaltungsverfahren. § 203 begründet kein Zeugnis- 63
oder Auskunftsverweigerungsrecht. Vielmehr rechtfertigt die Aussagepflicht als Zeuge in einem Prozess
oder vor einem parlamentarischen Untersuchungsausschuss das Offenbaren von Geheimnissen (*Tiede-
mann/Dannecker* JURA 1984, 655 (661)), es sei denn, dem Zeugen steht ein **gesetzliches Zeugnisverweigerungsrecht** (§§ 52, 53, 53a StPO, § 383 ZPO, § 35 SGB I) oder ein **Auskunftsverweigerungsrecht** (§ 55 StPO) zu (hM; Lackner/Kühl/*Heger* Rn. 24 mwN). Das in der ZPO allgemein anerkannte
Zeugnisverweigerungsrecht ist sehr viel weiter als das nur für bestimmte Berufsgruppen in der StPO
vorgesehene. Dadurch wird dem Umstand Rechnung getragen, dass bei Straftaten das öffentliche
Interesse an der Wahrheitsfindung dem individuellen Geheimhaltungsinteresse grundsätzlich vorgeht.
Wenn ein Zeuge von einem ihm zustehenden Aussageverweigerungsrecht keinen Gebrauch macht, ist
die Offenbarung eines Geheimnisses nicht schon deshalb gerechtfertigt, weil er die Aussage vor Gericht
macht (BGHSt 9, 59 (61 f.); 18, 146 (148); *Rudolphi* FS Bemmann, 1997, 412 (423); Lackner/Kühl/
Heger Rn. 24; LK-StGB/*Schünemann* Rn. 128; Schönke/Schröder/*Lenckner/Eisele* Rn. 29). Vielmehr
kommt es darauf an, ob ein materieller Rechtfertigungsgrund, etwa rechtfertigender Notstand
(→ Rn. 65 ff.), vorliegt.

Besonders umstritten ist die Rechtslage für **gerichtlich bestellte Sachverständige.** Hier gelten nach 64
hM die allgemeinen Regeln (BGHSt 38, 369 f.; 40, 288 (293 f.); Fischer Rn. 40; Lackner/Kühl/*Heger*
Rn. 23; LK-StGB/*Schünemann* Rn. 125; MüKoStGB/*Cierniak/Pohlit* Rn. 71; NK-StGB/*Kargl* Rn. 73;
Schönke/Schröder/*Lenckner/Eisele* Rn. 16; *Krauß* ZStW 97 (1985), 81 (92); näher dazu → Rn. 205 f.):
Die Offenbarung von Geheimnissen des Untersuchten ist zwar tatbestandsmäßig, aber im Umfang des
Untersuchungsauftrags durch die Pflicht zur Gutachtenerstattung (§ 75 StPO) gerechtfertigt (BGH
NStZ 2002, 214 (215); NStZ-RR 2009, 15; LK-StGB/*Schünemann* Rn. 125). Dies bedeutet, dass
Kenntnisse aus einer früheren Tätigkeit als Sachverständiger ebenso wie damals erlangte Erkenntnisse
nicht offenbart werden dürfen (BGHSt 38, 369 (371)). Befundtatsachen dürfen mitgeteilt werden. Für
Zusatztatsachen, die nur durch Zeugenbeweis eingeführt werden können, gilt § 53 StPO (näher dazu
SSW StGB/*Bosch* Rn. 44 mwN). In Betracht kommen könnte darüber hinaus eine (konkludente)
Einwilligung des Betroffenen zur Offenbarung dieser Zusatztatsachen. Diese erfolgt jedoch nur freiwillig
und wirksam, wenn über deren Reichweite vorab aufgeklärt wurde, was bei einer Aufklärung durch den
Sachverständigen zweifelhaft ist (NK-StGB/*Kargl* Rn. 74).

4. Rechtfertigender Notstand und Wahrung höherrangiger Interessen nach § 34 (recht- 65
fertigender Notstand). Die Unbefugtheit kann aufgrund **rechtfertigenden Notstands** entfallen
(Fischer Rn. 45; MüKoStGB/*Cierniak/Pohlit* Rn. 85; SK-StGB/*Hoyer* Rn. 81; Gössel/Dölling StrafR
BT I § 37 Rn. 160; *Schöch* FS Schreiber, 2003, 437 (441); *Wasserburg* NStZ 2007, 199 Nr. 6; vgl. dazu
insgesamt *Tiedemann* JZ 1969, 717 (721 ff.)). Hierfür ist ein wesentliches Überwiegen des geschützten
Interesses erforderlich (LK-StGB/*Schünemann* Rn. 131; SSW StGB/*Bosch* Rn. 40; *Bender* MedR 2002,
626 (629); *Schmitz* JA 1996, 949 (953)), wenngleich die Rspr. ein einfaches Überwiegen ausreichen
lässt (BGHSt 1, 366 (368); BGH NJW 1968, 2288 (2290); OLG Köln NJW 2000, 3656 (3657); OLG
Karlsruhe NJW 1984, 676). Umstritten ist, ob daneben ein allgemeiner Rechtfertigungsgrund der
Wahrnehmung berechtigter Interessen besteht (**bejahend:** BGHSt 1, 366 (368); BGH NJW
1968, 2288 (2290); OLG Köln NJW 2000, 3656 f.; *Rogall* NStZ 1983, 1 (6); *Schäfer* wistra 1993, 285;
verneinend: LK-StGB/*Schünemann* Rn. 131; MüKoStGB/*Cierniak/Pohlit* Rn. 84; SSW StGB/*Bosch*
Rn. 40; Schönke/Schröder/*Lenckner/Eisele* Rn. 30; *Schünemann* ZStW 90 (1978), 11 (61 f.); *Otto*
wistra 1999, 204; krit. Fischer Rn. 45;), nach dem bei der Wahrung eigener Interessen, der Erstattung
einer Strafanzeige oder allgemein bei der Wahrung höherrangiger Interessen eine Rechtfertigung nach
den Grundsätzen des rechtfertigenden Notstandes (§ 34) in Betracht kommt (vgl. ferner → § 34
Rn. 15 ff.).

Jedenfalls reicht es nicht aus, wenn der Täter Interessen verfolgt, die mit der Schweigepflicht nur 66
gleichrangig sind. Wenn eine anderweitige Abwendbarkeit der Gefährdung möglich ist, dürfen durch die
Geheimnisverletzung auch nicht höherwertige Interessen verfolgt werden (Fischer Rn. 45; ähnlich auch
OLG Köln NJW 2000, 3656 (3657) m. krit. Bspr. *Rüpke* NJW 2002, 2835). Erforderlich ist vielmehr,
dass der Täter **eigene schutzwürdige Interessen** verfolgt und die Offenbarung des Geheimnisses
erforderlich ist, um zB den Nachweis eines Anspruchs zu führen oder um sich in einem Strafverfahren
erfolgreich verteidigen zu können (BGHSt 1, 366 (368)). So kann ein Rechtsanwalt eine Honorarforderung gegen einen Mandanten geltend machen (→ Rn. 113 ff.), sich gegen eine Schadensersatzklage
wehren (→ Rn. 125) oder sich gegen Beschuldigungen in einem Strafverfahren verteidigen
(→ Rn. 128). Allerdings muss die Offenbarung zwingend erforderlich sein und der Täter das schonends-
te Mittel wählen.

Hingegen reicht ein allgemeines Interesse an wirtschaftlicher Verwertung nicht aus, um ein Über- **66a**
wiegen gegenüber grundrechtlich geschützten Interessen von Mandanten, Patienten etc zu begründen.
Daher dürfen Vorstände öffentlicher Banken notleidende Kredite nicht schon deshalb verkaufen, weil die
Betroffenen ihre Pflichten aus dem Darlehensvertrag nicht erfüllt haben und die Verwertung wirt-

schaftlich sinnvoll ist (Fischer Rn. 46; aA *Schalast/Safran/Sassenberg* NJW 2008, 1486 (1489 f.)). Der Schutz von Rechtsgütern Dritter kommt als Rechtfertigungsgrund in Betracht, wenn sich ein Patient trotz Belehrung durch den Arzt weigert, gefährdete Personen über eine bestehende gefährliche Infektionsgefahr aufzuklären, so die Weigerung eines Patienten, seine Lebenspartnerin über eine AIDS-Erkrankung zu informieren (OLG Frankfurt a. M. NStZ 2001, 149; 2001, 150; EGMR NJW 2010, 1865; Fischer § 223 Rn. 7a; *Vogels* MDR 1999, 1445; *Bender* VersR 2000, 322; *Kremer* MedR 2000, 196; *Spickhoff* NJW 2000, 848; *Engländer* MedR 2001, 143; *Wolfslast* NStZ 2001, 151; *Deutsch* VersR 2001, 1471). Eine von einer konkreten Gefahr unabhängige Befugnis zur Offenbarung besteht nicht. Wenn jedoch eine Garantenstellung bezüglich gefährdeter Personen vorliegt – die Lebenspartnerin des AIDS-Infizierten ist ihrerseits Patientin bei dem Arzt –, besteht eine Offenbarungspflicht. Daher ist die Information des Jugendamts und der Polizei durch einen Arzt oder Sozialarbeiter bei Verdacht von Kindesmisshandlung und Wiederholungsgefahr gerechtfertigt (LK-StGB/*Schünemann* Rn. 140 mwN). Weitere Beispiele für bestehende Garantenpflichten sind Angestellte in Schulen, Kindergärten (Fischer Rn. 47) sowie Beamte im Straf- und Maßregelvollzug (*Schöch* FS Schreiber, 2003, 437 ff.), wenn ein hinreichender Schutz anderweitig nicht sichergestellt werden kann.

67   Weiterhin kommt eine Rechtfertigung bei der **Erstattung einer Strafanzeige** in Betracht. Dies ist nicht nur bei § 138 zu bejahen, sondern auch dann, wenn weitere Straftaten vergleichbarer Art zu befürchten sind oder die Straftat einen solchen Schweregrad oder ein solches Ausmaß aufweist, dass den öffentlichen Interessen Vorrang vor dem Geheimhaltungsinteresse einzuräumen ist (*Rützel* GRUR 1995, 557 (560 f.); *Tiedemann/Dannecker* JURA 1984, 655 (661); vgl. auch *Brammsen,* Die Anzeige von Kartellverstößen im Widerstreit mit dem Schutz von Unternehmensgeheimnissen, 1992/1993, 94). Bei § 17 UWG gehen Rechtsprechung (so RArbG JW 1931, 490 in der bislang einzigen gerichtlichen Stellungnahme) und Schrifttum (Baumbach/Hefermehl/Casper/*Köhler* UWG § 17 Rn. 21; Fezer MarkenR/ *Rengier* UWG § 17 Rn. 47 mwN; ausf. dazu Scholz/*Tiedemann/Rönnau* GmbHG § 85 Rn. 42) davon aus, dass Strafanzeigen an die zuständige Behörde generell nicht unbefugt sind. Eine Differenzierung danach, ob nur repressive oder auch präventive Zwecke verfolgt wurden, wird regelmäßig nicht vorgenommen (krit. Fezer MarkenR/*Rengier* UWG § 17 Rn. 47). Zu § 203 StGB gelangt die Literatur (vgl. nur Schönke/Schröder/*Lenckner/Eisele* Rn. 32 mwN) wegen des persönlichkeitsrechtlichen Bezuges des Geheimnisses zu einem entgegengesetzten Grundsatz und will eine Befugnis zur Offenbarung allenfalls bei erheblichen Straftaten mit Wiederholungsgefahr zulassen. Angesichts der neueren Rspr. des BVerfG (NJW 2001, 3474 ff.), nach der das Anzeigen einer möglichen Straftat im Regelfall nicht dazu führen kann, daraus einen Grund für eine fristlose Kündigung des Arbeitsverhältnisses abzuleiten (ebenso EGMR NZA 2011, 1269; zust. *Abraham* ZPR 2012, 11; *v. Busekist/Fahrig* BB 2013, 119 (121 f.) mwN), weil die Anzeige eine Wahrnehmung staatsbürgerlicher Rechte darstelle, ist jedoch davon auszugehen, dass die Berechtigung zur Strafanzeige aus Art. 2 Abs. 1 GG iVm dem Rechtsstaatsprinzip folgt. Eine Strafbarkeit kann allenfalls bei der Offenbarung von **Bagatellfällen** bejaht werden. In den Fällen des § 138 **(Nichtanzeige geplanter Straftaten)** ist die Offenbarung stets nach § 34 gerechtfertigt. Im Einzelfall kann auch die **Ausschlussklausel des § 139 Abs. 3 S. 2, 3** greifen.

67a   **5. Whistleblowing.** Unter dem Stichwort des „Whistleblowing" (eingehend dazu *Lutterbach,* Die strafrechtliche Würdigung des Whistleblowings, 2010, 32ff.; s. auch *Hefendehl* FS Amelung, 2009, 617ff.) wird verstärkt die Befugnis diskutiert, illegale Unternehmenspraktiken der Öffentlichkeit, insbesondere den Medien, oder einer unternehmensinternen Stelle, die im Unternehmen angesiedelt sein oder vom Unternehmen zur Entgegennahme beauftragt sein kann, oder aber einer unternehmensexternen Stelle, insbesondere Aufsichtsbehörden und Strafverfolgungsorganen, mitzuteilen. Das **interne Whistleblowing** ist strafrechtlich zulässig (vgl. nur *Koch* ZIS 2008, 500 (502); Gehrlein/Ekkenga/Simon/*Boetticher* GmbGH § 85 Rn. 12; *Mayer* GRUR 2011, 884 (887)), da die Einrichtung solcher Stellen als Zustimmung des Unternehmens zur Geheimnisoffenbarung gegenüber dieser Stelle zu bewerten ist (*Aldony Ramírez,* Der strafrechtliche Schutz von Geschäfts- und Betriebsgeheimnissen, 2009, 360; *Lutterbach,* Die strafrechtliche Würdigung des Whistleblowings, 2010, 91f.; Tiedemann WirtschaftsStR AT Rn. 335; *v. Pelchrzim* CCZ 2009, 25 (29); s. auch *Fahrig* NZA 2010, 1223; *ders.* NJW 2010, 1053). Fehlt hingegen ein Whistleblowingsystem, so sind die Aufklärungs- und Strafverfolgungsinteressen mit den Geheimhaltungsinteressen des Unternehmens im Rahmen des rechtfertigenden Notstandes (§ 34) abzuwägen (Tiedemann WirtschaftsStR AT Rn. 31, 52a; *Engländer/T. Zimmermann* NZWiSt 2012, 328 (330ff.) mwN; s. auch *Schemmel/Ruhmannseder/Witzigmann,* Hinweisgebersysteme, 2012, Kap. 4 Rn. 39ff.). So hat der EGMR eine fristlose Kündigung aufgrund einer Strafanzeige eines Arbeitnehmers gegen einen Arbeitgeber wegen vermeintlicher Missstände in einem Pflegeheim als Verstoß gegen die Meinungsfreiheit (Art. 10 EMRK) gewertet (EGMR 28274/08 Rz. 93ff.). Hingegen ist eine Mitteilung an die Presse und damit an die breite Öffentlichkeit zur Aufdeckung und Bekämpfung von Missständen allenfalls in extremen Ausnahmefällen gerechtfertigt (so schweiz. BGer NZWiSt 2012, 188ff. mBespr *Konopatsch* NZWiSt 2012, 217ff.).

68   **6. Mutmaßliche Einwilligung.** Eine Rechtfertigung kommt auch bei mutmaßlicher Einwilligung in Betracht, wenn jede Erklärung des Berechtigten fehlt oder nicht möglich ist, zB wegen dessen Unerreichbarkeit, Krankheit oder Tod (→ Vor §§ 32 ff. Rn. 54 ff.). Eine mutmaßliche Einwilligung

kommt als **Handeln im Interesse des Betroffenen** in Betracht, das mit der zivilrechtlichen berechtig-ten Geschäftsführung ohne Auftrag eng verwandt ist und voraussetzt, dass das Interesse des Betroffenen an der Offenbarung **offensichtlich** ist (Fischer Rn. 36; LK-StGB/*Schünemann* Rn. 130; NK-StGB/ *Kargl* Rn. 61; Schönke/Schröder/*Lenckner/Eisele* Rn. 27; SK-StGB/*Hoyer* Rn. 79; *Langkeit* NStZ 1994, 6 (8)). Hierbei sind hohe Anforderungen zu stellen; es reicht nicht aus, wenn nur im „wohlverstandenen Interesse" des Berechtigten gehandelt wird (NK-StGB/*Kargl* Rn. 62 mwN).

Weiterhin kommt ein **Handeln zu eigenem,** dem Interesse des Betroffenen nicht ernstlich wider- **69** streitenden **Nutzen** (sog mangelndes Interesse) in Betracht. Diese Form der mutmaßlichen Einwilligung hat für § 203 jedoch keine praktische Bedeutung, da die Frage, ob der Täter die Einwilligung des Berechtigten voraussetzen durfte, nach den Grundsätzen des Interessenvorrangs zu entscheiden ist, die bereits im Rahmen der Interessenabwägung des § 34 zu treffen war (vgl. Heymann/*Otto* HGB § 333 Rn. 38). Nur wenn ein Handeln im Interesse des Betroffenen erfolgt und die Einwilligung nicht eingeholt werden konnte, ist in solchen Eil- und Notfällen eine Rechtfertigung möglich (Scholz/ *Tiedemann/Rönnau* GmbHG § 85 Rn. 40).

Eine analoge Anwendung des § 193 bei **berechtigtem Interesse** scheidet aus (Fischer Rn. 36; LK- **70** StGB/*Schünemann* Rn. 131; Schönke/Schröder/*Lenckner/Eisele* § 193 Rn. 3; SK-StGB/*Hoyer* Rn. 89; *Bohnert* NStZ 2004, 301 (305); *Lenckner* JuS 1988, 349 (353); *Schmitz* JA 1996, 353 f.; *Theuner*, Die ärztliche Schweigepflicht im Strafrecht: eine Untersuchung der Interdependenzen zwischen materiellem und formellem Geheimnisschutzstrafrecht unter besonderer Berücksichtigung seiner Bezüge zu Standes-ethik und Standesrecht, 2009, 255 ff.; aA *Eser*, Wahrnehmung berechtigter Interessen als allgemeiner Rechtfertigungsgrund, 1969, 48 ff.; *Rogall* NStZ 1983, 1 (6)), da § 193 letztlich nur aus der besonderen Bedeutung der Meinungsfreiheit bei den §§ 185 ff. verständlich wird (SSW StGB/*Bosch* Rn. 40; *Otto* wistra 1999, 201 (204)).

VIII. Subjektiver Tatbestand und Irrtum

1. Vorsatz. Die Tatbestandserfüllung setzt Vorsatz voraus (§ 15). Ausreichend ist **dolus eventualis.** **71** Dabei muss sich der Vorsatz zunächst auf das Vorliegen eines Geheimnisses beziehen, dh der Täter muss die das Geheimnis konstituierenden Merkmale kennen und darüber hinaus den sozialen Bedeutungs-gehalt des Geheimnisses erfassen. Außerdem muss ihm bewusst sein, dass ihm das Geheimnis in seiner Eigenschaft als Berufsträger bekannt oder zugänglich geworden ist und dass sein Handeln ein Offenbaren des Geheimnisses darstellt.

2. Tatbestandsirrtum. Wenn sich der Täter über den Geheimnischarakter der offenbarten Tatsache **72** irrt, weil er davon ausgeht, dass dem Dritten die Tatsache schon bekannt ist, oder darüber, dass ihm das Geheimnis in seiner Stellung als Berufsträger bekannt geworden ist, liegt ein den Vorsatz ausschließender Tatbestandsirrtum vor **(§ 16).**

3. Verbotsirrtum. Irrt der Täter nur über die Schweigepflicht als solche oder geht er irrig davon aus, **73** seine eigenen Interessen seien ggü. denen der Gesellschaft vorrangig oder die Pflicht ende mit seinem Ausscheiden aus der beruflichen Beziehung zu der GmbH, so liegt ein Verbotsirrtum **(§ 17)** vor, der nur im Falle der Unvermeidbarkeit zur Straflosigkeit führt (Scholz/*Tiedemann/Rönnau* GmbHG § 85 Rn. 48). Dabei stellt die Rspr. an die **Unvermeidbarkeit** sehr hohe Anforderungen (OLG Frankfurt a.M. NStZ-RR 2003, 263 f.; näher dazu SK-StGB/*Rudolphi* § 17 Rn. 24 ff.). Unvermeidbarkeit kommt insbes. in Betracht, wenn sich der Täter zuvor bei einem durch einschlägige Spezialkenntnisse ausgewiesenen Rechtsanwalt kundig gemacht hat (Rowedder/Schmidt-Leithoff/*Schaal* GmbHG § 85 Rn. 22). War der Irrtum vermeidbar, so bleibt die Strafbarkeit hiervon unberührt. Die Strafe kann jedoch gemäß § 49 Abs. 1 gemildert werden.

4. Irrtum über einen Rechtfertigungsgrund. Wenn der Täter den Geheimnischarakter erkennt, **74** aber irrig davon ausgeht, dass ihm die Befugnis zur Offenbarung erteilt ist, liegt ein die Strafbarkeit entsprechend § 16 ausschließender Irrtum **(Erlaubnistatbestandsirrtum)** vor, wenn sich der Täter über die tatsächlichen Voraussetzungen der Einwilligung geirrt hat (Fischer Rn. 48). Hat er hingegen aus den ihm zutreffend bekannten Tatsachen den falschen Schluss gezogen, handelt es sich lediglich um einen Verbotsirrtum in Form des **Erlaubnisirrtums** (BayObLG NStZ 1995, 187 f.). Dieser führt nur im Falle der Unvermeidbarkeit, die idR nicht vorliegen wird, zur Straflosigkeit (näher → § 16 Rn. 1 ff.).

IX. Täterschaft und Teilnahme

Täter des § 203 können nur die im Tatbestand genannten schweigepflichtigen Personen sein. Sonstige **75** Personen, die die Sonderdeliktseigenschaft nicht aufweisen und auch nicht unter § 203 Abs. 3 fallen, können nur wegen einer Beteiligung an § 203 – **Anstiftung oder Beihilfe** (§§ 26, 27) – strafbar sein, sofern eine vorsätzliche und rechtswidrige Haupttat vorliegt. Hier gelten die allgemeinen Teilnahme-regeln (dazu → § 25 Rn. 1 ff.). Eine Strafbarkeit des Außenstehenden als **mittelbarer Täter,** der sich des Schweigepflichtigen als zB vorsatzlos handelndes Werkzeug bedient, ist nicht möglich (LK-StGB/ *Schünemann* Rn. 58). Die Strafe ist, da der Anstifter oder Gehilfe nicht sonderpflichtig ist, gemäß § 28

Abs. 1 nach § 49 Abs. 1 zu mildern (Fischer Rn. 49; LK-StGB/*Schünemann* Rn. 160; MüKoStGB/
Cierniak/Pohlit Rn. 141; NK-StGB/*Kargl* Rn. 86; SK-StGB/*Hoyer* Rn. 66 SSW StGB/*Bosch* Rn. 50;
Schönke/Schröder/*Lenckner/Eisele* Rn. 73; aA Gössel/Dölling StrafR BT I § 37 Rn. 181, die die
Schweigepflicht infolge der mitgeschützten Allgemeininteressen als tatbezogenes Merkmal ansehen).

X. Qualifikationstatbestand des § 203 Abs. 5

76   Der in § 203 Abs. 1 vorgesehene Strafrahmen von Freiheitsstrafe bis zu einem Jahr oder Geldstrafe
wird in § 203 Abs. 5 auf bis zu zwei Jahre Freiheitsstrafe oder Geldstrafe erweitert, wenn der Täter das
Geheimnis gegen Entgelt offenbart oder beabsichtigt hat, sich oder einen anderen zu bereichern oder
einen anderen zu schädigen. Bei diesen Qualifikationsmerkmalen, der Ausdruck einer besonders verwerflichen Gesinnung sind, handelt es sich um **besondere persönliche Merkmale** iSd § 28 Abs. 2, so
dass die Strafe beim Teilnehmer zu mildern ist (*Herzberg* GA 1991, 178f.; LK-StGB/*Schünemann*
Rn. 165; Schönke/Schröder/*Lenckner/Eisele* Rn. 75; *Schmitz* JA 1996, 949 (953); aA Gössel/Dölling
StrafR BT I § 37 Rn. 181).

77   **1. Offenbaren gegen Entgelt.** Ein Offenbaren gegen Entgelt setzt voraus, dass der Täter das
Geheimnis gegen die geldwerte Gegenleistung mitteilt. Der **Begriff des Entgelts** ist in § 11 Abs. 1
Nr. 9 legaldefiniert als „jede in einem Vermögensvorteil bestehende Gegenleistung". Damit scheiden
immaterielle Vorteile aus. Jedoch braucht die Gegenleistung nicht in Geld zu bestehen. Vielmehr
reichen geldwerte Leistungen wie die Hingabe eines Wechsels oder Schecks, eine Forderungsabtretung
oder der Erlass einer Forderung aus. Die im Voraus im Rahmen eines synallagmatischen Zusammenhangs von Tathandlung und Vermögensvorteil stehende entgeltliche Gegenleistung muss gleichsam als
„Kaufpreis" gefordert worden sein. Wenn erst nach Offenbarung des Geheimnisses ein Entgelt gefordert
wird, sind die Voraussetzungen des § 203 Abs. 5 nicht erfüllt. Die **Absicht** muss nicht auf die Erlangung
eines rechtswidrigen Vermögensvorteils gerichtet sein (BGH NStZ 1993, 538; *Brüning* NStZ 2006, 253;
Lackner/Kühl/*Heger* Rn. 28; SSW StGB/*Bosch* Rn. 49 mwN). Ob das im Voraus vereinbarte Entgelt
tatsächlich geleistet wird, ist grundsätzlich ohne Bedeutung (LK-StGB/*Schünemann* Rn. 162 mwN; SK-
StGB/*Hoyer* Rn. 62). Es kommt nur darauf an, dass der Täter das Entgelt angestrebt hat.

78   Ein **Offenbaren gegen Entgelt** und kein Verwerten **gemäß § 204** liegt vor, wenn sich die Ver-
wertung auf die Offenbarung gegen Entgelt beschränkt. In einem solchen Fall wird nicht der in dem
Geheimnis verkörperte wirtschaftliche Wert realisiert. Dies ist jedoch Voraussetzung des § 204 (→ § 204
Rn. 14).

79   Der Täter muss das Geheimnis um des Entgelts willen offenbaren. Daher ist **dolus directus ersten
Grades** erforderlich (MüKoStGB/*Cierniak/Pohlit* Rn. 135).

80   **2. Bereicherungsabsicht.** Bereicherungsabsicht im Rahmen des § 203 ist aufgrund des Schutzzweck
der Norm anders zu bestimmen als im Rahmen des § 263. So ist diese nicht auf die Erlangung eines
rechtswidrigen Vermögensvorteils gerichtet (BGH NStZ 1993, 538; Fischer Rn. 50; Lackner/Kühl/
Heger Rn. 28; LK-StGB/*Schünemann* Rn. 163; MüKoStGB/*Cierniak/Pohlit* Rn. 135; NK-StGB/*Kargl*
Rn. 83; Schönke/Schröder/*Lenckner/Eisele* Rn. 74). Wenn der Täter weitere Beweggründe für sein
Verhalten hat, schließen diese das Vorliegen der Bereicherungsabsicht nicht aus, solange letztere ihn nur
wesentlich motiviert. Es reicht nicht aus, dass der Täter den Erfolgseintritt nur für möglich hält (BGHSt
18, 246 (248); 21, 283 (284f.)). Der Bereicherungserfolg muss nicht eingetreten sein.

81   **3. Schädigungsabsicht.** Schädigungsabsicht liegt vor, wenn es dem Täter darauf ankommt, einem
anderen einen Vermögensnachteil zuzufügen **(dolus directus ersten Grades)**. Es muss ein zielgerichtetes Handeln vorliegen. Hierbei sind auch immaterielle Schäden erfasst (Fischer Rn. 50; LK-StGB/
Schünemann Rn. 164; NK-StGB/*Kargl* Rn. 84; Schönke/Schröder/*Lenckner/Eisele* Rn. 74). Daher muss
keine Vermögensverminderung beabsichtigt sein (aA NK-StGB /*Kargl* Rn. 84; SK-StGB*Hoyer* Rn. 64).
Auf den Eintritt eines Schadens kommt es nicht an.

XI. Konkurrenzen

82   **1. Gesetzeskonkurrenz.** Wenn der Täter sowohl einer Personengruppe nach § 203 Abs. 1 als auch
nach § 203 Abs. 2 angehört, liegt nur eine Gesetzesverletzung vor (Lackner/Kühl/*Heger* Rn. 29.
Schönke/Schröder/*Lenckner/Eisele* Rn. 43, 76; NK-StGB/*Kargl* Rn. 88; zust. SSW StGB/*Bosch*
Rn. 51; aA Gössel/Dölling StrafR BT I § 37 Rn. 182: Idealkonkurrenz). § 203 geht § 19 Abs. 3 TPG
kraft ausdrücklich angeordneter Subsidiarität vor, und zwar auch dann, wenn der für § 203 erforderliche
Strafantrag nicht gestellt ist und der Täter deshalb straflos bleibt (*Behm* StV 2002, 29; *Heger* JZ 1998, 506;
aA *Schroth* JZ 1997, 1149 und *ders.* JZ 1998, 507). Die §§ 206, 355 sowie § 85 GmbHG, § 404 AktG
und § 333 HGB gehen den §§ 203, 204 als leges speciales vor, sofern es ausschließlich um den Schutz
eines Geheimnisses der Gesellschaft geht (NK-StGB/*Kargl* Rn. 88; Schönke/Schröder/*Lenckner/Eisele*
Rn. 76). Landesdatenschutzgesetze können, wenn sie denselben Anwendungsbereich wie § 203 haben,
nicht herangezogen werden (OLG Koblenz NJW 2008, 2794).

2. Echte Konkurrenzen. Tateinheit ist mit sonstigen Delikten des Strafgesetzbuchs, wie der Unter- 83 schlagung (§ 264) und der Untreue (§ 266), mit Landesverrat (§ 94), Offenbaren von Staatsgeheimnissen (§ 95), Preisgabe von Staatsgeheimnissen (§ 97), landesverräterischer und geheimdienstlicher Agenten- tätigkeit (§§ 98, 99) sowie mit dem Missbrauch von Insiderinformationen (§ 38 WpHG) möglich (Otto AktienStrafR AktG § 404 Rn. 53).

Weiterhin ist § 43 BDSG trotz der unterschiedlichen Schutzgüter subsidiär (Lackner/Kühl/*Heger* 84 Rn. 29; LK-StGB/*Schünemann* Rn. 166; SSW StGB/*Bosch* Rn. 51).

XII. Prozessuales

Die Diskussion um den Ankauf von CD-ROMs mit Daten deutscher Steuersünder (zB der Liechten- 85 steinischen Finanzaffäre vgl. *Bruns* StraFo 2008, 189 (191); *Durst* PStR 2008, 134 (135); *Schünemann* NStZ 2008, 305 (309); *Trüg/Habetha* NJW 2008, 887 (890); *dies.* NStZ 2008, 481 ff.) wirft die Frage nach der strafprozessualen Verwertbarkeit von Beweismitteln auf, an deren Erhebung neben moralischen Zweifeln mit Blick auf die §§ 202a Abs. 1, 257 Abs. 1, 259 Abs. 1, 261 Abs. 1 Nr. 4a, Abs. 8, 266 Abs. 1 StGB, § 17 Abs. 1 UWG und die §§ 43, 44 Abs. 1 BDSG auch strafrechtliche Bedenken bestehen (dazu *Kelnhofer/Krug* StV 2008, 660 (661 ff.). Die höchstrichterliche Rspr. bejaht hier die strafprozessuale Verwertbarkeit (BVerfG 30.11.2010 – 2 BvR 2101/2009 sowie *Göres/Kleinelt* NJW 2008, 1353 (1357)). Bei einer rechtswidrigen Offenbarung von geschützten Geheimnissen stellen sich ähnliche Probleme im Bereich des § 203. Die Rspr. geht mit **Beweisverboten** generell äußerst restriktiv um (allgemein BGHSt 38, 214). Schließlich ist die Zahlung von Belohnungen für Hinweise aus der Bevölkerung, die zur Aufklärung einer Straftat führen, ein traditionelles Mittel zur Verfolgung von Straftaten. Der Datenverkäufer hätte im Falle seiner Vernehmung als Zeuge in einem deutschen Strafverfahren auch kein Zeugnisverweigerungsrecht (*Schünemann* NStZ 2008, 305 (308)) und nur in Fällen des § 55 Abs. 1 StPO ein demgegenüber schwächeres Auskunftsverweigerungsrecht. Aus pro- zessualer Sicht muss bzgl. der Verwertung entsprechender Beweise zwischen den originär erlangten Daten und denjenigen Erkenntnissen differenziert werden, die erst im Nachhinein infolge von erlassenen Durchsuchungsbeschlüssen oder Geständnissen gewonnen werden.

Nach Auffassung des BGH (BGHSt 38, 214; BGH StV 1997, 337 mwN) führt nicht jede rechts- 86 widrige Ermittlungsmaßnahme automatisch zu einem Verbot der unmittelbaren Beweisverwertung. Stattdessen gilt es nach der Abwägungslehre, stets das Gewicht des jeweiligen Verfahrensverstoßes und die geschützten Rechte des Betroffenen in Relation zueinander zu setzen. Die widerstreitenden Belange der staatlichen Pflicht zur Gewährleistung eines effektiven Grundrechtsschutzes auf der einen Seite und derjenigen einer effektiven Strafrechtspflege zur Durchsetzung des staatlichen Strafanspruchs auf der anderen Seite müssen miteinander abgewogen werden. Dabei liegt ein Verwertungsverbot nahe, wenn die im Einzelfall verletzte Beweiserhebungsnorm gerade dazu dient, das Individualinteresse des Beschul- digten im Strafverfahren zu sichern. Die Wahrheit darf nicht um jeden Preis erforscht werden (BGHSt 38, 214). Beweise, die aufgrund privater Nachforschung gewonnen wurden, können in der Regel auch verwertet werden, wenn sie in strafprozessual unzulässiger Weise erlangt wurden, solange ihre Gewin- nung nicht auf eine menschenrechtswidrige Weise unter einer schweren Verletzung der Menschenwürde erfolgte oder die Verwertung als solche bereits die Rechtsordnung verletzen würde (dazu BGHSt 14, 358 ff.; *Kelnhofer/Krug* StV 2008, 660 (662) mwN).

Hinsichtlich einer **mittelbaren Verwertung** (sog **Früchte des verbotenen Baumes**) von auf 87 unverwertbaren Erkenntnissen basierenden Ermittlungen lehnt die hM eine **Fernwirkung** im Grund- satz mit dem Argument ab, dass die deutsche Strafprozessordnung nicht der Disziplinierung der Polizei, sondern der Gewährleistung eines rechtsstaatlichen Verfahrens dient (zur Fernwirkung ausf. EGMR StV 2004, 1 ff. und EGMR NStZ 2008, 699 ff.; BGHR StPO § 100a Fernwirkung; BGHSt 27, 355 ff.; *Kelnhofer/Krug* StV 2008, 660 (667); *Heerspink* AO-StB 2009, 25 (29); aA *Schünemann* NStZ 2008, 305 (309 f.), der in der Liechtensteinischen Finanzaffäre zur Restitution des Rechtsstaats ausnahmsweise eine Fernwirkung bejaht).

Beim Ankauf von **Informationen aus der Intimsphäre bzw. der grundrechtlich geschützten** 88 **Privatsphäre** liegt dagegen ein Verstoß gegen Art. 1 und 2 Abs. 1 GG vor. Da die Verwertung einen erneuten Grundrechtseingriff bedeutet, ist ein vollumfängliches Verwertungsverbot zu bejahen (vgl. dazu *Göres/Kleinert* NJW 2008, 1353 (1357) mwN).

C. Typische Konstellationen des Geheimnisverrats im Wirtschaftsstrafrecht

Im Wirtschaftsstrafrecht spielt vor allem die Verletzung von Privatgeheimnissen durch folgende 89 **Berufsgruppen** eine Rolle:
– Angehörige der Rechtspflege- und Wirtschaftsberatungsberufe (§ 203 Abs. 1 Nr. 3; → Rn. 91 ff.)
– Angehörige einer steuerberaterlichen oder anwaltlichen Verrechnungsstelle (§ 203 Abs. 1 Nr. 6; → Rn. 158 ff.)
– Amtsträger nach § 11 Abs. 1 Nr. 2 (§ 203 Abs. 2 S. 1 Nr. 1; → Rn. 167 ff.)
– für den öffentlichen Dienst besonders Verpflichtete (§ 203 Abs. 2 S. 2 Nr. 2; → Rn. 189 ff.)

– Personen, die Aufgaben oder Befugnisse nach dem Personalvertretungsrecht wahrnehmen (§ 203 Abs. 2 S. 1 Nr. 3; → Rn. 196 ff.)

– öffentlich bestellte Sachverständige (§ 203 Abs. 2 S. 1 Nr. 5; → Rn. 202 ff.)

– Datenschutzbeauftragte (§ 203 Abs. 2a; → Rn. 214 ff.).

90   Im Folgenden werden der jeweilige Täterkreis und die sich in den speziellen Tätigkeitsfeldern stellenden Fragen im Hinblick auf den Geheimnisschutz erörtert. Hieran schließen sich Ausführungen zur Weitergabe von Geheimnissen an Dritte und an zur Vorbereitung auf den Beruf tätige Personen an (→ Rn. 150).

I. Verletzung von Privatgeheimnissen durch Angehörige von Rechtspflege- und Wirtschaftsberatungsberufen nach § 203 Abs. 1 Nr. 3

91   **1. Täterkreis.** § 203 Abs. 1 Nr. 3 poenalisiert die Verletzung von Privatgeheimnissen durch Personen aus dem **Rechts- und Wirtschaftsberatungsbereich.** Die Aufzählung der im Gesetz genannten Personen ist abschließend (BeckOK StGB/*Weidemann* Rn. 17; Lackner/Kühl/*Heger* Rn. 4; SK-StGB/*Hoyer* Rn. 42).

92   **a) Rechtsanwälte und Patentanwälte.** Hierunter fallen zunächst **Rechtsanwälte** (§§ 1 ff. BRAO) in der von der BRAO gekennzeichneten Funktion (§§ 43a Abs. 2 BRAO) sowie **Patentanwälte** nach der PatAnwO v. 7.9.1966 (BGBl. I 557; letztes ÄndG v. 21.12.2004 (BGBl. I 3601)). Als Rechtsanwälte sind auch Syndikusanwälte anzusehen, sofern sie typisch anwaltlich – als unabhängiges Organ der Rechtspflege – und nicht nur weisungsabhängig tätig werden (*Hassemer* wistra 1986, 1; *Roxin* NJW 1992, 1129; BGH NJW 2001, 3130; 2003, 883; ablehnend LK-StGB/*Schünemann* Rn. 35; gänzlich bejahend *Redeker* NJW 2004, 890 zur geplanten Gleichstellung beider Anwaltstypen). Bei Strafverfahren gegen Rechtsanwälte sind besondere Mitteilungspflichten nach Nr. 23 Mistra sowie die Berichtspflichten ggü. der Generalstaatsanwaltschaft bzw. den Ministerien nach der jeweiligen BeStra zu beachten (BeckOK StGB/*Weidemann* Rn. 59). Ferner erlangt die Vorschrift des § 160a StPO, die Ermittlungsmaßnahmen gegen bestimmte zeugnisverweigerungsberechtigte Personen und die strafprozessuale Verwertbarkeit der hieraus erlangten Erkenntnisse einschränkt, Bedeutung (BeckOK StGB/*Weidemann* Rn. 59; *Puschke/Singelnstein* NJW 2008, 113 (117)).

93   **b) Verteidiger.** Zum Täterkreis zählen ferner Verteidiger nicht nur in einem **Strafverfahren** (die §§ 138, 139, 142 StPO; OLG Köln NJW 2000, 3656), sondern auch in **Bußgeld-, Rechtsbehelfs-, Disziplinar- oder Ehrengerichtsverfahren** (Lackner/Kühl/*Heger* Rn. 4; MüKoStGB/*Cierniak/Pohlit* Rn. 33; NK-StGB/*Kargl* Rn. 32; Schönke/Schröder/*Lenckner/Eisele* Rn. 37; SK-StGB/*Hoyer* Rn. 42), unabhängig von ihrer anwaltlichen Zulassung (LK-StGB/*Schünemann* Rn. 65; MüKoStGB/*Cierniak/Pohlit* Rn. 33; NK-StGB/*Kargl* Rn. 32; vgl. dazu auch *Kohlhaas* GA 1958, 65 (66)). Nicht erfasst werden dagegen Beistände nach § 149 StPO (MüKoStGB/*Cierniak/Pohlit* Rn. 33) und Mediatoren oder Prozessagenten iSd § 157 ZPO, die keine Kammermitglieder sind (BVerfG NJW 2002, 2307 (2308)). Einbezogen sind jetzt auch Rechtsanwalts- und Patentanwaltsgesellschaften (→ Rn. 98 f.).

94   **c) Tätigkeit als ausländischer Rechtsanwalt.** Dem Straftatbestand des § 203 unterfallen auch ausländische Rechtsanwälte, wenn ihre **Tätigkeit als Rechtsanwalt im Inland anerkannt** ist (HK-StrafR/*Tag* Rn. 13; Fischer Rn. 14; LK-StGB/*Schünemann* Rn. 63; Schönke/Schröder/*Lenckner/Eisele* Rn. 37). Für die Erfassung europäischer Rechtsanwälte nach § 1 des Gesetzes über die Tätigkeit europäischer Rechtsanwälte in Deutschland (EuRAG v. 9.3.2000; BGBl. I 182) – und damit für die Anwendung der §§ 203 Abs. 3–5, 204, 205, 352, 356 auf diesen Personenkreis – ist **§ 42 EuRAG** zu beachten. Dieser begründet eine strafrechtliche Gleichstellung (vgl. dazu auch BGH NStZ 1982, 295; MüKoStGB/*Cierniak/Pohlit* Rn. 33).

95   **d) Notare.** Weiterhin werden **Notare** erfasst (zum Datenschutz bei Notaren und Rechtsanwälten *Lasaroff* DSB 2005, 12 ff.) sowie alle Personen, auf welche die BNotO Anwendung findet, wie etwa Notariatsverweser oder Notarassessoren (OLG Hamm GA 1969, 220; LK-StGB/*Schünemann* Rn. 64 mwN; MüKoStGB/*Cierniak/Pohlit* Rn. 33; NK-StGB/*Kargl* Rn. 32). Auch wenn Notare als Amtsträger gemäß § 11 Abs. 1 Nr. 2b auch unter Abs. 2 fallen, werden Amtsnotare in Baden-Württemberg (§ 114 BNotO) – Notare im Landesdienst im Bezirk des OLG Karlsruhe und Bezirksnotare aus dem Bezirk des OLG Stuttgart (MüKoStGB/*Cierniak/Pohlit* Rn. 33) – ebenfalls von § 203 Abs. 1 Nr. 3 erfasst. Damit soll auch ihr Personal der Schweigepflicht nach Abs. 3 unterworfen werden (vgl. E 62 BT-Drs. 4/650, 335; LK-StGB/*Schünemann* Rn. 64; MüKoStGB/*Cierniak/Pohlit* Rn. 28, 33; NK-StGB *Kargl* Rn. 32; Schönke/Schröder/*Lenckner/Eisele* Rn. 34, 37; SK-StGB/*Hoyer* Rn. 42). Da dadurch keine die Dienstaufsicht begrenzende persönliche Schweigepflicht begründet wird, hat die Schweigepflicht ggü. der Aufsichtsbehörde nach § 93 BNotO keine strafrechtlich relevante Wirkung (LK-StGB/*Schünemann* Rn. 64 mwN; MüKoStGB/*Cierniak/Pohlit* Rn. 33). Um sich abzusichern, kann der Notar das Bestehen seiner Schweigepflicht nach § 18 Abs. 3 BNotO durch die Aufsichtsbehörde ermitteln (BGH MDR 1987, 139); bzw. sich nach § 18 Abs. 2 BNotO von der Aufsichtsbehörde von seiner Schweigepflicht befreien lassen (BGH MDR 1975, 400; 1987, 139; LK-StGB/*Schünemann* Rn. 64). Der Aufgabe eines Notars, kraft seines Amtes die Beteiligten auf mögliche Gefahren des von ihnen beabsichtigten Geschäftes hinzuweisen und Straftaten zu verhindern, steht es nicht entgegen, wenn seine Erkenntnisse aus anderen Amtsgeschäften stammen (LK-StGB/*Schünemann* Rn. 123). Im erforderlichen Umfang sind diese Informationen preiszugeben (BGH MDR 1973, 488; 1978, 654; LK-StGB/*Schünemann* Rn. 123 mwN zur gesetzlichen Mitteilungspflicht eines Notars zur Sicherung der Besteuerung). Nicht als Notar erlangt der Beauftragte dagegen Kenntnisse aus einer Treuhandtätigkeit, die keine rechtskundige Prüfung bzw. Überwachung erfordert (OLG Frankfurt a. M. NJW 2002, 1135 (1137); MüKoStGB/*Cierniak/Pohlit* Rn. 41).

e) Wirtschaftsprüfer und vereidigte Buchprüfer sowie Steuerberater. Auch **Wirtschaftsprü- 96 fer** und **vereidigte Buchprüfer** (zu deren Aufgabenkreis *Baier* wistra 2000, 165 (166 ff.)) unterfallen § 203 Abs. 1 Nr. 3. Für beide Berufe gilt die WPO idF v. 5.11.1975 (BGBl. I 2803). Da seit dem 1.1.2005 keine neuen vereidigten Buchprüfer mehr zugelassen werden, läuft dieser Beruf aus. Er geht aber im Beruf des Wirtschaftsprüfers auf.

Schließlich werden auch **Steuerberater** und – die als eigenständiger Beruf durch die Reform des 97 Steuerberatungsgesetzes inzwischen aufgegebenen – **Steuerbevollmächtigten** nach dem StBerG in der Fassung v. 4.11.1975 (BGBl. I 2735; letztes ÄndG v. 21.12.2004 (BGBl. I 3601)) erfasst. In den Fällen, in denen die Voraussetzungen der §§ 404 AktG, 333 HGB, 151 GenG, 315 UmwG und § 138 VAG vorliegen, gehen diese Strafvorschriften den §§ 203, 204 vor (Staub/*Dannecker* HGB § 333 Rn. 83; Schönke/Schröder/*Lenckner/Eisele* Rn. 76; LK-StGB/*Schünemann* Rn. 11, 166, 166; aA MüKoStGB/ *Graf* Rn. § 204 Rn. 23, der Idealkonkurrenz annimmt).

f) Organe von Rechtsanwalts-, Patentanwalts-, Wirtschaftsprüfungs-, Buchprüfungs- und 98 Steuerberatungsgesellschaften. Auch Organe (Vorstandsmitglieder, Geschäftsführer und persönlich haftende Gesellschafter) bzw. Mitglieder eines – nicht zwingend geschäftsführenden (MüKoStGB/ *Cierniak/Pohlit* Rn. 33) – Organs einer nach dem 1.3.1999 gegründeten Rechtsanwalts- (§ 59 f. BRAO), Patentanwalts- (§ 97a PatAnwO), Wirtschaftsprüfungs-, Buchprüfungs- oder Steuerberatungs- gesellschaft, die nicht Wirtschaftsprüfer (§§ 28 Abs. 2, 56 Abs. 2, 130 Abs. 2 WPO) oder Steuerberater (§§ 50 Abs. 3, 72 Abs. 2 StBerG) sind, sind taugliche Täter des § 203 (Fischer Rn. 14; Schönke/ Schröder/*Lenckner/Eisele* Rn. 37).

Ebenso erfasst sind seit der Anpassung durch das BRAOÄndG vom 31.8.1998 (BGBl. I 2600) auch 99 **GmbH-Geschäftsführer ohne Rechtsanwaltszulassung** (BT-Drs. 13/9820, 22; LK-StGB/*Schüne- mann* Rn. 66). Schweigepflichtig sind somit auch Personen, die die in § 203 Abs. 1 Nr. 3 aufgeführte Berufsqualifikation als Rechtsanwalt (§ 59 f. BRAO) oder Steuerberater (vgl. die §§ 50 Abs. 3, 72 Abs. 2 StBerG) etc nicht vorweisen können (BT-Drs. 13/9820, 22; MüKoStGB/*Cierniak/Pohlit* Rn. 33; NK-StGB/*Kargl* Rn. 32). Unternehmensberater werden hingegen nicht erfasst (MüKoStGB/*Cierniak/ Pohlit* Rn. 33; NK-StGB/*Kargl* Rn. 32). Da die Gesellschaften selbst als taugliche Täter ausscheiden, gilt die Überwälzungsnorm des § 14 hier nicht (Fischer Rn. 14; LK-StGB/*Schünemann* Rn. 66). Nach aA (Schönke/Schröder/*Lenckner/Eisele* Rn. 37) ist die Aufnahme der genannten Personengruppen in den Tatbestand des § 203 dagegen nur von Bedeutung, weil nicht als vertretungsberechtigte Organe etc einer juristischen Person bereits gemäß § 14 Abs. 1 Nr. 1 ohnehin schweigepflichtig sind. Unabhängig von § 14 Abs. 3 käme es danach für die Schweigepflicht der unter § 203 Abs. 1 Nr. 3 aufgezählten Personen usw nicht auf eine wirksame bzw. zulässige Bestellung an (MüKoStGB/*Cierniak/Pohlit* Rn. 28 und 33; Schönke/Schröder/*Lenckner/Eisele* Rn. 37). Vielmehr würde dann bereits die tatsächliche Wahrnehmung einer auf der jeweiligen Organisationsgrundlage der betroffenen Gesellschaft beruhenden Funktion genügen (MüKoStGB/*Cierniak/Pohlit* Rn. 33; Schönke/Schröder/*Lenckner/Eisele* Rn. 37; *Schmitz* JA 1996, 772 (773)).

g) Tätigkeit als Notar, Rechts- oder Patentanwalt der ehemaligen DDR. Für Notare der 100 ehemaligen DDR – ausgenommen Ost-Berlin – hat die **VO über die Tätigkeit von Notaren usw** in der Form v. 22.8.1990 (BGBl. I 1328) mit der Maßgabe des EV II Kap. III A III besondere Bedeutung. Gemäß § 203 Abs. 1 Nr. 3 sind Rechtsanwälte der ehemaligen DDR mit der Maßgabe des **Art. 21 des Gesetzes zur Neuordnung des Berufsrechts der Rechtsanwälte** v. 2.9.1994 (BGBl. I 2278) schweigepflichtig (vgl. Schönke/Schröder/*Lenckner/Eisele* Rn. 37; s. auch MüKoStGB/*Cierniak/Pohlit* Rn. 33 Fn. 157, 158). Für Patentanwälte der ehemaligen DDR gilt es, die Maßgaben des EV II Kap. III A III zu beachten.

2. Geheimnisschutz in speziellen Tätigkeitsfeldern der Rechtspflege- und Wirtschaftsbera- 101 tungsberufe. a) Der Rechtsanwalt bei der Wahrnehmung spezieller Aufgaben. aa) Tätigkeit als Insolvenzverwalter. Der Insolvenzverwalter tritt auch ohne Anwaltszulassung an die Stelle des Gemeinschuldners und erlangt durch sein Amt nicht nur Kenntnis von Geschäftsgeheimnissen, sondern erhält sogar gemäß § 80 InsO die Verfügungsgewalt, soweit er diese zur Erfüllung seiner Obliegenheiten benötigt und Auswirkungen auf die Masse drohen (BGHZ 16, 172 (175); LK-StGB/*Schünemann* Rn. 101; vgl. auch Lackner/Kühl/*Heger* Rn. 23a; MüKoStGB/*Cierniak/Pohlit* Rn. 42 und 57). Aus diesem Grund scheidet der Insolvenzverwalter als Täter des § 203 Abs. 1 Nr. 3 aus (LK-StGB/*Schüne-*

mann Rn. 35; MüKoStGB/*Cierniak/Pohlit* Rn. 42; *Flor* JR 1953, 368 (369)). Nicht mehr der Gemeinschuldner, sondern allein der **Insolvenzverwalter** kann im Rahmen eines Insolvenzverfahrens in die Offenlegung von Geheimnissen einwilligen, welche die Insolvenzmasse betreffen (vgl. BGHZ 109, 270; OLG Nürnberg MDR 1977, 144; LK-StGB/*Schünemann* Rn. 101; SK-StGB/*Hoyer* Rn. 74 mwN auch zur Gegenansicht). Dass dem Schuldner bzw. dem entsprechenden Organ einer juristischen Person aus der Offenbarung durch den Insolvenzverwalter Nachteile drohen, tangiert die Befugnisse des Insolvenzverwalters nicht, weil der Gemeinschuldner gemäß § 97 InsO zu einer uneingeschränkten Offenbarung seiner Verhältnisse verpflichtet ist (LK-StGB/*Schünemann* Rn. 101). Die Wahrung des nemo tenetur-Grundsatzes zugunsten des Schuldners soll ein auf die Rspr. des BVerfG (BVerfGE 56, 37) zurückzuführendes, inzwischen in § 97 Abs. 1 S. 3 InsO kodifiziertes **Verwendungsverbot** (ausf. Uhlenbruck/*Uhlenbruck* InsO § 97 Rn. 8 ff.) gewährleisten. Im Falle der Insolvenz eines Schweigepflichtigen hat der BGH (BGHZ 141, 173 (179)) in Erwägung gezogen, auch dem bestellten Insolvenzverwalter die Pflicht zu einer entsprechenden Diskretion aufzuerlegen (dazu MüKoStGB/*Cierniak/Pohlit* Rn. 42).

102   Sollen Straftaten des Gemeinschuldners oder eines früheren oder derzeitigen **Organs einer juristischen Person, die in die Insolvenz geraten ist,** offen gelegt werden, so erscheint es zweifelhaft, ob dem Insolvenzverwalter die alleinige Zustimmungsbefugnis zusteht. Schließlich ist der Täter für die Straftat persönlich verantwortlich (MüKoStGB/*Cierniak/Pohlit* Rn. 81). Daher handelt es sich bei der Straftat nicht nur um ein vermögenswertes Geheimnis, das vom Insolvenzbeschlag erfasst ist. Vielmehr stellt dies auch ein persönliches Geheimnis des Täters dar (MüKoStGB/*Cierniak/Pohlit* Rn. 81). Umstritten ist, ob deswegen neben dem Insolvenzverwalter auch der Täter mit der Offenlegung einverstanden sein muss (**bejahend** (beide): LG Düsseldorf NJW 1958, 1152; OLG Schleswig NJW 1981, 294 mAnm *Haas* wistra 1983, 183; OLG Koblenz NStZ 1985, 426 (428) m. zust. Anm. *Herrmann* NStZ 1985, 565; OLG Koblenz ZIP 1985, 565; OLG Celle wistra 1986, 83; OLG Düsseldorf StV 1993, 346 mAnm *Münchhalffen;* LG Saarbrücken wistra 1995, 239 m. abl. Anm. *Weyand;* Lackner/Kühl/*Heger* Rn. 23a; MüKoStGB/*Cierniak/Pohlit* Rn. 81 mwN auch zur Gegenansicht; Schönke/Schröder/*Lenckner/Eisele* Rn. 23a; *Dahs* FS Kleinknecht, 1985, 63 (75); *Schmitz* JA 1996, 949 (951 f.); *Weihrauch* JZ 1978, 300 (302); **verneinend** (nur Insolvenzverwalter): OLG Nürnberg MDR 1977, 144; LG Lübeck NJW 1978, 1014; LG Hamburg NStZ-RR 2002, 12; *Schäfer* wistra 1985, 209 (211); LK-StGB/*Schünemann* Rn. 101 mwN; SK-StGB/*Hoyer* Rn. 74; (nur – ggf. früheres – Organ): *Schmitt* wistra 1993, 9 (13 f.); (differenzierend): *Gülzow* NJW 1981, 265; *Stypmann* wistra 1982, 11 (14); *Haas* wistra 1983, 183). Umstritten ist, ob eine Differenzierung danach möglich ist, zu wessen Nachteil die angeklagte Tat begangen wurde, wenn und soweit das Interesse der Masse tangiert ist (bejahend MüKoStGB/*Cierniak/Pohlit* Rn. 81; aA *Gülzow* NJW 1981, 265 (267 f.)). Bei Straftaten eines Organwalters, der mehr als zwei Jahre vor Stellung des Antrags auf Eröffnung des Insolvenzverfahrens ausgeschieden ist, kann nicht auf eine Auskunftspflicht und das damit einhergehende **Verwendungsverbot der §§ 97, 101 Abs. 1 InsO** verwiesen werden (MüKoStGB/*Cierniak/Pohlit* Rn. 81).

103   **bb) Tätigkeit als Vermögensverwalter, Testamentsvollstrecker, Vormund oder Pfleger.** Ein Rechtsanwalt oder Steuerberater, der als Vermögensverwalter (LK-StGB/*Schünemann* Rn. 35), Testamentsvollstrecker (KG NJW 1992, 2771 (2772); MüKoStGB/*Cierniak/Pohlit* Rn. 42), Vormund (LK-StGB/*Schünemann* Rn. 35; MüKoStGB/*Cierniak/Pohlit* Rn. 42; *Flor* JR 1953, 368 (369)) oder als Pfleger (MüKoStGB/*Cierniak/Pohlit* Rn. 42) bestellt ist, ist in der Regel **nicht Täter des § 203 Abs. 1 Nr. 3,** weil er in diesen Bereichen keine Kenntnisse in seiner beruflichen Eigenschaft „als" (dazu → Rn. 35) Rechtsanwalt, Steuerberater usw erlangt. Zudem lässt sich dieses Ergebnis durch das Gebührenrecht legitimieren, nach dem diese Dienste nach den jeweiligen berufsspezifischen Gebührenordnungen zu erstatten sind (vgl. dazu auch BVerfG BtPrax 2000, 120 (122) und 254 (255); BayObLG FamRZ 2002, 350 (nur Ls.); MüKoStGB/*Cierniak/Pohlit* Rn. 39 und 42; Palandt/*Diederichsen* BGB § 1835 Rn. 13 f.), wobei für Rechtsanwälte früher auf die BRAGO zurückzugreifen war (dazu OLG Oldenburg FamRZ 1996, 1346) und heute das RVG (vgl. dazu Palandt/*Diederichsen* BGB § 1835 Rn. 14) heranzuziehen ist.

104   **cc) Tätigkeit als Verwahrer/Drittschuldner.** In Fällen der Verwahrung – bspw. von Geldern – für seinen Mandanten tritt ein Rechtsanwalt regelmäßig als Drittschuldner auf. Damit entfällt infolge der **Erklärungspflicht aus § 840 ZPO** seine anwaltliche Schweigepflicht aus **§ 2 Abs. 3 BORA** und damit auch eine mögliche Strafbarkeit aus § 203.

105   **dd) Berufung in das Leitungsgremium eines Unternehmens.** Wird ein Rechtsanwalt in das Leitungsgremium eines Unternehmens berufen, so erlangt er mangels berufsbezogener Tätigkeit regelmäßig nicht „als" (→ Rn. 35) beruflicher Geheimnisträger Kenntnis von den Geheimnissen (LK-StGB/*Schünemann* Rn. 35; OLG Celle NJW 1983, 1573; OLG Düsseldorf MDR 1975, 1025). Eine Strafbarkeit gemäß § 203 StGB scheidet damit aus. Kenntnisse, die ein Rechtsanwalt als Mitglied des Aufsichtsrats erlangt, unterfallen ebenfalls nicht der Schweigepflicht des § 203 (vgl. OLG Celle NJW 1983, 1573 zu § 53 StPO; OLG Düsseldorf MDR 1975, 1025; MüKoStGB/*Cierniak/Pohlit* Rn. 41). Dies gilt für den Wirtschaftsprüfer entsprechend (BGH NJW 1988, 561; OLG Nürnberg BB 1964, 827). Denn auch solche Kenntnisse werden nicht in der entsprechenden beruflichen Funktion erlangt.

In diesen Fällen gilt es jedoch, **§ 404 AktG** und **§ 85 GmbHG** zu beachten, die für die Verletzung 106 der Geheimhaltungspflicht durch Leitungsgremien juristischer Personen eine eigene Strafbarkeit vorsehen (→ Rn. 6 und 82).

ee) Leitung einer Gesellschafterversammlung. Leitet ein Wirtschaftsprüfer als neutrale Person 107 eine Gesellschafterversammlung, so fällt seine Tätigkeit in den wirtschaftsberatenden Aufgabenbereich (LK-StGB/*Schünemann* Rn. 35, OLG Nürnberg BB 1964, 827; vgl. dazu allgemein BGHZ 102, 128). Damit kommt er als Täter im Rahmen des § 203 Abs. 1 Nr. 3 in Betracht.

ff) Tätigkeit als Syndikusanwalt gemäß § 46 BRAO. Von § 203 Abs. 1 Nr. 3 wird grundsätzlich 108 auch der Syndikusanwalt erfasst, sofern er **typisch anwaltlich**, dh als unabhängiges, nicht weisungsgebundenes Organ der Rechtspflege tätig wird und ein **freies Mandat übernimmt** (vgl. BGHZ 141, 69 (76 f.); BGH NJW 2001, 3130; 2003, 883; LG Frankfurt a. M. StV 1993, 351; MüKoStGB/*Cierniak/Pohlit* Rn. 33 und 41 mwN auch zur Gegenansicht; NK-StGB/*Kargl* Rn. 32; Schönke/Schröder/*Lenckner/Eisele* Rn. 37; *Redeker* NJW 2004, 889; aA Meyer-Goßner/Schmitt/*Schmitt* StPO § 53 Rn. 15; *Hassemer* wistra 1986, 1; *Roxin* NJW 1992, 1129; 1995, 17; aus europarechtlicher Perspektive vgl. *Eichler/Peukert* AnwBl 2002, 189). Der Syndikusanwalt erlangt jedoch im Rahmen seines Beschäftigungsverhältnisses regelmäßig keine Kenntnis „als" (→ Rn. 35) Rechtsanwalt, weil er nicht als ein solcher tätig ist (LK-StGB/*Schünemann* Rn. 35 mwN; EuGH NJW 1983, 503 (505); aA LG München AnwBl 1982, 197; *Hassemer* wistra 1986, 1; *Roxin* NJW 1992, 1129; 1995, 17).

gg) Tätigkeit als Mediator, Rechtskonsulent, Prozessagent und (Kammer-)Rechtsbeistand. 109 **Nicht** von § 203 Abs. 1 Nr. 3 **erfasst** werden: **Mediatoren** (OLG Karlsruhe NJW 2001, 3197; LK-StGB/*Schünemann* Rn. 63; NK-StGB /*Kargl* Rn. 32; SK-StGB/*Hoyer* Rn. 42; *Henssler* NJW 2003, 247; aA MüKoStGB/*Cierniak/Pohlit* Rn. 39 mwN), **Rechtskonsulenten** (Lackner/Kühl/*Heger* Rn. 4), **Prozessagenten** (vgl. § 157 ZPO; BT-Drs. 7/550, 239; LK-StGB/*Schünemann* Rn. 16; MüKoStGB/*Cierniak/Pohlit* Rn. 33; NK-StGB /*Kargl* Rn. 32; BeckOK StGB/*Weidemann* Rn. 17; Schönke/Schröder/*Lenckner/Eisele* Rn. 37; SK-StGB/*Hoyer* Rn. 42) und **Rechtsbeistände** nach dem mittlerweile aufgehobenen RBerG, die keine Kammermitglieder sind (BVerfG NJW 2002, 2307 (2308)). Sie gehören nicht zum Kreis tauglicher Täter (vgl. den RegE des EGStGB, BT-Drs. 7/550, 239; HK-StrafR/*Tag* Rn. 13; Fischer Rn. 14; BeckOK StGB/*Weidemann* Rn. 17; Lackner/Kühl/*Heger* Rn. 4; LK-StGB/*Schünemann* Rn. 63; Schönke/Schröder/*Lenckner/Eisele* Rn. 37; SK-StGB/*Hoyer* Rn. 42). Die genannten Personen fallen jedoch unter die Regelung des durch das BNotÄndG zum 31.8.1998 (BGBl. I 2585; berichtigt durch BGBl. 1999 I 194) eingefügten **§ 203 Abs. 3 S. 1** (vgl. dazu BT-Drs. 13/4181, 41). Dieser erweitert den Anwendungsbereich des § 203 Abs. 1 Nr. 3 und stellt andere Mitglieder einer Rechtsanwaltskammer (etwa (Kammer-)Rechtsbeistände), die nicht selbst Rechtsanwälte sind, mit solchen aber in einer Sozietät verbunden sein können (BT-Drs. 13/4184, 41) und denselben Berufspflichten unterliegen, den Rechtsanwälten gleich (HK-StrafR/*Tag* Rn. 18; Fischer Rn. 20; Lackner/Kühl/*Heger* Rn. 11a; LK-StGB/*Schünemann* Rn. 63; MüKoStGB/*Cierniak/Pohlit* Rn. 119 f.; NK-StGB/*Kargl* Rn. 37; vgl. BeckOK StGB/*Weidemann* Rn. 21; Schönke/Schröder/*Lenckner/Eisele* Rn. 62a). Letzteres gilt jedoch nur, wenn der Betreffende gemäß **§ 209 BRAO Mitglied in einer Rechtsanwaltskammer** geworden ist (BT-Drs. 13/4181, 41; LK-StGB/*Schünemann* Rn. 63; MüKoStGB/*Cierniak/Pohlit* Rn. 120; NK-StGB/*Kargl* Rn. 32 sowie 37; SK-StGB/*Hoyer* Rn. 42). Die strafrechtliche Gleichstellung ist folgerichtig. Dennoch kommt ihr aus praktischer Sicht nur für solche Rechtsbeistände Bedeutung zu, die ihre Kammermitgliedschaft vor der Neufassung des Art. 1 § 1 RBerG durch das 5. BRAGebOÄndG v. 18.8.1980 (BGBl. I 1503) erlangt haben (NK-StGB/*Kargl* Rn. 37; Schönke/Schröder/*Lenckner/Eisele* Rn. 62a). Denn seit diesem Datum erhalten Rechtsbeistände nur noch eine Teilerlaubnis, die gemäß § 209 Abs. 1 BRAO nicht mehr genügt, um in eine Rechtsanwaltskammer aufgenommen zu werden (NK-StGB/*Kargl* Rn. 37).

hh) Telefonische Rechtsberatung. In Fällen der telefonischen Rechtsberatung ist **keine konklu-** 110 **dente Einwilligung** in die Weitergabe eines mitgeteilten Geheimnisses anzunehmen (OLG München NJW 1990, 150; OLG Frankfurt a. M. NJW 1999, 152; LK-StGB/*Schünemann* Rn. 109; *Berger* NJW 1999, 1353). Mithin ist eine Strafbarkeit nach § 203 möglich.

ii) Abwicklung von „Erpressungsunternehmungen". Die Einschaltung eines Rechtsanwalts bei 111 der Abwicklung von „Erpressungsunternehmungen" stellt regelmäßig einen Grenzfall dar. Hier gilt es zu differenzieren (BGH StV 1987, 514; MüKoStGB/*Cierniak/Pohlit* Rn. 41): Wird der Rechtsanwalt von dem Erpresser **als Vermittler** zwischen ihm und dem Erpressungsopfer eingesetzt, so wird der Anwalt nicht in seiner Eigenschaft „als" (→ Rn. 35) Rechtsanwalt tätig (MüKoStGB/*Cierniak/Pohlit* Rn. 41). Eine Strafbarkeit nach § 203 Abs. 1 Nr. 3 entfällt. Anders gestaltet sich die rechtliche Bewertung, wenn der Rechtsanwalt **als Vertreter** des Opfers oder dessen Familie auftritt (MüKoStGB/*Cierniak/Pohlit* Rn. 41). In diesem Fall wird er in seiner Eigenschaft als Rechtsanwalt tätig und fällt unter den Straftatbestand des § 203 Abs. 1 Nr. 3.

112   Ist der Rechtsanwalt in Erpressungsfällen durch **Notstand gemäß § 34** gerechtfertigt, so ist umstritten, ob sein Handeln in Wahrnehmung rechtlicher Interessen erfolgt und seinem Berufsbild entspricht (**bejahend:** LK-StGB/*Schünemann* Rn. 35; **verneinend:** *Hass* NJW 1972, 1081).

113   **b) Der Rechtsanwalt bei Wahrnehmung eigener Angelegenheiten. aa) Honorarklage.** Grundsätzlich darf der Rechtsanwalt ein ihm für die rechtliche Auseinandersetzung mit der Gegenseite mitgeteiltes Geheimnis nur im Rahmen des jeweiligen Mandats und Anlasses (*Ackermann* FS DJT Bd. I, 1960, 479 (506)), nicht aber gegen den eigenen Mandanten verwenden (BGHSt 34, 190 mAnm *Dahs* JR 1987, 475 (476); LK-StGB/*Schünemann* Rn. 109; *Kalsbach* AnwBl 1955, 41 (43)). Schließlich umfasst das **Einverständnis des Mandanten** nicht die Mitteilung an jeden beliebigen Interessenten (VG Berlin NJW 1960, 1410). Eine in einem Verwaltungs- oder Gerichtsverfahren erteilte Entbindung von der anwaltlichen Schweigepflicht wirkt isoliert nur für das jeweilige Verfahren (BGHZ 40, 288 (295); LG Braunschweig NStZ 1986, 474; LK-StGB/*Schünemann* Rn. 109). Derjenige, der eine Beschwerde erhebt, erklärt jedoch (konkludent) sein Einverständnis mit einer vollständigen Nachprüfung des Sachverhaltes durch die jeweils zuständige Beschwerdestelle (*Rein* VersR 1976, 117 (121)).

114   Eine besondere Fallgruppe stellt die von dem Geheimnisträger provozierte Honorarklage dar. Bei dieser fällt die **Güter- und Interessenabwägung** mit Blick auf den Grundgedanken des § 228 BGB (*Schmitz* JA 1996, 949 (954)) und die Rechtsschutzgewährungspflicht des Staates zugunsten des Anspruchsinhabers aus (LK-StGB/*Schünemann* Rn. 133): Klagt ein Rechtsanwalt sein Honorar ein, so muss die Vornahme der prozessual notwendigen Substantiierung rechtmäßig sein. Schließlich sieht das Gesetz die gerichtliche Festsetzung der anwaltlichen Vergütung gemäß § 11 RVG ausdrücklich vor (zur früheren Rechtslage nach den §§ 12 Abs. 2, 19 Abs. 4 BRAGO s. NJW 1993, 2371; BGHZ 115, 123 (129); 122, 115 (120); LK-StGB/*Schünemann* Rn. 133). Jede substantiierte Darstellung des einer Honorarklage zugrunde liegenden Rechtsstreits durch den klagenden Rechtsanwalt erfüllt zwar grundsätzlich den Tatbestand des § 203. Dies kann jedoch mit Blick auf das Erfordernis der schlüssigen Begründung einer Klage durch **Notstand gemäß § 34** gerechtfertigt sein (BGHSt 1, 366 (368); BGHZ 115, 123 (129); BGH NJW 1993, 2371; 1995, 2915; KG NJW 1992, 2771; 1994, 463; OLG Köln NJW 1992, 2772; OLG Oldenburg NJW 1992, 758; Lackner/Kühl/*Heger* Rn. 25; LK-StGB/*Schünemann* Rn. 133; Schönke/Schröder/*Lenckner* Rn. 33; SK-StGB/*Hoyer* Rn. 83; *Schäfer* wistra 1993, 285; *Henssler* NJW 1994, 1817 (1822); *Everts* NJW 2002, 3138). Ansonsten wäre der schweigepflichtige Rechtsanwalt durch den Geheimnisschutz von der staatlichen Justizgewährung ausgeschlossen und rechtlos gestellt (so iErg auch LK-StGB/*Schünemann* Rn. 133). Jedoch dürfen nur die Tatsachen offenbart werden, die erforderlich sind, um die Klage schlüssig zu begründen. Der eine Honorarklage anstrengende Rechtsanwalt darf seinerseits auch einen **anderen Rechtsanwalt** mit der Geltendmachung seiner Forderung **beauftragen** (OLG Oldenburg NJW 1992, 758; Schönke/Schröder/*Lenckner*/*Eisele* Rn. 33; zum Erfordernis der Geltendmachung der eigenen Forderung bei entsprechender Befähigung des Rechtsanwalts vgl. OLG Hamburg NJW 1993, 1336). Die Offenbarung von Mandatsverhältnissen aus Gründen der **Steuerersparnis** ggü. der Finanzverwaltung ist dagegen nicht nach § 34 gerechtfertigt (Schönke/Schröder/*Lenckner*/*Eisele* Rn. 33; *Schmitz* wistra 1997, 293; *Au* NJW 1999, 340).

115   Eine ohne das Einverständnis des Mandanten erfolgte **Abtretung des anwaltlichen Honoraranspruchs** an einen außerhalb des jeweiligen Mandatsverhältnisses stehenden Dritten kann durch rein wirtschaftliche Erwägungen, die keine Relevanz für die Durchsetzung des Anspruchs haben, ebenso wenig gerechtfertigt werden, wie dies durch das Interesse, in der bevorstehenden gerichtlichen Auseinandersetzung durch die Einnahme der Rolle eines Zeugen die Gewinnchancen zu erhöhen, möglich ist (Schönke/Schröder/*Lenckner*/*Eisele* Rn. 33). Ohne Zustimmung des Mandanten ist die Abtretung der Honorarforderung eines Rechtsanwalts wegen der damit nach § 402 BGB verbundenen umfassenden Informationspflicht zudem in der Regel nichtig (BGHZ 122, 115 (121)). Daran hat sich auch durch die Einführung des § 49b Abs. 4 S. 1 BRAO nichts geändert (AG München NJW-RR 1997, 1561). Diese Vorschrift soll die Abtretung von Honorarforderungen unter Rechtsanwälten erleichtern und kann deshalb mit Blick auf § 203 als besondere Befugnisnorm verstanden werden (BGH NJW 1995, 2916; LG Baden-Baden NJW-RR 1998, 202; AG Regensburg NJW 2004, 1879; Schönke/Schröder/*Lenckner*/*Eisele* Rn. 29b mwN; *Paulus* NJW 2004, 21).

116   Dem Rechtsanwalt ist es nicht gestattet, im Rahmen der Geltendmachung seiner Honorarforderung Tatsachen, die ihm aufgrund des Mandatsverhältnisses anvertraut worden sind und die zur Substantiierung des eigenen Anspruchs im Hauptprozess nicht zwingend vorgetragen werden müssen, nur aus dem Grund zu offenbaren, um einen **Arrestgrund gemäß § 917 ZPO** begründen zu können (KG NJW 1994, 462; Schönke/Schröder/*Lenckner*/*Eisele* Rn. 33; *Everts* NJW 2002, 3138).

117   Eine gesetzliche Offenbarungspflicht kann sich aus der **Pflicht zur Abgabe einer eidesstattlichen Versicherung nach § 807 ZPO** ergeben (dazu OLG Stuttgart NJW 1994, 2838; LG Würzburg NJW-RR 1998, 1373; RAK Köln BRAK Mitt 1996, 235; BeckOK StGB/*Weidemann* Rn. 40.1; *Brötel* NJW 1998, 3387 (3390)).

118   **bb) (Sicherungs-)Abtretung von Honorarforderungen. Vor Inkrafttreten des** durch das Gesetz zur Neuordnung des Berufsrechts der Rechtsanwälte und der Patentanwälte vom 2.9.1994 (BGBl. I 2278) eingefügten § **49b Abs. 4 BRAO** war es in Fällen der Abtretung zwischen zwei Rechtsanwälten untereinander für die Strafbarkeit nach § 203 unerheblich, dass die Schweigepflicht des Empfängers einen tatbestandsmäßigen Geheimnisverrat nicht verhinderte, weil der Empfänger als Zessionar nicht der anwaltlichen Schweigepflicht unterlag (BGH NJW 1993, 1912 und 2795 (2796); 1995, 2026; 1997, 188; MüKoStGB/*Cierniak*/*Pohlit* 68, 69; *Berger* NJW 1995, 1406 (1407)). Die Abtretung einer Forderung zur Herstellung einer Aufrechnungslage wurde ebenso als rechtswidrig angesehen (BGH NJW 1995, 775) wie die Abtretung an einen seinerseits schweigepflichtigen Dritten (BGHZ 122, 115 (116); BGH NJW 1993, 2795; 1996, 2087; dazu NK-StGB/*Kargl* Rn. 59).

Da die Rspr. Ausnahmen anerkannt hat, wenn die Forderung entweder an einen bereits zuvor in der **119** Kanzlei tätigen Mitarbeiter (BGH NJW 1995, 2915 mAnm *Poll* JR 1996, 203) oder an einen schon im Vorfeld bestellten Abwickler abgetreten war (BGH NJW 1997, 188), wurde die Rechtslage erheblich verkompliziert (vgl. LK-StGB/*Schünemann* Rn. 111). Schließlich hat die Rechtsprechung (BGH NJW 1999, 1544; OLG Stuttgart NJW 1994, 2838) bei Honorarforderungen eine Schweigepflichtigen die **unbeschränkte Pfändbarkeit** zugelassen. Umstritten ist, ob hieraus Rückschlüsse auf die Zulässigkeit entsprechender Sicherungsabtretungen gezogen werden konnten (**bejahend:** *Schäfer* wistra 1993, 281; **verneinend:** LK-StGB/*Schünemann* Rn. 111).

Den sich im Hinblick auf die Verschwiegenheitspflicht ergebenden Problemen hat sich der Gesetz- **120** geber angenommen: **§ 49b Abs. 4 BRAO** vom 2.9.1994 (vgl. dazu BGH NJW 2007, 1196; NK-StGB/*Kargl* Rn. 59 mwN) erklärt in S. 1 die Abtretung von Vergütungsforderungen oder die Übertragung ihrer Einziehung an Rechtsanwälte oder rechtsanwaltliche Berufsausübungsgemeinschaften iSv § 59a BRAO für zulässig.

In der höchstrichterlichen Rspr. ist bisher nicht abschließend geklärt, welche Folgerungen sich aus **121** der Regelung des § 49b Abs. 4 BRAO ergeben. Allerdings legen einige Formulierungen des BGH die Vermutung nahe, dass eine Abtretung nunmehr wirksam sein soll (vgl. etwa BGH NJW-RR 2008, 1647 ff.; s. aber auch BGH NJW 1993, 1912 bzw. BGH NJW 1995, 2026 zur Rechtslage vor Inkrafttreten des § 49b Abs. 4 BRAO).

Wenn eine Gebührenforderung an einen Rechtsanwalt übertragen wird, leitet die hM aus einer **122** Zusammenschau von § 49b Abs. 4 S. 1 und 2 BRAO ab, dass die **Abtretung von Honorarforderungen zwischen zwei Rechtsanwälten,** auch im Falle einer Kanzleiübertragung, keine Zustimmung des Mandanten mehr erfordert, § 49b Abs. 4 S. 1 BRAO mithin eine **gesetzliche Offenbarungsbefugnis** iSe Rechtfertigungsgrundes enthält (MüKoStGB/*Cierniak*/*Pohlit* Rn. 68; Schönke/Schröder/*Lenckner*/ *Eisele* Rn. 29, 29b; BeckOK StGB/*Weidemann* Rn. 40.1). Dies lässt sich dem Wortlaut, der Systematik und dem Zweck des § 49b Abs. 4 BRAO sowie der Intention des Gesetzgebers (vgl. BT-Drs. 12/ 7656, 49) entnehmen (so zutreffend BGH NJW 2001, 2462 mAnm *Huffer* NJW 2002, 1382; OLG Hamburg OLGR 2001, 74; LG Baden-Baden NJW-RR 1998, 202; LK-StGB/*Schünemann* Rn. 111; MüKoStGB/*Cierniak*/*Pohlit* Rn. 68 mwN auch zur Gegenansicht; *Gienapp*/*von Hugo* BB 1997, 2229; *Goette* DStR 2001, 1263; *Hartung* BB 2001, 1921). Die Gegenansicht (AG München NJW-RR 1997, 1559; OLG München NJW 2000, 2594; LG Karlsruhe MDR 2001, 1383; LG Heilbronn NJW 2003, 2389; NK-StGB /*Kargl* Rn. 60; *Diepold* MDR 1995, 23; *Berger* NJW 1995, 1406 (1407); *Prechtel* NJW 1997, 1813) hält diesen Schluss gleichwohl für nicht zwingend, weil § 49b Abs. 4 S. 1 BRAO lediglich die Verschwiegenheitspflicht des Zedenten sicherstellen solle und allein die Schweigepflicht des Geheimnisempfängers die Vorliegen eines stillschweigenden Einwilligung nicht zu begründen vermöge (BaySt 1994, 227; SK-StGB/*Hoyer* Rn. 78; *Langkeit* NStZ 1994, 6 (7)).

Wenn ein Honoraranspruch an einen **Berufsfremden abgetreten** bzw. zur Einziehung übertragen **123** wird, ist es zumindest zweifelhaft, ob sich aus § 49b Abs. 4 S. 2 BRAO für die Abtretung einer Honorarforderung oder die Übertragung ihrer Einziehung als Einziehungsermächtigung bzw. Ermächtigung zur Prozessstandschaft an einen Berufsfremden (auch an einen Steuerberater oder Wirtschaftsprüfer derselben Sozietät, vgl. BGHZ 122, 115 (119); AG Schleiden NJW-RR 1999, 502) herleiten lässt, dass hierfür stets die ausdrückliche, schriftliche Einwilligung des Mandanten sowie sämtliche sonstigen gesetzlich genannten Voraussetzungen erforderlich sind. Eine nicht den gesetzlichen Vorgaben entsprechende Zession an einen Dritten sollte – unabhängig von etwaigen standesrechtlichen und zivilrechtlichen Bedenken (vgl. dazu BGHZ 141, 173 (178)) gegen den § 49b Abs. 4 BRAO entsprechenden § 64 Abs. 2 S. 2 StBerG – jedenfalls dann straflos sein, wenn ein formloses ausdrücklich oder konkludent erklärtes Einverständnis vorliegt (MüKoStGB/*Cierniak*/*Pohlit* Rn. 70; SK-StGB/*Hoyer* Rn. 78; vgl. auch OLG München NJW 1999, 150 (152); DB 2000, 919; *Römermann*/*Funke* MDR 2001, 1 mwN).

Für **Steuerberater** und **Wirtschaftsprüfer** gelten für die Abtretung von Gebührenforderungen **124** dieselben Grundsätze (MüKoStGB/*Cierniak*/*Pohlit* Rn. 70; vgl. auch BGH NJW 1996, 2087 mAnm *Henssler* EWiR 1996, 669; *Goette* DStR 1996, 1577; OLG Hamm DStR 1992, 557; LG Konstanz NJW 1992, 1241). So entsprechen die § 64 Abs. 2 StBerG und § 55 Abs. 3 WPO – jeweils beschränkt auf die Angehörigen des jeweils gleichen Berufes – der Vorschrift des § 49b Abs. 4 BRAO.

cc) Abwehr von Ansprüchen aus dem Mandatsverhältnis. Zur Abwehr von gegen einen **125** Rechtsanwalt erhobenen Regressersatzansprüchen darf dieser gemäß **§ 2 Abs. 3 BORA** Geheimnisse aus dem Mandatsverhältnis in dem Umfang offenbaren, wie es zur Wahrung seiner Rechte erforderlich ist. Dies gilt im Falle eines Haftpflichtprozesses für die Abgabe von Informationen ggü. dem zuständigen Gericht, ggü. dem eigenen anwaltlichen Vertreter sowie ggü. der eigenen Berufshaftpflichtversicherung. Diskutiert werden kann, ob dies auch im Verhältnis zu Versicherungsagenten oder -maklern gelten soll, da die Prüfung von Haftpflichtansprüchen ihre Einschaltung nicht zwingend erfordert.

126   **dd) Strafanzeige gegen den Mandanten.** Hat ein Mandant eine Straftat gegen seinen Rechtsanwalt begangen, so darf der Rechtsanwalt gemäß **§ 2 Abs. 3 BORA** aus dem Mandatsverhältnis herrührende Informationen offenbaren, soweit diese für die Strafverfolgung von Relevanz sind.

127   Erfährt der Rechtsanwalt von einer geplanten Straftat seines Mandanten gegen ihn oder einen Dritten, normiert **§ 138** in den dort aufgezählten Fällen mit der Einschränkung des § 139 Abs. 3 S. 2 eine gesetzliche **Anzeigepflicht,** der auch der Rechtsanwalt unterliegt. In diesen Fällen entfällt die anwaltliche Schweigepflicht und damit eine Strafbarkeit nach § 203.

128   **ee) Verteidigung in eigener Sache.** Beruht ein Straf- oder Berufsrechtsverfahren gegen einen Rechtsanwalt auf einer Anzeige des eigenen Mandanten und nicht auf der eines Dritten oder auf einer Amtsermittlung, so darf der Rechtsanwalt zur Verteidigung in eigener Sache gemäß **§ 2 Abs. 3 BORA** Informationen aus dem Mandatsverhältnis in dem Umfang preisgeben, wie es die Wahrung seiner Rechte erfordert (BGHSt 1, 366; Schönke/Schröder/*Lenckner/Eisele* Rn. 33 mwN). Dies gilt sowohl für die Preisgabe von Mandatsgeheimnissen ggü. den Verfolgungsbehörden und Gerichten als auch ggü. seinem anwaltlichen Rechtsbeistand und der eigenen Berufshaftpflichtversicherung. In diesem Umfang scheidet eine Strafbarkeit nach § 203 aus.

129   **ff) Steuerliche Außenprüfung bei einem Rechtsanwalt oder Steuerberater.** Die Verschwiegenheitspflicht eines Berufsgeheimnisträgers kann mit seiner **Mitwirkungspflicht als Steuerpflichtiger** ggü. der Finanzverwaltung aus **§ 200 Abs. 1 S. 1 u. 2 AO** kollidieren, wenn sein Betrieb steuerlich geprüft wird (vgl. dazu BFH BStBl. III 1958, 86; BFH/NV 1997, 274; BStBl. II 2002, 712; *Viskorf* DB 2005, 1929 ff.; *Göpfert* DB 2006, 581 ff.; *Jahn* SAM 2007, 18 ff.; *Mack* BRAKMagazin 05/2009, 8). Da es hier zu einer besonderen Drucksituation für den Mandanten kommen kann, seinen Rechtsanwalt von dessen Verschwiegenheitspflicht zu befreien, und Steuerbehörden gelegentlich versucht sind, Steuerpflichtige unter Hinweis auf ihre steuerrechtliche Mitwirkungspflicht zu einer Entbindungserklärung zu veranlassen, kämpft der Deutsche Anwaltsverein für einen Berufsgeheimnisträgerschutz für Rechtsanwälte auch bei Entbindung von der Schweigepflicht. Die diesbezügliche Entwicklung bleibt abzuwarten. Gegenwärtig kann sich der Geheimnisträger nach Entbindung von seiner Geheimhaltungspflicht nicht mehr auf seine Schweigepflicht berufen.

130   Ausgehend von der aktuellen Rechtsprechung des BFH (DStR 2008, 1233 mAnm *Mutschler* DStR 2008, 2087 f. zur vergleichbaren Problematik bei Steuerberatern) darf die Finanzverwaltung einen Rechtsanwalt unabhängig von dessen Pflicht zur Verschwiegenheit und dessen Recht, Auskünfte über Umstände zu verweigern, die ihm in seiner Eigenschaft als Organ der Rechtspflege bekannt geworden sind, steuerlich prüfen. In diesen Fällen handelt es sich jedoch um keine normale Steuerprüfung, da Betriebsprüfer – obwohl sie selbst der Verschwiegenheitspflicht unterfallen – von Rechtsanwälten nicht ohne weiteres eine umfassende Belegvorlage fordern können. Stattdessen gilt es bei jedem Datenzugriff iSv § 147 Abs. 6 AO, im Rahmen der Ermessensausübung den **Verhältnismäßigkeitsgrundsatz** streng zu beachten, so dass ein genereller Datenzugriff auf Kanzleiunterlagen unzulässig ist (*Trossen* EFG 2005, 669 f.; *Viskorf* DB 2005, 1929 ff.). Spezifizierungen zu Honorarzahlungen können nur ausnahmsweise, etwa bei Umsatzsteuerfreiheit, gefordert werden. Dagegen können lückenlose Ausgabenbelege für die Geltendmachung von Betriebsausgaben iSv § 4 Abs. 4 EStG verlangt werden, wenn nicht im Einzelfall Stichproben genügen.

131   Auch wenn ein Rechtsanwalt während einer Betriebsprüfung gemäß § 200 AO an der Feststellung der Sachverhalte mitzuwirken hat, die für seine Besteuerung erheblich sein können, darf bzw. muss er aus strafrechtlicher Sicht die Einsicht in diejenigen Daten verweigern, auf die sich sein **Auskunftsverweigerungsrecht nach § 102 AO** erstreckt. Hierzu zählen insbes. die Identität seiner Mandanten und die Tatsache ihrer Beratung (vgl. *Büchter-Hole* EFG 2005, 1405 f.), es sei denn, dass diese Tatsachen der Finanzverwaltung bereits bekannt sind oder der Mandant zumindest konkludent in die Namensoffenbarung eingewilligt hat (*Mack* BRAKMagazin 05/2009, 8). Gegebenenfalls muss der überprüfte Rechtsanwalt hier die Namen seiner Mandanten schwärzen bzw. in seiner EDV-Anlage entsprechend sperren, was jeweils von der Finanzverwaltung zu akzeptieren ist. Sieht man in dem unbedingten Vertrauensverhältnis zwischen Rechtsanwalt und Mandant das herausragende Grundprinzip des anwaltlichen Berufsstandes, so darf dem steuerpflichtigen Rechtsanwalt aus der Ausübung seines Auskunftsverweigerungsrechts kein Rechtsnachteil erwachsen (*Jahn* SAM 2007, 18 ff.).

132   Anlässlich von Betriebsprüfungen bei Rechtsanwälten oder Steuerberatern dürfen grundsätzlich keine anlasslosen **Kontrollmitteilungen** geschrieben werden (vgl. dazu BFH BStBl. II 2004, 1032; BFH/NV 2004, 1216; *Anderlohr/Crößmann* StBp 2005, 331 ff.; offen gelassen bei BFH DStR 2008, 1233 ff.). Sollte dies dennoch geschehen, so muss der betroffene Rechtsanwalt hierüber zuvor informiert werden (*Mack* BRAKMagazin 05/2009, 8). Schließlich steht ihm der Rechtsweg – ggf. im Rahmen einer einstweiligen Anordnung – offen (*Mutschler* DStR 2008, 2087 f.).

Verfahrensrechtlich handelt es sich bei jeder Mitwirkungsaufforderung der Finanzverwaltung um **133** einen gesonderten **Verwaltungsakt,** der isoliert per **Einspruch** – flankiert mit einem **Aussetzungsantrag** – angefochten werden kann (*Mack* BRAKMagazin 05/2009, 8).

gg) Übertragung einer Anwaltskanzlei. Übernimmt ein Rechtsanwalt die Kanzlei eines Kollegen, **134** so erlangt er in seiner beruflichen Eigenschaft Kenntnisse über die in den Dateien und Akten seines Vorgängers festgehaltenen Tatsachen (BVerfGE 32, 373 (382); MüKoStGB/*Cierniak/Pohlit* Rn. 41). Die rechtliche Bewertung einer Kanzleiübertragung samt der zugehörigen Akten im Lichte von § 203 lässt bei historischer Betrachtung eine Entwicklung dahingehend erkennen, dass sich ein Wandel innerhalb der früher insbes. mit Blick auf § 134 BGB großzügigen zivilrechtlichen Rspr. vollzogen hat (MüKoStGB/*Cierniak/Pohlit* Rn. 65; vgl. etwa BGH NJW 1974, 602 zur Veräußerung einer Arztpraxis). Nunmehr werden an das **Vorliegen eines stillschweigenden Einverständnisses** mit Blick auf das geschützte Rechtsgut die § 203 strenge Anforderungen gestellt (MüKoStGB/*Cierniak/Pohlit* Rn. 65 mwN; *Knauer* FS Schöch, 2010, 444).

Nach der früher hM (eingehend dazu LK-StGB/*Schünemann* Rn. 110 mwN auch zur Gegenansicht) **135** sollte eine solche Übertragung zulässig sein und die Schweigepflicht mit Blick auf die Eigentumsgarantie des Art. 14 GG und die Berufsfreiheit aus Art. 12 GG eingeschränkt werden. Parallel dazu wurde auf ein zumindest konkludentes Einverständnis der Betroffenen rekurriert und zur Begründung der Gedanke der Sozialadäquanz angeführt. Als „argumentum ad absurdum" wurde zudem die Konstellation aufgezeigt, dass, wenn ein Rechtsanwalt stirbt oder er seine Kanzlei aufgibt, die Übernahme durch seinen Nachfolger einen normalen Vorgang darstelle, bei dem niemand einen Geheimnisbruch vermute. Würde man dies anders beurteilen, wäre die zwangsläufige Folge, dass bereits die Bestellung einer Urlaubsvertretung, die Begründung einer Sozietät oder die Neueinstellung von Personal jeweils daran scheitern müssten, dass in diesen Fällen der Schweigepflichtige anderen Personen fremde Geheimnisse zugänglich macht (LK-StGB/*Schünemann* Rn. 110 mwN).

Die früher hM muss heute als überholt angesehen werden. So hat der BGH (NJW 1995, 2026 im **136** Anschluss an BGHZ 116, 268) bei der Veräußerung einer Rechtsanwaltskanzlei die Weitergabe von Mandantendaten ohne Zustimmung des Mandanten für rechtswidrig und den **Vertrag gemäß § 134 BGB für nichtig** erklärt. Die Abtretung zwecks Herstellung einer Aufrechnungslage (vgl. BGH NJW 1996, 775) sowie die Abtretung an einen ebenfalls Schweigepflichtigen wurde mit der gleichen Begründung abgelehnt (→ Rn. 118 ff.). Auch der Verkauf einer Steuerberaterpraxis mitsamt dem – regelmäßig am werthaltigsten ausfallenden – Forderungsbestand wurde von der Rspr. (BGHZ 116, 268; 122, 116; BGH NJW 1993, 2795; 1996, 2087; OLG Hamburg NJW 1993, 1335) für nichtig erklärt.

Die hL (LK-StGB/*Schünemann* Rn. 110 mwN; NK-StGB /*Kargl* Rn. 59; SK-StGB/*Hoyer* Rn. 78; **137** *Roßnagel* NJW 1989, 2303; *König* CR 1991, 473; *Bongen/Kremer* NJW 1990, 2911 (2915); *Rieger* MedR 1992, 147; *Schlund* JR 1992, 200 und 1993, 25; *Taupitz* MDR 1992, 421; *Körner-Dammann* NJW 1992, 729; 1992, 1543; *Kamps* NJW 1992, 1545; *Mennicke/Radtke* MDR 1993, 400; *Langkeit* NStZ 1994, 6 (9); *Mankowski* JZ 1994, 48; *Ring* BB 1994, 373; *Wolf* NJW 1994, 563 (565); *Henssler* NJW 1994, 1817 (1822); *Berger* NJW 1995, 1584; *Gola* NJW 1995, 3283 (3289) und 1996, 3312 (3319); *Römermann* NZG 1999, 608; *Laufs* NJW 1999, 1768; *Gola/Klug* NJW 2003, 2422) hat sich dieser strengen Rechtsprechung inzwischen angeschlossen. Nunmehr obliegt es grundsätzlich dem Schweigepflichtigen, in eindeutiger und unmissverständlicher Weise die **Zustimmung seiner Mandanten** zur Weitergabe von Informationen aus dem Mandatsverhältnis **einzuholen** (MüKoStGB/*Cierniak/Pohlit* Rn. 65). Obwohl diese Ansicht erhebliche Praktikabilitätsprobleme mit sich bringt (dazu *Laufs* MedR 1989, 309; *Michalski/Römermann* NJW 1996, 1305), verdient sie auch aus strafrechtlicher Sicht Zustimmung. So bleibt als Rechtfertigungsgrund in den genannten Fallgruppen nur die Einwilligung (→ Rn. 56 ff.). Die mutmaßliche Einwilligung (→ Rn. 68 ff.) scheitert regelmäßig an der Möglichkeit, eine ausdrückliche Einwilligung einzuholen (BGHSt 16, 312; LK-StGB/*Schünemann* Rn. 110 mwN; *Roxin* FS Welzel, 1974, 461). Zudem kann die angesichts einer entsprechenden jahrzehntelangen Praxis anzunehmende Sozialadäquanz hinsichtlich der Weitergabe von Mandantendaten an Praxisnachfolger und an Verrechnungsstellen lediglich als Möglichkeit zur einschränkenden Tatbestandsauslegung dienen (LK-StGB/*Schünemann* Rn. 110 mwN; *Hirsch* ZStW 74 (1962), 78; *Dölling* ZStW 96 (1984), 55), wofür sich im Wortlaut des § 203 jedoch keine ausreichenden Anhaltspunkte finden.

Als Reaktion auf die angedeuteten **Praktikabilitätsprobleme** liefert die Praxis verschiedene **Lö-** **138** **sungsvorschläge,** wie trotz der Schranken des § 203 eine Kanzlei dennoch übertragen werden kann, ohne dass der Übertragende von jedem Mandanten eine Einzeleinwilligung einholen muss. So können der alte und der neue Inhaber einer Kanzlei etwa vertraglich für die Übergangszeit eine sog **Außensozietät vereinbaren** (vgl. dazu MüKoStGB/*Cierniak/Pohlit* Rn. 50 mwN; *Huffer* NJW 2002, 1382; *Goette* DStR 2001, 1263; *Hartung* BB 2001, 1921; *Vahle* DSB 2001 Nr. 10, 22). Der BGH (NJW 2001, 2462 (2464)) geht in diesen Fällen von einer Einwilligung des Mandanten aus (vgl. auch LG Baden-Baden NJW-RR 1998, 202; aA OLG München NJW 2000, 2592; Schönke/Schröder/*Lenckner/Eisele* Rn. 24b, 28; vgl. zur Anwaltssozietät weiter BGHZ 56, 355 (360 f.); 70, 247 (249); 124, 47 (48 ff.); BGH VersR 1991, 1003; BGH NJW 2000, 1560; zu den Besonderheiten einer Anwaltssozietät nach § 59a BRAO vgl. BGHZ 122, 115 (119)). Unter diesen Voraussetzungen sind beide – Käufer wie

10 StGB § 203

Verkäufer – zur Einsichtnahme in die Mandantenakten berechtigt, so dass ein unbefugtes Offenbaren von Mandantengeheimnissen im Innenverhältnis ausscheidet (MüKoStGB/*Cierniak/Pohlit* Rn. 50). Schließlich verlangt § 203 bereits tatbestandlich, dass das Geheimnis dem Dritten zumindest teilweise noch unbekannt sein muss (→ Rn. 18). Erfolgt bei dem Verkauf einer Kanzlei eine **Abtretung von Honoraransprüchen mit Übergabe der Akten,** so liegt kein Offenbaren iSv § 203 vor, wenn dem Zessionar die Geheimnisse aus seiner früheren Tätigkeit als Mitarbeiter bereits bekannt waren (BGH NJW 1995, 2025 mAnm *Michalski/Römermann* NJW 1996, 1305; BGH NJW 1997, 188 mAnm *Goette* DStR 1997, 40; Fischer Rn. 30a).

139   Eine weitere Möglichkeit der Übertragung einer Anwaltskanzlei ohne Verstoß gegen § 203 ist die **Einstellung des Erwerbers für eine Übergangszeit als (angestellter) Anwalt.** So kommt der zukünftige Erwerber bereits beruflich mit den Mandanteninformationen in Berührung. Umstritten ist, ob auch die frühere Tätigkeit des Übernehmenden als freier Mitarbeiter des Veräußerers ausreicht (**bejahend:** LG Baden-Baden NJW-RR 1998, 202; **verneinend:** OLG München NJW 2000, 2502; zur Bedeutung von § 49b BRAO und § 64 Abs. 2 StBerG s. AG München NJW-RR 1997, 1559; LG Karlsruhe MDR 2001, 1383). Hingegen verstößt der bloße Verkauf, kombiniert mit der Verpflichtung zur Aktenübergabe, gegen § 203 (BGH NJW 1996, 2087; 1999, 1404 (1406); OLG Karlsruhe NJW 1998, 831; Fischer Rn. 30a).

140   Für **Steuerberater** und **Wirtschaftsprüfer** gelten für die Übergabe von Mandantenakten im Zusammenhang mit der Veräußerung einer Kanzlei vergleichbare Grundsätze (MüKoStGB/*Cierniak/Pohlit* Rn. 70; vgl. auch BGH NJW 1996, 2087 mAnm *Henssler* EWiR 1996, 669 und *Goette* DStR 1996, 1577; OLG Hamm DStR 1992, 557; LG Konstanz NJW 1992, 1241). Jeweils beschränkt auf die Angehörigen des jeweils gleichen Berufes entsprechen **§ 64 Abs. 2 StBerG** und **§ 55 Abs. 3 WPO** der Regelung des § 49b Abs. 4 BRAO.

141   **c) Der Rechtsanwalt und seine Stellung in der Kanzlei. aa) Tätigkeit in einer Bürogemeinschaft.** Das Eingehen einer **Bürogemeinschaft** ist Rechtsanwälten nach **§ 59a Abs. 3 BRAO** nur mit den in § 59a Abs. 1 und 2 BRAO bezeichneten Berufen gestattet. Eine Bürogemeinschaft zeichnet sich dadurch aus, dass gewisse Büroeinrichtungen gemeinsam genutzt werden. Die Angestellten stellen **Berufsgehilfen** (→ Rn. 150 ff.) jedes Mitglieds der Bürogemeinschaft dar. Sie üben für alle Mitglieder berufsbezogene Hilfstätigkeiten aus und fallen daher unter die §§ 53a StPO, 203 Abs. 3 S. 1 (*Michalski/Römermann* NJW 1996, 3233 (3239)). Gibt ein in einer Bürogemeinschaft tätiger Rechtsanwalt angestellten Hilfskräften mandantenbezogene Informationen weiter, so macht er sich hierdurch nicht nach § 203 Abs. 1 Nr. 3 strafbar, da es sich bei den Angestellten rechtlich um Angehörige seiner Kanzlei handelt (*Michalski/Römermann* NJW 1996, 3233 (3239)).

142   Anders gestaltet sich die rechtliche Situation, wenn ein Rechtsanwalt Informationen an einen mit ihm lediglich in Bürogemeinschaft verbundenen **Rechtsanwalt** weiterleitet (Fischer Rn. 36). Im Unterschied zur Sozietät ist ein solcher Rechtsanwalt nicht in den Mandatsvertrag des anderen Rechtsanwalts mit dessen Mandanten einbezogen (*Michalski/Römermann* NJW 1996, 3233 (3239)). Zwar erstreckt sich ein Mandat, das einer Anwaltssozietät ggü. erteilt wird, regelmäßig auf alle – auch erst später eingetretene – Sozietätsmitglieder (MüKoStGB/*Cierniak/Pohlit* Rn. 50). Bei einer einfachen Bürogemeinschaft rechnet der Mandant dagegen nicht damit, dass seine Informationen weitergegeben werden. Es liegt **keine konkludente Einwilligung** in die Weitergabe vor (SSW StGB/*Bosch* Rn. 39; *Michalski/Römermann* NJW 1996, 3233 (3239)). Bei einer Bürogemeinschaft zwischen Rechtsanwälten ist weder von einer arbeitsteilig organisierten Funktionseinheit noch von einem beruflich notwendigen Informationsaustausch auszugehen (BGH NJW 1995, 2916; 2001, 2463; OLG München NJW 1999, 150; 2000, 2593; OLG Frankfurt a. M. NJW 1999, 152; NK-StGB /*Kargl* Rn. 58). Ein Rechtsanwalt, der entsprechende Informationen seines Mandanten weiterleitet, kann sich mithin unabhängig davon nach § 203 Abs. 1 Nr. 3 strafbar machen, ob es sich bei der anderen Person ebenfalls um einen Rechtsanwalt handelt (BGH NJW 1995, 2026; *Michalski/Römermann* NJW 1996, 3233 (3239)). Dies lässt sich damit erklären, dass die anwaltliche Schweigepflicht des nur in Bürogemeinschaft verbundenen Rechtsanwalts nicht die durch den anderen Rechtsanwalt weitergegebenen Informationen umfasst.

143   Das mit Blick auf § 203 Abs. 1 Nr. 3 und Abs. 3 ergebende Konfliktpotenzial hat zur Folge, dass eine **Bürogemeinschaft unter Rechtsanwälten** lediglich in der Form zulässig ist, dass nur die gemeinsamen Angestellten, nicht jedoch die an der Bürogemeinschaft beteiligten Rechtsanwälte mit Mandantendaten des jeweils anderen Kollegen in Berührung kommen (*Michalski/Römermann* NJW 1996, 3233 (3239)).

144   **bb) Tätigkeit als angestellter Rechtsanwalt.** Zwar stehen gemäß **§ 203 Abs. 3 S. 2** den in Abs. 1 Nr. 3 und den in Abs. 2 S. 1 genannten Personen „ihre berufsmäßig tätigen Gehilfen" gleich (→ Rn. 150 ff.). An der erforderlichen Hilfsfunktion eines Gehilfen fehlt es jedoch, wenn ein Berufsangehöriger gleichgeordnet ist und einen bestimmten Aufgabenbereich eigenständig bewältigen muss (MüKoStGB/*Cierniak/Pohlit* Rn. 122; NK-StGB/*Kargl* Rn. 38), wie dies bei einem angestellten Rechtsanwalt der Fall ist (NK-StGB/*Kargl* Rn. 38). Umstritten ist lediglich, ob allein aus dem Vorliegen einer **Teamarbeit** ein Rückschluss darauf gezogen werden kann, dass jeder automatisch zum Gehilfen des anderen wird. Die hM verneint dies zu Recht (LK-StGB/*Schünemann* Rn. 81; MüKoStGB/*Cierni-*

ak/Pohlit Rn. 122; NK-StGB/*Kargl* Rn. 38 mwN; SK-StGB/*Hoyer* Rn. 48; aA *Lücken* RdjB 1969, 290). Auch angestellte Anwälte unterfallen dem Rechtsanwaltsbegriff des § 203 Abs. 1 Nr. 3 und sind deshalb keine berufsmäßig tätigen Gehilfen (MüKoStGB/*Cierniak/Pohlit* Rn. 33).

cc) Tätigkeit als freier Mitarbeiter. Ob die Aufnahme eines Rechtsanwalts in eine Sozietät auf der **145** Basis einer freien Mitarbeit vollzogen wird, spielt für § 203 keine Rolle. Für die Einbeziehung des Rechtsanwalts in das jeweilige Mandatsverhältnis ist lediglich von Bedeutung, ob er als Mitglied der Sozietät **nach außen** in Erscheinung tritt (MüKoStGB/*Cierniak/Pohlit* Rn. 50). Sind alle Mitglieder einer Sozietät dazu berechtigt, Einsicht in die Akten eines bestimmten Mandatsverhältnisses zu nehmen, so unterliegen auch alle Mitglieder von Anfang an der anwaltlichen Schweigepflicht. Ein unbefugtes Offenbaren etwaiger Mandantengeheimnisse im Innenverhältnis zwischen den Sozietätsmitgliedern scheidet aus (MüKoStGB/*Cierniak/Pohlit* Rn. 50).

Umstritten ist, ob die **frühere Tätigkeit** eines Rechtsanwaltes als freier Mitarbeiter in einer Kanzlei, **146** die er „sanft" übernehmen möchte (zur Übernahme einer Anwaltskanzlei vgl. → Rn. 134 ff.), bereits genügt, damit der Veräußerer bei der späteren Übertragung keinem Strafbarkeitsrisiko gemäß § 203 ausgesetzt ist (**bejahend:** LG Baden-Baden NJW-RR 1998, 202; **verneinend:** OLG München NJW 2000, 2592 ff.; zur Bedeutung von § 49b BRAO und § 64 Abs. 2 StBerG vgl. AG München NJW-RR 1997, 1559; LG Karlsruhe MDR 2001, 1383). Hier ist darauf abzustellen, dass der Mandant, dem die Beschäftigung freier Mitarbeiter ohne Vorliegen eines Sozietätsverhältnisses bekannt war, damit rechnen muss – und entsprechend einwilligt –, dass sein Mandat arbeitsteilig auch durch freie Mitarbeiter erledigt wird (so zutreffend OLG München NJW 2000, 2592 (2593)). Bei der Aufnahme neuer Mitarbeiter weiß der Mandant zum Zeitpunkt der Mandatserteilung dagegen nicht, dass seine Daten auch diesen bekannt werden können. Daher bleibt ihm ggü. der ursprünglich mandatierte Rechtsanwalt weiter verantwortlich (OLG München NJW 2000, 2592 (2594)). Dabei kommt es nicht darauf an, ob der Übertragende den Erwerber „eine Sekunde vor Kanzleiübertragung" als Mitarbeiter aufgenommen hat, da ein solches **Umgehungsgeschäft** den Schutz des Mandanten nicht ausreichend gewährleisten könnte (OLG München NJW 2000, 2592 (2594)). Dem steht auch die Regelung des **§ 49b Abs. 4 S. 1 BRAO** nicht entgegen, da diese Vorschrift nur den Fall der Honorarabtretung (näher → Rn. 118 ff.) regelt und deshalb nicht auf die Übergabe der gesamten Kanzlei samt Mandantenakten übertragen werden kann (zutreffend OLG München NJW 2000, 2592 (2594); aA LG Baden-Baden NJW-RR 1998, 202). Auch wenn der Rechtsanwalt, dem die Kanzlei übertragen wird, gleichfalls der Verschwiegenheitspflicht unterliegt, ist es Sache des Mandanten, sich nur dem Geheimnisträger anzuvertrauen, den er für entsprechend geeignet hält (OLG München NJW 2000, 2592 (2594 f.)).

d) Berufsfremde Kenntniserlangung. Der Schweigepflichtige muss die Kenntnis des Geheimnisses **147** in seiner Funktion als Berufsträger erlangt haben (→ Rn. 35). Es ist eine Tätigkeit erforderlich, die nicht nur zum Berufsbild des Täters gehört, sondern auch **in erlaubter Weise** und **nicht berufsfremd** ausgeübt wird (BVerfGE 32, 373 (381); LK-StGB/*Schünemann* Rn. 35 mwN). Die erforderliche Abgrenzung zwischen berufsmäßiger und berufsfremder Kenntniserlangung kann bei einem Rechtsanwalt über die am Berufsbild ausgerichtete steuer- bzw. gebührenrechtliche Einordnung der wahrgenommenen Angelegenheit vorgenommen werden (BGHZ 18, 340 (346); 46, 268 (270); 53, 394 (396); BGH NJW 1980, 1855; 1980, 2642; BFH AnwBl 1981, 190; BFH BStBl. II 1986, 213; krit. dazu MüKoStGB/*Cierniak/Pohlit* Rn. 39). Nach Auffassung des BGH (BGHSt 34, 295 (298)) darf dabei jedoch ein einheitliches Geschäft nicht aufgespalten werden.

Ein typischer Fall der berufsfremden Tätigkeit ist die **Begehung einer Straftat** bzw. die **Beihilfe- 148 handlung zur Straftat** eines anderen (BVerfGE 32, 373 (381); LK-StGB/*Schünemann* Rn. 35 mwN; MüKoStGB/*Cierniak/Pohlit* Rn. 41). Regelmäßig berufsfremd ist ein Rechtsanwalt auch tätig, der **Heirats- oder Grundstücksvermittlungen** vornimmt oder als ein Gesellschafter verschiedene Gesellschaftsanteile hält, sei es auch nur treuhänderisch (LK-StGB/*Schünemann* Rn. 35; aA KG JR 1985, 161 (162)). Daher unterfallen diese Tathandlungen nicht § 203 Abs. 1.

e) Verschaffung der Kenntnisse aus privater Neugier. Kenntnisse, die sich ein Rechtsanwalt aus **149** rein privater Neugier eigenmächtig verschafft hat, fallen nicht unter den Straftatbestand des § 203 (MüKoStGB/*Cierniak/Pohlit* Rn. 41; Schönke/Schröder/*Lenckner/Eisele* Rn. 15), denn diese Kenntnisse wurden ihm nicht als Berufsträger anvertraut und sind ihm auch nicht als Rechtsanwalt bekannt geworden (→ Rn. 35).

3. Berufsmäßig tätige Gehilfen. a) Weitergabe von Daten an kanzleiinternes Personal. 150 Gemäß **§ 203 Abs. 3 S. 2** stehen den in § 203 Abs. 1 Nr. 3 und Abs. 3 S. 1 aufgeführten Berufsgruppen deren **berufsmäßig tätige Gehilfen** gleich. Gehilfen sind dadurch charakterisiert, dass ihre unterstützende Tätigkeit im Hinblick auf die besondere Tätigkeit nach § 203 Abs. 1 Nr. 3 bzw. Abs. 3 S. 1 in einem inneren Zusammenhang steht und mit der Kenntnisnahme fremder Geheimnisse verbunden ist (HK-StrafR/*Tag* Rn. 19; MüKoStGB/*Cierniak/Pohlit* Rn. 50, 122; BeckOK StGB/*Weidemann* Rn. 2; vgl. dazu auch SK-StGB/*Hoyer* Rn. 48) oder dies ohne die Überwindung eines besonderen Hindernisses ermöglicht (Joecks Rn. 14; Schönke/Schröder/*Lenckner/Eisele* Rn. 64). Eine aus arbeitsrechtlicher Sicht wirksame Anstellung des Gehilfen ist nicht erforderlich, es genügt die **tatsäch-**

liche (faktische) **Ausübung der jeweiligen Tätigkeit** (LK-StGB/*Schünemann* Rn. 78; MüKoStGB/ *Cierniak/Pohlit* Rn. 124).

151   Mit der Kenntnisnahme von Geheimnissen verbunden ist typischerweise die Tätigkeit von **Büro-vorstehern** (RGZ 53, 360 (362); Lackner/Kühl/*Heger* Rn. 11b; LK-StGB/*Schünemann* Rn. 79; Schön-ke/Schröder/*Lenckner/Eisele* Rn. 64), **Sekretärinnen** von Rechtsanwälten (Lackner/Kühl/*Heger* Rn. 11b; Schönke/Schröder/*Lenckner/Eisele* Rn. 64), **rechtskundigem Kanzleipersonal** (BGHSt 9, 59; BGH NJW 1995, 2915; Lackner/Kühl/*Heger* Rn. 11b; LK-StGB/*Schünemann* Rn. 79), das aller-dings nicht selbst als Rechtsanwalt zugelassen sein darf (MüKoStGB/*Cierniak/Pohlit* Rn. 125), sowie **internem EDV-Personal** (Fischer Rn. 21a; Lackner/Kühl/*Heger* Rn. 11b; MüKoStGB/*Cierniak/Poh-lit* § 203 Rn. 114; *Sieber* FS Eser, 2005, 1155 (1166); *Heghmanns/Niehaus* NStZ 2008, 57 (58); *Lensdorf/ Mayer-Wegelin/Mantz* CR 2009, 62 (63)). Umstritten ist, ob ein **Detektiv** Gehilfe eines Strafverteidigers sein kann (**bejahend:** a.M. NJW 1959, 589; LK-StGB/*Schünemann* Rn. 79; ebenso MüKoStGB/*Cierniak/Pohlit* Rn. 125 unter Hinweis auf das geschützte Rechtsgut; **verneinend:** Meyer-Goßner/Schmitt/*Schmitt* StPO § 53a Rn. 2 mwN; vgl. dazu auch Schönke/Schröder/*Lenckner/Eisele* Rn. 64a; *Jungfer* StV 1989, 495 (504) sowie *Pätzel* DuD 2000, 646 zur Problematik der Datenübermitt-lung an einen Detektiv).

152   Tätigkeiten des Personals, die sich nur auf die **äußeren Bedingungen** der Anwaltstätigkeit bezie-hen und die **nicht notwendigerweise mit der Teilhabe an Geheimnissen verbunden** sind, wie dies etwa bei Reinigungspersonal, Hausangestellten, Pförtnern (aA *Kamps* MedR 1985, 200 (202)), Boten oder Chauffeuren der Fall ist, kommen nicht als Gehilfen iSd § 203 Abs. 3 S. 2 in Frage. Gleiches gilt für **außenstehende Dritte** (→ Rn. 154 ff.), die Tätigkeiten übernehmen, die nicht zwingend mit der Teilhabe an einem fremden Geheimnis verbunden sind (HK-StrafR/*Tag* Rn. 20; Fischer Rn. 21; Lackner/Kühl/*Heger* Rn. 11b; LK-StGB/*Schünemann* Rn. 79 mwN; MüKoStGB/ *Cierniak/Pohlit* Rn. 122; NK-StGB/*Kargl* Rn. 38; Schönke/Schröder/*Lenckner/Eisele* Rn. 64; SK-StGB/*Hoyer* Rn. 49; BeckOK StGB/*Weidemann* Rn. 22; *Ackermann* FS DJT Bd. I, 1960, 479 (496); *Kohlhaas* GA 1958, 65 (67); krit. *Kohlhaas* NJW 1972, 1502; *Schäcker* BB 1964, 968; *Otto* wistra 1999, 201 (203)).

153   Da die gesetzliche Formulierung des „berufsmäßig tätigen Gehilfen" nur einen **inneren Zusam-menhang zwischen der unterstützenden und der besonderen beruflichen Tätigkeit** erfordert (Fischer Rn. 21; Schönke/Schröder/*Lenckner/Eisele* Rn. 64; BeckOK StGB/*Weidemann* Rn. 22.1), kann der jeweiligen Tätigkeit auch als **Nebentätigkeit** oder **ehrenamtlich** nachgegangen werden. Gehilfe ist nicht nur, wer die Tätigkeit als berufliche Haupterwerbsquelle ausübt (HK-StrafR/*Tag* Rn. 19; LK-StGB/*Schünemann* Rn. 82; NK-StGB/*Kargl* Rn. 38a mwN; Schönke/Schröder/*Lenckner* Rn. 64; SK-StGB/*Hoyer* Rn. 49; BeckOK StGB/*Weidemann* Rn. 22.1; *Sieber* FS Eser, 2005, 1155 (1167)). Die Gegenansicht (Lackner/Kühl/*Heger* Rn. 11b; MüKoStGB/*Cierniak/Pohlit* Rn. 124; *Rudol-phi* FS Bemmann, 1997, 412 (417); *Schmitz* JA 1996, 772 (773)) möchte nur solche Gehilfen erfassen, deren unterstützende Tätigkeit als berufsmäßige Aktivität entfaltet wird. Damit setzt sich diese Auf-fassung jedoch in Widerspruch zu der verfahrensrechtlichen Regelung des § 53a StPO, die sich ganz generell auf alle Gehilfen bezieht (BeckOK StGB/*Weidemann* Rn. 22.1). Lediglich **gelegentlich vor-genommene Unterstützungshandlungen** lassen sich nicht unter das Merkmal der Berufsmäßigkeit subsumieren (NK-StGB/*Kargl* Rn. 38a). Mithin sind nur jene Gehilfen in den Kreis der Schutzpflichti-gen einzubeziehen, die **routinemäßig anfallende und sich wiederholende Leistungen** erbringen (NK-StGB/*Kargl* Rn. 38a mwN; *Ackermann* FS DJT Bd. I, 1960, 479 (496)).

154   **b) Weitergabe von Daten an externe Dritte/outgesourcte Betriebsteile.** Umstritten ist, inwieweit auch **externe Dritte** – wie etwa Mitarbeiter von Unternehmen zur Reparatur, Service und Wartung von EDV-Anlagen – oder Mitarbeiter in **outgesourcten Betriebsteilen** – wie etwa Schreib-, Buchführungs- und Abrechnungsdienste –, die geheimnisrelevante Tätigkeiten für Personen nach § 203 Abs. 1 ausüben, unter die berufsmäßig tätigen Gehilfen nach § 203 Abs. 3 S. 2 sub-sumiert und als befugte Mitwisser angesehen werden können (→ Rn. 50; zum Streitstand BeckOK StGB/*Weidemann* Rn. 22.2; HK-StrafR/*Tag* Rn. 20; **bejahend:** *Kilian* NJW 1987, 695; *Heghmanns/ Niehaus* NStZ 2008, 57; ähnlich auch *Lensdorf/Mayer-Wegelin/Mantz* CR 2009, 62 (64 f.); **vernei-nend:** Fischer Rn. 21; Lackner/Kühl/*Heger* Rn. 11b; LK-StGB/*Schünemann* Rn. 79; MüKoStGB/ *Cierniak/Pohlit* Rn. 117 mwN; Schönke/Schröder/*Lenckner/Eisele* Rn. 64a; SK-StGB/*Hoyer* Rn. 48; zu der damit zusammenhängenden datenschutzrechtlichen Problematik s. *Heghmanns/Niehaus* wistra 2008, 57 (58 ff.)).

155   Scheidet man **externe Personen als Gehilfen iSd § 203 Abs. 3** aus, so ist die Offenbarung ihnen ggü. strafbar, wenn keine Einwilligung oder kein anderer die Unbefugtheit ausschließender Grund vorliegt (Fischer Rn. 21). Hierfür spricht bereits der Grundgedanke des § 203 als zumindest auch das allgemeine Vertrauen schützende Vorschrift (→ Rn. 2; zutreffend daher Schönke/Schröder/*Lenckner/ Eisele* Rn. 64a). Weiterhin würde durch die Anerkennung externer Personen als Gehilfen der Kreis der legitimen Mitwisser extrem ausgedehnt und die Strafbarkeit gerade in einer hochspezialisierten und arbeitsteilig organisierten Arbeitswelt ins Uferlose ausgeweitet (LK-StGB/*Schünemann* Rn. 79; Mü-KoStGB/*Cierniak/Pohlit* Rn. 123). Deshalb wird teilweise die Gehilfeneigenschaft einschränkend von

Kontrollbefugnissen des Beauftragenden abhängig gemacht (*Bräutigam* CR 2011, 414 ff.; *Kort* NStZ 2011, 195; *Lensdorf/Mayer-Wegelin/Mantz* CR 2009, 64), so von einer effektiven Steuerungsmacht (*Heghmanns/Niehaus* NStZ 2008, 61) oder einem faktischen Direktionsrecht (so *Hilgendorf* FS Tiedemann, 2008, 1125 (1129). Die Nichterfassung von Abrechnungsstellen als Gehilfen iSv § 203 Abs. 3 lässt sich zudem auf den Gesetzeswortlaut und den Willen des Gesetzgebers stützen, der im Jahr 2000 die Mitarbeiter selbstständiger Verrechnungsstellen ausdrücklich in § 203 Abs. 1 Nr. 6 als taugliche Täter eingefügt hat. Diese Neuregelung wäre überflüssig gewesen, wenn externe Personen bereits unter § 203 Abs. 3 gefallen wären (Fischer Rn. 21). Externe Personen sind mithin keine Gehilfen iSd § 203 Abs. 3.

Die **Abgrenzung zwischen internem und externem Personal** ist nach hM danach vorzunehmen, **156** ob die jeweilige Person aus der Perspektive des Geheimnis-Berechtigten in den weisungsgebundenen und organisatorischen internen Bereich einer vertrauensbegründenden Sonderbeziehung einbezogen ist (statt vieler Fischer Rn. 21; LK-StGB/*Schünemann* Rn. 78; MüKoStGB/*Cierniak/Pohlit* Rn. 123; Schönke/Schröder/*Lenckner/Eisele* Rn. 64a; aA *Heghmanns/Niehaus* NStZ 2008, 57 (61 f.), die auf die Steuerungs- und Kontrollmacht seitens des originären Geheimnisinhabers abstellen). Nur wenn Dritte mit der Ausführung von Aufträgen betraut werden, die in sehr enger Beziehung zum Aufgabenkreis des Schweigepflichtigen stehen, werden sie ausnahmsweise in den informationellen Schutzbereich einbezogen (MüKoStGB/*Cierniak/Pohlit* § 203 Rn. 123 mwN; dazu auch *Schäfer* FS Hanack, 1999, 77 (91 f.)). So kann ein Kreditinstitut, das für einen Rechtsanwalt oder einen Notar ein Anderkonto führt, gemäß der sich aus den §§ 43a Abs. 5 S. 2 BRAO, 54b BeurkG ergebenden Berufspflichten als dessen Gehilfe eingestuft werden (LG Darmstadt DNotZ 1991, 560 mAnm *Knoche;* LG Frankfurt a.M. WM 1994, 2279 mAnm *Ranft;* LG Köln WM 1991, 589 mAnm *Menk;* MüKoStGB/*Cierniak/Pohlit* Rn. 125; zweifelnd OLG Frankfurt a.M. NJW 2002, 1135 (1136); aA LG Würzburg wistra 1990, 118 (nicht beanstandet von BVerfG wistra 1990, 97); vgl. auch *Stahl* wistra 1990, 94).

4. Weitergabe von Daten an zur Ausbildung tätige Personen. Gemäß § 203 Abs. 3 S. 2 stehen **157** den in § 203 Abs. 1 Nr. 3 und Abs. 3 S. 1 aufgeführten Berufsgruppen auch diejenigen Personen gleich, die bei einem Rechtsanwalt zur Vorbereitung auf ihren Beruf – der nicht notwendig einer nach § 203 Abs. 1 bzw. Abs. 2 S. 1 sein muss (Fischer Rn. 22; LK-StGB/*Schünemann* Rn. 83; MüKoStGB/*Cierniak/Pohlit* Rn. 128; NK-StGB/*Kargl* Rn. 39; Schönke/Schröder/*Lenckner/Eisele* Rn. 65; SK-StGB/*Hoyer* Rn. 50) – und damit **zu Ausbildungszwecken** (SK-StGB/*Hoyer* Rn. 50) tätig sind. Die Anforderungen sind weitestgehend mit denjenigen für Gehilfen (→ Rn. 150 ff.) identisch (Fischer Rn. 22). Hierunter fallen etwa Rechtsreferendare, die bei einem Notar oder einem Rechtsanwalt ihre Station absolvieren (HK-StrafR/*Tag* Rn. 21; Lackner/Kühl/*Heger* Rn. 12; LK-StGB/*Schünemann* Rn. 83; MüKoStGB/*Cierniak/Pohlit* Rn. 128; NK-StGB/*Kargl* Rn. 39; BeckOK StGB/*Weidemann* Rn. 23; SK-StGB/*Hoyer* Rn. 50) sowie sonstige Auszubildende und Lehrlinge (LPK-StGB/*Kindhäuser* Rn. 3; LK-StGB/*Schünemann* Rn. 83). Umstritten ist, ob hiervon auch die (Berufsfindungs-)**Praktikanten und Volontäre** erfasst sind (**bejahend:** LK-StGB/*Schünemann* Rn. 83; MüKoStB/*Cierniak/Pohlit* Rn. 128; NK-StGB/*Kargl* Rn. 39; SK-StGB/*Hoyer* Rn. 50 mwN; **verneinend:** BeckOK StGB/*Weidemann* Rn. 23). Eine **tatsächliche Mitwirkung an der Berufsausübung** durch die sich in Ausbildung befindende Person ist nicht erforderlich; es genügt, dass sie diesen oder einen in unmittelbar inhaltlichem Zusammenhang stehenden Beruf erlernt (Fischer Rn. 22). Ebenso braucht die betreffende Ausbildungsstation nicht vorgeschrieben zu sein (NK-StGB/*Kargl* Rn. 39). Wenn die Teilnahme jedoch nicht der konkreten Berufsvorbereitung, sondern der **reinen Selbstfindung** dient, sind die Voraussetzungen des § 203 Abs. 3 nicht erfüllt (NK-StGB/*Kargl* Rn. 39 mwN).

5. Gleichstellung von Personen, die das Geheimnis von dem Verstorbenen oder aus dessen 157a Nachlass erlangt haben. Nach § 203 Abs. 3 S. 3 steht in den S. 1 und 2 Genannten nach dem Tod des zur Wahrung des Geheimnisses Verpflichteten gleich, wer das Geheimnis von dem Verstorbenen oder aus dessen Nachlass erlangt hat. Ein Erlangen liegt vor, wenn der Geheimnisträger es dem Täter offenbart hat, nicht hingegen, wenn dieser sich die Kenntnis durch eigenmächtiges rechtswidriges Handeln (zB durch Ausspähen oder Entwenden von Akten) verschafft hat (Fischer Rn. 23, LK-StGB/*Schünemann* Rn. 86). Denn die Schweigepflicht Außenstehender kann nicht weiter reichen als die der nach Abs. 1 und nach Abs. 3 S. 1, 2 Verpflichteten. Ob der Schweigepflichtige das Geheimnis unbefugt oder befugt mitgeteilt hat, soll gleichgültig sein (Lackner/Kühl/*Kühl* Rn. 13, LK-StGB/*Schünemann* Rn. 85). Jedoch ist S. 3 nicht anwendbar, wenn die Befugnis auf dem Einverständnis des Verfügungsberechtigten beruht (MüKoStGB/*Cierniak/Pohlik* Rn. 133). Ob dieser das Geheimnis dem Dritten selbst mitteilt oder mit seiner Offenbarung durch den Schweigepflichtigen einverstanden ist, kann einen rechtlichen Unterschied nicht begründen (Fischer Rn. 23; *Schmitz* JA 1996, 774; Schönke/Schröder/*Lenckner/Eisele* Rn. 67). Abs. 3 S. 3 Var. 2 enthält Regelungen zum **Nachlass eines Schweigepflichtigen,** die vor allem die Erben des Schweigepflichtigen betreffen. Kenntniserlangung *aus dem Nachlass* liegt vor, wenn der Betreffende die Geheimnisse in Ausübung wirklicher oder vermeintlicher Rechte am Nachlass erfahren hat. Neben dem Erben kommen auch der Erbschaftsbesitzer und der Testamentsvollstrecker in Betracht.

II. Verletzung von Privatgeheimnissen durch Angehörige einer steuerberaterlichen oder anwaltlichen Verrechnungsstelle (§ 203 Abs. 1 Nr. 6)

158   **1. Täterkreis.** Die Vorschrift des § 203 Abs. 1 Nr. 6 war in den letzten Jahren Gegenstand mehrerer Reformbemühungen. Als eine Verlängerung des aus § 203 Abs. 1 Nr. 3 resultierenden Berufsgeheimnisses (so LK-StGB/*Schünemann* Rn. 70; NK-StGB/*Kargl* Rn. 36; SK-StGB/*Hoyer* Rn. 46) erfasst die Vorschrift als Spezialregelung zu § 203 Abs. 3 S. 1 (so Fischer Rn. 18) in der zunächst aufgrund von Art. 17 des Gesetzes zur Neuregelung des Rechtsberatungsrechts v. 12.12.2007 (vgl. BGBl. I 2840 (2858); BT-Drs. 16/3655, 23 (100)) und später durch Art. 6 des Achten Gesetzes zur Änderung des Steuerberatungsgesetzes vom 8.4.2008 (BGBl. I 666) geänderten Fassung seit dem 12.4.2008 neben **Angehörigen anwaltlicher Verrechnungsstellen** nunmehr auch **Angehörige steuerberaterlicher Verrechnungsstellen.**

159   Unter den Begriff des **Angehörigen von Verrechnungsstellen** lassen sich Inhaber, Leiter, Organe sowie deren Mitglieder und alle Bediensteten subsumieren, die aufgrund ihrer Tätigkeit Kenntnis von fremden Geheimnissen erlangen (BeckOK StGB/*Weidemann* Rn. 20; Fischer Rn. 18; HK-StrafR/*Tag* Rn. 17; Lackner/Kühl/*Heger* Rn. 6; NK-StGB/*Kargl* Rn. 36; Schönke/Schröder/*Lenckner/Eisele* Rn. 41). Da die genannten Personen regelmäßig mit geheimnisrelevanten Informationen konfrontiert werden, erscheint ihre Gleichstellung mit den sonstigen Berufsträgern des § 203 gerechtfertigt (vgl. dazu LK-StGB/*Schünemann* Rn. 70).

160   **a) Angehörige berufsständischer und gewerblicher Verrechnungsstellen.** Der Tatbestand des § 203 Abs. 1 Nr. 6 erfasst unstreitig **berufsständische Verrechnungsstellen,** die als bürgerlich-rechtliche Vereine mit freiwilliger Mitgliedschaft für ihre Mitglieder Honorarforderungen einziehen (MüKoStGB/*Cierniak/Pohlit* Rn. 37; Schönke/Schröder/*Lenckner/Eisele* Rn. 41).

161   Hingegen ist umstritten, ob § 203 Abs. 1 Nr. 6 auch **gewerbliche Verrechnungsstellen** – wie zB Factoring-Unternehmen – erfasst (bejahend: OLG Stuttgart NJW 1987, 1490; LK-StGB/*Schünemann* Rn. 70; MüKoStGB/*Cierniak/Pohlit* Rn. 37; NK-StGB/*Kargl* Rn. 36; Schönke/Schröder/*Lenckner/Eisele* Rn. 41; verneinend: BeckOK StGB/*Weidemann* Rn. 20.1; Lackner/Kühl/*Heger* Rn. 6; SK-StGB/*Hoyer* Rn. 46; zweifelnd Fischer Rn. 18; aA OLG Köln NJW 1991, 753; *Lips/Schönberger* NJW 2007, 1567 (1569)). Für eine Einbeziehung gewerblicher Verrechnungsstellen spricht zwar, dass § 203 Abs. 1 Nr. 6 seinem Wortlaut nach nur auf die Funktion der Forderungseinziehung und nicht auf die jeweilige Organisationsform der einziehenden Einrichtung abstellt (MüKoStGB/*Cierniak/Pohlit* Rn. 37; NK-StGB/*Kargl* Rn. 36). Zudem ist der Geheimnisträger gleichermaßen schutzbedürftig, wenn die geheimzuhaltenden Tatsachen nicht an eine berufsständische, sondern an eine gewerbliche Verrechnungsstelle weitergegeben worden sind (Fischer Rn. 18; MüKoStGB/*Cierniak/Pohlit* Rn. 37). Hier entstünde eine Strafbarkeitslücke, da gewerbliche Verrechnungsstellen mangels Eingliederung in den organisatorischen Vertrauensbereich regelmäßig nicht als berufsmäßige Gehilfen nach § 203 Abs. 3 S. 2 eingestuft werden können (Fischer Rn. 18).

162   **b) Angehörige öffentlich-rechtlicher Verrechnungsstellen.** Bei **öffentlich-rechtlichen Verrechnungsstellen** greift bereits **§ 203 Abs. 2 S. 1 Nr. 1, 2** ein (Fischer Rn. 18), so dass die Frage, ob diese Einrichtungen auch § 203 Abs. 1 Nr. 6 unterfallen, mangels praktischer Bedeutung offen bleiben kann.

163   **2. Informationsverkehr. a) Weitergabe von Daten an internes Personal. Verrechnungsstellen** können mangels Eingliederung in den organisatorischen Vertrauensbereich von Rechtsanwälten und Steuerberatern zwar regelmäßig nicht als deren berufsmäßige Gehilfen eingestuft werden (Fischer Rn. 18). Ansonsten wäre auch die Ergänzung des Gesetzgebers in § 203 Abs. 1 Nr. 6 überflüssig (Fischer Rn. 21). Als gemäß § 203 Abs. 1 Nr. 6 selbst zur Wahrung fremder Geheimnisse verpflichtete Einrichtungen stehen ihnen jedoch ihre eigenen berufsmäßig tätigen Gehilfen nach § 203 Abs. 3 S. 2 gleich. Diese sind dadurch charakterisiert, dass ihre unterstützende Tätigkeit im Hinblick auf die besondere Tätigkeit nach § 203 Abs. 1 Nr. 6 in einem inneren Zusammenhang steht und mit der Kenntnisnahme fremder Geheimnisse verbunden ist oder dies ohne Überwindung eines besonderen Hindernisses ermöglicht (näher → Rn. 150 ff.).

164   **b) Weitergabe von Daten an externe Dritte/outgesourcte Betriebsteile.** Umstritten ist, inwieweit externe Dritte – wie etwa Mitarbeiter von Unternehmen, die die EDV-Anlage warten – oder outgesourcte Betriebsteile unter § 203 Abs. 3 S. 2 subsumiert werden können (zum Streitstand BeckOK StGB/*Weidemann* Rn. 22.2; HK-StrafR/*Tag* Rn. 20; s. auch → Rn. 154 ff.). Scheidet man nach der hier vertretenen Ansicht (→ Rn. 155) externe Personen als Gehilfen iSd § 203 Abs. 3 aus, so ist die Offenbarung von Geheimnissen ihnen ggü. nur strafbar, wenn keine Einwilligung oder kein anderer die Unbefugtheit ausschließender Grund (→ Rn. 55 ff.) vorliegt. Nur wenn der Dritte aus der Perspektive des Geheimnis-Berechtigten in den weisungsgebundenen und organisatorisch internen Bereich einer vertrauensbegründenden Sonderbeziehung einbezogen ist und er mit der Ausführung von Aufträgen betraut ist, die in sehr enger Beziehung zum Aufgabenkreis des Schweigepflichtigen stehen, ist er

ausnahmsweise in den informationellen Schutzbereich einbezogen. Dann ist er aber nicht mehr externer Dritter (näher → Rn. 154 ff.).

c) Weitergabe von Daten an zur Ausbildung tätige Personen. Nach § 203 Abs. 3 S. 2 stehen 165 den in § 203 Abs. 1 Nr. 6 aufgeführten Personen auch diejenigen Personen gleich, die bei ihnen zur Vorbereitung auf ihren Beruf und **zu Ausbildungszwecken** tätig sind (näher → Rn. 157).

d) Berufsfremde Kenntniserlangung. Der Schweigepflichtige muss das Geheimnis als Berufsträger 166 (→ Rn. 35) erlangt haben. Mit Blick auf die jeweilige Berufsnatur ist eine solche Tätigkeit erforderlich, die nicht nur zum Berufsbild des Täters gehört, sondern auch **in erlaubter Weise** und **nicht berufs-fremd** ausgeübt wurde (→ Rn. 147 f.).

III. Verletzung von Privatgeheimnissen durch Amtsträger (§ 203 Abs. 2 S. 1 Nr. 1)

Durch § 203 Abs. 2 S. 1 Nr. 1 werden in persönlicher Hinsicht **Täter aus dem Bereich der** 167 **öffentlichen Verwaltung** erfasst (SK-StGB/*Hoyer* Rn. 55). In gegenständlicher Sicht stellt § 203 Abs. 2 den geschützten Geheimnissen bestimmte **Daten** gleich, die – unabhängig ihrer Art (Mü-KoStGB/*Cierniak/Pohlit* Rn. 101) – **für Aufgaben der Verwaltung** gesammelt wurden (*Joecks* Rn. 10; MüKoStGB/*Cierniak/Pohlit* Rn. 101; NK-StGB/*Kargl* Rn. 27; Schönke/Schröder/*Lenckner/Eisele* Rn. 43). Hierdurch wird der Tatbestand im Vergleich zu § 203 Abs. 1 erheblich erweitert.

1. Täterkreis. a) Amtsträgerbegriff. Der Begriff des Amtsträgers in § 203 Abs. 2 S. 1 Nr. 1 ist mit 168 demjenigen des **§ 11 Abs. 1 Nr. 2** identisch, so dass diesbzgl. nicht nur auf die entsprechende Kommentierung verwiesen werden kann (Lackner/Kühl/*Heger* Rn. 7; LK-StGB/*Schünemann* Rn. 71; Mü-KoStGB/*Cierniak/Pohlit* Rn. 96; NK-StGB/*Kargl* Rn. 42 mwN; Schönke/Schröder/*Lenckner/Eisele* Rn. 59; SK-StGB/*Hoyer* Rn. 55), sondern sich auch dessen Abgrenzungsfragen übertragen lassen (OVG Lüneburg NJW 1984, 2652; ausf. dazu LK-StGB/*Schünemann* Rn. 71 mwN auch zur Gegenansicht und den sich daraus ergebenden Konsequenzen; vgl. auch → § 11 Rn. 5 ff.). Erfasst werden **Amtsträger jeder Art,** so auch Organe und deren Mitglieder von Stellen, die Aufgaben der öffentlichen Verwaltung wahrnehmen (Fischer Rn. 24). Auch Redakteure des öffentlich-rechtlichen Rundfunks sind als Amts-träger schweigepflichtig (*Libertus* ZUM 2012, 102 ff.).

Seit Einführung des § 11 Abs. 1 Nr. 2c durch das KorruptionsbG v. 13.8.1997 (BGBl. I 2038) ist die 169 **Organisationsform** der Stelle, für die der Täter bestimmte Aufgaben wahrnimmt, **nicht** mehr **ent-scheidend** (Lackner/Kühl/*Heger* § 11 Rn. 6 ff.; NK-StGB/*Kargl* Rn. 42; SK-StGB/*Hoyer* Rn. 55). Es kommt allein darauf an, ob es sich bei den Aufgaben materiell um solche der öffentlichen Verwaltung handelt (LK-StGB/*Schünemann* Rn. 50 und 71; NK-StGB/*Kargl* Rn. 42; SK-StGB/*Hoyer* Rn. 55 mwN). Nach stRspr ist entscheidend, ob bei Tätigkeiten von Privatrechtssubjekten diese nach einer Gesamtbetrachtung „als verlängerter Arm des Staates erscheinen" (BGHSt 43, 370 (377); 45, 16 (19); 46, 310 (312 f.); 49, 214 (219); 50, 299 (303) mAnm *Noltensmeier* StV 2005, 132; NJW 2004, 693 (694) mAnm *Krehl* StV 2005, 325 und *Dölling* JR 2005, 30; 2007, 2932 (2933); BGH NStZ 2007, 211). Dies setzt voraus, dass eine organisatorische Anbindung an eine Behörde besteht. Außerdem muss die Tätig-keit inhaltlich mit typischerweise behördlicher Tätigkeit vergleichbar sein (BGHSt 45, 16; 46, 310 (313); BGH NJW 2007, 2932 (2933 f.)). Dies ist insbes. im Bereich der **staatlichen Daseinsvorsorge** der Fall, nicht hingegen bei **rein fiskalischen Geschäften des Staates** (NK-StGB/*Kargl* Rn. 42; SK-StGB/ *Hoyer* Rn. 55; SK-StGB/*Rudolphi* § 11 Rn. 2).

Im Gegensatz zum Straftatbestand der **Verletzung von Dienstgeheimnissen gemäß § 353b** hat 170 § 203 Abs. 2 einen größeren Täterkreis und erfordert keine Gefährdung wichtiger öffentlicher Interes-sen (Schönke/Schröder/*Lenckner/Eisele* Rn. 43). Ein weiterer wichtiger Unterschied besteht darin, dass die Staats- bzw. Amtsgeheimnisse des § 353b (zur Abgrenzung zwischen Privat- und Amtsgeheimnissen *Behm* AfP 2004, 85 (87 ff.)) ausschließlich staatliche Angelegenheiten betreffen und damit nur einge-schränkt § 203 Abs. 2 unterfallen (Schönke/Schröder/*Lenckner/Eisele* Rn. 43 und 44a). So ist derjenige, der als Amtsträger ein ihm in dieser Eigenschaft bekannt gewordenes Dienstgeheimnis preisgibt, nur dann nach § 203 Abs. 2 strafbar, wenn Träger des Geheimnisses zumindest auch ein Dritter war (Schönke/Schröder/*Lenckner/Eisele* Rn. 44a). Ansonsten kommt nur eine Strafbarkeit nach § 353b in Betracht.

b) Inhaber einer Doppelstellung. Erfüllt ein Amtsträger nach § 203 Abs. 2 S. 1 Nr. 1 zugleich die 171 Voraussetzungen des § 203 Abs. 1, so ist die rechtliche Behandlung umstritten (näher dazu NK-StGB/ *Kargl* Rn. 24). Wendet man die Grundsätze zum innerbehördlichen Informationsfluss an, so lässt sich die Mitteilung des Geheimnisses nicht unter den Offenbarungsbegriff des § 203 subsumieren. Zu diesem Ergebnis gelangt man, wenn man primär auf die Funktion abstellt, in welcher der Schweigepflichtige das jeweilige Geheimnis in Erfahrung gebracht hat (*Schöch* BewHi 1986, 64). Dies lässt sich jedoch weder aus dem Wortlaut der Vorschrift noch aus deren Normzweck ableiten (*Kreuzer* NJW 1975, 2232 (2234); *Marx* GA 1983, 160 (170); *Arloth* MedR 1986, 295; *Dargel* ZfStrVo 1987, 156 (157)). Die **gesteigerte Schutzbedürftigkeit der Betroffenen** entfällt nicht allein deshalb, weil der Schweigepflichtige aus beruflicher Sicht in einer Doppelstellung auftritt (so NK-StGB/*Kargl* Rn. 24). Die Ausdehnung der

Schweigepflichtigen in § 203 Abs. 2 führt daher grundsätzlich nicht zu einer Einschränkung der persönlichen Schweigepflicht nach § 203 Abs. 1 (BT-Drs. 7/550, 240; Lackner/Kühl/*Heger* Rn. 20; MüKoStGB/*Cierniak/Pohlit* Rn. 99; NK-StGB/*Kargl* Rn. 24 mwN; vgl. dazu auch Fischer Rn. 41; Schönke/Schröder/*Lenckner/Eisele* 43 u. 45; *Schöch* FS Schreiber, 2003, 437 (442 f.); zweifelnd LK-StGB/*Schünemann* Rn. 45). Der Vorrang des § 203 Abs. 1 schließt jedoch eine **Rechtfertigung kraft Einwilligung des Betroffenen** im Einzelfall nicht aus (NK-StGB/*Kargl* Rn. 24).

172   **c) Leitende Personen öffentlich-rechtlicher Kreditinstitute.** Nachdem unter den Begriff des Amtsträgers in § 203 Abs. 2 S. 1 Nr. 1 auch Mitglieder eines Organs innerhalb einer Stelle fallen, die Aufgaben öffentlicher Verwaltung wahrnehmen, ist umstritten, ob von § 203 Abs. 2 S. 1 Nr. 1 auch leitende Personen in öffentlichen Banken wie Sparkassen und Landesbanken erfasst werden (**bejahend:** SK-StGB/*Hoyer* Rn. 55 mit Hinweis auf deren Tätigkeit im Interesse der staatlichen Daseinsvorsorge; vgl. auch NK-StGB/*Kargl* Rn. 42; Schönke/Schröder/*Lenckner/Eisele* Rn. 44; *Otto* wistra 1995, 323 (327); **verneinend:** *Nobbe* ZIP 2008, 97 (101); *Schalast/Safran/Sassenberger* NJW 2008, 1486 (1488); *Schulz/Schröder* DZWR 2008, 177 (179); krit. auch Lackner/Kühl/*Heger* Rn. 7 u. LK-StGB/*Schünemann* Rn. 50 u. 71, der deshalb eine spezielle, viktimodogmatische Interpretation vorschlägt; allg. zum Schutz des Bankgeheimnisses durch das Strafrecht *Tiedemann* NJW 2003, 2213 ff. und *ders.* FS Kohlmann, 2003, 307 ff., der unter Hinweis darauf, dass die §§ 55a, 55b des Gesetzes über das Kreditwesen v. 9.9.1998 (KWG, vgl. BGBl. I 2776), letztmalig geändert durch Art. 4 Abs. 8 des Gesetzes v. 30.7.2009 (BGBl. I 2437)) in ihrer Reichweite beschränkt seien, eine Aufnahme von Bankangestellten in § 203 Abs. 1 fordert; vgl. auch BGHSt 31, 267). Bejaht man die Anwendbarkeit des § 203 auf leitende Personen öffentlich-rechtlicher Kreditinstitute, weil es nicht Aufgabe der Gerichte sein kann, die Entscheidung des Gesetzgebers in fragwürdiger Heranziehung des Verfassungsrechts auszuhebeln (so SSW StGB/*Bosch* Rn. 19), so bedürfen **Kreditauskünfte** von Sparkassen der – zumindest mutmaßlichen – Einwilligung des Kunden (so Schönke/Schröder/*Lenckner/Eisele* Rn. 44; vgl. auch OLG Düsseldorf ZIP 1985, 1319; OLG Hamm MDR 1983, 667; näher zu datenschutzrechtlichen Fragestellungen um die Bankauskunft *Zöller* ZHR 1985, 179). Mitteilungen im Zusammenhang mit der Abtretung notleitender Kredite können nach § 34 gerechtfertigt sein (*Schulz/Schröder* DZWJR 2008, 177 (181 f.); s. auch *Domke/Sperlich* BB 2008, 342 (347); *Schalast/Safran/Sassenberg* NJW 2008, 1486 ff.).

173   **d) Bedienstete in öffentlichen Archiven.** Für Bedienstete in öffentlichen Archiven enthält das Gesetz über die Sicherung und Nutzung von Archivgut des Bundes v. 6.1.1988 (BArchG, vgl. BGBl. I 62) mit § 9 BArchG eine Sondervorschrift (dazu Fischer Rn. 24; MüKoStGB/*Cierniak/Pohlit* Rn. 95). Danach unterliegen Amtsträger und für den öffentlichen Dienst besonders Verpflichtete in öffentlichen Archiven allen für die Bediensteten der abgebenden Stellen geltenden Geheimhaltungsvorschriften, insbes. § 30 AO (BGBl. 2002 I 3866 und 2003 I 61, zuletzt geändert durch Art. 2 des Gesetzes v. 30.7.2009 (BGBl. I 2474)), die §§ 203 Abs. 2 und 355; § 32 BBankG (BGBl. I 1782, letztmalig geändert durch das Gesetz zur Neuordnung und Modernisierung des Bundesdienstrechts (DNeuG) v. 5.2.2009 (BGBl. I 160 (162))) und § 9 KWG (BGBl. I 1998, 2776, letztmalig geändert durch Art. 4 Abs. 8 des Gesetzes v. 30.7.2009 (BGBl. I 2437)).

174   **e) Beamte und sonstige Bedienstete der Europäischen Union.** Beamte und sonstige Bedienstete der Europäischen Union werden von § 203 Abs. 2 S. 1 Nr. 1 nur erfasst, wenn sie **spezialgesetzlich Amtsträgern gleichgestellt** sind (Fischer Rn. 24). Das Gesetz zur Gewährleistung der Geheimhaltung der dem Statistischen Amt der Europäischen Gemeinschaften übermittelten vertraulichen Daten v. 16.3.1993 (**SAEG-ÜbermittlungsschutzG,** BGBl. I 336; FNA 188-46) enthält für Bedienstete dieser Einrichtung eine solche Sondervorschrift (HK-StrafR/*Tag* Rn. 25; Fischer Rn. 24; Lackner/Kühl/*Heger* Rn. 7; MüKoStGB/*Cierniak/Pohlit* Rn. 95; NK-StGB/*Kargl* Rn. 42; Schönke/Schröder/*Lenckner/Eisele* Rn. 58).

175   Nach § 2 S. 1 SAEG-ÜbermittlungsschutzG stehen die in Art. 2 Nr. 8 und 9 der VO (EURATOM, EWG) Nr. 1588/90 des Rates v. 11.6.1990 über die Übermittlung von unter die Geheimhaltungspflicht fallenden Informationen an das Statistische Amt der Europäischen Union (ABl. 1990 L 151, 1) genannten Beamten sowie die sonstigen Bediensteten von EuroStat bzw. ESTAT hinsichtlich der Anwendung der §§ 203 Abs. 2 S. 1 Nr. 1, S. 2, Abs. 4, Abs. 5, 204, 205, 353b Abs. 1 S. 1 Nr. 1, S. 2, Abs. 3, Abs. 4 Amtsträgern gleich.

176   Ist dem Täter das Geheimnis während seiner Tätigkeit bei einer Dienststelle der Europäischen Union bekannt geworden, so wird die Tat gemäß **§ 2 S. 2 SAEG-ÜbermittlungsschutzG** nach **§ 353b** nur verfolgt, wenn ein Strafverlangen der Kommission vorliegt und die Bundesregierung die Ermächtigung zur Strafverfolgung erteilt.

177   **f) Spezielle Mitarbeiter von Europol.** Für spezielle Mitarbeiter von Europol enthält das Gesetz zu dem Übereinkommen vom 26.7.1995 aufgrund von Art. K. 3 des Vertrags über die Europäische Union über die Errichtung eines Europäischen Polizeiamts v. 16.12.1997 (**EuropolG,** BGBl. II 2150; FNA 188-81, GESTA XB008) in der Fassung des Gesetzes zur Umsetzung des Beschlusses des Rates 2009/371/JI v. 6.4.2009 (zuletzt geändert durch Gesetz v. 31.7.2009 (BGBl. I 2504)) eine Sondervorschrift

(HK-StrafR/*Tag* Rn. 25; Fischer Rn. 24; Lackner/Kühl/*Heger* Rn. 7; MüKoStGB/*Cierniak/Pohlit* Rn. 95; NK-StGB/*Kargl* Rn. 42; Schönke/Schröder/*Lenckner/Eisele* Rn. 59).

Nach **Art. 2 § 8 S. 1 EuropolG** stehen für die Anwendung der §§ 203 Abs. 2 S. 1 Nr. 1, S. 2, **178** Abs. 4, Abs. 5, 204, 205, 353b Abs. 1 S. 1 Nr. 1, S. 2, Abs. 3, Abs. 4 die Mitglieder des Verwaltungsrats, der Direktor, die stellvertretenden Direktoren, der Finanzkontrolleur, die Mitglieder des Haushaltsausschusses und die Bediensteten von Europol sowie die Verbindungsbeamten der Amtsträgern gleich. Die anderen nach Art. 41 Abs. 2 des Beschlusses 2009/371/JI zur Verschwiegenheit oder zur Geheimhaltung besonders verpflichteten Personen stehen den für den öffentlichen Dienst besonders Verpflichteten gleich.

Ist dem Täter das Geheimnis während seiner Tätigkeit bei Europol bekannt geworden, so wird die Tat **179** nach **Art. 2 § 8 S. 2 EuropolG** nach § 353b nur verfolgt, wenn ein Strafverlangen des Direktors von Europol vorliegt und die Bundesregierung die Ermächtigung zur Strafverfolgung erteilt.

g) Funktionäre der ehemaligen DDR. Die Problematik der Verfolgung von DDR-Alttaten ist bei **180** § 203 wegen der niedrigen Strafdrohung und der sich daraus ergebenden kurzen Verjährungsfrist heute weitgehend obsolet (LK-StGB/*Schünemann* Vor § 201 Rn. 14 u. Rn. 168). Aus der Struktur des § 203 als einem unechten zweiaktigen Delikt resultiert jedoch ein **spezifisches Anwendungsproblem** für solche **Privatgeheimnisse,** die zwar noch während der Existenz der ehemaligen DDR erfahren, aber **erst nach dem 3.10.1990 verraten** wurden (s. dazu LK-StGB/*Schünemann* Rn. 168). Nach Auffassung der damaligen Bundesregierung konnte das Amtsdelikt des § 203 Abs. 2 im Jahre 1994 auf Privatgeheimnisse, die Funktionäre des SED-Regimes dienstlich erfahren haben, keine Anwendung finden, weil es sich bei diesen Personen nicht um Amtsträger bzw. amtsnahe Personen iSv § 11 Abs. 1 Nr. 2–4 handelte (so MüKoStGB/*Cierniak/Pohlit* Rn. 95 mwN; vgl. auch KrG Dresden MDR 1991, 659 zu § 113; *Bork* ZIP 1992, 90 (95)). Ein Entwurf über ein Strafrechtsänderungsgesetz mit dem Ziel, die Funktionsträger der ehemaligen DDR sowie die inoffiziellen Stasi-Mitarbeiter zu tauglichen Tätern iSv § 203 zu erklären (vgl. BT-Drs. 13/58), verfiel am Ende der 13. Legislaturperiode der Diskontinuität (krit. dazu LK-StGB/*Schünemann* Rn. 168). Damit werden ehemalige Bedienstete der DDR nicht von § 203 erfasst (Lackner/Kühl/*Heger* Rn. 7; aA LK-StGB/*Schünemann* Rn. 168, der sogar den „IM" einbeziehen möchte, wenn dieser eine Verpflichtungserklärung unterzeichnet hat).

Wenn jedoch gemäß **Art. 315 Abs. 1 EGStGB** für DDR-Alttaten nach dem lex-posterior-Prinzip **181** grundsätzlich die Anwendbarkeit des bundesdeutschen Strafgesetzbuches gilt, bestehen keine unüberwindlichen Bedenken gegen eine rein funktionale Auslegung des § 203 Abs. 2 S. 1 Nr. 1 auf die dem bundesdeutschen Amtsträgerbegriff des § 11 Abs. 1 Nr. 2–4 korrespondierenden Funktionäre der ehemaligen DDR (so BGHSt 40, 30 (33) und LK-StGB/*Schünemann* Rn. 168 mwN). Eine entsprechende Anwendung des Gesetzes über die Unterlagen des Staatssicherheitsdienstes der ehemaligen Deutschen Demokratischen Republik v. 20.12.1991 (**StUG,** vgl. BGBl. I 2272, letztmalig geändert durch Art. 15 Abs. 64 des Gesetzes v. 5.2.2009 (BGBl. I 160)) auf die danach zulässige Offenbarung ggü. öffentlichen Stellen, wie sie bereits in dem beschriebenen Gesetzesentwurf aus dem Jahr 1994 vorgesehen war, wäre de lege lata jedoch nur möglich (LK-StGB/*Schünemann* Rn. 168; krit. MüKoStGB/*Cierniak/Pohlit* Rn. 108), wenn das Analogieverbot des Art. 103 Abs. 2 GG auf Rechtfertigungsgründe keine Anwendung fände (so SK-StGB/*Rudolphi* § 1 Rn. 25a mwN; Roxin StrafR AT I § 5 Rn. 42; aA LK-StGB/*Dannecker* § 1 Rn. 262 mwN; *Bülte,* Die Geldwäschegesetzgebung als Ermächtigungsgrundlage für den Informationsaustausch zwischen den Steuerbehörden und den Strafverfolgungsorganen, 2007, 120 ff.).

2. Besonderheiten im Umgang mit Daten im Behördenverkehr. a) Interner behördlicher 182 Datenverkehr. Auf den Informationsaustausch innerhalb einer Behörde sowie im Verkehr mit Aufsichtsbehörden im funktionalen Sinn ist § 203 Abs. 2 nicht anzuwenden (OLG Frankfurt a. M. NStZ-RR 2003, 170; Fischer Rn. 41). Für Einzelangaben ergibt sich dies aus § 203 Abs. 2 S. 2 Hs. 2, wonach Einzelangaben anderen Behörden oder sonstigen Stellen für Aufgaben der öffentlichen Verwaltung bekannt gegeben werden dürfen, wenn das Gesetz dies nicht untersagt. Für die Weitergabe von Informationen an zuständige Mitarbeiter derselben Behörde besteht regelmäßig keine Schweigepflicht (OLG Frankfurt a. M. NStZ-RR 1997, 69; Fischer Rn. 41; LK-StGB/*Schünemann* Rn. 150; *Heckel* NVwZ 1994, 227; *Otto* wistra 1999, 203). § 203 Abs. 2 S. 1 Nr. 1 dient nur dem Schutz vor Geheimnisverrat, darf aber nicht zur Blockierung des Verwaltungsablaufs führen (LK-StGB/*Schünemann* Rn. 44). Schließlich soll § 203 im Innenverhältnis nicht das Vertrauen des Staates in die Verschwiegenheit seiner Funktionäre schützen (so HK-StrafR/*Tag* Rn. 41). Geheimnisse werden aber nicht verraten, wenn eine **Behörde** von diesem **sachgerecht Gebrauch** macht (LK-StGB/*Schünemann* Rn. 44), da der Bürger das Geheimnis zu diesem Zweck – und mit dieser Begrenzung – staatlichen Einrichtungen überlässt (BVerfGE 33, 367 (381); NK-StGB/*Kargl* Rn. 22). Hierbei gilt es zu beachten, dass das Geheimnis dem Amtsträger – im Gegensatz zu Fällen des klassischen Vertrauensberufes – nicht in seiner Person, sondern als **Repräsentant der Behörde** anvertraut wurde (Schönke/Schröder/*Lenckner/Eisele* Rn. 45; SK-StGB/*Hoyer* Rn. 45).

Ein bestimmungsgemäßer Gebrauch liegt nicht vor, wenn ein Amtsträger ein Geheimnis aus reiner **183** „Klatschsucht" an einen funktionell nicht zuständigen Bediensteten verrät (LK-StGB/*Schünemann*

Rn. 44; NK-StGB/*Kargl* Rn. 22 mwN). Da eine Behörde keine Organisations-, sondern eine **Funktionseinheit** darstellt (NK-StGB/*Kargl* Rn. 23; Schönke/Schröder/*Lenckner/Eisele* Rn. 45), wird ein Geheimnis offenbart, sobald es diese Einheit verlässt (OVG Lüneburg NJW 1975, 2263; *Müller* NJW 1966, 1152 (1154); *Mallmann-Walz* NJW 1981, 1020 (1021); *Rogall* NStZ 1983, 1 (8)).

184   **b) Externer behördlicher Datenverkehr.** Wird eine **externe Behörde** und damit eine andere Funktionseinheit – etwa im Rahmen einer **Anhörung** oder im Wege der **Amtshilfe nach Art. 35 GG, bzw. den §§ 4 ff. VwVfG** – beteiligt, so liegt mit Blick auf das **Grundrecht der informationellen Selbstbestimmung** (BVerfGE 65, 1; 78, 85; 80, 373) eine Geheimnisoffenbarung vor (Fischer Rn. 42; NK-StGB/*Kargl* Rn. 23; SK-StGB/*Hoyer* Rn. 88), die aber durch dienstliche Befugnisse gerechtfertigt sein kann (Lackner/Kühl/*Heger* Rn. 21; LK-StGB/*Schünemann* Rn. 44 u. 145 ff.). Hier können **Sondernormen** Geheimhaltungspflichten durchbrechen und gesteigerte Auskunftspflichten begründen (BVerwGE 38, 336 (340); 50, 301 (310); OLG München OLGZ 1972, 360; VG Berlin NJW 1960, 1410; LK-StGB/*Schünemann* Rn. 152 mwN; *Schwan* VerwArch 1975, 121 (1369); *Schnapp* NJW 1980, 2165 (2169); *Breer/Kohler* VerwRdsch 1987, 114 (116); abweichend *Rogall* NStZ 1983, 1 (7); *Breuer* NVwZ 1986, 171 (176)). Aus dem in **§ 5 VwVfG** niedergelegten partiellen Verbot der Amtshilfe bei geheim zu haltenden Vorgängen ergibt sich eine immanente Begrenzung der intrabehördlichen Beistandspflicht (LK-StGB/*Schünemann* Rn. 152). Schutznormen, die Geheimnisse amtshilfefest machen, können jedoch ihrerseits wieder **Rückausnahmen** enthalten (dazu *Schmidt* ZRP 1979, 185 (188); *Schatzschneider* MDR 1982, 6 (7)).

185   Die Anzahl der **Vorschriften, welche die Offenbarung von Informationen durch eine Behörde rechtfertigen können,** ist groß (näher dazu BeckOK StGB/*Weidemann* Rn. 43 ff.; Lackner/Kühl/ *Heger* Rn. 21; MüKoStGB/*Cierniak/Pohlit* Rn. 108; NK-StGB/*Kargl* Rn. 75 ff.; Schönke/Schröder/ *Lenckner/Eisele* Rn. 53a ff.; SK-StGB/*Hoyer* Rn. 86 ff.; krit. Fischer Rn. 42 ff.). In Betracht kommen bspw. die §§ 474 ff. StPO (dazu *Brodersen* NJW 2000, 2536), § 393 AO, die §§ 12–22 EGGVG, § 61 Abs. 3 SGB VIII iVm § 38 JGG, § 100 VwGO, § 29 VwVfG, § 161 StPO iVm § 15 Abs. 1 und § 14 Abs. 2 Nr. 7 BDSG, Vorschriften der RiStBV, MiZi und der MiStra (zu Recht krit. Fischer Rn. 42; NK-StGB/*Kargl* Rn. 76), weiterhin die Datenschutzgesetze des Bundes und der Länder, das TerrorismusbekämpfungsG, das InformationsfreiheitsG, das SicherheitsüberprüfungsG und der presserechtliche Auskunftsanspruch aus Art. 5 GG iVm dem jeweiligen LandespresseG. Hier ist jeweils eine **umfassende Abwägung** mit den individuellen schutzwürdigen Belangen des Geheimnisträgers erforderlich (vgl. BVerfGE 35, 220 (221); BGH NJW 1962, 32 f.; OLG Schleswig NJW 1985, 1090; OLG Hamm NJW 2000, 1278; OLG Stuttgart NJW 2001, 3797; LG Düsseldorf NJW 2003, 2536; SK-StGB/*Hoyer* Rn. 87; krit. Fischer Rn. 44 mwN). Ferner ist an Fälle der Nennung des Beschuldigtennamens in Presseerklärungen während eines laufenden Ermittlungsverfahrens zu denken (s. dazu BGH NJW 1994, 1950; OLG Karlsruhe NJW 1995, 899; OLG Köln NJW 2000, 1278).

186   **c) Öffentliche Register und elektronische Dateien.** Die Frage nach der rechtlichen Einordnung von Tatsachen, die in öffentlichen Registern oder elektronischen Dateien eingetragen sind, stellt sich regelmäßig bei dem Tatbestandsmerkmal der **Offenkundigkeit** (→ Rn. 18). Hier kommt es für eine mögliche Strafbarkeit nach § 203 darauf an, ob das jeweilige Register und die eingetragene Tatsache **ohne Einschränkungen** – sei es auch gegen Entgelt (BeckOK StGB/*Weidemann* Rn. 11.1 mwN) – allgemein **zugänglich** ist. Ist dies – wie gemäß **§ 9 HGB** beim **Handelsregister** oder gemäß **§ 78 BGB** beim **Vereinsregister** – der Fall, so fehlt bereits der Geheimnischarakter, so dass eine mögliche Strafbarkeit nach § 203 ausscheidet (vgl. Schönke/Schröder/*Lenckner/Eisele* Rn. 6 und 44).

187   Umstritten ist die rechtliche Einordnung in Fällen, in denen – wie etwa gemäß **§ 12 GBO** für das **Grundbuch,** gemäß **§ 915b ZPO** für das **Schuldnerverzeichnis** oder gemäß **§ 39 Abs. 1 StVG** für **Fahrzeug- und Halterdaten** – die Einsichtnahme nicht jederzeit uneingeschränkt vorgenommen werden kann, sondern jeweils von der Darlegung eines besonderen Interesses abhängt (dazu BGHSt 48, 28 mAnm *Behm* JR 2003, 292; BayObLG NJW 1999, 1727 mBespr *Pätzel* NJW 1999, 3246; OLG Hamburg NStZ 1998, 398 mBespr *Weigert;* BeckOK StGB/*Weidemann* Rn. 11.1; Lackner/Kühl/*Heger* Rn. 15; LK-StGB/*Schünemann* Rn. 49; MüKoStGB/*Cierniak/Pohlit* Rn. 93; Schönke/Schröder/*Lenckner/Eisele* Rn. 6 mwN u. 44; SK-StGB/*Hoyer* Rn. 27; *Behm* JR 2000, 274). Nach Auffassung des BGH (BGHSt 48, 28) sind nur solche Tatsachen offenkundig iSv § 203, von denen verständige und erfahrene Menschen ohne weiteres Kenntnis haben oder von denen sie sich jederzeit durch Benutzung allgemein zugänglicher, zuverlässiger Quellen unschwer überzeugen können (vgl. auch den Regierungsentwurf EGStGB BT-Drs. 7/550, 242). Dies hat der BGH (BGHSt 48, 28) für das Fahrzeugregister verneint. Öffentliche Register gehören nicht dazu, wenn die Einsichtnahme von einem berechtigten Interesse abhängt. Dies belegt **§ 10 Abs. 5 S. 2 BDSG,** wonach solche Daten allgemein zugänglich sind, die jedermann, sei es ohne oder nach vorheriger Anmeldung, Zulassung oder Entrichtung eines Entgelts, nutzen kann. Dabei ging der Gesetzgeber davon aus, dass zwischen den Begriffen „Offenkundigkeit", „allgemein zugänglichen Daten" und „Daten aus allgemein zugänglichen Quellen" keine Unterschiede bestehen, sondern eine Vereinheitlichung des Sprachgebrauchs erreicht werden sollte (vgl. Beschlussempfehlung und Bericht des Innenausschusses zum Gesetzentwurf der Bundesregierung BT-Drs. 14/ 5793, 64). Voraussetzung für die allgemeine Zugänglichkeit eines öffentlichen Registers ist das **Fehlen**

von Einschränkungen der Benutzbarkeit desselben (BGHSt 48, 28 ff.). Es lässt sich aber nicht mit dem Sprachgebrauch vereinbaren, solche öffentlichen Register als allgemein zugänglich einzustufen, auf die der Informationsbedürftige – sieht man von Öffnungszeiten, Gebühren, Anmeldung usw ab – nicht uneingeschränkt zugreifen kann. Eine solche besondere Einschränkung liegt vor, wenn die Benutzung von der **Darlegung eines besonderen Interesses** abhängt (BGHSt 48, 28 ff.). Dies ist bei Fahrzeugregistern der Fall. Hinzu kommt, dass sie selbst bei Darlegung der Anforderungen des § 39 Abs. 1 StVG durch den Informationsbedürftigen diesem **nicht in seiner Gesamtheit zur Verfügung stehen** und zudem **weitergehenden Beschränkungen** bis hin zur Übermittlungssperre unterliegen. Die hierin zum Ausdruck gekommene Wertung des Gesetzgebers spricht dagegen, Fahrzeugregister als allgemein zugängliche Quellen einzustufen (BGHSt 48, 28 ff.). Dass unter den Voraussetzungen des § 39 Abs. 1 StVG mittels einer einfachen Registeranfrage praktisch jedermann Auskunft über die dort gespeicherten Daten erhält und die Gefahr des Missbrauches besteht, steht dem nicht entgegen. Muss der Fahrzeughalter die Speicherung seiner Daten gemäß § 33 Abs. 1 StVG hinnehmen, darf er im Gegenteil darauf vertrauen, dass die zuständige Behörde Halteranfragen auf die gesetzlichen Voraussetzungen für die Erteilung entsprechender Auskünfte überprüft (BGHSt 48, 28 ff.). Allein die faktische Möglichkeit des Missbrauches macht das Fahrzeugregister nicht „allgemein zugänglich". Stattdessen ist von der Rechtstreue desjenigen auszugehen, der die Halteranfrage stellt (BGHSt 48, 28 ff.).

d) Berufsfremde Kenntniserlangung. Der Schweigepflichtige muss bei der Geheimniserlangung **188** zwingend eine in § 203 Abs. 2 S. 1 Nr. 1 umschriebene Funktion ausgeübt haben (→ Rn. 35). Daher ist mit Blick auf die jeweilige Berufsnatur eine solche Tätigkeit erforderlich, die nicht nur zum Berufsbild des Täters gehört, sondern auch **in erlaubter Weise** und **nicht berufsfremd** ausgeübt wurde (→ Rn. 147 f.).

IV. Verletzung von Privatgeheimnissen durch für den öffentlichen Dienst besonders Verpflichtete (§ 203 Abs. 2 S. 1 Nr. 2)

Auch durch § 203 Abs. 2 S. 1 Nr. 2 werden in persönlicher Hinsicht Täter aus dem Bereich der **189** öffentlichen Verwaltung als amtsnahe Personen erfasst.

1. Täterkreis. Der Begriff des für den öffentlichen Dienst besonders Verpflichteten in § 203 Abs. 2 **190** S. 1 Nr. 2 ist mit demjenigen des **§ 11 Abs. 1 Nr. 4** identisch und knüpft an die förmliche Stellung dieser Personen an (LK-StGB/*Schünemann* Rn. 72), so dass diesbzgl. nicht nur auf die entsprechende Kommentierung verwiesen werden kann (vgl. BeckOK StGB/*Weidemann* Rn. 25; HK-StrafR/*Tag* Rn. 26; Fischer Rn. 25; Lackner/Kühl/*Heger* Rn. 7; MüKoStGB/*Cierniak/Pohlit* Rn. 96; NK-StGB/ *Kargl* Rn. 43; Schönke/Schröder/*Lenckner* Rn. 59; SK-StGB/*Hoyer* Rn. 56), sondern sich auch sämtliche Abgrenzungsfragen übertragen lassen (→ § 11 Rn. 5 ff.).

a) Private Unternehmen/Externe Dritte. Auch bei für den öffentlichen Dienst besonders Ver- **191** pflichteten muss die Stelle, für die sie tätig sind, Aufgaben der öffentlichen Verwaltung wahrnehmen. Sie selbst brauchen mit derartigen Aufgaben aber nicht persönlich betraut zu sein (SK-StGB/*Hoyer* Rn. 56). Erfasst werden von § 203 Abs. 2. S. 1 Nr. 2 auch private Unternehmen, die etwa **als „sonstige Stellen" iSv § 203 Abs. 2 S. 2** von Behörden zur Datenverarbeitung herangezogen werden (Fischer Rn. 25). Das Gesetz ermöglicht es der Verwaltung, ohne Verstoß gegen § 203 bestimmte Arbeiten auszugliedern und von externen Dritten erledigen zu lassen (LK-StGB/*Schünemann* Rn. 72; NK-StGB/*Kargl* Rn. 43, jeweils unter Hinweis auf den RegE des EGStGB bzw. auf BT-Drs. 7/550, 243).

b) Verpflichtete iSv § 1 Abs. 1 Nr. 1, 2 VerpflG. Beschäftigte, die nach § 1 Abs. 1 Nr. 1, 2 des **192** Gesetzes über die förmliche Verpflichtung nichtbeamteter Personen v. 2.3.1974 (VerpflG, vgl. BGBl. I 469 (547), zuletzt geändert durch § 1 Nr. 4 des Gesetzes v. 15.8.1974 (BGBl. I 1942)) verpflichtet wurden, fallen unter § 11 Abs. 1 Nr. 4b und damit nicht unter § 203 Abs. 2. S. 1 Nr. 2, sondern unter **§ 203 Abs. 2 S. 1 Nr. 1** (Fischer Rn. 25 unter Hinweis auf BT-Drs. 7/550, 243).

c) Spezielle Mitarbeiter von Europol und Funktionäre der ehemaligen DDR. Die Problema- **193** tik der Verfolgung **spezieller Mitarbeiter von Europol** stellt sich auch bei für den öffentlichen Dienst besonders Verpflichteten (→ Rn. 177 ff.).
Die Problematik der Verfolgung von **DDR-Alttaten** stellt sich auch für den öffentlichen Dienst **194** besonders Verpflichteten (→ Rn. 180 f.).

2. Berufsfremde Kenntniserlangung. Der Schweigepflichtige muss bei der Geheimniserlangung **195** zwingend eine in der Täterbeschreibung des § 203 Abs. 2 S. 1 Nr. 2 kodifizierte Funktion ausgeübt haben (→ Rn. 35). Daher ist mit Blick auf die jeweilige Berufsnatur eine solche Tätigkeit erforderlich, die nicht nur zum Berufsbild des Täters gehört, sondern auch **in erlaubter Weise** und **nicht berufsfremd** ausgeübt wurde (→ Rn. 147 f.).

V. Verletzung von Privatgeheimnissen durch Personen, die Aufgaben oder Befugnisse nach dem Personalvertretungsrecht wahrnehmen (§ 203 Abs. 2 S. 1 Nr. 3)

196   **1. Täterkreis.** Mit der Regelung des § 203 Abs. 2 S. 1 Nr. 3, durch die in diesem Bereich unterschiedliche und in sich teilweise widersprüchliche Regelungen des früheren Rechts harmonisiert wurden, werden Personen erfasst, die in ihrer Funktion als Repräsentanten der von ihnen Vertretenen Aufgaben iSd BundespersonalvertretungsG v. 15.4.1974 (**BPersVG,** vgl. BGBl. I 693, zuletzt geändert durch das Gesetz v. 5.2.2009, BGBl. I 160) und der jeweiligen **Landespersonalvertretungsgesetze** wahrnehmen (BeckOK StGB/*Weidemann* Rn. 26; HK-StrafR/*Tag* Rn. 27; Schönke/Schröder/*Lenckner/Eisele* Rn. 59a).

197   **a) Angehörige privater Unternehmen.** Auf Angehörige von privaten Unternehmen findet § 203 Abs. 2 S. 1 Nr. 3 keine Anwendung (Fischer Rn. 26). In Betrieben des privaten Rechts ist stattdessen **§ 120 Abs. 2 BetrVG** zu beachten (HK-StrafR/*Tag* Rn. 27; LK-StGB/*Schünemann* Rn. 73; NK-StGB/*Kargl* Rn. 44). Danach wird bestraft, wer unbefugt ein zum persönlichen Lebensbereich eines Arbeitnehmers gehörendes fremdes Geheimnis, das ihm in seiner Eigenschaft als Mitglied oder Ersatzmitglied des Betriebsrats oder einer der in **§ 79 Abs. 2 BetrVG** bezeichneten Stellen bekannt geworden ist, offenbart, obwohl er nach den Vorschriften dieses Gesetzes hierüber hätte Stillschweigen bewahren müssen.

198   **b) Personalvertretungen der ehemaligen DDR.** Für strafrechtlich relevante Fälle des Geheimnisverrates in der ehemaligen DDR ist auf das **Gesetz zur sinngemäßen Anwendung des BPersVG** v. 22.7.1990 (BGBl. I 1014) und auf EV I Kap. XIX A, EV II Kap. XIX A zu verweisen.

199   **2. Wahrnehmung der Personalvertretung.** Das Tatbestandsmerkmal „**Personalvertretungsrecht**" bezieht sich auf das materielle Recht, das die Interessenvertretung von Dienststellen- und Betriebsverwaltungsangehörigen des Bundes, der Länder und von Anstalten, Stiftungen und Körperschaften des öffentlichen Rechts regelt (Schönke/Schröder/*Lenckner/Eisele* Rn. 59a; vgl. auch Fischer Rn. 26 unter Hinweis auf die Übersicht bei *Göhler/Buddendiek/Lenzen* Nr. 596 „Personalvertretungen"; s. auch BeckOK StGB/*Weidemann* Rn. 26; *Dechmann* UBWV 2011, 293 ff.). Da ein solches Verständnis **Funktionsträger** nach dem Personalvertretungsrecht **der gesamten öffentlichen Verwaltung,** sämtlicher Gerichte auf Länder- und Bundesebene, der Bundeswehr und des Zivildienstes einschließt (LK-StGB/*Schünemann* Rn. 73), fällt auch das Personalvertretungsrecht der **Richter** (vgl. die §§ 49, 72, 74 DRiG idF v. 5.3.2009, BGBl. I 160), das der **Staatsanwälte** (vgl. die §§ 88 f. LRiG BW idF v. 22.5.2000, GBl. 2000, 504, zuletzt geändert durch Gesetz v. 14.10.2008, GBl. 2008, 343 (356)), das der **Soldaten** (vgl. die §§ 35, 70 SG idF v. 30.5.2005 (BGBl. I 1482), zuletzt geändert durch Art. 10 des Gesetzes v. 5.2.2009 (BGBl. I 160)), und das der **Zivildienstleistenden** (vgl. § 37 ZDG idF v. 14.6.2009, BGBl. I 1229) hierunter (s. dazu BeckOK StGB/*Weidemann* Rn. 26; HK-StrafR/*Tag* Rn. 27; Fischer Rn. 26; Lackner/Kühl/*Heger* Rn. 8; MüKoStGB/*Cierniak/Pohlit* Rn. 96; NK-StGB/*Kargl* Rn. 44; Schönke/Schröder/*Lenckner/Eisele* Rn. 59a; SK-StGB/*Hoyer* Rn. 57). Für Private gilt § 120 BetrVG.

200   Das Tatbestandsmerkmal „**Aufgaben und Befugnisse**" iSv § 203 Abs. 2 S. 1 Nr. 3 beinhaltet diejenigen Funktionen, die mit der Stellung als Personalrat verbunden sind (Fischer Rn. 26). Dabei muss die ausgeübte Tätigkeit **spezifisch der Personalvertretung dienen** (BeckOK StGB/*Weidemann* Rn. 26; Lackner/Kühl/*Heger* Rn. 8; MüKoStGB/*Cierniak/Pohlit* Rn. 96, jeweils unter Hinweis auf BT-Drs. 7/550, 241) und **mit einer besonderen Vertrauensstellung verbunden** sein (so NK-StGB/*Kargl* Rn. 44 und Schönke/Schröder/*Lenckner/Eisele* Rn. 59a ebenfalls unter Hinweis auf BT-Drs. 7/550, 241). Fordert man die **Wahrnehmung einer so qualifizierten Funktion,** so wird die Wahrung derjenigen Rechte, die jedem Bediensteten zustehen – wie etwa die Teilnahme an Personalversammlungen, das Wahlrecht oder die Kenntnisnahme von Wahlvorschlägen und die Erörterung derselbigen unter den Bediensteten – nicht von § 203 Abs. 2 S. 1 Nr. 3 umfasst (MüKoStGB/*Cierniak/Pohlit* Rn. 96; NK-StGB/*Kargl* Rn. 44; Schönke/Schröder/*Lenckner/Eisele* Rn. 59a). Erfasst sind dagegen nach den §§ 53 ff. BPersVG Mitglieder von Personalräten, Stufenvertretungen und des Gesamtpersonalrates, unabhängig davon, ob es sich bei ihnen um Beamte, Arbeiter oder Angestellte handelt (Schönke/Schröder/*Lenckner/Eisele* Rn. 59a). Gleiches gilt für Jugend- und Ausbildungsvertretungen, Wahlvorstände oder Vertrauensleute nach den §§ 20, 57 ff., 85 Abs. 2 BPersVG (Schönke/Schröder/*Lenckner/Eisele* Rn. 59a).

201   **3. Berufsfremde Kenntniserlangung.** Der Schweigepflichtige muss bei der Geheimniserlangung zwingend eine der in § 203 Abs. 2 S. 1 Nr. 3 kodifizierten Funktionen ausgeübt haben (→ Rn. 35). Daher ist mit Blick auf die jeweilige Berufsnatur eine solche Tätigkeit erforderlich, die nicht nur zum Berufsbild des Täters gehört, sondern auch **in erlaubter Weise** und **nicht berufsfremd** ausgeübt wurde (→ Rn. 147 f.).

VI. Verletzung von Privatgeheimnissen durch öffentlich bestellte Sachverständige (§ 203 Abs. 2 S. 1 Nr. 5)

1. Täterkreis. a) Freiberufliche, öffentlich bestellte Sachverständige. Durch § 203 Abs. 2 S. 1 **202** Nr. 5 werden **freiberufliche** – nicht für den öffentlichen Dienst nach § 11 Abs. 2 Nr. 4 tätige (vgl. Lackner/Kühl/*Heger* Rn. 10; LK-StGB/*Schünemann* Rn. 75; MüKoStGB/*Cierniak/Pohlit* Rn. 96; Schönke/Schröder/*Lenckner/Eisele* Rn. 61) –, öffentlich bestellte Sachverständige erfasst, die kraft Gesetzes – etwa § **36 GewO** oder § **1 Abs. 1 Nr. 3 VerpflG** idF des Art. 42 EGStGB – **förmlich** zur gewissenhaften Erfüllung ihrer Obliegenheiten verpflichtet sind (BeckOK StGB/*Weidemann* Rn. 28; HK-StrafR/*Tag* Rn. 29; Fischer Rn. 28; LK-StGB/*Schünemann* Rn. 75; MüKoStGB/*Cierniak/Pohlit* Rn. 96; NK-StGB/*Kargl* Rn. 46; Schönke/Schröder/*Lenckner/Eisele* Rn. 61; SK-StGB/*Hoyer* Rn. 59).

Der Einbeziehung von Sachverständigen in den Täterkreis des § 203 Abs. 2 S. 1 Nr. 5 liegt die **203** Erwägung des Gesetzgebers zugrunde, dass sich die Beteiligten von Rechtsstreitigkeiten häufig an Sachverständige wenden, wenn die Lösung ihres Falles wesentlich von der Beantwortung bestimmter technischer Fragen abhängt, wodurch diese Personen zwangsläufig Kenntnis von fremden Geheimnissen erlangen (so Schönke/Schröder/*Lenckner,* 20. Aufl. 1971, StGB § 203 Rn. 61 unter Hinweis auf den RegE zum EGStGB S. 241). Bisweilen ist kritisch hinterfragt worden, worin die Amtsnähe von Sachverständigen iSv § 36 GewO liegen soll, mit der die Gesetzesbegründung (vgl. RegE zum EGStGB S. 241) Sachverständige statt als freie Berufe iSv § 203 Abs. 1 unter § 203 Abs. 2 einordnet (dazu Schönke/Schröder/*Lenckner,* 20. Aufl. 1971, StGB § 203 Rn. 61).

b) Gerichtlich bzw. staatsanwaltschaftlich bestellte Sachverständige. Für gerichtlich – bzw. **204** staatsanwaltlich (vgl. MüKoStGB/*Cierniak/Pohlit* Rn. 71) – bestellte Sachverständige ist umstritten, ob die Anwendung von § 203 StGB und § 53 StPO ausgeschlossen ist, weil sich ein **gerichtlicher Untersuchungsauftrag** nicht mit dem **Tatbestandsmerkmal des Anvertrauens** vereinbaren lässt (näher dazu BeckOK StGB/*Weidemann* Rn. 42 mwN und Fischer Rn. 40 mwN; s. auch OLG Frankfurt a. M. NStZ-RR 2005, 235; *Sieber* FS Roxin, 2001, 1115 (1131 f.)). Wurde der Anwendungsausschluss von § 203 früher im Anschluss an RGSt 61, 384 und 66, 273 bzw. an OGH 3, 63 bejaht, so wird dies heute unter Hinweis darauf verneint, dass damit § 203 auch bei einer Offenbarung ggü. Dritten ausgeschlossen wäre (Fischer Rn. 40). Nach bisher hM gelten für die Frage des Anvertrauens stattdessen die **allgemeinen Regeln** (BGHSt 38, 369 f.; BGHZ 40, 288 (293 f.); Fischer Rn. 40; Lackner/Kühl/*Heger* Rn. 23; LK-StGB/*Schünemann* Rn. 125; MüKoStGB/*Cierniak/Pohlit* Rn. 71; NK-StGB/*Kargl* Rn. 73; Schönke/Schröder/*Lenckner/Eisele* Rn. 16 mwN; *Marx* GA 1983, 160 (163); *Krauß* ZStW 97 (1985), 81 (92); s. auch den Überblick bei *Kudlich/Roy* JA 2003, 565 ff.). Danach müsste die Offenbarung von Geheimnissen des Untersuchten durch den Sachverständigen als tatbestandsmäßig iSv § 203 eingestuft werden (Fischer Rn. 40; LK-StGB/*Schünemann* Rn. 125 f.; *Krauß* ZStW 97 (1985), 81 (96 ff.); aA Schönke/Schröder/*Lenckner/Eisele* Rn. 16), wäre aber – zumindest im Umfang des Untersuchungsauftrages – durch die **Pflicht zur Gutachtenerstattung** aus § 75 StPO **gerechtfertigt** (Fischer Rn. 40; aA *Kühne* JZ 1981, 647; dagegen LK-StGB/*Schünemann* Rn. 125; *Dencker* NStZ 1982, 460). **Aus früherer Tätigkeit** als Sachverständiger **stammende Kenntnisse** dürfen aber nicht offenbart werden (BGHSt 38, 369 (371); Fischer Rn. 40; LK-StGB/*Schünemann* Rn. 126 mwN; NK-StGB/*Kargl* Rn. 73 mwN; *Haß* SchlHA 1973, 4243). Gleiches gilt für **Kenntnisse aus früheren Gutachtenaufträgen und Verfahren** (BGHSt 38, 369 (371); BGHZ 40, 288 (289 ff.); Fischer Rn. 40; MüKoStGB/*Cierniak/Pohlit* Rn. 73 mwN; *Krauß* ZStW 97 (1985), 81 (110)).

Im Rahmen eines Gutachtens dürfen **Befundtatsachen** mitgeteilt werden und müssen dies nach § 76 **205** StPO sogar (Fischer Rn. 40). Für nur durch Zeugenbeweis einführbare **Zusatztatsachen** gilt § 53 StPO (vgl. BGHSt 13, 1; 18, 107; 20, 164; 22, 268 (271); BGH NStZ 1993, 245; BGH NJW 1998, 838 f.; Fischer Rn. 40; LK-StGB/*Schünemann* Rn. 126; MüKoStGB/*Cierniak/Pohlit* Rn. 72; NK-StGB/*Kargl* Rn. 74; für die Differenzierung zwischen Befund- und Zusatztatsachen s. auch BeckOK StGB/*Weidemann* Rn. 42; *Krauß* ZStW 97 (1985), 81 (96 ff.)). Nur bei hinreichender Belehrung analog den §§ 163a Abs. 4 S. 2, 136 Abs. 1 S. 2, 163a Abs. 5 StPO darüber, dass die Mitwirkung freiwillig erfolgt, ist eine (konkludente) **Einwilligung des Untersuchten** hinsichtlich der Mitteilung von Zusatztatsachen anzunehmen (vgl. BGHSt 35, 32 (35); BGHZ 40, 288 (294); OLG Hamm NJW 1968, 1202; Fischer Rn. 40 mwN; LK-StGB/*Schünemann* Rn. 126 mwN; MüKoStGB/*Cierniak/Pohlit* Rn. 72; NK-StGB/*Kargl* Rn. 74 mwN). Dem steht die Tatsache nicht entgegen, dass ein Sachverständiger weder nach § 136 Abs. 1 S. 2 StPO noch nach § 163a Abs. 4 StPO zur Belehrung eines Beschuldigten verpflichtet ist (vgl. BGH NJW 1998, 838 f. unter Bezugnahme auf BGH JR 1969, 231; BGH DAR 1980, 203; krit. Bspr. *Schmidt-Recla* NJW 1998, 800 f.; Fischer Rn. 40; vgl. dazu auch MüKoStGB/*Cierniak/Pohlit* Rn. 72 mwN zum fehlenden Erfordernis einer gesonderten Belehrung durch den Sachverständigen selbst). Zudem wird verlangt, dass der Beschuldigte dem Gutachter die betreffenden Angaben auch ersichtlich im Hinblick auf die Gutachtenerstattung gemacht hat (LK-StGB/*Schünemann* Rn. 126). Denn allein durch ihre Verwertbarkeit wird eine durch Zeugenaussage in einen Prozess eingeführte Mitteilung eines Sachverständigen nicht „befugt" iSv § 203 (Fischer Rn. 40). In diesem Zusammenhang muss die gebotene Aufklärung des Sachverständigen deutlich auf die Abgrenzung zwischen Sachverhaltsermittlung und Gutachtenauftrag hinweisen, da nur dann von einer (konkludenten) Einwilligung des Beschuldigten ggü. der den Gutachtenauftrag erteilenden Stelle in die Offenbarung der seinerseits mitgeteilten Zusatztatsachen ausgegangen werden kann (Fischer Rn. 40; NK-StGB/*Kargl* Rn. 74 mwN; vgl. auch *Krauß* ZStW 97 (1985), 81 (96)). Das Einverständnis ist mit einer freiwilligen Untersuchung innerhalb des Strafprozesses jederzeit mit der Folge widerrufbar, dass die Schweigepflicht zwar wieder auflebt, ein bereits erstattetes Gutachten über Befundtatsachen sowie eine (Teil-)Aussage über Zusatztatsachen jedoch weiterhin verwertbar bleiben (vgl. hierzu RGSt 66, 273 (275); BGHSt 18, 146 (150); BGH NJW 1964, 449; OLG Hamm NJW 1968, 1202; MüKoStGB/*Cierniak/Pohlit* Rn. 71 mwN). Umstritten ist, ob die rechtliche Bewertung davon abhängt, wie der Gutachter dem Probanden – sei es als Sachverständiger oder als Berufsausübender – gegenübergetreten ist (ein entsprechendes „Rollensplitting" bejahend: *Kühne* JZ 1981, 647; verneinend: LK-StGB/*Schünemann* Rn. 125; Schönke/Schröder/*Lenckner/Eisele* Rn. 16; *Dencker* NStZ 1982, 460; *Krauß* ZStW 97 (1985), 81 (90 f.); vgl. dazu auch Lackner/Kühl/*Heger* Rn. 23).

206   Im Einzelfall kann die für ein im Auftrag des Gerichts oder der Ermittlungsbehörden erstattetes Gutachten **erforderliche Zustimmung** des Angeklagten zur Preisgabe von Geheimnissen **durch** die damit einhergehende **gesetzliche Duldungspflicht ersetzt** werden, wenn das **staatliche Interesse an der Aufklärung des Sachverhalts vorgeht** (so BGH NStZ 2009, 15 im Anschluss an BGH NStZ 2002, 214).

207   **2. Weitergabe von Daten an Hilfs- und Ausbildungspersonal. Hilfskräfte** werden vom Begriff des öffentlich bestellten Sachverständigen in § 203 Abs. 2 S. 1 Nr. 5 aufgrund einer bewussten Entscheidung des Gesetzgebers (MüKoStGB/*Cierniak/Pohlit* Rn. 96 Fn. 566; NK-StGB/*Kargl* Rn. 46) nach dem RegE des EGStGB (vgl. BT-Drs. 7/550, 243) **nicht erfasst.** Dies wird bisweilen als „nicht angemessen" (so schon Schönke/Schröder/*Lenckner,* 20. Aufl. 1971, StGB § 203 Rn. 61) eingestuft, da die Tatsache, dass für Sachverständige selbst erst deren besondere Verpflichtung zu einer Strafbarkeit nach § 203 führe, entgegen der Gesetzesbegründung (BT-Drs. 7/550, 243) keinen ausreichenden Grund darstelle. Schließlich mache das besondere Vertrauen, das Sachverständige mit ihrer Verpflichtung verdienen, auch eine Schweigepflicht ihrer Hilfspersonen erforderlich (dazu Schönke/Schröder/*Lenckner,* 20. Aufl. 1971, StGB § 203 Rn. 61). Zudem umfasse die Schweigepflicht von Sachverständigen auch Einzelangaben iSv § 203 Abs. 2 S. 2, auch wenn diese Regelung auf Behörden zugeschnitten und nicht ersichtlich sei, warum Sachverständige anders als ein etwa von einer Behörde beauftragter Rechtsanwalt behandelt werden sollten (Schönke/Schröder/*Lenckner,* 20. Aufl. 1971, StGB § 203 Rn. 61). Daher wird die Aufnahme von Sachverständigen in § 203 Abs. 1 mit der Konsequenz gefordert, dass die Gleichstellungsklausel des Abs. 3 auf diese Personengruppe Anwendung finden kann (so LK-StGB/*Schünemann* Rn. 75).

208   **3. Berufsfremde Kenntniserlangung.** Der Schweigepflichtige muss bei der Geheimniserlangung zwingend eine der in § 203 Abs. 2 S. 1 Nr. 3 kodifizierten Funktionen ausgeübt haben (→ Rn. 35). Daher ist mit Blick auf die jeweilige Berufsnatur eine solche Tätigkeit erforderlich, die nicht nur zum Berufsbild des Täters gehört, sondern auch **in erlaubter Weise** und **nicht berufsfremd** ausgeübt wurde (→ Rn. 147 f.).

VII. Verletzung von Privatgeheimnissen durch Personen in wissenschaftlichen Forschungsvorhaben (§ 203 Abs. 2 S. 1 Nr. 6)

209   § 203 Abs. 2 S. 1 Nr. 6 wurde durch Art. 3 des StVÄG 1999 v. 2.8.2000 (BGBl. I 1253) im Anschluss an die ebenfalls neu geschaffene Vorschrift des § 476 StPO, dessen Abs. 3 Fälle der Informationsübermittlung für Zwecke der Wissenschaft regelt, angefügt. Diese Vorschrift knüpft insbes. an die erweiterten Akteneinsichts- und Auskunftsrechte der parallel in Kraft getretenen §§ 476, 487 Abs. 4 StPO an (Fischer Rn. 1 und 29; MüKoStGB/*Cierniak/Pohlit* Rn. 96), um in diesen Fällen einen ausreichenden Geheimnisschutz zu garantieren (vgl. LK-StGB/*Schünemann* Rn. 76 unter Hinweis auf BR-Drs. 65/1999, 74).

210   **1. Täterkreis.** § 203 Abs. 2 S. 1 Nr. 6 erfasst Personen, die ihrerseits zwar keine Amtsträger iSd Nr. 1 sind, aber aufgrund eines Gesetzes – etwa durch § 476 Abs. 3 StPO oder das Gesetz über die förmliche Verpflichtung nichtbeamteter Personen v. 2.3.1974 (**VerpflG,** BGBl. I 469 (547), zuletzt geändert durch § 1 Nr. 4 des Gesetzes v. 15.8.1974 (BGBl. I 1942)) – **förmlich** auf die gewissenhafte Einhaltung ihrer Geheimhaltungspflicht bei der Durchführung von wissenschaftlichen Forschungsvorhaben **verpflichtet** wurden (BeckOK StGB/*Weidemann* Rn. 29; HK-StrafR/*Tag* Rn. 30; Fischer Rn. 29; Lackner/Kühl/*Heger* Rn. 10a; MüKoStGB/*Cierniak/Pohlit* Rn. 96; NK-StGB/*Kargl* Rn. 47; SK-StGB/*Hoyer* Rn. 60; vgl. auch Schönke/Schröder/*Lenckner/Eisele* Rn. 61a unter Hinweis auf BT-Drs. 13/9718, 25 (32) und 14/1484, 35). § 203 Abs. 2 S. 1 Nr. 6 knüpft an die Nichtbeachtung dieser Geheimnispflicht strafrechtliche Sanktionen, ist aber nicht auf Fälle der §§ 476, 487 Abs. 4 StPO beschränkt (MüKoStGB/*Cierniak/Pohlit* Rn. 96).

2. Statistisches Bundesamt und statistische Ämter der Länder. Eine mögliche Tätereigenschaft 211 außerhalb des StGB infolge einer vergleichbaren besonderen Verpflichtung von Mitwirkenden an Forschungsvorhaben wird durch das Gesetz über die Statistik für Bundeszwecke v. 22.1.1987 (**BStatG,** BGBl. I 462 (565), zuletzt geändert durch Art. 3 des Gesetzes v. 7.9.2007 (BGBl. I 2246)) begründet (dazu LK-StGB/*Schünemann* Rn. 76; MüKoStGB/*Cierniak/Pohlit* Rn. 96; NK-StGB/*Kargl* Rn. 47). Nach § 16 Abs. 6 BStatG dürfen für die Durchführung wissenschaftlicher Vorhaben vom Statistischen Bundesamt und den statistischen Ämtern der Länder Einzelangaben an Hochschulen oder sonstige Einrichtungen mit der Aufgabe unabhängiger wissenschaftlicher Forschung übermittelt werden, wenn die Einzelangaben nur mit einem unverhältnismäßig großen Aufwand an Zeit, Kosten und Arbeitskraft zugeordnet werden können und die Empfänger Amtsträger, für den öffentlichen Dienst besonders Verpflichtete oder Verpflichtete nach § 16 Abs. 7 BStatG sind. Nach § 16 Abs. 7 BStatG sind Personen, die Einzelangaben nach § 16 Abs. 6 BStatG erhalten sollen, vor der Übermittlung zur Geheimhaltung zu verpflichten, soweit sie nicht Amtsträger oder für den öffentlichen Dienst besonders Verpflichtete sind. § 1 Abs. 2, 3 und 4 Nr. 2 des Gesetzes über die förmliche Verpflichtung nichtbeamteter Personen v. 2.3.1974 (**VerpflG,** BGBl. I 469 (547), zuletzt geändert durch § 1 Nr. 4 des Gesetzes v. 15.8.1974 (BGBl. I 1942)) gilt entsprechend.

3. Anonymisierte Fallschilderungen in wissenschaftlichen Publikationen. Da das vermittelte 212 Wissen so konkret sein muss, dass bei Betriebsgeheimnissen die Verwertung möglich (so schon RG GA 1997, 364 (365)) bzw. bei zum persönlichen Lebensbereich gehörenden Geheimnissen der Betroffene ersichtlich ist (VG Münster MedR 1984, 118 (119); Lackner/Kühl/*Heger* Rn. 17; LK-StGB/*Schünemann* Rn. 42 mwN; *Schwalm* Med Klinik 1969, 1722 (1723)), sind Fallschilderungen in anonymisierter Form in wissenschaftlichen Publikationen **zulässig** (LK-StGB/*Schünemann* Rn. 42 mwN; *Ackermann* FS DJT Bd. I, 1960, 479 (490); *Neumann-Duesberg* JR 1951, 393; *Grömig* NJW 1970, 1209 (1211); *Scholz* NJW 1981, 1987 (1989)).

4. Berufsfremde Kenntniserlangung. Der Schweigepflichtige muss bei der Geheimniserlangung 213 zwingend eine in der Täterbeschreibung des § 203 Abs. 2 S. 1 Nr. 6 kodifizierte Funktion ausgeübt haben (→ Rn. 35). Daher ist mit Blick auf die jeweilige Berufsnatur eine solche Tätigkeit erforderlich, die nicht nur zum Berufsbild des Täters gehört, sondern auch **in erlaubter Weise** und **nicht berufsfremd** ausgeübt wurde (→ Rn. 147 f.).

VIII. Verletzung von Privatgeheimnissen durch Datenschutzbeauftragte (§ 203 Abs. 2a)

1. Täterkreis. a) Interne Berufsgeheimnisträger. Da Berufsgeheimnisse oftmals auch schutzfähi- 214 ge Daten iSd Datenschutzrechts darstellen, enthielt § 45 BDSG v. 14.1.2003 (BGBl. I 66, zuletzt geändert durch Art. 1 des Gesetzes v. 14.8.2009 (**BDSG,** BGBl. I 2814)) in seiner früheren Fassung eine Vorrangklausel zugunsten von § 203 Abs. 1 (zur damaligen Rechtslage LK-StGB/*Schünemann* Rn. 12). Soweit Vorschriften des BDSG in Rechtsvorschriften außerhalb des Anwendungsbereichs der RL 95/46/EG des Europäischen Parlaments und des Rates v. 24.10.1995 zum Schutz natürlicher Personen bei der Verarbeitung personenbezogener Daten und zum freien Datenverkehr zur Anwendung gelangten, waren Erhebungen, Verarbeitungen oder Nutzungen personenbezogener Daten, die am 23.5.2001 bereits begonnen hatten, binnen fünf Jahren nach diesem Zeitpunkt mit den Vorschriften dieses Gesetzes in Übereinstimmung zu bringen. Der aus gesetzgeberischer Sicht bestehende Handlungsbedarf führte zu einem ersten Gesetzesentwurf. In seiner ursprünglichen Fassung sah dieser die Einfügung eines § 203 Abs. 1 Nr. 7 („Beauftragter für den Datenschutz eines in Nr. 1 bis 6 und Absatz 2 Genannten") vor (dazu Fischer Rn. 29b). Dem widersprach der Bundesrat unter Hinweis darauf, dass Datenschutzbeauftragte iSv § 4f BSDG keine Beauftragten der in § 203 Abs. 1 und 2 genannten Personen seien. Vielmehr komme es auf die Bestellung an. Dem hat sich der federführende Ausschuss jedoch nicht angeschlossen und stattdessen auf Vorschlag der damaligen Bundesregierung in dem neu geschaffenen § 203 Abs. 2a klargestellt, dass zur Abgrenzung des persönlichen Anwendungsbereichs darauf abzustellen sei, dass der Beauftragte **bei Erfüllung seiner gesetzlichen Aufgaben** von solchen Privatgeheimnissen Kenntnis erlangt hat, die einem der übrigen Normadressaten des § 203 anvertraut oder bekannt geworden sind. Damit werden solche **Datenschutzbeauftragte** erfasst, die **von einem Berufsgeheimnisträger iSd § 203 Abs. 1 Nr. 1–6, Abs. 2 oder von der Stelle, welcher der Berufsgeheimnisträger angehört oder für die er tätig ist, bestellt** wurden (Fischer Rn. 29b unter Hinweis auf BT-Drs. 16/1970, 2 f.).

Gemäß **§ 4f Abs. 1 BDSG** haben öffentliche wie nicht-öffentliche Stellen – also auch Freiberufler 215 und Betriebe –, bei bzw. in denen mehr als neun Personen damit beschäftigt sind, personenbezogene Daten automatisiert zu verarbeiten, die **Pflicht,** einen **Datenschutzbeauftragten zu bestellen,** der die Einhaltung der datenschutzrechtlichen Vorschriften kontrolliert (Fischer Rn. 29c).

b) Externe Berufsgeheimnisträger. Nach **§ 4f Abs. 2 S. 2, 3 BDSG** kann eine **externe Person** 216 bestellt werden, die bei einer öffentlichen Stelle auch einer anderen als der verantwortlichen öffentlichen

Stelle angehören kann. Diese Person hat personenbezogene Daten zu kontrollieren, die bei der Stelle einem Berufs- oder Amtsgeheimnis unterliegen. Verfahrensrechtlich flankiert wird diese Regelung von § 4f Abs. 4a BDSG, wonach bestellten Datenschutzbeauftragten in gleichem Umfang wie den von ihnen kontrollierten Geheimnisträgern ein **Zeugnisverweigerungsrecht** zusteht. Für Akten besteht in demselben Umfang ein **Beschlagnahmeverbot.** Nachdem die Normadressaten des § 203 die aus § 4f BDSG resultierende Verpflichtung zur Bestellung eines Datenschutzbeauftragten auch durch Hinzuziehung externer Kräfte erfüllen können, erschien eine Erweiterung des Täterkreises innerhalb von § 203 unverzichtbar. So lässt sich die Möglichkeit zur Weitergabe von Daten, die fremde Geheimnisse enthalten, an Dritte nur legitimieren, wenn auch bei dem hinzugezogenen Dritten der strafrechtliche Schutz vor einem Geheimnisverrat gesichert ist (HK-StrafR/ *Tag* Rn. 31; *Fischer* DuD 2005, 458 ff.). Deshalb hat der Gesetzgeber durch Art. 2 des Ersten Gesetzes zum Abbau bürokratischer Hemmnisse in der Wirtschaft v. 22.8.2006 (BGBl. I 1970) die Vorschrift des § 203 Abs. 2a eingefügt und den Täterkreis des § 203 Abs. 1 und 2 um nicht schon als Amtsträger erfasste **Datenschutzbeauftragte iSv § 4f Abs. 2 BSDG** erweitert (BT-Drs. 16/1853 und 16/1970; BeckOK StGB/ *Weidemann* Rn. 30; Fischer Rn. 29a und 29c; Joecks StGB Rn. 13a). Geheimnisträger und externe Datenschutzbeauftragte sind mithin gleichgestellt und „sitzen in einem Boot" (so Lackner/Kühl/ *Heger* Rn. 10b).

217   **2. Drittgeheimnisse als Gegenstand der Offenbarung.** Gegenstand der Offenbarung muss im Fall des § 203 Abs. 2a ein Geheimnis sein, das dem Datenschutzbeauftragten von einem der in § 203 Abs. 1 und 2 genannten Geheimnisträger anvertraut oder bekannt geworden ist. § 203 Abs. 2a bezieht sich somit nur auf **Drittgeheimnisse** (Joecks StGB Rn. 13a; Lackner/Kühl/ *Heger* Rn. 10b; vgl. zu dem Begriff auch → Rn. 13), deren Geheimhaltung gerade Aufgabe des Datenschutzbeauftragten ist oder von denen er im Zusammenhang mit seiner Beauftragung Kenntnis erlangt hat (Fischer Rn. 29d). Eine **Sonderbeziehung** zwischen dem Berechtigten und dem Datenschutzbeauftragten muss nicht bestehen (Fischer Rn. 7 ff. und 29d). Wenn ein Datenschutzbeauftragter eines (deutschen) Auftraggebers mit der Datenverarbeitung einen Auftragnehmer in einem Nicht-EU-Staat, der datenschutzrechtlich ein angemessenes Datenschutzniveau aufweist („sicherer" Drittstaat), können sich Probleme ergeben, weil die Rechte und Pflichten im BDSG nicht explizit geregelt sind (näher dazu *Kort* NStZ 2011, 193 ff.).

218   **3. Gesetzliche Offenbarungspflichten.** Aus einer gesetzlichen Offenbarungspflicht kann sich eine **Rechtfertigung** des Geheimnisverrats ergeben (dazu *Ostendorf* DRiZ 1981, 4 (8)). Soweit die Pflicht reicht, fremde oder eigene Geheimnisse zu offenbaren, kann ihre Erfüllung nicht „unbefugt" iSv § 203 sein (Fischer Rn. 37). Aus der Pflicht eines Datenschutzbeauftragten zur Überwachung der Einhaltung datenschutzrechtlicher Vorschriften ergibt sich hinsichtlich geheimer personenbezogener Daten regelmäßig eine Befugnis zur Offenbarung, soweit dies notwendig mit dem gesetzlichen Beanstandungsverfahren verbunden ist (vgl. BGHSt 48, 126 (129 ff.) zu § 353b; Fischer Rn. 37).

219   Umgekehrt lässt sich für einen Rechtsanwalt aus der **Kontrollpflicht des Datenschutzbeauftragten** weder eine gesetzliche Befugnis noch eine entsprechende Verpflichtung zur Mitteilung ableiten, **wie er in den Besitz** mandatsbezogener Urkunden **gelangt** ist (AG Tiergarten NJW 2007, 97 f.; Fischer Rn. 37).

220   **4. Berufsfremde Kenntniserlangung.** Der Schweigepflichtige muss bei der Geheimniserlangung zwingend eine der in § 203 Abs. 2 S. 1 Nr. 3 kodifizierten Funktionen ausgeübt haben (→ Rn. 35). Daher ist mit Blick auf die jeweilige Berufsnatur eine solche Tätigkeit erforderlich, die nicht nur zum Berufsbild des Täters gehört, sondern auch **in erlaubter Weise** und **nicht berufsfremd** ausgeübt wurde (→ Rn. 147 f.).

D. Rechtsfolgen und Strafantragserfordernis

I. Strafen

221   Die Strafe im Falle des unbefugten Offenbarens ist alternativ **Freiheitsstrafe** von einem Monat bis zu einem Jahr (§ 38 Abs. 2) oder **Geldstrafe** zwischen fünf und dreihundertsechzig Tagessätzen (§ 40 Abs. 1). Eine kurzfristige Freiheitsstrafe unter sechs Monaten kann nach § 47 nur ausnahmsweise verhängt werden.

222   Wenn bei einem Teilnehmer **besondere persönliche Merkmale** fehlen, weil er nicht zum Kreis der tauglichen Täter des Sonderdelikts gehört (→ Rn. 3), ist die Strafe gemäß § 28 Abs. 1 zu **mildern.**

223   Liegen die Voraussetzungen des **Qualifikationstatbestandes gemäß § 203 Abs. 5** vor, so erhöht sich das Höchstmaß des Strafrahmens auf zwei Jahre. Hat sich der Täter durch die Tat bereichert oder zu bereichern versucht, so kann neben der Freiheitsstrafe eine Geldstrafe verhängt werden (§ 41).

224   Die qualifizierenden Merkmale des Handelns gegen Entgelt, in Bereicherungs- oder Schädigungsabsicht sind **keine persönlichen Merkmale iSd § 28 Abs. 2,** da sie nicht die Pflichtenposition des Täters betreffen. Daher findet § 28 Abs. 2 auf sie keine Anwendung.

II. Maßregeln der Besserung und Sicherung: Berufsverbot, Verfall und Einziehung

Als Maßregel der Besserung und Sicherung kommt grundsätzlich die Verhängung eines **Berufsver-** 225
bots in Betracht (§ 70); jedoch werden die Voraussetzungen des § 70 Abs. 1, dass „die Gesamtwürdigung des Täters und der Tat die Gefahr erkennen lässt, dass er bei weiterer Ausübung des Berufs (…)
erhebliche rechtswidrige Taten der bezeichneten Art begehen wird", in der Praxis nur selten vorliegen.

Wenn durch die Tat ein Vermögensvorteil erlangt worden ist, kommt die Anordnung des **Verfalls** 226
gemäß §§ 73 ff. in Betracht. Außerdem finden die Vorschriften über die **Einziehung** gemäß §§ 74 ff.
Anwendung.

III. Strafantragserfordernis

Die Verletzung von Geheimhaltungspflichten nach § 203 wird nur verfolgt, wenn ein Strafantrag nach 227
§ 205 gestellt wurde.

§ 204 Verwertung fremder Geheimnisse

(1) Wer unbefugt ein fremdes Geheimnis, namentlich ein Betriebs- oder Geschäftsgeheimnis, zu dessen Geheimhaltung er nach § 203 verpflichtet ist, verwertet, wird mit Freiheitsstrafe bis zu zwei Jahren oder mit Geldstrafe bestraft.

(2) § 203 Abs. 4 gilt entsprechend.

1. Allgemeines. Die Strafvorschrift des § 204 stellt das **unbefugte Verwerten eines Geheimnisses** 1
unter Strafandrohung und ergänzt damit den Qualifikationstatbestand des § 203 Abs. 5, der die Geheimnisoffenbarung gegen Entgelt oder mit Bereicherungs- oder Schädigungsabsicht erfasst (→ § 203
Rn. 76 ff.). Der Strafrahmen des § 204 entspricht dem des § 203 Abs. 5.

§ 204 schützt dasselbe **Rechtsgut** wie § 203 (→ § 203 Rn. 2): Auch hier stehen Individualinteressen 2
an der Geheimhaltung bestimmter Tatsachen sowie das allgemeine Vertrauen in die Verschwiegenheit
der Angehörigen bestimmter Berufsgruppen im Vordergrund (Schönke/Schröder/*Lenckner/Eisele*
Rn. 3; Lackner/Kühl/*Heger* Rn. 1, jeweils mwN); es handelt sich nicht um ein Vermögensdelikt
(Fischer Rn. 1; SK-StGB/*Hoyer* Rn. 4).

Auch das unbefugte Verwerten nach § 204 ist als echtes **Sonderdelikt** ausgestaltet, da nur die im 3
Gesetz ausdrücklich genannten Personen, die zur Geheimhaltung eines fremden Geheimnisses verpflichtet sind, als Täter (Allein-, Mit- oder mittelbare Täter) in Betracht kommen.

2. Tatbestandsvoraussetzungen des § 204. a) Begriff des Geheimnisses. Der Begriff des Ge- 4
heimnisses entspricht dem des § 203 (→ § 203 Rn. 10 ff.). Das Betriebs- oder Geschäftsgeheimnis wird
nur als praktisch wichtigstes Beispiel im Tatbestand genannt; allerdings kommen nur **wirtschaftlich
verwertbare Geheimnisse** als Tatobjekte in Betracht (Fischer Rn. 2; LK-StGB/*Schünemann* Rn. 3;
Schönke/Schröder/*Lenckner/Eisele* Rn. 3), so zB Informationen eines Patentanwalts, die dieser zur
eigenen Produktion benutzt (LK-StGB/*Schünemann* Rn. 5; NK-StGB/*Kargl* Rn. 4; MüKoStGB/*Graf*
Rn. 12), nicht hingegen Geheimnisse, die nur immaterielle Bezugspunkte aufweisen. Außerdem unterfallen **Einzelangaben,** die nach § 203 Abs. 2 S. 2 Geheimnissen gleich gestellt sind (→ § 203
Rn. 41 ff.), dem strafrechtlichen Schutz des § 204 (LK-StGB/*Schünemann* Rn. 3).

b) Tathandlung des Verwertens. Das Verwerten eines Geheimnisses erfordert die über das bloße 5
Innehaben des Geheimnisses hinausgehende **wirtschaftliche Ausnutzung** des in dem Geheimnis verkörperten **wirtschaftlichen Wertes** zum Zweck der Gewinnerzielung für sich oder einen Dritten
(RGSt 63, 205 (207); BayObLG NStZ 1984, 169; *Pfeiffer* FS Raisch, 1995, 255 (264); *Schmitz* JA 1996,
950) und ist unabhängig davon, ob das Geheimnis offenbart wird (*Sturm* JZ 1975, 10). Für das Verwerten
ist es irrelevant, ob der Täter den angestrebten Gewinn tatsächlich erzielt (SK-StGB/*Hoyer* Rn. 7; zust.
SSW StGB/*Bosch* Rn. 3; aA Lackner/Kühl/*Heger* Rn. 4; vgl. auch *Maiwald* NStZ 1984, 170 zum
Begriff des Verwertens in § 355 Abs. 1).

Umstritten ist, ob dem Geheimnisberechtigten ein **konkreter Schaden** entstehen muss oder ob seine 6
Verwertungschancen geschmälert werden müssen. Die hM verneint dies (Fischer Rn. 3; Schönke/
Schröder/*Lenckner/Eisele* Rn. 5 f.). Hiernach ist die Verwertung von Insiderinformationen grundsätzlich
nicht durch § 204 strafbewehrt (aA NK-StGB/*Kargl* Rn. 6; *Ulsenheimer* NJW 1975, 1999 f.). Ein
Verwerten iSd § 204 liegt erst vor, wenn die Insiderinformationen Vermögensinteressen des Rechtsgutinhabers tangieren, weil die wirtschaftlichen Nutzungsmöglichkeiten, die den Gegenstand des
Geheimnisses darstellen, vom Täter in der Absicht verwirklicht werden, daraus in Kenntnis der dadurch
resultierenden Entreicherung des Geheimnisträgers unmittelbar einen Gewinn zu erzielen (Schönke/
Schröder/*Lenckner/Eisele* Rn. 5, 6; Müller-Gugenberger/*Dittrich* § 33 Rn. 102). Nicht ausreichend ist
es, wenn der Täter eine **Insiderinformation** nur zur Schädigung der Konkurrenten verwendet, weil

das Verwerten die wirtschaftliche Ausnutzung des im Geheimnis liegenden Vermögenswertes erfordert. Insofern kann auch die Ausnutzung von Insiderinformationen, soweit diese dem Geheimnisbegriff unterfallen, den Tatbestand der Verwertung erfüllen, wenn die in dem Geheimnis liegenden Chancen realisiert werden sollen (Fischer Rn. 3; SK-StGB/*Hoyer* Rn. 4; SSW StGB/*Bosch* Rn. 2; Heymann/*Otto* HGB § 333 Rn. 26; *v.* Stebut, Geheimnisschutz und Verschwiegenheitspflicht im Aktienrecht, 1972, 77 ff.; *Ulsenheimer* NJW 1975, 1999 f.; aA Schönke/Schröder/*Lenckner*/*Eisele* Rn. 5 f.; Scholz/*Tiedemann*/*Rönnau* GmbHG § 85 Rn. 17; *Pfeiffer* FS Raisch, 1995, 255 (265); *Volk* ZHR 142 (1978), 1 ff.). Die verfolgten Zwecke müssen nicht zwingend gewerbliche sein (*Arians,* Der strafrechtliche Schutz des Geschäfts- und Betriebsgeheimnisses in der Bundesrepublik Deutschland, 1978, 366 f.).

7   Die Ausnutzung des Geheimnisses zu **ideellen oder politischen Zwecken** ist auch **kein Verwerten iSd § 204,** sondern kann nur ein Offenbaren nach § 203 Abs. 1 sein, wenn das Geheimnis Dritten preisgegeben wird (Fischer Rn. 3; MüKoStGB/*Graf* Rn. 11; *Pfeiffer* FS Raisch, 1995, 255 (264 f.); aA *Ulsenheimer* NJW 1975, 1999 (2001)). Deshalb entsteht durch die Beschränkung des Verwertens auf ein wirtschaftliches Ausnutzen keine Strafbarkeitslücke. Würde man altruistisches Verhalten ohne Offenbarung ggü. Dritten gleichwohl als Verwerten betrachten, so würden auch nicht strafwürdige Sachverhalte erfasst.

8   **c) Unbefugtheit.** Weiterhin muss der Täter unbefugt handelt (→ § 203 Rn. 55 ff.). Eine Befugnis kann sich vor allem aus der Einwilligung des Geschützten ergeben (→ § 203 Rn. 56 ff.).

9   **d) Subjektiver Tatbestand.** Hinsichtlich des subjektiven Tatbestandes ist eine Differenzierung erforderlich. Zunächst ist vorsätzliches Verhalten iSv § 15 erforderlich. Dabei muss sich der **zumindest bedingte Vorsatz** des Täters zwar nicht auf die eigene Geheimhaltungspflicht beziehen (so SK-StGB/*Hoyer* Rn. 9), jedoch auf alle pflichtbegründenden Umstände. Dazu gehört neben dem Vorliegen eines Geheimnisses (vgl. dazu → § 203 Rn. 71) auch das Innehaben derjenigen Sonderstellung, aufgrund derer er das betreffende Geheimnis erfahren hat (LK-StGB/*Schünemann* Rn. 9; SK-StGB/*Hoyer* Rn. 9).

10   Für das **Verwerten** ist bedingter Vorsatz nicht ausreichend. Stattdessen bedarf es eines **zielgerichteten Verhaltens iSd dolus directus 1. Grades** (LK-StGB/*Schünemann* Rn. 9; SK-StGB/*Hoyer* Rn. 9; Schönke/Schröder/*Lenckner*/*Eisele* Rn. 8; Hachenburg/*Kohlmann* GmbHG § 85 Rn. 38; Rowedder/ Schmidt-Leithoff/*Schaal* GmbHG § 85 Rn. 17; Scholz/*Tiedemann*/*Rönnau* GmbHG § 85 Rn. 15). Der Täter muss sich durch seine Tathandlung bereichern wollen (SK-StGB/*Hoyer* Rn. 9). Dabei ist es unerheblich, ob der Vermögensvorteil als eigener oder für einen anderen erstrebt wird. Die Verwertungsabsicht setzt nicht voraus, dass der Geheimnisträger entreichert wird. Die beabsichtigte pflichtwidrige wirtschaftliche Nutzung fremder Geheimnisse stellt einen Missbrauch einer Vertrauensposition dar. Hierin liegt die Strafwürdigkeit des Verhaltens begründet.

11   **e) Täterschaft und Teilnahme.** Täter des § 204 können nur die schweigepflichtigen Personen sein. Sonstige Personen, die die Sonderdeliktseigenschaft nicht aufweisen, können nur wegen einer **Beteiligung** an § 204 – Anstiftung oder Beihilfe (§§ 26, 27) – strafbar sein, sofern eine vorsätzliche und rechtswidrige Haupttat vorliegt. Es gelten die allgemeinen Teilnahmeregeln. Jedoch wird, wenn der Teilnehmer nicht selbst zur Geheimhaltung verpflichtet ist, nur der Qualifikationstatbestand des § 203 Abs. 5 (→ § 203 Rn. 76 ff.) gegeben sein, weil der Täter das Geheimnis dem Teilnehmer offenbaren musste (dazu *Schmitz* JA 1997, 950 (951)).

12   **f) Vollendung und Beendigung der Tat.** Das unbefugte Verwerten ist erst mit Eintritt der Vollendung strafbar, da der Versuch nicht unter Strafandrohung steht. **Vollendung** liegt vor, wenn der Täter das Geheimnis so weit genutzt hat, dass der Eintritt des erstrebten Erfolges nach seiner Ansicht unmittelbar bevorsteht, weil ihm die Gewinnerzielung unmittelbar möglich erscheint. Ob der Täter die mit der Verwertung beabsichtigten Ziele auch tatsächlich erreicht hat, ist irrelevant. Es kann auch nicht darauf ankommen, ob nach dem Plan des Täters der mit der Verwertung erstrebte Erfolg greifbar nahe gekommen ist. Wenn zB eine das Geheimnis verkörpernde Maschine fertiggestellt ist, liegt ein tatbestandsmäßiger Eingriff in die geschützte Geheimnissphäre vor. Es kommt nicht darauf an, dass das unter Geheimnisverletzung gewonnene Produkt benutzt oder in den geschäftlichen Verkehr gebracht wird (RGSt 40, 406 (408) zu § 9 Abs. 2 UWG aF; zust. LK-StGB/*Schünemann* Rn. 11).

13   Bei der Verwertung eines Geheimnisses wirft die Bestimmung der **Beendigung** Schwierigkeiten auf. Hierbei sind alle Handlungen einzubeziehen, bis die Gewinnerzielung abgeschlossen ist. Sofern das Geheimnis allerdings bereits zuvor seinen Charakter als solches verliert, weil es einem unbestimmten Personenkreis bekannt geworden ist (→ § 203 Rn. 18), liegt bereits zu diesem Zeitpunkt Beendigung der Tat vor.

14   **g) Konkurrenzen. aa) Verhältnis des Verwertens zum Offenbaren gegen Entgelt.** Das Verwerten und das Offenbaren eines Geheimnisses schließen sich nicht gegenseitig aus. Sie können tateinheitlich oder tatmehrheitlich begangen werden. Ein Verwerten ist auch ohne Mitteilung des Geheimnisses und damit ohne Offenbaren möglich. Wenn sich die Verwertung auf eine Offenbarung gegen Entgelt beschränkt, weil ein Geheimnis zB verkauft wird, liegt kein Verwerten, sondern die Qualifikation des Offenbarens gegen Entgelt nach § 203 Abs. 5 vor. Deshalb hat die Verwertung von Geheimnissen

nach § 204 nur für Fälle, in denen das Geheimnis anders als durch Offenbarung wirtschaftlich genutzt wird, eigenständige Bedeutung.

Wenn dem Verwerten ein Offenbaren ggü. einer dritten Person vorausgeht, weil sich der Geheimnis- **15** träger zB das Kapital für die Verwertung beschaffen will, liegt lediglich ein **Verwerten des Geheimnisses** und nicht der Qualifikationstatbestand des Offenbarens gegen Entgelt vor.

bb) Verhältnis des Verwertens zu § 38 WpHG und § 17 UWG. Tateinheit ist möglich wegen **16** unterschiedlicher Schutzrichtungen mit § 38 WpHG, ggf. auch mit § 17 UWG, da dieser Straftatbestand nicht das Vertrauen in die Verschwiegenheit bestimmter Berufsgruppen schützt (SSW StGB/ *Bosch* Rn. 5).

cc) Verhältnis zu § 203 Abs. 5 und zu § 355. § 204 tritt hinter § 203 Abs. 5 als spezielle Form der **17** Verwertung durch Offenbaren und auch hinter § 355 zurück (SSW StGB/*Bosch* Rn. 5; MüKoStGB/ *Graf* Rn. 23).

h) Strafantrag. Die Verletzung von Geheimhaltungspflichten nach § 203 wird nur verfolgt, wenn **18** ein Strafantrag nach § 205 gestellt wurde.

§ 205 Strafantrag

(1) ¹In den Fällen des § 201 Abs. 1 und 2 und der §§ 202, 203 und 204 wird die Tat nur auf Antrag verfolgt. ²Dies gilt auch in den Fällen der §§ 201a, 202a und 202b, es sei denn, dass die Strafverfolgungsbehörde wegen des besonderen öffentlichen Interesses an der Strafverfolgung ein Einschreiten von Amts wegen für geboten hält.

(2) ¹Stirbt der Verletzte, so geht das Antragsrecht nach § 77 Abs. 2 auf die Angehörigen über; dies gilt nicht in den Fällen der §§ 202a und 202b. ²Gehört das Geheimnis nicht zum persönlichen Lebensbereich des Verletzten, so geht das Antragsrecht bei Straftaten nach den §§ 203 und 204 auf die Erben über. ³Offenbart oder verwertet der Täter in den Fällen der §§ 203 und 204 das Geheimnis nach dem Tod des Betroffenen, so gelten die Sätze 1 und 2 sinngemäß.

1. Strafantragserfordernis. Die Verletzung des persönlichen Lebens- und Geheimbereichs nach den **1** §§ 201 ff. wird nur verfolgt, wenn ein Strafantrag gestellt wurde **(§ 205 Abs. 1).** Die Stellung des Strafantrags ist **Prozessvoraussetzung.** Durch das Strafantragserfordernis wird ermöglicht, dass der Verletzte selbst darüber entscheiden kann, ob er die im Strafverfahren nur beschränkt mögliche Geheimhaltung in Kauf nehmen will. Hieraus können sich Defizite in der Effektivität des strafrechtlichen Schutzes ergeben. Lediglich in den Fällen des **§ 202a** (Ausspähen von Daten) und **§ 202b** (Abfangen von Daten) kann die Strafverfolgungsbehörde gemäß § 205 Abs. 1 S. 2 wegen des besonderen öffentlichen Interesses an der Strafverfolgung von Amts wegen einschreiten **(relative Strafantragsdelikte).** Diese Einschränkung des Strafantragserfordernisses wurde vorgenommen, weil häufig Interessen Dritter betroffen sein können, denen nach hM kein Antragsrecht zusteht (BT-Drs. 16/3656, 12; krit. dazu SSW StGB/*Bosch* Rn. 1). Die §§ 201 und 206 unterliegen nicht dem Antragserfordernis, weil deren Verletzung zugleich öffentliche Interessen berührt.

2. Antragsberechtigung. Zur Ausübung des Strafantragsrechts ist zunächst der **Verletzte** (§ 77 **2** Abs. 1) berechtigt. Bei **§ 201** ist dies der Sprecher des nichtöffentlichen Wortes und nicht die von der Äußerung betroffene Person, bei **§ 201a** die abgebildete Person, bei **§ 202** der Inhaber des Verfügungsrechts **über** das Schriftstück, also bis zum Zugang beim richtigen Adressaten der Verschließende bzw. Absender, nach Zugang der Empfänger (SSW StGB/*Bosch* Rn. 2). Bei **§§ 202a und 202b** ist antragsberechtigt, wer die Daten gegen Zugriff sichert oder sie ermittelt hat, da an das formelle Verfügungsrecht über die Daten angeknüpft wird. Deshalb ist, wenn heimlich EC-Dubletten hergestellt werden, nur die ausstellende Bank und nicht auch der Inhaber einer EC-Karte antragsberechtigt (BGH NStZ 2005, 566). In den Fällen der **§§ 203, 204** ist dies der Geheimnisberechtigte. Dies ist jedenfalls die Person, die dem Täter ein eigenes Geheimnis anvertraut hat oder deren Geheimnis dem Täter bekannt geworden ist. Bei Drittgeheimnissen ist nicht der Anvertrauende, sondern allein die dritte Person antragsberechtigt (Fischer Rn. 2; LK-StGB/*Schünemann* Rn. 7; NK-StGB/*Kargl* Rn. 7; SK-StGB/ *Hoyer* Rn. 4; aA SSW StGB/*Bosch* Rn. 4; Schönke/Schröder/*Lenckner/Eisele* Rn. 5; *Niedermair* in Roxin/Schroth, Handbuch des Medizinstrafrechts, 4. Aufl. 2010, Rn. 412 ff.). Wenn man als geschütztes Rechtsgut nicht nur das Individualinteresse der betroffenen Personen sieht (→ Rn. 2), spricht dies dafür, nicht nur den Geheimnisträger als antragsbefugt anzusehen (aA BGHSt 48, 33; BGH NJW 2013, 551). Vielmehr ist auch der ein Geheimnis anvertrauende Dritte verletzt und damit antragsberechtigt.

Mit dem **Tod des Verletzten** geht das Antragsrecht nach § 77 Abs. 2 idR auf die dort bezeichneten **3** Angehörigen über. Dies gilt bei den §§ 203, 204 nur, soweit es sich um ein zum persönlichen Lebensbereich gehörendes Geheimnis handelt (§ 77 Abs. 2 S. 1). Bei wirtschaftlich verwertbaren Geheimnissen geht das Strafantragsrecht auf die Erben über (§ 77 Abs. 2 S. 2). In den Fällen der §§ 202a und 202b findet kein Übergang statt (§ 205 Abs. 2 S. 1 Hs. 2).

4   Wenn die Tat erst **nach dem Tod des Geheimnisberechtigten** begangen wird, steht das Strafantragsrecht sofort den Angehörigen bzw., wenn es um ein wirtschaftlich verwertbares Geheimnis geht, den Erben zu (*Solbach* DRiZ 1978, 206).

5   **3. Antragsfrist.** Die Antragsfrist beträgt **drei Monate** und beginnt mit dem Ablauf des Tages, an dem der Antragsberechtigte von der Tat und der Person des Täters einigermaßen zuverlässige Kenntnis erlangt hat (§ 77b Abs. 2). Hierbei handelt es sich nicht um eine Prozess-, sondern um eine Ausschlussfrist, bei der eine Wiedereinsetzung in den vorigen Stand auch bei unverschuldeter Fristversäumung ausgeschlossen ist (BGH NJW 1994, 1165 (1166); OLG Bremen NJW 1956, 392; Fischer § 77b Rn. 11).

6   **4. Form des Strafantrags.** Die Form des Strafantrags bestimmt sich nach **§ 158 Abs. 2 StPO.** Hiernach muss der Antrag bei einem Gericht oder der Staatsanwaltschaft **schriftlich oder zu Protokoll** gestellt werden. Wenn der Aufsichtsrat den Strafantrag stellt, reicht es aus, dass eines der Mitglieder die Form wahrt und die übrigen dem Strafantrag innerhalb der Antragsfrist mündlich zustimmen oder den Handelnden entsprechend ermächtigen. Hierbei genügt es, wenn die Zustimmung oder Ermächtigung ggü. dem Handelnden erklärt wird.

7   **5. Rücknahme des Strafantrags.** Eine Rücknahme des Strafantrags ist nach § 77d Abs. 1 bis zum rechtskräftigen Abschluss des Strafverfahrens möglich. Das Verfahren ist dann einzustellen. Ein erneuter Strafantrag ist danach nicht mehr möglich (vgl. § 77d Abs. 1).

8   **6. Verzicht auf den Strafantrag.** Ein Verzicht auf den Strafantrag kann als Prozesshandlung nur ggü. einer nach § 158 Abs. 2 StPO zuständigen Stelle erklärt werden (RGSt 77, 159; BGH NJW 1957, 1369) und ist dann unwiderruflich (Schönke/Schröder/*Sternberg-Lieben/Bosch* § 77d Rn. 8). Hingegen ist ein dem Täter ggü. erklärter Verzicht rechtlich unwirksam.

§ 206 Verletzung des Post- oder Fernmeldegeheimnisses

(1) **Wer unbefugt einer anderen Person eine Mitteilung über Tatsachen macht, die dem Post- oder Fernmeldegeheimnis unterliegen und die ihm als Inhaber oder Beschäftigtem eines Unternehmens bekanntgeworden sind, das geschäftsmäßig Post- oder Telekommunikationsdienste erbringt, wird mit Freiheitsstrafe bis zu fünf Jahren oder mit Geldstrafe bestraft.**

(2) **Ebenso wird bestraft, wer als Inhaber oder Beschäftigter eines in Absatz 1 bezeichneten Unternehmens unbefugt**
1. **eine Sendung, die einem solchen Unternehmen zur Übermittlung anvertraut worden und verschlossen ist, öffnet oder sich von ihrem Inhalt ohne Öffnung des Verschlusses unter Anwendung technischer Mittel Kenntnis verschafft,**
2. **eine einem solchen Unternehmen zur Übermittlung anvertraute Sendung unterdrückt oder**
3. **eine der in Absatz 1 oder in Nummer 1 oder 2 bezeichneten Handlungen gestattet oder fördert.**

(3) **Die Absätze 1 und 2 gelten auch für Personen, die**
1. **Aufgaben der Aufsicht über ein in Absatz 1 bezeichnetes Unternehmen wahrnehmen,**
2. **von einem solchen Unternehmen oder mit dessen Ermächtigung mit dem Erbringen von Post- oder Telekommunikationsdiensten betraut sind oder**
3. **mit der Herstellung einer dem Betrieb eines solchen Unternehmens dienenden Anlage oder mit Arbeiten daran betraut sind.**

(4) **Wer unbefugt einer anderen Person eine Mitteilung über Tatsachen macht, die ihm als außerhalb des Post- oder Telekommunikationsbereichs tätigem Amtsträger auf Grund eines befugten oder unbefugten Eingriffs in das Post- oder Fernmeldegeheimnis bekanntgeworden sind, wird mit Freiheitsstrafe bis zu zwei Jahren oder mit Geldstrafe bestraft.**

(5) **Dem Postgeheimnis unterliegen die näheren Umstände des Postverkehrs bestimmter Personen sowie der Inhalt von Postsendungen. Dem Fernmeldegeheimnis unterliegen der Inhalt der Telekommunikation und ihre näheren Umstände, insbesondere die Tatsache, ob jemand an einem Telekommunikationsvorgang beteiligt ist oder war. Das Fernmeldegeheimnis erstreckt sich auch auf die näheren Umstände erfolgloser Verbindungsversuche.**

Literatur (Auswahl): *Barton,* E-Mail-Kontrolle durch Arbeitgeber, CR 2003, 839; *Cornelius/Tschoepe,* Strafrechtliche Grenzen der zentralen E-Mail-Filterung und -Blockade, K&R 2005, 269; *Dann/Gastell,* Geheime Mitarbeiterkontrollen: Straf- und arbeitsrechtliche Risiken bei unternehmensinterner Aufklärung, NJW 2008, 2945; *Härting,* E-Mail und Telekommunikationsgeheimnis, CR 2007, 311; *Heidrich,* Rechtliche Fragen bei der Verwendung von DNS-Blacklisting zur Spam-Filterung, CR 2009, 168; *Heidrich/Tschoepe,* Rechtsprobleme der E-Mail-Filterung, MMR 2004, 75; *Kitz,* Meine E-Mails les` ich nicht! Zur Einwilligung in die Spamfilterung, CR 2005, 450; *Rübenstahl/Debus,*

Strafbarkeit verdachtsabhängiger E-Mail- und EDV-Kontrollen bei Internal Investigations?, NZWiSt 2012, 129; *Schmidl*, E-Mail-Filterung am Arbeitsplatz, MMR 2005, 343; *Schuster*, IT-gestützte interne Ermittlungen in Unternehmen – Strafbarkeitsrisiken nach den §§ 202a, 206 StGB, ZIS 2010, 68; *Welp*, Strafbare Verletzungen des Post- und Fernmeldegeheimnisses nach der Privatisierung der Post (§ 206 StGB), FS Lenckner, 1998, 619.

A. Allgemeines

Die Vorschrift des § 206 bildet den Abschluss des 15. Abschnitts des Besonderen Teils des StGB über **1** die Verletzung des persönlichen Lebens- und Geheimbereichs. Sie schützt das **Post- und Fernmeldegeheimnis** vor unbefugten (→ Rn. 32) Eingriffen sowohl von Seiten des Kommunikationsmittlers (Abs. 1 und 2; → Rn. 3 ff.) oder aus dessen Umfeld (Abs. 3; → Rn. 26 ff.) als auch durch außenstehende Amtsträger (Abs. 4; → Rn. 30 ff.). Außer dem Post- und Fernmeldegeheimnis und somit dem individuellen Geheimhaltungsinteresse ist nach hM auch das Vertrauen der Allgemeinheit in die Sicherheit und Zuverlässigkeit des Post- und Telekommunikationsverkehrs geschützt (OLG Köln NJW 1987, 2596 (2597); OLG Stuttgart NStZ 1984, 25 (26); LK-StGB/*Altvater* Rn. 7; Fischer Rn. 1; **aA** MüKoStGB/*Altenhain* Rn. 2; Schönke/Schröder/*Lenckner/Eisele* Rn. 2).

Die Konzentration auf den Kommunikationsmittler unterscheidet § 206 von dem Straftatbestand des **2** § 202 (Verletzung des Briefgeheimnisses), der Zugriffe auf Briefe und Schriftstücke auch vor und nach der Übermittlungsphase erfasst (*Welp* FS Lenckner, 1998, 619 (629 f.)). Anders als § 202 orientiert sich § 206 dadurch an dem Schutzbereich des Grundrechts auf Wahrung des Brief-, Post- und Fernmeldegeheimnisses aus Art. 10 Abs. 1 GG, das die Vertraulichkeit der individuellen Kommunikation gerade dann gewährleisten will, wenn sie wegen der räumlichen Distanz zwischen den Beteiligten auf die Übermittlung durch Dritte (insbesondere Post- und Telekommunikationsunternehmen) angewiesen und daher in besonderer Weise der Gefahr eines Zugriffs von außen ausgesetzt ist (s. nur BVerfGE 85, 386 (396); 115, 166 (182)). Zum Konkurrenzverhältnis der Vorschriften → Rn. 35.

B. Tatbestand

I. Objektiver Tatbestand

1. Objektiver Tatbestand des Abs. 1 und 2. a) Täter: Inhaber oder Beschäftigter eines Post- 3 oder Telekommunikationsunternehmens. Täter des Abs. 1 und 2 kann nur ein Inhaber oder Beschäftigter eines Unternehmens sein, das geschäftsmäßig Post- oder Telekommunikationsdienste erbringt. Es handelt sich bei § 206 Abs. 1 somit um ein Sonderdelikt. Bei diesen Anforderungen an den Täter handelt es sich angesichts des Rechtsguts (→ Rn. 1) nach hM aber um rechtsgutsbezogene Eigenschaften, so dass die Eigenschaft als Inhaber oder Beschäftigter (→ Rn. 7 f.) eines Post- oder Telekommunikationsunternehmens kein besonderes persönliches Merkmal gemäß § 28 darstellt (Fischer Rn. 19; Lackner/Kühl/*Heger* Rn. 2; **aA** MüKoStGB/*Altenhain* Rn. 94; Schönke/Schröder/*Lenckner/Eisele* Rn. 38).

Mit dem Begriff der **„Postdienste"** orientiert sich die Vorschrift an § 4 Nr. 4 PostG, wonach unter **4** dem geschäftsmäßigen Erbringen von Postdiensten „das nachhaltige Betreiben der Beförderung von Postsendungen für andere mit oder ohne Gewinnerzielungsabsicht" zu verstehen ist; zur Legaldefinition der „Beförderung" s. § 4 Nr. 3 PostG, zum Begriff der „Postsendungen" s. § 4 Nr. 5 iVm Nr. 1 PostG. Ähnlich versteht § 3 Nr. 10 TKG das geschäftsmäßige Erbringen von **Telekommunikationsdiensten** als „das nachhaltige Angebot von Telekommunikation für Dritte mit oder ohne Gewinnerzielungsabsicht"; zur Telekommunikation bzw. zu dem bei deren Definition wiederum verwendeten Begriff der Telekommunikationsanlage s. § 3 Nr. 22 und Nr. 23 TKG.

Unter **Unternehmen** sind sämtliche Betätigungen im geschäftlichen Verkehr zu verstehen, die nicht **5** ausschließlich hoheitlich erfolgen oder auf eine private Tätigkeit beschränkt sind (OLG Karlsruhe MMR 2005, 178 (180) mit insoweit zust. Anm. *Heidrich*; MüKoStGB/*Altenhain* Rn. 11). Der Begriff ist wegen des Schutzzwecks der Norm weit auszulegen (OLG Karlsruhe MMR 2005, 178 (180); Schönke/Schröder/*Lenckner/Eisele* Rn. 8). Auch Behörden und öffentlich-rechtliche Körperschaften kommen daher nach hM als Unternehmen iSd Vorschrift in Betracht, sofern sie sich nicht nur betätigen, um ihre hoheitlichen Aufgaben zu erfüllen (OLG Karlsruhe MMR 2005, 178 (179 f.); MüKoStGB/*Altenhain* Rn. 13; LK-StGB/*Altvater* Rn. 12; **aA** Fischer Rn. 2; BeckOK StGB/*Weidemann* Rn. 6: generell keine Unternehmenseigenschaft; kritisch auch Schönke/Schröder/*Lenckner/Eisele* Rn. 8a). Eine Universität ist beispielsweise erfasst, wenn sie ihre Telekommunikationsanlage unterschiedlichen Nutzergruppen einschließlich Vereinen und außenstehenden Dritten zuletzt auch zur privaten Nutzung zur Verfügung stellt (OLG Karlsruhe MMR 2005, 178 (180)).

Wie sich auch aus § 4 Nr. 4 PostG sowie § 3 Nr. 10 TKG (→ Rn. 4) ergibt, werden Post- und **6** Telekommunikationsdienste **geschäftsmäßig** erbracht, wenn sie nachhaltig betrieben bzw. angeboten werden. Eine Gewinnerzielungsabsicht ist jeweils nicht erforderlich (OLG Karlsruhe MMR 2005, 178 (179); MüKoStGB/*Altenhain* Rn. 18; Fischer Rn. 2; Lackner/Kühl/*Heger* Rn. 2; Schönke/Schröder/*Lenckner/Eisele* Rn. 8). Somit ist grundsätzlich ebenso der Betrieb von Telekommunikationsnetzen für geschlossene Benutzergruppen erfasst (BT-Drs. 13/8016, 29; Lackner/Kühl/*Heger* Rn. 2). Nach hM ist

daher auch ein Arbeitgeber Telekommunikationsunternehmen iSd Vorschrift, sofern er seinen Arbeit-
nehmern gestattet, über den dienstlichen E-Mail-Account auch aus nicht dienstlichen Zwecken das
Internet zu nutzen oder private Nachrichten zu senden (MüKoStGB/*Altenhain* Rn. 17; LK-StGB/
Altvater Rn. 12; *Cornelius/Tschoepe* K&R 2005, 269; *Dann/Gastell* NJW 2008, 2945 (2946); *Heidrich/
Tschoepe* MMR 2004, 75 (76); *Schuster* ZIS 2010, 68 (70 f.); **aA** *Rübenstahl/Debus* NZWiSt 2012, 129
(132 f.); kritisch *Barton* CR 2003, 839 (843)).

7   **Inhaber** eines solchen Unternehmens sind sämtliche natürliche Personen, die allein oder zusammen
mit anderen aus eigenem Recht über die sachlichen und personellen Betriebsmittel verfügen und über
die Erbringung von Post- und Telekommunikationsleistung entscheiden können (LK-StGB/*Altvater*
Rn. 14; Schönke/Schröder/*Lenckner/Eisele* Rn. 8b; *Welp* FS Lenckner, 1998, 619 (632 f.)). In den
Gesetzgebungsmaterialien werden insoweit Träger einzelkaufmännischer Unternehmen sowie (Mit-)
Eigner unternehmenstragender Personenhandels- oder Kapitalgesellschaften genannt (BT-Drs. 13/8016,
29; kritisch *Welp* FS Lenckner, 1998, 619 (632 f.)).

8   Als **Beschäftigter** ist jeder Mitarbeiter des Unternehmens anzusehen (Fischer Rn. 2). Unerheblich
ist das konkrete Anstellungsverhältnis, sei es ein (auslaufendes) öffentlich-rechtliches Dienst- oder ein
privatrechtliches Arbeitsverhältnis (Fischer Rn. 2; Lackner/Kühl/*Heger* Rn. 3; Schönke/Schröder/
Lenckner/Eisele Rn. 8b), eine Anstellung als Teilzeit- oder Vollzeitarbeitnehmer oder auch eine nur
vorübergehende (zB als Mutterschaftsvertretung oder als Ferienjob) oder unentgeltliche Beschäftigung
(zB Praktikum) (MüKoStGB/*Altenhain* Rn. 23; LK-StGB/*Altvater* Rn. 15).

9   Die dem Post- oder Fernmeldegeheimnis unterliegende (→ Rn. 11 f.) Tatsache (→ Rn. 10) muss dem
Täter als Inhaber oder Beschäftigten bekanntgeworden sein. Das **Bekanntwerden** setzt voraus, dass die
jeweilige Tatsache, von welcher der Täter erfährt, ihm zuvor noch unbekannt war (MüKoStGB/
Altenhain Rn. 38; Lackner/Kühl/*Heger* Rn. 7). „**Als**" Inhaber oder Beschäftigter erfolgt diese Kenntnisnahme nur dann, wenn ein funktionaler Zusammenhang mit der jeweiligen Aufgabe oder Position
vorliegt (LK-StGB/*Altvater* Rn. 16; Fischer Rn. 8 und 11; Schönke/Schröder/*Lenckner/Eisele* Rn. 9
und 19; BeckOK StGB/*Weidemann* Rn. 12; kritisch MüKoStGB/*Altenhain* Rn. 37). Der Zusammenhang ist aber auch gewahrt, wenn der Täter von der geschützten Tatsache unbefugt oder nur mittelbar
über eine andere, vor allem spezifisch mit post- oder telekommunikationsdienstlichen Aufgaben beschäftigten Person erfährt (MüKoStGB/*Altenhain* Rn. 37; Fischer Rn. 8; Schönke/Schröder/*Lenckner/Eisele*
Rn. 9). Unerheblich ist jeweils (vgl. auch § 39 Abs. 2 S. 2 PostG, § 88 Abs. 2 S. 2 TKG), ob der Täter
zum Zeitpunkt seiner Mitteilung noch Inhaber oder Beschäftigter des Post- oder Telekommunikationsunternehmens ist (MüKoStGB/*Altenhain* Rn. 36; Schönke/Schröder/*Lenckner/Eisele* Rn. 9).

10   **b) Mitteilung von Tatsachen, die dem Post- oder Fernmeldegeheimnis unterliegen (Abs. 1).
aa) Tatsachen, die dem Post- oder Fernmeldegeheimnis unterliegen.** Schutzobjekt sind sämtliche Tatsachen, die dem Post- oder Fernmeldegeheimnis unterfallen. Der **Tatsachenbegriff** umfasst
grds. zwar nur Umstände, die dem Beweis zugänglich sind und daher als wahr bzw. falsch nachgewiesen
werden können, und ist damit von Wertungen zu unterscheiden, deren Richtigkeit eine Frage der
persönlichen Überzeugung ist. Eine Abgrenzung zwischen Tatsachenaussagen und Werturteilen erübrigt
sich in der Regel, da mit der Mitteilung (→ Rn. 13) eines Werturteils zugleich die Tatsache weitergegeben wird, dass der Absender ein Werturteil in einer Postsendung oder mittels Telekommunikation
verbreitet hat (MüKoStGB/*Altenhain* Rn. 29; LK-StGB/*Altvater* Rn. 18; Schönke/Schröder/*Lenckner/
Eisele* Rn. 5).

11   Geschützt sind nur Tatsachen, die dem Post- oder Fernmeldegeheimnis unterfallen. Insoweit hält
Abs. 5 S. 1 fest, dass dem **Postgeheimnis** die näheren Umstände des Postverkehrs bestimmter Personen
sowie der Inhalt von Postsendungen unterliegen (nahezu wortlautgleich § 39 PostG); zu den „Post-
sendungen" s. § 4 Nr. 5 iVm Nr. 1 PostG. Geschützt sind nicht nur gedankliche, sondern auch gegen-
ständliche Inhalte einer Postsendung (MüKoStGB/*Altenhain* Rn. 31). Zu den Verbindungsdaten im
Postverkehr zählen unter anderem Name und Anschrift von Absender und Empfänger, Ort und Zeit der
Aufgabe einer Sendung sowie Art und Weise der Inanspruchnahme welcher Dienstleistung (Mü-
KoStGB/*Altenhain* Rn. 31; Schönke/Schröder/*Lenckner/Eisele* Rn. 6a).

12   Das **Fernmeldegeheimnis** schützt gemäß Abs. 5 S. 2 sowohl den Inhalt der Telekommunikation als
auch ihre näheren Umstände (s. insoweit auch § 88 Abs. 1 TKG); zum Inhalt der Telekommunikation s.
§ 3 Nr. 22 iVm Nr. 23 TKG. Zu den näheren Umständen zählt nach Abs. 5 S. 2 insbesondere die
Tatsache, ob jemand an einem Telekommunikationsvorgang beteiligt ist oder war. Aber auch sonstige
Verkehrsdaten wie zB Rufnummern oder IP-Adressen der Kommunikationsteilnehmer, Zeit, Ge-
sprächsdauer und Ort der Telekommunikation, bei der Kommunikation mit mobilen Geräten (nicht
hingegen im bloßen Stand-by-Betrieb; MüKoStGB/*Altenhain* Rn. 32; LK-StGB/*Altvater* Rn. 24) zudem deren Standort (vgl. §§ 3 Nr. 30, 96 TKG) sind erfasst (siehe etwa BGH NJW 2013, 401 (402)
sowie vorgehend LG Bonn BeckRS 2011, 11161). Mit anderen Worten ist geschützt, wer mit wem, von
wo und wohin, wann, wie lange und wie oft sowie auf welche Weise kommuniziert hat (MüKoStGB/
Altenhain Rn. 32; Schönke/Schröder/*Lenckner/Eisele* Rn. 6c). Abs. 5 S. 3 stellt klar, dass die näheren
Umstände auch dann geschützt sind, wenn es nicht zu einer Telekommunikation gekommen ist und der
Verbindungsversuch erfolglos blieb, sei es weil der gewünschte Kommunikationspartner nicht erreichbar

oder nicht kommunikationswillig war oder weil technische Störungen eine Verbindung von vornherein nicht gestatteten.

bb) Mitteilung. Tathandlung ist die **Mitteilung** der geschützten Tatsache gegenüber einer anderen 13 Person. Erfasst ist jede Handlung, mit der einem anderen Kenntnis von der Tatsache verschafft wird. Es genügt, dem anderen (zB durch Verbringen einer Sendung in dessen Wahrnehmungsbereich) die Möglichkeit zur Kenntnisnahme zu gewähren (MüKoStGB/*Altenhain* Rn. 40; Lackner/Kühl/*Heger* Rn. 7; *Welp* FS Lenckner, 1998, 619 (636)). Ob die Mitteilung mündlich oder schriftlich erfolgt, ob es sich bei dem mitgeteilten Umstand um ein Geheimnis oder um eine Belanglosigkeit handelt (Fischer Rn. 6) oder ob die Inhalte eines Kommunikationsvorgangs wortgetreu oder dem Inhalt nach wiedergegeben werden, ist unerheblich. Den Tatbestand des Abs. 1 verwirklicht zB, wer Kredit- und Kundenkarten aus Postsendungen entnimmt und an andere weitergibt (KG BeckRS 2013, 21796). Auch eine Verwirklichung des Abs. 1 durch Unterlassen ist möglich (MüKoStGB/*Altenhain* Rn. 41; LK-StGB/*Altvater* Rn. 29; Schönke/Schröder/*Lenckner/Eisele* Rn. 10).

c) Tathandlungen des Abs. 2. aa) Öffnen von Sendungen oder Kenntnisverschaffung von 14 **deren Inhalt (Nr. 1).** Ebenso wie die Mitteilung einer Tatsache, die dem Post- oder Fernmeldegeheimnis unterliegt, werden gemäß Abs. 2 Handlungen bestraft, die sich in der Sphäre des Kommunikationsmittlers ereignen. Nr. 1 stellt zum einen unter Strafe, eine **Sendung** zu öffnen, die einem Post- oder Telekommunikationsunternehmen nach Abs. 1 (→ Rn. 4 ff.) zur Übermittlung anvertraut worden und verschlossen ist. Sendungen sind sämtliche körperlichen Gegenstände, die auf dem Post- oder Fernmeldeweg übermittelt werden (OLG Hamm NJW 1980, 2320 (2321); LK-StGB/*Altvater* Rn. 35); zur Sendung iSd Abs. 2 Nr. 2 aber → Rn. 19. Beispiele hierfür sind Briefe, Pakete, Telegramme und Postanweisungen (Lackner/Kühl/*Heger* Rn. 8), ebenso die für den Kontoinhaber bestimmten Empfängerabschnitte der Zahlkarten bei einer Nachnahmeüberweisung (OLG Hamm NJW 1980, 2320 (2321)). Unkörperliche Telekommunikationsvorgänge sind insoweit nicht erfasst. Auch eine verschlüsselte Nachricht steht einer verschlossenen Sendung nicht gleich (Schönke/Schröder/*Lenckner/Eisele* Rn. 17).

Die Sendung muss **verschlossen** sein. Dies setzt voraus, der Kenntnisnahme des Inhalts der Sendung 15 ein deutliches Hindernis entgegenzusetzen, wie dies insbesondere zugeklebte Briefe und verschnürte Pakete gewährleisten (OLG Stuttgart NStZ 1984, 25 (26)). Ein bloßer Klammerverschluss reicht hingegen nicht aus, sondern ermöglicht gerade eine einfache Kontrolle des Inhalts der Sendung (BVerwG NJW 1984, 2111). Gleiches gilt für sog Musterbeutelklammern (OLG Stuttgart NStZ 1984, 25 (26)). Unerheblich ist, ob der Verschluss von dem Absender selbst oder von einem Beschäftigten des Post- oder Telekommunikationsunternehmens angebracht wird (MüKoStGB/*Altenhain* Rn. 47; LK-StGB/*Altvater* Rn. 36; Schönke/Schröder/*Lenckner/Eisele* Rn. 17).

Öffnen bedeutet, den Verschluss auf eine Weise zu beseitigen, dass der Inhalt ohne wesentliche 16 Hindernisse zur Kenntnis genommen werden kann (Schönke/Schröder/*Lenckner/Eisele* Rn. 18). Erfasst ist zB, Postsendungen aus dem Zustellverfahren herauszunehmen, um deren Inhalt (zB Wertgegenstände) an sich zu nehmen (zu den mehr oder minder disziplinarrechtlichen Folgen BVerwG NVwZ 1998, 1083); in der Regel liegt hierin zugleich ein Unterdrücken gemäß Abs. 2 Nr. 2 (KG BeckRS 2013, 21796).

Anvertraut wird eine Sendung einem Post- oder Telekommunikationsunternehmen bereits dann, 17 wenn sie vorschriftsgemäß in den Post- oder Telekommunikationsverkehr gelangt und sich im Gewahrsam des Unternehmens befindet (OLG Hamm NJW 1980, 2320 (2321); OLG Karlsruhe MMR 2005, 178 (180); LK-StGB/*Altvater* Rn. 37). Postsendungen sind daher ab dem Einwurf in den Briefkasten bzw. Einlieferung bei einer Annahmestelle (Fischer Rn. 12; BeckOK StGB/*Weidemann* Rn. 15) bis zu ihrer Ablieferung bei dem Empfänger (OLG Hamm NJW 1980, 2320 (2321)) bzw. Rückgabe an den Absender oder Abholung aus einem Postfach anvertraut (Fischer Rn. 12; Schönke/Schröder/*Lenckner/Eisele* Rn. 17). E-Mails werden anvertraut, sobald der versendende Mailserver die betreffenden Daten dem empfangenden Server übermittelt hat (OLG Karlsruhe MMR 2005, 178 (180) mit insoweit zust. Anm. *Heidrich*; Schönke/Schröder/*Lenckner/Eisele* Rn. 20b; *Heidrich/Tschoepe* MMR 2004, 75 (77)) und solange die Daten auf dem Server (ggf. auch nach deren Abruf durch den Empfänger) verbleiben (Schönke/Schröder/*Lenckner/Eisele* Rn. 20b); zur Strafbarkeit bei der Filterung von Werbe- oder mit Viren infizierten E-Mails *Härting* CR 2007, 311 (315 ff.); *Heidrich* CR 2009, 168 (169); *Heidrich/Tschoepe* MMR 2004, 75 (76 ff.); *Schmidl* MMR 2005, 343 (344 ff.). Eigene Sendungen des Post- oder Telekommunikationsunternehmens sind nach hM ebenso erfasst wie Fangbriefe, sofern sie in den allgemeinen Übermittlungsdienst des Unternehmens eingegeben werden (LK-StGB/*Altvater* Rn. 38; Fischer Rn. 12; Lackner/Kühl/*Heger* Rn. 8; **aA** bzgl. Fangbriefe MüKoStGB/*Altenhain* Rn. 48; Schönke/Schröder/*Lenckner/Eisele* Rn. 17).

Zum anderen ist es nach Abs. 2 Nr. 1 strafbar, sich von dem Inhalt einer verschlossenen Sendung, die 18 einem Post- oder Telekommunikationsunternehmen nach Abs. 1 (→ Rn. 4 ff.) zur Übermittlung anvertraut worden ist, ohne Öffnung des Verschlusses unter Anwendung technischer Mittel **Kenntnis zu verschaffen.** Hierfür genügt es, den Inhalt der verschlossenen Sendung äußerlich wahrzunehmen (MüKoStGB/*Altenhain* Rn. 51; Schönke/Schröder/*Lenckner/Eisele* Rn. 18).

19   **bb) Unterdrücken einer Sendung (Nr. 2).** Gemäß Abs. 2 Nr. 2 ist es strafbar, eine Sendung, die
      einem Post- oder Telekommunikationsunternehmen nach Abs. 1 (→ Rn. 4 ff.) zur Übermittlung anver-
      traut worden ist (→ Rn. 17), zu unterdrücken (kritisch *Welp* FS Lenckner, 1998, 619 (643 f.)). Da Nr. 2
      keine verschlossene Sendung verlangt, sind nach Rspr. auch Postwurfsendungen geschützt (OLG Hamm
      ZAP En-Nr. 126/2003; **aA** MüKoStGB/*Altenhain* Rn. 54). Vor allem werden aber anders als bei Nr. 1
      auch unkörperliche Gegenstände und somit sämtliche Formen der dem Fernmeldegeheimnis unterlie-
      genden Telekommunikation (zB E-Mails) erfasst (OLG Karlsruhe MMR 2005, 178 (180); MüKoStGB/
      Altenhain Rn. 54; Schönke/Schröder/*Lenckner/Eisele* Rn. 20; *Heidrich/Tschoepe* MMR 2004, 75 (77); s.
      auch Fischer Rn. 13 und 15; *Kitz* CR 2005, 450 (451); **aA** Lackner/Kühl/*Heger* Rn. 8). Eine Ver-
      schlüsselung der übertragenen Inhalte ist nicht erforderlich (Fischer Rn. 15).

20   **Unterdrücken** bedeutet nach hM, die Sendung dem ordnungsgemäßen Postverkehr bzw. Telekom-
      munikationsvorgang zu entziehen (OLG Celle NJW 1957, 1290; OLG Köln NJW 1987, 2596 (2597);
      LK-StGB/*Altvater* Rn. 49; Fischer Rn. 15; **aA** MüKoStGB/*Altenhain* Rn. 56). Es reicht aus, die
      Sendung vorübergehend für nur kurze Zeit dem ordnungsgemäßen Post- oder Telekommunikations-
      verkehr zu entziehen (OLG Hamburg NJW 1989, 1371 (1372); OLG Köln NJW 1987, 2596 (2596):
      Zustellung von Postsendungen am nächsten Werktag). Ebenso genügt die nur teilweise Auslieferung
      einer Sendung (zB nach Entnahme einzelner Gegenstände aus einem Paket) für ein Unterdrücken
      (Fischer Rn. 15; Schönke/Schröder/*Lenckner/Eisele* Rn. 20a; BeckOK StGB/*Weidemann* Rn. 18). Ein
      Verstoß gegen innerdienstliche Vorschriften allein ist hingegen noch nicht tatbestandsgemäß, sofern das
      Vertrauen der Allgemeinheit in die Zuverlässigkeit von Post- und Telekommunikationsverkehr unbe-
      rührt bleibt (OLG Köln NJW 1987, 2596; LK-StGB/*Altvater* Rn. 52; Lackner/Kühl/*Heger* Rn. 10;
      Schönke/Schröder/*Lenckner/Eisele* Rn. 20a). Der Tatbestand kann auch durch Unterlassen verwirklicht
      werden (OLG Köln NJW 1987, 2596 (2597)).

21   Das Merkmal des Unterdrückens erfüllt bspw., wer **Postsendungen** vorschriftswidrig aussortiert und
      am Arbeitsplatz zurücklässt (OLG Köln NJW 1987, 2596 (2596 f.)). Unerheblich ist, ob die nicht
      zugestellten Sendungen im Gewahrsam der Postanstalt belassen (s. etwa OLG Köln NJW 1987, 2596)
      oder zu Hause aufbewahrt (s. etwa OLG Stuttgart StV 2009, 77 (79)) oder sogar weggeworfen werden
      (Fischer Rn. 15). Ebenso wenig ist von Bedeutung, ob die pflichtwidrige Zurückstellung von Post-
      sendungen verheimlicht wird oder die nicht zugestellten Sendungen offen am Arbeitsplatz liegen bleiben
      (OLG Köln NJW 1987, 2596 (2597); Schönke/Schröder/*Lenckner/Eisele* Rn. 20a). Eine Nachnahme-
      sendung soll dadurch unterdrückt werden, dass sie ohne Begleichung des Nachnahmebetrags ausgehän-
      digt wird (so RGSt 71, 330 (331); LK-StGB/*Altvater* Rn. 51; **aA** Schönke/Schröder/*Lenckner/Eisele*
      Rn. 20a; zweifelnd auch Fischer Rn. 15).

22   **E-Mails** werden unterdrückt, indem durch einen technischen Eingriff in den Sende-, Übermittlungs-
      oder Empfangsvorgang mittels Telekommunikationsanlagen verhindert wird, dass die Nachricht ihren
      Empfänger vollständig erreicht (OLG Karlsruhe MMR 2005, 178 (180); *Cornelius/Tschoepe* K&R 2005,
      269 (270); *Heidrich/Tschoepe* MMR 2004, 75 (77)). Erfasst ist jegliches Ausfiltern, Zurückhalten,
      Umleiten, völliges Löschen oder Entfernen wesentlicher Teile der elektronischen Nachricht (OLG
      Karlsruhe MMR 2005, 178 (180)).

23   **cc) Gestatten oder Fördern einer Handlung nach Nr. 1 oder 2 (Nr. 3).** Nr. 3 stellt schließlich
      das Gestatten oder Fördern einer Handlung nach Abs. 1 oder Abs. 2 Nr. 1 oder 2 unter Strafe. Während
      bei einer Handlung nach **Abs. 1** dem Wortlaut nach nur Taten eines (anderen) Inhabers oder Beschäftig-
      ten eines Post- oder Telekommunikationsunternehmens gestattet oder gefördert werden können, genügt
      es für eine Strafbarkeit nach **Abs. 2** Nr. 3 iVm **Nr. 1 oder 2**, die Handlung eines Außenstehenden zu
      gestatten oder zu fördern (LK-StGB/*Altvater* Rn. 55 f.; Fischer Rn. 16; Schönke/Schröder/*Lenckner/
      Eisele* Rn. 22, 25).

24   Unter **Gestatten** ist neben der ausdrücklichen oder stillschweigenden Erlaubnis einer der genannten
      Taten auch jegliches Dulden oder Anstiften hierzu zu verstehen (LK-StGB/*Altvater* Rn. 57; Fischer
      Rn. 16). Von einem Gestatten kann aber nur die Rede sein, wenn der Täter tatsächlich eingreifen
      könnte, zB weil er die jeweilige Sendung in seiner Verfügungsgewalt hat (Fischer Rn. 16; BeckOK
      StGB/*Weidemann* Rn. 20).

25   **Fördern** umfasst jegliches Hilfeleisten, sei es durch aktives Tun oder Unterlassen (Lackner/Kühl/
      Heger Rn. 11; BeckOK StGB/*Weidemann* Rn. 21). Nr. 3 erhebt damit Beiträge eines Anstifters sowie
      insbesondere eines Gehilfen zu einem täterschaftlichen Handeln. Eine Strafmilderung nach § 27 Abs. 2
      S. 2 kommt daher nicht mehr in Betracht (Fischer Rn. 16; Lackner/Kühl/*Heger* Rn. 11; Schönke/
      Schröder/*Lenckner/Eisele* Rn. 21).

26   **2. Objektiver Tatbestand des Abs. 3.** Da Post- und Fernmeldegeheimnis vor sämtlichen Gefahren
      bewahren wollen, welche die zur Übermittlung von Inhalten notwendige Einschaltung eines Kommuni-
      kationsmittlers mit sich bringt (→ Rn. 1), wäre der Schutz durch § 206 unzureichend, wenn dessen
      Täter lediglich aus dem Post- oder Telekommunikationsunternehmen selbst stammen könnte. Abs. 3
      erweitert daher den Täterkreis für die **Tathandlungen nach Abs. 1 und 2** auch auf Personen, die im
      Umfeld eines Post- oder Telekommunikationsunternehmens und im Zusammenhang mit deren Auf-
      gaben tätig werden, ohne Inhaber oder Beschäftigter dieses Unternehmens zu sein.

Nach **Nr. 1** kann zunächst auch Täter einer Tathandlung nach Abs. 1 und 2 sein, wer **Aufgaben der** 27
Aufsicht über ein Post- oder Telekommunikationsunternehmen iSd Abs. 1 (→ Rn. 4 ff.) wahrnimmt.
Hierzu zählen vor allem Angehörige der verbliebenen Hoheitsverwaltung des Bundes bei der Bundes-
netzagentur für Elektrizität, Gas, Telekommunikation, Post und Eisenbahnen (vgl. §§ 44 ff. PostG,
§§ 116 ff. TKG; MüKoStGB/*Altenhain* Rn. 25; LK-StGB/*Altvater* Rn. 60; Schönke/Schröder/*Lenck-
ner/Eisele* Rn. 28). Maßgeblich ist die berufsspezifische Funktion der jeweiligen Person, die ihr einen
Zugriff auf vom Post- und Fernmeldegeheimnis geschützte Tatsachen gestatten muss (Lackner/Kühl/
Heger Rn. 4; Schönke/Schröder/*Lenckner/Eisele* Rn. 28).

Nr. 2 trägt dem Umstand Rechnung, dass ein Unternehmen nicht nur durch eigene Beschäftigte, 28
sondern auch durch externe Personen aufgrund privatrechtlicher Vereinbarung seine Dienste erbringen
kann. Da der Anwendungsbereich des § 206 nicht von der eher zufälligen Ausgestaltung dieser
Weisungsverhältnisse abhängen kann, sind taugliche Täter nach Nr. 2 auch Personen, die entweder von
einem Post- oder Telekommunikationsunternehmen iSd Abs. 1 (→ Rn. 4 ff.) selbst **mit dem Erbringen von Post- oder Telekommunikationsdiensten** oder zumindest mit dessen Ermächtigung von
dritter Seite **betraut** sind. In Betracht kommen unternehmensexterne Personen wie zB Bedienstete von
Eisenbahnunternehmen und Fluggesellschaften, die auch Postsendungen befördern (MüKoStGB/*Altenhain* Rn. 26; Schönke/Schröder/*Lenckner/Eisele* Rn. 29). Bedienstete eines beauftragten Wachunter-
nehmens sind hingegen nicht erfasst, da sie – sofern sie nicht die Beförderung von Postsendungen selbst
überwachen – keine Post- oder Telekommunikationsdienste erbringen (MüKoStGB/*Altenhain* Rn. 26;
LK-StGB/*Altvater* Rn. 61; **aA** Lackner/Kühl/*Heger* Rn. 5).

Eine weitere Gefahr aus der Sphäre des Kommunikationsmittlers resultiert aus der möglichen Beauf- 29
tragung Dritter mit Tätigkeiten an den zur Übertragung von Kommunikationsinhalten eingesetzten
Anlagen, da auch die betrauten Personen im Rahmen solcher Aktivitäten dem Post- oder Fernmeldegeheimnis unterliegende Tatsachen zur Kenntnis nehmen können. Daher kann sich gemäß **Nr. 3** nach
Abs. 1 oder 2 strafbar machen, wer mit der **Herstellung einer** dem Betrieb eines Post- oder Tele-
kommunikationsunternehmens iSd Abs. 1 (→ Rn. 4 ff.) dienenden **Anlage** oder mit Arbeiten daran
betraut ist. Dies betrifft nicht zuletzt Hersteller- und Serviceunternehmen für technische Anlagen (BT-
Drs. 13/8016, 29) wie zB Sortiermaschinen, Zählereinrichtungen und Förderbänder (LK-StGB/*Altvater*
Rn. 63). Nicht erfasst sind hingegen Personen, die nicht mit post- oder telekommunikationsspezifischen
Aufgaben, sondern zB mit Reinigungs- oder Renovierungsarbeiten am Gebäude betraut sind (Mü-
KoStGB/*Altenhain* Rn. 27; LK-StGB/*Altvater* Rn. 63; Schönke/Schröder/*Lenckner/Eisele* Rn. 30).

3. Objektiver Tatbestand des Abs. 4. Das Amtsdelikt des Abs. 4 bestimmt als möglichen Täter 30
einer Mitteilung (→ Rn. 13) über eine dem Post- oder Fernmeldegeheimnis unterliegende Tatsache
(→ Rn. 10 ff.) auch Amtsträger außerhalb des Post- oder Telekommunikationsbereichs. Aktive und
frühere Offiziere und Unteroffiziere stehen gemäß § 48 Abs. 1 (ggf. iVm § 1 Abs. 3) WStrG den
Amtsträgern gleich. Der Täter darf daher weder bei einem Post- oder Telekommunikationsunternehmen
iSd Abs. 1 (→ Rn. 4 ff.) noch bei der verbliebenen Hoheitsverwaltung des Bundes nach Abs. 3 Nr. 1
(→ Rn. 27) tätig sein (Lackner/Kühl/*Heger* Rn. 12; BeckOK StGB/*Weidemann* Rn. 10). Zum **Amts-
trägerbegriff** s. § 11 Abs. 1 Nr. 2; für den öffentlichen Dienst besonders Verpflichtete iSd § 11 Abs. 2
Nr. 4 sind nicht erfasst. Zu den möglichen Tätern, die trotz einer Tätigkeit **außerhalb des Post- oder
Telekommunikationsbereichs** in das Post- oder Fernmeldegeheimnis eingreifen, gehören vor allem
Polizei- und Zollbeamte (Fischer Rn. 5).

Voraussetzung ist wie in Abs. 1, dass die dem Post- oder Fernmeldegeheimnis unterliegende Tatsache 31
dem Täter „**als**" Amtsträger bekanntwird. Demzufolge bedarf es wiederum eines inneren Zusammenhangs des Bekanntwerdens mit der Amtseigenschaft (→ Rn. 9). Ob der Eingriff, der zur Kenntnis der
geschützten Tatsache führt, befugt oder unbefugt ist, bleibt auch hier, wie bei Abs. 4 ausdrücklich
hervorgehoben, ohne Belang. Ebenso wie bei Abs. 1 ist ohne Belang, ob der Amtsträger unmittelbar oder nur mittelbar über eine
andere Person und somit aufgrund deren Eingriffs Kenntnis erlangt (Fischer Rn. 10; Lackner/Kühl/
Heger Rn. 12; Schönke/Schröder/*Lenckner/Eisele* Rn. 34). Sollte der Amtsträger die Tatsache erst nach
seinem Ausscheiden aus dem Dienst einem anderen mitteilen, schließt dies eine Strafbarkeit nicht aus
(Fischer Rn. 5; Schönke/Schröder/*Lenckner/Eisele* Rn. 35).

4. Unbefugt. Bei dem sowohl in Abs. 1 und 2 als auch in Abs. 4 enthaltenen Merkmal „unbefugt" 32
handelt es sich nach hM nur um einen Hinweis auf die Deliktsstufe der Rechtswidrigkeit (OLG Köln
NJW 1987, 2596 (2597); Fischer Rn. 9). Die – in Fällen des § 206 ohnehin nur seltene – Zustimmung
der Betroffenen wirkt daher als **rechtfertigende Einwilligung.** Nach **aA** kommt dem Merkmal
hingegen eine Doppelfunktion dergestalt zu, dass die Zustimmung als tatbestandsausschließendes Einverständnis wirkt, während es sich im Übrigen um ein allgemeines Rechtswidrigkeitsmerkmal handelt
(OLG Karlsruhe MMR 2005, 178 (180); MüKoStGB/*Altenhain* Rn. 43; Schönke/Schröder/*Lenckner/
Eisele* Rn. 11). Erforderlich ist jeweils die Zustimmung aller an dem konkreten Fernmeldeverkehr
Beteiligten (OLG Karlsruhe MMR 2005, 178 (180); MüKoStGB/*Altenhain* Rn. 44; Schönke/Schrö-
der/*Lenckner/Eisele* Rn. 12; **aA** *Heidrich* MMR 2005, 181 (182): Zustimmung des Empfängers genügt;
diff. *Kitz* CR 2005, 450 (452 f.)).

II. Subjektiver Tatbestand

33 Bezüglich der einzelnen Tathandlungen des Abs. 1 und 2 bzw. 4 genügt **bedingter Vorsatz.** Er muss sich unter anderem auf die tatsächlichen Umstände erstrecken, welche die tatbestandliche Stellung des Täters begründen (Fischer Rn. 18). Auf das Merkmal „unbefugt" muss sich der Vorsatz nicht beziehen (Lackner/Kühl/*Heger* Rn. 14). Die irrige Annahme einer Befugnis stellt je nach Bezugspunkt der Fehlvorstellung einen Erlaubnistatumstands- oder einen Erlaubnisirrtum dar (Fischer Rn. 18).

C. Rechtswidrigkeit

34 Abgesehen von der Einwilligung des Betroffenen (→ Rn. 32) und innerdienstlichen Anordnungen (s. etwa OLG Köln NJW 1987, 2596 (2597 f.)) kommen als Rechtfertigungsgründe vor allem gesetzliche Ermächtigungsgrundlagen für **hoheitliches Handeln** in Betracht. Im Einzelnen können neben den strafprozessualen Befugnisnormen der §§ 99, 100a, 100g StPO – unbefugt ist etwa die Mitteilung einer Tatsache, die zwar aufgrund einer befugten Aufzeichnung eines Telefonats gemäß § 100a StPO bekannt geworden ist, aber keine Katalogtat des § 100a StPO betrifft (Fischer Rn. 10) – unter anderem die Vorschriften der § 39 Abs. 4, 5, § 42 Abs. 1 PostG und § 97, § 100 Abs. 3, § 101 TKG sowie die Regelungen in § 2 Abs. 1 G 10, § 8a Abs. 2 S. 1 Nr. 4, Nr. 5 BVerfSchG (ggf. iVm § 2a BNDG oder § 4a MADG) und §§ 20k ff. BKAG einen Eingriff in das Post- und Fernmeldegeheimnis legitimieren; s. zu den einzelnen Ermächtigungsgrundlagen insbesondere MüKoStGB/*Altenhain* Rn. 73 ff.; Schönke/Schröder/*Lenckner/Eisele* Rn. 13. Sofern diese Vorschriften besondere Fallgestaltungen nicht erfassen, wird ein Rückgriff auf die allgemeinen Rechtfertigungsgründe erwogen (OLG Karlsruhe MMR 2005, 178 (180); LK-StGB/*Altvater* Rn. 80; *Rübenstahl/Debus* NZWiSt 2012, 129 (135); s. auch OLG Saarbrücken NStZ 1991, 386 m. krit. Anm. *Krehl*), was jedoch wegen des Wortlauts der § 39 Abs. 3 S. 3 PostG, § 88 Abs. 3 S. 3 TKG fragwürdig erscheint (Lackner/Kühl/*Heger* Rn. 15; Schönke/Schröder/*Lenckner/Eisele* Rn. 14; *Cornelius/Tschoepe* K&R 2005, 269 (270 f.)).

D. Konkurrenzen

35 Abs. 2 Nr. 1 verdrängt § 202, Abs. 3 Nr. 1 wie Abs. 4 die Vorschrift des § 203 Abs. 2 (Fischer Rn. 21; Schönke/Schröder/*Lenckner/Eisele* Rn. 39; BeckOK StGB/*Weidemann* Rn. 31). Mit den Straftatbeständen des § 353b Abs. 1 stehen Abs. 1, 3 in Tateinheit (Fischer Rn. 21; Lackner/Kühl/*Heger* Rn. 16), Abs. 2, 3 mit § 242, § 246 (s. hierzu KG BeckRS 2013, 21796) und § 274 Abs. 1 Nr. 1 (Fischer Rn. 21; BeckOK StGB/*Weidemann* Rn. 30) sowie Abs. 3 Nr. 1, Abs. 4 mit § 133 Abs. 3 (Fischer Rn. 21; Schönke/Schröder/*Lenckner/Eisele* Rn. 39; aA Lackner/Kühl/*Heger* Rn. 16).

E. Rechtsfolgen

36 Straftaten nach Abs. 1–3 werden mit Freiheitsstrafe bis zu fünf Jahren oder mit Geldstrafe bestraft. Bei einer Tat nach Abs. 4 ist der Strafrahmen auf ein Höchstmaß von Freiheitsstrafe bis zu zwei Jahren herabgesetzt (kritisch MüKoStGB/*Altenhain* Rn. 99; Schönke/Schröder/*Lenckner/Eisele* Rn. 40).

F. Prozessuales

37 Bereits die Stellung hinter § 205 verdeutlicht, dass es sich bei dem Straftatbestand des § 206 – neben dem Vorfeldstraftatbestand des § 202c – um das einzige **Offizialdelikt** des 15. Abschnitts des Besonderen Teils des StGB handelt. Die **Verjährungsfrist** beträgt sowohl für Taten nach Abs. 1 und 2 als auch nach Abs. 4 gemäß § 78 Abs. 3 Nr. 4 fünf Jahre.

§ 233 Menschenhandel zum Zweck der Ausbeutung der Arbeitskraft

(1) ¹Wer eine andere Person unter Ausnutzung einer Zwangslage oder der Hilflosigkeit, die mit ihrem Aufenthalt in einem fremden Land verbunden ist, in Sklaverei, Leibeigenschaft oder Schuldknechtschaft oder zur Aufnahme oder Fortsetzung einer Beschäftigung bei ihm oder einem Dritten zu Arbeitsbedingungen, die in einem auffälligen Missverhältnis zu den Arbeitsbedingungen anderer Arbeitnehmerinnen oder Arbeitnehmer stehen, welche die gleiche oder eine vergleichbare Tätigkeit ausüben, bringt, wird mit Freiheitsstrafe von sechs Monaten bis zu zehn Jahren bestraft. ²Ebenso wird bestraft, wer eine Person unter einundzwanzig Jahren in Sklaverei, Leibeigenschaft oder Schuldknechtschaft oder zur Aufnahme oder Fortsetzung einer in Satz 1 bezeichneten Beschäftigung bringt.

(2) Der Versuch ist strafbar.

(3) § 232 Abs. 3 bis 5 gilt entsprechend.

Literatur: *Eydam,* Der neue § 233 StGB – Ansätze zum Verständnis der „Ausbeutung der Arbeitskraft", NStZ 2006, 10; *Frenz,* Verbot der Sklaverei und Zwangsarbeit nach dem Urteil Siliadin, NZA 2007, 734; *Gernand,* Fragen und Antworten zum UK Modern Slavery Act 2015 – Mit welchen Maßnahmen können Unternehmen Menschenhandel und Zwangsarbeit in ihren Lieferketten effektiv hindern?, CCZ 2016, 102; *Knospe,* Die Grenzen des Arbeitsrechts: Menschenhandel zum Zweck der Ausbeutung im Lichte einer interdisziplinären und internationalen Wirkungsanalyse, RdA 2011, 348; *Michel,* Neue Straftatbestände zum Menschenhandel, JA 2005, 560; *Renzikowski,* Die Reform der Straftatbestände gegen den Menschenhandel, JZ 2005, 879; *Schmidbauer,* Menschenhandel und polizeiliche Bekämpfungsansätze, Kriminalistik 2005, 548; *Schott,* Menschenhandel – Die Opferschutzrichtlinie und ihre Umsetzung, Kriminalistik 2008, 156; *Schroeder,* Das 37. Strafrechtsänderungsgesetz: Neue Vorschriften zur Bekämpfung des „Menschenhandels", NJW 2005, 1393; *Schroeder,* Gesetzestechnische Fehler im 37. Strafrechtsänderungsgesetz, GA 2005, 307; *Schroeder,* Die Straftaten gegen die persönliche Freiheit – Erscheinungsformen und System, JuS 2009, 14; *Steen,* Einschränkungen der neuen Strafnormen gegen den Menschenhandel, StV 2007, 665; *Steenfatt,* Der strafrechtliche Schutz des Arbeitgebers vor einer Beschäftigung unter ungünstigen Arbeitsbedingungen, 2010; *Zimmermann,* Die Strafbarkeit des Menschenhandels im Lichte internationaler und europarechtlicher Rechtsakte, 2010.

A. Allgemeines

Die Vorschrift wurde durch das 37. StrÄndG v. 11.2.2005 (BGBl. I 239) mit Wirkung zum 19.2.2005 **1** aufgrund völkerrechtlicher (VN-Übereinkommen v. 15.11.2000, BT-Drs. 15/5150) und europarechtlicher Verpflichtungen (vgl. nur Rahmenbeschluss des Rats der EU v. 19.7.2002 zur Bekämpfung des Menschenhandels. ABl. 2002 L 203, 1) eingefügt. Es handelt sich um einen neuen Straftatbestand zum **Schutz vor Ausbeutung der Arbeitskraft,** der etwa auch die Beschäftigung ausländischer Arbeitnehmer im Rahmen illegaler Ausländerbeschäftigung unter bestimmten Bedingungen unter Strafe stellt. Die praktische Bedeutung der Vorschrift ist nach wie vor gering (vgl. auch BT-Drs. 16/4266). Die PKS verzeichnet für 2014 insgesamt 88 Fälle von Verfahren wegen Vorwürfen nach § 233 sowie 6 Fälle der Förderung des Menschenhandels zur Ausbeutung der Arbeitskraft nach § 233a. Nach einem Gesetzesentwurf der Bundesregierung zur Umsetzung der Richtlinie 2011/36/EU des Europäischen Parlaments und des Rates vom 5.4.2011 zur Verhütung und Bekämpfung des Menschenhandels und zum Schutz seiner Opfer sowie zur Ersetzung des Rahmenbeschlusses 2002/629/JI des Rates vom 15.4.2015 (BT-Drs. 18/4613) soll § 233 Abs. 1 dahingehend ergänzt werden, dass auch das Bringen zur Begehung mit Strafe bedrohter Handlungen (etwa illegaler Zigarettenverkauf) oder dazu, sich Organe entnehmen zu lassen, in gleicher Weise wie das Bringen in Sklaverei etc bestraft wird. In § 233a Abs. 2 soll anstelle eines Kindes nunmehr eine Person unter 18 Jahren geschützt werden.

Die Strafvorschrift dient dem **Schutz der persönlichen Freiheit vor wirtschaftlicher Ausbeu-** **2** **tung der Arbeitskraft** in Abhängigkeitsverhältnissen wie Sklaverei, Leibeigenschaft oder Schuldknechtschaft (vgl. BT-Drs. 15/3045, 9). Misslungen (und weder durch das VN-Zusatzprotokoll noch den EU-Rahmenbeschluss gefordert) ist die Gleichsetzung der Beschäftigung zu ungünstigen Arbeitsbedingungen (ausbeuterische Beschäftigung, Variante 4) mit den weit schwerwiegenderen Abhängigkeitsverhältnissen der Sklaverei, Leibeigenschaft oder Schuldknechtschaft (*Renzikowski* JZ 2005, 879 (884)); dies und die vergleichsweise hohe Strafdrohung erfordern eine restriktive Auslegung dieser Variante (vgl. *Eydner* NStZ 2006, 10 ff.).

Gem. § 6 Nr. 4 gilt das **Weltrechtsprinzip.** Menschenhandel zum Zweck der Ausbeutung der **3** Arbeitskraft unterliegt demnach ohne Rücksicht auf den Tatort, das Recht des Tatorts oder die Staatsangehörigkeit des Täters dem deutschen Strafrecht. Dies erscheint jedenfalls insoweit wenig überzeugend, als das Weltrechtsprinzip auch eine Beschäftigung zu ungünstigen Arbeitsbedingungen erfasst (vgl. auch Fischer Rn. 11). Eine rechtswidrige Tat nach §§ 233, 233a ist taugliche Vortat der Geldwäsche (§ 261 Abs. 1 Nr. 1, Nr. 4 Buchst. a. Der Verdacht einer solchen Tat kann TKÜ-Maßnahmen rechtfertigen (vgl. 100a Abs. 2 Nr. 1 Buchst. i StPO). Die Nebenklage ist gem. § 395 Abs. 1 Nr. 1 Buchst. d StPO zulässig. Die Förderung des Menschenhandels zum Zweck der Ausbeutung der Arbeitskraft wird selbstständig durch § 233a unter Strafe gestellt.

B. Objektiver Tatbestand

I. Taterfolg

Der Straftatbestand ist als **Erfolgsdelikt** ausgestaltet. Taterfolg ist die Aufnahme oder Fortsetzung **4** eines persönlichen Abhängigkeitsverhältnisses. Dieses besteht in Sklaverei, Schuldknechtschaft, Leibeigenschaft oder ausbeuterischer Beschäftigung. Tathandlung ist das Bringen in dieses Abhängigkeitsverhältnis unter Ausnutzung bestimmter Umstände, die der Täter nicht selbst geschaffen haben muss, bzw. bei Variante vier auch das Bringen zur Fortsetzung des Ausbeutungsverhältnisses.

1. Sklaverei und Leibeigenschaft. Die Begriffe der Sklaverei und Leibeigenschaft sind im geltenden **5** Recht definiert (vgl. BGHSt 39, 212 (213)). Entscheidend hierfür sind das Übereinkommen vom 25.9.1926 über die Sklaverei (RGBl. 1929 II 64, vgl. auch das Änderungsprotokoll vom 7.12.1953, BGBl. 1972 II 1473 ff.), sowie das am 4.7.1958 ergangene Gesetz über den Beitritt der Bundesrepublik Deutschland zu dem Zusatzübereinkommen vom 7.9.1956 über die Abschaffung der Sklaverei, des

Sklavenhandels und sklavereiähnlicher Einrichtungen und Praktiken (BGBl. 1958 II 203 ff.). **Sklaverei** ist gem. den maßgeblichen völkerrechtlichen Übereinkommen zur Abschaffung derselben (vgl. Art. 1 Abs. 1 des Übereinkommens betreffend die Sklaverei vom 25.9.1926, RGBl. 1929 II 64 (69 f.)) „der Zustand oder die Stellung einer Person, an der die mit dem Eigentumsrechte verbundenen Befugnisse oder einzelne davon ausgeübt werden". **Leibeigenschaft** ist danach „die Lage oder Rechtsstellung eines Pächters, der durch Gesetz, Gewohnheitsrecht oder Vereinbarung verpflichtet ist, auf einem einer anderen Person gehörenden Grundstück zu leben und zu arbeiten und dieser Person bestimmte (…) Dienste zu leisten, ohne seine Rechtsstellung selbstständig ändern zu können" (Teil I Art. 1 lit. b des Zusatzübereinkommens vom 7.9.1956, BGBl. 1958 II 203).

6   In der Bundesrepublik Deutschland gibt es Sklaverei und Leibeigenschaft eigentlich nicht (BGHSt 39, 212 (214)). Sie sind gem. Art. 4 EMRK ausdrücklich verboten. Die Begriffe Leibeigenschaft und Sklaverei in der EMRK und in den genannten völkerrechtlichen Abkommen zur Abschaffung der Sklaverei sind gleichbedeutend (BGHSt 39, 212 (214)). Sklaverei und Leibeigenschaft werden in Deutschland auch nicht faktisch geduldet (BGHSt 39, 212 (214)). Weil die Rspr. die Begriffe in § 234 aF dahingehend ausgelegt hat, dass Sklaverei und Leibeigenschaft von der Rechtsordnung oder zumindest faktisch geduldet werden müssen, hat sie gefolgert, dass diese Vorschrift hinsichtlich des „Bringens in Sklaverei und Leibeigenschaft" nicht erfüllt sein kann, wenn die Absicht des Täters nicht darauf gerichtet ist, dass das Opfer die Bundesrepublik Deutschland verlassen soll (BGHSt 39, 212 (214) mwN). Nach einem Teil der Lit. sollen deshalb beide Alternativen auch bei § 233 nur auf die exotischen Fälle der **Verschleppung aus dem Bundesgebiet oder auf Auslandstaten** anwendbar sein (*Renzikowski* JZ 2005, 879 (884); Fischer Rn. 5; Lackner/Kühl/*Heger* Rn. 3; Schönke/Schröder/*Eisele* Rn. 4; aA HK-StrafR/*Laue* Rn. 3).

7   Diese zum früheren § 234 ergangene Rspr. kann nicht ohne weiteres auf § 233 übertragen werden (HK-StrafR/*Laue* Rn. 3; so aber NK-StGB/*Böse* Rn. 4). Aus der Rspr. des zur Auslegung der EMRK vornehmlich berufenen EGMR zu Art. 4 MRK folgt, dass die Vorschriften des Strafrechts der Konventionsstaaten konkret und wirksam auch in diesen Staaten selbst Sklaverei und Leibeigenschaft verhindern müssen (EGMR NJW 2007, 41; hierzu näher *Frenz* NZA 2007, 734). Den **Begriff der Leibeigenschaft** hat der EGMR – abweichend vom BGH – eigenständig dahingehend ausgelegt, dass es sich dabei um eine besonders schwere Form der Freiheitsberaubung handelt, die von der Pflicht geprägt ist, unter Zwang Dienste zu leisten, und in Beziehung zu dem Begriff der Sklaverei steht (EGMR NJW 2007, 41). Demgemäß kann Leibeigenschaft etwa vorliegen, wenn eine minderjährige Ausländerin jahrelang ohne Bezahlung und ohne Freizeit zur Hilfe im Haushalt gezwungen wird (EGMR NJW 2007, 41). Die Strafvorschrift des § 233 ist in diesem Sinne konventionskonform gem. der Rspr. des EGMR auszulegen.

8   **2. Schuldknechtschaft. Schuldknechtschaft** ist ein Abhängigkeitsverhältnis, bei dem der Gläubiger die Arbeitskraft eines Schuldners über Jahre oder Jahrzehnte mit dem Ziel ausbeutet, dass tatsächlich bestehende oder vermeintliche Schulden abgetragen werden (BT-Drs. 15/3045, 9). Ursprünglich bezeichnet der Begriff einen insolventen Schuldner, der seine Arbeitskraft als „Knecht" dem Gläubiger für mehrere Jahre in vollem Umfang zur Verfügung stellt und über den der Gläubiger nach Gutdünken verfahren kann (vgl. *Eydner* NStZ 2006, 10 (12) mwN). Nach dem Sklaverei-Zusatzabkommen wird Schuldknechtschaft definiert als Rechtsstellung oder Lage eines Menschen, der als Sicherheit für eine Schuld Dienstleistungen verpfändet und diese Dienstleistungen entweder nicht ihrem angemessenen Wert nach der Schuldtilgung dienen oder ihrer Dauer und Art nach nicht begrenzt und bestimmt sind (vgl. Art. 1 lit. a des Zusatzübereinkommens, BGBl. 1958 II 203). Ihre Grundlage finden derartige Abhängigkeitsverhältnisse häufig in illegaler Einschleusung von Ausländern, wobei der horrende Schleusungslohn im Ankunftsland durch Tätigkeit wie Zigarettenhandel, Cannabis-Aufzucht, Prostitution, Bettelei oder ähnliche Tätigkeit abgearbeitet werden muss (vgl. auch Fischer Rn. 6; *Eydner* NStZ 2006, 10 (12)). Weitere Formen der Schuldknechtschaft kommen bei Darlehensvergabe in finanziell aussichtslosen Situationen zu ruinösen Bedingungen in Betracht (vgl. Fischer Rn. 6), etwa auch gegenüber Drogenabhängigen hinsichtlich Schulden aus dem Drogenkauf oder gegenüber Mitgliedern von Banden im Rahmen organisierter Kriminalität.

9   Nicht erforderlich ist, dass der Zahlungsanspruch tatsächlich besteht; zumeist wird dies in den genannten Konstellationen nicht der Fall sein. Die bloße Tatsache, dass eine langfristige Verschuldung „abgearbeitet" wird, reicht für Schuldknechtschaft nicht. Es muss vielmehr – wie auch die Gleichstellung mit Sklaverei und die Definition im Sklaverei-Zusatzübereinkommen zeigt – ein darüber hinaus gehender ausbeuterischer Aspekt hinzukommen, der in der Regel ein krasses **Missverhältnis zwischen Leistung und Gegenleistung** voraussetzt (*Eydner* NStZ 2006, 10 (12)). Dies ist bereits immer dann der Fall, wenn die Schuld (wie etwa der Schleuserlohn oder das für Drogenverkäufe eingeforderte Geld) bemakelt ist und mit den Mitteln der Rechtsordnung (Zivilprozess) prinzipiell nicht durchgesetzt werden könnte (vgl. *Eydner* NStZ 2006, 10 (12)). Eine andere Form der Ausbeutung kann darin bestehen, dass der „Schuldknecht" in sklavereiähnlicher Form der freien Willkür des Gläubigers ausgeliefert ist und dieser jederzeit unbeschränkt auf Arbeitskraft und Person des „Knechtes" zugreifen kann, mithin wesentliche Persönlichkeits- und Grundrechte der abhängigen

Person faktisch grundlegend eingeschränkt sind (näher *Eydner* NStZ 2006, 10 (12); Fischer Rn. 6; NK-StGB/*Böse* Rn. 5).

3. Ausbeuterische Beschäftigung. Am **problematischsten** ist der vierte Taterfolg, die **ausbeute-** 10
rische Beschäftigung. In nahezu grotesker Weise hat es der Gesetzgeber bei der Formulierung dieses Tatbestandsmerkmals an Problembewusstsein mangeln lassen und ist damit zudem weit über seine Verpflichtungen aus den og VN-Übereinkommen und europarechtlichen Verpflichtungen hinausgegangen. Nach der Vorstellung des Gesetzgebers geht dieses Merkmal auf die nahezu gleichlautenden tatbestandsmäßigen Umschreibungen in § 10 Abs. 1 SchwarzArbG (früher § 406 Abs. 1 SGB III) und § 15a Abs. 1 S. 1 AÜG zurück (BT-Drs. 15/3045, 9 f.). Dabei hat der Gesetzgeber grundlegend verkannt, dass diese Normen wesentlich dem Schutz des deutschen Arbeitsmarktes dienen (vgl. MükoStGB/*Mosbacher* SchwarzArbG § 10 Rn. 1ff., AÜG § 15 Rn. 1ff.), nicht aber dem Schutz der persönlichen Freiheit des Arbeitnehmers und deshalb nicht ohne weiteres in den Zusammenhang von schwerwiegenden Menschenrechtsverletzungen wie Sklaverei und Leibeigenschaft gestellt werden können. Nach der bisherigen Dogmatik zu den vom Gesetzgeber genannten Bezugsnormen (§ 10 SchwarzArbG, § 15a AÜG) liegt eine „Beschäftigung zu Arbeitsbedingungen, die in einem auffälligen Missverhältnis zu den Arbeitsbedingungen anderer Arbeitnehmerinnen oder Arbeitnehmer stehen, welche die gleiche oder eine vergleichbare Tätigkeit ausüben" schon dann vor, wenn für gleiche Arbeit ein um ein **Drittel geringerer Lohn** gezahlt wird (vgl. hierzu ausführlich Ignor/Mosbacher ArbStrafR-HdB/ *Mosbacher* § 4 Rn. 135 ff.; nach aA soll schon eine **Abweichung von 20 %** genügen, vgl. Thüsing AÜG/*Kudlich* AÜG § 15a Rn. 24; Sandmann/Marschall AÜG § 15a Rn. 4; Ulber AÜG § 15a Rn. 9; ähnlich wohl OLG Celle BeckRS 2003, 3031495521, dagegen BAG ArbuR 2001, 509 (510)). Dass es sich bei einer solchen Beschäftigung um ein „sklavereiähnliches Verhältnis" handeln soll, wie es ausdrücklich in der Gesetzesbegründung hierzu heißt (BT-Drs. 15/3045, 9), kann nur verwundern. Aufgrund der spärlichen (und einzigen) Formulierung in der Gesetzesbegründung sowie der tatbestandmäßigen Gleichstellung mit Sklaverei und Leibeigenschaft und der in Vergleich zu § 10 SchwarzArbG, § 15a AÜG weit höheren Strafdrohung muss das Merkmal einschränkend und anders als in § 10 SchwarzArbG, § 15a AÜG ausgelegt werden. Nur so kann der Gesetzgebungsbefehl gem. der objektiv-teleologischen Auslegungsmaxime, dass das Gesetz eine der Sache angemessene Regelung bezweckt (*Larenz,* Methodenlehre der Rechtswissenschaft, 2. Aufl., 1992, 222), in vernünftiger Weise interpretiert werden. Grob unvernünftig erschiene die Gleichsetzung einfacher Beschäftigungsverhältnisse, bei denen lediglich ein Drittel weniger Lohn gezahlt wird, mit Sklaverei, Leibeigenschaft und Schuldknechtschaft.

Dies wird unterstützt durch die **Gesetzgebungsgeschichte.** Weil die Norm der Umsetzung des 11 Rahmenbeschlusses des Rats der EU zur Bekämpfung des Menschenhandels und der Umsetzung des Zusatzprotokolls zur Verhütung, Bekämpfung und Bestrafung des Menschenhandels zum Übereinkommen der VN gegen die grenzüberschreitende organisierte Kriminalität dient (BT-Drs. 15/3045, 1 (6)), ist sie im Lichte des Rahmenbeschlusses und des VN-Übereinkommens auszulegen (vgl. Ignor/Mosbacher ArbStrafR-HdB/*Kische* § 8 Rn. 42). Dabei handelt es sich weniger um eine rahmenbeschlusskonforme bzw. völkerrechtsfreundliche Auslegung als vielmehr um eine den Willen des deutschen Gesetzgebers erforschende historisch-teleologische Auslegung. Menschenhandel meint danach schwerwiegende Verstöße gegen grundlegende Menschenrechte und die Menschenwürde (vgl. EU-Rahmenbeschluss Erwägung 3, ABl. 2002 L 203, 1), Handlungen zum Zweck der Ausbeutung der Person durch Arbeiten oder Dienstleistungen, mindestens einschließlich unter Zwang geleisteter Arbeiten oder Dienstleistungen, Sklaverei oder der Sklaverei oder der Knechtschaft ähnliche Verhältnisse (Art. 1 Abs. 1 EU-Rahmenbeschluss), Zwangsarbeit oder Zwangsdienstbarkeit, Sklaverei oder sklavereiähnliche Praktiken, Leibeigenschaft (Art. 3 Buchst. a des Zusatzprotokolls zum VN-Übereinkommen).

Ansatzpunkt für die **gebotene Auslegung** ist im Einklang mit EU-Rahmenbeschluss und dem 12 Zusatzprotokoll die Bezeichnung der ausbeuterischen Beschäftigung als „sklavereiähnlich" in der Gesetzesbegründung, die innertatbestandliche Gleichsetzung mit Sklaverei, Leibeigenschaft und Schuldknechtschaft und die systematische Verortung der Norm im Abschnitt der „Straftaten gegen die persönliche Freiheit". Für die Bewertung ausbeuterischer Beschäftigung ist von dem Umstand auszugehen, dass eine Beschäftigung als solche nicht nur legal ist, sondern dass jeder grundsätzlich darauf angewiesen ist, sich seinen Lebensunterhalt durch Beschäftigung zu verdienen. Wird die Beschäftigungsleistung auf dem Arbeitsmarkt angeboten, ist es aufgrund normaler Marktmechanismen üblich, dass die für Beschäftigung gezahlten Löhne unterschiedlich sind. Damit diese Unterschiede nicht zu groß werden und Arbeitnehmer nicht durch ihre schwächere Stellung oder das Ungleichgewicht von Angebot und Nachfrage unzulässig ausgebeutet werden, existieren zahlreiche Normen, die dem Arbeitsmarktschutz dienen, etwa § 10 SchwarzArbG, § 15a AÜG für die Teilbereiche der Ausländerbeschäftigung und Leiharbeit (vgl. MükoStGB/*Mosbacher* SchwarzArbG § 10 Rn. 1ff., AÜG § 15 Rn. 1ff.), das AEntG für einzelne besonders von Lohndumping bedrohte Branchen (vgl. hierzu näher Ignor/Mosbacher ArbStrafR-HdB/ *Andorfer/Rothenhöfer* § 7 Rn. 1ff.), sowie § 291 für den restlichen Arbeitsmarkt (hierzu näher Ignor/ Mosbacher ArbStrafR-HdB/*Kische* § 8 Rn. 6ff.).

Die Ausbeutungsverhältnisse Sklaverei, Leibeigenschaft und Schuldknechtschaft zeichnen demgegen- 13 über eine gewisse Dauer, ein unrechtmäßiges persönliches Abhängigkeitsverhältnis und eine ganz erhebliche faktische Einschränkung der persönlichen Freiheit aus. Bei der ausbeuterischen Beschäftigung müssen Unrechtselemente hinzukommen, die in ihrem Gewicht diesen Elementen entsprechen. Ansatzpunkt für die deren Berücksichtigung ist zunächst der normative Begriff des „auffälligen Missverhältnisses". Die ausbeuterische Beschäftigung muss zu Arbeitsbedingungen erfolgen, die in einem auffälligen Missverhältnis zu den Arbeitsbedingungen anderer Arbeitnehmer stehen, welche die gleiche oder eine vergleichbare Tätigkeit ausüben.

14   Die ungünstigen Arbeitsbedingungen, zu denen der Ausländer nicht beschäftigt werden darf, sind im Gesetz nicht festgelegt, sondern ergeben sich erst aus einem Vergleich. **Vergleichsgruppe** sind Arbeitnehmer, die die gleiche oder eine vergleichbare Tätigkeit ausüben. Für die Frage, was eine vergleichbare Tätigkeit darstellt, kommt es auf den Inhalt der jeweiligen Tätigkeit an, wobei die für die entsprechenden Branchen geltenden Tarifverträge wesentliche Anhaltspunkte liefern können. Bei der Ermittlung der Vergleichsgruppe sind zunächst die Arbeitnehmer in dem betreffenden Betrieb, sodann vergleichbare Betriebe heranzuziehen. Soweit in der entsprechenden Vergleichsgruppe eine tarifvertragliche Festlegung der wichtigsten Lohn- und Arbeitsbedingungen vorliegt und die überwiegende Mehrzahl der Arbeitnehmer nach Tarif beschäftigt und entlohnt wird, kann auch auf die tarifvertraglichen Regelungen direkt zurückgegriffen werden.

15   Das entscheidende **Vergleichsmerkmal** sind die jeweiligen Arbeitsbedingungen. Hierzu zählen alle tatsächlichen Umstände, Rechte und Pflichten, die das konkrete Arbeitsverhältnis ausgestalten, insbesondere das Arbeitsentgelt und die Arbeitszeiten, aber auch die Art der ausgeübten Tätigkeit, Einsatzorte, Urlaubsansprüche und sonstige Sachbezüge (OLG Frankfurt a. M. NStZ-RR 2005, 184 (185)). Auch Kündigungsregelungen und die Arbeitsplatzgestaltung sind demnach in die Gesamtbetrachtung einzustellen. Im Vordergrund steht zumeist die Höhe des umgerechnet pro Arbeitsstunde gezahlten Entgelts.

16   Der **Vergleichsmaßstab** ist ein auffälliges Missverhältnis zwischen den Arbeitsbedingungen des Geschädigten und denen der als Vergleichsgruppe ermittelten Arbeitnehmer. Ein Missverhältnis ist anzunehmen, wenn die Arbeitsbedingungen des Geschädigten nicht nur unerheblich negativ von denjenigen der Vergleichsgruppe abweichen. Auffällig ist dieses Missverhältnis, sobald die Abweichung eine bestimmte Größenordnung erreicht. Dies kann nur bei schwerwiegenden Ungleichbehandlungen angenommen werden, geringe Abweichungen reichen nicht aus (OLG Frankfurt a. M. NStZ-RR 2005, 184 (185)). Schon aus der Gesetzesfassung („Arbeitsbedingungen, die in einem auffälligen Missverhältnis ... stehen") folgt, dass es nicht genügt, wenn lediglich hinsichtlich einer einzigen Arbeitsbedingung ein auffälliges Missverhältnis vorliegt; erforderlich ist vielmehr eine Gesamtschau aller wesentlichen Merkmale (OLG Frankfurt a. M. NStZ-RR 2005, 184 (185)).

17   Aufgrund der notwendig restriktiven Auslegung des Tatbestandsmerkmals der ausbeuterischen Beschäftigung kann von einem **„auffälligen Missverhältnis"** nur dann die Rede sein, wenn die Arbeitsbedingungen ein **krasses ausbeuterisches Ungleichgewicht zwischen Arbeit und Lohn** aufweisen. Dies kann bei einer Beschäftigung zum sprichwörtlichen „Hungerlohn" ebenso der Fall sein wie bei einer Tätigkeit unter unmenschlichen, gefährlichen oder erniedrigenden Bedingungen. Entscheidend ist, dass niemand von sich aus ohne existentielle Not ein solches Beschäftigungsverhältnis eingehen würde – in gleichem Maße wie sich niemand aus Sklaverei, Leibeigenschaft oder Schuldknechtschaft freiwillig verpflichten würde. Unter den Tatbestand fallen damit Ausbeutungsverhältnisse, die den übrigen drei Tatbestandsvarianten Sklaverei, Leibeigenschaft und Schuldknechtschaft ähnlich sind (zutreffend *Eydner* NStZ 2006, 10 (14); NK-StGB/*Böse* Rn. 9; HK-StrafR/*Laue* Rn. 3; Ignor/Mosbacher ArbStrafR-HdB/*Kische* § 8 Rn. 43; SK-StGB/*Wolters* Rn. 3; zweifelnd Fischer Rn. 9 mwN), denn bei solchen Beschäftigungsverhältnissen besteht sicher ein „auffälliges" Missverhältnis zu normalen Beschäftigungsverhältnissen und sie erweisen sich im Sinne der Gesetzesbegründung als „sklavereiähnlich". In diesem Sinne handelt es sich bei der **ausbeuterischen Beschäftigung** gleichsam um den **Oberbegriff**, der die drei Konstellationen der Sklaverei, der Leibeigenschaft und der Schuldknechtschaft mit umfasst.

18   Erfasst sind länger andauernde Beschäftigungsverhältnisse, bei denen die Arbeitsleistung auch nicht ansatzweise entsprechend dem regional- und branchenüblichen Lohn vergütet wird oder sonstige Umstände schwerwiegende Ausbeutung belegen. Dies ist etwa der Fall bei Dumpinglöhnen, die lediglich Bruchteile vergleichbarer Löhne erreichen (vgl. Fischer Rn. 11a), was man annehmen kann, wenn der **Lohn** bei sonst gleichen Bedingungen **nur ein Viertel oder weniger des regional- und branchenüblichen Lohns** beträgt. Entsprechendes gilt, wenn überhöhte Abzüge vom eigentlich verdienten Lohn erfolgen, etwa für Schleusungslohn oder illegale Vermittler, aber auch in Fällen extremen Ungleichgewichts bei Abzügen für Unterbringung bzw. Verpflegung oder bei bewusstem Vorenthalten des Arbeitsentgelts bzw. (in der Baubranche nicht unüblicher) ständiger Kürzung wegen angeblich schlechter Arbeit. Das auffällige Missverhältnis kann aber auch daraus resultieren, dass Gefahren, Ekel oder Erniedrigung, die die betreffende Tätigkeit mit sich bringen, derart groß sind, dass sich keiner freiwillig zu einer solchen Tätigkeit bereit erklärt (oder nur zu erheblichen Aufschlägen). Ergibt sich aufgrund des krassen Ungleichgewichts zu den regional- und branchenüblichen Beschäftigungsbedingungen, dass niemand ohne existentielle Notlage eine solche Tätigkeit freiwillig ausführen würde, liegt eine ausbeuterische Beschäftigung nahe.

Erfasst werden auch **illegale Betätigungen** wie etwa die Verpflichtung von Kindern zum Betteln 19 oder der Einsatz im illegalen Zigarettenhandel. Die Auffassung, wonach illegale Tätigkeiten deshalb ausscheiden, weil dabei der Vergleich zu anderen Arbeitnehmern nicht möglich wäre (*Renzikowski* JZ 2005, 879 (884)), überzeugt nicht. Abzustellen ist in derartigen Fällen auf die Vergleichbarkeit mit einfacher ungefähr ähnlicher legaler Tätigkeit (einfachste Dienstleistungen, Handlangerdienste, Bauhelfertätigkeit etc). Wer andere sklavereiähnlich etwa zum illegalen Handel mit Zigaretten zwingt, damit die Ausgebeuteten horrende Schleuserlöhne abarbeiten, ist wegen ausbeuterischer Beschäftigung strafbar; es gibt keinen sachlichen Grund, derartige Ausbeutungsverhältnisse anders zu beurteilen als „legale". Wenn die Arbeitsbedingungen darin bestehen, dass der Ausgebeutete weisungsgemäß illegale Tätigkeiten verrichten muss, kann dies auch zum „auffälligen Missverhältnis" im Verhältnis zur Tätigkeit in normalen Arbeitsverhältnissen beitragen.

Strafbar ist die Beschäftigung bei dem Täter oder einem Dritten. Für den **Begriff der Beschäftigung** 20 kann auf die Definition in § 7 SGB IV verwiesen werden. Beschäftigung ist nach § 7 Abs. 1 S. 1 SGB IV die nichtselbstständige Arbeit, insbesondere in einem Arbeitsverhältnis. Anhaltspunkte für eine Beschäftigung sind nach § 7 Abs. 1 S. 2 SGB IV eine Tätigkeit nach Weisung und eine Eingliederung in die Arbeitsorganisation des Weisungsgebers. Unter Beschäftigung ist damit jede Art abhängiger Tätigkeit im Rahmen eines privatrechtlichen Ausbildungs-, Arbeits- oder Heimarbeitsverhältnisses zu verstehen. Beschäftigter (Arbeitnehmer) ist nach der Definition der Rspr. jeder, der aufgrund eines privatwirtschaftlichen Vertrages oder eines ihm gleichstehenden Rechtsverhältnisses im Dienste eines anderen gegen Entgelt zur fremdbestimmten abhängigen Arbeit verpflichtet ist (OLG Hamm NStZ-RR 1998, 121). Dritter ist jeder, der nicht selbst Täter ist, etwa auch eine juristische Person.

Abzugrenzen ist diese Art abhängiger Beschäftigung von der **selbstständigen Tätigkeit** und der 21 unentgeltlichen **Gefälligkeit.** Für die Abgrenzung kommt es stets auf die besonderen Umstände des Einzelfalls an. Anhaltspunkte für ein Gefälligkeitsverhältnis sind Unentgeltlichkeit und fehlende Dienstverpflichtung (OLG Hamm NStZ-RR 2001, 180; KG BeckRS 2014, 10294). Beides kann etwa vorliegen, wenn sich ein unentgeltlich aufgenommener Gast lediglich für die ihm gewährte Kost und Logis durch Erbringung von Hilfeleistungen revanchiert (OLG Hamm NStZ-RR 2001, 180 f.). Allerdings können Sachbezüge wie Unterkunft und Verpflegung auch ein Entgelt für eine genehmigungspflichtige Beschäftigung darstellen, weil es auf die Form der Gegenleistung für die Frage der Entgeltlichkeit grundsätzlich nicht ankommt (KG BeckRS 2014, 10294). Die persönliche Abhängigkeit eines Arbeitnehmers, die ihn dagegen vom Selbstständigen unterscheidet, ist wesentlich darin begründet, dass er seine Tätigkeit nicht frei gestalten und seine Arbeitszeit nicht frei bestimmen kann, sondern einem Zeit, Dauer, Ort und Art der Arbeitsausführung umfassenden Weisungsrecht seines Arbeitgebers unterliegt (OLG Hamm NStZ-RR 1998, 121). Die Frage, ob eine vom Tatbestand nicht erfasste selbstständige Tätigkeit oder eine Beschäftigung vorliegt, ist aufgrund einer Gesamtschau der hierzu im Arbeits- und Sozialrecht entwickelten Abgrenzungskriterien zu entscheiden (vgl. OLG Schleswig SchlHA 2005, 338; OLG Jena GewArch 2005, 26; KG NStZ 2006, 530). Abgrenzungsschwierigkeiten zwischen vom Tatbestand nicht erfasster selbstständiger Tätigkeit und unselbstständiger Tätigkeit gibt es in der Praxis häufiger bei Prostitution (insoweit komplett von § 232 erfasst), aber auch im Baubereich (etwa bei Handwerkern, insbesondere aus Osteuropa, die wegen der Einschränkung legaler Beschäftigungsmöglichkeiten formal ein eigenes Gewerbe unterhalten; zur subjektiven Seite in diesen Fällen und zur Frage der Selbstständigkeit bei Prospektverteilern: BGH NStZ 2010, 337).

II. Tathandlung

Inhalt der Tathandlung ist, dass der Täter das Opfer des Menschenhandels in Sklaverei, Leibeigenschaft 22 oder Schuldknechtschaft oder zur Aufnahme oder Fortsetzung der ausbeuterischen Beschäftigung bringt und hierbei eine Zwangslage oder auslandsbedingte Hilflosigkeit ausnutzt bzw. mit Opfern unter 21 Jahren zu tun hat. **„Dazu-Bringen"** meint jede Form der Bewirkung des Erfolgseintritts (Fischer Rn. 4). Der Erfolg der Aufnahme des ausbeuterischen Verhältnisses muss auf die Einflussnahme des Täters zurückzuführen sein, der Täter muss also den bislang nicht vorhandenen Entschluss beim Opfer erst hervorrufen (vgl. BGH NStZ 2011, 157; BGH NStZ-RR 2004, 233). Hieran fehlt es, wenn für den Erfolg eine vom Opfer unabhängig von seiner Lage getroffene eigenverantwortliche Entscheidung maßgeblich war (BGH NStZ 2011, 157 f.). Eine bestimmte Form der Einwirkung ist nicht erforderlich, sofern Kausalität zwischen Tathandlung und Erfolg besteht. Ist das Merkmal des „Ausnutzens" erfüllt, genügt jede ursächliche Herbeiführung des Erfolges, gleichgültig auf welche Art und Weise, sei es auch nur durch Schaffen einer günstigen Gelegenheit oder durch ein schlichtes Angebot (BGH NStZ 2011, 157). Neben intensiver Einflussnahme ist etwa wiederholtes Drängen, Überreden, Versprechungen machen, Wecken von Neugier, Einsatz von Autorität, Täuschung, Einschüchterung möglich (vgl. Fischer § 232 Rn. 12). Die vier Varianten des Tatterfolgs unterscheiden sich allerdings: Während bei Sklaverei, Leibeigenschaft und Schuldknechtschaft nur das Bringen „in" diese Verhältnisse strafbar ist, wird beim ausbeuterischen Arbeitsverhältnis das Bringen zur Aufnahme wie zur Fortsetzung bestraft. Ein „Bringen" zur Fortsetzung liegt bei einer Person, die bereits der ausbeuterischen Beschäftigung nachgeht, nur dann vor, wenn der Täter den Geschädigten von dem von diesem gefassten Entschluss abbringt, das ausbeuterische Beschäftigungsverhältnis aufzugeben oder in geringerem Maße auszuüben (vgl. BGH NStZ-RR 2004, 349). Ob diese wenig gelungene Differenzierung von Belang ist, erscheint fraglich, da es sich bei Sklaverei, Leibeigenschaft und Schuldknechtschaft zumeist auch um ausbeuterische Beschäftigung im Sinne von Variante vier (Oberbegriff) handelt.

III. Weitere Voraussetzungen

23   Handelt es sich bei dem Opfer des Menschenhandels um eine **Person unter 21 Jahren** (krit. zu dieser Altersgrenze Fischer § 232 Rn. 17), ist der Tatbestand ohne weitere Voraussetzungen mit dem Dazu-Bringen erfüllt (§ 233 Abs. 1 S. 2). Bei Personen, die 21 Jahre alt oder älter sind, muss die Bewirkung des Erfolgseintritts unter Ausnutzung einer Zwangslage oder der auslandsspezifischen Hilflosigkeit erfolgen (§ 233 Abs. 1 S. 1). Dieses Tatbestandsmerkmal ist – wie bei § 182 Abs. 1 Nr. 1 – objektiv formuliert.

24   Eine **Zwangslage** liegt – unabhängig von den Ursachen – vor, wenn sich der Betroffene in einer ernsten wirtschaftlichen oder persönlichen Bedrängnis befindet, die mit einer wesentlichen Einschränkung der Handlungs- und Entscheidungsfreiheit verbunden ist und der deshalb die Gefahr anhaftet, Opfer gezielter Ausbeutung zu werden (vgl. Fischer § 232 Rn. 9; Lackner/Kühl/*Heger* § 232 Rn. 5; BGHSt 42, 399). Allgemeine Not, die jedermann in vergleichbaren Lebensverhältnissen trifft, reicht regelmäßig nicht, also auch nicht allgemein ungünstige soziale Verhältnisse im Herkunftsland (vgl. Fischer § 232 Rn. 9, vgl. dagegen aber BGH NStZ 2014, 576 zu § 232, wonach die schlechten wirtschaftlichen Verhältnisse in Nigeria schon zur Einschränkung der Entscheidungs- und Handlungsmöglichkeiten im Sinne einer Zwangslage ausreichen sollen). Weil der Begriff der Zwangslage im Kern die Willensbeugung des Betroffenen durch äußere Umstände meint, ist die innere Verfasstheit des Opfers mitentscheidend dafür, ob äußere Umstände diese Zwangswirkung entfalten können. Leidet jemand etwa unter einer Zwangsstörung, die durch bestimmte äußere Umstände ausgelöst wird, ist eine Zwangslage gegeben, wenn solche Umstände vorliegen. Eine objektiv vorliegende psychische Störung kann also dazu führen, dass die betroffene Person Umstände als unwiderstehlich willensbeugend erlebt, die „normale" Betroffene ohne weiteres erdulden können. Entscheidend ist also, ob die Umstände bei dieser Person (und damit subjektiv) zu einer erheblichen Einschränkung der Entscheidungs- und Handlungsmöglichkeiten führen (vgl. auch Fischer § 232 Rn. 9; Schönke/Schröder/*Eisele* § 232 Rn. 10). Da es für die Zwangslage nicht darauf ankommt, wer sie hervorruft, reicht auch die Täuschung durch den Täter, sofern unwiderstehlich willensbeugende Umstände vorgespiegelt werden (vgl. auch § 233 Abs. 3 iVm § 232 Abs. 4 Nr. 1).

25   Hilflosigkeit liegt vor, wenn das Opfer in der konkreten Lage und nach seinen persönlichen Fähigkeiten nicht in der Lage ist, sich dem Ansinnen aus eigener Kraft zu entziehen (BGH NStZ 1999, 349). Von einer **„auslandsspezifischen Hilflosigkeit"** ist auszugehen, wenn das Opfer der deutschen Sprache nicht mächtig ist, über keinerlei Barmittel verfügt und bezüglich Unterkunft und Verpflegung auf den Täter angewiesen ist, wobei die Hilflosigkeit durch die Wegnahme des Passes noch verstärkt wird (vgl. BGHR StGB § 181 Abs. 1 Nr. 2 Anwerben 4; BGH NStZ 1999, 349; BGH NStZ-RR 2004, 233; 2007, 46). Erforderlich ist eine Gesamtschau aller objektiven und subjektiven Umstände des Einzelfalls, wobei insbesondere Art und Umfang von Überwachung, persönlicher Abhängigkeit, Verhinderung von Kommunikation, Wegnahme des Passes, Abbruch oder Änderung der mit dem Aufenthalt verbundenen Pläne von Relevanz sind (BGH NStZ-RR 2007, 46; Fischer § 232 Rn. 10a). Eine Hilflosigkeit darf nicht schon deshalb verneint werden, weil der Ausgebeutete jederzeit zurückfliegen kann (BGH NStZ 1999, 349), liegt aber fern, wenn der Ausgebeutete nach zwischenzeitlicher Rückkehr in sein Heimatland wieder zurückkommt, um die „ausbeuterische Beschäftigung" fortzusetzen (vgl. BGH NStZ-RR 2004, 349).

26   **„Ausnutzen"** in diesem Sinne liegt vor, wenn die Zwangslage oder die auslandsspezifische Hilflosigkeit (zumindest) mitursächlich für den Tatererfolg sind und die kausale Verknüpfung zwischen Zwangslage und Tatererfolg gerade durch Handlungen des Täters hergestellt wird (Fischer § 232 Rn. 14). Dies kann auch dann der Fall sein, wenn der Täter die Zwangslage oder Hilflosigkeit zielgerichtet herbeiführt und das Opfer dadurch zur Aufnahme einer ausbeuterischen Tätigkeit bringt (vgl. Fischer § 232 Rn. 12; *Schroeder* NJW 2005, 1393 (1395)).

C. Subjektiver Tatbestand

27   Der Täter muss hinsichtlich aller Tatbestandsmerkmale vorsätzlich handeln. **Bedingter Vorsatz reicht aus.** Hinsichtlich der Eigenschaft als Arbeitgeber eines ausbeuterischen Arbeitsverhältnisses genügt es, wenn der Täter um sämtliche Umstände weiß, die seine Stellung als Arbeitgeber begründeten (BGH NStZ 2010, 337). Irrt er dann noch über seine Eigenschaft als Arbeitgeber, handelt es sich um einen den Vorsatz nicht berührenden Subsumtionsirrtum, der allenfalls geeignet wäre, einen – in der Regel vermeidbaren – Verbotsirrtum zu begründen (BGH NStZ 2010, 337; *Schulz* NJW 2006, 183 (186); aA LG Ravensburg StV 2007, 413 (414): Tatbestandsirrtum; vgl. hierzu insg. auch Ignor/Mosbacher ArbStrafR-HdB/*Brettschneider* § 2 Rn. 51 ff.).

D. Versuch

Der **Versuch** ist strafbar (§ 233 Abs. 2). Dieser liegt vor, wenn der Taterfolg des ausbeuterischen **28** Verhältnisses nicht eintritt, etwa bei erfolglosen Einwirkungsbemühungen. Für die **Vollendung** kommt es darauf an, dass das ausbeuterische Verhältnis mit seiner freiheitseinschränkenden Wirkung bereits besteht und nicht nur verabredet ist. Die Aufnahme der Tätigkeit ist nicht unbedingt notwendig, wenn der Zwang hierzu schon besteht (vgl. Fischer Rn. 15). Beendet ist das Delikt erst mit dem Ende des Ausbeutungsverhältnisses, da dieses einen „Dauererfolg" des ausbeuterischen Menschenhandels darstellt (vgl. NK-StGB/*Böse* Rn. 13). Versuch ist auch gegeben, wenn der Täter in den Fällen des § 233 Abs. 1 S. 2 den Ausgebeuteten irrtümlich für unter 21 Jahre alt hält (vgl. Fischer Rn. 15).

E. Rechtsfolgen

Der **Strafrahmen** beträgt Freiheitsstrafe von sechs Monaten bis zu zehn Jahren, in minder schweren **29** Fällen drei Monate bis zu fünf Jahre Freiheitsstrafe (§ 233 Abs. 3 iVm § 232 Abs. 5). Minder schwere Fälle können etwa vorliegen, wenn der Täter (als Zwischenglied in der Ausbeutungsreihe) selbst Opfer ausbeuterischer Verhältnisse ist, bei eher kurzer Beschäftigung, bei Einwilligung des Opfers (die den Tatbestand aufgrund der vom Gesetz vorausgesetzten willensbeugenden Umstände nicht ausschließt, aber häufig das Merkmal des „Ausnutzens" beseitigen wird) und bei Handeln ohne eigenen Vermögensvorteil (vgl. Fischer Rn. 18). Als weitere Rechtsfolgen kommen gem. § 233b Führungsaufsicht und Erweiterter Verfall (§ 73d) in Betracht.

Nach den Grundsätzen **notwendiger Teilnahme** ist das Opfer straffrei (vgl. NK-StGB/*Böse* **30** Rn. 13). Dies gilt allerdings nur in Hinblick auf die eigene Ausbeutung. Wer als Opfer eines Ausbeutungsverhältnisses dazu beiträgt, andere darin zu verstricken, kann hingegen auch selbst Teilnehmer oder Täter einer Straftat nach § 233 sein. **Geschützt** werden **Opfer** von Menschenhandel durch die Möglichkeit, von der Verfolgung ausländerstrafrechtlicher Vergehen abzusehen, wenn sich Opfer von Menschenhandel an die Behörden wenden und damit zugleich etwa die Illegalität ihres Aufenthalts offenbaren (vgl. § 154c Abs. 2 StPO; Meyer-Goßner/Schmitt/*Schmitt* StPO § 154c Rn. 2). Nach § 25 Abs. 4a AufenthG kann einem Ausländer, der Opfer einer Straftat nach § 233, § 233a wurde, auch wenn er (etwa wegen illegalen Aufenthalts) vollziehbar ausreisepflichtig ist, für einen vorübergehenden Aufenthalt eine Aufenthaltserlaubnis erteilt werden. Voraussetzung ist allerdings nach § 25 Abs. 4a S. 2 AufenthG, dass seine vorübergehende Anwesenheit im Bundesgebiet für ein Strafverfahren wegen dieser Straftat von der Staatsanwaltschaft oder dem Strafgericht für sachgerecht erachtet wird, weil ohne seine Angaben die Erforschung des Sachverhalts erschwert wäre, er jede Verbindung zu den Personen, die beschuldigt werden, die Straftat begangen zu haben, abgebrochen hat und er seine Bereitschaft erklärt hat, in dem Strafverfahren wegen der Straftat als Zeuge auszusagen.

F. Verbrechensqualifikation und Abs. 4

Die **Qualifikation** einer Tat nach § 233 Abs. 1 zu einem Verbrechen liegt – wie bei § 232 – vor, **31** wenn das Opfer der Tat ein Kind ist, das Opfer bei der Tat körperlich schwer misshandelt oder in die Gefahr des Todes gebracht wird oder wenn der Täter banden- oder gewerbsmäßig handelt (§ 233 Abs. 3 iVm § 232 Abs. 3). Einen eigenständiger Verbrechenstatbestand mit von § 233 Abs. 1 unabhängigen Voraussetzungen enthält § 233 Abs. 3 iVm § 232 Abs. 4 (vgl. BGH NStZ 2014, 453 (455)). Strafbar ist danach, wer das Opfer durch Gewalt, Drohung oder List zur Aufnahme oder Fortsetzung einer in § 233 Abs. 1 beschriebenen Tätigkeit bringt oder wer sich des Opfers durch Gewalt, Drohung oder List bemächtigt, um es zur Aufnahme oder Fortsetzung einer solchen Tätigkeit zu bringen. Für minder schwere Fälle beträgt die Strafe Freiheitsstrafe von sechs Monaten bis zu fünf Jahre (§ 233 Abs. 3 iVm § 232 Abs. 5), ohne dass dies den Verbrechenscharakter solcher Fälle ändern würde (§ 12 Abs. 3).

Ein **Kind** ist – gem. der Legaldefinition in § 176 Abs. 1, auf die § 232 Abs. 3 Nr. 1 verweist – eine **32** Person unter 14 Jahren. Das besondere Schutzalter muss vom Vorsatz des Täters umfasst sein, wobei Eventualvorsatz ausreicht. Eine **körperlich schwere Misshandlung** setzt nicht voraus, dass die Misshandlung den Tatbestand der schweren Körperverletzung nach § 226 erfüllt. Vielmehr genügt eine schwere Beeinträchtigung der körperlichen Integrität mit erheblichen Folgen für die Gesundheit oder erheblichen Schmerzen (BGH NStZ 1998, 461; BGH NStZ-RR 2007, 175). Die körperlich schwere Misshandlung muss „bei der Tat" geschehen. Tat in diesem Sinne ist nicht nur das „Bringen" in ein ausbeuterisches Arbeitsverhältnis oder zur Fortsetzung desselben, sondern auch dieses ausbeuterische Verhältnis selbst (vgl. Fischer Rn. 16). Das Qualifikationsmerkmal kann etwa bei gefährlicher Tätigkeit, bei Misshandlungen während der Tätigkeit oder bei Gewaltanwendung zur Aufnahme der Tätigkeit (vgl. auch § 233 Abs. 3 iVm § 232 Abs. 4 Nr. 1 Var. 1) erfüllt sein. Der Vorsatz des Täters muss die körperlich schwere Misshandlung im Zeitpunkt seiner Tathandlung erfassen (vgl. Fischer Rn. 23).

Die **Todesgefahr** iSv § 232 Abs. 3 Nr. 2 Alt. 2 muss nicht „bei" sondern „durch" die Tat her- **33** beigeführt werden. Dies setzt ein über bloße Kausalität hinausgehendes Unmittelbarkeitsverhältnis zwischen Dazu-Bringen oder der ausbeuterischen Beschäftigung und der konkreten Todesgefahr voraus (vgl. Fischer § 232 Rn. 23). Die Qualifikation kann durch lebensgefährliche Tätigkeit oder lebensgefährliche Misshandlungen beim Dazu-Bringen zur Aufnahme der Tätigkeit (vgl. auch Abs. 3 iVm § 232 Abs. 4 Nr. 1 Var. 1) erfüllt sein; es reicht eine durch die Tat verursachte konkrete Suizidgefahr (vgl. NK-StGB/*Böse* Rn. 23; Schönke/Schröder/*Eisele* § 232 Rn. 26; Fischer § 225 Rn. 18). Die Todesgefahr muss – wie bei den ähnlich gestalteten sonstigen Qualifikationsmerkmalen (vgl. § 250 Abs. 2 Nr. 3 Buchst. b) vom Vorsatz des Täters erfasst sein; es handelt sich nicht etwa um ein erfolgsqualifiziertes Delikt iSv § 18 (vgl. BGHSt 46, 225; BGH NStZ 2005, 156 (157); Fischer § 232 Rn. 23; aA NK-StGB/*Böse* § 232 Rn. 22 aufgrund „rahmenbeschlusskonformer Auslegung", die allerdings nicht die gesetzliche Systematik des StGB außer Kraft setzen kann).

34   **Gewerbsmäßigkeit** liegt vor, wenn der Täter in der Absicht handelt, sich durch wiederholte Tatbegehungen eine fortlaufende Einnahmequelle von einiger Dauer und einigem Umfang zu verschaffen (BGH NStZ-RR 2008, 361 (362)). Liegt ein solches Gewinnstreben vor, ist schon der erste der ins Auge gefassten Tathandlungen als gewerbsmäßig zu werten (BGH NStZ 2000, 657 (660)). Dass die Ausbeutung der Arbeitskraft von vorneherein auf Dauer angelegt ist und sich der Täter hierdurch nicht unerheblich bereichern will, ist den vier Formen der ausbeuterischen Arbeitsverhältnisse bereits immanent. Eine Wiederholungsabsicht liegt deshalb nur vor, wenn der Täter auch andere Opfer in eines der vier Ausbeutungsverhältnisse bringen will (vgl. demgegenüber BGH BeckRS 2011, 05300 zu § 232, wonach es ausreichen soll, wenn der Täter sein Opfer nicht nur zur Aufnahme, sondern durch wiederholten Druck auch zur Fortsetzung der Prostitution bringt). Die Gewerbsmäßigkeit stellt ein täterbezogenes besonderes persönliches Merkmal im Sinne des § 28 Abs. 2 dar und gilt daher strafschärfend nur für denjenigen, bei dem dieses Merkmal vorliegt (BGH wistra 2003, 351 = BeckRS 2003, 04476). Liegt Gewerbsmäßigkeit vor, ist das Verbrechen auch im Schuldspruch als „gewerbsmäßiger Menschenhandel zum Zweck der Ausbeutung der Arbeitskraft" zu bezeichnen (vgl. auch BGH BeckRS 2007, 12820).

35   Eine **Bande** liegt vor, wenn sich mindestens drei Personen zumindest für eine gewisse Dauer zur fortgesetzten Begehung mehrerer selbstständiger, in einzelnen noch ungewisser Taten nach § 233 Abs. 1 verbunden haben (BGH NStZ 2001, 421). Ist ein solcher Zusammenschluss mit einem entsprechenden über bloße Mittäterschaft hinausgehenden Gesamtwillen vorhanden, genügt die Begehung einer Straftat nach § 233 Abs. 1 (vgl. Schönke/Schröder/*Eser/Bosch* § 244 Rn. 24 f. mwN). Im Gegensatz zu § 244 Abs. 1 Nr. 4, § 250 Abs. 1 Nr. 2 verlangt § 232 Abs. 3 Nr. 3 nicht die Beteiligung mehrerer Bandenmitglieder an der Tat nach § 233 Abs. 1, so dass die Tätigkeit eines Bandenmitglieds im Rahmen der bandenmäßigen Verbindung und Planung ausreicht. Der Annahme einer Bande steht nicht entgegen, dass einem Bandenmitglied nach der Bandenabrede lediglich Aufgaben zufallen, die sich als Gehilfentätigkeit darstellen (vgl. BGH NStZ 2002, 318). Andere Bandenmitglieder wie etwa der Bandenchef kommen nach allgemeinen Grundsätzen uU als Mittäter in Betracht (vgl. BGH NStZ 2000, 255). Die Bandenmitgliedschaft ist strafschärfendes besonderes persönliches Merkmal im Sinne von § 28 Abs. 2 und führt nur bei demjenigen Beteiligten zur Strafschärfung, der das Merkmal selbst verwirklicht (vgl. BGH wistra 2003, 351 = BGH BeckRS 2003, 04476).

36   Gem. § 233 **Abs. 3** iVm § 232 Abs. 4 liegt ein **Verbrechen** auch vor, wenn das „Dazu-Bringen" durch den Einsatz von Nötigungsmitteln erfolgt (Nr. 1) oder wenn sich der Täter des Opfers in der Absicht bemächtigt, es zur Aufnahme oder Fortsetzung eines ausbeuterischen Arbeitsverhältnisses zu bringen (Nr. 2). Die Gesetzesfassung mit einer Strafrahmenverweisung auf § 232 Abs. 3 ist eher als missglückt anzusehen; es handelt sich um eigenständige Verbrechenstatbestände (vgl. BGH NStZ 2014, 453 (455)).

37   Erfolgt das Bringen in ein ausbeuterisches Arbeitsverhältnis durch **Gewalt, Drohung** mit einem empfindlichen Übel oder **List**, liegt ein Verbrechen nach § 233 Abs. 3 iVm § 232 Abs. 4 Nr. 1 vor. Erfasst wird von der Qualifikation nicht nur das anfängliche Dazu-Bringen, sondern auch das Bringen zur Fortsetzung des ausbeuterischen Verhältnisses. Allerdings unterscheidet der Grundtatbestand des § 233 Abs. 1 anders als § 232 Abs. 1 insoweit zwischen den vier Ausbeutungsverhältnissen; strafbar ist das Bringen zur Fortsetzung nur beim ausbeuterischen Arbeitsverhältnis im engeren Sinne. Da aber jede Sklaverei, Leibeigenschaft und Schuldknechtschaft auch ein ausbeuterisches Arbeitsverhältnis iSv § 233 Abs. 1 S. 1 Var. 4 darstellt, wird der Unterschied im Ergebnis nicht relevant.

38   **Gewalt** ist die Anwendung körperlich wirkenden Zwangs zur Überwindung eines geleisteten oder erwarteten Widerstands (vgl. Fischer § 240 Rn. 8 ff. mwN). Unterschieden wird die willensbeugende Gewalt (vis compulsiva) von der willensausschaltenden, überwältigenden Gewalt (vis absoluta, vgl. Fischer § 240 Rn. 9). **Drohung** ist das ausdrückliche oder konkludente Inaussichtstellen eines Übels, auf dessen Realisierung der Drohende Einfluss hat oder zu haben vorgibt (BGHSt 16, 386 f.). Scheindrohungen reichen aus, wenn das Opfer sie ernst nimmt (vgl. Fischer § 240 Rn. 31). Die Drohung mit einer Übelszufügung durch Dritte ist tatbestandsmäßig, wenn der Täter vorgibt, auf deren Willen Einfluss zu haben (vgl. BGHSt 7, 197 (198)). Nicht erfasst wird die bloße Warnung vor Übelsfolgen, die nicht in der Macht des Täters liegen (BGH NStZ 2009, 692), sofern darin keine eigenständige konkludente Drohung zu sehen ist. Gedroht werden muss mit einem **empfindlichen Übel.** Dieses liegt vor, wenn der angekündigte Nachteil bei objektiver Betrachtung geeignet erscheint, einen besonnenen

Menschen in seiner konkreten Situation zu dem erstrebten Verhalten bestimmen zu können (vgl. BGH NStZ 1982, 287; 1987, 223). Diese (nicht nur faktische, sondern normative) Voraussetzung entfällt, wenn von diesem Bedrohten in seiner Lage erwartet werden kann, dass er der Drohung in besonnener Selbstbehauptung standhält (BGHSt 31, 195 (202)). Erfasst wird etwa die Drohung, den einbehaltenen Pass nicht mehr herauszugeben (BGH NStZ 2000, 86 f.) oder bei illegalem Aufenthalt die Behörden zu informieren (vgl. auch BGHSt 31, 195 zur Drohung, Strafanzeige zu erstatten). Ausreichend sind auch Drohungen, nahestehenden Personen (etwa im Heimatland verbliebenen Familienangehörigen) Leid anzutun.

List liegt vor, wenn das Verhalten darauf abzielt, unter geflissentlichem oder geschicktem Verbergen **39** der wahren Absichten die Ziele des Täters durchzusetzen (vgl. BGHSt 44, 355 (360); BGH NStZ 1996, 276). Die List muss **tatbestandsspezifisch** eingesetzt werden, also eine Täuschung über diejenigen Bedingungen enthalten, die das Arbeitsverhältnis zum ausbeuterischen machen oder die Zwangslage betreffen, aufgrund derer das Opfer keinen anderen Ausweg mehr sieht, als sich in ein solches ausbeuterisches Verhältnis zu begeben (vgl. auch NK-StGB/*Böse* § 232 Rn. 24). Strafbar ist demnach auch die Täuschung über die Höhe der Gegenleistung (Lohn), wenn hierdurch der ausbeuterische Charakter des Arbeitsverhältnisses verschleiert wird (aA NK-StGB/*Böse* Rn. 12; Schönke/Schröder/*Eisele* Rn. 12: nur Betrug). Das bloß listige Schaffen eines Anreizes gegenüber einer erwachsenen Person, die sich im Übrigen frei zur Aufnahme der Tätigkeit entschließt (etwa Heiratsversprechen), erfüllt den Tatbestand nicht (vgl. BGHSt 27, 27).

In gleicher Weise als Verbrechen strafbar ist, wenn sich der Täter des Opfers durch eines der genannten **40** Nötigungsmittel Gewalt, Drohung mit einem empfindlichen Übel oder List in der Absicht **bemächtigt,** das Opfer zur Aufnahme oder Fortsetzung eines der in § 233 Abs. 1 S. 1 genannten ausbeuterischen Verhältnisse zu bringen. Sich-Bemächtigen bedeutet die Verschaffung der physischen Herrschaft über einen anderen, wofür der Vorhalt einer Waffe ausreicht (BGHSt 26, 70 (72); BGH NStZ 1986, 166). Für das Bemächtigungsmittel List reicht aus, wenn der Täter seine Bemächtigungsabsicht verschleiert, etwa durch harmlose Einladung zu einer Autofahrt (vgl. BGH NJW 1989, 917). Der Täter muss den Irrtum nicht selbst herbeiführen, sondern es reicht, wenn er einen bereits vorhandenen Irrtum des Opfers unter geflissentlichem oder geschicktem Verbergen seiner wahren Absichten ausnutzt (BGHSt 10, 376 (378); Fischer § 232 Rn. 31a; aA NK-StGB/*Böse* § 232 Rn. 25). Als Delikt mit überschießender Innentendenz verlangt diese Qualifikation subjektiv, dass der Täter beim Sichbemächtigen in der **Absicht** handelt, das Opfer zur Aufnahme oder Fortsetzung eines der in § 233 Abs. 1 S. 1 genannten Ausbeutungsverhältnisse zu bringen. Weil das Tatbestandsmerkmal nur subjektiv formuliert ist, muss die Absicht nicht verwirklicht werden; mit dem Sich-Bemächtigen in entsprechender Absicht ist der Verbrechenstatbestand vollendet (BGH NStZ-RR 2008, 203).

G. Konkurrenzen

Häufig werden viele verschiedene Tathandlungen notwendig sein, um den dauerhaften Taterfolg, das **41** Ausbeutungsverhältnis, zu bewirken. Richten sich die Handlungen gegen ein einziges Opfer, liegt nur **eine Tat** vor. Beim Vorgehen zum Nachteil mehrerer Personen ist Tateinheit möglich, wenn die Einwirkungshandlungen jedenfalls teilweise identisch sind (vgl. BGH NStZ-RR 2004, 233; 2007, 46 f.). Weil der Taterfolg in einem länger andauernden Ausbeutungsverhältnis besteht, handelt es sich (mit Ausnahme von § 233 Abs. 3 iVm § 232 Abs. 4 Nr. 2) um ein **„Dauer-Erfolgsdelikt"** in dem Sinne, dass die Tat zwar mit dem Beginn des Ausbeutungsverhältnisses (bzw. der Fortsetzung) vollendet, aber erst mit dem Schluss des Ausbeutungsverhältnisses beendet ist (zutreffend NK-StGB/*Böse* § 232 Rn. 26; aA Fischer § 232 Rn. 29; Schönke/Schröder/*Eisele* § 232 Rn. 23). Ist das Opfer zum Aufgeben entschlossen, kann in dem Dazu-Bringen zur Fortsetzung des ausbeuterischen Arbeitsverhältnisses aufgrund des eigenständigen Unrechtsgehalts allerdings auch eine eigene neue Straftat liegen (vgl. auch BGH NStZ-RR 2001, 170; BGH BeckRS 2011, 05300).

Als speziellere Vorschrift geht § 233 bei Beschäftigungsverhältnissen dem Lohnwucher nach § 291 **42** vor (Fischer Rn. 9). In Verhältnis zu § 10 SchwarzArbG, § 15 AÜG besteht (auch aufgrund der Klarstellungsfunktion der Idealkonkurrenz) **Tateinheit,** weil diese Tatbestände durch das Anknüpfen an Genehmigungserfordernisse jeweils auch dem Schutz anderer Rechtsgüter dienen (vgl. NK-StGB/*Böse* Rn. 14). Tateinheit kann aufgrund jeweils anderer Schutzrichtung auch mit § 266a oder Tatbeständen des Ausländerstrafrechts wie insbes. § 96 AufenthG vorliegen (vgl. BGH NStZ-RR 2004, 233).

§ 233a Förderung des Menschenhandels

(1) Wer einem Menschenhandel nach § 232 oder § 233 Vorschub leistet, indem er eine andere Person anwirbt, befördert, weitergibt, beherbergt oder aufnimmt, wird mit Freiheitsstrafe von drei Monaten bis zu fünf Jahren bestraft.

(2) Auf Freiheitsstrafe von sechs Monaten bis zu zehn Jahren ist zu erkennen, wenn

1. das Opfer der Tat ein Kind (§ 176 Abs. 1) ist,

2. der Täter das Opfer bei der Tat körperlich schwer misshandelt oder durch die Tat in die Gefahr des Todes bringt oder

3. der Täter die Tat durch Gewalt oder durch Drohung mit einem empfindlichen Übel oder gewerbsmäßig oder als Mitglied einer Bande, die sich zur fortgesetzten Begehung solcher Taten verbunden hat, begeht.

(3) Der Versuch ist strafbar.

1   **1. Allgemeines.** Die Vorschrift wurde durch das 37. StRÄndG v. 11.2.2005 (BGBl. I 239) mit Wirkung zum 19.2.2005 aufgrund völkerrechtlicher (VN-Übereinkommen v. 15.11.2000, BT-Drs. 15/5150) und europarechtlicher Verpflichtungen (vgl. nur Rahmenbeschluss des Rats der EU vom 19.7.2002 zur Bekämpfung des Menschenhandels, ABl. 2000 L 203, 1) eingefügt. Die Aufnahme wurde vom Rechtsausschuss des Bundestages empfohlen, um noch verbleibende Lücken bei der Umsetzung des Rahmenbeschlusses zur Bekämpfung des Menschenhandels zu schließen (vgl. BT-Drs. 15/3045, 13). Es handelt sich um einen Tatbestand, der bestimmte **Beihilfe- und Vorbereitungshandlungen** zu Taten nach §§ 232, 233 eigenständig als täterschaftliche Förderungshandlungen bestraft (näher NK-StGB/*Böse* Rn. 1; SK-StGB/*Wolters* Rn. 1; aA Fischer Rn. 2: nur Beihilfehandlungen). Wie bei § 233 gilt für § 233a das Weltrechtsprinzip gem. § 6 Nr. 4. Für die Förderung des Menschenhandels zum Zweck der Ausbeutung der Arbeitskraft gem. § 233a Abs. 1 iVm § 233 sind in der PKS 2014 vier Fälle, gem. § 233a Abs. 2 iVm § 233 zwei Fälle verzeichnet. Nach einem Gesetzesentwurf der Bundesregierung zur Umsetzung der RL 2011/36/EU des Europäischen Parlaments und des Rates v. 5.4.2011 zur Verhütung und Bekämpfung des Menschenhandels und zum Schutz seiner Opfer sowie zur Ersetzung des Rahmenbeschlusses 2002/629/JI des Rates v. 15.4.2015 (BT-Drs. 18/4613) soll nach § 233a Abs. 2 anstelle eines Kindes nunmehr eine Person unter 18 Jahren geschützt werden. Die Kommentierung beschränkt sich im Folgenden auf die Förderung des Menschenhandels zur Ausbeutung der Arbeitskraft.

2   **2. Tatbestand. a) Objektiver Tatbestand.** Die **Tathandlung** besteht darin, dass der Täter einem Menschenhandel in bestimmten Formen Vorschub leistet, nämlich durch Anwerbung, Beförderung, Weitergabe, Beherbergung oder Aufnahme. **Anwerben** meint, dass der Täter als treibende Kraft nachdrücklich auf die Willensentschließung einen anderen einwirkt, damit dieser ein ausbeuterisches Arbeitsverhältnis eingeht bzw. sich zur ausbeuterischen Tätigkeit verpflichtet fühlt (vgl. Fischer Rn. 4; BGHSt 42, 179 (182)). Dies ist nicht der Fall, wenn nur eine Beschäftigungsmöglichkeit in Aussicht gestellt oder die Anwerbung durch einen anderen ausgenutzt wird (BGHSt 42, 179 (186); BGH NStZ-RR 1997, 293). Die Anwerbung kann (wie es häufig geschieht) im Ausland geschehen. Voraussetzung ist bei Opfern über 21 Jahren (vgl. § 233 Abs. 1 S. 1) nicht, dass eine Zwangslage oder eine auslandsspezifische Hilflosigkeit schon im Zeitpunkt der Werbung besteht; vielmehr genügt es, dass der Täter in dem Bewusstsein wirbt, das Opfer werde im Ausland (später) in eine hilflose Lage geraten (BGHSt 42, 179 (182 f.)). **Befördern** meint das Verbringen an einen anderen Ort, das Bewirken einer nicht nur unerheblichen Ortsveränderung durch Beförderungsmittel. Der Täter muss nicht selbst das Beförderungsmittel lenken, die Organisation des Transports reicht (NK-StGB/*Böse* Rn. 2). Die **Weitergabe** einer Person besteht darin, dass die Person kontrolliert an einen Dritten übergeben wird (Fischer Rn. 5; NK-StGB/*Böse* Rn. 2). **Beherbergen** bedeutet die Gewährung von Unterkunft, **Aufnehmen** hingegen als Gegenstück zur Weitergabe das In-Empfang-Nehmen der weitergegebenen Person (NK-StGB/*Böse* Rn. 3 mwN; aA Fischer Rn. 4).

3   Durch eine der genannten Tathandlungen muss einem Menschenhandel nach § 233 (bzw. § 232) **Vorschub geleistet** werden. Wie bei § 180 Abs. 1 ist darunter ein Verhalten zu verstehen, das die Gefahr der Verwirklichung einer Tat nach § 233 erhöht; zur Tat nach § 233 muss es hingegen nicht kommen (vgl. auch BGHSt 24, 249 (253)). Vorschubleisten kann in diesem Sinne als versuchte Beihilfe verstanden werden (BGH NStZ 1997, 89; vgl. auch Fischer Rn. 3; Schönke/Schröder/*Eisele* Rn. 5). Aus systematischen und teleologischen Gründen kann das Tatbestandsmerkmal nicht nur vollendete Beihilfehandlungen zu Taten nach § 233 Abs. 1 erfassen; ansonsten würde es sich bei Abs. 1 angesichts der im Vergleich zu §§ 233 Abs. 1, 27 Abs. 2, 49 Abs. 1 niedrigeren Höchststrafe um eine ungerechtfertigte Privilegierung bestimmter Beihilfehandlungen handeln (Fischer Rn. 3). Andererseits erfordert das Tatbestandsmerkmal des Vorschubleistens schon nach der Wortbedeutung die Bewirkung von einer Art **„Zwischenerfolg"** in dem Sinne, dass durch die Tathandlung Bedingungen geschaffen werden, die die Begehung einer jedenfalls in Umrissen hinreichend konkretisierten Tat nach § 233 Abs. 1 tatsächlich begünstigen (vgl. NK-StGB/*Böse* Rn. 2 mwN; Schönke/Schröder/*Eisele* Rn. 5; Fischer Rn. 4). Führt die Tathandlung nicht zu einer solchen erstrebten Begünstigung, kommt ein Versuch nach § 233a Abs. 3 in Betracht.

4   **Qualifiziert** wird die Förderung des Menschenhandels nach § 233a Abs. 2, wenn das Opfer ein Kind ist (→ § 233 Rn. 32), das Opfer bei der Tat körperlich schwer misshandelt (→ § 233 Rn. 32) oder durch die Tat in die Gefahr des Todes gebracht wird (→ § 233 Rn. 33), oder die Tat mit Gewalt (→ § 233 Rn. 38) oder Drohung mit einem empfindlichen Übel (→ § 233 Rn. 38), gewerbs- (→ § 233 Rn. 34) oder bandenmäßig (→ § 233 Rn. 35) begangen wird.

b) Vorsatz, Versuch. Eventualvorsatz hinsichtlich aller objektiven Tatbestandsmerkmale reicht aus, 5 ist aber auch erforderlich. Dies gilt auch für die Verursachung konkreter Todesgefahr (vgl. BGHSt 46, 225; BGH NStZ 2005, 156 (157); Fischer § 232 Rn. 23; aA NK-StGB/*Böse* Rn. 5: Leichtfertigkeit reicht). Der Vorsatz muss sich in doppelter Weise auf die Tathandlung und auf die Verwirklichung der Haupttat beziehen, wobei eine detaillierte Kenntnis der Haupttat nicht erforderlich ist (Fischer Rn. 6). Der **Versuch** ist nach § 233a Abs. 3 strafbar. Die hierdurch angesichts des Deliktscharakters bewirkte weite Vorverlagerung der Strafbarkeit überzeugt nicht (vgl. Fischer Rn. 8). Ein Versuch liegt etwa vor, wenn die Tathandlungen ungeeignet waren, die Begehung der Haupttat zu erleichtern oder zu fördern (→ Rn. 3). Das Opfer ist nach den Grundsätzen der notwendigen Teilnahme straflos (→ § 233 Rn. 30).

3. Rechtsfolgen, Konkurrenzen. Bei Beihilfe zu Taten nach § 233 Abs. 1, die zugleich § 233a 6 Abs. 1 erfüllt, ist die Strafobergrenze des nach §§ 27 Abs. 2 S. 2, 49 Abs. 1 verschobenen **Strafrahmens** des § 233 Abs. 1 höher als diejenige von § 233a Abs. 1, die Mindeststrafe des § 233a Abs. 1 indes höher als diejenige des verschobenen Strafrahmens. Da § 233a Abs. 1 nicht der Privilegierung von Teilnahmetaten dient, sondern der Verschärfung der Strafbarkeit, muss bei vollendeter Beihilfe zu Taten nach § 233 Abs. 1, die zugleich § 233a Abs. 1 erfüllt, eine Kombination aus der Mindeststrafe von § 233a Abs. 1 und der Höchststrafe des nach §§ 27 Abs. 2, 49 Abs. 1 verschobenen Strafrahmens zur Anwendung kommen, damit es nicht zu ungerechtfertigten Wertungswidersprüchen kommt. In solchen Fällen geht das schwerere Delikt (Beihilfe zu § 233 Abs. 1) dem geringer bestraften (§ 233a Abs. 1) vor (Schönke/Schröder/*Eisele* Rn. 10; Lackner/Kühl/*Heger* Rn. 7; aA NK-StGB/*Böse* Rn. 7). Als weitere Rechtsfolgen kommen gem. § 233b Führungsaufsicht und Erweiterter Verfall (§ 73d) in Betracht.

§ 236 Kinderhandel

(1) ¹Wer sein noch nicht achtzehn Jahre altes Kind oder seinen noch nicht achtzehn Jahre alten Mündel oder Pflegling unter grober Vernachlässigung der Fürsorge- oder Erziehungspflicht einem anderen auf Dauer überlässt und dabei gegen Entgelt oder in der Absicht handelt, sich oder einen Dritten zu bereichern, wird mit Freiheitsstrafe bis zu fünf Jahren oder mit Geldstrafe bestraft. ²Ebenso wird bestraft, wer in den Fällen des Satzes 1 das Kind, den Mündel oder Pflegling auf Dauer bei sich aufnimmt und dafür ein Entgelt gewährt.

(2) ¹Wer unbefugt
1. die Adoption einer Person unter achtzehn Jahren vermittelt oder
2. eine Vermittlungstätigkeit ausübt, die zum Ziel hat, daß ein Dritter eine Person unter achtzehn Jahren auf Dauer bei sich aufnimmt,

und dabei gegen Entgelt oder in der Absicht handelt, sich oder einen Dritten zu bereichern, wird mit Freiheitsstrafe bis zu drei Jahren oder mit Geldstrafe bestraft. ²Ebenso wird bestraft, wer als Vermittler der Adoption einer Person unter achtzehn Jahren einer Person für die Erteilung der erforderlichen Zustimmung zur Adoption ein Entgelt gewährt. ³Bewirkt der Täter in den Fällen des Satzes 1, daß die vermittelte Person in das Inland oder Ausland verbracht wird, so ist die Strafe Freiheitsstrafe bis zu fünf Jahren oder Geldstrafe.

(3) Der Versuch ist strafbar.

(4) Auf Freiheitsstrafe von sechs Monaten bis zu zehn Jahren ist zu erkennen, wenn der Täter
1. aus Gewinnsucht, gewerbsmäßig oder als Mitglied einer Bande handelt, die sich zur fortgesetzten Begehung eines Kinderhandels verbunden hat, oder
2. das Kind oder die vermittelte Person durch die Tat in die Gefahr einer erheblichen Schädigung der körperlichen oder seelischen Entwicklung bringt.

(5) In den Fällen der Absätze 1 und 3 kann das Gericht bei Beteiligten und in den Fällen der Absätze 2 und 3 bei Teilnehmern, deren Schuld unter Berücksichtigung des körperlichen oder seelischen Wohls des Kindes oder der vermittelten Person gering ist, die Strafe nach seinem Ermessen mildern (§ 49 Abs. 2) oder von Strafe nach den Absätzen 1 bis 3 absehen.

A. Allgemeines

I. Entstehungsgeschichte

§ 236 ist durch das **6. StrRG** v. 26.1.1998 (BGBl. I 164), das am 1.4.1998 in Kraft getreten ist, neu in 1 das StGB eingefügt worden (vgl. hierzu *Kreß,* Das Sechste Gesetz zur Reform des Strafrechts, NJW 1998, 633 (641 f.); s. auch *Lüderitz,* Verbot von Kinderhandel und Ersatzmuttervermittlung durch Änderung des Adoptionsvermittlungsgesetzes, NJW 1990, 1633). Die Vorschrift ersetzte die gesellschaftspolitisch überholte Regelung des § 236 aF, welche eine Entführung mit Willen der noch nicht achtzehn Jahre alten unverehelichten Frau unter Strafe gestellt hatte. § 236 nF soll den zunehmenden Fällen des Handels mit Kindern und Minderjährigen entgegenwirken, in denen insbesondere Säuglinge oder Kleinkinder von ihren leiblichen Eltern verkauft wurden (BR-Drs. 164/97, 137 f.), ebenso der vielfach in Zeitschriften und zwischenzeitlich im Internet entstandenen, vielfach gewerbsmäßigen, Vermittlung von Adoptionsgelegenheiten, wobei letzte Tätigkeit ohnehin durch das Adoptionsvermittlungsgesetz nach §§ 5 f. untersagt ist (vgl. hierzu → AdVermiG § 14 Rn. 2 ff. (= Nr. 100 des Kommentars). Durch **das Gesetz zur Änderung der Vorschriften über die Straftaten gegen die sexuelle Selbstbestimmung und zur Änderung anderer Vorschriften** v. 27.12.2003 (BGBl. I 3007) wurde im Tatbestand des Abs. 1 die Altersgrenze von 14 auf 18 Jahre angehoben und die Regelung auf Mündel und Pfleglinge ausgedehnt. Schließlich wurde durch das **Gesetz zur Umsetzung des Rahmenbeschlusses des Rates der Europäischen Union zur Bekämpfung der sexuellen Ausbeutung von Kindern und der Kinderpornographie** v. 31.10.2008 (BGBl. I 2149) gemäß Abs. 2 S. 2 als Straftat neu eingeführt, dass ein Adoptionsvermittler einer zustimmungspflichtigen Person für deren Zustimmung zur Adoption ein Entgelt gewährt.

II. Systematik und Rechtsgut

2   § 236 enthält **zwei unterschiedliche Grundtatbestände:** Nach **Abs. 1** ist strafbar das Überlassen des noch nicht achtzehn Jahre alten Kindes einem anderen und auf Dauer gegen Entgelt oder in Bereicherungsabsicht. In gleicher Weise gilt dies für Mündel oder Pfleglinge. Zu bestrafen ist aber weiterhin auch die das Kind, das Mündel oder den Pflegling auf Dauer aufnehmende Person, wenn diese dafür ein Entgelt gewährt. **Abs. 2** betrifft die unerlaubte Adoptionsvermittlungstätigkeit gegen Geld oder in Bereicherungsabsicht. Insoweit werden sowohl die „Verkäufer-" wie auch die „Käuferseite" gleichermaßen mit Strafe bedroht, weil beide die ungestörte Kindesentwicklung gefährden. **Abs. 4** betrifft zwei Qualifikationstatbestände, in denen der Täter insbes. gewerbsmäßig oder als Bandenmitglied handelt (Nr. 1) oder in denen das Kind oder vermittelte Person in die Gefahr einer erheblichen Schädigung der körperlichen oder seelischen Entwicklung geraten sind (Nr. 2). **Abs. 5** sieht eine Minderungsmöglichkeit oder ein Absehen von Strafe für Fälle nach Abs. 1 und 2 sowie Versuchsfälle vor, in denen die Schuld als gering anzusehen ist.

3   **Schutzgut** der Regelungen des **Abs. 1** ist die **ungestörte körperliche und seelische Entwicklung** eines Kindes, welche durch die Eltern zutiefst gefährdet wird, indem diese mit einem „Verkauf" ihre Fürsorge- und Erziehungspflicht grob vernachlässigt haben (BR-Drs. 164/97, 138; Schönke/Schröder/*Eser/Eisele* Rn. 1; SK-StGB/*Wolters* Rn. 2). Dies gilt ebenso für die anvertrauten Mündel oder Pfleglinge. Letztlich ist die ungestörte körperliche und seelische Entwicklung eines Kindes auch Schutzgut der Regelungen des **Abs. 2,** weshalb Adoptionsvermittlungen durch andere, als hierzu befugte Stellen (vgl. § 2 AdVermiG) grundsätzlich untersagt sind (§ 5 AdVermiG). Zu einer Beeinträchtigung der Entwicklung des Minderjährigen muss es aber nicht gekommen sein. Die Tat ist ein abstraktes Gefährdungsdelikt (Fischer Rn. 2). Wird das Kind durch die Tat tatsächlich in die Gefahr einer erheblichen Schädigung seiner körperlichen oder seelischen Entwicklung gebracht, kann dies die Qualifikation nach Abs. 4 begründen (MüKoStGB/*Wieck-Noodt* Rn. 3).

4   Im **Adoptionsvermittlungsgesetz** sind die Grundlagen einer zulässigen Adoptionsvermittlung, insbes. durch Jugendämter (§ 2 Abs. 1) und bestimmte caritative Einrichtungen und Wohlfahrtsverbände (§ 2 Abs. 2), geregelt. Vermittlungen durch andere Organisationen oder Personen sind grundsätzlich verboten (§ 5). Leichtere Verstöße gegen dieses Verbot sind als **Ordnungswidrigkeit** nach § 14 zu ahnden (→ AdVermiG § 14 Rn. 2 ff. (= Nr. 100 des Kommentars)). An die ursprünglich in § 14a AdVermiG geregelte Strafbarkeit der schwereren Fälle ist nunmehr § 236 Abs. 2 getreten.

B. Tathandlungen

I. Überlassung und Aufnahme Minderjähriger (Abs. 1)

5   **1. Überlassung von Kindern, Mündeln oder Pfleglingen. a) Tatopfer. Tatopfer** sind die noch nicht achtzehn Jahre alten eigenen Kinder sowie Mündel und Pfleglinge des Täters.

6   **b) Täter.** Die in Betracht kommenden **Täter** werden beim Kinderhandel unterschieden nach **„Verkäuferseite"** (Abs. 1 S. 1) und **„Käuferseite"** (Abs. 1 S. 2; → Rn. 12).

7   **Überlassende Personen,** mithin die Verkäuferseite, können die leiblichen Eltern oder die Adoptiveltern („sein" Kind sein (auch nur jeweils ein Elternteil), sog Scheinväter, welche die Vaterschaft nach § 1592 Nr. 2 BGB anerkannt haben, Vormünder (§ 1773 BGB) und auch Pflegeeltern. Für diesen Personenkreis ist die Tat ein echtes Sonderdelikt, weshalb für Teilnehmer § 28 Abs. 1 gilt (Fischer Rn. 3).

8   Gegen Entgelt **aufnehmende Personen** sind als Käuferseite nach Abs. 1 S. 2 mit Strafe bedroht.

9   **c) Tathandlung. Die Tathandlung nach Abs. 1 S. 1** umfasst das Überlassen des eigenen Kindes, Mündels oder Pfleglings gegenüber einer anderen Person. Die Tatopfer dürfen noch nicht achtzehn Jahre alt sein. Die Überlassung muss **auf Dauer** beabsichtigt sein, ohne dass es zur Erfüllung des Tatbestandes erforderlich ist, dass das Überlassen auch tatsächlich lange andauert. Auf Dauer kann auch ein Überlassen

auf längere Zeit sein (einige Monate mindestens), sofern dadurch eine nachhaltige Entfremdung des Kindes eintritt (MüKoStGB/*Wieck-Noodt* Rn. 21).

Überlassen bedeutet, dass dem Aufnehmenden die tatsächliche Gewalt über das Kind verschafft wird **9a** bzw. deren Übernahme geduldet wird (MüKoStGB/*Wieck-Noodt* Rn. 20). Das Überlassen zu anderen Zwecken, zB als Arbeitskraft, erfüllt den Tatbestand nicht (MüKoStGB/*Wieck-Noodt* Rn. 23).

Erforderlich ist weiter, dass sich in dem Verhalten der Eltern eine **grobe Vernachlässigung der** **10** **Fürsorge- und Erziehungspflicht** manifestiert. Damit soll sichergestellt werden, dass sozial akzeptierte Vorgänge wie die Unterbringung eines Kindes bei Verwandten (zB wegen längerer Abwesenheit der Eltern) oder die Begründung anderer ähnlich anerkannter Pflegeverhältnisse nicht erfasst werden (BR-Drs. 164/97, 138). Diesbezüglich wird regelmäßig bereits aus der Entgeltlichkeit der Überlassung gefolgert werden können, dass es sich um keinen sozial akzeptierten Vorgang mehr handelt – jedenfalls soweit das bezahlte Entgelt nicht unerheblich ist.

Schließlich muss die **Überlassung gegen Entgelt** erfolgt sein oder der Überlassung muss die Absicht **11** zugrunde liegen, sich oder einen Dritten **zu bereichern.** Aus der Gesetzesformulierung ergibt sich, dass der Tatbestand erst erfüllt ist, wenn das Entgelt bezahlt wurde (MüKoStGB/*Wieck-Noodt* Rn. 27; aA Fischer Rn. 6). Bleibt es beim **bloßen Zahlungsversprechen,** ist nur eine Versuchsstrafbarkeit (Abs. 3) gegeben. Bezüglich der **Bereicherungsabsicht** reicht demgegenüber die Erwartung eines Vermögensvorteils aus.

2. Aufnahme von Kindern, Mündeln oder Pfleglingen. Die Tathandlung nach Abs. 1 S. 2 **12** umfasst die spiegelbildliche Tathandlung, nämlich die **Aufnahme** eines Kindes **auf Dauer** und die Gewährung eines **Entgelts** dafür. Weiter muss der Übernehmende davon ausgehen oder es jedenfalls für möglich halten, dass die überlassende(n) Person(en) unter grober Vernachlässigung ihrer Fürsorge- und Erziehungspflicht handelt(n). Ein Entgelt oder zumindest ein erheblicher Teil davon muss für die Tatbestandserfüllung bereits geflossen sein; ansonsten ist nur eine Versuchsstrafbarkeit gegeben (Abs. 3). Auch wenn der übergebene Betrag als Ausgleich für die von den Eltern bislang für das Kind ausgegebenen Gelder und Aufwendungen deklariert ist, handelt es sich dennoch um ein Entgelt im Sinne dieser Vorschrift; denn Erziehungskosten und -ausgaben sind Eltern schon wegen ihrer Unterhaltsverpflichtungen gegenüber dem Kind, nicht zu erstatten.

II. Unbefugte Adoptionsvermittlung und unbefugte Vermittlungstätigkeit (Abs. 2)

1. Unbefugte Adoptionsvermittlung (Abs. 2 S. 1 Nr. 1). Nach Abs. 2 S. 1 Nr. 1 ist die unbe- **13** fugte Vermittlung einer noch nicht achtzehn Jahre alten Person für eine Adoption strafbar. Befugt zur Adoptionsvermittlung sind in Deutschland nur die in § 2 AdVermiG aufgeführten Stellen:

§ 2 AdVermiG Adoptionsvermittlungsstellen

(1) [1] Die Adoptionsvermittlung ist Aufgabe des Jugendamtes und des Landesjugendamtes. Das Jugendamt darf die Adoptionsvermittlung nur durchführen, wenn es eine Adoptionsvermittlungsstelle eingerichtet hat; das Landesjugendamt hat eine zentrale Adoptionsstelle einzurichten. [2] Jugendämter benachbarter Gemeinden oder Kreise können mit Zustimmung der zentralen Adoptionsstelle des Landesjugendamtes eine gemeinsame Adoptionsvermittlungsstelle errichten. [3] Landesjugendämter können eine gemeinsame zentrale Adoptionsstelle bilden. [4] In den Ländern Berlin, Hamburg und Saarland können dem Landesjugendamt die Aufgaben der Adoptionsvermittlungsstelle des Jugendamtes übertragen werden.

(2) Zur Adoptionsvermittlung sind auch die örtlichen und zentralen Stellen des Diakonischen Werks, des Deutschen Caritasverbandes, der Arbeiterwohlfahrt und der diesen Verbänden angeschlossenen Fachverbände sowie sonstiger Organisationen mit Sitz im Inland berechtigt, wenn die Stellen von der zentralen Adoptionsstelle des Landesjugendamtes als Adoptionsvermittlungsstellen anerkannt worden sind.

(3) Die Adoptionsvermittlungsstellen der Jugendämter und die zentralen Adoptionsstellen der Landesjugendämter arbeiten mit den in Absatz 2 genannten Adoptionsvermittlungsstellen partnerschaftlich zusammen.

Die Tathandlung nach Abs. 2 Nr. 1 umfasst die **Vermittlung** durch eine andere Stelle als die nach **14** § 2 AdVermiG bezeichneten Stellen oder eine Einzelperson. Aus dem Begriff der Vermittlung ergibt sich, dass eine rechtsgültig durchgeführte Adoption noch nicht vorliegen muss (Fischer Rn. 13; aA SK-StGB/*Wolters* Rn. 8). Vielmehr reicht es aus, wenn die Gelegenheit zu einer Adoption nachgewiesen wird, also das Zusammenführen von einer noch nicht achtzehn Jahre alten Person und Adoptionsbewerbern mit dem Ziel der Annahme als Kind (§ 1 S. 1 AdVermiG). Adoptionsvermittlung ist auch der bloße Nachweis der Gelegenheit, ein Kind anzunehmen oder annehmen zu lassen, und zwar auch dann, wenn das Kind noch nicht geboren oder auch noch nicht gezeugt ist (§ 1 S. 2 AdVermiG). Die **Ersatzmuttervermittlung** gilt aber nicht als Adoptionsvermittlung (§ 1 S. 3 AdVermiG). Diese Vermittlungstätigkeit ist strafbar nach § 14b AdVermiG (→ AdVermiG § 14b Rn. 2 ff. (= Nr. 100 des Kommentars)).

2. Unbefugte Vermittlungstätigkeit (Abs. 2 S. 1 Nr. 2). Die Regelung des Abs. 2 S. 1 hat die **15** Strafnorm des früheren § 14a Abs. 1 AdVermiG ersetzt, welche durch das v. 26.1.1998 aufgehoben worden ist. Demgegenüber haben die Ordnungswidrigkeiten nach § 14 AdVermiG weiter Geltung (→ AdVermiG § 14b Rn. 2 (= Nr. 100 des Kommentars)).

16   Der **Tatbestand** erfordert die Ausübung einer **Vermittlungstätigkeit,** mit welcher das Ziel verfolgt wird, dass ein Dritter eine Person unter achtzehn Jahren auf Dauer bei sich aufnimmt. Die Vermittlungstätigkeit muss hier nicht auf die Durchführung einer Adoption gerichtet sein, vielmehr reicht **jede** andere **Aufnahme auf Dauer** (Fischer Rn. 14). Auch muss kein endgültiger Erfolg eingetreten sein, vielmehr reichen die angestellten Bemühungen um eine Vermittlung. Auch reicht aus, dass ein Mann die Vaterschaft für ein Kind anerkennen möchte, welches nicht von ihm gezeugt wurde. Die Vermittlungstätigkeit würde darin liegen, dass der kindersuchende Mann mit einer Schwangeren oder einer Mutter zusammengebracht wird (MüKoStGB/*Wieck-Noodt* Rn. 37).

17   Weiterhin muss der Täter seine Vermittlungstätigkeit **gegen Entgelt** oder **in Bereicherungsabsicht** (zu seinen Gunsten oder zu Gunsten Dritter) begangen haben. Fehlt es hieran, liegt nur eine Ordnungswidrigkeit nach § 14 Abs. 2 AdVermiG vor (→ AdVermiG § 14 Rn. 2 f. (= Nr. 100 des Kommentars)).

18   Eine **Qualifikation** mit der Möglichkeit einer **erhöhten Strafe** kann dann verhängt werden, wenn der Täter bewirkt, dass die vermittelte Person **ins das Inland** oder **in das Ausland verbracht** wird (Abs. 2 S. 3).

19   **3. Unerlaubte Herbeiführen der Zustimmung zur Adoption (Abs. 2 S. 2).** Die Regelung des Abs. 2 S. 2 ist durch das Gesetz v. 31.10.2008 (→ Rn. 1) eingeführt worden, um den Rahmenbeschlusses des Rates der Europäischen Union zur Bekämpfung der sexuellen Ausbeutung von Kindern und der Kinderpornografie umzusetzen.

20   Dem vorhandenen Kinderhandel soll auch dadurch die Grundlage entzogen werden, dass Eltern oder sonstige Berechtigte zur Erteilung einer erforderlichen Zustimmung zu einer Adoption dadurch veranlasst werden, dass ihnen vom **Vermittler hierfür ein Entgelt gewährt** wird. Darunter fällt auch die Zahlung eines Entgelts an das Kind selbst. Eine bloße Erstattung von Auslagen, welche im Zusammenhang mit der Adoption entstanden sind (zB Flug- und Reisekosten) stellen kein tatbestandsmäßiges Entgelt dar (SSW StGB/*Schluckebier* Rn. 7). Vom Tatbestand sind auch Entgeltzahlungen erfasst, welche von **befugt tätigen Vermittlern** oder Vermittlungsstellen gewährt werden.

III. Qualifikationstatbestände nach Abs. 4

21   Abs. 4 sieht zwei unterschiedliche Qualifikationstatbestände vor, wonach beim Hinzutreten weiterer Voraussetzungen die Strafandrohung von sechs Monaten bis zu zehn Jahren reicht.

22   **1. Handeln aus Gewinnsucht, gewerbsmäßiges Handeln oder Handeln als Bandenmitglied (Abs. 4 Nr. 1). Gewinnsucht** liegt dann vor, wenn das Erwerbsstreben eines Straftäters ein ungewöhnliches, sittlich besonders anstößiges Maß aufweist (BGHSt 1, 389; 3, 31 (32); 17, 35; BGHR StGB § 330 Gewinnsucht 1), der Täter also elementare Entwicklungsinteressen des Kindes seinem Gewinnstreben unterordnet (Fischer Rn. 18).

23   **Gewerbsmäßiges Handeln** ist gegeben, wenn ein Täter sich durch wiederholte Tatbegehung eine fortlaufende Einnahmequelle von einiger Dauer und einigem Umfang erschließen wollte (BGHR StGB § 1 Gewerbsmäßigkeit 1).

24   **Der Begriff der Bande** setzt den Zusammenschluss von mindestens drei Personen voraus, die sich mit dem Willen verbunden haben, künftig für eine gewisse Dauer mehrere selbstständige, im Einzelnen noch ungewisse Straftaten des im Gesetz genannten Deliktstyps zu begehen. Ein „gefestigter Bandenwille" oder ein „Tätigwerden in einem übergeordneten Bandeninteresse" ist nicht erforderlich (BGHSt 46, 321). Vorliegend ist jedoch weiter erforderlich, dass sich die Bandenmitglieder **zur Begehung von Kinderhandel** verbunden haben.

25   **2. Gefahr einer erheblichen Schädigung der körperlichen oder seelischen Entwicklung (Abs. 4 Nr. 2).** Bringt der Täter das Kind oder die vermittelte Person **durch die Tat in die Gefahr einer erheblichen Schädigung** der körperlichen oder seelischen Entwicklung, ist die Tat nach Abs. 4 Nr. 2 qualifiziert. Die Tat muss jedoch konkret sein und die Gefahr im Einzelfall festgestellt werden (MüKoStGB/*Wieck-Noodt* Rn. 59).

C. Tatvollendung, Beteiligung

I. Versuch und Vollendung

26   Die Regelung des Abs. 3 erklärt den **Versuch** der Vergehen nach Abs. 1 und Abs. 2 ausdrücklich als strafbar, um Kinderhandel bereits im Ansatz bekämpfen und auch im Falle eines späteren Scheiterns wirksam verfolgen und angemessen ahnden zu können (BR-Drs. 164/97, 139). Auch wenn die Einordnung der Versuchsstrafbarkeit vor Abs. 4 missverständliche Auslegungen herbeiführen könnte, ist nicht davon auszugehen, dass die Regelung nicht auch für die Qualifikationen des Abs. 4 gilt (SSW StGB/*Schluckebier* Rn. 11; Fischer Rn. 17); denn es wäre schwer verständlich, wenn ein Täter zwar wegen des Versuchs der geringeren Delikte nach Abs. 1 und 2 bestraft werden könnte, nicht aber bei der erheblich größeren Schuld der Taten nach Abs. 4.

Zur Vollendung der Vermittlungsbemühungen ist es nicht erforderlich, dass die Vermittlung auch 27
erfolgreich ist (→ Rn. 16). Wird aber das versprochene Entgelt nicht bezahlt, liegt nur ein Versuch vor
(→ Rn. 12).

II. Beteiligung

Bei den Taten nach Abs. 1 handelt es sich um echte **Sonderdelikte** handelt, denn die familienrecht- 28
lichen Beziehungen und die Fürsorge- und Erziehungspflicht sind besondere persönliche Merkmale
nach § 28 Abs. 1 (SK-StGB/*Wolters* Rn. 7). Für andere Täter gilt § 28 Abs. 1 mit der Verpflichtung zur
Strafmilderung. Ebenso gilt dies auch für etwaige Gehilfen, welche diese Voraussetzungen nicht erfüllen.

D. Rechtsfolgen

Die Taten nach **Abs. 1** sind mit **Freiheitsstrafe bis zu fünf Jahren oder mit Geldstrafe** zu 29
bestrafen.

Die Taten nach **Abs. 1** sind grundsätzlich mit **Freiheitsstrafe bis zu drei Jahren oder mit Geld-** 30
strafe zu bestrafen. Wird aber die zu vermittelnde Person vom Ausland ins Inland verbracht oder
umgekehrt, beträgt die Strafandrohung in diesen Fällen **Freiheitsstrafe bis zu fünf Jahren oder**
Geldstrafe.

In den **Qualifikationen des Abs. 4** beträgt die verschärfte Strafandrohung **Freiheitsstrafe von** 31
sechs Monaten bis zu zehn Jahren.

E. Strafmilderung (Abs. 5)

In Fällen von geringer Schuld kommt bei Vorliegen weiterer Voraussetzungen eine fakultative 32
Strafmilderung oder ein Absehen von Strafe in Betracht. Bei Beurteilung der Schuld kommt es insbesondere darauf an, ob diese unter Berücksichtigung des körperlichen oder seelischen Wohls des Kindes
oder der vermittelten Person als gering angesehen werden kann. Solche Umstände können vor allem
dann vorliegen, wenn die Eltern in eine unverschuldete Notlage geraten sind (Fischer Rn. 20) oder die
Bedingungen für Gesundheit oder Erziehung der Kinder so schlecht waren, dass die Weggabe des Kindes
eher zu seinem Wohl gereichend erschien.

In Fällen des Abs. 1 und entsprechenden Versuchstaten kommt die Anwendung des Abs. 5 für alle 33
Beteiligten in Betracht, in den Fällen des Abs. 2 und den Versuchstaten nur bei Teilnehmern, also nicht
den Vermittlern.

F. Konkurrenzen

Erfüllen die Taten auch Ordnungswidrigkeiten nach § 14 AdVermiG ist § 21 OWiG anwendbar, dh 34
grds. findet dann nur das Strafgesetz Anwendung, es sei denn, eine Strafe wird nicht verhängt (§ 21
Abs. 2 OWiG).

G. Verjährung

Bei Überlassung und Aufnahme eines Kindes auf Dauer (Abs. 1 und Abs. 2) beginnt die Verjährung 35
mit diesen Zeitpunkten. Bei Adoptions- und Aufnahmevermittlung nach Abs. 2 S. 1 und S. 2 beginnt
die Verjährung mit dem Ende der jeweiligen Vermittlung. Wird das Opfer im Fall des Abs. 2 S. 3 in das
Inland oder Ausland verbracht, wird die Verjährung beim Eintritt des jeweiligen tatbestandsmäßigen
Erfolges beginnen werden (MüKoStGB/*Wieck-Noodt* Rn. 85).

§ 246 Unterschlagung

(1) Wer eine fremde bewegliche Sache sich oder einem Dritten rechtswidrig zueignet, wird
mit Freiheitsstrafe bis zu drei Jahren oder mit Geldstrafe bestraft, wenn die Tat nicht in
anderen Vorschriften mit schwererer Strafe bedroht ist.

(2) Ist in den Fällen des Absatzes 1 die Sache dem Täter anvertraut, so ist die Strafe
Freiheitsstrafe bis zu fünf Jahren oder Geldstrafe.

(3) Der Versuch ist strafbar.

Neuere Literatur (Auswahl): *Baier*, Benzinunterschlagung an Selbstbedienungstankstellen, JA 1999, 364; *Basak*,
Die Neufassung des Unterschlagungstatbestandes – Ein untauglicher Versuch des Gesetzgebers, in: Irrwege der
Strafgesetzgebung (Hrsg.: Institut für Kriminalwissenschaften und Rechtsphilosophie), 1999, 173 ff.; *Borchert/Hellmann*,
„Tanken ohne zu zahlen" – eine Problemklärung in Sicht?, NJW 1983, 2799; *Bussmann*, Konservative Anmerkungen
zur Ausweitung des Strafrechts nach dem Sechsten Strafrechtsreformgesetz, StV 1999, 613; *Charalambakis*, Der Unter-
schlagungstatbestand de lege lata und de lege ferenda, 1985; *Cramer*, Unterschlagung von Daten und Datenträgern, CR

1997, 693; *Degener,* der Zueignungsbegriff des Unterschlagungstatbestandes (§ 246 StGB), JZ 2001, 388; *Duttge/ Fahnenschmidt,* Zueignung durch Gewahrsamsbegründung: ein Fall der Unterschlagung? – oder: die kleine berichtigende Auslegung, JURA 1997, 281; *Duttge/Fahnenschmidt,* § 246 StGB nach der Reform des Strafrechts: Unterschlagungstatbestand oder unterschlagener Tatbestand, ZStW 110 (1998), 884; *Fahl,* „Drittzueignung", Unterschlagung und Irrtum über die eigene Täterschaft, JuS 1998, 24; *Friedl,* Die Veruntreuung gem. § 246 Abs. 2 StGB nach dem 6. StrRG, wistra 1999, 206; *Jäger,* Unterschlagung nach dem 6. Strafrechtsreformgesetz – Ein Leitfaden für Studium und Praxis, JuS 2000, 1167; *Kargl,* Gesinnung und Erfolg im Unterschlagungstatbestand, ZStW 103 (1991), 136; *Kudlich,* Zueignungsbegriff und Restriktion des Unterschlagungstatbestands, JuS 2001, 767; *Lesch,* Das Sechste Gesetz zur Reform des Strafrechts (6. StrRG), JA 1998, 474; *Mitsch,* Die Vermögensdelikte im Strafgesetzbuch nach dem 6. Strafrechtsreformgesetz, ZStW 111 (1999), 65; *Murmann,* Ungelöste Probleme des § 246 nach dem 6. Gesetz zur Reform des Strafrechts (6. StrRG), NStZ 1999, 14; *Otto,* Die Erweiterung der Zueignungsmöglichkeiten in den §§ 242, 246 StGB durch das 6. StrRG, JURA 1998, 550; *Rengier,* Drittzueignung und allgemeiner Zueignungstatbestand, FS Lenckner, 1998, 801; *Rönnau,* Die Drittzueignung als Merkmal der Zueignungsdelikte, GA 2000, 410; *Sander/ Hohmann,* Sechstes Gesetz zur Reform des Strafrechts (6. StrRG): Harmonisiertes Strafrecht?, NStZ 1998, 273; *Sinn,* Der Zueignungsbegriff bei der Unterschlagung, NStZ 2002, 64; *Wagner,* Zur Subsidiaritätsklausel in § 246 neuer Fassung, FS Grünwald, 1999, 797.

A. Normzweck und Entstehungsgeschichte

I. Rechtsgeschichtliche Entwicklung der Norm

1   Während im älteren deutschen Recht lediglich zwischen dem Diebstahl als „dieblichem Nehmen" und der Unterschlagung als „dieblichem Behalten" unterschieden wurde und dem PrALR der abstrakt umschriebene Tatbestand der Unterschlagung noch unbekannt war (*Sinn* NStZ 2002, 64), waren erstmals in den deutschen Partikulargesetzbüchern Unterschlagungstatbestände enthalten, die auch konkrete Betätigungsformen einer rechtwidrigen Zueignung, nämlich eines Veräußerns, Verpfändens, Verbrauchens oder Ableugnens beschrieben (so etwa § 225 PrStGB von 1851: „Wer eine fremde bewegliche Sache, deren Besitz oder Gewahrsam er mit der Verpflichtung erlangt hat, sie zu verwahren, zurückzugeben oder abzuliefern, zum Nachtheile des Eigenthümers, Besitzers oder Inhabers veräußert, verpfändet, verbraucht oder bei Seite schafft, macht sich einer Unterschlagung schuldig." Ergänzend hierzu die Regelung in § 226 PrStGB: „Einer Unterschlagung wird es gleichgeachtet, wenn derjenige, welcher eine fremde bewegliche Sache gefunden oder durch Zufall in seinen Gewahrsam bekommen hat, dieselbe zum Nachtheile des Eigenthümers, Besitzers oder Inhabers veräußert, verpfändet, verbraucht oder bei Seite schafft oder den Gewahrsam derselben der Obrigkeit wider besseres Wissens ableugnet."). Allen gesetzlichen Regelungen war gemeinsam, dass sie auf eine Gewahrsamsbeziehung des Täters zur Sache abhoben. Auch der Gesetzgeber des StGB von 1871 verzichtete nicht auf eine Gewahrsamsbeziehung des Täters zur Sache und stellte die rechtswidrige Zueignung einer fremden beweglichen Sache, die der Täter im Besitz und Gewahrsam hat, unter Strafe. Bereits nach dem Inkrafttreten des § 246 ist dieses Festhalten des Gesetzgebers am Gewahrsamserfordernis kritisiert und eine Ausgestaltung der Unterschlagung als einen sämtliche Fälle vorsätzlicher rechtswidriger Aneignung erfassenden Grundtatbestand gefordert worden (*Binding,* Lehrbuch des gemeinen deutschen Strafrechts, BT 1, 2. Aufl. 1902, 276; *Bockelmann* MDR 1953, 6). Selbst die früheren Reformvorschläge (E 1911; E 1925; E 1927) verzichteten auf eine Gewahrsamsbeziehung des Täters zur Sache. Daher entwickelte sich das Problem, ob der Gewahrsam des Täters an der Sache als Tatbestandsmerkmal der Unterschlagung oder nur als Abgrenzungskriterium zum Diebstahl aufzufassen war, zu einem der großen Streitfragen der Strafrechtswissenschaft. Die sog **große berichtigende Auslegung** nahm selbst dann eine Unterschlagung an, wenn der Täter zu keinem Zeitpunkt den Gewahrsam am Tatobjekt innegehabt hatte, wie beispielsweise bei der „Übereignung" einer fremden Sache nach § 929 S. 2 BGB (RGSt 49, 194 (198); *Haft/Hilgendorf* StrafR BT I 152; *Schmidhäuser* StrafR BT § 8 Rn. 42; *Welzel,* Das deutsche Strafrecht, 11. Aufl. 1989, 345); nach dieser Ansicht stellte die Unterschlagung im Verhältnis zum Diebstahl die allgemeinere Regelung dar und erfasste sämtliche Zueignungshandlungen, die ohne Gewahrsamsbruch erfolgten. Demgegenüber ließ es die von der hM vertretene sog **kleine berichtigende Auslegung** genügen, dass der Täter die Sache erst durch Zueignung und zeitgleich mit ihr in seinen Besitz oder Gewahrsam überführt hat (BGHSt 4, 76 (77); 35, 152 (161); MSM StrafR BT I § 34 Rn. 3). Nach der sog **strengen Auslegung** setzt der Wortlaut des § 246 in grammatikalischer Hinsicht voraus, dass die Zueignung iSd § 246 nur an einer Sache denkbar ist, die der Täter bereits vor der Zueignungshandlung in Besitz oder Gewahrsam hatte (so *Duttge/Fahnenschmidt* JURA 1997, 281; *Samson* JA 1990, 5; *Seelmann* JuS 1985, 699). Ferner war durchaus streitig, ob der Besitzbegriff des § 246 nach Bürgerlichem Recht zu bestimmen oder hierfür der eigenständige, strafrechtliche Gewahrsamsbegriff maßgebend war (vgl. RGSt 37, 200; abw. *Ranft* JA 1984, 277; *Otto* JZ 1985, 25).

2   Diese Streitfragen sollten mit der Neufassung des Unterschlagungstatbestands durch das **6. StrRG** v. 26.1.1998 (BGBl. I 164 ff.) gegenstandslos werden. Das 6. StG hat mit seinem Inkrafttreten am 1.4.1998 die Vorschrift in mehrfacher Hinsicht geändert und ergänzt. Wesentliche Änderung war zum einen, dass sich die Tathandlung nunmehr nicht mehr auf Sachen beziehen musste, die der Täter „in Besitz oder Gewahrsam hat", zum anderen, dass die Unterschlagung – entsprechend dem Diebstahls- und dem Raubtatbestand – um die Tatvariante der Drittzueignung erweitert wurde; zugleich wurde in

Abs. 1 eine Subsidiaritätsklausel eingefügt, der zufolge der Unterschlagungstatbestand nur dann eingreift, wenn die Tat in anderen Vorschriften nicht mit schwererer Strafe bedroht ist. Schließlich wurde als notwendige Folgeänderung die Zueignung einer anvertrauten Sache als qualifizierte Unterschlagung in § 246 Abs. 1 Alt. 1 aF in eine inhaltsgleiche Regelung in Abs. 2 verschoben und die Versuchsstrafbarkeit in einem neuen Abs. 3 aufgenommen. Mit der Neufassung des § 246 hat sich der Gesetzgeber der „großen berichtigenden Auslegung" angeschlossen, wodurch es auf einen Sachbesitz oder -gewahrsam des Täters nicht mehr ankommt (vgl. MüKoStGB/*Hohmann* Rn. 5 mwN). Gleichwohl hat sich der alte Meinungsstreit noch nicht erledigt; vielmehr wird im Schrifttum der Versuch unternommen, dem Gewahrsamserfordernis in verschiedenen Erscheinungsformen Fortgeltung zu verschaffen; dies geschieht zum einen dadurch, dass die Tatherrschaft nur bei einem mittelbaren oder unmittelbaren Besitzer bejaht wird (*Jäger* JuS 2000, 1169; ähnl. Krey StrafR BT II, 12. Aufl. 1999, § 2 Rn. 152a; Rengier StrafR BT I § 5 Rn. 19; NK-StGB/*Kindhäuser* Rn. 7), zum anderen durch das Erfordernis eines Gewahrsamsbezugs, der Niederschlag in einem unterschlagungsspezifischen Zueignungsbegriff finden muss (so Fischer Rn. 4 mwN; Mitsch StrafR BT II § 2 Rn. 19 f.; vgl. auch *ders.* ZStW 111 (1999), 88 f.; *Rengier* FS Lenckner, 1998, 811; *Sinn* NStZ 2002, 64; MüKoStGB/*Hohmann* Rn. 6; Wessels/Hillenkamp StrafR BT II Rn. 293).

II. Deliktsnatur und Schutzgut

1. Geschütztes Rechtsgut. Im Unterschied zur streitigen Schutzrichtung des Diebstahlstatbestands **3** (Eigentum und Gewahrsam, so Lackner/Kühl/*Kühl* § 242 Rn. 1; *Lampe* GA 1966, 225; SK-StGB/ *Hoyer* Vor § 242 Rn. 12; oder nur Eigentum, so Fischer § 242 Rn. 2 mwN; Schönke/Schröder/*Eser*/ *Bosch* § 242 Rn. 1; MüKoStGB/*Schmitz* § 242 Rn. 4 mwN; Mitsch StrafR BT II § 1 Rn. 1–5; Wessels/Hillenkamp StrafR BT II Rn. 57a, alle unter Berufung auf BGHSt 10, 400) ist geschütztes Rechtsgut der Unterschlagung allein das **Eigentum** an einer beweglichen Sache, wobei es – wie auch bei § 242 – nicht nur das dingliche Eigentumsrecht, sondern auch und vor allem das durch § 903 BGB garantierte Recht, mit der Sache nach Belieben zu verfahren und andere von jeder Einwirkung auszuschließen, also das **uneingeschränkte Verfügungsrecht des Eigentümers** geschützt wird, so dass auch bei Fortbestehen des Eigentumsrechts – etwa bei Veräußerung der Sache an einen bösgläubigen Dritten – bereits die Beeinträchtigung der Verfügungsmöglichkeiten des Eigentümers für eine rechtswidrige Zueignung genügt (vgl. MüKoStGB/*Hohmann* Rn. 1; Otto StrafR BT § 42 Rn. 2). Durch § 246 geschützt wird das Rechtsgut des Eigentums gegen die der Zueignung immanenten kumulativen Merkmale der Enteignung und Aneignung, also nicht wie bei der Sachbeschädigung nach § 303 vor bloßer Enteignung und auch nicht wie bei § 248b vor bloßer Aneignung, soweit sie nicht mit dauerhafter Enteignung verbunden ist. Das **Vermögen** als Ganzes wird durch § 246 **nicht** geschützt, es kommt also – anders als bei §§ 253, 263, 266 – weder auf eine (beabsichtigte) Entreicherung des Eigentümers noch auf eine (beabsichtigte) Bereicherung des Täters an. Eine Sonderform der Unterschlagung stellt die Depotunterschlagung gemäß § 34 DepotG dar, die – explizit – sowohl gegenüber § 246 als auch gegenüber der Untreue nach § 266 subsidiär ist und keine praktische Bedeutung mehr hat (*Otto*, Bankentätigkeit und Strafrecht, 1983, 29; Achenbach/Ransiek/Rönnau WirtschaftsStR-HdB/*Schröder* Teil 10 Kap. 3 Rn. 148; Tiedemann WirtschaftsStR BT Rn. 311; Többens WirtschaftsStR 277; HWiStR/*Knierim* Rn. 294; Böttcher DepotG § 34 Rn. 1).

2. Systematische Stellung. Ihrer Deliktsnatur nach ist die Unterschlagung ein Erfolgsdelikt; voll- **4** endet ist die Tat mit der rechtswidrigen Zueignung, mithin mit der tatsächlichen Beeinträchtigung der Verfügungsgewalt des Eigentümers über die Sache, während beim Diebstahl der Täter die in der rechtswidrigen Zueignung liegende Rechtsgutverletzung erstreben muss. Das Verhältnis des § 246 zu den übrigen Eigentumsdelikten ist zweifelhaft: Nach der bis zum Inkrafttreten des 6. StRG vertretenen Auffassung sollte § 246 das **Grunddelikt** der Zueignungstatbestände darstellen (*Hirsch* JZ 1963, 149; *Küper* JuS 1986, 869; *Lesch* JA 1998, 477); der Gesetzgeber hat sich mit der in § 246 eingefügten Subsidiaritätsklausel von der Vorstellung leiten lassen, dass es sich bei § 246 nF um einen **Auffangtatbestand** gegenüber den anderen Eigentumsdelikten handeln sollte (so auch die hL, vgl. Lackner/ Kühl/*Kühl* Rn. 1; SK-StGB/*Hoyer* Rn. 7; BeckOK StGB/*Wittig* Rn. 2; vermittelnd Schönke/Schröder/*Eser*/*Bosch* Rn. 1). Gleichwohl wird von einer verbreiteten Ansicht die Unterschlagung als ein Grunddelikt aller Zueignungsdelikte verstanden (*Lesch* JA 1998, 474; MüKoStGB/*Hohmann* Rn. 6 mwN; NK-StGB/*Kindhäuser* Rn. 1 und Vor § 242 Rn. 9; *Otto* JURA 1998, 550 (551); weitergehend *Degener* JZ 2001, 388), weil § 246 Abs. 1 jegliche Handlung erfasse, durch die der Täter sich oder einem Dritten eine Sache – sogar im Falle eines Diebstahls – rechtswidrig zueigne, die übrigen Zueignungsdelikte demgegenüber zwar keine vollendete Zueignung, aber anders zusätzliche Merkmale aufwiesen, im Übrigen die Subsidiaritätsklausel in § 246 Abs. 1 keinen Tatbestandsausschluss enthalte, sondern lediglich das Konkurrenzverhältnis zu anderen Vorschriften und vor allem nicht nur im Verhältnis zu den Zueignungsdelikten bestimme (*Sinn* NStZ 2002, 64; aA Krey/Hellmann/Heinrich BT II Rn. 173).

B. Tatbestandsmerkmale

I. Tatobjekt

5   **1. Sachbegriff.** Tatobjekt ist eine (konkretisierte) **fremde bewegliche Sache.** Hier gelten dieselben Grundsätze wie bei dem im Diebstahlstatbestand verwandten – von §§ 90 ff. BGB unabhängigen, öffentlich-rechtlichen – Sachbegriff. Es muss sich also um einen körperlichen Gegenstand handeln; dieser muss zudem beweglich sein, wobei allein die faktische Möglichkeit des Transports und nicht die zivilrechtliche Zuordnung gemäß §§ 93 ff. BGB maßgebend ist. Sachbestandteile werden mit ihrer Trennung von der Sache zu eigenständigen beweglichen Sachen, mögen sie Bestandteile einer beweglichen oder unbeweglichen Sache gewesen sein. Daher ist eine Unterschlagung an Forderungen, etwa an Buch- und Giralgeldern (NK-StGB/*Kindhäuser* Rn. 12) tatbestandlich ebenso wenig möglich (OLG Düsseldorf NJW 1987, 854) wie an elektronischen Daten (MüKoStGB/*Hohmann* Rn. 8); für die schädigende Verfügung über Forderungen und andere Vermögensstücke, die nicht Sachen sind, kommt eine Untreue nach § 266, bei der rechtswidrigen Aneignung von Daten §§ 202a in Betracht. Forderungen oder Rechte verbriefende Urkunden, etwa das Sparbuch oder der Grundschuldbrief, unterfallen dagegen selbstverständlich dem Sachbegriff, auch die jeweiligen Datenträger, auf denen elektronische Daten gespeichert sind (BayObLG NJW 1992, 1777); dabei orientiert sich dann aber der für die Strafzumessung maßgebende Wert des Unterschlagungsgegenstands an dem in der Urkunde verbrieften Recht bzw. an den auf dem Datenträger gespeicherten Daten. Tatobjekt der Unterschlagung können nur **einzelne Sachen** sein, nicht dagegen unausgesonderte Teile einer Sachgesamtheit. Erst mit der körperlichen Aussonderung des Gegenstands aus der Sachgesamtheit wird die Unterschlagung vollendet, wie bei der Entnahme von Geldscheinen aus einer Kasse oder dem Verkauf einer Teilmenge aus einem Öltank.

6   **2. Fremdheit.** Bei dem körperlichen Gegenstand muss es sich um eine für den Täter **fremde** Sache handeln. Wie beim Diebstahlstatbestand ist dies nur dann nicht der Fall, wenn der Gegenstand nicht im Alleineigentum des Täters steht oder wenn er herrenlos ist. Maßgebend hierfür ist nach allgM die nach dem Zivilrecht zu beurteilende **dingliche Rechtslage** (MüKoStGB/*Hohmann* Rn. 9; LK-StGB/*Vogel* Rn. 12) unter Beachtung des dort geltenden **Abstraktionsprinzips** (Schönke/Schröder/*Eser/Bosch* § 242 Rn. 12 mwN; SK-StGB/*Hoyer* § 242 Rn. 11 mwN; NK-StGB/*Kindhäuser* § 242 Rn. 13 mwN). Herrenlos ist eine Sache, an der noch nie Eigentum bestanden hat (§ 960 Abs. 1 BGB), durch Dereliktion aufgegeben worden (§ 959 BGB) oder sonst nach § 960 Abs. 2 und 3, 961 BGB erloschen ist. Ob eine Sache **generell verkehrsunfähig** ist, wie etwa Betäubungsmittel oder dem BNatSchG unterfallende Gegenstände, ist dabei für die Eigentumsverhältnisse unerheblich (*Marcelli* NStZ 1992, 220; *Engel* NStZ 1991, 520). Alleineigentum bedeutet die alleinige eigentumsrechtliche Zuordnung der Sache zu einer bestimmten natürlichen oder juristischen Person; bei Miteigentum und Gesamthandeigentum handelt es sich im Verhältnis zum Anteil der anderen Beteiligten um eine fremde Sache (OLG Düsseldorf NJW 1992, 60; OLG Koblenz NStZ-RR 1998, 364; zur Rechtswidrigkeit der Zueignung im Hinblick auf den Sachteilungsanspruch unter Miteigentümern vgl. RGSt 21, 271). Der geschäftsführende Gesellschafter ist zu Verfügungen über Gesellschaftseigentum weder befugt noch in der Lage, die Gesellschaft insoweit zu vertreten (BGH NStZ 1991, 432); liegt die Zustimmung der übrigen Gesamthandseigentümer vor, kommt es darauf an, ob Verfügungen des Geschäftsführers über Gesellschaftseigentum bei voll erhalten gebliebenem Stammkapital dieses und den Bestand der Gesellschaft gefährden (vgl. BGHSt 35, 333; dagegen BGHSt 34, 379; bei bereits eingetretener Insolvenz vgl. BGH NStZ 1991, 432; zur verwandten Frage der Untreue bei sog existenzgefährdendem Eingriff vgl. BGHSt 149, 10; BGH NStZ 2004, 559; BGH NStZ-RR 2007, 79; zuletzt BGH NJW 2009, 3666 = BGH FD-StrafR 2009, 290494; *Livonius* wistra 2009, 91; *Schaefer/Steinmetz* WM 2007, 2265; *Radtke/Hoffmann* GA 2008, 535; MüKoStGB/*Dierlamm* § 266 Rn. 133–139; *Bruns* NZG 2004, 409; *Mödl* JuS 2003, 14). Gleiches gilt für das Eigentum einer GmbH an einer Sache im Verhältnis zum Alleingesellschafter der Gesellschaft (Fischer § 242 Rn. 5; NK-StGB/*Kindhäuser* Rn. 4; Schönke/Schröder/*Eser/Bosch* Rn. 4a; *Otto* JURA 1989, 139).

7   Eine wirtschaftliche Betrachtungsweise ist für die Beurteilung der Eigentumsverhältnisse ohne Bedeutung. Daher ist bei Vereinbarung von **Sicherungseigentum** die Sache für den Sicherungsgeber ebenso fremd (BGHSt 34, 309; Mitsch StrafR BT II § 2 Rn. 16) wie die unter **Eigentumsvorbehalt** gelieferte Sache für den Käufer, solange die Bedingung für den Eigentumserwerb nicht eingetreten ist, es sei denn, die Veräußerung der unter Eigentumsvorbehalt stehenden Waren geschieht – insbes. beim verlängerten Eigentumsvorbehalt – im Rahmen der vertraglich vereinbarten Befugnisse. Gleiches gilt auch für Sachen einer GmbH im Verhältnis zum Alleingesellschafter der GmbH (NK-StGB/*Kindhäuser* Rn. 4). Bei **Treuhandverhältnissen kommt es darauf an,** ob dem Treuhänder das Volleigentum an der Sache übertragen oder nur die (schuldrechtliche) Verfügungsbefugnis eingeräumt worden ist (RGSt 61, 341); handelt es sich lediglich um eine Treuhand mit schuldrechtlicher Verfügungsbefugnis wie im Falle des besitzlosen Sicherungseigentums, ist der Treugeber Eigentümer der Sache, selbst wenn er sich nach dem maßgebenden Treuhandvertrag in schuldrechtlicher Hinsicht des Verfügungsrechts vollständig begeben

hat. Die rein formale Zuordnung des Eigentums ist auch in **Vertretungsfällen** zu beachten, wobei zwischen der offenen und verdeckten Stellvertretung zu unterscheiden ist: Bei der **offenen Stellvertretung** erwirbt der Vertretene unmittelbar Eigentum, für den Vertreter handelt es sich bei dem erworbenen Gegenstand um eine fremde Sache (MüKoStGB/*Hohmann* Rn. 12), wie etwa für den Kellner (OLG Düsseldorf NJW 1992, 60) oder den Versicherungsvertreter (OLG Düsseldorf NStZ-RR 1999, 41) bei den von ihm vereinnahmten Zahlungsmittel. Bei der **verdeckten Stellvertretung,** bei der das Vertretungsverhältnis nicht offen gelegt wird, wird dagegen der Vertreter – treuhänderisch – Eigentümer, wenn nicht vorher zwischen Vertreter und Vertretenem eine Eigentumsübertragung durch Besitzkonstitut (§§ 930, 868 BGB) vereinbart wird (LK-StGB/*Vogel* Rn. 5).

Wegen der uneingeschränkten Geltung des **Abstraktionsprinzips** sind für die Eigentumsverhältnisse **8** Mängel des Verpflichtungsgeschäfts unbeachtlich, solange sie sich nicht auf die Wirksamkeit des Verfügungsgeschäfts auswirken. Ist das Verpflichtungsgeschäft etwa nach §§ 134, 138 BGB nichtig, sind die aufgrund dessen vorgenommenen Verfügungsgeschäfte wirksam (BGHSt 6, 377; BGH NJW 1990, 384). Eine Ausnahme erfährt dieser Grundsatz, wenn sich das Verbot iSd § 134 BGB auch auf das Erfüllungsgeschäft erstreckt, wie dies bei der Erfüllung wucherischer Geschäfte oder der Verfolgung der gerade mit dem dinglichen Rechtsvorgang verbotenen Zwecke bejaht wird; ob nur das Verpflichtungsgeschäft oder auch das Verfügungsgeschäft vom gesetzlichen Verbot erfasst wird, hängt vom Sinn und Zweck der jeweiligen Verbotsnorm ab (vgl. BGHSt 71, 358; Staudinger/*Dilcher* BGB § 134 Rn. 6). So soll sich aus Sinn und Zweck des Verbots unerlaubten Handeltreibens mit Betäubungsmitteln nach § 29 BtMG nicht nur die Unwirksamkeit des Verpflichtungsgeschäft, sondern auch der Übereignung des Betäubungsmittels und des Verfügungsgeschäfts über die Gegenleistung ergeben, so dass der Betäubungsmittelhändler auch kein Eigentum an dem für das Betäubungsmittel erhaltenen Geld erwirbt (BGHSt 31, 147; Fischer § 242 Rn. 5).

Maßgebend sind die Eigentumsverhältnisse zum **Zeitpunkt der Tathandlung** mit dem Eintritt in das **9** Versuchsstadium. Die **rückwirkende Anfechtung** einer Eigentumsübertragung beseitigt die Tatbestandsmäßigkeit der Zueignung durch den Veräußerer zum Nachteil des Erwerbers nicht (so Fischer § 242 Rn. 5; aA Schönke/Schröder/*Eser/Bosch* § 242 Rn. 59). Erst recht steht der Zueignung nicht entgegen, dass der Täter oder ein Dritter durch die Zueignung Eigentum an der Sache erwirbt, denn gerade diese Fälle als die ausgeprägteste Erscheinungsform der Zueignung soll die Unterschlagung erfassen. Dies gilt sowohl für die Fälle des **Gutglaubenserwerbs** nach §§ 932 ff. BGB als auch für den **gesetzlichen Eigentumserwerb** nach §§ 946 ff. BGB, insbesondere dann, wenn der Täter die Sache verarbeitet oder mit anderen Sachen vermischt, zB, wenn sich der Täter nach dem **Tanken in Selbstbedienungstankstellen** nach dem Tankvorgang (sonst § 263, vgl. BGH NJW 1983, 2827) entschließt, ohne zu bezahlen davonzufahren; in derartigen Fällen findet weder ein bedingter (OLG Hamm NStZ 1983, 266; Palandt/*Heinrichs* BGB § 145 Rn. 8; *Deutscher* JA 1983, 125) noch ein unbedingter Eigentumserwerb (so OLG Düsseldorf NStZ 1982, 249; 1985, 270; *Herzberg* NStZ 1983, 251) durch Einfüllen des Benzins in den Tank, sondern die Einigung über den Eigentumsübergang an dem durch Vermischung mit dem tätereigenen Benzin verbliebenen Miteigentumsanteil der Mineralölgesellschaft erst nach der Besitzübertragung beim Bezahlvorgang statt (so Borchert/*Hellmann* NJW 1983, 2799; vgl. auch Schönke/ Schröder/*Eser/Bosch* Rn. 7; MüKoStGB/*Hohmann* Rn. 7), wie dieses dingliche Rechtsgeschäft auch bei **Käufen in Selbstbedienungsgeschäften** erst mit dem Bezahlen an der Kasse abgeschlossen wird (vgl. OLG Koblenz NStZ-RR 1998, 364; SK-StGB/*Hoyer* Rn. 36, *Ranft* JA 1984, 4; *Charalambakis* MDR 1985, 976). Nach hM erlangt der Täter eines **Codekartenmissbrauchs** durch die Auszahlung des Geldbetrages am Geldautomaten daran kein Eigentum, da die Bank nur an den tatsächlich Berechtigten den Geldbetrag übereignen will (vgl. BGHSt 35, 156 (38, 122); OLG Stuttgart NJW 1987, 666; *Otto* JURA 1989, 142; *Ranft* JR 1989, 165; *Schneider* NStZ 1987, 123), wobei § 263a als lex specialis dem § 246 vorgeht (BGHSt 38, 120). **Unbestellt zugesandte Waren** sind trotz der wohl verfehlten (Hensen ZIP 2000, 1151; Flume ZIP 2000, 1427; *Berger* JuS 2001, 649; *Löhnig* JA 2001, 33; *Schwarz* NJW 2001, 1449; *Schwarz/Pohlmann* JURA 2001, 361; *Casper* ZIP 2000, 1602; *Sosnitza* BB 2000, 2317; *Deckers* NJW 2001, 1474; *Gartner/Gierschmann* DB 2000, 1601) Bestimmung in § 241a BGB für den Empfänger fremde Sachen (*Haft/Eisele* GS Meurer, 2002, 245 (249); *Matzky* NStZ 2002, 458); daran ändert nichts, dass gegen den Empfänger keinerlei Ansprüche, auch keine Herausgabeansprüche geltend gemacht werden können und dem Empfänger ein unbefristetes und umfassendes Nutzungs- und Herrschaftsrecht an der unbestellten Sache zusteht, das auch ein Recht zur Weiterveräußerung umfassen soll (MüKoBGB/*Kramer* BGB § 241a Rn. 19; *Lorenz* FS Lorenz, 2001, 210; aA *Schwarz* NJW 2001, 1452; Erman/*Saenger* BGB § 241a Rn. 33; Staudinger/*Olzen* BGB § 241a Rn. 47). Da von einer Schenkung nicht ausgegangen werden kann, fallen Eigentum und Besitz dauerhaft auseinander; überwiegend wird daher § 241a BGB als Rechtfertigungsgrund für Zueignungen oder Sachbeschädigungen durch den Empfänger jedenfalls im Verhältnis zwischen Unternehmer und Verbraucher angesehen (so Fischer Rn. 3; *Haft/Eisele* GS Meurer, 2002, 245 ff.; SK-StGB/*Hoyer* Rn. 18; *Satzger* JURA 2006, 428 (434); *Matzky* NStZ 2002, 462; *Berger* JuS 2001, 653; umfassend *Leiß,* Die unbestellte Leistungserbringung – § 241a BGB im Spannungsverhältnis zwischen Verbraucherschutz und Systemkonformität, Diss. Regensburg 2005, 206 ff.).

Im Hinblick auf die durch die Neufassung des § 246 eingefügte Tatbestandsalternative der Dritt- **10** zueignung darf die Sache auch nicht im Eigentum der Person stehen, dem der Täter die Sache zueignen will, da entsprechende Handlungen nur eine Stärkung und keine Beeinträchtigung der dem Eigentümer zustehenden uneingeschränkten Verfügungsgewalt darstellen.

II. Tathandlung

11   **1. Zueignung.** Nach der Neufassung des § 246 durch das 6. StRG muss der Täter sich oder einem Dritten die Sache rechtswidrig zugeeignet haben, ohne dass es – wie nach der zu § 246 aF vertretenen „großen berichtigenden Auslegung" (→ Rn. 1) – auf einen irgendwie gearteten Tätergewahrsam an der Sache ankommt. Hierfür kommen ohne Rücksicht auf die Gewahrsams- oder Besitzverhältnisse alle Formen rechtswidriger Zueignung in Betracht (Fischer Rn. 4). Die tatbestandlichen Elemente des Zueignungsbegriffs sind indes schon in der Vergangenheit unter der Geltung des § 246 aF streitig gewesen und haben sich mit der Neufassung des § 246 als „allgemeines Sachzueignungsdelikt" nur verschärft. Zwar soll die begriffliche Struktur der Zueignung dem Zueignungsbegriff des Diebstahlstatbestands entsprechen (MüKoStGB/*Hohmann* Rn. 15); jene Zueignungsabsicht setzt iSd der sog Vereinigungstheorie (vgl. RGSt 61, 232 (64, 415); 67, 334; BGHSt 1, 264; 4, 238; 16, 192, *Eser* JuS 1964, 479, *Tenckhoff* JuS 1980, 724 mwN) die Anmaßung einer eigentümerähnlichen Herrschaftsmacht über die Sache voraus, indem der Täter den Eigentümer aus seiner wirtschaftlichen Position verdrängt, indem dem Eigentümer die Sachsubstanz als solche oder der in ihr verkörperte Sachwert gänzlich oder in wesentlichem Umfang endgültig entzogen wird (Enteignung) und der Täter sich oder einen Dritten dadurch wirtschaftlich an die Stelle des Eigentümers setzt, dass er entweder die Sache selbst oder den in ihr verkörperten Sachwert dem eigenen Vermögen einverleibt (Aneignung). Nach hM soll aber für die Zueignung nach § 246 weder eine dauernde Enteignung des Eigentümers noch eine zumindest vorübergehende Aneignung durch den Täter oder einen Dritten erforderlich sein; vielmehr genügt nach Rechtsprechung und hL als Zueignung, wenn der Täter seinen Zueignungswillen durch eine nach außen erkennbare Handlung **„manifestiert"**, wobei nicht jede Art der Manifestation des Zueignungswillens (sog weite Manifestationslehre; vgl. zB BGHSt 1, 264; 14, 39; *Fahl* JA 1999, 539; LK-StGB/*Vogel* Rn. 13; MSM StrafR BT I § 34 Rn. 26 ff.), sondern nur eine **„eindeutige"** und **„zweifelsfreie"** **Bekundung des Zueignungswillens** ausreicht („enge Manifestationslehre"; vgl. BGHSt 34, 309; BGH NStZ-RR 2006, 377; *Fahl* JuS 1998, 24 Fn. 7; SK-StGB/*Hoyer* Rn. 13; Schönke/Schröder/*Eser*/*Bosch* Rn. 16; MüKoStGB/*Hohmann* Rn. 19; Fischer Rn. 6). Dadurch ist § 246 zu einem „konkreten Eigentumsgefährdungsdelikt" ausgestaltet worden (Mitsch StrafR BT II § 2 Rn. 35 mwN; vgl. auch *Bloy* FS Oehler, 1985, 559 (565 ff.); *Duttge*/*Fahnenschmidt* ZStW 110 (1998), 884; *Schenkewitz* NStZ 2003, 17). Nach der diese Manifestationslehre ablehnenden Gegenmeinung ist dagegen erforderlich, dass entweder eine Aneignung (*Samson* JA 1990, 8; *Duttge*/*Fahnenschmitt* ZStW 110 (1998), 997; NK-StGB/*Kindhäuser* Rn. 9; *Basak* GA 2003, 115; Krey/Hellmann/Heinrich StrafR BT II Rn. 161) oder eine Enteignung des Eigentümers (*Kargl* ZStW 103 (1991), 136; *Maiwald,* Der Zueignungsbegriff im System der Eigentumsdelikte, 1970, S. 191; SK-StGB/*Hoyer* Rn. 22) stattgefunden haben muss; nach vermittelnder Auffassung soll dagegen das Vorliegen der **konkreten Gefahr einer Enteignung** ausreichen, da beim Erfordernis einer dauerhaften Enteignung der Vollendungszeitpunkt in unbestimmbarer Weise hinausgeschoben würde (vgl. MüKoStGB/*Hohmann* Rn. 36, ähnlich Mitsch StrafR BT II § 2 Rn. 35; *Sinn* NStZ 2002, 64; einschränkend auch *Androulakis* JuS 1968, 409). Die hL bemüht sich zudem, der mit der Manifestationslehre einhergehenden Uferlosigkeit des Unterschlagungstatbestands entgegenzuwirken, indem sie einen **Gewahrsamsbezug,** eine Nähebeziehung oder eine nicht untergeordnete Herrschaftsbeziehung zum Tatobjekt verlangt, der Niederschlag in einem unterschlagungsspezifischen Zueignungsbegriff finden soll (vgl. *Rengier* FS Lenckner, 1998, 809; Otto StrafR BT § 42 Rn. 8 und JURA 1998, 552; Wessels/Hillenkamp StrafR BT II Rn. 293; *Jäger* JuS 2000, 1167; *Cantzler* JA 2001, 569; *Kudlich* JuS 2001, 765; *Dencker* FS Rudolphi, 2004, 425; Schönke/Schröder/*Eser*/*Bosch* Rn. 10; LK-StGB/*Laufhütte*/*Kuschel* Nachtrag § 246 Rn. 4; Lackner/Kühl/*Kühl* Rn. 4; *Ambos* GA 2007, 127; MüKoStGB/*Hohmann* Rn. 29; Mitsch StrafR BT II § 2 Rn. 19; NK-StGB/*Kindhäuser* Rn. 12; *ders.* FS Gössel, 2002, 451; *Duttge*/*Fahnenschmitt* ZStW 110 (1998), 997).

12   **2. Drittzueignung.** Nach der Neufassung des § 246 durch das 6. StRG kann der Täter die Sache auch einem Dritten zueignen, ohne dass es – im Wege der Veräußerung, Schenkung oder der Überlassung zum Zwecke eigenen wirtschaftlichen Vorteils – zu einem Durchgangserwerb des Täters gekommen ist. Daher ist auch nicht mehr erforderlich, dass sich der Täter bei der Drittzueignung einen wirtschaftlichen Vorteil verschafft (so noch BGHSt 40, 8; 41, 187; BGH NStZ 1994, 542; BGHSt 95, 311); erfasst sind nun **auch rein altruistische Zueignungen** an Dritte (ablehnend *Duttke*/*Fahnenschmidt* ZStW 110 (1998), 910; *Schenkewitz* NStZ 2003, 17). Ohne Bedeutung ist dabei ein Zusammenwirken mit dem Dritten oder dessen Einverständnis; eine aufgedrängte Zueignung genügt (Schönke/Schröder/*Eser*/*Bosch* Rn. 26 mwN; aA *Schenkewitz* NStZ 2003, 17 mwN). Ebenso ist unerheblich, ob der Dritte beim Zueignungsvorgang gut- oder bösgläubig ist (NK-StGB/*Kindhäuser* Rn. 21 mwN). Auch muss der Täter die von einem Dritten vollzogene Aneignung nicht täterschaftlich beherrschen (Wessels/Hillenkamp StrafR BT II Rn. 281; MüKoStGB/*Hohmann* Rn. 43).

3. Einzelfälle. Zu den unzweifelhaften **Einzelfällen** einer tatbestandlichen Zueignung zählen neben **13** dem **Verbrauch** (etwa durch Verzehr) oder dem **Gebrauch** der Sache, soweit er zu einem erheblichen Wertverlust führt (BGHSt 34, 309), der endgültige Eigentumsverlust an der Sache, wie bei wirksamen rechtsgeschäftlichen **Verfügungen** über die Sache nach §§ 929 ff. BGB oder bei **Vermischung** und **Verarbeitung** mit entsprechendem Zueignungswillen (RGSt 71, 95; OLG Düsseldorf NJW 1992, 60; Schönke/Schröder/*Eser/Bosch* Rn. 15), sofern dies nicht durch entsprechende vertragliche Abreden (wie bei unter Eigentumsvorbehalt erhaltenen Waren) gestattet ist, ferner die unbefugte Belastung des Eigentums mit beschränkt dinglichen Rechten (zB Verpfändung; aA BGHSt 12, 299: nur, wenn der Täter unter Umständen gehandelt hat, die eine rechtzeitige Wiedereinlösung des Pfandes ausschließen). Bei der **Veräußerung einer unter Eigentumsvorbehalt** gekauften Sache wird von einer unzutreffenden Ansicht eine Zueignung verneint, wenn der Erwerber die Raten übernimmt oder die Position des Eigentümers nicht beeinträchtigt wird (Lackner/Kühl/*Kühl* Rn. 5). Darüber hinaus liegt eine Zueignung auch ohne Beeinträchtigung des Eigentumsrechts dann vor, wenn der Täter die Eigentümerbefugnisse durch eine die Aneignungsabsicht betätigende Handlung gefährdet (MüKoStGB/*Hohmann* Rn. 14 mwN; aA *Kargl* ZStW 103 (1991), 136). Ein bloßes **Unterlassen** wie die **Nichterfüllung eines Herausgabebegehrens** des Eigentümers – etwa im Wege einer **vertragswidrigen Weiterbenutzung** einer Mietsache (OLG Hamm wistra 1999, 112) – wird nicht als Manifestation des Zueignungswillens angesehen (RGSt 4, 404; BGHSt 34, 309; BGH StV 2007, 241; anders Fischer Rn. 7 für das Verschweigen des Besitzes trotz Nachfrage); erforderlich ist vielmehr, dass das Täterverhalten den sicheren Schluss darauf zulässt, dass er die fremde Sache unter Ausschluss des Eigentümers einem eigenen Vermögen einverleiben will, indem er etwa als herausgabepflichtiger Besitzer die Sache vor dem Eigentümer verborgen hält oder den Besitz ableugnet (RGSt 72, 380; BGHSt 34, 309) oder sie in einer Weise gebraucht, dass sie erheblich an Sachwert verliert (BGHSt 34, 309; BGH NStZ-RR 2006, 377; OLG Celle NJW 1974, 2326). Bei **Sicherungseigentum** ist daher – über das Unterlassen der geschuldeten Rückgabe des Sicherungseigentums – erforderlich, dass der Sicherungsgeber den Sicherungsgegenstand nicht nur dem verwertungswilligen Sicherungsnehmer vorenthält, sondern darüber hinaus die Sache verbirgt oder für sich gebraucht. Gleiches gilt für die Verwendung von eingenommenen Geld zum **Ausgleich von Kassenfehlbeständen** durch Unterlassen entsprechender Entnahmebuchungen (BGHSt 9, 348; 24, 115; BGH NJW 1971, 900; Wessels/Hillenkamp StrafR BT II Rn. 283 ff. mwN). Da die Zueignung voraussetzt, dass der Täter die Sache selbst oder ihren wirtschaftlichen Wert zumindest auf eine gewisse Dauer seinem Vermögen zuführen will, scheidet in den Fällen der **offenen Stellvertretung** (→ Rn. 7) eine Unterschlagung dann aus, wenn der Vertreter zur sofortigen Auszahlung des mit eigenem Geld vermischten oder auf einem eigenen Konto vereinnahmten Geldes willens und fähig ist (OLG Celle NJW 1974, 1833). Ob im Übrigen bloß verbale Akte oder Vertragsabschlüsse ausreichend sein können; ist durchweg streitig, nachdem das Tatbestandsmerkmal des Gewahrsams entfallen ist (→ Rn. 12); so wird nach überwiegender Auffassung der Abschluss eines Kaufvertrages über eine Sache bereits als Zueignung angesehen (so RGSt 17, 59; 73, 253; Schönke/Schröder/*Eser/Bosch* Rn. 16; *Tenkhoff* JuS 1984, 780; Fischer Rn. 13; Lackner/Kühl/*Kühl* Rn. 5); nach aA kann ein bloßes Verkaufsangebot des Täters ohne jegliche Herrschaft über die Sache – wie überhaupt rein verbale Zueignungsakte ohne Beeinträchtigung der Eigentümerinteressen – nicht ausreichen (MüKoStGB/*Hohmann* Rn. 37 mwN; SK-StGB/*Hoyer* Rn. 27; Mitsch StrafR BT II Rn. 42; *ders.* ZStW 111 (1999), 90; *Rengier,* FS Lenckner, 1998, 811; Wessels/Hillenkamp StrafR BT II Rn. 293). Streitig ist, ob die bloße **Zerstörung** einer Sache Zueignung sein kann; nach einer Auffassung dokumentiert sie nicht einen Aneignungsvorsatz, da der Täter nicht den Willen hat, die Sache seinem Vermögen einzuverleiben (OLG Düsseldorf NJW 1987, 256; MüKoStGB/*Hohmann* Rn. 23; Fischer Rn. 9; aA *Cramer* CR 1997, 693). Im Falle einer **Drittzueignung** muss das Verhalten des Täters – entsprechend wie bei der Selbstzueignung – darauf gerichtet sein, dass das Sicherungsgut dem Vermögen des Dritten zugeführt wird; bei der Unterschlagung von Sicherungseigentum zugunsten eines Dritten muss im Verhalten des Sicherungsgebers bei der Übertragung des unmittelbaren Besitzes auf den Dritten zum Ausdruck kommen, dass der bisherige Fremdbesitz durch dem Dritten auf Dauer verschafften Eigenbesitz ersetzt werden soll (vgl. BGH NStZ-RR 2006, 377; *Kudlich* JuS 2001, 767; *Schenkewitz* NStZ 2003, 17).

4. Rechtswidrigkeit der Zueignung. Die Rechtswidrigkeit der Zueignung ist nicht allgemeines **14** Deliktsmerkmal, sondern normatives **Tatbestandsmerkmal.** Rechtswidrig ist die Zueignung, wenn der Täter ohne eine – vor der Zueignungshandlung erklärte – Einwilligung des Rechtsinhabers handelt; eine solche kann sich aus den Vertragsbedingungen, so bei einem (verlängerten) Eigentumsvorbehalt aus der vertragliche eingeräumten Befugnis zur Verarbeitung oder Weiterveräußerung der unter Eigentumsvorbehalt gelieferten Waren ergeben. Ferner scheidet die Rechtswidrigkeit aus, wenn dem Täter ein fälliger und durchsetzbarer, dh einredefreier Übereignungsanspruch zusteht (Fischer Rn. 13; LK-StGB/ *Vogel* Rn. 21), etwa, wenn sich der Sicherungsgeber nach Erfüllung der der Sicherungsabrede zugrunde-liegenden Verbindlichkeit das Sicherungsgut – zB durch Veräußerung – zueignet. Handelt der Täter unter Überschreitung der ihm eingeräumten Befugnisse, so beim Verkauf von unter Eigentumsvorbehalt gelieferten Waren zu Schleuderpreisen, ist die Zueignung rechtswidrig (MüKoStGB/*Hohmann* Rn. 47). Soweit die Zueignung einer der GmbH gehörenden Sache durch den geschäftsführenden Alleingesellschafter der Gesellschaft als nicht rechtswidrig angesehen wird (LK-StGB/*Vogel* Rn. 7; MüKoStGB/*Hohmann* Rn. 47), dürfte dies davon abhängen, ob eine derartige Entnahme gesellschaftsrechtlich statthaft ist, insbes. ohne Gefährdung des Stammkapitals erfolgen kann.

15   **5. Vorsatz und Versuchsstrafbarkeit.** Zur Verwirklichung des subjektiven Tatbestands genügt bedingter **Vorsatz,** also das Wissen um die Tatsachen, aus denen sich die rechtliche Einordnung der Handlung als rechtswidrige Zueignung ergibt, und der Täter den Erfolgseintritt als möglich und nicht ganz fernliegend erkennt und hiermit einverstanden ist; eine Parallelwertung in der Laiensphäre genügt. An einem bedingten Enteignungsvorsatz fehlt es, wenn der Täter sicher davon ausgeht, die Sache dem Eigentümer ohne Substanzveränderung und wesentliche Wertminderung zurückzugeben. Ein Irrtum über Einverständnis des Rechtsinhabers oder das Bestehen eines fälligen und einredefreien Anspruchs ist **Tatbestandsirrtum** (BGHSt 17, 87; BGH NJW 1990, 2832), wobei sich dieser beachtliche Irrtum in Abgrenzung zum Verbotsirrtum nur auf die den Anspruch oder die Einwilligung begründenden Tatsachen beziehen kann. Darüber hinaus kann die Rechtswidrigkeit aufgrund des Vorliegens allgemeiner Rechtfertigungsgründe, zB bei einer mutmaßlichen Einwilligung, entfallen.

16   Für einen nach Abs. 3 strafbaren **Versuch** ist nach der herrschenden Manifestationstheorie, die jegliche Betätigung eines Zueignungswillens für die Tatvollendung genügen lässt, nur Raum, wenn mit einer Auffassung rein verbale Zueignungsakte oder auch sonstige Handlungen, durch die eine konkrete Gefahr der Enteignung noch nicht eingetreten ist (vgl. MüKoStGB/*Hohmann* Rn. 58) nicht als Zueignung angesehen werden. Ein Versuch kommt ferner bei einem Irrtum des Täters in Betracht, etwa, wenn der Täter eine eigene oder herrenlose Sache für fremd hält.

17   **6. Täterschaft und Teilnahme.** Nachdem das 6. StRG auf das Merkmal des Gewahrsams im Unterschlagungstatbestand verzichtet und die Drittzueignung eingeführt hat, sind die maßgebenden Abgrenzungskriterien für Täterschaft und Teilnahme entfallen, woraus gefolgert wird, dass der Gesetzgeber die Fälle der ursächlichen Ermöglichung einer Drittzueignung (einschließlich des Unterlassens aufgrund bestehender Garantenstellung) zur Täterschaft aufwerten wollte (Fischer Rn. 22; Küper/Zopfs StrafR BT 471; *Mitsch* ZStW 111 (1999), 87); anderes kann nur mit der Auffassung gelten, die für eine Zueignung die Ausübung einer Herrschaftsbeziehung zur Sache durch den Täter für erforderlich hält (vgl. *Jäger* JuS 2000, 1167; *Kudlich* JuS 2001, 767).

III. Veruntreuende Unterschlagung

18   Die Unterschlagung erfährt eine **Qualifizierung** nach Abs. 2, wenn die Sache dem Täter anvertraut gewesen ist. **Anvertrautsein** bedeutet, dass die Sache dem Täter vom Eigentümer oder einem **befugten** (RGSt 40, 222; Wessels/Hillenkamp StrafR BT II Rn. 296; Fischer Rn. 17) Dritten mit der Verpflichtung gegeben oder belassen worden ist, sie zu einem bestimmten Zweck zu verwahren, zu verwenden oder auch nur zurückzugeben (BGHSt 9, 90; 16, 280; Wessels/Hillenkamp StrafR BT II Rn. 295; enger SK-StGB/*Hoyer* Rn. 46). Dies gilt sowohl für gemietete (dh auch geleaste (BGH NStZ-RR 2009, 177) bzw. geliehene Sachen als auch für solche Gegenstände, die zur Verwahrung überlassen worden sind; erfasst sind auch unter Eigentumsvorbehalt bzw. vor vollständiger Bezahlung gelieferte (BGHSt 16, 280) sowie sicherungsübereignete Sachen (BGH NStZ-RR 2006, 377). Ob nach der Neufassung des § 246 Gewahrsam für ein Anvertrautsein erforderlich ist, ist zweifelhaft; die hM bejaht dies, weil anderenfalls die veruntreuende Unterschlagung insbesondere in den Fällen der Drittzueignung zu einer „Untreue ohne Treueverhältnis" ausgeweitet werde (MüKoStGB/*Hohmann* Rn. 51; Fischer Rn. 18). Das Anvertrautsein ist ein besonderes persönliches Merkmal iSd § 28 Abs. 2 (BGH StV 1995, 84; Schönke/Schröder/*Eser*/*Bosch* Rn. 29) und setzt ein **Treueverhältnis** iSd § 266 nicht voraus (BGHSt 9, 90; NK-StGB/*Kindhäuser* Rn. 40). Nach hM ist eine Sache auch dann anvertraut, wenn damit ein **gesetzes- oder sittenwidriger** Zweck verfolgt wird (BGH NJW 1954, 889; Fischer Rn. 17 mwN), etwa bei der Bildung schwarzer Kassen aus Barbeträgen (anderenfalls Untreue nach § 266) zum Zweck der Korruption; nach aA genießt ein Vertrauensbruch bei gesetzes- oder sittenwidrigen Verhältnissen keinen besonderen Schutz (SK-StGB/*Hoyer* Rn. 47; Schönke/Schröder/*Eser*/*Bosch* Rn. 30 mwN).

IV. Subsidiaritätsklausel

19   **1. Allgemeines.** § 246 ist in der jetzigen Fassung als Auffangtatbestand ausgestaltet und tritt sowohl als Versuch als auch in der qualifizierten Form der veruntreuenden Unterschlagung (so MüKoStGB/*Hohmann* Rn. 59 mwN) aufgrund der mit § 125 wortgleichen Subsidiaritätsklausel hinter allen mit schwerer Strafe bedrohten Delikten unabhängig von deren Schutzrichtung (so BGHSt 43, 237; 47, 243) zurück, so dass auch geringfügige Delikte wie die Körperverletzung oder Nötigung bei Zugrundelegung des prozessualen Tatbegriffs (so BGHSt 43, 237; 47, 243) eine Unterschlagung verdrängen können (vgl. *Sander*/*Hohmann* NStZ 1998, 273; *Otto* NStZ 2003, 87; *Freund*/*Putz* NStZ 2003, 242). Nach einer im Schrifttum vertretenen Auffassung soll die Subsidiaritätsklausel nur hinter Delikten mit gleicher Schutzrichtung zurücktreten, wozu im Kern nur Delikte gegen das Eigentum oder das Vermögen zählen;

Tatbestände, die das Zueignungsunrecht gar nicht erfassen, sollen § 246 nicht verdrängen (NK-StGB/ *Kindhäuser* Rn. 45; Schönke/Schröder/*Eser/Bosch* Rn. 32; SK-StGB/*Hoyer* Rn. 48; Wessels/Hillenkamp StrafR BT II Rn. 300; Fischer Rn. 23a; anders MüKoStGB/*Hohmann* Rn. 61 unter Hinweis auf Art. 103 Abs. 2 GG). Tateinheit ist damit nur mit solchen Delikten möglich, die keine gegenüber dem § 246 höhere Strafe androhen, wie der Verwahrungsbruch nach § 133, der Verstrickungsbruch nach § 136 oder die Verletzung des Briefgeheimnisses nach § 202. Gebrauchsanmaßungen in den Begehungsformen der §§ 248b, 290 treten hingegen hinter der Unterschlagung wegen des umfassenden Charakters der Zueignung zurück, wenn nicht der Täter den Zueignungswillen erst während der Gebrauchsanmaßung betätigt (LK-StGB/*Vogel* Rn. 29).

2. Wiederholte Zueignung. Nach der Rspr. des BGH zu § 246 aF (vgl. BGHSt 14, 38) sind weitere **20** Zueignungsakte nach der einmal erfolgten Zueignung nicht mehr tatbestandlich; die Gegenauffassung sieht in der erneuten Betätigung des Zueignungswillens ein mitbestrafte Nachtat, die hinter dem ersten Zueignungsdelikt zurücktritt (vgl. nur Schönke/Schröder/*Eser/Bosch* Rn. 19; *Tenckhoff* JuS 1984, 778; *Mitsch* JuS 1998, 312). Ob die durch das 6. StRG eingefügte Subsidiaritätsklausel hieran etwas geändert hat (scheinbar bejahend BGHSt 47, 243), wird im Schrifttum von einer Ansicht bestritten, nach der es auch bei Drittzueignungen bei der Tatbestandslösung verbleibt (vgl. Fischer Rn. 15; Küper/Zopfs StrafR BT 481; Mitsch StrafR BT II § 2 Rn. 74; Lackner/Kühl/*Kühl* Rn. 7).

3. Anwendung des Zweifelsatzes. Wird mit der Rspr. des BGH der prozessuale Tatbegriff der **21** Subsidiaritätsklausel zugrunde gelegt (BGHSt 43, 237; 47, 243), kommt eine Bestrafung wegen Unterschlagung auch dann nicht in Betracht, wenn das schwerwiegende Delikt (etwa der Raubmord wegen eines erst nach der Tötung des Opfers gefassten Zueignungswillens) nicht erweislich ist (zustimmend *Otto* NStZ 2003, 87); nach der Gegenansicht greift entgegen des missverständlichen Wortlauts die Subsidiaritätsklausel nur ein, wenn ein anderer Tatbestand mit einer höheren Strafdrohung tatsächlich angewendet werden kann (vgl. MüKoStGB/*Hohmann* Rn. 59; *Mitsch* ZStW 111 (1999), 65; *Freund/ Putz* NStZ 2003, 242).

§ 258 Strafvereitelung

(1) Wer absichtlich oder wissentlich ganz oder zum Teil vereitelt, daß ein anderer dem Strafgesetz gemäß wegen einer rechtswidrigen Tat bestraft oder einer Maßnahme (§ 11 Abs. 1 Nr. 8) unterworfen wird, wird mit Freiheitsstrafe bis zu fünf Jahren oder mit Geldstrafe bestraft.

(2) Ebenso wird bestraft, wer absichtlich oder wissentlich die Vollstreckung einer gegen einen anderen verhängten Strafe oder Maßnahme ganz oder zum Teil vereitelt.

(3) Die Strafe darf nicht schwerer sein als die für die Vortat angedrohte Strafe.

(4) Der Versuch ist strafbar.

(5) Wegen Strafvereitelung wird nicht bestraft, wer durch die Tat zugleich ganz oder zum Teil vereiteln will, daß er selbst bestraft oder einer Maßnahme unterworfen wird oder daß eine gegen ihn verhängte Strafe oder Maßnahme vollstreckt wird.

(6) Wer die Tat zugunsten eines Angehörigen begeht, ist straffrei.

Literatur: *Altenhain*, Das Anschlussdelikt, 2002; *Bach*, § 10 BpO: Wenn der Prüfer Verdacht schöpft, PStR 2009, 249; *Bock*, Die Mitteilungspflicht der Gerichte nach § 116 AO, NJW 1992, 101; *Bülte*, Die Geldwäschegesetzgebung als Ermächtigungsgrundlage für den Informationsaustausch zwischen den Steuerbehörden und den Strafverfolgungsorganen, 2007; *Bülte*, Die Strafbarkeit des Amtsträgers wegen Strafvereitelung und Steuerhinterziehung bei Verletzung der Mitteilungspflicht aus § 116 I 1 AO, NStZ 2009, 57; *Bülte*, Steuerrechtliche und steuerstrafrechtliche Konsequenzen der Korruption, in: Rotsch, Criminal Compliance und den Aufgaben der Zukunft, 2013, 87; *Burkhardt*, Nachschlag zum Wahndelikt, GA 2013, 346; *Dannecker/Bülte*, Fehlverhalten im Gesundheitswesen. Teil 1: Gesetzliche Compliancepflichten und Strafvereitelung durch Unterlassen, NZWiSt 2012, 1; Teil 2: Begehung von Vermögensdelikten durch Nichterfüllung von Mitteilungspflichten, NZWiSt 2012, 81; *Dannecker/Hagemeier*, Grenzen der Beteiligung an Finanzvergehen unter besonderer Berücksichtigung von europarechtlichen und völkerrechtlichen Vorgaben, in Leitner, Finanzstrafrecht 2008, 63; *Dörn*, Nichtabzugsfähigkeit von Bestechungsgeldern als Schmiergeld, DStZ 2001, 736; *Dusch/Rommel*, Strafvereitelung (im Amt) durch Unterlassen am Beispiel von Finanzbeamten, NStZ 2014, 188; *Ellbogen*, Die Anzeigepflicht der Kassenärztlichen Vereinigung nach § 81a IV SGB V und die Voraussetzungen der Strafvereitelung gemäß § 258 I StGB, MedR 2006, 460; *Ernst*, Strafvereitelung durch „berufstypisches Verhalten", ZStW 125 (2013), 299; *Gehm*, Strafvereitelung im Amt durch Betriebsprüfer, StBp 2006, 105; *Giring*, Zur Notwendigkeit rechtsstaatlicher Begrenzung der Unterrichtungspflicht Kassenärztlicher Vereinigungen und Krankenkassen nach §§ 81a, 197a SGB V, FS-Müller, 2008, 199; *Grunst*, Strafrechtlich relevante Pflicht von Amtsträgern außerhalb der Strafverfolgungsorgane zur Anzeige bzw. Verhinderung von Straftaten innerhalb der Behörde?, StV 2005, 433; *Heerspink*, Zum Konflikt zwischen der steuerlichen Mitwirkungspflicht des § 4 Abs. 5 Nr. 10 EStG und dem nemotenetur-Prinzip, wistra 2001, 441; *Hentschel*, Die Steuerfahndung zwischen Strafvereitelung im Amt (§ 258a StGB) und Verfolgung Unschuldiger (§ 344 StGB)?, DStZ 2010, 421; *Joecks*, Abzugsverbot für Bestechungs- und Schmiergelder – Korruptionsbekämpfung durch Steuerrecht?, DStR 1997, 1025; *Kaufmann, Armin*, Die Dogmatik der Unterlassungsdelikte, 1959; *Kemper*, Die Offenbarung außersteuerlicher Gesetzesverstöße im Steuerstrafverfahren, wistra 2006, 290;

Küper, Konvergenz – Die gemeinschaftliche Köperverletzung im System der Konvergenzdelikte, GA 1997, 315; *Madauß,* § 116 AO – eine praxisuntaugliche Vorschrift, NZWiSt 2013, 100; *Madauß,* Reichweite der Mitteilungspflichten nach § 4 Abs. 5 S. 1 Nr. 10 S. 3 EStG und Korruptionsbekämpfung, NZWiSt 2013, 176; *Marx,* Paradigmenwechsel beim Steuergeheimnis?, Die Einführung eines § 31b AO durch das 4. Finanzmarktförderungsgesetz zur Bekämpfung der Geldwäsche, DStR 2002, 1467; *Partsch/Scheffner,* Die Anzeigepflicht nach § 6 SubvG Subventionsgesetz, NJW 1996, 2492; *Popp,* Strafvereitelung durch Schweigen, JR 2014, 418; *Preising/Kiesel,* Korruptionsbekämpfung durch das Steuerrecht? – Zu den Problemen des Abzugsverbots der Mitteilungspflicht gemäß § 4 Abs. 5 Nr. 10 EStG, DStR 2007, 1108; *Pump,* Anzeige von Straftaten durch Gericht und Behörden, wistra 1987, 322; *Randt,* Schmiergeldzahlungen bei Auslandssachverhalten, BB 2000, 1006; *Reichling/Döring,* Strafvereitelung durch Unterlassen – der Zeuge als Garant für die Strafrechtspflege?, StraFo 2011, 82; *Rudolphi,* Der Dienstvorgesetzte als Garant für die gesetzmäßige Bestrafung seiner Untergebenen, NStZ 1991, 361; *Rudolphi,* Täterschaft und Teilnahme bei der Strafvereitelung, FS Kleinknecht, 1985, 379; *Samson,* Strafvereitelung auf Zeit, JA 1982, 181; *Sangenstedt,* Garantenstellung und Garantenpflicht von Amtsträgern, 1989; *Satzger,* Grundprobleme der Strafvereitelung, JA 2007, 754; *Schnapp/Düring,* Anzeigepflicht der Krankenkassen und Kassenärztlichen Vereinigungen beim Verdacht auf sogenannten Abrechnungsbetrug?, NJW 1988, 738; *Schneider,* Zur Anzeigepflicht nichtsteuerlicher Straftaten durch Finanzbeamte als Hilfsbeamte der Staatsanwaltschaft, wistra 2004, 1; *Stahl,* Schmiergeld: Steuerliche sowie zivil- und strafrechtliche Probleme, KÖSDI 1999, 12022; *Steinhilper,* Tätigkeiten der „Stellen zur Bekämpfung von Fehlverhalten im Gesundheitswesen" (§§ 81a, 197a SGB V), ZGMR, 2010, 152; *Verrel,* Der Anstaltsleiter als Garant für die Verfolgung von Straftaten während des Strafvollzugs?, GA 2003, 595.

A. Bedeutung von §§ 258, 258a im Wirtschaftsstrafrecht

1   Im Wirtschaftsstrafrecht ergeben sich zwei große Anwendungsbereiche für die Vorschrift der Strafvereitelung: Dies ist zum einen die Strafvereitelung bei der Strafverteidigung, insbesondere durch berufsadäquate Handlungen. Diesen Fragen wird jedoch, da es sich um ein allgemein strafrechtliches Problem handelt, auch in den Kommentierungen zum allgemeinen Strafrecht hinreichende Aufmerksamkeit geschenkt (vgl. nur Fischer Rn. 16 ff.; LK-StGB/*Walter* Rn. 68 ff.; MüKoStGB/*Cramer/Pascal* Rn. 10 ff., 43 ff.; NK-StGB/*Altenhain* Rn. 26 ff.; SK-StGB/*Hoyer* Rn. 24 ff.; Schönke/Schröder/*Stree/ Hecker* Rn. 19 ff.; SSW StGB/*Jahn* Rn. 23 ff.; AnwK-StGB/*Tsambikakis* Rn. 63 ff.; s. ferner *Ernst* ZStW 125 (2013), 299 ff.). Zum anderen kann sich aus berufsrechtlichen oder dienstlichen Sonderpflichten, insbes. Anzeigepflichten die Gefahr für die Verpflichteten ergeben, sich wegen Strafvereitelung (im Amt) durch Unterlassen strafbar zu machen. Letzteren Konstellationen wird in den allgemeinen Kommentierungen nur wenig Beachtung zuteil. Die Gefahr einer solchen Unterlassungsstrafbarkeit ist jedoch in neuerer Zeit durch die Statuierung von spezifischen Melde-, Auskunfts- und Informationspflichten vor allem in Steuergesetzen, dem Geldwäschebekämpfungsgesetz und dem Sozialgesetzbuch erheblich gestiegen. Daher ist eine Betrachtung der Wirkung solcher als **Compliance-Pflichten** bezeichneten Sonderverpflichtungen (vgl. BGH NJW 2009, 3173 (3175)) im Zusammenhang mit der Strafvereitelung als Tat im wirtschaftsstrafrechtlichen Kontext erforderlich. Im Übrigen soll, soweit keine spezifisch wirtschaftsstrafrechtlichen Probleme zu betrachten sind (Strafausschließungsgründe, Täterschaft und Teilnahme, Konkurrenzen, Strafzumessung etc), auf die allgemeinen Kommentierungen zu § 258 verwiesen sein.

B. Grundlegendes zu § 258

2   § 258 bedroht die *persönliche* Begünstigung mit Strafe und ist, anders als § 257, der die *sachliche* Begünstigung unter Strafe stellt, ein reines Erfolgsdelikt (LK-StGB/*Walter* Rn. 11 ff.; NK-StGB/*Altenhain* Rn. 2). Es handelt sich bei der Strafvereitelung um eine Anschlusstat, die eine vorausgegangene **Vortat** eines anderen (LK-StGB/*Walter* Rn. 20; MüKoStGB/*Cramer/Pascal* Rn. 7) erfordert. Das setzt eine bereits begangene Tat iSd § 11 Abs. 1 Nr. 5 voraus (zur Abgrenzung zur Beteiligung LK-StGB/ *Walter* Rn. 21 ff.; NK-StGB/*Altenhain* Rn. 21; SK-StGB/*Hoyer* Rn. 23; Schönke/Schröder/*Stree/Hecker* Rn. 5 f.), also die Erfüllung des Tatbestandes eines Strafgesetzes, ggf. als strafbarer Versuch (Fischer Rn. 4). Die Tat muss zudem rechtswidrig und unter Voraussetzungen begangen worden sein, die eine Sanktionierung mit Strafe oder Maßregel zulassen (LK-StGB/*Walter* Rn. 20; MüKoStGB/*Cramer/Pascal* Rn. 8; NK-StGB/*Altenhain* Rn. 11 ff.; SK-StGB/*Hoyer* Rn. 9; Schönke/Schröder/*Stree/Hecker* Rn. 3). Strafaufhebungs-, Strafausschließungsgründe oder Strafverfolgungshindernisse stehen der Tatbestandserfüllung hinsichtlich einer Strafe entgegen (MüKoStGB/*Cramer/Pascal* Rn. 8; *Satzger* JURA 2007, 757; diff. NK-StGB/*Altenhain* Rn. 4; zum fehlenden Strafantrag: Schönke/Schröder/*Stree/Hecker* Rn. 4). Der Begriff der **Strafe** ist in diesem Zusammenhang insofern eng auszulegen, als darunter nur Kriminalstrafen einschließlich Jugend- und Nebenstrafen, nicht aber Nebenfolgen, Geldbußen, Ordnungsmittel, Auflagen, Weisungen oder Beschlagnahmen zu verstehen sind (LK-StGB/*Walter* Rn. 31 ff.; NK-StGB/ *Altenhain* Rn. 17; Schönke/Schröder/*Stree/Hecker* Rn. 12; *Satzger* JURA 2007, 754 (756); diff. Fischer Rn. 5 f.).

I. Schutzgut

3   § 258 schützt nach hM die Funktionsfähigkeit der **inländischen Strafrechtspflege** (stRspr, vgl. nur BGHSt 43, 82 (84); 45, 97 (101) mwN; Lackner/Kühl/*Kühl* Rn. 1; Schönke/Schröder/*Stree/Hecker*

Rn. 1; aA LK-StGB/*Walter* Rn. 3 ff. mwN; zum Schutz des Auslieferungsverfahrens und der ausl. Strafrechtspflege NK-StGB/*Altenhain* Rn. 6 f. mwN). Dabei geht die hM zu Recht davon aus, dass sich der Schutz der Strafrechtspflege auf die Durchsetzung der staatlichen Sanktion im konkreten Einzelfall beschränkt (vgl. nur BGHSt 30, 77 (78); 43, 82 (84); 44, 52 (57); 45, 97 (100 f.); OLG Düsseldorf StV 1998, 65; Krey/Hellmann/Heinrich StrafR BT I Rn. 613; Rengier StrafR BT I § 21 Rn. 1; Fischer Rn. 2; MüKoStGB/*Cramer/Pascal* Rn. 2; *Bülte* NStZ 2009, 59), also nicht die Strafrechtspflege als solche Schutzgut des § 258 ist (vgl. *Altenhain,* Das Anschlussdelikt, 2002, 161 ff.). Aufgrund dieser Schutzgutbestimmung tritt der Erfolg der Strafvereitelung stets im Inland ein (hM Fischer Rn. 2; LK-StGB/*Walter* Rn. 17 f.).

II. Taterfolg

1. Verfolgungsvereitelung. Der Taterfolg des § 258 Abs. 1 liegt mit vollständiger oder teilweiser **4** Vereitelung der **Strafverfolgung,** mithin der Besserstellung des Vortäters im Hinblick auf die Strafverfolgung, vor (Fischer Rn. 7 mwN; LK-StGB/*Walter* Rn. 35; krit. Lackner/Kühl/*Kühl* Rn. 5). Dies setzt voraus, dass der Vortäter bestraft worden wäre (NK-StGB/*Altenhain* Rn. 16), der Täter dies jedoch ursächlich durch seine Handlung ganz oder zT vereitelt (Schönke/Schröder/*Stree/Hecker* Rn. 18). Die Verfolgung ist **vollständig vereitelt,** wenn der Täter nicht oder nur mit einer erheblichen Verzögerung der gesetzmäßigen Strafe oder Maßregel, insbesondere auch dem Verfall unterworfen werden kann. Hierzu reicht nach der Judikatur schon eine Verzögerung der Strafverfolgung für **geraume Zeit** aus (BGH NJW 2006, 2421 mwN; OLG Stuttgart NJW 1976, 2084; Fischer Rn. 8; LK-StGB/*Walter* Rn. 35; Schönke/Schröder/*Stree/Hecker* Rn. 16; aA *Samson* JA 1982, 181; *Seebode* JR 1998, 338; NK-StGB/*Altenhain* Rn. 49; diff. SK-StGB/*Hoyer* Rn. 13 ff.). Streitig ist jedoch, wann eine Verzögerung für geraume Zeit vorliegt. Die Rspr. hat zT wenige Tage (OLG Koblenz NJW 1982, 2785 (2786); OLG Hannover NJW 1974, 979) für ausreichend gehalten. Andere Stimmen gehen von einem Mindestzeitraum von einer (LK-StGB/*Walter* Rn. 35) oder sogar mehreren Wochen aus (vgl. BeckOK StGB/*Ruhmannseder* Rn. 10; Lackner/Kühl/*Kühl* Rn. 4 mwN; NK-StGB/*Altenhain* Rn. 48 mwN). Eine **teilweise Vereitelung** liegt vor, wenn der Vortäter im Verhältnis zu den gesetzlichen Vorgaben milder bestraft oder weniger einschneidenden Maßregeln unterworfen wird (NK-StGB/*Altenhain* Rn. 52; Schönke/Schröder/*Stree/Hecker* Rn. 4; *Satzger* JURA 2007, 758).

2. Vollstreckungsvereitelung. Die **Vollstreckung** ist vereitelt, soweit die rechtskräftig festgesetzte **5** Strafe oder Maßregel nicht durchgesetzt werden kann. Hier genügt ebenso eine Verzögerung der Vollstreckung für **geraume Zeit** (Fischer Rn. 15; Schönke/Schröder/*Stree/Hecker* Rn. 27; vgl. im Einzelnen Fischer Rn. 30 ff.; LK-StGB/*Walter* Rn. 36 ff.).

III. Tatbestandsmäßiges Handeln

Tatbestandsmäßig iSd § 258 kann grundsätzlich jedes Handeln sein, das einen sachlichen **Beitrag zur** **6** **Sanktionsverhinderung** darstellt (LK-StGB/*Walter* § 258 Rn. 56; LPK-StGB/*Kindhäuser* Rn. 6; NK-StGB/*Altenhain* Rn. 19 mwN; vgl. *Küper* GA 1997, 301 (315 ff.); *Rudolphi* FS Kleinknecht, 1985, 389 ff.; zum Kausalitätserfordernis LK-StGB/*Walter* Rn. 109; SK-StGB/*Hoyer* § 258 Rn. 22). Die Vereitelungshandlung kann auch vor dem Beginn der Verfolgung vorgenommen werden (LK-StGB/*Walter* Rn. 56 f. mwN, auch zur Abgrenzung von der Teilnahme). Typische Tathandlungen sind die Beseitigung von sachlichen Beweismitteln oder Tatspuren, die Einflussnahme auf Zeugen, falsche Angaben gegenüber Strafverfolgungsorganen, das Verbergen des Vortäters oder auch eine Selbstbezichtigung (vgl. Fischer Rn. 10; LK-StGB/*Walter* Rn. 56; MüKoStGB/*Cramer/Pascal* Rn. 9; Schönke/Schröder/*Stree/Hecker* Rn. 15; AnwK-StGB/*Tsambikakis* Rn. 20). Im Wirtschafts- und Steuerstrafrecht ist die Vernichtung von Akten oder Daten sicherlich die häufigste Vereitelungshandlung; aber auch die Warnung vor zukünftigen Ermittlungsschritten stellt eine Vereitelungshandlung dar (BGH NJW 2015, 3732 f.; KG Berlin NStZ 1983, 556 mAnm *Mehle;* Lackner/Kühl/*Kühl* Rn. 7). Ein Zusammenwirken mit dem Vortäter bei der Vereitelungshandlung ist nicht erforderlich (NK-StGB/*Altenhain* Rn. 20).

Im Rahmen von § 258 ist die Frage der Tatbestandslosigkeit von **sozialadäquaten Handlungen** **7** Gegenstand andauernder Diskussionen (vgl. Matt/Renzikowski/*Dietmeier* Rn. 12 f.; *Ernst* ZStW 125 (2013), 299 ff.; Fischer Rn. 15 ff.; LK-StGB/*Walter* Rn. 58 ff.; *Satzger* JURA 2007, 758; AnwK-StGB/*Tsambikakis* Rn. 18 mwN). Dieses Problem wird insbesondere im Zusammenhang mit der Strafverteidigung intensiv erörtert (vgl. MüKoStGB/*Cramer/Pascal* Rn. 28 f.; krit. zu den Einschränkungsbemühungen NK-StGB/*Altenhain* Rn. 27 ff.). In anderen Bereichen, wie etwa der Beratung bei der Anlage von Vermögenswerten aus Betrugstaten oder Steuerhinterziehungen mit der Folge einer Behinderung der Ermittlungen, wären Einschränkungen unter dem Gesichtspunkt des berufs- oder sozialadäquaten Verhaltens zwar denkbar (vgl. im Einzelnen *Dannecker/Hagemeier* in Leitner, Finanzstrafrecht, 2008, 63 ff.); eine Strafbarkeit des Beraters dürfte in der Praxis jedoch ohnehin regelmäßig an den Anforderungen des subjektiven Tatbestands (→ Rn. 13 ff.) scheitern.

Die Strafvereitelung kann auch durch **Unterlassen** begangen werden (vgl. nur LK-StGB/*Walter* **8** Rn. 87), wenn und soweit eine Pflicht zur Anzeige von Straftaten oder zur Mitwirkung im Strafverfahren besteht. Insofern gelten die allg. Regeln; es muss insbes. eine **Garantenstellung** vorliegen. Im hier relevanten Zusammenhang ist nur die Begehung der Unterlassungstat durch einen Beschützergaranten von Bedeutung (zum Unterlassen durch einen Bewachergaranten vgl. LK-StGB/*Walter* Rn. 90f.). Der Täter muss *„auf Posten gestellt sein"* (*A. Kaufmann,* Die Dogmatik der Unterlassungsdelikte, 1959, 283), um das Rechtsgut des § 258, nämlich die inländische Strafverfolgung in Gestalt des konkreten Strafanspruchs, zu schützen. Eine solche Schutzzweckidentität (BGHSt 43, 82 (84 f.); Lackner/Kühl/*Kühl* Rn. 7a; *Sangenstedt,* Garantenstellung und Garantenpflicht von Amtsträgern, 1989, 533; *Bülte* NStZ 2009, 58; *Rudolphi* NStZ 1991, 364 f.) ist daher nur dann gegeben, wenn dem Unterlassenden persönlich eine Handlungspflicht im Interesse der Strafrechtspflege obliegt.

9   Amtsträger iSd § 11 Abs. 1 Nr. 2 sind nicht allein aufgrund ihrer **allgemeinen Dienstpflichten** Garanten für die Strafverfolgung, solange keine ausdrückliche Pflicht zur Anzeigeerstattung statuiert ist (LPK-StGB/*Kindhäuser* Rn. 5; MüKoStGB/*Cramer/Pascal* Rn. 19; NK-StGB/*Altenhain* Rn. 44; Schönke/Schröder/*Stree/Hecker* Rn. 17; SSW StGB/*Jahn* Rn. 22a; *Grunst* StV 2005, 456). Denn eine allgemeine Pflicht für Behörden, bei dem Verdacht einer zu verfolgenden Straftat Anzeige bei den Strafverfolgungsorganen zu erstatten, besteht nicht (RGSt 73, 265 (266); BGHSt 43, 82 (86)). Eine Garantenstellung in Bezug auf § 258 besteht selbst dann nicht, wenn der Unterlassende eine Rechtspflicht zum Schutz des durch die Straftat verletzten Rechtsguts innehat (MüKoStGB/*Cramer/Pascal* Rn. 22; NK-StGB/*Altenhain* Rn. 45; aA OLG Hamburg NStZ 1996, 102 (103); SSW StGB/*Jahn* Rn. 22a; vgl. auch BGHSt 43, 82 (86)). Daher begründet eine Pflicht eines Dienstvorgesetzten, Straftaten von Untergebenen anzuzeigen, **keine** Garantenstellung im Hinblick auf § 258 (Matt/Renzikowski/*Dietmeier* Rn. 21; offen gelassen in BGHSt 43, 82 (88)). Eine Garantenstellung scheidet auch aus, wenn das Ermessen des Vorgesetzten hinsichtlich der Erstattung einer Strafanzeige „auf Null" reduziert ist (LK-StGB/*Walter* Rn. 94 ff.; NK-StGB/*Altenhain* Rn. 45 mwN; Schönke/Schröder/*Stree/Hecker* Rn. 17; vgl. auch BGHSt 43, 82 (86 f.); aA HK-StrafR/*Pflieger* Rn. 9).

10   Obliegt die Pflicht zur Anzeige von Straftaten einer **Behörde, Institution, Körperschaft** oder **Einrichtung,** so kann dem Einzelnen das Unterlassen nur vorgeworfen werden, wenn ihm die Erfüllung der Handlungspflicht für die konkrete Amtsfunktion und Dienstaufgaben persönlich übertragen war. Es ist also § 14 zur Bestimmung der individuellen Handlungspflicht heranzuziehen (LK-StGB/*Walter* Rn. 93; *Bülte* NStZ 2009, 58 f.; vgl. auch BeckOK StGB/*Momsen* § 14 Rn. 35).

11   Neben den originär zur Strafverfolgung berufenen Amtsträgern wie Richtern oder Staatsanwälten sowie staatsanwaltschaftlichen Ermittlungsbeamten des Polizeidienstes (LK-StGB/*Walter* Rn. 100 ff., § 258a Rn. 5) oder, soweit es die Verfolgung von Steuerstraftaten betrifft, auch den zuständigen Beamten der Finanzverwaltung (vgl. OLG Karlsruhe PStR 2004, 152 (153); *Dusch/Rommel* NStZ 2014, 188 ff.), gibt es eine Reihe von sonstigen Amtsträgern und auch Privaten, denen Pflichten zur Meldung strafrechtlich relevanter Sachverhalte auferlegt sind. Diese **gesetzlichen Anzeigepflichten** können eine Garantenstellung begründen. Nicht ausreichend sind jedoch allgemeine Mitwirkungspflichten, die jedermann treffen, wie die allgemeine Zeugnispflicht oder die Anzeigepflicht aus § 138 (MüKoStGB/*Cramer/Pascal* Rn. 22; Gössel/Dölling StrafR BT I § 58 Rn. 18; Rengier StrafR BT II § 21 Rn. 15; str. für Zeugen im Strafverfahren, vgl. hierzu OLG Köln NStZ-RR 2010, 146; LK-StGB/*Walter* Rn. 104; NK-StGB/*Altenhain* Rn. 46; SK-StGB//*Hoyer* Rn. 32). Ebenso wenig kann durch tatsächliche Gewährübernahme aufgrund von zivilrechtlichen Vertragsverhältnissen eine Garantenstellung begründet werden (BGH NStZ 1992, 541; Schönke/Schröder/*Stree/Hecker* Rn. 19). Der Strafverteidiger ist trotz seiner Stellung als objektives Organ der Rechtspflege nicht mit der Durchführung des Strafverfahrens, sondern mit der Wahrung der Rechte des Beschuldigten betraut und daher nicht Garant für das Schutzgut des § 258 (vgl. LK-StGB/*Walter* Rn. 105; MüKoStGB/*Cramer/Pascal* Rn. 20; SK-StGB/*Hoyer* Rn. 32). Umstritten ist, ob einen Zeugen im Strafverfahren eine Garantenstellung trifft, sodass er sich nicht nach §§ 258, 13 strafbar macht, wenn er prozessordnungswidrig überhaupt nicht aussagt (vgl. SSW StGB/*Jahn* Rn. 22b; *Popp* JR 2014, 318 ff. mwN; *Reichling/Döring* StraFo 2011, 82 ff.).

IV. Subjektiver Tatbestand

12   Im subjektiven Tatbestand erfordert die Strafvereitelung **Eventualvorsatz hinsichtlich der Vortat,** für die die Verfolgung oder die Vollstreckung der Strafe oder Maßregel vereitelt wird (BGHSt 15, 19 (21); 45, 97 (100); mAnm *Dölling* JR 2000, 379; BGH NJW 2015, 3732 f.; NK-StGB/*Altenhain* Rn. 57 f.; MüKoStGB/*Cramer/Pascal* Rn. 39; *Satzger* JURA 2007, 760). Hinsichtlich des Vereitelungserfolgs muss der Täter jedoch entweder mit dem sicheren Wissen (BGH NJW 1984, 135; 1993, 274) um eine vollständige bzw. teilweise Vereitelung, also der Verzögerung um zumindest eine geraume Zeit, oder mit der zielgerichteten Absicht handeln diese herbeizuführen (vgl. BGH JR 1985, 24; BGH NJW 2015, 3732 (3733); LK-StGB/*Walter* Rn. 112 f.; MüKoStGB/*Cramer/Pascal* Rn. 37 f.; NK-StGB/*Altenhain* Rn. 56).

13   Umstritten ist, wie Irrtümer über die Strafbarkeit der Vortat zu behandeln sind. Die hM sieht das Merkmal „dem Strafgesetz gemäß" als ein rechtsnormatives Tatbestandsmerkmal an (vgl. hierzu LK-StGB/*Walter* Rn. 118 ff.). Das kann eine Anwendung von § 16 zur Folge haben, wenn der Handelnde die Strafbarkeit der Vortat verkennt (vgl. BGHSt 15, 210 (213)). Voraussetzung für den Vorsatzausschluss

ist, dass der Handelnde den sozial-normativen Bedeutungsgehalt des Straftatbestandes (**Parallelwertung in der Laiensphäre,** vgl. *Mezger,* Strafrecht, 3. Aufl. 1949, 238; LK-StGB/*Walter* Rn. 118) nicht erfasst hat, über dessen Erfüllung er irrt. Hält er die Vortat lediglich für nicht strafwürdig oder strafbedürftig, so lässt dies den Vorsatz unberührt (LK-StGB/*Vogel* § 16 Rn. 25; LK-StGB/*Walter* Rn. 122). Er muss auch weder den Sachverhalt kennen, auf dem die Strafbarkeit beruht, noch wissen, nach welcher Vorschrift der Vortäter bestraft werden könnte, solange er nur von einer Straftat ausgeht.

Im Hinblick auf die Begehung der Strafvereitelung durch **Unterlassen** kann ein Irrtum über die **14** Strafbarkeit des Handelns eines Vortäters auch zu einem Tatbestandsirrtum über die Garantenstellung führen. Geht der Verpflichtete irrtümlich davon aus, dass der von ihm zutreffend erkannte Sachverhalt keine Anzeigepflicht auslöse, weil er ihn strafrechtlich falsch würdigt, also etwa eine Steuerstraftat nicht erkennt, so ist dies ein Tatbestandsirrtum, wenn der Unterlassende das Verhalten des Vortäters nicht für strafbar hält. Damit fehlt dann in der Regel zugleich der Vorsatz, Garant zu sein, weil die Anzeigepflicht voraussetzt, dass der Pflichtige Tatsachen erfahren hat, die auf eine bestimmte Straftat schließen lassen (§ 116 Abs. 1 S. 1 AO; § 6 SubvG etc).

In diesem Zusammenhang ist zu beachten, dass sich in Spezialbereichen wie dem Steuerstrafrecht (vgl. **15** *Hentschel* DStZ 2010, 421) oder der Geldwäsche erhebliches Irrtumspotential ergibt. Zwar wird man annehmen können, dass die Verpflichteten im Steuerrecht über gewisse Grundkenntnisse verfügen, um klare Fälle von Steuerstraftaten zu erkennen (vgl. *Bock* NJW 1992, 101) und damit den Vorsatz hinsichtlich Vortat und Anzeigepflicht zu bilden. Im Hinblick auf die Einschätzung, ob eine Geldwäschevortat begangen oder versucht wurde und damit eine Meldepflicht gem. § 11 GwG gegeben ist, wird der Pflichtige jedoch den sozial-normativen Bedeutungsgehalt wohl nur in einem engen Kernbereich erfassen können, denn der BGH (BGH NJW 2008, 2516 (2517)) hat § 261 zutreffend als Vorschrift bezeichnet, die sich *„an der Grenze der Verständlichkeit"* bewegt.

Irrt der Täter allerdings ausschließlich über seine Pflicht zur Mitteilung des Sachverhalts aus § 116 **16** AO, § 6 SubvG oÄ, nicht aber über die rechtliche Einordnung des Sachverhalts selber, so handelt es nach hM in einem Irrtum über die Garantenpflicht, mithin einem Verbotsirrtum iSv § 17 (vgl. BGHSt 16, 155 (158); 19, 295 (297 ff.); WBS StrafR AT Rn. 732; LK-StGB/*Walter* Rn. 114; *Bülte* NStZ 2009, 62). Da die Garantenpflicht jedoch nach dem Wortlaut des § 13 Teil des Tatbestandes (normatives Tatbestandsmerkmal) sein dürfte, spricht vieles für die Annahme eines Tatbestandsirrtums (NK-StGB/*Wohlers*/*Gaede* § 13 Rn. 20; Adick/Bülte/*Bülte* FiskalStrafR Kap. 8 Rn. 77 ff.; anders Voraufl.).

V. Versuch

Der Versuch der Strafvereitelung ist strafbar (§ 258 Abs. 3; vgl. zum Versuchsbeginn BGH wistra **17** 2010, 444 (445)). Besonderheiten ergeben sich hier insofern, als durch das normative Tatbestandsmerkmal „dem Strafgesetz gemäß" besondere Irrtumskonstellationen entstehen können. Nimmt der Täter irrig an, es handele sich bei der „Vortat" um eine Straftat, so geht die hM von einem strafbaren untauglichen Versuch aus (BGHSt 15, 210 ff.; Fischer Rn. 37 mwN; Schönke/Schröder/*Stree*/*Hecker* Rn. 33; aA BayObLG NJW 1981, 772 m. zust. Anm. *Burkhardt* JZ 1981, 681 ff.; LK-StGB/*Walter* Rn. 144 ff. mwN). Man wird jedoch ggf. unterscheiden müssen zwischen einem Irrtum auf Sachverhaltsebene (grds. untauglicher Versuch) und einem reinen Rechtsirrtum (Wahndelikt). Im Hinblick auf § 258 Abs. 3 wird dies deutlich, denn hier kann sich die Frage stellen, wie im Falle des umgekehrten Verbotsirrtums der Strafrahmen bestimmt werden soll. Ein nicht existenter Straftatbestand kann keine Strafrahmenbegrenzung vorgeben, und es wäre kaum verhältnismäßig, aus diesem Grund den vollen Strafrahmen des § 258 Abs. 1 bzw. 2 anzuwenden (vgl. LK-StGB/*Walter* Rn. 147; vgl. auch *Burkhardt* GA 2013, 346 ff. mwN).

C. Strafvereitelung im Amt (§ 258a)

Die Darstellung der Strafvereitelung im Wirtschaftsstrafrecht konzentriert sich auf solche Konstellatio- **18** nen, die im Zusammenhang mit der Verletzung von Amts- und Compliance-Pflichten, insbesondere durch Unterlassen, begangen werden. Daher erscheint eine Bezugnahme auf Fragen der Strafvereitelung im Amt (§§ 258, 258a) durch die Verletzung der genannten Pflichten im Gesamtkontext der Strafbarkeit wegen des Grunddelikts (§ 258) durch Unterlassen erforderlich.

§ 258a normiert eine Qualifikation für den **Amtsträger** iSd § 11 Abs. 1 Nr. 2, der zur **Mitwirkung** bei dem Straf- oder Maßregelverfahren bzw. an der Vollstreckung **berufen** ist und die Verfolgung oder Vollstreckung vereitelt. Diese Vorschrift hat insbesondere Bedeutung für Vollzugsbeamte, Ermittlungspersonen der StA, Staatsanwälte und Strafrichter (näher hierzu LK-StGB/*Walter* Rn. 5; MüKoStGB/*Cramer*/*Pascal* § 258a Rn. 4). Im Einzelnen ist zur Bestimmung des Tatbestandsmerkmals der „Berufung zur Mitwirkung bei dem Strafverfahren" die innerdienstliche Aufgabenzuweisung maßgebend (Mü-KoStGB/*Cramer*/*Pascal* § 258a Rn. 4). Der Amtsträger muss **örtlich** und **sachlich** für die Verfolgung der **konkreten Straftat zuständig** sein, da § 258a fordert die Berufung zur Mitwirkung „bei dem Strafverfahren", nicht nur allg. bei der Strafverfolgung (OLG Karlsruhe NStZ 1998, 503 (504); Matt/Renzikowski/*Dietmeier* § 258a Rn. 5; LK-StGB/*Walter* Rn. 7; NK-StGB/*Altenhain* § 258a Rn. 5

mwN; aA wohl BGHSt 4, 167 (168); diff. Schönke/Schröder/*Stree/Hecker* § 258a Rn. 4, 9). Daher ist der Finanzbeamte, soweit er Ermittlungsbeamter der Staatsanwaltschaft ist, zur Steuerstrafverfolgung berufen und kann sich mit dem Unterlassen einer Verfolgungshandlung nach §§ 258, 258a strafbar machen (Lackner/Kühl/*Kühl* § 258a Rn. 2; diff. *Dusch/Rommel* NStZ 2014, 188 (191 f.)). Dies gilt aber nicht, soweit außersteuerliche Straftaten betroffen sind. Insofern fehlt ihm die Zuständigkeit (vgl. § 386 AO), sodass allenfalls eine Strafbarkeit aus dem Grunddelikt § 258 in Betracht kommt (vgl. *Schneider* wistra 2004, 2 mwN auch zur aA).

19   Die Amtsträger der Strafverfolgung sind zunehmend mit dem Phänomen konfrontiert, dass nach dem Auftreten eines Anfangsverdachts von Straftaten aus oder in Großunternehmen zunächst unternehmens-eigene **Compliance-Abteilungen,** die sog Konzernsicherheit oder externe Berater die Ermittlungen aufnehmen. Dass sich die StA hier nicht auf diese Ermittlungen Privater verlassen darf, liegt auf der Hand. Ein Strafvereitelungsvorsatz des Amtsträgers wird aber nur nachweisbar sein, wenn offenkundig ist, dass die unternehmensinternen Ermittlungen nicht zielführend durchgeführt werden und es deswe-gen im Strafverfahren zu nennenswerten Verzögerungen gekommen ist (zur Strafvereitelung durch Schiebeverfügungen von StA und Strafrichter LK-StGB/*Walter* Rn. 89; zur Verzögerung durch Arbeits-überlastung LG Mannheim DRiZ 2004, 261 (264); LK-StGB/*Walter* Rn. 99).

D. Strafbarkeit gem. § 258 Abs. 1 durch Verletzung von Amts- und Compliance-Pflichten

20   Eine steigende Zahl von Vorschriften sieht eine **Anzeigepflicht** vor, wenn Anhaltspunkte auftreten, die auf bestimmte Straftaten hindeuten. Diese Regelungen richten sich zumeist an Amtsträger (SSW StGB/*Jahn* Rn. 22a) und greifen insbesondere beim Verdacht von Wirtschaftsstraftaten ein. Einige Regelungen verpflichten aber auch private Unternehmer oder nichtstaatliche Institutionen. Soweit ein Gesetz oder eine Verordnung eine solche Meldepflicht statuiert, stellt sich zwangsläufig die Frage, welche strafrechtlichen Folgen die Verletzung dieser Compliance-Vorgaben haben kann. Es steht hier ua eine **Strafvereitelung durch Unterlassen** im Raum, soweit die Anzeigepflicht eine Garantenstellung begründet. Denkbar ist in einigen Fällen aber auch eine Untreuestrafbarkeit, wenn die Pflichtenstellung dem Schutz von Vermögensinteressen dient, wie etwa §§ 81a Abs. 4, 181a Abs. 4 SGB V (→ Rn. 38 ff.; ferner *Dannecker/Bülte* NZWiSt 2012, 81 ff.).

I. Struktur und Charakter gesetzlicher Compliance-Pflichten

21   Bei der Untersuchung der gesetzlichen Meldepflichten als Grund für eine Garantenstellung ist zunächst entscheidend, dass der Schutzzweck der gesetzlichen Verpflichtung mit dem Schutzbereich des § 258 übereinstimmt **(Schutzzweckidentität).** Eine Meldepflicht kann daher nur dann eine Garan-tenstellung für den Schutz der inländischen Rechtspflege rechtfertigen, wenn auch die Vorschrift, die die Verpflichtung begründet, diesen Zweck verfolgt, der Pflichtige mithin *auf Posten gestellt* ist, um die Strafrechtspflege vor Schäden zu bewahren (vgl. BGHSt 43, 82 (84); SK-StGB/*Hoyer* Rn. 32 mwN; *Bülte* NStZ 2009, 59 ff.; *Rudolphi* NStZ 1991, 364 ff.). Auf die Frage, ob die Reduzierung des Ermessens zur Anzeigeerstattung gegeben sein muss, um eine strafrechtliche Garantenstellung zu begründen (OLG Hamburg NStZ 1996, 102 (103)), wird es regelmäßig nicht ankommen. Wenn nämlich dem Pflichtigen ein Ermessen zur Anzeige eingeräumt wird, so folgt daraus, dass der Sinn und Zweck der Anzeigepflicht kaum die dem Legalitätsprinzip unterworfene Strafverfolgung sein dürfte (vgl. hierzu SSW StGB/*Jahn* Rn. 22a).

22   Weiterhin erfordert eine Strafbarkeit gem. §§ 258, 13, dass der Unterlassende *persönlich* zur Anzeige verpflichtet ist. Da die Mitteilungspflichten regelmäßig aber nicht Einzelpersonen, sondern Gerichten, Behörden oder Unternehmen obliegen, kommt eine Strafbarkeit nur in Betracht, wenn der Unterlassen-de **iSd § 14** die Anzeige **für einen anderen** unterlässt. Er muss also vertretungsberechtigtes Organ, Gesellschafter oder gesetzlicher Vertreter einer juristischen Person oder Gesellschaft sein oder als Inhaber bzw. ausdrücklich mit der Leitung eines Betriebes, Unternehmens oder einer Stelle, die Aufgaben der öffentlichen Verwaltung wahrnimmt, Beauftragter die Anzeigepflicht verletzen. Es kommt auf die konkrete Aufgabenbeschreibung durch Verwaltungsvorschriften oder den konkreten Arbeitsvertrag an. Im Falle des § 14 Abs. 2 begründet nur der unmissverständlich erteilte und übernommene Auftrag, die Anzeigepflicht in eigener Verantwortung zur erfüllen, eine Garantenpflicht des Amtsträgers einer Behörde bzw. eines Gerichts oder Mitarbeiters eines Unternehmens (vgl. *Bülte* NStZ 2009, 59; LK-StGB/*Walter* Rn. 93, 103).

II. Gesetzlich normierte Compliance-Pflichten

23   Im Steuerstrafrecht hat der Gesetzgeber eine Reihe von Einzelpflichten zur Anzeige bestimmter Straftaten bzw. von Verdachtsfällen geschaffen, aber auch bei der Bekämpfung von Geldwäsche, Insider-delikten, Kurs- oder Marktmanipulationen oder Missbräuchen im Gesundheitswesen wurden gesetzliche Meldepflichten geschaffen. Darüber hinaus bestehen allgemeine Pflichten ohne wirtschaftlichen Bezug

zur Anzeige und Verfolgung von Straftaten für bestimmte Behörden, Amtsträger und Dienstvorgesetzte (zB § 159 Abs. 1 StPO, § 183 S. 1 GVG, § 33 Abs. 3 S. 1 WDO sowie § 35 Abs. 4 BtMG; § 14 VStGB § 40 WStG, vgl. LK-StGB/*Walter* Rn. 103).

1. Allgemeine Pflicht zur Meldung von Steuerstraftaten (§ 116 Abs. 1 S. 1 AO). Die am **24** häufigsten missachtete Pflicht zur Mitteilung von Verdachtsmomenten hinsichtlich Straftaten dürfte diejenige aus § 116 Abs. 1 S. 1 AO sein (so Wabnitz/Janovsky WirtschaftsStR-HdB/*Kummer*, 3. Aufl. 2007, Kap. 18 Rn. 144; *Madauß* NZWiSt 2013, 100 (102)). Danach sind Gerichte und die Behörden der Gebietskörperschaften verpflichtet, dienstlich erfahrene Tatsachen, die auf eine Steuerstraftat hindeuten, also den Verdacht einer begangenen Steuerstraftat nahe legen, dem Bundeszentralamt für Steuern (BZSt) oder den für das Steuerstrafverfahren zuständigen FinBeh. mitzuteilen (vgl. hierzu *Bock* NJW 1992, 101). Ein **Anfangsverdacht** iSd § 152 Abs. 2 StPO ist **nicht erforderlich;** es genügt eine gewisse Wahrscheinlichkeit für das Vorliegen einer Steuerstraftat (*Madauß* NZWiSt 2013, 100 (101); Klein/*Rätke* AO § 116 Rn. 4). Diese Mitteilungspflicht dient (zumindest auch) der Verfolgung von Steuerstraftaten. Dies ergibt sich zum einen aus § 116 Abs. 1 S. 1 AO selbst, wonach die Meldung an die für das **Steuerstrafverfahren** zuständige FinBeh. erfolgen soll, und zum anderen aus der Gesetzesbegründung zu § 5 Abs. 1 Nr. 28 FVG wonach die Meldepflicht der Verbesserung und Erleichterung des Vollzugs der Steuerstrafgesetze dienen soll (BT-Drs. 16/814, 18). Daher besteht die erforderliche Schutzzweckidentität zwischen § 258 und § 116 AO (LK-StGB/*Walter* Rn. 103; *Bülte* NStZ 2009, 60 f.; glA Fischer Rn. 11; Schönke/Schröder/*Stree/Hecker* Rn. 17; zweifelnd SSW StGB/*Jahn* Rn. 22a; aA NK-StGB/*Altenhain* Rn. 44). Strafrechtlich verpflichtete Garanten sind der **jeweils sachlich zuständige Amtsträger** bzw. **Richter** sowie der **Leiter der Behörde** oder **des Gerichts.** Die Meldepflicht stellt ein persönliches Merkmal iSd § 14 dar, das bei der meldepflichtigen Institution vorliegt und dem zuständigen Amtsträger gem. § 14 Abs. 2 S. 1, 3 aufgrund seiner Beauftragung mit Leitung der Behörde, der Wahrnehmung einzelner Dienstgeschäfte oder ausdrücklicher Verwaltungsanweisungen (zB MiZi, GVO) zugerechnet wird (*Bülte* NStZ 2009, 59).

Unterlässt der Amtsträger als Garant die Anzeige und kommt es zu einer tatbestandlichen Verzögerung **25** der Verfolgung einer konkreten Steuerstraftat, so ist der Tatbestand des § 258 erfüllt, soweit die subjektiven Voraussetzungen vorliegen. Zwar stellt § 258 erhöhte Anforderungen an den Vorsatz hinsichtlich des Vereitelungserfolgs (Wissentlichkeit); im Falle der Nichtmeldung wird der Pflichtige aber in aller Regel wissen, dass aufgrund seines Unterlassens zumindest eine erhebliche Verzögerung der Verfolgung eintreten wird (vgl. aber → Rn. 14 ff.).

Eine **Strafvereitelung im Amt** gemäß §§ 258, 258a liegt in der Verletzung der Meldepflicht regel- **26** mäßig nicht. Diese würde eine Berufung des Pflichtigen zur Mitwirkung bei dem Strafverfahren erfordern. Die schlichte Anzeige, derentwegen das Steuerstrafverfahren durch die zuständige Behörde eingeleitet werden soll, ist schon deswegen keine Mitwirkung bei dem Strafverfahren, weil sie dem Strafverfahren zeitlich vorgelagert ist (LK-StGB/*Walter* § 258a Rn. 6; *Bülte* NStZ 2009, 61; *Madauß* NZWiSt 2013, 100 (102)).

2. Pflicht des Betriebsprüfers zur Meldung von Steuerstraftaten (§ 10 Abs. 1 S. 1 BpO). Die **27** Vorschrift des § 10 Abs. 1 S. 1 BpO verpflichtet den Betriebsprüfer bei Vorliegen zureichender tatsächlicher Anhaltspunkte für eine Straftat (Anfangsverdacht) iSd § 152 Abs. 2 StPO zur Unterrichtung der für die Verfolgung dieser Straftat zuständigen Stelle. Zur Begründung der Meldepflicht muss nach dem ausdrücklichen Wortlaut der Vorschrift die Schwelle zum Anfangsverdacht überschritten sein. Entgegen der im Erlass der obersten Finanzbehörden der Länder zu Anwendungsfragen zu § 10 Abs. 1 BpO (BStBl. I 2009, 829) geäußerten Auffassung, die Schwelle zum Anfangsverdacht müsse nicht überschritten sein, ergibt sich aus § 10 Abs. 1 S. 2 BpO auch nichts Anderes. Diese Regelung macht lediglich deutlich, dass es dem Betriebsprüfer nicht zusteht, die Mitteilung aufgrund der persönlichen Überzeugung zu unterlassen, es werde möglicherweise kein Strafverfahren durchgeführt.

Die Mitteilungspflicht beschreibt im Hinblick auf die Verfolgung von Steuerstraftaten iSd § 369 AO **28** (ggf. iVm § 15 Abs. 2 EigZulG, § 14 InvZulG 2007) eine Garantenstellung, die bei Vorliegen der weiteren Voraussetzungen eine Strafbarkeit gem. § 258 begründen kann. Zwar ist streitig, ob eine Verwaltungsvorschrift überhaupt ausreichend ist, um eine solche Pflichtenstellung zu statuieren (bejahend Lackner/Kühl/*Kühl* Rn. 7a; verneinend *Verrel* GA 2003, 595; *Sangenstedt,* Garantenstellung und Garantenpflicht von Amtsträgern, 1989, 531 ff.; *Schnapp/Düring* NJW 1988, 738; offen gelassen von BGH NJW 1997, 2059 (2060)), aber für § 10 Abs. 1 S. 1 BpO kommt es auf diese Frage insofern nicht an, als sich die Pflicht der Finanzbehörde zur Ermittlung von Steuerstraftaten bereits aus § 386 Abs. 1 Hs. 1 ergibt (vgl. BGH NJW 2009, 2319; Erlass der obersten Finanzbehörden der Länder zu Anwendungsfragen zu § 10 Abs. 1 BpO, BStBl. I 2009, 829) und die Vorschriften der BpO bzw. von Nr. 130 f. AStBV (St.) 2014 (BStBl. I 2013, 1394) nur die behördeninterne Zuständigkeit konkretisieren (vgl. *Gehm* StBp 2006, 107; *Schneider* wistra 2004, 2).

Im Erlass der obersten Finanzbehörden der Länder bzgl. Anwendungsfragen zu § 10 Abs. 1 BpO **29** (BStBl. I 2009, 829; ebenso *Bach* PStR 2009, 249) wird die Auffassung vertreten, der Betriebsprüfer, der seine Pflicht zur Anzeige verletze, könne sich auch wegen **Strafvereitelung im Amt** (§§ 258, 258a) strafbar machen. Gegen diese Ansicht bestehen allerdings Bedenken. Obwohl die FinBeh., der der

Betriebsprüfer als Amtsträger zugehörig ist, für die Ermittlung von Steuerstraftaten zuständig und damit fraglos berufen ist, bei der Strafverfolgung mitzuwirken, ist doch der einzelne Betriebsprüfer aufgrund seiner konkreten Aufgabenbeschreibung nicht zur Mitwirkung bei dem Strafverfahren, sondern nur zur Ermöglichung der Strafverfolgung durch die Mitteilung berufen. Die Reichweite der Garantenpflicht des einzelnen Beamten bestimmt sich durch den Umfang seiner konkreten Aufgabenbeschreibung, die hier ua in § 10 BpO ihre Grenzen findet (vgl. *Dusch/Rommel* NStZ 2014, 188 (189 f.)). Der Betriebsprüfer ist nicht Ermittlungsperson der StA (→ Rn. 18, 26).

30 **3. Pflicht der Finanzbehörden zur Meldung von Korruptionstaten (§ 4 Abs. 5 Nr. 10 EStG).** § 4 Abs. 5 Nr. 10 S. 3 EStG statuiert eine Verpflichtung der Finanzbehörden zur Mitteilung von Verdachtsmomenten, die Straftaten oder Ordnungswidrigkeiten durch Zuwendung von Vorteilen – also **Korruptionstaten** – betreffen (hierzu eingehend *Bülte* in Rotsch, Criminal Compliance, 2015, 87 ff.; *Madauß* NZWiSt 2013, 176 ff.). Die Datenübermittlung setzt nach der Judikatur lediglich einen **Anfangsverdacht** einer Korruptionsstraftat voraus (BGH NJW 2008, 3517 f.; Herrmann/Heuer/Raupach/*Krüschke* EStG und KStG, Stand 4/2016, EStG, § 4 Rn. 1873; aA: hinreichender Tatverdacht BR-Drs. 910/98, 170; Frotscher/Geurts/*Frotscher* EStG § 4 Rn. 868; *Preising/Kiesel* DStR 2006, 121 f.; *Randt* BB 2000, 1012 f.). Nach dem Wortlaut der Vorschrift kommt es nicht darauf an, ob der Stpfl die Zuwendung erhalten oder geleistet hat, solange Hinweise auf eine Korruptionstat vorliegen (aA *Dörn* DStZ 2001, 737; *Heerspink* wistra 2001, 446; *Stahl* KÖSDI 1999, 12026). Ebenso wenig erforderlich ist nach hL, die sich auf Wortlaut stützen kann, dass der Stpfl selbst im Zusammenhang mit der möglichen Korruptionstat eine Steuerstraftat oder Steuerordnungswidrigkeit begangen hat (a. A. Herrmann/Heuer/Raupach/*Krüschke* EStG und KStG, Stand 4/2016, EStG § 4 Rn. 1876; *Randt* BB 2000, 1013; *Madauß* NZWiSt 2013, 176 (177)). Aus der systematischen Stellung des § 4 Abs. 5 Nr. 10 EStG leitet jedoch die Gegenauffassung (*Joecks* DStR 1997, 1026; *Stahl* KÖSDI 1999, 12026) her, die Offenbarungspflicht bestehe nur im Fall der pflichtwidrigen Geltendmachung von Zuwendungen als Betriebsausgaben. Zudem sei die Mitteilungspflicht nur zu rechtfertigen, wenn sie zumindest auch fiskalischen Zwecken diene (Korn/Carlé/Stahl/Strahl/*Seifert/Stahl*, EStG, Stand Juni 2006, EStG § 4 Rn. 1215). Doch wird man diese Pflicht nicht auf eine fiskalische Zwecksetzung reduzieren können, so dass eine umfassende Anzeigepflicht anzunehmen ist. Zwar äußern sich die Gesetzesmaterialien nicht ausdrücklich zu der Frage, welchem spezifischen Zweck die Meldepflicht der FinBeh. dienen soll. Jedoch erlauben die Gesetzeshistorie (BR-Drs. 910/98, 169) und der Gesamtzusammenhang mit der Umsetzung internationaler Vorgaben gegen die Korruption den Schluss, dass das Abzugsverbot der Korruptionsbekämpfung dient und der Erreichung dieses Zwecks auch die Mitteilungspflicht dienen soll (ebenso *Madauß* NZWiSt 2013, 176 (177 f.)). Nur das Interesse an einer effektiven Strafverfolgung rechtfertigt im Übrigen die Durchbrechung des Leistungsfähigkeitsprinzips durch § 4 Abs. 5 Nr. 10 S. 1 EStG (vgl. auch Korn/Carlé/Stahl/Strahl/*Seifert/Stahl*, EStG, Stand, Juni 2006, EStG § 4 Rn. 1211).

31 Die Mitteilung hat gegenüber der zuständigen Strafverfolgungsbehörde zu erfolgen. Verpflichtet ist die Finanzbehörde, deren Amtsträger die Verdachtsmomente aufdeckt (*Bülte* in Rotsch, Criminal Compliance, 2015, 87 (102 ff.)). Ihm obliegt die Mitteilungspflicht innerhalb seiner sachlichen Zuständigkeit für das konkrete Steuerverfahren. Der Amtsträger nimmt die Aufgaben der FinBeh. aufgrund ausdrücklicher Beauftragung in eigener Verantwortung wahr (vgl. Lackner/Kühl/*Kühl* § 14 Rn. 3) und handelt mithin isd § 14 Abs. 2 S. 1 Nr. 2 S. 2 für die pflichtige FinBeh. Mit der Pflicht zur Mitteilung begründet das Gesetz eine **Garantenstellung** des Amtsträgers der FinBeh. (*Bülte* in Rotsch Criminal Compliance, 2015, 87 (105 ff.); ebenso *Dusch/Rommel* NStZ 2014, 188 (190 f.)). Die Mitteilung der Finanzbehörden soll der Strafverfolgung von Korruptionstaten dienen, so dass der Verpflichtete zu diesem Zweck auf Posten gestellt ist. Eine Mitwirkung bei dem Strafverfahren **(Strafvereitelung im Amt)** wird damit jedoch nicht begründet, da der Amtsträger nur eine Anzeige-, aber keine Ermittlungspflicht hat (→ Rn. 18, 26).

32 **4. Pflichten zur Meldung von Geldwäscheverdachtsfällen (§ 11 Abs. 1 GwG, § 31b S. 2 AO).** Aus § 11 Abs. 1 S. 1 GwG ergibt sich eine Pflicht bestimmter Unternehmer zur Anzeige von Geldwäscheverdachtsfällen: Stellt ein nach § 2 GwG Verpflichteter Tatsachen fest, die darauf *hindeuten* (bis zum 29.12.2011: *schließen lassen*), dass eine Tat nach § 261 oder eine Terrorismusfinanzierungshandlung (§ 1 Abs. 2 GwG) begangen oder versucht wurde, so hat er dies unverzüglich den zuständigen Strafverfolgungsbehörden und dem Bundeskriminalamt mitzuteilen. Die Unternehmer, die hier aufgrund der Umsetzung von Art. 22 Abs. 1 der RL 2005/60/EG eine Verdachtsanzeigepflicht trifft, sind vom Gesetzgeber bewusst auf Posten gestellt, um an dem für die **Verhinderung und Verfolgung von Geldwäsche** und **Terrorismusfinanzierung** neuralgischen Punkt, der ersten Berührung mit dem legalen Wirtschafts- und Finanzverkehr, staatliche Eingriffe zu ermöglichen. Diese Vorschrift begründet eine **Garantenstellung** desjenigen, der hinsichtlich Geldwäsche- und Terrorismusfinanzierungverdachts zur Sorgfalt verpflichtet ist (Tiedemann WirtschaftsStR BT Rn. 287; LK-StGB/*Walter* Rn. 103; aA NK-StGB/*Altenhain* Rn. 44). Das ergibt sich aus Sinn und Zweck des § 11 GwG: Dass die Anzeigepflicht nicht ausschließlich der Verhinderung der Geldwäsche dienen soll, folgt zum einen aus dem unionsrechtlichen Gesamtzusammenhang (vgl. Dannecker/Leitner HdB Geldwäsche-Compliance/*Bülte* Rn. 1103 ff.). Zum anderen lässt sich aus der Pflicht zur Erstattung der Anzeige gegenüber den Straf-

verfolgungsbehörden und dem BKA einerseits (§ 11 Abs. 1 GwG) und der ausdrücklichen Verwendungsregelung in § 11 Abs. 6 GwG (vgl. hierzu *Bülte,* Die Geldwäschegesetzgebung als Ermächtigungsgrundlage für den Informationsaustausch zwischen den Steuerbehörden und den Strafverfolgungsorganen, 2007, 302 ff.) schließen, dass die Anzeigeverpflichtung der Strafverfolgung dient. Daher sind die nach dem GwG zur Meldung Verpflichteten auf Posten gestellt, bei der strafrechtlichen Verfolgung von Geldwäschetaten (§ 261) und Terrorismusfinanzierungshandlungen (§ 89a Abs. 2 Nr. 4) einen Beitrag zu leisten. Da es sich bei den Verpflichteten oftmals um ein Unternehmen handelt, ist nach § 14 zu bestimmen, ob derjenige, der Kenntnis von dem Verdachtsfall erlangt, auch **persönlich** zur Meldung **verpflichtet** ist. Nur dann kommt eine Strafbarkeit gem. §§ 258, 13 in Betracht.

In ähnlicher Weise wie § 11 Abs. 1 GwG begründet **§ 31b S. 2 AO** eine Garantenstellung (aA NK- **33** StGB/*Altenhain* Rn. 44). Diese Vorschrift verpflichtet die FinBeh. dazu, Tatsachen, die zumindest auf den Versuch einer Handlung gem. § 1 Abs. 2 GwG oder einer Tat gem. § 261 hindeuten, unverzüglich den Strafverfolgungsbehörden mitzuteilen. Hierin hat der Gesetzgeber eine Möglichkeit gesehen die Verfolgung von Geldwäschetaten effektiver zu gestalten (vgl. Klein/*Rüsken* AO § 31b Rn. 1). Daher wurden Amtsträger der FinBeh. zur Anzeige verpflichtet. Später wurde die Vorschrift auf Fälle des Verdachts von Terrorfinanzierung ausgeweitet (BGBl. 2008 I 1690). Diese war zwar als solche bei Neufassung des § 31b AO noch nicht strafbar (vgl. nur § 89c), so dass die Pflicht zur Mitteilung von Verdachtsfällen nicht der Strafverfolgung von Finanzierungshandlungen per se, sondern allenfalls von Straftaten gem. §§ 129a, 129b dienen konnte. Jedoch liegt es nahe, § 31b AO, der der Umsetzung der europäischen Anti-Geldwäsche- und Anti-Terrorismusfinanzierungsrichtlinien dient, nicht nur unmittelbar der Terrorismusabwehr sondern auch der strafrechtlichen Verfolgung von Terrorismusfinanzierungshandlungen dienen soll.

Eine Unterlassensstrafbarkeit gem. § 258 setzt jedoch bei § 11 Abs. 1 GwG als auch bei § 31b S. 2 **34** AO neben dem Unterlassen trotz Garantenstellung voraus, dass eine verfolgbare Tat gem. § 261 oder §§ 89c, 129a, 129b vorliegt, da es ansonsten an einer tauglichen Vortat fehlt. Daher muss der Unterlassende zumindest den Anfangsverdacht des Vorliegens einer solchen Straftat haben, um den **subjektiven Tatbestand** zu erfüllen (vgl. *Bülte,* Die Geldwäschegesetzgebung als Ermächtigungsgrundlage für den Informationsaustausch zwischen den Steuerbehörden und den Strafverfolgungsorganen, 2007, 108), mag auch die Verdachtsanzeigepflicht objektiv grundsätzlich nicht von einem Anfangsverdacht abhängen (so die hM: Klein/*Rüsken* AO § 31b Rn. 1; Koenig/*Intemann* AO § 31b Rn. 9; *Marx* DStR 2002, 1468). Die Änderung des § 31b AO von „darauf schließen lassen" in „darauf hindeuten" durch das Gesetz zur Optimierung der Geldwäscheprävention führt hier nicht zu einer Änderung der Bewertung, weil auch nach der strafprozessualen Definition des Anfangsverdachts nicht mehr verlangt wird, als dass die Tatsachen nach kriminalistischer Erfahrung auf die Begehung einer verfolgbaren Straftat hindeuten (vgl. nur BGHSt 55, 180 (188)).

Eine Strafbarkeit gem. §§ 258, 13, die sich auf eine Garantenstellung aus § 11 Abs. 1 GwG stützt, der **35** seinerseits auf den vollkommen verunglückten (vgl. nur *Kargl* NJ 2001, 60) und hochgradig normativen § 261 verweist (→ Rn. 16), gerät jedoch zumindest an den Rand der gesetzlichen Bestimmtheit, die Art. 103 Abs. 2 GG vorgibt (vgl. BeckOK GG/*Radtke/Hagemeier* Art. 103 Rn. 24 ff.; LK-StGB/*Dannecker* § 1 Rn. 179 ff.). Diese Situation wird zusätzlich durch den AEAO zu § 31b Abs. 2 S. 3 AO verschärft. Dort wird zur Meldepflicht ausgeführt, die FinBeh. müsse nicht sämtliche Tatbestandsmerkmale des § 261 einschließlich des Vorliegens einer Vortat prüfen. Vielmehr reiche „*der Verdacht auf die illegale Herkunft der Gelder schlechthin aus*". Diese – unreflektiert aus der Begründung des Gesetzesentwurfs (BR-Drs. 317/11, 49) abgeschriebenen – Ausführungen sind für den Amtsträger der FinBeh. hochgradig gefährlich (vgl. *Kemper* wistra 2006, 293). Sie fordern ihn zu einem nicht gerechtfertigten, allenfalls entschuldigten Bruch des Steuergeheimnisses auf. Diese Auslegung ist mit dem Wortlaut des Gesetzes unvereinbar und im Übrigen auch nicht plausibel, selbst die Begründung des Gesetzesentwurfs fordert aussagekräftige Anhaltspunkte für Geldwäsche oder Terrorismusfinanzierung. Das setzt zwingend eine rechtliche Bewertung voraus (krit. auch Tipke/Kruse/*Drüen* AO § 31b Rn. 3). Verstünde man § 31b AO tatsächlich in der von dem AEAO zu § 31b AO zugrunde gelegten Weise, so wäre das **Steuergeheimnis für alle Vermögensstraftaten durchbrochen**. Richtig ist vielmehr der Hinweis in dem AEAO zu § 31b Nr. 2 S. 2 AO, wonach den FinBeh. eine Prüfungspflicht obliegt. Diese Prüfung hat alle Tatbestandsmerkmale des § 261 zu umfassen. Irrt sich der Amtsträger dabei, so wird man diesen Irrtum wegen der oa Bestimmtheitsproblematik sowohl im Hinblick auf § 355, als auch bezüglich § 258 als zumindest strafbefreiend ansehen müssen. Hinsichtlich sonstiger Irrtümer über die Pflicht zur Anzeige vgl. → Rn. 14 ff.

Eine Strafbarkeit wegen **Strafvereitelung im Amt** (§§ 258, 258a) scheidet aus den oben (→ Rn. 18, **36** 26) genannten Gründen aus. Die FinBeh. ist nicht zur Verfolgung von Geldwäschetaten berufen.

5. § 31a Abs. 1 Nr. 1a, Abs. 2 S. 1 AO. Aus § 31a Abs. 2 S. 1 AO ergibt sich **keine Anzeige- 37 pflicht.** Die FinBeh. haben zwar die Pflicht, zur Durchführung bestimmter Verfahren, die der Bekämpfung der Schattenwirtschaft dienen, Daten aus dem Steuerverfahren zur Verfügung zu stellen. Jedoch statuiert die Vorschrift keine grundsätzliche Pflicht zur spontanen Mitteilung (aA wohl Hübschmann/Hepp/Spitaler/*Alber* AO § 31a Rn. 55; *Kemper* wistra 2006, 290). Zwar wird zum Teil eine Pflicht zur

Mitteilung solcher Tatsachen angenommen, aufgrund derer sich das Vorliegen einer Straftat im Bereich von Schwarzarbeit oder illegaler Beschäftigung aufdränge (Koenig/*Intemann* AO § 31a Rn. 47). Aber der Vergleich der Vorschrift mit § 31b AO macht deutlich, dass der Gesetzgeber hier keine allgemeine Verdachtsmeldepflicht, sondern nur eine Pflicht zur Amtshilfe trotz Steuergeheimnis normieren wollte. Die Finanzbehörden müssen die jeweils benötigten Tatsachen mitteilen. Das setzt eine entsprechende Anfrage der Strafverfolgungsbehörde voraus. § 31a Abs. 2 S. 1 AO kann daher auch keine Garantenpflicht im Hinblick auf § 258 begründen (NK-StGB/*Altenhain* Rn. 44).

38   **6. § 81a Abs. 4, § 197a Abs. 4 SGB V.** Seit der Einführung der identischen §§ 81a, 197a Abs. 4 SGB V durch das GKV-Modernisierungsgesetz (BGBl. 2003 I 2190) enthält das SGB V Vorschriften, aufgrund derer Kassenärztliche Vereinigungen, die Kassenärztlichen Bundesvereinigungen (§ 81a SGB V) und die Krankenkassen (§ 197a SGB V) die StA **unverzüglich unterrichten sollen,** wenn eine Prüfung nach §§ 81a, 197a SGB V ergibt, dass der Anfangsverdacht auf eine strafbare Handlung mit nicht nur geringfügiger Bedeutung für die gesetzliche Krankenversicherung bestehen könnte.

39   Die Vorschriften begründen nach der hM (LSG Bremen-Niedersachsen BeckRS 2010, 32986; Lackner/*Kühl*/*Kühl* Rn. 7a; NK-StGB/*Altenhain* Rn. 44; → § 258a Rn. 3; Schönke/Schröder/*Stree*/ *Hecker* Rn. 17; *Ellbogen* MedR 2006, 460; *Giring* FS Müller, 2008, 212; *Mahnkopf* MedR 2005, 647; *Steinhilper* ZMGR 2010, 155) eine **Garantenstellung** der iSd § 14 für die Gesundheitsbehörde verantwortlich handelnden Personen im Hinblick auf die Strafrechtspflege. Überzeugender ist es jedoch, eine Garantenstellung der verpflichteten Personen abzulehnen (*Dannecker*/*Bülte* NZWiSt 2012, 1 (3 ff.); ebenso Fischer Rn. 11; Becker/Kingreen/*Scholz* SGB V § 81a Rn. 3). §§ 81a, 197a SGB V dienen unmittelbar ausschließlich wirtschaftlichen Zwecken und nur mittelbar der Strafverfolgung, so dass die für §§ 258, 13 erforderliche **Schutzzweckidentität** fehlt. Die Begründung des Entwurfs der §§ 81a, 197a Abs. 4 SGB V (BT-Drs. 15/1525, 99) besagt zwar ausdrücklich, die Verletzung der Mitteilungspflicht könne gem. § 258 strafbar sein. Aber diese Aussage ist für die Gesetzesauslegung ohne Belang, da der Wille des Gesetzgebers, hier eine entsprechende Garantenstellung zu schaffen, im Gesetzestext nicht einmal angedeutet wird (vgl. BVerfGE 64, 261 (275) mwN). Im Übrigen widerspricht die Annahme einer solchen Garantenstellung der **Grundkonzeption des gesetzlichen Krankenversicherungssystems:** Es dient der angemessenen Gesundheitsversorgung und verpflichtet die Gesundheitsbehörden auf das Wirtschaftlichkeitsgebot (§ 12 SGB V). Eine Beauftragung der Krankenkassen mit Strafverfolgungsaufgaben würde eine Aufgabenerweiterung bedeuten, die sich weder aus dem Gesetzestext noch aus der Gesetzesbegründung ergibt. §§ 81a, 197a SGB V sollen der „*Selbstreinigung*" der Krankenversicherung, mithin wirtschaftlichen Zwecken dienen (BT-Drs. 15/1525, 99). Die Mitteilung erfolgt daher **nicht zum Zweck der Strafverfolgung,** sondern um auch mit Hilfe des Strafverfahrens die finanziellen Ressourcen und damit die Leistungsfähigkeit der Krankenversicherung langfristig zu sichern. Es ergibt sich daher durch §§ 81a, 197a SGB V keine Änderung des Aufgabenbereichs der gesetzlichen Krankenversicherung (vgl. Jahn/*Klose* SGB V § 197a Rn. 3). Diese Auslegung wird auch durch die Ausgestaltung der Meldepflichten als (intendierte) Ermessensvorschrift mit Orientierung der Verpflichtung an der Frage der Bedeutung der *Straftat für die Krankenversicherung* bestätigt (vgl. zudem→ Rn. 21). Bei Verletzung der Meldepflicht durch Organe der Gesundheitsbehörden kommt jedoch eine **Untreue** gem. § 266 in Betracht (*Dannecker*/*Bülte* NZWiSt 2012, 81 ff.).

40   **7. § 6 SubvG.** Die Vorschrift, die dazu verpflichtet, den Verdacht eines Subventionsbetruges zu melden, ist § 116 Abs. 1 S. 1 AO nachgebildet. Die Normadressaten sind identisch. Die Pflicht zur Anzeige besteht, sobald der Anfangsverdacht eines Subventionsbetrugs vorliegt (*Partsch*/*Scheffner* NJW 1996, 2492 f.; LK-StGB/*Tiedemann* § 264 Rn. 169). Die Interessenidentität zwischen § 258 und § 6 SubvG ist gegeben, mithin begründet die Vorschrift eine Garantenstellung (LK-StGB/*Walter* Rn. 103; aA NK-StGB/*Altenhain* Rn. 44): Beide Vorschriften schützen die Funktionsfähigkeit der Strafrechtspflege in Form des konkreten Strafanspruchs. Dabei dient § 6 SubvG spezifisch der Verfolgung von Subventionsbetrugstaten. Im Übrigen, insbes. zur **Strafvereitelung im Amt** und der Garantenpflicht des einzelnen Amtsträgers (§ 14) gilt sinngemäß das zu § 116 Abs. 1 S. 1 AO Ausgeführte (→ Rn. 24 ff.). Der **subjektive Tatbestand** wird bei einer Verletzung der Anzeigepflicht regelmäßig in der Form der Wissentlichkeit hinsichtlich des Vereitelungserfolges erfüllt sein. Hinsichtlich evtl. Irrtümer über die Pflicht zur Anzeige → Rn. 14 ff.

41   **8. § 4 Abs. 5 WpHG.** Das WpHG normiert im Rahmen der Aufgaben und Befugnisse der Bundesanstalt für Finanzdienstleistungsaufsicht (BaFin) die Pflicht der Behörde, im Rahmen der ihr zugewiesenen Aufgaben Missständen entgegenzuwirken, die die ordnungsgemäße Durchführung des Handels mit Finanzinstrumenten und Wertpapier(neben)dienstleistungen beeinträchtigen oder erhebliche Nachteile für den Finanzmarkt bewirken können (§ 4 Abs. 1 WpHG). Zu diesem Zweck trifft die BaFin gem. § 4 Abs. 5 S. 1 WpHG eine Pflicht zur unverzüglichen Anzeige solcher Tatsachen, die den Verdacht einer Straftat nach § 38 WpHG (Insiderhandel) begründen. Die Verpflichtung dient zumindest auch der strafrechtlichen Bekämpfung des Insiderhandels. Zwar ergibt sich dies unmittelbar weder aus den Gesetzesmaterialien (BR-Drs. 793/93, 155 zu § 18 aF WpHG; BR-Drs. 341/04, 57 zu § 4 WpHG) noch aus der dem WpHG zugrundliegenden RL 93/22/EWG. Jedoch lässt sich aus dem Zusammenhang der

Anzeigepflicht mit § 4 Abs. 5 S. 2 WpHG, der eine Unterstützung der StA bei der Verfolgung von Insiderstraftaten vorsieht, ableiten, dass Sinn der Anzeigepflicht zumindest auch die effektive Verfolgung solcher Delikte ist. Insofern besteht die erforderliche Schutzzweckidentität zwischen § 258 und § 4 Abs. 5 S. 1 WpHG, sodass die zuständigen Amtsträger der BaFin Garanten für die Strafverfolgung von Insiderstraftaten sind. Die Verletzung der Pflicht kann mithin eine Strafvereitelung durch Unterlassen darstellen.

Im Übrigen, insbes. hinsichtlich der **Strafvereitelung im Amt** und der Garantenpflicht des einzel- **42** nen Amtsträgers (§ 14), gilt das zu § 116 Abs. 1 S. 1 AO Ausgeführte (→ Rn. 24 ff.): Zwar ist die BaFin als Behörde auch mit der Verfolgung von Insiderordnungswidrigkeiten beauftragt und dazu befugt, jedoch hat sie im Strafverfahren keine eigenständigen Aufgaben (vgl. BR-Drs. 793/93, 155). Ihre Ermittlungsbefugnisse enden, sobald der Verdacht einer Straftat besteht (BR-Drs. 341/94, 57 f.). Daher ist sie nicht zur Mitwirkung an dem Strafverfahren berufen.

Der **subjektive Tatbestand** wird bei einer Verletzung der Anzeigepflicht regelmäßig in der Form der **43** Wissentlichkeit hinsichtlich des Vereitelungserfolges erfüllt sein. Hinsichtlich evtl. Irrtümer über die Pflicht zur Anzeige vgl. → Rn. 14 ff.

9. § 41 Abs. 1 OWiG. Für eine Strafbarkeit gem. §§ 258, 13 kann ferner § 41 Abs. 1 OWiG **44** Bedeutung erlangen (vgl. BGHSt 43, 82 (86)). Nach dieser Vorschrift ist die für die Verfolgung von Ordnungswidrigkeiten zuständige Behörde verpflichtet, eine Sache an die StA abzugeben, wenn Anhaltspunkte dafür erkennbar sind, dass die als Ordnungswidrigkeit verfolgte Tat eine Straftat darstellt. Unter Anhaltspunkten versteht die hM hier solche tatsächlichen Anzeichen, die den Voraussetzungen des § 152 Abs. 2 StPO entsprechen (KK-OWiG/*Lampe* OWiG § 41 Rn. 3; Bohnert/Krenberger/ Krumm OWiG § 41 Rn. 1). Aus dieser Pflicht, die der sachlich zuständige Sachbearbeiter bei der Verwaltungsbehörde gem. § 14 Abs. 2 für diese wahrzunehmen hat, ergibt sich eine **Garantenstellung** des Amtsträgers gegenüber der staatlichen Strafverfolgung (LK-StGB/*Walter* Rn. 103). Daher kann eine Verletzung der Pflicht unter Erfüllung der weiteren Tatbestandsmerkmale eine Strafbarkeit gem. §§ 258, 13 begründen. Eine Strafbarkeit gem. § 258a scheidet aus, da der Amtsträger nicht zur Verfolgung von Straftaten, sondern – wie § 41 Abs. 1 OWiG deutlich macht – gerade nur zur Verfolgung von Ordnungswidrigkeiten berufen ist.

§ 258a Strafvereitelung im Amt

(1) Ist in den Fällen des § 258 Abs. 1 der Täter als Amtsträger zur Mitwirkung bei dem Strafverfahren oder dem Verfahren zur Anordnung der Maßnahme (§ 11 Abs. 1 Nr. 8) oder ist er in den Fällen des § 258 Abs. 2 als Amtsträger zur Mitwirkung bei der Vollstreckung der Strafe oder Maßnahme berufen, so ist die Strafe Freiheitsstrafe von sechs Monaten bis zu fünf Jahren, in minder schweren Fällen Freiheitsstrafe bis zu drei Jahren oder Geldstrafe.

(2) Der Versuch ist strafbar.

(3) § 258 Abs. 3 und 6 ist nicht anzuwenden.

Literatur: Vgl. die Anmerkungen zu § 258.

Bei § 258a handelt es sich um eine **Qualifikation** zu § 258 und damit um ein uneigentliches **1** Amtsdelikt. Die Amtsträgereigenschaft (§ 11 Abs. 1 Nr. 2, vgl. im Einzelnen LK-StGB/*Hilgendorf* § 11 Rn. 19 ff.) stellt ein besonderes persönliches Merkmal dar, so dass § 28 Abs. 2 Anwendung findet (LK-StGB/*Walter* Rn. 2).

Aufgrund der strengen wirtschaftsstrafrechtlichen Ausrichtung dieses Werkes und der engen Ver- **2** knüpfung zwischen Grundtatbestand und Qualifikation in diesem Bereich wurde die Kommentierung zu § 258a in diejenige des § 258 integriert. Nähere Ausführungen zu § 258a finden sich dementsprechend dort im jeweiligen Zusammenhang. Speziell zu den Voraussetzungen, unter denen sich ein Amtsträgers gem. der §§ 258, 258a strafbar machen kann, → § 258 Rn. 18 f. Zur Strafbarkeit wegen Strafvereitelung im Amt bei Verletzung von **§ 116 AO** vgl. → § 258 Rn. 24 ff.; **§ 10 BpO** vgl. → § 258 Rn. 27 ff.; **§ 4 Abs. 5 Nr. 10 EStG** vgl. → § 258 Rn. 30 ff.; **§ 11 GWG, § 31b AO** vgl. → § 258 Rn. 32 ff.; **§ 31a AO** vgl. → § 258 Rn. 37; **§§ 81a Abs. 4, 197a Abs. 4 SGB V** vgl. → § 258 Rn. 38 ff.; **§ 6 SubvG** vgl. → § 258 Rn. 40; **§ 4 Abs. 5 S. 1 WpHG** vgl. → § 258 Rn. 41 ff.; **§ 41 Abs. 1 OWiG** vgl. → § 258 Rn. 44.

§ 261 Geldwäsche; Verschleierung unrechtmäßig erlangter Vermögenswerte

(1) ¹Wer einen Gegenstand, der aus einer in Satz 2 genannten rechtswidrigen Tat herrührt, verbirgt, dessen Herkunft verschleiert oder die Ermittlung der Herkunft, das Auffinden, den Verfall, die Einziehung oder die Sicherstellung eines solchen Gegenstandes vereitelt oder

gefährdet, wird mit Freiheitsstrafe von drei Monaten bis zu fünf Jahren bestraft. ²Rechtswidrige Taten im Sinne des Satzes 1 sind

1. Verbrechen,
2. Vergehen nach
   a) den §§ 108e, 332 Absatz 1 und 3 sowie § 334, jeweils auch in Verbindung mit § 335a,
   b) § 29 Abs. 1 Satz 1 Nr. 1 des Betäubungsmittelgesetzes und § 19 Abs. 1 Nr. 1 des Grundstoffüberwachungsgesetzes,
3. Vergehen nach § 373 und nach § 374 Abs. 2 der Abgabenordnung, jeweils auch in Verbindung mit § 12 Abs. 1 des Gesetzes zur Durchführung der Gemeinsamen Marktorganisationen und der Direktzahlungen,
4. Vergehen
   a) nach den §§ 152a, 181a, 232 Abs. 1 und 2, § 233 Abs. 1 und 2, §§ 233a, 242, 246, 253, 259, 263 bis 264, 266, 267, 269, 271, 284, 299, 326 Abs. 1, 2 und 4, § 328 Abs. 1, 2 und 4 sowie § 348,
   b) nach § 96 des Aufenthaltsgesetzes, § 84 des Asylgesetzes, nach § 370 der Abgabenordnung, nach § 38 Absatz 1 bis 3 und 5 des Wertpapierhandelsgesetzes sowie nach den §§ 143, 143a und 144 des Markengesetzes, den §§ 106 bis 108b des Urheberrechtsgesetzes, § 25 des Gebrauchsmustergesetzes, den §§ 51 und 65 des Designgesetzes, § 142 des Patentgesetzes, § 10 des Halbleiterschutzgesetzes und § 39 des Sortenschutzgesetzes,
   die gewerbsmäßig oder von einem Mitglied einer Bande, die sich zur fortgesetzten Begehung solcher Taten verbunden hat, begangen worden sind, und
5. Vergehen nach den §§ 89a und 89c und nach den §§ 129 und 129a Abs. 3 und 5, jeweils auch in Verbindung mit § 129b Abs. 1, sowie von einem Mitglied einer kriminellen oder terroristischen Vereinigung (§§ 129, 129a, jeweils auch in Verbindung mit § 129b Abs. 1) begangene Vergehen.

³Satz 1 gilt in den Fällen der gewerbsmäßigen oder bandenmäßigen Steuerhinterziehung nach § 370 der Abgabenordnung für die durch die Steuerhinterziehung ersparten Aufwendungen und unrechtmäßig erlangten Steuererstattungen und -vergütungen sowie in den Fällen des Satzes 2 Nr. 3 auch für einen Gegenstand, hinsichtlich dessen Abgaben hinterzogen worden sind.

(2) Ebenso wird bestraft, wer einen in Absatz 1 bezeichneten Gegenstand

1. sich oder einem Dritten verschafft oder[4]
2. verwahrt oder für sich oder einen Dritten verwendet, wenn er die Herkunft des Gegenstandes zu dem Zeitpunkt gekannt hat, zu dem er ihn erlangt hat.

(3) Der Versuch ist strafbar.

(4) ¹In besonders schweren Fällen ist die Strafe Freiheitsstrafe von sechs Monaten bis zu zehn Jahren. ²Ein besonders schwerer Fall liegt in der Regel vor, wenn der Täter gewerbsmäßig oder als Mitglied einer Bande handelt, die sich zur fortgesetzten Begehung einer Geldwäsche verbunden hat.

(5) Wer in den Fällen des Absatzes 1 oder 2 leichtfertig nicht erkennt, daß der Gegenstand aus einer in Absatz 1 genannten rechtswidrigen Tat herrührt, wird mit Freiheitsstrafe bis zu zwei Jahren oder mit Geldstrafe bestraft.

(6) Die Tat ist nicht nach Absatz 2 strafbar, wenn zuvor ein Dritter den Gegenstand erlangt hat, ohne hierdurch eine Straftat zu begehen.

(7) ¹Gegenstände, auf die sich die Straftat bezieht, können eingezogen werden. ²§ 74a ist anzuwenden. ³§ 73d ist anzuwenden, wenn der Täter gewerbsmäßig oder als Mitglied einer Bande handelt, die sich zur fortgesetzten Begehung einer Geldwäsche verbunden hat.

(8) Den in den Absätzen 1, 2 und 5 bezeichneten Gegenständen stehen solche gleich, die aus einer im Ausland begangenen Tat der in Absatz 1 bezeichneten Art herrühren, wenn die Tat auch am Tatort mit Strafe bedroht ist.

(9) ¹Nach den Absätzen 1 bis 5 wird nicht bestraft,

1. wer die Tat freiwillig bei der zuständigen Behörde anzeigt oder freiwillig eine solche Anzeige veranlasst, wenn nicht die Tat zu diesem Zeitpunkt bereits ganz oder zum Teil entdeckt war und der Täter dies wusste oder bei verständiger Würdigung der Sachlage damit rechnen musste, und
2. in den Fällen des Absatzes 1 oder des Absatzes 2 unter den in Nummer 1 genannten Voraussetzungen die Sicherstellung des Gegenstandes bewirkt, auf den sich die Straftat bezieht.

²Nach den Absätzen 1 bis 5 wird außerdem nicht bestraft, wer wegen Beteiligung an der Vortat strafbar ist. ³Eine Straflosigkeit nach Satz 2 ist ausgeschlossen, wenn der Täter oder Teilnehmer einen Gegenstand, der aus einer in Absatz 1 Satz 2 genannten rechtswidrigen Tat herrührt, in den Verkehr bringt und dabei die rechtswidrige Herkunft des Gegenstandes verschleiert.

Literatur: *Arzt,* Geldwäsche und rechtsstaatlicher Verfall, JZ 1993, 913 ff.; *Aschke,* Der Straftatbestand der Geld-
wäsche im Lichte zivilrechtlicher Erwerbsprinzipien, 2012; *Balzer,* Die berufstypische Strafbarkeit des Verteidigers unter
besonderer Beachtung des Problems der Begehung von Geldwäsche (§ 261 StGB) durch Honorarannahme, 2004;
Barton, Das Tatobjekt der Geldwäsche: Wann rührt ein Gegenstand auf einer der im Katalog des § 261 Abs. 1 Nr. 1–3
StGB bezeichneten Straftaten her?, NStZ 1993, 159 ff.; *Barton,* Sozial übliche Geschäftstätigkeit und Geldwäsche (§ 261
StGB), StV 1993, 156 ff.; *Bermejo/Wirtz,* Strafverteidigerhonorar und Geldwäsche aus europäischer Perspektive –
gleiches Problem, gleiche Lösung? ZIS 2007, 398 ff.; *Bernsmann,* Das Grundrecht auf Strafverteidigung und Geld-
wäsche. Vorüberlegungen zu einem besonderen Rechtfertigungsgrund, StV 2000, 40 ff.; *Bernsmann,* Der Rechtsstaat
wehrt sich gegen seine Verteidiger – Geldwäsche durch Strafverteidiger? FS Lüderssen, 2002, 683 ff.; *Bernsmann,* Im
Zweifel Geldwäsche? Überlegungen zum Verhältnis von materiellem und Prozess-Recht bei der Geldwäsche (§ 261
StGB), FS Amelung, 2009, 381 ff.; *Beulke,* Gedanken zur Diskussion über die Strafbarkeit des Verteidigers wegen
Geldwäsche, FS Rudolphi, 2004, 391 ff.; *Bischoff,* Geldwäsche als Anschlussstraftat – die Streichung der Tat „eines
anderen" in § 261 StGB, 2010; *Bottermann,* Untersuchung zu den grundlegenden Problematiken des Geldwäschetat-
bestandes, auch in seinen Bezügen zum Geldwäschegesetz, 1995; *Bottke,* Teleologie und Effektivität der Normen gegen
Geldwäsche, wistra 1995, 87 ff., 121 ff.; *Bülte,* Der neue § 299 StGB und die Geldwäsche, NZWiSt 2015, 281 f.; *Burr,*
Geldwäsche – eine Untersuchung zu § 261 StGB, 1995; *Bussenius,* Geldwäsche und Strafverteidigerhonorar, 2004;
Cebulla, Gegenstand der Geldwäsche, wistra 1999, 281 ff.; *Diergarten,* Geldwäsche-Kommentar, 3. Aufl. 2013; *Dierlamm,* Geldwäsche und Steuerhinterziehung als Vortat – die Quadratur des Kreises, FS Mehle, 2009, 177 ff.; *Dionysso-
poulou,* Der Tatbestand der Geldwäsche – eine Analyse der dogmatischen Grundlagen des Paragraphen 261 StGB, 1999;
Fabel, Geldwäsche und tätige Reue: eine Untersuchung zu Auslegung und Anwendung der besonderen Rücktrittsrege-
lungen in § 261 Abs. 9 und 10 StGB, 1997; *Fernandez/Heinrich,* Die Strafbarkeit des Strafverteidigers wegen Geld-
wäsche durch Annahme des Honorars nach südafrikanischem und deutschem Recht, ZStW 126 (2014), 382 ff.; *Flatten,*
Zur Strafbarkeit von Bankangestellten bei der Geldwäsche, 1996; *Frank,* Die Bekämpfung der Geldwäsche in den USA.
High-Tech-Gewinnaufspürung, drakonische Strafen und radikale Gewinneinziehung; ist der amerikanische Ansatz ein
Vorbild für Deutschland? 2002; *Forthauser,* Geldwäsche de lege lata et ferenda, 1992; *Geurts,* Die Strafbarkeit der
Geldwäsche – Metastasen politischen Willens, ZRP 1997, 250 ff.; *Großwieser,* Der Geldwäschetatbestand (§ 261 StGB),
1998; *Gruber,* Geldwäsche (§ 261 StGB) durch Rechtsanwälte und Steuerberater bei der Honorarannahme, 2009;
Grüner, Geldwäsche durch Annahme des Verteidigerhonorars?, GA 2000, 430 ff.; *Hamacher,* Das anwaltliche Berufsgeheimnis und die Geldwäsche, wistra 2012, 136 ff.; *Hartmann,* Internationale Finanzströme und Geldwäsche – eine
spiegelbildliche Phänomenologie sicherheitsarchitektonischer Legislation, KJ 2007, 2 ff.; *Hefendehl,* Kann und soll der
Allgemeine Teil bzw. das Verfassungsrecht missglückte Regelungen des Besonderen Teils retten? Die „Geldwäsche"
durch den Strafverteidiger, FS Roxin, 2001, 145 ff.; *Helmers,* Zum Tatbestand der Geldwäsche (§ 261 StGB). Beispiel
einer rechtsprinzipiell verfehlten Rechtsprechung, ZStW 121 (2009), 509 ff.; *Herzog/Christmann,* Geldwäsche und
„Bekämpfungsgesetzgebung" – ein Plädoyer für rechtsstaatliche Sensibilität, WM 2003, 6 ff.; *Herzog/Mülhausen,* Geldwäschebekämpfung und Gewinnabschöpfung. Handbuch der straf- und wirtschaftsrechtlichen Regelungen, 2006;
Hetzer, Der Geruch des Geldes – Ziel, Inhalt und Wirkung der Gesetze gegen Geldwäsche, NJW 1993, 3298 ff.; *Hetzer,*
Systemgrenzen der Geldwäschebekämpfung? ZRP 1999, 245 ff.; *Hetzer,* Geldwäsche und Strafverteidigung, wistra
2000, 281 ff.; *Hetzer,* Quantensprung in der Geldwäschebekämpfung – gewerbs- und bandenmäßige Steuerhinterziehung als Vortat (§ 261 StGB), DStZ 2002, 175 ff.; *Hetzer,* Neue Initiativen gegen Geldwäsche und Terrorfinanzierung
in Europa, ZfZ 2004, 362 ff.; *Höreth,* Die Bekämpfung der Geldwäsche – unter Berücksichtigung einschlägiger
ausländischer Vorschriften und Erfahrungen, 1996; *Hombrecher,* Geldwäsche (§ 261 StGB) durch Strafverteidiger? Eine
Untersuchung zur Anwendung des § 261 StGB auf das Honorar des Strafverteidigers, 2001; *Hoyer/Klos/Carl,* Regelungen zur Bekämpfung der Geldwäsche und ihre Anwendung in der Praxis, 2001; *Hufnagel,* Der Strafverteidiger unter
dem Generalverdacht der Geldwäsche gemäß § 261 StGB – eine rechtsvergleichende Darstellung (Deutschland,
Österreich, Schweiz und USA), 2004; *Hund,* Der Geldwäschetatbestand – missglückt oder missverstanden?, ZRP 1996,
163 ff.; *Jahn,* Nächste Fortsetzungslieferung für den Vortatenkatalog? Zur Erweiterung des Einzugsbereichs des Geldwäschetatbestands (§ 261 StGB) auf banden- und gewerbsmäßige Dopingstraftaten, FS Kühne 2013, 107 ff.; *Jahn/Ebner,*
Geldwäsche – tatrichterliche Beweiswürdigung zum Vortat-Vorsatz und strafloser Zwischenerwerb bei Banküberweisungen; BGH, Beschl. v. 23.8.2013 – 2 StR 42/12 (LG Aachen), ZWH 2013, 18 ff.; *Kargl,* Probleme des Tatbestands der Geldwäsche (§ 261 StGB), NJ 2001, 57 ff.; *Kaufmann,* Die Bedeutung der Einbeziehung von Bankmitarbeitern in die strafrechtliche Bekämpfung der Geldwäsche, 2001; *Kern,* Geldwäsche und organisierte Kriminalität,
1993; *Knorz,* Der Unrechtsgehalt des § 261 StGB, 1996; *Körner/Dach,* Geldwäsche. Ein Leitfaden zum geltenden
Recht, 1994; *Kraatz,* Die Geldwäsche (§ 261 StGB), JURA 2015, 699 ff.; *Kreß,* Das neue Recht der Geldwäschebekämpfung. Eine Bestandsaufnahme nach nationaler und europäischer Rechtssetzung sowie höchstrichterlicher Rechtsfindung, wistra 1998, 121 ff.; *Krey/Dierlamm,* Gewinnabschöpfung und Geldwäsche, JR 1992, 353 ff.; *Lampe,* Der neue
Tatbestand der Geldwäsche (§ 261 StGB), JZ 1994, 123 ff.; *Leip,* Der Straftatbestand der Geldwäsche – zur Auslegung
des § 261 StGB, 2. Aufl. 1999; *Ma,* Die Bekämpfung der Geldwäsche als tatsächliches und rechtliches Problem –
internationale Instrumente sowie die Entwicklung der Gesetzgebung in Taiwan und in Deutschland, 2008; *Maiwald,*
Auslegungsprobleme im Tatbestand der Geldwäsche, FS Hirsch, 1999, 631 ff.; *Matt,* Strafverteidigerhonorar und Geldwäsche, FS Rieß, 2002, 739 ff.; *Michalke,* Die „Infizierungs"-Theorie – ein untauglicher Versuch am untauglichen
„Gegenstand", Strafverteidigung im Rechtsstaat – 25 Jahre Arbeitsgemeinschaft Strafrecht des Deutschen Anwaltvereins, 2009, 346 ff.; *Müssig,* Strafverteidiger als „Organ der Rechtspflege" und die Strafbarkeit wegen Geldwäsche – zu
(strafrechtsdogmatischen) Perspektiven der Strafverteidigung nach dem Geldwäscheurteil des BVerG, wistra 2005,
201 ff.; *Neuheuser,* Die Strafbarkeit des Geldwäschebeauftragten wegen Geldwäsche durch Unterlassen bei Nichtmelden
eines Verdachtsfalles gemäß § 11 Abs. 1 GwG, NZWiSt 2015, 241 ff.; *Niermann,* „e-Geldwäsche" – rechtliche und
faktische Grenzen der Gewinnabschöpfung bei Straftaten im modernen Zahlungsverkehr, 2004; *Oberloskamp,* Geldwäsche durch Angehörige der rechts- und steuerberatenden Berufe (§ 261 Abs. 1 S. 3 StGB) in verfassungsrechtlicher
Sicht, StV 2002, 611 ff.; *Ogbamichael,* Das neue deutsche Geldwäscherecht, 2011; *Otto,* Geldwäsche, § 261 StGB,
JURA 1993, 329 ff.; *Park,* Geldwäscheverdachtsanzeigepflicht von Banken bei Kunden-Selbstanzeige gem. § 371 AO
aufgrund des Geldwäsche-Rundschreibens vom 5.3.2014, NZWiSt 2015, 59 ff.; *Raschke,* Geldwäsche und
rechtswidrige Vortat – eine Analyse der Irrtumsproblematik am Beispiel des Verteidigerhonorars, 2014; *Rzepka,* Geldwäsche
und Verteidigerhonorar, FS Tondorf, 2004, 327 ff.; *Salditt,* Der Tatbestand der Geldwäsche, StraFo 1992, 121 ff.; *Salditt,*

Geldwäsche durch Strafverteidigung – über Norm und Rolle, StraFo 2002, 181 ff.; *Samson,* Geldwäsche und Steuerhinterziehung? Gedanken zur Halbwertzeit von Strafgesetzen, FS Kohlmann 2003, 263 ff.; *Schittenhelm,* Alte und neue Probleme der Anschlussdelikte im Lichte der Geldwäsche, FS Lenckner, 1998, 519 ff.; *Schmid,* Geldwäsche – ausgewählte Problembereiche, 2. Aufl. 2009; *Schmidt,* Geldwäsche und Verteidigerhonorar, JR 2001, 448 ff.; *Schneider/Dreer/Riegler,* Geldwäsche. Formen, Akteure, Größenordnung – und warum die Politik machtlos ist, 2006; *Schrader,* Die Strafbarkeit des Verteidigers wegen Geldwäsche (§ 261 StGB) durch Annahme bemakelter Honorarmittel, 2008; *Schramm,* Zum Verhältnis von (gewerbsmäßiger) Hehlerei (§ 259, § 260 StGB) und Geldwäsche (§ 261 StGB), wistra 2008, 245 ff.; *Sebastian,* Materielle Voraussetzungen und notwendige Urteilsfeststellungen bei „leichtfertiger Geldwäsche" durch einen „Finanzagenten" – zugleich Besprechung von BGH Beschl. v. 11.9.2014 (4 StR 312/14), NStZ 2015, 438 ff.; *Sotiriadis,* Die Entwicklung der Gesetzgebung über Gewinnabschöpfung und Geldwäsche unter Berücksichtigung der jeweiligen kriminalpolitischen Tendenzen, 2010; *Spatscheck/Wulf,* „Gewerbsmäßige Steuerhinterziehung" als Vortat zur Geldwäsche, DB 2001, 2572 ff.; *Spiske,* Pecunia olet? Der neue Geldwäschetatbestand § 261 StGB im Verhältnis zu den §§ 257, 258, 259 StGB, insbesondere zur straflosen Ersatzhehlerei, 1998; *Stier,* Die Problematik des § 370a AO unter besonderer Beachtung der Auswirkungen auf die Geldwäsche und auf die Organisierte Kriminalität, 2005; *Vogel,* Geldwäsche – ein europaweit harmonisierter Straftatbestand?, ZStW 109 (1997), 335 ff.; *Voß,* Die Tatobjekte der Geldwäsche – eine Analyse des Regelungssystems in § 261 StGB, 2007; *Wulf,* Telefonüberwachung und Geldwäsche im Steuerstrafrecht – die Reform der schweren Steuerhinterziehung (§ 370a AO aF) durch das Gesetz zur Neuregelung der Telekommunikationsüberwachung – Fluch oder Segen?, wistra 2008, 321 ff.

Übersicht

A. Regelungscharakter

1   Die umfangreichste Norm des StGB ist in den 21. Abschnitt eingefügt, betrifft also ein **Anschlussdelikt** (BVerfGE 110, 226 (247)) an eine Vortat, wie sie in Abs. 1 S. 2 konkretisiert ist. Sie geht jedoch darüber hinaus, unter anderem indem die **Schuldformen von allen Vorsatzarten** auch **auf Leichtfertigkeit ausgedehnt** wird, während die Vortaten regelmäßig nur vorsätzlich begangen werden können. Infolge einer weiter gehenden, **auf Erleichterung von Strafverfolgung** und **Gewinnabschöpfung** sowie **präventive Wirkungen ausgerichteten Zielsetzung** (BT-Drs. 12/989, 26) stellt sich die Frage, ob es sich im Gegensatz zu den anderen Anschlussdelikten des 21. Abschnitts um einen eigenständigen Tatbestand handelt (BGHSt 43, 149 (152)), der einen von der Vortat zu unterscheidenden Unrechts- und Schuldgehalt besitzt (BGHSt 43, 158 (166)). Das hängt auch von der ungeklärten Frage des geschützten Rechtsguts ab. Nach der Streichung der Ausschlussklausel in § 261 Abs. 10 aF, wonach es um Geldwäsche in Bezug auf die Vortat „eines anderen" gehen musste, kann nun der Täter der Vortat auch (durch „Selbstgeldwäsche") Geldwäscher in eigener Sache sein, soweit er – jedenfalls in dubio pro reo – nicht als Beteiligter der Katalogvortat verurteilt werden kann. Die Geldwäsche ist danach ein Auffangtatbestand. Problematisch bleibt seine Legitimation. Durch Einordnung als **Mittel zur Bekämpfung der Organisierten Kriminalität** hatte der Strafnorm einen **Legitimationsvorschuss** erhalten, der aber längst **verbraucht** ist. Danach wird heute nicht nur organisierte, sondern auch andere Kriminalität damit verfolgt (Herzog/*Nestler* Rn. 11). Auch der flankierende Ansatz bei der **Bekämpfung des internationalen Terrorismus** (BT-Drs. 14/8739, 10), unbeschadet einer latenten Wiederbelebung durch neue Formen des Terrorismus (vgl. die Antworten der Bundesregierung auf kleine Anfrage in BT-Drs. 18/2888 zur Terrorismusfinanzierung durch Missbrauch von Sozialhilfe ua), trägt nicht. Er wird aber derzeit auf anhaltenden **Druck der Financial Action Task Force on Money Laundering** (FATF) mit der 4. Geldwäscherichtlinie der Europäischen Union forciert (→ Rn. 3). Nach deren Konzept kann der internationale Terrorismus künftig möglicherweise einen Sieg dadurch erzielen, dass sich die „freie Welt" selbst der Freiheitsrechte für ihre Bürger beraubt. Strafrecht beschränkt die Handlungsfreiheit und das Freiheitsrecht. Es bedarf einer besonderen Legitimation. Diese ist nur dann in nachvollziehbarer Weise gegeben, wenn das als strafwürdiges Unrecht definierte Verhalten Rechte oder Freiheiten anderer oder die Gesellschaftsordnung verletzt oder gefährdet (*Swoboda* ZStW 122 (2010), 24 (26)), ferner wenn es auf dieser Grundlage dem Grundsatz der Verhältnismäßigkeit entspricht. Nur ein in erheblichem Maße schädigendes Verhalten kann in rechtsstaatlicher Weise als Kriminalunrecht bezeichnet werden, nicht schon ein bloß unmoralisches, ungebührliches, ordnungswidriges oder im zivilrechtlichen Sinne rechtswidriges Verhalten. Erst recht fehlt die Legitimation der Strafdrohung, wenn sie ein Verhalten, das der Verfolgung legitimer Rechte und Interessen dient, als Straftat definiert. So erscheint es zweifelhaft, ob die Realisierung einer zivilrechtlich gerechtfertigten und titulierten Forderung beim Zugriff auf ein nach der Infizierungstheorie insgesamt bemakeltes Vermögen als Straftat bezeichnet werden kann (so BGHSt 55, 36 ff. mAnm *Kellermann/Stapelberg* MDR 2010, 901 ff.; *Putzke* StV 2011, 176 ff. und *Rübenstahl* NJW 2010, 3692 ff.). **Universalrechtsgüter** müssen zumindest auch aus Individualinteressen abgeleitet sein, um eine das Strafrecht legitimierende Kraft zu entfalten. Alleine sozial oder etatistisch begründete Belange reichen nicht aus. Die Legitimation der Strafdrohung gegenüber Geldwäsche ist nach diesem Maßstab nicht gelungen (*Helmers* ZStW 121 (2009), 509 (535 ff.)). Die Rspr. bis hin zum BVerfG (BVerfGE 120, 224 (240 ff.)), das mit Fiktionen arbeitet (*Swoboda* ZStW 122 (2010), 24 (47)), verzichtet auf eine rechtsgutsbezogene Legitimation, obwohl im Rechtsstaat der Zweck nicht jedes Mittel heiligt. Wegen des Hinweises auf einen praktisch unbegrenzten gesetzgeberischen Ermessensspielraum wird derzeit eher eine verwaltungsrechtliche Norm beanstandet als eine gesetzliche Bestimmung des eingriffsintensiveren Strafrechts. Reines Zweckstrafrecht macht den Beschuldigten zum Objekt des Verfahrens. Selbst wenn die Legitimation des Strafrechts nicht aufgrund einer Rechtsgutsbestimmung gesucht werden müsste, wäre zu konstatieren, dass der Geldwäschetatbestand **zur Erreichung des vorgegebenen Bekämpfungsziels ungeeignet** ist (zur Kritik insgesamt Fischer Rn. 4a ff.). Er wird in der Praxis kaum angewendet. Hat das Strafprozessrecht eine dienende Funktion gegenüber dem materiellen Recht, werden bei der Geldwäschebekämpfung die Verhältnisse umgekehrt, indem eine Strafdrohung zur Eröffnung von Ermittlungsansätzen verwendet wird. Weder ist es gelungen, die Organisierte Kriminalität so zu definieren, dass sie als Rechtsbegriff verwendet werden könnte (BGHSt 50, 347 (354)), noch sind in ausreichendem Maße Erfolge des Bekämpfungskonzepts mit Hilfe des Geldwäschetatbestands zu verzeichnen. Die Geldwäschebekämpfung führt bisher entgegen ihrer Zielsetzung nicht zur Aufdeckung der Vortaten von Hintermännern, sondern sie ist bei den seltenen Verurteilungen wegen Geldwäsche (Herzog/*Nestler* Rn. 15) fast immer nur ein Abfallprodukt der vorgreiflichen Verurteilung wegen Beteiligten der Katalogtaten. Auch der einzige für Organisierte Kriminalität markante Beispielsfall eines ununterbrochenen Kreislaufs von Betäubungsmitteln und Bargeld im internationalen Drogenhandel (BGHSt 43, 158 ff.) war zuvörderst über das Betäubungsmittelrecht zu lösen. Auch die angestrebte Gewinnabschöpfung bleibt latent weit hinter den Erwartungen zurück (Herzog/*Nestler* Rn. 16). Weil die Erfolglosigkeit des Geldwäschekonzepts vorhersehbar war (*Prittwitz* StV 1993, 498 (499 f.)), müssten nun andere Gründe für die Legitimation einer den gesamten Geschäftsverkehr in seiner Grauzone zwischen legalem und illegalem Umgang mit Gegenständen betreffenden Strafdrohung genannt werden, was aber nicht gelingt. **Internationale Verpflichtungen** werden zur Legitimation angeführt (BVerfG NJW 2015, 2949 (2952)); sie reichen aber nicht aus, sofern durch die Norm innerstaatliches Verfassungsrecht verletzt und das bisherige Strafrechtssystem ruiniert wird. Der nächste Schritt im Gefolge der 4. Geldwäscherichtlinie (→ Rn. 3) wird die erneute **Erweiterung des Überwachungssystems** sein. Außerdem folgen voraussichtlich Erweiterungen bei Einziehung und Verfall aufgrund der RL 2014/42/EU des europäischen Werts und des Rates v. 3.4.2014 über die Sicherstellung und Einziehung von Tatwerkzeugen und Erträgen aus Straftaten, die bis zum 4.10.2016 umzusetzen ist.

I. Regelungsidee

2   Ideengeschichtlich stammt der Straftatbestand der Geldwäsche **aus dem US-amerikanischen Recht.** Schon der legendäre Verbrecher Al Capone hatte in den 1920er Jahren die Gewinne aus seinen kriminellen Geschäften buchstäblich in Waschsalons investiert und dort sinngemäß „gewaschen". Daher rührt die Bezeichnung (money laundering). In den USA waren vor allem in der Zeit nach dem Vietnamkrieg große **organisierte Drogenimporte** aus Südostasien, ferner aus Südamerika, nicht zuletzt aus Kolumbien, zu verzeichnen, wo das Medellin-Kartell als weltgrößter Kokainexporteur Berühmtheit erlangt hat. Im Anschluss an die **Verteilung in einer Handelskette** waren die Drogen in Kleinmengen an zahlreichen Endverbraucher verkauft und der Erlös in kleinen Bargeldmengen eingesammelt worden. Der **Geldrückfluss** in der Handelskette führte zu immer größeren Bargeldströmen, meist in kleinen gebrauchten Geldscheinen. Am Ende der Handelskette fielen enorme Bargeldmengen an, die nur noch mit Hilfe von Sortier- und Zählmaschinen zu bewältigen waren. Die Hintermänner mussten für den Transport, die **Einspeisung** in den legalen Geldkreislauf (placement), oft durch Austeilung der eingeschleusten Werte in kleine Beträge (smurfing), die **Verschleierung der Herkunft** (layering) und die **Integration in den legalen Wirtschaftsverkehr** (integration) sorgen (*Ma,* Die Bekämpfung der Geldwäsche als tatsächliches und rechtliches Problem – internationale Instrumente sowie die Entwicklung der Gesetzgebung in Taiwan und in Deutschland, 2008, 8 ff.). Für diese Geldwäsche wurden oft wieder Mittelsmänner eingeschaltet, welche in die Vortaten sonst nicht unmittelbar eingebunden werden. Sie bewegten sich an der Schnittstelle zwischen illegalem Handeln und legalem Wirtschaftsverkehr. Idealtypische Kriterien dieser Form der organisierten Kriminalität waren **die grenzüberschreitende Tätigkeit,** die vielgliedrige **Organisationsstruktur** mit zahlreichen Beteiligten in getrennten und voneinander abgeschotteten Untergliederungen, **wirtschaftsähnliches Vorgehen** und die **Erzielung enormer Gewinne** mit der Folge der Entwicklung wirtschaftlich und politisch bedeutender Machtstrukturen.

3   Die Ziele der Strafverfolgung und Kriminalitätsbekämpfung, deren quasi-militärisch geführter Teil seit 1972 als **„war on drugs"** bekannt geworden ist, wurden dahin definiert, dass den Haupttätern die Gewinne und damit der **Tatanreiz genommen,** die Hintermänner **wirtschaftlich isoliert,** zu ihrer Entdeckung die **„Papierspur"** des Geldes **zurückverfolgt** und die finanziellen Möglichkeiten zur Refinanzierung von neuen Straftaten und zur Verschleierung von bereits begangenen Delikten genommen werden sollten (Herzog/*Nestler* Rn. 11). In letzter Konsequenz ging auch darum, finanzielle Möglichkeiten zur Erlangung hochkarätiger und hochdotierter **Verteidigerdienstleistungen** zu **beschneiden,** indem das Kapital der Haupttäter bemakelt wurde. Diese Bekämpfungsziele, deren Schwerpunkt zunächst der Kampf gegen den organisierten Drogenhandel war, die bald auf andere Kriminalitätsbereiche, wie Korruption, ausgedehnt wurden, führten zuerst in den USA zur Einführung eines Straftatbestands gegen die Geldwäsche. Dort waren zunächst die Anknüpfung an den **Betäubungsmittelhandel als Vortat,** ferner die einerseits bewusst **weite Umschreibung der Tathandlungen** zur Erfassung immer neuer Methoden von placement, layering und integration, sowie im Gegenzug die Begrenzung der Strafverfolgung durch das **Opportunitätsprinzip** prägend. Die **USA veranlassten** aber **mit erheblichem Nachdruck** (*Arzt* NStZ 1990, 1 (2)) über die Vereinten Nationen, dass andere Staaten sich ebenfalls der Geldwäschebekämpfung nach ihrem Konzept verschrieben. Das Übereinkommen der Vereinten Nationen über den unerlaubten Verkehr mit Suchtstoffen und psychotropen Stoffen v. 20.12.1988 (BGBl. 1993 II 1196; Ausführungsgesetz v. 2.8.1993, BGBl. I 1407) forderte die Schaffung eines weiten Geldwäschetatbestands, der einerseits nur auf Gewinne aus Drogengeschäften oder deren Surrogate bezogen war, andererseits einen weiten objektiven Tatbestand vorsah, welcher nur über die subjektive Tatseite eingeschränkt wurde (*Ma,* Die Bekämpfung der Geldwäsche als tatsächliches und rechtliches Problem – internationale Instrumente sowie die Entwicklung der Gesetzgebung in Taiwan und in Deutschland, 2008, 21). Es ist vor diesem historischen Hintergrund zu kurz gegriffen, wenn derzeit die Betrachtung erst mit der europäischen Rechtsentwicklung beginnen und auf die Verpflichtungen der Bundesrepublik durch Vorgaben der Europäischen Union hingewiesen wird. Die Europäische Union hat das Programm, insbesondere in der Europaratskonvention über Geldwäsche sowie Ermittlung, Beschlagnahme und Einziehung von Erträgen aus Straftaten (Europaratskonvention v. 8.11.1990, BGBl. 1998 II 519; dazu *Ma,* Die Bekämpfung der Geldwäsche als tatsächliches und rechtliches Problem – internationale Instrumente sowie die Entwicklung der Gesetzgebung in Taiwan und in Deutschland, 2008, 24 ff.) und in Geldwäscherichtlinien (RL 91/308/EWG des Rates der EG v. 8.4.1998 zur Verhinderung der Nutzung des Finanzsystems zum Zwecke der Geldwäsche ABl. 1998 L 166; RL 2001/97/EG v. 28.12.2001, ABl. 2001 L 344; RL 2005/60/EG v. 19.12.2006, ABl. 2006 L 309, 15) sowie in weiteren Rechtsakten (*Beulke* FS Rudolphi, 2004, 391 (392 ff.); *Ma,* Die Bekämpfung der Geldwäsche als tatsächliches und rechtliches Problem – internationale Instrumente sowie die Entwicklung der Gesetzgebung in Taiwan und in Deutschland, 2008, 23 ff.; *Vogel* ZStW 109 (1997), 335 ff.; Verpflichtungen folgen auch aus dem Zweiten Protokoll zum Übereinkommen über den Schutz der finanziellen Interessen der Europäischen Union v. 19.6.1997, ABl. 1997 C 211, 11, BGBl. 2002 II 2722; BGBl. 2002 I 3387), aufgegriffen und die Mitgliedstaaten haben das Konzept sukzessive umgesetzt

und zwar in unterschiedlicher Weise (*Ambos* ZStW 114 (2002), 236 (240 ff.)). Zuletzt wurde am 5.6.2015 die **4. Geldwäscherichtlinie** der EU (RL (EU) 2015/849) veröffentlicht (ABl. 2015 L 141, 73). Diese Geldwäscherichtlinie verfolgt einen „risikobasierten Ansatz", sucht nach mehr Transparenz der Verantwortlichen in juristischen Personen, senkt den Schwellenwert für die Bargeldannahme von Güterhändlern von 15.000 EUR auf die Hälfte, bezieht den gesamten Glücksspielsektor aus im Internet in das Geldwäschekonzept ein, will eine schwarze Liste nicht kooperativer Jurisdiktionen einführen und Risikoanalysen verbessern. Die Richtlinie sieht auch vor, dass alle **Steuerstraftaten,** die im Höchstmaß mit einer Freiheitsstrafe von mehr als einem Jahr belegt werden können, als Vortat zur Geldwäsche einzustufen sind. Damit findet auch international ein **Paradigmenwechsel** dahin statt, dass Steuerhinterziehung allgemein zum Gegenstand der Geldwäschebekämpfung erklärt wird, um Schwarzgeld abzuschöpfen. Die Mitgliedstaaten haben die Vorgaben der RL bis 26.6.2017 umzusetzen; im deutschen Recht ist das nur partiell antizipiert worden. Ein Ende der Regelungsspirale ist daher nicht in Sicht. **Die internationalen Vorgaben** taugen jedoch nur bedingt für die Legitimation und **Auslegung des innerstaatlichen Rechts,** da die Umsetzung nicht identisch erfolgt und die Vorgaben nur einen Regelungsrahmen setzen, welcher den nationalen Gesetzgebern auch einzelne Gestaltungsspielräume belassen hat. BGHSt 55, 36 ff. hat dem Wiener Suchtstoffübereinkommen und den Geldwäsche-Richtlinien Hinweise auf die Auslegung des Geldwäschetatbestands entnommen. BGHSt 50, 347 (356); 53, 205 (210) hat daraus allgemein einen Anhaltspunkt für eine **möglichst weite Auslegung** abgeleitet. Mit der flächendeckenden Strafdrohung wird aber das **Ultima-ratio-Prinzip** des deutschen Strafrechts konterkariert, das für eine enge Auslegung spricht. Ein Ausgleich der gegenläufigen Tendenzen fehlt beim Geldwäschetatbestand (*Herzog/Hoch* StV 2008, 524 (525)), der eng auszulegen sein sollte (*Herzog/Nestler* Rn. 29). Insoweit sind die internationalen Vorgaben mit den Systemvorstellungen des innerstaatlichen Rechts nicht kompatibel. Bei der Anwendung des nationalen Rechts durch die deutschen Gerichte zu beachten ist auch das nationale Verfassungsrecht mit seinen Anforderungen an Strafnormen aus Art. 1, 2 Abs. 2 S. 2, 103 Abs. 2 GG. Deutschland ist freilich auch ein Mitglied der im Jahr 1989 gegründeten **Financial Action Task Force on Money Laundering** (FATF) bei der OECD, die ihrerseits Vorschläge zur Verbesserung der Geldwäschebekämpfung entwickelt und immer weiter auf eine fortgesetzte Ausdehnung von Strafverfolgung und Strafbarkeit drängt, wonach der Druck von der Europäischen Union mit ihren Geldwäscherichtlinien ungebremst als Vorgabe an die Mitgliedstaaten weitergegeben wird. Der Urknall dieser laufenden Expansion des Geldwäschebekämpfungskonzepts beim „war on drugs" gilt zwar als gescheitert und die Schaffung eines Straftatbestands der Geldwäsche ist in vorhersehbarer Weise erfolglos geblieben, aber der „Krieg" und das Geldwäschebekämpfungskonzept werden unverändert fortgeführt. Die Bekämpfung der Organisierten Kriminalität als zentraler Zweck wurde durch Anwendung des Straftatbestands auf andere Kriminalitätsbereiche ersetzt. Aber die Expansion dieses Universums scheint unumkehrbar. In größerem Umfang findet der Straftatbestand derzeit nur in Verdachtsfällen der Geldwäsche als Anknüpfungspunkt für Eingriffsmaßnahmen sowie bei der Indienstnahme Privater zu staatlichen Zwecken ua nach § 11 GwG Anwendung. Dies liefert aber auch keine Legitimation der Strafnorm.

In Deutschland wurde der Straftatbestand durch das Gesetz zur Bekämpfung des illegalen Rauschgifthandels und anderer Erscheinungsformen der Organisierten Kriminalität (OrKG v. 15.7.1992, BGBl. I 1302) **im Jahre 1992 eingeführt** (BT-Drs. 12/989, 27; 12/35533, 13; BVerfGE 110, 226 (227)), wobei die **Bekämpfungsziele** aus dem Vorstellungsbild des US-amerikanischen Rechts unbesehen übernommen wurden (BT-Drs. 11/7663, 25; 12/989, 26; NK-StGB/*Altenhain* Rn. 7), ohne zu beachten, dass sie zum deutschen Strafrecht nicht passen. Es geht nach dem Strafrechtskonzept der Geldwäschebekämpfung, das in Deutschland erst eingeführt wurde, als es in den USA gescheitert war, auch hier um die **wirtschaftliche Isolierung des Vortäters,** die **Wegnahme der finanziellen Mittel** zur Beseitigung des Tatanreizes (BT-Drs. 11/7663, 1; 12/989, 1; 12/2720, 2) und der Möglichkeiten zu einer Refinanzierung von Fortsetzungstaten, ferner um die **Verbesserung der Aufklärungsmöglichkeiten** (BT-Drs. 11/7663, 1; 12/989, 1; 13/8651, 9). Damit wird weniger der Geldwäscher ins Visier genommen, als vielmehr der Vortäter und es geht eher um Prävention als um Repression (*Barton* StV 1993, 156 (157)). § 261 wurde bisher **28 mal geändert.** Diese Flut der Novellen erschwert die Anwendung der Norm bis zur Unzumutbarkeit für Rechtsanwender. Bei den Novellen ging es bisher vor allem um andauernde **Erweiterungen des Katalogs der Vortaten,** um den latent ausbleibenden Erfolg der Strafnorm zu forcieren. Dennoch kann von Effektivität des Straftatbestands keine Rede sein. Zuletzt ist vor allem mit der gewerbs- oder bandenmäßigen Steuerhinterziehung ein anderer Akzent gesetzt worden, der zur Erhöhung der Zahl von Verdachtsfällen geführt hat, aber mit dem ursprünglichen Konzept der strafrechtlichen Regelung nicht mehr übereinstimmt und hinsichtlich des Gegenstands der Tat, der aus der Vortat einer gewerbsmäßig oder bandenmäßig begangenen Steuerhinterziehung „herrührt" in Form von ersparten Aufwendungen und gleichwohl das Gesamtvermögen des Steuerhinterziehers bemakelt, in den Bereich einer Fiktion ausgedehnt wurde (*Dierlamm* FS Mehle, 2009, 177 ff.). Auch darüber hinaus weckt die Idee der **„Infizierung" des Gesamtvermögens** von Vortätern und Geldwäschern durch Vermischung mit bemakelten Teilen zunehmende Bedenken (*Michalke* FS 25 Jahre Arbeitsgemeinschaft Strafrecht des DAV, 2009, 346 ff.), die von der Rechtsprechung bisher nicht aufgegriffen wurden. Bei der ver-

4

fassungsrechtlichen Kontrolle des Straftatbestandes hat man sich zuerst auf die Spezialfrage der Geldwäschestrafbarkeit von Strafverteidigern bei der Honorarannahme konzentriert (BVerfG NJW 2015, 2949 (2952 ff.)), ohne vorher die Frage der Legitimation der Strafnorm im Ganzen zu prüfen und dabei das Legitimationsdefizit aufzudecken. Die **Schaffung kasuistischer Ausnahmetatbestände** durch die Rspr., wie bei der Vorsatzlösung in Fällen der Honorarannahme durch Wahlverteidiger, erfolgt angesichts des erklärten Willens des Gesetzgebers **contra legem** und zudem in gleichheitswidriger Weise (*Helmers* ZStW 121 (2009), 509 (547 Fn. 99)). Art. 3 Abs. 1 GG steht jedenfalls dann entgegen, wenn andere anwaltliche Tätigkeiten (offen gelassen zum zivilrechtlichen Mandat BGHSt 55, 36 (60) mAnm *Kellermann/Stapelberg* MDR 2010, 901 ff.; *Putzke* StV 2011, 176 ff. und *Rübenstahl* NJW 2010, 3692 ff.) und andere Berufsgruppen nicht gleich behandelt werden.

II. Regelungsproblem

5   Die Norm weist eine komplizierte Struktur auf, welche die Rechtsanwendung erschwert. Die Kompliziertheit ist wiederum der Tatsache geschuldet, dass es um ein auf Illusionen basierendes, nicht realisierbares Regelungskonzept geht, das auch mit dem fragmentarischen deutschen Strafrechtssystem unvereinbar bleibt. Zentrale Fragen der Legitimation der Strafdrohung (*Helmers* ZStW 121 (2009), 509 (535 ff.)), ferner der Vereinbarkeit mit dem **Schuldgrundsatz** (gegen dessen Verletzung durch leichtfertige Geldwäsche aber BGHSt 43, 158 (166 f.)), auch weil das Gesetz eher den Vortäter als den Geldwäscher treffen soll, und der Vereinbarkeit mit dem **Bestimmtheitsgebot** sind in der Rechtsprechung nicht beantwortet worden. Bedenken bestehen insbesondere wegen der angeblich fehlenden Notwendigkeit einer **Vortatkonkretisierung** nach den sonst üblichen Maßstäben hinsichtlich Tatzeit, Tatort, Tatbeteiligten und Tatbild (*Bernsmann* StV 1998, 46 ff.), ferner hinsichtlich der **Bestimmung des Gegenstands** der Tat, dem vom Gesetzgeber nicht definierten (BGHSt 53, 205 (208 f.)) **„Herrühren"** aus einer Katalogtat in Vermischungsfällen oder bei Handlungsketten (*Barton* NStZ 1993, 159 ff.), außerdem hinsichtlich der **Einordnung sozial üblicher Geschäftshandlungen** (*Barton* StV 1993, 156 ff.) und nicht zuletzt bei dem **Umgang von Berufsgeheimnisträgern**, insbesondere Strafverteidigern und Rechtsanwälten, **mit bemakeltem Geld im Rahmen ihrer professionellen Tätigkeit.** Die Rechtsprechung verweist nur auf die internationale Anerkennung der Notwendigkeit einer strafrechtlichen Geldwäschebekämpfung und die völkervertraglichen Verpflichtungen, sowie den darauf bezogenen gesetzgeberischen Willen, dem Umgang mit bemakelten Gegenständen möglichst weit gehend mit der Strafnorm zu erfassen (BGHSt 43, 158 (167); 53, 205 (210)). Damit trifft sie nicht den zentralen Punkt. Internationale Anerkennung und staatsvertragliche Pflichten würden keine Verletzung von innerstaatlichem Verfassungsrecht legitimieren. Für das Offenlassen von Einzelheiten der Vortat bei der Verurteilung eines Geldwäschers sowie die Unklarheiten über die Herkunft angeblich infizierter Vermögen aus den Erlösen von Katalogtaten unter Beschränkung von Grundrechten oder grundrechtsgleichen Rechten der Beschuldigten fehlt ein überzeugender Grund. Eine **umfassende Normenkontrolle hat noch nicht stattgefunden,** wohl auch deshalb, weil die Verfassungsbeschwerde, die bisher als einzige zu einer Senatsentscheidung geführt hat, hinsichtlich einer weiteren Handlungsalternative nach § 261 Abs. 1 S. 1 mangels Rechtswegerschöpfung nach Teilrechtskraft unzulässig und der Prüfungsgegenstand begrenzt war (BVerfGE 110, 226 (245)). Bei umfassender Normenkontrolle liegt eine **Verletzung von Art. 103 Abs. 2 GG** und des Schuldgrundsatzes durch den uferlos weit gefassten Tatbestand nahe. Art. 103 Abs. 2 GG gewährleistet, dass eine Tat nur bestraft werden kann, wenn die Strafbarkeit gesetzlich bestimmt war, bevor die Tat begangen wurde. Dies verpflichtet den Gesetzgeber, die Voraussetzungen der Strafbarkeit so zu umschreiben, dass Tragweite und Anwendungsbereich der Straftatbestände für den Normadressaten und den Rechtsanwender ohne weiteres aus dem Gesetz zu erkennen sind oder sich jedenfalls durch Auslegung nach anerkannten Methoden ermitteln und konkretisieren lassen. Art. 103 Abs. 2 GG sorgt dafür, dass im Bereich des Strafrechts nur der Gesetzgeber abstrakt-generell über die Strafbarkeit entscheidet. Die Legislative ist daher dazu verpflichtet, die Grenzen der Strafbarkeit zu bestimmen; sie darf diese Entscheidung nicht den Gerichten überlassen. Aus demselben Grunde versagt Art. 103 Abs. 2 GG es den Strafgerichten, ein unbestimmtes Gesetz von sich aus nachzubessern (BVerfGE 105, 135 (153)). Dies ist hier aber etwa dann erforderlich, wenn der unbestimmte Rechtsbegriff des Herrührens eines Gegenstands aus einer Katalogtat auf verschiedene Konstellationen in einer langen Kausalkette angewendet werden soll.

6   Der deutsche **Gesetzgeber,** der allen internationalen Vorgaben zur möglichst weit reichenden Geldwäschebekämpfung gefolgt ist und diese zum Teil übertroffen hat, hat sich **zu den Fragen einer Eingrenzung des Straftatbestands bewusst nicht geäußert** und die Klärung der Rechtsprechung überlassen. Wenn sich daraus nicht die **Unbestimmtheit des Gesetzes** ergeben soll, ist zumindest ein **Präzisierungsgebot** für die Rechtsprechung anzunehmen (BVerfGE 126, 170 (198)). Im Akzent findet sich in den Gesetzesmaterialien zum Geldwäschetatbestand eher die **Betonung einer weiten Fassung des Gesetzes,** die der überkommenen Struktur eines einerseits fragmentarischen und damit **Strafbarkeitslücken** bewusst offen lassenden, dadurch andererseits „bestimmten" Strafrechts zuwiderläuft. Die extrem weite Umschreibung möglicher Tathandlungen und die nahezu unbegrenzt weite Herstellung eines Kausalzusammenhangs zwischen Vortat und Geldwäschegegenstand sowie die Fiktion der Infizie-

rung des Gesamtvermögens des Täters durch Einbeziehung eines bemakelten Teils verleiht der Norm allenfalls eine **primitive** Form der **Bestimmtheit,** kollidiert aber zugleich mit Schuldgrundsatz und Übermaßverbot. Auch mit einer Verfahrensstruktur, die vom **Legalitätsprinzip** ausgeht, ist eine flächendeckende Strafdrohung unvereinbar. Der Systemwechsel hat zu der für das deutsche Recht atypischen **Indienstnahme Privater** für Zwecke der Strafverfolgung ua nach § 11 GwG geführt.

Da die Schuldformen ausgehend von Leichtfertigkeit (Abs. 5) über alle Vorsatzstufen erstreckt **7** werden und dabei vor allem zur **Vermeidung von Beweisproblemen** auch über den Rahmen dessen hinausgehen, was bei den regelmäßig nur vorsätzlich zu begehenden Vortaten vorgesehen ist, findet **keine** wesentliche **Beschränkung des weiten Geldwäschetatbestands auf der subjektiven Ebene** statt. Eine Vorsatzlösung zur verfassungskonform restriktiven Auslegung der Norm in Sonderkonstellationen, namentlich bei der Frage der Geldwäsche eines Strafverteidigers durch Honorarannahme, erfolgt contra legem (Fischer Rn. 36 ff.; *Jahn/Ebner* JuS 2009, 597 (601)). Sie ist konzeptionell verfehlt und wird vom BVerfG im Kammerbetrieb nicht durchgehalten, das in einem Fall, in dem das Berufungsgericht angenommen hatte, dass bedingter Vorsatz ausreiche, entgegen den Vorgaben aus dem Senatsurteil nicht eingegriffen hat (vgl. BVerfG NJW 2015, 2949 ff.). Die Ausdehnung des Rahmens der Schuldformen sogar über den Bereich dessen hinaus, was bei den Vortaten üblich ist, stellt die Eigenschaft der Geldwäsche als Anschlussdelikt in. Damit wird die Systematik des 21. Abschnitts aufgegeben. Zudem wird die Antwort auf die **Frage der tatproportionalen Schuldgewichtung** auch im Hinblick auf die Möglichkeit, dass der Täter der Katalogvortat selbst auch wegen Geldwäsche verurteilt werden kann, wenn die Vortatbeteiligung nicht sicher festzustellen ist, diffus. Sie hängt davon ab, dass als Legitimationsgrundlage der Geldwäschestrafnorm ein eigenständiges Rechtsgut ausgemacht wird, was aber nicht gelungen ist. Ein gesetzgeberisches Bekämpfungsziel alleine ist nicht identisch mit einem strafrechtlich zu schützenden Rechtsgut. Ohne klare und plausible **Rechtsgutsdefinition** wirkt die Legitimation der Strafdrohung fragwürdig. Stellt der Gesetzgeber fast alles unter Strafe, was irgendwie gegenständlich mit der Vortat zu tun hat, dann ist dies allenfalls gerade noch „bestimmt" iSv Art. 103 Abs. 2 GG, aber jedenfalls **unverhältnismäßig.** Wird der Vortäter wirtschaftlich isoliert, indem jede Vermögenstransaktion, deren Gegenstand irgendwie durch den Erlös der Vortat bemakelt ist, der Strafdrohung unterworfen wird, verstößt dies gegen seine Menschenwürde oder im Übermaß gegen seine Handlungsfreiheit. Wird auch der an sich legale Wirtschaftsverkehr in weiten Bereichen mitbetroffen, wenn er im Grenzbereich von legalem und illegalem Handeln des Vortäters oder eines Mittelsmannes infolge der uferlos weiten Kausalkette zwischen Vortat und Geldwäschegegenstand zu rasch von der Strafnorm erfasst wird, dann wird ein Verstoß gegen das Übermaßverbot eigentlich offensichtlich. Abs. 6 wirkt dem nicht ausreichend entgegen. In den USA ist vor dem Hintergrund der Geldwäscheidee letztlich jeder **Umgang mit Bargeld in größeren Mengen dubios** geworden. Dies hat zur weit gehenden Abschaffung des bargeldlosen Zahlungsverkehrs geführt. Dem folgt nun das europäische Recht.

III. Rechtsgüter und Regelungsziele

Ein Dilemma, welches sich bei der vorliegenden Vorschrift zeigt, besteht darin, dass der deutsche **8** Strafgesetzgeber und die Rechtsprechung keinen materiellen Verbrechensbegriff (*Helmers* ZStW 121 (2009), 509 (518 ff.)) entwickelt haben, weshalb sie für die verfassungsrechtlich notwendige Legitimierung der Vorschrift, die sich bei näherer Betrachtung als unmöglich erweist, nicht einmal danach suchen (vgl. Herzog/*Nestler* Rn. 28). Der stattdessen erteilte Hinweis auf **völkervertragliche Verpflichtungen** (BGHSt 43, 158 (167); 50, 347 (354); 53, 205 (210)) reicht zur **verfassungsrechtlichen Legitimation** nicht aus. Auch die Bestimmung eines von der Strafnorm geschützten Rechtsguts wäre zur Legitimation alleine nicht ausreichend; sie ist aber jedenfalls für die Auslegung der Norm erforderlich. Auch insoweit herrscht jedoch Unklarheit. Ein einheitliches Schutzgut oder Regelungsziel ist jedenfalls nicht auszumachen. Von Abs. 1 geschützt wird die **inländische Rechtspflege** mit ihrer Bestimmung, die Folgen von Straftaten auszugleichen (BGHSt 53, 205 (209); OLG Karlsruhe NJW 2005, 767 (768); SSW StGB/*Jahn* Rn. 6; *Jahn/Ebner* JuS 2009, 597; MüKoStGB/*Neuheuser* Rn. 7 ff.; *Petropoulos* wistra 2007, 241 f.; Schönke/Schröder/*Stree/Hecker* Rn. 2; abl. NK-StGB/*Altenhain* Rn. 12). Abs. 2 dient ausschließlich (*Voß,* Die Tatobjekte der Geldwäsche – eine Analyse des Regelungssystems in § 261 StGB, 2007, 15 f.) oder zusätzlich dem **Schutz der Rechtsgüter der Katalogstraftatbestände** aus Abs. 1 S. 2 (BT-Drs. 12/989, 27; SSW StGB/*Jahn* Rn. 6; *Jahn/Ebner* JuS 2009, 597; Leip, Der Straftatbestand der Geldwäsche – zur Auslegung des § 261 StGB, 2. Aufl. 1999, 54 ff.; MüKoStGB/*Neuheuser* Rn. 12; Schönke/Schröder/*Stree/Hecker* Rn. 2), dies freilich nicht mit Bezug auf einzelne Vortaten, sondern aus präventiven Gründen eher in abstrakter Weise (*Burr,* Geldwäsche – eine Untersuchung zu § 261 StGB, 1995, 26; *Salditt* StraFo 1992, 121 (122)). Gleichwohl ist Geldwäsche nach neuerer zivilgerichtlicher Rechtsprechung insgesamt ein **Schutzgesetz** iSv § 823 Abs. 2 BGB, soweit die Katalogvortat ein Schutzgesetz verletzt (BGH NJW 2013, 1158 (1159); Herzog/*Nestler* Rn. 28). Das Rechtsgut der „Rechtspflege" ist einerseits unbestimmt, weil die Begründung einer Strafnorm mit dem Schutze der Strafrechtspflege einer Tautologie gleichkommt. Daneben wird die Ansicht vertreten, dass die strafrechtliche Bekämpfung der Organisierten Kriminalität und des Terrorismus auch den **Schutz der**

inneren Sicherheit bezwecke (*Barton* StV 1993, 156 (160); *Knorz,* Der Unrechtsgehalt des § 261 StGB, 1996, 132). Da aber die Organisierte Kriminalität weder hinreichend konkret definiert ist, noch alleine vom Tatbestand erfasst wird, geht dies zu weit. Zudem ist die „innere Sicherheit" als Schutzgut zu vage, um für Legitimationsfunktionen oder Auslegungszwecke ausreichenden Nutzen zu bringen (*Knorz,* Der Unrechtsgehalt des § 261 StGB, 1996, 132 ff. (229); *Voß,* Die Tatobjekte der Geldwäsche – eine Analyse des Regelungssystems in § 261 StGB, 2007, 13). Andere Stimmen verweisen zur Beantwortung der Rechtsgutsfrage auf den **Schutz des legalen Finanzkreislaufs** und der legalen Wirtschaft (*Bottke* wistra 1995, 121 (124); *Findeisen* wistra 1997, 121; *Lampe* JZ 1994, 123 (125); *Vogel* ZStW 109 (1997), 335 (351); sa BGHSt 50, 347 (355); krit. Herzog/*Nestler* Rn. 25). Dieses vage umschriebene Schutzgut wird aber durch die Norm mit Hilfe der Infizierungstheorie, die alsbald zur Bemakelung des ganzen Geldkreislaufs führen muss, eher gefährdet. Zudem ist es zu unbestimmt, um eine legitimierende Wirkung zu entfalten. Dieses „Rechtsgut" ergibt sich auch nicht aus den Gesetzesmaterialien (MüKoStGB/*Neuheuser* Rn. 9; *Voß,* Die Tatobjekte der Geldwäsche – eine Analyse des Regelungssystems in § 261 StGB, 2007, 9). Schließlich wird angenommen, dass der Geldwäschestraftatbestand dem **Schutz des staatlichen Anspruchs auf Einziehung oder Verfall** bemakelter Gegenstände oder gar seiner Schaffung diene (*Arzt* JZ 1993, 913 (915 ff.); sa NK-StGB/*Altenhain* Rn. 12; *Otto* JURA 1993, 329 (330); krit. *Voß,* Die Tatobjekte der Geldwäsche – eine Analyse des Regelungssystems in § 261 StGB, 2007, 11; abl. *Leip,* Der Straftatbestand der Geldwäsche – zur Auslegung des § 261 StGB, 2. Aufl. 1999, 52; MüKoStGB/*Neuheuser* Rn. 10; *Petropoulos* wistra 2007, 242). Diese These wirkt zirkelschlüssig, weil sie läuft darauf hinaus, dass ein Straftatbestand geschaffen wurde, um Strafrechtsfolgen daran anknüpfen zu können, damit die Objekte nicht anderweitig verloren gehen. Das dürfte kein legitimer Strafgrund sein. Gleiches gilt für die These, die Norm bezwecke die Schaffung möglichst vieler polizeilicher Ermittlungsansätze zur **Erleichterung der Strafverfolgung** (BT-Drs. 12/989, 26; *Leip,* Der Straftatbestand der Geldwäsche – zur Auslegung des § 261 StGB, 2. Aufl. 1999, 52 ff.; MüKoStGB/*Neuheuser* Rn. 2; krit. *Voß,* Die Tatobjekte der Geldwäsche – eine Analyse des Regelungssystems in § 261 StGB, 2007, 12). Mit dieser Zielsetzung des Straftatbestands für Ermittlungszwecke wird die dienende Funktion des Strafverfahrensrechts für die Durchsetzung des materiellen Rechts auf den Kopf gestellt. Nach allem bleibt der Schutzzweck der Norm unbestimmt.

B. Die Regelungen im Einzelnen

9   Die Vorschrift regelt in **Abs. 1 und 2** die Umschreibung des strafbaren Unrechts in den drei Varianten des Vereitelungs- und Verschleierungs- (Abs. 1) sowie Isolierungstatbestands (Abs. 2), sieht in **Abs. 3** die Strafbarkeit des Versuchs vor, kennt in **Abs. 4** eine Strafzumessungsnorm für besonders schwere Fälle, erstreckt in **Abs. 5** die Strafbarkeit auf das leichtfertige Verkennen der Herkunft des Gegenstands aus einer Katalogtat, regelt in **Abs. 6** einen Strafausschlussgrund für den Fall des straflosen Vorerwerbs des Gegenstands, verweist in **Abs. 7** auf die Regeln über Einziehung und Verfall, erweitert in **Abs. 8** den Tatbestand auf Gegenstände aus im Ausland begangenen Vortaten und belohnt in **Abs. 9** tätige Reue. Die frühere Kronzeugenregelung in **Abs. 10** ist aufgrund des 43. StrÄndG mit Inkrafttreten des § 46b **entfallen.** Insgesamt liegt eine komplexe Bestimmung vor, die auf einer unklaren Regelungskonzeption beruht, mit dem überkommenen System des fragmentarischen Strafrechts als ultima ratio des Staates unvereinbar und kaum sachgerecht zu praktizieren ist, weshalb sie sich auch nur in einer sehr geringen Zahl von Verurteilungen niederschlägt.

I. Gegenstand der Tat

10   „Geldwäsche" kann nicht nur mit „Geld", sondern auch an anderen Gegenständen begangen werden (SSW StGB/*Jahn* Rn. 12; MüKoStGB/*Neuheuser* Rn. 29). Gegenstände der Geldwäsche sind aber nur tatsächlich und rechtlich existierende Sachen oder Rechte, die prinzipiell verkehrsfähig sind, die einen Vermögenswert besitzen und die rechtlich einer bestimmten Person zugeordnet sind. Ersparte Aufwendungen sind daher, unbeschadet der Sonderregelung für Steuerersparnisse und Steuererstattungen gemäß Abs. 1 S. 3, keine Gegenstände in diesem Sinne.

11   **1. Gegenstände im Regelfall.** Das Tatobjekt wird in der Vorschrift stets nur als Gegenstand bezeichnet, ohne dass der Gesetzgeber dazu – vom Spezialtatbestand des Abs. 1 S. 3 abgesehen – eine Definition liefert. Der Gegenstandsbegriff kann sich aber an den entsprechenden Begriff des Zivilrechts und der Regeln über Einziehung und Verfall orientieren. Gegenstände sind daher **Sachen oder Rechte** (BT-Drs. 12/989, 27). Der Wortsinn des Gegenstandsbegriffs in Abs. 1 S. 1 gestattet es zudem nur, tatsächlich und rechtlich existierende Sachen oder Rechte als Gegenstand der Geldwäsche zu betrachten.

12   Der Gegenstand der Geldwäsche muss nach dem Gesetzeswortlaut auch nicht zwingend ein **Vermögensgegenstand** sein, denn solche Einschränkungen gibt der Wortlaut der Norm nicht her und der Normzweck namentlich des Isolierungstatbestands, möglichst flächendeckend alle Gegenstände zu erfassen, deutet eher auf eine weite Begriffswahl des Gesetzgebers hin. Daraus ergeben sich skurrile Konsequenzen: Wer die Leiche eines Mordopfers vergräbt, um ihre Entdeckung zu verhindern, begeht nach dem Wortlaut des Gesetzes eine Geldwäsche (*Lampe* JZ 1993, 123 (126)). Die Überschrift der

Norm rechtfertigt für sich genommen keine andere Auslegung. Erst eine historisch-teleologische Betrachtung kann zu einem anderen Resultat führen (BT-Drs. 12/989, 53; NK-StGB/*Altenhain* Rn. 25, 27), weil ursprünglich im Einklang mit internationalen Vorgaben nur „Geldmittel oder andere Vermögenswerte" als Objekte der Geldwäsche vorgesehen waren (BT-Drs. 11/7663, 7). Diese Bezeichnung wurde dann aber zur Anpassung an die sonstige Begriffswahl im innerstaatlichen Recht fallen gelassen (BT-Drs. 12/989, 7, 53). Eine Änderung des Norminhalts ist damit jedoch nicht bezweckt. Die Mehrheit der Stimmen plädiert daher zu Recht für eine Beschränkung der Geldwäsche auf Handlungen in Bezug auf einen Vermögensgegenstand (NK-StGB/*Altenhain* Rn. 25; *Burr,* Geldwäsche – eine Untersuchung zu § 261 StGB, 1995, 56 f.; *Dierlamm* FS Mehle, 2009, 177; *Fischer* Rn. 6; *Jahn/Ebner* JuS 2009, 597 (598); *Leip,* Der Straftatbestand der Geldwäsche – zur Auslegung des § 261 StGB, 2. Aufl. 1999, 66; *Voß,* Die Tatobjekte der Geldwäsche – eine Analyse des Regelungssystems in § 261 StGB, 2007, 17 f.), wobei es freilich nicht auf den Wert ankommen soll (NK-StGB/*Altenhain* Rn. 28). Als idealtypische Gegenstände der Geldwäsche werden Bar- und Buchgeld in deutscher oder ausländischer Währung, Wertpapiere, Geldforderungen, Edelmetalle, Edelsteine und Rechte an Grundstücken genannt (BT-Drs. 12/989, 27); doch sind das nur Beispiele.

Der Gegenstandsbegriff ist **weit auszulegen.** Es geht aber nur um übertragbare Sachen und Rechte, 13 sowie ausschließlich solche, die tatsächlich zur Zeit der Geldwäschehandlung einen Vermögenswert besitzen (SSW StGB/*Jahn* Rn. 12). **Der vollständige Wertverlust** durch Zerstörung oder erhebliche Beschädigung, etwa bei einem Unfall eines Luxusfahrzeugs mit wirtschaftlichem Totalschaden, führt zur Aufhebung der Eigenschaft als geldwäschetauglicher Vermögensgegenstand (*Jahn/Ebner* JuS 2009, 597 (598)). Der als Auffangtatbestand bewertete Abs. 2 bezweckt nach der gesetzgeberischen Zielvorstellung zudem, die Gegenstände durch die Strafdrohung verkehrsunfähig zu machen, um den Täter zu isolieren. Die Gegenstände müssen also bei der Begehung der Tat zunächst **verkehrsfähig** sein, sonst bedarf es der vorliegenden Norm nicht zur besonderen strafrechtlichen Herstellung der Verkehrsunfähigkeit. Dagegen werden nach verbreiteter Ansicht auch **Falschgeld** (NK-StGB/*Altenhain* Rn. 27; MüKoStGB/*Neuheuser* Rn. 29) oder **nichtige Forderungen** (NK-StGB/*Altenhain* Rn. 26; Lackner/Kühl/*Kühl* Rn. 3; *Otto* wistra 1995, 323 (326)), ferner sonstige Gegenstände, mit denen nach anderen Verbotsvorschriften nicht oder nicht ohne besondere Erlaubnis umgegangen werden darf, wie zB **Betäubungsmittel** (NK-StGB/*Altenhain* Rn. 27; SSW StGB/*Jahn* Rn. 13; *Maiwald* FS Hirsch, 1999, 631 (636)); *Voß,* Die Tatobjekte der Geldwäsche – eine Analyse des Regelungssystems in § 261 StGB, 2007, 18 f.; aA *Burr,* Geldwäsche – eine Untersuchung zu § 261 StGB, 1995, 59; *Lampe* JZ 1994, 123 (126 f.)), **Waffen** oder **Kinderpornografie,** vom Gegenstandsbegriff umfasst. Das ist mit der Definition der Gegenstände der Geldwäsche als Sachen oder Rechte mit Vermögenswert kaum vereinbar. Falschgeld besteht immerhin aus Sachen, wenngleich diese nur scheinbar einen Verkehrswert besitzen und per se nicht verkehrsfähig sind, also nicht erst durch den Isolierungstatbestand verkehrsunfähig gemacht werden müssen. Nichtige Forderungen sind rechtlich nicht existent, sie bilden also weder Sachen noch Rechte und können schon deshalb auch kein „Gegenstand" von Geldwäschehandlungen sein (SSW StGB/*Jahn* Rn. 14; MüKoStGB/*Neuheuser* Rn. 29; *Voß,* Die Tatobjekte der Geldwäsche – eine Analyse des Regelungssystems in § 261 StGB, 2007, 20). Der verbotene Umgang mit bestimmten Gegenständen, wie Drogen, Falschgeld, Kinderpornographie oder Waffen ist im Übrigen spezialgesetzlich geregelt und daher zumindest nicht notwendigerweise als Geldwäsche zu bestrafen. Es spricht also viel dafür, sie vom Gegenstandsbegriff des Geldwäschetatbestands auszuklammern.

Sachen oder Rechte, die einen Vermögenswert besitzen, müssen zudem **rechtlich einer bestimm-** 14 **ten Person zugeordnet** sein, damit sie tauglicher Gegenstand der Geldwäsche sein können (*Helmers* ZStW 121 (2009), 509 (534)). In der Rechtsprechung nicht geklärt ist vor diesem Hintergrund, wie Positionen zu behandeln sein sollen, die als **Kundenstamm, „know how"** oder unpatentierte **Software** weder Sachen darstellen, noch – für sich genommen – als Rechte einer bestimmten Person zugeordnet sind. Bei weiter Auslegung des Geldwäschetatbestands ließen sich diese Positionen noch unter § 261 StGB subsumieren (*Cebulla* wistra 1999, 281 (285)). Auch insoweit muss aber aus Gründen der Rechtsklarheit gefordert werden, dass nur – von besonderen rechtlichen Besitz- oder Verfügungsverboten abgesehen (→ Rn. 13) – potenziell verkehrsfähige Sachen oder Rechte tauglicher Anknüpfungspunkt der Geldwäsche sein können (*Voß,* Die Tatobjekte der Geldwäsche – eine Analyse des Regelungssystems in § 261 StGB, 2007, 20 f.). Dazu zählen der Kundenstamm, ein know-how oder unpatentierte Software folglich nicht.

2. Spezialgegenstände der Steuer- und Zolldelikte (Abs. 1 S. 3). Abs. 1 S. 1 gilt nach der 15 Sonderregelung in Abs. 1 S. 3 in den Fällen der gewerbsmäßigen oder bandenmäßigen Steuerhinterziehung nach § 370 AO auch für die durch Steuerhinterziehung ersparten Aufwendungen und unrechtmäßig erlangten Steuererstattungen und Steuervergütungen sowie in den Fällen des S. 2 Nr. 3, also bei Vergehen nach §§ 373, 374 Abs. 2 AO, jeweils auch iVm § 12 Abs. 1 MOG, auch für einen Gegenstand, hinsichtlich dessen Abgaben hinterzogen worden sind. Damit werden drei Gegenstände der Geldwäsche für diese Spezialfälle besonders definiert, die zu den Tatobjekten iSv Abs. 1 S. 1 hinzukommen, welche aus Geldwäschehandlungen nach Abs. 1 und 2 herrühren (NK-StGB/*Altenhain* Rn. 83; aA Herzog/*Nestler* Rn. 72; nur aus Abs. 1). Die Sonderregelung lässt die Gegenstandsbestimmung für Normalfälle noch unbestimmter erscheinen, weil unklar bleibt, wie sie sich zu dem Generaltatbestand verhalten soll (*Michalke* FS 25 Jahre Arbeitsgemeinschaft Strafrecht des DAV, 2009, 346 (350)). Der Gesetzgeber (BT-Drs. 14/7471, 18 f.) hat Abs. 1 S. 3 nach seiner Ansicht nur zur **„Klarstellung"** eingeführt. Tatsächlich handelt es sich aber um eine **Ausdehnung des Gegenstandsbegriffs,** der auch auf legales (aber zu versteuerndes) Vermögen zugreift und damit das kriminalpolitische Konzept erweitert (Herzog/*Nestler* Rn. 73).

16 Nach der **ersten Variante** des Abs. 1 S. 3 werden **die durch die gewerbsmäßig oder bandenmäßig begangene Steuerhinterziehung ersparten Aufwendungen** den Gegenständen im Sinne von Abs. 1 S. 1 gleichgestellt (BT-Drs. 14/7471, 9). Da gewerbsmäßige Steuerhinterziehung wegen der prinzipiellen Orientierung auf Vermögensvorteile nur allzu oft vorliegt, wenn es um wiederkehrende Positionen geht, wird die gewerbsmäßige Steuerhinterziehung als Vortat der Geldwäsche nach einem Vorschlag in der Literatur eingeschränkt, indem nur eine Steuerhinterziehung in großem Ausmaß (§ 370 Abs. 3 S. 2 Nr. 1 AO) als Straftat in Frage kommen soll. Das entspricht freilich nicht dem Wortlaut und Zweck des Gesetzes. Gegen dieses Einschränkungskriterium, das sonst im Strafgesetzbuch als Qualifikationsmerkmal oder Regelbeispiel in Erscheinung tritt, wird allgemein eingewandt, dass es zu unbestimmt sei (*Harms* FS Kohlmann, 2003, 413 (425 f.); *Oberloskamp* StV 2002, 611 (617); *Spatscheck*/*Wulf* NJW 2002, 2983 (2984)). Überlegungen zu einer restriktiven Auslegung des Merkmals der gewerbsmäßigen Steuerhinterziehung als Vortat der Geldwäsche durch Gleichsetzung mit einem Handeln im Rahmen eines Gewerbes (*Joecks* wistra 2002, 201 (204)) oder der Kombination von Gewerbsmäßigkeit nach Abs. 1 S. 2 Nr. 4 und Steuerhinterziehung in großem Ausmaß (*Salditt* StV 2002, 214 (215)) haben sich nicht durchgesetzt. Die Vortat bei der Geldwäsche mit ersparten Aufwendungen im Rahmen der Steuerhinterziehung ist danach aber weiter problematisch. Begrifflich sind ersparte Aufwendungen ein **Nullum** und daher weder ein Gegenstand als normales Tatobjekt der Geldwäsche noch einem solchen gleichzusetzen. Vor allem **fehlt die** Möglichkeit einer **Zuordnung zu einem bestimmten Teil des Vermögens** des Vortäters, der insoweit aus der Vortat „herrühren" könnte (NK-StGB/*Altenhain* Rn. 83; *Dierlamm* FS Mehle, 2009, 177 (180); Schönke/Schröder/*Stree*/*Hecker* Rn. 12; *Voß,* Die Tatobjekte der Geldwäsche – eine Analyse des Regelungssystems in § 261 StGB, 2007, 118 ff.). Es kann deshalb auch nicht festgelegt werden, welcher Vermögensgegenstand aus den ersparten Aufwendungen infolge der gewerbsmäßig oder bandenmäßig begangenen Steuerhinterziehung herrührt. Die Annahme einer Kontamination des Gesamtvermögens des Steuerhinterziehers wegen der Ersparnis von Aufwendungen wäre in ihrer Totalität „bestimmt", erweist sich als unverhältnismäßiger Eingriff (*Dierlamm* FS Mehle, 2009, 177 (179); Fischer Rn. 8b; *Voß,* Die Tatobjekte der Geldwäsche – eine Analyse des Regelungssystems in § 261 StGB, 2007, 124 f.). Die Annahme der Bemakelung eines Teils des Vermögens in Höhe der Steuerersparnis (*Salditt* StV 2002, 214 (216)) lässt offen, welcher Vermögensteil betroffen sein soll (*Voß,* Die Tatobjekte der Geldwäsche – eine Analyse des Regelungssystems in § 261 StGB, 2007, 124 f.). Die Annahme einer Bemakelung des Gesamtvermögens durch Kontamination mit steuerschädlich ersparten Aufwendungen wäre unverhältnismäßig (Herzog/*Nestler* Rn. 75). Andererseits würde eine Lücke entstehen, wenn das Vermögen nach der Saldierung von Soll und Haben defizitär bleibt. Bei systematischer Betrachtung trifft es zudem auf Bedenken, dass nur im Rahmen der Steuerhinterziehung ersparte Aufwendungen den Gegenständen der Geldwäsche im Sinne von Abs. 1 S. 1 gleichgesetzt werden. Für ersparte Ein- oder Ausfuhrabgaben nach einem Schmuggel gilt dies hingegen nicht (NK-StGB/*Altenhain* Rn. 8). Aber auch andere Katalogtaten, wie gewerbsmäßig oder bandenmäßig begangener Betrug, können zur Ersparnis von Aufwendungen beim Täter führen. Auch dort fehlt eine der ersten Alternative in Abs. 1 S. 3 entsprechende Regelung, so dass ein Wertungswiderspruch verbleibt. Die Frage, wie Geldwäschehandlungen nach Abs. 1 S. 1 oder Abs. 2 an ersparten Aufwendungen begangen werden können, kann kaum plausibel beantwortet werden (*Michalke* FS 25 Jahre Arbeitsgemeinschaft Strafrecht des DAV, 2009, 346 (350 f.)). Die Regelung wirkt daher verfassungswidrig (*Oberloskamp* StV 2002, 611 (613 f.)).

17 **Zweite Variante** des Abs. 1 S. 3 ist die Bezeichnung **unrechtmäßig erlangter Steuererstattungen oder Steuervergütungen,** die aus einer Steuerhinterziehung herrühren, als möglicher Gegenstand der Geldwäsche. Auf die Fälle der §§ 373, 374 AO ist die Alternative nach ihrem Wortlaut nicht gerichtet (*Voß,* Die Tatobjekte der Geldwäsche – eine Analyse des Regelungssystems in § 261 StGB, 2007, 94) und kann nicht ohne Verletzung des Analogieverbots aus Art. 103 Abs. 2 GG darauf bezogen werden. Steuererstattung ist die Rückzahlung an den Steuerschuldner, Steuervergütung die Zahlung an einen Dritten, der Abgaben gezahlt hatte, ohne Steuerschuldner zu sein (*Voß,* Die Tatobjekte der Geldwäsche – eine Analyse des Regelungssystems in § 261 StGB, 2007, 84). In beiden Fällen geht es um staatliche Leistungen an den Steuerschuldner oder den Dritten. Bloße Steuerersparnisse des Steuerschuldners durch Steuerhinterziehung oder durch Schmuggel oder Steuerhehlerei fallen nicht unter diese Alternative. Unrechtmäßig erlangt sind die Steuerersparnisse oder Steuervergütungen, wenn darauf kein Anspruch bestanden hatte. Nach dem Normzweck des Geldwäschetatbestands muss die unrechtmäßig erlangte Steuererstattung oder Steuervergütung zudem auf falschen steuerlichen Erklärungen im Sinne des Steuerhinterziehungstatbestands beruhen. Es geht also um den **Gewinn aus der Steuerstraftat** (*Voß,* Die Tatobjekte der Geldwäsche – eine Analyse des Regelungssystems in § 261 StGB, 2007, 87), der freilich schon nach den Maßstäben des Abs. 1 S. 1, ohne die Hervorhebung in Abs. 1 S. 3 Var. 2,

tauglicher Geldwäschegegenstand wäre (*Voß*, Die Tatobjekte der Geldwäsche – eine Analyse des Regelungssystems in § 261 StGB, 2007, 97). Insoweit ist Abs. 1 S. 3 tatsächlich nur deklaratorischer Natur (*Burger* wistra 2002, 1 (5); LK-StGB/*Schmidt/Krause* Rn. 13; *Spatscheck/Wulf* NJW 2002, 2983 (2987)).

Die **dritte Variante** des Abs. 1 S. 3 betrifft nach dem Wortlaut der Norm nur Fälle der Katalogtaten **18** nach §§ 373, 374 AO, nicht die Steuerhinterziehung nach § 370 AO (*Voß*, Die Tatobjekte der Geldwäsche – eine Analyse des Regelungssystems in § 261 StGB, 2007, 78). Schmuggel und Steuerhehlerei werden hinsichtlich eines Einfuhrgegenstands begangen. Ein **Gegenstand, hinsichtlich dessen Abgaben hinterzogen wurden,** rührt nicht selbst aus einer Straftat her (*Voß*, Die Tatobjekte der Geldwäsche – eine Analyse des Regelungssystems in § 261 StGB, 2007, 51 (67)). Er ist für sich genommen nicht bemakelt. Daher ist er nicht schon nach Abs. 1 S. 1 möglicher Gegenstand der Geldwäsche, sondern ein **Beziehungsgegenstand,** für den eine eigenständige Regelung erforderlich war, um ihn in den Kreis der geldwäschetauglichen Gegenstände einzubeziehen (NK-StGB/*Altenhain* Rn. 84; *Voß*, Die Tatobjekte der Geldwäsche – eine Analyse des Regelungssystems in § 261 StGB, 2007, 73). Die gleichsam verbilligte Beschaffung von Waren durch Hinterziehung von Ein- oder Ausfuhrabgaben liefert den Grund dafür, den Beziehungsgegenstand zum Geldwäschegegenstand zu erklären (*Burger* wistra 2002, 1 (5)). Freilich liegt der Wert des Beziehungsgegenstands regelmäßig um ein Mehrfaches über dem Wert der hinterzogenen Einfuhrabgaben. Die Bemakelung des Gesamtgegenstands durch die Regelung des Abs. 1 S. 3 geht demnach schon auf der ersten Stufe, noch vor der Annahme einer „Infizierung" weiteren Vermögens, relativ weit, entspricht aber den überkommenen Regeln über die Einziehung. Das gilt auch dann, wenn nach Wortlaut und Zweck des Gesetzes bereits ein Versuch der gewerbsmäßig begangenen Steuerhehlerei oder des qualifizierten Schmuggels zur Bemakelung des Beziehungsgegenstands ausreicht. Die Kombination des weit reichenden Gegenstandsbegriffs mit der Annahme einer Infizierung bisher unbemakelten Vermögens in Vermischungsfällen geht jedoch nach dem Schuldgrundsatz zu weit (*Michalke* FS 25 Jahre Arbeitsgemeinschaft Strafrecht des DAV, 2009, 346 (350)). Abs. 1 S. 3 bezieht sich auf Erzeugnisse oder Waren, hinsichtlich deren Ein- und Ausfuhrabgaben der verschiedenen Arten hinterzogen werden (*Voß*, Die Tatobjekte der Geldwäsche – eine Analyse des Regelungssystems in § 261 StGB, 2007, 62 ff.) oder dies in den von §§ 373, 374, 370 Abs. 2 AO erfassten Fällen zumindest versucht wird. Praxisrelevant ist etwa Zigarettenschmuggel. Da im Falle eines bloßen Bannbruchs für sich genommen keine Abgaben hinterzogen werden, ist der Gegenstand eines Bannbruchs kein tauglicher Geldwäschegegenstand.

II. Vortaten

Der Gegenstand der Geldwäsche muss aus einer tatsächlich begangenen (NK-StGB/*Altenhain* Rn. 30; **19** SSW StGB/*Jahn* Rn. 15) rechtswidrigen **Vortat nach dem Katalog** des Abs. 1 S. 2 herrühren (NK-StGB/*Altenhain* Rn. 35). Der Katalog umfasst, wie es die Anknüpfung an alle Arten von Verbrechen in Abs. 1 S. 2 Nr. 1 verdeutlicht, nicht nur Taten aus dem Bereich der Organisierten Kriminalität (BGH wistra 1999, 25 (26); MüKoStGB/*Neuheuser* Rn. 4) und ist daher auch nicht teleologisch darauf zu beschränken (SSW StGB/*Jahn* Rn. 15). Ein plausibles System der Auswahl von Katalogtaten ist allerdings in Abs. 1 S. 2 nicht zu erkennen (*Maiwald* FS Hirsch, 1999, 631 (635)). Urteilsfeststellungen zum Phänomen der Organisierten Kriminalität werden bei einer Verurteilung wegen Geldwäsche auch revisionsrechtlich nicht gefordert (BGHSt 50, 347 (354)). Da seit der Neufassung der Vorschrift aufgrund des Verbrechensbekämpfungsgesetzes eine **rechtswidrige Tat** (§ 11 Abs. 1 Nr. 5) vorausgesetzt wird, muss die Vortat nicht nur den objektiven und subjektiven **Tatbestand** der Katalognorm erfüllen, sondern es darf auch **kein Rechtfertigungsgrund** für den Täter der Katalogvortat eingreifen (NK-StGB/*Altenhain* Rn. 31; SSW StGB/*Jahn* Rn. 16). Auf **Schuldausschließungs- oder Strafaufhebungsgründe** kommt es dagegen nicht an (NK-StGB/*Altenhain* Rn. 32; SSW StGB/*Jahn* Rn. 16; MüKoStGB/*Neuheuser* Rn. 32; Schönke/Schröder/*Stree/Hecker* Rn. 5). Erst recht sind Verfahrenshindernisse für die Strafverfolgung der Vortat, wie **Verjährung der Strafverfolgung** (SSW StGB/*Jahn* Rn. 32; MüKoStGB/*Neuheuser* Rn. 59; aA NK-StGB/*Altenhain* Rn. 66; *Barton* NStZ 1993, 159 (165)), nach herrschender Ansicht für die Strafbarkeit wegen Geldwäsche irrelevant (LK-StGB/*Schmidt/Krause* Rn. 9; Schönke/Schröder/*Stree/Hecker* Rn. 11; *Voß*, Die Tatobjekte der Geldwäsche – eine Analyse des Regelungssystems in § 261 StGB, 2007, 29; aA *Barton* NStZ 1993, 159 (165); *Höreth*, Die Bekämpfung der Geldwäsche – unter Berücksichtigung einschlägiger ausländischen Vorschriften und Erfahrungen, 1996, 114). Auch eine **versuchte Vortat** (SSW StGB/*Jahn* Rn. 15; MüKoStGB/*Neuheuser* Rn. 32) oder eine **selbstständig strafbare Vorbereitungshandlung** soll genügen (NK-StGB/*Altenhain* Rn. 30; *Voß*, Die Tatobjekte der Geldwäsche – eine Analyse des Regelungssystems in § 261 StGB, 2007, 28), wobei sich aber die akzentuierte Frage stellt, wann ein Gegenstand überhaupt aus einer versuchten Tat oder der Vorbereitungshandlung herrühren kann (Herzog/*Nestler* Rn. 32). Auf die Bestimmung von Tätern und Teilnehmern der Katalogtat kommt es dagegen nicht an, zumal diese Personen selbst nach der heute geltenden Gesetzesfassung auch Täter der Geldwäsche sein können. Nach der aktuellen Gesetzesfassung ist es nicht mehr erforderlich, dass die Vortat von einem anderen begangen wurde. Täter einer Geldwäsche kann deshalb auch der Vortäter selbst sein. Dieser **Täter der Vortat** oder ein

Teilnehmer wird gemäß **Abs. 9 S. 2** nur zur **Vermeidung einer Doppelbestrafung** nicht wegen Geldwäsche bestraft, wenn er wegen Beteiligung an der Vortat strafbar ist (Schönke/Schröder/*Stree*/ *Hecker* Rn. 7). Wegen Geldwäsche kann aber derjenige verurteilt werden, dessen Beteiligung an der Vortat nicht sicher festgestellt werden kann. Das Gesetz gestattet insoweit eine **Postpendenzfeststellung** (NK-StGB/*Altenhain* Rn. 20; SSW StGB/*Jahn* Rn. 17). Damit ist andererseits eine Verurteilung aufgrund ungleichartiger **Wahlfeststellung** wegen verschiedener Katalogvortaten ausgeschlossen (BGH BeckRS 2015, 20998). Bei Fehlen der Schuld bei der festgestellten Begehung der Vortat kann der Täter oder Teilnehmer der Vortat wegen schuldhaft begangener Geldwäsche bestraft werden (Fischer Rn. 18). Ist die Strafverfolgung wegen Vortatbeteiligung wegen **Verjährung** ausgeschlossen, scheidet auch eine Verurteilung wegen Geldwäsche durch dieselbe Person aus (Herzog/*Nestler* Rn. 33).

20   **1. Feststellung und Konkretisierung der Vortat.** Das Gericht, welches die Geldwäsche zu beurteilen hat, muss die Vortat **autonom feststellen.** Das Gericht ist, vom Fall des Abs. 9 S. 2 abgesehen, an ein Präjudiz wegen der Vortat eines anderen nicht gebunden (NK-StGB/*Altenhain* Rn. 48). Aber auch ein (freisprechendes) Urteil bezüglich desselben Angeklagten hinsichtlich seiner Vortatbeteiligung hindert ein Urteil wegen eines Geldwäschevorwurfs nicht, soweit der Geldwäschevorwurf eine andere Tat im prozessualen Sinn darstellt (Art. 103 Abs. 3 GG). Da einerseits nur Katalogtaten den Anknüpfungspunkt bilden und andererseits diese Taten zumindest als rechtswidrige Taten wirklich begangen worden sein müssen, worauf sich in den Fällen von Abs. 1 und 2 der Vorsatz des Geldwäschers beziehen muss (BGH wistra 2003, 260 (261 f.)), bedarf es einer hinreichenden **Konkretisierung** der Vortat, aus welcher der Gegenstand herrührt (*Bernsmann* StV 1998, 46 ff.; Schönke/Schröder/*Stree*/*Hecker* Rn. 6). Der bloße Verdacht des Vorliegens einer rechtswidrigen Katalogtat genügt nicht, weil dies der Unschuldsvermutung, dem Zweifelssatz und letztlich dem Schuldprinzip zuwider liefe. Daher trifft es auf Bedenken, wenn in der Praxis angenommen wird, die Vortat müsse nur „in groben Zügen" erfasst werden (OLG Dresden NStZ 2005, 450; NK-StGB/*Altenhain* Rn. 49). Die Gerichte dürfen sich **auch bei Serien von Vortaten** nicht alleine von einer unklaren Gesamtvorstellung leiten lassen. Grundsätzlich ist eine Konkretisierung der Vortat nach Zeit und Ort der Begehung, Beteiligten und Tatbild erforderlich. Bei Massendelikten kann nach gängiger Rspr. ein generell anzutreffendes Tatbild an die Stelle der Einzelaktbeschreibung, ein Tatzeitraum an die Stelle eines genauen Tatzeitpunktes der Einzeltaten treten. Besteht dagegen die konkrete Möglichkeit von Variationen, die zur Folge haben, dass Einzelakte objektiv oder subjektiv nicht den Tatbestand erfüllen, diese Handlungen keine Katalognorm betreffen oder Erlaubnissätze eingreifen, scheidet die Möglichkeit pauschalierender Feststellungen aus. Auch auf eine genaue rechtliche Einordnung der Vortat kann verzichtet werden, dies aber nur, wenn **sicher** ist, **dass es sich dabei um ein Katalogdelikt handelt** (Schönke/Schröder/*Stree*/*Hecker* Rn. 6). Lassen sich in diesem Sinne keine ausreichenden Feststellungen treffen, dann ist ein Freispruch „in dubio pro reo" unumgänglich (BGH StV 2000, 67). In Fällen der Vermischung von bemakelten und unbemakelten Vermögensgegenständen kommt das Problem der Feststellung von Bemakelungsquoten hinzu. Die „Papierspur" des Geldes ist prinzipiell zurückzuverfolgen (BT-Drs. 12/3553, 11; *Voß*, Die Tatobjekte der Geldwäsche – eine Analyse des Regelungssystems in § 261 StGB, 2007, 7 f.), um festzustellen, wie sich der zuletzt vorhandene Vermögensbestand ergeben hat und ob und in welchem Umfang er sich aus bemakelten Komponenten zusammensetzt, die aus Katalogtaten herrühren. Es liegt auf der Hand, dass dies die Anwendung der Norm bis zur Ineffektivität erschwert. Zunehmende Probleme ergeben sich aus den elektronischen Zahlungsverkehrssystemen. Der Gesetzgeber hat das Problem der nicht oder zumindest nicht vollständig iSd Legalitätsprinzips aufzuklärenden Vermischungsfälle nicht lösen können und die Rechtsanwender im Stich gelassen. Die Gerichte dürfen nach den Maßstäben des Art. 103 Abs. 2 GG aber nicht die Aufgabe des Gesetzgebers übernehmen und müssen stattdessen nach den Maßstäben des überkommenen Strafrechts und Strafprozessrechts mit der Norm umgehen, die nach dem Ultima-ratio-Grundsatz eng auszulegen ist.

21   **2. Tatenkatalog.** Abs. 1 S. 2 zählt **enumerativ** die für Geldwäsche tauglichen Arten der Vortaten auf. Der Katalog ist **abschließend,** dadurch fragmentarisch, aber angesichts der kriminalpolitischen Tendenzen auf dauernde Erweiterungen angelegt (*Maiwald* FS Hirsch, 1999, 631 (634)), die bereits vielfach ohne messbaren Erfolg durchgeführt wurden. Ein einheitliches Kriterium, das – über angeblich praktische Notwendigkeiten hinaus – die Auswahl der Katalogtaten dogmatisch erklären könnte, existiert längst nicht mehr. Das Wiener Übereinkommen hatte sich auf Drogendelikte konzentriert. Über diese Deliktskategorie geht der Katalog des Abs. 1 S. 2 weit hinaus. Bekämpfungsziel des OrgKG und OrgKBVG war die Organisierte Kriminalität, die aber nie präzise definiert wurde. Auch über diesen Deliktsbereich geht der Katalog der Vortaten weit hinaus, so etwa wenn unterschiedslos alle Verbrechen zur tauglichen Vortat der Geldwäsche erklärt werden (Herzog/*Nestler* Rn. 36). Auch in dem Ziel der Bekämpfung der Organisierten Kriminalität kann also kein allgemeines Auswahlkriterium gefunden werden (*Voß*, Die Tatobjekte der Geldwäsche – eine Analyse des Regelungssystems in § 261 StGB, 2007, 24). Aus demselben Grund kann nicht angenommen werden, dass nur besonders gewinnträchtige Delikte als Vortaten des Geldwäschetatbestands ausgewählt wurden. Im Ganzen fehlt eine nachvollziehbare Systematik. Es ging bei der sukzessiven Ausdehnung des Katalogs stets nur um eine angestrebte Effizienzsteigerung. Zumindest dann, wenn für die Legitimation der Norm mehr oder etwas anderes als

ein unkontrollierter gesetzgeberischer Beurteilungsspielraum gefordert wird, ist ein Legitimationsdefizit festzustellen. Die Willkürlichkeit der Auswahl von Vortaten wirkt sich aus, wenn völlig ungleichartige Deliktskategorien bei der Unrechtsgewichtung des Umgangs mit Gegenständen, die aus den Vortaten herrühren, gleich gesetzt werden (Art. 3 Abs. 1 GG). Unklar bleibt auch, ob, warum und wie die Art der Vortat bei der Bestrafung der Geldwäsche im Rahmen der Strafzumessung zu Unterschieden führen kann oder soll.

a) Verbrechen (Abs. 1 S. 2 Nr. 1). Taugliche Vortat ist nach allen Fassungen der vorliegenden 22 Vorschrift **jedes Verbrechen** (§ 12 Abs. 1) nach den Normen des Haupt- oder Nebenstrafrechts (SSW StGB/*Jahn* Rn. 20). Auf einen Zusammenhang mit Organisierter Kriminalität oder auf eine besondere Schutzrichtung des Tatbestands kommt es nicht an (MüKoStGB/*Neuheuser* Rn. 33). Auch **Versuch** oder ein **Beteiligungsversuch nach § 30** kann ausreichen (NK-StGB/*Altenhain* Rn. 37), wenn daraus bereits Gegenstände herrühren, die Tatobjekte der Geldwäsche sein können. Damit ist der Geldwäsche-tatbestand thematisch uferlos ausgedehnt (SSW StGB/*Jahn* Rn. 20). Der Bezug zur Organisierten Kriminalität als primärem Bekämpfungsgegenstand ist schon an dieser Stelle von Anfang an aufgegeben worden (*Maiwald* FS Hirsch, 1999, 631 (6359; *Herzog/Nestler* Rn. 36).

b) Bestechungsdelikte (Abs. 1 S. 2 Nr. 2 lit. a). Vergehen der Abgeordnetenbestechung nach 23 § 108e, der Bestechung nach § 334 und der Bestechlichkeit nach § 332 Abs. 1 und 3 sind gemäß Abs. 1 S. 2 Nr. 2 lit. a taugliche Vortaten der Geldwäsche, **ohne** dass es insoweit auf **bandenmäßiges oder gewerbsmäßiges Handeln** ankäme (MüKoStGB/*Neuheuser* Rn. 34), das zunächst nach der Gesetzesfassung aufgrund des VerbrBekG vorausgesetzt worden war, aber durch das OrgKBVG wieder gestrichen wurde (Fischer Rn. 11). Bestechlichkeit durch Richter oder Schiedsrichter nach § 332 Abs. 2 ist ein Verbrechen, das bereits nach Abs. 1 S. 2 Nr. 1 Vortat sein kann (SSW StGB/*Jahn* Rn. 21), so dass die fehlende Erwähnung in Abs. 1 S. 2 Nr. 2 lit. a nichts an der Strafbarkeit einer Geldwäsche nach solchen Vortaten ändert.

c) Betäubungsmittelvergehen (Abs. 1 S. 2 Nr. 2 lit. b). Verbrechen nach dem Betäubungsmittel- 24 gesetz sind Vortaten der Geldwäsche iSv Abs. 1 S. 1 Nr. 1. Eine zusätzliche Bestimmung ist auch insoweit nur für Vergehen erforderlich und in Abs. 1 S. 2 Nr. 2 lit. b dahin getroffen, dass Vergehen nach § 29 Abs. 1 S. 1 Nr. 1 BtMG und § 19 Abs. 1 Nr. 1 GÜG zu tauglichen Vortaten der Geldwäsche erklärt werden. Erstere Norm betrifft die Fälle, in denen der Täter Betäubungsmittel unerlaubt anbaut, herstellt, mit ihnen Handel treibt, sie einführt, ausführt, veräußert, abgibt, sonst in den Verkehr bringt, erwirbt oder sich in sonstiger Weise verschafft. Damit werden **alle wesentlichen Handlungsformen,** aus denen Gegenstände überhaupt „herrühren" können, umschrieben (SSW StGB/*Jahn* Rn. 22). Nicht ausreichend ist der unerlaubte Besitz von Betäubungsmitteln (§ 29 Abs. 1 S. 1 Nr. 3 BtMG) oder die Durchfuhr (§ 29 Abs. 1 S. 1 Nr. 5 BtMG), die Verschreibung, Verabreichung oder Überlassung (§ 29 Abs. 1 S. 1 Nr. 6 BtMG) und einige andere weniger praxisrelevante Handlungsweisen. § 19 Abs. 1 Nr. 1 GÜG betrifft die Fälle, in denen der Täter einen Grundstoff für die Betäubungsmittelherstellung besitzt, herstellt, mit ihm Handel treibt, ihn einführt, ausführt, durch den oder im Geltungsbereich dieses Gesetzes befördert, veräußert, abgibt oder in sonstiger Weise einem anderen die Möglichkeit eröffnet, die tatsächliche Verfügung über ihn zu erlangen, erwirbt oder sich in sonstiger Weise verschafft. Auch damit sind alle wesentlichen Handlungsformen genannt, die überhaupt für Geldwäsche eine Rolle spielen können. Der ausgeklammerte Katalog nach § 19 Abs. 1 Nr. 2–5 GÜG betrifft insoweit auch tatsächlich kaum relevante Verhaltensweisen. Soweit Erwerbsvorgänge nach § 29 Abs. 1 S. 1 Nr. 1 BtMG oder § 19 Abs. 1 Nr. 1 GÜG mit Geldwäschehandlungen zusammenfallen, wird eine Verdrängung der vorliegenden Vorschrift auf der Konkurrenzebene postuliert (Fischer Rn. 12).

Handlungen zur Förderung des Geldkreislaufs, einschließlich der Geldwäsche, sind im Rahmen 25 der Betätigung von Betäubungsmittelgroßhändlern in einem organisierten Absatzsystem auf jeder Handelsstufe **zugleich Formen des Handeltreibens mit Betäubungsmitteln** (BGHSt 43, 158 (162)). In diesem Bereich sind die Tathandlungen des Handeltreibens mit Betäubungsmitteln und der Geldwäsche identisch. Die Bestrafung wegen Geldwäsche entfällt daher nach Abs. 9 S. 2 im Sinne eines persönlichen Strafaufhebungsgrundes (BT-Drs. 13/8651, 11), wenn der Täter wegen Beteiligung an der Vortat verurteilt wird.

d) Zolldelikte (Abs. 1 S. 2 Nr. 3). Nach Abs. 1 S. 2 Nr. 3 idF des OrgKBVG sind Vortaten der 26 Geldwäsche die Zolldelikte nach § 373 und nach § 374 Abs. 2 AO, jeweils auch iVm § 12 Abs. 1 MOG. Angesprochen werden damit der gewerbsmäßig, bandenmäßig oder gewaltsam begangener **Schmuggel** und die gewerbsmäßig oder bandenmäßig begangene **Steuerhehlerei** (BGH NJW 2000, 3725 f.), aber nicht die Steuerhinterziehung, die durch Abs. 1 S. 2 Nr. 4 lit. b besonders erfasst wird, sofern sie gewerbsmäßig oder bandenmäßig begangen wurde. Die Aufteilung der Steuerdelikte in verschiedene Ziffern des Katalogs der Geldwäschevortaten hat redaktionelle Gründe, weil die gewerbsmäßig oder bandenmäßige Tatbegehung in den Fällen der §§ 373, 374 Abs. 2 AO in jenen Katalognormen, in den Fällen des § 370 AO erst durch den Zusatz im Katalog der vorliegenden Vorschrift vorausgesetzt wird. Schmuggel und Steuerhehlerei iSd §§ 373, 374 Abs. 2 AO sind nach der Hervorhebung des Gesetzes auch dann taugliche Vortaten der Geldwäsche, wenn sie **Ein- oder Ausfuhr-**

abgaben betreffen, die **zu Marktordnungszwecken** erhoben werden (§ 12 Abs. 1 MOG) betreffen (Fischer Rn. 13; SSW StGB/*Jahn* Rn. 23). Die Strafverfolgungsverjährung der Vortat steht der Geldwäschestrafbarkeit auch in den Fällen der §§ 373, 374 AO nicht entgegen (*Voß*, Die Tatobjekte der Geldwäsche – eine Analyse des Regelungssystems in § 261 StGB, 2007, 78).

27   Der Gesetzgeber hat auch bei der Einbeziehung von Schmuggel und Steuerhehlerei in den Katalog der Vortaten der Geldwäsche angenommen, dass dies typischerweise Delikte seien, die zur Organisierten Kriminalität gehören BT-Drs. 13/6620, 4). Damit wird aber die gesetzgeberische Motivation nicht abschließend gekennzeichnet. Vor allem geht es hier (*Geurts* ZRP 1997, 250 (253)), aber auch an anderen Stellen der Norm, um Beweiserleichterungen und Maßnahmen mit dem (unerreichten) Ziel der Herbeiführung einer sonst völlig fehlenden Effektivität der Norm (*Voß*, Die Tatobjekte der Geldwäsche – eine Analyse des Regelungssystems in § 261 StGB, 2007, 57).

28   **e) Gewerbs- oder bandenmäßig begangene Vergehen (Abs. 1 S. 2 Nr. 4).** Von Abs. 1 S. 2 Nr. 4, in der seit dem OrgKBVG mehrfach erweiterten Fassung, werden bestimmte Vergehen erfasst, sofern sie aufgrund einer zusätzlichen Voraussetzung des Katalogs entweder gewerbsmäßig oder bandenmäßig begangen wurden. Der Geldwäscher muss die dazu gehörenden Umstände in seinen Vorsatz aufgenommen haben (BGH wistra 2013, 19 = ZWH 2013, 18 f. mAnm *Jahn*). Der Gesetzgeber verlangt hier über die Voraussetzungen der Anknüpfungsnormen hinaus alternativ die gewerbsmäßige oder die bandenmäßige Tatbegehung durch den Täter der Katalogvortat, weil er darin wiederum einen Hinweis auf Organisierte Kriminalität sieht, die als Auffangregelung auch vom Geldwäschetatbestand erfasst werden soll (BT-Drs. 12/6853, 20; 13/8651, 12; NK-StGB/*Altenhain* Rn. 42; SSW StGB/*Jahn* Rn. 25; MüKoStGB/*Neuheuser* Rn. 38). Handelt nur ein Teilnehmer gewerbsmäßig, liegt keine Katalogtat vor, so dass auch Geldwäsche als Anschlussdelikt an die gewerbsmäßig (und auch nicht bandenmäßig) begangene Vortat ausscheiden muss (Herzog/*Nestler* Rn. 34). **Gewerbsmäßig** handelt nach der gebräuchlichen Formel, wer sich durch wiederholte Tatbegehung eine nicht nur vorübergehende Einnahmequelle von einigem Umfang und einiger Dauer verschaffen will. Liegt diese Absicht vor, ist bereits die erste Tat als gewerbsmäßig begangen einzustufen, auch wenn es entgegen den ursprünglichen Intentionen des Täters zu weiteren Taten nicht kommt (BGHSt 49, 177 (181)). Gewerbsmäßigkeit ist so verbreitet, dass es sich auch im Kontext mit den Katalogtaten nur um einen schwachen Indikator für Organisierte Kriminalität handelt. Der vagen Umschreibung der Organisierten Kriminalität nähert sich vor allem eine Bandenstruktur einer Tätergruppe weiter an. Der Begriff der **Bande** setzt nach heutiger Definition den Zusammenschluss von mindestens drei Personen voraus, die sich mit dem Willen verbunden haben, künftig für eine gewisse Dauer mehrere selbstständige, im Einzelnen noch ungewisse Straftaten gleicher Art zu begehen. Ein gefestigter Bandenwille oder ein Tätigwerden in einem übergeordneten Bandeninteresse ist nicht erforderlich (BGHSt 46, 321 (326)), was ein Minus gegenüber dem Begriff der Organisierten Kriminalität ist, sofern darin nicht nur eine Beweiserleichterung gesehen wird. Da sich die Beteiligung an der Vortat und Geldwäsche überschneiden, sind auch **gemischte Bandenbeteiligungen von Vortätern und Geldwäschern** möglich. Die Mitwirkung mehrerer Bandenmitglieder bei der einzelnen Bandentat, die nur „von einem Mitglied einer Bande" begangen worden sein muss, ist nach dem zur Beweiserleichterung weit gefassten Wortlaut der Vorschrift nicht einmal erforderlich (NK-StGB/*Altenhain* Rn. 43); das ist aber mit dem Schuldgrundsatz kaum zu vereinbaren. Die nicht bandenmäßig begangene Tat eines Mitglieds einer anderweitig tätigen Bande ist daher nicht als Katalogtat der Geldwäsche anzusehen (Herzog/*Nestler* Rn. 41).

29   Gewerbsmäßig oder bandenmäßig begangene Vergehen, die Vortaten der Geldwäsche sein können, sind im Hauptstrafrecht Taten nach den §§ 152a, 181a, 232 Abs. 1 und 2, § 233 Abs. 1 und 2, §§ 233a, 242, 246, 253, 259, 263–264 (zum Computerbetrg KG 13.6.2012 – (4) 121 Ss 79/12 (138/12)), § 266 (zur gewerbsmäßigen Untreue als Vortat BGH NJW 2008, 2516 ff. mAnm *Hoch* StV 2009, 414 f.; BGH NStZ-RR 2014, 343; *Neuheuser* NStZ 2009, 327 f. und *Ransiek* JR 2009, 480 ff.), §§ 267, 269, 271, 284, 326 Abs. 1, 2 und 4, § 328 Abs. 1, 2 und 4 sowie § 348 (Abs. 1 Nr. 4 lit. a), im Nebenstrafrecht sind dies Taten nach § 96 AufenthG, § 84 AsylG und nach § 370 AO, ferner neuerdings zur Bekämpfung von Marktmanipulation, Insiderhandel und Produktpiraterie auch die Vergehen gemäß § 38 Abs. 1–3 und 5 WpHG sowie §§ 13, 143a und 144 MarkenG, §§ 106–108b UrhG, § 25 GebrMG, den §§ 51 und 65 DesignG, § 142 des PatG, § 10 HalblSchG und § 39 SortSchG. Da das Kriterium des gewerbsmäßigen Handelns bei der Steuerhinterziehung rasch erfüllt ist und vor dem Hintergrund der Streichung von § 370a AO auch keine Steuerverkürzung in großem Ausmaß verlangt wird, ist nahezu jede wiederholbare Steuerhinterziehung eine Katalogtat des Geldwäschetatbestands. Das geht bedenklich weit (SSW StGB/*Jahn* Rn. 25). Wenn das Gesetz nach Abs. 4 S. 2 in der Gewerbs- oder Bandenmäßigkeit der Tatbegehung ein **Regelbeispiel** für einen besonders schweren Fall der Geldwäsche sieht, kann das nicht für die Fälle gelten, in denen die Gewerbs- oder Bandenmäßigkeit bereits zur Erfüllung des Tatbestands erforderlich ist (§ 46 Abs. 3).

30   **f) Kriminelle und terroristische Vereinigungen (Abs. 1 S. 2 Nr. 5).** Vortaten der Geldwäsche können gemäß Abs. 1 S. 2 Nr. 5 auch Vergehen nach §§ 89a, 129, 129a Abs. 3 und 5, jeweils auch iVm § 129b Abs. 1, sowie von einem Mitglied einer kriminellen oder terroristischen Vereinigung (§§ 129, 129a, jeweils auch iVm § 129b Abs. 1) begangene Vergehen sein (Schönke/Schröder/*Stree/Hecker*

Rn. 7). § 30b BtMG ist nicht erwähnt und kann daher nach dem Bestimmtheitsgrundsatz des Art. 103 Abs. 2 GG nicht einbezogen werden (NK-StGB/*Altenhain* Rn. 44; aA MüKoStGB/*Neuheuser* Rn. 39). **Vergehen,** die „von" dem Mitglied einer kriminellen oder terroristischen Vereinigung begangen wurden, können nach dem Wortlaut des Gesetzes auch solche **der allgemeinen Kriminalität** sein. Der Täter muss danach **nicht „als" Mitglied** der kriminellen oder terroristischen Vereinigung gehandelt haben (NK-StGB/*Altenhain* Rn. 44; SSW StGB/*Jahn* Rn. 26; MüKoStGB/*Neuheuser* Rn. 39; aA *Burr*, Geldwäsche – eine Untersuchung zu § 261 StGB, 1995, 45 (65); Herzog/*Nestler* Rn. 43). Da freilich die Bekämpfung von terroristischer Kriminalität angestrebt wird, nicht diejenige der allgemeinen Kriminalität, beruht die Regelung mit dieser weiten Fassung praktisch darauf, dass Beweiserleichterungen geschaffen werden sollen. Damit wird der Zweifelssatz konterkariert und der Schuldgrundsatz verletzt. Bemakelt wird der durch die Tat hervorgebrachte Gegenstand praktisch **wegen eines Makels der Person.** Das ist im Rechtsstaat kaum akzeptabel.

3. Auslandsvortaten. Als Vortaten der im Inland begangenen Geldwäsche kommen auch im Ausland **31** begangene Straftaten in Frage, wenn sie **nach dem örtlichen Recht mit gleicher Schutzrichtung** wie nach deutschem Strafrecht **strafbar** sind und nach den Maßstäben des deutschen Rechts rechtswidrige Taten im Sinne von Abs. 1 S. 2 wären (BT-Drs. 13/8651, 12; LG Stuttgart NJW 1995, 670 f.; NK-StGB/*Altenhain* Rn. 45; MüKoStGB/*Neuheuser* Rn. 40; Schönke/Schröder/*Stree/Hecker* Rn. 8). Die daraus herrührenden Gegenstände sind taugliche Objekte der Geldwäsche **(Abs. 8).** Auf eine vom Recht am Tatort vorgenommene Einordnung der Vortat als Verbrechen oder Vergehen kommt es nicht an (SSW StGB/*Jahn* Rn. 19). Auch die Unterwerfung unter die deutsche Strafgewalt ist nicht erforderlich (Herzog/*Nestler* Rn. 44). Bei der im Ausland begangenen Steuerhinterziehung ist § 370 Abs. 6 und 7 AO zu beachten (*Dierlamm* FS Mehle, 2009, 177 (180 f.)). Strafverfolgungsverjährung hinsichtlich der Auslandsvortat ist irrelevant (Schönke/Schröder/*Stree/Hecker* Rn. 8).

III. Herrühren des Gegenstands aus der Vortat

Nach Abs. 1 S. 1 bezieht sich die Geldwäsche auf einen Gegenstand, der aus einer Katalogtat **32** „herrührt". Abs. 2 verweist auf denselben Gegenstand, so dass auch hier das gleiche **Herkunftsprinzip** gilt. Der Begriff des Herrührens ist mit der Einführung der vorliegenden Vorschrift erstmals im StGB verwendet worden (Herzog/*Nestler* Rn. 45), so dass nicht auf die Auslegung anderer Normen zurückgegriffen werden kann. Der Gesetzgeber wollte **möglichst alle Transaktionen erfassen** (SSW StGB/*Jahn* Rn. 27) und hat deshalb auf ein Zusatzmerkmal, wie eine **Bagatellklausel** oder eine **Privilegierung** bestimmter Berufsgruppen, das Beschränkungen gestatten könnte, bewusst verzichtet (BT-Drs. 12/989, 27; *Voß*, Die Tatobjekte der Geldwäsche – eine Analyse des Regelungssystems in § 261 StGB, 2007, 30). Was aber unter dem Herrühren genau zu verstehen sein soll, hat der Gesetzgeber weder im Normtext noch in den Materialien erkennen lassen (*Maiwald* FS Hirsch, 1999, 631 (635); Herzog/*Nestler* Rn. 48). Herrühren bezeichnet begrifflich nur eine Form der **Kausalität** (BT-Drs. 12/3533, 12; BGHSt 53, 205 (209) mAnm *Kuhlen* JR 2010, 271 ff.; BGH NStZ-RR 2010, 109 (110); NK-StGB/*Altenhain* Rn. 52; MüKoStGB/*Neuheuser* Rn. 43), ohne nähere Einzelheiten festzulegen. Nach der Zielsetzung des Gesetzgebers, möglichst alle Transaktionen zu erfassen, ist der Begriff des Herrührens **weit auszulegen.** Da er dadurch aber **nahezu uferlos** wird, sind Begrenzungen erforderlich, über deren Art und Weise wieder Unklarheit herrscht, weil das Gesetz für die Anwendung der üblichen Auslegungsmethoden keinen Anhaltspunkt bietet (Herzog/*Nestler* Rn. 49). In der Literatur finden sich für **Problemfälle,** vor allem **im Bereich von Bagatellhandlungen, sozialadäquatem Verhalten und Teilvermischungen,** divergierende Lösungsansätze. Es herrscht Rechtsunklarheit. Dies ist mit Art. 103 Abs. 2 GG unvereinbar (SSW StGB/*Jahn* Rn. 27; *Krey/Dierlamm* JR 1992, 353 (359); *Leip*, Der Straftatbestand der Geldwäsche – zur Auslegung des § 261 StGB, 2. Aufl. 1999, 68 ff.; *Spiske*, Pecunia olet? Der neue Geldwäschetatbestand § 261 StGB im Verhältnis zu den §§ 257, 258, 259 StGB, insbesondere zur straflosen Ersatzhehlerei, 1998, 111). Die Bemakelung des Gesamtvermögens nach der „Infizierungstheorie" hat zudem eine ganze Art. 14 Abs. 1 GG verstoßende Konfiskation zur Folge, da Einziehung und Verfall sich dann gegebenenfalls nach Abs. 7 auf das Gesamtvermögen beziehen. Andererseits ist der in der Literatur zum Teil postulierte Gleichlauf des Bemakelungszusammenhangs mit der Reichweite der Regeln über Einziehung und Verfall (*Arzt* JZ 1993, 913 (914)) kein geeignetes Mittel zur Bestimmung des Umfangs des Herrührens von Gegenständen aus der Katalogtat (MüKoStGB/*Neuheuser* Rn. 47). Daran hat sich der Gesetzgeber weder bei der Rechtsgutsbezeichnung noch bei der Schaffung der Eingrenzungsregel des Abs. 6 orientiert. Umgekehrt betrifft der Wertersatzverfall unbemakelte Gegenstände (*Voß*, Die Tatobjekte der Geldwäsche – eine Analyse des Regelungssystems in § 261 StGB, 2007, 40). Dem Maßnahmensystem ist daher kein klarer Bezugspunkt für die Grenzen des Kausalzusammenhangs zu entnehmen.

1. Unmittelbar aus der Vortat herrührende Gegenstände. Gegenstände, die aus einer Katalogtat **33** herrühren, sind zunächst solche, die unmittelbar durch die Tat hervorgebracht oder dabei vom Täter erworben werden (NK-StGB/*Altenhain* Rn. 61; MüKoStGB/*Neuheuser* Rn. 44; *Voß*, Die Tatobjekte der Geldwäsche – eine Analyse des Regelungssystems in § 261 StGB, 2007, 33). Dazu zählen namentlich

die Entlohnung des Täters oder seine Beute. Auf das Eigentum kommt es nicht an. Bei einer Übertragung des Gegenstands auf eine andere Person bleibt seine Eigenschaft als bemakelter Gegenstand
erhalten, wenn in den Fällen des Abs. 6 die Übertragung für den Empfänger auch ein Delikt darstellt.
Soweit dafür plädiert wird, die Bemakelung auch jenseits der Fälle des Abs. 6 aufzuheben, wenn der
Erwerber den Gegenstand im Rahmen eines geschäftsüblichen Vorgangs erlangt (*Salditt* StraFo 1992,
121 (124)), entspricht dies nicht dem Wortlaut, dem Regelungszusammenhang und dem Zweck des
Gesetzes (*Voß*, Die Tatobjekte der Geldwäsche – eine Analyse des Regelungssystems in § 261 StGB,
2007, 36). Der unmittelbar aus einer Katalogtat herrührende Gegenstand bleibt kontaminiert, auch wenn
er im Vermögen des Geldwäschers durch einen anderen Gegenstand ersetzt wird (Herzog/*Nestler*
Rn. 59).

34   Die Frage, ob auch **Tatmittel** aus der Katalogtat herrühren, ist von der Rspr. bejaht worden (BGHSt
53, 205 (208) m. abl. Anm. *Fahl* JZ 2009, 748 und Anm. *Rettenmaier* NJW 2009, 1619). Das soll etwa für
Bestechungsgelder gelten, welche die Täter an einen Amtsträger gezahlt haben; denn ein Gegenstand sei
als bemakelt anzusehen, wenn er sich bei wirtschaftlicher Betrachtungsweise im Sinne eines Kausalzusammenhangs auf die Vortat zurückführen lässt. Die Bemakelung tritt in der Bestechungslage vor allem
dadurch ein, dass der bestechende Täter und der bestechliche Amtsträger sich bei dem Geldtransfer
jeweils strafbar machen. Ob die Einordnung von Tatmitteln als aus der Katalogtat herrührende Gegenstände auch in allen anderen Konstellationen gilt, erscheint aber fraglich, wenn die Tatmittel zunächst in
legaler Weise in das Vermögen des Vortäters gelangt sind; dann rühren sie schon begrifflich nicht aus der
Vortat her (NK-StGB/*Altenhain* Rn. 63; SSW StGB/*Jahn* Rn. 29; Herzog/*Nestler* Rn. 57; Mü-
KoStGB/*Neuheuser* Rn. 44). Abs. 1 S. 3 hat den Gegenstand, hinsichtlich dessen Abgaben hinterzogen
worden, gesondert erfasst, weil dieser ursprünglich auch nicht aus einer Steuerhinterziehung herrührt.
Daraus lässt sich der Umkehrschluss ziehen, dass in allen anderen Fällen ein Tatmittel kein Gegenstand
ist, der aus der Katalogtat „herrührt“. Auch **Beziehungsgegenstände,** auf die sich die Katalogtat
bezieht, sind aus demselben Grund keine Gegenstände, die erst aus jener Tat „herrühren“ (NK-StGB/
Altenhain Rn. 64; Herzog/*Nestler* Rn. 58).

35   **2. Surrogate.** Anders als bei der Hehlerei, bei der die Ersatzhehlerei ausgeschlossen ist (BGHSt 9,
137 (139)), soll Geldwäsche gerade auch an Ersatzgegenständen möglich sein, die **nach einem oder
mehreren Austauschvorgängen** bei wirtschaftlicher Betrachtungsweise an die Stelle des ursprünglichen Gegenstands, der unmittelbar aus der Vortat herrührte, getreten sind (OLG Karlsruhe NJW
2005, 767 (768); NK-StGB/*Altenhain* Rn. 67; Fischer Rn. 7; SSW StGB/*Jahn* Rn. 29; Herzog/
Nestler Rn. 59; MüKoStGB/*Neuheuser* Rn. 46; *Petropoulos* wistra 2007, 241 (244); Schönke/Schrö-
der/*Stree/Hecker* Rn. 11). Das ist der eigentliche Zweck der Regelung, aber auch der problema-
tischste Punkt. Werden zum Beispiel mit dem Bargeld des Erlöses aus einem Drogenverkauf Wertsachen gekauft, setzt sich die Bemakelung daran fort (*Voß*, Die Tatobjekte der Geldwäsche – eine
Analyse des Regelungssystems in § 261 StGB, 2007, 30). Auch der Austausch durch weitere Ersatzgegenstände führt jeweils zu deren Bemakelung, ohne dass der Geldwäschetatbestand eine Begrenzung der Kette vorsieht. Der Einsatz von Vortaterlösen als Kreditsicherheit soll zur Bemakelung des
damit besicherten Darlehens führen (NK-StGB/*Altenhain* Rn. 71). Wenn die Ersetzung des bemake-
ten Gegenstands durch einen anderen Gegenstand anschließend nicht zur „Dekontaminierung“ des
ursprünglichen Geldwäschegegenstands führt, zieht die Bemakelung immer weitere Kreise (BT-
Drs. 12/989, 27; NK-StGB/*Altenhain* Rn. 53; *Leip*, Der Straftatbestand der Geldwäsche – zur Auslegung des § 261 StGB, 2. Aufl. 1999, 67). Ob Surrogate im Gegensatz zum Ursprungsgegenstand
auf Dauer kontaminiert bleiben, wenn weitere Austauschvorgänge stattfinden, ist umstritten und
jedenfalls in der Rspr. **nicht geklärt** (dafür *Spiske*, Pecunia olet? Der neue Geldwäschetatbestand
§ 261 StGB im Verhältnis zu den §§ 257, 258, 259 StGB, insbesondere zur straflosen Ersatzhehlerei,
1998, 121 f.; offen gelassen von OLG Karlsruhe NJW 2005, 767 (769); dagegen NK-StGB/*Altenhain*
Rn. 79; *Leip/Hardtke* wistra 1997, 281 (284); Herzog/*Nestler* Rn. 61; *Petropoulos* wistra 2007, 241
(244)). Der Gesetzgeber (BT-Drs. 12/989, 27) hat zur Begrenzung des weiten Tatbestands nur darauf
hingewiesen, dass der wirtschaftliche Wert des Ursprungsgegenstands im Surrogat erhalten bleiben
müsse und in Verarbeitungsfällen der Wert der neuen Sache nicht im Wesentlichen auf Leistungen
eines Dritten beruhen dürfe. Andererseits wird **Wertgleichheit** von Ursprungs- und Ersatzgegen-
stand **nicht vorausgesetzt** (NK-StGB/*Altenhain* Rn. 69; SSW StGB/*Jahn* Rn. 29; Herzog/*Nestler*
Rn. 62; Schönke/Schröder/*Stree/Hecker* Rn. 9; aA *Bottke* wistra 1995, 87 (90)). Erst bei annähernd
völligem Wertverlust soll die Eigenschaft als tauglicher Geldwäschegegenstand entfallen. Erforderlich
ist sonst nur ein **konkreter Kausalzusammenhang** (Schönke/Schröder/*Stree/Hecker* Rn. 10). Worin genau der konkrete Bemakelungszusammenhang bestehen soll, bleibt aber unklar. In der Literatur
wird zum Teil vorgeschlagen, dass die Kette bei der Weitergabe eines nicht unmittelbar aus der
Vortat herrührenden Ersatzgegenstands bereits durch den Täter der Katalogtat beim Ersterwerber
ende (*Leip*, Der Straftatbestand der Geldwäsche – zur Auslegung des § 261 StGB, 2. Aufl. 1999,
115). In diesen Fällen sei nämlich die durch den Geldwäschetatbestand intendierte Rückverfolgung
der Spur bis zum Ursprungsgegenstand mit Hilfe des Ersatzgegenstands nicht mehr sinnvoll zu
bewirken. Da aber das Gesetz nicht nur die Verfolgung der „Papierspur“ der Vortat bezweckt, greift

diese Überlegung zu kurz. Sie ist auch mit der gesetzlichen Regelung, insbesondere mit Abs. 6, nicht vereinbar.

3. Vermischung mit unbemakeltem Vermögen. Hauptproblem des Herkunftsprinzips sind die **36** Vermischungsfälle, in denen legales mit bemakeltem Vermögen vermischt wird, etwa im Kontokorrent eines Bankguthabens (BGH NJW 2015, 3254) oder beim Erwerb von vermögenswerten Gegenständen mit Geld, das zum Teil aus einer Katalogtat herrührt, zum Teil aber auch legal erworben worden war. Hier stellt sich die Frage, ob und in welchem Umfang das Vermischungsprodukt seinerseits aus der Katalogtat herrührt. Ob eine Vermischung von bemakelten und unbemakelten Vermögensgegenständen dazu führt, dass der neue Vermögensgegenstand aus der Katalogtat herrührt, hängt davon ab, ob eine bestimmte Makelquote festgelegt werden kann. Lässt sich diese nicht bestimmen, droht ein Verstoß der Norm gegen das Bestimmtheitsgebot aus Art. 103 Abs. 2 GG.

Nach der **Lehre von der Totalkontamination** sind untrennbare Gegenstände insgesamt als bema- **37** kelt anzusehen, wenn auch nur ein Teil davon unmittelbar oder mittelbar aus einer Katalogtat herrührt und **der bemakelte Teil** bei wirtschaftlicher Betrachtung jedenfalls **nicht völlig unerheblich** ist (BGH NJW 2015, 3254; OLG Frankfurt a. M. NJW 2005, 1727 (1732); OLG Karlsruhe NJW 2005, 767 (769); *Burr*, Geldwäsche – eine Untersuchung zu § 261 StGB, 1995, 78; Lackner/Kühl/*Kühl* Rn. 5; LK-StGB/*Schmidt/Krause* Rn. 12; aA Herzog/*Nestler* Rn. 70). Damit sollen Umgehungshandlungen unterbunden werden, die andernfalls alleine durch Vermischung von Vermögensteilen zur Dekontamination führen würden. Eine Mindestquote sei zudem nicht abstrakt-generell zu bestimmen (MüKoStGB/ *Neuheuser* Rn. 54). Vielmehr richte sich die Frage nach der wirtschaftlichen Unerheblichkeit oder Erheblichkeit nach den Umständen des Einzelfalls. Andere Stimmen wollen die rechtliche Erheblichkeit bei einer **Makelquote von mindestens einem Prozent** (Wessels/Hillenkamp StrafR BT II Rn. 901), bei **fünf Prozent** (*Barton* NStZ 1993, 159 (163); *Lampe* JZ 1994, 123 (127)) oder nach dem Regelungsgedanken des § 74 Abs. 2 AO bei **fünfundzwanzig Prozent** (*Leip/Hardtke* wistra 1997, 281 (285)) festmachen, während eine weiter gehende Ansicht sogar voraussetzt, dass der überwiegende Teil, also **mehr als fünfzig Prozent** (Herzog/*Nestler* Rn. 71; *Salditt* StraFo 1992, 121 (124)), aus illegalem Vermögen stammt. Bisweilen wird für eine Abstufung der Makelquoten bei Gegenständen verschiedener Wertstufen plädiert (*Petropoulos* wistra 2007, 241 (245 f.)). Allen Angaben zur Makelquote ist gemeinsam, dass sie auf gegriffenen Zahlen beruhen, im Wortlaut des Gesetzes keinen Anhaltspunkt finden, im Ergebnis mehr oder weniger weitgehend zu einer sukzessiven Vervielfachung des strafrechtlichen Vorwurfes führen und im Ganzen mit dem Gebot der Bestimmtheit der Strafnorm (*Michalke* FS 25 Jahre Arbeitsgemeinschaft Strafrecht des DAV, 2009, 346 (354 ff.); Herzog/*Nestler* Rn. 71; *Voß*, Die Tatobjekte der Geldwäsche – eine Analyse des Regelungssystems in § 261 StGB, 2007, 52) sowie dem Gebot eines der Schuld angemessenen Strafens kaum zu vereinbaren sind.

Die **Lehre von der Teilkontamination** geht davon aus, dass der durch Vermischung entstandene **38** neue Gegenstand nur in Höhe des bemakelten Anteil „kontaminiert" ist (*Ambos* JZ 2002, 70 (71); *Barton* NStZ 1993, 159 (163); *Burr*, Geldwäsche – eine Untersuchung zu § 261 StGB, 1995, 76; SSW StGB/ *Jahn* Rn. 31; *Leip*, Der Straftatbestand der Geldwäsche – zur Auslegung des § 261 StGB, 2. Aufl. 1999, 163; MüKoStGB/*Neuheuser* Rn. 53; *Salditt* StraFo 1992, 121 (124)). Dies soll dem Verhältnismäßigkeitsgrundsatz entsprechen und verhindern, dass alsbald nahezu jeder Vermögensgegenstand aus einer Katalogtat herrührt. Ein abgesonderter Teil des Vermögens, etwa ein Teil des Bar- oder Buchgeldes, ist demnach nur dann tauglicher Geldwäschegegenstand, wenn er den Anteil des Vermögens mit legalem Ursprung übersteigt. Dies ermöglicht es freilich, dass der Inhaber sein Vermögen aufteilt und bei zahlreichen Geschäften der Strafdrohung entgeht. Diese Ermöglichung einer teilweise straflosen sukzessiven Geldwäsche entspricht nicht der gesetzgeberischen Zielvorstellung.

4. Verarbeitung. Verarbeitung im Sinne von § 950 BGB führt nach der gesetzgeberischen Vor- **39** stellung dazu, dass der Gegenstand nicht mehr aus der Katalogtat herrührt, wenn sein **Wert** durch die Verarbeitung **im Wesentlichen auf die selbstständige Leistung eines Dritten zurückzuführen** ist (BT-Drs. 12/989, 27; 12/3533, 12; SSW StGB/*Jahn* Rn. 28; *Jahn/Ebner* JuS 2009, 597 (599); MüKoStGB/*Neuheuser* Rn. 43, 50; *Voß*, Die Tatobjekte der Geldwäsche – eine Analyse des Regelungssystems in § 261 StGB, 2007, 31). Das ist nur selten der Fall, etwa bei der Schaffung eines Schmuckstücks aus Edelmetall und Edelsteinen, die aus einer Katalogtat herrühren. Mit der Weiterverarbeitungsklausel, die überdies im Wortlaut des Gesetzes keinen Niederschlag gefunden hat, lässt sich für andere Konstellationen, wie die Vermischungsfälle oder die Fälle der Übertragung des Gegenstands auf einen gutgläubigen Dritten wenig anfangen. Zudem ist die Frage des Umfangs der Wertänderungen schwer zu beurteilen. Werden gestohlene Luxusfahrzeuge zerlegt, um die Einzelteile mit erhöhtem Gesamtgewinn zu verkaufen, liegt keine Wertschöpfung vor, die auf eine selbstständige Leistung zurückzuführen ist. Werden die gestohlenen Fahrzeuge verschrottet und nur einzelne Teile veräußert, liegt zunächst ein Wertverlust vor, der den Gegenstand als solchen „dekontaminiert". Ob danach die verbleibenden Teile „kontaminiert" bleiben sollen, erscheint nicht eindeutig; insoweit sollte die ungeschriebene Weiterverarbeitungsklausel nicht eingreifen (*Michalke* FS 25 Jahre Arbeitsgemeinschaft Strafrecht des DAV, 2009, 346 (349)).

40 **5. Erträge.** Auch **Nutzungen,** die aus einem aus der Katalogtat herrührenden Gegenstand gezogen werden, rühren im Sinne äquivalenter Kausalität aus der Vortat her (NK-StGB/*Altenhain* Rn. 72; *Dionyssopoulou,* Der Tatbestand der Geldwäsche – eine Analyse der dogmatischen Grundlagen des Paragraphen 261 StGB, 1999, 108; Herzog/*Nestler* Rn. 64). Wird bemakeltes Vermögen dagegen investiert und daraus ein **Gewinn** erwirtschaftet, ohne dass es um Nutzungen geht, setzt sich der Bemakelungszusammenhang nach herrschender Ansicht nicht mehr an den Gelderträgen fort (SSW StGB/*Jahn* Rn. 29; MüKoStGB/*Neuheuser* Rn. 49). Das entspricht der gesetzgeberischen Wertung, dass im Fall der Verarbeitung die neue Sache nicht bemakelt wird, wenn ihr Wert im Wesentlichen auf die **selbstständige Leistung eines Dritten** zurückzuführen ist (BT-Drs. 12/989, 27; diff. Schönke/Schröder/*Stree/Hecker* Rn. 11). Der Wertzuwachs bei der Investition beruht auch dann nach der Mehrheitsmeinung in der Literatur nicht im Sinne eines konkreten Kausalzusammenhangs auf der Vortat. Diese Einschränkung geht aber über die Kausalitätsbestimmung nach der Äquivalenztheorie hinaus und stellt sich als teleologische Reduktion des Geldwäschetatbestands dar, deren genauer Rechtsgrund ungeklärt bleibt. Kauft der Vortäter mit dem Erlös aus seinen Taten Anteile eines produzierenden Unternehmens, sollen zwar die Gesellschaftsanteile, aber nicht die **Produkte des Unternehmens** bemakelt sein (BR-Drs. 507/92, 28; BT-Drs. 12/989, 27; NK-StGB/*Altenhain* Rn. 73; *Burr,* Geldwäsche – eine Untersuchung zu § 261 StGB, 1995, 74 f.; Herzog/*Nestler* Rn. 65; MüKoStGB/*Neuheuser* Rn. 49; Schönke/Schröder/*Stree/Hecker* Rn. 11; aA *Leip,* Der Straftatbestand der Geldwäsche – zur Auslegung des § 261 StGB, 2. Aufl. 1999, 114). Diese Konsequenz wirkt mit Blick auf die Zielsetzung der Strafnorm und die Gleichwertigkeit aller Bedingungen inkonsequent.

41 **6. Rechtsübergang.** Die **Übertragung der** (Eigentums- oder Forderungs-)**Rechte an einem bemakelten Gegenstand** hat nach dem Wortlaut der Vorschrift keinen Einfluss auf die Eigenschaft als geldwäschetauglicher Gegenstand, der aus einer Katalogtat herrührt. Eine wirksame Übereignung oder Forderungsabtretung ist danach irrelevant. **Abs. 6** schließt den straflosen Vorerwerb nur in Fällen des Abs. 2 aus. Abweichende Resultate werden nach verbreiteter Ansicht nicht anerkannt (OLG Karlsruhe NJW 2005, 767 (768); NK-StGB/*Altenhain* Rn. 66; *Burr,* Geldwäsche – eine Untersuchung zu § 261 StGB, 1995, 67; Fischer Rn. 27; *Flatten,* Zur Strafbarkeit von Bankangestellten bei der Geldwäsche, 1996, 73 (110); *Leip,* Der Straftatbestand der Geldwäsche – zur Auslegung des § 261 StGB, 2. Aufl. 1999, 73 f.; *Petropoulos* wistra 2007, 244; aA *Höreth,* Die Bekämpfung der Geldwäsche – unter Berücksichtigung einschlägiger ausländischer Vorschriften und Erfahrungen, 1996, 122; Wessels/Hillenkamp StrafR BT II Rn. 901). Auch das wird mit der bewusst weit gefassten Regelung anhand der Bekämpfungsziele des Gesetzgebers begründet. Dabei stellt sich aber die **Frage der Legitimation** der Strafdrohung in verschärfter Weise. Werden zivilrechtlich rechtmäßige Rechtspositionen und Erwerbsakte (vgl. § 935 Abs. 2 BGB) durch die Strafdrohung beeinträchtigt, müsste im Rechtsstaat die Frage beantwortet werden, warum zivilrechtlich rechtmäßiges Verhalten als Kriminalunrecht bezeichnet werden kann. Auch wird der Rechtsverkehr nicht durch den Geldwäschetatbestand geschützt, sondern sogar beeinträchtigt, wenn zivilrechtlich rechtmäßige Rechtspositionen durch strafrechtliche Bemakelung infolge des bisher uferlos weiten Geldwäschetatbestands nicht genutzt werden können. Überlegungen in der Literatur, **sozial übliche Geschäftstätigkeit** von der Geldwäschestrafbarkeit auszuklammern, sind wegen der Unbestimmtheit des Einschränkungskriteriums und der gesetzgeberischen Intention gescheitert, gerade auch solche Handlungen mit dem Geldwäschetatbestand zu erfassen. Die **Divergenz zwischen Zivilrecht und Strafrecht** (*Michalke* FS 25 Jahre Arbeitsgemeinschaft Strafrecht des DAV, 2009, 346 (356)) müsste zur Aufrechterhaltung der Legitimation der Strafdrohung entweder dahin aufgelöst werden, dass geldwäscherelevante Rechtsübergänge auch zivilrechtlich nach §§ 134, 138 nicht anerkannt werden oder aber im Fall ihrer zivilrechtlichen Anerkennung die Strafbarkeit des zivilrechtlich rechtmäßigen Handelns verneint werden muss. Dazu haben sich der Gesetzgeber und die Rechtsprechung nicht durchgerungen. Sie lassen damit allerdings auch eine Legitimationsfrage offen. Schließlich ist bei einer Divergenz von Zivil- und Strafrecht ein **weites Feld für die Annahme von Verbotsirrtümern** eröffnet.

42 Nur **der straflose Vorerwerb** unterbricht **nach Abs. 6** die Bemakelungskette und dies auch nur in den Fällen des Abs. 2. Dadurch soll das bloße Sich-Verschaffen des Gegenstands (Abs. 2 Nr. 1) begrenzt strafbar sein, um den Wirtschaftsverkehr nicht zu weit gehend infolge der Isolierungskonzeption des Gesetzes zu lähmen. Hat ein Dritter die Sache zuvor erworben, ohne dabei eine Straftat zu begehen, erfüllt die nachfolgende Handlung eines anderen nicht den Tatbestand des Abs. 2. Mit der Straftat ist dabei nach vorherrschender Ansicht wiederum nur eine Geldwäsche gemeint, nicht ein Vermögensdelikt, wie Diebstahl, Unterschlagung oder Betrug.

IV. Tathandlungen

43 Das Gesetz nennt in Abs. 1 und 2 eine Vielzahl möglicher Tathandlungen. Damit soll möglichst weit gehend verhindert werden, dass bemakelte Gegenstände unter Verdeckung ihrer Herkunft in den legalen Finanz- und Wirtschaftsverkehr eingeschleust werden. Nahezu jeder Umgang, der die Strafverfolgungsorgane bei der Rückverfolgung der „Papierspur" anhand eines Gegenstands, der irgendwie auf eine

Katalogtat zurückzuführen ist, zu behindern geeignet erscheint, steht unter der Strafdrohung. Das wirft verstärkt die vom Gesetzgeber mit Abs. 6 nicht ausreichend beantwortete Frage nach Begrenzungsmöglichkeiten auf. Die Handlungsalternativen lassen sich nicht immer scharf gegeneinander abgrenzen, so dass vielfach Überschneidungen stattfinden (SSW StGB/*Jahn* Rn. 33; *Lampe* JZ 1994, 124 (128); *Salditt* StraFo 1992, 121 (126); Schönke/Schröder/*Stree*/*Hecker* Rn. 13), die meist erst auf der Konkurrenzebene zu lösen sind. Die Geldwäschehandlung kann schon während der Begehung der Vortat vorgenommen werden, wenn sie sich erst nach deren Vollendung auswirkt. Im Allgemeinen folgt sie aber der Katalogtat nach. Eine Handlung, welche die Begehung der Katalogtat fördert, ist dagegen Beihilfe und nicht Geldwäsche (NK-StGB/*Altenhain* Rn. 92).

1. Verschleierungstatbestand (Abs. 1 S. 1 Alt. 1 und 2). Der Verschleierungstatbestand zielt auf **44** die Aufdeckung krimineller Organisationen. Wenn der Täter den bemakelten Gegenstand durch heimliche oder auf Heimlichkeit ausgerichtete **Maßnahmen mit manipulativer Tendenz** (BVerfG NJW 2015, 2949 (2953)) verbirgt oder seine Herkunft verschleiert, erfüllt er den Verschleierungstatbestand aus Abs. 1 S. 1 in der ersten oder zweiten Alternative. Damit wird ein manipulatives Verhalten erfasst (SSW StGB/*Jahn* Rn. 34), das für Geldwäsche als eine die Aufdeckung der Vortat und die Strafverfolgung erschwerende Deliktsform typisch erscheint. Ob deshalb aber auch eine finale Ausrichtung auf die Vereitelung von staatlichen Ermittlungen erforderlich ist, lässt der Gesetzestext nicht erkennen, so dass für die subjektive Tatseite bedingter Vorsatz genügt (*Maiwald* FS Hirsch, 1999, 631 (644)). **Verborgen** wird der Gegenstand, wenn er an einem unüblichen Ort verwahrt oder durch Maßnahmen zur seiner Tarnung vor der Wahrnehmung oder dem Zugriff durch andere Personen verdeckt wird (SSW StGB/ *Jahn* Rn. 35; Herzog/*Nestler* Rn. 84; MüKoStGB/*Neuheuser* Rn. 61; *Otto* wistra 1995, 323 (326); Schönke/Schröder/*Stree*/*Hecker* Rn. 14). Das kann durch Verstecken (BGH NJW 1999, 436), Vergraben, Ablegen unter artfremden Gegenständen, Versenden oder Überweisen an einen entfernten Ort und anderes mehr geschehen. Die **Herkunft** des Gegenstands wird **verschleiert,** wenn der Täter irreführende Maßnahmen ergreift, die darauf abzielen, ihm den Anschein einer legalen Herkunft zu verleihen oder die wahre Herkunft aus einer Katalogtat zu kaschieren (NK-StGB/*Altenhain* Rn. 104; SSW StGB/*Jahn* Rn. 36; MüKoStGB/*Neuheuser* Rn. 62). Beispiele dafür sind das Umwechseln von Geld, auch in der Form von „Nullsummenspielen" in der Spielbank oder Einbringung in Unternehmen mit hohem Bargeldaufkommen, ferner Falschbuchungen (Schönke/Schröder/*Stree*/*Hecker* Rn. 14), Kombinationen von Geldeinzahlungen auf ein Bankkonto mit anschließenden Überweisungen oder Abhebungen (LG Mönchengladbach wistra 1995, 157 f.), Zahlung von Scheinhonoraren, Verarbeitung oder Vermischung mit unbemakelten Gegenständen gleicher Art. Ein **Erfolg** der Maßnahmen (*Leip,* Der Straftatbestand der Geldwäsche – zur Auslegung des § 261 StGB, 2. Aufl. 1999, 127 f.; MüKoStGB/*Neuheuser* Rn. 62; aA für Verschleiern SSW StGB/*Jahn* Rn. 36) oder eine konkrete Gefährdung eines Ermittlungserfolges (Fischer Rn. 21a; aA NK-StGB/*Altenhain* Rn. 94) wird jeweils **nicht vorausgesetzt.** Nach hM bestehen auch keine besonderen Anforderungen an den Vorsatz, sodass **bedingter Vorsatz genügt** (MüKoStGB/*Neuheuser* Rn. 64; Schönke/Schröder/*Stree*/*Hecker* Rn. 11), während eine Gegenmeinung annimmt, dass jedenfalls ein Verschleiern bereits begrifflich nur mit direktem Vorsatz möglich sei (Herzog/*Nestler* Rn. 85; *Leip,* Der Straftatbestand der Geldwäsche – zur Auslegung des § 261 StGB, 2. Aufl. 1999, 127 f.). Erfolgs- oder konkrete Gefährdungsdelikte sind die weiteren Handlungen des Vereitelungs- oder Gefährdungstatbestands der dritten und weiteren Varianten in Abs. 1 S. 1. Die Zahlung einer Kaution aus bemakeltem Vermögen in Absprache mit der Staatsanwaltschaft stellt kein Verschleiern dar (LG Gießen NJW 2004, 1966 (1967); SSW StGB/*Jahn* Rn. 36).

2. Vereitelungs- oder Gefährdungstatbestand (Abs. 1 S. 1 Alt. 3). Den Vereitelungs- oder **45** Gefährdungstatbestand ab der dritten Alternative in Abs. 1 S. 1 erfüllt derjenige, der die Ermittlung der Herkunft, das Auffinden, den Verfall, die Einziehung oder die Sicherstellung eines solchen Gegenstandes vereitelt oder gefährdet (zum Vereiteln der Sicherstellung von Vermögen im Ausland OLG Bamberg NStZ 2015, 235 (236)). Hier liegt beim Vereiteln ein **Erfolgsdelikt,** beim Gefährden ein **konkretes Gefährdungsdelikt** vor (OLG Hamm wistra 2004, 73 (74); Herzog/*Nestler* Rn. 88). Heimliches Vorgehen ist nicht erforderlich (SSW StGB/*Jahn* Rn. 37; referierend BVerfG NJW 2015, 2949 (2953)).

Bezugspunkte des Vereitelns oder Gefährdens sind die Herkunftsfeststellung, das Auffinden oder der **46** hoheitliche Zugriff durch vorläufige Sicherstellung oder endgültige Maßnahmen in Form von Verfall oder Einziehung. Letztere **Maßnahmen** sind **hoheitlicher Natur.** Ob auch die Herkunftsfeststellung und das Auffinden sich nur auf Maßnahmen durch Ermittlungspersonen oder Justizorgane beziehen, bleibt im Gesetzeswortlaut unklar. Nach dem Gesamtkonzept zur Geldwäschebekämpfung wird man **auch** die ua zur Verdachtsanzeige nach § 11 GwG verpflichteten **Personen und Einrichtungen im Sinne von § 2 GwG** einbeziehen müssen.

Das **Vereiteln** entspricht dem Begriff in § 258 Abs. 1. Der Täter verursacht dabei ein Hindernis für **47** die behördliche Ermittlung der Herkunft, das Auffinden, den Verfall, die Einziehung oder die Sicherstellung des Gegenstands, der aus der Vortat herrührt. Das Hindernis muss hier aber dauerhaft oder jedenfalls auf unabsehbare Zeit bestehen (SSW StGB/*Jahn* Rn. 38; *Salditt* StraFo 1992, 121 (125)) und nicht nur vorübergehend und für eine absehbar kurze Zeitspanne; denn im Fall einer vorübergehenden Verzögerung der Ermittlung der Herkunft, des Auffindens, des Verfalls, der Einziehung oder der Sicherstellung liegt eine Gefährdung vor, so dass es insoweit auf den Vereitelungstatbestand nicht ankommt. Der Täter **gefährdet** die Ermittlung der Herkunft, das Auffinden, den Verfall, die Einziehung oder die Sicherstellung nur, wenn er eine konkrete Gefahr durch bestimmte Erschwernisse dafür verursacht, die auch zur Herbeiführung des Erfolgs geeignet sind (BGH NJW 1999, 436 f. mAnm *Krack* JR 1999, 472 ff.; *Herzog/Nestler* Rn. 89; *Schönke/Schröder/Stree/Hecker* Rn. 14), etwa indem er einen Beschuldigten vor einer bevorstehenden Durchsuchung warnt (OLG Hamm wistra 2004, 73) oder als Finanzagent das Versprechen abgibt, durch Pishing erlangte Gelder von seinem Konto weiterzuleiten (LG Darmstadt CR 2007, 56 ff. mAnm *Kögel* wistra 2007, 206 ff.; NK-StGB/*Altenhain* Rn. 130b; *Heghmanns* wistra 2007, 167 (169 f.); *Neuheuser* NStZ 2008, 492). Die konkrete Gefahr bedeutet eine nahe liegende Möglichkeit der endgültigen Vereitelung, bei der es nur vom Zufall abhängt, ob der Vereitelungserfolg eintritt oder ausbleibt. Der Täter muss also Maßnahmen ergreifen, die dazu geeignet sind, den Ermittlungserfolg oder Sicherstellungszugriff zu verhindern. Dazu ist es nach verbreiteter Ansicht aber nicht einmal erforderlich, dass **Ermittlungen bereits begonnen** haben (NK-StGB/*Altenhain* Rn. 95). Damit wird der konkrete Gefährdungstatbestand allerdings wieder in Richtung einer abstrakten Gefahr ausgedehnt.

48   Die Strafverfolgung wird tatsächlich nicht erschwert, wenn der Täter den Gegenstand in die Hände der Ermittlungsorgane gelangen lässt. Übergibt er den Gegenstand einem **Verdeckten Ermittler** oder einer **V-Person** der Polizei, die im behördlichen Auftrag tätig ist, dann liegt regelmäßig nur ein untauglicher Versuch der Geldwäsche vor (BGH NJW 1999, 83 (84) mAnm *Krack* JR 1999, 472; NK-StGB/*Altenhain* Rn. 96; SSW StGB/*Jahn* Rn. 38; *Herzog/Nestler* Rn. 89; MüKoStGB/*Neuheuser* Rn. 64). Bei der Übergabe an Personen, die nach § 2 GwG verpflichtet sind, hängt diese Frage stärker von den Umständen des Einzelfalls ab. Von den Ermittlungsbehörden einvernehmlich **kontrollierte Transaktionen durch Bankmitarbeiter** sind keine Geldwäschehandlungen, weil der Schutzzweck der Norm nicht verletzt wird (Schönke/Schröder/*Stree/Hecker* Rn. 14). Auch § 17 GwG greift dann nicht ein.

49   Geldwäsche kann auch **durch einen Angehörigen des Vortäters** begangen werden. Ein Angehörigenprivileg, wie in § 258 Abs. 6, enthält § 261 nicht. § 258 Abs. 6 ist hier wegen des andersartigen Gesetzeszwecks auch nicht entsprechend anwendbar (Schönke/Schröder/*Stree/Hecker* Rn. 15).

50   **3. Isolierungstatbestand (Abs. 2).** Abs. 2 ist ein Auffangtatbestand gegenüber Abs. 1. Durch die Strafdrohung gegen Handlungen iSv Abs. 2 soll der **Vortäter wirtschaftlich isoliert** werden, indem der **Gegenstand,** der aus der Katalogtat herrührt, praktisch **verkehrsunfähig gemacht** werden soll (SSW StGB/*Jahn* Rn. 39). Deshalb verbietet Abs. 2 es anderen Personen, den Gegenstand sich oder einem Dritten zu verschaffen (Nr. 1) oder den Gegenstand zu verwahren oder ihn für sich oder einen Dritten zu verwenden (Nr. 2). Die Strafdrohung gilt freilich nur, wenn der Täter die Herkunft des Gegenstandes zu dem Zeitpunkt gekannt hat, zu dem er ihn erlangt hat. Verboten ist aber nahezu jeder Umgang mit dem bemakelten Gegenstand und zwar auch dann, wenn damit keine Manipulationen durchgeführt oder Erschwernisse für die Strafverfolgung bezweckt werden. Die Tat ist ein **abstraktes Gefährdungsdelikt** (SSW StGB/*Jahn* Rn. 39; *Kargl* NJ 2001, 57 (59); MüKoStGB/*Neuheuser* Rn. 66), wobei sich die Gefährdung einerseits auf die staatlichen Ermittlungen und andererseits auf den Schadensausgleich der durch die Vortat geschädigten Personen beziehen soll.

51   **a) Sich-Verschaffen (Abs. 2 Nr. 1).** Der Täter verschafft sich den Gegenstand iSv Abs. 2 Nr. 1, wenn er aufgrund einer Übertragungshandlung im Einvernehmen mit dem Vortäter die **alleinige Verfügungsgewalt** darüber **erlangt** (BGH NZWiSt 2015, 272 (273) mAnm *Floeth*; NK-StGB/*Altenhain* Rn. 112; SSW StGB/*Jahn* Rn. 41; *Herzog/Nestler* Rn. 92; Schönke/Schröder/*Stree/Hecker* Rn. 16). Eine bloß vorübergehende Nutzungsmöglichkeit durch Entleihen oder Mieten reicht nicht aus (BT-Drs. 12/3533, 13; NK-StGB/*Altenhain* Rn. 112; SSW StGB/*Jahn* Rn. 41); sie wird meist von Abs. 2 Nr. 2 erfasst. Sich-Verschaffen liegt vor allem bei der Annahme eines Entgelts oder einer sonstigen Gegenleistung bei einem Austauschgeschäft vor, ferner bei der Annahme eines Darlehens aus bemakeltem Vermögen. Der Täter verschafft einem Dritten die Verfügungsgewalt, wenn er den Gegenstand, der aus der Katalogtat herrührt, an einen Dritten zu dessen alleiniger Verfügungsgewalt weiterleitet. Kein Sich-Verschaffen ist die bloße Kontoführung oder die Weiterleitung von Geldmitteln. Gegenstände werden nicht einem Dritten verschafft, wenn sie **an die Ermittlungsbehörden weiter geleitet** werden. Nicht vom Isolierungstatbestand ausgeschlossen werden **Geschäfte des täglichen Lebens** (NK-StGB/*Altenhain* Rn. 122 f.; Schönke/Schröder/*Stree/Hecker* Rn. 18). Ein Entwurf, wonach solche Geschäfte ausdrücklich vom Tatbestand ausgenommen werden sollten (BT-Drs. 11/7663, 71), wurde nicht übernommen. Eine Bagatellgrenze enthält das Gesetz nicht. Sozialadäquanz ist ein zu unpräziser Maßstab für eine Tatbestandsbegrenzung. Eine Vorsatzlösung, wonach in Fällen der Geschäfte des täglichen Lebens nur sicheres Wissen über die Herkunft der Gegenstände zur Strafbarkeit führen soll, ist mit Abs. 2 und Abs. 5 unvereinbar. Trifft die Strafdrohung im Fall von Geschäften des täglichen Lebens allerdings mit einer „Totalkontamination" des Vermögens des Vortäters nach der „Infizierungstheorie" zusammen, dann wird deutlich, dass der Straftatbestand zu weit gerät und die Unmöglichkeit einer sachgerechten Begrenzung zu einem Verstoß gegen das Schuldprinzip und das Bestimmtheitsgebot führt.

Nach der gesetzgeberischen Vorstellung soll das Merkmal des Sich-Verschaffens **ebenso wie bei der** 52 **Hehlerei** auszulegen sein (SSW StGB/*Jahn* Rn. 40; MüKoStGB/*Neuheuser* Rn. 66), so dass auch hier nur ein **abgeleiteter Erwerb im Einverständnis mit dem Vortäter** gemeint ist (BVerfGE 110, 226 (249); BGHSt 55, 36 (48) mAnm *Jahn* JuS 2010, 650 ff.; BGH NStZ-RR 2010, 53 (54); NZWiSt 2015, 272 (273) mAnm *Floeth;* SSW StGB/*Jahn* Rn. 40; *Herzog/Nestler* Rn. 92; MüKoStGB/*Neuheuser* Rn. 66; Schönke/Schröder/*Stree/Hecker* Rn. 16; aA NK-StGB/*Altenhain* Rn. 114). Eigenmächtiges Handeln reicht **nicht** aus. Wird dem Vortäter etwa der Gegenstand durch Diebstahl oder Raub **weggenommen,** dann fehlt es an dem inneren Zusammenhang dieser Handlung mit dem Isolierungszweck des Abs. 2 (BGH NStZ-RR 2010, 53 (54)). Dasselbe müsste eigentlich auch dann gelten, wenn der Vortäter den Gegenstand nolens volens hergibt, wozu er durch **Täuschung oder Drohung** veranlasst wurde. Die Rechtsprechung geht insoweit jetzt aber davon aus, dass der Gesetzgeber sich auf die Rechtslage bezogen habe, die zur Zeit des Inkrafttretens des Geldwäschetatbestands galt (BGHSt 55, 36 (50); aA *Jahn* JuS 2010, 650 (652); SK-StGB/*Hoyer* Rn. 15; Schönke/Schröder/*Stree/Hecker* Rn. 16). Bis dahin war diese Frage in der Literatur für den Hehlereitatbestand umstritten gewesen, während eine Entscheidung des Reichsgerichts ausgeführt hatte, dass eine Drohung im Sinne des Erpressungstatbestands dem Sich-Verschaffen (damals: an sich bringen) nicht entgegen stehe (RGSt 35, 278 (281)). Es liegt aber fern anzunehmen, dass der Gesetzgeber des OrgKG auf eine von ihm nicht zitierte Entscheidung aus dem Jahre 1902 rekurriert hat. Auch liegt die Annahme näher, dass der Isolierungszweck des Abs. 2 Nr. 1 gleichermaßen bei Wegnahme des Gegenstands wie bei der Weggabe durch den Vortäter aufgrund von Täuschung oder Drohung unmaßgeblich bleibt. Die Annahme der Rechtsprechung, die Norm sei im Einklang mit den internationalen Vorgaben in der Wiener Konvention und den Geldwäscherichtlinien möglichst weit auszulegen, kollidiert auch hier mit der Tendenz des innerstaatlichen Straf- und Verfassungsrechts, die Strafdrohung als ultima ratio eng zu interpretieren. Die Legitimationsfrage stellt sich gerade auch dann, wenn ein **berechtigter zivilrechtlicher Anspruch erfüllt** wird; das soll nach verbreiteter Ansicht unerheblich sein (SSW StGB/*Jahn* Rn. 40; Schönke/Schröder/*Stree/ Hecker* Rn. 17; aA *Salditt* StraFo 1992, 121 (122)), wobei aber ungeklärt bleibt, warum die Erfüllung einer bestehenden Forderung strafwürdiges Unrecht sein soll, wenn der Vorgang eben zivilrechtlich legitim ist. BGHSt 55, 36 (50 ff.) hat diese Frage nicht geklärt und zudem angenommen, dass **kollusives Zusammenwirken** von Vortäter und Geldwäscher **nicht erforderlich** sei, so dass ein mit Willensmängeln behaftetes Einvernehmen und die Erlangung aufgrund einer berechtigten Forderung der Anwendung des Geldwäschetatbestands nicht entgegenstehen sollen (zu Recht krit. *Putzke* StV 2011, 176 (179 ff.)).

b) Verwahren oder Verwenden (Abs. 2 Nr. 2). Verwahren liegt vor, wenn der Täter den Gegen- 53 stand **bewusst in seinen Gewahrsam nimmt** und dort behält, um ihn für eine spätere Verwendung zu erhalten (*Burr,* Geldwäsche – eine Untersuchung zu §261 StGB, 1995, 82; Fischer Rn. 25; Lackner/ Kühl/*Kühl* Rn. 8; MüKoStGB/*Neuheuser* Rn. 67; Schönke/Schröder/*Stree/Hecker* Rn. 16). Auch hier ist ein **einvernehmlicher Gewahrsamserwerb vom Vorinhaber** erforderlich. Immaterielle Gegenstände können in diesem Sinne kaum „verwahrt" werden. Von einem **Verwenden** wird gesprochen, wenn der Täter **im Einverständnis mit dem Inhaber** der Verfügungsgewalt (*Leip,* Der Straftatbestand der Geldwäsche – zur Auslegung des §261 StGB, 2. Aufl. 1999, 141 (143); aA NK-StGB/*Altenhain* Rn. 117) in einer seiner Zweckbestimmung entsprechenden Weise **Gebrauch macht** (BGH NJW 2015, 3254; SSW StGB/*Jahn* Rn. 42; MüKoStGB/*Neuheuser* Rn. 67; Schönke/Schröder/*Stree/Hecker* Rn. 16; aA NK-StGB/*Altenhain* Rn. 116). Das gilt namentlich bei Bargeld oder Buchgeld für Geldgeschäfte aller Art (BT-Drs. 12/989, 27; SSW StGB/*Jahn* Rn. 41), auch etwa bei Hinterlegung von Geld als Kaution (OLG Frankfurt a. M. NJW 2005, 1727 (1733) mAnm *Herzog/Höch* StV 2007, 542 und *Kühn* NJW 2009, 3610 ff.). Bei sonstigen Sachen erfolgt das Verwenden durch deren wirtschaftliche Nutzung, etwa durch Veräußerung, Verarbeitung, Vermietung oder Eigengebrauch. Eigenmächtige Handlungen reichen auch hier wiederum nicht aus.

c) Kenntnis von der Herkunft bei Erlangung. Der Täter muss die Herkunft des Gegenstands 54 aus einer Katalogtat zur Zeit der Erlangung gekannt haben. Das gilt für Abs. 2 Nr. 1 und 2 gleichermaßen. Für die Kenntnis genügt nach hM ein für-möglich-Halten iSd bedingten Vorsatzes. **Sichere Kenntnis** ist **nicht erforderlich;** bedingter Vorsatz reicht aus (NK-StGB/*Altenhain* Rn. 119; *Herzog/Nestler* Rn. 94; MüKoStGB/*Neuheuser* Rn. 67; Schönke/Schröder/*Stree/Hecker* Rn. 16; aA *Bottke* wistra 1995, 121 (1239). Andernfalls wäre nicht zu erklären, warum nach Abs. 5 alternativ auch Leichtfertigkeit genügen soll. Zudem entstünde ein Wertungswiderspruch zu Abs. 1, bei dem bedingter Vorsatz ausreicht. Der Sinn des Zusatzes in Abs. 2 besteht demnach nur darin, den Zeitpunkt der Kenntnis (oder des für-möglich-Haltens) auf den Zeitpunkt der Erlangung des Gegenstands zu fixieren. Es reicht demnach nicht aus, wenn derjenige, der einen Gegenstand verwahrt, erst nachträglich erfährt, dass der Gegenstand aus einer Katalogtat herrührt (BT-Drs. 12/ 989, 27; Fischer Rn. 26a; *Herzog/Nestler* Rn. 95). Dann kommt grundsätzlich auch kein unechtes Unterlassungsdelikt in Frage, denn der anfänglich undolose Verwahrer ist kein Garant (NK-StGB/ *Altenhain* Rn. 118).

55 **d) Strafloser Vorerwerb (Abs. 6).** Abs. 2 greift nicht ein, wenn zuvor ein Dritter den Gegenstand zur eigenen Verfügungsgewalt erlangt hat, ohne hierdurch eine Straftat der Geldwäsche zu begehen (Herzog/*Nestler* Rn. 112; LK-StGB/*Schmidt/Krause* Rn. 23). Insoweit wird der **Tatbestand beschränkt,** damit der legale Wirtschaftsverkehr nicht im Übermaß beeinträchtigt wird (BGHSt 55, 36 (56); NK-StGB/*Altenhain* Rn. 85; SSW StGB/*Jahn* Rn. 46). Ein gutgläubiger Erwerber kann danach den Gegenstand veräußern, ohne sich nach Abs. 2 Nr. 1 strafbar zu machen (BT-Drs. 12/3533, 14). Die Bösgläubigkeit des nachfolgenden Erwerbers schadet nicht (NK-StGB/*Altenhain* Rn. 89). Erbringt der Dritte aber eine Gegenleistung an den Vortäter, so wird diese als Surrogat in den Händen des Vortäters wieder bemakelt (*Hombrecher* JA 2005, 67 (69)). Dies soll auch im Fall der Einzahlung bemakelten Geldes auf ein Bankkonto gelten. Der Vortäter erhält dabei im Fall der Gutgläubigkeit der Bankangestellten eine Forderung auf Auszahlung eines Geldbetrages als Surrogat für das bemakelte Geld. Die Auszahlung an den Empfänger einer Überweisung erfolgt dann aufgrund einer bemakelten Forderung. Der Geldwäschetatbestand nach Abs. 2 entfällt daher hier nach verbreiteter Ansicht nicht (NK-StGB/*Altenhain* Rn. 89; MüKoStGB/*Neuheuser* Rn. 69; aA *Bernsmann* StV 2000, 40 (43); *Hamm* NJW 2000, 636 (638); SSW StGB/*Jahn* Rn. 48; *Maiwald* FS Hirsch, 1999, 631 (639 f.); *Sauer* wistra 2004, 89 (90)), wobei aber übergangen wird, dass hier keine Forderungsabtretung an den Empfänger erfolgt. Mit der Konstruktion der bemakelten Forderung soll verhindert werden, dass durch sukzessive Einzahlung kleinerer Beträge bei einem Geldinstitut mit gutgläubigen Mitarbeitern Geld „gewaschen" werden kann, ohne dass Abs. 2 eingreift. Dieses kriminalpolitisch erwünschte Ziel kann aber nicht unter Übergehen der gesetzlichen Regelung des Abs. 6 erreicht werden (Art. 103 Abs. 2 GG). Das ursprünglich bemakelte Geld war von den Bankmitarbeitern straflos entgegengenommen worden; das ist ein Vorerwerb im Sinne von Abs. 6, auch wenn die Bank das bemakelte Geld gleichsam nur „verwahrt", weil Abs. 1 S. 1 mit dem Begriff des Herrührens auf die Identität des Gegenstands verzichtet (*Maiwald* FS Hirsch, 1999, 631 (638 ff.)).

56 Die Strafdrohung nach **Abs. 1 bleibt unberührt** (NK-StGB/*Altenhain* Rn. 85; SSW StGB/*Jahn* Rn. 45; *Maiwald* FS Hirsch, 1999, 631 (642 f.); MüKoStGB/*Neuheuser* § 261 Rn. 70; Schönke/Schröder/*Stree/Hecker* § 261 Rn. 17), wodurch Abs. 6 weit gehend leer läuft; denn die Weitergabe des Gegenstands gefährdet regelmäßig die Feststellung der Herkunft des Gegenstands aus einer früher begangenen Katalogtat. Deshalb wird in der Literatur zum Teil dafür plädiert, die Bemakelungskette generell abzubrechen, wenn ein gutgläubiger Erwerber den Gegenstand erlangt (Herzog/*Nestler* Rn. 115). Das ist aber mit dem im Wortlaut des Abs. 6 zum Ausdruck gebrachten Willen des Gesetzgebers nicht in Einklang zu bringen (BGHSt 47, 68 (80); NK-StGB/*Altenhain* Rn. 86; Fischer Rn. 28).

57 Die Unterbrechung der Bemakelungskette für die Begrenzung des Isolierungstatbestands bezieht sich darauf, dass **der Zwischenerwerber keine Geldwäsche begeht.** Eine andere „Straftat" spielt hier nach der deliktsspezifischen Aufgabe des Ausnahmetatbestands keine Rolle (NK-StGB/*Altenhain* Rn. 88; MüKoStGB/*Neuheuser* Rn. 68; *Spiske,* Pecunia olet? Der neue Geldwäschetatbestand § 261 StGB im Verhältnis zu den §§ 257, 258, 259 StGB, insbesondere zur straflosen Ersatzhehlerei, 1998, 159; aA Fischer Rn. 27; SSW StGB/*Jahn* Rn. 46). Auch auf die zivilrechtliche Wirksamkeit eines Rechtsgeschäfts bei der Erlangung des Gegenstands soll es nach herrschender Ansicht nicht ankommen (SSW StGB/*Jahn* Rn. 46; Schönke/Schröder/*Stree/Hecker* Rn. 17).

58 **4. Unterlassen.** Geldwäsche kann auch als unechtes Unterlassungsdelikt begangen werden (Herzog/*Nestler* Rn. 108; Schönke/Schröder/*Stree/Hecker* Rn. 13); jedoch steht in Fällen des Verschleierungstatbestands das Unterlassen einem aktiven Tun nicht gleich (§ 13). Garanten sind in den übrigen Fällen vor allem die Amtsträger, die mit Aufgaben der Strafverfolgung und der Steuer- oder Zollfahndung befasst sind (MüKoStGB/*Neuheuser* Rn. 86). Aus der **Anzeigepflicht** nach § 11 GwG für besonders verpflichtete Personen (§ 2 GwG) folgt dagegen nach verbreiteter Ansicht keine **gesetzliche Garantenstellung,** da die Sonderregeln eher präventiv ausgerichtet seien (*Bottermann,* Untersuchung zu den grundlegenden Problematiken des Geldwäschetatbestandes, auch in seinen Bezügen zum Geldwäschegesetz, 1995, 157 ff.; SSW StGB/*Jahn* Rn. 75; Schönke/Schröder/*Stree/Hecker* Rn. 2). Das wirkt aber inkonsequent, weshalb bei isolierter Betrachtung des Strafrechts die abweichende Ansicht überzeugender erscheint (*Burr,* Geldwäsche – eine Untersuchung zu § 261 StGB, 1995, 86 ff.; MüKoStGB/*Neuheuser* Rn. 87). Andererseits wird die **Verletzung von Sonderpflichten** der Geldwäscheverantwortlichen im Sinne von § 2 GwG durch § 17 GwG als **Ordnungswidrigkeit** bezeichnet, was darauf hinweist, dass es sich auch nach Ansicht des Gesetzgebers nicht um eine Straftat handelt. In diesem Problembereich zeigen sich freilich Ungenauigkeiten des auf Prävention und Repression ausgerichteten Geldwäschekonzepts, in das auch Private als Aufklärungsgehilfen mit ambivalenter Zielrichtung eingeschaltet werden. Bei konsequenter Gesetzesanwendung ist aus der Verdachtsmeldepflicht nach § 11 GwG doch eine Rechtspflicht zum Handeln nach § 13 zu entnehmen (Lackner/Kühl/*Kühl* Rn. 7; MüKoStGB/*Neuheuser* Rn. 87; abl. Herzog/*Nestler* Rn. 109). Das Problem stellt sich freilich in der Praxis selten, weil meist aktive Handlungen im Sinne des weit gefassten Tatbestands nach Abs. 1 oder 2 vorliegen und es auf die Frage der Strafbarkeit eines Unterlassens dann nicht ankommt. Erlangt der Inhaber des Gegenstands erst nachträglich Kenntnis von dessen Herkunft aus einer Katalogtat, dann macht er sich nicht wegen pflichtwidrigen Unterlassens schuldig, da Ingerenz nicht in Frage kommt (SSW StGB/*Jahn*

Rn. 75; MüKoStGB/*Neuheuser* Rn. 89). Abs. 2 greift zudem nicht ein, weil der nachträgliche Vorsatz nach ausdrücklicher Bestimmung dort nicht ausreicht.

5. Teleologische Reduktion. Die flächendeckend wirkende Strafdrohung ist zu weit geraten und sie **59** wird durch Abs. 6 nicht ausreichend eingeschränkt. Da der Tatgegenstand hinsichtlich der Frage des Herrührens aus einer Katalogtat keine überzeugenden Einschränkungsmöglichkeiten eröffnet, drängt sich die Überlegung auf, ob im Bereich der nach dem Gesetzeswortlaut ebenfalls sehr weit umschriebenen Tathandlungen Begrenzungen in Frage kommen. Das gelingt im Ergebnis nicht, soweit jedenfalls nicht beim **Handeln von Amtsträgern oder Privaten zugunsten von Ermittlungsorganen,** auch etwa bei einer von Ermittlern kontrollierten Weiterleitung bemakelten Geldes durch Bankangestellte oder V-Personen, eine Verletzung des Normzwecks verneint werden kann (NK-StGB/*Altenhain* Rn. 129).

Zunächst gestatten Wortlaut und Normzweck (NK-StGB/*Altenhain* Rn. 122) **keine Einschränkung** **60** **bei Bagatellgeschäften.** Eine Bagatellklausel nach dem Grundsatz „minima non curat praetor" ist daher nicht in den Tatbestand hineinzulesen (MüKoStGB/*Neuheuser* Rn. 72). Das anglo-amerikanische Recht als Urheber des Geldwäschetatbestands behilft sich mit der Anwendung des Opportunitätsprinzips. Das gelingt dem deutschen Recht nicht, weil hier im Grundsatz das Legalitätsprinzip gilt. Auch Bagatellhandlungen können verfolgungswürdig sein, etwa wenn sie in großer Zahl auftreten. **Auch** **Geschäfte zur Deckung des täglichen Lebensbedarfs** sind aus demselben Grund nicht von der Geldwäsche auszunehmen (BGHSt 47, 68 (74); NK-StGB/*Altenhain* Rn. 120; *Bottke* wistra 1995, 121 (122); SSW StGB/*Jahn* Rn. 50; MüKoStGB/*Neuheuser* Rn. 72; aA *Barton* StV 1993, 156 (161 f.)). Die Lehre von der **Sozialadäquanz** gestattet keine trennscharfe Abgrenzung zwischen legalem (sozial üblichem) und illegalem Handeln, da die Grenze zwischen notwendigem Lebensbedarf und Luxus nicht verifizierbar ist (Fischer Rn. 31). Zudem wollte der Gesetzgeber bewusst Geschäfte des täglichen Lebens nicht ausklammern und er hat es nach dem Wortlaut der Norm nicht getan. Eine Gesetzesauslegung, auch in der Form der teleologischen Reduktion, kann nicht ohne Verletzung der Gesetzesbindung nach Art. 20 Abs. 3 GG gegen seinen Willen vorgenommen werden. Geldwäsche nach § 261 Abs. 2 kann daher auch durch sozial übliches Verhalten begangen werden. Eine Möglichkeit der Einschränkung besteht nach den Maßstäben, die für Beihilfe durch an sich neutrale Handlungen vorgenommen werden. Danach ist keine Strafbarkeit anzunehmen, wenn das sozial übliche oder berufstypische Handeln nur als notwendige Folge einen Erfolg iSv Abs. 2 herbeiführt, anders aber, wenn damit gerade bezweckt wird, den Gegenstand aus der Katalogvortat rein zu waschen (Schönke/Schröder/*Stree/Hecker* Rn. 22).

Ebenfalls besteht **kein Angehörigenprivileg** (MüKoStGB/*Neuheuser* Rn. 77). Eine Regelung, wie **61** sie § 258 Abs. 6 vorsieht, hat der Gesetzgeber in die vorliegende Vorschrift wiederum bewusst nicht einbezogen. Daher scheidet auch eine analoge Anwendung solcher Bestimmungen aus. Geldwäsche ist demnach sogar dann möglich, wenn Leistungen zur Erfüllung von Unterhaltsansprüchen erfolgen. Daraus wird aber deutlich, dass ein Konflikt zwischen zivilrechtlich berechtigten Forderungen und strafwürdigem Unrecht von der vorliegenden Vorschrift nicht gelöst, sondern ausgelöst wird. Daraus resultiert ein Legitimationsproblem für die Strafnorm im Ganzen.

Schließlich fehlt eine **Privilegierung bestimmter Berufsgruppen,** die typischerweise besonders **62** oft in Geldgeschäfte verwickelt werden, bei denen ein Geldwäscheverdacht entstehen kann. Das betrifft vor allem Rechtsanwälte, Notare, Insolvenzverwalter (NK-StGB/*Altenhain* Rn. 130a), Steuerberater und Bankmitarbeiter im Kundengeschäft. Diese und weitere Personen werden sogar nach § 2 GwG besonders dazu verpflichtet, an der Erfassung von Geldwäscheverdachtsfällen mitzuwirken. Nach § 11 GwG besteht für sie eine Verdachtsmeldepflicht gegenüber den Ermittlungsbehörden. Für Fälle der **Honorarannahme durch Strafverteidiger** in Verfahren wegen einer Katalogtat hat das BVerfG mit Blick auf die Berufsausübungsfreiheit gemäß Art. 12 Abs. 1 GG eine **Vorsatzlösung** zur Tatbestandsbeschränkung gewählt, wonach der Strafverteidiger nur dann Geldwäsche begeht, wenn er sichere Kenntnis von der Herkunft des Geldes aus einer Katalogtat hat (BVerfGE 110, 226 (246 ff.)). Später wurde das – an der Grenze des Nachvollziehbaren – aber wieder relativiert, indem die Art einer verfassungskonformen Einschränkung des Tatbestands zur Privilegierung von Strafverteidigern letztlich den Fachgerichten überlassen wurde (BVerfG NJW 2015, 2949 (2952 ff.)). Diese Vorsatzlösung, die einen die Strafverteidigung bereits erheblich beeinträchtigenden Geldwäscheverdacht in Grenzfällen nicht von vornherein ausschließt, steht im Widerspruch zum Wortlaut und Zweck des Gesetzes, das nach Abs. 5 sogar Leichtfertigkeit genügen lässt und damit abgestuft in Abs. 1 und 2 alle Vorsatzformen bis hinab zum bedingten Vorsatz genügen lässt (NK-StGB/*Altenhain* Rn. 128). Im Gesetzgebungsverfahren war das Problem entgegen der Ansicht des BVerfG (BVerfG NJW 2015, 2949 (2952)) nicht übersehen worden (BT-Drs. 11/7663, 27; Fischer Rn. 36). Der Tatbestand kann zudem nicht für eine singuläre Fallgruppe einseitig auf der subjektiven Seite beschnitten werden, ohne eine tatproportional abgestufte Strafbemessung innerhalb des gesetzlichen Strafrahmens unmöglich zu machen. Die verfassungskonforme Reduktion des Tatbestands contra legem kann daher weder in der Begründung noch im Ergebnis überzeugen. Indes ist zugleich mit der Bindungswirkung des § 31 BVerfG festgeschrieben worden, woran allerdings die nachträgliche Relativierung (BVerfG NJW 2015, 2949 (2953 f.)) selbst wieder gerüttelt zu haben scheint. Die Frage, ob die Vorsatzlösung auf andere Fallgruppen übertragbar ist, bleibt weiter offen. Jedoch ist eigentlich nicht anzunehmen, dass einem zivilrechtlich tätigen Rechtsanwalt die Berufsausübungsfreiheit nicht in ähnlicher Weise zu Gute kommen soll, wie einem Strafverteidiger. Das BVerfG hat aber schon die Ausgangsfrage der Legitimation und hinreichenden Bestimmtheit des Straftatbestands um Ganzen nicht geprüft, sich selbst durch Betrachtung nur der Sonderstellung des Strafverteidiger ohne Berücksichtigung anderer Fallgruppen, in denen eine Reduktion des Geldwäschetatbestands angezeigt erscheint, den Blick weiter verengt und deshalb eine zu kurz greifende Lösung zur Entscheidung eines scheinbaren Evidenzfalles gewählt. Zugleich sind andere Wege, wie eine **Tatbestandslösung** (OLG Hamburg NJW 2000, 673; SSW StGB/*Jahn* Rn. 55; abl. NK-StGB/*Altenhain* Rn. 125) oder **Rechtfertigungslösung** (*Ambos* JZ 2002, 70 (80 f.); *Bernsmann* FS Lüderssen, 2002, 683 (689 ff.)) vorschnell verworfen worden. Eine gründliche Überprüfung der Fehlkonstruktion der vorliegenden Vorschrift ist versäumt worden. Sie hätte nach der hier vertretenen Ansicht zur Verwerfung der Norm jedenfalls hinsichtlich des Isolierungstatbestands führen müssen (vgl. zur Konsequenz vom Ausgangspunkt des BVerfG aus NK-StGB/*Altenhain* Rn. 128; *Fischer* NStZ 2004, 476 (478)).

V. Subjektiver Tatbestand

63   **1. Vorsatz.** In den Fällen von Abs. 1 und 2 ist zunächst jeweils Vorsatz erforderlich (§ 15). Abs. 2 verlangt, dass der Täter die Herkunft des Gegenstandes zu dem Zeitpunkt gekannt hat, zu dem er ihn erlangt hat. Auch darin liegt aber entgegen dem ersten Anschein keine bestimmte Anforderung an den Vorsatzgrad, sondern nur eine Bestimmung zum Zeitpunkt seines Vorliegens (SSW StGB/*Jahn* § 261 Rn. 60). Daher sind in allen Varianten der Tat nach Abs. 1 und 2 beliebige Vorsatzgrade bis hinab zum **bedingten Vorsatz** erforderlich und ausreichend (OLG Hamm wistra 2004, 73 (74); NK-StGB/*Altenhain* Rn. 131; *Fischer* Rn. 40; 53; SSW StGB/*Jahn* Rn. 58; MüKoStGB/*Neuheuser* Rn. 79; Schönke/Schröder/*Stree*/*Hecker* Rn. 21). Nur für die Honorarannahme des Verteidigers als Fall von Abs. 2 Nr. 1 verlangt das BVerfG mit seiner – systematisch verfehlten – Vorsatzlösung ausnahmsweise sichere Kenntnis von der Herkunft aus einer Katalogtat (BVerfGE 110, 226 (246 ff.)). Im Übrigen genügt es, dass der Täter die Erfüllung der objektiven Tatbestandsmerkmale ernsthaft für möglich hält und billigend in Kauf nimmt (SSW StGB/*Jahn* Rn. 59; MüKoStGB/*Neuheuser* Rn. 79). Weitere Einschränkungen sind im Fall des berufstypischen, sozialadäquaten Handelns denkbar (→ Rn. 57).

64   Eine genaue **Vorsatzkonkretisierung hinsichtlich der Vortat** ist nach vorherrschender Ansicht nicht erforderlich (BGHSt 43, 158 (165); SSW StGB/*Jahn* Rn. 58; MüKoStGB/*Neuheuser* Rn. 79). Der Geldwäscher muss die Katalogtat also nicht hinsichtlich Zeit und Ort der Begehung, Tatbild und Beteiligten genau kennen. Es reicht aus, wenn er **in groben Zügen** Informationen erlangt, die ihm den Schluss darauf gestatten, dass der Gegenstand, mit dem er handelt, aus einer Katalogtat herrührt (*Fischer* Rn. 40). Die Vorstellung, dass der Gegenstand aus irgendeiner Straftat herrührt, genügt dann aber nicht, soweit danach nicht anzunehmen ist, dass die Vortat eine Katalogtat ist (BGH wistra 2003, 260 (261)). Die genaue rechtliche Einordnung der Tat ist dagegen unerheblich, solange nach dem Vorstellungsbild des Geldwäschers jedenfalls Tatsachen im Raum stehen, aus denen sich bei richtiger Subsumtion auch die Begehung einer **Katalogtat** als **möglich** erweist (Schönke/Schröder/*Stree*/*Hecker* Rn. 21). Die Grenze von Sachverhaltsirrtum (§ 16) und reinem Rechtsirrtum (§ 17) ist hier wegen der Vergröberungen in der Gesetzesauslegung unscharf. Unbeachtlich ist der Irrtum über die bloße Alternative einer Katalogtat, aus welcher der Gegenstand herrührt. Bei einem Tatsachenirrtum über das Herrühren aus einer Katalogtat kommt immer noch Leichtfertigkeit nach Abs. 5 in Frage (SSW StGB/*Jahn* Rn. 61).

65   **2. Leichtfertigkeit hinsichtlich der Herkunft aus einer Katalogtat (Abs. 5).** Den Tatbestand erfüllt nach Abs. 5 auch derjenige, der leichtfertig nicht erkennt, dass der Gegenstand aus einer rechtswidrigen Tat nach dem Katalog des Abs. 1 S. 2 herrührt. Der Leichtfertigkeitstatbestand wurde zur Vermeidung von Beweisschwierigkeiten bei der Vorsatzkonkretisierung auf eine Katalogvortat eingeführt (BT-Drs. 12/989, 27). Er ist **mit einem minderen Strafrahmen** versehen. Die Erweiterung der Schuldform bezieht sich dabei freilich nur auf das **Vorliegen einer Katalogtat** und das **Herrühren des Gegenstands der Geldwäsche aus dieser Vortat** im Sinne von Abs. 1 S. 1 und S. 2 (BGH NStZ-RR 2015, 13 f.). Soweit Abs. 1 S. 3 andere Gegenstände erfasst, die nicht aus einer Katalogtat nach §§ 370, 373, 374 AO herrühren, wird dies nicht von Abs. 5 erfasst (NK-StGB/*Altenhain* Rn. 138). Hinsichtlich der Tathandlung muss der Geldwäscher auch in den Fällen des Abs. 5 zudem vorsätzlich handeln, wobei freilich wiederum bedingter **Vorsatz** genügt (OLG Karlsruhe NStZ 2009, 269 (270); NK-StGB/*Altenhain* Rn. 137; SSW StGB/*Jahn* Rn. 63). Die Kombination von Leichtfertigkeit hinsichtlich der Katalogtat und des Herrührens des Gegenstands daraus einerseits und Vorsatz hinsichtlich der Tathandlung andererseits ist allerdings kein Fall des § 11 Abs. 2. Teilnahme an der leichtfertigen Geldwäsche ist daher nicht möglich.

66   Da Leichtfertigkeit zwar eine andere Schuldform ist als Vorsatz, diese dem bedingten Vorsatz an Schuldgewicht jedoch nicht weit nachsteht und hinsichtlich der Tathandlung ohnehin auch hier Vorsatz verlangt wird, leuchtet die erhebliche Minderung des Strafrahmens ohne weiteres ein. Das Gesetz erschwert dadurch die exakte Bestimmung einer tatproportionalen Strafe und nähert sich wegen der vagen Indizienbewertung für die innere Tatseite in bedenklicher Weise einer Verdachtsstrafe (vgl. SSW

StGB/*Jahn* Rn. 62). Die Rspr. hat aber verfassungsrechtliche Bedenken (Fischer Rn. 42a) gegen die Erweiterung des Kreises der Schuldformen zurückgewiesen (BGHSt 43, 158 (165 ff.); 50, 347 (353 ff.); zust. NK-StGB/*Altenhain* Rn. 137; MüKoStGB/*Neuheuser* Rn. 81; Schönke/Schröder/*Stree/Hecker* Rn. 23, krit. BGH NJW 2008, 2516 (2517) mAnm *Ransiek* JR 2008, 480; abl. *Dionyssopoulou,* Der Tatbestand der Geldwäsche – eine Analyse der dogmatischen Grundlagen des Paragraphen 261 StGB, 1999, 141 ff.; *Flatten,* Zur Strafbarkeit von Bankangestellten bei der Geldwäsche, 1996, 111 ff.; *Knorz,* Der Unrechtsgehalt des § 261 StGB, 1996, 169 ff.; *Leip,* Der Straftatbestand der Geldwäsche – zur Auslegung des § 261 StGB, 2. Aufl. 1999, 146 ff.).

Leichtfertigkeit bei der Geldwäsche liegt vor, wenn sich die Herkunft des Gegenstands aus einer 67 Katalogtat nach der Sachlage aufdrängt und der Täter gleichwohl handelt, weil er dies **aus besonderer Gleichgültigkeit oder grober Unachtsamkeit** außeracht lässt (BT-Drs. 12/989, 28; BGHSt 43, 158 (168); 50, 347 (3519; BGH NStZ-RR 2015, 13 f.; OLG Karlsruhe NStZ 2009, 269 (270); NK-StGB/ *Altenhain* Rn. 139; *Burr,* Geldwäsche – eine Untersuchung zu § 261 StGB, 1995, 83; SSW StGB/*Jahn* Rn. 63; *Leip,* Der Straftatbestand der Geldwäsche – zur Auslegung des § 261 StGB, 2. Aufl. 1999, 151; MüKoStGB/*Neuheuser* Rn. 82; Schönke/Schröder/*Stree/Hecker* Rn. 23). Daran fehlt es meist bei Geschäften des täglichen Lebens. Das Tatgericht muss konkrete Umstände benennen, aus denen sichergibt, dass der Täter die Herkunft des Gegenstands aus einer Katalogvortat hätte erkennen können (BGH NStZ-RR 2015, 13 f.). Feststellungsprobleme ergeben sich besonders bei sozial üblichen Geschäften. Ob eine ungewöhnlich wirkende Transaktion schon ausreicht, um Leichtfertigkeit hinsichtlich der Herkunft des Geschäftsgegenstands aus einer Katalogtat anzunehmen, hängt von den Umständen des Einzelfalls ab. Feste Beweisregeln gibt es nicht; jedoch spielen Verhaltensstandards bestimmter Berufsgruppen eine indizielle Rolle (Fischer Rn. 43). Der Bezug zu einer Katalogtat verschwimmt in solchen Fällen oftmals im Nebel zwischen bloßer Vermutung und Verdacht. Maßgeblich sind bei der Leichtfertigkeit im Sinne von Abs. 5, anders als bei der groben Fahrlässigkeit im Zivilrecht, **die individuellen Kenntnisse des Täters und seine Fähigkeiten** bei dem normativ geforderten Bemühen, eine sich aufdrängende illegale Herkunft des Gegenstands zu erfassen (NK-StGB/*Altenhain* Rn. 139b; MüKoStGB/*Neuheuser* Rn. 82). **Indizien** (zum Geldwäscheverdacht LG München I wistra 2005, 398 f.) sind der ungewöhnliche Wert des Objekts und Unklarheiten über Grund und Gegenstand des Geschäfts (SSW StGB/*Jahn* Rn. 63), aber auch Hintergrundwissen über die Person des Vortäters oder Kenntnis von laufenden Ermittlungen (LG Darmstadt CR 2007, 56 ff.).

VI. Versuch (Abs. 3)

Der Versuch des Vergehens nach Abs. 1 oder 2 ist gemäß Abs. 3 strafbar. Nur **auf Fälle der leicht-** 68 **fertigen Geldwäsche** nach Abs. 5 ist die Versuchsstrafbarkeit gemäß Abs. 3 **nicht anwendbar,** weil insoweit § 11 Abs. 2 nicht gilt (OLG Karlsruhe NStZ 2009, 269 f.; SSW StGB/*Jahn* Rn. 64). Mit der Versuchsstrafbarkeit der vorsätzlichen Geldwäsche wird die ohnehin zu weit reichende Strafdrohung noch mehr ausgedehnt, denn sie gilt auch, soweit Abs. 1 auf eine **konkrete Gefährdung** des geschützten Rechtsguts gerichtet ist. Verschafft sich der Täter einen Gegenstand in der irrtümlichen Annahme, dieser rühre aus einer Katalogtat her, so begeht er den **untauglichen,** aber strafbaren **Versuch** der Geldwäsche nach Abs. 2 Nr. 1 an einem Gegenstand legaler Herkunft (NK-StGB/*Altenhain* Rn. 136). Da eine genaue Vorsatzkonkretisierung in den Fällen des Abs. 2 nicht vorausgesetzt wird, kann ein solcher Irrtum rasch zur Strafbarkeit führen. Erst wenn kein Bezug zu einer für möglich gehaltenen Katalogtat nicht mehr besteht, weil nur allgemein eine Illegalität der Herkunft des Gegenstands vermutet wird, entfällt die Strafbarkeit wegen Versuchs der Geldwäsche. Die Unkenntnis von einer „Dekontamination" des Gegenstands nach Abs. 6 kann auch einen untauglichen Versuch der Geldwäsche nach Abs. 2 zur Folge haben (SSW StGB/*Jahn* Rn. 65; Schönke/Schröder/*Stree/Hecker* Rn. 24). Versuch der Geldwäsche liegt auch vor, wenn der Täter mit dem Vorsatz nach Abs. 1 oder 2 den Gegenstand aus einer Katalogtat an einen V-Mann der Polizei übergibt (BGH NJW 1999, 436 (437) mAnm *Krack* JR 1999, 472). Ein strafloses **Wahndelikt** liegt vor, wenn der Täter die Umstände, die eine legale Herkunft oder eine Herkunft aus einer Nichtkatalogtat ergeben, dahin missdeutet, dass der Gegenstand aus einer Katalogtat herrührt (NK-StGB/*Altenhain* Rn. 136; SSW StGB/*Jahn* Rn. 66).

VII. Strafbefreiung (Abs. 9)

Die Möglichkeit der Strafbefreiung trotz Vollendung der Tat wegen tätiger Reue erweitert die beim 69 Versuch nach allgemeinen Regeln geltenden Rücktrittsmöglichkeiten (*Maiwald* FS Hirsch, 1999, 631 (647)). Sie soll dazu beitragen, dass **Anreize zur Mitwirkung bei der Aufklärung** von Geldwäsche und Vortaten geschaffen werden (BT-Drs. 12/989, 28; NK-StGB/*Altenhain* Rn. 147; *Fabel,* Geldwäsche und tätige Reue: eine Untersuchung zu Auslegung und Anwendung der besonderen Rücktrittsregelungen in § 261 Abs. 9 und 10 StGB, 1997, 66 ff.; Fischer Rn. 50; SSW StGB/*Jahn* Rn. 67). Die ergänzende **„kleine Kronzeugenregelung"** des früheren Abs. 10 mit derselben Zielsetzung ist inzwischen durch § 46b ersetzt worden (Schönke/Schröder/*Stree/Hecker* Rn. 28). Abs. 9 liefert einen persönlichen Strafausschließungsgrund bezüglich der Geldwäsche, nicht hinsichtlich anderer Straftatbestände (NK-StGB/*Altenhain* Rn. 149; SSW StGB/*Jahn* Rn. 67). Andere Straftatbestände als die Geldwäsche muss die strafbefreiende Selbstanzeige aber auch nicht preisgeben (Schönke/Schröder/*Stree*/*Hecker* Rn. 29). § 13 GwG ergänzt die auf die Geldwäschestrafbarkeit bezogene Regelung durch Beschränkung der zivilrechtlichen Haftung in Fällen der Geldwäsche-Verdachtsanzeige gemäß § 11 GwG. Im Ganzen bestehen zahlreiche Unklarheiten im Konzept des Abs. 9 S. 1.

70   **1. Selbstanzeige (Abs. 9 S. 1).** Die Selbstanzeigemöglichkeit nach Abs. 9 S. 1 als persönlicher Strafaufhebungsgrund (NK-StGB/*Altenhain* Rn. 149) ist § 371 AO nachgebildet (SSW StGB/*Jahn* Rn. 68; Herzog/*Nestler* Rn. 142; MüKoStGB/*Neuheuser* Rn. 97; krit. zur Entwertung des § 371 AO *Bülte* ZStW 122 (2010), 550 ff.). Danach wird derjenige, sei er **Täter oder Teilnehmer** (*Fabel,* Geldwäsche und tätige Reue: eine Untersuchung zu Auslegung und Anwendung der besonderen Rücktrittsregelungen in § 261 Abs. 9 und 10 StGB, 1997, 87), nicht bestraft, der die Tat freiwillig bei der zuständigen Behörde anzeigt oder freiwillig eine Anzeige veranlasst, wenn nicht die Tat dann bereits ganz oder zum Teil entdeckt war und der Täter dies wusste oder bei verständiger Würdigung der Sachlage damit rechnen musste (Nr. 1), und in den Fällen des Abs. 1 oder 2, also bei vollendeter vorsätzlicher Geldwäsche, die Sicherstellung des Gegenstandes bewirkt, auf den sich die Straftat bezieht (Nr. 2). Ist die Tat bereits entdeckt, kann noch § 46b zur Anwendung kommen, wenn der Beschuldigte zur Aufdeckung über den eigenen Tatbeitrag hinaus beiträgt (Herzog/*Nestler* Rn. 141). Die Voraussetzungen nach Nr. 1 genügen bei versuchter (Abs. 3) und leichtfertiger Geldwäsche (Abs. 5, BT-Drs. 12/989, 28; SSW StGB/*Jahn* Rn. 68), im ersteren Fall, soweit nicht schon § 24 Abs. 1 S. 1 eingreift. Nach Abs. 9 S. 1 muss der Täter freiwillig eine **Strafanzeige** iSv § 158 StPO unter **Mitteilung konkreter Tatsachen** (NK-StGB/*Altenhain* Rn. 151; SSW StGB/*Jahn* Rn. 69) erstatten oder durch einen Dritten, zB den Strafverteidiger, erstatten lassen (Schönke/Schröder/*Stree*/*Hecker* Rn. 29). Dem Dritten muss gegebenenfalls der vollständige Anzeigesachverhalt mitgeteilt werden (NK-StGB/*Altenhain* Rn. 152), dieser muss mit dem Ziel der Anzeigeerstattung beeinflusst werden und der Dritte muss die Anzeige tatsächlich erstatten. Es reicht also nicht aus, wenn der Täter sich nur einem Dritten anvertraut, der dann aus eigenem Antrieb Anzeige erstattet. Bleibt die Anzeigeerstattung trotz Einflussnahme des Täters auf den Dritten aus irgendeinem Grunde aus, so muss sich der Täter die Unterlassung des Dritten zurechnen lassen; er erlangt dann keine Strafbefreiung. Die Tat darf dann noch nicht zur Kenntnis oder fahrlässigen Unkenntnis des Täters entdeckt sein. Im Fall der vollendeten vorsätzlichen Geldwäsche muss der Täter außerdem die Sicherstellung des Gegenstands nach §§ 111b ff. StPO bewirken (NK-StGB/*Altenhain* Rn. 150; MüKoStGB/*Neuheuser* Rn. 99). Erforderlich ist die **Sicherstellung aller Gegenstände** und Surrogate, die aus der Katalogtat herrühren. Unterbleibt die Sicherstellung trotz Strafanzeige und entsprechenden Hinweisen auf den Belegenheitsort des Gegenstands, dann tritt die Straffreiheit nicht ein (NK-StGB/*Altenhain* Rn. 155). Bewirken der Sicherstellung setzt Ursächlichkeit der tätigen Reue voraus, wobei Mitursächlichkeit genügt.

71   **Freiwilligkeit** setzt ein Handeln des Täters aus autonomen Motiven voraus (SSW StGB/*Jahn* Rn. 71). Die Annahme drohender Entdeckung der Tat schließt Freiwilligkeit aber nicht aus (NK-StGB/*Altenhain* Rn. 153; SSW StGB/*Jahn* Rn. 71). Auch eine Anzeigepflicht nach § 11 Abs. 5 GwG steht der Freiwilligkeit nicht entgegen (Herzog/*Nestler* Rn. 143; MüKoStGB/*Neuheuser* § 261 Rn. 98; Schönke/Schröder/*Stree*/*Hecker* Rn. 29). Erstattet jedoch ein Dritter, auch der Strafverteidiger, ohne sein Wissen oder gegen seinen Willen Strafanzeige, so befreit dies den Täter nicht von Strafe.

72   Die **Tat** ist nach dem Normzweck der Regelung über die tätige Reue erst dann **entdeckt,** wenn die Strafverfolgungsorgane einen zur Anklageerhebung hinreichenden Tatverdacht haben, ohne dass freilich bereits eine Anklage erhoben sein muss (NK-StGB/*Altenhain* Rn. 154; SSW StGB/*Jahn* Rn. 72). Der Anfangsverdacht alleine schließt die Möglichkeit der Strafbefreiung jedenfalls nicht aus. Der Täter muss zudem wissen, dass die Tat noch nicht entdeckt war oder er darf zumindest bei verständiger Würdigung keinen Anlass haben, von einer Entdeckung auszugehen. Erst die Entdeckung und die Kenntnis oder fahrlässige Unkenntnis des Täters hiervon schließt die Anwendung des Abs. 9 S. 1 aus (*Fabel,* Geldwäsche und tätige Reue: eine Untersuchung zu Auslegung und Anwendung der besonderen Rücktrittsregelungen in § 261 Abs. 9 und 10 StGB, 1997, 123).

73   **2. Selbstbegünstigung (Abs. 9 S. 2).** Gemäß Abs. 9 S. 2 wird im Sinne einer Konkurrenzregel (BGHSt 53, 205 (207) mAnm *Fahl* JZ 2009, 747 f. und *Mansdörfer* HRRS 2009, 252 ff.; Herzog/*Nestler* Rn. 138) nicht wegen Geldwäsche iSv Abs. 1–5 bestraft, wer wegen Beteiligung an der Vortat, also als dortiger Täter oder Teilnehmer, strafbar ist. Dies entspricht der Regelung des § 257 Abs. 3. Teilnahme an der Tat desjenigen, der sich wegen Vortatbeteiligung nicht wegen Geldwäsche strafbar macht, bleibt möglich. Der Strafaufhebungsgrund greift im Ergebnis nur ein, wenn die Beteiligung an der Vortat sicher festgestellt werden kann (BGHSt 50, 224 (230)), also wenn der Täter wegen Beteiligung an der Vortat im Inland verurteilt wurde oder verurteilt wird. Damit ist eine Verurteilung wegen Geldwäsche im Wege der **Postpendenzfeststellung** möglich, wenn der Angeklagte möglicherweise an der Katalogtat beteiligt war, dies aber nicht sicher nachweisbar ist, jedoch feststeht, dass er eine Geldwäsche begangen hat (Herzog/*Nestler* Rn. 140). Diese Bestrafungsmöglichkeit geht nach dem Prinzip vom Vorrang des Gesetzes auch einer gesetzesalternativen Verurteilung wegen verschiedener Katalogtaten im Wege der echten Wahlfeststellung vor (BGH BeckRS 2015, 20998). Eine Beteiligung an der Vortat im

Ausland, die nicht nach deutschem Recht zu bestrafen ist, führt nicht zur Anwendung des Abs. 9 S. 2 (BGHSt 53, 205 (207)). Ist die Vortat nur im Ausland strafbar, so verweist die Rspr. auf das Verbot der Doppelbestrafung (BGH NJW 2009, 1617 (1618) mAnm *Rettenmaier* und *Kuhlen* JR 2010, 271 f.), was aber der Eigenschaft von Abs. 9 S. 2 als bloßer Konkurrenzregel nicht entspricht (Herzog/*Nestler* Rn. 139).

C. Rechtsfolgen

I. Strafe

Das Gesetz sieht drei verschiedene Strafrahmen vor. Der **Regelstrafrahmen** nach Abs. 1 und 2 **74** beträgt Freiheitsstrafe von drei Monaten bis zu fünf Jahren. Geldstrafe kommt nur über § 47 Abs. 2 in Frage. Bei leichtfertiger Verkennung der Herkunft des Gegenstands aus einer Katalogtat **reduziert sich** der Strafrahmen **nach Abs. 5** auf Freiheitsstrafe bis zu zwei Jahren oder Geldstrafe. Für „**Kronzeugen**" gilt nunmehr § 46b. **In besonders schweren Fällen** der Geldwäsche sieht Abs. 4 S. 1 einen Strafrahmen mit Freiheitsstrafe von sechs Monaten bis zu zehn Jahren vor. Das Höchstmaß der Strafe wird nicht durch einen niedrigeren Strafrahmen der Vortat begrenzt (NK-StGB/*Altenhain* Rn. 140; aA BGHSt 48, 240 (246); BGHR StGB § 261 Strafzumessung 3 obiter dictum), weil die Geldwäsche einen eigenständigen Unrechts- und Schuldgehalt aufweist, zumal sie sich auf Gegenstände aus einer Vielzahl von Vortaten beziehen kann. Als **Regelbeispiele** für einen besonders schweren Fall nennt Abs. 4 S. 2 die gewerbs- oder bandenmäßig begangene Geldwäsche. Daneben kommen aber auch unbenannte besonders schwere Fälle in Frage (MüKoStGB/*Neuheuser* Rn. 108). Dafür ist nach der Rspr. eine Gesamtwürdigung aller Strafzumessungsgesichtspunkte erforderlich (vgl. allgemein BGH BeckRS 2008, 25606). Zu prüfen sind alle der Tat vorausgehenden, sie begleitenden oder ihr nachfolgenden Umstände, soweit sie für das Bild von Tat und Täter von Bedeutung sind. Spezifische, den Regelbeispielen nahekommende Aspekte sind nicht alleine entscheidend. Insbesondere kommt es nicht darauf an, ob die Tat der Organisierten Kriminalität zuzurechnen ist oder nicht (BGH NStZ 1998, 622 (623); SSW StGB/ *Jahn* Rn. 80). Professionalität ist andererseits im Einzelfall durchaus ein wichtiger Strafzumessungsgrund. Im Ganzen bleibt der Anwendungsbereich des Sonderstrafrahmens relativ unbestimmt, zumal er sich in weiten Bereichen mit dem Normalstrafrahmen überlappt. Für einen besonders schweren Fall spricht insbesondere ein großer Wert des Geldwäschegegenstands (BGH wistra 2000, 25), das Vorliegen einer Vortat von erheblicher Bedeutung oder die Schädigung einer Vielzahl von Personen. Liegt ein Fall der „Teilkontamination" vor, dann ist der Anteil des bemakelten Vermögens bestimmend, nicht das Gesamtvermögen. Andernfalls wird der Grundsatz des der Schuld angemessenen Strafens verletzt. Dies ist auch bei der Strafzumessung im engeren Sinne zu beachten. Dafür gelten die allgemeinen Grundsätze nach § 46.

II. Einziehung und Verfall (Abs. 7)

Nach Abs. 7 können die Strafverfolgungsorgane die Beziehungsgegenstände der Tat gemäß § 74 **75** einziehen (LK-StGB/*Schmidt/Krause* Rn. 44). Auch die sich aus § 74a ergebende Möglichkeit der erweiterten Einziehung in dem Fall, dass der Gegenstand dem Täter nicht gehört oder zusteht, ist hier eröffnet (NK-StGB/*Altenhain* Rn. 146). Ist bemakeltes mit legalem Vermögen des Täters vermischt und wird es als Tatmittel eingesetzt, unterliegt es im Ganzen der Einziehung, soweit nicht § 74b entgegensteht. Bei Vermischung mit legalem Vermögen eines gutgläubigen Dritten kommt nur die Wertersatzeinziehung des bemakelten Anteils in Frage. Bei gewerbs- oder bandenmäßig begangener Geldwäsche kommt auch ein erweiterter Verfall in Frage (Abs. 7 S. 3 iVm § 73d). Die Straflosigkeit des Täters wegen Vortatbeteiligung nach Abs. 9 S. 2 steht der Anwendung von Abs. 7 nicht entgegen. Der Ausschluss der Einziehung der Tatbeute wegen Ansprüchen des Verletzten nach § 73 Abs. 1 S. 2 ist zu beachten (BGH NStZ-RR 2011, 338) und ihre Anwendung auf den Tatgewinn aus einem Vermögensdelikt darf auch durch Anwendung des Geldwäschetatbestands nicht unterlaufen werden (BGHSt 10, 264 f.).

D. Konkurrenzen

§ 261 ist ein Auffangtatbestand, der hinter die Katalogtaten zurücktritt (Abs. 9 S. 2). Ob bei der **76** Geldwäsche eine Handlungseinheit (§ 52) oder Handlungsmehrheit (§ 53) vorliegt, richtet sich nicht nach der Zahl der Vortaten, sondern alleine nach der Zahl der Geldwäschehandlungen. Eine Geldwäsche liegt auch dann vor, wenn der Gegenstand aus einer Vielzahl von Vortaten stammt, aber nur eine Handlung nach Abs. 1 oder 2 vorgenommen wird (SSW StGB/*Jahn* Rn. 76). Werden zugleich mehrere Handlungsalternativen nach Abs. 1 und 2 erfüllt, geht Abs. 1 vor (NK-StGB/*Altenhain* Rn. 157; Herzog/*Nestler* Rn. 147). Natürliche Handlungseinheit kommt in Frage, wenn ohne größere zeitliche Zäsur ein größerer Geldbetrag sukzessive transferiert wird. Beim „smurfing", also der Verteilung eines großen Betrages in kleine Einheiten, die nacheinander in den legalen Finanzkreislauf eingebracht werden, kann die Annahme einer tatbestandlichen Bewertungseinheit in Frage kommen (SSW StGB/

Jahn Rn. 76), wenn auch in Bezug auf den Gesamtbetrag eine Geldwäschehandlung vorliegt. Die Verfolgung eines einheitlichen Ziels durch eine Mehrzahl von Geldwäschehandlungen alleine reicht aber noch nicht zur Annahme einer natürlichen Handlungs- oder Bewertungseinheit aus (BGHSt 43, 158 (165)). Bei Beteiligung an der Vortat gilt Abs. 9 S. 2, soweit es um identische Handlungen geht. Im Übrigen kann Tateinheit mit anderen Tatbeständen, wie §§ 263, 266, 267 vorliegen, aber auch mit anderen Anschlussdelikten nach §§ 257–260a (BGHSt 50, 347 (358); BGH NStZ-RR 1997, 359; MüKoStGB/*Neuheuser* Rn. 93). Spezialität anderer Straftatbestände kommt dagegen in Frage, wenn sie dasselbe Ziel verfolgen. Ist die Geldwäschehandlung etwa mit einem Handeltreiben mit Betäubungsmitteln identisch, dann geht § 29 Abs. 1 Nr. 1 BtMG vor. Gewerbsmäßige Steuerhehlerei verdrängt zugleich begangene Geldwäsche (BGH wistra 2000, 464 (465)). Sperrwirkungen anderer Tatbestände nimmt die Rspr. aber nur an, wenn insoweit auch eine Verurteilung erfolgt, nicht schon dann, wenn der objektive Tatbestand erfüllt, der Vorsatz aber nicht nachweisbar ist und Geldwäsche wegen Abs. 5 leichter festgestellt werden kann (BGHSt 50, 347 (353 ff.)).

§ 17 GwG Bußgeldvorschriften

(1) Ordnungswidrig handelt, wer vorsätzlich oder leichtfertig

1. entgegen § 3 Absatz 1 Nummer 1 eine Identifizierung des Vertragspartners oder entgegen § 3 Absatz 2 Satz 3 und 4 eine Identifizierung des Kunden bei der Annahme und Abgabe von Bargeld nicht, nicht richtig, nicht vollständig, nicht in der vorgeschriebenen Weise oder nicht rechtzeitig vornimmt,
2. entgegen § 3 Absatz 1 Nummer 3 das Vorhandensein eines wirtschaftlich Berechtigten nicht, nicht richtig, nicht vollständig oder nicht rechtzeitig abklärt,
3. entgegen § 4 Absatz 5 Satz 1 den Namen des wirtschaftlich Berechtigten nicht erhebt,
4. entgegen § 6 Absatz 2 Nummer 2 Satz 1 die Identität des Vertragspartners nicht, nicht richtig oder nicht vollständig überprüft oder nicht sicherstellt, dass die erste Transaktion von einem auf den Namen des Vertragspartners eröffneten Konto erfolgt,
5. entgegen § 8 Absatz 1 Satz 1, 2, 4 oder Satz 5 eine Angabe oder eine Information nicht, nicht richtig oder nicht vollständig aufzeichnet,
6. entgegen § 8 Absatz 3 eine Aufzeichnung oder einen sonstigen Beleg nicht oder nicht mindestens fünf Jahre aufbewahrt,
7. entgegen § 9b Absatz 1 Satz 1 oder Absatz 2 Satz 1 einen Spieler oder einen wirtschaftlich Berechtigten nicht, nicht richtig, nicht vollständig, nicht in der vorgeschriebenen Weise oder nicht rechtzeitig identifiziert,
8. entgegen § 9b Absatz 1 Satz 2 die zuständige Behörde nicht, nicht richtig, nicht vollständig oder nicht rechtzeitig informiert,
9. entgegen § 9b Absatz 2 Satz 2 nicht sicherstellt, dass die erste Transaktion von einem auf den Namen des Vertragspartners eröffneten Zahlungskonto erfolgt,
10. entgegen § 9b Absatz 2 Satz 3 die Überprüfung der Identität des Spielers nicht, nicht richtig oder nicht vollständig wiederholt oder ergänzt,
11. entgegen § 9b Absatz 2 Satz 4 eine ergriffene Maßnahme oder deren Ergebnis nicht, nicht richtig oder nicht vollständig aufzeichnet,
12. entgegen § 9c Absatz 2 Satz 1 eine Einlage oder andere rückzahlbare Gelder entgegennimmt,
13. entgegen § 9c Absatz 6 eine Transaktion vornimmt,
14. entgegen § 11 Absatz 1 eine Meldung nicht, nicht richtig, nicht vollständig oder nicht rechtzeitig macht,
15. entgegen § 12 Absatz 1 Satz 1 den Auftraggeber oder einen Dritten in Kenntnis setzt,
16. entgegen § 16 Absatz 3 Satz 1 eine Auskunft nicht, nicht richtig oder nicht vollständig erteilt oder eine Unterlage nicht, nicht richtig, nicht vollständig oder nicht rechtzeitig vorlegt oder
17. entgegen § 16 Absatz 3 Satz 4 eine dort genannte Maßnahme nicht duldet.

(2) Die Ordnungswidrigkeit kann mit einer Geldbuße bis zu einhunderttausend Euro geahndet werden.

(3) ¹Die jeweils in § 16 Abs. 2 Nr. 2 und 3 bezeichnete Behörde ist auch Verwaltungsbehörde im Sinne des § 36 Abs. 1 Nr. 1 des Gesetzes über Ordnungswidrigkeiten. ²Für Steuerberater und Steuerbevollmächtigte ist Verwaltungsbehörde im Sinne des § 36 Abs. 1 Nr. 1 des Gesetzes über Ordnungswidrigkeiten das Finanzamt. ³Soweit nach § 16 Abs. 2 Nr. 9 die jeweils nach Bundes- oder Landesrecht zuständige Stelle zuständig ist, ist sie auch Verwaltungsbehörde im Sinne des § 36 Abs. 1 Nr. 1 des Gesetzes über Ordnungswidrigkeiten.

(4) Soweit nach Absatz 3 Satz 2 das Finanzamt Verwaltungsbehörde ist, gelten § 387 Abs. 2, § 410 Abs. 1 Nr. 1, 2, 6 bis 11, Abs. 2 und § 412 der Abgabenordnung sinngemäß.

A. Zweck und Regelungscharakter

Die Vorschrift sichert die Erfüllung verschiedener Pflichten der kraft Gesetzes besonders zur Mit- **1** wirkung an der Geldwäschebekämpfung verpflichteten Personen. Sie wurde vor allem durch das Geldwäschebekämpfungsergänzungsgesetz v. 13.8.2008 (BGBl. I 1690), das Gesetz zur Optimierung der Geldwäscheprävention v. 22.1.2012 (BGBl. I 2959) und das Gesetz zur Ergänzung des Geldwäschegesetzes v. 18.2.2013 ((BGBl. I 268) geändert und ergänzt. Früher waren verschiedene Pflichtverstöße in einem Abs. 1 geregelt, dessen Ordnungswidrigkeiten vorsätzlich oder leichtfertig begangen werden konnten, sowie weitere in einem Abs. 2, die nur vorsätzlich begangen werden konnten. Heute sind sämtliche dieser Pflichtverstöße sowie weitere in einem Absatz geregelt; alle dort genannten Ordnungswidrigkeiten können vorsätzlich oder leichtfertig begangen werden. Die Bußgeldbewehrung der verschiedenen Pflichten dient der **Umsetzung der 3. Geldwäscherichtlinie** der Europäischen Union, deren Postulate in einer 4. Geldwäscherichtlinie aufrechterhalten und ergänzt werden. Es liegt danach im Rahmen des Ermessens der nationalen Gesetzgeber der Mitgliedstaaten, die Pflichtverstöße nicht als Straftaten, sondern nur als Ordnungswidrigkeiten auszugestalten. Die Sanktionsdrohung soll nach der Vorgabe des Gemeinschaftsrechts jedoch **wirksam, verhältnismäßig und abschreckend** sein (Herzog/*Herzog*/*Achtelik* GwG § 17 Rn. 3), wobei Wirksamkeit und Abschreckungswirkung im Kern identisch sein dürften. Nachdem das Geldwäschekonzept insgesamt gescheitert ist, wie es bei § 261 StGB ohne weiteres erkannt werden kann, muss auch im Rahmen der flankierenden Bußgeldvorschriften davon ausgegangen werden, dass dadurch keine wirksame Geldwäschebekämpfung ermöglicht wird. Gemeinschaftsrecht soll jedoch nicht verletzt sein, soweit die Bußgelddrohung **nicht offensichtlich ineffektiv** ist und als bloß symbolische Maßnahme erscheint. Genau dies dürfte jedoch auch hier der Fall sein; die Steigerung der Verdachtsmeldungen nach § 11 GwG hat nicht zu einer Steigerung der Verurteilungen geführt, sondern nur zu einem Mehraufwand bei der Bearbeitung der gemeldeten Fälle. Die Ineffektivität liegt freilich nicht an der Formulierung der Vorwürfe von Ordnungswidrigkeiten oder Straftaten und an der Höhe der Bußgeld- oder Strafdrohungen, sondern an der illusionären Bedeutung des Gesamtkonzepts. Für die Praxis der Rechtsanwendung wichtig bleibt das Gebot der Verhältnismäßigkeit, wonach eine prinzipiell geeignete Bußgeldregelung (hier in § 17 GwG) oder Strafdrohung (in § 261 StGB) nur zulässig ist, wenn sie **erforderlich** ist, und sie nur in dem Umfang zur Anwendung kommen darf, in dem die Sanktion dem (bußgeldrechtlichen) Verschulden oder der (strafrechtlichen) Schuld **angemessen** erscheint. Aus den in den europäischen Richtlinien enthaltenen Vorgaben der Wirksamkeit und Abschreckungseignung folgt jedoch, dass von der Anwendung der Bußgeldnorm nicht ohne sachlichen Grund abgesehen werden darf, wenn ihre Voraussetzungen erfüllt sind, ferner dass kein erkennbar zu geringes Bußgeld festgesetzt werden soll. Ob und inwieweit die Verpflichteten zugleich **Garanten** iSv § 13 Abs. 1 StGB sind, deren pflichtwidriges Unterlassen der Erfüllung von Pflichten aus dem Geldwäschegesetz zugleich eine Beteiligung an einem Vergehen der Geldwäsche nach § 261 Abs. 2 StGB darstellt, ist nicht abschließend geklärt (→ § 261 Rn. 57). Bei einer Doppeldrohung von Strafbarkeit und Ordnungswidrigkeit geht das Strafrecht vor. Ist das Strafrecht als Geldwäschebekämpfungsmittel ineffektiv, kann das flankierende Recht der Ordnungswidrigkeiten wohl kaum mehr leisten. Einen Hinweis auf mangelnde Effektivität ergibt die Tatsache, dass trotz aller normativen Bemühungen um beständige Erweiterung der Sanktionsmöglichkeiten bisher keine veröffentlichte Entscheidung zur vorliegenden Vorschrift ergangen ist.

B. Die Regelungen im Einzelnen

I. Vorsätzliche oder leichtfertige Ordnungswidrigkeiten (Abs. 1)

Abs. 1 bezeichnet vorsätzliche oder leichtfertige Pflichtverstöße. Die Bußgeldtatbestände sind als **2** Blankettgesetze mit statischer Binnenverweisung innerhalb des Geldwäschegesetzes auf bestimmte Ausfüllungsnormen ausgestaltet (Erbs/Kohlhaas/*Häberle* GwG § 17 Rn. 2), was nicht per se gegen Art. 103 Abs. 2 GG verstößt. Die Anknüpfungsnormen sind abschließende Regelungen, jedoch ist die Definition des Ordnungswidrigkeitentatbestands von Fall zu Fall zumindest relativ unbestimmt und bedürfen einer verfassungskonformen Auslegung, weil das Bestimmtheitsgebot des Art. 103 Abs. 2 GG auch im Bußgeldrecht gilt. Normadressaten sind die Verpflichteten (§ 2 GwG), natürliche Personen, gegebenenfalls auch in der Rolle als vertretungsberechtigtes Organ einer juristischen Person oder Gesellschaft (§ 9 Abs. 1 OWiG) oder als Geldwäschebeauftragte einer in Pflicht genommenen Institution. Außer den eigentlichen Verantwortlichen können nach dem Ordnungswidrigkeitenrecht auch Personen verantwortlich sein, die ausdrücklich beauftragt sind, in eigener Verantwortung Aufgaben wahrzunehmen, die dem Inhaber eines Betriebs und liegen (§ 9 Abs. 2 Nr. 2 OWiG). Im Fall von § 17 Abs. 1 Nr. 9 GwG kommen die Beschäftigten eines Verpflichteten als weitere Normadressaten hinzu. Eine Verbandssanktion setzt das der Gesellschaft zurechenbare Verschulden einer natürlichen Person voraus (§ 30 OWiG). Das Bußgeldrecht unterscheidet nicht zwischen Täterschaft oder Teilnahme, sondern geht vom Einheitstäterbegriff des Bußgeldrechts aus (§ 14 Abs. 1 OWiG).

3   **1. Tathandlungen (Abs. 1).** Tathandlungen sind Verletzungen der Pflichten zur Personenidentifizierung des Geschäftspartners (Nr. 1), zur Abklärung der Person des wirtschaftlich Berechtigten (Nr. 2), zur Feststellung seines Namens (Nr. 3), zur Überprüfung von Angaben (Nr. 4), zur Aufzeichnung der Information (Nr. 5), zur Aufbewahrung der Aufzeichnung (Nr. 6), zur Identifizierung bei Online-Glücksspiel (Nr. 7), zur Unterrichtung bei Online-Glücksspiel (Nr. 8), zur Sicherstellung bei Online-Glücksspiel (Nr. 9), zur Überprüfung der Identität bei Online-Glücksspiel (Nr. 10), zur Aufzeichnung bei Online-Glücksspiel (Nr. 11), zum Verbot des Zugriffs auf Einlagen bei Online-Glücksspiel (Nr. 12), zum Verbot der Auszahlung bei Online-Glücksspiel (Nr. 19), zur Geldwäscheverdachtsmeldung (Nr. 14), zur Verletzung des Verbots der Informationsweitergabe (Nr. 15), zur Auskunft und Vorlage von Unterlagen Nr. 16) und zur Duldung (Nr. 17). Ein Pflichtverstoß liegt in den verschiedenen Varianten des Bußgeldtatbestands regelmäßig vor, wenn die **Pflicht nicht, nicht richtig, nicht vollständig, nicht in der vorgeschriebenen Weise oder nicht rechtzeitig erfüllt** wird. Es geht also meist um Unterlassungen. In manchen Varianten werden einzelne Elemente dieses Kanons (rechtzeitig) nicht erwähnt oder sie spielen dort praktisch keine Rolle.

4   Die erste Handlungsvariante der Ordnungswidrigkeiten ist der Verstoß gegen die Vorgabe, den **Vertragspartner** unter den Voraussetzungen von § 3 Abs. 2 oder 3 GWG **zu identifizieren** (§ 17 Abs. 1 Nr. 1 Var. 1 GwG). Die Identifizierung hat nach § 4 Abs. 3 und 4 GWG zu erfolgen. Die Pflicht zur Identifizierung umfasst die Feststellung der Identität der Person und Überprüfung der Angaben, soweit sie in amtlichen Dokumenten enthalten sind. Bei Agenten oder E-Geld-Agenten liegt kein Vertragsverhältnis vor (BT-Drs. 17/8043, 19), sodass insoweit auf die **Kunden** abgestellt wird (§ 17 Abs. 1 Nr. 1 Var. 2 GwG). Die frühere Gleichstellung von elektronischem Geld mit Bargeld (§ 17 Abs. 5 GwG aF) ist in der Neufassung der Bußgeldvorschrift entfallen, woran aber § 17 Abs. 1 Nr. 1 GwG nF nicht angepasst wurde. Dadurch läuft der Bußgeldtatbestand teilweise leer (Erbs/Kohlhaas/ *Häberle* GwG § 17 Rn. 7).

5   Die Verpflichteten müssen gemäß § 3 Abs. 1 Nr. 3 GwG abklären, **ob der Vertragspartner für einen anderen wirtschaftlich Berechtigten handelt.** Wer dies nicht, nicht richtig, nicht vollständig oder nicht rechtzeitig tut, handelt ordnungswidrig (§ 17 Abs. 1 Nr. 2 GwG). Unklar bleibt allerdings im Gesetz, welche Maßnahmen der Verpflichtete genau vornehmen muss, um die Pflicht zu erfüllen. Auch die Frage, wann eine hinreichende Erklärung zu erfolgen hat, bleibt unbeantwortet (Erbs/Kohlhaas/ *Häberle* GwG § 17 Rn. 8). Der Bußgeldtatbestand ist insoweit unbestimmt und verstößt gegen Art. 103 Abs. 2 GG, sofern keine verfassungskonforme Auslegung gelingt.

6   Nach § 4 Abs. 5 S. 1 GwG ist zumindest der **Name des wirtschaftlich Berechtigten** festzustellen. Wird diese Mindestfeststellung unterlassen, handelt der Verantwortliche ordnungswidrig (§ 17 Abs. 1 Nr. 3 GwG). Je nach dem Grad des Risikos sind ergänzende Feststellungen zur Person angezeigt. Darauf bezieht sich allerdings die Blankettbußgeldnorm nicht.

     Ist der Vertragspartner nicht präsent, bestehen verstärkte Sorgfaltspflichten (§ 6 Abs. 2 Nr. 2 GwG). Dann muss die **Identität anhand bestimmter Dokumente überprüft** werden (§ 6 Abs. 2 Nr. 2 S. 1 GwG). Außerdem hat die Transaktion von einem Konto zu erfolgen, das auf den Namen des Vertragspartners lautet (§ 6 Abs. 2 Nr. 2 S. 2 GwG). Der Bußgeldtatbestand des § 17 Abs. 1 Nr. 4 GwG knüpft allerdings nur an das Unterlassen einer Maßnahme nach § 6 Abs. 2 Nr. 2 S. 1 GwG an (Erbs/Kohlhaas/ *Häberle* GwG § 17 Rn. 10; aA Herzog/*Herzog*/*Achtelik* GwG § 17 Rn. 9c).

7   „Eingeholte Informationen" über die Identität des Vertragspartners oder des wirtschaftlichen Berechtigten, die Art, Nummer und ausstellende Behörde eines zur Identifizierung verwendeten Ausweispapiers, die Umstände einer früheren Identifizierung und sonstige Belege über Geschäftsbeziehungen und Transaktionen sind gemäß § 8 Abs. 1 GwG unmittelbar nach dem Feststellungsakt aufzuzeichnen. Die Aufzeichnung muss einen Dritten in die Lage versetzen, die Informationen einem bestimmten Geschäftsvorgang zuzuordnen (BayObLG NStZ 1997, 550 f.). Die **Verletzung der Aufzeichnungspflicht** ist eine Ordnungswidrigkeit (§ 17 Abs. 1 Nr. 5 GwG). Allerdings ist sie schwer nachweisbar. Der Bußgeldtatbestand ist auch zumindest relativ unbestimmt (Erbs/Kohlhaas/*Häberle* GwG § 17 Rn. 11).

8   Die Aufzeichnungen müssen **mindestens fünf Jahre** aufbewahrt werden. Ein Verstoß gegen die **Aufbewahrungspflicht** durch Unterlassen der Aufbewahrung oder Nichteinhaltung der Aufbewahrungsfrist ist eine Ordnungswidrigkeit (§ 17 Abs. 1 Nr. 6 GwG). Die Tathandlung kann ein Unterlassen oder ein aktives Tun im Sinne einer vorzeitigen Beseitigung von Unterlagen sein.

9   **Bei Online-Glücksspielen** ist der Spieler oder ein wirtschaftlich Berechtigter nach § 9b Abs. 1 S. 1 oder Abs. 2 GwG zu identifizieren. Die Verletzung der Identifizierungspflicht ist eine Ordnungswidrigkeit (§ 17 Abs. 1 Nr. 9 GwG). Der Veranstalter oder Vermittler von Online-Glücksspielen hat unverzüglich die Aufsichtsbehörde zu unterrichten, wenn er einen wirtschaftlich Berechtigten feststellt (§ 9b Abs. 1 S. 2 GwG). Auch der Verstoß gegen diese Unterrichtungspflicht ist bußgeldbewehrt (§ 17 Abs. 1 Nr. 8 GwG). Weil beim Online-Glücksspiel die Spieler typischerweise nicht anwesend sind, muss die jeweils erste Transaktion von einem Konto erfolgen, das auf den Namen des Spielers lautet. Dies hat der Veranstalter sicherzustellen. Ein Verstoß gegen diese Pflicht ist eine Ordnungswidrigkeit (§ 17 Abs. 1 Nr. 9 GwG). Die Überprüfung der Identität des nicht anwesenden Spielers kann zunächst vereinfacht vorgenommen werden, sie muss aber gemäß § 9b Abs. 2 S. 3 GwG später wiederholt oder ergänzt werden. Eine Ordnungswidrigkeit begeht, wer dieser Pflicht nicht in der gesetzlich vorgeschriebenen Weise nachkommt (§ 17 Abs. 1 Nr. 10 GwG). Auf Rechtzeitigkeit kommt es hier nach der Wortlaut des Gesetzes im Gegensatz zu anderen Handlungsvarianten des Bußgeldtatbestand nicht an (Erbs/ Kohlhaas/*Häberle* GwG § 17 Rn. 16). Die Ergänzung der Identifizierung des Spieles haben Veranstalter und Vermittler von Glücksspielen im Internet zu dokumentieren. Wie dies geschehen soll, ist im Gesetz nicht näher erläutert. Der generelle Verstoß gegen die Aufzeichnungspflicht ist jedenfalls eine Ordnungswidrigkeit (§ 17 Abs. 1 Nr. 11 GwG). Bußgeldbewehrt ist gemäß § 17 Abs. 1 Nr. 12 GwG auch das Verbot, beim Online-Glücksspiel Einlagen oder andere rückzahlbare Gelder entgegenzunehmen (§ 9c Abs. 2 Nr. 1 GwG). Zahlungen an Spieler dürfen die Veranstalter oder Vermittler von Online-Glücksspielen nur durch vorgegebene Zahlungsarten und nur auf Konten von Spielern vornehmen (§ 9c Abs. 6 GwG). Wählen sie andere Zahlungsarten oder Transferwege, so handeln sie ordnungswidrig (§ 17 Abs. 1 Nr. 13 GwG).

Besondere Bedeutung im Gesamtkonzept der Bekämpfung von Geldwäsche hat die auf den Geld- **10** wäschestraftatbestand (§ 261 StGB) bezogene und dicht daran heranreichende (Herzog/*Herzog*/*Achtelik* GwG § 17 Rn. 9f) **Verdachtsmeldepflicht.** Ein Verpflichteter hat nach § 11 Abs. 1 GwG unabhängig von der Höhe der Transaktion bei Feststellung von Tatsachen, die darauf schließen lassen, dass eine Tat nach § 261 StGB begangen oder versucht wurde oder wird, diese Tatsachen unverzüglich mündlich, telefonisch, fernschriftlich oder durch elektronische Datenübermittlung der zuständigen Strafverfolgungsbehörde und in Kopie dem Bundeskriminalamt anzuzeigen. Eine angetragene Transaktion darf frühestens durchgeführt werden, wenn dem Verpflichteten die Zustimmung der Staatsanwaltschaft übermittelt wurde oder wenn der zweite Werktag nach dem Abgangstag der Anzeige verstrichen ist, ohne dass die Durchführung der Transaktion untersagt worden ist. Ist ein Aufschub der Transaktion nicht möglich oder könnte dadurch die Verfolgung der Nutznießer einer mutmaßlichen Geldwäsche behindert werden, darf die Transaktion durchgeführt werden. Die Anzeige ist dann unverzüglich nachzuholen. Eine Verletzung dieser Pflicht durch einen Verantwortlichen ist eine Ordnungswidrigkeit (§ 17 Abs. 1 Nr. 14 GwG). Sie kommt in der Praxis kaum zum Tragen, weil unklar bleibt, wann ein Verdachtsfall vorliegen soll (BT-Drs. 12/2747, 5). Charakteristische Indizien dafür gibt es nicht. Allein die unklare Herkunft von Vermögensgegenständen sagt noch nichts darüber aus, dass sie aus einer Katalogtat des Geldwäschetatbestands herrühren können. Aussagekräftige Hinweise auf die Herkunft dubioser Vermögensgegenstände aus einer Katalogtat liegen den aufgrund abstrakt-genereller Regelungen für Ermittlungszwecke in Dienst genommenen Privaten, namentlich Mitarbeitern von Geldinstituten, regelmäßig nicht vor.

Beabsichtigt ein Verpflichteter eine Geldwäscheverdachtsmeldung nach § 11 GwG abzugeben, hat er **11** gegenüber dem Auftraggeber der Transaktion oder Dritten **Stillschweigen** zu wahren. Dasselbe gilt auch dann, wenn eine Verdachtsmeldung bereits erfolgt ist. Wenn ein Verpflichteter gegen dieses Verschwiegenheitsgebot verstößt, handelt er ordnungswidrig (§ 18 Abs. 1 Nr. 15 GwG).

Auch die **Auskunftspflichten und Vorlagepflichten** gemäß § 16 Abs. 3 S. 1 GwG sind buß- **12** geldbewehrt (§ 17 Abs. 1 Nr. 16 GwG). Das Gesetz schreibt allerdings nicht genau vor, wann und wie die Auskünfte zu erteilen sind. Deshalb bleibt unklar, in welchen Fällen die Auskünfte nicht vollständig oder nicht rechtzeitig erteilt sind (Erbs/Kohlhaas/*Häberle* GwG § 17 Rn. 22). Insoweit bleibt der Bußgeldtatbestand unbestimmt.

Die „Betroffenen", also die nach dem Geldwäschegesetz Verpflichteten, haben behördliche Maß- **13** nahmen im Rahmen der Geldwäscheüberwachung, wie das Betreten von Geschäftsräumen, zu dulden (§ 16 Abs. 3 S. 2 und 3 GwG). Ein Verstoß gegen diese **Duldungspflicht** ist eine Ordnungswidrigkeit (§ 17 Abs. 1 Nr. 17 GwG).

2. Vorsatz oder Leichtfertigkeit. Die Ordnungswidrigkeiten können in allen Varianten vorsätzlich, **14** aber auch leichtfertig begangen werden. Leichtfertig handelt, wer die sich ihm aufdrängende Möglichkeit der Verwirklichung des Tatbestands aus grober Unachtsamkeit oder besonderer Gleichgültigkeit außeracht lässt. Vorsatz umfasst auch hier alle Stufen des Wissens- und Wollenselements vom bedingten Vorsatz bis zur Absicht (Herzog/*Herzog*/*Achtelik* GwG § 17 Rn. 10).

II. Geldbuße (Abs. 3)

Rechtsfolge der Ordnungswidrigkeiten ist eine Geldbuße bis zu hunderttausend Euro. In der Praxis **15** werden Bußgeldtaxen angewendet, die sich bei einem durchschnittlichen Tatbild vor allem nach dem Wert der betroffenen Geldtransaktion richten (Herzog/*Herzog*/*Achtelik* GwG § 17 Rn. 13). Jedoch sind auch der Grad des Verschuldens und das Handlungsmotiv zu berücksichtigen. Ferner spielen das Nachtatverhalten, die wirtschaftlichen Verhältnisse des Täters, die Abschreckungswirkung auf die Allgemeinheit und der Gedanke der Gewinnabschöpfung von Fall zu Fall eine Rolle bei der Bußgeldbemessung (Herzog/*Herzog*/*Achtelik* GwG § 17 Rn. 17). Ungeklärt bleibt die Bedeutung der Ordnungswidrigkeit für eine dadurch ermöglichte oder nicht aufgedeckte Straftat der Geldwäsche oder einer diesbezüglichen Katalogtat als Kriterium für die Bemessung der Geldbuße. Geldbußen gegenüber juristischen Personen oder Personenhandelsgesellschaften kommen nach § 30 OWiG in Betracht.

III. Verjährung

16   Die Verfolgung der Ordnungswidrigkeiten verjährt in drei Jahren (§ 31 Abs. 2 Nr. 1 OWiG). Für die Vollstreckungsverjährung gilt § 34 Abs. 2 Nr. 1 OWiG.

IV. Zuständigkeit der Behörden (Abs. 3)

17   Zuständig zur Verfolgung der Ordnungswidrigkeiten nach § 17 Abs. 1 GwG sind Verwaltungsbehörden im Sinne von § 36 Abs. 1 Nr. 1 OWiG (§ 17 Abs. 3 GwG). Geht es um Ordnungswidrigkeiten im Bereich der Kreditinstitute, der Finanzdienstleister, der Zahlungsinstitute oder E-Geld-Institute, der Kapitalverwaltungsgesellschaften oder der Kreditanstalt für Wiederaufbau, so ist die **Bundesanstalt für Finanzdienstleistungsaufsicht** zuständig (§ 17 Abs. 3 S. 1 GwG). Für Ordnungswidrigkeiten im Bereich der Versicherungsunternehmen sind neben der Bundesanstalt für Finanzdienstleistungsaufsicht auch die **Landesbehörden** zuständig. Bei Ordnungswidrigkeiten durch Steuerberater oder Steuerbevollmächtigte ist das **Finanzamt** zuständig (§ 17 Abs. 3 S. 2 GwG). Soweit die Aufsicht von der jeweils **nach Bundesrecht oder Landesrecht zuständigen Behörde** geführt wird, ist diese auch Bußgeldbehörde (§ 17 Abs. 3 S. 3 GwG). Zuständig ist die oberste Landesbehörde, soweit diese nicht die Aufgabe an eine untergeordnete Behörde delegiert hat.

18   Soweit das Finanzamt zuständig ist gelten die §§ 387 Abs. 2, 410 Abs. 1 Nr. 1, 2, 6–11, Abs. 2, 412 AO im Bußgeldverfahren nach dem Geldwäschegesetz entsprechend.

§ 263 Betrug

(1) **Wer in der Absicht, sich oder einem Dritten einen rechtswidrigen Vermögensvorteil zu verschaffen, das Vermögen eines anderen dadurch beschädigt, daß er durch Vorspiegelung falscher oder durch Entstellung oder Unterdrückung wahrer Tatsachen einen Irrtum erregt oder unterhält, wird mit Freiheitsstrafe bis zu fünf Jahren oder mit Geldstrafe bestraft.**

(2) **Der Versuch ist strafbar.**

(3) [1] **In besonders schweren Fällen ist die Strafe Freiheitsstrafe von sechs Monaten bis zu zehn Jahren.** [2] **Ein besonders schwerer Fall liegt in der Regel vor, wenn der Täter**

1. **gewerbsmäßig oder als Mitglied einer Bande handelt, die sich zur fortgesetzten Begehung von Urkundenfälschung oder Betrug verbunden hat,**
2. **einen Vermögensverlust großen Ausmaßes herbeiführt oder in der Absicht handelt, durch die fortgesetzte Begehung von Betrug eine große Zahl von Menschen in die Gefahr des Verlustes von Vermögenswerten zu bringen,**
3. **eine andere Person in wirtschaftliche Not bringt,**
4. **seine Befugnisse oder seine Stellung als Amtsträger oder Europäischer Amtsträger mißbraucht,**
5. **einen Versicherungsfall vortäuscht, nachdem er oder ein anderer zu diesem Zweck eine Sache von bedeutendem Wert in Brand gesetzt oder durch eine Brandlegung ganz oder teilweise zerstört oder ein Schiff zum Sinken oder Stranden gebracht hat.**

(4) **§ 243 Abs. 2 sowie die §§ 247 und 248a gelten entsprechend.**

(5) **Mit Freiheitsstrafe von einem Jahr bis zu zehn Jahren, in minder schweren Fällen mit Freiheitsstrafe von sechs Monaten bis zu fünf Jahren wird bestraft, wer den Betrug als Mitglied einer Bande, die sich zur fortgesetzten Begehung von Straftaten nach den §§ 263 bis 264 oder 267 bis 269 verbunden hat, gewerbsmäßig begeht.**

(6) **Das Gericht kann Führungsaufsicht anordnen (§ 68 Abs. 1).**

(7) [1] **Die §§ 43a und 73d sind anzuwenden, wenn der Täter als Mitglied einer Bande handelt, die sich zur fortgesetzten Begehung von Straftaten nach den §§ 263 bis 264 oder 267 bis 269 verbunden hat.** [2] **§ 73d ist auch dann anzuwenden, wenn der Täter gewerbsmäßig handelt.**

Literatur (Auswahl): *Achenbach,* Aus der 2012/2013 veröffentlichten Rechtsprechung zum Wirtschaftsstrafrecht, NStZ 2013, 697; *Achenbach,* Vermögen und Nutzungschance – Gedanken zu den Grundlagen des strafrechtlichen Vermögensbegriffs, FS Roxin, 2011, 1005; *Achenbach,* Übungsklausur Strafrecht (Fall aus dem Bereich des Betruges, mit Randproblemen bei Urkundenfälschung und Untreue): Ein phantasiebegabter „Drücker“, JURA 1984, 602; *Ackermann,* „Sträflicher Leichtsinn“ oder strafbarer Betrug?, -zur rationalen Kriminalisierung der Lüge-, FS Roxin, 2011, 931; *Amelung,* Irrtum und Zweifel des Getäuschten beim Betrug, GA 1977, 1; *Anduleit,* Die Rechtsdurchsetzung im Markenrecht, 2001; *Ast,* Das Einverständnis als Vermögensverfügung – Der „Tankbetrug“ als Benzinunterschlagung, NStZ 2013, 305; *Backmann,* Die Abgrenzung des Betrugs von Diebstahl und Unterschlagung, 1974; *Badle,* Betrug und Korruption im Gesundheitswesen. Ein Erfahrungsbericht aus der staatsanwaltlichen Praxis, NJW 2008, 1028; *Becker,* Zur Frage der Schadensfeststellung bei betrügerischer Kapitalerhöhung, Anmerkung zur Entscheidung des BGH v. 14.4.2011 – 2 StR 616/10 = NJW 2011, 2675, JR 2012, 82; *Becker/Ulbrich/Voß,* Tele-Gewinnspiele im „Hot-Button-Verfahren“: Betrug durch Moderatoren?, MMR 2007, 149; *Beckemper,* Täuschung durch Unterlassen, Anmerkung zu OLG Bamberg, Beschluss v. 8.3.2012 – 3 Ws 4/12, ZJS 2012, 697; *Berger,* Der Schutz des öffentlichen Vermögens durch § 263 StGB, 2000; *Berger,* Alles Untreue? Skizzen zu Problemen der Untreue nach § 266 StGB, GA 2007, 219; *Berger/Schoß,* Vertragsarzt und „kick-back". Zugleich Anmerkung zu OLG Hamm, Urteil v. 22.12.2004 – 3 Ss 431/04 –, GesR 2005, 193; *Bernsmann,* Kick-back zu wettbewerbswidrigen Zwecken – keine Untreue, StV 2005, 576; *Bertling,* Die Kriminalität im bargeldlosen und bargeldsparenden Zahlungsverkehr, 1958; *Berz,* Das Erste Gesetz zur Bekämpfung der Wirtschaftskriminalität, BB 1976, 1435; *Beukelmann,* Das Insiderstrafrecht, NJW-Spezial 2009, 216; *Biletzki,* Die Abgrenzung von Diebstahl und Betrug, JA 1995, 857; *Birnbaum* Stichwort „Churning", wistra 1991, 253; *Bittmann,* Anspruch auf Ersatz betrügerisch angerichteten Schadens ohne Strafrechtsschutz?, NStZ 2012, 289; *Bitzilekis,* Der Tatsachenbegriff im Strafrecht, FS Hirsch, 1999, 29; *Bockelmann,* Der Unrechtsgehalt des Betruges, FS Kohlrausch, 1978, 226; *Böttger,* Wirtschaftsstrafrecht in der Praxis, 2011; *Bosch,* Neuordnung oder nur Teilreform des Eheschließungsrechts?, NJW 1998, 2004 und JA 2007, 389; *Bosch,* „Moderne Vertriebsformen" und Schutz des „exquisit Dummen", FS Samson, 2010, 257; *Brand/Reschke,* Die Bedeutung der Stoffgleichheit im Rahmen betrügerischer Telefonanrufe, NStZ 2011, 379; *Braun,* Produktpiraterie, 1993; *Bringewat,* Sozialrechtliche Mitwirkungs"pflichten" und Sozial(leistungs)betrug, NStZ 2011, 131; *Bröker,* Strafrechtliche Probleme bei Warentermin- und -optionsgeschäften, 1989; *Broß/Thode,* Untreue und Betrug am Bau – und deren Bewältigung durch Teile der Justiz?, NStZ 1993, 369; *Bruns,* Gilt die Strafrechtsordnung auch für und gegen Verbrecher untereinander?, FS Metzger, 1954, 335; *Brüning,* Die einverständliche Gefährdung bei Fahrlässigkeitsdelikten, Anmerkung zu BGH, Urteil v. 20.11.2008 – 4 StR 328/08, ZJS 2009, 301; *Buchmann/Majer/Hertfelder/Vögelein,* „Vertragsfallen" im Internet – Rechtliche Würdigung und Gegenstrategien, NJW 2009, 3189; *Bung,* Konkludente Täuschung? Von der fehlenden Fehlvorstellung beim Betrug, GA 2012, 354; *Cherkeh,* Betrug (§ 263 StGB), verübt durch Doping im Sport, 2000; *Cornelius,* Betrug durch verschleierte Kick-Back-Zahlung bei Immobilienfinanzierungen?, NZWiSt 2012, 259; *Cramer,* Vermögensbegriff und Vermögensschaden im Strafrecht, 1968; *Dann,* Die Feststellung des Vermögensschadens – auf dem Weg zum Sachverständigenstrafrecht?, NJW 2012, 2001; *Dann,* Privatärztlicher Abrechnungsbetrug und verfassungswidriger Schadensbegriff, NJW 2012, 2001; *C. Dannecker,* Die Folgen der strafrechtlichen Geschäftsherrenhaftung der Unternehmensleitung für die Haftungsverfassung juristischer Personen, NZWiSt 2012, 441; *C. Dannecker,* Vermögensschaden zwischen Verkehrswert, intersubjektiver Wertsetzung und Einbeziehung von Liquiditätsvorteilen, NZWiSt 2015, 173; *C. Dannecker,* Die Bestimmung des Betrugsschadens in der Rechtsprechung des BGH – Von der intersubjektiven Wertsetzung zur gegenleistungsbasierten Verkehrswertermittlung, NStZ 2016, 318; *G. Dannecker,* Strafrecht der Europäischen Gemeinschaft, 1995; *G. Dannecker,* Die Bestimmung des Betrugsschadens in der Rechtsprechung des BGH – Von der intersubjektiven Wertsetzung zur gegenleistungsbasierten Verkehrswertermittlung, NStZ 2016, 318; Strafrechtlicher Schutz der Finanzinteressen der Europäischen Gemeinschaft gegen Täuschung, ZStW 108 (1996), 577; *G. Dannecker,* Einfluß des EG-Rechts auf den strafrechtlichen Täuschungsschutz im Lebensmittelrecht, WiVerw 1996, 210; *G. Dannecker,* Neuere Entwicklungen im Bereich der Computerkriminalität: Aktuelle Erscheinungsformen und Anforderungen an eine effektive Bekämpfung, BB 1996, 1285; *G. Dannecker,* Die Entwicklung des Strafrechts unter dem Einfluß des Gemeinschaftsrechts, JURA 1998, 79; *G. Dannecker,* Formal- und Nachweispflichten im Steuerrecht und Steuerstrafrecht, in: Leitner (Hrsg.), Finanzstrafrecht 1999, 2000, 57; *G. Dannecker,* Die Grenzen des sachlichen Anwendungsbereich des Finanzstrafrechts, in: Leitner (Hrsg.), Finanzstrafrecht 2004, 2005, 67; *G. Dannecker,* Die Dynamik des materiellen Strafrechts unter dem Einfluss europäischer und internationaler Entwicklungen, ZStW 117 (2005), 697; *G. Dannecker/Bülte,* Fehlverhalten im Gesundheitswesen, NZWiSt 2012, 81; *Dästner,* Straffreiheit für den Prozeßbetrug im automatisierten Mahnverfahren?, ZRP 1976, 36; *Deubner,* Zum Verhältnis von Abzahlungsbetrug und Unterschlagung, NJW 1962, 94; *Deutscher/Körner,* Soziale Zweckverfehlungen beim Spendenbetrug, Anmerkung zu BGH, Urteil v. 10.11.1994 – 4 StR 331/94 = NJW 1995, 539, JuS 1996, 296; *Digel/Dickhuth,* Doping im Sport, 2002; *Döpfner,* Der Restaurierungsbetrug, 1989; *Eckstein,* Zur Frage des Vermögensschadens bei einer räuberischen Erpressung zu Lasten einer Prostituierten, Anmerkung zu BGH, Beschluss v. 18.1.2011 – 3 StR 467/10 = JZ 2012, 100, JZ 2012, 103; *Eiden,* Wenn das Handy einmal klingelt. Zur Strafbarkeit von „Ping-Anrufen"., JURA 2011, 863; *Eisele,* Strafrecht – Besonderer Teil II, 2. Aufl. 2012; *Eisele,* Zur Strafbarkeit von sog. „Kostenfallen" im Internet, NStZ 2010, 193; *Eisenberg,* Wahrheitspflicht und Prozeßbetrug im Zivilrechtsstreit, FS Salger, 1995, 15; *Ellbogen/Wichmann,* Zu den Problemen des ärztlichen Abrechnungsbetruges, insbesondere der Schadensberechnung, MedR 2007, 10; *Ellmer,* Betrug und Opfermitverantwortung, 1986; *Endemann,* Der sog. Anstellungsbetrug nach geltendem und künftigem Recht, 1963; *Erb,* Gängige Formen suggestiver Irrtumserregung als betrugsrelevante Täuschungen, ZIS 2011, 368; *Faber,* Doping als unlauterer Wettbewerb und Spielbetrug, 1974; *Fahl,* Eidesstattliche Versicherung des Promovenden zur Bekämpfung des Plagiatsunwesens?, ZRP 2012, 7; *Fasten/Oppermann,* Betrug im Rahmen manipulierter Fußballwetten, JA 2006, 69; *Federmann,* Kriminalstrafen im Kartellrecht, 2006; *Fichtner,* Die börsen- und depotrechtlichen Strafvorschriften und ihr Verhältnis zu den Eigentums- und Vermögensdelikte des StGB, 1993; *Fleischer,* Das Vierte Finanzmarktförderungsgesetz, NJW 2002, 2977; *Fleischer,* Scalping zwischen Insiderdelikt und Kursmanipulation, zugleich Anmerkung zu BGH, Urteil v. 6.11.2003 – 1 StR 24/03 –, DB 2004, 51; *Fock/Gerhold,* Zum Dreiecksbetrug um Forderungen, JA 2010, 511; *Franke/Ristau,* Zur ökonomischen Beurteilung der Aufschlagsproblematik bei der Vermittlung von Optionsgeschäften, wistra 1990, 252; *Franzheim/Krug,* Betrug durch Erschleichen von Unterschriften, GA 1975, 97; *Friedrich,* Strafbarkeit des Endabnehmers von Raubkopien?, MDR 1985, 366; *Frisch,* Funktion und Inhalt des Irrtums im Betrugstatbestand, FS Bockelmann, 1979, 647; *Frisch,* Grundfragen der Täuschung und des Irrtums beim Betrug – Zum so genannten Recht auf Wahrheit, FS Herzberg, 2008, 711; *Füllkrug,* Zur Betrugsstrafbarkeit beim Handel mit Optionen auf Warentermingeschäfte, Kriminalistik 1985, 267; *Gaede/Leydecker,* Subventionsbetrug mit Hilfe der Kurzarbeit im Schatten der globalen Finanzmarktkrise, NJW 2009, 3542; *Gaidzik,* Abrechnung unter Verstoß gegen die Pflicht zur persönlichen Leistungserbringung – Betrug des Arztes gemäß § 263 StGB?, wistra 1998, 329; *Gallandi,* Straftaten beim Immobilienvertrieb. Ein Beitrag zur Systematik des Betrugs- und Wuchertatbestandes (I), wistra 1992, 229; *ders.,* Straftaten beim Immobilienvertrieb. Ein Beitrag zur Systematik des Betrugs- und Wuchertatbestands (II), wistra 1992, 333; *Gallas,* Der Betrug als Vermögensdelikt, FS Eb. Schmidt, 1961, 401; *Garbe,* Rechnungsähnliche Vertragsofferten als strafbarer Betrug, NJW 1999, 2868; *Geerds,* Wirtschaftsstrafrecht und Vermögensschutz, 1990; *ders.,* Baubetrug. Über Formen krimineller Bautätigkeit und Probleme ihrer strafrechtlichen Ahndung, NStZ 1991, 57; *Gerke/Leimenstoll,* Abrechnung von Laborleistungen gegenüber Privatpatienten durch an Laborgemeinschaften beteiligte Ärzte – Abrechnungsbetrug?, MedR 2010, 695; *Gerst/Meinicke,* Zwischen Verkaufsgeschick und Betrug: Strafbarkeitsrisiken beim Vertrieb von Kapitalanlageprodukten am Beispiel offener Immobilienfonds, StraFo 2011, 29; *Giehring,* Prozeßbetrug im Versäumnis- und Mahnverfahren – zugleich ein Beitrag zur Auslegung des Irrtumsbegriffs in

§ 263 StGB, GA 1973, 1; *Goeckenjan*, „Wissenschaftsbetrug" als Straftat, JZ 2014, 723; *Goedel*, Prozeßbetrug, JW 1937, 1760; *Göhler/Wilts*, Das Erste Gesetz zur Bekämpfung der Wirtschaftskriminalität, DB 1976, 1609; *Graul*, Können auch Erfahrungssätze und Rechtssätze Tatsachen iSd § 263 StGB sein?, JZ 1995, 595; *Greco*, Zur Strafwürdigkeit des Selbstdopings im Leistungssport, GA 2010, 622; *Gribbohm*, Zur Abgrenzung des Diebstahls vom Betrug, JuS 1964, 233; *Gross*, Raritätenbetrug, 1901; *Grunst*, Zum Abrechnungsbetrug bei fehlender ordnungsgemäßer Zulassung zum Vertragsarzt, NStZ 2004, 533; *Gruppe*, Einblicke. Aspekte olympischer Sportentwicklung, 1999; *Haas*, Vereiteln der Zwangsvollstreckung durch Betrug und Unterschlagung, GA 1996, 117; *Hancok*, Abrechnungsbetrug durch Vertragsärzte, 2006; *Hartmann/Niehaus*, Zur strafrechtlichen Einordnung von Wettmanipulationen im Fußball, JA 2006, 433; *Hartmer/Kudlich*, Wissenschaftsbetrug als Straftatbestand?, DRiZ 2013, 360; *Hassemer*, Schutzbedürftigkeit des Opfers und Strafrechtsdogmatik, 1981; *Hecker*, Betrügerische Schädigung des Auftraggebers eines Mordes? Anmerkung zu: KG, Urteil v. 28.9.2000 – (4) 1 Ss 44/00 (55/00) –, JuS 2001, 228; *Hecker*, Strafbare Produktwerbung im Lichte des Gemeinschaftsrechts, 2001; *Hecker*, Strafrecht AT und BT: Betrug durch Unterlassen, JuS 2010, 266; *Hecker*, Strafrecht BT: Erpressung einer Prostituierten, JuS 2011, 945; *Hecker*, Strafrecht BT: Betrug durch irreführende Gestaltung einer Internetseite, Anmerkung zu BGH, Urteil v. 5.3.2014 – 2 StR 616/12 = BeckRS 2014, 14294, JuS 2014, 1043; *Hecker*, Strafrecht BT: Spendenbetrug, Anmerkung zu OLG München, Beschluss v. 11.11.2013 – 4 StRR 184/13 = BeckRS 2014, 00901, JuS 2014, 561; *Hecker/Müller*, Europäisches Verbraucherleitbild und Schutz vor irreführenden Geschäftspraktiken am Beispiel sog. „Internet-Kostenfallen" aus lauterkeits- und betrugsstrafrechtlicher Sicht, ZWH 2014, 329; *Hefendehl*, Vermögensgefährdung und Exspektanzen, 1994; *Hefendehl*, Die Feststellung des Vermögensschadens – auf dem Weg zum Sachverständigenstrafrecht?, wistra 2012, 325; *Heger*, Unionsrechtskonforme Auslegung des Betrugstatbestandes?, HRRS 2014, 467; *Heger*, Zum Einfluß des Prostitutionsgesetzes auf das Strafrecht, StV 2003, 350; *Heger*, Unionsrechtskonforme Auslegung des Betrugstatbestandes? Anmerkungen zu BGH, Urteil v. 5.3.2014 – 2 StR 616/12, HRRS 2014 Nr. 700, und Urteil v. 28.5.2014 – 2 StR 437/13, HRRS 2014 Nr. 733, HRRS 2014, 467; *Heger*, Zur Strafbarkeit von Doping im Sport, JA 2003, 76; *Heiermann/Riedl/Rusam* (Hrsg.), Handkommentar zur VOB, 13. Aufl. 2013; *Heinrich*, Die Arbeitsleistung als betrugsrelevanter Vermögensbestandteil, GA 1997, 24; *Heintschel-Heinegg*, Diamantenfieber, Anmerkung zu BGH, Beschluss v. 14.4.2011 – 1 StR 458/10 = BeckRS 2011, 16674, JA 2011, 710; *Heintschel-Heinegg*, In die Kostenfalle getappt – Betreiben von „Abo-Fallen" im Internet ist betrügerisch, Anmerkung zu BGH, Urteil v. 5.3.2014 – 2 StR 616/12 = BeckRS 2014, 14294, JA 2014, 790; *Heinz*, Die Bekämpfung der Wirtschaftskriminalität mit strafrechtlichen Mitteln – unter besonderer Berücksichtigung des 1. WiKG (I), GA 1977, 193; *Hellmann*, Die Strafbarkeit des Vermieters wegen unberechtigter Eigenbedarfskündigung, JA 1988, 73; *Hellmann*, Täterfolg der Vermögens(verletzungs)delikte, FS Kühl, 2014, 691; *Hellmann/Herffs*, Der ärztliche Abrechnungsbetrug, 2006; *Helmschrott/Waßmer*, Aufklärungs-, Beratungs- und Verhaltenspflichten von Wertpapierdienstleistern nach §§ 31, 32 WpHG bei der Anlage in Aktien des Neuen Marktes, WM 1999, 1853; *Herzberg*, Funktion und Bedeutung des Merkmals „Irrtum" in § 263 StGB, GA 1977, 289; *Hey/Regel*, Firmenbestatter – Strafrechtliche Würdigung eines neunen Phänomens, GmbHR 2000, 115; *Heyers*, Manipulation von Internet-Auktionen durch Bietroboter, Verbraucherrechte aus juristisch-ökonomischer Perspektive, NJW 2012, 2548; *Hildner*, Aspekte des Anlagebetruges im staatsanwaltschaftlichen Ermittlungsverfahren, WM 2004, 1068; *Hilgendorf*, Tatsachenaussagen und Werturteile im Strafrecht, 1998; *Hilgendorf*, Zweckverfehlung und Vermögensschaden beim Betrug, JuS 1994, 466; *Hillenkamp*, Vorsatztat und Opferverhalten, 1981; *Hillenkamp*, Zum Schutz „deliktischen" Besitzes durch die Strafgerichte, FS Achenbach, 2011, 189; *Hirsch*, Soziale Adäquanz und Unrechtslehre, ZStW 74 (1962), 78; *Hirte*, Die organisierte „Bestattung" von Kapitalgesellschaften: Gesetzgeberischer Handlungsbedarf im Gesellschafts- und Insolvenzrecht, ZInsO 2003, 833; *Hirschberg*, Der Vermögensbegriff im Strafrecht, 1934; *Hohmann*, Die strafrechtliche Beurteilung von Submissionsabsprachen. Ein altes Thema und noch immer ein Problem? Ein Überblick, NStZ 2001, 566; *Hohn*, „Freie" und „unfreie" Verfügungen über das Vermögen, FS Rissing van Saan, 2011, 259; *Homann*, Betrug in der gesetzlichen Krankenversicherung, 2009; *Huhn*, Die strafrechtliche Problematik des Submissionsbetruges unter besonderer Berücksichtigung der neueren Rechtsprechung, 1996; *Idler*, Betrug durch Abrechnung ärztlicher Leistungen ohne Kassenzulassung, zugleich Anmerkung zu BGH, Urteil v. 5.12.2002 – 3 StR 161/02 –, JuS 2004, 1037; *Isfen*, „Das Leben ist wie ein Schneeball" oder Strafrechtliche Relevanz von enttäuschten Zukunftserwartungen im Wirtschaftsverkehr, FS Roxin, 2011, 989; *Jäger*, Die drei Unmittelbarkeitsprinzipien beim Betrug, JuS 2010, 761; *Jahn*, Strafrecht BT: Betrug durch Ping-Anruf, JuS 2010, 1119; *Jerouschek*, Strafrechtliche Aspekte des Wissenschaftsbetruges, GA 1999, 416; *Joecks*, Anmerkung zu BGH, Urteil v. 14.8.2009 – 3 StR 552/08, wistra 2010, 180; *Joecks*, Zur Vermögensverfügung beim Betrug, 1982; *Joecks*, Zur Schadensfeststellung beim Submissionsbetrug, wistra 1992, 247; *Kann*, Musikpiraterie, 1995; *Kargl*, Die Tathandlung beim Betrug, FS Lüderssen, 2002, 613; *Kartzke*, Scheinehen zur Erlangung aufenthaltsrechtlicher Vorteile, 1990; *Keller*, Die schadensgleiche Vermögensgefährdung beim Betrug, Anmerkung zu BGH, Urteil v. 8.5.1990 – 1 StR 52/90 = JR 1990, 517, 519; *Kerner/Trüg*, Referendarexamensklausur Strafrecht: Betrugsstrafrechtliche Relevanz des Dopings, JuS 2004, 140; *Kindhäuser*, Betrug als vertypte mittelbare Täterschaft, FS Bemmann, 1997, 339; *Kindhäuser*, Der Computerbetrug (§ 263a StGB) – ein Betrug?, FS Grünwald, 1999, 285; *Kindhäuser*, Zum Vermögensschaden beim Betrug, FS Lüderssen, 2002, 635; *Kindhäuser*, Konkludentes Täuschen, 2010, 579; *Kindhäuser/Nikolaus*, Der Tatbestand des Betrugs (§ 263 StGB), JuS 2006, 193; *Klaffke*, Verbesserungspotenzial bei der Bekämpfung von Anlagebetrug im Bereich der Justiz, ZRP 2003, 450; *Klengel/Rübenstahl*, Zum „strafrechtlichen" Wettbewerbsbegriff des § 299 StGB und zum Vermögensnachteil des Geschäftsherrn bei der Vereinbarung von Provisionen bzw. „Kick-backs", HRRS 2007, 52; *Kliegel*, Zivil- und strafrechtliche Beurteilung sog. „Abofallen" im Internet unter Berücksichtigung des neuen § 312g II-IV BGB, JA 2013, 389; *Klose*, Verteidigung in Betrugsverfahren im Bereich des SGB II, StraFo 2013, 192; *Koch*, Betrug durch Warentermingeschäfte, Anmerkung zu OLG München, Beschluss v. 23.5.1979 – 1 Ws 618/79 –, JZ 1980, 704; *Koch/Dorn*, Zehn Klausurfallen aus dem Besonderen Teil des StGB, JA 2012, 678; *Kölbel*, Abrechnungsbetrug im Krankenhaus. Erste wirtschaftsstrafrechtliche und -kriminologische Überlegungen, NStZ 2009, 312; *Kölbel*, Die Einweisungsvergütung – eine neue Form von Unternehmensdelinquenz im Gesundheitssystem?, wistra 2009, 129; *Kraatz*, Individualisierung contra Normativierung, Oder: Überlegungen zum Auslegungsmaßstab konkludenter Täuschungshandlungen beim Betrug (§ 263 StGB), FS Geppert, 2011, 269; *Kraatz*, Versuchter Prozessbetrug in mittelbarer Täterschaft. Zugleich Anmerkung zu OLG München, Urteil v. 8.8.2006 – 4 St RR 135/06 – JURA 2007, 531; *Krack*, List als Straftatbestandsmerkmal, 1994; *Krack*, Betrug durch Wettmanipulationen. Das Urteil des BGH zum Schiedsrichterskandal, Anmerkung zu BGH, NStZ 2007, 151, ZIS 2007, 103; *Krack*, Zur Versendung rechnungsähnlicher Vertragsofferten, Besprechung von BGH, Urteil

v. 26.4.2002 – 4 StR 439/00 = JZ 2002, 610, JZ 2002, 613; *Kreft,* Zur Problematik des „Äquivalenzbetruges", DRiZ 1970, 58; *Krehl,* Mißbräuchlich gestellter Asylantrag als Ansatzpunkt strafrechtlicher Verfolgung?, NJW 1991, 1397; *Krekeler/Tiedemann/Ulsenheimer/Weinmann* (Hrsg.), Handwörterbuch des Wirtschafts- und Steuerstrafrechts mit Ordnungswidrigkeiten- und Verfahrensrecht, 1990; *Krell,* Probleme des Prozessbetrugs, JR 2012, 102; *Krell/Mattern,* Zur Frage der Erfüllung des Tatbestandes des versuchten Betruges wegen der Veranlassung eines Mahnantrags aufgrund unrichtiger Tatsachen, Anmerkung zur Entscheidung des OLG Celle v. 1.11.2011 – 31 Ss 29/11, StraFo 2012, 77; *Kretschmer,* Der betrugsstrafrechtliche Schutz im Rahmen sitten- und gesetzeswidriger Rechtsbeziehungen – Folgen des Gesetzes zur Regelung der Rechtsverhältnisse der Prostituierten, StraFo 2003, 191; *Kretschmer,* Examenshausarbeit StR: Der erfolglose Literat, JURA 2006, 219; *Kretschmer,* Strafbares Erstreiten und Vollstrecken von Titeln. Ein Beitrag zur Frage des Betrugs im Zivilverfahren. Zugleich Anmerkung zu BGH, Beschluss v. 25.4.2001 – 1 StR 82/01 –, GA 2004, 458; *Krimphove,* Europäisierung des Bank- und Wertpapierhandelsstrafrechts, KritV 2007, 425; *Kruse/Hähnlein* (Hrsg.), SGB V, 3. Aufl. 2009; *Kudlich* „Alles eins", JuS 2013, 551; *Kudlich,* Betrug, Anmerkung zu BGH, Beschluss v. 9.6.2004 – 5 StR 136/04 = BeckRS 2004, 07109, JuS 2005, 81; *Kudlich,* Nicht meins, aber vielleicht bald deins – Betrug bei der Veräußerung fremder Fahrzeuge, JA 2011, 790; *Kudlich,* Telefonsex und Betrug (zu *Scheffler,* JuS 1996, 1070), JuS 1997, 768; *Kudlich,* Börsen-Gurus zwischen Zölibat und Strafbarkeit – Scalping als Straftat?, JR 2004, 191; *Kudlich/Noltensmeier/Schuhr,* Lernbeitrag Strafrecht: Die Behandlung geringwertiger Tatobjekte im Strafrecht, JA 2010, 342; *Kudlich,* „Vor der Vorwäsche ist noch alles Vorbereitungshandlung...", JA 2013, 552; *Kühl,* Strafrecht und Moral – Trennendes und Verbindendes, FS Schreiber, 2003, 957; *Kühl,* Verbindungen von (Straf-)Recht und Moral, GS Meurer, 2002, 543; *Kühl,* Abhebung von Rentenbeträgen nach dem Tode des Rentenberechtigten, Anmerkung zu OLG Köln, Urteil v. 10.10.1978, JA 1979, 681; *Kühl,* Umfang und Grenzen des strafrechtlichen Vermögensschutzes, JuS 1989, 505; *Kuhlen,* Zu den Tathandlungen bei Vorteilsannahme und Bestechlichkeit – Zugleich eine Besprechung von BGH – 4 StR 554/87 –, NStZ 1988, 433; *Kühne,* Geschäftstüchtigkeit oder Betrug?, 1978; *Kulhanek,* Bilanzrechtsorientierung und Quotenschaden als Beispiele einer modernen Schadensdogmatik, NZWiSt 2013, 246; *Küper,* Der sog. Erfüllungsbetrug – Bemerkungen zu Begriff, Methode und Konstruktion, FS Tiedemann, 2008, 617; *Kurth,* Das Mitverschulden des Opfers beim Betrug, 1981; *Kutzner,* Zweifelsfragen des Betrugstatbestands am Beispiel des Wettbetrugs, zugleich Anmerkung zu LG Berlin, Urteil v. 17.11.2005 – 512 Kls 42/05 –, JZ 2006, 712; *Lackner,* Zum Stellenwert der Gesetzestechnik. Dargestellt an einem Beispiel aus dem Zweiten Gesetz zur Bekämpfung der Wirtschaftskriminalität, FS Tröndle, 1989, 41; *Lackner/Imo,* Zum Vermögensschaden bei betrügerischen Manipulationen mit Warenterminoptionen, MDR 1983, 969; *Ladiges,* Fortgeschrittenenklausur – Strafrecht: Vermögensdelikte – Der Antiquar, JuS 2014, 1097; *Lampe,* Der strafrechtliche Schutz der Arbeitskraft, FS Maurach, 1972, 375; *Lampe,* Strafrechtliche Aspekte der „Unterschriftserschleichung" durch Provisionsvertreter, NJW 1978, 679; *Liebl/Oehmichen,* Motivanalyse bei Opfern von Kapitalanlagebetrug, 1992; *Locher,* Recht der bildenden Kunst, 1970; *Löffler,* Künstlersignatur und Kunstfälschung. Zugleich ein Beitrag zur Funktion des § 107 UrhG, NJW 1993, 1421; *Luig,* Vertragsärztlicher Abrechnungsbetrug und Schadensbestimmung. Zur streng formalen Betrachtungsweise des Sozialstrafrechts im Strafrecht, 2009; *Mahler,* Fiktion des Vermögensschadens durch die „strenge formale Betrachtungsweise" beim Abrechnungsbetrug – zugleich eine Anmerkung zu BGH wistra 2012, 222 –, wistra 2013, 44; *Matthies,* Die Lastschrift, JuS 2009, 1074; *Mayer,* Die aktuelle Entscheidung: Neue Probleme beim Spendenbetrug, LG Osnabrück = MDR 1991, 468, JURA 1992, 238; *Meier,* Zur Einarbeitung und Wiederholung: Strafbarkeit des Bankautomatenmissbrauchs, JuS 1992, 1019; *Mohrbotter,* Der Bettel-, Spenden- und Subventionserschleichungsbetrug. Ein Beitrag zum modernen Vermögensbegriff, GA 1969, 225; *Moosecker,* Die Beurteilung von Submissionsabsprachen nach § 263 StGB, FS Lieberknecht, 1997, 407; *Mosbacher,* Ist das ungenehmigte Versenden und Vermitteln von Sportwetten noch strafbar?, NJW 2006, 3529; *Mühlbauer,* Die Betrugsähnlichkeit des § 263a Abs. 1 Var. 3 StGB anhand der „Geschäftsgrundlagen" beim Geldautomatengebrauch. Zugleich Anmerkung zu BGHSt 47, 160 = wistra 2002, 139; 2003, 244; *Müller, N.,* Zum Leichtgläubigenschutz durch den Betrugstatbestand, Anmerkung zu BGH, Urteil v. 5.3.2014 – 2 StR 616/12 = BeckRS 2014, 14294, NZWiSt 2014, 393; *Müller-Christmann,* Problematik des Vermögensschadens beim Betrug im Falle eines vereinbarten Rücktrittsrechts, JuS 1988, 108; *Münker,* Der Computerbetrug im automatischen Mahnverfahren, 2000; *Naucke,* Zur Lehre vom strafbaren Betrug, 1964; *Naucke,* Der Kleinbetrug, FS Lackner, 1987, 695; *Noak,* Betrugstäterschaft bzw. -teilnahme von Ärzten beim Bezug von Röntgenkontrastmitteln? Ein Beitrag aus dem Grenzbereich von Strafrecht und Vertragsarztrecht, MedR 2002, 76; *Noltenius,* Quizsendungen von „Neun Live" und der Tatbestand des Betrugs, wistra 2008, 285; *Oehler,* Der europäische Binnenmarkt und sein wirtschaftsstrafrechtlicher Schutz, FS Baumann, 1992, 561; *Ogiermann,* Die Strafbarkeit des systematischen Aufkaufs konkursreifer Unternehmen, wistra 2000, 250; *Oldigs,* Möglichkeiten und Grenzen der strafrechtlichen Bekämpfung von Submissionsabsprachen, 1998; *Ordemann,* Zum Betrug bei Spätwetten, MDR 1962, 623; *Otto,* Die Struktur des strafrechtlichen Vermögensschutzes, 1970; *Otto,* Strafrechtliche Aspekte der Anlageberatung, WM 1988, 729; *Otto,* Das Corpus Juris der strafrechtlichen Regelungen zum Schutz der finanziellen Interessen der Europäischen Union. Anmerkungen zum materiellrechtlichen Teil, JURA 2000, 98; *Otto,* Probleme des Kreditbetrugs, des Scheck- und Wechselmissbrauchs, JURA 1983, 16; *Otto,* Submissionsbetrug und Vermögensschaden, ZRP 1996, 300; *Otto,* Zur Strafbarkeit des Doping – Sportler als Täter und Opfer, SpuRt 1994, 10; *Pawlik,* Das unendliche Verhalten beim Betrug, 1999; *Pawlik,* Betrügerische Täuschung durch die Versendung rechnungsähnlicher Angebotsschreiben? Zugleich eine Auseinandersetzung mit BGHSt 47, 1, Anmerkung zu BGH, Beschluss v. 26.4.2001 – 4 StR 439/00 –, StV 2003, 297; *Pawlik,* Täuschung durch die Ausnutzung fremder Organisationsmängel? Zur Risikoverteilung gemäß § 263 StGB in den „Fehlbuchungsfallen" und verwandten Fallkonstellationen, FS Lampe, 2003, 689; *Peglau,* Die Regelbeispiele des § 263 Abs. 3 Nr. 2 StGB, wistra 2004, 7; *Pfister* (Hrsg.), Rechtsprobleme der Sportwette, 1989; *Pilz,* Die „Schlüsselstellung" des Krankenhausarztes. Der Vergütungsanspruch des Krankenhausträgers bei umstrittener Fehlbelegung in der Rechtsprechung des BSG, NZS 2003, 350; *Pragal,* Das Pharma-"Marketing" um die niedergelassenen Kassenärzte: „Beauftragtenbestechung" gemäß § 299 StGB!, NStZ 2005, 133; *Preuß,* „Parkfreuden", JA 2013, 436; *Prieß/Spitzer,* Die Betrugsbekämpfung in der Europäischen Gemeinschaft, EuZW 1994, 297; *Protzen,* Prozessbetrug durch Behaupten abstrakter Rechtssätze. Zugleich Anmerkung zu OLG Koblenz, Beschluss v. 25.1.2001 – 2 Ws 30/01 –, wistra 2003, 208; *Protzen,* Der Vermögensschaden beim sog. Anstellungsbetrug, 2000; *Puppe,* Anmerkung zur Befreiung des Strafrechts vom ökonomischen Denken, ZIS 2010, 216; *Putzo,* Betrug durch Angabe fingierter Forderungen im Lastschrift-Einzugsverkehr, NJW 1978, 689; *Radtke,* Methodik der Fallbearbeitung für Studenten: Der praktische Fall – Strafrecht: Der listige Vertragshändler. Probleme des Betruges gegenüber einem Makler, JuS 1994, 589; *Ranft,* Täterschaft beim Subventionsbetrug iSd § 264 I Nr. 1 StGB

– BGHSt 32, 203, JuS 1986, 445; *Ranft,* Grundprobleme des Betrugstatbestandes, JURA 1992, 66; *Ranft,* Betrug durch Verheimlichung von Submissionsabsprachen – eine Stellungnahme zu BGHSt 38, 186, wistra 1994, 41; *Rau/Zschieschack,* Betrug durch mißbräuchliche Inanspruchnahme von BAföG-Leistungen, StV 2004, 669; *Rengier,* Kündigungs-Betrug des Vermieters durch Tun und Unterlassen bei vorgetäuschtem Eigenbedarf – BayObLG, NJW 1987, 1654, JuS 1989, 802; *Rengier,* Gedanken zur Problematik der objektiven Zurechnung im Besonderen Teil des Strafrechts, FS Roxin, 2001, 811; *Richter,* Der Konkurs der GmbH aus der Sicht der Strafrechtspraxis, GmbHR 1984, 113; *Richter,* Zur Strafbarkeit externer „Sanierer" konkursgefährdeter Unternehmen. Zugleich Anmerkung zu OLG Stuttgart, Urteil v. 13.12.1983 – 4 Ss (22) 494/83 –, wistra 1984, 97; *Riemann,* Vermögensgefährdung und Vermögensschaden, 1989; *Rohde-Liebenau,* Glosse: Gammelfleisch und anderer Ekel – Steht der Staat noch immer Schmiere?, ArbuR 2006, 377; *Rohlff,* Die Täter der „Amtsdelikte", 1995; *Rönnau,* Die Zukunft des Untreuetatbestandes, StV 2011, 753; *Rönnau,* Schadensfiktionen in der Rechtsprechung der Strafgerichte, FS Rissing van Saan, 2011, 517; *Rönnau,* Täuschung, Irrtum und Vermögensschaden beim Submissionsbetrug, Anmerkung zu BGH, Urteil v. 11.7.2001 – 1 StR 576/00 –, JuS 2002 545; *Rönnau,* „kick-backs": Provisionsvereinbarungen als strafbare Untreue – Eine kritische Bestandsaufnahme, FS Kohlmann, 2003, 239; *Rönnau/Becker,* Grundwissen – Strafrecht: Der Irrtum beim Betrug (§ 263 StGB), JuS 2014, 507; *Rönnau/Wegner,* Zur restriktiven Auslegung des Betrugstatbestands sowie zur Vorlagepflicht zum EuGH, Anmerkung zu BGH, Urteil v. 5.3.2014 – 2 StR 616/12 = BeckRS 2014, 14294, JZ 2014, 1064; *Rose,* Zusendung rechnungsähnlicher Vertragsofferten als (versuchter) Betrug: Zur strafrechtlichen Risikoverteilung im Geschäftsverkehr, zugleich eine Anmerkung zu BGH, Urteil v. 26.4.2001 – 4 StR 439/00 –, wistra 2002, 13; *Rössner,* in: Grupe (Hrsg.), Einblicke. Aspekte olympischer Sportentwicklung, 1999, 134; *Rössner,* in: Deutsches Olympisches Institut (Hrsg.), Jahrbuch 2000, Doping-Sanktionen zwischen strafrechtlichen und sportrechtlichen Normen, 108; *Rössner,* in: Digel/Dickhuth (Hrsg.), Doping im Sport, 2002, 118; *Rössner,* „Sportbetrug" und Strafrecht, Notwendige Differenzierung und kriminalpolitische Überlegungen, FS Mehle, 2009, 567; *Rössner/Weber,* Warenterminoption: Erlaubter Betrug, BB 1979, 1049; *Roxin/Schroth,* Handbuch des Medizinstrafrechts, 4. Aufl. 2010; *Rudolphi,* Das Problem der sozialen Zweckverfehlung beim Spendenbetrug, FS Klug, 1983, 315; *Ruhs,* Neue Wege für das Betrugsstrafrecht, FS Rissing van Saan, 2011, 567; *Rupp,* Zur strafrechtlichen Verantwortung des „bösgläubigen" Softwareerwerbers, wistra 1985, 137; *Rutkowsky,* Der Schadensnachweis bei unzulässigen Submissionsabsprachen, NJW 1995, 705; *Sack,* Das „Hütchenspiel" – ein eindeutiger Betrug, NJW 1992, 2540; *Saliger,* Auswirkungen des Untreue-Beschlusses des Bundesverfassungsgerichts vom 23.6.2010 auf die Schadensdogmatik, ZIS 2011, 902; *Saliger,* Die Normativierung des Schadensbegriffs in der neueren Rechtsprechung zu Betrug und Untreue, FS Samson, 2010, 455; *Saliger,* Revision des ärztlichen Abrechnungsbetruges – am Beispiel der Abrechnung von Laboruntersuchungen als eigenen Leistung, FS I. Roxin, 2012, 307; *Sandmann,* Die Strafbarkeit der Kunstfälschung, 2004; *Satzger,* Der Submissionsbetrug, 1994; *Satzger,* Probleme des Schadens beim Betrug, JURA 2009, 518; *Saukel,* Betrug beim Handel mit Warenterminoptionen, 1991; *Schäfer,* Die Strafbarkeit des Arbeitgebers bei Nichtzahlung von Sozialversicherungsbeiträgen für versicherungspflichtige Arbeitnehmer, wistra 1982, 96; *Schimansky/Bunte/Lwowski* (Hrsg.), Bankrechts-Handbuch, 2007; *Schiwek,* Die Strafbarkeit der Markenpiraterie, 2004; *Schlösser,* Die Bedeutung des Gegenleistungsanspruches beim Eingehungsbetrug wegen Zahlungsunfähigkeit, wistra 2010, 164; *Schlösser,* Verdeckte Kick-back-Zahlungen von Fondsgesellschaften an Banken als strafbares Verhalten gegenüber dem Bankkunden?, zugleich Anmerkung zu OLG Stuttgart, Urteil v. 16.3.2011 – 9 I 129/10-, BKR 2011, 465; *Schlösser,* Vermögensschaden beim gutgläubigen Kfz-Erwerb, NStZ 2013, 162; *Schlüchter,* Zweckentfremdung von Geldspielgeräten durch Computermanipulationen, NStZ 1988, 59; *Schlüter,* Börsenhandelsrecht, 2. Aufl. 2002; *Schmid,* Der Ausschreibungsbetrug als ein Problem der Strafgesetzgebung, 1982; *Schmidhäuser,* Der Zusammenhang von Vermögensverfügung und Vermögensschaden beim Betrug (§ 263 StGB), FS Tröndle, 1989, 305; *Schmidl,* Bekämpfung der Produktpiraterie in der BRD und in Frankreich, 1999; *Schmidt,* Rechtsfolgenentscheidung und Strafzumessung beim vertragsärztlichen Abrechnungsbetrug, StV 2013, 589; *Schmidt-Hieber,* Verfolgung von Subventionserschleichung nach Einführung des § 264 StGB, NJW 1980, 322; *Schneider,* Konkludente Täuschung trotz anderslautender ausdrücklicher Erklärung, Anmerkung zu BGH, Urteil v. 4.12.2003 – 5 StR 308/03 = StV 2004, 535, StV 2004, 537; *Schröder,* Sicherungsbetrug und Sicherungserpressung MDR 1950, 398; *Schröder,* Betrug durch Behauptung wahrer Tatsachen, FS Peters, 1974, 153; *Schröder,* Zum Vermögensbegriff bei Betrug und Erpressung. Zugleich Anmerkung zu BGH, Urteil v. 18.12.1964 – 2 StR 461/64 –, JZ 1965, 515; *Schröder/Thiele,* Es ist machbar! – Die Betrugsrelevanz von Telefon-Gewinnspielen im deutschen Fernsehen, JURA 2007, 814; *Schubert,* Abrechnungsbetrug bei Privatpatienten, ZRP 2001, 154; *Schuhr,* Betrug vs. Computerbetrug, Am Beispiel von Manipulationen „dunkel" verarbeiteter Abrechnungen, ZWH 2012, 48; *Schuhr,* Mehraktige Vermögensdispositionen beim Betrug und die Grenzen des sachgedanklichen Mitbewusstseins, ZStW 123 (2011), 517; *Schumann,* Betrug und Betrugsbeihilfe durch wahre Behauptungen?, JZ 1979, 588; *Schünemann,* Zur Stellung des Opfers im System der Strafrechtspflege, NStZ 1986, 439; *Schünemann,* Der Bundesgerichtshof im Gestrüpp des Untreuetatbestands, NStZ 2006, 196; *Schwalbe/Hartmann,* Strafbarkeit des missbräuchlichen Erwerbs von Prepaid-Bundles, MMR 2009, 163; *Schwerdtfeger,* Die Leistungsansprüche der Versicherten im Rechtskonkretisierungskonzept des SGB V (II), NZS 1998, 97; *Seibert,* Die Garantenpflicht beim Betrug, 2007; *Seier,* Prozeßbetrug durch Rechts- und ungenügende Tatsachenbehauptungen. Zugleich eine Stellungnahme zu OLG Zweibrücken, Urteil v. 21.10.1988 – 1 Ss 189/88 – = JR 1989, 390, ZStW 102 (1990), 563; *Seier,* Der Kündigungsbetrug, 1989; *Sickor,* Der Sicherungsbetrug: dogmatisches Mittel zur Umgehung verjährungsrechtlicher Vorschriften?, GA 2007, 590; *Sieber,* Computerkriminalität und Strafrecht, 2. Aufl. 1980; *Sieber,* Memorandum für ein Europäisches Modellstrafgesetzbuch, JZ 1997, 369; *Smok,* OLG Hamm: Erhöhte Anforderungen an gerichtliche Feststellungen beim Sozialleistungsbetrug, FD-StrafR 2011, 316990; *Sonnen,* Der Vermögensschaden beim betrügerischen Handel mit Warenterminoptionen, StV 1984, 175; *Sonnen,* Die soziale Zweckverfehlung als Vermögensschaden beim Betrug, JA 1982, 593; *Sonnen,* Strafrechtliche Grenzen des Handels mit Optionen auf Warentermin-Kontrakte, wistra 1982, 123; *Sotelsek,* Vermögensdelikte Vermögensloser – Bestandsaufnahme und Tendenzen, StRR 2012, 246; *Soyka, M.,* Das moderne Lastschriftsystem: Eine Einladung zum strafbaren Betrug?, NStZ 2004, 538; *Soyka, T.,* Einschränkungen des Betrugstatbestands durch sekundäres Gemeinschaftsrecht am Beispiel der Richtlinie 2005/29/EG über unlautere Geschäftspraktiken, wistra 2007, 130; *Stahlschmidt,* Steuerhinterziehung, Beitragsvorenthaltung und Betrug im Zusammenhang mit illegaler Beschäftigung, wistra 1984, 209; *Stam,* Das „große Ausmaß" – ein unbestimmter Rechtsbegriff, NStZ 2013, 144; *Steinke,* Brauchen wir einen Tatbestand der Unterschriftserschleichung?, Kriminalistik 1978, 458; *Steinke,* Kommentar: Betrug durch Zeitschriftenwerber, Kriminalistik 1979, 568; *Sternberg-Lieben, D.,* Musikdiebstahl, 1985; *Sternberg-Lieben, D.,* Internationaler Musikdiebstahl und deutsches Strafanwendungsrecht, NJW 1985, 2121; *Sternberg-Lieben, J.,* Examensklausur Strafrecht: Der gefälschte Caspar David Friedrich, JURA 1996, 549; *Stocker,* Der Anstellungsbetrug, 1962; *Stoffers,* Der Schutz der EU-Finanzinteressen durch das deutsche Straf- und Ordnungswidrigkeitenrecht, EuZW 1994, 304; *Stumpf,* Der „Abwrack-Betrug", NJW-Spezial 2009, 648; *Szebrowski,* Kick-Back, 2005; *Terbille* (Hrsg.), Münchener Anwaltshandbuch Medizinrecht, 2009; *Thomma,* Die Grenzen des Tatsachenbegriffs, insbesondere bei der betrügerischen Täuschungshandlung, 2003; *Tiedemann,* Der Subventionsbetrug, ZStW 86 (1974), 897; *Tiedemann,* Der Vergleichsbetrug, FS Klug, 1983, 405; *Tiedemann,* Der Strafschutz der Finanzinteressen der Europäischen Gemeinschaft, zugleich Anmerkung zu EuGH, Urteil v. 21.9.1989 – Rs. C-68/88 –, NJW 1990, 2226; *Tiedemann,* Zum Abrechnungsbetrug eines privatliquidierenden Arztes für nicht persönlich erbrachte Leistungen, Anmerkung zu BGH, Beschluss v. 25.1.2012 – 1 StR 45/11 = JZ 2012, 518, JZ 2012, 525; *Trück,* Erwerb vom Nichtberechtigten, Gefährdungsschaden und „Makeltheorie", ZWH 2012, 59; *Trüg,* Der Irrtumsnachweis bei massenhaften Täuschungsvorwürfen – Kollaps oder kurzer Prozess?, HRRS 2015, 106; *Trüg,* Praxiskommentar zu BGH, Beschluss v. 19.11.2013 – 4 StR 292/13, NStZ 2014, 157; *van Venrooy,* Das Verbot unterschiedlicher Behandlung nach § 26 Abs. 2 S. 1 GWB im Lichte des § 134 BGB, BB 1979, 555; *Vergho,* Der Maßstab der Verbrauchererwartung im Verbraucherstrafrecht, 2009; *Vergho,* Das Leitbild eines verständigen Durchschnittsverbrauchers und das Strafrecht – ein inkongruentes Verhältnis, wistra 2010, 86; *Vormbaum,* Die strafrechtliche Beurteilung des Scheckkartenmißbrauchs – OLG Köln, NJW 1978, 713, JuS 1981, 18; *Wahl,* Die Schadensbestimmung beim Eingehungs- und Erfüllungsbetrug, 2007; *Walter,* Betrugsstrafrecht in Frankreich und Deutschland, 1999; *Walter,* Die Kompensation beim Betrug (§ 263 StGB), FS Herzberg, 2008, 763; *Waßmer/Kießling,* Anmerkung, NZWiSt 2012, 313; *Waszczynski,* Klausurrelevante Problemfelder des Vermögensschadens bei § 263 StGB, JA 2010, 251; *Weber, M.,* Die Entwicklung des Kapitalmarktrechts 2001/2002, NJW 2003, 18; *Weigelin,* Erwerb vom Nichtberechtigten und Unterschlagung, ZStW 61 (1942), 291; *Weigend,* Strafrecht durch internationale Vereinbarungen – Verlust an nationaler Strafrechtskultur?, ZStW 105 (1993), 780; *Weißer,* Betrug zum Nachteil hierarchisch strukturierter arbeitsteilig tätiger Organisationen, GA 2011, 333; *Wenner,* Vertragsarztrecht nach der Gesundheitsreform, 2006; *Witte,* „Card Counting" im Blackjack aus strafrechtlicher Sicht, -Zugleich eine Diskussion der Rechtsprechung zur Berücksichtigung von Wahrscheinlichkeiten im Betrugsstrafrecht-, JR 2012, 97; *Wittig,* Das tatbestandsmäßige Verhalten des Betrugs, 2005; *Wodsak,* Täuschung des Kapitalmarkts durch Unterlassen, 2006; *Wölfel,* Rechtsfolge von Markenverletzungen und Massnahmen zur Bekämpfung der Markenpiraterie, 1990; *Worms,* Warenterminoptionen: Strafbarer Betrug oder nur enttäuschte Erwartungen?, wistra 1984, 130; *Worms,* Anlegerschutz durch Strafrecht, 1987; *Würtenberger,* Das Kunstfälschertum. Entstehung und Bekämpfung eines Verbrechens vom Anfang des 15. bis zum Ende des 18. Jahrhunderts, 1940; *Zieschang,* Das Übereinkommen zum Schutz der finanziellen Interessen der EG und seine Auswirkungen auf das deutsche Strafrecht, EuZW 1997, 78; *Ziethen,* Dogmatische Konsequenzen des Prostitutionsgesetzes für Dirnen- und Freierbetrug, NStZ 2003, 184; *Zuck,* Fairer Sport, Integrität der Wissenschaft, enttäuschtes Vetrauen – Hilft das Strafrecht weiter?, ZRP 2014, 28.

Übersicht

A. Allgemeines

I. Systematik des Betrugstatbestandes

Der Grundtatbestand des Betruges wird in § 263 Abs. 1 normiert. Der Versuch ist nach § 263 Abs. 2 **1**
strafbar (→ Rn. 125 f.). In § 263 Abs. 3 werden fünf Regelbeispiele genannt (→ Rn. 129 ff.). Nach
§ 263 Abs. 4 sind die §§ 243 Abs. 2, 247 und 248a entsprechend anwendbar (→ Rn. 148, 152). § 263
Abs. 5 ist als Qualifikationstatbestand ausgestaltet, der die bandenmäßige Tatbegehung erfasst
(→ Rn. 153 f.). Das Gericht kann in allen Fällen des Betruges nach § 263 Abs. 6 Führungsaufsicht
anordnen (§ 68 Abs. 1; → Rn. 155). Für bestimmte Konstellationen des Betruges sieht § 263 Abs. 7 die
erleichterte Anordnung des Verfalls nach § 73d vor (→ Rn. 155). Der in § 263 Abs. 7 weiterhin
genannte § 43a (Vermögensstrafe) ist durch das Urteil des BVerfG v. 20.3.2002 (BVerfG NJW 2002,
1779 ff.) mit Gesetzeskraft für nichtig erklärt worden.

II. Praktische Bedeutung des Betrugstatbestandes im Wirtschaftsstrafrecht

Mit 958.515 registrierten Betrugsfällen – einschl. §§ 263a–265b – (2012) entfallen 16 % der Gesamt- **2**
kriminalität auf diesen Bereich (PKS Jahrbuch 2012, 197). Der Gesamtschaden beläuft sich auf
2.268,4 Millionen Euro (PKS Jahrbuch 2012, 64). Die Aufklärungsquote von 77,4 % (PKS Jahrbuch
2012, 31, 197) ist angesichts des erheblichen Dunkelfeldes nur scheinbar hoch. Teilweise bemerken die
Opfer nicht, dass sie geschädigt worden sind. Außerdem wenden sich nach gängigen Schätzungen nur
5–10 % der Opfer an die Polizei, weil sie einen Prestigeverlust oder die Aufdeckung schwarzer Kassen
befürchten (zur kriminologischen Bedeutung des Betruges Eisenberg Kriminologie § 45 Rn. 117 ff.,
§ 47 Rn. 24 ff.; MüKoStGB/*Hefendehl* Rn. 42 ff.; zu einzelnen Tätertypen Tiedemann WirtschaftsStR
BT Rn. 4).

Beim Betrug handelt es sich nur um ein **Wirtschaftsdelikt ieS,** wenn die Tat unter Ausnutzung **3**
spezifischer Kenntnisse des Wirtschaftslebens begangen wird (dazu auch *Nuzinger* in Wirtschaftsstrafrecht
in der Praxis, 2. Aufl. 2015, Kap. 1 Rn. 2). Als neuere Erscheinungsformen des Betrugs als Wirtschaftsstraftat sind insbesondere Taten im Bereich der Internetkriminalität und Computerbetrug iwS, im
Zusammenhang mit dem Kapitalmarkt, durch Submissionsabsprachen, beim Immobilienhandel etc zu
nennen. Häufig nutzen die Täter dabei weniger die intellektuellen Defizite der Opfer als deren emo-
tionale Schwachpunkte oder deren Gewinnsucht aus. Deshalb vermochten selbst zahlreiche Aufklä-
rungsberichte in den Massenmedien den ständigen Anstieg der Betrugskriminalität nicht aufzuhalten

(NK-StGB/*Kindhäuser* Rn. 9). Vor diesem Hintergrund erscheint es bedenklich, den Betrugstatbestand unter dem Gesichtspunkt der Mitverantwortung der Opfer einzuschränken (näher → Rn. 7).

4 Der Betrugstatbestand wirft zahlreiche Fragen auf, die in der Wissenschaft intensiv diskutiert werden und die die Praxis nicht selten vor schwierige Probleme stellen (zum Betrugsstrafrecht in Rspr. und Wissenschaft der zweiten Hälfte des 20. Jahrhunderts *Tiedemann* FG BGH, 2000, 551 ff.). Gerade im Bereich des Wirtschaftsstrafrechts sind in den letzten Jahren eine Vielzahl von Verhaltensweisen aufgetreten, die betrugsrelevant sein können, jedoch in der strafrechtswissenschaftlichen Literatur im Hinblick auf die Betrugsvorschrift noch nicht hinreichend untersucht sind. Die nachfolgenden Erläuterungen sind auf das Wirtschaftsstrafrecht begrenzt und können daher keine Gesamtkommentierung der Betrugsvorschrift darstellen. Vielmehr soll der Betrug aus spezifisch wirtschaftsstrafrechtlicher Sicht beleuchtet werden. Deshalb werden zunächst die **allgemeinen Voraussetzungen des § 263** erörtert (→ Rn. 10 ff.). Diese Ausführungen sind in ihrer Intensität und ihrem Umfang vom Thema des Wirtschaftsstrafrechts geleitet. Deshalb war es erforderlich bestimmte Voraussetzungen des Betruges wie zB das Erfordernis einer Täuschung über Tatsachen (→ Rn. 12 ff.) ebenso wie der Vermögensschaden (→ Rn. 77 ff.) vertieft zu behandeln, denn diese Merkmale sind im Wirtschaftsstrafrecht von zentraler Bedeutung. Zudem hat das bundesverfassungsgerichtliche Schadensbezifferungsgebot in der jüngeren Vergangenheit die Rechtsprechung und Literatur zu einer Auseinandersetzung mit einer Reihe von bislang noch unbeantworteten Grundsatzfragen der Schadensdogmatik gezwungen (*C. Dannecker* NZWiSt 2015, 173 (185)) (→ Rn. 90a, 113a). Andere Tatbestandsmerkmale wie zB die Vermögensverfügung (→ Rn. 69 ff.) sind demgegenüber aus wirtschaftsstrafrechtlicher Sicht weniger problematisch und werden folglich kürzer erörtert; insofern kann auf die allgemeinen Kommentierungen zu § 263 verwiesen werden. An die allgemeine Darstellung der Voraussetzungen des Betrugstatbestands schließen sich **Ausführungen zu einzelnen spezifischen betrügerischen Verhaltensweisen** an (→ Rn. 173 ff.).

B. Regelungszweck und Anwendungsbereich des Betrugstatbestandes

I. Rechtsgut und Deliktscharakter

5 Der Betrugstatbestand schützt das **Vermögen** (ganz hM; RGSt 74, 177 (178); BGHSt 3, 99 (102); 7, 197 (198); 16, 220 (221); 16, 321 (325); 16, 367 (372); 34, 199 (203); BGH StV 1995, 254; MüKoStGB/*Hefendehl* Rn. 1 ff.; NK-StGB/*Kindhäuser* Rn. 10 mwN), und zwar das private und das öffentliche Vermögen (MüKoStGB/*Hefendehl* Rn. 7; NK-StGB/*Kindhäuser* Rn. 10; zum Schutz des Vermögens der EU *Berger,* Der Schutz des öffentlichen Vermögens durch § 263 StGB, 2000, 51 ff.), das inländische und das ausländische Vermögen (Schönke/Schröder/*Perron* Rn. 1 f.; diff. NK-StGB/*Kindhäuser* Rn. 10; krit. *Tiedemann* ZStW 86 (1974), 897 (911 ff.)), nicht aber in Zahlungsansprüchen verkörperte Strafen oder sonstige Sanktionen (vgl. BGHSt 43, 381 (400)). Weitgehende Einigkeit besteht auch darüber, dass das Vermögen nur hinsichtlich seines Bestandes, nicht dagegen vor einer Vereitelung von noch ungesicherten Chancen auf Vermögensmehrung geschützt wird (BGH NJW 1991, 2573). Hingegen sind die Dispositionsfreiheit (OLG Düsseldorf StV 2011, 734; krit. NK-StGB/*Kindhäuser* Rn. 13 ff.; zur Dispositionsfreiheit: *Hohn* FS Rissing van Saan, 2011, 259), die Redlichkeit im Geschäftsverkehr, ein allgemeines Recht auf Wahrheit oder der Grundsatz von Treu und Glauben (BGH StV 1995, 254) keine von § 263 geschützten Rechtsgüter. Der Betrug ist im Hinblick auf die überschießende Innentendenz ein **kupiertes Erfolgsdelikt**. § 263 ist **Schutzgesetz** iSd § 823 Abs. 2 BGB (BGHZ 57, 137 (143); 160, 134 (142)).

II. Betrug als Selbstschädigungs- und Vermögensverschiebungsdelikt

6 Der Betrug ist ein **Selbstschädigungsdelikt** (RGSt 74, 167). Bildlich gesprochen greift der Täter nicht selbst in das Vermögen des Opfers hinein, sondern lässt sich den Vermögenswert durch den Getäuschten „herausreichen". Weiterhin ist der Betrug ein **Vermögensverschiebungsdelikt**, bei dem der Täter für sich oder einen Dritten auf Kosten des Geschädigten eine Bereicherung erstrebt (näher dazu *Kindhäuser* FS Dahs, 2005, 67 ff.). Um das Element der Vermögensverschiebung tatbestandlich einzubinden, muss für die Erfüllung des Betrugstatbestands **„Stoffgleichheit"** zwischen dem Schaden und dem intendierten Vermögensvorteil verlangt werden (→ Rn. 120 ff.).

III. Opfermitverantwortung beim Betrug

7 Beim Betrug muss wirtschaftlich geschicktes, oft auf einem Wissensvorsprung beruhendes Vorgehen von strafwürdigem Unrecht abgegrenzt werden (SSW StGB/*Satzger* Rn. 11). Dabei spielt das Opfer, das zu seiner eigenen Schädigung beitragen muss, eine zentrale Rolle. Hier sind die **Verantwortungs- und Risikobereiche** gegeneinander abzugrenzen. Die Rspr. ist im Grundsatz opferfreundlich und schützt den „leichtgläubigen Verbraucher" (→ Rn. 62 ff.). Sie nimmt nur absolut offensichtliche Fälle einer Täuschung (BGHSt 34, 199 (201); BGH NStZ 2003, 313 (314)) sowie bewusste Risikoentscheidungen des Opfers aus dem Anwendungsbereich des § 263 aus. Damit wird dem in der Literatur teilweise vertretenen viktimodogmatischen Ansatz, nach dem ein Irrtum bei besonderer Leichtgläubigkeit nicht vorliegen soll (dazu *Ellmer,* Betrug und Opfermitverantwortung, 1986, 287; *Hilgendorf* JuS 1994, 466 (467); *Mühlbauer* NStZ 2003, 650 (651 ff.); krit. *Hillenkamp,* Vorsatztat und Opferverhalten, 1981, 21 ff. (85 ff.); *Wittig,* Das tatbestandsmäßige Verhalten des Betrugs, 2005, 364 f.) eine Absage erteilt. Gegen diesen opferorientierten Ansatz spricht, dass es nicht darauf ankommen kann, aus welchem Grund ein Opfer, das rechtlich kein Irrtumsrisiko tragen muss, irrt und ob es den Irrtum vermeiden konnte (LPK-StGB/*Kindhäuser* Rn. 37 mwN; s. dazu auch *Ackermann* FS Roxin, 2011, 949 ff.).

IV. Einfluss des EU-Rechts

Im Bereich der Produktwerbung stellt sich insbesondere die Frage, inwieweit das EU-Recht die **8** Auslegung des Täuschungs- und Irrtumsmerkmals beeinflusst (dazu *Heim,* Die Vereinbarkeit der deutschen Versuchsstrafbarkeit (§ 263 StGB) mit unionsrechtlichen Grundsätzen und Regelungen zum Schutz der Verbraucher vor Irreführungen, 2013; *Vergho,* Der Maßstab der Verbrauchererwartung im Verbraucherstrafrecht, 2009). Hier stellt sich die Frage, inwieweit das **europäische Verbraucherleitbild,** das sich in der Richtlinie 2005/29/EG über unlautere Geschäftspraktiken findet, eine unionsrechtskonforme Auslegung erfordert. Der BGH lehnt dies ab (BGH NJW 2014, 2595 ff.), während das Schrifttum überwiegend eine Korrektur des betrugsstrafrechtlichen Schutzniveaus befürwortet (*Cornelius* StraFo 2014, 476 f.; *Hecker/Müller* ZWH 2014, 329 ff.; *Heger* HRRS 2014, 467 ff.; *Krack* ZIS 2014, 356 ff.; *Rönnau/Wegner* JZ 2014, 1064 ff.; *N. Müller* NZWiSt 2014, 393 ff.; *Rönnau/Wegner* JZ 2014, 1064 ff.; SSW StGB/*Satzger* Rn. 12; Matt/Renzikowski/*Saliger* Rn. 6; Wessels/Hillenkamp StrafR BT II § 13 Rn. 488; vgl. auch *Rengier* FS Fezer 2016, 365 ff.).

Dem Schutz des „leichtgläubigen Verbrauchers" auf nationaler Ebene durch § 263 steht jedoch bei entsprechender Werbung im grenzüberschreitenden Verkehr das **europarechtliche Leitbild eines aufgeklärten Verbrauchers** (eingehend dazu *Hecker,* Strafbare Produktwerbung im Lichte des Gemeinschaftsrechts, 2001, 328 f.; Hecker Europäisches StrafR § 10 Rn. 19) entgegen, das sich an einem informierten, aufmerksamen und verständigen Verbraucher orientiert (zB EuGH Slg. 2000, I-117 Rn. 27 – Lifting Creme; zur Harmonisierung des Wettbewerbsrechts s. *Ruhs* FS Rissing van Saan, 2011, 567). Soweit die betrugsrelevante Täuschung und die daraus resultierende Irrtumserregung nämlich im Zusammenhang mit der grenzüberschreitenden Vermarktung von Waren im Zusammenhang steht, kann die drohende Betrugsstrafbarkeit „eine Maßnahme gleicher Wirkung" wie eine mengenmäßige Einfuhrbeschränkung darstellen. Nach der Rspr. des EuGH fallen hierunter alle Handelsregelungen, die geeignet sind, den innergemeinschaftlichen Handel unmittelbar oder mittelbar tatsächlich oder potentiell zu behindern (sog *Dassonville*-Formel; EuGH Slg. 1974, 837 Rn. 5), soweit es sich nicht um reine Verkaufsmodalitäten (EuGH Slg. 1993, I-6097 Rn. 16 – Keck), wie zB Ladenöffnungszeiten oder bestimmte Werberegelungen ohne Produktbezug, handelt. Hierbei handelt es sich nicht um einen starren Maßstab, vielmehr kommt eine Rechtfertigung der Strafbarkeit nach den Grundsätzen der *Cassis*-Rspr. des EuGH (Slg. 1979, 649 Rn. 8) in Betracht, wenn dies zum Zweck des Verbraucherschutzes notwendig und insoweit auch verhältnismäßig ist (*Dannecker* ZStW 117 (2005), 697 (712 ff.); Streinz EuropaR Rn. 831). Der deutsche Betrugtatbestand lässt sich also aus europäischer Sicht nur insoweit rechtfertigen, als dessen Täuschungsbegriff unionsrechtskonform ausgelegt wird. Der Schutz auch des unaufmerksamen und unverständigen Verbrauchers würde sonst mit der Warenverkehrsfreiheit des EG-Vertrags kollidieren. Auch das sekundäre Gemeinschaftsrecht wie zB die Richtlinie 2005/29/EG über unlautere Geschäftspraktiken, führt darüber hinaus zu einer „sektoralen Europäisierung" und damit zu einer „Zersplitterung des Täuschungsschutzes" (näher dazu *Soyka* wistra 2007, 130). Damit ist der strafrechtliche Täuschungsschutz im Betrugsstrafrecht jedenfalls im grenzüberschreitenden Warenverkehr europäisiert, wodurch Grenzen zulässigen Vorgehens der Marktteilnehmer aufgezeigt werden (näher → Rn. 9). Der deutsche Verbraucherschutz ist unter Rückgriff auf das Verbraucherleitbild des EuGH im Wege der europarechtskonformen Auslegung zurückzuschneiden (ausführlich dazu *Dannecker* WiVerw 1996, 210; *ders.* ZStW 117 (2005), 704 (711 ff.); s. auch *Vergho,* Der Maßstab der Verbrauchererwartung im Verbraucherstrafrecht, 2009, passim; *ders.* wistra 2010, 86 ff., jeweils mwN).

Aus betrugsrechtlicher Sicht stellt sich damit die Frage, ob eine **Zweispurigkeit des strafrecht- 9 lichen Schutzes** dadurch vermieden werden sollte, dass das europäische Verbraucherleitbild auch auf rein nationale Fälle Anwendung findet (dazu *Dannecker* ZStW 117 (2005), 697 (712 ff.) mwN). Während sich hierfür anführen lässt, dass dadurch eine Inländerdiskriminierung vermieden werden könnte, spricht dagegen, dass in der Dogmatik des § 263 eine nicht zu rechtfertigende Sollbruchstelle entstünde. Es kann aber nicht darauf ankommen, ob es sich um betrugsrelevante Interaktionen im Werbe- oder einem sonstigen Bereich des Wirtschaftsrechts handelt (*Dannecker* ZStW 117 (2005), 697 (712)). Im Bereich des § 263 besteht jedoch generell die Notwendigkeit, als „Geschäftstüchtigkeit" eingestufte Vorgehensweisen von betrugsrelevantem Verhalten abzugrenzen, bei dem sich der Täter für die schädigende Vermögensverfügung verantworten muss (dazu *Kühne,* Geschäftstüchtigkeit oder Betrug?, 1978, 7 ff.). In der Literatur werden hierzu unterschiedliche Ansätze vertreten (Überblick bei MüKoStGB/*Hefendehl* Rn. 79 ff.; LK-StGB/*Tiedemann* Rn. 8). IErg herrscht jedenfalls Einigkeit darüber, dass es zur Abgrenzung erlaubter Unwahrheiten von den verbotenen normativer Kriterien bedarf (*Kindhäuser* ZStW 103

(1991), 399 (411 ff.) mwN. In einer marktwirtschaftlichen Wirtschaftsordnung trägt für bestimmte Informationen das Opfer eine eigene Verantwortung, wobei nicht auf den konkreten, sondern auf den „verständigen Verbraucher" abzustellen ist, um ex-ante die jeweilige Verantwortung von Täter und Opfer bestimmen zu können (*Dannecker* ZStW 117 (2005), 697 (713)). Zwar ist das europäische Verbraucherleitbild nicht dazu geeignet, die bei § 263 erforderlichen Restriktionen zu ersetzen, um zu einer Begrenzung des tatbestandlichen Anwendungsbereichs auf strafwürdiges und strafbedürftiges Verhalten zu gelangen. Das europäische Verbraucherleitbild liefert jedoch einen normativen Maßstab, der sich bei viktimodogmatischen, aber auch bei anderen Restriktionsansätzen zur Vermeidung einer sektoralen Privilegierung der Publikumswerbung heranziehen lässt, um eine generelle Korrektur des Betrugstatbestands zu erreichen (*Dannecker* ZStW 117 (2005), 697 (713)).

C. Voraussetzungen des Betrugstatbestandes im Einzelnen

10   Der Betrug setzt in objektiver Hinsicht eine **Täuschung über Tatsachen voraus,** die zu einem **Irrtum** führt, wobei aufgrund des Irrtums eine **Vermögensverfügung** vorgenommen wird, die zu einem **Vermögensschaden** führt. Im subjektiven Bereich verlangt der Betrug neben dem Vorsatz die **Absicht, sich oder einen Dritten rechtswidrig zu bereichern.** Weiterhin muss die beabsichtigte **Bereicherung rechtswidrig** sein und der Täter diesbezüglich mit Vorsatz handeln.

11   Auf objektiver Seite sind vor allem die **Täuschung** (→ Rn. 28 ff.), der **Irrtum** (→ Rn. 57 ff.) und der **Vermögensschaden** (→ Rn. 77 ff.) im Zusammenhang mit dem Wirtschaftsstrafrecht von besonderer Bedeutung. Deshalb sollen diese Tatbestandsmerkmale vertieft behandelt werden.

I. Tathandlung: Täuschung über Tatsachen

12   § 263 Abs. 1 nennt als Tathandlungen die Vorspiegelung falscher oder die Entstellung oder Unterdrückung wahrer Tatsachen (eingehend dazu *Wittig,* Das tatbestandsmäßige Verhalten des Betrugs, 2005, 182). Diese Verhaltensweisen können unter dem Oberbegriff der **Täuschung** (→ Rn. 28 ff.) über Tatsachen zusammengefasst werden (NK-StGB/*Kindhäuser* Rn. 57; anders noch RGSt 35, 311 (315)). Alle Formen der Täuschung müssen sich auf gegenwärtige oder vergangene Tatsachen beziehen.

13   Die Täuschung kann **ausdrücklich** oder **konkludent** erfolgen (BGHSt 47, 1 (3); 48, 331 (344); 51, 165 (169 f.); BGH NStZ 2009, 506 ff.; näher → Rn. 31 ff.). Nach hM kommt auch eine **Täuschung durch Unterlassen** in Betracht, wenn der Täter eine entsprechende Garantenstellung innehat (→ Rn. 40 ff.). Nach hM genügen dagegen bloße Tatsachenveränderungen oder Manipulationen an Objekten ohne Einwirkung auf die Vorstellung eines anderen grundsätzlich nicht, um den Betrugstatbestand zu erfüllen (Müller-Gugenberger WirtschaftsStR/*Hebenstreit* § 47 Rn. 15; LK-StGB/*Tiedemann* Rn. 23). An einer solchen Einwirkung auf die Vorstellung eines anderen fehlt es, wenn das „täuschende" Verhalten nicht wahrgenommen wird (BGH StV 2010, 22), wie dies bspw. bei vollautomatisch ablaufenden Geschäften oder Verfahren (OLG Karlsruhe NJW 2009, 1287 (1288)), so bei automatisierten Mahnverfahren (BGH NStZ 2012, 322), der Fall ist. Tatsachenveränderungen werden aber dann zur Täuschung, wenn sie gleichzeitig Erklärungen enthalten (Fischer Rn. 15; Schönke/Schröder/*Perron* Rn. 12).

14   **1. Tatsachen. a) Begriff der Tatsache.** Tatsachen sind **Vorgänge oder Zustände der Vergangenheit oder Gegenwart,** die objektiv bestimmt und dem **Beweis zugänglich** sind (RGSt 55, 129 (131); BGHSt 15, 24 (26); OLG Düsseldorf wistra 1996, 32; AWHH StrafR BT § 20 Rn. 32; Müller-Gugenberger WirtschaftsStR/*Hebenstreit* § 47 Rn. 10; Schönke/Schröder/*Perron* Rn. 8; LK-StGB/*Tiedemann* Rn. 9; ähnl. *Hilgendorf,* Tatsachenaussagen und Werturteile im Strafrecht, 1998, 123 ff.). Wenn hingegen auf **Geschehnisse in der Zukunft** hingewiesen wird, können diese nicht Gegenstand einer Täuschung sein (RGSt 56, 227 (232); aA *Bitzilekis* FS Hirsch, 1999, 29 (36 ff.)), sofern es sich nicht um **innere Tatsachen** handelt (→ Rn. 16 f.). Gegenstand der Täuschung kann auch die Nichtexistenz eines Umstandes (BGHSt 51, 165 (171) – Hoyzer) sowie etwas Unmögliches (BGHSt 32, 38 (42) – Sirius; restriktive Auslegung beim Okkultbetrug Matt/Renzikowski/*Saliger* Rn. 13) sein. Hier soll nach hM ausreichen, dass der Täter dem Opfer den Eindruck der beweisbaren Existenz des fraglichen Sachverhalts vermittelt. Daher soll auch die Behauptung genügen, dass eine Krankheit mit einem objektiv völlig unwirksamen Mittel kuriert werden könne (BGH JZ 2010, 420; LG Mannheim NJW 1993, 1488 mAnm *Loos/Krack* JuS 1995, 204; näher dazu MüKoStGB/*Hefendehl* Rn. 72 f.). Hingegen sind **Meinungsäußerungen und Werturteile** keine Tatsachen, da sie als subjektive Wertungen einer objektiven Überprüfung und damit dem Beweis nicht zugänglich sind (krit. SK-StGB/*Hoyer* Rn. 20 ff., der nach Schutzwürdigkeitsgesichtspunkten abgrenzt). Wertungen können jedoch einen **beweisbaren Tatsachenkern** enthalten (näher → Rn. 18 f.). Daher ist die Abgrenzung von Tatsache und Werturteil (dazu OLG Karlsruhe JZ 2004, 101 mAnm *Puppe*) oft mit Schwierigkeiten verbunden (dazu OLG Zweibrücken JR 1989, 390 mAnm *Keller;* vgl. ferner → Rn. 19 ff.).

15   **b) Äußere Tatsachen.** Tatsachen sind in erster Linie äußere Tatsachen, die sich auf **reale Umstände** beziehen und sinnlich wahrnehmbar oder gerichtlich nachprüfbar sind (MüKoStGB/*Hefendehl* Rn. 68).

Hierzu zählen bei Sachen und Gegenständen die Herkunft (BGHSt 8, 46 (48)), die Beschaffenheit (RGSt 59, 299 (305)), die Echtheit (LK-StGB/*Tiedemann* Rn. 11), die Verkehrsfähigkeit (BGH StV 1996, 73), die Quantität (RGSt 64, 342 (347)), aber auch die **rechtlichen Verhältnisse** wie die Eigentumslage (RG Recht 29, Nr. 652), die Lastenfreiheit eines Grundstücks (OLG Düsseldorf wistra 1996, 32), die Mangelfreiheit (BayObLG NJW 1974, 1798 (1799)) oder Vertragsmäßigkeit einer verkauften Sache (RGSt 28, 189 (192); RG GA 50 (1903), 392 (393 f.)). Auch **wirtschaftliche Verhältnisse** können Tatsachen sein, so die Börsennotierung eines Wertpapiers (*Worms* wistra 1984, 123 (125)), eine Gewinngarantie beim Optionshandel (BGHSt 30, 177 (181)), die Zahlungsfähigkeit (RGSt 3, 332 f.; 56, 230 ff.; BGHSt 6, 198 (199)) sowie sonstige finanzielle Verhältnisse (BGHSt 6, 198), Einkünfte (BGHSt 32, 236 (242); OLG Düsseldorf StV 1991, 520) und die erzielten Umsätze (RG Recht 13, Nr. 3207). Schließlich können Fähigkeiten, Berechtigungen und Qualifikationen natürlicher und juristischer Personen äußere Tatsachen sein (BGH NStZ 2008, 96 (98); OLG Düsseldorf NJW 1983, 2341).

c) Innere Tatsachen. Auch innere Tatsachen, insbesondere das Vorhandensein bestimmter Kennt- 16
nisse, Absichten oder Überzeugungen, kommen als tauglicher Gegenstand der Täuschung in Betracht (BGHSt 15, 24 (26); Fischer Rn. 8; Lackner/Kühl/*Kühl* Rn. 4; Mitsch StrafR BT II Kap. 5, 261). Als relevante Absicht kommt bspw. die Bereitschaft, sich verhaltensgetreu zu verhalten, in Betracht (BGHSt 54, 69 (121)). Hierbei handelt es sich um **Innenvorgänge und Innenzustände,** die zwar nicht als physische Realität nachweisbar sind, die aber über ihre Auswirkungen wahrnehmbar und im Wege des Indizienbeweises feststellbar sind (LK-StGB/*Tiedemann* Rn. 12). So kann über eine besondere Sachkunde getäuscht werden (BGH NJW 1981, 2131 (2132)). Gleiches gilt für das Wissen um eine nur minimale Gewinnchance (LK-StGB/*Tiedemann* Rn. 12, 20) oder die Absicht, Geld nicht an der Börse anzulegen (LK-StGB/*Tiedemann* Rn. 12; *Worms* wistra 1984, 123 (125)).

Dabei kann sich die subjektive Vorstellung auch auf Zukünftiges beziehen, sofern die **Vorstellung** 17
nur **gegenwärtig vorhanden** ist (Schönke/Schröder/*Perron* Rn. 10). So kann über die Vorstellung, zum Zeitpunkt der Fälligkeit einer Forderung zahlungsfähig zu sein (BGHSt 15, 24 (26)), über die Bereitschaft, einen Vertrag zu erfüllen (BGHSt 15, 26 f.; BGH NJW 1983, 2827), über die Ernsthaftigkeit eines Vertragsabschlusses (BGH NStZ 1997, 32), die Absicht, in Zukunft bestimmte Handlungen vorzunehmen oder zu unterlassen (dazu auch LK-StGB/*Tiedemann* Rn. 12 ff., 20 mwN), die Nichtkenntnis verborgener Mängel (Fischer Rn. 8), die Manipulationsabsicht bei einer Wette (BGHSt 51, 165 (173) – Hoyzer; *Bosch* JA 2007, 389 (390)) oder über die Absicht, eine werthaltige Gegenleistung zu erbringen (wie beim kostenpflichtigen Verharrenlassen des Anrufers in einer Warteschleife bei Service-Nummern, MüKoStGB/*Hefendehl* Rn. 77), getäuscht werden. Die auf zukünftiges Handeln bezogene Absicht ist bereits eine gegenwärtige Tatsache. Allerdings ist evident, dass der Nachweis bestimmter Überzeugungen nicht unerhebliche Schwierigkeiten mit sich bringen kann.

d) Meinungsäußerungen und Werturteile. Meinungsäußerungen und Werturteile sind per se 18
keine Tatsachen; sie erschöpfen sich in einer subjektiven Bewertung und sind deshalb einer empirischen Überprüfung auf ihre Wahrheit hin entzogen (BGHSt 48, 331 (344); MüKoStGB/*Hefendehl* Rn. 79; LK-StGB/*Tiedemann* Rn. 13). Dies gilt jedoch nicht bezüglich des **Gegenstands der Wertung.** Dieser kann einen beweisbaren „Tatsachenkern" darstellen (→ Rn. 19 ff.). Wenn zB Aussagen über Gewinnwahrscheinlichkeiten getroffen werden, beziehen sich solche Äußerungen zunächst auf Geschehnisse in der Zukunft, und diese können grundsätzlich nicht Gegenstand einer Täuschung sein. Da vom Tatsachenbegriff auch innere Tatsachen erfasst sind, besteht insofern die Gefahr, dass auf die **Überzeugung des Urteilenden** von der Richtigkeit eines Urteils abgestellt und so eine innere Tatsache konstruiert wird (vgl. Schönke/Schröder/*Perron* Rn. 10 aE).

aa) Meinungsäußerungen und Werturteile mit zugrunde liegendem Tatsachenkern. Wäh- 19
rend die Täuschung über die wertende Stellungnahme von § 263 nicht erfasst wird, stellt der Gegenstand der Wertung grundsätzlich eine Tatsachenbehauptung dar. Allerdings ist die Abgrenzung der Tatsache vom Werturteil oft schwierig (dazu *Graul* JZ 1995, 595 ff.). Maßgeblich soll hierfür sein, ob die Äußerung ihrem objektiven Sinngehalt nach einen greifbaren, dem Beweis zugänglichen **Tatsachenkern** enthält und deshalb überprüfbar ist (s. nur BGHSt 48, 331 (344 f.) mAnm *Beulke* JR 2005, 37 (40) und *Kühne* JZ 2004, 743; OLG Karlsruhe JR 1997, 299 mAnm *Kindhäuser;* Müller-Gugenberger WirtschaftsStR/*Hebenstreit* § 47 Rn. 12; Fischer Rn. 9; Küper/Zopfs StrafR Rn. 479; Lackner/Kühl/*Kühl* Rn. 5; LK-StGB/*Tiedemann* Rn. 14; Wessels/Hillenkamp StrafR BT II § 13 Rn. 495; abl. NK-StGB/*Kindhäuser* Rn. 87). Hierzu ist regelmäßig der Erklärungswert anhand der Verkehrsanschauung festzustellen und zu fragen, ob aus dem Sinnzusammenhang, den Begleitumständen oder der Form der Erklärung auf bestimmte mitbehauptete Tatsachen geschlossen werden kann (LK-StGB/*Tiedemann* Rn. 15).

Einen nachprüfbaren Tatsachenkern sollen nach der **Rspr.** bspw. die Erklärungen enthalten, ein 20
Produkt sei „konkurrenzlos" (OLG Frankfurt a. M. wistra 1986, 31 (34)), ein Anlageprodukt sei „sicher" oder „risikolos" (BGHSt 48, 331 (345)), eine Gaststätte sei „gut gehend" (RG Recht 1913, Nr. 3207), eine Hypothek sei „sicher" (RGSt 20, 3 f.). Der BGH hat ferner entschieden, dass derjenige eine Behauptung tatsächlicher Art aufstellt, der andere zum Kauf von Aktien durch die Zusicherung über-

redet, es handele sich um eine gute Kapitalanlage, die Aktien würden bald an der Börse gehandelt, im Kurs erheblich steigen und sich als gewinnbringende Kapitalanlage erweisen und hinter der Muttergesellschaft stünden finanzstarke und einflussreiche Geschäftsleute (BGH MDR/D 1973, 18). Hierin sieht die Rspr. die Behauptung, dass es sich um ein kapitalkräftiges, auf Gewinnerzielung gerichtetes Unternehmen handele, dessen Marktchancen in Bank- und Börsenkreisen günstig beurteilt würden und dass die Aktien zum gegebenen Zeitpunkt zumindest den geforderten Preis wert seien. Eine Tatsachenbehauptung soll auch dann gegeben sein, wenn ein Gastwirt als „versierter, flexibler Berater" bei der Vermittlung von Warenterminoptionen bezeichnet wird (LK-StGB/*Tiedemann* Rn. 15).

21   Der **Wert einer Sache** und ihr **Preis** sind zwar grundsätzlich Werturteile, jedoch liegt in der Aussage über den Wert oder den Preis häufig auch eine Erklärung über **wertbildende Faktoren** und damit über einen dem Beweis zugänglichen Tatsachenkern (*Otto* FS Pfeiffer, 1988, 78). Auch die Kreditwürdigkeit und die fachliche Kompetenz einer Person sind betrugsrelevante Aussagen (LPK-StGB/*Kindhäuser* Rn. 59). Bei Submissionsabsprachen ist nicht die Angemessenheit des Angebotspreises eine Tatsache, über die getäuscht wird, sondern die ordnungsgemäße, auf dem freien Wettbewerb beruhende Beteiligung an dem Ausschreibungsverfahren (vgl. Schönke/Schröder/*Perron* Rn. 16 f.; Wabnitz/Janovsky WirtschaftsStR-HdB/*Dannecker*, 3. Aufl. 2007, Kap. 16 Rn. 18).

22   **bb) Aussagen im Zusammenhang mit Werbung.** Reklamehaften Anpreisungen fehlt häufig die erforderliche Ernsthaftigkeit, um sie als Tatsachenbehauptungen mit Wahrheitsanspruch ansehen zu können (BGH wistra 1992, 255; *Walter,* Betrugsstrafrecht in Frankreich und Deutschland, 1999, 72). Die Abgrenzung zwischen Erklärungen über einen Tatsachenkern und reklamehaft-anpreisender Übertreibung ist allerdings gelegentlich nur schwer zu bestimmen. Dies gilt insbesondere für **Reklame und sonstige Anpreisungen,** die im Zusammenhang mit der Werbung getroffen werden: Allgemeine (lobende) Redewendungen und reklamehafte Anpreisungen, die Übertreibungen und Superlative enthalten, sollen nach allgemeiner Auffassung für sich allein keine täuschungsgeeigneten Tatsachen enthalten (BGH wistra 1992, 255 f.; Fischer Rn. 10; LK-StGB/*Tiedemann* Rn. 14; SK-StGB/*Hoyer* Rn. 18 mwN), wenngleich durchaus auch hier in Erwägung gezogen werden könnte, mit solchen Äußerungen sei ein dem Beweis zugänglicher Tatsachenkern verbunden (so etwa BGHSt 34, 199 (201) mAnm *Bottke* JR 1987, 428). Hier wird es jedoch in der Regel an der Ernsthaftigkeit fehlen, die erforderlich ist, um berechtigterweise Vertrauen in ihre Wahrheit in Anspruch zu nehmen.

23   Wenn allerdings ein **Tatsachenkern als Bestandteil der Werbeaussage** ausgemacht werden kann, bejaht die Rspr. eine Täuschung über Tatsachen (BGH NStZ 2008, 96 (98)), so wenn ein Produkt aufgrund einer technischen Neuerung als „konkurrenzlos" bezeichnet wird (OLG Frankfurt a. M. wistra 1986, 31 (34); s. auch Fischer Rn. 10) oder wenn „Schlankheits- und Haarwuchsmittel mit 100 %-Garantie" eine völlig überzogene Wirkung zugeschrieben wird, zB der Schlankheitspille eine Wirkung innerhalb von zehn Minuten, weil darin die Wirksamkeit des Mittels überhaupt miterklärt werde (BGHSt 34, 199 (201); abl. *Hilgendorf,* Tatsachenaussagen und Werturteile im Strafrecht, 1998, 194). Hieran wird kritisiert, dass eine gewisse Beliebigkeit in der Annahme oder Ablehnung einer Tatsache nicht verleugnet werden könne (so HK-KapMStrafR/*Zieschang* Rn. 24).

24   **cc) Behauptung besonderer Fachkompetenz.** Wenn bei einem Werturteil die erklärende Person eine besondere Fachkompetenz innehat oder innezuhaben vorgibt, liegt darin ein Tatsachenkern, der Gegenstand einer Täuschung sein kann (BGH NStZ 2008, 96 (98)). Die Rspr. geht davon aus, dass in diesen Fällen miterklärt wird, der Täter sei aufgrund besonderer Sachkunde befähigt, das Werturteil zu fällen, so zB wenn ein Börsenspezialist erklärt, die Gewinnchancen seien größer als das Verlustrisiko. Auch der Mangel an Nachprüfbarkeit für das Opfer soll den Anspruch auf Vollständigkeit begründen können (Schönke/Schröder/*Perron* Rn. 10), sofern die entsprechende Erklärung nicht gegenüber einem anderen Fachmann getroffen wird (OLG Koblenz NJW 2001, 1364; SSW StGB/*Satzger* Rn. 20).

25   **dd) Äußerung von Rechtsauffassungen.** Bei Äußerungen über Rechtsauffassungen muss differenziert werden zwischen der **Geltendmachung eines Anspruchs** und der Behauptung der **diesen Anspruch begründenden Tatsachen.** Die Geltendmachung eines Anspruchs ist eine Sollens- und keine Seinsaussage. Wenn jedoch ein Anspruch geltend gemacht wird, wird in der Regel auch das Vorliegen der den Anspruch begründenden Umstände konkludent behauptet (OLG Köln NStZ 2014, 327 (329)). Die Behauptung juristischer Verhältnisse, wie zB Miete, Pacht, Kauf, stellen Tatsachen dar, da mit Hilfe solcher Rechtsbegriffe häufig Lebenssachverhalte umschrieben werden (BGHSt 22, 88 f.; OLG Düsseldorf wistra 1996, 32 ff.; *Graul* JZ 1995, 595 (600); *Seier* ZStW 102 (1990), 563 (568); teilweise abw. *Puppe* JZ 2004, 102 ff.), so dass sie sich auf tatsächliche Gegebenheiten beziehen, auch wenn die Rechtsansicht wertende Elemente enthält (LPK-StGB/*Kindhäuser* Rn. 61; Schönke/Schröder/*Perron* Rn. 9). Auch die **Aussage über die Existenz bestimmter Rechtssätze, Judikate und im Schrifttum vertretener Ansichten** sind Tatsachenbehauptungen, so wenn eine Rechtsansicht mit dem Anspruch auf Verbindlichkeit oder Gültigkeit, zB durch Verweis auf eine angebliche Rspr. verbunden wird (*Protzen* wistra 2003, 208 (209)). Hingegen stellt die Darlegung der eigenen Rechtsauffassung oder das Behaupten eines Anspruchs, ohne dass auf anspruchsbegründende Tatsachen verwiesen wird, keine Tatsachenbehauptung dar (BGHSt 46, 196 (198); OLG Frankfurt a. M. NJW 1996,

2172; OLG Karlsruhe JZ 2004, 101 (102) m. krit. Anm. *Puppe* JZ 2004, 102 ff.; Fischer Rn. 11; LK-StGB/*Tiedemann* Rn. 18 f.). Das OLG Stuttgart (NJW 1979, 2573 (2574)) hat die Erteilung einer Rechtsauskunft durch einen Rechtsanwalt gegenüber einem juristischen Laien, um einen berechtigten Anspruch abzuwehren, als Behauptung einer inneren Tatsache angesehen. Hiernach kann die Äußerung einer nicht der eigenen Überzeugung entsprechenden Rechtsauffassung eine Täuschung über Tatsachen darstellen. Grundsätzlich trifft jedoch die Parteien im Zivilprozess weder die Pflicht, die Gegenseite oder das Gericht über die Rechtslage zutreffend zu informieren, noch das Gebot, die Behauptung unzutreffender Aussagen über die Rechtslage zu unterlassen. Vielmehr geht es um die Erläuterung des eigenen Standpunktes, und die Rechtsfindung ist Aufgabe des Gerichts (*Schröder* JR 1958, 106; OLG Koblenz NJW 2001, 1364 f.; *Eisenberg* FS Salger, 1995, 15 (20); *Graul* JZ 1995, 595 (602 f.); aA *Protzen* wistra 2003, 208 ff.).

e) Erfahrungssätze und Prognosen. Erfahrungssätze, die empirisch festgestellte Regelmäßig- **26** keiten induktiv verallgemeinern, insbesondere naturwissenschaftliche und psychologische Gesetze, beziehen sich auf Tatsachen (*Graul* JZ 1995, 595 (597 ff.); *Puppe* JZ 1994, 1150). **Prognosen** beziehen sich demgegenüber auf zukünftige Ereignisse und scheiden insoweit nach hM als Tatsachenbehauptung aus (BGH MDR/D 1973, 18; Schönke/Schröder/*Perron* Rn. 8; *Hildner* WM 2004, 1068). Allerdings können sie selbst Gegenstand einer Tatsachenbehauptung sein, so wenn über eine Prognose die Aussage getroffen wird, sie beruhe auf hinreichend gesicherten Erfahrungssätzen oder sei von ausgewiesenen Experten aufgestellt worden (*Cramer* FS Triffterer, 1996, 323 (333); *Hilgendorf,* Tatsachenaussagen und Werturteile im Strafrecht, 1998, 146 ff.).

Insbesondere im Kapitalmarktbereich werden häufig Aussagen über **zukünftige Kursentwicklun-** **27** **gen** gemacht, um die Kaufentscheidung der Interessenten zu beeinflussen. Im Schrifttum wird diesbezüglich die Auffassung vertreten, die künftige Kursentwicklung sei keine Tatsache, über die getäuscht werden könne, sondern diesbezügliche Äußerungen seien persönliche Urteile, die grundsätzlich nicht Gegenstand einer Täuschung sein könnten (so *Hohenlohe-Oehringen* BB 1980, 231). Hier ist jedoch eine Differenzierung erforderlich (eingehend dazu LK-StGB/*Tiedemann* Rn. 16; zustimmend HK-KapM-StrafR/*Zieschang* Rn. 26): Eine Täuschung kommt zum einen in Bezug auf die vom Täter zugrunde gelegte **gegenwärtige Prognosegrundlage** in Betracht (BGHSt 60, 1 (7) mAnm *Albrecht* JZ 2015, 841; *C. Dannecker* NZWiSt 2015, 173). Denn die Behauptungen, die die Beurteilungsgrundlage für die Prognose bilden, sind Tatsachen, so zB die Qualität eines Gewinnsystems im Hinblick auf eine Gewinnprognose (BayObLG BeckRS 1994, 18309; SSW StGB/*Satzger* Rn. 26). Darüber hinaus kann der Täter über eine **gegenwärtige Eigenschaft** täuschen. Außerdem können Prognosen über den Gesichtspunkt der **inneren Tatsache** tauglicher Täuschungsgegenstand sein. Praktische Relevanz hat dies unter anderem im Zusammenhang mit dem Warentermin- und Optionshandel und dem Kapitalanlagebetrug (BGHSt 30, 177 (181); 31, 115 (116); dazu *Gerst/Meinicke* StraFo 2011, 29) erlangt. Im Einzelnen bedeutet dies: Sofern durch manipulierte Empfehlungen im Wertpapierhandel Kursschwankungen ausgelöst werden, die nachfolgend durch eigene Geschäfte ausgenutzt werden, liegt kein Betrug vor, solange die Empfehlung eine rein wertende Prognose darstellt, die sich nicht auf unrichtige Umstände der Gegenwart oder Vergangenheit bezieht, und kein Anspruch auf fachliche Richtigkeit erhoben wird. Wenn der Täter hingegen im Zusammenhang mit zukünftigen Kursentwicklungen der Wahrheit zuwider darlegt, das in Rede stehende Unternehmen habe ein neues Produkt entwickelt, was Kurssteigerungen zur Konsequenz haben werde, täuscht er über die Prognosebasis und damit über eine gegenwärtige Tatsache (Schönke/Schröder/*Perron* Rn. 9). Wenn vorgespiegelt wird, dass eine Option eine garantierte Gewinnchance habe, obwohl dies nicht der Fall ist, wird über eine gegenwärtige Eigenschaft getäuscht. Wenn der Verkäufer von Optionen der Wahrheit zuwider vorspiegelt, er sei von einem Gewinn überzeugt, täuscht er über eine gegenwärtige innere Tatsache, so dass ein Betrug in Betracht kommt. Über eine gegenwärtige innere Tatsache kann also auch etwas in der Zukunft Liegendes zum tauglichen Täuschungsgegenstand werden (HK-KapMStrafR/*Zieschang* Rn. 30).

2. Täuschung. Die Tathandlung besteht nach dem Gesetzeswortlaut in einer Vorspiegelung falscher **28** oder einer Entstellung oder Unterdrückung wahrer Tatsachen. Die verschiedenen Täuschungsformen setzen jeweils eine Einwirkung auf die Vorstellung eines Menschen voraus (OLG Karlsruhe JZ 2004, 101; SK-StGB/*Hoyer* Rn. 23 f. mwN; NK-StGB/*Kindhäuser* Rn. 57). Da die Dreiteilung der Tathandlungen durch den Gesetzgeber jedoch nicht weiterführend ist, werden diese drei Begehungsmodalitäten unter den Begriff der Täuschung subsumiert (NK-StGB/*Kindhäuser* Rn. 57). Zudem gibt es schon rein sprachlogisch keine „falschen Tatsachen", sondern nur falsche Tatsachenbehauptungen; daher gilt der Gesetzeswortlaut als dogmatisch missglückt (Matt/Renzikowski/*Saliger* Rn. 11). Täuschung ist nach hM ein zur Irreführung bestimmtes und damit der Einwirkung auf die Vorstellung eines anderen dienendes **Gesamtverhalten.** Erfasst ist jedes Verhalten mit Erklärungswert, das darauf gerichtet ist, durch Einwirkung auf die intellektuelle Vorstellung eines anderen eine Fehlvorstellung hervorzurufen. Es muss auf einen anderen Menschen kommunikativ eingewirkt werden. Die **Veränderung von Tatsachen** und die **Manipulation von Gegenständen** stellt daher grundsätzlich keine Täuschung dar (Küper/Zopfs StrafR BT Rn. 479; Rengier StrafR BT I § 13 Rn. 10; Lackner/Kühl/*Kühl* Rn. 6; aA SK-StGB/*Hoyer*

Rn. 25; krit. im Hinblick auf den Bestimmtheitsgrundsatz *Rotsch* ZJS 2008, 132 (133)), es sei denn, die Objektveränderung wird in die Erklärung einbezogen (→ Rn. 32).

29   Die Täuschungshandlung muss **objektiv geeignet** sein, **einen Irrtum zu erregen** (BGHSt 47, 1 (5)). Hierbei kommt es darauf an, wie die allgemeine Verkehrsauffassung das Verhalten unter den konkreten Umständen versteht. Umstritten ist zwar, ob eine Täuschung mehr voraussetzt als lediglich das Erregen oder Unterhalten eines Irrtums, nämlich Täuschungsbewusstsein (so SK-StGB/*Hoyer* Rn. 23 mwN, auch zur Gegenansicht), oder ob das Fehlen das Täuschungsbewusstsein zum Entfallen des Vorsatzes führt. Die praktische Bedeutung dieses Streites ist jedoch gering.

30   Die vom Täter abgegebene Tatsachenbehauptung muss grundsätzlich falsch sein. Eine **Täuschung mittels wahrer Tatsachen** kommt nur in Betracht, wenn der Täter die inhaltlich richtige Erklärung planmäßig einsetzt, um Missverständnisse über andere Tatsachen hervorzurufen und damit gezielt die Schädigung des Adressaten verfolgt. Die Irrtumserregung darf nicht bloße Folge, sondern muss Zweck der Handlung sein (BGHSt 47, 1 (5); BGH StV 2004, 535 (536 f.); krit. *Scheinfeld* wistra 2008, 167 (169 f.)). Wenn Angehörige frisch Verstorbener das Angebot auf Veröffentlichung des Todes im Internet erhalten, die rechnungsähnlich gestaltet sind, so dass der Angebotscharakter bezüglich der Internetveröffentlichung völlig in den Hintergrund tritt, soll trotz der inhaltlichen Richtigkeit wegen des planmäßigen und gezielten Vorgehens des Täters eine Täuschung vorliegen (BGHSt 47, 1 ff.; *Krack* JZ 2002, 613 ff.; *Baier* JA 2002, 364 ff.; *Kindhäuser/Nikolaus* JuS 2006, 195 f.). Jedoch soll bei geschäftlich erfahrenen Personen eine Obliegenheit bestehen, ein solches Schreiben sorgfältig zu lesen (so BGH NStZ 1997, 186; Wessels/Hillenkamp StrafR BT II § 13 Rn. 499). Hiergegen spricht jedoch, dass Rechnungen häufig von wenig versiertem Büropersonal geprüft werden (BGH StV 2004, 535 (537); OLG Frankfurt a. M. NJW 2003, 3215 (3216); Rengier StrafR BT I § 13 Rn. 14; aA *Schneider* StV 2004, 537 ff.). Nunmehr hat der BGH betont, der Umstand, dass die Täuschung bei hinreichend sorgfältiger Prüfung erkennbar gewesen sei, lasse weder die Täuschungshandlung noch die Fehlvorstellung entfallen, hieran ändere auch die UPG-Richtlinie nichts (BGH wistra 2014, 439 ff.; → Rn. 8).

31   Eine Täuschung kann **aktiv** durch ausdrückliches (→ Rn. 32 f.) oder konkludentes Verhalten (→ Rn. 34 ff.) sowie durch **Unterlassen** (→ Rn. 40 ff.) begangen werden. Der Erklärungswert muss durch **Auslegung** ermittelt werden. Das Unterlassen der Abgabe einer Erklärung (also das bloße Schweigen) stellt nur dann eine Täuschungshandlung dar, wenn diesem Verhalten ein (konkludenter) Erklärungswert zukommt und eine Erklärungspflicht besteht (Fischer Rn. 15a).

32   **a) Täuschung durch ausdrückliche Erklärung.** Eine ausdrückliche Täuschung kann mündlich, schriftlich, durch Gesten oder Zeichen sowie durch die entsprechenden Formen der technischen Übermittlung – E-Mail, Fax, Telefon, Datenspeicher – erfolgen. Eine Täuschung liegt auch im Falle einer mündlichen Zusicherung von Tatsachen vor, die im schriftlichen Vertrag nicht festgehalten werden (BayObLG NJW 1978, 435 (436)), oder wenn schriftlich die Wahrheit erklärt wird, im anschließenden Beratungsgespräch jedoch unrichtige Angaben gemacht werden (BGH NStZ 2000, 36 (37)). Soweit eine ausdrückliche Erklärung vorliegt, wird konkludent miterklärt, dass alles, was in einem logischen, empirischen oder normativen Widerspruch zum ausdrücklich Erklärten steht, nicht vorliegt (NK-StGB/*Kindhäuser* Rn. 110). Mündliche Erklärungen sind auch dann täuschungsrelevant, wenn Schriftform vorgesehen und die mangelnde Gültigkeit mündlicher Nebenabreden vertraglich vereinbart ist (BayObLG NJW 1978, 435). Durch bloße Veränderungen der Realität kann nicht getäuscht werden. Erst wenn **Objektveränderungen in eine Erklärung einbezogen** werden, können sie betrugsrelevant werden, so das Unterschieben falscher Beweismittel, namentlich unwahrer oder unechter Urkunden (BGHSt 8, 46; BGH NJW 1969, 1260), das Manipulieren an Strom-, Gas-, Wasser- oder Kilometerzählern (BayObLG MDR 1962, 70; OLG Hamm NJW 1968, 903; BGHSt 51, 165 (171); 54, 69 (121 f.)) und an Glücksspielautomaten (OLG Hamm NJW 1957, 1162), das Benutzen einer gefälschten Mehrfachfahrkarte (OLG Düsseldorf NJW 1992, 593 f.) oder das Umtauschen von Preisschildern im Kaufhaus, um einen billigeren Kauf zu ermöglichen (OLG Hamm NJW 1968, 1895). In diesen Fällen sind die Objekte selbst Träger der Information.

33   Auch die **Behauptung der Wahrheit** kann ein Vorspiegeln unrichtiger Tatsachen sein, wenn sie nach der konkreten Situation oder einem verbreiteten unrichtigen Sprachverständnis schon objektiv einen anderen oder weitergehenden Sinn hat und der Täter das weiß, sich aber auf den Wortlaut berufen will (LG Osnabrück MDR 1991, 468 mBespr *Mayer* JURA 1992, 238; *Schröder* FS Peters, 1974, 153; aA *Schumann* JZ 1979, 588 und *Hecker* Strafbare Produktwerbung im Lichte des Gemeinschaftsrechts, 2001, 247). Erforderlich ist dabei stets, dass der Täter sich der Diskrepanz zwischen dem vorgeschobenen Sachverhalt und der Wirklichkeit bewusst ist (BGHSt 32, 256). Weiterhin liegt eine Täuschung vor, wenn die Erklärung so abgefasst ist, dass in dem konkreten Kontext ein anderer als der wortwörtliche Sinn vermittelt wird, so wenn ein Schreiben alle Merkmale einer Rechnung aufweist und ein teilweise ausgefüllter Überweisungsträger beigefügt ist und lediglich dem Kleingedruckten zu entnehmen ist, dass es sich um eine weitere Annonce handelt (BGHSt 47, 1 (2 ff.) mAnm *Baier* JA 2002, 364 ff.; *Geisler* NStZ 2002, 86 ff.; *Krack* JZ 2002, 613 ff.; *Loos* JR 2002, 77 ff.; *Pawlik* StV 2003, 297 ff.; *Rose* wistra 2002, 13 ff.; vgl. auch BGH NStZ-RR 2004, 110 (111)). Denn hier vermittelt das Gesamtbild der Erklärung die unzutreffende Tatsachenbehauptung, dass alle Voraussetzungen der Zahlungs-

pflicht erfüllt sind (LPK-StGB/*Kindhäuser* § 263 Rn. 62). Dies gilt gleichermaßen für **rechnungsähnlich aufgemachte Angebotsschreiben** an im Geschäftsverkehr erfahrene Personen (BGH NStZ-RR 2004, 110 f.; krit. *Baier* JA 2004, 513 f.; abl. *Schneider* StV 2004, 537 ff.; *Scheinfeld* wistra 2008, 167 (170 f.)).

Geht ein Darlehensgeber mit der Geldhingabe in Kenntnis einer in hohem Maße zweifelhaften Fähigkeit des Darlehensnehmers zur Rückzahlung bewusst ein entsprechendes Risiko ein oder nimmt er dieses in Kauf, so ist er insoweit – vorbehaltlich des Vorliegens besonderer Umstände – nicht getäuscht und irrt nicht (BGH wistra 2008, 151). Anders kann es sich verhalten, wenn der Darlehensrückzahlungsanspruch deshalb minderwertig ist, weil der **Darlehensnehmer** den Darlehensgeber über einen für die Beurteilung seiner zukünftigen Leistungsfähigkeit wichtigen Umstand bewusst falsch informiert und somit getäuscht hat (BGH StV 2002, 132 f.). Ist die Täter-Opfer-Beziehung durch ein (ehemaliges) Näheverhältnis geprägt, so versteht sich insbesondere die Annahme einer täuschungsbedingten Irrtumserregung sowie einer durch den Irrtum bedingten Vermögensverfügung nicht von selbst; ein Irrtum ist nur dann denkbar, wenn dem Opfer gegenüber plausibel vorgespiegelt wird, dass sich der Täter zur künftigen Rückzahlung im Stande fühle, etwa weil er in der Zukunft konkret Geldeingänge zu erwarten habe (OLG Bamberg wistra 2014, 69).

b) Täuschung durch konkludente Erklärung. Soweit keine ausdrückliche Täuschung vorliegt, ist **34** eine konkludente Täuschung zu prüfen, bevor auf ein Unterlassen abgestellt wird (BGHSt 51, 165 (173); *Kindhäuser* FS Tiedemann, 2008, 579 ff.; *Mayer Lux,* Die konkludente Täuschung beim Betrug, 2013; Richtlinien finden sich bei Küper/Zopfs StrafR BT Rn. 482). Das Täuschen durch schlüssiges und irreführendes Verhalten bedarf keiner Feststellung einer Garantenstellung. Eine konkludente Täuschung liegt vor, wenn das **Gesamtverhalten des Täters nach** der **Verkehrsanschauung** als **Erklärung über eine Tatsache** zu verstehen ist. Es kommt darauf an, welchen Erklärungswert die Verkehrsanschauung dem jeweiligen Verhalten des Täters beimisst (BGHSt 47, 1 (3); 48, 331 (344); 51, 165 (170); OLG München wistra 2010, 37 (38 f.); s. auch *Wittig,* Das tatbestandsmäßige Verhalten des Betrugs, 2005, 256 ff.; zum Auslegungsmaßstab konkludenter Täuschungshandlungen: *Kraatz* FS Geppert, 2009, 269; an der Konstruktion der konkludenten Täuschung wird vereinzelt Kritik geübt, so zB von *Bung* GA 2012, 357). Es bedarf hierbei jeweils der konkreten Prüfung im Einzelfall, was als „miterklärt" gelten soll. Hierbei ist auf den **Empfängerhorizont** abzustellen und auf die **Gesamtumstände** in der konkreten Situation (BGHSt 51, 165 (170); BGH NStT 2009, 506 (507)). Hierbei sind neben dem faktischen Ausgangspunkt auch normative Gesichtspunkte, so aus Gesetz und Vertrag oder AGB, zu berücksichtigen, die die Erwartung mit beeinflussen (BGHSt 51, 165 (170); SSW StGB/*Satzger* Rn. 39; LK/*Tiedemann* Rn. 30). Die hiervon im Ansatzpunkt abweichende **„normative Betrachtung"** (*Frisch* FS Herzberg, 2008, 729 (736 ff.); s. auch *Pawlik,* Das unerlaubte Verhalten beim Betrug, 1999, 82 ff.; *Maaß* GA 1984, 264 (266 f.); *Seelmann* NJW 1980, 2545) stellt ausschließlich auf die normativen Gesichtspunkte der Risikoverteilung ab, um den Umfang zu bestimmen, in dem das Vertrauen des Opfers auf die Vollständigkeit der erkennbaren Tatsachen berechtigt ist. Da diese Gesichtspunkte bei der Bestimmung des konkludenten Erklärungsgehalts des Täterverhaltens sowie zur Begründung der Garantenstellung herangezogen werden, ergeben sich letztlich nur geringfügige Abweichungen zur hM (LK-StGB/*Tiedemann* Rn. 30; zust. SSW StGB/*Satzger* Rn. 40). So enthält die Eingehung einer vertraglichen Verpflichtung die stillschweigende Erklärung des Schuldners, zur Vertragserfüllung willens und nach seiner Vorstellung bei Fälligkeit auch in der Lage zu sein (BGHSt 15, 24; BGH StV 1991, 419; BGH BB 1992, 523; BGH NStZ-RR 1996, 34; BGH wistra 1998, 177; OLG Hamm StraFo 2002, 337; *Ranft* JR 1994, 523; LK-StGB/*Tiedemann* Rn. 38). Jedoch fehlt es bei Dauerschuldverhältnissen an einer konkludenten Erklärung, zu allen zukünftigen Fälligkeitsterminen leistungsfähig zu sein (BGH StV 2004, 317 (319)). Wenn der Täter bei Vertragsschluss zahlungsunfähig ist, jedoch bis zum Fälligkeitszeitpunkt mit seiner erneuten Zahlungsfähigkeit rechnet, liegt keine konkludente Täuschung vor; jedoch kann ggf. eine Offenbarungspflicht über die gegenwärtige Zahlungsunfähigkeit bestehen, die er verletzt hat (BayObLG StV 1999, 69 (70)). Eine Täuschung über preisbildende Umstände liegt nicht vor, wenn keine Verpflichtung zur Offenlegung der Einkaufspreise besteht (BGH StV 2013, 307). Durch das Verstecken von Lebensmitteln mit noch nicht abgelaufenem Haltbarkeitsdatum, um diese nach Ablauf des Haltbarkeitsdatums zum Erhalt einer ausgelobten Prämie vorzulegen, wird im Rahmen des Betrugs konkludent darüber getäuscht, dass ein abgelaufenes Produkt gefunden wurde, das der Kontrolle des Geschäftspersonals entgangen ist (OLG München NStZ 2009, 390).

In der **Abgabe einer rechtsgeschäftlichen Erklärung** liegt die stillschweigende Behauptung, dass **35** die Wirksamkeitsvoraussetzungen, soweit sie von der eigenen Person abhängen, so die Verfügungsbefugnis und Geschäftsfähigkeit, gegeben seien (RGSt 39, 80; 41, 27 (31); Lackner/Kühl/*Kühl* Rn. 9; Schönke/Schröder/*Perron* Rn. 16b). Dies ist allerdings hinsichtlich der Geschäftsfähigkeit abzulehnen (glA MüKoStGB/*Hefendehl* Rn. 152; SSW StGB/*Satzger* Rn. 44). Ferner erklärt derjenige, der eine Leistung zu einem bestimmten Preis anbietet, nach hM nur in Ausnahmefällen, so bei **Tax- oder Listenpreisen,** konkludent, der geforderte Preis sei angemessen (BGH NStZ 2010, 88 (89); BGH wistra 2011, 336 f. mBespr *Heintschel-Heinegg* JA 2011, 710 f.; OLG Stuttgart NStZ 2003, 554; Schönke/Schröder/*Perron* Rn. 16d, 17c; NK-StGB/*Kindhäuser* Rn. 130; Lackner/Kühl/*Kühl* Rn. 10; *Graul* JZ

1995, 595 (596); *Seelmann* NJW 1980, 245 (254); *Worms* wistra 1984, 123 (128); näher dazu → Rn. 38). Auch für **Dienstleistungen von Behörden** sind in der Regel die Gebühren und Entgelte festgelegt (vgl. BGH NJW 2009, 2900 (2901)). Die Angabe des Kaufpreises einer Immobilie gegenüber der Bank, die den Kauf kreditiert soll, beinhaltet nicht die Behauptung, dass die Immobilie ihren Preis auch wert sei (*Cornelius* NZWiSt 2012, 259 f.). Auch wer einen **Dialer** anbietet, erklärt damit konkludent, dass er Zugang zu den beim Download genannten, brauchbaren und themenbezogenen Inhalten bietet (*Buggisch* NStZ 2002, 178 (181)). Die Möglichkeit, Serviceangebote per **Fax** oder **0190/0900-Abruf** abrufen zu können, enthält die konkludente Erklärung, die kostenpflichtige Leistung beinhalte brauchbare themenbezogene Informationen. Bei sog Ping-Anrufen, die die Angerufenen nur zu einem kostenpflichtigen Rückruf veranlassen sollen, liegt in den automatisiert durchgeführten, nach Herstellung der Verbindung sogleich wieder abgebrochenen Telefonanrufen eine betrugsrelevante Täuschung der Angerufenen, weil das Anklingelnlassen die konkludente Erklärung beinhaltet, jemand wolle inhaltlich kommunizieren (OLG Oldenburg wistra 2010, 454 mBespr *Jahn* JuS 2010, 1119; s. auch *Eiden* JURA 2011, 863). Wenn es dem Betreiber nur auf das „Abkassieren" ankommt und er nur allgemeine oder auf weitere kostenpflichtige Quellen verweisende Informationen zur Verfügung stellt, liegt eine Täuschung vor (BGH NJW 2002, 3415 (3417); *Stöber* NStZ 2003, 515 ff.). Werden **Prepaid-Bundels,** unter denen man eine Kombination aus einer mit Gesprächsguthaben aufladbaren Telefonkarte und einem Mobiltelefon versteht, mit der Absicht des missbräuchlichen Entsperrung des SIM-Locks vor dem Ende der Vertragslaufzeit entgegen der vertraglichen Vereinbarung und der günstigeren Nutzung des Mobiltelefons zu anderen Tarifen erworben, so handelt es sich hierbei um einen Betrug, da der Erwerber bei Vertragsschluss konkludent erklärt, das Bundle während der Vetragslaufzeit in seiner vorgesehenen Funktion zu nutzen oder anderenfalls eine Ablösesumme für das vorzeitige Entsperren zu zahlen (*Schwalbe/Hartmann* MMR 2009, 163 f.). Eine konkludente Täuschung liegt ebenfalls vor, wenn bei einer Kapitalanlage der Anschein erweckt wird, das gesamte Kundengeld werde ohne Abzug an der Börse angelegt (LK-StGB/ *Tiedemann* Rn. 49; NK-StGB/*Kindhäuser* Rn. 130; *Worms* wistra 1984, 123 (125)). Erhält der Arbeitnehmer eine **Tankkarte** zum Betanken seines Dienstfahrzeugs, so erklärt er mit der Einreichung der Belege, dass er die Karte ausschließlich im Rahmen seiner Arbeitstätigkeit benutzt hat, und kann sich daher nicht darauf berufen, dass das Offenbaren des Missbrauchs für ihn unzumutbar sei (OLG Celle NStZ 2011, 218 (219)). Auch wenn eine Internetseite bewusst so gestaltet wird, dass der Durchschnittsbenutzer nicht erkennt, dass das Angebot kostenpflichtig ist oder eine Dauerverbindlichkeit begründet, liegt eine konkludente Täuschung vor (*Eisele* NStZ 2010, 193 ff.; dazu auch *Buchmann/Majer/Hertfelder/ Vögelein* NJW 2009, 3193). Dies ist zB dann anzunehmen, wenn es für einen durchschnittlich informierten und verständigen Nutzer nicht erkennbar ist, dass beim Vertragsschluss ein Abonnement abgeschlossen wird, sog **Abo-Falle** (BGH NJW 2004, 2595 ff. mBespr *Hecker* JuS 2014, 1043 ff.; *Hecker/ Müller* ZWH 2014, 329 ff.; *Heintschel-Heinegg* JA 2014, 790 ff.; *Krack* ZJS 2014, 536 ff.; *Rengier* FS Fezer, 2016, 365 (372 f.); *Rönnau/Wegner* JZ 2014, 1064 ff.; OLG Frankfurt a. M. NJW 2011, 400 ff.; *Kliegel* JR 2013, 396 ff.; BGH GRUR 2014, 886). Da in diesen Fällen ein Vertrag nicht zustande kommt (§ 312j Abs. 4 BGB), scheidet ein Eingehungsbetrug (→ Rn. 99 ff.) aus, so dass die Tat erst vollendet ist, wenn der Verbraucher bezahlt (*Rengier* StrafR BT I § 13 Rn. 14a). Weiterhin wird durch das Einfordern einer Leistung zum Ausdruck gebracht, dass der zugrunde liegende Anspruch besteht; daher wird auch durch das Einfordern einer Leistung ohne einen zugrunde liegenden Anspruch konkludent über das Bestehen des Anspruches getäuscht (BGH JZ 2012, 518 (520)).

Beim **Tanken ohne Zahlungsbereitschaft** an Selbstbedienungstankstellen ist nur dann Raum für einen vollendeten Betrug, wenn das Tankstellenpersonal durch den Täter getäuscht wird. Dies setzt voraus, dass das Kassenpersonal den Tankvorgang wahrnimmt und damit einverstanden ist (Wessels/ Hillenkamp StrafR BT II § 13 Rn. 580). Geht der Kunde irrig davon aus, das Kassenpersonal habe den Tankvorgang wahrgenommen, so liegt nur ein versuchter Betrug vor (OLG Köln NJW 2002, 1059; krit. *Ast* NStZ 2013, 309). Ist der Betrugstatbestand verwirklicht, tritt die mitverwirklichte Unterschlagung hinter dem (versuchten) Betrug zurück (BGH StV 2010, 22; BGH NJW 2012, 1092; 1983, 2827).

36 Die bloße **Entgegennahme einer Leistung** enthält nicht die schlüssige Behauptung, dass sie von dem anderen geschuldet sei; die Annahme versehentlich zu viel gezahlten Geldes genügt daher als solche nicht, um eine Täuschung zu begründen (BGH JZ 1989, 550; OLG Köln NJW 1987, 2527 mAnm *Joerden* JZ 1988, 103; dazu auch *Pawlik* FS Lampe, 2003, 689 (705)). Auch das **Zahlungsverlangen** beinhaltet nicht die konkludente Erklärung, dass der geforderte Preis angemessen und üblich ist (OLG München wistra 2010, 37 (38 f.)).

37 Ergänzend sind **normative Gesichtspunkte** zu berücksichtigen, die für die **vertragstypische Risikoverteilung** bedeutsam sind (BGHSt 51, 165 (170); MüKoStGB/*Hefendehl* Rn. 98; LK-StGB/ *Tiedemann* Rn. 30). Der Geschäftstyp und die typische Pflichten- und Risikoverteilung erlangen in diesem Zusammenhang unmittelbare Bedeutung. So wird bei einer Sportwette, die einen Unterfall des Glücksspiels darstellt, erklärt, dass die Wette auf ein von den Wettteilnehmern unbeeinflussbares, zukünftiges Sportereignis gerichtet ist und daher ein entsprechendes Risiko besteht (RGSt 62, 415; *Hirsch* FS Szwarc, 2009, 559 (579); NK-StGB/*Kindhäuser* Rn. 133; aA BGHSt 16, 120). Der Teilnehmer an einer Sportwette (→ Rn. 352 ff.) erklärt deshalb konkludent, der Eintritt des Gewinnereignisses hänge nur vom Zufall ab und werde nicht durch Manipulationen des Glücksspielveranstalters/Spiel-

teilnehmers beeinflusst. Er erklärt, er habe das vertragstypische Risiko nicht zu seinen Gunsten verändert (RGSt 61, 12 (14); BGHSt 51, 165 (173) – Hoyzer; BGH NStZ-RR 2013, 147; *Bosch* JA 2007, 389 (391); *Gaede* HRRS 2007, 16; *Krack* ZIS 2007, 103 (105); allgemein zu betrügerischen Manipulationen im Fußball *Seibert,* Die Garantenpflicht beim Betrug, 2007, 98 ff.; vgl. hierzu ferner → Rn. 352 ff.). Bei einer freihändigen Vergabe enthält die Angebotsabgabe die Erklärung, dass das Angebot ohne vorherige Preisabsprache zwischen den Bietern zustande gekommen ist (BGHSt 47, 83 (86 f.) mBespr *Best* GA 2003, 157; *Rönnau* JuS 2002, 545; *Rose* NStZ 2002, 41; *Satzger* JR 2002, 391; *Walter* JZ 2002, 254). Hingegen enthalten andere auf wettbewerbsbeschränkenden Absprachen beruhende Handlungen keine konkludente Erklärung, das Angebot sei ohne Absprache zustande gekommen (Lackner/Kühl/*Kühl* Rn. 9; *Federmann,* Kriminalstrafen im Kartellrecht, 2006, 125; aA *Lampert/Götting* WuW 2002, 1069; zur Strafbarkeit nach §263 wegen Kartenzählens beim Blackjack s. *Witte* JR 2012, 99). Im Rahmen der normativen Gesichtspunkte ist auch das europäische Verbraucherleitbild zu beachten (→ Rn. 8 f., 39).

Wer einen Gegenstand zu einem bestimmten Preis anbietet, erklärt damit nicht schlüssig dessen **38** Angemessenheit oder Üblichkeit (BGH NJW 1990, 2005; BGH NStZ 2010, 88 (89); OLG Stuttgart NStZ 1985, 503 mAnm *Lackner/Werle;* BGH NStZ 2003, 554; BayObLG NJW 1994, 1078), es sei denn, dass feste Taxen oder Tarife bestehen (BGH NJW 2009, 2900 (2901); OLG Stuttgart NJW 1966, 990; Lackner/Kühl/*Kühl* Rn. 10) oder es sich um ein Geschäft handelt, bei dem der Partner auf Vertrauen angewiesen ist, weil er die Angemessenheit allenfalls mit unverhältnismäßigem Aufwand nachprüfen kann (BGH JZ 1952, 46; BGH NStZ 2010, 88).

c) Einfluss des europäischen Verbraucherleitbildes. In Bereichen, in denen europäisches Recht **39** das Betrugsstrafrecht überlagert, ist der Täuschungsbegriff europarechtskonform auszulegen (näher → Rn. 8 f.). Nach europarechtlichem Vorbild ist das Verbraucherleitbild eines aufgeklärten Verbrauchers zugrunde zu legen (SSW StGB/*Satzger* Rn. 66 f.; Achenbach/Ransiek/Rönnau WirtschaftsStR-HdB/ *Kölbel* Teil 5 Kap. 1 Rn. 82; zurückhaltender *Dannecker* ZStW 117 (2005), 697 (711 ff.)).

d) Täuschung durch Unterlassen der Aufklärung. Neben der Täuschung durch aktives Tun ist **40** auch eine Tatbestandsverwirklichung durch Unterlassen möglich (ganz hM; RGSt 70, 225 (226); 73 (393 ff.); BGHSt 39, 392 (397 f.); MüKoStGB/*Hefendehl* Rn. 160; LK-StGB/*Tiedemann* Rn. 51; *Wittig,* Das tatbestandsmäßige Verhalten des Betrugs, 2005, 183; aA *Grünwald* FS H. Mayer, 1999, 290 f.; *Naucke,* Zur Lehre vom strafbaren Betrug, 1964, 106 ff., 214; *Kargl* ZStW 119 (2007), 250 (256 ff.)). Während die konkludente Täuschung stets ein aktives Verhalten voraussetzt (*Maaß* GA 1964, 246 f.; *Volk* JuS 1981, 880; *Kasiske* GA 2009, 360 (369 f.)), erfordert die Täuschung durch Unterlassen, dass ein bestehender Irrtum nicht beseitigt worden ist (BGHSt 39, 392 (400); 46, 196 (202)). Eine Täuschung durch Unterlassen verlangt eine **Garantenstellung,** aus der sich eine Pflicht zur Aufklärung ergibt. Aufklärungspflichten können aus den üblichen Gründen für Garantenstellungen herrühren (→ Rn. 44 ff.). Während die konkludente Täuschung stets nur eine bestimmte Tatsache zum Gegenstand hat, muss bei der Täuschung durch Unterlassen eine umfassende Ausräumung des Irrtums gefordert werden (NK-StGB/*Kindhäuser* Rn. 111; zustimmend SSW StGB/*Satzger* Rn. 44).

Außerdem muss das Unterlassen dem aktiven Tun entsprechen **(Modalitätenäquivalenz);** allerdings **41** misst die hM der Entsprechensklausel des §13 beim Betrug zu Recht keine einschränkende Bedeutung bei (Fischer Rn. 52; MüKoStGB/*Hefendehl* Rn. 226 mwN), weil der Täter für die Irrtumsbefangenheit infolge der pflichtwidrigen Erteilung einer falschen oder pflichtwidrigen Nichterteilung einer zutreffenden Information einzustehen hat (LPK-StGB/*Kindhäuser* Rn. 84). Vielmehr muss bereits bei der Garantenstellung die Verteilung des Geschäfts- und Unwissenheitsrisikos berücksichtigt werden. Wenn eine Garantenstellung besteht, liegt das Irrtumsrisiko auf Opferseite bereits im Zuständigkeitsbereich des Täters. Schließlich muss die Aufklärung möglich und zumutbar sein (→ Rn. 46).

Ein Betrug durch Unterlassen kann darin bestehen, dass der Täter einen infolge seines (irreführenden) **42** Vorverhaltens entstehenden Irrtum nicht verhindert oder dass er einen bereits bestehenden Irrtum nicht beseitigt oder seiner Vertiefung nicht entgegen tritt (Schönke/Schröder/*Perron* Rn. 18).

aa) Abgrenzung zwischen konkludenter Täuschung und Unterlassen. Wenn Anknüpfungs- **43** punkte für eine (konkludente) Täuschung durch aktives Tun vorliegen, ist für ein Unterlassen kein Raum. Erst wenn der Verkehrsauffassung dem Tun keinen zur Irreführung geeigneten Erklärungswert (mehr) beimisst und deshalb eine konkludente Täuschung ausscheidet, kommt ein Unterlassen in Betracht (zur problematischen Abgrenzung von konkludentem Vorspiegeln und Unterlassen *Maaß* GA 1984, 264; *Krack,* List als Straftatbestandsmerkmal, 1994, 86; *Walter,* Betrugsstrafrecht in Frankreich und Deutschland, 1999, 38 (58); *Wittig,* Das tatbestandsmäßige Verhalten des Betrugs, 2005, 251 (284)).

bb) Garantenstellung. Der Täter muss als Garant verpflichtet sein, unrichtigen oder unvollständigen **44** Vorstellungen des Getäuschten über Tatsachen, die zu einer Vermögensschädigung führen können, entgegenzutreten. Die Aufklärungspflicht muss dem **Schutz des Opfers vor vermögensbezogener Selbstschädigung** dienen. Allgemeine Schutzpflichten, auch wenn sie auf das Vermögen bezogen sind, reichen hierfür nicht aus (KG JR 1984, 292). Zwar sind an die Garantenpflicht nicht die Anforderungen wie an eine Vermögensbetreuungspflicht iSd §266 zu stellen, so dass ein Betrug durch Unterlassen auch in Betracht kommt, wenn der Tatbestand der Untreue nicht erfüllt ist (Wessels/Hillenkamp StrafR BT II

§ 13 Rn. 506; SSW StGB/*Satzger* Rn. 48; *Worms* wistra 1984, 123 (127)). Gleichwohl muss es sich um eine Pflicht von einem gewissen Gewicht handeln (SK-StGB/*Hoyer* Rn. 56; Fischer Rn. 39; Wessels/ Hillenkamp StrafR BT II § 13 Rn. 506). Wenn den Täter eine Vermögensfürsorgepflicht im Sinne des § 266 trifft, ist darin nicht zwingend eine Garantenpflicht enthalten (Schönke/Schröder/*Perron* Rn. 19; krit. dazu SK-StGB/*Hoyer* Rn. 56; *Seelmann* NJW 1981, 2132). Erforderlich ist, dass die Garantenstellung auf einem erhöhten Anforderungen genügenden Vertrauensverhältnis beruht (→ Rn. 46).

45 Die Aufklärungspflicht kann sich aus dem **Gesetz** (→ Rn. 47 f.), aus pflichtwidrigem Vorverhalten (**Ingerenz** → Rn. 50 ff.) und aus einem **vertraglichen** oder **außervertraglichen besonderen Vertrauensverhältnis** (→ Rn. 49, 54 f.) ergeben. Daneben soll ausnahmsweise auf den Grundsatz von **Treu und Glauben** zurückgegriffen werden können (→ Rn. 56).

46 Beim Betrug kommt eine Garantenstellung nur ausnahmsweise in Betracht, wenn nämlich der Täter nach der Rechtsordnung und der sozialen Übereinkunft als zuständig angesehen wird, die Rechtsgutsverletzung zu verhindern (SSW StGB/*Satzger* Rn. 50). Hierin liegt der **materielle Garantengedanke,** dem bei der Bestimmung betrugsspezifischer Garantenpflichten Rechnung getragen werden muss (*G. Dannecker/C. Dannecker* JZ 2010, 981 (986)). Im allgemeinen Rechtsverkehr darf jedoch gerade nicht generell erwartet werden, dass der Geschäftspartner das Orientierungsrisiko für sein Gegenüber übernimmt und dieses vor vermögensrelevanten Irrtümern schützt. Dies kann nur bei besonderen Umständen angenommen werden, die ein Verschweigen von wesentlichen Umständen als eine nach Sozialüblichkeit und Gepflogenheit des redlichen Geschäftsverkehrs unzulässige Überbürdung des Orientierungs- und Aufklärungsrisikos erscheinen lassen (Wessels/Hillenkamp StrafR BT II § 13 Rn. 507). Es geht also um Fälle, in denen das Opfer dem Täter **besonderes Vertrauen** entgegenbringt (BGHSt 39, 392 (397) mAnm *Naucke* NJW 1994, 2809; *Joerden* JZ 1994, 422; BGH NJW 2000, 3013; MüKoStGB/*Hefendehl* Rn. 166; SSW StGB/*Satzger* Rn. 50; *Kindhäuser* FS Tiedemann, 2008, 579 (583)) und der Täter deshalb verpflichtet ist, im Rahmen der konkreten Beziehung unrichtigen Vorstellungen des Getäuschten über Tatsachen durch aktive Aufklärung entgegenzuwirken.

47 **(1) Garantenstellung kraft Gesetzes.** Die Garantenstellung kann sich aus Gesetz ergeben, und zwar sowohl aus **privatrechtlichen** als auch aus **öffentlich-rechtlichen Normen,** die Anzeige-, Mitteilungs- und Offenbarungspflichten enthalten (→ Rn. 219). So gibt es im Kapitalmarktsektor inzwischen zahlreiche gesetzliche Melde-, Berichtigungs-, Mitteilungs-, Berichts- und Publizitätspflichten (→ Rn. 308 ff.). Hervorzuheben ist diesbezüglich zB die Ad-hoc-Meldepflicht nach § 15 WpHG. Weiterhin finden sich im Sozialrecht Mitteilungspflichten, die eine Garantenpflicht begründen (→ Rn. 229 ff., 450 ff.). § 23 PartG statuiert eine Garantenpflicht in Form einer Offenbarungspflicht gegenüber dem Bundestagspräsidenten (*Maier* NJW 2000, 1007). Auch aus zivilrechtlichen Normen wie §§ 666, 675, 713, 2218 BGB, § 384 Abs. 2 HGB kann sich eine Garantenpflicht zur Aufklärung ergeben (NK-StGB/*Kindhäuser* Rn. 158; LK-StGB/*Tiedemann* Rn. 59; Wessels/Hillenkamp StrafR BT II § 13 Rn. 505; aA RGSt 37, 61 (62)). Aus § 12 Abs. 2 EigZulG ergibt sich die Pflicht, dem Finanzamt Änderungen der Verhältnisse mitzuteilen, die dazu führen, dass sich die Eigentumzulage mindert oder gar wegfällt (*Kudlich* JA 2013, 551; BGH wistra 2013, 270). Dabei bedarf es stets der Prüfung, wessen Schutz die gesetzliche Regelung bezweckt. Nur wenn die Aufklärungspflicht dem Schutz des Opfers vor vermögensbezogenen Selbstschädigungen dient, kann sie eine Garantenstellung begründen. Die prozessuale Wahrheitspflicht der Parteien und Zeugen nach §§ 138, 392 ZPO, §§ 57, 64 StPO begründet keine Garantenstellung (→ Rn. 393 ff.).

48 Hinzukommen muss weiterhin ein **besonderes Vertrauen,** das es rechtfertigt, dem Täter im Einzelfall das Aufklärungsrisiko aufzubürden (LK-StGB/*Tiedemann* Rn. 56; Schönke/Schröder/*Cramer/Perron* Rn. 21), so z. B. Massenleistungen, bei denen der Leistende auf die Mitwirkung des Leistungsempfängers vertrauen können muss (MüKoStGB/*Hefendehl* Rn. 149).

49 **(2) Garantenstellung aus einer Vertrauensstellung.** Eine betrugsrelevante Garantenstellung kann sich aus Vertrag ergeben, wenn dieser in erster Linie Informations- und Beratungspflichten zum Gegenstand hat, wie dies bei der Beratung in Steuer- und Rechtsfragen sowie in Vermögensangelegenheiten der Fall ist. Hingegen reicht ein allgemeines Arbeitsverhältnis (OLG Braunschweig NJW 1962, 314) oder ein Girovertrag (BGH NJW 2001, 453 (454 f.)) nicht aus (zur Garantenstellung eines Beamten s. → Rn. 227). Der Vertrag muss nicht wirksam sein, wohl aber muss berechtigterweise Vertrauen in seine Geltung beansprucht werden. Vertragliche Nebenpflichten begründen nur bei Inanspruchnahme besonderen Vertrauens eine Garantenpflicht (BGHSt 39, 392 (399)), so bei der Übernahme einer vom Kunden gewünschten Beratung oder aus langen Geschäftsbeziehungen (BGHSt 6, 198; BGH StV 1988, 386). Der BGH geht davon aus, dass bei Warentermingeschäften eine umfassende Aufklärungspflicht besteht, und hat eine betrugsrelevante Täuschung bejaht, wenn sich ein fachmännischer Vermittler gewinnbringender Geldanlagen darauf beschränkt, die Aufschläge zu verschweigen, die er auf die Londoner Optionsprämie nimmt (BGHSt 30, 177 (181 f.); ebenso BayObLG BB 1980, 230 (231); LK-StGB/*Tiedemann* Rn. 66; *Rochus* NJW 1981, 736; *Scheu* JR 1982, 121 f.; *ders.* MDR 1981, 467 f.; aA OLG Hamburg NJW 1980, 2593 (2594); Schönke/Schröder/*Perron* Rn. 31b; *Fichtner,* Die börsen- und depotrechtlichen Strafvorschriften und ihr Verhältnis zu den Eigentums- und Vermögensdelikten des StGB, 1993, 175; *Hohenlohe-Oehringen* BB 1980, 231 f.; *Otto/Brammsen* JURA 1985, 592 (598)); *Seel-*

mann NJW 1981, 2132; *ders.* NJW 1980, 2545 (2547 f.); *Sonnen* NStZ 1981, 24 f.; *Worms* wistra 1984, 123 (127 f.)). Insbesondere kann aus einem einmaligen Verkauf von Wertpapieren oder deren Vermittlung noch keine Garantenpflicht hergeleitet werden (HK-KapMStrafR/*Zieschang* Rn. 40; *Worms,* Anlegerschutz durch Strafrecht, 1987, 183 f.; *Otto* WM 1988, 729 (731)). Weiterhin muss ein herrschender Alleingesellschafter die abhängige Gesellschaft über den drohenden Verlust ihrer in den Konzernverbund eingebrachten Mittel aufklären (BGH wistra 2002, 58 (60)). Bei Einstellungen besteht keine Pflicht, ohne Nachfrage Vorstrafen zu offenbaren (s. auch → Rn. 200). Vorstrafen, die nicht im Strafregister vermerkt sind, dürfen auch ausdrücklich verneint werden (LPK-StGB/*Kindhäuser* Rn. 92).

(3) Garantenstellung aus Ingerenz. Eine Garantenstellung aus Ingerenz kommt in Betracht, wenn **50** der Täter für die Entstehung des Irrtums infolge seines **pflichtwidrigen Vorverhaltens** verantwortlich ist (näher dazu LK-StGB/*Tiedemann* Rn. 68 ff.; *ders.* WirtschaftsStR AT Rn. 181 ff.; NK-StGB/*Kindhäuser* Rn. 155; *Wodsak,* Täuschung des Kapitalmarkts durch Unterlassen, 2006, 95 ff.; *Worms,* Anlegerschutz durch Strafrecht, 1987, 183 ff.). Dies ist der Fall, wenn der Täter gutgläubig eine unrichtige Behauptung aufgestellt hat und die Unwahrheit erst nachträglich erkennt, dann aber auf eine Richtigstellung verzichtet (OLG Stuttgart NJW 1969, 1975), oder wenn er bewusst etwas Unwahres erklärt, jedoch keinen Schädigungsvorsatz oder keine Bereicherungsabsicht hat und den so herbeigeführten Irrtum danach mit betrügerischer Zielrichtung ausnutzt (NK-StGB/*Kindhäuser* Rn. 155 mwN; vgl. auch BGH GA 1977, 18 (19)). Erforderlich ist, dass das ursprüngliche Verhalten den Charakter einer objektiven Täuschung in sich trägt und die daraus folgende Aufklärungspflicht gerade dem Vermögensschutz des Opfers dient (OLG Hamm NStZ-RR 2006, 13 (14)). Nur unter diesen Voraussetzungen darf das Opfer darauf vertrauen, dass eine Fehldarstellung durch den Täter richtig gestellt wird. Wenn eine anfänglich wahre Behauptung erst durch **nachträgliche Veränderungen der Sachlage** unwahr wird, ergibt sich daraus allein noch keine Aufklärungspflicht aus Ingerenz, da die ursprünglich wahre Behauptung keine typische Gefahr für das Vermögen des Vertragspartners darstellt und deshalb keine spätere Offenbarungspflicht begründen kann (Schönke/Schröder/*Perron* Rn. 20; SSW StGB/*Satzger* Rn. 99; LPK-StGB/*Kindhäuser* Rn. 87; aA *Hillenkamp* JR 1988, 301 (303); *Rengier* JuS 1989, 802 (807)). Weiterhin ist erforderlich, dass die Aufklärungspflicht gerade dem Schutz des betroffenen Rechtsguts dient (SK-StGB/*Rudolphi* § 13 Rn. 39a; *I. Sternberg-Lieben* JURA 1996, 549).

Ein (pflichtwidriges) Vorverhalten begründet nur dann eine Garantenstellung, wenn es die **nahe** **51** **liegende Gefahr** des Eintritts des konkret untersuchten, tatbestandsmäßigen Erfolgs verursacht (BGHR StGB § 13 Abs. 1 Garantenstellung 14; BGH NJW 1999, 69 (71), insoweit in BGHSt 44, 196 ff. nicht abgedruckt; BGH NStZ 2000, 583; BGHSt 54, 44 (47)). Um den Anforderungen des Pflichtwidrigkeitszusammenhangs Rechnung zu tragen, muss die Gefahr die spezifische Folge des vorangegangenen Fehlverhaltens sein; die abzuwendende Gefahr darf nicht nur gelegentlich eines pflichtwidrigen Verhaltens entstanden sein (MüKoStGB/*Freund* § 13 Rn. 128). In einem Unternehmen ist auf die rechtliche Ausgestaltung der Verantwortungsstrukturen abzustellen: Nur wenn der Unterlassende rechtlich dafür zuständig ist, dass der in Rede stehende tatbestandsmäßige Erfolg nicht eintritt, kann ihn eine Garantenstellung aus Ingerenz treffen (näher dazu *G. Dannecker/C. Dannecker* JZ 2010, 981 (982)). Wenn der Angestellte eines Unternehmens für dieses eine Täuschungshandlung begangen hat, kann die Organe des Unternehmens aufgrund der Geschäftsherrenhaftung die Pflicht zur Aufklärung treffen (BGHSt 30, 177 (181); vgl. auch *C. Dannecker* NZWiSt 2012, 441 (448 f.); SSW StGB/*Satzger* Rn. 57).

Inhalt und der Umfang der Garantenpflicht bestimmen sich nach dem konkreten Pflichtenkreis, **52** den der Verantwortliche übernommen hat (BGHSt 54, 44 (49)). Dabei ist auf die besonderen Verhältnisse des Unternehmens und den Zweck der Beauftragung abzustellen. Entscheidend kommt es auf die **Zielrichtung der Beauftragung** an, ob sich die Pflichtenstellung des Beauftragten allein darin erschöpft, die unternehmensinternen Prozesse zu optimieren und gegen das Unternehmen gerichtete Pflichtverstöße aufzudecken und zukünftig zu verhindern, oder ob der Beauftragte weitergehende Pflichten hat, die darauf gerichtet sind, von dem Unternehmen ausgehende Rechtsverstöße zu beanstanden und zu unterbinden (BGHSt 54, 44 (49)).

Eine solche, neuerdings in Großunternehmen als **„Compliance"** bezeichnete Ausrichtung, wird im **53** Wirtschaftsleben mittlerweile dadurch umgesetzt, dass sog „Compliance Officers" geschaffen werden (BGHSt 52, 323 (335); 54, 44 ff.). Deren Aufgabengebiet ist die Verhinderung von Rechtsverstößen, insbesondere auch von Straftaten, die aus dem Unternehmen heraus begangen werden und diesem erhebliche Nachteile durch Haftungsrisiken oder Ansehensverlust bringen können (*Bürkle* in Hauschka, Corporate Compliance, 2007, 128 ff.). Derartige Beauftragte wird regelmäßig strafrechtlich eine Garantenpflicht im Sinne des § 13 Abs. 1 treffen, solche im Zusammenhang mit der Tätigkeit des Unternehmens stehenden Straftaten von Unternehmensangehörigen zu verhindern (BGHSt 54, 44 ff.). Dies ist die notwendige Kehrseite ihrer gegenüber der Unternehmensleitung übernommenen Pflicht, Rechtsverstöße und insbesondere Straftaten zu unterbinden (*Kraft/Winkler* CCZ 2009, 29 (32); vgl. dazu auch *C. Dannecker* NZWiSt 2012, 441 (448 f.)).

(4) Garantenstellung aus Vertrag. Eine Aufklärungspflicht kann sich auch aus Vertrag ergeben **54** (BGH NJW 1954, 1414; Fischer Rn. 45; LK-StGB/*Tiedemann* Rn. 61 f.). Zwar ist grundsätzlich jeder Vertragspartner zur Wahrung der eigenen Interessen berufen. Wenn jedoch eine besondere Vertrauensgrundlage vereinbart wird, so dass die Vertragspartner auf gegenseitige Aufklärung vertrauen dürfen, können Aufklärungspflichten entstehen (*Dauster* NJW 2000, 313 (314); SSW StGB/*Satzger* Rn. 103). Hierbei muss es sich nicht um Hauptpflichten des Vertrages handeln, wie dies insbesondere bei Beratungsverträgen der Fall ist, deren Hauptzweck die Begründung von Aufklärungs- und Informationspflichten ist (BGHSt 39, 392 (399 f.); BayObLG NJW 1999, 663 (664); MüKoStGB/*Hefendehl* Rn. 190), so beim Abschluss eines Vermögensberatungsvertrages (Fischer Rn. 45 mwN). Beispiele für vertragliche Garantenpflichten sind **Gesellschaftsverhältnisse,** bei denen ein gemeinsamer Zweck verfolgt wird (RGSt 65, 106 (107)), Verträge, bei denen **besonderes Fachwissen** oder eine Fachberatung in Anspruch genommen wird (BayObLG NJW 1994, 1078), **Bankgeschäfte** wie Wertpapiergeschäfte (RGSt 70, 45 (46 f.)) oder Warentermingeschäfte (BGH NJW 1994, 512; OLG München NJW 1980, 786; OLG Hamburg NJW 1980, 2593), **Beratungsverträge** mit Rechtsanwälten (RGSt 4, 227 (228)) und Vermögens- oder Anlageberatern (BGH NJW 1981, 2131 (2132)), Verträge zwischen Geschäftspartnern bei enger persönlicher Verbundenheit, zB aufgrund langjähriger Geschäftsbeziehung (vgl. BGHSt 39, 392 (399); BGH wistra 1988, 262 (263); 1992, 143).

55   Ein besonderes Vertrauensverhältnis kann sich auch aus der **Hoheitlichkeit des** mit Anschluss- und Benutzungszwang versehenen **Nutzungsverhältnisses** ergeben, wenn dieses zB ermöglicht, Gebühren nach öffentlich-rechtlichen Gebührengrundsätzen einseitig festzusetzen (BGHSt 54, 44 (50 f.); *G. Dannecker/C. Dannecker* JZ 2010, 981 (986)). Hieraus können sich Aufklärungs- und Informationspflichten gegenüber dem Kunden ergeben, wenn Angestellte eines Unternehmens überhöhte Gebühren gefordert haben. Hingegen begründen Verträge als solche regelmäßig keine Aufklärungspflichten. So besteht keine Verpflichtung, über die allgemeine Marktlage, allgemeine Geschäftsrisiken oder die Tatsache, dass die verkaufte Ware anderswo billiger erhältlich ist (BGH NJW 1990, 2005 (2006)), aufzuklären.

Der Verkäufer muss Mängel an einer Kaufsache nur dann offenbaren, wenn es sich dabei um untypische, gravierende Mängel handelt; typische oder nahe liegende Mängel gebrauchter Sachen müssen hingegen nicht dargelegt werden (Fischer Rn. 49a). Das OLG Bamberg verneinte sogar die Aufklärungspflicht beim Verschweigen von erheblichem Schimmelbefall (OLG Bamberg wistra 2012, 279; abl. *Beckemper* ZJS 2012, 698 ff.; s. auch *Waßmer/Kießing* NZWiSt 2012, 313). Bezüglich des Umfangs der Aufklärungspflichten wird eine Orientierung an den Grundsätzen zum Gebrauchtwagenhandel empfohlen (*Waßmer/Kießing* NZWiSt 2012, 315).

56   **(5) Garantenstellung aus Treu und Glauben.** Bei der Herleitung von Aufklärungspflichten unmittelbar aus Treu und Glauben (§ 242 BGB; hierzu BGHSt 6, 198 (199)) ist größte Zurückhaltung geboten (*Frisch* FS Herzberg, 2008, 729 (749)). Lediglich bei besonderen Vertrauensverhältnissen – parallel zu den Kriterien der vertraglichen Übernahme – kann sich hieraus ausnahmsweise eine Informationspflicht ergeben (BGHSt 39, 392 (398); BGH NJW 1995, 539 (540); OLG Stuttgart NStZ 2003, 554; OLG Saarbrücken NJW 2007, 2868 (2870); HK-StrafR/*Duttge* Rn. 21; SSW StGB/*Satzger* Rn. 62), so bei Wiedererlangung abhanden gekommener Gegenstände, für die Versicherungsleistungen entgegengenommen worden sind (RGSt 70, 225 (226 f.)), bei der Versendung von Frachtgut, wenn nachträglich unrichtige Angaben im Frachtbrief erkannt werden (RG HRR 1939 Nr. 473). Weiterhin muss ein Gebrauchtwagenhändler ungefragt offenbaren, dass er einen Unfallwagen anbietet (OLG Nürnberg MDR 1964, 693 f.), ohne jedoch den Schaden spezifizieren zu müssen (BayObLG NJW 1994, 1078 (1079)). Bei Anforderungen von Vorleistungen muss der Vertragspartner in laufenden Geschäftsbeziehungen auf die Verschlechterung seiner Kreditwürdigkeit hinweisen, wenn sie nicht nur auf vorübergehenden Zahlungsschwierigkeiten beruht (*Dallinger* MDR 1968, 202; OLG Stuttgart JR 1988, 388 mAnm *Beulke*). Hingegen reichen die mehrmalige Lieferung an einen Besteller (BGH wistra 1992, 298), die erhebliche Höhe des dem Vertragspartner drohenden Schadens (BGHSt 39, 392 (401)) oder die nachträglich eingetretene Zahlungsunfähigkeit eines Hotelgastes (BGH GA 1974, 284 (285)) nicht aus, um eine Aufklärungspflicht aus Treu und Glauben zu begründen.

II. Irrtum

57   Die Täuschung über Tatsachen muss beim Getäuschten einen Irrtum erregen oder unterhalten. Irren können nur Menschen, weil nur diese in der Lage sind, eine **Fehlvorstellung** zu bilden. Aus diesem Grund wurde mit § 263a auch der Computerbetrug als selbstständiges Delikt in das Strafgesetzbuch aufgenommen (→ Rn. 242). Die Fehlvorstellung muss sich auf die Tatsachen beziehen, über die der Täter getäuscht hat. Allerdings muss nicht jede täuschungsbehaftete Tatsache irrtumsrelevant sein (Schönke/Schröder/*Perron* Rn. 35). Ob ein Irrtum vorliegt, richtet sich nach dem konkreten Opfer. Umstritten ist, ob ein **Sonderwissen des Opfers,** auch das seines Vertreters, zB eines Steuerberaters, der an Vertragsverhandlungen teilnimmt, dem Opfer zugerechnet werden muss (zust. *Tiedemann* FS Klug, 1983, 405 (413 f.); abl. *Pawlik,* Das unerlaubte Verhalten beim Betrug, 1999, 232 f.; → Rn. 66). Ob der Getäuschte einem Irrtum erlegen ist, ist eine sog. psychologische Tatsache (LK-StGB/*Tiedemann* Rn. 80; *Walter,* Betrugsstrafrecht in Frankreich und Deutschland, 1999, 171; aA *Pawlik,* Das unerlaubte Verhalten beim Betrug, 1999, 232 f.), deren Vorlage Tatfrage und somit durch Beweis-

erhebung zu klären ist (BGH StV 1994, 82 (83); Lackner/Kühl/*Kühl* Rn. 19; SSW StGB/*Satzger* Rn. 117). Hierbei kann auf Indizien wie die bestehende Informationslage, Art und Typ des Geschäftes, Stellung des Getäuschten, dessen Pflichten und Interessen abgestellt werden (BGH StV 2000, 477 (478); SSW StGB/*Satzger* Rn. 117).

1. Begriff des Irrtums. Ein Irrtum ist jede unrichtige, der Wirklichkeit nicht entsprechende positive **58** Vorstellung eines Menschen über Tatsachen (Wessels/Hillenkamp StrafR BT II § 13 Rn. 510). Der Irrtum setzt das Vorhandensein eines Widerspruchs zwischen einer subjektiven Vorstellung und der Wirklichkeit voraus (vgl. *Wittig,* Das tatbestandsmäßige Verhalten des Betrugs, 2005, 311 ff.). Es muss eine Fehlvorstellung eines Menschen gegeben sein, die jedenfalls vorliegt, wenn der Betreffende von einer unzutreffenden Sachlage ausgeht. Weder Leichtgläubigkeit noch ein „Mitverschulden" schließen nach der höchstrichterlichen Rspr. (BGHSt 34, 199 (201); BGH wistra 1992, 95 (97)) und hL (Schönke/Schröder/*Perron* Rn. 32a; Lackner/Kühl/*Kühl* Rn. 18; Müller-Gugenberger Wirtschafts-StR/*Hebenstreit* § 47 Rn. 33; Többens WirtschaftsstrafR, 71) den Irrtum des Opfers aus. Dies ist allerdings nicht unumstritten (zum Meinungsstand LK-StGB/*Tiedemann* Vor § 263 Rn. 34 ff. und § 263 Rn. 84 ff.; *ders.* FS Klug, 1983, 405 (411); *Frisch* FS Bockelmann, 1979, 647 ff.; *Kindhäuser* FS Bemmann, 1997, 357; *Kurth,* Das Mitverschulden des Opfers beim Betrug, 1981, 109; *Achenbach* JURA 1984, 602; *Amelung* GA 1977, 1 ff.; *Bottke* JR 1987, 428 (429); *Giehring* GA 1973, 1 ff.; *Herzberg* GA 1977, 289 ff.; *Hilgendorf* JuS 1994, 466 (467); *Schünemann* NStZ 1986, 439 ff.).

2. Vorstellungsinhalt. Wenn das Opfer die täuschungsrelevanten Tatsachen nicht kennt oder sich **59** darüber keine Gedanken macht, liegt eine bloße Tatsachenunkenntnis vor (**ignorantia facti**), die mangels feststellbarer Fehlvorstellung als Resultat der Täuschung nach hM nicht dem Irrtum unterfällt (RGSt 42, 40 (41); BGH wistra 1992, 141; KG JR 1986, 469; LK-StGB/*Tiedemann* Rn. 78; aA OLG Celle MDR 1957, 436; *Pawlik,* Das unerlaubte Verhalten beim Betrug, 1999, 228 ff.). Das Fehlen einer Vorstellung begründet noch keinen Irrtum: Nur bei einer bestimmten **positiven Fehlvorstellung** soll ein Irrtum gegeben sein (BGHSt 2, 325 (326); BGH wistra 1992, 141 f.; BGH NStZ 2004, 266 (267); Wessels/Hillenkamp StrafR BT II § 13 Rn. 510), da die Täuschung nur dann kausal sein könne, wenn sie ein Vorstellungsbild erzeugt oder im Falle des Unterlassens aufrechterhält. Demgegenüber lässt eine **Mindermeinung** die **ignorantia facti** genügen (BGH NStZ 2006, 687; zust. *Bosch* JA 2007, 70 f.; LPK-StGB/*Kindhäuser* Rn. 95; MüKoStGB/*Hefendehl* Rn. 230; *Frisch* FS Bockelmann, 1979, 647 (666); *Puppe* FS Lackner, 1987, 203), da ausreichend sei, dass die Vermögensverfügung durch die Unkenntnis der fraglichen Tatsache erklärt werden könne und damit auf dem Irrtum beruhe und der Opferschutz einen weiten Irrtumsbegriff erfordere. Außerdem entspreche dieser dem Irrtumsbegriff des Allgemeinen Teils beim Tatbestandsirrtum und insbesondere bei der mittelbaren Täterschaft, die dem Betrugstatbestand strukturell zugrunde liege (LPK-StGB/*Kindhäuser* Rn. 97).

Der Streit, ob reines Unwissen als Irrtum anzusehen ist, hat nur geringe praktische Bedeutung, da die **60** hM keine konkretisierte positive Fehlvorstellung fordert, sondern ein **unreflektiertes Mitbewusstsein** oder eine nur **lückenhafte Vorstellung** ausreichen lässt. Lediglich ein allgemeines Gefühl beruhigender Sicherheit oder Zuversicht, das nicht auf konkrete Tatsachen bezogen ist, sei zu wenig (LK-StGB/*Tiedemann* Rn. 79; MüKoStGB/*Hefendehl* Rn. 25). Wenn der Getäuschte davon ausgeht, dass „alles in Ordnung" ist (BGHSt 51, 165 (174); BGH NStZ 2003, 506 (507); OLG Hamburg NJW 1983, 768 (768 f.); Fischer Rn. 62), soll dies als **sachgedankliches Mitbewusstsein** genügen (Mitsch StrafR BT II Kap. 5, 290), wenn sich die Vorstellung mindestens auf konkrete Umstände und Verhältnisse bezieht, in deren Rahmen der vorgetäuschte Sachverhalt liegt (Küper/Zopfs StrafR BT Rn. 370; krit. *Tiedemann* BGH-FG 2000, 551 (565)). Insbesondere der Bereich gleichförmiger, massenhafter oder routinemäßiger Geschäfte ist von als selbstverständlich angesehenen Erwartungen geprägt, die zwar nicht in jedem Einzelfall bewusst aktualisiert werden, jedoch der vermögensrelevanten Handlung als hinreichend konkretisierte Tatsachenvorstellung zugrunde liegen (BGH NStZ 2014, 215 (216)).

Eine **ignorantia facti,** die für einen Irrtum nicht ausreicht, liegt allerdings nur **ausnahmsweise** vor. **61** Dies ist der Fall, wenn den Getäuschten **keine Prüfungspflichten** treffen (BGH NStZ 2008, 340 (341)), wie dies bei Bankangestellten bei Entgegennahme eines Überweisungsbelegs und anschließender Buchung ohne Prüfung der sachlichen Berechtigung der Überweisung (BGH StV 2000, 477; OLG Düsseldorf wistra 2008, 34) oder bei der Auszahlung von Geldern aufgrund einer Auszahlungsanordnung, die er nur hinsichtlich der formellen Voraussetzungen, nicht aber hinsichtlich der inhaltlichen Richtigkeit zu prüfen hat (BGH NStZ 2008, 340), oder beim Apotheker der Fall ist, der zu Lasten der Krankenkasse Medikamente an einen Patienten abgibt, da ihn grundsätzlich keine Prüfungspflicht im Hinblick auf die sachliche Begründetheit der Verschreibung trifft (BGH StV 2004, 422; zur ignorantia facti beim Rechtspfleger bei der Ausstellung eines Mahnbescheides s. → Rn. 398 f. und beim Richter beim Erlass eines Versäumnisurteils s. → Rn. 397). Weiterhin fehlt es an dem sachgedanklichen Mitbewusstsein, wenn der Getäuschte durch **Garantien** oder **gesetzliche Regeln abgesichert** ist oder nach Vorlage eines **Legitimationspapiers** leistet, weil er von seiner Verbindlichkeit unabhängig von der Berechtigung des Täuschenden zum Empfang der Leistung frei wird (RGSt 26, 151 (154); OLG Düsseldorf StV 1989, 347); wenn jedoch die grob fahrlässige Unkenntnis der Berechtigung zur Folge hat, dass die Befreiung bzw. der Garantieanspruch gefährdet ist, ist von einer positiven Vorstellung des

Getäuschten auszugehen und ein Irrtum zu bejahen (MüKoStGB/*Hefendehl* Rn. 245; Schönke/Schröder/*Perron* Rn. 48; zust. SSW StGB/*Satzger* Rn. 120). Schließlich fehlt es am sachgedanklichen Mitbewusstsein, wenn der Getäuschte unabhängig von der Richtigkeit der Erklärung **zur Leistung verpflichtet** ist, so wenn eine Deponie den Abfall auch bei fehlender Zahlungsfähigkeit des Täuschenden annehmen muss (BGH NStZ 1990, 388).

Bei **standardisierten Abrechnungsverfahren,** die auf Massenerledigung angelegt sind, genügt die Annahme, die Rechnung sei insgesamt in Ordnung (BGH NStZ 2007, 213 (215); BGH NJW 2012, 1377 (3179)); eine tatsächliche Prüfung der einzelnen Abrechnung ist hingegen nicht vorausgesetzt (zum Abrechnungsbetrug s. → Rn. 175; s. auch BGH JZ 2012, 518 (519); *Dann* NJW 2012, 2001; *Gercke/Leimenstoll* MedR 2010, 695). Vergleichbar sind damit Fälle im Rahmen eines Mahnverfahrens, in dem der Rechtspfleger, der keiner Prüfpflicht unterliegt, darüber getäuscht wird, dass die Angaben des Antragstellers wahrheits- und pflichtgemäß erfolgt sind (BGH NStZ 2012, 322 (323); OLG Celle NStZ-RR 2012, 111 (112 f.); NK-StGB/*Kindhäuser* Rn. 192; *Krell/Mattern* StraFo 2012, 77 f.; *Trüg* NStZ 2014, 158). Ein allgemeines, nicht auf Tatsachen bezogenes Gefühl der Sicherheit begründet noch keinen Irrtum (SK-StGB/*Hoyer* Rn. 65 mwN; SSW StGB/*Satzger* Rn. 119; krit. HK-KapMStrafR/*Zieschang* § 263 Rn. 49).

62   **3. Zweifel des Getäuschten.** Der Fall, dass der Getäuschte Zweifel an der Wahrheit einer Aussage des Täuschenden hat, wird uneinheitlich behandelt (zum Meinungsstand *Hillenkamp,* 40 Probleme aus dem Strafrecht, Besonderer Teil, 12. Aufl. 2013, Problem 29 mwN; SK-StGB/*Hoyer* Rn. 69 ff.). Die Rspr. hat sich zunächst mit Fallgestaltungen befasst, in denen das Opfer von einer überwiegenden Wahrscheinlichkeit der Wahrheit der behaupteten Tatsache ausgegangen ist (BGHSt 47, 83 (88); BGH wistra 1990, 305 f.). Inzwischen gehen Rspr. und überwiegende Ansicht im Schrifttum davon aus, dass ein Irrtum auch dann vorliegt, wenn der Getäuschte die Behauptung nur **für möglicherweise wahr hält,** sich aber von dieser Vorstellung zur Verfügung motivieren lässt (BGH NJW 2003, 1198 (1199); BGH wistra 1992, 95 (97); 1990, 305 f.; Schönke/Schröder/*Perron* Rn. 40; Lackner/Kühl/*Kühl* Rn. 18; LK-StGB/*Tiedemann* Rn. 86; Krey/Hellmann/Heinrich StrafR BT II Rn. 542 ff.; Wessels/Hillenkamp StrafR BT II § 13 Rn. 512; Többens WirtschaftsStR, 71; *Worms,* Anlegerschutz durch Strafrecht, 1987, 188). Dies bedeutet, dass selbst erhebliche Zweifel einen Irrtum nicht ausschließen. Damit werden Abgrenzungen nach Wahrscheinlichkeitsgraden, wie sie in der Literatur teilweise gefordert werden (so zB *v. Sonnen* wistra 1982, 123 (124), der verlangt, dass das Opfer das Vorliegen der behaupteten Tatsache für wahrscheinlicher hält als ihr Nichtvorliegen) und die in der Praxis kaum durchführbar sind (so zutr. SSW StGB/*Satzger* Rn. 78), entbehrlich (BGH StV 2003, 276 (277)).

63   Hingegen liegt **kein Irrtum** vor, wenn dem Opfer die **Wahrheit gleichgültig** ist und es die Verfügung unhabhängig vom Wahrheitsgehalt trifft (Mitsch StrafR BT II Kap. 5, 291; Wessels/Hillenkamp StrafR BT II § 13 Rn. 512) oder eine **bewusste Risikoentscheidung** getroffen wird (MüKoStGB/*Hefendehl* Rn. 258; Matt/Renzikowski/*Saliger* Rn. 96), bei der der Getäuschte seine Entscheidung losgelöst von der Wahrheit der behaupteten Tatsache trifft und das Risiko bewusst in Kauf nimmt, um im Falle der Richtigkeit der Behauptung ein vorteilhaftes Geschäft zu machen (SSW StGB/*Satzger* Rn. 125). Weiterhin fehlt es an einem Irrtum, wenn das Opfer die **Unrichtigkeit** der Behauptung erkennt, jedoch davon ausgeht, dies **nicht nachweisen** zu können (BGH wistra 2007, 183 (184); zustimmend SSW StGB/*Satzger* Rn. 127).

64   Da unter Zugrundelegung der hM auch das **leichtfertige Opfer** geschützt wird (BGH NJW 2014, 2595 (2596)), das sich selbst hätte schützen können, will die Gegenmeinung in Fällen, in denen der Zweifel auf konkreten Anhaltspunkten beruht (so *Amelung* GA 1977, 1 (7); *Hassemer,* Schutzbedürftigkeit des Opfers und Strafrechtsdogmatik, 1981, 140 f.), oder wenn das Opfer die Wahrheit der behaupteten Tatsache für wahrscheinlich hält (Krey/Hellmann/Heinrich StrafR BT II Rn. 542 ff.; *Dästner* ZRP 1976, 37), den Irrtum ausschließen. Hiergegen spricht jedoch, dass der Wortlaut keine Anhaltspunkte für diese Einschränkung enthält (Wessels/Hillenkamp StrafR BT II § 13 Rn. 512). Lediglich in Bereichen, in denen das **europäische Verbraucherleitbild** aufgrund des Anwendungsvorrangs des Unionsrechts das nationale Betrugsstrafrecht überlagert (→ Rn. 8), ist auf den aufgeklärten, verständigen Verbraucher abzustellen, mit der Folge, dass weder eine Täuschung noch ein Irrtum vorliegt (dazu *Dannecker* ZStW 117 (2005), 713 f.; *Scheinfeld* wistra 2008, 167 (172 f.); *Heger* HRRS 2014, 467 ff.).

65   Der BGH hat in mehreren Entscheidungen im Zusammenhang mit **Warenterminoptionsgeschäften** betont, dass ein Irrtum nicht vorschnell bejaht werden dürfe (näher dazu HK-KapMStrafR/*Zieschang* Rn. 164 ff.). Er geht zudem davon aus, dass eine Täuschung iSd § 263 Abs. 1 über den Grundcharakter von Warentermingeschäften selten sei, weil der von den Händlern angesprochene Personenkreis in der Regel wisse, dass sich der Erwerb von Optionen auf Termingeschäfte wesentlich von sonstigen Geldanlagen unterscheidet (BGHSt 32, 22 ff.). Gegenteilige Feststellungen setzen eine **sorgfältige Klärung** voraus, ob der Kunde tatsächlich über den Gegenstand und Zweck des Geschäfts in einem grundlegenden Irrtum gewesen sei (BGH NStE § 263 StGB Nr. 339). Auch hier geht es wiederum um den Gesichtspunkt der Irrtumserregung. Gefordert wird das Vorliegen einer im Einzelfall sorgfältigen, auf die Beweggründe, Kenntnisse und Erwägungen des jeweiligen Kunden zugeschnittenen

Feststellung zur Klärung der Frage, ob der Kunde tatsächlich einem ursächlichen Irrtum über Gegenstand und Zweck des Geschäfts erlag. Dabei spielt im Übrigen eine wesentliche Rolle, ob und inwiefern der Kunde über das Risiko eines Totalverlustes informiert war.

4. Ausschluss eines Irrtums durch Wissenszurechnung. Wenn der Geschädigte eine Hilfsper- **66** son hinzuzieht und eine Person die Täuschung durchschaut, die andere hingegen nicht, stellen sich Fragen der Wissenszurechnung (dazu *Wittmann,* Wissenszurechnung im Strafrecht, 2006; *Brand/Vogt* wistra 2007, 408 (412 ff.)). Entsprechend dem viktimodogmatischen Ansatz überträgt ein Teil der Literatur die **zivilrechtliche Wissensvertretung** (dazu *Richardi* AcP 169 (1969), 385 (395 ff.)) auf den Irrtum (dazu krit. SSW StGB/*Satzger* Rn. 128 ff.; *Eisele* ZStW 116 (2004), 15 (32)) und verneint einen solchen, wenn auf Opferseite mehrere Personen stehen, von denen eine, zB aufgrund besonderer Fachkenntnisse, die Unrichtigkeit der behaupteten Tatsache erkenne, sofern diese Person nach der Arbeitsorganisation dazu berufen sei, im Rechtsverkehr als **Repräsentant des Geschäftsherrn** bestimmte Aufgaben in eigener Verantwortung zu erledigen und die dabei anfallenden Informationen zur Kenntnis zu nehmen und weiterzugeben (so LK-StGB/*Tiedemann* Rn. 82; *ders.* FS Klug, 1983, 414; *Rengier* FS Roxin, 2001, 811 (823 f.)). Eine Ausnahme hiervon soll gelten, wenn der Repräsentant mit dem Täuschenden **kollusiv zusammenwirkt,** so dass ein mittäterschaftlich begangener Betrug vorliegt (BayObLG NStZ 2002, 91; LK-StGB/*Tiedemann* Rn. 82; s. auch *Weißer* GA 2011, 334 ff.; *Rönnau/Becker* JuS 2014, 507). Ob dies auch für den Fall der **Beihilfe** gilt, ist str. (bejahend *Eisele* ZStW 116 (2004), 15 (30 f.); Schönke/Schröder/*Perron* Rn. 41a; HK-StrafR/*Duttge* Rn. 22; aA *Otto* JURA 2002, 606 (611)).

Demgegenüber bejaht *Kindhäuser* in solchen Fällen einen **Betrug durch Unterlassen zu Lasten des Geschäftsherrn** (NK-StGB/*Kindhäuser* Rn. 180). Obwohl das Opfer weniger schützenswert ist, wenn es durch bessere Organisation seiner Einflusssphäre den Informationsfluss hätte optimieren und so einen Irrtum in eigener Person vermeiden können, wird gegen eine Wissenszurechnung geltend gemacht, sie laufe auf eine Fiktion hinaus, die im Strafrecht grundsätzlich unzulässig sei (SSW StGB/*Satzger* Rn. 84). Allerdings kann die Zuziehung mehrerer Personen bereits zum Entfallen einer konkludenten Täuschung führen, wenn hierbei auf den Empfängerhorizont abgestellt wird: Wenn eine Vertragspartei bei Verhandlungen Spezialisten hinzuzieht, die sie beraten, so sind deren Spezialkenntnisse bei der Bestimmung des Empfängerhorizonts und damit bei der Auslegung der konkludenten Erklärung zu berücksichtigen. Damit entfällt bereits die Täuschungshandlung.

5. Erregen und Unterhalten eines Irrtums. Einen Irrtum **erregt,** wer durch seine Täuschung bei **67** dem Getäuschten eine bislang nicht vorhandene Fehlvorstellung in Bezug auf eine bestimmte Tatsache (mit)verursacht (OLG Celle StV 1994, 188 (189 f.); LK-StGB/*Tiedemann* Rn. 94). Einen Irrtum **unterhält,** wer eine bestehende Fehlvorstellung verstärkt oder bestätigt, indem er Zweifel zerstreut oder die Aufklärung durch Dritte oder sich selbst verhindert. Das bloße Ausnutzen eines vorhandenen Irrtums durch einen Täter, den eine Aufklärungspflicht trifft, unterhält den Irrtum durch Unterlassen (Fischer Rn. 65). Hingen ist das **Ausnutzen eines bestehenden Irrtums** durch einen Täter ohne Aufklärungspflicht kein Unterhalten eines Irrtums (BGH JZ 1989, 550; OLG Frankfurt a. M. NJW 1971, 527; OLG Köln JZ 1988, 101 (102) mAnm *Joerden*). Deshalb ist regelmäßig straflos, wer eine Überzahlung des Schuldners entgegennimmt, ohne diesen auf die Überhöhung hinzuweisen (BGHSt 39, 392 (398); BGHR StGB § 263 Abs. 1 Irrtum; *Ranft* JURA 1992, 66 (67)) oder nach einer Fehlüberweisung oder bankinternen Fehlbuchung das Geld bei der Bank abhebt (BGHSt 39, 392; 46, 196 (202); zust. *Hefendehl* NStZ 2001, 281; *Krack* JR 2002, 25; *Pawlik* FS Lampe, 2003, 689 ff.), da für den Kontoinhaber ein zivilrechtlicher Auszahlungsanspruch entstanden ist. Im Einzelfall kann dabei die Abgrenzung zur bloßen straflosen Ausnutzung eines schon bestehenden Irrtums Schwierigkeiten bereiten (Fischer Rn. 65; Lackner/Kühl/*Kühl* Rn. 20).

III. Kausalität zwischen Täuschung und Irrtum

Zwischen den jeweiligen Merkmalen des objektiven Tatbestands muss eine Kausalitätsbeziehung im **68** Sinne der **Äquivalenztheorie** bestehen. Dies hat zur Folge, dass der Irrtum durch die Täuschung erregt oder unterhalten worden sein muss. Der Umstand, dass der Irrtum vom Getäuschten leicht zu durchschauen war, schließt die Kausalität nicht aus (BGHSt 34, 199 (201); LK-StGB/*Tiedemann* Rn. 93), ist aber im Bereich der Strafzumessung zu berücksichtigen. **Mitursächlichkeit** der Täuschung für den Irrtum genügt, so wenn das Gericht bei einem Prozessbetrug seine Entscheidung nicht allein, wohl aber auch auf das unklare Klägervorbringen stützt (RGSt 3, 392 (395 f.); OLG Celle StV 1994, 188 (189 f.); LK-StGB/*Tiedemann* Rn. 93; *Protzen* wistra 2003, 208 (209); vgl. auch OLG Koblenz NJW 2001, 1364). Hingegen fehlt es an der Kausalität, wenn sich der Täuschungsadressat über die Vorteile einer bestimmten Anlageform unabhängig von den Angaben des Anbieters falsche Vorstellungen macht. In solchen Fällen kommt nur ein versuchter Betrug in Betracht, der nach § 263 Abs. 2 ebenfalls mit Strafe bedroht ist.

IV. Vermögensverfügung

69   Der Getäuschte muss weiterhin eine Vermögensverfügung vorgenommen haben (eingehend dazu *Wittig,* Das tatbestandsmäßige Verhalten des Betrugs, 2005, 317 ff.). Irrtum und Vermögenseinbuße werden durch das ungeschriebene Tatbestandsmerkmal der Vermögensverfügung miteinander verbunden (BGHSt 14, 170 (171)), das erforderlich ist, weil der Irrtum allein noch keinen Vermögensschaden bewirken kann (krit. *Schmidhäuser* FS Tröndle, 1989, 305 (309 f.); *Pawlik,* Das unerlaubte Verhalten beim Betrug, 1999, 222). Das Merkmal der Vermögensverfügung dient der Abgrenzung des Betrugs als **Selbstschädigungsdelikt** zum Diebstahl als **Fremdschädigungsdelikt.** Beide Straftatbestände stehen in einem Exklusivitätsverhältnis (BGHSt 17, 205 (209); *Geppert* JuS 1977, 69 (75); zur Abgrenzung des Dreiecksbetrugs zum Diebstahl in mittelbarer Täterschaft → Rn. 73 ff.).

70   **1. Begriff der Vermögensverfügung.** Unter einer Vermögensverfügung wird jedes **Handeln, Dulden oder Unterlassen des Getäuschten** verstanden, das sich **unmittelbar vermögensmindernd** beim Getäuschten selbst oder einem Dritten auswirkt (BGHSt 14, 170 (171); BayObLG MDR 1964, 343; OLG Celle NJW 1974, 2326 (2327); LK-StGB/*Tiedemann* Rn. 97; NK-StGB/*Kindhäuser* Rn. 197). Die Vermögensminderung ist daher Bestandteil des Verfügungsbegriffs und nicht erst des Schadens. Ob die Minderung durch ein Äquivalent kompensiert wird, ist unerheblich (BGHSt 31, 178). Äquivalente berücksichtigungsfähige Zuflüsse sind erst im Rahmen der Schadensfeststellung zu berücksichtigen (→ Rn. 86 ff.). **Personenidentität** muss demnach zwischen dem Verfügenden und dem Inhaber des geschädigten Vermögens nicht bestehen, wohl aber zwischen **Getäuschtem und Verfügendem** (RGSt 73, 382 (384); BGHSt 18, 221 (223); BGH NJW 2002, 2117; aA *Schuhr* ZStW 123 (2011), 517 (532 ff.), der keine Personenidentität als erforderlich ansieht, sondern eine finale Teilentscheidung des Irrenden, die in einem den Verfahrensregeln entsprechenden Ablauf zur Vermögensverfügung geführt hat). Wurde die Verfügung von einem Dritten vorgenommen, der mit dem Geschädigten personenverschieden ist, muss die Verfügung des Dritten dem Geschädigten zurechenbar sein, da es sich bei dem Betrug um ein Selbstschädigungsdelikt handelt (Wessels/Hillenkamp StrafR BT II § 13 Rn. 515). Die Verfügung muss zudem nicht eigenhändig vorgenommen werden.

71   Der Begriff der Verfügung ist **nicht zivilrechtlich** zu verstehen, sondern **rein faktisch.** Daher kommt eine Vielzahl von möglichen Verhaltensweisen als Verfügung idS in Betracht. Auch die Handlung eines Geschäftsunfähigen oder ein nur tatsächliches Verhalten (BGHSt 31, 178) wie etwa die **Nichtgeltendmachung einer Forderung** kann eine Vermögensverfügung darstellen (Schönke/Schröder/*Perron* Rn. 58; Müller-Gugenberger WirtschaftsStR/*Hebenstreit* § 47 Rn. 39).

Auch **Hoheitsakte** können Verfügungen sein, so die Gewährung von Sozialhilfe oder von Beihilfen sowie Akte der Rechtsprechung wie die Anordnung von U-Haft, die mit der Verpflichtung zur Gewährung von Unterkunft und Verpflegung verbunden ist (BGHSt 14, 170 (171)).

Eine Verfügung kann nach h. M. auch durch **Dulden** oder **Unterlassen** begangen werden (LK/*Tiedemann* Rn. 102), so durch Nichtgeltendmachung einer Forderung oder sonstiger Rechte (RGSt 70, 225 (227); *Bublitz/Germann* wistra 2004, 126), durch Verzicht auf die Fortsetzung der Zwangsvollstreckung (BGH NStZ 2003, 546 (548); OLG Düsseldorf NJW 1994, 3366 (3367) oder das Eingehen eines gerichtlichen Vergleichs (BayObLG NStZ 2004, 503), zusätzlich ist erforderlich, dass sich die **Durchsetzungs- und Befriedigungsvoraussetzungen verschlechtern** (BGH 1, 262 (264); BGH NStZ 2005, 160 (161), weil der Anspruch später nicht mehr gleichermaßen gut realisiert werden kann, z. B. wenn der Schuldner nicht mehr so leistungsfähig oder -willig ist. Das Unterlassen vermögensmehrender Handlungen hat erst Verfügungscharakter, wenn die Vermögensmehrung später nicht mehr gleichermaßen erfolgreich möglich ist (SK-StGB/*Hoyer* Rn. 156 mwN).

Verfügungsbewusstsein ist nur **beim Sachbetrug** erforderlich (BGHSt 41, 198 (201 f.); OLG Düsseldorf NJW 1993, 1407 (1408), weil nur dieser vom fremdschädigenden Diebstahl abzugrenzen ist (Rengier StrafR BT I § 13 Rn. 64 f.). Außerhalb des Sachbetrugs bedarf es keines Verfügungsbewusstseins (BGHSt 14, 170 (172)); daher liegt bspw. auch dann eine Vermögensverfügung vor, wenn im Internet eine entgeltliche Leistung abgerufen wird, der Nutzer dabei aber irrig annimmt, das Abrufen der Leistung sei unentgeltlich (OLG Frankfurt a. M. NJW 2011, 398 (403)). Beim Forderungsbetrug stellt sich ein solches Abgrenzungsproblem nicht, weshalb auch ein unbewusstes Verfügen möglich ist (BGHSt 14, 170 (172); Lackner/Kühl/*Kühl* Rn. 24; Matt/Renzikowski/*Saliger* Rn. 124; aA MüKo StGB/*Hefendehl* Rn. 240 ff.; *Otto* JZ 1993, 652 (655)).

72   **2. Unmittelbarkeit.** Die Vermögensänderung muss unmittelbar durch die Vermögensverfügung herbeigeführt werden (BGHSt 14, 170 (171)). Mit dem Erfordernis der **Unmittelbarkeit** (allg. zu diesem Prinzip *Jäger* JuS 2010, 761) werden Fälle ausgeschieden, in denen die Vermögensminderung erst durch eine weitere, insbesondere deliktische Zwischenhandlung des Täters herbeigeführt wird (BGHSt 50, 174 (178); BGH StraFo 2011, 258; BGH NStZ 2005, 632 (633); LK-StGB/*Tiedemann* Rn. 98; *Jäger* JuS 2010, 761 (762 f.); krit. dazu *Backmann* Die Abgrenzung des Betrugs von Diebstahl und Unterschlagung, 1974, 68 f.; *Kindhäuser* FS Bemmann, 1997, 339 (352); *Stuckenberg* ZStW 118 (2006), 878 (903)). Unmittelbarkeit ist nach überwiegender Meinung nicht nur beim Sachbetrug (→ Rn. 74),

sondern auch beim Forderungsbetrug erforderlich (Lackner/Kühl/*Kühl* Rn. 27; *Jäger* JuS 2010, 762; SSW StGB/*Satzger* Rn. 179). Auch hier muss das tatsächliche Verhalten des Opfers unmittelbar zu einer Vermögensminderung, ggf. in Form einer schadensgleichen Vermögensgefährdung (LK-StGB/*Tiedemann* Rn. 101, 109; Schönke/Schröder/*Perron* Rn. 61; aA OLG Düsseldorf NJW 1974, 1833 m. abl. Anm. *Oexmann* NJW 1974, 2296 ff.; diff. SK-StGB/*Hoyer* Rn. 179 f.), führen (OLG Stuttgart NStZ 1999, 247; eingehend LK-StGB/*Tiedemann* Rn. 105 ff.). Hierfür genügt es nicht, dass der Täter selbst deliktische Handlungen vornehmen kann, um den Vermögensverlust herbeizuführen (BGHSt 50, 127 mAnm *Eidam* JR 2006, 254 ff.; OLG Hamm JMBlNRW 1969, 100; OLG München NStZ 2008, 404; OLG Saarbrücken NJW 1968, 262). Daher liegt keine tatbestandsmäßige Verfügung vor, wenn ein **Provisionsvertreter** eine schriftliche Bestellung nachträglich verfälscht (BGHZ 40, 65 (67); OLG Düsseldorf NJW 1974, 1833; *Otto* StrafR BT § 51 Rn. 41; *Rengier* StrafR BT I § 13 Rn. 68; aA LK-StGB/*Tiedemann* Rn. 101; Schönke/Schröder/*Perron* Rn. 61, der hierin eine konkrete Vermögensgefährdung sieht). Wenn man eine schadensmindernde Vermögensgefährdung als Schaden anerkennt, sind die Anforderungen an die Unmittelbarkeit niedriger anzusetzen: Das Überschreiten der wesentlichen Zugriffsschwelle durch den Getäuschten reicht aus, selbst wenn noch unwesentliche Zwischenschritte des Täters erforderlich sind, damit die Vermögensgefährdung in einen endgültigen Schaden umschlägt (dazu OLG Jena wistra 2007, 236 (237); SSW StGB/*Satzger* Rn. 180). Jedenfalls liegt in einer **Blankounterschrift** unter einer Erklärung, die der Täter nachträglich abredewidrig ausfüllt, eine Verfügung, weil diese dem äußeren Anschein nach vom Getäuschten stammt und deshalb als dessen Verfügung anzusehen ist. Entscheidend ist, wer im konkreten Fall, auf welcher Grundlage und mit welchen Vorstellungen die Entscheidung über die Leistungserbringung getroffen hat (BGH NStZ-RR 2010, 146). Die **Preisgabe von Kennwörtern, Pin- und TAN-Nummern** im Rahmen des **Phishing** (vgl. hierzu → § 202a Rn. 24) ist noch keine Verfügung, weil die Vermögensminderung erst durch eine weitere Handlung des Täters, die missbräuchliche Verwendung der Zugangsdaten, erfolgt (MüKoStGB/*Hefendehl* Rn. 666; *Graf* NStZ 2007, 129; *Gercke* CR 2005, 606 (608); *Goeckenjahn* wistra 2008, 128 (130); *Heghmanns* wistra 2007, 167 (168); *Jäger* JuS 2010, 761 (762); *Popp* NJW 2004, 3517 (3518); aA NK-StGB/*Kindhäuser* Rn. 205; SSW StGB/*Satzger* Rn. 179; *Stuckenberg* ZStW 118 (2006), 878 (899 ff.)). Gleiches gilt für die Einrichtung einer 0190er Nummer (BGHSt 50, 174).

3. Abgrenzung zum Diebstahl/Dreiecksbetrug. Das Merkmal der Unmittelbarkeit ist vor allem **73** für die **Abgrenzung zu den Wegnahmedelikten** maßgeblich. Die Bestimmung dieser Voraussetzung gestaltet sich allerdings im Bereich des Wirtschaftsstrafrechts im Grundsatz unproblematisch, zumal regelmäßig ein **Forderungsbetrug** (zum Dreiecksbetrug um Forderungen s. *Fock/Gerhold* JA 2010, 511) in Rede steht. Als Konsequenz aus der Tatsache, dass im Rahmen des § 263 nur hinsichtlich des Getäuschten und des Verfügenden, nicht aber bezüglich des Verfügenden und des Geschädigten Identität bestehen muss, leitet sich die Existenz der Rechtsfigur des sog „**Dreiecksbetruges**" ab (*Rengier* StrafR BT I § 13 Rn. 93 ff.; *Krack/Radtke* JuS 1995, 17 ff.; *Hauf* JA 1995, 458 ff.). In solchen Fallkonstellationen wird der Verfügende vom Täter als Mittelsperson für eine Drittschädigung missbraucht, so dass sich regelmäßig die Frage nach der Abgrenzung zum Diebstahl in mittelbarer Täterschaft stellt (zur Abgrenzung s. insbes. *Geppert* JuS 1977, 69 ff.). Die Abgrenzung erfolgt gemeinhin über das Erfordernis eines **besonderen Näheverhältnisses** (→ Rn. 74 f.). Besteht ein solches zwischen dem Verfügenden und dem Geschädigten im Sinne einer (fiktiven) Zurechnungseinheit, so liegt ein Betrug vor. Greift der getäuschte Verfügende dagegen wie ein beliebiger Dritter von außen in das Vermögen des Geschädigten ein, so liegt ein Diebstahl in mittelbarer Täterschaft vor. Es besteht Streit über die Anforderungen an die Qualität dieses Näheverhältnisses.

Nach der „**Theorie von der rechtlichen Befugnis**" (MüKoStGB/*Hefendehl* Rn. 332; SK-StGB/ **74** *Hoyer* Rn. 144 ff.; Mitsch StrafR BT II Kap. 5, 300 f.; *Amelung* GA 1977, 1 (14 f.); vgl. auch *Pawlik* Das unerlaubte Verhalten beim Betrug, 1999, 205 ff.) liegt ein Sachbetrug nur vor, wenn sich der Dritte bei der Besitzverschiebung im Rahmen der ihm erteilten oder ihm gesetzlich zustehenden Ermächtigung hält (*Haas* GA 1990, 201 (202 ff.); *Joecks*, Zur Vermögensverfügung beim Betrug, 1982, 124 ff. (135 f.)). Da der Dritte jedoch zumeist nicht zur Vornahme des Gewahrsamswechsels befugt ist, wird überwiegend darauf abgestellt, ob sich der Dritte im Rahmen seiner Befugnis wähnte (*Otto* ZStW 79 (1967), 59 (81, 84 f.)). Hierbei bleibt jedoch unklar, weshalb die irrige Annahme des Verfügenden das fehlende Einverständnis des Vermögensinhabers in den Gewahrsamswechsel ersetzen soll. Ein Forderungsbetrug ist nach der Befugnistheorie nur bei hoheitlichem Handeln und bei Handeln aufgrund privater Ermächtigungen möglich. Hingegen sind Verfügungen, deren Rechtswirksamkeit auf Gutglaubensregeln beruht, mangels entsprechender Befugnis nicht tatbestandsmäßig. Diese Restriktion ist äußerst fragwürdig, da gerade die Einräumung der Möglichkeit, durch gutgläubiges Handeln fremdes Vermögen rechtlich wirksam zu verschieben, einen wirksamen strafrechtlichen Schutz erfordert (zu dieser wertungswidrigen Strafbarkeitslücke LPK-StGB/*Kindhäuser* Rn. 149).

Demgegenüber vertritt der BGH und mit ihm die hM in der Literatur die „**Lager-**" oder „**Nähe- 75 theorie**". Nach der **faktischen Nähetheorie** (BGHSt 18, 221 (223 f.); BGH NStZ 1997, 32 (33); OLG Düsseldorf NJW 1994, 3366 (3367); Fischer Rn. 82 ff.; *Lenckner* JZ 1966, 320 f.; Wessels/ Hillenkamp StrafR BT II § 15 Rn. 645) kann es bereits zur Bejahung eines besonderen Näheverhältnisses genügen, wenn der Verfügende rechtlich oder auch nur tatsächlich dazu in der Lage war, über das fremde Vermögen zu verfügen, solange er nur vor der Tat dem „Lager" des Geschädigten zugerechnet werden musste. Es liegt in der Konsequenz dieses Ansatzes, dass die sich aus dem Gesetz ergebende Möglichkeit, fremde Forderungen wirksam zu beeinflussen, für die Annahme eines Forderungsbetruges im Dreiecksverhältnis genügt (AG Eggenfelden NStZ-RR 2008, 242). In der Literatur wird nach einer **restriktiveren Variante** der Nähe- oder Lagertheorie nicht auf die faktische Nähe abgestellt, sondern gefordert, dass der Dritte als Beschützer oder Gehilfe normativ dem „Lager" des Geschädigten zuzuordnen ist (LK-StGB/*Tiedemann* Rn. 116; Schönke/Schröder/*Perron* Rn. 66; Mitsch StrafR BT II Kap. 5, 302; *Rengier* JZ 1985, 565; vgl. auch OLG Celle NJW 1994, 142 mAnm *Krack/Radtke* JuS 1995, 17 (19)). Für die Nähetheorie spricht, dass sie die in (→ Rn. 74) genannten Wertungswidersprüche vermeidet und zudem in Fällen, in denen sich der Dritte das Tatobjekt auf deliktische Weise verschafft hat und nun seinerseits vom Täter durch Täuschung zur Übergabe eines Beutegegenstandes veranlasst wird, die Anwendbarkeit des Betrugstatbestands eröffnet. Zur Unmittelbarkeit beim Dreiecksbetrug s. (→ Rn. 73 ff., 122).

V. Kausalität zwischen Irrtum und Vermögensverfügung

76   Auch zwischen dem täuschungsbedingten Irrtum und der Vermögensverfügung muss Kausalität bestehen, wobei eine **Mitverursachung** ausreicht (BGHSt 13, 13 (14)). Hypothetische Ersatzbedingungen sind nicht zu berücksichtigen. Keine Kausalität liegt vor, wenn der Getäuschte auch bei Kenntnis der wahren Sachlage die Vermögensverfügung aus anderen Gründen vorgenommen hätte (Fischer Rn. 87; Schönke/Schröder/*Perron* Rn. 77). Einen Grenzfall stellt der Fall dar, in dem ein überteuertes Krebsheilmittel damit beworben wird, die Wirksamkeit dieses Mittels sei wissenschaftlich belegt, wenn die bereits austherapierten Patienten das Mittel auch bei ordnungsgemäßer Aufklärung über die Unsicherheit der Wirkung gekauft hätten, um jede mögliche Chance auf Besserung zu nutzen (die Kausalität wird verneint in BGH NStZ 2010, 88 (89), aA Wessels/Hillenkamp StrafR BT II § 13 Rn. 524).

VI. Vermögensschaden

77   Weiterhin setzt § 263 StGB den Eintritt eines Vermögensschadens voraus. Der Vermögensschaden ist der **negative Saldo** zwischen dem Wert des Vermögens vor und nach der irrtumsbedingten Vermögensverfügung (BVerfG NStZ 1998, 506; BGHSt 16, 220 (221); 30, 388 (389); Fischer Rn. 110; Müller-Gugenberger WirtschaftsStR/*Hebenstreit* § 47 Rn. 51). Jedoch sind sowohl der Begriff des Vermögens als auch die Voraussetzungen, unter denen eine Vermögensminderung anzunehmen ist, umstritten.

Die vom **BVerfG** formulierten Grundsätze zur Schadensfeststellung bei der Untreue (BVerfG NJW 2010, 3209) gelten auch für § 263 (BGH NStZ 2013, 37 mAnm *Schlösser* NStZ 2013, 162; *Schünemann* in Fischer et al., Dogmatik und Praxis des strafrechtlichen Vermögensschaden, 2015, 61 ff.). Ein Vermögensschaden muss bezifferbar sein und grundsätzlich auch beziffert werden. Der Begriff des Vermögensschadens ist verfassungskonform auszulegen (BVerfG NJW 2012, 917; BGH wistra 2011, 387; BGH NJW 2011, 2675 (2676)). Dabei ist auf die Trennung zwischen Vermögensschaden und Täuschung zu achten; normative Gesichtspunkte dürfen die primär wirtschaftliche Vermögens- und Schadenslehre nicht überspielen (Matt/Renzikowski/*Saliger* Rn. 184). So ist die Frage nach dem Schadenseintritt eine Tatfrage, die rein wirtschaftlich zu beurteilen ist (Matt/Renzikowski/*Saliger* Rn. 185). Sofern sich der Schaden nicht wirtschaftlich nachvollziehbar beziffern lässt, ist ein Mindestschaden durch das Gericht zu schätzen (*Kuhlhanek* NZWiSt 2013, 246). Kann dies nicht ohne Restzweifel erfolgen, so ist der Angeschuldigte freizusprechen (SSW StGB/*Satzger* § 263 Rn. 197). Zur Schadensfiktion in der Rechtsprechung der Strafgerichte s. *Rönnau* FS Rissing van Saan, 2011, 517; zur Auswirkung des Untreue-Beschlusses des BVerfG auf die Schadensdogmatik s. *Saliger* in Fischer et al., Dogmatik und Praxis des strafrechtlichen Vermögensbegriffs, 2015, 15 (25 ff.).

78   **1. Vermögensbegriffe.** Eine der umstrittensten Fragen im Bereich des Betruges ist die Bestimmung des Vermögensbegriffs (zum Strafrechtsgut Vermögen *Wittig,* Das tatbestandsmäßige Verhalten des Betrugs, 2005, 190 bzw. 317 ff.). Im Folgenden soll ein Überblick über die Vermögensbegriffe gegeben werden.

79   Herkömmlicherweise unterscheidet man drei Vermögensbegriffe (s. dazu den Überblick bei Mü-KoStGB/*Hefendehl* Rn. 337 ff.; NK-StGB/*Kindhäuser* Rn. 16 ff.; Lackner/Kühl/*Kühl* Rn. 33; LK-StGB/*Tiedemann* Rn. 127 ff.): Der heute nicht mehr vertretene und mit den Vorgaben des BVerfG nicht vereinbar ist (*Saliger* HRRS 2012, 364 f.; *ders.* in Fischer et al., Dogmatik und Praxis des strafrechtlichen Vermögensschadens, 2015, 15 (25 ff.)) rein **juristische Vermögensbegriff** verstand unter Vermögen nur die Summe der einzelnen Vermögensrechte einer Person (RGSt 3, 332 (333); 11, 72; Binding StrafR BT II S. 237 f., 341; *Hirschberg,* Der Vermögensbegriff im Strafrecht, 1934, 279).

Im Gegensatz dazu umfasst der rein **wirtschaftliche Vermögensbegriff** alle wirtschaftlichen (geldwerten) Güter einer (natürlichen oder juristischen) Person nach Abzug der Verbindlichkeiten (RGSt 16, 1 ff.; 44, 230 (234); BGHSt 26, 346 (347); 34, 199 (203)). Dieser vom BGH vertretene Vermögensbegriff erfährt zwar teilweise durch den BGH selbst gewisse Einschränkungen (vgl. nur BGH NStZ 2001, 534;

JR 1988, 125). So sollen nach der neueren Rspr. rechtlich nicht geschützte Exspektanzen, sittenwidrige Leistungen und sonstige Wertpositionen nicht dem strafrechtlichen Vermögensbegriff unterfallen (BGH StV 2002, 81 f.). Gleichwohl hat sich die Rspr. bislang vom ökonomischen Vermögensbegriff nicht ausdrücklich verabschiedet (näher dazu *Zieschang* FS Hirsch, 1999, 831 (843)) und trotz gewisser Tendenzen in Richtung des juristisch-ökonomischen Vermögensbegriffs im Ausgangspunkt am wirtschaftlichen Vermögensbegriff festgehalten.

Unter den **juristisch-ökonomischen Vermögensbegriff** der vorherrschenden Lehre fallen alle Wirtschaftsgüter einer Person, über die sie rechtliche Verfügungsmacht hat (so *Gallas* FS Eb. Schmidt, 1961, 409) oder die zumindest von der Rechtsordnung geschützt bzw. anerkannt sind (so *Heinrich* GA 1997, 24 (33); Wessels/Hillenkamp StrafR BT II § 13 Rn. 532; Mitsch StrafR BT II Kap. 5, 306 f.) oder ihr zumindest ohne Missbilligung der Rechtsordnung zustehen (LK-StGB/*Tiedemann* Rn. 132; Schönke/Schröder/*Perron* Rn. 82 f.). Dadurch können Wertungswidersprüche mit anderen Rechtsgebieten vermieden werden, ohne auf einzelfallbezogene Billigkeitsentscheidungen zurückgreifen zu müssen (SSW StGB/*Satzger* Rn. 143). Allerdings sollten nur **eindeutig zu missbilligende Vermögenspositionen** aus dem Vermögensbegriff ausgeschieden werden (Wessels/Hillenkamp StrafR BT I Rn. 535; ebenso SSW StGB/*Satzger* Rn. 143).

Daneben findet sich im Schrifttum der **personale Vermögensbegriff,** der das Vermögen in seiner **80** Funktion als Grundlage der Persönlichkeitsentfaltung im Rahmen wirtschaftlicher Zwecksetzungen schützen will (grundlegend *Bockelmann* FS Kohlrausch, 1978, 248 ff.; *Otto,* Die Struktur des strafrechtlichen Vermögensschutzes, 1970, 34; *ders.* JZ 1993, 652 (655); *ders.* StrafR BT § 51 Rn. 54; s. auch *Geerds,* Wirtschaftsstrafrecht und Vermögensschutz, 1990, 116; *Alwart* JZ 1986, 563 (565)).

Eine **funktionale Vermögenslehre** vertritt *Kindhäuser* (NK-StGB/*Kindhäuser* Rn. 35 ff., 275 ff. sowie *ders.* FS Lüderssen, 2002, 648), der Vermögen als Verfügungsmacht einer Person über die (Gesamtheit der) ihr rechtlich zugeordneten übertragbaren (abstrakt geldwerten) Güter definiert.

Die verschiedenen Vermögenslehren führen bereichsspezifisch zu unterschiedlichen Ergebnissen. **81** Bedeutsam sind vor allem die folgenden **Fallgruppen:**

Zum Vermögen zählen (unstr.) **Vermögensrechte** aller Art: vertragliche und gesetzliche Ansprüche, gewerbliche Schutzrechte, Beteiligungen an einer BGB-Gesellschaft, übertragbare Betriebs- und Geschäftsgeheimnisse, Persönlichkeitsrechte, weiterhin **Anwartschaften,** die übertragbar sind, **Exspektanzen,** die sich auf einen wahrscheinlich realisierbaren Gewinn beziehen und die nach der Verkehrsauffassung bereits einen messbaren Marktwert besitzen (BGHSt 31, 232; BGH NStZ 1991, 488 f.; BVerfG NJW 2010, 3209 (3216) zu § 266; eingehend dazu *Hefendehl,* Vermögensgefährdung und Exspektanzen, 1994, 33 ff.; *ders.* in Fischer et al., Dogmatik und Praxis des Vermögensschadens, 2016, 77 ff.), so die Aussicht auf Zuteilung von Aktien an eine aus sozialen Erwägungen eingeschränkten Personenkreis (BGHSt 19, 37 (42)), die Aussicht auf Abschluss eines Kaufvertrags bei einem ernsthaften Angebot (OLG Bremen NStZ 1989, 228); die Aussicht auf den Zuschlag bei einer öffentlichen Verdingung für den günstigsten Anbieter (BGHSt 34, 379 (390 f.); BGH NStZ 1997, 542 (543)), die sichere Möglichkeit, ein Produkt am Markt gewinnbringend abzusetzen, nicht hingegen spekulative Gewinn- und Zinserwartungen (BGH NStZ 1996, 191). In der Literatur wird für Exspektanzen teilweise einschränkend gefordert, dass der Vermögenswert konkret sein und sich mit größter Wahrscheinlichkeit realisieren muss (SSW StGB/*Satzger* Rn. 147; s. auch Matt/Renzikowski/*Saliger* Rn. 164) bzw. die Exspektanzen derart konkretisiert und individualisiert sein müssen, dass sie als selbstständiger Wert am Wirtschaftverkehr teilnehmen können (Otto StrafR BT § 51 Rn. 85) oder die Gewinnerwartung rechtlich begründet ist und über sie durch Rechtsgeschäft verfügt werden kann (*Hefendehl* Vermögensgefährdung und Exspektanzen, 1994, 117 f.; *Hirschberg,* Der Vermögensbegriff im Strafrecht, 1934, 326; *Kargl* JA 2001, 714 (720)). Dagegen bilden **unbestimmte Aussichten und Hoffnungen** noch keinen Vermögenswert (BGH NStZ 1996, 191; Fischer Rn. 93). Gleiches gilt für die Erbaussichten gesetzlicher oder testamentarisch eingesetzter Erben zu Lebzeiten des Erblassers (OLG Stuttgart NJW 1999, 1564).

Nach der wirtschaftlichen Vermögenslehre sind vom Vermögen auch **nichtige Forderungen** aus **82** sittenwidrigen oder verbotenen Rechtsgeschäften umfasst (BGHSt 2, 364; aA jedoch BGH NStZ 1987, 407 mAnm *Barton* StV 1987, 485 und *Tenckhoff* JR 1988, 126). Dies ist jedoch mit allgemeinen Rechtsgrundsätzen nicht vereinbar (LK-StGB/*Tiedemann* Rn. 151; Wessels/Hillenkamp StrafR BT II § 13 Rn. 569 f.; *Kargl* JA 2001, 714). Allerdings ist nach hM derjenige geschädigt, der zur Erfüllung solcher Geschäfte **Vermögenswerte einsetzt,** die unabhängig vom verfolgten Zweck rechtlich anerkannt sind (BGHSt 29, 300; BGH NStZ 2002, 33 mAnm *Heger* JA 2002, 454; m. zust. Anm. *Engländer* JR 2003, 164; *Hillenkamp* JuS 2003, 163; krit. *Kindhäuser/Wallau* NStZ 2003, 152; *Mitsch* JuS 2003, 122 (125); näher dazu Lackner/Kühl/*Kühl* Rn. 35 mwN).

Die rein wirtschaftliche Lehre sieht auch jede Form von **Besitz,** der ein Verkehrswert zugesprochen **83** werden kann, als Vermögensbestandteil an (BGHSt 18, 221 (223); BGH NJW 1988, 2623 (2624); BGH NStZ 2008, 627). Bei streng rechtlicher Bestimmung gehört nur der berechtigte Besitz und die Möglichkeit seiner Nutzung zum Vermögen (LPK-StGB/*Kindhäuser* Rn. 130; Gössel StrafR BT II § 21 Rn. 145; Mitsch StrafR BT II Kap. 5, 315). Hingegen reicht der Besitz nach §§ 858 f. BGB nicht aus (so aber LK-StGB/*Tiedemann* Rn. 141; SSW StGB/*Satzger* Rn. 158), da die §§ 858 f. BGB nicht dem Vermögensschutz dienen, sondern lediglich den Rechtsfrieden bis zur Klärung der Vermögenslage schützen (*Gallas* FS Eb. Schmidt, 1961, 401 (426); LPK-StGB/*Kindhäuser* Rn. 130; zum strafrechtlichen Schutz des deliktischen Besitzes s. *Hillenkamp* FS Achenbach, 2011, 189 ff.).

84   Auch die Möglichkeit, die **Arbeitskraft** gegen Entgelt zu verwerten, ist geschützt (BGH NStZ 1998, 85; BGH NJW 2001, 981; *Heinrich* GA 1977, 24 (26 f.); *Pawlik,* Das unerlaubte Verhalten beim Betrug, 1999, 261), und zwar unabhängig davon, ob die Arbeitskraft anderweitig hätte eingesetzt werden können (RGSt 68, 379 (380); Schönke/Schröder/*Perron* Rn. 96). Wenn die Arbeitskraft allerdings für Leistungen eingesetzt wird, die verbotenen oder sittenwidrigen Zwecken dienen, gehören diese nach der Rspr. – in Abweichung von der ansonsten primär wirtschaftlich ausgerichteten Betrachtungsweise – nicht zum Vermögen (BGHSt 4, 373; BGH wistra 1989, 142; BGH NStZ 2001, 534; BGH NStZ-RR 2009, 106; zust. *Hecker* JuS 2001, 228; Wessels/Hillenkamp StrafR BT II § 15 Rn. 566; *Heinrich* GA 1997, 24; abl. Krey/Hellmann/Heinrich StrafR BT II Rn. 619). Dienstleistungen einer Prostituierten sind als Arbeitskraft, die gegen Entgelt erbracht wird, anzusehen. Die von einer Prostituierten aufgrund einer vorherigen Vereinbarung erbrachten sexuellen Handlungen und die dadurch begründete Forderung auf das vereinbarte Entgelt (§ 1 S. 1 ProstG) gehören zum strafrechtlich geschützten Vermögen (BGH NStZ 2016, 283 mAnm *Krehl* NStZ 2016, 347 (347 f.); → Rn. 207 f.). Schon der 4. Strafsenat hatte mit Beschluss v. 1.8.2013 – 4 StR 189/13 sexuelle Dienstleistungen einer Prostituierten, die grundsätzlich nur gegen Entgelt erbracht werden, als strafrechtlich geschütztes Vermögen eingeordnet, wenn die sexuelle Leistung freiwillig erbracht wurde, und sie nur im spezifischen Kontext einer Erpressung als nicht vermögensrechtlich geschützt bewertet (*C. Dannecker* NStZ 2016, 318 (323 f. m. Fn. 45).

85   **Strafen, Bußgelder und sonstige Sanktionen** zählen nach hM wegen ihrer Zwecksetzung nicht zum betrugsrelevanten Vermögen (BGHSt 38, 345 (352); BGH wistra 2007, 258; OLG Karlsruhe NStZ 1990, 282; BayObLG NStZ 1991, 433; OLG Köln NJW 2002, 527 (528) mAnm *Hecker* JuS 2002, 224 ff.; LK-StGB/*Tiedemann* Rn. 145; Leitner/*Dannecker,* Finanzstrafrecht, 2004, 77 ff.; *Koch/Dorn* JA 2012, 678; *Preuß* JA 2013, 436 f.; *Matzky* JURA 2003, 191 ff.). Monetäre Sanktionen sollen dem Sanktionierten ein Übel auferlegen; sie werden nicht im (Vermögens-)Interesses des Staates verhängt, wenngleich er faktisch und reflexhaft von entsprechenden Zahlungen profitiert. Es liegt deshalb bspw. dann kein Betrug vor, wenn sich jemand vor Gericht als Vater seines gegen seinen gleichnamigen Sohn geführten Bußgeldverfahrens ausgibt und dadurch ein Freispruch erwirkt wird (AG Aachen wistra 2012, 322).

86   **2. Schadensermittlung.** Die Schadensberechnung erfolgt nach dem Prinzip der **Gesamtsaldierung** (grundlegend RGSt 16, 1 (3)) über die sog **„Differenzhypothese".** Hiernach ist die Vermögenssituation vor und nach der Vermögensverfügung zu ermitteln und zu überprüfen, ob eine Minderung des Gesamtwertes vorliegt, ohne dass die Einbuße durch ein unmittelbar aus der Vermögensverfügung fließendes Äquivalent wirtschaftlich voll ausgeglichen wird (BGHSt 16, 220 (221); 45, 1 (4); BGH NStZ 2015, 89 (91 f.); Schönke/Schröder/*Perron* Rn. 106; Wessels/Hillenkamp StrafR BT II § 13 Rn. 538; zusammenfassend *Satzger* JURA 2009, 518 ff.). Ein Vermögensschaden ist insbesondere dann anzunehmen, wenn ein zum geschützten Vermögen gehörender und einen messbaren Substanzwert aufweisender (bei einem Ausweispapier verneinend BGH NStZ 2009, 694) Bestandteil entzogen oder das Vermögen mit einer Verbindlichkeit belastet wird, jedoch ein adäquater Gegenwert in das Vermögen nicht eingebracht worden ist (BGHSt 60, 1 (9 mwN)). Hingegen reicht es nicht aus, wenn lediglich eine Vermögensmehrung ausbleibt (BGH NJW 1985, 2428; 1991, 2573; OLG Köln NStZ 2000, 481), so wenn täuschungsbedingt ein den Gewinn mindernder Sonderrabatt eingeräumt wird (BGH NJW 2004, 2603 (2604) mAnm *Kudlich* JuS 2005, 81 ff.; OLG Stuttgart NStZ-RR 2007, 347 f.; zum Vorliegen eines Vermögensschadens bei einem vermögenslosen Täter s. *Sotelsek* StRR 2012, 246).

87   Maßgeblicher **Zeitpunkt** zur Feststellung eines Schadens ist derjenige der **Verfügung.** Bei Risikogeschäften soll auf den Vertragsschluss abgestellt werden (BGHSt 30, 388 (389); Fischer Rn. 111; LK-StGB/*Tiedemann* Rn. 173; vgl. dazu auch BGH NStZ 2009, 330 mAnm *Schlösser* NStZ 2009, 663 ff.). Dabei kann die Feststellung des Schadens im Zeitpunkt des Vertragsschlusses Schwierigkeiten bereiten, insbesondere wenn sich der Schaden erst längere Zeit nach Vertragsabschluss offenbart. Denn abzustellen ist auf den Zeitpunkt unmittelbar vor und nach der Vermögensverfügung (*Radtke* in Fischer et al., Dogmatik und Praxis des strafrechtlichen Vermögensschadens, 2015, 231 (236 ff.) mwN).

88   Bei der Schadensermittlung ist grundsätzlich auf die **objektive Sachlage** abzustellen. Maßgeblich für die Bewertung eines Vermögensgegenstandes ist dessen Verkehrs- und Marktwert (BGHSt 57, 95 (115)). Von § 263 wird weder ein Affektionsinteresse noch die wirtschaftliche Dispositionsfreiheit geschützt. Der wirtschaftliche Wert einer Sache wird auch durch ggf. irrationale **preisbildende Marktfaktoren** bestimmt. So liegt ein Schaden bei der Lieferung von qualitätsgleichem Hopfen aus einem unbekannten Anbaugebiet (BGHSt 8, 46 (48 f.)) oder der Lieferung weniger gut verkäuflicher Auslandsbutter statt Deutscher Markenbutter (BGHSt 12, 347 (352 f.)) vor. Gleichwohl sind preisbildende Marktfaktoren sowie die individuellen wirtschaftlichen Verhältnisse in die Betrachtung einzubeziehen. Nach der – allerdings äußerst restriktiv auszulegenden und nicht unumstritten (krit. etwa NK-StGB/*Kindhäuser* Rn. 307 ff., 328, 367 und *Pawlik,* Das unerlaubte Verhalten beim Betrug, 1999, 271 f.) – Leitentschei-

dung des BGH (BGHSt 16, 321 ff.) kann selbst bei rein wirtschaftlicher Gleichwertigkeit von Leistung und Gegenleistung ein Schaden in folgenden drei Fallgruppen **individuellen Schadenseinschlages** angenommen werden (dazu Schönke/Schröder/*Perron* Rn. 122 f. mwN; *Kudlich* in Fischer et al., Dogmatik und Praxis des strafrechtlichen Vermögensschadens, 2015, 123 ff.; *Texeira* ZIS 2016, 307 ff.; *Schlösser* in Fischer et al., Dogmatik und Praxis des strafrechtlichen Vermögensschadens, 2016, 89 ff.): Wenn dem Opfer in Folge der Verfügung Mittel entzogen werden, die für die ordnungsgemäße Erfüllung einer sonstigen Verbindlichkeit oder für seine persönlichen Verhältnisse angemessene Wirtschafts- und Lebensführung unerlässlich sind (BGHSt 16, 321 (328); s. auch wistra 1999, 299 (300)), wenn das Opfer durch die Verfügung zu weiteren vermögensschädigenden Maßnahmen, zB zum Abschluss eines wirtschaftlich ungünstigen Darlehens (BGHSt 16, 321 (328); LK-StGB/*Tiedemann* Rn. 179), genötigt wird, oder wenn das Opfer die Gegenleistung nicht oder nicht im vollen Umfang zu dem vertraglich vorausgesetzten Zweck oder in anderer zumutbarer Weise verwenden kann (BGHSt 16, 321 (326)). Letztere Fallgruppe – für den Erwerber **subjektiv wirtschaftlich wertlose Leistung** (BVerfG NJW 2013, 365 (367)) – ist die wichtigste. Dabei kommt es nicht auf die persönliche Einschätzung des Geschädigten über die Verwendbarkeit der Leistung an, sondern auf die Auffassung eines sachlichen Beurteilers (BGHSt 23, 300 (301)). Ein Vermögensschaden liegt insbesondere beim Verkauf eines Lexikons an völlig Ungebildete (OLG Köln NJW 1976, 1222) oder einer Fachzeitschrift an Laien (*Rengier* StrafR BT I § 13 Rn. 87 f.) vor sowie beim Erwerb einer Waschmaschine, wenn eine neuwertige schon vorhanden ist (BGHSt 22, 88). Der BGH sieht auch den Fall, in dem jemand ein Wachstumsunternehmen erwerben will, um auf dem europäischen Festland Fuß zu fassen, dabei jedoch in Wahrheit ein Unternehmen mit manipulierten Bilanzen und kriminellen Vorstandsmitgliedern erwirbt, als Fall des persönlichen Schadenseinschlags an, weil der Erwerber nur ein aliud erhält, mit dem das strategische Ziel des Erwerbers verfehlt wird (BGH NStZ 2010, 700). Der BGH hat mit Blick auf BVerfG NJW 2013, 365 (375) (→ Rn. 101) die Lehre vom individuellen Schadenseinschlag nicht in Frage gestellt, sondern hervorgehoben, dass ein vom Geschädigten mit zumutbarem Einsatz realisierbarer Gegenwert der Schadenshöhe zu berücksichtigen ist (BGH wistra 2011, 335 (338 f.); BGH NStZ 2014, 517 (519)).

Die Rspr. und das Schrifttum nimmt eine **Gleichsetzung von Schaden und Gefährdung** vor, wenn bestimmte Umstände vorliegen (→ Rn. 92 ff.), und trägt dadurch der Tatsache Rechnung, dass sich in einem marktwirtschaftlichen Wirtschaftssystem die Preise über Angebot und Nachfrage bilden und sich deshalb auch Zukunftserwartungen der Marktteilnehmer auf den erzielbaren Preis und damit den Wert von Gegenständen auswirken (*Fischer* NStZ-SH 2009, 8 (11); zust. BVerfG NJW 2010, 3209 (3219) zu § 266). Da sich diese grundlegende Tatsache auch in den **Bewertungsvorschriften des Bilanzrechts** niedergeschlagen habe, stehe es, so das BVerfG (NJW 2010, 3209 (3219)), mit der wirtschaftlichen Praxis und dem – unter dem Blickwinkel des Bestimmtheitsgebots maßgebenden – allgemeinen Sprachgebrauch in Einklang, bei Bestehen der konkreten Gefahr eines künftigen Verlusts bereits einen gegenwärtigen Nachteil anzunehmen. **89**

Eine konkrete **Ermittlung des Schadens** darf nicht unterbleiben, weil sie mit praktischen Schwierigkeiten verbunden ist. Soweit in der wirtschaftlichen Praxis Methoden zur Bewertung von Vermögenspositionen entwickelt worden sind, müssen die Gerichte diese auch ihrer Beurteilung zugrunde legen. Das BVerfG (NJW 2010, 3209 (3215) zu § 266) führt diesbezüglich aus: „Dabei geht es darum, die Schadensfeststellung auf eine sichere Grundlage zu stellen, sie rational nachvollziehbar zu machen und sich zu vergewissern, ob im Einzelfall eine hinreichend sichere Grundlage für die Feststellung eines Vermögensnachteils überhaupt existiert oder ob man sich in einem Bereich bewegt, in dem von einem zahlenmäßig fassbaren Schaden noch nicht die Rede sein kann. Soweit Unsicherheiten verbleiben, ist unter Beachtung des Zweifelsatzes der (Mindest-)Schaden im Wege der Schätzung zu ermitteln.“ Beim betrügerisch veranlassten Eingehen eines Risikogeschäfts mit einer nicht mehr vertragsimmanenten Verlustgefahr ist zur Feststellung des Schadens auf den unmittelbar mit der Vermögensverfügung des Geschädigten eingetretenen Vermögensnachteil abzustellen, der durch das Verlustrisiko zum Zeitpunkt der Vermögensverfügung bestimmt wird und nach wirtschaftlichen Maßstäben zu bewerten ist. Die Verlustgefahr kann über die vertraglich zugrunde gelegte Gefahr hinausgehen. Dabei handelt es sich um einen endgültigen Schaden und nicht nur um eine (schadensgleiche) Vermögensgefährdung. Grundsätzlich ist die Verlustgefahr konkret festzustellen und ggf. unter Beauftragung eines Sachverständigen zur wirtschaftlichen Schadensfeststellung zu beziffern. Wenn eine genaue Feststellung zur Schadenshöhe allerdings nicht möglich ist, sind hierzu Mindestfeststellungen zu treffen, die auch durch Schätzung ermittelt werden können; dem Tatrichter ist dabei ein Beurteilungsspielraum einzuräumen (BGH wistra 2009, 232; BGH NJW 2011, 2675; zur Schätzung des Schadens: *Noll* in Fischer (Hrsg.), Dogmatik und Praxis des strafrechtlichen Vermögensschadens, 2015, 313 ff.). **90**

Eine bloß **unterlassene Vermögensmehrung** stellt noch keinen Vermögensschaden dar (BGH NJW 2004, 2603 mAnm *Kudlich* JuS 2005, 81 ff.). Daher ist bei nicht verschreibungspflichtigen Medikamenten, die gemäß § 78 Abs. 2 S. 3 AMG iVm § 1 Abs. 4 AMPreisV keiner Preisregulierung unterliegen, zu ermitteln, welche Bedingungen für die Medikamentenabgabe einerseits für Kliniken und andererseits für den freien Verkauf in Apotheken gelten und welche Preise zu erzielen sind; hierbei ist zu beachten, dass sich der höhere Preis gegenüber Abnehmern, die keine Krankenhäuser sind, mit Wahrscheinlichkeit durchsetzen lassen muss (BGH NZS 2013, 61). Ein Vermögensschaden in Höhe der unterlassenen Vermögensmehrung liegt nur dann vor, wenn die Möglichkeit des Absatzes für das liefernde Unternehmen auch zu dem höheren Preis gesichert erscheint (BGH NStZ-RR 2013, 313) und deshalb die Gewinnaussicht bereits zu den geschützten Vermögenspositionen zählt.

90a   **„Intersubjektive Wertsetzung" und „Gegenleistungsbasierte Verkehrswertermittlung":** Ein Intermezzo innerhalb der Grundsätze der Schadensbestimmung hatte der 5. Strafsenat des BGH mit seiner Figur der **„intersubjektiven Wertsetzung"** geboten (BGHSt 58, 205). Beim Eingehungsbetrug solle der Wert eines Kaufgegenstands nach dem Wert der für diesen versprochenen Gegenleistung bestimmt werden. Es genüge, den „von den Parteien selbst – auf der Grundlage übereinstimmender, von Willens- und Wissensmängeln nicht beeinflusster Vorstellungen über Art und Güte des Vertragsgegenstandes – bestimmten Werts als Basis der Schadensfeststellung zu Grunde zu legen" (BGHSt 58, 205 (210)). Dieser Ansatz stand in inhaltlichem Widerspruch zu Entscheidungen anderer Senate, insbesondere zur „Porschefelgenentscheidung" des 2. Strafsenats (BGH NStZ 2012, 629), und ist auf scharfe Kritik gestoßen (*Albrecht* NStZ 2014, 16 (19 f.); *C. Dannecker* NZWiSt 2015, 173 (177 ff.); *Sinn* ZJS 2013, 625 (627 f.)): Der Wert eines Gegenstandes ist nicht mit dem Wert der hierfür versprochenen Gegenleistung identisch; der Betrugstatbestand würde durch das Konzept der intersubjektiven Wertsetzung grundlegend dahingehen umgestaltet, dass er auch vor dem Unterbleiben versprochener Vermögensmehrungen schützen würde; dass ein ohnehin zahlungsunfähiger oder -williger Täter im Rahmen eines Eingehungsbetrug einen überhöhten Preis verspricht, macht den Gegenstand weder wertvoller, noch sagt es indiziell irgendetwas über den tatsächlichen Wert aus. Den Bezugspunkt der Wertermittlung bilden im Rahmen der Verkehrswertbestimmung hypothetische Drittgeschäfte, und nicht das konkret getätigte Geschäft (*C. Dannecker* NZWiSt 2015, 173 (177)). Die intersubjektive Wertsetzung mag zwar als Reaktion auf die tatsächlichen Wertbestimmungsschwierigkeiten, die das bundesverfassungsgerichtliche Schadensbezifferungsgebot aufwirft (BGHSt 58, 205 (209): „nicht hinzunehmende(r) Aufwand" der Bestimmung des objektiven Werts), nachvollziehbar erscheinen, derart pragmatische Gründe rechtfertigen aber nicht, den Wert eines Gegenstandes und den Wert dessen vertraglicher Gegenleistung gleichzusetzen; diese Begriffe stehen einander gegenüber und sind zu unterscheiden. Prozessuale Nachweisschwierigkeiten dürfen nicht durch eine Ausdehnung des Straftatbestandes kompensiert werden (*C. Dannecker* NZWiSt 2015, 173 (178 f., 184)).

Dem Ansatz der intersubjektiven Wertsetzung ist der 1. Strafsenat (BGHSt 60, 1 (10 ff.)) zwar nicht explizit, doch aber unmissverständlich entgegengetreten (hierzu *C. Dannecker* NZWiSt 2015, 173 (176 f.); ähnlich *Albrecht* JZ 2015, 841 (842)), und mittlerweile hat sich auch der 5. Strafsenat selbst wieder von den Grundsätzen der subjektiven Wertsetzung distanziert: In seinem Urt. v. 2.9.2015 (5 StR 186/15, NStZ-RR 2015, 374, Rn. 11) ließ er es ausdrücklich offen, ob er an ihnen festhalte und sprach von „beachtlichen Gründen" der soeben dargestellten Gegenauffassung. Dies ist als deutliche Distanzierung von BGHSt 58, 205 zu verstehen (so auch *Krehl* NStZ 2016, 347), so dass sich die intersubjektive Wertsetzung nicht senatsübergreifend durchsetzen kann.

Mittlerweile sind drei weitere Entscheidungen des BGH ergangen, in denen die ursprüngliche Figur der intersubjektiven Wertsetzung verlassen wurde und stattdessen eine *„gegenleistungsbasierte Verkehrswertermittlung"* (*C. Dannecker* NStZ 2016, 318 (318 f.)) vorgenommen wird. Das bedeutet, dass nicht mehr auf materiellrechtlich-schadensdogmatischer Ebene unmittelbar der Wert einer Leistung mit der für diese vereinbarten Gegenleistung gleichgesetzt wird, sondern auf Ebene der tatrichterlichen Überzeugungsbildung, also auf Ebene des Strafprozessrechts, ein weiterer Weg der Schadensermittlung anerkannt wird (*C. Dannecker* NStZ 2016, 318 (318 f., 322, 326)). Maßgeblich für die Bestimmung eines Vermögensschadens ist und bleibt der Verkehrswert. Von dem vereinbarten Preis kann aber nur dann auf den Verkehrswert geschlossen werden, wenn und soweit die Preisvereinbarung innerhalb bestehender und funktionierender Märkte getroffen wurde (vgl. BGH NStZ 2016, 286 Rn. 33 f.). Im Einzelnen hat der BGH dies überzeugend für anhand von Preislisten bestellte Möbel (BGH NStZ 2016, 286 (Rn. 57 f.)) und bei Kfz (BGH NStZ 2016, 283 Rn. 33 f.), zweifelhafter bei der über mehrere Tage erbrachten Leistung einer Prostituierten/„Domina" angenommen (kritisch hierzu *C. Dannecker* NStZ 2016, 318 (323), *Krehl* NStZ 2016, 347 ff.). Als nicht tragfähig wurde der Schluss von einem vereinbarten Kaufpreis auf den Wert bei einem Unternehmenskauf erachtet (BGH Beschl. v. 2.9.2015 – 5 StR 186/15). In der Sache hat auch der 3. Senat unausgesprochen die Überlegungen der gegenleistungsbasierten Verkehrswertermittlung zugrunde gelegt, wenn er im Rahmen der Schadensbestimmung bei einem Kreditbetrug den Schaden in dem täuschungsbedingten Risikoungleichgewicht erkennt (BGH NStZ 2016, 343 Rn. 9). Auch dem liegt nämlich die These zugrunde, dass das vereinbarte/versprochene Kreditgeschäft ein marktgängiges und damit für beide Parteien vermögenswertneutrales Geschäft ist, so dass in der Praxis tatsächlich regelmäßig durchaus das täuschungsbedingte Risikoungleichgewicht, also die Differenz zwischen dem vom täuschenden Kreditnehmer versprochenen Kreditrisiko und dem tatsächlichen Kreditrisiko den Schaden darstellen wird (*C. Dannecker* NStZ 2016, 318 (324 ff.)). Bei alledem ist zu berücksichtigen, dass der tatrichterliche Weg der Schadenbestimmung mittels der Gegenleistung seine Legitimation (nur) dadurch erfährt, dass er auf dasselbe Ergebnis wie eine direkte Schadensermittlung hinausläuft. Eine weitere Sachaufklärung wird (zumal wenn sie durch Beweisanträge beantragt wird) daher bereits bei Zweifeln an dieser Ergebnisgleichheit geboten sein und nicht erst im Falle eines auffälligen oder gar augenfälligen Missverhältnisses des Werts der betrügerisch erlangten Leistung und der vereinbarten Gegenleistung (*C. Dannecker* NStZ 2016, 318 (327)).

3. Kompensation. Bei vollständiger unmittelbarer Kompensation, die durch die Vermögensver- **91** fügung selbst hervorgebracht wird und zu einer vollen wirtschaftlichen Kompensation führt, fehlt es an einem Schaden (BGH NStZ 1999, 353 (354)). Deshalb sind nur Vermögensmehrungen in die Gesamt-saldierung einzubeziehen, die vor oder im Zeitpunkt der Saldierung erfolgen (Fischer Rn. 111). Eine unmittelbare Kompensation tritt etwa ein, wenn eine Ausfallgarantie besteht (*Rengier* FS Gössel, 2002, 469 (477 f.)).

Die **nachträgliche Schadensbeseitigung** (ausf. dazu *Walter* FS Herzberg, 2008, 763 ff.; *Satzger* JURA 2009, 518 (521); *Waßmer* in Fischer et. al., Dogmatik und Praxis des strafrechtlichen Vermögens-schadens, 2015, 175 ff.), das Bestehen von Schadensersatz- und Bereicherungsansprüchen (BGH wistra 1993, 265 (266); BGHSt 53, 199 (201 f.)), Gewährleistungsansprüche und Anfechtungsrechte (BGHSt 21, 348; 23, 300 (302); aA *Wahl,* Die Schadensbestimmung beim Eingehungs- und Erfüllungsbetrug, 2007, 44) sowie Ansprüche des Opfers aus vertraglichen Versicherungsleistungen verhindern den Vermögensschaden grundsätzlich nicht (BGHSt 53, 199 (201 f.); 57, 95 (113 f.); BGH NJW 2011, 2675 f.; LK-StGB/*Tiedemann* Rn. 161 f.). Allerdings sind nach hM vertraglich vom Täter **zugesicherte und leicht durchsetzbare Gegenrechte** in die Saldierung mit einzubeziehen (BGH MDR/D 1971, 546; OLG Köln MDR 1975, 244; MüKoStGB/*Hefendehl* Rn. 520; Kindhäuser StrafR BT II § 27 Rn. 63), weil ihr Entstehungsgrund auch der Verdienst des Täters und diesem deshalb zurechenbar ist, so wenn der Täter dem Opfer ohne Verpflichtung zur Vorauskasse hinsichtlich der Ware eine Prüf- und Bedenk-zeit einräumt und deshalb ein Rücktrittsrecht vertraglich vereinbart, nicht hingegen, wenn eine Prüfung erst nach Zahlung der Ware möglich sein soll (*Jäger* JuS 2010, 761 (764)).

Wird durch Täuschung über das Bestehen einer vertraglichen Verpflichtung die Herausgabe von Kontodaten und das Unterlassen des Widerspruchs gegen die vorgenommene Abbuchung veranlasst, so liegt in der irrtumsbedingten Hinnahme der Abbuchung, die sich unmittelbar vermögensmindernd auswirkt, ohne dass dies durch den Erhalt einer werthaltigen Gegenleistung oder das Erlöschen einer entsprechenden Zahlungsverpflichtung kompensiert worden wäre, ein Vermögensschaden (BGH BeckRS 2014, 03755). Die als vermeintliche vertragliche Gegenleistung erfolgte Eintragung bei Ge-winnspielen stellt keinen der Zahlung entsprechenden und die Vermögenseinbuße ausgleichenden Ver-mögenszuwachs dar, und auch das Erlöschen einer etwaigen vertraglichen Zahlungspflicht kommt nicht als Schadenskompensation in Betracht (BGH BeckRS 2014, 03755). Problematisch ist, ob beim Einsatz von Bietrobotern bei Online-Auktionen durch die der anonym mitbietende Verkäufer den Verkaufspreis in die Höhe treibt, ein Vermögensschaden anzunehmen ist. Dies kann bezweifelt werden, wenn der Verkaufswert dem objektiven Verkehrswert entspricht; hiergegen lässt sich jedoch einwenden, dass der Verkehrswert erst durch die Online-Auktion bestimmt wird (so *Heyers* NJW 2012, 2552).

Eine Kompensation kann auch durch **Befreiung von Verbindlichkeiten** erfolgen, wenn ein Gläubi-ger durch Täuschung über nicht erbrachte Leistungen Geldzahlungen erschleicht, die den Schuldner von einer anderen, tatsächlich bestehenden Verbindlichkeit befreien, weil der Gläubiger beides erkenn-bar in Verbindung gebracht hat; dies gilt selbst dann, wenn der dem Gläubiger aus dem anderen Rechtsgeschäft entstandene Anspruch schwer zu beweisen und/oder noch nicht fällig ist (BGH NStZ-RR 2011, 312 (312 f.)).

Hingegen können **gesetzliche Sicherungsmittel** wie Unternehmenspfandrechte (§ 647 BGB), vertraglich vereinbarte Sicherungen und Rücktrittsmöglichkeiten sowie Sicherungen aus dem Ver-mögen Dritter (Bürgschaft, Schuldbeitritt, Sicherungsübereignung etc), sofern sie ohne Mitwirkung des Schuldners realisierbar sind, kompensatorisch wirken (BGH wistra 1995, 28 f.; 1995, 222 (223); BGH NStZ-RR 2005, 374 (375); Lackner/Kühl/*Kühl* Rn. 36a; MüKoStGB/*Hefendehl* Rn. 513; SSW StGB/ *Satzger* Rn. 216). Hingegen wird ein Schaden nicht ausgeschlossen durch **vertraglich vereinbarte Rücktrittsrechte** (BGHSt 34, 199 (202 f.); aA OLG Köln MDR 1975, 244) oder durch eine **Storn-ierungsbereitschaft** des Täters (BGHSt 23, 300 (303)), da diese Möglichkeit dem Täter häufig nicht bekannt sein wird und er sie deshalb nicht nutzen kann. Wenn hingegen von Anfang an eine Rück-abwicklung unproblematisch möglich ist oder ein **Sicherungsmittel** vertraglich vereinbart ist wird der Schaden dadurch kompensiert (LK-StGB/*Tiedemann* Rn. 167; *Amelung* NJW 1975, 624 ff.). Voraus-setzung ist allerdings, dass der Anspruch ohne Mitwirkung des Täters gefahrlos und ohne erheblichen zeitlichen und finanziellen Aufwand geltend gemacht werden kann (BGH NStZ-RR 2006, 206 (207); BGH NStZ 1999, 353 (354); LK-StGB/*Tiedemann* Rn. 167). Werden also dem Kreditgeber beim Kreditbetrug **werthaltige Sicherheiten** angegeben, die sein Ausfallrisiko abdecken und die er nach Fälligkeit realisieren kann, so liegt kein Vermögensschaden vor (BGH wistra 2009, 236).

4. Schadensbegründende Vermögensgefährdung. Wirtschaftlicher Ausgangspunkt des Ver- **92** mögensbegriffs ist, dass nicht erst dann, wenn ein Vermögensbestandteil aus dem Vermögen ausscheidet oder eine Verbindlichkeit begründet wird, sondern bereits mit der Gefährdung einzelner Vermögens-positionen die Wertschätzung des Gesamtvermögens durch den Wirtschaftsverkehr negativ ausfällt. Aus diesem Grund wird die **Vermögensgefährdung** als „schadensgleich" bezeichnet, sie ist jedoch „scha-densbegründend" (*Hauck* ZIS 2011, 919 ff.; Küper/Zopfs StrafR BT Rn. 633). Nach stRspr und hL reicht zur Bejahung eines Vermögensschadens die **konkrete Gefährdung des Vermögens** aus (BGHSt 33, 244 (246); 34, 394 (395); 47, 160 (167); 53, 199 (202); BGH NStZ 2007, 151 (155); Schönke/ Schröder/*Perron* Rn. 143; Müller-Gugenberger WirtschaftsStR/*Hebenstreit* § 47 Rn. 58 f.; s. auch Mü-KoStGB/*Hefendehl* Rn. 588 ff.; *ders.* FS Samson, 2010, 295 (306)). Wirtschaftlich bestehe, so der BGH, nur ein quantitativer, kein qualitativer Unterschied zwischen Gefährdung und völligem Verlust (BGHSt 34, 394 (395); BGH wistra 1991, 307 (308); ebenso BGHSt 53, 199 (202) unter Bezug auf LK-StGB/ *Tiedemann* Rn. 168; eingehend dazu *Hefendehl*, Vermögensgefährdung und Exspektanzen, 1994, 256 ff.). Eine solche konkrete Gefährdung erfordere, dass der Eintritt wirtschaftlicher Nachteile nahe liegend sei (BGHSt 1, 92 (93 f.); 34, 394 (395); 51, 165 (177); BGH NStZ 2004, 264 (265)). Hierbei handelt es sich indes im Hinblick auf Art. 103 Abs. 2 GG um eine im Grundsatz bedenkliche Ausweitung der Vollendung in den Bereich des Versuchs, denn der Tatbestand setzt eine Schädigung des Vermögens und nicht eine bloße Gefährdung voraus (zum Problem der Schadensbestimmung in diesem Bereich BGH NStZ 2009, 330 f. m. krit. Anm. *Küper* JZ 2009, 800 ff.).

Gleichwohl hat das **BVerfG** die schadensgleiche Vermögensgefährdung als noch mit dem Bestimmtheitsgebot (Art. 103 Abs. 2 GG) vereinbar beurteilt, weil damit nicht erst die vorstehende, sondern bereits die **eingetretene Vermögensminderung** erfasst werde und damit der Wortsinn als äußerste Grenze zulässiger richterlicher Auslegung noch nicht überschritten sei (BVerfGE 130, 1 (42 ff.) zu § 263 und BVerfGE 126, 170 (221 ff.) zu § 266, dessen Schadensbegriff mit dem des § 263 grundsätzlich identisch ist). In der **Gefahr eines zukünftigen Verlustes** liegt bereits ein gegenwärtiger Nachteil, da sich in einem marktorientierten Wirtschaftssystem die Preise an Angebot und Nachfrage orientieren, weshalb sich die Zukunftserwartungen der Marktteilnehmer bereits auf den **erzielbaren Preis** und damit auf den Gegenwert auswirken (BVerfGE 126, 170 (221 ff.)). Es dürfe jedoch nicht auf die **konkrete Feststellung der Schadenshöhe** verzichtet werden, da ansonsten eine „weitgehend normativ geprägte Betrachtungsweise" an die vom Gesetzgeber intendierte wirtschaftliche Betrachtung trete (BVerfG StV 2010, 564 (572 f.); eine bloße Möglichkeit eines Schadens reiche nicht aus (BVerfG NJW 2012, 907 (916)). Der Vermögensschaden müsse der Höhe nach beziffert werden. Um die Vorgaben des BVerfG zu beachten, ist es erforderlich, die Rspr. des BVerfG bei der Auslegung des Schadensbegriffs strikt zu beachten. Daher ist in diesem Bereich eine **restriktive Vorgehensweise** geboten: Die Gefährdung muss nach wirtschaftlicher Betrachtungsweise bereits eine Verschlechterung der gegenwärtigen Vermögenslage bedeuten. Die täuschungsbedingte Gefahr des endgültigen Verlustes eines Vermögensbestandteils muss zum Zeitpunkt der Verfügung so groß sein, dass sie bereits eine Minderung des Gesamtvermögens zur Folge hat (vgl. BGHSt 34, 394 (395); BGH NStZ 2004, 264). Eine derartige konkrete Gefährdung, die bereits einem Schaden entspricht, kann nur anerkannt werden, wenn der Betrogene ernstlich mit wirtschaftlichen Nachteilen zu rechnen hat (BGHSt 21, 112 (113)). Diese Voraussetzungen sind jedoch nicht erfüllt, wenn der Eintritt wirtschaftlicher Nachteile nicht einmal überwiegend wahrscheinlich ist, sondern von zukünftigen Ereignissen abhängt, die sich einer Einflussnahme trotz der Manipulation immer noch in ganz wesentlichem Umfang entziehen (BGHSt 51, 165 ff.).

93　　In der **Literatur** (zusammenfassend LK-StGB/*Tiedemann* Rn. 171; *Hefendehl*, Vermögensgefährdung und Exspektanzen, 1994, 49 ff.) wird überwiegend versucht, die Schadensvorverlagerung durch weitere Kriterien einzuschränken. So fordert *Hefendehl* (Vermögensgefährdung und Exspektanzen, 1994, 138 ff.), dass das Opfer nach der Verfügung nicht mehr in der Lage sein darf, den **Eintritt eines Vermögensnachteils** noch (gezielt) **zu verhindern** (ebenso *Wahl*, Die Schadensbestimmung beim Eingehungs- und Erfüllungsbetrug, 2007, 88 ff.). Teilweise wird auf das Kriterium der **Unmittelbarkeit** abgestellt, das vorliegt, wenn es zum Eintritt des Nachteils keiner über die Verfügung hinausgehenden weiterer Schritte des Opfers mehr bedarf (so *Saliger* FS Samson, 2010, 474 (482); *Trifterer* NJW 1975, 612 (616)), teilweise auf das Entstehen eines zivilrechtlichen Ausgleichsanspruchs des Vermögensinhabers abgestellt (so Schönke/Schröder/*Perron* Rn. 143a; *Cramer,* Vermögensbegriff und Vermögensschaden im Strafrecht, 1968, 131 f.).

94　　In der **neueren Rspr.** besteht die Tendenz, die **Vermögensgefährdung als Scheinproblem** abzutun (so BGH NJW 2008, 2451 (2452): bei pflichtwidrigen Risikogeschäften stelle sich die konkrete Vermögensgefährdung „als ein bereits unmittelbar mit der Tathandlung eingetretener Vermögensnachteil" dar, wie das Beispiel der Auszahlung eines ungesicherten Kredits an ein zahlungsunfähiges Unternehmen zeige, bei dem der Rückzahlungsanspruch schon über die „wertende" oder aber Kreditvergabe mögliche und zulässige Maß hinaus minderwertig sei) oder sie als „verschleiernde" und „entbehrliche" Bezeichnung ganz abzulehnen (BGHSt 53, 199 (202 f.); dazu *Brüning* ZJS 2009, 300 ff.; *Leipold* NJW Spezial 2009, 248 ff.; *Ransiek/Reidling* ZIS 2009, 315 ff.). Ein Schaden und nicht nur eine schadensgleiche Vermögensgefährdung soll schon beim betrügerisch veranlassten **Eingehen eines Risikogeschäfts** mit einer nicht mehr vertragsimmanenten Verlustgefahr vorliegen (BGHSt 53, 199 (202) m. zust. Anm. *Becker* HRRS 2009, 334; *Kilian* HRRS 2009, 285; *Küper* JZ 2009, 800; *Ransiek/Reidling* ZIS 2009, 315; *Schlösser* NStZ 2009, 663; *ders.* StV 2010, 157; abl. *Brüning* ZJS 2009, 300; dazu *Piel* in Fischer et al., Dogmatik und Praxis des strafrechtlichen Vermögensschadens, 2015, 109 ff.). Der 5. Strafsenat hat im Fall *Hoyzer* im Zusammenhang mit dem Sportwettenbetrug (→ Rn. 455 f.) den **Quotenschaden als neue Schadenskategorie** eingeführt (BGHSt 51, 165 (175 ff.) mAnm *Engländer* JR 2007,

477 (479); *Krack* ZIS 2007, 103 (112); *Radtke* JURA 2007, 445 (451); s. auch *Gaede* HRRS 2007, 16
(18); *Jahn/Maier* JuS 2007, 215 (219); *Saliger/Rönnau/Kirchheim* NStZ 2007, 361 (368); *Petropoulos/
Moronzonis* wistra 2009, 254 (261); *Rönnau/Soyka* NStZ 2009, 12). Nunmehr nimmt der BGH bereits
beim Abschluss des Wettvertrages eine schadensgleiche Vermögensgefährdung beim Wettanbieter in
Höhe des möglichen Wettgewinnes abzüglich des Einsatzes in der Form eines Eingehungsschadens an
(BGH NJW 2013, 883 (886); BeckRS 2013, 01251 Rn. 48 ff.). Dies ist insbesondere für Fälle von
Relevanz, in denen es zu keiner Gewinnausschüttung gekommen ist. Der 1. Senat bewertet in seinem
Beschluss aus 2008 (BGH NStZ 2008, 457) im Rahmen der Untreue die **zweckwidrige Verfügung**
des Täters nicht nur als schadensgleiche Vermögensgefahr, sondern als mit dolus directus herbeigeführten
endgültigen Schaden. Im Fall *Kanther* (BGHSt 51, 100 (120 ff.)) wurde die Einstufung von **schwarzen
Kassen** als nur schadensgleiche Vermögensgefahr aufgegeben. Danach soll das dauerhafte Entziehen und
Vorenthalten erheblicher Vermögenswerte in verdeckten Kassen schon zu einem endgültigen Vermögensnachteil führen (BGHSt 52, 323 (336 f.); dazu *Hoven* in Fischer et al., Dogmatik und Praxis des
strafrechtlichen Vermögensschadens, 2015, 201 ff.).

Für die **Beibehaltung** der Rechtsfigur **der schadensgleichen Vermögensgefährdung** spricht, dass **95**
sie erforderlich ist, um in bestimmten Konstellationen eine Vollendung des Tatbestands schon vor
tatsächlichem Abfluss von Vermögenswerten annehmen zu können (*Beulke/Witzigmann* JR 2008, 433;
Fischer NStZ-SH 2009, 8 (11); *Küper* JZ 2009, 799; *Mansdörfer* JuS 2009, 114). Das BVerfG fordert
allerdings zu Recht, dass die Figur der **Vermögensgefährdung restriktiv** zu handhaben ist (BVerfG
NJW 2009, 2370 (2372)). Jedoch kann es nicht überzeugen, den Gefährdungsschaden in einen effektiven
Schaden umzubenennen. Vielmehr geht es um die zutreffende Abgrenzung zwischen Versuch und
Vollendungsstrafbarkeit. Deshalb muss ein **vollgültiger Schaden** vorliegen (*Saliger* FS Samson,
2010, 455 (469 f.)), der gegeben ist, wenn nach wirtschaftlicher Betrachtung bereits durch die Gefährdung eine gegenwärtige Minderung des Vermögenswertes eingetreten ist (BGH NJW 2008, 1827
(1829)), ohne dass die Gefahr eines Totalausfalls gegeben sein muss. Die eingetretene Minderung kann
sich zwischen dem vollen Wert (100 %) und dem Nullwert bewegen, sie hängt von der **Wahrscheinlichkeit des Ausfalls** ab. Jedoch kann von einer schadensgleichen oder schadensbewirkenden konkreten
Vermögensgefährdung überhaupt nur gesprochen werden, wenn der Vermögensabfluss bei ungehindertem Geschehensablauf hinreichend wahrscheinlich ist (BGHSt 48, 331 (346); BGH NStZ 2004, 264;
Fischer Rn. 159; zu weitgehend BGHSt 54, 244 (246)). Die Hauptschwierigkeit bei der schadensgleichen Vermögensgefahr besteht darin, die schon schadensgleiche Verlustwahrscheinlichkeit von der
noch nicht schadensgleichen abzugrenzen (LK-StGB/*Tiedemann* Rn. 169 ff.; MüKoStGB/*Hefendehl*
Rn. 589; *Becker* HRRS 2009, 337; *Fischer* NStZ-SH 2009, 15). Rspr. und hM in der Literatur
orientieren sich zu Recht an der **Konkretheit der Gefahr**, die vorliegt, wenn „mit wirtschaftlichen
Nachteilen ernstlich zu rechnen ist" (BGHSt 34, 394 (395)), „der Vermögensverlust nahe liegt" (BGHSt
48, 354 (356)), „mit dem alsbaldigen Eintritt eines entsprechenden endgültigen Schadens zu rechnen" ist
(BGHSt 40, 287 (296); BVerfG StV 2010, 70 (73)) oder die Gefahr des endgültigen Verlusts eines
Vermögensbestandteils so groß ist, dass sie schon jetzt eine Minderung des Gesamtvermögens zur Folge
hat (BGHSt 52, 182 (189)). Weiterhin soll eine Vermögensgefahr unter dem Gesichtspunkt der **fehlenden Vermeidemacht des Geschädigten** konkret sein, wenn der Berechtigte den endgültigen Vermögensverlust nicht mehr kontrollieren kann, dieser vielmehr nur noch im Belieben des Täters steht
(BGHSt 51, 100 (113)). Ansonsten fehlt es an der erforderlichen Unmittelbarkeit. Bei der betrügerischen
Erschleichung einer Kreditkarte liegt bereits im Verschaffungsakt eine hinreichend konkrete Vermögensgefährdung, da die Karte ab dem Zeitpunkt der Erlangung jederzeit genutzt werden kann. Die Tatsache,
dass die Karte erst noch deliktisch nach § 266b eingesetzt werden muss, um an das Geld zu gelangen,
spricht nicht gegen die Verwirklichung des § 263 (BGHSt 33, 244 (246) mAnm *Otto* JZ 1985, 1008;
LK-StGB/*Tiedemann* Rn. 110; AWHH StrafR BT § 20 Rn. 85; *Otto* StrafR BT § 51 Rn. 143; je
mwN), wegen der fehlenden Bonität des Karteninhabers ist das Vermögen des Kreditgebers bereits
mit Ausgabe der Karte automatisch mit der Forderung auf Einräumung eines Kredits belastet, ohne dass
ein hinreichendes Äquivalent gegenübersteht (Otto StrafR BT § 51 Rn. 143; zust. *Jäger* JuS 2010, 761
(763)), und mit der Zurverfügungstellung der Karte wird der Kreditkartenvertrag bereits teilweise erfüllt
(LK-StGB/*Tiedemann* Rn. 110).

Ein Betrug liegt auch dann vor, wenn nach Bundes- oder Landesrecht gewährte Leistungen von
Privatpersonen erschlichen werden, so wenn die **Abwrack-Prämie** beantragt wird, obwohl der PKW
nicht verschrottet, sondern ins Ausland verkauft wird (*Stumpf* NJW Spezial 2009, 648), wenn die
behauptete Kurzarbeit nicht eingeführt wird *(Graede/Leydecker* NJW 2009, 3542 ff.), wenn für eine
Neubauwohnung eine Eigenheimzulage beantragt wird, obwohl die Wohnung nicht errichtet wird
(*Kudlich* JA 2013, 551) oder wenn Subventionsleistungen nicht zweckgebunden einsetzt werden (BGHSt
19, 37 (44 f.)). Nach diesen Grundsätzen soll ein Vermögensschaden (vollendeter Betrug) auch dann
vorliegen, wenn einem Käufer ein PKW verkauft und zivilrechtlich vollwirksam übereignet wird, das
Eigentum wegen der konkreten Umstände der Übereignung aber von Anfang an wertlos war (BGH
NStZ 2015, 514): Es wurden nur gefälschte Kfz-Papiere übergeben und auf der Basis einer GPS-
Ortung und unter Zuhilfenahme polnischer Polizeibehörden wurde das Fahrzeug dem Erwerber, wie
von Anfang an geplant, umgehend wieder entzogen. Die getäuschten Erwerber erlangten zwar wirksam

Eigentum, dieses war indes schon zum Zeitpunkt der Vermögensverfügung wirtschaftlich wertlos, da der Geschädigte sein Eigentumsrecht wegen der übergebenen gefälschten Fahrzeugpapiere gegenüber der instrumentalisierten Polizei nicht würde durchsetzen können. Die Geschädigte erhielt lediglich eine für sie wertlose kurzfristige Besitzposition an dem Fahrzeug für die Überführungsfahrt nach Polen.

96 **5. Eingehungs- und Erfüllungsbetrug als Stufen der Deliktsvollendung.** Auch der Eingehungsschaden wurde vom BVerfG für verfassungskonform erachtet (BVerfGE 130, 1 (42 ff.); 126, 170 (221 ff.)). Wenn einer der Vertragspartner bei einem gegenseitigen Vertrag vorhat, nicht vertragsgemäß zu leisten, hat der BGH ursprünglich bereits im Vertragsschluss eine Vermögensgefährdung gesehen und damit einen vollendeten Betrug angenommen, so wenn der Verkäufer vorhatte, schlechtere Kohle als vereinbart zu liefern (BGH NJW 1953, 836). Diese Rechtsprechung ist heute überholt; bei einer Leistung Zug um Zug tritt der Schaden erst mit der vertragswidrigen Erfüllung ein (BGH StV 1988, 386; 1995, 255; BGH NStZ 1998, 85; näher dazu → Rn. 102). Der BGH differenziert heute danach, ob der Vertragspartner durch den Abschluss des Vertrages einen Anspruch erhalten hat, der seinen Verpflichtungen gleichwertig ist. Beim Betrug kann Deliktsvollendung in zwei aufeinander aufbauenden Stufen eintreten.

97 Wenn es beim Abschluss der Verpflichtung zu einem Schaden kommt, liegt ein sog **Eingehungsbetrug** vor (→ Rn. 99 ff.; BGH NStZ 2008, 96 (98); zur Bedeutung des Gegenleistungsanspruchs beim Eingehungsbetrug wegen Zahlungsunfähigkeit *Schlösser* wistra 2010, 164). In der darauf folgenden Vertragserfüllung realisiert sich dann die schadensbegründende Vermögensgefährdung, durch die ein endgültiger Schaden eintritt (BGHSt 32, 211 (212 f.)). Die hM sieht also Verpflichtungs- und Erfüllungsgeschäft als Einheit an. Diese einheitliche Betrachtungsweise hat zur Folge, dass ein Schaden abzulehnen ist, wenn die unter Täuschung erbrachte Leistung einen Wert hat, der der vereinbarten Gegenleistung entspricht.

Werden beim Abschluss eines Versicherungsvertrages keine oder falsche Angaben zu typischen Risikofaktoren, wie zB zu Vorerkrankungen, gemacht, so führt dies zur Vereinbarung einer niedrigeren Prämie; daher liegt in dem auf die Vertragslaufzeit entfallenden Differenzbetrag der Vermögensschaden (Eisele StrafR BT II Rn. 580). Beim Abschluss einer Lebensversicherung in der Absicht, die Versicherungsleistung durch das Vortäuschen des Versicherungsfalles zu erlangen, ist es umstritten, ob bereits mit Vertragsabschluss ein Vermögensschaden eintritt (krit. *Joecks* wistra 2010, 180).

98 Wenn sich der Täter erst nach Abschluss eines Austauschvertrages dazu entschließt, eine wirtschaftlich nicht vollwertige Leistung zu erbringen, die Täuschung also erst nach Abschluss des Vertrages erfolgt, liegt ein sog **echter Erfüllungsbetrug** vor (→ Rn. 106 ff.; eingehend dazu *Küper* FS Tiedemann, 2008, 617 ff.). In diesem Fall ist der Anspruch auf den Vertragsgegenstand dem Vermögen des Vertragspartners bereits zugeflossen, und dieser Anspruch wird durch die Annahme der minderwertigen Leistung als Erfüllung vereitelt (LK-StGB/*Tiedemann* Rn. 202; *Cramer,* Vermögensbegriff und Vermögensschaden im Strafrecht, 1968, 184 ff.). Maßstab für den Schaden ist beim echten Erfüllungsbetrug der wirtschaftliche Wertvergleich der Leistungen (→ Rn. 107). Beim sog **unechten Erfüllungsbetrug** täuscht der Täter seinen Vertragspartner bereits beim Abschluss des Vertrags über die Qualität seiner vertraglichen Leistung und erbringt die minderwertige Leistung in Erfüllung des Vertrags, die der Getäuschte folglich als vertragsgemäß akzeptiert (SSW StGB/*Satzger* Rn. 186). Hier wirkt die ursprüngliche Täuschung des Vertrags in der Erfüllungsphase fort (BayObLG 98, 123 (125 f.); Wessels/Hillenkamp StrafR BT II § 13 Rn. 542; näher → Rn. 110 ff.). Zum Äquivalenzbetrug an der Schnittstelle von Eingehungs- und Erfüllungsbetrug (→ Rn. 201 ff.).

99 **a) Eingehungsbetrug.** Beim Eingehungsbetrug tritt durch die betrügerische Begründung einer Verbindlichkeit eine **schadensgleiche Vermögensgefährdung** ein. Die Gefahr des Vermögensverlustes muss nach den Umständen des Einzelfalles so naheliegend und groß sein, dass bei wirtschaftlicher Betrachtungsweise in dieser Gefährdung bereits eine Verschlechterung der gegenwärtigen Vermögenslage liegt. Diese Vermögensverschlechterung begründet den Vermögensschaden. Eine solche **konkrete Vermögensgefährdung** (dazu LK-StGB/*Tiedemann* Rn. 168; *Brüning* ZJS 2009, 301) liegt vor, wenn infolge des Vertragsschlusses mit wirtschaftlichen Nachteilen ernstlich gerechnet werden muss (BGHSt 51, 165 (177)). Es muss eine Verschlechterung der gegenwärtigen Vermögenslage vorliegen, die schon jetzt eine Minderung des Gesamtvermögens zur Folge hat (BGHSt 53, 199 (202)). Der Eingehungsbetrug wurde vom Reichsgericht (RGSt 16, 1 (10 f.)) entwickelt. Diese besondere Form der Schadensbegründung und Schadensberechnung ist dadurch charakterisiert, dass – unabhängig von einer späteren Erfüllung – bereits durch die Eingehung einer Verbindlichkeit die konkrete Vermögensgefährdung entsteht, die einen betrugsrelevanten Eingehungsschaden darstellt (BGHSt 16, 220 (221)). Der vor oder bei Vertragsschluss Getäuschte vermindert das Opfervermögen, indem er dieses mit der aus dem Vertrag fließenden Leistungs- oder Zahlungsverpflichtung belastet. Das BVerfG (BVerfGE 126, 170 (221 ff.) – zum Betrug; 130, 1 (42 ff.) zur Untreue) hat inzwischen die schadensgleiche Vermögensgefährdung für **verfassungsrechtlich unbedenklich** erklärt: Die quantitative Unterscheidung zwischen Vermögensschaden und Gefährdungsschaden trage der Tatsache Rechnung, „dass sich in einem marktorientierten Wirtschaftssystem die Preise über den Mechanismus von Angebot und Nachfrage bilden und dass sich daher auch die Zukunftserwartungen der Marktteilnehmer auf den erzielbaren Preis und damit den Wert von Gegenständen auswirken" (BVerfGE 126, 170 (223)). Dies habe in den **Bewertungsvorschriften des Bilanzrechts** seinen Niederschlag gefunden (dazu *Rönnau* StV 2011, 758 ff.; krit. *Becker* JR 2012, 82 ff.; *Hefendehl* wistra 2012, 328 ff.). Als Beispiel führt das BVerfG den Abschluss eines Kreditvertrages an, bei dem aufgrund fehlender Bonität des Schuldners und fehlender Sicherheiten mit einem Forderungsausfall zu rechnen ist; hier werde mit der verbindlichen Kreditzusage das Vermögen der Bank wegen der Minderwertigkeit des Gegenleistungsanspruchs negativ verändert (BVerfGE 126, 170 (225); hieran anknüpfend BGH NJW 2012, 2370 (2371)). Die strafrechtliche Rspr. hat die „Bilanzrechtsakzessorietät" in mehreren Entscheidungen aufgegriffen und bestätigt (BGHSt 58, 102 (110 f.); 58, 105 (209 ff.); BGH NJW 2011, 2675 f.; 2012, 2370 (2371); BGH NStZ 2014, 578). Allerdings bestehen Bedenken gegen den bilanziellen Ansatz, weil das Bilanzrecht nicht den wirtschaftlichen Wert zugrunde legt, sondern vom Vorsorgeprinzip beherrscht wird. Daher darf nicht auf die bilanzrechtlich gebotenen Rückstellungen und Abschreibungen abgestellt werden (*Rengier* StrafR BT I § 13 Rn. 185c).

Die Anerkennung der konkreten Vermögensgefährdung als Schaden entbindet nicht von der Notwendigkeit, den Schaden zu **quantifizieren** (BVerfGE 126, 170 (211 f.); 226 ff.; 130, 1 (47 f.)). Der Gefährdungsschaden müsse in nachvollziehbarer Weise festgestellt werden. Von einfachgelagerten und eindeutigen Fällen abgesehen erfordere dies eine ggf. mit Hilfe eines Sachverständigengutachtens zahlenmäßig zu beziffernde Ermittlung und Benennung des Gefährdungsschadens. Nur wenn eine zukünftige Verlustgefahr eine schon gegenwärtig schädigende konkrete wirtschaftliche Auswirkung habe, liege Vollendungsunrecht vor. In Konstellationen, in denen die Feststellung des Schadens Schwierigkeiten bereite, sei eine **Schätzung** zulässig, sofern fest steht, dass man sich in einem Bereich bewegt, in dem von einem zahlenmäßig fassbaren Schaden die Rede sein kann. Ferner können normative Aspekte bei der Schadensfeststellung berücksichtigt werden, solange wirtschaftliche Überlegungen nicht verdrängt werden.

Klassisch sind die Fälle des Betruges bei der **Abonnementswerbung** (→ Rn. 35) und der **Anstellung von Arbeitnehmern** (→ Rn. 195). Auch beim **täuschungsbedingten Erwerb von Kapitalanlagen** handelt es sich regelmäßig um einen Eingehungsbetrug (→ Rn. 303 ff.). **100**

Der Schaden in Form einer **schadensbegründenden Vermögensgefährdung** (BGHSt 23, 300 (320 f.)) tritt zum **Zeitpunkt des Vertragsschlusses** ein (BGHSt 16, 220 (221); 21, 384 (385 f.); 23, 300 (302); BGH NStZ 2007, 151 (154); BayObLG NJW 1973, 633; OLG Köln NJW 1979, 1419 f.; LK-StGB/*Tiedemann* Rn. 38, 160, 173), wenn zum Zeitpunkt des Eingehens der vertraglichen Verpflichtung feststeht, dass der Gegenanspruch zum Ausgleich nicht geeignet ist, weil er objektiv mangelhaft ist, oder aber ein zwar grundsätzlich gleichwertiger Anspruch besteht, dieser aber aufgrund Leistungsunfähigkeit oder Leistungsunwilligkeit des Vertragspartners wirtschaftlich geringwertig oder wertlos ist (BGH NJW 1953, 836). Dies ist bspw. bei der manipulierten Oddset-Wette – einer Sportwette mit festen Quoten – der Fall, bei der eine schadensgleiche Vermögensgefährdung beim Wettanbieter bereits beim Abschluss des Wettvertrages angenommen werden kann; die Höhe des Schadens bemisst sich dabei nach der Höhe des möglichen Wettgewinns abzüglich des Einsatzes (BGH NJW 2013, 886). Hingegen ist es verfassungswidrig (BVerfGE 130, 1 (47 ff.)), wenn der BGH einen vollendeten Eingehungsbetrug bejaht, wenn beim Abschluss einer Lebensversicherung geplant ist, später den Tod des Versicherungsnehmers vorzutäuschen, um die Versicherungssumme zu erlangen (BGHSt 54, 69 (120 ff.) – Al Quaida; dazu *Rengier* JuS 2010, 281 ff.; *Waßmer* HRRS 2012, 368). Diese Entscheidung wurde vom BVerfG zu Recht aufgehoben (BVerfGE 130, 1 ff.). Für die Annahme eines Vermögensschadens genügt jedoch nicht, dass der Käufer den Vertrag ohne eine entsprechende Täuschung nicht geschlossen hätte, da § 263 als Vermögensdelikt nur das Individualvermögen, nicht aber die Redlichkeit des Geschäftsverkehrs oder die Dispositionsfreiheit des Getäuschten schützt (so die hM; vgl. BGHSt 16, 220 (221); 16, 321 (325); BayObLG NJW 1987, 2452 f.; OLG Düsseldorf JZ 1996, 913 f.; OLG Hamm NStZ 1992, 593 f.; Lackner/Kühl/*Kühl* Rn. 2 mwN; aA *Kindhäuser* ZStW 103 (1991), 398 ff.). Der Schaden bestimmt sich durch einen **Vergleich des Werts der beiderseitigen Vertragsverpflichtungen** (BGHSt 15, 24 (26 f.); 45, 1 (4); BGH NJW 1985, 1563 m. krit. Bespr. *Ranft* JURA 1992, 66 (75); BGH NStZ 2008, 96 mAnm *Rose* wistra 2009, 289). Erforderlich ist, dass der erlangte Anspruch in seinem Vermögenswert hinter dem Wert der übernommenen Verpflichtung zurück bleibt (→ Rn. 202). Das erforderliche Missverhältnis zwischen Leistung und Gegenleistung liegt nicht nur in den Fällen vor, in denen die erhaltene Gegenleistung objektiv ihren Preis nicht wert ist, sondern auch dann, wenn die Gegenleistung nach dem Urteil eines objektiven Betrachters für den Empfänger völlig unbrauchbar und damit nach Maßstab des individuellen Schadenseinschlages (→ Rn. 88) subjektiv wertlos ist (BGHSt 23, 300 (302 f.); OLG Köln NJW 1976, 1222; OLG Köln GA 1977, 188 ff.). Es ist besondere Sorgfalt auf die Frage zu verwenden, welche vermögensrelevanten Verpflichtungen zu dem irrtumsbedingt eingegangenen Vertrag gehören. Der BGH hatte sich mit einem betrügerischen Schrottimmobilienverkauf zu befassen, der letztlich Bestandteil einer „Umschuldung" überschuldeter Verbraucher dienen sollte (BGHSt 60, 1). Ob und unter welchen Umständen ein solcher Immobilienverkauf als integraler Bestandteil eines „Finanzprodukts" anzusehen ist, konnte der BGH letztlich offen lassen (hierzu und zum Folgenden eingehend C. *Dannecker* NZWiSt 2015, 173 (181 ff.)). Wenn eine Immobilie unter Wert erworben wird, dieser Erwerb aber innerhalb eines wirtschaftlich und rechtlich als Einheit konzipierten „Gesamtgeschäfts" erfolgt und wirtschaftlich sinnvoll erscheint, etwa weil mit dem Erwerb **101** sonstige Vorteile (etwa steuerlicher, liquiditätsbezogener oder risikomindernder Art) verbunden sind, darf nicht ohne weiteres isoliert nur auf das Immobiliengeschäft und ausschließlich auf dessen „Saldo" abgestellt werden. Ansonsten würde das Gesamtgeschäft entgegen der wirtschaftlichen Interessen der Beteiligten aufgespalten. Das auf ökonomische Rationalität gerichtete Verhalten der Beteiligten würde durch die isolierte Betrachtung dahingehend fehlgedeutet, dass sich Anleger durch ein nachteiliges Immobiliengeschäft *bewusst* schädigen wollten, um anderweitige Vorteile zu erlangen. Dies bildet die eigentlichen Probleme einer Wertbestimmung des „Finanzprodukts als solchem" nicht ab.

102   Ein Eingehungsschaden liegt noch nicht vor, wenn der Getäuschte es in der Hand hat, den **Vollzug des Verpflichtungsgeschäfts** noch **abzuwenden,** weil dann noch keine hinreichend konkrete Vermögensgefährdung gegeben ist (→ Rn. 92 ff.). Die Rspr. hat dies bei **Stornierungsbereitschaft** des Täters (BGH GA 1962, 213; einschränkend BGHSt 23, 300 (302 ff.)), bei vertraglich vereinbartem **Rücktrittsrecht** (BGH MDR/D 1971, 545 (546)), bei gesetzlichem **Widerrufsrecht** (BayObLG JZ 1986, 345 (346); aA Schönke/Schröder/*Perron* Rn. 131) oder bestehenden **Einreden** (BGH NStZ 1998, 570) sowie bei der Vereinbarung der **Leistung Zug um Zug** (BGH wistra 2001, 423 (424); BGH NStZ-RR 2005, 180 (181); OLG Stuttgart NJW 2002, 384 mAnm *Erb* JR 2002, 216 f.) angenommen. Solche Umstände schließen eine schadensbegründende Vermögensgefährdung jedoch nur aus, wenn der Getäuschte Kenntnis hiervon hat, so dass er den bevorstehenden Schaden ohne Mitwirkung des Täters gefahrlos und ohne erheblichen zeitlichen oder finanziellen Aufwand verhindern kann (BGH NStZ 1999, 353 (354)). Die nur abstrakte Möglichkeit der Schadensverhinderung genügt nicht. Bereits die konkrete Gefahr, dass der Getäuschte die Möglichkeit und Notwendigkeit der Schadensverhinderung nicht erkennt oder dazu nicht in der Lage ist, kann schadensbegründend wirken (SSW StGB/*Satzger* Rn. 184). In Erweiterung seiner Rspr. zum Eingehungsbetrug (→ Rn. 99 ff.) hat der BGH (BGHSt 34, 199; zust. *Müller-Christmann* JuS 1988, 108 ff.) für die Fälle des **Verkaufs** wirkungsloser Präparate **per Nachnahme** das Vorliegen eines Vermögensschadens trotz der Vereinbarung eines Rücktrittsrechts bejaht, wenn der Käufer das Geld bereits an den Postboten ausgehändigt hat und den Täter eines Erfüllungsbetruges für schuldig erklärt.

103   Eine mögliche **Anfechtbarkeit** des Vertrages wegen arglistiger Täuschung gemäß § 123 Abs. 1 BGB stellt lediglich eine nachträgliche Schadensbeseitigung – eine sog reparatio damni – dar und schließt deshalb einen Schaden nicht aus (BGHSt 21, 112 (113); 22, 88 (89); 23, 300 (302 f.); OLG Köln GA 1977, 188 f.; OLG Stuttgart NJW 1980, 1177 (1178); LK-StGB/*Tiedemann* Rn. 166). Gleiches gilt für einen möglichen **Schadensersatzanspruch aus § 823 Abs. 2 BGB** iVm § 263 StGB, da dieser gerade einen Betrug voraussetzt. Ein (verlängerter) Eigentumsvorbehalt beim Kauf verhindert einen Vermögensschaden regelmäßig nicht (LPK-StGB/*Kindhäuser* Rn. 196 mwN). Anerkannt ist schließlich, dass auch der Abschluss eines **schwebend unwirksamen Vertrages** einen Eingehungsbetrug begründen kann (BayObLG NJW 1973, 633; *Berz* NJW 1973, 1337), wobei es – gerade bei genehmigungspflichtigen Verträgen – darauf ankommt, ob die Wirksamkeit des Vertrages auch ohne eine weitere Täuschung – etwa des Genehmigungspflichtigen – eintreten kann.

104   In der **späteren Erfüllung des Vertrages** durch den Getäuschten wirkt die Täuschung lediglich fort (BayObLG 98, 123 (125 f.); Wessels/Hillenkamp StrafR BT II § 13 Rn. 542). Da bereits der Vertragsschluss zu einem Schaden geführt hat, ist die Realisierung der mit Vertragsschluss begründeten Schädigung durch Erfüllung nur noch die materielle Beendigung des Delikts. Insgesamt liegt daher nur *ein* Betrug vor (BGHSt 47, 160 (168); BGH wistra 1997, 144 (146); LK-StGB/*Tiedemann* Rn. 274; *Tenckhoff* FS Lackner, 1987, 680; Rengier StrafR BT I § 13 Rn. 201). Wenn es zum Leistungsaustausch kommt, sind die erbrachten Leistungen miteinander zu vergleichen (hM; BGHSt 16, 220), und es bedarf der Konstruktion des Eingehungsbetruges nicht (MüKoStGB/*Hefendehl* Rn. 534; *Rengier* JuS 2000, 644 (645)). Wenn der Täter etwa eine geringwertige Zellwollhose als höherwertige Reinwollhose verkauft, deren Preis allerdings dem Marktwert einer Zellwollhose entspricht (wie in BGHSt 16, 220 (223)), liegt kein Eingehungsschaden vor (MüKoStGB/*Hefendehl* Rn. 556). Auch die Vorspiegelung werterhöhender Eigenschaften begründet keinen Schaden.

105   Nach einer verbreiteten Gegenansicht soll ein Erfüllungsbetrug auch dann vorliegen, wenn sich der Täter erst nach Vertragsschluss entschließt, dem Käufer statt Waren der Güteklasse A solche der Klasse B zu liefern und ihn durch Täuschung veranlasst, die schlechtere Ware als Erfüllung anzunehmen (**„unechter" Erfüllungsbetrug).** Auch in diesem Fall soll der Schaden an der Parteivereinbarung gemessen werden (näher dazu → Rn. 110 ff.). Dies hat zur Folge, dass als geschädigt anzusehen ist, wer täuschungsbedingt leistet, ohne die vertragsgemäße Gegenleistung zu erhalten. Der Erfüllungsschaden könne nicht entfallen, nur weil der Täter bereits im Rahmen des Verpflichtungsgeschäfts getäuscht habe (Schönke/Schröder/*Perron* Rn. 137; *Walter,* Betrugsstrafrecht in Frankreich und Deutschland, 1999, 537 ff.; *Otto* JZ 1993, 652 (656); *Puppe* JZ 1984, 531 ff.; *Schneider* JZ 1996, 914 (917 ff.)). Hierbei wird der vorangegangene Eingehungsbetrug als Versuch des späteren Erfüllungsbetrugs verstanden (LPK-StGB/*Kindhäuser* Rn. 203).

106   **b) Echter Erfüllungsbetrug.** Ein echter Erfüllungsbetrug liegt vor, wenn der Täter sein Opfer **erst nach Vertragsabschluss täuscht** und dadurch den Betroffenen dazu veranlasst, dass er entweder mehr leistet, als er rechtlich zu leisten verpflichtet wäre, oder wenn das Opfer eine Leistung als

Erfüllung annimmt, die im Verhältnis zu seinem Anspruch minderwertig ist (Küper/Zopfs StrafR BT Rn. 638).

Im Gegensatz zum Eingehungsbetrug, bei dem es für die Schadensermittlung auf den Vergleich der **107** wechselseitigen schuldrechtlichen Ansprüche ankommt (→ Rn. 99 ff.), ist beim echten Erfüllungsbetrug maßgeblich, ob die **tatsächlich erbrachten oder empfangenen Leistungen** jeweils gleichwertig mit den **schuldrechtlichen Ansprüchen bzw. Verpflichtungen** sind (BGHSt 32, 211 mAnm *Puppe* JZ 1984, 531 ff.; OLG Stuttgart JR 1982, 470 mAnm *Bloy*). Der Schaden liegt dann nach einer **zivilrechts-akzessorischen Schadensberechnung** entweder in einer aus der nicht vollwertigen Erfüllung des bestehenden Anspruchs resultierenden Zu-wenig-Leistung, mit der sich das Opfer täuschungsbedingt zufrieden gibt (RGSt 16, 1 (10 f.)) oder in einer aus der Erbringung einer nicht in dieser Höhe geschuldeten (Gegen-)Leistung resultierenden Zu-viel-Leistung (BGHSt 32, 211 (213)). Dies gilt auf-grund der maßgeblichen zivilrechtlichen Vergleichsbasis auch dann, wenn die Leistung des Täters den Wert der Gegenleistung wirtschaftlich betrachtet zwar erreicht oder gar übersteigt, jedoch gegenüber dem vertraglichen Anspruch des Opfers einen Minderwert darstellt (Küper/Zopfs StrafR BT Rn. 638). Da der Wertmaßstab der vertragliche Anspruch, der erfüllt wird und deshalb erlischt, ist, ist es unerheblich, ob die Leistung des Täters im Vergleich zur vertraglichen Gegenleistung des Opfers „ihren Preis wert" ist (LK-StGB/*Tiedemann* Rn. 202; MüKoStGB/*Hefendehl* Rn. 553).

Besonderheiten ergaben sich früher bei der sog **Gattungs- oder Speziesschuld** (näher dazu Mü- **108** KoStGB/*Hefendehl* Rn. 551). Nach der Schuldrechtsreform besteht sowohl bei der Stück- als auch bei der Gattungsschuld ein Anspruch auf Verschaffung einer mangelfreien Sache (§§ 433 Abs. 1 S. 2, 434 BGB). Daher führt die täuschungsbedingte Annahme einer minderwertigen Leistung durch den Ge-täuschten zu einem Vermögensschaden, denn der Getäuschte erhält mit der Annahme einer wertmäßig hinter seinem Anspruch zurückbleibenden Leistung weniger, als ihm laut Vertrag zusteht (*Küper* FS Tie-demann, 2008, 617 (632)). Beschränkt sich der Erfüllungsanspruch wegen **Unmöglichkeit der ver-tragsgemäßen Lieferung gemäß § 275 BGB** auf die tatsächlich erbrachte Leistung, so setzt der Erfüllungsschaden das Erbringen der eigenen Gegenleistung seitens des Getäuschten voraus. Die dem Getäuschten infolge der Mangelhaftigkeit zustehenden sekundären Gewährleistungsansprüche schließen den Schaden nicht aus (SK-StGB/*Hoyer* Rn. 240 ff.).

Darüber hinaus sind zahlreiche weitere Probleme der Berechnung des Eingehungs- und des Erfül- **109** lungsschadens bisher nicht abschließend geklärt (vgl. dazu Lackner/Kühl/*Kühl* Rn. 53 mwN; *Lenckner* JZ 1971, 320 ff.).

c) Unechter Erfüllungsbetrug. Beim unechten Erfüllungsbetrug (dazu Küper/Zopfs StrafR BT **110** Rn. 642; Lackner/Kühl/*Kühl* Rn. 53; *Puppe* ZIS 2010, 216) erfolgt die Täuschung bereits bei Abschluss des Vertrages, jedoch **wirkt** die bereits im Rahmen des Verpflichtungsgeschäfts begangene **Täuschung fort,** ohne dass bereits im Eingehungsstadium ein Vermögensschaden festgestellt werden kann (ausführ-lich dazu LK-StGB/*Tiedemann* Rn. 202), so in dem BGHSt 16, 220 zugrunde liegenden Fall, in dem der Täter Zellwollhose als höherwertige Reinwollhose verkaufte, wobei der Preis dem Marktwert einer Zellwollhose entsprach. Ein unechter Erfüllungsbetrug liegt auch beim Verkauf von Plagiatsfelgen als Felgen der Marke Porsche über die Internetplattform ebay vor, weil die Täuschung über wertbildende Umstände schon bei Vertragsabschluss erfolgte, die in der Erfüllungsphase nur noch fortwirkt (BGH wistra 2012, 385). Der Täter hat tatsächlich – ohne eine neue Täuschung begehen zu müssen – die Leistung erlangt, so dass der Schaden in der Überlassung der Leistung durch den Getäuschten besteht (BayObLG NJW 1999, 663 f.). Dies ist jedenfalls dann der Fall, wenn bereits bei Vertragsschluss eine Differenz zwischen dem objektiven Wert von Leistung und Gegenleistung bestand (SSW StGB/*Satzger* Rn. 187; Rengier StrafR BT I § 13 Rn. 171). Wenn die vom Täter gelieferte Sache jedoch objektiv ihren Preis wert ist, wie in dem BGHSt 16, 220 zugrunde liegenden Fall, liegt wegen der Ausgleichen-heit des Vertrages kein Eingehungsschaden vor. Im Übrigen ist die rechtliche Beurteilung des unechten Erfüllungsbetruges sehr umstritten (zum Streitstand s. Lackner/Kühl/*Kühl* Rn. 53; LK-StGB/*Tiedemann* Rn. 201 f.; MüKoStGB/*Hefendehl* Rn. 499 ff., 561 ff.; SK-StGB/*Hoyer* Rn. 243 ff.; Küper/Zopfs StrafR BT Rn. 643 f. mwN; *Tenckhoff* FS Lackner, 1987, 686 ff.):

Die **hM** behandelt den unechten Erfüllungsbetrug ebenso wie den echten Erfüllungsbetrug und sieht **111** in dem **Verpflichtungs- und Erfüllungsgeschäft** eine **Einheit,** mit der Folge, dass ein **Wertvergleich** der jeweiligen Leistungen über den Eintritt eines Schadens entscheidet (BGHSt 16, 220 (221); 32, 211; OLG Karlsruhe NJW 1980, 1762; BayObLG NJW 1987, 2452; 1999, 663 f. mAnm *Bosch* wistra 1999, 410 ff.; *Martin* JuS 1999, 507 ff.; *Rengier* JuS 2000, 644 ff.; s. auch *Hefendehl* JuS 1993, 805 (810); *Schön-feld* JZ 1964, 206 ff.). Die Enttäuschung der Erwartung beim Getäuschten, ein gutes Geschäft zu machen, ist nicht betrugsrelevant (MüKoStGB/*Hefendehl* Rn. 556), weil dem Opfer die vertraglich begründete Gewinnaussicht wegen des unmittelbaren Zusammenhangs zwischen Verpflichtungs- und Erfüllungs-geschäft sofort wieder genommen wird (BGHSt 16, 220 (223 f.)). Deshalb handelt es sich noch nicht um eine vermögenswerte Expektanz (SSW StGB/*Satzger* Rn. 187). Auch die durch die Täuschung ver-heimlichten Gewährleistungsansprüche können keinen Schaden begründen, weil sie wegen der Un-kenntnis des Opfers nicht durchgesetzt werden können (*Joecks* wistra 1992, 247; zust. SSW StGB/*Satzger* Rn. 187; aA Eisele StrafR BT II Rn. 557; *Puppe* JZ 1984, 531 (532)).

112   Nach einer verbreiteten **Gegenansicht** soll der unechte wie der echte Erfüllungsbetrug behandelt werden, mit der Folge, dass der Schaden in der Wertdifferenz zwischen dem vereinbarten Vertragsgegenstand und der tatsächlich erbrachten Leistung gesehen wird. Der Erfüllungsschaden könne nicht entfallen, nur weil der Täter bereits im Rahmen des Verpflichtungsgeschäfts getäuscht habe (*Walter,* Betrugsstrafrecht in Frankreich und Deutschland, 1999, 537 ff.; *Otto* JZ 1993, 652 (656); *Puppe* JZ 1984, 531 ff.; *Schneider* JZ 1996, 914 (917 ff.); ebenso *Geerds* JURA 1994, 309 (317); *Seyfert* JuS 1997, 29 (32)). Hierbei wird der vorangegangene Eingehungsbetrug als Versuch des späteren Erfüllungsbetrugs verstanden (LPK-StGB/*Kindhäuser* Rn. 203).

VII. Kausalität zwischen Vermögensverfügung und Vermögensschaden

113   Der Betrugstatbestand erfordert, dass es aufgrund der Vermögensverfügung zu einem Vermögensschaden kommt. Für die hier interessierende Materie ergeben sich keine spezifischen Probleme.

VIII. Funktionaler Zusammenhang zwischen Irrtum und Vermögensschaden

113a   Schließlich ist nicht abschließend geklärt, ob ein funktionaler Zusammenhang zwischen Täuschungsgegenstand und Vermögensschaden bestehen muss (eingehend hierzu *C. Dannecker* NZWiSt 2015, 173 (180 f.); MüKoStGB/*Hefendehl* Rn. 271 f., 718 ff. jew. mwN). Muss die Täuschung dem Opfer gerade die vermögensschädigende Wirkung seiner Verfügung verschleiern; schließt es den Schaden aus, wenn die Vermögensschädigung im Fall der Wahrheit der vorgespiegelten Tatsachen ebenso eingetreten wäre, so dass der Vermögensschaden nicht auf der Täuschung beruht? Die hM lehnt ein solches Erfordernis ab (LK-StGB/*Tiedemann* Rn. 182 ff. mwN; BGH NZWiSt 2015, 187 (191)). Durchaus soll ein betrugsrelevanter Vermögensschaden aber dann ausscheiden, wenn der Getäuschte sein Vermögen *bewusst* selbst schädigt (→ Rn. 238). Mit guten Gründen wird erwogen, statt auf das Bewusstsein der Selbstschädigung auf deren normative Irrtumsunabhängigkeit und Eigenverantwortlichkeit abzustellen (*C. Dannecker* NZWiSt 2015, 173 (180 f.) mwN; in diese Richtung auch *Albrecht* JZ 2015, 841 (843 f.))

IX. Subjektiver Tatbestand

114   § 263 verlangt im subjektiven Bereich **Vorsatz** bezüglich aller objektiven Tatbestandsmerkmale sowie **Bereicherungsabsicht** (→ Rn. 118 ff.). Weiterhin muss die angestrebte **Bereicherung rechtswidrig** sein (→ Rn. 123) und der Täter diesbezüglich vorsätzlich handeln (→ Rn. 124).

115   **1. Vorsatz.** Vorsatz bedeutet Wissen und Wollen der objektiven Tatbestandsmerkmale. Für den Vorsatz bei § 263 reicht **dolus eventualis** aus (RGSt 28, 189 (190); BGHSt 48, 331 (346 f.); LK-StGB/*Tiedemann* Rn. 240, 244 ff.; NK-StGB/*Kindhäuser* Rn. 350; SSW StGB/*Satzger* Rn. 217; Schönke/Schröder/*Perron* Rn. 165; aA SK-StGB/*Hoyer* Rn. 264: Absicht bezüglich der zur Bereicherung führenden Kausalfaktoren). Es genügt also, wenn der Täter mit der Möglichkeit des Erfolgseintritts rechnet und ihn billigend in Kauf nimmt. Der Täter muss weiterhin den Adressaten täuschen und bei ihm einen Irrtum hervorrufen wollen. Zudem muss er das Bewusstsein haben, gerade durch die Erregung des Irrtums eine vermögensschädigende Vermögensverfügung zu bewirken. Der Täter muss die wesentlichen Umstände erkennen, die den Schaden begründen (BGH NStZ 2003, 264; Fischer Rn. 181). Insgesamt muss sich der Vorsatz auf alle Tatbestandsmerkmale einschließlich ihrer kausalen Verknüpfung beziehen. Bei der Vorspiegelung **innerer Tatsachen** → Rn. 16 f. reicht dolus eventualis naturgemäß nicht aus; hier ist **Absicht** erforderlich (RGSt 30, 333 (336); LK-StGB/*Tiedemann* Rn. 244; SSW StGB/*Satzger* Rn. 217). Gleiches gilt, wenn wahre Tatsachen behauptet werden, um so planmäßig einen Irrtum hervorzurufen (→ Rn. 30; ferner BGHSt 47, 1 (5 f.)).

116   Vorsatz hinsichtlich der **Täuschung über Tatsachen** erfordert, dass der Täter von der Unwahrheit der behaupteten Tatsache ausgeht. Dies ist auch dann gegeben, wenn er Behauptungen „ins Blaue hinein" tätigt (Fischer Rn. 180). Bei einer **konkludenten Täuschung** (→ Rn. 34 ff.) muss der Täter die sie begründende Verkehrsauffassung, die dem Verhalten den Charakter einer Tatsachenbehauptung bestimmten Inhalts verleiht (BayObLG NJW 1999, 1648 (1649)), sowie die Risikoverteilung bei dem jeweiligen Geschäft kennen (LK-StGB/*Tiedemann* Rn. 242). Hinsichtlich des **Irrtums** (→ Rn. 57 ff.) ist gleichermaßen Vorsatz erforderlich, der fehlt, wenn der Täter von der Konstellation einer ignorantia facti (→ Rn. 59 ff.) ausgeht, weil er denkt, der Getäuschte mache sich keine Gedanken über die täuschungsrelevante Tatsache (AG Siegburg NJW 2004, 3725 mAnm *Göckenjan* JA 2006, 758). Beim **Dreiecksbetrug** (→ Rn. 73 ff.) muss der Täter die das Näheverhältnis begründenden Umstände kennen (LK-StGB/*Tiedemann* Rn. 242).

117   Vorsatz bezüglich eines **Vermögensschadens** ist zu verneinen, wenn der Täter bei einer Kapitalanlage davon überzeugt ist, dass das Anlagekapital ordnungsgemäß zurückgezahlt werde (BGH NStZ 2003, 264). In Bezug auf die **schadensbegründende Vermögensgefährdung** (NStZ-RR 2008, 239 f.) vertritt der BGH (NStZ-RR 2008, 239 f.) die Ansicht, dass allein die Kenntnis einer potenziellen Gefährdungslage für die Annahme der subjektiven Tatseite des Vermögensschadens noch nicht ausreicht. Vielmehr muss sich der Vorsatz des Täters mit seinen kognitiven und voluntativen Elementen auch auf die zumindest schadens-

gleiche Vermögensgefährdung (→ Rn. 92 ff.) beziehen (BGH wistra 1996, 261 (262)). Hierbei verlangt die Rspr. eingehende Feststellungen zur Begründung des Gefährdungsvorsatzes (BGHSt 48, 331 (346 ff.); dazu *Beulke* JR 2005, 37 (40 f.); s. auch BVerfG NJW 2009, 2370 (2372) zu § 266 StGB). Dies setzt voraus, dass aus der Sicht des Täuschenden der Betrogene ernstlich mit wirtschaftlichen Nachteilen zu rechnen hat, was dann nicht der Fall ist, wenn der Eintritt wirtschaftlicher Nachteile nicht einmal überwiegend wahrscheinlich ist, sondern von zukünftigen Ereignissen abhängt (BGHSt 51, 165 (177)). Beim betrügerisch veranlassten Eingehen eines Risikogeschäfts muss sich das voluntative Element des Vorsatzes daher auf den unmittelbar mit der Vermögensverfügung eingetretenen Vermögensnachteil beziehen, auf die Billigung eines eventuellen Endschadens kommt es hingegen nicht an (BGH NJW 2009, 2390). Schließlich muss sich der Vorsatz auf den **Kausalzusammenhang zwischen Täuschung, Irrtum, Verfügung und Schaden** beziehen.

2. Bereicherungsabsicht. a) Absicht. Da es sich beim Betrug um einen Tatbestand mit über-   **118**
schießender Innentendenz handelt, muss der Täter die Absicht haben, dass er sich oder einem Dritten einen rechtswidrigen Vermögensvorteil verschaffen wollte. Vermögensvorteil ist jede zumindest vorübergehend günstigere Gestaltung der Vermögenslage (RGSt 50, 277 (279); Schönke/Schröder/*Perron* Rn. 167). Sie kann sowohl im Erwerb von Vermögenspositionen als auch in der Abwendung von Vermögensnachteilen bestehen (BGHSt 48, 268 (271); BGH NJW 1988, 2623). Bereicherungsabsicht liegt vor, wenn es dem Täter auf die Erlangung des Vorteils ankommt, sei es – innerhalb eines Motivbündels – auch nur als notwendiges Zwischenziel (BGHSt 16, 1 ff.; BGH NStZ 2009, 506 ff.; Lackner/Kühl/*Kühl* Rn. 58 mwN; aA NK-StGB/*Kindhäuser* Rn. 355: Hauptziel oder notwendiges Zwischenziel der Handlung). Es muss also insofern dolus directus ersten Grades vorliegen, damit ein „Erstreben" gegeben ist (SK-StGB/*Hoyer* Rn. 72). Die Vorteilserlangung braucht zwar nicht das in erster Linie erwünschte Ziel zu sein, jedoch muss der Täter den Vorteil für sich oder einen Dritten erstreben. Dies ist nicht gegeben, wenn die Vorteilserlangung nur eine notwendige, dem Täter aber **unerwünschte Nebenfolge** eines von ihm erstrebten anderweitigen Erfolges ist (BGHSt 16, 1 (6); BGH NJW 1993, 273 ff.; Fischer Rn. 190; Müller-Gugenberger WirtschaftsStR/*Hebenstreit* § 47 Rn. 75).

Das Merkmal der Absicht ist tatbezogen und damit **kein besonderes persönliches Merkmal** iSd   **119**
§ 28.

b) Stoffgleichheit. Der Täter muss den Vermögensvorteil in der Weise erstreben, dass er unmittelbar   **120**
zu Lasten des geschädigten Vermögens geht. Erforderlich ist, dass der **Vorteil** die **Kehrseite des Schadens** bildet (BGHSt 6, 115 (116)); Schönke/Schröder/*Perron* Rn. 168), also unmittelbare Folge der vermögensbedingten Täuschung ist (näher dazu *Jäger* JuS 2010, 761 (765)) und dem Täter direkt aus dem geschädigten Vermögen zufließt. Dies wird mit dem Begriff der Stoffgleichheit umschrieben (BGH NStZ 2003, 264; LK-StGB/*Tiedemann* Rn. 256; Schönke/Schröder/*Perron* Rn. 168; SK-StGB/*Hoyer* Rn. 268; *Mohrbotter* GA 1971, 321). Schaden und Vorteil müssen sich in der Weise entsprechen, dass sie durch ein und dieselbe Vermögensverfügung vermittelt werden, also nicht jeweils auf verschiedene Verfügungen zurückzuführen sind. Problematisch kann dies insbesondere dann sein, wenn aufgrund von falschen Mitteilungen des Täters Aktienkäufe des Täuschungsadressaten erfolgen und der Täter nun, wie von vornherein beabsichtigt, die zuvor erworbenen Wertpapiere gewinnbringend verkauft. Hier erscheint es zweifelhaft, ob Stoffgleichheit vorliegt, denn die Order des Täters stellt nicht die unmittelbare Gegenposition des Opfers dar. Allerdings kommt in solchen Fällen möglicherweise eine Drittbereicherungsabsicht in Betracht (BGH NStZ 2003, 264).

Zudem bereitet dieses Tatbestandsmerkmal regelmäßig in den sog **Provisionsvertreterfällen**   **121**
(→ Rn. 386 ff.; ferner MüKoStGB/*Hefendehl* Rn. 304) Schwierigkeiten, in denen der Täter den von einem Dritten erstrebten Vermögensvorteil nur dadurch erlangen kann, dass er das Opfer zugunsten des Dritten schädigt. In diesen Fällen erfüllt der Täter den Betrugstatbestand zweimal: zum einen zu Lasten des getäuschten Opfers, mit dem unter falschen Voraussetzungen ein Vertrag zugunsten einer Vertriebsfirma abgeschlossen wird, und zum anderen zu Lasten der Vertriebsfirma, die unter Vorlage der anfechtbaren Verträge zur Auszahlung der nicht zu beanspruchenden Provision veranlasst wird. Die Drittbereicherung beim ersten Betrug ist notwendiges Zwischenziel der angestrebten Selbstbereicherung durch den zweiten Betrug (BGHSt 21, 384 ff.; BGH NJW 1961, 684; BGH NStZ 2003, 264).

Bei der **schadensbegründenden Vermögensgefährdung** liegt Stoffgleichheit vor, wenn dem   **122**
Gefährdungsschaden des Opfers auf Seiten des Täters eine angestrebter Vorteil in Form einer identischen Chance auf Vermögensmehrung gegenübersteht (LK-StGB/*Tiedemann* Rn. 263). Beim Dreiecksbetrug schließt die Dreieckskonstellation die Unmittelbarkeit im Sinne einer zurechenbaren Verschiebung des Verfügungsobjekts nicht von vornherein aus, so wenn sich der Täter bei einer öffentlichen Ausschreibung Zugang zu den bereits vorliegenden Angeboten seiner Mitbewerber verschafft und anschließend den günstigsten Konkurrenten unterbietet. Hier fallen Verfügender, der für die Vergabe Zuständige, und Geschädigter, der günstigste Mitbewerber, auseinander. Da der Täter wegen des Vergabeverfahrens im Lager der Mitbewerber steht, ist ein Dreiecksbetrug möglich (BGHSt 17, 147; 34, 379; Fischer Rn. 188). Die erforderliche Unmittelbarkeit im Sinne einer zurechenbaren Verschiebung des Verfügungsgegenstandes ist gegeben, weil der durch den Zuschlag erfolgende Forderungsentzug bei dem

Mitbewerber bewirkt das nach den Vergaberichtlinien unzulässige Entstehen der Forderung auf Seiten des Täters (*Jäger* JuS 2010, 761 (766)).

123   **3. Rechtswidrigkeit der Bereicherung. a) Objektive Rechtswidrigkeit.** Weiterhin muss der angestrebte Vermögensvorteil objektiv rechtswidrig sein (BGHSt 42, 268 (271) mAnm *Kudlich* NStZ 1997, 432 (433); MüKoStGB/*Hefendehl* Rn. 799). Hieran fehlt es, wenn der Täter einen **einredefreien und fälligen Anspruch auf den erstrebten Vorteil** hat (BGHSt 3, 160 (162); 20, 136 (137 f.); BGH NStZ 1988, 216; LK-StGB/*Tiedemann* Rn. 265; vgl. auch BGH NStZ 2009, 386 f.) oder die Durchsetzung eines unbegründeten Anspruchs abwehrt (BGHSt 42, 268 (271)). Unerheblich ist, ob es sich um einen schuldrechtlichen oder dinglichen Anspruch handelt. Das Strafgericht ist nicht an eine Entscheidung des Zivil- oder Verwaltungsgerichts gebunden (BayObLG StV 1990, 165).

124   **b) Bewusstsein der Rechtswidrigkeit.** Die Rechtswidrigkeit des Vorteils ist Tatbestandsmerkmal. Deshalb muss sich der Vorsatz des Täters auch hierauf beziehen. Bezüglich der Rechtswidrigkeit genügt **dolus eventualis** (BGHSt 31, 178 (181); 42, 268 (273); Fischer Rn. 193 mwN; aA *Walter,* Betrugsstrafrecht in Frankreich und Deutschland, 1999, 279: Absicht erforderlich). Wenn der Täter irrtümlich davon ausgeht, einen Anspruch auf den Vorteil zu haben, der von der Rechtsordnung anerkannt wird und deshalb gerichtlich durchgesetzt werden kann (BGH NStZ 2004, 37 (38); *Kindhäuser/Wallau* NStZ 2003, 151 (154)), liegt ein Tatbestandsirrtum vor, der den Vorsatz ausschließt (BGHSt 3, 160 (163); 42, 268 (272 f.); BGH NStZ 2003, 663 (664); → Rn. 446). Dies gilt unabhängig davon, ob der Irrtum auf einer Verkennung der tatsächlichen Umstände oder auf einer rechtlich unzutreffenden Wertung beruht (BGH NStZ 2002, 433 (434); LK-StGB/*Tiedemann* Rn. 269).

D. Versuch

125   Der Versuch ist strafbar (§ 263 Abs. 2) und beginnt bei der **Begehung durch aktives Tun** mit dem Äußern der unzutreffenden Tatsachenbehauptung (RGSt 70, 151 (157); BGHSt 37, 294 (296)). Dabei muss die Äußerung auf die Verursachung einer irrtumsbedingten Vermögensverfügung gerichtet sein (BGH NStZ 1997, 31 (32)). Bei einer mehraktigen Täuschung ist erst die Tathandlung maßgeblich, die den Getäuschten unmittelbar zur Vermögensverfügung bestimmt und so den Schaden herbeiführen soll (BGHSt 37, 294 (296); BGH NStZ 2011, 400; 2002, 433 (435); Schönke/Schröder/*Perron* Rn. 179; näher dazu LK-StGB/*Tiedemann* Rn. 277 f.); bloße Maßnahmen zur vorbereitenden Vetrauensbildung reichen hingegen nicht aus (OLG Hamm StV 2012, 155).

126   Bei der **Täuschung durch Unterlassen** beginnt der Versuch, wenn die zu erteilende Information erforderlich ist, um das Opfer vor einer bevorstehenden Vermögensverfügung zu bewahren, das Opfervermögen also konkret gefährdet erscheint (NK-StGB/*Kindhäuser* Rn. 376; MüKoStGB/*Hefendehl* Rn. 825; aA LK-StGB/*Tiedemann* Rn. 280, der eine Objektivierung des Unterlassungsentschlusses in der Außenwelt für erforderlich hält).

E. Vollendung und Beendigung
I. Vollendung

127   Der Betrug ist mit dem zumindest teilweisen **Eintritt des Vermögensschadens,** auch in Form eines Gefährdungsschadens, vollendet (BGH NJW 1984, 987 (988); Fischer Rn. 200; MüKoStGB/*Hefendehl* Rn. 826). Da die Bereicherungsabsicht nur eine überschießende Innentendenz ist, kommt es für die Vollendung nicht darauf an, ob und wann der Täter bzw. der Dritte den angestrebten Vermögensvorteil tatsächlich erlangt (BGHSt 32, 236 (242)) oder endgültig sichern kann (OLG Düsseldorf NJW 1982, 2268). Wenn die Vermögensverfügung in einem Unterlassen besteht, zB in der Nichtgeltendmachung einer Forderung, tritt Vollendung ein, wenn der Geschädigte den Anspruch bei Sachverhaltskenntnis hätte geltend machen können (RGSt 77, 32 (34)).

II. Beendigung

128   Beendigung tritt mit dem **endgültigen Schadenseintritt** ein (RGSt 42, 171 (173); Lackner/Kühl/ *Kühl* Rn. 63; *Otto* FS Lackner, 1987, 715 (722 f.); *Kühl* JuS 2002, 729 (732)). Demgegenüber stellt die hM auf die Erlangung des beabsichtigten Vermögensvorteils durch den Täter ab (BGHSt 19, 342 (344); 32, 236 (243); 46, 159 (166); OLG Stuttgart NJW 1974, 914; LPK-StGB/*Kindhäuser* Rn. 223; SSW StGB/*Satzger* Rn. 249; Mitsch StrafR BT II Kap. I.2, 333 f.). Diese Auffassung ist jedoch mit Art. 103 Abs. 2 GG nicht vereinbar. Wenn **Eingehungs- und Erfüllungsbetrug** zusammentreffen, liegt Vollendung mit Eintritt des Gefährdungsschadens vor; Beendigung ist erst mit der Erfüllung des Vertrages gegeben (RGSt 66, 175 (180)). Bei mehreren Erfüllungshandlungen ist stets die letzte maßgeblich (BGHSt 46, 159 (166); MüKoStGB/*Hefendehl* Rn. 829), so beim Rentenbetrug (RGSt 62, 418 (419); BGHSt 27, 342), bei Unterhaltszahlungen (BGHSt 27, 342), bei Mietzahlungen (OLG Koblenz MDR 1993, 70), bei Stipendien (BGH wistra 2001, 339) und bei Subventionen (Fischer Rn. 201). Wenn jedoch für die Zuweisung dieser Leistungen jeweils neue täuschende Erklärungen erforderlich sind, ist

mit jeder Teilleistung Beendigung anzunehmen (BGH StraFo 2004, 215). Beim Anstellungsbetrug (→ Rn. 195 ff.) nimmt die Rspr. demgegenüber bereits mit Eingehung der beiderseitigen vertraglichen Verpflichtung Beendigung an (RGSt 64, 33 (38); BGHSt 22, 38 (39); krit. LK-StGB/*Tiedemann* Rn. 274 mwN), wenn die Gehaltszahlung nicht jeweils auf neuen Täuschungshandlungen beruht (BGHSt 22, 38 (40)).

F. Regelbeispiele und Strafzumessung

Der Gesetzgeber hat durch das 6. Strafrechtsreformgesetz vom 26.1.1998 die zuvor unbenannten **129** besonders schweren Fälle durch fünf Regelbeispiele ergänzt, in denen grundsätzlich eine Freiheitsstrafe von 6 Monaten bis zu 10 Jahren zu verhängen ist. Hierbei handelt es sich um Konstellationen, in denen die Rspr. bereits zuvor einen besonders schweren Fall angenommen hatte oder die in anderen Vorschriften schon enthalten waren (*Eisele,* Die Regelbeispielmethode im Strafrecht, 2004, passim; zur prozessualen Behandlung *Reiß* GA 2007, 377 ff.). Das BVerfG (BVerfGE 45, 363 ff.) hat die Regelbeispieltechnik für verfassungsmäßig erklärt. Regelbeispiele weisen den Charakter von Strafzumessungsgründen auf (Fischer § 46 Rn. 95 mwN; aA *Eisele* JA 2006, 309 ff.).

Bei Vorliegen von § 263 Abs. 3 Nr. 1–5 besteht die **Vermutung,** dass der Fall insgesamt als besonders schwer anzusehen ist (BGH wistra 2004, 339 f.). Wenn keine Anhaltspunkte für ein Abweichen vorliegen, ist keine zusätzliche Prüfung erforderlich, ob die Anwendung des erhöhten Strafrahmens geboten ist (BGH NStZ 2004, 265 (266)). Von diesem kann abgewichen werden, wenn besonders unrechts- oder schuldmindernde Umstände vorliegen. Umgekehrt kann nach hM im Falle **besonders gravierender schulderhöhender Umstände** auch ohne Verwirklichung eines Regelbeispiels ein unbenannter besonders schwerer Fall angenommen werden (→ Rn. 149).

I. Gewerbs- und bandenmäßige Begehung (§ 263 Abs. 3 S. 2 Nr. 1)

§ 263 Abs. 3 S. 2 Nr. 1 erfasst in der ersten Variante die **gewerbsmäßige Begehung** eines Betrugs **130** und in der zweiten die **bandenmäßige Begehung.**

1. Gewerbsmäßige Begehung. Der **Begriff der Gewerbsmäßigkeit** ist nicht gleichbedeutend **131** mit dem Gewerbebegriff der GewO (Selbstständigkeit) oder mit demjenigen des kriminellen Gewerbes (BGH NJW 1953, 955; BGH NStZ 1995, 85; Schönke/Schröder/*Sternberg-Lieben/Bosch* Vor §§ 52 ff. Rn. 95). Vielmehr ist entscheidend, dass sich der Täter – wenn auch erst oder nur bei günstiger Gelegenheit (OLG Bremen wistra 1993, 34 (35)) – aus der wiederholten Tatbegehung eine **nicht nur vorübergehende Einnahmequelle von einigem Umfang** verschaffen möchte (RGSt 58, 19 (20); 64, 151 (154); 66, 19 (21); BGHSt 1, 383; BGH GA 1955, 212; NK-StGB/*Kindhäuser* Rn. 391). Sie liegt in der Regel auch bei auf wiederkehrende Leistungen gerichteten Taten vor (Sozialhilfe, Arbeitslosengeld, Rente). Allerdings kann der Regelwirkung eine nur geringe Schadenshöhe (BGH wistra 2009, 272) oder die mangelnde Kontrolle durch die geschädigte Stelle entgegenstehen (*Rau/Zschieschack* StV 2004, 669 (672)). Da bereits die einmalige Gesetzesverletzung ausreichen kann (BGHSt 49, 177 (181); BGH NJW 1998, 2913 (2914); BGH NStZ 2004, 265 (266); Fischer Vor § 52 Rn. 61a), steht es einer entsprechenden Verurteilung nicht entgegen, wenn innerhalb einer Tatserie Einzeldelikte bei einem Täter in gleichartiger Tateinheit zusammentreffen (BGHSt 49, 177). Dabei muss sich die Wiederholungsabsicht jedoch auf das Delikt richten, dessen Tatbestand durch die Gewerbsmäßigkeit qualifiziert werden soll (BGH NJW 1996, 1069). Bei der Einnahmequelle muss es sich zwar nicht um den hauptsächlichen oder den regelmäßigen Erwerb handeln, erforderlich sind aber tätereigene Einnahmen, so dass Einnahmen für Dritte nicht ausreichen, wenn sich der Täter daraus nicht mittelbar selbst bereits geldwerte Vorteile erhofft (BGH wistra 1994, 230 (232); 2008, 379; BGH NStZ 1998, 622; 2008, 282). Daher ist eigennütziges Handeln erforderlich; fremdnütziger Betrug reicht nur aus, wenn die Bereicherung dem Täter zumindest mittelbar zu Gute kommen soll (BGH NStZ 2008, 282 f.), zB durch den Zufluss in eine von ihm beherrschte Gesellschaft, sodass er ohne weiteres eine Zugriffsmöglichkeit hat (BGH NStZ-RR 2011, 373). Die erforderliche Absicht kann sich aus der ersten Einzelhandlung des Täters ergeben (RGSt 54, 230; BGH MDR/S 1989, 1033; BGH NStZ 1995, 85), außer wenn er entgegen seinem Plan anfangs nur eine Teilmenge veräußern kann und sich vornimmt, den übrigen Teil erst später abzusetzen (BGH NJW 1992, 381 (382)). Es genügt jedoch nicht, wenn die Vergütung des einzelnen Geschäfts lediglich in Teilbeträgen gezahlt werden soll (BGH MDR/S 1989, 1033). Sollen dagegen von Anfang an einzelne Teilmengen in mehreren verschiedenen Absatzgeschäften veräußert werden, so entfällt die Gewerbsmäßigkeit nicht allein deshalb, weil die gesamte Menge zuvor in einem einzigen Vorgang erlangt wurde (BGH NStZ 1993, 87) oder weil die Verwirklichung der Absicht von einem Vorbehalt des jeweiligen Geschäftspartners abhängt (BGHR StGB § 260 gewerbsmäßig 3). Eine Handlungseinheit in Form von Bewertungseinheit schließt das Vorliegen der Gewerbsmäßigkeit ebenso wenig aus (BGHSt 26, 4 (5); vgl. auch Schönke/Schröder/*Sternberg-Lieben/Bosch* Vor §§ 52 ff. Rn. 95), wie wenn die dem Täter zugedachte Gesamtsumme von vornherein feststeht (BGH NStZ 1998, 622) oder es sich um den „letzten Coup" einer Tatserie handeln soll (Schönke/Schröder/*Sternberg-Lieben/ Bosch* Vor §§ 52 ff. Rn. 95). Da Gewerbsmäßigkeit nicht gleichbedeutend ist mit Gewinnsucht (Schön-

ke/Schröder/*Sternberg-Lieben*/*Bosch* Vor §§ 52 ff. Rn. 95), wird ein Erwerbssinn in einem sittlich anstößigen und ungewöhnlichen Maß nicht verlangt (BGH StV 1983, 281). Die erstrebten Einnahmen
müssen jedoch ins Gewicht fallen, so dass lediglich geringfügige Beträge nicht ausreichen (BGH MDR/
H 1975, 725). Der Täter muss das Entgelt nicht ausdrücklich fordern; auch die regelmäßige Entgegennahme von Erträgen aus den genannten Straftaten kann ausreichen (Schönke/Schröder/*Sternberg-Lieben*/
Bosch Vor §§ 52 ff. Rn. 95). Der Täter muss die erlangte Sachen aber nicht weiterveräußern wollen,
sondern kann sie auch nur im eigenen Bereich verwenden wollen (BGH MDR/H 1976, 633; BGH StV
1983, 281 (282)). Zudem spielt es keine Rolle, wenn dem Täter die Tat nur mittelbar als Einnahmequelle dienen soll (BGH MDR/H 1983, 622; BGH wistra 1999, 465) oder sich die Gewinnerwartung
des Täters später nicht realisiert (BGHR StGB § 260 gewerbsmäßig 3). Es reicht aus, wenn sich der
Täter nur mittelbare Vorteile aus der Tat verspricht (zB wenn die Vermögensvorteile an einen von ihm
bestimmten Verein fließen); dabei ist es ausreichend, wenn der Täter ohne Weiteres die Zugriffsmöglichkeit auf die Vorteile hat, ein tatsächlicher Zugriff ist nicht erforderlich (BGH wistra 2011, 462).

132   **2. Bandenmäßige Begehung.** Die Indizwirkung des Regelbeispiels greift weiterhin ein, wenn der
Täter ein **Mitglied einer Bande** ist, die sich **zur fortgesetzten Begehung von Urkundenfälschung
oder Betrug** verbunden hat (dazu BGHSt 49, 177 (187 ff.); BGH NStZ 2007, 269; ferner zum Bandenbegriff Schönke/Schröder/*Eser*/*Bosch* § 244 Rn. 2 ff.). Da eine bandenmäßige Begehung regelmäßig
die Gewerbsmäßigkeit einschließt, verbleibt der Alternative der Bandenmäßigkeit in der Praxis lediglich
ein geringer Anwendungsbereich (Schönke/Schröder/*Perron* § 263 Rn. 188a). Rechtlich ist es irrelevant, wenn die Taten im Einzelnen noch ungewiss sind oder für einzelne Beteiligte infolge eines
einheitlichen Organisationsbeitrags zueinander in Tateinheit stehen (BGH NJW 2004, 2840). Die **Verbindung zu einer wiederholten Tatbegehung** muss auf einer zumindest stillschweigenden Abrede
beruhen, wobei weder die Vereinbarung einer festen Organisation noch eine feste Rollenverteilung
erforderlich ist (BGHSt 42, 255 (259); 46, 321 (329); BGH NJW 1998, 2913; BGH wistra 2004, 105
(108); 262; BGHR BtMG § 30a Bande 8). Eine nur auf bestimmte Taten bezogene Verabredung genügt
nicht. Vielmehr muss sie zumindest auch eine Vielzahl künftiger ungewisser Taten zum Gegenstand
haben (Rengier StrafR BT I § 4 Rn. 90). Aus dem Zusammenschluss und dem ständigen Anreiz zu
weiteren Taten ergeben sich die erhöhte Gefährlichkeit einer Bande, das erhöhte Gefährdungspotenzial
der Bandenabrede und eine insgesamt gesteigerte Ausführungsgefahr (s. dazu Rengier StrafR BT I § 4
Rn. 90). Nach der Entscheidung des Großen Senats des BGH v. 22.3.2001 (BGHSt 46, 321 ff.) muss die
Bande aus **mindestens drei Personen** bestehen. Umstritten ist die Subsumtion derjenigen Fälle unter
den Begriff der bandenmäßigen Begehung, in denen nach der Bandenabrede einer der Personen nur
reine Gehilfenaufgaben zukommen sollen, die eine „mittäterschaftliche" Einbindung nicht zulassen.
Während die Rspr. und Teile der Literatur (BGHSt 47, 214; BGH StraFo 2006, 341 (341) mAnm
Kudlich JA 2006, 746; Rengier StrafR BT I § 4 Rn. 92; *Erb* JR 2002, 338 ff.; *Weißer* JuS 2005, 622 f.)
die Bandenbegehung bejahen, mit der Folge, dass **auch ein Haupttäter und zwei Gehilfen** eine
Bande bilden können (vgl. BGH NStZ 2008, 570 (571), wird dies in der Literatur teilweise abgelehnt
(MüKoStGB/*Schmitz* § 244 Rn. 42; krit. auch *Gaede* StV 2003, 78 ff.). Eine Bandenabrede setzt aber
weder voraus, dass sich sämtliche Bandenmitglieder kennen, noch dass sie sich persönlich verabredet
haben, solange nur jeder den Willen hat, sich mit mindestens zwei anderen zur künftigen Begehung von
Straftaten zu verbinden (BGHSt 50, 160 (164); Rengier StrafR BT I § 4 Rn. 93).

133   Der Täter muss **„als"** Mitglied einer Bande handeln, so dass allein die Bandenmitgliedschaft noch
nicht genügt (BGH NStZ-RR 2007, 307 (308); BGH StV 2008, 575; Rengier StrafR BT I § 4
Rn. 93a, 103). Die Tat muss sich daher objektiv im Rahmen der diese Verbindung begründenden
Abrede bewegen (LG Berlin StV 2004, 545), mithin einen **Bandenbezug** aufweisen und subjektiv vom
Täter zumindest allgemein dieser Verbindung zugerechnet werden, selbst wenn er konkret auf eigene
Rechnung agiert (Schönke/Schröder/*Perron* Rn. 188a). Keine bandenmäßige Begehung liegt vor, wenn
ein Täter ausschließlich im eigenen Interesse handelt und außerhalb der Abrede bandenfremde Zwecke
verfolgt (BGH NStZ 2006, 342 (343); BGH StraFo 2006, 340; BGH NStZ 2005, 567 (568); Lackner/
Kühl/*Kühl* § 244 Rn. 6; Rengier StrafR BT I § 4 Rn. 103; *Altenhain* JURA 2001, 840 f.; unklar
BGHSt 46, 321 (331 f.)). Die örtliche und zeitliche Mitwirkung mindestens zweier Bandenmitglieder
am Tatort ist nicht mehr erforderlich (BGHSt 46, 321 (328) im Anschluss an BGH NJW 2001, 380 f.;
Fischer Rn. 211; Lackner/Kühl/*Kühl* § 244 Rn. 8; MüKoStGB/*Schmitz* § 244 Rn. 48 ff.; Rengier
StrafR BT I § 4 Rn. 94 ff. mwN; *Altenhain* JURA 2001, 841 f.; *Ellbogen* wistra 2002, 11 f.; *Hohmann*
NStZ 2000, 258 f.; *Joerden* JuS 2002, 331 f.). Vielmehr genügt es, wenn ein Bandenmitglied als Täter
und ein anderes bei der Tat in irgendeiner Weise zusammenwirken, so dass **kein mittäterschaftliches
Zusammenwirken erforderlich** ist (Rengier StrafR BT I § 4 Rn. 95). Auch der im Hintergrund
agierende **Bandenchef** kann somit zum Mittäter eines bandenmäßigen Betruges werden. Dies trägt
dem Argument Rechnung, dass die Arbeitsweise und -teilung innerhalb von „modern" organisierten
und entsprechend spezialisierten Banden so ausgerichtet sein können, dass infolge sorgfältiger Planung
nur ein Bandenmitglied am Tatort auftaucht, so dass im Extremfall kein Mitglied jemals unter die
Strafschärfung bandenmäßiger Begehung fiele (Rengier StrafR BT I § 4 Rn. 99). Keine bandenmäßige
Begehung liegt dagegen vor, wenn der Täter zwar Bandenmitglied ist, jedoch die konkrete Tat ohne

Mitwirkung eines anderen Mitglieds der Bande allein begeht oder ausschließlich mit Bandenfremden zusammenwirkt (BGHSt 46, 321 (335 f.); Rengier StrafR BT I § 4 Rn. 102). Täter eines bandenmäßigen Betruges können schließlich nur Bandenmitglieder sein, so dass für **außenstehende Beteiligte** allein eine Teilnahmestrafbarkeit in Betracht kommt (Rengier StrafR BT I § 4 Rn. 106). Hinsichtlich der Anwendbarkeit von **§ 28 Abs. 2** herrscht Uneinigkeit. Während die hM (BGHSt 46, 120 (128); BGH NStZ 2007, 526; Fischer § 244 Rn. 44; LK-StGB/*Schünemann* § 28 Rn. 68; Rengier StrafR BT I § 4 Rn. 106 f.) in der Bandenmitgliedschaft ein strafschärfendes, besonderes persönliches (täterbezogenes) Merkmal sieht, nimmt die Gegenansicht (Schönke/Schröder/*Eser*/*Bosch* § 244 Rn. 28; Kindhäuser StrafR BT II § 4 Rn. 40) ein tatbezogenes Merkmal an.

Die Bande muss sich zur fortgesetzten Begehung von Urkundenfälschung oder Betrug verbunden **134** haben. Die **Deliktstypen** werden überwiegend als Bereichsangaben weit verstanden (Fischer Rn. 212; NK-StGB/*Kindhäuser* Rn. 392). Daher umfassen die Begriffe „Urkundenfälschung" und „Betrug" nicht nur die §§ 267 und 263, sondern auch etwa §§ 268–281 sowie § 263a, 264, 264a, 265b und § 266b (zum Streitstand Fischer Rn. 212). Im Hinblick auf Art. 103 Abs. 2 GG sprechen jedoch die besseren Argumente dafür, lediglich die §§ 267, 263 als erfasst anzusehen (SK-StGB/*Hoyer* Rn. 280; *Zieschang* FS Hirsch, 1999, 831 (843)). Andere plädieren dafür, die §§ 263a–264a, 265b (NK-StGB/*Kindhäuser* Rn. 392) und sogar die §§ 268–281 (LK-StGB/*Tiedemann* Rn. 297) zu erfassen. Nicht unter Betrug iSv § 263 Abs. 3 Nr. 1 subsumieren lassen sich die §§ 265, 265a, 266–266b, da diese kein Täuschungselement aufweisen und daher dem Untreuebereich zuzurechnen sind.

3. Zusammentreffen der gewerbs- und bandenmäßigen Begehung. Wenn beide Varianten des **135** § 263 Abs. 3 Nr. 1 erfüllt sind, ist eine Qualifikation nach § 263 Abs. 5 gegeben (→ Rn. 153 f.). Damit bedarf es einer **Abgrenzung zwischen dem Regelbeispiel und der Qualifikation,** die danach vorzunehmen ist, dass für Abs. 5 erhöhte Anforderungen an den Organisationsgrad der Bande gefordert werden (so LG Berlin StV 2004, 545; zust. SSW StGB/*Satzger* Rn. 319; aA Fischer Rn. 213). Dies ergibt sich aus der Systematik des Gesetzes und der Intention des Gesetzgebers, der § 263 Abs. 5 eingeführt hat, um die organisierte Kriminalität zu bekämpfen (BT-Drs. 13/8587, 64).

II. Herbeiführung eines Vermögensverlustes großen Ausmaßes (§ 263 Abs. 3 S. 2 Nr. 2 Alt. 1)

Ein besonders schwerer Fall liegt nach der **ersten Alternative** vor, wenn ein **Vermögensverlust** **136** **großen Ausmaßes** gegeben ist. Hierfür genügt ein bloßer **Gefährdungsschaden nicht** (BGH NStZ 2002, 547 mAnm *Joecks* StV 2004, 17 ff.; BGH StV 2007, 132; BGHSt 48, 354 (356); Schönke/ Schröder/*Perron* Rn. 188c; Eisele StrafR BT II Rn. 612). Vielmehr muss ein endgültiger Verlust tatsächlich eingetreten sein (BGHSt 48, 354 (356 ff.) mAnm *Krüger* wistra 2004, 146 und *Rotsch* wistra 2004, 300; *ders.* ZStW 117 (2005), 577; s. auch BGH wistra 2007, 111; 2007, 183 (184); BGH NStZ-RR 2009, 206 f.; aA LK-StGB/*Tiedemann* Rn. 298; *Peglau* wistra 2004, 7 (8); *Gallandi* NStZ 2004, 268). Da es auf die Höhe des tatsächlich eingetretenen Schadens und nicht auf die Höhe des vom Täter erstrebten Vermögensvorteils ankommt, kann nur bei **versuchter Betrug** die Regelwirkung der Nr. 2 nicht auslösen; in einem solchen Fall kommt nur die Annahme eines unbenannten schweren Falles in Betracht (BGH StV 2007, 132). Das Regelbeispiel soll nach Auffassung des BGH (StV 2004, 16) nicht voraussetzen, dass der Geschädigte eine bleibende Vermögenseinbuße erleidet.

Bei dem Vermögensverlust großen Ausmaßes handelt es sich um einen unbestimmten Rechtsbegriff **137** (*Stam* NStZ 2013, 144). Ein Vermögensverlust großen Ausmaßes ist eingetreten, wenn ein außergewöhnlich hoher Schaden vorliegt. Ein solcher liegt vor, wenn der beim Opfer eintretende Schaden das für § 263 StGB durchschnittliche Maß deutlich übersteigt. Dieses Merkmal ist objektiv und nicht aus der Sicht des Opfers zu bestimmen. Nach Auffassung der Rspr. ist ein Vermögensverlust großen Ausmaßes nicht gegeben, wenn der Verlust den Wert von **50.000 EUR** nicht erreicht (BGHSt 48, 354 (360) mAnm *Hannich*/*Röhm* NJW 2004, 2061 ff.; *Krüger* wistra 2005, 247 ff.; dazu auch *Golombek*/ *v. Tippelskirch* NStZ 2004, 528 (530); krit. Wessels/Hillenkamp StrafR BT II § 13 Rn. 594; ebenso Fischer Rn. 215a). Auch das Schrifttum geht von 50.000 EUR als Untergrenze aus (NK-StGB/ *Kindhäuser* Rn. 394; LK-StGB/*Tiedemann* Rn. 298a; s. auch *Peglau* wistra 2004, 7 (9)). Im Einzelfall ist eine Addition von Einzelschäden in einer Betrugsserie möglich, sofern die einzelnen Betrugtaten in Tateinheit zueinander stehen und dasselbe Opfer betreffen (BGH NStZ 2011, 401 (402); 2012, 213 (213); BGH NJW 2013, 883 (887 f.)).

III. Absicht zur Schädigung einer großen Anzahl von Menschen (§ 263 Abs. 3 S. 2 Nr. 2 Alt. 2)

Die **zweite Alternative** stellt auf die **Absicht** ab, durch **fortgesetzte** Begehung eine **große Zahl** **138** **von Menschen in die Gefahr des Verlustes von Vermögenswerten zu bringen.** Hierbei handelt es sich um eine spezielle Vermögensgefährdungsabsicht (Lackner/Kühl/*Kühl* Rn. 66), die auf die Begehung von mindestens zwei rechtlich selbstständigen Betrugtaten gerichtet sein muss (so die Stellungnahme des BR, abgedruckt in BT-Drs. 13/8587, 64; vgl. auch Fischer Rn. 219). Der Begriff „Mensch" in dieser Bestimmung kann **nicht** dahin ausgelegt werden, dass unter ihn neben natürlichen Personen auch **juristische Personen** fallen (BGH NStZ 2001, 319 f.; Schönke/Schröder/*Perron* Rn. 188d). Insoweit bildet der Gesetzeswortlaut die Grenze der Auslegung. Dieses Regelbeispiel kann auch im Bereich des Wertpapierhandels von besonderer Bedeutung sein, weil bspw. Falschmeldungen häufig an die breite Öffentlichkeit gerichtet sind. Zwar ist umstritten, was unter einer „großen Zahl" zu verstehen ist. Teilweise sollen es mindestens zehn sein (so LK-StGB/*Tiedemann* Rn. 299; ferner *Peglau* wistra 2004, 7 (9 f.)), überwiegend werden zwanzig Personen verlangt (NK-StGB/*Kindhäuser* Rn. 396; MüKoStGB/ *Hefendehl* Rn. 854), mitunter werden sogar 50 Opfer gefordert (so Joecks StGB Rn. 127). Entscheidend ist, dass der Täter eine gewisse **Breitenwirkung** erreicht. Gefahr im Sinne des Regelbeispiels bedeutet eine **konkrete Gefahr.** Eine solche liegt vor, wenn es nur noch vom Zufall abhängt, ob der Schaden eintritt oder nicht (Küper/Zopfs StrafR BT Rn. 243 ff.; *Küper* JZ 2009, 800 (803)), wobei zu beachten ist, dass es in § 263 Abs. 3 S. 2 Nr. 2 nur um eine diesbezügliche Absicht geht (krit. dazu *Gallandi* NStZ 2004, 268). Das Regelbeispiel ist bei Vorliegen der Absicht bereits bei Begehung der ersten Tat erfüllt (BT-Drs. 13/8587, 85; BGH NStZ 2001, 319 f.; NK-StGB/*Kindhäuser* Rn. 396). Eine Mehrzahl von Taten gegen nur ein Opfer unterfällt nicht dem Regelbeispiel (Schönke/Schröder/*Perron* Rn. 188d; SSW StGB/*Satzger* Rn. 306).

IV. Eine andere Person in wirtschaftliche Not bringen (§ 263 Abs. 3 S. 2 Nr. 3)

139   Wirtschaftliche Not liegt vor, wenn das Opfer einer solchen Mangellage ausgesetzt wird, dass ihm die Mittel für **lebenswichtige Aufwendungen** für sich oder auch für unterhaltsberechtigte Personen fehlen (Wessels/Hillenkamp StrafR BT II § 13 Rn. 595). Hierbei sind auch Schäden zu berücksichtigen, die nicht stoffgleich sind (Fischer Rn. 220; NK-StGB/*Kindhäuser* Rn. 397). Damit sind auch Gläubiger des Geschädigten, die durch dessen Zahlungsunfähigkeit in wirtschaftliche Not geraten, erfasst, obwohl sie nicht selbst Betrugsopfer sind (MüKoStGB/*Hefendehl* Rn. 856; Schönke/Schröder/*Perron* Rn. 188e; SSW StGB/*Satzger* Rn. 307; SK-StGB/*Hoyer* Rn. 286). Hingegen reicht eine bloße wirtschaftliche Bedrängnis oder die Verstärkung einer vorhandenen wirtschaftlichen Notlage nicht aus (NK-StGB/ *Kindhäuser* Rn. 397). Abweichend von § 263 Abs. 3 Nr. 2 sind auch juristische Personen erfasst, da der Gesetzeswortlaut hier nicht auf Menschen abstellt (Schönke/Schröder/*Perron* Rn. 188e; aA Mitsch StrafR BT II Kap. 5.4, 347). Sozialleistungen, die das Opfer aufgrund der Notlage erhält, müssen außer Betracht bleiben (NK-StGB/*Kindhäuser* Rn. 397; MüKoStGB/*Hefendehl* Rn. 856; krit. LK-StGB/ *Tiedemann* Rn. 300; SK-StGB/*Hoyer* Rn. 286).

140   In **subjektiver Hinsicht** muss der Täter die tatsächlichen Voraussetzungen der **Notlage kennen** (Fischer Rn. 220; MüKoStGB/*Hefendehl* Rn. 856). Darüber hinaus ist erforderlich, dass dem Täter **bewusst** ist, dass er das Opfer durch seine Tat in eine wirtschaftliche Notlage bringt (LK-StGB/ *Tiedemann* Rn. 300).

V. Missbrauch einer Befugnis oder Stellung als Amtsträger (§ 263 Abs. 3 S. 2 Nr. 4)

141   Nr. 4 erfasst den Missbrauch der Befugnisse oder der Stellung eines Amtsträgers. Die **Amtsträger-** eigenschaft findet in **§ 11 Abs. 1 Nr. 2** eine Legaldefinition sowie in **Art. 2 § 1 Abs. 2 Nr. 1 EuBestG** für **Gemeinschaftsbeamte.**

142   Umstritten ist, inwieweit **ausländische Amtsträger** erfasst sind. Zwar beziehen sich Art. 2 § 1 Abs. 1 Nr. 2 lit. a EuBestG, Art. 2 § 1 IntbestG nicht auf ausländische Amtsträger eines EU- oder eines Drittstaates. Jedoch soll nach dem Entwurf eines Strafrechtsänderungsgesetzes das Regelbeispiel aus- drücklich auch „Europäische Amtsträger" erfassen (BT-Drs. 16/6558, 5; BR-Drs. 548/07, 3). Deshalb wird in der Literatur kontrovers diskutiert, inwieweit ausländische Amtsträger durch eine **analoge** Anwendung von Art. 2 § 1 IntBestG (so LK-StGB/*Tiedemann* Rn. 301) und Art. 2 § 1 Abs. 2 Nr. 2 lit. a EuBestG (so MüKoStGB/*Hefendehl* Rn. 857) erfasst sind (abl. SK-StGB/*Hoyer* Rn. 287). Diese Frage kann letztlich offen bleiben, da im Falle des Handelns eines ausländischen Amtsträgers ein unbenannter schwerer Fall (→ Rn. 149) vorliegen kann, sofern deutsches Strafrecht anwendbar ist (SSW StGB/*Satzger* Rn. 310).

143   Für den Missbrauch reicht das Vortäuschen einer Amtsträgereigenschaft aus (Fischer Rn. 221; SSW StGB/*Satzger* Rn. 311). Ein **Missbrauch der Befugnisse** (Alt. 1) ist nur möglich, wenn der Amtsträger innerhalb einer an sich gegebenen Zuständigkeit vorsätzlich rechtswidrig oder ermessenswidrig handelt (LK-StGB/*Tiedemann* Rn. 301; NK-StGB/*Kindhäuser* Rn. 398). Der Amtsträger **missbraucht seine Stellung** (Alt. 2), wenn er außerhalb des Zuständigkeitsbereichs, jedoch unter Ausnutzung der durch das Amt gegebenen Möglichkeiten handelt (LK-StGB/*Tiedemann* Rn. 301; MüKoStGB/*Hefendehl* Rn. 857; NK-StGB/*Kindhäuser* Rn. 398; Schönke/Schröder/*Perron* Rn. 188 f.; Wessels/Hillenkamp StrafR BT II § 13 Rn. 596).

144   Ob der Amtsträger Täter oder Teilnehmer ist, ist irrelevant. Die Amtsträgereigenschaft ist ein **besonderes persönliches Merkmal** nach § 28 Abs. 2 (Mitsch StrafR BT II Kap. 5.4, 347).

VI. Vortäuschen eines Versicherungsfalles
(§ 263 Abs. 3 S. 2 Nr. 5)

Das Vortäuschen eines Versicherungsfalles, das eine effektivere Verfolgung des Betrugs zu Lasten von **145** Versicherungen sicherstellen soll (BT-Drs. 8587, 65 (68)), erfasst das **Geltendmachen eines nicht bestehenden Anspruchs** auf die Versicherungsleistung gegenüber der Versicherung. § 263 Abs. 3 S. 2 Nr. 5 setzt als Vortat voraus, dass **eine Sache von bedeutendem Wert in Brand gesetzt** oder durch Brandlegung ganz oder teilweise zerstört oder ein **Schiff zum Sinken oder Stranden** gebracht worden ist. Ob der **Täter** oder ein **Dritter** die Vortat durchgeführt hat, ist irrelevant. Ein vollendeter Betrug kommt jedoch nur in Betracht, wenn der Dritte „Repräsentant" des Täters im versicherungsrechtlichen Sinne ist, weil dann nach § 81 Abs. 1 VVG kein Anspruch auf die Versicherungsleistung entsteht (BGH NJW 2007, 2130 (2131); vgl. auch BGH JR 1977, 390). Weiterhin muss die **Vortat zum Zwecke der Vortäuschung** eines Versicherungsfalles (BGH MDR/H 1988, 1001 (1002)) und mit **Vorsatz im Hinblick auf das Nichtbestehen des Anspruchs** gegenüber der Versicherung und auf den **geplanten Versicherungsbetrug** begangen worden sein (NK-StGB/*Kindhäuser* Rn. 400; Schönke/Schröder/ *Perron* Rn. 188h). Wenn eine begangene Vortat erst im Nachhinein ausgenutzt wird, reicht dies nicht aus (MüKoStGB/*Hefendehl* Rn. 861; NK-StGB/*Kindhäuser* Rn. 400; aA SK-StGB/*Hoyer* Rn. 290: ausreichend soll sein, wenn der Täter zum Zeitpunkt der Täuschung von der Vortat erfährt). Die Vortat muss vollendet, nicht aber beendet sein. Eine versuchte Vortat reicht nicht aus (LK-StGB/*Tiedemann* Rn. 302). Eine Sache von bedeutendem Wert liegt ab 1.000 EUR vor (MüKoStGB/*Hefendehl* Rn. 860; SSW StGB/*Satzger* Rn. 313; SK-StGB/*Hoyer* Rn. 289; aA NK-StGB/*Kindhäuser* Rn. 400: 700 EUR). Die Sache muss **in Brand gesetzt** oder **durch Brandlegung ganz oder teilweise zerstört** worden sein. Ein **Schiff** ist ein Wasserfahrzeug jeder Art und Größe (OLG Koblenz NJW 1966, 1669). Es ist **zum Sinken gebracht,** wenn wesentliche Teile unter die Wasseroberfläche geraten sind (RGSt 35, 399 (400)).

Weiterhin muss der Täter **über den Versicherungsfall täuschen,** indem er zB einen nicht bestehen- **146** den Anspruch gegenüber der Versicherung geltend macht. Die Anforderung einer Abschlagszahlung reicht aus (Fischer Rn. 224; SSW StGB/*Satzger* Rn. 314). Erfasst sind lediglich Leistungen für Sachen, nicht auch für mit dem Brand oder der Strandung im Zusammenhang stehende Vermögens- oder Personenschäden. § 265 ist kraft ausdrücklicher Regelung subsidiär.

VII. Abweichen von der Regelwirkung

Bei Vorliegen eines Regelbeispiels ist ein besonders schwerer Fall anzunehmen, wenn nicht ein **147** Bagatellbetrug vorliegt (§ 263 Abs. 4 iVm Abs. 243 Abs. 2). Das Vorliegen der Regelbeispiele führt jedoch nicht unmittelbar zu einem besonders schweren Fall. Vielmehr bedarf es stets einer Gesamtwürdigung aller konkret gegebenen maßgeblichen Strafzumessungserwägungen (BGH NStZ 1999, 244 f.; BGH wistra 2001, 303; BGH NStZ-RR 2003, 297; BGH NStZ 2004, 265; BGH StV 2009, 244 (245); OLG Köln NStZ-RR 2003, 298; Fischer Rn. 227; Schönke/Schröder/*Perron* Rn. 188i; Müller-Gugenberger WirtschaftsStR/*Hebenstreit* § 47 Rn. 91).

Trotz Vorliegens eines Regelbeispiels kann ein besonders schwerer Fall ausscheiden. Dies ist ins- **148** besondere dann in Erwägung zu ziehen, wenn sich die Opfer aufgrund der in Aussicht gestellten Gewinnerwartungen **leichtfertig** über von jedermann zu beachtende Vorsichtsmaßnahmen hinwegge- setzt haben. Zudem ist beim **Bagatellbetrug** ein besonders schwerer Fall ausgeschlossen, wenn § 263 Abs. 4 iVm § 243 Abs. 2 (Geringwertigkeit) bei gewerbsmäßiger Begehung eingreift (BGH wistra 2003, 303 f.; *Kudlich/Noltensmeier/Schuhr* JA 2010, 343 f.) oder ein vertypter Strafmilderungsgrund vorliegt (BGH wistra 2003, 297 zu § 21).

Gravierende schulderhöhende Umstände können auch dann zur Annahme eines **unbenannten 149 besonders schweren Falls** führen, wenn die Voraussetzungen eines Regelbeispiels nicht verwirklicht sind (Fischer Rn. 227). Dabei kommt den Regelbeispielen eine Analogiewirkung zu: Wenn der kon- krete Fall einen Regelbeispiel ähnlich ist und nur in Merkmalen abweicht, die keine deutliche Ver- ringerung von Unrecht und Schuld bewirken, soll es nahe liegen, einen unbenannten schweren Fall anzunehmen, so bei besonderer Skrupellosigkeit des Täters, bei Ausnutzung besonderen Vertrauens oder bei Verursachung erheblicher immaterieller Tatfolgen (Fischer § 46 Rn. 93). Hiergegen bestehen jedoch wegen der mangelnden Bestimmtheit des Unrechtsgehalts Bedenken, weil die Strafrahmenfestlegung der Judikative überlassen wird (Fischer § 46 Rn. 96 f. mwN; s. auch LK-StGB/*Dannecker* § 1 Rn. 236).

VIII. Sonstige Strafzumessungsgesichtspunkte

Die Rspr. sieht in einem **systematischen und planmäßigen Vorgehen** einen Strafschärfungsgrund. **150** Klassische strafschärfende Umstände sind die **Schadenshöhe** (zur Berücksichtigung der Schadenshöhe in Fällen fingierter Ketten- oder Karussellgeschäfte bei der Umsatzsteuerhinterziehung vgl. auch BGH NStZ 2009, 637 ff.), die **Anzahl der Geschädigten** und die **Vielzahl der betrügerischen Einzel- akte,** wobei die Strafe jeweils nach dem Maß der individuellen Schuld zu bestimmen ist (BGH wistra

2000, 463; s. auch LK-StGB/*Tiedemann* Rn. 293). Beachtlich ist auch, wenn **einzelne Geschädigte existentiell betroffen** sind.

151   Eine **überlange Verfahrensdauer** konnte sich nach der vormals vertretenen Ansicht strafmildernd auswirken (BVerfG NJW 2003, 2897; vgl. hierzu auch Radtke/Hohmann/*Hagemeier* StPO § 267 Rn. 28). Jedoch bestimmt die Rspr. nunmehr die Strafe nicht mehr nach dem sog Strafabschlagsmodell (vgl. BGH StV 2002, 598 ff.) sondern nach der sog Vollstreckungslösung (BGH NJW 2007, 3294 ff.; 2008, 660 ff.; 2009, 307 ff.; ferner EGMR EuGRZ 1983, 371).

G. Antragserfordernis

152   Über **§ 263 Abs. 4** gelten die §§ 247, 248a entsprechend. In diesen Fällen – Betrug gegenüber **Angehörigen, Vormund, Betreuer oder Hausgenossen** – wird der Betrug nur auf Antrag verfolgt. Der Betrug richtet sich gegen diese Personen, wenn sie in ihrem Vermögen geschädigt sind. Ein besonders schwerer Fall ist ausgeschlossen, wenn es sich um einen **Bagatellfall** handelt, weil sowohl der angerichtete Schaden als auch der erstrebte Vermögensvorteil als geringwertig iSv § 248a anzusehen ist (LK-StGB/*Tiedemann* Rn. 306).

H. Qualifikation

153   Nach **§ 263 Abs. 5** ist der Betrug ein **Verbrechen** mit einem Strafrahmen von einem Jahr bis zu 10 Jahren Freiheitsstrafe, wenn er sowohl **gewerbs-** als auch **bandenmäßig** begangen wird (zur Definition dieser Merkmale, die kumulativ vorliegen müssen, s. → Rn. 130 ff.). Die Qualifikation ist, anders als ein Regelbeispiel nach § 263 Abs. 3, in die Urteilsformel aufzunehmen (BGH NStZ-RR 2007, 269). Für minder schwere Fälle gilt ein Strafrahmen von sechs Monaten bis zu fünf Jahren; diese Milderung ist für die Einordnung als Verbrechen irrelevant (§ 12 Abs. 3).

154   Auch bei **geringwertigen Vermögensschäden** liegt ein Verbrechen nach § 263 Abs. 5 vor, weil Abs. 4 hierauf nicht anwendbar ist. Allerdings liegt in diesen Fällen regelmäßig ein minder schwerer Fall vor. Die Bande muss sich zur fortgesetzten Begehung von Delikten nach den §§ 263–264 oder §§ 267–269 zusammengeschlossen haben. Zur Abgrenzung zu § 263 Abs. 3 Nr. 1 Alt. 2 (→ Rn. 131 ff.).

I. Nebenfolgen: Führungsaufsicht, erweiterter Verfall, Vermögensstrafe und Berufsverbot

155   **§ 263 Abs. 6** erlaubt die Anordnung von **Führungsaufsicht** (§ 68 Abs. 1), und zwar auch für Teilnehmer und im Falle eines versuchten Betruges (LK-StGB/*Tiedemann* Rn. 329 mwN). Zudem ist gemäß **§ 263 Abs. 7** in den Fällen banden- oder gewerbsmäßiger Begehung § 73d **(erweiterter Verfall)** anzuwenden. Dies gilt auch für den Teilnehmer (LK-StGB/*Tiedemann* Rn. 331 mwN). Da das BVerfG § 43a **(Vermögensstrafe)** für verfassungswidrig und nichtig erklärt hat (BVerfGE 105, 135 ff.), ist der Verweis des § 263 Abs. 7 auf § 43a hinfällig.

156   Ein **Berufsverbot nach § 70** kommt nur in Betracht, wenn der Täter den Beruf, bei dem ihm Missbrauch oder Pflichtverletzungen vorgeworfen werden, bei Begehung der Taten tatsächlich ausübt. Wenn der Täter eine Tätigkeit als Anlagevermittler oder -berater nur vortäuscht, um die Geschädigten zu Zahlungen an ihn zu veranlassen, so genügt dies zur Anordnung eines Berufsverbots noch nicht (BGH wistra 1999, 222). Bei einer Verurteilung zu einer Freiheitsstrafe von mindestens einem Jahr droht nach § 6 Abs. 2 Nr. 3e GmbHG der **Verlust der Geschäftsführereigenschaft in einer GmbH.**

J. Konkurrenzen

I. Handlungseinheit

157   Nur *eine* Handlung im Rechtssinn liegt vor, wenn eine **natürliche Handlungseinheit** von zwei aufeinander folgenden Täuschungen vorliegt, zB Anwaltschreiben und Erhebung der zivilrechtlichen Klage (OLG Stuttgart Die Justiz 2002, 132), oder wenn bei Tatbeiträgen, die eine Vielzahl von Einzeldelikten fördern, eine **rechtliche Handlungseinheit** vorliegt (BGHSt 49, 177 (183) für Serienstraftaten mehrerer Beteiligter). Ob mehrere Handlungen zu einer Handlung im Rechtssinne zusammengefasst sind, ist für jeden Beteiligten nach dem eigenen Tatbeitrag zu bestimmen (BGHSt 49, 177 (182); BGH StV 2002, 73; BGH wistra 2004, 264; LK-StGB/*Tiedemann* Rn. 311). Hingegen können gleichartige Betrügereien seit BGHSt 40, 138 (146) nicht mehr zu einer fortgesetzten Tat verbunden werden (näher dazu LK-StGB/*Tiedemann* Rn. 311). Wenn Zweifel in tatsächlicher Hinsicht über die Verbindung mehrerer Handlungen zu einer Bewertungseinheit vorliegen, gilt der Grundsatz in dubio pro reo (BGHSt 49, 177 (184); BGH NStZ 1994, 547; 1995, 193; 2000, 532).

158   Soweit ein Täter durch mehrere Täuschungshandlungen, etwa beim Prozessbetrug, auf die Vornahme einer Verfügung hinwirkt, liegt nur *eine* **Einwirkungshandlung** vor (BGHSt 24, 257 (261); 43, 317 (320); BGH NStZ-RR 1999, 110; LK-StGB/*Tiedemann* Rn. 311; NK-StGB/*Kindhäuser* Rn. 407).

Nur *eine* Täuschungshandlung liegt auch vor, wenn durch ein einheitliches Verhalten mehrere Personen geschädigt werden (BGH NStZ-RR 1998, 234). Jedoch verbindet eine einheitliche Vorbereitungshandlung, zB das Aufgeben eines betrügerischen Inserats, mehrere nachfolgende Betrugshandlungen nicht zu einer Einheit (BGH wistra 2004, 417; BGH NStZ 1985, 70). Wenn beim **Serienbetrug** keine natürliche Handlungseinheit vorliegt, wird dieser nach den Regeln der Tatmehrheit behandelt (BGH wistra 1998, 149 (150); 1999, 179). Eine natürliche Handlungseinheit ist bei dem täuschenden Einreichen von mehreren Lastschriften für dasselbe Girokonto an einem Tag zu bejahen (BGH NJW 2010, 3737).

Im Fall der **mittelbaren Täterschaft** liegt nur *ein* Betrug vor, wenn der Hintermann auf den **159** gutgläubigen Vordermann durch eine Handlung einwirkt und so eine Reihe betrügerischer Vertragsabschlüsse veranlasst (BGH wistra 1993, 23 (24); 1993, 336; 1996, 230 f.; BGH NStZ 1996, 610 (611)). Bei der mittelbaren Täterschaft kraft Organisationsherrschaft nimmt die Rspr. nur *eine* Betrugshandlung an, wenn der Geschäftsführer die organisatorischen Voraussetzungen dafür geschaffen hat, dass die Angestellten betrügerisch vorgehen, selbst wenn die Mitarbeiter zahlreiche Verträge mit unterschiedlichen Kunden schließen (BGHSt 48, 331 (341 f.); 49, 177 (184 f.); BGH wistra 1998, 224). Wenn der Geschäftsführer hingegen auf seine Mitarbeiter im Einzelfall mittels konkreter Anweisungen einwirkt, liegen mehrere Betrugstaten vor (BGH wistra 1999, 179).

Beim **Zusammentreffen von Eingehungs- und Erfüllungsbetrug** liegt nur ein Betrug vor, wenn **160** die Täuschungshandlung im Rahmen des Verpflichtungsgeschäfts bis in die Erfüllungsphase (unechter Erfüllungsbetrug; → Rn. 110 ff.) fortwirkt (BGHSt 47, 160 (168); BGH NStZ 1997, 542 (543)).

II. Tateinheit

Der Betrug kann zunächst tateinheitlich mit allen **Delikten des StGB** zusammentreffen, die **nicht** **161** **dem Vermögensschutz** dienen. Tateinheit wurde angenommen mit: Amtsanmaßung (**§ 132;** BGHSt 12, 30 (31)), Vortäuschen einer Straftat (**§ 145d Abs. 1 Nr. 1;** BGH wistra 1985, 19), Geldfälschung (**§ 146 Abs. 1 Nr. 3;** OLG Düsseldorf NStZE Nr. 1 zu § 146; aA SK-StGB/*Rudolphi* § 146 Rn. 19), Inverkehrbringen von Falschgeld (**§ 147**) und Wertzeichenfälschung (**§ 148 Abs. 1 Nr. 3;** BGHSt 31, 380 (381 f.); aA SK-StGB/*Rudolphi* § 148 Rn. 12), falsche uneidliche Aussage und Meineid (**§§ 153, 154;** RGSt 75, 19), auch mit Anstiftung zu § 153 (BGHSt 43, 317 (320) m. zu Recht abl. Anm. *Momsen* NStZ 1999, 306 f.), falsche Versicherung an Eides Statt (**§ 156;** BGH NJW 1981, 2131 (2132)), Falsche Verdächtigung (**§ 164;** RGSt 53, 206 (207 f.)), Urkundenfälschung (**§§ 267, 268, 269, 271;** BGHSt 5, 295; 8, 289 (293 f.); BGH NStZ 1993, 283), Vorteilannahme und Bestechlichkeit (**§§ 331, 332),** wenn der Betrug einer Vortäuschung einer Diensthandlung begangen wurde (NK-StGB/*Kindhäuser* Rn. 408, SSW StGB/*Satzger* Rn. 271); hingegen liegt Tatmehrheit vor, wenn die Betrugshandlungen durch die Diensthandlungen begangen wurden (BGH NStZ 1987, 326 (327)). Gebühren- und Abgabenüberhebung (**§§ 352, 353**) sind im Verhältnis zum Betrug nach hM privilegierende Sondertatbestände (BGH NJW 2006, 3219 (3221); OLG Düsseldorf NJW 1989, 2901).

Im Verhältnis zu den **Eigentums- und Vermögensdelikten** gilt: § 263 und **§ 242** schließen sich **162** grundsätzlich aus (Exklusivitätsverhältnis; → Rn. 69); allerdings ist Tateinheit ausnahmsweise denkbar, wenn der Täter mit Hilfe derselben Täuschung erreicht, dass das Opfer die Wegnahme einer Sache duldet und zugleich den Besitz einer anderen Sache freiwillig aufgibt (Lackner/Kühl/*Kühl* Rn. 67). Gleiches gilt für § 263 und **§ 246** (BGH GA 1965, 207). Mit § 253 kann Tateinheit bestehen, es sei denn, dass die Täuschung oder Vorspiegelung oder Intensivierung des angedrohten Übels dient (BGH NStZ 2002, 323). **§ 259** und § 263 stehen in Tateinheit, wenn die Hehlereihandlung in betrügerischer Absicht vorgenommen wird (KG JR 1966, 307); ein der Hehlerei nachfolgender Betrug steht in Tatmehrheit zu § 259 (BGH NStZ 2009, 38 (39)). **§ 264** ist lex specialis zu § 263 und kommt deshalb nur zur Anwendung, wenn, neben der Subvention weitere Vermögensvorteile erlangt werden (vgl. Lackner/Kühl/*Heger* § 264 Rn. 30). Mit Untreue (**§ 266**) ist Tateinheit möglich, wenn verschiedene Opfer betroffen sind (BGH NJW 2004, 454; vgl. auch BGHSt 8, 254 (260)), wenn durch treuwidriges Verhalten der Betrugsschaden vertieft wird (BGH NStZ 2001, 195 (196); LK-StGB/*Schünemann* § 266 Rn. 167; aA NK-StGB/*Kindhäuser* Rn. 410) sowie wenn das zu betreuende Vermögen im Rahmen eines bestehenden Vermögensbetreuungsverhältnisses durch Täuschung geschädigt wird, da auch Schädigungen durch Täuschung der Vermögensfürsorgepflicht unterfallen (BGH NStZ 2008, 340; SSW StGB/*Satzger* Rn. 271). Auch mit den Insolvenzdelikten (**§§ 283, 384, 287**) ist Tateinheit möglich (RGSt 61, 12 (15 f.); 66, 175 (180)). Ferner ist Tateinheit mit **§ 298** wegen dessen primär wettbewerbsschützenden Funktion möglich, wenn das im Rahmen der Ausschreibung abgegebene Angebot einen Schaden verursacht (dazu auch BGHSt 49, 201).

Tateinheit mit **Delikten des Nebenstrafrechts** kommt in Betracht bei: **§§ 399, 400, 403 AktG** **163** (LK-StGB/*Tiedemann* Rn. 323; Schönke/Schröder/*Perron* Rn. 181), **§§ 370, 371 AO,** wenn der Täter durch die Täuschung neben der Steuerverkürzung weitere Vorteile anstrebt (BGHSt 36, 100 (101)); **§ 61** **BörsG** iVm § 23 Abs. 1 BörsG (BGH NStZ 2000, 36), **§ 34 DepotG** (LK-StGB/*Tiedemann* Rn. 323), § 25 GebrMG (Fischer Rn. 238), **§§ 147 ff. GenG** (LK-StGB/*Tiedemann* Rn. 323), § 14 GeschmMG (Fischer Rn. 238); **§ 82 GmbHG** (LK-StGB/*Tiedemann* Rn. 323), **§ 14 HWG** (LK-StGB/*Tiedemann*

Rn. 323), §§ **331, 332 HGB**, § 54 KWG (AG Gera NStZ-RR 2005, 213 (214)), **§ 22a Abs. 1 Nr. 2, 7 KrWaffG** (LK-StGB/*Tiedemann* Rn. 323), Verstößen gegen das WiStG (BGH LM Nr. 5), **§§ 58, 59 LFGB** (vgl. RGSt 73, 83 (86); BGHSt 8, 49; 12, 347 (352); Schönke/Schröder/*Perron* Rn. 181 mwN); **§§ 143, 144 MarkenG** (RGSt 43, 87 (121)), § 142 **PatG** (Fischer Rn. 238), **§§ 106–108a UrhG** (LK-StGB/*Tiedemann* Rn. 323), § 16 **UWG** (vgl. BGHSt 27, 293 (295)), **§§ 51, 52 WaffG** (LK-StGB/*Tiedemann* Rn. 323). Im Hinblick auf die unterschiedlichen Rechtsgüter gilt dies auch im Verhältnis des Betrugs zum Verbot von Marktmanipulationen gemäß **§§ 38 Abs. 2, 39, 20a WpHG** (vgl. Fischer Rn. 238; LK-StGB/*Tiedemann* Rn. 323; *Jahn* ZNER 2008, 97; Assmann/Schneider/*Vogel* WpHG § 22a Rn. 9 ff.; aA Assmann/Schneider/*Assmann/Cramer* WpHG § 14 Rn. 201).

III. Gesetzeskonkurrenz

164   Gesetzeskonkurrenz wurde angenommen zwischen Betrug und §§ 148 Abs. 2, 248c, 263a, 264, 264a, 265, 265a, 265b, 266a, 266b, 352, 353 (Fischer Rn. 235 f.; SSW StGB/*Satzger* Rn. 275, jeweils mwN).

165   Das **Steuerstrafrecht** stellt eine selbstständige und abschließende Sonderregelung (BGHSt 36, 100 (101) mAnm *Kratzsch* JR 1990, 249 ff.; LK-StGB/*Tiedemann* Rn. 319 f.; Lackner/Kühl/*Kühl* Rn. 68; vgl. ferner → AO § 370 Rn. 393) für alle Abgaben sowie alle abgabenrechtlichen Nebenleistungen wie Säumniszuschläge, Hinterziehungszinsen und Verspätungszuschläge dar (zsf. *Dannecker* in Leitner, Finanzstrafrecht, 2004, 67 (77)). Auch wenn der Steuervorgang insgesamt erfunden ist, um Steuervergütungen in Anspruch zu nehmen, liegt eine Steuerhinterziehung und kein Betrug vor (BGHSt 40, 109 ff.; NK-StGB/*Kindhäuser* Rn. 411). Wenn neben Steuervorteilen auch andere Vorteile nicht-steuerlicher Art erstrebt werden, ist Tateinheit möglich (BGHSt 36, 100 (101)). Bei einer erschlichenen Eigenheimzulage handelt es sich nicht um einen Steuervorteil, sondern um einen Vermögensvorteil iSd § 263 (BGH NJW 2007, 2864).

166   Besondere Beachtung erfordert die Abgrenzung von Betrug und Steuerhinterziehung nach § 370 AO bei der **Verkürzung von Kirchensteuer**, da der sachliche Anwendungsbereich der Abgabenordnung nach § 1 Abs. 1 AO nur für diejenigen Steuern eröffnet ist, die durch Bundesrecht oder das Recht der Europäischen Gemeinschaften geregelt werden, soweit sie durch Bundesfinanzbehörden oder durch Landesfinanzbehörden verwaltet werden. Hierzu gehört die Kirchensteuer aber nicht, da deren gesetzliche Grundlage nach Art. 140 GG iVm Art. 137 Abs. 6 WRV die Kirchensteuergesetze der Länder sind (Koenig/*Koenig* AO § 1 Rn. 15). Da Art. 4 Abs. 3 EGStGB für die Landesgesetzgeber die Möglichkeit eröffnet, die Straf- und Bußgeldvorschriften der AO bei Steuern oder anderen Abgaben für anwendbar zu erklären oder landesrechtliche Straf- und Bußgeldtatbestände zu schaffen, lässt sich **keine bundeseinheitliche Regelung** feststellen. So hat etwa das Land Nordrhein-Westfalen von dieser Möglichkeit im Gegensatz zum Land Niedersachsen keinen Gebrauch gemacht. Aus der bisherigen Rspr. (vgl. insbes. BGHSt 43, 381 (405)) zum Konkurrenzverhältnis zwischen § 370 AO und § 263 lässt sich ungeachtet der unterschiedlichen Deliktsstruktur für die Kirchensteuer keine abschließende Sonderregelung durch § 370 AO entnehmen (BGH NStZ 2009, 157 ff.). Für die Anwendbarkeit § 263 spricht nach allerdings nicht unumstrittener Ansicht neben dem Wortlaut der Verfahrensvorschrift des § 386 Abs. 2 Nr. 2 AO und den Gesetzesmaterialien zu dieser Vorschrift (BT-Drs. 4/2476, 18; 5/1812, 29) auch Art. 4 Abs. 3 EGStGB, da diese Norm Strafvorschriften über den Betrug ausdrücklich unberührt lässt (BGH NStZ 2009, 157 ff.; *Rönnau* wistra 1995, 47 (49 f.); aA FGJ/*Randt* AO § 386 Rn. 21a; Kohlmann AO § 370 Rn. 411). Der BGH (BGH NStZ 2009, 157 ff.) hält einen Ausschluss von § 263 durch den Landesgesetzgeber für den Bereich Kirchensteuer grundsätzlich für nicht mit Art. 74 Abs. 1 Nr. 1, Art. 72 Abs. 1 GG vereinbar. So fehlt den Ländern mit Blick auf Art. 4 Abs. 2 EGStGB für das Strafrecht die Gesetzgebungskompetenz, soweit der Bund von seiner entsprechenden Zuständigkeit Gebrauch gemacht hat. Ausnahmen sind nur nach Art. 4 Abs. 3 EGStGB im dort vorgesehenen Umfang möglich. Dieser Vorschrift kann nach ihrem Wortlaut nicht entnommen werden, dass der Bundesgesetzgeber Straftaten bei der Erhebung von Kirchensteuern von einer Erfassung durch die Vorschriften über den Betrug, die Hehlerei oder die Begünstigung ausnehmen und insoweit dem Landesgesetzgeber die Entscheidung hinsichtlich der Strafbarkeit überlassen wollte.

IV. Mitbestrafte Nachtat

167   Wenn der Betrug einem Vermögensdelikt nachfolgt, sieht die hM darin eine **mitbestrafte Nachtat** (sog „Sicherungsbetrug"), wenn diese nur der Sicherung oder Verwertung dient und keinen neuen Schaden begründet (LK-StGB/*Tiedemann* Rn. 325; SSW StGB/*Satzger* Rn. 277). Wenn die Täuschung jedoch keinen neuen Schaden bedingt, ist der Betrugstatbestand bereits nicht erfüllt (NK-StGB/*Kindhäuser* Rn. 413; Wessels/Hillenkamp StrafR BT II § 13 Rn. 599; Otto StrafR BT § 51 Rn. 152; *Sickor* GA 2007, 596) Ein solcher liegt jedoch bereits in der Erweiterung oder Vertiefung des bisherigen Schadens (BGHSt 6, 67 (68); BGH StV 1992, 272; NStZ 1993, 591; Fischer Rn. 233). So wurde ein Sicherungsbetrug zu § 266 für den Fall angenommen, dass sich der Täter durch Täuschung den Untreuevorteil sichert (BGH NStZ 1994, 586; 2004, 568 (570); BGH wistra 1992, 342 (343)) oder den durch Diebstahl erlangten Wert (BGH NStZ 2008, 396).

V. Wahlfeststellung und Postpendenz

Wahlfeststellung ist nach den allgemeinen Grundsätzen (dazu LK-StGB/*Dannecker* Anh. § 1   **168**
Rn. 43 ff.) **möglich.** Nach hM ist auf das Kriterium der rechtsethischen und psychologischen Vergleichbarkeit abzustellen (BGHSt 9, 390 (393 f.); Schönke/Schröder/*Eser/Hecker* § 1 Rn. 100 ff. mwN;
krit. dazu LK-StGB/*Dannecker* Anh. § 1 Rn. 148 f.).

Die Rspr. hat eine **Wahlfeststellung zugelassen** bei Betrug und **Unterschlagung** (OLG Hamm   **169**
1974, 1957 (1958)), **gewerbsmäßiger Hehlerei** (BGH NJW 1974, 804 (805)), **Computerbetrug**
(BGH StV 2008, 250), **Untreue** (BGH GA 1970, 24; OLG Hamburg JR 1956, 28 mAnm *Nüse;* OLG
Hamburg MDR 1994, 712) und **Trickdiebstahl** (OLG Karlsruhe NJW 1976, 902 (903 f.); OLG
Koblenz JR 1984, 163 (164); dazu → Rn. 73 ff.).

Hingegen wurde **Wahlfeststellung verneint** bei Betrug und **versuchter Abtreibung** (MDR/D   **170**
1958, 739), Betrug und **Urkundenfälschung** (OLG Düsseldorf NJW 1974, 1833 (1834)), Betrug und
Bestechlichkeit (BGHSt 15, 88 (100)) sowie bei Betrug (gegenüber den Kunden eines Heizöllieferan-
ten) und **Steuerhinterziehung** (BGH/H MDR 1984, 89). Bei Betrug und **Diebstahl** verneinend
(BGH NStZ 1985, 123; OLG Karlsruhe Die Justiz 1973, 57; offen gelassen in BGH NJW 1974, 804
(805); dazu sogleich → Rn. 171).

Die Rspr. zur Wahlfeststellung ist nicht durchgängig klar und nachvollziehbar, teilweise sogar wider-   **171**
sprüchlich, so wenn Wahlfeststellung zwischen Betrug und Untreue zugelassen wird (BGH GA 1970,
24), zwischen Untreue und Hehlerei hingegen nicht (BGHSt 15, 266 (267)). Die **Untreue** weist einen
grundlegend anderen Handlungsunwert als der Betrug auf; die Gleichartigkeit des Betrugs- und Un-
treueunrechts kann nicht allein mit der Vermögensschädigung begründet werden (SK-StGB/*Rudolphi*
Anh. § 55 Rn. 37). Gleiches gilt für Betrug und **Diebstahl,** wenn nicht ausnahmsweise die konkreten
Tathandlungen im Grenzbereich zwischen beiden Delikten liegen, wie dies beim Trickdiebstahl der Fall
ist. Damit den Anforderungen des Art. 103 Abs. 2 GG entsprochen wird, kommt es nicht auf die
Ähnlichkeit der jeweiligen tatbestandlichen Handlungen im konkreten Fall an, sondern auf den tatbestandstypischen Unrechtsgehalt, der anhand der Straftatbestände zu bestimmen ist. Nur wenn der
Unrechtsgehalt der Straftatbestände vergleichbar ist, wird keine Bemakelung des Täters durch den
Urteilstenor vorgenommen. Soweit im Grenzbereich zwischen Diebstahl und Betrug die Abgrenzung
nur strafrechtsdogmatische Bedeutung hat und sich in den Grenzen des Wortlauts bewegt, wenn also
beide Sachverhalte ohne Verstoß gegen das Analogieverbot unter den einen und den anderen Straftatbestand subsumiert werden können, liegt kein so erheblicher Unterschied im tatbestandstypischen
Unrechtsgehalt der abstrakten Tatbestände vor, dass eine Wahlfeststellung zu verneinen wäre (LK-StGB/
Dannecker Anh. § 1 Rn. 154).

Nach den Regeln der **Postpendenz** ist nicht wahlweise, sondern eindeutig zu verurteilen, wenn von   **172**
zwei möglichen Tatbestandsverwirklichungen die spätere gewiss, die frühere hingegen nur möglicherweise gegeben ist (LK-StGB/*Dannecker* Anh. § 1 Rn. 105 mwN). Deshalb ist wegen Hehlerei zu
verurteilen, wenn feststeht, dass der Täter einen Teil der Betrugsbeute in Kenntnis der Vortat erlangt hat,
jedoch nicht sicher festgestellt werden kann, dass er an der Vortat beteiligt war (BGH NJW 1974, 804;
1989, 1867 (1868); zust. NK-StGB/*Kindhäuser* Rn. 416; SSW StGB/*Satzger* Rn. 283; krit. SK-StGB/
Hoyer Rn. 304). Eine Wahlfeststellung im Verhältnis von Betrug und Unterschlagung kommt trotz der
Subsidiaritätsklausel des § 246 in Betracht, wenn ungeklärt bleibt, ob die Besitzverschaffung mit einer
Übereignung verbunden war oder der rechtmäßig erworbene Fremdbesitz vom Täter erst später
widerrechtlich in Eigenbesitz genommen wurde (OLG Hamm NJW 1975, 1957; OLG Saarbrücken
NJW 1976, 65; LK-StGB/*Dannecker* Anh. § 1 Rn. 106, 115; NK-StGB/*Kindhäuser* Rn. 415) oder
wenn die Unterschlagung der Betrugsbeute feststeht, nicht aber die Beteiligung am vorausgegangenen
Betrug (OLG Hamburg MDR 1994, 712; SSW StGB/*Satzger* Rn. 283).

K. Fallgruppen

I. Abgabenübererhebung durch Amtsträger

Erhebt ein Amtsträger, der Steuern, Gebühren oder andere Abgaben für eine öffentliche Kasse zu   **173**
erheben hat, Abgaben, von denen er weiß, dass der Zahlende sie nicht oder nur in geringerem Betrag
schuldet und bringt er das rechtswidrig Erhobene ganz oder zum Teil nicht zur Kasse, so macht er sich
gemäß **§ 353** wegen Abgabenüberhebung strafbar. Gleiches gilt für einen Amtsträger bei amtlichen
Ausgaben an Geld oder Naturalien, der beim Empfänger rechtswidrig Abzüge vornimmt und die
Ausgaben als vollständig geleistet in Rechnung stellt (s. dazu weiterführend Schönke/Schröder/*Hecker*
§ 353 Rn. 1 ff. mwN). Den Verantwortlichen einer Anstalt des öffentlichen Rechts kann aufgrund
seiner speziellen Stellung eine Garantenpflicht treffen, betrügerische Abrechnungen zu unterbinden
(BGHSt 54, 44 ff.; G. *Dannecker*/C. *Dannecker* JZ 2010, 981 ff.; *Rönnau/Schneider* ZIP 2010, 53 ff.).

Das **Verhältnis von § 353 zum Betrugstatbestand** ist weitgehend unstreitig: Die hM geht davon   **174**
aus, dass § 353 gegenüber dem Betrugstatbestand im Verhältnis der **Spezialität** steht (BGHSt 54, 44 ff.;
BGH NStZ 2009, 506 ff.; LK-StGB/*Vormbaum* § 353 Rn. 23). Dem Privilegierungstatbestand des § 353

kann allerdings ebenso wenig wie § 352 (→ Rn. 272 f.) entnommen werden, dass Täuschungshandlungen im Zusammenhang mit Gebühren und öffentlichen Abgaben nur unter den dort benannten Tatbestandsvoraussetzungen überhaupt strafbar sind (BGH NStZ 2009, 506 (507)). Vielmehr stehen auch solche Zahlungsverpflichtungen grundsätzlich unter dem strafrechtlichen Schutz des Betruges, wenn eine Täuschungshandlung vorliegt. Die Pönalisierung einer täuschungsbedingten Schädigung des Vermögens Dritter entfällt nicht, weil für Sonderformen des Betrugs überkommene Privilegierungstatbestände zugunsten einzelner Berufsgruppen im Strafgesetzbuch beibehalten wurden (BGH NStZ 2009, 506 ff.).

175   **1. Abrechnungsbetrug durch Ärzte.** Betrugstaten im kassenärztlichen Abrechnungswesen haben erhebliche volkswirtschaftliche Bedeutung (MüKoStGB/*Hefendehl* Rn. 577 ff.; Schönke/Schröder/*Perron* Rn. 16c, 39, 112, 141; *Badle* NJW 2008, 1028 (1032 f.); zum Schaden beim Abrechnungsbetrug s. *Hellmann* in Fischer et al. Dogmatik und Praxis des strafrechtlichen Vermögensschadens 2015, 245 ff.; *Gaede* ebenda, 257 ff.; *Volk* NJW 2000, 3385 ff.), da die Rechnungslegung in der Gesetzlichen Krankenversicherung (GKV) ohne hinreichend wirksame Kontrolle stattfindet und die auf sachliche und rechtliche Richtigkeit, Plausibilität und Wirtschaftlichkeit gerichteten Prüfungen letztlich nur formaler Natur sind (so *Sommer/Tsambikakis* in Terbille Münchener Anwaltshandbuch Medizinrecht, 2. Aufl. 2013, § 2 Rn. 121). Das gesamte System beruht auf einem grundsätzlichen Vertrauen den Beteiligten untereinander, was das **gesamte staatliche Gesundheitswesen äußerst missbrauchsanfällig** macht (*Sommer/Tsambikakis* in Terbille Münchener Anwaltshandbuch Medizinrecht, 2. Aufl. 2013, § 2 Rn. 121). Hierbei ist zunächst zwischen **Vertragsärzten** (→ Rn. 176) und **privat abrechnenden Ärzten** (→ Rn. 182) zu differenzieren, da ihnen grundlegend unterschiedliche Vertragsverhältnisse und Drittbeteiligungen zugrunde liegen (grundlegend dazu *Hellmann/Herffs,* Der ärztliche Abrechnungsbetrug, 2006, Rn. 1 ff.). Eine eigene Fallgruppe stellt der **Abrechnungsbetrug durch Falschkodierung** oder **Abrechnung unbegründeter Leistungen in Krankenhäusern** dar (dazu *Kölbel* NStZ 2009, 312 ff.), wenn sog Rückvergütungen (ausführlich dazu → Rn. 181) gezahlt werden oder der sog **Rezeptabrechnungsbetrug** zwischen Arzt und Apotheker durch fingierte Rezepte (BGH GesR 2004, 129). Zur Phänomenologie des Betruges im Gesundheitswesen (*Homann,* Betrug in der gesetzlichen Krankenversicherung, 2009, 73 ff.; *Badle* NJW 2008, 1028 f.; *Nestler* JZ 2009, 984 (986 ff.)).

176   **a) Versorgung durch Vertragsärzte.** Da die hausärztliche Versichertenpauschale bzw. die fachärztliche Grundpauschale die meisten diagnostischen und kurativen Leistungen umfasst, kann dies den Anreiz für Vertragsärzte bilden, möglichst viele Leistungen in einem Quartal zu erbringen und abzurechnen, die von der Quartalspauschale nicht erfasst und damit extra vergütet werden (so etwa eine Sonografie bei Hausärzten). Erbringt ein Vertragsarzt ohne entsprechende medizinische Indikation eine Leistung oder rechnet er diese bzw. eine nicht dem medizinischen Standard entsprechende Therapie- oder Diagnoseleistung gegenüber der Kassenärztlichen Vereinigung (KV) ab, so liegt ein **Abrechnungsbetrug gegenüber seinen ordnungsgemäß abrechnenden Vertragsärztekollegen** vor. Dies ist nicht nur der Fall, wenn ein Arzt falsche Symptome angibt oder eine falsche Diagnose nennt, um dadurch die Anwendung einer nicht dem medizinischen Standard entsprechenden Therapie- oder Diagnosemethode zu verheimlichen, sondern auch, wenn der Arzt ohne Angabe einer unzutreffenden Diagnose oder einer falschen Symptomatik nur eine nicht standardmäßige Therapie- oder Diagnosemethode abrechnet oder wenn er dem Patienten erklärt, die von ihm geforderten Medikamentenkosten würden ihm tatsächlich entstehen (BGH NStZ 2010, 88 (89) m. krit. Anm. *Kubiciel* JZ 2010, 422 ff.). Bei der betrügerischen Abrechnung von Sonderleistungen entsteht ein Schaden bei der Krankenkasse (*Dannecker/Bülte* NZWiSt 2012, 83).

177   Beim Abrechnungsbetrug sind Erklärungen neben der Abrechnung, insbesondere der Quartalsabrechnung (näher dazu *Luig,* Vertragsärztlicher Abrechnungsbetrug und Schadensbestimmung, 2009, 17 ff. (62 ff.)) bzw. der Privatliquidation (→ Rn. 182 ff.) selten. Die Abrechnung ärztlicher Leistungen enthält die **konkludente Erklärung,** dass die abgerechneten Untersuchungen medizinisch indiziert und kostengünstigere Methoden nicht vorhanden seien (*Hellmann/Herffs,* Der ärztliche Abrechnungsbetrug, 2006, Rn. 276 ff.) sowie dass die abgerechneten Leistungen tatsächlich erbracht worden (OLG Hamm NStZ 1997, 130 (131)) und die Kosten für die Sachmittel angefallen sind. Daher liegt eine Täuschung vor, wenn ein Arzt den vollen Preis für Praxisbedarf abrechnet, obwohl ihm seine Lieferanten einen Teil der Kosten in Form sog Kick-backs zurückerstattet haben (BGH NStZ 2004, 568 (569)). Die Abrechnung besonderer Sachkosten enthält die Erklärung, dass diese Abrechnung keine allgemeinen Praxiskosten betrifft (BGH NStZ 1994, 188 (189)). Die Abrechnung unter einer bestimmten Gebührenordnungsnummer enthält die konkludente Erklärung, dass die Leistung unter die genannte Gebührenordnung fällt, zu den kassenärztlichen Versorgungsleistungen gehört und nach dem allgemeinen Bewertungsmaßstab abgerechnet werden darf und nicht nur pauschal geltend gemacht wird (BGH NStZ 1993, 388 (389); 1995, 85; dazu auch BVerfG NStZ 1998, 29). Eine konkludente Täuschung liegt ferner in der Abrechnung einer nicht-standardmäßigen Therapie- oder Diagnoseleistung gegenüber der KV, da der Vertragsarzt mit seiner Abrechnung konkludent erklärt, dass seine Leistung Bestandteil der kassenärztlichen Versorgungsleistungen ist und entsprechend abgerechnet werden darf (BGH NStZ 1993, 388 f.; 2007, 213; 2009, 506 ff.; ausführlich dazu *Sommer/Tsambikakis* in Terbille Münchener Anwalts-

handbuch Medizinrecht, 2. Aufl. 2013, § 2 Rn. 123 ff.). Nach § 12 SGB V dürfen nicht notwendige, nicht wirtschaftliche, nach dem allgemein anerkannten Stand der wissenschaftlichen Erkenntnisse nicht ausreichende oder unzweckmäßige Leistungen nicht verordnet werden (näher dazu Kruse/Hänlein/ *Kruse,* 4. Aufl. 2012, SGB V § 12 Rn. 6 f.). Zwar enthält die Verordnung von Arzneimitteln und die Vorlage dieser Verordnung beim Apotheker die konkludente Erklärung, dass diese Vorgaben eingehalten wurden (aA *Satzger,* Der Submissionsbetrug, 1994, 44), jedoch fehlt es in der Regel an einem Irrtum beim Apotheker, da diesen keine Prüfungspflicht trifft (BGHSt 49, 17 (21 f.); BGH NJW 2004, 454 (456)). Eine Sonderkonstellation liegt vor, wenn der Arzt lege artis geleistete Behandlungen ordnungsgemäß abrechnet und lediglich über seine Zulassung zum Vertragsarzt täuscht (*Grunst* NStZ 2004, 533 (538)). Hier fällt die Abgrenzung zu dem Arzt schwer, der die Leistung lege artis und ordnungsgemäß durch einen Dritten erbringen ließ und dann als eigene abrechnet. Wenn eine Leistung abgerechnet wird, die das angestellte Personal des Arztes erbracht hat, obwohl die Leistung nicht delegiert werden durfte, liegt eine konkludente Täuschung vor, soweit man in der Quartalsammelabrechnung die Erklärung sieht, nicht delegierbare Maßnahmen eigenhändig ausgeführt zu haben (BGH NStZ 1995, 85). Schließlich stellt das sog *Splitting* (*Ulsenheimer* in Krekeler/Tiedemann/Ulsenheimer/Weinmann, Handwörterbuch des Wirtschafts- und Steuerstrafrechts mit Ordnungswidrigkeiten- und Verfahrensrecht, 1990, § 14 Rn. 17) eine Täuschung dar, weil der Arzt zu einem Zeitpunkt tatsächlich erbrachte Leistungen wahrheitswidrig auf einen größeren Zeitraum verteilt, um diese höher abrechnen zu können.

Ein Betrug durch **Unterlassen** wird nur ausnahmsweise in Betracht kommen. Zwar werden an die **178** Aufklärungspflichten immer höhere Anforderungen gestellt (BGHSt 39, 392 (399); BGH NJW 2000, 3013 (3014); BGH NStZ 2010, 502). Diese müssen jedoch im spezifischen Zusammenhang mit den Vermögensinteressen der Opfer stehen. In Betracht kommen insbesondere Aufklärungspflichten zwischen Vertragsarzt und Kassenärztlicher Vereinigung (§§ 12 Abs. 1, 72 Abs. 1 SGB V; OLG Hamm NStZ-RR 2006, 13 (14): Kosteneinsparung bei Entsorgung von Röntgenkontrastmitteln). Wenn der Arzt in einer sorgfältig erstellten Abrechnung nach ihrer Versendung einen Fehler entdeckt, soll keine Aufklärungspflicht bestehen (*Schroth/Joost* in Roxin/Schroth, Handbuch des Medizinstrafrechts, 4. Aufl. 2010, II. 3 B. I, S. 192 f.).

Durch die Einreichung der Quartalsabrechnung seitens des Vertragsarztes gegenüber der KV und die **179** anschließende Weiterleitung an die Krankenversicherung nach § 295 Abs. 1 SGB V wird regelmäßig sowohl beim zuständigen Sachbearbeiter der KV (§§ 85 Abs. 1, 87b Abs. 1, 295 SGB V) als auch bei dem jeweils zuständigen Sachbearbeiter der Krankenkasse (§ 106a SGB V), bei Krankenhausabrechnungen im Rahmen der GKV der Sachbearbeiter der Krankenkasse (§ 109 Abs. 4 SGB V) ein **Irrtum** (dazu *Sommer/Tsambikakis* in Terbille Münchener Anwaltshandbuch Medizinrecht, 2. Aufl. 2013, § 2 Rn. 136 ff.) über die Zweckmäßigkeit, Wirtschaftlichkeit, das Ausreichen der Leistung sowie deren Abrechenbarkeit hervorgerufen. Selbst wenn sich die Sachbearbeiter gedanklich nicht mit jeder abgerechneten Position befassen (dazu *Hellmann/Herffs,* Der ärztliche Abrechnungsbetrug, 2006, Rn. 283), genügt bereits das unreflektierte Mitbewusstsein iS eines ständigen Begleitwissens, dass bestimmte Umstände wie eine Beachtung der Anforderungen des § 12 SGB V als selbstverständlich gegeben vorausgesetzt werden (BGH wistra 2009, 433 (434); Lackner/Kühl/*Kühl* Rn. 18; Wessels/Hillenkamp StrafR BT II § 13 Rn. 511). Ein solches kann angestellten der Krankenversicherung und der KV unterstellt werden (so im Ergebnis auch *Hellmann/Herffs,* Der ärztliche Abrechnungsbetrug, 2006, Rn. 283). Eine Überprüfung muss weder tatsächlich erfolgen noch üblich sein (krit. *Sommer/Tsambikakis* in Terbille Münchener Anwaltshandbuch Medizinrecht, 2. Aufl. 2013, § 2 Rn. 136). Das Vorliegen eines Irrtums ist **Tatfrage** und deshalb **nachzuweisen.** Jedoch rechtfertigt das dem Vertragsarzt entgegengebrachte Vertrauen eine erhebliche Herabsetzung des Prüfungsumfangs (BGH NStZ 2007, 213 (215)).

Besonders problematisch ist das Betrugsmerkmal der **irrtumsbedingten Vermögensverfügung.** **180** Beim Abrechnungsbetrug im Vertragsarztsystem kommen insbesondere Mitarbeiter der Kassenärztlichen Vereinigungen und der Krankenkassen als Verfügende in Betracht, ggf. sogar beide (eingehend zu den verschiedenen Grundkonstellationen *Hancok,* Abrechnungsbetrug durch Vertragsärzte, 2006, 138 ff.). So nimmt die Krankenkasse mit der Zahlung der pauschalierten Gesamtvergütung an die KV zwar eine Verfügung vor. Diese erfolgt jedoch nicht irrtumsbedingt, da sich die Gesamtvergütung infolge eines Irrtums über die Wirtschaftlichkeit der Behandlung nicht erhöht. Auch seit der im Jahr 2009 erfolgten Verlagerung des Morbiditätsrisikos auf die Krankenversicherungen gilt nichts anderes, da eine Erhöhung der Gesamtvergütung nur bei Veränderungen des Morbiditätsrisikos (zB Grippewelle) möglich ist und diesbezüglich kein Irrtum erregt wird. Eine irrtumsbedingte Verfügung nimmt dagegen die KV vor, wenn sie einen Vertragsarzt für eine Behandlung aus der ihr von der Krankenkasse zugewiesenen Gesamtvergütung entlohnt, obwohl die Leistung des Arztes unwirtschaftlich, unzweckmäßig oder unzureichend war. Schließlich stellt die KV die Versorgung der Ärzte sicher, sie vertritt die in ihrem Bereich tätigen Ärzte und verteilt die kassenärztliche Gesamtvergütung (BGH wistra 1992, 95). Fraglich ist jedoch der Vermögensbezug dieser Verfügung. So erleidet die KV zunächst durch ihre Verfügung keine Vermögensminderung, da sie die Gesamtvergütung nach Abzug eines Teils für Verwaltungsaufgaben nach § 85 Abs. 4 S. 1 SGB V an die Vertragsärzte zu verteilen hat, womit der KV hinsichtlich der

Gesamtvergütung eine Art treuhänderische Funktion zukommt (*Hancok,* Abrechnungsbetrug durch Vertragsärzte, 2006, 176; *Gaidzik* wistra 1998, 229 (331); *Ellbogen/Wichmann* MedR 2007, 10 (13)). Durch die Verfügung der KV wird das Vermögen der ordnungsgemäß abrechnenden Vertragsärzte gemindert, weshalb mit Blick auf § 85 Abs. 4 S. 1 SGB V ein Dreiecksbetrug (→ Rn. 73 ff.) zu deren Lasten vorliegt (*Hancok,* Abrechnungsbetrug durch Vertragsärzte, 2006, 176; *Ellbogen/Wichmann* MedR 2007, 10 (13)); *Gaidzik* wistra 1998, 229 (231)). So erhalten die ordnungsgemäß abrechnenden Vertragsärzte aufgrund der täuschungsbedingten Verfügung der KV geringere Honorare, als ihnen zustehen, da die Abrechnung nicht abrechenbarer Leistungen wegen der Deckelung der Gesamtvergütung die Entlohnung tatsächlich erbrachter Leistungen mindert.

181　　Ebenfalls schwierig gestaltet sich die Feststellung eines **Vermögensschadens** iSv § 263 (dazu *Hellmann* in Fischer et al., Dogmatik und Praxis des strafrechtlichen Vermögensschadens, 2016, 245 ff.; *Sommer/Tsambikakis* in Terbille, Münchener Anwaltshandbuch Medizinrecht, 2. Aufl. 2013, § 2 Rn. 142 f.). Die Abrechnung nicht abrechenbarer Leistungen verursachte bis zum Jahr 2009 einen Schaden, der bei den ordnungsgemäß abrechnenden Vertragsärzten eintrat. Dieser lag der Höhe nach in der Differenz zwischen der tatsächlich durch die KV ausgeschütteten Vergütung und derjenigen, wie sie im Falle der Nichtabrechnung der ohnehin nicht standardmäßig erbrachten Leistung ausgeschüttet worden wäre. Die Deckelung der Gesamtvergütung innerhalb des damaligen vertragsärztlichen Abrechnungssystems führte zu einer Abhängigkeit der Entlohnung jeder ärztlichen Leistung von der Gesamtzahl der innerhalb eines Quartals durch die Vertragsärzte einer KV erbrachten ärztlichen Leistungen. In diesem als **„floatender Punktwert"** bezeichneten Phänomen (dazu *Wenner,* Vertragsarztrecht nach der Gesundheitsreform, 2006, § 21) rechnen Vertragsärzte nicht nach Eurobeträgen, sondern nach Punktwerten ab, wobei jeder Leistung im Einheitlichen Bewertungsmaßstab (EBM) eine bestimmte Punktzahl zugeordnet ist. Bis 2009 errechnete die KV nach jedem Quartal den Wert eines Punktes, den sog „Punktwert", dadurch, dass sie die von den Krankenkassen erhaltene Gesamtvergütung durch die Summe aller von sämtlichen Vertragsärzten korrekt abgerechneten Punkte teilte. Die von einem Vertragsarzt berechneten Leistungen werden nach diesem Punktwert vergütet. Je größer die Menge der abgerechneten Leistungen ausfällt, desto geringer fällt der Punktwert um die Vergütung der ärztlichen Leistung aus. Dies wiederum führte dazu, dass sich im Gegenzug durch die Abrechnung nicht abrechenbarer Leistungen die Entlohnung für tatsächlich abrechenbare Leistungen reduzierte (*Hancok,* Abrechnungsbetrug durch Vertragsärzte, 2006, 177; *Hellmann/Herffs,* Der ärztliche Abrechnungsbetrug, 2006, Rn. 162 f.; *Ellbogen/Wichmann* MedR 2007, 10 (13); *Gaidzik* wistra 1998, 229 (231); *Idler* JuS 2004, 1037 (1040)). Dieses vertragsärztliche Abrechnungssystem wurde grundlegend reformiert. Seit 2009 gelten für von Ärzten innerhalb seines Regelleistungsvolumens erbrachte Leistungen feste Preise. Ihre Höhe ist nach § 87b Abs. 2 S. 2 SGB V nunmehr unabhängig davon, wie viele Leistungen von den Ärzten der jeweiligen KV tatsächlich innerhalb eines Quartals erbracht wurden. Die Vergütung von außerhalb des Regelleistungsvolumens erbrachten ärztlichen Leistungen ist dagegen von der Gesamtüberschreitungsmenge eines Versorgungsbereichs abhängig. So führt eine Überschreitung des Regelleistungsvolumens nach § 87b Abs. 2 S. 3 SGB V zu einer Vergütung zu abgestaffelten Preisen, deren Höhe ihrerseits wiederum in Relation zu der Gesamtüberschreitungsmenge des jeweiligen Versorgungsbereichs steht. Der Anwendungsbereich des sog „Punktwertverfalls", wonach die Vergütung für die einzelne ärztliche Leistung auch an der Entwicklung des Einkommens in anderen Berufsgruppen teilnimmt (so *Schubert* ZRP 2001, 154), betrifft **seit 2009** nur noch **außerhalb des Regelleistungsvolumens erbrachte Leistungen.** Aus betrugsrechtlicher Sicht bewirkt die Abrechnung nicht abrechenbarer Leistungen somit nicht mehr pauschal bei allen ordnungsgemäß abrechnenden Vertragsärzten einen Vermögensschaden in der dargestellten Höhe, sondern nur noch bei denjenigen, die ihr Regelleistungsvolumen bereits überschritten haben. Dem steht nicht entgegen, dass der pflichtwidrig abrechnende Vertragsarzt die entsprechenden Leistungen tatsächlich erbracht hat. Durch ihre Erbringung erlangen weder die KV noch die Krankenkasse oder die ordnungsgemäß abrechnenden Vertragsärzte irgendeinen wirtschaftlichen Vorteil. Der Anspruch des Patienten auf notwendige Krankenbehandlung nach § 27 SGB V richtet sich weiterhin auf eine dem medizinischen Standard entsprechende Therapie bzw. Diagnose. Auch eventuelle Ersatzansprüche gegen den unzulässig abrechnenden Vertragsarzt stehen der Bejahung eines Vermögensschadens nicht entgegen, da solche nachträglichen Schadensregulierungen nur einen zivilrechtlichen Ausgleich herbeiführen, einen einmal eingetretenen betrugsrelevanten Vermögensschaden aber nicht zu kompensieren vermögen (*Müller-Christmann* JuS 1988, 108 (113)). Zu den Rechtsfolgenentscheidungen und zur Strafzumessung beim vertragsärztlichen Abrechnungsbetrug *Schmidt* StV 2013, 589.

182　　**b) Privatärztliche Verträge.** Aufgrund der zunehmenden Budgetierung bei gesetzlich versicherten Patienten sehen sich Ärzte dazu gezwungen, das erzielte Einkommensdefizit durch Abrechnungen gegenüber ihren Privatpatienten auszugleichen (*Schubert* ZRP 2001, 154). Während bei Kassenpatienten dem Arzt wegen der Budgetierung regelmäßig nur geringe Möglichkeiten einer rechtswidrigen und betrügerischen Abrechnung eröffnet sind, ergeben sich bei Privatpatienten dementsprechend vielfältige Wege (ausführlich dazu Wabnitz/Janovsky WirtschaftsStR-HdB/*Hilgendorf* Kap. 13 Rn. 49 ff.). Zunächst wird hier die Leistungsbeziehung zwischen Arzt und Privatpatient aufgrund eines individuellen

Behandlungsvertrags nach den §§ 611 ff. BGB begründet, wobei die Abrechnung grundsätzlich nach der Gebührenordnung für Ärzte **(GOÄ)** bzw. Zahnärzte **(GOZ)** erfolgt. Der Privatpatient erhält eine **Rechnung,** ohne dass die Krankenkasse oder die KV unmittelbar zwischengeschaltet ist. Die entstandenen Behandlungskosten werden von den jeweiligen Krankenversicherungen nur im Innenverhältnis gegenüber dem Patienten ersetzt, wenn dieser die Rechnung entsprechend einreicht. Bei jeder Liquidation an einen Privatpatienten seitens des behandelnden Arztes handelt es sich somit um eine rechtlich selbstständige Handlung, was Ermittlungsverfahren in diesem Bereich deutlich verkompliziert.

Aus betrugsrechtlicher Sicht bedarf zunächst das Tatbestandsmerkmal der **Täuschung** einer näheren   **183** Erläuterung. Legt der Arzt durch eine Abrechnungsstelle oder persönlich eine fehlerhafte Rechnung vor, stellt er durch schlüssiges Verhalten die Richtigkeit seiner Abrechnung dar, worin rechtlich eine Täuschung über Tatsachen liegen kann. Dabei kommt es nicht darauf an, dass oder ob der Privatpatient die Rechnung bereits zur Erstattung bei seiner Krankenversicherung eingereicht hat (*Schubert* ZRP 2001, 154 (155)). Ein Arzt, der ärztliche Leistungen als eigene abrechnet, behauptet die Berechtigung zur Abrechnung und die Einhaltung der Voraussetzungen der Rechtsvorschriften, die den Abrechnungen zugrunde liegen; die zum Abrechnungsbetrug bei Vertragsärzten entwickelten Grundsätze gelten in gleicher Weise für privatliquidierende Ärzte (BGH NJW 2012, 1377; *Dann* NJW 2012, 2001). Hinsichtlich der Tatsache, über die durch den die Rechnung stellenden Arzt getäuscht wird, lassen sich verschiedene Fälle betrugsrelevanten Abrechnungsverhaltens unterscheiden:

Bei der **Abrechnung von Luftleistungen** (dazu HK-StrafR/*Duttge* Rn. 62) werden Leistungen in   **184** Rechnung gestellt, die nicht erbracht wurden, so wenn beispielsweise einfache Befundberichte, die normalerweise bei Privatpatienten in der Gebühr für die ärztliche Leistung bereits enthalten sind, als ausführliche Befundberichte liquidiert werden, wenn in Operationsberichten komplizierte Operationsabläufe dargestellt werden, um zusätzliche Leistungen zu berechnen und etwa den 3,5-fachen Steigerungssatz ansetzen zu können, oder wenn private Besuche bei Patienten als medizinische Beratung abgerechnet werden (näher dazu *Schubert* ZRP 2001, 154). In diesen Fällen kompensiert der Wert der Behandlungsleistung das von der Krankenkasse gezahlte Entgelt wirtschaftlich nicht (MüKoStGB/ *Hefendehl* Rn. 577; *Hellmann/Herffs,* Der ärztliche Abrechnungsbetrug, 2006, Rn. 152 ff.).

Bei der **Abrechnung nicht persönlich erbrachter Leistungen** (hierzu *Schubert* ZRP 2001, 154   **185** (155); *Saliger* FS I. Roxin, 2012, 307) sind die erbrachten Leistungen zwar medizinisch indiziert, aber ihrerseits dennoch nicht abrechnungsfähig, da sie nicht vom Arzt selbst, sondern aufgrund einer generellen Weisung ohne seine vorherige Konsultation vom Praxispersonal erbracht werden, so wenn ein Chefarzt Leistungen abrechnet, die er weder persönlich noch durch einen vor Abschluss des Chefarztvertrags benannten Vertreter mit Facharztqualifikation auf dem gleichen Gebiet erbracht hat, oder wenn bei einer stationären, teilstationären oder vor- und nachstationären Behandlung die Gebühren nicht um 15 % bzw. 25 %, wie es nach der GOÄ geboten ist, gekürzt werden (*Schubert* ZRP 2001, 154 (155)). Wenn der Patient weiß, dass er von einem Vertreter behandelt wurde, liegt – anders als bei der GKV, bei der ein Dritter getäuscht wird – trotz Verstoßes gegen die persönliche Leistungserbringung kein Betrug vor (Spickhoff/*Schuhr* Rn. 25). Der BGH bejaht einen Vermögensschaden immer dann, wenn eine privatärztliche Leistung nicht nach der Gebührenordnung für Ärzte abrechnungsfähig ist, weil es an der persönlichen Leistungserbringung der Abrechnenden fehlt, die § 4 GOÄ voraussetzt; entscheidend sei dabei nur, ob der Arzt gegen den Patienten einen fälligen Zahlungsanspruch hat, der das Vermögen des Patienten belastet (BGH JZ 2012, 518). Diese Auffassung stößt in der Literatur auf Kritik, da der BGH damit entgegen der Rechtsprechung des BVerfG die Missachtung gesetzlicher Vorschriften ausreichen lässt und so den Vermögensschaden durch einen „Kunstgriff" bejaht, indem er mit der GOÄ eine Rechtsnorm zum maßgeblichen Bezugspunkt für die Überprüfung eines möglichen Vermögensschadens erklärt (*Dann* NJW 2012, 2001).

Die Abrechnung einer nicht persönlich erbrachten Leistung liegt auch vor, wenn der Arzt ein Speziallabor beauftragt und sich die Gewinne durch sog Kick-Back-Provisionen sichert (*Mahler* wistra 2013, 44). Dabei täuscht der Arzt über den nicht bestehenden Zahlungsanspruch, weil die medizinischen Leistungen mangels Einhaltung der gebührenrechtlichen Vorschriften nicht abrechenbar waren (BGH wistra 2012, 222).

Bei der **Falschabrechnung erbrachter Leistungen** (*Schubert* ZRP 2001, 154 (155)) rechnet der   **186** Arzt nicht die erbrachte, sondern eine medizinisch gleichwertige, jedoch höher bewertete Leistung ab. Dabei genügt es, wenn der Steigerungsfaktor bei der Durchführung derselben Operation erhöht und dies anschließend pauschal fingiert mit dem erhöhten Zeitaufwand und der großen Schwierigkeit der Operationsmethode begründet wird. Im Zuge der Rechnungsstellung wird von dem behandelnden Arzt ein zu hoher Gebührenfaktor auf die tatsächlich erbrachte Leistung in Ansatz gebracht (Wabnitz/Janovsky WirtschaftsStR-HdB/*Hilgendorf* Kap. 13 Rn. 62). So ist die stereotype Liquidation des Höchstsatzes nach § 5 Abs. 1 GOÄ (dazu *Badle* NJW 2008, 1028 (1032 f.)) in der Vergangenheit bereits oft Gegenstand von Ermittlungen gewesen, wenn statt des zulässigen 1,8-fachen der 2,3-fache Gebührensatz berechnet wurde. Hierin liegt eine Täuschung über den Schwierigkeitsgrad der erbrachten Leistung als betrugsrelevante Tatsache. So ist eine Überschreitung des 2,3-fachen Gebührensatzes nach § 5 Abs. 2 GOÄ nur zulässig, wenn die Schwierigkeit, der Zeitaufwand oder besondere Umstände bei der Ausführung der jeweiligen Leistung eine solche Erhöhung rechtfertigen. Nach § 12 Abs. 3 GOÄ bedarf es für eine solche Überschreitung des Gebührensatzes zusätzlich einer auf die einzelne Leistung bezogenen Begründung, die für den Zahlungspflichtigen verständlich und ausführlich in Schriftform zu erfolgen hat. Die meisten Privatliquidationen von Ärzten enthalten standardisierte Blankettformulierungen aus Textbausteinen, die bei Eintragung einer Leistungsnummer von dem jeweiligen Abrechnungssystem automatisch hinzugefügt werden, ohne der qualifizierten Anforderung des § 12 Abs. 3 GOÄ gerecht zu werden (*Badle* NJW 2008, 1028 (1033)). Auch wenn sich ein solcher Formalverstoß in der Praxis regelmäßig leicht ermitteln lässt, muss darüber hinaus jeweils der konkrete Nachweis geführt werden, dass die von dem Arzt erbrachte Leistung den qualifizierten Anforderungen an die Liquidation nach dem Höchstsatz tatsächlich nicht gerecht wurde (*Badle* NJW 2008, 1028 (1033)). Da sich verbleibende Zweifel bezüglich des Inhalts tatsächlich erbrachter ärztlicher Leistungen zu Gunsten des beschuldigten Arztes auswirken, erscheinen strafrechtliche Ermittlungen in diesem Teilbereich regelmäßig wenig Erfolg versprechend (*Badle* NJW 2008, 1028 (1033)). Mit aus diesem Grund verzeichnen die privaten Krankenversicherungen PKV bei Stichproben eingereichter Rechnungen nach Pressemeldungen einen aus medizinischen Gesichtspunkten nicht nachvollziehbaren Anstieg angeblich besonders schwerer Behandlungen.

187   Bei der **Abrechnung unwirtschaftlicher Leistungen** (*Schubert* ZRP 2001, 154 (155)), die dem Wirtschaftlichkeitsgebot des § 1 Abs. 2 GOÄ widersprechen, wird der Patient darüber getäuscht, dass ihm hinsichtlich solcher Leistungen Schwierigkeiten drohen können, wenn er diese Rechnung im Anschluss zur Erstattung bei seiner Versicherung einreicht.

188   Hinsichtlich der Tatbestandsmerkmale **Irrtum** und **irrtumsbedingter Vermögensverfügung** ergeben sich beim Abrechnungsbetrug von Ärzten bei Privatpatienten regelmäßig aus wirtschaftsstrafrechtlicher Sicht keine Probleme, so dass sich nähere Ausführungen hierzu erübrigen.

189   Für die Bejahung eines betrugsrelevanten **Vermögensschadens** genügt bereits der Eintritt einer konkreten, schadensgleichen Vermögensgefährdung (→ Rn. 92 ff.). Eine solche tritt spätestens in dem Zeitpunkt ein, in dem der Arzt dem Privatpatienten die fehlerhafte Rechnung vorlegt, damit einzelne Leistungspositionen seiner Forderung belegt und so eine nicht oder nicht im behaupteten Umfang bestehende Forderung geltend macht (*Schubert* ZRP 2001, 154 (155)). In der späteren Begleichung der Rechnung durch den Patienten realisiert sich nur die bereits zuvor eingetretene Vermögensgefährdung, womit der Betrug tatbestandlich beendet wird. Etwaige Ausgleichsansprüche in Form von Schadensersatz- und Bereicherungsansprüchen kompensieren den eingetretenen Vermögensschaden nicht (→ Rn. 91) und sind allenfalls bei der Strafzumessung zu berücksichtigen (BGH NStZ 1986, 455 (456)). Die Höhe des Vermögensschadens beim Patienten – bzw. im Einreichungsfall bei seiner Versicherungsgesellschaft – errechnet sich in einer rein wirtschaftlichen Betrachtungsweise nach dem Prinzip der Gesamtsaldierung (→ Rn. 86 ff.). In der rechtlichen Bewertung ergeben sich hierdurch erhebliche Unterschiede zur Betrachtung des Sozialversicherungsrechts (*Badle* NJW 2008, 1028 (1029)). Hier folgt die Rspr. nämlich einer **streng formalen Betrachtungsweise** (BGH NZWiSt 2015, 275 mAnm *Lange;* BGHSt 57, 95; BGH NJW 2003, 1198 (1200); BGH NStZ 1995, 85 (86)), nach der die Leistung insgesamt nicht erstattet wird, wenn sie zumindest teilweise den gestellten Anforderungen in den Abrechnungsrichtlinien nicht genügt (BSGE 39, 288 (290)). Diese Vorgehensweise beruht auf der Idee, dass abrechnungsfähige Leistungen standardisiert sind, so dass deren Wert nicht an einem (nicht vorhandenen) Markt, sondern auf der Grundlage eines vertraglich vereinbarten Bewertungsmaßstab ermittelt werden (*Herffs* wistra 2004, 281 (283)). Dies hat zur Folge, dass für Behandlungen, die außerhalb des kassenärztlichen Abrechnungssystems erbracht werden, trotz wirtschaftlicher Werthaftigkeit kein Wert beigemessen wird, so für von ärztlichem Hilfspersonal erbrachte, nicht verrechnungsfähige Leistungen (BGH NStZ 1995, 85 (86)) oder die Behandlung durch einen Arzt ohne kassenärztliche Zulassung (BGH NStZ 2003, 313 (315) mAnm *Beckemper/Wegner;* 1995, 85 (86); OLG Koblenz MedR 2001, 144 (145)). Der Umstand, dass die Behandlung durch einen niedergelassenen Arzt die gleichen Kosten verursacht hätte, soll der Annahme eines Schadens konsequenterweise nicht entgegenstehen (BGH NStZ 2003, 313 (315)).

Diese Rspr. übertrug der BGH auf den Bereich der **privatärztlichen Versorgung** (BGHSt 57, 95 (116); zur Übertragung auf die Pflege BGH NJW 2014, 3170 mAnm *Schuhr;* NStZ 2014 mAnm *Piel;* NZWiSt 2015, 275 mAnm *Lange*): Die medizinisch indizierten und fachgerecht durchgeführten Behandlungsmaßnahmen könnten den Vermögensschaden nicht kompensieren, der dadurch entstehe, dass der Patient auf eine Rechnung bezahle, obwohl die in der Gebührenordnung für Ärzte geregelten Anspruchsvoraussetzungen nicht erfüllt seien. Für privatärztliche Leistungen gebe es weder einen Verkehrswert noch einen objektiven Marktwert oder einen von den Vertragsparteien frei zu vereinbarenden Preis. Daher bestimme sich der wirtschaftliche Wert nach den materiell-rechtlichen Abrechnungsnormen, namentlich nach der GOÄ. Wenn die Rechtsordnung einer privatärztlichen Leistung die Abrechenbarkeit versage, etwa weil bestimmte Qualifikations- und Leistungsmerkmale nicht eingehalten sind, könne ihr kein für die Schadenskompensation maßgeblicher Vermögenswert zugesprochen werden (BGHSt 57, 95 (115 f.)). Der Einwand, der Patient habe durch die Leistung ansonsten erforderliche Aufwendungen, sei als hypothetische Reserveursache nicht in die Schadensberechnung einzubeziehen (BGHSt 57, 95 (118 f.)).

Gegen die Übertragung dieser streng formalen sozialversicherungsrechtlichen Sicht in das Strafrecht bestehen jedoch Bedenken (Schönke/Schröder/*Perron* Rn. 112 ff.; *Hellmann/Herffs,* Der ärztliche Abrechnungsbetrug, 2006, Rn. 258 ff. mwN; *Dann* NJW 2012, 2001 (2002); *Gadzik* wistra 1998, 329 (330 ff.); *Idler* JuS 2004, 1037 (1040 f.); *Mahler* wistra 2013, 44 (47); *Tiedemann* JZ 2012, 525). Hier sollte zwischen vermögensrelevanten und sonstigen, zB statusbezogenen Abrechnungsvoraussetzungen differenziert werden (SSW StGB/*Satzger* Rn. 198; *Volk* NJW 2000, 3385 (3388); *Stein* MedR 2001, 124; *Walter* FS Herzberg, 2008, 773; *Gaede* in Fischer et al., Dogmatik und Praxis des strafrechtlichen Vermögensschadens, 2016, 257, 262 ff.).

Zentrale Probleme der Subsumtion fehlerhaft abgerechneter ärztlicher Leistungen unter § 263 sind **190** neben objektiven Fragen hinsichtlich der Täuschungshandlung und des Vermögensschadens insbesondere die entsprechenden Nachweise einer Erfüllung des **subjektiven Tatbestands** (dazu *Ulsenheimer* in Krekeler/Tiedemann/Ulsenheimer/Weinmann, Handwörterbuch des Wirtschafts- und Steuerstrafrechts mit Ordnungswidrigkeiten- und Verfahrensrecht, 1990, § 14 Rn. 6). Die Problematik hat ihre Ursache in der komplizierten und intransparenten Gebührenordnung für Ärzte mit ihren ca. 6.000 Leistungspositionen und den ihren Leistungslegenden nach unklaren Formulierungen. Diese erhöhen das Risiko einer falschen Zuordnung durch den Arzt (*Schubert* ZRP 2001, 154 (155)). Infolge der vielen unterschiedlichen Auslegungsmöglichkeiten ist im Zweifel eine von dem abrechnenden Arzt vertretene Mindermeinung insbesondere hinsichtlich des undeutlich und sehr allgemein umschriebenen Wirtschaftlichkeitsgebots des § 1 Abs. 2 GOÄ noch als vertretbar einzustufen (*Schubert* ZRP 2001, 154 (155)).

Aus strafverfahrensrechtlicher Sicht neigen private Krankenversicherungen häufig dazu, das **Straf- 191 verfahren** zu **instrumentalisieren,** um ihre zivilrechtlich kaum oder nur sehr schwer durchzusetzenden Forderungen mit Hilfe des Strafprozesses und der damit verbundenen Öffentlichkeit über den Weg des § 153a StPO iVm der Zahlung einer Auflage neben der Rückerstattung der Gebühren zu ersetzen. Dies gilt es bei der Verteidigung entsprechend beschuldigter Ärzte zu berücksichtigen, wenn ein nach § 169 GVG regelmäßig öffentlich geführtes Strafverfahren verhindert werden soll.

2. Abzahlungsbetrug. Beim sog Abzahlungsbetrug (zu den Vorgaben für die Strafverfolgung vgl. **192** Nr. 237 RiStBV) ist regelmäßig die vom Unmittelbarkeitserfordernis unabhängige **Abgrenzung zur Unterschlagung** (vgl. *Deubner* NJW 1962, 94 ff.) problematisch. Erlaubt der Händler etwa einem zahlungsunwilligen Käufer, eine gekaufte Ware unter Eigentumsvorbehalt ohne Barzahlung mitzunehmen, und bezahlt der Käufer seiner zuvor gefassten Absicht folgend diese Ware anschließend nicht, so liegt hierin wegen freiwilliger Übertragung des vollständigen Gewahrsams nur ein Betrug und keine Unterschlagung (LK-StGB/*Tiedemann* Rn. 108; *Biletzki* JA 1995, 857).

Wird unter Vorspiegelung der Zahlungsfähigkeit und -willigkeit durch einen Abzahlungskauf der **193** **Besitz an einer Sache** betrügerisch **erlangt,** so wird mit dem Besitz regelmäßig auch die Ausübung des fremden Eigentumsrechts vereitelt, wenn der Täter mit Zueignungsabsicht handelt (LK-StGB/ *Tiedemann* Rn. 190). Auch in diesen Fällen liegt dennoch nur ein Betrug vor (BGHSt 18, 221 (224)), da die Vereitelung des umfassenden Herrschaftsrechts den Kern des Schadens ausmacht (LK-StGB/*Tiedemann* Rn. 190 mwN). Legt der Täter dagegen zumindest zunächst nur Wert auf den Besitz, greift bei nachfolgender Zueignung neben dem zuvor verwirklichten Besitzbetrug der Unterschlagungstatbestand ein (BGHSt 16, 280 ff.; LK-StGB/*Tiedemann* Rn. 190).

Bei **durch Banken finanzierten Abzahlungsgeschäften** lässt die Unterschlagung der unter Eigen- **194** tumsvorbehalt gelieferten oder sich im Sicherungseigentum der Bank befindlichen Kaufsache zwar für den Verkäufer oder die Bank ein Sicherungsmittel entfallen. Neben der Anwendung von § 246 bleibt jedoch für einen Betrug durch Unterlassen kein Raum (LK-StGB/*Tiedemann* Rn. 65). Die zweckwidrige Verwendung des Darlehens stellt auch keinen tauglichen Gegenstand für einen Betrug durch Unterlassen dar (LK-StGB/*Tiedemann* Rn. 65 mwN).

3. Anstellungsbetrug. Der Anstellungsbetrug (dazu *Endemann passim; Stocker passim; Diekhoff* DB **195** 1961, 1487 ff.; *Ransiek* in Fischer et al., Dogmatik und Praxis des strafrechtlichen Vermögensschadens, 2016, 285 ff.), der einen Unterfall des Eingehungsbetruges (→ Rn. 99 ff.) darstellt (BGHSt 45, 1 (4)), erfasst Fälle, in denen der Geschädigte über die für die Einstellung erheblichen Tatsachen getäuscht wird und sich irrtumsbedingt zur Lohn- oder Gehaltszahlung verpflichtet (dazu MüKoStGB/*Hefendehl* Rn. 567 ff.; Schönke/Schröder/*Perron* Rn. 153 ff.; SK-StGB/*Hoyer* Rn. 257). Der Schaden liegt in dem wertmäßigen Auseinanderfallen von Vergütung und versprochener Dienstleistung (BGHSt 1, 1 (4); 17, 56; 45, 1 (4); BGH NJW 1978, 2042 (2043) StGB § 263 Vermögensschaden 53; zum Vermögensschaden beim Anstellungsbetrug schon *Haupt* NJW 1958, 938 ff., ferner *Miehe* JuS 1980, 261 ff.; *Protzen* Der Vermögensschaden beim sog Anstellungsbetrug, 2000, 1 ff.). Dabei reicht es nicht aus, dass der Getäuschte die Disposition über sein Vermögen in Form der Einstellung ohne die Täuschung nicht vorgenommen hätte, sondern es muss, wie auch sonst beim Betrug, zu einem konkreten Vermögensschaden in Form eines Eingehungsschadens gekommen sein (OLG Düsseldorf StV 2011, 734). Dem Vertragsschluss zeitlich nachfolgende Erkenntnisse über die Qualität der tatsächlich erbrachten Arbeitsleistung können nur als Indizien für den Wert des Anspruchs auf Arbeitsleistung im Zeitpunkt des Vertragsabschlusses herangezogen werden (RGSt 74, 129 (130); BGHSt 45, 1 (5)). Hierbei muss differenziert werden, ob täuschungsbedingt eine Beamtenstellung oder eine privatwirtschaftliche Anstellung erlangt wird.

196   **a) Erlangung einer Beamtenstellung („Amtserschleichung").** Bei der Erlangung einer Beamtenstellung liegt ein Vermögensschaden bereits dann vor, wenn über fachliche Qualifikationen oder Laufbahnvoraussetzungen (BGHSt 5, 358 (361 f.); 45, 1 (5 f.)) getäuscht wird, ohne die die erlangte Einstellung wegen einer **Ermessensreduzierung auf Null** ausgeschlossen wäre (BGHSt 45, 1 (11); s. auch *Geppert* FS Hirsch, 1999, 525 ff.; *Jerouschek/Koch* GA 2001, 273 ff.; *Sarstedt* JR 1952, 308 ff.). Dies soll sich aus den besonderen Treuepflichten des Beamten gegenüber seinem Dienstherrn ergeben (BGHSt 5, 358 (360)). Verfassungsrechtlich begegnet die Unterscheidung zwischen Beamten und Angestellten keinen Bedenken (BVerfG NJW 1998, 2590). Die Tatsache, dass der Beamte eine befriedigende Arbeitsleistung erbringt, soll einen Vermögensschaden nicht ausschließen (BGHSt 45, 1 (5 f.); BGHR StGB § 263 Vermögensschaden 53; BVerfG NJW 1998, 2590). Diese Rspr. lässt sich jedoch mit der Beschränkung des § 263 auf den Schutz des Vermögens nicht in Einklang bringen. In vielen Fällen wird daher nur die Dispositionsfreiheit des Staates betroffen sein (*Duttge* JR 2002, 271 (273 ff.); *Otto* JZ 1999, 738 (739); *Prittwitz* JuS 2000, 335). Somit bedarf es de lege ferenda eines Sondertatbestandes der Amtserschleichung, wenn solche Fälle erfasst werden sollen (MüKoStGB/*Hefendehl* Rn. 576; SSW StGB/*Satzger* Rn. 195).

197   **b) Erschleichen einer privatwirtschaftlichen Anstellung.** Bei einer täuschungsbedingten Erlangung einer Anstellung in der Privatwirtschaft (dazu *Miehe* JuS 1980, 261 ff.) ist zwischen Angestellten, die die fachlichen Anforderungen nicht erfüllen, und hinreichend fachlich qualifizierten Arbeitnehmern zu differenzieren (näher dazu *Ransiek* in Fischer et al., Dogmatik und Praxis des strafrechtlichen Vermögensschadens, 2016, 285 (286 ff.); s. auch *Gercke* ebenda, 299 ff.).

198   Wenn ein Bewerber die **fachlichen Anforderungen** an die Stelle **nicht erfüllt,** ist die Arbeitsleistung, die er zu erbringen hat, weniger wert als vertraglich vereinbart (BGHSt 1, 13 (14); BGH JZ 1999, 735 (736)). Wenn es sich um ein kürzeres Beschäftigungsverhältnis handelt, liegt nicht allein deswegen eine fachlich einwandfreie Leistung vor, weil der Arbeitnehmer die ihm übertragenen Aufgaben ordnungsgemäß erfüllt, sondern nur, wenn er auch die allgemeinen Leistungsanforderungen erfüllt, die an einen Arbeitnehmer seiner Gehaltsstufe zu stellen sind (BGHSt 17, 254 (257 f.)).

199   Wenn der Arbeitnehmer **fachlich ausreichend qualifiziert** ist, liegt nur ausnahmsweise ein Schaden vor, wenn der Arbeitnehmer leistungsunabhängige Eigenschaften nicht aufweist, zB ein bestimmtes Dienstalter oder zwingende Einstellungsvoraussetzungen nicht erfüllt sind (Fischer Rn. 154) oder die Entlohnung an eine besondere Vertrauenswürdigkeit oder Zuverlässigkeit gebunden ist, welche eine höhere Vergütung begründen (RGSt 73, 268 (269); BGHSt 17, 254 (256 f.); BGH NJW 1978, 2042 (2043); vgl. auch OLG Düsseldorf StV 2011, 734). Dies wurde vom AG Düsseldorf bei einem Rechtsanwalt bejaht, der seine Einstellung durch die Angabe falscher Examensnoten erschlichen hat (AG Düsseldorf NStZ-RR 2011, 206).

200   Wenn ein Anstellungsverhältnis **ohne besondere Vertrauensstellung** vorliegt, reicht das Verschweigen von Vorstrafen nicht aus, um einen Vermögensschaden zu begründen (MüKoStGB/*Hefendehl* Rn. 573). Wenn jedoch über erhebliche Vorstrafen getäuscht wird, die auf Vermögensstraftaten beruhen, soll eine konkrete Vermögensgefährdung vorliegen, weil der Arbeitnehmer eine bessere Zugriffsmöglichkeit auf das Vermögen des Arbeitgebers erlangt (BGHSt 17, 254 (258 f.); BGH NJW 1978, 2042 (2043)). Dies ist allerdings unter dem Gesichtspunkt der Unmittelbarkeit der Vermögensverfügung (→ Rn. 72) oftmals zweifelhaft (SSW StGB/*Satzger* Rn. 193; Rengier StrafR BT I § 13 Rn. 228 f.). Beim Vorliegen einer besonderen Vetrauensstellung sind die Grundsätze zur „Amtserschleichung" ausnahmsweise auf die Erschleichung der privatwirtschaftlichen Anstellung übertragbar (OLG Düsseldorf BeckRS 2011, 26955).

201   **4. Äquivalenzbetrug.** Beim sog „Äquivalenzbetrug" (dazu *Kreft* DRiZ 1970, 58 ff.) handelt es sich um eine **Sonderform an der Schnittstelle von Eingehungs- und Erfüllungsbetrug** (→ Rn. 96 ff.). Problematisch ist die Feststellung des Vermögensschadens infolge der Gleichwertigkeit von Leistung und Gegenleistung. In den Fällen des Betruges durch Vertragsschluss ist der Vermögensschaden nach einem Vergleich der beidseitigen vertraglichen Pflichten gegeben, wenn den Verbindlichkeiten des Getäuschten keine entsprechende Forderung gegenübertritt, der Anspruch auf die Leistung des Täuschenden in seinem Wert also hinter der Verpflichtung des Getäuschten zur Gegenleistung zurückbleibt (so schon RGSt 76, 49 (51); BGHSt 3, 99 (102); 16, 220 (221); OLG Düsseldorf JMBl. NRW 1964, 283). Das **Vorliegen einer wertmäßigen Äquivalenz von Leistung und Gegenleistung** richtet sich dabei nicht nur objektiv nach dem Verkehrswert, sondern auch im Rahmen der Individualisierung des Schadenseinschlages (→ Rn. 88 ff.) danach, ob der Geschädigte die Leistung für den von ihm vertraglich vorausgesetzten Zweck oder in anderer zumutbarer Weise verwenden kann.

202   **Fehlt** einer **Kaufsache** eine **vom Verkäufer zuvor** fälschlich **zugesicherte Eigenschaft,** so kann ein Käufer durch Abschluss eines Kaufvertrags auch dann iSv § 263 geschädigt sein, wenn die Sache ohne die zugesicherte Eigenschaft den vereinbarten Preis wert ist (BGHSt 16, 220 (223)). Dies ist bei verkehrswesentlichen Eigenschaften wie Bio-Waren der Fall, die einen erhöhten Marktwert begründen

(aA *Heghmanns* ZIS 2015, 102 ff., der nur gegenüber dem Zwischen- und Einzelhandel, nicht aber gegenüber dem Endverbraucher für möglich hält). Als Beispiel genannt sei der Verkauf eines Teppichs, dessen Poldecke statt der vom Verkäufer zugesicherten 100 % nur 70 % Wolle enthält, zu einem Preis, der Teppichen mit einem Wollanteil in der Poldecke von 70 % entspricht. Ein Betrug muss hier nach Auffassung des BGH (BGHSt 16, 220 (223)) jedoch auch bei Äquivalenz von Leistung und Gegenleistung nicht automatisch gegeben sein. Stattdessen bedürfe es stets einer **Einzelfallprüfung** (BGHSt 16, 220 (223)). Dies wird damit begründet, dass sonst das Merkmal der (betrügerischen) Vermögensschädigung unzulässig in eine Vereitelung der Vermögensmehrung umgedeutet würde, wodurch der Betrugtatbestand einer nicht gewollten Änderung unterzogen werde. Nach anderer Ansicht (OLG Köln NJW 1959, 1980) ist derjenige, der infolge einer Täuschung über eine zuvor zugesicherte Eigenschaft eine Ware von geringerem wirtschaftlichem Wert erhält, jedoch stets betrügerisch geschädigt, wenn er den für den gelieferten Gegenstand mit der zugesicherten Eigenschaft vereinbarten Preis bezahlt, mag die Ware auch den gezahlten Preis wert und infolge der fehlenden Eigenschaft sogar haltbarer sein.

Die **enttäuschte Erwartung einer Vermögensmehrung** – etwa auf ein Schnäppchen – allein **203** genügt nicht zur Bejahung des Betrugtatbestands, da § 263 das Vermögen und nicht die Erwartung einer Vermögensvermehrung schützt (NStE Nr. 49 zu § 263; vgl. auch OLG Stuttgart NStZ-RR 2007, 347 f.).

5. Arbeitskraftbetrug/Betrug durch Arbeitgeber. Mit Ausnahme der Sonderprobleme um Ar- **204** beits- oder Dienstleistungen mit sitten- oder gar rechtswidrigem Zweck oder Inhalt (→ Rn. 205 ff.) sind die rechtlichen Fragen rund um den sog „Arbeitsbetrug" (zum Begriff *Lampe* FS Maurach, 1972, 375 (389)) weitestgehend beantwortet. Daran ändert die Tatsache nichts, dass der Tatbestand des Betruges de lege lata mit Blick auf sein Rechtsgut nur den wirtschaftlichen Aspekt der Arbeitskraft schützt. So schädigt die **Erschleichung von unentgeltlichem Erbringen der Arbeitsleistung** auch dann das Vermögen des Arbeitnehmers, wenn das Opfer in der betreffenden Zeit keine Möglichkeit gehabt hätte, seine Arbeitskraft anderweitig nutzbringend einzusetzen (so schon RGSt 68, 379 (380) m. zust. Anm. *Metzger* JW 1935, 288; ferner Schönke/Schröder/*Perron* Rn. 96 mwN; LK-StGB/*Tiedemann* Rn. 139a; *Heinrich* GA 1997, 28 f.). Wurde ein **Arbeitsvertrag** geschlossen, wird die Arbeitskraft mit der Folge zum Gegenstand einer interpersonalen vermögensrechtlichen Beziehung, dass die allgemeinen Grundsätze über den Eingehungs- und Erfüllungsbetrug (zu diesen Prinzipien vgl. *Küper* FS Tiedemann, 2008, 617 ff.; → Rn. 96 ff.) Anwendung finden und so die Frage nach der vermögensrechtlichen Bedeutung der Arbeitskraft dahinstehen kann (vgl. Schönke/Schröder/*Perron* Rn. 96). Wurde dagegen **kein Arbeitsvertrag** geschlossen, ist – ähnlich dem zivilrechtlichen Bereicherungsrecht – darauf abzustellen, ob rein tatsächlich eine Arbeitsleistung erbracht wurde, welche im Rechtsverkehr üblicherweise nur gegen Entgelt erfolgt (Schönke/Schröder/*Perron* Rn. 96).

6. Auftraggeber-/Beauftragtenbetrug. In Abgrenzung zum Arbeitskraftbetrug (→ Rn. 204) stel- **205** len sich beim Betrug rund um Auftragsverhältnisse mit Blick auf die entsprechende Einordnung der **Arbeitskraft** eines Menschen rechtliche Fragen bezüglich des Vorliegens einer Vermögensverfügung bzw. eines Vermögensschadens (zur Betrugsstrafbarkeit bei rechts- und sittenwidrigen Rechtsgeschäften → Rn. 206 ff.; ferner *Gröseling* NStZ 2001, 515 ff.; *Kretschmer* StraFo 2003, 191 ff.). Das heutige rechtliche wie kulturelle Verständnis ordnet der menschlichen Arbeitskraft eine höchstpersönliche Natur zu, weswegen eine Übertragbarkeit als Vermögensbestandteil ausscheidet (LK-StGB/*Tiedemann* Rn. 138; aA *Rengier* StrafR BT I § 13 Rn. 122; ferner *Lampe* FS Maurach, 1972, 375 ff.; *Heinrich* GA 1997, 24 ff.; zur Arbeitsleistung als betrugsrelevanten Vermögensbestandteil vgl. → Rn. 204). Dagegen kann der dem Individuum möglichen **Arbeitsleistung** Geldwert zukommen (LK-StGB/*Tiedemann* Rn. 138 mwN). Nicht hierunter fällt jedoch der Einsatz der eignen Arbeitskraft zu von der Gesellschaft als sittenwidrig eingestuften Zielen oder gar zu rechtswidrigen Zwecken (BGHSt 4, 373; BGH StV 1987, 484 m. zust. Anm. *Barton* StV 1987, 485; BGH JR 1988, 125 f. m. zust. Anm. *Tenckhoff* JR 1988, 126 ff. jedoch krit. *Bergmann/Freund* JR 1988, 189 ff.; BGH wistra 1989, 142 ff.; LK-StGB/*Tiedemann* Rn. 138 mwN; Schönke/Schröder/*Perron* Rn. 97; *Kühl* JuS 1989, 505). Hier gilt es, zwischen Aufträgen mit rechtswidrigen Zwecken und lediglich sittenwidrigen Aufträgen zu differenzieren und zudem zu unterscheiden, welche Person auf der Seite des Täuschenden und welche auf derjenigen des Getäuschten steht.

a) Aufträge mit sittenwidrigem Hintergrund. Als Paradebeispiel für Auftragsverhältnisse mit **206** sittenwidrigem Hintergrund galten lange Zeit die sog **„Dirnenfälle"**. Erfasst wurden bspw. Fälle der Inanspruchnahme einer Peepshow bzw. einer Telefonsex-Leistung (dazu *Kudlich* JuS 1997, 768 ff.; *Scheffler* JuS 1996, 1070 ff.) oder die Inanspruchnahme der Leistung einer Prostituierten. Insbesondere die Rspr. (so schon BGHZ 1967, 119 (122 ff.); OLG Köln NJW 1998, 2985 ff.; OLG Hamm NJW 1989, 2551 und BGH NJW 2008, 140 m. zust. Anm. *Stadler* JA 2008, 384 ff. zu Telefonsex; BVerwG NJW 1982, 664 f. für Peepshows) begründete dies damit, dass geschlechtliches Verhalten zum Intimbereich des Menschen gehöre und seine Kommerzialisierung somit unvereinbar mit dem Menschenbild des Grundgesetzes sei (dazu *Kühne* ZRP 1975, 184 ff.).

207   Nach **Inkrafttreten des Prostitutionsgesetzes** (vgl. zu den strafrechtlichen Aspekten dieses Gesetzes *Kretschmer* StraFo 2003, 191 ff.; *Ziethen* NStZ 2003, 184 ff.; ferner OVG Münster DVBl 2009, 1059) kann an der Einordnung von Fällen der „klassischen" Prostitution ohne die Ausbeutung von Minderjährigen oder erkennbar Notleidender als „sittenwidrig" iSv § 138 BGB nicht generell festgehalten werden, auch wenn dies nach wie vor uneinheitlich betrachtet wird. Während das OVG Münster (OVG Münster DVBl 2009, 1059) etwa davon ausgeht, dass Werbung für entgeltliche sexuelle Handlungen auch unter Geltung des Prostitutionsgesetzes noch immer sitten- und ordnungswidrig sein kann, wenn sie nicht in der gebotenen Zurückhaltung erfolgt, spricht der 1. Zivilsenat des BGH (BGH NJW 2006, 3490 ff.) davon, dass Prostitution in Anbetracht des gewandelten Verständnisses in der Bevölkerung wohl **nicht mehr überwiegend und schlechthin** als **sittenwidrig** angesehen werden kann. Während der 1. Strafsenat des BGH (BGH NStZ 2005, 213) zunächst unter Hinweis auf § 1 ProstitutionsG betonte, dass entsprechende Absprachen nicht von vornherein als sittenwidrig zu werten sind, stellt er dies in einer aktuellen Entscheidung wieder fest (BGH NStZ 2016, 283 m. krit. Anm. *Krehl* NStZ 2016, 347), begründet den strafrechtlichen Vermögensschutz der Prostitutionsleistung sodann aber mit Blick auf die explizite Einräumung eines Entgeltanspruchs gem. § 1 S. 1 ProstitutionsG. Teile der strafrechtlichen (vgl. etwa SK-StGB/*Hoyer* Rn. 96) und zivilrechtlichen Kommentarliteratur (vgl. etwa Palandt/ *Ellenberger* BGB Anh. zu § 138 Rn. 2, § 138 Rn. 52) bejahen dagegen weiterhin die Sittenwidrigkeit der Prostitution, an anderer Stelle wird die Sittenwidrigkeit verneint (Lackner/Kühl/ *Kühl* Rn. 35; *Kühl* GS Meurer, 2002, 543 (552); *ders.* FS Schreiber, 2003, 957 (967)). Die Gesetzesbegründung zum ProstitutionsG (BT-Drs. 14/5958, 4 (6)) weist darauf hin, dass der Sittenwidrigkeitseinwand nur gegenüber dem Entgeltanspruch der Prostituierten nicht mehr erhoben werden kann. Ansprüchen auf sexuelle Leistungen gegenüber der Prostituierten soll dagegen weiter die Sittenwidrigkeit entgegengehalten werden können, weil es insoweit an der Freiwilligkeit der Tätigkeit fehlt. Damit lässt sich festhalten, dass der Gesetzgeber dadurch, dass er die zivilrechtlichen Leistungsansprüche von Prostituierten absichert, zwar deren Rechtsposition verbessern, jedoch wohl nicht konkludent das Makel der Sittenwidrigkeit beseitigen wollte.

208   Für eine mögliche Strafbarkeit der Prostituierten und ihres Freiers wegen Betruges hat dies folgende Konsequenzen: Seit jeher unterliegt dem strafrechtlichen Schutz, was die Prostituierte von ihrem Freier als **Entgelt** tatsächlich erlangt (BGH StV 1987, 484 m. zust. Anm. *Barton* StV 1987, 485). Täuscht eine Prostituierte ihrem Freier und Auftraggeber also ihre Leistungsbereitschaft vor und nimmt die Zahlung entgegen, ohne die vereinbarte Gegenleistung zu erbringen, so wird überwiegend tatbestandlich das Vorliegen eines Betruges bejaht (BGH MDR/D 1975, 23; BGH MDR/H 1979, 806; LK-StGB/ *Tiedemann* Rn. 138 mwN; *Tenckhoff* JR 1988, 126 ff.). Gleiches gilt, wenn ein Freier der Prostituierten in der Vertragsanbahnung die Bezahlung nach der sexuellen Dienstleistung in Aussicht stellt und dieses Versprechen seinem vorgefassten Plan gemäß nicht einhält. Weil der Prostituierten durch das ProstitutionsG ein **Zahlungsanspruch** zugestanden wird, handelt es sich bei der sexuellen Dienstleistung um eine vermögenswerte Leistung. Diese Dienstleistung gehört zum strafrechtlich geschützten Vermögen iSd § 263 (BGH NStZ 2016, 283; OLG Zweibrücken NStZ 2002, 254; Fischer Rn. 107; Joecks StGB Rn. 79a; Lackner/Kühl/ *Kühl* Rn. 35; Rengier StrafR BT I § 13 Rn. 133; Wessels/Hillenkamp StrafR BT II § 13 Rn. 567; *Heger* StV 2003, 350 (355); *C. Dannecker* NStZ 2016, 318 (323 f.); *Krehl* NStZ 2016, 347; *Kretschmer* StraFo 2003, 191; *Ziehen* NStZ 2003, 184 (185 f.)). Ob sexuelle Dienstleistungen nur dann zum strafrechtlich geschützten Vermögen gehören, wenn sie „*aufgrund einer vorherigen Vereinbarung erbracht*" sind (BGH NStZ 2016, 283; 2013, 710; krit. *C. Dannecker* NStZ 2016, 318 (323, Fn. 45)) kann für den Betrug offenbleiben und ist insbesondere im Bereich des § 253 relevant.

209   **b) Aufträge mit rechtswidrigem Hintergrund.** Ein Beispiel für Aufträge mit rechtswidrigem Hintergrund sind die Fälle der Beauftragung eines **Auftragskillers** oder **Drogendealers.** Hier wohnt der angestrebten bzw. erbrachten Dienstleistung kein **messbarer wirtschaftlicher Wert** inne. Aus dem gleichen Grund ist auch ein Anspruch auf Beuteteilung unter Straftätern nicht geschützt (BGH JR 1988, 125; BGH NStZ 2001, 534; 2008, 627; BGH NStZ-RR 2009, 106 (107); Lackner/Kühl/*Kühl* Rn. 35; Rengier StrafR BT I § 13 Rn. 134 ff.; *Corell* JURA 2010, 634 ff.). Der Auftragskiller, der nach Erledigung seines Auftrages von seinem Auftraggeber keinen Lohn erhält, ist nicht in seinem schützenswerten Vermögen geschädigt (vgl. *Martin* JuS 2001, 301 ff.). Täuscht ein Auftragsmörder dagegen seinem Auftraggeber seine Mordbereitschaft vor und nimmt die Vergütung entgegen, ohne die vereinbarte Gegenleistung zu erbringen, wird überwiegend tatbestandlich das Vorliegen eines Betruges bejaht (*Freund/Bergmann* JR 1991, 357 ff.; BGH NJW 2001, 86 ff.; *Hecker* JuS 2001, 228 ff.).

210   Sowohl bei Aufträgen mit sittenwidrigem als auch bei solchen mit rechtswidrigem Hintergrund wird der Auftraggeber vor abredewidrigem bzw. vertragsbrüchigem Verhalten seines Gegenübers geschützt. Dies lässt sich damit begründen, dass nach hM (BGHSt 29, 300 (301 f.) m. zust. Anm. *Dölling* JuS 1981, 570; abl. *Maiwald* NJW 1981, 2777 (2780) und LK-StGB/*Tiedemann* Rn. 138 mwN, auch zur Gegenansicht, die auf das Betrugserfordernis der unbewussten Selbstschädigung abstellt) die **Hingabe „guten" Geldes** auch dann einen Vermögensverlust und somit einen betrugsrelevanten Schaden darstellt, wenn es ausschließlich zur Erreichung eines sittenwidrigen bzw. rechtswidrigen Zweck erfolgt. Schließlich soll auch zwischen Ganoven kein rechtsfreier Raum entstehen (*Bruns* FS Metzger, 1954, 335 ff.). Die

aufgezeigte unterschiedliche Behandlung von Auftraggeber und Beauftragtem stellt danach keinen Widerspruch dar, sondern eine sachlich begründete Asymmetrie.

Im Ergebnis liegt somit nicht automatisch eine vermögenswerte Ausnutzung der Arbeitskraft vor, **211** wenn diese zu verbotswidrigen oder unsittlichen Zwecken eingesetzt wird (Schönke/Schröder/*Perron* Rn. 97 mwN; NK-StGB/*Kindhäuser* Rn. 236 f.; SK-StGB/*Hoyer* Rn. 131). Ob es sich bei den geschilderten Fällen um ein Problem des Vermögensbegriffes und deshalb ein Vermögensschaden oder ob bereits eine Vermögensverfügung (so Schönke/Schröder/*Perron* Rn. 97; *Scheffler* JuS 1996, 1070 f.) verneint werden muss, ist ohne praktische Bedeutung.

7. Ausschreibungsbetrug. Vom Begriff des Ausschreibungsbetrugs (dazu NK-StGB/*Dannecker* **212** § 298 Rn. 1 ff.; *Huhn,* Die strafrechtliche Problematik des Submissionsbetruges unter besonderer Berücksichtigung der neueren Rechtsprechung, 1996, 1 ff.; *Satzger,* Der Submissionsbetrug, 1994, 1 ff.; *Moosecker* FS Lieberknecht, 1997, 407 ff.; *Ranft* wistra 1994, 41 ff.; *Hohmann* NStZ 2001, 566 ff.) werden Absprachen über öffentlichen Ausschreibungen erfasst (grundlegend BGHSt 38, 186 ff.; s. auch Schönke/Schröder/*Perron* Rn. 137a; SK-StGB/*Hoyer* Rn. 248 ff.; krit. *Hefendehl* JuS 1993, 805 ff.; *ders.* ZfBR 1993, 164 ff.; *Lüderssen* wistra 1995, 243 ff.). Hierbei ist das Vorliegen des objektiven Tatbestands in mehrfacher Hinsicht fraglich. So kann eine Täuschung der für die Vergabe zuständigen Stelle durch den jeweiligen Bieter in der überwiegenden Zahl der Fälle lediglich darin gesehen werden, dass er durch die Angebotsabgabe konkludent erklärt, der Preis sei ohne verbotene Absprache mit den Konkurrenten gebildet und deshalb wegen der Konkurrenzsituation knapp kalkuliert; dies wird auch bei einer freihändigen Vergabe erklärt (BGHSt 47, 83 (86 f.); MüKoStGB/*Hefendehl* Rn. 96, 113; *Satzger* JR 2002, 391 (392); *Rönnau* JuS 2002, 545 f.; *Walter* JZ 2002, 254 ff.; *Best* GA 2003, 157 ff.). Bei kollusivem Zusammenwirken der Angestellten der Ausschreibungsstelle mit einem Bieter liegt in der Durchführung der Ausschreibung die konkludente Erklärung, dass die Ausschreibungsbedingungen eingehalten worden sind (*Satzger,* Der Submissionsbetrug, 1994, 222).

Kommt es bei einem **Vergabeverfahren** zu kartellinternen Absprachen, so ergeben sich aus betrugs- **213** relevanter Sicht regelmäßig Probleme hinsichtlich der Feststellung der Tatbestandsmerkmale der Täuschung und des Schadens (s. dazu auch NK-StGB/*Dannecker* § 298 Rn. 1 ff.).

Mit Blick auf das Erfordernis einer **Täuschung** stellt sich die Frage nach dem konkreten Erklärungs- **214** wert der getroffenen Absprache. Nach der Rspr. (BGH wistra 2001, 384 ff. in Fortführung von BGHSt 16, 367 ff.) enthält die Angebotsabgabe sowohl bei einer förmlichen öffentlichen Ausschreibung als auch bei einer freihändigen Vergabe mit Angebotsanfragen durch öffentliche oder private Auftraggeber an zumindest zwei Unternehmer vor dem gesetzlichen Hintergrund der Regelung in **§ 1 GWB** regelmäßig die schlüssige (konkludente) Erklärung, dass dieses Angebot ohne eine vorherige Preisabsprache zwischen den Bietern zustande gekommen ist. Denn die Abgabe voneinander abweichender Angebote erweckt regelmäßig den Eindruck, jeder Unternehmer habe selbstständig und unabhängig von dem anderen kalkuliert (so bereits OLG Hamm NJW 1958, 1151 (1152)). Dies ist für Angebote im Rahmen einer öffentlichen Submission oder Ausschreibung anerkannt (BGHSt 16, 367 (371); *Oldigs,* Möglichkeiten und Grenzen der strafrechtlichen Bekämpfung von Submissionsabsprachen, 1998, 61 mwN; *Satzger,* Der Submissionsbetrug, 1994, 60). Ein solcher Erklärungsinhalt ergibt sich hierbei aus Folgendem: Die Teilnahme von im Wettbewerb stehenden Anbietern an einer **öffentlichen Ausschreibung** zur Ermittlung des Marktpreises einer bestimmten Leistung soll zum Ausdruck bringen, dass alle Mitbewerber, die mit Blick auf **§ 2** und **§ 25 VOB/A** tragende Säule, sich an keiner unlauteren Absprache beteiligt zu haben, anerkennen. Für die Fälle der **freihändigen Vergabe,** denen eine Anfrage an zumindest zwei Unternehmer vorangegangen ist, gilt nichts anderes. Eine solche freihändige Vergabe ohne förmliches Verfahren bedeutet nicht, dass dabei nicht auch ein Wettbewerb stattfindet (dazu *Heiermann/Riedl/Rusam,* Handkommentar zur VOB, 13. Aufl. 2013, VOB/A § 3 Rn. 35). Vielmehr erwartet der Auftraggeber auch hier, dass ein Wettbewerb erfolgt, denn andernfalls hätte er nicht mehrere Unternehmer zur Angebotsabgabe aufgefordert. Von einer solchen, dem Anbieter bekannten Erwartung des Auftraggebers muss umso mehr ausgegangen werden, als § 1 GWB derartige Absprachen verbietet. Probleme in der Praxis hinsichtlich des konkreten Schadensnachweises führten dazu, dass die Strafvorschrift des **§ 298** über **wettbewerbsbeschränkende Absprachen bei Ausschreibungen** in das Strafgesetzbuch eingestellt wurde (zur Geschichte der Gesetzesnovellierung NK-StGB/*Dannecker* § 298 Rn. 1 ff.). Diese Norm knüpft an die Rechtswidrigkeit von Absprachen an, die gegen das Kartellverbot in § 1 GWB bzw. §§ 1, 25 GWB aF verstoßen. § 298 Abs. 2 stellt die Abgabe von auf Absprachen beruhenden Angeboten unter Strafe, wenn sie im Rahmen einer freihändigen Vergabe nach vorausgegangenem Teilnahmewettbewerb erfolgt.

Fraglich ist zudem der Umfang des **Vermögensschadens.** Nach der höchstrichterlichen Rspr. **215** (BGHSt 38, 186 (190 ff.); 47, 83 (88) mAnm *Rönnau* JuS 2002, 545; BGH NJW 1995, 737; 1997, 3034 (3038); wistra 2001, 384 ff.; krit. dazu Schönke/Schröder/*Perron* Rn. 137a mwN) besteht beim Eingehungsbetrug in Form des sog Ausschreibungs- oder Submissionsbetrugs der Vermögensschaden in der Differenz zwischen der vertraglich vereinbarten Auftragssumme und dem Preis, der bei Beachtung der für das Auftragsvergabeverfahren geltenden Vorschriften erzielbar gewesen wäre **(hypothetischer Wettbewerbspreis).** Der erzielbare Preis ist der erzielte Preis abzüglich der absprachegemäß bedingten

Preisaufschläge (BGH wistra 2001, 384 ff.). Dabei sind Schmiergeldzahlungen und Ausgleichszahlungen zwischen den Ausschreibungsteilnehmern ebenso wie die an die anderen an der Absprache beteiligten Unternehmer gezahlte Abstandssummen nahezu zwingende Beweisanzeichen dafür, dass der ohne Preisabsprache erzielbare Preis den tatsächlich vereinbarten Preis unterschritten hätte (BGHSt 3, 186 (193)). Nichts anderes gilt in den Fällen freihändiger Vergabe mit Angebotsanfragen. Auch hier umfasst der Betrugsschaden die absprachebedingten Preisaufschläge (BGH wistra 2001, 384 ff.). Die Annahme, in derartigen Fällen sei ein Vermögensschaden mindestens in Höhe der Schmiergeldbeträge und Ausgleichszahlungen entstanden, begegnet danach keinen rechtlichen Bedenken. Solche sachfremden Rechnungsposten wären bei einer wettbewerbskonformen Preisbestimmung nicht in die Angebotssumme eingeflossen (BGH NJW 1997, 3034 (3038), insoweit in BGHSt 43, 96 ff. nicht abgedruckt; BGH wistra 2001, 384 ff.). Wehrt umgekehrt der Schuldner jedoch eine kartellbedingt überhöhte und somit zum Teil unbegründete Preisforderung mittels einer Täuschung ab, so verneint die Rspr. (BGHSt 8, 221 (226) zur MRegVO Nr. 78) hinsichtlich des überhöhten Teils der Forderung die Rechtswidrigkeit des erstrebten Vorteils (LK-StGB/ *Tiedemann* § 263 Rn. 266 mwN, auch zur kartellrechtlichen Literatur; *van Venrooy* BB 1979, 556 ff.). Die konkrete Schadenshöhe, die insbesondere für die Strafzumessung von Bedeutung ist (*Satzger,* Der Submissionsbetrug, 1994, 156 f.), kann unter Beachtung des Grundsatzes in dubio pro reo **geschätzt** werden (BGHSt 38, 186 (193); *Huhn,* Die strafrechtliche Problematik des Submissionsbetruges unter besonderer Berücksichtigung der neueren Rechtsprechung, 1996, 225; aA *Schmid,* Der Ausschreibungsbetrug als ein Problem der Strafgesetzgebung, 1982, 92 f.).

216 **8. Banken. a) Bankanweisung, Erschleichen der Herausgabe.** Wer sich eine Einziehungsermächtigung und zusätzlich einen angeblich technisch notwendigen Überweisungsträger unterschreiben lässt, um ihn später einzureichen und so den Kaufpreis ein zweites Mal gutgeschrieben zu bekommen, begeht einen Betrug, wenn er die Bankanweisung zeitnah verwenden will. Umstritten ist, ob ein Betrug auch dann vorliegt, wenn die Bankanweisung erst ein Jahr später eingereicht werden soll (bejahend LK-StGB/ *Tiedemann* Rn. 111; Schönke/Schröder/ *Perron* Rn. 62; abl. BGH NStZ 2014, 578 mit der Begründung, der Vermögensgefährdungsschaden könne nicht beziffert werden, weil die Bankanweisung erst mit Zugang bei den angewiesenen Geldinstitut wirksam werde (§ 130 Abs. 1 S. 1 BGB) und bis dahin frei widerruflich sei (§ 130 Abs. 1 S. 2 BGB)).

b) Bankgarantiehandel. Der Handel mit Bankgarantien tritt in zwei verschiedenen Konstellationen auf (vgl. Wabnitz/Janovsky WirtschaftsStR-HdB/ *Reich,* 3. Aufl. 2007, Kap. 5 Rn. 81). Die erste Variante ist dadurch charakterisiert, dass den Opfern enorme Renditen durch die **Teilnahme am „geheimen" Interbankenhandel** versprochen werden. Bei den privaten Anlegern wird die Hoffnung geschürt, durch angebliches „Poolen" an lukrativen Geschäften beteiligt zu werden. Bei der zweiten Variante wird Kreditsuchenden der **Erwerb einer später zu „vercashenden" Bankgarantie** gegen Vorleistung angeboten. In beiden Fällen werden die Opfer über ihre Renditeaussichten getäuscht und treffen irrtumsbedingt Vermögensverfügungen. Beide Varianten führen bei den Opfern zum Totalverlust der eingebrachten Gelder im Sinne eines betrugsrelevanten Vermögensschadens, weil es sich bei einer Bankgarantie nur um ein besonderes Sicherungsmittel handelt, das nicht gehandelt wird.

217 **c) Darlehensbetrug.** Fälle des **Erschleichens eines nicht ausreichend gesicherten Kredites** können einen Darlehensbetrug zum Nachteil des Kreditgebers darstellen (Schönke/Schröder/ *Perron* Rn. 25 ff., 162 f.). Werden durch den Darlehensnehmer aktiv falsche Angaben gemacht, so ist das Vorliegen einer tatbestandlichen Täuschung idR unproblematisch zu bejahen. Eine Täuschung kann jedoch auch konkludent erfolgen, etwa wenn durch die Beantragung eines Kredits implizit die (vorgebliche) Überzeugung des Antragstellers zum Ausdruck gebracht wird, er werde aufgrund der gegenwärtigen Beurteilung der künftigen Verhältnisse den Kredit zurückzahlen können (BGH StV 1984, 511 (512); 2002, 132 f.). Hier ist besondere Sorgfalt auf die Feststellung des Vorsatzes zu verwenden, da ein Betrug nur vorliegt, wenn dem Darlehensnehmer **im Zeitpunkt der Täuschungshandlung** die (mögliche) **eigene Rückzahlungsunfähigkeit bei Fälligkeit bewusst** war (LK-StGB/ *Tiedemann* Rn. 243 f.).

Bei darlehensweiser und ungesicherter Hingabe von Geld ist eine **Täuschung** entweder wegen **fehlender Leistungsfähigkeit** oder **nicht gegebener Leistungswilligkeit** des Täters möglich (BGH StV 2002, 132 f.). Eine hohe Erwartung des Darlehensgebers wegen einer Freundschaft oder gar bevorstehender Heirat begründet noch keinen durch Täuschung hervorgerufenen Irrtum (BGH StV 2002, 132 f.). Geht der Darlehensgeber mit der Hingabe des Geldes trotz Kenntnis von der höchst zweifelhaften Fähigkeit des Darlehensnehmers zur Rückzahlung ein entsprechendes **Risiko bewusst** ein, so ist er insoweit – wenn nicht besondere Umstände hinzutreten – nicht getäuscht und irrt nicht (BGH StV 2002, 132 f.). Anders kann es sich dagegen verhalten, wenn der **Darlehensrückzahlungsanspruch minderwertig** ist, weil der Darlehensnehmer den Darlehensgeber über einen für die Beurteilung seiner künftigen Leistungsfähigkeit wichtigen Umstand bewusst falsch informiert und so täuscht (BGH StV 2002, 132 f.). Bei kollusivem Zusammenwirken von Darlehensnehmer und Bankmitarbeiter liegt keine Täuschung und damit auch kein Irrtum des Darlehensgebers vor (BGH NStZ 2013, 472).

Die Schadensbestimmung beim Darlehensbetrug erfordert einen Vergleich zwischen dem ausgereichten Darlehensbetrag und dem Wert des Rückzahlungsanspruchs im Zeitpunkt der Ausreichung des Darlehens, wobei die Werthaltigkeit des Rückzahlungsanspruchs maßgeblich durch den Wert der bestellten Sicherheiten sowie durch die Bonität des Darlehensnehmers beeinflusst wird (BGH NStZ 2013, 472; weiterführend zur Wertbemessung von Liquiditätsvorteilen *C. Dannecker* NZWiSt 2015, 173 (181 ff.); *ders.* NStZ 2016, 318 (324 ff.)). Der **Schaden** kann nach den allgemeinen Grundsätzen bereits bei Vertragsschluss **(Kreditzusage)** vorliegen (BGHSt 15, 24 (26)), spätestens aber mit Auszahlung des Kredits **(Kreditgewährung),** sofern der Rückzahlungsanspruch minderwertig ist, zB weil der Schuldner zur Rückzahlung des Kredits nicht willens ist (BGHSt 15, 24 (27)) oder weil unsicher ist, ob der Schuldner am Ende der Laufzeit zur Rückzahlung in der Lage sein wird (BGH MDR/H 1981, 810) oder bei allgemeiner Kreditunwürdigkeit, zB wegen Vorlage falscher Dokumente (BGH GA 1965, 149; krit. LK-StGB/*Tiedemann* Rn. 212 mwN). Wenn **ausreichende Sicherheiten** vorliegen, zB eine Bürgschaft (BGH wistra 2009, 236), eine Grundschuld (BGH NStZ-RR 2005, 374 (375)), eine Hypothek (BGH wistra 1995, 222), eine Sicherungsübereignung (BGH JR 1990, 517 f.), ein Schuldbeitritt (BGH NJW 1986, 1183) oder aufrechenbare Gegenansprüche (BGH NJW 1953, 1479), **entfällt der Schaden,** sofern die Sicherung tatsächlich besteht (BGH StV 1995, 254 (255)) und die Ansprüche ohne Mitwirkung des Schuldners und ohne nennenswerten finanziellen oder zeitlichen Aufwand realisiert werden können (SSW StGB/*Satzger* Rn. 200). Ein Vermögensschaden entsteht also nur, wenn die vorgespiegelte Rückzahlungsmöglichkeit nicht besteht und auch die gegebenen Sicherheiten wertlos oder minderwertig sind (BGH NStZ 2013, 711). Wenn der Rückzahlungsanspruch gegen einen zahlungsunwilligen Kreditnehmer wegen dessen Vermögensverhältnissen sicher ist, kann die **Täuschung über das Bestehen von Sicherheiten** keinen Schaden begründen (*Wasserburg* NStZ 2003, 354 (359)). Wenn über die Art der Sicherheit getäuscht wird, können negative Veränderungen der persönlichen Verhältnisse bei persönlichen Sicherheiten einen Gefährdungsschaden begründen (BGH wistra 1988, 188 (190)). Die bloße Zahlungsunfähigkeit im Zeitpunkt der Kreditbewilligung oder -gewährung begründet noch keine Minderwertigkeit des Anspruchs des Kreditgläubigers, denn es liegt in der Natur des Kreditvertrages, dass dieser erst später zurückgezahlt wird. Die Wertdifferenz wird durch die Zinshöhe, die mit dem Kreditrisiko des Kreditgebers korreliert, ausgeglichen (BGH NStZ 1981, 351). Deshalb kann durch die Täuschung über angeblich vorhandene Sicherheiten oder die Vorspiegelung dinglicher statt persönlicher Sicherheiten (BGH NJW 1986, 1183) über das Kreditrisiko getäuscht werden, so dass der Schaden im Verlust von Mehrzinsen liegen kann (BGH StV 1986, 203). Weiterhin kann der Schaden in der **zweckwidrigen Verwendung** zweckgebundener und deshalb vergünstigter Kredite liegen (OLG Hamm GA 1962, 219) oder in der Gefährdung des Rückzahlungsanspruchs, wenn zB ein Investitionsdarlehen nicht zur Steigerung der Produktivität, sondern für investitionsfremde Zwecke genutzt wird (BGH JZ 1979, 75).

Nach der neueren Rspr. des BVerfG (→ Rn. 99) ist der Schaden in aller Regel zu beziffern. Hierfür ist auf den Zeitpunkt der Darlehensgewährung abzustellen. Der BGH verweist für die Bestimmung der Werthaltigkeit auf die bilanzrechtlichen Maßstäbe und führt aus, dass im Falle der vornherein bestehenden Zahlungsunfähigkeit oder -willigkeit der Wert des Rückzahlungsanspruchs des Darlehensgebers mit Null anzusetzen sei. Allerdings könne bei Bereitschaft zur teilweisen Tilgung des Darlehensanspruchs nicht von einer völligen Wertlosigkeit ausgegangen werden (BGH wistra 2012, 438 (440); s. auch BGH wistra 2014, 349 (350); BGH NJW 2012, 2370 (2371); BGH NStZ 2013, 711 (712); BGH NStZ-RR 2014, 13; BGH wistra 2014, 349 (350)). Wenn der Täter ohne Täuschung den Kredit nur zu einem höheren Zinssatz bekommen hätte, liegt der Schaden im Zinsvorteil (*Hellmann* FS Kühl, 2014, 691 (703)). Bei allen Unsicherheiten der Wertbemessung von Liquiditätsvorteilen bildet die Höhe der Darlehensvaluta eine letzte Begrenzung. (*C. Dannecker* NZWiSt 2015, 173 (183)).

Jenseits der Frage nach der Leistungsfähigkeit und Leistungswilligkeit des Darlehensnehmers kommt **218** grundsätzlich eine Täuschung auch unter dem Gesichtspunkt eines vom Darlehensnehmer angegebenen **Verwendungszwecks** in Betracht (BGH StV 2002, 132 f.). Insoweit genügt es mit Blick auf den erforderlichen Kausalzusammenhang, dass die etwaige Täuschung über den Verwendungszweck für die Vermögensverfügung des Geschädigten wenigstens mitbestimmend war (BGH StV 2002, 132 f.). Ein solcher Beweggrund des Darlehensgebers büßt seine rechtliche Bedeutung nicht deswegen ein, weil daneben ein anderer Beweggrund bestand, der von dem Irrtum nicht berührt wurde und für sich allein zu demselben Entschluss des Darlehensgebers geführt hätte (BGH MDR/D 1958, 139 (140); BGHSt 13, 13 (14); BGH wistra 1999, 419 (420); BGH StV 2002, 132 f.; LK-StGB/*Tiedemann* Rn. 123). Unerheblich ist die Täuschung über die Vermögensverfügung nur dann, wenn der Geschädigte die Verfügung auch ohne den aus ihr resultierenden Irrtum vorgenommen hätte (LK-StGB/*Tiedemann* Rn. 122). Die Angabe eines falschen Verwendungszwecks ist mithin dann nicht maßgeblich, wenn den Darlehensgeber dieser Zweck schlicht nicht interessiert (BGH StV 2002, 132 f.). Regelmäßig stellt jedoch die Beantragung eines zweckgebundenen Investitions- und Startdarlehens eine Täuschung dar, wenn der tatsächliche Investitionsbedarf in der beantragten Höhe nicht besteht oder das Darlehen nicht zweckgebunden genutzt werden soll (BGH JZ 1979, 75). Bei einer Täuschung über die Verwendung von Darlehensmitteln zur Tilgung von Schulden vor Abschluss eines Darlehensvertrages liegt kein Vermögensschaden vor, denn es liegt weder ein Fall der sozialen Zweckverfehlung vor, weil die angestrebte Begleichung von Schulden keinen sozialen Zweck darstellt, noch liegt eine konkrete Vereinbarung über die Mittelverwendung vor: Daher ist der Darlehensnehmer in der Verwendung der Darlehensvaluta grundsätzlich frei, sodass die Täuschung zur Hingabe des Darlehens nur einen unbeachtlichen Motivirrtum darstellt (OLG Frankfurt a. M. NStZ-RR 2011, 13).

219   In der Folge der Täuschung kann der **Irrtum** des Kreditgebers bereits in einer **falschen Einschätzung des Grades des Ausfallrisikos seiner Forderung** liegen. Während die **Vermögensverfügung** spätestens in der **Kreditvaluierung** zu sehen ist (BGHSt 2015, 24 (26)), tritt der **Schaden** im Falle des Darlehensbetrugs, der grundsätzlich als **Eingehungsbetrug** (→ Rn. 99 ff.) zu werten ist, ein, wenn die erlangte Gegenforderung kein gleichwertiges Äquivalent zur Kreditvaluierung darstellt. Maßgeblicher Zeitpunkt für die Schadensberechnung ist regelmäßig die Auszahlung des Kredits (BGH StV 2002, 132 (133)). Zu einer schadensgleichen Vermögensgefährdung (→ Rn. 92 ff.) kann es kommen, wenn das Vermögen des getäuschten Kreditgebers durch die Kreditbewilligung bzw. -auszahlung einen geringeren Wert hat als zuvor (BGH wistra 1988, 188). Dies ist mittels eines Vermögensvergleichs zu bestimmen (BGH NStZ 1996, 191). Im Einzelfall kann es hier zu Abgrenzungsschwierigkeiten mit den Insolvenzdelikten (§§ 283 ff.) kommen.

220   Bei der Hingabe eines Darlehens kann der **Rückzahlungsanspruch minderwertig** sein, wenn es an einer **Sicherheit fehlt,** aus der sich der Gläubiger bei ausbleibender Rückzahlung ohne Schwierigkeiten, namentlich ohne Mitwirkung des Schuldners befriedigen kann (BGH wistra 2009, 350 f.). In der Täuschung über das Bestehen, den Wert oder die Verwertbarkeit einer vertraglich vereinbarten Sicherheit kann daher eine das Vermögen des Darlehensgebers schädigende Betrugshandlung liegen (BGH wistra 2009, 350 f.). Trotz Vorspiegelung einer solchen Sicherheit entsteht aber kein Vermögensschaden, wenn der **Rückzahlungsanspruch auch ohne die Sicherheit** aufgrund der Vermögenslage des Darlehensnehmers oder sonstiger Umstände, die den Gläubiger vor der Beschädigung seines Vermögens schützen, **wirtschaftlich sicher** ist (BGH wistra 2009, 350 f.).

221   Für die Annahme des **Schädigungsvorsatzes** gilt dementsprechend das Erfordernis, dass der Täter im Zeitpunkt der Kreditgewährung die Minderwertigkeit des Rückzahlungsanspruchs im Vergleich zu dem erhaltenen Geldbetrag gekannt hat (BGH wistra 2009, 350 f.; vgl. auch BGH NStZ-RR 2001, 328).

222   Das **Verhältnis des Darlehensbetrugs zum Kreditbetrug** (§ 265b) ist umstritten. Ausgehend von der besonderen Gefahr entsprechender Betrugstaten für die Allgemeinheit wurde durch das 1. WiKG v. 29.7.1976 mit **§ 265b** ein eigener Straftatbestand des Kreditbetruges in das Strafgesetzbuch eingefügt (Schönke/Schröder/*Perron* Rn. 25 ff., 162 f.; SK-StGB/*Hoyer* Rn. 258; Wabnitz/Janovsky WirtschaftsStR-HdB/*Köhler*, 3. Aufl. 2007, Kap. 7 Rn. 264 ff.). Den einschlägigen Fällen liegen typischerweise folgende Sachverhaltskonstellationen zugrunde: Zeichnet sich in einem Unternehmen eine Krise ab, so ist das Unternehmen umso dringender auf Kredite angewiesen. Da Kredite jedoch nur gegen die Bestellung von (weiteren) Sicherheiten zur Verfügung gestellt werden, wird vielfach versucht, Kredite durch falsche Angaben gegenüber den Kreditinstituten zu erschleichen. Gleichermaßen wird versucht, Gläubiger – durch Vorspiegelung falscher Tatsachen – zur Gewährung von Stundungen (sog Stundungsbetrug; → Rn. 458 f.) oder einem Teilverzicht zu bewegen. Der Schuldner kann sich durch die aufgezeigten Verhaltensweisen wegen Kreditbetrugs sowohl nach § 263 als auch nach § 265b strafbar machen.

223   Im Gegensatz zu § 263 ist **§ 265b** ein **abstraktes Gefährdungsdelikt,** das bereits mit Vorlage der falschen Angaben oder Unterlagen vollendet ist. Auf die Erregung eines Irrtums, die Gewährung des Kredits oder einen konkreten Schadenseintritt kommt es im Rahmen des § 265b nicht an (BGHSt 30, 285 (291); Fischer § 265b Rn. 2; zu den Einzelheiten → § 265 Rn. 10 ff.). Als besondere tatbestandliche Voraussetzung des § 265b gilt es allerdings zu beachten, dass nur solche **Betriebe und Unternehmen** als Kreditgeber bzw. -nehmer in Betracht kommen, die gemäß Abs. 3 Nr. 1 nach Art und Umfang einen in kaufmännischer Weise eingerichteten Gewerbebetrieb erfordern. Erfüllt der betroffene Betrieb diese Voraussetzungen nicht, so kommt nur der allgemeine Betrugstatbestand des § 263 in Betracht. Unter **(Betriebs-)Kredite** iSv § 265b lassen sich gemäß Abs. 3 Nr. 2 Gelddarlehen aller Art, Akzeptkredite, ein entgeltlicher Erwerb, Stundungen, Diskontierungen von Schecks und Wechseln sowie die Übernahme von Garantien, Bürgschaften und sonstigen Gewährleistungen subsumieren (ausführlich zum Begriff des Kredits vgl. Schönke/Schröder/*Perron* § 265b Rn. 11 ff.). Somit kommt § 265b nicht nur für das Bankdarlehen, sondern auch für Waren- und Lieferantenkredite erhebliche praktische Bedeutung zu.

224   Das **Konkurrenzverhältnis** des Kreditbetrugs zu einem parallel verwirklichten „einfachen" Betrug nach § 263 ist umstritten (vgl. Schönke/Schröder/*Perron* § 265b Rn. 51). Nach der Rspr. (BGHSt 36, 130 (132); BGH wistra 1990, 228; OLG Celle wistra 1991, 359; offen gelassen OLG Celle wistra 1984, 26; OLG Stuttgart NStZ 1993, 545) und Teilen der Literatur (Fischer § 265b Rn. 3 mwN Rn. 41; SK-StGB/*Samson/Günther* § 265b Rn. 28; *Heinz* GA 1977, 193 (216)) tritt § 265b in diesen Fällen zurück. Andere Teile der Literatur (LK-StGB/*Tiedemann* § 265b Rn. 14; Schönke/Schröder/*Perron* § 265b Rn. 51; s. auch Fischer § 265b Rn. 3 mwN) gehen von Idealkonkurrenz aus. Oftmals scheitert ein vollendeter Betrug gemäß § 263 in der Praxis jedoch mangels Vorliegens eines Vermögensschadens. So kann die Stundung einer bestehenden Forderung nur dann einen Vermögensschaden darstellen, wenn

dadurch eine Verschlechterung der konkret gegebenen Vollstreckungsaussicht eintritt, was nicht der Fall ist, wenn auf Schuldnerseite im Zeitpunkt der Stundung bereits kein pfändbares Vermögen mehr vorhanden war (BGH NStZ 2003, 546 (548)).

d) Girocard/Maestro-Karten-Erschleichung. Wer den berechtigten Kontoinhaber durch Täu- **225** schung zur Überlassung seiner Girocard oder Maestro-Karte samt PIN bewegt, um später unbefugt Geld abzuheben, begeht einen Betrug (Fischer Rn. 173; SSW StGB/*Satzger* Rn. 146, 180; Matt/*Renzikowski*/*Saliger* Rn. 122, 234; aA Wessels/Hillenkamp StrafR BT II § 18 Rn. 714; Schönke/Schröder/ *Perron* Rn. 64). Die Rspr. bejaht einen Betrug erst, wenn Geld abgehoben wurde (BGH BeckRS 2013, 03329; OLG Jena wistra 2007, 236 (237)); hiergegen bestehen jedoch unter dem Unmittelbarkeitserfordernis (→ Rn. 72) Bedenken (Rengier StrafR BT I § 13 Rn. 198a).

e) Kontoeröffnungsbetrug. Eröffnet der Täter unter Vorlage eines gefälschten oder entwendeten **226** Ausweises und unter Täuschung über seine Zahlungsfähigkeit bzw. -willigkeit bei einer Bank ein Konto, bei dem ihm, wie beantragt, eine Kredit- oder EC-Karte ausgehändigt oder ein Dispositionskredit eingeräumt wird, so liegt nach der Rspr. ein Schaden in Form einer schadensgleichen Vermögensgefährdung vor (BGH NStZ 2011, 160). Hingegen ist ein Gefährdungsschaden zu verneinen, wenn das Konto auf Guthabensbasis geführt wird (OLG Hamm wistra 2012, 161 (162)). Bei EC-Karten ist die Art des verwendeten Zahlungssystems entscheidend (BGH StV 2009, 245 f.; s. hierzu SSW StGB/*Satzger* Rn. 267). Bei einer Vorbehaltsgutschrift durch eine Inkassobank bei Einreichung eines Schecks zur Einziehung entfällt eine schadensgleiche Vermögensverfügung, wenn dem Kontoinhaber der Zugriff auf sein Konto ohnehin versperrt und die Rückbelastung des Scheckbetrages durch den Kontostand wertgemäß abgedeckt ist oder der Kontoinhaber das Konto ausgleichen will und kann (BGH wistra 2012, 267 (269)).

9. Beihilfenbetrug. Ein Beihilfenbetrug zeichnet sich dadurch aus, dass ein Beamter entweder durch **227** Erklärung unzutreffender Tatsachen, die für die Erstattung relevant sind, oder durch Unterlassen der Anzeige anspruchsverändernder Umstände ihm nicht zustehende Beihilfeleistungen erschleicht. Unterlässt ein Beamter in seinem Beihilfeantrag etwa die Angabe, dass der Arzt nur denjenigen Teil des Rechnungsbetrages beansprucht, der auch von der Beihilfestelle erstattet wird, so liegt hierin eine konkludente Täuschung gegenüber der Beihilfestelle, sie schulde den Gesamtbetrag. Eine derartige Abrede muss der zuständigen Stelle mitgeteilt werden, da Beihilfe nur für solche Kosten geleistet wird, die auch tatsächlich aufgewendet wurden (OLG Düsseldorf JMBl. NRW 1978, 241; SSW StGB/*Satzger* Rn. 52; LK-StGB/*Tiedemann* Rn. 29). In der unrechtmäßigen Kostenübernahme seitens der Beihilfestelle liegt dann der betrugsrelevante Schaden. Die Abgrenzung zum Unterlassen ergibt sich aus der Antwort auf die Frage, ob zwischen dem Erklärten und dem Nicht-Erklärten noch ein sachlicher Zusammenhang im Sinne eines einheitlichen Lebenssachverhalts besteht (LK-StGB/*Tiedemann* Rn. 29 mwN). Die Garantenstellung des Beamten, auch wenn er im Ruhestand ist, kann sich aus dem beamtenrechtlichen Treueverhältnis ergeben, das dazu verpflichtet, anspruchsverändernde Umstände mitzuteilen.

Da es sich in den Fällen des Beihilfebetruges regelmäßig um ein Dienstvergehen iSd § 77 BBG **228** handelt, drohen dem Täter neben strafrechtlichen auch vielfältige disziplinarrechtliche Konsequenzen (vgl. dazu etwa BVerwG BeckRS 1998, 30424297; 2000, 30425390; BGH NVwZ-RR 2002, 285 ff.).

10. Beitragsbetrug. Nach § 28a SGB IV trifft ua den Arbeitgeber hinsichtlich seiner gesamten in **229** der Kranken-, Pflege-, Rentenversicherung oder nach dem Recht der Arbeitsförderung kraft Gesetzes versicherten Arbeitnehmerschaft eine **Pflicht** gegenüber der Einzugsstelle, alle Änderungen der für die Bemessung des Gesamtsozialversicherungsbeitrags maßgeblichen Umstände zu melden. Werden einzelne Arbeitnehmer nicht angemeldet oder werden Änderungen der in § 28a SGB IV genannten Umstände nicht gemeldet, so liegt eine **Täuschung durch Unterlassen** vor (BGH NJW 2003, 1821 (1823); BGH wistra 1992, 141; MüKoStGB/*Hefendehl* Rn. 184). Selbst bei **nachträglicher Erlangung der Kenntnis** von sozialversicherungsbeitragsrelevanten Umständen besteht die Anmeldepflicht (OLG Stuttgart wistra 1990, 109 (110); LK-StGB/*Tiedemann* Rn. 57). Ferner liegt ein Betrug vor, wenn bei einer **nicht zuständigen Stelle** ein Irrtum hervorgerufen wird (BGH wistra 1987, 290 (291)). Bei **Leiharbeitsverhältnissen** ist ein Betrug auch hinsichtlich der Arbeitnehmeranteile möglich (BGHSt 32, 236 (240 ff.); BGH wistra 1984, 66; BGH NStZ 1987, 224; hier ist besonders zu prüfen, wer Arbeitgeber ist (BGH NStZ 1987, 224 (225)); OLG Stuttgart wistra 1990, 109; MüKoStGB/*Hefendehl* Rn. 184). Wenn hingegen sämtliche Arbeitnehmer nicht gemeldet werden, liegt keine Täuschung (KG JR 1986, 469), jedenfalls aber kein Irrtum vor (BGH wistra 1992, 141 (142); *Martens* JR 1987, 211).

Unterlässt es ein Beschuldigter dagegen lediglich pflichtwidrig, versicherungspflichtige Beschäftigte **230** **anzumelden und** die geschuldeten **Beitragsanteile** an die Einzugsstelle der Sozialversicherung **abzuführen,** so erfüllt dies nicht zwingend den Tatbestand des Betruges. So ist nach der Literatur die Täuschung (MüKoStGB/*Hefendehl* Rn. 185 mwN; *Stahlschmidt* wistra 1984, 209 (210); *Schäfer* wistra 1982, 96 (97)) und nach der Rspr. das Vorliegen eines kausal verursachten Irrtums zweifelhaft (BGH wistra 1990, 97; 1992, 141; 1988, 353; KG JR 1986, 469).

231   Ein Betrug zu Lasten des Sozialversicherungsträgers setzt voraus, dass dessen **Anspruch auf Rück-zahlung** noch **werthaltig** gewesen wäre (BGH NJW 2003, 1821 ff.). Dies kann angesichts der angespannten wirtschaftlichen Situation eines Betriebes in der Praxis problematisch sein. So liegt ein betrugsrelevanter Vermögensschaden nicht vor, wenn der Sozialversicherungsträger aufgrund der schlechten Finanzlage des Unternehmens seinen Beitragsanspruch auch bei zutreffender Meldung der Beschäftigungsverhältnisse nicht hätte realisieren können (vgl. BGH wistra 1993, 17; 1986, 170 f.; BGH NJW 2003, 1821 ff.). Dann wird allerdings im Rahmen des dann wiederauflebenden Straftatbestands des **§ 266a Abs. 1** zu prüfen sein, ob die Begleichung jedenfalls der Arbeitnehmerbeiträge nicht wenigstens schon bei verdichteten Anzeichen künftiger Zahlungsschwierigkeiten rechtzeitig hätte sichergestellt werden können (BGHSt 47, 318 ff.; BGH NJW 2003, 1821 ff.).

232   Hinsichtlich des **Konkurrenzverhältnisses** sollte § 266a ursprünglich gegenüber dem Beitragsbetrug nach § 263 zurücktreten (vgl. BGH NJW 2003, 1821 (1823) mBespr *Rolletschke* wistra 2005, 211). Nach Einfügung des Abs. 2 in § 266a wird § 263 aber in allen Fällen des § 266a Abs. 1 und 2 im Wege der Spezialität verdrängt (vgl. BT-Drs. 15/2573, 28; BGH NStZ-RR 2007, 236; BGH wistra 2008, 180; BGH StraFo 2008, 219 f.; Fischer § 266a Rn. 37; Lackner/Kühl/*Heger* § 266a Rn. 20).

233   **11. Besitzbetrug.** Unter dem Begriff **Besitzbetrug** wird eine Sachverhaltskonstellation erfasst, in der sich der Vermögensschaden nicht in einem Eigentums–, sondern in einem Besitzverlust ausdrückt (Schönke/Schröder/*Perron* Rn. 94 f. bzw. Rn. 157 f.; LK-StGB/*Tiedemann* Rn. 140; Rengier StrafR BT I § 13 Rn. 216 f.). Ein solcher liegt grundsätzlich bei **endgültigem Besitzverlust** vor, so wenn ein Handwerker, dem ein Pfandrecht zusteht, aufgrund seiner Täuschung eine von ihm reparierte Sache ohne vorherige Bezahlung herausgibt. Auch ein **vorübergehender Besitzverlust** kann einen Ver-mögensschaden bedeuten, wenn der vorübergehende Gebrauch zu einem **teilweisen Verbrauch,** zu einer **Abnutzung** oder zu einer **Notwendigkeit ersatzweiser Anmietung** und damit zu einem wirtschaftlichen Nachteil führt (Rengier StrafR BT I § 13 Rn. 216). Auf der Grundlage des von der Rspr. zugrunde gelegten juristischen Vermögensbegriffs (→ Rn. 79) ist die Einbeziehung des Besitzes in das geschützte Vermögen unproblematisch (BGHSt 16, 280 (281); OLG Düsseldorf NJW 1988, 922 (923); OLG Celle StV 1996, 154 (155)), sofern dem Besitz ein eigener wirtschaftlicher Wert zukommt. In diesem Kontext liefern **Ausweispapiere** ein Negativbeispiel, da ihnen nur eine Bescheinigungsfunk-tion und kein eigener wirtschaftlicher Wert zukommt (BGH MDR/D 1972, 17; zw. LK-StGB/*Tiedemann* Rn. 155). Einschränkungen in der Einbeziehung des Besitzes in das strafrechtlich geschützte Vermögen werden auch diskutiert, wenn der verlorene **Besitz zuvor deliktisch erlangt** worden ist (vgl. BGH NStZ 2008, 627; Schönke/Schröder/*Perron* Rn. 95; Rengier StrafR BT I § 13 Rn. 138 ff. mwN; *Kretschmer* JURA 2006, 219 (223 f.); aA Schönke/Schröder/*Perron* Rn. 95; *Waszcynski* JA 2010, 252 f.; *Ladiges* JuS 2014, 1097 f.). Ein versuchter Besitzbetrug liegt zB vor, wenn der Täter an einer Selbstbedienungstankstelle tankt, ohne vom Tankstelleninhaber oder dessen Mitarbeiter bemerkt zu werden, da der Täter schon beim Einfüllen mit dem Willen handelt, sich das Benzin zuzueignen (BGH NZV 2012, 248).

234   **12. Bestellbetrug.** Die Frage nach einer Betrugsstrafbarkeit stellt sich auch, wenn der Kunde eines Versandhauses durch **Angabe falscher Daten** erreicht, dass er weiterhin Waren über den Versandhandel beziehen kann, obwohl er zuvor wegen Zahlungsrückständen als Kunde gesperrt worden ist. Dabei kann sich der Täter – aufgrund mangelnder Kontrolle durch den Versandunternehmer – darauf beschränken, gegenüber dem Versandhaus eine nur leicht abgeänderte Postanschrift, ein anderes Geburtsdatum, einen sonst nicht benutzten Vornamen oder eine leicht abgeänderte Version des eigenen Rufnamens anzuge-ben und somit die **Existenz eines Neukunden vorzutäuschen.** Die Bejahung der tatbestandlichen Voraussetzungen eines Betruges ist im Gegensatz zur Bejahung eines **Urkundsdelikts** regelmäßig unproblematisch. So erweckt der Täter durch unwahre Angaben hinsichtlich seiner wahren Identität in dem seine Bestellung aufnehmenden Mitarbeiter des Versandhandels den falschen Eindruck, bei ihm handele es sich um einen Neukunden. Spätestens im Versenden der Ware gegen Rechnung trifft der Versandhandelsbetreiber unabhängig von einem etwaigen Eigentumsvorbehalt hinsichtlich seiner Besitz-aufgabe eine vermögensrelevante Verfügung, für die ihm mit dem Anspruch gegen den Täter auf Zahlung infolge dessen fehlender Zahlungsfähigkeit und -bereitschaft kein wirtschaftlich gleichwertiges Äquivalent zuwächst. Ein betrugsrelevanter Vermögensschaden beim Unternehmer ist durch die Ver-sendung der Waren gegeben. Ein späterer Rückerhalt der Ware ändert daran nichts, zumal der Verkäufer die Produkte regelmäßig in gebrauchtem, möglicherweise technisch veraltetem und damit nicht oder nicht mehr gleichwertig veräußerbarem Zustand zurückerhält.

235   **13. Bettel-, Spenden-, Unterstützungs- und Schenkungsbetrug.** Hierunter werden Fälle ge-fasst, in denen das Opfer in der Absicht über sein Vermögen verfügt, einen bestimmten Zweck, insbesondere einen sozialen Zweck, zu erreichen (BGH NStZ 1995, 134 f.; BGH NJW 1992, 2167 ff.; s. dazu auch Schönke/Schröder/*Perron* Rn. 31, 41, 77, 101 ff., 115; *Gribbohm* JuS 1964, 233; *Mohrbotter* GA 1969, 225 ff.; *Steinke* Kriminalistik, 1978, 568 ff.; *Mayer* JURA 1992, 238 ff.). In Betracht kommen hauptsächlich Zuwendungen mit spezifischer Zweckbindung, Spenden an Hilfsorganisationen und Gaben an Obdachlose. Aus betrugsrechtlicher Sicht von Interesse sind diejenigen Fälle, in denen

entweder die Spendenbereitschaft selbst durch wahrheitswidrige Angaben erhöht oder erschlichen wird oder das Geld später für andere als den vorgegebenen Zweck verwendet wird, so wenn der Täter Spenden für eine Bahnhofsmission zu sammeln vorgibt, diese aber selbst behält (OLG München wistra 2014, 33 mBespr *Hecker* JuS 2014, 561 ff.). Bei der Subsumtion dieser Fälle unter § 263 stellen sich rechtliche Probleme bei verschiedenen Tatbestandsmerkmalen. Die hierbei relevanten Grundsätze der sog **Zweckverfehlungslehre** (→ Rn. 237) spielen im Wirtschaftsstrafrecht im Rahmen des § 264 bei der Vergabe öffentlicher Subventionen und der dortigen Zweckgebundenheit der im Haushalt bereitgestellten finanziellen Mittel eine große Rolle (BGHSt 31, 93 (95); BGH NStZ 2006, 624 f.; *Idler* JuS 2007, 904 ff.; → Rn. 460 ff.).

Beim **Spendenbetrug** stellt sich zunächst die Frage, ob in dem jeweiligen Auftreten eines für 236 Spenden Werbenden eine zumindest konkludente **Täuschung** über die Höhe etwaiger **Verwaltungs- und Werbungskosten** liegen kann, wenn diese später von dem gespendeten Betrag einbehalten werden und dies nicht offen gelegt wird. Dies ist grundsätzlich zu verneinen (BGH NJW 1995, 539 f.). So lässt allein der Umstand, dass ein Werbender den Eindruck ehrenamtlicher Tätigkeit erweckt, für einen objektiven Dritten in der Situation des jeweiligen Gesprächspartners regelmäßig nicht den Schluss zu, die gespendeten Mittel würden sogleich in vollem Umfang oder zum größten Teil in die eigentliche Unterstützungsarbeit für das jeweils unterstützte Projekt fließen (BGH NJW 1995, 539 f.). Daran ändert sich auch nichts, wenn sich die Frage nach der Höhe der Provision in vielen Fällen aufgrund der benutzten Werbemethode erst gar nicht stellt (BGH NJW 1995, 539 f.). Im bloßen Verschweigen anfallender Werbungs- und Verwaltungskosten liegt regelmäßig auch keine Täuschung durch Unterlassen. So ergibt sich eine entsprechend erforderliche Aufklärungspflicht für die Werber weder aus Gesetz oder Vertrag, noch aus dem allgemeinen Grundsatz von Treu und Glauben, da es insofern regelmäßig an einem entsprechenden besonderen Vertrauensverhältnis zwischen den Beteiligten fehlt (BGHR StGB § 263 Abs. 1 Täuschung 13; BGH NJW 1995, 539 f.).

Hinsichtlich des erforderlichen **Irrtums** stellt sich die Frage, ob es für die **Zweckverfehlung** (zur 237 sozialen Zweckverfehlung beim Spendenbetrug vgl. *Rudolphi* FS Klug, 1983, 315 ff.; *Deutscher/Körner* JuS 1996, 296 ff.; *Sonnen* JA 1982, 593 ff.; kritisch zur Zweckverfehlungslehre nach den Grundsatzentscheidungen des BVerfG zum Vermögensschaden *Schlösser* in Fischer et al., Dogmatik und Praxis des strafrechtlichen Vermögensschadens, 2015, 89 ff.) auf die individuellen Vorstellungen und Maßstäbe des Einzelnen ankommt oder ob eine abstrakte Betrachtung geboten ist, die sich an den bei vergleichbaren Organisationen üblichen Verwaltungskostenanteilen und an den Maßstäben der steuerlichen Praxis zur Anerkennung der Gemeinnützigkeit orientiert (für Letzteres *Rudolphi* FS Klug, 1983, 315 (325 f.); offen gelassen von BGH NJW 1995, 539 f.). Hier wird § 263 einschränkend dahingehend ausgelegt, dass nicht jeder auf einer Täuschung beruhende **Motivirrtum** eine Betrugsstrafbarkeit begründet. Maßgeblich soll vielmehr sein, ob der Abschluss des Geschäfts entscheidend **durch den sozialen Zweck bestimmt** war (*Wessels/Hillenkamp* StrafR BT II § 13 Rn. 525 f.). Ansonsten würde § 263 seines Charakters als einer Vorschrift zum Schutze des Vermögens beraubt und zu einer Norm zum Schutze der Dispositionsfreiheit umgestaltet (BGH NJW 1995, 539 f.). Erforderlich ist die Verfehlung eines Zweckes, der dem Verfügenden in der konkreten Situation notwendig und sinnvoll erscheint, weil er einen sozialen oder indirekt wirtschaftlich relevanten Zweck verfolgt (vgl. BGH NJW 1992, 2167; 1995, 539 f. mwN). Die Erfüllung des Betrugstatbestands wird hier nicht bereits dadurch ausgeschlossen, dass sich der Gebende bewusst ist, für die vermögensmindernde Verfügung keine Gegenleistung zu erhalten (BGHSt 19, 37 (45); BGH NJW 1992, 2167; 1995, 539), denn die Vermögenseinbuße sollte schließlich nach der Vorstellung des Gebenden durch das Erreichen eines spezifischen – nicht vermögensrechtlichen – Zwecks kompensiert werden (BGH NJW 1992, 2167). Daher liegt ein Betrug vor, wenn Spenden, die für eine Bahnhofsmission gesammelt werden, einbehalten werden (OLG München wistra 2014, 33 mBespr *Hecker* JuS 2014, 561 ff.). Beim **Bettelbetrug** wird es jedoch häufig an einem betrugsrelevanten Irrtum fehlen, wenn dem Verfügenden der Verwendungszweck gleichgültig ist.

Während die **Vermögensverfügung** weitgehend unproblematisch ist, bereitet das Vorliegen eines 238 **Vermögensschadens** in Fällen des Spendenbetrugs regelmäßig Schwierigkeiten (vgl. BGH NJW 1995, 539; Schönke/Schröder/*Perron* Rn. 102; *Pawlik*, Das unerlaubte Verhalten beim Betrug, 1999, 275 ff.), weil eine bewusste Schädigung des eigenen Vermögens vorliegt. Wird der avisierte Zweck verfehlt, so wird die **Vermögensverschiebung in ihrem sozialen Sinn entwertet** und das Vermögensopfer auch wirtschaftlich zu einer unvernünftigen, auf einer Täuschung beruhenden Ausgabe verleitet (OLG München BeckRS 2014, 00901; BGH NJW 1995, 539; Schönke/Schröder/*Perron* Rn. 102; aA *Pawlik*, Das unerlaubte Verhalten beim Betrug, 1999, 275 ff.). Die Enttäuschung eines reinen Affektionsinteresses reicht hierfür allerdings nicht aus (Fischer Rn. 137 mwN). Ein betrugsrelevanter Schaden liegt vor, wenn der Verfügende täuschungsbedingt annimmt, dass eine Spende einem gemeinnützigen Zweck zugute kommt, nicht hingegen, wenn er in der irrigen Annahme verfügt, es seien etwa von Nachbarn oder Konkurrenten bereits Spenden getätigt worden, solange seine Spende ihre jeweilige Bestimmung findet. Unklar sind jedoch die Voraussetzungen einer hierfür erforderlichen „sozialen Zwecksetzung". Dies hängt letztlich von der Bestimmung des Vermögensbegriffs ab (→ Rn. 78 ff.). Erfasst sind Zwecksetzungen, die dem Verfügenden in der konkreten Situation notwendig und sinnvoll erscheinen, indem er einen sozialen oder indirekten wirtschaftlichen Zweck verfolgt

(OLG München BeckRS 2014, 00901; BGH NJW 1992, 2167). Bejaht wurde eine soziale Zwecksetzung etwa bei der Hingabe von Geld zur Tilgung einer vermeintlichen Geldbuße, nicht hingegen bei der Zuwendung von Mitgliedsbeiträgen in der irrigen Annahme, der Werbende handele ehrenamtlich (vgl. BGH NJW 1995, 539 f.). Wer beim Verkauf von Produkten vorspiegelt, ein Teil des Erlöses komme der Welthungerhilfe, der Dritten Welt etc zugute, soll keinen Betrug begehen, wenn das Produkt sein Geld wert war (Eisele StrafR BT II Rn. 592; *Satzger* JURA 2009, 518 (524)). Die unscharfe Begriffsbestimmung erfordert eine kritische Prüfung im Einzelfall. Insgesamt ist zu erwägen, die derzeit unter der Thematik des Spendenbetrugs diskutierten Fragestellungen unter dem Aspekt zu lösen, ob die Vermögensschädigung normativ auf der Täuschung beruht oder ob sich der Getäuschte dennoch autonom eines Vermögenswerts entbehrt hat (→ Rn. 113a; vgl. *Albrecht* JZ 2015, 842 ff.; *C. Dannecker* NZWiSt 2015, 173 (180 ff.); MüKoStGB/*Hefendehl* Rn. 718 f.) Auch das Erschleichen eines **Werbegeschenks**, das ausschließlich an Neukunden zur Kundengewinnung und -bindung vergeben wird, kann unter dem Aspekt der Zweckverfehlung die Annahme eines Schadens rechtfertigen, sofern die tatsächliche Kundenbindung nicht nur höchst ungewiss ist; in letzterem Fall handelt es sich nicht um geschütztes Vermögen (BayObLG NJW 1994, 208; Schönke/Schröder/*Cramer*/*Perron* Rn. 105a; SSW StGB/*Satzger* Rn. 230).

239   **14. Beweismittelbetrug.** In unmittelbarer inhaltlicher Nähe zum Prozessbetrug (→ Rn. 393 ff.) steht der sog Beweismittelbetrug. Hier ist regelmäßig das Vorliegen einer einem Vermögensschaden gleichstehenden **konkreten Gefährdung** problematisch (vgl. dazu Schönke/Schröder/*Perron* Rn. 146 f.). Ein Schaden liegt vor, wenn die Beweislage so nachteilig verändert wird, dass die unbegründete Inanspruchnahme des Getäuschten konkret wahrscheinlich wird (BGH St 34, 394 (395); LK-StGB/*Tiedemann* Rn. 230 mwN). Erschleicht der Täter eine Urkunde mit einem Inhalt, der mit der tatsächlichen Sachlage nicht übereinstimmt, so ist von einer schadensgleichen Vermögensgefährdung nur dann auszugehen, wenn der Täter mittels dieser Urkunde in die Lage versetzt wird, unmittelbar auf das betroffene Vermögen zuzugreifen (so etwa in den Fällen des RGSt 53, 261 (Erbschein); 66, 371 und OLG Stuttgart NStZ 1985, 365 (Grundbucheintragung); vgl. auch Schönke/Schröder/*Perron* Rn. 146 mit Gegenbeispielen). Ansonsten bleiben dem Opfer sämtliche Einredemöglichkeiten erhalten und der Täter hat dann noch keinen unmittelbaren Zugriff auf fremdes Vermögen erlangt. In derartigen Fallkonstellationen kommt eine Strafbarkeit wegen **versuchten Betruges** in Betracht.

240   Ein **vollendeter Betrug** liegt jedoch dann vor, wenn der Getäuschte derart in **Beweisnot** gerät, dass ihm im Ergebnis nichts anderes übrig bleibt, als die geforderte Leistung zu erbringen, selbst wenn er den Irrtum im Nachhinein erkannt hat (Schönke/Schröder/*Perron* Rn. 146; aA *Schröder* JZ 1965, 515). Ein vollendeter Betrug kann beispielsweise vorliegen, wenn bei Eingehung einer abstrakten Wechselverbindlichkeit das Grundgeschäft mit Mängeln behaftet war (Schönke/Schröder/*Perron* Rn. 146; *Cramer,* Vermögensbegriff und Vermögensschaden im Strafrecht, 1968, 154). RGSt 66, 411 hat bei einem intakten Grundgeschäft einen vollendeten Betrug angenommen, weil Einreden des getäuschten Schuldners bei der Weitergabe des Wechsels weitgehend ausgeschlossen sind. Allerdings ist zweifelhaft, ob darin bereits eine schadensgleiche Vermögensgefährdung gesehen werden kann.

241   Versucht der Täter, Beweismittel zu erlangen, die zwar seine schlechte prozessuale Beweisposition verbessern sollen, die aber der wahren Rechtslage entsprechen, so kann keine konkrete Vermögensgefährdung eintreten, da die **nicht der wahren Rechtslage entsprechende bessere Beweisposition keinen Vermögenswert** hat (OLG Düsseldorf NJW 1998, 692; BGH wistra 1999, 378; Schönke/Schröder/*Perron* Rn. 147 mwN). Nimmt der Täter irrtümlich an, einen Anspruch zu haben, so handelt er ohne Vorsatz (BGHSt 31, 181; OLG Düsseldorf wistra 1992, 74; Schönke/Schröder/*Perron* Rn. 147). In beiden Fällen scheidet eine Strafbarkeit wegen Beweismittelbetruges aus (zur vergleichbaren Situation beim Prozessbetrug → Rn. 393 ff.).

242   **15. „Computerbetrug".** Durch das zwingende Erfordernis der Täuschung und des Irrtums eines anderen Menschen war der herkömmliche Betrugstatbestand der zunehmenden Bedeutung der elektronischen Datenverarbeitung für den Rechtsverkehr nicht mehr gewachsen. Durch das Zweite Gesetz zur Bekämpfung der Wirtschaftskriminalität wurde die bis dato bestehende Gesetzeslücke geschlossen und im Jahre 1986 der Tatbestand des § 263a in das Strafgesetzbuch aufgenommen.

Dieser Tatbestand weist erhebliche **Parallelen zum Betrugstatbestand** auf (krit. zur Vergleichbarkeit *Kindhäuser* FS Grünwald, 1999, 285 ff.). § 263a ist wie dieser als Erfolgsdelikt ausgestaltet und besitzt dieselben Regelbeispiele (vgl. § 263a Abs. 2). Zudem schützt er wie § 263 das Vermögen (RegE BT-Drs. 10/318, 19; BGHSt 40, 331; LK-StGB/*Tiedemann*/*Valerius* § 263a Rn. 1 mwN; SK-StGB/ *Hoyer* § 263a Rn. 2 mwN) und ist – nach allerdings nicht unumstrittener Ansicht (zum Streitstand Schönke/Schröder/*Perron* § 263a Rn. 5 ff. mwN; SK-StGB/*Hoyer* § 263a Rn. 14 ff. mwN) gerade bezüglich der Tatbestandsmerkmale „unrichtig" und „unbefugt" – betrugsnah bzw. täuschungsäquivalent auszulegen (BGHSt 47, 162 f.; OLG Köln NStZ 1991, 586; OLG Zweibrücken CR 1994, 241; SK-StGB/*Hoyer* § 263a Rn. 19 mwN; *Lackner* FS Tröndle, 1989, 52; *Meier* JuS 1992, 1019; *Mühlbauer* wistra 2003, 244 ff.; *Schlüchter* NStZ 1988, 59; *Zielinski* CR 1992, 223).

Im Verhältnis zu § 263 ist der Computerbetrug nach § 263a wegen seiner Auffangfunktion **subsidiär** (LK-StGB/*Tiedemann*/*Valerius* § 263a Rn. 95 mwN). In Ausnahmefällen kann sich jedoch aus der

Auslegung einzelner Tatbestandsmerkmale auch eine tatbestandliche Exklusivität der beiden Rechtsnormen ergeben (LK-StGB/*Tiedemann*/*Valerius* § 263a Rn. 17). Zweifelhaft ist auch das Verhältnis zum Diebstahl einer Codekarte zu deren anschließender Nutzung (vgl. zu den einzelnen Fallkonstellationen LK-StGB/*Tiedemann* § 263a Rn. 84; zum Verhältnis des Computerbetrugs zum Betrug *Schuhr* ZWH 2012, 48).

16. Europäische Union, Betrug zu Lasten. Täuschungshandlungen zur Erlangung finanzieller **243** Vorteile sind naturgemäß kein rein nationales Phänomen (dazu *Dannecker* ZStW 108 (1996), 577 ff.; *ders.* JURA 1998, 79 ff.; *Oehler* FS Baumann, 1992, 561 ff.; *Sieber* JZ 1997, 369 ff.). In einer globalen Wirtschaft werden nicht nur Waren exportiert, sondern auch Delikte grenzüberschreitend begangen. Daher sieht die Union eine ihrer Aufgaben auch darin, für ihre Bürger einen **„Raum der Freiheit, der Sicherheit und des Rechts"** zu schaffen (Art. 67 Abs. 1 AEUV) und auf die Bekämpfung von (grenzüberschreitender) Kriminalität hinzuwirken. Dieses Ziel kann naturgemäß nur durch ein gemeinsames Vorgehen der Mitgliedstaaten zur Verhütung und Bekämpfung organisierter wie nichtorganisierter Kriminalität erreicht werden (vgl. zu diesen Zielvorgaben noch in Art. 29 EGV LK-StGB/*Tiedemann* Vor § 263 Rn. 100 ff.).

Aufgrund des **Anwendungsvorranges des Gemeinschaftsrechts** besteht in harmonisierten **244** Rechtsbereichen auch bei § 263 die **Verpflichtung zu einer gemeinschaftskonformen Auslegung** (zu Einflüssen des EG-Rechts auf den Betrugstatbestand s. LK-StGB/*Tiedemann* Vor § 263 Rn. 96 ff.; *Dannecker* JZ 1996, 869 (873)). Dies betrifft insbesondere die Bestimmung des Schutzbereiches. Im Bereich des Schutzes des Vermögens und sonstiger Finanzinteressen der Europäischen Union kommen zusätzlich spezielle europäische Rechtsnormen in Betracht.

Umstritten ist, ob der Tatbestand des § 263 neben den privaten ausländischen Vermögensträgern auch **245** **überindividuelle Marktinteressen innerhalb des Unionsauslandes** schützen soll (dafür LK-StGB/ *Tiedemann* Vor § 263 Rn. 99; dagegen OLG Stuttgart NStZ 1993, 545). Dies lässt sich für diejenigen Fälle bejahen, in denen die rechtliche Garantie der Interessen aus Gründen der Gewährleistung eines freien Kapital- und Dienstleistungsverkehrs sekundärrechtlich unionsweit harmonisiert wurde (LK-StGB/*Tiedemann* Vor § 263 Rn. 99).

Art. 4 Abs. 3 EUV enthält eine allgemeine Treuepflicht für die Mitgliedstaaten der EU. Diese wird **246** durch **Art. 325 Abs. 2 AEUV** („Betrugsbekämpfung") zu einer **Pflicht zur Unionstreue** konkretisiert. Danach sind sämtliche Mitgliedstaaten zur Assimilierung ihrer Sanktionsnormen verpflichtet und müssen die finanziellen Interessen der Union in gleichem Maße gegen Betrug schützen wie die eigenen Finanzinteressen (vgl. dazu das *Mais*-Urteil des EuGH Slg. 1989, 2965 ff. mAnm *Tiedemann* EuZW 1990, 99; *ders.* NJW 1993, 23 f.). Der nationale Gesetzgeber hat die erforderliche strafrechtliche Gleichstellung im Bereich der Subventionen bereits durch die **Assimilierungsklausel des § 264 Abs. 7 S. 1 Nr. 2** vorgenommen (vgl. dazu auch § 6 Nr. 8). Bei anderen von § 263 geschützten Leistungen – wie etwa in Austauschverträgen mit der öffentlichen Hand – verpflichtet Art. 4 Abs. 3 EUV den nationalen Strafrichter, den Vermögensbegriff des Betrugstatbestands dahingehend auszulegen, dass **auch das Vermögen der EU umfasst** ist (*G. Dannecker*, Strafrecht der Europäischen Gemeinschaft, 1995, 2125 f.; *Tiedemann* NJW 1990, 2226 f.; *ders.* NJW 1993, 23 f.; *Prieß*/*Spitzer* EuZW 1994, 297 (298); *Zieschang* EuZW 1997, 78 (79); *Zuleeg* JZ 1992, 761 (762 f.); aA *Weigend* ZStW 105 (1993), 780 Fn. 23). **Verletzter** iSd Betrugstatbestands ist stets nur der Inhaber des geschädigten Vermögens (NK-StGB/ *Kindhäuser* Rn. 41 mwN). Dies kann somit neben dem Mitgliedstaat **auch die EU** sein (NK-StGB/ *Kindhäuser* Rn. 41 mwN; *Tiedemann* NJW 1990, 2226 ff.).

In diesem Zusammenhang bezweckte das völkerrechtliche, auf Art. K. 3 (II li.t c) EUV aF gestützte, **247** aber mangels allseitiger Ratifizierung noch nicht in Kraft getretene (vgl. aber EG-FinanzschutzG, BGBl. 1998 II 2322 ff.), **Übereinkommen über den Schutz finanzieller Interessen der Europäischen Gemeinschaften** v. 26.7.1995 (ABl. 1995 C 316, 48 ff.; vgl. dazu Leitner/*Dannecker*, Finanzstrafrecht, 1999, 9 ff.) eine echte Harmonisierung der europäischen Betrugstatbestände. Hierin ist über eine **eigene Betrugsdefinition in Art. 1 Abs. 1 lit. a** das Grundmodell eines europäischen Betrugstatbestands – lediglich bestehend aus einer Täuschungshandlung, die zur Erlangung eines unrechtmäßigen Vermögensvorteils führen muss, – vorgesehen (dazu LK-StGB/*Tiedemann* Vor § 263 Rn. 103 mit dem Hinweis, dass die Einführung eines Irrtums-, Schadens- oder Absichtserfordernisses (wie im deutschen Betrugstatbestand) unzulässig sei).

Da sich ein Inkrafttreten dieses Übereinkommens nicht abzeichnete, infolge der erheblichen betrugs- **248** bedingten Vermögensschäden jedoch akuter Handlungsbedarf in diesem Bereich gesehen wurde (Begr. der Kommission v. 23.5.2001, KOM(2001) 272 endg. S. 2 – ABl. 2001 C 240 E v. 28.8.2001), existiert seit dem 23.5.2001 auf Grundlage von Art. 280 EGV (nun Art. 325 AEUV) ein **Vorschlag einer Richtlinie des Europäischen Parlaments und des Rates über den strafrechtlichen Schutz der finanziellen Interessen der Gemeinschaft** (KOM(2002) 577 endg. – ABl. 2003 C 71 E v. 25.3.2003; dazu MüKoStGB/*Hefendehl* Rn. 48; *Zieschang* ZStW 113 (2001), 255 (259 ff.)). Durch Notifizierung der Ratifikation Italiens ist das Übereinkommen über den Schutz der finanziellen Interessen der Europäischen Gemeinschaft vom 26.7.1995 mittlerweile doch in Kraft getreten (dazu *Schünemann* StV 2003, 116 f.).

249 Darüber hinaus hat die Kommission mit Beschluss 1999/352/EG v. 28.4.1999 (ABl. 1999 L 136, 20 ff.) die **Errichtung des Europäischen Amtes für Betrugsbekämpfung (OLAF)** auf der Grundlage von Art. 280 EG eingerichtet. Dieses hat am 1.6.1999 seine Arbeit aufgenommen. Ziel der Errichtung soll ua die Steigerung der Bedeutung und Wirksamkeit der Maßnahmen zur Bekämpfung von Betrugsdelikten und sonstigen gegen die finanziellen Interessen der Gemeinschaft gerichteten illegalen Handlungen sein (vgl. Satzger Int. und Europ. StrafR § 10 Rn. 18 ff.).

250 Die Regelungen des Art. 325 AEUV beziehen sich nicht allein auf Betrugstaten iSd § 263, sondern fassen unterschiedliche interessenwidrige Verhaltensweisen zu Lasten des Unionshaushalts zusammen (MüKoStGB/*Hefendehl* Rn. 49 ff.). Auf nationaler Ebene wird die Aufgabe eines Schutzes der finanziellen Interessen der Union bereits weitgehend durch zahlreiche Normen des Strafrechts erfüllt (*Zieschang* EuZW 1997, 78), sei es auf der Einnahmenseite durch das Steuerstrafrecht und auf der Ausgabenseite durch den klassischen Betrugstatbestand ergänzenden Subventionsbetrug. Die missbräuchliche Verwendung von EG-Mitteln entspricht seinem Unrecht nach demjenigen der Untreue (so *Otto* JURA 2000, 98 (100 f.)). Ähnlich dem Betrug wird hierbei die Rechtsgutverletzung in Gestalt eines Vermögensschadens für den Gemeinschaftshaushalt allerdings nicht gefordert (MüKoStGB/*Hefendehl* Rn. 49 ff.).

251 Art. 325 Abs. 4 AEUV entspricht im Wesentlichen der Vorgängernorm des Art. 280 Abs. 4 EUV, ohne jedoch den in diesem noch normierten strafrechtlichen Vorbehalt, nach dem die Anwendung des Strafrechts der einzelnen Mitgliedstaaten unberührt bleiben soll, zu übernehmen. Da in diesem Vorbehalt in der Vergangenheit das gewichtigste Argument gegen die Strafsetzungskompetenz auf Ebene der EG bestand, wird nunmehr davon ausgegangen, dass die Art. 325 Abs. 4 AEUV Norm zum Erlass von Verordnungen auch auf dem Gebiet des Betrugsstrafrechts ermächtigt (dazu Satzger Int. und Europ. StrafR § 8 Rn. 18 ff., 24 ff.)

252 § 263 schützt schließlich nicht **Steueransprüche anderer Mitgliedstaaten,** da hier **§ 370 Abs. 6 AO** vorgeht, der jedoch bislang in der Praxis wirkungslos war, weil es an der Gegenseitigkeit fehlte. Durch das Jahressteuergesetz 2010 sind die Sätze 3 u. 4 des § 370 Abs. 6 AO jedoch aufgehoben worden, so dass jetzt auch die Steueransprüche anderer Mitgliedstaaten geschützt sind.

253 **17. Factoring-Betrug.** Unter Factoring bzw. Forderungszession versteht man den Forderungskauf und damit eine Finanzdienstleistung, die der kurzfristigen Umsatzfinanzierung dienen soll. Dabei erwirbt der **Factor** die **Forderungen** seines **Factoring-Kunden** gegen dessen Abnehmer – den sog **Debitor** – und zahlt an den Factoring-Kunden umgehend den **Forderungskaufpreis** als Gegenleistung für die **Abtretung der Forderung.** Einen Kaufpreisteil behält der Factor auf einem Sperrkonto. Damit kann er das von der Bonität des Schuldners unabhängige Veritätsrisiko bis zum Zeitpunkt der endgültigen Zahlung durch den Debitor absichern.

254 Veräußert jemand im Rahmen eines **echten Factoringgeschäfts** seine Forderung gegen einen Dritten, so trägt der Erwerber das **Delkredererisiko** für diese Forderung. Der Veräußerer muss ihm gegenüber nur dafür einstehen, dass die veräußerte Forderung in der angegebenen Höhe besteht, abtretbar ist und für ihn keine bzw. nur dem Erwerber mitgeteilte oder bekannte Einwendungen oder Einreden entgegenstehen. Hier kann es zu betrugsrelevanten Verhalten kommen, wobei zwischen zwei Betrugskonstellationen zu unterscheiden ist (zum Folgenden Wabnitz/Janovsky WirtschaftsStR-HdB/*Knierim* Kap. 10 Rn. 306 ff.).

255 **a) Betrugsstrafbarkeit des Factorkunden.** Die unrichtige Erklärung über den Bestand, die Werthaltigkeit oder die schon eingetretene Erfüllung einer Forderung stellt bereits eine taugliche Täuschungshandlung dar. Abzustellen ist dabei auf den Zeitpunkt, zu dem die Forderung zum Kauf angeboten wird.

256 **b) Betrug zum Nachteil der Refinanzierungsbank.** Charakteristisch für das Factoring-Geschäft ist die Verpflichtung des Factoring-Unternehmens im Rahmen einer Kreditvereinbarung mit der Refinanzierungsbank, die Kreditmittel nur entsprechend dem Darlehensvertrag zu verwenden (vgl. dazu Wabnitz/Janovsky WirtschaftsStR-HdB/*Knierim* Kap. 10 Rn. 308 ff.). Nicht strafbar ist ein nachträglicher Missbrauch dieser Verwendungsmöglichkeit. Die Sicherungsverträge enthalten oftmals Auflagen für die Factoring-Unternehmen dahingehend, welche Forderungen als Sicherheiten akzeptiert werden. Werden den Banken andere Forderungen angeboten, so liegt darin per se noch keine für einen Schadenseintritt relevante Tathandlung. Von einer Täuschung muss man jedoch in den Fällen ausgehen, in denen gleichzeitig auch **falsche Angaben über die Werthaltigkeit der Forderung** gemacht werden (Wabnitz/Janovsky WirtschatschaftsStR-HdB/*Knierim* Kap. 10 Rn. 309 mit Beispielen).

257 Eine **differenzierte Betrachtungsweise** ist notwendig, wenn das Factoring-Unternehmen im Rahmen der Abtretung von Sicherheiten an die Bank über die **Offenlegung der Forderungsabtretung gegenüber dem Forderungsschuldner** oder über die **Art der Einziehung** täuscht.

258 Ist die **Forderung beständig und werthaltig,** so entsteht für die Bank kein Risiko, und es liegt mangels Vermögensschaden kein Betrug vor. Allein die Offenlegung der Forderungsabtretung oder die Einziehung haben keine Auswirkungen auf den Übergang eines Rechtes.

259 Besteht die **Offenlegung** der Forderungsabtretung lediglich in der Form eines Mitteilungsschreibens, das nicht den Anforderungen der §§ 398, 410 BGB entspricht, oder ist die Abtretung für den Schuldner der Forderung ohnehin unverbindlich im Sinne der § 399 BGB, § 354a HGB, so liegt mangels eines

Risikos für die Bank ebenfalls kein Betrug vor. Schließlich erwirbt die Bank die gleichen Rechte bei Offenlegung der Abtretung wie bei einem Unterbleiben dieser Mitteilungen und hat die (verdeckte) Sicherungsabtretung der Forderung zuvor ohne jegliche Einwände hingenommen.

Für die Bank erhöht sich das Risiko des Sicherungsausfalls aber in Fällen, in denen das Factoring- **260** Unternehmen eine **nicht existente oder nicht wirksam** zuvor durch Abtretung **erworbene Forderung** an die Bank abtritt. Zwar tritt an die Stelle der unwirksam bestellten Sicherheit ein Anspruch der Bank auf Abtretung einer neuen Forderung. Dieser Anspruch kann aber im Einzelfall wirtschaftlich wertlos sein, etwa wenn das Factoring-Unternehmen über keine weiteren werthaltigen Forderungen verfügt. In diesen Konstellationen liegt ein Betrug zu Lasten der refinanzierenden Bank nahe. Das Risiko eines Sicherungsausfalls erhöht sich für die Bank ebenfalls, wenn das Factoring-Unternehmen weiß, dass der Factorkunde unzuverlässig ist und ihm dennoch die Möglichkeit zugesteht, über eingezogene Geldbeträge selbst zu verfügen.

Das **Vortäuschen einer Forderungsprüfung durch Externe** muss nicht in jedem Fall den Tat- **261** bestand des Betruges erfüllen, da es solchen Prüfungen – etwa durch Wirtschaftsprüfungsgesellschaften – in der Praxis häufig an der nötigen Intensität fehlt. Das Bestehen einer Forderung lässt sich daraus nicht ableiten, sondern nur deren Plausibilität. Aufgrund einer solchen Prüfung kann allerdings ein **Vertrauenstatbestand** geschaffen werden, der einer (leichtfertig handelnden) Bank die unkontrollierte Übernahme des Prüfergebnisses nahe legt. Wer wissentlich eine Prüfung vorspiegelt, die nie stattgefunden hat, täuscht über die Durchführung bzw. das Ergebnis der Prüfung. Zu einem betrugsrelevanten Schaden kann eine solche Täuschung jedoch nur führen, wenn der **Bank** trotz einer **eigenen (Pflicht-)Prüfung** die Täuschung verborgen bleibt (Wabnitz/Janovsky WirtschaftsStR-HdB/*Knierim* Kap. 10 Rn. 312). Hier muss je nach Einzelfall und einer den banküblichen Sorgfaltsmaßstäben entsprechenden Zessionsprüfung an eine Mitschuld der Bank gedacht werden, die sich strafmildernd auswirken kann und im Rahmen der Strafzumessung zu berücksichtigen ist. Folgenlos bleibt eine Täuschung über die Forderungsprüfung allerdings, wenn die **Forderung tatsächlich werthaltig** war.

18. Fangprämie, Betrug im Zusammenhang mit. Umstritten ist, ob beim Ladendiebstahl ein **262** Schaden entsteht, wenn der Dieb zur Zahlung einer Fangprämie oder eines pauschalierten Schadensersatzes veranlasst wird. Dies hängt davon ab, ob und in welchem Umfang ein Schadensersatzanspruch des Ladeninhabers gegen den Dieb besteht. Der BGH (BGH NJW 1980, 199 m. zust. Anm. *Deutsch* JZ 1980, 102 ff.) hat dem Bestohlenen den Ersatz anteiliger **Bearbeitungskosten versagt**, auch wenn dieser eine gesonderte Abteilung zur Wahrnehmung dieser Aufgaben unterhält. Dieser Aufwand falle in den Zuständigkeitsbereich des Geschädigten (zust. Staudinger/*Schiemann* BGB § 249 Rn. 120; Palandt/ *Heinrichs* BGB § 249 Rn. 47; *Mertins* JR 1980, 358). Hingegen entstehe die Verpflichtung, eine vor dem Diebstahl ausgesetzte Fangprämie in angemessenem Umfang zu zahlen, da insoweit ein konkreter Bezug zur Einzeltat gegeben sei. Für den Lebensmittelbereich wurde eine **pauschalierte Prämie** in Höhe von 50 DM als angemessen angesehen, die allerdings in Bagatellfällen entfallen kann. Ausnahmsweise könne bei entsprechendem Warenangebot (Uhren, Schmuck) eine höhere Pauschalprämie gefordert werden (ebenso OLG Hamburg NJW 1977, 1347; Staudinger/*Schiemann* BGB § 249 Rn. 121 mwN; abl. OLG Braunschweig NJW 1976, 61 f.; OLG Koblenz NJW 1976, 63 f.; *Wollschläger* NJW 1976, 15; Palandt/ *Heinrichs* BGB § 249 Rn. 44, der eine Begrenzung der Fangprämie auf den Wert der gestohlenen Sache in Erwägung zieht).

19. Fehlbuchungen und Fehlüberweisungen, Betrug im Zusammenhang mit. Im Bereich **263** einer möglichen Betrugsstrafbarkeit im Umgang mit Fehlbuchungen bzw. -überweisungen ist umstritten, ob mit Einreichen eines Überweisungsauftrages die Erklärung verbunden ist, dass dem Überweisenden ein entsprechendes Guthaben auch materiell zusteht und das Abheben fehlgebuchter Gutschriften damit eine Täuschung durch positives Tun darstellt. Dies wurde und wird von mehreren Oberlandesgerichten (OLG Köln JR 1961, 433; OLG Karlsruhe Justiz 1978, 173; OLG Stuttgart JR 1979, 471; OLG Celle StV 1994, 188 (189)) und Teilen der Literatur (vgl. Schönke/Schröder/*Cramer*, 25. Aufl. 2001, StGB § 263 Rn. 16c; Tröndle/*Fischer*, 49. Aufl. 1999, StGB § 263 Rn. 7; SK-StGB/*Samson*/ *Günther*, 7. Aufl. 2002, StGB § 263 Rn. 34; Lackner/Kühl, 23. Aufl. 1999, StGB § 263 Rn. 9) bei internen Fehlbuchungen bejaht, nicht aber bei Verfügungen über ein Guthaben, das durch die Fehlüberweisung einer anderen Bank unberechtigt gutgeschrieben worden ist (BGHSt 39, 392 (397)).

Dieser Auffassung hat sich der BGH (BGH NJW 2001, 453 ff. mwN; zust. LK-StGB/*Tiedemann* **264** Rn. 41) entgegengestellt: Danach können **Behauptungen über Rechte** nur Gegenstand einer Täuschungshandlung sein, wenn sie zugleich **konkludent Tatsachenbehauptungen** enthalten. Eine bloß unzutreffende Behauptung eines Anspruches genügt nicht. Ein Auszahlungsverlangen enthält keine konkludente Erklärung über die materielle Berechtigung des Kunden, über das Guthaben bestimmen zu können. Insoweit käme nur in Betracht, Überweisungsaufträgen den zusätzlichen tatsächlichen Aussagegehalt beizumessen, dass für die zu überweisende Geldsumme ausreichend Deckung auf dem Konto vorhanden sein werde (so auch OLG Karlsruhe Justiz 1978, 173; OLG Stuttgart JR 1979, 471 m. zust. Anm. *Müller;* OLG Celle StV 1994, 188 m. krit. Anm. *Schmoller*). Der BGH (BGHSt 46, 196 ff.) vermag einem Überweisungsauftrag einen solchen Erklärungswert jedoch nicht zuzuschreiben. So sind Abbuchungen ohne entsprechende Kontodeckung in der vielgestaltigen Bankpraxis keine Seltenheit und können im Hinblick auf erwartete Geldeingänge auch wirtschaftlich sinnvoll sein. Daneben werden Dispositionskredite eingeräumt und weitere Überziehungen geduldet. Oftmals hat der Überweisende auch keine konkrete Kenntnis über den eigenen Kontostand, weil er sein Konto nicht selbst führt. In diesem Fall trägt die Bank die **Verantwortung für die Kontoführung** und damit grundsätzlich auch das Risiko, dass die Schuld besteht und die Leistung den Anspruch nicht übersteigt (vgl. BGHSt 39, 392 (398)).

265 Mit Blick auf diese Pflichten- und Risikoverteilung wird die Bank neben den formellen Anforderungen an eine Überweisung auch die **Kontodeckung durch ihre Mitarbeiter überprüfen** lassen (vgl. BGH StV 2000, 477 (478)). Kein Bankangestellter wird allein auf ein entsprechendes Verlangen eines Kunden eine sofortige Auszahlung vornehmen. Das reine Auszahlungsbegehren ist daher ungeeignet, beim Bankangestellten die betrugsrechtlich konstitutive Fehlvorstellung über das Guthaben des Kunden zu bewirken (glA *Joerden* JZ 1994, 422). Da der Kunde allerdings weiß, dass die Bank nur auf sein bloßes Anfordern hin keine Leistung bewirken wird, ist er nicht verpflichtet zum Schutz der Bank, seinen Kontostand auf die erforderliche Deckung zu überprüfen. Insoweit erschöpft sich der **Erklärungswert** seines **Überweisungsauftrags** in dem **Begehren, die gewünschte Transaktion vorzunehmen.** Soweit keine besonderen Umstände hinzutreten, enthält allein die Aufforderung zu einer Leistung nicht generell die Behauptung eines entsprechenden Anspruchs (aA *Schmoller* StV 1994, 190 (191), soweit dem Einfordernden die Leistungskonkretisierung obliegt oder bei besonderem Vertrauensverhältnis zwischen den Parteien).

266 Eine **Täuschungshandlung** iSv § 263 liegt nicht vor, wenn mit der Fehlbuchung jedenfalls zunächst ein entsprechender Anspruch im Rahmen des Girovertrages entstanden ist. Eine in dem Überweisungsauftrag möglicherweise liegende Behauptung eines sich aus den Kontounterlagen ergebenden Guthabens wäre deshalb nicht unwahr (BGH NJW 2001, 453 f.). In Literatur und Rspr. wurde in diesen Fällen zwischen Fehlüberweisung und Fehlbuchung unterschieden. Diese Unterscheidung geht auf ein Urteil des OLG Karlsruhe (OLG Karlsruhe Justiz 1978, 173) zurück. Dort wurde ein Fehlbuchungsfall von einem Überweisungsfehler abgegrenzt, wie er einem Urteil des Bundesgerichtshofs (BGH MDR/D 1975, 22) zugrunde lag. Während Fehlbuchungen lediglich unrichtige Gutschriften und Belastungen zwischen Konten innerhalb einer Bank erfassen, betrifft die Fehlüberweisung den notleidenden Guthabenstransfer zu einer anderen Bank (OLG Celle StV 1994, 188 (189); OLG Stuttgart JR 1979, 471 (472); *Joerden* JZ 1994, 422 (423)), wobei zum Teil auf die Wirksamkeit der Überweisung gegenüber der kontoführenden Bank abgestellt wird. Auch der Bundesgerichtshof (BGHSt 39, 392 (395 f.)) hat das Vorliegen einer Fehlüberweisung in Abgrenzung zur Fehlbuchung zunächst ausführlich begründet, ohne jedoch Ausführungen zur strafrechtlichen Beurteilung solcher Fehlbuchungen zu machen. Hinsichtlich der Fehlüberweisung vertrat er die Auffassung, dass der Kontoinhaber mit Vornahme der Gutschrift auf Grundlage des Girovertrages nach § 675 BGB (der damaligen Rechtslage) ungeachtet bestehender Rückforderungs- und Anfechtungsrechte einen Anspruch gegen die Bank auf Auszahlung erlangte (BGHSt 39, 392 (395 f.)).

267 Die beschriebene **Differenzierung zwischen Fehlbuchung und Fehlüberweisung** hat der **BGH** (BGH NJW 2001, 453 (454)) inzwischen **aufgegeben.** Dies kann im Ergebnis begrüßt werden, da eine solche Unterscheidung mit Blick auf die § 263 allein entscheidende Frage, im Überweisungszeitpunkt aus der Gutschrift ein entsprechendes Guthaben besteht, nicht zu überzeugen vermochte. **Maßgeblich** kann nicht die Art des zugrundeliegenden Fehlers sein, sondern **nur die Wirksamkeit der aus einem Fehler entstandenen Gutschrift.** Auch die Fehlbuchung löst Ansprüche mit der Vornahme der Gutschrift aus (BGH NJW 2001, 453 (454)). So stellt die Gutschriftsanzeige einer Bank regelmäßig ein abstraktes Schuldversprechen oder Schuldanerkenntnis gegenüber dem Kunden dar (BGHZ 72, 9 (11); BGH NJW 1991, 2140). Zwar vermag das der Bank nach **§ 8 Abs. 1 AGB-Banken** zustehende **Stornorecht** diesen Anspruch rückwirkend zu beseitigen, soweit dieses Recht vor Rechnungsabschluss ausgeübt wird. Umgekehrt belegt die für den Zwischenzeitraum zustehende Stornobefugnis jedoch, dass bis zur Ausübung dieser Befugnis ein Anspruch aus der Gutschrift besteht. Dieses Stornorecht setzt regelmäßig ein **Versehen der Bank** hinsichtlich der Gutschrift voraus. Es handelt sich um Gutschriften, auf welche der Kunde keinen Anspruch hat und die er nach den §§ 812 ff. BGB herausgeben müsste. Das Stornorecht soll die mit der Geltendmachung solcher Ansprüche üblicherweise verbundenen Risiken und Schwierigkeiten vermeiden und die Rechtsstellung der Bank auf eine eigenständige Grundlage stellen, von den Unsicherheiten des Bereicherungsrechts unabhängig ist. Die Stornierung verändert die materielle Rechtslage, indem sie den Anspruch des Kunden aus der Gutschrift beseitigt (BGHZ 87, 246 (252)). Andererseits besteht vor dem Vollzug dieser Stornierung aus dem in der Gutschrift liegenden Schuldanerkenntnis jedenfalls **zunächst ein Anspruch.** Im Übrigen ist das Stornorecht bei jeder Form einer Fehlbuchung und damit auch aufgrund einer fehlerhaften Überweisung gegeben. Der Bank muss nur ein entsprechender Rückforderungsanspruch gegenüber ihrem Kunden zustehen (BGH NJW 2001, 453 (454) mwN). Unabhängig von der jeweiligen Fehlerursache lässt auch eine materiell unrichtige Gutschrift aus dem darin liegenden **abstrakten Schuldversprechen nach § 780 BGB** einen Auszahlungsanspruch entstehen, gleichgültig ob es sich um einen Mangel infolge eines Überweisungsauftrages gemäß § 676a BGB handelt oder um eine sonstige Falschbuchung.

Inhaltlich unterscheidet sich die rechtliche Begründung eines Anspruchs aus der Gutschrift bei Fehl- **268** buchungen nicht maßgeblich von denjenigen Fällen, in denen weder ein Rückforderungsrecht der Bank, noch ein Stornorecht nach § 8 AGB-Banken gegeben sind (BGH NJW 2001, 453 (454) mwN). Auch hier lässt sich der Anspruch durch die Gutschrift und das darin liegende Schuldversprechen begründen (so auch BGHSt 39, 392 (396)), so dass lediglich das **Rückabwicklungsverhältnis** divergiert. Fälle ohne eigene Rückforderungsansprüche der kontoführenden Bank betreffen insbesondere mängelbehaftete Überweisungen, deren Fehlerursache in der Sphäre des Überweisenden liegt. Rückforderungsansprüche bestehen dort allein zwischen dem Überweisenden und dem Empfänger. Im Verhältnis zur Bank ist die Gutschrift dann zwar endgültig, nicht jedoch die darin liegende Vermögensmehrung im Verhältnis zum Überweisenden.

Bestand zum Zeitpunkt der Verfügungen der Bank ein entsprechender Anspruch, so kann ein **269** Betrugsvorwurf nur darauf gestützt werden, dass der Betroffene auf die Fehlbuchung nicht hingewiesen hat (s. dazu BGH NJW 2001, 453 (454)). Nutzt der Betroffene die Fehlvorstellung über die infolge einer unrichtigen Buchung vorhandene Stornomöglichkeit oder eine daneben bestehende Bereicherungseinrede nach § 821 BGB aus, führt dies aber nur dann zu einer **Strafbarkeit durch Unterlassen,** wenn ihn eine entsprechende Offenbarungspflicht trifft, weil eine **Garantenpflicht nach § 13 zur Offenbarung der Fehlbuchung** bestand. Eine Garantenstellung wegen Herbeiführung einer Gefahrenlage scheitert daran, dass die Kontoführung allein der hierzu aus dem Girovertrag verpflichteten Bank obliegt. Hat der Betroffene in keiner Weise zu der Fehlbuchung beigetragen, so war er auch nicht an der Schaffung der durch die versehentliche Gutschrift entstandenen Gefahrenlage beteiligt, sondern hat diese durch seine Überweisungen später lediglich ausgenutzt (BGH NJW 2001, 453 (454); aA *Joerden* JZ 1994, 422 (423), der die Schaffung einer Gefahrenlage im Überweisungsvorgang selbst erblickt). Die Höhe des drohenden Schadens allein ist ebenfalls nicht geeignet, eine Offenbarungspflicht zu begründen, da eine Garantenpflicht allein aus der Eigenart der zugrundeliegenden Rechtsbeziehungen folgen kann. Diese ist jedoch von der auf Zufälligkeiten beruhenden Höhe eines möglichen Schadens unabhängig (BGHSt 39, 392 (401); BGH NJW 2001, 453 (454)). Allein das Bestehen einer vertraglichen Beziehung, ohne ein dadurch vermitteltes besonderes Vertrauensverhältnis, genügt ebenfalls nicht, um eine Garantenstellung zu begründen. Der Bankkunde ist zwar aus dem Girovertrag zur Zahlung des für die Kontoführung vereinbarten Entgelts verpflichtet und die Bank ist dazu verpflichtet, im Rahmen der Kontoführung die Abwicklung der Gut- und Lastschriften auf dem Girokonto vorzunehmen. Insoweit erschöpfen sich die vertraglichen Beziehungen aber in einem gewöhnlichen Leistungsaustauschverhältnis. Die Unterhaltung eines Girokontos schafft deshalb regelmäßig keine Vertrauensbeziehung, die eine Garantenstellung begründet (BGHSt 39, 392 (399); zust. *Naucke* NJW 1994, 2809). Gleiches gilt für zivilrechtliche Nebenpflichten, die aus solchen vertraglichen Beziehungen erwachsen (BGHSt 39, 392 (400 f.); BGH NJW 2001, 453 (454)). Eine Aufklärungspflicht, die dann auch eine strafrechtliche Garantenpflicht begründen könnte, kann jedoch zwischen den Vertragsparteien konkret vereinbart werden (BGHSt 39, 392 (399); BGH NJW 2001, 453 (455)). Da der durch eine entsprechende Zusage des Bankkunden gesetzte Vertrauenstatbestand maßgeblich ist, werden in das Girovertragsverhältnis einbezogene Allgemeine Geschäftsbedingungen (so etwa § 11 AGB-Banken) hierfür regelmäßig nicht ausreichen. So wird sich die Bank nur auf Erklärungen verlassen können, die der Girokunde in Kenntnis des Erklärungsinhalts bewusst abgibt (BGH NJW 2001, 453 (455)).

Besteht keine Vereinbarung bezüglich einer Aufklärungspflicht, die den Tatbestand des Betruges durch **270** Unterlassen begründen kann, ist eine Strafbarkeit nach § 263 nicht ersichtlich. Eine Strafbarkeit wegen **Untreue** scheidet dann regelmäßig ebenfalls aus, weil den Kunden keine Vermögensbetreuungspflicht (→ § 266 Rn. 31 ff.) trifft (BGH MDR/D 1975, 22; BGH NJW 2001, 453 (455)).

20. Fundraising/Private Mitteleinwerbung. In Fällen des Fundraising bzw. der privaten Mittel- **271** einwerbung (dazu MüKoStGB/*Hefendehl* Rn. 735) besteht keine Notwendigkeit einer Absicherung durch § 263. In Fällen der illegalen Mitteleinwerbung liegt dagegen regelmäßig eine Untreue nach § 266 vor (→ § 266 Rn. 49).

21. Gebührenübererhebung durch Amtsträger und Rechtsbeistände. Erhebt ein Amtsträger, **272** ein Rechtsanwalt oder ein sonstiger Rechtsbeistand vorsätzlich Gebühren oder Vergütungen, von denen er weiß, dass der Zahlende sie entweder nur in geringerem Betrag oder überhaupt nicht schuldet, so macht er sich gemäß § 352 wegen Gebührenübererhebung strafbar, wobei gemäß § 352 Abs. 2 bereits der Versuch unter Strafe gestellt ist (s. hierzu OLG Köln JR 1989, 75 mAnm *Keller* JR 1989, 77; *Naucke* FS Lackner, 1987, 695 ff.; *Rohlff,* Die Täter der „Amtsdelikte", 1995, 1 ff.; *Kuhlen* NStZ 1988, 433 ff.). Zugleich sind regelmäßig die Voraussetzungen des Betruges erfüllt. Damit stellt sich die Frage nach dem Verhältnis der beiden Straftatbestände zueinander, das mit Blick auf die Schutzzweckbestimmung des § 352 umstritten ist (dazu BGH NStZ 2009, 506 ff.).

Während in der Literatur teilweise unter Berufung auf die Entstehungsgeschichte und systematische **273** Überlegungen zwischen beiden Delikten Tateinheit angenommen wird (so NK-StGB/*Kuhlen* § 352 Rn. 4 f., 29), geht die hM davon aus, die **Gebührenübererhebung** stelle keinen besonderen Fall des Betruges, sondern einen **privilegierten Sondertatbestand** dar, mit der Folge, dass § 352 gegenüber § 263 Vorrang hat (RGSt 18, 219 (223); RG JW 1933, 2145 (2146); 1936, 2143; BGHSt 2, 35 (36);

BGH NJW 2006, 3219 (3221); BGHSt 54, 44 ff.; OLG Köln NJW 1988, 503 (504); OLG Karlsruhe wistra 1991, 154 (155); LK-StGB/*Vormbaum* § 352 Rn. 1; SK-StGB/*Hoyer* § 352 Rn. 1). § 263 soll lediglich dann neben § 352 zur Anwendung kommen, wenn zu der Gebührenübererhebung ausnahmsweise noch eine weitere „besondere" Täuschung des vermeintlichen Gebührenschuldners hinzutritt (RGSt 18, 219 (223 f.); RG HRR 1941 Nr. 951; RGSt 77, 122 (123); BGHSt 2, 35 (36); BGH NJW 2006, 3219 (3221); BGH NStZ 2009, 506 ff.; OLG Düsseldorf NJW 1989, 2901; OLG Karlsruhe wistra 1991, 154 (155); Schönke/Schröder/*Hecker* § 352 Rn. 15; LK-StGB/*Träger* § 352 Rn. 24). Begründet wird dies damit, dass die Strafdrohung des § 352 erheblich hinter der von § 263 zurückbleibe und sich die Gebührenüberhebung somit gegenüber § 263 regelmäßig als Privilegierung darstelle, welche nicht das Publikum, sondern den Täter schütze. Dieser Schutz wird deutlich, wenn man sich vergegenwärtigt, dass § 352 – im Gegensatz zu § 263 – lediglich eine Maximalstrafandrohung von einem Jahr Freiheitsstrafe vorsieht und damit genau dort endet, wo mit Blick auf die §§ 48 f. BBG bzw. § 24 BRRG zwingende beamtenrechtliche Konsequenzen drohen würden (s. dazu *Keller* JR 1989, 77 (78)). Auch nach der hM (RGSt 18, 219 (220 ff.); RG JW 1933, 2145 (2146) m. krit. Anm. *Metzger;* RG HRR 1941 Nr. 951; RG JW 1936, 2143; RGSt 77, 122 (123); BGHSt 2, 35 (36); OLG Düsseldorf NJW 1989, 2901; OLG Karlsruhe wistra 1991, 154 (155); Schönke/Schröder/*Hecker* § 352 Rn. 15; LK-StGB/*Träger* § 352 Rn. 24) ist die Gebührenübererhebung dagegen regelmäßig mit einem Betrug des Täters gegenüber dem Zahlenden verbunden (so bereits RGSt 18, 219 (221)), der dann jedoch hinter § 352 zurücktritt. Noch weitergehend wird teilweise sogar eine Sperrwirkung des nicht eingreifenden § 352 gegenüber § 263 vertreten (so OLG Braunschweig NJW 2004, 2606 (2607)).

274   **22. Geschicklichkeitsspiel/Hütchenspiel.** Bei Austauschgeschäften kann eine **konkludente Täuschung** bejaht werden, wenn es dabei um solche Umstände geht, die den **Geschäftstyp** verändern (BGHSt 32, 22 (24 f.); LK-StGB/*Tiedemann* Rn. 33). Ein solcher Fall wurde von der Rspr. (BGHSt 36, 74 ff.; LG Frankfurt a. M. NJW 1993, 945 f.; vgl. auch *Sack* NJW 1992, 2540 ff.) angenommen, wenn dem Mitspieler – wie im Falle des Hütchenspiels – die Teilnahme an einem langsam gespielten **Geschicklichkeitsspiel** vorgetäuscht wurde, obwohl der Veranstalter beabsichtigt, nach Bezahlung des Einsatzes so schnell zu spielen, dass es sich rein tatsächlich um ein **Glücksspiel** handelt (Schönke/Schröder/*Perron* Rn. 16e).

275   Hinsichtlich der Tatbestandsmerkmale Irrtum, Verfügung und Schaden weist diese Betrugsgruppe regelmäßig keine Besonderheiten auf.

276   **23. Gewinnmitteilungen, betrügerische.** Gewinnmitteilungen betreffen Fallkonstellationen, in denen der Empfänger telefonisch oder per E-Mail eine Mitteilung erhält, er habe bei einem Gewinnspiel gewonnen (grundlegend hierzu *Braun* StraFo 2005, 102 ff.; *Otto* GS Meurer, 2002, 273 ff.; zu Fällen unzulässiger Verkaufswerbung mit unzutreffenden Gewinnversprechen *Rose* wistra 2002, 370 ff.; zur strafbaren Werbung mit Gewinnmitteilungen BGH WRP 2001, 1073 ff.; 2008, 1071 ff.). Dem Opfer wird mitgeteilt, dass es, um den Gewinn zu erhalten, bspw. einen Kostenbeitrag entrichten, eine kostenpflichtige Telefonnummer anrufen, Waren bestellen oder an einer Verkaufsfahrt teilnehmen müsse (*Braun* StraFo 2005, 102 ff.). Wenn der Anbieter nicht bereit ist, den versprochenen Gewinn auszuschütten, liegt eine **Täuschungshandlung** vor. Sofern der Empfänger auf das Angebot eingeht, unterliegt er einem **Irrtum,** und zwar unabhängig von seiner Leichtgläubigkeit oder Naivität (Achenbach/Ransiek/Rönnau WirtschaftsStR-HdB/*Kölbel* Teil 5 Kap. 1 Rn. 82; *Braun* StraFo 2005, 102 ff.). Entscheidend ist, dass der Empfänger bei einer objektiven Betrachtung der Gewinnmitteilung den Eindruck gewinnt, er habe den Preis gewonnen (Achenbach/Ransiek/Rönnau WirtschaftsStR-HdB/*Kölbel* Teil 5 Kap. 1 Rn. 82; *Braun* StraFo 2005, 102 ff.). Hierbei soll nicht der Empfängerhorizont eines kritischen Juristen maßgeblich sein (OLG München NJW 2004, 1671 (1672)). Nach europarechtlichem Vorbild muss man das Verbraucherleitbild eines aufgeklärten Verbrauchers zugrunde legen (Achenbach/Ransiek/Rönnau WirtschatschaftsStR-HdB/*Kölbel* Teil 5 Kap. 1 Rn. 82; krit. *Dannecker* ZStW 117 (2005), 697 (711 ff.)). Die Leichtgläubigkeit des Empfängers einer Gewinnmitteilung und die Erkennbarkeit der fehlenden Seriosität des Gewinnversprechens lassen dabei die Schutzbedürftigkeit des potentiellen Opfers bei entsprechender, auf Täuschung angelegter Aufmachung des Anschreibens nicht entfallen (vgl. LG Offenburg BeckRS 2009, 09537). Dass weder Leichtgläubigkeit noch ein „Mitverschulden" des Opfers den Irrtum ausschließen, entspricht zwar innerhalb der Rspr. (BGH wistra 1992, 95 (97); BGHSt 34, 199 (201)) und der Lehre (Lackner/Kühl/*Kühl* Rn. 18; Schönke/Schröder/*Perron* Rn. 32a; Müller-Gugenberger WirtschaftsStR/*Hebenstreit* § 47 Rn. 33; Többens WirtschaftsStR, 71) der wohl hM, ist aber nicht völlig unumstritten (zum Meinungsstand LK-StGB/*Tiedemann* Vor § 263 Rn. 34 ff. und § 263 Rn. 83 ff.; *ders.* FS Klug, 1983, 405 (411); *Frisch* FS Bockelmann, 1979, 647 ff.; *Kindhäuser* FS Bemmann, 1997, 357; *Kurth,* Das Mitverschulden des Opfers beim Betrug, 1981, 109; *Achenbach* JURA 1984, 602 ff.; *Amelung* GA 1977, 1 ff.; *Bottke* JR 1987, 428 (429); *Giehring* GA 1973, 1 ff.; *Herzberg* GA 1977, 289 ff.; *Hilgendorf* JuS 1994, 466 (467); *Schünemann* NStZ 1986, 439 ff.; weitere Nachweise bei Lackner/Kühl/*Kühl* Rn. 18).

277   Die zur Erfüllung des Betrugstatbestandes erforderliche **Vermögensverfügung** kann etwa im Anruf der angegebenen Mehrwertnummer liegen. Die **Kausalität zwischen Irrtum und Vermögensverfügung** entfällt nicht dadurch, dass sich der Anrufer einer Mehrwertnummer der nachteiligen Wirkung

seiner Verfügung auf sein Vermögen bewusst war, wenn die erfolgte bewusste Vermögenseinbuße durch Erreichen eines bestimmten vermögensrechtlichen Zwecks, nämlich die Anforderung des vermeintlichen Gewinns, ausgeglichen werden sollte (vgl. LG Offenburg BeckRS 2009, 09537). Im Ergebnis kommt es immer dann zu einem betrugsrelevanten **Vermögensschaden,** wenn der Empfänger der Gewinnmitteilung einen Kostenbeitrag entrichtet, eine Mehrwertdienstrufnummer kostenpflichtig anwählt oder für die Waren bzw. Verkaufsfahrten einen im Vergleich zum tatsächlichen Wert der Leistung erhöhten Preis entrichtet (*Braun* StraFo 2005, 102 ff.). In den Fällen des Anrufens teurer Mehrwertdienstnummern kann es jedoch Probleme im Rahmen der Stoffgleichheit geben, die zB bei der Veräußerung und Abtretung von Mehrwertdienstforderungen vor ihrem Einzug beim Anrufer an den Teilnehmernetzbetreiber fehlt (*Brand/Reschke* NStZ 2011, 379 (382)).

Die Rspr. hat im Falle des Verleitens zum Anruf teurer Mehrwertnummern durch massenhafte   **278** Versendung wertloser Gewinnmitteilungen zudem das Regelbeispiel des **gewerbsmäßigen Betrugs** als erfüllt angesehen (vgl. LG Offenburg BeckRS 2009, 09537).

24. Gutgläubiger Erwerb vom Nichtberechtigten, betrügerischer. Auch beim gutgläubigen   **279** Erwerb vom Nichtberechtigten (dazu *Müller-Webers* NJW 1954, 220 ff.; *Oehler* GA 1956, 161 ff.; ferner MüKoStGB/*Hefendehl* Rn. 650 ff.) kann es zu strafrechtlich relevantem betrügerischen Verhalten kommen.

Die dingliche Übereignung beweglicher Gegenstände richtet sich nach §§ 929 ff. BGB und setzt ua   **280** die Berechtigung des verfügenden Veräußerers voraus. Fehlt es an diesem Merkmal, so kommt ein gutgläubiger Erwerb vom Nichtberechtigen nach **§ 932 BGB** (vgl. ferner §§ 405 ff., 1032, 1207 BGB bzw. § 366 HGB) in Betracht. Eine Strafbarkeit wegen Betruges knüpft an die zivilrechtliche Systematik des gutgläubigen Erwerbs an. Hiernach kann derjenige, dem eine bestimmte Sache von einer dazu nicht berechtigten Person übereignet wurde, dennoch Eigentümer dieser Sache werden, wenn er im Zeitpunkt des Erwerbes gutgläubig bezüglich der Berechtigung seines Gegenübers zur Übereignung war. Dieser in § 932 BGB für die dingliche Übereignung beweglicher Gegenstände normierte Grundsatz zum Schutz des Rechtsverkehrs wird durch **§ 935 BGB** zugunsten desjenigen durchbrochen, dem die Sache zuvor abhandengekommen ist. Verliert der ursprüngliche Eigentümer unfreiwillig – etwa durch einen Diebstahl – seinen unmittelbaren Besitz an dem betreffenden Gegenstand, so kann der Erwerber an diesem Gegenstand nicht gutgläubig Eigentum erwerben (OLG Braunschweig OLGZ 1926, 58; BayObLG MDR 1993, 918; Palandt/*Bassenge* BGB § 935 Rn. 9; Staudinger/*Wiegand* BGB § 935 Rn. 7). Verschweigt der **Veräußerer** die rechtswidrige Herkunft einer Sache, so **täuscht** er sein Gegenüber **über die Möglichkeit der Eigentumsverschaffung.** Tatsächlich erhält der Erwerber nur den Besitz und damit eine gegenüber dem erhofften Eigentum schwächere Rechtsposition.

Fraglich ist, ob es sich hierbei um einen betrugsrelevanten **Vermögensschaden** handelt (vgl. *Oehler*   **281** GA 1956, 161 ff.). Die Entwicklungslinien innerhalb der Literatur und der Rspr. verlaufen nicht geradlinig. Es werden drei Argumentationswege (hierzu MüKoStGB/*Hefendehl* Rn. 651) unterschieden, wobei sich der erste eng an die zivilrechtlichen Vorgaben anlehnt und eine Vermögensgefährdung bzw. einen Schaden verneint (RGSt 49, 16; RG JW 1934, 1973; LZ 1921 I 84/21 Sp. 384), der zweite auf das Risiko von Rechtsstreitigkeiten verweist und dabei zum Teil als einschränkendes Merkmal des Vermögensschadens die Gefahr eines Prozessverlustes verlangt (RGSt 73, 61) und schließlich derjenige, der – häufig kumulativ – auf den ökonomischen Minderwert der gutgläubig erworbenen Sache abstellt (RGSt 73, 61 (63); BGHSt 1, 92 (94); 3, 370 (372); 15, 83 (86 f.); BGH GA 1956, 182; OLG Hamburg NJW 1952, 439; 1956, 392).

Die Judikatur hat jedoch zumindest die als **Makeltheorie** bezeichnete Auffassung in ihrer strengen   **282** Ausprägung aufgegeben und sieht nun trotz gutgläubigen Erwerbs nur noch dann einen Vermögensschaden als gegeben an, wenn ein nahe liegendes und erhöhtes Prozessrisiko hinsichtlich des Erwerbs besteht (BGH JR 1990, 517; vgl. MüKoStGB/*Hefendehl* Rn. 654 f.; *Trück* ZWH 2012, 59). Dies wird kritisiert, da das Prozessrisiko nur schwierig nach nachvollziehbaren Maßstäben beziffert werden kann (*Kudlich* JA 2011, 790). Die Rspr. hat unter Rückgriff auf die Argumentation des RG (RGSt 73, 61; BGHSt 1, 92; 3, 370; 15, 83 (87); BGH GA 1956, 182; OLG Hamburg NJW 1956, 392; OLG Köln MDR 1966, 161; vgl. auch *Weigelin* ZStW 61 (1942), 291 ff. sowie *Maurach* NJW 1961, 629) dennoch insoweit einen Betrug bejaht, als sich der Erwerber dem Prozessrisiko (vgl. aber BGH wistra 2003, 230 (Übergabe von Fahrzeugbrief und -schein bei einem Gebrauchtwagen)) bzgl. der Sache bzw. einem Strafverfahren wegen Hehlerei ausgesetzt sieht, ihm Ansehen in seinem Umfeld möglicherweise einbüße und aus moralischen oder geschäftlichen Rücksichten zur Herausgabe des Gegenstandes genötigt sein könnte. Inzwischen hat der BGH unter Rückgriff auf die Rspr. des BVerfG zur Bezifferbarkeit des Vermögensschadens (→ Rn. 77 ff.) dargelegt, dass unklar ist, „nach welchen wirtschaftlich nachvollziehbaren Maßstäben ein bezifferbarer Vermögensschaden allein in dem Bestehen eines zivilrechtlichen Prozessrisikos liegen kann, wenn nach dem Ergebnis der Beweisaufnahme im Strafverfahren … der getäuschte Käufer gutgläubig Eigentum … erworben hat, noch werden Parameter für die Berechnung der Höhe eines solchen Schadens erkennbar" (BGH wistra 2011, 387 (388)). Allerdings können sich etwaige Probleme bei der Weiterveräußerung infolge der ungeklärten Eigentumslage und eine sich abzeichnende prozessuale Auseinandersetzung mit dem Altberechtigten unter wirtschaftlicher

Betrachtung als wertmindernd darstellen (BGH JR 1990, 517 m. zust. Anm. *Keller;* im Hinblick auf § 935 BGB vgl. auch BGH wistra 2003, 230). Ein merkantiler Minderwert kann sich auch daraus ergeben, dass die Sache infolge des Streits über die Eigentumsverhältnisse faktisch unverkäuflich ist (LK-StGB/*Tiedemann* Rn. 209 mwN; s. auch *Trück* ZWH 2012, 60).

283   Wer den Besitz an einer zuvor vom Veräußerer durch ein Vermögensdelikt erlangten Sache erhält, erleidet jedenfalls in den Fällen einen Vermögensschaden, in denen das Eigentum wegen § 935 BGB nicht übertragen werden kann (Lackner/Kühl/*Kühl* Rn. 43; LK-StGB/*Tiedemann* Rn. 209; Mü-KoStGB/*Hefendehl* Rn. 596; SK-StGB/*Hoyer* Rn. 259 mwN; Rengier StrafR BT I § 13 Rn. 203). Hat der Täter die betreffende Sache unterschlagen oder handelt es sich um Geld bzw. Inhaberpapiere, so steht § 935 Abs. 2 BGB dem gutgläubigen Erwerb nach §§ 932 ff. BGB nicht entgegen.

284   **Vermögensirrelevante Gründe** wie der rein sittliche Makel deliktischer Herkunft, welcher der Sache angeblich anhaftet, müssen dagegen – nach allerdings nicht unumstrittener Ansicht (vgl. dazu den Überblick von LK-StGB/*Tiedemann* § 263 Rn. 209; *Traub* NJW 1956, 450 ff.; *Mittelbach* JR 1961, 69 f.) – unberücksichtigt bleiben (BGH JR 1990, 517 m. zust. Anm. *Keller;* Lackner/Kühl/*Kühl* Rn. 43; SK-StGB/*Hoyer* Rn. 259; anders dagegen früher noch RGSt 73, 61 (62 ff.) (sog „Makeltheorie"); vgl. dazu Fischer Rn. 151). Die Literatur legt mit Blick auf die erlangte Gegenleistung einen differenzierteren Ansatz zugrunde. So soll dank der zivilrechtlich stark ausgeprägten Stellung des gutgläubigen Erwerbers eine entsprechende Gefahr nur dann konkret und damit betrugsrelevant sein, wenn der Erwerber den betreffenden Gegenstand unter derart regelwidrigen Umständen erlangt hat, dass das Unterliegen des Erwerbers in einer gerichtlichen Auseinandersetzung wahrscheinlich ist oder er zur Herausgabe aus Gründen wirtschaftlicher Rücksichtnahme gezwungen ist (Lackner/Kühl/*Kühl* Rn. 43; Joecks StGB Rn. 87 mwN; LK-StGB/*Tiedemann* Rn. 209; SK-StGB/*Hoyer* Rn. 260; im Einzelnen str.). Allein das allgemeine Prozessrisiko könne mit Blick auf die für den Besitzer günstigen Beweisregelungen des BGB noch keinen Vermögensschaden darstellen (SK-StGB/*Hoyer* Rn. 260).

285   **25. Heirats- und Partnerschaftsschwindel/(Asylanten-)Ehebetrug/Scheinehe. a) Heirats- und Partnerschaftsschwindel.** Im Bereich des Betruges ergeben sich Besonderheiten in Fällen des sog „Heiratsschwindels". Die strafrechtliche Relevanz solcher Fälle ist von dem jeweiligen gesetzlichen bzw. vereinbarten Güterstand und damit von zivilrechtlichen Weichenstellungen abhängig. Daher ist eine differenzierte Betrachtungsweise geboten (eingehend dazu MüKoStGB/*Hefendehl* Rn. 465 ff.).

286   Mag es dem Täter zwar im Einzelfall vorwiegend oder ausschließlich um wirtschaftliche und damit finanzielle Motive gehen, führt selbst eine aufgrund einer etwaigen Täuschung des Partners über die wahren Absichten erfolgte Schließung einer „reichen" Ehe nicht stets unmittelbar zu einer Vermögensverfügung und damit ggf. zu einer Betrugsstrafbarkeit (LK-StGB/*Tiedemann* Rn. 254), sofern das Ehepaar im **gesetzlichen Güterstand der Zugewinngemeinschaft** im Sinne der §§ 1363 ff. BGB miteinander verbunden ist (LK-StGB/*Tiedemann* Rn. 147 mwN, auch zur Gegenansicht). Selbst etwaige gesetzlich begründete Unterhaltspflichten stellen zumeist nur eine Reflexwirkung minderer Bedeutung dar (so schon RGSt 8, 12 (14); LK-StGB/*Tiedemann* Rn. 147 mwN).

287   Haben die Ehegatten dagegen per Ehevertrag **Gütergemeinschaft** vereinbart – mit der Folge, dass das Vermögen beider gemäß § 1416 BGB zu gemeinschaftlichem Ehevermögen wird –, so liegt eine Vermögensverfügung durch Willenserklärung des Getäuschten vor. Unabhängig von dem zivilrechtlichen Ausgleichsanspruch aus § 1478 BGB stellt dies einen betrugsrelevanten Vermögensschaden dar, wenn durch die Vereinbarung der Gütergemeinschaft die Vermögensminderung des einen Ehepartners nicht ausgeglichen wird (LK-StGB/*Tiedemann* Rn. 147).

288   Eine Sonderkonstellation liegt vor, wenn durch Ehevertrag **besondere finanzielle Leistungen,** wie etwa Prämien für das Fortbestehen der Ehe, versprochen werden (vgl. AG Lörrach FamRZ 1994, 1456 f.). Verstößt ein solcher Vertrag nicht bereits per se gegen das Gebot der Sittlichkeit, mit der Folge zivilrechtlicher Unwirksamkeit gemäß § 138 BGB, so finden die entsprechenden Leistungen ihren Rechtsgrund in dem Vertrag. Die Grundsätze über Umgehungsgeschäfte sind hierbei nicht anwendbar.

289   Wird die Ehe wegen der nur vorgetäuschten Absicht zur Eheschließung nicht geschlossen und wurden aufgrund der Täuschung **Darlehen, Geschenke oder sonstige Wirtschaftsgüter** erlangt (BGHSt 3, 215 (216); OLG Hamburg NStZ 1989, 226 f. mAnm *Hillenkamp* StV 1989, 532), deren Vermögenscharakter unzweifelhaft ist, so ist ein Schaden nach den Grundsätzen des Spenden- und Bettelbetruges (dazu → Rn. 235 ff.) und damit ein Betrug zu bejahen (Schönke/Schröder/*Perron* Rn. 159 mwN). Im Rahmen der Ermittlung eines Vermögensschadens iSd persönlichen Schadenseinschlags (→ Rn. 88 ff.) ist zu berücksichtigen, dass die Rspr. bereits früh (BGH GA 1966, 51 f.) die Relevanz der Zwecksetzung und damit einen Schaden für den Getäuschten in Fällen eines unwahren Heiratsversprechens bejaht hat.

290   Bei **mangelnder Ernstlichkeit des Heiratsversprechens** ist ein Verlöbnis mit dem Opfer dagegen auch dann unwirksam, wenn der zukünftige Ehepartner hiervon keine Kenntnis hat (BGHSt 3, 215 (216); BGH NJW 1979, 2055 mwN) oder wenn der Heiratsschwindler bereits verheiratet und noch nicht geschieden ist (RG JW 1937, 3302).

291   **b) (Asylanten-)Ehebetrug/Scheinehe.** In den Fällen der sog (Asylanten-)Scheinehe zwischen Unionsbürgern und Personen mit befristetem oder keinem Aufenthaltstitel ist regelmäßig die Frage maßgeblich, welcher **konkludente Erklärungswert einer abgegebenen Äußerung** beigemessen

wird. Bei der Scheinehe (dazu LK-StGB/*Tiedemann* Rn. 39; *Krehl* NJW 1991, 1397 f.) enthielt die gegenüber der Leistungsverwaltung abgegebene Erklärung, man sei (noch) verheiratet, bis zum 31.8.1998 konkludent die Aussage, hierbei handele es sich nicht nur um eine lediglich auf dem Papier geführte und damit um eine „richtige" Ehe. Seit dem Inkrafttreten des **Eheschließungsrechtsgesetzes** am 1.9.1998 enthält die Erklärung jedoch nur noch den Aussagewert, die betreffende Ehe sei jedenfalls nicht aufgehoben worden.

Bei der Erklärung der Eheschließung gegenüber dem Standesbeamten und der Begründung des **292** gesetzlichen Güterstandes lag aus den güterrechtlichen Erwägungen jedenfalls **vor dem 31.8.1998** ebenfalls keine vermögensrelevante Verfügung vor. Der Erteilung einer Aufenthaltserlaubnis kommt als öffentlich-rechtlicher Akt nur eine mittelbare vermögensrechtliche Bedeutung zu, was zur Bejahung eines Betruges nicht ausreicht (LK-StGB/*Tiedemann* Rn. 104, 148). Werden nachträglich aus aufenthaltsrechtlicher Sicht finanzielle Vorteile ohne bestehenden Anspruch (zum Sozialleistungsbetrug → Rn. 450 ff.) erlangt, galt es ursprünglich, die **Grundsatzentscheidung des BVerfG** (BVerfG NJW 1982, 1956 ff.) hierzu zu beachten, soweit eine Ehe zu einem deutschen Ehepartner Anspruchsvoraussetzung war, wonach der wahre Zweck der Eheschließung aufgedeckt werden musste (vgl. dazu im Einzelnen *Kartzke,* Scheinehen zur Erlangung aufenthaltsrechtlicher Vorteile, 1990, passim). Daran dürfte seit Inkrafttreten des Eheschließungsrechtsgesetzes **seit dem 1.9.1998** nicht mehr festgehalten werden können. Nach derzeitiger Rechtslage muss der Standesbeamte sein Mitwirken bei der Eheschließung in den Fällen verweigern, in denen es offensichtlich ist, dass die beiden Ehegatten nicht gewillt sind, die **eheliche Lebensgemeinschaft iSv § 1352 Abs. 1 S. 2 BGB** herzustellen. Eine geschlossene Ehe ist dagegen zivilrechtlich wirksam. Eine Aufhebung ist gemäß § 1314 Abs. 2 Nr. 5 BGB nur auf Antrag und nur mit Wirkung ex nunc möglich, weshalb die Scheinehe auch verwaltungsrechtlich anerkannt werden muss (*Bosch* NJW 1998, 2004 (2005)). Aus diesem Grund ergeben sich strafrechtliche Folgen erst ab Aufhebung der Ehe.

26. „Immobilienschwindel"/Baubetrug. Bei der Herstellung und dem Vertrieb von Immobilien **293** kommen nicht nur mit Blick auf typische Formen von Grundstücksanlagegeschäften und anderen Finanzierungsmodellen zahlreiche betrugsrelevante Praktiken – sei es durch aktives Tun oder durch das Unterlassen von Angaben zu den Immobilien selbst bzw. zu deren Ertragswert(-steigerung) – in Betracht (vgl. *Broß/Thode* NStZ 1993, 369 ff.; *Geerds* NStZ 1991, 57 ff.). Häufig kommt es dabei durch das **Versprechen einer Miet- oder Zinsgarantie** (*Gallandi* wistra 1992, 333 ff.) zu einer Täuschung interessierter Käufer, die dann irrtumsbedingt über ihr Vermögen verfügen.

Oftmals erweist es sich dabei jedoch als schwierig, die **strafrechtliche Verantwortung von Hin- 294 termännern** bei Zwischenschaltung von Verkäufern festzumachen und die strafrechtsrelevante Risikosphäre zwischen Erwerber und Immobilienveräußerer abzugrenzen (dazu *Gallandi* wistra 1992, 289 ff.). Nicht immer gelingt dabei zudem der Nachweis eines Vermögensschadens. Hierbei spielt die **Rechtsfigur des persönlichen Schadenseinschlags** (→ Rn. 88 ff.) eine besondere Rolle. Nach der Rspr. (BGHSt 16, 321 (326)); vgl. ferner LK-StGB/*Tiedemann* Rn. 179; *Gallandi* wistra 1992, 333 f.) liegt ein solcher Individualschaden unter anderem vor, wenn bei marktmäßiger Ausgeglichenheit von Leistung und Gegenleistung der Empfänger der Gegenleistung durch die eingegangene Verpflichtung zu vermögensschädigenden Maßnahmen genötigt wird oder wenn das Opfer infolge der eingegangenen Verpflichtung nicht mehr über diejenigen Mittel verfügen kann, die es zu der ordnungsgemäßen Erfüllung seiner Verbindlichkeiten benötigt oder die für eine seinen übrigen persönlichen Verhältnissen angemessenen Wirtschafts- oder Lebensführung unerlässlich sind (*Rengier* StrafR BT I § 13 Rn. 176 ff.). Der „Immobilienschwindel" bildet ein besonders häufiges Beispiel des persönlichen Schadenseinschlags (*Gallandi* wistra 1992, 289 ff.; 333 f.). Auch wenn individuelle Verhältnisse des Geschädigten bei der Beurteilung eines Vermögensschadens zu berücksichtigen sind, darf dies nach Auffassung des BGH (BGH NStZ-RR 2001, 41 f.) nicht dazu führen, dass der Betrug vom Vermögensschädigungsdelikt zum Vergehen gegen die Wahrheit im Geschäftsverkehr umfunktioniert wird.

27. Insolvenzverfahren: Betrug durch Insolvenzverwalter/Betrug nach Insolvenzeröff- 295 nung/Gesteuerte Insolvenz. Infolge des gem. § 80 Abs. 1 InsO mit Eröffnung des Insolvenzverfahrens eintretenden Übergangs der Verwaltungs- und Verfügungsbefugnis des Schuldners auf den Insolvenzverwalter und der damit einhergehenden Unwirksamkeit von Verfügungen seitens des Schuldners nach der Insolvenzeröffnung gemäß §§ 80, 81 InsO sind die Möglichkeiten der tatbestandlichen Verwirklichung im Zusammenhang mit der Insolvenz vielfältig.

a) Betrug durch Insolvenzverwalter. Zunächst sind Fälle denkbar, in denen der Insolvenzverwalter **296** selbst in betrügerischer Absicht aktiv wird. Dies kann etwa dadurch geschehen, dass er Gläubigern wahrheitswidrig vorspiegelt, die Insolvenzmasse sei wirtschaftlich wertlos, um die Gläubiger davon abzuhalten, ihre Forderungen zur Insolvenztabelle anzumelden. Nach allgemeiner Auffassung stellt auch der **Verzicht auf das Geltendmachen einer Forderung** eine Vermögensverfügung dar (BGH NStZ 2008, 339 f.).

b) Betrug nach Insolvenzeröffnung. Auch nach Insolvenzeröffnung ist die Insolvenzmasse nicht **297** vor betrügerischen Zugriffen gesichert. So kann etwa ein einzelner Mitgläubiger durch das Vorspiegeln falscher Tatsachen seine vollständige Befriedigung zu Lasten der übrigen Insolvenzgläubiger erreichen (dazu RGSt 21, 236 (242); LK-StGB/*Tiedemann* Rn. 6 mwN). Hat der Schuldner nach der Eröffnung des Insolvenzverfahrens keine Verfügungsbefugnis mehr und würde der Gläubiger bei ordnungsgemäßem Vorgehen mit seiner Forderung zumindest teilweise ausfallen, so stellt eine solche **Erschleichung der Erfüllung der eigenen Forderung** einen Betrug dar (LK-StGB/*Tiedemann* Rn. 266 mwN).

298   **c) Geplante und gesteuerte Insolvenz/Gezielte Aushöhlung.** Schließlich treten in der Praxis Fälle gesteuerter Insolvenz auf. Diese zeichnen sich dadurch aus, dass der Täter in betrügerischer Absicht die Insolvenz eines noch solventen Unternehmens herbeiführt und damit das Vermögen seiner Gläubiger bewusst schädigt. Das **Konkurrenzverhältnis** des § 263 **zu §§ 283 ff.** ist hierbei differenziert zu betrachten: Nach hM ist mit § 283 insbesondere in Fällen der Verheimlichung von Vermögensbestandteilen nach § 283 Abs. 1 Nr. 1 (so bereits RG LZ 1923, 142 Nr. 9) oder der Verschleuderung kreditierter Ware nach § 283 Abs. 1 Nr. 3 (RGSt 66, 176 (180); LK-StGB/*Tiedemann* Rn. 240) Tateinheit möglich, nicht dagegen mit den sog Buchführungsdelikten der §§ 283 Abs. 1 Nr. 5–7, 283b, bezüglich derer Tatmehrheit angenommen wird (so LK-StGB/*Tiedemann* Rn. 317). Nach aA (MüKoStGB/*Hefendehl* Rn. 875 mwN) treten die §§ 283 ff. zurück, wenn der Tatbestand des § 263 erfüllt wurde.

299   **28. Inverkehrbringen verdorbener Lebensmittel, betrügerisches.** In den Fällen des Inverkehrbringens von „Gammel-" bzw. „Ekelfleisch" (dazu und zu dem aufgrund solcher Fälle in Kraft getretenen Verbraucherinformationsgesetz s. *Albers/Ortler* GewArch 2009, 225 ff.; *Bode* ZRP 2006, 73 ff.; *Girnau* ZLR 2007, 309 ff.; *Michalke* AbfallR 2006, 221 ff.; *Rohde-Liebenau* ArbuR 2006, 377 ff.) stellen sich rechtliche Fragen weniger auf der oftmals unproblematischen Tatbestands- als vielmehr auf der Rechtsfolgenseite. Zudem rückt das konkurrenzrechtliche Verhältnis eines regelmäßig gewerbsmäßigen Betruges zu den Straftatbeständen des § 59 LFGB in den Vordergrund.

300   Ein gewerbsmäßiger Betrug (vgl. etwa HRRS 2008 Nr. 113) erfolgt hier regelmäßig entweder durch das überteuerte Inverkehrbringen von Lebensmitteln unter **irreführender Bezeichnung** (zB Bezeichnung von Kaviarimitat als „Russischen Caviar", LG Kiel BeckRS 2009, 29296), Angabe oder Aufmachung (zB statt Rindfleisch billigeres Straußenfleisch oder statt Frischfleisch Fleisch mit Konservierungsmittel bzw. Tiefkühlware), durch unbefugte Veränderung des Mindesthaltbarkeitsdatums und unzulässiges **Inverkehrbringen von überlagertem und genussuntauglichem Fleisch,** durch illegalen **Vertrieb von sog „Stichfleisch",** das infolge erheblicher, beim Schlachten entstandener Einblutungen nur noch als Tierfutter hätte gehandelt werden dürfen, oder durch Fleisch, das in Folge einer **unhygienischen Schlachtung** von einem Normalverbraucher auch ohne Substanzbeeinträchtigung des verarbeiteten Fleisches allein in Kenntnis der Schlachtumstände zum Verzehr abgelehnt worden wäre. Der Täter täuscht seinen Abnehmer über die Qualität des Fleisches und erregt dadurch bei diesem einen Irrtum. Dadurch wird der Käufer zur Abnahme der Ware und Zahlung eines Kaufpreises veranlasst, für das ihm kein wirtschaftlich gleichwertiges Äquivalent zuwächst.

301   Auf der Strafzumessungsebene kann das Tatgericht **strafmildernd** berücksichtigen, dass der Täter nach der Tat unter **starkem öffentlichen Druck** gestanden hat und unter anderem seinen **Geschäftsbetrieb verloren** hat (BGH NStZ-RR 2008, 343 f.). Zwar sind nachteilige, typische und vorhersehbare Folgen für den Täter nicht schlechthin strafmildernd. Wer bei seiner Tat bestimmte Nachteile für sich selbst (zwar nicht gewollt, aber) bewusst auf sich genommen hat, verdient in der Regel keine strafmildernde Berücksichtigung solcher Folgen (BGH wistra 2008, 58 ff.). Gehen jedoch die **Tatfolgen** für den Täter durch Insolvenz und persönliche Inanspruchnahme für Kreditverbindlichkeiten in ihrer wirtschaftlichen Dimension **über den bloßen Betrugsschaden hinaus,** so dürfen sie zu seinen Gunsten in die Abwägung eingestellt werden. Dies gilt auch für den **besonderen Druck der medialen Berichterstattung,** soweit dieser weit über das hinausgeht, was jeder Straftäter über sich ergehen lassen muss, dessen Fall in das Licht der Öffentlichkeit gerät. Letzteres ist insbesondere der Fall, wenn die **Tendenz zur Emotionalisierung des Sachverhalts und Vorverurteilung** mit einer **erheblichen seelischen Belastung,** mithin mit einer „vorweggenommenen Bestrafung" durch den psychischen Druck für den Täter verbunden war (BGH NStZ-RR 2008, 343 (344)). Ist der zentrale Vorwurf in der öffentlichen Diskussion – wie in der Regel – geprägt durch die Begriffe „Gammelfleisch" und „Ekelfleisch", wird dadurch der mitunter falsche Eindruck vermittelt, der Täter habe gesundheitsgefährdendes Fleisch in den Verkehr gebracht und bedenkenlos die Gesundheit des Verbrauchers seinen finanziellen Zielen untergeordnet (BGH NStZ-RR 2008, 343 (344)). **Strafschärfend** kann jedoch einbezogen werden, wenn die Straftaten das **Vertrauen der Verbraucher in den ordnungsgemäßen Ablauf des Fleischhandels und der Fleischgewinnung erschüttert und Verunsicherung ausgelöst** hat (BGH NStZ-RR 2008, 343 (344)).

302   Zudem drohen den Tätern **Berufsverbote** nach § 70 Abs. 1 S. 1, zumindest aber die **Auflage bzw. Weisung in** ihrem **Bewährungsbeschluss,** sich während der Dauer von mehreren Jahren jeglicher Tätigkeit im Bereich der Herstellung und Verarbeitung sowie Bearbeitung von Fleisch- und Wurstwaren zu enthalten (vgl. BGH NStZ-RR 2008, 343). Bei Letzterer ist jedoch umstritten, ob die Weisung, zeitweise im Bereich der Herstellung, Ver- und Bearbeitung von Fleisch- und Wurstwaren nicht tätig zu sein, zulässig ist (so BGHSt 9, 258 (260); dazu LK-StGB/*Hubrach* § 56c Rn. 7, 11, 30; MüKoStGB/

Groß § 56c Rn. 12 bzw. 23) oder ob dies nur unter den in § 70 angegebenen Voraussetzungen angeordnet werden darf, weil es einem zeitigen Berufsverbot gleichkomme (OLG Hamm NJW 1955, 34; vgl. NK-StGB/*Ostendorf* § 56c Rn. 4; Schönke/Schröder/*Stree/Kinzig* § 56c Rn. 14; SK-StGB/ *Horn* § 56c Rn. 7).

29. (Kapital–)Anlagebetrug. Anlagebetrug ist in vielfältigen Formen möglich. Durch das 2. WiKG **303** v. 15.5.1986 wurde mit § 264a ein eigener Straftatbestand des Kapitalanlagebetruges in das Strafgesetzbuch aufgenommen (vgl. Wabnitz/Janovsky WirtschaftsStR-HdB/*Reich,* 3. Aufl. 2007, Kap. 5 Rn. 77). Hauptziel der Täter ist es – unter Umgehung der (faktischen) Überwachungsmöglichkeiten eines Kreditinstituts – das für die Aufnahme der Geschäftstätigkeit erforderliche Kapital von Anlegern zu erschleichen. Da potenziellen Anlegern hierfür ein gut gehender Wirtschaftsbetrieb mit einer hohen Bilanzsumme vorgetäuscht werden muss, werden dazu sog Luftbuchungen in die Buchhaltung übernommen oder Kosten produziert, so dass von dem eingesammelten Kapital wenig für den Aufbau des Geschäftsbetriebs übrig bleibt. Die Folge ist die alsbaldige Zahlungsunfähigkeit und damit die Insolvenz des Unternehmens.

Hierin liegt ein Betrug zu Lasten des Anlegers. Dieser wird über seine Renditemöglichkeiten sowie **304** darüber getäuscht, dass entsprechend den Prospekten ein entsprechender Teil des angelegten Kapitals tatsächlich für den Aufbau des Geschäftsbetriebs verwandt wird (näher dazu *Liebel/Oehmichen,* Motivanalyse bei Anlegern von Kapitalanlagebetrug, 1992, 1 ff.). Hier gilt es, den entsprechenden **Vorsatz** des Täters auch bezüglich seines Vorlagezeitpunktes exakt zu ermitteln. Handelte er diesbezüglich schon zu Beginn des Unternehmens vorsätzlich und mit der entsprechenden überschießenden Innentendenz, so liegt ein (Anlage)Betrug vor. Fasst er den Vorsatz zur Zweckentfremdung des Kapitals erst später, so scheidet mangels Täuschungsvorsatz ein Betrug aus, jedoch kann Untreue gemäß § 266 vorliegen, wenn sich im Einzelfall eine Vermögensbetreuungspflicht ergibt (vgl. zu dieser Pflicht Fischer § 266 Rn. 48).

In den Fällen des sog Anlagebetrugs spielt die Feststellung des **Gefährdungsschadens** eine große **305** Rolle (vgl. Wabnitz/Janovsky WirtschaftsStR-HdB/*Reich,* 3. Aufl. 2007, Kap. 5 Rn. 161). Nach der Rspr. des BGH (BGHSt 48, 331 (344 ff.); BGH wistra 2006, 259 (260)) liegt im Umfang der vertraglichen Bindung und Leistung des Anlegers eine schadensgleiche Vermögensgefährdung, wenn für den Anleger die **gewählte Anlageform unbrauchbar** ist. Davon ist auszugehen, wenn aus einem Fonds eine intendierte Rendite nicht erbracht werden kann, da dieser lediglich der betrügerischen Bereicherung seiner Initiatoren zu dienen bestimmt ist.

Schließlich stellt sich in diesem Zusammenhang häufig die Frage, inwieweit das Fondsvermögen in **306** schadensmindernder Weise gegengerechnet werden muss, bzw. ob die Anleger für die von ihnen gezeichneten Anlagen überhaupt einen brauchbaren Gegenwert erlangt haben. Bei wirtschaftlicher Betrachtung liegt ein Schaden vor, wenn die Kapitalanlage die Aufwendungen des Anlegers bei objektiver Vermögensbewertung nach dem Marktwert zum Zeitpunkt der Verfügung nicht wert war, also bei Wertlosigkeit oder Minderwertigkeit der Anlage (BGHSt 30, 388 (390); BGH NJW 1983, 292; 2003, 3644 (3645); Fischer Rn. 124; SSW StGB/*Satzger* Rn. 215; eingehend dazu *Trüg* in Fischer et al., Dogmatik und Praxis des strafrechtlichen Vermögensschadens, 2016, 217 ff.). Keine **Berücksichtigung** findet regelmäßig der Gegenwert **des Erlangten** in denjenigen Fällen, in denen der getäuschte Anleger nicht in der Lage ist, den Gegenwert ohne zeitlichen oder finanziellen Aufwand und ohne Mitwirkung des Täuschenden zu realisieren (BGHSt 47, 148 (154); BGH NStZ-RR 2000, 331; BGH wistra 2006, 259 (261)). Letzteres wird bei nur unter erheblichem Aufwand zu liquidierenden Fonds nur selten der Fall sein (BGH wistra 2006, 259 (261)).

Aber selbst wenn der Geschädigte bei Abschluss des Anlagevertrags ausreichend gesichert war, kann **307** dennoch eine konkrete Vermögensgefährdung und somit ein Eingehungsbetrug (→ Rn. 99 ff.) im Sinne eines Anlagebetrugs vorliegen, wenn der Täter bereits zu Beginn das Ziel verfolgt, dass der Geschädigte später seine Sicherung wieder aufgibt und sich dies in einer Weise realisiert, durch die sich die Vermögensgefährdung zu einem echten Vermögensschaden konkretisiert (BGHSt 34, 199 (202 ff.); BGH NStZ-RR 2001, 329; BGH NJW 2005, 3650 (3652)).

30. Kapitalmarkt, Betrug am. Für den für Betrugtaten sehr relevanten Bereich des **Kapitalmarkts** **308** gilt, dass die Anleger aufgrund der Komplexität und auch der Anonymisierung des Wertpapierhandels oftmals nicht hinreichend Kenntnis von der Funktionsweise des Wertpapierhandels haben. Dies führt dazu, dass unseriöse Marktteilnehmer sich auf Kosten von Anlegern bereichern. Dadurch entstehen den Anlegern in Deutschland jährlich Schäden von schätzungsweise 20 Mrd. EUR (*Klaffke* ZRP 2003, 450). Insbesondere mit dem „Neuen Markt" in der Frankfurter Wertpapierbörse kam es zu drastischen Kurseinbrüchen, die eine nicht unerhebliche Anzahl von Verhaltensweisen zutage brachte, die von strafrechtlicher Relevanz waren. So wurden Umsatzzahlen manipuliert. Mittels falscher Mitteilungen wurden einzelne Kurse in die Höhe getrieben. Für diesen Bereich gibt es eine Reihe von Spezialvorschriften wie etwa **§§ 38, 39 WpHG,** mit denen solche Verhaltensweisen verhindert werden sollen (BGH StGB, 373 ff. mAnm *Vogel* NStZ 2004, 252; s. auch *Park* NStZ 2007, 369 (374 ff.)). Gleichwohl ist der Betrugtatbestand nach wie vor von erheblicher praktischer Bedeutung, erscheinen doch bestimmte Verhaltensweisen dann, wenn eine Täuschung in Rede steht, betrugsrelevant. Ein Kapitalanlagebetrug nach dem **Ponzi scheme** liegt vor, wenn der Anlagebetrüger Kapitalanleger gewinnt und aus dem eingezahlten Geld Erträge oder Kapital an „Altanleger" ausbezahlt (dazu BGH St 53, 199 ff.). Hierbei ist nach dem Prinzip der Gesamtsaldierung (→ Rn. 86) die durch die Vermögensverfügung eingetretene Vermögensminderung um den Vermögenszuwachs auszugleichen und der Wert „unmittelbar vor und unmittelbar nach der Verfügung" zu bestimmen; spätere Entwicklungen werden für den Schadensumfang nicht berücksichtigt. Unter Zugrundelegung handelsrechtlicher Bilanzierungsgrundsätze wurde der Minderwert bei dem als Risikogeschäft eingestuften „Anlagemodells" bestimmt und als wertlos bewertet (BGHSt 53, 199 (205) unter Verweis auf BGHSt 51, 10 (15); zustimmend *Becker* HRSS 2009, 344 ff.; *Hefendehl* FS Samson, 2010, 295 (307 ff.); *Küper* JZ 2009, 800 (804); *Ransiek/Reichling* ZIS 2009, 315 ff.; *Radtke* in Fischer et al., Dogmatik und Praxis des strafrechtlichen Vermögensschadens, 2015, 231 (233 ff.); aA *Schlösser* ebenda, NStZ 2009, 663 (665 ff.).

309   **a) Warenterminoptionsgeschäfte.** Lange Zeit bildete der **Handel mit Optionen auf Warenterminkontrakte** einen Schwerpunkt des Anwendungsbereichs des § 263 bei Kapitalmarktbetrugstaten. Der Verkauf von Warentermingeschäften enthält die konkludente Erklärung, diese enthielten nur die gesetzlich vorgesehenen Aufschläge und keine weiteren Aufschläge, die die Gewinnchance minimieren (BGHSt 30, 177 (181); BGH NStZ 2000, 36 (37); *Seelmann* NJW 1981, 2132). Wenn bei einem **Wertpapiergeschäft** gegenüber dem Kunden die Höhe der Aufschläge und damit die Reduzierung seiner Gewinnchance verschleiert werden, wird darin von der hM eine konkludente Täuschung gesehen (vgl. etwa BGHSt 30, 177 (181); *Otto* WM 1988, 729 (731); Lackner/Kühl/*Kühl* Rn. 10; aA Schönke/Schröder/*Perron* Rn. 31b). Nach Auffassung des BGH ist eine Täuschung der Kunden über einen wesentlichen wertbestimmenden Faktor ihrer Anlage gegeben, wenn dem Kunden das konkrete Verhältnis von Anlagebetrag und Vermittlungskosten nicht genau aufgeschlüsselt wird (BGHR StGB § 263 Abs. 1 Täuschung 15). In diesen Fällen geht es aber eher um ein Unterlassen (so zutreffend HK-KapMStrafR/*Zieschang* Rn. 37).

310   Ein für den Bereich des Betrugs am Kapitalmarkt typischer Fall liegt der Entscheidung des Dritten Strafsenats vom 8.9.1982 zugrunde (BGHSt 31, 115 ff.; vgl. ferner BGHSt 30, 177 f.; zu weiteren Varianten des Vorgehens vgl. *Bröker,* Strafrechtliche Probleme bei Warentermin- und -optionsgeschäften, 1989, 24 ff.; *Molketien* NStZ 1992, 603 ff.; *Worms,* Anlegerschutz durch Strafrecht, 1987, 130 ff.): Der Angeklagte vermittelte für eine Firma, die an der Londoner Rohstoffbörse gehandelte **Optionen auf Warenterminkontrakte** vertrieb, Optionsgeschäfte. Mit der Option erwirbt der Optionsnehmer das Recht, während der Laufzeit des Vertrages zu dem bei Vertragsschluss geltenden Kurs (Basispreis) von seinem Geschäftspartner, dem Optionsgeber (Stillhalter), Waren einer bestimmten Art und Menge zu erwerben (Kaufoption, Call-Option) oder sie zu verkaufen (Verkaufsoption, Put-Option). Wenn der Warenkurs steigt, macht der Optionsnehmer bei der Kaufoption einen Gewinn, sofern er von seinem Recht Gebrauch macht. Für diese Chance hat er jedoch dem Anbieter eine Optionsprämie zu bezahlen, die für ihn unabhängig davon, ob er Gewinn erzielt oder Verluste hinnehmen muss, verloren ist. Außerdem muss der Optionsnehmer dem Broker (Makler), der das Geschäft mit dem Stillhalter vermittelt, Kosten und eine Provision bezahlen. Der Optionsnehmer kann also erst dann einen Gewinn machen, wenn der Kurs sich vom Basispreis weg bis zu dem Punkt entwickelt hat, bei dem die gesamte Optionsprämie und die Broker-Kommission verdient sind (Break-even-Point). Wenn die Option ausgeübt wird, kommt es nicht zum Warenkauf oder -verkauf, sondern lediglich zu einem finanziellen Ausgleich durch sog „Glattstellung" der beiderseitigen Konten.

311   Das Unternehmen berechnete in dem vom BGH (BGHSt 31, 115 ff.) zu entscheidenden Fall den Optionsnehmern auf die Preise ihres Brokers Preisaufschläge von bis zu 392 %. Dabei wurde bei dem Kunden der Eindruck börsenüblicher Prämien erweckt. Außerdem stellte der Angeklagte als angeblich börsenerfahrener Fachmann, teilweise unter Vorspiegelung persönlicher Kontakte zur Londoner Börse, Gewinne von 20–30 % als nahezu sicher dar. Gelegentlich gab er Gewinnversprechungen ab und erklärte, in erster Linie auf Sicherheit zu setzen. Tatsächlich handelte es sich jedoch um ein Spekulationsgeschäft mit erheblichen Verlustrisiken, das durch die hohen Kalkulationsaufschläge noch vervielfacht wurde. Der BGH sah darin einen Betrug zum Nachteil der Optionsnehmer (BGHSt 31, 115 (116 f.)): Die Optionsnehmer seien über ihre Gewinnchancen – die Werthaltigkeit der Optionen – getäuscht worden. Die Optionen hätten in Folge der Aufschläge allenfalls bei ganz außergewöhnlichem Kursverlauf eine geringe Gewinnchance gehabt, keinesfalls seien Gewinne von 20–30 % nahezu sicher gewesen. Die Täuschung habe bei allen Optionsnehmern zu einem entsprechenden Irrtum geführt, aufgrund dessen sie über ihr Vermögen verfügt hätten, indem sie den nachteiligen Vertrag abschlossen. Hierdurch erlitten die BGH einen Vermögensschaden (näher dazu *Trüg* in Fischer et al., Dogmatik und Praxis des strafrechtlichen Vermögensschadens, 2015, 217 (219 ff.)). Der Angeklagte hätte zumindest billigend in Kauf genommen, dass die Kunden keinen Gewinn erzielten und geschädigt wurden. Er handelte in der Absicht, einem Dritten, dem Unternehmen, für das er tätig war, einen rechtswidrigen Vermögensvorteil zu verschaffen, nämlich den Abschluss der Optionsverträge.

312   **b) Churning.** In den vergangenen Jahrzehnten sind an den Wertpapiermärkten weitere Konstellationen aufgetreten, bei denen sich die Täter zu Lasten der Anleger bereichern wollten. Beispielhaft kann das Churning (dazu *Seibert,* Der Kündigungsbetrug, 1989, 56; *Birnbaum* wistra 1991, 253; *Tilp* EWiR

2004, 963 f.) erwähnt werden, das dadurch gekennzeichnet ist, dass der Vermögenshalter allein zum Zwecke, selbst Provisionen zu erhalten, das Kundendepot umschichtet.

c) Scalping. Ferner sind Kursmanipulationen aufgetreten, die ganz unterschiedliche Ausprägungen **313** aufweisen. Zu nennen ist insbesondere das Scalping (BGHSt 48, 373 ff. mAnm *Vogel* NStZ 2004, 252 ff.; *Widder* BB 2004, 15 f.; LG Berlin WM 2008, 1470 ff.; *Seibert,* Der Kündigungsbetrug, 1989, 57 f.; *Beukelmann* NJW-Spezial 2009, 216 f.; *Krimphove* KritV 2007, 425 ff.; *Kudlich* JR 2004, 191 ff.; *Fleischer* DB 2004, 51 ff.) als Spezialfall des **Front-Runnings.** Hierbei geht es insbesondere um Wirtschaftsjournalisten oder Wertpapieranalysten, die in Fernsehsendungen oder Zeitschriften einem breiten Publikum zum Kauf oder Verkauf eines bestimmten Wertpapiers raten. Bei der Kaufempfehlung haben die empfehlenden Personen zuvor selbst das Wertpapier erworben. Wenn der Kaufpreis des Wertpapiers steigt, weil nunmehr wegen der Empfehlung eine verstärkte Nachfrage entsteht, veräußert der Empfehlungsgeber selbst – wie von Anfang an beabsichtigt – das Wertpapier mit Gewinn. Die öffentliche Empfehlung wird also mit dem Ziel abgegeben, an den durch den Ratschlag ausgelösten Kursschwankungen durch eigene Geschäfte zu profitieren. Beim Scalping handelt es sich nicht um ein Unterlassungs-, sondern um ein Begehungsdelikt, da mit dem Scalping den übrigen Marktteilnehmern durch Verschweigen der eigennützigen Zielsetzung vorgetäuscht wird, die abgegebene Empfehlung, Kommentierung oder sonstige Einflussnahme auf den Marktverlauf erfolge aus einer neutralen Stellung des Publizierenden (OLG München NJW 2011, 3664). Diesbezüglich stellt sich die Frage, ob neben der Strafbarkeit nach § 38 WpHG auch der Betrugstatbestand verwirklicht ist.

d) Unzutreffende Ad-hoc-Meldungen und sonstige betrügerische Verhaltensweisen. Ein **314** weiteres Beispiel für Kursmanipulationen sind unzutreffende **Ad-hoc-Meldungen,** etwa über Umsätze, die so nicht erfolgt sind. Weitere Verhaltensweisen betreffen das **„creating a price trend and trading against it".** Hierbei wird durch große, tatsächlich stattfindende Wertpapierorder ein bestimmter Kurstrend geschaffen, um dann nach einer entsprechend einsetzenden Preissteigerung das Wertpapier gewinnbringend zu verkaufen.

31. Kompensationsbetrug. In manchen Branchen kommt es infolge hohen Konkurrenzdrucks zu **315** sehr knapp gerechneten Kalkulationen. Um den Geschäftsbetrieb aufrechterhalten zu können, gehen manche Unternehmer zur Kompensation zu anderweitigen Manipulationen über (vgl. dazu Wabnitz/Janovsky WirtschaftsStR-HdB/*Reich,* 3. Aufl. 2007, Kap. 5 Rn. 80). Hierzu werden dem Kunden etwa bloße Durchlaufposten in erhöhter Form unter Vorlage manipulierter Rechnungen fakturiert. Der Betrug liegt hier in der **Täuschung über** die **Höhe der Drittkosten.**

32. Kündigungsbetrug. Beim sog Kündigungs-, Eigenbedarfs- oder Vermieterbetrug (vgl. allg. **316** *Hellmann* JA 1988, 73 ff.; *Rengier* JuS 1989, 802 ff.) täuscht der Vermieter seinen Mieter über die innere Tatsache der bestimmten Verwendung des gekündigten Wohnraums (vgl. *Seier,* Der Kündigungsbetrug, 1989, 243 ff.; *ders.* NJW 1988, 1617 ff.; vgl. auch BayObLG BeckRS 1993, 07311; LG Düsseldorf DWW 1996, 55 f.).

Probleme stellen sich in **Fällen des nachträglichen Wegfalls des Eigenbedarfs** im Hinblick auf **317** eine **Aufklärungspflicht,** mithin der Möglichkeit einer Strafbarkeit wegen eines durch Unterlassen begangenen Betruges. Angesichts des Dauerschuldverhältnisses wird bei Räumungsklagen (vgl. § 564b Abs. 2 Nr. 2 BGB) eine **Garantenpflicht aus Übernahme** (OLG Zweibrücken NJW 1983, 694; LK-StGB/*Tiedemann* Rn. 58) oder aus **Treu und Glauben** (BayObLG JZ 1987, 626 (627) mAnm *Otto;* Anm. *Hillenkamp* JR 1988, 301 ff. für den Fall der Kenntnis bei Beendigung des Prozesses, aber Wegfall des Eigenbedarfs vor der kündigungsbedingten Räumung der Wohnung) abgeleitet. Dies betrifft insbesondere Mietverhältnisse, die angesichts der existenziellen Angewiesenheit auf Wohnraum (BayObLG JZ 1987, 626 ff. mAnm *Otto; Rengier* JuS 1989, 802) durch die enge gesetzliche Regelung über die Wohnraumkündigung (Schönke/Schröder/*Perron* Rn. 22) und eine Nähe zur Verfolgung gemeinsamer wirtschaftlicher Zwecke (Gössel StrafR BT II § 21 Rn. 62) charakterisiert sind. Bei Wegfall eines zunächst vorhandenen Eigenbedarfs auf Seiten des Vermieters besteht somit eine Offenbarungspflicht, die sich auf die Übernahme einer Schutzfunktion stützt und die mit Ablauf der Frist zum Sozialwiderspruch endet (LK-StGB/*Tiedemann* Rn. 63).

Schließlich kann sich eine **Garantenstellung** auch **aus Ingerenz oder sonstiger Gefahrbeherr- 318 schung** ergeben. Ersteres kommt in Fällen der objektiv unrichtigen Annahme von Eigenbedarf bei der Kündigung von Mietverhältnissen und einer pflichtwidrig, aber gutgläubig abgegebenen Erklärung in Betracht und verpflichtet zur Richtigstellung bei nachträglicher Kenntnis der Unrichtigkeit bis zum Zeitpunkt des rechtlichen Endes des Pflichtverhältnisses (LK-StGB/*Tiedemann* Rn. 68 mwN; Schönke/Schröder/*Perron* Rn. 20).

In der **anschließenden Räumung** der Wohnung liegt eine **Vermögensverfügung** iSd § 263 vor **319** (OLG Hamburg JR 1950, 629 ff.; AG Kenzingen NStZ 1992, 440 f.; LK-StGB/*Tiedemann* Rn. 100). Der **Schaden** besteht bei endgültigem Besitzentzug im **Verlust von Nutzungsmöglichkeiten,** wenn die Mietsache vor der Weggabe tatsächlich verwendet wurde (zum strafrechtlichen Schutz des Mietbesitzes an Wohnungen vgl. *Werle* NJW 1985, 2913 ff.; zu möglichen zivilrechtlichen Schadensersatzansprüchen vgl. BGH NJW 2009, 2059 f.). Die Tat wird somit vom Eigentümer (Vermieter) gegenüber dem Mieter begangen, wenn Letzterer zum Auszug aus der Wohnung veranlasst wird (LK-StGB/ *Tiedemann* Rn. 192).

320   Problematisch ist in betrugsspezifischer Hinsicht regelmäßig das Vorliegen der tatbestandlichen **Stoffgleichheit** zwischen Vermögensvorteil des Vermieters und Vermögensnachteil des durch die Täuschung zur Räumung veranlassten Mieters. Während Stoffgleichheit von der hM (vgl. dazu OLG Zweibrücken NJW 1983, 694 mwN) bejaht wird, verneint die Gegenansicht (*Schickedanz* ZMR 1975, 197) die Stoffgleichheit mit dem Argument, der Vermögensvorteil des Vermieters trete nicht schon durch die Räumung der Wohnung ein, sondern erst durch eine weitere zusätzliche Handlung des Vermieters, nämlich die Weitervermietung der Wohnung. So soll der Vermieter erst durch den Abschluss eines neuen Mietvertrages einen Vermögensvorteil erlangen. Diese Ansicht verkennt, dass der Vermögensvorteil des Vermieters nicht erst durch eine Weitervermietung eintritt, sondern bereits dadurch, dass er den unmittelbaren Besitz an der Wohnung und damit die werthaltige Vermietungsmöglichkeit erlangt (OLG Zweibrücken NJW 1983, 694 mwN). Der Besitz einer Sache für sich allein ist bereits ein Vermögensbestandteil und Vermögensvorteil (vgl. RGSt 1, 55 (57 f.); BGHSt 14, 386 (388 f.); OLG Hamm MDR 1972, 706 (707); OLG Zweibrücken NJW 1983, 694 mwN). Wird der Mieter durch Vorspiegeln von Eigenbedarf getäuscht und räumt er deshalb die gemietete Wohnung, so ist § 263 erfüllt und nicht etwa wegen fehlender Stoffgleichheit zu verneinen. Hatte zunächst Eigenbedarf vorgelegen, ist aber der die Kündigung wegen Eigenbedarfs rechtfertigende Grund wieder entfallen, so muss der Vermieter dies dem Mieter anzeigen (OLG Karlsruhe WM 1982, 11; OLG Zweibrücken NJW 1983, 694). Verschweigt er den Wegfall des Eigenbedarfs und erwirkt er unter Verstoß gegen § 138 Abs. 1 ZPO, wonach die Parteien ihre Erklärungen über tatsächliche Umstände vollständig und der Wahrheit gemäß abzugeben haben, ein Räumungsurteil, so begeht er einen **Prozessbetrug** (OLG Zweibrücken NJW 1983, 694; zum Prozessbetrug → Rn. 393 ff.).

321   Täuscht ein Vermieter den Eigenbedarf nur vor, um einem Mieter kündigen zu können, so macht er sich zudem dem zu Unrecht ausgezogenen Mieter gegenüber **zivilrechtlich schadensersatzpflichtig** (BGH NJW 2009, 2059 f.).

322   **33. Kunst(ver)fälschung und Kunst-, Antiquitäten-, Raritäten- und Restaurierungsbetrug.** Fälle von Fälschungen im Bereich der Kunst (zur Künstlersignatur und Kunstfälschung s. schon *Würtenberger,* Das Kunstfälschertum. Entstehung und Bekämpfung eines Verbrechens vom Anfang des 15. bis zum Ende des 18. Jahrhunderts, 1940, 1 ff.) und des Handels (zur strafrechtlichen Beurteilung von Scheingeboten und Scheinzuschlägen bei Kunstversteigerungen s. schon *Würtenberger* NJW 1951, 176 ff.; *Locher/Blind* NJW 1971, 2290 ff.; *Miklos* NJW 1971, 650 ff.) mit Fälschungen sind annähernd so alt wie der Kunsthandel selbst. Staat wie Gesellschaft haben ein hohes Interesse daran, die Zunahme von Fälschungen zu verhindern. Schließlich ist der Kunst- oder Raritätenbetrug (vgl. *Gross,* Raritätenbetrug, 1901, 1 ff.) nicht nur ein Vermögensdelikt, sondern führt oftmals auch zu einer schweren Verletzung ideeller Güter wie etwa der Schädigung der Kunst und Wissenschaft oder der Gefährdung öffentlicher Sammlungen. Aus strafrechtlicher Sicht ist zwischen der bloßen Kunst(ver)fälschung und dem späteren Angebot des gefälschten Werkes an nichts ahnende Dritte zu differenzieren.

323   **a) Kunst(ver-)fälschung und betrügerische Restaurierung.** Stellt der Täuschungszweck das Charakteristikum der Kunstfälschung dar, wird die Täuschung meist durch Nachahmung erreicht (*Würtenberger,* Das Kunstfälschertum. Entstehung und Bekämpfung eines Verbrechens vom Anfang des 15. bis zum Ende des 18. Jahrhunderts, 1940, 2; *Löffler* NJW 1993, 1421 (1422)). **Kunstfälschung** ist jede mit Täuschungsvorsatz vorgenommene Anfertigung eines Werkes (*Würtenberger,* Das Kunstfälschertum. Entstehung und Bekämpfung eines Verbrechens vom Anfang des 15. bis zum Ende des 18. Jahrhunderts, 1940, 2; *Sandmann,* Die Strafbarkeit der Kunstfälschung, 2004, 23). Davon unterscheidet sich die **Kunstverfälschung** durch die Tathandlung, deren Erscheinungsformen ihrerseits vielfältig sein können. So kann etwa ein unvollendetes Werk fertig gestellt werden, ein bereits vollendetes Werk veredelt bzw. künstlich veraltet werden, oder es können einzelne Teile eines Werkes völlig neu hergestellt bzw. manipuliert werden. Hierbei gilt es zu berücksichtigen, dass auch die **Restaurierung** zur Konservierung des Werkes in seinem Erhaltungszustand per se eine solche Änderung der körperlichen Struktur des Werkes darstellt (vgl. hierzu *Gross,* Raritätenbetrug, 1901, 50; *Döpfner,* Der Restaurierungsbetrug, 1989, 1 ff.), jedoch das charakteristische Fälschungselement fehlt, das Werk als ein anderes auszugeben, als es tatsächlich ist (zur Abgrenzung der Kunstfälschung zum Plagiat *Sandmann,* Die Strafbarkeit der Kunstfälschung, 2004, 23 f. mwN).

324   Fälscht jemand ein Kunstwerk samt Signatur, um es später im Rechtsverkehr als Original anzubieten, so liegt bereits in diesem Zeitpunkt eine Urkundenfälschung nach § 267 in der Alternative des Herstellens einer unechten Urkunde vor. Hinsichtlich der für die tatbestandliche Qualifizierung eines Kunstwerks als Urkunde erforderlichen Beweiseignung kann dahingestellt bleiben, ob sich der Erklärungsgehalt der Signatur in der Urheberschaft des Künstlers erschöpft oder ob auch zum Ausdruck gebracht werden soll, dass dieser das Werk als vollendet und bereit für die Öffentlichkeit ansieht. Solange die Kunstfälschung jedoch noch nicht tatsächlich im Rechtsverkehr als (unverfälschtes) Original angeboten wurde, handelt es sich im Hinblick auf den Betrug nur um eine **Vorbereitungshandlung.**

b) Kunst-, Antiquitäten-, Raritätenbetrug. Nahezu alle Entscheidungen (vgl. nur RGSt 76, 28   **325** (Betrug in Tateinheit mit § 267); RGSt 34, 53 (Betrug in Tateinheit mit § 267); BGH NStZ 1999, 351 (Hehlerei); BGH NStE Nr. 7 zu § 74 (Betrug in Tateinheit mit § 267); BGHR Nr. 29 zu StGB § 52 Abs. 1 (Betrug in Tateinheit mit § 106 Abs. 1 UrhG)) zur Strafbarkeit der Kunstfälschung beinhalten eine Verurteilung wegen eines Vermögensdelikts. Am häufigsten erfolgt eine strafrechtliche Verurteilung wegen Betruges und Hehlerei (zur Relevanz der Hehlerei in diesem Zusammenhang *Sandmann,* Die Strafbarkeit der Kunstfälschung, 2004, 150 ff. mwN). Ein Kunstbetrug liegt vor, wenn jemand über die Urheberschaft, Eigenhändigkeit, Herkunft, Material, Stilepoche oder frühere Ausstellung eines Werkes – also über die Echtheit in all ihren Spielarten – täuscht, ohne ein neues Werk herzustellen oder ein bestehendes zu verändern (vgl. *Würtenberger,* Das Kunstfälschertum. Entstehung und Bekämpfung eines Verbrechens vom Anfang des 15. bis zum Ende des 18. Jahrhunderts, 1940, 4 (87)). Die Grundkonstellation besteht im Angebot einer Fälschung durch den Kunstfälscher selbst oder mittels eines Kunsthändlers an nicht eingeweihte Dritte, also in der **wirtschaftlichen Verwertung einer Kunstfälschung unter Vortäuschung der Echtheit** (vgl. RGSt 76, 28).

Bei aller Vielfalt möglicher Erscheinungsformen des Betruges im Zusammenhang mit Kunstfälschun-   **326** gen (vgl. *Löffler* NJW 1993, 1421 (1426)) stellen sich stets wiederkehrend dieselben rechtlichen Fragen (vgl. dazu *Sandmann,* Die Strafbarkeit der Kunstfälschung, 2004, 116 ff. mwN) danach, welcher **Inhalt einer Äußerung** beigemessen werden muss, um als eine betrugsrelevante Täuschung über die Echtheit eines Kunstwerkes ausgelegt werden zu können, was **Echtheit** bedeutet und wie die **Grenze zwischen Tatsachenbehauptung und Werturteil** (→ Rn. 18 ff.) zu bestimmen ist (*Sandmann,* Die Strafbarkeit der Kunstfälschung, 2004, 117 ff. mwN). Da die Täuschung auch durch Unterlassen möglich ist (BGHSt 39, 392 (398); zur Aufklärungspflicht vgl. *Sandmann,* Die Strafbarkeit der Kunstfälschung, 2004, 134 ff. mwN), hat bereits das RG (RGSt 68, 213 (213)) entschieden, dass der Verkäufer eines Kunstwerkes, dem **gegensätzliche Gutachten über die Echtheit** der von ihm angebotenen Ware vorliegen, verpflichtet ist, den Käufer auf die Existenz dieser Gutachten hinzuweisen. Jedenfalls trifft den Verkäufer eine **Aufklärungspflicht** bezüglich der Unechtheit, wenn er von ihr infolge objektiver Kriterien positive Kenntnis hat (LK-StGB/*Tiedemann* Rn. 66 mwN; *Locher,* Recht der bildenden Kunst, 1970, 187 f.).

Insbesondere mit Blick auf das Irrtumserfordernis ist zudem fraglich, welche Rolle der **Kunstsach-**   **327** **verstand der Beteiligten** einnimmt und ob es einen Unterschied macht, ob an eine Privatperson oder einen Sammler bzw. Kunsthändler verkauft wird (vgl. *Sandmann,* Die Strafbarkeit der Kunstfälschung, 2004, 142 ff. mwN). In Anbetracht dessen, dass im Kunsthandel die fehlende Sachkompetenz vieler Kaufinteressenten die Begehung eines Betruges durch das Anbieten gefälschter Kunstwerke oftmals erst ermöglicht, beseitigen nach der hM (BGH NStZ 2003, 313 (314)) weder die Leichtgläubigkeit noch die Naivität des Opfers oder die Erkennbarkeit der Täuschung bei hinreichend sorgfältiger Prüfung die Schutzbedürftigkeit des Opfers.

Die Feststellung des Vermögensschadens erweist sich in der Praxis mit Blick auf die erforderliche   **328** Äquivalenzbewertung und den oftmals nicht einfach zu ermittelnden **Wert von Gegenständen im Kunst- und Antiquitätenhandel** als problematisch (vgl. *Sandmann,* Die Strafbarkeit der Kunstfälschung, 2004, 144 ff. mwN). Hierbei sind die konkreten Umstände wie Zeit, Ort und tangierter Wirtschaftsbereich und damit auch die sich in Spezialmärkten wie dem Kunsthandel ergebenden Besonderheiten zu berücksichtigen. Somit begründet allein die Tatsache, dass eine Fälschung regelmäßig einen geringeren Marktwert besitzt als das Originalkunstwerk, nicht per se einen Vermögensschaden iSv § 263, außer es liegt der seltene Fall vor, dass als Kaufpreis für die Fälschung der **Marktwert des Originals** oder mehr verlangt wurde. Mithin ist jeweils konkret im Einzelfall der Marktwert der erworbenen Fälschung zu ermitteln und mit dem gezahlten Kaufpreis zu vergleichen (vgl. RGSt 68, 212; ferner *Sandmann,* Die Strafbarkeit der Kunstfälschung, 2004, 145 ff. mwN). Ist der nachhaltig erzielbare (Markt-) Preis oder sonstige Wert eines (gefälschten) Kunstgegenstandes nicht hinreichend sicher feststellbar, so greift der „In-dubio-pro-reo-Grundsatz" mit der Folge ein, dass zu Gunsten des Verkäufers davon ausgegangen werden muss, dass dem Erwerber etwas zugeflossen ist, das sich gegenüber dem gezahlten Kaufpreis als äquivalent erweist (LK-StGB/*Tiedemann* Rn. 200 mwN) und damit zumindest ein vollendeter Betrug ausscheidet. Stimmt der gezahlte Kaufpreis mit dem Verkehrswert des verkauften Kunstwerks überein, so dass Leistung und Gegenleistung objektiv ausgeglichen sind, kann nach subjektiven Gesichtspunkten unter restriktiver Berücksichtigung des **Instruments des individuellen Schadenseinschlages** (→ Rn. 88 ff.) dennoch ausnahmsweise ein Vermögensschaden zu bejahen sein. Solche Fälle gilt es, gegen die Verletzung unbeachtlicher reiner Affektionsinteressen abzugrenzen, insbesondere wenn die Motivation des Kunstliebhabers wirtschaftlich nicht mehr nachvollziehbar ist (so schon RGSt 68, 212 (214); ferner *Würtenberger,* Das Kunstfälschertum. Entstehung und Bekämpfung eines Verbrechens vom Anfang des 15. bis zum Ende des 18. Jahrhunderts, 1940, 99).

Im Ergebnis muss in Fällen des Kunstbetruges für die Bejahung einer Täuschung über die Echtheit   **329** eines Kunstwerkes und damit für eine Strafbarkeit nach § 263 also die **im Kunsthandel geschäftstypische Risikoverteilung** berücksichtigt werden, womit dem Erwerber von Kunstwerken im Interesse eines weitreichenden Vermögensschutzes weitgehend das Orientierungsrisiko abgenommen wird.

330   Geht man davon aus, dass im Verkauf einer Fälschung ein unerlaubtes Verbreiten einer Vervielfältigung liegt, so kommt aus **konkurrenzrechtlicher Sicht** eine Strafbarkeit nach § 106 UrhG tateinheitlich zum Kunstbetrug gegenüber gutgläubigen Händlern und Endverbrauchern in Betracht, sofern die Kunstfälschung eine entsprechende Vervielfältigung im Sinne des Urheberrechtsgesetzes darstellt. Eine Strafbarkeit nach § 107 UrhG tritt dagegen im Wege der in § 107 Abs. 1 UrhG angeordneten Subsidiarität hinter § 263 zurück. Stellt die Betrugshandlung zugleich das Gebrauchen einer unechten Urkunde dar, so kommt tateinheitlich eine Strafbarkeit nach § 267 wegen Urkundenfälschung in Betracht (vgl. BGH JZ 1952, 89; *Löffler* NJW 1993, 1421 (1426)).

331   **34. Lastschriftverfahren, Missbrauch des.** Im Bereich des Lastschriftverfahrens sind verschiedene betrugsrelevante Fallkonstellationen denkbar. Eine strafrechtliche Bewertung dieser Fälle ist ohne einen vorherigen intensiven Blick auf die strukturellen Zusammenhänge dieses Zahlungssystems unmöglich (allg. zu Manipulationen im Zusammenhang mit Lastschriftverfahren s. *Seibert,* Die Garantenpflicht beim Betrug, 2007, 98 ff.; *Matthies* JuS 2009, 1074 ff.).

332   **a) Funktionsweise des Lastschriftverfahrens.** Das Lastschriftverfahren wurde vom Kreditwesen eingerichtet, um den Zahlungsverkehr und damit Wirtschaftsvorgänge zu vereinfachen, nicht aber zur Kreditausreichung. Es stellt ein **Instrument des bargeldlosen Zahlungsverkehrs** dar, das – im Gegensatz zur Giroüberweisung – nicht vom Zahlenden, sondern vom Zahlungsempfänger in Gang gesetzt wird (zur Funktionsweise BGH NJW 2005, 3008 ff.; vgl. *Hadamitzky/Richter* wistra 2005, 441 (442 f.)). Der Gläubiger, der den Lastschriftauftrag seinem kontoführenden Kreditinstitut zum Einzug hereingibt, ist dabei der **Zahlungsempfänger.** Der Schuldner, von dessen Konto der Lastschriftbetrag eingezogen werden soll, ist der **Zahlungspflichtige.** Die Bank, die als kontoführendes Institut des Gläubigers diesen zum Lastschriftverfahren zugelassen hat, wird als **erste Inkassostelle** bezeichnet. **Zahlstelle** wird das Kreditinstitut genannt, welches das Konto des Schuldners führt und mit dem Lastschriftbetrag belastet. Die vom Schuldner seinem Gläubiger grundsätzlich in schriftlicher Form erteilte Ermächtigung, die Forderung im Lastschriftwege einzuziehen, stellt die erforderliche **Einzugsermächtigung** dar. Nicht eingelöste Lastschriften stellen ebenso **Rücklastschriften** dar, wie solche, denen der Schuldner widerspricht. **Rückrechnungslastschriften** sind Lastschriften, mit denen die Zahlstelle das Konto der ersten Inkassostelle aufgrund der im Lastschriftabkommen enthaltenen Ermächtigung bei Vorliegen von Rücklastschriften belastet (vgl. ergänzend Schimansky/Bunte/Lwowski BankR-HdB/*van Gelder* § 56 Rn. 17 ff.).

333   Das Lastschriftverfahren richtet sich nach dem „**Abkommen über den Lastschriftverkehr**", das zwischen den Spitzenverbänden des Kreditgewerbes vereinbart wurde. Das Abkommen über den Lastschriftverkehr v. 1.2.2002 (LSA) trifft unter anderem folgende Regelungen (vgl. insbes. BGH NJW 2005, 3008 ff.):

334   Die erste Inkassostelle nimmt Aufträge zum Einzug fälliger Forderungen, für deren Geltendmachung nicht die Vorlage einer Urkunde erforderlich ist, mittels Lastschrift herein (LSA I Nr. 2 (1)). Bei Lastschriften, die als Einzugsermächtigungen – die dem Zahlungsempfänger von dem Zahlungspflichtigen erteilte schriftliche Einzugsermächtigung ist von dem der Zahlstelle vom Zahlungspflichtigen zugunsten des Zahlungsempfängers erteilten schriftlichen Abbuchungsauftrag zu unterscheiden – gekennzeichnet sind, haftet die erste Inkassostelle der Zahlstelle für jeden Schaden, der dieser durch unberechtigt eingereichte Lastschriften entsteht (LSA I Nr. 5). Lastschriften sind zahlbar, wenn sie bei der Zahlstelle eingehen (LSA I Nr. 6). Die erste Inkassostelle ist – auch bei Verletzung dieses Abkommens und unbeschadet etwaiger Schadensersatzansprüche – verpflichtet, nicht eingelöste bzw. wegen Widerspruchs des Zahlungspflichtigen zurückgegebene Lastschriften zurückzunehmen und wieder zu vergüten; sie darf diese Lastschrift nicht erneut zum Einzug geben (LSA II Nr. 3). Lastschriften, die als Einzugsermächtigungslastschriften gekennzeichnet sind, können von der Zahlstelle auch zurückgegeben und deren Wiedervergütung verlangt werden, wenn der Zahlungspflichtige der Belastung widerspricht. Die Zahlstelle hat unverzüglich, nachdem sie von dem Widerspruch Kenntnis erlangt hat, die Lastschrift zurückzurechnen (LSA III Nr. 1). Die Rückgabe und Rückrechnung ist ausgeschlossen, wenn der Zahlungspflichtige nicht binnen sechs Wochen nach Belastung widerspricht. Schadensersatzansprüche im Sinne der Regelung in Abschnitt I Nr. 5 bleiben hiervon unberührt (LSA III Nr. 2). Dieses Abkommen begründet Rechte und Pflichten nur zwischen den beteiligten Kreditinstituten (LSA IV Nr. 1).

335   Zwischen dem Zahlungsempfänger und seiner Bank (der ersten Inkassostelle) wird formularmäßig eine Vereinbarung über den Einzug von Forderungen durch Lastschriften getroffen (Schimansky/Bunte/Lwowski BankR-HdB/*van Gelder* Anh. 2 zu §§ 56–59), nach deren Nr. 1 das Lastschriftverfahren nur dazu dient, fällige Forderungen, für deren Geltendmachung nicht die Vorlage einer Urkunde erforderlich ist, mittels Lastschrift einzuziehen. Nach Nr. 7 (betreffend das Einzugsermächtigungsverfahren) werden nicht eingelöste Lastschriften mit der Einreichungswertstellung zurückbelastet; dies gilt auch für die Rückbelastung von Lastschriften, für die der Zahlungspflichtige nach Belastung des Einzugsbetrages auf seinem Konto Wiedergutschrift verlangt, weil er die Belastung des Einzugsbetrages nicht anerkennt.

Aufgrund der dargestellten vertraglichen Regressverpflichtungen ergibt sich beim Lastschrifteinzugs- 336
ermächtigungsverfahren ein Schadensrisiko der ersten Inkassostelle, wenn der Zahlungspflichtige binnen
sechs Wochen seiner Belastung widerspricht und die erste Inkassostelle keinen (realisierbaren) Anspruch
gegen weitere Beteiligte hat. Ein Vermögensschaden tritt aber nur ein, wenn das Konto des (angeblichen) Gläubigers, des Zahlungsempfängers, keine Deckung aufweist und er nicht mehr in der Lage ist,
seiner Zahlungsverpflichtung nachzukommen. Nach der neueren Rspr. des BGH (BGHZ 144, 349 ff.)
ist die Möglichkeit des Schuldners zum Widerruf gegen Belastungen seines Kontos aufgrund von
Einzugsermächtigungslastschriften nicht befristet und endet erst durch Genehmigung gegenüber der
Zahlstelle. Hierdurch mindert sich das entsprechende Schadensrisiko der ersten Inkassostelle jedenfalls
nicht; das LSA ist auch nicht entsprechend geändert worden.

b) Fallgruppen des Missbrauchs des Lastschriftverkehrs. Ausgehend hiervon lassen sich aus 337
betrugsrelevanter Sicht vier verschiedene Fallgruppen des Missbrauchs des Lastschriftverkehrs unterscheiden (vgl. Wabnitz/Janovsky WirtschaftsStR-HdB/*Knierim* Kap. 10 Rn. 146 ff.):

aa) Erschleichen von Einzugsermächtigungen oder Abbuchungsaufträgen. In dieser Fallkon- 338
stellation veranlasst ein in Zahlungsschwierigkeiten geratener Kaufmann seinen Kunden dazu, ihm eine
Einzugsermächtigung oder einen Abbuchungsauftrag zu erteilen. Kurz vor dem wirtschaftlichen Zusammenbruch reicht der Kaufmann bei seiner Hausbank mehrere nicht gerechtfertigte Lastschriften ein,
über die er nach Erhalt der Gutschrift und nach Ablauf der Wartezeit verfügt. Die Zahlstelle löst die
Lastschriften ein. Erfährt der angebliche Schuldner schließlich hiervon, so ist der Täter entweder
untergetaucht oder er hat inzwischen die Eröffnung des Insolvenzverfahrens beantragt, das dann in aller
Regel mangels einer den Verfahrenskosten deckenden Masse nicht eröffnet wird.

Aus betrugsrechtlicher Sicht **täuscht** der Kaufmann – soweit keine Online-Abwicklung stattfindet – 339
den Bankmitarbeiter über das Vorhandensein einer zivilrechtlichen **Berechtigung zur Einziehung der
Lastschrift** und erzeugt damit bei diesem einen entsprechenden Irrtum. Dieser Mitarbeiter tätigt aber
keine Verfügung im betrugsrechtlichen Sinne. Schließlich wird der Einziehende „seiner" Bank gegenüber tätig – der ersten Inkassostelle –, und diese verfügt nicht, sondern gibt den Auftrag lediglich als
Zahlungsaufforderung an die Zahlstelle weiter. Zu einer Zahlung kommt es erst durch die Zahlstelle.
Diese erleidet jedoch keinen betrugsrelevanten Schaden, da eine zwar erschlichene, aber grundsätzlich
wirksame Einzugsermächtigung vorliegt. Getäuscht wird das Opfer selbst, das bereits **durch die Erteilung seiner Einzugsermächtigung verfügt.** Der notwendige Zwischenschritt der Einlösung ist wie
bei einem Scheck zu behandeln, womit die **Vermögensgefährdung** dann schon hinreichend konkret
ist und keine weitere deliktische Handlung mehr erforderlich ist.

bb) Nichtvorliegen oder Zweckentfremdung einer Einzugsermächtigung. In einer weiteren 340
Fallvariante verschafft sich der Täter ohne entsprechende Einzugsermächtigung oder unter deren
Zweckentfremdung die Kontodaten seines Opfers und reicht im beleglosen Datenträgeraustauschver-
fahren Lastschriften ein. Hier ist zum einen ein Betrug zum Nachteil des angeblichen Schuldners
denkbar, jedoch ist der Tatbestand mangels täuschungsbedingter Vermögensverfügung nicht gegeben.
Beim Nichtvorliegen der Ermächtigung kommt keine Täuschung des Kunden in Betracht. Wird die
erteilte Einzugsermächtigung zweckwidrig verwendet, so kommt eine Täuschung durch Unterlassen in
Betracht. Jedoch liegt keine Verfügung des angeblichen Gläubigers vor. Getäuscht wird zudem der
Mitarbeiter der ersten Inkassostelle. Diese Täuschung führt jedoch ebenfalls nicht zu einer tatbestandlichen Verfügung über das Vermögen des angeblichen Schuldners. Denn eine Täuschung des Mitarbeiters
der ersten Inkassostelle ist im hier relevanten Zusammenhang nicht tatbestandsrelevant, weil der Bankmitarbeiter nicht im Lager des angeblichen Schuldners stehen (*Soyka* NStZ 2004, 538 (541)). Eine
Täuschung des Bankmitarbeiters der Bank des Kunden (Zahlstelle) liegt hingegen nicht vor, da aufgrund
des Vertragsverhältnisses zwischen Inkassostelle und Zahlstelle keine Prüfung der Berechtigung zum
Einzug stattfindet. Damit scheidet auch ein Betrug in mittelbarer Täterschaft aus.

In Rspr. (BGH NJW 2005, 3008 ff.; OLG Hamm NJW 1977, 1834 (1836); LG Oldenburg NJW 341
1980, 1176 (1177)) und Literatur (Schönke/Schröder/*Perron* Rn. 30; Lackner/Kühl/*Kühl* Rn. 11;
Fischer Rn. 166; *Putzo* NJW 1978, 689 f.) wird jedoch ein **Betrug zum Nachteil der ersten
Inkassostelle** angenommen, wenn der Zahlungsempfänger Lastschriften einreicht, denen nur **fingier-
te Forderungen** zugrunde liegen, und die erste Inkassostelle sowohl darüber getäuscht wird, dass kein
Widerruf erfolgen wird, als auch darüber, dass der – ansonsten zahlungsunfähige – Zahlungsempfänger
solvent ist. Jedoch genügt im Ergebnis weder die Täuschung über den Nichtwiderruf noch über die
Solvenz des Zahlungsempfängers allein zur Annahme eines Betruges, da nur dann bei der ersten
Inkassostelle ein Schaden eintritt, wenn sowohl widerrufen wird als auch ein Anspruch gegenüber dem
Zahlungsempfänger nicht realisierbar ist (*Soyka* NStZ 2004, 538 (540)). Der Angestellte der ersten
Inkassobank, der dem Konto des Zahlungsempfängers den Lastschriftbetrag gutschreibt, hat bei Vor-
nahme der Lastschrift per Einzugsermächtigung die Vorstellung, dass der ersten Inkassostelle durch die
Gutschrift kein Schaden entsteht, weil die Bank den Betrag selbst im Falle des Widerrufs beim
Zahlungsempfänger unschwer einziehen kann. Eine Täuschung über diesen Umstand führt zu einer
Vermögensverfügung und einem Schaden am Vermögen der Bank durch die Gutschrift des Betrages

auf dem Konto des angeblichen Gläubigers. Denn auf diese Weise setzt sie sich einerseits dem Regress seitens der Zahlstelle bzw. des angeblichen Schuldners und andererseits dem Risiko einer Insolvenz ihres eigenen Kunden aus. Nach der Judikatur des BGH entsteht in diesen Fällen insofern ein Vermögensschaden, als der regressbehaftete Gutschriftsbetrag den Wert übersteigt, auf den die erste Inkassostelle durch Rückbuchung vom betroffenen oder einem anderen Konto etc ohne weiteres Zugriff hat. Ein Vermögensschaden setzt eine dahingehende Konkretisierung des Regress- und Insolvenzrisikos voraus, dass die Bank den Buchungsbetrag nicht aus den sonstigen Forderungen des Kunden ausgleichen kann.

342   **cc) Lastschriftreiterei.** Ein Betrug gegenüber der ersten Inkassostelle kommt nicht nur bei fingierten Forderungen in Betracht, sondern grundsätzlich auch dann, wenn die Inkassostelle darüber **getäuscht** wird, dass die **Lastschriften nicht widerrufen** werden, oder darüber, dass der **Zahlungsempfänger im Zeitpunkt der Rückrechnungslastschriften seiner Bank zahlungsunfähig** ist. Dies liegt bei „Lastschriftreiterei" mit dem Ziel der Kreditbeschaffung auf der Hand, weil die erste Inkassostelle darüber getäuscht wird, dass der Lastschrifteinreichung nicht etwa ein übliches Umsatzgeschäft, sondern ein kurzfristiges Darlehen mit einem deutlich erhöhten Risiko des Widerrufs zugrunde liegt (BGH NJW 2005, 3008 ff.). Denn das Lastschriftverfahren soll als Instrument des bargeldlosen Zahlungsverkehrs und nicht der Kreditbeschaffung dienen. So wie die Verwendung von Scheck und Scheckkarte zur Kreditbeschaffung in der Regel als zweckwidrige, zumindest ungewöhnliche Benutzung angesehen (vgl. BGHZ 64, 79 (84)) und die frühere Hingabe von Eurocheques mit dem Ziel, Darlehen auf Kosten der Bank zurückzuzahlen, als funktional atypische Verwendungsart der Scheckkarte gewertet wurde (vgl. BGHZ 83, 28), so ist die „Lastschriftreiterei" mit dem Ziel der Kreditbeschaffung − letztlich zum Nachteil der ersten Inkassobank − mit dem Wesen des Lastschriftverfahrens nicht zu vereinbaren. Den Zahlungsempfänger trifft aufgrund seiner vertraglichen Vereinbarung mit seiner Bank in diesen Fällen eine **Aufklärungspflicht,** wenn die **Lastschriften funktional atypisch verwendet** werden. Legt er die Lastschriften ohne entsprechende Angaben seiner Bank zur Gutschrift vor, so täuscht er diese konkludent darüber, dass die Lastschrift hier zweckwidrig nicht lediglich Instrument des bargeldlosen Zahlungsverkehrs ist. Damit trägt die Gläubigerbank unfreiwillig innerhalb der Widerrufsfrist das Risiko der Zahlungsunfähigkeit des „Kreditnehmers", der gleichzeitig Gläubiger im Lastschriftverfahren ist (BGHSt 50, 147 (153 f.) mAnm *Hadamitzky/Richter* wistra 2005, 441 ff., auch zur Strafbarkeit wegen § 54 Abs. 1 Nr. 2 KredWG; krit. *Fahl* JURA 2006, 733 (734 f.); *Soyka* NStZ 2004, 538 (541)). Wenn mehrere durch die Lastschrifteinlösung ermöglichte „Darlehen" der Reihe nach abgerufen werden und die Ablösung eines vorherigen Darlehens durch ein nachfolgendes bewirkt wird, bleibt der Gesamtgefährdungsschaden hinter der Summe der Einzelgefährdungsschäden zurück (BGH wistra 2006, 20; *Fahl* JURA 2006, 733 (735)).

343   Nicht selten schließen sich auch in- und ausländische Täter zusammen und treten mit verschiedenen Banken in Geschäftsverbindung. Dabei werden Lastschriftabbuchungsaufträge zugunsten der jeweils anderen Konten erteilt. Den Banken wird dabei durch die geschickte Kombination von Gut- und Lastschriften, Wechsel- und Scheckeinreichungen eine **nicht vorhandene Bonität vorgespiegelt.** Schließlich bringen bestimmte Täter bei einer oder mehreren Banken so viele Lastschriften zum Einzug, dass sich die Beendigung lohnt.

344   **dd) Gewährung kurzfristiger Kredite/„Lastschriftkarussell".** Bei der Betrugsvariante des Lastschriftkarussells macht sich der Täter das Lastschriftverfahren der Banken und die Möglichkeit zu Nutze, dass der Lastschriftgeber gegen den Einzug per Lastschrift noch bis zu **sechs Wochen** nach Saldostellung seitens der Bank **Widerspruch** einlegen kann (vgl. Wabnitz/Janovsky WirtschaftsStR-HdB/*Reich,* 3. Aufl. 2007, Kap. 5 Rn. 82 bzw. Wabnitz/Janovsky WirtschaftsStR-HdB/*Knierim* Kap. 10 Rn. 149 mwN; *Hadamitzky/Richter* NStZ 2005, 636). Tut er dies, so ist die Hausbank des Lastschriftempfängers gezwungen, den per Lastschrift eingezogenen Betrag zurückzuerstatten. Den Täter begünstigt dabei die Tatsache, dass die Bank keine Möglichkeit hat, das Grundgeschäft zu überprüfen.

345   Mit der Aussicht auf eine hohe Rendite bei einer absoluten Sicherheit werden zunächst **finanzstarke Darlehensgeber** akquiriert. Anschließend werden **finanzschwache Darlehensnehmer** gesucht. Auf Veranlassung des Täters erteilt der Darlehensgeber dem Darlehensnehmer eine Lastschrift und zahlt diesem somit einen in fünf Wochen zur Rückzahlung fällig gestellten **Kredit** aus. Ist der Darlehensnehmer nicht in der Lage, das Darlehen innerhalb dieser Zeit zurückzuzahlen, widerruft der Darlehensgeber den Lastschrifteinzug. **Geschädigte** ist die **Hausbank des Darlehensnehmers,** die verpflichtet wird, den Zahlungsvorgang rückabzuwickeln und in der Regel beim finanzschwachen Darlehensnehmer keinen Regress mehr nehmen kann.

346   Der BGH (BGH NStZ 2005, 634; s. dazu später auch BGH wistra 2006, 20; iErg auch AG Gera NStZ-RR 2005, 213; aA *Soyka* NStZ 2004, 538; *ders.* NStZ 2005, 637; diff. *Knierim* NJW 2006, 1273) hat die **konkludente Täuschung** zu Lasten der Bank des Darlehensnehmers darin gesehen, dass der Lastschrift ein **kurzfristiges Darlehen** zugrunde liegt, das mit einem **deutlich erhöhten Widerrufsrisiko** verknüpft ist, und der Darlehensnehmer dies seiner Bank verschweigt. Zudem werden auf den Lastschriftermächtigungen regelmäßig fiktive Rechnungsnummern eingetragen.

Ein weiteres, in Fällen des Lastschriftkarussells häufig mitverwirklichtes Delikt ist der **Wucher gemäß** 347
§ 291 seitens des Initiators zu Lasten des Darlehensgebers, indem Kosten für Zinsen und Gebühren von
bis zu 20 % des Darlehensbetrages für eine maximal sechswöchige Darlehenslaufzeit verlangt werden.

35. Leistungsbetrug/Arbeitsbetrug. Der Leistungs-/Arbeitsbetrug (SK-StGB/*Hoyer* Rn. 255 f.) 348
zeichnet sich dadurch aus, dass sich der Täter bestimmte, **nicht verkörperte Leistungen** (Arbeits- oder
Transportleistungen, Zutritt zu einer Veranstaltung etc) des Opfers erschleicht, **ohne** dafür ein **Entgelt**
zu entrichten. Das Opfer wird über eine nicht bestehende Forderung im Sinne einer Verpflichtung zur
Leistung getäuscht. Verfügt das Opfer irrtumsbedingt, so stellt sich regelmäßig die Frage, ob ein **Vermögensschaden** gegeben ist. Ein solcher liegt nur dann unproblematisch in der Höhe des entgangenen
Entgelts vor, wenn durch die Leistungserbringung an den Täter konkret vereitelt wird, dass ein **Dritter**
diese **Leistung gegen Entgelt in Anspruch nehmen kann** (LK-StGB/*Tiedemann* Rn. 189). Probleme ergeben sich hingegen, wenn die erschlichene Leistung sonst konkret von keiner anderen Person
nachgefragt worden wäre und keine sonstigen materiellen Aufwendungen entstanden sind (SK-StGB/
Hoyer Rn. 255). Nach rein wirtschaftlicher Betrachtung wird der Täter durch eine solche Tat zwar
reicher, der Leistende jedoch objektiv nicht ärmer. Dennoch kann bei normativer Betrachtung ein
Schaden bejaht werden, da Leistungen wie die Beförderung mit öffentlichen Verkehrsmitteln oder
Schauspielleistungen im Theater oder der Einsatz der eigenen Arbeitskraft, die normalerweise nur gegen
Entgelt erbracht werden, zum wirtschaftlichen Vermögen zählen (LK-StGB/*Tiedemann* Rn. 189;
Schönke/Schröder/*Perron* Rn. 139). Der Schaden wird nicht dadurch ausgeschlossen, dass dem Leistungserbringer keine zusätzlichen Aufwendungen entstehen, weil die Leistung ohnehin erbracht wird
oder die Arbeitskraft nicht anders einsetzbar war (RGSt 42, 40 (42); 68, 379 (380)). Eine vermittelnde,
auf einen intersubjektiven Schadensbegriff abstellende Ansicht (SK-StGB/*Hoyer* Rn. 256) will danach
unterscheiden, ob Täter und Opfer der Leistung übereinstimmend einen Vermögenswert zuerkennen:
Der Täter habe dann eigene Aufwendungen für die Deckung eines bestimmten Bedarfs eingespart und
das Opfer unentgeltlich einen Bedarf des Täters gestillt, der diesen sonst möglicherweise zur Nachfrage
nach einem entsprechend entgeltlichen Tauschgeschäft veranlasst hätte. Mithin habe die Chance bestanden, dass der Täter ansonsten aufgrund seines Bedarfs zu einem entgeltlich durchgeführten Tauschgeschäft animiert worden wäre. Diese Chance sei dem Opfer dadurch entgangen, dass es seine Leistung
unentgeltlich erbracht hat. Im Einzelfall kann eine Abgrenzung zu § 265a erforderlich sein.

36. Lieferanten(kredit)betrug/Warenkreditbetrug/Stoßbetrug. Beim sog Lieferanten(kredit)- 349
betrug handelt es sich um eine Fallkonstellation des **Betruges durch Unterlassen.** Regelmäßig problematisch ist in diesem Zusammenhang die Bejahung einer Aufklärungspflicht. So erklärt der Kreditnehmer stillschweigend seine gegenwärtige Überzeugung, dass ihm gewährte Darlehen zum zukünftigen
Fälligkeitszeitpunkt zurückzahlen bzw. seine Warenlieferschuld begleichen zu können und zu wollen
(LK-StGB/*Tiedemann* Rn. 38). **Zweifel an der künftigen Zahlungsfähigkeit** brauchen jedoch auch
nach der neueren Rspr. (*Holtz* MDR 1980, 106 f.; BGH wistra 1984, 223 f.; 1992, 298 f.) grundsätzlich
nicht offenbart zu werden. Entsprechendes gilt auch für den Kreditverkehr, sowohl in Bezug auf den
Geld-, als auch auf den Lieferanten- oder Warenkredit durch Einräumung eines Zahlungsziels (LK-
StGB/*Tiedemann* Rn. 38). In diesem Zusammenhang besteht bei gewöhnlichen Kreditgeschäften trotz
ihrer Ausrichtung auf einen bestimmten Zeitpunkt grundsätzlich auch **keine Aufklärungspflicht** über
die für die Kreditwürdigkeit maßgeblichen Umstände und Eigenschaften des Kreditsuchenden (BGH
wistra 1992, 143 f.; BGH StV 1984, 512; LK-StGB/*Tiedemann* Rn. 65 mwN). Insbesondere müssen
nach der Kreditaufnahme eintretende Vermögensverschlechterungen nicht ungefragt angegeben
werden (BGH wistra 1987, 213; 1988, 262 f.; LK-StGB/*Tiedemann* Rn. 65 mwN).

Ausnahmen sind denkbar bei **langjährigen Geschäftsbeziehungen** wie bspw. Sukzessivlieferungs- 350
verträgen mit einer Vorleistungspflicht des Lieferanten. Dort bejaht die Rspr. (*Holtz* MDR 1980, 106 f.;
OLG Stuttgart JR 1978, 388 (389) mAnm *Beulke;* aA OLG Stuttgart Die Justiz 1980, 154 f.) eine
entsprechende Offenbarungspflicht, wenn es sich nicht nur um eine vorübergehende Liquiditätskrise
handelt. Diese besondere Offenbarungspflicht kann damit begründet werden, dass sich die Überprüfung
der Kreditwürdigkeit beim Lieferantenkredit für den Geschäftspartner deutlich schwieriger darstellt als
bei Geldkrediten (LK-StGB/*Tiedemann* Rn. 65).

Schließlich verlangt die Rspr. (BGHR StGB § 263 Abs. 1 Irrtum 2, NStZ 1993, 440 f.; vgl. auch LK- 351
StGB/*Tiedemann* Rn. 87) bei **zeitlich gestreckten Sachverhalten** – wie sie dem Lieferantenbetrug
regelmäßig zugrunde liegen – ausdrückliche tatrichterliche Feststellungen der Kausalität von Täuschung
und irrtumsbedingter Vermögensverfügung. Daher sind insbesondere nähere Feststellungen zu der Frage
erforderlich, ob die Ausführung weiterer Warenlieferungen trotz offen stehender Rechnungen noch auf
der früheren Vorspiegelung der Zahlungsfähigkeit und -willigkeit beruht (BGH wistra 1993, 224 mwN;
vgl. auch LK-StGB/*Tiedemann* Rn. 125). Dabei kommt es darauf an, ob der Lieferant Kenntnis von der
Zahlungssäumigkeit erlangt hat und aus welchem Grund er sich dennoch zu weiteren Lieferungen
bereitgefunden hat (BGH wistra 1998, 179 f.).

37. Lotteriebetrug/Glücksspielbetrug/Spätwette/Wettbetrug. Nicht erst ehemalige und aktu- 352
elle (Verdachts-)Fälle von Wettbetrug im großen Stil haben den Fokus auf dieses aus betrugsdogmatischer

Sicht interessante Betätigungsfeld organisierter Kriminalität gerichtet. Dreh- und Angelpunkt ist die Erkenntnis, dass der Abschluss eines Rechtsgeschäfts die schlüssige Erklärung derjenigen Umstände enthalten soll, die den jeweiligen Geschäftstyp ausmachen (Schönke/Schröder/*Perron* Rn. 16e). Dem sog Lotteriebetrug liegt ein Austauschverhältnis im Sinne eines zivilrechtlichen Geschäftstyps zugrunde. Dieses lässt eine Risikoabgrenzung hinsichtlich solcher Umstände erkennen, die den Geschäftstyp ausmachen und damit die Geschäftsgrundlage bilden (LK-StGB/*Tiedemann* Rn. 31; Schönke/Schröder/ *Perron* Rn. 16e). **Grundlage von Spiel und Wette** ist die **Ungewissheit.** Wenn diese einseitig nicht besteht oder Wahrscheinlichkeiten manipulativ verändert werden, verfälscht dies den Geschäftstyp. Aus diesem Grund geht ein Teil der Rspr. (RGSt 62, 415 ff.; BGHSt 51, 165 (172) – Hoyzer mAnm *Gaede* HRRS 2007, 16; *Krack* ZIS 2007, 103 (106); aA noch BGHSt 16, 120 (121 f.) für die Spätwette m. abl. Anm. *Bockelmann* NJW 1961, 1934; *Mittelbach* JR 1961, 506; *Wersdörfer* JZ 1962, 451; vgl. aber auch *Ordemann* MDR 1962, 623) davon aus, dass bei Abschluss eines Spiels oder einer Wette die **Unkenntnis vom Ausgang** als das spezifische Risiko eines Spielvertrags **konkludent miterklärt** wird (so auch Fischer Rn. 30 ff.; Schönke/Schröder/*Perron* Rn. 16e; *Hartmann/Niehaus* JA 2006, 433 f.). Gleiches gilt für die fehlende Beeinflussung eines Glücksspiels (RGSt 21, 107 (108); 61, 12 (16)) und die Nicht-ausschaltung des Zufalls beim Roulette (BayObLG NJW 1993, 2820 ff. mAnm *Lampe* JuS 1994, 737; vgl. ferner OLG Karlsruhe Die Justiz 1970, 265) sowie für die Nichtzurückhaltung des Hauptgewinn-loses bei der Lotterie (RGSt 62, 393 (394); BGHSt 8, 289 (291); vgl. auch OLG Hamburg NJW 1962, 1407 mAnm *Schröder* JR 1962, 431; Schönke/Schröder/*Cramer/Perron* Rn. 114) oder vergleichbare Fälle. Eine beabsichtigte oder gar vorgenommene **Manipulation** führt somit zur konkludenten Behauptung ihres Nichtvorliegens, wenn es dabei um den zentralen Umstand, die Grundlage des Geschäfts-typs geht (LK-StGB/*Tiedemann* Rn. 31). Eine Täuschung stellt daher auch das Aufstellen von **Spielautomaten** dar, bei welchen die Gewinnchancen zuvor manipulativ gemindert wurden (OLG Hamm NJW 1957, 1162). Schließlich können vom Betrugstatbestand auch **Absprachen** über den Ausgang **sportlicher Wettkämpfe** (BGHSt 51, 165 (167 f.); 102, 106 ff.; LK-StGB/*Tiedemann* Rn. 31; Schönke/Schröder/*Perron* Rn. 16e; *Hartmann/Niehaus* JA 2006, 433 f.; *Triffterer* NJW 1975, 615) oder der Abschluss einer Rennwette nach der **Bestechung von Reitern** (BGHSt 29, 165 (167 f.) mAnm *Klimke* JZ 1980, 581 f.; *Schmidt* LM Nr. 5) oder nach dem **Dopen eines Rennpferdes** (Lackner/Kühl/*Kühl* Rn. 9 mwN) erfasst werden (LK-StGB/*Tiedemann* Rn. 31).

353   Auch die **technische Grundlage eines (Gewinn-)Spiels** sowie der angebliche **Einfluss des Verhaltens des Spielers auf die Gewinnchance** können Gegenstand einer konkludenten Erklärung sein (vgl. Fischer Rn. 22a). Als Beispiel seien Fälle genannt, in denen dem Spielteilnehmer suggeriert wird, nur durch eine sofortige (kostenpflichtige) Teilnahme – etwa beim sog „Hot-Button"-Verfahren bei TV-Gewinnspielen – eine Gewinnchance zu erhalten oder seine Chancen zu erhöhen (*Becker/Ulbrich/Voß* MMR 2007, 149 ff.; *Noltenius* wistra 2008, 285 ff.; *Schröder/Thiele* JURA 2007, 814 ff.).

354   Bezüglich des erforderlichen **Irrtums** ist nicht nur das aktuelle Bewusstsein des Vorstellungsinhalts notwendig, vielmehr gehört bereits das sog sachgedankliche Mitbewusstsein zum Vorstellungsbild (Schönke/Schröder/*Perron* Rn. 39). So geht der Buchmacher im Falle der Spätwette davon aus, dass auch sein Partner das Wettrisiko eingeht (zum Betrug bei Spätwetten *Ordemann* MDR 1962, 623 ff.).

355   Trotz einer statistisch betrachtet geringen Gewinnchance werden aufgrund der vertraglichen Grundlage auch **Lose** (BGHSt 8, 289 ff.) und andere rechtlich verkörperte Gewinnchancen, wie etwa **Wettscheine**, rechtlich als eine **hinreichende Exspektanz** behandelt (vgl. LK-StGB/*Tiedemann* Rn. 135 mwN). Wird mit dem in täuschender Weise zurückgehaltenen Lotterielos doch noch ein hoher Gewinn erzielt, handelt es sich um einen vom Zufall abhängigen Gewinn, der dem Täter nicht zuzurechnen ist (LK-StGB/*Tiedemann* Rn. 162 mwN; vgl. auch BGHSt 51, 165 ff.; zum sog Lotteriebetrug BGHSt 8, 289 ff.).

356   Hinsichtlich des Tatbestandsmerkmals einer **irrtumsbedingten Vermögensverfügung** ergeben sich regelmäßig keine wirtschaftsstrafrechtlich spezifischen Probleme.

357   Hinsichtlich der mitunter schwierigen Feststellung des **Vermögensschadens** kann auf das Urteil des 5. Senats v. 15.12.2006 (BGHSt 51, 165 ff.) im Fall Hoyzer verwiesen werden. Danach kann bereits mit Abschluss eines Wettvertrages ein vollendeter Betrug vorliegen. Bei einem solchen Eingehungsbetrug ergibt sich der Eintritt eines Vermögensschadens aus einem Vergleich der Vermögenslage vor und nach Vertragsabschluss (vgl. BGHSt 16, 220 (221); BGH NStZ 1991, 488). Diese zu üblichen Formen von Austauschgeschäften entwickelte Rspr. bedarf bei Sportwetten jedoch einer Anpassung an deren Besonderheiten, da dort der Austausch von Einsatz und Wettschein als einer sog Inhaberschuldverschreibung (Palandt/*Sprau* BGB § 793 Rn. 5) zur Eingehung der vertraglichen Verpflichtungen hinzukommt (BGHSt 51, 165 (174 f.)). Die aufgrund eines bestimmten Risikos ermittelte Quote stellt bei Sportwetten mit festen Quoten – den sog **Oddset-Wetten** – den „Verkaufspreis" der Wettchance dar und bestimmt, mit welchem Faktor im Gewinnfall der Einsatz multipliziert wird. Erhöht sich die Chance auf einen Wettgewinn durch eine vorherige Manipulation, so ist diese Gewinnchance wesentlich mehr wert, als der Eingeweihte hierfür zuvor in Ausnutzung der erfolgten Täuschung gezahlt hat. Diese **„Quotendifferenz"** stellt bei jedem Wettvertragsabschluss bereits einen nicht unerheblichen Vermögensschaden iSv § 263 dar (BGHSt 51, 165 (175); *Bosch* JA 2007, 389 (390); aA *Fasten/Oppermann* JA 2006, 69 (72)). Infolge des für Wetten typischen Zusammenhangs zwischen der Wettchance und dem tatsächlich realisierten Wettrisiko ähnelt dies einer schadensgleichen konkreten Vermögensgefährdung und stellt bei wirtschaftlicher Betrachtung bereits einen wesentlichen Teil des beabsichtigten Wettgewinns dar. Solange der Wettanbieter aus seinem Vermögen täuschungsbedingt eine Gewinnchance einräumt, welche unter Berücksichtigung der jeweiligen Preisbildung des Wettanbieters am Wetteinsatz gemessen zu hoch ist, ist es irrelevant, dass für erkannt manipulierte Spiele keine Wetten angeboten werden (BGHSt 51, 165 (175)). Im Ergebnis verschafft sich der Täuschende somit eine höhere Gewinnchance, als ihm der Wettanbieter bei richtiger Risikoeinschätzung für diesen Preis jemals eingeräumt hätte.

In der Praxis muss ein derartiger **Quotenschaden** nicht beziffert werden. Vielmehr genügt es, wenn   **358** die insoweit relevanten Risikofaktoren gesehen und bewertet werden. Realisiert sich der vom Wettenden infolge der Manipulation erstrebte Wettgewinn später nicht, verbleibt es bei dem bereits mit erfolgreicher Täuschung erzielten Quotenschaden, was in der Strafzumessung zu berücksichtigen ist (BGHSt 51, 165 (175 f.)). Realisiert sich der erstrebte Wettgewinn dagegen und kommt es zur Auszahlung des Gewinns, so schlägt das mit dem Eingehungsbetrug verbundene erhöhte Verlustrisiko auf Seiten des jeweiligen Wettanbieters in einen endgültigen Vermögensverlust in Höhe der Differenz zwischen Wetteinsatz und Wettgewinn um (zur Schadensberechnung *Fasten/Oppermann* JA 2006, 69 (73)). Der Quotenschaden stellt mithin das notwendige **Durchgangsstadium** und einen erheblichen Schritt hin zu dem beabsichtigten endgültigen Schaden auf Seiten des Wettanbieters dar (BGHSt 51, 165 (176)). Der betrugsrelevante Vermögensschaden liegt dagegen auch wegen Bedenken hinsichtlich der Stoffgleichheit nicht in der kaum feststellbaren Differenz zwischen der aufgrund des „normalen Wettverhaltens" prognostizierten Gesamtgewinnausschüttung und der nach der Manipulation tatsächlich auszuschüttenden Gesamtgewinnsumme (BGHSt 51, 165 (175); aA *Kutzner* JZ 2006, 712 (717)). Allein maßgeblich ist, dass der Wettanbieter täuschungsbedingt einen sein Vermögen in dieser Höhe mindernden Wettgewinn auszahlt, den der Wettende zwar anstrebt, auf den er aufgrund der Spielmanipulation aber keinen Anspruch hat. Allenfalls mittelbar von Relevanz ist hier die manipulationsbedingte Ersparnis anderweitig zu erwartender Gewinnausschüttungen durch den Wettanbieter (s. auch BGHR StGB § 263 Abs. 1 Vermögensschaden 54). Die genaue Schadenshöhe kann unter Beachtung des Grundsatzes in dubio pro reo geschätzt werden (BGHSt 51, 165 (175)). Wenn es zur Auszahlung der Gewinnsumme an den rechtswidrig Wettenden kommt, soll nach Auffassung des BGH der Quotenschaden in einen effektiven Schaden in Höhe der Differenz zwischen Wetteinsatz und Wettgewinn „umschlagen" (BGHSt 51, 165 (176); krit. dazu *Krack* ZIS 2007, 103 (112); *Radtke* JURA 2007, 445 (451)).

Unerheblich ist, ob sich eine **Manipulation kausal im Spielergebnis** oder zumindest entscheidend   **359** in dem jeweiligen **Spielverlauf niedergeschlagen** hat. Es genügt, dass der Wettanbieter täuschungsbedingt Wettverträge abgeschlossen hat, die er so bei Kenntnis der beabsichtigten oder vorgenommenen Manipulationen nicht abgeschlossen hätte. Dies lässt sich damit begründen, dass Tatbestandsmerkmal des § 263 nicht der Erfolg der Manipulation ist, sondern allein die täuschungsbedingte Vermögensschädigung (BGHSt 51, 165 (177)). Zudem ist die Zusage eines Mannschaftsspielers oder eines Schiedsrichters für die Risikoverschiebung der Manipulation regelmäßig von erheblicher Bedeutung.

Über den Quotenschaden hinaus kommt es durch den Abschluss des Wettvertrages lediglich zu einer   **360** **abstrakten Gefahr** für das Vermögen des Wettanbieters. Ein hinreichend konkreter und damit betrugsrelevanter Vermögensschaden liegt noch nicht vor, weil der Eintritt der durch die Wettquote bestimmten Auszahlung noch nicht überwiegend wahrscheinlich ist, sondern noch von zukünftigen Ereignissen abhängt, die sich ihrerseits einer Einflussnahme trotz der Manipulation immer noch in ganz wesentlichem Umfang entziehen (BGHSt 51, 165 (177 f.); s. auch *Mosbacher* NJW 2006, 3529 (3530)).

38. Maklerbetrug. Beim Betrug zu Lasten eines Maklers stellt regelmäßig die Bejahung des Ver-   **361** mögensschadens ein Problem dar. Hier gilt es zu beachten, dass **Anwartschaften** nur dann unter den Schutz des § 263 fallen, wenn sie sich (zivil- oder öffentlich-)rechtlich zu einem Anwartschaftsrecht oder Rechtsanspruch verdichtet haben (LK-StGB/*Tiedemann* Rn. 134). Dies ist in Fällen der Vermittlungstätigkeit eines Maklers der Fall, auch wenn nach **§ 652 BGB** der Vergütungsanspruch erst mit Abschluss des Vertrages über das vermittelte Objekt besteht (BGHSt 31, 178 m. zust. Anm. *Lenckner* NStZ 1983, 409 (410); abl. Anm. *Bloy* JR 1984, 123 (124) sowie Bspr. *Maaß* JuS 1984, 25 ff.; ferner *Radtke* JuS 1994, 589 (590)).

Aufgrund der sich mit Blick auf § 652 BGB ergebenden Besonderheiten erreicht ein Betrug gegen-   **362** über einem Makler jedoch erst dann das **Versuchsstadium**, wenn der Auftraggeber unter Vortäuschung seiner Bereitschaft, den Maklerlohn zu bezahlen, Handlungen auf den Vertragsabschluss mit dem Dritten vornimmt, die nach seiner Vorstellung den Abschluss des vermittelten oder nachgewiesenen Geschäfts unmittelbar herbeiführen sollen. Aus der Freiheit des Auftraggebers darüber zu entscheiden, ob er das ihm vermittelte oder nachgewiesene Geschäft abschließen möchte oder nicht, ergibt sich die Relevanz dieses relativ späten Zeitpunktes (BGHSt 31, 178 (181 ff.) m. abl. Bspr. *Maaß* JuS 1984, 25 ff.; LK-StGB/ *Tiedemann* Rn. 277).

39. Markenrechtswidriger Handel mit Piratewaren, betrügerischer. Im Hinblick darauf,   **363** dass definitionsgemäß die Täuschung sowohl ein Merkmal der Markenpiraterie als auch ein Tatbestandsmerkmal des Betruges ist, liegt es nahe, in Fällen des Verkaufs von Piratenware einen Betrug in Betracht zu ziehen (eing. hierzu *Schmidl,* Bekämpfung der Produktpiraterie in der BRD und in Frankreich,

1999, 1 ff.). Auch wenn Teile der Literatur bei entsprechenden Geschäften pauschal den Tatbestand des § 263 als erfüllt ansehen (*v. Gravenreuth* GRUR 1983, 349 (354); *Sternberg-Lieben* NJW 1985, 2121 (2123)), verdienen die einzelnen Tatbestandsmerkmale genauerer Betrachtung (vgl. insbes. *Schiwek,* Die Strafbarkeit der Markenpiraterie, 2004, 140 ff.). Insbesondere ist dabei danach zu unterscheiden, zu wessen Lasten der Betrug vorgenommen werden soll.

364 **a) Betrug zu Lasten des Erwerbers.** Zunächst wird bei Piratieware über die **betriebliche Herkunft der Ware** als Tatsache iSv § 263 getäuscht, da die Ware nicht von dem Inhaber der Marke stammt, unter welcher die Ware vertrieben wird. Fraglich ist beim Verkauf entsprechender Produkte jedoch – mit Ausnahme der eindeutigen Fälle, in denen die Ware ausdrücklich als „echt" oder „unecht" angepriesen wird –, worin die Täuschungshandlung liegt. Hier ist an eine **konkludente Täuschung** in denjenigen Fällen möglich, in denen der Rechtsverkehr dem Gesamtverhalten des Täters trotz fehlender ausdrücklicher Erklärung aufgrund allgemeiner Interpretationsregeln einen eigenen Erklärungswert beimisst, wie etwa der Aussage, die **Qualität** der übergebenen Ware entspreche derjenigen der Originalware (so *Braun,* Produktpiraterie, 1993, 168). Hierbei muss danach differenziert werden, ob die Piratieware **unter authentisch produktadäquaten Umständen angeboten** wird, die denjenigen der Originalware entsprechen, oder ob erhebliche Abweichungen im Vertrieb erkennbar sind. Besondere Beachtung verdienen dabei beispielsweise der **Preis,** zu dem die Ware angeboten wird, die **Verkaufslokalität** oder das **Vorhandensein der Originalverpackung und des Originaletiketts.** Wird die Ware beispielsweise auf einem Flohmarkt angeboten, ist dies bei hochwertigen Produkten inadäquat. So kann mit Blick auf die Echtheit der angebotenen Ware etwa eine Täuschung und damit ein Betrug nicht bejaht werden, wenn am Strand aus der Jackentasche des Verkäufers ohne Papiere eine hochwertige Uhr für 25 EUR angeboten wird. Schließlich entspricht es der allgemeinen Lebenserfahrung, dass Flohmärkte und ähnliche Orte von den Herstellern teurer Markenartikel nicht in ihr Vertriebssystem einbezogen werden.

365 Durch die Täuschung müsste auf der Seite des Erwerbes ein **Irrtum** hervorgerufen worden sein. Dies ist zu verneinen, wenn der Käufer die Ware als Piratierieprodukt entlarvt hat, sie aber gleichwohl erwirbt. Handelt es sich bei dem Getäuschten um einen gewerblich agierenden **Zwischen- oder Großhändler,** so gilt es regelmäßig, dessen **Kenntnisse des Marktes sowie der branchenüblichen Preise und Vertriebswege** zu berücksichtigen (*Kann,* Musikpiraterie, 1995, 110). Problematisch sind hierbei die in der Literatur heftig umstrittenen (zum Streitstand LK-StGB/*Tiedemann* Rn. 84 ff.) Fälle bloßen Zweifels am Erwerb eines Markenartikels, die etwa durch einen besonders günstigen Preis hervorgerufen werden. Nach wohl hM sind solche **Zweifel** auf Seiten des Opfers irrelevant, wenn dennoch eine Fehlvorstellung kausal für eine Vermögensverfügung iSd § 263 geworden ist. Das wird damit begründet, dass ein gewisser Unsicherheitsfaktor auf Opferseite gerade charakteristisch für den Betrug sei und gerade das leichtsinnige Opfer besonderen Schutzes bedürfe (LK-StGB/*Tiedemann* Rn. 86 mwN). Dass weder Leichtgläubigkeit noch ein „Mitverschulden" den Irrtum des Opfers ausschließen, ist zwar nach der höchstrichterlichen Rspr. (BGH wistra 1992, 95 (97); BGHSt 34, 199 (201)) und Teilen der Lehre (Lackner/Kühl/*Kühl* Rn. 18; Schönke/Schröder/*Perron* Rn. 32a; Müller-Gugenberger WirtschaftsStR/*Hebenstreit* § 47 Rn. 33; Többens WirtschaftsStR, 71) als hM einzustufen, aber nicht unbestritten (zum Meinungsstand LK-StGB/*Tiedemann* Vor § 263 Rn. 34 ff.; → § 263 Rn. 84 ff.; *ders.* FS Klug, 1983, 405 (411); *Kurth,* Das Mitverschulden des Opfers beim Betrug, 1984, 109; *Achenbach* JURA 1984, 602; *Amelung* GA 1977, 1 ff.; *Bottke* JR 1987, 428 (429); *Frisch* FS Bockelmann, 1979, 647 ff.; *Giehring* GA 1973, 1 ff.; *Herzberg* GA 1977, 289 ff.; *Hilgendorf* JuS 1994, 466 (467); *Kindhäuser* FS Bemmann, 1997, 339 (357); *Schünemann* NStZ 1986, 439; ferner Lackner/Kühl/*Kühl* Rn. 18 mwN).

366 Schließlich müsste auf Seiten des Opfers infolge einer Vermögensverfügung ein **Vermögensschaden** eingetreten sein, wozu es einer Wertdifferenz zwischen den ausgetauschten Leistungen bedarf. Bei Piratieware gilt es verschiedene Faktoren zu berücksichtigen. So lässt sich ein Schaden entweder aus dem wirtschaftlichen Minderwert der erhaltenen Gegenleistung oder bereits aufgrund des Mangels der rechtswidrigen Kennzeichnung bejahen (dazu *Schiwek,* Die Strafbarkeit der Markenpiraterie, 2004, 145 ff.).

367 Zunächst kann der **wirtschaftliche Minderwert** als Schadensursache herangezogen werden. Auch wenn Piratieware bei vergleichbarem Preis in der Regel qualitativ hinter dem Original, von dessen Erwerb der Käufer ausging, zurückbleibt (LK-StGB/*Tiedemann* Rn. 198; *Braun,* Produktpiraterie, 1993, 170; *Sternberg-Lieben* NJW 1985, 2121 (2123)), muss dies nicht zwangsläufig der Fall sein. So sind etwa Fälle denkbar, in denen ein Produzent, der Markenartikel für einen Dritten in Lizenz herstellt, das vereinbarte Kontingent überschreitet und die Überproduktion anschließend auf eigene Rechnung verkauft. Dann stellt sich jedoch die Frage, ob Piratieware überhaupt ein Äquivalent darstellen kann.

368 Nach dem herrschenden juristisch-ökonomischen wie auch nach dem rein wirtschaftlichen Vermögensbegriff (vgl. hierzu → Rn. 79) besitzt auch das Eigentum an Piratieware Vermögensqualität, weil das MarkenG nicht den privaten Besitz solcher Ware pönalisiert. Problematisch ist die **Bestimmung des Wertes eines Falsifikats,** der sich nach dem objektiv-individuellen Schadensbegriff nach dem **Verkehrswert** beurteilt (LK-StGB/*Tiedemann* Rn. 163). Da der Handel mit Piratieware verboten ist, gibt es für sie keinen **offiziellen Handel** und auch **keinen legalen Gebrauchtwarenmarkt.** Ein **Rückgriff auf Schwarzmarktpreise** wäre widersprüchlich (LK-StGB/*Tiedemann* Rn. 164). Daher verneint die Rspr. (so BGH MDR/D 1972, 17 für Reisepässe; BGH StV 1996, 74 (75) für nicht verkehrsfähigen Wein) unter Berufung auf den wirtschaftlichen Vermögensbegriff einen Schaden, wenn mangels Marktes kein wirtschaftlich erfassbarer Wert der Sache existiert. Auch die Literatur (*Cramer,* Vermögensbegriff und Vermögensschaden im Strafrecht, 1968, 104; Lackner/Kühl/*Kühl* Rn. 45; ähnlich LK-StGB/*Tiedemann* Rn. 164) verneint in diesen Fällen einen Vermögensschaden. Der Erhalt eines Falsifikats stellt somit weder einen Vermögenszuwachs noch die Kompensation eines gezahlten Kaufpreises dar. Ein gewerblicher Erwerber erleidet infolge des sich aus **§ 14 Abs. 2 iVm Abs. 3 Nr. 2 MarkenG** ergebenden **Verkaufsverbots** unabhängig von der Höhe des gezahlten Kaufpreises oder der Qualität der Piraterieware stets einen Vermögensschaden. Für den privaten Erwerber kann in Anwendung der **Lehre vom subjektiven Schadenseinschlag** (*Schiwek,* Die Strafbarkeit der Markenpiraterie, 2004, 146 f. mwN) dasselbe gelten, wenn er das Falsifikat nicht oder nicht im vollen Umfang zu dem vertraglich vorausgesetzten Zweck oder in anderer zumutbarer Weise verwenden kann.

In **kollidierenden Rechten Dritter** – etwa des Markeninhabers – kann ebenfalls zumindest eine   **369** schadensgleiche konkrete Vermögensgefährdung gesehen werden. In Fortentwicklung und unter Berücksichtigung des wirtschaftlichen Vermögensbegriffs und der inzwischen überholten „Makeltheorie" der Rspr. (vgl. nur RGSt 73, 61; BGHSt 1, 92; 3, 370; 15, 83 (87); GA 1956, 182; OLG Hamburg NJW 1956, 392; OLG Köln MDR 1966, 161; ferner *Weigelin* ZStW 61 (1940), 291 ff.; *Maurach* NJW 1961, 629) besteht der Makel hier nicht in der Gefahr, dass Dritte dem Erwerber das Eigentum absprechen könnten, sondern darin, dass Kennzeichenrechte eines Dritten verletzt wurden. In der Literatur ist umstritten, ob deshalb bereits ein betrugsrelevanter Vermögensschaden bejaht werden kann (dazu *Schiwek* Die Strafbarkeit der Markenpiraterie, 2004, 148 f. mwN, auch der markenrechtlichen Literatur). Hier ist zwischen gewerblichen und privaten Käufern zu differenzieren. Mit der hM ist eine schadensgleiche konkrete Vermögensgefährdung für private Endverbraucher regelmäßig abzulehnen (eingehend hierzu *Riemann,* Vermögensgefährdung und Vermögensschaden, 1989, 104 ff. mwN). Anders ist dies bei gewerblich handelnden Erwerbern zu bewerten, da diese keine Möglichkeit haben, gegen sie gerichtete Ansprüche des Rechtsinhabers abzuwehren, sondern im Gegenteil sogar den **verschuldensunabhängigen Vernichtungs-, Schadensersatz- und Unterlassungsansprüchen aus dem MarkenG** ausgesetzt sind (so auch *Schiwek,* Die Strafbarkeit der Markenpiraterie, 2004, 149).

Die weiteren objektiven wie subjektiven Tatbestandsmerkmale des § 263 Abs. 1 werfen in diesem   **370** Zusammenhang regelmäßig keine Besonderheiten auf.

Konkurrenzrechtlich bleibt festzuhalten, dass das Benutzen und Inverkehrbringen von geschützten   **371** Marken und sonstigen geschützten Kennzeichen unter der Verletzung von Marken- und Kennzeichenrechten iSv **§§ 143, 144 MarkenG** bzw. früher nach § 24 WZG (RGSt 43, 87 (121)) tateinheitlich mit einem Betrug nach § 263 verwirklicht werden kann (LK-StGB/*Tiedemann* Rn. 323). Je nach Fallkonstellation kommt eine tatmehrheitliche Begehung des Betruges mit **§ 16 UWG** in Betracht, sofern die Plagiate nicht ausdrücklich als solche angeboten wurden (*Schiwek* Die Strafbarkeit der Markenpiraterie, 2004, 157 ff. (162 f.)). Eine tateinheitliche Begehung des Betruges mit einer Hehlerei scheitert regelmäßig daran, dass Kennzeichenrechtsverletzungen nach überwiegender Auffassung (KG NStZ 1983, 561 (562); LK-StGB/*Walter* § 259 Rn. 21; Schönke/Schröder/*Stree,* 27. Aufl. 2006, StGB § 259 Rn. 9; *Braun,* Produktpiraterie, 1993, 181; *Anduleit,* Die Rechtsdurchsetzung im Markenrecht, 2001, 116; *Sternberg-Lieben,* Musikdiebstahl, 1985, 102; *Schiwek,* Die Strafbarkeit der Markenpiraterie, 2004, 154 Fn. 561 mwN; *Friedrich* MDR 1985, 366 ff.; *Rupp* wistra 1985, 137 (138)) keine geeignete Vortat für die Hehlerei sind. Dem Käufer von Falsifikaten droht ein Strafverfahren nach § 143 Abs. 1 MarkenG, wenn er gewerblich agiert.

b) Betrug zu Lasten des Rechtsinhabers. In der Literatur wird mitunter vertreten, im Verkauf von   **372** Falsifikaten könne parallel zum Betrug zu Lasten des konkreten Erwerbers auch ein Betrug zu Lasten des tatsächlichen Rechtsinhabers liegen (*Braun,* Produktpiraterie, 1993, 172; *Sternberg-Lieben* NJW 1985, 2121 (2123); *von Renthe gen. Fink* MA 1982, 40 (42); krit. *Schiwek,* Die Strafbarkeit der Markenpiraterie, 2004, 150 ff.). Begründet wird dies damit, dass der Irrtum des **Abnehmers,** Originalware zu erwerben, in der Praxis dazu führe, dass er **davon absehe, Artikel des Originalherstellers zu erwerben.** Gegen diesen Ansatz bestehen erhebliche Bedenken:

So stellt sich bereits das Verhältnis zwischen dem verfügenden Käufer und dem Rechtsinhaber als   **373** Geschädigten als problematisch dar (*Braun,* Produktpiraterie, 1993, 172; *Wulff* NJW 1986, 1236). Die Anforderungen an einen **Dreiecksbetrug** sind umstritten (→ Rn. 73 ff.), wobei überwiegend ein ausreichendes Näheverhältnis gefordert wird (BGHSt 18, 221; LK-StGB/*Tiedemann* Rn. 115 mwN). Danach scheidet hier ein Betrug mangels eines erkennbaren **Näheverhältnisses** zwischen einem Käufer von Piraterieware und dem tatsächlichen Rechtsinhaber aus. Die Rspr. (BGHSt 17, 147 (148); 24, 382 (386)) verzichtet allerdings stillschweigend mitunter auf das Erfordernis eines besonderen Näheverhältnisses, wenn Gegenstand der Verfügung **keine Sachen** sind, es also nicht um die Abgrenzung zwischen Betrug und Diebstahl geht (→ Rn. 75). In der Literatur (LK-StGB/*Tiedemann* Rn. 117; *Braun,* Produktpiraterie, 1993, 173; *Joecks,* Zur Vermögensverfügung beim Betrug, 1982, 135; *Schiwek,* Die Strafbarkeit der Markenpiraterie, 2004, 150 mwN) stößt die sich hierin widerspiegelnde unterschiedliche Behandlung von Sach- und Forderungsbetrug auf Ablehnung, da sie der Einordnung des Betrugstatbestandes als Selbstschädigungsdelikt nicht in ausreichendem Maße Beachtung verschafft.

374   Verzichtet man mit der Rspr. auf ein besonderes Näheverhältnis (→ Rn. 75), so stellt sich die Frage, ob ein Käufer von Pirateriewaren über das Vermögen des Rechtsinhabers als **bloße Exspektanz oder tatsächliche Anwartschaft** in betrugsrelevanter Weise verfügt. Sowohl dem wirtschaftlichen als auch nach dem herrschenden juristisch-ökonomischen Vermögensbegriff können solche Exspektanzen Vermögensqualität besitzen (Lackner/Kühl/*Kühl* Rn. 34 mwN; *Cramer,* Vermögensbegriff und Vermögensschaden im Strafrecht, 1968, 90; *Schiwek,* Die Strafbarkeit der Markenpiraterie, 2004, 151 mwN). Hier sind infolge verschiedener Absatzstufen jedoch Besonderheiten zu beachten (dazu *Schiwek,* Die Strafbarkeit der Markenpiraterie, 2004, 151). So erwirbt der Käufer die Ware in aller Regel nicht direkt vom Rechtsinhaber, sondern vom Einzelhändler. Das in Betracht kommende Originalprodukt wurde aber bereits vom Rechtsinhaber an den Einzelhändler verkauft. Durch den Verzicht auf den Erwerb eines Originals erleidet der Rechtsinhaber somit unmittelbar keinen Vermögensschaden, da er sein Originalprodukt bereits absetzen konnte. Anders gestaltet sich die Rechtslage, wenn der Rechtsinhaber seine Waren durch den Einzelhandel als Kommissionär vertreibt oder wenn das getäuschte Opfer als Großhändler direkt beim Rechtsinhaber gekauft hat. Hier gilt es, den **Konkretisierungsgrad der Exspektanzen** zu berücksichtigen, da faktische Exspektanzen nur einen Vermögensbestandteil darstellen, wenn mit hinreichender Wahrscheinlichkeit ein Vermögenszuwachs zu erwarten ist und sich die Gewinnaussicht als realisierbar darstellt (LK-StGB/*Tiedemann* Rn. 135; ähnlich BGHSt 17, 147 (148): die Aussicht muss schon „solche Gewissheit erlangt" haben, „dass sie nach der Verkehrsauffassung einen messbaren Vermögenswert hat"). Lediglich vage oder unbestimmte Gewinnaussichten, die vermögensrechtlich nicht von Relevanz sind, genügen demnach nicht (Lackner/Kühl/*Kühl* Rn. 34 mwN).

375   Die **Wahrscheinlichkeit eines Vermögenszuwachses** hängt vom konkreten Einzelfall ab. Hier gilt es zu berücksichtigen, dass Kaufentscheidungen bei Bedarfsgegenständen häufig spontan gefällt werden und Pirateriewaren zu vergleichsweise günstigen Preisen erlangt werden kann. Die Annahme, der Käufer eines Falsifikats hätte stattdessen das Original erworben, stellt sich daher oftmals als reine Fiktion dar (so zutreffend *Schiwek* Die Strafbarkeit der Markenpiraterie, 2004, 152; aA *von Renthe gen. Fink* MA 1982, 40 (42); zur Sonderkonstellation im Bereich des Musikdiebstahls vgl. auch *Sternberg-Lieben,* Musikdiebstahl, 1985, 101). Beim Erwerb von Bedarfsware, wie etwa Pkw-Ersatzteilen bei Großhändlern, die regelmäßig fortlaufend Waren ankaufen, oder bei Stammkunden eines bestimmten Produzenten ist eine andere rechtliche Beurteilung geboten. Dort könnte statt eines Falsifikats auch das Original erworben worden sein. Im Ergebnis erweist sich der Nachweis einer hinreichend konkretisierten Exspektanz regelmäßig als schwierig, so dass – „in dubio pro reo" – häufig ein Vermögensschaden verneint werden muss (glA *Anduleit,* Die Rechtsdurchsetzung im Markenrecht, 2001, 115).

376   Schließlich weist der Nachweis der **Stoffgleichheit** Schwierigkeiten auf, da hier der vom Verkäufer erstrebte Vermögensvorteil nicht vom Inhaber des Kennzeichenrechts stammt, sondern vom Getäuschten. Nach der überwiegend abgelehnten „Identitätstheorie", wonach Bereicherung und Schaden identisch sein müssen, wäre eine Stoffgleichheit zu verneinen (*Anduleit,* Die Rechtsdurchsetzung im Markenrecht, 2001, 115; *Wölfel,* Rechtsfolge von Markenverletzungen und Massnahmen zur Bekämpfung der Markenpiraterie, 1990, 138). Verlangt man dagegen einen unmittelbaren Vermögenstransport zwischen Opfer und Bereichertem (vgl. hierzu MüKoStGB/*Hefendehl* Rn. 776), so muss die Stoffgleichheit ebenfalls verneint werden, da das Vermögen des Verfügenden das eines Dritten ist. Die Rspr. (BGHSt 34, 379 (391)) und weite Teile der Literatur (Lackner/Kühl/*Kühl* Rn. 59; LK-StGB/*Tiedemann* Rn. 260; Schönke/Schröder/*Perron* Rn. 168; *Braun,* Produktpiraterie, 1993, 175; *Schiwek,* Die Strafbarkeit der Markenpiraterie, 2004, 153 f.; *Sternberg-Lieben,* Musikdiebstahl, 1985, 102) halten es für ausreichend, wenn Schaden und Vorteil auf derselben Vermögensverfügung beruhen. Danach ist der vom Verfügenden entrichtete Kaufpreis der Vorteil, der dem Geschädigten aufgrund der Verfügung entgangen ist und damit das Gegenstück zur Exspektanz (so auch *Schiwek,* Die Strafbarkeit der Markenpiraterie, 2004, 153). Damit lassen sich Fälle der täuschungsbedingten Verdrängung von Mitbewerbern durch den Vertrieb von Pirateriewaren über den Betrugstatbestand erfassen.

377   **c) Betrug zu Lasten des Einzelhändlers.** Denkbar ist auch ein Betrug zu Lasten des Einzelhändlers durch den Erwerb eines Falsifikats. In der Praxis fehlt es jedoch in diesen Fällen an der **hinreichenden Konkretisierung des Schadens,** da sich im Einzelfall kaum nachweisen lässt, bei welchem Marktteilnehmer der Käufer ansonsten ein Original erworben hätte (so zu Recht *Schiwek,* Die Strafbarkeit der Markenpiraterie, 2004, 151). Ein Betrug zu Lasten des Einzelhändlers scheidet somit aus.

378   **d) Betrug zu Lasten der gesamten Branche.** Schließlich könnte man an einen Betrug zu Lasten der gesamten Branche denken, soweit ein Pirateriprodukt erworben wird. Dies scheitert jedoch bereits daran, dass die **Branche kein tauglicher Vermögensträger ist** (*Schiwek,* Die Strafbarkeit der Markenpiraterie, 2004, 151).

379   **40. Nebentätigkeitsbetrug/„Zeitdiebstahl".** Die Nutzungsmöglichkeit von fremden Einrichtungen und materiellen wie immateriellen Gegenständen gehört ebenso wie der Besitz (→ Rn. 83, 223 f.)

zum strafrechtlich geschützten Vermögen. Bei hinzutretender Täuschung – insbesondere in Fällen einer Garantenstellung aus Dienstrecht – ergibt sich hieraus die Möglichkeit der Begehung eines sog **Nebentätigkeitsbetrugs** (vgl. dazu BGH NStZ 1994, 189; LK-StGB/*Tiedemann* Rn. 152). Wenn die außerdienstliche bzw. private Inanspruchnahme der faktischen Benutzungsmöglichkeit dem berechtigten Arbeitgeber oder Dienstherrn gegenüber nicht mitgeteilt und kein entsprechendes Nutzungsentgelt entrichtet wurde, sind die Grenzen zur Untreue fließend (BGH NJW 1982, 2881 f.; vgl. auch LK-StGB/*Schünemann* § 266 Rn. 121).

Der sog **Zeitdiebstahl** als unbefugte Inanspruchnahme von fremden Datenverarbeitungsanlagen fällt **380** mangels Unmittelbarkeit der Quasi-Vermögensverfügung nicht unter § 263a (dazu LK-StGB/*Tiedemann* § 263a Rn. 60, 66). Er kann jedoch nach § 263 strafbar sein, wenn es zur Täuschung eines Menschen kommt. Ansonsten kann ein Fall des § 265a vorliegen (LK-StGB/*Tiedemann* § 263a Rn. 60). Schließlich muss die jeweilige Datenverarbeitungsanlage nach Computertyp und Verkehrssitte kommerzialisierbar sein, um eine Vermögensverfügung bzw. einen Vermögensschaden bejahen zu können (vgl. BGH MDR 1981, 267 (268); LK-StGB/*Tiedemann* Rn. 153). Fragwürdig ist es, wenn teilweise auf den geringen, meist kaum bezifferbaren Stromverbrauch als Vermögensschaden abgestellt wird (*Sieber,* Computerkriminalität und Strafrecht, 2. Aufl. 1980, 124).

41. „Nigeria Connection". Betrugsfälle durch die sog „Nigeria Connection" oder Nigeria-Ange- **381** bote beschäftigen seit Jahren Strafverfolgungsbehörden der ganzen Welt (vgl. *Hilgendorf* ZStW 118 (2006), 203 (209)). Inzwischen begehen die Täter ihre Täuschungshandlungen kostengünstig und anonym über das Internet und versenden ihre Angebotsschreiben per E-Mail. Darin wird der Empfänger aufgefordert, **bei dem Transfer von Millionenbeträgen ins Ausland behilflich** zu sein, wofür ihm als **Belohnung bis zu 30 % der Summe** in Aussicht gestellt wird. Neben dem Namensgeber Nigeria treten als Absendeländer auch andere afrikanische Staaten (Ghana, Sierra Leone, Elfenbeinküste, Togo, Südafrika) sowie Kanada und der asiatische Raum (zB Thailand, Singapur, den Philippinen, Mauritius, Korea) auf. Bezüglich der angeblichen Herkunft der versprochenen Gelder reicht die Palette von unverhofft aufgetauchten Familienschätzen, unterschlagenem Firmenvermögen, Lotterie- oder Gewinnspielen über Kriegsbeuten bis hin zu einer angeblichen Erbschaft aufgrund eines plötzlichen Todesfalles einer dem Empfänger gänzlich unbekannten Person. Um den Schein des Seriösen zu erwecken, werden tatsächliche politische und gesellschaftliche Veränderungen wie bspw. aktuelle Flugzeugabstürze oder Naturkatastrophen in die Legenden eingeflochten. Bekundet ein Opfer sein Interesse, erhält es per Telefax zahlreiche offiziell aussehende Schreiben zB der Central Bank of Nigeria (CBN) oder von sonstigen, zumeist fiktiven Institutionen, in welchen er als Empfänger einer Millionensumme eingetragen ist. Unterschiedliche **Phantasiebehörden,** wie bspw. die Central Bank of Nigeria-Department of Foreign Operation, bestätigen anschließend die angebliche Freigabe der Gelder. In sämtlichen bekannten Fällen werden vor der Auszahlung jedoch als **Provisions-, Versicherungs- oder Verwaltungsgebühren** deklarierte Kosten fällig, die von den inzwischen bereits als „Geschäftspartner" bezeichneten Opfern eingefordert werden. Leistet das Opfer die erbetenen Zahlungen, verzögert sich die Auszahlung der Millionensumme im Anschluss immer wieder wegen verschiedener Probleme, die nur durch die **Zahlung weiterer Beträge** behoben werden können. In keinem der bisher bekannten Fälle kam es in der Folgezeit tatsächlich zu einer Überweisung oder Übergabe von Geldern an das Opfer. Nicht selten werden zusätzlich im europäischen Ausland (London, Amsterdam oder Madrid) zur Geldübergabe persönliche Treffen arrangiert, an denen es dann zu weiteren betrugsrelevanten Handlungen nach der sog „Wash-Wash-Methode" (→ Rn. 480 f.) kommt.

In betrugsspezifischer Hinsicht werden die Opfer über ihre **Renditeaussichten getäuscht** und **382** treffen irrtumsbedingt in Ansehung vermeintlicher Millionengewinne Vermögensverfügungen, die infolge eines fehlenden wirtschaftlich gleichwertigen Äquivalentes auf Opferseite zu einem **betrugsrelevanten Vermögensschaden** führen.

42. Prämienauslobung, betrügerische. Aus betrugsrechtlicher Sicht stellt sich in den Fällen der **383** Prämienauslobung – wie auch im Bereich der Wette (→ Rn. 352 ff.) – die Frage, welcher **zumindest konkludente Erklärungsinhalt** einer Aussage beigemessen werden kann. Dadurch, dass jemand eine ausgelobte Prämie fordert, behauptet er konkludent, deren Voraussetzungen nicht durch vorausgegangene Manipulation erzielt zu haben (OLG München NJW 2009, 1288). In dem **Verschweigen der Manipulation** liegt eine Täuschung durch konkludentes Handeln (OLG München NJW 2009, 1288). Ein Vorspiegeln durch konkludentes Verhalten liegt vor, wenn der Täter zwar nicht expressis verbis eine unwahre Behauptung zum Ausdruck bringt, dem Verhalten jedoch im Gesamtkontext ein entsprechender Erklärungswert beigemessen wird (Schönke/Schröder/*Perron* Rn. 14 f.). Entscheidend ist, welcher Erklärungswert nach der Verkehrsanschauung unter Berücksichtigung des konkret in Frage stehenden Geschäftstyps dem Gesamtverhalten des Täters zukommt (OLG München NJW 2009, 1288 (1289); vgl. ferner → Rn. 28, 43). Gegenstand und damit Anknüpfungspunkt von konkludenten Behauptungen können auch **Negativtatsachen** sein, wie die Behauptung, dass ein bestimmter tatsächlicher Umstand nicht gegeben ist (OLG München NJW 2009, 1288 (1289)). Hierunter fallen insbesondere diejenigen Fälle, in denen die Ordnungsmäßigkeit einer vom Erklärungsempfänger unterstellten „Geschäftsgrundlage" durch konkludentes Tun vorgetäuscht wird, etwa durch unvollständige Erklärungen über manipulierte Bezugsobjekte (Fischer Rn. 22a). Beispielhaft ist für eine betrügerische Prämienauslobung das Verstecken von Lebensmitteln mit noch nicht abgelaufenem Haltbarkeitsdatum, um diese nach Ablauf des Haltbarkeitsdatums zum Erhalt einer ausgelobten Prämie vorzulegen; dabei wird konkludent darüber getäuscht, dass der Täter ein abgelaufenes Produkt gefunden hat, das der Kontrolle des Geschäftspersonals entgangen ist (OLG München NJW 2009, 1288).

384   Bei der Auslobung einer Belohnung gemäß **§ 657 BGB** handelt es sich um ein einseitiges Rechtsgeschäft. Das Ziel ist es, eine unbestimmte Personenmehrheit zu einem bestimmten Verhalten anzuspornen, wobei durch Auslegung unter Berücksichtigung des Verständnisses der angesprochenen Öffentlichkeit zu ermitteln ist, welches Verhalten konkret zum Gegenstand der Auslobung werden soll (vgl. Palandt/*Sprau* BGB § 657 Rn. 4). Das erwartete Verhalten stellt die Geschäftsgrundlage für die Gewährung einer Belohnung dar. Die tatsächlichen Voraussetzungen, die erfüllt sein müssen, damit die ausdrückliche Erklärung den ihrem jeweiligen Zweck entsprechenden Inhalt hat, werden damit zum Gegenstand des konkludent Behaupteten (NK-StGB/*Kindhäuser* Rn. 114).

385   Hinsichtlich der übrigen Tatbestandsmerkmale des § 263 weist diese Fallgruppe regelmäßig keine Besonderheiten auf.

386   **43. Provisionsvertreterbetrug/Unterschriftserschleichung.** Im Bereich des sog „Provisionsvertreterbetruges" (dazu MüKoStGB/*Hefendehl* Rn. 304; *Franzheim/Krug* GA 1975, 97 ff.; *Lampe* NJW 1978, 679 ff.; zur Frage der Notwendigkeit eines eigenen Tatbestandes der Unterschriftserschleichung *Steinke* Kriminalistik 1978, 548 ff.) sind verschiedene Fallgestaltungen möglich, so dass eine differenzierte Betrachtung geboten ist.

387   **a) Betrug zu Gunsten des Geschäftsherrn und zu Lasten des Kunden.** Für den Provisionsvertreter bestehen verschiedene Möglichkeiten, sich eines Betruges zugunsten des Geschäftsherrn und zu Lasten des Kunden schuldig zu machen (vgl. OLG Düsseldorf NJW 1974, 1833 (1834); *Achenbach* JURA 1984, 602 ff.).

388   **aa) Spätere Manipulation eines vom Kunden ausgefüllten Bestellscheines.** Zu einem Provisionsvertreterbetrug kommt es typischerweise, wenn ein Vertreter im Nachhinein einen Bestellschein dergestalt manipuliert, dass dieser eine **höhere Bestellmenge** als von dem Kunden ursprünglich geordert ausgibt. Hier ist in rechtlicher Hinsicht bzgl. verschiedener Aspekte eine intensive Prüfung erforderlich: Zunächst stellen sich bereits Fragen bezüglich der **Täuschung.** Bei Vertragsschluss wird die konkludente Erklärung des Provisionsvertreters angenommen, er werde am Vertragstext keine Veränderungen vornehmen (OLG Celle NJW 1959, 399 (400); 1975, 2218 (2219)). Fraglich ist sodann, woran bezüglich der **Vermögensverfügung** angeknüpft werden kann. Hier stellt der Abschluss des Kaufvertrages zwar bereits eine Vermögensverfügung des Kunden dar, der mögliche Schaden bzw. die Vermögensgefährdung wird jedoch erst durch die Verfälschungshandlung des Vertreters herbeigeführt (OLG Hamm wistra 1982, 152 (153)), so dass die Erfüllung des Betrugstatbestandes regelmäßig am Merkmal der Unmittelbarkeit der Vermögensverfügung scheitern wird, wobei auch die Details in diesem Zusammenhang umstritten sind (näher dazu LK-StGB/*Tiedemann* Rn. 109 mwN, auch zum Verhältnis zur Urkundenfälschung).

389   **bb) Erschleichung der Unterschrift durch Vorspiegeln eines anderen Sinngehaltes.** Denkbar sind weiterhin Fälle, in denen der Provisionsvertreter den Kunden etwa unter dem Vorwand, dieser quittiere lediglich den Besuch des Vertreters bzw. damit fordere der Getäuschte nur Prospekte an, zur Abgabe einer Unterschrift und damit zur unbewussten Bestellung von Waren verleitet wird. Hier bejaht die hM (BGHSt 22, 88 (89); KG JR 1972, 28 ff.; MüKoStGB/*Hefendehl* Rn. 304; LK-StGB/*Tiedemann* Rn. 119 mwN auch zur Gegenansicht) einen **Forderungsbetrug,** wenn das Opfer durch seine Unterschrift wesentlich eine Willenserklärung abgibt oder zumindest den Anschein einer solchen Erklärung setzt (RG JW 1913, 949; LZ 1931, Sp. 1203; JW 1928, 411; HRR 1928, Nr. 795; BGHSt 21, 384; BGH GA 1962, 213; OLG Hamm NJW 1958, 513; OLG Celle NJW 1959, 399; OLG Hamm NJW 1965, 702; OLG Saarbrücken NJW 1968, 262; OLG Köln MDR 1974, 157). Der Rspr. können folgende Grundsätze entnommen werden: Allein das Erschleichen einer Unterschrift genügt nicht zur Bejahung eines Vermögensschadens, wenn der Getäuschte eigentlich keine Bestellung abgeben wollte (BGHSt 22, 88 (89)). Ohne Rücksicht auf die jeweiligen Rechtsfolgen nach bürgerlichem Recht sind vielmehr die **beiderseitigen Verpflichtungen** zu **vergleichen.** Daraus muss sich ergeben, dass aufgrund der Verfügung des Getäuschten ein kausaler Vermögensschaden verursacht wurde (OLG Saarbrücken NJW 1968, 262; OLG Köln MDR 1974, 157; OLG Hamm NStZ 1992, 593; zu dieser vorrangig zu beantwortenden Frage auch *Franzheim/Krug* GA 1975, 97). Der Unterzeichner muss gemäß **§ 416 ZPO** seine **Unterschrift als Beweismittel** bis zum Erfolg seiner Anfechtung oder einer sonstigen Entkräftung des Vertragsinhalts gegen sich gelten lassen (MüKoStGB/*Hefendehl* Rn. 707). Bereits mit Abgabe einer erschlichenen Unterschrift kann somit eine mit einem Vermögensschaden gleichzusetzende Verschlechterung der Rechtslage eintreten (RG JW 1928, 411; LZ 1931, Sp. 1203 (1204); BGH GA 1962, 213; OLG Hamm NJW 1965, 702 (703)). Letzteres ist selbst dann der Fall, wenn nur der **Rechtsschein eines Vertrages** existiert (MüKoStGB/*Hefendehl* Rn. 707 mwN zur zivilrechtlichen Rechtslage), da sich der Getäuschte dann sowohl vom wirklichen als auch von dem nur scheinbaren

Vertrag lossagen muss, und hinsichtlich der Unwirksamkeit seiner Verpflichtung die Beweislast trägt (MüKoStGB/*Hefendehl* Rn. 707 mwN; so iErg auch *Grünhut* Anm. zu RG JW 1930, 922 (923); aA *Schröder* JZ 1965, 513 (516): Versuch). Unter Bezugnahme auf die **Rechtsfigur des individuellen Schadenseinschlags** (→ Rn. 88 ff.) muss das Vorliegen eines betrugsrelevanten Schadens jedoch verneint werden, wenn der Kunde die Gegenleistung in einer ihm zumutbaren Art und Weise anderweitig verwenden kann (LK-StGB/*Tiedemann* Rn. 178, 207). Die angelegten Maßstäbe sind jedoch keinesfalls als einheitlich einzustufen. Mit Blick auf die Begründung eines (Eingehungs-)Schadens soll allein die Gefahr einer möglichen Inanspruchnahme des Kunden aus dem von ihm nicht gewollten Geschäft nicht ausreichen (so BGHSt 22, 88 f. m. abl. Anm. *Heinitz* JR 1986, 287 f.). Erst wenn die Verwendung des unerwünschten Gegenstandes nach dem Urteil eines sachlichen Dritten für das wirtschaftliche Gesamtkonzept des getäuschten Kunden mangels einer sinnvollen Benutzung gänzlich unzumutbar ist, wird ein Schaden und damit ein Betrug bejaht (LK-StGB/*Tiedemann* Rn. 178, 207).

cc) Erschleichung der Unterschrift durch Vorspiegeln einer besonderen Situation. Schließ-   **390** lich tauchen in der Praxis Fälle auf, in denen ein Provisionsvertreter dem Kunden zur Abgabe einer Unterschrift bewegt, indem er ihm vorspiegelt, er sei ein mittelloser Waisenjunge oder Student (OLG Köln NJW 1979, 1419 f.; ferner *Just-Dahlmann* MDR 1960, 270 f.) bzw. die Provision komme einer karitativen Organisation zugute (*Küpper/Bode* JuS 1992, 642 (645); *Satzger* JURA 2009, 518 (524)). In derartigen Fällen lehnt die hM (OLG Köln NJW 1979, 1419; ferner LK-StGB/*Tiedemann* Rn. 183 mwN), wenn kein einseitiges und wirtschaftlich unausgeglichenes Geschäft vorliegt, mittels Anwendung einer **Kombination der Lehren von der bewussten Selbstschädigung und der Zweckverfehlung** eine Betrugsstrafbarkeit ab (zu den Fällen des Bettel- oder Spendenbetrugs s. → Rn. 235 ff.).

b) Betrug zu Lasten des Geschäftsherrn. Ein Betrug zu Lasten des Geschäftsherrn kommt in   **391** Betracht, wenn der Provisionsvertreter seinem Prinzipal den erschlichenen Vertragsabschluss mit dem getäuschten Kunden meldet und ihm gegenüber seine **Provisionsansprüche** gemäß §§ 87, 87a HGB geltend macht. Hierbei kommt in dem Vertreter zwar auf die Auszahlung der Provision an, problematisch ist allerdings das Tatbestandsmerkmal der **Stoffgleichheit** (→ Rn. 120 ff.). Diese geht nach Auffassung der Rspr. (BGHSt 21, 384 ff.) nicht nur die unmittelbare Verknüpfung von Vorteil und Schaden voraus. Vielmehr entfällt sie, wenn der Schaden zwar im Kundenvermögen entsteht, der Vorteil jedoch aus dem Vermögen des Geschäftsherrn angestrebt ist (LK-StGB/*Tiedemann* Rn. 259 mwN). In den Provisionsvertreterfällen erhält der Vertreter seine Provision nicht stoffgleich aus dem Vermögen des geschädigten Kunden, so dass ihm eine eigennützige Bereicherungsabsicht nicht unterstellt werden kann. Jedoch kommt es dem Vertreter infolge der Abhängigkeit seines Provisionsanspruchs von der Bestellung als ein **notwendiges Zwischenziel** auf die – infolge einer möglichen Anfechtung gemäß § 123 BGB rechtswidrige – Bereicherung seines Geschäftsherrn an (BGHSt 21, 384 (386); LK-StGB/*Tiedemann* § 263 Rn. 259). Es liegt somit eine **fremdnützige Bereicherungsabsicht** vor, für die es bereits genügt, wenn der Täter den erwünschten Vorteil neben anderen Zielen oder nur als Mittel für einen anders gelagerten Zweck anstrebt (LK-StGB/*Tiedemann* Rn. 250 mwN; *Rengier* StrafR BT I § 13 Rn. 254). Dem steht der **Rückgewähranspruch des Geschäftsherrn aus § 87a Abs. 2 Hs. 2 HGB** als eine lediglich ungewisse Aussicht auf eine reparatio damni nicht entgegen (*Achenbach* JURA 1984, 602 (607)). Eine konkrete Vermögensgefährdung – und damit eine Strafbarkeit wegen Betrugs – scheidet jedoch aus, wenn der Vertreter erst nach Eingang der Kundenzahlung die Auszahlung des ihm gutgeschriebenen Betrages verlangen kann (RG LZ 1914, 1051 Nr. 29) oder wenn der Geschäftsherr die Gutschrift ohne weiteres wieder stornieren kann (zum sog „Stornokonto" des Provisionsvertreters LK-StGB/*Tiedemann* Rn. 167, 232).

Der Betrug zu Lasten des Geschäftsherrn führt bezüglich des getäuschten Kunden zu einer Schadens-   **392** vertiefung und steht somit **zum Betrug zu Lasten des Kunden in Handlungseinheit.** Im Ergebnis liegen also zwei gemäß § 52 Abs. 1 S. 2 idealkonkurrierende Betrugsakte vor, da beide Schäden jeweils auf verschiedenen Täuschungen beruhen (LK-StGB/*Tiedemann* Rn. 311; *Rengier* StrafR BT I § 13 Rn. 254; *Achenbach* JURA 1984, 602 (607 f.)).

44. Prozessbetrug. Die Tatsache, dass beim Betrug Getäuschter und Geschädigter auseinander fallen   **393** können (→ Rn. 73 ff.), ermöglicht in Streitigkeiten mit vermögensrechtlichem Hintergrund das Vorliegen eines sog Prozessbetruges (allg. dazu MüKoStGB/*Hefendehl* Rn. 673 ff.; Schönke/Schröder/*Perron* Rn. 51 f., 69 ff. und schon frühzeitig *Goedel* JW 1937, 1760 ff.; vertiefend BGH NStZ 1992, 233 mwN, ferner *Kraatz* JURA 2007, 531 ff.; *Krell* JR 2012, 102). Beim Prozessbetrug handelt es sich um einen **Unterfall des Dreiecksbetrugs** (→ Rn. 73 ff.) **in der Form eines Forderungsbetrugs.** Er wird begangen, indem das Gericht oder ein anderes zur Entscheidung befugtes Rechtspflegeorgan – etwa ein Gerichtsvollzieher (OLG Düsseldorf NJW 1994, 3366) – durch eine unwahre Tatsachenbehauptung einer Prozesspartei zu einer das Vermögen des Prozessgegners schädigenden Entscheidung, typischerweise zu einem zur Zahlung verpflichtenden Urteil, veranlasst wird (vgl. *Kretschmer* GA 2004, 458 ff.; Schönke/Schröder/*Perron* Rn. 69 mwN).

a) Täuschung des Prozessgegners oder einer für ihn handelnden Person. Der Betrug kann   **394** durch **unmittelbare Täuschung des Prozessgegners** oder der für ihn agierenden Person begangen werden, die etwa zu einem Anerkenntnis oder zum Abschluss eines für sie ungünstigen Prozessvergleichs veranlasst wird (so etwa in BayObLG JR 1969, 307 mAnm *Schröder;* BayObLG StraFo 2003, 321; BayObLG NStZ 2004, 503).

395   **b) Täuschung im kontradiktorischen Verfahren.** Im kontradiktorischen Verfahren kann ein Prozessbetrug dadurch begangen werden, dass eine Partei selbst **fehlerhafte Beweismittel benennt, unvollständige Angaben macht** oder **falsche Zeugenaussagen veranlasst** und der Richter seine Entscheidung hierauf stützt (RGSt 36, 115; 40, 9; 58, 88; BGH MDR/D 1956, 10). Dabei reicht es aus, wenn die Täuschung für den Irrtum mitursächlich war (→ Rn. 68), so wenn das Gericht seine Entscheidung nicht allein, wohl aber auch auf das unklare Klägervorbringen stützt (RGSt 3, 392 (395 f.); OLG Celle StV 1994, 188 (189 f.); LK-StGB/*Tiedemann* Rn. 93; *Protzen* wistra 2003, 208 (209); vgl. auch OLG Koblenz NJW 2001, 1364). Ein Prozessbetrug kann – einen Vermögensschaden vorausgesetzt – auch vorliegen, wenn das durch eine Straftat geschädigte Opfer **Beweismittel manipuliert,** um bei einer Verurteilung des Angeklagten im Rahmen des Adhäsionsverfahrens Schadensersatz zugesprochen zu bekommen.

396   In diesem Zusammenhang ist auf die in **§ 138 Abs. 1 ZPO** normierte **prozessuale Wahrheitspflicht** (zur Wahrheitspflicht beim Prozessbetrug s. auch *Eisenberg* FS Salger, 1995, 15 ff.) hinzuweisen, die sowohl den Parteien als auch deren Bevollmächtigten als öffentlich-rechtliche Pflicht im Interesse einer geordneten Rechtspflege obliegt (Zöller/*Greger* ZPO § 138 Rn. 1). Nach Auffassung der Rspr. und eines Teils der Literatur soll aus §§ 138 Abs. 1, 392 ZPO eine Wahrheitspflicht gegenüber den jeweils anderen Prozessbeteiligten bestehen (BGH MDR/D 1956, 10; OLG Zweibrücken NJW 1983, 694; Wessels/Hillenkamp StrafR BT II § 13 Rn. 505), weshalb der Kläger darüber aufklären müsse, wenn sich Tatsachen verändern, das zum Untergang seines Anspruchs führen. So müsse der Vermieter im Räumungsprozess nach Kündigung wegen Eigenbedarfs den nachträglichen Wegfall der Voraussetzungen für den Eigenbedarf mitteilen (OLG Zweibrücken NJW 1983, 694; ähnl. BayObLG NJW 1987, 1654). Die Wahrheitspflicht besteht jedoch nicht gegenüber der anderen Partei, sondern allein gegenüber dem Gericht; ein besonderes Vertrauensverhältnis zwischen den Prozessbeteiligten fehlt gerade. Daher begründet die prozessuale Wahrheitspflicht **keine Garantenpflicht** (NK-StGB/*Kindhäuser* Rn. 158; Schönke/Schröder/*Perron* Rn. 21; LK-StGB/*Tiedemann* Rn. 58; SSW StGB/*Satzger* Rn. 52). Daher ist ein Rechtsanwalt nicht verpflichtet, frühere Behauptungen seines Mandanten zu korrigieren und diesen damit eines versuchten Prozessbetruges zu verdächtigen (BGH NJW 1952, 1148). Zur Erfüllung des Betrugstatbestandes ist jedoch stets erforderlich, dass die richterliche Vorstellung durch das unwahre Vorbringen beeinflusst wurde und die Entscheidung der Richter darauf beruht, nicht aber, ob das Gericht dem Parteivorbringen unter Verletzung von Verfahrensvorschriften geglaubt hat (RGSt 72, 115).

397   **c) Täuschung im Versäumnisverfahren.** Umstritten ist die Möglichkeit eines Prozessbetruges im Versäumnisverfahren (s. dazu Schönke/Schröder/*Perron* Rn. 73 mwN; *Giehring* GA 1973, 1 ff.; *Dästner* ZRP 1976, 36 ff.). Das RG (RGSt 20, 391; 42, 410) hat dies zunächst grundsätzlich – abgesehen von Fällen der Täuschung über Prozessvoraussetzungen (RGSt 2, 436; 59, 104) – unter Hinweis auf die Bindung des Gerichts an das Parteivorbringen iSv § 308 ZPO verneint. Aufgrund der in § 138 ZPO normierten Wahrheitspflicht vertritt die Rspr. teilweise eine gegenteilige Auffassung (RGSt 72, 115; BGHSt 24, 257 (260 f.)). Diese Entwicklung wird von Teilen der Literatur mit Blick auf das System der Zivilprozessordnung und den in diesen Fällen oftmals fehlenden Irrtum zu Recht kritisch betrachtet (MüKoStGB/*Hefendehl* Rn. 129; Schönke/Schröder/*Perron* Rn. 51 bzw. Rn. 73; LPK-StGB/*Kindhäuser* Rn. 105; SSW StGB/*Satzger* Rn. 74; *Kretschmer* GA 2004, 458 (467 ff.)).

398   **d) Täuschung im Mahnverfahren.** Wer durch Eintragen falscher Daten in ein Mahnverfahrenformular bewusst wahrheitswidrig einen Anspruch im Mahnverfahren geltend macht, ruft bei dem nach § 20 Nr. 1 RPflG zuständigen Rechtspfleger keinen Irrtum hervor, da § 692 Abs. 1 Nr. 2 ZPO keine Schlüssigkeitsprüfung vorsieht (Rengier StrafR BT I § 13 Rn. 48; Krey/Hellmann/Heinrich StrafR BT II Rn. 599). Somit scheidet, abgesehen von den seltenen Fällen des § 691 Abs. 1 S. 1 ZPO, ein Prozessbetrug nach § 263 aus (hM: LK-StGB/*Tiedemann* Rn. 90; Rengier StrafR BT I § 13 Rn. 48 mwN; *Otto* JZ 1993, 654 f.; *Kretschmer* GA 2004, 458 (468 ff.); aA OLG Düsseldorf NStZ 1991, 586 unter Hinweis darauf, der Beamte gehe von einem Zutreffen der in dem Antrag enthaltenen Angaben aus; krit. auch NK-StGB/*Kindhäuser* Rn. 192).

399   Aus betrugsrechtlicher Sicht stellt sich die Einordnung von **unbegründeten Anträgen auf Erlass eines elektronischen Mahnbescheides** iSd § 689 Abs. 1 S. 2 ZPO ebenfalls als problematisch dar. Da hier weder ein Mensch unmittelbar getäuscht wird, noch ein Mensch eine irrtumsbedingte Vermögensverfügung vornimmt, werden solche Fälle nicht von § 263 erfasst. Zur strafrechtlichen Absicherung der in § 138 Abs. 1 ZPO normierten zivilprozessualen Pflicht zum wahrheitsgemäßen Parteivortrag wird erwogen, solche Fälle unter **§ 263a Abs. 1 Var. 2** zu subsumieren (vgl. *Münker,* Der Computerbetrug im automatischen Mahnverfahren, 2000, 1 ff.; *Dannecker* BB 1996, 1285 (1289)). Mit der betrugsnahen Auslegung ist dies jedoch mangels einer Prüfungspflicht nach § 692 Abs. 1 Nr. 2 ZPO zu verneinen (Lackner/Kühl/*Heger* § 263a Rn. 20; SK-StGB/*Hoyer* § 263a Rn. 30; Schönke/Schröder/*Perron*

§ 263a Rn. 6; Rengier StrafR BT I § 14 Rn. 48; aA LK-StGB/*Tiedemann* § 263a Rn. 39; Otto StrafR BT § 52 Rn. 37).

In Betracht kommt jedoch eine Strafbarkeit wegen versuchten Betruges. Die Erklärung unrichtiger Tatsachen in einem Mahnantrag mit dem Willen, den Rechtspfleger zum Erlass eines Mahnbescheides gegen den Antragsgegner zu veranlassen, obwohl dem Antragsteller die Nichtexistenz der geltend gemachten Forderung bewusst ist, erfüllt den Tatbestand des versuchten Betrugs, weil der Täter mit Tatentschluss bezüglich aller objektiven Tatbestandsmerkmale des § 263 sowie in der Absicht der stoffgleichen und rechtswidrigen Bereicherung gehandelt hat (OLG Celle NStZ-RR 2012, 111).

e) Absicht der rechtswidrigen Bereicherung und Stoffgleichheit. Trägt eine Partei einen **400** unwahren Sachverhalt vor oder bringt sie ein falsches Beweismittel ein, um einen Anspruch durchzusetzen, der ihrer Überzeugung nach tatsächlich begründet und nur durch Beweisschwierigkeiten gefährdet ist, so macht sie sich nicht wegen Prozessbetruges strafbar (BGHSt 3, 160 mAnm *Hartung* NJW 1953, 552; Schönke/Schröder/*Perron* Rn. 75; aA noch RGSt 72, 137; zur vergleichbaren Situation beim Beweismittelbetrug → Rn. 239 ff.). Es fehlt an der **Rechtswidrigkeit der beabsichtigten Bereicherung.**

An der fehlenden **Stoffgleichheit** scheitert eine Betrugsstrafbarkeit in den Fällen, in denen der Erlass **401** eines Beweisbeschlusses erschlichen wird, aufgrund dessen der Prozessgegner für die Zeugengebühren einen Vorschuss gezahlt hat (Schönke/Schröder/*Perron* Rn. 76; aA noch RG JW 1938, 1316).

f) Vollendung. Vollendung des Prozessbetruges tritt mit der Entscheidung des Gerichts ein, durch die **402** eine Prozesspartei geschädigt wird, ohne dass es darauf ankommt, ob die Entscheidung rechtskräftig geworden ist (RGSt 75, 399).

45. Rabattbetrug. Beim sog Rabattbetrug steht die Unterscheidung zwischen Schaden und entgan- **403** genem Gewinn im Vordergrund (Wabnitz/Janovsky WirtschaftsStR-HdB/*Raum* Kap. 4 Rn. 160). Wenn sich der Käufer eines Produkts einen Rabatt erschleicht, liegt ein Betrug vor, sofern diese Ware anderweitig zu einem höheren Preis und ohne einen gleichzeitig höheren Kostenaufwand hätte verkauft werden können (BGH NJW 2004, 2603 ff. mAnm *Kudlich* JuS 2005, 81 ff.; vgl. auch BGH NStZ 1991, 488) bzw. wenn bei einem anderweitigen Verkauf Gewinnaussichten wahrscheinlich zu realisieren gewesen wären. Eine solchermaßen **konkrete Gewinnerwartung** bedarf einer „starren" Marktlage (KG wistra 2005, 37 ff.). Problematisch ist in diesen Fallkonstellationen aus betrugsdogmatischer Sicht regelmäßig die Feststellung eines Vermögensschadens.

Nach der Rspr. des BGH erleidet ein Verkäufer, der täuschungsbedingt einen Sonderrabatt gewährt, **404** nicht ohne weiteres einen Schaden in Höhe des erschlichenen Rabatts (BGH NJW 1993, 2992 f.; BGH NStZ 1991, 488; BGH MDR 1981, 100). Da ein Rabatt in der Regel nur die Gewinnmarge aus dem Geschäft vermindert, bedingt die Gewährung von Rabatten grundsätzlich nur eine **reduzierte Vermögensvermehrung.** Die bloße Vereitelung einer Vermögensvermehrung reicht nicht aus, um einen Betrug zu begründen (BGHR StGB § 263 Abs. 1 Vermögensschaden 8; vgl. auch schon RGSt 41, 373 (375); 64, 181 f.). Entscheidendes Kriterium beim (Eingehungs-)Betrug ist vielmehr, dass der Verfügende täuschungsbedingt aus dem Bestand seines Vermögens mehr weggibt, als er zurückerhält (BGHSt 16, 220 (223); vgl. auch RGSt 9, 362).

Etwas anderes gilt dagegen, wenn sich die unterlassene Vermögensmehrung nicht nur auf eine tatsäch- **405** liche Erwerbs- oder Gewinnaussicht bezieht, sondern sich bereits dergestalt verdichtet hat, dass der Geschäftsverkehr ihr einen **eigenen wirtschaftlichen Wert** beimisst, weil dort – wie etwa in den Fällen des Wettbewerbsbetrugs bei öffentlicher Ausschreibung (vgl. BGHSt 17, 147 ff.) – ein Vermögenszuwachs wahrscheinlich ist (BGHSt 17, 147 (148); vgl. ferner BGHSt 20, 143 (145); 31, 232 (234) zur Untreue BGH NStZ 2004, 557 (558)). In diesen Fällen erstarkt die Geschäftschance selbst zu einem Vermögenswert. Dieser kann dann durch die Täuschungshandlung beeinträchtigt werden und zu einem Vermögensschaden iSd § 263 führen.

Ob in den **Sonderrabattfällen** ein solcher Vermögensschaden eingetreten ist, ergibt sich aus einem **406** **Vergleich der Vermögenslage** jeweils vor und nach Vertragsabschluss bzw. der beiderseitigen Vertragsverpflichtungen. Nur wenn der Wert des Anspruchs auf die Leistung des Täuschenden hinter dem Wert der Verpflichtung zur Gegenleistung des Getäuschten zurückbleibt, ist der Getäuschte geschädigt (BGHSt 16, 220 (221); BGH NStZ 1991, 488).

§ 263 schützt jedoch nicht schlechthin die Dispositionsfreiheit vor beliebigen Täuschungen. Der **407** Tatbestand beschränkt sich vielmehr auf Fälle, in denen der Verfügende über den Wert der Gegenleistung getäuscht wird. Die Entscheidung über die Gewährung eines Rabatts betrifft jedoch wie dargelegt in der Regel nur eine Reduzierung der Gewinnspanne, die hierin liegende **enttäuschte Äquivalenzerwartung** stellt keinen Vermögensschaden dar (OLG Stuttgart NStZ-RR 2007, 347 f. vgl. auch BGH NJW 1993, 2992 (2993)). Die Motive, aus denen jemand einen Rabatt gewährt, sind nicht betrugsrelevant. Zumeist geht es darum, neue Käuferschichten zu erschließen oder bestehende Käuferschichten weiter an das eigene Unternehmen zu binden. Diesen **bloßen Hoffnungen** auf weiteren Umsatz kommt kein wirtschaftlich fassbarer Wert im Sinne eines quantifizierbaren Vermögensschadens zu (OLG Stuttgart NStZ-RR 2007, 347 f.).

408   **46. Reklame und Anpreisungen, betrügerische.** In der vom Erfolg ihrer Marktstrategie abhängigen Branche der Werbung und des Marketings sind Fälle übertriebener bzw. bewusst irreführender Reklamen und Anpreisungen vielfältig (dazu *Kuhli* ZIS 2014, 504 ff. mwN); zum möglichen Einfluss von EG-Recht in Fällen irreführender Werbung s. *Hecker,* Strafbare Produktwerbung im Lichte des Gemeinschaftsrechts, 2001, 288 ff.; *Dannecker* JURA 2006, 173 (174); *Tiedemann* FG BGH, 2000, 551 (554)). Im Hinblick auf den Betrugstatbestand sind Fälle unproblematisch, in denen der Verkäufer bewusst wahrheitswidrig falsche Angaben über eine dem Beweis zugängliche Tatsache aus der Vergangenheit oder Gegenwart – etwa die Unfallfreiheit eines angebotenen Gebrauchtwagens (BayObLG NJW 1987, 2452; *Matt/Renzikowski/Saliger* Rn. 210; *Schönke/Schröder/Perron* Rn. 206) – macht und damit das von ihm angebotene Produkt anpreist, sofern das Fahrzeug den Kaufpreis nicht wert ist. Schwieriger ist die Bewertung derjenigen Fälle, in denen ein Hersteller damit wirbt, sein Waschmittel sei „das beste am Markt", oder in denen ein Verleger verkündet, seine Illustrierte sei „die meistgelesene". In derartigen Konstellationen gilt es, den Betrug gemäß § 263 von Fällen strafbarer Werbung gemäß **§ 16 UWG** abzugrenzen (→ Rn. 371). Dies erfolgt über das Kriterium der Tatsache und dessen Unterscheidung vom bloßen Werturteil (→ Rn. 19 ff.) sowie über das Merkmal der Täuschung.

409   Zunächst sind solche **Werturteile** aus dem Kreis der Tatsachenbehauptung und damit der Betrugsstrafbarkeit ausgenommen, die für den durchschnittlichen Teilnehmer am Rechtsverkehr völlig ungefährlich sind. Dazu zählen **marktschreierische Anpreisungen** im Bereich der Werbung, die **lediglich allgemeine und verschwommene Aussagen** enthalten, jedoch keine Tatsachenbehauptungen (*Hecker,* Strafbare Produktwerbung im Lichte des Gemeinschaftsrechts, 2001, 288 ff.; SK-StGB/*Hoyer* Rn. 18; LK-StGB/*Tiedemann* Rn. 14). Stets gilt es jedoch zu untersuchen, ob die Anpreisung tatsächlich **keinen Tatsachenkern** enthält, wie bspw. bei einem frei erfundenen Hinweis auf eine wissenschaftliche Bestätigung (BGHSt 34, 199 (201) mAnm *Bottke* JR 1987, 428 und *Müller-Christmann* JuS 1988, 108 ff.; SK-StGB/*Hoyer* Rn. 18 mwN).

410   Bezüglich der Täuschung bedarf es einer irgendwie gearteten **Erklärung** des Täters aus Sicht eines objektiven Empfängers. An einer solchen Erklärung fehlt es, wenn ein entsprechend objektivierter Empfänger den Mangel an Ernstlichkeit nicht verkannt hätte (SK-StGB/*Hoyer* Rn. 27; aA *Kargl* FS Lüderssen, 2002, 613 (625)). Offensichtlich übertriebene Warenanpreisungen zu Zwecken der Reklame stellen somit selbst dann keine ausdrückliche Täuschung dar, wenn sie von dem individuellen Opfer als ernst gemeint missverstanden werden (BGH wistra 1992, 255 (256); LK-StGB/*Tiedemann* Rn. 14; NK-StGB/*Kindhäuser* Rn. 88, 106 f.; *Schönke/Schröder/Perron* Rn. 9; SK-StGB/*Hoyer* Rn. 27 mwN; *Hirsch* ZStW 74 (1962), 78 (130); *Schumann* JZ 1979, 588 (590)). Dabei kommt es nicht darauf an, ob das Opfer die Unwahrheit der Äußerung hätte erkennen können. Entscheidend ist allein die Frage, ob es die fehlende Ernstlichkeit hätte erkennen müssen (SK-StGB/*Hoyer* § 263 Rn. 27). Ein Täter, der für seine Aussage keine Glaubhaftigkeit beansprucht, schafft und enttäuscht auch kein entsprechendes berechtigtes Vertrauen (BGHSt 34, 199 (201) mAnm *Müller-Christmann* JuS 1988, 108 (109 ff.); SK-StGB/*Hoyer* Rn. 27).

411   In der Praxis fehlt Reklamen und sonstigen Anpreisungen von Gütern, Waren oder Leistungen in Katalogen und Prospekten in der Regel die erforderliche **Ernstlichkeit,** um Vertrauen in die eigene Wahrheit in Anspruch zu nehmen (NK-StGB/*Kindhäuser* Rn. 88 mwN). Mit Ausnahme von aufgrund ihrer Verkehrsüblichkeit ohnehin für unmaßgeblich eingestuften Übertreibungen (dazu BGH wistra 1992, 255 (256)) liegt ein Betrug in den Fällen marktschreierischer Anpreisung daher nur dann vor, wenn eindeutig bestimmte Tatsachen behauptet werden (RGSt 56, 227 (231)). Wird lediglich eine Illusion erzeugt oder ist kein Zusammenhang zwischen der Anpreisung und den tatsächlichen Eigenschaften des betreffenden Produkts erkennbar, scheidet eine Betrugsstrafbarkeit jedoch aus (vgl. auch RGSt 25, 182 (184); OLG Köln BB 1964, 154; Lackner/Kühl/*Kühl* Rn. 5; NK-StGB/*Kindhäuser* Rn. 88; *Bottke* JR 1987, 428 (429)). Soweit es harmonisierte Rechtsbereiche betrifft, ist aufgrund des Anwendungsvorrangs des Unionsrechts das **Verbraucherleitbild** eines aufgeklärten Verbrauchers zu berücksichtigen (→ Rn. 8 ff., 39).

412   **47. Rip-Deal.** Beim sog Rip-Deal treten europaweit agierende Tätergruppen an vermögende und leichtgläubige Opfer mit der Bitte heran, **Geld** (idR Schweizer Franken) in Euro **umzutauschen** (vgl. dazu Wabnitz/Janovsky WirtschaftsStR-HdB/*Reich,* 3. Aufl. 2007, Kap. 5 Rn. 84). Hierbei wird den Opfern vorgetäuscht, das Geld stamme aus kriminellen Kanälen, weshalb ihnen ein besonders **günstiger Wechselkurs** angeboten werden kann. Zur Durchführung des Bargeldaustauschs locken die Täter ihre Opfer in der Regel nach Italien. Nach Übergabe der vereinbarten Summe erhält das Opfer nur wertloses Papiergeld mit einem Werbeaufdruck (sog **Faksimilegeld**). Entweder ist dieser Werbeaufdruck jedoch unter der Banderole verborgen, oder nur bei den äußeren Geldscheinen handelt es sich um gültige Banknoten.

413   Die Probleme bei der Ermittlung solcher Fälle liegen nicht in dem Bejahen eines – in aller Regel sogar durch § 263 Abs. 3 Nr. 1 qualifizierten – Betruges, sondern in deren **Rechtsverfolgung.** So gestaltet sich nicht nur die Kooperation mit ausländischen Ermittlungsbehörden oftmals schwierig, sondern häufig scheuen Opfer aus Scham oder Angst vor dem Vorwurf der Geldwäsche eine Anzeige bei der Polizei (vgl. Wabnitz/Janovsky WirtschaftsStR-HdB/*Reich,* 3. Aufl. 2007, Kap. 5 Rn. 85). In strafanwendungs-

rechtlicher Hinsicht gilt im Hinblick auf die §§ 3, 9 deutsches Strafrecht selbst bei einer Geldübergabe im Ausland, soweit die Täuschungshandlung in Deutschland begangen wurde. Darüber hinaus findet deutsches Strafrecht nach § 7 Anwendung, soweit das Opfer oder der Täter Deutscher ist.

48. Rückvergütungen (sog Kick-backs oder Innenprovisionen). Fälle von Zahlungen sog **414** Rückvergütungen sind häufig im Gesundheitswesen und bei Immobiliengeschäften, aber auch im Bereich des Vergabeverfahrens (BGH NJW 2006, 3290 ff. – Allianz Arena München), der Anlageberatung und des Wertpapierhandels. In der Grundkonstellation des sog Kick-backs vereinbart der Treupflichtige bei Vertragsschluss im Namen des Geschäftsherrn mit dem Vertragspartner die private Rückgabe eines Teils des vom Geschäftsherrn zu bezahlenden Entgelts (vgl. *Schünemann* NStZ 2006, 196 (199 ff.)). Die Zahlung erfolgt üblicherweise in bar oder über eine ausländische Briefkastenfirma. Wird zu diesem Zweck ein Preis vereinbart, der den Wert der Gegenleistung übersteigt und das Vermögen des Geschäftsherrn direkt schädigt, so liegt eine Untreue auf der Hand. Als deutlich schwieriger stellt sich jedoch die Beurteilung derjenigen Fälle dar, in denen – wie in der Praxis häufig der Fall – Leistungen vereinbart werden, die keinen eigenen Marktpreis haben und bei der die Angemessenheit des Entgelts deshalb in einem weiten Rahmen liegt, in dem sich der vereinbarte Preis selbst unter Einrechnung des Kick-backs noch bewegt (vgl. zur Bestimmung des Schadens bei nicht feststellbarem Marktpreis BGH NStZ 2010, 700). Je nach Fallkonstellation ergeben sich Schwierigkeiten bei der rechtlichen Bewertung von Kick-back-Zahlungen (zur Strafbarkeit verdeckter Kick-back-Zahlungen von Fondsgesellschaften an Banken als Betrug zu Lasten der Bankkunden *Schlösser* BKR 2011, 465). So müssen Fälle des Betruges von denjenigen der Untreue bzw. eines Korruptionsdeliktes nach den §§ 299, 331 ff. abgegrenzt werden. Da Bestechungsgelder in Abgrenzung zu durchlaufenden Posten als „sonstige Einkünfte" steuerlich offen gelegt und ordnungsgemäß versteuert werden müssen, steht zudem oftmals eine Steuerhinterziehung gemäß § 370 AO im Raum (dazu *Wegner* PStR 2005, 45 ff.). Im Folgenden sollen einzelne, von der Rspr. bereits entschiedene Fallgruppen der Rückvergütung näher beleuchtet werden.

a) Fälle mit Bezug zum Gesundheitswesen. aa) Fallkonstellation des (versuchten) Betruges 415 und der Beihilfe zum Betrug. Typischerweise bezieht ein kassenärztlich zugelassener Arzt oder Zahnarzt für seine Praxis von einer Firma medizinische Hilfsmittel wie Augenlinsen, Zahnersatz usw. Für die **Geschäftsbeziehung** gilt ein **Rabattsystem**, das der Arzt mit den Verantwortlichen des Verkäufers zuvor vereinbart hat. Danach hat der Arzt die Rechnungen des Lieferanten, welche die vereinbarten Rabatte nicht ausweisen, in voller Höhe zu bezahlen, erhält aber **nachträglich umsatzbezogene monatliche Rückvergütungen** zB in Höhe von 25 bzw. 30 % der Nettobeträge. Am Ende jedes Monats oder Anfang des Folgemonats lässt der (Zahn-)Arzt von seinen Angestellten die Behandlungskosten mit der zuständigen Kassenzahnärztlichen Vereinigung und/oder – soweit es Eigenanteile oder Privatanteile betraf – mit den Patienten abrechnen und die Rechnungen der Lieferfirma zur Erstattung vorlegen. Dabei **verschweigt** er die mit den Verantwortlichen des Lieferers vereinbarten Rückvergütungen. §§ 12 Abs. 1, 72 Abs. 1 SGB V enthalten eine Aufklärungspflicht des Arztes gegenüber der Krankenkasse über den Erhalt von Rückvergütungen bzw. Vergünstigungen (Fischer Rn. 60a; aA *Noak* MedR 2002, 76 (80 f.)); diese Pflicht begründet eine Garantenstellung des Arztes. Die Sachbearbeiter der Kassenzahnärztlichen Vereinigung und die Patienten, welche die Rechnungen begleichen, gehen daher irrtümlich davon aus, dass der Arzt die in den Rechnungen angegebenen Preise für den Zahnersatz bzw. die entsprechende ärztliche Leistung tatsächlich verauslagt hatte und er deshalb Erstattung verlangen kann. Sie bezahlen daher die geforderten Beträge. Will sich der Arzt damit eine dauernde zusätzliche Einnahmequelle von erheblichem Umfang verschaffen, kann es sich um eine **gewerbsmäßige Begehung iSv § 263 Abs. 3 Nr. 1** (→ Rn. 131) handeln.

Wenn ein kassenärztlich zugelassener Zahnarzt mit den Verantwortlichen eines Dentalhandelsunter- **416** nehmens für eine gewisse Dauer und in einer Vielzahl im Einzelnen noch unbestimmter selbstständiger Fälle ein Rabattsystem vereinbart, wonach er die Rechnungen des Unternehmens in voller Höhe zu zahlen hat, jedoch nachträglich umsatzbezogene monatliche Rückvergütungen erhält, diese aber bei der Abrechnung mit der Kassenzahnärztlichen Vereinigung entgegen der sich aus § 44 Abs. 5 S. 4 der Bundesmantelverträge für Ärzte (BMV-Ä) ergebenden Pflicht – diese ist eine Konsequenz aus dem im SGB V herrschenden Wirtschaftlichkeitsgebot (vgl. dazu *Dahm* MedR 2003, 460; Ulsenheimer Arzt-StrafR Kap. 1 Teil 14 Rn. 1099 f.) – verschweigt und deshalb die Rechnungen voll erstattet erhält, so liegt nach Ansicht des BGH (BGH wistra 2007, 135 f.; vgl. auch NStZ 2004, 568 (569); ferner *Kölbel* wistra 2009, 129 (130)) ein Betrug vor. Der Zahnarzt und die Verantwortlichen des Dentalhandelsunternehmens stehen sich, soweit es um Betrugstaten zum Nachteil der Kassenzahnärztlichen Vereinigung und der Patienten geht, nicht als selbstständige Täter mit gegenläufigen Interessen gegenüber, wie etwa Verkäufer und Erwerber beim Handel mit Betäubungsmitteln. Dies gilt nur für die zwischen ihnen abgeschlossenen Verträge über Lieferung von Zahnersatz. Mit Blick auf die betrügerische Schädigung der Kassenzahnärztlichen Vereinigung und der Patienten handelt es sich vielmehr um ein kollusives Zusammenwirken (BGHSt 42, 256 (259 f.); BGH wistra 2007, 135 f.).

bb) Fallkonstellation der (versuchten) Untreue/Beihilfe zur Untreue. In diesen Fällen bestellt **417** ein Vertragsarzt der gesetzlichen Krankenkassen die von ihm benötigten Medikamente im Wege kassenärztlicher Verordnung bei einem Unternehmen. Die Auslieferung erfolgt über einen gutgläubigen Apotheker, bei dem auch das Rezept verbleibt. Anschließend reicht der Apotheker die Rezepte mit den von dem Medikamentenhersteller vorgegebenen überhöhten Preisen einmal monatlich bei der örtlich zuständigen Verrechnungsstelle für Apotheker ein, die eine Aufteilung auf die jeweils betroffenen Krankenkassen vornimmt. Diese überweisen den fälligen Betrag an die Verrechnungsstelle, die ihn wiederum an den Apotheker auszahlt. Da die Vorlage der Verordnung mit den Preisvorgaben in Kenntnis oder Erwartung der Rückvergütungen erfolgt, liegt darin jeweils ein Verstoß gegen die Vermögensbetreuungspflicht, weil die verordneten Medikamente – wie der Arzt weiß – um die Rabattanteile überteuert sind (BGHSt 47, 295 (298 f.); BGH NStZ 2004, 568 ff.). Dieses Verhalten kann sich als Untreue des betroffenen Arztes zum Nachteil der jeweiligen Krankenkassen darstellen, was sich aus der besonderen Stellung des Vertragsarztes gegenüber der gesetzlichen Krankenkasse ergibt (zur Abgrenzung von Untreue und Betrug aufgrund dieser besonderen Stellung BGH wistra 2004, 143). Ein Betrug ist in diesen Fällen jedoch regelmäßig nicht gegeben.

418 Ein tateinheitlich begangener Betrug zum Nachteil des Apothekers liegt nicht vor, weil es an einer **schadensgleichen Vermögensgefährdung** gegenüber dem Apotheker **fehlt** (BGH NStZ 2004, 568 ff.). Der Apotheker, der sich an die ärztliche Verordnung hält, ist in seinem Vertrauen auf Bezahlung des Kaufpreises durch die Krankenkasse geschützt (vgl. BSG SozR 3–2500 § 132a Nr. 3; BSGE 77, 194 (206)).

419 Wenn der Kaufvertrag zwischen dem Apotheker und der jeweiligen Krankenkasse unter Einschaltung des Vertragsarztes als Vertreter und Zuleitung des Rezeptes über die Herstellerfirma mit überhöhten Preisen zustande kam, kann dahinstehen, ob die zeitlich nachfolgende Vorlage des Rezeptes durch den Apotheker als Tatmittler den Betrugstatbestand, sei es zum Nachteil der Krankenkassen oder der Apothekerverrechnungsstelle, erfüllt (BGH NStZ 2004, 568 ff.). Ein solcher Betrug wäre unter den hier genannten Umständen jedenfalls **mitbestrafte Nachtat** der vorangegangen Untreue (vgl. BGHSt 6, 67; BGHR StGB § 263 Abs. 1 Täuschung 10).

420 **cc) Sonderkonstellation der Einweisungsvergütung.** Im Zuge wirtschaftlicher und normativer Umstellungen im Gesundheitssystem haben medizinische Leistungserbringer eine neue Variante des Kick-backs entwickelt (dazu *Kölbel* wistra 2009, 129 ff.). Anknüpfungspunkt ist dabei eine **spezielle Vergütung,** mit der ein Krankenhaus in offener oder kaum bemäntelter Form die **Einweisung eines Patienten honoriert** (sog Kopfgeld). Gemeint sind diverse Vereinbarungen, die von vielen Krankenhäusern mit regionalen Ärztegruppen geschlossen werden, um den niedergelassenen Kollegen gegen ein meist pauschaliertes Entgelt bestimmte (vor-/nach)stationäre Behandlungsteile zu übertragen. Dabei geht es nur am Rande um ein echtes Outsourcing von Leistungen. Vielmehr bezwecken die Kliniken mit solchen Abreden möglichst viele Ärzte in ihrer Funktion als „Einweiser" an sich zu binden, um sich im Anschluss möglichst viele – als geeignet eingestufte – Patienten zuleiten zu lassen. In vielen Fällen rückt die Fallakquise derart in den Vordergrund, dass die Vergütung nur mehr von Bagatellleistungen abhängig gemacht und mitunter sogar ohne einen entsprechenden Nachweis erbracht wird. Faktisch bezahlt in diesen Fällen das Krankenhaus allein die ärztliche Einweisung.

421 Fraglich ist die strafrechtliche Bewertung dieser mit Blick auf **§ 31 MBO-Ä** (Deutsche Ärztinnen und Ärzte-(Muster-)Berufsordnung des Bundes) bzw. die jeweilige LBO-Ä als unzulässig und damit standesrechtswidrig eingestufte Vorgehensweise. Auch wenn die Einweisungsvergütung als ein Kick-back-Modell im weitesten Sinne verstanden werden kann, weicht sie doch derart von den oben diskutierten Fallkonstellationen ab, dass die dortigen strafrechtlichen Ausführungen nur bedingt übertragen werden können (*Kölbel* wistra 2009, 129 (131)). So scheitert eine Strafbarkeit wegen Betruges oder Untreue dann am fehlenden Vermögensschaden beim Kostenträger, wenn der **Patient tatsächlich der stationären Behandlung bedurfte.** Erfolgte die Aufnahme in die Klinik mithin zu Recht, so muss die Krankenkasse gemäß § 109 Abs. 4 S. 2, 3 SGB V für die entstandenen Kosten einstehen. Die jeweilige Höhe der Vergütung ist primär erkrankungsabhängig und steht somit unabhängig von einer etwaig kollusiv vereinbarten Einweisung gemäß § 17b Krankenhausfinanzierungsgesetz (KHG) iVm dem Krankenhausentgeltgesetz (KHEntgG) prinzipiell fest. Bei herkömmlichen Kick-backs bejaht die Rspr. (vgl. BGHSt 50, 299 (314)) einen Vermögensschaden, wenn dem Prinzipal mit einiger Gewissheit ein Preisnachlass entgeht, für den der Vertragspartner die Provisionsmittel ansonsten verwenden würde (zum Verlust einer Rabatt-Anwartschaft vgl. auch Lackner/Kühl/*Heger* § 266 Rn. 15; *Rönnau* FS Kohlmann, 2003, 239 (257 ff.); *Schünemann* NStZ 2006, 196 (200); krit. *Bernsmann* StV 2005, 576 (577); *ders.* GA 2007, 219 (233 ff.)). In den Fällen der Zahlung sog Einweisungsprämien zahlt die Krankenkasse aber nicht deshalb zu viel, weil sie eine Ersparnis in Höhe der Prämie als gesicherte Vorteilsaussicht verpasst (so auch *Kölbel* wistra 2009, 129 (131)), weil die Klinik infolge der sozialrechtlichen Preisbindung das Entgelt schon gar nicht reduzieren darf (LG Magdeburg wistra 2002, 156 (157); *Bernsmann/Schoß* GesR 2005, 193 (194); *Rönnau* FS Kohlmann, 2003, 239 (259)). Fälle der Mehrbelastung einer Krankenkasse sind nur dann denkbar, wenn es zu einer sog **Fehlbelegung** kommt, ein Arzt sich also durch die Aussicht auf die Einweisungsprämie dazu verleiten lässt, einen Patienten in ein Krankenhaus einzuweisen, ohne dass diesbezüglich eine medizinische Notwendigkeit besteht. In derartigen Schadenskonstellationen von bezahlter Zuführung bei gleichzeitiger Abrechnung unbegründeter Behandlungsfälle ist ein Betrug denkbar.

b) Fälle mit Bezug zum Immobilienwesen. Im Bereich von Immobiliengeschäften ist die folgen- **422** de Betrugskonstellation typisch: Vermittler vermarkten Eigentumswohnungen an Käufer, die sich in einer angespannten finanziellen Lage befinden und die für ihre Zwecke zwar flüssige Mittel benötigen, wegen fehlender Kreditwürdigkeit und mangels Sicherheiten aber keine Bankdarlehen erhalten (LG Kiel BeckRS 2007, 08281). Diesen Personen, die an sich keine Wohnungen erwerben wollten, wird durch die Vermittler der Kauf von Eigentumswohnungen mit der **Zusage** angeboten, dem Käufer **10 % des Kaufpreises** in bar **als Kick-back-Zahlung** zur freien Verwendung zu überlassen. Später werden die Wohnungen mit einem **Aufschlag zwischen 50 und 100 %** an die Käufer weitergegeben. Aus dem so erhöhten Kaufpreis werden zusätzlich hohe Vermittlerprovisionen, die Erwerbsnebenkosten der Käufer und die ihnen zugesagten Kick-back-Zahlungen entnommen. Der gesamte Kaufpreis wird von den seitens der Vermittler ausgewählten **Banken voll finanziert,** wobei den Banken zum Teil auch **falsche Bonitätsnachweise der Käufer** vorgelegt werden. Hätten die Banken die schlechte Bonität der Käufer und die Vereinbarung der Kick-back-Zahlungen gekannt, hätten sie die Kredite nicht bewilligt. Sämtliche Finanzierungen werden erwartungsgemäß binnen kurzer Zeit notleidend, so dass die Kreditinstitute die Verwertung der als Sicherheit bestellten Grundschulden betreiben und, sofern die Zwangsversteigerung überhaupt abgeschlossen werden kann, erhebliche Verluste erleiden. Die mit der Darlehenshingabe an nicht kreditwürdige Käufer eingetretene konkrete Vermögensgefährdung stellt bereits einen Vermögensschaden dar, welcher später durch die den Banken bestellten Grundschulden nicht ausgeglichen werden können. Bei den Kredit gewährenden Banken ist mit der **Auszahlung des Darlehens** eine **konkrete Vermögensgefährdung** eingetreten. Ob die Hingabe eines Darlehens einen Vermögensschaden bewirkt, hängt davon ab, ob nach und in Folge der Darlehensgewährung das Vermögen des Darlehensgebers einen geringeren Wert hat als zuvor. Entscheidend ist ein für den Zeitpunkt der Darlehenshingabe anzustellender Wertvergleich zwischen dem gewährten Darlehen und dem Rückzahlungsanspruch des Darlehensgläubigers. Es kommt darauf an, ob der Rückzahlungsanspruch im Vergleich zu dem überlassenen Darlehensbetrag gleichwertig ist. Das ist hier nicht gegeben. Sämtliche Käufer erwerben die Wohnungen nur, weil sie flüssige Mittel benötigten, die sie mangels Kreditwürdigkeit anderweitig nicht mehr bekommen konnten. Sie sind nicht in der Lage, die anfallenden Zins- und Tilgungslasten regelmäßig aufzubringen, mit der Folge, dass die Finanzierung alsbald scheitert. Den Käufern kommt es nur darauf an, die Kick-back-Zahlungen zu erlangen. In dem Verhalten der Vermittler liegt ein vollendeter Betrug (LG Kiel BeckRS 2007, 08281).

Nach Auffassung des BGH (BGH NStZ-RR 2005, 374 f.) kann sich ein **Notar,** der Kaufangebote, **423** Kaufverträge und andere notarielle Erklärungen für Kunden eines Immobilienvermittlungsunternehmens beim finanzierten Erwerb von Eigentumswohnungen beurkundet, wegen **Beihilfe zum Betrug** strafbar machen. Das setzt voraus, dass ihm das Geschäftsprinzip des Vermittlungsunternehmens im Handlungszeitpunkt bekannt gewesen ist, Eigentumswohnungen im sog Kick-back-System an Käufer zu vermarkten, die sich in einer angespannten finanziellen Lage befinden und die für ihre Zwecke zwar finanzielle Mittel benötigen, mangels Kreditwürdigkeit und mangels Sicherheiten aber keine Bankdarlehen erhalten können. Bei Kenntnis der wahren Sachlage wären diese Kredite nicht bewilligt worden. Der Notar hat durch seine notariellen Beurkundungen an der betrügerischen Täuschung der Banken durch das oben beschriebene Verhalten der Haupttäter mitgewirkt.

c) Fälle mit Bezug zum Vergabeverfahren. In formal geregelten Vergabefällen stellt sich bei der **424** Zahlung von Kick-backs regelmäßig die Feststellung des Schadens als schwierig dar. So ist die einzig mögliche Konstruktion eines Vermögensnachteils über die **Zerstörung einer vermögenswerten Anwartschaft** problematisch, da die Vereinbarung von Rabatten statt eines Kick-backs ohne vorherige Preisgabe der Angebotsunterlagen nicht vorstellbar ist. Es fehlt an einer aufgrund einer bereits getroffenen Unrechtsvereinbarung vorgenommenen Eingangsmanipulation (*Schünemann* NStZ 2006, 196 (201)). Die zivilrechtliche Gefahr der Sittenwidrigkeit eines später nach der Stornierung der Schmiergeldabrede abzuschließenden Vertrages stellt keine Hürde für eine Subsumtion entsprechender Fälle unter § 266 dar. Diese liegt vielmehr in den sich aus den Strukturen des Vergabeverfahrens ergebenden Besonderheiten (*Schünemann* NStZ 2006, 196 (202)). So steht die Schmiergeldabrede notwendigerweise am Anfang, womit die als Voraussetzung des Vermögensnachteils unverzichtbar notwendige Anwartschaft nur schwer zu begründen ist, wenn man von der Schmiergeldabrede absieht (*Schünemann* NStZ 2006, 196 (202)).

Der BGH hat in der Entscheidung zum „Kölner Müllskandal" (BGH NStZ 2006, 210 (213 f.)) und **425** zum „System Schreiber" (BGHSt 49, 317 (318 ff.); dazu auch *Wegner* PStR 2005, 45 ff.) im Abschluss der jeweils um den Schmiergeldanteil erhöhten und damit überteuerten Verträge eine schadensstiftende Handlung gesehen, einen **Vermögensschaden in Höhe der Schmiergelder** angenommen und eine **Untreue** bejaht. Danach bildet der auf den Preis aufgeschlagene Betrag, der lediglich der Finanzierung des Schmiergelds dient, bei der Auftragserlangung durch Bestechung im geschäftlichen Verkehr regelmäßig die Mindestsumme des beim Auftraggeber entstandenen Vermögensnachteils iSd § 266 Abs. 1. Dies wird in der Literatur (*Schünemann* NStZ 2006, 196 (200)) zwar mit Verweis darauf kritisiert, dass die kassierten Schmiergelder für den Geschäftsherrn nicht zu realisieren waren und es damit an der Mindestvoraussetzung einer Schädigung durch Zerstörung einer Anwartschaft fehle. Im Ergebnis wird jedoch im

Fall „System Schreiber" über einen Gefährdungsschaden ebenfalls eine Untreuestrafbarkeit und **kein Betrug** bejaht (*Schünemann* NStZ 2006, 196 (201)).

426   **d) Fälle mit Bezug zur Anlageberatung und zum Wertpapierhandel/Betrug durch Kredit-vermittler.** Fälle fehlerhafter Anlageberatung beschäftigen regelmäßig die zivilrechtliche Judikatur. Im Rahmen der Feststellung möglicher Schadensersatzansprüche gemäß § 823 Abs. 2 BGB wird dabei die Frage aufgeworfen, ob der Beklagte ein Schutzgesetz verletzt hat. In diesem Zusammenhang wird das Vorliegen eines Betruges gemäß § 263 diskutiert. Nach Auffassung des BGH (Zivilsenat: BGH WM 1989, 1047 (1051); BGH NJW-RR 1990, 604 f.; vgl. auch OLG München WM 1986, 1141 (1142)) begeht derjenige Vermittler einen **Betrug durch Unterlassen,** der vorsätzlich eine Kick-back-Ver-einbarung mit dem Broker in Bereicherungsabsicht verschweigt. Die **Garantenstellung** ergibt sich aus der **Verpflichtung des Vermittlers** (§§ 675, 667 BGB), **zurückerstattete Provisionen** dem Auftrag-geber **herauszugeben.** Berät eine Bank einen Kunden über Kapitalanlagen und empfiehlt sie ihm bestimmte Fondsanteile, bei denen sie aus den Aufgabeaufschlägen und jährlichen Verwaltungsgebüh-ren verdeckte Rückvergütungen erhält, so muss sie ihren Kunden über diese Rückvergütung **aufklären.** Ansonsten läuft sie Gefahr, sich gemäß § 823 Abs. 2 BGB iVm § 263 StGB schadensersatzpflichtig zu machen (s. dazu BGH NJW 2007, 1876 ff. mAnm *de Oleire* WM 2007, 2129 ff.; BGH VuR 2008, 25 f.; BGH ZIP 2009, 455 ff. mAnm *Dörfler* EWiR 2009, 193 f.).

427   Auch wenn diese zivilrechtliche Rspr. keine Bindungswirkung für ein zukünftiges Strafverfahren hat, sei ergänzend angeführt, dass das Kick-back-Verfahren nach angloamerikanischem Recht als sog **„frau-dulent"** bereits für sich genommen strafbar ist (s. den entsprechenden Hinweis in BGH WM 1989, 1047 (1051); BGH NJW-RR 1990, 604 f.).

428   **49. Sachmanipulationen, betrügerische.** Die Entscheidungsgrundlage des Opfers kann auch durch die Manipulation von Gegenständen beeinflusst werden. Wenn jemand beispielsweise seinen **Telefonanschluss** so **manipuliert,** dass seine in Anspruch genommenen Gesprächseinheiten auf den Zählern anderer Telefonanschlüsse erscheinen, kann dies grundsätzlich eine irreführende Sachmanipula-tion und damit eine Täuschung der zuständigen – die Zähler ablesenden – Mitarbeiter des Telefonanbie-ters darstellen. Diese Personen nehmen dem Grunde nach durch den Irrtum kausal bedingt auch eine schädigende Vermögensverfügung vor, indem sie die aufgelaufenen Gebühren entsprechend den Zähler-angaben den Inhabern der betreffenden Fernsprechanschlüsse in Rechnung stellen. Bei den Inhabern der betroffenen Anschlüsse entsteht dann auch ein Schaden.

429   Dennoch darf nicht übersehen werden, dass es sich bei § 263 um ein **Kommunikationsdelikt** handelt (LK-StGB/*Tiedemann* Rn. 4), das objektiv die Täuschung eines anderen Menschen im Sinne einer kommunikativen Einwirkung auf denselbigen voraussetzt. Der Betrugstatbestand darf hier **nicht als Auffangtatbestand missbraucht** werden. Die bloße Manipulation von Objekten oder die Ver-änderung von Tatsachen stellt selbst dann kein betrugsrelevantes Verhalten dar, wenn dies auf Seiten des Verfügenden zu einem Irrtum führt (→ Rn. 13, 28). Eine Sachmanipulation wie die geschilderte fällt somit regelmäßig unter Spezialtatbestände wie diejenigen der **§ 263a, § 265a oder § 268,** aber nicht unter § 263. Anders liegt der Fall nur, wenn der Täter es manipulativ erschwert oder verhindert, dass das Opfer den Mangel einer Sache oder die sonstige Vertragswidrigkeit einer Leistung erkennt (hierzu RGSt 20, 144 ff.; 29, 369 (370); 59, 299 (305 f.); BGH MDR 1969, 497 f.), etwa indem er nach Vertragsschluss einen entdeckten Mangel kaschiert. Konstruktiv lässt sich dies damit begründen, dass der Täter bei vorausgegangenen Verdeckungsmaßnahmen konkludent das Fehlen solcher Maßnahmen miterklärt hat (→ Rn. 32), nicht jedoch die Mangelfreiheit (LK-StGB/*Tiedemann* Rn. 37).

430   **Konkurrenzrechtlich** liegen die von **§§ 274, 275** erfassten Manipulationen ebenso wie Tathand-lungen im Sinne der §§ 276, 277, 278 zeitlich betrachtet regelmäßig vor der jeweiligen Täuschungs-handlung, so dass auch ein tateinheitliches Zusammentreffen mit § 263 ausscheidet (LK-StGB/*Tiede-mann* Rn. 316).

431   **50. Sanierungsbetrug.** Geraten Unternehmen in die Insolvenz, bedienen sie sich häufig der Hilfe von Unternehmensberatern, Steuerberatern und Rechtsanwälten als sog **externer Sanierer** (vgl. Wab-nitz/Janovsky WirtschaftsStR-HdB/*Köhler*, 3. Aufl. 2007, Kap. 7 Rn. 296 ff.; Achenbach/Ransiek/ Rönnau WirtschaftsStR-HdB/*Wattenberg* Teil 4 Kap. 2 Rn. 266; zur organisierten Bestattung von Kapitalgesellschaften s. auch Dannecker/Knierim/Hagemeier InsStrafR/*Knierim* Rn. 577 ff.; *Hirte* ZInsO 2003, 833 ff.). Diese täuschen die jeweiligen Entscheidungsträger darüber, das Unternehmen von den eingetretenen Schwierigkeiten befreien zu können, indem sie einen Gläubiger-Fonds einrichten (a), einen Gäubiger-Pool bilden (b), Auffang-, Sanierungs- oder Betriebsübernahmegesellschaften gründen (c) oder das Unternehmen unter baldiger Stellung eines Insolvenzantrags aufkaufen (d).

432   **a) Einrichtung eines Gläubiger-Fonds.** Oftmals erreichen die Sanierer durch geschicktes Auftre-ten bei den **Gläubigern Stundungen oder Teilerlassverträge,** indem sie den Gläubigern vorspiegeln, es gäbe keine andere Möglichkeit, die Einleitung des Insolvenzverfahrens und damit der völlige Forderungsausfall seien ansonsten unausweichlich. Unter Hinweis auf von Dritten bereitgestellte Gelder wird um die Durchführung eines Sanierungsplans im Sinne eines Gläubiger-Fonds (Dannecker/Knie-rim/Hagemeier InsStrafR/*Knierim* Rn. 1105 f.) geworben, wobei als vertrauensbildende Maßnahme ein

dem Zugriff des Schuldners entzogenes Anderkonto – teilweise unter Nennung renommierter Berater oder Mitkontrolleure – eingerichtet wird (*Richter* GmbHR 1984, 113 (116); *ders.* wistra 1984, 97).

Von einem Betrug muss man ausgehen, wenn die Gläubiger durch falsche Angaben über die Fonds **433** bzw. über die zur Verfügung stehenden Finanzmittel zum Abschluss von Stundungs- oder Teilerlassverträgen veranlasst werden. Allerdings stellt sich der Nachweis eines **Vermögensschadens** hier regelmäßig als problematisch dar, weil dem Täter nachgewiesen werden muss, dass die Forderungen der Gläubiger ohne den täuschungsbedingten Abschluss der Stundungs- oder Teilerlassverträge zumindest zu einem Teil noch hätten realisiert werden können, nunmehr aber wertlos geworden sind (BGH NStZ 2003, 546 (548); *Richter* wistra 1984, 97 (98)). Ist dieser Nachweis nicht zu führen, bleibt die Möglichkeit einer Verfolgung wegen **Kreditbetrugs nach § 265b.** Zudem kommt es in solchen Fällen häufig zu einer **Insolvenzverschleppung nach § 15a InsO,** wenn man den Sanierer als faktischen Geschäftsführer einstuft oder er sogar formal diese Funktion übernommen hat, ansonsten wegen **Anstiftung oder Beihilfe zum Betrug.** Neben dem Betrug kommt es in solchen Fällen regelmäßig zu Delikten der **Untreue** sowie der **Gläubiger- und Schuldnerbegünstigung** (Dannecker/Knierim/Hagemeier InsStrafR/*Knierim* Rn. 1111).

b) Bildung eines Sicherungs- bzw. Gläubiger-Pools. Darüber hinaus können sich einzelne **434** (Groß-)Gläubiger in rechtlich nicht zu beanstandender und in der Praxis häufig vorkommenden Art und Weise zu einem Sicherungs- bzw. Gläubiger-Pool (vgl. Dannecker/Knierim/Hagemeier InsStrafR/*Knierim* Rn. 1102 f.) zusammenschließen. Dies hat oftmals den Vorteil, dass das Unternehmen fortgeführt werden kann. Rechtstechnisch handelt es sich hierbei entweder um eine **BGB-Gesellschaft** oder um ein **unechtes Treuhandverhältnis.** In einem solchen Pool können mehrere Gläubiger die Absonderung oder Aussonderung ihrer Mobiliarsicherheiten gemeinsam wahrnehmen. Hauptzweck ist, dass die Mitglieder ihre Sicherheiten nicht mehr voneinander abgrenzen müssen, was Beweisschwierigkeiten vorbeugt (BGH NJW 1989, 895 (896)).

In solchen Konstrukten kann es durch Poolmitglieder zu **Täuschung und Benachteiligung** ins- **435** besondere **von Nichtpoolmitgliedern** kommen, indem diese gegenüber unwahre Angaben gemacht werden, die zu einem irrtumsbedingten Verzicht der Geltendmachung eigener Forderungen iSe Vermögensverfügung und damit zu einem Vermögensschaden führen können (Dannecker/Knierim/Hagemeier InsStrafR/*Knierim* Rn. 1106).

c) Gründung von Auffang-, Sanierungs- oder Betriebsübernahmegesellschaften. Oftmals **436** werden auch Auffang-, Sanierungs- oder Betriebsübernahmegesellschaften mit dem Ziel gegründet, ein insolventes oder insolvenzgefährdetes Unternehmen – auch im Interesse der Gläubiger – entweder vorübergehend fortzuführen oder zumindest optimal zu verwerten (vgl. *Tiedemann* ZIP 1983, 513 (517)). Rein tatsächlich geht es aber nicht selten ausschließlich darum, das Unternehmen zu Lasten einzelner oder aller Gläubiger zu zerschlagen. Man spricht in diesem Zusammenhang von einer „gesteuerten Insolvenz".

In betrugsspezifischer Hinsicht kann es in solchen Gesellschaften häufig zu Fällen der **Täuschung 437 und Benachteiligung von Nichtmitgliedern** kommen, die durch unwahre Angaben dazu veranlasst werden, irrtumsbedingt durch Vermögensverfügungen wie das Nichtgeltendmachen eigener Forderungen Vermögensschäden zu erleiden. Bereits die Gründung solcher Gesellschaften kann eine **Bankrotthandlung iSd § 283** darstellen (LG Potsdam wistra 2005, 193 ff.). Darüber hinaus kommen regelmäßig Fälle von **Gläubigerbegünstigung, Insolvenzverschleppung** und **Untreue** in Betracht (vgl. LG Potsdam wistra 2005, 193 ff.).

d) Aufkauf einer Gesellschaft mit baldiger Insolvenzantragstellung. In Fällen des Ankaufs mit **438** baldiger Stellung des Insolvenzantrages werden idR insolvente **GmbHs** für den symbolischen Preis von 1 EUR mit dem Ziel aufgekauft, anschließend Insolvenzantrag zu stellen. Für den Aufkauf lassen sich die Firmenaufkäufer – auch **Firmenbestatter** (zum Begriff vgl. *Hey/Regel* GmbHR 2000, 115; *Hirte* ZInsO 2003, 833 ff.; *Weyand* PStR 2006, 176 ff.) genannt – vom bisherigen Geschäftsführer oftmals hohe **Übernahmegebühren** oder **Entsorgungsgelder** bezahlen (vgl. LG Potsdam wistra 2005, 193 (194 f.)). Dafür wird dem Verkäufer vorgespielt, dass er nun nicht mehr persönlich hafte, vom Makel der Insolvenz verschont bleibe und unbesorgt mit einem neuen Unternehmen am Markt beginnen könne. Es folgen **verschiedene Verschleierungsmaßnahmen** – wie etwa Sitzverlegungen –, bis der Aufkäufer schließlich Insolvenzantrag stellt (vgl. BGH NStZ 2009, 635 mAnm *Hagemeier* StV 2010, 26 ff.).

In diesem Zusammenhang kann es zur **Täuschung und Benachteiligung** insbesondere **von Gläu- 439 bigern des aufgekauften Unternehmens** kommen, indem diese durch unwahre Angaben dazu veranlasst werden, irrtumsbedingt von einer Geltendmachung eigener Forderungen abzusehen, und damit einen Vermögensschaden erleiden. Neben § 263 kommt es dabei regelmäßig zu Fällen der **Insolvenzverschleppung nach § 15a InsO** (dazu LG Potsdam wistra 2005, 193; *Ogiermann* wistra 2000, 250), des **Bankrotts,** des **Vorenthaltens und Veruntreuens von Arbeitsentgelt,** der **Untreue** und der **Urkundenfälschung** sowohl seitens der Aufkäufer als auch durch den ehemaligen Altgeschäftsführer der GmbH.

440   **51. Schneeballsystem: „Loch-auf-Loch-zu-Methode".** Bei dieser Methode handelt es sich um eine besondere Form eines **Schneeballsystems** (vgl. hierzu Wabnitz/Janovsky WirtschaftsStR–HdB/ *Köhler,* 3. Aufl. 2007, Kap. 7 Rn. 203; *Isfen* FS Roxin, 2011, 989; *Piel* in Fischer et al., Dogmatik und Praxis des strafrechtlichen Vermögensschadens, 2015, 109 (116 ff.)). Dabei werden den Geschädigten absprachewidrig – oftmals unter Vorlage gefälschter Depot-Mitteilungen – **(fiktive) Gewinne** aus einer nicht erfolgten Veranlagung von anvertrauten Geldern **aus den Einnahmen weiterer zu veranlagender Gelder bezahlt.** So werden die Geschädigten scheinbar vertragskonform ausbezahlt, ohne zu ahnen, dass dafür die Gelder neuer Kunden herangezogen werden. Ein **auf Dauer gesichertes Wachstum** lässt sich hiermit nicht generieren. Hierüber wird der Geschädigte **getäuscht,** und er **irrt** sich täuschungsbedingt über das eingegangene Risiko. Dabei wird den Anlegern verschwiegen, dass bereits der von den Investoren für ihre Zahlungen erlangte Gegenanspruch zum Zeitpunkt der Verfügung als eine auf die Begehung von Straftaten aufgebaute Aussicht auf Vertragserfüllung an sich schon wirtschaftlich wertlos ist (vgl. BGH NStZ 2009, 330 f. m. krit. Anm. *Küper* JZ 2009, 800). Zwar besteht für die ersten Anleger noch eine gewisse Chance, sowohl ihr Kapital als auch die versprochenen Erträge zu erhalten. Diese Hoffnung hat ihren Ursprung jedoch nicht in der Umsetzung des vorgespielten Anlagemodells; vielmehr hängt alles von dem mehr als vagen „Erfolg" des allein auf die Täuschung der Anleger aufgebauten Systems sowie vom Eingang weiterer betrügerisch erlangter Gelder ab (BGH NStZ 2009, 330 f. m. krit. Anm. *Küper* JZ 2009, 800 ff.). Führt man sich vor Augen, dass auch den ersten Anlegern der Vorwurf einer leichtfertig begangenen Geldwäsche nach § 261 Abs. 1 Nr. 4a, Abs. 5 (→ § 261 Rn. 65 ff.) droht, so müssen auch diese Anleger trotz einer möglicherweise tatsächlich vorhandenen Gewinnaussicht als geschädigt iSd § 263 angesehen werden.

441   Die **Vermögensverfügung** liegt bei der „Loch-auf-Loch-zu-Methode" in der vertragsgemäßen Bezahlung der Anlagesumme an den Täter.

442   Ein **Vermögensschaden** tritt ein, wenn diese Verfügung unmittelbar zu einer nicht durch Zuwachs ausgeglichenen Minderung des wirtschaftlichen Gesamtwerts des Vermögens des Verfügenden führt (zur Schadensermittlung durch **Gesamtsaldierung** vgl. BVerfG NJW 1998, 2589 (25909; BGHSt 3, 99 (102); 16, 220 (221); 30, 388 (389); 34, 199 (203); 45, 1 (4); 51, 10 (15); 51, 165 (174); BGH NStZ 2006, 624 f.; BGHR StGB § 263 Abs. 1 Vermögensschaden 54, 70; MüKoStGB/*Hefendehl* Rn. 489 ff.). Maßgeblich ist der Zeitpunkt der Vermögensverfügung und damit der Vergleich des Vermögenswerts unmittelbar vor und nach der Verfügung (BGHSt 6, 115 (116); 23, 300 (303); BGH NStZ 2009, 330 f. m. krit. Anm. *Küper* JZ 2009, 800 ff.). Spätere Entwicklungen, die zu einer Schadensvertiefung oder zu einem Schadensausgleich oder zu einer Schadenswiedergutmachung führen (→ Rn. 91), berühren den eingetretenen tatbestandlichen Schaden nicht und haben nur für die Strafzumessung Bedeutung (BGHSt 30, 388 (389 f.); 51, 10 Rn. 23; BGH NStZ 2009, 330 f. m. krit. Anm. *Küper* JZ 2009, 800 ff.). Die Schadensberechnung hat für jeden Geschädigten einzeln zu erfolgen; dabei muss festgestellt werden, welche Anleger durch wen, wann und durch welche tatbestandlich relevanten Verhaltensweisen geschädigt wurden (BGH NStZ 2010, 103).

443   Beim Eingehen eines **Risikogeschäftes** mit einer täuschungs- und irrtumsbedingten Verlustgefahr, die über die vertraglich vorausgesetzten Gefahren hinausgeht, kann nichts anderes gelten; auch dort ist der Schaden mit der Vermögensverfügung bei Saldierung der Vermögenslage vor und nach der Verfügung unmittelbar eingetreten. Das Rechtsinstitut der schadensgleichen Vermögensgefährdung (→ Rn. 92 ff.) beschreibt diesen Bereich nur unzureichend und ist mithin an dieser Stelle entbehrlich (vgl. schon BGHR StGB § 266 Abs. Nachteil 65; später BGH NStZ 2009, 330 f. m. krit. Anm. *Küper* JZ 2009, 800 ff.). Dementsprechend erkennt der BGH (BGHSt 30, 388 (390); 34, 394 (395); 51, 165 (177)) an, dass für Risikogeschäfte ein Vermögensschaden nur insoweit vorliegen kann, als die von dem Getäuschten eingegangene Verpflichtung unter Berücksichtigung aller mit ihr verbundenen, zur Zeit der Vermögensverfügung gegebenen Gewinnmöglichkeiten wertmäßig höher ausfällt als die ihm dafür gewährte Gegenleistung. Danach bedeutet die Annahme einer konkreten Vermögensgefährdung, dass nach wirtschaftlicher Betrachtungsweise bereits eine Verschlechterung der gegenwärtigen Vermögenslage vorliegen muss (→ Rn. 92). Bei wirtschaftlicher Betrachtung liegt es auf der Hand, dass mit dem **Eingehen eines Risikogeschäfts mit einer nicht mehr vertragsimmanenten Verlustgefahr** ein unmittelbarer Wertverlust iSe benennbaren Vermögenseinbuße korreliert. Dabei sind das mit der Zahlung des Anlagebetrags als Vermögensverfügung eingegangene, aufgrund der Täuschung und eines entsprechend hieraus resultierenden Irrtums überhöhte Risiko sowie der dadurch verursachte Minderwert des im Synallagma Erlangten zu bewerten (BGH NStZ 2009, 330 f. mwN m. krit. Anm. *Küper* JZ 2009, 800 ff.; ferner MüKoStGB/*Hefendehl* Rn. 626 ff.). Ist eine genaue Feststellung zur Schadenshöhe zum Zeitpunkt der Vermögensverfügung nicht möglich, so muss der Tatrichter – etwa durch **Schätzung** im Rahmen des dabei eingeräumten Beurteilungsspielraums – im Hinblick auf die Besonderheiten des Strafverfahrensrechts Mindestfeststellungen treffen (BGHSt 30, 388 (390)).

444   Das voluntative Element des täterlichen **Vorsatzes** muss sich auf den unmittelbar mit der Vermögensverfügung des Getäuschten eingetretenen tatbestandlichen Schaden erstrecken; auf eine Billigung eines eventuellen Endschadens kommt es dagegen nicht an (BGH NStZ 2009, 330 f. m. krit. Anm. *Küper* JZ 2009, 800 ff.). Ebenso ist die Absicht des späteren Ausgleichs der Vermögensminderung ohne Bedeutung (vgl. auch BGHSt 23, 300 (303); 34, 199 (204); zur Untreue BGH NJW 2009, 89 (92)).

52. Selbsthilfebetrug. Beim sog Selbsthilfebetrug (dazu schon *Hegler* JW 1925, 1499 ff.) handelt es **445** sich um die (versuchte) außergerichtliche (zum sog Prozessbetrug → Rn. 393 ff.) Durchsetzung eines nach Vorstellung des Täters rechtmäßigen Anspruchs. Eine Strafbarkeit wegen Betrugs setzt subjektiv voraus, dass der Täter in dem Bewusstsein handelt, der angestrebte Vermögensvorteil sei rechtswidrig. Die **Rechtswidrigkeit** des Vermögensvorteils ist (objektives) Tatbestandsmerkmal des § 263 (→ Rn. 123 f.). Allein der Umstand, dass ein Anspruch durch Mittel der Täuschung realisiert werden soll, macht einen erstrebten Vorteil noch nicht per se rechtswidrig. Wenn das vom Täter verfolgte Ziel mit der Rechtsordnung in Einklang steht, wird es nicht dadurch rechtswidrig, dass rechtswidrige Mittel zu seiner Verwirklichung angewandt werden (BGHSt 3, 160 (162 f.); 20, 136 (137); 42, 268 (271) mwN aus der Rspr.).

Von rechtlichem Interesse sind mögliche **Irrtumskonstellationen** hinsichtlich des Vorliegens der **446** Rechtswidrigkeit des erstrebten Vermögensvorteils. In Betracht kommt eine Strafbarkeit wegen (untaug-lichen) Versuchs, wenn der Täter den angestrebten Vermögensvorteil irrigerweise als rechtswidrig ansieht (BGHR StGB § 263 Abs. 1 Irrtum 7; BGHSt 42, 268 (273)). Gleiches gilt, wenn er den Anspruch irrig nicht für gegeben hält. Hält der Täter hingegen den erstrebten Vermögensvorteil für rechtmäßig, so liegt ein Tatbestandsirrtum im Sinne des § 16 Abs. 1 S. 1 vor, mit der Konsequenz, dass der Vorsatz entfällt. Wer also mit Mitteln der Täuschung einen tatsächlich rechtswidrigen, nach seiner Vorstellung aber rechtmäßigen Anspruch durchsetzen will, begeht mangels Vorsatzes keinen Betrugs-versuch und bleibt straffrei (BGH wistra 2003, 383 f.; BGHSt 42, 268 (272); BGH 30.8.1988 – 5 StR 325/88; OLG Düsseldorf wistra 1992, 74).

53. Sicherungsbetrug. In dieser Fallgruppe begeht der Täter einen Betrug, um die Aufdeckung **447** einer zuvor von ihm begangenen Vermögensstraftat zu verhindern und sich oder Dritten den Tatertrag zu erhalten (zum Sicherungsbetrug als dogmatisches Mittel zur Umgehung verjährungsrechtlicher Vor-schriften und als mitbestrafte Nachtat krit. *Sickor* GA 2007, 590 ff.). Typisch sind daher insbesondere Fälle der **Täuschung** bei Kontrollen und Falschangaben **zur Vereitelung von Strafverfahren** sowie **von Rückgewähr- oder Schadensersatzansprüchen** (vgl. BGH wistra 1989, 60 f.; 1992, 342 ff.; BGH NStZ 2009, 203).

Hierbei wird insbesondere die Frage relevant, ob dem Beschuldigten auch dann eine rechtlich grund- **448** sätzlich gebotene Offenbarung und Aufklärung zugemutet werden kann, wenn er damit **zugleich** ein eigenes Disziplinarvergehen, eine eigene Ordnungswidrigkeit oder gar eine **eigene Straftat aufdecken** müsste. Die hM (vgl. BGHSt 3, 18 (19); OLG Köln JMBl. NRW 1983, 184 (186); Lackner/Kühl/*Kühl* Rn. 13; LK-StGB/*Tiedemann* Rn. 75 mwN; Gössel StrafR BT II § 21 Rn. 72 (Zumutbarkeit generell unerheblich); aA AG Tiergarten NStZ 1994, 243 f.; zweifelnd *Wessels* JZ 1965, 631 (635)) bejaht dies mit der Begründung, dass das natürliche Recht auf Selbstschutz dort ende, wo zur Verdeckung eigener Straftaten neues Unrecht verursacht werden müsste. Von dieser restriktiven Sicht ist auch die neuere Rspr. nicht grundsätzlich abgerückt, lässt jedoch Ausnahmen zu (vgl. BGH NJW 2005, 763 ff.), wenn die Erfüllung einer grundsätzlich strafbewehrten gesetzlichen Erklärungspflicht zwangsläufig zu einer Selbstbezichtigung führen und diese eine Strafverfolgung mit sich bringen würde (vgl. hierzu im Einzelnen → AO § 393 Rn. 44 ff.). Zum Verschweigen einer Mfs-Tätigkeit BVerfG NJW 1998, 2589 (2590); BGHSt 45, 1 ff. mAnm *Geppert* NStZ 1999, 306 ff.; *Otto* JZ 1999, 738 f.; *Jahn* JA 1999, 628 ff.

Erfüllt die Nachtat alle Betrugsmerkmale, stellt sich die **Konkurrenzfrage.** Auf dieser Ebene stellt **449** der Sicherungsbetrug lediglich eine **mitbestrafte Nachtat** dar, wenn er nur die aus der Vortat stammenden Vorteile verwerten oder sichern soll, ohne einen neuen und selbstständigen Schaden zu verursachen bzw. ohne einen bereits angerichteten Schaden zu erweitern oder zu vertiefen (BGHSt 6, 67 (68); BGH wistra 1989, 60 f.; 1992, 342 (343 f.); BGH NStZ 1993, 591; 2009, 203; Lackner/Kühl/*Kühl* Rn. 69; Schönke/Schröder/*Perron* Rn. 184; LK-StGB/*Tiedemann* Rn. 325 mwN). Dies wird damit begründet, dass die durch die Vortat geschaffene rechtswidrige Vermögenslage lediglich aufrecht-erhalten wird. Hierfür ist erforderlich, dass sich der Betrug gegen dasselbe Angriffsobjekt wie das der Vortat richtet (LK-StGB/*Rissing-van-Saan* Vor § 52 Rn. 153 f.). Liegen diese Voraussetzungen vor, so kann der Betroffene nur wegen der ersten Tat verurteilt werden, womit das Unrecht der Nachtat als vollständig abgegolten gilt, selbst wenn der Sicherungsbetrug im Versuchsstadium stecken geblieben ist (BGH MDR 1979, 1034 (1035) mwN). So verhält es sich zB dann, wenn die in einem Arrestverfahren, das der durch einen Betrug Geschädigte zur Sicherung seines Rückzahlungsanspruches betreibt, vor-genommene Täuschungshandlung des Täters der Sicherung der Beute aus der Haupttat dient (BGH wistra 2011, 230). Jedoch bleibt die Nachtat für die Strafbarkeit eines Teilnehmers von Relevanz bzw. kann eine taugliche Vortat für Anschlussdelikte wie die Hehlerei oder die Begünstigung darstellen (LK-StGB/*Tiedemann* Rn. 325 mwN). Wird dagegen ein bisheriger Schaden vertieft bzw. erweitert, entfällt die Annahme eines Sicherungsbetruges und es liegt stattdessen **Tatmehrheit** gemäß § 53 vor, auch wenn der Geschädigte dieselbe Person bleibt (LK-StGB/*Tiedemann* Rn. 327). Letzteres gilt auch für den Fall, dass ein Dritter geschädigt wird (zur Abgrenzung von Sicherungsbetrug und Sicherungserpressung s. *Schröder* MDR 1950, 398 ff.). Gegen die rechtliche Behandlung des Sicherungsbetruges als mitbestrafte Nachtat wird angeführt, dass diese Bewertung dem juristisch-ökonomischen Vermögensbegriff wider-spreche (*Bittmann* NStZ 2012, 289).

450 **54. Sozialleistungsbetrug.** Aufgrund des in diesem Bereich staatlicher Leistungen vorherrschenden Gedankens der Solidargemeinschaft muss zunächst festgehalten werden, dass eine Differenzierung zwischen **staatlichen Auszahlungen,** die aufgrund von (Versicherungs-)Beiträgen erlangt wurden, und solchen, bei denen ein **Anspruch ohne Beitragszahlung** entsteht, nicht erforderlich ist (MüKoStGB/*Hefendehl* Rn. 178).

451 Wegen eines Sozialleistungsbetruges kann sich derjenige strafbar machen, der aktiv durch **Täuschung über das Vorliegen der Anspruchsvoraussetzungen** die Gewährung von Sozialleistungen erschleicht, wenn der Behörde selbst aufgrund der Täuschung kein Ermessen mehr zustand. Bezüglich des Vorliegens einer Täuschung bei der Beantragung von Sozialleistungen ist auf den Zweck der Mitteilungspflichten nach § 60 Abs. 1 SGB I abzustellen, die hinsichtlich aller Umstände bestehen, die für den Leistungsbezug erheblich sind (KG BeckRS 2013, 19703; s. dazu auch *Klose* StraFo 2013, 192). Infolge der einseitigen Leistungsgewährung kommt es zu einem Vermögensschaden zu Lasten des Staates (vgl. MüKoStGB/*Hefendehl* Rn. 748; *Seibert,* Die Garantenpflicht beim Betrug, 2007, 41 ff.). Gewährt die Behörde aufgrund eigenen Ermessens Sozialleistungen, liegt eine Strafbarkeit wegen Betruges trotz bewusster Selbstschädigung vor, wenn der **Ermessensentscheidung** irrtumsbedingte Erwägungen zugrunde liegen (aA MüKoStGB/*Hefendehl* Rn. 748). Der Schaden lässt sich aber nicht nur isoliert aus der Täuschung ableiten. Ein bloßer Verweis auf die behördliche Schadensermittlung zur Feststellung des Schadens, ohne dass das Gericht selbst nachvollziehbar in die **Schadensberechnung** eintritt, genügt nicht (OLG Düsseldorf StV 2001, 354). Zur Schadensermittlung ist eine Prüfung erforderlich, inwieweit der Anspruchsteller nach sozialrechtlichen Grundsätzen auf die gewährte Leistung einen Anspruch hat (OLG Düsseldorf StV 2001, 354; OLG Düsseldorf wistra 1992, 39). Im Rahmen der Schadensermittlung darf sich das Gericht nicht mit einem Hinweis auf eine behördliche Schadensaufstellung begnügen; die tatrichterlichen Entscheidungsgründe müssen in nachvollziehbarer Weise zu erkennen geben, dass und inwieweit auf die angeblich „überzahlten" Beträge nach den sozialhilferechtlichen Bestimmungen tatsächlich kein Anspruch bestand (OLG Hamm BeckRS 2011, 07187; *Smok* FD-StrafR 2011, 31699). Der Vermögensschaden ist im Rahmen des Sozialleistungsbetrugs nicht nur als Tatbestandsvoraussetzung, sondern auch im Rahmen der Strafzumessung relevant (OLG Nürnberg SrafFo 2011, 521).

452 Weiterhin kommt Strafbarkeit wegen Betruges durch **Unterlassen** in Betracht, wenn eine Mitteilungspflicht verletzt wird (OLG München NStZ 2009, 156 mBespr *Hecker* JuS 2010, 266; OLG Köln NStZ-RR 2010, 79 (80); OLG Düsseldorf NStZ 2012, 703 (704)). Zentrale Norm ist **§ 60 Abs. 1 SGB I** (zur Kritik an der Ableitung einer Garantenpflicht aus § 60 Abs. 1 SGB I *Bringewat* NStZ 2011, 131). Danach trifft den Leistungsempfänger (zB Empfänger von Arbeitslosengeld I, II, Unfall- oder EU-Renten, Kindergeldberechtigte) die Pflicht zur Anzeige von Änderungen leistungsrelevanter Tatsachen (dazu OLG Hamburg wistra 2004, 151; OLG Köln NStZ 2003, 374; NJW 1984, 1979; MüKoStGB/*Hefendehl* Rn. 179 mwN; *Pawlik,* Das unerlaubte Verhalten beim Betrug, 1999, 202 f.). Diese allgemeine Mitwirkungspflicht gilt für alle Leistungen des SGB, unabhängig davon, ob die zu meldenden Tatsachen eine Leistungskürzung, eine Versagung der Leistung oder die Pflicht zur Erstattung zu viel erhaltener Leistungen nach sich ziehen (OLG Hamburg wistra 2004, 151 (152); MüKoStGB/*Hefendehl* Rn. 179 f.). Diese Pflicht erfüllt der Leistungsempfänger erst, wenn der Leistungsträger aufgrund der Mitteilung dazu in der Lage ist, den Vorgang ordnungsgemäß zu prüfen und zu bearbeiten, wenn der **zuständige Mitarbeiter** der leistungsbewirkenden Behörde also **informiert** wurde (OLG Karlsruhe NStZ 2004, 584; OLG Hamburg wistra 2004, 151 (152); OLG Köln NStZ 2003, 374; NJW 1984, 1979). Demzufolge muss eine Mitteilung an die Behörde wiederholt werden, wenn durch weiterhin erfolgende fehlerhafte Zahlungen erkennbar davon auszugehen ist, dass die ursprüngliche Mitteilung den zuständigen Sachbearbeiter nicht erreicht hat (OLG Köln NStZ 2003, 374; MüKoStGB/*Hefendehl* Rn. 180; aA OLG Düsseldorf NStZ 1987, 176 (177); *Peglau* wistra 2004, 316 (317)). Wenn die Zahlungen jedoch trotz Mitteilung an den zuständigen Sachbearbeiter fortgesetzt werden, besteht keine erneute Mitteilungspflicht (OLG Köln NJW 1984, 1979; OLG Hamburg wistra 2004, 151; SSW StGB/*Satzger* Rn. 52). Der Leistungsempfänger hat nicht die Pflicht, den Leistungsträger ganz allgemein über unterlassenes oder fehlerhaftes Verwaltungshandeln zu informieren (OLG Karlsruhe NStZ 2004, 584; OLG Köln NJW 1984, 1979; BSG NJW 1981, 2718 (2719)).

453 Die Garantenpflicht aus § 60 Abs. 1 SGB I trifft nach **§ 99 S. 2 SGB X** auch die **Erben und Angehörigen** sowie nach **§ 60 Abs. 1 S. 2 SGB I** sonstige Personen, die zur Erstattung der an den Berechtigten gezahlten Sozialleistungen verpflichtet sind. Sie sind deshalb, wenn **Renten nach dem Tod des Begünstigten** versehentlich weiterbezahlt werden, zur Aufklärung über dessen Tod verpflichtet und damit Garanten (OLG Düsseldorf NZWiSt 2012, 351; OLG Hamm NJW 1987, 2245 (Blindengeld), das jedoch die Garantenpflicht des Angehörigen aus Treu und Glauben hergeleitet hat; s. hierzu auch OLG Braunschweig BeckRS 2015, 02061). Die entgegenstehende Ansicht (OLG Hamburg wistra 2004, 151; *Bringewat* NStZ 2011, 131) wird unter Hinweis auf Sinn und Zweck des § 60 I SGB I abgelehnt, der in der Erleichterung bzw. Ermöglichung der Sachverhaltsaufklärung gesehen wird (*Achenbach* NStZ 2013, 698). Eine über § 60 Abs. 1 S. 2 SGB I und § 99 S. 2 SGB X hinausgehende Ausweitung der Mitteilungspflicht auf **Drittpersonen,** die Zugriff auf die Gelder des Leistungsberechtigten haben, ohne selbst leistungsberechtigt zu sein, ist nicht möglich; sie unterliegen **keiner Mitteilungspflicht** (OLG Stuttgart NJW 1986, 1767 (1768); OLG Düsseldorf NJW 1987, 853 f.).

Neben den gesetzlichen Vorschriften kann im Einzelfall auch ein **besonderes Vertrauensverhältnis** 454
zum Leistungsgewährenden, das über das Rentenrechtsverhältnis hinausgeht, eine Aufklärungspflicht
begründen (OLG Hamm NJW 1987, 2245; OLG Düsseldorf NJW 1987, 853; OLG Köln NJW 1979,
278; SSW StGB/*Satzger* § 263 Rn. 52; *Kühl* JA 1979, 681 (683); aA *Ranft* JURA 1992, 66 (68)).
Insbesondere das **beamtenrechtliche Treueverhältnis** kann dazu verpflichten, dass Beamte und
Beamte im Ruhestand anspruchsverändernde Umstände wie den Weiterbezug von Bezügen (OLG Köln
JMBl. NRW 1983, 184) oder eine Wiederbeschäftigung im öffentlichen Dienst (RGSt 67, 289 (292))
mitteilen müssen (zum Beihilfebetrug → Rn. 217; zur missbräuchlichen Inanspruchnahme von BAföG-
Leistungen s. *Rau/Zschieschack* StV 2004, 669).

55. Sport- bzw. Wettkampfbetrug und Doping. Die Problematik des Sportbetrugs (grundlegend 455
hierzu *Rössner,* Aspekte olympischer Sportentwicklung, 1999, 134 ff.; *ders.* in DOI Jahrbuch 2000,
108 ff.; *Rössner* in Digel/Dickhuth, Doping im Sport, 2002, 118 ff.; *Rössner* FS Mehle, 2009, 567) bzw.
Dopings (vgl. dazu MüKoStGB/*Hefendehl* Rn. 736; *Faber,* Doping als unlauterer Wettbewerb und Spielbetrug, 1974, 1 ff.; *Cherkeh,* Betrug (§ 263 StGB), verübt durch Doping im Sport, 2000, 1 ff.; *Seibert,*
Die Garantenpflicht beim Betrug, 2007, 79 f. (95 f.); *Jahn* FS Rössner, 2015, 599 (603 ff.); *Otto* SpuRt
1994, 10 (15); *Greco* GA 2010, 622) liegt auf den ersten Blick nur im ideellen Bereich. Der allgemeine
Straftatbestand des Betruges erfasst aber nur den rein wirtschaftlichen Bereich des Sports, wie das
Transferwesen oder das Marketing, und schützt damit nur die wirtschaftliche Seite, nicht aber den fairen
Ablauf eines sportlichen Wettkampfes. Gleichwohl können die Voraussetzungen des Betruges erfüllt
sein.

Bezüglich des **Sportwettenbetrugs** ist das Urteil des BGH richtungsweisend (BGH BeckRS 2013,
01251), wonach dem Angebot auf Abschluss eines Sportwettenvertrages in aller Regel die konkludente
Erklärung zu entnehmen sei, dass der in Bezug genommene Vertragsgegenstand nicht vorsätzlich zum
eigenen Vorteil manipuliert wurde (BGH BeckRS 2013, 01251; BGHSt 51, 165). Daher liege im
Abschluss des Sportwettvertrages in Kenntnis der Manipulation zu eigenen Gunsten bereits die Täuschungshandlung.

Der BGH (BGHSt 51, 165 ff.; 58, 102, 111 ff.; *Greco* NZWiSt 2014, 102 ff.; krit. *Krack* ZIS 2007, 103
(109 f.); *Saliger/Rönnau*/Kirch-Heim NStZ 2007, 361 (365); vgl. auch *Becker* in Fischer et al., Dogmatik
und Praxis des strafrechtlichen Vermögensschadens, 2016, 273 (276 ff.)) hat bei **Wetten mit festen
Quoten** auf manipulierte Fußballspiele bereits bei Abschluss des Wettvertrages einen vollendeten Betrug
zum Nachteil des Wettanbieters angenommen. Ein Mindestschaden könne dabei im Zweifel im Wege
einer tragfähigen Schätzung ermittelt werden. Infolge der Manipulation sei die Verpflichtung zur
Auszahlung des vereinbarten Wettgewinns mit einem höheren Risiko behaftet; daher habe der Wettanbieter einen Vermögensschaden erlitten, wenn die von ihm gegenüber dem Wettenden eingegangene
Auszahlungsverpflichtung des vereinbarten Wettgewinns nicht mehr durch den Anspruch auf den Wetteinsatz aufgewogen werde. Habe der Wettanbieter in der Gesamtschau keinen Verlust erlitten, weil das
auf die betroffenen Spiele entfallende Wettaufkommen den an den manipulativ handelnden Wettgewin-
ner auszuschüttenden Gewinn gedeckt habe, so stehe dies der Annahme eines Vermögensschadens nicht
entgegen.

Beim **Doping** kommen ein Betrug zum Nachteil des Veranstalters, eines etwaigen Preisspenders, des
Konkurrenten, der Sponsoren und der Zuschauer in Betracht: Ein **Betrug zum Nachteil des Ver-
anstalters** kann vorliegen, wenn Veranstalter und Sportler schon vor dem Wettkampf eine Vereinbarung
treffen, in der die Dopingregeln des Sportrechts dem Vertrag zugrunde gelegt werden (OLG Stuttgart
BeckRS 2011, 27427 = SpuRt 2012, 74 mAnm *Kudlich* = JuS 2012, 181 mBespr *Jahn;* BGH NStZ
2014, 317 = JuS 2014, 658 mAnm *Jahn* im Anschluss an BGHSt 51, 165 – *Hoyzer;* Lackner/Kühl/*Kühl*
Rn. 9; *Grotz* SpuRt 1995, 93 (95); *Otto* SpuRt 1994, 10; *Kargl* NStZ 2007, 489 (491 ff.); *Valerius* FS
Rissing-van Saan, 2011, 717 (718 ff.)). Durch die Startzusage und die Teilnahme am Wettkampf täuscht
der Sportler den Veranstalter konkludent darüber, dass er ungedopt an den Start gehen werde (*Jahn* JuS
2012, 181 (182)). Ein Irrtum des Veranstalters wird nicht dadurch ausgeschlossen, dass der Veranstalter in
aller Regel über die Ubiquität von Dopingsmanipulationen Bescheid weiß. Es reicht aus, wenn er
Veranstalter davon ausgeht, der Sportler werde sich möglicherweise an die Dopingsregeln halten (*Jahn* FS
Rössner, 2015, 599 (604)). Wenn der Veranstalter über sein Vermögen durch Auszahlung des Startgeldes
verfügt, kann hierdurch ein Vermögensschaden entstehen (MüKoStGB/*Hefendehl* Rn. 736; *Schattmann,*
Betrug des Leistungssportlers, 2008, 28), der in der Regel auf der Basis eines Sachverständigengutachtens
(BVerfGE 126, 170 (194 ff.)) mit dem Ziel einer quasi-bilanziellen Schadensbewertung der Minderleis-
tung des gedopten Sportlers und ggf. der Angabe eines quantifizierten Mindestschadens zu bestimmen ist
(statt vieler BGH NStZ 2012, 629 mAnm *Jahn* JuS 2013, 81). Nach umstrittener Ansicht ist auch der
gedopte Sieger nach der Unschuldsvermutung so lange rechtmäßiger Inhaber des vom Start- oder
Nenngeld zu unterscheidenden Preisgeldes bzw. des Anspruchs darauf, bis er **disqualifiziert** wird (*Heger*
JA 2003, 76 (81); aA *Kerner/Trüg* JuS 2004, 140 (142)).

Weiterhin kommt ein **Betrug zum Nachteil des Preisspenders** in Betracht, der gleichermaßen
durch die Wettkampfteilnahme über die Einhaltung der Dopingbestimmungen getäuscht wird (*Jahn* FS
Rössner, 2015, 599 (605 f.); *Grotz* ZIS 2008, 243 (249); *Cherkeh/Momsen* NJW 2001, 1745 (1749)).

Wenn ein Sportler gegenüber dem Geschäftführer des Unternehmens, das sein Team sponsert, angibt, bei ihm sei Doping zu 100 % ausgeschlossen, liegt hierin nach Auffassung des OLG Stuttgart (SpuRt 2012, 74) eine unerlaubte Täuschung, da die Frage nach dem Doping rechtlich erlaubt und eine unwahre Antwort demnach vertragswidrig sei. Auch in der weiteren Teilnahme am Rennen liege die konkludente Erklärung, dass dabei kein Doping stattfinde. Im Hinblick auf den Schaden bewegt sich diese Fallkonstellation dogmatisch im Bereich der **Zweckverfehlungslehre** (dazu Lackner/Kühl/*Kühl* Rn. 56; ferner *Timm* GA 2012, 732 (739) f.; *Heger* JA 2003, 76 (81); *Kerner/Trüg* JuS 2004, 140 (142) Fn. 26; → Rn. 237). Da bloße Zwecksetzungen wirtschaftlich betrachtet irrelevant sind, scheidet eine Schadensbegründung mit Hilfe der Zweckverfehlungslehre in diesen Fällen aus (MüKoStGB/*Hefendehl* Rn. 736 mwN).

Ein Betrug zum Nachteil der Nachplazierten scheidet aus, weil es bereits an einer Kommunikationsbeziehung zwischen den Teilnehmern eines Wettbewerbes fehlt (*Reinhart* in Fritzweiler/Pfister/ Summerer, Praxishandbuch Sportrecht, 3. Aufl. 2014, 8. Teil Rn. 143).

456 Die aufgezeigten Schwierigkeiten bzgl. der rechtlichen Einordnung von Fällen des Sport- bzw. Wettkampfbetruges haben die innerhalb der Politik und Öffentlichkeit geführte **Diskussion um die Einführung eines eigenen Anti-Doping-Gesetzes** belebt (dazu *Jahn* FS Rössner, 2015, 599 ff.; *Rössner* FS Mehle, 2009, 567 (578); *Bannenberg* SpuRt 2007, 155 f.). Dort wird vermehrt auch die Einfügung eines speziellen Straftatbestandes für den Sportbetrug in das Strafgesetzbuch gefordert (*Stickelberger* DRiZ 2013, 154 f.; *Merk* FS Knemeyer, 2012, 417 ff.; weitere Nachw. bei *Jahn* SpuRt 2013, 90 (91) Fn. 8). Der Sportbetrug soll als Straftat gegen den Wettbewerb als § 298a (**Wettbewerbsverfälschungen im Sport**) und § 299a (**Bestechlichkeit und Bestechung im sportlichen Wettkampf**) eingeordnet werden (vgl. Wabnitz/Janovsky WirtschaftsStR-HdB/*Bannenberg* Kap. 12 Rn. 136 ff. mwN). Nach französischem oder italienischem Vorbild sollen so mit der Staatsanwaltschaft und der Polizei auch staatliche Stellen in den Kampf gegen Doping-Sünder und ihr Umfeld einbezogen werden. Hier bleibt die Entwicklung auf der Ebene der Gesetzgebung abzuwarten.

457 **56. „Steuerbetrug".** Beim sog Steuerbetrug handelt es sich um Steuerstraftaten im Sinne der §§ 369 ff. AO. An dieser Stelle ist lediglich das **Konkurrenzverhältnis** zwischen der Steuerhinterziehung nach § 370 AO und dem Betrug nach § 263 relevant. Nach stRspr des BGH (vgl. etwa BGH NStZ 2013, 411; BGHSt 37, 266 (285); BGH wistra 2000, 63 (64)) erfordert § 370 AO im Gegensatz zu § 263 keine gelungene Täuschung samt einem hervorgerufenen Irrtum bei dem zuständigen Finanzbeamten (so aber Hübschmann/Hepp/Spitaler/*Hellmann* AO § 370 Rn. 200). Vielmehr genügt es, wenn unrichtige oder unvollständige Angaben über steuerlich erhebliche Tatsachen anders als durch eine Täuschung ursächlich für eine Steuerverkürzung oder für das Erlangen von nicht gerechtfertigten Steuervorteilen werden (BGHSt 37, 266 (285); BGH wistra 2000, 630 (64); BGHSt 51, 356 ff.; so auch BFH BStBl. II 2006, 356 (357)). Dafür spricht bereits der vom Betrugstatbestand abweichenden Wortlaut des § 370 Abs. 1 Nr. 1 AO. Zudem lassen sich die Regelbeispiele des § 370 Abs. 3 S. 2 Nr. 2 und 3 AO anführen, wonach Fälle erfasst werden, in denen Amtsträger bei einer Steuerhinterziehung ihre Befugnisse oder Stellung als Amtsträger missbraucht haben (BGHSt 51, 356 ff.; BGH wistra 2000, 63 (64)). Die von Teilen der Literatur (JJR/*Joecks* AO § 370 Rn. 198 f.; ebenso *Kohlmann* AO § 370 Rn. 263 und 1101) vertretene Ansicht, wonach § 370 Abs. 1 Nr. 1 AO statt dem ungeschriebenen Merkmal eines Irrtums im Sinne einer Fehlvorstellung zumindest eine „Unkenntnis" der betroffenen Finanzbehörde von dem wahren Sachverhalt erfordere, lehnt der BGH (BGH wistra 2000, 63 (64); BGHSt 51, 356 ff.) jedenfalls insoweit ab, als danach der jeweiligen Finanzbehörde das Wissen eines vorsätzlich zu ihrem Nachteil handelnden Amtsträgers zugerechnet werden soll (so auch Wannemacher SteuerstrafR/*Kürzinger* Rn. 156 f.; aA *Törmöhlen* DStZ 2006, 262 (264); vgl. auch BFH BStBl. II 1998, 458 (460 f.)).

458 **57. Stundungsbetrug.** Die Fälle des sog „Stundungsbetruges" werden auf der Ebene des Vermögensschadens diskutiert. Zunächst bleibt festzuhalten, dass eine **entgangene Nutzungsmöglichkeit** infolge ihrer Vermögenszugehörigkeit grundsätzlich einen betrugsrelevanten Schaden des Vermögens darstellt, wohingegen **bloße Leistungsverzögerungen** in den üblichen Grenzen wirtschaftlich in der Regel nicht besonders veranschlagt werden (LK-StGB/*Tiedemann* Rn. 152, 211 mwN). Daher stellt die Stundung insbesondere in den Fällen der Verlängerung eines Kredites keinen Schaden dar, wenn dies zu wirtschaftlich ausgeglichenen Bedingungen geschieht (BGH wistra 1986, 170 f.; Schönke/ Schröder/*Perron* Rn. 115). Sowohl der **vorübergehende Verzicht auf das Ergreifen von Zwangsvollstreckungsmaßnahmen** (*Haas* GA 1996, 117 ff.) als auch der Verzicht auf eine **gerichtliche Geltendmachung eines Anspruches** (BGH wistra 1993, 17) sind dabei wie eine solche Stundung zu behandeln.

459 Strafrechtlich relevant wird der Stundungsbetrug dagegen in den Fällen, in denen gerade aufgrund des Zeitaufschubes die **Chancen des Gläubigers auf Rückzahlung** des gewährten Kredits bzw. auf Erfüllung eines sonstigen Anspruchs bzw. die Vollstreckungsaussichten **verschlechtert bzw. konkret gefährdet** werden (BGHSt 1, 262 (264); wistra 2004, 429 (432); Schönke/Schröder/*Perron* Rn. 115; *Tiedemann* JURA 1981, 26 ff.). Hier ergeben sich Berührungspunkte mit dem sog **„Wechselbetrug"** (→ Rn. 482). Erreicht der Schuldner beim Gläubiger durch die Hingabe eines Wechselakzepts, dass dieser die Grundforderung stundet oder den Wechsel prolongiert (vgl. dazu RGSt 3, 332 (333)), so liegt nur dann ein betrugsrelevanter Schaden vor, wenn zwischen Fälligkeit der Forderung und dem per Stundung festgelegten Zeitpunkt beim Schuldner der Vermögensverfall eintritt (BGH wistra 1986, 170 f.; LK-StGB/*Tiedemann* Rn. 211, 220 mwN). Die praktische Relevanz des Wechsels ist jedoch verschwindend gering, da die Deutsche Bundesbank seit 2007 keine Wechsel mehr akzeptiert (MüKoStGB/*Hefendehl* Rn. 637).

58. Subventionsbetrug/Betrug durch Subventionsabsprachen/Betrug bei Subventionskre- 460
diten. Ursprünglich konnten Täuschungshandlungen zur Erschleichung von Subventionen als sog Subventionsbetrug (grundlegend dazu *Tiedemann* ZStW 86 (1974), 897 ff.; *ders.*, AGON Nr. 25 (1999), S. 19 ff.) ausschließlich durch § 263 erfasst werden (zur Zweckverfehlungslehre und öffentlichem Vermögen MüKoStGB/*Hefendehl* Rn. 738 ff.; ferner *Mohrbotter* GA 1969, 225 ff.; s. auch → Rn. 237). Die Feststellung entsprechender Vermögenseinbußen im Strafprozess führte immer wieder zu Schwierigkeiten, insbesondere in den Fällen, in denen Geschäftsvorfälle bewertet werden mussten. Vor diesem Hintergrund hat der Gesetzgeber durch das Erste und Zweite Gesetz zur Bekämpfung der Wirtschaftskriminalität (BGBl. 1976 I 2034; 1986 I 721) besondere Vermögensgefährdungsdelikte eingeführt, bei denen auf den Nachweis eines konkreten Schadens verzichtet wird. Stattdessen wurden zusätzlich die Voraussetzungen an eine strafbewehrte Täuschung präzisiert. Konstellationen des Subventionsbetruges fallen seit 1976 somit primär unter § 264, der die Strafbarkeit im Vergleiche zu § 263 deutlich vorverlagert, indem die Tat bereits durch die aktive oder passive Täuschung vollendet ist, ohne dass der Täter weitere objektive Tatbestandsmerkmale erfüllen muss. § 264 Abs. 1 Nr. 1, 2 iVm Abs. 3 stellt zudem bereits die bloße Leichtfertigkeit unter Strafe. Auch aus diesem Grund sieht der Tatbestand in Abs. 4 die Möglichkeit einer tätigen Reue vor.

Soweit § 264 Abs. 1 erfüllt ist, stellt diese Norm eine abschließende **Sondervorschrift** dar, hinter 461 die § 263 auch zurücktritt, wenn es im Einzelfall mit dem Erlangen der Subvention zu einer Schädigung des Vermögens kommt, da diese durch § 264 mit abgegolten wird (hM: BT-Drs. 7/5291, 6; BGHSt 32, 206 (208); BGH BeckRS 2007, 03010; BayObLG NJW 1982, 2202; Fischer § 264 Rn. 5 und 54a; *Lackner*/Kühl/*Heger* § 264 Rn. 30; LK-StGB/*Tiedemann* § 264 Rn. 185; Schönke/Schröder/*Perron* § 264 Rn. 87 mwN auch zur Gegenmeinung; SK-StGB/*Hoyer* § 264 Rn. 108; *Göhler*/Wilts DB 1976, 1609 (1615); *Ranft* JuS 1986, 450; aA *Berz* BB 1976, 1438; NK-StGB/*Hellmann* § 264 Rn. 172 f.: Vorrang des § 263). **Tateinheit** ist nur möglich, wenn neben der Subvention auch andere Vermögensvorteile Gegenstand der Tat sind (Lackner/Kühl/*Heger* § 264 Rn. 30; Schönke/Schröder/*Perron* § 264 Rn. 87; aA *Schmidt-Hieber* NJW 1980, 322 (324)). Liegen die Voraussetzungen eines zumindest in das Versuchsstadium geratenen Betruges vor und ist § 264 Abs. 1 nicht einschlägig, so ist der Täter wegen Betruges zu bestrafen (BGHSt 44, 233 (234); BGH wistra 1987, 23; Fischer § 264 Rn. 54; Schönke/Schröder/*Perron* § 264 Rn. 87 mwN; LK-StGB/*Tiedemann* § 264 Rn. 186; SK-StGB/*Samson*/Günther § 264 Rn. 103; *Heinz* GA 1977, 193 (213)). Eine Sperrwirkung des § 264 dergestalt, dass er § 263 auf dem Gebiete des Subventionsbetrugs selbst dann verdrängt, wenn § 264 im Einzelfall nicht anwendbar ist, ist nicht gegeben (BGHSt 31, 93 f.). § 263 erfasst die Erschleichung öffentlicher Mittel, falls der täuschende Antragsteller die Vergabevoraussetzungen nicht erfüllt und deshalb der Subventionszweck verfehlt wird (BGHSt 31, 93 (95 f.); BGH NStZ 2006, 624 f. mAnm *Bosch* GA 2006, 492 ff.; *Idler* JuS 2007, 904 ff.).

59. Vergleichsbetrug. Zum näheren Verständnis eines Vergleichsbetruges (grundlegend hierzu *Tie-* 462 *demann* FS Klug, 1983, 405 ff.; LK-StGB/*Tiedemann* Rn. 32 mwN) ist auf den Hauptzweck eines zivilrechtlichen Vergleiches zu rekurrieren. Dieser besteht gemäß **§ 779 BGB** in der **gütlichen Beilegung eines Zivilstreits** zwischen zwei Parteien **im Wege des gegenseitigen Nachgebens.** Ein Vergleichsbetrug ist dabei in verschiedenen Konstellationen möglich. Einerseits kann die gegnerische Partei durch das Vorspiegeln falscher Tatsachen **zum Abschluss** eines für sie nachteiligen Vergleiches verleitet werden. Andererseits können **nach Abschluss** eines Vergleichs – etwa über künftige nacheheliche Unterhaltspflichten – für die weitere Berechnung relevante Änderungen verschwiegen werden. So hat die Rspr. (BGH NJW 1979, 1439 f. mwN) eine betrugsrelevante vertragliche Treuepflicht des geschiedenen Ehepartners dahingehend bejaht, dem anderen Partner nach einem Unterhaltsvergleich unaufgefordert mitzuteilen, dass der als anrechnungsfrei vereinbarte monatliche Nettoverdienst wegen Aufnahme einer Beschäftigung überschritten wird (vgl. auch LK-StGB/*Tiedemann* Rn. 59).

Problematisch beim Vergleichsbetrug sind regelmäßig Fragen der Zurechnung und des Schadens. 463 Beim Vergleichsbetrug ist insbesondere Zurückhaltung bei der Annahme einer konkludenten Täuschung geboten, soweit sich die Täuschung auf den unsicheren Teil bezieht, über den eine Einigung im Wege des gegenseitigen Nachgebens erzielt werden soll. Umstritten ist, ob das Wissen eines Vertreters auf Seiten des Getäuschten dem Getäuschten auch dann **zuzurechnen ist,** wenn dieser die Vermögensverfügung vornimmt (dazu im Einzelnen → Rn. 69 ff.). Bei täuschungsbedingtem Abschluss eines Prozessvergleichs liegt ein **Vermögensschaden** und damit ein Betrug nur vor, wenn sich die Realisierungsmöglichkeiten des Anspruchs hierdurch tatsächlich verschlechtert haben (GenStA München IBR 2008, 63).

464   **60. Verkehrsunfälle, betrügerische.** Eine wichtige Fallkonstellation des Betruges stellt das Vortäuschen von Verkehrsunfällen im Straßenverkehr dar. Nach Schätzungen der Versicherungswirtschaft ist jeder zehnte Verkehrsunfall manipuliert; der jährlich durch solche gestellten Unfälle oder auch Scheinunfälle herbeigeführte Schaden soll bei ca. 1,5 Mrd. EUR liegen (*Benz/Hoffmann* SVR 2006, 95). Das Interesse der Täter in solchen Manipulationsfällen geht regelmäßig dahin, auf Basis fiktiver Reparaturkosten Schadenersatzansprüche gegen die Haftpflichtversicherung des (vermeintlichen) Unfallsgegners geltend zu machen, dabei aber allenfalls notdürftige Reparaturen vorzunehmen und die entstehende Differenz als Gewinn zu erlangen. Zu unterscheiden ist hier im Wesentlichen zwischen fünf strukturell unterschiedlichen Fallgestaltungen (vgl. *Benz/Hoffmann* SVR 2006, 95 f.), bei denen zum Teil auch die kriminelle Zusammenarbeit zwischen den unmittelbar am Unfallgeschehen Beteiligten und Gutachtern oder Mietwagenunternehmen festgestellt werden konnte (*Born* NZV 1996, 257 (259)). Sind jedoch die zuständigen Sachbearbeiter der betroffenen Versicherung beteiligt, so dürfte ein Betrug regelmäßig ausscheiden, da es dann an einer Täuschung und einem Irrtum fehlt und insofern eine Untreue (§ 266) in Betracht kommt, bei der die Unfallverursacher dann jedoch nur als Teilnehmer an der Tat der Versicherungsmitarbeiter mitwirken können (vgl. zu den kriminalistischen Ermittlungsansätzen in diesen Fällen *Born* NZV 1996, 257 (259 ff.); ferner KG NZV 2007, 360).

465   Die tatsächlich und rechtlich einfachste Form stellen die **fingierten Unfälle** dar. Es wird dabei wahrheitswidrig gegenüber der Haftpflichtversicherung des angeblichen Unfallgegners oder der Kaskoversicherung des Täters ein Unfallschaden behauptet und dessen Regulierung verlangt. Tatsächlich liegt jedoch entweder gar kein Schaden vor oder der vorliegende Schaden stammt nicht aus dem behaupteten Unfall. Dies ist etwa denkbar, wenn der Täter hinsichtlich eines Schadens aus einem Unfall ohne Fremdbeteiligung behauptet, dieser sei durch den Versicherten der getäuschten Haftpflichtversicherung verursacht worden. In abgewandelter Form **(Ausnutzung eines Unfalls)** werden solche Betrugstaten auch anlässlich eines tatsächlichen Versicherungsfalls durch einen Unfall begangen, wenn der Täter im Zusammenhang mit dem echten und versicherten Verkehrsunfall zusätzlich Vorschäden, später entstandene, evtl. auch vorsätzlich herbeigeführte oder fiktive Schäden als durch den Unfall verursacht abrechnet (vgl. *Benz/Hoffmann* SVR 2006, 95 f.; *Born* NZV 1996, 257 (259)). Die strafrechtliche Würdigung gelingt in diesen Fällen regelmäßig leicht, weil die Täter der Versicherung gegenüber unrichtige Angaben über den Umstand machen, dass überhaupt ein Schaden entstanden ist oder der vorliegende Schaden aus dem Unfall herrührt, somit also über die Regulierungspflicht der Versicherung täuschen. Aufgrund eines Irrtums des Sachbearbeiters reguliert die Versicherung und erleidet einen entsprechenden Schaden.

466   In Fällen **provozierter Unfälle** werden Fehler, Unaufmerksamkeiten oder Beweisprobleme argloser Verkehrsteilnehmer ausgenutzt. So bremst zB der Täter sein Fahrzeug in der Hoffnung stark ab, der hinter ihm fahrende Verkehrsteilnehmer werde nicht rechtzeitig reagieren können, so dass es zu einer Kollision kommt. Eine ähnliche Fallgestaltung liegt in der Ausnutzung besonderer Verkehrssituationen, zB der „Rechts-vor-links-Regelung" bei kleinen Seitenstraßen, an denen der Täter auf einen unaufmerksam Vorbeifahrenden wartet. Gleiches gilt für Fälle, in denen der Täter durch Handzeichen zu verstehen gibt, dass er einem anderen Verkehrsteilnehmer trotz eigenen Vorrangs Vorfahrt gewähren werde, und dann durch rasches Anfahren eine Kollision herbeiführt. In diesen Fallgestaltungen täuscht der Täter, der den Schaden gegenüber der Versicherung geltend macht, zwar nicht über die Herkunft noch über die Kausalität des Schadens aus der Kollision der Fahrzeuge, wohl aber handelt er seiner sich aus der Bestimmung E 1.3. der Versicherungsbedingungen-Kraftfahrt 2008 (AKB 2008) ergebenden Aufklärungspflicht zuwider. Dies dürfte nicht nur bei unmittelbar wahrheitswidrigen Angaben über den Unfallhergang – etwa Verschweigen des Handzeichens im Zusammenhang mit der Vorfahrt – zu einer konkludenten Täuschung durch aktives Tun führen, sondern auch dann, wenn der Täter für die Regulierungspflicht der Versicherung wesentliche Umstände des Unfalls nicht mitteilt. Denn nach der Verkehrsanschauung wird man annehmen dürfen, dass in der Geltendmachung des Anspruchs auf die Versicherungsleistung die Erklärung liegt, dass der Unfall nicht vorsätzlich oder wissentlich herbeigeführt worden ist, weil solche Unfälle nach der Bestimmung A 1.5.1 AKB nicht versichert sind. Reguliert die Versicherung in einem solchen Fall den Schaden, so verfügt sie über ihr Vermögen und erleidet einen entsprechenden Schaden.

467   Bei sog **gestellten Unfällen** kommt es tatsächlich zu einer Kollision, jedoch kann hier nicht von einem Unfall im Straßenverkehr gesprochen werden, da es sich für die Beteiligten nicht um ein zufälliges plötzliches Ereignis handelt. Der Zusammenstoß der Fahrzeuge wird hier verabredet, um einen Schaden auf der Basis eines Sachverständigengutachtens abrechnen und Mietwagenkosten geltend machen zu können. Durch die mehrfache Begehung solcher Taten mit ein und demselben Fahrzeug kann leicht ein über den Anschaffungspreis des Fahrzeugs hinausgehender Gewinn erzielt werden. Die Täuschung liegt hier ebenfalls im Geltendmachen des Regulierungsanspruchs gegenüber der Versicherung, die, soweit sie leistet, eine tatbestandliche Vermögensverfügung tätigt und einen kausal durch die Täuschung bedingten Vermögensschaden erleidet.

468   Von Betrugstaten nach dem sog **Berliner Modell** – nach dem ersten Auftreten dieses Phänomens in Berlin – wird gesprochen, wenn mit einem gestohlenen Kfz das parkende Fahrzeug der Täter – meist ein Fahrzeug der gehobenen Klasse – oder anderer Beteiligter beschädigt wird, um diesen Schaden dann durch die Versicherung des gestohlenen Fahrzeugs regulieren zu lassen (OLG Celle NJW-Spezial 2013, 11). Meist wird das aktive Tatfahrzeug in der Nähe der Kollisionsstelle entwendet, um das Risiko einer Entdeckung zu verringern, und das Fahrzeug mit – zur Sicherung der Flucht nach dem Unfall – geöffnetem Fenster ungebremst in das passiv teilnehmende Fahrzeug gefahren (vgl. *Born* NZV 1996, 257 (259)). Diese Methode wird verwendet, weil sie für die Täter den Vorteil bietet, dass die Person des Fahrers nicht feststellbar ist und damit keine möglicherweise verdächtige Beziehung zwischen den Unfallbeteiligten hergestellt werden kann, da der Halter des gestohlenen Fahrzeugs regelmäßig nicht in die Tatbegehung verwickelt ist und Widersprüchlichkeiten bei der Unfalldarstellung ausgeschlossen werden (dazu OLG Hamm NZV 1995, 321; OLG Hamm r + s 1995, 212 (213); ferner *Benz/Hoffmann* SVR 2006, 95 f.; *Born* NZV 1996, 257 (259)). Für die Täter entfallen ferner Nachteile wie ein Bußgeldverfahren oder die Rückstufung hinsichtlich der Versicherungsprämie (vgl. *Born* NZV 1996, 257 (259)). Häufig handelt es sich bei diesen Fallgestaltungen nicht nur um eine **gewerbsmäßige** Begehung der Taten (→ Rn. 13), sondern auch um einen **Bandenbetrug** (→ Rn. 132), so dass § 263 Abs. 5 einschlägig ist, denn die Taten werden vielfach von Organisationen begangen, die diese Unfälle „auf Bestellung" durchführen und hierbei arbeitsteilig vorgehen (*Born* NZV 1996, 257 (259)). Hinsichtlich der rechtlichen Beurteilung gilt hier das zum provozierten und gestellten Unfall Ausgeführte (→ Rn. 466).

61. Versendung rechnungsähnlicher Angebotsschreiben und fingierter Rechnungen/Son-   **469**
derform: Adressbuchbetrug. Wer bei der Versendung von Formularschreiben typische Rechnungsmerkmale – Fehlen von Anrede und Grußformel, Hervorhebung einer individuellen Registernummer, Fehlen einer näheren Darstellung der angebotenen Leistung, Aufschlüsselung des zu zahlenden Betrages nach Netto- und Bruttosumme, Hervorhebung der Zahlungsfrist durch Fettdruck oder Beifügung eines ausgefüllten Überweisungsträgers – einsetzt, die den Gesamteindruck so sehr prägen, dass demgegenüber die – klein gedruckten – Hinweise auf den Angebotscharakter völlig in den Hintergrund treten, täuscht die Adressaten nach der objektiven Verkehrsanschauung durch die **konkludente Aussage** darüber, dass eine **Zahlungspflicht** besteht. Dies gilt jedenfalls bei geschäftlich unerfahrenen Adressaten (*Krack* JZ 2002, 613 ff.; *Kindhäuser/Nikolaus* JuS 2006, 195 f.; *Fischer* Rn. 28 f.; aA *Pawlik* StV 2003, 297 ff.). Ebenso kann nach Auffassung des BGH (BGHSt 47, 1 ff.; vgl. aber BGH NStZ 1997, 186 f.; glA OLG Frankfurt a. M. NJW 2003, 3215 ff.; aA *Pawlik* StV 2003, 297 ff.; krit. *Rose* wistra 2002, 13 ff.) durch das Versenden einer Scheinrechnung getäuscht werden (vgl. *Garbe* NJW 1999, 2868 (2870); ähnl. *Mahnkopf/Sonnberg* NStZ 1997, 187 f.). Kontrovers diskutiert wird, ob auch geschäftlich erfahrene Adressaten getäuscht und betrogen werden können. Dies wird überwiegend bejaht, weil auch Geschäftspersonal in der Alltagsroutine täuschungsanfällig ist (BGH NStZ-RR 2004, 110 (111); wistra 2014, 440 f.; OLG Frankfurt a. M. NJW 2003, 3215 (3216); *Geisler* NStZ 2002, 89; *Rengier* StrafR BT I Rn. 14; *ders.* FS Fezer, 2016, 365 (373 f.); aA *Wessels/Hillenkamp* StrafR BT II § 13 Rn. 499; *Krack* JZ 2002, 614; *Schneider* StV 2004, 537 ff.).

Der BGH zieht die in Übereinstimmung mit den von der Zivilrechtsprechung für einschlägige   **470** Fallgestaltungen entwickelten Grundsätzen für die Ermittlung der Verkehrsanschauung einen **objektiven Maßstab des Geschäftsverkehrs** heran. Der für das Wettbewerbsrecht zuständige Erste Zivilsenat des BGH bejaht in diesen Fällen in stRspr einen Unterlassungs- bzw. Beseitigungsanspruch wegen konkludenter Täuschung. Erforderlich ist dazu, dass Gewerbetreibende im Rahmen eines als Mittel des Wettbewerbs angelegten Gesamtkonzepts durch rechnungsähnliche Gestaltung von unaufgefordert versandten formularmäßigen „Angebotsschreiben" **systematisch und fortlaufend** das Zustandekommen von Insertionsverträgen betreiben, indem sie darüber hinwegtäuschen, dass die Formularschreiben nur Angebote zur Eintragung in Branchenverzeichnisse uÄ enthalten, und stattdessen den Eindruck erwecken, es würden bereits in Auftrag gegebene Leistungen in Rechnung gestellt. Dabei stellt der BGH in Zivilsachen für die Frage zur Irreführung ausdrücklich nicht auf die Einzelmerkmale der Anschreiben (individuelle Auftragsnummer, Aufschlüsselung des zu zahlenden Preises und Beifügung eines ausgefüllten Überweisungsträgers) ab, sondern auf den planmäßig erweckten **Gesamteindruck der Aufmachung** „nach Art einer Rechnung" (vgl. BGH NJW 1995, 1361 (1362)).

Diese Grundsätze lassen sich auf das Merkmal der **Täuschung** in § 263 übertragen. Allerdings gehört   **471** es nicht zum vom Betrugtatbestand geschützten Rechtsgut, sorglose Menschen gegen die Folgen ihrer eigenen Sorglosigkeit zu schützen (BGHSt 3, 99 (103)). Das Tatbestandsmerkmal der Täuschung ist nicht stets erfüllt, wenn Empfänger der Schreiben die „Insertionsofferte" missverstehen können und dem Versender bewusst war. Die Täuschung stellt nach der Tatbestandsstruktur des § 263 Abs. 1 die eigentliche deliktische Handlung dar, die ihrerseits Bedingung für einen darauf beruhenden Irrtum sein muss. Dies schließt es aus, die Täuschung bereits aus dem Irrtum herzuleiten; es gilt nicht der Grundsatz, „Wo ein Irrtum ist, da ist auch eine Täuschung" (so aber *Mahnkopf/Sonnberg* NStZ 1997, 187; dagegen zu Recht *Garbe* NJW 1999, 2868 (2869)). So setzt die Annahme einer Täuschung eine Einwirkung auf die Vorstellung des Getäuschten voraus. Erforderlich ist ein Verhalten des Täters, das objektiv geeignet und subjektiv dazu bestimmt ist, beim Adressaten eine Fehlvorstellung über tatsächliche Umstände hervorzurufen. Das kann zwar selbst dann gegeben sein, wenn die Adressaten der von dem Täter veranlassten Schreiben bei sorgfältiger Prüfung den wahren Charakter eines Schreibens als Angebot anstatt als Rechnung hätten erkennen können (vgl. BGHSt 34, 199 (201)). Zur tatbestandlichen Täuschung wird ein Verhalten jedoch erst, wenn der Täter die Eignung der – inhaltlich richtigen – Erklärung, einen Irrtum hervorzurufen, **planmäßig** einsetzt und damit unter dem Anschein „äußerlich verkehrsgerechten Verhaltens" **gezielt** die Schädigung des Adressaten verfolgt, wenn also die **Irrtums-erregung** nicht die bloße Folge, sondern der **Zweck der Handlung** ist (BGHSt 47, 1 ff.). Insoweit genügt bedingter Täuschungsvorsatz noch nicht. Vielmehr ergibt sich schon aus dem Erfordernis plan-mäßigen Verhaltens, dass die Annahme der Täuschung in diesen Fällen auf Seiten des Täters ein Handeln mit **direktem Vorsatz** voraussetzt. Dies ist in Fällen inhaltlich an sich richtiger, aber irreführender Erklärungen geboten, um strafloses – wenn auch möglicherweise rechtlich missbilligtes – Verhalten durch bloßes Ausnutzen einer irrtumsgeneigten Situation einerseits und dem Verantwortungsbereich des Täters zuzuordnende (zu diesem Kriterium *Kindhäuser* FS Bemmann, 1997, 339 (354 ff.); *Krack,* List als Straftatbestandsmerkmal, 1994, 54 f. (88 f.)) und deshalb strafrechtlich relevante Täuschungshandlungen durch aktive Irreführung andererseits sachgerecht voneinander abzugrenzen (*Schröder* FS Peters, 1974, 153 (160 f.)).

472 Mit der beschriebenen Entscheidung weicht der Vierte Senat des BGH nicht von tragenden Erwä-gungen des Beschlusses des Fünften Strafsenats des BGH Beschl. v. 27.2.1979 (BGH NStZ 1997, 186) ab. In letzterer Entscheidung hatte der Fünfte Strafsenat die Versendung **„rechnungsähnlicher" Ver-tragsofferten** zwar nicht als tatbestandliche Täuschung eingestuft und deshalb die Verurteilung wegen Betruges aufgehoben. Jedoch stellte er auf die **Umstände des Einzelfalls** („nicht ohne weiteres") ab, und zwar entscheidungserheblich darauf, dass sich das Angebot an im geschäftlichen Verkehr erfahrene Adressaten („ersichtlich überwiegend Kaufleute") richtete (ebenso in der weiteren bisher veröffent-lichten Rspr.: OLG Frankfurt a. M. NStZ 1997, 187 m. krit. Anm. *Mahnkopf/Sonnberg;* LG Frankfurt a. M. NStZ-RR 2000, 7 (8)).

473 Wer **gefälschte Zahlungsaufforderungen** verschickt und damit bei dem Empfänger den Eindruck erweckt, für eine bereits erbrachte Leistung ausgleichspflichtig zu sein, kann sich wegen Betruges strafbar machen. Die Täuschung liegt in der Vorspiegelung einer nicht existierenden Zahlungsverpflichtung. Die übrigen Tatbestandsmerkmale des § 263 bereiten regelmäßig keine rechtlichen Schwierigkeiten. So kommt es spätestens mit der Verfügung über die geforderte Summe durch den sich über seine ent-sprechende Leistungspflicht irrenden Adressaten bei diesem zu einem Vermögensschaden, da dem Opfer für seine Zahlung mit dem scheinbaren Freiwerden von der nur fingierten Forderung kein wirtschaftli-ches Äquivalent zufließt. In solchen Fällen liegt zudem oftmals der Verdacht eines **gewerbsmäßigen Vorgehens** nahe. In einem neueren Beispielsfall beim Versenden betrügerischer Rechnungen firmierte der Täter unter dem Phantasienamen „Bundesverband für Leitungs- und Rohrerneuerungen" und verschickte unter einem gefälschten Bundesadler im Logo, um den Anschein von Amtlichkeit zu erwecken, landesweit Rechnungen an Verbraucher, die sich für eine angebliche „Erneuerung der Rohr-systeme Städtisch" pauschaliert an den Kosten beteiligen sollten (BGH wistra 2014, 439 ff.; → Rn. 30).

474 Wer ein missverständliches Werbeangebot zur Aufnahme in ein Branchenverzeichnis versendet, das auch als Rechnung für bereits erschienene Inserate fehlinterpretiert werden kann, kann eine betrugs-relevante Täuschung und damit einen sog **Adressbuchbetrug** begehen (vgl. LG Frankfurt a. M. WRP 2005, 642 ff.; vgl. auch BGH(Z) GRUR 2012, 184 Rn. 18 ff.). Dieses Verhalten kann dazu verpflichten, den Adressaten nunmehr darüber zu benachrichtigen, dass das Branchenverzeichnis nicht gedruckt wird (OLG Stuttgart NJW 1969, 1975; LK-StGB/*Tiedemann* Rn. 70 mwN). Ist das Angebot dagegen objektiv betrachtet nicht missverständlich und wird es nur vom Empfänger subjektiv falsch verstanden, so besteht keine Aufklärungspflicht, mit der Folge, dass kein Betrug vorliegt.

In Fällen dieser Art sollte auch die Strafbarkeit von Inkassounternehmen und Rechtsanwälten, die bei der Eintreibung dieser Forderungen mitwirken, nicht außer Acht gelassen und verstärkt strafrechtlich verfolgt werden (*Erb* ZIS 2011, 378).

475 **62. Vollstreckungsbetrug.** Beim sog Vollstreckungsbetrug handelt es sich um eine klassische Kon-stellation des **Dreiecksbetruges** (→ Rn. 73 ff.), bei dem der Verfügende und der Geschädigte üblicher-weise auseinander fallen. Da sich die **Abgrenzung zum Diebstahl in mittelbarer Täterschaft** regelmäßig als schwierig erweist und es sich beim Betrug um ein Selbstschädigungsdelikt handelt, wird eine **besondere Nähebeziehung des Verfügenden zum geschädigten Vermögen** verlangt. Eine solche Beziehung wird ua in den Fällen bejaht, in denen der irrende Verfügende – wie beispielsweise der Gerichtsvollzieher – kraft hoheitlicher Stellung Anordnungen über fremdes Vermögen treffen darf (OLG Düsseldorf NJW 1994, 3366 (3367); LK-StGB/*Tiedemann* Rn. 113).

476 Für die Fälle des Vollstreckungsbetruges ist charakteristisch, dass es der Gerichtsvollzieher infolge einer Täuschung irrtümlich unterlässt, den betreffenden Gegenstand zu pfänden, wodurch es zu einer **Ver-schlechterung der konkret gegebenen Vollstreckungsaussicht** und damit zu einem Vermögens-schaden des Vollstreckungsgläubigers kommt (OLG Düsseldorf NJW 1994, 3366 f.; allgemein zur Voll-streckungsvereitelung s. auch *Haas* GA 1996, 117 (119) mwN).

477 **63. Warenterminoptionshandel, betrügerischer.** Die Behandlung von Fällen des auf Warenter-mingeschäften basierenden Handels etwa mit Rohstoffoptionen weist erhebliche Schwierigkeiten auf (eingehend dazu *Saukel,* Betrug beim Handel mit Warenterminoptionen, 1991, 1 ff.; *Seibert,* Die Garan-

tenpflicht beim Betrug, 2007, 65 ff.; *Rössner/Weber* BB 1979, 1049 ff.; *Sonnen* wistra 1982, 123 ff.; *ders.* StV 1984, 175 ff.; *Füllkrug* Kriminalistik 1985, 267 ff.). Hierbei bezahlt der Käufer eine Prämie und erwirbt dadurch das Anrecht auf den Abschluss eines Warentermingeschäfts (Schönke/Schröder/*Perron* Rn. 31b mwN; *Koch* JZ 1980, 704). Verspricht der Verkäufer dem Käufer, ihm eine an den einschlägigen **Börsen gehandelte Option** zu verschaffen, und gibt er dann selbst die Option aus, **ohne gleichzeitig für eine Deckung an einem geeigneten Börsenplatz** zu sorgen, so liegt unzweifelhaft eine Täuschung vor (BGHSt 29, 152; *Koch* JZ 1980, 709). Der Schaden liegt dann in einer konkreten Vermögensgefährdung.

Schwieriger gestaltet sich die rechtliche Beurteilung jedoch, wenn zwar eine bestehende Option **478** verschafft wird, der Optionsvermittler jedoch Anteile am Kapital ua für **Brokerkosten einbehält** und nicht an die Börse als Anlage weiterleitet, obwohl diese Kosten von dem weitergeleiteten Kapital erneut abgezogen werden (vgl. BGH wistra 1991, 25). Wird dem Käufer vorgespiegelt, die ihm ausbezahlte Prämie entspreche ihrer Höhe nach der Prämie, die am Börsenplatz für die Warenoption gezahlt werde, so liegt hierin eine Täuschung. Unterbleibt ein solcher Hinweis allerdings, wird man eine Täuschung verneinen müssen, wenn sich – wie bei entsprechenden Optionsgeschäften regelmäßig der Fall – aus den AGB ergibt, dass sowohl die von dem Vermittler der Option in Anspruch genommene Provision als auch seine Kosten in der jeweils vom Käufer zu erstattenden Prämie inkludiert sind (Schönke/Schröder/*Perron* Rn. 31b). Denn daraus ist für jedermann ersichtlich, dass zwischen dem Kaufpreis der Option und dem Wert der Prämie am Börsenplatz denknotwendig eine Differenz bestehen muss. Die **Angemessenheit der beanspruchten Provision** oder die Höhe des Unterschiedsbetrages können allenfalls Gegenstand einer **konkludenten Täuschung** sein. Dies ist umstritten. Nach einer Ansicht in der Literatur (Schönke/Schröder/*Perron* Rn. 31b) erfolgt hierüber keine schlüssige Erklärung; ansonsten müsste die Kalkulationsgrundlage des Vermittlers in irgendeiner Form Bestandteil der jeweiligen Erklärung geworden sein, was diese Ansicht ebenso verneint wie das Bestehen einer entsprechenden Offenbarungspflicht des Vermittlers. Die Rspr. bejaht in solchen Fällen dagegen die **Täuschung über eine Gewinnerwartung** (BGHSt 30, 181; 31, 116; 32, 23; s. auch BGH NJW 2002, 2777) bzw. nimmt bei einem 100%igen Preisaufschlag auf die Prämie für Provision und Kosten aufgrund der dadurch erheblich geminderten Gewinnchance eine **Aufklärungspflicht** an (BGHZ 80, 80; OLG München NJW 1980, 786).

Schließlich besteht Unklarheit darüber, ob im **Verkauf überteuerter Optionen** ein betrugsrelevan- **479** ter Schaden liegen kann (vgl. dazu Schönke/Schröder/*Perron* Rn. 114; *Lackner/Imo* MDR 1983, 969 ff.). Die Rspr. verhält sich zu diesem Problem uneinheitlich und geht von verschiedenen Ansätzen aus, was in der Literatur vielfach auf Kritik gestoßen ist (vgl. *Lackner/Imo* MDR 1983, 969 ff.; *Worms* wistra 1984, 130; *Sonnen* StV 1984, 175; *Birnbaum* wistra 1991, 253). So wird zT darauf abgestellt, dass sich durch die Erhöhung des Optionspreises gegenüber dem der betreffenden Börse der **Wert einer Option unter Umständen bis auf Null reduziert** (BGHSt 30, 177 mAnm *Scheu* JR 1982, 121; BGHSt 31, 115 mAnm *Rochus* JR 1983, 338; BGH NStZ 2000, 36; vgl. zur Frage, ab welcher Aufschlagshöhe ein Vermögensschaden vorliegt, *Franke/Ristau* wistra 1990, 252; ferner Schönke/Schröder/*Perron* Rn. 114). Nach diesem Lösungsmodell basiert die Schadensberechnung allein auf einem Vergleich des objektiven Wertes von Leistung und Gegenleistung zum Zeitpunkt des Vertragsschlusses (BGHSt 30, 388 mAnm *Sonnen* NStZ 1983, 73; OLG München NStZ 1986, 168). Jedoch wird ein Schaden dann bejaht, wenn der Aufschlag höher ist als die Provision, die ein als seriös eingestufter inländischer Makler ansonsten veranschlagen würde (BGHSt 32, 25; BGH NJW 1983, 292; BGH wistra 2002, 22). Der Schaden soll somit also nicht im Optionspreis selbst liegen, sondern im **überhöhten Aufschlag** (BGH MDR 1983, 145; 1983, 591; 1983, 946; BGH wistra 1991, 25). Nach einer weiteren Entscheidung des BGH soll sich der Schaden in den Fällen nach den **Grundsätzen des persönlichen Schadenseinschlages** bemessen, in denen das Optionsgeschäft zuvor als ein wertbeständiges Anlagegeschäft angepriesen wurde und der Kunde anschließend eine mit Blick auf den vertraglich vorausgesetzten Zweck unbrauchbare Gegenleistung erhalten hat (BGH NJW 1983, 1917). In Fällen, die nicht über die Fallgruppe des persönlichen Schadenseinschlages gelöst werden können, ist auf den objektiven Marktwert der Option und den vereinbarten Optionspreis abzustellen (BGH wistra 2008, 149).

64. „Wash-Wash-Methode". In dieser – in der Regel bandenmäßig vorgenommenen – Betrugs- **480** konstellation (vgl. Wabnitz/Janovsky WirtschaftsStR-HdB/*Reich,* 3. Aufl. 2007, Kap. 5 Rn. 86) treten seriös wirkende Täter an gutgläubige Opfer heran, denen sie anschließend einen Koffer mit **schwarz eingefärbten Geldnoten** präsentieren. Der Zustand der Geldscheine wird damit erklärt, dass man das Geld für die Ausfuhr der Devisen aus dem jeweiligen – regelmäßig schwarzafrikanischen – Staat habe vollkommen schwarz einfärben müssen. Dieser Vorgang könne rückgängig gemacht werden, wofür es allerdings eines **aufwendigen Waschverfahrens mittels einer sehr teuren Chemikalie** bedürfe. Dass diese Art der „Geldwäsche" tatsächlich funktioniert, wird den Opfern anschließend am Beispiel einzelner ausgesuchter Geldscheine vorgeführt. Für die angebliche Anschaffung weiterer Flaschen der chemischen Substanz und damit zum Waschen aller Scheine wird von den Opfern eine größere Summe Geldes verlangt. Eine Auszahlung eingefärbter Geldnoten erfolgt nicht.

Hier werden die Opfer darüber getäuscht, dass sie mit der „Wash-Wash-Methode" finanzielle **481** Gewinne erzielen, und treffen irrtumsbedingt zur Finanzierung der Chemikalien und in der Erwartung vermeintlicher Gewinne Vermögensverfügungen, die ohne ein wirtschaftlich gleichwertiges Äquivalent auf Opferseite zu einem betrugsrelevanten Vermögensschaden führen.

In einer anderen Konstellation einer Wash-Wash-Tat, bei der die Angeklagten vorgaben, mittels bestimmter Hilfsmittel echte Geldscheine vervielfältigen zu können, deren Fälschung die Banken nicht bemerken würden, stand kein Betrug, sondern ein (versuchter) Diebstahl im Raum (KG NStZ-RR 2013, 138), da die Opfer nicht irrtumsbedingt den Gewahrsam an ihrem Geld übertragen wollten und damit lediglich gelockerter Gewahrsam vorlag, weil sie bei der Durchführung der Demonstration noch anwesend waren und der Gewahrsamsbruch erst dann eigenmächtig durch den Täter erfolgte, als dieser den Tatort verließ (*Kudlich* JA 2013, 553).

482 **65. Wechsel- und Scheckbetrug.** Beim Wechsel- und Scheckbetrug (dazu Wabnitz/Janovsky WirtschaftsStR-HdB/*Knierim* Kap. 10 Rn. 161 ff.; MüKoStGB/*Hefendehl* Rn. 634 ff.; *Wittig,* Das tatbestandsmäßige Verhalten des Betrugs, 2005, 273; grundlegend *Otto* JURA 1983, 16 ff.) handelt es sich regelmäßig um Fälle des **Eingehungsbetrugs** (OLG Stuttgart WM 1994, 423) in der Form eines sog **Dokumentenbetrugs** zum Nachteil einer Bank. Wechsel und Schecks dienen im Wirtschaftsverkehr dem Ausgleich schuldrechtlicher Forderungen, deren Grundlage das jeweilige Grundgeschäft (idR Warenbezug oder Dienstleistung) ist. Infolge der Unabhängigkeit abstrakter Zahlungspapiere wie Wechsel oder Scheck von der konkreten schuldrechtlichen Forderung wird das Vermögen des entgegennehmenden Geschäftspartners bereits durch falsche Angaben über den Inhaber, die Aussteller, die Zahlstelle oder die Zahlungsfähigkeit und -willigkeit gefährdet (RGZ 158, 317; BGHZ 3, 238 (242)).

483 **a) Täuschungshandlungen.** Bezüglich der **Täuschung** sind verschiedene Konstellationen denkbar (dazu Wabnitz/Janovsky WirtschaftsStR-HdB/*Knierim* Kap. 10 Rn. 163 ff.):

Mit der **Vorlage eines Schecks** bei der Bank wird konkludent erklärt, dass der Scheck dem bargeldlosen Zahlungsverkehr diene, also seine eigentliche Scheckfunktion erfülle, und nicht zu anderen Zwecken missbraucht werde (sog **Scheckreiterei;** OLG Köln NJW 1981, 1851; 1991, 1122; *Bertling,* Die Kriminalität im bargeldlosen und bargeldsparenden Zahlungsverkehr, 1958, 45). Ebenso enthält die **Vorlage eines Wechsels** bei der Bank zur Diskontierung die konkludente Erklärung, dass es sich bei dem vorgelegten Wechsel um einen Handels- oder Warenwechsel und nicht nur einen Finanzwechsel handele (sog **Wechselreiterei;** BGH NJW 1976, 2028); dies gilt jedoch nicht bei der Weitergabe des Wechsels im Geschäftsverkehr (MüKoStGB/*Hefendehl* Rn. 139).

484 Der Aussteller eines abstrakten Zahlungspapiers kann über seine **Berechtigung zur Ausstellung,** mithin über die Begründung der Zahlungsaufforderung an die Bank, sowie darüber täuschen, dass der Scheck vom **unterzeichnenden Aussteller** stamme (BGH NJW 1969, 1260 f.). In diesen Fällen liegt regelmäßig ein Betrug vor. Tritt jemand beim Umgang mit Zahlungspapieren unter einem **falschen Namen** auf, scheitert ein Betrug am Vorliegen einer Täuschung, solange der Aussteller der Berechtigte ist oder die Zahlungsfähigkeit des Ausstellers im Zeitpunkt der Fälligkeit lediglich zweifelhaft ist (ausführlich zum Problem der Namenstäuschung bei der Verwendung von Schecks OLG Celle NJW 1986, 2772 f. (zu § 267) m. krit. Bspr. *Puppe* JuS 1987, 275 ff.).

485 Nach hM liegt in der Hingabe des Schecks die konkludente Erklärung, dass das zugehörige Konto zum Zeitpunkt der Einlösung ausreichende **Deckung** aufweisen wird (BGHSt 3, 69 (71); 24, 386 (389); krit. OLG Köln NJW 1991, 1122). Dasselbe gilt nach hM grundsätzlich auch schon zum Zeitpunkt der Übergabe des Schecks an den Forderungsinhaber (BGHSt 3, 69 (71); OLG Köln NJW 1981, 1851). Allerdings sind die Umstände des Einzelfalles zu berücksichtigen (OLG Köln NJW 1991, 1122; Wabnitz/Janovsky WirtschaftsStR-HdB/*Knierim* Kap. 10 Rn. 164). Jedoch beinhaltet die Vorlage eines Schecks bei der Bank nicht die konkludente Aussage, dass die zugrunde liegende Forderung gegen den Aussteller auch tatsächlich bestehe (BGH NStZ 2002, 144 f.).

Nach der Rspr. (BGHSt 24, 386 (389); 33, 244 (247); BGH wistra 1986, 171; OLG Köln NJW 1978, 713) ist ein **garantierter Scheck** ebenfalls täuschungsgeeignet und damit taugliches Betrugsobjekt. Nach der in der Literatur vertretenen Gegenansicht (*Gössel* JR 1978, 469 (470); *Vormbaum* JuS 1981, 18 (23); *Krekeler/Werner* Unternehmer Rn. 1276, 1283) gehört die Deckung nicht mehr zum Erklärungsgegenstand, wenn ein Dritter die Einlösung garantiert.

486 In einer weiteren Fallkonstellation **verkauft der nicht berechtigte Inhaber die Forderung aus dem Zahlungspapier an einen gutgläubigen Diskontierer.** Strafbar ist hier bereits die Erlangung des Papiers zur Weiterveräußerung, etwa in Form eines Diebstahls oder einer Unterschlagung. Der Verkauf als Weitergabe wird als Verwertung des Taterfolges bei unterstelltem Vorsatz von der Vortat miterfasst. Gibt der nicht berechtigte Inhaber ein Zahlungspapier an seine Bank zum Zweck der Einziehung und zieht diese den Gegenwert ein und schreibt ihn nach Einzug gut, so wird dieses Verhalten mit dem rechtswidrigen Erlangen des Zahlungspapiers zusammen bestraft.

487 Bei **Erlangen der Inhaberschaft zum Nachteil eines Dritten mittels einer strafbaren Handlung** liegt in der **Weitergabe zum Inkasso** eine eigenständige strafbare Täuschung. Der Betrugstatbestand wird mit Einlösung und Gutschrift des Gegenwertes erfüllt. Allerdings ist das Vermögen der Inkassostelle solange nicht gefährdet, wie der Gegenwert des Zahlungspapiers dem Einreicherkonto nicht gutgeschrieben ist, bevor die Inkassostelle selbst von der Zahlstelle die Leistung erhalten hat.

Bei der **Prolongation oder Stundung einer Forderung aus einem Zahlungspapier** kann es **488** ebenfalls zu einer Täuschung und einer Vermögensgefährdung kommen, wenn im hinausgezögerten Fälligkeitszeitpunkt nicht mehr mit einer Deckung zu rechnen ist (vgl. BGH StV 1994, 185; BGH NStZ 2005, 160) und die Ausgleichschancen des Erwerbers im Zeitpunkt der Prolongation drastisch reduziert sind (BGH NStZ 2005, 160). Eine durch Täuschung erlangte Stundung einer Forderung begründet einen Vermögensschaden jedoch nur in der Höhe, in der die Erfüllung einer bis dahin realisierbaren Forderung hinausgeschoben und dadurch vereitelt oder in einem – einer Vermögensschädigung gleich- zusetzenden – höheren Maße als zuvor gefährdet wird (BGH wistra 1986, 170). War die Forderung zur Zeit der Stundung derart gefährdet, dass sie nicht mehr in diesem Umfang an Wert verlieren konnte, so kann durch die Täuschung kein weiterer Vermögensschaden herbeigeführt werden (BGH wistra 1986, 170). Dies gilt ebenso für die **Prolongation eines Wechsels** (BGH wistra 1986, 170).

b) Irrtum. Auch beim Irrtum gilt es, weitere Besonderheiten zu beachten (näher dazu Wabnitz/ **489** Janovsky WirtschaftsStR-HdB/*Knierim* Kap. 10 Rn. 170). Wenn der Irrende das Zahlungspapier nicht entgegengenommen hätte, sofern ihm die Zahlungsunwilligkeit oder Nichtberechtigung bekannt gewe- sen wäre, liegt regelmäßig ein Irrtum vor. Ist dem Empfänger dagegen lediglich an der Deckungszusage des Dritten gelegen, so ist eine unrichtige Erklärung im Rahmen der Übergabe strafrechtlich nicht von Relevanz.

c) Vermögensverfügung. In der Annahme eines Wechsels oder Schecks liegt noch keine Ver- **490** mögensverfügung über das eigene Vermögen (dazu Wabnitz/Janovsky WirtschaftsStR-HdB/*Knierim* Kap. 10 Rn. 171). Von einer solchen ist erst bei der Zahlung eines Gegenwertes (so beim Diskontieren) oder beim Verzicht auf eine rasche Durchsetzung des sich aus dem Grundgeschäft ergebenden Anspruchs auszugehen oder bei der Erteilung einer Vorbehaltsgutschrift, die zu einer schadensgleichen Vermögens- gefährdung führt, soweit der Kontoinhaber eine Zugriffsmöglichkeit auf den vorläufig gutgeschriebenen Scheckbetrag hat und die Inkassobank nicht hinreichend durch das Rückbelastungsrecht gegen Ver- mögenseinbußen gesichert ist (BGH wistra 2012, 267). An einer schadensgleichen Vermögensgefähr- dung fehlt es, wenn aufgrund der Rückbuchung mit einem Debetsaldo zu rechnen ist und der aus dem Wegfall der Vorbehaltsgutschrift resultierende Ausgleichsanspruch der Bank anderweitig gesichert ist oder seitens der Bank ohne Schwierigkeiten realisiert werden kann (BGH wistra 2012, 267).

d) Vermögensschaden. Für den Vermögensschaden ist der Vermögensbestand im Zeitpunkt der **491** Einlösung des Schecks oder Wechsels von Relevanz. Bereits wenn das Zahlungspapier nicht eingelöst wird, entsteht ein Minderwert (BGHSt 24, 386). Von einer **schadensgleichen Vermögensgefähr- dung** ist auszugehen, wenn eine Deckung nach vernünftiger Prognose nicht zu erreichen ist (LK-StGB/ *Tiedemann* Rn. 220). Kein Minderwert – und damit kein Betrug – liegt dagegen vor, wenn das bezogene Konto eine **dauerhafte Deckung** aufweist oder es sich um ein **garantiertes Zahlungspapier** handelt, bei dem die Einlösung nicht von der Kontodeckung, sondern allein von der Zusage des Garantiegebers abhängt (vgl. BGHSt 3, 69; BGH wistra 1986, 170 f.). Bei sog **garantierten Schecks** wird zudem regelmäßig nicht das Vermögen des Schecknehmers, sondern das des Einlösungsgaranten gefährdet, womit ein Betrug ausscheidet. Allerdings kann § **266b** in Betracht kommen. Eine nachträgliche Kom- pensation bzw. Schadensbeseitigung (→ Rn. 91) ändert nichts an einem einmal eingetretenen Ver- mögensschaden (BGH wistra 1988, 188 (190)). Allerdings hat der BGH (BGH NStZ 1995, 232) einen Vermögensschaden in einer Fallkonstellation abgelehnt, in der es zu einer von der Bank selbst verfügten Umbuchung eines Kreditbetrages von dem Konto des Kreditkunden auf das eines anderen Firmen- kunden gekommen war, solange nicht nachgewiesen werden kann, dass zumindest kurzfristig die Gefahr bestand, irgendjemand könne Zugriff auf das Kreditkonto nehmen. Das Instanzgericht hatte dagegen noch einen vollendeten Betrug zum Nachteil der Bank angenommen und argumentiert, der Schaden sei mit der Belastung des Kreditkontos des Angeklagten eingetreten, da das Vermögen der Bank „für eine logische Sekunde" bis zur Gutschrift konkret gefährdet gewesen sei.

66. Werbegeschenke, betrügerische Bestellung von. Die zum Spenden- und Bettelbetrug ent- **492** wickelten Grundsätze (→ Rn. 235 ff.) finden auch auf Werbegeschenke Anwendung, bei denen der Getäuschte bewusst in der **Erwartung,** dadurch einen **neuen Kunden gewinnen** zu können, einen Vermögenswert aufgibt (vgl. dazu Schönke/Schröder/*Perron* Rn. 105a). Hierin liegt ein Betrug, wenn sich eine bereits zum festen Kundenstamm gehörende Person als Erstbesteller ausgibt, um das für solche vorgesehene Werbegeschenk zu bekommen (so auch BayObLG NJW 1994, 208 mAnm *Hilgendorf* JuS 1994, 467). Ein Schaden scheidet jedoch aus unter dem Gesichtspunkt der Zweckverfehlung aus, wenn der Versender des Werbegeschenks allenfalls eine **höchst ungewisse Chance** wahrnimmt, den ver- meintlichen Erstbesteller mittels des Werbegeschenks zur Tätigung weiterer Einkäufe zu animieren (BayObLG NJW 1994, 208; Schönke/Schröder/*Perron* Rn. 105a).

67. Wissenschaftsbetrug. Die Praxis unterscheidet zwei verschiedene Formen des Wissenschafts- **493** betruges (vgl. dazu MüKoStGB/*Hefendehl,* 1. Aufl. 2006, § 263 Rn. 676; LK-StGB/*Tiedemann* Rn. 36, 224, 253):

494 In der einen Fallkonstellation werden **Fördermittel durch Anträge mit unwahren Angaben erschlichen** oder **ausbezahlte Fördergelder zweckwidrig verwendet** (vgl. *Jerouschek* GA 1999, 416 (422)). Hier spielt regelmäßig die Zweckverfehlungslehre (→ Rn. 237) eine Rolle. Probleme bereiten in der Praxis die Fälle, in denen die Förderer die Drittmittel bewusst und ohne Erwartung einer wirtschaftlichen Gegenleistung zur Verfügung gestellt haben (*Jerouschek* GA 1999, 416 (423)). Aufgrund des Erfordernisses einer unbewussten Selbstschädigung scheidet in diesen Fällen – jedenfalls im privaten Bereich – eine Betrugsstrafbarkeit aus. In solchen Fällen ergibt sich jedoch oftmals eine Strafbarkeit wegen **Untreue**. Für die staatliche Drittmittelförderung gilt das Gleiche wie für die Subventionsvergabe (dazu MüKoStGB/*Hefendehl* Rn. 738 ff., 745).

495 In der anderen – insbesondere im Bereich der Naturwissenschaften vorkommenden – Variante legt der Täter **Publikationen** vor, deren **Forschungsergebnisse ge- oder verfälscht** sind (dazu LK-StGB/*Tiedemann* Rn. 36). Dabei wird – etwa mit Einreichung eines Aufsatzes bei der Redaktion einer entsprechenden Fachzeitschrift – konkludent erklärt, die Ausarbeitung entspreche den aktuellen wissenschaftlichen Standards und der angegebene Verfasser sei geistiger Urheber der präsentierten Forschungsergebnisse (LK-StGB/*Tiedemann* Rn. 36; *Jerouschek* GA 1999, 416 (418) mwN). Die Zahlung eines Honorars für einen Beitrag, der wissenschaftlichen Ansprüchen nicht genügt, kann ggf. einen betrugsrelevanten Vermögensschaden darstellen.

Plagiarismus sowie das **Verfassen wissenschaftlicher Texte durch einen sog Ghostwriter** als Form des Wissenschaftsbetruges fallen hingegen nicht unter § 263, da es in der Regel bereits an einer Vermögensverfügung fehlt (*Goeckenjan* JZ 2014, 726). Liegt eine Vermögensverfügung im Einzelfall dennoch vor, zB im Falle des Autorenhonorars oder bei der Bewilligung von Fördermitteln oder Stipendien, so ist zumindest der Vermögensschaden fraglich, da die Fördermittel oder Stipendien von vornherein nicht in der Erwartung einer wirtschaftlich messbaren Gegenleistung vergeben werden (*Goeckenjan* JZ 2014, 726). Somit wird in der Regel zumindest der Vermögensnachteil zu verneinen sein (*Zuck/Gerhardt* ZRP 2014, 29; *Fahl* ZRP 2012, 9). Aufgrund der im Regelfall zu verneinenden Strafbarkeit wegen Betrugs gemäß § 263 bei Plagiaten oder von Ghostwritern verfassten Doktorarbeiten wird die Einführung eines "Wissenschaftsbetruges" als eigenständiger Straftatbestand kontrovers diskutiert (s. hierzu bspw. *Hartmer/Kudlich* DRiZ 2013, 360).

496 **68. Zechprellerei und Logisbetrug durch weiteren Leistungsabruf.** Die Zechprellerei stellt einen Unterfall der konkludenten Täuschung dar, da bei Bargeschäften im Gastronomie- und Hotelgewerbe sowie in anderen Wirtschaftszweigen die **Zahlungsfähigkeit und Zahlungswilligkeit** regelmäßig konkludent miterklärt wird (→ Rn. 34). Dabei kommt es in diesen Fällen nicht darauf an, ob der Täter lediglich die eigene Zahlungsbereitschaft als innere Tatsache oder mangels präsenter Geldmittel die äußere Tatsache seiner Zahlungsfähigkeit vortäuscht (BGH GA 1972, 209; OLG Hamburg NJW 1969, 335; LK-StGB/*Tiedemann* Rn. 9 ff. bzw. Rn. 38 f.; NK-StGB/*Kindhäuser* Rn. 125; Schönke/Schröder/*Perron* Rn. 16a, 27, 39, 186; Krey/Hellmann/Heinrich StrafR BT II Rn. 492 ff.; Wessels/Hillenkamp StrafR BT II § 13 Rn. 494; *Pawlik*, Das unerlaubte Verhalten beim Betrug, 1999, 94 f.; *Thomma*, Die Grenzen des Tatsachenbegriffs, insbesondere bei der betrügerischen Täuschungshandlung, 2003, 329 ff.; krit. *Hilgendorf*, Tatsachenaussagen und Werturteile im Strafrecht, 1998, 128). Für die positive Fehlvorstellung des Opfers genügt nach allerdings nicht unumstrittener Ansicht (→ Rn. 60) bereits das unreflektierte Mitbewusstsein, dass bestimmte Umstände selbstverständlich vorliegen. So glaubt ein Kellner oder Gastwirt an die Zahlungsfähigkeit seines Gastes, wenn dieser bei ihm eine Bestellung aufgibt (Rengier StrafR BT I § 13 Rn. 43). Durch das Bestellen von Speisen oder Hotelleistungen spiegelt der zahlungsunfähige Zechpreller oder Hotelgast dem Wirt bzw. Hotelier seine Bereitschaft zur Barzahlung vor (BGH GA 1972, 209; Lackner/Kühl/*Kühl* Rn. 9). Der Täter nutzt aus, dass der Kellner oder Gastwirt aufgrund von Routine nicht nach der Zahlungsfähigkeit bzw. -willigkeit fragt, und erweckt durch die Inanspruchnahme der Leistung den Eindruck der ordnungsgemäßen Nutzung; daher liegt in der Ausnutzung der Routine des Gastwirtes eine konkludente Täuschung durch den Täter (*Bung* GA 2012, 361).

L. Strafprozessrechtliches

497 Bei der Bestimmung der gerichtlichen Zuständigkeit in Wirtschaftsstrafsachen sind **§§ 74c Abs. 1 Nr. 6, 74e Nr. 2 GVG iVm § 103 Abs. 2 JGG** zu beachten.

498 Bei wiederholter oder fortgesetzter Begehung schwerwiegender Betrügereien kommt der **Haftgrund des § 112a Abs. 1 Nr. 2 StPO** in Betracht, der die Inhaftierung erleichtert.

§ 263a Computerbetrug

(1) Wer in der Absicht, sich oder einem Dritten einen rechtswidrigen Vermögensvorteil zu verschaffen, das Vermögen eines anderen dadurch beschädigt, daß er das Ergebnis eines Datenverarbeitungsvorgangs durch unrichtige Gestaltung des Programms, durch Verwendung unrichtiger oder unvollständiger Daten, durch unbefugte Verwendung von Daten oder

sonst durch unbefugte Einwirkung auf den Ablauf beeinflußt, wird mit Freiheitsstrafe bis zu fünf Jahren oder mit Geldstrafe bestraft.

(2) § 263 Abs. 2 bis 7 gilt entsprechend.

(3) Wer eine Straftat nach Absatz 1 vorbereitet, indem er Computerprogramme, deren Zweck die Begehung einer solchen Tat ist, herstellt, sich oder einem anderen verschafft, feilhält, verwahrt oder einem anderen überlässt, wird mit Freiheitsstrafe bis zu drei Jahren oder mit Geldstrafe bestraft.

(4) In den Fällen des Absatzes 3 gilt § 149 Abs. 2 und 3 entsprechend.

Neuere Literatur (Auswahl): *Bachmann/Goeck,* Strafrechtliche Aspekte des „Skimmings", JR 2011, 425; *Bär,* Computer- und Internetkriminalität, in Wabnitz/Janovsky, Handbuch des Wirtschafts- und Steuerstrafrechts, 4. Aufl. 2014, Kap 14, Rn. 11 ff., S. 813 ff.; *Bär,* Wardriver und andere Lauscher – Strafrechtliche Fragen im Zusammenhang mit WLAN, MMR 2005, 434; *Brand,* Missbrauch eines Geldausgabeautomaten durch den Berechtigten EC-Karten- inhaber, JR 2008, 496; *Buggisch/Kerling,* Phishing, Pharming und ähnliche Delikte, Kriminalistik 2006, 531; *Dannecker,* Neuere Entwicklungen im Bereich der Computerkriminalität – Aktuelle Erscheinungsformen und Anforderungen an eine effektive Bekämpfung, BB 1996, 1285; *Eisele,* Payment Card Crime: Skimming, CR 2011, 131; *Eisele/Fad,* Strafrechtliche Verantwortlichkeit beim Missbrauch kartengestützter Zahlungssysteme, JURA 2002, 305; *Fahl,* „Kas- senschmuggel" an Selbstbedienungskassen, NStZ 2014, 244; *Feldmann,* Strafbarkeit und Strafbarkeitslücken im Zu- sammenhang mit Skimming und Fälschung von Zahlungskarten, wistra 2015, 41; *Gercke,* Die Strafbarkeit von Phishing und Identitätsdiebstahl, CR 2005, 606; *Gercke/Brunst,* Praxishandbuch Internetstrafrecht, 2009; *Goeckenjan,* Phishing von Zugangsdiensten für Online-Bankdienste und deren Verwertung, wistra 2008, 128; *Heger,* Fünf Jahre §§ 152a Abs. 2, 263a Abs. 3 StGB: Ein Plädoyer für die Korrektur handwerklicher Mängel bei der innerstaatlichen Umsetzung von EU-Vorgaben, ZIS 2008, 496; *Hecker,* Herstellung, Verkauf, Erwerb und Verwendung manipulierter Telefonkarten, JA 2004, 762; *Heghmanns,* Strafbarkeit des „Phishing" von Bankkontendaten und ihre Verwertung, wistra 2007, 167; *Heghmanns,* Computerbetrug im automatisierten Mahnverfahren, ZJS 2014, 323; *Hilgendorf,* Grundfälle zum Compu- terstrafrecht, JuS 1997, 130; *Hornung,* Die Haftung von W-LAN Betreibern, CR 2007, 88; *Husemann,* Die Verbesserung des strafrechtlichen Schutzes des bargeldlosen Zahlungsverkehrs durch das 35. Strafrechtsänderungsgesetz, NJW 2004, 104; *Kraatz,* Besteht ein Exklusivitätsverhältnis von Betrug und anschließendem Computerbetrug?, JR 2016, 312; *Kempny,* Überblick zu Geldkartendelikten, JuS 2007, 1084; *Kögel,* Die Strafbarkeit des „Finanzagenten" bei voraus- gegangenem Computerbetrug durch „Phishing", wistra 2007, 206; *Kraatz,* Der Computerbetrug, JURA 2010, 36; *Kudlich,* Betrug im Mahnverfahren?, JA 2012, 152; *Mühlbauer,* Ablisten und Verwenden von Geldautomatenkarten als Betrug und Computerbetrug, NStZ 2003, 650; *Mühlbauer,* Die Betrugsähnlichkeit des § 263a Abs. 1 Variante 3 anhand der „Geschäftsgrundlagen" beim Geldautomatengebrauch, wistra 2003, 244; *Neuheuser,* Die Strafbarkeit des Bereithal- tens und Weiterleitens des durch Phishing erlangten Geldes, NStZ 2008, 492; *Niehaus/Augustin,* Zu der Frage nach dem Merkmal des unbefugten Einwirkens auf den Ablauf des Datenverarbeitungsvorgangs gem. § 263a Abs. 1 Alt. 4 StGB, JR 2008, 436; *Oberhaus,* Der einarmige Bandit und die „Geister-Jetous" – zum unbefugten Verhalten i. S. v. § 263a StGB, NStZ 2015, 197; *Planer,* Einer zahlt, viele genießen – Die Strafbarkeit von Cardsharing, StV 2014, 430; *Popp,* Phishing, Pharming und das Strafrecht MMR 2006, 84; *Rippert/Weimer,* Rechtsbeziehungen in der virtuellen Welt, ZUM 2007, 272; *Rösler,* Zur Zahlungspflicht für heimliche Dialereinwahlen, NJW 2004, 2566; *Schnabel,* Telefon-, Geld-, Prepaid-Karte und Sparcard, NStZ 2005, 18; *Schönauer,* Zur Bedeutung der Programmgestaltung im Rahmen des Computerbetrugs, wistra 2008, 445; *Seidl,* Debit Card Fraud: Strafrechtliche Aspekte des sog. „Skim- ming", ZIS 2012, 415; *Seidl/Fuchs,* Zur Strafbarkeit des sog. „Skimmings", HRRS 2011, 265; *Seidl/Fuchs,* Die Strafbar- keit des Phishing nach Inkrafttreten des 41. Strafänderungsgesetzes, HRRS 2010, 85; *Sieber,* Straftaten und Straf- verfolgung im Internet, NJW-Beil. 2012, 86; *Soyka,* Das moderne Lastschriftsystem – Eine Einladung zum straflosen Betrug?, NStZ 2004, 538; *Stammer,* Einblick in die Cybercrime am Beispiel des Phishings, Rpfleger 2015, 315; *Stuckenberg,* Zur Strafbarkeit von „Phishing", ZStW 118 (2006), 878.

A. Allgemeines

I. Bedeutung

Durch das 2. WiKG vom 15.5.1986 (BGBl. I 721) wurde mit § 263a eine Strafnorm für den **1** Computerbetrug neu in das StGB eingefügt. Mit dem 35. StrÄndG vom 22.12.2003 (BGBl. I 2838) wurden in Umsetzung des EU-Rahmenbeschlusses vom 28.5.2001 (ABl. 2001 L, 149) zur Bekämpfung von Betrug und Fälschung im Zusammenhang mit unbaren Zahlungsmitteln mit § 263a Abs. 3 und 4 auch Vorbereitungshandlungen zum Computerbetrug unter Strafe gestellt. Neben dem herkömmlichen Betrugstatbestand war eine eigenständige Norm für vermögenserhebliche Beeinflussungen eines Daten- verarbeitungsvorgangs mit unlauteren Mitteln erforderlich, weil alle derartigen Vermögensschädigungen durch den bisherigen Betrugstatbestand des § 263 nicht zu erfassen waren. Dieser würde die Täuschung und die daraus resultierende irrtumsbedingte Verfügung einer natürlichen Person als Kontrollinstanz erfordern, an der es aber gerade bei unbefugten Eingriffen in die Datenverarbeitungsanlage fehlt. Mit dem neuen Tatbestand des Computerbetruges sollten damit entstandene Strafbarkeitslücken durch Computermanipulationen aufgefangen werden, soweit menschliche Erklärungsempfänger durch Com- puter ersetzt wurden. Konzipiert ist § 263a als parallele Bestimmung zum Betrug, indem Tathandlungen sanktioniert werden, die einen Irrtum hervorrufen würden, wenn eine natürliche Person gehandelt hätte. Durch die Erweiterung um das Tatbestandsmerkmal der unbefugten Verwendung von Daten, die auch die unbefugte Nutzung der EC-Karte durch den berechtigten Karteninhaber erfassen kann, wird dieser Bezug zu § 263 aber verlassen, was auch zu erheblichen Diskussionen um die Reichweite des

Computerbetruges geführt hat (Schönke/Schröder/*Perron* Rn. 2, 10; LK-StGB/*Tiedemann* Rn. 5 f. mwN; → Rn. 16 ff.).

2   Nach der polizeilichen Kriminalstatistik hat der Computerbetrug eine zentrale Bedeutung bei der gesamten Computerkriminalität. Allein die dieser Bestimmung zuzurechnenden Fälle machen den größten Anteil der gesamten Straftaten in diesem Bereich aus. So wurden etwa 2013 insgesamt 23.242 Fälle in der polizeilichen Kriminalstatistik erfasst, im Jahr 2014 22.308 sowie im Jahr 2015 insgesamt 23.562 Fälle. Diese Zahlen geben aber die tatsächliche Situation nur unzureichend wieder. So werden statisch nur Inlandstaten erfasst, nicht aber vom Ausland begangene Taten, wie dies regelmäßig beim Phishing durch ausgespähte Online-Bankdaten der Fall ist. Vor allem aber muss bei allen Straftaten im Cybercrime-Bereichen entsprechend einer aktuellen Dunkelfeldstudie aus Niedersachsen davon aus-zugehen, dass nur 9 % aller Delikte hier angezeigt werden, so dass sich eine Dunkelziffer von über 90 % ergibt. Im Rahmen des Computerbetrugs wiederum haben die Fälle des Missbrauchs von Geld- oder Kassenautomaten mit über 50 % die Hauptbedeutung innerhalb von § 263a. In jüngster Zeit finden sich hier aber zunehmend Fälle des Missbrauch von Telekommunikationseinrichtungen und von Zugangs-berechtigungen zu Kommunikationseinrichtungen im Zusammenhang mit der zunehmenden Nutzung des Internets für strafbare Verhaltensweisen, etwa durch Dialer oder beim Phishing und Skimming. So wurden etwa 2013 allein bei der bekanntesten Variante des digitalen Identitätsdiebstahls, dem Phishing nur im Zusammenhang mit Online-Banking 4.096 Fälle in diesem Phänomenbereich erfasst. Für das Jahr 2014 ergab sich eine weitere Zunahme auf 6.984 Fälle mit neuen aktuellen Trojanern mit Angriffen auf das iTAN- und mTAN-Verfahren.

II. Rechtsnatur

3   Bei § 263a handelt es sich um ein Erfolgsdelikt iSd allgemeinen Tatbestandslehre, das immer dann verwirklicht ist, wenn es durch eine der vier genannten Tathandlungen tatsächlich zu einem Vermögens-schaden als Handlungserfolg gekommen ist (BGHSt 46, 212 (220 f.); *Sieber* NJW 1999, 2066; *Vassilaki* CR 2001, 263). Soweit eine Tatbegehung über Datennetze erfolgt, was heute speziell beim Phishing von besonderer praktischer Bedeutung ist, kommt es damit gem. § 9 Abs. 1 Alt. 3 für die Bestimmung des Tatortes vor allem darauf ankommt, wo der zum Tatbestand gehörende Erfolg eingetreten ist und nicht nur auf den Ort, an dem die zum gesetzlichen Tatbestand gehörende Handlung vom Täter vorgenommen wurde. Vom deutschen Strafrecht werden deshalb – anders als bei abstrakten Gefähr-dungsdelikten (vgl. BGH NStZ 2015, 81 mAnm *Becker* zu § 86a und BGH NStZ-RR 2013, 253 zu § 261) – auch vom Ausland aus unter Verwendung von Telekommunikationsmitteln – etwa bei der Nutzung rechtswidriger erlangter Zugangsdaten durch „Phishing" beim Online-Banking – begangene Tathandlungen erfasst, wenn durch in den Anwendungsbereich von § 263a einbezogene Tathandlung ein Vermögensschaden im Inland eingetreten ist (Wabnitz/Janovsky WirtschaftsStR-HdB/*Bär* Kap. 14 Rn. 205 ff.; Fischer § 9 Rn. 5 ff. jeweils mwN). Ein Auseinanderfallen des Ortes der Handlung und des Eintritts eines zum Tatbestand gehörenden Erfolges (sog Distanzdelikt) ist daher hier denkbar.

III. Schutzgut

4   Durch § 263a wird ausschließlich das Individualvermögen geschützt (BGHSt 40, 331 (334); LK-StGB/*Tiedeman* Rn. 13 mwN). Dabei werden die bisherigen Angriffsformen des Vermögensstrafrechts von der Täuschung und Drohung hin zu dem Einsatz von DV-Anlagen bzw. von computergespeicherten Daten ausgeweitet (BT-Drs. 10/5058, 30; BayObLG NJW 1991, 438 (440)). Soweit daneben wirt-schaftliche Allgemeininteressen oder die Funktionsfähigkeit von EDV-Anlagen tangiert sind, werden diese allenfalls mittelbar in den Schutzbereich der Regelung einbezogen. Für diesen Bereich wurde mit § 269 eine selbstständige Regelung zum strafrechtlichen Vermögensschutz in Bezug auf den Beweis-verkehr mit Daten geschaffen (LK-StGB/*Tiedemann* Rn. 13 mwN).

B. Kommentierung im Einzelnen

I. Tatobjekt

5   Eigentliches Objekt einer der Tathandlungen iSd § 263a sind Daten bzw. ein Datenverarbeitungs-vorgang. Diese im gesamten Tatbestand verwendeten Begriffe werden vom Gesetz nicht definiert. Eine Bezugnahme auf den Datenbegriff in § 202a Abs. 2, wie dies in § 303a und § 303b ausdrücklich enthalten ist, findet sich im Gesetzeswortlaut nicht.

6   **1. Daten.** Nachdem eine ausdrückliche gesetzliche Begriffsbestimmung fehlt, muss für die Daten auf allgemeine Definitionen zurückgegriffen werden, wobei aber die gesetzliche Begründung zu § 263a bereits eine Anknüpfung an § 202a Abs. 2 nahe legt (BT-Drs. 10/5058, 30; LK-StGB/*Tiedemann* Rn. 1, 19), auch wenn dort der Datenbegriff nicht definiert, sondern vorausgesetzt wird. Im Hinblick auf die ratio legis ist der Datenbegriff hier aber weit zu verstehen, wobei nicht auf die strikt personenbezogene und zu weit gehende Definition des § 3 BDSG abgestellt werden kann. Daten iSd § 263a sind somit

nach hM alle Zeichen oder kontinuierliche Informationen, die zum Zweck der Verarbeitung aufgrund bekannter oder unterstellter Abmachungen lesbare Informationen darstellen (LK-StGB/*Tiedemann* Rn. 20; MüKoStGB/*Wohlers* Rn. 13; Fischer Rn. 3), gleichgültig ob sie unmittelbar wahrnehmbar sind oder nicht. Aus technischer Sicht bedarf es damit auch keiner Fixierung des Datums auf einem elektronischen, magnetischen oder sonstigen Datenträger, denn auch während der Übertragungsphase zu einer anderen Speicherstelle behalten Daten ihren Charakter (LK-StGB/*Tiedemann* Rn. 21). Dem Datenbegriff unterzuordnen sind folglich nur bereits kodierte Informationen, die in einem funktionellen Zusammenhang mit dem Betrieb einer DV-Anlage stehen. Demgegenüber sind nach hM nur kodierbare Informationen, die sich zwar durch bestimmte Zeichen darstellen lassen, die aber tatsächlich noch nicht in eine maschinenlesbare Form umgesetzt wurden, noch nicht erfasst (LK-StGB/*Tiedemann* Rn. 21; MüKoStGB/*Wohlers* Rn. 13; Fischer Rn. 3; SK-StGB/*Hoyer* Rn. 11 jeweils mwN; aA *Achenbach* JURA 1991, 227; *Bühler,* Die strafrechtliche Erfassung des Missbrauchs von Geldautomaten, 1993, 102).

2. Datenverarbeitung. Unter den Begriff der Datenverarbeitung selbst fallen alle technischen Vor- **7** gänge, die durch Aufnahme von Daten und ihre Verknüpfung mit Programmen zu Arbeitsergebnissen führen (BT-Drs. 10/318, 21 sowie LK-StGB/*Tiedemann* Rn. 22 mwN). Im Gegensatz zu § 303b sind Objekte der Tathandlung nicht die DV-Anlagen selbst, sondern ein konkreter DV-Vorgang. Notwendig ist damit, dass eine Eingabe bestimmter Daten (Input) durch das im Computer verwendete Programm mit automatisierten elektronischen Prozessen, ggf. ergänzt durch weitere Eingaben über entsprechende Peripheriegeräte, verarbeitet und schließlich ausgegeben wird (Output). Dies kann etwa durch Eingabe der Daten am Geldautomaten, durch Nutzung der Risikotaste beim Glücksspiel oder durch eine einfache Tastatureingabe am Rechner erfolgen. Nicht einbezogen sind damit nur rein mechanisch wirkende Geräte oder Abläufe, die etwa durch § 265a erfasst werden. Kommen dagegen elektronische Prüfprogramme zur Steuerung zum Einsatz (zB bei elektronischen Geldprüfgeräten in Waren- oder Leistungsautomaten oder beim Ablesen von Wertkarten), ist § 263a anwendbar. Soweit teilweise für den DV-Vorgang in Abgrenzung zum einfachen Rechenvorgang eine Beschränkung auf besonders komplexe, intellektsetzende „künstliche Intelligenz" gefordert wird (so *Hilgendorf* JuS 1999, 543 mwN), sind diese Einschränkungen zu weitgehend und führen zu keinen klaren Abgrenzungskriterien (MüKoStGB/*Wohlers* Rn. 15). Unabhängig von einer besonderen Wichtigkeit eines DV-Vorgangs ist hier vielmehr eine weitere Eingrenzung erst durch das Erfordernis einer unmittelbaren Vermögensminderung vorzunehmen (LK-StGB/*Tiedemann* Rn. 22). Da im Rahmen des § 263a an die Stelle der sonst beim Betrug erforderlichen Vermögensverfügung die Datenverarbeitung tritt, muss letztlich das Ergebnis des DV-Vorgangs unrichtig sein, also nach der Aufgabenstellung und den Beziehungen der Beteiligten mit der materiellen Rechtslage gerade nicht übereinstimmen (*Hilgendorf* JuS 1997, 130 f.; Fischer Rn. 3).

II. Tathandlungen

Im Gegensatz zu § 263 erfordert der Computerbetrug selbst keine Täuschungshandlung. Vom Tat- **8** bestand des § 263a erfasst werden vielmehr vier unterschiedliche Tathandlungen, die zu einer Täuschung und einem Irrtum führen, wenn sie gegenüber einer natürlichen Person vorgenommen würden: Der Täter muss durch eine unrichtige Gestaltung des Programms (Alt. 1), durch Verwendung unrichtiger oder unvollständiger Daten (Alt. 2), durch unbefugte Verwendung von Daten (Alt. 3) oder sonst durch unbefugte Einwirkung auf den Ablauf (Alt. 4) das Ergebnis eines Datenverarbeitungsvorgangs beeinflusst haben. Diese einzelnen Tathandlungen sollen letztlich alle denkbaren Manipulationshandlungen erfassen, durch die eine Beeinflussung des Ergebnisses der EDV-Anlage erreicht werden kann (*Sieber,* Computerkriminalität und Strafrecht, 2. Aufl. 1980, 40 ff.; *Tiedemann* JZ 1986, 869). Dabei ist die Var. 4 als Auffangtatbestand für alle Fälle anzusehen, die von den Var. 1–3 nicht erfasst werden (BayObLG NJW 1994, 960). Die Tatmodalitäten können jeweils auch durch Unterlassen verwirklicht werden, wenn garantenpflichtige Personen (zB Systembetreuer, Programmierer), aufgetretene Fehler nicht beheben. Folge aller vier Tathandlungen muss die Beeinflussung des Ergebnisses eines vermögensrelevanten DV-Vorgangs sein, der zu einem Vermögensschaden führt. Durch dieses zusätzliche Merkmal werden damit ein Irrtum und eine Vermögensverfügung iSd § 263 ersetzt (BT-Drs. 10/318, 19).

1. Unrichtige Gestaltung des Programms. Als erste Tathandlung wird von § 263a eine unrichtige **9** Gestaltung des Programms (sog **Programm-Manipulation**) erfasst, wobei unter einem Programm jede durch Daten fixierte Arbeitsanweisung an einen Computer zu verstehen ist (*Haft* NStZ 1987, 7; BT-Drs. 10/5058, 30). Wann die Unrichtigkeit eines solchen Programms bejaht werden kann, ist im Einzelnen umstritten. Während teilweise eher subjektiv darauf abgestellt wird, ob das Programm noch dem Willen oder den Vorstellungen des eigentlich Verfügungsberechtigten entspricht, führt die von der hM vertretene sog objektive Unrichtigkeit, dh das Programm ist nicht mehr in der Lage, ein dem Zweck der Datenverarbeitung entsprechendes Ergebnis zu liefern, mit ihrer Berücksichtigung äußerlich erkennbaren Funktionen zu einer klaren Abgrenzung (vgl. näher LK-StGB/*Tiedemann* Rn. 29 f.; MüKoStGB/ *Wohlers* Rn. 22; Fischer Rn. 6 mwN). Aus technischer Sicht sind zur Verwirklichung dieser Alternative **verschiedene Manipulationsmöglichkeiten** denkbar. So kann der Täter bei einem bestehenden Programm einzelne Programmschritte verändern, löschen oder ausschalten, um etwa im Programmablauf eingebaute Plausibilitätskontrollen zu umgehen (zB Fehlermeldungen bei Überschreitungen betragsmäßig begrenzter Abhebungen werden ausgeschlossen). Denkbar ist aber auch das Hinzufügen weiterer Programmteile, um eingegebene Daten in anderer Weise als ursprünglich vorgesehen zu verarbeiten. So kann etwa bei Active-X-Programmen oder Java-Applets, die durch Benutzung bestimmter Internet-Dienste aktiviert werden, unbemerkt eine Manipulation der Software des Nutzers erfolgen, aufgrund derer der Täter in die Lage versetzt wird – etwa bei einem Finanzverwaltungsprogramm – ungewollte Banküberweisungen zu Lasten des Nutzers durchzuführen (LK-StGB/*Tiedemann* Rn. 28; vgl. auch BGH NStZ 2016, 154). Eine Unrichtigkeit kann auch dann bejaht werden, wenn ein DV-Programm erstellt wird, das bei bestimmungsgemäßer Verwendung falsche Ergebnisse liefert (zB durch falsche „Rundungen" bei Zinsberechnungen). Nicht erfasst von dieser Alternative sind aber Änderungen im Programm, die keinen Einfluss auf das spätere Ergebnis haben. Nachdem aber Programme letztlich nur aus einzelnen Daten zusammengesetzte Anweisungen an den Computer sind, kommt es hier auch zur Verwendung unrichtiger Daten und damit zu Überschneidungen mit weiteren Tatbestandsalternativen. Liegen die Voraussetzungen der Alt. 1 vor, ist diese in jedem Fall als lex specialis zu den allgemeiner gefassten weiteren Tathandlungen anzusehen.

10   Von dieser Alternative des § 263a lassen sich daher im öffentlichen Bereich oder in der Wirtschaft eingesetzte Programme aller Art erfassen, die vermögensrelevante Ergebnisse in Form von Bescheiden oder Betriebsausgaben produzieren, die unrichtig sind. Gleiches gilt auch für die **Verwendung sog Dialer-Programme.** Mit diesen zur Bezahlung von Internet-Angeboten entwickelten Programmen wird statt einer üblichen Standardverbindung zum Internet-Service-Provider eine Verbindung zu einer speziellen und erheblich teureren Servicenummer (früher: 0190-Nummer, derzeit: 0900-Nummern) hergestellt. Gegenüber den „normalen" Dialer-Programmen finden sich aber auch Varianten, die nicht nur beim Abruf kostenpflichtiger Angebote, sondern bei jedem Zugang zum Internet diese Service-Nummer aktivieren, weil der Dialer sich an Stelle der bestehenden Standardverbindung einen Zugang zum Internet verschafft. Die Installation einer solchen Software führt deshalb zu einer unrichtigen Programmgestaltung. Der Aufruf der teuren Service-Nummer steht im Widerspruch zu den Vorstellungen des Nutzers, der davon ausgeht, dass dieses Programm nur in bestimmten Fällen aktiviert wird. Damit führt diese Manipulation am Rechner zu einer unrichtigen Programmgestaltung mit einem abweichenden Ergebnis und so zu einer unberechtigten Vermögensverfügung. Durch die erhöhten Verbindungskosten beim Internet-Zugang entsteht dem Nutzer auch ein Vermögensschaden, der deckungsgleich mit dem Vorteil für den Betreiber der jeweiligen Servicenummer ist (*Buggisch* NStZ 2002, 180 f.; MüKoStGB/*Wohlers* Rn. 24). Der unmittelbaren Vermögensminderung steht es auch nicht entgegen, dass die Manipulation als mehraktige Verfügung erfolgt (Schönke/Schröder/*Perron* § 263 Rn. 62).

11   **2. Verwendung unrichtiger oder unvollständiger Daten.** Die Alt. 2 des § 263a erfasst vor allem sog **Inputmanipulationen.** Die Verwendung unrichtiger oder unvollständiger Daten hat dabei am ehesten eine Parallele zum Betrugstatbestand, wenn hier statt der Täuschung dem **Computer falsche Daten eingegeben** werden. Daten sind „unrichtig", sofern sie nicht mit der Wirklichkeit übereinstimmen, also einen Sachverhalt objektiv falsch darstellen. „Unvollständig" sind Daten demgegenüber, falls etwa erhebliche Umstände weggelassen werden, so dass letztlich der Lebenssachverhalt nicht mehr ausreichend erkennbar ist. Zu einer Verwendung solcher falscher oder unvollständiger Daten als der eigentlichen Tathandlung kommt es erst, wenn diese – etwa durch einen Systemverwalter, einen Sachbearbeiter oder eine Schreibkraft, aber auch durch einen unbeteiligten Dritten – in den DV-Prozess eingeführt werden. Möglich ist hier auch eine mittelbare Täterschaft, wenn der Täter durch Vorlage falscher Informationen einen gutgläubigen Dritten – etwa eine Servicekraft – zur Eingabe unrichtiger Daten veranlasst. Diese Tatvariante ist aber nicht erfüllt, wenn nur Belege in nicht maschinenlesbarer Form hergestellt werden oder wenn die Unbefugtheit der Verwendung nicht Gegenstand des manipulierten DV-Vorgangs ist.

12   Zu denken ist hier neben den klassischen Fällen des Lagerverwalters, der Veränderungen am Lagerbestand durch Warenabgänge zu seinen Gunsten oder zum Vorteil eines Dritten vornimmt, oder des Sachbearbeiters, der sich Kindergeldzahlungen für nicht existente Kinder auf sein Konto überweisen lässt (*Sieber,* Computerkriminalität und Strafrecht, 2. Aufl. 1980, Falldarstellungen) etwa auch an die Ausnutzung eines internen Fehlers im Gebührenerfassungssystem eines Mobilfunkanbieters (OLG Karlsruhe wistra 2003, 116). Die Alt. 2 greift auch ein, wenn beim Einsatz manipulierter Telefonkarten, um über die Zahlungsautomatik unberechtigte Erlöse aus den betriebenen Service-Rufnummern zu erlangen (BGH NStZ-RR 2003, 265 (268)). Inwieweit die Geltendmachung eines in Wahrheit nicht bestehenden Anspruchs im automatisierten Mahnverfahren nach § 689 ZPO erfasst wird, war bisher umstritten. Auch wenn die Angaben zum Anspruch hier unrichtig sind, war teilweise vertreten worden, dass es an der kausalen Täuschungsparallele fehlt, da die Berechtigung des Anspruchs im automatisierten Mahnverfahren nicht geprüft werde (vgl. näher LK-StGB/*Tiedemann* Rn. 39, MüKoStGB/*Wohlers* Rn. 28; Fischer Rn. 7a; *Dannecker* BB 1996, 1289; Schönke/Schröder/*Perron* Rn. 6). Nach Auffassung des BGH (NJW 2014, 711 mAnm *Trüg* NStZ 2014, 157; *Heghmanns* ZJS 2014, 323 und *Klose* NJ 2014, 348) stellt die Beantragung eines Mahn- und eines Vollstreckungsbescheids im automatisierten Mahnverfahren eine

Verwendung unrichtiger Daten dar, auch wenn die inhaltliche Berechtigung des Anspruchs nicht geprüft wird. Der Erlass des beantragten Bescheids erfolgt in der Vorstellung, dass die ungeprüft zu übernehmenden tatsächlichen Behauptungen des Antragstellers der sich aus § 138 Abs. 1 ZPO ergebenden Verpflichtung zur Wahrheit entspricht, so dass insoweit ein täuschungsäquivalentes Verhalten vorliegt.

Die Alt. 2 des § 263a ist in Form der Inputmanipulation auch anwendbar, wenn der Täter fingierte **12a** Forderungen als Lastschriften im Wege des Abbuchungsverfahrens einreicht, obwohl dafür keine Abbuchungsaufträge erteilt wurden (BGH NJW 2013, 2608 mAnm *Schuhr* JR 2013, 579; *Basar* EWiR 2013, 293 und *Heghmanns* ZJS 2013, 423). Bei Zahlungen mittels Abbuchungslastschrift muss der Zahlungspflichtige – im Unterschied zur Einzugsermächtigungslastschrift – seine Bank unmittelbar anweisen, die Abbuchungslastschrift seinem Konto zu belasten und den Lastschriftbetrag an den Zahlungsdienstleister des Zahlungsempfängers zu übermitteln. Der Zahlungsempfänger setzt dann den Zahlungsvorgang in Gang, indem er seiner Bank mit der Lastschrift den Auftrag erteilt, den geschuldeten Betrag beim Zahlungspflichtigen einzuziehen. Im Fall von fingierten Forderungen als Lastschriften kommt es daher zur Verwendung unrichtiger Daten. Bei dieser Alt. 2 nicht einbezogen sind hier aber Fälle des Leerspielens von Glücksspielautomaten an Hand von Spiellisten oder der Kenntnisse zum Programmablauf, da diese Informationen nicht in den DV-Vorgang eingeführt werden (MüKoStGB/ *Wohlers* Rn. 31 mwN) oder die Inanspruchnahme von TK-Leistungen ohne Bezahlung aufgrund eines internen Softwarefehlers im Risikobereich des DV-Anbieters (OLG Karlsruhe NStZ 2004, 333 (334)). § 263a ist auch nicht anwendbar, wenn ein sog „Shop-Manager" eines TK-Anbieters über ein Computerprogramm Vertragsunterlagen für nicht existierende Kunden erstellt, um sich so die bei Vertragsschluss zu überlassenden Mobilfunkgeräte zu verschaffen. Zwar wäre hier an sich eine Tathandlung verwirklicht, aber eine Vermögensminderung tritt beim Mobilfunkbetreiber nicht unmittelbar durch die Eingabe der fingierten Daten ein, sondern erst dadurch, dass im Anschluss daran durch den Shop-Manager oder andere Mitarbeiter die Mobiltelefone herausgegeben werden. Jedoch kommt hier § 266 in Betracht (BGH NStZ 2013, 586).

3. Unbefugte Verwendung von Daten. Während die bisherigen beiden Alternativen des § 263a **13** von einer Verwendung unrichtiger Programme oder Daten ausgehen, setzt die 3. Tatvariante den Einsatz **„richtiger" Daten** beim DV-Vorgang voraus. Sanktioniert wird daher hier die **unerlaubte Einflussnahme auf einen automatisierten Computerablauf**, weil eine Befugnis zur Nutzung der entsprechenden Daten fehlt. Nach der Gesetzesbegründung sollen hier vor allem alle Fälle der missbräuchlichen Verwendung von Codekarten an Bankautomaten erfasst werden (BT-Drs. 10/5058, 30).

Dabei ist im Rahmen dieser Alt. 3 die Auslegung des zum Tatbestand gehörenden Merkmals „unbe- **14** fugt" besonders umstritten (zum Meinungsstand: MüKoStGB/*Wohlers* Rn. 35–44; LK-StGB/*Tiedemann* Rn. 42–45; Fischer Rn. 10 f.). Während die weitestgehende **subjektive Auslegung** alle Verhaltensweisen, die nicht vom wirklichen oder mutmaßlichen Willen des an sich Verfügungsberechtigten über die Daten gedeckt sind, als unbefugt ansieht (so BayObLG JR 1994, 289; *Hilgendorf* JuS 1997, 132; *Ranft* JuS 1997, 22 sowie für Alt. 4 auch BGHSt 40, 334), soll nach der engsten sog **computerspezifischen Auslegung** ein unbefugtes Handeln nur dann erfüllt sein, wenn der durch das Täterhandeln verletzte Wille in der konkreten Programmgestaltung hinreichend Niederschlag gefunden hat (so OLG Celle wistra 1989, 355; LG Ravensburg StV 1991, 215; LG Freiburg NJW 1990, 2634; *Achenbach* JR 1994, 393; *Lenckner/Winkelbauer* CR 1986, 657). Diese letztgenannte Ansicht führt letztlich dazu, dass alle Fälle einer ordnungsgemäßen Bedienung einer DV-Anlage vom Tatbestand nicht erfasst werden. Demgegenüber sind nach der subjektiven Auslegung alle Handlungen tatbestandsmäßig, die nicht durch Gesetz, Vertrag oder mutmaßliche Einwilligung des Berechtigten gedeckt sind, so dass hier in weitem Umfang auch als untreueartigen Verhaltensweisen einbezogen sind und eine weitere Einschränkung allenfalls über wertende Kriterien – etwa in Bezug auf die Erlangung der vom Täter verwendeten Daten – erreicht werden kann. Insoweit erscheint daher mit der hM in Rspr. und Literatur hier allein eine **betrugsspezifische Auslegung** vorzugswürdig, die eine Unbefugtheit dann bejaht, wenn die Verwendung der Daten Täuschungscharakter hätte. Damit sind alle Verhaltensweisen als unbefugt einzustufen, bei denen eine gegenüber einer natürlichen Person vorgenommene Handlung als zumindest konkludente Täuschung – ggf. auch durch Unterlassen – zu bewerten wäre (so BGHSt 38, 121; 47, 160; 50, 174 (179); BGH NStZ 2005, 213; BGH NJW 2008, 1394; BayObLG NJW 1990, 414; OLG Köln NJW 1992, 126; OLG Karlsruhe NStZ 2004, 333; LK-StGB/*Tiedemann* Rn. 44; Fischer Rn. 11; Schönke/Schröder/*Perron* Rn. 9; MüKoStGB/*Wohlers* Rn. 44; vgl. zu notwendigen Feststellungen OLG Köln StV 2016, 369). Dabei ist aber jeweils der objektive Erklärungswert des in Frage stehenden Verhaltens an Hand der Grundlagen des im Einzelfall in Frage stehenden Geschäftstypus zu berücksichtigen (*Mühlbauer* wistra 2003, 248; MüKoStGB/*Wohlers* Rn. 44). Dieses Ergebnis entspricht am ehesten der Entstehungsgeschichte der Norm und dem geschützten Rechtsgut. Unter Berücksichtigung dieser Kriterien zur „Unbefugtheit" lassen sich in der Praxis folgende wesentliche Fallgruppen unterscheiden:

a) Kartenmissbrauch an Geld- bzw. Bankautomaten. So kann sich der Täter die technischen **15** Anwendungsmöglichkeiten von Codekarten in Form von EC-Karten oder Kreditkarten mit Auszahlungsfunktion zunutze machen, die sich in der Praxis zum wichtigsten Bargeldbeschaffungsmittel entwickelt haben. Die EC- oder Kreditkarten ermöglichen den Karteninhabern die Abhebung von Bargeld rund um die Uhr an Geldausgabe- bzw. Bankautomaten, soweit ein in der Höhe begrenzten Betrag sowie ein individuell vorgegebenen Verfügungsrahmen innerhalb eines bestimmten Zeitraums beachtet werden. Zum Schutz vor Missbrauch befindet sich auf der Rückseite der Karten ein Magnetstreifen, auf dem neben der Bankleitzahl und Kontonummer eine Kartenfolgenummer gespeichert ist, aus welcher der Bankautomat die vierstellige sog Personenidentifikationsnummer (PIN) errechnet, die bei jeder Abhebung einzugeben ist. In Bezug auf die Sicherheit dieses von den Banken entwickelte Verfahren wird immer wieder diskutiert, ob eine Entschlüsselung der PIN möglich ist (vgl. *Pausch* CR 1997, 174 ff.; *Lochter/Schindler* MMR 2006, 292). Der Kartenmissbrauch kann zum einen durch einen Nichtberechtigten durch die missbräuchliche Verwendung einer rechtswidrig erlangten fremden Codekarte und durch Nutzung einer von ihm selbst manipulierten oder gefälschten Karte mit der dazugehörigen Geheimzahl erfolgen. Zum anderen kann aber auch ein berechtigter Karteninhaber am Bankautomaten Bargeld unter Überziehung seines von der Bank eingeräumten Kreditrahmens abheben. In Betracht kommt aber auch eine abredewidrige Verwendung einer EC-Karte durch einen Dritten.

16   Nach ganz hM ist eine Geldabhebung an Automaten durch einen **nichtberechtigten Dritten** von § 263a erfasst, soweit er eine von ihm selbst gefälschte oder manipulierte Karte zur Bargeldbeschaffung einsetzt und damit unbefugt fremde Daten verwendet. Während die Erfassung dieser Bankautomatenfälle vor dem 2. WiKG durch § 242, § 246 oder § 265a umstritten war (Schönke/Schröder/*Perron* Rn. 15–17), besteht nun Einigkeit, dass hier ausschließlich § 263a als lex specialis zur Anwendung kommen soll. Eine solche unbefugte Verwendung von Daten liegt auch dann vor, wenn der Täter sich die Karte und die dazugehörige PIN durch Diebstahl, Unterschlagung oder auf sonstige Weise rechtswidrig verschafft hat und auch verwendet (BGHSt 35, 152; 38, 120 (124); 47, 160 (162); BGH NStZ 2005, 213). Hier kann der Computerbetrug auch in Tatmehrheit zum Diebstahl stehen (BGH NJW 2001, 1508). Die der durch § 263a erfassten Abhebung vorausgehende Entwendung der EC-Karte ist aber kein Diebstahl, wenn die Karte nach der Abhebung dem Berechtigten wieder zurückgegeben wird, sondern nur eine straflose Gebrauchsentwendung. Hat der Täter demgegenüber die in seinem Besitz befindlichen Kontendaten mit der Geheimnummer dazu benutzt, um sie mit Hilfe eines Kopiergerätes auf den Magnetstreifen einer anderen oder selbst erstellten Scheckkarte zu übertragen, so liegt darin eine Fälschung beweiserheblicher Daten gem. § 269, zu dem beim Gebrauch der so gefälschten Scheckkarte § 263a in Tatmehrheit hinzutritt. Dies ist vor allem beim Skimming (→ § 269 Rn. 17) von großer praktischer Relevanz.

17   Nutzt der Täter demgegenüber eine **EC- oder Kredit-Karte,** die ihm nebst der dazugehörigen Geheimnummer vom Berechtigten selbst überlassen wurde, dazu, um **abredewidrig** in der Folgezeit höhere oder zusätzliche Beträge abzuheben, handelt es sich nach hM um keine unbefugte Verwendung von Daten und damit um keinen Computerbetrug, da es in diesen Fällen an einer täuschungsgleichen Tathandlung gegenüber der Bank fehlt (BGHR StGB § 263a Anw 1; BGH NStZ 2005, 213; OLG Köln wistra 1991, 350; OLG Düsseldorf CR 1998, 601; OLG Hamm wistra 2003, 356 und NStZ-RR 2004, 111; aA SK-StGB/*Hoyer* Rn. 38). Sofern der Täter die entsprechende Karte mit PIN vom Kontoinhaber durch Täuschung erlangt hat, kommt aber hier ein Betrug zu Lasten des Berechtigten gem. § 263 in Betracht (BGH NJW 2016, 149 mAnm *Piel; Berster* wistra 2016, 73 sowie *Jäger* JA 2016, 151). In der abredewidrigen Überschreitung des eingeräumten Rahmens zur Abhebung kann auch eine Untreue (§ 266) zum Nachteil des Berechtigten gesehen werden (OLG Düsseldorf NStZ-RR 1998, 137; OLG Hamm wistra 2003, 356). Demgegenüber wird in der Literatur teilweise die Anwendung des § 263a hier mit unübersichtlichen Differenzierungen bejaht (vgl. Fischer Rn. 13a mwN). Nach § 263a strafbar macht sich auch, wer gefälschte Überweisungsträger bei seiner Bank einreicht, wenn eine Ausführung dieser Überweisungen nur automatisiert, ohne Prüfung durch Mitarbeiter erfolgt (BGH NJW 2008, 1394).

18   Erhebliche Meinungsdifferenzen ergeben sich jedoch bei Bankautomatenfällen, soweit die Abhebungen durch den an sich **berechtigten Kontoinhaber** vorgenommen werden, der die Grenzen seiner vertraglichen Befugnisse in Bezug auf den Kreditrahmen gegenüber der Bank überschreitet. Hier wirken sich vor allem die bereits dargestellten Auffassungen zur Auslegung des Merkmals „unbefugt" aus (→ Rn. 17). Nach der computerspezifischen Auslegung (OLG Celle NStZ 1989, 367) scheidet eine Anwendung des § 263a aus, da der Täter einen ihm zustehenden Zugang ohne Überwindung programmspezifischer Sicherungen verwendet. Mit der subjektiven Auslegung wäre demgegenüber hier § 263a einschlägig, da das Verhalten des Kontoinhabers bei der Überschreitung des Kreditrahmens gegen den tatsächlichen oder mutmaßlichen Willen des Betreibers der EDV-Anlage verstößt. Greift man hier mit der hM auf die betrugsähnliche Auslegung zurück, ist entscheidend, welcher Erklärungsgehalt dem Verhalten des berechtigten Kontoinhabers bei der Abhebung zukommt. Sieht man in der Geldabhebung am Automaten die schlüssige Erklärung des Kontoinhabers, zur Abhebung befugt zu sein, ist hierin ein betrugsähnliches von § 263a erfasstes Verhalten zu sehen. Die Tathandlung liegt dann in der Eingabe eines den Kreditrahmen überschreitenden Geldbetrages am Automaten (so OLG Düsseldorf NStZ-RR 1998, 137; Lackner/Kühl/*Heger* Rn. 14; *Möhrenschlager* wistra 1986, 133; *Otto* wistra 1986, 153). Demgegenüber sieht die hM in dem Eintippen eines Auszahlungsbetrages unter Überziehung der von der Bank eingeräumten Kreditlinie noch keine unbefugte Datenverarbeitung, sondern nur einen Verstoß

gegen die Vertragspflichten, die nicht durch § 263a, sondern allenfalls durch die Sondervorschrift des § 266b erfasst wird (BGHSt 47, 160 (163); OLG Stuttgart NJW 1988, 981; OLG Köln NJW 1991, 126; *Zielinski* CR 1992, 221 f.; *Beckemper* JA 2002, 547; Schönke/Schröder/*Perron* Rn. 12). Insoweit kommt es für die Anwendung des § 263a nicht darauf an, ob die Karte am Bankautomaten der ausstellenden oder einer fremden Bank eingesetzt wird. Zu prüfen bleibt aber immer, ob in der Abhebung nicht ein Scheck- und Kreditkartenmissbrauchs (§ 266b) zu sehen ist. Für § 266b ist eine weitere Differenzierung dahingehend geboten, ob es sich um einen Bankautomaten des kartenausgebenden Kreditinstituts oder einer Drittbank handelt. Die vertragswidrige Bargeldbeschaffung durch den berechtigten Karteninhaber bei der kartenausgebenden Bank wird auch nicht von § 266b erfasst und bleibt daher insgesamt straflos. Nur durch die Abhebung bei einer Drittbank wird die EC-Karte – wie von § 266b gefordert – im 3-Personen-Verhältnis – als Codekarte eingesetzt, so dass bei einer entsprechenden Garantieerklärung eine Strafbarkeit in Betracht kommt (ausf. dazu → § 266b Rn. 9). Auch bei der missbräuchlichen Verwendung einer echten Bankkarte mit richtiger Geheimzahl, die der Täter durch eine täuschungsbedingte Verfügung vom Opfer erhalten hat, liegt bei Geldabhebungen damit nur Betrug und nicht zusätzlich Computerbetrug vor (BGH NStZ 2016, 149 mAnm *Piel* und *Berster* wistra 2016, 73 sowie *Jäger* JA 2016, 151). Wer unter Benutzung eines ihm zugeteilten Passwortes im Internet Leistungen über ein vollautomatisches Computerprogramm bestellt, das keine Bonitätsprüfung vornimmt, nimmt wegen fehlendem Täuschungscharakter ebenfalls keine unbefugte Verwendung von Daten iSd § 263a vor (OLG Karlsruhe NJW 2009, 1297). Gleiches gilt für die Einlösung eines erkennbar versehentlich zugesandten Online-Gutscheins. Bei der Einlösung des Gutscheins, wenn sie gegenüber einer natürlichen Person erfolgen würde, wäre kein Täuschungscharakter gegeben, da sich ein fiktiver Mitarbeiter keine Gedanken über die Berechtigung des Inhabers des Gutscheins gemacht hätte (LG Gießen NStZ-RR 2013, 312 mAnm *Popp* jurisPR-ITR 17/2013 Anm. 4). Auch wenn der Täter an einer Selbstbedienungskasse einen falschen Strichcode einer Ware einscannt, fehlt es an einer täuschungsäquivalenten unbefugten Verwendung von Daten, da ein fiktiver Kassierer keine Prüfung dahingehend vornehmen würde, ob auch tatsächlich die dem Strichcode zugewiesene Ware bezahlt würde (OLG Hamm NStZ 2014, 275 mAnm *Jäger* JA 2014, 155; *Jahn* JuS 2014, 179; *Schuhr* ZWH 2014, 111; vgl. auch *Fahl* NStZ 2014, 244; aA Vorinstanz: LG Essen BeckRS 2014, 15102). Hier kommt aber § 242 in Betracht, da der Geschäftsinhaber sein Einverständnis in die Gewahrsamsübertragung nur unter der Bedingung erteilt, dass die Selbstbedienungskasse äußerlich ordnungsgemäß bedient wird.

b) Missbrauch von EC- oder Kreditkarten bzw. Geldkarten im Zahlungsverkehr. Soweit EC- **19** oder Kreditkarten nicht an einem Bankautomaten zur Bargeldbeschaffung, sondern zur Bezahlung von Waren eingesetzt werden, ist bzgl. einer Anwendung des § 263a eine Differenzierung geboten. Erfolgt die Zahlung im **POS-Verfahren** (Point-of-Sale), dh automatisierten Lastschriftverfahren mit Online-Überprüfung der Karte („electronic cash"), kommt es durch den Einsatz der EC-Karte zusammen mit der PIN zu einer Datenverwendung, wobei die Echtheit der Karte überprüft wird. Bei einer Kartensperre oder einer Überschreitung des Verfügungsrahmens des jeweiligen Kontos wird eine Auszahlung abgelehnt, ansonsten erfolgt hier eine Freigabe der Auszahlung (Autorisierung) durch die ausstellende Bank selbst. In diesem Fall erhält der Händler nach der Autorisierung des Kartennutzers entsprechend den Bedingungen für EC-Karten eine Einlösegarantie gegenüber der kartenausstellenden Bank. Nach den obigen Grundsätzen (→ Rn. 21) liegt ein unbefugtes Handeln iSd § 263a daher hier bei einer bloßen Überschreitung der Kreditlinie nicht vor, wohl aber bei manipulierten oder entwendeten Karten. In diesem Fall tritt ein Vermögensschaden nicht beim Händler ein, sondern bei der Bank bzw. bei Verletzung der Sorgfaltspflichten auch beim Karteninhaber (MüKoStGB/*Wohlers* Rn. 48; Fischer Rn. 15; Schönke/Schröder/Perron Rn. 13).

Soweit die EC- oder Kreditkarte im Lastschriftverfahren demgegenüber ohne Zahlungsgarantie, **20** sog **POZ-Verfahren,** eingesetzt wird, ermächtigt der Karteninhaber hier durch seine Unterschrift beim Händler diesen nur dazu, den jeweiligen Betrag von seinem Konto abzubuchen. Damit kommt es hier zu keiner unbefugten Verwendung von Daten, so dass der Einsatz der jeweiligen Karte durch den Nichtberechtigten oder bei einer Überschreitung des Kreditrahmens durch den berechtigten Karteninhaber als Betrug iSd § 263 zu Lasten des Händlers (BGHSt 46, 146 (153); → § 266b Rn. 7) zu behandeln ist, wegen einer fehlenden computerbedingten Computerverfügung aber nicht als § 263a.

Soweit im Zahlungsverkehr **Chipkarten mit Bezahlfunktion** – wie etwa Geldkarten – eingesetzt **21** werden, wird beim Aufladen der Karte der jeweilige Betrag in Form von Werteinheiten direkt auf der Karte gespeichert. Es erfolgt damit ein der Bargeldabhebung (→ Rn. 18–21) vergleichbarer Vorgang, der nur dann zu einer unbefugten Verwendung von Daten iSd § 263a führt, wenn die Tat von einem Nichtberechtigten, ggf. auch unter Verwendung einer manipulierten oder gefälschten Geldkarte vorgenommen wird. Verwendet der Täter eine Geldkarte, dh eine mit einem Geldbetrag aufgeladene Speicherkarte, ist das unbefugte Entladen eines dort gespeicherten Guthabens durch einen Nichtberechtigten mangels Täuschungsäquivalenz nicht von § 263a erfasst. In diesem Fall erhält der beteiligte Händler eine garantierte Erklärung der Bank zur Einlösung des Anspruchs und ist deshalb nicht geschädigt. Gleiches gilt für die Bank, die das Konto des Karteninhabers bereits beim Aufladen der Karte belastet. Insoweit kommt nur ein Aneignungsdelikt zu Lasten des Inhabers der Chipkarte in Betracht (*Altenhain* JZ 1997, 752 (760); MüKoStGB/*Wohlers* Rn. 50), aber kein § 263a.

22   **c) Missbrauch von Telekommunikationseinrichtungen.** Die Verwendung einer fremden Telefonkarte (SIM-Karte), um damit eine gebührenpflichtige Verbindung aufzubauen, löst nur einen technischen Vorgang aus, führt aber zu keiner irrtumsbedingten Vermögensverfügung auf Seiten des Netzbetreibers iSd § 263a (BGH MMR 2005, 95 mAnm *Bär*). Eine Umgehung der Hardware-Sicherungen zur Verhinderung eines unberechtigten Wiederaufladens von Telefonkarten ist mit sog **Telefonkartensimulatoren** möglich, die den Karten wieder ein entsprechendes Guthaben zuordnen, indem dem Kartenlesegerät vorgespiegelt wird, es sei ein bestimmter Betrag geladen. Sie verhindern auch eine Speicherung des Restguthabens und ändern die auf dem Chip der Telefonkarte vorhandene Identifikationsnummer, um eine Feststellung durch den Netzbetreiber zu verhindern. Werden so verändert und ständig wiederaufladbare Telefonkarten an Kartentelefonzellen eingesetzt, erfolgt eine unbefugte Verwendung von Daten iSd § 263a, wenn man auf das „Wiederaufladen" und die Änderung der Identifikationsnummer und die dadurch erfolgte schadensgleiche Vermögensgefährdung abstellt (BGH StV 2004, 21; LG Würzburg NStZ 2000, 374 mAnm *Hefendehl* NStZ 2000, 348; *Schnabel* NStZ 2001, 374; sowie *Hecker* JA 2004, 762). In jedem Fall ist aber die Leistung eines öffentlichen Zwecken dienenden Telekommunikationsnetzes iSd § 265a erschlichen (LG Freiburg CR 2009, 716). Derjenige, der die Karten mit Hilfe des Telefonkartensimulators herstellt, macht sich im Übrigen nach § 269 wegen der Fälschung beweiserheblicher Daten strafbar. Der Vertrieb solcher Karten ist Hehlerei gem. § 259, wenn man die Fälschung der Daten als Vortat zur Hehlerei ansieht oder ggf. § 261 (AG Regensburg NJW 2001, 2897).

23   Zu einer unbefugten Verwendung von Daten in Form des Missbrauchs von TK-Einrichtungen kommt es auch bei der rechtswidrigen Abrechnung von **Servicerufnummern** (zB „Sex-Telefone", „Partylines"). Hier hat der Kunde für Gespräche über Servicenummern an den Netzbetreiber einen hohen Minutenpreis zu bezahlen, der über die Telefonrechnung abgerechnet wird, wobei anfallende Beträge zwischen dem Netzbetreiber und dem jeweiligen Service-Provider aufgeteilt werden. Die Auszahlung dieses Betrages an den Provider erfolgt dabei unabhängig davon, ob der entstandene Gebührenbetrag vom einzelnen Kunden auch tatsächlich eingetrieben werden kann. Wird von den Tätern durch fingierte Telefongespräche dieser Service-Nummern zielgerichtet ein hohes Verkehrsaufkommen erzeugt, lassen sich vom Netzbetreiber die anteilig auf die Täter entfallenden Gebühren vereinnahmen, ohne dass die dabei entstandenen Telefongebühren beim Provider jemals bezahlt werden (*Sieber* CR 1995, 102; *Dannecker* BB 1996, 1288). Da die eigentlichen Täter bis zur Reklamation und Betreibung dieser Gebühren verschwunden sind, können dadurch erhebliche Schäden entstehen.

24   Auch die Nutzung sog **„Piratenkarten",** mit denen unbefugt eine Zugangsberechtigung zu Pay-TV-Programmen hergestellt wird, stellt eine unbefugte Verwendung von Daten iSd Alt. 3 dar (*Dressel* MMR 1999, 390), sofern durch dieses Vorgehen auch ein unmittelbarer Vermögensschaden entsteht (*Beucher/Engels* CR 1998, 101). Da es sich bei Pay-TV (zB Sky) auch um ein an die Allgemeinheit gerichtetes Angebot handelt, kommt bei einem Erschleichen entsprechender Leistungen hier aber vor allem § 265a zur Anwendung (*Bär/Hoffmann* MMR 2002, 654; Fischer Rn. 17). Zusätzlich ist insoweit im Vorfeld das Herstellen, Einführen oder Verbreiten von Umgehungseinrichtungen zu gewerbsmäßigen Zwecken nach § 4 ZugangskontrolldiensteschutzG – ZKDSG unter Strafe gestellt.

25   In der **missbräuchlichen Nutzung eines Wireless-LAN** (WLAN) zur Herstellung einer Internet-Verbindung (zur Technik: *Bär* MMR 2005, 434 f.) kann ebenfalls eine unbefugte Datenverwendung liegen. Bei einem offenen WLAN ohne Zugriffschutz wird aber dem Täter eine IP-Adresse automatisch zugewiesen, so dass es nach der betrugsähnlichen Auslegung der hM bereits an der Unbefugtheit fehlt (*Buermeyer* HRRS 2004, 288; *Bär* MMR 2005, 434 (437)). Werden demgegenüber bei zugangsgesichertem WLAN über den fremden Netzwerkschlüssel Zugangsdaten zum Internet genutzt, liegt ein unbefugtes Handeln vor. Dieser Schlüssel hat aus Sicht des Netzbetreibers die Funktion einer Zugriffsschranke zum Netz, der Täter erweckt täuschungsäquivalent den Eindruck, ein berechtigter Nutzer für das Funknetz zu sein. Zu einem von § 263a erfassten vermögensmindernden Verhalten kommt es aber regelmäßig nicht bei einer Flatrate, sondern nur dann, wenn dem WLAN-Betreiber durch die später von seinem TK-Anbieter in Rechnung gestellte unberechtigte Nutzung auch ein tatsächlicher Schaden entstanden ist. Insoweit ist der erlangte Vermögensvorteil auch mit dem Schaden stoffgleich. Die Nutzungsmöglichkeit des Internets mit einer Vermögensverfügung des WLAN-Betreibers und der entsprechenden vermögenswerte Vorteil für den Täter sind mit dem Schaden für den Betroffenen durch die Forderung seines TK-Providers deckungsgleich (*Bär* MMR 2005, 434 (437); aA *Buermeyer* HRRS 2004, 289). Die Nutzung eines offenen WLAN erfüllt auch nicht den Straftatbestand des § 148 Abs. 1 Nr. 1 iVm § 89 TKG (*Bär* MMR 2005, 434 (438); *Ernst/Spoenle* CR 2008, 439; AG Wuppertal 3.8.2010 – 20 Ds-10 Js 1977/08 – 282/08 und LG Wuppertal 19.10.2010 – 25 Qs 10 Js 1977/08 – 177/10; aA noch AG Wuppertal NStZ 2008, 161).

26   Demgegenüber ist die nur im Verhältnis zu Dritten unbefugte Datenverwendung zB durch Benutzung einer vom Arbeitgeber zur Verfügung gestellten Mobilfunk-Karte oder die private Nutzung eines dienstlichen Internetzugangs bzw. eines entsprechenden E-Mail-Kontos von § 263a nicht erfasst. Entspre-

chend der betrugsnahen Auslegung kommt es zu keiner schlüssigen Vorspiegelung einer Verwendungsabsicht, so dass die nur gegen den Willen des Verwendungsberechtigten erfolgte Nutzung solcher
Zugangsberechtigungen insoweit nicht ausreicht (BGHSt 47, 160 (162); 50, 174 (179); OLG Karlsruhe
NStZ 2004, 333 (334); OLG Celle NStZ 2011, 218; LG Bonn NJW 1999, 3726; Fischer Rn. 11b
mwN). Dies gilt auch für die unzulässige Verwendung einer vom Arbeitgeber überlassenen Tankkarte
durch den Arbeitnehmer (OLG Koblenz StV 2016, 371).

d) Phishing bzw./Pharming und Skimming: Beim Phishing, dem Fischen nach Online-Kon- **27**
tenzugangsdaten, handelt es sich um die bekannteste Form des digitalen Identitätsdiebstahls. Hier ist es
auch in den letzten Jahren zu weiterhin zu steigenden Fallzahlen gekommen. So stieg 2013 die Zahl der
Verfahren von 3.440 auf 4.096 und damit um 19%. Nachdem durch verschiedene Schutzmaßnahmen,
die verstärkte Nutzung des mTAN-Verfahrens (auch bezeichnet als smsTAN) als Sicherungsmethode im
Onlinebanking sowie eine noch intensivere Sensibilisierung der Anwender eine annähernde Halbierung
der Fallzahlen vor dem Jahr 2012 erreicht werden konnte, ergab sich 2013 hier wieder ein deutlicher
Anstieg. Dieser hat sich weiter fortgesetzt. Im Jahr 2014 stiegen die Fallzahlen um über 70% auf 6.984
Sachverhalte im Phänomenbereich Phishing. Hauptgrund hierfür dürfte es sein, dass sich die Täterseite
den veränderten Rahmenbedingungen technisch angepasst und neue oder verbesserte Schadsoftware
entwickelt haben, um entsprechende Transaktionsverfahren zu umgehen. Dies zeigt sich anhand neuer
Trojaner, die über das technische Potential verfügen, sowohl das iTAN- als auch das mTAN-Verfahren
mittels Echtzeitmanipulationen erfolgreich anzugreifen. Während früher die Geschädigten per Mail dazu
aufgefordert wurden auf einer durch Link aufgerufenen Webseite ihre Konto- oder sonstigen Zugangsdaten einzugeben, werden nun in Form des sog „Spear-Phishing" fingierte E-Mails von einer Bank,
einem Online-Anbieter oder Dienstleistungsunternehmen versandt, die eine Bestellung bzw. Rechnung
mit entsprechender Abbuchung vom Konto zum Gegenstand haben und denen im Anhang eine PDF-
Datei zum Inhalt der Transkation mit Malware beigefügt ist. Wird diese Datei durch Anklicken geöffnet,
wird eine entsprechende Schadsoftware auf dem Rechner installiert, die künftig etwa alle Tätigkeiten am
Rechner mitprotokolliert und an den Täter online weiterleitet. Gleichzeitig werden entsprechende
SMS-Nachrichten auch auf die Mobiltelefone versandt, um auch hier mit entsprechender Schadsoftware
die dort von der Bank übermittelten mTans abzugreifen. In rechtlicher Hinsicht müssen beim **Phishing,**
vier Stufen unterschieden werden: In einem ersten Schritt geht es den Tätern um die Erlangen der
relevanten Zugangsdaten und TANs fürs Online-Banking. Dies erfolgt regelmäßig mittels fingierter E-
Mails, wobei die Nutzer auf falsche Internetseiten gelenkt oder die Rechner der Nutzer mit Maleware
infiziert werden, die über den Anhang zur E-Mail nachgeladen wurde. Insoweit kommt eine Strafbarkeit
nach § 269 in Betracht (→ § 269 Rn. 15 sowie → § 202a Rn. 24). In einem zweiten Schritt werden –
soweit erforderlich – die so erlangten Daten mit dem Zugangspasswort bzw. den Konteninformationen
verändert ehe im dritten Schritt die erlangten Daten vom Täter zur Durchführung der eigentlichen
Transaktionen zur Abhebung von Geldbeträgen vom fremden Konto missbraucht werden. Zur Abwicklung des Geldtransfers werden in einem letzten Schritt sog Finanzmanager oder -agenten eingesetzt, die
das durch die Täter erlangte Geld auf ihrem Konto entgegennehmen und gegen Provision ins Ausland
transferieren. Soweit in der Phase 1 die Nutzer statt mit einer E-Mail unmittelbar durch Manipulationen
an Domain-Name-Servern (DNS) auf gefälschte Web-Seiten umgeleitet werden, spricht man von sog
Pharming. Im Zusammenhang mit § 263a relevant ist vor allem die dritte Phase: In allen denkbaren
Fallgestaltungen liegt in der späteren Abhebung von Geldbeträgen mit den erlangten Zugangsdaten (PIN
bzw. TAN) des Kunden vom fremden Konto eine unbefugte Verwendung von Daten iSd Alt. 3, da mit
diesem täuschungsäquivalenten Vorgehen das Ergebnis eines DV-Vorgangs beeinflusst wird. Die Geldtransaktion ist auch eine Vermögensverfügung, die zu einem kausalen Vermögensvorteil beim Täter und
zu einem – je nach Risikoverteilung – Vermögensschaden beim Kunden bzw. bei der Bank führt (LG
Bonn BeckRS 2009, 28058; *Gercke* CR 2005, 606 (611); *Borges* NJW 2005, 3313; *Knupfer* MMR 2004,
641; *Popp* MMR 2006, 84; *Graf* NStZ 2007, 129; *Goeckenjan* wistra 2008, 128 und wistra 2009, 47;
Neuheuser NStZ 2008, 492; vgl. zu Ermittlungsverfahren: *Hagemann* der Kriminalist 6/2016, 17). Für die
dabei eingesetzten „Finanzmanager" wird teilweise von einer Beihilfe zum Computerbetrug (so: AG
Hamm CR 2007, 70 mAnm *Werner/Borges*) ausgegangen, da eine Beihilfe noch bis zur Beendigung der
Haupttat möglich ist, die erst mit dem Abheben des Geldes vom Empfängerkonto oder der Weiterüberweisung auf ein zweites Konto eintritt (BGH wistra 2012, 302 und BGH NStZ-RR 2015, 13). Vor
allem aber kann eine leichtfertige Geldwäsche gem. § 261 (AG Darmstadt 11.1.2006 – 212 Ls. 360 Js
33848/05; LG Darmstadt 13.10.2006 – 36 B 24/06; AG Wuppertal 24.4.2006 – Ds 30 Js 2237/06)
angenommen werden. Eine solche Verurteilung setzt voraus, dass Feststellungen dazu getroffen werden,
dass der Finanzagent das tatsächliche Ausmaß der von den Hintermännern durchgeführten Phishing-
Straftaten in den wesentlichen Grundzügen hätte erkennen können und dass sich die Herkunft des
Geldes aus einer Katalogtat gerade aufdrängen muss (BGH NStZ-RR 2015, 13; Fischer Rn. 25). Zu
berücksichtigen ist hier auch, dass § 261 als abstraktes Gefährdungsdelikt keinen inländischen Erfolgsort
aufweist, so dass hier iSd § 9 Abs. 1 allein der Handlungsort des Täters maßgeblich ist. Für eine gegen
einen Deutschen gerichtete Auslandstat gilt aber gem. § 7 Abs. 1 deutsches Strafrecht (BGH NStZ-RR
2013, 253). In Betracht kommt daneben auch ein Handeln ohne Erlaubnis gem. §§ 54 Abs. Nr. 2, 32

Abs. 1 S. 1, 1 Abs. 1a Nr. 6 Kreditwesengesetz (KWG) (AG Überlingen BeckRS 2007, 19750) oder eine Anwendung von § 1 Abs. 2 Nr. 6 des Gesetzes über die Beaufsichtigung von Zahlungsdiensten (ZAG). Dabei dürfte eine Beihilfe zum Computerbetrug (so AG Hamm CR 2007, 70 mAnm *Werner/Borges*) mit einem doppelten Gehilfenvorsatzes nur schwer nachweisbar sein. Computerbetrug kann auch im Zusammenhang mit **Online-Auktionen** vorliegen (*Leible/Sosnitza/Bär*, Versteigerungen im Internet, 2004, 534 ff.).

28   Beim sog **Skimming** (vgl. näher → § 269 Rn. 17) werden durch unterschiedliche technische Mittel die Daten von EC- oder Kreditkarten ausgespäht. So wird etwa auf den Einschiebeschacht für die Karte direkt am Geldautomaten ein Lesegerät in Form eines kleinen Kunststoffrahmens aufgebracht, so dass die Karte durch das zusätzliche Lesegerät hindurch in den Automaten gezogen und dabei der Inhalt des Magnetstreifens ausgelesen wird. Solche zusätzlichen Lesegeräte können auch am Türöffner der Filiale eingebaut werden. Gleichzeitig wird von den Tätern die Eingabe der PIN mit einer kleinen Funk-Kamera, die oberhalb der Tastatur in einer angeklebten Kunststoffleiste versteckt ist oder über Tastenfeld-Attrappen ermittelt, die über das eigentliche Tastenfeld geklebt werden und jeden Tastendruck aufzeichnet (*Tyszkiewicz* HRRS 2010, 207; *Kück* der kriminalist 10/2010, 8; *Seidl/Fuchs* HRRS 2011, 265). Nachdem die Fallzahlen beim Skimming bis zum Jahr 2010 stark zugenommen haben, sind solche Angriffe auf Geldautomaten seitdem stark rückläufig. Wurden im Jahr 2012 in Deutschland noch insgesamt 872 Angriffe auf 521 Geldautomaten registriert, ging diese Zahl 2013 auf 341 Automaten noch weiter zurück. Dieser Trend hat sich auch weiter fortgesetzt. So wurden 2014 nur noch 145 Geldautomaten manipuliert, von Januar 2015 bis Ende November 2015 waren es bundesweit nur 111 Geräte. Gründe für diesen Rückgang sind ua die flächendeckende Ausstattung der Girocards und Geldautomaten mit dem Sicherheitsstandart EMV, die verbreiterte Aufrüstung der deutschen Geldautomaten mit Anti-Skimming-Technologie, Aufklärung und Information der Bürger, gezielte Risikominimierungsstrategien der Banken und Sparkassen sowie die enge Zusammenarbeit aller am Kartengeschäft Beteiligten. In rechtlicher Hinsicht lässt sich das Vorgehen der Täter in die drei strafrechtlich relevanten Phasen des Ausspähens der Kartendaten sowie der PIN von Zahlungskarten (eigentliches „Skimming"; näher → § 202a Rn. 24), des Nachmachens von Zahlungskarten (sog „White Plastics") sowie des Missbrauchs mit den gefälschten Zahlungskarten (sog „Cashing") unterteilen. Soweit die erlangten Daten der Karte auf einem leeren Kartenrohling aufgebracht wurden, mit dem die Täter dann zusammen mit der erlangten PIN Bargeld an Geldautomaten abheben, kommt eine Anwendung des § 263a in Betracht. Insoweit erfolgt bei jedem späteren solchen Abhebungsvorgang eine unbefugte Verwendung von Daten iSd der 3. Alternative des § 263a durch den Nichtberechtigten, wobei in Tateinheit hierzu der Gebrauch gefälschter Zahlungskarten gem. §§ 152a, 152b beim sog Skimming (BGH wistra 2010, 406) steht. Das Herstellen der gefälschten Zahlungskarten in der Absicht, sie später zu gebrauchen, bildet dabei eine Einheit (BGH NStZ-RR 2013, 109 sowie BGH 15.6.2016 – 1 StR 189/16). So wurden am 15.11.2013 zwei Täter durch das LG Düsseldorf zu jeweils 4 Jahren und 6 Monaten Haft wegen schweren Computerbetrugs in Tateinheit mit Fälschung von Zahlungskarten in 72 Fällen verurteilt. Die Täter hatten in der Nacht zum 20.3.2013 in Düsseldorf insgesamt 170.000 EUR mit solchen Kreditkarten-Dubletten („white plastics") von Geldautomaten abgehoben. Soweit ein Täter aber nur als Teil einer internationalen Bande beim Anbringen von Kartenlesegeräten und Miniaturkameras am Geldautomat tätig war, ist er in Bezug auf den später erfolgten gewerbs- und bandenmäßigen Computerbetrug nur Gehilfe des Computerbetrugs und nicht Mittäter, wenn er weder konkrete Kenntnis der konkreten Abläufe beim Einsatz der gefälschten Zahlungskarten hatte noch die Abläufe tatherrschaftlich beeinflussen konnte (BGH NStZ 2012, 626 und BGH ZWH 2012, 360).

29   **e) Leerspielen von Geldspielautomaten.** Von § 263a erfasst wird auch das Leerspielen von Glücksspielautomaten durch einen Spieler, der über Kenntnisse des hinter dem Automaten stehenden rechtswidrig erlangten Computerprogramms verfügt. Dabei ist im Einzelnen unklar, ob das Auswerten des Computerprogramms am Spielautomaten letztlich als unbefugte Verwendung von Daten iSd Alt. 3 oder als unbefugte Einwirkung auf den Ablauf gem. der Alt. 4 anzusehen ist. Letztlich kann dies offen bleiben, denn in jedem Fall wird durch das Drücken der Risikotaste vom bisherigen normalen Spiel in ein besonders programmiertes Spiel übergegangen, das dem Spieler erhöhte Gewinnchancen einräumt, aber auch ein erhöhtes Verlustrisiko bietet (BGHSt 40, 331; BayObLG NJW 1991, 438; LK-StGB/*Tiedemann* Rn. 61). Werden von den Tätern aber nur technische Unzulänglichkeiten eines Spielautomaten im Rahmen einer formell ordnungsgemäßen Bedienung ausgenutzt, liegt kein § 263a vor (KG StV 2016, 373). Durch die zwischenzeitlich weiterentwickelten technischen Sicherungen der Spielautomaten haben diese Fälle aber an Bedeutung verloren. Nicht dem § 263a unterzuordnen sind Fälle, bei denen der Täter mit Hilfe eines mitgebrachten Computers die am Spielautomaten angezeigten Daten ohne weitere Kenntnis vom Programmablauf nur mit dem Ziel verarbeitet, Informationen für eine gewinnsichere Betätigung der Risikotaste zu gewinnen (LG Göttingen NJW 1988, 2488 sowie LK-StGB/*Tiedemann* Rn. 61 mwN). Zu einer unbefugten Verwendung von Daten kommt es auch, wenn die Täter an elektronischen Wettautomaten der verschiedenen Wettanbieter oder bei von Wettanbietern nicht überprüften Internetwetten mit einem Einsatz wetteten, obwohl ihnen die Manipulation der Geräte auf der Grundlage von den Wetthaltern nicht zugänglichem Sonderwissen bekannt war (BGH NJW 2013,

281). Dies gilt auch bei über das Internet automatisiert abgeschlossenen Sportwetten, wenn das DV-Programm den Willen des Wettanbieters dokumentiert, Wetten auf manipulierte Spiele nicht zuzulassen (BGH NJW 2016, 1336).

4. Unbefugte Einwirkung auf Ablauf. Mit der Alt. 4 sollen nach dem Willen des Gesetzgebers alle **30** bisher nicht bereits unter die übrigen Tathandlungen fallenden oder ggf. bisher **unbekannten Manipulationstechniken** erfasst werden. Wenngleich unklar geblieben ist, welche Fälle hierunter zu subsumieren sind, besteht doch wohl kein Streit mehr darüber, dass es sich bei der letzten Tatmodalität nicht um das Grunddelikt, sondern letztlich um einen Auffangtatbestand handelt. Gemeint sind insbesondere Manipulationen an der Konsole, soweit hier nicht bereits Inputmanipulationen sowie auch Veränderungen an der Hardware vorliegen. Von der Gesetzesbegründung erwähnt werden als Beispiele nachträgliche Einwirkungen auf den Aufzeichnungsvorgang, etwa auf dessen zeitlichen und maschinellen Ablauf (BT-Drs. 10/318, 20). Diese Tatvariante kommt – abgesehen von Fällen des Leerspielens von Geldspielautomaten, sofern man die Alt. 4 des §263a für erfüllt ansieht (→ Rn. 32) – beim Ausnutzen des Defekts einer vollautomatischen Selbstbedienungstankstelle zum kostenlosen Tanken (OLG Braunschweig NStZ 2008, 402 mAnm *Augustin* JR 2008, 436) in Betracht. Gleiches gilt, wenn der Täter über einen vom ihm in Gang gesetzten DV-Vorgang bei einem Mietkartentelefon unter Ausnutzung einer planmäßigen Schaltung die gewählte Verbindung zur Unzeit auf einem vertraglich nicht vorgesehenen technischen Weg abbricht, um das Gebührenaufkommen ohne jegliche Bezahlung zu erlangen (OLG München NJW 2007, 3734 mAnm *Schönauer* wistra 2008, 445). Bei Manipulationen der Mechanik – etwa an einem Geldspielautomaten –ist aber nicht §263a anwendbar, sondern allenfalls §242 (KG StRR 2014, 83). Ebenso liegt kein Computerbetrug vor, wenn der Täter nur den Defekt eines Geldwechselautomaten ausnutzt, um sich ohne Belastung des eigenen Kontos Geld auszahlen zu lassen (AG Karlsruhe CR 2013, 642). Bei unbefugter Aufhebung der SIM-Lock-Sperre eines Mobiltelefons ist nicht §263a, sondern §17 Abs. 2 UWG erfüllt (OLG Karlsruhe K&R 2016, 199).

III. Beeinflussung des Ergebnisses eines Datenverarbeitungsvorgangs

Ergebnis aller Tathandlungen muss letztlich als Zwischenfolge die Beeinflussung des Ergebnisses einer **31** EDV-Anlage sein. Dieses Merkmal ersetzt Irrtum und Vermögensverfügung beim herkömmlichen Betrug. Eine solche Beeinflussung ist dann anzunehmen, wenn aufgrund des Verhaltens des Täters auf den Computer so eingewirkt worden ist, dass die im Rechner enthaltenen bzw. gespeicherten Daten verändert werden und das vom Computer erzielte Resultat von dem abweicht, das bei einem programmgemäßen Ablauf erzielt worden wäre. Der DV-Vorgang muss sich aber nach hM vor der Tathandlung nicht im Gang befinden, er kann auch erst durch den Täter ausgelöst werden (BGHSt 38, 121; BayObLG JR 1994, 289; OLG Köln NStZ 1991, 568). Aufgrund der Anlehnung an den Betrugstatbestand kommen aber hier nur EDV-Vorgänge in Betracht, die sich wie beim Betrug – ohne weitere Zwischenverfügung – unmittelbar vermögensmindernd auswirken (OLG Hamm NJW 2006, 2341; Fischer Rn. 20 mwN). So ist eine Manipulation von personenbezogenen Daten ausreichend, wenn daran auch vermögenswerte Verfügungen geknüpft sind (zB verändertes Einstellungsdatum einer Person durch Mitarbeiter einer Besoldungsstelle mit erhöhter Bezügeauszahlung als Folge). An der Unmittelbarkeit der Vermögensverfügung fehlt es aber, wenn die Veränderung der DV durch eine weitere selbstständige Handlung erst in eine vermögensrelevante Disposition umgesetzt werden muss. Kein Computerbetrug liegt daher beim Überwinden elektronischer Schlösser (zB Wegfahrsperren) vor oder wenn das Ergebnis der DV einer nochmaligen Prüfung durch den Sachbearbeiter und damit einer natürlichen Person unterliegt, ggf. kann aber bereits ein Gefährdungsschaden vorliegen (Fischer Rn. 20 mwN). Unschädlich ist es aber demgegenüber, wenn die Beeinflussung des Datenverarbeitungsvorgangs nur ein Teilstück eines mehraktigen Verfahrens ist, bei dem aber eine weitere Person ohne nochmalige inhaltliche Kontrolle letztlich die entsprechende Vermögensdisposition veranlasst (*Lenckner/Winkelbauer* CR 1986, 359).

IV. Vermögensschaden

Die jeweils verwirklichte Tathandlung des Computerbetrugs muss durch Beeinflussung eines Daten- **32** verarbeitungsvorgangs als ursächliche Folge – ebenso wie beim herkömmlichen Betrug – auch bei §263a das Vermögen eines anderen geschädigt haben. Zur Prüfung des Vermögensschadens ist nicht die Tathandlung, sondern das durch sie manipulierte Ergebnis als Schadensfolge in Beziehung zu setzen. Für den Begriff des Vermögensschadens selbst gelten die zu §263 entwickelten Grundsätze (→ §263 Rn. 69 ff. zum Vermögensbegriff und → Rn. 77 ff. zum Vermögensschaden). Auch beim Computerbetrug ist neben der tatsächlichen Vermögensminderung eine bloße **Vermögensgefährdung ausreichend.** Dies kann etwa bei einer durch die EDV veranlassten falschen Buchung vorliegen, die noch nicht notwendig bereits unmittelbar zu einem Schaden führen muss. Hier besteht aber die Gefährdung, dass die Fehlbuchung nicht mehr rückgängig gemacht werden kann. Im Gegensatz zum herkömmlichen Betrug wird es aber hier in den meisten Fällen zu keinem Leistungsaustausch kommen, sondern zu einer einseitigen Vermögensminderung auf Seiten des Opfers. Bei dem Vermögensschaden durch Computerbetrug ist unerheblich, ob der Betreiber der EDV-Anlage oder ein Dritter selbst Geschädigter ist. Die zu § 263 entwickelten Grundsätze über den Dreiecksbetrug finden sinngemäß Anwendung (→ § 263 Rn. 73). Einigkeit besteht aber darüber, dass Schäden am Rechner, die durch die Manipulation an der Anlage, der Software oder den Programmen auftreten, nicht zu den relevanten Vermögensschäden zählen. Hier fehlt es an der notwendigen Stoffgleichheit zwischen dem erstrebten Vermögensvorteil und dem durch die Tathandlung eingetretenen Schaden. In diesen Fällen kann aber eine Strafbarkeit gem. §§ 303a, 303b in Betracht kommen (→ § 303a Rn. 12 ff. u. → § 303b Rn. 11 ff.).

V. Subjektiver Tatbestand

33   Der subjektive Tatbestand des Computerbetruges – er stimmt mit dem Betrug gem. § 263 überein – erfordert zunächst auf Seiten des Täters Vorsatz hinsichtlich des objektiven Tatbestandes sowie ein Handeln in der Absicht, sich oder einem Dritten einen rechtswidrigen Vermögensvorteil zu verschaffen. Für den Vorsatz ist damit vor allem das Bewusstsein des Täters nötig, durch die Erfüllung einer der genannten Tathandlungen einen Datenverarbeitungsvorgang beeinflusst und dadurch einen Vermögensschaden verursacht zu haben. Wie bereits die Auslegung der 3. Tatvariante gezeigt hat (→ Rn. 16 f.), bestehen Streitigkeiten vor allem hinsichtlich des Merkmals „unbefugt". Sieht man dieses als Tatbestandsmerkmal an, muss sich auch der entsprechende Vorsatz darauf erstrecken. Geht der Täter von einer Berechtigung zur Datenverwendung aus, liegt ein Tatbestandsirrtum iSd § 16 Abs. 1 vor (Schönke/Schröder/*Perron* Rn. 27; Fischer Rn. 23). Zum Vorsatz – auch bedingter Vorsatz genügt – hinzukommen muss der Wille des Täters, sich oder einem Dritten durch das Ergebnis des manipulierten Datenverarbeitungsvorgangs einen Vermögensvorteil zu verschaffen. Ebenso wie beim Betrug erfordert auch § 263a eine Stoffgleichheit zwischen dem eingetretenen Vermögensschaden auf der einen Seite und dem vom Täter erstrebten Vermögensvorteil auf der anderen Seite (→ § 263 Rn. 120 ff.).

VI. Verweisung auf § 263 Abs. 2–7 (Abs. 2)

34   Durch den Verweis auf § 263 Abs. 2 ist der Versuch unter Strafe gestellt, wenn der Täter zu einer der obigen Tathandlungen unmittelbar ansetzt, also mit entsprechenden Manipulationshandlungen an Daten oder Programmen beginnt. Beim Phishing ist das Versuchsstadium erst bei der Eingabe der Daten zur Veranlassung unberechtigter Überweisungen erreicht und noch nicht mit der Einrichtung von Zielkonten oder sonstiger Vorbereitungen (KG StV 2013, 515). Die in Bezug genommenen Regelungen des § 263 Abs. 3–7 betreffen die Rechtsfolgen der Tat. Anwendbar sind damit die Qualifikationen für besonders schwere Fälle (§ 263 Abs. 3) und für Bandendelikte (§ 263 Abs. 5) etwa beim Phishing (LG Bonn BeckRS 2009, 28058). Über § 263 Abs. 6 und Abs. 7 können Führungsaufsicht und erweiterter Verfall angeordnet werden. Durch die für die Praxis wesentliche Verweisung auf § 263 Abs. 4 wird auch der Computerbetrug zum Antragsdelikt bei Taten gegenüber Angehörigen, dem Vormund oder einem Hausgenossen iSd § 247 sowie als Bagatell-Delikt iSd § 248a, wenn der angerichtete Vermögensschaden oder der erstrebte Vermögensvorteil geringwertig ist, dh einen Betrag von ca. 25–30 EUR nicht übersteigt (Fischer § 248a Rn. 3 mwN). Ein solcher Fall wird speziell in Bezug auf den Missbrauch von TK-Leistungen häufiger in Betracht kommen. Über § 263 Abs. 4 ist hier aber auch § 243 Abs. 2 anwendbar, so dass ein besonders schwerer Fall iSd § 263 Abs. 3 unter den dortigen Voraussetzungen ausgeschlossen sein kann.

VII. Vorbereitungshandlungen (Abs. 3)

35   Bereits mit dem 35. StRÄndG wurde in Umsetzung von Art. 4 Abs. 2 des EU-Rahmenbeschlusses vom 28.5.2001 zur Betrugsbekämpfung im Zusammenhang mit Zahlungsgeschäften (BT-Drs. 15/1720, 8) eine eigene Strafbarkeit für Vorbereitungshandlungen aufgenommen mit der Folge einer Vorverlagerung des strafrechtlichen Vermögensschutzes. Sanktioniert werden kann somit das Herstellen, Verschaffen, Feilhalten, Verwahren oder Überlassen von Computerprogrammen, deren Zweck die Begehung eines Computerbetrugs ist.

36   Erforderlich ist damit ein Computerprogramm, das nach Art und Weise seines Aufbaus und seiner Beschaffenheit bzw. seiner Funktionsweise objektiv bereits so ausgestaltet ist, dass es zur Begehung einer von § 263a Abs. 1 erfassten Computerstraftat dienen soll. Dabei ist es aber nicht ausreichend, wenn das jeweilige Computerprogramm lediglich zur Begehung eines Computerbetrugs geeignet ist. Der Gesetzgeber knüpft vielmehr ausdrücklich an die Zweckbestimmung an, so dass es sich bei der Begehung eines Computerbetrugs um eine entscheidende Eigenschaft des Programms handeln muss, auch wenn es nicht ausschließlich dafür bestimmt ist (BT-Drs. 15/1720, 11). Vom Tatbestand erfasst werden damit in erster Linie sog Hacker-Tools, soweit sie zum Ausspähen oder Cracken oder sonst zum Eindringen in fremde Computer dienen, die gegen Vermögensmanipulationen geschützt sind. Gleiches gilt etwa für den Tastaturaufsatz am Geldautomaten zum Aufzeichnen der PIN-Eingabe beim Skimming, der ein Computerprogramm beinhaltet, um später mit den erlangten Daten Abhebung vorzunehmen. Durch die

vom Gesetzeswortlaut geforderte besondere Zweckbestimmung wird aber umgekehrt deutlich, dass alle Programme, die nach ihrer objektiven Funktion schon andere Zielsetzungen verfolgen (zB allgemeine, unspezifisch einzusetzende Software in Form von System-, Ver- oder Entschlüsselungs- bzw. Filterprogrammen), die aber auch für eine Tatbegehung nach § 263a Abs. 1 eingesetzt werden könnten und hierfür geeignet sind, bereits nicht dem objektiven Tatbestand unterfallen (BVerfG CR 2009, 673 zu § 202c). Erfasst werden daher auch nicht Blanco-Smart-Cards mit Basisinformationen, jedoch noch ohne Entschlüsselungs-Software zum Empfang von Pay-TV-Sendungen (LG Karlsruhe NStZ-RR 2007, 19 – sog „Opus-Karten"). Im Einzelnen umstritten ist hier aber, ob Computerprogramme mit hohem „Missbrauchspotential" (Fischer Rn. 32), dh Software die sowohl von Berechtigten für Prüfungs- und Testzwecke als auch von Unberechtigten zur Begehung von Straftaten eingesetzt werden können, überhaupt den objektiven Tatbestand des § 263a erfüllen. In Bezug auf sog *Dual-Use-Programme,* die für Forschungen oder Sicherheitsüberprüfungen entwickelt wurden und zum Schutz von Datenverarbeitungsanlagen benutzt werden, sich aber auch missbräuchlich einsetzen lassen, muss zunächst geprüft werden, ob nicht bereits der Rekurs auf den Zweck der Software zum Ausschluss des Tatbestandes führt (BVerfG CR 2009, 673 sowie näher → § 202c Rn. 9 ff.). Erst wenn dies nicht der Fall ist, muss zusätzlich ein quasi subjektives Element dahingehend, dass der Täter eine eigene oder fremde Computerstraftat in Aussicht genommen hat, in den objektiven Tatbestand gezogen werden (BT-Drs. 16/3656, 19; LK-StGB/*Wolff* § 303a Rn. 39; Fischer § 202c Rn. 6; *Ernst* NJW 2007, 2663; *Hofmann/Reiners* DuD 2007, 920 für § 202c). Dies führt zur Verneinung einer Strafbarkeit, wenn das Computerprogramm etwa nur zur Entwicklung von Sicherheitssoftware oder zu Ausbildungszwecken in der IT-Sicherheitsbranche hergestellt, erworben oder einem anderen überlassen wird (→ § 202c Rn. 24).

In Bezug auf die einzelnen **Tathandlungen** erfordert der Begriff „Herstellen", dass die wesentlichen **37** Bestandteile eines Programms zumindest in Form des Quellcodes in einer maschinenlesbaren Sprache geschrieben und auf einem lesbaren Datenträger gespeichert sind (Fischer Rn. 33). Ein Verschaffen solcher Programme kann durch den Erwerb des Datenträgers oder die Anfertigung von entsprechenden Kopien erfolgen. Während es beim Feilhalten um das nach außen erkennbare Bereithalten jedenfalls für interessierte Personen von nicht nur einzelnen Programmkopien – gleichgültig ob auf Datenträger oder zum Herunterladen im Internet – geht, bezieht sich die Tathandlung des Verwahrens auf das Zur-Verfügung-Halten des jeweiligen Programms, gleichgültig ob dies in offener, versteckter, kryptierter oder in einzelne Dateien zerlegter Form erfolgt.

In **subjektiver Hinsicht** erfordert die Verwirklichung einer Vorbereitungshandlung Vorsatz, wobei **38** dolus eventualis genügt. Der Vorsatz muss sich auch auf die Zweckbestimmung des Computerprogramms beziehen (BVerfG NZV 2006, 483; Fischer Rn. 34; *Ernst* NJW 2007, 2664). Der Täter muss also mindestens damit rechnen, dass das tatgegenständliche Programm zukünftig zur Begehung von Straftaten gebraucht wird (kognitives Element) und diese Benutzung des Programms billigend in Kauf nehmen (voluntatives Element).

VIII. Tätige Reue (Abs. 4)

Durch die Verweisung in § 263a Abs. 4 auf § 149 Abs. 2 und 3 gilt hier **Tätige Reue** als persönlicher **39** Strafaufhebungsgrund. Da bereits mit einer Tathandlung des § 263a Abs. 3 Vollendung eintritt, ist für einen Rücktritt nach § 24 kein Raum. Insoweit hat der Gesetzgeber über die Tätige Reue eine Straffreiheit dann angenommen, wenn der Täter die Tat freiwillig aufgibt und darüber hinaus die von ihm verursachte Gefahr, dass andere eine Datenveränderung weiter vorbereiten oder ausführen, abwendet oder deren Vollendung verhindert (§ 149 Abs. 2 Nr. 1) und die zur Tatbegehung hergestellten Programme bzw. anderen Mittel iSv § 149 Abs. 2 Nr. 2 unschädlich macht.

IX. Konkurrenzen

Während die Alt. 4 des § 263a Abs. 1 gegenüber den anderen Tathandlungen subsidiär ist, kommt **40** innerhalb des § 263a im Übrigen ein Vorrang einer Variante nicht in Betracht. Die gleichzeitige Verwirklichung mehrerer Tathandlungen führt im Ergebnis nur zu einer einheitlichen Tat des Computerbetrugs. Eine mehrfache unberechtigte Verwendung von Daten mit einer Karte an Geldautomaten bildet eine einheitliche Tat, wenn sie innerhalb kurzer Zeit begangen wird (BGH NStZ-RR 2013, 13; BGH wistra 2015, 269; BGH NStZ 2001, 494; BGH wistra 2008, 220); Gleiches gilt für die durch den Täter an einem Tag veranlassten Überweisungen als „Echtlauf Lohnauszahlung" für fiktive Arbeitnehmerdaten (BGH wistra 2010, 263). Im Verhältnis zu anderen Delikten ist ein Vorrang des Computerbetrugs im Wege der **Gesetzeskonkurrenz** bei der unbefugten Beschaffung von Bargeld an Geldautomaten gegenüber den anderen möglicherweise einschlägigen Eigentums- oder Vermögensdelikten anzunehmen. Im Fall des Diebstahls bzw. des betrügerischen Erlangens einer EC-Karte kommt aber durchaus auch Tateinheit bzw. Tatmehrheit in Betracht, wenn die jeweiligen Delikte ein eigenständiges Schutzgut, etwa die Funktionsfähigkeit des bargeldlosen Zahlungsverkehrs, sichern (BGH NJW 2001, 1508 für § 242 und § 263a; BGHSt 47, 160 für § 263 und § 266b). Dies gilt aber nicht, wenn der Täter etwa im Postidentverfahren mit falschen Personalien ein Konto eröffnet, um über dieses Computerbetrugstaten zu begehen (BGH ZWH 2013, 191 mAnm *Kudlich*). Demgegenüber schließen sich § 263a und § 263 aus, wenn derselbe Schaden sowohl durch Manipulationshandlungen des Computerbetrugs als auch durch Täuschung bewirkt wurden (str. Fischer Rn. 38 mwN). In den meisten übrigen Fällen kommen jedoch neben § 263a **tateinheitlich** weitere Tatbestände in Betracht, wie §§ 269, 270 im Fall der Veränderung von gespeicherten Daten oder die Computersabotage gem. §§ 303a, 303b sowie das Ausspähen von Daten (§ 202a) oder beim Leerspielen von Geldspielautomaten auch § 17 UWG. Gleiches gilt für die Verwendung von gefälschten EC- oder Kreditkarten beim Skimming. Hier besteht Tateinheit mit §§ 152a, 152b (BGH wistra 2010, 406). Eine Wahlfeststellung zwischen § 263a und § 263 ist grundsätzlich zulässig (BGH wistra 2013, 271).

X. Probleme des Tatnachweises

41   Am leichtesten aufzuklären sind die Bankautomatenfälle im Zusammenhang mit der unbefugten Verwendung von Daten. Da sich der Täter zum jeweiligen Automaten begeben muss, um einen Abhebevorgang zu tätigen, bestehen Möglichkeiten zur Kontrolle oder Überwachung für die betroffenen Banken und Kreditinstitute, etwa durch Video-Überwachungskameras oder andere Geräte. Hier bieten die den Strafverfolgungsbehörden zur Verfügung gestellten Videobänder vielfach einen wichtigen Ansatzpunkt für weitere Ermittlungen. Demgegenüber ist bei den Übrigen von § 263a erfassten Manipulationshandlungen an EDV-Anlagen ein Tatnachweis viel schwerer zu führen. Zunächst muss es dem betroffenen Unternehmen bzw. der Behörde erst gelingen, eine solche Veränderung im eigenen System durch forensische Auswertungen des Rechners zu erkennen. Dies kann etwa durch Prüfroutinen oder andere Sicherheitsmaßnahmen erfolgen. Selbst wenn hier eine Veränderung am Datenbestand oder am Programm noch relativ leicht feststellbar sein wird, ist damit der jeweilige Täter noch keineswegs überführt. Erst jetzt kann eine Suche nach dem Täter für die jeweilige Manipulationshandlung beginnen. Werden vom EDV-System – etwa durch Logfiles – keine weiteren Aufzeichnungen über die im oder am Rechner vorgenommenen Veränderungen und die jeweils am System angemeldeten Personen geführt, treten Schwierigkeiten bei der Ermittlung des eigentlichen Täters auf. Soweit die Tatbegehung über Telefon- oder Datennetze erfolgt, kann ein Nachweis nur über die Rückverfolgung im Netz geführt werden. Dies setzt voraus, dass die Ermittlungen zeitnah durchgeführt werden und mit Hilfe der sichergestellten Unterlagen vor Ort oder der entsprechenden Auskünften über Verkehrsdaten der TK-Anbieter über § 100g StPO iVm § 96 TKG oder über eine Personenauskunft zu einer dynamischen IP-Adresse gem. § 100j Abs. 2 iVm Abs. 1 S. 1 StPO eine Ermittlung des Täters überhaupt möglich ist (vgl. zu Ermittlungsmöglichkeiten näher: *Bär* TK-Überwachung Kommentar § 100g Rn. 3 ff.). Nachdem durch die Entscheidung des BVerfG vom 2.3.2010 (BVerfG NJW 2010, 833) die Regelungen zur Vorratsdatenspeicherung in §§ 113a, 113b TKG aF und damit auch die Verweisung darauf in § 100g StPO für verfassungswidrig und nichtig sowie durch die Entscheidung des EuGH vom 8.4.2014 (EuGH NVwZ 2014, 709) auch die zugrunde liegende EU-RL zur Vorratsdatenspeicherung (RL 2006/24/EG) für ungültig erklärt wurden, haben sich dadurch zusätzliche Schwierigkeiten in Bezug auf die Ermittlung der Täter über Telefon- oder Datennetze ergeben, weil beweisrelevante Informationen über verwendete Rufnummern oder IP-Adressen insoweit gar nicht mehr oder – etwa auf der Grundlage des § 100 TKG zur Störungsbeseitigung oder Fehlersuche (BGH ZD 2014, 461 mAnm *Eckhardt*) – allenfalls noch für wenige Tage zur Verfügung stehen. Durch das Gesetz zur Einführung einer Speicherpflicht unter einer Höchstspeicherfrist für Verkehrsdaten vom 10.12.2015 (BGBl. I 2218) wurde zwar wieder eine Vorratsdatenspeicherung geschaffen, ein Abruf der Daten ist gem. § 100g Abs. 2 StPO aber nur bei besonders schweren Straftaten zulässig. Zu diesen Katalogtaten gehört § 263a – auch in qualifizierter Form – nicht.

§ 264 Subventionsbetrug

(1) Mit Freiheitsstrafe bis zu fünf Jahren oder mit Geldstrafe wird bestraft, wer

1. einer für die Bewilligung einer Subvention zuständigen Behörde oder einer anderen in das Subventionsverfahren eingeschalteten Stelle oder Person (Subventionsgeber) über subventionserhebliche Tatsachen für sich oder einen anderen unrichtige oder unvollständige Angaben macht, die für ihn oder den anderen vorteilhaft sind,
2. einen Gegenstand oder eine Geldleistung, deren Verwendung durch Rechtsvorschriften oder durch den Subventionsgeber im Hinblick auf eine Subvention beschränkt ist, entgegen der Verwendungsbeschränkung verwendet,
3. den Subventionsgeber entgegen den Rechtsvorschriften über die Subventionsvergabe über subventionserhebliche Tatsachen in Unkenntnis läßt oder
4. in einem Subventionsverfahren eine durch unrichtige oder unvollständige Angaben erlangte Bescheinigung über eine Subventionsberechtigung oder über subventionserhebliche Tatsachen gebraucht.

(2) ¹In besonders schweren Fällen ist die Strafe Freiheitsstrafe von sechs Monaten bis zu zehn Jahren. ²Ein besonders schwerer Fall liegt in der Regel vor, wenn der Täter

1. aus grobem Eigennutz oder unter Verwendung nachgemachter oder verfälschter Belege für sich oder einen anderen eine nicht gerechtfertigte Subvention großen Ausmaßes erlangt,

2. seine Befugnisse oder seine Stellung als Amtsträger oder Europäischer Amtsträger mißbraucht oder

3. die Mithilfe eines Amtsträgers oder Europäischer Amtsträgers ausnutzt, der seine Befugnisse oder seine Stellung mißbraucht.

(3) § 263 Abs. 5 gilt entsprechend.

(4) Wer in den Fällen des Absatzes 1 Nr. 1 bis Nr. 3 leichtfertig handelt, wird mit Freiheitsstrafe bis zu drei Jahren oder mit Geldstrafe bestraft.

(5) ¹Nach den Absätzen 1 und 4 wird nicht bestraft, wer freiwillig verhindert, daß auf Grund der Tat die Subvention gewährt wird. ²Wird die Subvention ohne Zutun des Täters nicht gewährt, so wird er straflos, wenn er sich freiwillig und ernsthaft bemüht, das Gewähren der Subvention zu verhindern.

(6) ¹Neben einer Freiheitsstrafe von mindestens einem Jahr wegen einer Straftat nach den Absätzen 1 bis 3 kann das Gericht die Fähigkeit, öffentliche Ämter zu bekleiden, und die Fähigkeit, Rechte aus öffentlichen Wahlen zu erlangen, aberkennen (§ 45 Abs. 2). ²Gegenstände, auf die sich die Tat bezieht, können eingezogen werden; § 74a ist anzuwenden.

(7) ¹Subvention im Sinne dieser Vorschrift ist

1. eine Leistung aus öffentlichen Mitteln nach Bundes- oder Landesrecht an Betriebe oder Unternehmen, die wenigstens zum Teil
   a) ohne marktmäßige Gegenleistung gewährt wird und
   b) der Förderung der Wirtschaft dienen soll;

2. eine Leistung aus öffentlichen Mitteln nach dem Recht der Europäischen Gemeinschaften, die wenigstens zum Teil ohne marktmäßige Gegenleistung gewährt wird.

²Betrieb oder Unternehmen im Sinne des Satzes 1 Nr. 1 ist auch das öffentliche Unternehmen.

(8) Subventionserheblich im Sinne des Absatzes 1 sind Tatsachen,

1. die durch Gesetz oder auf Grund eines Gesetzes von dem Subventionsgeber als subventionserheblich bezeichnet sind oder

2. von denen die Bewilligung, Gewährung, Rückforderung, Weitergewährung oder das Belassen einer Subvention oder eines Subventionsvorteils gesetzlich abhängig ist.

Übersicht

A. Gesetz gegen missbräuchliche Inanspruchnahme von Subventionen (SubvG)

§ 1 SubvG Geltungsbereich

1 (1) Dieses Gesetz gilt, soweit Absatz 2 nichts anderes bestimmt, für Leistungen, die Subventionen im Sinne des § 264 des Strafgesetzbuches sind.

(2) Für Leistungen nach Landesrecht, die Subventionen im Sinne des § 264 des Strafgesetzbuches sind, gelten die §§ 2 bis 6 nur, soweit das Landesrecht dies bestimmt.

§ 2 SubvG Bezeichnung der subventionserheblichen Tatsachen

(1) Die für die Bewilligung einer Subvention zuständige Behörde oder andere in das Subventionsverfahren eingeschaltete Stelle oder Person (Subventionsgeber) hat vor der Bewilligung oder Gewährung einer Subvention demjenigen, der für sich oder einen anderen eine Subvention beantragt oder eine Subvention oder einen Subventionsvorteil in Anspruch nimmt (Subventionsnehmer), die Tatsachen als subventionserheblich im Sinne des § 264 des Strafgesetzbuches zu bezeichnen, die nach

1. dem Subventionszweck,
2. den Rechtsvorschriften, Verwaltungsvorschriften und Richtlinien über die Subventionsvergabe sowie
3. den sonstigen Vergabevoraussetzungen

für die Bewilligung, Gewährung, Rückforderung, Weitergewährung oder das Belassen einer Subvention oder eines Subventionsvorteils erheblich sind.

(2) Ergeben sich aus den im Subventionsverfahren gemachten Angaben oder aus sonstigen Umständen Zweifel, ob die beantragte oder in Anspruch genommene Subvention oder der in Anspruch genommene Subventionsvorteil mit dem Subventionszweck oder den Vergabevoraussetzungen nach Absatz 1 Nr. 2, 3 im Einklang steht, so hat der Subventionsgeber dem Subventionsnehmer die Tatsachen, deren Aufklärung zur Beseitigung der Zweifel notwendig erscheint, nachträglich als subventionserheblich im Sinne des § 264 des Strafgesetzbuches zu bezeichnen.

§ 3 SubvG Offenbarungspflicht bei der Inanspruchnahme von Subventionen

(1) [1] Der Subventionsnehmer ist verpflichtet, dem Subventionsgeber unverzüglich alle Tatsachen mitzuteilen, die der Bewilligung, Gewährung, Weitergewährung, Inanspruchnahme oder dem Belassen der Subvention oder des Subventionsvorteils entgegenstehen oder für die Rückforderung der Subvention oder des Subventionsvorteils erheblich sind. [2] Besonders bestehende Pflichten zur Offenbarung bleiben unberührt.

(2) Wer einen Gegenstand oder eine Geldleistung, deren Verwendung durch Gesetz oder durch den Subventionsgeber im Hinblick auf eine Subvention beschränkt ist, entgegen der Verwendungsbeschränkung verwenden will, hat dies rechtzeitig vorher dem Subventionsgeber anzuzeigen.

§ 4 SubvG Scheingeschäfte, Mißbrauch von Gestaltungsmöglichkeiten

(1) [1] Scheingeschäfte und Scheinhandlungen sind für die Bewilligung, Gewährung, Rückforderung und Weitergewährung oder das Belassen einer Subvention oder eines Subventionsvorteils unerheblich. [2] Wird durch ein Scheingeschäft oder eine Scheinhandlung ein anderer Sachverhalt verdeckt, so ist der verdeckte Sachverhalt für die Bewilligung, Gewährung, Rückforderung, Weitergewährung oder das Belassen der Subvention oder des Subventionsvorteils maßgebend.

(2) [1] Die Bewilligung oder Gewährung einer Subvention oder eines Subventionsvorteils ist ausgeschlossen, wenn im Zusammenhang mit einer beantragten Subvention ein Rechtsgeschäft oder eine Handlung unter Mißbrauch von Gestaltungsmöglichkeiten vorgenommen wird. [2] Ein Mißbrauch liegt vor, wenn jemand eine den gegebenen Tatsachen und Verhältnissen unangemessene Gestaltungsmöglichkeit benutzt, um eine Subvention oder einen Subventionsvorteil für sich oder einen anderen in Anspruch zu nehmen oder zu nutzen, obwohl dies dem Subventionszweck widerspricht. [3] Dies ist namentlich dann anzunehmen, wenn die förmlichen Voraussetzungen einer

Subvention oder eines Subventionsvorteils in einer dem Subventionszweck widersprechenden Weise künstlich geschaffen werden.

§ 5 SubvG Herausgabe von Subventionsvorteilen

(1) Wer einen Gegenstand oder eine Geldleistung, deren Verwendung durch Gesetz oder durch den Subventionsgeber im Hinblick auf eine Subvention beschränkt ist, entgegen der Verwendungsbeschränkung verwendet und dadurch einen Vorteil erlangt, hat diesen dem Subventionsgeber herauszugeben.

(2) ¹ Für den Umfang der Herausgabe gelten die Vorschriften des Bürgerlichen Gesetzbuches über die Herausgabe einer ungerechtfertigten Bereicherung entsprechend. ² Auf den Wegfall der Bereicherung kann sich der Herausgabepflichtige nicht berufen, soweit er die Verwendungsbeschränkung kannte oder infolge grober Fahrlässigkeit nicht kannte.

(3) Besonders bestehende Verpflichtungen zur Herausgabe bleiben unberührt.

§ 6 SubvG Anzeige bei Verdacht eines Subventionsbetrugs

Gerichte und Behörden von Bund, Ländern und kommunalen Trägern der öffentlichen Verwaltung haben Tatsachen, die sie dienstlich erfahren und die den Verdacht eines Subventionsbetrugs begründen, den Strafverfolgungsbehörden mitzuteilen.

§ 7 SubvG *[gegenstandslos]*

§ 8 SubvG Inkrafttreten

Dieses Gesetz tritt am ersten Tage des auf die Verkündung folgenden Monats in Kraft.

B. Allgemeines

I. Regelungszweck

Der Subventionsbetrug wurde durch das am 1.9.1976 in Kraft getretene 1. WiKG (BGBl. I 2034) in **1a** das Strafgesetzbuch inkorporiert, nachdem der Gesetzgeber die Erfassung strafbaren Täuschungsverhaltens im Zusammenhang mit Subventionsbeanspruchung und -gewährung durch § 263 als ungenügend ansah. Bedenken iRd § 263 begegnet vor allem die Feststellung einer Täuschung, weil der Subventionsgeber (→ Rn. 8–12) sich selbst bewusst in seinem Vermögen schädige (BT-Drs. 7/5291, 3). Zudem ist der prozessuale Nachweis der Kausalität der falschen Angaben für den eingetretenen Vermögensschaden und der dahingehende Vorsatz des Subventionsnehmers (→ Rn. 13) oder des diesen begünstigenden Dritten problematisch (BT-Drs. 7/3441, 16, 17; BGHSt 36, 373 (375); LK-StGB/*Tiedemann* Rn. 5; NK-StGB/*Hellmann* Rn. 5). Ob die erschlichene Subvention (→ Rn. 15–36) auch ohne die Täuschung gewährt worden wäre oder gar hätte gewährt werden müssen, ist vor dem Hintergrund einer Unzahl unbestimmter Rechtsbegriffe und weiter Ermessensspielräume objektiv nur schwer zu ermitteln (vgl. zu den Einzelheiten SK-StGB/*Hoyer* Rn. 1; kritisch hierzu Fischer Rn. 2 ff.; Schönke/Schröder/*Perron* Rn. 1). Vor diesem Hintergrund sprachen wohl insbesondere kriminalpolitische Gründe für die Schaffung eines eigenen Straftatbestandes, um so durch den Verzicht auf die Tatbestandsmerkmale Irrtum, Vermögensverfügung und Vermögensschaden zugunsten der einzig erforderlichen Täuschung und durch eine Abkehr von der rechtswidrigen Bereicherungsabsicht und Aufnahme von Leichtfertigkeit (Abs. 4) als Abstufung zum sonst erforderlichen Vorsatz, Schwierigkeiten bei der Feststellung der objektiven und subjektiven Merkmale des § 263 begegnen, den Besonderheiten bei der Vergabe von Subventionen (→ Rn. 15–36) ausreichend Rechnung tragen und eine wirksame Bekämpfung der Subventionskriminalität sicherstellen zu können (Fischer Rn. 2 ff.; NK-StGB/*Hellmann* Rn. 6, 7; Schönke/Schröder/*Perron* Rn. 2; SK-StGB/*Hoyer* Rn. 5). Überdies wird § 263 dem Unrechtsgehalt der Subventionserschleichung nicht voll gerecht, weil denjenigen, der öffentliche Mittel unentgeltlich oder zumindest teilunentgeltlich für eigene wirtschaftliche oder wirtschaftlich motivierte Zwecke beansprucht, eine erhöhte Verantwortung trifft (Schönke/Schröder/*Perron* Rn. 1; SK-StGB/*Hoyer* Rn. 1). Die Deliktsbezeichnung als Subventionsbetrug ist daher eigentlich verfehlt, weil auf die dem Betrug wesenseigenen Merkmale gerade verzichtet wird. Sie ist zur Charakterisierung des (zumindest) auf Täuschung angelegten Handels jedoch gerechtfertigt (Lackner/Kühl/*Heger* Rn. 2).

II. Schutzgut

Für das von § 264 geschützte Rechtsgut bestehen mannigfaltige Möglichkeiten; abschließend geklärt **2** ist es jedenfalls nicht (vgl. SK-StGB/*Hoyer* Rn. 6–15). In Betracht kommen neben dem öffentlichen Vermögen (BGHZ 106, 204; Lackner/Kühl/*Heger* Rn. 1; MüKoStGB/*Wohlers/Mühlbauer* Rn. 2; NK-StGB/*Hellmann* Rn. 10; Schönke/Schröder/*Perron* Rn. 4; SK-StGB/*Hoyer* Rn. 10) auch die Institution der Subvention (→ Rn. 15–36) als wichtiges Instrument staatlicher Lenkung (Schönke/Schröder/*Perron* Rn. 4) und die mit ihr verfolgten Zielsetzungen als solche (Lackner/Kühl/*Heger* Rn. 1; Schönke/Schröder/*Perron* Rn. 4) sowie die staatliche Planungs- und Dispositionsfreiheit (BT-Drs. 7/5291, 3; OLG Hamburg NStZ 1984, 218; OLG Karlsruhe NJW 1981, 1383; Lackner/Kühl/*Heger* Rn. 1; LK-

StGB/*Tiedemann* Rn. 11, 14; MüKoStGB/*Wohlers/Mühlbauer* Rn. 1; kritisch Schönke/Schröder/*Perron* Rn. 4; Fischer Rn. 2a) und schließlich das Subventionsverfahren (→ Rn. 14) selbst (abl. Fischer Rn. 2a; Schönke/Schröder/*Perron* Rn. 4).

3   Richtig erscheint es, das geschützte Rechtsgut anhand zweier Komponenten zu definieren. Vorrangig ist das Vermögen des Subventionsgebers (→ Rn. 8–12), mithin das **öffentliche Vermögen**, als Schutzgut zu betrachten. Dies wird zum einen der systematischen Stellung des Subventionsbetrugs im Bereich der Vermögensdelikte gerecht. Zum anderen berücksichtigt es auch die dem Subventionsrecht wesenseigene Gegenleistungsfreiheit, die besondere Anreize schafft, sich die Leistung auf Kosten der Allgemeinheit zu erschleichen (Fischer Rn. 2b).

4   Das führt zwar zu der dem deutschen Strafrecht eigentlich fremden Besonderheit, dass auch ein nichtdeutsches öffentliches Rechtsgut in den Schutzbereich eines Straftatbestandes einbezogen wird, soweit es sich um Subventionen nach EG-Recht (→ Rn. 33–36) handelt; diese sind indes in § 264 Abs. 7 S. 1 Nr. 2 genannt und somit geschützt.

5   Daneben wird das **Allgemeininteresse an einer wirksamen staatlichen Förderung** mitgeschützt. Die Subventionsmittel stehen nicht generell, sondern nur für einen bestimmten, vorher definierten Zweck staatlicher Politik zu Verfügung. Aufgrund dieses spezifischen gegenleistungsfreien Förderungscharakters sind die grundsätzlich dem allgemeinen öffentlichen Haushalt zuzurechnenden Mittel besonders privilegiert und damit schutzwürdig (SK-StGB/*Hoyer* Rn. 13). Durch die erschlichene Leistung wird der mit der Zuwendung erstrebte Zweck verzerrt. Ohne die Kombination des Vermögensschutzes mit dem Schutz der staatlichen Förderungsinteressen wäre nicht berücksichtigt, dass der Subventionsgeber (→ Rn. 8–12) auch ohne die Täuschung dieselbe Vermögenseinbuße erlitten hätte, da er die Fördermittel einem anderen potentiellen Subventionsempfänger zugeteilt hätte (so auch LK-StGB/ *Tiedemann* Rn. 13; MüKoStGB/*Wohlers/Mühlbauer* Rn. 8).

III. Rechtsnatur

6   Die hM (BGHSt 34, 267 ff.; OLG München NStZ 2006, 630 (631); BeckOK StGB/*Momsen* Rn. 5; Fischer Rn. 4; Lackner/Kühl/*Heger* Rn. 2; LK-StGB/*Tiedemann* Rn. 17; MüKoStGB/*Wohlers/Mühlbauer* Rn. 13; NK-StGB/*Hellmann* Rn. 15; Schönke/Schröder/*Perron* Rn. 5; anders SK-StGB/*Hoyer* Rn. 19 mwN, der auf ein abstrakt-konkretes Vermögensgefährdungsdelikt zu Lasten des Subventionsgebers (→ Rn. 8–12) abstellt) stuft den Subventionsbetrug als **abstraktes Gefährdungsdelikt** ein, weil § 264 lediglich die Voraussetzung einer generellen Gefährlichkeit für das zweikomponentige geschützte Rechtsgut (→ Rn. 3–5) umschreibt und – abgesehen von Abs. 1 Nr. 2 und bedingt in Abs. 1 Nr. 4 – weder einen Erfolgseintritt noch eine konkrete Gefährdung im Einzelfall verlangt. Der objektive Tatbestand ist vielmehr als konsequente Folge des Verzichts auf das Tatbestandsmerkmal des Irrtums (→ Rn. 1) auch erfüllt, wenn der Subventionsgeber (→ Rn. 8–12) den wahren Sachverhalt bereits kennt oder die Täuschung sofort als solche durchschaubar ist (Schönke/Schröder/*Perron* Rn. 5; SK-StGB/ *Hoyer* Rn. 16).

IV. Verfassungsmäßigkeit

7   Die im Hinblick auf den sehr weit gefassten Subventionsbegriff (Abs. 8), die Möglichkeit der Bestimmung der Subventionserheblichkeit (→ Rn. 37–54) durch den Subventionsgeber (→ Rn. 8–12) selbst bei gesetzesfreien Subventionen (Abs. 8 Nr. 1 Alt. 2) und die Strafbarkeit der Leichtfertigkeit (Abs. 4) vorgebrachten verfassungsrechtlichen Bedenken greifen nicht durch (BeckOK StGB/*Momsen* Rn. 3; LK-StGB/*Tiedemann* Rn. 6, 25; NK-StGB/*Hellmann* Rn. 12; Schönke/Schröder/*Perron* Rn. 3 jeweils mwN). Auch die Unschärfe der Subventionsdefinition in Abs. 7 (→ Rn. 15–36) ist innerhalb des § 264 nicht größer als bei zahlreichen anderen Tatbestandsmerkmalen des Subventionsbetrugs oder anderer Tatbestände des StGB (Schönke/Schröder/*Perron* Rn. 3). Vor dem Hintergrund, dass iRd Subventionsgewährung öffentliche Mittel weitestgehend unentgeltlich in Anspruch genommen werden können und die Empfänger bei Fördermitteln nach Bundes- und Landesrecht (→ Rn. 20–32) stets (Abs. 7 Nr. 1) und bei solchen nach EG-Recht (→ Rn. 33–36) größtenteils Betriebe und Unternehmen sind, kann von den Subventionsempfängern ein Mindestmaß an Sorgfalt verlangt werden (Schönke/ Schröder/*Perron* Rn. 2). Aber auch Privatpersonen als Empfänger von EG-Subventionen (→ Rn. 33–36) trifft, wegen deren Unentgeltlichkeit, ein erhöhter Verantwortungsgrad, dessen Verletzung eine strafrechtliche Sanktion zu rechtfertigen geeignet ist. An die Leichtfertigkeit letzterer sind jedoch besondere Anforderungen zu stellen (→ Rn. 100, 101).

C. Kommentierung im Einzelnen

I. Subventionsgeber (Abs. 1 Nr. 1)

8   Für den Begriff des **Subventionsgebers** (→ Rn. 8–12) hält das Gesetz in Abs. 1 Nr. 1 eine Legaldefinition bereit, die darüber hinaus auch für Abs. 1 Nr. 2 und Nr. 3 gilt. Subventionsgeber (→ Rn. 8–12) ist danach jede für die Bewilligung einer Subvention (→ Rn. 15–36) zuständige Behörde oder andere in

das Subventionsverfahren (→ Rn. 14) eingeschaltete Stelle oder Person. Erfasst werden mithin alle Einrichtungen oder Personen, die im Laufe des Subventionsverfahrens (→ Rn. 14) mit der verwaltungsmäßigen Vergabe der Fördermittel einschließlich der diese vorbereitenden Maßnahmen, der Kontrolle der ordnungsgemäßen Mittelverwendung und gegebenenfalls ihrer Rückforderung befasst sind. Vor diesem Hintergrund fallen alle vom Subventionsnehmer (→ Rn. 13) eingeschalteten Stellen oder Personen, zB Rechtsanwälte und Steuerberater, aus dem Definitionsbereich heraus.

Für den Behördenbegriff gilt § 11 Abs. 1 Nr. 7. **Behörde** ist hiernach ein ständiges, von der Person **9** des Inhabers unabhängiges, in das Gefüge der öffentlichen Verwaltung eingeordnetes Organ der Staatsgewalt mit der Aufgabe, unter öffentlicher Autorität nach eigener Entschließung für Staatszwecke tätig zu sein (BVerfGE 10, 48; BGHZ 25, 186; Fischer § 11 Rn. 29). Erforderlich ist, dass die staatliche Organisationseinheit mit einer gewissen Selbstständigkeit ausgestattet ist.

Fehlt den staatlichen Einrichtungen oder den staatlichen Funktionsträgern dagegen die Behörden **10** eigenschaft, weil sie nicht entsprechend selbstständig oder nicht zur Vergabeentscheidung befugt sind, kann es sich um eine **andere** in das Subventionsverfahren (→ Rn. 14) eingeschaltete **Stelle** handeln. Voraussetzung hierfür ist, dass sie iRd Subventionsverfahrens (→ Rn. 14) zumindest mit Vorprüfungen (zB bei über deutsche Stellen beantragten EG-Subventionen (→ Rn. 33–36), über deren Gewährung EG-Stellen entscheiden) befasst oder mindestens zu Teilentscheidungen berechtigt sind (LK-StGB/ *Tiedemann* Rn. 68; MüKoStGB/*Wohlers/Mühlbauer* Rn. 54; NK-StGB/*Hellmann* Rn. 67; Schönke/ Schröder/*Perron* Rn. 40; SK-StGB/*Hoyer* Rn. 47). Beispiele für Stellen sind ein bei einer Behörde unter Zuziehung von Vertretern der freien Wirtschaft gebildeter Ausschuss oder Beirat oder der die Einhaltung der Verwendungsbeschränkung kontrollierende Zollbeamte.

Jeder andere, vom öffentlichen Subventionsträger in das Subventionsverfahren (→ Rn. 14) Einge **11** schaltete ist die in der Legaldefinition benannte **andere Person.** Dabei kann es sich zum einen um natürliche, zum anderen um juristische Personen sowohl des öffentlichen als auch des privaten Rechts handeln. Bedeutung kommt insbesondere den in das Vergabeverfahren eingeschalteten privaten Kreditinstituten zu (BT-Drs. 7/5291, 6; LK-StGB/*Tiedemann* Rn. 68; MüKoStGB/*Wohlers/Mühlbauer* Rn. 54; NK-StGB/*Hellmann* Rn. 67; Schönke/Schröder/*Perron* Rn. 41; SK-StGB/*Hoyer* Rn. 54).

All jene vorgenannten Einrichtungen oder Personen müssen für die Bewilligung der Subvention **12** (→ Rn. 15–36) **zuständig** sein. Das ist der Fall, wenn sie die ihnen übertragenen (Teil-)Entscheidungen selbstständig zu treffen vermögen (MüKoStGB/*Wohlers/Mühlbauer* Rn. 54; NK-StGB/*Hellmann* Rn. 66; SK-StGB/*Hoyer* Rn. 46). Dass sie dabei auch **Subventionsträger,** also Inhaber der staatlichen Geldmittel sind, aus denen die Subvention (→ Rn. 15–36) gewährt wird, ist indes ohne Belang (SK-StGB/*Hoyer* Rn. 46). Zudem ist der der Einschaltung in das Subventionsverfahren (→ Rn. 14) zugrunde liegende Akt gleichgültig; dieser kann auf Gesetz, behördlicher Anordnung oder zivilrechtlichem Vertrag beruhen (BT-Drs. 7/5291, 6; Schönke/Schröder/*Perron* Rn. 41).

II. Subventionsnehmer

Im Gegensatz zum Subventionsgeber (→ Rn. 8–12) ist der Begriff des **Subventionsnehmers** in **13** § 264 gesetzlich nicht definiert. Er wird dort nicht einmal ausdrücklich verwendet. Eine auch für das StGB gültige Legaldefinition findet sich in § 2 Abs. 1 SubvG und bezeichnet als Subventionsnehmer denjenigen, der für sich oder einen anderen eine Subvention (→ Rn. 15–36) beantragt oder eine Subvention (→ Rn. 15–36) oder einen Subventionsvorteil in Anspruch nimmt (Fischer Rn. 21). Nach dieser weitgefassten Definition unterfällt nicht nur der von der Förderung unmittelbar begünstigte Subventionsempfänger dem Nehmerbegriff, sondern auch dessen Vertreter, wobei es nicht einmal auf die Vertretungsmacht zur Beantragung oder Entgegennahme ankommt (Fischer Rn. 21; NK-StGB/ *Hellmann* Rn. 70; Schönke/Schröder/*Perron* Rn. 56; SK-StGB/*Hoyer* Rn. 48). Mit dem Ende der Vertreterstellung endet auch die Stellung als Subventionsnehmer. Beantragt beispielsweise ein Rechtsanwalt im Auftrag eines Wirtschaftsunternehmens eine Förderleistung, ist er selbst Subventionsnehmer. Mit dem Ende des Mandatsverhältnisses endet jedoch die Subventionsnehmereigenschaft (LK-StGB/*Tiedemann* Rn. 94; NK-StGB/*Hellmann* Rn. 119; Schönke/Schröder/*Perron* Rn. 56; SK-StGB/*Hoyer* Rn. 67). Durch die Einbeziehung des Subventionsvorteils (→ Rn. 54) genügt jede nur mittelbare Vermögensmehrung infolge der Subventionsgewährung. Gemäß Abs. 7 S. 1 Nr. 1 kommt bei Subventionen nach Bundes- oder Landesrecht (→ Rn. 20–32) nur ein Betrieb oder Unternehmen in Betracht; bei Subventionen nach dem Recht der Europäischen Gemeinschaften (Abs. 7 S. 1 Nr. 2; → Rn. 33–36) können hingegen auch Einzelpersonen Empfänger sein (→ Rn. 36). Die Eigenschaft als Subventionsnehmer ist ein besonderes persönliches Merkmal (§ 28 Abs. 1), so dass sich die strafrechtliche Verantwortung bei Unternehmen oder Betrieben nach § 14 richtet.

III. Subventionsverfahren

Gänzlich ohne gesetzliche Definition bleibt der Begriff des **Subventionsverfahren**s. Nach allgemein **14** gängiger Ansicht ist darunter das gesamte, die verwaltungsmäßige Erledigung einer Subventionsangelegenheit betreffende Prozedere, das mit dem Bewilligungsantrag beginnt und mit der endgültigen

Ablehnung oder der Gewährung der Förderung endet, zu verstehen, wobei es bei Dauerleistungen und im Falle der Weitergewährung auf die Erbringung der letzten Leistung ankommt (BeckOK StGB/ Momsen Rn. 21; Fischer Rn. 19; LK-StGB/ Tiedemann Rn. 73; MüKoStGB/ Wohlers/ Mühlbauer Rn. 52 und 53; NK-StGB/ Hellman Rn. 71; Schönke/Schröder/ Perron Rn. 40; SK-StGB/ Hoyer Rn. 49). Auch etwaige Kontrollen aufgrund einer Verwendungsbeschränkung fallen darunter. Bloße Erkundigungen eines potentiellen Antragstellers nach den Erfolgsaussichten seines Förderungsantrags sowie die verwaltungsverfahrensmäßige oder gerichtliche Geltendmachung von Rückforderungsansprüchen durch den Subventionsgeber (→ Rn. 8–12) liegen dagegen außerhalb (vor und/oder nach) der relevanten zeitlichen Phase (LK-StGB/ Tiedemann Rn. 73; MüKoStGB/ Wohlers/ Mühlbauer Rn. 53; NK-StGB/ Hellmann Rn. 72; SK-StGB/ Hoyer Rn. 49). Die in Schönke/Schröder/ Perron Rn. 40 vertretene Differenzierung, wonach die Rückforderung aufgrund Verstoßes gegen Verwendungsbeschränkungen noch zum Subventionsverfahren gehört, überzeugt nicht, weil auch bei von vornherein bekannten Verwendungsbeschränkungen die Rückforderung ein eigenständiges und von der Gewährung oder Ablehnung unabhängiges Subventionsverfahren in Gang setzt, das zeitlich später durchgeführt wird.

IV. Subventionen (Abs. 7)

15   Abs. 7 enthält eine **Legaldefinition** für die Subvention und bestimmt damit den sachlichen Anwendungsbereich des § 264. Der Subventionsbegriff ist dabei ausschließlich nach materiellen Kriterien bestimmt (BeckOK StGB/ Momsen Rn. 7; Fischer Rn. 6; Lackner/Kühl Rn. 3; LK-StGB/ Tiedemann Rn. 26; MüKoStGB/ Wohlers/ Mühlbauer Rn. 27; NK-StGB/ Hellmann Rn. 12; Schönke/Schröder/ Perron Rn. 7; SK-StGB/ Hoyer Rn. 20). Dabei werden zwei Varianten unterschieden: Die Subventionen nach Bundes- oder Landesrecht (Abs. 7 S. 1 Nr. 1; → Rn. 20–32) und die nach dem Recht der Europäischen Gemeinschaften (Abs. 7 S. 1 Nr. 2; → Rn. 33–36). Gemeinsam ist beiden, dass sie jeweils Leistungen aus öffentlichen Mitteln darstellen. Der grundlegende Unterschied ist neben ihrer Herkunft vor allem der Empfängerkreis und ein spezieller Leistungszweck: Subventionen der Nr. 1 kommen ausschließlich Betrieben und Unternehmen zugute und dienen der Wirtschaftsförderung; solche nach Nr. 2 können auch (privaten) Einzelpersonen gewährt werden und sind im Förderzweck nicht beschränkt.

16   **1. Leistungen aus öffentlichen Mitteln.** Grundlage einer Subvention ist stets eine Leistung aus **öffentlichen Mitteln.** Dies sind solche, die dem Staat (Bund oder Land), einer öffentlich-rechtlichen Körperschaft (Gemeinden, Gemeindeverbände), einer öffentlich-rechtlichen Anstalt, einer öffentlich-rechtlichen Stiftung oder einer öffentlichen oder zwischenstaatlichen Einrichtung einschließlich deren Sondervermögen zur Verfügung stehen (BeckOK StGB/ Momsen Rn. 10; Fischer Rn. 7; Lackner/Kühl/ Heger Rn. 4; LK-StGB/ Tiedemann Rn. 29; MüKoStGB/ Wohlers/ Mühlbauer Rn. 32; NK-StGB/ Hellmann Rn. 15; Schönke/Schröder/ Perron Rn. 8; SK-StGB/ Hoyer Rn. 24). Erfasst sind daneben aber auch Mittel, die von privater Seite aufgrund einer öffentlich-rechtlichen Verpflichtung in ein zweckgebundenes Sondervermögen eingebracht wurden (BeckOK StGB/ Momsen Rn. 10; Fischer Rn. 7; Lackner/ Kühl Rn. 4; LK-StGB/ Tiedemann Rn. 29; MüKoStGB/ Wohlers/ Mühlbauer Rn. 34; NK-StGB/ Hellmann Rn. 16; Schönke/Schröder/ Perron Rn. 8). Ohne eine solche öffentlich-rechtliche Verpflichtung erbrachte Leistungen nichtstaatlicher Einrichtungen sind kein tauglicher Gegenstand des § 264, auch nicht, wenn der Einrichtung Gemeinnützigkeit zuerkannt ist oder der Staat ihr Mehrheits- oder Alleingesellschafter ist (MüKoStGB/ Wohlers/ Mühlbauer Rn. 34; NK-StGB/ Hellmann Rn. 15; SK-StGB/ Hoyer Rn. 24). Mittel aus staatlich vorgeschriebenen Ausgleichs- oder Unterstützungsfonds der Privatwirtschaft stellen Subventionen dar, wenn die Leistung im Endeffekt aus öffentlichen Mitteln erbracht wird (Fischer Rn. 7; LK-StGB/ Tiedemann Rn. 29; NK-StGB/ Hellmann Rn. 16; Schönke/ Perron Rn. 8; SK-StGB/ Hoyer Rn. 24).

17   **Leistungen** sind nur **direkt** gewährte Zuwendungen in Geld oder von Geldeswert, die auf Vermögensmehrung gerichtet sind. Nicht erfasst werden indirekte Subventionen, beispielsweise durch Steuernachlässe oder -erleichterungen (BeckOK StGB/ Momsen Rn. 11; Fischer Rn. 7; Lackner/Kühl/ Heger Rn. 5; MüKoStGB/ Wohlers/ Mühlbauer Rn. 30; SK-StGB/ Hoyer Rn. 22) oder Vermögensschädigungen ausgleichende Leistungen, die sog Schadenssubventionen. § 264 ist nur dann anwendbar, wenn durch die Entschädigungsleistung ein Mehr im Vergleich zum Zustand vor dem schädigenden Ereignis gewährt wird (MüKoStGB/ Wohlers/ Mühlbauer Rn. 29; SK-StGB/ Hoyer Rn. 22). Der Vermögensbegriff unterscheidet sich nicht von dem des § 263 (NK-StGB/ Hellmann Rn. 13; SK-StGB/ Hoyer Rn. 22).

18   Leistungen aufgrund **steuerrechtlicher Vorschriften** unterfallen wegen des grundsätzlichen Vorrangs des Steuerrechts (→ Rn. 157) nicht dem Subventionsbegriff des § 264. Dies gilt selbst dann, wenn sie die Merkmale des Abs. 7 eigentlich erfüllen, weil sie in Geldleistungen als direkte Zuwendung gewährt werden (BeckOK StGB/ Momsen Rn. 11; Fischer Rn. 7; Lackner/Kühl/ Heger Rn. 5; LK-StGB/ Tiedemann Rn. 27; NK-StGB/ Hellmann Rn. 18; Schönke/Schröder/ Perron Rn. 10; SK-StGB/ Hoyer Rn. 23). Insoweit gelten ausschließlich die §§ 370 ff. AO.

19   Ob die Subvention unmittelbar durch die staatliche oder kommunale Stelle ausbezahlt wird oder ob die Mittel über eine private Stelle, zB ein Kreditinstitut, verteilt werden, ist gleichgültig. Entscheidend ist nur die Herkunft der Mittel aus einem öffentlichen Vermögen (LK-StGB/*Tiedemann* Rn. 27; NK-StGB/*Hellmann* Rn. 15; Schönke/Schröder/*Perron* Rn. 8; SK-StGB/*Hoyer* Rn. 24).

2. Subventionen nach Bundes- oder Landesrecht (Abs. 7 S. 1 Nr. 1). Leistungsgrundlage der 20 Förderungen nach Abs. 7 S. 1 Nr. 1 muss entweder das Recht des Bundes oder das der Länder sein. Dem **Recht** unterfallen hierbei nicht nur formelle oder materielle Gesetze, sondern auch auf Haushaltsgesetzen beruhende Haushaltsansätze. Kommunale Subventionen fußen auf Landesrecht in Form der Gemeindeordnungen (BT-Drs. 7/5291, 10; BeckOK StGB/*Momsen* Rn. 9; Fischer Rn. 8; Lackner/Kühl/*Heger* Rn. 5; MüKoStGB/*Wohlers/Mühlbauer* Rn. 35; NK-StGB/*Hellmann* Rn. 21; Schönke/Schröder/*Perron* Rn. 8). Reine Vertragssubventionen sind daher nicht tatbestandsmäßig.

Um Subvention zu sein, muss die Leistung **wenigstens zum Teil** – ganz oder teilweise – **ohne** 21 **marktmäßige Gegenleistung** gewährt werden.

Gegenleistung ist das in einem zweiseitigen Rechtsverhältnis der Leistung gegenüberstehende 22 Äquivalent, das Entgelt, also alle Tätigkeiten und Erfolge, die dem Leistenden für seine Leistung geschuldet werden (BeckOK StGB/*Momsen* Rn. 12; Lackner/Kühl/*Heger* Rn. 6; SK-StGB/*Hoyer* Rn. 25). Die bloße Erfüllung des jeder Subvention zugrunde liegenden Förderungszwecks reicht hierzu nicht aus (BGH NStZ 1990, 35; BeckOK StGB/*Momsen* Rn. 12; Fischer Rn. 9; Lackner/Kühl/*Heger* Rn. 6; NK-StGB/*Hellmann* Rn. 25; Schönke/Schröder/*Perron* Rn. 11).

Marktmäßig ist die Gegenleistung, wenn sie nach ihrem objektiven Wert dem entspricht, was auch 23 sonst unter den konkreten Verhältnissen des Marktes für eine Leistung unter normalen Umständen üblicherweise aufgewendet werden muss (BeckOK StGB/*Momsen* Rn. 12; Lackner/Kühl/*Heger* Rn. 6; SK-StGB/*Hoyer* Rn. 27). **Ohne marktmäßige Gegenleistung** ist die Subvention daher gewährt, wenn die wirkliche Gegenleistung mit prozessualen Mitteln eindeutig feststellbar hinter der marktmäßigen Gegenleistung zurückbleibt, wenn für sie also kein gleichwertiges Entgelt – in welcher Form auch immer – zu entrichten ist. Ein auffälliges Missverhältnis ist nicht erforderlich. Hat eine öffentliche Leistung keinen Markt, wie beispielsweise eine Kredithilfe, eine Bürgschaft, eine Garantie oder eine Realförderung, ist ausschlaggebend, ob die dafür geforderte Gegenleistung im Ergebnis kostendeckend ist oder gar einen Überschuss erwirtschaftet (BT-Drs. 7/5291, 10; Fischer Rn. 9; Lackner/Kühl/*Heger* Rn. 6; LK-StGB/*Tiedemann* Rn. 34; MüKoStGB/*Wohlers/Mühlbauer* Rn. 40 und 41; NK-StGB/*Hellmann* Rn. 30, 35; Schönke/Schröder/*Perron* Rn. 11).

Gängige Beispiele hierfür sind: Hilfsmaßnahmen in Katastrophenfällen (MüKoStGB/*Wohlers/Mühl-* 24 *bauer* Rn. 44), verlorene Zuschüsse (BGH NStZ 1990, 35; MüKoStGB/*Wohlers/Mühlbauer* Rn. 37), verbilligte Zinsen, Abgabe von Waren oder Leistungen unter dem Marktpreis, Bürgschaften oder Garantien ohne gleichwertiges Äquivalent (BT-Drs. 7/5291, 10; MüKoStGB/*Wohlers/Mühlbauer* Rn. 40). Ohne Gegenleistung gewährt sind aber auch sog Realförderungen, wie Vergabe öffentlicher Aufträge, Einkauf oder Verkauf zu unwirtschaftlichen Preisen, verbilligte Vermietung, wenn und soweit diese entgegen allgemeiner Wirtschaftlichkeitserwägungen vorgenommen werden (Fischer Rn. 9; Lackner/Kühl/*Heger* Rn. 6; MüKoStGB/*Wohlers/Mühlbauer* Rn. 41; NK-StGB/*Hellmann* Rn. 27; Schönke/Schröder/*Perron* Rn. 12; SK-StGB/*Hoyer* Rn. 28).

Die Leistung muss **zur Förderung der Wirtschaft** subjektiv bestimmt sein. Auch hier genügt 25 wiederum, dass dies wenigstens teilweise der Fall ist, so dass auch sog Mehrzwecksubventionen erfasst sind (→ Rn. 27). Hierin liegt das augenfällige Abgrenzungskriterium zu den Subventionen nach EG-Recht (→ Rn. 33–36). Sonstige Subventionen, insbesondere Sozialsubventionen (Sozialhilfe, Wohnungs- und Kindergeld, Ausbildungsförderung) und Förderung kultureller Zwecke, sind von Abs. 7 S. 1 Nr. 1 ausdrücklich nicht erfasst (BGH StV 2015, 436 (438)). Für deren Erschleichung bleibt es beim Anwendungsbereich des § 263 (→ Rn. 154–156).

Der Begriff der **Wirtschaft** ist im weitest reichenden Sinne zu verstehen (BGHSt 34, 113; BGH 26 NJW 1983, 2649; BeckOK StGB/*Momsen* Rn. 13). Umfasst sind unternehmerisch betriebenen Einrichtungen und Maßnahmen zur Erzeugung, Herstellung oder Verteilung von Gütern und Erbringung von Leistungen (BeckOK StGB/*Momsen* Rn. 13; Fischer Rn. 10; LK-StGB/*Tiedemann* Rn. 46; MüKoStGB/*Wohlers/Mühlbauer* Rn. 43; Schönke/Schröder/*Perron* Rn. 14; SK-StGB/*Hoyer* Rn. 33), mithin die gewerbliche Wirtschaft, die Land- und Forstwirtschaft, die Fischerei, der Bergbau, die Industrie, das Handwerk, das Gewerbe, der Handel, das Verlagswesen, die Energie- und Verkehrswirtschaft, die Filmwirtschaft (BGHSt 34, 111; MüKoStGB/*Wohlers/Mühlbauer* Rn. 43 und 46) und das Banken- und Versicherungswesen (Lackner/Kühl/*Heger* Rn. 7; MüKoStGB/*Wohlers/Mühlbauer* Rn. 43; Schönke/Schröder/*Perron* Rn. 15). Nicht umfasst sind vor allem die Wissenschaft, die Bildung, die Kunst, die Literatur und die der Volksgesundheit dienenden Einrichtungen (Krankenhäuser; BGH NJW 1983, 2649).

Dass die Wirtschaftsförderung der alleinige oder Hauptzweck ist, ist nicht erforderlich, vielmehr 27 genügt, wenn er neben anderen Subventionszielen tatsächlich mitverfolgt wird (**Mehrzwecksubventionen;** BT-Drs. 7/5291, 10, 11; BeckOK StGB/*Momsen* Rn. 13; Fischer Rn. 10; Lackner/Kühl/*Heger* Rn. 7; LK-StGB/*Tiedemann* Rn. 45, 48; MüKoStGB/*Wohlers/Mühlbauer* Rn. 45; NK-StGB/*Hellmann* Rn. 40; Schönke/Schröder/*Perron* Rn. 13, 17; SK-StGB/*Hoyer* Rn. 34). Relevant ist dies insbesondere iRd Forschungsförderung: Marktnahe, wirtschaftsorientierte Vorhaben können Inhalt einer Subvention sein, reine Grundlagenforschung hingegen nicht (BT-Drs. 7/5291, 11; BeckOK StGB/*Momsen* Rn. 13; Fischer Rn. 10; Lackner/Kühl/*Heger* Rn. 7; LK-StGB/*Tiedemann* Rn. 45; MüKoStGB/*Wohlers/Mühlbauer* Rn. 46). Nicht ausreichend ist überdies, wenn die Leistungsgewährung in einem nicht der Wirtschaft dienenden Sektor bloße wirtschaftliche Nebeneffekte entfaltet oder eine unbeabsichtigte Nebenfolge der auf andere Zwecke gerichteten Leistung ist, wie beispielsweise beim sozialen Wohnungsbau (BeckOK StGB/*Momsen* Rn. 13; LK-StGB/*Tiedemann* Rn. 51; Schönke/Schröder/*Perron* Rn. 17; SK-StGB/*Hoyer* Rn. 34). In Zweifelsfällen ist mittels Auslegung eine Einordnung zu treffen und gegebenenfalls „in dubio pro reo" zu entscheiden. Der **Zweck** ist dabei nicht der in dem erstrebten Verhalten des Subventionsempfängers liegende Primärzweck, sondern der aus der Summe aller Primärzwecke resultierende und mit der Leistungsgewährung tatsächlich erstrebte Endzweck (BeckOK StGB/*Momsen* Rn. 13; LK-StGB/*Tiedemann* Rn. 48; MüKoStGB/*Wohlers/Mühlbauer* Rn. 45; NK-StGB/*Hellmann* Rn. 39; Schönke/Schröder/*Perron* Rn. 18; SK-StGB/*Hoyer* Rn. 35).

28   **Gefördert** werden die betroffenen Wirtschaftszweige, wenn ihre Leistungsfähigkeit gestärkt wird. Die Art der Stärkung ist dabei nicht entscheidend, so dass sie sowohl in Erhaltungs- als auch in Anpassungs- oder Wachstumshilfen liegen kann (MüKoStGB/*Wohlers/Mühlbauer* Rn. 44; NK-StGB/*Hellmann* Rn. 38; Schönke/Schröder/*Perron* Rn. 16; SK-StGB/*Hoyer* Rn. 33).

29   Der Empfängerkreis ist auf **Betriebe oder Unternehmen** beschränkt. Die Subvention muss ihrer Art nach dazu bestimmt sein, ausschließlich und unmittelbar an solche vergeben zu werden. Beide Begriffe sind, wie auch in §§ 11 Abs. 1 Nr. 4b, 14 Abs. 2 S. 2 oder in § 130 Abs. 1 OWiG weit auszulegen. Erforderlich ist im Regelfall eine nicht nur vorübergehende Zusammenfassung mehrerer Personen unter Einsatz von Sachmitteln in einem gewissen räumlichen Zusammenhang unter einer Leitung und zur Erreichung eines bestimmten, nicht unbedingt wirtschaftlichen Zwecks (BeckOK StGB/*Momsen* Rn. 14; Fischer Rn. 11; MüKoStGB/*Wohlers/Mühlbauer* Rn. 43 und 56 f.). Damit unterfallen den Begriffen nicht nur die klassischen Wirtschaftsunternehmen, sondern auch Betriebe der Land-, Forst- und Fischereiwirtschaft, Krankenhäuser, Wohnungsbaugenossenschaften und Forschungseinrichtungen, soweit sie wirtschaftlich tätig sind (→ Rn. 26, 27). Da die Leistung **an den Betrieb oder das Unternehmen** gewährt werden muss, ist Subvention nur die dem Betrieb oder Unternehmen zum Zweck eigener Verwendung zufließende Förderung. Entscheidend ist daher nicht nur, dass sie an diese ausbezahlt werden, sondern ihnen auch verbleiben und nicht nur zur Weitergabe an die eigentlichen Empfänger bestimmt sind. Vor diesem Hintergrund fallen Kurzarbeits-, Winter- und Winterausfallgeld nach §§ 169, 209, 214 SGB III, das den Arbeitnehmern ausbezahlt werden muss, aus dem Anwendungsbereich der Subventionen nach Abs. 7 S. 1 Nr. 1 (BeckOK StGB/*Momsen* Rn. 14; MüKoStGB/*Wohlers/Mühlbauer* Rn. 57; NK-StGB/*Hellmann* Rn. 53; Schönke/Schröder/*Perron* Rn. 25). Insoweit wäre nur die Strafbarkeit nach § 263 zu prüfen (→ Rn. 155).

30   Auf die Rechtsform und eine etwaige Gewinnerzielungsabsicht kommt es nicht an (BeckOK StGB/*Momsen* Rn. 14; Fischer Rn. 11; LK-StGB/*Tiedemann* Rn. 38, 39; NK-StGB/*Hellmann* Rn. 45; SK-StGB/*Hoyer* Rn. 31). Somit kann auch ein eingetragener Verein Betrieb oder Unternehmen sein (BGH NJW 2003, 2179 (2181); BeckOK StGB/*Momsen* Rn. 14; Fischer Rn. 11). Vertreter der **freien Berufe** sind ebenso erfasst (Fischer Rn. 11; LK-StGB/*Tiedemann* Rn. 39; Schönke/Schröder/*Perron* Rn. 22). Tatbestandsmäßig ist auch eine für ein **fingiertes Unternehmen** erschlichene Subvention (vgl. § 4 Abs. 1 SubvG; BGHSt 32, 203; BGH NJW 2003, 2179 (2181); BeckOK StGB/*Momsen* Rn. 14; Fischer Rn. 11; LK-StGB/*Tiedemann* Rn. 44; MüKoStGB/*Wohlers/Mühlbauer* Rn. 57; NK-StGB/*Hellmann* Rn. 51; Schönke/Schröder/*Perron* Rn. 21; SK-StGB/*Hoyer* Rn. 32).

31   Gemäß Abs. 7 S. 2 sind auch **öffentliche Betriebe und öffentliche Unternehmen** erfasst. Darunter versteht man jede Organisationsform der öffentlichen Verwaltung, die als Erzeuger oder Verteiler von Gütern oder Dienstleistungen am Wirtschaftsleben teilnimmt (BeckOK StGB/*Momsen* Rn. 14; Fischer Rn. 11; MüKoStGB/*Wohlers/Mühlbauer* Rn. 58 f.; Schönke/Schröder/*Perron* Rn. 23). Die Rechtsform ist diesbezüglich wiederum ebenso ohne Bedeutung wie die Gewinnerzielung, weshalb auch Zuschussbetriebe erfasst sind. Somit sind nicht nur als juristische Personen des öffentlichen oder bürgerlichen Rechts ausgestaltete Organisationen, sondern auch unselbstständige Eigen- oder Regiebetriebe der öffentlichen Hand erfasst. Hauptbeispiele sind kommunale Verkehrsbetriebe, Gas-, Wasser- und Elektrizitätswerke oder Wohnungsbaugesellschaften. Bei öffentlichen Einrichtungen muss die Leistung aber, um Subvention zu sein, eine außerhalb der regelmäßigen Haushaltszuweisung liegende Sonderunterstützung darstellen (Fischer Rn. 7; MüKoStGB/*Wohlers/Mühlbauer* Rn. 58; Schönke/Schröder/*Perron* Rn. 10).

32   Bundesländer oder Gebietskörperschaften, wie beispielsweise eine Gemeinde, können nicht Empfänger einer Subvention sein (LG Mühlhausen NJW 1998, 2069; BeckOK StGB/*Momsen* Rn. 14; Lackner/Kühl/*Heger* Rn. 8; Schönke/Schröder/*Perron* Rn. 10).

33   **3. Subventionen nach dem Recht der Europäischen Gemeinschaften (Abs. 7 S. 1 Nr. 2). Leistungsgrundlage** für Subventionen nach dem EG-Recht sind entweder der Gesamthaushaltsplan der Gemeinschaften, Haushaltspläne einzelner Gemeinschaften oder Haushaltspläne, welche von den Gemeinschaften oder für deren Rechnung verwaltet werden (BT-Drs. 13/10425, 7 (11) (16); Fischer Rn. 12; Schönke/Schröder/*Perron* § 264 Rn. 26). Hierunter fallen beispielsweise Subventionen nach

den Europäischen Sozialfonds, dem Fond für regionale Entwicklung oder dem Europäischen Aus-
richtungs- und Garantiefond für die Landwirtschaft. Erfasst werden aber auch Leistungen aus Fonds, die
von Gemeinschaftsinstitutionen ohne Organstellung (zB Europäisches Zentrum zur Förderung der
Berufsbildung, Europäische Umweltagentur) auf eigene Rechnung verwaltet werden (Fischer Rn. 12).

Unerheblich ist, ob die Leistung unmittelbar von Stellen der EG oder nach deren Vorschriften über **34**
deutsche Stellen vergeben werden (→ Rn. 19).

Wie schon die Subventionen nach Nr. 1 werden EG-Leistungen ganz oder zum Teil ohne markt- **35**
mäßige Gegenleistung erbracht (→ Rn. 21–24).

Wesentlicher Unterschied ist hingegen, dass Förderungen auf Grundlage von EG-Recht im Förder- **36**
zweck keine Grenzen kennen. Anders als Leistungen nach Bundes- oder Landesrecht (→ Rn. 20–32)
steht hierbei die Förderung der Wirtschaft nicht im Vordergrund (BeckOK StGB/*Momsen* Rn. 15). Der
Empfängerkreis ist nicht an Unternehmen und Betriebe gebunden. EG-Subventionen können vielmehr neben der Wirtschaftsförderung auch zur Förderung von Einzelpersonen oder im Bereich von
Umwelt, Sozialsystemen (Arbeitsförderung, Migration), Wissenschaft, Forschung, Sport und Kultur
erbracht werden. Abs. 7 S. 1 Nr. 2 eröffnet für § 264 einen breiten und vielfältigen Anwendungsbereich
mit der Folge, dass auch der potentielle Täterkreis eine schier unübersehbare Ausweitung erfährt.

V. Subventionserhebliche Tatsachen (Abs. 8)

Eine Legaldefinition der in Abs. 1 Nr. 1, 3, 4 genannten **subventionserheblichen Tatsachen** findet **37**
sich in Abs. 8. Der **Tatsachenbegriff** entspricht dabei dem des § 263, wobei auch innere Tatsachen,
wie eine dem Subventionszweck zuwiderlaufende Verwendungsabsicht des Subventionsempfängers,
bedeutsam sein können (BGHSt 34, 111 (114); BGH NJW 1987, 1426; Lackner/Kühl/*Heger* Rn. 10;
LK-StGB/*Tiedemann* Rn. 53; MüKoStGB/*Wohlers/Mühlbauer* Rn. 63; Schönke/Schröder/*Perron*
Rn. 27; SK-StGB/*Hoyer* Rn. 37). Subventionserheblichkeit liegt indes allein und abschließend vor,
wenn die Tatsachen in einer der in Abs. 8 beschriebenen Form (Abs. 8 Nr. 1 oder Nr. 2) als solche
ausgewiesen sind (BGHSt 44, 233 ff.; BeckOK StGB/*Momsen* Rn. 16; Fischer Rn. 13; MüKoStGB/
Wohlers/Mühlbauer Rn. 63). Somit wird – in Kombination mit § 2 SubvG – jegliche Unsicherheit im
Vergabeverfahren, die zu Subventionsfehlleitungen oder Beweisschwierigkeiten im Strafverfahren führen
könnte, ausgeschlossen, weil für alle am Vergabeverfahren Beteiligten über die Subventionsvoraussetzungen und die Relevanz von Täuschungshandlungen Klarheit geschaffen wird (Lackner/Kühl/*Heger*
Rn. 10; MüKoStGB/*Wohlers/Mühlbauer* Rn. 63; Schönke/Schröder/*Perron* Rn. 28). Der Subventionsnehmer (→ Rn. 13) muss auf die Unerheblichkeit ihm gegenüber nicht bezeichneter Tatsachen vertrauen können (BGHSt 44, 233 (241); OLG München NJW 1982, 457 (458)). Fehlt es an einer
formalen Ausweisung als subventionserheblich, ist der Anwendungsbereich des § 264 nicht eröffnet
und zwar selbst für den Fall, dass die Tatsache materiell für die Bewilligung, Gewährung oder das
Belassen der Fördermittel erheblich ist (BT-Drs. 7/5291, 13; BT-Drs. 5/75, 28; BGH NJW 1982, 2203;
Fischer Rn. 13; MüKoStGB/*Wohlers/Mühlbauer* Rn. 63; Schönke/Schröder/*Perron* Rn. 27). Es ist dann
aber Raum für eine Strafbarkeit nach § 263 (→ Rn. 154–156).

In Abs. 8 werden drei Arten subventionserheblicher Tatsachen unterschieden: Solche, die durch **38**
Gesetz als subventionserheblich bezeichnet sind (Abs. 8 Nr. 1 Alt. 1; → Rn. 39–43), solche, die aufgrund eines Gesetzes als subventionserheblich bezeichnet sind (Abs. 8 Nr. 1 Alt. 2; → Rn. 44–49) und
solche, von denen die Bewilligung, die (Weiter-)Gewährung, die Rückforderung oder das Belassen
gesetzlich abhängig ist (Abs. 8 Nr. 2; → Rn. 50–54).

1. Tatsachen, die durch Gesetz als subventionserheblich bezeichnet sind (Abs. 8 Nr. 1 Alt. **39**
1). Abs. 8 Nr. 1 Alt. 1 knüpft für die Begründung der Subventionserheblichkeit ausschließlich an ein
formelles Kriterium, die Bezeichnung in einem Gesetz, an.

Gesetz ist jede Rechtsnorm. Somit kommen neben formellen Gesetzen auch sog materielle Gesetze, **40**
wie Rechtsverordnungen (Art. 80 GG), kommunale Verordnungen und Satzungen sowie sämtliche
rechtsverbindliche Regelungen der EG in Betracht. **Nicht** erfasst werden mithin Verwaltungsvorschriften oder Richtlinien, Festlegungen von Vergabevoraussetzungen durch Vertrag – sog **Vertragssubventionen,** die insbesondere im EG-Recht verbreitet sind – oder in ministeriellen Erlassen (BGHSt 44, 233
(237); BGH StV 2015, 436 (438); LG Magdeburg wistra 2005, 155 (156); BeckOK StGB/*Momsen*
Rn. 17; Fischer Rn. 13; Lackner/Kühl/*Heger* Rn. 11; LK-StGB/*Tiedemann* Rn. 56; MüKoStGB/*Woh-
lers/Mühlbauer* Rn. 60; NK-StGB/*Hellmann* Rn. 65; Schönke/Schröder/*Perron* Rn. 32, 33). In diesem
Fall ist eine Strafbarkeit gemäß § 263 zu prüfen (→ Rn. 154–156).

Durch das Gesetz im vorstehend (→ Rn. 40) genannten Sinne erfolgt die Bezeichnung, wenn sie in **41**
dem Gesetzestext selbst verankert ist und sich unmittelbar aus dessen Wortlaut ergibt. Ein Rückgriff auf
§ 2 SubvG ist somit für Abs. 8 Nr. 1 Alt. 1 ausgeschlossen. Dieser gewinnt Bedeutung nur in den Fällen
des Abs. 8 Nr. 1 Alt. 2 (→ Rn. 49).

Es muss sich um eine **ausdrückliche** und nicht nur formelhafte oder pauschale Bezeichnung handeln **42**
(BGHSt 44, 233 (237); BGH wistra 1992, 257; OLG Düsseldorf NStZ 1981, 223; BeckOK StGB/
Momsen Rn. 18; Fischer Rn. 14; Lackner/Kühl/*Heger* Rn. 11; LK-StGB/*Tiedemann* Rn. 55; NK-

StGB/*Hellmann* Rn. 56; Schönke/Schröder/*Perron* Rn. 30; SK-StGB/*Hoyer* Rn. 39). Es genügt nicht, dass sich die Subventionserheblichkeit nur aufgrund Auslegung des gesetzgeberischen Willens aus dem Zusammenhang ergibt (BGHSt 44, 233 (238); OLG Koblenz NJW-RR 1995, 727 (728); OLG Düsseldorf NStZ 1981, 223; BeckOK StGB/*Momsen* Rn. 18; LK-StGB/*Tiedemann* § 264 Rn. 55; NK-StGB/*Hellmann* Rn. 56; SK-StGB/*Hoyer* Rn. 39). Der Ausdruck „subventionserheblich" muss hingegen nicht verwendet werden, wenn die Kennzeichnung sonst eindeutig ist (BGH NJW 1982, 2203; OLG München NJW 1982, 457; BeckOK StGB/*Momsen* Rn. 18; Fischer Rn. 14; LK-StGB/*Tiedemann* Rn. 55; NK-StGB/*Hellmann* Rn. 62; Schönke/Schröder/*Perron* Rn. 30; SK-StGB/*Hoyer* Rn. 39). Es genügt, dass der Zweck der formalen Bezeichnung (→ Rn. 37) durch eine andere, in der Sache übereinstimmende und sprachlich nicht minder eindeutige Bezeichnung erreicht wird. Durch die Rechtsprechung anerkannt sind beispielsweise die Begriffe „für die Bewilligung der Subvention von Bedeutung" und „wirtschaftliche Verhältnisse des Antragstellers" (BGH wistra 1992, 257; BeckOK StGB/*Momsen* Rn. 18). Unschädlich ist, wenn der in § 2 SubvG vorgeschriebene Zusatz „im Sinne des § 264 des Strafgesetzbuchs" fehlt (Schönke/Schröder/*Perron* Rn. 31).

43 Nachdem bei gesetzlich benannten subventionserheblichen Tatsachen das bezeichnende Gesetz zwingend vorher erlassen sein muss, kommt dem iRd Abs. 8 Nr. 1 Alt. 2 entscheidenden zeitlichen Moment hier keine Bedeutung zu (→ Rn. 48).

44 **2. Tatsachen, die aufgrund eines Gesetzes als subventionserheblich bezeichnet sind (Abs. 8 Nr. 1 Alt. 2).** Für subventionserhebliche Tatsachen nach Abs. 8 Nr. 1 Alt. 2 bedarf es ebenfalls einer formellen Bezeichnung, diesmal durch den Subventionsgeber (→ Rn. 8–12). Hinzu kommt jedoch ein materielles Kriterium, die Gesetzeskonformität dieser Bezeichnung, die sich iRe zulässigen Gesetzesauslegung zu halten hat.

45 Der Begriff des **Gesetzes** ist im formellen und materiellen Sinne zu verstehen (→ Rn. 40). Die Bezeichnung muss zudem wiederum **ausdrücklich** (→ Rn. 42) erfolgen.

46 Im Unterschied zu Abs. 8 Nr. 1 Alt. 1 erfolgt die Bezeichnung nicht durch das Gesetz selbst, sondern **aufgrund eines Gesetzes** durch den Subventionsgeber (→ Rn. 8–12). Davon ist auszugehen, wenn sie infolge gesetzlicher Ermächtigung oder Verpflichtung geschieht und sich in den Grenzen des gesetzlich Zulässigen hält (OLG Hamburg wistra 1988, 362; BeckOK StGB/*Momsen* Rn. 19; Fischer Rn. 15; LK-StGB/*Tiedemann* Rn. 58; MüKoStGB/*Wohlers/Mühlbauer* Rn. 66; Schönke/Schröder/*Perron* Rn. 34; SK-StGB/*Hoyer* Rn. 39). Werden die Grenzen des Gesetzes überschritten, also eine Tatsache als subventionserheblich benannt, die im Gesetz nicht als solche vorgesehen ist, stellt sie keine subventionserhebliche Tatsache iSd Abs. 8 dar, mit der Folge, dass selbst bei sonstiger Erfüllung der Voraussetzungen des Abs. 1 Nr. 1, 3, 4 eine Strafbarkeit nach § 264 ausscheidet. Dasselbe gilt, wenn der Subventionsgeber (→ Rn. 8–12) den ihm zur Verfügung stehenden Rahmen nicht ausschöpft und eine im Gesetz als für die Bewilligung usw relevant bezeichnete Tatsache nicht als subventionserheblich ausweist (BeckOK StGB/*Momsen* Rn. 19; Fischer Rn. 15; LK-StGB/*Tiedemann* Rn. 59; MüKoStGB/*Wohlers/Mühlbauer* Rn. 68; NK-StGB/*Hellmann* Rn. 57, 63; Schönke/Schröder/*Perron* Rn. 34). In diesen Fällen kommt allerdings eine Strafbarkeit nach § 263 in Betracht (→ Rn. 154–156).

47 Die Bezeichnung erfolgt **durch den Subventionsgeber** (→ Rn. 8–12) in Form einer **zugangsbedürftigen** Willenserklärung gegenüber dem Subventionsnehmer (→ Rn. 13) im laufenden Subventionsverfahren (§ 2 SubvG; → Rn. 14). Sind mehrere Subventionsnehmer (→ Rn. 13) am selben Verfahren beteiligt, reicht aus, dass sie zumindest einem von ihnen zugeht. Dieser muss nicht zwingend der Täter sein (LK-StGB/*Tiedemann* Rn. 55; MüKoStGB/*Wohlers/Mühlbauer* Rn. 70; Schönke/Schröder/*Perron* Rn. 34; SK-StGB/*Hoyer* Rn. 39). Eine Bezeichnung in einem früheren oder parallel laufenden Subventionsverfahren (→ Rn. 14) oder eine allgemeine Bekanntmachung, zB durch Aushang oder Veröffentlichung in einem Amtsblatt, reicht nicht aus (MüKoStGB/*Wohlers/Mühlbauer* Rn. 69; Schönke/Schröder/*Perron* Rn. 34).

48 In **zeitlicher** Hinsicht muss die Subventionserheblichkeit dem Täter idR **vor** der Tatbegehung bekannt gegeben worden sein. Erfolgt die Bezeichnung erst nach Gewähren der Subvention (→ Rn. 15–36), kommt ein strafbares Verhalten, das unter Abs. 1 Nr. 3 fällt, erst von diesem Zeitpunkt an in Betracht (Rückwirkungsverbot Art. 103 Abs. 2 GG), sofern nicht schon vorher die Voraussetzungen des Abs. 8 Nr. 2 vorlagen (LK-StGB/*Tiedemann* Rn. 54; NK-StGB/*Hellmann* Rn. 59; Schönke/Schröder/*Perron* Rn. 29; SK-StGB/*Hoyer* Rn. 39).

49 IRd Abs. 8 Nr. 1 Alt. 2 gewinnt vor allem **§ 2 SubvG** Bedeutung, der eine umfassende vorherige (§ 2 Abs. 1 SubvG) oder nachträgliche (§ 2 Abs. 2 SubvG) Bezeichnungspflicht enthält (BGH wistra 1986, 68; OLG München NJW 1982, 457 (458); Fischer Rn. 15; MüKoStGB/*Wohlers/Mühlbauer* Rn. 67; Schönke/Schröder/*Perron* Rn. 35; SK-StGB/*Hoyer* Rn. 40). Er gilt gemäß § 1 SubvG unmittelbar nur für Subventionen nach Bundesrecht und für von Stellen der Bundesrepublik vergebene Förderleistungen nach EG-Recht (→ Rn. 33–36). Aufgrund der von allen Bundesländern in den Landessubventionsgesetzen enthaltenen Verweisung iSd § 1 Abs. 2 SubvG entfaltet er auch für Subventionen nach Landesrecht Geltung. § 2 SubvG wirkt selbst in dem Fall, dass sich die Subventionserheblichkeit bereits gemäß Abs. 8 Nr. 1 Alt. 1 oder Nr. 2 unmittelbar aus dem Gesetz ergibt, zumindest auf den subjektiven Tatbestand des § 264 ein. Der Täter wird sich in diesem Fall nicht darauf

berufen können, dass ihm die gesetzliche Bezeichnung unbekannt ist (MüKoStGB/*Wohlers*/*Mühlbauer* Rn. 69; Schönke/Schröder/*Perron* Rn. 35).

3. Tatsachen, von denen die Bewilligung, Gewährung, Rückforderung oder das Belassen 50 einer Subvention oder eines Subventionsvorteils gesetzlich abhängig ist (Abs. 8 Nr. 2). Die Subventionserheblichkeit des Abs. 8 Nr. 2 ergibt sich ohne besondere Bezeichnung durch Gesetz oder durch den Subventionsgeber (→ Rn. 8–12) aufgrund Gesetzes allein aus der Auslegung des Gesetzes. Abs. 8 Nr. 2 greift damit in Fällen, in denen – gleichgültig aus welchen Gründen – eine ausdrückliche Bezeichnung durch ein Gesetz iSv Abs. 8 Nr. 1 Alt. 1 oder den Subventionsgeber (Abs. 8 Nr. 1 Alt. 2; → Rn. 8–12) fehlt oder unwirksam ist, dem Gesetz aber sonst entnommen werden kann, unter welchen materiellen Voraussetzungen die Subvention oder der Subventionsvorteil bewilligt, gewährt, zurückgefordert oder belassen wird (OLG München NJW 1982, 457; Lackner/Kühl/*Heger* Rn. 12; LK-StGB/ *Tiedemann* Rn. 64; MüKoStGB/*Wohlers*/*Mühlbauer* § 264 Rn. 72; Schönke/Schröder/*Perron* § 264 Rn. 36; SK-StGB/*Hoyer* Rn. 40). Praktisch bedeutsam wird dies vor allem bei von der EG selbst vergebenen Subventionen, weil hierfür § 2 SubvG nicht gilt, und wenn der Subventionsgeber (→ Rn. 8–12) seiner Bezeichnungspflicht iSd Abs. 8 Nr. 1 Alt. 2 nicht, nicht vollständig oder nicht mit der gebotenen Klarheit nachkommt (BGHSt 34, 111; 44, 233 (241); OLG München NJW 1982, 457 (458); Fischer Rn. 17; Lackner/Kühl/*Heger* Rn. 12; LK-StGB/*Tiedemann* Rn. 64; MüKoStGB/*Wohlers*/*Mühlbauer* Rn. 72; NK-StGB/*Hellmann* Rn. 62; aA SK-StGB/*Hoyer* Rn. 40).

Gesetz ist hierbei sowohl im formellen als auch im materiellen Sinne zu verstehen (→ Rn. 40). **51**

Die **gesetzliche Abhängigkeit** liegt vor, wenn das Gesetz selbst deutlich die Subventionsvoraus- **52** setzungen bestimmt. Unerheblich ist dabei, ob die behauptete Tatsache für sich alleine oder erst im Zusammenwirken mit anderen Umständen eine der in Abs. 8 Nr. 2 genannten Subventionshandlungen zur Folge haben kann (BayObLG 89, 29; BeckOK StGB/*Momsen* Rn. 20; Schönke/Schröder/*Perron* Rn. 36; SK-StGB/*Hoyer* Rn. 45). Sie fehlt jedoch, wenn dem Subventionsgeber (→ Rn. 8–12) ein Ermessensspielraum eingeräumt ist, weil die subventionserhebliche Tatsache nach dem Wortlaut des Gesetzes lediglich vorliegen soll (BGHSt 44, 233, 241 (242); OLG Magdeburg wistra 2005, 155 (157); BeckOK StGB/*Momsen* Rn. 20; Lackner/Kühl/*Heger* Rn. 12; Schönke/Schröder/*Perron* Rn. 36; SK-StGB/*Hoyer* Rn. 45).

Die Aufzählung der Handlungen des Subventionsgebers (→ Rn. 8–12) in Abs. 8 Nr. 2 ist weit gefasst, **53** um jegliche Lücken zu schließen; ein teilweises Überschneiden ist aus demselben Grund gewünscht. Unter **Bewilligung** (→ Rn. 129) ist die verbindliche Zusage einer Subvention (→ Rn. 15–36) zu verstehen. **Gewährung** (→ Rn. 128) bedeutet das tatsächliche Auskehren im Hinblick auf die Bewilligung. **Weitergewährung** ist die wiederholte Zuwendung durch erneute Bewilligung aufgrund einheitlichen Leistungsgrundes; **Rückforderung** die Geltendmachung eines Rückgewähranspruchs. Unter **Belassen** (→ Rn. 130) versteht man die Entscheidung, die Subvention (→ Rn. 15–36) nicht zurückzufordern, oder das tatsächliche Absehen hiervon (Fischer Rn. 16; Schönke/Schröder/*Perron* Rn. 36; SK-StGB/*Hoyer* Rn. 43).

Neben Subventionen (→ Rn. 15–36) nennt Abs. 8 Nr. 2 auch die sog **Subventionsvorteile.** Der **54** Begriff ist nicht entsprechend § 5 SubvG zu definieren, sondern iSv § 2 SubvG zu verstehen. Erfasst sind Fälle mittelbarer Vermögensmehrung, die einer anderen Person als dem eigentlichen Subventionsempfänger zugekommen sind. Fälle also, in denen über die unmittelbare Subventionsgewährung an den Subventionsempfänger hinaus die Vorteile aus der Subvention mittelbar auch Dritten zugekommen. Diese Dritten werden dann – ohne selbst in einer Beziehung zum Subventionsgeber (→ Rn. 8–12) zu stehen – gleichfalls Subventionsnehmer (→ Rn. 13) iSd § 2 SubvG (LK-StGB/*Tiedemann* Rn. 66; MüKoStGB/ *Wohlers*/*Mühlbauer* Rn. 75; NK-StGB/*Hellmann* Rn. 64; Schönke/Schröder/*Perron* Rn. 36, 37; SK-StGB/*Hoyer* Rn. 44). Hauptanwendungsfall ist der Erwerb einer dem Großhändler gegenüber subventionierten Ware durch den Einzelhändler.

VI. Tathandlungen (Abs. 1)

In Abs. 1 sind abschließend vier Tathandlungen aufgezählt. Diese müssen innerhalb eines Subventi- **55** onsverfahrens (→ Rn. 14) oder im Zusammenhang damit begangen sein, wobei sie nur teilweise (Nr. 1 und Nr. 3) gegenüber dem Subventionsgeber (→ Rn. 8–12) zu erfolgen haben. Der Eintritt eines Erfolgs, beispielsweise das Hervorrufen eines Irrtums oder die Gewährung der nicht gerechtfertigten Subvention (→ Rn. 15–36), ist aufgrund des Charakters des § 264 als abstraktes Gefährdungsdelikt (→ Rn. 6) nicht erforderlich. Täter können je nach Handlungsalternative sowohl der Subventionsnehmer (→ Rn. 13) als auch Dritte sein.

1. Abgabe unrichtiger oder unvollständiger Erklärungen gegenüber dem Subventionsgeber 56 (Abs. 1 Nr. 1). Abs. 1 Nr. 1 regelt sowohl die ausdrückliche als auch die konkludente Täuschung durch aktives Tun (NK-StGB/*Hellmann* Rn. 92; SK-StGB/*Hoyer* Rn. 50). Dabei ist lediglich der Empfängerkreis beschränkt auf den Subventionsgeber (→ Rn. 8–12). Täter kann indes jeder sein, da es sich bereits nach dem Wortlaut („für sich/ihn oder einen/den anderen") nicht um ein Sonderdelikt handelt.

57   Unter **Angaben** ist jede schriftliche oder mündliche ausdrückliche oder durch schlüssiges Handeln erfolgte Gedankenerklärung über das Vorliegen oder Nichtvorliegen subventionserheblicher Tatsachen (→ Rn. 37–54) zu verstehen (BGH NJW 2003, 2179 (2181); BGH wistra 2006, 262 (264); Fischer Rn. 22; LK-StGB/*Tiedemann* Rn. 77; MüKoStGB/*Wohlers/Mühlbauer* Rn. 60; NK-StGB/*Hellmann* Rn. 83; Schönke/Schröder/*Perron* Rn. 43; SK-StGB/*Hoyer* Rn. 51).

58   **Gemacht** ist eine Angabe, wenn sie iRd Subventionsverfahrens (→ Rn. 14) und nicht nur anlässlich vorbereitender Erklärungen bei dem Subventionsgeber (→ Rn. 8–12) einging und der Täter das Geschehen tatherrschaftlich aus der Hand gab (BGHSt 34, 265 (267); Lackner/Kühl/*Heger* Rn. 16; LK-StGB/*Tiedemann* Rn. 85; MüKoStGB/*Wohlers/Mühlbauer* Rn. 61; NK-StGB/*Hellmann* Rn. 77, 84; Schönke/Schröder/*Perron* Rn. 48; SK-StGB/*Hoyer* Rn. 53). Auf die Kenntnisnahme kommt es nur an, wenn die Angabe mündlich erfolgte; im Falle der Schriftlichkeit reicht es, dass die Angabe so in den Machtbereich des Empfängers gelangte, dass unter normalen Umständen mit dessen Kenntnisnahme zu rechnen ist (Lackner/Kühl/*Heger* Rn. 16; LK-StGB/*Tiedemann* Rn. 87; NK-StGB/*Hellmann* Rn. 77; Schönke/Schröder/*Perron* Rn. 48; SK-StGB/*Hoyer* Rn. 53). Das bloße Absenden kann lediglich Versuch des § 263 sein (→ Rn. 154–156). Sind die unrichtigen Angaben zunächst bei der unzuständigen Stelle eingegangen, wird die Tat erst mit der Weiterleitung an die zuständige Stelle vollendet (LK-StGB/*Tiedemann* Rn. 70; NK-StGB/*Hellmann* Rn. 78; Schönke/Schröder/*Perron* Rn. 48; SK-StGB/*Hoyer* Rn. 53). Eigenhändigkeit ist nicht vorausgesetzt; mittelbare Täterschaft, beispielsweise über einen gutgläubigen Vordermann (BGH NJW 1981, 1744; Fischer Rn. 22; SK-StGB/*Hoyer* Rn. 54), ist genauso möglich wie Mittäterschaft, beispielsweise mit einem in das Subventionsverfahren (→ Rn. 14) eingeschalteten Amtsträger (BGHSt 32, 203 (205); BGH NJW 1984, 2230; BeckOK StGB/*Momsen* Rn. 23; Fischer Rn. 22; SK-StGB/*Hoyer* Rn. 54). Bestätigt ein solcher Amtsträger aufgrund gemeinsamen Tatentschlusses mit dem Antragsteller die Richtigkeit der ihm zu Prüfung vorgelegten objektiv unrichtigen Angaben wider besseres Wissen, sind beide Täter iSd Abs. 1 Nr. 1 gegenüber dem letztendlich zur Entscheidung berufenen Amtsträger (BGHSt 32, 203 (205); BGH NJW 1984, 2230; BeckOK StGB/*Momsen* Rn. 23; Fischer Rn. 47; Lackner/Kühl/*Heger* Rn. 19; LK-StGB/*Tiedemann* § 264 Rn. 23; NK-StGB/*Hellmann* Rn. 89; Schönke/Schröder/*Perron* Rn. 70; SK-StGB/*Hoyer* Rn. 54). Der letztentscheidende Amtsträger kann aber keine mittäterschaftliche Täuschung an sich selbst begehen; er kann lediglich Teilnehmer sein (OLG Hamburg NStZ 1984, 218; BeckOK StGB/*Momsen* Rn. 23; LK-StGB/*Tiedemann* Rn. 23; NK-StGB/*Hellmann* Rn. 89; SK-StGB/*Hoyer* Rn. 54). Ebenso reicht das bloße Dulden fremder Handlungen, beispielsweise einer Probeentnahme bezüglich der Qualität der zu fördernden Ware, nicht für die Annahme einer Mittäterschaft aus (BGH NJW 1981, 1744; Fischer Rn. 22; Schönke/Schröder/*Perron* Rn. 43).

59   **Für sich oder einen anderen** setzt nicht die Verfolgung eines eigenen oder fremden Interesses, sondern nur ein Handeln im Subventionsverfahren (→ Rn. 14), das den eigentlichen Subventionsnehmer (→ Rn. 13) begünstigt, voraus (OLG Hamburg NStZ 1984, 218; Lackner/Kühl/*Heger* Rn. 19; LK-StGB/*Tiedemann* Rn. 87; Schönke/Schröder/*Perron* Rn. 49). Das Handeln für einen anderen ist dabei sehr weitgehend zu verstehen, eine besondere Nähebeziehung zum Täter muss nicht bestehen. Unzweifelhaft fallen darunter die im Lager des Subventionsempfängers stehenden Personen, die für diesen tätig werden. Keine Angaben für einen anderen macht daher der nur im Innenverhältnis zum Subventionsnehmer (→ Rn. 13) eingeschaltete und nach detaillierten Weisungen handelnde Mitarbeiter oder der zur Vorbereitung eines Antrags herangezogene Fachmann, zB Steuerberater oder Rechtsanwalt, weil er im Außenverhältnis zum Subventionsgeber (→ Rn. 8–12) nicht auftritt. Hingegen sind Amtsträger, die iRd Organisation des Subventionsgebers (→ Rn. 8–12) für diesen die Richtigkeit und Vollständigkeit der Anträge vorprüfen und bestätigen, Täter iSd Abs. 1 Nr. 1 (BGHSt 32, 203 (205); OLG Hamburg NStZ 1984, 218; Lackner/Kühl/*Heger* Rn. 19; LK-StGB/*Tiedemann* Rn. 87; NK-StGB/*Hellmann* Rn. 89; Schönke/Schröder/*Perron* Rn. 49; SK-StGB/*Hoyer* Rn. 55). Aber auch beliebige außen stehende Dritte, die nicht für den Subventionsnehmer (→ Rn. 13) tätig werden und von sich aus oder auf Befragen des Subventionsgebers (→ Rn. 8–12) diesem gegenüber falsche Angaben machen, können Abs. 1 Nr. 1 täterschaftlich erfüllen, so zB der Geschäftspartner, der auf Befragen einer Behörde falsche Auskünfte erteilt (BGHSt 32, 203 (205); OLG Hamburg NStZ 1984, 218 (219); Fischer Rn. 22; LK-StGB/*Tiedemann* Rn. 87; NK-StGB/*Hellmann* Rn. 89; Schönke/Schröder/*Perron* Rn. 49; SK-StGB/*Hoyer* Rn. 55). Voraussetzung für deren Strafbarkeit ist aber freilich, dass der Erklärende weiß, dass sich die Subventionserheblichkeit (→ Rn. 37–54) der fraglichen Tatsache aus dem Gesetz ergibt oder sie dem Subventionsnehmer (→ Rn. 13) gegenüber als solche bezeichnet wurde.

60   **Ungeschriebenes Tatbestandsmerkmal** ist das Erfordernis, dass der Täter mit seiner Erklärung vorspiegeln muss, die falschen und/oder unvollständigen Angaben seien richtig und/oder vollständig (Fischer Rn. 22; LK-StGB/*Tiedemann* Rn. 80, 86), wobei ein Erfolg iSe Irrtums freilich nicht eintreten muss (→ Rn. 6).

61   Die Angaben, die sich auf subventionserhebliche Tatsachen iSd Abs. 8 beziehen (→ Rn. 37–54), müssen unrichtig oder unvollständig sein.

62   **Unrichtig** sind Angaben, die – unabhängig von der Vorstellung des Täters – objektiv unwahr sind, dh mit der Wirklichkeit nicht übereinstimmen, weil in ihnen objektiv nicht gegebene subventionserhebliche Tatsachen (→ Rn. 37–54) als gegeben und/oder objektiv gegebene Tatsachen als nicht gegeben

bezeichnet werden (BGHSt 34, 111 (115); BGH MDR 1989, 1014; BGH NStZ 2010, 327; BeckOK StGB/*Momsen* Rn. 25; Fischer Rn. 23; Lackner/Kühl/*Heger* Rn. 17; LK-StGB/*Tiedemann* Rn. 78; MüKoStGB/*Wohlers/Mühlbauer* Rn. 76; NK-StGB/*Hellmann* Rn. 80; Schönke/Schröder/*Perron* Rn. 44; SK-StGB/*Hoyer* Rn. 51). Hieran ändert sich auch nichts, wenn ein Amtsträger sie wider besseren Wissens als richtig bestätigt, bevor sie der Genehmigungsbehörde vorgelegt werden (BGHSt 32, 205; Fischer Rn. 23). Ob der Subventionsgeber (→ Rn. 8–12) die Angaben vorher einer eigenen Nachprüfung unterzieht oder ungeprüft, insbesondere im Vertrauen auf eine Vorprüfung durch eine ins Subventionsverfahren (→ Rn. 14) eingeschaltete Stelle, übernimmt, ist ohne Bedeutung (Schönke/Schröder/*Perron* Rn. 58). Zur Abgrenzung zu Nr. 4 vgl. → Rn. 150.

Unvollständigkeit liegt vor bei Angaben, die neben falschen oder richtigen Angaben subventions- **63** erhebliche (→ Rn. 37–54) Umstände verschweigen und somit durch Weglassen wesentlicher Tatsachen ein falsches Gesamtbild vermitteln (BGH NStZ 2006, 625 (627, 628); BGH wistra 2006, 26; LG Hamburg wistra 1988, 362; LG Alsfeld NJW 1981, 2588; BeckOK StGB/*Momsen* Rn. 25; Fischer Rn. 23; Lackner/Kühl/*Heger* Rn. 17; LK-StGB/*Tiedemann* Rn. 79; MüKoStGB/*Wohlers/Mühlbauer* Rn. 77; SK-StGB/*Hoyer* Rn. 51). Hiervon ist zB auszugehen, wenn Wirtschaftsgüter entgegen dem InvZulG nicht in einem neuen, sondern in einem gebrauchten Zustand erworben werden, wenn der Kaufpreis für die zu subventionierenden Gegenstände als solcher zwar richtig angegeben, dabei aber die Gewährung einer Provision und/oder eines Preisnachlasses verschwiegen wird (BGH wistra 1986, 67; MüKoStGB/*Wohlers/Mühlbauer* Rn. 77) oder wenn zum Nachweis einer tatsächlich erfolgten Zahlung die Hingabe eines Schecks unter Verschweigen einer Stundungsabrede aufgeführt wird (OLG Hamburg wistra 1988, 326; MüKoStGB/*Wohlers/Mühlbauer* Rn. 77; Schönke/Schröder/*Perron* Rn. 44). Nicht von Abs. 1 Nr. 1 erfasst sind aber Angaben, die erkennbar unvollständig sind oder die vorbehaltlich der Überprüfung der Richtigkeit erfolgen (BeckOK StGB/*Momsen* Rn. 25; MüKoStGB/*Wohlers/Mühlbauer* Rn. 78; Schönke/Schröder/*Perron* Rn. 44).

Bei der Beurteilung der Unrichtigkeit oder Unvollständigkeit ist § 4 SubvG zu beachten. Nach § 4 **64** Abs. 1 S. 1 SubvG sind Scheingeschäfte und Scheinhandlungen unerheblich. Dabei handelt es sich jedoch lediglich um eine Klarstellung, denn es ist offensichtlich, dass Angaben, die einen nur scheinbar gegebenen subventionserheblichen (→ Rn. 37–54) Sachverhalt als tatsächlich zutreffend darstellen, unrichtig sind und dass das Verschweigen des durch die Scheinhandlung verdeckten tatsächlichen Sachverhalts nach § 4 Abs. 1 S. 2 SuvbG eine unvollständige Angabe ist (OLG Koblenz wistra 1985, 82; BeckOK StGB/*Momsen* Rn. 25; Fischer Rn. 23; LK-StGB/*Tiedemann* Rn. 103; MüKoStGB/*Wohlers/Mühlbauer* Rn. 80; Schönke/Schröder/*Perron* Rn. 46; SK-StGB/*Hoyer* Rn. 52). Der Umstand, dass es sich nur um ein Scheingeschäft und/oder eine Scheinhandlung handelt, bildet nach § 4 Abs. 1 SubvG eine subventionserhebliche Tatsache. Beispiele hierfür sind die scheinbare Neubestellung einer bereits vorher erworbenen inzwischen subventionierten Ware (OLG Koblenz JZ 1980, 736; LG Alsfeld NJW 1981, 2588) und der Unterhalt nur einer Briefkastenfirma als Scheinbetriebsstätte in einem Fördergebiet (OLG Koblenz OLGSt Nr. 1). Auch § 4 Abs. 2 SubvG kommt nur dann eigenständige Bedeutung zu, wenn sich nicht schon durch Auslegung ergibt, dass die Subventionsvoraussetzungen nicht gegeben sind, denn andernfalls sind die Angaben nicht vollständig, wenn der geplante Missbrauch nicht angezeigt wird (BeckOK StGB/*Momsen* Rn. 25; Fischer Rn. 23; LK-StGB/*Tiedemann* Rn. 115; Schönke/Schröder/*Perron* Rn. 46).

Die Unrichtigkeit (→ Rn. 62) oder Unvollständigkeit (→ Rn. 63) der Angaben muss für den Täter **65** oder den anderen, der als Subventionsnehmer (→ Rn. 13) in Betracht kommt, vorteilhaft sein.

Eine Angabe ist **vorteilhaft,** wenn sie die Aussichten des Subventionsempfängers für die Gewährung **66** oder das Belassen der Subvention (→ Rn. 15–36) oder des Subventionsvorteils (→ Rn. 54) gegenüber der wirklichen Lage abstrakt nicht nur ganz unwesentlich verbessert (BGHSt 34, 270; BGH wistra 1985, 150; BeckOK StGB/*Momsen* Rn. 26; Fischer Rn. 24; Lackner/Kühl/*Heger* Rn. 18; MüKoStGB/*Wohlers/Mühlbauer* Rn. 85; Schönke/Schröder/*Perron* Rn. 47). Nicht erfasst sind daher Angaben, die für den Subventionsnehmer (→ Rn. 13) ungünstig oder indifferent/neutral sind oder sich nur gegen den Anspruch eines Mitbewerbers richten (BGHSt 34, 265 (269); 36, 373 (376); OLG Karlsruhe NJW 1981, 1383; Fischer Rn. 24; LK-StGB/*Tiedemann* Rn. 82; MüKoStGB/*Wohlers/Mühlbauer* Rn. 85; NK-StGB/*Hellmann* Rn. 85, 86; Schönke/Schröder/*Perron* Rn. 47; SK-StGB/*Hoyer* Rn. 56). Die Beurteilung erfolgt ex ante aus der Perspektive zum Zeitpunkt des Zugangs der Angaben bei dem Subventionsgeber (SK-StGB/*Hoyer* Rn. 55; → Rn. 8–12). Nach Ansicht der Rspr. (BGHSt 34, 265 (268); 36, 373 (374)) sind unrichtige Angaben auch dann vorteilhaft und damit Abs. 1 Nr. 1 erfüllt, wenn schon aufgrund anderer Tatsachen die Subventionsvoraussetzungen erfüllt sind, weil ein anderer als der wahrheitswidrig behauptete Sachverhalt einen Anspruch auf die Subvention begründet, der Subventionsempfänger also auch unabhängig von den unrichtigen/unvollständigen Angaben einen Anspruch auf die beantragte Subvention in derselben Höhe hätte (aA OLG Karlsruhe MDR 1981, 159; BeckOK StGB/*Momsen* Rn. 26; Fischer Rn. 24; Lackner/Kühl/*Heger* Rn. 18; LK-StGB/*Tiedemann* Rn. 78, 82; MüKoStGB/*Wohlers/Mühlbauer* Rn. 85; NK-StGB/*Hellmann* Rn. 87, 94; Schönke/Schröder/*Perron* Rn. 47; SK-StGB/*Hoyer* Rn. 57, 58 jeweils mwN).

2. Zweckwidrige Verwendung von Subventionsleistungen (Abs. 1 Nr. 2). Abs. 1 Nr. 2 setzt **67** voraus, dass der Täter gegen eine Verwendungsbeschränkung (→ Rn. 68) verstößt. Es handelt sich daher

nicht um ein echtes Unterlassungsdelikt (BT-Drs. 13/10425, 6, 8; Fischer Rn. 25, 26; Lackner/Kühl/
Heger Rn. 20a; aA NK-StGB/*Hellmann* Rn. 92; SK-StGB/*Hoyer* Rn. 50, 60, die den Unrechtsgehalt in
einem Verstoß gegen die Offenbarungspflicht aus § 3 Abs. 2 SubvG sehen), sondern um ein untreueähnliches Erfolgsdelikt, das Zweckentfremdungen unmittelbar erfasst und nicht erst über den Umweg
des Verstoßes gegen Mitteilungspflichten nach Abs. 1 Nr. 3, mit der dann bestehenden Strafbarkeitslücke
für EG-Subventionen (→ Rn. 33–36), für die § 3 Abs. 2 SubvG nicht gilt (BT-Drs. 13/10425, 6;
BGHSt 49, 157; BGHZ 149, 24; BGH NJW 2004, 2448; Fischer Rn. 25; MüKoStGB/*Wohlers*/
Mühlbauer Rn. 89; Schönke/Schröder/*Perron* Rn. 49a; SK-StGB/*Hoyer* Rn. 60).

68   **Verwendungsbeschränkungen** können sich gemäß § 3 Abs. 2 SubvG entweder direkt aus den der
Subventionsgewährung zugrunde liegenden Rechtsvorschriften wie formellen oder materiellen Geset-
zen (→ Rn. 40) und rechtsverbindlichen Regelungen der EG oder deren Mitliedstaaten, oder aus
Vorschriften des Subventionsgebers (→ Rn. 8–12), zB Vertrag oder Verwaltungsakt, ergeben (BT-
Drs. 13/10425, 6, 7; BeckOK StGB/*Momsen* Rn. 27; Fischer Rn. 25; Lackner/Kühl Rn. 20a; Mü-
KoStGB/*Wohlers*/*Mühlbauer* Rn. 91; NK-StGB/*Hellmann* Rn. 93; Schönke/Schröder/*Perron* Rn. 49b;
SK-StGB/*Hoyer* Rn. 61). Die Verwendungsbeschränkung muss dabei nicht ausdrücklich als solche
bezeichnet sein. Es reicht, dass sie sich in der Sache eindeutig aus der Vergabenorm oder dem Vergabeakt
des Subventionsgebers (→ Rn. 8–12) entnehmen lässt (MüKoStGB/*Wohlers*/*Mühlbauer* Rn. 91; NK-
StGB/*Hellmann* Rn. 95; Schönke/Schröder/*Perron* Rn. 49b; SK-StGB/*Hoyer* Rn. 61).

69   Objekt der Beschränkung sind entweder Gegenstände oder Geldleistung. **Gegenstände** sind
bewegliche oder unbewegliche Sachen, aber auch Rechte und gegebenenfalls ein Unternehmen, die
ganz oder teilweise mit Mitteln der Subvention angeschafft oder die zwar schon vor der Zuwendung
angeschafft und gebraucht wurden, deren Verwendung aber durch die Subvention gefördert werden soll
(Fischer Rn. 25; MüKoStGB/*Wohlers*/*Mühlbauer* Rn. 91; Schönke/Schröder/*Perron* Rn. 49b; SK-
StGB/*Hoyer* Rn. 61). Unter Letztere fallen insbesondere Stilllegungsprämien für zB landwirtschaftliche
Flächen. Die **Geldleistung** besteht idR aus der Subvention oder Beihilfe selbst (Fischer Rn. 25;
MüKoStGB/*Wohlers*/*Mühlbauer* Rn. 91; Schönke/Schröder/*Perron* Rn. 49b).

70   Die Beschränkung muss **im Hinblick auf eine Subvention** vorgenommen sein. Das bedeutet, dass
der Förderzweck durch die Bestimmung konkretisiert und ausgestaltet wird (BeckOK StGB/*Momsen*
Rn. 27; Fischer Rn. 25).

71   Die **Tathandlung** besteht unmittelbar in der Verwendung des Gegenstandes oder der Geldleistung
entgegen der Verwendungsbeschränkung, die auch gegen den Täter wirken muss. Bei Geldleistungen
genügt zur Tatbestandserfüllung bereits die Einzahlung in ein zentrales Cashmanagement oder die – sei
es auch nur vorübergehende – Verwendung der Fördermittel zur Liquiditätssteigerung oder eine zins-
bringende Zwischenanlage, wenn sie mit einer konkreten anderen Maßgabe, beispielsweise zur Anschaffung bestimmter Wirtschaftsgüter, geleistet wurden (BT-Drs. 13/10425, 6; Fischer Rn. 26; Mü-
KoStGB/*Wohlers*/*Mühlbauer* Rn. 92; NK-StGB/*Hellmann* Rn. 96; Schönke/Schröder/*Perron* Rn. 49c;
SK-StGB/*Hoyer* Rn. 62). Ein und derselbe Gegenstand kann mehrfach durch verschiedene Taten nach
Abs. 1 Nr. 2 zweckwidrig verwendet werden. Nachdem Abs. 1 Nr. 2 nur die beschränkungsswidrige
Verwendung verlangt, ist diese Alternative auch erfüllt, wenn der Täter – wie in § 3 Abs. 2 SubvG
gefordert – dem Subventionsgeber (→ Rn. 8–12) vor seiner Tat offenbart, dass er gegen die ihn treffende
Verwendungsbeschränkung verstoßen werde (→ Rn. 67; aA nur NK-StGB/*Hellmann* Rn. 92; SK-
StGB/*Hoyer* Rn. 60, die in Abs. 1 Nr. 2 einem Verstoß gegen die Offenbarungspflicht aus § 3 Abs. 2
SubvG sehen). Die Verwendung von Gegenständen, die vorher schon entgegen einer Zweckbestim-
mung erworben wurden, erfasst Abs. 1 Nr. 2 hingegen nicht mehr (Fischer Rn. 26; NK-StGB/*Hellmann* Rn. 106; Schönke/Schröder/*Perron* Rn. 49c).

72   **Täter** kann nicht nur der Subventionsnehmer (→ Rn. 13), sondern je nach Inhalt und Reichweite
der Verwendungsbeschränkung auch jeder Dritte sein, gegen den die Verwendungsbeschränkung Wirkung entfaltet. Erwirbt zB ein Dritter einen von einer Beschränkung betroffenen Gegenstand und
betrifft die Beschränkung aufgrund der Vergabenorm oder der Bestimmung durch den Subventionsgeber
(→ Rn. 8–12) auch ihn, verwirklicht er durch die zweckwidrige Verwendung Abs. 1 Nr. 2 (Fischer
Rn. 26; MüKoStGB/*Wohlers*/*Mühlbauer* Rn. 90; NK-StGB/*Hellmann* Rn. 98; Schönke/Schröder/*Perron* Rn. 49c; SK-StGB/*Hoyer* Rn. 62).

73   Das einzig von SK-StGB/*Hoyer* Rn. 63 unter Bezugnahme auf Abs. 1 Nr. 1 geforderte ungeschriebe-
ne Tatbestandsmerkmal der Vorteilhaftigkeit der Zuwiderhandlung für den Täter mit der Folge, dass
Abs. 1 Nr. 2 nicht erfüllt ist, wenn der Zweck der Subvention sich auch unter Verstoß gegen die
Verwendungsbeschränkung verwirklichen lässt, überzeugt nicht. Zum einen geht schon aus dem Wortlaut des
Abs. 1 Nr. 2 von Tatbestandsverwirklichung allein durch Beschränkungsverstoß aus und fordert gerade
nicht wie Abs. 1 Nr. 1 die Vorteilhaftigkeit. Zum anderen ist auch iRd Abs. 1 Nr. 1 nach eindeutiger
Rechtsprechung (BGHSt 34, 265 (268); 36, 373 (374); → Rn. 66) in dem dort genannten Fall von
einem Vorteil für den Subventionsempfänger auszugehen.

74   **3. Unterlassen von Mitteilungen (Abs. 1 Nr. 3).** Bei Abs. 1 Nr. 3 handelt es sich um ein echtes
Unterlassungsdelikt, das durch Verstoß gegen eine Offenbarungspflicht erfüllt wird (BeckOK StGB/
Momsen Rn. 28; Fischer Rn. 28; Lackner/Kühl/*Heger* Rn. 21; MüKoStGB/*Wohlers*/*Mühlbauer* Rn. 26

und 93; NK-StGB/*Hellmann* Rn. 92, 99; Schönke/Schröder/*Perron* Rn. 51; SK-StGB/*Hoyer* Rn. 50). Voraussetzung ist beim Subventionsgeber (→ Rn. 8–12) Unkenntnis einer subventionserheblichen (→ Rn. 37–54) Tatsache (OLG Stuttgart MDR 1992, 788; MüKoStGB/*Wohlers/Mühlbauer* Rn. 93) und beim Täter das Unterlassen der Aufklärung, zu der er nach Rechtsvorschriften über die Subventionsvergabe verpflichtet ist. Nicht erforderlich ist, dass dies innerhalb eines Subventionsverfahrens (→ Rn. 14) geschieht, so dass auch die Fälle erfasst sind, in denen ein etwaiger Widerruf einer bereits gewährten Subvention (→ Rn. 15–36) verhindert werden soll oder in denen der Subventionsnehmer (→ Rn. 13) später erkannte unvollständige (→ Rn. 63) und/oder unrichtige (→ Rn. 62) Angaben nicht berichtigt (LK-StGB/*Tiedemann* Rn. 92; MüKoStGB/*Wohlers/Mühlbauer* Rn. 98; Schönke/Schröder/*Perron* Rn. 50).

Die **Aufklärungs- oder Mitteilungspflicht** muss nach dem Wortlaut des Gesetzes aus Rechtsvor-   **75** schriften über die Subventionsvergabe folgen. Allgemeine Grundsätze wie Treu und Glauben oder bloße Verwaltungsvorschriften begründen keine die Strafbarkeit nach Abs. 1 Nr. 3 auslösende Offenbarungspflicht (Schönke/Schröder/*Perron* Rn. 52).

Hierunter fällt zum einen das subventionsgewährende formelle oder materielle Gesetz (einschließlich   **76** EG-Recht; → Rn. 40) selbst, zum anderen aber auch jede spezialgesetzliche Regelung, aus der sich besondere und meist detaillierte Offenbarungspflichten entnehmen lassen. Hauptsächlich wird jedoch auf das SubvG (für dessen Geltung auch für Subventionen nach Landesrecht vgl. → Rn. 49) und hierbei insbesondere auf dessen § 3 Abs. 1, der zahlreiche Mitwirkungspflichten für den Subventionsnehmer (→ Rn. 13) begründet, abgestellt (BGH NJW 1982, 2202 (2203); BeckOK StGB/*Momsen* Rn. 28; Fischer Rn. 28; LK-StGB/*Tiedemann* Rn. 93; MüKoStGB/*Wohlers/Mühlbauer* Rn. 96 f.; NK-StGB/*Hellmann* Rn. 105, 115, 116; Schönke/Schröder/*Perron* Rn. 53; SK-StGB/*Hoyer* Rn. 67). Erweitert wird dieser durch § 4 SubvG: Die Scheinhandlung, der verdeckte Sachverhalt und die unter Missbrauch von Gestaltungsmöglichkeiten vorgenommene Handlung, ist, soweit sie für den Subventionsgeber (→ Rn. 8–12) nachteilig ist, gemäß § 3 Abs. 1 SubvG mitteilungsbedürftig (BeckOK StGB/*Momsen* Rn. 28; Lackner/Kühl/*Heger* Rn. 21; Schönke/Schröder/*Perron* Rn. 53). Die spezialgesetzlichen Offenbarungspflichten haben daneben gemäß § 3 Abs. 1 S. 2 SubvG weiterhin Bedeutung. Bloße vertragliche Vereinbarungen, Richtlinien, Bedingungen und Auflagen iRd Bewilligungsverfahrens bleiben außer Acht, es sei denn, sie sind zugleich entscheidungserheblich iSd § 3 SubvG (BGH NJW 1982, 2202; BeckOK StGB/*Momsen* Rn. 28; NK-StGB/*Hellmann* Rn. 105; Schönke/Schröder/*Perron* Rn. 54; SK-StGB/*Hoyer* Rn. 66).

In **zeitlicher** Hinsicht können Offenbarungspflichten in jedem Stadium des Subventionsverfahrens   **77** (→ Rn. 14) und auch noch danach (BeckOK StGB/*Momsen* Rn. 28; LK-StGB/*Tiedemann* Rn. 92, 95) vorliegen, wobei es nicht darauf ankommt, dass sie von Anfang an bestanden haben. Sie können vielmehr erst nachträglich entstehen, so zB wenn der Subventionsnehmer (→ Rn. 13) nachträglich erkennt, dass die von ihm oder anderen gemachten Angaben unrichtig (→ Rn. 62) oder unvollständig (→ Rn. 63) sind (LK-StGB/*Tiedemann* Rn. 92; Schönke/Schröder/*Perron* Rn. 53).

Die Tathandlung besteht im in **Unkenntnis** lassen des Subventionsgebers (→ Rn. 8–12) über sub-   **78** ventionserhebliche Tatsachen (→ Rn. 37–54), die dieser zur Zeit der Verletzung der Mitteilungspflicht nicht gekannt haben darf.

Hatte der Subventionsgeber (→ Rn. 8–12) indes bereits positive Kenntnis, scheidet § 264 aus; eine   **79** Strafbarkeit wegen versuchten Betrugs ist zu prüfen (→ Rn. 154–156). Ein bloßer Verdacht lässt die Strafbarkeit dagegen unberührt (OLG Stuttgart MDR 1992, 788; BeckOK StGB/*Momsen* Rn. 28; Lackner/Kühl/*Heger* Rn. 21; LK-StGB/*Tiedemann* Rn. 89, 90; MüKoStGB/*Wohlers/Mühlbauer* Rn. 99; NK-StGB/*Hellmann* Rn. 110; Schönke/Schröder/*Perron* Rn. 51; SK-StGB/*Hoyer* Rn. 64). Sind in die Leistungsvergabe mehrere Stellen eingeschaltet, kommt der Subventionsnehmer (→ Rn. 13) seiner Verpflichtung nach, wenn er gegenüber einer von ihnen, die freilich für die Entgegennahme zuständig sein muss, die Mitteilung macht (LK-StGB/*Tiedemann* Rn. 91; MüKoStGB/*Wohlers/Mühlbauer* Rn. 99; NK-StGB/*Hellmann* Rn. 111; Schönke/Schröder/*Perron* Rn. 51; SK-StGB/*Hoyer* Rn. 64, 65). Ist der Subventionsgeber (→ Rn. 8–12) eine Behörde oder juristische Person, reicht es für die Kenntnis aus, dass der zuständige Sachbearbeiter innerhalb der Einrichtung die Tatsache kennt, selbst wenn dessen Vorgesetzter (noch) gutgläubig ist. Kennt irgendein Vorgesetzter des zuständigen Sachbearbeiters innerhalb einer hierarchischen Organisation die richtigen/vollständigen Tatsachen, ist gleichfalls nicht von Unkenntnis auszugehen (MüKoStGB/*Wohlers/Mühlbauer* Rn. 99; NK-StGB/*Hellmann* Rn. 101; SK-StGB/*Hoyer* Rn. 64).

Für die Erfüllung der Aufklärungspflicht reicht aus, dass der Täter, der bislang unrichtige (→ Rn. 62)   **80** Angaben machte und vor der endgültigen Subventionsvergabe noch weitere Handlungen vornehmen muss, zB weitere Unterlagen einreichen oder Bedingungen erfüllen, dies unterlässt, so dass die Bewilligung und/oder Gewährung der Subvention (→ Rn. 15–36) dadurch unmöglich wird (OLG Stuttgart MDR 1992, 788; NK-StGB/*Hellmann* § 264 Rn. 117; Schönke/Schröder/*Perron* Rn. 53; SK-StGB/*Hoyer* Rn. 68).

Die Angaben durch den Subventionsnehmer (→ Rn. 13) müssen im Anwendungsbereich des § 3   **81** SubvG in zeitlicher Hinsicht gemäß § 3 Abs. 1 SubvG **unverzüglich,** also – entsprechend der Legaldefinition des § 121 Abs. 1 S. 1 BGB – ohne schuldhaftes Zögern erfolgen. Somit ist dem Täter eine den

Umständen des Einzelfalls angemessene Zeitspanne eingeräumt, in der er seiner Offenbarungspflicht nachkommen kann, ohne strafbar zu werden (BT-Drs. 7/5291, 9; BeckOK StGB/*Momsen* Rn. 36; MüKoStGB/*Wohlers/Mühlbauer* Rn. 115; Schönke/Schröder/*Perron* Rn. 66). Für Offenbarungspflichten außerhalb des § 3 SubvG kann in zeitlicher Hinsicht nichts anderes gelten. Dem Rechtsgedanken entsprechend ist dem Täter jeweils eine dem unverzüglich äquivalente Überlegungsfrist einzuräumen, so dass auch dort gelten muss, dass ohne schuldhaftes Zögern vorgenommene Aufklärung zur Straflosigkeit führt.

82 Da Abs. 1 Nr. 3 ein **Sonderdelikt** ist, kann **Täter** nur sein, wer nach den Rechtsvorschriften zur Mitteilung verpflichtet ist (BGH NJW 1982, 2202; BeckOK StGB/*Momsen* Rn. 28; Fischer Rn. 28; LK-StGB/*Tiedemann* Rn. 22, 93, 94; MüKoStGB/*Wohlers/Mühlbauer* Rn. 94; SK-StGB/*Hoyer* Rn. 67). Das wird idR der Subventionsnehmer (→ Rn. 13) sein – jedenfalls innerhalb der Offenbarungspflicht des § 3 SubvG. Soweit in anderen Gesetzen eine Aufklärungspflicht auch für Dritte besteht, sind auch diese tauglicher Täter. Ist der Subventionsnehmer (→ Rn. 13) ein Betrieb oder ein Unternehmen, richtet sich die strafrechtliche Verantwortung nach § 14, da die Eigenschaft als Subventionsnehmer (→ Rn. 13) ein besonderes persönliches Merkmal ist (BGH NJW 1981, 2202; 1982, 2202; BeckOK StGB/*Momsen* Rn. 28; Fischer Rn. 28; LK-StGB/*Tiedemann* Rn. 22, 94; MüKoStGB/*Wohlers/Mühlbauer* Rn. 94; NK-StGB/*Hellmann* § 264 Rn. 118; Schönke/Schröder/*Perron* Rn. 56). Im Unterschied zu Abs. 1 Nr. 1 kann damit ein Amtsträger, der zunächst gutgläubig einen falschen Bestätigungsvermerk erteilt, dessen Unrichtigkeit dann später erkennt und dennoch nicht gegen die Subventionsgewährung einschreitet, nicht nach Abs. 1 Nr. 3 strafbar sein (Schönke/Schröder/*Perron* Rn. 56). Gegebenenfalls kommt eine Strafbarkeit nach § 263 in Betracht (→ Rn. 154–156). Personen, die nur deshalb Subventionsnehmer (→ Rn. 13) sind, weil sie als Vertreter für eine andere Person den Subventionsantrag stellten, sind mit Ende des Vertretungs- oder Mandatsverhältnisses auch keine Subventionsnehmer (→ Rn. 13) mehr. Jegliche Kenntnis, die sie nach Beendigung des Vertretungsverhältnisses erlangen, müssen sie nicht mehr offenbaren, selbst dann nicht, wenn sie sie schon zum Zeitpunkt der Antragstellung hätten besitzen müssen (BeckOK StGB/*Momsen* Rn. 28; MüKoStGB/*Wohlers/Mühlbauer* Rn. 95; NK-StGB/*Hellmann* Rn. 105; SK-StGB/*Hoyer* Rn. 67).

83 Für die Tatbestandserfüllung ist daneben erforderlich, dass der Täter den Subventionsgeber (→ Rn. 8–12) über **subventionserhebliche Tatsachen** (→ Rn. 37–54) in Unkenntnis lässt. Sind die Tatsachen zwar (beispielsweise iSd § 3 Abs. 1 SubvG) entscheidungserheblich, nicht jedoch formell als subventionserheblich iSd Abs. 8 (→ Rn. 37–54) bezeichnet, ist zwar eine Offenbarungspflicht verletzt, die Anwendung des Abs. 1 Nr. 3 scheidet dennoch aus; in Betracht kommt jedoch eine Strafbarkeit nach § 263 (→ Rn. 154–156). IRd § 3 Abs. 2 SubvG ist subventionserhebliche Tatsache iSd Abs. 8 (→ Rn. 37–54) bereits die entsprechende Absicht, den Gegenstand entgegen einer Verwendungsbeschränkung (→ Rn. 60) zu verwenden. Spiegelbildlich zur Vorteilhaftigkeit des Abs. 1 Nr. 1 (→ Rn. 66) ist in Abs. 1 Nr. 3 eine **Nachteilhaftigkeit** für den Subventionsgeber (→ Rn. 8–12) zu fordern (SK-StGB/*Hoyer* Rn. 69).

84 **4. Gebrauch bestimmter Bescheinigungen (Abs. 1 Nr. 4).** Nr. 4 dient der Ergänzung des Abs. 1 Nr. 1 und Abs. 1 Nr. 3 (BR-Drs. 5/75, 26; Prot. 7, 2681; Lackner/Kühl Rn. 22; MüKoStGB/*Wohlers/Mühlbauer* Rn. 101; Schönke/Schröder/*Perron* Rn. 58). Die genaue Abgrenzung zu diesen anderen Handlungsformen ist vor dem Hintergrund der Privilegierung des Abs. 1 Nr. 4 im subjektiven Tatbestand aufgrund Abs. 4 entscheidend (→ Rn. 150, 152).

85 Eine **Bescheinigung** ist jede amtliche oder private schriftliche Bestätigung von Tatsachen, rechtlichen Eigenschaften oder eines Rechtsverhältnisses, die einen Aussteller erkennen lässt, einen besonderen Anspruch auf Glaubwürdigkeit erhebt und daher für die Entscheidung durch den Subventionsgeber (→ Rn. 8–12) ohne inhaltliche Prüfung (mit)maßgeblich ist (MüKoStGB/*Wohlers/Mühlbauer* Rn. 103; NK-StGB/*Hellmann* Rn. 112; Schönke/Schröder/*Perron* Rn. 59; SK-StGB/*Hoyer* Rn. 77). Aussteller kann jede in das Subventionsverfahren (→ Rn. 14) eingeschaltete oder eine andere amtliche oder private Stelle sein (MüKoStGB/*Wohlers/Mühlbauer* Rn. 103; Schönke/Schröder/*Lenckner/Perron* Rn. 60). Gegenstand der Bescheinigung müssen entweder subventionserhebliche Tatsachen (→ Rn. 37–54) oder eine Subventionsberechtigung sein (MüKoStGB/*Wohlers/Mühlbauer* Rn. 105).

86 Der Begriff der **subventionserheblichen Tatsachen** ist der des Abs. 8 (→ Rn. 37–54). Nach dem Sinn und Zweck des Abs. 1 Nr. 4 müssen diese für den Subventionsempfänger **vorteilhaft** (→ Rn. 66) sein (LK-StGB/*Tiedemann* Rn. 99; MüKoStGB/*Wohlers/Mühlbauer* Rn. 105; NK-StGB/*Hellmann* Rn. 112; Schönke/Schröder/*Perron* Rn. 59; SK-StGB/*Hoyer* Rn. 78). In dieser Hinsicht überschneiden sich die Anwendungsbereiche des Abs. 1 Nr. 4 und Abs. 1 Nr. 1 idR, so dass wegen der Nichtanwendbarkeit des Abs. 4 auf Abs. 1 Nr. 4 eine eindeutige Abgrenzung vorzunehmen ist (→ Rn. 150).

87 Im Falle der **Subventionsberechtigung** muss die Bescheinigung von einer Stelle ausgestellt sein, die über diese Berechtigung verbindlich entscheiden kann. Gegenstand brauchen nicht zwingend subventionserhebliche Tatsachen (→ Rn. 37–54) sein. Regelmäßig wird hierunter der Bewilligungsbescheid subsumiert, weil er das Vorliegen sämtlicher dafür erforderlicher Tatsachen attestiert (BT-Drs. 7/5291, 6; Prot. 7, 2681; Fischer Rn. 29; Lackner/*Heger* Rn. 22; LK-StGB/*Tiedemann* Rn. 99; NK-StGB/*Hellmann* Rn. 111; Schönke/Schröder/*Perron* Rn. 59; SK-StGB/*Hoyer* Rn. 77). Die hiergegen erhobe-

nen Bedenken (vgl. LK-StGB/*Tiedemann* Rn. 99; Schönke/Schröder/*Perron* Rn. 59), greifen nicht
durch. Auch wenn der Bewilligungsbescheid von seiner Rechtsnatur her ein Verwaltungsakt ist, erfüllt er
zugleich – quasi als Paradebeispiel – die Definition der Bescheinigung (→ Rn. 85).

Voraussetzung ist weiterhin, dass die Bescheinigung (→ Rn. 85) **durch unrichtige** (→ Rn. 62) oder **88**
unvollständige (→ Rn. 63) **Angaben** (→ Rn. 57) des Täters oder eines Dritten **erlangt** ist. „Durch
die Angaben erlangt" ist iSe Kausalität zu verstehen. Der Aussteller der Bescheinigung (→ Rn. 85) muss
demzufolge getäuscht worden sein, so dass Abs. 1 Nr. 4 ausscheidet, wenn dieser die Unrichtigkeit/
Unvollständigkeit kannte und die Bescheinigung (→ Rn. 85) dennoch ausreichte oder gar kollusiv mit
dem Täter zusammenwirkte (BeckOK StGB/*Momsen* Rn. 29; Fischer Rn. 29; LK-StGB/*Tiedemann*
Rn. 97; MüKoStGB/*Wohlers/Mühlbauer* Rn. 104; NK-StGB/*Hellmann* Rn. 122; Schönke/Schröder/
Perron Rn. 60; SK-StGB/*Hoyer* Rn. 76). Ob die unrichtigen (→ Rn. 62) und/oder unvollständigen
(→ Rn. 63) Angaben bös- oder gutgläubig gemacht werden, ist nicht relevant, wenn der die Bescheini-
gung (→ Rn. 85) gebrauchende Täter erkennt (Leichtfertigkeit scheidet nach Abs. 4 aus), dass die
Bescheinigung (→ Rn. 85) ohne die falschen Angaben nicht erteilt worden wäre (BeckOK StGB/
Momsen Rn. 29; Fischer Rn. 29; LK-StGB/*Tiedemann* Rn. 97, 100; MüKoStGB/*Wohlers/Mühlbauer*
Rn. 104; NK-StGB/*Hellmann* Rn. 113; SK-StGB/*Hoyer* Rn. 74, 76). Wirkten sich die falschen Angaben auf die Erteilung der Bescheinigung (→ Rn. 85) dagegen nicht aus, scheidet Nr. 4 aus. Auf subventionserhebliche Tatsachen (→ Rn. 37–54) müssen sich die Angaben schon nach dem Wortlaut der
Nr. 4 nur beziehen, wenn die Bescheinigung (→ Rn. 85) auch solche zum Gegenstand haben soll
(anders Fischer Rn. 30; Schönke/Schröder/*Perron* Rn. 58, 60, die stets einen Bezug zu solchen Tatsachen fordern und LK-StGB/*Tiedemann* Rn. 97; NK-StGB/*Hellmann* Rn. 123, die gänzlich hierauf
verzichten).

Die Tathandlung ist das **Gebrauchen** dieser Bescheinigung (→ Rn. 85) in einem Subventionsver- **89**
fahren (→ Rn. 14). Hierunter versteht man das Zugänglichmachen gegenüber der als Subventionsgeber
(→ Rn. 8–12) tätigen Stelle, so rechtzeitig, dass diese sie in dem Subventionsverfahren (→ Rn. 14)
berücksichtigen kann; dass dies tatsächlich auch geschieht, ist nicht erforderlich (Fischer Rn. 29;
Lackner/Kühl/*Heger* Rn. 22; LK-StGB/*Tiedemann* Rn. 101; MüKoStGB/*Wohlers/Mühlbauer* Rn. 106;
NK-StGB/*Hellmann* Rn. 115; Schönke/Schröder/*Perron* Rn. 61; SK-StGB/*Hoyer* Rn. 79). Täter kann
neben dem Subventionsnehmer (→ Rn. 13) im konkreten Subventionsverfahren (Abgrenzung zu Abs. 1
Nr. 1; → Rn. 150) auch eine andere, nicht am Verfahren beteiligte Person sein (Fischer Rn. 31; SK-
StGB/*Hoyer* Rn. 76).

VII. Subjektive Tatseite

1. Vorsatz. Hinsichtlich des subjektiven Tatbestands gelten im Grundsatz keine Besonderheiten im **90**
Vergleich zu anderen Straftatbeständen. Abs. 1 setzt in allen vier Nummern **Vorsatz** voraus, wobei
bedingter Vorsatz genügt (BeckOK StGB/*Momsen* Rn. 32; Fischer Rn. 33; Lackner/Kühl/*Heger*
Rn. 23; LK-StGB/*Tiedemann* Rn. 119; MüKoStGB/*Wohlers/Mühlbauer* Rn. 107; NK-StGB/*Hellmann*
Rn. 121; Schönke/Schröder/*Perron* Rn. 62; SK-StGB/*Hoyer* Rn. 80).

Die irrige Annahme eines der Tatbestandsmerkmale des Abs. 1 Nr. 1–4 führt zum **Tatbestands-** **91**
irrtum (§ 16) mit der vorliegend zur Folge hat, dass die Strafbarkeit wegen Subventionsbetrugs mangels
Versuchs- (→ Rn. 142) und grundsätzlicher Fahrlässigkeitsstrafbarkeit (abgesehen von Abs. 4) gänzlich
entfällt. In Betracht kommt aber eine Strafbarkeit gemäß § 263 (→ Rn. 154–156).

Ein Tatbestandsirrtum liegt insbesondere vor, wenn der Täter seine Angaben für richtig hält (Abs. 1 **92**
Nr. 1 und Abs. 1 Nr. 4), wenn er die Verwendungsbeschränkung nicht kennt oder ihre Reichweite
falsch einschätzt (Abs. 1 Nr. 2), wenn er die mitzuteilenden Tatsachen oder die Umstände, die zu einer
Mitteilungspflicht führen, nicht kennt (Abs. 1 Nr. 3), wenn er die Zuständigkeit einer Stelle als Sub-
ventionsgeber (→ Rn. 8–12) nicht kennt, wenn er die Einordnung der Fördermittel als Subvention
(→ Rn. 15–36) nicht kennt oder nicht weiß, dass es sich bei einem Umstand um eine subventions-
erhebliche Tatsache iSd Abs. 8 (→ Rn. 37–54) handelt (BeckOK StGB/*Momsen* Rn. 32 und 34; Fischer
Rn. 34; Lackner/Kühl/*Heger* Rn. 23; LK-StGB/*Tiedemann* Rn. 121; MüKoStGB/*Wohlers/Mühlbauer*
Rn. 108; Schönke/Schröder/*Perron* Rn. 62). Letzteres ist gegeben, wenn der Täter im Fall des Abs. 8
Nr. 1 die ihm zugegangene Bezeichnung nicht zur Kenntnis nahm, wenn er die Bezeichnung durch
Gesetz- oder Subventionsgeber (→ Rn. 8–12) falsch versteht, wenn er meint, dieser habe die Tatsache
fälschlicherweise als subventionserheblich (→ Rn. 37–54) bezeichnet oder annimmt und er annimmt, die Be-
zeichnung sei nicht „aufgrund eines Gesetzes" oder nicht durch den Subventionsgeber (→ Rn. 8–12)
erfolgt (Fischer Rn. 34; Schönke/Schröder/*Perron* Rn. 62).

Hingegen begründet die Unkenntnis der Offenbarungs- und Mitteilungspflicht (§ 3 SubvG) in Abs. 1 **93**
Nr. 3 einen **Verbotsirrtum** (§ 17), der bei Vermeidbarkeit zur Bestrafung führt (BeckOK StGB/
Momsen Rn. 34; Fischer Rn. 34; LK-StGB/*Tiedemann* Rn. 120; MüKoStGB/*Wohlers/Mühlbauer*
Rn. 108; Schönke/Schröder/*Perron* Rn. 62; SK-StGB/*Hoyer* Rn. 80).

Der bloße Irrtum über die Begrifflichkeiten bei zutreffender Parallelwertung der Tatsachen in der **94**
Laiensphäre ist indes als unbeachtlicher **Subsumtionsirrtum** anzusehen (Fischer Rn. 34). Ein solcher
liegt beispielsweise vor, wenn der Täter eine Bürgschaft nicht als Subvention (→ Rn. 15–36) ansieht

(BeckOK StGB/*Momsen* Rn. 33; LK-StGB/*Tiedemann* Rn. 121; Schönke/Schröder/*Perron* Rn. 62) oder meint, eine subventionserhebliche Tatsache (→ Rn. 37–54) des Abs. 8 Nr. 1 liege nicht vor, weil deren Bezeichnung das Wort „subventionserheblich" nicht verwendet (BeckOK StGB/*Momsen* Rn. 33; Schönke/Schröder/*Perron* Rn. 62).

95   **2. Leichtfertigkeit (Abs. 4).** Als Besonderheit iRd Vermögensdelikte, denen ein Fahrlässigkeitsvorwurf idR fremd ist, stellt Abs. 4 mit der **Leichtfertigkeit** eine besondere Ausprägung der Fahrlässigkeit unter Strafe. Die Norm ist daher nicht unumstritten und begegnet sowohl dogmatischen als auch kriminalpolitischen und verfassungsrechtlichen Bedenken, ist indes geltendes Recht (vgl. hierzu BT-Drs. 7/3441, 27; 7/5291, 8; 13/10425. 7; BeckOK StGB/*Momsen* Rn. 35.1; Fischer Rn. 36; Lackner/Kühl/*Heger* Rn. 24; MüKoStGB/*Wohlers/Mühlbauer* Rn. 109; Schönke/Schröder/*Perron* Rn. 2 jeweils mwN). Abs. 4 lässt sich dadurch rechtfertigen, dass iRd Subventionsgewährung öffentliche Mittel weitestgehend unentgeltlich in Anspruch genommen werden. Dem Empfänger kann daher eine erhöhte Prüfpflicht abverlangt werden.

96   Leichtfertiges Handeln ist nach dem Wortlaut des Abs. 4 nur in den Fällen des Abs. 1 Nr. 1, Nr. 2 und Nr. 3 ausreichend. Für Abs. 1 Nr. 4 ist dagegen Vorsatz erforderlich (aA nur LK-StGB/*Tiedemann* Rn. 125 und MüKoStGB/*Wohlers/Mühlbauer* Rn. 110; dagegen NK-StGB/*Hellmann* Rn. 152).

97   Die Leichtfertigkeit kann sich – ebenso wie der Vorsatz – auf jedes einzelne Tatbestandsmerkmal beziehen. Im Regelfall kommt ihr hinsichtlich der Unrichtigkeit (→ Rn. 62) oder Unvollständigkeit (→ Rn. 63) der Angaben (→ Rn. 57), der Subventionserheblichkeit (→ Rn. 37–54) der Tatsachen oder der Voraussetzungen der Mitteilungspflicht des Abs. 1 Nr. 3 Bedeutung zu (Fischer Rn. 37; Lackner/Kühl/*Heger* Rn. 24).

98   Für die Abgrenzung der Leichtfertigkeit von sonstiger – nicht in den Anwendungsbereich des Abs. 4 fallender – Fahrlässigkeit gelten die allgemeinen Grundsätze (vgl. Fischer § 15 Rn. 20). Diese sind aufgrund der vorgenannten Bedenken (→ Rn. 95) restriktiv auszulegen, so dass Leichtfertigkeit nur bei eindeutig groben Verstößen anzunehmen ist (BeckOK StGB/*Momsen* Rn. 35; Lackner/Kühl/*Heger* Rn. 24; LK-StGB/*Tiedemann* Rn. 123; MüKoStGB/*Wohlers/Mühlbauer* Rn. 111; Schönke/Schröder/*Perron* Rn. 65). Sie ist daher als besonders schwere Sorgfaltspflichtverletzung bei gesteigerter Vorhersehbarkeit zu definieren (BGHSt 14, 255; 33, 67; 43, 168; BGHZ 10, 16; BGH NStZ-RR 2010, 311; BeckOK StGB/*Momsen* Rn. 35; Fischer § 15 Rn. 20; Lackner/Kühl/*Heger* Rn. 24; NK-StGB/*Hellmann* Rn. 154). Leichtfertig handelt demnach, wer grob fahrlässig nicht bedenkt oder sich darüber hinwegsetzt, dass die Voraussetzungen des Abs. 1 Nr. 1–3 vorliegen (LK-StGB/*Tiedemann* Rn. 153; SK-StGB/*Hoyer* Rn. 96).

99   Einem Antragsteller ist mithin ein Leichtfertigkeitsvorwurf zu machen, wenn er ihm obliegende Prüfungs-, Erkundigungs-, Informations- oder Aufsichtspflichten gröblich verletzt (Schönke/Schröder/*Perron* Rn. 65). Davon ist beispielsweise auszugehen, wenn er sich eine von einem Angestellten vorbereitete Erklärung zu eigen macht, deren Unrichtigkeit (→ Rn. 62) auf den ersten Blick zu erkennen ist, oder wenn er ungeprüft die Angaben eines Angestellten übernimmt, dem die hierfür erforderlichen Kenntnisse und Erfahrungen fehlen (BGHSt 106, 204; OLG Hamburg NStZ 1984, 218 (219); MüKoStGB/*Wohlers/Mühlbauer* Rn. 113). Ist hingegen ein einschlägig qualifizierter Mitarbeiter oder gar ein externer Fachmann (spezialisierter Rechtsanwalt oder Steuerberater) beauftragt worden, der ausreichend informiert ist, erfüllt der Antragsteller idR seine Sorgfaltspflicht. Leichtfertig handelt des Weiteren, wer sich um die Vergabevoraussetzungen nicht oder nur oberflächlich kümmert oder sich über die Frage der Vollständigkeit keine Gedanken macht (Fischer Rn. 37). IRd verkannten Subventionserheblichkeit (→ Rn. 37–54) einer Tatsache ist dies der Fall, wenn die Bezeichnung durch das Gesetz (→ Rn. 40) oder den Subventionsgeber (Abs. 8 Nr. 1; → Rn. 8–12) überhaupt unterblieben ist, der Täter aber erkannte, dass es sich um eine Subvention iSd Abs. 7 (→ Rn. 15–36) handelt, er dennoch jegliche eigene Prüfung und Nachforschung unterlässt (LK-StGB/*Tiedemann* Rn. 124; MüKoStGB/*Wohlers/Mühlbauer* Rn. 113; Schönke/Schröder/*Perron* Rn. 65). Leichtfertigkeit ist dagegen ausgeschlossen, wenn der Täter zwar die Subventionserheblichkeit (→ Rn. 37–54) nicht erkannte und/oder ihm dies nicht zu widerlegen ist, er sich aber auf eine unvollständige Bezeichnung durch das Gesetz (→ Rn. 40) oder den Subventionsgeber (→ Rn. 8–12) verließ, bei der die fragliche Tatsache vergessen wurde. Dies soll selbst dann gelten, wenn er aus dem Gesetz (→ Rn. 40) ohne weiteres die Subventionserheblichkeit (→ Rn. 37–54) entnehmen hätte können (MüKoStGB/*Wohlers/Mühlbauer* Rn. 113; Schönke/Schröder/*Perron* Rn. 65).

100   IRd Bestimmung der Sorgfaltspflicht und im Umkehrschluss auch ihrer Verletzung ist nach der Täterpersönlichkeit zu unterscheiden. An ein Wirtschaftsunternehmen oder einen wirtschaftlich ausgerichteten Betrieb ist ein höherer Maßstab anzulegen als an eine nicht wirtschaftlich ausgerichtete Personenvereinigung oder gar eine Privatperson, die eine Subvention iSd Abs. 7 Nr. 2 (→ Rn. 33–36) in Anspruch nimmt. Hinsichtlich letzterer (→ Rn. 7) sind an die Sorgfaltspflichtverletzungen besonders strenge Anforderungen zu stellen (Fischer Rn. 37; NK-StGB/*Hellmann* Rn. 156; MüKoStGB/*Wohlers/Mühlbauer* Rn. 112; Schönke/Schröder/*Perron* Rn. 2, 65; SK-StGB/*Hoyer* Rn. 96, 98). Dies gilt insbesondere für die Auswahl und Überwachung externer Berater, deren Kompetenz von Personen, die am Wirtschaftsleben nicht oder nur eingeschränkt teilnehmen, nur schwer eingeschätzt werden können. Auf deren Informationen darf sich ein solcher Antragsteller regelmäßig verlassen; eigene Nachforschungen können von ihm nicht verlangt werden.

Keine besonderen Sorgfaltsanforderungen sind hingegen an außenstehende bloße Auskunftspersonen **101** zu stellen, da sie von der Förderleistung weder direkt noch indirekt profitieren. Sie können nach Abs. 4 nur bestraft werden, wenn sich ihnen die Unrichtigkeit (→ Rn. 62) oder Unvollständigkeit (→ Rn. 63) ihrer Angaben (→ Rn. 57) ohne besondere Nachprüfung geradezu aufdrängen musste (BT-Drs. 7/5291, 8; LK-StGB/*Tiedemann* Rn. 123; NK-StGB/*Hellmann* Rn. 155; Schönke/Schröder/*Perron* Rn. 65; SK-StGB/*Hoyer* Rn. 97).

VIII. Rechtsfolgen

1. Besonders schwere Fälle (Abs. 2). Abs. 2 hält drei **Regelbeispiele** bereit, die als Strafzumes- **102** sungsregeln einen besonders schweren Fall des Subventionsbetrugs unter eine erhöhte Mindest- und zwingende Freiheitsstrafe stellen. Sind die Voraussetzungen des Abs. 2 S. 2 Nr. 1, Nr. 2 oder Nr. 3 erfüllt, besteht eine – widerlegliche – Vermutung dafür, dass der Fall insgesamt als besonders schwerer Fall anzusehen ist (BGH wistra 2004, 339 (349); BGH NStZ 2004, 265 (266)). Die indizielle Wirkung kann durch andere, einzeln oder in ihrer Gesamtheit gewichtige Strafzumessungsfaktoren entkräftet und kompensiert werden, so dass es beim Regelstrafrahmen des Abs. 1 bleibt (BGH NJW 1987, 2450; BGH NStZ 2001, 42; BeckOK StGB/*Momsen* Rn. 41; Fischer § 46 Rn. 91). Abgesehen von den in Abs. 2 S. 2 genannten Regelbeispielen sind aber auch sog unbenannte besonders schwere Fälle denkbar, wenn der Unrechts- und Schuldgehalt den in den Regelbeispielen genannten Voraussetzungen vergleichbar ist. Davon ist beispielsweise auszugehen bei gänzlich ungewöhnlichem Ausmaß der Subvention (aber → Rn. 107), besonders raffinierter Vorgehensweise der Tatbegehung, wiederholter Begehung, wenn der Täter durch eine bestimmungswidrige Verwendung den lebenswichtigen Bedarf in einem bestimmten örtlichen Bereich gefährdet oder wenn er sich durch eine solche Verwendung erhebliche Wettbewerbsvorteile verschafft und dadurch andere schwer schädigt (BeckOK StGB/*Momsen* Rn. 46; Fischer Rn. 49; LK-StGB/*Tiedemann* Rn. 141, 142; MüKoStGB/*Wohlers/Mühlbauer* Rn. 126 und 139; Schönke/Schröder/*Perron* Rn. 72). Die Regelbeispiele oder die einen unbenannten besonders schweren Fall begründenden Umstände müssen, obwohl sie keine echten objektiven Tatbestandsmerkmale sind, vom subjektiven Tatbestand umfasst sein.

Eine den §§ 263 Abs. 4, 243 Abs. 2 vergleichbare Regelung zum Ausschluss der minderschweren **103** Fälle bei Geringwertigkeit der erlangten und/oder erstrebten Subvention (→ Rn. 15–36) ist nicht vorgesehen und darüber hinaus aufgrund der Geringwertigkeitsgrenze von 25 EUR (BeckRS 2004, 07428; BeckOK StGB/*Momsen* Rn. 46; Fischer § 243 Rn. 25, § 248a Rn. 3; MüKoStGB/*Wohlers/Mühlbauer* Rn. 126) in der Praxis wohl kaum denkbar (Fischer Rn. 49; NK-StGB/*Hellmann* Rn. 131; Schönke/Schröder/*Perron* Rn. 72).

Abs. 2 S. 2 **Nr. 1** sieht einen besonders schweren Fall vor, wenn der Täter aus grobem Eigennutz (Alt. **104** 1) oder unter Verwendung nachgemachter oder verfälschter Belege (Alt. 2) für sich oder einen anderen eine nicht gerechtfertigte Subvention (→ Rn. 15–36) großen Ausmaßes erlangt.

Erlangt in diesem Sinne ist eine Subvention (→ Rn. 15–36), wenn sie tatsächlich gewährt wurde und **105** der Leistungserfolg eintrat (MüKoStGB/*Wohlers/Mühlbauer* Rn. 128; NK-StGB/*Hellmann* Rn. 133; Schönke/Schröder/*Perron* Rn. 74; SK-StGB/*Hoyer* Rn. 84). Ist Tathandlung ein Unterlassen gemäß Abs. 1 Nr. 3, kann nach § 13 Abs. 2 ein besonders schwerer Fall trotz Regelbeispiels auch entfallen.

Nicht gerechtfertigt ist die Förderleistung, wenn ihre Vergabebedingungen bei der Leistungserbrin- **106** gung nicht vorgelegen haben (Fischer Rn. 46; MüKoStGB/*Wohlers/Mühlbauer* Rn. 128; Schönke/Schröder/*Perron* Rn. 74; SK-StGB/*Hoyer* Rn. 84).

Von **großem Ausmaß** ist auszugehen, wenn die Subvention (→ Rn. 15–36) deutlich über dem **107** Durchschnitt aller in dem betreffenden Zeitraum vergebener Subventionen (→ Rn. 15–36) liegt, was unabhängig von Subventionsart und Subventionsgeber (→ Rn. 8–12) nach einem objektiv generellen Maßstab zu beurteilen ist (BeckOK StGB/*Momsen* Rn. 42; Fischer Rn. 46; Lackner/Kühl/*Heger* Rn. 25; Schönke/Schröder/*Perron* Rn. 74; SK-StGB/*Hoyer* Rn. 84). Nach gegenwärtigem Dafürhalten ist die Wertgrenze nicht unter 50.000 EUR anzusetzen (BGHSt 34, 270; 48, 363; BGH wistra 1991, 106; BGH StV 1992, 117; BGH NJW 2001, 2485 (2486); BeckOK StGB/*Momsen* Rn. 42; Fischer Rn. 46; Lackner/Kühl/*Heger* Rn. 25; LK-StGB/*Tiedemann* Rn. 147; MüKoStGB/*Wohlers/Mühlbauer* Rn. 129; NK-StGB/*Hellmann* Rn. 134; Schönke/Schröder/*Perron* Rn. 74; SK-StGB/*Hoyer* Rn. 84), wobei nicht stets auf die Gesamtleistung, sondern nur auf den jeweiligen unentgeltlich gewährten Fördervorteil abzustellen ist. Bei zinsverbilligten Darlehen ist dies der Zinsvorteil (BeckOK StGB/*Momsen* Rn. 42; LK-StGB/*Tiedemann* Rn. 147; MüKoStGB/*Wohlers/Mühlbauer* Rn. 129; Schönke/Schröder/*Perron* Rn. 74), bei verbilligten Waren der jeweils im Vergleich zum Marktpreis zu bestimmende Minderkostenanteil. Nur bei Förderleistungen, für die keinerlei Gegenleistung erbracht werden muss, muss der Förderbetrag als solcher die Wertgrenze übersteigen. Im Umkehrschluss zu Abs. 2 S. 2 Nr. 1 ergibt sich, dass die Höhe der Subvention (→ Rn. 15–36) allein für die Begründung eines unbenannten besonders schweren Falles nicht ausreichend ist, außer sie übersteigt die Grenze des großen Ausmaßes besonders gravierend (BGH wistra 2001, 304 (305)).

108   **Für sich oder einen anderen** muss der Täter handeln. Das bedeutet, dass die Tathandlung nicht eigennützig sein muss, sondern durchaus auch fremdnützig erfolgen kann (sinngemäß → Rn. 59).

109   Motivation für die Tatbegehung kann zum einen **grober Eigennutz** (Abs. 2 S. 2 Nr. 1 **Alt. 1**) sein, der ein strafschärfendes **täterbezogenes** besonderes persönliches Merkmal iSd § 28 Abs. 2 darstellt.

110   Von **Eigennutz** getrieben ist der Täter, wenn er in der Absicht handelt, sich selbst zu bereichern (Gewinnstreben). Dass er die Subvention (→ Rn. 15–36) seinem eigenen Vermögen zuführen wollte, ist nicht unbedingt erforderlich. Es reicht vielmehr aus, wenn die Subventionsvergabe an einen Dritten zumindest mittelbare Vorteile, zB eine Provision, eine Gewinnbeteiligung oder ein Nutzungsrecht, für ihn bewirkt (BGH wistra 1991, 106; 95, 223; Fischer Rn. 46; LK-StGB/*Tiedemann* § 264 Rn. 144; MüKoStGB/*Wohlers/Mühlbauer* § 264 Rn. 130; NK-StGB/*Hellmann* § 264 Rn. 137, 146; Schönke/Schröder/*Perron* Rn. 75; SK-StGB/*Hoyer* Rn. 85).

111   **Grob** ist der Eigennutz, wenn er ein besonders anstößiges Ausmaß erreicht, das deutlich über dem üblichen kaufmännischen Maß liegt (BGH StV 1992, 117; BGH NStZ 1985, 558; 1990, 497; BGH wistra 1991, 106; 1995, 223; BeckOK StGB/*Momsen* Rn. 42; Fischer Rn. 46; Lackner/Kühl/*Heger* Rn. 25; LK-StGB/*Tiedemann* Rn. 144; MüKoStGB/*Wohlers/Mühlbauer* Rn. 130; NK-StGB/*Hellmann* Rn. 136; Schönke/Schröder/*Perron* Rn. 75) oder solange er nicht von der Motivation getrieben ist, den Subventionszweck zu fördern oder ein bedrohtes Rechtsgut zu schützen (NK-StGB/*Hellmann* Rn. 136, 138; SK-StGB/*Hoyer* Rn. 85). Gemeinsam ist beiden Definitionen jedenfalls ein skrupelloses gesteigertes Vorteilsstreben um jeden Preis. Somit scheidet Abs. 2 S. 2 Nr. 1 Alt. 1 aus, wenn der Täter beispielsweise handelt, um in einer finanziellen Notlage seinen Betrieb und die damit verbundenen Arbeitsplätze zu retten oder wenn er, trotz zu Unrecht erlangter persönlicher Vorteile, die erschlichene Subvention (→ Rn. 15–36) iSd Förderzwecks verwendet (BGH wistra 1991, 106; NK-StGB/*Hellmann* Rn. 145; Schönke/Schröder/*Perron* Rn. 75).

112   Alternativ genügt es, wenn der Täter **unter Verwendung nachgemachter oder verfälschter Belege** handelt. Eine Anwendung des § 28 Abs. 2 scheidet aus, weil die Strafschärfung in dieser Variante **tatbezogen** ist. Abs. 2 S. 2 Nr. 1 **Alt. 2** ist an die Tatbestände der Urkundenfälschung (§ 267) oder Fälschung technischer Aufzeichnungen (§ 268) angelehnt.

113   Daher sind unter **Belegen** Urkunden iSd § 267 und technische Aufzeichnungen gemäß § 268 Abs. 2 zu verstehen (BeckOK StGB/*Momsen* Rn. 42; Lackner/Kühl/*Heger* Rn. 25; LK-StGB/*Tiedemann* Rn. 145; MüKoStGB/*Wohlers/Mühlbauer* Rn. 131; NK-StGB/*Hellmann* Rn. 139, 140; Schönke/Schröder/*Perron* Rn. 75; SK-StGB/*Hoyer* Rn. 86). Das **Nachmachen** entspricht demgemäß dem Herstellen einer unechten Urkunde (§ 267 Abs. 1 Alt. 1) dem Herstellen iSd § 146 Abs. 1; das **Verfälschen** der Verfälschungsvariante der §§ 267 Abs. 1 Alt. 2, 268 Abs. 1 Nr. 1 Alt. 2, so dass eine schriftliche Lüge nicht ausreicht (BGH wistra 1991, 106; BeckOK StGB/*Momsen* Rn. 42.1; Fischer Rn. 46; MüKoStGB/*Wohlers/Mühlbauer* Rn. 131; Schönke/Schröder/*Perron* Rn. 75). Nach hM muss der Beleg nicht nur unecht, sondern daneben kumulativ **auch inhaltlich unwahr** sein und ein unrichtiges (→ Rn. 62) und/oder unvollständiges (→ Rn. 63) Bild über subventionserhebliche Tatsachen (→ Rn. 37–54) zeichnen (Lackner/Kühl/*Heger* Rn. 25; LK-StGB/*Tiedemann* Rn. 146; MüKoStGB/*Wohlers/Mühlbauer* Rn. 131; NK-StGB/*Hellmann* Rn. 141, 150; Schönke/Schröder/*Perron* Rn. 75; SK-StGB/*Hoyer* Rn. 87). Hat der Täter somit beispielsweise den Originalbeleg verloren und zur Vorlage beim Subventionsgeber (→ Rn. 8–12) einen inhaltlich richtigen Beleg nachgemacht, verwirklicht er zwar nach Auffassung der Rspr. Abs. 1 Nr. 1 (→ Rn. 66), nicht jedoch das Regelbeispiel (iErg auch Schönke/Schröder/*Perron* Rn. 75; SK-StGB/*Hoyer* Rn. 87, 88, jedoch mit der Begründung, dass schon der Grundtatbestand nicht erfüllt ist; → Rn. 66). Ein unbenannter besonders schwerer Fall kann vorliegen, wenn der Täter nicht einen Beleg, sondern sonstige körperliche Gegenstände, zB Musterstücke oder Prototypen, an denen er zu Täuschungszwecken Manipulationen vornahm, vorlegt (Lackner/Kühl/*Heger* Rn. 25; LK-StGB/*Tiedemann* Rn. 145; Schönke/Schröder/*Perron* Rn. 75).

114   **Verwendet** werden die Belege, wenn sie gebraucht, also bei der Tatbegehung unmittelbar vorgelegt werden. Dabei kommt es nicht darauf an, dass der Täter sie selbst nachgemacht oder verfälscht hat (BeckOK StGB/*Momsen* Rn. 42; Fischer Rn. 46; MüKoStGB/*Wohlers/Mühlbauer* Rn. 131; Schönke/Schröder/*Perron* Rn. 75; SK-StGB/*Hoyer* Rn. 86), er kann auch solche anderer verwenden, muss deren Unrichtigkeit (→ Rn. 62) aber in seine subjektiven Vorstellungen aufgenommen haben.

115   Das Regelbeispiel des Abs. 2 S. 2 **Nr. 2** knüpft an die Amtsträgerschaft des Täters an, der seine hieraus resultierenden Befugnisse oder die damit verbundene Stellung missbraucht.

116   Der Begriff des **Amtsträgers** ist in § 11 Abs. 1 Nr. 2 legaldefiniert. Hierbei handelt es sich um ein **täterbezogenes** besonderes persönliches Merkmal iSd § 28 Abs. 2, so dass die Strafschärfung auch eintritt, wenn der Amtsträger nicht Täter, sondern nur Teilnehmer ist (BeckOK StGB/*Momsen* Rn. 44; Lackner/Kühl/*Heger* Rn. 26; LK-StGB/*Tiedemann* Rn. 144, 148; MüKoStGB/*Wohlers/Mühlbauer* Rn. 132; NK-StGB/*Hellmann* Rn. 144; Schönke/Schröder/*Perron* Rn. 76; SK-StGB/*Hoyer* Rn. 89).

117   Seine **Befugnisse** (Abs. 2 S. 2 Nr. 2 **Alt. 1**) missbraucht der Amtsträger, wenn er iR seiner Zuständigkeit im Subventionsverfahren (→ Rn. 14) handelt und hierbei eine der in Nr. 1–4 des Abs. 1 (→ Rn. 55–89) genannten Tathandlungen erfüllt (BeckOK StGB/*Momsen* Rn. 44; MüKoStGB/*Wohlers/Mühlbauer* Rn. 135; NK-StGB/*Hellmann* Rn. 146; Schönke/Schröder/*Perron* Rn. 76; SK-StGB/*Hoyer* Rn. 90). Hiervon ist zB auszugehen bei der Erteilung eines falschen Prüfungsvermerks durch den

zuständigen Beamten der Bewilligungsbehörde oder wenn ein nicht in das Subventionsverfahren (→ Rn. 14) eingeschalteter Amtsträger in Kenntnis der Unrichtigkeit (→ Rn. 62) oder Unvollständigkeit (→ Rn. 63) oder des tatsächlichen Verwendungszwecks eine unrichtige Bescheinigung über subventionserhebliche Tatsachen (→ Rn. 37–54) ausstellt und diese der Bewilligungsbehörde vorlegt (BGHSt 32, 205; OLG Hamburg NStZ 1984, 218; Fischer Rn. 47; LK-StGB/*Tiedemann* Rn. 149; MüKoStGB/*Wohlers*/*Mühlbauer* Rn. 135; Schönke/Schröder/*Perron* Rn. 76).

Ein Missbrauch der **Stellung** als Amtsträger (Abs. 2 S. 2 Nr. 2 **Alt.** 2) liegt vor, wenn der Täter von **118** den besonderen Handlungsmöglichkeiten Gebrauch macht, die ihm aus seinem Amt innerhalb des Subventionsverfahrens (→ Rn. 14) erwachsen (BeckOK StGB/*Momsen* Rn. 44; LK-StGB/*Tiedemann* Rn. 150; MüKoStGB/*Wohlers*/*Mühlbauer* Rn. 136; NK-StGB/*Hellmann* Rn. 146; SK-StGB/*Hoyer* Rn. 90).

Weder die Alt. 1 noch die Alt. 2 des Abs. 2 S. 2 Nr. 2 erfüllt ein Amtsträger, der als Antragsteller für **119** ein öffentliches Unternehmen handelt und unrichtige (→ Rn. 62) und/oder unvollständige (→ Rn. 63) Angaben macht (Fischer Rn. 47; Schönke/Schröder/*Perron* Rn. 76; SK-StGB/*Hoyer* Rn. 90). Dasselbe gilt, wenn der Amtsträger lediglich einen von ihm als unrichtig (→ Rn. 62) erkannten Antrag auf dem Dienstweg weiterleitet, ohne eine eigene (Zwischen-)Prüfung vorzunehmen, weil er hierdurch nicht gegen eine besondere Rechtspflicht verstößt. Selbst § 3 Abs. 1 SubvG begründet keine Pflicht für den eingeschalteten Amtsträger, einen Subventionsbetrug durch den Antragsteller zu verhindern, weil die dort geforderten Offenbarungspflichten lediglich den Subventionsnehmer (→ Rn. 13) treffen. Eine sonstige Garantenpflicht des Amtsträgers iSd § 13 liegt nicht vor (Fischer Rn. 47; MüKoStGB/*Wohlers*/*Mühlbauer* Rn. 136; NK-StGB/*Hellmann* Rn. 143, 152; Schönke/Schröder/*Perron* Rn. 77; SK-StGB/*Hoyer* Rn. 91). Das Verhalten stellt in letzterem Fall vielmehr sogar lediglich eine straflose notwendige Beihilfe dar (so wohl auch Schönke/Schröder/*Perron* Rn. 76; SK-StGB/*Hoyer* Rn. 91). Nicht von Abs. 2 S. 2 Nr. 2 erfasst sind auch solche Amtsträger, die in Kenntnis der Unwahrheit der gemachten Angaben den Bewilligungsbescheid erlassen. Dies erfüllt zudem schon nicht den Grundtatbestand des Abs. 1. Zu prüfen ist eine Strafbarkeit nach § 266 (BT-Drs. 7/5291, 7; BGHSt 32, 203; LK-StGB/*Tiedemann* Rn. 23; Schönke/Schröder/*Perron* Rn. 77).

Ob der Amtsträger zu seinem eigenen Vorteil handelt, ist irrelevant (BT-Drs. 7/5291, 7; Fischer **120** Rn. 47; LK-StGB/*Tiedemann* Rn. 149; Schönke/Schröder/*Perron* Rn. 76).

Das Regelbeispiel des Abs. 2 S. 2 **Nr. 3** trifft den kollusiv (aA BeckOK StGB/*Momsen* Rn. 45; **121** MüKoStGB/*Wohlers*/*Mühlbauer* Rn. 138) mit einem Amtsträger zusammenwirkenden Täter des Abs. 1, der selbst kein Amtsträger ist.

Der **Amtsträger** (§ 11 Abs. 1 Nr. 2) an sich muss sämtliche objektiven und subjektiven Voraus- **122** setzungen des Abs. 2 S. 2 **Nr. 2 erfüllen** (→ Rn. 115–120).

Das Merkmal der **Mithilfe** ist nicht nur iSd Beihilfe des § 27 zu verstehen. Vielmehr sind davon **123** auch die Fälle der Mittäterschaft (§ 25 Abs. 2) des Amtsträgers erfasst. Eine Mithilfe ohne jegliche Tatbeteiligung des Beamten ist hingegen nicht denkbar. Somit fallen die Fälle, dass der Täter die durch den Amtsträger geschaffene Lage ohne dessen Wissen lediglich ausnutzt, aus dem Anwendungsbereich des Abs. 2 S. 2 Nr. 3 heraus (BeckOK StGB/*Momsen* Rn. 44; MüKoStGB/*Wohlers*/*Mühlbauer* Rn. 138; Schönke/Schröder/*Perron* Rn. 78; SK-StGB/*Hoyer* Rn. 93). Jede andere Auffassung (so zB LK-StGB/*Tiedemann* Rn. 153; NK-StGB/*Hellmann* Rn. 148) würde dem Wortlaut des Abs. 2 S. 2 Nr. 3 nicht gerecht, der neben dem Ausnutzen eindeutig auch die Mithilfe des Amtsträgers vorsieht.

Hauptanwendungsfall ist der Antragsteller, der sich von dem Amtsträger beraten lässt, wie er seine **124** Angaben möglichst glaubhaft formulieren kann (Schönke/Schröder/*Perron* Rn. 78).

Ausgenutzt ist diese Mithilfe, wenn die durch die Hilfsbereitschaft des Amtsträgers geschaffene **125** Gelegenheit zur Erlangung einer nicht gerechtfertigten Subvention vorsätzlich wahrgenommen wird (Fischer Rn. 48; Lackner/Kühl/*Heger* Rn. 27). Eine besondere Art der Beeinflussung des Amtsträgers etwa durch Bestechung, Bedrohung oder ähnliches, ist nicht erforderlich (Schönke/Schröder/*Perron* Rn. 78).

2. Qualifikation (Abs. 3). Die Verweisung des Abs. 3 auf § 263 Abs. 5 enthält einen selbstständigen **126** **Qualifikationstatbestand,** der den Grundtatbestand des Abs. 1 im Falle **banden- und gewerbs**-**mäßiger** Begehung zum Verbrechen aufwertet. Die Voraussetzungen des Abs. 3 entsprechen inhaltlich denen des § 263 Abs. 5 StGB. Um den Qualifikationstatbestand zu erfüllen, muss der Täter den Subventionsbetrug kumulativ sowohl als Mitglied einer Bande, die sich zur fortgesetzten Begehung von Straftaten nach den §§ 263–264 oder §§ 267–269 zusammengeschlossen hat, sowie gewerbsmäßig begehen.

3. Tätige Reue (Abs. 5). Die in Abs. 5 geregelte tätige Reue stellt einen den Regelungen über den **127** Rücktritt vom Versuch nachgebildeten Strafaufhebungsgrund dar. Nach dem Gesetzeswortlaut sind hiervon jedoch nur die Taten nach Abs. 1 (hierin auch nur Nr. 1, 3 und 4) und Abs. 4 umfasst. Er ist auch auf die besonders schweren Fälle des Abs. 2 anwendbar (Fischer Rn. 40; Lackner/Kühl/*Heger* Rn. 28; LK-StGB/*Tiedemann* Rn. 129, 136; MüKoStGB/*Wohlers*/*Mühlbauer* Rn. 117; NK-StGB/*Hell*-*mann* Rn. 159; Schönke/Schröder/*Perron* Rn. 66; SK-StGB/*Hoyer* Rn. 101), weil es sich dabei lediglich um eine Strafzumessungsregel innerhalb des Grundtatbestands des Abs. 1 handelt. Von der Verbrechens-qualifikation des Abs. 3 iVm § 263 Abs. 5 ist ein „Rücktritt" hingegen ausgeschlossen (aA nur NK-StGB/*Hellmann* Rn. 160 mit nicht zutreffendem Vergleich zu § 251 und § 249; hierzu auch SK-StGB/*Hoyer* Rn. 101).

128 Nach Abs. 5 S. 1 bleibt entsprechend der Regelung des § 24 Abs. 1 S. 1 Alt. 2 von Strafe verschont, wer **freiwillig,** also aus selbstgesetzten autonomen Motiven (BGHSt 7, 299; 35, 185; Fischer § 24 Rn. 19 ff.) und erfolgreich verhindert, dass aufgrund der Tat die Subvention (→ Rn. 15–36) **gewährt** wird. Erforderlich ist, dass die Kausalität der Tathandlung für die wie auch immer geartete Subventions-gewährung objektiv durch das Verhalten (Tun oder Unterlassen) des Täters beseitigt wird (BeckOK StGB/*Momsen* Rn. 39; Fischer Rn. 41; MüKoStGB/*Wohlers/Mühlbauer* Rn. 118; SK-StGB/*Hoyer* Rn. 102). Unter **Gewähren** (→ Rn. 53) ist dabei das tatsächliche Zurverfügungstellen der Subvention (→ Rn. 15–36) zu verstehen, bei Darlehen also deren Auszahlung (nicht schon der bloße Vertrags-schluss), bei Übernahme einer Bürgschaft, der entsprechende Vertragsschluss (MüKoStGB/*Wohlers/ Mühlbauer* Rn. 118; Schönke/Schröder/*Perron* Rn. 67). Da Voraussetzung für die Straffreiheit ist, dass es noch zu keiner Gewährung der Subvention (→ Rn. 15–36) gekommen ist, schließt schon eine erste Teilleistung die Anwendung des Abs. 5 aus (MüKoStGB/*Wohlers/Mühlbauer* Rn. 118).

129 Straflos bleibt der Täter auch, wenn er von der nicht vollendeten Tat „zurücktritt", indem er bereits freiwillig die der Gewährung vorausgehende **Bewilligung** (→ Rn. 53) verhindert, indem er beispiels-weise die hierfür noch erforderlichen weiteren Angaben dem Subventionsgeber (→ Rn. 8–12) gegen-über nicht macht oder einen unrichtigen (→ Rn. 62) aber noch unvollständigen (→ Rn. 63) För-derungsantrag nicht ergänzt (OLG Stuttgart MDR 1992, 788; BeckOK StGB/*Momsen* Rn. 39; Fischer Rn. 41; Lackner/Kühl/*Heger* Rn. 28; LK-StGB/*Tiedemann* Rn. 133; NK-StGB/*Hellmann* Rn. 172; MüKoStGB/*Wohlers/Mühlbauer* Rn. 118; Schönke/Schröder/*Perron* Rn. 67).

130 Allein die ernsthafte Verhinderung des **Belassens** (→ Rn. 53) der Subvention (→ Rn. 15–36) führt hingegen – schon nach dem Wortlaut des Abs. 5 S. 1 – nicht zur Strafaufhebung; selbst dann nicht, wenn sie freiwillig erfolgt. So kann der Täter des Abs. 1 Nr. 2, der die Subvention (→ Rn. 15–36) bereits erhalten hat, nicht in den Genuss des Strafaufhebungsgrundes kommen (BT-Drs. 7/5291, 9; Fischer Rn. 41; Lackner/Kühl/*Heger* Rn. 28; MüKoStGB/*Wohlers/Mühlbauer* Rn. 118; Schönke/Schröder/ *Perron* Rn. 67). Ebenso führt auch die freiwillige Rückgabe der Förderung nicht zur Straflosigkeit. Selbes gilt für das freiwillige Verhindern der Weitergewährung der Subvention (→ Rn. 15–36) nach Abschluss des ersten Gewährungsaktes innerhalb desselben Subventionsverfahrens (→ Rn. 14), da auch in diesem Fall die Förderleistung schon gewährt ist. Tätige Reue ist dagegen möglich, wenn die Weitergewährung aufgrund eines neuen Subventionsverfahrens (→ Rn. 14) erfolgt (Fischer Rn. 41; Lackner/Kühl/*Heger* Rn. 28).

131 Der erfolgreichen Verhinderung der Subventionsgewährung steht nach **Abs. 5 S. 2** das freiwillige ernsthafte Bemühen des Täters um diese Verhinderung gleich. Die Regelung entspricht § 24 Abs. 1 S. 2 StGB. Voraussetzung ist jedoch, dass die Subvention (→ Rn. 15–36) ohne das Zutun des Täters, also unabhängig von seinen in seiner Vorstellung erfolgreichen Verhinderungsbemühungen (BeckOK StGB/ *Momsen* Rn. 39; Fischer Rn. 42; LK-StGB/*Tiedemann* Rn. 133; MüKoStGB/*Wohlers/Mühlbauer* Rn. 119), nicht gewährt wird. Hauptanwendungsfall ist, dass die Angaben des Täters ohnehin keine Erfolgsaussichten hatten, weil der Subventionsgeber (→ Rn. 8–12) deren Unrichtigkeit (→ Rn. 62) bereits erkannte, der Täter dies zu dem Zeitpunkt, in dem er von den an sich noch erforderlichen Handlungen Abstand nimmt, noch nicht weiß (Fischer Rn. 42; MüKoStGB/*Wohlers/Mühlbauer* Rn. 119; Schönke/Schröder/*Perron* Rn. 68). Auch in dieser Variante ist also nicht zwingend ein aktives Tun des Täters erforderlich. Vielmehr genügt es, dass er weitere Akte unterlässt, die nach seiner Vorstellung zur Tatbestandsverwirklichung erforderlich sind.

132 Bei Beteiligung **mehrerer Täter** gelten für die Annahme von tätiger Reue die Grundsätze des § 24 Abs. 2 entsprechend, selbst wenn Abs. 5 nicht ausdrücklich darauf verweist (BT-Drs. 7/5291, 7; BeckOK StGB/*Momsen* Rn. 39; Fischer Rn. 43; Lackner/Kühl/*Heger* Rn. 28; LK-StGB/*Tiedemann* Rn. 127; MüKoStGB/*Wohlers/Mühlbauer* Rn. 120; NK-StGB/*Hellmann* Rn. 177; Schönke/Schröder/ *Perron* Rn. 69; SK-StGB/*Hoyer* Rn. 103), weil dieser auch im Übrigen dem § 24 nachgebildet ist. Der Mittäter erlangt daher Straffreiheit, wenn er freiwillig seinen früheren Tatbeitrag erfolgreich rückgängig macht und sich außerdem freiwillig und ernsthaft darum bemüht, die Rechtsgutsverletzung durch die Tat als solche insgesamt zu verhindern.

133 **4. Nebenstrafen, Nebenfolgen (Abs. 6). Abs. 6 S. 1** sieht neben einer verwirkten Freiheitsstrafe von mindestens einem Jahr wegen einer Straftat nach den Abs. 1–3, also nicht im Falle leichtfertigen Handelns (Abs. 4), als fakultative **Nebenstrafe** vor, dass das Gericht dem Täter oder Teilnehmer die in § 45 Abs. 1 bezeichneten Fähigkeiten, öffentliche Ämter zu bekleiden und Rechte aus öffentlichen Wahlen zu erlangen, für die Dauer von zwei bis zu fünf Jahren (§ 45 Abs. 2) aberkennen kann. Mit dem Verlust der Fähigkeit, öffentliche Ämter zu bekleiden, verliert der Verurteilte zugleich die entsprechen-den Rechtsstellungen und Rechte, die er inne hat (§ 45 Abs. 3). Dasselbe gilt hinsichtlich der Fähigkeit, Rechte aus öffentlichen Wahlen zu erlangen, weil Abs. 6 S. 1 eine Ausnahme hiervon nicht vorsieht (§ 45 Abs. 4).

Gegenstände, auf die sich die Tat bezieht, können gemäß **Abs. 6 S. 2** Hs. 1 iVm § 74 eingezogen 134
werden. Die **Einziehung** kommt mangels einer in Abs. 6 S. 1 enthaltenen Einschränkung auch bei
leichtfertiger Tatbegehung (Abs. 4) in Betracht. Abs. 6 S. 2 Hs. 2 erweitert durch den Verweis auf § 74a
die Einziehung. Das hat zur Folge, dass unter den dort genannten Voraussetzungen auch gegenüber
anderen Personen als dem Täter oder Teilnehmer, beispielsweise dem nicht tatbeteiligten Käufer,
Bezugsgegenstände (→ Rn. 135) eingezogen werden können (Dritteinziehung).

Bezugsgegenstand im Fall des § 264 ist typischerweise die gemäß Abs. 1 Nr. 4 erhaltene Bescheini- 135
gung (→ Rn. 65) sowie der unechte Beleg iSd Abs. 2 S. 2 Nr. 1. Einziehungsfähig sind daneben Sachen,
die unter Auferlegung einer Verwendungsbeschränkung verbilligt abgegeben und dann später entgegen
dieser Beschränkung verwendet wurden, weil in diesem Fall lediglich die Preisreduktion die Subvention
(→ Rn. 15–36) verkörpert, nicht jedoch die Ware selbst (BT-Drs. 7/5291, 9; LK-StGB/*Tiedemann*
Rn. 160; Schönke/Schröder/*Perron* Rn. 83; SK-StGB/*Hoyer* Rn. 106). Die als Subvention
(→ Rn. 15–36) erlangte Leistung unterliegt als Tatvorteil dagegen gemäß §§ 73 ff. grundsätzlich dem
Verfall (→ Rn. 136).

Der **Verfall** des aus der Tat erlangten Vermögensvorteils bestimmt sich ohne Modifikation durch 136
§ 264 allein nach den gesetzlichen Bestimmungen der §§ 73–73e. IdR wird jedoch der Rückforderungsanspruch des Subventionsträgers der Verfallsanordnung entgegenstehen (§ 73 Abs. 1 S. 2), so dass
die Subvention (→ Rn. 15–36) als solche dem Verfall nicht unterliegt (BeckOK StGB/*Momsen* Rn. 48;
MüKoStGB/*Wohlers/Mühlbauer* Rn. 145). Da sie ein Tatvorteil ist, scheidet trotz des regelmäßig ausgeschlossenen Verfalls eine Einziehung dennoch aus (→ Rn. 135). Da gemäß § 111b Abs. 5 StPO eine
strafprozessuale Sicherstellung nach § 111c StPO auch im Fall des § 73 Abs. 1 S. 2 in Betracht kommt,
besteht für die Einziehung darüber hinaus auch kein Bedürfnis.

IX. Sonstiges

1. Täterschaft und Teilnahme. Täter iSd Abs. 1 Nr. 1 und Nr. 4 kann, aufgrund der weiten 137
Fassung jeder sein (BGH NJW 1981, 1744 (1746); BGH StV 2015, 433 (438)). Dies gilt auch für
Amtsträger (→ Rn. 116) und zwar nicht nur, wenn sie für ein als Subventionsnehmer (→ Rn. 13)
auftretendes öffentliches Unternehmen handeln oder bei einer anderen als der für die Bewilligung
zuständigen Behörde tätig sind, sondern auch, wenn sie selbst in das Subventionsverfahren (→ Rn. 14)
bei der fraglichen Behörde eingeschaltet sind. Das gilt zB, wenn der Amtsträger (→ Rn. 116) einen
falschen Prüfvermerk erteilt oder Rechnungsbelege fälscht oder einem Entscheidungsbefugten vorlegt
(Schönke/Schröder/*Perron* § 264 Rn. 70).

Täter gemäß Abs. 1 Nr. 2 kann neben dem Subventionsnehmer (→ Rn. 13) ebenso jeder sein, dem 138
gegenüber eine wirksame Verwendungsbeschränkung besteht. Das gilt insbesondere für den Erwerber
eines von einer Beschränkung betroffenen Gegenstandes, wenn die Beschränkung aufgrund des Inhalts
des Vergabeaktes oder der Vergabenorm ihm gegenüber fortwirkt.

Abs. 1 Nr. 3 kann hingegen täterschaftlich nur der Subventionsnehmer (→ Rn. 13) und/oder dessen 139
Vertreter nach § 14 sein (BGH NJW 1981, 1744; 1982, 2202; BeckOK StGB/*Momsen* Rn. 38; LK-
StGB/*Tiedemann* Rn. 22, 94; NK-StGB/*Hellmann* Rn. 118; Schönke/Schröder/*Perron* Rn. 56). Inso-
weit handelt es sich wegen § 3 SubvG um ein Sonderdelikt, weil nur den Subventionsnehmer
(→ Rn. 13) die Mitteilungspflichten treffen. Ein Dritter kann daher nur als Teilnehmer Beihilfe (§ 27)
leisten oder zur Tatbegehung anstiften (§ 26). Die Eigenschaft als Subventionsnehmer (→ Rn. 13) ist
hingegen kein besonderes persönliches Merkmal iSd § 28 Abs. 1 (LK-StGB/*Tiedemann* Rn. 137;
Schönke/Schröder/*Perron* Rn. 70).

Abs. 1 Nr. 1 eröffnet vielfältige Ansatzpunkte für die Begründung **mittelbarer Täterschaft**. Diese 140
liegt beispielsweise vor, wenn der faktische GmbH-Geschäftsführer den eingetragenen Geschäftsführer
durch Täuschung dazu veranlasst, einen unrichtige (→ Rn. 62) Angaben (→ Rn. 57) enthaltenen Subventionsantrag zu stellen. Dasselbe gilt, wenn Betriebsangehörige den antragstellenden Betriebsinhaber
über subventionserhebliche (→ Rn. 37–54) Sachverhalte täuschen oder der nur intern zugezogene
Steuerberater oder Rechtsanwalt für den gutgläubigen Antragsteller einen wissentlich unrichtigen
(→ Rn. 62) Subventionsantrag erstellt oder Grundlagen hierfür vorbereitet (hierzu Schönke/Schröder/
Perron Rn. 70).

Für die Bestimmung der **Teilnahme** gelten die allgemeinen Regeln. Besonders zu beachten ist 141
allerdings, dass in Abs. 1 Nr. 1 und Nr. 4 sonst üblicherweise unter Beihilfe einzustufende Tatbeiträge zu
selbständigen Taten erhoben sind (vgl. BGHSt 34, 268). Die Eigenschaft als Subventionsnehmer
(→ Rn. 13) ist kein besonderes persönliches Merkmal iSd § 28 Abs. 1 (BeckOK StGB/*Momsen* Rn. 38;
LK-StGB/*Tiedemann* Rn. 137; Schönke/Schröder/*Perron* Rn. 70).

2. Versuch. Der Versuch ist iRd Subventionsbetrugs nicht mit Strafe bedroht, da es sich bei § 264 142
nicht um ein Verbrechen iSd § 12 Abs. 1 handelt. Die Versuchsstrafbarkeit ist gemäß § 23 Abs. 1 Hs. 2
auch nicht angeordnet. Jedoch enthält bereits der Grundtatbestand des Subventionsbetrugs eine weite
Vorverlagerung der Strafbarkeit in den abstrakten Gefährdungsbereich hinein (→ Rn. 6), so dass zumindest ein Teil der sonst vom Versuch umfassten Vorbereitungshandlungen mit umfasst ist. Zur Vermeidung

von Strafbarkeitslücken ist im Übrigen eine Strafbarkeit wegen versuchten Betruges gegeben (→ Rn. 154–156).

143   **3. Vollendung und Beendigung. Vollendet** ist Abs. 1 Nr. 1 und Nr. 4, sobald der Subventionsgeber (→ Rn. 8–12) die unrichtigen (→ Rn. 62) oder unvollständigen (→ Rn. 63) Angaben (Abs. 1 Nr. 1) oder die Bescheinigung (Abs. 1 Nr. 4) erhalten hat, sobald sie also in solcher Weise in seinen Einflussbereich gelangt sind, dass er unter normalen Umständen davon Kenntnis nehmen kann (BGHSt 34, 267; BeckOK StGB/*Momsen* Rn. 36; MüKoStGB/*Wohlers/Mühlbauer* Rn. 115). Vollendung bei Abs. 1 Nr. 2 tritt ein, sobald die Leistung entgegen der Verwendungsbeschränkung tatsächlich Verwendung fand (BeckOK StGB/*Momsen* Rn. 36; MüKoStGB/*Wohlers/Mühlbauer* Rn. 115; Schönke/Schröder/*Perron* Rn. 49c). IRd Abs. 1 Nr. 3 ist der Subventionsbetrug vollendet, sobald der Täter die erste Möglichkeit ausließ, seiner Offenbarungspflicht nachzukommen. Hierbei ist zu beachten, dass iRd § 3 Abs. 1 SubvG nur die unverzügliche (→ Rn. 31) Offenbarung, also die ohne schuldhaftes Zögern, gefordert wird, so dass dem Täter noch ausreichend Zeit gewährt wird, nach Eintritt der mitteilungspflichtigen Veränderung zu reagieren, ohne sich strafbar zu machen (→ Rn. 81).

144   **Beendigung** hinsichtlich Abs. 1 Nr. 1 und Nr. 4 tritt ein, wenn die letzte auf der unrichtigen (→ Rn. 62) Angabe (→ Rn. 57) beruhende Subventions(teil)leistung erlangt oder das Fördermittel endgültig versagt wurde (BGH NStZ 2007, 217 (218); BGH NStZ-RR 2008, 240; BGH wistra 2008, 348; BeckOK StGB/*Momsen* Rn. 37.1; Fischer Rn. 39; LK-StGB/*Tiedemann* Rn. 108; MüKoStGB/*Wohlers/Mühlbauer* Rn. 116; Schönke/Schröder/*Perron* Rn. 66). Abs. 1 Nr. 2 ist beendet mit Abschluss des zweckwidrigen Verwendungsvorgangs (MüKoStGB/*Wohlers/Mühlbauer* Rn. 116; Schönke/Schröder/*Perron* Rn. 49c); Abs. 1 Nr. 3 mit dem endgültigen Belassen des Subventionsvorteils. Unter dem Blickwinkel des Subventionsbetrugs als Gefährdungsdelikt (→ Rn. 6) begegnet es zwar Bedenken, Vollendung und Beendigung nicht zusammenfallen zu lassen, weil der Eintritt eines Vermögensschadens beim Subventionsbetrug im Gegensatz zum Betrug gerade nicht Tatbestandsvoraussetzung ist (OLG Köln NJW 2000, 598; OLG München NStZ 2006, 630 (631)). Dennoch ist es vor dem Hintergrund des Abs. 5 konsequent, weil dessen Anwendungsbereich sonst ins Leere liefe (so auch Fischer Rn. 38; MüKoStGB/*Wohlers/Mühlbauer* Rn. 116).

145   **4. Zuständigkeit der Wirtschaftsstrafkammern.** Für den Fall der Zuständigkeit des Landgerichts nach § 74 Abs. 1 GVG als Gericht des ersten Rechtszugs und nach § 74 Abs. 3 GVG für die Verhandlung und Entscheidung über das Rechtsmittel der Berufung gegen die Urteile des Schöffengerichts, sieht § 74c Abs. 1 Nr. 5 GVG die Spezialzuständigkeit einer **Wirtschaftsstrafkammer** vor. Für die Berufungen gegen Urteile des Strafrichters verbleibt es bei der Regelzuständigkeit der Strafkammer (§ 74 Abs. 3 GVG).

146   **5. Anzeigepflichten.** Gemäß § 6 SubvG haben Gerichte und Behörden von Bund, Ländern (zur Anwendbarkeit des SubvG auf Landesrecht → Rn. 49) und kommunalen Trägern der öffentlichen Verwaltung Tatsachen, die sie dienstlich erfahren und die den Verdacht eines Subventionsbetrugs begründen, den Strafverfolgungsbehörden mitzuteilen. Das Steuergeheimnis nach § 30 AO steht einer Mitteilung durch das Finanzamt nicht notwendig entgegen (NdsFG NVwZ 1992, 607; MüKoStGB/*Wohlers/Mühlbauer* Rn. 147; Schönke/Schröder/*Perron* Rn. 88).

X. Konkurrenzen

147   **1. Verhältnis der einzelnen Tathandlungen des Abs. 1 untereinander.** Die einzelnen in Abs. 1 genannten Tathandlungen stehen nicht gleichberechtigt nebeneinander. Vielmehr gilt für ihr Verhältnis zueinander folgendes Konkurrenzverhältnis:

148   Abs. 1 Nr. 1 verdrängt die eigentlich Abs. 1 Nr. 2 unterfallende anderweitige Verwendung einer vorher durch Täuschung über die Verwendungsabsicht erschlichenen Subvention (→ Rn. 15–36) als mitbestrafte Nachtat (MüKoStGB/*Wohlers/Mühlbauer* Rn. 121; NK-StGB/*Hellmann* Rn. 120, 129; Schönke/Schröder/*Perron* Rn. 86; SK-StGB/*Hoyer* Rn. 107).

149   Eine aktive Täuschung nach Abs. 1 Nr. 1 geht einer später unterlassenen Aufklärung nach Abs. 1 Nr. 3 vor. Die mit der unvollständigen (→ Rn. 63) Angabe (→ Rn. 57) des Abs. 1 Nr. 1 regelmäßig einhergehende pflichtwidrige Unterlassung der Aufklärung iSd Abs. 1 Nr. 3 hat neben dem positiven Tun keine eigenständige Bedeutung (Fischer Rn. 23, 53; Lackner/Kühl/*Heger* Rn. 17; LK-StGB/*Tiedemann* Rn. 81; MüKoStGB/*Wohlers/Mühlbauer* Rn. 121; NK-StGB/*Hellmann* Rn. 118; Schönke/Schröder/*Perron* Rn. 43, 86; SK-StGB/*Hoyer* Rn. 107). Für den Fall der Täuschung durch bloßes Unterlassen entfaltet dagegen Abs. 1 Nr. 3 Sperrwirkung gegenüber Abs. 1 Nr. 1 (SK-StGB/*Hoyer* Rn. 67, 107).

150   Erlangte der Täter eine der in Abs. 1 Nr. 4 genannten Bescheinigungen (→ Rn. 85) durch eine Täuschung iSd Abs. 1 Nr. 1 und verwendet sie im Nachgang, stellt Abs. 1 Nr. 4 eine mitbestrafte Nachtat zu Abs. 1 Nr. 1 dar (BeckOK StGB/*Momsen* Rn. 29; Fischer Rn. 29; LK-StGB/*Tiedemann* Rn. 164; MüKoStGB/*Wohlers/Mühlbauer* Rn. 121; Schönke/Schröder/*Perron* Rn. 86; SK-StGB/*Hoyer* Rn. 107). Ist im Gebrauch der unrichtigen (→ Rn. 62) Bescheinigung (→ Rn. 85) aber zugleich eine

Täuschung iSv Abs. 1 Nr. 1 zu sehen, darf nur Abs. 1 Nr. 4 bestraft werden, weil sonst die Ausnahme des Abs. 1 Nr. 4 aus dem Anwendungsbereich des Abs. 4 im Falle der Leichtfertigkeit umgangen würde und so die vom Gesetzgeber gewollte und für den Täter günstigere Privilegierung entfiele (SK-StGB/ *Hoyer* Rn. 74, 107). Abs. 1 Nr. 4 ist auch anwendbar, wenn die Bescheinigung (→ Rn. 85), beispielsweise ein Grundbescheid über die Subventionsbewilligung, von einem anderen als dem Täter, zB einem Angestellten des Subventionsnehmers (→ Rn. 13), von dem Subventionsgeber (→ Rn. 8–12) erlangt wurde, der Täter selbst davon, zur Beantragung einer einzelnen Zuwendung, Gebrauch macht (BeckOK StGB/*Momsen* Rn. 29; Fischer Rn. 29; aA Schönke/Schröder/*Perron* Rn. 58, der Nr. 3 annimmt). Abs. 1 Nr. 4 kommt zudem selbstständige Bedeutung zu, wenn die Bescheinigung (→ Rn. 85) von einer Stelle erteilt ist, die nicht in das Subventionsverfahren (→ Rn. 14) eingeschaltet ist oder wenn der Gebrauchmachende (→ Rn. 89) nicht der Subventionsnehmer (→ Rn. 13) in dem konkreten Subventionsverfahren (→ Rn. 14) ist, sondern beispielsweise eine Auskunftsperson (Fischer Rn. 31; SK-StGB/ *Hoyer* Rn. 74).

Abs. 1 Nr. 2 geht Abs. 1 Nr. 3 vor, wenn der Gegenstand tatsächlich zweckwidrig verwendet wird. **151** Das gilt sowohl für den Fall, dass Abs. 1 Nr. 3 zeitlich vor Abs. 1 Nr. 2 verwirklicht wird und die geplante beschränkungswidrige Verwendung der Subvention (→ Rn. 15–36) gemäß § 3 Abs. 2 SubvG nicht angezeigt wird, als auch für den Fall der Nichtanzeige der bereits erfolgten Verwendung (§ 3 Abs. 1 SubvG; Fischer Rn. 27; MüKoStGB/*Wohlers/Mühlbauer* Rn. 121; Schönke/Schröder/*Perron* Rn. 53, 86; SK-StGB/*Hoyer* Rn. 107). Für den nach Abs. 1 Nr. 2 Strafbaren besteht keine Pflicht, sich durch nachträgliche Mitteilung nach Abs. 1 Nr. 3 in Verbindung mit § 3 Abs. 1 SubvG, der Strafverfolgung auszusetzen (Fischer Rn. 27).

Auch im Verhältnis des Abs. 1 Nr. 3 zu Abs. 1 Nr. 4 darf die Privilegierung des nur leichtfertig **152** Handelnden nicht umgangen werden. Ließ also der Täter, den gemäß § 3 Abs. 1 SubvG eine Offenbarungspflicht auch hinsichtlich der Unwahrheit einer von Anfang an durch Täuschung erlangten Bescheinigung (→ Rn. 85) trifft, den Subventionsgeber (→ Rn. 8–12) über subventionserhebliche Tatsachen (→ Rn. 37–54) durch Gebrauch dieser unrichtigen (→ Rn. 85) Bescheinigung (→ Rn. 62) in Unkenntnis, folgt die Strafbarkeit aus Abs. 1 Nr. 4 (SK-StGB/*Hoyer* Rn. 74).

Ein Konkurrenzverhältnis zwischen Abs. 1 Nr. 2 und Abs. 1 Nr. 4 ist zwar nur schwer denkbar. **153** Sollte es aber dennoch zu einer entsprechenden Konstellation kommen, wäre – wie schon im Verhältnis von Abs. 1 Nr. 1 und Abs. 1 Nr. 3 zu Abs. 1 Nr. 4 (→ Rn. 151, 152) – die privilegierte Stellung des Abs. 1 Nr. 4 zu beachten.

2. Verhältnis zum Betrug. § 264 stellt gegenüber dem Betrug nach § 263 eine abschließende **154** Sonderregelung dar, die diesem iRd Spezialität vorgeht. Dies gilt jedoch nicht uneingeschränkt, sondern nur solange und soweit die Tatbestandsvoraussetzungen des § 264 erfüllt sind. Ist § 264 dagegen aus irgendeinem Grund nicht anwendbar und liegen die Voraussetzungen des versuchten oder vollendeten Betrugs vor, ist nach diesem zu bestrafen (BT-Drs. 7/5291, 5, 6; BGHSt 32, 208; 37, 203 (206); 44, 233 (243); BGH NStZ 2006, 625 (628); BGH StV 2015, 436 (438); BGH wistra 1987, 23; BeckOK StGB/ *Momsen* Rn. 6 und 49; Fischer Rn. 53; Lackner/Kühl/*Heger* Rn. 31; LK-StGB/*Tiedemann* Rn. 162; MüKoStGB/*Wohlers/Mühlbauer* Rn. 123; Schönke/Schröder/*Perron* Rn. 87; SK-StGB/*Hoyer* Rn. 109). Hintergrund dieser für sonstige Fälle der Spezialität untypischen Konstellation ist die Intention, andernfalls eintretende Privilegierungen des Täters zu verhindern. Der Ausschluss einer Strafbarkeit an sich – insbesondere hinsichtlich des iRd § 264 nicht bestraften Versuchs – liefe dem Zweck des § 264 entgegen, eine Vorverlagerung des Strafschutzes iSe wirksamen Bekämpfung der Subventionskriminalität zu erreichen (→ Rn. 1).

Eine Bestrafung nach Betrugsgrundsätzen erfolgt daher beispielsweise in folgenden Fällen (so auch **155** Schönke/Schröder/*Perron* Rn. 87): Erschleichung von nicht unter den in Abs. 7 definierten Subventionsbegriff fallenden Leistungen wie Sozialsubventionen nach Bundes- oder Landesrecht (→ Rn. 25), nicht dem Betrieb oder Unternehmen verbleibende Leistungen (→ Rn. 29) oder aufgrund von Verträgen (→ Rn. 40); Angabe falscher Tatsachen, die zwar entscheidungserheblich sind, aber weder vom Subventionsgeber (→ Rn. 8–12) als iSv Abs. 8 subventionserheblich (→ Rn. 37–54) bezeichnet wurden, noch sich die Subventionserheblichkeit (→ Rn. 37–54) unmittelbar aus dem Förderungsgesetz ergibt (→ Rn. 37, 83); Täuschungshandlungen, die nicht in unrichtigen (→ Rn. 62) und/oder unvollständigen (→ Rn. 63) Erklärungen bestehen; Nichteinschreiten gegen die Subventionsgewährung durch einen Amtsträger (→ Rn. 116), der zunächst gutgläubig einen falschen Bestätigungsvermerk erteilte iRd Abs. 1 Nr. 3 (→ Rn. 82); Subventionserschleichung mittels eines gefälschten und damit nicht unter Abs. 1 Nr. 4 fallenden Bewilligungsbescheids.

Eine Bestrafung wegen versuchten Betrugs kommt für alle Handlungen in Betracht, die einen **156** straflosen Versuch nach § 264 darstellen. Beispielsweise bei Nichteingang der vom Antragsteller abgesendeten falschen Angaben beim Subventionsgeber (→ Rn. 8–12, 58), bei objektiv zwar zutreffenden, nach der Vorstellung des Täters aber unrichtigen (→ Rn. 62) Angaben über subventionserhebliche (→ Rn. 37–54) Daten, bei falschen Angaben in der irrigen Meinung, diese seien subventionserheblich (→ Rn. 37–54), oder in allen Fällen des untauglichen Versuchs, wenn zB der Subventionsempfänger die Kenntnis bereits erlangte, über die er in Unkenntnis gelassen werden sollte (→ Rn. 79).

157   **3. Verhältnis zu anderen Tatbeständen.** Der allgemeine Vorrang des Steuerstrafrechts gilt auch hinsichtlich des Subventionsbetrugs (BT-Drs. 7/5291, 6, 11; BeckOK StGB/*Momsen* Rn. 11 und 49; Lackner/Kühl/*Heger* Rn. 5; LK-StGB/*Tiedemann* Rn. 27, 28; MüKoStGB/*Wohlers/Mühlbauer* Rn. 122; NK-StGB/*Hellmann* Rn. 23; Schönke/Schröder/*Perron* Rn. 10), so dass dieser von § 370 AO als lex specialis verdrängt wird. Praktisch bedeutsam wird dies insbesondere aufgrund der Möglichkeit einer strafbefreienden Selbstanzeige gemäß § 371 AO und der Behandlung der leichtfertigen Begehungsweise nur als Ordnungswidrigkeit in § 378 AO. Selbes gilt gemäß §§ 35, 12 Abs. 1 S. 1 MOG, der §§ 370 ff. AO für bestimmte Abgaben im Bereich der Europäischen Gemeinschaften für entsprechend anwendbar erklärt (Fischer Rn. 54a). Tateinheit ist nur möglich, wenn sich dieselbe Tat sowohl auf Steuer- als auch auf Subventionsvorteile bezieht. Subventionsbetrug und Kreditbetrug (§ 265b) schließen sich regelmäßig aus. Tateinheit ist insbesondere anzunehmen mit Urkundenfälschung (§ 267), Fälschung technischer Aufzeichnungen (§ 268) und Fälschung beweiserheblicher Daten (§ 269), mit Verändern von amtlichen Ausweisen (§ 273) sowie mit den Bestechungs- und Bestechlichkeitsdelikten (§§ 331 ff.). Im Übrigen besteht für das Zusammentreffen mit anderen Tatbeständen des Strafgesetzbuchs oder strafrechtlich relevanter Nebengesetze zwischen § 263 und § 264 kein Unterschied.

§ 264a Kapitalanlagebetrug

(1) Wer im Zusammenhang mit

1. dem Vertrieb von Wertpapieren, Bezugsrechten oder von Anteilen, die eine Beteiligung an dem Ergebnis eines Unternehmens gewähren sollen, oder
2. dem Angebot, die Einlage auf solche Anteile zu erhöhen,

in Prospekten oder in Darstellungen oder Übersichten über den Vermögensstand hinsichtlich der für die Entscheidung über den Erwerb oder die Erhöhung erheblichen Umstände gegenüber einem größeren Kreis von Personen unrichtige vorteilhafte Angaben macht oder nachteilige Tatsachen verschweigt, wird mit Freiheitsstrafe bis zu drei Jahren oder mit Geldstrafe bestraft.

(2) Absatz 1 gilt entsprechend, wenn sich die Tat auf Anteile an einem Vermögen bezieht, das ein Unternehmen im eigenen Namen, jedoch für fremde Rechnung verwaltet.

(3) ¹Nach den Absätzen 1 und 2 wird nicht bestraft, wer freiwillig verhindert, daß auf Grund der Tat die durch den Erwerb oder die Erhöhung bedingte Leistung erbracht wird. ²Wird die Leistung ohne Zutun des Täters nicht erbracht, so wird er straflos, wenn er sich freiwillig und ernsthaft bemüht, das Erbringen der Leistung zu verhindern.

Literatur: *Adams/Shavell,* Zur Strafbarkeit des Versuchs, GA 1990, 337; *P.A. Albrecht,* Erosionen des rechtsstaatlichen Strafrechts, in: KritV 1993, 163; *Becker,* Ökonomische Erklärung menschlichen Verhaltens, 2. Aufl., 1993; *Borchard,* Gehalt und Nutzen des § 264a StGB, 2004; *Cerny,* § 264a StGB – Kapitalanlagebetrug: Gesetzlicher Anlegerschutz mit Lücken, MDR 1987, 271; *Cramer,* Anmerkung zu BGH: Verjährung von Kapitalanlagebetrug, WIB 2005, 305; *Flanderka/Heydel,* Strafbarkeit des Vertriebs von Bauherren-, Bauträger und Erwerbermodellen gem. § 264a StGB, wistra 1990, 256; *Gallandi,* § 264a StGB – Der Wirkung nach ein Missgriff?, wistra 1987, 316; *Granderath,* Das zweite Gesetz zur Bekämpfung der Wirtschaftskriminalität, DB-Beil. Heft 18/1986, 1; *Hagemann,* „Grauer Kapitalmarkt" und Strafrecht – Eine Untersuchung von Beteiligungen an geschlossenen Immobilienfonds, Microcapital und Penny Stocks, Commodity Funds, Commodity Pools und Bankgarantien unter besonderer Berücksichtigung der straf- und zivilrechtlichen Prospekthaftung und der Vorschriften des Gesetzes über das Kreditwesen, 2005; *Hefendehl,* Kollektive Rechtsgüter im Strafrecht, 2002; *Hoyer,* Die traditionelle Strafrechtsdogmatik vor neuen Herausforderungen: Probleme der strafrechtlichen Produkthaftung, GA 1996, 160; *Jacobi,* Der Straftatbestand des Kapitalanlagebetrugs: Eine Analyse seiner Leistungsfähigkeit unter besonderer Berücksichtigung seines Schutzzwecks und der wirtschaftswissenschaftlichen Kapitalmarktforschung, 2000; *Heinze,* Haftung des Vorstandes bei grob fehlerhaften Angaben in einem Kapitalanlageprospekt, GWR 2011, 119; *Joecks,* Anleger- und Verbraucherschutz durch das 2. Wistra, wistra 1986, 142; *Kempf/Schilling,* Nepper, Schlepper, Bauernfänger – zum Tatbestand strafbarer Werbung (§ 16 Abs. 1 UWG) wistra 2007, 41; *Kirch-Heim/Samson,* Vermeidung der Strafbarkeit durch Einholung juristischer Gutachten wistra 2008, 81; *Klaffke,* Verbesserungspotenzial bei der Bekämpfung von Anlagebetrug im Bereich der Justiz, ZRP 2003, 450; *Knauth,* Kapitalanlagebetrug und Börsendelikte in: zweitem Gesetz zur Bekämpfung der Wirtschaftskriminalität, NJW 1987, 28; *Martin,* Aktuelle Probleme bei der Bekämpfung des Kapitalanlageschwindels, wistra 1994, 127; *Mutter,* § 264a StGB: Ausgewählte Probleme rund um ein verkanntes Delikt, NStZ 1991, 421; *Otto,* Strafrechtliche Aspekte der Anlageberatung, WM 1988, 729; *Pananis/Frings,* Presserechtliche Verjährung bei Kapitalanlagebetrug, wistra 2004, 238; *Park,* Börsenstrafrechtliche Risiken für Vorstandsmitglieder von börsennotierten Aktiengesellschaften, BB 2001, 2069; *Richter,* Strafbare Werbung beim Vertrieb von Kapitalanlagen, wistra 1987, 117; *Rössner/Worms,* Welche Änderungen bringt § 264a StGB für den Anlegerschutz, BB 1988, 93; *Rotsch,* Unternehmen, Umwelt und Strafrecht – Ätiologie einer Misere, wistra 1999, 321; *ders.,* Täterrschaft kraft Organisationsherrschaft?, ZStW 112 (2000), 518; *Schlüchter,* Zweites Gesetz zur Bekämpfung der Wirtschaftskriminalität, 1987; *Schmidt-Lademann,* Zum neuen Straftatbestand „Kapitalanlagebetrug" (§ 264a StGB), WM 1986, 1241; *Schniewind/Hausmann,* Anlegerschutz durch Strafrecht, BB-Beil. Heft 16/1986, 26; *Graf v. Schönborn,* Kapitalanlagebetrug – Eine Analyse unter besonderer Berücksichtigung von § 264a StGB, 2003; *C. Schröder,* Die Einführung des Euro und der graue Kapitalmarkt, NStZ 1998, 552; *C. Schröder* Die strafrechtliche Haftung des Notars als Gehilfe bei der Entsorgung einer insolvenzreifen GmbH außerhalb des Insolvenzverfahrens, DNotZ 2005, 596; *Schünemann,* Strafrechtsdogmatische und kriminalpolitische Grundfragen der Unternehmenskriminalität, wistra 1982, 41; *Weber,* Das Zweite Gesetz zur Bekämpfung der Wirtschaftskriminalität (2. WiKG),

NStZ 1986, 481; *Wittig*, Der rationale Verbrecher, 1993; *Wohlers,* Deliktstypen des Präventionsstrafrechts – zur Dogmatik „moderner" Gefährdungsdelikte, 2000; *Worms,* § 264a – ein wirksames Remedium gegen den Anlageschwindel?, wistra 1987, 242; *Ziemann,* Anmerkung zu BGH-Urteil v. 12.5.2005 – 5 StR 283/04, JR 2006, 248; *Zieschang,* Der Kapitalanlagebetrug gemäß § 264a StGB – eine überflüssige Vorschrift?, GA 2012, 607.

Übersicht

A. Allgemeines

I. Historie

Die Vorschrift wurde durch Art. 1 Nr. 10 des 2. WiKG vom 15.5.1986 eingeführt und trat am **1** 1.8.1986 in Kraft. Sie geht zurück auf einen Regierungsentwurf (BT-Drs. 10/318, 4) nach Empfehlungen der Sachverständigenkommission, des Sonderausschusses (BT-Drs. 7/5291, 16) und des Alternativ-Entwurfs Wirtschaft 1977 (§ 188). Gewisse Vorläufer gab es im BörsenG (hierzu LK-StGB/*Tiedemann/Vogel* Rn. 1). Kriminalpolitischer Anlass des § 264a waren Missbrauchserscheinungen auf dem sich seit Mitte der 1960 er Jahren etablierenden „grauen" Kapitalmarkt jenseits klassischer Formen der Geldanlage (LK-StGB/*Tiedemann/Vogel* Rn. 2; Achenbach/Ransiek/Rönnau WirtschaftsStR-HdB/ *Joecks* Teil 10 Kap. 1 Rn. 1). Als grauer Kapitalmarkt wird derjenige Teil des deutschen Kapitalmarkts bezeichnet, der aus vielen einzelnen, nicht organisierten sowie weitgehend von der BaFin unbeaufsichtigten Primär- ansatzweise auch Sekundärmärkten besteht, auf dem vor allem nicht wertpapiermäßig verbriefte, außerbörsliche Anlageformen und als Kapitalanlagen bezeichnete Finanzprodukte angeboten und zum Teil behandelt werden (*Hagemann,* „Grauer Kapitalmarkt" und Strafrecht, 2005, 157; hierzu auch Schröder KapMarktStrafR-Hdb Rn. 1 f.). Die Attraktivität unkonventioneller Arten der Kapitalanlage ergab sich aus Steuerspargesichtspunkten, die bei der Beratung potentieller Anleger in den Vordergrund rückte („Steuersparmodelle" durch „Abschreibungsgesellschaften" bis hin zu „Blind-Fonds", hierzu Schröder KapMarktStrafR-Hdb Rn. 4), wobei nicht selten beträchtliche Verlustrisiken verschwiegen oder beschönigt wurden (HK-KapMStrafR/*Park* Rn. 180). Die meist unerfahrenen Anleger sollten besser geschützt werden. Zivilrechtliche Instrumente versagten bei ausländischen Emittenten und bei Insolvenz. Sondergesetzliche Strafnormen deckten nur Teilbereiche ab (näher *Borchard,* Gehalt und Nutzen des § 264a StGB, 2004, 8 f.). Das neue Delikt sollte für den Vertrieb einer Vielzahl von Kapitalanlagen gelten.

Um Beweisschwierigkeiten des Betrugstatbestands – vor allem hinsichtlich des oft Jahre später zu ermittelnden Vermögensschadens und des diesbezüglichen Vorsatzes (Achenbach/Ransiek/Rönnau WirtschaftsStR-HdB/*Joecks* Teil 10 Kap. 1 Rn. 3) – aus dem Weg zu gehen, konzipierte der Gesetzgeber kupierte Betrugsdelikte, außer § 264a etwa auch § 264 (Subventionsbetrug) und § 265b (Kreditbetrug). Der Gesetzgeber selbst zeigt zu Recht Skepsis gegenüber beweispragmatischer Begründung materiellen Strafrechts (BT-Drs. 10/318, 22). In der Tat ließe sich so das Entfernen beliebiger Tatbestandsmerkmale rechtfertigen; Beweisprobleme tauchen bei jeder Vorschrift auf (vgl. NK-StGB/*Hellmann* Rn. 3), für ihre Bewältigung gibt es strafverfahrensrechtliche Instrumente.

II. Rechtsgut

2   Das von der Vorschrift geschützte Rechtsgut ist umstritten. Der Gesetzgeber selbst will nicht nur das individuelle Vermögen geschützt wissen, sondern auch das Vertrauen in den Kapitalmarkt „und damit das Funktionieren eines wesentlichen Bereichs der geltenden Wirtschaftsordnung." (BT-Drs. 10/318, 22; genauer ist es aber wohl, nicht das kaum zu umreißende und zu ermittelnd Vertrauen in den Kapitalmarkt, sondern das tatsächliche Funktionieren desselben, jedenfalls hinsichtlich gewisser Mindestbedingungen, in den Mittelpunkt des Kollektivrechtsguts zu stellen, hierzu MüKoStGB/*Wohlers/Mühlbauer* Rn. 4 ff.). Der Gesetzgeber geht insofern davon aus, dass sich die Versorgung der Wirtschaft mit langfristigen Geldern nicht nur durch Kreditaufnahme (hierfür wurde § 265b geschaffen), sondern auch durch Eigenkapitaleinwerbung vollzieht (LK-StGB/*Tiedemann/Vogel* Rn. 9). Auch die spärliche Rspr. (BGH NJW 1992, 241 (243); 2004, 2664 (2665); OLG Braunschweig wistra 1993, 31 (33); OLG Köln NJW 2000, 598 (599); anders aber OLG Hamm ZIP 1990, 1331 (1333)) sowie die wohl hL (vgl. nur *Weber* NStZ 1986, 481 (486); *Hefendehl,* Kollektive Rechtsgüter im Strafrecht, 2002, 267 ff.; Lackner/Kühl/*Heger* Rn. 1; Schönke/Schröder/*Perron* Rn. 1; *Mutter* NStZ 1991, 421 (422)) gehen von einem kumulativen Rechtsgut aus – wobei allerdings unklar ist, warum der BGH dann eine Subsidiarität des § 264a gegenüber § 263 annimmt (BGH wistra 2001, 57; BGH BeckRS 2003, 08279; → Rn. 75).

3   Die individualschützende Komponente ist daraus zu folgern, dass § 264a erklärtermaßen Beweisschwierigkeiten des Betrugs überwinden soll (BT-Drs. 10/318, 12 ff.; vgl. auch SK-StGB/*Hoyer* Rn. 6) und insofern ein zum vollendeten Delikt erhobener Betrugsversuch ist. So erklärt sich auch die Benennung des Delikts und seine Stellung im 22. Abschnitt des StGB („Betrug und Untreue"). Ferner lässt sich die Beschränkung auf vorteilhafte Falschangaben (→ Rn. 19) nur durch den Gesichtspunkt des Vermögensschutzes nachvollziehen (vgl. auch Fischer Rn. 14). Die Norm ist daher auch Schutzgesetz iSd § 823 Abs. 2 BGB (BGH NJW 1992, 241 (243); 2000, 3346; 2004, 2664 (2666); BGH(Z) NZG 2010, 587 (589); 2013, 899 (901); OLG Bremen WM 1998, 520; OLG Köln NZG 2000, 89 (92); AG München NJW-RR 2001, 1707 (1709); OLG Naumburg 5.8.2004 – 2 U 42/04; aA OLG Hamm ZIP 1990, 1331 (1333); MüKoStGB/*Wohlers/Mühlbauer* Rn. 3). Die Anerkennung des Individualschutzes eröffnet auch die Möglichkeit des von der Verletzteneigenschaft abhängigen Klageerzwingungsverfahrens nach § 172 StPO, wenngleich erst nach tatsächlicher Zeichnung der Anteile (OLG Braunschweig wistra 1991, 31 (33)).

4   Für eine überindividuelle Komponente sprechen das Erfordernis der Täuschung eines größeren Kreises von Personen unter Verzicht auf Individualtäuschung, Irrtum und Schaden (vgl. OLG Hamm ZIP 1990, 1331 (1333); Schönke/Schröder/*Perron* Rn. 1) sowie die ansonsten nicht materiell-rechtlich zu erklärende und evtl. gegen Art. 3 Abs. 1 GG verstoßende Intensivität des Schutzes gegenüber Täuschungen im Kapitalanlageverkehr (vgl. MüKoStGB/*Wohlers/Mühlbauer* Rn. 3).

5   Da sich die Norm in ihrer geltenden Gestalt also nur dann erklären lässt, wenn man durch sie Individual- und Universalrechtsgüter geschützt sieht, ist den Auffassungen zu widersprechen, die entweder allein ein Kollektivrechtsgut (OLG Hamm ZIP 1990, 1331 (1333); MüKoStGB/*Wohlers/Mühlbauer* Rn. 3: „bloßer Schutzreflex"; *Graf v. Schönborn,* Kapitalanlagebetrug, 2003, 20; *Jacobi,* Der Straftatbestand des Kapitalanlagebetrugs, 2000, 45 ff.) oder allein das individuelle Vermögen (SK-StGB/*Hoyer* Rn. 9; Fischer Rn. 2; NK-StGB/*Hellmann* Rn. 9; Achenbach/Ransiek/Rönnau WirtschaftsStR-HdB/*Joecks* Teil 10 Kap. 1 Rn. 10; *Rössner/Worms* BB 1988, 93 (94); *Borchard,* Gehalt und Nutzen des § 264a StGB, 2004, 32 f.) als geschützt ansehen. Die parallele Beurteilung bei den § 264, 265, 265b legt dies auch nahe. Bei alledem ist aber rechtspolitische Skepsis gegenüber Tendenzen zum Kollektivrechtsgut in Gesetzgebung und Rechtsprechung zu bewahren, soweit dieses dazu eingesetzt wird, immer umfangreichere Strafbewehrungen zu erklären.

III. Deliktsnatur

6   Die Vorschrift ist nach ganz hM ein abstraktes Gefährdungsdelikt (Fischer Rn. 3; Lackner/Kühl/*Heger* Rn. 2; HK-KapMStrafR/*Park* Rn. 183; OLG Hamm ZIP 1990, 1331 (1333)) im Vorbereitungs- und Versuchsbereich des Betrugs. Bis auf die Täuschung fehlen sämtliche Merkmale des § 263. Die Gegenauffassung nimmt ein abstrakt-konkretes Vermögensgefährdungsdelikt an und verlangt, dass der Eintritt eines Schadens beim Erwerber konkret nicht ausgeschlossen sein darf (SK-StGB/*Hoyer* Rn. 11). Aus dem kumulativen Rechtsgut des § 264a ergibt sich in der Tat eine restriktive Auslegung des abstrakt formulierten Delikts, vor allem bei der Frage der Vorteilhaftigkeit von Angaben (→ Rn. 19). Eine solche Charakterisierung des Delikts nimmt den Individualschutz als notwendigen Bestandteil des Vermögensstrafrechts, der nicht durch empirisch kaum überprüfbare kollektive Erwägungen ersetzt werden kann,

ernst und mildert auch die rechtsstaatlichen Bedenken (zu diesen: HK-KapMStrafR/*Park* Rn. 5) gegen ein aus Gründen der Beweisführung geschaffenes Rumpfdelikt. Hinsichtlich des kollektiven Teils des kumulativen Rechtsguts gilt es noch zu bemerken, dass eine vom Gesetzgeber angenommene institutionelle Gefährdung des Kapitalmarkts kaum durch ein einzelnes Delikt geschehen kann, sondern erst durch eine beträchtliche Summe einzelner Taten. § 264a ist insofern ein Kumulationsdelikt (MüKoStGB/*Wohlers*/*Mühlbauer* Rn. 10; *Wohlers*, Deliktstypen des Präventionsstrafrechts, 2000, 309 f.).

Vollendung tritt mit Kundgabe der Angaben nach Abs. 1 ein (Äußerungsdelikt; MüKoStGB/*Wohlers*/ **7** *Mühlbauer* Rn. 101), was auch für den Verjährungsbeginn von Bedeutung ist (→ Rn. 73). Ausreichend ist die Möglichkeit der Kenntnisnahme der fehlerhaften Äußerungen für einen größeren Personenkreis. Der Versuch ist nicht strafbar.

Die erste Tatbestandsvariante (Machen unrichtiger vorteilhafter Angaben) ist unstreitig ein Be- **8** gehungsdelikt. Hinsichtlich der zweiten Variante (Verschweigen nachteilhafter Tatsachen) ist strittig, ob es sich um ein echtes Unterlassungsdelikt (BGH(Z) NZG 2013, 899 (901); Lackner/Kühl/*Heger* Rn. 12; Schönke/Schröder/*Perron* Rn. 27) oder ein Begehungsdelikt (SK-StGB/*Hoyer* Rn. 14; MüKoStGB/ *Wohlers*/*Mühlbauer* Rn. 40; Fischer Rn. 15; NK-StGB/*Hellmann* Rn. 12, 31 ff.) handelt (offen gelassen von OLG Köln NJW 2000, 598 (600); OLG Naumburg 5.8.2004 – 2 U 42/04). Letzteres ist richtig, da es keine Gebotsnorm zur Herstellung vollständiger Prospekte gibt und bei § 264a auch nicht ein bloßes Unterlassen zur Tatbestandsverwirklichung genügt, sondern eine aktive Erklärung in Gestalt des bloß unvollständigen, aber vollständig scheinenden Werbemittels erforderlich ist (konkludente Täuschung). Es überwiegt die Tätigkeitskomponente. Es bedarf auch keiner besonderen Offenbarungs- und Aufklärungspflicht. An sich ist die Verschweigensvariante daher nicht erforderlich, weil unvollständige Angaben die Verhältnisse des Anlageobjekts nicht zutreffend darstellen und somit unrichtig sind (NK-StGB/*Hellmann* Rn. 34). § 264a ist aber nach allgemeinen Regeln als unechtes Unterlassungsdelikt iSd § 13 strafbar (→ Rn. 35 f.).

IV. Kriminalpolitische Bedeutung

Die praktische Bedeutung des Tatbestands wird als gering eingeschätzt (Fischer Rn. 2a; *Martin* wistra **9** 1994, 127 (128); *Zieschang* GA 2012, 607). Es sind auch nur wenige Entscheidungen der Strafgerichte zum Kapitalanlagebetrug veröffentlicht. Größere Bedeutung erlangt die Vorschrift in der Zivilrechtsprechung (Lackner/Kühl/*Heger* Rn. 2; NK-StGB/*Hellmann* Rn. 5) zu § 823 Abs. 2 BGB (→ Rn. 3), da die Kappung der Betrugsmerkmale die Voraussetzungen des deliktischen Schadensersatzanspruchs erleichtert. Eine ausführliche Darstellung empirisch-kriminologischer Gesichtspunkte, insbesondere von Erscheinungsformen des Kapitalanlagebetrugs und der Strafverfolgungspraxis, findet sich bei *Graf v. Schönborn*, Kapitalanlagebetrug, 2003, 53 ff., der auch materiell- und verfahrensrechtliche Reformüberlegungen dar- und anstellt (S. 101 ff.). Die PKS weist für das Jahr 2015 35 erfasste Fälle des „Prospektbetrugs" nach § 264a aus (2014: 53 Fälle. Unter dem dort verwendeten Oberbegriff Beteiligungs- und Kapitalanlagebetrug fielen 7895 erfasste Fälle, wovon „Anlagebetrug gemäß § 263" 7699, „Betrug bei Börsenspekulationen" 15, „Beteiligungsbetrug" 58, „Kautionsbetrug" 86 und „Umschuldungsbetrug" 2 erfasste Fälle ausmachten).

Einerseits üben Strafverfolgungsbehörden ressourcenbedingt Zurückhaltung bei der Prüfung von **10** Werbeträgern auf Richtigkeit und Vollständigkeit von Amts wegen, andererseits kommt oft ein zumindest versuchter Betrug nach § 263 in Betracht (Fischer Rn. 2a). Einen Strafantrag setzt § 264a zwar nicht voraus, faktisch wird die Strafverfolgung aber weitgehend von einer Strafanzeige abhängen, die wiederum Anleger regelmäßig erst bei eingetretener Schädigung erstatten (LK-StGB/*Tiedemann*/*Vogel* Rn. 122). Immerhin sehen Nr. 236 und 260c RiStBV bei der Bekämpfung von Schwindelunternehmen und Vermittlungsschwindel eine Zusammenarbeit der Strafverfolgungsbehörden mit dem deutschen Schutzverband gegen Wirtschaftskriminalität und dem Ring Deutscher Makler vor (hierzu LK-StGB/ *Tiedemann*/*Vogel* Rn. 124; Müller-Gugenberger WirtschaftsStR/*Wagenpfeil* § 27 Rn. 110). Die spärliche Berücksichtigung in den Verfolgungsstatistiken dürfte ferner die tatsächlichen Verhältnisse nicht sehr zuverlässig wiedergeben, da die statistische Erfassung häufig nicht korrekt ist und insbesondere statt § 264a der Betrug nach § 263 vermerkt wird oder doch der § 264a sich in der Formulierung „§ 263 StGB ua" verbirgt (HK-KapMStrafR/*Park* Rn. 184).

Immerhin sind nicht zu messende präventive Effekte der Vorschrift dahingehend, dass sich die **11** Emittenten und Vertreiber bei der Abfassung ihrer Anlageinformationen auf die Tatbestandsanforderungen eingestellt haben (HK-KapMStrafR/*Park* Rn. 184; LK-StGB/*Tiedemann*/*Vogel* Rn. 15; Achenbach/Ransiek/Rönnau WirtschaftsStR-HdB/*Joecks* Teil 10 Kap. 1 Rn. 5: „Schutzmannfunktion" der Vorschrift in der Branche; *Klaffke* ZRP 2003, 450) plausibel angesichts typischerweise rational abwägenden Verhaltens der Wirtschaftsbeteiligten unter Einbeziehung etwaiger Sanktionsrisiken persönlicher und unternehmerischer Art in allen Rechtsgebieten. Generalpräventiven Wirkungen im Rahmen der mittelbaren Schutzfunktion des Strafrechts wird im Wirtschaftsstrafrecht große Bedeutung beigemessen. Dies steht insbesondere im Zusammenhang mit allgemeinen ökonomischen Theorien menschlichen Entscheidungsverhaltens, die in ökonomischen Ansätzen zur Entstehung von Kriminalität und der ökonomischen Analyse des Strafrechts gipfeln (hierzu vgl. nur *Becker*, Ökonomische Erklärung menschlichen Verhaltens, 2. Aufl., 1993, 39 ff.; *Wittig,* Der rationale Verbrecher, 1993; zusammenfassend *Adams/Shavell* GA 1990, 337 (341 ff.)). Ausgangspunkt ist die – im Wirtschaftsbereich wenig durch Affekte getrübte – Rationalität menschlicher Kosten-Nutzen-Abwägungen, die die Entscheidungen des Menschen beeinflussen: das kalkulierend-rationale Profitinteresse des homo oeconomicus.

12   Richtig ist aber auch, dass zivil- und verwaltungsrechtliche Pflichten zur Prospektgestaltung und -prüfung oft geeigneter als Strafnormen sind, den Anlegerschutz zu verbessern (NK-StGB/*Hellmann* Rn. 2; vgl. auch MüKoStGB/*Wohlers/Mühlbauer* Rn. 13; zum aufsichtsrechtlichen Instrumentarium nach KWG und WpHG *Graf v. Schönborn,* Kapitalanlagebetrug, 2003, 50 ff.). Dies zeigt etwa das AnSVG vom 28.10.2004, zB durch Einführung des § 8 f. Abs. 1 VerkProspG zur Regulierung des Marktes für geschlossene Fonds (Schröder KapMarktStrafR-HdB Rn. 6 f.). Besonders wirksam sind Änderungen des Steuerrechts zur Reduzierung der Attraktivität mancher Beteiligungen am grauen Kapitalmarkt (hierzu Schröder KapMarktStrafR-HdB Rn. 5). Nach wie vor zweifelhaft ist auch, ob ein besserer Selbstschutz der bisweilen leichtsinnigen Anleger wirklich nicht möglich ist (so aber LK-StGB/*Tiedemann/Vogel* Rn. 11, der aber auch klarstellt, dass das Strafrecht und seine praktische Anwendung von vornherein auf grobe und eindeutige Fälle beschränkt ist; zu viktimologischen Untersuchungen *Borchard,* Gehalt und Nutzen des § 264a StGB, 2004, 14).

        Berechtigte Zweifel bestehen an der Legitimität des § 264a als Norm prozessualer Funktion, die den Ermittlungsbehörden früh als Einstiegsnorm zur Begründung von Zwangsmaßnahmen dienen kann (hierzu *P. A. Albrecht* KritV 1993, 163 (170); befürwortend aber LK-StGB/*Tiedemann/Vogel* Rn. 14).

B. Objektiver Tatbestand

I. Tathandlung

13   Die Tathandlung der Vorschrift besteht darin, dass der Täter unrichtige vorteilhafte Angaben macht (Var. 1) oder nachteilige Tatsachen verschweigt (Var. 2), die für die Kapitalanlageentscheidung erheblich sind.

14   **1. Machen unrichtiger vorteilhafter Angaben (1. Variante). a) Angaben.** § 264a Abs. 1 Var. 1 verwendet wie § 265b und § 20a Abs. 1 Nr. 1 WpHG den Begriff der Angaben. Es ist umstritten, ob Angaben im Sinne der ersten Tatbestandsvariante nur Tatsachen sind (SK-StGB/*Hoyer* Rn. 15) oder auch Prognosen und Werturteile erfasst werden (so die hM; Lackner/Kühl/*Heger* Rn. 12; MüKoStGB/ *Wohlers/Mühlbauer* Rn. 54; *Cerny* MDR 1987, 271 (276)). Zwar scheint ein Umkehrschluss zur zweiten Tatbestandsvariante letzteres nahe zu legen (Schröder KapMarktStrafR-HdB Rn. 39). Allerdings können Angaben nur dann unrichtig sein, wenn ein Vergleich mit einer richtigen Tatsachenlage möglich ist (vgl. auch Joecks StGB Rn. 6). Prognosen können allenfalls unvertretbar sein. § 264a soll schließlich auch ein Tatbestand im Vorfeld des Betrugs sein (*Achenbach* NJW 1986, 1835 (1839)), wie auch Bezeichnung und systematische Stellung nahe legen (→ Rn. 3), § 263 stellt aber nur Täuschungen über Tatsachen unter Strafe (NK-StGB/*Hellmann* Rn. 32).

15   Ohnehin enthält jedes im Kapitalanlagezusammenhang abgegebene Werturteil die konkludente Erklärung, dass die Bewertung auf entsprechenden Tatsachen beruht, die sie plausibel machen: Das wirkliche oder in der Person des Täters liegende Fehlen dieser Basis ist eine nachteilhafte Tatsache, die iSd zweiten Variante verschwiegen wird (SK-StGB/*Hoyer* Rn. 16; NK-StGB/*Hellmann* Rn. 33). Zum gleichen Ergebnis gelangt man dann, wenn man fordert, dass Angaben, soweit sie zukünftige Entwicklungen enthalten, so dargestellt sein müssen, als seien sie auf der Grundlage der angeführten Fakten die schlüssige Prognose eines Fachmanns (Schönke/Schröder/*Perron* Rn. 24 unter Hinweis auf das Bestimmtheitsgebot des Art. 103 Abs. 2 GG; vgl. auch HK-KapMStrafR/*Park* Rn. 188; Schröder Kap-MarktStrafR-HdB Rn. 44) oder Angaben ohne jeden Tatsachenkern ausscheiden will (MüKoStGB/ *Wohlers/Mühlbauer* Rn. 54; vgl. auch LK-StGB/*Tiedemann/Vogel* Rn. 77). Man kann dann auch direkt auf die implizierte Tatsache zugreifen. Dies spiegelt auch die Schutzbedürftigkeit potentieller Anleger besser wieder. Selbstverständlich kann allein daraus, dass sich eine Prognose nicht verwirklicht hat, nicht darauf geschlossen werden, es habe an einer gewissenhaften Analyse der Tatsachengrundlage gefehlt (HK-KapMStrafR/*Park* Rn. 188; Schröder KapMarktStrafR-HdB Rn. 43). Der also für beide Varianten des Abs. 1 relevante Tatsachenbegriff enthält (wie bei § 263) Ereignisse, Vorgänge oder Zustände der Innen- oder Außenwelt, sofern sie der Gegenwart oder der Vergangenheit angehören und somit dem Beweise zugänglich sind (Fischer § 263 Rn. 6).

16   Angaben „macht" der Täter dann, wenn er sie einem größeren Kreis von Personen zugänglich macht, wobei die Möglichkeit der Kenntnisnahme ausreicht. Unerheblich ist, ob die angesprochenen Personen die Angaben zur Kenntnis genommen oder sogar geglaubt haben (Schönke/Schröder/*Perron* Rn. 37).

17   **b) Unrichtigkeit.** Unrichtig ist die Angabe dann, wenn sie im Zeitpunkt des „Machens" im objektiven Widerspruch zur Wirklichkeit steht, also nicht vorhandene Umstände als vorhanden oder vorhandene Umstände als nicht vorhanden bezeichnet werden (BT-Drs. 10/318, 24; Fischer Rn. 14). Das gesamte Sekundärwissen über Kapitalanlagen wird einbezogen (MüKoStGB/*Wohlers/Mühlbauer* Rn. 55; *Jacobi,* Der Straftatbestand des Kapitalanlagebetrugs, 2000, 87 ff.). Autoren, die die Unrichtigkeit

von einem Maßstab des angesprochenen Personenkreises beurteilen wollen (*Möhrenschlager* wistra 1982, 201 (206); LK-StGB/*Tiedemann*/*Vogel* Rn. 78) ist entgegenzuhalten, dass es für § 264a auf einen Irrtum und damit eine konkrete Irrtumseignung der Angaben nicht ankommt, zumal der Adressatenkreis ohnehin offen ist (MüKoStGB/*Wohlers*/*Mühlbauer* Rn. 55). Die Unrichtigkeit entfällt, wenn der Täter eine für sich gesehen unrichtige Darstellung richtig stellt, zB durch entsprechende mündliche Erklärungen (*Cerny* MDR 1987, 271 (276); MüKoStGB/*Wohlers*/*Mühlbauer* Rn. 60).

Unrichtigkeit soll nach der zivilrechtlichen Rspr. auch dann vorliegen, wenn bei positiven Angaben **18** Teilaussagen weggelassen werden und dadurch ein falsches Gesamtbild entsteht (OLG Köln NZG 2000, 89 (90); vgl. auch OLG München BeckRS 2007, 19552), also der Sinn einer Aussage durch Beschränkung auf einzelne Teile entstellt wird (OLG Köln NZG 2000, 89 (90)). Zutreffend dürfte es demgegenüber sein, lückenhafte, aber wahre Angaben nicht als Machen unrichtiger Angaben, sondern als Verschweigen nachteiliger Tatsachen anzusehen (MüKoStGB/*Wohlers*/*Mühlbauer* Rn. 56; NK-StGB/*Hellmann* Rn. 35), da sonst die tatbestandliche Unterscheidung der Varianten eingeebnet wird.

c) Vorteilhaftigkeit. Angaben sind dann vorteilhaft, wenn die wirtschaftlichen Verhältnisse günstiger **19** dargestellt werden als sie in Wirklichkeit sind (OLG Köln NZG 2000, 89 (91)), so dass sie geeignet sind, eine positive Anlageentscheidung zu fördern. Ausgeschieden sind somit neutrale und abwertende Angaben, vor allem Boykottaufrufe (BT-Drs. 10/318, 24; Lackner/Kühl Rn. 12). Maßstab ist der objektive Erklärungsgehalt des Werbeträgers, nicht die Sicht eines einzelnen Anlegers, zumal die Angaben gegenüber einem größeren Kreis von Personen gemacht werden müssen (NK-StGB/*Hellmann* Rn. 45).

Umstritten ist die Frage einer Kompensation unrichtiger vorteilhafter Angaben durch unrichtige **20** nachteilhafte. Die hM lehnt eine Kompensationsfähigkeit ab (*Joecks* wistra 1986, 142 (147); *Worms* wistra 1987, 271 (273); *Otto* WM 1988, 729 (738); Lackner/Kühl Rn. 14; HK-KapMStrafR/*Park* Rn. 192), die Gegenauffassung bejaht sie (SK-StGB/*Hoyer* Rn. 37 ff.; Achenbach/Ransiek/*Rönnau* WirtschaftsStR-HdB/*Joecks* Teil 10 Kap. 1 Rn. 81 f.). Aus dem kumulativen Rechtsgut der Vorschrift ergibt sich, dass es zutreffend ist, die Kompensation zuzulassen, da es dann an der Eignung, das Individualvermögen zu gefährden, fehlt. Nur bei derartigem Verständnis kommt dem Merkmal der Vorteilhaftigkeit überhaupt eine eigenständige Bedeutung zu (SK-StGB/*Hoyer* Rn. 38).

An der Vorteilhaftigkeit fehlt es in teleologischer Reduktion des Tatbestands auch dann, wenn die **21** Kapitalanlage zum Marktwert angeboten wird, da in einem solchen Falle keine Gefahr eines Individualschadens besteht (SK-StGB/*Hoyer* Rn. 40).

2. Verschweigen nachteiliger Tatsachen (2. Variante). Nachteilig sind solche Tatsachen, deren **22** Kenntnis geeignet ist, den Anlageinteressenten vom Entschluss Abstand nehmen zu lassen (OLG Köln NZG 2000, 89 (91)). Keine Tatsachen und daher nicht erfasst sind allgemein ungünstige Wirtschaftsfaktoren oder negative Gutachten zur wirtschaftlichen Entwicklung des Anlagewertes (BGH(Z) NZG 2013, 436 (437 f.)). Für die Bewertung der Nachteiligkeit ist eine objektive Betrachtung ex ante entscheidend (MüKoStGB/*Wohlers*/*Mühlbauer* Rn. 66). Das Merkmal ist spiegelbildlich zum Machen vorteilhafter Angaben auszulegen. Die Verschweigensvariante ist ein Delikt kraft positiven Tuns in der Form konkludenter Behauptung der Vollständigkeit gemachter Angaben (→ Rn. 8). Die Rechtspflicht zur Offenbarung ergibt sich daher direkt aus § 264a. Der Umfang der Mitteilungspflicht resultiert aus der Auslegung der Erheblichkeit der Umstände (→ Rn. 23 ff.). An die Form der Offenbarung sind keine zu hohen Anforderungen zu stellen; Angaben in schwer verständlicher Form an versteckter Stelle genügen (BVerfG NJW 2008, 1726 (1727)).

3. Erhebliche Umstände. Die Angaben oder das Verschweigen müssen sich auf Umstände beziehen, **23** die für die Anlageentscheidung erheblich sind. Für einen rationalen Anleger sind alle Umstände erheblich, die den Marktwert der Kapitalanlage beeinflussen (SK-StGB/*Hoyer* Rn. 34), also eine Chancen- und Risikobeurteilung ändern. Dies können auch formal erscheinende Umstände ohne unmittelbaren Vermögensbezug wie zB der Sitz des Unternehmens oder das Datum der Gründung sein (LK-StGB/*Tiedemann*/*Vogel* Rn. 75). Auf die Frage, ob der tatsächliche Wert der Anlage hinter dem Preis zurückbleibt, den die Anleger zu entrichten haben, kommt es nicht an (MüKoStGB/*Wohlers*/*Mühlbauer* Rn. 69). Unerheblich sind lediglich Umstände, die den Wert der Anlage nicht berühren (OLG Köln NZG 2000, 89 (91)), zB Bagatellunrichtigkeiten (*Graf v. Schönborn* Kapitalanlagebetrug, 2003, 40), das vorherige Zeichnungsverhalten anderer Laien aus Prominenz des öffentlichen Lebens oder Nachbarschaft oder ökonomisch neutrale Affektionsinteressen (SK-StGB/*Hoyer* Rn. 35). Anlageethische und ideelle Gesichtspunkte erlangen erst Erheblichkeit, wenn sie kurs- bzw. marktrelevant werden (LK-StGB/*Tiedemann*/*Vogel* Rn. 71). Auch die angebliche gesamtwirtschaftliche Bedeutung des emittierenden Unternehmens oder des betreffenden Wirtschaftszweigs ist für die Bewertung regelmäßig unerheblich (Schönke/Schröder/*Perron* Rn. 30). Anhaltspunkte für die Erheblichkeit können kapitalmarktrechtliche Vorschriften zum Mindestinhalt von Verkaufsprospekten liefern (BGH(Z) NZG 2013, 436 (437)).

Da die Angaben nicht an ein fachkundiges, sondern an das allgemeine Publikum gerichtet sind, **24** müssen Darstellungsstil und Sprache diesem Adressatenkreis entsprechen, es ist nicht der Maßstab eines börsenkundigen Lesers anzulegen (BGH NStZ 2005, 568; OLG Köln NZG 2000, 89 (91); LK-StGB/

Tiedemann/Vogel Rn. 74). Allerdings müssen keine Angaben zur allgemeinen Wirtschaftslage (etwa die Möglichkeit eines Konjunktureinbruchs), zu Währungs- und zu Marktrisiken gemacht werden, da hier ein unmittelbarer Bezug zum konkreten Anlagewert fehlt (MüKoStGB/*Wohlers/Mühlbauer* Rn. 72). Es ist auch keine Einführung in handels-, gesellschafts- und steuerrechtliche Grundlagen der Kapitalanlage erforderlich (HK-KapMStrafR/*Park* Rn. 189). Es gibt also eine Reihe von Risikofaktoren, die im normativ verstandenen allgemeinen Erfahrungswissen eines jeden Anlegers vorhanden sein müssen (Achenbach/Ransiek/Rönnau WirtschaftsStR-HdB/*Joecks* Teil 10 Kap. 1 Rn. 49). Eine ins Einzelne gehende und individuelle Besonderheiten berücksichtigende Anlageberatung kann im Werbemittel nicht erwartet werden (Fischer Rn. 15).

25   Wann ein Umstand erheblich ist, soll sich in Anlehnung an § 265b nach dem verständigen, durchschnittlich vorsichtigen Anleger richten (BT-Drs. 10/318, 24; BGH NStZ 2005, 568; KG(Z) wistra 2011, 358 (359); vgl. auch BGHSt 30, 292 zu § 265b). Problematisch hieran ist, dass – anders als bei § 265b – nicht nur ein einziger Geschäftstyp in Frage kommt, sondern eine ganze Bandbreite von Kapitalanlagen von eher kurzfristig spekulierenden Investition bis hin zur langfristigen Wertsicherungsanlage (Schönke/Schröder/*Perron* Rn. 32; HK-KapMStrafR/*Park* Rn. 191). Auch sind dem Anbieter der Kapitalanlage die verschiedenen Zwecke der Anleger nicht immer bekannt. Die Maßfigur eines durchschnittlich vorsichtigen Anlegers führt angesichts stark schwankender Risikoneigung der Anleger und Risikoträchtigkeit der Investition nicht weiter. Es kommt nicht auf die Erwartungen eines empirisch ermittelten Durchschnittsanlegers an, sondern auf normative Gesichtspunkte bei Berücksichtigung von Art und Inhalt der Kapitalanlage (MüKoStGB/*Wohlers/Mühlbauer* Rn. 68). Insbesondere im strukturell risikobehafteten Grauen Kapitalmarkt führt das Merkmal des vorsichtigen Kapitalanlegers zu einer Ausweitung der Strafbarkeit (*Ziemann* JR 2006, 248 (251)). Ein durchschnittlich vorsichtiger Anleger zeichnet bestimmte Anlagemodelle wie etwa Hedge- oder Schiffsfonds überhaupt nicht (Schröder KapMarktStrafR-HdB Rn. 56). Ohnehin setzt jede Maßfigur in ihrer praktischen Handhabung Kriterien voraus. Es wird kein Maßstab aufgestellt, sondern man wird auf die Suche nach einem solchen geschickt (Schröder KapMarktStrafR-HdB Rn. 52). Auch ein Hinweis auf die Erwartungen des Kapitalmarkts, der ohnehin lediglich potentiellen Anlegern ein Angebot zur Verfügung stellt und durch die Auffassungen der Marktteilnehmer bestimmt wird (NK-StGB/*Hellmann* Rn. 61), ersetzt dies nicht.

26   Vor allem die Verschweigensvariante wirft einige Schwierigkeiten hinsichtlich der Bestimmtheit (vgl. LK-StGB/*Tiedemann/Vogel* Rn. 13, 67 ff.) auf. Prospektangaben können schon ihrer Funktion nach nicht auf Vollständigkeit angelegt sein: eine allzu weit gehende Umfänglichkeit der Informationen wäre für den Herausgeber des Prospekts kaum handhabbar und für den Anleger nicht mehr überschaubar (vgl. auch Fischer Rn. 16: „wahllose Informationsflut"; Schönke/Schröder/*Perron* Rn. 31: „sonst die Gefahr verstärkt wird, dass in einer Flut von Informationen, die auch rein akademische Gefahren abdecken, die spezifischen Risiken des konkreten Anlagegeschäfts untergehen", also im Hinblick auf eine sinnvolle Anlegerinformation kontraproduktiv (Achenbach/Ransiek/Rönnau WirtschaftsStR-HdB/*Joecks* Teil 10 Kap. 1 Rn. 50: „Volumen eines Versandhauskataloges"). Daher beschränkt sich die Offenbarungspflicht auf die wertbildenden Umstände, die nach den Erwartungen des Kapitalmarkts für einen Anleger bei ihrer Investitionsentscheidung von Bedeutung sind (BGH NStZ 2005, 568; vgl. auch BGHSt 30, 292). Es ist eine enge Auslegung geboten (Lackner/Kühl/*Heger* Rn. 13). Erforderlich ist, das strafbare Unterlassen in dem Sinne auf eindeutig erhebliche Umstände zu beschränken, dass Sachkundige nicht unterschiedlicher Meinung sein können (LK-StGB/*Tiedemann/Vogel* Rn. 70).

27   Angesichts der Inhomogenität der Anlegerzwecke muss dies entscheidend nach Art und Inhalt der jeweiligen Kapitalanlage beurteilt werden (Fischer Rn. 16; Schönke/Schröder/*Perron* Rn. 32), so dass der Verkehrskreis zu betrachten ist, der für die jeweils in Rede stehende Anlageart in Frage kommt (Schröder KapMarktStrafR-HdB Rn. 56). Es leuchtet ohne weiteres ein, dass für den Anleger, der einem Steuer sparenden Immobilien- oder Windkraftfonds beitritt, andere Angaben im Mittelpunkt stehen als für einen Zeichner einer Aktie im Rahmen einer Aktienemission oder für einen Anleger, der sich an einem Schiffsfonds zum Erwerb und zur Vermietung von Containerschiffen beteiligt (Schröder KapMarktStrafR-HdB Rn. 53).

28   Das Merkmal der Erheblichkeit darf nicht iSv Kausalität bzw. hypothetischer Kausalität für eine konkrete Anlageentscheidung etwa des Anzeigeerstatters verstanden werden, zumal die Täuschung ohnehin gegenüber einem größeren Kreis von Personen (→ Rn. 37 f.) erfolgen muss (NK-StGB/*Hellmann* Rn. 60).

29   Unbefriedigend ist es, darauf zu verweisen, dass man es der Einzelfallbeurteilung überlassen müsse, welche konkreten Tatsachen jeweils der Mitteilungspflicht unterliegen (so aber HK-KapMStrafR/*Park* Rn. 189). Zutreffend bleibt aber, dass keine Auflistung auf eine salvatorische Klausel verzichten kann (vgl. MüKoStGB/*Wohlers/Mühlbauer* Rn. 74). Es handelt sich allein um das übliche rechtswissenschaftliche Dilemma zwischen Unbestimmtheit und Kasuistik (vgl. Schröder KapMarktStrafR-HdB Rn. 54).

30   Indiziell, also weder zwingend noch abschließend, können die Vorschriften des Investmentgesetzes (§§ 42, 117, 121, 127, 137 InvG), des WpPG (hierzu Schröder KapMarktStrafR-HdB Rn. 59 ff.), der EG-VO 809/2004 (hierzu Schröder KapMarktStrafR-HdB Rn. 64 f., 71), des BörsG, des VerkProspG, der VerkProspVO sowie die zivilrechtlichen Grundsätze zur Prospekthaftung (zB BGH NJW 1982,

2823; 1978, 1625) herangezogen werden (Schönke/Schröder/*Perron* Rn. 32; Müller-Gugenberger WirtschaftsStR-HdB/*Wagenpfeil* § 27 Rn. 132). Für Unternehmensbeteiligungen geben die 2004 eingeführten §§ 8f, 8g VerkProspG sowie die VermVerkProspV Hinweise (hierzu Schröder KapMarktStrafR-HdB Rn. 75 ff.; Achenbach/Ransiek/Rönnau WirtschaftsStR-HdB/*Joecks* Teil 10 Kap. 1 Rn. 65 ff.).

Gleiches gilt für die Checklisten und Prüfungskataloge der Wirtschaftsprüfer zu Kapitalanlagen (LK- **31** StGB/*Tiedemann*/*Vogel* Rn. 69; Lackner/Kühl/*Heger* Rn. 13; aA *Gallandi* wistra 1987, 316 (317); Schönke/Schröder/*Perron* Rn. 31), deren fehlender Rechtscharakter und fehlende strafrechtliche Zielrichtung solange unschädlich sind, wie sie nicht unbesehen auf das Strafrecht übertragen werden, sondern es bei der Indizwirkung im Rahmen der strafrechtlichen Gesamtwürdigung bleibt.

Grundsätze des Zivilrechts sind für das Strafrecht nur insofern von Belang, als es sich um bei rechts- **32** treuen Fachleuten anerkannte Standards handelt; ist die Erheblichkeit von Umständen noch nicht einmal zivilrechtlich überwiegend anerkannt, können diese strafrechtlich erst recht nicht durchschlagen (Achenbach/Ransiek/Rönnau WirtschaftsStR-HdB/*Joecks* Teil 10 Kap. 1 Rn. 78).

Insbesondere müssen Angaben zu folgenden Fragen in dem Werbemittel enthalten sein (vgl. die **33** Kriterienkataloge bei LK-StGB/*Tiedemann*/*Vogel* Rn. 75; Achenbach/Ransiek/Rönnau WirtschaftsStR-HdB/*Joecks* Teil 10 Kap. 1 Rn. 65 ff.; Müller-Gugenberger WirtschaftsStR/*Wagenpfeil* § 27 Rn. 130 f. – „Prüffelder" – und Schröder KapMarktStrafR-HdB Rn. 80 ff.):

– Herausgeber des Prospekts und Initiatoren des Anlageobjekts (nach Müller-Gugenberger WirtschaftsStR/*Wagenpfeil* § 27 Rn. 130; vgl. auch Achenbach/Ransiek/Rönnau WirtschaftsStR-HdB/*Joecks* Teil 10 Kap. 1 Rn. 69: Name bzw. Firma, Sitz und Anschrift, Rechtsform, Registergericht und -nummer, Tag der ersten Eintragung, Datum der Aufnahme der Geschäftstätigkeit, Gegenstand des Unternehmens, Höhe des haftenden Kapitals bei Kapitalgesellschaften, Name und Wohnort persönlich haftender Gesellschafter und Gesellschafter mit Anteilen und Stimmrechten von mehr als 25 %, Name und Wohnort der Geschäftsführer und deren Vertretungsbefugnis, Name, Wohnort und Beruf der Mitglieder von Aufsichtsorganen und deren Funktionen).
– kapitalmäßige Verflechtungen zwischen verschiedenen an einem Anlageobjekt beteiligten Personen oder Organisationen, wenn die Beteiligung allein oder zusammen mit Beteiligungen der anderen Partner oder nahen Angehörigen direkt oder indirekt mindestens 25 % des Nennkapitals der Gesellschaft beträgt oder Stimmrechte oder Gewinnbeteiligungen in diesem Umfang gewährt (Müller-Gugenberger WirtschaftsStR/*Wagenpfeil* § 27 Rn. 130).
– personelle Verflechtungen (Müller-Gugenberger WirschaftsStR/*Wagenpfeil* § 27 Rn. 130), wenn mehrere wesentliche Funktionen durch die gleiche Person, durch nahe Angehörige oder dieselbe Gesellschaft wahrgenommen werden; ebenso nahe geschäftliche Beziehungen von Treuhändern, Gutachtern, Mitgliedern von Aufsichtsorganen oder Prospektprüfern zu den Initiatoren, Vertragspartnern oder Prospektherausgebern.
– Anlageobjekt (Achenbach/Ransiek/Rönnau WirtschaftsStR-HdB/*Joecks* Teil 10 Kap. 1 Rn. 71): Art der Kapitalanlage, steuerliches (gesicherte oder umstrittene steuerliche Beurteilung des Modells unter Berücksichtigung der Gesetze, der veröffentlichten Rechtsprechung und der Erlasse der Finanzverwaltung; Höhe des Steuervorteils; gesondertes Eingehen auf steuerliche Probleme) und rechtliches Konzept, Konzernzugehörigkeit, Auslandsbezüge, Geschäftsführungsorgane und Verantwortliche, wirtschaftliche Lage, Kapitalverhältnisse, Finanzierungsplan inklusive der Konditionen einer Fremdfinanzierung, Sicherheiten, Kreditgewährungen, wesentliche Vertragspartner, Ertragsfähigkeit, erwartete oder gesicherte Erträge, Rendite, Zusammensetzung der Gesamtaufwendungen (Vergütungen an die Herausgeber des Prospekts und an andere Initiatoren oder mit diesem verbundene Unternehmen; Vertriebskosten, an den Treuhänder zu entrichtende Gebühren; Innenprovisionen, sog kick-backs), Geschichte.
– bedeutsame Verträge (Achenbach/Ransiek/Rönnau WirtschaftsStR-HdB/*Joecks* Teil 10 Kap. 1 Rn. 75), insbesondere Gesellschafts- und Treuhandverträge, vor allem, soweit es die Rechte der Anleger, ihr Ausscheiden aus der Gesellschaft, die Rechnungslegung, Gebührenpflichten und Leistungsstörungen betrifft.

Hinzu kommen jeweils atypische Risiken der konkreten Anlageform (OLG Köln NZG 2000, 89 **34** (91)).

4. Korrekturen und Aktualisierungen. Rechnet der Täter bei Inauftraggabe bzw. Fertigung des **35** Werbeträgers nicht damit, dass seine Angaben später, dh nach Eintritt der Kenntnisnahmemöglichkeit, unrichtig werden könnten, fehlt ihm zum Handlungszeitpunkt der Vorsatz (SK-StGB/*Hoyer* Rn. 18). Es ist umstritten, wie es zu würdigen ist, wenn der Täter die Unrichtigkeit oder Unvollständigkeit der Angaben erst zu einem späteren Zeitpunkt erkennt oder diese erst aufgrund veränderter Umstände entstehen. Nach zutreffender hM macht sich der Täter wegen eines unechten Unterlassungsdelikts nach § 264a, § 13 strafbar (SK-StGB/*Hoyer* Rn. 18; aA NK-StGB/*Hellmann* Rn. 35, der § 264a unmittelbar anwendet). Den Täter trifft zum einen eine Pflicht zur Korrektur der als fehlerhaft erkannter Angaben. Zum anderen muss er unrichtig gewordene Angaben aktualisieren (BGH NZG 2013, 899 (901); OLG München AG 2005, 169; SK-StGB/*Hoyer* Rn. 18; LK-StGB/*Tiedemann*/*Vogel* Rn. 82; LPK-StGB/

Kindhäuser Rn. 9; *Heinze* GWR 2011, 119; aA OLG Naumburg 5.8.2004 – 2 U 42/04, welches nur dann eine Korrekturpflicht bejaht, wenn das Prospekt von vornherein unzutreffend und dies nur nicht bemerkt worden war).

36   Es mangelt nicht an der nach § 13 erforderlichen Garantenstellung. Zwar liegt Ingerenz wegen des zu verlangenden pflichtwidrigen Vorverhaltens nur dann vor, wenn der Täter die Unrichtigkeit der Angaben sorgfaltswidrig nicht erkannt hat (NK-StGB/*Hellmann* Rn. 42; Achenbach/Ransiek/Rönnau WirtschaftsStR-HdB/*Joecks* Teil 10 Kap. 1 Rn. 45). Allerdings ist der Täter als Überwacher einer Gefahrenquelle in Gestalt des Werbemittels für die Kapitalanlage verantwortlich iSd § 13 (SK-StGB/*Hoyer* Rn. 18; Hellmann/Beckemper WirtschaftsStR Rn. 24). Es besteht daher durchaus eine normierte Rechtspflicht, den Inhalt des Werbemittels auch nach dessen Verbreitung ständig auf seine Richtigkeit zu überprüfen (aA MüKoStGB/*Wohlers/Mühlbauer* Rn. 61).

II. Adressaten: Größerer Kreis von Personen

37   Ein größerer Kreis von Personen liegt in den Worten des Gesetzentwurfs dann vor, wenn es sich um eine solch große Anzahl potentieller Anleger handelt, dass deren Individualität gegenüber dem sie zu einem Kreis verbindenden potentiell gleichen Interesse an der Kapitalanlage zurücktritt (BT-Drs. 10/318, 23). Das Tatbestandsmerkmal entspricht § 16 Abs. 1 UWG (vgl. dazu *Kempf/Schilling* wistra 2007, 41 (43 f.)). Ob der Personenkreis durch gemeinsame weitere Gruppenmerkmale verbunden ist oder nicht, ist nicht von Bedeutung. Es muss kein tatsächliches Anlageinteresse bestehen. Auch systematische Werbung von Tür zu Tür bei im sachlichen Gehalt gleichbleibenden wiederholten Aussagen (LK-StGB/*Tiedemann/Vogel* Rn. 66), telefonisches Marketing (*Borchard,* Gehalt und Nutzen des § 264a StGB, 2004, 37 f.), bei dem die Nummern mutmaßlicher Interessenten Telefonbüchern herausgesucht wurden, oder das Auslegen von Werbematerial in allgemein zugänglichen Räumen sind erfasst (BT-Drs. 10/318, 23), ferner das Versenden von Massen-E-Mails und das Schalten von Internetseiten (MüKoStGB/*Wohlers/Mühlbauer* Rn. 87; Müller-Gugenberger WirtschaftsStR/*Wagenpfeil* § 27 Rn. 122).

38   Beschränkungen des Adressatenkreises dürfen nur entweder zufällig sein oder sich aus der Zugehörigkeit der Adressaten zu einem nach bestimmten Gruppenmerkmalen (zB Beruf, akademischer Grad, Wohnlage) definierten Personenkreises ergeben (SK-StGB/*Hoyer* Rn. 22). Individuell zugeschnittene Offerten erfüllen den Tatbestand nicht. Es genügt auch nicht, wenn die ohnehin auf eine gewisse Verbreitung gerichteten Werbeträger zu einzelnen individuellen Täuschungen benutzt werden (NK-StGB/*Hellmann* Rn. 52; *Worms* wistra 1987, 271 (274)). Spricht zB ein Steuerberater einzelne Mandanten gezielt an, fehlt es an einem größeren Kreis, anders als wenn er alle seine Mandanten anspricht, zumindest bei einer gewissen Größe des Mandantenstamms (LK-StGB/*Tiedemann/Vogel* Rn. 66). Die Angabe einer konkreten Zahl potentieller Anleger, die durch den Werbeträger angesprochen werden muss, ist nicht möglich; zu berücksichtigen sind auch die Besonderheiten der unterschiedlichen Kapitalanlagen (NK-StGB/*Hellmann* Rn. 53).

III. Werbemittel: Prospekte, Darstellungen und Übersichten über den Vermögensstand

39   Die Tathandlung muss durch sog Werbeträger erfolgen (vgl. nur Schönke/Schröder/*Perron* Rn. 17; HK-KapMStrafR/*Park* Rn. 208). Klarer dürfte es angesichts möglicher mündlicher Darstellungen (→ Rn. 43) allerdings sein, von Werbemitteln zu sprechen. Verfasser des Werbemittels muss nicht der Emittent sein; das Prospekt etc kann auch durch ein Vertriebsunternehmen ausgegeben werden (BT-Drs. 10/318, 23; Schönke/Schröder/*Perron* Rn. 22; Lackner/Kühl/*Heger* Rn. 10).

40   **1. Prospekte.** Prospekt ist jedes Schriftstück, das zumindest den Anschein erweckt, alle für die Beurteilung der jeweiligen Kapitalanlage erheblichen Angaben zu enthalten (BT-Drs. 10/318, 23; SK-StGB/*Hoyer* Rn. 19). Die Vorschriften des (heutigen) § 32 Abs. 3 Nr. 2 BörsG hinsichtlich der für den Wertpapierhandel erforderlichen Börsenzulassungsprospekte müssen nicht erfüllt sein (BT-Drs. 10/318, 23), erfasst sind also auch solche Schriften, die in ihrem Aufbau und ihrem Inhalt keinen gesetzlichen Vorgaben folgen (Schröder KapMarktStrafR-HdB Rn. 30). Die Prospektqualität der Werbeschrift wird durch allgemeine Angaben zB über Inflation und Steuern sowie meinungsbildende Wertungen jedenfalls so lange nicht beeinträchtigt, wie diese Inhalte allein dazu dienen, das Interesse des Lesers an der angebotenen Kapitalanlage zu wecken (BGH NStZ 1995, 240; HK-KapMStrafR/*Park* Rn. 209). Die vom Strafgesetzgeber gewollte strafrechtliche Loslösung des Prospektbegriffs vom Börsenrecht widerspricht allerdings der Subsidiarität des Strafrechts gegenüber den Regelungen der Primärrechtsordnung. Die Entgrenzung des Prospektbegriffs verbessert auch den Anlegerschutz nicht, dem mit einer näheren strafrechtlichen Konkretisierung der erforderlichen Angaben eher gedient wäre (vgl. auch Schönke/Schröder/*Perron* Rn. 18).

41   Jedenfalls zu verneinen ist der Prospektcharakter erkennbar lückenhafter Informationen (Lackner/Kühl/*Heger* Rn. 10; SK-StGB/*Hoyer* Rn. 19; LPK-StGB/*Kindhäuser* Rn. 9; Schönke/Schröder/*Perron* Rn. 19; AG München NJW-RR 2001, 1707 (1709); BGH NJW 2004, 2664 (2666); aA Fischer Rn. 12;

LK-StGB/*Tiedemann*/*Vogel* Rn. 58). Hierunter fallen einfache Werbeschreiben, Flyer, Inserate oder grob gehaltene Broschüren – „Kurzprospekte" –, die lediglich Interesse an einer Anlage bezwecken, sowie ad-hoc-Mitteilungen nach §15 WpHG, die lediglich die bereits bekannten Informationen um bislang nicht veröffentlichte Einzeltatsachen ergänzen (hierzu AG München NJW-RR 2001, 1707 (1709); BGH NJW 2004, 2664 (2666); Schröder KapMarktStrafR-HdB Rn. 35). Es ist zwar ein verständliches Anliegen, wenn man Tätern nicht ermöglichen möchte, sich durch bewusst unvollständig gehaltene Informationen vor Strafverfolgung zu schützen, allerdings findet die Schutzwürdigkeit potentieller Anleger ihre Grenze, wenn diese sich auf erkennbar mangelhafte bis rein bruchstückhafte Informationen verlassen und auf solch einer Grundlage rechtserheblich tätig werden (HK-KapMStrafR/ *Park* Rn. 209). Den Initiatoren und deren Vertriebsunternehmen muss die Möglichkeit verbleiben, jenseits des haftungsrelevanten Prospekts allgemein und informativ zu werben (Schröder KapMarkt-StrafR-HdB Rn. 31).

Zu klären ist allerdings die Frage, wann denn ein Prospekt den Eindruck erweckt, sämtliche für die **42** Anlageentscheidung erforderlichen Angaben zu enthalten. Dies erfordert eine Würdigung der gesamten Schrift. Ein Eindruck der Vollständigkeit wird im Übrigen regelmäßig dann erweckt, wenn der Schrift ein Zeichnungsbogen bzw. Beitrittserklärung beigefügt ist, da den Anlegern damit suggeriert wird, dass alles für einen Vertragsschluss Erforderliche mitgeteilt wurde, selbst wenn das Prospekt den Hinweis enthält, dass auf Nachfrage weitere Informationen zur Verfügung gestellt werden (HK-KapMStrafR/ *Park* Rn. 209; Schröder KapMarktStrafR-HdB Rn. 32).

2. Darstellungen. Der Ausdruck der Darstellungen und Übersichten über den Vermögensstand **43** knüpft an §400 Abs. 1 Nr. 1 AktG an (*Park* BB 2001, 2069 (2074); Müller-Gugenberger Wirt-schaftsStR/*Wagenpfeil* §27 Rn. 121), ist aber nicht mit den dortigen Begriffen gleichzusetzen. Bezugspunkt ist jeweils der Vermögensstand des Emittenten, nicht der des Vertreibers oder Prospektverantwortlichen (HK-KapMStrafR/*Park* Rn. 210). Der Begriff der Darstellungen ist untechnisch und umfassend zu verstehen und erfasst, anders als §11 Abs. 3, auf den auch nicht verwiesen wird, nicht nur Ton- und Bildträger (CD, DVD), Internet einschließlich Streaming-Videos (Schröder KapMarktStrafR-HdB Rn. 34) und E-Mails (Lackner/Kühl/*Heger* Rn. 10), sondern auch mündliche Informationen (BT-Drs. 10/318, 23; Fischer Rn. 12; Lackner/Kühl/*Heger* Rn. 10; Schönke/Schröder/*Perron* Rn. 21; aA SK-StGB/*Hoyer* Rn. 20). Zwar ist, wer sich auf das flüchtige mündliche Wort als Grundlage für eine Kapitalanlage verlässt, nicht sonderlich schutzwürdig (SK-StGB/*Hoyer* Rn. 20), dies ändert sich aber dann, wenn – was für eine Darstellung zu verlangen ist (BT-Drs. 10/318, 23; BGH NJW 2004, 2664 (2665 f.)) – der Eindruck einer gewissen Vollständigkeit der erteilten Informationen entsteht. Dies dürfte bei mündlichen Präsentationen selten der Fall sein, so dass insbesondere der Telefonhandel regelmäßig nicht erfasst wird (LK-StGB/*Tiedemann*/*Vogel* Rn. 61).

3. Übersichten über den Vermögensstand. Hierunter fallen sämtliche einen Gesamtüberblick **44** ermöglichenden schriftlichen Zahlenwerke über den Vermögensstand (SK-StGB/*Hoyer* Rn. 21), jeder Status mit vermögensrelevantem Bezug (HK-KapMStrafR/*Park* Rn. 210). Anders als in §265b Abs. 1 Nr. 1 ist auch eine Bilanz (Handels-, Steuer- oder Vermögensbilanz) eine Vermögensübersicht (Schönke/Schröder/*Perron* Rn. 20).

IV. Anlageobjekte

Die Tathandlung muss sich auf Anlagewerte der im Gesetz genannten Art beziehen. Nicht alle Arten **45** der Kapitalanlage sind geschützt, zB fehlt der Vertrieb von Vermögensanlagen in physischer Ware wie Edelmetallen, Edelsteinen und Rohstoffen (HK-KapMStrafR/*Park* Rn. 195; MüKoStGB/*Wohlers*/ *Mühlbauer* Rn. 32).

1. Abs. 1 Nr. 1 und 2: Wertpapiere, Bezugsrechte, Anteile die eine Beteiligung am Ergebnis 46 eines Unternehmens gewähren sollen. Wertpapiere sind in Anlehnung an die herkömmliche zivilrechtliche Definition Urkunden, die ein privates Recht in einer Weise verkörpern, dass zur Ausübung des Rechts die Innehabung der Urkunde erforderlich ist (Fischer Rn. 6). Die §2 Abs. 1 WpHG, §151 StGB, 1 Abs. 1 DepotG sind nicht heranzuziehen (SK-StGB/*Hoyer* Rn. 28; aA Schröder KapMarktStrafR-HdB Rn. 16), zT auch erst nach §264a in Kraft getreten und also dem Gesetzgeber nicht bekannt gewesen. Unverbriefte Wertrechte werden nur kraft außerstrafrechtlicher Fiktion gleichgestellt. Art. 103 Abs. 2 GG, §1 gebieten bei der Auslegung des Begriffs des Wert*papiers* ein Festhalten am Erfordernis der urkundlichen Verkörperung (MüKoStGB/*Wohlers*/*Mühlbauer* Rn. 35). Der klassische Wertpapierbegriff des Zivilrechts ist aber nur Ausgangspunkt der Auslegung des §264a. Aus dem Schutzzweck der Vorschrift ergibt sich, dass nur die langfristiger Kapitalanlage dienenden Papiere erfasst werden (SK-StGB/*Hoyer* Rn. 28; Fischer Rn. 6): Traditionspapiere des Güterverkehrs (zB Lade-, Lager-, Lieferschein, Konossement) und Papiere des kurzzeitigen Zahlungs- und Kreditverkehrs (zB Schecks, Wechsel) scheiden aus (Schönke/Schröder/*Perron* Rn. 5). Konsequent ist insofern ein eigenständiger strafrechtlicher Wertpapierbegriff, nach dem Wertpapiere Urkunden über Rechte sind, die der Kapitalanlage der Anleger sowie der Kapitalschöpfung durch den Emittenten dienen und bei massenhafter Ausgabe und Vertretbarkeit handelbar (umlauffähig), insbesondere mit Gutglaubensschutz versehen und nicht bloße Beweisurkunden sind (HK-KapMStrafR/*Park* Rn. 197; LK-StGB/*Tiedemann*/*Vogel* Rn. 22).

47 Wertpapiere von besonderer Bedeutung sind Aktien einschließlich Zwischenscheinen und Nebenpapieren (Zins-, Gewinnanteil-, Erneuerungsscheine), Schuldverschreibungen (BT-Drs. 10/318, 22) einschließlich öffentlicher Anleihen, Pfandbriefe und Kommunalobligationen, Industrieobligationen sowie Geldmarktpapiere (zB Kassenobligationen) und Investmentzertifikate (Schönke/Schröder/*Perron* Rn. 5; Fischer Rn. 6). Es kann sich dabei um Inhaber oder Orderpapiere handeln. Auch öffentliche oder private Wertpapiere ausländischer (ausländische Staaten, Städte und Unternehmen), internationaler oder supranationaler (zB Europäische Investitionsbank, Weltbank) Emittenten sind tatbestandsmäßig, soweit sie in Deutschland vertrieben werden.

48 Strittig sind Rektapapiere (zB Hypotheken- und Grundschuldbriefe, Schiffspfandbriefe sowie Namensschuldverschreibungen). Richtigerweise handelt es sich nicht um Wertpapiere iSd Nr. 1, wenn und soweit sie nicht massenhaft gehandelt werden (Fischer Rn. 6; HK-KapMStrafR/*Park* Rn. 197; aA Schönke/Schröder/*Perron* Rn. 5). Gleiches gilt für Urkunden bzgl. geschlossener Immobilienfonds und Lebensversicherungen. Diese können aber Anteile (→ Rn. 50) darstellen oder unter Abs. 2 fallen. Ohnehin wird es bei der Ausgabe einer geringen Zahl von Papieren regelmäßig an der Tathandlung fehlen (Achenbach/Ransiek/Rönnau WirtschaftsStR-HdB/*Joecks* Teil 10 Kap. 1 Rn. 14).

49 **Bezugsrechte** sind Rechte zum Bezug bestimmter Leistungen, die sich aus einem mittels der Kapitalanlage erworbenem Stammrecht ableiten (SK-StGB/*Hoyer* Rn. 29). Sie können auch unverbrieft vertrieben werden und aus der Systematik des § 264a ergibt sich, dass Bezugsrechte iSd Vorschrift ausschließlich unverbriefte Rechte sind. Zu erwähnen sind beispielshalber das Gewinnbezugsrecht des GmbH-Gesellschafters nach § 29 GmbHG, das Recht der Aktionäre einer AG auf Bezug neuer Gesellschaftsanteile gem. § 186 Abs. 1 AktG (aA Schröder KapMarktStrafR-HdB Rn. 17) sowie Wandel und Gewinnschuldverschreibungen gem. § 221 Abs. 1 AktG (HK-KapMStrafR/*Park* Rn. 198; aA Schröder KapMarktStrafR-HdB Rn. 17).

50 **Anteile, die eine Beteiligung am Ergebnis eines Unternehmens gewähren sollen,** umfassen Geschäfts- und Gesellschaftsanteile sowie bloße Gewinnbeteiligungen ohne mitgliedschaftliche Stellung (SK-StGB/*Hoyer* Rn. 30). Unter Anteilen sind vor allem Kapitalanlageformen zu verstehen, bei denen der Anleger entweder selbst einen Geschäftsanteil an dem Unternehmen, insbesondere einen Kommanditanteil („Publikums-KG"), erwirbt oder in eine sonstige – unmittelbare – Rechtsbeziehung zum Unternehmen tritt, die ihm eine Beteiligung am Ergebnis dieses Unternehmens verschafft (OLG München BeckRS 2007, 19552). Hauptanwendungsfall sind Kommanditanteile an Beteiligungsgesellschaften (BT-Drs. 10/318, 22), so genannte Abschreibungsgesellschaften. Auch stille Beteiligungen (OLG Köln NZG 2000, 89 (90); SK-StGB/*Hoyer* Rn. 30) sowie partiarische Darlehen (BT-Drs. 10/318, 22; SK-StGB/*Hoyer* Rn. 30; Lackner/Kühl/*Heger* Rn. 3; Schönke/Schröder/*Perron* Rn. 10; aA LK-StGB/*Tiedemann*/*Vogel* Rn. 50; *Cerny* MDR 1987, 271 (273 f.)) sind erfasst. Auch ein Anteil an einer Gesellschaft bürgerlichen Rechts (GbR) ist tatbestandsmäßig (Schröder KapMarktStrafR-HdB Rn. 22). Nicht erfasst sind dagegen einfache Darlehen gegen ein Zinsversprechen, so genannte Einlagengeschäfte (*C. Schröder* NStZ 1998, 552; NK-StGB/*Hellmann* Rn. 21).

51 Der Immobilienerwerb im Rahmen von Bauherren-, Bauträger- und Erwerbermodellen wird richtigerweise nicht erfasst (Schönke/Schröder/*Perron* Rn. 12; *Jacobi,* Der Straftatbestand des Kapitalanlagebetrugs, 2000, 53 f.; aA *Schmidt-Lademann* WM 1986, 1241; *Richter* wistra 1987, 117 (118)). Anders ist dies lediglich dann, wenn die Kapitalanlage auch auf eine Beteiligung an dem Ergebnis des von dem Modell vorgesehenen Mietpools gerichtet ist, wobei allerdings der Mietpool als Außengesellschaft selbstständig am Markt als Vermieter auftreten muss, weil es sonst bei einer bloßen Innengesellschaft an einem Unternehmen fehlt, an dessen Ergebnis man sich beteiligt (*Flanderka*/*Heydel* wistra 1990, 256 (258); HK-KapMStrafR/*Park* Rn. 199).

52 Nach hM (zB Fischer Rn. 9; LPK-StGB/*Kindhäuser* Rn. 4) nicht anwendbar ist die Vorschrift auf Warenoptions- und -termingeschäfte, die den Inhaber dazu berechtigen, von einem Kontrahenten während einer bestimmten Zeitspanne oder zu einem bestimmten Zeitpunkt den Ankauf oder Verkauf von Waren oder Wertpapieren zu einem vorher festgelegten Preis zu verlangen (vgl. MüKoStGB/*Wohlers*/*Mühlbauer* Rn. 43 ff.). Sie bedürften keiner Gleichstellung mit Wertpapieren (SK-StGB/*Hoyer* Rn. 29). Es handele sich um eine Form der Kapitalanlage, sondern um lediglich kurzfristige wett- oder spielähnliche Spekulationsgeschäfte (*Knauth* NJW 1987, 28 (30); Schönke/Schröder/*Perron* Rn. 11). Dem ist zu widersprechen. Zum einen enthält der Wortlaut keine entsprechende Einschränkung (LK-StGB/*Tiedemann*/*Vogel* Rn. 45), zum anderen lassen sich Kapitalanlage- und Spekulationsgeschäfte nicht praktikabel voneinander abgrenzen (MüKoStGB/*Wohlers*/*Mühlbauer* Rn. 43). Auch an der Schutzwürdigkeit der Anleger in diesem Bereich bestehen nicht mehr Bedenken als bei manch anderer riskanter Geldanlage. Einschränkend ist lediglich zu verlangen, dass es sich um sog bedingte Optionsgeschäfte handelt, bei denen der Inhaber der Option ein Wahlrecht besitzt, ob er das andere Rechtsgeschäft abschließt oder nicht; bei unbedingten Termingeschäften handelt es sich demgegenüber lediglich um Kaufverträge mit in der Zukunft liegenden festen Leistungstermin (MüKoStGB/*Wohlers*/*Mühlbauer* Rn. 45).

2. Abs. 2: Treuhandvermögensanteile. Abs. 2 normiert den mittelbaren Zusammenhang mit dem 53
Erwerb von Kapitalanlageobjekten. Hier bezieht sich die Tat auf solche Anteile an einem Vermögen, das
ein Unternehmen im eigenen Namen, jedoch für fremde Rechnung verwaltet (Schönke/Schröder/
Perron Rn. 34). Es handelt sich nur um Fälle der echten Treuhandbeteiligung, bei welchen nicht der
Anleger, sondern an seiner Stelle der Treuhänder den Anteil erwirbt und damit in die Gesellschaft
eintritt, dem Kapitalgeber der Treuhänder also vorgeschaltet wird (Schönke/Schröder/*Perron* Rn. 34).
Dies betrifft insbesondere Treuhandkommanditisten bei Immobilienfondsgesellschaften (BT-Drs. 10/
318, 22), aber auch andere wirtschaftliche Betätigungen (zB Schiffs- oder Flugzeugbeteiligungen), bei
denen es den Anlegern darum geht, steuerlich als Mitunternehmer anerkannt zu werden, auch wenn
ihnen zivilrechtlich keine Gesellschafterstellung zukommt (*Cerny* MDR 1987, 271 (274)). Auch treuhänderisch verwaltete Warenterminsammelkonten können unter Abs. 2 fallen, sofern der Verwalter (sog
Commodity-Pool-Verwalter) die Geschäfte im eigenen Namen und für Anleger tätigt (Schröder Kap-
MarktStrafR-HdB Rn. 27). Gleiches gilt für treuhänderisch konzipierte Warenterminfonds.

Bei dem Treuhänder muss es sich um ein Unternehmen handeln. Der Unternehmensbegriff des 54
Abs. 2 ist nicht identisch mit dem des Abs. 1, da er sich auf das Unternehmen des Treuhänders bezieht,
selbst wenn dieser die Verwaltung von Vermögensanteilen übernommen hat, die aus Beteiligungen an
anderen Unternehmen bestehen (NK-StGB/*Hellmann* Rn. 24). Auch Steuerberatungs- und Rechtsanwaltskanzleien fallen unter den Unternehmensbegriff (*Schniewind/Hausmann* BB-Beil. Heft 16/1986,
26 (28); *Granderath* DB-Beil. Heft 18/1986, 1 (6), iSd § 264a richtigerweise aber nur dann, wenn sich
diese Angehörigen der freien Berufe in einem für die Annahme von Gewerbsmäßigkeit ausreichendem
Umfang mit der Vermögensverwaltung befassen und nicht nur sporadisch oder im Kapitalumfang
geringfügig einzelne Treuhandfunktionen übernehmen (MüKoStGB/*Wohlers/Mühlbauer* Rn. 51). Wird
das Anlageobjekt von einem Treuhandunternehmen nur verwaltet (unechte Treuhand, Verwaltungstreuhand), greift nicht Abs. 2, sondern Abs. 1, da dann der Kapitalgeber Gesellschafter bleibt und der
Treuhänder nur dessen Rechte wahrnimmt.

V. Zusammenhang mit dem Vertrieb oder dem Angebot, die Einlage zu erhöhen

1. Abs. 1 Nr. 1: Vertrieb. Vertrieb ist nicht in dem engen Sinn der betriebswirtschaftlichen Absatz- 55
lehre als ein in kaufmännischer Weise eingerichteter Geschäftsbetrieb zu verstehen (NK-StGB/*Hellmann*
Rn. 48; Müller-Gugenberger WirtschaftsStR/*Wagenpfeil* § 27 Rn. 117; Achenbach/Ransiek/Rönnau
WirtschaftsStR-HdB/*Joecks* Teil 10 Kap. 1 Rn. 30), sondern wie in § 1 AuslandsinvestmentG jede auf
die Veräußerung der Anlageobjekte gerichtete Tätigkeit im eigenen oder fremden Namen (Fischer
Rn. 5). Auch Werbung ist schon Vertrieb (*Knauth* NJW 1987, 28 (31); Fischer Rn. 5; Schönke/
Schröder/*Perron* Rn. 14). Diese Tätigkeit muss sich auf eine Vielzahl von Stücken richten und sich also
an den Markt wenden, Einzelangebote und individuelle Beratungen werden nicht erfasst (BT-Drs. 10/
318, 24; Lackner/Kühl/*Heger* Rn. 7). Es ist nicht erforderlich, dass das vertriebene Anlageobjekt schon
existiert (*Knauth* NJW 1987, 28 (31)). Bei der Anwerbung von Gründungsgesellschaftern oder von
Erwerbern noch zu emittierender Aktien handelt es sich daher ebenso um tatbestandsmäßigen Vertrieb
wie bei der Werbung um den Beitritt zu Gesellschaften (HK-KapMStrafR/*Park* Rn. 203). Vertreiber
einer Kapitalanlage kann neben dem dafür mit falschen Angaben Werbendem auch jeder beliebige Dritte
sein (SK-StGB/*Hoyer* Rn. 27); es ist irrelevant, ob die auf Veräußerung gerichtete Tätigkeit im eigenen
oder fremden Namen erfolgt (HK-KapMStrafR/*Park* Rn. 203).

2. Abs. 1 Nr. 2: Angebot, die Einlage zu erhöhen. Diese Tatmodalität bezieht sich auf Anteile an 56
Ergebnisbeteiligungen iSd Nr. 1, setzt aber einen bereits erworbenen Anteil voraus (*Cerny* MDR 1987,
271 (274)). Der diesbezügliche Personenkreis ist erhöht schutzbedürftig, da er sich wirtschaftlich aufgrund der vorangegangenen Anlageentscheidung gezwungen sieht, seine Einlage zu erhöhen (BT-Drs.
10/318, 24). Nr. 2 bezieht sich nach dem klaren Wortlaut („solche Anteile") nicht auf den Erwerb von
Wertpapieren und Bezugsrechten, obwohl auch hier durch die Laufzeitverlängerung ein ähnlicher
Erhöhungseffekt eintritt (HK-KapMStrafR/*Park* Rn. 204; *Knauth* NJW 1987, 28 (30)).

Unter einem Angebot, die Einlage zu erhöhen, fällt nicht nur der bürgerlich-rechtliche Antrag gem. 57
§ 145 BGB, sondern aufgrund der besonderen Schutzbedürftigkeit auch die invitatio ad offerendum
(SK-StGB/*Hoyer* Rn. 31; Fischer Rn. 10). Der Anlass der Erhöhung, Sanierung oder Geschäftsauswei-
tung, spielt keine Rolle (Schröder KapMarktStrafR-HdB Rn. 38).

Das Angebot muss eine neue Kapitalsammelmaßnahme gegenüber einem größeren Personenkreis sein 58
(BT-Drs. 10/318, 24; SK-StGB/*Hoyer* Rn. 31). Daher kommen allein Anlagen an Publikumsgesell-
schaften in Betracht (NK-StGB/*Hellmann* Rn. 55; Achenbach/Ransiek/Rönnau WirtschaftsStR-HdB/
Joecks Teil 10 Kap. 1 Rn. 35). Ein individuelles Angebot genügt wie bei Nr. 1 nicht. Dies wird als
Schwachpunkt der Regelung angesehen, weil Schwindelunternehmen sich kaum jemals zu einer solchen
Kapitalsammelmaßnahme entschließen, sondern Einzelangebote einsetzen, um den individuellen Anle-
ger wirksamer und diskreter zu „bearbeiten" (Schönke/Schröder/*Perron* Rn. 15). Ferner wird eine
weitere in der Praxis typische besonders gefährliche Form der Betrügerei in Gestalt von Erhöhungs-

angeboten nach einem „Anfüttern" mit relativ hohen Gewinnen aus kleineren Anlagesummen ebenfalls überwiegend in Form individueller Beratungen stattfinden und so von § 264a nicht erfasst sein (Fischer Rn. 10; HK-KapMStrafR/*Park* Rn. 206). Der Vertrieb junger Wertpapiere fällt auch dann unter Nr. 1, wenn der Vertrieb sich auf den Kreis der bisherigen Anleger beschränkt (Schönke/Schröder/*Perron* Rn. 15).

59   **3. Zusammenhang.** Die gemachten Angaben müssen sich sachlich und zeitlich auf eine bestimmte Vertriebsmaßnahme beziehen (BT-Drs. 10/318, 24). Allgemeine Mitteilungen oder Meinungsäußerungen (Wirtschaftsjournalismus, Börseninformationsdienste) genügen nicht (BT-Drs. 10/318, 24; Lackner/Kühl Rn. 9). Der sachliche Zusammenhang folgt bereits aus den erheblichen Umständen (→ Rn. 23 ff.). Der zeitliche Zusammenhang liegt darin, dass dem Adressatenkreis nach dem Zugang der Angaben möglich gewesen sein muss, sich hierauf für eine bestimmte Kapitalanlage zu entscheiden. Erforderlich ist ferner ein unmittelbarer Zusammenhang. Der Emittent muss die Anlagemöglichkeit zumindest bereits vorbereitet haben (SK-StGB/*Hoyer* Rn. 25). Pressemitteilungen, die nur den Boden für spätere Vertriebshandlungen bereiten, erfüllen den Tatbestand nicht (HK-KapMStrafR/*Park* Rn. 207; NK-StGB/*Hellmann* Rn. 49). Ein persönlicher Zusammenhang – Identität von Täter und Anbieter – ist nicht erforderlich (BT-Drs. 10/318, 24; *Schlüchter*, Zweites Gesetz zur Bekämpfung der Wirtschaftskriminalität, 1987, 158; Fischer Rn. 11; Schönke/Schröder/*Perron* Rn. 16).

C. Subjektiver Tatbestand

60   Der Täter muss vorsätzlich gehandelt haben, § 15, dolus eventualis reicht aus (BGH(Z) VersR 2012, 454 (455)). Normative Tatbestandsmerkmale erschweren die Vorsatzfeststellung. Der Vorsatz muss sich insbesondere darauf erstrecken, dass die Angaben in den Werbeträgern erheblich und unwahr oder die verschwiegenen Tatsachen nachteilig sind (OLG Köln NZG 2000, 89 (91); Fischer Rn. 20). Vor allem bei Prognosen, genauer: der konkludenten Erklärung einer entsprechenden Tatsachenuntermauerung bzw. dem Verschweigen unzureichender Fundierung (→ Rn. 14 f.), steht der Tatrichter ggf. vor der schwierigen Aufgabe, die Einlassung, er habe darauf vertrauen dürfen, dass alles gut gehe, zu bewerten und bloße Schutzbehauptungen zu widerlegen (HK-KapMStrafR/*Park* Rn. 212). Immerhin ist zu bedenken, dass der massenhafte Vertrieb von Kapitalanlagen zumeist von professionell in dem Geschäft tätigen Personen durchgeführt wird und daher die Berufung auf die Nichtkenntnis der Umstände in der Regel eine bloße Schutzbehauptung darstellen wird (NK-StGB/*Hellmann* Rn. 63). Die Erheblichkeit der Umstände ist normatives Tatbestandsmerkmal: Der Täter muss die rechtliche Wertung der Erheblichkeit nachvollziehen (BGH NStZ 2005, 568 (569)), so genannte Parallelwertung in der Laiensphäre iSe Erfassens des sozialen Sinngehalts. Sonst liegt ein Tatumstandsirrtum nach § 16 vor (vgl. BGH(Z) NZG 2010, 1031 (1032 f.)). Vor allem im Hinblick auf die Arbeitsteilung bei Erstellung und Vertrieb der Prospekte können sich Nachweisschwierigkeiten ergeben (LK-StGB/*Tiedemann*/*Vogel* Rn. 93), da für jeden Beteiligten der Vorsatz festgestellt werden muss. Insgesamt tauchen nicht selten Beweisprobleme auf, die denen bei § 263 nicht nachstehen (Fischer Rn. 20).

61   Der Irrtum über den Umfang der Mitteilungspflicht bei Kenntnis der nachteiligen Tatsache ist hingegen ein bloßer Verbotsirrtum nach § 17, nach hM, die ein unechtes Unterlassensdelikt annimmt (→ Rn. 8), in Gestalt eines Gebotsirrtums (OLG Köln NZG 2000, 89 (91); aA Lackner/Kühl/*Heger* Rn. 15). Dieser wird in aller Regel wegen bestehender Vergewisserungsobliegenheiten vermeidbar, also allenfalls strafmildernd sein, § 17 S. 2.

62   Für Irrtümer nach § 16 und § 17 können auch Prospektprüfungen relevant sein, wenn Initiatoren von Kapitalanlageobjekten das Werbemittel von einem Sachverständigen (Rechtsanwalt, Wirtschaftsprüfer oder Steuerberater) prüfen lassen und diesem sämtliche Tatsachen richtig offenlegen, so dass sie einem Testat der Unbedenklichkeit vertrauen dürfen (BGHZ GWR 2011, 13; vgl. Müller-Gugenberger WirtschaftsStR/*Wagenpfeil* § 27 Rn. 133; zur Einholung juristischer Gutachten vgl. auch *Kirch-Heim*/*Samson* wistra 2008, 81).

D. Rechtfertigung

63   Die allgemeinen Rechtfertigungsgründe spielen bei § 264a kaum eine Rolle. Besondere Erwähnung verdient der Geheimnisschutz, zB nach § 203 Abs. 1 Nr. 3, § 404 AktG oder § 85 GmbHG. Da aber § 264a zur Offenlegung nachteiliger Tatsachen verpflichtet, erfolgt die Offenbarung eines etwaigen Geheimnisses nicht unbefugt, die Mitteilungspflicht aus § 264a geht der jeweiligen Geheimhaltungspflicht vor (LK-StGB/*Tiedemann*/*Vogel* Rn. 95; *Borchard*, Gehalt und Nutzen des § 264a StGB, 2004, 103; aA NK-StGB/*Hellmann* Rn. 67).

E. Strafaufhebungsgrund gem. Abs. 3

64   Abs. 3 S. 1 und 2 enthalten als Ausgleich für die weite Vorverlagerung der Vollendungsstrafbarkeit (*Weber* NStZ 1986, 481 (485)) persönliche Strafaufhebungsgründe, auch – vgl. die amtliche Überschrift zB des § 306e – hier tätige Reue genannt, nach dem Vorbild des (heutigen) § 264 Abs. 5 (BT-Drs. 10/318, 25).

Der zeitliche Anwendungsbereich wird dadurch abgesteckt, dass der Täter die durch den Erwerb oder **65** die Erhöhung bedingte Leistung des Anlegers verhindern muss. Leistung im Sinne dieser Vorschriften ist die Vermögensverfügung (Zahlung), durch die der Anleger seine schuldrechtliche Verpflichtung aus dem Anlagegeschäft mindestens teilweise erfüllt (SK-StGB/*Hoyer* Rn. 44), nicht schon das Eingehen der schuldrechtlichen Verpflichtung. Die Leistung muss in die Verfügung des Täters gelangt sein, die Leistung gegenüber einem Treuhänder reicht noch nicht aus (LK-StGB/*Tiedemann/Vogel* Rn. 97). Das Geschehen nach der unrichtigen oder unvollständigen Werbemaßnahme entspricht mit den Stadien des Zeichnens des Anlagewerts und des Vollzugs des obligatorischen Geschäfts der Unterscheidung von Eingehungs- und Erfüllungsbetrug. Friktionen einer recht lange möglichen tätigen Reue bei § 264a mit einer frühen Vollendung § 263 sind allerdings durch eine restriktive Behandlung des Eingehungsbetrugs zu vermeiden (Schönke/Schröder/*Perron* Rn. 39).

Die Rechtsfolge des Abs. 3 ist in diesem Zusammenhang insofern strittig, als es die Wirkung der **66** tätigen Reue für eine Strafbarkeit des Täters nach § 263 betrifft. Nach zutreffender hM bleibt eine Betrugsstrafbarkeit – unbeschadet § 24 Abs. – unberührt (SK-StGB/*Hoyer* Rn. 47; Fischer Rn. 21; LPK-StGB/*Kindhäuser* Rn. 13; aA LK-StGB/*Tiedemann/Vogel* Rn. 100; HK-KapMStrafR/*Park* Rn. 218). Abs. 3 gilt nach dessen klaren Wortlaut nur für die ersten beiden Absätze des § 264a. Eine Analogie bedürfte einer nicht ersichtlichen Planwidrigkeit der Regelungslücke. Eine entsprechende Privilegierung eines bereichsspezifischen vollendeten Betrugs wäre auch nicht zu legitimieren (Mü-KoStGB/*Wohlers/Mühlbauer* Rn. 104). Die aus dieser Auslegung resultierende geringe Entkriminalisierungsfunktion des § 264a (vgl. HK-KapMStrafR/*Park* Rn. 218) ist de lege lata hinzunehmen.

Die Anforderungen an das Täterhandeln sind § 24 nachgebildet. Eine Verhinderung der Leistungs- **67** erbringung liegt insbesondere auch dann vor, wenn der Täter durch bloßes Nichtweiterhandeln die in Gang gesetzte Kausalkette unterbricht, zB durch Verzicht auf den Vertragsschluss (NK-StGB/*Hellmann* Rn. 76). Entsprechend dem § 24 Abs. 1 S. 2 steht gem. § 264a Abs. 3 S. 2 das freiwillige und ernsthafte Bemühen des Täters einer erfolgreichen Verhinderung der Leistung gleich. Erst recht erlangt der Täter Straffreiheit, wenn er schon verhindert, dass der Anleger den obligatorischen Vertrag zum Erwerb der Anlage schließt (Schönke/Schröder/*Perron* Rn. 40). Ein ausreichendes Bemühen liegt auch darin, wenn der Täter falsche Angaben richtig stellt bzw. nachteilige Tatsachen nachholt, selbst wenn der Anleger dann doch trotz seiner nunmehrigen Kenntnis die Leistung erbringt (*Joecks* wistra 1986, 142 (148)). Der Anleger leistet dann nicht „aufgrund der Tat" (LK-StGB/*Tiedemann/Vogel* Rn. 97). Bei Beteiligung mehrerer sind die Anforderungen des § 264a Abs. 3 so auszulegen, wie es dem § 24 Abs. 2 entspricht (NK-StGB/*Hellmann* Rn. 80).

F. Täterschaft und Teilnahme

§ 264a ist kein Sonderdelikt. Täter kann jedermann sein, nicht nur Emittenten, Anlageberater und **68** Anlagevermittler, sondern auch Außenstehende, zB Bankmitarbeiter, Rechtsanwälte, Wirtschaftsprüfer oder Steuerberater (Fischer Rn. 22). Die Tatherrschaft hat sich hierbei nicht auf die Herstellung des Prospekts etc zu beziehen, sondern auf die Verbreitung des Werbemittels (HK-KapMStrafR/*Park* Rn. 222). Es herrschen die üblichen Abgrenzungsprobleme von Täterschaft und Teilnahme in arbeitsteiligen Vorgängen, da Prospekte typischerweise von mehreren Personen erstellt werden und typischerweise auch von zahlreichen Anlageberatern verwendet werden (LK-StGB/*Tiedemann/Vogel* Rn. 102). Wer nicht an der Konzeption des Prospekts beteiligt war, kann dennoch dadurch zum Täter werden, dass er sich die Angaben so zu eigen macht, dass er selbst Verantwortung für die Richtigkeit der Angaben übernimmt, sei es als Emittent (Prospektherausgeber) oder Anlagevermittler (LK-StGB/*Tiedemann/Vogel* Rn. 103 f.).

Fast immer ist der Prospektherausgeber eine juristische Person oder ein Unternehmen. Bei der **69** Bestimmung des menschlichen Täters ist mangels rechtlicher Sonderpflicht nicht auf § 14 zurückzugreifen, vielmehr gelten die allgemeinen Grundsätze zur Verantwortungsermittlung in Organisationen (LK-StGB/*Tiedemann/Vogel* Rn. 104). Mittelbare Täterschaft ist beim Einsatz gutgläubiger Werber denkbar (HK-KapMStrafR/*Park* Rn. 223). Darüber hinaus kann auf der Basis der abzulehnenden (hL, hierzu vgl. nur *Rotsch* ZStW 112 (2000), 518) Rspr. zur mittelbaren Täterschaft kraft Organisationsherrschaft in Wirtschaftsunternehmen (seit BGHSt 40, 218 (236); vgl. ferner BGH JR 2004, 245) und zur (ebenfalls restriktiv zu handhabenden, hierzu vgl. nur *Rotsch* wistra 1999, 321) Verantwortlichkeit kraft gesellschaftsrechtlicher (ggf. All-)Zuständigkeit (BGHSt 37, 106) Täterschaft auch bei vorsätzlich handelndem unmittelbaren Täter in Betracht kommen (MüKoStGB/*Wohlers/Mühlbauer* Rn. 98). Zu beachten sind auch die Besonderheiten bei den in Wirtschaftsunternehmen weit verbreiteten Gremienentscheidungen (hierzu *Hoyer* GA 1996, 160 (172 ff.)).

Nicht jede Aufsichtspflichtverletzung verwirklicht aber das Vorsatzdelikt des §§ 264a, 13 (insofern **70** missverständlich OLG Köln NZG 2000, 89 (92); *Graf v. Schönborn*, Kapitalanlagebetrug, 2003, 43 f.; zutreffend hingegen *Borchard*, Gehalt und Nutzen des § 264a StGB, 2004, 70 f.). Bereits die Annahme einer Garantenstellung des Unternehmensinhabers für das Verhalten seiner Mitarbeiter (so die hM, vgl.

nur Roxin StrafR AT II § 32 Rn. 134 ff.; *Schünemann* wistra 1982, 41 (45); NK-StGB/*Hellmann* Rn. 69) ist angesichts lediglich arbeitsrechtlich eingeschränkter Autonomie der Arbeitnehmer sehr zweifelhaft (vgl. nur SK-StGB/*Rudolphi* § 13 Rn. 35a.). UU greift § 130 OWiG.

71   Teilnahme ist noch bis zum Erbringen der Leistung möglich (Fischer Rn. 22; Schönke/Schröder/ *Perron* Rn. 38; HK-KapMStrafR/*Park* Rn. 222).

Bei Beihilfe durch berufstypische Handlungen gelten die Grundsätze der sog neutralen Beihilfe, welche die Rspr. mittels gesteigerter Vorsatzanforderung unter Ausschluss des dolus eventualis löst (hierzu BGHSt 46, 107 (112); zsf. *C. Schröder* DNotZ 2005, 596 (605 ff.)). Allgemein zu den Anforderungen an den Gehilfenvorsatz: BGH(Z) NZG 2013, 899 (903).

G. Verjährung

72   Es gelten die §§ 78 ff., so dass die Verjährungsfrist für § 264a gem. § 78 Abs. 3 Nr. 4 fünf Jahre beträgt. Die Vorschrift ist zwar ein sog Presseinhaltsdelikt (Fischer Rn. 23). Die Anwendbarkeit der kurzen Verjährungsfristen der Landespressegesetze (zB § 17 LPresseG SchlH) wird aber durch die außer in Bayern (für eine analoge Anwendung der Ausschlussklausel anderer Bundesländer LG Augsburg wistra 2004, 759 m. krit. Anm. *Pananis/Frings* wistra 2004, 238) bundesweit vorhandenen Ausnahmeklauseln für rein gewerbliche Druckwerke (zB § 6 Abs. 3 LPresseG SchlH) ausgeschlossen (BGH NStZ 1995, 240; OLG Köln NJW 2000, 598 (599); NK-StGB/*Hellmann* Rn. 87; HK-KapMStrafR/*Park* Rn. 224). Der Gegenauffassung (OLG Wiesbaden BB 1994, 2098 (2099 f.); *Cramer* WiB 1995, 305) ist zuzugeben, dass der Werbeträger auch meinungsbildende Wertungen enthalten kann und eine dem heutigen § 81 Abs. 8 GWB entsprechende ausdrückliche Regelung fehlt. Auch etwaige Meinungen halten sich aber im Rahmen des ausschließlich verfolgten gewerblichen Zwecks, Interesse an der Kapitalanlage zu wecken (BGH NStZ 1995, 240). Hierin erschöpft sich die Harmlosigkeitsprüfung. Der Umkehrschluss aus § 81 Abs. 8 GWB ist angesichts der presserechtlichen Normen methodisch unzulässig.

73   Die Verjährung beginnt iSd § 78a S. 1 für beide Varianten des § 264a (da es sich um Begehungsdelikte handelt, → Rn. 6, vgl. demgegenüber LK-StGB/*Tiedemann/Vogel* Rn. 127) mit dem Abschluss der Verbreitungshandlung und nicht erst mit der Zeichnung oder Zahlung durch Kapitalanleger (OLG Köln NJW 2000, 598; OLG Naumburg 5.8.2004 – 2 U 42/04; HK-KapMStrafR/*Park* § 264a Rn. 224; Fischer § 264a Rn. 18; aA NK-StGB/*Hellmann* § 264a Rn. 88). Dies ergibt sich aus der Deliktsnatur (→ Rn. 6), dessen Tat-bestand sich auf die Ausführungshandlung beschränkt. Hieran ändert auch § 264a Abs. 3 nichts (Lackner/Kühl/*Heger* Rn. 16; Achenbach/Ransiek/Rönnau WirtschaftsStR-HdB/*Joecks* Teil 10 Kap. 1 Rn. 95, 98; vgl. aber Fischer Rn. 18), dessen Wortlaut sich nicht auf Tatbestandsmerkmale bezieht (OLG Köln NJW 2000, 598 (600); OLG Naumburg 5.8.2004 – 2 U 42/04).

H. Konkurrenzen

74   Wenn in demselben Werbemittel vorteilhafte Angaben gemacht und nachteilige Tatsachen verschwiegen werden, liegt nur eine Tatbestandsverwirklichung vor – tatbestandliche Bewertungseinheit; die erste Variante geht der zweiten vor (vgl. MüKoStGB/*Wohlers/Mühlbauer* Rn. 107; aA Fischer Rn. 24). Gleiches gilt dann, wenn ein Werbemittel Informationen über mehrere Anlagen nach Abs. 1 Nr. 1 enthält (HK-KapMStrafR/*Park* Rn. 225). Bei verschiedenen in Bezug genommen Kapitalanlagen können Abs. 1 Nr. 1 und Abs. 1 Nr. 2 in Tateinheit gem. § 52 stehen (MüKoStGB/*Wohlers/Mühlbauer* Rn. 107). Tatmehrheit (§§ 53 ff.) ist anzunehmen, wenn nach Vollendung des Delikts weitere Handlungen ebenfalls den Tatbestand erfüllen (aA MüKoStGB/*Wohlers/Mühlbauer* Rn. 107 in Abweichung zur Vorauflage).

75   Es ist strittig, ob gegenüber § 263 der § 264a materiell subsidiär ist (so BGH wistra 2001, 57; BGH BeckRS 2003, 08279; NK-StGB/*Hellmann* Rn. 82; Lackner/Kühl/*Heger* Rn. 17; LPK-StGB/*Kindhäuser* Rn. 14; *Borchard*, Gehalt und Nutzen des § 264a StGB, 2004, 155; wiederum strittig ist, ob bereits ein Betrugsversuch den § 264a verdrängt) oder beide Delikte in Tateinheit stehen (wohl hL; SK-StGB/ *Hoyer* Rn. 48; Schönke/Schröder/*Perron* Rn. 41; LK-StGB/*Tiedemann/Vogel* Rn. 110; HK-KapM-StrafR/*Park* Rn. 225; *Richter* wistra 1987, 117 (120); *Cerny* MDR 1987, 271 (278); *Otto* WM 1988, 729 (739)). Aus dem kumulativen Rechtsgut des § 264a (→ Rn. 2 ff.) und dem daher über § 263 hinausreichenden Schutzzweck folgt, dass aus Klarstellungsgründen letzteres richtig ist. Um Tatmehrheit handelt es sich nicht, da das Machen unrichtiger Tatsachen bis zur Anlageentscheidung fortdauert und erst mit der Leistung des Anlegers beendet ist.

76   Auch § 266 steht in Tateinheit mit § 264a (*Borchard*, Gehalt und Nutzen des § 264a StGB, 2004, 155).

Tateinheit ist ferner mit §§ 38 Abs. 2, 39 Abs. 2 Nr. 11 iVm § 20a Abs. 1 Nr. 1 WpHG, § 399 Abs. 1 Nr. 3 und 4 AktG sowie § 61 BörsG (aA NK-StGB/*Hellmann* Rn. 84) und § 148 Nr. 1 GewO (LK-StGB/*Tiedemann/Vogel* Rn. 113) möglich. § 16 UWG tritt hinter dem spezielleren § 264a zurück (SK-StGB/*Hoyer* Rn. 49; Fischer Rn. 24; aA MüKoStGB/*Wohlers/Mühlbauer* Rn. 108; LK-StGB/ *Tiedemann/Vogel* Rn. 84).

Im Verhältnis zu § 331 HGB ist Tatmehrheit anzunehmen (MüKoStGB/*Wohlers/Mühlbauer* Rn. 109).

I. Strafzumessung

Der Mangel an Tatbestandsvoraussetzungen eröffnet die Berücksichtigung genuin vermögensstraf- **77** rechtlicher Umstände bei der Strafzumessung (zum Folgenden HK-KapMStrafR/*Park* Rn. 227). Von Bedeutung sind sowohl das Verursachen einer konkreten Vermögensgefährdung oder eines Vermögensschadens (nach Maß der Höhe des Schadens und der Zahl der Geschädigten) als auch eine vorhandene Bereicherungsabsicht Strafmildernd wirkt es – nur relevant, wenn der Täter die Voraussetzungen des Abs. 3 nicht erfüllt – wenn es tatsächlich nicht zu einer Geldanlage kommt. Im Übrigen wird sich die kriminelle Energie des Täters entscheidend an der (eher raffinierten oder eher plumpen) Gestaltung des Werbemittels messen lassen, womit zugleich Aspekte strafmildernden fahrlässigen Opferverhaltens angesprochen sind. Das kollektive Rechtsgut der Funktionsfähigkeit des Kapitalmarkts (→ Rn. 2) wird allenfalls bei sehr schwerwiegenden Delikten tangiert sein.

J. Gerichtliche Zuständigkeit

Gem. § 74c Abs. 1 Nr. 5 GVG ist die Wirtschaftsstrafkammer für die erstinstanzliche Aburteilung, **78** soweit Anklage beim Landgericht erhoben wird, sowie bei Berufungen gegen ein Urteil des AG zuständig.

§ 265 Versicherungsmißbrauch

(1) Wer eine gegen Untergang, Beschädigung, Beeinträchtigung der Brauchbarkeit, Verlust oder Diebstahl versicherte Sache beschädigt, zerstört, in ihrer Brauchbarkeit beeinträchtigt, beiseite schafft oder einem anderen überläßt, um sich oder einem Dritten Leistungen aus der Versicherung zu verschaffen, wird mit Freiheitsstrafe bis zu drei Jahren oder mit Geldstrafe bestraft, wenn die Tat nicht in § 263 mit Strafe bedroht ist.

(2) Der Versuch ist strafbar.

Literatur: *Bussmann*, Konservative Anmerkungen zur Ausweitung des Strafrechts nach dem Sechsten Strafrechtsreformgesetz, StV 1999, 613; *Engemann*, Die Regelung des Versicherungsmißbrauchs (§ 265 StGB) nach dem 6. Strafrechtsreformgesetz, 2001; *Geppert*, Versicherungsmißbrauch (§ 265 StGB neue Fassung), JURA 1998, 382; *Höle*, Die wichtigsten Änderungen des Besonderen Teils des StGB durch das 6. Gesetz zur Reform des Strafrechts, JURA 1998, 169; *Küper*, Zur Problematik der „betrügerischen Absicht" (§ 265 StGB) in Irrtumsfällen, NStZ 1993, 313; *Ranft*, Grundprobleme beim Versicherungsbetrug (§ 265 StGB), JURA 1985, 393; *Rönnau*, Der neue Straftatbestand des Versicherungsmißbrauchs – eine wenig geglückte Gesetzesregelung, JR 1998, 441.

A. Entstehungsgeschichte und Schutzgut

I. Entstehungsgeschichte

Die **missbräuchliche Inanspruchnahme von Versicherungsleistungen** durch das vorsätzliche **1** Herbeiführen von Versicherungsfällen veranlasste den Gesetzgeber seit jeher, bestimmte **Vorbereitungshandlungen**, die einem Betrug zum Nachteil eines Versicherers vorausgingen, in Form eines selbstständigen Tatbestandes unter Strafe zu stellen (Schönke/Schröder/*Perron* Rn. 2; einschränkend NK-StGB/*Hellmann* Rn. 5). Bis zum 6. StRG erfasste der Verbrechenstatbestand des Versicherungsbetruges (§ 265 aF) indes allein das Inbrandsetzen einer gegen Feuergefahr versicherten Sache und das „Sinkendmachen" bzw. „Stranden" eines versicherten Schiffs als sanktionswürdige Vorbereitungshandlungen.

Namentlich im Hinblick auf vermehrt auftretende internationale Kraftfahrzeugverschiebungen wur- **2** den daher gravierende Defizite ausgemacht, weshalb der Bundesrat im Rahmen seiner Stellungnahme zum Entwurf des 6. StRG die Bundesregierung gebeten hatte, Vorschriften zu schaffen, mit denen dem Missbrauch von Versicherungen effektiv entgegengewirkt werden kann (BT-Drs. 13/8587, 65). Die Bundesregierung hielt das Anliegen des Bundesrats für berechtigt (BT-Drs. 13/8587, 85); im Bericht des Rechtsausschusses wurde in der Folge eine **umfassende Reform des § 265** vorgeschlagen, die dann auch mit dem **6. StRG** umgesetzt wurde. § 265 nF bezweckt danach weiterhin eine **Vorverlagerung des Strafrechtsschutzes** im Bereich des Versicherungsmissbrauchs. Der Grundgedanke sollte jedoch dergestalt verallgemeinert werden, dass nunmehr – neben den bisherigen Tathandlungen – jedwede Beschädigung, Zerstörung usw erfasst werden soll, wenn die Tathandlung darauf gerichtet ist, den Versicherungsfall bei einer Sachversicherung auszulösen. Insbesondere im Hinblick auf Kfz-Verschiebungen wurde insoweit auch das Überlassen mit in den Tatbestand aufgenommen (BT-Drs. 13/9064, 19). Mit der Reform sollte zudem weiteren Problemen des bisherigen Verbrechenstatbestandes begegnet werden (BT-Drs. 13/9064, 19 f.; vgl. NK-StGB/*Hellmann* Rn. 3).

II. Schutzgut

3   Das **Schutzgut** der Vorschrift ist trotz der bei der Neufassung des Tatbestandes beabsichtigten Klärungen nach einhelliger Auffassung nach wie vor **schwer zu bestimmen** (vgl. Schönke/Schröder/ *Perron* Rn. 2; MüKoStGB/*Wohlers*/*Mühlbauer* Rn. 2 f. jeweils mwN). Angesichts der systematischen Stellung, der Subsidiarität zu § 263 und des Vergleichs mit den ähnlich strukturierten § 264, § 264a und § 265b ist zunächst das Vermögen **der Versicherungsgesellschaften** als geschütztes Rechtsgut anzusehen (Fischer Rn. 2; Schönke/Schröder/*Perron* Rn. 2; Lackner/Kühl/*Heger* Rn. 1; Wessels/Hillenkamp StrafR BT II Rn. 652; **aA** MüKoStGB/*Wohlers*/*Mühlbauer* Rn. 4). Die Parallelen zu §§ 264, 264a und § 265b belegen zudem, dass mit der Vorverlagerung der Strafbarkeit auch dem Umstand Rechnung getragen werden soll, dass es sich nach Auffassung des Gesetzgebers beim Versicherungswesen – vergleichbar dem Subventionswesen iSv § 264, dem Kapitalmarkt iSv § 264a und dem Kreditwesen iSv § 265b – um einen volkswirtschaftlich bedeutsamen Wirtschaftsbereich handelt (vgl. insoweit Schönke/ Schröder/*Perron* Rn. 2), dessen Funktionieren und Leistungsfähigkeit besonderen Schutzes bedarf. Demnach wird neben dem Vermögen der einzelnen Versicherungsgesellschaften auch das überindividuelle **Interesse an einem funktionsfähigen Versicherungswesen** als weiteres Schutzgut anzusehen sein (Schönke/Schröder/*Perron* Rn. 2 mwN; LK-StGB/*Tiedemann* Rn. 6; zu § 265 aF bereits BGHSt 11, 398; 25, 262; 35, 262; **aA** NK-StGB/*Hellmann* Rn. 14 f.; SSW StGB/*Saliger* Rn. 1; SK-StGB/*Hoyer* Rn. 6; allein auf den Missbrauch der Institution der Solidargemeinschaft abstellend MüKoStGB/*Wohlers*/*Mühlbauer* Rn. 4; krit. hinsichtlich eines weitergehenden Schutzzwecks Fischer Rn. 2). Dabei ist aber nicht nur das inländische Versicherungswesen erfasst (BGH wistra 1993, 224 zu § 265 aF; Lackner/ Kühl/*Heger* Rn. 1; SSW StGB/*Saliger* Rn. 2).

4   § 265 erreicht den bezweckten Schutz, indem die Vornahme von Handlungen (→ Rn. 10 ff.) unter Strafe gestellt wird, wenn hierdurch ein Versicherungsfall ausgelöst werden soll (→ Rn. 22 ff.). Für die Vollendung der Tat (→ Rn. 26) ist nicht erforderlich, dass es zur Schädigung der Versicherung kommt. Demnach handelt es sich bei § 265 um ein **abstraktes Gefährdungsdelikt** (Fischer Rn. 2; NK-StGB/ *Hellmann* Rn. 16; SSW StGB/*Saliger* Rn. 2; einschränkend LK-StGB/*Tiedemann* Rn. 7).

B. Tatobjekte

5   § 265 beschränkt den Schutz auf **Sachversicherungen** (zu daraus resultierenden Widersprüchlichkeiten im Rahmen der Schutzzweckbestimmung vgl. Fischer Rn. 2; s. auch LK-StGB/*Tiedemann* Rn. 2, 6), wobei bei verbundenen Versicherungen genügt, wenn eine Sachversicherung einbezogen ist (Lackner/Kühl/*Heger* Rn. 2; NK-StGB/*Hellmann* Rn. 18; SSW StGB/*Saliger* Rn. 5). Tatobjekte sind daher alle gegen bestimmte Risiken versicherte (→ Rn. 7 ff.) Sachen (→ Rn. 6).

I. Sachen

6   Wie in anderen Vorschriften des StGB (§§ 242, 303) auch, sind unter Sachen iSv § 265 **körperliche Gegenstände** (§ 90 BGB) zu verstehen. Geeignetes Tatobjekt können dabei auch im Rahmen des § 265 Tiere (vgl. § 90a BGB) sein (MüKoStGB/*Wohlers*/*Mühlbauer* Rn. 11). Nichtkörperliche Gegenstände (zB Computerprogramme) sind demgegenüber nicht erfasst (vgl. LK-StGB/*Tiedemann* Rn. 11 zu § 265 aF). Hier kommt als Tatobjekt nur der Träger in Betracht (LK-StGB/*Tiedemann* Rn. 9). Unbeachtlich ist (Schönke/Schröder/*Perron* Rn. 4, MüKoStGB/*Wohlers*/*Mühlbauer* Rn. 11 mwN; SSW StGB/*Saliger*.Rn. 3; NK-StGB/*Hellmann* Rn. 18), ob es sich um **unbewegliche** (BGHR StGB § 265 Abs. 1 Betrugsabsicht 1 zu § 265 aF) oder **bewegliche** Sachen (OLG Düsseldorf wistra 1982, 116 zu § 265 aF) handelt. Ebenso sind die **Eigentums- und sonstigen Rechtsverhältnisse** an der Sache für die Tatbestandsmäßigkeit **unerheblich** (MüKoStGB/*Wohlers*/*Mühlbauer* Rn. 11, Schönke/Schröder/ *Perron* Rn. 4, Fischer Rn. 3; SK-StGB/*Hoyer* Rn. 8; NK-StGB/*Hellmann* Rn. 18; SSW StGB/*Saliger* Rn. 3). Im objektiven Tatbestand ist letztlich auch gleichgültig, welchen Wert die Sache hat (OLG Koblenz NJW 1966, 1669 zu § 265 aF).

II. Bestehende Versicherung

7   Die Sache (→ Rn. 6) muss gegen ein **bestimmtes Risiko,** nämlich gegen Untergang, Beschädigung, Beeinträchtigung der Brauchbarkeit, Verlust oder Diebstahl versichert sein. § 265 knüpft dabei nicht an die im Versicherungsrecht gebräuchliche Terminologie an, die zwischen den **Fällen des Abhandenkommens** und denen der **Substanzschäden** differenziert (vgl. Schönke/Schröder/*Perron* Rn. 5 mwN; NK-StGB/*Hellmann* Rn. 19). Gleichwohl sind alle wesentlichen Sachverhalte durch den Tatbestand erfasst (Schönke/Schröder/*Perron* Rn. 5; NK-StGB/*Hellmann* Rn. 19); die Tatbestandsalternativen der Versicherung gegen Beeinträchtigung der Brauchbarkeit und gegen Diebstahl sind in versicherungsrechtlicher Hinsicht aber ohne eigenständige Bedeutung (vgl. Schönke/Schröder/*Perron* Rn. 5, MüKoStGB/*Wohlers*/*Mühlbauer* Rn. 12 mwN).

Der Versicherungsvertrag muss zumindest eines der beiden vorgenannten versicherungsrechtlichen **8** Risiken abdecken. Erforderlich ist insoweit eine **Deckungsgleichheit** (BGHSt 25, 261; 32, 137; 35, 326; BGH NStZ 1996, 295; Fischer Rn. 3). Dient die Versicherung der Absicherung eines anderen Risikos, greift § 265 nicht ein. An der erforderlichen Deckungsgleichheit fehlt es, wenn der Versicherungsvertrag lediglich **Folgerisiken** erfasst (BGHSt 32, 138; Fischer Rn. 3; SSW StGB/*Saliger* Rn. 5). Sie ist auch insoweit nicht gegeben, als bei einer Versicherung für einen Inbegriff von Sachen (§ 89 VVG), Einzelgegenstände aus dem Versicherungsschutz herausgenommen oder bestimmte Risiken vom Versicherungsschutz ausgenommen sind (NK-StGB/*Hellmann* Rn. 22); demgegenüber ist der Umstand, dass ein Selbstbehalt vereinbart ist, für das Vorliegen einer bestehenden Versicherung unbeachtlich MüKoStGB/*Wohlers/Mühlbauer* Rn. 14 mwN; LK-StGB/*Tiedemann* Rn. 12; SSW StGB/*Saliger* Rn. 5).

Die Sache ist iSv § 265 versichert, wenn der diesbezügliche **Versicherungsvertrag formell abge- 9 schlossen** und nicht wieder durch Rechtsgeschäft aufgehoben wurde; **unbeachtlich** ist demgegenüber, ob der Versicherungsvertrag in zivilrechtlicher Hinsicht **nichtig oder anfechtbar** ist, auch der Umstand, dass eine Leistungspflicht des Versicherers nach § 38 Abs. 2 oder § 39 Abs. 3 VVG nicht besteht, steht der Annahme einer versicherten Sache iSv § 265 nicht entgegen (BGHSt 8, 343; 35, 261; MüKoStGB/*Wohlers/Mühlbauer* Rn. 13; Lackner/Kühl/*Heger* Rn. 2; Fischer Rn. 3; Wessels/Hillenkamp StrafR BT II Rn. 653; *Geppert* JURA 1998, 384) Nach a**A** soll eine Sache nicht versichert sein, wenn der Versicherer – namentlich wegen Zahlungsverzug – die Leistung verweigern kann (Schönke/Schröder/*Perron* Rn. 6; NK-StGB/*Hellmann* Rn. 21; SSW StGB/*Saliger* Rn. 4; weitergehend SK-StGB/*Hoyer* Rn. 10: auch bei Nichtigkeit). Dass bei tatbestandsmäßigen Handlungen iSv § 265 nach § 61 VVG Leistungsfreiheit eintritt, steht der Annahme des erforderlichen Bestehens des Versicherungsschutzes ebenfalls nicht entgegen (Lackner/Kühl/*Heger* Rn. 3; MüKoStGB/*Wohlers* Rn. 15; NK-StGB/*Hellmann* Rn. 21).

C. Tathandlung

I. Allgemeines

Den Handlungsalternativen des § 265 ist gemein, dass sie im Hinblick auf den jeweiligen Versiche- **10** rungsvertrag **objektiv geeignet** sein müssen, einen Versicherungsfall, der durch § 265 abgedeckt ist (→ Rn. 7 ff.), auszulösen (Fischer Rn. 5; MüKoStGB/*Wohlers/Mühlbauer* Rn. 15; Wessels/Hillenkamp StrafR BT II Rn. 654; LK-StGB/*Tiedemann* Rn. 3; *Geppert* JURA 1998, 382). Auch insoweit ist zwischen der Tathandlung und der angestrebten Versicherungsleistung **Deckungsgleichheit** (→ Rn. 8) erforderlich. Dies ist namentlich nicht der Fall, wenn der Versicherungsnehmer eine fremde Sache beschädigt, um dem Eigentümer Leistungen aus seiner eigenen Haftpflichtversicherung zu verschaffen (Fischer Rn. 11; Schönke/Schröder/*Perron* Rn. 14). Denn dann ist nicht die Beschädigung der Sache das versicherte Risiko, sondern der Eintritt des Haftpflichtfalls. An der erforderlichen Eignung fehlt es auch, wenn die Tathandlung aus objektiven Gründen keinen Versicherungsfall auslöst, zB bei Herbeiführung eines Schadens, der einen vereinbarten Selbstbehalt nicht übersteigt (MüKoStGB/*Wohlers/Mühlbauer* Rn. 15 mwN; SSW StGB/*Saliger* Rn. 7; SK-StGB/*Hoyer* Rn. 15). Unter Umständen kommt in solchen Fällen aber ein **untauglicher Versuch** in Betracht (→ Rn. 29). Unbeachtlich ist aber, dass nach § 81 VVG das Verhalten des Versicherungsnehmers die Leistungspflicht entfallen lässt (→ Rn. 9).

II. Die einzelnen Tathandlungen

1. Beschädigen und Zerstören. Vor dem vorgenannten Hintergrund ist zunächst unter Beschädigen **11** iSv § 265 **grundsätzlich wie bei § 303** (vgl. Fischer Rn. 5; Lackner/Kühl/*Heger* Rn. 3; *Geppert* JURA 1998, 382 (384); Wessels/Hillenkamp StrafR BT II Rn. 654) eine nicht ganz unerhebliche körperliche Einwirkung auf die Sachsubstanz zu verstehen, durch die ihre stoffliche Zusammensetzung verändert oder ihre Unversehrtheit derart aufgehoben wird, dass die Brauchbarkeit für ihre Zwecke gemindert ist (vgl. BGHSt 13, 207 zu § 303). Demgemäß liegt in der Regel ein Zerstören vor, wenn die Sache vernichtet oder so auf sie eingewirkt wird, dass die bestimmungsgemäße Brauchbarkeit der Sache völlig aufgehoben ist (vgl. Fischer § 303 Rn. 14 mwN). Im Hinblick auf die im Vergleich zu § 303 **abweichenden Schutzgüter** (→ Rn. 3) ist indes nur eine solche Beeinträchtigung der Sachsubstanz tatbestandsmäßig, die eine **Eintrittspflicht des Versicherers** begründet (Schönke/Schröder/*Perron* Rn. 8; MüKoStGB/*Wohlers/Mühlbauer* Rn. 15 mwN; SSW StGB/*Saliger* Rn. 8; SK-StGB/*Hoyer* Rn. 18; Wessels/Hillenkamp StrafR BT II Rn. 654).

2. Beeinträchtigung der Brauchbarkeit. Die Brauchbarkeit einer Sache ist beeinträchtigt, wenn **12** das durch die Versicherung geschützte Maß der **Brauchbarkeit herabgesetzt** ist (Lackner/Kühl/*Heger* Rn. 3 mwN; SSW StGB/*Saliger* Rn. 8; *Geppert* JURA 1998, 382). Angesichts der weiten Auslegung, die im Bereich der Substanzbeeinträchtigung durch die Tatbestandsalternativen der Beschädigung und der Zerstörung gegeben ist, verbleibt für die Tatbestandsalternative der Beeinträchtigung der Brauchbarkeit grundsätzlich **kein Anwendungsbereich**. Denn überwiegend wird eine Beeinträchtigung der

Brauchbarkeit dann angenommen, wenn unabhängig vom Vorliegen einer Substanzbeeinträchtigung das durch die Versicherung geschützte Maß der Gebrauchsfähigkeit herabgesetzt ist (vgl. *Geppert* JURA 1998, 382; Lackner/Kühl/*Heger* Rn. 3; LK-StGB/*Tiedemann* Rn. 14; Wessels/Hillenkamp StrafR BT II Rn. 654; SSW StGB/*Saliger* Rn. 8; NK-StGB/*Hellmann* Rn. 25). Im Allgemeinen begründet die bloße Beeinträchtigung der Brauchbarkeit einer Sache aber versicherungsrechtlich keine Leistungspflicht des Versicherers. Demnach ist ein eigenständiger Anwendungsbereich dieser Tatbestandsalternative lediglich dann vorstellbar, wenn **individuell ausgehandelte Versicherungsverhältnisse** gegeben sind, die eben dieses Risiko absichern (Schönke/Schröder/*Perron* Rn. 8; MüKoStGB/*Wohlers*/*Mühlbauer* Rn. 17).

13   **3. Beiseiteschaffen.** Eine Sache ist beiseite geschafft, wenn dem äußeren Eindruck nach **das Abhandenkommen der Sache vorgetäuscht** wird (Schönke/Schröder/*Perron* Rn. 9; SK-StGB/*Hoyer* Rn. 17; SSW StGB/*Saliger* Rn. 10). Hierfür ist **nicht zwingend erforderlich,** dass die Sache eine **räumliche Veränderung** erfährt. Auch ein **Verbergen** der Sache erfüllt den Tatbestand, wenn dadurch der vorgenannte Eindruck erweckt wird (Fischer Rn. 6; MüKoStGB/*Wohlers*/*Mühlbauer* Rn. 18; Schönke/Schröder/*Perron* Rn. 9; SK-StGB/*Hoyer* Rn. 18; Wessels/Hillenkamp StrafR BT II Rn. 654; einschränkend: SSW StGB/*Saliger* Rn. 10; **aA** *Rönnau* JR 1998, 441; Lackner/Kühl/*Heger* Rn. 3; NK-StGB/*Hellmann* Rn. 27). **Nicht tatbestandsmäßig** ist demgegenüber, wenn lediglich rein **rechtliche Manipulationen** vorgenommen werden, der Verbleib der Sache aber auch danach noch bekannt ist (Fischer Rn. 6; MüKoStGB/*Wohlers*/*Mühlbauer* Rn. 18; SSW StGB/*Saliger* Rn. 9) Auch das bloße **wahrheitswidrige Behaupten des Abhandenkommens genügt nicht,** um die Tatbestandsalternative zu verwirklichen (Fischer Rn. 6; MüKoStGB/*Wohlers*/*Mühlbauer* Rn. 18; SK-StGB/*Hoyer* Rn. 18; NK-StGB/*Hellmann* Rn. 26; Wessels/Hillenkamp StrafR BT II Rn. 654).

14   **4. Überlassen.** Gegenüber dem Beiseiteschaffen ist beim Überlassen der versicherten Sache erforderlich, dass entweder **einem anderen die Sachherrschaft einverständlich übertragen** (Fischer Rn. 7; Lackner/Kühl/*Heger* Rn. 3; Schönke/Schröder/*Perron* Rn. 10; SK-StGB/*Hoyer* Rn. 19) oder die Herrschaftsbegründung durch einen Dritten geduldet wird (MüKoStGB/*Wohlers*/*Mühlbauer* Rn. 19; SSW StGB/*Saliger* Rn. 11). Dafür ist eine **räumliche Veränderung der Sachlage nicht erforderlich** (MüKoStGB/*Wohlers*/*Mühlbauer* Rn. 19; Schönke/Schröder/*Perron* Rn. 10; NK-StGB/*Hellmann* Rn. 29; SK-StGB/*Hoyer* Rn. 19; SSW StGB/*Saliger* Rn. 11). Der Dritte, auf den die Sachherrschaft übertragen wird, kann gutgläubig sein; eines kollusiven Zusammenwirkens bedarf es nicht (Fischer Rn. 7; MüKoStGB/*Wohlers*/*Mühlbauer* Rn. 19; NK-StGB/*Hellmann* Rn. 29; SSW StGB/*Saliger* Rn. 11). **Ist kollusives Handeln** gegeben, kommt beim Weitergebenden die Verwirklichung der Alternative des Überlassens und beim Dritten eine andere der vorstehenden Tathandlungen, namentlich das Beiseiteschaffen, oder eine Teilnahme daran in Betracht (Fischer Rn. 7; LK-StGB/*Tiedemann* Rn. 16; NK-StGB/*Hellmann* Rn. 30 f.; SSW StGB/*Saliger* Rn. 12; Wessels/Hillenkamp StrafR BT II Rn. 654; *Hörnle* JURA 1998, 169; **aA** Schönke/Schröder/*Perron* Rn. 10; *Rönnau* JR 1998, 441; krit. auch SK-StGB/*Hoyer* Rn. 20). In zeitlicher Hinsicht genügt eine **vorübergehende Übertragung des Besitzes** (Schönke/Schröder/*Perron* Rn. 10; NK-StGB/*Hellmann* Rn. 29; einschränkend MüKoStGB/*Wohlers*/*Mühlbauer* Rn. 19). Unbeachtlich ist, ob eine Entgelt gewährt wird (Fischer Rn. 7; SSW StGB/*Saliger* Rn. 11 mwN) Im Gegensatz zu den anderen Tathandlungen kann ein tatbestandsmäßiges Überlassen daher auch in sich objektiv neutral darstellenden Handlungen erblickt werden (*Hörnle* JURA 1998, 169). Insoweit wird bereits auf Ebene des objektiven Tatbestandes eine Einschränkung dahingehend gefordert, dass durch das Überlassen die Absicht, den Versicherer zur Leistung zu veranlassen, **objektiv manifestiert** sein müsse (MüKoStGB/*Wohlers*/*Mühlbauer* Rn. 19 mwN; SSW/*Saliger* Rn. 7, 11; aA LK-StGB/*Tiedemann* Rn. 17; NK-StGB/*Hellmann* Rn. 29; Schönke/Schröder/*Perron* Rn. 10).

15   **5. Tatbegehung durch Unterlassen.** Der Tatbestand kann grundsätzlich **auch durch Unterlassen verwirklicht werden** (Lackner/Kühl/*Heger* Rn. 3; LK-StGB/*Tiedemann* Rn. 18 ff.; SK-StGB/*Hoyer* Rn. 14; NK-StGB/*Hellmann* Rn. 32; Wessels/Hillenkamp StrafR BT II Rn. 654). Die insoweit erforderliche **Garantenstellung** leitet die Rspr. aus dem **besonderen Vertrauensverhältnis** zwischen den Parteien eines Versicherungsvertrages ab (BGH NJW 1951, 204 (205); ebenso *Ranft* JURA 1985, 393). Dem wird in der Literatur entgegen getreten unter Hinweis darauf, dass es sich bei der jetzt in § 82 VVG geregelten Obliegenheit zur Schadensverhinderung und -minderung gerade nicht um eine Rechtspflicht handele (MüKoStGB/*Wohlers*/*Mühlbauer* Rn. 20 mwN; zustimmend SSW StGB/*Saliger* Rn. 7; vgl. auch *Rönnau* JR 1998, 441).

D. Täterschaft und Teilnahme

I. Täterschaftliches Handeln

16   **Täter** des § 265 kann jedermann sein kann, mithin zunächst der **Eigentümer** der Sache, sodann der **Versicherungsnehmer** oder zuletzt ein **außerhalb des Versicherungsverhältnisses stehender Dritter** (Fischer Rn. 4; MüKoStGB/*Wohlers* Rn. 25; LK-StGB/*Tiedemann* Rn. 8). Aufgrund der aus dem Versicherungsverhältnis abgeleiteten Garantenstellung (→ Rn. 15) ergeben sich lediglich **bei Unterlassungstaten Einschränkungen** (NK-StGB/*Hellmann* Rn. 32).

Im Übrigen richtet sich die Abgrenzung zwischen Täterschaft und Teilnahme nach **den allgemei- 17 nen Grundsätzen** (Fischer Rn. 15; SSW StGB/*Saliger* Rn. 14). Ein außerhalb des Versicherungsverhältnisses stehender Dritter braucht, um den Tatbestand täterschaftlich zu verwirklichen, **nicht** mit dem Versicherungsnehmer oder dem Eigentümer **zusammenzuwirken** (Fischer Rn. 4).

II. Teilnahme

Als **Teilnehmer** kommen ebenfalls sowohl der **Versicherungsnehmer,** als auch außenstehende **18 Dritte** in Betracht. Bestimmt der Versicherungsnehmer einen Dritten zur Tathandlung, um im Anschluss daran gegenüber der Versicherung den Anspruch geltend zu machen, stellt dies, soweit nach den allgemeinen Grundsätze keine Täterschaft im Hinblick auf die Tathandlung begründet werden kann, lediglich eine Anstiftung dar (MüKoStGB/*Wohlers/Mühlbauer* Rn. 26; **aA** LK-StGB/*Tiedemann* Rn. 31). Aufgrund der Herabstufung des Tatbestandes zum Vergehen ist die versuchte Anstiftung hinsichtlich § 265 nicht mehr strafbar (BGH NStZ 1999, 243).

Eine **Beihilfehandlung** kann auch der Versicherungsnehmer begehen, der es pflichtwidrig unterlässt **19** (→ Rn. 15), eine versicherte Sache vor versicherungsrechtlich relevanten Beeinträchtigungen zu schützen, die von Dritten drohen (LK-StGB/*Tiedemann* Rn. 31; **aA** MüKoStGB/*Wohlers* Rn. 26). Beihilfe durch aktives Tun kann (auch durch den Versicherungsnehmer) dadurch geleistet werden, dass die versicherte Sache für den tatbestandsmäßigen Übergriff vorbereitet wird (OLG Zweibrücken VRS 1981, 436).

Bei der **Tatbestandsalternative des Überlassens** soll eine Strafbarkeit des Dritten, auf den die **20** Sachherrschaft über die versicherte Sache übertragen wird (→ Rn. 14) nach den Grundsätzen der **notwendigen Teilnahme** entfallen (Schönke/Schröder/*Perron* Rn. 10; *Rönnau* JR 1998, 441; grundsätzlich ebenso MüKoStGB/*Wohlers* Rn. 27; LK-StGB/*Tiedemann* Rn. 30). Dies wird aber jedenfalls dahingehend einzuschränken sein, dass dann, wenn der Dritte den Tatentschluss des Täters geweckt oder bestärkt hat, der Tatbeitrag über die notwendige Teilnahme hinaus geht, so dass Anstiftung oder Beihilfe gegeben sein kann (MüKoStGB/*Wohlers* Rn. 27 mwN; vgl. aber auch NK-StGB/*Hellmann* Rn. 30 f.).

E. Subjektiver Tatbestand

I. Vorsatz

Der subjektive Tatbestand erfordert zunächst Vorsatz hinsichtlich der Merkmale des objektiven Tat- **21** bestands. **Bedingter Vorsatz reicht aus** (Fischer Rn. 8, Lackner/Kühl/*Heger* Rn. 4; MüKoStGB/ *Wohlers/Mühlbauer* Rn. 21; Schönke/Schröder/*Perron* Rn. 11; NK-StGB/*Hellmann* Rn. 33; SK-StGB/ *Hoyer* Rn. 21; SSW StGB/*Saliger* Rn. 13; Wessels/Hillenkamp StrafR BT II Rn. 655). Der Täter muss mithin zumindest billigend in Kauf nehmen, dass ein **Versicherungsverhältnis besteht,** dass die konkrete Sache versichert und dass mit einer relevanten **Tathandlung in objektiver Hinsicht die Voraussetzungen eines Versicherungsfalls geschaffen werden.**

II. Absicht, sich oder einem Dritten Leistungen aus der Versicherung zu verschaffen

Neben dem Vorsatz hinsichtlich der objektiven Tatbestandsmerkmale muss der Täter auch in der **22 Absicht** handeln, sich oder einem Dritten **Leistungen aus der Versicherung zu verschaffen.** Der Täter muss insoweit mit zielgerichtetem Willen (dolus directus 1. Grades) handeln (Fischer Rn. 9, Lackner/Kühl/*Heger* Rn. 4; MüKoStGB/*Wohlers* Rn. 22; Schönke/Schröder/*Perron* Rn. 12; SK-StGB/*Hoyer* Rn. 22; NK-StGB/*Hellmann* Rn. 34; SSW StGB/*Saliger* Rn. 13; Wessels/Hillenkamp StrafR BT II Rn. 655), es ist aber weder erforderlich, dass es sich dabei um das Endziel des Täters handelt (MüKoStGB/*Wohlers/Mühlbauer* Rn. 21; Wessels/Hillenkamp StrafR BT II Rn. 655), noch, dass er sicher ist, den angestrebten Erfolg auch zu erreichen (BGH NJW 1989, 595 f.; BGHSt 18, 246; 21, 283). Die Absicht muss **im Zeitpunkt der Vornahme der Tathandlung** gegeben sein (MüKoStGB/ *Wohlers/Mühlbauer* Rn. 22 mwN; Schönke/Schröder/*Perron* Rn. 12).

Die Absicht muss dabei darauf gerichtet sein, sich oder einem Dritten eine Versicherungsleistung zu **23** verschaffen. Umstritten ist, ob diese Absicht im Fall der **professionellen Autoschieberei,** deren Bekämpfung mit ein Motiv für die Neufassung des § 265 war (→ Rn. 2), beim Autoschieber vorhanden ist. In der Literatur wird dies unter Hinweis auf den Wortlaut überwiegend verneint (MüKoStGB/ *Wohlers/Mühlbauer* Rn. 23 mwN; Schönke/Schröder/*Perron* Rn. 14; LK-StGB/*Tiedemann* Rn. 22; NK-StGB/*Hellmann* Rn. 37; **aA** Wessels/Hillenkamp StrafR BT II Rn. 657).

Nicht mehr erforderlich ist, dass der Täter in **betrügerischer Absicht** handelt. Die **Versiche- 24 rungsleistung,** die durch die Tat verschafft werden soll, muss mithin **nicht rechtswidrig** sein. Demnach sind nunmehr auch Fälle erfasst, in denen der Versicherte trotz der Tat einen wirksamen Anspruch hat (vgl. BT-Drs. 13/9064, 19; s. BGH NStZ 2007, 640; Fischer Rn. 10; MüKoStGB/*Wohlers/ Mühlbauer* Rn. 24; Lackner/Kühl/*Heger* Rn. 4, LK-StGB/*Tiedemann* Rn. 23, NK-StGB/*Hellmann*

Rn. 35; SSW StGB/*Saliger* Rn. 13; Wessels/Hillenkamp StrafR BT II Rn. 655, *Geppert* JURA 1998, 385, *Hörnle* JURA 1998, 176). Die im Rahmen von § 265 aF auftretenden Probleme im Zusammenhang mit der Repräsentantenstellung des Täters (vgl. BGH NJW 1976, 2271; BGH NStZ 1987, 505; BGH StV 1988, 299; BGH NJW 1992, 1635; *Ranft* JURA 1985, 393; LK-StGB/*Tiedemann* Rn. 23), sind für die Verwirklichung des § 265 nF nicht mehr relevant. Sie **bestehen allerdings auf Konkurrenzebene** fort, da davon abhängig ist, ob sich die Geltendmachung des angeblichen Anspruchs als vollendeter oder versuchter Betrug darstellt, hinter den § 265 als formell subsidiär zurücktritt (→ Rn. 32; s. auch BGHSt 51, 236; MüKoStGB/*Wohlers/Mühlbauer* Rn. 24; vgl. auch *Küper* NStZ 1993, 313).

25   Von der **Absicht** des Täters muss auch die **Deckungsgleichheit** (→ Rn. 8) zwischen der Versicherungsleistung und dem durch die Tathandlung ausgelösten Schadensfall erfasst sein (BGH wistra 1999, 379; Fischer Rn. 3, 11; MüKoStGB/*Wohlers/Mühlbauer* Rn. 22; Schönke/Schröder/*Perron* Rn. 14; SK-StGB/*Hoyer* Rn. 23; NK-StGB/*Hellmann* Rn. 36; SSW StGB/*Saliger* Rn. 13; *Geppert* JURA 1998, 383 f.). Durch die Ausdehnung des Tatbestandes auf alle Sachversicherungen wurde die diesbezügliche Problematik entschärft (MüKoStGB/*Wohlers/Mühlbauer* Rn. 22; Schönke/Schröder/*Perron* Rn. 14; LK-StGB/*Tiedemann* Rn. 24; SSW StGB/*Saliger* Rn. 13).

F. Versuch, Vollendung und Beendigung

I. Vollendung

26   Für die **Vollendung** der Tat genügt die **erfolgreiche Vornahme einer der Tathandlungen**. Darüber hinaus ist weder die Geltendmachung der Versicherungsleistung, noch die Schädigung des Versicherers erforderlich (→ Rn. 11 ff.; vgl. Fischer Rn. 12; MüKoStGB/*Wohlers/Mühlbauer* Rn. 22; Schönke/Schröder/*Perron* Rn. 15; NK-StGB/*Hellmann* Rn. 23; SSW StGB/*Saliger* Rn. 14; Wessels/Hillenkamp StrafR BT II Rn. 656). Soweit der Versicherungsnehmer keinen Anspruch auf die Versicherungsleistung hat, kommt mit dem Geltendmachen des Anspruchs die Verwirklichung des § 263 StGB in Betracht, was auf Konkurrenzebene uU zum Wegfall des § 265 führt. **Mit Vollendung der Tat ist regelmäßig auch Beendigung** (§ 78a) gegeben.

II. Versuch

27   Für eine Versuchsstrafbarkeit ist im Hinblick auf den stark vorverlagerten Rechtsgutsschutz ein tatsächliches **praktisches Bedürfnis nicht zu erkennen** (vgl. Fischer Rn. 13; MüKoStGB/*Wohlers/Mühlbauer* Rn. 29; Schönke/Schröder/*Perron* Rn. 15; Wessels/Hillenkamp StrafR BT II Rn. 657; SSW StGB/*Saliger* Rn. 14; *Rönnau* JR 1998, 445; *Bussmann* StV 1999, 617) unter Hinweis auf den gesetzgeberischen Willen). Gleichwohl wollte der Gesetzgeber darauf nicht verzichten (BT-Drs. 13/9064, 20; vgl. NK-StGB/*Hellmann* Rn. 38 f.). Zur Tat wird unmittelbar angesetzt, wenn die den Versicherungsfall herbeiführende Tathandlung aufgenommen wird und der Tatererfolg ohne weitere zeitliche Zäsur herbeigeführt werden soll. **Versuchsbeginn und Tatvollendung liegen daher eng zusammen** (MüKoStGB/*Wohlers/Mühlbauer* Rn. 29 mwN).

28   Vor diesem Hintergrund wird in der Literatur, insbes. auch im Hinblick auf die nur geringe praktische Möglichkeit eines strafbefreienden Rücktritts (vgl. MüKoStGB/*Wohlers/Mühlbauer* Rn. 32 mwN), ein Strafausschluss wegen **tätiger Reue** in analoger Anwendung von § 264 Abs. 5; 264a Abs. 3; § 265b Abs. 2 befürwortet (Schönke/Schröder/*Perron* Rn. 15; MüKoStGB/*Wohlers/Mühlbauer* Rn. 32 mwN; *Geppert* JURA 1998, 382). Dem wird entgegengehalten, dass es an einer planwidrigen Gesetzeslücke fehle (Fischer Rn. 14; Lackner/Kühl/*Heger* Rn. 5; LK-StGB/*Tiedemann* Rn. 29; SSW StGB/*Saliger* Rn. 14; *Rönnau* JR 1998, 441 (446); vgl. auch NK-StGB/*Hellmann* Rn. 42). Zuzugeben ist der Ansicht, die einen Strafausschluss im Wege der tätigen Reue befürwortet, dass im Hinblick auf den Schutzzweck des § 265 (→ Rn. 2) ein nachhaltiges Bedürfnis für die Bestrafung nicht besteht, wenn es nicht zur Geltendmachung der Versicherungsleistung kommt (vgl. in diesem Zusammenhang Schönke/Schröder/*Perron* Rn. 15; MüKoStGB/*Wohlers/Mühlbauer* Rn. 32). Dies gilt umso mehr, als ein Rücktritt vom versuchten Betrug zum Nachteil der Versicherung möglich ist (vgl. Schönke/Schröder/*Perron* Rn. 15 mwN). Einem in konkreten Einzelfall fehlenden Strafbedürfnis kann jedenfalls durch Einstellung nach § 153 StPO begegnet werden (LK-StGB/*Tiedemann* Rn. 29; NK-StGB/*Hellmann* Rn. 39; SSW StGB/*Saliger* Rn. 14; krit. hierzu MüKoStGB/*Wohlers/Mühlbauer* Rn. 32).

29   Geht der Täter irrtümlich davon aus, dass das Tatobjekt versichert ist (Schönke/Schröder/*Perron* Rn. 15), wird durch die Tathandlung kein Schaden verursacht, der den Eintritt der Versicherung begründet (→ Rn. 8) oder war der den Eintritt des Versicherungsfalls vortäuschende äußere Sachverhalt auf dem vom Täter beabsichtigten Weg nicht zu erreichen (MüKoStGB/*Wohlers/Mühlbauer* Rn. 31 mwN) ist ein **untauglicher Versuch** gegeben. In diesen Fällen besteht für eine Begrenzung der Versuchsstrafbarkeit (→ Rn. 28) grundsätzlich kein Bedürfnis.

G. Konkurrenzen

I. Allgemeines

Die Tathandlungen, die den Versicherungsfall in objektiver Hinsicht herbeiführen sollen, können je 30 nachdem welche Tatbestandsalternative betroffen ist, gleichzeitig §§ 303 ff.; 306 ff., 311, 315, 315b (Beschädigen, Zerstören) oder §§ 242, 246 (Beiseiteschaffen, Überlassen) erfüllen. In diesen Fällen ist jeweils zu § 265 **Tateinheit** gegeben (vgl. hinsichtlich §§ 306 ff. BGHSt 45, 218; 51, 236; s. auch Fischer Rn. 18; Lackner/Kühl/*Heger* Rn. 6; Schönke/Schröder/*Perron* Rn. 16; MüKoStGB/*Wohlers*/*Mühlbauer* Rn. 33; SK-StGB/*Hoyer* Rn. 30; NK-StGB/*Hellmann* Rn. 45; SSW StGB/*Saliger* Rn. 15). Wird im Hinblick auf den fingierten Versicherungsfall eine Strafanzeige erstattet, stehen die §§ 145d, 164 zu § 265 in Realkonkurrenz (Fischer Rn. 18). Die Vorstellung des der Hehlerei Bezichtigten, der Vortäter habe als Eigentümer die Versicherung durch einen vorgetäuschten Diebstahl betrügen wollen, reicht für ein vorsätzliches Handeln iSv § 259 nicht aus, da die insoweit anzunehmende Tat nach § 265 durch Beiseiteschaffen keine taugliche Vortat iSv § 259 darstellt (BGH StraFo 2012, 369; BGH NStZ-RR 2014, 373).

Werden demgegenüber gleichzeitig **mehrere Tatbestandsalternativen des** § 265 verwirklicht, ist 31 eine einheitliche Tat gegeben (MüKoStGB/*Wohlers*/*Mühlbauer* Rn. 33; LK-StGB/*Tiedemann* Rn. 35; SSW StGB/*Saliger* Rn. 15). Werden durch verschiedene Handlungen mehrere Schadensfälle herbeigeführt und anschließend der Versicherung gleichzeitig gemeldet, soll Tateinheit gegeben sein (MüKoStGB/*Wohlers*/*Mühlbauer* Rn. 33 mwN; vgl. auch Fischer Rn. 17 mwN).

II. Subsidiarität zu § 263

Nach § 265 wird nur bestraft, wenn die Tat nicht in § 263 mit Strafe bedroht ist. § 265 ist gegenüber 32 § 263 **formell subsidiär.** Unter Tat iSv § 265 ist die Tat **im prozessualen Sinne (§ 264 StPO)** zu verstehen. Diese umfasst regelmäßig auch einen dem Versicherungsmissbrauch nachfolgenden Betrug resp. einen Betrugsversuch. Denn die einzelnen Handlungen gehen nicht nur äußerlich ineinander über, sondern sind auch innerlich derart unmittelbar miteinander verknüpft, dass der Unrechts- und Schuldgehalt der einen Handlung nicht ohne die Umstände, die zu der anderen Handlung geführt haben, richtig gewürdigt werden kann (BGHSt 45, 211 (214); BGH NStZ-RR 2012, 46; Fischer Rn. 17; LK-StGB/*Tiedemann* Rn. 37; Schönke/Schröder/*Perron* Rn. 16; MüKoStGB/*Wohlers*/*Mühlbauer* Rn. 34, SK-StGB/*Hoyer* Rn. 29; NK-StGB/*Hellmann* Rn. 43; aA SSW StGB/*Saliger* Rn. 15 mwN)). **Subsidiär** ist § 265 nicht nur zum täterschaftlichen Betrug, **sondern auch zur Teilnahme am nachfolgenden Betrug** sowie zum **Betrugsversuch** bzw. der Teilnahme hieran (Fischer Rn. 17; Schönke/Schröder/*Perron* Rn. 16; MüKoStGB/*Wohlers*/*Mühlbauer* Rn. 34 mwN; LK-StGB/*Tiedemann* Rn. 38; SK-StGB/*Hoyer* Rn. 29; NK-StGB/*Hellmann* Rn. 44). Demgemäß ist auch die Teilnahme an § 265 zu nachfolgenden Betrugstaten oder der Teilnahme hieran subsidiär.

§ 265 wird aber nur dann aufgrund Subsidiarität verdrängt, solange der Täter nicht strafbefreiend vom 33 versuchten Betrugs zurückgetreten ist (Fischer Rn. 17 mwN; NK-StGB/*Hellmann* Rn. 44; Wessels/ Hillenkamp StrafR BT II Rn. 657; **aA** MüKoStGB/*Wohlers*/*Mühlbauer* Rn. 34 mwN; SK-StGB/*Hoyer* Rn. 27; SSW StGB/*Saliger* Rn. 15). In diesen Fällen ist aber fraglich, ob hinsichtlich des Vergehens nach § 265 ein Strafbedürfnis besteht (→ Rn. 27 ff.).

H. Rechtsfolgen

§ 265 sieht, soweit der Tatbestand nicht aufgrund Subsidiarität verdrängt wird, **Geldstrafe** oder 34 **Freiheitsstrafe bis zu drei Jahren** vor. Soweit die §§ 306 ff., 242, 246, 311, 315, 315b tateinheitlich verwirklicht werden, kommt dem Strafrahmen keine maßgebliche Bedeutung zu (§ 52). Lediglich der einfachen Sachbeschädigung nach § 303 geht der Strafrahmen des § 265 vor. Die Herabstufung des Tatbestandes zum Vergehen wird durch das unter **§ 263 Abs. 3 S. 2 Nr. 5 neu eingefügte Regelbeispiel** des Versicherungsbetruges kompensiert (BGH NStZ 1999, 32; BGH wistra 1999, 379; BGH NStZ 2000, 93). Demnach stellt § 265 nF nur dann das mildere Gesetz iSv § 2 Abs. 3 dar, wenn – neben § 265 aF – allein eine Verurteilung nach § 265 nF in Betracht zu ziehen ist (BGH NStZ-RR 1998, 235) oder kein besonders schwerer Fall des Betrugs gegeben ist (BGH NStZ 1999, 32; BGH wistra 1999, 379; BGH NStZ 2000, 93).

I. Prozessuales

§ 265 ist unabhängig vom Wert der beschädigten oder beiseite geschafften usw Sache **Offizialdelikt,** 35 § 303c; §§ 247, 248a sind nicht anwendbar (MüKoStGB/*Wohlers*/*Mühlbauer* Rn. 36; SSW StGB/*Saliger* Rn. 16). Der Versicherer ist sowohl als **Verletzter iSd §§ 406d ff.** StPO (MüKoStGB/*Wohlers*/*Mühlbauer* Rn. 36), als auch **iSv § 172 StPO** anzusehen, wenngleich es sich bei § 265 um ein abstraktes Gefährdungsdelikt handelt (vgl. insoweit Löwe/Rosenberg/*Graalmann-Scheerer* StPO § 172 Rn. 58).

§ 265b Kreditbetrug

(1) Wer einem Betrieb oder Unternehmen im Zusammenhang mit einem Antrag auf Gewährung, Belassung oder Veränderung der Bedingungen eines Kredits für einen Betrieb oder ein Unternehmen oder einen vorgetäuschten Betrieb oder ein vorgetäuschtes Unternehmen

1. über wirtschaftliche Verhältnisse
   a) unrichtige oder unvollständige Unterlagen, namentlich Bilanzen, Gewinn- und Verlustrechnungen, Vermögensübersichten oder Gutachten vorlegt oder
   b) schriftlich unrichtige oder unvollständige Angaben macht,
   die für den Kreditgeber vorteilhaft oder für die Entscheidung über einen solchen Antrag erheblich sind, oder
2. solche Verschlechterungen der in den Unterlagen oder Angaben dargestellten wirtschaftlichen Verhältnisse bei der Vorlage nicht mitteilt, die für die Entscheidung über einen solchen Antrag erheblich sind,

wird mit Freiheitsstrafe bis zu drei Jahren oder mit Geldstrafe bestraft.

(2) ¹Nach Absatz 1 wird nicht bestraft, wer freiwillig verhindert, daß der Kreditgeber auf Grund der Tat die beantragte Leistung erbringt. ²Wird die Leistung ohne Zutun des Täters nicht erbracht, so wird er straflos, wenn er sich freiwillig und ernsthaft bemüht, das Erbringen der Leistung zu verhindern.

(3) Im Sinne des Absatzes 1 sind

1. Betriebe und Unternehmen unabhängig von ihrem Gegenstand solche, die nach Art und Umfang einen in kaufmännischer Weise eingerichteten Geschäftsbetrieb erfordern;
2. Kredite, Gelddarlehen aller Art, Akzeptkredite, der entgeltliche Erwerb und die Stundung von Geldforderungen, die Diskontierung von Wechseln und Schecks und die Übernahme von Bürgschaften, Garantien und sonstigen Gewährleistungen.

Übersicht

A. Allgemeines

§ 265b bestraft im Vorfeld eines (Eingehungs-)Betruges Täuschungshandlungen im Zusammenhang **1** mit der betrügerischen Erschleichung von Unternehmenskrediten.

I. Entstehungsgeschichte, geschütztes Rechtsgut

Die Vorschrift ist eingefügt durch das 1. WiKG v. 29.7.1976 (BGBl. I 2034; Materialien: BT-Drs. **2** 7/3441, 17; 7/5291, 14) und hat ihren Ursprung in dem früheren Straftatbestand der Krediterschleichung in § 48 des KWG v. 5.12.1934 (vgl. ausführlich LK-StGB/*Tiedemann* Rn. 1 ff.; *Müller-Ennert/Maier* NJW 1976, 1657; *Prost* JZ 1975, 18). Nach der Vorstellung des Gesetzgebers sollte durch Einführung der Vorschrift die Bekämpfung von betrügerischen Kreditterschleichungen effektiviert, insbes. Schwierigkeiten des Nachweises der subjektiven Tatseite beim Betrug begegnet werden (vgl. MüKoStGB/*Wohlers/Mühlbauer* Rn. 8 mwN). Zugleich sollte die **Funktionsfähigkeit des Kreditwesens** und damit der Volkswirtschaft als Ganzes wirksamer geschützt werden, da der Gesetzgeber eine Täuschung zur Erlangung eines Kredites nicht nur als Vermögensgefährdung des konkret betroffenen Kreditgebers angesehen hat, sondern auch als Angriff auf das Vertrauen in die Richtigkeit von Rechnungslegungsunterlagen und in die Einhaltung von Verkehrspflichten im Wirtschaftsverkehr, ferner als Gefährdung der Vermögensinteressen von Anlegern des Kreditgebers und Geschäftspartnern des täuschenden Unternehmens (vgl. BT-Drs. 7/5291, 14 (16); s. auch BGHSt 36, 131 = BGH NJW 1989, 1868; LK-StGB/*Tiedemann* Rn. 2 f., 14; HK-KapMStrafR/*Park* Rn. 231).

Ob sich aus dieser Zwecksetzung und der Ausgestaltung der Vorschrift zugleich das von ihr **3** **geschützte Rechtsgut** herleiten lässt, ist umstritten. Teilweise wird vertreten, dass § 265b durch Stärkung des Vertrauens in die Richtigkeit und Vollständigkeit krediterheblicher Angaben allein dem Allgemeinwohl durch den Schutz eines funktionsfähigen, für das Wirtschaftsleben unentbehrlichen Kreditwesens verpflichtet sei (OLG Stuttgart NStZ 1993, 545; OLG Celle wistra 1992, 359; MüKoStGB/*Wohlers/Mühlbauer* Rn. 1 f.; LK-StGB/*Tiedemann* Rn. 14, 17; *Bottke* wistra 1991, 1 (7 f.); s. auch Schönke/Schröder/*Perron* Rn. 1: „Breiten- und Fernwirkung von Kreditbetrügereien großen Ausmaßes"). Die Auffassung wird vor allem darauf gestützt, dass die Vorschrift unabhängig vom Eintritt eines Vermögensschadens oder einer konkreten Vermögensgefährdung des Kreditgebers eingreift. Dagegen ordnen große Teile des Schrifttums § 265b als ein rein individualschützendes Vermögensdelikt ein (Fischer Rn. 3; NK-StGB/*Hellmann* Rn. 9; HK-KapMStrafR/*Park* Rn. 231: Kreditwesenschutz als Reflex; SK-StGB/*Hoyer* Rn. 8; *Kindhäuser* JR 1990, 522); auch der BGH neigte früher dieser Auffassung zu (BGHSt 36, 130 (131) = BGH NJW 1989, 1868 (1869)). Hierfür spricht, dass die Funktionsfähigkeit der Kreditwirtschaft als Ganzes in nur untergeordnetem Maße auf der Zuverlässigkeit krediterheblicher Angaben beruht, sondern vielmehr auf allgemeinen Risiko- und Wirtschaftlichkeitserwägungen des Kreditgebers, welche strafrechtlicher Kontrolle nur im Rahmen des strikt individualschützenden § 266 unterworfen sind; auch weist § 265b in seiner Ausgestaltung vermögensschützende Elemente auf (vgl. Abs. 1 Nr. 1b, Abs. 2). Durch den Zuschnitt auf institutionell oder wenigstens unternehmerisch tätige Kreditnehmer und -geber und die Entbehrlichkeit einer vom Vorsatz erfassten, zumindest konkreten Vermögensgefahr zielt § 265b aber erkennbar auch auf einen überindividuellen Rechtsgüterschutz; die isolierte strafrechtliche Verstärkung des Rechtsgüterschutzes von bestimmten Marktteilnehmern wäre ansonsten nicht erklärlich. Zutreffend erscheint daher eine Einordnung im Sinne eines **doppelten, sowohl Individualrechtsbelange als auch die Kreditwirtschaft als solche umfassenden Rechtsgüterschutzes** (OLG Stuttgart NStZ 1993, 545; OLG Celle wistra 1991, 359; OLG Hamm(Z) NZG 2004, 289 (290); Schönke/Schröder/*Perron* Rn. 3; SSW StGB/*Saliger* Rn. 1; Lackner/Kühl/*Heger* Rn. 1; *Krack* NStZ 2001, 505 (506); so auch die Intention des Gesetzgebers, vgl. BT-Drs. 7/3441, 17 f.), die sich nunmehr auch in der **Rspr. des BGH** durchgesetzt hat: „Der Tatbestand des Kreditbetruges schützt sowohl das individuelle Vermögen des Kreditgebers als auch das überindividuelle Rechtsgut der Kredit- und Volkswirtschaft" (BGH NJW 2015, 423; wistra 2014, 484). Ausreichend für die Tatbestandsverwirklichung ist dabei, dass zumindest eines der Rechtsgüter abstrakt gefährdet ist (**aA** SK-StGB/*Hoyer* Rn. 6 f.). Hinsichtlich des konkurrenzrechtlichen Verhältnisses zu § 263 bleibt die Verschiedenheit der Rechtsgüter unerheblich, da § 263 jedenfalls die Tat mit dem höheren Unwertgehalt darstellt (BGHSt 36, 131 = BGH NJW 1989, 1868 (1869); **aA** LK-StGB/*Tiedemann* Rn. 15; auch → Rn. 4, 72).

II. Systematik, Anwendungsbereich

§ 265b sanktioniert **Täuschungshandlungen zur Erlangung von Unternehmenskrediten im 4 Vorfeld des Betruges** (BGH NStZ 2011, 279; SSW StGB/*Saliger* Rn. 1). Im Unterschied zu § 263 erfordert der Kreditbetrug nicht, dass die Täuschung zu einem Irrtum, einer Vermögensverfügung und zu einem Vermögensschaden auf Seiten des Kreditgebers geführt hat (vgl. BGH NStZ 2003, 539 (540)); insbes. muss es nicht zu der vom Täter begehrten Kreditgewährung gekommen sein. In subjektiver Hinsicht setzt § 265b weder eine Bereicherungsabsicht noch einen Schädigungsvorsatz voraus. Mangels Erfolgsbezogenheit bildet die Vorschrift ein **abstraktes Gefährdungsdelikt** (BGHSt 36, 130 (131) = BGH NJW 1989, 1868; NStZ 2011, 279; BayObLGSt 90, 15 = BayObLG NJW 1990, 1677 (1678); Fischer Rn. 2; Schönke/Schröder/*Perron* Rn. 4; NK-StGB/*Hellmann* Rn. 10; Lackner/Kühl/*Heger* Rn. 1; Müller-Gugenberger WirtschaftsStR/*Hebenstreit* § 50 Rn. 153; *Bottke* wistra 1991, 1 (7); **aA** MüKoStGB/*Wohlers/Mühlbauer* Rn. 3: „Kumulationsdelikt"; HK-StrafR/*Duttge* Rn. 2: konkretes Gefährdungsdelikt; SK-StGB/*Hoyer* Rn. 10 und HK-KapMStrafR/*Park* Rn. 232: abstrakt-konkretes Gefährdungsdelikt; krit. LK-StGB/*Tiedemann* Rn. 13). Auf die Frage, ob eine Kreditvergabe im Falle fehlerfreier und vollständiger Angaben des Täters bei wirtschaftlicher Betrachtungsweise zu rechtfertigen gewesen wäre, die Täuschung daher nicht zu einer konkreten Vermögensgefährdung geführt hat, kommt es nicht an (MüKoStGB/*Wohlers/Mühlbauer* Rn. 1; NK-StGB/*Hellmann* Rn. 30; **aA** SK-StGB/*Hoyer* Rn. 10); korrigiert werden kann hier allein über das Tatbestandsmerkmal der Erheblichkeit (vgl. aber BGHSt 30, 285 (290 f.)). In der Rspr. finden sich gleichwohl häufig Feststellungen zu einer konkreten Vermögensgefährdung des betroffenen Kreditgebers (vgl. BGH wistra 1984, 25). **Im Verhältnis zu § 263** bildet § 265b keine vorgehende Sonderregelung, sondern tritt im Gegenteil wegen geringeren Unrechtsgehaltes hinter den Betrug und den versuchten Betrug zurück (BGHSt 36, 131 = BGH NJW 1989, 1868 (1869); **str.**, vgl. → Rn. 72).

5   In **persönlicher Hinsicht** ist § 265b beschränkt auf Kredite zwischen Unternehmen, welche die von Abs. 3 Nr. 1 vorausgesetzte Organisationsdichte erreichen, nicht aber auf Kreditgewährungen durch Banken. Nach der Zielsetzung des Gesetzgebers sollen hierdurch vornehmlich Kredite ab einer gewissen Größenordnung erfasst werden (BT-Drs. 7/5291, 15; krit. LK-StGB/*Tiedemann* Rn. 20). Kreditgewährungen seitens und zugunsten Privater sind in den Anwendungsbereich nicht einbezogen; dies betrifft sowohl Kundenkredite wie zB Teilzahlungsabreden als auch umfangreichere Darlehen, etwa zum Zweck der Immobilienfinanzierung. Nicht tatbestandsmäßig sind auch Kreditierungen seitens oder zugunsten Privater zu Anlagezwecken (Schönke/Schröder/*Perron* Rn. 1; LK-StGB/*Tiedemann* Rn. 5; vgl. aber → Rn. 20). Der Tatbestand kann, muss sich aber nicht in einem Zweipersonenverhältnis aus Kreditgeber und -nehmer erschöpfen; insbes. können Kreditnehmer, Antragsteller und der die eigentlichen Täuschungshandlungen des Abs. 1 Nr. 1 und 2 begehende Täter auseinanderfallen (→ Rn. 32, 37, 69). **Sachlich** ist der Begriff des Kredites durch Abs. 3 Nr. 2 legaldefiniert und umfasst in Form der „Stundung von Geldforderungen" insbes. die Fallgruppe der Waren- oder Lieferantenkredite.

6   Für Sachverhalte mit **internationaler Anknüpfung** gelten die allgemeinen Vorschriften der §§ 3–9. Nach jüngster Rspr. des BGH (NJW 2015, 423) und hier vertretener Ansicht (→ Rn. 3) ergeben sich aus der Schutzgutbestimmung von § 265b insoweit keine Einschränkungen des Anwendungsbereiches; dies gilt erst recht auf Grundlage der Auffassung, dass § 265b rein individualschützend wirke (vgl. Fischer Rn. 2; s. auch BGHSt 36, 130 (131) = BGH NJW 1989, 1868 (1869); zu § 265 vgl. BGH wistra 1993, 225). Danach sind Inlandstaten (§ 3) **unabhängig davon strafbar, ob sie gegenüber einem inländischen oder ausländischen Unternehmen begangen werden** (BGH NJW 2015, 423: Schutz auch ausländischer Kreditgeber). Tatortbestimmende Handlung iSv § 9 ist die Vorlage der unrichtigen Kreditunterlagen bzw. das Unterlassen ihrer Richtigstellung oder Vervollständigung. Tätigkeitsort ist dabei nicht nur der Ort, an dem der Täter handelt oder handeln müsste, sondern auch der Ort des tatsächlichen oder hypothetischen Zugangs der Unterlagen beim Kreditgeber, so dass von Ausländern gestellte Anträge oder Anträge von Inländern aus dem Ausland heraus von § 265b erfasst sind, soweit sie an ein inländisches Unternehmen gerichtet sind (vgl. LK-StGB/*Tiedemann* Rn. 119). Kreditanträge im Ausland gegenüber dort ansässigen Unternehmen sind als Auslandstaten nach § 7 StGB nur strafbar, wenn der Täter Deutscher ist oder die Tat sich gegen ein deutsches Unternehmen bzw. dessen Zweigniederlassung im Ausland richtet und die Tat im Ausland – nicht notwendig durch einen § 265b entsprechenden Spezialtatbestand – mit Strafe bedroht ist. Eine im Ausland vorgenommene Beihilfehandlung zu einer Inlandstat ist von § 265b erfasst. Die Befürworter eines ausschließlich oder zumindest vorrangig auf die Funktionsfähigkeit der Kreditwirtschaft bezogenen Schutzzweckes von § 265b (→ Rn. 3) schränken den Anwendungsbereich demgegenüber weiter ein, indem sie von § 265b in Anlehnung an die Vorgängernorm in § 50 KWG aF allein **das inländische Kreditwesen geschützt** sehen (OLG Stuttgart NStZ 1993, 545; Lackner/Kühl/*Heger* Rn. 1; SSW StGB/*Saliger* Rn. 2; LK-StGB/*Tiedemann* Rn. 117: aber Schutz EU-ansässiger Unternehmen; **aA** BGH NJW 2015, 423; offen gelassen noch von NStZ 2002, 433 (435)). Demzufolge wären Täuschungshandlungen gegenüber ausländischen Unternehmen mit Sitz im Ausland nicht erfasst (OLG Stuttgart NStZ 1993, 545 für schweizerisches Kreditinstitut); anderes muss nach § 53 KWG konsequenterweise aber für Handlungen gegenüber inländischen Niederlassungen oder Zweigstellen ausländischer Unternehmen gelten (vgl. LK-StGB/*Tiedemann* Rn. 117).

7   § 265b bildet auf Grundlage seiner Qualifizierung als – auch – individualschützendes Vermögensdelikt ein **Schutzgesetz iSv § 823 Abs. 2 BGB** zugunsten des Kreditgebers (OLG Hamm NZG 2004, 289; LG Oldenburg WM 2001, 2115; MüKoStGB/*Wohlers/Mühlbauer* Rn. 1).

III. Praktische Bedeutung

Die praktische Bedeutung von § 265b ist **in der forensischen Praxis** vergleichsweise gering; **8** bundesweit kam es im Jahr 2011 zu 12, in 2012 zu 4 und in 2013 zu insgesamt 8 Verurteilungen (Stat. Bundesamt Fachserie 10 Reihe 3 Jahre 2011, 2012 und 2013). Dies dürfte weniger der gesetzgeberisch erhofften (vgl. BT-Drs. 7/5291, 14) generalpräventiven Wirkung der im Bewusstsein der Allgemeinheit kaum verankerten Vorschrift als vielmehr einer zurückhaltenden Anzeigepraxis (NK-StGB/*Hellmann* Rn. 5; zu den Gründen vgl. LK-StGB/*Tiedemann* Rn. 122 f.) und der von der Rspr. angenommenen Subsidiarität gegenüber § 263 geschuldet sein (vgl. Müller-Gugenberger WirtschaftsStR/*Hebenstreit* § 50 Rn. 150; Fischer Rn. 4; *Theile* wistra 2004, 121). Insbes. die deutlich höheren Zahlen **eingeleiteter Ermittlungsverfahren** (Fallzahlen lt. den Polizeilichen Kriminalstatistiken des BKA für 2011: 393; für 2012: 426; für 2013: 346) weisen darauf hin, dass die weitaus überwiegende Anzahl der Fälle bereits im Ermittlungsverfahren durch eine Verdachtslage und Anklage wegen (Kredit-)Betruges nach § 263 ersetzt werden oder – soweit es im Verfahren bei § 265b verbleibt – einer Einstellung nach §§ 154, 154a StPO unterliegen. § 265b dürfte sich daher im Wesentlichen als **„Aufgreiftatbestand"** für weiterführende, schlussendlich zu einer Anklage nach § 263 führende Ermittlungen (LK-StGB/*Tiedemann* Rn. 18, 122), insbes. als Grundlage für entsprechende strafprozessuale Ermittlungsmaßnahmen (vgl. Fischer Rn. 4) oder als Verhandlungsmasse im Rahmen einvernehmlicher Verfahrensbeendigungen erschöpfen, ohne dass die gegenüber § 263 erleichterte Nachweisbarkeit der Tat zu einer erkennbaren Effektivierung der Strafverfolgung geführt hat (vgl. Schönke/Schröder/*Perron* Rn. 1; MüKoStGB/ *Wohlers/Mühlbauer* Rn. 6; NK-StGB/*Hellmann* Rn. 6; *Haft* ZStW 88 (1976), 365; s. andererseits LK-StGB/*Tiedemann* Rn. 18: Erleichterung gegenüber dem Nachweis der Vorspiegelung von Zahlungsfähigkeit bei § 263).

Die Praktikabilität von § 265b wird auch im Hinblick auf die vielfach als missglückt empfundene **9** **Gestaltung des Tatbestandes** kritisiert. Hinderlich für die Rechtsanwendung wirkt insbes. eine sich in Legaldefinitionen und einer Vielzahl unbestimmter Rechtsbegriffe ausdrückende Detailverliebtheit des Gesetzgebers, die die Vereinfachungsbestrebung bei der Bekämpfung von Krediterschleichungen konterkariert und neue Beweisschwierigkeiten, insbes. im Hinblick auf den Vorsatz schafft (vgl. HK-KapMStrafR/*Heinz*, 2. Aufl. 2008, Rn. 4, 45; Müller-Gugenberger WirtschaftsStR/*Hebenstreit* § 50 Rn. 152). ZT wird daher die **Legitimation der Vorschrift insgesamt in Frage** gestellt (MüKoStGB/*Wohlers/Mühlbauer* Rn. 6; Fischer Rn. 5; die Vorschrift verteidigend LK-StGB/*Tiedemann* Rn. 6 ff., 18).

Das Bedürfnis nach einem erhöhten strafrechtlichen Schutz gewerbsmäßiger Kredite vor Täuschungen lässt sich in **10** der Tat anzweifeln. Das Vermögen eines institutionellen Kreditgebers und das volkswirtschaftliche Kreditwesen als Ganzes sind eher gefährdet durch wirtschaftlich leichtfertige Kreditvergaben und ein unzureichendes internes und externes Controlling denn durch eine vorsätzliche Täuschung seitens eines Kreditnehmers (vgl. auch BGHSt 36, 130; MüKoStGB/*Wohlers/Mühlbauer* Rn. 3; *Schubarth* ZStW 1992 (1980), 91 f.; **aA** LK-StGB/*Tiedemann* Rn. 8; Schönke/ Schröder/*Perron* Rn. 3). Soweit der Vorschrift Bedeutung im Vorfeld einer Insolvenz durch betrügerische Erlangung von Warenkrediten zukommt, besteht zwar ein nicht unerhebliches Schädigungspotential, regelmäßig aber bereits ein hinreichender strafrechtlicher Schutz durch eine Strafbarkeit wegen eines versuchten oder infolge eines eingetretenen Gefährdungsschadens bereits vollendeten Betrugs nach § 263 (vgl. Fischer Rn. 4). Anzeigen aus der Kreditwirtschaft, auf die die Ermittlungsbehörden angewiesen sind, werden gleichfalls idR erst bei einer bereits eingetretenen Schädigung erfolgen (vgl. HK-KapMStrafR/*Heinz*, 2. Aufl. 2008, Rn. 4).

IV. Verfassungsrecht

Trotz der Häufung unbestimmter Tatbestandsmerkmale und vielfacher hierauf gestützter verfassungs- **11** rechtlicher Bedenken (Schönke/Schröder/*Perron* Rn. 2; *Haft* ZStW 88 (1976), 369; *Lampe*, Kreditbetrug, 1980, S. 50 (54 f.)) ist § 265b nach der zutreffenden Auffassung des BGH nach dem Maßstab von **Art. 103 Abs. 2 GG** verfassungsgemäß (BGHSt 30, 285 = BGH NJW 1982, 775 m. abl. Anm. *Lampe* JR 1982, 430), weil Tatbestandsmerkmale mit wertendem Charakter oder ausfüllungsbedürftige Begriffe dem Strafrecht immanent sind, ihre Verwirklichung nach dem strengen Maßstab tatrichterlicher Überzeugung feststehen muss und die einzelnen in § 265b verwandten Begriffe (zB „unrichtig", „unvollständig", „erheblich", „vorteilhaft") qualitativ nicht von in anderen Strafvorschriften verwendeten Merkmalen abweichen (BGHSt 30, 285 (287) = BGH NJW 1982, 775). Richtig ist auch, dass für einen besonders strengen Maßstab (gefordert von Schönke/Schröder/*Perron* Rn. 2; MüKoStGB/*Wohlers/ Mühlbauer* Rn. 7; s. auch LK-StGB/*Tiedemann* Rn. 32, 65, andererseits Rn. 17; *Schlüchter* NStZ 1984, 301) bei Prüfung der Tatbestandsmerkmale auch dann kein Anlass besteht, wenn es sich – etwa bei der Frage einer Bilanzunrichtigkeit – um wirtschaftliche Kriterien handelt; auch insoweit besteht kein wesentlicher Unterschied zu anderen Strafbestimmungen (vgl. §§ 283 ff.), deren Verwirklichung ggf. mit sachverständiger Hilfe festzustellen ist (vgl. BGHSt 30, 285 (288) = BGH NJW 1982, 775). Für – angesichts der Beschränkungen des Täter- und Opferkreises gelegentlich geäußerte – Zweifel an der SK-StGB/*Hoyer* Rn. 7; Fischer Rn. 5) – Zweifel an der Verfassungsgemäßheit der Vorschrift im Hinblick auf **Art. 3 Abs. 1 GG** besteht gleichfalls kein Anlass. Dass der Gesetzgeber eine Strafbewehrung nur bestimmter

Tathandlungen im Bereich der Kreditwirtschaft für erforderlich gehalten hat, liegt innerhalb seines ihm von Verfassungs wegen zukommenden Einschätzungs- und Gestaltungsspielraums (vgl. auch LK-StGB/ *Tiedemann* Rn. 6 ff.). Dabei bilden die von dem Gesetzgeber gesehenen, einer sachlichen Grundlage nicht entbehrenden besonderen Gefahren einer Funktionsstörung der gewerblichen Kreditwirtschaft für die Allgemeinheit jedenfalls ein taugliches Differenzierungskriterium.

B. Objektiver Tatbestand
I. Persönlicher Anwendungsbereich (Abs. 1, Abs. 3 Nr. 1)

12 **1. Betrieb oder Unternehmen.** Nach Abs. 1 muss es sich bei dem potentiellen Kreditnehmer wie auch bei dem potentiellen Kreditgeber um ein **Betrieb oder Unternehmen** iSv Abs. 3 Nr. 1 handeln; Privatpersonen sind nicht erfasst (vgl. aber → Rn. 69 f.). Betriebe oder Unternehmen (vgl. § 14 Abs. 2; § 11 Abs. 1 Nr. 4b) sind eine nicht nur vorübergehende Zusammenfassung einer (**aA** Fischer § 264 Rn. 11) oder mehrerer Personen mit bestimmten Sachmitteln in gewissen räumlichem Zusammenhang unter einer Leitung zur Erreichung eines bestimmten Zwecks (SK-StGB/*Hoyer* Rn. 23; LK-StGB/ *Tiedemann* Rn. 28; NK-StGB/*Hellmann* Rn. 16; HK-KapMStrafR/*Park* Rn. 239). Ein sachlicher Grund, Ein-Personen-Betriebe – etwa eine Ein-Mann-GmbH oder ein einzelkaufmännisches Unternehmen ohne weitere Mitarbeiter – vom Anwendungsbereich der Vorschrift auszunehmen, besteht nicht. „Unternehmen" bildet die rechtlich-wirtschaftlich übergeordnete Einheit, der mehrere Betriebe angehören können (SK-StGB/*Hoyer* Rn. 23); von der begrifflichen Unterscheidung hängt indes nichts ab. Auch auf die **rechtliche Organisationsform** kommt es nicht an. In Betracht kommen Gesellschaften jeder Art oder eine Unternehmens- oder Betriebsinhaberschaft durch eine natürliche Person; auch ein nichtrechtsfähiger Verein oder eine GbR sind taugliche Kreditgeber oder -nehmer iSv § 265b (vgl. BGH NStZ 2003, 539 (540); BGH NJW 2003, 2179 (2181) (zu § 264); MüKoStGB/*Wohlers*/ *Mühlbauer* Rn. 10). Auch wenn eine ausdrückliche Gleichstellung wie in § 264 Abs. 7 S. 2 fehlt, gilt gleiches für **öffentliche Betriebe und Unternehmen,** insbes. öffentlich-rechtlich organisierte Sparkassen, Landesbanken, die KfW, Betriebe in öffentlicher Hand und öffentlich-rechtlicher Organisationsform wie kommunale Verkehrsbetriebe, Krankenhäuser, Energieversorger oder Wohnungsbaugesellschaften, nicht aber für Behörden (vgl. Fischer Rn. 7; Schönke/Schröder/*Perron* Rn. 8; NK-StGB/ *Hellmann* Rn. 15; SSW StGB/*Saliger* Rn. 3; MüKoStGB/*Wohlers*/*Mühlbauer* Rn. 10; Müller-Gugenberger WirtschaftsStR/*Hebenstreit* § 50 Rn. 157). Werden gegenüber Stellen öffentlicher Verwaltung falsche oder unvollständige Angaben gemacht, so ist dies auch dann nicht tatbestandsmäßig, wenn diese – etwa als Aufsichtsorgan – eine amtliche Prüfung für eine Kreditvergabe oder -belassung vornehmen (LK-StGB/*Tiedemann* Rn. 28). Auch die Bundesrepublik Deutschland oder ein Bundesland scheiden damit als mögliche Kredit- oder Kreditsicherheitengeber aus (**aA** LK-StGB/*Tiedemann* Rn. 28).

13 Nach der ausdrücklichen Klarstellung in Abs. 3 Nr. 1 („unabhängig von ihrem Gegenstand") sind Betriebe und Unternehmen **jedweden Gegenstandes** erfasst. Erforderlich ist daher weder eine kaufmännische Tätigkeit noch überhaupt ein mit Gewinnerzielungsabsicht betriebenes Gewerbe (vgl. Fischer § 264 Rn. 11). Über den Bereich der Handels- und Gewerbebetriebe hinaus kommen daher auch solche der Land- und Forstwirtschaft, sonstiger Urproduktion sowie freie oder künstlerische Berufe in Betracht (SK-StGB/*Hoyer* Rn. 24; LK-StGB/*Tiedemann* Rn. 28; Müller-Gugenberger WirtschaftsStR/*Hebenstreit* § 50 Rn. 157), mithin auch Ärzte (vgl. BGH NStZ 2011, 279), Rechtsanwälte, Krankenhäuser, Forschungs- und kulturelle Einrichtungen, aber auch gemeinnützige und wohltätige Institutionen wie etwa solche in kirchlicher Trägerschaft (SSW StGB/*Saliger* Rn. 39). Da § 265b auch Lieferanten- und Warenkredite erfasst, können Geschäftsbeziehungen zwischen Unternehmen aus allen wirtschaftlichen Bereichen und auf allen Produktions- und Leistungsebenen die Grundlage für einen von der Vorschrift geschützten Kredit bilden. Insbes. **muss es sich bei dem potentiellen Kreditgeber nicht um eine Bank handeln.**

14 **2. Erforderlichkeit eines in kaufmännischer Weise eingerichteten Geschäftsbetriebs.** § 265b Abs. 3 Nr. 1 schränkt den Kreis möglicher Tatbegünstigter und -opfer dahingehend ein, dass ihr Betrieb oder Unternehmen eine gewisse Größenordnung oder Komplexität erreichen, nämlich einen „nach Art und Umfang einen in kaufmännischer Weise eingerichteten Geschäftsbetrieb erfordern" muss. § 265b soll hierdurch auf Kreditnehmer beschränkt werden, deren Vermögensverhältnisse nicht ohne weiteres überschaubar sind; auch der Umfang des Kredites soll nach dem Gesetzeszweck typischerweise eine gewisse Bedeutung erreichen (BT-Drs. 7/5291, 14; Schönke/Schröder/*Perron* Rn. 9). Der Tatbestand scheidet daher bei Beteiligung eines Kleinbetriebes auf der einen oder anderen Seite des Kreditgeschäftes aus. Auf die tatsächliche Höhe des beabsichtigten oder gewährten Kredites kommt es dagegen nicht an, da sich insoweit aus dem Tatbestand keine Einschränkungen ergeben (LK-StGB/*Tiedemann* Rn. 29; HK-KapMStrafR/*Park* Rn. 243). Anknüpfungspunkt für den Begriff des kaufmännischen Geschäftsbetriebs ist **§ 1 Abs. 2 HGB;** auf die hierzu entwickelten handelsrechtlichen Kriterien kann zurückgegriffen werden (vgl. nachfolgend → Rn. 15). Wie für § 1 Abs. 2 HGB kommt es nicht darauf an, ob der Betroffene einen in kaufmännischer Weise eingerichteten Geschäftsbetrieb tatsächlich führt, sondern nur, ob er erforderlich ist (Fischer Rn. 8; LK-StGB/*Tiedemann* Rn. 30). Eine tatsächlich vorhandener

kaufmännischer Geschäftsbetrieb kann indiziell für seine Erforderlichkeit sprechen (SSW StGB/*Saliger* Rn. 3; Baumbach/Hueck/*Hopt* HGB § 1 Rn. 23), nicht aber sein Fehlen für eine Entbehrlichkeit (LK-StGB/*Tiedemann* Rn. 30). Da der sachliche Unternehmensgegenstand für § 265b unbeachtlich ist (→ Rn. 13), bedarf es keiner **Kaufmannseigenschaft** des Kreditnehmers. Eine vorhandene Kaufmannseigenschaft suspendiert nicht von der Prüfung einer Erforderlichkeit iSv Abs. 3 Nr. 1; etwa erfüllt ein Kaufmann nach §§ 2–6 HGB für sich genommen noch nicht die persönlichen Erfordernisse von § 265b Abs. 1, Abs. 3 Nr. 1.

Ein **in kaufmännischer Weise eingerichteter Geschäftsbetrieb** ist ein solcher, der einem Kaufmann nach betriebswirtschaftlichen Grundsätzen und der Verkehrsauffassung für eine ordentliche und zuverlässige Geschäftsführung obliegt. Zu ihm gehören eine geordnete Buchführung und Bilanzierung (§§ 238 ff. HGB), Inventarisierung, im Falle von Beschäftigten eine Lohnbuchhaltung, eigene Geschäftsräume, ständige Bankverbindung, kaufmännische Korrespondenz, die geordnete Aufbewahrung von Geschäftsunterlagen (§ 238 Abs. 2, § 257 HGB), nicht zwingend aber das Führen einer Firma nach §§ 17 ff. HGB oder eine kaufmännische Vertretung nach §§ 48 ff. HGB (vgl. Fischer Rn. 8; Schönke/Schröder/*Perron* Rn. 10). Maßgeblich für die **Erforderlichkeit** einer derartigen Geschäftsführung sind qualitative und quantitative Kriterien („Art und Umfang") sowie das sich aus ihrem Zusammenwirken ergebende Gesamtbild des Betriebes; dabei kommt es auf eine wirtschaftliche Betrachtungsweise an (vgl. BGH NStZ 2003, 539 (540); vgl. ferner OLG Hamm(Z) NZG 2004, 289 (290)). In qualitativer Hinsicht ist der Geschäftszweck beachtlich, namentlich die Komplexität der angebotenen Leistungen und Produkte, ihre Vielfalt oder Gleichförmigkeit, weiterhin die hierfür erforderlichen Arbeitsschritte und ihre Organisation, die Beschäftigung ausgebildeten Personals, die Notwendigkeit eines Zusammenwirkens mit einer Vielzahl anderer Unternehmen, komplizierte Abrechnungen oder sonst umfangreiche Korrespondenz, eine überregionale oder internationale Tätigkeit oder umfangreiche Werbung. Quantitative Kriterien bilden das Umsatzvolumen, die Höhe des Anlage- und Betriebskapitals, die Zahl und Funktion der Beschäftigten, Anzahl und Größe der Betriebsstätten, die Anzahl der Geschäftsabschlüsse und der Geschäftsbeziehungen (vgl. Baumbach/Hueck/*Hopt* HGB § 1 Rn. 23; LK-StGB/*Tiedemann* Rn. 30 f.). Je vielgestaltiger und komplexer die Geschäftstätigkeit, desto eher ist eine kaufmännische, professionelle Führung geboten. Da die Erforderlichkeit aufgrund einer **Gesamtbetrachtung** nach Art und Umfang bestehen muss, kann ein hochkomplexer Betrieb auch bei niedrigem Umsatz einen kaufmännisch eingerichteten Geschäftsbetrieb benötigen (vgl. OLG Hamm DB 1969, 386 (Optiker); **aA** wohl MüKoStGB/*Wohlers/Mühlbauer* Rn. 11), ein einfach strukturierter Betrieb mit gleichförmigen Geschäftsabläufen dagegen trotz hohen Umsatzes nicht (vgl. OLG Celle NJW 1963, 540 (Kantine); SSW StGB/*Saliger* Rn. 3; **aA** wohl HK-KapMStrafR/*Heinz*, 2. Aufl. 2008, Rn. 9; Schönke/Schröder/*Perron* Rn. 10, die das kumulative Vorliegen beider Kriterien fordern). Feste Umsatzschwellenwerte lassen sich daher nicht bilden; auch steuerrechtliche Bewertungen sind für § 265b allenfalls indiziell von Bedeutung (vgl. Fischer Rn. 8). Die Einschränkung des Abs. 3 Nr. 1 kann dem Tatrichter daher umfangreiche Erhebungen und Feststellungen zu betriebswirtschaftlichen Kennziffern des betroffenen Betriebs oder Unternehmens abverlangen (krit. insoweit Müller-Gugenberger WirtschaftsStR/*Hebenstreit* § 50 Rn. 159). Ist allerdings das Erfordernis eines kaufmännischen Geschäftsbetriebes feststellbar, besteht auch in Grenzfällen keine Veranlassung, mit Blick auf Art. 103 Abs. 2 GG vom Maßstab des § 1 Abs. 2 HGB abzuweichen und einen „Sicherheitszuschlag" zu fordern (in diesem Sinne aber Schönke/Schröder/Perron Rn. 2; LK-StGB/*Tiedemann* Rn. 32; MüKoStGB/*Wohlers/Mühlbauer* Rn. 11: die Erforderlichkeit muss „nach allen ernsthaft in Betracht kommenden Beurteilungsmaßstäben zu bejahen" sein); im Gegenteil ist die Konturierung des unbestimmten Rechtsbegriffes durch die handelsrechtlichen Vorgaben erleichtert und trennschärfer zu vollziehen als in anderen Fällen. Verbleiben Zweifel, ist schon nach allgemeinen strafprozessualen Grundsätzen eine Feststellung des Merkmals gehindert.

Bei einem **institutionalisierten Kreditgeber** ist zu beachten, dass auch **§ 1 Abs. 1, Abs. 1a KWG** für Kredit- und Finanzdienstleistungsinstitute das Erfordernis eines in kaufmännischer Weise eingerichteten Geschäftsbetriebs voraussetzt. Auf die hierzu ergangene Rspr. kann zurückgegriffen werden (s. etwa BVerwG BeckRS 1980, 03436; OLG Karlsruhe BB 1975, 1364 (1365)).

3. Bestand im Zeitpunkt der Antragstellung. Der Betrieb oder das Unternehmen muss im maßgeblichen Zeitpunkt der Antragstellung tatsächlich **bereits bestehen oder als bestehend vorgetäuscht werden.** Nur rechtliche (Gründungs-)Mängel oder solche der organisatorischen Verfasstheit bleiben dabei außer Betracht. Noch nicht werbend tätige Vorgesellschaften oder Private mit Absicht der Unternehmensgründung fallen dagegen aus dem Anwendungsbereich von § 265b StGB auch dann heraus, wenn das zu schaffende Unternehmen die Voraussetzungen von Abs. 3 Nr. 1 erfüllen würde; denn „erfordern" in Abs. 3 Nr. 1 bezieht sich auf ein bestehendes Unternehmen und die Überprüfung dort tatsächlich herrschender Verhältnisse (vgl. BayObLG NJW 1990, 1677 (1678); SSW StGB/*Saliger* Rn. 4; Schönke/Schröder/*Perron* Rn. 5; NK-StGB/*Hellmann* Rn. 22). Damit kommt ein Kreditbetrug nicht in Betracht, wenn es sich bei dem begehrten Kredit um ein **Existenzgründerdarlehen** oder um anderweitige **Finanzierungen einer Unternehmensgründung** handelt (BayObLG NJW 1990, 1677 (1678); LK-StGB/*Tiedemann* Rn. 19; MüKoStGB/*Wohlers/Mühlbauer* Rn. 12).

17   **4. Scheinbetriebe und -unternehmen.** Dem wirklichen Betrieb oder Unternehmen ist nach Abs. 1 **auf Seiten des potentiellen Kreditnehmers** der nur vorgetäuschte Betrieb oder das nur vorgetäuschte Unternehmen gleichgestellt (vgl. BT-Drs. 7/2591, 15). Der Täter muss dabei ein Unternehmen oder einen Betrieb vorspiegeln, der bereits besteht und die besonderen Merkmale von Abs. 3 Nr. 1 erfüllt (Schönke/Schröder/*Perron* Rn. 5). Umfasst sind Fälle, in denen der behauptete Betrieb oder das behauptete Unternehmen **überhaupt nicht existiert** (Scheinfirmen) oder es – bei tatsächlichem Bestehen – **entgegen dem erzeugten Anschein die besonderen Voraussetzungen des Abs. 3 Nr. 1 nicht erfüllt** (Fischer Rn. 9; SK-StGB/*Hoyer* Rn. 26). Auf welche Weise der Täter den Betrieb vortäuscht, ist unerheblich; insbes. muss die Täuschung nicht in Zusammenhang mit dem Kreditantrag stehen. Sie kann anders als die nach Abs. 1 Nr. 1 und 2 erforderlichen Täuschungshandlungen auch mündlich oder konkludent geschehen (Schönke/Schröder/*Perron* Rn. 26; MüKoStGB/*Wohlers/Mühlbauer* Rn. 12). Ob sich der Kreditgeber tatsächlich täuschen lässt, ist unerheblich. Geht er irrig von einem Geschäftsbetrieb iSv Abs. 3 Nr. 1 aus, ohne dass seine Fehlvorstellung auf einem Verhalten des Täters beruht, liegt keine Vortäuschung und damit kein nach § 265b tauglicher Kreditnehmer vor.

17a   Einem nicht-existenten Betrieb oder Unternehmen sind **Fälle fehlender Vertretungsmacht des Täters** für ein bestehendes Unternehmen nicht gleichzustellen, denn der Betrieb oder das Unternehmen ist hier nicht vorgetäuscht; vorgetäuscht ist lediglich die Handlungsbefugnis. Der falsus procurator fällt aber ohne weiteres unter den Grundtatbestand „für einen Betrieb oder Unternehmen", denn es kommt allein darauf an, wofür der Kredit nach den Angaben des Täters bezweckt ist (LK-StGB/*Tiedemann* Rn. 22; s. auch → Rn. 26).

II. Kredit für einen Betrieb oder ein Unternehmen (Abs. 1, Abs. 3 Nr. 2)

18   Die Tat muss auf die Gewährung eines Kredites ausgerichtet sein. Der Begriff des Kredites ist in Abs. 3 Nr. 2 im Wege einer abschließenden Aufzählung legaldefiniert. Der Kredit muss dem Betrieb des Kreditnehmers zugutekommen; Kreditgeber ist der vertraglich zur Kreditgewährung Verpflichtete.

19   **1. Kredit. a) Allgemeines.** Abs. 3 Nr. 2 enthält eine an § 19 KWG aF angelehnte Legaldefinition des Kredites. Der Begriff geht über Darlehen im rechtlichen Sinn deutlich hinaus und umfasst eine Vielzahl von Rechtsgeschäften, durch die dem Kreditnehmer Geld oder geldwerte Mittel zeitweise entgeltlich oder unentgeltlich zur Verfügung gestellt werden (Schönke/Schröder/*Perron* Rn. 11; SSW StGB/*Saliger* Rn. 5). Angesichts der **abschließenden Aufzählung in Abs. 3 Nr. 2** ist der Anwendungsbereich von § 265b allerdings insoweit eingegrenzt, als Rechtsgeschäfte, die ihrer wirtschaftlichen Funktion nach (auch) eine Kreditgewährung darstellen, im Katalog des Abs. 3 Nr. 2 aber nicht enthalten sind, nicht erfasst sind; dies gilt etwa für Leasinggeschäfte (vgl. Müller-Gugenberger WirtschaftsStr/*Hebenstreit* § 50 Rn. 161). Zum anderen sind die von Abs. 3 Nr. 2 verwandten Begriffe **streng zivilrechtsakzessorisch** zu verstehen (SK-StGB/*Hoyer* Rn. 27; LK-StGB/*Tiedemann* Rn. 36 für den „Darlehens"begriff). Zur Qualifikation des Kreditgeschäftes kommt es auf die zwischen Kreditnehmer und -geber getroffene Vereinbarung an, in deren Vorfeld auf die nach Auslegung der Erklärung des Kreditnehmers begehrte Kreditierungsform. Keine Einschränkungen ergeben sich im Hinblick auf die **Höhe des Kredites** (Schönke/Schröder/*Perron* Rn. 20; MüKoStGB/*Wohlers/Mühlbauer* Rn. 13; Lackner/Kühl/*Heger* Rn. 3); Bagatellfällen kann daher nur im Rahmen der Rechtsfolgen oder durch Anwendung der §§ 153 ff. StPO Rechnung getragen werden (vgl. LK-StGB/*Tiedemann* Rn. 29, 43; krit. MüKoStGB/*Wohlers/Mühlbauer* Rn. 54).

20   **b) Einzelne Kreditgeschäfte.** Unter „**Gelddarlehen aller Art**" ist jedes rechtsgeschäftliche Zurverfügungstellen von Geld für einen begrenzten Zeitraum zu verstehen (BGH NJW 2015, 423 (425); SSW StGB/*Saliger* Rn. 5), mithin alle Rechtsgeschäfte nach § 488 BGB, die auf die zeitweise Überlassung oder Belassen eines bestimmten Geldbetrages gerichtet sind (OLG Hamm wistra 2008, 195 (197)), nicht aber ein Sachdarlehen iSv § 607 BGB. Auf die Bezeichnung, Höhe, Laufzeit, Verzinslichkeit und die Modalitäten der Aus- oder Rückzahlung kommt es nicht an (LK-StGB/*Tiedemann* Rn. 36). Erfasst sind daher **Personal- und Realkredite,** Fälligkeits-, Tilgungs- und Annuitätendarlehen, unternehmensbezogene Rahmenkredite, in ihrer Höhe limitierte Kontokorrentkredite und spezifisch abgesicherte Kredite wie Hypotheken- und Grundschulddarlehen, oder Lombardgeschäfte, dh der kurzfristige Kreditierung durch Beleihung von beweglichen Sachen oder Wertpapieren (vgl. Fischer Rn. 11; Schönke/Schröder/*Perron* Rn. 12; Müller-Gugenberger WirtschaftsStr/*Hebenstreit* § 50 Rn. 161; HK-KapMStrafR/*Park* Rn. 244; eingehend LK-StGB/*Tiedemann* Rn. 36). Auch Kreditkartengeschäfte oder die Ausgabe elektronischen Geldes (vgl. § 1 Abs. 1 Nr. 8, Abs. 14 KWG) fallen hierunter. Ob auch **Geldanlagen in Form verzinslicher Einlagen** als Gelddarlehen einzuordnen sind, ist str. (grds. bejahend Schönke/Schröder/*Perron* Rn. 12; LK-StGB/*Tiedemann* Rn. 37; MüKoStGB/*Wohlers/Mühlbauer* Rn. 15; ablehnend SSW StGB/*Saliger* Rn. 5; in diesem Sinne auch BT-Drs. 7/5291, 16; 7/3441, 30; s. auch LK-StGB/*Tiedemann* Rn. 5). Letztlich handelt es sich aber auch bei diesen um den vertragsgemäßen Empfang rückzahlbaren Geldes. Als Gelddarlehen sind dementsprechend Spareinlagen, Sparbriefe und Festgelder, Forderungen aus Bausparverträgen, auch jederzeit

fällige Einlagen von Geldmarktkonten zu qualifizieren, wegen des vorrangigen Verwahrungs- und Dienstleistungscharakters dagegen nicht die Einlagen auf einem Girokonto oder vergleichbare rendite-freie, auf bloße Verwahrung (§ 700 BGB) und Verfügbarkeit ausgerichtete Geldeinlagen (vgl. SK-StGB/*Hoyer* Rn. 28; LK-StGB/*Tiedemann* Rn. 37; MüKoStGB/*Wohlers/Mühlbauer* Rn. 15). Zweifel-haft erscheint die Einordnung von **Unternehmensbeteiligungen** in Form handelbarer Wertpapiere. Nicht unter § 265b fällt jedenfalls die Gewährung von Eigenkapital, etwa in Form von Aktien, denn insoweit handelt es sich nicht um ein Darlehen (vgl. Schönke/Schröder/*Perron* Rn. 12). Nicht erfasst sind auch alle weiteren gesellschaftsrechtlichen Beteiligungen iSv § 19 Abs. 1 Nr. 7 KWG (= § 19 Abs. 1 Nr. 5 KWG aF) mit mitgliedschaftlichen Mitsprache- und Mitwirkungsmöglichkeiten; auch Transaktionen zwischen Unternehmen zum Zweck einer derartigen Beteiligung fallen aus dem Anwen-dungsbereich (vgl. BT-Drs. 7/3441, 32; BGH NJW 2015, 423 (426); SSW StGB/*Saliger* Rn. 5; Schönke/Schröder/*Perron* Rn. 12; MüKoStGB/*Wohlers/Mühlbauer* Rn. 16). Die Gewährung von Fremdkapital mit einer bestimmten Laufzeit dürfte von Abs. 3 Nr. 2 dagegen erfasst sein; hierunter fallen partiarische Darlehen, von dem Unternehmen bzw. einer Bank ausgegebene **Genussscheine** (BGH NJW 2015, 423 unter Verweis auf BGHZ 119, 305 = BGH NJW 1993, 57; OLG Hamm wistra 2008, 195 (197); SSW StGB/*Saliger* Rn. 5; aA MüKoStGB/*Wohlers/Mühlbauer* Rn. 14), **Wandel-oder Optionsanleihen,** die trotz der Möglichkeit eines Umtausches in Unternehmensanteile (§ 221 AktG) nicht als Eigenkapital einzuordnen sind, sowie **andere auf eine zeitlich begrenzte Fremd-kapitalzuführung ohne Stimm- und Einflussnahmerechte ausgerichtete Beteiligungen** jeden-falls dann, wenn sie lediglich schuldrechtliche Ansprüche verleihen. Soweit die genannten Vertrags-formen und Wertpapiere eine Verlustbeteiligung vorsehen und nachrangige Rückzahlungsansprüche vorsehen, ergibt sich hinsichtlich ihrer Kreditierungsfunktion nichts anderes (aA MüKoStGB/*Wohlers/Mühlbauer* Rn. 14). Eine vorläufige Gutschrift aufgrund von **Lastschriften** oder nach einem **Inkasso von Schecks und Wechseln** (s. aber → Rn. 21, → Rn. 24) erweist sich zwar wirtschaftlich als kurz-zeitige Kreditierung der Inkassobank bis zum Eingang des Betrages von der Zahlstelle; die Qualifikation als Gelddarlehen iSv Abs. 2 Nr. 2 erscheint aber zweifelhaft, da die Gutschrift allein im Rahmen banküblichen Zahlungsverkehrs erfolgt und sich als bloße Vorwegnahme einer endgültigen Geldüber-lassung darstellt. Gleichwohl hat der BGH (NJW 2013, 2608 (2612) (obiter; insoweit in BGHSt 58, 119 nicht abgedr.)) einen Kredit iSv § 265b bei einer Lastschrift für den Fall bejaht, dass der Einreicher für das Lastschriftverfahren zugelassen war und der vorläufig gutgeschriebene Betrag vereinbarungsgemäß zur freien Verfügung gestellt wird (so auch LK-StGB/*Tiedemann* Rn. 36, 46; MüKoStGB/*Wohlers/Mühlbauer* Rn. 13). Gleiches müsste danach auch für andere vorzeitige Gutschriften, so beim Inkasso von Schecks und Wechseln (so MüKoStGB/*Wohlers/Mühlbauer* Rn. 18) oder im Wertpapier-Kommis-sionsgeschäft gelten, den Wert vor abgeschlossenem Einzug bevorschusst wird (s. auch § 19 Abs. 1 S. 1 Nr. 3 KWG). Der nur schuldrechtlich wirkende Vermerk „Eingang vorbehalten" („E. v.") könnte hieran nichts ändern. Rein **faktische Kreditgewährungen,** etwa in Form einer kurzfristigen Duldung von Kontoüberziehungen, unterfallen § 265b nicht, da der Kreditierung eine rechtsgeschäftli-che Abrede zugrunde liegen muss.

Ein **„Akzeptkredit"** ist ein Wechselkredit, mit dem sich eine Bank als Bezogene für einen Kunden **21** durch einen Wechselakzept (Art. 25 WG) verpflichtet, so dass der Kunde den Wechsel bei derselben oder einer anderen Bank diskontieren oder – gebräuchlich v. a im Außenhandel – gegenüber Dritten in Zahlung geben kann (SK-StGB/*Hoyer* Rn. 29; LK-StGB/*Tiedemann* Rn. 38; Müller-Gugenberger WirtschaftsStR/*Hebenstreit* § 50 Rn. 161). Die Übernahme der Ausstellerunterschrift durch eine Bank fällt begrifflich nicht unter den Begriff des Akzeptkredites, kann außer in Fällen eines Eigenwechsels („Solawechsel"; Art. 75, 78 WG) aber als „sonstige Gewährleistung" iSv Abs. 3 Nr. 2 aufgefasst werden (vgl. SK-StGB/*Hoyer* Rn. 29; Schönke/Schröder/*Perron* Rn. 13; MüKoStGB/*Wohlers/Mühlbauer* Rn. 17; aA LK-StGB/*Tiedemann* Rn. 39).

Der **„entgeltliche Erwerb von Geldforderungen"** meint die Fälle des Ankaufes von auf Geldzah- **22** lung gerichteter Forderungen gegen Dritte (vgl. §§ 437, 453 BGB) unter offener oder verdeckter Zession der Forderung. Erfasst sind damit vor allem **Factoringgeschäfte** unabhängig davon, ob der Forderungsaufkäufer das Bonitätsrisiko des Drittschuldners trägt („echtes" und „unechtes" Factoring; vgl. Fischer Rn. 13; SK-StGB/*Hoyer* Rn. 30; LK-StGB/*Tiedemann* Rn. 40 f.; MüKoStGB/*Wohlers/Mühlbauer* Rn. 19). Beide Fälle stellen sich nicht nur nach dem Wortlaut von Abs. 3 Nr. 2, sondern auch wirtschaftlich als Kreditgeschäft dar, weil der Aufkäufer gegen einen Wertabschlag den Forderungsbetrag vor Fälligkeit kreditiert (vgl. allerdings die Differenzierung in § 19 Abs. 5 KWG nF zur Person des Kreditnehmers). Welches schuldrechtliche Verhältnis der gegen den Dritten gerichteten Forderung zugrunde liegt, ist unerheblich; ausreichend sind auch künftige Forderungen (Schönke/Schröder/*Perron* Rn. 14). Im Unterschied zu Forderungsverkäufer und -aufkäufer muss es sich bei dem Drittschuldner um keinen Betrieb oder Unternehmen iSv Abs. 3 Nr. 1 handeln (Fischer Rn. 13); § 19 Abs. 5 KWG steht angesichts der ausdrücklichen, auf die Parteien des Erwerbsgeschäfts abzielenden Nennung in § 265b Abs. 3 Nr. 2 nicht entgegen. Die Drittforderung muss wirksam abgetreten sein. Eine Einzugs-ermächtigung reicht nicht aus (SK-StGB/*Hoyer* Rn. 30); auch eine Sicherungsabtretung stellt sich nicht als Forderungserwerb iSv Abs. 3 Nr. 2 dar. In derartigen Fällen kann aber ein „Gelddarlehen" vorliegen (Schönke/Schröder/*Perron* Rn. 14; MüKoStGB/*Wohlers/Mühlbauer* Rn. 19).

23   Eine „**Stundung von Geldforderungen**" bedeutet ein Hinausschieben des ursprünglich festgelegten Fälligkeitszeitpunktes (§ 271 BGB; vgl. BGH NStZ 2002, 433 (434)). Die Vereinbarung kann mit
dem Vertrag, aus dem die Geldforderung stammt, durch Abweichung von der gesetzlich bestimmten
Fälligkeit getroffen werden (LK-StGB/*Tiedemann* Rn. 42). Die Stundung kann kurzzeitig oder auf
unbestimmte Zeit erfolgen. Hauptsächlich praktische Bedeutung erlangt diese Form der Kreditierung
bei **Waren- und Lieferantenkrediten,** bei welchen der Kaufpreis bis zum Absatz der Ware gestundet
wird (Fischer Rn. 14; LK-StGB/*Tiedemann* Rn. 43), aber auch bei **Werk- und Dienstleistungsforde-
rungen** (Müller-Gugenberger WirtschaftsStR/*Hebenstreit* § 50 Rn. 161). Dass eine Stundung und die
eingeräumte Zeitspanne in diesem Wirtschaftssegment handelsüblich ist, lässt den Tatbestand nicht
entfallen (Fischer Rn. 14; Schönke/Schröder/*Perron* Rn. 15; HK-KapMStrafR/*Heinz,* 2. Aufl. 2008,
Rn. 17). Andere Abreden oder Rechte, die einen Aufschub der Geltendmachung von Forderungen zur
Folge haben, fallen angesichts des auf die Fälligkeit bezogenen zivilrechtlichen Begriffes der Stundung
nicht unter § 265b. Dies betrifft etwa ein pactum de non petendo oder Stillhalteabkommen im Zuge
von Vergleichsgesprächen über streitige Forderungen (vgl. SK-StGB/*Hoyer* Rn. 31; zweifelnd Mü-
KoStGB/*Wohlers/Mühlbauer* Rn. 21). Weitgehend ungeklärt ist die Reichweite der Stundung iSv
§ 265b Abs. 3 Nr. 2 im Hinblick auf die **Annahme von Leistungen erfüllungshalber,** die – mit
erheblicher praktischer Bedeutung – etwa in der Hinnahme von Schecks und Wechseln, aber auch in
dem Akzeptieren von EC-, Geld- oder Kreditkartenzahlungen liegen können, sofern der Gläubiger
hierbei nicht unmittelbar auf eine Garantieerklärung der kartenausgebenden Bank zurückgreifen kann.
Zivilrechtlich wird darin eine Stundung der Forderung erblickt (BGHZ 96, 182 (193) = BGH NJW
1986, 424 (426); 116, 278 (282) = BGH NJW 1992, 683 (684); BGH WM 1992, 159 (160)). Wegen der
Zivilrechtsakzessorietät von § 265 Abs. 3 Nr. 2 dürfte für den Kreditbetrug nichts anderes gelten
(MüKoStGB/*Wohlers/Mühlbauer* Rn. 22). Eine Eingrenzung strafbarer Fälle erfolgt hier durch die
anderweitigen Tatbestandsvoraussetzungen (insbes. Kreditantrag und Täuschung), die gerade darauf
gerichtet sein müssen, dass der Gläubiger sich unter Annahme der Kreditwürdigkeit mit Leistungen
erfüllungshalber begnügt.

24   Die „**Diskontierung von Wechseln und Schecks**" stellt als Unterfall des Erwerbs von Geldforderungen (SK-StGB/*Hoyer* Rn. 32) den Ankauf noch nicht fälliger Wechsel oder Schecks – meist
seitens einer Bank – gegen einen Nennwertabzug in Form von Zinsen (Diskont), Unkosten und
Provision dar (Fischer Rn. 15; Schönke/Schröder/*Perron* Rn. 16; SSW StGB/*Saliger* Rn. 5; vgl. § 1
Abs. 1a Nr. 3 KWG). Bedeutung im Hinblick auf die Tathandlung kann hier der für die Umlauffähigkeit
des Wechsels wichtige Umstand gewinnen, ob ein aus einem Waren- oder Dienstleistungsgeschäft
stammender Handels- oder Warenwechsel, oder ein bloßer Finanzwechsel vorliegt (vgl. LK-StGB/
Tiedemann Rn. 45). Auch hier müssen die persönlichen Anforderungen des Abs. 1 und Abs. 3 Nr. 1 nur
seitens der Kaufvertragsparteien, nicht aber von dem Bezogenen oder Aussteller erfüllt sein. Nicht erfasst
ist das bloße Inkasso von Wechseln und Schecks (Schönke/Schröder/*Perron* Rn. 16; Müller-Gugenberger WirtschaftsStR/*Hebenstreit* § 50 Rn. 161; hierzu aber → Rn. 20).

25   Die „**Übernahme von Bürgschaften**" erfasst den Normalfall der Bürgschaft nach § 765 BGB wie
auch alle Sonderformen, etwa eine selbstschuldnerische Bürgschaft (§ 773 BGB), eine Bürgschaft auf
erstes Anfordern, eine Höchstbetragsbürgschaft, Nach-, Zeit- und Mitbürgschaften (§§ 769, 777 BGB)
oder einen Kreditauftrag (§ 778 BGB). „**Garantien**" sind alle vom Schuldgrund unabhängigen Versprechen, für die Schuld eines Dritten einzustehen. Erfasst sind Liefer- oder Leistungsgarantien, Bie-
tungsgarantien bei Ausschreibungen, Ausbietungsgarantien für eine Hypothek und Bankavale, soweit
diese nicht in Bürgschaftsform gewährt werden. „**Sonstige Gewährleistungen**" sind Schuldbeitritte
und -mitübernahmen, Wechsel- und Scheckbürgschaften (Art. 30 ff. WG; Art. 25 ff. ScheckG), Indossamentverpflichtungen, Bankakkreditive sowie Sicherheitenbestellungen – auch durch Sachwerte – für
fremde Verbindlichkeiten. Eine genaue Abgrenzung ist angesichts der kumulativen Nennung in § 265b
nicht erforderlich (vgl. Fischer Rn. 16; Schönke/Schröder/*Perron* Rn. 17 ff.).

26   **2. „Für" einen Betrieb oder ein Unternehmen.** Der Kredit muss „für" einen Betrieb oder ein
Unternehmen, daher **zu betrieblichen Zwecken** begehrt werden (BGH NStZ 2011, 279; Lackner/
Kühl/*Heger* Rn. 2; LK-StGB/*Tiedemann* Rn. 23 ff.). Maßgeblich ist, **wem der Kredit nach seiner
tatsächlichen Zweckbestimmung bei wirtschaftlicher Betrachtungsweise zugutekommen** soll
(vgl. BGH NStZ 2003, 539 (540); BayObLG NJW 1990, 1677 (1679); SK-StGB/*Hoyer* Rn. 26;
Schönke/Schröder/Perron Rn. 5; offen gelassen von BGH NStZ 2011, 279); auf die Einordnung, wer
in rechtlicher Hinsicht als Kreditvertragspartner anzusehen ist, kommt es nicht an (**aA** MüKo/*Wohlers/
Mühlbauer* Rn. 9). Bei mehreren Zwecken ist auf den erkennbaren Hauptzweck, dh den quantitativen
Schwerpunkt der Mittelverwendung abzustellen (LK-StGB/*Tiedemann* Rn. 25; Lackner/Kühl/*Heger*
Rn. 2; **aA** MüKoStGB/*Wohlers/Mühlbauer* Rn. 9). Nicht erfasst sind demnach Privatkredite, auch nicht
solche, die von einem Unternehmer zu privaten Zwecken beantragt werden (BGH NStZ 2011, 279;
MüKo/*Wohlers/Mühlbauer* Rn. 9; HK-KapMStrafR/*Heinz,* 2. Aufl. 2008, Rn. 11; Schönke/Schröder/
Perron Rn. 5); um einen solchen handelt es sich etwa, wenn der Unternehmer mit dem Darlehen eine
Privatimmobilie finanzieren will, nicht aber bereits dann, wenn aus dem Kredit auch der persönliche
Lohn des Antragstellers finanziert werden soll. Der umgekehrte Fall der **Inanspruchnahme eines**

Kredites durch eine Privatperson im eigenen Namen, aber für Rechnung eines Unternehmens oder Betriebes ist dagegen erfasst. Dementsprechend kommt es nicht darauf an, wer Vertragspartner des Kreditgebers wird und wen die Rückzahlungsverpflichtung aus dem Kreditvertrag trifft (Schönke/Schröder/*Perron* Rn. 5; SK-StGB/*Hoyer* Rn. 26; Lackner/Kühl/*Heger* Rn. 2; SSW StGB/*Saliger* Rn. 4; **aA** MüKo/*Wohlers/Mühlbauer* Rn. 9). Auch bei **Kreditgemeinschaften** ist auf den letztlich Begünstigten abzustellen (**aA** wohl LK-StGB/*Tiedemann* Rn. 26 aE). Tritt der Handelnde als Vertreter oder Beauftragter des – rechtlich selbstständigen – Unternehmens auf, ist eine fehlende Vertretungsmacht oder ein mangelndes Auftragsverhältnis unbeachtlich (→ Rn. 17a).

Maßgeblich ist **der gegenüber dem Kreditgeber erklärte Verwendungszweck** bzw. die **im 27 Darlehensvertrag vorgesehene Zweckbestimmung** (vgl. LK-StGB/*Tiedemann* Rn. 23). Fehlt es an einer eindeutigen Erklärung, ist aus allen Begleitumständen zu ermitteln, ob ein Betriebskredit beabsichtigt ist. Hierfür können seitens des Unternehmens gestellte Sicherheiten sprechen; eine zusätzliche private Absicherung muss – da oft banküblich – kein gegenläufiges Indiz darstellen. Ein innerer Vorbehalt des Antragstellers, die für Betriebszwecke beantragte Darlehenssumme privat zu verwenden, schließt § 265b nicht aus, sondern führt im Gegenteil zur Unrichtigkeit seiner Angaben gegenüber dem Kreditgeber und damit zur Tatbestandsverwirklichung. Auch eine nachträglich vom Kreditzweck abweichende Verwendung der Kreditmittel führt nicht zu einer Umqualifizierung des Kredites.

Ist der Kreditnehmer eine natürliche Person, die selbst – zB einzelkaufmännisch oder freiberuflich – einen Betrieb 27a oder ein Unternehmen iSv Abs. 3 Nr. 1 innehat, so kommt es bei einem **zur Schuldentilgung aufgenommenen Kredit** auf die Herkunft der Schulden und die **Zuordnung zum privaten oder betrieblichen Bereich** an. Der BGH hat insoweit Steuerschulden eines Arztes allein dem privaten Bereich zugeordnet (BGH NStZ 2011, 279); dies erscheint nicht zweifelsfrei, soweit es – wie in dem Fall – um Steuern auf das Einkommen aus selbstständiger Arbeit ging (zustimmend allerdings MüKoStGB/*Wohlers/Mühlbauer* Rn. 9).

3. Person des Kreditgebers. Kreditgeber ist das Unternehmen, das **in rechtlicher Hinsicht 28 Vertragspartner des Kreditnehmers** werden und diesem die Auszahlung der Darlehensvaluta schulden würde. Auf Fragen der Refinanzierung und des wirtschaftlichen Risikos kommt es nicht an. Insbes. besteht weder nach Wortlaut noch Zweck von § 265b Anlass, auf eine bankwirtschaftliche Betrachtungsweise zurückzugreifen (so aber Schönke/Schröder/*Perron* Rn. 5; Lackner/Kühl Rn. 2; HK-KapMStrafR/*Park* Rn. 242). § 265b ist daher bei Täuschungen gegenüber einem Unternehmen bereits dann anwendbar, wenn dieses im eigenen Namen als Kreditgeber auftritt, auch wenn es zur Ausreichung des Darlehens nur zwischengeschaltet ist und die treuhänderische Verwaltung und Weiterleitung anderweitig gestellter Kreditmittel übernimmt **(Durchlauf- oder Weiterleitungskredite)**, wie insbes. im Bereich öffentlich-rechtlicher Kreditmittelvergabe, zB seitens der KfW üblich **(str.,** wie hier LK-StGB/*Tiedemann* Rn. 26; MüKoStGB/*Wohlers/Mühlbauer* Rn. 9; **aA** Schönke/Schröder/*Perron* Rn. 5; Lackner/Kühl/*Heger* Rn. 2; HK-KapMStrafR/*Park* Rn. 242; NK-StGB/*Hellmann* Rn. 18; Fischer Rn. 10). Ebenso kommt es bei der Ausgabe kreditierender Wertpapiere auf das emittierende Unternehmen an, sofern dieses als Vertragspartner des Kreditnehmers die Auszahlung vornimmt unabhängig davon, ob eine Weiterveräußerung der Papiere an Dritte stattfindet (vgl. BGH NJW 2015, 423 für Genussrechtskapital). Anders verhält es sich, wenn das gegenüber dem Kreditnehmer auftretende Unternehmen, insbes. ein Kreditinstitut, nur als Vertreter, Bote oder Zahlstelle eines dritten Unternehmens oder einer staatlichen Stelle auftritt. In diesem Fall kommt ein Kreditbetrug zu Lasten des Hintermanns in Betracht. Auch bei Einschaltung von **Kreditvermittlern** kommt es darauf an, ob diese selbst als Kreditgeber auftreten oder als bloße Zahlstelle fungieren (vgl. NK-StGB/*Hellmann* Rn. 19; LK-StGB/*Tiedemann* Rn. 27). § 265b umfasst auch **Taten zum Nachteil ausländischer Kreditgeber** (BGH NJW 2015, 423 m. iErg zust. Anm. *Rübenstahl;* s. auch → Rn. 6).

III. in Zusammenhang mit einem Kreditantrag (Abs. 1)

1. Kreditantrag. § 265b erfordert einen Kreditantrag, der auf die Gewährung, Belassung oder Ver- 29 änderung einer der in Abs. 3 Nr. 2 genannten Kreditformen gerichtet ist. Unter „Antrag" ist nicht zwingend ein bereits verbindliches und konkretisiertes rechtliches Angebot in Gestalt einer Willenserklärung nach **§ 145 BGB** zu verstehen, das von dem Kreditgeber lediglich angenommen zu werden braucht, wenngleich eine derartige Erklärung die Anforderungen jedenfalls erfüllt. Ausreichend ist auch jede andere – nicht formgebundene, auch konkludente (LK-StGB/*Tiedemann* Rn. 51, 54; MüKoStGB/*Wohlers/Mühlbauer* Rn. 25) und ggf. noch ergänzungsbedürftige – Erklärung, die ein ernsthaftes Begehren im Hinblick auf einen bestimmten Kredit zum Ausdruck bringt, den potentiellen **Kreditgeber zu einer Entscheidung über die Kreditvergabe veranlassen** und damit eine abstrakte Vermögensgefährdung bewirken kann (Fischer Rn. 18; Schönke/Schröder/*Perron* Rn. 25; SSW StGB/*Saliger* Rn. 6; Müller-Gugenberger WirtschaftsStR/*Hebenstreit* § 50 Rn. 166; enger LK-StGB/*Tiedemann* Rn. 51 ff.: rechtlicher Bindungswille des Antragsteller erforderlich). Insbes. sind **Aufforderungen zur Abgabe eines Angebotes** seitens des Kreditgebers (invitatio ad offerendum) erfasst, da eine Gefährdungslage auch dann besteht, wenn sich der Kreditgeber aufgrund des Kreditantrages seinerseits bindet (Schönke/Schröder/*Perron* Rn. 25; SSW StGB/*Saliger* Rn. 6; Müller-Gugenberger WirtschaftsStR/

Hebenstreit § 50 Rn. 163; **aA** SK-StGB/*Hoyer* Rn. 35; MüKoStGB/*Wohlers/Mühlbauer* Rn. 25; LK-StGB/*Tiedemann* Rn. 53), und eine rechtliche Bindung des Antragstellers durch seine Erklärung vom Wortlaut des Abs. 1 nicht gefordert ist. **Vorverhandlungen, Erkundigungen, und Vorsondierungen** dahingehend, ob ein Kreditantrag Aussicht auf Erfolg haben könnte, oder bloße Ankündigungen eines Antrags reichen dagegen nicht aus (Fischer Rn. 18; Schönke/Schröder/*Perron* Rn. 25; MüKoStGB/*Wohlers/Mühlbauer* Rn. 26; HK-KapMStrafR/*Park* Rn. 265). Ein Antrag iSv § 265b Abs. 1 besteht daher außer im Fall eines „echten" Angebots iSv § 145 BGB und der Aufforderung zur Angebotsabgabe auch in der **Annahme eines auf Anfragen des Kreditnehmers zurückgehenden Angebotes des Kreditgebers** (SK-StGB/*Hoyer* Rn. 35; **aA** MüKoStGB/*Wohlers/Mühlbauer* Rn. 25), einer **Bitte um Stundung** (Müller-Gugenberger WirtschaftsStR/*Hebenstreit* § 50 Rn. 164) sowie in der **Einreichung von Wechseln, Schecks und Lastschriften**, sofern man in deren Einlösung und vorläufiger Gutschrift eine Kreditierung erblickt (→ Rn. 20; OLG Zweibrücken WM 1992, 1604; LK-StGB/*Tiedemann* Rn. 54). Bei auf Kreditneugewährung gerichteten Anträgen werden zumindest ungefähre Angaben über die Dimension des begehrten Kreditrahmens und der Kreditlaufzeit zu verlangen sein. Bei bereits bestehenden Krediten stellt sich jede Anfrage oder Verhandlung hinsichtlich einer Laufzeitverlängerung, Anschlussfinanzierung, Kreditrahmenerhöhung, Zinssenkung oder Sicherheitenfreigabe als ein hinreichend konkretisierter Antrag dar. Auch fortlaufende Vereinbarungen über wiederkehrende, indes an bestimmte Erklärungen oder Informationen geknüpfte Kreditvergaben oder -verlängerungen können die Voraussetzungen eines Kreditantrages erfüllen. Im Falle andauernder Verhandlungen über eine Kreditvergabe oder die Emittierung von kreditidentischen Wertpapieren kommt es auf die Gesamtheit der Erklärungen des Kreditnehmers an, die der letztendlichen Entscheidung des Kreditgebers zugrunde liegen.

30   **„Gewähren"** ist das erstmalige Erbringen der begehrten Kreditleistung. **„Belassen"** ist der Verzicht auf eine seitens des Kreditgebers rechtlich mögliche – auch teilweise – Kündigung des Kredits (OLG Frankfurt a. M. StV 1990, 213), nicht aber die als Kreditgewährung einzuordnende Stundung (vgl. Schönke/Schröder/*Perron* Rn. 25). Eine **„Veränderung der Bedingungen"** umfasst eine von dem Kreditnehmer begehrte Verbesserung der Vertragsbedingungen, etwa eine Verlängerung der Laufzeit, den Verzicht auf Sicherheiten, eine Änderungen der Tilgungsvereinbarung, eine Aufhebung der Zweckbindung oder günstigere Zinskonditionen, auch wenn mit der begehrten Veränderung Verschlechterungen in anderen Bereichen einhergehen (Fischer Rn. 17; MüKoStGB/*Wohlers/Mühlbauer* Rn. 27; *Müller-Emmert/Maier* NJW 1976, 1662; s. auch BT-Drs. 7/3441, 31). Die Aufstockung eines bereits beanspruchten Kredits ist unter das Merkmal der „Gewährung" zu fassen. Besteht ein **rechtlicher Anspruch auf eine Kreditgewährung, -belassung oder eine Konditionsänderung**, weil sich die Kreditvertragsparteien hierüber bereits bindend geeinigt haben, sind Bemühungen des Kreditnehmers, eine Einhaltung der Zusagen zu erreichen, nicht tatbestandsmäßig, auch wenn sie mit unlauteren Mitteln verfolgt werden. Denn das Verhalten des Kreditnehmers richtet sich nicht auf eine Veränderung der bestehenden Vertragsbedingungen zu seinen Gunsten (OLG Frankfurt a. M. StV 1990, 213: Versuch, durch gefälschte Unterlagen eine unberechtigte Kündigung und Kürzung des Kredites rückgängig zu machen).

31   **2. Adressat des Kreditantrages, Antragsteller.** Der Antrag muss **gegenüber dem potentiellen Kreditgeber** oder einer mit der Weiterleitung an den Kreditgeber betrauten Mittelsperson gestellt sein. Der Wortlaut von Abs. 1 ist dahin zu verstehen, dass es sich bei dem eingangs genannten Betrieb oder Unternehmen um den Kreditgeber handelt (→ Rn. 12, 38).

32   Bei dem **Antragsteller** muss es sich weder um den Kreditnehmer selbst noch um den Täuschenden, mithin nicht um den Täter iSv § 265b handeln. So reicht es aus, wenn ein Dritter in eigenem Namen, wirtschaftlich aber für den Betrieb oder das Unternehmen des Kreditnehmers einen Kredit beantragt, oder wenn Gläubiger oder Sicherungsgeber des Kreditnehmers ein Kreditinstitut zur Stellung weiterer Sicherheiten für einen bereits bestehenden Kredit auffordern (vgl. Schönke/Schröder/*Perron* Rn. 26). Der Antragsteller muss auch nicht in die Unrichtigkeit oder Unvollständigkeit der dem Kreditgeber vorgelegten Unterlagen eingeweiht sein. § 265b kann daher durch bis zu drei – nicht notwendig zusammenwirkende – Personen in Gestalt des potentiellen Kreditnehmers, des Kreditantragstellers und des täuschenden Täters verwirklicht werden (vgl. SK-StGB/*Hoyer* Rn. 36; Schönke/Schröder/*Perron* Rn. 28). Im Regelfall wird indes Personenidentität bestehen.

33   **3. Zusammenhang.** Die Tathandlungen des Abs. 1 Nr. 1 und 2 müssen mit dem Kreditantrag „in Zusammenhang" stehen, indem auf eine antragsgemäße Entscheidung hingewirkt werden soll. Erforderlich ist ein **Gefährdungszusammenhang** in dem Sinne, dass die täuschenden Angaben **für die Entscheidung des Kreditgebers über den Antrag erkennbar als Grundlage dienen sollen** (vgl. BT-Drs. 7/5291, 15; Schönke/Schröder/*Perron* Rn. 27; Lackner/Kühl/*Heger* Rn. 4; NK-StGB/*Hellmann* Rn. 24; SSW StGB/*Saliger* Rn. 7; LK-StGB/*Tiedemann* Rn. 57: „sachlicher Bezug"). Im Normalfall des § 265b fallen Kreditantragstellung und Täuschungshandlung zusammen, indem der Antrag selbst oder mit ihm eingereichte Unterlagen inhaltlich unzutreffend oder unvollständig sind; erforderlich ist dies indes nicht. Die unrichtigen oder unvollständigen Kreditunterlagen **müssen in dem Antrag weder unmittelbar enthalten, mit ihm körperlich verbunden noch überhaupt zeitgleich vor-**

gelegt sein. Auch ist nicht erforderlich, dass die Falschangaben auf den Antrag oder umgekehrt ausdrücklich Bezug nehmen, solange die Angaben erkennbar geeignet und bestimmt sind, den Kreditantrag zu stützen. § 265b erfordert auch nicht, dass die fehlerhaften oder vorenthaltenen Unterlagen für die Entscheidung über den Kreditantrag tatsächlich erheblich oder sie gar für die Kreditgewährung nachweislich kausal geworden sind.

In zeitlicher Hinsicht ist der erforderliche Zusammenhang auch dann gewahrt, wenn Kreditantrag **34** und -angaben einander nicht unmittelbar abfolgen, sondern die Täuschungshandlung erst längere Zeit nach dem Antrag, aber erkennbar zu dessen Stützung erfolgt, und der Kreditgeber seine Entscheidung erst hiernach trifft (Schönke/Schröder/*Perron* Rn. 27: konkludente Bezugnahme; SK-StGB/*Hoyer* Rn. 37; Fischer Rn. 19; **aA** wohl Lackner/Kühl/*Heger* Rn. 4, der einschränkungslos einen „zeitlichen Zusammenhang" fordert; s. auch BT-Drs. 7/5291, 15). Dies ist unproblematisch dann der Fall, wenn im Hinblick auf einen gestellten Antrag zum Zweck der Bonitätsprüfung Unterlagen vorgelegt oder nachgereicht werden. Nach Entscheidung des Kreditgebers über den Antrag eingehende Fehlangaben sind dagegen tatbestandslos (MüKoStGB/*Wohlers*/*Mühlbauer* Rn. 26) Hat der Täter die **Täuschungshandlungen vor Antragstellung** begangen, so reicht es aus, dass diese für einen später gestellten Kreditantrag objektiv relevant werden können und mit einer Heranziehung durch den Kreditgeber bei späterer Prüfung des Antrag zu rechnen ist. Ob der Täter die Handlung tatsächlich im Hinblick auf einen zukünftigen Kreditantrag begangen hat, ist Frage des Vorsatzes, der sich in Form von dolus eventualis jedenfalls wird bejahen lassen, wenn der Täter die Unterlagen im Rahmen einer laufenden Geschäftsverbindung „auf Vorrat" auch für den Fall späterer Kreditanträge vorlegt (**aA** Schönke/Schröder/*Perron* Rn. 27: tatbestandslos, wenn Antragstellung bei Vorlage noch völlig offen). Auch eine vorsorgliche Vorlage im Rahmen eines nur sondierenden Erstkontaktes wahrt den erforderlichen Zusammenhang, wenn ihr ein Antrag nachfolgt (vgl. NK-StGB/*Hellmann* Rn. 24; *Müller-Emmert/Maier* NJW 1976, 1657 (1661)). Ausreichend ist ferner, wenn der Täter bei der Antragstellung auf bereits vorliegende, ggf. auch vor geraumer Zeit und in anderem Zusammenhang eingereichte Unterlagen zumindest konkludent verweist (Schönke/Schröder/*Perron* Rn. 27; HK-KapMStrafR/*Heinz*, 2. Aufl. 2008, Rn. 21).

§ 265b erfordert **keinen persönlichen Zusammenhang** im Sinne einer Identität von Täter, **35** Antragsteller oder Kreditnehmer (vgl. bereits → Rn. 32; SSW StGB/*Saliger* Rn. 7; Schönke/Schröder/*Perron* Rn. 28). Bei Personenverschiedenheit wird es jedoch in besonderem Maße auf die Feststellung eines sachlichen Zusammenhanges zwischen Täuschung und Kreditantrag ankommen, in subjektiver Hinsicht insbes. auch darauf, ob der Täter von dem anderweitig gestellten Antrag wusste oder mit einer Antragstellung rechnete.

IV. Tathandlungen

§ 265b beschreibt in Abs. 1 Nr. 1 zwei Tathandlungen in Form von Begehungsdelikten, die sich in **36** ihrem Anwendungsbereich überschneiden, sowie in Abs. 1 Nr. 2 eine weitere Tathandlung in Form eines Unterlassungsdelikts. Alle Tatbestandsalternativen setzen der Sache nach ein **Verhalten mit Täuschungscharakter** voraus (vgl. Fischer Rn. 22; SK-StGB/*Hoyer* Rn. 11; LK-StGB/*Tiedemann* Rn. 50), das **abstrakt geeignet** sein muss, beim Kreditgeber einen Schaden hervorzurufen, ohne dass die Handlung des Täters allerdings tatsächlich zu einem Irrtum und einer schädigenden Vermögensverfügung beim Kreditgeber geführt haben muss (MüKoStGB/*Wohlers*/*Mühlbauer* Rn. 24).

1. Person des Täuschenden. Täuschender und damit Täter iSv § 265b ist derjenige, der in **37** Kenntnis der inhaltlichen Mängel die Angaben macht oder Unterlagen vorlegt, ggf. auch vorlegen lässt, oder zu weitergehenden Angaben verpflichtet ist. Dies kann – wie aber nicht – der **Kreditnehmer selbst oder eine ihm zuzurechnende Person**, etwa ein Gesellschafter, Vertreter iSv § 14 Abs. 1 oder ein Mitarbeiter sein – etwa ein Mitglied der Geschäftsleitung oder des Vorstandes, oder der für die Kreditgespräche beauftragte Verhandlungsführer (vgl. BGH wistra 2014, 484) – unabhängig davon, ob er aus eigenem Entschluss handelt. Tauglicher Täter kann aber auch **jeder Dritte** sein, etwa ein Geschäftspartner (vgl. BGH NJW 1958, 1288 (zu § 48 KWG)), ein Sicherungsgeber, ein Wirtschaftsprüfer, ein Berater, ein Gutachter, eine auskunftgebende Bank oder eine Auskunftei (vgl. MüKoStGB/*Wohlers*/*Mühlbauer* Rn. 42; Müller-Gugenberger WirtschaftsStR/*Hebenstreit* § 50 Rn. 167; SSW StGB/*Saliger* Rn. 7; Schönke/Schröder/*Perron* Rn. 28; LK-StGB/*Tiedemann* Rn. 21; auch → Rn. 69 f.). Es muss sich auch nicht um den Antragsteller oder Übermittler der unrichtigen Unterlagen handeln (→ Rn. 32); hat dieser von der Unrichtigkeit und Unvollständigkeit keine Kenntnis und erweist sich demnach als undoloses Werkzeug, ist Täter nach § 25 Abs. 1 Alt. 2 der täuschende Hintermann. Die Beteiligten und Betroffenen einer Tat nach § 265b können damit in mehrfacher Hinsicht auseinanderfallen. Mangels besonderer Anforderungen an die Tätereigenschaft bildet § 265b **kein Sonderdelikt** (OLG Hamm wistra 2008, 195 (197); Fischer Rn. 35). Eine **Täterschaft durch Unterlassen** seitens des Betriebsinhabers bei von ihm nur erkannter, aber nicht veranlasster Täuschung durch einen Dritten wird sich mangels Garantenstellung nicht annehmen lassen (MüKoStGB/*Wohlers*/*Mühlbauer* Rn. 28).

38   **2. Adressat der Täuschung.** Adressat ist der **Kreditgeber oder eine ihm zuzurechnende Hilfsperson** (Fischer Rn. 20; Schönke/Schröder/*Perron* Rn. 23; NK-StGB/*Hellmann* Rn. 42; SSW StGB/*Saliger* Rn. 8), wie sich aus Wortlaut und Zweck der Vorschrift ergibt: Nach Abs. 1 müssen die unter Nr. 1 und 2 bezeichneten Tathandlungen gegenüber dem eingangs benannten „Betrieb oder Unternehmen" erfolgen. Dies ließe zwar dahin verstehen, dass hiermit allein der Empfänger der Angaben, Unterlagen oder vorenthaltenen Information gemeint ist und es sich bei dem Kreditgeber um eine hiervon verschiedene Person handeln kann. Die Eingrenzung des Adressatenkreises folgt aber unmittelbar aus dem Zweck der Vorschrift, Kreditvergaben im Wirtschaftsverkehr unter Ausschluss privater Kreditgeber zu schützen (→ Rn. 4 f.; LK-StGB/*Tiedemann* Rn. 19). Dieser Sinn würde verfehlt, wenn es sich allein bei dem Adressaten der Täuschung – etwa einer Auskunftei – um ein Wirtschaftsunternehmen handeln müsste, während ein hiervon verschiedener Kreditgeber tatbestandlich keinen Einschränkungen unterliegt. Gemeint mit „Betrieb oder Unternehmen" ist daher der Kreditgeber (zutreffend Schönke/Schröder/*Perron* Rn. 23; anders wohl LK-StGB/*Tiedemann* Rn. 58 f., aber gerade der Adressat der Täuschungshandlung – und nicht der des Kreditantrages – wird in Abs. 1 benannt).

38a   Nicht ausgeschlossen ist damit, dass die unrichtigen oder unvollständigen Angaben oder die Vorlage entsprechender Unterlagen **gegenüber Dritten** erfolgen können. Der Wortlaut setzt einer solchen Möglichkeit indes Grenzen. Denn tatbestandliche Voraussetzung ist, dass dem Kreditgeber Unterlagen vorgelegt und schriftliche Angaben gemacht werden; die Weitergabe nur mündlicher Informationen reicht nicht aus (näher → Rn. 42 ff.). Unproblematisch sind damit Fälle, in denen ein Dritter auf Seiten des Täters **als Mittler oder Bote** eingesetzt wird und die Tathandlung gegenüber dem Kreditgeber durch Übermittlung der schriftlichen Angaben oder Unterlagen vollzieht. Kennt der Dritte die Unrichtigkeit oder Unvollständigkeit der Angaben, ist er (Mit-)Täter; ist er gutgläubig, handelt er als undoloses Werkzeug des Hintermannes (§ 25 Abs. 1 Alt. 2). Eine nur mündliche Weitergabe des Inhaltes der erhaltenen schriftlichen Angaben oder Unterlagen an den Kreditgeber wäre demgegenüber nicht tatbestandsgemäß. In solchen Fällen muss es daher darauf ankommen, ob der Dritte, der allein schriftliche Angaben oder Unterlagen erhalten hat, in einer Weise **dem Kreditgeber zuzurechnen** ist, dass die Handlung ihm gegenüber sich zugleich als solche gegenüber dem Kreditgeber erweist (vgl. Fischer Rn. 26).

38b   Auf praktische Fälle gewendet bedeutet dies: Handelt der Täter gegenüber Personen, die **von dem Kreditgeber im Zusammenhang mit der Kreditvergabe eingeschaltet** sind – etwa einem Wirtschaftsprüfer, Steuerberater, Gutachter –, so erfolgt die Täuschung ohne weiteres gegenüber dem Kreditgeber, auch wenn dieser die Angaben oder Unterlagen nicht in seinem unmittelbaren Geschäftsbereich übermittelt erhält. Tathandlungen des Täters gegenüber einer **Wirtschaftsauskuftei** in Form von freiwilligen Selbstauskünften in der von § 265b Abs. 1 vorausgesetzten Weise sind tatbestandsmäßig, wenn der Kreditgeber diese zu seiner Information einschaltet und der Täter dies vorhergesehen hat oder – etwa im Fall einer standardisierten Bonitätsprüfung – damit zumindest rechnet (generell bejahend Müller-Gugenberger WirtschaftsStR/*Hebenstreit* § 50 Rn. 168; LK-StGB/*Tiedemann* Rn. 59; ablehnend MüKoStGB/*Wohlers*/*Mühlbauer* Rn. 34; Schönke/Schröder/*Perron* Rn. 23). Tathandlungen gegenüber Dritten aus dem Geschäftsumfeld des Kreditsuchenden, etwa **Vertragspartner oder andere Kreditgeber,** die dem Kreditgeber als Referenz benannt wurden oder die er von sich aus hinzutritt, sind dem Kreditgeber ohne weiteres dagegen nicht zuzurechnen; zur Verwirklichung des objektiven Tatbestandes muss er daher in zumindest kurzzeitigen Besitz der schriftlichen Angaben oder Unterlagen gelangt sein. Dass der **Täter auf den Dritten verwiesen hat,** reicht für sich genommen nicht aus, um Informationen diesem gegenüber auch als solche des Kreditgebers anzusehen (vgl. NK-StGB/*Hellmann* Rn. 42; SK-StGB/*Hoyer* Rn. 17; SSW StGB/*Saliger* Rn. 8; **aA** LK-StGB/*Tiedemann* Rn. 59, aber → Rn. 89; anders auch noch hier Vorauflage Rn. 38). Liegt die Prüfung der Kreditvergabe bereits institutionell vollständig bei einer anderen, unabhängigen Stelle (vgl. LK-StGB/*Tiedemann* Rn. 59: Verhältnis Hausbank – KfW), so sind Täuschungshandlungen dieser gegenüber nicht tatbestandsgemäß. Angaben oder Unterlagen iSv Abs. 1 können freiwillig oder aufgrund gesetzlicher Offenlegungspflichten (zB § 325 HGB) auch bei Dritten **veröffentlicht** worden sein, etwa im elektronischen Bundesanzeiger oder im Unternehmensregister. Sind dem Kreditgeber die Angaben oder Unterlagen auf diesem Weg ohne weiteres – etwa durch eine bloße elektronische Abfrage – zugänglich, und hat der Täuschende auf sie verwiesen oder rechnet er mit einer Kenntnisnahme durch den Kreditgeber, so reicht dies für eine tatbestandsmäßige Übermittlung aus (Schönke/Schröder/*Perron* Rn. 43; LK-StGB/*Tiedemann* Rn. 88; **aA** MüKoStGB/*Wohlers*/*Mühlbauer* Rn. 35).

38c   Soweit die **Begebung von Sicherheiten für einen Kredit, etwa die Eingehung einer Bürgschaft erschlichen werden** soll, liegt hierin ein Kreditbetrug gegenüber dem Sicherungsgeber (Abs. 3 Nr. 2; vgl. Müller-Gugenberger WirtschaftsStR/*Hebenstreit* § 50 Rn. 169), so dass es auch auf eine Täuschung diesem gegenüber ankommt. Eine Täuschung – auch – gegenüber dem Kreditgeber geht hiermit nur unter den oben genannten Voraussetzungen einer (MüKoStGB/*Wohlers*/*Mühlbauer* Rn. 34); umgekehrt bedeutet eine Täuschung des Kreditgebers nicht zugleich eine solche des Sicherungsgebers und einen Kreditbetrug zu dessen Lasten (vgl. Müller-Gugenberger WirtschaftsStR/*Hebenstreit* § 50 Rn. 170).

3. Fehlerhafte Unterlagen und Angaben nach Abs. 1 Nr. 1. a) Über wirtschaftliche Verhält- 39
nisse. Die Täuschungshandlungen nach Abs. 1 Nr. 1 müssen sich auf „wirtschaftliche Verhältnisse"
beziehen, ohne dass dem Wortlaut die naheliegende Einschränkung zu entnehmen ist, dass es sich um
die wirtschaftlichen Verhältnisse des Kreditnehmers handeln muss. Ein weites Verständnis, wonach über
den Binnenbereich des Kreditnehmers und mit ihm verbundener Personen und Unternehmen auch
Täuschungen über den Zustand und die prognostizierte Entwicklung einer Wirtschaftsbranche, der
nationalen Konjunktur- oder gar der Weltwirtschaftslage erfasst sind (in diese Richtung LK-StGB/
Tiedemann Rn. 77; SK-StGB/*Hoyer* Rn. 13), geht jedoch über dem Zweck von § 265b deutlich hinaus
(vgl. Fischer Rn. 23: dann auch Schutz einer Großbank vor fehlerhaften konjunkturellen Einschätzungen eines Handwerksbetriebes; ablehnend auch MüKoStGB/*Wohlers*/*Mühlbauer* Rn. 30; SSW
StGB/*Saliger* Rn. 9; Müller-Gugenberger WirtschaftsStR/*Hebenstreit* § 50 Rn. 172), zumal der Annahme und der Nachweis eines Vorsatzes hinsichtlich der Unrichtigkeit behaupteter allgemeinwirtschaftli-
cher Entwicklungen regelmäßig problematisch sein werden. Denn § 265b soll nur vor solchen Gefahren
schützen, die für den Kreditgeber aus fehlerhaften Informationen über spezifisch dem Kreditnehmer
zuzuordnende Umstände entstehen (Schönke/Schröder/*Perron* Rn. 30). Mit unterschiedlicher Formulierung, aber gleicher Zielrichtung wird daher zu Recht angenommen, dass der Begriff der „wirtschaftlichen Verhältnisse" einschränkungsbedürftig und allein auf solche Umstände zu beziehen ist, die
für die konkrete Kreditwürdigkeit des Kreditnehmers von Bedeutung sind und seiner indivi-
duellen Sphäre entstammen, ohne dass sie unmittelbar einem Betrieb oder Unternehmen zuzuordnen sein müssen (vgl. Fischer Rn. 23; Schönke/Schröder/*Perron* Rn. 30 f.; NK-StGB/*Hellmann*
Rn. 29; HK-KapMStrafR/*Park* Rn. 271; SSW StGB/*Saliger* Rn. 9; s. auch Lackner/Kühl/*Heger*
Rn. 5).

   Unter „wirtschaftliche Verhältnisse" fallen damit zunächst die Vermögensverhältnisse und die 40
Wirtschaftslage des Kreditnehmers selbst, dh die Aktiva und Passiva, eine Schuldenaufstellung (BGH
NStZ 2011, 279), der Zustand und Wert einzelner Vermögensgegenstände (vgl. BT-Drs. 7/3441, 31;
Schönke/Schröder/*Perron* Rn. 32), gegenwärtiger und prognostizierter Umsatz und Absatz, Produkt-
planung und -entwicklung, Marktgängigkeit und Fehleranfälligkeit bestehender Produkte, Personalent-
wicklung einschließlich der Einwerbung oder des Verlustes individueller Führungskräfte oder Mitarbeiter, soweit diese für die wirtschaftliche Entwicklung eine tragende Rolle spielen, Geschäftsbeziehungen
zu und mögliche Abhängigkeiten von anderen Unternehmen, Kooperations- und Fusionsabsichten,
gegenwärtige und prognostizierte zukünftige Liquidität, Marktanteile im Verhältnis zu Konkurrenten,
Bewerbung um Ausschreibungen, und aus den vorgenannten Kriterien abgeleitete, auf das konkrete
Unternehmen des Kreditnehmers bezogene Markt-, Geschäfts- und Ertragsprognosen. Auch Informationen über drohende oder anhängige Rechtsstreitigkeiten und den Umfang hierfür veranlasster Rückstellungen können wirtschaftlich erheblich sein (vgl. BGH NJW 2015, 423). Im Einzelfall kommen auch
Angaben über persönliche Verhältnisse – Erkrankungen, private Auseinandersetzungen zwischen
Gesellschaftern etc – als Gegenstand einer Täuschungshandlung nach Abs. 1 Nr. 1 in Betracht, sofern sie
geeignet sind, die wirtschaftliche Lage des Unternehmens zu beeinflussen.

   Erfasst sind darüber hinaus auch die wirtschaftlichen **Verhältnisse von Dritten,** sofern von ihnen die 41
Beurteilung der Kreditwürdigkeit des Kreditnehmers unmittelbar abhängt. Dies betrifft etwa die Vermögensverhältnisse persönlich haftender Gesellschafter, von Abnehmern, Schuldnern, Bürgen, ggf. auch
Mitbewerbern (Fischer Rn. 23; Schönke/Schröder/*Perron* Rn. 31; SSW StGB/*Saliger* Rn. 9). Da dem
beantragten Kredit praktisch immer wirtschaftliche Bedeutung für den Kreditnehmer zukommt, ist
auch eine Täuschung über seinen beabsichtigten tatsächlichen Verwendungszweck erfasst (vgl. BGH
NJW 1957, 1288 zu § 48 KWG aF; LK-StGB/*Tiedemann* Rn. 78; Lackner/Kühl/*Heger* Rn. 5; einschränkend („kann") Fischer Rn. 23; HK-KapMStrafR/*Heinz*, 2. Aufl. 2008, Rn. 23; Schönke/Schrö-
der/*Perron* Rn. 32: bei Beeinflussung der wirtschaftlichen Lage des Kreditnehmers). Maßgeblich kann
dabei sein, über welche tatsächliche und rechtliche Möglichkeiten der Kreditnehmer verfügt, um den
wirtschaftlichen Erfolg zu erzielen, der mit der beabsichtigten und von den Parteien vorausgesetzten
Kreditverwendung bezweckt war, ob der vereinbarte Kreditbedarf für den Verwendungszweck ausreicht,
und ob dem Kreditgeber auch in Zukunft ausreichende Kreditsicherheiten zur Verfügung stehen werden
(vgl. BGH wistra 2014, 484: beabsichtigte darlehensgestützte Aufstockung der Beteiligung an einem
anderen Unternehmen).

   b) Unterlagen und schriftliche Angaben. Die **Abgrenzung** zwischen den von Abs. 1 Nr. 1a und 42
b genannten „Unterlagen" und „schriftlichen Angaben" ist nicht trennscharf; sie muss auch nicht
vollzogen werden, da die Alternativen gleichwertig sind (vgl. LK-StGB/*Tiedemann* Rn. 62). Beiden
Varianten ist gemein, dass mündliche oder nur verhaltenskonkludente Angaben (zB die bloße Hingabe
eines Wechsels oder Schecks, vgl. Schönke/Schröder/*Perron* Rn. 33) des Täters nicht ausreichen.
Dagegen geht Abs. 1 Nr. 1a über Abs. 1 Nr. 1b insoweit hinaus, als die dort genannten Unterlagen zwar
verkörpert, aber nicht schriftlich vorgelegt sein und nicht von dem Kreditnehmer oder dem vorlegenden
Täter stammen müssen. Die Tatmittel können auch kumulativ vorliegen, etwa dann, wenn schriftlichen
Falschangaben als Anlagen oder Beweismittel Unterlagen Dritter beigefügt sind (vgl. Fischer Rn. 25); in
einer solch nur ergänzenden Funktion erschöpft sich die Tatbestandsalternative der Unterlagen aber

nicht (**aA** Schönke/Schröder/*Perron* Rn. 34; wohl auch HK-KapMStrafR/*Heinz,* 2. Aufl. 2008, Rn. 26).

43   **„Unterlagen"** iSv Abs. 1 Nr. 1a sind demnach alle verkörperten Erklärungen und Darstellungen, die unabhängig von ihrer Urheberschaft geeignet sind, über die wirtschaftlichen Verhältnisse des Kreditnehmers Auskunft zu geben (vgl. SK-StGB/*Hoyer* Rn. 19; enger, weil auf eine Beweiseignung abhebend NK-StGB/*Hellmann* Rn. 44; SSW StGB/*Saliger* Rn. 12; HK-KapMStrafR/*Park* Rn. 253). Eine **bestimmte Art der Verkörperung und Aufzeichnung ist nicht erforderlich,** ebenso wenig eine Unterschrift, so dass neben Unterlagen in Papierform auch elektronische Daten jeden Inhalts oder Zeichnungen, Photographien, uU auch Filmaufnahmen in Betracht kommen (vgl. SK-StGB/*Hoyer* Rn. 19; SSW StGB/*Saliger* Rn. 12; Fischer Rn. 25). Eine Erstreckung auf sonstige Augenscheinsobjekte wie körperliche Modelle, Warenmuster und -proben geht dagegen über die Wortlautgrenze hinaus (**aA** wohl Schönke/Schröder/*Perron* Rn. 34; LK-StGB/*Tiedemann* Rn. 61). In inhaltlicher Hinsicht nennt Abs. 1 Nr. 1a beispielhaft **Bilanzen** (vgl. BGHSt 30, 285 (292 f.) = BGH NJW 1982, 775 (776)), worunter sowohl die handelsrechtliche Bilanz iSv § 242 Abs. 1, § 247 Abs. 1 HGB in allen Erstellungsformen (Eröffnungs-, Geschäftsjahresabschluss-, Zwischen-, Liquidations-, Abfindungsbilanzen) als auch die daraus abgeleitete steuerliche Bilanz zu verstehen ist, weiterhin **Gewinn- und Verlustrechnungen** als bilanzergänzende Gegenüberstellungen der Aufwendungen und Erträge eines Geschäftsjahres iSv § 242 Abs. 2 HGB, **Vermögensübersichten,** dh handelsrechtlich nicht näher bestimmte, in anderem rechtlichen Kontext begrifflich aber vorausgesetzte (vgl. § 260 BGB, § 153 InsO) vollständige Aufzeichnung von Vermögenswerten (vgl. Schönke/Schröder/*Perron* Rn. 35), schließlich **Gutachten,** die sich auch auf nur einzelne Vermögensbestandteile beziehen (Lackner/Kühl/*Heger* Rn. 5) und Täuschungscharakter auch und allein hinsichtlich der darin vorgenommenen fachlichen Bewertung erlangen können (Fischer Rn. 25). Unterlagen iSv Abs. 1 Nr. 1a sind ferner **alle weiteren buchführungs- und bilanzrechtlich erheblichen Unterlagen** wie der Anhang zum Jahresabschluss und der Lagebericht (§ 264 Abs. 1, §§ 284 ff. HGB), Aufstellungen über Umsatz, Absatz und Kosten, Einkaufs- und Verkaufsbelege (vgl. BGH wistra 1984, 25 (26)), Konto- und Grundbuchauszüge, Quittungen, Kundenlisten, Kostenvoranschläge, schriftliche Vereinbarungen mit Dritten wie Versicherungs-, Liefer- oder Absatzverträge (vgl. Fischer Rn. 25; SSW StGB/*Saliger* Rn. 12; Schönke/Schröder/*Perron* Rn. 35). Eine Vollständigkeit im Sinne einer – auch nur teilweisen – Übersicht über den Vermögens- oder wirtschaftlichen Stand des Kreditnehmers muss weder geleistet noch bezweckt sein (MüKoStGB/ *Wohlers/Mühlbauer* Rn. 29). Von wem die Unterlagen stammen, ist unerheblich; hat sie der Kreditgeber – etwa auf mündliche Angaben des Kreditsuchenden – selbst gefertigt, fehlt es allerdings an einer „Vorlage".

44   **„Schriftliche Angaben"** iSv Abs. 1 Nr. 1b sind alle Erklärungen über wirtschaftliche Verhältnisse, soweit nicht Unterlagen nach Abs. 1 Nr. 1a betroffen sind (vgl. Schönke/Schröder/*Perron* Rn. 36, HK-KapMStrafR/*Park* Rn. 258). Die Variante hat Auffangfunktion und Bedeutung für Behauptungen beschreibenden und zusammenfassenden Charakters, die der Täter selbst im Hinblick auf wirtschaftlich bedeutsame Vorgänge macht, zB die Behauptung und Auflistung fingierter Geschäftsabschlüsse und -abläufe (BGH wistra 1984, 25 (26)), die Bestätigung, dass sich im Vergleich zu einem testierten Jahresabschluss keine bedeutenden Veränderungen ergeben haben (vgl. BGH NJW 2015, 423) oder die Aufstellung bestimmter Kauf- und Verkaufsoptionen (BGH wistra 2014, 484). Erfasst sind auch unzutreffende Angaben, die auf Anfrage des Kreditgebers im Rahmen der Kreditverhandlungen erfolgen (BGH wistra 2014, 484) oder unmittelbar im Kreditantrag, zB in einem vom Kreditgeber stammenden Antragsformular gemacht werden. Im Unterschied zu Nr. 1a müssen die Angaben vom Täter stammen; hierunter fällt auch, dass der Täter sich fremde Angaben – etwa durch seine Unterschrift – in schriftlicher Form erkennbar zu eigen macht (vgl. LK-StGB/*Tiedemann* Rn. 62; SK-StGB/*Hoyer* Rn. 16). Die **Schriftlichkeit** ist echtes Tatbestandsmerkmal, auf das sich der Vorsatz erstrecken muss; sie erfordert keine Eigenhändigkeit oder Unterschrift des Täters unter den Angaben (Schönke/Schröder/*Perron* Rn. 37; LK-StGB/*Tiedemann* Rn. 63; krit. Fischer Rn. 27). Mündliche Angaben reichen daher nicht aus, ebenso wenig bloße Augenscheinsobjekte. Die Übermittlung schriftlicher Angaben **in elektronischer Form** oder auf einem Datenträger reicht nach § 126 Abs. 3 BGB dagegen aus (**aA** LK-StGB/ *Tiedemann* Rn. 61).

45   Ob die Unterlagen oder Angaben entsprechend den Voraussetzungen von § 263 **Tatsachen zum Gegenstand** haben müssen, oder ob auch unzutreffende **Bewertungen und Prognosen** von § 265b erfasst sind, ist **str.** (für eine Berücksichtigung Lackner/Kühl/*Heger* Rn. 5; Schönke/Schröder/*Perron* Rn. 39; SSW StGB/*Saliger* Rn. 13; in diese Richtung auch BGHSt 30, 285 (287) = BGH NJW 1982, 775; einschränkend LK-StGB/*Tiedemann* Rn. 64; dagegen Fischer Rn. 27; HK-KapMStrafR/*Park* Rn. 259; NK-StGB/*Hellmann* Rn. 37). Nach dem Wortlaut ist eine Einbeziehung ohne weiteres möglich (vgl. die ausdrückliche Benennung der Bewertungen und Prognosen umfassenden „Bilanzen" und „Gutachten" in Abs. 1 Nr. 1a). Insbes. sind die „wirtschaftlichen Verhältnisse" des Kreditnehmers als Gegenstand der Täuschung schon begrifflich an sein unternehmerisches Potential, mithin an die Wahrscheinlichkeit künftiger Entwicklungen geknüpft und hängen damit von Bewertungen und Erwartungen ab. Da sich hierdurch maßgeblich die Kreditwürdigkeit des Kreditnehmers bestimmt, die ihrerseits ebenfalls zukunftsbezogen ist, nämlich auf die Wahrscheinlichkeit künftiger Kreditrückzahlung aus-

gerichtet ist, sprechen auch der Schutzzweck von § 265b und der hiermit einhergehende Charakter der Norm als abstraktes Gefährdungsdelikt für eine weite Auslegung (vgl. LK-StGB/*Tiedemann* Rn. 64; Schönke/Schröder/*Perron* Rn. 39). Allerdings muss die Prognose oder Bewertung einen Konkretionsgrad erreichen, der ihre Überprüfung anhand der Umstände im Tatzeitpunkt erlaubt; eine bloße Anpreisung des Unternehmenszustandes etwa als „gut" oder seiner Zukunftsperspektiven als „ausgezeichnet" kann das Merkmal einer Falschangabe nicht erfüllen (vgl. SK-StGB/*Hoyer* Rn. 15; sehr weit BGH NStZ 2002, 433 (434)). Denn eine Beurteilung als unrichtig isv § 265b setzt auch im Falle von Prognosen oder Bewertungen voraus, dass die Angaben aus fachmännischer Sicht verifizierbar oder widerlegbar sind. Insoweit soll nach hM in der Literatur eine Unrichtigkeit nur dann vorliegen, wenn der Inhalt der Angaben oder Unterlagen auf Basis der tatsächlichen Gegebenheiten **schlechterdings nicht mehr vertretbar** erscheint (vgl. Schönke/Schröder/*Perron* Rn. 39; MüKoStGB/*Wohlers*/*Mühlbauer* Rn. 32; LK-StGB/*Tiedemann* Rn. 65; Lackner/Kühl/*Heger* Rn. 5; SSW StGB/*Saliger* Rn. 13), während BGHSt 30, 285 = BGH NJW 1982, 775 darin eine Selbstverständlichkeit sieht, die aus den Anforderungen tatrichterlicher Überzeugungsbildung folgen soll. Im Grenzbereich unsicherer zukünftiger Entwicklungen ist das Merkmal jedenfalls nicht erfüllt, selbst wenn sich aus der Ex-post-Betrachtung die Unrichtigkeit der Vorhersage erweist. Anderseits wird eine unvertretbare Prognose oder Bewertung nicht dadurch zutreffend, dass die tatsächliche Entwicklung dem Täter aufgrund bloßer Zufälligkeiten nachträglich Recht gibt, denn eine abstrakte Vermögensgefährdung ist auch in diesem Fall bereits eingetreten (**aA** LK-StGB/*Tiedemann* Rn. 65).

c) Unrichtigkeit und Unvollständigkeit. Unrichtig sind die Unterlagen oder Angaben, wenn sie **46 inhaltlich nicht zutreffen;** auf die Echtheit vorgelegter Unterlagen kommt es nicht an (vgl. Schönke/Schröder/*Perron* Rn. 28: Tatbestandslosigkeit der Vorlage gefälschter Ersatzunterlagen (insoweit ggf. Strafbarkeit nach § 267 StGB)). Die Unrichtigkeit kann sich auch nur auf einzelne Begriffe beziehen, sofern ihnen im Rechtsverkehr eine bestimmte Bedeutung beigemessen wird (LG Mannheim wistra 1985, 158). Auch geringfügige Abweichungen begründen eine Unrichtigkeit, der es allerdings regelmäßig an der erforderlichen Erheblichkeit fehlen wird (→ Rn. 61). Zur Unrichtigkeit von Bewertungen und Prognosen vgl. vorangehend → Rn. 45. **Unvollständig** sind die Unterlagen oder Angaben, wenn sie für sich betrachtet zwar zutreffen, aber einen einheitlichen Lebenssachverhalt nur teilweise wiedergeben, mithin Tatsachen weggelassen werden, die üblicherweise und nach der Erwartung des Kreditgebers mitgeteilt werden müssen (Fischer Rn. 29; MüKoStGB/*Wohlers*/*Mühlbauer* Rn. 31; Müller-Gugenberger WirtschaftsStR/*Hebenstreit* § 50 Rn. 175). Dabei muss – zumindest konkludent – der Anschein der Vollständigkeit erweckt werden: offensichtliche Lücken einer Erklärung sind tatbestandsmäßig. Welche Informationen und Erklärungen der Kreditgeber erwarten darf, ist Frage der Erheblichkeit (Fischer Rn. 29; vgl. → Rn. 56 f.). Lückenlose Detailangaben sind selbst bei gesamtunternehmensbezogenen Prognosen ebenso wenig zu fordern, wie geringfügige Auslassungen nicht bereits zur Strafbarkeit führen. Anderseits führt ein Schweigen zu Umständen, zu denen der Kreditgeber erkennbar Aufklärung erwarten kann, zur Unvollständigkeit. Im Falle von **Bilanzen** ist ein strenger Maßstab anzulegen, denn ihre Vollständigkeit und Richtigkeit gehört zu den Grundsätzen ordnungsgemäßer Buchführung und daher erwartet werden (Müller-Gugenberger WirtschaftsStR/*Hebenstreit* § 50 Rn. 175; vgl. nachfolgend → Rn. 47). Die bilanzrechtlichen Darlegungspflichten können auch iÜ bei der Frage der Erheblichkeit fehlender Angaben herangezogen werden (LK-StGB/*Tiedemann* Rn. 66).

Für eine Beurteilung der Richtigkeit und Vollständigkeit ist der **sachliche Gehalt des Schriftstü- 46a ckes nach den allgemeinen Auslegungsregeln** zu ermitteln; dabei besteht ein tatrichterlicher Beurteilungsspielraum (BGH wistra 2014, 484 (485); vgl. zur Auslegung von Urkunden allgemein BGH NJW 2004, 2248 (2250); BGH NStZ-RR 2006, 175 (176)). Maßgeblich ist der Verständnishorizont eines durchschnittlichen Adressaten, im Falle einer Bilanz etwa der Standpunkt eines bilanzkundigen Lesers (Müller-Gugenberger WirtschaftsStR/*Hebenstreit* § 50 Rn. 176). Grundlage sind nicht nur die schriftlichen Angaben selbst; ebenso wenig verlangt das Erfordernis der Schriftlichkeit eine Beschränkung auf auslegungsrelevante andere verkörperte Angaben. Vielmehr kommt es **auf den gesamten Kontext der Erklärung** an, mithin auf alle Umstände, die dafür bedeutsam sind, wie sie der Empfänger nach objektivem Horizont verstehen musste (vgl. BGH wistra 2014, 484 (485)). Dabei kann es sich um den Inhalt vorangehenden Schriftverkehrs, den Gegenstand mündlicher Besprechungen, bestimmte Begriffsverwendungen hierbei und die erkennbare Interessenlage der Parteien handeln. Zur Frage der Vollständigkeit sind alle Äußerungen des Täters gegenüber dem Kreditgeber heranzuziehen. Daher kommt es nicht allein auf die vorgelegten Unterlagen oder schriftlichen Angaben an, sondern auch darauf, ob sie durch den Täter **mündlich ergänzt** worden sind oder der Täter auf ihre Unvollständigkeit hingewiesen hat, indem er sich etwa vorbehalten hat, ergänzende Angaben nachzureichen (Schönke/Schröder/*Perron* Rn. 38; Müller-Gugenberger WirtschaftsStR/*Hebenstreit* § 50 Rn. 176). Ob ein derartiger **Vorbehalt** erfolgt ist, unterliegt tatrichterlicher Würdigung; die vorgelegten Unterlagen oder schriftlichen Angaben streiten dabei – anders als etwa im Rahmen zivilprozessualer Würdigung – allenfalls indiziell für ihre Vollständigkeit. Erfolgt eine Ergänzung erst nach vorbehaltloser Vorlage anscheinend vollständiger Unterlagen, oder betrifft der Vorbehalt ersichtlich andere Inhalte als die korrigierten, so ist die Tat bereits vollendet (vgl. BGHSt 30, 285 (291)); es kommt dann nur noch eine tätige Reue nach Abs. 2 in Betracht (Schönke/Schröder/*Perron* Rn. 38).

47 Für die Richtigkeit und Vollständigkeit einer **Bilanz,** der **Gewinn- und Verlustrechnung** und dem hieraus zusammengesetzten (§ 242 Abs. 3 HGB) **Jahresabschluss** enthalten die Buchführungsvorschriften der §§ 238 ff. HGB entscheidende Maßstäbe (vgl. Lackner/Kühl/*Heger* Rn. 5; eingehend LK-StGB/*Tiedemann* Rn. 67 ff.). Eine Unvollständigkeit liegt vor, wenn nicht alle der §§ 246, 247 HGB genannten Positionen enthalten sind (vgl. HK-KapMStrafR/*Heinz,* 2. Aufl. 2008, Rn. 36), die Bilanz daher nicht die gesamte Vermögens- und Kapitalstruktur des Unternehmens offenbart (LK-StGB/ *Tiedemann* Rn. 69). Ob die einzelnen vorhandenen Bilanzpositionen auf Grundlage aller maßgeblichen Geschäftsvorfälle erstellt worden sind, ist dagegen eine Frage ihrer Richtigkeit. Im Unterschied zu den §§ 283 ff. muss sich die von § 265b erfasste Unrichtigkeit auf den **Inhalt der Bilanz** beziehen; sie umfasst daher nicht auch Verstöße gegen formelle Bilanzerrichtungsvorschriften oder Grundsätze der Bilanzklarheit, es sei denn, dass sie durch eine Verschleierung des wahren Sachstandes auf den Inhalt durchschlagen (Schönke/Schröder/*Perron* Rn. 40; LK-StGB/*Tiedemann* Rn. 72). Für die Beurteilung, (ab) wann eine Bilanz inhaltlich unrichtig ist, sind den **Bilanzierungs- und Bewertungsvorschriften des HGB** (§§ 242 ff., 266 ff., 308 ff.) lediglich einzelne Bewertungskriterien sowie Ansatzverbote und -vorgaben zu entnehmen, zB durch die Grundsätze ordnungsgemäßer Buchführung, das Vorsichtsprinzip oder Vorschriften zu bestimmten Wertansätzen (§§ 243 Abs. 1, 246, 248, 252 HGB). Innerhalb dieses Rahmens lassen sich bewertungsbedürftige Bilanzpositionen nicht auf „richtige", sondern nur auf vertretbare Werte zurückführen („relative Bilanzwahrheit", vgl. LK-StGB/*Tiedemann* Rn. 70; HK-KapMStrafR/*Heinz,* 2. Aufl. 2008, Rn. 34). Eine Bilanz ist daher erst dann unrichtig, wenn sie **aus Sicht eines sachverständigen Dritten** (vgl. § 238 Abs. 1 S. 2 HGB) **ein von den tatsächlichen wirtschaftlichen Verhältnissen eindeutig abweichendes Bild** ergibt (Schönke/Schröder/*Perron* Rn. 40; s. auch LK-StGB/*Tiedemann* Rn. 73; HK-KapMStrafR/*Heinz,* 2. Aufl. 2008, Rn. 34; enger MüKoStGB/*Wohlers/Mühlbauer* Rn. 31: schlechterdings nicht mehr vertretbar). Bedeutsamste Fallgruppen (vgl. BGHSt 30, 285 (288 f.) = BGH NJW 1982, 775; LK-StGB/*Tiedemann* Rn. 73 ff.: Schönke/ Schröder/*Perron* Rn. 40; SSW StGB/*Saliger* Rn. 13) sind das Einstellen falscher oder fiktiver Posten (zB Vermögenswerte, die dem Unternehmen tatsächlich nicht zustehen), das Weglassen von Positionen, insbes. Verbindlichkeiten, die bewusste Falschbewertung von Posten und die Bilanzierung von Umgehungshandlungen, zB Scheingeschäften (vgl. BGH wistra 2010, 219: Aufnahme eines fingierten Aktienverkaufs in den Jahresabschluss).

48 **d) Vorteilhaftigkeit.** Über den Wortlaut hinaus müssen nicht nur die von Abs. 1 Nr. 1b erfassten Angaben, sondern auch die vorgelegten Unterlagen iSv Abs. 1 Nr. 1a für den Kreditnehmer „vorteilhaft" sein. Dies ist der Fall, wenn gerade die Unvollständigkeit oder Unrichtigkeit der Angaben oder Unterlagen aus objektiver Sich ex ante **geeignet ist, den Kreditantrag zu stützen** und die Entscheidung des Kreditgebers zugunsten des Kreditnehmers zu beeinflussen (Fischer Rn. 30; Schönke/Schröder/*Perron* Rn. 41; NK-StGB/*Hellmann* Rn. 30; SSW StGB/*Saliger* Rn. 14; Müller-Gugenberger WirtschaftsStR/*Hebenstreit* § 50 Rn. 178), regelmäßig daher dann, wenn die wirtschaftlichen Verhältnisse des Kreditnehmer durch Behauptung einer günstigeren als der tatsächlichen Vermögenslage oder durch Weglassen wirtschaftlich belastender Umstände „geschönt" dargestellt sind. Es reicht aus, wenn die Angaben oder Unterlagen dem Kreditnehmer zwar nicht den Kredit als solchen verschaffen können, weil dieser bereits zugesagt ist, sie aber geeignet sind, zu **verbesserten Kreditbedingungen,** etwa einer längeren Laufzeit oder einem günstigeren Zinssatz zu führen (LK-StGB/ *Tiedemann* Rn. 80).

49 Tatbestandslos sind wirtschaftlich neutrale Falschangaben oder -unterlagen. Im Einzelfall kann die Behauptung von wirtschaftlichen Umständen, die **dem Kreditnehmer für sich genommen ungünstig** sind, aber unter § 265b Abs. 1 fallen; so mag eine wahrheitswidrig behauptete angespannte Liquiditätslage oder das Verschweigen von Vermögenswerten dazu führen, dass der Kreditgeber geringere Kreditraten zugesteht oder auf Sicherheiten verzichtet (vgl. SK-StGB/*Hoyer* Rn. 40; SSW StGB/*Saliger* Rn. 14; krit. MüKoStGB/*Wohlers/Mühlbauer* Rn. 33, Fn. 191). Dagegen ist angesichts der Natur von § 265b als abstraktem Gefährdungsdelikt nicht erforderlich, dass die Kreditgewährung bei pflichtgemäßem Verhalten des Kreditnehmers oder des Täters unvertretbar gewesen wäre. Es kommt daher nicht darauf an, ob Falschangaben zu negativen wirtschaftlichen Umständen durch das Verschweigen positiver kompensiert werden, oder ob bei Hinwegdenken vorgetäuschter Vermögenswerte noch immer ausreichende Sicherheiten für den Kreditgeber zur Verfügung stünden (Schönke/Schröder/*Perron* Rn. 41; aA SK-StGB/*Hoyer* Rn. 41 ff.).

50 **e) Vorlegen der Unterlagen, Machen der Angaben.** Eine Vorlage der Unterlagen erfordert, dass sie dem Kreditgeber mit Willen des Täters zugänglich gemacht worden; sie ist jedenfalls dann erfolgt, wenn sie entsprechend den **Grundsätzen zivilrechtlichen Zugangs** in seinen Machtbereich gelangt sind. Dies kann in Form einer körperlichen Übersendung oder elektronischen Übermittlung geschehen, uU auch im Verfügbarmachen in allgemein zugänglichen Medien (→ Rn. 38b). Empfangszuständig sind jedenfalls die Mitarbeiter des Kreditgebers. Ein Zugang bei dritten Hilfspersonen außerhalb des unmittelbaren Geschäftsbetriebes des Kreditgebers oder ein gegenüber solchen Personen geäußerter Ver-

weis reicht nur aus, wenn sie dem Kreditgeber zuzurechnen sind (vgl. → Rn. 38 ff.; SK-StGB/*Hoyer* Rn. 37; Schönke/Schröder/*Perron* Rn. 23; NK-StGB/*Hellmann* Rn. 42). Befinden sich die **Unterlagen bereits im Besitz des Kreditgebers,** oder sind sie – etwa infolge einer Veröffentlichung im Internet – **allgemein zugänglich,** genügt ein Verweis des Kreditnehmers darauf (→ Rn. 38b; Schönke/Schröder/*Perron* Rn. 43: „Verwendung des geistigen Inhalts"; HK-KapMStrafR/*Heinz*, 3. Aufl. 2008, Rn. 40; LK-StGB/*Tiedemann* Rn. 88). Der Kreditgeber oder seine Hilfspersonen müssen Gelegenheit zur Kenntnisnahme haben; eine tatsächliche Kenntnis ist nicht erforderlich. **Verbleiben die Unterlagen beim Kreditsuchenden,** der sie zur Einsicht bereithält, müssen sie dem Kreditgeber oder einer Hilfsperson dort tatsächlich vorgelegt worden sein (Schönke/Schröder/*Perron* Rn. 43; LK-StGB/ *Tiedemann* Rn. 86). Diese Grundsätze gelten für das **„Machen" von Angaben** entsprechend. Soweit vorgelegte Angaben oder Unterlagen erst nachträglich unrichtig oder unvollständig werden, kommt nur eine Strafbarkeit nach Abs. 1 Nr. 2 in Betracht (vgl. SK-StGB/*Hoyer* Rn. 18, 20 sowie nachfolgend → Rn. 51).

4. Verschweigen nachteiliger Veränderungen nach Abs. 1 Nr. 2. Die von § 265b Abs. 1 Nr. 2 **51** beschriebene Tatvariante bildet ein **echtes Unterlassungsdelikt** (Fischer Rn. 36; MüKoStGB/*Wohlers*/*Mühlbauer* Rn. 36) mit eng umgrenztem Anwendungsbereich. Täter kann nur derjenige sein, der die Angaben gemacht oder die Unterlagen vorgelegt hat (Lackner/Kühl/*Heger* Rn. 6; LK-StGB/*Tiedemann* Rn. 94; *Müller-Emmert*/*Maier* NJW 1976, 1662).

Abs. 1 Nr. 2 betrifft Fälle, in denen die Unterlagen oder Angaben einen gewissen Zeitraum vor ihrer **52** Vorlage angefertigt wurden und **ursprünglich, dh im Zeitpunkt ihrer Erstellung zutreffend und vollständig** waren. Haben sich die dargestellten wirtschaftlichen Verhältnisse des Kreditnehmers zwischen dem Zeitpunkt, auf den die Unterlagen oder Angaben sich beziehen, und dem Zeitpunkt ihrer Vorlage nachträglich verschlechtert, trifft den Vorlegenden eine nach § 265b Abs. 1 Nr. 2 strafbewehrte Pflicht zur Korrektur oder Vervollständigung (vgl. Fischer Rn. 36; Schönke/Schröder/*Perron* Rn. 44; SK-StGB/*Hoyer* Rn. 21; HK-KapMStrafR/*Park* Rn. 262; Müller-Gugenberger WirtschaftsStR/*Hebenstreit* § 50 Rn. 180). Beispiele sind der Ausfall von aufgelisteten Aufträgen oder Schuldnern, die Beschädigung dem Kreditgeber als Sicherheiten angebotener Waren oder ein Verlust des in einer Übersicht dargestellten Vermögens durch unvorhergesehene Aufwendungen. Regelmäßig liegt in derartigen Fällen allerdings bereits eine **konkludente Täuschungshandlung nach Abs. 1 Nr. 1** vor, denn der Kreditgeber wird der Vorlage der Unterlagen und schriftlichen Angaben idR den Erklärungsgehalt beimessen dürfen, dass sie sich auf den gegenwärtigen Zeitpunkt beziehen und zutreffen oder – bei erkennbarem Vergangenheitsbezug – unverändert geblieben sind (NK-StGB/*Hellmann* Rn. 50). Abs. 1 Nr. 2 erfasst daher im Wesentlichen nur die seltenen Fälle, in denen der Kreditgeber eigens vergangenheitsbezogene Unterlagen anfordert (vgl. Schönke/Schröder/*Perron* Rn. 44; Fischer Rn. 37; HK-KapMStrafR/*Park* Rn. 262), oder in denen der Täter bei Abgabe seiner Erklärungen oder Unterlagen noch ohne Vorsatz hinsichtlich der wirtschaftlichen Verschlechterung handelte, er etwa zwischen Versendung und Zugang von der Insolvenz eines wichtigen Geschäftspartners erfährt (vgl. SK-StGB/*Hoyer* Rn. 21). Die nach Abs. 1 Nr. 2 gebotene Korrektur **bedarf nicht der Form der ursprünglichen Unterlagen oder Angaben;** sie kann insbes. auch mündlich erfolgen (MüKoStGB/ *Wohlers*/*Mühlbauer* Rn. 37).

Die Mitteilungspflicht ist **zeitlich dadurch begrenzt,** dass die Angaben oder Unterlagen bis zu **53** **ihrer Vorlage** beim Kreditgeber veraltet sein müssen („bei der Vorlage"); erst nach diesem Zeitpunkt eintretende Verschlechterungen der wirtschaftlichen Situation sind nicht anzuzeigen, auch wenn die Kreditentscheidung noch nicht getroffen ist (Schönke/Schröder/*Perron* Rn. 46; NK-StGB/*Hellmann* Rn. 52). Dies gilt nach dem Wortlaut auch dann, wenn die Verschlechterung zwar vor der Vorlage eingetreten ist, der Täter aber davon erst hiernach Kenntnis erlangt und zuvor auch nicht damit rechnete; seine Untätigkeit ist dann straflos (Fischer Rn. 36; Schönke/Schröder/*Perron* Rn. 47; Lackner/Kühl/ *Heger* Rn. 6; MüKoStGB/*Wohlers*/*Mühlbauer* Rn. 36; HK-KapMStrafR/*Park* Rn. 262; aA LK-StGB/ *Tiedemann* Rn. 93). Ein entsprechendes Unterlassen kann aber nach § 263 strafbar sein (Schönke/ Schröder/*Perron* Rn. 47). Zeigt der Täter zwischenzeitlich eingetretene, ihm bekannte Verschlechterungen erst nach der Vorlage an, so kommt wegen eingetretener Tatvollendung nur noch eine Straffreiheit nach Abs. 2 in Betracht.

In sachlicher Hinsicht begründet § 265b Abs. 1 Nr. 2 keine allgemeine Aufklärungspflicht über **54** Änderungen der wirtschaftlichen Lage des Kreditnehmers; nach dem eindeutigen Wortlaut der Vorschrift gilt die Mitteilungspflicht **nur für Verschlechterungen von Umständen, die in den Angaben oder Unterlagen dargestellt sind** (vgl. Schönke/Schröder/*Perron* Rn. 45; SSW StGB/*Saliger* Rn. 16; HK-KapMStrafR/*Park* Rn. 263). Hatte der Täter den Kreditgeber etwa allein über mögliche Sach- oder Personalsicherheiten für den Kredit in Kenntnis gesetzt, muss er einen Umsatzrückgang nicht mitteilen, soweit die Sicherheitenbestellung dadurch nicht gefährdet ist. Andererseits vermögen Entwicklungen zugunsten des Kreditnehmers, die sich außerhalb der dargestellten Umstände ergeben und dort eingetretene Verschlechterungen **kompensieren,** die Mitteilungspflicht nicht zu suspendieren. Soweit die mitgeteilten Umstände sich selbst teilweise verbessert, in anderen Teilen aber zum Nachteil des Kreditnehmers entwickelt haben (zB bei Abweichungen von unterschiedlichen Bilanzpositionen), sind die

Verschlechterungen gleichwohl mitzuteilen (MüKoStGB/*Wohlers*/*Mühlbauer* Rn. 36; **aA** Schönke/ Schröder/*Perron* Rn. 45); bei Veränderungen gleichartiger Positionen – etwa einer bloßen Fluktuation des Auftragsbestandes – wird es idR aber an der Entscheidungserheblichkeit fehlen. Anders als bei Abs. 1 Nr. 1 (→ Rn. 49) ist eine Verschlechterung nur bei einer dem Kreditnehmer ungünstigen wirtschaftlichen Entwicklung gegeben; Verbesserungen der wirtschaftlichen Lage begründen auch dann keine Mitteilungspflicht, wenn sie im Einzelfall geeignet sind, die Kreditaussichten zu schmälern. Zur Frage der Entscheidungserheblichkeit → Rn. 56 f.; insbes. sind unwesentliche Verschlechterungen nicht mitteilungspflichtig, etwa geschäftsübliche Schwankungen des Auftrags- oder Warenbestandes (LK-StGB/ *Tiedemann* Rn. 91).

55   Sollen die Angaben oder Unterlagen sich zu einer bestimmten Frage erschöpfend verhalten, so fällt auch ihre **nachträglich eingetretene Unvollständigkeit** infolge neu hinzugetretener Umstände unter Abs. 1 Nr. 2. Dies betrifft etwa den Fall einer Aufstellung der Verbindlichkeiten des Kreditnehmers, die durch neu entstandene Schulden überholt ist (Fischer Rn. 37; **aA** die hM, vgl. Müller-Gugenberger WirtschaftsStR/*Hebenstreit* § 50 Rn. 181; HK-KapMStrafR/*Heinz*, 2. Aufl. 2008, Rn. 43; LK-StGB/ *Tiedemann* Rn. 91). Der Wortlaut von Abs. 1 Nr. 2 steht einem solchen Verständnis nicht entgegen; denn auch belastende neue Tatsachen begründen eine Verschlechterung der von den Angaben oder Unterlagen erfassten wirtschaftlichen Verhältnisse, wenn diese sich ihrem Inhalt nach auch auf die neue Tatsache beziehen und sie daher enthalten müssten.

V. Entscheidungserheblichkeit

56   Sämtliche Tathandlungen nach Abs. 1 müssen **für die Entscheidung über den Kreditantrag erheblich** sein. Dem Merkmal kommt eine Begrenzungsfunktion insbes. im Hinblick auf die Tatbestandsvariante der unvollständigen oder nicht korrigierten Angaben und Unterlagen zu (vgl. BGHSt 30, 285 (289) = BGH NJW 1982, 775 (776)).

57   **1. Grundsatz.** Angesichts des Deliktscharakters von § 265b als abstraktes Gefährdungsdelikt ist Entscheidungserheblichkeit **nicht iS einer tatsächlichen Kausalität** zwischen der Tathandlung und der Kreditvergabe zu verstehen. Daher ist es ohne Belang, ob die Täuschungshandlung tatsächlich Einfluss auf die individuelle Entscheidung des Kreditgebers genommen hat, oder ob sie sich nach den Umständen des Falles auf eine noch zu treffende Entscheidung auswirken würde (vgl. BGHSt 30, 285 (291) = BGH NJW 1982, 775 (776); LG Mannheim wistra 1985, 158; Schönke/Schröder/*Perron* Rn. 42; Mü-KoStGB/*Wohlers*/*Mühlbauer* Rn. 33), insbes., ob der Kreditgeber die Unterlagen oder Angaben überhaupt zur Kenntnis genommen hat, oder ob er ihre Unrichtigkeit, Unvollständigkeit oder Ergänzungsbedürftigkeit erkannt und den Kredit daher versagt oder gleichwohl gewährt hat (Fischer Rn. 34; NK-StGB/*Hellmann* Rn. 31; Schönke/Schröder/*Perron* Rn. 42; HK-KapMStrafR/*Park* Rn. 275; vgl. auch BGHSt 30, 285 (290) für den Fall, dass der Kreditsachbearbeiter vorgelegten Bilanzen „jegliches Gütesiegel" abspricht; andererseits BGH NStZ 2002, 433 (434 aE)). Vielmehr kommt es auf die **abstrakt-generelle Eignung** der Tathandlungen an, die Kreditentscheidung des Kreditgebers zu beeinflussen, mithin darauf, ob die Angaben oder Unterlagen, wären sie vollständig und richtig, **nach dem ex-ante getroffenen Urteil eines verständigen, durchschnittlich vorsichtigen Dritten** in der Situation des Kreditgebers als Ursache oder Mitursache der erstrebten Kreditentscheidung in Betracht kommen (BGHSt 30, 285 (289, 291 ff.) = BGH NJW 1982, 775 (776) mAnm *Lampe* JR 1982, 430; BGH NStZ 2002, 433 (434); Fischer Rn. 31; Lackner/Kühl/*Heger* Rn. 5; Müller-Gugenberger WirtschaftsStR/*Hebenstreit* § 50 Rn. 179; NK-StGB/*Hellmann* Rn. 32; MüKoStGB/*Wohlers*/*Mühlbauer* Rn. 33; SSW StGB/*Saliger* Rn. 10; vgl. auch BT-Drs. 7/5291, 16). Der Beurteilung zugrunde zu legen sind die **objektiven Umstände und Eigenschaften des beabsichtigten Kreditgeschäftes,** etwa die Art und Höhe des Kredites, die tatsächliche wirtschaftliche Situation des kreditsuchenden Unternehmens zum Zeitpunkt des Kreditantrages, die Finanzkraft des Kreditgebers und die herrschenden marktüblichen Kriterien (vgl. BGHSt 30, 285 (292 f.) = BGH NJW 1985, 775 (776): „Gesamtschau"; Fischer Rn. 33; SSW StGB/*Saliger* Rn. 11).

58   **2. Abweichender Maßstab der Parteien.** Ob ein ausschließlich objektiver Beurteilungsmaßstab auch bei **abweichenden individuellen Vorstellungen der Parteien** des Kreditgeschäftes gilt, ist in der Literatur **str.** (dafür Fischer Rn. 32 f.; SSW StGB/*Saliger* Rn. 11; *Göhler*/*Wilts* DB 1976, 1658; dagegen Schönke/Schröder/*Perron* Rn. 42; LK-StGB/*Tiedemann* Rn. 81; offen gelassen von BGHSt 30, 285 (291 f.)). Einigkeit besteht darüber, dass die subjektive Einschätzung des Kreditnehmers von der Erheblichkeit oder Unerheblichkeit seiner Angaben keine Rolle spielt (vgl. BGHSt 30, 285 (293); Müller-Gugenberger WirtschaftsStR/*Hebenstreit* § 50 Rn. 179: „nicht in das Belieben des Kreditnehmers gestellt"); sie kann allein für die subjektive Tatseite von Belang sein. Nach zutreffender Auffassung bilden aber auch der Wille des Kreditgebers oder Vereinbarungen der Parteien keine taugliche Beurteilungsgrundlage, soweit sich daraus ein **strengerer als der aus objektiver Sicht vernünftige und zum Schutz des Kreditgebers sinnvolle Maßstab** ergibt. Denn eine Berücksichtigung rein subjektiver Erwägungen würde den Anwendungsbereich von § 265b zweckwidrig auf Fälle einer konkreten Gefährdung der individuellen Vermögensinteressen des Kreditgebers erweitern. Da die Vorschrift auch

nicht die Dispositions- und Entschließungsfreiheit des Kreditgebers vor täuschungsbedingten Willensbeeinflussungen schützt, ergibt sich unter dem Gesichtspunkt der Vertragsfreiheit nichts anderes (vgl. Fischer Rn. 32; NK-StGB/*Hellmann* Rn. 33; SK-StGB/*Hoyer* Rn. 38; **aA** LK-StGB/*Tiedemann* Rn. 81).

Unberücksichtigt bleiben damit **persönliche Vorlieben** des Kreditgebers oder **wirtschaftsfremde, etwa soziale 59 Kriterien,** die er bei der Kreditvergabe anlegt (vgl. *Göhler/Wilts* DB 1976, 1658; SK-StGB/*Hoyer* Rn. 38; MüKoStGB/*Wohlers/Mühlbauer* Rn. 33), so dass als Tatobjekte Angaben und Unterlagen ausscheiden, mit denen zB eine bestimmte Partei- oder Religionszugehörigkeit des Kreditnehmers behauptet wird oder nachgewiesen werden soll, oder in denen eine bestimmte soziale Ausrichtung seines Unternehmens oder des Projektes, dem der Kredit zugutekommen soll, belegt wird. Dies gilt auch dann, wenn die Parteien Einigkeit darüber erzielt haben, dass der betreffende Umstand Bedeutung für die Kreditvergabe erlangen soll. Tatbestandslos sind auch täuschende Angaben oder Unterlagen, mit denen der Kreditnehmer **überzogenen Anforderungen des Kreditgebers an den Grad der Kreditsicherheit** gerecht zu werden versucht. Bei der erforderlichen Abgrenzung zu objektiv „vernünftigen" Kriterien ist allerdings zu berücksichtigen, dass Informationen über die wirtschaftlichen, insbes. die Vermögensverhältnisse des Kreditnehmers grds. auch dann noch von objektivem Interesse für den Kreditgeber ist, wenn bereits ein Vermögens- und Sicherheitenstand nachgewiesen ist, der die Rückzahlungsverpflichtung deutlich übersteigt. Eine Grenze ist erst bei abverlangten Angaben überschritten, die der Kreditgeber für zivilrechtlich zu beanstandende, insbes. § 138 BGB unterfallende Zwecke (zB eine deutliche Übersicherung) nutzen möchte, oder die im Verhältnis zum Umfang des Kredites außer jedem Verhältnis stehen.

Anders verhält es sich, wenn **der Kreditgeber einen großzügigeren Maßstab anlegt,** als nach rein 60 wirtschaftlicher Betrachtung angezeigt wäre. Gibt er gegenüber dem Kreditnehmer zu erkennen, dass es ihm für die Kreditentscheidung auf bestimmte Angaben oder Unterlagen, zB auf einen Nachweis über den Bestand und die Werthaltigkeit bestimmter Vermögenspositionen nicht mehr ankommt, so sind Mängel gleichwohl vorgelegter Unterlagen nicht entscheidungserheblich. Entsprechendes gilt, wenn der Kreditgeber ankündigt, dass er gewisse Angaben nur der Form halber benötigt, ohne dass er ihnen für die Kreditvergabe Bedeutung zumessen werde (vgl. Schönke/Schröder/*Perron* Rn. 42; MüKoStGB/ *Wohlers/Mühlbauer* Rn. 33). Auch wenn eine zu großzügige Kreditvergabepraxis das Schutzgut einer funktionierenden Kreditwirtschaft beeinträchtigen kann (vgl. LK-StGB/*Tiedemann* Rn. 81), fehlt es in derartigen Fällen jedenfalls an einer auch nur abstrakten Gefährdung des Vermögens des Kreditgebers durch die Tathandlung HK-KapMStrafR/*Park* Rn. 275). Aus dem Entscheidungsprozess des Kreditgebers muss allerdings erkennbar gerade der Gegenstand der fehlerhaften Angaben oder Unterlagen herausgenommen sein; ohne Einfluss auf die Entscheidungserheblichkeit bleibt daher, dass der gewährte Kredit aus anderen Gründen wirtschaftlich unvertretbar erscheint. Dass der Kreditgeber bei einer von ihm erkannten Täuschung den Kredit gleichwohl gewährt, kann daher allenfalls als Indiz gegen eine Entscheidungserheblichkeit gewertet werden (vgl. SSW StGB/*Saliger* Rn. 11).

3. Andere Fälle fehlender Entscheidungserheblichkeit. Unerheblich sind nach allgM **gering- 61 fügige oder geschäftsübliche Abweichungen** der Angaben oder des Inhaltes der vorgelegten Unterlagen von den tatsächlichen Verhältnissen, etwa durch Schwankungen des Liquiditätsstandes infolge des gewöhnlichen Geschäftsablaufes oder durch fehlerhafte Angabe einzelner Positionen des Betriebsvermögens im Bagatellbereich (BGHSt 30, 285 (292); Fischer Rn. 34; Schönke/Schröder/ *Perron* Rn. 42; LK-StGB/*Tiedemann* Rn. 83). Was als geringfügig zu gelten hat, entscheidet sich auch am Maßstab des angestrebten Kreditvolumens; die Benennung etwa eines – nicht mehr vorhandenen – Fahrzeugs im Ansatzwert von 5.000 EUR spielt bei einem beantragten Kredit im Millionenbereich keine Rolle. Ist im Betriebsvermögen weniger aufgeführt als tatsächlich vorhanden, fehlt es regelmäßig schon am Kriterium der „Vorteilhaftigkeit" der Falschangabe (vgl. → Rn. 48; missverständlich daher HK-KapMStrafR/*Park* Rn. 256). In **Fällen des Abs. 1 Nr. 2** sind Verschlechterungen in einzelnen Punkten, die mit einer qualitativ gleichwertigen Verbesserung bei vergleichbaren anderen zusammentreffen, unerheblich und daher nicht mitteilungsbedürftig. **Allgemeine Anpreisungen** ohne konkreten Tatsachenbezug fallen nicht unter entscheidungserhebliche Angaben (großzügig BGH NStZ 2002, 433 (434): die Angabe, der Kreditnehmer sei „uneingeschränkt bereit" zur Vertragserfüllung und „dazu auch in der Lage", sei bloße Anpreisung). In zeitlicher Hinsicht nicht tatbestandsmäßig sind Tathandlungen, die erst **nach der Kreditentscheidung** erfolgen (NK-StGB/*Hellmann* Rn. 34; SSW StGB/*Saliger* Rn. 10; LK-StGB/*Tiedemann* Rn. 83), es sei denn, dass der Kreditgeber mit ihnen noch umgestimmt werden soll. Dies gilt auch dann, wenn die Kreditgewährung noch nicht oder erst teilweise erfolgt ist.

Ein **Schadenseintritt** bei dem Kreditgeber ist – auch im Sinne eines bloßen Gefährdungsschadens – 61a nicht erforderlich. Erfasst von § 265b sind vielmehr auch Fälle, in denen der Eintritt eines Schadens oder auch nur einer Vermögensgefährdung von Vornherein ausgeschlossen ist (MüKoStGB/*Wohlers/Mühlbauer* Rn. 24). Unerheblich ist daher auch, ob das **Kreditausfallrisiko durch ausreichende Sicherheiten unabhängig von den Tathandlungen praktisch ausgeschlossen** werden kann (vgl. BGH wistra 2014, 484 (485): keine teleologische Reduktion). Anderes kann allenfalls in Fällen von der Rechtsordnung generell missbilligter sittenwidriger Übersicherung gelten, wenn sich die Tathandlungen auf Kreditsicherheiten beziehen (→ Rn. 59).

C. Subjektiver Tatbestand

62   Der subjektive Tatbestand erfordert **Vorsatz** hinsichtlich aller objektiven Tatumstände, wobei dolus eventualis ausreicht (MüKoStGB/*Wohlers/Mühlbauer* Rn. 38). Einer Bereicherungs- oder Schädigungsabsicht bedarf es nicht, so dass auch Fälle erfasst sind, in denen der Täter in der Hoffnung handelt, eine wirtschaftliche Schieflage durch den Kredit bereinigen und ihn danach zurückzahlen zu können.

63   Das Wissen und Wollen des Täters hat sich insbes. auf die **normativen Tatbestandsmerkmale** zu richten, dh darauf, dass vorgelegte Unterlagen oder gemachte Angaben unzutreffend oder unvollständig, vorteilhaft und entscheidungserheblich sind, und dass Kreditnehmer und -geber ein Betrieb oder ein Unternehmen darstellen. Die Erfassung der zugrunde liegenden tatsächlichen Umstände und ihre zutreffende soziale und wirtschaftliche Bewertung sind dabei ausreichend (LK-StGB/*Tiedemann* Rn. 96; SK-StGB/*Hoyer* Rn. 44). Hat der Täter bewusst falsche oder unvollständige Angaben unterbreitet, bildet dies idR ein gewichtiges Indiz dafür, dass er auch mit ihrer Vorteilhaftigkeit und Entscheidungserheblichkeit rechnete. Hält er die Angaben oder Unterlagen dagegen irrig für zutreffend oder vollständig, handelt er vorsatzlos (**§ 16**). Dies betrifft auch die praktisch bedeutsamen Fälle einer Bilanzunrichtigkeit oder einer Fehleinschätzung bei Wertangaben; der Täter unterliegt einem Tatbestandsirrtum nach § 16, wenn er in Unkenntnis der bilanz- und bewertungsrechtlichen Grundlagen handelt, auch wenn sein Irrtum letztlich auf einer bloßen Fehlanwendung (zivil)rechtlicher Vorschriften beruht (LK-StGB/ *Tiedemann* Rn. 98; MüKoStGB/*Wohlers/Mühlbauer* Rn. 39). Erkennt der Täter eine vorgelegte Unterlage oder gemachte Angabe erst nachträglich als unrichtig oder unvollständig, oder nimmt er eine eingetretene Verschlechterung iSv Abs. 1 Nr. 2 erst nach der Vorlage wahr, fehlt es ebenfalls an der subjektiven Tatseite (Schönke/Schröder/*Perron* Rn. 43). Ein Irrtum über die Mitteilungspflicht nach Abs. 1 Nr. 2 fällt unter **§ 17** (Gebotsirrtum; Fischer Rn. 38; Schönke/Schröder/*Perron* Rn. 48); Gleiches gilt, wenn der Täter eine von Abs. 3 Nr. 2 erfasste Abrede – etwa eine Stundung – nicht als „Kredit" iSd Vorschrift versteht.

D. Vollendung und tätige Reue

I. Tatvollendung und -beendigung

64   Die Tat ist vollendet, sobald dem Kreditgeber gegenüber die **Angaben gemacht sind oder** ihm **die Unterlagen vorliegen** (BGHSt 30, 285 (291) = BGH NJW 1982, 775 (776); BayObLGSt 90, 15 = BayObLG NJW 1990, 1677 (1678); Fischer Rn. 2; Schönke/Schröder/*Perron* Rn. 49; vgl. auch BT-Drs. 7/5291, 16). § 265b setzt keine Irrtumserregung und keinen Schadenseintritt durch eine erfolgte Kreditgewährung voraus. Ein **Versuch** ist straflos (§ 23 Abs. 1), kann aber nach § 263 erheblich werden. Eine **sukzessive Teilnahme** ist über den Zeitpunkt der Vollendung hinaus möglich bis zur Tatbeendigung, die in der Erbringung der letzten Leistung des Kreditgebers besteht (BGH wistra 2010, 219); insbes. bei einer laufenden Prolongation von Krediten kann dies erst nach einem erheblichen Zeitablauf der Fall sein.

II. Tätige Reue (Abs. 2)

65   Parallel zu § 264 Abs. 5 und § 264a Abs. 3 sieht § 265b Abs. 2 angesichts des frühen Zeitpunktes der Tatvollendung eine **Möglichkeit der Strafbefreiung** durch eine allgemein als „tätige Reue" bezeichnete Erfolgsverhinderung vor, die in ihrer Zielsetzung und ihren Voraussetzungen an § 24 angelehnt ist. Abs. 2 gilt für alle Tatvarianten des Abs. 1 (**aA** Fischer Rn. 39: nur für Abs. 1 Nr. 1). Die Strafbefreiung wirkt nur für den Tatbeteiligten, der ihre Voraussetzungen erfüllt.

66   Die erforderliche Verhinderung der Leistungserbringung besteht vornehmlich darin, dass der Täter den Kreditgeber vor Kreditauszahlung auf die Unrichtigkeit oder Unvollständigkeit der Unterlagen oder Angaben, oder auf die zwischenzeitliche Verschlechterung der wirtschaftlichen Situation des Kreditnehmers **hinweist** oder er den **Kreditantrag zurücknimmt;** dies kann auch mündlich geschehen (LK-StGB/*Tiedemann* Rn. 104). Sofern er **korrigierte Unterlagen vorlegt** oder Angaben macht, muss erkennbar werden, dass hiermit eine Richtigstellung der bereits vorliegenden verbunden ist. Eine Verhinderung durch Unterlassen ist möglich, wenn für die Kreditzusage noch eine weitere Tätigkeit, etwa die Vorlage weitere Unterlagen erforderlich ist, der Täter hiervon aber Abstand nimmt (Mü-KoStGB/*Wohlers/Mühlbauer* Rn. 49; Schönke/Schröder/*Perron* Rn. 49). Gewährt der Kreditgeber den Kredit trotz Aufdeckung der Täuschungshandlung, ist der Kreditnehmer straffrei, denn die Leistung wird nicht mehr „aufgrund der Tat" erbracht. Hat der Kreditgeber die Unrichtigkeit oder Unvollständigkeit unabhängig von den Bemühungen des Täters erkannt oder den Kreditantrag aus anderen Gründen abgelehnt, findet **Abs. 2 S. 2** Anwendung; auch hierfür reicht aus, dass der Täter in Unkenntnis der Tataufdeckung taugliche Verhinderungsbemühungen iSv Abs. 2 S. 1 entfaltet. Hat der Täter Kenntnis von der Tataufdeckung erlangt, indem ihn der Kreditgeber etwa mit der Unzulänglichkeit der Angaben oder Unterlagen konfrontiert, fehlt es hiernach entfalteten Bemühungen des Täters an der **Freiwilligkeit.** Im Übrigen gelten die für § 24 Abs. 1 entwickelten Anforderungen.

Eine tätige Reue ist nur möglich bis zur und im Hinblick auf die **Erbringung der Leistung;** deren 67 Form und Zeitpunkt bestimmt sich zivilrechtsakzessorisch nach der Art des beantragten Kredits (Schönke/Schröder/*Perron* Rn. 49; LK-StGB/*Tiedemann* Rn. 104 ff.; Lackner/Kühl/*Heger* Rn. 8). Grds. kommt es nicht auf die Kreditzusage, sondern auf die kreditgewährende Verfügung des Kreditgebers an, im Normalfall eines Gelddarlehens mithin auf die Auszahlung der Darlehensvaluta durch Gutschrift. Bei Prolongation eines bestehenden Kredites oder Stundung einer Forderung ist der Zeitpunkt maßgeblich, zu dem der Kredit oder die Forderung ursprünglich zur (Rück-)Zahlung fällig gewesen wären. Bei Akzeptkrediten reicht die Überlassung des Wechsels; beim Forderungsaufkauf einschließlich der Diskontierung von Wechseln oder Schecks kommt es auf die Auszahlung des Gegenwertes an. Bei Übernahme von Bürgschaften, Garantien und Gewährleistungen ist die Leistung mit Abschluss des entsprechenden schuldrechtlichen Vertrages gewährt ohne Rücksicht darauf, ob die gesicherte Verbindlichkeit bereits entstanden ist. Einer Straffreiheit steht bereits die **Teilauszahlung** des Kredites entgegen (Fischer Rn. 39). Die **Rückzahlung** des gewährten Kredites reicht für Abs. 2 auch dann nicht aus, wenn sie vor Fälligkeit und im Hinblick auf die Tat erfolgt.

§ 265b Abs. 2 ist nicht auf **konkurrierend verwirklichte Strafvorschriften** (etwa § 267) anwend- 68 bar; für §§ 263, 22 werden im Falle tätiger Reue idR aber die Voraussetzungen von § 24 vorliegen (Fischer Rn. 39; SSW StGB/*Saliger* Rn. 18). Ist durch die Tat bereits ein vollendeter Eingehungsbetrug verwirklicht, tritt § 265b dahinter zurück; eine Reuehandlung nach Abs. 2 kann daher nur noch bei der Strafzumessung Berücksichtigung finden (**aA** LK-StGB/*Tiedemann* Rn. 103). Bei Beteiligung mehrerer an der Tat ist **§ 24 Abs. 2 analog** anzuwenden (allgM; vgl. Fischer Rn. 39; MüKoStGB/*Wohlers*/*Mühlbauer* Rn. 47; Schönke/Schröder/*Perron* Rn. 49; SSW StGB/*Saliger* Rn. 18; s. auch BT-Drs. 7/5291, 16).

E. Täterschaft und Teilnahme

Täter des § 265b ist allein derjenige, der die in Abs. 1 Nr. 1 und 2 bezeichneten Täuschungshand- 69 lungen begeht; im Falle einer Unterlassung nach Abs. 1 Nr. 2 muss es sich gleichfalls um denjenigen handeln, der die Unterlagen vorgelegt oder die Angaben gemacht hat. Dies kann, muss aber nicht der Kreditnehmer oder der Antragsteller sein. § 265b ist **kein Sonderdelikt** (vgl. für Abs. 1 Nr. 1 Fischer Rn. 35; Lackner/Kühl/*Heger* Rn. 4; LK-StGB/*Tiedemann* Rn. 21; **aA** für Abs. 1 Nr. 2 Fischer Rn. 37; LK-StGB/*Tiedemann* Rn. 94). Es kommt jedermann in Betracht, der in sachlichem Zusammenhang mit einem Kreditantrag falsche oder unvollständige Angaben macht oder trotz Handlungspflicht krediterhebliche Änderungen der wirtschaftlichen Verhältnisse nicht aufdeckt (s. bereits → Rn. 37; LK-StGB/*Tiedemann* Rn. 21, 56, 109; Schönke/Schröder/*Perron* Rn. 27; MüKoStGB/*Wohlers*/*Mühlbauer* Rn. 42). Dabei ist nicht erforderlich, dass das täuschende Verhalten dem Antragsteller oder Kreditnehmer zugerechnet wird (vgl. LK-StGB/*Tiedemann* Rn. 21; **aA** Fischer Rn. 35); erst recht muss der Täter nicht in Vertretung des Kreditnehmers handeln. Der Täter muss allerdings im Bewusstsein handeln, dass seine Angaben für einen gestellten oder zu stellenden Kreditantrag von Bedeutung sind.

Täter können damit der Kreditnehmer selbst oder – sofern hiervon verschieden – der Antragsteller 70 sein. Handelt es sich um rechtlich verselbstständigte Organisationen, kommen insbes. deren **Vertreter iSv § 14 Abs. 1** in Betracht, weiterhin alle Hilfspersonen, insbes. Angestellte des begünstigten Unternehmens oder Betriebes (s. etwa BGH wistra 2014, 484; s. aber → Rn. 71); eine bestimmte rechtliche Stellung des Täters verlangt § 265b nicht (vgl. OLG Hamm wistra 2008, 195 (197)). In Betracht kommt darüber hinaus jeder an einer Kreditgewährung interessierte Dritte, etwa ein Geschäftspartner des Kreditnehmers, ein Sicherungsgeber, ein Steuer- oder Unternehmensberater, Wirtschaftsprüfer, Gutachter oder Betreiber einer Auskunftei für Wirtschaftsdaten (vgl. BT-Drs. 7/5291, 15; BGH NJW 1957, 1288 zu § 48 KWG aF; LK-StGB/*Tiedemann* Rn. 21, 109). Bei kollusivem Zusammenwirken können auch **Mitarbeiter des Kreditgebers** (Mit-)Täter oder Teilnehmer sein, wenn sie für die Kreditvergabe intern nicht zuständig sind (**aA** MüKoStGB/*Wohlers*/*Mühlbauer* Rn. 45: Tat schon vollendet, daher allenfalls Beihilfe); bei Zusammenwirken mit dem zuständigen Organ oder Mitarbeiter fehlt es dagegen an einer beabsichtigten Täuschung, so dass die Tat auf Kreditgeberseite allein nach § 266, ggf. auch nach den §§ 331 ff. strafbar sein kann (Fischer Rn. 35); für den Kreditnehmer scheidet eine Strafbarkeit trotz des zweiteiligen Rechtsgutes regelmäßig wegen fehlender Entscheidungserheblichkeit aus. Die Vortäuschung eines Betriebes oder Unternehmens, für das der Kredit erstrebt wird (→ Rn. 17), muss nicht durch den Täter geschehen (Lackner/Kühl/*Heger* Rn. 4). Lässt der Kreditnehmer die Tathandlungen durch einen **gutgläubigen Dritten** vollziehen, liegt mittelbare Täterschaft vor (→ Rn. 38 ff.; MüKoStGB/*Wohlers*/*Mühlbauer* Rn. 43). Ist er selbst zunächst undolos und erkennt die Tathandlungen eines Dritten, kann Strafbarkeit durch Unterlassen aufgrund Ingerenz in Betracht kommen (Schönke/Schröder/*Perron* Rn. 43; LK-StGB/*Tiedemann* Rn. 111; **aA** SSW StGB/*Saliger* Rn. 15: aktive Begehung als mittelbarer Täter).

Die Abgrenzung zwischen Täterschaft und Teilnahme richtet sich nach den allgemeinen Kriterien 71 (vgl. BGH wistra 1984, 25; Schönke/Schröder/*Perron* Rn. 50). Eine **Beihilfehandlung** kann etwa darauf gerichtet sein, die von dem Täter vorzulegenden Unterlagen zu erstellen oder zu verfälschen; ausreichend kann auch die Mitwirkung an fingierten Geschäften zur Verdeckung der tatsächlichen

Vermögensverhältnisse sein (vgl. BGH wistra 2010, 219). Auf Weisung handelnden **Hilfspersonen des Kreditnehmers** kommt idR nur die Stellung von Gehilfen zu (Schönke/Schröder/*Perron* Rn. 50). Wird der Täter allein wegen eines Betruges nach § 263 verurteilt, hinter den der tatbestandlich miterfüllte Kreditbetrug zurücktritt (→ Rn. 72), ist eine Beihilfe nach §§ 265b, 27 gleichwohl möglich, wenn der Teilnehmer – etwa wegen fehlender Nachweisbarkeit eines auf Schädigung des Kreditgebers gerichteten Vorsatzes – allein die Voraussetzungen des Kreditbetrugs erfüllt; der Ausspruch von Tateinheit zwischen §§ 263 und 265b hinsichtlich der Haupttat ist nicht erforderlich (BGH wistra 1984, 25 (27)). Zeitlich kann eine Beihilfe über die Tatvollendung hinaus **noch bis zur Beendigung** durch die letzte auf den Kreditantrag erfolgte Leistung des Kreditgebers erfolgen (BGH wistra 2010, 219 (220)); damit kommen insbes. Beihilfehandlungen durch Mitarbeiter des Kreditgebers nach dortiger Vorlage der Unterlagen in Betracht.

F. Konkurrenzen, Rechtsfolgen, Prozessuales

72   **Mehrere Tathandlungen nach Abs. 1** bilden eine einheitliche Tat, sofern sie auf die Erlangung desselben Kredites gerichtet sind (MüKoStGB/*Wohlers*/*Mühlbauer* Rn. 52; Schönke/Schröder/*Perron* Rn. 51; SK-StGB/*Hoyer* Rn. 48; **aA** Fischer Rn. 41: auch Tateinheit möglich). **Tateinheit** kann bestehen mit § 264, §§ 267 f., § 283 (vgl. BGH wistra 2010, 219), mit den §§ 331 f. HGB (**aA** Fischer Rn. 41: regelmäßig Tatmehrheit), §§ 400, 403 AktG, § 82 GmbHG und § 147 GenG. Im **Verhältnis zu § 263 und zu §§ 263, 22** tritt der Kreditbetrug als **subsidiär** zurück, da sein Unwertgehalt von der Verwirklichung des allgemeinen Betrugstatbestandes miterfasst ist (BGHSt 36, 130 = BGH NJW 1989, 1868; BGH NStZ 2011, 279 (280); BGH wistra 1990, 228; OLG Celle wistra 1991, 359; Fischer Rn. 41, NK-StGB/*Hellmann* Rn. 69; Müller-Gugenberger WirtschaftsStR/*Hebenstreit* § 50 Rn. 184 f.; **aA** (Tateinheit) Schönke/Schröder/*Perron* Rn. 51; LK-StGB/*Tiedemann* Rn. 15, 113; MüKoStGB/ *Wohlers*/*Mühlbauer* Rn. 53; SSW StGB/*Saliger* Rn. 19; für Tateinheit nur im Verhältnis von § 265b und §§ 263, 22 Lackner/Kühl/*Heger* Rn. 10; SK-StGB/*Hoyer* Rn. 48; s. auch → Rn. 4). Tateinheit im Verhältnis zu § 263 ist allerdings möglich, wenn die Täuschung und der Vermögensschaden nach § 263 nicht vollständig den Tathandlungen des § 265b entsprechen (vgl. Lackner/Kühl/*Heger* Rn. 10).

73   Die **§§ 247, 248a** sind auf § 265b nicht anwendbar (Schönke/Schröder/*Perron* Rn. 52; vgl. BT-Drs. 7/5291, 16). Eine Verurteilung zu Freiheitsstrafe von mindestens einem Jahr bildet nach § 6 Abs. 2 S. 2 Nr. 3e GmbHG und § 76 Abs. 3 S. 2 Nr. 3e AktG einen **Ausschlussgrund** für die Bestellung zum Geschäftsführer und die Berufung zum Vorstand. Die **Verjährung** beträgt nach § 78 Abs. 3 Nr. 5 drei Jahre. Die Anwendbarkeit von § 265b begründet die **Zuständigkeit der Wirtschaftsstrafkammer** nach § 74c Abs. 1 Nr. 5, § 74e Nr. 2 GVG, § 103 Abs. 2 S. 2 JGG auch dann, wenn die Vorschrift letztendlich hinter § 263 zurücktritt (OLG Celle wistra 1991, 359; **aA** (nur Anwendung von § 74c Abs. 1 Nr. 6 GVG) OLG Stuttgart 1991, 236).

§ 266 Untreue

(1) Wer die ihm durch Gesetz, behördlichen Auftrag oder Rechtsgeschäft eingeräumte Befugnis, über fremdes Vermögen zu verfügen oder einen anderen zu verpflichten, mißbraucht oder die ihm kraft Gesetzes, behördlichen Auftrags, Rechtsgeschäfts oder eines Treueverhältnisses obliegende Pflicht, fremde Vermögensinteressen wahrzunehmen, verletzt und dadurch dem, dessen Vermögensinteressen er zu betreuen hat, Nachteil zufügt, wird mit Freiheitsstrafe bis zu fünf Jahren oder mit Geldstrafe bestraft.

(2) § 243 Abs. 2 sowie die §§ 247, 248a und 263 Abs. 3 gelten entsprechend.

Literatur: *Achenbach,* Schwerpunkte der BGH-Rechtsprechung zum Wirtschaftsstrafrecht, FG BGH Bd. IV, 2000, 593; *Achenbach,* Vermögen und Nutzungschance – Gedanken zu den Grundlagen des strafrechtlichen Vermögensbegriffs, in FS Roxin II, 2011, 1005; *Adick,* Organuntreue (§ 266 StGB) und Business Judgment, 2010; *Adick,* Zum Gefährdungsschaden und zum Eventualvorsatz bei der Untreue, HRRS 2008, 460; *Adick,* Anm. zu BGH 1 StR 592/10, ZWH 2011, 30; *A. H. Albrecht,* Vorspiegeln von Bonität und Schadensbestimmung beim Betrug, NStZ 2014, 17; *P.-A. Albrecht,* In Treue gegen die Untreue, FS Hamm, 2008, 1; *Aldenhoff/Kuhn,* § 266 StGB – Strafrechtliches Risiko bei der Unternehmenssanierung durch Banken?, ZIP 2004, 103; *Allgaier,* Untreuehandlungen eines Bürgermeisters, DÖV 2003, 121; *Altenburg,* Anm. zu BGH 3 StR 265/14, NJW 2015, 1624; *Altenburg,* Unternehmerische (Fehl-) Entscheidungen als Untreue?: Eine gefährliche (Fehl-)Entwicklung!, BB 2015, 323; *Altenhain/Wietz,* Die Ausstrahlungswirkung des Referentenentwurfs zum Internationalen Gesellschaftsrecht auf das Wirtschaftsstrafrecht, NZG 2008, 569; *Anders,* Untreue zum Nachteil der GmbH, 2012; *Arens,* Untreue im Konzern, 2010; *Anders,* Untreue des Gesellschafters bei Errichtung eines Cash-Pools, GmbHR 2010, 905; *Arloth,* Zur Abgrenzung von Untreue und Bankrott, NStZ 1990, 570; *Arnold,* Untreue durch Schädigung des Unternehmens durch den Vorstand bzw. die Geschäftsführung, JURA 2005, 844; *Arzt,* Zur Untreue durch befugtes Handeln, FS Bruns, 1978, 365; *Auer,* Gläubigerschutz durch § 266 StGB bei der einverständlichen Schädigung einer GmbH, 1991; *Bader/Wilkens,* Untreue bei spekulativen Derivaten im öffentlichen Sektor, wistra 2013, 81; *Bachmann,* Zehn Thesen zur deutschen Business Judgment Rule, WM 2015, 105; *Baluch,* Untreue zu Lasten unselbständiger Stiftungen und ihrer Destinatäre, VR 2012, 37; *Bauer,* Untreue durch Cash-Pooling im Konzern, 2008; *Bauer/Arnold,* Mannesmann und die Folgen für Vorstandsverträge, DB 2006, 546; *Baumert,* Handlungssicherheit in der Compliance-Arbeit an Beispielen, CCZ 2013, 265; *Baumgartner,* Der Schutz zivilrechtlicher

Forderungen durch Veruntreuung, Untreue und Unterschlagung, 1996; *Beckemper,* Anm. zu BGH, Urteil v. 6.12.2001 – 1 StR 215/01, NStZ 2002, 324; *dies,* Untreuestrafbarkeit des GmbH-Gesellschafters bei einverständlicher Vermögensverschiebung, GmbHR 2005, 592; *dies.,* Anm. zu BGH 5 StR 428/09, ZJS 2010, 554; *dies.,* Anm. zu BVerfG 2 BvR 2559/08, ZJS 2011, 88; *dies.,* Anm. zu BGH 1 StR 320/12, NZWiSt 2013, 232; *Becker,* Paradigmenwechsel in der Schadensdogmatik oder „Viel Lärm um nichts“?, HRRS 2009, 334; *Becker,* Das Bundesverfassungsgericht und die Untreue: Weißer Ritter oder feindliche Übernahme?, HRRS 2010, 383; *Becker/Walla/Endert,* Wer bestimmt das Risiko? – Zur Untreuestrafbarkeit durch riskante Wertpapiergeschäfte in der Banken-AG, WM 2010, 875; *Beiner/ Lanzius,* Anm. zu BGH, Urt. v.13.5.2004, NZI 2004, 567; *Bernsmann,* „Kick-Back“ zu wettbewerbswidrigen Zwecken – keine Untreue, StV 2005, 576; *Bernsmann,* Alles Untreue? Skizzen zu Problemen der Untreue nach § 266 StGB, GA 2007, 219; *Bernsmann,* Untreue und Korruption – der BGH auf Abwegen, GA 2009, 296; *Bernsmann,* Untreue und Gemeinwohl, StV 2013, 403; *Beukelmann,* Strafbarkeit des Aufsichtsrats, NJW Spezial 2009, 152; *Beukelmann,* Die Untreue neuer Lesart, NJW-Spezial 2010, 568; *Beukelmann,* Niedergelassene Kassenärzte als Beauftragte der Krankenkassen?, NJW-Spezial 2010, 312; *Beukelmann,* Untreuestrafbarkeit und unternehmerisches Ermessen, NJW-Spezial 2012, 568; *Beukelmann,* Strafbarkeit von Bankern bei fehlendem Risikomanagement, NJW-Spezial 2013, 120; *Beulke,* Wirtschaftslenkung im Zeichen des Untreuetatbestands, FS Eisenberg, 2009, 245; *Beulke,* Anforderungen an den Untreuevorsatz bei Gefährdungsschaden, NJW-Spezial 2013, 441; *Beulke/Fahl,* Untreue zum Nachteil der CDU durch Dr. Kohl, NStZ 2001, 426; *Beulke/Witzigmann,* Zu der Frage nach dem Vorsatz und dem Vermögensnachteil bei Untreuehandlungen durch pflichtwidriges Eingehen von Risiken für fremdes Vermögen, JR 2008, 430; *Bieneck,* Die Rechtsprechung des BGH zur Haushaltsuntreue, wistra 1998, 249; *Biermann,* Die strafrechtlichen Risiken der Tätigkeit des (vorläufigen) Insolvenzverwalters, 2008; *Biletzki,* Strafrechtlicher Gläubigerschutz bei fehlerhafter Buchführung durch den GmbH-Geschäftsführer, NStZ 1999, 537; *Birkholz,* Untreuestrafbarkeit als strafrechtlicher „Preis“ der beschränkten Haftung, 1998; *Birnbaum,* Stichwort „Churning“, wistra 1991, 253; *B. Bittmann/Mujan,* Compliance – Brennpunkt „Betriebsratsvergütung“ (Teil 1), BB 2012, 637; *F. Bittmann,* Das BGH-Urteil im sog. „Bugwellenprozeß“ – das Ende der „Haushaltsuntreue“?, NStZ 1998, 495; *F. Bittmann,* Zum Konkurrenzverhältnis von Bestechlichkeit und Untreue, wistra 2002, 405; *F. Bittmann,* Strafrechtliche Folgen des MoMiG, NStZ 2009, 113; *F. Bittmann,* Kapitalersatz, der 5. Strafsenat des BGH und das MoMiG, wistra 2009, 102; *F. Bittmann,* Anm. zu BGH 2 StR 95/09, StV 2009, 1209; *F. Bittmann,* Das Ende der Interessentheorie – Folgen auch für § 266 StGB?, wistra 2010, 8; *F. Bittmann,* Risikogeschäft – Untreue – Bankenkrise, NStZ 2011, 361; *F. Bittmann,* Anm. zu BGH 5 StR 521/08, NJW 2010, 98; *F. Bittmann,* Anm. zu BGH 1 StR 220/09, NJW 2011, 96; *F. Bittmann,* Anm. zu BGH 1 StR 94/10, wistra 2011, 343; *F. Bittmann,* Dogmatik der Untreue, insbesondere des Vermögensnachteils, NStZ 2012, 57; *F. Bittmann,* Betrug und Untreue, wistra 2012, 98; *F. Bittmann,* Verschleifungsverbot, Quantifizierungsgebot (§§ 263, 266 StGB) und Pflichtwidrigkeit (§ 266 StGB), wistra 2013, 1; *F. Bittmann,* Aktuelle Problemfelder bei Betrug und Untreue, wistra 2013, 449; *F. Bittmann,* Quantifizierung des Betrugsschadens und Untreuenachteils im Wege korrigierter ex-post-Betrachtung, NStZ 2013, 72; *F. Bittmann,* Anm. zu OLG Celle 9 U 1/12, ZWH 2013, 43; *F. Bittmann,* Erneut das BVerfG und dreimal die Strafjustiz, ZWH 2013, 55; *F. Bittmann,* Selbstbedienung als Vergütungs-Untreue, NZWiSt 2014, 129; *F. Bittmann,* Betrug und Untreue, wistra 2015, 223; *Bittmann/Pikarski,* Strafbarkeit der Verantwortlichen der Vor-GmbH, wistra 1995, 91; *Bittmann/Richter,* Zum Geschädigten bei der GmbH- und der KG-Untreue, wistra 2005, 51; *Bittmann/ Rudolph,* Untreue des GmbH-Geschäftsführers trotz Anordnung der Insolvenzverwaltung?, wistra 2000, 401; *Bittmann/ Terstegen,* Auswirkungen der Rechtsprechung der Zivilgerichte zur Haftung im qualifizierten GmbH-Konzern auf das Strafrecht, wistra 1995, 249; *Blisse,* Vermögensanlage in der Stiftung, ZStV 2010, 134; *Bock,* Untreue durch gesetzeswidrige Wahlkampffinanzierung – Konzept „Wahlsieg 2006“, ZIS 2016, 67; *Bockelmann,* Kriminelle Gefährdung und strafrechtlicher Schutz des Kreditgewerbes, ZStW 79 (1967), 28; *Böhm,* Strafanträge für Betreute, ein Beispiel für problematische Schnittpunkte zwischen Betreuungs- und Strafrecht, FamRZ 2014, 1827; *Bonnani/Blattner,* Die Vergütung von Betriebsratsmitgliedern, ArbRB 2015, 115; *Böse,* Das Bundesverfassungsgericht „bestimmt“ den Inhalt des Untreuetatbestandes, JURA 2011, 617; *Böttcher* Bankvorstandshaftung im Rahmen der Sub-Prime Krise, NZG 2009, 1047; *Bosbach/Sering,* Anm. zu BGH 3 StR 438/12, ZWH 2013, 364; *Bosch,* Anm. zu BGH 1 StR 448/00, wistra 2001, 257; *Bosch/Lange,* Unternehmerischer Handlungsspielraum des Vorstandes zwischen zivilrechtlicher Verantwortung und strafrechtlicher Sanktion, JZ 2009, 225; *Bottke,* Compliance – oder: Normbefolgungsbereitschaft von und in Unternehmen, FS Stöckel, 2009, 43; *Brammsen,* Statfbare Untreue des Geschäftsführers bei einverständlicher Schmälerung des GmbH-Vermögens?, DB 1989, 1609; *Brammsen,* Vorstandsuntreue. Aktienrechtliche Unternehmensführung auf dem Prüfstand des § 266 StGB, wistra 2009, 85; *Brammsen,* Aufsichtsratsuntreue, ZIP 2009, 1504; *Brammsen/Apel,* „Schwarze Kassen“ in Privatunternehmen sind strafbare Untreue, § 266 StGB, WM 2010, 781; *Brand,* Die Strafbarkeit des Vorstands gem. § 266 StGB trotz Zustimmung aller Aktionäre, AG 2007, 681; *Brand,* Abschied von der Interessentheorie – und was nun?, NStZ 2010, 9; *Brand,* Untreue im mehrstufigen Konzern, Der Konzern 2010, 285; *Brand,* Untreue und Bankrott in der KG und GmbH & Co KG, 2010; *Brand,* Anm. zu BGH 2 StR 111/09, NJW 2010, 3463; *Brand,* Anm. zu BGH 1 StR 220/09, JR 2011, 400; *Brand,* Anm. zu BGH 1 StR 94/10, NJW 2011, 1751; *Brand,* Der Verstoß gegen § 1 BauFordSiG – auch ein Fall der Untreue, wistra 2012, 92; *Brand,* Untreuestrafrechtliche Implikationen der Nürburgring-Sanierung, NZG 2016, 690; *Brand/Petermann,* Die Auswirkungen der „AUB-Rechtsprechung“ auf die Untreuehaftung des Aufsichtsrates, WM 2012, 62; *Brand/Seeland,* Die langen (strafrechtlichen) Schatten des rheinland-pfälzischen CDU-Landtagswahlkampfs 2006, ZWH 2015, 258; *Brand/Sperling,* Untreue zum Nachteil von Idealvereinen, JR 2010, 473; *dies.,* Legalitätsverstöße in der Aktiengesellschaft als untreuerelevante Pflichtverletzung?, AG 2011, 233; *Brandts/Seier,* Zur Untreue des Vertragsarztes, FS Herzberg, 2008, 811; *Brauer,* Die aktienrechtliche Beurteilung von „appreciation awards“ zu Gunsten des Vorstandes, NZG 2004, 502; *Bräunig,* Untreue in der Wirtschaft, 2011; *Bringewat,* Scheckkartenmißbrauch und nullum crimen sine lege, GA 1973, 353; *Bringewat,* Finanzmanipulation im Ligafußball – ein Risikogeschäft?, JZ 1977, 667; *Brockhaus,* Die Übernahme der Kosten für die Strafverteidigung durch das Unternehmen aus strafrechtlicher Perspektive, ZWH 2012, 169; *Brockhaus/Dann/Teubner/ Tsambikakis,* Im Auftrag der Krankenkasse – Der Vertragsarzt im Wettbewerb?, wistra 2010, 418; *Broß/Thode,* Untreue und Betrug am Bau – und deren Bewältigung durch Teile der Justiz?, NStZ 1993, 369; *Brüning/Samson,* Bankenkrise und strafrechtliche Haftung wegen Untreue gem. § 266 StGB, ZIP 2009, 1089; *Bruns,* Untreue im Rahmen rechtsoder sittenwidriger Geschäfte, NJW 1954, 857; *Büch,* Anm. zu BGH 3 StR 90/10, wistra 2011, 20; *Bülte,* Der Vertragsarzt-Beschluss des Großen Senats und die Vertragsarztuntreue, NZWiSt 2013, 346; *Bülte,* Geldwäschetauglichkeit als Vermögensnachteil: Instrumentalisierung der Untreue für die Strafverfolgung?, NStZ 2014, 680; *Büttner,*

Berechnung des illegalen Vermögensvorteils, 2. Aufl. 2012; *Bung/Jahn,* Die Grenzen der Nebenklagebefugnis, StV 2012, 754; *Burger,* Untreue (§ 266 StGB) durch das Auslösen von Sanktionen zu Lasten von Unternehmen, 2007; *Burghardt/Bröckers,* Bezahlung von Schwarzarbeit und Untreuestrafbarkeit, NJW 2015, 903; *Burkhardt,* Zu einer restriktiven Interpretation der Treubruchshandlung, NJW 1973, 2190; *D. Busch,* Konzernuntreue, 2004; *D.-A. Busch/ Giessler,* SIM-Lock und Prepaid-Bundles – Strafbarkeit bei Manipulationen, MMR 2001, 586; *Butenschön,* Der Vertragsarzt zwischen Untreue und Betrug, 2012; *Byers,* Die Höhe der Betriebsratsvergütung, NZA 2014, 65; *Cappel,* Grenzen auf dem Weg zu einem europäischen Untreuestrafrecht, 2009; *Ceffinato,* Anm. zu BGH 4 StR 409/10, StV 2011, 417; *Clemente,* Sicherungsgrundschuld und Untreue, wistra 2010, 249; *Coenen,* Die Strafbarkeit von Verstößen gegen das Haushaltsrecht bei der Bewirtschaftung öffentlicher Mittel, 2000; *Cordes/Sartorius,* Der Verjährungsbeginn bei der Untreue – Notwendigkeit einer Neubestimmung, NJW 2013, 2635; *Corell* Strafbarkeitsrisiken trotz geheimer Abstimmungen, FS Imme Roxin 2012, 117; *Cornelius,* Zum strafrechtlichen Schutz des Fernmeldegeheimnisses und der Untreuerelevanz datenschutzrechtlicher Verstöße, NZWiSt 2013, 166; *Corsten,* Pflichtverletzung und Vermögensnachteil bei der Untreue, wistra 2010, 206; *Corsten,* Einwilligung in die Untreue sowie in die Bestechlichkeit und Bestechung, 2011; *Corsten,* Erfüllt die Zahlung von Bestechungsgeldern den Tatbestand der Untreue?, HRRS 2011, 247; *Corsten,* Zur Untreue im Zusammenhang mit einer Beeinflussung der Betriebsratswahl, StraFo 2011, 69; *Corsten,* Anm. zu BGH 1 StR 220/09, StraFo 2011, 69; wistra 2011, 389; *Corsten,* Anm. zu OLG Braunschweig Ws 44/12, wistra 2013, 73; *Cosack,* Untreue von Betriebsräten gegenüber Arbeitnehmern, 2015; *Cramer,* Rechtspflicht des Aufsichtsrats zur Verhinderung unternehmensbezogener strafbarer Handlungen und Ordnungswidrigkeiten, FS Stree/ Wessels, 1993, 563; *Dahs,* § 266 StGB – allzu oft missverstanden, NJW 2002, 272; *Dann/Mengel,* Tanz auf dem Pulverfass – oder: Wie gefährlich leben Compliance-Beauftragte?, NJW 2010, 3265; *Dannecker,* Die strafrechtsautonome Bestimmung der Untreue als Schutzgesetz iRd § 823 II BGB, NZG 2000, 243; *Dannecker,* Korruption durch Zuwendung finanzieller Leistungen an Ärzte, GesR 2010, 281; *Dannecker/Bülte,* Fehlverhalten im Gesundheitswesen, NZWiSt 2012, 81 ff.; *Dannecker/Streng,* Strafrechtliche Risiken der implizierten Rationierung medizinischer Leistungen, MedR 2011, 131; *Deiters,* Organuntreue durch Spenden und prospektiv kompensationslose Anerkennungsprämien, ZIS 2006, 152; *Deutscher/Körner,* Strafrechtlicher Gläubigerschutz in der Vor-GmbH, wistra 1996, 8; *Dierlamm,* Untreue – ein Auffangtatbestand?, NStZ 1997, 534; *Dierlamm,* Neue Entwicklungen bei der Untreue – Loslösung des Tatbestandes von zivilrechtlichen Kategorien?, StraFo 2005, 397; *Dierlamm,* Untreue ein Korruptionsdelikt?, FS Widmaier, 2008, 607; *Diettrich/Jungebloot* Schmiergeldzahlungen im Ärztebereich, FS Schreiber, 2003, 1015; *Dinter,* (K)eine Qual mit der Untreue, AL 2010, 179; *Dinter,* Der Pflichtwidrigkeitsvorsatz der Untreue, 2012; *Dittrich,* Die Untreuestrafbarkeit von Aufsichtsratmitgliedern bei der Festsetzung überhöhter Vorstandsvergütungen, 2007; *Diversy/ Weyand,* Insolvenzverwalter und Untreuetatbestand, ZInsO 2009, 802; *Dörfel,* Beihilfe zur Untreue ohne Haupttat oder „Strafbarkeitslücke", JURA 2004, 113; *Dobers,* Freifahrtschein für Vermögende?, 2015; *Doster,* Strafrechtliche Ermittlungsverfahren gegen Bankmitarbeiter wegen des Verdachts der Untreue, WM 2001, 333; *Drago,* Die Anlage der Instandhaltungsrücklage, ZWE 2011, 388; *Dunkel,* Erfordernis und Ausgestaltung des Merkmals „Vermögensbetreuungspflicht" iRd Mißbrauchstatbestandes der Untreue, 1976; *Dunkel,* Nochmals: Der Scheckkartenmißbrauch in strafrechtlicher Sicht, GA 1977, 329; *Edlbauer/Irrgang,* Die Wirkung der Zustimmung und ihrer Surrogate im Untreuetatbestand, JA 2010, 786; *Eichhorn/Eichhorn-Schurig,* Untreue im Kontext der MaK, Kreditwesen 2004, 699; *Eidenmüller,* Geschäftsleiter- und Gesellschafterhaftung bei europäischen Auslandsgesellschaften mit tatsächlichem Inlandssitz, NJW 2005, 1618; *Eisele,* Die Regelbeispielsmethode im Strafrecht, 2004; *Eisele,* Untreue in Vereinen mit ideeller Zielsetzung, GA 2001, 377; *Ensenbach,* Der Prognoseschaden bei der Untreue, 2016; *Englisch,* Untreue abschaffen – nein danke!, NJW 2005, 2974; *Erker,* Der Aufsichtsrat und seine Verantwortung bei Transaktionen, FS Volk, 2009, 149; *Esser,* Anm. zu BGH 1 StR 459/12; *Ewald,* Untreue zwischen „Verbundenen Unternehmen", 1980; *Fabricius,* Strafbarkeit der Untreue im öffentlichen Dienst, NStZ 1993, 414; *Faust,* Zur möglichen Untreuestrafbarkeit im Zusammenhang mit Parteispenden, 2006; *Feigen,* Untreue durch Kreditvergabe, FS Rudolphi, 2004, 445; *Fichtner,* Die börsen- und depotrechtlichen Strafvorschriften und ihr Verhältnis zu den Eigentums- und Vermögensdelikten des StGB, 1993; *Fischer,* Der Gefährdungsschaden bei § 266 StGB in der Rechtsprechung des BGH, StraFo 2008, 269; *Fischer,* Prognosen, Schäden, Schwarze Kassen – Aktuelle Diskussionen im Untreue- und Betrugsstrafrecht, NStZ-Sonderheft Juni 2009, 8; *Fischer,* Strafbarer Gefährdungsschaden oder strafloser Untreueversuch – Zur Bestimmtheit der Untreue-Rechtsprechung, StV 2010, 95; *Fischer,* Unternehmensstrafrecht in der Revision, StraFo 2010, 329; *Fischer,* Die Zukunft des Untreuetatbestands, StV 2011, 750; *Fischer,* Die strafrechtliche Bewältigung der Finanzkrise am Beispiel der Untreue, ZStW 123 (2011), 816; *Fischer/Hoven u. a.* (Hrsg.), Dogmatik und Praxis des strafrechtlichen Vermögensschadens, 2015; *Flämig,* Das Damoklesschwert des strafrechtlichen Untreuetatbestandes über den Stiftungen, WissR 2012, 340; *Fleck,* Mißbrauch der Vertretungsmacht oder Treubruch des mit Einverständnis aller Gesellschafter handelnden GmbH-Geschäftsführers aus zivilrechtlicher Sicht, ZGR 1990, 31; *Fleischer,* Unternehmensspenden und Leitungsermessen des Vorstands im Aktienrecht, AG 2001, 171; *Fleischer,* Konzernuntreue zwischen Straf- und Gesellschaftsrecht: Das Bremer Vulkan-Urteil, NJW 2004, 2867; *Fleischer,* Das Mannesmann-Urteil des Bundesgerichtshofs: Eine aktienrechtliche Nachlese, DB 2006, 542; *Fleischer,* Verantwortlichkeit von Bankgeschäftsleitern und Finanzmarktkrise, NJW 2010, 1504; *Flum,* Der strafrechtliche Schutz der GmbH gegen Schädigungen mit Zustimmung der Gesellschafter, 1990; *Foffani,* Die Untreue im rechtsvergleichenden Überblick, FS Tiedemann, 2008, 767; *Foffani,* Untreuestrafbarkeit im französischen und italienischen Strafrecht, ZStW 122 (2010), 374; *Forkel,* Finanzmarktkrise und Untreue, ZRP 2010, 158; *Forkel,* Vermögensschaden, Rechtsgüterschutz und Normbefehl: Zu Abrechnungsbetrug und Abrechnungsuntreue von Kassenärzten, PharmR 2011, 189; *Fornauf/Jobst,* Die Untreuestrafbarkeit von GmbH-Geschäftsführer und Limited Director im Vergleich, GmbHR 2013, 125; *Francuski,* Prozeduralisierung im Wirtschaftsstrafrecht, 2014; *Franzheim,* Zur Untreue-Strafbarkeit von Rechtsanwälten wegen falscher Behandlung von fremden Geldern, StV 1986, 409; *Freitag,* Ärztlicher und zahnärztlicher Abrechnungsbetrug im deutschen Gesundheitswesen, 2009; *Frister/Lindemann/Peters,* Arztstrafrecht, 2011, *Fuchs* (Hrsg), Wertpapierhandelsgesetz, 2. Aufl. 2016; *Fullenkamp,* Kick-Back – Haftung ohne Ende?, NJW 2011, 421; *v. Galen,* Anm. zu BGH 2 StR 591/11, ZWH 2013, 198; *Gallandi,* Straftaten von Bankverantwortlichen und Anlegerschutz, wistra 1989, 125; *Gallandi,* Die Untreue von Bankverantwortlichen im Kreditgeschäft, wistra 2001, 281; *Gallandi,* Strafrechtliche Aspekte der Asset Backed Securities, wistra 2009, 41; *Gaßner/Bonmann,* Zur Strafbarkeit wegen unterlassener Beitragssatzerhöhung nach § 266 StGB, NZS 2009, 15; *Gaßner/Strömer,* Überraschendes aus dem Strafrecht – Weshalb sich Patienten anlässlich einer ärztlichen Behandlung wegen Schädigung ihrer Krankenversicherung strafbar machen können, NZS 2014, 612; *Geerds,* Zur Untreuestrafbarkeit von Aufsichtsratsmitgliedern kommunaler Gesellschaften, FS Otto, 2007, 561; *Gerhäusser,* Der Vermögensnachteil des § 266 StGB bei Bildung einer „schwarzen Kasse", 2015; *Gehrlein,* Einverständliche verdeckte Gewinnentnahmen der Gesellschafter als Untreue (§ 266 StGB) zu Lasten der GmbH, NJW 2000, 1089; *Gehrlein,* Strafbarkeit von Vorständen wegen leichtfertiger Vergabe von Unternehmensspenden, NZG 2002, 463; *Gehrmann/Lammers,* Kommunale Zinsswapgeschäfte und strafrechtliches Risiko, KommJur 2011, 41; *Geis,* Tatbestandsüberdehnung im Arztstrafrecht am Beispiel der „Beauftragtenbestechung" des Kassenarztes nach § 299 StGB, wistra 2005, 369; *Geis,* Ist jeder Kassenarzt ein Amtsarzt?, wistra 2007, 361; *Geis,* Das sozialrechtliche Wirtschaftlichkeitsgebot – kriminalstrafrechtliches Treuegesetz des Kassenarztes, GesR 2006, 345; *Gericke,* Strafrechtliche Sanktionen für Fehlverhalten von Mietvertragsparteien, NJW 2013, 1633; *Gerkau,* Untreue und objektive Zurechnung, 2008; *Gerst,* Organuntreue und gesetzeswidrige Zahlungen, WiJ 2013, 178; *Gerst/Meinicke,* Die strafrechtliche Relevanz der Kick-Back-Rechtsprechung des XI. BGH–Zivilsenates und die Folgen für eine ordnungsgemäße Compliance-Funktion, CCZ 2011, 96; *Gmeiner,* Die Begrenzung des staatlichen Strafanspruchs durch das Kirchenrecht am Beispiel der Untreue, ZIS 2016, 19; *Götz,* Strafprozessuale und aktienrechtliche Anmerkungen zum Mannesmann-Prozess, NJW 2007, 419; *Gold,* Die strafrechtliche Verantwortung des vorläufigen Insolvenzverwalters, 2004; *W. Graf,* Strafrechtliche Risiken beim Sponsoring, FS Arbeitsgemeinschaft DAV, 2009, 293; *Gragert,* Strafbare Beeinflussung der Wahl des Betriebsrats durch Zuwendung von Geld an eine Wahlvorschlagsliste, ArbRAktuell 2010, 609; *Gräwe/v.Maltzahn,* Die Untreuestrafbarkeit von Stiftungsvorstand und -beirat, BB 2013, 329; *Greeve,* Kann der Verstoß gegen die VOB/B eine Untreue sein?, FS Hamm, 2008, 121; *Greeve/Leipold* (Hrsg.) Handbuch des Baustrafrechts, 2004, *Greeve/Müller,* Die strafrechtliche Relevanz der Nichteinzahlung des Sicherheitseinbehaltes auf ein Sperrkonto gem. § 17 VOB/B, NZBau 2000, 239; *Gribbohm,* Untreue zum Nachteil der GmbH, ZGR 1990, 1; *Gribbohm,* Untreue zum Nachteil der GmbH durch den GmbH-Geschäftsführer und die zivilrechtlichen Folgen, DStR 1991, 248; *Grunst,* Untreue zum Nachteil von Gesamthandsgesellschaften – Auswirkungen der BGH-Entscheidung zur Rechtsfähigkeit der GbR auf den strafrechtlichen Vermögensschutz, BB 2001, 1537; *Güntge,* Untreueverhalten durch Unterlassen, wistra 1996, 84; *Günther,* Die Untreue im Wirtschaftsstrafrecht, FS Weber, 2004, 311; *Haas,* Die Untreue (§ 266 StGB), 1997; *Haas,* Vor-GmbH und Insolvenz, DStR 1999, 985; *Hadamitzky/Richter,* Strafbarkeit bei Missbrauch des Lastschriftverfahrens, wistra 2005, 441; *dies.,* Anm. zu BGH 3 StR 206/11, NZWiSt 2014, 144; *Haeser,* Erfahrungen mit der neuen Rechtslage im Korruptionsstrafrecht und Drittmittelrecht aus der Sicht des Staatsanwalts, MedR 2002, 55; *Haft,* Absprachen bei öffentlichen Bauten und das Strafrecht, NJW 1996, 238; *Hamdan,* Finanzielle Zuwendungen an den Vorstand, MDR 2015, 374; *R. Hamm,* Wie man in richterlicher Unabhängigkeit vor unklaren Gesetzeslagen kapituliert, NJW 2001, 1654; *R. Hamm,* Kann der Verstoß gegen Treu und Glauben strafbar sein?, NJW 2005, 1993; *Hancok,* Abrechnungsbetrug durch Vertragsärzte, 2006; *Hannich/Röhm,* Die Herbeiführung eines Vermögensverlustes großen Ausmaßes im Betrugs- und Untreuestrafrecht, NJW 2004, 2061; *Hanft,* Bewilligung kompensationsloser Anerkennungsprämien durch den Aufsichtsrat einer Aktiengesellschaft als Untreue – Fall Mannesmann, JURA 2007, 58; *Hantschel,* Untreuevorsatz, 2010; *Hartung,* Kapitalersetzende Darlehen – eine Chance für Wirtschaftskriminelle?, NJW 1996, 229; *Hauck,* Betrug und Untreue als konkrete Gefährdungsdelikte de lege lata und de lege ferenda, ZIS 2011, 919; *Hecker,* Missbräuchliche Verwendung einer Tankkarte, JuS 2011, 167; *Hefendehl,* Vermögensgefährdung und Exspektanzen, 1994; *Hefendehl,* Auslaufmodell „Vermögensgefährdung", in FS Samson, 2010, 295; *Hefendehl,* Die Feststellung des Vermögensschadens – auf dem Weg zum Sachverständigenstrafrecht?, wistra 2012, 325; *Heidel,* „Wes Brot ich es, des Lied ich sing", FS Mehle, 2009, 247; *Hellmann,* Verdeckte Gewinnausschüttungen und Untreue des GmbH-Geschäftsführers, wistra 1989, 214; *Hellmann,* Risikogeschäfte und Untreuestrafbarkeit, ZIS 2007, 433; *Hellmann/Herffs,* Der ärztliche Abrechnungsbetrug, 2006, *Helmrich,* „Cross-Border-Leasinggeschäfte" – ein Fall strafbarer Untreue (§ 266 StGB)?, wistra 2006, 326; *Helmrich,* Zur Strafbarkeit bei fehlenden oder unzureichenden Risikomanagementsystemen in Unternehmen am Beispiel der AG, NZG 2011, 1252; *Helmrich/Eidam,* Untreue durch Verzicht auf Schadensersatzforderungen gegen (ehemalige) Führungskräfte einer Aktiengesellschaft?, ZIP 2011, 257; *Hempler,* Abrechnungsmanipulationen bei ärztlichen Honoraren und Arzneimittelabgaben, 1988; *Hengstenberg,* Die hypothetische Einwilligung im Strafrecht, 2013; *Hentschke,* Der Untreueschutz der Vor-GmbH vor einverständlichen Schädigungen, 2002; *Herffs,* Der Abrechnungsbetrug des Vertragsarztes, 2002; *Herffs,* Betrug oder Untreue durch Verschreibung überflüssiger Medikamente, wistra 2006, 63; *Hermann,* Die Begrenzung der Untreuestrafbarkeit in der Wirtschaft am Beispiel der Bankenuntreue, 2011; *Hiéramente,* Die Aufsichtsratsvergütung – (k)ein strafrechtliches Problem?, NZWiSt 2014, 291; *Hillenkamp,* Risikogeschäft und Untreue, NStZ 1981, 161; *Hillenkamp,* Anm. zu BGH 3 StR 90/90, JR 1992, 75; *Hillenkamp,* Zur Kongruenz von objektivem und subjektivem Tatbestand der Untreue, FS Maiwald, 2010, 323; *Hinrichs,* Zur Untreuestrafbarkeit gemeindlicher Vertreter, 2011; *Hinrichs,* Konsequenzen der Vorgaben des BVerfG zur Figur des Gefährdungsschadens, wistra 2013, 161; *Hoch,* Anm. zu BGH 5 StR 89/08, StV 2009, 414; *M. Hoffmann,* Untreue und Unternehmensinteresse, 2010; *M. Hoffmann,* Anm. zu BGH 2 StR 111/09, GmbHR 2010, 1147; *Hoffmann/Wißmann,* Die Erstattung von Geldstrafen, Geldauflagen und Verfahrenskosten im Strafverfahren durch Wirtschaftsunternehmen gegenüber ihren Mitarbeitern, wistra 2001, 249; *Hoffmann-Becking,* Vorstandsvergütungen nach Mannesmann, NZG 2006, 127; *Hofmann,* Die Pflicht zur Bewertung der Kreditwürdigkeit, NJW 2010, 1782; *Hohmann,* Anm. zu BGH 2 StR 137/12, NStZ 2013, 161; *Hohn,* Die „äußersten" Grenzen des erlaubten Risikos bei Entscheidungen über die Verwendung von Gesellschaftsvermögen, wistra 2006, 161; *Hohn,* Eigenkapitalregeln, Kompetenzverteilungsordnung und Zustimmung zu Vermögensschädigungen bei Kapitalgesellschaften, FS Samson, 2010, 315; *Hohn,* „Freie" und „unfreie" Verfügungen über das Vermögen, FS Rissing-van Saan, 2011, 259; *Holzmann,* Bautreuhandtreue und Strafrecht, 1981; *Honsell,* Die Strafbarkeit der Untreue, FS Roth, 2011, 277; *Hoppe/Lehleiter,* Die Haftung der Bankverantwortlichen bei der Kreditvergabe, BKR 2007, 178; *Hoven,* Praxiskommentar zu BGH 5 StR 181/14, NStZ 2014, 646; *Hoven/Kubiciel/Waßmer,* Das Ende des Sommermärchens, NZWiSt 2016, 121; *Hübner,* Scheckkartenmißbrauch und Untreue, JZ 1973, 407; *Hüls,* Bestimmtheitsgrundsatz, § 266 StGB und § 370 Abs. 1 Nr. 1 AO, NZWiSt 2012, 12; *Hülsberg/Engels,* Wirtschaftskriminalität und Compliance, ZWH 2011, 6; *Ibold,* Unternehmerische Entscheidungen als pflichtwidrige Untreuehandlungen, 2011; *Hüttemann/Reschke/Lesch,* Zur Untreue im Unternehmensverbund, NStZ 2015, 609; *Ignor/Rixen,* Untreue durch Zahlung von Geldauflagen?, wistra 2000, 448; *Ignor/Sättele,* Pflichtwidrigkeit und Vorsatz bei der Untreue (§ 266 StGB) am Beispiel der Kredituntreue, FS Hamm, 2008, 211; *Isfen,* „Das Leben ist wie ein Schneeball" oder strafrechtliche Relevanz enttäuschten Zukunftserwartungen im Wirtschaftsverkehr, in FS für Roxin II, 2011, 989; *Jäger,* Untreue durch Auslösung von Schadensersatzpflichten und Sanktionen, FS Otto, 2007, 593; *Jäger,* Treue bedeutet, eine Gelegenheit nicht zu nutzen, die sich bietet, JA 2014,

311; *J. Jahn,* Das Ende der Unschuldsvermutung, AnwBl 2013, 207; *M. Jahn,* Untreue durch die Führung „schwarzer Kassen" – Fall Siemens/ENEL, JuS 2009, 173; *M. Jahn,* Verfassungsmäßigkeit des § 266 StGB, JuS 2009, 859; *M. Jahn,* Schädigungsvorsatz bei der Untreue, JuS 2009, 1144; *M. Jahn,* Moralunternehmergewinne und Gewissheitsverluste, JZ 2011, 340; *M. Jahn,* Pflichtverletzung bei Untreue, JuS 2011, 1133; *M. Jahn,* Zur Strafbarkeit bei Verursachung hoher Spendenwerbungskosten, JuS 2013, 179; *Jakobs,* Anm. zu LG Düsseldorf, Urteil v.22.7.2004 – XIV 5/03, NStZ 2005, 276; *Jakobs,* Bemerkungen zur subjektiven Tatseite der Untreue, FS Dahs, 2005, 49; *Janke,* Die strafrechtliche Verantwortung des Zahnarztes, 2005; *Jansen,* Die hypothetische Einwilligung im Strafrecht, ZJS 2011, 482; *Joecks,* Gefühlte Schäden?, FS Samson, 2010, 355; *Jordan,* Untreue und Betrug durch Zweckverfehlung, JR 2000, 133; *Jung,* Der Sanierungskredit aus strafrechtlicher Sicht, 2006; *Just,* Die englische Limited in der Praxis, 4. Aufl. 2012; *Kaiser,* Zulässigkeit des Ankaufs deliktisch erlangter Steuerdaten, NStZ 2011, 383; *Kapp,* Dürfen Unternehmen ihren (geschäftsleitenden) Mitarbeitern Geldstrafen bzw. -bußen erstatten?, NJW 1992, 2796; *Kargl,* Die Mißbrauchskonzeption der Untreue – Vorschlag de lege ferenda, ZStW 113 (2001), 565; *Kasiske,* Existenzgefährdende Eingriffe in das GmbH-Vermögen mit Zustimmung der Gesellschafter als Untreue, wistra 2005, 81; *Kasiske,* Strafbare Existenzgefährdung der GmbH und Gläubigerschutz, JR 2011, 235; *Kasiske,* Aufarbeitung der Finanzkrise durch das Strafrecht? in Schünemann (Hrsg.), Die sogenannte Finanzkrise – Systemversagen oder global organisierte Kriminalität?, 2010, 13; *Kasiske,* Bestandsgefährdung systemrelevanter Kreditinstitute als eigener Straftatbestand?, ZRP 2011, 137; *J. Kaufmann,* Organuntreue zum Nachteil von Kapitalgesellschaften, 1999; *Keilich,* Die Bemessung der Betriebsratsvergütung – Gut gemeint ist das Gegenteil von gut, BB 2014, 2229; *Keller,* Strafbare Untreue und Gemeinwohlbindung von Gesellschaftsvermögen, FS Puppe, 2011, 1189; *Keller/Sauer,* Zum Unrecht der so genannten Bankenuntreue, wistra 2002, 365; *Kelnhofer/Krug,* Der Fall LGT Liechtenstein – Beweisführung mit Material aus Straftaten im Auftrag des deutschen Fiskus?, StV 2008, 460; *Kempf,* Bestechende Untreue?, FS Hamm, 2008, 255; *Kempf/Lüderssen/Volk* (Hrsg.), Die Finanzkrise, das Wirtschaftsstrafrecht und die Moral, 2010; *Kempf/Schilling,* Revisionsrichterliche Rechtsfortbildung in Strafsachen, NJW 2012, 1849; *Keuffel-Hospach,* Die Grenzen der Strafbarkeit wegen Untreue (§ 266 StGB) auf Grund eines (tatsächlichen) Treueverhältnisses, 1997; *Kienle/Kappel,* Korruption am Bau – Ein Schlaglicht auf Bestechlichkeit und Bestechung im geschäftlichen Verkehr, NJW 2007, 3530; *Kiethe,* Die zivil- und strafrechtliche Haftung von Vorstandsmitgliedern eines Kreditinstituts für riskante Kreditgeschäfte, WM 2003, 861; *Kiethe,* Die zivil- und strafrechtliche Haftung einer Sparkasse für riskante Kreditgeschäfte, BKR 2005, 177; *Kiethe,* Die Grenzen der strafrechtlichen Verantwortlichkeit von Bürgermeistern, NStZ 2005, 529; *Kindhäuser,* Pflichtverletzung und Schadenszurechnung bei der Untreue, FS Lampe, 2003, 709; *Kindhäuser/Goy,* Zur Strafbarkeit ungenehmigter Drittmitteleinwerbung, NStZ 2003, 291; *Kirchner,* Untreuerisiken beim Einsatz von Zinsswaps und Forward Rate Agreements durch Kommunen, wistra 2013, 418; *Kirkpatrick,* Die Target2-Salden der Deutschen Bundesbank – Ein Fall der Untreue?, wistra 2013, 249; *Klanten,* Anm. zu BGH, Urteil v.15.11.2001 – 1 StR 185/01, DStR 2002, 1190; *Klemm,* Anm. zu BGH 3 StR 146/13, NStZ 2015, 223; *Klindt/Pelz/Theusinger,* Compliance im Spiegel der Rechtsprechung, NJW 2010, 2385; *Klötzer,* Ist der niedergelassene Vertragsarzt tatsächlich tauglicher Täter der §§ 299, 331 StGB?, NStZ 2008, 12; *Klötzer/Schilling,* Zum Vorsatz und zum Vermögensnachteil bei Untreuehandlungen durch pflichtwidriges Eingehen von Risiken für fremdes Vermögen sowie zur Terminierung in Wirtschaftsstrafsachen, StraFo 2008, 305; *Kölbel,* Die Einweisungsvergütung – eine neue Form von Unternehmensdelinquenz im Gesundheitssystem, wistra 2009, 129; *Koenig/Meyer,* EU-Beihilfenkontrolle und nationales Strafrecht, NJW 2014, 3547; *Klüppelberg,* Die Untreuestrafbarkeit des Vorstands bei Verstößen gegen den Deutschen Corporate Governance Kodex und § 161 AktG, 2014; *Knauer,* Die Kollegialentscheidung im Strafrecht, 2001; *Knauer,* Strafbarkeit der Bankvorstände für mißbräuchliche Kreditgewährung, NStZ 2002, 399; *Knauer,* Anm. zu BGH 2 StR 587/07, NStZ 2009, 151; *Knauer,* Anm. zu BGH 1 StR 94/10, ZWH 2011, 28; *Knieriem,* Neue strafrechtlich begründete Informationspflichten des Gläubigers beim Lastschriftauftrag, NJW 2006, 1093; *Knieriem,* Zivil- und verwaltungsrechtliche Akzessorietät der Vermögensdelikte im Kreditwesen, FS Widmaier, 2009, 617; *Köhler/Hitz,* Die Vermögensbetreuungspflicht des Steuerberaters im Mandat und die Gefahr einer Strafbarkeit wegen Untreue gemäß § 266 StGB, DStR 2013, 1053; *Kohlmann,* Wider die Furcht vor § 266 StGB, JA 1980, 228; *Kohlmann,* Untreue zum Nachteil des Vermögens einer GmbH trotz Zustimmung sämtlicher Gesellschafter, FS Werner, 1984, 387; *Kohlmann,* „Vor-GmbH" und Strafrecht, FS Geerds, 1995, 675; *Kohlmann/Brauns,* Zur strafrechtlichen Erfassung der Fehlleitung öffentlicher Mittel, 1979; *Köllner/Lendermann,* Untreue eines Vorstandsvorsitzenden wegen Belastung der Gesellschaft mit privaten Reisekosten, NZI 2016, 476; *Kort,* Das „Mannesmann"-Urteil im Lichte von § 87 AktG, NJW 2005, 333; *Kraatz,* Anm. zu BGH, Beschl. v. 10.11.2009 – 4 StR 194/09, JR 2010, 407; *Kraatz,* „Kick-Back"-Zahlungen als strafbare Untreue, ZStW 122 (2010), 521; *Kraatz,* Zur „limitierten Akzessorietät" der strafbaren Untreue, ZStW 123 (2011), 447; *Kraatz,* Zu den Grenzen einer „Fremdrechtsanwendung" im Wirtschaftsstrafrecht am Beispiel der Untreuestrafbarkeit des Direktors einer in Deutschland ansässigen Private Company Limited by Shares, JR 2011, 58; *Kraatz,* Der Untreuetatbestand ist verfassungsgemäß – gerade noch!, JR 2011, 434; *Kraatz,* Zur Strafbarkeit der Finanzierung einer Arbeitnehmervereinigung durch den Arbeitgeber – das „System Siemens-AUB", wistra 2011, 447; *Kraatz,* Zum Eingehungsbetrug durch Abschluss von Lebensversicherungsverträgen in der Absicht rechtswidriger Inanspruchnahme der Versicherungsleistungen, JR 2012, 329; *Krafczyk,* Kick-Backs an Ärzte im Strafraum, FS Mehle, 2009, 325; *Kraft,* Die Garantenpflicht des Leiters der Innenrevision und des Compliance Officers, wistra 2010, 81; *Kramer,* Strafbewehrte Vermögensbetreuungspflicht des Alleingesellschafters und seiner Organe zu Gunsten der abhängigen GmbH?, WM 2004, 305; *Kranz,* Bezahlung von Geldstrafen durch das Unternehmen – § 258 StGB oder § 266 StGB?, ZJS 2008, 471; *Krause,* Ordnungsgemäße Wirtschaften und Erlaubtes Risiko, 1995; *Krause,* Straf- und aktienrechtliche Würdigung nachträglicher Prämienzahlungen an AG-Vorstandsmitglieder, StV 2006, 307; *Krause,* Konzerninternes Cash-Management – der Fall Bremer Vulkan, JR 2006, 51; *Krause,* Zur Vermögensbetreuungspflicht entsandter Aufsichtsratsmitglieder (§ 101 Abs. 2 AktG) gegenüber dem Entsendenden, FS Hamm, 2008, 341; *Krause,* Strafrechtliche Haftung des Aufsichtsrates, NStZ 2011, 57; *Krause,* Die Feststellung des Vermögensschadens – auf dem Weg zum Sachverständigenstrafrecht?, wistra 2012, 331; *Krekeler,* Verteidigung in Wirtschaftsstrafsachen, 2. Aufl. 2013; *Krekeler/Werner,* Verdeckte Gewinnausschüttung als Untreue, StraFo 2003, 374; *Krell,* Der Eingehungsschaden bei Betrug und Untreue, NZWiSt 2013, 370; *Krell,* Zur Bedeutung von „Drittnormen" für die Untreue, NStZ 2014, 62; *Krell,* Das Verbot der Verschleifung strafrechtlicher Tatbestandsmerkmale, ZStW 126 (2014), 902; *Krell,* Untreue durch Stellenbesetzungen, 2015; *Kretschmer,* Anm. zu BGH, Beschl. v.2.4.2008 – 5 StR 354/07, JR 2008, 348; *Krey,* Finanzmarktkrise und deutsches Strafrecht, FS Roxin II, 2011, 1073; *Krieger,* Zahlungen der Aktiengesellschaft im Strafverfahren gegen Vorstandsmitglieder, FS Bezzenberger, 2000, 211; *Krüger,* Zum Risikogeschäft im

Untreuestrafrecht und seinen Risiken, NJW 2002, 1178; *Krüger,* Zum „großen Ausmaß" in § 263 Abs. 3 S. 2 Nr. 2 StGB, wistra 2005, 146; *Krüger,* Genossenschaftsuntreue, ZfgG 2010, 221; *Krüger,* Neues aus Karlsruhe zu Art. 103 II GG und § 266 StGB, NStZ 2011, 369; *Krüger/Brand/Müller/Raschke,* Strafbare Untreue bei Spielertransfers?, CaS 2012, 137; *Krüger/Burgert,* Neues vom Straf- und Verfassungsrecht zum Abrechnungsbetrug und zur Vertragsarztuntreue, ZWH 2012, 213; *Kubiciel,* Gesellschaftsrechtliche Pflichtwidrigkeit und Untreuestrafbarkeit, NStZ 2005, 353; *Kubiciel,* Anm. zu BGH 5 StR 551/11, StV 2014, 91; *Kudlich,* Fast wie im richtigen Leben: Wo fängt eigentlich Untreue an?, JA 2011, 66; *Kubiciel,* Konkretisierungsauftrag erfüllt?, ZWH 2011, 1; *Kubiciel,* „Der Erbschleicher" – Untreue in mittelbarer Täterschaft zum Nachteil eines Testierunfähigen durch den Betreuer, JA 2013, 710; *Kudlich/Wittig,* Strafrechtliche Enthaftung durch juristische Präventionsberatung?, ZWH 2013, 253; *Küper,* Anm. zu BGH 1 StR 731/08, JZ 2009, 800; *Küpper,* Die Hinweispflicht nach § 265 StPO bei verschiedenen Begehungsformen desselben Strafgesetzes, NStZ 1986, 249; *Kuhlen,* Untreue, Vorteilsannahme und Bestechlichkeit bei der Einwerbung universitärer Drittmittel, JR 2003, 231; *Kuhlen,* Gesetzlichkeitsprinzip und Untreue, JR 2011, 246; *Kulhanek,* Bilanzrechtsorientierung und Quotenschaden als Beispiele einer modernen Schadensdogmatik, NZWiSt 2013, 246; *Gr. Küpper,* Anm. zu BGH II ZR 174/13, NZWiSt 2015, 315; *Kutzner,* Einfache gesellschaftsrechtliche Pflichtverletzungen als Untreue – Die Kinowelt-Entscheidung des BGH, NJW 2006, 3541; *Labinski,* Zur strafrechtlichen Verantwortlichkeit des directors einer englischen Limited, 2010; *Labsch,* Untreue (§ 266 StGB), Grenzen und Möglichkeiten einer neuen Deutung, 1983; *Labsch,* Die Strafbarkeit des GmbH-Geschäftsführers im Konkurs der GmbH, wistra 1985, 1, 59; *Labsch,* Einverständliche Schädigung des Gesellschaftsvermögens und die Strafbarkeit des GmbH-Geschäftsführers, JuS 1985, 602; *Labsch,* Der Kreditkartenmißbrauch und das Untreuestrafrecht, NJW 1986, 104; *Labsch,* Grundprobleme des Mißbrauchstatbestands der Untreue, JURA 1987, 343, 411; *Lamann,* Untreue im GmbH-Konzern, 2006; *Lampe,* Unternehmensaushöhlung als Straftat, GA 1987, 241; *Lammers,* Pflichtverletzungen bei kommunalen Zins-Swaps, NVwZ 2012, 12; *Landau,* Strafrecht nach Lissabon, NStZ 2011, 537; *Lang/Eichhorn/Golombek/von Tippelskirch,* Regelbeispiel für besonders schweren Fall des Betrugs bzw. der Untreue – Vermögensverlust großen Ausmaßes, NStZ 2004, 528; *Lange,* Anm. zu BGH, Urt. v. 6.12.2001 – 1 StR 215/01, DStR 2002, 1103; *Laskos,* Die Strafbarkeit wegen Untreue bei der Kreditvergabe, 2001; *Lassmann,* Stiftungsuntreue, 2008; *Lassmann,* Untreue zu Lasten gemeinnütziger Stiftungen – Strafbarkeitsrisiken im Non-Profit-Bereich, NStZ 2009, 473; *Lassmann,* Gefährdung der Gemeinnützigkeit – auch ein Fall für den Staatsanwalt?, ZStV 2010, 141; *Lauck/Schmalenberger,* Anm. zu BGH 5 StR 46/14, NZFam 2014, 944; *Leimenstoll,* Anm. zu BGH 2 StR 95/09, ZIS 2010, 143; *Leimenstoll,* Vermögensbetreuungspflicht des Vertragsarztes?, 2012; *Leimenstoll,* Der Vertragsarzt – Tauglicher Täter einer Untreue zu Lasten der gesetzlichen Krankenkassen?, wistra 2013, 121; *Leipold,* Strafrechtlicher Pflichtenkatalog des Aufsichtsrats, FS Mehle, 2009, 347; *Leite,* Vorsatz und Irrtum bezüglich der Pflichtwidrigkeit bei der Untreue (§ 266 StGB), GA 2015, 517; *Leitner,* Unternehmensstrafrecht in der Revision, StraFo 2010, 323; *Lenger/Bauchowitz,* Untreuestrafbarkeit der Geschäftsleitung einer gesetzlichen Krankenkasse durch Abstimmungsverhalten im Insolvenzplanverfahren?, NZI 2015, 9; *Leplow,* Anm. zu BGH 5 StR 34/08, wistra 2009, 351; *Leplow,* Anm. zu BVerfG 2 BvR 2559/08 ua, wistra 2010, 475; *Lesch,* Zweckwidrige Verwendung von Fraktionszuschüssen als Untreue?, ZRP 2002, 159; *Lesch,* § 266 StGB – Tatbestand ist schlechthin unbestimmt, DRiZ 1999, 135; *v. Lewinski/Immermann,* Haushaltsuntreue und Rechnungshofkontrolle, VerwArch 2014, 441; *Lichtenwimmer,* Untreueschutz der GmbH gegen den übereinstimmenden Willen der Gesellschaft?, 2008; *Lindemann/Andreschewski,* Anm. zu OLG Köln III-2 WS 254/13, NZWiSt 2013, 398; *Lindemann/Hehr,* Anm. zu BGH 1 StR 532/12, NZWiSt 2014, 346; *Lindenschmidt,* Zur Strafbarkeit der parteipolitischen Ämterpatronage in der staatlichen Verwaltung, 2004; *Lipps,* Nochmals – Verdeckte Gewinnausschüttung bei der GmbH als strafrechtliche Untreue?, NJW 1989, 502; *Livonius,* Untreue wegen existenzgefährdenden Eingriffs – Rechtsgeschichte?, wistra 2009, 91; *Lobinger,* Vermögensbetreuungspflicht von Betriebsräten gegenüber Arbeitnehmern?, in Rieble/Junker/Giesen (Hrsg.), Arbeitsstrafrecht im Umbruch, 2009, 99; *Loeck,* Strafbarkeit des Vorstands der Aktiengesellschaft wegen Untreue, 2006; *Lösing,* Die Kompensation des Vermögensnachteils durch nicht exakt quantifizierbare, vermögenswirksame Effekte, 2012; *Lohse,* Unternehmerisches Ermessen, 2005; *Louis,* Die Falschbuchung im Strafrecht, 2002; *Louis,* Strafrechtliche Konsequenzen bei Falsch- und Nichtbuchungen Teil 2: Untreue, Betrug, BC 2002, 90; *Lüderssen,* Die Zusammenarbeit von Medizinprodukte-Industrie, Krankenhäusern und Ärzten – strafbare Kollusion oder sinnvolle Kooperation?, 1998; *Lüderssen,* „Nützliche Aufwendungen" und strafrechtliche Untreue, FS Müller-Dietz, 2001, 467; *Lüderssen,* Die Sperrwirkung der fehlenden Vermögensbetreuungspflicht gemäß § 266 StGB für die Bestrafung nach § 263 StGB wegen unterlassener Aufklärung, FS Kohlmann, 2003, 177; *Lüderssen,* Gesellschaftsrechtliche Grenzen der strafrechtlichen Haftung des Aufsichtsrats, FS Lampe, 2003, 709; *Lüderssen,* Zur Konkretisierung der Vermögensbetreuungspflicht in § 266 StGB durch § 87 Abs. 1 S. 1 AktG, FS Schroeder, 2006, 569; *Lüderssen,* Bemerkungen zum Irrtum über die Pflicht zur Wahrnehmung fremder Vermögensinteressen iSd § 266 StGB, FS Richter II, 2006, 373; *Lüderssen,* Risikomanagement und „Risikoerhöhungstheorie" – auf der Suche nach Alternativen zu § 266 StGB, FS Volk, 2009, 345; *Luig,* Vertragsärztlicher Abrechnungsbetrug und Schadensbestimmung, 2009; *Lutter,* Zur Treupflicht des Großaktionärs, JZ 1976, 225; *Lutter,* Bankenkrise und Organhaftung, ZIP 2009, 197; *Lutter,* Zur Rechtmäßigkeit von internationalen Risikogeschäften durch Banken der öffentlichen Hand, BB 2009, 786; *Lutter,* Zivilrechtlich korrekt und doch strafbar? Das kann nicht sein, NZG 2010, 601; *Madauß,* Untreue, Einkünfte iSd § 2 EStG und verdeckte Gewinnausschüttungen im Steuer(straf)recht, NZWiSt 2015, 341; *Mahler,* Verstoß gegen § 64 S. 3 GmbHG bei „Upstream-Securities", GmbHR 2012, 504; *Maier,* Ist ein Verstoß gegen das Parteiengesetz straflos?, NJW 2000, 1006; *Mankowski/Bock,* Anm. zu BGH v. 13.4.2010 – 5 StR 428/09, GmbHR 2010, 822; *Mansdörfer,* Die Vermögensgefährdung als Nachteil im Sinne des Untreuetatbestandes, JuS 2009, 114; *Mansdörfer,* Amtsuntreue bei kommunaler Verwaltungs- und Wirtschaftstätigkeit, DVBl 2010, 479; *Manthey,* Der Vertragsarzt als „Schlüsselfigur" der Arzneimittelversorgung, GesR 2010, 601; *Martin,* Bankuntreue, 2000; *Marwedel,* Der Pflichtwidrigkeitsvorsatz bei § 266 StGB – Jagd nach einem weißen Schimmel, ZStW 123 (2011), 548; *Matt,* Missverständnisse zur Untreue – Eine Betrachtung auch zum Verhältnis von (Straf-)Recht und Moral, NJW 2005, 389; *Matt/Saliger,* Straflosigkeit der versuchten Untreue, Institut für Kriminalwissenschaften und Rechtsphilosophie Frankfurt a. M. (Hrsg.): Irrwege der Strafgesetzgebung, 1999; *Maurer/Wolf,* Zur Strafbarkeit der Rückzahlung von Gesellschafterdarlehen in und außerhalb der insolvenzrechtlichen „Krise" einer GmbH, wistra 2011, 327; *H. Mayer,* Die Untreue, in Materialien zur Strafrechtsreform, Bd. 1, 1954; *Meilicke,* Verdeckte Gewinnausschüttung: Strafrechtliche Untreue bei der GmbH?, BB 1988, 1261; *G. Meyer,* Untreuehandlungen im Rahmen kommunaler Aufgabenerfüllung, KommJur 2010, 81; *U. Meyer,* Untreue von Aufsichtsratsmitgliedern bei Handeln im Interesse des Gesellschafters Gemeinde?, DÖV 2015, 827;

Michalke, Untreue – neue Vermögensbetreuungspflichten durch Compliance-Regeln, StV 2011, 245; *Mielke/Nguyen-Viet,* Änderung der Kontrollverhältnisse bei dem Vertragspartner: Zulässigkeit von Change of Control-Klauseln im deutschen Recht, DB 2004, 2515; *Mihm,* Strafrechtliche Konsequenzen verdeckter Gewinnausschüttungen, 1998; *Mitsch,* Die Untreue – Keine Angst vor § 266 StGB!, JuS 2011, 97; *Mölter,* Untreuestrafbarkeit von Anlageberatern unter spezieller Betrachtung der Vermögensbetreuungspflicht, wistra 2010, 53; *Mohr,* Bankrottdelikte und übertragende Sanierung, 1993; *Molketin,* Anm. zu OLG Hamm, Beschl. v. 21.6.1985 – 4 Ws 163/85, NStZ 1987, 369; *Moll/Roebers,* Pauschale Zahlungen an Betriebsräte?, NZA 2012, 57; *Momsen,* Neue Akzente für den Untreuetatbestand?, FS Schöch, 2010, 567; *Momsen/Christmann,* Untreue im Fall des Lastschriftwiderrufs durch den Insolvenzverwalter – Potenzielle Strafbarkeitsrisiken für die Beteiligten, NZI 2010, 121; *Montag,* Die Anwendung der Strafvorschriften des GmbH-Rechts auf faktische Geschäftsführer, 1994; *Morlin,* Die Befugnis kommunaler Unternehmen in Privatrechtsform zu Spekulationsgeschäften am Beispiel von Zinsswaps, NVwZ 2007, 1159; *Mosenheuer,* Untreue durch mangelhafte Dokumentation von Zahlungen?, NStZ 2004, 179; *Mosiek,* Risikosteuerung im Unternehmen und Untreue, wistra 2003, 370; *Mosiek,* Fremdrechtsanwendung – quo vadis?, StV 2008, 94; *Müller,* Der Architekt als Täter des § 298 StGB bei privaten Bauprojekten, Teil 1 und Teil 2, NZWiSt 2014, 218, 255; *Müller-Christmann,* Die Bezahlung einer Geldstrafe durch Dritte, JuS 1992, 379; *Muhler,* Darlehen von GmbH-Gesellschaftern im Strafrecht, wistra 1994, 283; *Munz,* Haushaltsuntreue, 2001; *Murmann,* Untreue (§ 266 StGB) und Risikogeschäfte, JURA 2010, 561; *Mutter,* Unternehmerische Entscheidungen und Haftung des Aufsichtsrats der Aktiengesellschaft, 1994; *Nack,* Untreue im Bankbereich durch Vergabe von Großkrediten, NJW 1980, 1599; *Nack,* Bedingter Vorsatz beim Gefährdungsschaden – „doppelter Konjunktiv"?, StraFo 2008, 277; *Naucke,* Der Begriff der politischen Wirtschaftsstraftat – eine Annäherung, 2012; *Nelles,* Untreue zum Nachteil von Gesellschaften, 1991; *Nettesheim,* Können sich Gemeinderäte der „Untreue" schuldig machen?, BayVBl 1989, 161; *N. Nestler,* Churning, 2009; *Neuheuser,* Anm. zu BGH 5 StR 89/08, NStZ 2009, 326; *Neupert* Risiken und Nebenwirkungen: Sind niedergelassene Ärzte Amtsträger im strafrechtlichen Sinne?, NJW 2006, 2811; *Neye,* Untreue im öffentlichen Dienst, 1981; *Neye,* Die „Verschwendung" öffentlicher Mittel als strafbare Untreue, NStZ 1981, 369; *Nuß,* Untreue durch Marketingkommunikation, 2006; *Oğlaktcoğlu,* Anm. zu OLG Celle 1 Ws 54/13, ZWH 2013, 375; *Otto,* Bargeldloser Zahlungsverkehr und Strafrecht, 1978; *Otto,* Bankentätigkeit und Strafrecht, 1983; *Otto,* Die neuere Rechtsprechung zu den Vermögensdelikten, JZ 1985, 21, 69; *Otto,* Keine strafbare Untreue im Fall Kohl, RuP 2000, 109; *Otto,* Untreue der Vertretungsorgane von Kapitalgesellschaften durch Vergabe von Spenden, FS Kohlmann, 2003, 187; *Otto,* Untreue durch Übernahme der mit einem Strafverfahren verbundenen Aufwendungen für Unternehmensangehörige durch ein Unternehmen, FS Tiedemann, 2008, 693; *Otto,* Ethik, rechtlicher Rahmen und strafrechtliche Sanktionen beim unternehmerischen Handeln, FS Krey, 2010, 375; *Otto,* Dolus eventualis und Schaden bei der Untreue, § 266 StGB, FS Puppe, 2011, 1247; *Oppenländer/Trölitzsch,* GmbH-Geschäftsführung, 2. Aufl. 2011; *Paeffgen,* Anmerkungen zum Beschluß des VerfGH Rheinland-Pfalz in der Causa Böhr, FS Dahs, 2005, 143; *Pananis,* Anm. zu BGH, Beschl. v. 11.11.2004 – 5 StR 299/03, NStZ 2005, 572; *Pape,* Vergütungs- und Abfindungszahlungen an Vorstandsmitglieder deutscher Aktiengesellschaften im Fall feindlicher Unternehmensübernahmen, 2004; *Park/Rütters,* Untreue und Betrug durch Handel mit problematischen Verbriefungen, StV 2011, 434; *Pastor Muñoz/Coca Vila,* Untreue durch die Auslösung der Gefahr von Sanktionen zu Lasten des betreuten Vermögens?, GA 2015, 284; *Pattberg,* Die strafrechtliche Verantwortlichkeit des Directors einer englischen Limited in Krise und Insolvenz, 2010; *Pauly,* Untreue bei vertragswidrigem Eigenverbrauch der Mietkaution?, ZMR 1996, 417; *Pauly,* Zur Frage des Untreuevorwurfs gegen den Vermieter im Falle zweckwidriger Verwendung der Mieterkaution bei der Gewerbemiete, ZMR 2010, 256; *Peglau,* Die Regelbeispiele des § 263 Abs. 3 Nr. 2 StGB, wistra 2004, 7; *Peltzer,* Das Mannesmann-Revisionsurteil aus der Sicht des Aktien- und allgemeinen Zivilrechts, ZIP 2006, 205; *Perron,* Das Mannesmann-Verfahren vor den deutschen Strafgerichten, ZStR 2007, 180; *Perron,* Probleme und Perspektiven des Untreuetatbestandes, GA 2009, 219; *Perron,* Die Untreue nach der Grundsatzentscheidung des Bundesverfassungsgerichts, FS Heinz, 2012, 796; *Perron,* Keine Unmittelbarkeit des Vermögensschadens, ausbleibender Gewinn als Nachteil – liegt der Untreue ein anderer Begriff des Vermögensschadens zugrunde als dem Betrug?, FS Frisch, 2013, 857; *Peukert,* Strafbare Untreue zum Nachteil einer in Deutschland ansässigen Limited, 2015; *Peukert/Altenburg,* Bestimmung tauglicher Anknüpfungsnormen für Unternehmensgeldbußen, BB 2015, 2822; *Poguntke,* Anerkennungsprämien, Antrittsprämien und Untreuestrafbarkeit im Recht der Vorstandsvergütung, ZIP 2011, 893; *Poller,* Untreue durch Übernahme von Geldsanktionen, Verfahrenskosten und Verteidigerhonoraren?, StraFo 2005, 274; *Poseck,* Die strafrechtliche Haftung der Mitglieder des Aufsichtsrats einer Aktiengesellschaft, 1997; *Pragal/Apfel,* Bestechlichkeit und Bestechung von Leistungserbringern im Gesundheitswesen, A&R 2007, 10; *Preussner/Pananis,* Risikomanagement und strafrechtliche Verantwortung – Corporate Governance am Beispiel der Kreditwirtschaft, BKR 2004, 347; *Pump/Krüger,* Selbstanzeige ist kein Strafaufhebungsgrund für sämtliche Straftaten – Die Rechtsrisiken bei der Selbstanzeige, DStR 2013, 1972; *Puppe,* Anmerkungen zur Befreiung des Strafrechts vom ökonomischen Denken, ZIS 2010, 216; *Putzke,* Rechtsprechungsänderung zu § 261 StGB und Neues zum Nachteilsbegriff bei § 266 StGB, StV 2010, 176; *Radtke,* Einwilligung und Einverständnis der Gesellschafter bei der sog. GmbH-rechtlichen Untreue, GmbHR 1998, 311, 361; *Radtke,* Untreue (§ 266 StGB) zu Lasten ausländischen Gesellschaften mit faktischem Sitz in Deutschland?, GmbHR 2008, 729; *Radtke,* Anm. zur Entsch. des BGH v. 10.2.2009 – 3 StR 372/08, GmbHR 2009, 875; *Radtke,* Strafrechtliche Untreue durch Manager und verfassungsrechtlicher Bestimmtheitsgrundsatz, GmbHR 2010, 1121; *Radtke,* Anm. zum Beschl. des OLG Jena v. 12.1.2011 – 1 Ws 352/10; *Radtke,* Untreue durch den „Director" einer Offshore-Gesellschaft, NStZ 2011, 556; *Radtke/Hoffmann,* Gesellschaftsrechtsakzessorietät bei der strafrechtlichen Untreue zu Lasten von Kapitalgesellschaften? – oder – „Trihotel" und die Folgen, GA 2008, 535; *Ransiek,* Strafrecht im Unternehmen und Konzern, ZGR 1999, 613; *Ransiek,* Risiko, Pflichtwidrigkeit und Vermögensnachteil bei der Untreue, ZStW 116 (2004), 634; *Ransiek,* Untreue im GmbH-Konzern, FS Kohlmann, 2003, 207; *Ransiek,* Untreue zum Nachteil einer abhängigen GmbH – „Bremer Vulkan", wistra 2005, 121; *Ransiek,* Anerkennungsprämien und Untreue – Das „Mannesmann"-Urteil des BGH, NJW 2006, 814; *Ransiek,* „Verstecktes" Parteivermögen und Untreue, NStZ 2007, 1727; *Ransiek,* Anm. zu BGH 5 StR 89/08, JR 2008, 480; *Ransiek,* Untreue durch Vermögenseinsatz zu Bestechungszwecken, StV 2009, 321; *Ransiek,* Anm. zu BGH 2 StR 587/07, NJW 2009, 95; *Reck,* Untreue im Rahmen der Veräußerung von Treuhandunternehmen bei mehreren Handlungsalternativen, wistra 1996, 127; *Reese,* Vertragsärzte und Apotheker als Straftäter? – eine strafrechtliche Bewertung des „Pharma-Marketings", PharmR 2006, 92; *Reichelt,* Untreue und Bankrott, 2011; *R. Reiß,* Das „Treueverhältnis" des § 266 StGB: Ein Tatbestandsmerkmal zwischen Akzessorietät und faktischer Betrachtung, 2013; *W. Reiß,* Verdeckte Gewinnausschüttungen und verdeckte

Entnahmen als strafbare Untreue des Geschäftsführers?, wistra 1989, 81; *Rentrop*, Untreue und Unterschlagung (§§ 266 und 246 StGB), 2007; *Reschke*, Untreue, Bankrott und Insolvenzverschleppung im eingetragenen Verein, 2015; *Reuter*, Stiftungsrechtliche Vorgaben für die Verwaltung des Stiftungsvermögens, NZG 2005, 649; *Richter*, Zur Strafbarkeit externer „Sanierer" konkursgefährdeter Unternehmen, wistra 1984, 97; *Richter*, Der Konkurs der GmbH aus der Sicht der Strafrechtspraxis (II), GmbHR 1984, 137; *Richter*, „Scheinauslandsgesellschaften" in der deutschen Strafverfolgungs-praxis, FS Tiedemann, 2008, 1023; *Rieble*, Die Betriebsratsvergütung, NZA 2008, 276; *Rieble/Klebeck*, Strafrechtliche Risiken der Betriebsratsarbeit, NZA 2006, 758; *Rixe*, Die aktien- und strafrechtliche Beurteilung nachträglicher Anerkennungsprämien, 2010; *Rödel*, Rechtsfolgen einer verlustbringenden Anlage des Stiftungsvermögens in Aktien, NZG 2004, 754; *Rönnau*, „kick-backs": Provisionsvereinbarungen als strafbare Untreue, FS Kohlmann, 2003, 239; *Rönnau*, Untreue und Vorteilsannahme durch Einwerbung von Drittmitteln? – BGH, NJW 2002, 2801, JuS 2003, 232; *Rönnau*, Haftung der Direktoren einer in Deutschland ansässigen englischen Private Company Limited by Shares nach deutschem Strafrecht – eine erste Annäherung, ZGR 2005, 832; *Rönnau*, Anm. zu BGH, Urt. v. 21.12.2005 – 3 StR 470/04, NStZ 2006, 218; *Rönnau*, Untreue als Wirtschaftsdelikt, ZStW 119 (2007), 887; *Rönnau*, Einrichtung „schwarzer" (Schmiergeld-)Kassen in der Privatwirtschaft – eine strafbare Untreue?, FS Tiedemann, 2008, 713; *Rönnau*, Untreue zu Lasten juristischer Personen und Einwilligungskompetenz der Gesellschafter, FS Amelung, 2009, 247; *Rönnau*, Anm. zu BGH 2 StR 587/07, StV 2009, 246; *Rönnau*, (Rechts-)Vergleichende Überlegungen zum Tatbestand der Untreue, ZStW 122 (2010), 299; *Rönnau*, Untreuerisiken durch Cash-Pool-Teilnahme für Geschäfts-führer einer faktisch abhängigen GmbH – ein Ritt auf der Rasierklinge?, FS Samson, 2010, 423; *Rönnau*, Globale Finanzkrise – Quellen möglicher Strafbarkeitsrisiken, in Schünemann (Hrsg.), Die sogenannte Finanzkrise – System-versagen oder global organisierte Kriminalität?, 2010, 43; *Rönnau*, Die Zukunft des Untreuetatbestandes, StV 2011, 753; *Rönnau*, Untreue durch den „Director" einer Offshore-Gesellschaft, NStZ 2011, 558; *Rönnau*, Schadensfiktionen in der Rechtsprechung der Strafgerichte, FS Rissing-van Saan, 2011, 517; *Rönnau*, GmbH-Untreue durch insol-venzauslösende Zahlungen, FS Schünemann, 2014, 675 ff.; *Rönnau/Hohn*, Die Festsetzung (zu) hoher Vorstands-vergütungen durch den Aufsichtsrat – ein Fall für den Staatsanwalt?, NStZ 2004, 113; *Rojas*, Grundprobleme der Haushaltsuntreue, 2011; *Rose*, Die strafrechtliche Relevanz von Risikogeschäften, wistra 2005, 281; *Rostalski*, Ver-fahrenseinstellung bei „innerkirchlichen Angelegenheiten", RW 2015, 1; *Rostalski*, Der Vermögensschaden als Tat-bestandsmerkmal im Schatten des „Verschleifungsverbots", HRRS 2016, 73; *Rotsch*, Anm. zu BGH 1 StR 212/03, wistra 2004, 300; *Rotsch*, Der Vermögensverlust großen Ausmaßes bei Betrug und Untreue, ZStW 117 (2005), 577; *Rotsch*, Criminal Compliance, ZIS 2010, 614; *I. Roxin*, Probleme und Strategien der Compliance-Begleitung in Unternehmen, StV 2012, 116; *Rübenstahl*, Die Untreue des Rechtsanwalts durch Verwahrung von Mandantengeldern auf eigenen Konten, HRRS 2004, 54; *Rübenstahl*, Anm. zu BGH 1 StR 488/07, NJW 2008, 2454; *Rübenstahl*, Anm. zu BGH 1 StR 731/08, NJW 2009, 2392; *Rübenstahl*, Die Rezeption der verfassungsrechtlichen Vorgaben zur bilanz-orientierten Bestimmung des Vermögensschadens bei der Kreditvergabe, HRRS 2012, 501; *Rübenstahl/Skoupil*, Internal Investigations, Status Quo – Pflicht zur Strafanzeige?, WiJ 2012, 177; *Rübenstahl/Wasserburg*, „Haushalts-untreue" bei Gewährung von Subventionen, NStZ 2004, 521; *Saam*, „Schwarze Kassen" und Untreuestrafbarkeit, HRRS 2015, 345; *Safferling*, Bestimmt oder nicht bestimmt? Der Untreuetatbestand vor den verfassungsrechtlichen Schranken, NStZ 2011, 376; *Sahan*, Keine Vermögensbetreuungspflicht des formal bestellten, aber faktisch machtlosen Geschäftsführers, FS I. Roxin, 2012, 295; *Salditt*, Untreue und Bilanz: Zur Bedeutung des Faktors Glück, FS Schünemann, 2014, 705 ff.; *Saliger*, Wider die Ausweitung des Untreuetatbestandes, ZStW 112 (2000), 563; *Saliger*, Parteiengesetz und Strafrecht, 2005; *Saliger*, Untreue bei Stiftungen, Non Profit Law Yearbook 2005, 209; *Saliger*, Gibt es eine Untreuemode?, HRRS 2006, 10; *Saliger*, Kick-Back, „PPP", Verfall – Korruptionsbekämpfung im „Kölner Müllfall", NJW 2006, 3377; *Saliger*, Parteienuntreue durch schwarze Kassen und unrichtige Rechenschaftsberichte, NStZ 2007, 545; *Saliger*, Das Untreuestrafrecht auf dem Prüfstand der Verfassung, NJW 2010, 3195; *Saliger*, Die Normativierung des Schadensbegriffs in der neuen Rechtsprechung zu Betrug und Untreue, FS Samson, 2010, 455; *Saliger*, Schutz der innerbetrieblichen Willensbildung durch Untreuestrafrecht?, FS Roxin II, 2011, 1053; *Saliger*, Aus-wirkungen des Untreue-Beschlusses des Bundesverfassungsgerichts v. 23.6.2010 auf die Schadensdogmatik, ZIS 2011, 902; *Saliger*, Juristischer und wirtschaftlicher Schaden, HRRS 2012, 365; *Saliger*, Anm. zu BGH 5 StR 551/11, ZWH 2014, 74; *Saliger/Gaede*, Rückwirkende Ächtung der Auslandskorruption und Untreue als Korruptionsdelikt – Der Fall Siemens als Startschuss in ein entgrenztes internationalisiertes Wirtschaftsstrafrecht?, HRRS 2008, 57; *Saliger/Sinner*, Korruption und Betrug durch Parteispenden, NJW 2005, 1073; *dies*, Abstraktes Recht und konkreter Wille, ZIS 2007, 476; *Satzger*, Die Untreue des Vermieters im Hinblick auf eine Mietkaution, JURA 1998, 570; *Satzger*, „Schwarze Kassen" zwischen Untreue und Korruption, NStZ 2009, 297; *Sax*, Überlegungen zum Treubruchstatbestand des § 266 StGB, JZ 1977, 663, 702, 743; *Sauer*, Zur Strafbarkeit eines Vorstands wegen Untreue auf Grund des Sponsorings eines Sportvereins wistra 2002, 465; *A. Schäfer / Zeller*, Finanzkrise, Risikomodelle und Organhaftung, BB 2009, 1706; *C. Schäfer*, Untreue zum Nachteil der GmbH, GmbHR 1992, 509; *C. Schäfer*, Zur strafrechtlichen Verantwortlichkeit des GmbH-Geschäftsführers, GmbHR 1993, 717, 780; *F.A. Schäfer*, Vorsatz bei unterlassener Aufklärung über den Erhalt von Rückvergütungen, WM 2012, 1022; *F.A. Schäfer/V. Lang*, Wider die Kriminalisierung der Banken, BKR 2011, 239; *H. Schäfer*, Die Strafbarkeit der Untreue zum Nachteil einer KG, NJW 1983, 2850; *Schäuble*, Die Aus-wirkungen des Gesetzes zur Modernisierung des GmbH-Rechts und zur Bekämpfung von Missbräuchen auf das GmbH-Strafrecht, 2012; *Scheja*, Das Verhältnis zwischen Rechtsanwalt und Mandant im Hinblick auf den Straftat-bestand der Untreue gem. § 266 StGB, 2006; *Schelzke*, Strafbarkeitsrisiken in kommunalen Spitzenverbänden, 2013; *Schemmel/Minkoff*, Die Bedeutung des Wirtschaftsstrafrechts für Compliance Management Systeme und Prüfungen nach dem IDW PS 980, CCZ 2012, 49; *Schilha*, Die Aufsichtsratstätigkeit in der Aktiengesellschaft im Spiegel strafrechtlicher Verantwortung, 2008; *Schilling*, Fragmentarisch oder umfassend?, 2009; *Schirmer*, Abschied von der „Baustoff-Recht-sprechung" des VI. Zivilsenats?, NJW 2012, 3398; *Schlitt*, Die strafrechtliche Relevanz des Corporate Governance Kodexes, DB 2007, 326; *Schlösser*, Die Strafbarkeit des Geschäftsführers einer private company limited by shares in Deutschland, wistra 2006, 81; *Schlösser*, Die schadensgleiche Vermögensgefährdung im Rahmen der Strafzumessung, StV 2008, 548; *Schlösser*, Europäische Aktiengesellschaft und deutsches Strafrecht, NZG 2008, 126; *Schlösser*, Der Schaden der Siemens-Entscheidung, HRRS 2009, 19; *Schlösser*, Die Darstellung der Schadenshöhe in den Urteils-gründen, StV 2010, 157; *Schlösser*, Verfassungsrechtliche Grenzen einer Subjektivierung des Schadensbegriffs, HRRS 2011, 254; *Schlösser*, Schutz der GmbH-internen Willensbildung durch Untreuerecht?, FS Roxin II, 2011, 1053; *Schlösser*, Verdeckte Kick-back-Zahlungen von Fondsgesellschaften an Banken als strafbares Verhalten gegenüber den

Bankkunden?, BKR 2011, 465; *Schlösser,* Die Betrugsdogmatik vor den Schranken des Verfassungsrechts, NStZ 2012, 473; *Schlösser,* Anm. zu BGH 3 StR 115/11, NStZ 2013, 162; *Schlösser/Dörfler,* Strafrechtliche Folgen eines Verstoßes gegen den Deutschen Corporate Governance Kodex, wistra 2007, 326; *Schlüchter,* Zur unvollkommenen Kongruenz zwischen Kredit- und Scheckkartenmißbrauch, JuS 1984, 675; *H. C. Schmidt,* Die zweckwidrige Verwendung von Fremdgeldern durch einen Rechtsanwalt, NStZ 2013, 498; *H. C. Schmidt,* Persönlicher Schadenseinschlag bei Betrug und Untreue, NJW 2015, 284; *K. Schmidt,* Untreuestrafbarkeit bei der GmbH & Co. KG: kompliziert oder einfach?, JZ 2014, 878; *F. Schmidt/Corsten,* Anm. zu BGH 3 Str 438/12, NZWiSt 2013, 470; *Schmidt-Hieber,* Die Strafbarkeit der Ämterpatronage, NJW 1989, 558; *Schmitt,* Untreue von Banken und Sparkassenverantwortlichen bei der Kreditvergabe, BKR 2006, 125; *Schmitt,* Zur Untreue durch Kreditbewilligung, FS Nobbe, 2009, 1009; *Schnapp,* Der Vertragsarzt – Sachwalter der gesetzlichen Krankenkassen?, FS Herzberg, 2008, 795; *Schnapp,* Die strafrechtliche Neujustierung der Stellung des Vertragsarztes, GesR 2012, 705; *E. Schneider,* Die Untreue nach dem neuen Aktienrecht, 1972; *F. Schneider,* Voraussetzungen einer faktischen Geschäftsführerstellung und Untreuestrafbarkeit, HRRS 2013, 297; *H. Schneider,* Getarnte „Kopfprämien“, HRRS 2009, 484; *H. Schneider,* Strafrechtliche Grenzen des Pharmamarketings, HRRS 2010, 241; *T. Schneider,* Spezifische Fragen der Untreue bei der Bürgschaftsvergabe, wistra 2015, 369; *Schramm,* Untreue durch Insolvenzverwalter, NStZ 2000, 398; *Schramm,* Untreue und Konsens, 2005; *Schramm/Hinderer,* Die Untreue-Strafbarkeit eines Limited-Directors, § 266 StGB, insbesondere im Lichte des Europäischen Strafrechts, ZIS 2010, 494; *Schreiber/Beulke,* Untreue durch Verwendung von Vereinsgeldern zu Bestechungszwecken, JuS 1977, 656; *Schröder,* Handbuch Kapitalmarktstrafrecht, 3. Aufl. 2014; *Schröder,* Die Komplexität synthetischer Finanzprodukte als Ursache für Vertrauensverluste und kriminogenes Verhalten am Kapitalmarkt, ZBB 2010, 280; *Schröder,* Untreue durch Investitionen in ABS-Anleihen, NJW 2010, 1169; *Schröder,* Die strafrechtliche Bewältigung der Finanzkrise am Beispiel der Untreue, ZStW 123 (2011), 771; *Schünemann,* Haushaltsuntreue als dogmatisches und kriminalpolitisches Problem, StV 2003, 463; *Schünemann,* Organuntreue – Das Mannesmann-Verfahren als Exempel?, 2004; *Schünemann,* Die „gravierende Pflichtverletzung“ bei der Untreue: dogmatischer Zauberhut oder taube Nuss?, NStZ 2005, 473; *Schünemann,* Der Bundesgerichtshof im Gestrüpp des Untreuetatbestandes, NStZ 2006, 196; *Schünemann,* Zur Quadratur des Kreises in der Dogmatik des Gefährdungsschadens, NStZ 2008, 430; *Schünemann,* Der Begriff des Vermögensschadens als archimedischer Punkt des Untreuetatbestandes, StraFo 2010, 1, 477; *Schünemann,* Unverzichtbare Gesetzgebungsmaßnahmen zur Bekämpfung der Haushaltsuntreue und der Verschwendung öffentlicher Mittel, Gutachten erstattet für den Bund der Steuerzahler e. V., 2011; *Schünemann,* Einleitende Bemerkungen zum Thema der Abschlussdiskussion „Die strafrechtliche Bewältigung der Finanzkrise am Beispiel der Untreue“, ZStW 123 (2011), 767; *Schünemann,* Wider verbreitete Irrlehren zum Untreuetatbestand, ZIS 2012, 183; *Schünemann,* Die Target2-Salden der Deutschen Bundesbank in der Perspektive des Untreuetatbestandes, ZIS 2012, 84; *Schünemann,* Der Straftatbestand der Untreue als zentrales Wirtschaftsdelikt der entwickelten Industriegesellschaft, FS Frisch, 2013, 837; *Schünemann,* Überfordert die Komplexität der Wirklichkeit die Juristen?, wistra 2015, 161; *Schüppen,* Transaction-Boni für Vorstandsmitglieder der Zielgesellschaft – Business-Judgement oder strafbare Untreue?, FS Tiedemann, 2008, 749; *Schulte,* Strafbarkeit der Untreue zum Nachteil einer KG?, NJW 1984, 1671; *Schulz,* Neues zum Bestimmtheitsgrundsatz – Zur Entscheidung des BVerfG v. 23.6.2010, FS Roxin II, 2011, 305; *Schulze,* Die Konkretisierung und Quantifizierung des Vermögensnachteils bei ungetreuen Kreditgeschäften, 2014; *Schumacher,* Vermögensbetreuungspflichten von Kapitalgesellschaftsorganen, 2010; *Schumann,* Anm. zu AG Stuttgart 105 Ls 153 Js 47778/05, wistra 2008, 229; *Schwaben,* Die Bonusmeilenaffäre im Lichte der Untreuerechtsprechung des BGH, NStZ 2002, 636; *A. Schwarz,* Die Aufgabe der Interessenformel des BGH – Alte Besen kehren gut?, HRRS 2009, 341; *A. Schwarz,* Die strafrechtliche Haftung des Compliance-Beauftragten, wistra 2012, 13; *Schweibert,* Rechtliche Grenzen der Begünstigung von Betriebsratsmitgliedern – Schattenbosse zwischen „Macht und Ohnmacht“, NZA 2007, 1080; *Schweitzer,* Eingriffe in das GmbH-Vermögen mit Zustimmung aller Gesellschafter – Strafrechtliche Untreue?, 2016; *Schwind,* Zur Strafbarkeit der Entgegennahme anonymer Parteispenden als Untreue (§ 266 StGB) – dargestellt am Fall Dr. Helmut Kohl, NStZ 2001, 349; *Schwinge/Siebert,* Das neue Untreuestrafrecht in strafrechtlicher und zivilrechtlicher Beleuchtung, 1933; *Seelmann,* Grundfälle zu den Straftaten gegen das Vermögen als Ganzes, JuS 1982, 268, 509, 748, 914 und JuS 1983, 32; *Seibert,* Gesetzliche Steuerungsinstrumente im Gesellschaftsrecht, ZRP 2011, 166; *Seibt/S. Schwarz,* Aktienrechtsuntreue, AG 2010, 301; *Seier,* Die Untreue in der Rechtspraxis, Symposium Geilen 2003; *Seier/Martin,* Die Untreue (§ 266 StGB), JuS 2001, 874; *v. Selle,* Parlamentarisches Budgetrecht und Haushaltsuntreue in Zeiten „Neuer Steuerungsmodelle“, JZ 2008, 178; *Selle/Wietz,* Vorsatz und Vermögensnachteil bei der Untreue, ZIS 2008, 471; *Sickor,* Die sog. „schadensgleiche Vermögensgefährdung“ bei Betrug und Untreue, JA 2011, 109; *Sieber,* Compliance-Programme im Unternehmensstrafrecht, FS Tiedemann, 2008, 449 ff.; *Simonis,* Vergaberechtliche Compliance – Die Folgen von Rechtsverstößen bei der Vergabe öffentlicher Aufträge, CCZ 2016, 70; *H.-W. Sinn,* Kasino-Kapitalismus, 2010; *Soyka,* Untreue zum Nachteil von Personengesellschaften, 2008; *Soyka,* Die „Goldfüller-Gier“: Untreue zu Lasten der Bundesrepublik durch Abgeordnete des Deutschen Bundestags?, JA 2011, 566; *Spatscheck/Ehnert,* Übernahme von Geldsanktionen und Verteidigerhonorar durch Unternehmen bei Strafverfahren gegen Mitarbeiter, StraFo 2005, 265; *Spernath,* Strafbarkeit und zivilrechtliche Nichtigkeit des Ankaufs von Bankdaten, NStZ 2010, 307; *Spindler,* Vorstandsvergütungen und Abfindungen auf dem aktien- und strafrechtlichen Prüfstand, ZIP 2006, 349; *Stein,* Das faktische Organ, 1984; *Steinberg/Dinter,* Anm. zu BVerfG 2 BvR 1980, JR 2011, 224; *Steiner,* Bankenkrise und strafbare Untreue (§ 266 StGB), ZfK 2009, 709; *Steiner,* Neues BGH-Urteil zu strafrechtlicher „Untreue“ durch Vergabe von Risikokrediten, ZfK 2010, 98; *Stölting,* Das Tatbestandsmerkmal des fremden Vermögens bei der Untreue zum Nachteil von Personengesellschaften am Beispiel der GmbH & Co KG, 2010; *Stoffers,* Untreue durch Zusage der Übernahme von Geldsanktionen und Verteidigungskosten, JR 2010, 239; *Strate,* Der Preis der Freiheit – Strafrechtliche Verantwortlichkeiten in der Finanzkrise, BLJ 2009, 78; *Strelczyk,* Die Strafbarkeit der Bildung schwarzer Kassen, 2008; *Streufert,* Strafrechtlicher Vermögensschutz in Stiftungen – eine grenzüberschreitende Betrachtung, 2014; *Sünner,* Schwarze Kassen und Untreue – ein Synonym?, ZIP 2009, 937; *Sutherland,* White-Collar-Crime, 2. Aufl. 1961; *Szebrowski,* Kick-Back, 2005; *Szebrowski,* Die Strafbarkeit des Vertragsarztes bei der Verordnung von Rezepten, StV 2005, 406; *Talaska,* Übernahme einer Geldsanktion gegen ein Vorstandsmitglied durch die Aktiengesellschaft aus strafrechtlicher Perspektive, AG 2015, 118; *Taschke,* Straftaten im Interesse von Unternehmen – auch strafbar wegen Untreue?, FS Lüderssen, 2002, 663; *Tecklenborg,* Societas Europaea (SE) im Fokus strafrechtlicher Interessen, 2015; *Teixeira,* Der individuelle Schadenseinschlag beim Betrug, ZIS 2016, 307; *Thalhofer,* Kick-Backs, Exspektanzen und Vermögensnachteil iSd § 266 StGB, 2008; *Theile,* Strafbarkeitsrisiken der Unternehmensführung aufgrund rechtswidriger Mitarbeiterpraktiken, wistra 2010, 457; *Theile,* Konvergenzen und Divergenzen zwischen Gesellschaftsrecht und Strafrecht, ZIS 2011, 616; *Theusinger/Schilha,* Die Leitung der Hauptversammlung – eine Aufgabe frei von Haftungsrisiken?, BB 2015, 131; *Tholl,* Zur Strafbarkeit wegen Untreue und Vorteilsannahme bei der Drittmitteleinwerbung an Universitätskliniken, wistra 2003, 181; *Thomas,* Untreue in der Wirtschaft, FS Rieß, 2002, 795; *Thomas,* Das allgemeine Schädigungsverbot des § 266 Abs. 1 StGB, FS Hamm, 2008, 767; *Thomas,* Strafbare Teilnahme an einer Untreue nach § 266 StGB bei gegenläufigen Interessen?, FS Rissing-van Saan, 2011, 669; *Thum/Klofat,* Der ungetreue Aufsichtsrat – Handlungsmöglichkeiten des Vorstands bei Pflichtverletzungen des Aufsichtsrats, NZG 2010, 1087; *K. Tiedemann,* Untreue bei Interessenkonflikten, FS Tröndle, 1989, 319; *K. Tiedemann,* GmbH-Strafrecht, 5. Aufl. 2010; *K. Tiedemann,* Der Untreuetatbestand – Ein Mittel zur Begrenzung von Managerbezügen?, FS Weber, 2004, 319; *K. Tiedemann,* Strafrechtliche Bemerkungen zu den Schutzgesetzen bei Verletzung des Bankgeheimnisses, ZIP 2004, 2056; *K. Tiedemann,* Zur Klageerzwingungsbefugnis von Aktionären und GmbH-Gesellschaftern, insbesondere bei Organuntreue, FS Mehle, 2009, 625; *K. Tiedemann,* Generalklauseln im Wirtschaftsstrafrecht, in FS Rissing-van Saan, 2011, 685; *L. Tiedemann,* Anm. zu LG Dortmund 6 O 205/12, NVwZ 2013, 1367; *Timmermann,* Weiterverkauf „zu getreuen Händen" angedienter Dokumente vor Kaufpreiszahlung – Untreue oder Unterschlagung?, MDR 1977, 533; *Timpe,* Anm. zu BGH 2 StR 214/89, JR 1990, 428; *Tondorf/Waider,* Strafrechtliche Aspekte des so genannten Herzklappenskandals, MedR 1997, 102; *Trüg,* Praxiskommentar zu BGH 5 StR 551/11, NStZ 2013, 717; *Trüg,* Steuerdaten-CDs und die Verwertung im Strafprozess, StV 2011, 111; *Trüg,* Praxiskommentar zu BGH 5 StR 182/14, NStZ 2014, 518; *Tsagkaraki,* Die Bildung der sog. „schwarzen Kassen" als strafbare Untreue gemäß § 266 StGB, 2013; *Tsambikakis,* Aktuelles zum Strafrecht bei GmbH und GmbH & Co., GmbHR 2005, 333; *v,* Strafbarkeitsrisiken korruptiven Verhaltens niedergelassener Ärzte nach dem Beschluss des Großen Senats für Strafsachen, FS Steinhilper, 2013, 217; *Ulmer,* Schutz der GmbH gegen Schädigung zugunsten ihrer Gesellschafter?, FS Pfeiffer, 1988, 853; *Ulmer,* Von „TBB" zu „Bremer Vulkan" – Revolution oder Evolution?, ZIP 2001, 2021; *Ulsenheimer,* Der Vertragsarzt als Sachwalter der Vermögensinteressen der gesetzlichen Krankenkassen?, MedR 2005, 622; *v. Ungern/Sternberg* Wirtschaftskriminalität beim Handel mit ausländischen Aktien, ZStW 88 (1976), 653 ff.; *Velten,* Untreue durch Belastung mit dem Risiko zukünftiger Sanktionen am Beispiel verdeckter Parteienfinanzierung, NJW 2000, 2852; *dies.,* Wert als flüchtige und mehrdeutige Kategorie – Anmerkungen zum Vermögensschaden bei der Untreue, FS Schünemann, 2014, 715 ff.; *Vogel,* Zur Frage eines Vermögensschadens der Firma Thyssen beim Verkauf der Fuchs-Panzer, JR 2005, 123; *Vogel/ Hocke,* Wirtschaftsstrafrechtliche Anmerkungen zur Mannesmann-Entscheidung des Bundesgerichtshofs v. 21.12.2005, JZ 2006, 568; *Volhard,* Die Untreuemode, FS Lüderssen, 2002, 673; *Volk,* Untreue und Gesellschaftsrecht. Ein Dschungelbuch, FS Hamm, 2008, 803; *Volk,* Strafrecht ohne Grenzen im neuen Trennbankengesetz, FS Schiller, 2014, 672 ff.; *Vortmann,* Schadensersatzpflicht der kontoführenden Bank wegen pflichtwidriger Verwendung von Fremdgeldkonten, BKR 2007, 449; *Vuia,* Die Verantwortlichkeit von Banken in der Krise von Unternehmen, 2007; *Vrzal,* Die Versuchsstrafbarkeit der Untreue de lege ferenda, 2005; *Wagner,* Die Untreue des Gesellschafters in der einfachen und konzernierten Einmann-GmbH, 2005; *Wagner/Spemann,* Organhaftungs- und Strafbarkeitsrisiken für Aufsichtsräte, NZG 2015, 945; *Waldhoff,* Schwarze Kassen bei der Kirche? KuR 2014, 171; *Walther,* Dürfen Compliance-Organisationen deliktisch erlangte Bankdaten ankaufen?, CCZ 2013, 254; *Waßmer,* Untreue bei Risikogeschäften, 1997; *Waßmer,* Kapitalmarktstrafrecht, Compliance und Finanzkrise, ZBB 2010, 100; *Waßmer,* Anm. zu BGH 4 StR 156/11, NZWiSt 2012, 36; *Wattenberg,* Zentrales Cash-Management als Untreuetatbestand im Konzernverbund, StV 2005, 523; *Weber,* Überlegungen zur Neugestaltung des Untreuestrafrechts, FS Dreher, 1977, 555; *Weber,* Können sich Gemeinderatsmitglieder durch ihre Mitwirkung an Abstimmungen der Untreue (§ 266 StGB) schuldig machen?, BayVBl 1989, 166; *Weber,* Untreue durch Verursachung straf- und bußgeldrechtlicher Sanktionen gegen den Vermögensinhaber?, FS Seebode, 2008, 437; *Weber,* Rücktritt vom vermögensgefährdenden Betrug, FS Tiedemann, 2008, 637; *Weber,* Zum bedingten Vorsatz bei der vermögensgefährdenden Untreue, FS Eisenberg, 2009, 371; *Weidhaas,* Strafrechtliche Risiken vertragsärztlicher Tätigkeit, MedR 2015, 577; *Wegenast,* Missbrauch und Treubruch, 1994; *Weidhaas,* Der Kassenarzt zwischen Betrug und Untreue, ZMGR 2005, 52; *Weimann,* Die Strafbarkeit der Bildung sog. schwarzer Kassen im Rahmen des § 266 StGB (Untreue), 1996; *Weiß,* Strafbarkeit der Geschäftsführer wegen Untreue bei Zahlungen „entgegen" § 64 GmbHG?, GmbHR 2011, 350; *Weitnauer,* Bonusprogramme im geschäftlichen Bereich – Eine rechtliche Grauzone, NJW 2010, 2560; *Wellkamp,* Organuntreue zum Nachteil von GmbH-Konzernen und Aktiengesellschaften, NStZ 2001, 113; *P. Werner,* Der Gefährdungsschaden als Nachteil im Sinne des Untreuetatbestandes, 2017; *R. Werner,* Die Enthaftung des Vorstands: Die strafrechtliche Dimension, CCZ 2011, 201; *R. Werner,* Die Untreuestrafbarkeit der Stiftungsorgane, ZWH 2013, 348; *R. Werner,* Die Firmenbestattung, NZWiSt 2013, 418; *Wessing,* Untreue durch Kreditvergabe (WestLB/Boxclever), BKR 2010, 159; *Wessing,* Untreue durch Begleichung nichtiger Forderungen – die Telekom-Spitzelaffäre und ihre strafrechtlichen Auswirkungen, NZG 2013, 494; *Wessing,* Bestechlichkeit und Untreue bei Kommanditgesellschaften, NZG 2014, 97; *Wessing/Krawczyk,* Untreue zum Nachteil einer konzernabhängigen GmbH, NZG 2009, 1176; *dies.,* Der Untreueparagraf auf dem verfassungsrechtlichen Prüfstand, NZG 2010, 1121; *dies.,* Grenzen des tatbestandsausschließenden Einverständnisses bei der Untreue, NZG 2011, 1297; *dies.,* Feststellung einer die Untreuestrafbarkeit begründende Gefährdung der Existenz einer GmbH, NZG 2014, 59; *Wietz,* Vermögensbetreuungspflichtverletzung gegenüber einer im Inland ansässigen Auslandsgesellschaft, 2009; *Windolph,* Risikomanagement und Riskcontrol durch das Unternehmensmanagement nach dem Gesetz zur Kontrolle und Transparenz im Unternehmensbereich (KonTraG); ius cogens für die treuhänderische Sorge iSv § 266 StGB – Untreue?, NStZ 2000, 522; *Winkelbauer,* Strafrechtlicher Gläubigerschutz im Konkurs der KG und der GmbH & Co. KG, wistra 1986, 17; *Winkelbauer,* Anm. zum Urt. des BGH v. 6.11.1986 – 1 StR 327/86, JR 1988, 33; *Witte/Indenhuck,* Wege aus der Haftung – die Beauftragung externer Berater durch den Aufsichtsrat, BB 2014, 2563; *Wittig,* Die Rechtsprechung zur Steuerhinterziehung durch Erlangen eines unrichtigen Feststellungsbescheides vor dem Hintergrund des Beschlusses des BVerfG v. 23.6.2010 (2 BvR 2559/08), ZIS 2011, 660; *Wittig,* Konsequenzen der Ausgleichsfähigkeit und Ausgleichsbereitschaft des Täters für die Untreuestrafbarkeit, FS I. Roxin, 2012, 375; *Wittig/Reinhart,* Untreue beim verlängerten Eigentumsvorbehalt, NStZ 1996, 467; *Wodicka,* Anm. zu BGH 3 StR 90/90, NStZ 1991, 487; *Wodicka,* Die Untreue zum Nachteil der GmbH bei vorheriger Zustimmung aller Gesellschafter, 1993; *Wohlers,* Die strafrechtliche Bewältigung der Finanzkrise am Beispiel der Strafbarkeit wegen Untreue, ZStW 123 (2011), 791; *Wolf,* Die Strafbarkeit der zweckwidrigen Verwendung öffentlicher Mittel, 1998; *Wolf,* Die Strafbarkeit des ehemaligen CDU-Vorsitzenden Dr. Helmut Kohl nach § 266 StGB, KJ 2000, 531; *Worm,* Die Strafbarkeit eines directors einer englischen Limited nach deutschem Strafrecht, 2009; *Worms,* Anlegerschutz durch Strafrecht, 1987; *Wybitul,* Strafbarkeit für

Compliance-Verantwortliche, BB 2009, 2590; *Zech,* Untreue durch Aufsichtsratsmitglieder einer Aktiengesellschaft, 2007; *Zielinski,* Zur Verletzteneigenschaft des einzelnen Aktionärs im Klageerzwingungsverfahren bei Straftaten zum Nachteil der Aktiengesellschaft, wistra 1993, 6; *Zieschang,* Haftstrafe für Verwalter wegen Untreue?, NZM 1999, 393; *Zieschang,* Strafbarkeit des Geschäftsführers einer GmbH wegen Untreue trotz Zustimmung sämtlicher Gesellschafter?, FS Kohlmann, 2003, 351; *Zimmermann,* Vorstandsuntreue durch Kreditvergabe, in Steinberg/Valerius/Popp (Hrsg.), Das Wirtschaftsstrafrecht des StGB, 2011, 71; *Zwiehoff,* Untreue durch den Aufsichtsrat bei nichtorganschaftlichem Handeln?, FS Eisenhardt, 2007, 573; *dies.,* Untreue und Betriebsverfassung – Die VW-Affäre, FS Puppe, 2011, 1337.

Übersicht

Rn.

A. Allgemeines

I. Gegenstand

§ 266 enthält mit dem allg. Untreuetatbestand eine **zentrale Strafvorschrift** des Wirtschaftsstraf- **1** rechts, die als **Grundtypus** vor der Schädigung fremden Vermögens durch Bruch eines besonderen Vertrauensverhältnisses schützt (Achenbach/Ransiek/Rönnau WirtschaftsStR-HdB/*Seier* Teil 5 Kap. 2 Rn. 1; *Beulke* FS Eisenberg, 2009, 245). **Flankiert** wird § 266 durch die untreueähnlichen Tatbestände des § 266a (Vorenthalten und Veruntreuen von Arbeitsentgelt) und § 266b (Missbrauch von Scheck- und Kreditkarten), die das 2. WiKG v. 15.5.1986 eingeführt hatte, um Strafbarkeitslücken zu schließen. **Rspr.** und **Schrifttum** zur Untreue sind äußerst vielfältig und differenziert. In jüngerer Zeit ist die Zahl der veröffentlichten Entscheidungen und der Publikationen derart stark angewachsen, dass von einer „Untreuemode" (*Volhard* FS Lüderssen, 2002, 673; krit. LK-StGB/*Schünemann* Rn. 4; *Saliger* HRRS 2006, 10 ff.) die Rede ist. Mitte 2016 verzeichnete **juris** mehr als 1.000 Entscheidungen sowie über 2.000 Literatur- und Zeitschriftennachweise, wovon jeweils etwa die Hälfte aus den vergangenen 15 Jahren stammt. **Spektakuläre Strafverfahren** (zB Gebauer/Volkert (VW); Kanther/Weyrauch; Kohl; Mannesmann/Vodafone; Middelhoff; Siemens; Trienekens) haben große öffentliche Aufmerksamkeit erfahren. § 266 wirft komplexe rechtliche Fragen auf und ist seit jeher dem Vorwurf der **Unschärfe** und **Instrumentalisierung** ausgesetzt (vgl. Rn. 7 und bereits 1954 *H. Mayer*, Die Untreue, in Materialien zur Strafrechtsreform, Bd. 1, 1954, 333 (337): *„Sofern nicht einer der klassischen alten Fälle der Untreue vorliegt, weiß kein Gericht und keine Anklagebehörde, ob § 266 StGB vorliegt oder nicht").* **Hauptschwierigkeiten** bilden die Konkretisierung der untreuespezifischen Vermögensbetreuungspflicht und die Feststellung des Nachteils.

2   **Abs. 1** beschreibt die beiden Alternativen der Untreue, den Missbrauchs- (Alt. 1) und den Treubruchstatbestand (Alt. 2). **Abs. 2** erklärt §§ 263 Abs. 3, 243 Abs. 2, 247, 248a für entsprechend anwendbar und statuiert damit nicht nur Strafzumessungsregeln für besonders schwere Fälle, sondern auch Regelungen zum Erfordernis eines Strafantrags in Fällen der Haus- und Familienuntreue sowie in Bagatellfällen. Die Untreue ist ein **Vergehen** (vgl. § 12 Abs. 1). Der **Versuch** (§ 22) ist nicht mit Strafe bedroht.

II. Untreue als Wirtschaftsstraftat

3   Prozessual ist die Untreue eine **relative Wirtschaftsstrafsache** (Achenbach/Ransiek/Rönnau WirtschaftsStR-HdB/*Seier* Teil 5 Kap. 2 Rn. 28). Ist die Erstzuständigkeit des LG nach §§ 74, 24 GVG begründet – insbes. wenn im Einzelfall eine höhere Strafe als vier Jahre Freiheitsstrafe zu erwarten ist oder der Fall besonderen Umfang oder besondere Bedeutung hat (vgl. § 24 Abs. 1 Nr. 2, Nr. 3 GVG) –, gehört die Sache nach **§ 74c Abs. 1 Nr. 6a GVG** vor die **Wirtschaftsstrafkammer,** sofern die Beurteilung des Falles „besondere Kenntnisse des Wirtschaftslebens" erfordert. Mit der Behauptung einer falschen Anwendung dieses „normativen Zuständigkeitsmerkmals" kann die Revision nicht begründet werden (BGH NStZ 1985, 464 (466); KK-OWiG/*Diemer* GVG § 74c Rn. 5). Unter verschiedenen zuständigen Strafkammern hat die Wirtschaftsstrafkammer **Vorrang** ggü. der Staatsschutzkammer, nicht aber ggü. dem Schwurgericht (vgl. § 74e GVG). Gehört eine Strafsache gegen Erwachsene zur Zuständigkeit der Wirtschaftsstrafkammer, ist diese (und nicht das Jugendgericht) für die Verbindung mit einer Strafsache gegen Jugendliche bzw. Heranwachsende zuständig (vgl. § 103 Abs. 2 S. 2 JGG).

4   Unter **besonderen Kenntnissen des Wirtschaftslebens** sind **Fachkenntnisse** zu verstehen, die außerhalb der allg. Lebenserfahrung liegen und sich auf in besonderen Wirtschaftskreisen eigene oder geläufige Verfahrensweisen oder auf komplizierte und schwer zu durchschauende Mechanismen des modernen Wirtschaftslebens beziehen (vgl. OLG Koblenz NStZ 1986, 327; OLG München JR 1980, 77; OLG Stuttgart wistra 1991, 236; BeckOK StPO/*Huber* GVG § 74c Rn. 5; Kissel/Mayer GVG § 74c Rn. 5; Meyer-Goßner/Schmitt/*Schmitt* GVG § 74c Rn. 5). Die Fachkenntnisse müssen **erforderlich,** nicht nur „wünschenswert" sein, um eine **bessere Sachaufklärung und Strafverfolgung** zu gewährleisten (Kissel/Mayer GVG § 74c Rn. 1, 4). Über derartige Fachkenntnisse verfügen jedenfalls die Berufsrichter der Wirtschaftskammern durch Schulungen und die ständige Beschäftigung mit den Verfahrensweisen der Wirtschaft (*Rieß* JR 1980, 79).

5   Durch die besondere **Stofffülle, Umfang** oder **Schwierigkeit** der Ermittlungen soll die Zuständigkeit grds. nicht begründet werden (OLG Koblenz NStZ 1986, 327; Kissel/Mayer GVG § 74c Rn. 5), genauso wenig durch einen großen **Schadensumfang** oder eine große Zahl von **Tätern** oder **Geschädigten** (Kissel/Mayer GVG § 74c Rn. 5). Im Einzelfall wird sich aber gerade aus der **Kombination** dieser Aspekte die Notwendigkeit ergeben, über Spezialkenntnisse des Wirtschaftslebens verfügen zu müssen. So dürfte die Zuständigkeit zB nicht nur in (komplexeren) Fällen der **gesellschaftsrechtlichen Untreue,** die früher durch Spezialtatbestände (→ Rn. 8) erfasst wurden, sondern auch in Fällen, die das **„Lesen von Bilanzen"** erforderlich machen (OLG Düsseldorf NStE Nr. 2 zu § 74c GVG), begründet sein.

III. Gesetzeshistorie

6   Die Untreue ist ein Tatbestand, der im Wesentlichen erst während der **Partikulargesetzgebung** des 19. Jahrhunderts ausgeformt wurde (ausf. zur Entstehung NK-StGB/*Kindhäuser* Rn. 4 ff.; *Rentrop,* Untreue und Unterschlagung (§§ 266 und 246), 2007, 7 ff.). **§ 266 RStGB v. 15.5.1871** formulierte nach dem Vorbild von § 246 des Preußischen StGB v. 14.4.1851 und § 266 StGB des Norddeutschen Bundes v. 31.5.1870 die Untreue **kasuistisch und enumerativ,** beschränkt auf bestimmte Personen und Berufsgruppen (zB Vormünder, Kuratoren, Bracker, Schauer, Stauer) sowie Bevollmächtigte. Den Unrechtskern erblickte die überwiegende Strafrechtswissenschaft gemäß der (engen) **Missbrauchstheorie** *(Binding; Frank)* in der rechtswidrigen Schädigung fremden Vermögens durch missbräuchliche Ausnutzung einer rechtlichen Vertretungsmacht. Demgegenüber orientierte sich die Rspr. an der (weiten) **Treubruchstheorie** *(Freudenthal),* wonach der Unrechtskern im Bruch einer dem Täter obliegenden besonderen Treupflicht durch ein vermögensschädigendes Verhalten, auch rein tatsächlicher Art, bestand (RGSt 41, 265 f.).

7   Die heutige **generalklauselartige Fassung** des § 266 (vgl. nur Achenbach/Ransiek/Rönnau WirtschaftsStR-HdB/*Seier* Teil 5 Kap. 2 Rn. 17: „uferlose Weite"; *Ransiek* ZStW 114 (2002), 634: „§ 266 StGB passt immer!"; *Perron* GA 2009, 219 (222): „Allzweckwaffe"; *Jahn* JuS 2011, 1133: „Allroundtalent") stammt aus der Zeit des Nationalsozialismus. Das Gesetz zur Abänderung strafrechtlicher Vorschriften v. 26.5.1933 (RGBl. I 295) kombinierte „im Kampfe gegen Schiebertum und Korruption" Missbrauchs- und Treubruchstheorie. Angestrebt wurde ein lückenloser Vermögensschutz, den die als „Verratsdelikt" begriffene Untreue gewährleisten sollte (Momsen/Grützner WirtschaftsStR/*Schramm* Kap. 5 Teil B Rn. 27; SSW StGB/*Saliger* Rn. 2). Die Konturierung des Tatbestandes wurde Rspr. und

Strafrechtswissenschaft überlassen. Die heute hM trägt der verfassungsrechtlich gebotenen **Restriktion** (→ Rn. 17) im Wesentlichen damit Rechnung, dass sie zum einen gemäß der monistischen Theorie für den Missbrauchstatbestand das Bestehen einer **Vermögensbetreuungspflicht** fordert (→ Rn. 29), an die sie hohe Anforderungen stellt (→ Rn. 31), und zum anderen den Eintritt eines **Vermögensnachteils** verlangt, der bezifferbar sein muss (→ Rn. 175d ff.). Diesbezüglich hat das BVerfG betont, dass Pflichtverletzung und Nachteil nicht verschliffen werden dürfen (→ Rn. 66).

Das **EGStGB** v. 2.3.1974 und das **2. WiKG** v. 15.5.1986 strichen die früheren **Spezialregelungen** 8 der Untreue (zB § 81a GmbHG aF: Geschäftsführeruntreue; § 294 AktG aF: Vorstandsuntreue), die angesichts der Existenz des allgemeinen Untreuetatbestands als überflüssig erachtet wurden. Übrig blieb allein der (auch) im Vorfeld der Untreue angesiedelte § 34 DepotG. Neu eingeführt wurden dagegen die **untreueähnlichen Tatbestände** der §§ 266a, 266b (→ Rn. 1). Das **6. StrRG** v. 26.1.1998 erklärte in § 266 Abs. 2 den **Regelbeispielskatalog** des Betruges für entsprechend anwendbar.

IV. Schutzgut

Schutzgut des § 266 ist allein das **Vermögen als Ganzes** (BGHSt 8, 254 ff.; 43, 293 (297); 47, 295 9 (301); BGH NJW 2000, 154 (155); BGH NStZ 2011, 520 (521); Achenbach/Ransiek/Rönnau WirtschaftsStR-HdB/*Seier* Teil 5 Kap. 2 Rn. 10 ff.; *Adick,* Organuntreue (§ 266 StGB) und Business Judgment, 2010, 68; *Bräunig,* Untreue in der Wirtschaft, 2011, 58; AnwK-StGB/*Esser* Rn. 1; AWHH/ *Heinrich* StrafR BT § 22 Rn. 1; Fischer Rn. 2; *Hantschel,* Untreuevorsatz, 2010, 303; Lackner/Kühl/ *Kühl* Rn. 1; LK-StGB/*Schünemann* Rn. 23; Matt/Renzikowski/*Matt* Rn. 1; Mitsch StrafR BT II 6.1.1; Momsen/Grützner WirtschaftsStR/*Schramm* Kap. 5 Teil B Rn. 2; MüKoStGB/*Dierlamm* Rn. 1; *Munz,* Haushaltsuntreue, 2001, 77; *Nelles,* Untreue zum Nachteil von Gesellschaften, 1991, 283 ff.; NK-StGB/ *Kindhäuser* Rn. 1; Otto StrafR BT § 54 Rn. 2; Rengier StrafR BT I § 18 Rn. 1; SK-StGB/*Hoyer* Rn. 1; Schönke/Schröder/*Perron* Rn. 1; SSW StGB/*Saliger* § 226 Rn. 1; Wessels/Hillenkamp StrafR BT II Rn. 747) und damit ein Individualrechtsgut. Für die Einordnung als **reines Vermögensdelikt** spricht nicht nur die systematische Nähe zu § 263, sondern auch das Strafantragserfordernis bei der Bagatelluntreue. **Nicht geschützt** sind: Dispositionsfreiheit und Dispositionsbefugnis; die Redlichkeit des Rechts- und Wirtschaftsverkehrs; die besondere Vertrauensbeziehung zwischen Täter und Opfer (aA *Dunkel,* Erfordernis und Ausgestaltung des Merkmals „Vermögensbetreuungspflicht" iRd Mißbrauchstatbestandes der Untreue, 1976, 41 ff. (109 ff.); *Dunkel* GA 1977, 329 (334 f.)); das Vertrauen in die korrekte Verrichtung von Dienstgeschäften durch Amtsträger; das Gemeinwohl (hierzu *Bernsmann* StV 2013, 404 ff.). Missbrauch und Treubruch sind lediglich Mittel zur Rechtsgutsverletzung (*Rönnau* ZStW 119 (2007), 887 (890); Schönke/Schröder/*Perron* Rn. 1; Wessels/Hillenkamp StrafR BT II Rn. 747). Soweit der 2. Strafsenat im Fall Siemens/Enel ausgeführt hat, dass die „Möglichkeit zur Disposition über das eigene Vermögen (...) zum Kern der von § 266 geschützten Rechtsposition" gehört (BGHSt 52, 323 = BGH NJW 2009, 89 (92) Rn. 47; krit. AnwK-StGB/*Esser* Rn. 5, 201; *Tsagkaraki,* Die Bildung der sog. „schwarzen Kassen" als strafbare Untreue gemäß § 266 StGB, 2013, 240), wollte er nur zum Ausdruck bringen, dass Vermögensbestandteile, die dem Inhaber nicht (mehr) zur Verfügung stehen, für ihn wirtschaftlich betrachtet wertlos sind, nicht aber das Konzept der Untreue als reines Vermögensdelikt aufgeben (Achenbach/Ransiek/Rönnau WirtschaftsStR-HdB/*Seier* Teil 5 Kap. 2 Rn. 10; BeckOK StGB/*Wittig* Rn. 2.2; *Bittmann* NZWiSt 2014, 129 (133); Matt/Renzikowski/*Matt* Rn. 1; SK-StGB/ *Hoyer* Rn. 4). Geschützt ist allein das **Vermögen des Treugebers**. Vermögensinteressen Dritter, zB von Gläubigern oder Arbeitnehmern, sind allenfalls als Reflex geschützt (Momsen/Grützner WirtschaftsStR/*Schramm* Kap. 5 Teil B Rn. 3).

V. Deliktsnatur

Die Untreue ist ein **Erfolgsdelikt,** das eine Vermögensschädigung voraussetzt. Sie ist ein **reines** 10 **Vermögensschädigungsdelikt,** da – anders als bei Betrug (§ 263) und Erpressung (§ 253) – weder eine Vermögensverschiebung noch Bereicherungsabsicht notwendig sind. Im Gegensatz zum Betrug, der ein Selbstschädigungsdelikt darstellt, ist die Untreue ein **Fremdschädigungsdelikt** (Achenbach/ Ransiek/Rönnau WirtschaftsStR-HdB/*Seier* Teil 5 Kap. 2 Rn. 30; *Labsch* JURA 1987, 343 (344)). **Handlungs- und Erfolgsunwert** bestehen darin, dass der Täter im Rahmen eines besonderen Vertrauensverhältnisses, das ihn rechtlich oder tatsächlich zur Vermögensbetreuung verpflichtet, das ihm anvertraute („ausgelieferte", *Kargl* ZStW 113 (2001), 565 (591 f.)) fremde Vermögen „von innen heraus" pflichtwidrig schädigt (vgl. Achenbach/Ransiek/Rönnau WirtschaftsStR-HdB/*Seier* Teil 5 Kap. 2 Rn. 10; MüKoStGB/*Dierlamm* Rn. 2; NK-StGB/*Kindhäuser* Rn. 3; Wessels/Hillenkamp StrafR BT II Rn. 747).

§ 266 ist nicht nur als **Begehungsdelikt,** sondern zugleich auch als **echtes Unterlassungsdelikt** zu 11 begreifen, da durch das Erfordernis der Verletzung der Vermögensbetreuungspflicht – einer Garantenpflicht (→ Rn. 31) – die Voraussetzungen, unter denen nach § 13 Abs. 1 das Unterlassen der Abwendung des Erfolges dem Begehen gleichsteht (Garantenpflicht und Erfüllung der Entsprechensklausel), schon im Tatbestand niedergelegt sind (AnwK-StGB/*Esser* Rn. 104; AWHH/*Heinrich* StrafR BT § 22

Rn. 41; LK-StGB/*Schünemann* Rn. 54; Matt/Renzikowski/*Matt* Rn. 53; Mitsch StrafR BT II 6.2.1.3.4; MüKoStGB/*Dierlamm* Rn. 139; Rengier StrafR BT I § 18 Rn. 36; SK-StGB/*Hoyer* Rn. 28; Schönke/Schröder/*Stree/Bosch* Vor § 13 Rn. 136; SSW StGB/*Saliger* Rn. 33; abw. (unechtes Unterlassungsdelikt, Anwendung von § 13 Abs. 1 offen gelassen) BGHSt 36, 227 (228); (Anwendung von § 13 Abs. 1) BGHSt 52, 323 = BGH NJW 2009, 89 (91) Rn. 38 – Siemens; BGH NJW 2011, 3528 (3529); BayObLGSt 1988, 16 (17 f.)). § 266 ist daher **lex specialis zu § 13 Abs. 1** (BeckOK StGB/*Wittig* Rn. 4a; *Güntge* wistra 1996, 84; Mitsch StrafR BT II 6.2.1.3.4; *Rudolphi* ZStW 86 (1998), 68 (69); Wessels/Hillenkamp StrafR BT II Rn. 765; ebenso Lackner/Kühl/*Kühl* Rn. 2) und iÜ ein **Sonderdelikt** (→ Rn. 20), genauer: **Garantensonderdelikt** (→ Rn. 31).

VI. Untreuekriminalität

12   Die **praktische Bedeutung** des § 266 ist **groß,** obwohl die Fallzahlen vergleichsweise gering sind. Nach der **Polizeilichen Kriminalstatistik** wurden im Jahr 2014 **8.696 Fälle** registriert (Vorjahr: 8.512; Steigerungsrate: 2,2 %) (PKS 2014 S. 247), womit der Anteil an der Gesamtkriminalität nur 0,14 % betrug. Dies bedeutet einen Rückgang der Fallzahlen ggü. dem Jahr 2008 (vgl. Voraufl.) um rund 20 %. Die registrierte **Schadenssumme** erreichte aber **1.593,8 Mio. EUR** (PKS 2014 S. 252), was im Vergleich zu 2008 eine Steigerung um mehr als 50 % bedeutet. Damit hat die Untreue einen hohen Anteil (18,6 %) an den registrierten Gesamtschäden (PKS 2014 S. 36: 8.566,4 Mio. EUR). Der Schaden betrug pro Fall durchschnittlich (arithmetisches Mittel) 183.280 EUR und ist damit weitaus höher als beim Betrug (2.399 EUR, vgl. PKS 2014 S. 36; zur Verteilung der Schäden → Rn. 237). Registriert wurden im Jahre 2014 **7.149 Tatverdächtige,** wobei der Anteil nichtdeutscher Tatverdächtiger mit 7,3 % gering war (PKS 2014 S. 250). Entsprechend dem Typus des **„white collar crime"** (*Beulke* FS Eisenberg, 2009, 245) waren 68,8 % der Tatverdächtigen männlich und 73,4 % über 40 Jahre alt (PKS 2014 S. 240 und Anh. Tabelle 20). 66,3 % der Tatverdächtigen handelten alleine, 37,2 % waren bereits als Tatverdächtige in Erscheinung getreten (PKS 2014 Anh. Tabelle 22). Die **Aufklärungsquote** betrug sehr hohe **98,1 %** (Vorjahr: 98,0 %), worin zum Ausdruck gelangt, dass den Opfern die Täter aufgrund ihrer Vertrauensstellung durchweg bekannt sind.

13   Auffallend viele Ermittlungsverfahren enden mit einer Einstellung, was auf eine **(zu) extensive Verfolgungspraxis** hindeutet (*Beulke* FS Eisenberg, 2009, 245 (246)). Nach der **Strafverfolgungsstatistik** wurden im Jahre 2014 lediglich **1.851 Personen abgeurteilt,** davon **1.296** (70,0 %) **verurteilt** (StVSt 2014 S. 38 f.). 6,9 % der nach allg. Strafrecht Abgeurteilten wurden freigesprochen und bei 22,8 % erfolgte eine Einstellung ohne Maßregeln (StVSt 2014 S. 71 f.). Gegen 34,0 % der nach allg. Strafrecht Verurteilten wurde eine **Freiheitsstrafe** verhängt, wobei es sich in 94,9 % der Fälle um eine Bewährungsstrafe handelte (StVSt 2014 S. 104 f.). Gegen 80,0 % der nach allg. Strafrecht Verurteilten wurden Freiheitsstrafen von 6 Monaten bis zu zwei Jahren ausgesprochen, nur 1,6 % (4 Verurteilte: 2–3 Jahre; 3 Verurteilte 3–5 Jahre) wurden zu höheren Freiheitsstrafen verurteilt (StVSt 2014 S. 168 f.). Bei der **Geldstrafe** lag die Zahl der Tagessätze in 59,3 % der Fälle zwischen 31 und 90, in 26,7 % der Fälle zwischen 91 und 180; die Höhe der Tagessätze betrug nur in 6,0 % der Fälle mehr als 50 EUR (StVSt 2014 S. 216 ff.).

14   Das **Dunkelfeld** der Untreue dürfte **groß** sein (Achenbach/Ransiek/Rönnau WirtschaftsStR-HdB/ *Seier* Teil 5 Kap. 2 Rn. 9; NK-StGB/*Kindhäuser* Rn. 27; SSW StGB/*Saliger* Rn. 5; vgl. auch LK-StGB/ *Schünemann* Rn. 2: „riesig und wachsend"). Anzunehmen ist, dass nur wenige Taten, meist solche mit „endgültigem" Schadenseintritt und hohen Schäden, zur Anzeige gelangen (Fischer Rn. 3). Das tatsächliche Ausmaß und die Schäden sind weitgehend unbekannt, da es häufig an der Anzeigebereitschaft und Kooperationsbereitschaft der Opfer fehlt, insbes. wenn es um Taten in Unternehmen und um Taten in Zusammenhang mit Kapitalanlagen geht. Die Gründe hierfür dürften bei geschädigten **Unternehmen** vor allem in einem befürchteten Imageverlust sowie der Furcht, unternehmensinterne Vorgänge offen legen zu müssen, zu erblicken sein. Bei geschädigten **Privatleuten** könnte im Vordergrund stehen, dass nicht selten „Schwarzgelder" verloren gehen, so dass im Falle einer Strafanzeige die eigene Strafverfolgung und eine Nachversteuerung drohen.

VII. Notwendigkeit und Verfassungsmäßigkeit

15   Die **kriminalpolitische Notwendigkeit** des § 266 als Delikt, das vor der Schädigung durch Bruch eines besonderen Vertrauensverhältnisses schützt (→ Rn. 1), steht außer Frage (vgl. nur Achenbach/ Ransiek/Rönnau WirtschaftsStR-HdB/*Seier* Teil 5 Kap. 2 Rn. 7; LK-StGB/*Schünemann* Rn. 1: „sola ratio"; krit. im Hinblick auf die Erfassung zivilrechtlicher Pflichtverletzungen *Honsell* FS Roth, 2011, 277 ff.; *Theile* ZIS 2011, 616 ff.). § 266 spiegelt wider, dass für eine moderne arbeitsteilige Wirtschaft das „Auseinanderfallen von Kapital und Management" (NK-StGB/*Kindhäuser* Rn. 3) in Form der **Organuntreue** (LK-StGB/*Schünemann* Rn. 2) prägend ist. Die Untreue ist der Idealtypus des **„white collar crime",** das dadurch charakterisiert ist, dass es von einem Angehörigen einer hohen sozialen Schicht im Rahmen seines Berufes begangen wird (vgl. *Sutherland,* White-Collar-Crime, 2. Aufl. 1961, 9). § 266 gehört damit zu den (wenigen) Delikten, die sich gegen die „Großen und Mächtigen" wenden (*Ransiek*

ZStW 116 (2004), 634 (636)). Insofern kann die Untreue als „umgekehrtes Klassenstrafrecht" (SSW StGB/*Saliger* Rn. 3) begriffen werden (vgl. auch *Schünemann* NStZ 2006, 196, der eine „Tendenzwende vom Unterschichts- zum Oberschichtsstrafrecht" konstatiert). § 266 trägt insbes. dem in den Sozial- und Wirtschaftswissenschaften beschriebenen sog **Prinzipal-Agent-Konflikt** Rechnung, der darin besteht, dass eine Person, die im Interesse einer anderen Person tätig ist und nicht hinreichend überwacht wird, dazu neigt, zum eigenen wirtschaftlichen Vorteil zu handeln (*Seibert* ZRP 2011, 166). Das **Unrecht** der Untreue ist nicht geringer als beim Betrug zu veranschlagen, da dem Täter aufgrund des besonderen Vertrauensverhältnisses der direkte Zugriff auf das Vermögen des Opfers eröffnet ist (LK-StGB/*Schünemann* Rn. 29).

Die Bedenken, die gegen die **Verfassungsmäßigkeit** des § 266 im Hinblick auf den Bestimmtheits- **16** grundsatz (Art. 103 Abs. 2 GG) geäußert werden, vor allem mit Blick auf die Fassung des Treubruchstatbestands, der lediglich eine Pflichtverletzung voraussetzt (vgl. Achenbach/Ransiek/Rönnau WirtschaftsStR-HdB/*Seier* Teil 5 Kap. 2 Rn. 19 ff.; *Bernsmann* GA 2007, 219; *Dierlamm* NStZ 1997, 534 ff.; Jescheck/Weigend StrafR AT § 15 I 3; *Kargl* ZStW 113 (2001), 565 (570 ff.); *Labsch,* Untreue (§ 266 StGB), Grenzen und Möglichkeiten einer neuen Deutung, 1983, 199 ff.; MüKoStGB/*Dierlamm* Rn. 3 ff.; *Ransiek* ZStW 116 (2006), 634 (640 f.); *Saliger* ZStW 112 (2000), 563 ff.; *Seier,* Die Untreue in der Rechtspraxis, Symposium Geilen 2003, 153; *Weber* FS Dreher, 1977, 564 ff.), sind zwar **gewichtig,** greifen aber iErg nicht durch. § 266 StGB ist nach hM (vgl. nur *Ransiek,* ZStW 116 (2004), 638 (678)) **nicht verfassungswidrig,** da die Norm nicht nur zum **unverzichtbaren Grundbestand** an Strafrechtsnormen gehört, sondern Rspr. und Strafrechtswissenschaft der Vermögensbetreuungspflicht durch eine fallgruppenorientierte Systematisierung **hinreichend scharfe und feste Konturen** verliehen haben, so dass im Wesentlichen vorhersehbar ist, wo die Grenze der Strafbarkeit verläuft. Die **2. Kammer des Zweiten Senats des BVerfG** bejahte die grds. Verfassungsmäßigkeit des § 266 zunächst in einem Beschluss v. 10.3.2009 zur schadensgleichen Vermögensgefährdung (BVerfG NJW 2009, 2370; hierzu *Fischer* StV 2010, 95; *Jahn* JuS 2009, 859; *Steinberg/Dinter* JR 2011, 224). Im Folgejahr bestätigte der **Zweite Senat** im grundlegenden sog **Landowsky-Beschluss** v. 23.6.2010 (BVerfGE 126, 170 Ls. 1 = BVerfG NJW 2010, 3209 (3212 ff.) Rn. 85 ff.) erneut die Verfassungsmäßigkeit und die grds. Auslegung des Tatbestands durch die Rspr. des BGH. In diesem Beschluss, der eine intensive Diskussion ausgelöst hat (vgl. nur *Becker* HRRS 2010, 383 ff.; *Beckemper* ZJS 2011, 88 ff.; *Hauck* ZIS 2011, 919 ff.; *Hefendehl* wistra 2012, 325 ff.; *Hüls* NZWiSt 2012, 12 ff.; *Kraatz* JR 2011, 434 ff.; *Krüger* NStZ 2011, 369 ff.; *Kudlich* JA 2011, 66 ff.; *Kudlich* ZWH 2011, 1 ff.; *Kuhlen* JR 2011, 246 ff.; *Leplow* wistra 2010, 475 f.; *Perron* FS Heinz, 2012, 796 ff.; *Radtke* GmbHR 2010, 1121 ff.; *Rönnau* StV 2011, 761 ff.; *Saliger* NJW 2010, 3195 ff.; *Safferling* NStZ 2011, 376 ff.; *Schulz* FS Roxin II, 2012, 305 ff.; *Wittig* ZIS 2011, 660 ff.; zu den Maßstäben des BVerfG *Landau* NStZ 2011, 537 (542); zur richterlichen Rechtsfortbildung *Böse* JURA 2011, 617 ff.; *Kempf/Schilling* NJW 2012, 1849), hat das Gericht jedoch zugleich deutlich gemacht, dass die Rspr. gehalten ist, Unklarheiten über den Anwendungsbereich von Strafnormen durch Präzisierung und Konkretisierung im Wege der Auslegung nach Möglichkeit auszuräumen **(Präzisierungsgebot)** (BVerfGE 126, 170 Ls. 2). Diese Vorgaben haben die nachfolgende Rspr. stark beeinflusst (vgl. nur *Safferling* ZIS 2011, 902 ff.). Erwartungsgemäß hat der Zweite Senat des BVerfG die für die Untreue maßgebenden Erwägungen auch auf den **Betrug** (§ 263) übertragen (BVerfG 130, 1 – Al-Qaida = NJW 2012, 907 (Aufhebung von BGHSt 54, 69 = BGH NJW 2009, 3448); hierzu *Kraatz* JR 2012, 329 ff.; *Schlösser* NStZ 2012, 473 ff.; *Waßmer* HRRS 2012, 368 ff.).

Der Umstand, dass die **Praxis** den Tatbestand **in Einzelfällen überdehnt** (krit. Achenbach/ **16a** Ransiek/Rönnau WirtschaftsStR-HdB/*Seier* Teil 5 Kap. 2 Rn. 18: „willkürliche Von-Fall-zu-Fall-Rechtsprechung"; *P.-A. Albrecht* FS Hamm, 2008, 1 (7): „Ruine des Rechtsstaats"; *Beulke* FS Eisenberg, 2009, 245 (250): „Lotteriespiel"; *Volk* FS Hamm, 2008, 803 (805): „strafrechtliches Sumpfgebiet"; vgl. andererseits aber *Fischer* NStZ-Sonderheft Juni 2009, 8 f., 11 ff.: keine „Anwendungshypertrophie") und nicht selten an außerstrafrechtliche Normen angeknüpft wird, die – wie etwa §§ 93 AktG, 43 GmbHG – ihrerseits generalklauselartigen Charakter haben (Rengier StrafR BT I § 18 Rn. 1a), kann die Verfassungswidrigkeit nicht begründen. Auch der Täterkreis ist keineswegs „uferlos" (aA *P.-A. Albrecht* FS Hamm, 2008, 1; *Kargl* ZStW 113 (2001), 565 (577)), sondern spiegelt nur wider, dass in einem komplexen Wirtschaftssystem zahlreichen Personengruppen (→ Rn. 49) Vermögensbetreuungspflichten obliegen. Gerade aufgrund seiner „Offenheit", die sich der Vielgestaltigkeit und dem Wandel des Wirtschaftslebens anpassen kann (BVerfG NJW 2009, 3270 (3271): „zukunftsoffen für neue wirtschaftliche Zusammenhänge"), ist § 266 ein **praktisch unverzichtbares Instrument** zur Bekämpfung der Wirtschaftskriminalität (Achenbach/Ransiek/Rönnau WirtschaftsStR-HdB/*Seier* Teil 5 Kap. 2 Rn. 20).

IÜ sind **Alternativen nicht ersichtlich.** Die **Abschaffung** des Untreuetatbestandes und die **16b** (Wieder-)Einführung einer kasuistischen Aufzählung des Täterkreises (*Weber* FS Dreher, 1977, 555 (567)) bzw. die Konkretisierung mittels **Leitbildern** (Achenbach/Ransiek/Rönnau WirtschaftsStR-HdB/*Seier* Teil 5 Kap. 2 Rn. 23: Vermögensverwalter, Unternehmensgeschäftsführer; *Rönnau* ZStW 122 (2010), 299 (323): Vermögensverwalter, Geschäftsbesorger; SK-StGB/*Hoyer* Rn. 33 f.: Repräsentant) bzw. die (Wieder-)Einführung spezieller Untreuetatbestände (Momsen/Grützner WirtschaftsStR/ *Schramm* 5 B Rn. 27; krit. *Ransiek* ZStW 116 (2004), 634 (646)), müssten zwangsläufig zu (empfindlichen) Strafbarkeitslücken führen. Die Betrachtung von **ausländischen Rechtssystemen,** die nur spezielle Untreuetatbestände kennen (vgl. *Cappel,* Grenzen auf dem Weg zu einem europäischen Untreuestrafrecht, 2009, 198 ff.; *Foffani* FS Tiedemann, 2008, 767 (776 ff.); *Foffani* ZStW 122 (2010), 374 ff.; LK-StGB/*Schünemann* Rn. 273 ff.), zeigt, dass dort zT Unterschlagungstatbestände angewandt werden, die nicht auf den Eigentumsschutz begrenzt sind und auch Vermögensschutz gewähren, oder Tatbestände „gedehnt" werden, um strafwürdige Verhaltensweisen zu erfassen. „Bessere" Regelungskonzepte sind im Ausland nicht ersichtlich (vgl. LK-StGB/*Schünemann* Rn. 270; *Ransiek* ZStW 122 (2010), 299 (323 f.)). Der allg. Untreuetatbestand des § 266 taugt daher durchaus zum „Exportschlager" (SSW StGB/*Saliger* Rn. 5).

17   Den Bedenken kann daher gegenwärtig nur durch eine **restriktive Handhabung** – insbes. der Vermögensbetreuungspflicht und des Nachteils, die über die Reichweite des § 266 maßgeblich bestimmen – und die Fortsetzung der **fallgruppenorientierten Systematisierung** Rechnung getragen werden. Dass hierdurch ein **„case law"** entstanden ist (vgl. das umfangreiche „Lexikon besonderer Untreue-Konstellationen im Wirtschaftsleben" bei Achenbach/Ransiek/Rönnau WirtschaftsStR-HdB/ *Seier* Teil 5 Kap. 2 Rn. 225 ff.), das weiter entfaltet werden muss, ist zu begrüßen, dient dies doch der verfassungsrechtlich gebotenen Präzisierung. Hierdurch wird der „strukturell unterbestimmte" Tatbestand (SSW StGB/*Saliger* Rn. 4) konturiert und die verbleibende Unvorhersehbarkeit bei der Auslegung soweit wie möglich zurückgedrängt (ein strafrechtliches Restrisiko soll freilich nach *Seibert* ZRP 2011, 166 (169) „regulierungstechnisch" nicht unerwünscht sein: „Nur die Unsicherheit zwingt zur Vorsicht und fließt in die Risikoabwägung der Akteure ein"). Der **Rechtssicherheit** ist es allerdings abträglich, wenn die Strafsenate des BGH Grundfragen – etwa die Frage der Anforderungen an den Vorsatz der Pflichtwidrigkeit (→ Rn. 223a ff.) und den Vorsatz beim Gefährdungsschaden (→ Rn. 224 ff.) – unterschiedlich beantworten und der jeweils gebotenen Entscheidung des Großen Senates für Strafsachen aus dem Weg gehen. Es handelt sich hierbei jedoch nicht um eine Frage der Verfassungsmäßigkeit des § 266.

17a   Schließlich sollte bei der Anwendung des § 266 niemals vergessen werden, dass der Untreuetatbestand bei der Neufassung v. 1933 zwar als „Kampfnorm" begriffen wurde (→ Rn. 7), es aus rechtsstaatlicher Sicht jedoch nur um die **Bekämpfung von Vermögensschädigungen** gehen kann, nicht aber um die Bekämpfung allg. Missstände (etwa: Verschreibungspraxis im Gesundheitswesen; Zahlung von „Anerkennungsprämien"; Bildung „schwarzer Kassen"; unzureichende regulatorische Vorgaben im Finanzwesen), um Pönalisierungsbedürfnisse zu befriedigen (BeckOK StGB/*Wittig* Rn. 1; HK-StrafR/*Beukelmann* Rn. 1). Auch darf § 266 nicht dazu missbraucht werden, missglückte (Risiko-)Geschäfte zu kriminalisieren (*J. Jahn* AnwBl 2013, 207) bzw. unternehmerische Entscheidungen in jahrelangen Ermittlungsverfahren zu hinterfragen (*Altenburg* BB 2015, 323 (327 f.); de lege ferenda zur möglichen Umgestaltung des Ermittlungsverfahrens in komplexen Fällen *Schünemann* wistra 2015, 161 (165 f.)), die letztlich ergebnislos verlaufen, aber bei den Betroffenen zu „Kollateralschäden" führen. Schließlich überzeugt es nicht, wenn die Rspr. über die Normativierung des Vermögensschadens (insbes. bei rechtlich missbilligten Geschäften, → Rn. 174a) zur „Moralisierung" tendiert. Der Untreuetatbestand ist **kein Lückenbüßer,** der als „Auffangtatbestand" oder gar „Universaldelikt" (Achenbach/Ransiek/Rönnau WirtschaftsStR-HdB/*Seier* Teil 5 Kap. 2 Rn. 213) das Fehlen spezieller Strafnormen kompensiert, und dient erst recht nicht der Durchsetzung der Moral im Wirtschaftsleben, sondern schützt ausschließlich das Vermögen.

VIII. Reform

18   De lege ferenda wird zT die **Erfassung des Versuchs** gefordert (vgl. *Günther* FS Weber, 2004, 311 (317); *Vrzal,* Die Versuchsstrafbarkeit der Untreue de lege ferenda, 2005, 104; für den Missbrauchstatbestand *Kargl* ZStW 113 (2001), 565 (590 ff.)), um der Tendenz der Rspr., Strafbarkeitslücken durch extensive Interpretation des Nachteils zu schließen, zu begegnen. Auch der RegE des 6. StrRG (BT-Drs. 13/8587, 43) sah die Einführung der Versuchsstrafbarkeit vor. Der Rechtsausschuss ist dem aber nicht gefolgt (BT-Drs. 13/9064, 20). Damit würde die Untreuestrafbarkeit iErg nur noch weiter ausgedehnt, was nicht erforderlich ist (*Matt/Saliger,* Irrwege der Strafgesetzgebung, 1999, 217 (227 ff.); *Schramm,* Untreue und Konsens, 2005, 25; vgl. auch *Bräunig,* Untreue in der Wirtschaft, 2011, 390 ff.; *Kühl* FS Küper, 2007, 289 (293)), und erhebliche Beweisschwierigkeiten entstehen (Fischer Rn. 187).

19   Der **Abschaffung** des allgemeinen Untreuetatbestandes und/oder der **(Wieder-)Einführung** spezieller Untreuetatbestände bedarf es nicht (→ Rn. 16). Zu begrüßen wäre es jedoch, wenn der Gesetzgeber de lege ferenda die **Anforderungen an die Vermögensbetreuungspflicht** anhand der Kriterien, die Rspr. und Strafrechtswissenschaft herausgearbeitet haben (→ Rn. 34 ff.), in Gesetzesform gießt (zust. Momsen/Grützner WirtschaftsStR/*Schramm* Kap. 5 Teil B Rn. 27). Hierdurch könnte im Hinblick auf Art. 103 Abs. 2 GG größere Rechtsklarheit und Rechtssicherheit erzielt werden. Zudem wäre die Schaffung eines eigenen, **untreuespezifischen Regelbeispielskataloges** vorzugswürdig (→ Rn. 234).

B. Objektiver Tatbestand
I. Täter: Vermögensbetreuungspflicht

1. Allgemeines. a) Täterkreis. Täter sowohl des Missbrauchs- als auch des Treubruchstatbestands **20**
kann nach heute hM (→ Rn. 29) nur ein **Treupflichtiger (Treunehmer)** sein, dem ggü. einem
Vermögensinhaber, bei dem es sich idR um den Treugeber handeln wird, aber nicht handeln muss
(„Dreiecksuntreue", Achenbach/Ransiek/Rönnau WirtschaftsStR-HdB/*Seier* Teil 5 Kap. 2 Rn. 12),
eine **Vermögensbetreuungspflicht** (→ Rn. 31 ff.) obliegt. **Alle anderen Personen** können nur
Teilnehmer sein (BGHSt 13, 330 (331)). § 266 ist damit ein **Sonderdelikt** (vgl. nur Fischer Rn. 185).

b) Organe und Vertreter. Hinsichtlich der Vermögensbetreuungspflicht von Organen und Ver- **21**
tretern, insbes. in Betrieben und Unternehmen (zB einem Einzelkaufmann, einer Gesellschaft), ist zu
differenzieren: Die Treupflichtigen können einerseits **ggü. dem Vertretenen** unmittelbar vermögensbetreuungspflichtig sein (Fall der **internen Schädigung**), andererseits kann der Vertretene **ggü. einem
Dritten** vermögensbetreuungspflichtig sein, womit dem Treupflichtigen die Vermögensbetreuungspflicht lediglich mittelbar („übergewälzt") obliegt (Fall der **externen Schädigung**) (zu dieser Differenzierung Achenbach/Ransiek/Rönnau WirtschaftsStR-HdB/*Seier* Teil 5 Kap. 2 Rn. 72; vgl. auch LK-
StGB/*Schünemann* Rn. 69):

Bei der **Schädigung des Vertretenen** (internen Schädigung) geht es um das Handeln oder Unterlas- **21a**
sen von Organen juristischer Personen und rechtsfähiger Personengesellschaften, die ggü. diesen rechtlichen Konstrukten aufgrund ihrer gesetzlichen Stellung selbst unmittelbar treupflichtig sind, so dass eine
„Überwälzung" der Vermögensbetreuungspflicht durch § 14 ausscheidet (vgl. nur zum Geschäftsführer
einer GmbH BGHSt 9, 203 (217); zum Vorstand einer AG Achenbach/Ransiek/Rönnau Wirt-
schaftsStR-HdB/*Seier* Teil 5 Kap. 2 Rn. 235). Entsprechendes gilt für den gesetzlichen Vertreter (zB
Testamentsvollstrecker, Nachlassverwalter).

Bei der **Schädigung Dritter** (externen Schädigung) durch Personen, die für eine juristische Personen **21b**
handeln, muss dagegen die Vermögensbetreuungspflicht, die dem rechtlichen Konstrukt ggü. den
Dritten obliegt, „übergewälzt" werden. Hier rücken die **vertretungsberechtigten Organe von
juristischen Personen** des Privatrechts (zB GmbH, AG) und Öffentlichen Rechts (zB Körperschaft,
Stiftung) über die Regelung der Organhaftung (§ 14 Abs. 1 Nr. 1) in die Pflichtenstellung ein (vgl. nur
BGHSt 41, 224 (229); auch vor Schaffung von § 14 ging die Rspr. davon aus, dass das Organ strafrechtlich für die Erfüllung der Treuepflichten der juristischen Person verantwortlich war, vgl. nur BGH
BeckRS 1954, 31194900; BGHSt 13, 330 (331 f.)). Im Falle einer GmbH & Co KG ist diese Regelung
für den Geschäftsführer der Komplementär-GmbH von Bedeutung (Achenbach/Ransiek/Rönnau
WirtschaftsStR-HdB/*Seier* Teil 5 Kap. 2 Rn. 73). Entsprechendes gilt für den **gesetzlichen Vertreter**
(zB Nachlassverwalter, Vergleichsverwalter, Insolvenzverwalter, Testamentsvollstrecker) eines anderen
(§ 14 Abs. 1 Nr. 3). Darüber hinaus wird bei Betrieben und Unternehmen sowie Stellen, die Aufgaben
der öffentlichen Verwaltung wahrnehmen, die dem Inhaber bzw. der Stelle ggü. Dritten obliegende
Vermögensbetreuungspflicht über die Regelung zur Vertreterhaftung (§ 14 Abs. 2) an bestimmte
gewillkürte Vertreter (Beauftragte) übergewälzt, die beauftragt sind, den Betrieb, das Unternehmen
oder die Stelle ganz oder zT zu leiten, oder ausdrücklich beauftragt sind, in eigener Verantwortung
Inhaberaufgaben wahrzunehmen. Im Grunde genommen bedürfte es freilich dieser Regelung nicht, da
dann, wenn der Treupflichtige Hilfspersonen heranzieht, diese Personen dem Dritten ggü. selbst (aus
Rechtsgeschäft mit dem Treupflichtigen) treupflichtig sind (Achenbach/Ransiek/Rönnau Wirt-
schaftsStR-HdB/*Seier* Teil 5 Kap. 2 Rn. 67). Daher obliegt in diesen Fällen die betreffende Vermögensbetreuungspflicht auch nicht nur den Beauftragten (§ 14 Abs. 2), sondern sie kann darüber hinaus **allen
eingeschalteten Hilfspersonen** obliegen (→ Rn. 47). Schließlich bedarf es auch bei den **vertretungsberechtigten Gesellschaftern** einer rechtsfähigen Personengesellschaft (zB OHG, KG, Außen-GbR,
PartG) nicht der Heranziehung der Regelung zur Organhaftung (§ 14 Abs. 2), da die Pflicht, fremde
Vermögensinteressen ggü. Dritten zu wahren, den Gesellschaftern unmittelbar selbst obliegt
(Achenbach/Ransiek/Rönnau WirtschaftsStR-HdB/*Seier* Teil 5 Kap. 2 Rn. 69).

c) Faktische Organe. Einbezogen in den Täterkreis des § 266 sind durch § 14 Abs. 3 auch „**un- **22**
gewollt" faktische Organe**, die bestellt werden sollten, deren förmliche Bestellung jedoch – zB
aufgrund Formmangels – zivilrechtlich unwirksam ist (Achenbach/Ransiek/Rönnau WirtschaftsStR-
HdB/*Seier* Teil 5 Kap. 2 Rn. 71, 313). Darüber hinaus stehen „**gewollt" faktische Organe** (insbes.
GmbH-Geschäftsführer, AG-Vorstände), die – ohne förmlich bestellt oder im Handelsregister eingetragen zu sein – im Einverständnis mit den Gesellschaftern die Stellung eines Organs tatsächlich
einnehmen, nach hM den rechtswirksam bestellten Organen gleich (vgl. nur BGHSt 13, 330 (331 f.); 34,
379 (384) = BGH NJW 2013, 624; *Corsten,* Einwilligung in die Untreue sowie in die Bestechlichkeit
und Bestechung, 2011, 75; LK-StGB/*Schünemann* Rn. 67). Wegen der faktisch begründeten Stellung
kann nur der Treubruchstatbestand verwirklicht werden (*Schumacher,* Vermögensbetreuungspflichten von
Kapitalgesellschaftsorganen, 2010, 26). Ist ein (wirksam bestellter) **Strohmann** vorhanden, der ebenfalls

Geschäftsführungsaufgaben wahrnimmt, muss allerdings das faktische Organ eine **überragende Stellung** inne (BGHSt 3, 32 (37); 31, 118 (122); 46, 62 (65)) bzw. Geschäftsführerfunktionen **„in maßgeblichem Umfang"** übernommen haben (BGH wistra 2013, 272 (274) mAnm *Esser* ZWH 2013, 317), mithin „faktische Dominanz" (BeckOK StGB/*Wittig* Rn. 28.1) vorliegen. Maßgebend ist das „Gesamterscheinungsbild" (BGH(Z) NZG 2005, 755). Hierbei spricht es nach der Rspr. indiziell gegen das Vorliegen einer faktischen Geschäftsführung, wenn die für eine organschaftliche Stellung **typischen Befugnisse** (zB Bankvollmacht; Übernahme von Pflichten im Außenverhältnis, die üblicherweise mit einer Organstellung verbunden sind, wie ggü. Sozialversicherungsträgern oder Finanzbehörden) fehlen, weil sie zu den **Essenzialien** einer Organstellung zählen (BGH NJW 2013, 624 (625) mAnm *Schneider;* HRRS 2013, 297 ff.). Im Einzelfall – also eher in Ausnahmefällen (SSW StGB/*Saliger* Rn. 26a) – kann es nach der Rspr. genügen, wenn der faktische Geschäftsführer den förmlich bestellten Geschäftsführer anweisen kann und dadurch die Geschäftspolitik tatsächlich bestimmt (BGH NJW 2013, 624 (625)). Demgegenüber wird im Schrifttum zT gefolgert (vgl. *Montag,* Die Anwendung der Strafvorschriften des GmbH-Rechts auf faktische Geschäftsführer, 1994, 49 ff.; *Stein,* Das faktische Organ, 1984, 130 ff.), dass die Annahme eines faktischen Organs bei § 266 wegen des Analogieverbotes nur unter den Voraussetzungen des § 14 Abs. 3 möglich sei (Schönke/Schröder/*Perron* Rn. 33), also stets eine förmliche Bestellung erfolgen müsse. Da die „Bestellung" aber auch in dem konkludenten Einverständnis der Gesellschafter mit dem Tätigwerden des faktischen Organs gesehen werden kann und es für die Anwendung des Treubruchtatbestands genügt, dass die Vermögensbetreuungspflicht **tatsächlich begründet** wurde, hat der Streit bei § 266 iErg keine praktische Bedeutung (Achenbach/Ransiek/Rönnau WirtschaftsStR-HdB/*Seier* Teil 5 Kap. 2 Rn. 310: „Scheinproblem").

22a   IÜ kann auch der **Strohmann** Täter des § 266 sein, da ihm – als bestelltem Organ – ggü. der Gesellschaft eine Vermögensbetreuungspflicht obliegt; dies gilt nicht nur dann, wenn er neben dem faktischen Organ für die Gesellschaft tatsächlich tätig wird, sondern auch dann, wenn er von den Gesellschaftern – ohne formell abberufen worden zu sein – **faktisch „entmachtet"** wurde (vgl. LK-StGB/*Schünemann* Rn. 246; MüKoStGB/*Dierlamm* Rn. 94; *Siegmann/Vogel* ZIP 1994, 1821 ff.; aA Achenbach/Ransiek/Rönnau WirtschaftsStR-HdB/*Seier* Teil 5 Kap. 2 Rn. 317; BeckOK StGB/*Wittig* Rn. 34.8; *Sahan* FS I. Roxin, 2012, 295 (300); Schönke/Schröder/*Perron* Rn. 33), da hierdurch eine ordnungsgemäß begründete Vermögensbetreuungspflicht nicht beendet werden kann. Entscheidend ist, ob der „Entmachtete" im Einzelfall eine Eingriffsmöglichkeit hatte bzw. ihm die Vorgänge bekannt waren. In den Fällen der sog **Firmenbestattung** können nicht nur die Neugeschäftsführer, sondern uU als faktische Geschäftsführer auch die Neugesellschafter bzw. Hintermänner Täter des § 266 sein (vgl. *Werner* NZWiSt 2013, 418 (424)).

23   **d) Kollegialorgane, Gremien.** Bei **Kollegialorganen** oder **Gremien** – zB bei Vorhandensein mehrerer Geschäftsführer, Vorstände oder Aufsichtsräte – **obliegt die Vermögensbetreuungspflicht allen Mitgliedern,** so dass jedes Mitglied Täter sein kann (vgl. zu Aufsichtsratsmitgliedern BGHSt 9, 203 (215 f.)), sofern es der Missbrauchs- oder Treubruchtatbestand durch aktives Tun oder pflichtwidriges Unterlassen verwirklicht. Jedes Mitglied ist verpflichtet, die Vermögensinteressen der Gesellschaft bzw. des Unternehmens zu wahren. Eine interne Ressortaufteilung befreit die Mitglieder grds. nicht von ihren Pflichten (grdl. BGHSt 37, 106 (131 f.) – Lederspray). Im Falle eines **einstimmigen Beschlusses** kann somit jedes Mitglied strafrechtlich verantwortlich gemacht werden (Mittäterschaft, § 25 Abs. 2). Aber auch bei einem **Mehrheitsbeschluss** kann ein überstimmtes Mitglied wegen Unterlassens strafrechtlich verantwortlich sein, wenn es die Umsetzung eines Beschlusses, der die Begehung einer Tat nach § 266 bedeutet, pflichtwidrig nicht hindert; das überstimmte Mitglied muss iRd Möglichen und Zumutbaren jedes rechtlich zulässige Mittel ergreifen, um die Vermögensschädigung zu verhindern (BGHSt 9, 203 (215 f.); 37, 106 (131 f.); OLG Braunschweig NJW 2012, 3798 (3800); vgl. auch *Knauer,* Die Kollegialentscheidung im Strafrecht, 2001, 81 ff.; *Martin,* Bankuntreue, 2000, 73 ff.; *Poseck,* Die strafrechtliche Haftung der Mitglieder des Aufsichtsrats einer Aktiengesellschaft, 1997, 143 ff.). So ist etwa ein überstimmter GmbH-Geschäftsführer zur Warnung der Gesellschafter verpflichtet (LK-StGB/*Schünemann* Rn. 248). Dasselbe gilt für die Vorstandsmitglieder einer AG in Bezug auf den Aufsichtsrat.

24   **e) Limited.** Täter des § 266 können auch die **Direktoren** einer **private company limited by shares,** kurz: **Limited,** sein (BGH NStZ 2010, 632; hierzu *Beckemper* ZJS 2010, 554 (556 f.); *Bittmann* wistra 2010, 303 f.; *Kraatz* JR 2011, 58 ff.; *Mankowski/Bock* GmbHR 2010, 822; Fischer Rn. 101; Lackner/Kühl/*Kühl* Rn. 20a; *Radtke* NStZ 2011, 556 (558); *Schramm/Hinderer* ZIS 2010, 494 (497); AG Stuttgart wistra 2008, 226 (229) mAnm *Schumann;* zuvor bereits *Schlösser* wistra 2006, 81 (84 ff.); *Worm,* Die Strafbarkeit eines directors einer englischen Limited nach deutschem Strafrecht, 2009, 115; krit. *Rönnau* ZGR 2005, 833 (853); *Rönnau* NStZ 2011, 558 f.; eine „Limited-Untreue" iErg abl. *Peukert,* Strafbare Untreue zum Nachteil einer in Deutschland ansässigen Limited, 2015, 369). Die Bedeutung dieser ausländischen Gesellschaftsform ist kontinuierlich gestiegen, seit der EuGH in seiner grdl. Entsch. v. 30.9.2003 zur Niederlassungsfreiheit (EuGH NJW 2003, 3331 ff. – Inspire Art) der **Gründungstheorie** gefolgt ist, wonach Unternehmen unabhängig von ihrem Verwaltungssitz auch dann nach dem Recht des Gründungsstaates zu behandeln sind, wenn sie ausschließlich in einem anderen Mitgliedsstaat

tätig sind. Demzufolge sind ausländische Gesellschaften in Deutschland als solche anzuerkennen, wenn sie in einem Mitgliedstaat der EU oder des EWR oder in einem in Bezug auf die Niederlassungsfreiheit gleichgestellten Staat gegründet wurden (BGH NStZ 2010, 632: Limited nach dem Recht der **British Virgin Islands,** eines britischen Überseegebietes). Angesichts der geringen Gründungserfordernisse löste dies einen „Limited-Boom" (*Ransiek* ZGR 2005, 833 (836)) aus. Ende 2009 dürften in Deutschland rund 50.000 „Scheinauslandsgesellschaften" tätig gewesen sein. Infolge der Modernisierung des GmbH-Rechts (ua Schaffung der Unternehmergesellschaft (UG), § 5a GmbHG) ist mittlerweile aber der Anteil der Limiteds an den Neugründungen stark zurückgegangen (vgl. nur Statistisches Bundesamt, Unternehmen und Arbeitsstätten, Gewerbeanzeigen, Februar 2015, S. 6). Während sich die **Geschäftstätigkeit** der Limited nach dem Recht des Staates der Niederlassung richtet, dh dem **deutschen Recht,** unterliegen Organe und Vertretungsbefugnisse nach hM im **Innenverhältnis** ausschließlich dem Recht des Staates der Hauptverwaltung, dh **ausländischem Gesellschaftsrecht** (BGH NStZ 2010, 632 (634); AnwK-StGB/*Esser* Rn. 292; LK-StGB/*Schünemann* Rn. 264; *Peukert,* Strafbare Untreue zum Nachteil einer in Deutschland ansässigen Limited, 2015, 206; *Radtke* NStZ 2011, 556 ff.; Schönke/Schröder/ *Perron* Rn. 21e; SSW StGB/*Saliger* Rn. 31; zuvor bereits *Pattberg,* Die strafrechtliche Verantwortlichkeit des Directors einer englischen Limited in Krise und Insolvenz, 2010, 262, 287; *Radtke* GmbHR 2008, 729 (734); *Worm,* Die Strafbarkeit eines directors einer englischen Limited nach deutschem Strafrecht, 2009, 108 f.; krit. Achenbach/Ransiek/Rönnau WirtschaftsStR-HdB/*Seier* Teil 5 Kap. 2 Rn. 341; ausf. *Wietz,* Vermögensbetreuungspflichtverletzung ggü. einer im Inland ansässigen Auslandsgesellschaft, 2009, 91 ff.). Für § 266 bedeutet dies, dass das deutsche Recht nur die „Sanktions-Hülle" (*Schlösser* wistra 2006, 82 (86)) bereitstellt, die durch das ausländische Gesellschaftsrecht – dh seit dem 1.10.2009 vor allem durch den neuen britischen Companies Act 2006, aber zB auch durch den British Virgin Islands International Companies Act – ausgefüllt wird.

Die **Bedenken,** die gegen die Anwendung ausländischen Rechts im Hinblick auf **Bestimmtheits-** **24a** **grundsatz** und **Parlamentsvorbehalt** erhoben werden (*Rönnau* ZGR 2005, 832 (856 f.); *Rönnau* ZStW 119 (2007), 887 (905 f.); *Rönnau* NStZ 2011, 558 f.; *Tecklenborg,* Societas Europaea, 83 ff.; vgl. auch Altenhain/Wietz NZG 2008, 569 (572); *Mosiek* StV 2008, 94 (98), teilt die hM nicht, da das europäische Recht die Möglichkeit der autonomen Rechtswahl eröffnet (LK-StGB/*Schünemann* Rn. 264; *Radtke* NStZ 2011, 556 (558)). Auch muss sich derjenige, der eine Limited gründet bzw. sich daran beteiligt oder deren Geschäfte führt, sich mit dem ausländischen Recht – dessen Anwendung ja gerade gewünscht ist – vertraut machen (*Radtke* GmbHR 2008, 729 (734 f.); zur Vermeidbarkeit eines Verbotsirrtums → Rn. 232). Die Frage, ob deutsches Recht idS die **„Obergrenze"** bildet, dass die sich aus der Fremdrechtsanwendung ergebende Strafbarkeit nicht gegen Wertentscheidungen des deutschen Gesetzgebers verstoßen darf (so *Kraatz* JR 2011, 58 (64)), dürfte sich kaum stellen, da die Direktoren vergleichbare Vermögensbetreuungspflichten obliegen (zur Limited → Rn. 49, Direktor). Zudem entspricht die Limited funktional einer GmbH und weist bei der Vertretung und bei den Bestimmungen zum Kapitalschutz Ähnlichkeiten mit einer deutschen AG auf (→ Rn. 156). Auch eine **Beeinträchtigung der Niederlassungsfreiheit** durch Anwendung von § 266 (krit. *Kraatz* JR 2011, 58 (64 f.); *Schramm/Hinderer* ZIS 2010, 494 (501)) liegt fern. Denn die Anwendung einer individualschützenden Strafvorschrift beeinträchtigt die Niederlassungsfreiheit nicht unverhältnismäßig, sondern ist iSd „4-Kriterien-Tests" des EuGH (vgl. EuGH NJW 2003, 3331 Rn. 133) „aus zwingenden Gründen des Allgemeininteresses" zu rechtfertigen (*Radtke* NStZ 2011, 556 (558)).

Die **Direktoren** kommen als Täter einer Untreue zum einen ggü. der eigenen Gesellschaft **(interne** **25** **Schädigung)** in Betracht, zum anderen aber auch im Verhältnis zu Dritten, ggü. denen die Limited aus ihrer Geschäftstätigkeit vermögensbetreuungspflichtig ist **(externe Schädigung,** → Rn. 21). Im letzteren Fall ist § 14 anzuwenden. Hierbei kann angenommen werden, dass die Direktoren vertretungsberechtigte **„Organe"** einer juristischen Person iSd § 14 Abs. 1 Nr. 1 sind (OLG Stuttgart wistra 2008, 226; *Rönnau* ZGR 2005, 832 (843 f.)), selbst wenn der Begriff „Organ" dem englischen Gesellschaftsrecht fremd ist. Da dort die Direktoren als „agents" begriffen werden (vgl. Just Rn. 156), ist aber jedenfalls von **Beauftragten** iSd § 14 Abs. 2 Nr. 1 auszugehen (*Rönnau* ZGR 2005, 832 (843 f.)). Bei einer **Limited & Co KG** bedarf es der Anwendung des § 14 nur in Bezug auf den Geschäftsführer der Komplementär-Limited, den vertretungsberechtigten Gesellschaftern obliegt die Pflicht, fremde Vermögensinteressen ggü. Dritten zu wahren, unmittelbar selbst. Auch für die Limited gilt, dass **faktische Direktoren** – insbes. Gesellschafter (shareholder) – Täter des § 266 sein können, da nach dem britischen Gesellschaftsrecht der „shadow director" dem förmlichen „director" gleichsteht (vgl. OLG Stuttgart wistra 2008, 226 (228 f.)).

2. Verhältnis von Missbrauchs- und Treubruchstatbestand. Nach § 266 besteht sowohl für **26** Missbrauchs- als auch Treubruchstatbestand das Erfordernis, dass der Täter „**fremde Vermögensinteressen** (...) **zu betreuen hat".** Diese Formulierung soll jedoch lediglich klarstellen, dass der Vermögensnachteil beim Betreuten eintreten muss (vgl. nur Achenbach/Ransiek/Rönnau WirtschaftsStR-HdB/*Seier* Teil 5 Kap. 2 Rn. 132). Dagegen ist von der „**Pflicht, fremde Vermögensinteressen wahrzunehmen",** nur im Treubruchstatbestand die Rede. Seit langem ist deshalb umstritten, ob die Vermögensbetreuungspflicht bei beiden Tatbeständen gleich ist (ausf. *Nelles,* Untreue zum Nachteil von

Gesellschaften, 1991, 186 ff.; LK-StGB/*Schünemann* Rn. 6 ff.; NK-StGB/*Kindhäuser* Rn. 11 ff.; *Wegenast*, Missbrauch und Treubruch, 1994, 9 ff.).

27   Nach früherer Rspr. und früher hM, aber auch heute noch verbreiteter Ansicht, sind **Missbrauchs- und Treubruchstatbestand selbstständige Tatbestände,** die sich in ihrem Anwendungsbereich nicht überschneiden (BGHSt 1, 186 (188); 13, 315 (316); *Bringewat* GA 1973, 353 (362); *Heimann-Trosien* JZ 1976, 549 (550); *Kargl* ZStW 113 (2001), 565 (589); *Labsch*, Untreue (§ 266 StGB), Grenzen und Möglichkeiten einer neuen Deutung, 1983, 212, 305 ff.; Momsen/Grützner WirtschaftsStR/*Schramm* 5 B Rn. 13; Otto StrafR BT § 54 Rn. 8 ff.; *Ranft* JuS 1988, 673 f.; *Schramm*, Untreue und Konsens, 2005, 34; *Wegenast*, Missbrauch und Treubruch, 1994, 137; ähnlich LK-StGB/*Schünemann* Rn. 11 ff.: Zuordnung zu Missbrauchs- oder Treubruchstatbestand auf Grundlage einer „typologischen Theorie": Ausübung der Herrschaft über fremdes Vermögen entweder durch Wahrnehmung von Rechtsbeziehungen (Missbrauch) oder auf andere Weise (Treubruch)). Nach dieser **dualistischen Theorie** setzt nur der Treubruchstatbestand voraus, dass der Täter fremde Vermögensinteressen iS einer qualifizierten Betreuungspflicht wahrnimmt. Für den Missbrauchstatbestand genügt es hingegen, dass dem Täter rechtswirksam eine Verfügungs- oder Verpflichtungsbefugnis eingeräumt ist, da der Tatbestand durch die Einräumung dieser Rechtsmacht hinreichend konturiert sei. Für diese Sichtweise lässt sich anführen, dass nur der Treubruchstatbestand auf die Verletzung der „Pflicht, fremde Vermögensinteressen wahrzunehmen", abstellt und die dualistische Theorie dem Willen des historischen Gesetzgebers entspricht.

28   Nach einer vermittelnden Ansicht setzen beide Tatbestände eine Vermögensbetreuungspflicht voraus, für den **Missbrauchstatbestand** soll aber **eine (reduzierte) Vermögensbetreuungspflicht geringerer Intensität** genügen; dem Täter müsse lediglich im Interesse des Vermögensinhabers eine Verfügungs- oder Verpflichtungsbefugnis eingeräumt sein; weitere Erfordernisse würden nur für den Treubruchstatbestand gelten, der das Bestehen einer qualifizierten Vermögensbetreuungspflicht (Selbstständigkeit, Eigenverantwortlichkeit etc – „Vermögensfürsorgepflicht") voraussetze (*Bringewat* GA 1973, 353 (362); *Eisele* GA 2001, 377 (380 f.); *Kargl* ZStW 113 (2001), 565 (577 f.); Mitsch StrafR BT II 6.2.1.2.1; *Nelles*, Untreue zum Nachteil von Gesellschaften, 1991, 218 ff.; *Rojas*, Grundprobleme der Haushaltsuntreue, 2011, 80 ff.; *Sax* JZ 1977, 702; *Schlüchter* JuS 1984, 675 (676 f.); Schönke/Schröder/*Perron* Rn. 2; *Wegenast*, Missbrauch und Treubruch, 1994, 134 ff.; nunmehr auch (in Anbetracht der stRspr „wohl oder übel") LK-StGB/*Schünemann* Rn. 13 f.). Für diese **eingeschränkt monistische Theorie** spricht ebenfalls, dass sich die „Pflicht, fremde Vermögensinteressen wahrzunehmen", nach dem Wortlaut nur auf den Treubruchstatbestand bezieht; zudem vermeidet diese Auslegung Strafbarkeitslücken der dualistischen Theorie.

29   Die neuere Rspr. und heute hL gehen hingegen mit Recht davon aus, dass die Vermögensbetreuungspflicht für beide Tatbestände einheitlich zu bestimmen ist, so dass der **Missbrauchstatbestand lediglich ein** (an sich überflüssiger) **„ausgestanzter" Spezialfall des Treubruchstatbestandes** ist (BGHSt 24, 386 (387); 33, 244 (250); 47, 187 (192) – SSV Reutlingen; OLG Hamm NJW 1968, 1940; Achenbach/Ransiek/Rönnau WirtschaftsStR-HdB/*Seier* Teil 5 Kap. 2 Rn. 54 ff.; AnwK-StGB/*Esser* Rn. 64; AWHH/*Heinrich* StrafR BT § 22 Rn. 68; *Dunkel*, Erfordernis und Ausgestaltung des Merkmals „Vermögensbetreuungspflicht" iRd Mißbrauchstatbestandes der Untreue, 1976, 236; GA 1977, 329; *Fabricius* NStZ 1993, 414 (415); Fischer Rn. 6; *Hantschel*, Untreuevorsatz, 2010, 303; Lackner/Kühl/*Kühl* Rn. 4, 21; Matt/Renzikowski/*Matt* Rn. 7; MüKoStGB/*Dierlamm* Rn. 31; NK-StGB/*Kindhäuser* Rn. 26; HK-KapMStrafR/*Zieschang* Rn. 6; Rengier StrafR BT I § 18 Rn. 2; *Schreiber/Beulke* JuS 1977, 656 (657); SK-StGB/*Hoyer* Rn. 17 f.; SSW StGB/*Saliger* Rn. 7; *Vormbaum* JuS 1981, 18 (20 f.); Wessels/Hillenkamp StrafR BT II Rn. 749; *Wittig/Reinhardt* NStZ 1996, 467 (471); für eine). Für diese **(streng) monistische Theorie** lässt sich anführen, dass die Erstreckung des Erfordernisses der „Pflicht, fremde Vermögensinteressen wahrzunehmen" der notwendigen restriktiven Auslegung der Untreue dient und den Anwendungsbereich auch beim Missbrauchstatbestand auf die Verletzung einer qualifizierten Vermögensbetreuungspflicht begrenzt; sonst würde der Missbrauchstatbestand trotz gleicher Strafandrohung auch Fallgestaltungen erfassen, die im Handlungsunwert zT erheblich hinter dem Treubruchstatbestand zurückbleiben. Umgekehrt lässt sich der Treubruchs- am Beispiel des Missbrauchstatbestands, der schärfere Konturen aufweist, konturieren. Schließlich ist anzuführen, dass auch der Gesetzgeber des 2. WiKG v. 15.5.1986 mit Schaffung des § 266b die monistische Theorie implizit bestätigt hat; würde der Missbrauchstatbestand die Verletzung einer Vermögensbetreuungspflicht nicht voraussetzen, könnte § 266 die Fälle der missbräuchlichen Verwendung einer Scheck- oder Kreditkarte grds. erfassen.

30   Die **Vermögensbetreuungspflicht** ist daher bei Missbrauchs- und Treubruchstatbestand **inhaltsgleich.** Der Unterschied zwischen den beiden Tatbeständen besteht darin, dass der **Missbrauchstatbestand** als lex specialis die Vermögensschädigung **durch wirksames Rechtsgeschäft** erfasst, während der **Treubruchstatbestand** auch **jedes andere vermögensschädigende Verhalten** unter Strafe stellt und idS als **Auffangtatbestand** (Achenbach/Ransiek/Rönnau WirtschaftsStR-HdB/*Seier* Teil 5 Kap. 2 Rn. 131; Mitsch StrafR BT II 6.2.1.3.1) fungiert.

31   **3. Vermögensbetreuungspflicht (Vermögensbetreuungsverhältnis). a) Inhalt.** Im Hinblick auf die Weite des Merkmals „Pflicht, fremde Vermögensinteressen wahrzunehmen", besteht in Rspr. und Strafrechtswissenschaft Einigkeit, dass eine **restriktive Auslegung** des Untreuetatbestands geboten ist,

damit ausschließlich strafwürdige Sachverhalte erfasst werden. Erreicht wird dies vor allem, indem für das **Innenverhältnis** zwischen Treugeber und Treunehmer das Bestehen einer **„gehobenen"**, **„qualifizierten" Vermögensbetreuungspflicht** gefordert wird (vgl. nur BGH NStZ 2013, 40; OLG Celle NStZ 2011, 218 (219)). Dem Täter muss eine **besondere Rechtspflicht** obliegen, fremde Vermögensinteressen wahrzunehmen, eine allg. Pflicht genügt nicht. Der Täter wird damit in Bezug auf das Vermögen als **Beschützergarant** begriffen, die Vermögensbetreuungspflicht als **Garantenpflicht** (SK-StGB/*Hoyer* Rn. 27; Schönke/Schröder/*Perron* Rn. 23b), die einer **Garantenstellung** – einem Vermögensbetreuungsverhältnis – entspringt.

Bei der **Feststellung** des Vermögensbetreuungsverhältnisses operiert die Rspr. mit einem **Bündel** **32** **von Elementen.** Im Anschluss an die **Leitentscheidung des RG** v. 14.12.1934 (RGSt 69, 58 (61 f.)) wird es vor allem dann bejaht, wenn ein „Treueverhältnis" gehobener Art mit Pflichten von einigem Gewicht besteht, die dem Verpflichteten nicht in allen Einzelheiten vorgegeben sind, sondern bei deren Erfüllung ihm vielmehr ein gewisser Spielraum, eine gewisse Selbstständigkeit und Bewegungsfreiheit eingeräumt ist, wobei es sich um eine Angelegenheit von einiger wirtschaftlicher Bedeutung handeln muss (vgl. nur BGHSt 1, 186 (188 f.); 3, 289 (293); bestätigt durch BVerfGE 126, 170 = BVerfG NJW 2010, 3209 (3214 f.) Rn. 109 f.). Bei diesen Elementen handelt es sich jedoch nur um **Anhaltspunkte** (BGHSt 13, 315 (317)), so dass die Rspr. in einer **typologisch** (LK-StGB/*Schünemann* Rn. 74) **wertenden Gesamtbetrachtung** ein Vermögensbetreuungsverhältnis unter Berücksichtigung der gesamten Umstände des Einzelfalles auch dann bejaht, wenn es an der Selbstständigkeit weitgehend fehlt, jedoch andere Aspekte großes Gewicht haben, wie zB dann, wenn die wahrzunehmende Angelegenheit von erheblicher Bedeutung ist und es um erhebliche Summen geht (→ Rn. 40).

Durch diese Gesamtbetrachtung wird zwar eine flexible Rechtsanwendung ermöglicht, jedoch **33** besteht die **Gefahr der Überdehnung** des Tatbestandes (vgl. nur Achenbach/Ransiek/Rönnau Wirt-schaftsStR-HdB/*Seier* Teil 5 Kap. 2 Rn. 147 ff.; AnwK-StGB/*Esser* Rn. 44; AWHH/*Heinrich* StrafR BT § 22 Rn. 67; Fischer Rn. 37; Mitsch StrafR BT II 6.2.1.3.3; *Kargl* ZStW 113 (2001), 565 (585 ff.); *Labsch,* Untreue (§ 266 StGB), Grenzen und Möglichkeiten einer neuen Deutung, 1983, 163 ff.; *Seier/ Martin* JuS 2001, 874 (875); Schönke/Schröder/*Perron* Rn. 24). Soweit deshalb verbreitet gefordert wird, dass alle Elemente (gleichmäßig) vorliegen müssen, insbes. das Element der Selbstständigkeit unverzichtbar sei, da der Vermögensinhaber dem Treupflichtigen nicht nur beim Missbrauchs-, sondern in gleicher Weise auch beim Treubruchstatbestand „ausgeliefert" sein müsse (vgl. MüKoStGB/*Dierlamm* Rn. 59 ff.), harmoniert dies mit der (restriktiven) Leitentscheidung des RG. Allerdings wären dann zahlreiche Fallgruppen, die traditionell dem Untreuetatbestand zugeordnet werden und zum gesicherten Kernbestand gehören, insbes. die (treuhänderische) Verwahrung (→ Rn. 40, 49), nicht erfasst, was kriminalpolitisch nicht überzeugt. Daher ist de lege lata eine **„Gesamtbetrachtung"** nicht zu vermeiden. Hierfür lässt sich auch anführen, dass in den (problematischen) Fallgruppen mit geringer Entscheidungsfreiheit durchaus davon gesprochen werden kann, dass „fremde Vermögensinteressen wahrzunehmen" sind, das Untreueunrecht durch den Bruch einer **besonderen Vertrauensstellung** – wofür Selbstständigkeit und Bewegungsfreiheit nur Indizien sein können – geprägt wird und die Bestimmtheit iSv Vorhersehbarkeit für die Normadressaten durch die – jedenfalls im Kern – gesicherte Rspr. gewährleistet ist. Insgesamt ist jedenfalls eine **fallgruppenspezifische Obersatzbildung** (BVerfGE 126, 170 = BVerfG NJW 2010, 3209 (3215) Rn. 111) anzustreben.

b) Kriterien. aa) Fremdnützige Vermögensbetreuung als Hauptgegenstand. Der **typische** **34** **und wesentliche Inhalt** des Treueverhältnisses muss die **Wahrnehmung fremder Vermögensinte-ressen** sein. Die Betreuung fremder Vermögensinteressen hat **„wesentliche Pflicht"** bzw. **„Hauptgegenstand"** und nicht nur beiläufiger Gegenstand der gegenseitigen Rechtsbeziehungen zu sein (BGHSt 41, 224 (228 f.); BGH NStZ 2013, 40; OLG Celle NStZ 2011, 218 (219); vgl. auch AWHH/ *Heinrich* StrafR BT § 22 Rn. 58; Fischer Rn. 21, 34, 36; Lackner/Kühl/*Kühl* Rn. 11; MüKoStGB/ *Dierlamm* Rn. 65; NK-StGB/*Kindhäuser* Rn. 33; Wessels/Hillenkamp StrafR BT II Rn. 770; krit. Kargl ZStW 113 (2001), 565 (585); *Kraatz* ZStW 123 (2011) 447, 461 f.; Schönke/Schröder/*Perron* Rn. 24; auch LK-StGB/*Schünemann* Rn. 78: „Allerweltsformel"; für die Ersetzung durch „Garantenpflicht" *Jakobs* FS Dahs, 2005, 49 (55 f., 58 f.)). Die vor allem früher verbreitete Differenzierung zwischen **„Hauptpflicht"** und bloßer **„Nebenpflicht"** (vgl. nur BGHSt 1, 186 (188 f.); 22, 190 (192); 33, 244 (250)) soll dagegen nach der neueren Rspr. „bedeutungslos" sein, da eine solche Einstufung „kein sicheres Erkennungszeichen" darstellt (BGHSt 41, 224 (228 f.)).

Eine derartige Vermögensbetreuungspflicht findet idR in **fremdnützig typisierten Schuld- 35 verhältnissen,** die den Charakter einer Geschäftsbesorgung haben (Fischer Rn. 35, 38; Lackner/Kühl/ *Kühl* Rn. 11; LK-StGB/*Schünemann* Rn. 58; Schönke/Schröder/*Perron* Rn. 23b). Bei **atypischer Ver-tragsgestaltung** kann sich auch aus einem an sich nicht fremdnützigen Rechtsverhältnis eine Vermögensbetreuungspflicht ergeben (BGH NStZ 1989, 72 f.), wenn das Vertragsverhältnis **Elemente einer Geschäftsbesorgung** aufweist und die fremdnützige Vermögensfürsorge einen wesentlichen Inhalt des Vertragsverhältnisses bildet. Dies ist zB der Fall, wenn eine Vertragspartei ihrer Leistung eine **besondere Zweckbestimmung** gibt, insbes. eine **Vorauszahlung,** zu einem bestimmten, den Interessen gerade des Vorleistenden dienenden Zweck erbracht wird und nach den Umständen nur dazu verwendet werden darf (BGHSt 8, 271 (272 f.); 13, 330: Baukostenzuschuss bzw. Darlehen eines Mieters zur Errichtung eines Miethauses; BGHSt 28, 20 (24); BGH NJW 1991, 371: Ansparvertrag zum Kauf von Aussteuerware). **Nicht erfasst** sind ausschließlich **eigennützige** Rechtsverhältnisse (Fischer Rn. 23; LK-StGB/*Schünemann* Rn. 76) und Pflichtenstellungen, die in einem **übergeordneten Interesse** (zB unparteiische Prüfungstätigkeit des Abschlussprüfers, BeckOK StGB/*Wittig* Rn. 30; Matt/Renzikowski/*Matt* Rn. 26; MüKoStGB/*Dierlamm* Rn. 50) bestehen. Ebenfalls nicht erfasst ist das **Aushandeln** einer Vergütung für die eigene Tätigkeit (→ Rn. 49, „Aufsichtsrat", „Vorstand").

36   **Nicht ausreichend** zur **Begründung** des Vermögensbetreuungsverhältnisses sind **allg. Pflichten,** wie die Pflicht, einen Vertrag ordnungsgemäß zu erfüllen (BGHSt 28, 20 (23); 33, 244 (251); Achenbach/Ransiek/Rönnau WirtschaftsStR-HdB/*Seier* Teil 5 Kap. 2 Rn. 155; Fischer Rn. 21, 36), auf Rechte, Rechtsgüter und (Vermögens-)Interessen des Vertragspartners (nach § 241 Abs. 2 BGB) Rücksicht zu nehmen (BGHSt 1, 186 (188); OLG Celle NStZ 2011, 218), oder das allg. Schädigungsverbot (Mitsch StrafR BT II 6.2.1.3.3; *Thomas* FS Hamm, 2008, 767 (772); zur Geltung des allg. Schädigungsverbots innerhalb eines bestehenden Vermögensbetreuungsverhältnisses → Rn. 110). Dies gilt auch für **Nebenpflichten** (BGHSt 6, 314 (318)), sei es kraft Gesetzes bestehend, wie Auskunftspflichten des Verkäufers in Bezug auf die rechtlichen Verhältnisse (§§ 433 Abs. 1, 241 Abs. 2 BGB) und Anzeigepflichten des Mieters zum Schutz der Mietsache (§ 536c Abs. 1 BGB), vertraglich vereinbart oder lediglich aus Treu und Glauben (§ 242 BGB) abgeleitet (OLG Celle NStZ 2011, 218; Schönke/Schröder/*Perron* Rn. 23; vgl. auch *R. Hamm* NJW 2005, 1993 (1995)). So begründet zB iRd Kreditgewährung die Sicherungszession für den Kreditnehmer grds. nur Nebenpflichten, Hauptpflicht bleibt die Kreditrückzahlung (BGH wistra 1984, 143). Bei Beamten reicht die **allg. Treuepflicht** ebenfalls nicht aus, um eine Vermögensbetreuungspflicht zu begründen, sondern es bedarf einer besonderen Treuepflicht, die sich aus dem konkret zugewiesenen Aufgabenbereich ergeben kann (Rengier StrafR BT I § 18 Rn. 24; Wessels/Hillenkamp StrafR BT II Rn. 770); entsprechendes gilt für Angestellte. Auch unternehmensinterne **Compliance-Richtlinien** (zur Compliance → Rn. 143c ff.) können keine strafrechtlich relevanten Vermögensbetreuungspflichten begründen (*Michalke* StV 2011, 245 (251)), sondern nur bestehende Vermögensbetreuungspflichten inhaltlich konkretisieren (AnwK-StGB/*Esser* Rn. 313b).

37   **bb) Selbstständigkeit, Bewegungsfreiheit und Eigenverantwortlichkeit.** Weiter muss dem Treunehmer eine **gewisse Selbstständigkeit** bei der Erfüllung seiner Pflichten eingeräumt sein, dh er darf in seinem Handlungs-, Entscheidungs- und Ermessensspielraum nicht völlig gebunden sein, muss **Raum für eigenverantwortliche Entscheidungen** haben (BGHSt 3, 289 (294); 4, 170 (172); 33, 244 (250); 41, 224 (228 f.); BGH NStZ-RR 2002, 107 f.; BGH wistra 2002, 142 (143); Fischer Rn. 37; Joecks StGB Rn. 27; *Kargl* ZStW 113 (2001), 591 f.; Lackner/Kühl/*Kühl* Rn. 9; Mitsch StrafR II 6.2.1.3.3; NK-StGB/*Kindhäuser* Rn. 34; SK-StGB/*Hoyer* Rn. 32; Schönke/Schröder/*Perron* Rn. 23b; krit. Haas, Die Untreue (§ 266 StGB), 1997, 39; *Kargl* ZStW 113, 565 (585)). Selbstständig ist insbes., wer „schalten und walten" kann, als ob es um sein eigenes Vermögen ginge. Erfasst sind damit – als „typische Leitfiguren" – **Vermögensverwalter** und **Führungskräfte** von Unternehmen (Rengier StrafR BT I § 18 Rn. 18; *Seier/Martin* JuS 2001, 874 (878)). Darüber hinaus können nach der Rspr. aber auch vielen anderen Personengruppen Vermögensbetreuungspflichten obliegen (→ Rn. 49).

38   **Nicht ausreichend** ist es, wenn der Täter lediglich eine **rein „mechanische" Tätigkeit** oder **Handlangertätigkeit** ausübt (RGSt 69, 58 (60 ff.); 69, 279 (280 f.); Fischer Rn. 37; Rengier StrafR BT I § 18 Rn. 20; Wessels/Hillenkamp StrafR BT II Rn. 771), dh verpflichtet ist, nach festen und detaillierten Regeln Handlungen vorzunehmen, so dass die übertragene Tätigkeit in allen erdenklichen Einzelheiten vorgezeichnet ist und keinen Raum für eigenständige Entscheidungen lässt. Daher ist ein (städtischer) Angestellter, der nur mit „Schreibarbeiten" betraut ist (BGHSt 3, 289 (294)) genauso wenig erfasst wie „Kellner, Lieferausträger, Chauffeure und Boten" (BGHSt 41, 224 (229)).

39   Auch in den Fällen des **Einkassierens, Verwaltens und Ablieferns von Geldern** gilt grds. nichts anderes. Nicht erfasst ist daher ein Verkäufer, der es übernommen hat – ohne dass ein echtes Kommissionsgeschäft vorliegt – übergebene Waren weiterzuverkaufen und den Verkaufserlös nach Abzug des Gewinns an den Berechtigten zu übersenden (OLG Düsseldorf NJW 1998, 690; 2000, 529; Schönke/Schröder/*Perron* Rn. 23b); ebenso wenig sind der „Brötchenjunge" oder das „Lehrmädchen" einbezogen, die für Gegenstände des täglichen Lebens Waren nebst Quittung lediglich überbringen (Wessels/Hillenkamp StrafR BT II Rn. 773).

40   Allerdings bejaht die Rspr. traditionell dann, wenn dem Täter **(hohe) Summen anvertraut** sind und **geordnete Abrechnungsverfahren** existieren (Buchführung zur Kontrolle von Einnahmen und Ablieferungen; Erteilen von Quittungen; Herausgabe von Wechselgeld), eine Vermögensbetreuungspflicht. Erfasst sind damit nicht nur (treuhänderisch tätige) **Notare, Rechtsanwälte** (BGH NJW 2013, 1615) oder **Steuerberater,** die ihren Mandanten zustehende Gelder empfangen, zu halten und schließlich an sie auszukehren haben – selbst wenn sie nur über einen engen Entscheidungsspielraum verfügen (BGHSt 41, 224 (229)) –, sondern auch **Schalterbedienstete** (BGHSt 13, 315 (318 f.)) sowie **Kassierer** bei Banken (BGH wistra 1989, 60 (61)) und Sportwettenvermittlungen (OLG Hamburg NStZ 2010, 335 (336)), **Inkassobeamte** (RGSt 73, 235 (236)), **Geldtransporteure** (BGH wistra 2008, 427 (428) → Heros; krit. SSW StGB/*Saliger* Rn. 16) und gar **Bademeister** (BGHSt 18, 312 (313): Führung der

Kurmittelkasse). Dies ist mit Blick auf die (restriktive) Leitentscheidung des RG (→ Rn. 32) bedenklich, da damit das Merkmal der Selbstständigkeit im Wesentlichen durch das der **Abrechnungskompetenz** ersetzt wird, das lediglich die Rechenschaft über den Umgang mit dem Vermögen betrifft (krit. *Louis*, Die Falschbuchung im Strafrecht, 2002, 84 ff.; MüKoStGB/*Dierlamm* Rn. 60; NK-StGB/*Kindhäuser* Rn. 52), bzw. an die **Abwesenheit von Kontrolle** angeknüpft wird (hierfür aber ausdrücklich LK-StGB/*Schünemann* Rn. 86, der die „hervorragende Intuition" der Rspr. lobt). Die offenbar als kriminal-politisch geboten angesehene Einbeziehung derartiger Fälle ist im Wege der von der Rspr. durch-geführten wertenden Gesamtbetrachtung (→ Rn. 32 f.) zwar möglich, insgesamt ist aber dennoch **Zu-rückhaltung geboten**. Sonst werden typische Unterschlagungsfälle zu Untreuetaten hochgestuft (Momsen/Grützner WirtschaftsStR/*Schramm* Kap. 5 Teil B Rn. 97). Vorzugswürdig ist die Annahme einer veruntreuenden Unterschlagung (vgl. NK-StGB/*Kindhäuser* Rn. 56), was jedenfalls in Bezug auf anvertraute Sachen (insbes. Geldscheine, Münzen, Edelmetalle) auch möglich ist.

cc) Angelegenheit von einiger wirtschaftlicher Bedeutung. Schließlich muss die Angelegenheit 41 von **einiger wirtschaftlicher Bedeutung** sein (BGHSt 3, 289 (293 f.); 4, 170 (172); 13, 315 (317 ff.); OLG Hamm NJW 1972, 298 (301); Mitsch StrafR BT II 6.2.1.3.3; aA NK-StGB/*Kindhäuser* Rn. 35; SK-StGB/*Hoyer* Rn. 31). Anhaltspunkte hierfür bilden **Art, Umfang** und **Dauer** der Tätigkeit sowie die **Höhe** der betreuten Vermögenswerte. Soweit eingewandt wird, dass diesem Erfordernis kein eigen-ständiges oder entscheidendes Gewicht zukommen könne, sondern an die Selbstständigkeit erhöhte Anforderungen zu stellen seien (so NK-StGB/*Kindhäuser* Rn. 35), bzw. die Dauer der Tätigkeit (*Kohlmann* JA 1980, 228 (230); SK-StGB/*Hoyer* Rn. 31; Schönke/Schröder/*Perron* Rn. 23b) oder die Höhe des betreuten Vermögens (Schönke/Schröder/*Perron* Rn. 23b) für bedeutungslos erachtet werden, überzeugt dies nicht. Denn der Untreuetatbestand bedarf der Restriktion, so dass die Tätigkeit nur dann erfasst sein darf, wenn sie ein **gewisses Gewicht** hat. Der Umstand, dass § 266 Abs. 2 auf §§ 243 Abs. 2, 248a verweist und damit zeigt, dass auch die Herbeiführung von Bagatellschäden den Tatbestand erfüllt, ändert diese Bewertung nicht (aA NK-StGB/*Kindhäuser* Rn. 35; *Mölter* wistra 2010, 53 (56); SK-StGB/*Hoyer* Rn. 31), da hierbei nicht an die Tätigkeit, sondern an die Höhe des verursachten Schadens angeknüpft wird. Die geforderte wirtschaftliche Bedeutung kann selbst bei einer **einzelnen und einmaligen Geschäftsbesorgung** vorhanden sein, wenn diese großes Gewicht hat, wie zB der Erwerb eines großen Aktienpakets oder die Ersteigerung eines wertvollen Gemäldes (Schönke/Schröder/*Lenck-ner/Perron* Rn. 23b).

Nicht ausreichend sind dagegen Angelegenheiten, die nur **geringfügige wirtschaftliche Interes-** 42 **sen** zum Gegenstand haben, wie zB der Auftrag, ein Pfund Kaffee günstig zu erstehen (SK-StGB/*Samson/Günther*, 7. Aufl., StGB § 266 Rn. 30), oder der Auftrag, eine geringfügige Summe anzulegen (vgl. Mitsch StrafR BT II 6.2.1.3.3; aA Schönke/Schröder/*Perron* Rn. 23b).

c) Entstehungsgründe. Als (formale) Entstehungsgründe des Vermögensbetreuungsverhältnisses 43 nennt der Treubruchstatbestand **Gesetz, behördlichen Auftrag, Rechtsgeschäft** und **Treueverhält-nis**. Diese Aufzählung ist abschließend. Beim (spezielleren) **Missbrauchstatbestand** besteht eine Ver-fügungs- oder Verpflichtungsbefugnis, so dass das zugrunde liegende Rechtsverhältnis zivil- oder öffent-lichrechtlich wirksam begründet sein muss. Entstehungsgründe können damit nur Gesetz, behördlicher Auftrag oder Rechtsgeschäft sein. Hingegen kann beim (allgemeineren) **Treubruchstatbestand** die Vermögensbetreuungspflicht auch aus einem unwirksamen Rechtsverhältnis resultieren, so dass Ent-stehungsgrund auch ein (tatsächliches) Treueverhältnis (→ Rn. 98 ff.) sein kann (BGHSt 6, 67; BGH NJW 1997, 66; BGH NStZ 1999, 558; Lackner/Kühl/*Kühl* Rn. 10; einschr. *Keuffel-Hospach*, Die Grenzen der Strafbarkeit wegen Untreue (§ 266 StGB) aufgrund eines (tatsächlichen) Treueverhält-nisses, 1997, 131; *Sax* JZ 1977, 743 (746)), sofern schutzwürdiges Vertrauen vorhanden ist. Eine derartige faktische Betrachtungsweise, die verhindert, dass die Bestrafung strafwürdiger Fälle nicht an zivilrechtlichen Erfordernissen scheitert (Achenbach/Ransiek/Rönnau WirtschaftsStR-HdB/*Seier* Teil 5 Kap. 2 Rn. 139), ist nicht ungewöhnlich, da Garantenstellungen nebst Garantenpflichten (→ Rn. 31) nach den allg. Grundsätzen des unechten Unterlassungsdelikts (§ 13) auch tatsächlich begründet werden können.

d) Zeitpunkt. Die Vermögensbetreuungspflicht muss **zur Zeit der Tathandlung** bestehen. So kann 44 zB die Vermögensbetreuungspflicht des Geschäftsführers **entfallen** sein, wenn nach **Eröffnung des Insolvenzverfahrens** die Verwaltungs- und Verfügungsbefugnisse auf den Insolvenzverwalter über-gegangen sind (BGH NJW 1993, 1278; missverständlich BGH NJW 1992, 250 (251); zur Sequester-bestellung nebst allgemeinem Veräußerungs- und Verfügungsverbot BGH NStZ 1998, 192 (193)). Die Vermögensbetreuungspflicht **ruht**, wenn zB ein Arbeitnehmer an einem rechtmäßigen Streik teilnimmt oder ausgesperrt ist (Mitsch StrafR BT II, 2. Aufl., § 8 Rn. 33).

Die Vermögensbetreuungspflicht **erlischt** grds. mit Beendigung des zugrunde liegenden Rechtsver- 45 hältnisses (RGSt 75, 75 (82); OLG Stuttgart NStZ 1985, 365 (366); Schönke/Schröder/*Perron* Rn. 34). Das **Fortbestehen gewöhnlicher Schuldnerpflichten** ändert hieran nichts. Dies gilt zB für die Pflicht des Beauftragten, dem Auftraggeber alles, was er zur Ausführung des Auftrags erhalten und was er aus der Geschäftsbesorgung erlangt hat, herauszugeben (§§ 667, 675 BGB); für Rückerstattungs-, Rechenschafts- und Abrechnungspflichten (BGH NStZ 1986, 361 (362)); OLG Frankfurt a. M. MDR 1994, 1233); für die Pflicht, die Verwertung von Unterlagen und Kenntnissen aus der vorherigen Tätigkeit zu unterlassen (Lackner/Kühl/*Kühl* Rn. 12; *Lenckner* JZ 1973, 794; aA hinsichtlich der Pflicht eines leitenden Angestellten, Firmenunterlagen zurückzugeben OLG Stuttgart NJW 1973, 1385); im Hinblick auf ein schriftlich vereinbartes nachvertragliches Wettbewerbsverbot (§ 110 GewO), das die Pflicht begründet, auch nach Beendigung des Arbeitsverhältnisses dem früheren Arbeitgeber keine Konkurrenz zu machen (RGSt 75, 75 (82); Schönke/Schröder/*Perron* Rn. 34).

46   Die Vermögensbetreuungspflicht kann aber uU über den Zeitpunkt der Beendigung **hinausreichen.** Dies ist zum einen der Fall, wenn **abschließende Maßnahmen noch als Ausfluss** des Vermögensbetreuungsverhältnisses anzusehen sind. So können zB bei Vormundschaft (§§ 1773 ff. BGB) und Betreuung (§§ 1896 ff. BGB) der Vormund bzw. Betreuer noch verpflichtet sein, das Betreuungsverhältnis mit den Erben abzuwickeln (OLG Stuttgart NJW 1999, 1564 (1566); Lackner/Kühl/*Kühl* Rn. 12; Wessels/Hillenkamp StrafR BT II Rn. 772a; aA Schönke/Schröder/*Perron* Rn. 34). Zum anderen wirkt die Vermögensbetreuungspflicht fort, wenn der Treunehmer trotz formeller Vertragsbeendigung **seine Tätigkeit tatsächlich fortführt** (BGHSt 8, 149 (150)).

47   **e) Hilfspersonen.** Die Vermögensbetreuungspflicht wird häufig – gerade bei Betrieben und Unternehmen, aber ebenso in allen anderen Organisationen iwS, die durch Arbeitsteilung geprägt sind (→ Rn. 21 ff.) – auch Personen obliegen, die **selbst nicht in einer unmittelbaren Rechtsbeziehung zum Treugeber** (Geschäftsherrn) stehen (Achenbach/Ransiek/Rönnau WirtschaftsStR-HdB/*Seier* Teil 5 Kap. 2 Rn. 70; NK-StGB/*Kindhäuser* Rn. 40; Schönke/Schröder/*Perron* Rn. 32; Wessels/Hillenkamp StrafR BT II Rn. 769). So sind alle **Hilfspersonen** des Treunehmers (insbes. seine Angestellten, freien Mitarbeiter), die durch den Treunehmer mit der Wahrnehmung der Vermögensinteressen des Vermögensinhabers beauftragt sind, aus Sicht des Treugebers bzw. Vermögensinhabers **mittelbar vermögensbetreuungspflichtig,** und zwar unabhängig davon, ob sie ihn selbst kennen oder von dessen Existenz auch nur Kenntnis haben. Das Vermögensbetreuungsverhältnis wird in diesen Fällen vor allem durch **Rechtsgeschäft** (insbes. Arbeits-, Dienstvertrag, Auftrag) mit dem Treunehmer begründet (BGHSt 2, 324; BGH NJW 1983, 1807; BGH NStZ 2000, 375 (376)), denkbar ist aber auch die Begründung durch **(faktische) Übernahme.** Die Vermögensbetreuungspflicht des unmittelbar verpflichteten Treunehmers (also zB eines Unternehmens) bleibt hiervon unberührt, da sein Rechtsverhältnis zum Treugeber nicht durch einseitige Vereinbarungen (mit Dritten) modifiziert wird.

47a   **f) „Doppelspurige" Treupflichten.** Eine Vermögensbetreuungspflicht besteht häufig nicht nur ggü. dem **Geschäftsherrn,** sondern auch ggü. **weiteren Personen** (Achenbach/Ransiek/Rönnau WirtschaftsStR-HdB/*Seier* Teil 5 Kap. 2 Rn. 137 ff.: „doppelspurige", „janusköpfige" Treupflichten). Ein Beispiel hierfür ist der **Insolvenzverwalter** (→ Rn. 49), der ggü. dem Insolvenzschuldner und ggü. den Insolvenzgläubigern eine Vermögensbetreuungspflicht hat.

48   **g) Einbeziehung Dritter.** Das Vermögensbetreuungsverhältnis kann ggf. auch **Dritte schützen,** wie dies bei einem Vertrag zugunsten Dritter (§ 328 BGB) bzw. Vertrag mit Schutzwirkungen zugunsten Dritter der Fall ist (BGH NJW 1997, 66 (69): Geschäftsbesorgungsvertrag mit Auflagen zugunsten von Vollzeitarbeitnehmern; NK-StGB/*Kindhäuser* Rn. 40; Otto StrafR BT § 54 Rn. 26; Schönke/Schröder/*Perron* Rn. 32; SK-StGB/*Hoyer* Rn. 52).

49   **4. Personengruppen, typischerweise mit Vermögensbetreuungspflichten.** Den nachfolgenden Personengruppen obliegen **typischerweise** Vermögensbetreuungspflichten, wobei es sich idR um Personen handelt, die Verfügungs- und Verpflichtungsbefugnisse iSd Missbrauchstatbestands haben und damit zum **gesicherten Kernbestand** (Achenbach/Ransiek/Rönnau WirtschaftsStR-HdB/*Seier* Teil 5 Kap. 2 Rn. 134) der Treupflichtigen zählen:

– **Amtsträger (Beamte) in Leitungspositionen,** die selbstständig über (bedeutende) Haushaltsmittel verfügen bzw. über deren Verwendung bestimmen können: **Bürgermeister** (BGH NStZ 2003, 540 (541); 2011, 520; BGH NStZ-RR 2005, 83 (84); BGH wistra 2006, 306; KommJur 2016, 253; *Hinrichs,* Zur Untreuestrafbarkeit gemeindlicher Vertreter, 2011, 89 ff.; *Kiethe* NStZ 2005, 529 (530); *Mansdörfer* DVBl 2010, 479 (480); *G. Meyer* KommJur 2010, 81 (82)); **Landrat** (BGH NStZ-RR 2006, 307; OLG Frankfurt a. M. ZWH 2013, 68); **Schulleiter** (BGH NStZ 1986, 455); **Regierungsdirektor** im Bundesverteidigungsministerium (BGH wistra 1995, 65); **Generalintendant** einer städtischen Bühne (BGHSt 43, 293 – Bugwellenprozess); **ärztlicher Direktor** einer Universitätsklinik (BGHSt 47, 295 (297) – Drittmittel); **Baudirektor** eines Landratsamtes (BGH NStZ 1994, 191); Amtsträger, der über die Vergabe staatlicher Subventionen entscheidet (BGH NJW 2003, 2179); Beamter, der mit der Aussonderung von Dienstfahrzeugen betraut ist (BGH StV 1995, 73); Poststellenleiter (RGSt 71, 193 (194));

– **Angestellte in Leitungspositionen,** die selbstständig über (bedeutende) Vermögenswerte verfügen bzw. über deren Verwendung bestimmen können: Chef- oder Oberarzt (Lackner/Kühl/*Kühl* Rn. 13); Filial- oder Niederlassungsleiter (BGH wistra 1988, 305; 2004, 105); Leiter eines Auslieferungslagers (BGHSt 20, 143); Abteilungsleiter (BGH NJW 2009, 3173: Rechtsabteilung und Innenrevision;

BGHSt 54, 148 – Gebauer/Volkert = BGH NJW 2010, 92 – Personalwesen; BGH NJW 2013, 401 – Telekom-Spitzelaffäre: Konzernsicherheit); „Shop-Manager" eines Mobilfunkanbieters (BGH NStZ 2013, 586); Angestellter, der mit der Auftragsvergabe betraut ist (BGH wistra 1989, 224);
– **Anlageberater** (§ 1 Abs. 1a S. 2 Nr. 1a KWG; § 2 Abs. 3 Nr. 9 WpHG; zu den Anforderungen beim Einsatz in Wertpapierdienstleistungsunternehmen vgl. § 34d Abs. 1 S. 1 WpHG; zu (freien) Finanzanlagenvermittlern § 34f WpHG), falls ihm Selbstständigkeit, Bewegungsfreiheit und Eigenverantwortlichkeit eingeräumt sind (HK-KapMStrafR/*Zieschang* Rn. 45 ff.); dies ist der Fall, wenn er Gelder selbstständig anzulegen hat (BGH wistra 1999, 339) oder ihm im Rahmen einer Generalvollmacht bzw. aufgrund einer Einzelermächtigung die Durchführung von Geschäften (zB Abschluss von Darlehensverträgen; Ankauf und Verkauf von Wertpapieren) obliegt (BGH NStZ 1994, 35; Achenbach/Ransiek/Rönnau WirtschaftsStR-HdB/*Seier* Teil 5 Kap. 2 Rn. 254; *Gerst/Meinicke* CCZ 2011, 96 (98); *Park/Rütters* StV 2011, 434 (438); *v. Ungern/Sternberg* ZStW 88 (1976), 653 (690)); an einer Vermögensbetreuungspflicht **fehlt** es aber bei einer reinen Beratung (BGH NStZ 1991, 489; Fischer Rn. 36a), und zwar auch dann, wenn der Anleger seine Dispositionen erkennbar von den Empfehlungen abhängig machen will (aA *Möller* wistra 2010, 53 (57)) oder der Anlageberater wider besseres Wissen zweifelhafte Empfehlungen gibt (aA (mittelbare Täterschaft) Achenbach/Ransiek/Rönnau WirtschaftsStR-HdB/*Seier* Teil 5 Kap. 2 Rn. 257); auch der Auftrag einer Versicherung, Kunden über die Wiederanlage zu beraten und ihnen – falls es zu keinem neuen Vertrag kommt – frei gewordene Gelder auszuhändigen, begründet noch keine Vermögensbetreuungspflicht (BGH NStZ-RR 2002, 107 f.); dies gilt auch für die Verletzung der zivilrechtlichen Pflicht zur Offenlegung von Rückvergütungen (Kick-Backs) (Achenbach/Ransiek/Rönnau WirtschaftsStR-HdB/*Seier* Teil 5 Kap. 2 Rn. 256; LK-StGB/*Schünemann* Rn. 130); zu Bestandsprovisionen bei Investmentfonds → Rn. 141;
– **Architekt** ggü. dem Bauherrn, sofern er – wie idR – mit der Bauausschreibung, der Vergabe von Bauarbeiten und der Schlussabrechnung betraut ist bzw. ihm zur Finanzierung des Bauvorhabens Gelder zur Verfügung gestellt werden (BGH MDR/D 1969, 534; 1975, 23; BGH NStZ 2010, 330 (331); BayObLG NJW 1996, 268 (271); *Broß/Thode* NStZ 1993, 369 (372); *Müller* NZWiSt 2014, 255 (257)); **keine** Vermögensbetreuungspflicht besteht, wenn der Architekt lediglich mit der fachmännischen Bauplanung und Bauaufsicht betraut ist (BGH GA 1971, 209 (210); BayObLG NJW 1996, 268 (271)); zu Kick-Backs → Rn. 139 ff.;
– **Arzt** s. Vertragsarzt
– **AStA-Vorstand** der Studentenschaft in Bezug auf erhobene Mitgliedsbeiträge bzw. zugewiesene Mittel (BGHSt 30, 247 (248); LG Marburg NVwZ 2000, 353 (354));
– **Aufsichtsrat** einer AG ggü. der Gesellschaft in Bezug auf die **Überwachung** der Geschäftsführung durch den Vorstand gemäß § 111 Abs. 1 AktG (BGHSt 47, 187 (201) – SSV Reutlingen; BGH wistra 1999, 418; BGHSt 54, 148 Rn. 49, 50 – Gebauer/Volkert mAnm *Bittmann* NJW 2010, 98; *Corsten* wistra 2010, 206; *Seibt/Schwarz* AG 2010, 301 (303); *Thum/Klofut* NZG 2010, 1087; vgl. auch *Beckemper* NStZ 2002, 324; *Cramer* FS Stree/Wessels, 1993, 563 ff.; *Leipold* FS Mehle, 2009, 347 ff.; *Moll/Roebers* NZA 2012, 57 (62); *Poseck,* Die strafrechtliche Haftung der Mitglieder des Aufsichtsrats einer Aktiengesellschaft, 1997, 26 ff., 80 ff.; *Rönnau/Hohn* NStZ 2004, 113 (114); *Schumacher,* Vermögensbetreuungspflichten bei Kapitalgesellschaftsorganen, 2010, 254 ff.; *Wagner/Spemann* NZG 2015, 945 (947 f.); *Witte/Indenhuck* BB 2014, 2563 (2566); *Zech,* Untreue durch Aufsichtsratsmitglieder einer Aktiengesellschaft, 2007, 44; monografisch *Dittrich; Poseck; Schilha;* zu den Pflichten bei (M&A-)Transaktionen *Erker* FS Volk, 2009, 149 ff. (160)), so dass die Zustimmung zu gesellschaftsschädigenden Maßnahmen des Vorstands, die Nichtbeanstandung derartiger Maßnahmen und die Nichtgeltendmachung von **Schadensersatzansprüchen** gegen den Vorstand (BGHZ 135, 244 (ARAG/Garmenbeck); *Brand/Petermann* WM 2012, 66 ff.; *Krause* NStZ 2011, 57 (62); diff. *Helmrich/Eidam* ZIP 2011, 257 ff.; SSW StGB/*Saliger* Rn. 42a; *R. Werner* CCZ 2011, 201 (202 f.)) die Vermögensbetreuungspflicht verletzen; dasselbe gilt für ein **kollusives Zusammenwirken** mit leitenden Angestellten (BGH NZG 2016, 703 – Nürburgring); keine Überwachungspflicht besteht ggü. Beschlüssen der Hauptversammlung (*Poseck,* Die strafrechtliche Haftung der Mitglieder des Aufsichtsrats einer Aktiengesellschaft, 1997, 26 f.); eine Vermögensbetreuungspflicht besteht auch in Bezug auf die **Leitung,** insbes. die **Festsetzung der Vorstandsvergütung** einschließlich **Anerkennungsprämien** (→ Rn. 132); ebenso hinsichtlich der **Abrechnung und Auszahlung der eigenen Vergütung** unter Verstoß gegen eine Satzung iSd § 113 AktG (OLG Braunschweig NJW 2012, 3798 (3799) (Sitzungsgeld) mAnm *Corsten* wistra 2013, 73; *Hieramente* NZWiSt 2014, 291 (295 f.); aA (Organnebenpflicht) Achenbach/Ransiek/Rönnau WirtschaftsStR-HdB/*Seier* Teil 5 Kap. 2 Rn. 245; *Rübenstahl* NZWiSt 2013, 267); erlangt der Aufsichtsratsvorsitzende Kenntnis von bevorstehenden satzungswidrigen Zahlungen an Aufsichtsratsmitglieder, muss er den Aufsichtsrat gem. § 110 Abs. 1 AktG einberufen, um einen Beschluss zu erwirken, der den Vorstand zur Änderung der rechtswidrigen Vorgehensweise anhält (OLG Braunschweig NJW 2012, 3798 (3800); aA *Rübenstahl* NZWiSt 2013, 267 (268)); **keine Vermögensbetreuungspflicht** besteht dagegen mangels Zuständigkeit und wegen des zu berücksichtigenden Interessenkonflikts in Bezug auf das **Aushandeln** einer Vergütung für das eigene Tätigwerden (BGH BeckRS 2009, 27538 Rn. 84 – Gebauer/Volkert (insoweit nicht abgedruckt in BGHSt

54, 148); OLG Braunschweig NJW 2012, 3798, 3799; *Rübenstahl* NZWiSt 2013, 267; einschränkend *Hiéramente* NZWiSt 2014, 291 (294 f.)); eine (durch § 266 strafbewehrte) Pflicht, **Strafanzeige** zu erstatten, ist ebenfalls nicht anzuerkennen (*Rübenstahl/Skoupil* WiJ 2012, 177 (188 f.); aA Fischer Rn. 106; offen gelassen von BGHSt 47, 187 (200 f.) – SSV Reutlingen); Vermögensbetreuungspflichten treffen auch **entsandte** Mitglieder des Aufsichtsrates (§ 101 Abs. 2 AktG), nicht aber ggü. dem Entsender (*Krause* FS Hamm, 2008, 341 (356)); vergleichbare Vermögensbetreuungspflichten bestehen für den Aufsichtsrat einer **GmbH** (§ 52 GmbHG iVm § 111 AktG) (BGHSt 9, 203 (217); *Schumacher,* Vermögensbetreuungspflichten von Kapitalgesellschaftsorganen, 2010, 261 ff.), **Genossenschaft** (§ 38 GenG) oder **SE** beim dualistischen System (§§ 15 ff. SEAG) (*Tecklenborg,* Societas Europaea, 190 ff.); zu Aufsichtsräten **kommunaler Gesellschaften** *Geerds* FS Otto, 2007, 561 ff.; *U. Meyer* DÖV 2015, 827 ff.;

– **Baubetreuer** (§ 34c Abs. 1 Nr. 3b GewO), der im Namen und für Rechnung des Bauherrn ein Bauvorhaben vorbereitet und durchführt (Achenbach/Ransiek/Rönnau WirtschaftsStR-HdB/*Seier* Teil 5 Kap. 2 Rn. 295 f.); bei einem „Bauherrenmodell", bei dem idR noch ein Treuhänder eingeschaltet ist, erstreckt sich die Vermögensbetreuungspflicht auch auf die Vorlage der für den Nachweis eines Verlustanteils erforderlichen Unterlagen (BGH wistra 1991, 265 (266));

– **Baugeldempfänger** (idR ein Generalunternehmer) ggü. den Baugläubigern, dh den Personen, die an der Herstellung oder dem Umbau eines Bauwerkes aufgrund eines Werk-, Dienst- oder Kaufvertrags (als Handwerker, Lieferanten usw) beteiligt sind (Fischer Rn. 23; aA (Baugeldempfänger bloße „Zahlstelle", Vermögensbetreuungspflicht nur aus § 1 BauFordSiG) Achenbach/Ransiek/Rönnau WirtschaftsStR-HdB/*Seier* Teil 5 Kap. 2 Rn. 299; *Brand* wistra 2012, 92 (97) f.); zur Konkurrenz mit § 2 BauFordSiG → Rn. 265b;

– **Bauträger** (§ 34c Abs. 1 Nr. 3b GewO), der ein Bauvorhaben als Bauherr im eigenen Namen für eigene oder fremde Rechnung wirtschaftlich vorbereitet und durchführt (zur Abgrenzung zum Baubetreuer BGH(Z) NJW 1981, 757), ggü. dem sich ein Auftraggeber zum Erwerb verpflichtet hat, in Bezug auf Vermögenswerte, die er zweckgebunden vom Auftraggeber erhalten hat bzw. zu deren Verwendung er ermächtigt worden ist (vgl. § 4 MaBV) (*Holzmann,* Bauträgeruntreue und Strafrecht, 1981, 133 ff.; Lackner/Kühl/*Kühl* Rn. 13; aA Schönke/Schröder/*Perron* Rn. 25; diff. (Vermögensbetreuungspflicht beim Treuhandbau, beim Bestell- und Vorratsbau nur bei besonderer Vereinbarung eines objektgebundenen Baugeldeinsatzes) Achenbach/Ransiek/Rönnau WirtschaftsStR-HdB/*Seier* Teil 5 Kap. 2 Rn. 298);

– **Beauftragter** mit **Bankvollmacht** ggü. dem Kontoinhaber (BGH wistra 2012, 22; Fischer Rn. 39); dies gilt auch für denjenigen, dem vom Kontoinhaber eine **Code-Karte** nebst Geheimzahl zur Vornahme von Abhebungen anvertraut wurde, und der abredewidrig Geld für eigene Zwecke abhebt (OLG Köln NStZ 1991, 586; OLG Düsseldorf NStZ-RR 1998, 137; OLG Hamm NStZ-RR 2004, 111 (112); Fischer Rn. 39; Rengier StrafR BT I § 18 Rn. 30; aA Schönke/Schröder/*Perron* Rn. 26); entsprechendes gilt für einen Polizisten, der abredewidrig mit einer **Dienst-Kreditkarte** (Tankkarte, „Flottenkarte") sein Privatfahrzeug betankt (LG Dresden NStZ 2006, 633 (634) (die Revision wurde vom OLG Dresden (1 Ss 790/05) nach § 349 Abs. 2 StPO verworfen, Fischer Rn. 18); LK-StGB/*Schünemann* Rn. 157; aA OLG Celle NStZ 2011, 218; OLG Koblenz BeckRS 2015, 03297; AG Eggenfelden NStZ-RR 2009, 139 (140); Achenbach/Ransiek/Rönnau WirtschaftsStR-HdB/*Seier* Teil 5 Kap. 2 Rn. 125; AnwK-StGB/*Esser* Rn. 38b; BeckOK StGB/*Wittig* Rn. 12.1; *Hecker* JuS 2011, 657 (659); Matt/Renzikowski/*Matt* Rn. 28; NK-StGB/*Kindhäuser* Rn. 57; Rengier StrafR BT I § 18 Rn. 30); dagegen hat derjenige, dem vom Karteninhaber eine Kreditkarte ausschließlich zur **eigennützigen Verwendung** überlassen wurde, ggü. dem Karteninhaber bzw. nach dessen Tod ggü. den Erben keine Vermögensbetreuungspflicht (OLG Hamm NStZ 2015, 213 (214));

– **Beirat einer Stiftung,** sofern nicht bloßes Beratungsorgan, sondern Kontrollorgan (*Gräwe/v. Maltzahn* BB 2013, 329 (334 f.); *R. Werner* ZWH 2013, 348 (349));

– **Betreuer** (§ 1896 BGB) ggü. dem Betreuten, auch über den Tod des Betreuten hinaus (OLG Stuttgart NJW 1999, 1566; OLG Celle NStZ-RR 2013, 176);

– **Bürgermeister** (s. Amtsträger in Leitungsposition);

– **Chief Executive Officer (CEO)** einer niederländischen B. V. (BGH wistra 2013, 63 (64));

– **Compliance-Beauftragter/Officer (CO),** sofern er nach der konkreten Vertragsgestaltung nicht nur für die Optimierung unternehmensinterner Prozesse sowie die Aufdeckung und Prävention gegen das Unternehmen gerichteter Pflichtverstöße, sondern weitergehend für die Beanstandung und Unterbindung von Rechtsverstößen, insbes. Straftaten, zuständig ist und damit eine weitreichende Garantenstellung innehat (BGHSt 54, 44 – Berliner Stadtreinigungsbetriebe = BGH NJW 2009, 3173 (3174 f.) Rn. 25 ff.; zust. *Dann/Mengel* NJW 2010, 3265 (3267 f.); *Kraft* wistra 2010, 81 (84) f.; *Seibt/S. Schwarz* AG 2010, 301 (303); iErg ebenso LK-StGB/*Schünemann* Rn. 136; diff. *Michalke* StV 2011, 245 (251); *Schwarz* wistra 2012, 13 (15) ff.; krit. AnwK-StGB/*Esser* Rn. 314; abl. (nur allg. Solidarpflicht) Matt/Renzikowski/*Matt* Rn. 86 f.; Handlungsempfehlungen für die Praxis bei *Wybitul* BB 2009, 2590 (2592 f.); *I. Roxin* StV 2012, 116 ff.; zur Compliance → Rn. 143c ff.);

- **Direktor einer Limited** (→ Rn. 24 ff.) ggü. der Gesellschaft (OLG Stuttgart wistra 2008, 226), da ihn das britische Recht aufgrund seiner Kontrolle über das Gesellschaftsvermögen auch als Treuhänder (trustee) begreift (vgl. *Just,* Die englische Limited in der Praxis, 4. Aufl. 2012, Rn. 156); zur Vermögensbetreuungspflicht des GmbH-Geschäftsführers bestehen kaum Unterschiede (*Fornauf/Jobst* GmbHR 2013, 128 ff.); dies gilt auch für den faktischen Direktor (→ Rn. 25);
- **Ehegatten** bei Gütergemeinschaft, soweit sie berechtigt sind, über das Gesamtgut zu verfügen (iE §§ 1422 ff. BGB), sowie unabhängig vom Güterstand bei der Vornahme von Geschäften zur angemessenen Deckung des Lebensbedarfs der Familie (Schlüsselgewalt, § 1357 BGB);
- **Eltern** nach § 1626 Abs. 1 BGB ggü. ihren Kindern;
- **entgeltliche Geschäftsbesorger** (§ 675 BGB, § 354 HGB) (BGH NJW 1984, 800; BGH NStZ 1986, 361; BGH wistra 1991, 218);
- **Finanzbeamte** ggü. dem Staat (BGHSt 51, 356 = BGH NJW 2007, 2864; BGH NStZ 1998, 91); **leitende** beamtete Mitarbeiter der Finanzverwaltung haben außerdem die Pflicht, offensichtlich rechtswidrige, die Finanzverwaltung bindende Grundlagenbescheide anderer Behörden im Wege der Remonstration zu beanstanden, und zwar selbst dann, wenn dies „politisch nicht gewollt" ist (OLG Rostock ZWH 2013, 70 f.);
- **Frachtführer** (§ 407 HGB) (Achenbach/Ransiek/Rönnau WirtschaftsStR-HdB/*Seier* Teil 5 Kap. 2 Rn. 160);
- **Gegenvormund,** der darauf zu achten hat, dass der Vormund die Vormundschaft – insbes. die Vermögensverwaltung – pflichtgemäß führt (§§ 1792, 1799 BGB) (Achenbach/Ransiek/Rönnau WirtschaftsStR-HdB/*Seier* Teil 5 Kap. 2 Rn. 138);
- **Geldtransportunternehmen** ggü. Kunden (BGH wistra 2008, 427 (428) – Heros; krit. Achenbach/Ransiek/Rönnau WirtschaftsStR-HdB/*Seier* Teil 5 Kap. 2 Rn. 149; aA MüKoStGB/*Dierlamm* Rn. 90; Otto StrafR BT § 54 Rn. 24; Schönke/Schröder/*Perron* Rn. 24);
- **Geldverwalter:** Rechtsanwalt (BGH NJW 1960, 1629); Wohnungseigentumsverwalter (BGHSt 41, 224 (227 ff.)); Lohnbuchhalterin (BGH GA 1979, 143);
- **Gemeinderatsmitglieder** ggü. der Gemeinde (AnwK-StGB/*Esser* Rn. 277; *Fabricius* NStZ 1993, 414; *Hinrichs,* Zur Untreuestrafbarkeit gemeindlicher Vertreter, 2011, 78 ff.; *G. Meyer* KommJur 2010, 81 (83); Schönke/Schröder/*Perron* Rn. 25; *Weber* BayVBl. 1989, 166; aA *Nettesheim* BayVBl. 1989, 161 (164));
- **Gerichtsvollzieher** kraft seiner gesetzlichen Stellung als Vollstreckungsorgan (§§ 753 ff. ZPO) bzgl. des Vollstreckungsauftrags ggü. dem Gläubiger (RGSt 71, 31 (33); BGHSt 13, 274 (276); BGH NStZ 2011, 281 (282) mAnm *Ceffinato* StV 2011, 417; OLG Köln NStZ 1988, 503 (504); OLG Celle MDR 1990, 846; Schönke/Schröder/*Perron* Rn. 25; aA *Labsch,* Untreue (§ 266 StGB), Grenzen und Möglichkeiten einer neuen Deutung, 1983, 237), ggü. den Schuldnern, soweit sich ihnen zustehende Überschüsse (vgl. § 119 Abs. 2 S. 1 GVGA idF v. 2013) ergeben (BGH NStZ-RR 2013, 344 (345)), und ggü. dem Staat (OLG Celle MDR 1990, 846: „Griff in die Dienstkasse"); bei einer Wohnungsräumung ist er ggü. allen Beteiligten verpflichtet, die Kosten möglichst gering zu halten (KG NJW 2013, 3048); keine Vermögensbetreuungspflicht besteht ggü. dem Vollstreckungsschuldner bzgl. der Gebührenberechnung, da er insoweit nicht im Parteiauftrag handelt (OLG Köln NStZ 1988, 503 (504); Achenbach/Ransiek/Rönnau WirtschaftsStR-HdB/*Seier* Teil 5 Kap. 2 Rn. 113, 163; Fischer Rn. 48; *Labsch,* Untreue (§ 266 StGB), Grenzen und Möglichkeiten einer neuen Deutung, 1983, 235; Schönke/Schröder/*Perron* Rn. 25; aA BGHSt 13, 274 (276 ff.) für den Fall des erhöhten Kostenansatzes);
- **geschäftsführender Direktor einer SE** im monistischen System (§ 40 SEAG) (*Tecklenborg,* Societas Europaea, 208 ff.); s. auch Verwaltungsrat einer SE;
- **geschäftsführender Gesellschafter einer Personengesellschaft** (zB GbR, OHG, KG, PartG) ggü. den Mitgesellschaftern (vgl. RGSt 73, 299 (300 f.); BayObLG NJW 1971, 1664: Tippgemeinschaft); dies gilt auch für die Vor-GmbH (BGHSt 3, 23 (25)); bei der GmbH & Co KG oder Limited & Co KG obliegt die Vermögensbetreuungspflicht dem Geschäftsführer der Komplementär-GmbH bzw. Komplementär-Limited ggü. den Kommanditisten; zur KGaA, die zwar Merkmale einer Personengesellschaft aufweist, aber dennoch eine Kapitalgesellschaft ist, s. Komplementär einer KGaA;
- **Geschäftsführer einer GmbH** ggü. der Gesellschaft (vgl. nur BGHSt 55, 266; BGH wistra 1993, 301); dies gilt ebenso für den **stellvertretenden** (§ 44 GmbHG) (BGHSt 6, 314 (315)) und für den **faktischen** Geschäftsführer (→ Rn. 22); **keine** Vermögensbetreuungspflicht besteht ggü. den (stillen) Gesellschaftern (BGHSt 51, 29 (31 f.)) sowie nach Eröffnung des Insolvenzverfahrens (BGH NStZ 1991, 432 (433)) oder nach Anordnung der Sequestration (BGH NJW 1993, 1278); zur möglichen Verantwortlichkeit der Alt- und Neugeschäftsführer bei der sog **Firmenbestattung** *Werner* NZWiSt 2013, 418 (422);
- **Geschäftsführer eines Verbandes** ggü. dem Verband (BGH NZWiSt 2014, 135 (137) mAnm *Bittmann* NZWiSt 2014, 129 ff.; *Klemm* NStZ 2015, 223 ff.); eine Grenze findet die Vermögensbetreuungspflicht (wie für den Vorstand einer AG) bei eigenen Vergütungsangelegenheiten, da die Interessen insoweit nicht gleichgerichtet sind (BGH NZWiSt 2014, 135 (139));

- **Geschäftsleiter einer Versicherung** ggü. dieser (BGH wistra 1993, 263);
- **Gläubigerausschuss** (§ 69 InsO) (Achenbach/Ransiek/Rönnau WirtschaftsStR-HdB/*Seier* Teil 5 Kap. 2 Rn. 138);
- **Handlungsbevollmächtigter** iSv §§ 54, 55 HGB (BGHSt 20, 143 f.; BGH NStZ 2011, 280) ggü. dem Geschäftsherrn;
- **Hochschullehrer** ggü. der Universität (BGH NJW 1982, 2881; BGH NStZ-RR 2011, 82 (83));
- **Ingenieur,** der mit der Mitwirkung bei der Vergabe von Aufträgen zwecks Herbeiführung eines vorteilhaften Vertragsschlusses betraut ist (BayObLG NJW 1996, 268 (271)); anders ist dies, wenn sich das Vertragsverhältnis in der fachmännischen Beratung und Planung erschöpft (BGH GA 1971, 209 (210));
- **Inkassobeamter** (RGSt 73, 236: Postbeamter)
- **Innenrevisoren** eines Kreditinstitutes (Achenbach/Ransiek/Rönnau WirtschaftsStR-HdB/*Seier* Teil 5 Kap. 2 Rn. 283);
- **Insolvenzverwalter** (§§ 56 ff. InsO) ggü. Insolvenzgläubigern und Insolvenzschuldner (BGHSt 15, 342 zum Konkursverwalter; BGH wistra 2002, 156 (157); BGH NJW 2011, 2819 (2820); *Biermann,* Die strafrechtlichen Risiken der Tätigkeit des (vorläufigen) Insolvenzverwalters, 2008, 187 ff.); dies gilt grds. auch für den vorläufigen Insolvenzverwalter (zur Differenzierung zwischen dem (im Hinblick auf seine Verfügungsbefugnisse) „schwachen", „halbstarken" und „starken" Insolvenzverwalter *Diversy/ Weyand* ZInsO 2009, 802 ff.);
- **Justizbeamter,** der für die Zeugenentschädigung zuständig ist (BGH wistra 1993, 61);
- **Kämmerer** ggü. der Gemeinde (BGH NStZ 2011, 520 – Schäch; *Bader/Wilkens* wistra 2013, 81 (84));
- **Kassenarzt** s. Vertragsarzt;
- **Kassenleiter** einer Gemeinde (BGH NStZ 1994, 586);
- **Kassenwart** eines Sparclubs (vgl. VG Münster BeckRS 2014, 55453);
- **Kassierer,** der zur Kontrolle der Einnahmen und der Ablieferungen Bücher führt, Quittungen erteilt und Wechselgeld herausgibt (BGHSt 13, 315 (318 f.): Schalterbeamter der Bahn; BGHSt 18, 313: Bademeister, der die Kurmittelkasse führt); Bankkassierer (BGH wistra 1989, 60 (61)); (selbstständige) Kassiererin eines SB-Geschäftes (LG Bonn JMBl. NRW 1968, 199 f.; OLG Hamm NJW 1973, 1809);
- **Kommissionär** (§§ 383, 406 HGB) ggü. dem Kommittenten (BGHSt 1, 186 (189); OLG Düsseldorf NJW 1998, 690 (691); 2000, 529 (530); OLG Hamm NJW 1957, 1041); anders ist dies, wenn – wie zB im Buch- und Kunsthandel – mangels Weisungsbefugnis ein sog Konditionsgeschäft vorliegt, dh ein (bloßer) bedingter Kaufvertrag mit Eigentumsvorbehalt und dem Recht zum Weiterverkauf zugrunde liegt (BGH NStE Nr. 4, 9 zu § 266; OLG Düsseldorf NJW 1998, 690 (691); 2000, 529 (530); LG Lübeck wistra 2013, 407 (408));
- **Komplementär einer KGaA** ggü. der Gesellschaft (*Corsten,* Einwilligung in die Untreue sowie in die Bestechlichkeit und Bestechung, 2011, 278);
- **Krankenkassenvorstand** ggü. der gesetzlichen Krankenkasse, sofern er es pflichtwidrig unterlässt, ggü. dem Verwaltungsrat auf eine gebotene Beitragerhöhung (AG Augsburg NZS 2009, 48; *Gaßner/ Bonmann* NZS 2009, 15 (16)) bzw. die Erhebung eines kassenindividuellen Zusatzbeitrags (AnwK-StGB/*Esser* Rn. 336) hinzuwirken; zur Untreue durch das Abstimmungsverhalten im Insolvenzplanverfahren *Lenger/Bauchowitz* NZI 2015, 9 ff.;
- **Landrat** s. Amtsträger in Leitungsposition;
- **Lehrer** hinsichtlich Geldern, die ihm im Rahmen eine Klassenfahrt zur Verwaltung anvertraut wurden (vgl. VG Berlin BeckRS 2011, 51553; 2015, 40307);
- **Lehrstuhlinhaber** ggü. dem Dienstherrn in Bezug auf zugewiesene Mittel (BGH NJW 1982, 2881);
- **Liquidator** eines DDR-Betriebs ggü. der Treuhandanstalt (BGH NStZ 2001, 542; OLG Dresden NZG 2000, 259);
- **Makler** mit Alleinauftrag (Maklerdienstvertrag) ggü. dem Auftraggeber (BGH NJW 1964, 1468; GA 1971, 209; wistra 1984, 109); auch im Hinblick auf anvertraute Gelder (OLG Stuttgart NJW 1968, 1340 (1341));
- **Minister** ggü. dem Staat in Bezug auf Grundstücke, die der Rechtsträgerschaft seines Ministeriums unterstehen (BGHSt 44, 376 (379) – Diestel);
- **Muttergesellschaft** ggü. einer Tochtergesellschaft im Konzernverbund, falls das Vermögen über ein zentrales Cash-Management-System verwaltet wird (→ Rn. 55);
- **Nachlasspfleger** (BGH NStZ-RR 1997, 298) und **Nachlassrichter** (BGHSt 35, 224 (226 f.)) ggü. dem endgültigen Erben;
- **Notar,** der nach § 14 Abs. 1 S. 2 BNotO unabhängiger und unparteiischer Betreuer und damit besonders verpflichtet ist, die Vermögensinteressen aller Beteiligten zu wahren (BGH NJW 1990, 3219 (3220): Belehrungspflicht, wenn es nach den besonderen Umständen des Einzelfalles nahe liegt, dass eine Schädigung eines Beteiligten eintreten kann; BGH NStZ 1982, 331 (332); BGH wistra 1984, 71: Nichtüberführen von Geldern auf Anderkonten; BGH wistra 1996, 105: auftragswidrige Entnahme von Geldern aus einem Anderkonto; dies gilt selbst dann, wenn anvertraute Gelder nach

festgelegten Kriterien ohne Entscheidungsspielraum aus- oder zurückzuzahlen sind (→ Rn. 40); BGH NJW 2010, 1764: Auszahlung hinterlegter Gelder trotz Kenntnis von einem Betrugsplan der Kaufvertragsparteien);
- **Polizist** in Bezug auf vereinnahmte Verwarnungsgelder (OLG Köln NJW 1963, 1992; OLG Koblenz GA 1975, 122; VG München BeckRS 2015, 42452 Rn. 86; VGH München BeckRS 2015, 42452; LK-StGB/*Schünemann* Rn. 150; aA MüKoStGB/*Dierlamm* Rn. 74; NK-StGB/*Kindhäuser* Rn. 57);
- **Pfleger** (§§ 1909 ff. BGB) (vgl. OLG Bremen NStZ 1989, 228 zum früheren Gebrechlichkeitspfleger);
- **Prokurist** (§ 49 HGB) ggü. dem Firmeninhaber (BGH bei *Herlan* GA 1964, 130);
- **Rechtsanwalt** ggü. dem Mandanten aus dem Anwaltsvertrag (Achenbach/Ransiek/Rönnau WirtschaftsStR-HdB/*Seier* Teil 5 Kap. 2 Rn. 259; Fischer Rn. 48; *Rübenstahl* HRRS 2004, 54 (56); *Scheja,* Das Verhältnis zwischen Rechtsanwalt und Mandant im Hinblick auf den Straftatbestand der Untreue gem. § 266 StGB, 2006, 64; Schönke/Schröder/*Perron* Rn. 25; *Schmidt* NStZ 2013, 498), der eine entgeltliche Geschäftsbesorgung (§ 675 BGB) darstellt; insbes. hinsichtlich der ordnungsgemäßen Verfolgung von Ansprüchen (BGH NJW 1983, 461; 2013, 1615 (1616)); in Bezug auf empfangene fremde Gelder, die (vgl. § 43a Abs. 5 S. 2 BRAO; § 4 BORA) auf einem Treuhand-/Anderkonto zu lagern bzw. weiterzuleiten sind (BGHSt 15, 372 (375); BGH wistra 1988, 191; BGH NStZ-RR 2004, 54; BGH NJW 2015, 1190 (1191); KG NJW 2007, 3366; OLG Karlsruhe NStZ 1990, 82 (83); OLG Hamm NStZ-RR 2000, 236 (237); NStZ 2010, 334; zum Nachteil → Rn. 207 ff.), und zwar unabhängig davon, ob Gelder nach festgelegten Kriterien aus- oder zurückzuzahlen sind (→ Rn. 40); bei einem geschäftsunfähigen Mandanten ist dafür Sorge zu tragen, dass vereinnahmte Gelder gesichert die Vermögenssphäre des Mandanten erreichen (BGH NJW 2006, 3219 (3222)); eine Vermögensbetreuungspflicht soll sogar bei einer **„faktischen Herrschaft"** über die Vermögensinteressen eines geschäftlich Unerfahrenen bestehen können (BGH NStZ 1997, 124 (125); offen gelassen durch BGH NStZ-RR 2012, 310 (311) für einen Rechtsanwalt, der eine große Anzahl Geschädigter bei der Geltendmachung von Schadensersatzansprüchen vertrat); eine Vermögensbetreuungspflicht besteht zudem: im Rahmen eines Sozietätsauflösungsvertrages ggü. dem Sozius (OLG Koblenz NStZ 1995, 50 (51)); im Hinblick auf einen Kostenvorschuss, den der Rechtsanwalt vom Mandanten mit der Maßgabe erhalten hat, ihn im Falle der Kostenerstattung zurückzuzahlen (BGH wistra 1987, 65; Achenbach/Ransiek/Rönnau WirtschaftsStR-HdB/*Seier* Teil 5 Kap. 2 Rn. 265; aA Schönke/Schröder/*Perron* Rn. 23a); **keine** Vermögensbetreuungspflicht besteht, soweit es an der erforderlichen Selbstständigkeit und Eigenverantwortlichkeit fehlt, dem Rechtsanwalt etwa die Entscheidung über das „Ob" und „Wie" einer Widerklage zur selbstverantwortlichen Umsetzung nach eigener Beurteilung nicht übertragen wurde, und zwar auch dann, wenn er für den Mandanten als „Haus- und Hofanwalt" tätig ist (BGH NJW 2013, 1615 (1616) mAnm *Bosbach/Sering* ZWH 2013, 364 ff.; *Schmidt/Corsten* NZWiSt 2013, 470 ff.); ebenso fehlt es an der Vermögensbetreuungspflicht in Bezug auf die korrekte Abrechnung der Vergütung (OLG Karlsruhe NStZ 1991, 240; Achenbach/Ransiek/Rönnau WirtschaftsStR-HdB/*Seier* Teil 5 Kap. 2 Rn. 262; diesbezüglich kann § 352 zur Anwendung gelangen, soweit nach dem RVG abgerechnet wird, vgl. BGH NJW 2006, 3219) und die Rückzahlung überlassener Gelder nach Kündigung des Mandats (BGH NStZ 1986, 361 (362); *Franzheim* StV 1986, 409; *Schmidt* NStZ 2013, 498; Schönke/Schröder/*Perron* Rn. 23a; aA OLG Karlsruhe NStZ 1990, 82 (84); Achenbach/Ransiek/Rönnau WirtschaftsStR-HdB/*Seier* Teil 5 Kap. 2 Rn. 264 ff.); keine Vermögensbetreuungspflicht besteht auch zum Rechtsschutzversicherer (AG Bremen BeckRS 2015, 16375);
- **Rechtspfleger** im Zwangsverwaltungsverfahren (BGH NJW 2011, 2819 mAnm *Waßmer* NZWiSt 2012, 36; OVG Magdeburg RPfleger 2015, 219);
- **Reisevermittler** (Reisebüroinhaber, Reisebüroleiter) ggü. dem Reiseveranstalter, sofern er für eine gewisse Dauer betraut ist, so dass die Tätigkeit Betreuungscharakter hat, sowie ggü. den Kunden in Bezug auf eine Vorauszahlung (BGHSt 12, 207 (208 ff.); 28, 20 (21 f.));
- **Sachbearbeiter mit Entscheidungsbefugnis** (BGHSt 47, 22 (24): Programmierer, der Anbieter vorschlägt, Angebote prüft und über die Vergabe entscheidet; BGH GA 1979, 143: Lohnhauptsachbearbeiter; Achenbach/Ransiek/Rönnau WirtschaftsStR-HdB/*Seier* Teil 5 Kap. 2 Rn. 283: eigenverantwortlicher Kreditsachbearbeiter; BGH NStZ 2000, 375 (376): selbstständiger Insolvenzsachbearbeiter; BGH wistra 1993, 298: Beihilfe-Sachbearbeiter; OLG München JZ 1977, 408 mAnm *Sieber:* „Hilfssachbearbeiter", der einfache Anträge selbstständig entscheidungsreif bearbeitet) oder **mit bestimmendem Einfluss** auf die Auftragsvergabe (BGH wistra 1989, 224); **anders** ist dies, wenn die zu erfüllenden Pflichten in allen Einzelheiten vorgegeben sind (BGH NStZ 2013, 40: Kreditvergabe auf Grundlage eines automatisierten Computerprogramms);
- **Sachwalter** bei der Eigenverwaltung (§§ 270, 274 InsO) ggü. Insolvenzschuldner und Insolvenzgläubigern (*Diversy/Weyand* ZInsO 2009, 802 (805); SSW StGB/*Saliger* Rn. 13);
- **Schulleiter** (s. Amtsträger in Leitungsposition);
- **Sicherungsnehmer bei der Sicherungsgrundschuld** nach der Rspr. ggü. dem Sicherungsgeber (vgl. nur BGH wistra 1991, 218; BGH(Z) NJW 2010, 2041 (2045): Treuhandverhältnis; ausf.

Clemente wistra 2010, 249 (251 ff.); aA Achenbach/Ransiek/Rönnau WirtschaftsStR-HdB/*Seier* Teil 5 Kap. 2 Rn. 159; AnwK-StGB/*Esser* Rn. 54b; MüKoStGB/*Dierlamm* Rn. 115; Rengier StrafR BT I § 18 Rn. 25; Schönke/Schröder/*Perron* Rn. 26), obwohl nach der Rspr. aus Sicherungsverträgen grds. keine Vermögensbetreuungspflicht resultiert (→ Rn. 50: Sicherungsgeber und Sicherungsnehmer); eine Vermögensbetreuungspflicht soll (erst recht) die starke Übersicherung durch eine Grundschuld begründen, deren Wert den gesicherten Darlehensbetrag mehrfach übersteigt (BGH MDR/H 1978, 625; AnwK-StGB/*Esser* Rn. 54b; Rengier StrafR BT I § 18 Rn. 25; aA OLG Celle wistra 2014, 34 (35); Achenbach/Ransiek/Rönnau WirtschaftsStR-HdB/*Seier* Teil 5 Kap. 2 Rn. 159);

- **Sparkassenvorstand** ggü. der Sparkasse (BGHSt 46, 30; 47, 148; BGH NStZ 2002, 262);
- **Spediteur** (§ 453 HGB) durch den Speditionsvertrag (BGHSt 1, 186 (189); Achenbach/Ransiek/Rönnau WirtschaftsStR-HdB/*Seier* Teil 5 Kap. 2 Rn. 160);
- **Steuerberater, Steuerbevollmächtigte** und **Steuerberatungsgesellschaften** ggü. Mandanten (BGH NStZ 2006, 38 (39); Achenbach/Ransiek/Rönnau WirtschaftsStR-HdB/*Seier* Teil 5 Kap. 2 Rn. 425; diff. *Köhler/Hitz* DStR 2013, 1053 (1055); offen gelassen von OLG Celle BeckRS 2012, 20313 bei Vorliegen einer konkreten Rechtsbeziehung (vgl. die Ausführungen zum Wirtschaftsprüfer); keine Vermögensbetreuungspflicht besteht ggü. dem Staat (Achenbach/Ransiek/Rönnau WirtschaftsStR-HdB/*Seier* Teil 5 Kap. 2 Rn. 425);
- **Testamentsvollstrecker** (§§ 2197 ff. BGB) ggü. Erben und Vermächtnisnehmern (RGSt 75, 242; GA 1977, 341 (342));
- **Treuhänder** (insbes. Rechtsanwalt, Notar), der für den Treugeber ein Recht verwaltet und als Mittelsperson zwischen zwei Vertragsparteien geschaltet ist (BGH wistra 1991, 265; BGH NStZ 1997, 124; BGH NJW 2010, 1764; OLG Stuttgart wistra 1984, 114);
- **Unternehmenssanierer** in Bezug auf den sog „Gläubiger-Fonds", ggü. dem Unternehmen, den Unternehmensgläubigern (OLG Stuttgart wistra 1984, 114; *Richter* wistra 1984, 97 ff.) und externen Personen, die den Fonds mit Geldern füllen (Achenbach/Ransiek/Rönnau WirtschaftsStR-HdB/*Seier* Teil 5 Kap. 2 Rn. 405);
- **Vergleichsverwalter** (BGH NJW 2011, 2819 (2820));
- **Vermieter bei Wohnraummietverhältnissen** hinsichtlich der Mietkaution, da er diese nach § 551 Abs. 3 BGB getrennt von seinem Vermögen bei einem Kreditinstitut anzulegen hat (BGHSt 41, 224 (227); LG Wuppertal ZMR 2016, 116; LK-StGB/*Schünemann* Rn. 79, 147; *Gericke* NJW 2013, 1633 (1634); *Pauly* ZMR 1996, 417; Rengier StrafR BT I § 18 Rn. 26; krit. Wessels/Hillenkamp StrafR BT II Rn. 771; aA OLG Düsseldorf NJW 1989, 1171; OLG Düsseldorf wistra 1994, 33; Achenbach/Ransiek/Rönnau WirtschaftsStR-HdB/*Seier* Teil 5 Kap. 2 Rn. 155; *Bräunig*, Untreue in der Wirtschaft, 2011, 102 f.; Lackner/Kühl/*Kühl* Rn. 12; Matt/Renzikowski/*Matt* Rn. 30; Momsen/Grützner/*Schramm* Kap. 5 Teil B Rn. 118; MüKoStGB/*Dierlamm* Rn. 126; NK-StGB/*Kindhäuser* Rn. 57; Otto StrafR BT § 54 Rn. 26; *Satzger* JURA 1998, 570 ff.; SSW StGB/*Saliger* § 226 Rn. 11; *Sowada* JR 1997, 28); dies gilt unabhängig davon, dass der Ermessensspielraum des Vermieters eng ist, da es dem Gesetzgeber um den Schutz des Rückzahlungsanspruchs des Mieters im Falle einer Zahlungsunfähigkeit des Vermieters ging, und er daher die Mietkaution in Anlehnung an die Vorschriften über die Anlage von Einnahmen des Wohnungsverwalters (§ 27 Abs. 5 WEG) und über den Umgang mit Mündelgeldern (§§ 1806, 1807 BGB) als Treuhandverhältnis ausgestaltet hat; die Pflicht, die Kaution in bestimmter Weise anzulegen, wurde damit zu einem wesentlichen Vertragsgegenstand; eine Vermögensbetreuungspflicht besteht auch hinsichtlich **Mietvorauszahlungen** oder **Baukostenzuschüssen**, die für die Erstellung einer Wohnung verwandt werden sollen (BGH BeckRS 1954, 31194900; BGHSt 8, 271 (272 f.); 13, 330); anders verhält es sich für den Vermieter bei Gewerberaummietverhältnissen (→ Rn. 50);
- **Vermittler,** der Inkassovollmacht hat (BGHSt 28, 20 (21 f.)); der mit der Abwicklung eines Bauvorhabens betraut ist und für den bestmöglichen Einsatz der Mittel zu sorgen hat (BGH NJW 1991, 1069);
- **Vermögensverwalter** ggü. Kunden bzw. Mandanten (HK-KapMStrafR/*Zieschang* Rn. 3; Schönke/Schröder/*Perron* Rn. 25);
- **Versicherungsmakler,** der mit der Durchführung von Versicherungsverträgen betraut ist, ggü. dem Vermögen der Versicherungen (BGH NStZ 2014, 158 mAnm *Krehl*); die Pflicht, eingezogene Versicherungsprämien auf ein Anderkonto zu überweisen, besteht jedoch nur, wenn der Makler zur Einrichtung eines solchen Kontos vertraglich verpflichtet ist (BGH NStZ 2014, 158);
- **Versicherungsvertreter** mit der Befugnis zur Schadensregulierung (BGH wistra 1992, 342 (343): Geschäftsstellenleiter); hinsichtlich anvertrauten Kundengeldern (LG Osnabrück BeckRS 2013, 04415); anders ist dies, wenn lediglich Gelder auszukehren sind und über die Wiederanlage zu beraten ist (BGH NStZ 2002, 107);
- **Vertragsarzt** (Kassenarzt) ggü. der gesetzlichen Krankenkasse, der bei der Verordnung von Arznei-, Verband-, Heil- und Hilfsmitteln (§§ 72 Abs. 1 S. 1, 73 Abs. 2 Nr. 7 SGB V) als „Vertreter" der Krankenkasse selbstständig über Notwendigkeit und Wirtschaftlichkeit (§ 12 Abs. 1 S. 1 SGB V)

entscheidet und damit nach hM bei der **Ausreichung medizinisch nicht indizierter Leistungen** seine Vermögensbetreuungspflicht verletzt (BGHSt (4. Strafsenat) 49, 17 (23) f. = BGH NJW 2004, 454 (456) unter Abkehr von der vorherigen Qualifizierung als Betrug iSd § 263; ebenso BGH (1. Strafsenat) NStZ 2004, 568 (569); OLG Hamm NStZ-RR 2006, 13 (14); OLG Braunschweig NStZ 2010, 392 (393); AG Kiel NZS 2011, 821 (822); *Bülte* NZWiSt 2013, 346 (349 ff.); *Dannecker/Bülte* NZWiSt 2012, 81 (84 ff.); Frister/Lindemann/Peters Rn. 231; Geis GesR 2006, 345 ff.; *Herffs* wistra 2006, 63 ff.; *Krüger/Burgert* ZWH 2012, 213 (219); LK-StGB/*Schünemann* Rn. 143; NK-StGB/ *Kindhäuser* Rn. 58; *Pragal/Apfel* A&R 2007, 10; *Weidhaas* ZMGR 2005, 52 (53 f.); krit. *Taschke* StV 2005, 406 (408 f.); aA (Vermögensbetreuung allenfalls Nebenpflicht; geringer Handlungs-, Entschei- dungs- und Ermessensspielraum) LG Halle wistra 2000, 279 (280); LG Mainz NJW 2001, 906; LG Nürnberg-Fürth BeckRS 2010, 11220; Achenbach/Ransiek/Rönnau WirtschaftsStR-HdB/*Seier* Teil 5 Kap. 2 Rn. 274; AnwK-StGB/*Esser* Rn. 322; *Brandts/Seier* FS Herzberg, 2008, 811 (824 ff.); HK-StrafR/*Beukelmann* Rn. 17; *Forkel* PharmR 2011, 189 (191); *Leimenstoll* wistra 2013, 121 (123 ff.); *Lüderssen* FS Kohlmann, 2003, 177 (179); Matt/Renzikowski/*Matt* Rn. 22; MüKoStGB/ *Dierlamm* Rn. 78; *Reese* PharmR 2006, 92 (98 ff.); *Schnapp* FS Herzberg, 2008, 795 (797 ff.); *Tsambi- kakis* FS Steinhilper, 2013, 217 (222 f.); Ulsenheimer MedR 2005, 622 (626); vgl. auch *Weidhaas* MedR 2015, 577 ff.; monografisch *Butenschön,* Der Vertragsarzt zwischen Untreue und Betrug, 2012, 73 ff.; *Leimenstoll,* Vermögensbetreuungspflicht des Vertragsarztes?, 2012, 89 ff.); dies ist besonders umstritten, seit das BSG in einer Entscheidung v. 17.12.2009 (BSG GesR 2010, 693 ff.) seine frühere Rspr. zur **„Vertretertheorie"** aufgegeben hat und nicht mehr annimmt, dass zwischen Krankenkasse und Apotheke ein Kaufvertrag – vermittelt durch den Arzt als „Vertreter" der Krankenkasse – zustande kommt, sondern die Apotheke einen öffentlich-rechtlichen Vergütungsanspruch unmittelbar aus § 129 SGB V hat; dagegen ist der Vertragsarzt seit der grdl. Entscheidung des BGH (GS) v. 29.3.2012 (BGHSt 57, 202 = BGH NJW 2012, 2530 (2531 ff.) Rn. 8 ff., 25 ff.; hierzu Achenbach/Ransiek/ Rönnau WirtschaftsStR-HdB/*Seier* Teil 5 Kap. 2 Rn. 274; *Brockhaus/Dann/Teubner/Tsambikakis* wi- stra 2010, 418; *Geis* wistra 2005, 369; *Geis* wistra 2007, 361; *Klötzer* NStZ 2008, 12 ff.; *Krüger/Burgert* ZWH 2012, 213 ff.; *Leimenstoll* wistra 2013, 121 ff.; *Schnapp* GesR 2012, 705 ff.) weder „Beauftrag- ter" iSd § 299 der gesetzlichen Krankenkasse noch „Amtsträger" iSd § 331; ob infolgedessen die „Untreuerechtsprechung" aufgegeben werden wird, bleibt abzuwarten;

– **Verwaltungsfachangestellter** ggü. der anstellenden Körperschaft (LG Lübeck SchlHA 2012, 151);
– **Verwaltungsleiter** einer Stiftung (BGH NStZ 2001, 259; BGH wistra 2013, 104);
– **Verwaltungsrat einer SE** im monistischen System (§§ 20 ff. SEAG) (Achenbach/Ransiek/Rönnau WirtschaftsStR-HdB/*Seier* Teil 5 Kap. 2 Rn. 135; *Teichlenborg,* Societas Europaea, 206 ff.);
– **Vormund** (§§ 1773 ff. BGB) ggü. dem Mündel (RGSt 45, 344 (345); BGH NStZ 1990, 437 f.);
– **Vormundschaftsrichter** (SSW StGB/*Saliger* Rn. 16; aA OLG Düsseldorf JMBl. NW 1962, 35; Achenbach/Ransiek/Rönnau WirtschaftsStR-HdB/*Seier* Teil 5 Kap. 2 Rn. 138);
– **Vorsitzender** einer **Fraktion** ggü. der Fraktion, wobei er insbes. darauf zu achten hat, dass Fraktions- gelder nicht entgegen den gesetzlichen Vorgaben ausgegeben werden (BGH NJW 2015, 1618 (1619) – Konzept „Wahlsieg 2006" mAnm *Brand/Seeland* ZWH 2015, 258 ff.);
– **Vorsitzender** einer **Partei** ggü. der Partei (BGHSt 51, 100 – Kanther/Weyrauch; BGHSt 56, 203 Rn. 7 – Kölner Parteispendenaffäre (→ Rn. 66a ff.); BGH NJW 2015, 1618 (1622) – Konzept „Wahl- sieg 2006"); LG Bonn NStZ 2001, 375 (377) – Kohl);
– **Vorsitzender** einer **Gewerkschaft** (BGH wistra 1986, 256: Polizeigewerkschaft);
– **Vorstand einer AG** ggü. der Gesellschaft (BGHSt 47, 148 (149); 47, 189 (192); 52, 323 – Siemens/ Enel; 55, 266 – Trienekens), auch der **Personalvorstand** (BGHSt 54, 148 Rn. 36 – Gebauer/ Volker); dies gilt auch für **stellvertretende** Mitglieder; ebenso für einen **faktischen** Vorstand (BGHSt 21, 101 (104 ff.): Alleinaktionär; OLG München ZIP 2004, 2439: Unternehmensberater; abl. *Tiedemann* ZIP 2004, 2440 f.); der Vorstand hat allerdings einen wesentlichen unternehmerischen Handlungsspielraum (→ Rn. 93 ff.); die Vermögensbetreuungspflicht erstreckt sich auf die Einrich- tung eines **Überwachungssystems** (Risikomanagement, Riskcontrol) nach § 91 Abs. 2 AktG (*Helmrich* NZG 2011, 1252; *Windolph* NStZ 2000, 522 (524); zur Pflichtwidrigkeit → Rn. 93d) und einer **Compliance-Organisation** (→ Rn. 143e); **keine** Vermögensbetreuungspflicht besteht in Be- zug auf das sog **Eintrittsrecht** der AG (§ 88 Abs. 2 S. 2 AktG), wonach die AG von einem Vorstand verlangen kann, dass er die für eigene Rechnung gemachten Geschäfte als für Rechnung der AG eingegangen gelten lässt und die bezogene Vergütung herausgibt oder den Anspruch abtritt, da dies eine einfache schuldrechtliche Verpflichtung darstellt (BGH NJW 1988, 2483 (2485)); gleichfalls scheidet eine Untreue in Bezug auf das **Aushandeln** eigener Bezüge, Ruhegehälter und Abfindungen (§ 87 Abs. 1 AktG) aus, da für Vergütungsangelegenheiten der Aufsichtsrat zuständig ist und das Vorstandsmitglied der Gesellschaft hier als Vertragskontrahent gegenübertritt (BGH NJW 2006, 522 Rn. 80 – Mannesmann/Vodafone (insoweit nicht abgedruckt in BGHSt 50, 331); LG Düsseldorf NJW 2004, 3275 (3281 f.); *Thomas* FS Rieß, 2002, 795 (806); vgl. auch OLG Braunschweig NJW 2012, 3798 (3799)), also ein Interessenkonflikt besteht, der die Vermögensbetreuungspflicht ein- schränkt;

– **Vorstand einer Genossenschaft** ggü. dieser (*Corsten*, Einwilligung in die Untreue sowie in die Bestechlichkeit und Bestechung, 2011, 206 f.);
– **Vorstand** einer **Kassenärztlichen Vereinigung** (KG wistra 2015, 71 (72)); keine Vermögensbetreuungspflicht besteht aber (wie für den Vorstand einer AG) in Bezug auf das Aushandeln einer das Vorstandsmitglied selbst betreffenden Vergütung (KG wistra 2015, 71 (74));
– **Vorstand einer SE** im dualistischen System (§§ 15 ff. SEAG);
– **Vorstand einer Stiftung** ggü. der Stiftung aufgrund der Stiftungsgesetze und des Vorstandsvertrages (BGH wistra 2010, 445 (446) mAnm *Büch* wistra 2011, 20; vgl. auch Fischer Rn. 48; *Flämig* WissR 2012, 340 (347); *Gräwe/v. Maltzahn* BB 2013, 329 (330); Lackner/Kühl/*Kühl* Rn. 13; *Lassmann*, Stiftungsuntreue, 2008, 54 ff.; *Lassmann* NStZ 2009, 473 (474 f.); *R. Werner* ZWH 2013, 348 (349); zur unselbstständigen Stiftung *Baluch* VR 2012, 37 ff.; rechtsvergleichend (Deutschland, Österreich und Schweiz) *Streufert*, Strafrechtlicher Vermögensschutz in Stiftungen – eine grenzüberschreitende Betrachtung, 2014, 181 ff.);
– **Vorstand eines Vereins** ggü. dem Verein (BGH NJW 1975, 1234 – Bundesligaskandal (Fußballverein); BGH wistra 1993, 262, 263 (Sportverein); 2001, 340 (Kreisverband); OLG Hamm NJW 1982, 190 (AStA); wistra 1999, 350, 353 (DRK); OLG Köln NZWiSt 2013, 396 (397) (DJV); ausf. *Reschke*, Untreue, Bankrott und Insolvenzverschleppung im eingetragenen Verein, 2015, 81 ff.; zu **Idealvereinen** und dem sog Nebenzweckprivileg (wirtschaftliche Betätigung gestattet, sofern sie dem ideellen Hauptzweck untergeordnet ist, ihm lediglich dient) *Brand/Sperling* JR 2010, 473 ff.; *Eisele* GA 2001, 377 (386); *Lassmann* NStZ 2009, 473); darüber hinaus auch Generalsekretär, Geschäftsführer und Schatzmeister (OLG Frankfurt a. M. NJW 2004, 2028 (CDU Hessen)); zu kommunalen Spitzenverbänden, die meistens als Vereine verfasst sind (Deutscher Städtetag, Deutscher Landkreistag, Deutscher Städte- und Gemeindebund; Ausnahme: Verband der bayerischen Bezirke, „Körperschaft des öffentlichen Rechts im nur formellen Sinn"), ausf. *Schelzke*, Strafbarkeitsrisiken in kommunalen Spitzenverbänden, 2013, 112 ff.;
– **Vorsteher eines Verbandes** ggü. dem Verband (BGH NJW 1991, 990; BGH NZWiSt 2014, 135 (137) mAnm *Bittmann* NZWiSt 2014, 129 ff.; *Klemm* NStZ 2015, 223 ff.);
– **Wirtschaftsprüfer** ggü. seinem Mandanten (BGH NStZ 2006, 38 (39)); Voraussetzung ist jedoch das Bestehen einer konkreten Rechtsbeziehung, wofür die bloße Vorstellung als Wirtschaftsprüfer (und Steuerberater) einer AG durch einen Kapitalanlagevermittler nicht genügt (BGH NStZ 2006, 38 (39));
– **Wissenschaftler** in Bezug auf Drittmittel, über die er selbstständig verfügen kann, ggü. dem Drittmittelgeber (Lackner/Kühl/*Kühl* Rn. 13);
– **Wohnungseigentumsverwalter,** der berechtigt und verpflichtet ist (vgl. § 27 WEG) mit den Geldern zu wirtschaften, ggü. den Wohnungseigentümern (BGHSt 41, 224 (227); AG Schwäbisch-Hall ZMR 2013, 759; AG Dortmund ZWE 2015, 275 (276));
– **Zwangsverwalter** (sowie den ihn überwachenden **Rechtspfleger,** der festgestellte Pflichtwidrigkeiten abzustellen hat) ggü. Gläubiger und Schuldner (§ 154 ZVG) (BGH NJW 2011, 2819 mAnm *Waßmer* NZWiSt 2012, 36).

50   **5. Personengruppen, typischerweise ohne Vermögensbetreuungspflicht.** Den folgenden Personengruppen obliegt **typischerweise** keine Vermögensbetreuungspflicht, es sei denn es liegt im Einzelfall eine **atypische Gestaltung** (→ Rn. 35) vor:

– **Abgeordneter,** da Abgeordnete bei ihrer Mandatsausübung an Aufträge und Weisungen nicht gebunden und nur ihrem Gewissen unterworfen sind (vgl. Art. 38 Abs. 1 S. 2 GG); **anders** ist dies, wenn Haushaltsmittel, die zur richtlinienkonformen Verwendung übertragen wurden, für andere als die vorgegebenen Zwecke verwendet werden (OLG Koblenz NJW 1999, 3277: „Besuchertopf"; *Soyka* JA 2011, 566 (568): Kauf von Goldfüllern; krit. MüKoStGB/*Dierlamm* Rn. 109; Wessels/Hillenkamp StrafR BT II Rn. 771); auch hinsichtlich zweckgebundenen Fraktionszuschüssen besteht eine Vermögensbetreuungspflicht (Fischer Rn. 89); dagegen **fehlt** es an einer Pflichtverletzung, wenn die Fraktion mit der zweckwidrigen Verwendung (zB für eine unzulässige Werbemaßnahme) einverstanden war (*Lesch* ZRP 2002, 159 (161)); auch bei der privaten Verwendung dienstlich erlangter Bonusmeilen scheidet eine untreuerelevante Pflichtverletzung aus (MüKoStGB/*Dierlamm* Rn. 109; *Schwaben* NStZ 2002, 636);
– **Abschlussprüfer** ggü. der Kapitalgesellschaft (MüKoStGB/*Dierlamm* Rn. 69; aA (bei besonderem Treueverhältnis) *Aldenhoff/Kuhn* ZIP 2004, 103 (105)); dasselbe gilt für einen Sonderprüfer (MüKoStGB/*Dierlamm* Rn. 69);
– **Aktionär** ggü. der Aktiengesellschaft; dies gilt nicht nur für den Minderheitsaktionär (LG Köln wistra 1988, 279), sondern auch für den Allein- oder Mehrheitsaktionär (Achenbach/Ransiek/Rönnau WirtschaftsStR-HdB/*Seier* Teil 5 Kap. 2 Rn. 249 f.; aA *Schneider*, Die Untreue nach dem neuen Aktienrecht, 1972, 67 ff.; *Schumacher*, Vermögensbetreuungspflichten von Kapitalgesellschaftsorganen, 2010, 239 ff.); auch im Verhältnis der Aktionäre untereinander, da die bestehenden gesellschaftsrechtlichen Treupflichten keine Vermögensbetreuungspflichten iSd § 266 darstellen (Achenbach/Ransiek/Rönnau WirtschaftsStR-HdB/*Seier* Teil 5 Kap. 2 Rn. 251); anders ist dies, wenn sich ein Aktionär als

faktischer Vorstand betätigt (Achenbach/Ransiek/Rönnau WirtschaftsStR-HdB/*Seier* Teil 5 Kap. 2 Rn. 252), sei es als Alleinaktionär (BGHSt 21, 101 (102, 104)), sei es im Konzern als herrschendes Mutterunternehmen (→ Rn. 54);

– **Amtsträger (Beamte) ohne Leitungsposition,** da die allg. Treuepflicht keine Vermögensbetreuungspflicht begründet (BGH StV 1995, 73);

– **Anlagevermittler** (§ 1 Abs. 1a S. 2 Nr. 1 KWG; § 2 Abs. 3 Nr. 4 WpHG), der – anders als der Anlageberater (→ Rn. 49) – für einen Anbieter konkrete Geschäfte über die Anschaffung oder Veräußerung von Finanzinstrumenten „anpreist", so dass der Verkauf im Vordergrund steht (abw. Achenbach/Ransiek/Rönnau WirtschaftsStR-HdB/*Seier* Teil 5 Kap. 2 Rn. 230: Untreue bei Verletzung von Informations- und Aufklärungspflichten);

– **Apotheker** ggü. dem Patienten bzw. der gesetzlichen Krankenkasse; anderes dürfte aber im Hinblick auf die Rspr. zum Vertragsarzt (→ Rn. 49) gelten, wenn er bei einer aut-idem-Verordnung der Verpflichtung zur Abgabe eines preiswerten, wirkstoffgleichen Arzneimittels (§ 129 Abs. 1 SGB V, aut-idem-Substitution) nicht nachkommt (aA *Reese* PharmR 2006, 92 (94, 100); AnwK-StGB/*Esser* Rn. 328);

– **Arbeitgeber** in Bezug auf die Pflicht zum Abzug von Lohnbestandteilen (insbes. Lohnsteuer, Sozialabgaben, vermögenswirksame Leistungen) (BGHSt 2, 338 (343 f.); BGH NStZ-RR 2011, 276 (277); OLG Hamburg NJW 1953, 478 (479); OLG Braunschweig NJW 1976, 1903 f.); in Bezug auf die Lohnzahlung (BayObLG NJW 1957, 1683 f.) bzw. auf das Kleben von Urlaubsmarken als Sonderform des Arbeitsentgelts (BGHSt 6, 314 (317 f.)); in Bezug auf die Vereinbarung, Lohnteile an Gläubiger des Arbeitnehmers abzuführen (OLG Köln NJW 1967, 836);

– **Arbeitnehmer ohne Leitungsposition,** sofern er seine allg. Pflicht verletzt, die Dienstobliegenheiten gewissenhaft zu erfüllen (BGHSt 3, 289 (293 f.)), die Interessen des Arbeitgebers zu wahren (BGHSt 5, 187 (188 f.)) oder mit Eigentum (BGHSt 4, 170 (171 f.)) bzw. Daten (OLG München JZ 1977, 408; Lackner/Kühl/*Kühl* Rn. 13) sorgfältig umzugehen; dies gilt auch für die Pflicht zur Anbahnung und zum Abschluss von Verträgen für das Unternehmen (OLG Frankfurt a. M. NStZ-RR 1997, 201 (202));

– **Bank** und **Bankkunde** aufgrund des (allgemeinen) Bankvertrags, da das Vertragsverhältnis zwischen Bank und Bankkunde grds. eigennützig ausgerichtet ist (*Tiedemann* FS Kohlmann, 2003, 307 (309));

– **Betriebsrat** (*Lobinger* in Rieble/Junker/Giesen (Hrsg.), Arbeitsstrafrecht im Umbruch, 2009, 99, 109 ff.; *Rieble/Klebeck* NZA 2006, 758 (763); de lege ferenda für die Einbeziehung von Fällen des Machtmissbrauchs *Cosack,* Untreue von Betriebsräten gegenüber Arbeitnehmern, 2015, 180 ff.; → Rn. 49, Aufsichtsrat);

– **Buchhalter** ohne eigene Entscheidungsbefugnis (BGH StV 1986, 203f: Buchhalter, der lediglich Überweisungsaufträge und den Vollzug der Buchungen prüft; BGH wistra 1987, 27: Buchhalter, der lediglich Zahlungen überwacht); anderes gilt für den Hauptbuchhalter;

– **Computerpersonal** (Programmierer, Systemanalytiker, Systembetreuer, Techniker), da die (technische) Tätigkeit idR streng vorgegeben ist (Schönke/Schröder/*Perron* Rn. 26; anderes gilt für Systemanalytiker und leitende Angestellte (Achenbach/Ransiek/Rönnau WirtschaftsStR-HdB/*Seier* Teil 5 Kap. 2 Rn. 308; LK-StGB/*Schünemann* Rn. 136, 156);

– **Darlehens- oder Kreditnehmer** (BGH NStZ 1984, 118 (119); OLG Düsseldorf wistra 1995, 72); eine Vermögensbetreuungspflicht kann aber bei besonderer Ausgestaltung bestehen, insbes. bei einer Zweckbindung des Kredits (BGHSt 8, 271 (272 f.); 13, 330: Baugeld);

– **Entleiher** (Achenbach/Ransiek/Rönnau WirtschaftsStR-HdB/*Seier* Teil 5 Kap. 2 Rn. 156);

– **Factoringkunde,** sowohl beim Verkauf von Forderungen, bei dem die Factorbank das Zahlungsausfallrisiko (Delkredererisiko) übernimmt (echtes Factoring: Forderungskauf.), als auch beim Verkauf ohne Übernahme dieses Risikos (unechtes Factoring: Darlehen), da Kauf- und Darlehensverträge grds. keine Vermögensbetreuungspflicht begründen (BGH NStZ 1989, 72 f.);

– **Geschäftsführer ohne Auftrag** ggü. dem Geschäftsherrn (BGHSt 8, 149 (150); BGH NStZ-RR 2012, 310);

– **Gesellschafter einer GmbH** ggü. der Gesellschaft, den Mitgesellschaftern und Gesellschaftsgläubigern (→ Rn. 53); eine Vermögensbetreuungspflicht besteht aber dann, wenn der Gesellschafter sich als faktischer Geschäftsführer betätigt (→ Rn. 54) oder im Konzern bei Bestehen eines Cash-Management-Systems die wirtschaftliche Existenz einer abhängigen GmbH gefährdet (→ Rn. 55);

– **Genossenschaftsmitglied** ggü. der Genossenschaft (*Corsten,* Einwilligung in die Untreue sowie in die Bestechlichkeit und Bestechung, 2011, 207; *Krüger* ZfgG 2010, 221 (230); Schönke/Schröder/*Perron* Rn. 26);

– **Gesellschafter einer Limited;** anderes gilt, wenn sich der Gesellschafter als faktischer Direktor betätigt (OLG Stuttgart wistra 2008, 226);

– **Handelsvertreter** (§ 84 HGB), der sich lediglich um die Vermittlung von Geschäften mit dem Vertretenen zu bemühen hat und im Erfolgsfall eine Provision verdient (OLG Braunschweig NJW 1965, 1193; OLG Frankfurt a. M. NStZ-RR 1997, 201 f.; Lackner/Kühl/*Kühl* Rn. 13; Otto StrafR BT § 54 Rn. 27; aA RGSt 71, 333 (335); OLG Koblenz MDR 1968, 779 f.; Achenbach/Ransiek/

Rönnau WirtschaftsStR-HdB/*Seier* Teil 5 Kap. 2 Rn. 160; Fischer Rn. 48; Rengier StrafR BT I § 18 Rn. 22; Schönke/Schröder/*Perron* Rn. 25); anderes gilt bei Vorliegen besonderer Umstände (BGH NStZ 1983, 74: Verwalter des Konsignationslagers; BGH wistra 1992, 66: Inkassoverbot);

– **Käufer** (BGH NStZ 1989, 72); dies gilt auch für den Kauf unter (verlängertem) Eigentumsvorbehalt (BGHSt 22, 190 (191); OLG Düsseldorf NJW 1984, 810 (811); Achenbach/Ransiek/Rönnau WirtschaftsStR-HdB/*Seier* Teil 5 Kap. 2 Rn. 155; Fischer Rn. 49; LK-StGB/*Schünemann* Rn. 138; MüKoStGB/*Dierlamm* Rn. 102; NK-StGB/*Kindhäuser* Rn. 57; Schönke/Schröder/*Perron* Rn. 26; *Wittig/Reinhart* NStZ 1996, 467 (471); aA OLG Hamm NJW 1954, 1091 (1092)); anderes gilt bei besonderen Vertragsgestaltungen, wie beim Beschaffungskauf mit Anzahlung (BGHSt 1, 186 (190)) und Aussteuerkauf mit Kaufpreisansparung (BGH NJW 1991, 371);

– **Kellner** (RGSt 69, 58 (60 f.); SSW StGB/*Saliger* Rn. 17);

– **Kommanditaktionär** ggü. der KGaA (*Corsten*, Einwilligung in die Untreue sowie in die Bestechlichkeit und Bestechung, 2011, 279);

– **Kontokorrentinhaber,** da das Kontokorrentverhältnis grds. keine Vermögensbetreuungspflicht ggü. dem Kreditinstitut begründet (BGH NStZ 1984, 118 (119));

– **Kreditinstitutsmitarbeiter** ggü. Kunden mit Giro- und Sparkonten, da den Mitarbeitern keine Entscheidungsspielräume eingeräumt sind (OLG Düsseldorf wistra 1985, 72; OLG München wistra 2010, 155);

– **Kreditkarteninhaber** ggü. dem ausgebenden Institut, da die nach dem Kreditkartenvertrag bestehende Pflicht, auch Vermögensinteressen des Instituts zu berücksichtigen, keine Hauptpflicht ist (BGHSt 33, 244 (250); LG Dresden NStZ 2006, 633 (634); Fischer Rn. 49; Rengier StrafR BT I § 18 Rn. 14; Schönke/Schröder/*Perron* Rn. 26; aA *Labsch* JURA 1987, 343 (344)); zum Beauftragten, dem eine Kreditkarte ausgehändigt wurde, → Rn. 49;

– **Lastschrifteinzugsermächtigter,** da das Lastschrifteinzugsverfahren nicht vorrangig den Interessen des Zahlungspflichtigen dient (OLG Hamm NJW 1977, 1834 (1835); Fischer Rn. 23; *Knierim* NJW 2006, 1093 (1097); Schönke/Schröder/*Perron* Rn. 26; aA *Labsch* JURA 1987, 343 (352); *Hadamitzky/Richter* wistra 2005, 441 (445); der Missbrauch des Lastschriftverfahrens ist als Betrug (§ 263) bzw. Computerbetrug (§ 263a) zu erfassen (zur „Lastschriftreiterei" BGHSt 50, 147 ff. = BGH NJW 2005, 3008; zu fingierten Abbuchungslastschriften für nicht existente Forderungen BGH NJW 2013, 2608);

– **Leasingnehmer** ggü. der Leasingbank (Leasinggeber), auch wenn ihm vertraglich die Befugnis eingeräumt ist, Schadensersatzansprüche der Bank gegen Dritte im eigenen Namen geltend zu machen und einzuziehen (OLG Köln NJW 1988, 3219);

– **Mieter** ggü. dem Vermieter (OLG Oldenburg NJW 1952, 1278); anderes gilt bei besonderer Gestaltung der Mietkaution (BayObLG wistra 1998, 157: Auflösung eines als Mietkaution eingerichteten Postsparbuchs durch den allein verfügungsbefugten Mieter, dem nach der Vereinbarung mit dem Vermieter die besondere Verpflichtung oblag, die zugunsten des Vermieters festgelegte Sicherheit nicht zu entwerten; aA Lackner/Kühl/*Kühl* Rn. 12; Rengier StrafR BT I § 18 Rn. 27);

– **Mitglieder einer Tippgemeinschaft,** sofern es sich nur um einen losen Zusammenschluss handelt (LK-StGB/*Schünemann* Rn. 157); anders ist dies, wenn eine Personengesellschaft vorliegt (→ Rn. 49, geschäftsführender Gesellschafter);

– **Nießbraucher** (Achenbach/Ransiek/Rönnau WirtschaftsStR-HdB/*Seier* Teil 5 Kap. 2 Rn. 156; LK-StGB/*Schünemann* Rn. 148);

– **Pächter** (Achenbach/Ransiek/Rönnau WirtschaftsStR-HdB/*Seier* Teil 5 Kap. 2 Rn. 155);

– **Privatarzt,** dh der privat liquidierende Arzt, der außerhalb des vertragsärztlichen Systems Privatpatienten bzw. Selbstzahler behandelt (AnwK-StGB/*Esser* Rn. 326); zum Vertragsarzt → Rn. 49;

– **Provisions- bzw. Schmiergeldempfänger** (→ Rn. 140);

– **Reiseveranstalter** ggü. den Trägern der Reiseleistungen und den Reisenden (BGHSt 28, 20 (23); Fischer Rn. 49; diff. LK-StGB/*Schünemann* Rn. 153);

– **Schalterangestellte** von Post und Bahn (BGHSt 13, 315 (317 ff.));

– **Scheckkarteninhaber,** da die nach dem Girovertrag bestehende Pflicht, auch Vermögensinteressen des ausgebenden Instituts zu berücksichtigen, keine Hauptpflicht ist (BGHSt 24, 386 (387 f.); Fischer Rn. 23; LK-StGB/*Schünemann* Rn. 144);

– **Sicherungsgeber** und **Sicherungsnehmer** (RG HRR 1941 Nr. 372, 984; BGHSt 5, 61 (63); Achenbach/Ransiek/Rönnau WirtschaftsStR-HdB/*Seier* Teil 5 Kap. 2 Rn. 159; AnwK-StGB/*Esser* Rn. 54b; AWHH/*Heinrich* StrafR BT § 22 Rn. 24 ff.; Fischer Rn. 12; LK-StGB/*Schünemann* Rn. 155; Schönke/Schröder/*Perron* Rn. 26; SSW StGB/*Saliger* Rn. 17; *Wegenast*, Missbrauch und Treubruch, 1994, 119 ff. (149 ff.); aA RGSt 67, 273 (274); 69, 223 (225)), da die bloße (eigennützige) Vereinbarung einer Sicherungszession oder Sicherungsübereignung nicht genügt; **anders** ist dies bei einer besonderen (fremdnützigen) Ausgestaltung des Vertragsverhältnisses, wofür nach der Rspr. bereits ein **Verwahrverhältnis** genügen soll (RGSt 74, 1 (3); BGHSt 5, 61 (63); Fischer Rn. 48); damit wird aber die Regel zur Ausnahme (Achenbach/Ransiek/Rönnau WirtschaftsStR-HdB/*Seier* Teil 5 Kap. 2 Rn. 159); zum Sicherungsnehmer bei der **Sicherungsgrundschuld** → Rn. 49);

- **Sortenkassierer,** der im Wesentlichen nur das von anderen Kassierern vereinnahmte ausländische Geld in Sortenboxen einsortiert und bereitlegt (BGH NStZ 1983, 455);
- **Spendenempfänger** ggü. dem Spender; anders ist dies bei einer Schenkung unter Auflagen oder einer Zweckschenkung (BGH wistra 1987, 137; Achenbach/Ransiek/Rönnau WirtschaftsStR-HdB/ *Seier* Teil 5 Kap. 2 Rn. 161);
- **Steuerpflichtiger** ggü. dem Staat (Achenbach/Ransiek/Rönnau WirtschaftsStR-HdB/*Seier* Teil 5 Kap. 2 Rn. 158);
- **Subventionsempfänger,** da der Empfänger allein durch die Zuwendung noch nicht die Vermögens-interessen des Subventionsgebers wahrnimmt, sondern die Subvention idR nur die Wertschöpfung des Empfängers fördern soll (BGHSt 49, 147 (155 f.) – Bremer Vulkan: Investitionsbeihilfe; Lackner/ Kühl/*Kühl* Rn. 12; *Tiedemann* JZ 2005, 45 (46); *Wattenberg* StV 2005, 523 (524 f.)); anders ist dies, wenn der Subventionsgeber eigene finanzielle Interessen verfolgt, insbes. iSe Beteiligung an den zu erwartenden Einnahmen (BGHSt 49, 147 (156));
- **Taxifahrer** (vgl. RGSt 69, 58 (60 f.): Lohnkutscher);
- **Unternehmensberater** (OLG München ZIP 2004, 2438 f.; Achenbach/Ransiek/Rönnau Wirt-schaftsStR-HdB/*Seier* Teil 5 Kap. 2 Rn. 156; Fischer Rn. 49; Lackner/Kühl/*Kühl* Rn. 13; *Tiedemann* ZIP 2004, 2440 (2441)); anders ist dies, wenn er tatsächlich Einwirkungsmacht hat, faktisch die Aufgaben eines Vorstands wahrnimmt;
- **Vereinsmitglied** ggü. dem Verein;
- **Verkäufer** (BGHSt 22, 191; BGH wistra 1987, 136);
- **Vermieter bei Gewerberaummietverhältnissen,** da es hier an einer gesetzlichen Regelung – wie sie für den Vermieter bei Wohnraummietverhältnissen besteht (→ Rn. 49) – fehlt (BGHSt 52, 182; abl. *Kretschmer* JR 2008, 348 (350); *Pauly* ZMR 2010, 256 (257)); anderes gilt, wenn der Mieter eine Vereinbarung zur abgesonderten, insolvenzfesten Anlage der Kaution durchsetzen konnte (*Gericke* NJW 2013, 1633 (1638));
- **Versammlungsleiter** einer Hauptversammlung, da er nur für die ordnungsgemäße Durchführung zu sorgen hat (*Theusinger/Schilha* BB 2015, 131 (135));
- **Vertragsparteien** von Kauf-, Werk- oder Mietverträgen (BGHSt 22, 190 (191));
- **Vertreiber von Prepaid-Bundles** ggü. den Netzbetreibern hinsichtlich der Aufhebung des SIM-Locks des Mobiltelefons (NK-StGB/*Kindhäuser* Rn. 57);
- **Verwahrer** (Achenbach/Ransiek/Rönnau WirtschaftsStR-HdB/*Seier* Teil 5 Kap. 2 Rn. 156; Lack-ner/Kühl/*Kühl* Rn. 12; *Timmermann* MDR 1977, 533);
- **Vorbehaltskäufer** s. Käufer;
- **Werkbesteller** und **Werkunternehmer** (RGSt 77, 150; BGHSt 28, 20 (23 f.); BGH NJW 1978, 2105 (2106); BGH NStZ 1982, 201; OLG München NJW 2006, 2278); eine Vermögensbetreuungs-pflicht des Werkunternehmers kann aber bestehen, wenn der Besteller eine Vorauszahlung zur Beschaffung von Werkmaterial geleistet hat (BayObLG wistra 1989, 113 (114)); umgekehrt besteht keine Vermögensbetreuungspflicht des Bestellers bei Sicherungseinbehalt eines Restes des zu leisten-den Werklohnes, der auf ein Sperrkonto einzuzahlen ist (vgl. § 17 Nr. 6 VOB/B), selbst wenn der Werkunternehmer hierdurch dem Risiko der Insolvenz des Bestellers ausgesetzt wird, da die Pflicht zur Einzahlung allenfalls eine vertragliche Nebenpflicht ist (BGH(Z) NJW 2010, 2948 (2950); OLG Köln(Z) BeckRS 2009, 27843; OLG Stuttgart(Z) NJW-RR 2010, 1612; LG Bonn(Z) BauR 2004, 1471; LG Ellwangen BauR 2009, 1788; Achenbach/Ransiek/Rönnau WirtschaftsStR-HdB/*Seier* Teil 5 Kap. 2 Rn. 300; AnwK-StGB/*Esser* Rn. 58; *Greeve* FS Hamm, 2008, 121 ff.; *Greeve/Müller* NZBau 2000, 239 (241); Momsen/Grützner WirtschaftsStR/*Schramm* Kap. 5 Teil B Rn. 99; Mü-KoStGB/*Dierlamm* Rn. 77; *Pauly* BauR 2010, 1840; SSW StGB/*Saliger* Rn. 11; aA OLG München NJW 2006, 2278 (2279); OLG Jena(Z) BauR 2009, 1339; Fischer Rn. 48).

6. Vermögensbetreuungspflichten im Konzern, insbes. beim Cash-Management-System. 51 Die Frage, ob im **Unterordnungskonzern** (§ 18 Abs. 1 AktG) dem herrschenden Mutterunternehmen ggü. einem abhängigen Tochterunternehmen eine Vermögensbetreuungspflicht obliegt, hat Rspr. und Schrifttum insbes. im Hinblick auf die **abhängige GmbH,** die durch Eingriffe des herrschenden Mutterunternehmens existentiell geschädigt wird, stark beschäftigt (ausf. Achenbach/Ransiek/Rönnau WirtschaftsStR-HdB/*Seier* Teil 5 Kap. 2 Rn. 369 ff.; *Corsten,* Einwilligung in die Untreue sowie in die Bestechlichkeit und Bestechung, 2011, 211 ff.; MüKoStGB/*Dierlamm* Rn. 274 ff.; monografisch *Arens; Arnold; Busch; Höf*). Hintergrund bildet der Umstand, dass den Gläubigern für die Verbindlichkeiten der Gesellschaft nur das Gesellschaftsvermögen haftet (§ 13 Abs. 2 GmbHG), nicht aber das Vermögen der Gesellschafter, so dass die Gläubiger im Insolvenzfall uU leer ausgehen. Um einem Missbrauch der Rechtsform entgegenzutreten, bejaht die Rspr. bei bestandsvernichtenden Eingriffen zum Schutz des redlichen Geschäftsverkehrs eine persönliche Haftung der Gesellschafter **(Durchgriffshaftung).** So gab der **II. Zivilsenat** mit Urt. v. 17.9.2001 (BGHZ 149, 10 ff. – **Bremer Vulkan)** das frühere, am qualifiziert faktischen Konzern orientierte Haftungsmodell auf, das darauf abgestellt hatte, dass das herrschende Unternehmen die Geschäfte eines beherrschten Unternehmens dauernd und umfassend geführt haben musste. Nunmehr konstruierte der Senat eine auf **§§ 823 Abs. 2 BGB iVm § 266**

gestützte **Existenzvernichtungshaftung** der Gesellschafter ggü. den Gesellschaftsgläubigern. Die Vermögensbetreuungspflicht resultiere aus der Stellung als herrschendes Mutterunternehmen, wodurch auf die Geschäftsführung der abhängigen GmbH faktisch unbeschränkt Einfluss genommen werden könne. Veranlasse der Alleingesellschafter die abhängige GmbH, ihre liquiden Mittel in ein zentrales Cash-Management-System einzubringen, treffe ihn die Pflicht, die Existenz der GmbH nicht zu gefährden. Der **5. Strafsenat** ließ mit Urt. v. 13.5.2004 (BGHSt 49, 147 ff. – **Bremer Vulkan**) allerdings offen, ob allein die Rücksichtnahme des Alleingesellschafters auf das Eigeninteresse der GmbH für die Erfüllung des Treubruchstatbestands ausreichen könne, da sich eine **Vermögensbetreuungspflicht** jedenfalls daraus ergebe, dass die Muttergesellschaft als Alleingesellschafterin im Rahmen eines **zentralen Cash-Management-Systems** die Gesellschaft nicht existenzbedrohend beeinträchtigen, insbes. das Stammkapital nicht antasten dürfe; materiell sei ein Darlehen gewährt worden; würden Gelder automatisch in dieses System eingespeist, löse dies gesteigerte Sicherungspflichten aus; erreiche der Vermögenstransfer ein solches Ausmaß, dass die Erfüllung der eigenen Verbindlichkeiten der abhängigen GmbH im Falle eines Verlusts der Gelder gefährdet wäre, dann treffe die Muttergesellschaft eine Vermögensbetreuungspflicht, die Rückzahlung der Gelder – etwa durch Besicherung – zu gewährleisten.

52   Diese Rspr. hat **erhebliches Aufsehen** erregt (vgl. nur *Beiner/Lanzius* NZI 2004, 687 ff.; *Fleischer* NJW 2004, 2867 ff.; *Kasiske* wistra 2005, 81 ff.; *Kramer* WM 2004, 305 ff.; *Kutzner* NStZ 2005, 271 f.; *Ransiek* wistra 2005, 121 ff.; *Salditt* NStZ 2005, 270 f.; *Tiedemann* JZ 2005, 45; ausf. *Bauer,* Untreue durch Cash-Pooling im Konzern, 2008, 88 ff.), da es verfehlt ist, einen Straftatbestand einzusetzen, um ein gesetzlich nicht geregeltes Konzernhaftungsrecht zu konstruieren. Mit Recht hat daher inzwischen der **II. Zivilsenat** mit Urt. v. 16.7.2007 (BGHZ 173, 246 ff. – **Trihotel**; fortgeführt durch BGHZ 176, 204 ff. – **Gamma**) dieses Haftungskonzept aufgegeben und die Existenzvernichtungshaftung des Gesellschafters an die missbräuchliche Schädigung des Gesellschaftsvermögens angeknüpft, sie allein auf **§ 826 BGB** (sittenwidrige vorsätzliche Schädigung, hierzu *Radtke/Hoffmann* GA 2008, 535 (544 ff.)) gestützt. Es handelt sich nunmehr **nicht mehr um eine Durchgriffsaußenhaftung** des Gesellschafters ggü. den Gesellschaftsgläubigern, sondern um eine schadensersatzrechtliche **Innenhaftung** der Gesellschafter ggü. der geschädigten Gesellschaft. Der **2. Strafsenat** hat in einer Entscheidung v. 31.7.2009 (BGHSt 54, 52 ff. – **Refugium** – mAnm *Bittmann* GmbHR 2009, 1206; krit. *Wessing/Krawczyk* NZG 2009, 1176 (1177); abl. *Leimenstoll* ZIS 2010, 143 (148)) daran festgehalten, dass auch im Licht der neuen zivilrechtlichen Haftungskonstruktion zum existenzvernichtenden Eingriff – sowie der Änderungen des GmbH-Gesetzes durch das MoMiG (→ Rn. 153, 155) – bei Bestehen eines Cash-Management-Systems eine Vermögensbetreuungspflicht des Gesellschafters besteht und sich insoweit ausdrücklich dem 5. Strafsenat (BGHSt 49, 147 ff. – Bremer Vulkan) angeschlossen.

53   **Im Erg.** – wenn auch nicht in der Begründung – ist der **Rspr. der Strafsenate zuzustimmen.** Zunächst gilt, dass die **Gesellschafter grds. keine Vermögensbetreuungspflicht** ggü. der Gesellschaft haben (LG Berlin NStE Nr. 39 zu § 266; Achenbach/Ransiek/Rönnau WirtschaftsStR-HdB/ *Seier* Teil 5 Kap. 2 Rn. 338; *Birkholz,* Untreuestrafbarkeit als strafrechtlicher „Preis" der beschränkten Haftung, 1998, 125 ff. (252 ff.); *Flum,* Der strafrechtliche Schutz der GmbH gegen Schädigungen mit Zustimmung der Gesellschafter, 1990, 229 f.; *Hartung* NJW 1996, 229 (232); MüKoStGB/*Dierlamm* Rn. 280; Schönke/Schröder/*Perron* Rn. 26; aA AnwK-StGB/*Esser* Rn. 289; *Arens* GmbHR 2010, 905; *Ewald,* Untreue zwischen „Verbundenen Unternehmen", 1980, 206 ff.; *Gribbohm* ZGR 1990, 1 (20 ff.); *Ransiek* FS Kohlmann, 2003, 207 (219 ff.); *Richter* GmbHR 1984, 137 (144); *Schumacher,* Vermögensbetreuungspflichten von Kapitalgesellschaftsorganen, 2010, 236; *Wodicka,* Die Untreue zum Nachteil der GmbH bei vorheriger Zustimmung aller Gesellschafter, 1993, 297 ff.; *Zieschang* FS Kohlmann, 2003, 351 (356 ff.); ausf. zur Diskussion *Bauer,* Untreue durch Cash-Pooling im Konzern, 2008, 196 ff.; *Schumacher,* Vermögensbetreuungspflichten von Kapitalgesellschaftsorganen, 2010, 177 ff.; *Schweitzer,* Eingriffe in das GmbH-Vermögen, 2016, 183 ff.), da ggfs. nicht ihnen, sondern dem GmbH-Geschäftsführer Geschäftsführung und Vertretung der Gesellschaft (§ 35 Abs. 1 S. 1 GmbHG) obliegen; die Hauptpflicht eines Gesellschafters besteht darin, seiner Stammeinlagepflicht (§ 19 Abs. 1 GmbHG) nachzukommen. Im früheren § 81a GmbHG aF (gesellschaftsrechtliche Untreue) kam dieser Umstand noch klar zum Ausdruck, da der Gesellschafter gerade nicht zum Täterkreis zählte. Auch im Konzern kann deshalb die **herrschende Muttergesellschaft** grds. keine Vermögensbetreuungspflicht treffen (Achenbach/Ransiek/Rönnau WirtschaftsStR-HdB/*Seier* Teil 5 Kap. 2 Rn. 376 ff.; *D. Busch,* Konzernuntreue, 2004, 63; *Kasiske* wistra 2005, 81 (84 f.); *Lamann,* Untreue im GmbH-Konzern, 2006, 171; *Lesch/Hüttemann/Reschke* NStZ 2015, 609 (612); *Livonius* wistra 2009, 91; LK-StGB/*Schünemann* Rn. 255; Schönke/Schröder/*Perron* Rn. 26; *Tiedemann* JZ 2005, 45 (46 f.); aA *Fleischer* NJW 2004, 2867 (2868 f.); *Hentschke,* Der Untreueschutz der Vor-GmbH vor einverständlichen Schädigungen, 2002, 136; *Kramer* WM 2004, 305 ff.; MüKoStGB/*Dierlamm* Rn. 280; *Ransiek* wistra 2005, 121 (124) f.), da sich durch die Konzernierung die Grundstrukturen nicht ändern.

54   Eine **Vermögensbetreuungspflicht** kommt aber – auch im Konzern – ausnahmsweise dann in Betracht, wenn der Gesellschafter als **faktischer Geschäftsführer** der abhängigen GmbH („atypischer" Gesellschafter) anzusehen ist (Achenbach/Ransiek/Rönnau WirtschaftsStR-HdB/*Seier* Teil 5 Kap. 2 Rn. 379; *Schweitzer,* Eingriffe in das GmbH-Vermögen, 2016, 253 ff.; SSW StGB/*Saliger* Rn. 93). Dies ist im Konzern der Fall, wenn das herrschende Mutterunternehmen die Geschäftsführung der abhängi-

gen Tochtergesellschaft dauernd und umfassend ausübt, dh im früher (vor Aufgabe dieser Rechtsfigur durch BGHZ 173, 246 ff. – Trihotel) sog **qualifiziert faktischen Konzern.** Einzelne vermögens-nachteilige Weisungen genügen hierfür jedoch nicht (vgl. LK-StGB/*Schünemann* Rn. 255: „reale Ob-hutsherrschaft" erst dann, wenn der Gesellschafter sein Weisungsrecht „exzessiv" oder „extrem" ausübt). Ist dies nicht der Fall, dh im (früher) sog **einfachen faktischen Konzern,** scheidet eine Vermögens-betreuungspflicht der Gesellschafter aus.

Darüber hinaus kann im **Konzern** eine **Vermögensbetreuungspflicht** der herrschenden Mutterge- **55** sellschaft bei Einsatz eines **Cash-Management-Systems** bestehen. Wenig überzeugend ist es insoweit, wenn die Rspr. dies damit begründet, dass es sich um ein Darlehen handele, da (einfache) Darlehens-verträge keine Vermögensbetreuungspflicht des Darlehensnehmers begründen (→ Rn. 50). Allerdings besteht eine Vermögensbetreuungspflicht dann, wenn der Bereich betroffen ist, der der **Dispositions-befugnis der Gesellschafter entzogen** ist (vgl. AnwK-StGB/*Esser* Rn. 290; *Corsten,* Einwilligung in die Untreue sowie in die Bestechlichkeit und Bestechung, 2011, 241 ff.; *Lamann,* Untreue im GmbH-Konzern, 2006, 124 ff. (170); *Ransiek* wistra 2005, 121 (124) f.; zu sog „Upstream Securitites" *Corsten,* Einwilligung in die Untreue sowie in die Bestechlichkeit und Bestechung, 2011, 245 ff.; *Mahler* GmbHR 2012, 504 ff.; aA Achenbach/Ransiek/Rönnau WirtschaftsStR-HdB/*Seier* Teil 5 Kap. 2 Rn. 381 ff.; *Krause* JR 2006, 51 (54); Lackner/Kühl/*Kühl* Rn. 20a; *Lesch/Hüttemann/Reschke* NStZ 2015, 609 (614); auch Schönke/Schröder/*Perron* Rn. 19b, 21b: Einverständnis möglich; dagegen für die Qualifizierung der Gesellschafter als (bloße) Anstifter zur Untreue des Geschäftsführers Tiedemann WirtschaftsStR BT Rn. 392; zust. LK-StGB/*Schünemann* Rn. 265). Denn wenn die Gesellschafter in Vermögensverschiebungen nicht einwilligen dürfen, die die wirtschaftliche Existenz der GmbH konkret gefährden (→ Rn. 151), so lässt sich daraus schließen, dass die Gelder, die von der GmbH in das Cash-Management-System einbracht wurden, dann nicht mehr der freien Dispositionsbefugnis des herr-schenden Mutterunternehmens unterliegen, wenn beim Ausfall der Gelder die wirtschaftliche Existenz der GmbH akut bedroht ist. Daher ist das herrschende Mutterunternehmen bei einer sich abzeichnen-den wirtschaftlichen Krise verpflichtet, für eine **Besicherung zu sorgen.** Durch das **MoMiG** hat sich hieran nichts geändert (aA *Livonius* wistra 2009, 91 (93)), da dadurch die Rspr. zur Haftung des Gesell-schafters für existenzvernichtende Eingriffe nicht in Frage gestellt werden sollte (→ Rn. 155).

Die dargelegten Grundsätze gelten auch für die **abhängige Limited** (zur Limited → Rn. 24 ff.). **56** Zum einen ist auch im britischen Gesellschaftsrecht das Rechtsinstitut der Durchgriffshaftung wohl-bekannt (vgl. *Just,* Die englische Limited in der Praxis, 4. Aufl. 2012, Rn. 92 f.; *Radtke* GmbHR 2008, 729 (734)), da in Missbrauchsfällen der „Schleier der Rechtspersönlichkeit" aufgehoben wird (lifting the veil of incorporation). Zum anderen ist die allg. zivilrechtliche Vorschrift des § 826 BGB ohne weiteres auf die Limited anwendbar. Und schließlich können die Gesellschafter nicht nur als faktische **Direkto-ren** (shadow directors) verantwortlich sein (→ Rn. 25), sondern es ist auch davon auszugehen, dass sie jedenfalls in Vermögensverschiebungen, die die wirtschaftliche Existenz der Limited beeinträchtigen, nicht einwilligen dürfen (→ Rn. 156).

II. Tatobjekt: Fremdes Vermögen

1. Vermögen. Der **Begriff des Vermögens** ist bei der Untreue **derselbe wie beim Betrug,** da **57** allen Vermögensdelikten ein einheitlicher Vermögensbegriff zugrunde liegt (vgl. nur Achenbach/Ran-siek/Rönnau WirtschaftsStR-HdB/*Seier* Teil 5 Kap. 2 Rn. 24; Fischer Rn. 110; SSW StGB/*Saliger* Rn. 51).

Die Rspr. und Teile der Strafrechtswissenschaft folgen daher auch bei der Untreue im Grundsatz dem **58** weiten **wirtschaftlichen Vermögensbegriff,** wonach das Vermögen die Summe der geldwerten Güter ist, über die eine Person faktisch verfügen kann (RGSt 71, 333 (334); BGHSt 15, 342 (344); BGH NJW 1975, 1234 (1235) – Bundesligaskandal; BGH NStZ 1986, 455 (456); OLG Bremen NStZ 1989, 228; OLG Hamm wistra 1999, 350 (354); OLG Köln NJW 1979, 278; *Bräunig,* Untreue in der Wirtschaft, 2011, 227 ff. mwN). Einbezogen ist damit jedes Wirtschaftsgut, das einen Marktwert hat, unabhängig von der rechtlichen Zuordnung und davon, ob es legal erlangt worden ist. Damit wurde der frühere **juristische Vermögensbegriff** aufgegeben, nach dem das Vermögen die Gesamtheit der einer Person zustehenden (subjektiven) Vermögensrechte bildet (RGSt 3, 332 (333)). Die Beschränkung auf sub-jektive Rechte war einerseits zu eng (zB kein Schutz von Geschäftsgeheimnissen), andererseits zu weit (zB Schutz wertloser Rechte). Die hL folgt dagegen dem engeren, in verschiedenen „Spielarten" vertretenen **juristisch-ökonomischen Vermögensbegriff** und reduziert das Vermögen auf die Sum-me aller Güter mit Marktwert, die einer Person in rechtlich schutzwürdiger Weise zugeordnet sind (vgl. nur Matt/Renzikowski/*Matt* Rn. 121; Momsen/Grützner WirtschaftsStR/*Schramm* Kap. 5 Teil B Rn. 132; Schönke/Schröder/*Perron* Rn. 39b; SK-StGB/*Hoyer* Rn. 42; SSW StGB/*Saliger* Rn. 51; *Tsagkaraki,* Die Bildung der sog. „schwarzen Kassen" als strafbare Untreue gemäß § 266 StGB, 2013, 130; *P. Werner,* Der Gefährdungsschaden als Nachteil im Sinne des Untreuetatbestandes, 2011, 18 ff.). Hierfür wird angeführt, dass das Strafrecht wegen der Einheit der Rechtsordnung keine Güter-zuordnung anerkennen dürfe, die von der übrigen Rechtsordnung missbilligt wird. Die hM hält dem entgegen, dass dann rechtsfreie Räume entstehen, was aus kriminalpolitischen Gründen zu vermeiden ist. Aufgrund der Notwendigkeit von „Korrekturen" ist aber auch die Rspr. zT einem juristisch-ökonomischen Vermögensbegriff gefolgt, wenn sie zB sittenwidrige Leistungen nicht als Vermögens-werte begriffen hat (vgl. nur zu § 263 BGH NStZ 1987, 407: Prostituiertenlohn; zu § 253 BGH NStZ 2001, 534: Beuteanteil). Verstärkt wird heute der **integrierte Vermögensbegriff** (grdl. *Hefendehl,* Vermögensgefährdung und Exspektanzen, 1994, 115 ff.) vertreten, der Vermögen als eine „in Geldeswert ausdrückbare rechtlich konstituierte Herrschaft über Gegenstände oder soziale Interaktionen" (LK-StGB/*Schünemann* Rn. 166) begreift und juristisch-ökonomisch wertend ebenfalls nur rechtlich geschützte Positionen einbezieht. Nicht durchsetzen konnte sich der sehr weite **personale Vermögensbegriff,** der zT auch iRd Untreue verfochten wird (*Labsch,* Untreue (§ 266 StGB), Grenzen und Möglichkeiten einer neuen Deutung, 1983, 324; *Otto* StrafR BT 54/32; *Velten* NJW 2000, 2852 (2855)) und das Vermögen als Grundlage der Persönlichkeitsentfaltung im Rahmen wirtschaftlicher Zwecksetzungen schützen will; hierdurch würde allerdings nicht mehr nur das Vermögen als Ganzes, sondern die Dispositionsfreiheit über Vermögensbestandteile geschützt. Diesem Einwand ist auch ein **normativer Vermögensbegriff,** der an die Dispositionsfreiheit des Einzelnen anknüpft (hierfür *Rosalski* HRRS 2015, 73 (84)) ausgesetzt.

59 Nach heute hM schützt der Untreuetatbestand somit auch **deliktisch erworbenes Vermögen** (BGHSt 8, 254 (256): unterschlagene Gelder; BGHSt 20, 143 (145): Ansprüche aus wettbewerbswidrigen Geschäften; BGH NStZ-RR 1999, 184 (186): Vermögen, das aus Bestechungsgeldern herrührt; anders aber hinsichtlich ertrogenen Restzahlungen BGH NStZ 2013, 105 mit abl. Anm. *Bittmann* ZWH 2013, 25). Geschützt sind zudem **vermögenswerte Exspektanzen** (→ Rn. 176 f.), die sich auf einen realisierbaren Vermögenszufluss beziehen und daher nach der Verkehrsauffassung im Tatzeitpunkt einen messbaren wirtschaftlichen Wert haben, selbst wenn sie aus rechtlich missbilligten Geschäften stammen (→ Rn. 174). **Nicht geschützt** sind – anders als im Eigentumsstrafrecht (§§ 242 ff.) – **wertlose Sachen.**

60 **2. Fremdheit.** Die Fremdheit des Vermögens richtet sich **allein nach zivilrechtlichen Kriterien** (BGHSt 1, 186 (187 f.); BGH wistra 2010, 303 f.; Achenbach/Ransiek/Rönnau WirtschaftsStR-HdB/ *Seier* Teil 5 Kap. 2 Rn. 103; *Birkholz,* Untreuestrafbarkeit als strafrechtlicher „Preis" der beschränkten Haftung, 1998, 116 ff.; Fischer Rn. 11). Insoweit kann auch **ausländisches Recht** maßgebend sein (BGH NStZ 2010, 632 (634)). **Fremd** ist eine Vermögensposition, wenn der Treupflichtige **nicht Alleineigentümer** ist, also kein Eigentum oder nur Mit-(Bruchteils-) oder Gesamthandseigentum hat. Ohne Bedeutung ist die wirtschaftliche Zuordnung (BGHSt 3, 32 (39 f.); BGH wistra 1987, 334 (335 f.)) oder die „Zwecksetzungsbefugnis" (aA *Grunst* BB 2001, 1537 (1540); *Nelles,* Untreue zum Nachteil von Gesellschaften, 1991, 479 ff. (513 ff., 541)). Auch Verfügungsbefugnisse bzw. Verwaltungsrechte lassen die Vermögenszuordnung unberührt (NK-StGB/*Kindhäuser* Rn. 30; SSW StGB/*Saliger* Rn. 19). **Bsp.:**

– für den **Insolvenzverwalter** ist die Insolvenzmasse fremd, nicht aber für den Insolvenzschuldner;
– dem **Vollstreckungsschuldner,** der nach § 150b ZVG zum Zwangsverwalter seines Grundstücks bestellt ist, ist eigenes Vermögen anvertraut;
– für **Sicherungsgeber** und **Vorbehaltskäufer** ist die Sache fremd, nicht jedoch für Sicherungsnehmer und Vorbehaltsverkäufer;
– der **Inhaber eines Prolongationswechsels,** der den Wechsel zum Diskont bringt, verfügt über eigenes Vermögen (Fischer Rn. 11; aA offenbar BGH NJW 1961, 2302 (2303 f.));
– für den **Treuhänder** ist das Treuhandvermögen bei der uneigennützigen Treuhand (Verwaltungstreuhand, zB Führung eines Rechtsanwalts- oder Notaranderkontos) fremd (BGH NJW 2010, 1764; Fischer Rn. 12), nicht aber bei der eigennützigen Treuhand (Sicherungstreuhand), da der Treuhänder hier volles Eigentum hat (BGH NStZ 2006, 38 (39)).

61 **Vermögensinhaber** können nicht nur natürliche Personen oder juristische Personen des Privatrechts oder öffentlichen Rechts sein, soweit sie mit dem Treupflichtigen nicht identisch sind (Achenbach/ Ransiek/Rönnau WirtschaftsStR-HdB/*Seier* Teil 5 Kap. 2 Rn. 105), sondern auch die Träger der öffentlichen Verwaltung (Staat, vgl. *Rojas,* Grundprobleme der Haushaltsuntreue, 2011, 61 ff.).

62 **Juristische Personen** sind als eigene Rechtspersönlichkeiten **selbstständige Vermögensträger,** so dass ihr Vermögen nicht nur für deren Organe (zB Geschäftsführer, Vorstand, Aufsichtsrat), sondern auch für deren Anteilseigner (zB Gesellschafter, Aktionäre) fremd ist. Dies gilt für **Kapitalgesellschaften,** dh insbes. **AG** (BGHSt 47, 187 (192) – SSV Reutlingen; BGHSt 50, 331 (335) – Mannesmann/Vodafone; BGHSt 54, 148 – Volkert/Gebauer (VW)), **KGaA** (BGH wistra 1986, 69), **GmbH** (BGH wistra 1993, 301) – einschließlich der **Einmann-GmbH,** bei der zwar der geschäftsführende Gesellschafter alle Anteile hält, das GmbH-Vermögen aber für ihn dennoch rechtlich fremd ist (BGHSt 34, 379 (384)) – und die **Genossenschaft** (*Krüger* ZfgG 2010, 221 ff.). Ebenso ist bei der **Limited** (→ Rn. 24 ff.) das Gesellschaftsvermögen für den Direktor und die Gesellschafter fremd (OLG Stuttgart wistra 2008, 226; *Radtke* GmbHR 2008, 729 (734); *Schlösser* wistra 2006, 81 (86)), bei der **SE** für die geschäftsführenden Direktoren (§ 40 SEAG) und beim monistischen System für den Verwaltungsrat (§§ 20 ff. SEAG).

63 **Personengesellschaften** besitzen dagegen keine eigene Rechtspersönlichkeit. Das Gesellschaftsvermögen steht den Gesellschaftern idR als Gesamthandsvermögen gemeinsam zu (§ 718 BGB). Während aber im Zivilrecht seit BGHZ 146, 341 (Teilrechtsfähigkeit der „Außen-GbR") das Gesellschaftsvermögen vermehrt der Gesellschaft zugewiesen wird, hält die hM im Strafrecht uneingeschränkt daran fest,

dass Personengesellschaften **keine selbstständigen Vermögensträger** sind, so dass nicht das Gesellschaftsvermögen, sondern nur die Gesellschafter geschädigt werden können (vgl. nur BGH NJW 2003,
2996 (2999); 2011, 3733; BGH NStZ 2013, 38; BGH NJW 2013, 3590 (3593) – Hochseeschlepper
mAnm *Lindemann/Hehr* NZWiSt 2014, 350 und *Wessing* NZG 2014, 97; OLG Celle wistra 2014, 34;
BeckOK StGB/*Wittig* Rn. 11; *Corsten*, Einwilligung in die Untreue sowie in die Bestechlichkeit und
Bestechung, 2011, 259; *Kubiciel,* in Fischer/Hoven, 153 (164); Lackner/Kühl/*Kühl* Rn. 3; LK-StGB/
Schünemann Rn. 262; Momsen/Grützner WirtschaftsStR/*Schramm* 5 B Rn. 33; MüKoStGB/*Dierlamm*
Rn. 201; *Schulte* NJW 1984, 1671 f.; aA *Brand,* Untreue und Bankrott in der KG und GmbH & Co KG,
2010, 210 ff.; *Brand* ZWH 2014, 23; *Richter* GmbHR 1984, 137 (146); *Schäfer* NJW 1983, 2850 (2851);
K. Schmidt JZ 2014, 878 ff.; *Schramm*, Untreue und Konsens, 2005, 84; *Soyka*, Untreue zum Nachteil
von Personengesellschaften, 2008, 96 ff. (259 ff.); SSW StGB/*Saliger* Rn. 53; *Stölting*, Das Tatbestandsmerkmal des fremden Vermögens bei der Untreue zum Nachteil von Personengesellschaften am Beispiel
der GmbH & Co KG, 2010, 88 f. (116 f., 126)). Hierfür spricht, dass Personengesellschaften zwar
teilrechtsfähig sein und juristischen Personen nahe kommen mögen, dies aber nichts an der personalisti-
schen Rechtspersönlichkeits- und Haftungsstruktur ändert (Momsen/Grützner WirtschaftsStR/*Schramm*
Kap. 5 Teil B Rn. 33). Zudem lehnt auch die hM im Gesellschafsrecht bislang die Gleichsetzung von
Rechtsfähigkeit und Rechtspersönlichkeit ab (*Wessing* NZG 2014, 97 (98)). Folge wäre iÜ eine Ausweitung der Strafbarkeit (Achenbach/Ransiek/Rönnau WirtschaftsStR-HdB/*Seier* Teil 5 Kap. 2
Rn. 350). Eine Untreue zum Nachteil von Personengesellschaften ist daher weiterhin nicht anzuerkennen. Entscheidend ist somit, ob ein (Mit-)Gesamthandseigentümer betroffen ist (BGHSt 34, 221 (222 f.);
BGH NStZ 1987, 279; BGH wistra 1991, 183; 2000, 179; BGH StV 1992, 465 (466); BGH NJW 2011,
3733 (3735); BGH NStZ 2013, 38 f.; Fischer Rn. 113; NK-StGB/*Kindhäuser* Rn. 95; Schönke/Schrö-
der/*Perron* Rn. 39a). Dies gilt nicht nur für **OHG** und **KG** (BGHSt 34, 221 (222 f.); BGH wistra 1984,
226; aA *H. Schäfer* NJW 1983, 2850 (2851)), **stille Gesellschaft** (BGH wistra 1987, 24), **GbR**
(Momsen/Grützner WirtschaftsStR/*Schramm* Kap. 5 Teil B Rn. 33), **PartG, Erbengemeinschaft** und
den **nichtrechtsfähigen Verein** (Achenbach/Ransiek/Rönnau WirtschaftsStR-HdB/*Seier* Teil 5
Kap. 2 Rn. 349), sondern auch für die **Vor-GmbH** (BGH StV 1992, 465; *Bittmann/Richter* wistra 2005,
51 (52); *Deutscher/Körner* wistra 1996, 8; aA *Hentschke,* Der Untreueschutz der Vor-GmbH vor einverständlichen Schädigungen, 2002, 150 (220, 279); *C. Schäfer* GmbHR 1993, 717 (719 ff.)), die **GmbH
& Co KG** (BGH NJW 1992, 250 (251); 2003, 2996 (2999); 2011, 3733; BGH NStZ 2013, 38; OLG
Celle wistra 2014, 34; aA LG Bonn NJW 1981, 469; *Stölting*, Das Tatbestandsmerkmal des fremden
Vermögens bei der Untreue zum Nachteil von Personengesellschaften am Beispiel der GmbH & Co KG,
2010, 126), **Einmann-GmbH & Co KG** (BGH NStZ 1987, 279) und die **Limited & Co KG.**

Im **Konzern** ist eine Untreue zum Nachteil des Gesamtkonzerns nicht möglich, da die Konzern-　**64**
unternehmen rechtlich selbstständig sind (§ 15 AktG), wohl aber zum Nachteil einzelner **Konzern-
gesellschaften** (Achenbach/Ransiek/Rönnau WirtschaftsStR-HdB/*Seier* Teil 5 Kap. 2 Rn. 370; *D.
Busch,* Konzernuntreue, 2004, 15 ff.; *Lesch/Hüttemann/Reschke* NStZ 2015, 609 (611)). Bei einem
Unterordnungskonzern kann im Falle eines Beherrschungs- oder Gewinnabführungsvertrags (§ 302
AktG) sowohl die (abhängige) Konzerntochter als auch die (herrschende) Konzernmutter geschädigt sein
(Achenbach/Ransiek/Rönnau WirtschaftsStR-HdB/*Seier* Teil 5 Kap. 2 Rn. 373 f.).

III. Tathandlung: Missbrauch, Treubruch

1. Allgemeines. a) Überblick. § 266 Abs. 1 enthält **zwei Tatbestände.** Die Tathandlung besteht　**65**
beim **Missbrauchstatbestand** (Alt. 1) im Missbrauch einer Befugnis (→ Rn. 68 ff.), beim **Treubruchstatbestand** (Alt. 2) in einem Treubruch im Aufgabenkreis (→ Rn. 96 ff.). Nach hM (→ Rn. 29) ist der
Missbrauchstatbestand ein (ausgestanzter) Spezialfall des Treubruchstatbestands, da beide Tatbestände die
Verletzung einer inhaltsgleichen Vermögensbetreuungspflicht – dh eine **Pflichtverletzung** – voraussetzen und damit ein **Pflichtwidrigkeitsmerkmal** konstituieren. Ein Missbrauch kann durch **rechtsgeschäftliches oder hoheitliches**, ein Treubruch auch durch ein **tatsächliches Verhalten** begangen
werden.

b) Akzessorietät. Da der Untreuetatbestand das Handlungsunrecht selbst nicht detailliert regelt,　**65a**
sondern auf den **außerstrafrechtlichen Pflichtenbereich** Bezug nimmt, ist er akzessorisch (vgl. nur
Hantschel, Untreuevorsatz, 2010, 303; *Murmann* JURA 2010, 561 (563 f.); Schönke/Schröder/*Perron*
Rn. 18; *Wessing/Krawczyk* NZG 2010, 1121 (1122)). Eine außerstrafrechtliche Pflichtverletzung begründet allerdings nicht stets eine Pflichtverletzung iSd § 266 (**asymmetrische Akzessorietät**, vgl.
nur SSW StGB/*Saliger* Rn. 31 mwN; vgl. auch LK-StGB/*Schünemann* Rn. 94: „Zivilrechtsaffinität",
„sektorale Zivilrechtsakzessorität"). Soweit die außerstrafrechtlichen Pflichten aus **Generalklauseln**
oder **unbestimmten Rechtsbegriffen** resultieren, besteht die Gefahr der Überdehnung des Untreuetatbestands (*P.-A. Albrecht* FS Hamm, 2008, 1 (2)), der durch restriktive Auslegung (→ Rn. 17) entgegen-
zusteuern ist. Keine Pflichtwidrigkeit iSd § 266 kann ein zivil- oder öffentlich-rechtlich **rechtmäßiges
Verhalten** darstellen (**negative Akzessorietät;** vgl. Becker/Walla/Endert WM 2010, 875 (876); *Gribbohm* ZGR 1990, 1 ff.; *Lutter* NZG 2010, 601 ff.; *Seibt/Schwarz* AG 2010, 301 (304); SK-StGB/*Hoyer*

Rn. 47; *Wessing/Krawczyk* NZG 2010, 1121 (1122 f.)). Hinsichtlich der Feststellung der außerstrafrechtlichen Pflichtwidrigkeit verfügt der Strafrichter über eine **selbstständige Auslegungskompetenz** (SSW StGB/*Saliger* Rn. 31).

66   c) **Verschleifungs- oder Entgrenzungsverbot.** Pflichtverletzung und Nachteil sind unterschiedliche Tatbestandsmerkmale und eigenständig zu prüfen. Wie das BVerfG im **Landowsky-Beschluss** hervorgehoben hat, dürfen einzelne Tatbestandsmerkmale „nicht so weit ausgelegt werden, dass sie vollständig in anderen Tatbestandsmerkmalen aufgehen, also zwangsläufig mit diesen mitverwirklicht werden" (**Verschleifungs- oder Entgrenzungsverbot,** BVerfGE 126, 170 = BVerfG NJW 2010, 3209 (3211, 3215) Rn. 79, 113 unter Bezugnahme auf *Saliger* ZStW 112 (2000), 563, 610 und *Saliger* HRRS 2006, 10 (14); vgl. auch BVerfG NJW 2013, 365 (366); OLG Köln NZWiSt 2013, 396 (397 f.); Achenbach/Ransiek/Rönnau WirtschaftsStR-HdB/*Seier* Teil 5 Kap. 2 Rn. 207; *Feigen* FS Rudolphi, 2004, 445 (447); ausf. *Krell* ZStW 126 (2014), 902 ff.). Die Feststellung einer Pflichtverletzung hat demnach nicht zwangsläufig zur Folge, dass auch ein Nachteil vorliegt. Umgekehrt bedeutet die Feststellung eines Nachteils nicht, dass auch eine Pflichtwidrigkeit vorliegt. **Keinen Verstoß** gegen das Verschleifungs- oder Entgrenzungsverbot begründet iRd Untreue die Anerkennung des **allg. Schädigungsverbots** (→ Rn. 110; zum Kick-Back → Rn. 140; Fischer Rn. 51), bei dem die Prüfung von Nachteil und Pflichtwidrigkeit ineinander übergeht (vgl. Fischer Rn. 51, 54, 59; *Hantschel,* Untreuevorsatz, 2010, 304; LK-StGB/*Schünemann* Rn. 94, 163; *Matt* NJW 2005, 389 (390); Momsen/Grützner WirtschaftsStR/*Schramm* Kap. 5 Teil B Rn. 104; *Ransiek* ZStW 116 (2004), 638 (678); *Rose* wistra 2005, 281 (285); *Saliger* ZStW 112 (2000), 569, 610 f.; *Waßmer,* Untreue bei Risikogeschäften, 1997, 150 f.; krit. *Volk* FS Hamm, 2008, 803 (805 ff.); aA Matt/*Renzikowski/Matt* Rn. 91; MüKoStGB/*Dierlamm* Rn. 189). Auch in diesen Fällen findet nämlich eine **eigenständige Prüfung** beider Merkmale statt, wobei nicht die Pflichtwidrigkeit, sondern der Nachteil den Ausgangspunkt bildet: Zunächst wird festgestellt, dass ein **Nachteil** vorliegt; anschließend wird geprüft, ob dem Treupflichtigen diese spezifische Schädigung des Vermögens im Innenverhältnis gestattet war, etwa durch eine Norm, Vereinbarung oder das Einverständnis des Treugebers. Ist dies der Fall, scheidet – trotz des Eintritts eines Nachteils – eine Pflichtwidrigkeit aus. Ist dies nicht der Fall, wurde gegen das allg. Schädigungsverbot verstoßen, womit eine **Pflichtwidrigkeit** vorliegt.

66a   d) **Vermögensschützender Charakter der verletzten Rechtsnorm.** In der **Strafrechtswissenschaft** wird überwiegend angenommen, dass die durch den Missbrauch bzw. Treubruch verletzte (außerstrafrechtliche) Norm dem **Schutz des Vermögens dienen** muss (**„Schutzzweckzusammenhang",** vgl. Achenbach/Ransiek/Rönnau WirtschaftsStR-HdB/*Seier* Teil 5 Kap. 2 Rn. 212 ff.; *Günther* FS Weber, 2004, 311 (316); *Hantschel,* Untreuevorsatz, 2010, 307; *Hillenkamp* NStZ 1981, 161 (166); *Kubiciel* NStZ 2005, 353 (360); *Martin,* Bankuntreue, 2000, 140 ff.; MüKoStGB/*Dierlamm* Rn. 170; *Rojas,* Grundprobleme der Haushaltsuntreue, 2011, 110 ff.; Schönke/Schröder/*Perron* Rn. 19a; Wessels/Hillenkamp StrafR BT II Rn. 767; aA *Saliger* HRRS 2006, 10 (22 f.); *Schwind* NStZ 2001, 349 (352 ff.); SSW StGB/*Saliger* Rn. 82 f.). ZT wird es hierbei nicht für ausreichend gehalten, dass die Norm **mittelbaren** Vermögensschutz gewährt, sondern sogar einschränkend gefordert, dass sie den **unmittelbaren** Vermögensschutz bezwecken muss (*Corsten* wistra 2010, 206 (207 f.); *Günther* FS Weber, 2004, 311 (316); *Hermann,* Die Begrenzung der Untreuestrafbarkeit in der Wirtschaft am Beispiel der Bankenuntreue, 2011, 132 ff.). Im Hinblick auf den Landowsky-Beschluss des BVerfG v. 23.6.2010 hat der nunmehr **1. Strafsenat** des BGH im Fall **Siemens/AUB** am 13.9.2010 betont, dass die „primär" verletzte (außerstrafrechtliche) Rechtsnorm **unmittelbar,** wenigstens aber **mittelbar vermögensschützend** sein muss (BGHSt 55, 288 = BGH NJW 2011, 88 Rn. 36; hierzu *Bittmann* NJW 2011, 96; *Brand* JR 2011, 400; *Brand/Petermann* WM 2012, 62 ff.; *Corsten* StraFo 2011, 69; *Corsten* HRRS 2011, 247; *Gragert* ArbRAktuell 2010, 609; *Kraatz* wistra 2011, 447; *Kudlich* ZWH 2011, 1; *Michalke* StV 2011, 245; weitergeführt durch BGHSt 56, 203 = BGH NJW 2011, 1747 Rn. 25 – **Kölner Parteispendenaffäre** mAnm *Bittmann* wistra 2011, 343; *Brand* NJW 2011, 1751; *Corsten* wistra 2011, 389; *Jahn* Jus 2011, 1133; *Knauer* ZWH 2011, 28; *Rönnau* StV 2011, 753; *Saliger* ZIS 2011, 902; „Rückläufer" BGH NJW 2012, 3797), da nur dann der untreuespezifische Zusammenhang zwischen Pflichtverletzung und geschütztem Rechtsgut vorliegen soll.

66b   **Relevant** sind daher nach der Rspr. Verstöße gegen Normen, die auch Vermögensschutz bezwecken:

   – **§§ 238 ff., 242 ff. HGB,** da die Pflicht zur Bilanzierung und Rechnungslegung nicht nur den Gläubigerschutz, sondern auch den Vermögensschutz der Gesellschaft bezweckt: Die Gesellschafter und die Kontrollorgane sollen über Vermögensstand und finanzielle Lage informiert werden (BGHSt 57, 266 (2. Strafsenat) – Trienekens = BGH NJW 2010, 3458 (3460); Achenbach/Ransiek/Rönnau WirtschaftsStR-HdB/*Seier* Teil 5 Kap. 2 Rn. 215; Schönke/Schröder/*Perron* Rn. 19a);

   – **§ 4 Abs. 4 SGB V,** Verstoß gegen den Grundsatz der Sparsamkeit und Wirtschaftlichkeit (BVerfGE 126, 170 = BVerfG NJW 2010, 3209 (3217) Rn. 128);

   – **§ 18 KWG,** da diese Norm „jedenfalls faktisch" dem Schutz des Vermögens der Bank dient (BVerfGE 126, 170 = BVerfG NJW 2010, 3209 (3218) Rn. 133);

– **§ 153 ZVG,** da diese Norm auch den Vermögensinteressen der Gläubiger und Schuldner dient (BGH (4. Strafsenat) NJW 2011, 2819 (2820) mAnm *Waßmer* NZWiSt 2012, 36);
– **§ 39 Nr. 5 S. 2 VV-LHO,** Schutz vor zu riskanten Bürgschaften, BGH (3. Strafsenat) NZG 2016, 703 (712) – Nürburgring.

Nicht relevant sind dagegen Verstöße gegen nicht vermögensschützende Normen:		**66c**
– **§ 119 BetrVG** (BGHSt 55, 288 Rn. 39);
– **§ 25 PartG aF** (BGHSt 56, 203 Rn. 25 – Kölner Parteispendenaffäre; aA SSW StGB/*Saliger* Rn. 102a);
– **§ 206** (BGH NJW 2013, 401 Rn. 31 – Telekom-Spitzelaffäre mAnm *Cornelius* NZWiSt 2013, 166; *v. Galen* ZWH 2013, 198; *Wessing* NZG 2013, 494);
– **§ 55 AO,** Gebot der Selbstlosigkeit (OLG Celle BeckRS 2012, 313);
– **europarechtliche Beihilfevorschriften** (Schutz des europäischen Binnenmarktes vor Wettbewerbsverzerrungen, BGH NZG 2016, 703 – Nürburgring, mAnm *Brand* NZG 2016, 690.

Nach der Rspr. des 1. Strafsenats soll allerdings eine untreuerelevante Pflichtverletzung trotz „Primär-		**66d** verstoßes" gegen eine **nicht vermögensschützende „Außennorm"** vorliegen können, wenn die Norm durch **Vereinbarung im Innenverhältnis** zB zu einer das Parteivermögen schützenden wesentlichen Pflicht iSv § 266 Abs. 1 geworden ist (BGHSt 56, 203 Rn. 26 ff. – **Kölner Parteispenden-affäre:** Einbeziehung durch Satzung oder parteiinterne Vorgaben, nämlich § 7 Abs. 1 der Finanz- und Beitragsordnung (FBO) des CDU-Landesverbandes NRW iVm dem „Leitfaden zum Abrechnungsbuch für Stadt-, Stadtbezirks-, Gemeinde- und Ortsverbände der CDU Deutschland"; bekräftigend im „Rückläufer" BGH NJW 2012, 3797 (3798 f.)). Damit soll eine vermögensschützende **„Innennorm"** vorliegen. Im Hinblick auf die verfassungsrechtlich geschützte Privatautonomie ist dies zwar möglich (krit. SSW StGB/*Saliger* Rn. 102a: „wundersame Verwandlung" einer untreuetauglichen Pflicht; abl. MüKoStGB/*Dierlamm* Rn. 258), allerdings muss die Auslegung nicht nur **eindeutig** ergeben, dass die „Außennorm" im Innenverhältnis vermögensschützenden Charakter haben soll, sondern es muss überhaupt **rechtlich zulässig** sein, die Pflicht zur wesentlichen Pflicht zu erheben. Denn die Parteien können über die rechtliche Qualität einer Pflicht nicht beliebig bestimmen (Fischer Rn. 21a).

IÜ wird im Schrifttum kritisiert, dass die Rspr. in den Fällen, in denen eine nicht vermögens-		**66e** schützende „Außennorm" vorlag, iErg **aus anderen Gründen** eine Verletzung der Vermögensbetreuungspflicht bejaht hat (vgl. Achenbach/Ransiek/Rönnau WirtschaftsStR-HdB/*Seier* Teil 5 Kap. 2 Rn. 218; *Brand* JR 2012, 400 ff.; *Brand/Petermann* JR 2012, 62 ff.; *Brand/Sperling* AG 2011, 233 ff.; *Rönnau* StV 2011, 753 ff.; SSW StGB/*Saliger* Rn. 32d). So wurde im Fall **Siemens/AUB** ein Verstoß gegen die vermögensschützende Legalitätspflicht nach §§ 93, 116 AktG darin gesehen, dass der Täter auf der Grundlage einer Rahmenvereinbarung Zahlungen veranlasste, ohne selbst eine ausreichende inhaltliche Kontrolle durchzuführen bzw. ohne dafür Sorge zu tragen, dass Dritte eine inhaltliche Kontrolle durchführen (BGHSt (1. Strafsenat) 55, 288 Rn. 37, 40:). In der **Telekom-Spitzelaffäre** wurde auf die Begleichung einer nichtigen Forderung abgestellt, dh eine rechtsgrundlose Zahlung ohne Gegenleistung (BGH (2. Strafsenat) NJW 2013, 401 Rn. 31).

Insgesamt betrachtet erscheint die (neue) **Differenzierung zwischen vermögensschützenden**		**66f** **„Außen-" und „Innennormen" verfehlt** (*Bittmann* NStZ 2012, 57 (59); Fischer Rn. 60a; *Ibold, Unternehmerische Entscheidungen als pflichtwidrige Untreuehandlungen,* 2011, 137 f.; *Krell* NZWiSt 2014, 62 (64 ff.); SSW StGB/*Saliger* Rn. 31, 32a). Denn maßgebend ist allein, dass **vermögensschützende Pflichten des Innenverhältnisses verstoßen** wird und hierdurch die Vermögensbetreuungspflicht verletzt wird (vgl. LK-StGB/*Schünemann* Rn. 94: Vermögensbetreuungspflicht „die dem Straftatbestand logisch vorausliegende Primärnorm"; *Krell* NZWiSt 2014, 62 (65): „Rückbesinnung auf das Treueverhältnis"). Hierbei kann der **Vermögensschutz** durch (außerstrafrechtliche) **Normen,** die (unmittelbar oder mittelbar) vermögensschützenden Charakter haben, oder **Satzungen, Geschäftsordnungen und Richtlinien** vorgegeben sein, aber im Einzelfall auch durch vermögensschützende **Individualvereinbarungen** (in Grenzen, → Rn. 66d) statuiert werden. Und schließlich kann auch gegen das **allg. Schädigungsverbot,** das dem Innenverhältnis immanent ist (→ Rn. 110), verstoßen worden sein. Die Verletzung außerstrafrechtlicher Pflichten ist daher nur eine „Epi-Phänomen" (treffend LK-StGB/*Schünemann* Rn. 94).

e) Abgrenzung der Tatbestände. In der Praxis wird **häufig offen gelassen,** ob die Vorauset-		**67** zungen des Missbrauchstatbestands vorliegen (vgl. nur BGHSt 47, 187 (192); BGH NZWiSt 2014, 135 (138)). Da es sich ohnehin nur um einen Spezialfall des Treubruchstatbestands handelt und beide Tatbestände im Hinblick auf die Strafandrohung gleichermaßen geschützt sind, ist diese Vorgehensweise **pragmatisch.** Vorzugswürdig ist mit Blick auf die **richterliche Konkretisierungspflicht** dennoch eine exakte Abgrenzung der beiden Tatbestände (Achenbach/Ransiek/Rönnau WirtschaftsStR-HdB/ *Seier* Teil 5 Kap. 2 Rn. 42; Matt/Renzikowski/*Matt* Rn. 43; Momsen/Grützner WirtschaftsStR/ *Schramm* Kap. 5 Teil B Rn. 35). Diese ist jedenfalls dann zwingend, wenn der Umstand zum Tragen kommt, dass es sich bei Missbrauchs- und Treubruchstatbestand nach hM (→ Rn. 274) um verschiedene Strafgesetze iSd § 265 StPO handelt.

68   **2. Missbrauchstatbestand: Missbrauch einer Befugnis (§ 266 Abs. 1 Alt. 1). a) Allgemeines.**
Der (speziellere, → Rn. 29) Missbrauchstatbestand schützt gegen den **Missbrauch der Befugnis,** über
fremdes Vermögen verfügen oder einen anderen verpflichten zu können. Der Missbrauch besteht darin,
dass der Treupflichtige im Rahmen seines externen rechtlichen Könnens (im Außenverhältnis zu
Dritten) wirksam verfügt oder verpflichtet, hiermit aber sein (im Innenverhältnis zum Vermögensinhaber durch das Vermögensbetreuungsverhältnis festgelegtes) internes rechtliches Dürfen überschreitet
(BGHSt 5, 61 (63); BGH NJW 1984, 2539 (2540); Achenbach/Ransiek/Rönnau WirtschaftsStR-
HdB/*Seier* Teil 5 Kap. 2 Rn. 100; Fischer Rn. 9). Kurz: **„Überschreiten des internen rechtlichen
Dürfens im Rahmen externen rechtlichen Könnens".** Erfasst ist damit nur ein **kleiner Ausschnitt**
der möglichen Pflichtverletzungen. Wird der Missbrauchstatbestand verneint, ist deshalb der Treubruchstatbestand zu prüfen.

69   **b) Befugnis im Außenverhältnis.** Die Befugnis über fremdes Vermögen (im Außenverhältnis) zu
verfügen oder einen anderen zu verpflichten, muss dem Treupflichtigen durch **Gesetz, behördlichen
Auftrag oder Rechtsgeschäft „eingeräumt"** sein. Dies setzt voraus, dass das zugrunde liegende
Rechtsverhältnis (dh das **Innenverhältnis) rechtswirksam begründet** wurde. Außerdem muss die
Befugnis im Zeitpunkt der Verfügung oder Verpflichtung (noch) **bestehen** (vgl. nur Fischer Rn. 19).

70   Die **Entstehungsgründe** scheinen häufig kumulativ vorzuliegen, da viele Stellungen, mit denen
gesetzliche Befugnisse verbunden sind, einen rechtsgeschäftlichen oder behördlichen Bestellungsakt
voraussetzen; zT scheinen alle drei Gründe vorzuliegen (zB bei freiwilliger Versteigerung durch einen
Gerichtsvollzieher; vgl. Rengier StrafR BT I § 18 Rn. 7; Schönke/Schröder/*Perron* Rn. 8). Entscheidend ist aber nicht, wie die **Bestellung** des Treunehmers erfolgt, dh wie das Innenverhältnis begründet
wird, sondern woraus sich seine **Befugnis** ergibt, zu verfügen oder einen anderen zu verpflichten (zust.
Momsen/Grützner WirtschaftsStR/*Schramm* Kap. 5 Teil B Rn. 40).

71   Eine Befugnis ist durch **Gesetz** eingeräumt, wenn sie dem Treunehmer als Inhaber einer bestimmten
Stellung aufgrund einer gesetzlichen Regelung unmittelbar zusteht:

- **Familienrecht:** Eltern (§ 1629 Abs. 1 BGB); Vormund (§ 1793 Abs. 1 S. 1 BGB); Betreuer (§ 1902
  BGB) (OLG Stuttgart NJW 1999, 1564 (1566)); Pfleger (§§ 1909 Abs. 1, 1915 Abs. 1 BGB) (zum
  früheren Gebrechlichkeitspfleger, heute Betreuer, OLG Bremen NStZ 1989, 228); das Gesamtgut
  verwaltender Ehegatte (§§ 1421, 1422 BGB);
- **Erbrecht:** Nachlassrichter (§ 1960 Abs. 1 BGB); Nachlasspfleger (§ 1960 Abs. 2 BGB) (BGHSt 35,
  224 (227)); Testamentsvollstrecker (§§ 2205 ff. BGB);
- **Gesellschafts-, Vereins- und Stiftungsrecht:** Organe von Gesellschaften (zB AG-Vorstand: § 78
  Abs. 1 S. 1 AktG; GmbH-Geschäftsführer: § 35 Abs. 1 S. 1 GmbHG; geschäftsführender KG-Gesell-
  schafter: § 161 Abs. 2 HGB; OHG-Gesellschafter: § 126 Abs. 1, Abs. 2 HGB; Partner (§ 7 Abs. 3
  PartGG); GbR-Gesellschafter: § 709 BGB; Genossenschafts-Vorstand: §§ 24 Abs. 1, 26 Abs. 1 GenG;
  geschäftsführende SE-Direktoren: § 41 SEAG); Organe von rechtsfähigen Vereinen (§ 26 Abs. 2
  BGB) und Stiftungen (§§ 86 Abs. 1 S. 1, 26 Abs. 2 BGB);
- **Handelsrecht:** Prokuristen (§ 49 HGB); Handlungsbevollmächtigte (§ 54 HGB);
- **Miet- und Wohnungsrecht:** Vermieter (§ 551 Abs. 3 BGB); Wohnungseigentumsverwalter (§ 27
  WEG);
- **Zivilprozessrecht:** Prozessbevollmächtigter (§ 81 ZPO);
- **Zwangsvollstreckungs- und Insolvenzrecht:** Gerichtsvollzieher (§ 753 ff. ZPO) (BGHSt 13, 274
  (276); BGH NStZ 2011, 281); Insolvenzverwalter (§ 80 Abs. 1 InsO) (BGH wistra 1998, 150 (151);
  2000, 384; Achenbach/Ransiek/Rönnau WirtschaftsStR-HdB/*Seier* Teil 5 Kap. 2 Rn. 108; *Labsch*
  JURA 1987, 411 (413); Rengier StrafR BT I § 18 Rn. 7; vorläufiger Insolvenzverwalter bei An-
  ordnung eines allg. Verfügungsverbots (§ 22 Abs. 1 InsO) (*Schramm* NStZ 2000, 398; *Gold,* Die
  strafrechtliche Verantwortung des vorläufigen Insolvenzverwalters, 2004, 101);
- **Sozialrecht:** Vertragsarzt (→ Rn. 49) bei Verordnungen, da er hiermit das gesetzliche Rahmenrecht
  auf medizinische Versorgung konkretisiert; BGHSt 49, 17 (23 f.); BGH NStZ 2004, 568; OLG Hamm
  NStZ-RR 2006, 13; OLG Braunschweig NStZ 2010, 392 (393); aA (allenfalls Treubruch) *Brandts/
  Seier* FS Herzberg, 2008, 811 (821 ff.));
- **Gemeinde- und Landkreisrecht:** Bürgermeister (zB § 42 GO BW; § 63 GO NRW) und Landrat
  (zB § 42 LKrO BW; § 42 KrO NRW), bei denen die Stellung als solche durch Wahl begründet
  wird;
- **Companies Act 2006:** Befugnisse des Direktors einer Limited (hierzu *Just,* Die englische Limited in
  der Praxis, 4. Aufl. 2012, Rn. 144 ff.).

72   Die Befugnis aus **behördlichem Auftrag** besteht im hoheitlichen Bereich, wenn einer Person durch
Verwaltungsakt oder auch durch öffentlich-rechtlichen Vertrag (Mitsch StrafR BT II 6.2.1.2.1) die
Verfügungsmacht über Vermögen bzw. die Verpflichtungsmacht im Rahmen von Dienstgeschäften
eingeräumt ist:

- **Finanzbeamter** (BGH NStZ 1998, 91; OLG Rostock ZWH 2013, 70);
- **Gemeindekassenführer** (RGSt 69, 333 (336); BGH NStZ 1994, 586);

- **Geschäftsführer** eines Wasserverbandes hinsichtlich Geschäften der laufenden Verwaltung (BGH NZWiSt 2014, 135);
- **Inkassobeamter** (RGSt 73, 236);
- **staatlicher Treuhänder.**

Eine Befugnis aus **Rechtsgeschäft** haben im privatrechtlichen Bereich: **73**
- **Bevollmächtigter,** der als Berechtigter im fremden Namen handelt (§§ 164 ff. BGB); Bsp.: Handlungsgehilfe (§§ 59 ff. HGB), Handelsvertreter (§§ 84 ff. HGB), Rechtsanwalt, Notar, privater Treuhänder, Verkaufskommissionär, GmbH-Geschäftsführer vor der Eintragung (BGHSt 3, 32 (39));
- **Ermächtigter,** der als Nichtberechtigter im eigenen Namen mit Einwilligung des Berechtigten handelt (§ 185 Abs. 1 BGB); Bsp.: Kommissionär (§§ 383 ff. HGB); Einziehungsermächtigter.

Fehlt die Verfügungs- bzw. Verpflichtungsbefugnis, kann eine solche nicht missbraucht werden **74** (wistra 1990, 305), so dass der Treubruchstatbestand zu prüfen ist. Keine Befugnis haben:
- nach hM der **Bote,** da er keine eigene rechtsgeschäftliche Erklärung abgibt, sondern lediglich eine fremde Erklärung übermittelt (BGHSt 24, 386 (387); 33, 244 (250); Fischer Rn. 10; Achenbach/ Ransiek/Rönnau WirtschaftsStR-HdB/*Seier* Teil 5 Kap. 2 Rn. 49; AWHH/*Heinrich* StrafR BT § 22 Rn. 20; *Hübner* JZ 1973, 407 (411); Mitsch StrafR BT II 6.2.1.2.1; SK-StGB/*Samson/Günther* Rn. 11; Schönke/Schröder/*Perron* Rn. 5; diff. LK-StGB/*Schünemann* Rn. 43; aA *Bringewat* GA 1973, 353 (363); *Seelmann* JuS 1982, 914 (917)); es reicht nicht aus, dass dem Boten eine Rechtsstellung eingeräumt wurde, die ihm die faktische Möglichkeit eröffnet, fremdes Vermögen zu beeinträchtigen;
- der **Vertreter ohne Vertretungsmacht** (§ 177 BGB) (Achenbach/Ransiek/Rönnau WirtschaftsStR-HdB/*Seier* Teil 5 Rn. 45);
- der **faktische Geschäftsführer,** dessen Befugnis nicht rechtswirksam begründet ist (BGH NJW 2013, 624 (626));
- bei Anordnung eines **allgemeinen Veräußerungs- und Verfügungsverbots** und Einsetzung eines Sequesters der GmbH-Geschäftsführer (BGH NStZ 1998, 192 (193) zum früheren § 106 Abs. 1 S. 2, S. 3 KO; *Bittmann/Rudolph* wistra 2000, 401);
- **Abgeordnete, Gemeinderatsmitglieder** im Hinblick auf die Rechtssetzung (Fischer Rn. 17).

c) Verfügung oder Verpflichtung im Außenverhältnis. aa) Verfügung oder Verpflichtung. Unter **Verfügung** ist die **Übertragung, Änderung oder Aufhebung einer Vermögensposition** zu **75** verstehen (vgl. nur SK-StGB/*Hoyer* Rn. 74), nicht aber die Begründung von Pflichten, die als Verpflichtung (→ Rn. 76) eigenständig erfasst ist. Das Begriffsverständnis ist damit enger als beim Betrug, wo die Verpflichtung miterfasst ist. Einschlägig sind insbes. die Übertragung von Sachen und der Erlass von Forderungen.

Unter **Verpflichtung** ist dagegen die **schuldrechtliche oder dingliche Belastung fremden Ver-** **76** **mögens** zu verstehen (vgl. nur Achenbach/Ransiek/Rönnau WirtschaftsStR-HdB/*Seier* Teil 5 Kap. 2 Rn. 102). Erfasst sind insbes. der Abschluss von Verträgen, das Schuldanerkenntnis, die Übernahme einer Bürgschaft und die Bestellung einer Hypothek oder Grundschuld.

Die Verfügung bzw. Verpflichtung kann sowohl in einer **rechtsgeschäftlichen Handlung** als auch in **77** einem **pflichtwidrigen Unterlassen** bestehen (BGH NJW 1983, 461). Gleichgültig ist, ob im eigenen (zB als Kommissionär, § 383 BGB) oder im fremden Namen (zB als Bevollmächtigter, § 164 BGB) gehandelt wird. Gleichgestellt sind **hoheitliche Akte** (BGHSt 13, 274 (276); Fischer Rn. 10; *Güntge* wistra 1996, 84 (85)), wie der Erlass einer Steuerschuld.

Beim **Unterlassen** liegt allerdings ein Gebrauchmachen von der Befugnis nur vor, wenn es einer **78** **rechtsgeschäftlichen** (oder hoheitlichen) **Erklärung gleichsteht** (vgl. nur Achenbach/Ransiek/ Rönnau WirtschaftsStR-HdB/*Seier* Teil 5 Kap. 2 Rn. 75). Dies ist der Fall:
- beim Schweigen auf ein **kaufmännisches Bestätigungsschreiben,** das als Annahmeerklärung gilt (§ 362 HGB);
- beim Unterlassen einer **Mängelrüge** beim Handelskauf (§ 377 Abs. 2 HGB), das als Genehmigung der Ware gilt;
- beim Unterlassen rechtzeitiger Einwendungen gegen den **Rechnungsabschluss,** das nach den Banken-AGB als Saldoanerkenntnis anzusehen ist;
- beim Zustandekommen eines **Vertrages ohne Erklärung,** wenn eine Erklärung nach der Verkehrssitte nicht zu erwarten ist oder auf sie verzichtet wurde (§ 151 BGB);
- durch Fristablauf beim **Kauf auf Probe oder Besichtigung,** da das Schweigen als Billigung bewertet wird (§ 455 Abs. 2 BGB);
- durch Fortsetzung des **Gebrauchs der Mietsache** nach Ablauf des Mietverhältnisses ohne Äußerung eines entgegenstehenden Willens, da hierdurch das Mietverhältnis stillschweigend auf unbestimmte Zeit verlängert wird (§ 545 BGB).

Nicht erfasst vom Missbrauchs-, sondern vom (allgemeineren) **Treubruchstatbestand,** ist ein sons- **79** tiges pflichtwidriges Unterlassen, das lediglich **tatsächliche Rechtswirkungen** auslöst (weitere Fälle → Rn. 113):

– **Nichtabführen vereinnahmter Gelder,** zB des Erlöses durch den Gerichtsvollzieher (Achenbach/ Ransiek/Rönnau WirtschaftsStR-HdB/*Seier* Teil 5 Kap. 2 Rn. 77; Schönke/Schröder/*Perron* Rn. 16; Fischer Rn. 32; aA (Missbrauch) BGHSt 13, 274 (277));

– **Nichtwahrnehmen eines vermögensmehrenden Geschäfts,** zB durch den Gebrechlichkeitspfleger (Achenbach/Ransiek/Rönnau WirtschaftsStR-HdB/*Seier* Teil 5 Kap. 2 Rn. 77; Schönke/Schröder/*Perron* Rn. 16; aA (Missbrauch) OLG Bremen NStZ 1989, 228);

– **Verjährenlassen einer Forderung,** insbes. durch einen beauftragten Rechtsanwalt (Achenbach/ Ransiek/Rönnau WirtschaftsStR-HdB/*Seier* Teil 5 Kap. 2 Rn. 76; Fischer Rn. 32; NK-StGB/*Kindhäuser* Rn. 91; Schönke/Schröder/*Perron* Rn. 16; aA RGSt 11, 412 (413 f.); *Labsch* JURA 1987, 343 (348); Lackner/Kühl/*Kühl* Rn. 6; LK-StGB/*Schünemann* Rn. 53; Wessels/Hillenkamp StrafR BT II Rn. 765; offen gelassen ob Missbrauch oder Treubruch von BGH NJW 1983, 461).

80   **Nicht erfasst** sind iÜ **rein tatsächliche aktive Einwirkungen** auf das betreute Vermögen (Realakte), die ausschließlich der Treubruchstatbestand erfasst (→ Rn. 112):

– **Verbinden, Vermischen** oder **Verarbeiten** fremder Sachen (§§ 946 ff. BGB);

– **Beschädigung, Zerstörung** oder **Eigenverbrauch.**

81   **bb) Rechtswirksamkeit im Außenverhältnis.** Die Verpflichtung oder Verfügung muss im Außenverhältnis **rechtlich wirksam** sein (BGHSt 50, 299 (313); 50, 331 (341); Fischer Rn. 24 ff.; Lackner/ Kühl/*Kühl* Rn. 6; Mitsch StrafR BT II 6.2.1.2.2; Rengier StrafR BT I § 18 Rn. 8; aA *Arzt* FS Bruns, 1978, 365 ff.), dh der Treupflichtige muss zu Lasten des Vermögensinhabers wirksam verfügen oder diesen wirksam verpflichten. Ob dies der Fall ist, richtet sich nach den Regeln des **Zivilrechts** bzw. **Öffentlichen Rechts.** Erfasst ist zB:

– der iRd Befugnis eines **Prokuristen** (§§ 49, 50 HGB) bzw. **Handlungsbevollmächtigten** (§ 54 HGB) liegende Abschluss von Rechtsgeschäften; etwa der durch eine sog „Arthandlungsvollmacht" (Vollmacht zur Vornahme einer bestimmten Art von Geschäften) gedeckte Verkauf von Waren unter dem Einkaufspreis (BGH NStZ 2011, 280);

– der Einzug von Geldern im Rahmen eines **berechtigten Inkassos** (Achenbach/Ransiek/Rönnau WirtschaftsStR-HdB/*Seier* Teil 5 Kap. 2 Rn. 117);

– Begleichung von Forderungen durch den **Verwalter einer Kostenstelle** (BGH NJW 2013, 401 (404));

– Erhebung von Gebühren durch einen **Gerichtsvollzieher** (BGH NStZ 2011, 281 (282));

– Verordnung von Medikamenten oder Hilfsmitteln durch einen **Vertragsarzt** (BGHSt 49, 17 (23 f.) → Rn. 49).

82   **Nicht erfasst** vom Missbrauchs-, sondern vom Treubruchstatbestand sind Fälle, in denen der Treunehmer seine (im Außenverhältnis bestehende) **Vertretungsmacht überschreitet** bzw. das **Rechtsgeschäft unwirksam** ist. IE:

– **fehlende Vollmacht** (Schönke/Schröder/*Perron* Rn. 17); Bsp.: Veräußerung oder Belastung von Firmengrundstücken durch den hierzu nicht besonders ermächtigten Prokuristen (vgl. § 49 Abs. 2 HGB); Handeln des Handlungsbevollmächtigten außerhalb seiner Vollmacht; abredewidrige Vervollständigung von Blankoformularen (Fischer Rn. 26); Zuführung fremder Gelder auf ein Eigen- statt ein Anderkonto durch Rechtsanwälte und Notare (BGH NJW 2010, 1764); zur erloschenen Vollmacht → Rn. 85;

– **fehlende Ermächtigung;** Bsp.: ein nur zur Auflassung befugter Bevollmächtigter vereinnahmt den Kaufpreis (BGHSt 8, 149 (150));

– **nicht gestattetes Insichgeschäft** (§ 181 BGB) (Schönke/Schröder/*Perron* Rn. 17);

– **schwebende Unwirksamkeit** des Rechtsgeschäftes, da für das Strafrecht die Wirksamkeit im Tatzeitpunkt maßgebend ist (Achenbach/Ransiek/Rönnau WirtschaftsStR-HdB/*Seier* Teil 5 Kap. 2 Rn. 50; Fischer Rn. 26; *Rotsch* wistra 2004, 300 (301));

– **eigenmächtiges Handeln des Gesamtvertreters** (BGH BeckRS 1954, 31194900; Achenbach/ Ransiek/Rönnau WirtschaftsStR-HdB/*Seier* Teil 5 Kap. 2 Rn. 117);

– **fehlende Genehmigung** des Vormundschaftsgerichts (Schönke/Schröder/*Perron* Rn. 17);

– **kollusives Zusammenwirken** mit dem Geschäftspartner (BGHSt 50, 299 (313 f.) – Kölner Müllskandal: Kick-Back), da das Geschäft unwirksam ist (§ 138 BGB);

– **evidenter Missbrauch** einer Befugnis (Achenbach/Ransiek/Rönnau WirtschaftsStR-HdB/*Seier* Teil 5 Kap. 2 Rn. 52; Fischer Rn. 27);

– Einzug trotz **Inkassoverbotes** (Achenbach/Ransiek/Rönnau WirtschaftsStR-HdB/*Seier* Teil 5 Kap. 2 Rn. 117).

83   **cc) Zusammenhang zwischen Befugnis und Außenwirkung.** Die Verfügung oder Verpflichtung muss gerade deshalb rechtswirksam sein, weil der Täter zur Vornahme rechtlich befugt ist. Insoweit muss ein **Zusammenhang** vorhanden sein, die Außenwirkung muss ihren Ursprung in dem rechtlichen Verhältnis zwischen Treunehmer und Vermögensinhaber (Treugeber) haben.

Daran **fehlt** es, wenn ein Rechtsgeschäft allein nach Normen des **Verkehrsschutzes** – wie beim   84
gutgläubigen Erwerb nach § 932 BGB, §§ 56, 366 HGB – wirksam ist (BGHSt 5, 61 (62 f.)).
Entsprechendes gilt für **Ansscheins- und Duldungsvollmachten** (BGH wistra 1992, 66; AnwK-
StGB/*Esser* Rn. 93; BeckOK StGB/*Wittig* Rn. 9; HK-StrafR/*Beukelmann* Rn. 21; Fischer Rn. 26;
Momsen/Grützner WirtschaftsStR/*Schramm* Kap. 5 Teil B Rn. 38; NK-StGB/*Kindhäuser* Rn. 88;
Rengier StrafR BT I § 18 Rn. 8; Schönke/Schröder/*Perron* Rn. 4; SK-StGB/*Hoyer* Rn. 80; SSW
StGB/*Saliger* Rn. 20; aA LK-StGB/*Schünemann* Rn. 40), da die Bindungswirkung in diesen Fällen
ebenfalls aus Gründen des Verkehrsschutzes besteht, nicht aber aufgrund einer tatsächlich eingeräumten
rechtlichen Befugnis. Daher kann in diesen Fällen nur der Treubruchstatbestand zur Anwendung
gelangen.

Hingegen **besteht** der Zusammenhang bei einer **erloschenen Vollmacht,** deren Fortbestehen   85
fingiert wird (§§ 674, 729 BGB: zugunsten des Beauftragten bzw. geschäftsführenden Gesellschafters
bei Unkenntnis des Erlöschens) bzw. die **noch fortwirkt** (§§ 170 ff. BGB: bei Erklärung der Vollmacht
ggü. Dritten; bei besonderer Mitteilung oder bei öffentlicher Bekanntmachung; bei Vorlage einer Voll-
machtsurkunde). In diesen Fällen hat die Außenwirkung ihren Ursprung in einer tatsächlich vom
Berechtigten abgeleiteten Befugnis (OLG Stuttgart NStZ 1985, 365 (öffentlich beglaubigte Vollmacht);
OLG Koblenz NStZ 2012, 330 f. (Bankvollmacht); Fischer Rn. 20; *Labsch* JURA 1987, 411 (412); LK-
StGB/*Schünemann* Rn. 39; *Nelles,* Untreue zum Nachteil von Gesellschaften, 1991, 518 f.; Otto StrafR
BT § 54 Rn. 17; Schönke/Schröder/*Perron* Rn. 4; diff. SK-StGB/*Hoyer* Rn. 80; krit. Achenbach/
Ransiek/Rönnau WirtschaftsStR-HdB/*Seier* Teil 5 Kap. 2 Rn. 48; aA (Treubruchstatbestand) AWHH/
Heinrich StrafR BT § 22 Rn. 22; Mitsch StrafR BT II 6.2.1.2.2 in Fn. 64; SK-StGB/*Hoyer* Rn. 80;
Wegenast, Missbrauch und Treubruch, 1994, 152 ff.).

d) Beschränkungen im Innenverhältnis. Das **interne rechtliche Dürfen** des Treunehmers ist   86
von dem jeweils übernommenen Aufgabenkreis abhängig und ergibt sich aus dem Innenverhältnis, dh
dem **Rechtsverhältnis** zwischen Treunehmer und Vermögensinhaber (Treugeber), den getroffenen
Vereinbarungen und der Auslegung (BGHSt 47, 295 (297) – Drittmittel; OLG Hamm NStZ 1986, 119).
Hierbei können (erhebliche) **Handlungsspielräume** bestehen (→ Rn. 93 ff.).

Beschränkungen des Innenverhältnisses ergeben sich im Privatrecht idR aus dem konkreten **Rechts-**   87
geschäft sowie aus **Weisungen.** Entsprechend resultieren die Beschränkungen im Öffentlichen Recht
vor allem aus dem konkreten **behördlichen Auftrag** sowie **Weisungen.**

Beschränkungen können sich aber vorrangig oder ergänzend auch **aus Gesetzen, Satzungen,**   88
Geschäftsordnungen, Richtlinien etc ergeben. Bsp.:
– **spezielle gesetzliche Beschränkungen:** für Eltern (§§ 1638 ff. BGB); Vormünder (§§ 1793 ff.
  BGB); Testamentsvollstrecker (§§ 2215 ff. BGB);
– **allg. gesetzliche Sorgfaltsverpflichtungen:** Anwendung der „Sorgfalt eines ordentlichen und
  gewissenhaften Geschäftsleiters" (§ 93 Abs. 1 S. 1 AktG; § 34 Abs. 1 S. 1 GenG; § 39 SAEG) bzw.
  der „Sorgfalt eines ordentlichen Geschäftsmannes" (§ 43 Abs. 1 GmbHG);
– **§ 82 Abs. 2 AktG:** Beschränkungen des AG-Vorstands durch Satzung, Aufsichtsrat, Hauptversammlung und Geschäftsordnung des Vorstands;
– **§ 27 GenG:** Beschränkung des Genossenschafts-Vorstands durch die Satzung;
– **§ 13, 13a, 18 KWG:** Beschränkungen bei der Vergabe von Großkrediten (BGHSt 46, 30; 47, 148);
– **Art. 33 Abs. 2 GG:** Bindung des Zugangs zu Ämtern an Eignung, Befähigung und fachliche
  Leistung;
– **Landeshochschulgesetze:** Beschränkungen für die Verwendung zweckgebundener Mittel durch
  Studentenvertreter (BGHSt 30, 247 (248));
– **§ 7 Abs. 1 BHO:** Beachtung der Grundsätze der Wirtschaftlichkeit und Sparsamkeit bei Aufstellung
  und Ausführung des Haushaltsplans;
– **Subventionsbedingungen;**
– **verwaltungsinterne Richtlinien;**
– **Companies Act 2006:** danach muss der Direktor einer Limited (→ Rn. 24 ff.) insbes. innerhalb
  seiner Befugnisse (duty to act within powers) und mit der gebotenen Sorgfalt handeln (duty to exercise
  reasonable care, skill and diligence) (vgl. *Just,* Die englische Limited in der Praxis, 4. Aufl. 2012,
  Rn. 158; vgl. auch *Fornauf/Jobst* GmbHR 2013, 128 ff.; *Radtke* GmbHR 2008, 729 (734); die
  Pflichten des englischen Rechts als „diffus" abl. *Peukert,* Strafbare Untreue zum Nachteil einer in
  Deutschland ansässigen Limited, 2015, 371 f.).

Sofern **ausdrückliche Festlegungen fehlen,** ist im Privatrecht auf die für das jeweilige Rechts-   89
verhältnis maßgebende **Verkehrsauffassung** zurückzugreifen (Lackner/Kühl/*Kühl* Rn. 6). Hierbei
können die Beschränkungen auch aus **Treu und Glauben** (§ 242 BGB) resultieren (BGH wistra 1993,
137 (138); BGH NStZ 1995, 233 (234); aA R. *Hamm* NJW 2005, 1993 (1995)). Der Umstand, dass Treu
und Glauben kein Vermögensbetreuungsverhältnis begründen können (→ Rn. 36), schließt es nicht aus,
dass bei Vorhandensein eines (aus anderen Gründen bestehenden) Vermögensbetreuungsverhältnisses
Treu und Glauben – ausnahmsweise und in engen Grenzen – zur Konkretisierung dieses Rechtsverhältnisses herangezogen werden können. Im Öffentlichen Recht ist die allg. **Pflicht zu sachlicher**

Ermessensausübung zu beachten (BGH NJW 1991, 990 (991); Achenbach/Ransiek/Rönnau Wirt-schaftsStR-HdB/*Seier* Teil 5 Kap. 2 Rn. 123; *Fabricius* NStZ 1993, 414 (416)).

90   **e) Missbrauch. aa) Grundsatz.** Ein **Missbrauch** setzt voraus, dass der Täter die im Innenverhältnis gezogenen Grenzen seines rechtlichen Dürfens mit der Verfügung bzw. Verpflichtung im Außenver-hältnis **überschreitet** und damit seine Vermögensbetreuungspflicht verletzt. „Gravierend" muss die Verletzung der Vermögensbetreuungspflicht nicht sein (→ Rn. 94a ff.). Bsp.:

– **Auskehrung von Geldern** durch einen Notar, wenn hinreichende Anhaltspunkte dafür vorliegen, dass er damit an der Erreichung unerlaubter oder unredlicher Zwecke mitwirken würde (vgl. § 54d Nr. 1 BeurkG) (BGH wistra 2008, 466 f.; BGH NJW 2010, 1764 (1765): Kreditmanipulation);
– **Bestellung von Sicherheiten** ohne die nach dem Gesellschaftsvertrag erforderliche Zustimmung der Gesellschafter (LG Kleve BeckRS 2010, 29946);
– **Churning,** dh ein Umschichten des Wertpapierdepots durch den Vermögensverwalter, das allein zu dem Zweck erfolgt, Provisionen zu generieren (MüKoStGB/*Dierlamm* Rn. 192; *Mölter* wistra 2010, 53 (58); HK-KapMStrafR/*Zieschang* Rn. 51 ff. ausf. *Nestler,* Churning, 2009, 155 ff.);
– **Entnahme weit überhöhter Provisionen** (BGH wistra 1987, 65) oder **unberechtigter Sonder-vergütungen** (Achenbach/Ransiek/Rönnau WirtschaftsStR-HdB/*Seier* Teil 5 Kap. 2 Rn. 323) durch einen GmbH-Geschäftsführer;
– **ersichtlich rechtsgrundlose Zahlungen** durch einen Bürgermeister (BGH NStZ-RR 2005, 83);
– **Gewährung unbesicherter Darlehen** (Achenbach/Ransiek/Rönnau WirtschaftsStR-HdB/*Seier* Teil 5 Kap. 2 Rn. 323; anders ist dies bei erstklassiger Bonität des Kreditnehmers, vgl. BGH NStZ 2013, 282 (283) – THW Kiel);
– **grundloser Abschluss einer Freistellungsvereinbarung,** nach der alle weiteren Ansprüche erledigt sind (BGH NStZ 2013, 282 – THW Kiel);
– **unberechtigte Geldentnahmen** (Achenbach/Ransiek/Rönnau WirtschaftsStR-HdB/*Seier* Teil 5 Kap. 2 Rn. 232);
– **unerlaubte Manipulationen** durch Mitarbeiter von Kreditinstituten im Wertpapier- und Devisen-handel (Achenbach/Ransiek/Rönnau WirtschaftsStR-HdB/*Seier* Teil 5 Kap. 2 Rn. 281);
– **Überschreitung des Kreditlimits** durch einen Verkaufsleiter (NStE Nr. 12 zu § 266);
– **Veräußerung unter dem Preislimit** (BGH NStE Nr. 12 zu § 266; OLG Köln JMBl. NRW 1959, 138; OLG Hamm NJW 1968, 1940), soweit die Grenzen des § 54 HGB reichen werden; nicht erfasst sind Unter-Preis-Verkäufe von Ladenangestellten, soweit das Rechtsgeschäft nur kraft Rechts-scheins (§ 56 HGB) gegen den Geschäftsherrn wirkt (Achenbach/Ransiek/Rönnau WirtschaftsStR-HdB/*Seier* Teil 5 Kap. 2 Rn. 117; aA BGH LM Nr. 4 zu § 266);
– **Verfügungen außerhalb des Satzungszwecks** durch einen Vereinsvorsitzenden (NStE Nr. 30 zu § 266);
– **Vergabe intern zustimmungspflichtiger Großkredite** (Fischer Rn. 31);
– **Verordnung nicht indizierter Arzneimittel** durch einen Kassenarzt (BGHSt 49, 17 (23 f.));
– **Verwertung der Insolvenzmasse entgegen kaufmännischen Grundsätzen** (BGH NStZ 1998, 246);
– **weisungswidriger Abschluss** von Geschäften durch einen Prokuristen (Achenbach/Ransiek/Rön-nau WirtschaftsStR-HdB/*Seier* Teil 5 Kap. 2 Rn. 101).

91   An einem **Missbrauch fehlt** es hingegen:

– bei **Einverständnis** des Geschäftsherrn mit einem (an sich pflichtwidrigen) Geschäft (→ Rn. 144 ff.);
– bei **Handeln im Interesse** des Vermögensinhabers (BGH wistra 1984, 226: Auszahlung „verschlüs-selter" Provisionen);
– beim **Nichtabschluss verbotener oder sittenwidriger Geschäfte,** da sich die rechtsgeschäftliche Befugnis nicht auf den Abschluss derartiger Geschäfte erstrecken kann (BGHSt 20, 143 (146)).

92   An einem Missbrauch fehlt es auch dann, wenn der Täter sich bei Vornahme des Rechtsgeschäfts **im Rahmen seines rechtlichen Dürfens** bewegt, aber **eine spätere Schädigung beabsichtigt** (BGH wistra 1984, 143; Fischer Rn. 27; *Labsch,* Untreue (§ 266 StGB), Grenzen und Möglichkeiten einer neuen Deutung, 1983, 107; NK-StGB/*Kindhäuser* Rn. 93; Schönke/Schröder/*Perron* Rn. 19; SK-StGB/*Hoyer* Rn. 83; *Wegenast,* Missbrauch und Treubruch, 1994, 98 ff.; Wessels/Hillenkamp StrafR BT II Rn. 763; *Wittig/Reinhart* NStZ 1996, 467 (469 ff.); diff. LK-StGB/*Schünemann* Rn. 51 f.; aA noch RGSt 63, 253; BGH LM Nr. 11 zu § 266), da hierdurch das befugt vorgenommene Rechtsgeschäft nicht in ein missbräuchliches verwandelt wird. Kommt es zur nachfolgenden Schädigung des betreuten Vermögens, kann allerdings der Treubruchstatbestand erfüllt sein. Bsp.:

– der **Inkassobevollmächtigte** zieht auftragsgemäß Forderungen ein, um die eingezogenen Gelder später absprachewidrig für eigene Zwecke zu verwenden;
– der **Zwischenhändler,** der beim verlängerten Eigentumsvorbehalt zur Einziehung des Kaufpreises im Falle der Weiterveräußerung befugt ist, will seiner Pflicht zur Ablieferung des Erlöses nicht nach-kommen;
– der **Kommissionär** will beim Verkauf von Kommissionsware den Erlös für sich behalten.

bb) Handlungsspielräume, unternehmerisches Ermessen, Verwaltungsermessen. Dem Treu- **93** nehmer ist im Innenverhältnis idR ein **(zT erheblicher) Handlungsspielraum** eingeräumt. Dies ist charakteristisch, da das Bestehen einer Vermögensbetreuungspflicht iSd § 266 gerade voraussetzt (→ Rn. 32, 37), dass eine gewisse Selbstständigkeit vorhanden ist, Raum für eigenverantwortliche Entscheidungen besteht (AnwK-StGB/*Esser* Rn. 68).

So steht dem **Vorstand einer AG,** der die Gesellschaft unter eigener Verantwortung leitet (§ 76 **93a** Abs. 1 AktG), bei **unternehmerischen Entscheidungen** (hierzu *Ibold,* Unternehmerische Entscheidungen als pflichtwidrige Untreuehandlungen, 2011, 35 ff., 95 ff.) ein weites unternehmerisches Ermessen zu. Nach § 93 Abs. 1 S. 2 AktG fehlt es an einer Pflichtverletzung, „wenn das Vorstandsmitglied bei einer unternehmerischen Entscheidung vernünftigerweise annehmen durfte, auf der Grundlage angemessener Information zum Wohle der Gesellschaft zu handeln". Diese sog **Business Judg(e)ment Rule,** die aus dem US-amerikanischen Recht stammt und zum 1.11.2005 durch das „Gesetz zur Unternehmensintegrität und Modernisierung des Anfechtungsrechts" (UMAG, BGBl. I 2802) eingefügt wurde, um die zivilrechtliche Organhaftung klarstellend zu limitieren (BT-Drs. 15/5092, 11), begrenzt infolge der Akzessorietät des Strafrechts (→ Rn. 65a) auch das Strafbarkeitsrisiko. Hierdurch ist dem Vorstand ein **weiter Handlungsspielraum** eröffnet (vgl. BGH NZG 2016, 703 (709); *Arnold* JURA 2005, 844 ff.; Achenbach/Ransiek/Rönnau WirtschaftsStR-HdB/*Seier* Teil 5 Kap. 2 Rn. 236; AnwK-StGB/*Esser* Rn. 72; *Bachmann* WM 2015, 105 (107); BeckOK StGB/*Wittig* Rn. 19; *Beukelmann* NJW-Spezial 2012, 568; *Bittmann* NStZ 2012, 57 (59); *Brammsen* wistra 2009, 89 ff.; Fischer Rn. 103; *Kutzner* NJW 2006, 3541 ff.; *Lohse,* Unternehmerisches Ermessen, 2005, 74 ff.; Matt/Renzikowski/ *Matt* Rn. 58 ff.; Momsen/Grützner WirtschaftsStR/*Schramm* Kap. 5 Teil B Rn. 52; MüKoStGB/*Dierlamm* Rn. 173; *Otto* FS Kohlmann, 2003, 187 (201); ausf. *Ibold,* Unternehmerische Entscheidungen als pflichtwidrige Untreuehandlungen, 2011, 151 ff., 183 f.). Eine Entscheidung liegt noch innerhalb des Spielraums (*Adick,* Organuntreue (§ 266 StGB) und Business Judgment, 2010, 70 ff.: **Safe Harbour),** solange die Grenzen nicht überschritten sind, in denen sich „ein von Verantwortungsbewusstsein getragenes, ausschließlich am Unternehmenswohl orientiertes, auf sorgfältiger Ermittlung der Entscheidungsgrundlage beruhendes unternehmerisches Handeln bewegen muss" (BGHSt 46, 30 (34 f.); 47, 187 (197)). Unter mehreren vertretbaren Handlungsalternativen darf der Vorstand eine Auswahl treffen (Ermessen!), ohne sich strafbar zu machen (*Waßmer,* Untreue bei Risikogeschäften, 1997, 75; vgl. auch *Bräunig,* Untreue in der Wirtschaft, 2011, 143 ff. (161 ff.): „Gewinnerzeugungslogik", aber keine Pflicht zur Gewinnmaximierung; zur Berücksichtigung der Interessen von Stakeholdern *Bernsmann* StV 2013, 403 (404 ff.); abw. *Schumacher,* Vermögensbetreuungspflichten von Kapitalgesellschaftsorganen, 2010, 35: optimale, bestmögliche Lösung zu wählen; mit Recht krit. zu der zunehmenden Tendenz, Managern wegen (vermeintlich) wirtschaftlicher Fehlentscheidungen über Jahre hinweg zu verfolgen *Altenburg* BB 2015, 323 ff.). Die Business Judg(e)ment Rule ist **verallgemeinerungsfähig** (zur Anwendung bei der GmbH BGH NJW 2016, 703 (709) mAnm *Brand* NZG 2016, 690 ff.; zu Stiftungen *Gräwe/v. Maltzahn* BB 2013, 329 (332 f.)). Abweichend zum Zivilrecht besteht aber im Strafrecht keine Darlegungs- und Beweislast der Unternehmensführung, sondern die Unschuldsvermutung gilt uneingeschränkt (AnwK-StGB/*Esser* Rn. 74). Wird der **Spielraum überschritten** (→ Rn. 94), liegt eine **Pflichtverletzung** iSd § 266 vor. Der Anerkennung einer „zusätzlichen schmalen Schutzzone" zwischen Zivil- und Strafrecht (hierfür AnwK-StGB/*Esser* Rn. 73, 297a) bedarf es nicht (LK-StGB/*Schünemann* Rn. 256: dogmatisch, kriminalpolitisch und methodologisch verfehlt).

Wesentlich ist, dass bei der **Entscheidungsfindung** ein **formalisiertes Verfahren** (insbes. umfassen- **93b** de Sachverhaltsanalyse, Heranziehung von Spezialisten, unvoreingenommene Abwägung, Dokumentation) eingehalten wird, um eine **rationale Entscheidung** (fußend auf Transparenz, Diskurs und Dokumentation) zu gewährleisten („Prozeduralisierung", vgl. *Francuski,* Prozeduralisierung im Wirtschaftsstrafrecht, 2014, 291 ff. (379 ff., 394 f.); vgl. auch *Bräunig,* Untreue in der Wirtschaft, 2011, 190 ff.). Die Nichteinhaltung von Verfahrensregeln ist ein Indiz für die Pflichtwidrigkeit (*Francuski,* Prozeduralisierung im Wirtschaftsstrafrecht, 2014, 506). Ein sehr weiter, gerichtlich nur begrenzt überprüfbarer Handlungsspielraum besteht insbes. bei **Prognoseentscheidungen** (zB Erschließung eines über die bisherige Unternehmenstätigkeit hinausreichenden Geschäftsfelds; Verwirklichung einer am Markt bislang nicht vorhandenen Geschäftsidee; Investition in eine neue Technologie); der Entscheider ist hierbei generell verpflichtet, sich in angemessener Weise, uU unter Beiziehung sachverständiger Hilfe, durch Analyse der Chancen und Risiken eine **möglichst breite Entscheidungsgrundlage** zu verschaffen (BGH NStZ 2006, 221 (223) – Kinowelt). Die zum Entscheidungszeitpunkt **anerkannten wirtschaftswissenschaftlichen Standards** sind zu beachten (vgl. zum Investmentbanking *Becker/Walla/Endert* WM 2010, 875 (881)).

An einem Handlungsspielraum fehlt es, wenn **Bindungen** bestehen, die aus zwingenden gesetzlichen **93c** Regelungen oder zulässigen Vorgaben des Treugebers resultieren. Ein „unbegrenzter Freiraum" besteht nicht (vgl. zum Vorstand einer AG BGHSt 47, 187 (195)). So ist der Vorstand verpflichtet, in einem **Konzern** grds. die Weisungen des herrschenden Unternehmens zu befolgen (vgl. § 308 Abs. 2 AktG). Auch die Vorschriften zum **Kapitalschutz** (§§ 57 ff. AktG; → Rn. 158) sind zu respektieren. Ebenso hat er nicht die Befugnis, ein **eigenes pflichtwidriges Handeln** zu „genehmigen" bzw. hiermit „einverstanden" zu sein, da die durch die anderen Gesellschaftsorgane gesetzlich gewährleistete Kontrolle und Aufsicht (vgl. §§ 111, 119 AktG) nicht disponibel ist (BGHSt 55, 266 = BGH NJW 2010, 3458 (3461 f.) Rn. 39 – Trienekens; zuvor offen gelassen von BGHSt 52, 323 = BGH NJW 2009, 89 (91) Rn. 40 – Siemens/Enel).

93d   Weiter hat der Vorstand im Rahmen seiner **Legalitätspflicht** dafür Sorge zu tragen, dass das Unternehmen so organisiert und beaufsichtigt wird, dass keine Gesetzesverstöße begangen werden (LG München I(Z) NZG 214, 345). Diese Überwachungspflicht wird durch **§ 91 Abs. 2 AktG** konkretisiert, wonach der Vorstand ein **Risikomanagementsystem** einzurichten hat, damit den Fortbestand der Gesellschaft gefährdende Entwicklungen früh erkannt werden. Hierbei steht ihm hinsichtlich des „Ob" kein Ermessen zu (*Helmrich* NZG 2011, 1252 (1254)). „Seiner Organisationspflicht genügt ein Vorstandsmitglied bei entsprechender Gefährdungslage nur dann, wenn er eine auf Schadensprävention und Risikokontrolle angelegte Compliance-Organisation einrichtet. Entscheidend für den Umfang iE sind dabei Art, Größe und Organisation des Unternehmens, die zu beachtenden Vorschriften, die geografische Präsenz wie auch Verdachtsfälle aus der Vergangenheit" (LG München I(Z) NZG 2014, 345; zur Compliance → Rn. 143c ff.). Die Anforderungen und Strukturen eines Compliance-Management-Systems (CMS) zeigt seit März 2011 der (rechtlich unverbindliche) **IDW-Standard 980** (Grundsätze ordnungsgemäßer Prüfung von Compliance-Management-Systemen) auf (hierzu *Böttcher* NZG 2011, 1054 ff.; *Schemmel/Minkoff* CCZ 2012, 49 ff.).

93e   Aus dem **Deutschen Corporate Government Kodex (DCGK)** (ausf. *Klüppelberg,* Die Untreuestrafbarkeit des Vorstands bei Verstößen gegen den Deutschen Corporate Governance Kodex und § 161 AktG, 2014, 201 ff.; *Schlitt* DB 2007, 326 ff.; *Schlösser/Dörfler* wistra 2007, 326 ff.) können **inhaltliche Konkretisierungen** der „Sorgfalt eines ordentlichen Geschäftsleiters" (§ 93 Abs. 1 S. 1 AktG) bzw. „Aufsichtsrats" (§ 116 S. 1 AktG) resultieren (*Klüppelberg,* Die Untreuestrafbarkeit des Vorstands bei Verstößen gegen den Deutschen Corporate Governance Kodex und § 161 AktG, 2014, 308 ff. (330 ff.); Schönke/Schröder/*Perron* Rn. 19b; vgl. auch *Bräunig,* Untreue in der Wirtschaft, 2011, 172). Der DGCK enthält Empfehlungen und Anregungen (*Klüppelberg,* Die Untreuestrafbarkeit des Vorstands bei Verstößen gegen den Deutschen Corporate Governance Kodex und § 161 AktG, 2014, 290 ff.). Er „stellt wesentliche gesetzliche Vorschriften zur Leitung und Überwachung deutscher börsennotierter Gesellschaften (Unternehmensführung) dar und enthält international und national anerkannte Standards guter und verantwortungsvoller Unternehmensführung", um „das deutsche Corporate Governance System transparent und nachvollziehbar zu machen" (Ziff. 1 DCGK idF v. 24.6.2014). Ein Verstoß gegen vermögensschützende Regelungen des DGCK ist ein Anknüpfungspunkt (*Schlösser/Dörfler* wistra 2007, 326 (333); SSW StGB/*Saliger* Rn. 32b) bzw. Indiz (*Francuski,* Proceduralisierung im Wirtschaftsstrafrecht, 2014, 391 ff.; *Schlitt* DB 2007, 327 (330); krit. AnwK-StGB/*Esser* Rn. 299) für das Vorliegen einer Pflichtwidrigkeit iSd § 266. Ebenso können **Compliance-Richtlinien** die Vermögensbetreuungspflicht konkretisieren (AnwK-StGB/*Esser* Rn. 313b; Momsen/Grützner WirtschaftsStR/*Schramm* Kap. 5 Teil B Rn. 103; MüKoStGB/*Dierlamm* Rn. 194; Schönke/Schröder/*Perron* Rn. 19b; SSW StGB/*Saliger* Rn. 32b).

94   Eine **Verletzung der Vermögensbetreuungspflicht** liegt bei unternehmerischen Entscheidungen – aber auch sonst, wenn Handlungsspielräume bestehen (vgl. zur Vertragsarztuntreue *Krüger/Burgert* ZWH 2012, 213 (219); zu Gesellschaftsorganen kommunaler Gesellschaften *Geerds* FS Otto, 2007, 561 (574); *U. Meyer* DÖV 2015, 827 (829)) – erst dann vor, wenn die Entscheidung **evident unvertretbar** ist und damit den Handlungsspielraum eindeutig überschreitet (*Ignor/Sättele* FS Hamm, 2008, 211 (219 f.); *Krause,* Ordnungsgemäßes Wirtschaften und Erlaubtes Risiko, 1995, 119; Matt/Renzikowski/*Matt* Rn. 80; *Mosiek* wistra 2003, 370 (373); *Ransiek* ZStW 116 (2004), 638, 679; Schönke/Schröder/*Perron* Rn. 19b; *Schumacher,* Vermögensbetreuungspflichten von Kapitalgesellschaftsorganen, 2010, 150; *Seibt/Schwarz* AG 2010, 301 (315); *Tiedemann* FS Weber, 2004, 319 (325 f.); vgl. auch bereits RGSt 71, 344 (346): grob unredliches Verhalten; einschränkend (keine Berücksichtigung gesellschaftsrechtlicher Meinungsstreitigkeiten) *Ibold,* Unternehmerische Entscheidungen als pflichtwidrige Untreuehandlungen, 2011, 191 f.). Ist dies der Fall, liegt ohne weiteres ein Missbrauch vor (*Beckemper* NStZ 2002, 324 (326); Fischer Rn. 61; *Hantschel,* Untreuevorsatz, 2010, 304; *Kubiciel* NStZ 2005, 353 (356); Lackner/Kühl/*Kühl* Rn. 20b; *Murmann* JURA 2010, 561 (565); *Sauer* wistra 2002, 465; *Schünemann* NStZ 2005, 473 (475 f.)).

94a   Soweit unter Verweis auf den **1. Strafsenat** (BGHSt 47, 148 (Kreditvergabe); BGHSt 47, 187 – SSV Reutlingen (Sponsoring)) **restriktiv gefordert** wird, dass die Verletzung der Vermögensbetreuungspflicht **„gravierend"** sein müsse (vgl. LG Düsseldorf NJW 2004, 3275 (3280); OLG Hamm NStZ-RR 2012, 374; OLG Celle wistra 2014, 34 (35); LG Hamburg AG 2015, 368 = LG Hamburg BeckRS 2015, 09104 – HSH Nordbank; *Beulke* FS Eisenberg, 2009, 245 (256); *D. Busch,* Konzernuntreue, 2004, 34; *Dierlamm* StraFo 2005, 397 (402 f.); *Krause* StV 2006, 307 (308); *Matt* NJW 2005, 389 (390); MüKoStGB/*Dierlamm* Rn. 175 ff.; *Rönnau/Hohn* NStZ 2004, 113 (118); *Seibert* ZRP 2011, 166 (169); *Seibt/Schwarz* AG 2010, 301 (312); *Theile* ZIS 2011, 616 (623 ff.); *Wessing/Krawczyk* NZG 2010, 1121 (1123); diff. SSW/*Saliger* Rn. 41), wird mit Unterschieden im Detail (vgl. zu „starr" bzw. „nicht starr" indizienbasierten oder zivilrechtsakzessorischen „Schweretheorien" SSW StGB/*Saliger* Rn. 42) daran angeknüpft, dass der Senat ausgeführt hat, dass bei der Kreditvergabe nicht jeder Sorgfaltsverstoß, sondern nur gravierende Verstöße gegen die banküblichen Informations- und Prüfpflicht eine

Pflichtverletzung iSd § 266 darstellen (→ Rn. 122 ff.), bzw. nicht jede gesellschaftsrechtliche Pflichtverletzung genügt, sondern diese „gravierend" sein muss. Dies bedeutet aber nicht, dass die Pflichtverletzung iSd § 266 – die Verletzung der Vermögensbetreuungspflicht – „gravierend" sein muss (OLG Braunschweig NJW 2012, 3798; Achenbach/Ransiek/Rönnau WirtschaftsStR-HdB/*Seier* Teil 5 Kap. 2 Rn. 286; AWHH/*Heinrich* StrafR BT § 22 Rn. 69c; *Bräunig,* Untreue in der Wirtschaft, 2011, 133 ff.; *Dittrich,* Die Untreuestrafbarkeit von Aufsichtsratmitgliedern bei der Festsetzung überhöhter Vorstandsvergütungen, 2007, 217; *Bittmann* wistra 2013, 1 (6) ff.; *Fischer* Rn. 61, 64; *Hinrichs,* Zur Untreuestrafbarkeit gemeindlicher Vertreter, 2011, 127; *Hoffmann,* Untreue und Unternehmensinteresse, 2010, 54; *Ibold,* Unternehmerische Entscheidungen als pflichtwidrige Untreuehandlungen, 2011, 134; LK-StGB/*Schünemann* Rn. 95 ff.; *Kraatz* JR 2011, 434 (437); *Murmann* JURA 2010, 561 (565); Schönke/Schröder/*Perron* Rn. 19b; *Schumacher,* Vermögensbetreuungspflichten von Kapitalgesellschaftsorganen, 2010, 176; SK-StGB/*Hoyer* Rn. 56 f.; Wessels/Hillenkamp StrafR BT II Rn. 764; *R. Werner* CCZ 2011, 201 (205); vgl. auch NK-StGB/*Kindhäuser* Rn. 75b). Dies hat der **3. Strafsenat** ausdrücklich **klargestellt** (BGHSt 50, 331 Ls. 2 – Mannesmann/Vodafone; vgl. auch zuvor 1. Strafsenat in BGH NStZ 2006, 221 (222) – Kinowelt: Bezugnahme auf unternehmerische Entscheidungsfreiheit; krit. zur fehlenden Anfrage an den 1. Strafsenat *Schünemann* NStZ 2006, 196 (197); auch AnwK-StGB/*Esser* Rn. 89: Klärung durch den Großen Senat für Strafsachen „weiterhin unausweichlich"). Das Erfordernis einer besonderen Intensität der Pflichtverletzung liefe auf eine tatbestandliche „Bagatellklausel" hinaus, für die weder die Gesetzeshistorie noch die Systematik noch Sinn und Zweck des § 266 sprechen (Momsen/Grützner WirtschaftsStR/*Schramm* Kap. 5 Teil B Rn. 55). Fehlt es an einem Handlungsspielraum, ist der Untreuetatbestand weder durch das Erfordernis einer gravierenden Pflichtverletzung noch aus anderen Gründen einzuschränken (vgl. OLG Braunschweig NJW 2012, 3798).

Auch der Landowsky-Beschluss des **BVerfG v. 22.6.2010** (BVerfGE 126, 170 = BVerfG NJW 2010, **94b** 3209) zwingt nicht zu der Annahme, dass die Verletzung der Vermögensbetreuungspflicht gravierend sein muss (*Bittmann* wistra 2013, 1 (6); *Böse* JURA 2011, 617 (622); *Kraatz* JR 2011, 434 (437); LK-StGB/*Schünemann* Rn. 99 f.; Momsen/Grützner WirtschaftsStR/*Schramm* Kap. 5 Teil B Rn. 55; aA OLG Hamm NStZ-RR 2012, 374; *Krüger/Burgert* NZW 2012, 213 (218); SSW StGB/*Saliger* Rn. 41). Vielmehr hat das BVerfG (nur) ausgeführt, die Anwendung des Untreuetatbestands sei „auf Fälle klarer und deutlicher (evidenter) Fälle pflichtwidrigen Handelns zu beschränken" (BVerfGE 126, 170 Rn. 111); angesichts der „Notwendigkeit einer Beschränkung (Restriktion) des sehr weiten Wortlauts" überzeuge „der gegen die Rechtsprechung erhobene Einwand [nicht], dass sich dem Wortlaut des Tatbestands das Erfordernis einer gravierenden Pflichtverletzung nicht entnehmen lasse" (BVerfGE 126, 170 Rn. 112). Aus diesen Ausführungen ist nicht zu schließen, dass das BVerfG stets eine gravierende Pflichtverletzung verlangt, also „gravierend" mit „klar und evident" gleichsetzt (so aber Achenbach/ Ransiek/Rönnau WirtschaftsStR-HdB/*Seier* Teil 5 Kap. 2 Rn. 286; AnwK-StGB/*Esser* Rn. 89; krit. *Safferling* NStZ 2011, 376 (377): „Substanzlosigkeit der Begrifflichkeiten"), sondern nur, dass eine derartige Restriktion mit dem Wortlaut des § 266 vereinbar ist (zutr. MüKoStGB/*Dierlamm* Rn. 174; vgl. auch Matt/Renzikowski/*Matt* Rn. 16, 80). Richtig ist, dass **gravierende Pflichtverletzungen** durchweg pflichtwidrig iSd § 266 sind. Andererseits ist es aber nicht ausgeschlossen, dass auch **andere Pflichtverletzungen** pflichtwidrig iSd § 266 sind, sofern sie **klar und evident** sind (BGH (5. Strafsenat) NStZ 2013, 715 (716) – Berliner Bankenskandal: tatbestandsmäßig ist „eine Pflichtwidrigkeit nur dann, wenn sie klar und evident war", „deshalb hat die Rspr. grds. nur schwere Pflichtverletzungen ausreichen lassen"; vgl. auch OLG Braunschweig NJW 2013, 3799: „eventuelle Pflichtwidrigkeiten (…) nur dann tatbestandsmäßig (…), wenn sie klar und evident zu Tage treten"; krit. LK-StGB/*Schünemann* Rn. 100: Evidenz nicht mehr als ein „intuitiver Eindruck").

Evident unvertretbar ist insbes.:   **94c**
– die **Nichteinhaltung wesentlicher Verfahrensregeln** (BGHSt 46, 30 (34); 47, 198, 196 f.; *Adick,* Organuntreue (§ 266 StGB) und Business Judgment, 2010, 123 ff.; *Seibt/Schwarz* AG 2010, 301 (307));
– der **Verstoß gegen allg. anerkannte Wertungen** (Wessels/Hillenkamp StrafR BT II Rn. 764);
– die **Leitung durch evident sachfremde Erwägungen** (*Otto* FS Kohlmann, 2003, 187 (202));
– die **Gefährdung des Unternehmens durch Eingehen existentieller Risiken** (*Brüning/Samson* ZIP 2009, 1089 (1092); *C. Schröder* ZBB 2010, 280 (287); *Waßmer,* Untreue bei Risikogeschäften, 1997, 79); Bsp.: exzessive Fristentransformation mittels kurzlaufender Commercial Papers in Zweckgesellschaften (Conduits), die zwar formal eigenständig sind, für die jedoch durch Einräumung von Liquiditätslinien umfangreiche Garantien abgegeben wurden (hierzu *C. Schröder* NJW 2010, 1169 (1172 f.)); Missachtung der Eigenkapitalvorschriften des § 10 KWG und der Liquiditätsanforderungen des § 11 KWG (*Fischer* Rn. 67a);
– das **Betreiben eines evident unzureichenden Risikomanagementsystems** (*Helmrich* NZG 2011, 1252 (1254); vgl. auch *Bräunig,* Untreue in der Wirtschaft, 2011, 185 f.; zum „Ob" → Rn. 93d).

Im Bereich der **öffentlichen Verwaltung** können – je nach Stellung des Treunehmers – innerhalb **95** der durch den Grundsatz der Sparsamkeit und Wirtschaftlichkeit gesetzten Grenzen ebenfalls mehr oder weniger große **Ermessensspielräume** bestehen (vgl. *G. Meyer* KommJur 2010, 81 (87 f.)). Daher ist es nicht unbedingt pflichtwidrig, wenn ein (Ober-)Bürgermeister nicht das sparsamste iSd niedrigsten Angebots wählt (BGH NStZ 2008, 87 (89)), bei unklarer Rechtslage zur Vermeidung eines Rechtsstreits eine **Abfindungsvereinbarung** trifft (BGH NStZ-RR 2005, 83 (86)) oder **Cross-Border-Leasing-Geschäfte** tätigt (hierzu *Heimrich* wistra 2006, 326 ff.; *Kiethe* NStZ 2005, 529 (531 ff.); *Mansdörfer* DVBl 2010, 479 (484)). Entscheidend ist, ob eine **klar und evident unvertretbare** Entscheidung getroffen wird (vgl. nur *U. Meyer* DÖV 2015, 827 (831), ein **offensichtlicher Ermessensfehler** vorliegt (zB Verstoß gegen das kommunalrechtliche Spekulationsverbot, → Rn. 118). Entsprechendes gilt für Verstöße von Vertragsärzten der gesetzlichen Krankenkassen (vgl. *Krüger/Burgert* NZW 2012, 213 (218)).

96   **3. Treubruchstatbestand: Treubruch im Aufgabenkreis (§ 266 Abs. 1 Alt. 2). a) Allgemeines.** Der (allgemeinere, → Rn. 29) Treubruchstatbestand gelangt zur Anwendung, wenn der (speziellere) Missbrauchstatbestand nicht erfüllt ist. Ein **Treubruch** liegt vor, wenn der Täter durch ein Verhalten in seinem Aufgabenkreis sein im Innenverhältnis zum Vermögensinhaber durch das Vermögensbetreuungsverhältnis festgelegtes rechtliches Dürfen überschreitet (BGHSt 8, 254 (257 f.); 24, 386 (387)). Kurzformel: **„Überschreiten des internen rechtlichen Dürfens im übernommenen Aufgabenkreis“.** Der Treubruchstatbestand schützt damit **umfassend** vor Verletzungen der Vermögensbetreuungspflicht, unabhängig von der rechtlichen Wirksamkeit des zugrunde liegenden Treueverhältnisses bzw. des Verhaltens. Im Treubruchstatbestand spiegelt sich die „Befreiung des Strafrechts vom zivilistischen Denken" wider, die sich in den 1930/40er Jahren auch bei den Garantenstellungen durchgesetzt hatte (LK-StGB/*Schünemann* Rn. 61 mwN). Zu unterscheiden sind folgende **Grundkonstellationen:**

– der Täter handelt zwar rechtsgeschäftlich, es liegt aber **kein wirksames Rechtsgeschäft** vor;
– der Täter wirkt ohne rechtsgeschäftliches Handeln **tatsächlich (faktisch) auf das betreute Vermögen ein;**
– die Vermögensbetreuungspflicht beruht (nur) auf einem **tatsächlichen (faktischen) Treueverhältnis.**

97   **b) Innenverhältnis. aa) Allgemeines.** Das **Innenverhältnis** zwischen Treunehmer und Vermögensinhaber muss beim (allgemeineren) Treubruchstatbestand genauso wie beim (spezielleren) Missbrauchstatbestand als Vermögensbetreuungsverhältnis ausgestaltet sein. Für die **Entstehungsgründe** gilt weitergehend, dass es nicht nur durch Gesetz, behördlichen Auftrag und Rechtsgeschäft, sondern auch durch ein Treueverhältnis begründet werden kann (vgl. bereits → Rn. 43), das zur Abgrenzung im Allgemeinen als **„tatsächliches Treueverhältnis"** (vgl. nur RGSt 69, 15 (16); BGHSt 6, 67; Fischer Rn. 40) bezeichnet wird.

98   **bb) Tatsächliches Treueverhältnis.** Das tatsächliche Treueverhältnis betrifft vor allem **zivil- oder öffentlich-rechtlich defizitäre Beziehungen,** bei denen das zugrunde liegende Rechtsverhältnis **ex tunc** ungültig ist (Nichtigkeit) oder **ex nunc** (Unwirksamkeit) die Gültigkeit verloren hat (BGH NStZ 1997, 124 (125)). Das tatsächliche Treueverhältnis besteht unabhängig davon, ob die Beteiligten Kenntnis von dem Defizit haben, jedoch setzt es stets voraus, dass der Täter die Vermögensbetreuung **tatsächlich (faktisch) übernommen** hat und das **Vertrauen** in die pflichtgemäße Wahrnehmung der fremden Vermögensinteressen **schützenswert** ist (Fischer Rn. 41). Hierbei haben sich **Fallgruppen** herausgebildet:

99   **(1) Nichtige oder unwirksame Rechtsverhältnisse.** Erfasst sind zum einen **nichtige oder unwirksame Rechtsverhältnisse,** bei denen sich der Treunehmer und der Vermögensinhaber (Treugeber) über die Begründung einer Vermögensbetreuungspflicht **tatsächlich einig** waren (BGH NStZ 1996, 540; 1997, 124 (125); Achenbach/Ransiek/Rönnau WirtschaftsStR/*Seier* Teil 5 Kap. 2 Rn. 140; Fischer Rn. 42; Lackner/Kühl/*Kühl* Rn. 10; Mitsch StrafR BT II 6.2.1.3.2; Rengier StrafR BT I § 18 Rn. 32). **Bsp.:**

– **Geschäftsunfähigkeit** des Vermögensinhabers (zB Bevollmächtigung durch Geschäftsunfähigen);
– **Nichteinhaltung von Formvorschriften** (zB ungültige Bevollmächtigung oder Ermächtigung);
– **fehlende ordnungsgemäße Bestellung** (zB faktischer Geschäftsführer oder Vorstand, → Rn. 22);
– **fehlende Bestellungsmöglichkeit,** zB Geschäftsbesorgung durch nicht zugelassenen Rechtsberater.

100   **(2) Erloschene Rechtsverhältnisse.** Einbezogen sind zum anderen **erloschene Rechtsverhältnisse,** bei denen die Rechtsgrundlage infolge (formeller) Beendigung zwar entfallen ist, aber unter Wahrnehmung der eingeräumten Herrschaftsposition **– auch einseitig – fortgesetzt** wird und damit ein **enger sachlicher Zusammenhang** mit der zunächst begründeten Vermögensbetreuungspflicht besteht (BGHSt 8, 149 (151); BGH NStZ-RR 2013, 344; Fischer Rn. 43; Mitsch StrafR BT II 6.2.1.3.2; Schönke/Schröder/*Perron* Rn. 34) bzw. lediglich ein Rechtsschein besteht (→ Rn. 84), ohne dass das Fortwirken des Rechtsverhältnisses fingiert wird (→ Rn. 85). **Bsp.:**

– Nichtherausgabe von Geldern des Mündels nach Beendigung der **Vormundschaft** (RGSt 45, 434);
– Nichtrückgabe von Geschäftsunterlagen der Firma nach Beendigung des **Arbeitsvertrags** (OLG Stuttgart NJW 1973, 1385);

– Vermögensschädigung der Erben nach Beendigung des **Betreuungsverhältnisses** gem. §§ 1896 ff.
BGB durch Tod des Betreuten (OLG Stuttgart NJW 1999, 1564);
– vermögensschädigende Handlungen nach Beendigung eines **zivilrechtlichen Auftrags:** Entgegennahme des Grundstückkaufpreises durch den Beauftragten nach Erfüllung des ausschließlichen Auftrags zur Auflassung (BGHSt 8, 149 (151)); Nichtrückzahlung eines Vorschusses auf Rechtsanwalts-
gebühren nach außergerichtlichem Vergleich und Auszahlung der Vergleichssumme (BGH wistra
1987, 65);
– vermögensschädigende Handlungen eines **Gerichtsvollziehers** bezüglich Geldern, die er nach seiner
Amtsenthebung in der Funktion als Gerichtsvollzieher vereinnahmt (BGH NStZ-RR 2013, 344
(345); krit. *Jäger* JA 2014, 311 (313); *Kraatz* JR 2014, 241 ff.).

(3) Gesetzes- oder sittenwidrige Rechtsverhältnisse. Nach heute hM können auch **gesetzes-** 101
oder sittenwidrige Rechtsverhältnisse Grundlage eines tatsächlichen (faktischen) Treueverhältnisses
sein (sog „Ganovenuntreue"). Die hiermit verbundenen prinzipiellen Fragen gehören zu den „umstrittensten des Untreuetatbestandes" (LK-StGB/*Schünemann* Rn. 121). Für die Lösung ist zu differenzieren: An einer **Untreue fehlt es,** wenn der Täter lediglich einen **rechtskonformen Zustand
aufrechterhält bzw. herstellt,** indem er „treuwidrig" eine sitten- und gesetzwidrige Abrede nicht
umsetzt – etwa Gelder nicht für eine Bestechung einsetzt – oder den Vermögensinhaber – zB durch
Ablieferung von anvertrautem Diebesgut, Rauschgift oder Falschgeld an die Behörden – „schädigt";
denn ein solches Verhalten ist rechtmäßig und kann kein Unrecht begründen (vgl. nur BGHSt 8, 254
(258); 20, 143 (146); LK-StGB/*Schünemann* Rn. 64; MüKoStGB/*Dierlamm* Rn. 166; NK-StGB/*Kindhäuser* Rn. 42; Schönke/Schröder/*Perron* Rn. 31; SK-StGB/*Hoyer* Rn. 41; SSW StGB/*Saliger* Rn. 28;
Wessels/Hillenkamp StrafR BT II Rn. 774).

Hingegen ist eine **Untreue denkbar,** wenn der Täter **ihm anvertraute Vermögenswerte schädigt** 102
(RGSt 73, 157 (160); BGHSt 8, 254 (257 ff.); 20, 143 (145 f.); BGH NJW 1984, 800; BGH NStZ-RR
1999, 184 (186); *Bruns* NJW 1954, 857 (859); AWHH/*Heinrich* StrafR BT § 22 Rn. 55; Lackner/Kühl/
Kühl Rn. 10; LK-StGB/*Schünemann* Rn. 64; Otto StrafR BT § 54 Rn. 28; Rengier StrafR BT I § 18
Rn. 33; Wessels/Hillenkamp StrafR BT II Rn. 774; aA RGSt 70, 7 (9 f.); BGH NJW 1954, 889; OLG
Braunschweig NJW 1950, 656; Achenbach/Ransiek/Rönnau WirtschaftsStR-HdB/*Seier* Teil 5 Kap. 2
Rn. 144 f.; AnwK-StGB/*Esser* Rn. 166; BeckOK StGB/*Wittig* Rn. 27; HK-StrafR/*Beukelmann*
Rn. 15; *Freund/Bergmann* JuS 1991, 221 (222 f.); LK-StGB/*Schünemann* Rn. 64; Mitsch StrafR BT II
6.2.1.3.2; NK-StGB/*Kindhäuser* Rn. 42; Schönke/Schröder/*Perron* Rn. 31; SK-StGB/*Hoyer* Rn. 42, 96;
diff. nach der Herkunft (Geld aus illegalen Quellen: kein Schutz; Geld aus legalen Quellen: Schutz)
Matt/Renzikowski/*Matt* Rn. 46; SSW StGB/*Saliger* Rn. 28; hiergegen LK-StGB/*Schünemann* Rn. 64:
„unhaltbare, an die mittelalterliche Friedloslegung des Missetäters erinnernde Vorstellung"), da es – um
rechtsfreie Räume zu verhindern – grds. kein ungeschütztes Vermögen gibt, womit auch deliktisch
erworbenes Vermögen geschützt ist (→ Rn. 58, 59). Hierdurch wird Kriminellen kein besonderer
Schutz angedienen, sondern vielmehr werden – wie auch sonst – werthaltige Vermögenspositionen
geschützt. IÜ muss die Vermögensbetreuungspflicht nicht auf einem „sittlichen Treueband" beruhen
(BGHSt 8, 254 (257)). Schließlich kann der zivilrechtlichen Anerkennung der Vermögensposition schon
deshalb keine Bedeutung zukommen, da der Treubruchstatbestand auch nur tatsächlich begründete
Treueverhältnisse schützen soll (LK-StGB/*Schünemann* Rn. 64). **Bsp.:**
– ein Rechtsanwalt verwendet Gelder, die ihm zur Begehung von **Devisenstraftaten** überlassen
wurden, für persönliche Zwecke (RGSt 73, 157 ff.);
– ein FDJ-Sekretär flieht mit Geldern, die ihm für **illegale Zwecke** („Westarbeit") anvertraut wurden,
aus der DDR in die Bundesrepublik und verbraucht die Gelder (BGHSt 8, 254 (257 ff.));
– der Leiter eines Auslieferungslagers unterschlägt Waren, die ihm zur Begehung von **Wettbewerbsdelikten** anvertraut oder **in rechtlich anfechtbarer Weise erworben** wurden (BGHSt 20, 143
(145 f.));
– ein Notar verwendet Gelder, die aus **Bestechungsdelikten** stammen, zu eigenen Währungsgeschäf-
ten (BGH NStZ-RR 1999, 184 (185 f.));
– ein Hehler verschenkt ihm anvertrautes **Diebesgut** (Rengier StrafR BT I § 18 Rn. 33).

(4) Ungeeignete Entstehungsgrundlagen. Kein tatsächliches Treueverhältnis begründen **rein** 103
moralische oder **sittliche Verpflichtungen** (Fischer Rn. 40), wie sie aus Verwandtschaft, Freundschaft
oder enger Lebensgemeinschaft resultieren (AnwK-StGB/*Esser* Rn. 51). Dies gilt auch für **Geschäfts-
verbindungen,** sofern kein besonderes Vertrauensverhältnis besteht (BGHSt 12, 207 (208): Bekundung
der Bereitschaft zur längerfristigen Zusammenarbeit durch Entgegennahme zahlreicher Aufträge), die
einseitige Übernahme einer Schutzposition und die **bloße Dispositionsmöglichkeit** über das Vermögen eines anderen (BGH NStZ-RR 2012, 310 (311): Möglichkeit, über Schadensersatzansprüche zu
verfügen).

c) Verhalten im Aufgabenkreis. Der Treubruchstatbestand erfasst nicht jedes Verhalten des Treu- 104
pflichtigen, da der Tatbestand sonst jede Kontur verlieren würde (zur gebotenen restriktiven Auslegung
→ Rn. 17). Vielmehr muss das Verhalten **innerhalb des spezifischen Aufgabenkreises** liegen, der

durch das Innenverhältnis festgelegt wird, mit diesem **in innerem Zusammenhang** stehen (BGH NJW 1992, 250 (251); BGH wistra 2013, 104; Achenbach/Ransiek/Rönnau WirtschaftsStR-HdB/*Seier* Teil 5 Kap. 2 Rn. 163; AnwK-StGB/*Esser* Rn. 66; *Burkhardt* NJW 1973, 2190 f.; Fischer Rn. 50; *Hantschel,* Untreuevorsatz, 2010, 304; Lackner/Kühl/*Kühl* Rn. 15; LK-StGB/*Schünemann* Rn. 102; ebenso (funktionaler Zusammenhang) OLG Düsseldorf NJW 2004, 3275 (3281); SSW StGB/*Saliger* Rn. 39). Hierbei steht es nicht entgegen, wenn die Tat auch von einem Dritten hätte begangen werden können (BGHSt 17, 360 (361 f.); OLG Stuttgart NJW 1962, 1272; OLG Hamm NJW 1973, 1809 (1811); Achenbach/Ransiek/Rönnau WirtschaftsStR-HdB/*Seier* Teil 5 Kap. 2 Rn. 165; LK-StGB/ *Schünemann* Rn. 102; aA OLG Köln JMBl. NRW 1958, 208), so dass auch das Abzapfen von Benzin aus einem (betreuten) Firmen-Kfz (BGHSt 17, 360 (361 f.)) oder der Griff des Abteilungsleiters in die Kasse einer (unterstellten) Kassiererin erfasst ist (NK-StGB/*Kindhäuser* Rn. 62). **Nicht ausreichend** sind hingegen Taten, die **bei Gelegenheit** begangen werden (Mitsch StrafR BT II 6.2.1.3.4; SSW StGB/ *Saliger* Rn. 39).

105   An dem erforderlichen **inneren Zusammenhang fehlt** es insbes.:

  – bei **einem Verhalten außerhalb des Aufgabenkreises,** das sich auf Vermögenswerte bezieht, deren Wahrung dem Treupflichtigen nicht obliegt; Bsp.: Prokurist schlägt das Geschirr der Werkskantine zu Bruch (NK-StGB/*Kindhäuser* Rn. 62); daran ändert sich nichts, wenn es dem Täter gerade seine Position ermöglicht, die Tat unter Umgehung der für andere bestehenden Hindernisse zu begehen (LK-StGB/*Schünemann* Rn. 104; aA Schönke/Schröder/*Perron* Rn. 36);

  – beim **Fehlen von Handlungspflichten im Aufgabenkreis,** Bsp.: der Erste Bürgermeister unternimmt nichts gegen einen Gemeinderatsbeschluss, durch den ihm selbst eine unzulässige Urlaubsabgeltung gewährt wird, da die Pflicht, diesen Beschl. zu beanstanden, seinem Stellvertreter, dem Zweiten Bürgermeister, obliegt (BayObLG JR 1999, 299);

  – wenn die **Vermögensbetreuungspflicht nicht mehr besteht;** Bsp.: GmbH-Geschäftsführer entwendet nach dem Übergang der Verwaltungs- und Verfügungsbefugnis auf den Insolvenzverwalter Gegenstände, die zur Insolvenzmasse gehören (BGH NJW 1992, 250 (251));

  – bei **Vornahme von verbotenen Insidergeschäften** (§ 14 WpHG), insbes. durch Vorstands- und Aufsichtsratsmitglieder, soweit hierdurch nicht die eigene Gesellschaft geschädigt wird (Achenbach/ Ransiek/Rönnau WirtschaftsStR-HdB/*Seier* Teil 5 Kap. 2 Rn. 357; Fischer Rn. 52); Entsprechendes gilt für eine unrichtige Beratung durch einen Anlageberater, die den Mandanten schädigt (*Mölter* wistra 2010, 53 (59)); den strafbaren Insiderhandel erfasst § 38 Abs. 1 WpHG.

106   Das Verhalten des Täters kann iÜ in jedem **rechtsgeschäftlichen,** aber auch **tatsächlichen Verhalten** bestehen, wobei sowohl ein **aktives Tun** als auch ein **pflichtwidriges Unterlassen** erfasst ist (vgl. nur BGHSt 5, 61 (65 f.); Schönke/Schröder/*Perron* Rn. 35).

107   **d) Beschränkungen im Innenverhältnis.** Das **interne rechtliche Dürfen** des Treupflichtigen ergibt sich – wie beim Missbrauchstatbestand (→ Rn. 86 ff.) – aus dem **Innenverhältnis** (BGHSt 8, 254 (257 f.); 24, 386 (387)). Auch iRd tatsächlichen Treueverhältnisses können (erhebliche) **Handlungsspielräume** bestehen (→ Rn. 93 ff.). Von erheblicher – und häufig entscheidender – Bedeutung (→ Rn. 110) ist der Umstand, dass (auch) das **allg. Schädigungsverbot** das interne rechtliche Dürfen beschränkt (BGHSt 50, 331 (336, 342 f.)). Denn aus der Verpflichtung, die Vermögensinteressen eines anderen wahrzunehmen, resultiert zugleich das Gebot, alle das Vermögen schädigenden Verhaltensweisen zu unterlassen.

108   **e) Treubruch.** Ein Treubruch liegt vor, wenn der Täter durch ein Verhalten im übernommenen Aufgabenkreis (→ Rn. 104 ff.) sein internes rechtliches Dürfen (→ Rn. 107) **überschreitet** und damit seine Vermögensbetreuungspflicht verletzt. Ebenso wie beim Missbrauchstatbestand muss die Verletzung nicht „gravierend" sein (→ Rn. 90). Sofern ein **Handlungsspielraum** besteht, verletzt aber erst eine evident unvertretbare Entscheidung die Vermögensbetreuungspflicht (→ Rn. 94 ff.). Bei kaufmännisch vertretbaren Leistungen (BGH wistra 1987, 216: Zahlung von Prozesskosten für Zivilrechts- und Strafverfahren, die in einem unmittelbaren Zusammenhang mit der für die Gesellschaft ausgeübten Tätigkeit stehen; BGH wistra 1991, 108: Entnahme erhofften Gewinnes) scheidet daher ein Treubruch aus.

109   Vorausgesetzt wird eine **Verletzung gerade der Vermögensbetreuungspflicht** (BGH NStZ 1986, 361; BGH NJW 1988, 2483; 1991, 1069; OLG Frankfurt a. M. MDR 1994, 1232; OLG Düsseldorf StV 1997, 459; OLG Hamm NStZ-RR 2000, 236; Lackner/Kühl/*Kühl* Rn. 15). **Nicht ausreichend** ist die Verletzung von allgemeinen Pflichten, die **nicht als Ausfluss** der Vermögensbetreuungspflicht anzusehen sind. Hierzu zählt zB die Pflicht, beim Kick-Back **persönlich** erlangte Schmiergelder nach § 667 BGB herauszugeben (→ Rn. 140). Seine Vermögensbetreuungspflicht verletzt der Treupflichtige aber, wenn der Geschäftsherr selbst einen unmittelbaren vertraglichen Anspruch auf die Provision hat (→ Rn. 140 aE).

110   Erforderlich ist der **Verstoß gegen vermögensschützende Pflichten des Innenverhältnisses** (→ Rn. 66 f.). Diesbezüglich kann der Vermögensschutz sich nicht nur aus **vermögensschützenden (außerstrafrechtlichen) Normen,** sondern ebenso aus einer **vermögensschützenden Individualvereinbarung** ergeben. Darüber hinaus kann auch der Verstoß gegen das **allg. Schädigungsverbot**

einen Treubruch begründen (BGHSt 50, 331 (336, 342 f.); *Hantschel,* Untreuevorsatz, 2010, 304; *Jäger* FS Otto, 2007, 593 (603); LK-StGB/*Schünemann* Rn. 94; Schönke/Schröder/*Perron* Rn. 36; krit. *Klüppelberg,* Die Untreuestrafbarkeit des Vorstands bei Verstößen gegen den Deutschen Corporate Governance Kodex und § 161 AktG, 2014, 360 f.; aA AnwK-StGB/*Esser* Rn. 144, 147, 156; BeckOK StGB/*Wittig* Rn. 35a; *Dierlamm* NStZ 1997, 534 (535); *Dinter,* Der Pflichtwidrigkeitsvorsatz der Untreue, 2012, 58; *Leite* GA 2015, 517 (525); Matt/Renzikowski/*Matt* Rn. 91; Momsen/Grützner WirtschaftsStR/*Schramm* Kap. 5 Teil B Rn. 104; NK-StGB/*Kindhäuser* Rn. 45; SSW StGB/*Saliger* Rn. 43; *Thomas* FS Hamm, 2008, 767 (782); Wessels/Hillenkamp StrafR BT II Rn. 764). Denn aus der Verpflichtung, die Vermögensinteressen eines anderen wahrzunehmen, resultiert zugleich das Gebot, alle pflichtwidrigen, das Vermögen schädigenden Maßnahmen zu unterlassen. Es handelt sich gewissermaßen um das **„Grundgebot"** des Innenverhältnisses (*Hantschel,* Untreuevorsatz, 2010, 304: „Minimalpflicht"; aA MüKoStGB/*Dierlamm* Rn. 189: „Nebenpflicht"). Verletzt ist es, wenn zB **Gegenstände beschädigt oder zerstört** werden (LK-StGB/*Schünemann* Rn. 102), der Vermögensinhaber **Schadensersatz** leisten muss oder **Sanktionen** ausgelöst werden (→ Rn. 175a ff.). Die Einbeziehung des allg. Schädigungsverbots verstößt weder gegen das Verschleifungs- oder Entgrenzungsverbot (→ Rn. 66), noch wird hierdurch der Treubruchtatbestand „uferlos", da nicht jeder Verstoß genügt, sondern das schädigende Verhalten des Treupflichtigen nur dann relevant ist, wenn es mit seinem spezifischen Aufgabenkreis in innerem Zusammenhang steht (→ Rn. 104 ff.). Der Umstand, dass ein Vermögensbetreuungsverhältnis nicht durch das allg. Schädigungsverbot begründet werden kann (→ Rn. 36), schließt es nicht aus, dass das (aus anderen Gründen) bestehende Vermögensbetreuungsverhältnis durch den Verstoß gegen das allg. Schädigungsverbot verletzt wird.

Ausgeschlossen ist ein Treubruch beim **Unterlassen rechtlich missbilligter,** insbes. **strafbarer** **111** **Handlungen,** wie beim „pflichtwidrigen" Nichtabsetzen anvertrauten Falschgeldes oder der Realisierung eines wettbewerbswidrigen Geschäfts (BGHSt 8, 254 (258); 20, 143 (145 f.), BGH MDR/H 1979, 456; BGH NStZ 2001, 545; diff. *Taschke* FS Lüderssen, 2002, 663 (667 f.)).

f) Typische Fälle des Treubruchs. Treubruch durch **aktives Tun:** **112**
– **abredewidriges Abheben oder Überweisen von Geld** für eigene Zwecke (OLG Hamm NStZ-RR 2004, 111 (112); BGH NJW 2015, 1190 (1191); BGH wistra 2016, 152 (153));
– **Beschädigung, Zerstörung** oder **Eigenverbrauch** fremder Sachen (OLG Hamm NJW 1972, 298 (299); Achenbach/Ransiek/Rönnau WirtschaftsStR-HdB/*Seier* Teil 5 Kap. 2 Rn. 117; Fischer Rn. 10, 26; zB Sabotage der EDV durch Computerviren (Achenbach/Ransiek/Rönnau WirtschaftsStR-HdB/*Seier* Teil 5 Kap. 2 Rn. 307);
– **Betreiben unlauteren Wettbewerbs** und Verletzung gewerblicher Schutzrechte, wodurch der Dienst- bzw. Geschäftsherr zu Schadensersatz verpflichtet wird (RG DR 1940, 792; OLG Köln NJW 1966, 1373 (1374));
– **Bildung schwarzer Kassen** (RGSt 75, 227; BGH NStZ 1984, 549; BGH wistra 1992, 266; BGHSt 52, 323 – Siemens/Enel; BGHSt 55, 266 = BGH NJW 2010, 3458 – Trienekens) (→ Rn. 135 ff.);
– pflichtwidrige **Entnahme von Bargeld aus dem Firmentresor** zur privaten Verwendung (OLG Hamburg NStZ 2010, 335 f.); zum Nachteil in diesem Fall → Rn. 185);
– **Falschangaben** in vermögensrelevanten Erklärungen, zB Einreichung unrichtiger Rechenschaftsberichte durch einen Parteivorsitzenden (BGHSt 51, 100 (117 ff.) – Kanther/Weyrauch); Einreichen einer unrichtigen Steuererklärung durch einen Steuerberater (Achenbach/Ransiek/Rönnau WirtschaftsStR-HdB/*Seier* Teil 5 Kap. 2 Rn. 426);
– **Churning** (Gebührenschinderei, LK-StGB/*Schünemann* Rn. 110), **Frontrunning** und **Scalping** (*Mölter* wistra 2010, 53 (58 f.));
– **gesetzwidrige Verwendung** von Vermögenswerten (BGHSt 30, 245 (247): AStA-Mittel);
– **Hinwirken auf eine Vermögensschädigung,** zB auf die Nichtgeltendmachung von Ansprüchen (BGH wistra 1999, 418), auf einen Verkauf betreuten Vermögens weit unter Wert (BGHSt 44, 376 (380) – Diestel), auf die Durchführung nachteiliger Zwischengeschäfte (BGH NStZ 2000, 46 (47));
– **Nutzen von Insiderinformationen zur Schädigung** der eigenen Gesellschaft (Fischer Rn. 52);
– **Sachbeschädigung** (Schönke/Schröder/*Perron* Rn. 36);
– Auslösung von **Schadensersatzansprüchen** und **Sanktionen** (zum allg. Schädigungsverbot → Rn. 110; zum Nachteil → Rn. 175a ff.);
– **unordentliche Buchführung** (RGSt 73, 283 (286 f.); BGHSt 20, 304 f.; 55, 277 = BGH NJW 2010, 3458 (3460) Rn. 27 ff. – Trienekens; eing. *Louis,* Die Falschbuchung im Strafrecht, 2002, 89 ff.);
– **Urkundenunterdrückung** (RGSt 72, 193 (194 f.));
– **Verbinden, Vermischen** oder **Verarbeiten** (§§ 946 ff. BGB) fremder Sachen (BGHSt 12, 207 (209); OLG Frankfurt a. M. MDR 1994, 1232);
– **Vereiteln eines sicheren Geschäftsabschlusses** (BGHSt 20, 143 (145));
– **Vereinbarung eines Kick-Back,** der das Vermögen des Geschäftsherrn schädigt (BGHSt 50, 299 (315) – Kölner Müllskandal; *Kraatz* JR 2010, 407 (409); *Mölter* wistra 2010, 53 (59); *Saliger* NJW 2006, 3377 (3378));

- **Vermittlung** nachteiliger Kapitalanlagen durch einen Steuerberater (Achenbach/Ransiek/Rönnau WirtschaftsStR-HdB/*Seier* Teil 5 Kap. 2 Rn. 227);
- **Verrat von Betriebs- und Geschäftsgeheimnissen** (RGSt 71, 333 (336); BGHSt 20, 143 (144): Kundenkreis; *Kiethe/Hohmann* NStZ 2006, 185 (190); Schönke/Schröder/*Perron* Rn. 36);
- **Verwendung öffentlicher Mittel** entgegen ihrer Zweckbestimmung (BGH NStZ 1986, 455 (456): Manipulation der „Portokasse" zur Teilnahme an einer Fachausstellung; BGH NJW 1991, 990 (991): Bezahlung von Geldstrafen aus den Mitteln eines Abwasserverbandes; *Kelnhofer/Krug* StV 2008, 660 (663 f.) und *Spernath* NStZ 2010, 307 (312): Ankauf unrechtmäßig erlangter Daten (Steuerdaten-CD));
- **Vorlage gefälschter Rechnungen** (BGHSt 5, 61 (66));
- **Zueignung fremder Sachen**, zB Entnahme von Geldern aus einer verwalteten Kasse (RGSt 72, 193 (194 f.); BGHSt 8, 254 (255); 13, 315 (316); 17, 360 (361)).

113   Treubruch durch **pflichtwidriges Unterlassen:**

- **Nichtabführen** vereinnahmter Gelder; von Gebührenanteilen durch den Notar (RGSt 71, 295 (296 f.)); von Nutzungsentgelten aus der Nebentätigkeit eines Hochschullehrers (private Gutachten- und Forschungsaufträge, BGH NJW 1982, 2881 (2882)); von Erlösen aus verbotenen Geschäften (BGHSt 20, 143 (145)); von Prämienüberschüssen (BGH NJW 2011, 3528 (3529)) oder vereinnahmten Versicherungsprämien (BGH NStZ 2014, 158); zum Gerichtsvollzieher (→ Rn. 79);
- **Nichtabrechnung** eines ausgeführten Auftrags (OLG Celle MDR 1990, 846; OLG Karlsruhe NStZ 1990, 83 (84));
- **Nichtabwendung** drohender Vermögensschäden, zB Nichthindern eines Diebstahls (BGHSt 5, 187 (190)); Nichthindern des Abzweigens von Mandantengeldern (BGH NStZ 1990, 77);
- **Nichtaufklärung** von Mandanten, zB durch einen Notar bei ungewöhnlicher Gestaltung eines Grundstückskaufvertrages (BGH NJW 1990, 3219 (3220));
- **Nichtinformation** der Aufsichtsorgane durch den Wirtschaftsprüfer trotz Feststellung schwerer gesellschaftsschädigender Verfehlungen seitens der Geschäftsführung (Achenbach/Ransiek/Rönnau WirtschaftsStR-HdB/*Seier* Teil 5 Kap. 2 Rn. 431);
- **Nichtmehrung** des Vermögens trotz Verpflichtung hierzu, zB Nichtanlage von Mündelgeldern durch den Vormund oder von Anlagegeldern durch den Vermögensverwalter; Nichtausschöpfen vorhandener Produktionskapazitäten; Verzicht auf den Abschluss lukrativer Verträge (BGHSt 31, 232 (235); OLG Bremen NStZ 1989, 228 (229));
- **Nichtoffenbaren** von restlichen Drittmitteln, die einem Hochschullehrer nach Abschluss eines Projekts noch verbleiben (BGH NStZ-RR 2011, 82);
- **Nichtoffenlegung** einer vorgefundenen „schwarzen Kasse" (BGHSt 52, 323 ff. – Siemens/Enel);
- **Nichtstellen** eines Antrags auf Steuererstattung durch den Steuerberater (Achenbach/Ransiek/Rönnau WirtschaftsStR-HdB/*Seier* Teil 5 Kap. 2 Rn. 77);
- **Nichttransferieren** von Geldern auf ein Anderkonto (BGH NStZ 1982, 331; BGH NStZ-RR 1997, 357; BGH NJW 2015, 1190 (1191));
- **Nichtversichern** des betreuten Vermögens gegen nahe liegende Risiken (Achenbach/Ransiek/Rönnau WirtschaftsStR-HdB/*Seier* Teil 5 Kap. 2 Rn. 77);
- **Nichtvorlage** von Unterlagen, die zur steuerlichen Beurteilung notwendig sind (BGH wistra 1991, 266);
- **Nichtziehen** von Forderungen zur Insolvenzmasse durch den Insolvenzverwalter (Achenbach/Ransiek/Rönnau WirtschaftsStR-HdB/*Seier* Teil 5 Kap. 2 Rn. 77);
- **Verjährenlassen** einer Forderung (→ Rn. 79);
- **Verkommenlassen** von Vermögenswerten (→ Rn. 79);
- **Vernachlässigung** von Aufsichtspflichten (RGSt 76, 115 ff.; BGHSt 9, 203 (210)); von Maßnahmen zur Risikovorsorge, insbes. seitens der Geschäftsleiter von Kreditinstituten (vgl. § 25c Abs. 4a, 4b KWG) (Fischer Rn. 55; zu § 54a KWG → Rn. 129c).

114   **4. Wichtige Fallgruppen von Missbrauch und Treubruch. a) Risikogeschäfte. aa) Begriff. Risikogeschäfte,** dh geschäftliche Dispositionen, die das Risiko des Vermögensverlustes beinhalten (BGH StV 2004, 424; Achenbach/Ransiek/Rönnau WirtschaftsStR-HdB/*Seier* Teil 5 Kap. 2 Rn. 391; *Hellmann* ZIS 2007, 433; *Hillenkamp* NStZ 1981, 161 (162 f.); *Lösing,* Die Kompensation des Vermögensnachteils durch nicht exakt quantifizierbare, vermögenswirksame Effekte, 2012, 107; Mü-KoStGB/*Dierlamm* Rn. 228; *Rose* wistra 2005, 281 (282 ff.); *Waßmer,* Untreue bei Risikogeschäften, 1997, 5 ff.; krit. zu dieser Definition Schönke/Schröder/*Perron* Rn. 20; enger BGH NJW 1990, 3219 (3220); abw. (Geschäfte ohne ein erhöhtes Maß an Prognoseungewissheit ausklammernd) SSW StGB/*Saliger* Rn. 47), haben für das Wirtschaftsleben **zentrale Bedeutung,** da das Risiko des Fehlschlages jedem wirtschaftlichen Handeln mehr oder weniger immanent ist. Risikogeschäfte kommen deshalb nicht nur im Bank- und Kapitalmarktgeschäft vor (zB Vergabe von Krediten als „Prototyp" des Risikogeschäfts, *Hermann,* Die Begrenzung der Untreuestrafbarkeit in der Wirtschaft am Beispiel der Bankenuntreue, 2011, 65 ff.; Wertpapier- und Devisenhandel; Spekulationsgeschäfte), sondern in praktisch **allen Wirtschaftsbereichen** (zB Entscheidungen über die Lagerhaltung; Investitionen in Forschung

und Entwicklung). Da § 266 kaufmännischem Unternehmergeist grds. nicht entgegensteht, lässt allein der Fehlschlag eines Geschäfts noch nicht auf die Verletzung der Vermögensbetreuungspflicht schließen (BGH StV 2004, 424; Fischer Rn. 68: keine strafrechtliche „Misserfolgs-Haftung"). Dies folgt aus dem **Verschleifungsverbot** (→ Rn. 66) zwischen Pflichtverletzung und Nachteil. Umgekehrt lässt sich aber auch aus dem Gelingen des Geschäfts nicht auf die fehlende Pflichtwidrigkeit schließen (Fischer Rn. 68).

bb) Risikopolitik und Pflichtverletzung. Angesichts der Vielfalt denkbarer Risikogeschäfte kön- **115** nen zur Feststellung der Verletzung der Vermögensbetreuungspflicht nur **Grundsätze** aufgestellt werden (vgl. *Ransiek* ZStW 116 (2004), 634 (671)). Maßgebend für das Vorliegen einer **Pflichtverletzung iSd § 266 StGB** (zum Nachteil → Rn. 190 ff.) ist bei Risikogeschäften, ob der Täter die **maßgebende Risikopolitik** einhält, dh den im **Innenverhältnis** gezogenen risikopolitischen Rahmen, der Auskunft darüber gibt, ob und bis zu welchem Grad Risiken eingegangen werden können. Die Risikopolitik wird vor allem durch die Vorgaben des Vermögensinhabers, zT aber auch durch den Gesetzgeber bestimmt. **Kriterien** liefern die Art des Geschäfts, die für den jeweiligen Geschäftskreis geltenden Grundsätze, das eingegangene Risiko und die relative Höhe der Investition (BGH wistra 1985, 69 f.). Die Risikopolitik bedarf der sorgfältigen **Feststellung.** Erst wenn feststeht, was der Täter „nicht (mehr) tun durfte", kann geprüft werden, ob bereits diese Handlung zu einem Nachteil geführt und welche Vorstellungen sich der Täter in Bezug auf die Handlung und ihre Folgen gemacht hat (BGH NStZ 2001, 259).

Wird die **Risikopolitik eingehalten,** liegt ein **tatbestandsausschließendes Einverständnis** vor **116** (→ Rn. 144), so dass eine Untreue ausscheidet (BGHSt 3, 23 (25); 34, 379 (384 f.); BGH wistra 1985, 190; BGH StV 2004, 424; Achenbach/Ransiek/Rönnau WirtschaftsStR-HdB/*Seier* Teil 5 Kap. 2 Rn. 396; Fischer Rn. 63; *Hellmann* ZIS 2007, 433 (436); *Hillenkamp* NStZ 1981, 161 (165 f.); *Jordan* JR 2000, 133 (137); Lackner/Kühl/*Kühl* Rn. 7; Mitsch StrafR BT II 6.2.1.2.2; MüKoStGB/*Dierlamm* Rn. 231; HK-KapMStrafR/*Zieschang* Rn. 70; Schönke/Schröder/*Perron* Rn. 20; SK-StGB/*Hoyer* Rn. 84; SSW StGB/*Saliger* Rn. 48; *Waßmer,* Untreue bei Risikogeschäften, 1997, 32 ff., 57 f.; Wessels/Hillenkamp StrafR BT II Rn. 757 f.; aA – Rechtfertigung durch erlaubtes Risiko – *Schwinge/Siebert,* Das neue Untreuestrafrecht in strafrechtlicher und zivilrechtlicher Beleuchtung, 1933, 46). Das Einverständnis muss allerdings stets **wirksam** sein (→ Rn. 145 f.). Daran **fehlt es,** wenn dem Erklärenden diesbezüglich die Dispositionsbefugnis fehlt oder der Erklärende über außergewöhnliche Risiken bzw. ein Unerfahrener über die gewöhnlichen Risiken des Geschäftes **nicht hinreichend aufgeklärt** oder **getäuscht** wurde (Fischer Rn. 69; *Rönnau* FS Samson, 2010, 423 ff.).

Eine **Pflichtverletzung** liegt insbes. dann vor, wenn gegen **risikopolitische Vorgaben des Ver-** **117** **mögensinhabers** verstoßen wird, die **ausdrücklich** oder **konkludent** erklärt sein können. Vorgaben sind zB vorhanden, wenn ein Vermögensverwalter angewiesen wird, „konservativ" anzulegen (*Waßmer,* Untreue bei Risikogeschäften, 1997, 35 ff.). Umgekehrt kann das Betreuungsverhältnis – wie beim Wertpapierhändler – riskante Geschäfte gerade zulassen. Da die Vorgaben des Vermögensinhabers maßgebend sind, liegt eine Pflichtverletzung auch dann vor, wenn gegen enge risikopolitische Vorgaben verstoßen wird, die Vornahme des Geschäfts jedoch – ohne Vorgaben – den Regeln kaufmännischer Sorgfalt entsprechen würde (*Hillenkamp* NStZ 1981, 161 (166)). Umgekehrt fehlt es an der Pflichtverletzung, wenn der Treupflichtige sich an weite Vorgaben hält, auch wenn das Geschäft den Regeln kaufmännischer Sorgfalt nicht entspricht (Achenbach/Ransiek/Rönnau WirtschaftsStR-HdB/*Seier* Teil 5 Kap. 2 Rn. 396).

Eine **Pflichtverletzung** liegt auch dann vor, wenn gegen **risikopolitische gesetzliche Vorgaben** **118** verstoßen wird, die riskante Geschäfte nicht oder nur in sehr engen Grenzen gestatten (Schönke/Schröder/*Perron* Rn. 20). Derartige Vorgaben bestehen zB:

– für die Anlage von **Mündelgeld** durch den Vormund (§ 1806 BGB), Pfleger (§ 1908i Abs. 1 BGB) oder Betreuer (§ 1915 BGB), die mündelsicher (iE § 1807 BGB) sein muss;

– bei einer Anlage des **Nachlasses** durch den Testamentsvollstrecker (§ 2216 BGB), die den Nachlass nicht erheblich gefährden darf (BGH GA 1977, 342 f.);

– für die Anlage des **Kindesvermögens** durch die Eltern (§ 1642 BGB), wobei aber heute nur noch eine Bindung an die Grundsätze einer wirtschaftlichen Vermögensverwaltung besteht (vor dem 1.1.1980: mündelsichere Anlage und lediglich bestimmte Geschäfte (vgl. iE § 1643 BGB) der Genehmigung des Vormundschaftsgerichts bedürfen; hierdurch ist zB eine teilweise Anlage in Aktien nicht ausgeschlossen; rein spekulative Anlagen sind aber ausgeschlossen, wenn sie das gesamte Vermögen oder einen großen Teil betreffen (BGH NJW 1987, 1070);

– für die Anlage der **Instandhaltungsrücklage** einer Wohnungseigentümergemeinschaft, die mündelsicher sein muss (*Drago* ZWE 2011, 388 mwN);

– für die **kommunale Haushaltswirtschaft** aufgrund des kommunalrechtlichen Spekulationsverbots, das zwar nicht ausdrücklich gesetzlich verankert ist (OLG Frankfurt a. M. WM 2010, 1790), aber aus den allg. Grundsätzen des kommunalen Finanzrechts resultiert (*Lammers* NVwZ 2012, 12 (13)); danach ist der Einsatz von Derivaten untersagt, sofern es nicht um die Absicherung geht; liquide Mittel oder Rücklagen dürfen nicht für reine Spekulationsgeschäfte eingesetzt werden (*Lammers* NVwZ 2012, 12 (14)); relevant ist dies bei Swapgeschäften (→ Rn. 129d);

– für die **Anlage von Stiftungsvermögen,** das nach den Stiftungsgesetzen grds. „ungeschmälert" (zB § 4 Abs. 2 S. 1 StiftG NRW) bzw. „in seinem Bestand" (zB § 7 Abs. 2 S. 1 StiftG BW) zu erhalten ist; geboten ist deshalb eine konservative Anlage, was es aber nicht ausschließt, (zT) in Wertpapiere mit höheren Risiken und Ertragschancen zu investieren; geboten ist nach der Portfoliomanagement-Lehre eine Verteilung auf verschiedene Anlageklassen (vgl. (mittelfristige Kapitalerhaltung) *Reuter* NZG 2005, 649 (653 f.); strenger (stete Vermögenserhaltung) *Rödel* NZG 2004, 754 (755)); unzulässig ist jedenfalls die kurzfristige Spekulation, vgl. BGH NStZ 2001, 155; zu Anlagemöglichkeiten und deren Risiken *Blisse* ZStV 2010, 134 ff.; zum Ermessensspielraum *Gräwe/v. Maltzahn* BB 2013, 329 (335 f.))

119   **Fehlen Vorgaben** oder sind diese **ungenügend konkretisiert,** richtet sich die Risikopolitik nach der **Verkehrsauffassung,** dh maßgebend ist, ob die Grenzen des verkehrsüblichen Risikos eingehalten werden, insbes. ein nach dem zentralen **Maßstab eines ordentlichen und gewissenhaften Kaufmanns** aus Sicht ex-ante wirtschaftlich noch vertretbares Risiko eingegangen wird (BGH wistra 1982, 148 (150); 1985, 190 f.; BGH NStZ 1990, 437; BGH StV 2004, 424; OLG Karlsruhe NJW 2006, 1682; Achenbach/Ransiek/Rönnau WirtschaftsStR-HdB/*Seier* Teil 5 Kap. 2 Rn. 398; *Bringewat* JZ 1977, 667 (668); *Hellmann* ZIS 2007, 433 (437); *Kohlmann* JA 1980, 228 (231); *Labsch,* Untreue (§ 266 StGB), Grenzen und Möglichkeiten einer neuen Deutung, 1983, 310; *Hillenkamp* NStZ 1981, 161 (167); *Nelles,* Untreue zum Nachteil von Gesellschaften, 1991, 563; HK-KapMStrafR/*Zieschang* Rn. 72; *Ransiek* ZStW 116 (2004), 634 (646); *Waßmer,* Untreue bei Risikogeschäften, 1997, 37 f. (51)). Denn es ist davon auszugehen, dass die Einhaltung der üblichen Maßstäbe den Interessen des Vermögensinhabers entspricht. Daher darf zB ein **Vermögensverwalter** das ihm anvertraute Vermögen nicht durch außergewöhnlich hohe Risiken gefährden (Wessels/Hillenkamp StrafR BT II Rn. 759) und ein **Bankvorstand** nicht ohne weiteres mit den Mitteln des Kreditinstitutes spekulieren (BayObLGSt 1965, 88: Sparkassenleiter; Achenbach/Ransiek/Rönnau WirtschaftsStR-HdB/*Seier* Teil 5 Kap. 2 Rn. 395; *Otto,* Bankentätigkeit und Strafrecht, 1983, 67 f.).

120   **cc) Handlungsspielräume.** Die Verletzung der Vermögensbetreuungspflicht muss auch bei Risikogeschäften nicht gravierend sein (Fischer Rn. 64; vgl. iÜ → Rn. 94 ff.). Besteht ein **Handlungsspielraum,** liegt eine Pflichtverletzung erst dann vor, wenn eine **evident unvertretbare Entscheidung** getroffen wird (Achenbach/Ransiek/Rönnau WirtschaftsStR-HdB/*Seier* Teil 5 Kap. 2 Rn. 385; *Krause,* Ordnungsgemäßes Wirtschaften und Erlaubtes Risiko, 1995, 199; MüKoStGB/*Dierlamm* Rn. 232; *Poseck,* Die strafrechtliche Haftung der Mitglieder des Aufsichtsrats einer Aktiengesellschaft, 1997, 88 f.; Schönke/Schröder/*Perron* Rn. 20; SSW StGB/*Saliger* Rn. 49; *Tiedemann* FS Weber, 2004, 319 (325 f.); *Waßmer,* Untreue bei Risikogeschäften, 1997, 73 ff.; krit. *Hellmann* ZIS 2007, 433 (437)). Dies ist zum einen der Fall, wenn **formelle Vorgaben** (zB Prüfungs-, Zustimmungs- und Kontrollerfordernisse), die der Risikobegrenzung dienen, nicht eingehalten werden, aber auch dann, wenn **materielle Vorgaben** zum zulässigen Risiko missachtet werden (vgl. Fischer Rn. 69; *Tiedemann* GmbH-Strafrecht Vor §§ 82 ff. Rn. 19; *Waßmer,* Untreue bei Risikogeschäften, 1997, 78 f.). Daher verletzt der Treupflichtige die Vermögensbetreuungspflicht nicht nur, wenn er **ohne sorgfältige Abwägung** der Chancen und Risiken eine Entscheidung trifft (Achenbach/Ransiek/Rönnau WirtschaftsStR/*Seier* Teil 5 Kap. 2 Rn. 399; Wessels/Hillenkamp StrafR BT II Rn. 757), sondern auch, wenn er – sofern nicht ausdrücklich oder konkludent gestattet oder verkehrsüblich – **extreme Risiken** eingeht, zB „nach Art eines Spielers" bewusst und entgegen den Regeln kaufmännischer Sorgfalt eine äußerst gesteigerte Verlustgefahr auf sich nimmt, nur um eine höchst zweifelhafte Gewinnaussicht zu erhalten (→ Rn. 192). Bejaht hat die Rspr. zB eine Pflichtverletzung im Fall eines Kapitaltransfers von 14 Mio. EUR zur Durchführung von Spekulations- und Risikogeschäften, bei dem auf jede wirksame Absicherung verzichtet wurde (BGH NStZ 2011, 160). Zulässig kann dagegen im Konzern im Rahmen einer Gesamtkalkulation die Inkaufnahme von Verlusten bei einzelnen Gesellschaften sein (BGH NStZ 2013, 715 – Berliner Bankenskandal; Fischer Rn. 66).

121   **b) Kredituntreue. aa) Allgemeines.** Die Fälle der **Kredituntreue** (zum Nachteil → Rn. 193 ff.) haben **große praktische Relevanz.** Täter sind vor allem **Entscheidungsträger,** wie Leiter von Kreditinstituten, Filialleiter, Prokuristen, leitende Angestellte und eigenverantwortlich handelnde Kreditsachbearbeiter. Darüber hinaus können aber auch **Kontrollpersonen,** insbes. Aufsichtsorgane und Innenrevisoren, (Mit-)Täter sein (Achenbach/Ransiek/Rönnau WirtschaftsStR-HdB/*Seier* Teil 5 Kap. 2 Rn. 283; *Aldenhoff/Kuhn* ZIP 2004, 103 (104 f.); *Doster* WM 2001, 333 (334 f.); *Gallandi* wistra 2001, 281 (282); HK-KapMStrafR/*Zieschang* Rn. 27). Nicht einbezogen sind Kreditsachbearbeiter, denen die zu erfüllenden Pflichten in allen Einzelheiten vorgegeben sind (BGH NStZ 2013, 40). Als **typische Pflichtverletzungen** sind in der Praxis zu konstatieren (vgl. Achenbach/Ransiek/Rönnau WirtschaftsStR-HdB/*Seier* Teil 5 Kap. 2 Rn. 281; *Martin,* Bankuntreue, 2000, 87 ff. mit zahlreichen Bsp. aus der Rspr.):

– Missachtung von **Kreditobergrenzen** (gesetzlichen; bankinternen);
– Missachtung von **Kompetenzbegrenzungen** (Zustimmungserfordernissen; Weisungen);
– unterlassene oder mangelhafte **Bonitätsprüfung;**
– fehlende oder unzureichende **Besicherung;**

– Eingehen von **„Klumpenrisiken"** (vgl. zur Finanzkrise 2007/10 *Bittmann* NStZ 2011, 361 (365); *Fischer* Rn. 71; *Francuski,* Prozeduralisierung im Wirtschaftsstrafrecht, 2014, 423 ff.; *Lutter* ZIP 2009, 197 (199); *A. Schäfer/Zeller* BB 2009, 1706 (1709); *Spindler* NZG 2010, 281 (284));
– Vergabe zu riskanter **Sanierungskredite;**
– unterlassene oder mangelhafte **Überwachung** laufender Kredite.

bb) Pflichtverletzungen iSd § 266. Im Rahmen der Kreditvergabe begründet allerdings nicht jede **122** Pflichtverletzung eine Verletzung der Vermögensbetreuungspflicht (vgl. nur *Doster* WM 2001, 333 (335 ff.); *Waßmer,* Untreue bei Risikogeschäften, 1997, 146 ff.). Zur Feststellung, ob im Einzelfall eine **Pflichtverletzung iSd § 266** vorliegt, stellt die Rspr. maßgeblich auf die **tatsächlichen Grundlagen der Kreditbewilligung** ab. Nach der Grundsatzentscheidung des **1. Strafsenats** v. 6.4.2000 (BGHSt 46, 30 ff.) sind die Entscheidungsträger bei der Kreditvergabe insbes. zu einer **umfassenden Risikoprüfung** verpflichtet, wobei die wirtschaftlichen Verhältnisse des Kreditnehmers, die beabsichtigte Verwendung des Kredits und die Aussichten des Engagements eingehend zu betrachten sind; die Risiken sind hierbei auf der Basis umfassender Informationen gegen die Chancen abzuwägen. Eine Pflichtverletzung iSd § 266 liegt iRd Kreditvergabe vor, wenn die Entscheidungsträger der **banküblichen Informations- und Prüfungspflicht** bezüglich der wirtschaftlichen Verhältnisse des Kreditnehmers insgesamt nicht ausreichend nachgekommen sind. In der Folgeentscheidung v. 15.11.2001 (BGHSt 47, 148 ff.) hat der 1. Strafsenat diese Rspr. dahingehend fortgeführt, dass die bankübliche Informations- und Prüfungspflicht **„gravierend verletzt"** worden sein muss.

Anhaltspunkte (Indizien) für eine derart **gravierende Pflichtverletzung** können sich nach der **123** Rspr. aus zahlreichen Umständen ergeben, wobei eine **Gesamtschau** maßgebend ist, bei der eine fehlende Information durch andere gleichwertige Informationen ersetzt werden kann (BGHSt 46, 30 (32, 34); 47, 148 (154); BGH BKR 2010, 163 (168) – WestLB/Boxclever; hierzu *Strate* HRRS 2009, 441 f.; *Steiner* Kreditwesen 2010, 98; *Wessing* BKR 2010, 159 (160 f.); zur erforderlichen Gesamtschau auch BVerfGE 126, 170 = BVerfG NJW 2010, 3209 (3221) Rn. 157):
– Vernachlässigung von **Informationspflichten,** insbes. bei **Großkrediten Nichtbeachtung des § 18 Abs. 1 S. 1 KWG;** danach darf ein Kreditinstitut einen Kredit, der insgesamt 750.000 EUR (bis zum 27.5.2005: 250.000 EUR) oder 10 % des haftenden Eigenkapitals des Instituts überschreitet, nur gewähren, wenn es sich von dem Kreditnehmer die wirtschaftlichen Verhältnisse, insbes. durch Vorlage der Jahresabschlüsse, offen legen lässt; diese Pflicht wird durch Auslegungsschreiben der BaFin konkretisiert;
– Handeln der Entscheidungsträger ohne die **erforderliche Befugnis;**
– **unrichtige oder unvollständige Angaben** ggü. Mitverantwortlichen oder Aufsichtspersonen;
– **Nichteinhaltung** vorgegebener Zwecke;
– Überschreitung der **Höchstkreditgrenzen;**
– **eigennütziges Handeln** der Entscheidungsträger;
– **Nichteinholung von Informationen,** warum andere Banken Kredite fällig stellten;
– fehlende **Mittelverwendungskontrolle;**
– fehlende sachverständige **Bewertung von Grundstücken;**
– Nichtbeachtung von **Zins- und Tilgungsleistungsstörungen;**
– **fehlende kontinuierliche Beobachtung** der wirtschaftlichen Entwicklung des Kreditnehmers;
– **kontroverse Beurteilung des Kreditengagements** innerhalb der Bank (*Wessing* BKR 2010, 159 (161)).

Dieser **Rspr.,** die in der Strafrechtswissenschaft kontrovers diskutiert wurde (vgl. *Aldenhoff/Kuhn* ZIP **124** 2004, 103 (105 f.); *Dierlamm/Links* NStZ 2000, 656 f.; *Doster* WM 2001, 333 ff.; *Gallandi* wistra 2001, 281 (283 ff.); *Keller/Sauer* wistra 2002, 365 (367 ff.); *Kiethe* WM 2003, 861 (867 ff.); *Klanten* DStR 2002, 1190 f.; *Knauer* NStZ 2002, 399 ff.; *Kühne* StV 2002, 198 ff.; *Laskos,* Die Strafbarkeit wegen Untreue bei der Kreditvergabe, 2001; *Lassmann,* Stiftungsuntreue, 2008, 43 ff.; *Otto* JR 2000, 517 f.; *Wessing* BKR 2010, 159 (160)), ist **iErg zuzustimmen.** Denn bei der Kreditvergabe haben die Entscheidungsträger – wie bei allen Risikogeschäften (→ Rn. 115 ff.) – die im Innenverhältnis maßgebende Risikopolitik einzuhalten, die durch gesetzliche und interne Vorgaben, insbes. Finanzierungsregeln und Richtlinien, geformt wird (vgl. *Gallandi* wistra 2001, 281 (282 f.)). Die Risikogrenzen können dabei – je nach Ausrichtung des Kreditinstitutes – zwar unterschiedlich sein, eine gravierende Verletzung der banküblichen Informations- und Prüfungspflichten (zu den bei einem rationalen Entscheidungsprozess einzuhaltenden Verfahrensregeln ausf. *Francuski,* Prozeduralisierung im Wirtschaftsstrafrecht, 2014, 399 ff.) bedeutet aber offensichtlich ein Verstoß gegen die im Innenverhältnis maßgebende Risikopolitik, da ein Kredit gewissermaßen „ins Blaue hinein" vergeben wird. Damit ist die **Kreditgewährung evident unvertretbar** (vgl. auch BGH (5. Strafsenat) BGH NStZ 2013, 715 – Berliner Bankenskandal).

Soweit gegen die **Heranziehung der Vorschriften des KWG** (insbes. § 18 Abs. 1 S. 1 KWG) **125** eingewandt wird, dass diese Normen nicht das Vermögen der Kreditinstitute, sondern das Vertrauen der Öffentlichkeit schützen sollen, greift dies zu kurz. Der Ausfall eines Großkredites kann ein Kreditinstitut in Schieflage bringen, so dass die Verpflichtung zur Offenlegung der wirtschaftlichen Verhältnisse ersichtlich auch das Vermögen – „jedenfalls faktisch" (BVerfGE 126, 170 = BVerfG NJW 2010, 3209 (3218) Rn. 133 – Landowsky) – schützt. IÜ wird den Mitarbeitern von Kreditinstituten die Einhaltung der Regeln des KWG und anderer Kreditvergaberichtlinien, die in Sparkassengesetzen, Verordnungen oder Satzungen niedergelegt sind, grds. arbeitsvertraglich auferlegt. Die Verletzung dieser Regeln und Richtlinien, die im Innenverhältnis die maßgebende Risikopolitik ausformen und konkretisieren, stellt schon deshalb eine Pflichtwidrigkeit iSd § 266 dar (*Ransiek* ZStW 116 (2004), 634 (647); Schönke/ Schröder/*Perron* Rn. 20). IÜ lässt sich gegen das **Erfordernis einer gravierenden Verletzung** der Prüfungs- und Informationspflicht kaum einwenden, dass mit dieser Kautele „eine weitere unpräzise Größe" in den Untreuetatbestand hineingetragen wird (so Achenbach/Ransiek/Rönnau WirtschaftsSt-HdB/*Seier* Teil 5 Kap. 2 Rn. 286), da hiermit die Anforderungen im Hinblick auf das verfassungsrechtlich gebotene Restriktion des Tatbestandes (→ Rn. 17) und das unternehmerische Ermessen (→ Rn. 93 ff.) gerade präzisiert werden.

126 Eine **Pflichtverletzung** iSd **§ 266** liegt in der Praxis aber nicht nur in den Fällen einer gravierenden Verletzung der banküblichen Informations- und Prüfungspflicht vor, sondern vor allem auch bei der Vergabe **ungesicherter** oder **nicht ausreichend gesicherter Kredite,** da auch hier die maßgebende Risikopolitik offensichtlich verletzt wird. Darüber hinaus kann auch beim Verstoß gegen **Kompetenzbegrenzungen** (zB unzulässige Darlehensgewährung durch Tolerierung der **Scheckreiterei,** vgl. BGH wistra 2001, 218 mAnm *Bosch* wistra 2001, 257 ff.) und beim Verstoß gegen **Kreditbewilligungsgrenzen** eine relevante Pflichtverletzung anzunehmen sein, sofern sie das Risiko der Kreditvergabe begrenzen sollen.

127 An einer **Pflichtverletzung** iSd § 266 **fehlt** es hingegen, wenn in einer **umfassenden Bonitätsprüfung** von den Entscheidungsträgern Risiko und Chance sorgfältig gegeneinander abgewogen wurden. Wird der Kredit später trotzdem notleidend, ändert dies nichts an der Pflichtgemäßheit der Kreditvergabe (BGHSt 46, 30 (34); *Dierlamm/Links* NStZ 2000, 656; *Dahs* NJW 2002, 272; Lackner/Kühl/ *Kühl* Rn. 7; NK-StGB/*Kindhäuser* Rn. 77). Weiter scheidet – iErg – eine Untreue auch dann aus, wenn zwar eine gravierende Pflichtverletzung der banküblichen Informations- und Prüfungspflicht vorlag, dem Kreditinstitut hieraus aber wegen der **erstklassigen Bonität** des Kreditnehmers gar kein Nachteil entstehen konnte (→ Rn. 165). Zudem ist es, insbes. außerhalb des Bankbereichs bei einer „freihändigen" Kreditvergabe, denkbar, dass die Ausreichung eines Darlehens trotz unterbliebener Dokumentation und fehlender ordnungsgemäßer Verbuchung nicht pflichtwidrig ist, sofern der **Rückzahlungsanspruch** (im Hinblick auf das Einkommen und die Zahlungsbereitschaft des Kreditnehmers) **werthaltig** ist (BGH NStZ 2013, 282 (283) – THW Kiel). Schließlich ist auch die **Vergabe „problematischer Kredite",** dh riskanter Kredite, nicht per se pflichtwidrig (Fischer Rn. 70), sondern nur, wenn der Kreditzins nicht dem eingegangenen Kreditrisiko Rechnung trägt.

127a Seit dem 11.6.2010 haben Kreditinstitute vor Abschluss eines **Verbraucherdarlehensvertrags** oder eines Vertrags über eine **entgeltliche Finanzierungshilfe** nach dem neu eingefügten **§ 18 Abs. 2 KWG** ausdrücklich die **Kreditwürdigkeit** des Verbrauchers zu prüfen. Diese Pflicht basiert auf den Vorgaben der RL 2008/48/EG (Verbraucherkreditrichtlinie) und dient nach dem Willen des Gesetzgebers aufsichtsrechtlichen Zwecken, besteht die Pflicht des § 18 Abs. 1 KWG – allein im öffentlichen Interesse (*Hofmann* NJW 2010, 1782 (1784)). Zusätzliche Sorgfaltspflichten werden durch diese Prüfpflicht nicht begründet (Fischer Rn. 72), da eine ordnungsgemäße Kreditvergabe ohnehin eine Bonitätsprüfung voraussetzt.

128 **cc) Sanierungskredite.** Besonders riskant ist die Kreditvergabe iRd **Unternehmenssanierung** (hierzu monografisch *Jung*), für die im Hinblick auf die zulässige Risikohöhe **besondere Maßstäbe** gelten, die das Vorliegen einer Pflichtwidrigkeit nicht grds. ausschließen (Fischer Rn. 66). Insbes. dürfen die einzelnen Kreditgewährungen nicht isoliert voneinander beurteilt werden, sondern es ist eine **Gesamtbetrachtung** vorzunehmen (BGHSt 47, 148 (153 f.); LG Arnsberg BeckRS 2013, 15115; Achenbach/Ransiek/Rönnau WirtschaftsStR-HdB/*Seier* Teil 5 Kap. 2 Rn. 287; *Aldenhoff/Kuhn* ZIP 2004, 103 (108, 110); *Dahs* NJW 2002, 272 f.; *Jung* S. 44 ff.; MüKoStGB/*Dierlamm* Rn. 239; LK-StGB/ *Schünemann* Rn. 241; NK-StGB/*Kindhäuser* Rn. 76; SSW StGB/*Saliger* Rn. 99). Daher kann auch die **Vergabe hochriskanter Folgekredite** zulässig sein, wenn ein wirtschaftlich vernünftiger Gesamtplan vorhanden ist und damit die begründete Aussicht besteht, dass sonst verlorene Altkredite letztlich zurückerlangt werden können. IÜ ist es – zumindest in Extremfällen, in denen eine sichere Aussicht besteht – denkbar, dass durch das Absehen von der Vergabe eines Folgekredites die Vermögensbetreuungspflicht ggü. dem Kreditinstitut verletzt wird, also sich der Untreuevorwurf „umkehrt" (vgl. *Aldenhoff/Kuhn* ZIP 2004, 103 (107 ff.); Achenbach/Ransiek/Rönnau WirtschaftsStR-HdB/*Seier* Teil 5 Kap. 2 Rn. 287; AnwK-StGB/*Esser* Rn. 125; *Seier,* Die Untreue in der Rechtspraxis, Symposium Geilen 2003, 145, 151 f.). Zu beachten ist, dass bei erkannter existentieller Gefährdung des Kreditnehmers **besondere Informations- und Prüfpflichten** bestehen die sich auch auf die Frage der Zuverlässigkeit der Entscheidungsträger und Kreditsachbearbeiter sowie die Verlässlichkeit der von diesen vorgelegten Informationen und Beurteilungen erstrecken (OLG Karlsruhe wistra 2005, 72); dies gilt auch dann, wenn die Kreditvergabe ein besonders hohes Risiko für die **Existenz des Kreditinstituts** in sich birgt (OLG Karlsruhe wistra 2005, 72).

dd) Gremienentscheidungen. Bei der **Kreditvergabe durch Gremienentscheidungen** können 129
sich die gesamtverantwortlichen Gremiumsmitglieder nach der Rspr. (BGHSt 46, 30 (35); 47, 148 (156);
zust. *Doster* WM 2001, 333 (339); Fischer Rn. 73; *Kiethe* WM 2003, 861 (868 f.); MüKoStGB/*Dierlamm*
Rn. 243; krit. *Knauer* NStZ 2002, 399 (403 f.); *Otto* Schroeder FS 2013, 2006, 339 (343 ff.); SSW
StGB/*Saliger* Rn. 43a, 101) bei **gewöhnlichen Kreditrisiken** auf den Bericht des federführenden
Geschäftsführungsmitglieds oder eines als zuverlässig bekannten Sachbearbeiters verlassen (Entlastung
durch die Ressortverantwortung, Vertrauensgrundsatz, vgl. AnwK-StGB/*Esser* Rn. 22); nur bei Unstimmigkeiten oder (begründeten) Zweifeln sind Rückfragen oder eigene Nachprüfungen erforderlich.
Sonderwissen kann in diesem Rahmen zur Information der übrigen Mitglieder verpflichten (AnwK-
StGB/*Esser* Rn. 22). Eine eigene Nachprüfung ist zudem (wegen der Gesamtverantwortung der Mitglieder des Gremiums) bei **außergewöhnlich hohen Kreditrisiken** erforderlich, wenn die Kreditvergabe ein besonders hohes Risiko – insbes. für die Existenz des Kreditinstitutes – beinhaltet, oder
bekannt ist, dass die Bonität des Kunden eines hohen Kredits ungewöhnlich problematisch ist.

c) Weitere spezielle Risikogeschäfte. (1) Anlage in Kreditverbriefungen. Die strafrechtliche 129a
Aufarbeitung der **Finanzkrise 2007/10** (hierzu Achenbach/Ransiek/Rönnau WirtschaftsStR-HdB/
Seier Teil 5 Kap. 2 Rn. 289; *Becker/Walla/Endert* WM 2010, 875 ff.; *Bittmann* NStZ 2011, 361 ff.; *Fischer*
ZStW 123 (2011), 816 ff.; *Fleischer* NJW 2010, 1504; *Forkel* ZRP 2010, 158 f.; *Francuski*, Prozeduralisierung im Wirtschaftsstrafrecht, 2014, 408 ff.; *Gallandi* wistra 2009, 41 ff.; *Jahn* JZ 2011, 340 ff.; *Krey* FS
Roxin II, 2011, 1073 ff.; Momsen/Grützner WirtschaftsStR/*Schramm* 5 B Rn. 71 ff.; *Otto* FS Krey,
2010, 375 ff.; *Ransiek* WM 2010, 869; Schröder KapMarktStrafR-HdB Rn. 1146 ff.; *Schröder* NJW
2010, 1169 ff.; *Schröder* ZStW 123 (2011), 771 ff.; *Schünemann* ZStW 123 (2011), 767 ff.; *Wohlers* ZStW
123 (2011), 791 ff.; vgl. auch die zahlreichen Beiträge der 2. ECLE-Tagung 2009 in *Kempf/Lüderssen/*
Volk 2010) durch die Rechtspraxis wird allg. (vgl. nur die Kleine Anfrage BT-Drs. 16/12489; Antwort
der Bundesregierung BT-Drs. 16/12623) als **unbefriedigend** empfunden. Dies gilt insbes. im Hinblick
auf **Pflichtverletzungen** durch die Anlage in Kreditverbriefungen – **Asset Backed Securities (ABS)**
– mittels ausländischer **Conduits (Zweckgesellschaften)** (vgl. nur LK-StGB/*Schünemann* Rn. 2 („in-
tensives Schneeballsystem"), Rn. 120 („multipel begründete Pflichtwidrigkeit")). Hierdurch wurden
„mit kurzfristiger Finanzierung und ohne Unterlegung mit regulatorischem Eigenkapital (…) Verbriefungen langfristiger Kredite aus fremden Märkten und in letztlich unbegrenzter Höhe erworben"; „als
sich die typischen Kreditrisiken (…) verwirklichten, fehlte das Eigenkapital zur Abpufferung der
Risiken, Banken drohte Zahlungsunfähigkeit und Überschuldung" (*Forkel* ZRP 2010, 158).
Nur selten führte der globale **„Kasino-Kapitalismus"** (so der Titel eines Werkes von *H.-W. Sinn;* 129b
vgl. auch *Krey* FS Roxin II, 2011, 1073 (1079)) überhaupt zu Ermittlungsverfahren (hierzu *Jahn* JZ 2011,
340 (343)), geschweige denn Verurteilungen. Und dies, obwohl zB das OLG Düsseldorf im Fall IKB den
Verdacht geäußert hatte, dass Vorstand und Aufsichtsrat bei einem Anteil des Geschäftsvolumens von ca.
46 % im Verbriefungssektor ihre Sorgfalts- und Überwachungspflichten in erheblichem Maße verletzt
hatten **(Klumpenrisiko,** → Rn. 121) und einen Sonderprüfer bestellte (OLG Düsseldorf(Z) NJW
2010, 1537 mAnm *Fleischer* NJW 2010, 1504; krit. *Francuski,* Prozeduralisierung im Wirtschaftsstrafrecht, 2014, 418 ff.; Prüferbestellung bestätigt durch BGH(Z) NJW 2010, 347). Grund hierfür dürfte
sein, dass entsprechende Engagements zur Steigerung des Ertrags „üblich" waren (was freilich der
Pflichtwidrigkeit nicht entgegensteht, *Bittmann* NStZ 2011, 361 (363); Fischer Rn. 72a), die deutsche
Finanzdienstleistungsaufsicht die Geschäfte allgemein geduldet, in Einzelfällen sogar gebilligt und die
deutsche Politik sie gefördert hat (vgl. *Forkel* ZRP 2010, 158; *Seibert* ZRP 2011, 166 (169)), die
Verantwortlichen auf die Einschätzungen von Ratingagenturen vertrauten (*Otto* FS Krey, 2010, 375
(382)) und iÜ die systemischen Risiken verkannt wurden. IErg war daher in der Rechtspraxis idR
jedenfalls der **Schädigungsvorsatz** nicht nachzuweisen (→ Rn. 226a), so dass die Staatsanwaltschaften
die Verfahren einstellten (*Krey* FS Roxin II, 2011, 1073 (1077)). Nicht zu übersehen ist aber, dass die
Vorgehensweise der Verantwortlichen nicht selten gerade darauf ausgerichtet war, die wahren Risiken zu
verschleiern, und dass grobe Fehleinschätzungen von Rating-Agenturen ungeprüft übernommen wurden (LK-StGB/*Schünemann* Rn. 120). In derartigen Fällen kam daher durchaus eine **individuelle Verantwortung** in Betracht (vgl. Fischer Rn. 72b; *Krey* FS Roxin II, 2011, 1073 (1083 ff.)).
Als **Reaktion auf die Finanzkrise** wurde ua (erfolglos) vorgeschlagen, ergänzend einen **Sondertat-** 129c
bestand der „Bestandsgefährdung systemrelevanter Kreditinstitute" (*Kasiske* ZRP 2011, 137) zu schaffen, da wegen der notwendigen Rettung systemrelevanter Kreditinstitute auch die Insolvenzdelikte nicht
gegriffen hatten. Durch das **Trennbankengesetz** v. 7.8.2013 (BGBl. I 3090) wurde schließlich mWv
2.1.2014 § 54a KWG eingefügt, der als abstraktes Gefährdungsdelikt die Verletzung wesentlicher
Risikomanagementpflichten (nach § 25c Abs. 4a oder Abs. 4b S. 2 KWG; zur Verletzung von Pflichten
nach § 91 Abs. 2 AktG → Rn. 93d) durch die Geschäftsleiter der beaufsichtigten Institute im Fall der
Verursachung einer Unternehmenskrise bestraft. § 54a KWG setzt allerdings sehr restriktiv voraus, dass
die BaFin zuvor durch vollziehbare Anordnung nach § 25c Abs. 4c KWG dem Institut die Beseitigung
von Verstößen aufgegeben hat, dieser Anordnung vorsätzlich zuwidergehandelt und hierdurch die
Bestandsgefährdung herbeigeführt wird (krit. *Hamm/Richter* WM 2013, 865 (867 ff.); Schork/Groß/
Wegner Bankstrafrecht Rn. 668; *Volk* FS Schiller, 2014, 672 ff.). Dennoch ist dies ein Schritt in die

richtige Richtung. Denn **künftige Krisen** dürften sich im Hinblick auf die Komplexität der Materie nur durch eine stärkere Regulierung des Finanzsektors (zu Basel III und Solvency II → Rn. 158b), nicht aber durch die (in ihrer Wirkung zweifelhafte und ohnehin als ultima ratio anzusehende) Verschärfung strafrechtlicher Vorschriften eindämmen lassen.

129d   **(2) Swapgeschäfte.** Zu Verurteilungen wegen Untreue führten dagegen kommunale Swapgeschäfte. Nach der Jahrtausendwende hatten zahlreiche Kommunen sog **CMS Spread Ladder Swaps** mit Kreditinstituten abgeschlossen, die zu erheblichen Verlusten führten. Bei diesen strukturierten Swaps handelt es sich um **reine Spekulationsgeschäfte** (BGHZ 189, 13 = BGH NJW 2011, 1949 (1952) Rn. 29 – Zinswetten; OLG Stuttgart(Z) ZIP 2010, 2189 – Glücksspiele; *Bader/Wilkens* wistra 2013, 81 (82) – Termingeschäfte in Form von Optionen). Spekuliert wird auf die Veränderung des Verhältnisses zwischen lang- und kurzfristigen Zinssätzen, wobei die Bank einen festen, der Kunde zunächst einen festen und später einen variablen Zinssatz (Ladder) schuldet (*Bader/Wilkens* wistra 2013, 81 (84) f.). Durch diese Konstruktion besteht nicht nur eine asymmetrische Risikostruktur, die das Kreditinstitut begünstigt, sondern der Marktwert der Swaps ist auch von vornherein negativ (zum Nachteil → Rn. 192 aE). Verdeckt wurde dies dadurch, dass die Swaps bei den Kommunen zunächst zu einem vorteilhaften Zufluss an Liquidität ohne eigenen Kapitaleinsatz führten (*Lammers* NVwZ 2012, 12 f.). Der Abschluss der rein spekulativen CMS Spread Ladder Swaps verstieß jedoch gegen das **kommunalrechtliche Spekulationsverbot,** womit er **pflichtwidrig** iSd § 266 war (LG Augsburg BeckRS 2013, 11546; Achenbach/Ransiek/Rönnau WirtschaftsStR-HdB/*Seier* Teil 5 Kap. 2 Rn. 353; *Bader/Wilkens* wistra 2013, 81 (84); Fischer Rn. 73; *Lammers* NVwZ 2012, 12 (14 f.); diff. *Kirchner* wistra 2013, 418 (420 f.)). Zivilrechtlich waren die Abschlüsse allerdings nicht unwirksam. Weder ist ein Abschluss wegen Überschreitung des Wirkungskreises gemäß der Ultra-vires-Lehre (BGHZ 20, 119) schlechthin unwirksam (LG Dortmund(Z) NVwZ 2013, 1362 (1366); *Lammers* NVwZ 2012, 12 (15); aA *Bader/Wilkens* wistra 2013, 81 (83); Fischer Rn. 73; *Morlin* NVwZ 2007, 1159 (1161 f.)), da Kommunen grds. auch Swapgeschäfte abschließen dürfen (*Gehrmann/Lammers* KommJur 2011, 41 (44 f.); *Kirchner* wistra 2013, 418 ff.), noch ist das kommunalrechtliche Spekulationsverbot als Verbotsgesetz iSd § 134 BGB anzusehen, noch erreicht die asymmetrische Risikostruktur der Geschäfte das Ausmaß eines erheblichen oder gar groben Missverhältnisses zwischen Leistung und Gegenleistung, wie dies § 138 BGB voraussetzt (OLG Bamberg(Z) WM 2009, 1082; OLG Frankfurt(Z) a. M. WM 2010, 1790; aA hinsichtlich § 138 BGB LG Dortmund NVwZ 2013, 1362 (1363) mAnm *L. Tiedemann;* offen gelassen von BGHZ 189, 13 = BGH NJW 2011, 1949 (1950) Rn. 17). Allerdings waren die Kreditinstitute iRd anlegergerechten Beratung zur **Aufklärung** über die spezifischen Risiken und den negativen Marktwert verpflichtet, so dass – sofern dies unterblieb – Schadensersatzansprüche bestehen können (BGH(Z) NJW 2011, 1949). Zudem wurde offenbar von den Verantwortlichen der Kreditinstitute erklärt, dass die Geschäfte für Kommunen „unbedenklich" seien (vgl. nur LG Augsburg BeckRS 2013, 11546). Soweit die kommunalen Entscheidungsträger jedoch über die Risiken, insbes. das Totalverlustrisiko oder gar ein unbegrenztes Verlustrisiko aufgeklärt hatten, wurde wegen Untreue verurteilt (vgl. LG Augsburg BeckRS 2013, 11546). **Nicht pflichtwidrig** ist demgegenüber der Abschluss sog **Plain-Vanilla Swaps,** sofern diese einfachen Swaps lediglich der Zinssicherung dienen (LG Dortmund(Z) NVwZ 2013, 1362; vgl. auch *Bader/Wilkens* wistra 2013, 81 (83)).

129e   **(3) Fremdwährungskredite.** Finanzielle Probleme haben vielen Kommunen im Jahr 2015 Fremdwährungskredite bereitet (vgl. http://www.welt.de/wirtschaft/article136588813/Kommunen-verzocken-sich-mit-Franken-Krediten.html). So hatten nach Angaben des nordrhein-westfälischen Innenministeriums 25 Kommunen Ende 2013 Kredite mit einem Volumen von insgesamt 1,9 Mrd. EUR in Fremdwährung in den Büchern, der größte Teil davon in Schweizer Franken. Welche gravierenden Folgen dies auch bei einer vermeintlich „risikoarmen" Währung haben kann, zeigte die schlagartige Aufwertung des Schweizer Frankens um rund 20 % Mitte Januar 2015. Sofern **erhebliche, ungesicherte Währungsrisiken** bestehen, ist auch die Aufnahme von Fremdwährungskrediten mit dem kommunalrechtlichen Spekulationsverbot nicht vereinbar. Bei einer eventuellen strafrechtlichen Aufarbeitung ist aber zu berücksichtigen, dass die Aufnahme dieser Kredite in Nordrhein-Westfalen ua von der Gemeindeprüfungsanstalt sogar empfohlen wurde. Eine Verurteilung wegen Untreue wird daher idR ausscheiden. Seit 2014 muss in Nordrhein-Westfalen das Währungsrisiko abgesichert sein, womit die Aufnahme von Fremdwährungskrediten finanziell uninteressant geworden ist.

129f   **(4) Cross-Border-Leasing.** Schließlich bereiten den Kommunen auch sog Cross-Border-Leasing-Geschäfte (CBL) Schwierigkeiten, die zwischen 1995 und 2004 abgeschlossen wurden (näher *Heimrich* wistra 2006, 326 ff.; *Kiethe* NStZ 2005, 529 (531 ff.); *Mansdörfer* DVBl 2010, 479 (484)). Hierdurch wurden Teile der **kommunalen Infrastruktur** (zB Wasserwerke; Kraftwerke; Verkehrsbetriebe) idR für 99 Jahre an US-Investoren USA vermietet. Der Mietzins wurde sofort gezahlt, wodurch die Kommunen erhebliche Einnahmen hatten und vorübergehend ihre Haushalte aufbessern konnten. Mit den Einnahmen mieteten die Kommunen die Leasinggegenstände für 25–30 Jahre zurück; zudem sollten die Einnahmen dazu verwendet werden, nach dem Ablauf des Mietvertrages die Rechtsposition, die dem US-Investor aufgrund des Hauptmietvertrags zusteht, zu einem Fixpreis zurückzukaufen. Hintergrund dieser gekünstelten Konstruktion war der Umstand, dass die US-Investoren aufgrund einer divergierenden Steuergesetzgebung von hohen Abschreibungen profitierten und einen hohen Barwertvorteil erlangten, den sie idR sogar zu einem geringen Teil an die Kommunen auszahlten. In den USA gerieten die CBL-Verträge jedoch zunehmend unter Druck, da sie für den US-Fiskus nachteilig waren. Seit dem 12.3.2004 ist der Neuabschluss verboten. 2005 hat die amerikanische Bundessteuerbehörde (Internal Revenue Service, IRS) entschieden, dass die bisherigen Leasingtransaktionen grds. als missbräuchliche Steuerumgehung anzusehen sind, womit die Steuervorteile entfallen sind. Die Geschäfte bergen für die Kommunen **zahlreiche Risiken** (Fischer Rn. 73b): Die Verträge umfassen idR tausende von Seiten, die nicht ins Deutsche übersetzt und nicht verstanden wurden; die Gerichtsstände liegen in den USA; die Eigentumslage ist unsicher; die Kommunen sind für die Erhaltung der Leasinggegenstände alleine verantwortlich; sie tragen das Risiko einer Verschlechterung des Ratings der beteiligten Banken und Versicherungen; da die CBL-Geschäfte steuerlich nicht mehr geltend gemacht werden können, ist mit Rechtsstreitigkeiten zu rechnen. Jedenfalls bei Vertragsschluss dürften die Entscheidungsträger der Kommunen diese Risiken als vertretbar bewertet haben, so dass idR eine Untreue ausscheiden wird (*Helmrich* wistra 2006, 326 (331); *Kiethe* NStZ 2005, 529 (534); *Mansdörfer* DVBl 2010, 479 (484); offen gelassen von Fischer Rn. 73b).

(5) Negativsalden im Target2-System. Die Zulassung der Entstehung von negativen TARGET2-   **129g** Salden, die im gemeinsamen **Echtzeit-Brutto-Clearingsystem** des Eurosystems entstehen, wenn Zentralbankgeld von einer nationalen Notenbank an eine andere überwiesen wird (bei der überweisenden Notenbank entsteht ein negativer TARGET2-Saldo, dh eine Verbindlichkeit ggü. der EZB; bei der empfangenden Notenbank umgekehrt ein positiver TARGET2-Saldo, dh eine Forderung ggü. der EZB) soll angesichts des außerordentlichen Ausmaßes der Salden im dreistelligen Milliardenbereich während der **Euroschuldenkrise** nach *Schünemann* (ZIS 2011, 84 (87 ff.)) eine Pflichtwidrigkeit begründet haben (den politisch Verantwortlichen soll aber, „da die Bundesregierung weitestgehend aus ökonomischen Laien besteht", ein Tatbestandsirrtum zuzubilligen sein, während die Vorstandsmitglieder der Bundesbank für den Einsatz „blinder" Werkzeuge als mittelbare Täter zu belangen sein könnten, *Schünemann* ZIS 2011, 84 (104)). Die Staatsanwaltschaft Frankfurt a. M. hat dennoch eine Pflichtwidrigkeit verneint, insbes. deshalb, weil „politische Entscheidungen, unabhängig von ihrer wirtschaftlichen Vernunft, nur in engem Umfang einer strafrechtlichen Kontrolle unterliegen" (*Kirkpatrick* wistra 2013, 249 (256)). Hinzugefügt sei, dass durch das Echtzeit-Brutto-Clearingsystem zwar wechselseitige, unbegrenzte und unbesicherte Kreditfazilitäten der Zentralbanken einerseits und der EZB andererseits begründet werden, dieses System jedoch eine rechtliche Grundlage hat.

d) Sponsoring, Mäzenatentum. In der Wirtschaftspraxis erfolgen häufig **Zuwendungen an Drit-**   **130** **te** (Einzelpersonen, Menschengruppen, Organisationen, Veranstaltungen) in Form von Geld-, Sach- und Dienstleistungen, um bestimmte Projekte (Kunst, Sozialwesen, Sport, Wissenschaft) zu fördern. Sie sind nach der Rspr. zum einen **zulässig,** wenn sie als **Sponsoring** in der Erwartung erfolgen, eine direkte wirtschaftliche Gegenleistung in Form der Verkaufs- bzw. Absatzförderung für Produkte und Dienstleistungen zu erhalten, dh als Marketinginstrument genutzt werden, Teil von Öffentlichkeitsarbeit und Werbung sind (BGHSt 47, 187 (197) = BGH NJW 2002, 1585 (1586) – SSV Reutlingen; Achenbach/Ransiek/Rönnau WirtschaftsStR-HdB/*Seier* Teil 5 Kap. 2 Rn. 237; *Beckemper* NStZ 2002, 324 (326); *Deiters* ZIS 2006, 152 (153 ff.); *Gehrlein* NZG 2002, 463 (464); *Lange* DStR 2002, 1103; LK-StGB/*Schünemann* Rn. 112 f.; *Otto* FS Kohlmann, 2003, 187 (205); *Ransiek* ZStW 116 (2004), 638 (674 f.); *Sauer* wistra 2002, 465 ff. Schönke/Schröder/*Perron* Rn. 19b). Die Zuwendungen sind aber zum anderen auch dann mit den Grundsätzen einer ordnungsgemäßen Geschäftsführung bzw. Geschäftsleitung zu vereinbaren – insbes. für den Vorstand einer AG, dem ein weites unternehmerisches Ermessen zusteht (→ Rn. 93 ff.) –, wenn sie öffentlich ohne Erwartung einer unmittelbaren wirtschaftlichen Gegenleistung erfolgen oder sogar, wie idR beim **Mäzenatentum,** nicht öffentlich gemacht werden, sondern allein das Ziel verfolgen, „die soziale Akzeptanz der AG zu verbessern, sie als ‚good corporate citizen' darzustellen und dadurch indirekt ihr wirtschaftliches Fortkommen zu verbessern" (BGHSt 47, 187 (195): Förderung eines Fußballvereins). Daher ist zB auch die Finanzierung von **Nachteilsausgleichsmaßnahmen** (zB Anlage von Grünflächen; Bau von Umgehungsstraßen) durch Unternehmen bei Großprojekten (zB Kraftwerksbau) zulässig (*Cordes/Sartorius* NZWiSt 2013, 401 (405)).

Dem **unternehmerischen Ermessen** sind allerdings dadurch **Grenzen** gesetzt, dass eine **Verbin-**   **131** **dung zum Unternehmenserfolg** bestehen muss. Zwar darf der Zuwendende mit dem Geld einer Gesellschaft auch seine politische Überzeugung, private Liebhaberei für Kunst und Wissenschaft oder seine Begeisterung für eine Sportarten verfolgen, je loser aber die Verbindung zwischen dem Geförderten und dem Unternehmensgegenstand ist, desto enger ist der Handlungsspielraum und desto größer sind die Anforderungen an die interne Publizität (BGHSt 47, 187 (196) – SSV Reutlingen). Ob eine **Pflichtverletzung iSd § 266** vorliegt, weil eine **evident unvertretbare** Entscheidung (BGHSt 47, 187: „gravierende" Pflichtverletzung; → Rn. 94a ff.) getroffen wurde, bestimmt die Rspr. aufgrund einer **Gesamtschau** insbes. der gesellschaftsrechtlichen Kriterien (BGHSt 47, 187 (192 ff.) = BGH NJW 2002, 1585 (1587); zu den einzuhaltenden Verfahrensregeln *Francuski,* Prozeduralisierung im Wirtschaftsstrafrecht, 2014, 427 ff.), wobei eine Verletzung der Vermögensbetreuungspflicht jedenfalls dann vorliegt, wenn bei der Vergabe **sämtliche Kriterien** erfüllt waren (BGHSt 47, 187 Ls. 3):

– fehlende Nähe zum **Unternehmensgegenstand;**
– Unangemessenheit im Hinblick auf die **Ertrags- und Vermögenslage;**
– fehlende innerbetriebliche **Transparenz;**
– Vorliegen sachwidriger **Motive,** namentlich Verfolgung rein persönlicher Präferenzen.

131a   **Handlungsempfehlungen** für **Einladungen zu Sport- und Kulturveranstaltungen** enthält der Leitfaden „Hospitality und Strafrecht", den der Verein S 20 (The Sponsors´ Voice e. V., ein Zusammenschluss namhafter, in Deutschland tätiger Unternehmen) gemeinsam mit dem Deutschen Olympischen Sportbund unter Mitwirkung von BMI und BMJV entwickelt und im Juli 2011 veröffentlicht hat (abrufbar unter www.bmi.de).

132   **e) Vorstandsbezüge, Anerkennungsprämien, Sonderbonuszahlungen.** Die **Bezüge der Vorstände** von Aktiengesellschaften haben Rspr. und Schrifttum – insbes. im Hinblick auf **Anerkennungsprämien** (Appreciation Awards), die Vorstandsmitgliedern im Fall **Mannesmann/Vodafone** in Millionenhöhe nachträglich gewährt wurden (BGHSt 50, 331 ff.; Vorinstanz LG Düsseldorf NJW 2004, 3275 ff.) – stark beschäftigt (vgl. nur *Fleischer* DB 2006, 542 ff.; *Jakobs* NStZ 2005, 276 ff.; *Kort* NJW 2005, 333; NZG 2006, 131; *Leipold* FS Mehle, 2009, 347 (351 ff.); *Loeck* S. 122 ff.; *Lüdersen* FS Schroeder, 2006, 569 ff.; *Poguntke* ZIP 2011, 893 ff.; *Rönnau/Hohn* NStZ 2004, 113 ff.; *Rönnau* NStZ 2006, 218 f.; *Saliger* HRRS 2006, 10 (19 f.); *Schünemann* NStZ 2005, 473 ff.; 2006, 196 ff.; *Tiedemann* FS Weber, 2004, 319 ff.; *Thomas* FS Rieß, 2002, 795 (797); *Vogel/Hocke* JZ 2006, 568 ff.; monograf. *Corsten,* Einwilligung in die Untreue sowie in die Bestechlichkeit und Bestechung, 2011, 171 ff.; *Dittrich,* Die Untreuestrafbarkeit von Aufsichtsratmitgliedern bei der Festsetzung überhöhter Vorstandsvergütungen, 2007, 37 ff.; *Lösing,* Die Kompensation des Vermögensnachteils durch nicht exakt quantifizierbare, vermögenswirksame Effekte, 2012, 30 ff.; *Pape,* Vergütungs- und Abfindungszahlungen an Vorstandsmitglieder deutscher Aktiengesellschaften im Fall feindlicher Unternehmensübernahmen, 2004, 260 ff.; *Poseck,* Die strafrechtliche Haftung der Mitglieder des Aufsichtsrats einer Aktiengesellschaft, 1997, 76 ff.; *Rixe,* Die aktien- und strafrechtliche Beurteilung nachträglicher Anerkennungsprämien, 2010, 205 ff.; *Schilha,* Die Aufsichtsratstätigkeit in der Aktiengesellschaft im Spiegel strafrechtlicher Verantwortung, 2008, 256 ff.; *Schünemann,* Organuntreue – Das Mannesmann-Verfahren als Exempel?, 2004; *Zech,* Untreue durch Aufsichtsratsmitglieder einer Aktiengesellschaft, 2007, 128 ff.; zu Zuwendungen an ehrenamtlich tätige Vorstände von Vereinen *Hamdan* MDR 2015, 374 ff. Nach **§ 87 Abs. 1 AktG aF** hatte der Aufsichtsrat dafür zu sorgen, dass die **Gesamtbezüge** des einzelnen Vorstandsmitglieds in einem angemessenen Verhältnis zu den Aufgaben des Vorstandsmitglieds und zur Lage der Gesellschaft stehen. In Reaktion auf den Fall Mannesmann/Vodafone hat **§ 87 Abs. 1 AktG** idF des Gesetzes zur Angemessenheit der Vorstandsvergütung v. 31.7.2009 (VorstAG) (BGBl. I 2509) das **unternehmerische Ermessen** mWv 5.8.2009 eingeengt, um verstärkt Anreize für eine nachhaltige Unternehmensentwicklung zu setzen und die Kürzung der Gehälter bei einer Verschlechterung der Lage des Unternehmens zu erleichtern (RegE BT-Drs. 16/12278, 5). Der Aufsichtsrat hat nunmehr dafür zu sorgen, dass die Gesamtbezüge in einem **angemessenen Verhältnis** zu den Aufgaben und Leistungen des Vorstandsmitglieds sowie zur Lage der Gesellschaft stehen und die übliche Vergütung nicht ohne besondere Gründe übersteigen; zudem ist die Vergütungsstruktur bei börsennotierten Gesellschaften auf eine nachhaltige Unternehmensentwicklung auszurichten, variable Vergütungsbestandteile sollen eine mehrjährige Bemessungsgrundlage haben; schließlich soll für außerordentliche Entwicklungen eine Begrenzungsmöglichkeit vereinbart werden (krit. LK-StGB/*Schünemann* Rn. 260: „recht allgemein gehaltene Richtlinien", um „den ärgsten Auswüchsen der Vorstandsbesoldung einen Riegel vorzuschieben").

132a   Durch das „Gesetz zur Verbesserung der Kontrolle der Vorstandsvergütung und zur Änderung weiterer aktienrechtlicher Vorschriften" **(VorstKoG;** Gesetzentwurf (Aktienrechtsnovelle 2012) BT-Drs. 17/8989) sollte der **Hauptversammlung** ein **Mitspracherecht** bei der Vorstandsvergütung eingeräumt werden (Pflicht des Aufsichtsrat zur Vorlage an die Hauptversammlung einschließlich der Darstellung des Vergütungssystems und der max. erreichbaren Vergütung; Erfordernis der jährlichen Billigung durch die Hauptversammlung). Das Vorhaben wurde jedoch kurz vor Ablauf der 17. Wahlperiode im Bundesrat in der Sitzung v. 20.9.2013 durch Anrufung des Vermittlungsausschusses gestoppt (BR-PlPr 914 S. 476A).

133   Für **Anerkennungsprämien** gilt nach der Rspr. zum Fall **Mannesmann/Vodafone,** dass deren Festsetzung grds. nicht die Vermögensbetreuungspflicht der Aufsichtsratsmitglieder verletzt, wenn sie zuvor im Dienstvertrag vereinbart waren (BGHSt 50, 331 (336 f.)). Sind die Anerkennungsprämien nicht im Dienstvertrag vorgesehen, kann ihre Festsetzung im Falle einer sog **kompensierenden Anerkennungsprämie,** bei welcher der Gesellschaft durch die Bewilligung der Prämie Vorteile zufließen, die in angemessenem Verhältnis zur Minderung des Gesellschaftsvermögens stehen, vom **unternehmerischen Ermessen** (→ Rn. 93 ff.) gedeckt sein. Diese Vorteile können insbes. in einer Anreizwirkung für die Zukunft bestehen, ein Signal für den Begünstigten, andere Vorstandsmitglieder oder zukünftige Führungskräfte sein, dass sich besondere Leistungen auszahlen (BGHSt 50, 331 (337)). Demgegenüber ist die Festsetzung einer sog **kompensationslosen Anerkennungsprämie,** dh einer dienstvertraglich nicht vereinbarten und auch nicht geschuldeten Sonderzahlung, die der Gesellschaft „keinen zukunftsbezogenen Nutzen" bringen kann und daher rein belohnenden Charakter hat, eine treupflichtwidrige „Verschwendung" des anvertrauten Gesellschaftsvermögens (BGHSt 50, 331 (337); *Rönnau/Hohn* NStZ 2004, 113 (123): „reines Geschenk"), da bei einer für die Gesellschaft ausschließlich nachteiligen Entscheidung **kein unternehmerisches Ermessen** und damit kein Handlungsspielraum besteht (vgl. zum Fall Mannesmann/Vodafone LK-StGB/*Schünemann* Rn. 114: „Fülle gravierendster Ermessensfehler"; aA mit unterschiedlichen Erwägungen: LG Düsseldorf NJW 2004, 3275 (3285): keine gravierende Pflichtverletzung; *Corsten,* Einwilligung in die Untreue sowie in die Bestechlichkeit und Bestechung, 2011, 181; *Dierlamm* StraFo 2005, 397: aktienrechtlich zulässig; *Deiters* ZIS 2006, 152 (160): kein hinreichend bestimmtes Zahlungsverbot; *Krause* StV 2006, 307 (308): im Unternehmensinteresse; MüKoStGB/*Dierlamm* Rn. 270: Beurteilungsspielraum nicht überschritten; Tiedemann WirtschaftsStR AT Rn. 221: angesichts der „ungeheuren Vorstandsleistungen" eine „noch vertretbare unternehmerische Entscheidung"; *Ransiek* NJW 2006, 814 (815 f.); *Vogel/Hocke* JZ 2006, 568: wirksames Einverständnis; AnwK-StGB/*Esser* Rn. 304: Grenze der Sittenwidrigkeit nicht erreicht; ausf. *Schüppen* FS Tiedemann, 2008, 749 ff.). In **subjektiver Hinsicht** hat der BGH im Fall Mannesmann/Vodafone hinsichtlich der Pflichtwidrigkeit lediglich einen (vermeidbaren) **Verbotsirrtum** angenommen (BGH NJW 2006, 522 (527) (nicht abgedruckt in BGHSt 50, 331); aA LG Düsseldorf NJW 2004, 3275 (3285): unvermeidbarer Verbotsirrtum; *Ransiek* NJW 2006, 814 (816): Tatbestandsirrtum; zur späteren Einstellung des Verfahrens → Rn. 273).

Die von der Rspr. geforderte **vertragliche Grundlage** wird in der heutigen Praxis durch **Change of** **133a** **Control-Klauseln** („Golden Parachutes") sichergestellt (hierzu *Mielke/Nguyen-Viet* DB 2004, 2515 ff.; *Poguntke* ZIP 2011, 893 (895 f.)), mit denen im Fall einer Unternehmensübernahme Boni oder Aktienoptionen zugesagt werden (Lackner/Kühl/*Kühl* Rn. 20). Außerdem enthält der **DCGK** (→ Rn. 93e) Regelungen für die Vergütung des Vorstands (Ziffer 4.2 idF v. 26.6.2014). Danach soll ua eine Zusage für Leistungen aus Anlass der vorzeitigen Beendigung der Vorstandstätigkeit infolge eines Kontrollwechsels 150 % des Abfindungs-Caps (also insgesamt drei Jahresvergütungen) nicht übersteigen (Ziffer 4.2.3 Abs. 5 DCGK).

Sonderbonuszahlungen an Betriebsräte, die unter Verstoß gegen die Vorgaben des Betriebsver- **133b** fassungsrechts (hierzu *Bonanni/Blattner* ArbRB 2015, 115 ff.; *Byers* NZA 2014, 65 ff.; *Keilich* BB 2014, 2229 ff.; zu Pauschalzahlungen *Moll/Roebers* NZA 2012, 57 ff.) gewährt werden, haben Rspr. und Schrifttum ebenfalls stark beschäftigt. Die Rspr. ist widersprüchlich: Im September 2009 nahm der **5. Strafsenat** des BGH im Fall **Gebauer/Volkert** an, dass die Zahlungen, die wegen Verstoßes gegen §§ 78 S. 2 BetrVG, 134 BGB nichtig gewesen seien, die Vermögensbetreuungspflicht verletzt hätten; auch ein Nachteil liege vor, da die Vermögensabflüsse durch keine kompensierenden Vermögenszuflüsse ausgeglichen worden seien; zur vertrauensvollen Zusammenarbeit mit dem Arbeitgeber sei ein Betriebsrat auch ohne Sonderbonuszahlung verpflichtet (BGHSt 54, 148 (5. Strafsenat) = BGH NJW 2010, 92 (94) Rn. 36 f.; *Bittmann* NJW 2010, 98 f.; *Corsten* wistra 2010, 206 ff.; NK-StGB/*Kindhäuser* Rn. 114a; aA *Kraatz* wistra 2011, 447 (451); *Zwiehoff* FS Puppe, 2011, 1337 ff.: erkauftes „Wohlverhalten" kompensationsfähiger (Mehr-)Wert. Im September 2010 verneinte dagegen der **1. Strafsenat** im Fall **Siemens/AUB** eine Verletzung der Vermögensbetreuungspflicht wegen Verstoßes gegen das Betriebsverfassungsrecht, da die „primär" verletzte Rechtsnorm des § 119 BetrVG keinen vermögensschützenden Charakter habe, sondern allein dem Schutz der Wahl und der Funktionsfähigkeit der Betriebsverfassungsorgane diene (BGHSt 55, 288 = BGH NJW 2011, 88 (92) Rn. 39; → Rn. 66a); allerdings wurde ein Verstoß gegen die Legalitätspflicht nach §§ 93, 116 AktG darin erblickt, dass die Zahlungen veranlasst wurden, ohne eine ausreichende inhaltliche Kontrolle durchzuführen oder zumindest dafür Sorge zu tragen, dass Dritte eine inhaltliche Kontrolle durchführen (BGHSt 55, 288 Rn. 40; → Rn. 66e). Zudem wurde (→ Rn. 172a) eine Schadenskompensation für möglich erachtet, wenn die Zahlungen infolge der hierdurch begründeten Exspektanz unmittelbar zu einem messbaren Vermögenszuwachs geführt haben sollten (BGHSt 55, 288 Rn. 44 ff.). Angesichts der Rspr. des 1. Strafsenats dürfte daher in der Praxis gegenwärtig iErg eine Verurteilung wegen Untreue (nicht aber wegen Straftaten) ausscheiden.

f) Vergütungen in der öffentlichen Verwaltung und Vergleichsabschlüsse. Die Vermögens- **134** betreuungspflicht kann auch im Bereich der **öffentlichen Verwaltung** dadurch verletzt werden, dass **zu hohe Vergütungen** gewährt werden. Allerdings besteht auch hier ein **weiter Beurteilungs- und Ermessensspielraum,** für den – soweit keine besonderen öffentlich-rechtlichen Vorschriften begrenzen – die Grundsätze der Sparsamkeit und Wirtschaftlichkeit eine äußere Grenze bilden (BGH NStZ 2008, 87 (89); BGH NZWiSt 2014, 135 (138) mAnm *Bittmann* NZWiSt 2014, 129 ff.; *Klemm* NStZ 2015, 223 ff.). Daher können im Interesse einer effektiven und qualitativ befriedigenden Aufgabenerfüllung auch **Gesichtspunkte** wie Mitarbeiterzufriedenheit, Motivation, Verantwortungsbewusstsein, Fortbildungsbereitschaft und innerbetriebliche Harmonie bei der Bemessung der Vergütung berücksichtigt werden. Eine **Pflichtwidrigkeit** liegt – selbst wenn im Einzelfall nicht das sparsamste iSd niedrigsten Angebots gewählt wurde – idR erst dann vor, wenn eine sachlich nicht gerechtfertigte und damit unangemessene Gegenleistung gewährt wird (BGH NStZ 2008, 87 (89); BGH NZWiSt 2014, 135 (138)), also eine **evident unvertretbare Entscheidung** vorliegt.

134a   Bei **Vergleichsabschlüssen** besteht ebenfalls ein **weiter Beurteilungs- und Ermessensspielraum.** Bei verständiger Würdigung des Sachverhalts oder der Rechtslage kann die Behörde eine bestehende Ungewissheit durch gegenseitiges Nachgeben beseitigen, wenn sie den Abschluss des Vergleichs zur Beseitigung der Ungewissheit nach pflichtgemäßem Ermessen für zweckmäßig hält (vgl. zB § 54 SGB X). Überschritten ist der Ermessensspielraum erst dann, wenn der Abschluss der Vergleichsvereinbarung **nicht mehr vertretbar** ist (OLG Karlsruhe NJW 2006, 1682), wobei dies **evident** sein muss (MüKoStGB/*Dierlamm* Rn. 265).

135   **g) Schwarze Kassen.** Die Bildung und Aufrechterhaltung schwarzer Kassen (monograf. *Gerhäusser; Ibold, Strelczyk; Tsagkaraki; Weimann*) hat **hohe praktische Relevanz.** Phänomenologisch geht es um Gelder (Guthaben auf In-/Auslandskonten; Buchungsposten; Bargeld), die mit oder ohne Kenntnis des Vermögensinhabers verdeckt gebildet und verwaltet werden, um bei Bedarf im Unternehmensinteresse eingesetzt zu werden (ausf. *Ibold,* Unternehmerische Entscheidungen als pflichtwidrige Untreuehandlungen, 2011, 55 ff.; *Tsagkaraki,* Die Bildung der sog. „schwarzen Kassen" als strafbare Untreue gemäß § 266 StGB, 2013, 23 ff.). Das Verhalten kann einen **Missbrauch** einer Verfügungsbefugnis darstellen, idR geht es aber um einen **Treubruch** (*Brammsen/Apel* WM 2010, 781 (782); Fischer Rn. 78, 86; *Tsagkaraki,* Die Bildung der sog. „schwarzen Kassen" als strafbare Untreue gemäß § 266 StGB, 2013, 70 ff.). Zu unterscheiden ist zwischen öffentlicher Verwaltung, Privatwirtschaft und Parteiwesen (*Rönnau* FS Tiedemann, 2008, 713 (714 f.)). Hierbei ist zwischen Pflichtwidrigkeit und Nachteil streng zu trennen, um dem Verschleifungs- oder Entgrenzungsverbot (→ Rn. 66) zu genügen (zum **Nachteil** → Rn. 196 ff.).

136   Im Bereich der **öffentlichen Verwaltung** verstößt die Bildung schwarzer Kassen gegen den Haushaltsgrundsatz der Einheit und Vollständigkeit, der gewöhnlich durch Gesetze gesichert ist (vgl. für den Bund und die Länder § 8 HGrG), wonach alle Einnahmen und Ausgaben in einem Haushaltsplan darzustellen und über alle Einnahmen und Ausgaben Rechnung zu legen ist, und ist damit stets **pflichtwidrig** (*Mansdörfer* DVBl 2010, 479 (483); *Rojas,* Grundprobleme der Haushaltsuntreue, 2011, 150 f.).

137   Erfolgt in der **Privatwirtschaft** die Bildung bzw. Aufrechterhaltung schwarzer Kassen **mit Einverständnis** des Vermögensinhabers, könnte es an einer Pflichtverletzung fehlen (*Bernsmann* GA 2007, 219 (232); *Bräunig,* Untreue in der Wirtschaft, 2011, 207 ff.; *Corsten,* Einwilligung in die Untreue sowie in die Bestechlichkeit und Bestechung, 2011, 133; *Fischer* Rn. 79; *Ibold,* Unternehmerische Entscheidungen als pflichtwidrige Untreuehandlungen, 2011, 254; NK-StGB/*Kindhäuser* Rn. 81; *Rönnau* FS Tiedemann, 2008, 711 (719); *Saliger/Gaede* HRRS 2008, 57 (69); *Satzger* NStZ 2009, 297 (301)). Der 2. Strafsenat des BGH ist dem jedoch entschieden entgegengetreten (BGHSt 52, 323 = BGH NJW 2009, 89 (91) Rn. 39 ff. – **Siemens/Enel;** hierzu *Brammsen/Apel* WM 2010, 781 ff.; *Jahn* Jus 2009, 173 ff.; *Knauer* NStZ 2009, 151 ff.; *Ransiek* NJW 2009, 95 ff.; *Rönnau* StV 2009, 246 ff.; *Satzger* NStZ 2009, 297 ff.; *Schlösser* HRRS 2009, 19 ff.; *Sünner* ZIP 2009, 937 ff.; auch BGHSt 55, 266 = BGH NJW 2010, 3458 mAnm *Brand* – **Trienekens;** *Hoffmann* GmbHR 2010, 1150 ff.; *Wessing/Krawczyk* NZG 2011, 1297 ff.; zur Rspr. *Strelczyk,* Die Strafbarkeit der Bildung schwarzer Kassen, 2008, 80 ff.). Voraussetzung ist nämlich, dass ein wirksames Einverständnis vorliegt. Zum einen wird es aber an einer **Beschlussfassung fehlen** (BGHSt 52, 323 Rn. 41). Und zum anderen wäre die Beschlussfassung **unwirksam,** da die Führung von Gesellschaftsvermögen außerhalb von Buchführung und Bilanz rechtlich unzulässig ist, gegen das Gebot der Vollständigkeit und Richtigkeit verstößt (BGHSt 55, 266 Rn. 27; *Brammsen/Apel* WM 2010, 781 (787)); zudem ist der angestrebte Einsatz der Mittel für Straftaten rechtswidrig (*Fischer* Rn. 80, 83). Auch ein **konkludentes Einverständnis** (bzw. hypothetisches Einverständnis, → Rn. 144a) oder eine **mutmaßliche Einwilligung** kommen kaum in Betracht, da sowohl die Bildung schwarzer Kassen als auch die angestrebte Korruption idR gegen vorhandene Compliance-Richtlinien (→ Rn. 93e) verstößt und damit dem Willen der Gesellschaft nicht entsprechen kann (BGHSt 52, 323 Rn. 40 f.; 55, 266 Rn. 39; *Fischer* Rn. 81). IÜ wird die Pflichtwidrigkeit nicht dadurch ausgeschlossen, dass die Mittel möglicherweise im wirtschaftlichen Interesse der Gesellschaft verwendet werden (*Fischer* Rn. 83; *Momsen/Grützner/Schramm* Kap. 5 Teil B Rn. 50; *Rönnau* FS Tiedemann, 2008, 711 (729 f.); *Wolf* KJ 2000, 531 (535); aA *Saliger* S. 422 ff.). Schließlich ist anzuführen, dass schwarze Kassen angesichts ihrer rechtlichen Unzulässigkeit **nicht als sozialadäquat** angesehen werden können (*Fischer* Rn. 83). Über die Strafbarkeit ist mit der Feststellung einer Pflichtwidrigkeit allerdings noch nicht entschieden, da auch ein **Nachteil** vorliegen muss (→ Rn. 200 ff.).

138   Im **Parteiwesen** hat die Rspr. zunächst angenommen, dass die Bildung bzw. Aufrechterhaltung schwarzer Kassen **pflichtwidrig** iSv § 266 Abs. 1 ist, weil gegen die Verpflichtung zur öffentlichen Rechenschaftslegung nach dem PartG (§§ 19, 23, 24 PartG 1994) verstoßen wurde (BGHSt 51, 100 = BGH NJW 2007, 1760 (1761 f., 1766) Rn. 9 ff., 58 – Kanther/Weyrauch mAnm *Ransiek; Saliger* NStZ 2007, 545; vgl. auch LG Wiesbaden NJW 2002, 1510 (Nichteröffnung); OLG Frankfurt a. M. NJW 2004, 2028 (Eröffnung)). Im Hinblick auf den nicht vermögensschützenden Charakter der Vorschriften des PartG (als „Primärnormen") hat der 1. Strafsenat (BGHSt 56, 203 Rn. 25 ff. – Kölner Parteispendenaffäre) später angenommen, dass die Vorschriften durch Vereinbarung im Innenverhältnis zu einer

fremdnützigen, das Parteivermögen schützenden Hauptpflicht iSv § 266 Abs. 1 geworden sind und hiergegen pflichtwidrig iSv § 266 verstoßen wurde (→ Rn. 66d, 66f). Auf die Weisungen der Spender (so aber LG Bonn NStZ 2001, 375 (377) – Kohl; hierzu *Beulke/Fahl* NStZ 2001, 426 ff.; *Krüger* NJW 2002, 1178 ff.; *Maier* NJW 2000, 1006 ff.; *Otto* RuP 2000, 109 ff.; *Schwind* NStZ 2001, 349 ff.; *Velten* NJW 2000, 2852 ff.; *Volhard* FS Lüderssen, 2002, 673 ff.; *Wolf* KJ 2000, 531 ff.) kommt es dagegen für die Frage der Pflichtwidrigkeit nicht an (Fischer Rn. 85).

h) Kick-Back/Schmiergeld. Beim **Kick-Back** (monografisch *Szebrowski;* zur zivilrechtlichen **139** Kick-back-Rspr. *Fullenkamp* NJW 2011, 421 ff.) macht der Täter den Abschluss eines Vertrags bzw. das Hinwirken auf den Abschluss von der Zahlung eines **Schmiergeldes** (in Form einer Provision, Rabattzahlung, Rückvergütung etc) bzw. der Erbringung von geldwerten Dienst- oder Sachleistungen abhängig. Ein Kick-Back ist praktisch in allen Wirtschaftsbereichen denkbar, zB im Medizinproduktehandel, bei Bauprojekten oder in Bezug auf Finanzdienstleistungen. In den Kick-Back-Fällen sind Pflichtwidrigkeit und Nachteil zwangsläufig eng verknüpft.

Seine **Vermögensbetreuungspflicht verletzt** der Treunehmer beim Kick-Back und bei anderen **140** Schmiergeldzahlungen nur dann, wenn dem betreuten Vermögen durch die Zahlung ein **Nachteil** entsteht und damit gegen das allg. Verbot, den Geschäftsherrn zu schädigen (→ Rn. 107, 110), verstoßen wird. Der Nachteil besteht darin, dass wegen des Schmiergeldes ein **Preisaufschlag** erfolgt bzw. ein **Preisnachlass** nicht gewährt wird (→ Rn. 218). Die Verletzung der Pflicht, **persönlich erlangte Schmiergelder** an den Geschäftsherrn **herauszugeben** (§ 667 BGB), kann hingegen als solche grds. keinen Treubruch begründen (BGHSt 47, 295 (298); BGH NJW 1991, 1069; BGH NStZ-RR 1998, 69; Achenbach/Ransiek/Rönnau WirtschaftsStR-HdB/*Seier* Teil 5 Kap. 2 Rn. 229, 257, 369; AnwK-StGB/*Esser* Rn. 146; *Beulke* FS Eisenberg, 2009, 245 (259); Fischer Rn. 38, 60, 117; Lackner/Kühl/ *Kühl* Rn. 15; LK-StGB/*Schünemann* Rn. 103; HK-KapMStrafR/*Zieschang* Rn. 63; *Ransiek* ZStW 116 (2004), 638 (673); Rengier StrafR BT I § 18 Rn. 53; Schönke/Schröder/*Perron* Rn. 30; SK-StGB/ *Hoyer* Rn. 92; Wessels/Hillenkamp StrafR BT II Rn. 772a; vgl. auch *Kindhäuser/Goy* NStZ 2003, 291 ff.; *Kuhlen* JR 2003, 231 ff.; *Tondorf/Waider* MedR 1997, 102 ff.). Anders ist dies aber, wenn der **Geschäftsherr selbst** einen unmittelbaren vertraglichen Anspruch gegen den Geschäftspartner auf die gezahlte Provision hat (BGH NStZ 1995, 92; BGH NStZ-RR 1998, 69), da dann die Nichtherausgabe einen Nachteil begründet.

Hingegen ist die Vermögensbetreuungspflicht **nicht verletzt,** wenn es dem Vertragspartner – insbes. **141** wegen einer **Preisbindung** – an der Bereitschaft mangelt, die Leistung zu einem niedrigeren Preis zu erbringen (BGH NStZ 2001, 545 – Provisionsabgabeverbot; 2010, 330 (332) (HOAI); Achenbach/ Ransiek/Rönnau WirtschaftsStR-HdB/*Seier* Teil 5 Kap. 2 Rn. 410; *Kraatz* JR 2010, 407 (412); *Rönnau* FS Kohlmann, 2003, 239 (258 f.)), da dem Geschäftsherrn dann kein Nachteil entsteht und die Vermögensbetreuungspflicht die Abführung eines persönlich erlangten Schmiergeldes grds. nicht umfasst (→ Rn. 140). Ebenso fehlt es in Bezug auf die Entgegennahme von **„Bonusmeilen"** an einem Nachteil, wenn die Fluglinie nicht bereit ist, ohne Meilengutschrift einen Preisnachlass zu gewähren (*Schwaben* NStZ 2002, 636 (637); *Weitnauer* NJW 2010, 2560 (2561)). Und schließlich gilt dies auch dann, wenn ein Produkt nicht zu einem um den Kick-Back verminderten Preis am Markt verfügbar ist. So wird etwa bei **Investmentfonds** die Bestandsprovision (Kick-Back) den intern berechneten Verwaltungskosten entnommen *(Gerst/Meinicke* CCZ 2011, 96 (98 f.); aA (Untreue im Hinblick auf die Verletzung der zivilrechtlichen Aufklärungspflicht möglich) OLG Stuttgart BKR 2011, 250 (252 f.); hiergegen *F. A. Schäfer/V. Lang* BKR 2011, 239 ff.; *Schlösser* KR 2011, 465 (468 ff.); vgl. auch *F. A. Schäfer* WM 2011, 1022 ff.).

i) Übernahme von Sanktionen und Verfahrenskosten. Für den Bereich der **öffentlichen Ver- 142 waltung** geht die Rspr. davon aus, dass die Übernahme von **Geldstrafen** (§ 40), zu denen Bedienstete verurteilt worden sind, pflichtwidrig ist, da derartige Zahlungen eine zweckwidrige Verwendung öffentlicher Mittel darstellen und sich nicht mit dem Gesichtspunkt der Fürsorgepflicht rechtfertigen lassen (BGH NJW 1991, 990 (991) zur Strafbarkeit des Verbandsvorstehers eines Abwasserverbandes nach § 266 (insoweit nicht abgedr. in BGHSt 37, 226); zust. *Müller-Christmann* JuS 1992, 379; abl. *Hillenkamp* JR 1992, 75; *Wodicka* NStZ 1991, 487; diff. (Einzelfallprüfung) *Kapp* NJW 1992, 2796 (2797); vgl. auch *Hinrichs,* Zur Untreuestrafbarkeit gemeindlicher Vertreter, 2011, 177 ff.; *Hoffmann/Wißmann* StV 2001, 249 (250); *Kranz* ZJS 2008, 471 (475); *U. Meyer* DÖV 2015, 827 (831); Schönke/Schröder/*Perron* Rn. 44; *Stoffers* JR 2010, 239 (240); zu Landesbanken *Ignor/Rixen* wistra 2000, 448 (450 ff.)). Ein wirksames Einverständnis (BGH NJW 1991, 990 (991): der Verbandsversammlung) scheidet aus, da die zweckwidrige Verwendung öffentlicher Mittel nicht genehmigt werden kann. Dasselbe dürfte für die Übernahme von **Geldbußen** (§ 17 OWiG), **Geldauflagen** (§ 153a StPO) und **Ordnungsgeldern** (zB nach § 335 HGB) gelten. Demgegenüber ist die Übernahme der **Verfahrenskosten** eines Strafverfahrens (§ 464 StPO), das wegen einer dienstlichen Verrichtung oder eines damit zusammenhängenden Verhaltens gegen Bedienstete durchgeführt wurde, nicht grds. pflichtwidrig, da bei Ausübung des pflichtgemäßen Ermessens die Abwägung der Interessen des Bediensteten und der Allgemeinheit, insbes. auch des Gebots der Sparsamkeit, ergeben kann, dass die Übernahme aus dem Gesichtspunkt der Fürsorgepflicht geboten ist (BGH NJW 1991, 990 (991) (ebenfalls nicht abgedruckt in BGHSt 37, 226);

Poller StraFo 2005, 274 (282 f.); *Stoffers* JR 2010, 239 (242); einschränkend (nur Übernahme der gesetzlichen Verteidigergebühren) LK-StGB/*Schünemann* Rn. 237). Entsprechendes dürfte für die Stellung von Sicherheitsleistungen sowie wiederum für Bußgeld- und Ordnungsgeldverfahren gelten.

143   Für den Bereich der **Privatwirtschaft** ist ebenfalls davon auszugehen, dass die Übernahme von **Verfahrenskosten** und die Stellung von Sicherheitsleistungen nicht grds. pflichtwidrig ist (Achenbach/Ransiek/Rönnau WirtschaftsStR-HdB/*Seier* Teil 5 Kap. 2 Rn. 238; zu Zusagen im Rahmen von Compliance-Untersuchungen *Kahlenberg*/*Schwinn* CCZ 2012, 81 (85 f.)), zumal in Bezug auf betriebs- bzw. unternehmensbezogene Ermittlungsverfahren sogar ein zivilrechtlicher Anspruch auf Aufwendungsersatz bestehen kann (*Stoffers* JR 2010, 239 (246 ff.)). Weitergehend ist hier – da es nicht um zweckgebundene öffentliche, sondern private Mittel geht – anzunehmen, dass selbst die Übernahme von **Sanktionen** (Geldstrafen, Geldbußen, Geldauflagen und Ordnungsgeldern) nicht grds. pflichtwidrig ist, sofern sie am Unternehmenswohl orientiert ist und nicht gegen die Grundsätze ordnungsgemäßer Unternehmensführung verstößt (vgl. Achenbach/Ransiek/Rönnau WirtschaftsStR-HdB/*Seier* Teil 5 Kap. 2 Rn. 238; *Brockhaus* ZWH 2012, 169 (170 ff.); *Hoffmann*/*Wißmann* StV 2001, 249 (250 f.); *Horrer*/*Patzschke* CCZ 2013, 94 (96 ff.); *Ignor*/*Rixen* wistra 2000, 448 (449 ff.); *Kapp* NJW 1992, 2796 (2797); *Kranz* ZJS 2008, 471 (474 f.); *Otto* FS Tiedemann, 2008, 693 (704 ff.); *Poller* StraFo 2005, 274 (283); *Ransiek* ZStW 116 (2004), 638 (675); *Spatschek*/*Ehnert* StraFo 2005, 265 (267 f.); *Stoffers* JR 2010, 239 (245); *R. Werner* CCZ 2011, 201 (206 f.); vgl. auch *Krieger* FS Bezzenberger, 2000, 211 (212 ff.)). Im Unternehmensinteresse liegt zB die Übernahme der Kosten der Strafverteidigung für eine Führungskraft, um eine dem Unternehmen nach § 30 OWiG drohende Geldbuße abzuwehren (Fischer Rn. 52a). Gerade bei komplexen Wirtschaftsstrafverfahren ist nicht nur die Übernahme der gesetzlichen Verteidigergebühren (wie idR, vgl. Fischer Rn. 84a), sondern auch der Abschluss einer **Honorarvereinbarung** als zulässig anzusehen, um eine effektive Strafverteidigung zu gewährleisten (*Brockhaus* ZWH 2012, 169 (171); LK-StGB/*Schünemann* Rn. 237 in Fn. 979; Matt/Renzikowski/*Matt* Rn. 64). Als **Kriterien** lassen sich insbes. nennen: Vermeidung von negativer Publizität; Erhaltung des Vertrauens von Kunden und Anteilseignern; Bindung des Begünstigten an das Unternehmen; Verhinderung der Abwanderung von qualifizierten Kräften; Beauftragung spezialisierter Strafverteidiger.

143a   **Pflichtwidrig** ist die Übernahme der Kosten grds., wenn eine **evident ermessensfehlerhafte** Entscheidung getroffen wurde (*Brockhaus* ZWH 2012, 169 (172 f.)). Dies ist nahe liegend, wenn die Straftat in keinem Zusammenhang mit der Berufsausübung stand (*Brockhaus* ZWH 2012, 169 (172 f.)) oder sie sich gerade gegen das Unternehmen richtete (Fischer Rn. 52a, 84a; aA *Brockhaus* ZWH 2012, 169 (173)). Auch ist zu beachten, dass **Rückforderungen** zu erheben sind, wenn im Strafverfahren ein vorsätzliches oder grob fahrlässiges Verhalten festgestellt wird (Fischer Rn. 84a). Darüber hinaus ist aber im Bereich der Privatwirtschaft eine **Einwilligung** der Gesellschafter möglich, da sie über die Mittelverwendung grds. frei bestimmen können, soweit sie nicht die wirtschaftliche Existenz der Gesellschaft gefährden bzw. gegen zwingende gesetzliche Vorschriften verstoßen (*Brockhaus* ZWH 2012, 169 (174)). Diesbezüglich ist von Bedeutung, dass die Bezahlung einer Geldstrafe aus dem Vermögen eines Dritten nach der Rspr. keine Strafvereitelung (§ 258) darstellt, da hierdurch Strafzwecke nicht vereitelt werden (BGHSt 37, 226 (229 ff.)). Bei einer AG muss jedoch die **Hauptversammlung** einer Übernahme der Geldstrafe, Geldbuße oder Geldauflage zustimmen, wenn ein Vorstandsmitglied durch eine Handlung objektiv seine Pflichten ggü. der Gesellschaft verletzt hat (BGH(Z) NZG 2014, 1058 mAnm *Küpper* NZWiSt 2015, 319 f.; *Talaska* AG 2015, 118 ff.). Nur dann, wenn keine Pflichtverletzung vorliegt, kann der **Aufsichtsrat** die Kostenübernahme selbst beschließen (BGH(Z) NZG 2014, 1058 (1060)) und damit das Publikwerden der Vorwürfe vermeiden.

143b   **j) Haushaltsuntreue.** Für die Haushaltsuntreue gilt, dass ein Amtsträger – sofern ihm eine Vermögensbetreuungspflicht obliegt (→ Rn. 49, 50) – sowohl den **Missbrauchs-** als auch der **Treubruchstatbestand** verwirklichen kann. Die Pflichtwidrigkeit (zum Nachteil → Rn. 210 ff.) resultiert aus dem Verstoß gegen die jeweiligen haushaltsrechtlichen Vorgaben (**materielle Haushaltsrechtsakzessorietät:** ausf. *Rojas*, Grundprobleme der Haushaltsuntreue, 2011, 125 ff., 148 ff.; zur Gewährung von europarechtswidrigen staatlichen Beihilfen *Koenig*/*Meyer* NJW 2014, 3547 ff.). Auch hier ist das Verschleifungs- bzw. Entgrenzungsverbot (→ Rn. 66) zu beachten.

143c   **k) Compliance.** Bei der **Compliance** geht es um die Pflicht von Leitungspersonen, durch organisatorische Vorkehrungen sicherzustellen, dass die gesetzlichen Bestimmungen eingehalten werden (zur Diskussion um Begriff und Inhalte *Rotsch* ZIS 2010, 614 ff.). Dementsprechend hat nach Ziffer 4.1.3. DCGK idF v. 24.4.2014 der Vorstand „für die Einhaltung der gesetzlichen Bestimmungen und der unternehmensinternen Richtlinien zu sorgen und wirkt auf deren Beachtung durch die Konzernunternehmen hin (Compliance)“. Die Compliance, die das LG München I(Z) (NZG 2014, 345) bei der AG auf die **Legalitätspflicht** des Vorstands stützt, ist Ausdruck der sog **strafrechtlichen Geschäftsherrenhaftung** (zur Abgrenzung vom Zivilrecht besser: „Geschäftsherrenverantwortung“), die den „Geschäftsherrn“ verpflichtet, Taten nachgeordneter Personen entgegenzutreten. Zur Begründung der Garantenstellung des Geschäftsherrn, die der 4. Strafsenat des BGH mittlerweile grds. anerkannt hat (BGHSt 57, 42 ff. = BGH NJW 2012, 1237 ff. zum Betriebsinhaber bzw. Vorgesetzten; abl. Matt/Renzikowski/*Matt* Rn. 88), wird im Schrifttum vor allem auf die Autoritätsstellung und auf Verkehrssicherungspflichten abgestellt (vgl. nur Lackner/Kühl/*Kühl* § 13 Rn. 14 mwN). Die Verpflichtung besteht ausschließlich der Gesellschaft ggü., keine Garantenpflicht besteht grds. zur Verhinderung von Vermögensschäden ggü. außenstehenden Dritten (vgl. AG BGH(Z) 194, 26 = BGH(Z) NJW 2012, 3439 (3441) Rn. 23 mAnm *Schirmer* NJW 2012, 3398 ff.).

Die strafrechtliche Geschäftsherrenhaftung spiegelt sich seit 1968 in der Ordnungswidrigkeit des **143d** § 130 OWiG wider, die den Inhaber eines Betriebs oder Unternehmens bei Androhung einer Geldbuße zu Aufsichtsmaßnahmen anhält und damit bereits im Vorfeld Schutz vor Straftaten und Ordnungswidrigkeiten gewährt (KK-OWiG/*Rogall* § 130 Rn. 1). Bei Aufsichtspflichtverletzungen kommt auch die Festsetzung einer Verbandsgeldbuße nach § 30 OWiG in Betracht. Darüber hinaus sind **Wertpapierdienstleistungsunternehmen** seit 1994 durch § 33 WpHG zur Einrichtung einer Compliance-Organisation verpflichtet. 1998 wurden auch **Kredit- und Finanzdienstleistungsinstitute** durch § 25a KWG zu allgemeinen und besonderen organisatorischen Maßnahmen verpflichtet, ua zur Einrichtung eines angemessenen und wirksamen Risikomanagementsystems. Diese Regelungen wurden kontinuierlich ausgeweitet, da eine funktionierende Compliance-Organisation als effektives Instrument zur Prävention von Wirtschaftskriminalität gilt (vgl. *Sieber* FS Tiedemann, 2008, 459 ff.; zur Rspr. *Klindt/Pelz/Theusinger* NJW 2010, 2385 (2387); zur Praxis *Hülsberg/Engels* ZWH 2011, 6 ff.). Mittlerweile spielt die Compliance in allen Wirtschaftsbereichen eine wichtige Rolle, unabhängig davon, ob besondere Regelungen vorhanden sind. Vor allem Großunternehmen haben durchweg eine **Compliance-Abteilung** geschaffen, einen **Compliance Officer** bestellt und **Compliance-Richtlinien** aufgestellt.

Die Bedeutung der Compliance hat auch iRd § 266 kontinuierlich zugenommen, da eine effektive **143e** Compliance mittlerweile zu den Grundsätzen ordnungsgemäßer Geschäftsführung zählen dürfte. Daher verletzt die **Geschäftsleitung** nach hM ihre Vermögensbetreuungspflicht, wenn sie eine gesetzlich vorgeschriebene Compliance-Organisation nicht einrichtet (zur Diskussion *Michalke* StV 2011, 245 ff.; *Theile* wistra 2010, 457 (459 ff.)); zudem hat der Vorstand einer AG nach § 91 Abs. 2 AktG ein Risikomanagementsystem einzurichten (→ Rn. 93d). Eine Strafbarkeit aus § 266 StGB kommt aber nur dann in Betracht, wenn dem Unternehmen gerade durch dieses Unterlassen unmittelbar ein Vermögensschaden entsteht (*Theile* wistra 2010, 457 (461 f.)), was schwer vorstellbar ist (SSW StGB/*Saliger* Rn. 33). IÜ kann die Einrichtung einer Compliance-Organisation strafrechtlichen Risiken vorbeugen, die daraus resultieren, dass der Geschäftsleitung ein vorsätzliches Überwachungsverschulden vorgeworfen wird (*Baumert* CCZ 2013, 265 (266)). Zu beachten ist weiter, dass einem **Compliance Officer** eine Vermögensbetreuungspflicht obliegen kann (→ Rn. 49). Auch können unternehmensinterne **Compliance-Richtlinien** Vermögensbetreuungspflichten konkretisieren (→ Rn. 93e aE) sowie die Einstellung und den Willen der Gesellschaft reflektieren (zu „schwarzen Kassen“ → Rn. 137). Diesbezüglich weist *Seier* darauf hin, dass durch zu eng und zu streng abgesteckte Richtlinien die Gefahr entsteht, dass sich Unternehmen selbst eine „Strafrechtsfalle“ stellen (Achenbach/Ransiek/Rönnau WirtschaftsStR-HdB/*Seier* Teil 5 Kap. 2 Rn. 305). Im Rahmen von **Compliance-Untersuchungen** können zur Aufdeckung des Fehlverhaltens von Mitarbeitern sog **Amnestieprogramme** ohne Verletzung der Vermögensbetreuungspflicht aufgelegt werden, bei denen – um die „Mauer des Schweigens“ zu brechen – Mitarbeitern zugesagt wird, von Sanktionen (Kündigung, Geltendmachung von Schadenersatzansprüchen) Abstand zu nehmen und bestimmte Verpflichtungen (Vertraulichkeit; Nichtanzeige) zu übernehmen (hierzu *Kahlenberg/Schwinn* CCZ 2012, 81 ff.). Dagegen kann der **gesetzwidrige Ankauf compliance-relevanter Daten und Unterlagen** (zB Bankdaten, die verdächtige Kontenbewegungen belegen sollen) eine Untreue begründen, sofern der Abfluss des Informantenlohns nicht unmittelbar durch den Zufluss eines Vermögensvorteils kompensiert wird (*Walther* CCZ 2013, 254 (257)).

5. Einverständnis und Einwilligung. a) Wirkung. Das Einverständnis des Vermögensinhabers mit **144** einer Vermögensschädigung (häufig auch als „Einwilligung“ oder „Zustimmung“ bezeichnet; auch eine „Weisung“ oder „Anweisung“ kann ein Einverständnis darstellen, vgl. Wessels/Hillenkamp StrafR BT II Rn. 762) ist bereits als **tatbestandsausschließendes Einverständnis** für die Tatbestandsmäßigkeit von Bedeutung (BGHSt 34, 221 (223); 50, 331 (342); 54, 52 = BGH NJW 2009, 3666 (3667) Rn. 24 – Refugium; BGHSt 55, 266 Rn. 35 – Trienekens; BGH NJW 2010, 3458 (3461); BGH NJW 2000, 154; BGH wistra 2010, 445 (447); BGH NStZ-RR 2011, 82 (83); OLG Jena wistra 2011, 315 (316); OLG Hamm NStZ-RR 2012, 374 (375); Achenbach/Ransiek/Rönnau WirtschaftsStR-HdB/*Seier* Teil 5 Kap. 2 Rn. 91; AnwK-StGB/*Esser* Rn. 112; AWHH/*Heinrich* § 22 Rn. 70; BeckOK StGB/*Wittig* Rn. 20; *Becker/Walla/Endert* WM 2010, 875 (876); *Corsten*, Einwilligung in die Untreue sowie in die Bestechlichkeit und Bestechung, 2011, 67 ff.; *Edlbauer/Irrgang* JA 2010, 786 ff.; *Fischer* Rn. 90; *Hantschel*, Untreuevorsatz, 2010, 306; Lackner/Kühl/*Kühl* Rn. 20; Momsen/Grützner WirtschaftsStR/*Schramm* Kap. 5 Teil B Rn. 74; MüKoStGB/*Dierlamm* Rn. 143; NK-StGB/*Kindhäuser* Rn. 66; HK-KapMStrafR/*Zieschang* Rn. 33; Schönke/Schröder/*Perron* Rn. 21; SK-StGB/*Hoyer* Rn. 58; SSW/*Saliger* Rn. 45; *Waßmer*, Untreue bei Risikogeschäften, 1997, 34; Wessels/Hillenkamp StrafR BT II Rn. 758) und nicht erst – als rechtfertigende Einwilligung – für die Rechtswidrigkeit (so noch BGHSt 9, 203 (216); *Schwinge/Siebert*, Das neue Untreuestrafrecht in strafrechtlicher und zivilrechtlicher Beleuchtung, 1933, 38 f.; offen gelassen noch von BGHSt 30, 247 (249); abw. *Weber* GS Schlüchter, 2002, 243 (250 f.): Strafaufhebungsgrund). Denn das Einverständnis schließt sowohl einen **Missbrauch** als auch einen **Treubruch** aus, da der Täter sein internes rechtliches Dürfen nicht überschreiten kann, wenn sein Verhalten durch ein wirksames Einverständnis – das seinen Handlungsspielraum entsprechend erweitert – gedeckt ist.

144a   **b) Hypothetisches Einverständnis.** Fehlt es zum Tatzeitpunkt an einem Einverständnis mit einer durch das interne Dürfen nicht gedeckten Vermögensschädigung, ist die Vermögensbetreuungspflicht grds. verletzt. Allerdings kann ausnahmsweise ein sog hypothetisches Einverständnis vorliegen. Die neuere Rspr. hat die **Rechtsfigur der hypothetischen Einwilligung** zunächst im Medizinstrafrecht als Rechtfertigungsgrund anerkannt (BGHR StGB § 223 Abs. 1 Heileingriff 2; BGH NStZ 1996, 34 (35); BGH NStZ-RR 2004, 16 (17)). Übertragen auf die Untreue bedeutet dies nach hM, dass es bereits am Tatbestand fehlt, wenn zwar das Einverständnis des Vermögensinhabers **nicht eingeholt** wurde, obwohl dies durchaus möglich war, aber anzunehmen ist, dass es **erteilt worden wäre** (OLG Hamm NStZ 2012, 374 (375); Achenbach/Ransiek/Rönnau WirtschaftsStR-HdB/*Seier* Teil 5 Kap. 2 Rn. 211; AnwK-StGB/*Esser* Rn. 118 f.; *Beckemper* NZWiSt 2013, 235; *Bernsmann* GA 2009, 296 (305); *Edlbauer/Irrgang* JA 2010, 786 (789 f.); *Hengstenberg,* Die hypothetische Einwilligung im Strafrecht, 2013, 416 ff.; Momsen/Grützner WirtschaftsStR/*Schramm* Kap. 5 Teil B Rn. 81; *Rönnau* FS Tiedemann, 2008, 713 (719 f.); *Rönnau* StV 2011, 753 (755 ff.); Wessels/Hillenkamp StrafR BT II Rn. 758; krit. *Wittig* Wirtschaftsstrafrecht, 3. Aufl. 2014, § 20 Rn. 60a; aA LG Kleve BeckRS 2010, 29946; *Anders* S. 115 f.; SSW StGB/*Saliger* Rn. 45; *Tsagkaraki,* Die Bildung der sog. „schwarzen Kassen" als strafbare Untreue gemäß § 266 StGB, 2013, 109). Dies gilt selbst dann, wenn sich die Erteilung **in dubio pro reo nicht ausschließen** lässt (vgl. zum Medizinstrafrecht BGH NStZ 1996, 34 (35); BGH NStZ-RR 2004, 16 (17); zur Untreue OLG Hamm NStZ 2012, 374 (375)). Auch ist es denkbar, dass der Täter **irrig** von einem hypothetischen Einverständnis ausgegangen ist (→ Rn. 229). IErg wird hierdurch die Untreuestrafbarkeit (stark) eingeschränkt, was nicht nur aus Sicht der Strafverteidigung zu begrüßen ist, sondern auch die Ressourcen der Strafverfolgungsorgane schont. In dogmatischer Hinsicht ist anzumerken, dass durch die Anerkennung dieser Rechtsfigur hypothetischen Ersatz- bzw. Reserveursachen Bedeutung beigemessen wird, was allerdings nicht ungewöhnlich ist (vgl. zum Zurechnungsausschluss durch das Erfordernis eines Pflichtwidrigkeitszusammenhangs → Rn. 165). IÜ ist die Einordnung in den Deliktsaufbau sehr umstritten (ausf. *Jansen* ZJS 2011, 482 (484 ff.)). Zu beachten ist schließlich, dass die Tat uU auch aufgrund einer **mutmaßlichen Einwilligung** gerechtfertigt sein kann (→ Rn. 251 f.).

145   **c) Wirksamkeitsvoraussetzungen.** Das Einverständnis muss **rechtlich wirksam** sein, da es eine Pflichtverletzung ausschließen soll, und hat damit nicht nur ein tatsächlichen („natürliches Einverständnis"), sondern **normativen Charakter.** Bei der Untreue richten sich die Wirksamkeitsvoraussetzungen im Wesentlichen nach den gleichen Kriterien, die für die **rechtfertigende Einwilligung** gelten (Achenbach/Ransiek/Rönnau WirtschaftsStR-HdB/*Seier* Teil 5 Kap. 2 Rn. 92; AnwK-StGB/*Esser* Rn. 113; Fischer Rn. 92; LK-StGB/*Schünemann* Rn. 124; Momsen/Grützner WirtschaftsStR/*Schramm* Kap. 5 Teil B Rn. 75; NK-StGB/*Kindhäuser* Rn. 67; Rengier StrafR BT I § 18 Rn. 39; Wessels/Hillenkamp StrafR BT II Rn. 758). Voraussetzung ist daher, dass der Erklärende die nötige **Dispositionsbefugnis** und **Einwilligungsfähigkeit** besitzt (daran fehlt es zB bei Mündeln), **keine Wissens- und Willensmängel** infolge von Täuschung, List oder Zwang vorliegen, und ggf. notwendige **gesetzliche Voraussetzungen** erfüllt sind (BGHSt 9, 203 (216); 55, 266 = BGH NJW 2010, 3458 (3461) Rn. 36 – Trienekens; BGH NStZ 1997, 124 (125); *Eisele* JURA 2002, 59 (60); *Schramm,* Untreue und Konsens, 2005, 74; *Waßmer,* Untreue bei Risikogeschäften, 1997, 32 ff. (44 ff.)). Zudem muss das Einverständnis **im Tatzeitpunkt** vorliegen. Eine **nachträgliche Genehmigung** lässt die Tatbestandsmäßigkeit nicht entfallen (BGH NJW 2015, 1618 (1621) mAnm *Bock* ZIS 2016, 67 ff.; OLG Hamm NStZ 1986, 119), sondern ist lediglich für den Täter-Opfer-Ausgleich (§ 46a StGB, § 155a StPO), die Strafzumessung (§ 46 StGB) bzw. die Verfahrenseinstellung (§§ 153 ff. StPO) von Bedeutung (AnwK-StGB/*Esser* Rn. 121; aA (Strafaufhebungsgrund) Momsen/Grützner WirtschaftsStR/*Schramm* Kap. 5 Teil B Rn. 77; *Schramm,* Untreue und Konsens, 2005, 198 ff.).

145a   Bei **Kapitalgesellschaften** setzt die Wirksamkeit des Einverständnisses voraus, dass alle Gesellschafter (bzw. Anteilseigner) einverstanden sind oder wenigstens ein **Mehrheitsbeschluss** des die Gesamtheit der Gesellschafter (Anteilseigner) repräsentierenden Gesellschaftsorgans vorliegt (BGHSt 50, 331 (342) – Mannesmann/Vodafone; BGHSt 55, 266 Rn. 36 – Trienekens; BGH NJW 2010, 3458 (3461); Achenbach/Ransiek/Rönnau WirtschaftsStR-HdB/*Seier* Teil 5 Kap. 2 Rn. 355; *Corsten,* Einwilligung in die Untreue sowie in die Bestechlichkeit und Bestechung, 2011, 115; *Ibold,* Unternehmerische Entscheidungen als pflichtwidrige Untreuehandlungen, 2011, 223; LK-StGB/*Schünemann* Rn. 253; *Schumacher,* Vermögensbetreuungspflichten von Kapitalgesellschaftsorganen, 2010, 157; SK-StGB/*Hoyer* Rn. 62). Tatbestandsausschließende Wirkung entfalten auch Mehrheitsentscheidungen, bei denen **Formalien** (zB §§ 47 ff. GmbHG) nicht beachtet wurden (BGH BeckRS 2010, 25730; Achenbach/Ransiek/Rönnau WirtschaftsStR-HdB/*Seier* Teil 5 Kap. 2 Rn. 355; *Ibold,* Unternehmerische Entscheidungen als pflichtwidrige Untreuehandlungen, 2011, 224; MüKoStGB/*Dierlamm* Rn. 136; *Radtke* GmbHR 2011, 819 (821); *Saliger* FS Roxin II, 2011, 1053 (1066 ff.); SK-StGB/*Hoyer* Rn. 58; offen gelassen von BGHSt 55, 266 Rn. 36; BGH NJW 2010, 3458 (3461); aA *Brand/Kanzler* ZWH 2012, 1 (2); Rengier

StrafR BT I § 18 Rn. 42; ausf. *Hoffmann,* Untreue und Unternehmensinteresse, 2010, 190 ff.). Voraussetzung ist jedoch, dass **alle Gesellschafter** – auch die Minderheitsgesellschafter – mit der Frage der Billigung der Pflichtwidrigkeit **inhaltlich befasst** wurden (BGHSt 55, 266 = BGH NJW 2010, 3458 (3461) Rn. 36; Achenbach/Ransiek/Rönnau WirtschaftsStR-HdB/ *Seier* Teil 5 Kap. 2 Rn. 355; AnwK-StGB/ *Esser* Rn. 114; Matt/Renzikowski/ *Matt* Rn. 103; Schönke/Schröder/ *Perron* Rn. 21; aA (Verletzung von Verfahrens- und Formvorschriften grds. irrelevant) SSW StGB/ *Saliger* Rn. 46a). Bei einer **kommunalen GmbH** ist das Einverständnis der Gesellschafterversammlung bzw. des Alleingesellschafters, also der Kommune und damit des (Ober-)Bürgermeisters als alleinigem gesetzlichen Außenvertreter der Kommune erforderlich (OLG Jena wistra 2011, 315 (317) mAnm *Radtke* GmbHR 2011, 819 ff.; vgl. auch *U. Meyer* DÖV 2015, 827 (830)). Bei einer **Stiftung** ist das oberste Organ zuständig (BGH wistra 2010, 445: laut Satzung das Kuratorium). Bei **ausländischen Gesellschaften** richtet sich die Zuständigkeit nach dem jeweils maßgebenden ausländischen Recht (BeckOK StGB/ *Wittig* Rn. 22.1; *Schramm/Hinderer* ZIS 2010, 494 (497); zur Limited → Rn. 156).

IÜ darf das Einverständnis **nicht gegen gesetzliche Vorschriften verstoßen** (Fischer Rn. 27). **146** Unbeachtlich ist daher die gesetzwidrige Zustimmung der Mitgliederversammlung eines Vereins zu Verfügungen des Vorstands (OLG Hamm wistra 1999, 350 (353)), des Studentenparlaments zu Verfügungen des AStA außerhalb der gesetzlichen Zuständigkeit (BGHSt 30, 247 (249)), der GmbH-Gesellschafter zur unzulässigen Verschiebung von Vermögenswerten durch den Geschäftsführer (→ Rn. 151) oder der Fraktion in die gesetzwidrige Verwendung von Fraktionsgeldern (BGH NJW 2015, 1618 (1619) – Konzept „Wahlsieg 2006"). Schließlich darf das Einverständnis **nicht seinerseits eine Pflichtwidrigkeit** des Erklärenden darstellen (BGH NJW 1991, 990 (991); OLG Hamm NStZ 1986, 119: als Untreue zu qualifizierende Zustimmung des Aufsichtsrats; Fischer Rn. 92; LK-StGB/ *Schünemann* Rn. 125; Schönke/Schröder/ *Perron* Rn. 21d, 38; abw. *Weber* FS Seebode, 2008, 437 (442)).

d) Einverständnis und Einwilligung bei juristischen Personen. Die **„Einwilligung"** – dogma- **147** tisch handelt es sich um ein tatbestandsausschließendes **Einverständnis** (→ Rn. 144) – **in vermögensschädigende Handlungen** bei juristischen Personen hat Rspr. und Strafrechtswissenschaft schon immer sehr stark beschäftigt (ausf. *Schumacher,* Vermögensbetreuungspflichten von Kapitalgesellschaftsorganen, 2010, 37 ff.). Dies gilt insbes. im Hinblick auf Vermögensverschiebungen durch den Geschäftsführer einer GmbH, gerade einer **Einmann-GmbH,** bei welcher der Geschäftsführer zugleich der Alleingesellschafter ist, also idS „Personenidentität" besteht, und im Hinblick auf die **konzernierte GmbH.**

aa) GmbH. (1) Meinungsstand. Die heutige Rspr. und hL folgen der **Bestandssicherungstheo- 148 rie** (oder **eingeschränkten Gesellschaftertheorie**) und gehen davon aus, dass eine Einwilligung aller Gesellschafter der GmbH bzw. des Alleingesellschafters bei der Einmann-GmbH in Vermögensverschiebungen des Geschäftsführers, die das **Stammkapital** der Gesellschaft **beinträchtigen oder gefährden** oder auf andere Weise ihre **wirtschaftliche Existenz gefährden,** unwirksam ist (BGHSt 35, 333 (337 f.); 49, 147 (157 ff.) – Bremer Vulkan; BGHSt 55, 266 Rn. 34 – Trienekens; BGH NJW 2010, 3458 (3461); BGH NJW 2000, 154 (155); 2003, 2996 (2998); 2009, 2225 (2227); BGH NStZ 1995, 185 f.; 2009, 153 (154 f.); BGH NStZ-RR 2005, 86; 2012, 80; 2013, 345; BGH wistra 2005, 193 (195); 2006, 229; 2006, 265; AnwK-StGB/ *Esser* Rn. 114a; *Arens* GmbHR 2010, 905; *Auer,* Gläubigerschutz durch § 266 StGB bei der einverständlichen Schädigung einer GmbH, 1991, 211, 220 f.; BeckOK StGB/ *Wittig* Rn. 22; *Brammsen* DB 1989, 1609 ff.; *Brand/Sperling* JR 2010, 473 (477); *Fleischer* NJW 2004, 2867 (2869); *Gehrlein* NJW 2000, 1089 (1090); *Gribbohm* ZGR 1990, 1 ff.; *Hartung* NJW 1996, 229 (231); *Hellmann* wistra 1989, 214 ff.; *Hentschke,* Der Untreueschutz der Vor-GmbH vor einverständlichen Schädigungen, 2002, 94 ff.; *Kohlmann* FS Werner, 1984, 387 (404); *Krekeler/Werner* StraFo 2003, 374 (377 ff.); Lackner/Kühl/ *Kühl* Rn. 20a; *Lipps* NJW 1989, 502 (504); LK-StGB/ *Schünemann* Rn. 252; *Louis,* Die Falschbuchung im Strafrecht, 2002, 155 ff.; *Mihm,* Strafrechtliche Konsequenzen verdeckter Gewinnausschüttungen, 1998, 107; MüKoStGB/ *Dierlamm* Rn. 155 ff.; NK-StGB/ *Kindhäuser* Rn. 71; *Otto* StrafR BT § 54 Rn. 36; *Radtke* GmbHR 1998, 361 (364); *Ransiek* FS Kohlmann, 2003, 207 (213); ZStW 116 (2004), 631, 673; *Rengier* StrafR BT I § 18 Rn. 43; *Saliger/Gaede* HRRS 2008, 57 (69); *C. Schröder* NJW 2010, 1169 (1172); *Schumacher,* Vermögensbetreuungspflichten von Kapitalgesellschaftsorganen, 2010, 128; *Ulmer* FS Pfeiffer, 1988, 853 ff.; *Wagner,* Die Untreue des Gesellschafters in der einfachen und konzernierten Einmann-GmbH, 2005, 130 ff.; *Waßmer,* Untreue bei Risikogeschäften, 1997, 51 ff. (80 ff.); *Wellkamp* NStZ 2001, 113 (114 ff.); Wessels/Hillenkamp StrafR BT II Rn. 761; *Wodicka,* Die Untreue zum Nachteil der GmbH bei vorheriger Zustimmung aller Gesellschafter, 1993, 265 ff.; *Zieschang* FS Kohlmann, 2003, 351 (354 ff.)). Die Rspr. des II. Zivilsenats des BGH, die im Jahr 2007 die Einschränkung der Dispositionsbefugnis der Gesellschafter auf eine neue rechtliche Grundlage gestellt hat (**Innenhaftung** statt Durchgriffshaftung, → Rn. 51), hat diese Sichtweise bestärkt, da die Gesellschaft nunmehr auch zivilrechtlich als unmittelbar Geschädigte eines existenzgefährdenden Eingriffs angesehen wird, während die Gesellschaftsgläubiger nur mittelbar betroffen sind (BGHSt 54, 52 Rn. 28 – Refugium; BGH NJW 2009, 3666 (3668) gegen *Weller* ZIP 2007, 1681 (1688) und *Livonius* wistra 2009, 91 (93 f.)). Diese Grundsätze gelten auch für eine **kommunale**

GmbH, deren Alleingesellschafterin die Gemeinde ist (OLG Jena wistra 2011, 315 mAnm *Radtke* GmbHR 2011, 819; AnwK-StGB/*Esser* Rn. 114b; aA *U. Meyer* DÖV 2015, 827 (830)).

149   Abgekehrt hat sich die hM damit zum einen von der **strengen Körperschaftstheorie** des RG, wonach eine Einwilligung der Gesellschafter **stets unwirksam** ist, dh die Pflichtwidrigkeit der Schädigung des Gesellschaftsvermögens nicht beseitigen kann (RGSt 71, 353 (355 f.)). Hiergegen spricht, dass damit der Schutz der Gesellschaft über den gesellschaftsrechtlichen Bestandsschutz (insbes. §§ 30 ff. GmbHG) hinaus ausgedehnt wird, was zu unlösbaren Wertungswidersprüchen zwischen Strafrecht und Zivilrecht führen würde. Daher konnte auch die Rspr. nicht überzeugen, wonach das Einverständnis jedenfalls dann **unwirksam** sein sollte, wenn die Transaktion mit den **Grundsätzen der Geschäftsführung eines ordentlichen Kaufmanns** nicht zu vereinbaren war (so BGHSt 9, 203 (216); 34, 379 (385, 388 f.); aufgegeben („Fortführung" von BGHSt 34, 379) durch BGHSt 35, 333 (336 ff.)).

150   Zum anderen ist die hM der in der Strafrechtswissenschaft (auch weiterhin) verbreiteten **uneingeschränkten Gesellschaftertheorie** (Achenbach/Ransiek/Rönnau WirtschaftsStR-HdB/*Seier* Teil 5 Kap. 2 Rn. 332 ff.; *Arloth* NStZ 1990, 570 (574 f.); AWHH/*Heinrich* StrafR BT § 22 Rn. 71; *Beulke* FS Eisenberg, 2009, 245 (257 f.); *Birkholz,* Untreuestrafbarkeit als strafrechtlicher „Preis" der beschränkten Haftung, 1998, 294 ff.; *Bräunig,* Untreue in der Wirtschaft, 2011, 224; *Corsten,* Einwilligung in die Untreue sowie in die Bestechlichkeit und Bestechung, 2011, 88 ff. (106); *Edlbauer/Irrgang* JA 2010, 786 (787); *Fischer* Rn. 99; *Habetha* NZG 2012, 1134 (1139); *Ibold,* Unternehmerische Entscheidungen als pflichtwidrige Untreuehandlungen, 2011, 216; *Kasiske* wistra 2005, 81 (84 f.); *Kubiciel* NStZ 2005, 353 (359); *Labsch* wistra 1985, 1 (7 f.); *Leimenstoll* ZIS 2010, 143 (146 ff.); *Lichtenwimmer* S. 275 ff.; Matt/Renzikowski/*Matt* Rn. 102; *Mohr,* Bankrottdelikte und übertragende Sanierung, 1993, 47 ff., 73 ff.; Momsen/Grützner WirtschaftsStR/*Schramm* Kap. 5 Teil B Rn. 87; *Muhler* wistra 1994, 283 (287); *Nelles,* Untreue zum Nachteil von Gesellschaften, 1991, 553; *Reiß* wistra 1989, 81 (83 f.); *Rönnau* FS Amelung, 2009, 247 (260 f., 267); *Schramm,* Untreue und Konsens, 2005, 122 ff.; SK-StGB/*Hoyer* Rn. 73; Schönke/Schröder/*Perron* Rn. 21b; *Schweitzer,* Eingriffe in das GmbH-Vermögen, 2016, 385 f.; SSW StGB/*Saliger* Rn. 86; *Trüg* NStZ 2013, 717 (718); *Wessing/Krawczyk* NZG 2011, 1297 (1298); *Winkelbauer* wistra 1986, 17 ff.) nicht gefolgt, wonach **jede Einwilligung wirksam** ist, da die Interessen der GmbH mit denen der Gesellschafter übereinstimmen, so dass bei Einwilligung aller bzw. des einzigen Gesellschafters wirtschaftlich betrachtet eine straflose Selbstschädigung vorliege. Angeführt wird hierfür, das Vermögen unterliege uneingeschränkt der Disposition der Gesellschafter; der erforderliche Gläubigerschutz werde ausschließlich durch das Insolvenzstrafrecht, nicht aber durch das Vermögensdelikt der Untreue geleistet; § 266 werde sonst für den Gläubigerschutz in Anspruch genommen, für den die Vorschrift nicht geschaffen sei. Dieser Ansicht ist zuzugeben, dass § 266 allein das Gesellschaftsvermögen schützt und die gesellschaftsrechtlichen Schutzvorschriften „überwiegend" (BGHSt 34, 379 (386)) den Interessen der Gläubiger dienen. Die Rechtsform der GmbH erschöpft sich jedoch nicht in einer beliebig für die Gesellschafter verfügbaren „Vermögensanlage", sondern die GmbH nimmt unter einer **eigenen Rechtspersönlichkeit** als Wirtschaftssubjekt am Geschäftsverkehr teil, ist **Träger von Rechten und Pflichten** (§ 13 Abs. 1 GmbHG), hat ein **eigenes Vermögen,** das mit dem der Gesellschafter rechtlich gerade nicht identisch ist (§ 13 Abs. 2 GmbHG), und der **Kapitalerhalt** wird durch Schutzvorschriften (insbes. § 30 GmbHG) gewährleistet. Zwar unterliegt der Bestand der GmbH letztlich der Disposition der Gesellschafter, hierfür muss aber das Liquidationsverfahren (§§ 60 ff. GmbHG) durchgeführt oder das Insolvenzverfahren betrieben werden, eine „kalte Liquidation" ist unzulässig. Insoweit ist also ein **Bestandsschutz** anzuerkennen.

151   **(2) Konsequenzen. Unwirksam** ist daher nach heute hM (→ Rn. 148) die Einwilligung in Vermögensverschiebungen, die das **Stammkapital (§ 30 GmbHG) angreifen** oder auf sonstige Weise die **wirtschaftliche Existenz der GmbH gefährden.** Der sog **existenzgefährdende Eingriff** als „Oberbegriff" (BGH NStZ 2013, 715 (717) – Berliner Bankenskandal) erfasst insbes. (als Unterfälle) den **Entzug der Produktionsgrundlage** und die **Liquiditätsgefährdung** (vgl. nur BGHSt 35, 335 (339); BGH NStZ-RR 2013, 345 (346)) sowie das Herbeiführen oder Vertiefen einer **Überschuldung** (BGH wistra 1990, 99; BGHSt 53, 24 = BGH NJW 2009, 157 (160) Rn. 38). An dieser Grenze der Verfügungsbefugnis hält die Rspr. auch nach Aufgabe der Interessentheorie (→ Rn. 265) fest (krit. *Trüg* NStZ 2013, 716 f.; *Wessing/Krawczyk* NZG 2014, 59 (60)). Zur Feststellung der Existenzgefährdung → Rn. 221a.

152   Nach früherem Recht war zudem die **Rückgewähr eines eigenkapitalersetzenden Darlehens** pflichtwidrig (vgl. nur BGH NStZ 2009, 153 (154 f.) mAnm *Bittmann* wistra 2009, 102; *Leplow* wistra 2009, 351; *Maurer* JR 2008, 389; ausf. *Schäuble,* Die Auswirkungen des Gesetzes zur Modernisierung des GmbH-Rechts und zur Bekämpfung von Missbräuchen auf das GmbH-Strafrecht, 2012, 157 ff.). Seit Inkrafttreten des **MoMiG** mWv 1.11.2008 verstößt gemäß **§ 30 Abs. 1 S. 3 GmbHG nF** die Rückgewähr eines Gesellschafterdarlehens und von Leistungen auf Forderungen aus Rechtshandlungen, die einem Gesellschafterdarlehen wirtschaftlich entsprechen, nicht mehr gegen § 30 Abs. 1 S. 1 GmbHG (*Schäuble,* Die Auswirkungen des Gesetzes zur Modernisierung des GmbH-Rechts und zur Bekämpfung von Missbräuchen auf das GmbH-Strafrecht, 2012, 173 f. mwN). In Altfällen kann dadurch die Strafbarkeit nach § 2 Abs. 3 rückwirkend entfallen (OLG Stuttgart ZInsO 2009, 1712; *Bittmann* wistra 2009,

102 (103); *Livonius* wistra 2009, 91 (94)). Allerdings sollte durch die Neuregelung der Bestandsschutz der Gesellschaft grds. nicht in Frage gestellt werden (→ Rn. 155), so dass die Rückzahlung eines Gesellschafterdarlehens weiterhin dann pflichtwidrig ist, wenn sie eine **Existenzgefährdung** begründet (OLG Stuttgart ZInsO 2009, 1712 = OLG Stuttgart BeckRS 2009, 21291: Unrechtskontinuität; AnwK-StGB/*Esser* Rn. 291; *Bittmann* wistra 2009, 102 (104); Fischer Rn. 97a; *Leplow* wistra 2009, 351 (354); LK-StGB/*Schünemann* Rn. 253; *Maurer/Wolf* wistra 2011, 327 (330 f.); *Schäuble,* Die Auswirkungen des Gesetzes zur Modernisierung des GmbH-Rechts und zur Bekämpfung von Missbräuchen auf das GmbH-Strafrecht, 2012, 192 ff.). Hierfür spricht auch, dass durch **§ 64 S. 3 GmbHG nF** (Haftung des Geschäftsführers für Zahlungen an Gesellschafter, soweit diese erkennbar zur Zahlungsunfähigkeit der Gesellschaft führen mussten) ein Teilbereich der richterrechtlich entwickelten Existenzvernichtungshaftung kodifiziert wurde, um die Gesellschaft vor dem Abzug von Vermögenswerten, die sie zur Erfüllung ihrer Verbindlichkeiten benötigt, zu schützen (BT-Drs. 16/6140, 46; OLG Stuttgart ZInsO 2009, 1712 = OLG Stuttgart BeckRS 2009, 21291; Achenbach/Ransiek/Rönnau WirtschaftsStR-HdB/*Seier* Teil 5 Kap. 2 Rn. 326; ausf. zu insolvenzauslösenden Zahlungen *Rönnau* FS Schünemann, 2014, 675 ff.). Bei Zahlungen auf fällige Gesellschafterverbindlichkeiten wird jedoch – vor allem infolge von Beweisschwierigkeiten – nur in Ausnahmefällen eine Untreue vorliegen (*Schäuble,* Die Auswirkungen des Gesetzes zur Modernisierung des GmbH-Rechts und zur Bekämpfung von Missbräuchen auf das GmbH-Strafrecht, 2012, 181 ff.). Dagegen begründen **Zahlungen nach Zahlungsunfähigkeit oder Überschuldung,** die nach **§ 64 S. 1 GmbHG** (= § 64 Abs. 2 S. 1 GmbHG aF) im Gläubigerinteresse (Erhaltung der Insolvenzmasse) verboten sind und eine nicht abdingbare Haftung des Geschäftsführers auslösen (MüKoGmbHG/*Müller* GmbHG § 64 Rn. 125 mwN), grds. keine Untreue. Zwar schützt § 266 das GmbH-Vermögen auch nach Eintritt der materiellen Insolvenzreife vor Vermögensschäden, jedoch findet bei der Erfüllung fälliger Verbindlichkeiten trotz des Zahlungsverbots des § 64 S. 1 GmbHG eine vollständige Kompensation statt (*Bittmann* wistra 2015, 223 (225); vgl. auch *Weiß* GmbHR 2011, 350 f.; aA *Rönnau/Becker* NZWiSt 2014, 441 (443 ff.)).

Wirksam ist iÜ die Einwilligung in **alle sonstigen Vermögensverschiebungen,** selbst wenn **153** steuerlich eine „verdeckte Gewinnausschüttung" vorliegen sollte und die entnommenen Beträge „zu Tarnungszwecken" falsch gebucht werden (BGHSt 37, 333 (337); zu steuerstrafrechtlichen Risiken *Madauß* NZWiSt 2015, 341 ff.). Dies gilt insbes. auch für **Vorabschüttungen,** dh die Entnahme von Vorschüssen auf den Bilanzgewinn während des laufenden Geschäftsjahrs (BGH NStZ 1982, 465), die **Vergabe von Darlehen** unter Verstoß gegen § 43a GmbHG (BGH NJW 2004, 1111 f.), die Zueignung von **Vermögensobjekten** der GmbH, die **Übernahme von Bürgschaften** und **Kreditgewährungen** durch die GmbH (vgl. Achenbach/Ransiek/Rönnau WirtschaftsStR-HdB/*Seier* Teil 5 Kap. 2 Rn. 375 f. mwN).

(3) Konzernierte GmbH. Die Grundsätze zur Bestandssicherung der GmbH (→ Rn. 151) gelten **154** auch für die im Unterordnungskonzern **konzernierte GmbH** (Fischer Rn. 98; *J. Kaufmann,* Organuntreue zum Nachteil von Kapitalgesellschaften, 1999, 127 ff.; *Ransiek* FS Kohlmann, 2003, 207 (217 ff.); *Tiedemann* JZ 2005, 45 (46)). Allerdings hat hier das Inkrafttreten des MoMiG mWv 1.11.2008 zu erheblichen Änderungen geführt. **Vor Inkrafttreten des MoMiG** war die **Einwilligung** der herrschenden Muttergesellschaft in vermögensschädigende Maßnahmen der Geschäftsführung – selbst bei Bestehen eines Beherrschungsvertrages mit der Verpflichtung zur Verlustübernahme (vgl. §§ 308, 302 AktG) – nach hM **unwirksam,** wenn hierdurch das Stammkapital angegriffen oder auf andere Weise die wirtschaftliche Existenz der GmbH gefährdet wurde (*D. Busch,* Konzernuntreue, 2004, 182 ff.; *Lamann,* Untreue im GmbH-Konzern, 2006, 169 ff.; *Wagner,* Die Untreue des Gesellschafters in der einfachen und konzernierten Einmann-GmbH, 2005, 191 ff.; *Waßmer,* Untreue bei Risikogeschäften, 1997, 100; *Wellkamp* NStZ 2002, 113 (116)); ob iErg eine Untreue vorlag, richtete sich danach, ob der Ausgleichsanspruch werthaltig war (*Ransiek* FS Kohlmann, 2003, 203 (207, 214 f.); ZStW 116 (2004), 634 (669)), also das Mutterunternehmen jederzeit zum Ausgleich bereit und fähig war (→ Rn. 179), oder ob sich aus der Konzernzugehörigkeit sonstige hinreichende Vorteile wirtschaftlicher Art ergaben.

Seit Inkrafttreten des MoMiG sind nunmehr nach **§ 30 Abs. 1 S. 2 GmbHG** Eingriffe in das **155** Stammkapital zulässig, wenn es sich um Leistungen handelt, die bei Bestehen eines Beherrschungs- oder Gewinnabführungsvertrags (§ 291 AktG) erfolgen oder durch einen vollwertigen Gegenleistungs- oder Rückgewähranspruch gegen den Gesellschafter gedeckt sind. Diese Neuregelung soll das zinssparende **Cash-Pooling** im Konzern erleichtern (*Bittmann* NStZ 2009, 113 (118)). Zudem haftet nach § 64 Abs. 1 S. 3 GmbHG nF der Geschäftsführer für Zahlungen an Gesellschafter, soweit diese zur Zahlungsunfähigkeit führen mussten (vgl. OLG Celle(Z) ZWH 2013, 41: selbst dann, wenn die Gesellschafter den Eintritt der Insolvenz noch 13 Monate lang durch freiwillige Stützungszahlungen hinauszögerten; abl. *Bittmann* ZWH 2013, 43 f.). Folge ist, dass Eingriffe in das Stammkapital grds. nicht mehr pflichtwidrig sind und damit eine **Einwilligung grds. wirksam** ist. Allerdings bedeutet dies nicht, dass jetzt ein **existenzgefährdender Eingriff** zulässig wäre. Vielmehr ist eine Vermögensverschiebung weiterhin pflichtwidrig, so dass eine entsprechende **Einwilligung unwirksam** ist, wenn sie eine Existenzgefährdung darstellt, da die Neuregelung die bisherige straf- und zivilgerichtliche Rspr. zur Haftung des Gesellschafters für existenzvernichtende Eingriffe nicht in Frage stellen sollte (BGHSt 54, 52 = BGH

NJW 2009, 3666 (3668) Rn. 29 – Refugium unter Hinweis auf RegE MoMiG BT-Drs. 16/6140, 46; *Bittmann* NStZ 2009, 113 (118); aA *Livonius* wistra 2009, 91 (94 f.); *Weller* ZIP 2007, 1681 (1688)).

156   **bb) Limited.** Das **Vermögen** der Limited ist nach dem britischen Gesellschaftsrecht, das im Innenverhältnis anzuwenden ist (→ Rn. 24 f.), **nicht schutzlos.** Auszahlungen an die Gesellschafter sind nur unter Voraussetzungen zulässig, die mit denen des § 57 AktG vergleichbar sind, dh im Wesentlichen ist wie bei der deutschen AG nur der **Bilanzgewinn** ausschüttungsfähig (vgl. *Radtke* GmbHR 2008, 729 (734); *Rönnau* ZGR 2005, 832 (854)). Hierbei sind aber nicht die im jeweiligen Geschäftsjahr erwirtschafteten Gewinne maßgebend, sondern vielmehr müssen die Gewinne seit Bestehen der Gesellschaft die Verluste seit Bestehen der Gesellschaft übersteigen (*Just,* Die englische Limited in der Praxis, 4. Aufl. 2012, Rn. 238). Das britische Recht geht diesbezüglich über das deutsche GmbH-Recht hinaus. Im Hinblick darauf, dass im Innenverhältnis allein das ausländische Gesellschaftsrecht Anwendung findet, ist anzunehmen, dass auch im Rahmen von § 266 für die Frage der Zulässigkeit von **Vermögensverschiebungen** das (strengere) britische Recht maßgebend ist. Mit Blick auf die funktionelle Vergleichbarkeit der Limited mit der GmbH und auf die Durchgriffshaftung des britischen Gesellschaftsrechts (hierzu *Just,* Die englische Limited in der Praxis, 4. Aufl. 2012, Rn. 92 f.) wird man aber jedenfalls annehmen dürfen, dass zumindest solche Auszahlungen pflichtwidrig sind, die die **wirtschaftliche Existenz** der Limited **gefährden** (vgl. OLG Stuttgart wistra 2008, 226; aA *Eidenmüller* NJW 2005, 1618 (1620); *Peukert,* Strafbare Untreue zum Nachteil einer in Deutschland ansässigen Limited, 2015, 369 f.; *Schlösser* wistra 2006, 81 (86)). Dies muss – wie bei der GmbH – auch für eine konzernierte Limited gelten.

157   **cc) AG.** Bei der AG ist der **Kapitalschutz** wesentlich strenger als bei der GmbH. Nach § 57 Abs. 3 AktG darf vor Auflösung der Gesellschaft **nur der Bilanzgewinn** unter die Aktionäre verteilt werden, wobei nach § 174 Abs. 1 AktG die Hauptversammlung über die Verwendung des Bilanzgewinns beschließt und hierbei an den festgestellten Jahresabschluss gebunden ist. IÜ dürfen den Aktionären vom Vorstand weder die Einlagen zurückgewährt (§ 57 Abs. 1 S. 1 AktG) noch Zinsen ausgezahlt (§ 57 Abs. 2 AktG) werden (zu den Ausnahmen → Rn. 158). Aufgrund dieses strengen Kapitalschutzes können die Aktionäre einer AG durch Beschluss der Hauptversammlung nur insoweit in Vermögensverschiebungen des Vorstandes einwilligen, als es um die Verwendung des Bilanzgewinnes geht und der Beschluss nicht gegen Rechtsvorschriften verstößt oder aus sonstigen Gründen ausnahmsweise als unwirksam zu bewerten ist (BGHSt 50, 331 (342) – Mannesmann/Vodafone; BGHSt 54, 149 = NJW 2010, 92 (94) Rn. 37). Zu **anderen Vermögensverschiebungen** fehlt den Aktionären nach hM die Einwilligungskompetenz (*Fischer* Rn. 102; *Loeck* S. 95 ff.; *Rönnau* FS Amelung, 2009, 247 (267); *Schumacher,* Vermögensbetreuungspflichten von Kapitalgesellschaftsorganen, 2010, 149; vgl. auch *Brammsen/Apel* WM 2010, 781 (786); *Brand* AG 2007, 681 (684 ff.); *J. Kaufmann,* Organuntreue zum Nachteil von Kapitalgesellschaften, 1999, 148 ff.; *Wellkamp* NStZ 2001, 113 (116 ff.); aA Achenbach/Ransiek/Rönnau WirtschaftsStR-HdB/*Seier* Teil 5 Kap. 2 Rn. 240 ff.; AnwK-StGB/*Esser* Rn. 301; *Corsten,* Einwilligung in die Untreue sowie in die Bestechlichkeit und Bestechung, 2011, 156 ff.; *Hoffmann,* Untreue und Unternehmensinteresse, 2010, 176 ff.; *Ibold,* Unternehmerische Entscheidungen als pflichtwidrige Untreuehandlungen, 2011, 221; LK-StGB/*Schünemann* Rn. 261; Momsen/Grützner WirtschaftsStR/*Schramm* Kap. 5 Teil B Rn. 88; MüKoStGB/*Dierlamm* Rn. 159; *Nelles,* Untreue zum Nachteil von Gesellschaften, 1991, 551 f.; Schönke/Schröder/*Perron* Rn. 21c; *Schramm,* Untreue und Konsens, 2005, 141 ff.; SSW StGB/*Saliger* Rn. 87; *Volk* FS Hamm, 2008, 803 (813); offen gelassen von BGHSt 55, 266 = BGH NJW 2010, 3458 (3461) Rn. 38 – Trienekens). Liegt ein unwirksamer Beschluss der Hauptversammlung vor, muss sich der Vorstand über ihn hinwegsetzen, da er die Gesellschaft nach § 76 Abs. 1 AktG unter eigener Verantwortung zu leiten hat.

158   **Nicht als Rückgewähr** gilt die Zahlung des Erwerbspreises beim zulässigen Erwerb eigener Aktien (§ 57 Abs. 1 S. 2 AktG). Zudem gilt das Verbot der Rückgewähr seit Inkrafttreten des **MoMiG** mWv 1.11.2008 nicht für Leistungen, die bei Bestehen eines Beherrschungs- oder Gewinnabführungsvertrags erfolgen oder durch einen vollwertigen Gegenleistungs- oder Rückgewähranspruch gegen den Aktionär gedeckt sind (§ 57 Abs. 1 S. 3 AktG), für die Rückgewähr eines Aktionärsdarlehens und für Leistungen auf Forderungen aus Rechtshandlungen, die einem Aktionärsdarlehen wirtschaftlich entsprechen (§ 57 Abs. 1 S. 4 AktG). Trotz dieser Ausnahmevorschriften, die den Regelungen bei der GmbH im Wesentlichen entsprechen (→ Rn. 152, 155), ist anzunehmen, dass Leistungen, die einen **existenzgefährdenden Eingriff** darstellen, auch bei der AG weiterhin als pflichtwidrig zu bewerten sind.

158a   **dd) Eingetragener Verein.** Bei eingetragenen Vereinen (Idealvereinen, § 21 BGB) scheidet ein Einverständnis der Gesellschafter in **existenzvernichtende Eingriffe** des Vorstands wegen **Unwirksamkeit** eines entsprechenden Beschlusses analog § 241 Nr. 3 AktG bzw. wegen Sittenwidrigkeit gem. § 138 BGB aus (*Brand/Sperling* JR 2010, 473 (476 ff.) mwN; aA *Eisele* GA 2001, 377 (391)). Zwar fehlt es im Vereinsrecht an einem dem GmbH-Recht vergleichbaren Kapitalschutz, jedoch stehen auch hier die Liquidationsvorschriften (§§ 47 ff. BGB) einer „kalten Liquidation" der juristischen Person entgegen, so dass insoweit ein **Bestandsschutz** besteht (ausf. *Reschke,* Untreue, Bankrott und Insolvenzverschleppung im eingetragenen Verein, 2015, 210 ff.; 224 ff.).

ee) Kreditinstitute und Versicherungen. Bei Kreditinstituten und Versicherungen bestehen **158b** (strenge) Vorgaben zu **Eigenkapital** und **Liquidität** (Kreditinstitute: §§ 10 ff. KWG; Versicherungen: §§ 53c ff., 65 ff. VAG). In Reaktion auf die schwere Finanzkrise ab 2007 wurden und werden die diesbezüglichen Anforderungen verschärft. So gelten für **Kreditinstitute** inzwischen die Vorgaben von **Basel III,** eines Reformpaketes des Basler Ausschusses der Bank für Internationales Zahlungsausgleich (BIZ), das die bereits seit 2004 bestehende Regulierung Basel II verstärkt. In die EU wurde das Paket durch die (unmittelbar geltende) VO (EU) Nr. 575/2013 (Capital Requirements Regulation – CRR) und die (umzusetzende) ergänzende RL 2013/36/EU (Capital Requirements Directive – CRD IV) eingebracht. Die Umsetzung der Richtlinie ins deutsche Recht erfolgte durch das CRD-IV-Umsetzungsgesetz v. 28.8.2013 (BGBl. I 3395). Für **Versicherungen** gelten künftig die Vorgaben der **Solvency II**–Rahmenrichtlinie 2009/138/EG, modifiziert durch die Omnibus-II-Richtlinie 2014/51/EU, die die bisherigen Regelungen (Solvency I) zum 1.1.2016 ablöst. Im deutschen Recht wird die Umsetzung voraussichtlich über eine umfassende Novelle des VAG erfolgen (RegE „Gesetz zur Modernisierung der Finanzaufsicht über Versicherungen", BT-Drs. 18/2956).

e) Einverständnis und Einwilligung bei Personengesellschaften. Keinen besonderen Be- **159** schränkungen unterliegt die „Einwilligung" (→ Rn. 144) der Gesellschafter bei **Personengesellschaften,** da durch einen Missbrauch bzw. Treubruch lediglich das Vermögen der Gesellschafter – nicht das der Gesellschaft – geschädigt werden kann (→ Rn. 63). Das Einverständnis aller Gesellschafter schließt daher den Tatbestand aus (BeckOK StGB/ *Wittig* Rn. 23; Momsen/Grützner WirtschaftsStR/ *Schramm* Kap. 5 Teil B Rn. 84; MüKoStGB/ *Dierlamm* Rn. 146; Schönke/Schröder/ *Perron* Rn. 21; *Schramm,* Untreue und Konsens, 2005, 80 ff.; zur **KG** BGH wistra 1989, 264 (266); 1991, 183; SSW StGB/ *Saliger* Rn. 88; *Winkelbauer* wistra 1986, 17 (18)). Dies gilt in Bezug auf die GmbH auch für die **Vorgründungsgesellschaft** (idR eine GbR mit dem Zweck der GmbH-Gründung) bzw. **Vor-GmbH** (GmbH iG, nach Abschluss des notariell beurkundeten Gesellschaftsvertrages, da die GmbH als solche erst mit Eintragung in das Handelsregister des Sitzes der Gesellschaft besteht (vgl. § 11 Abs. 1 GmbHG) (BGHSt 3, 23 (25); Achenbach/Ransiek/Rönnau WirtschaftsStR-HdB/ *Seier* Teil 5 Kap. 2 Rn. 362; *Gribbohm* ZGR 1990, 1 (6); *Kohlmann* FS Geerds, 1995, 675 ff.; aA – analoge Anwendung des § 30 GmbHG bei der Vor-GmbH – *Hentschke,* Der Untreueschutz der Vor-GmbH vor einverständlichen Schädigungen, 2002, 222 ff.). Zur **GmbH & Co KG** und **Einmann-GmbH & Co KG,** bei der eine Untreue zum Nachteil der geschäftsführenden Komplementär-GmbH möglich ist, → Rn. 163.

IÜ gelten die **allg. Wirksamkeitsvoraussetzungen** (→ Rn. 145 f.). Das Innenverhältnis wird bei **160** Personengesellschaften durch den übereinstimmenden Willen der Gesellschafter geformt. Bei **Einwilligung einer oder mehrerer Gesellschafter** scheidet nur in Bezug auf diese Gesellschafter eine Untreue aus, während die übrigen Gesellschafter geschädigt sein können (vgl. zum Nachteil → Rn. 163, 280).

IV. Taterfolg: Nachteil

1. Nachteil. a) Begriff. Der Täter muss dem, dessen Vermögensinteressen er zu betreuen hat, einen **161** Nachteil zufügen. Es handelt sich um ein **eigenständiges Tatbestandsmerkmal** (zum Verschleifungsverbot → Rn. 66). Nach ganz hM entspricht der Begriff des Nachteils dem Begriff des **Schadens** beim Betrug (RGSt 71, 333; 73, 283 (285); BGHSt 15, 342 (343 f.); 40, 287 (294 ff.); 43, 293 (297); Achenbach/Ransiek/Rönnau WirtschaftsStR-HdB/ *Seier* Teil 5 Kap. 2 Rn. 170; *Bräunig,* Untreue in der Wirtschaft, 2011, 232; Fischer Rn. 115; Lackner/Kühl/ *Kühl* Rn. 17; LK-StGB/ *Schünemann* Rn. 164; Otto StrafR BT § 54 Rn. 33; Rengier StrafR BT I § 18 Rn. 49; Schönke/Schröder/ *Perron* Rn. 39b; SK-StGB/ *Hoyer* Rn. 93; SSW StGB/ *Saliger* Rn. 51; Wessels/Hillenkamp StraR BT II Rn. 775; aA *Ensenbach,* Der Prognoseschaden bei der Untreue, 2016, 135ff; Matt/Renzikowski/ *Matt* Rn. 122; SSW StGB/ *Saliger* Rn. 53). Diese Parallelisierung ist **systemgerecht,** da damit ein einheitlicher Schadensbegriff entsteht. Der Begriff des Nachteils kann daher einerseits nicht weiter als beim Betrug sein, andererseits sind aber grds. auch alle Erweiterungen, die die Betrugsdogmatik entwickelt hat (dh insbes. schadensgleiche Vermögensgefährdung, individueller Schadenseinschlag, Zweckverfehlungslehre), zu übertragen.

b) Geschädigter. Das Vermögen des Betreuten muss geschädigt werden, dh bei dem Geschädigten **162** muss es sich um den **betreuten Vermögensinhaber** handeln (BGHSt 43, 293 (296 f.). – Bugwellenprozess; 47, 295 (297) – Drittmittel; 51, 29 (31); Wessels/Hillenkamp StraR BT II Rn. 775). Treugeber und geschädigter Vermögensinhaber können hingegen personenverschieden sein.

Die Schädigung des **Gesamthandsvermögens** von Personengesellschaften (zB GbR, OHG, KG, **163** GmbH & Co KG, Limited & Co KG, PartG) stellt nur insoweit einen Nachteil dar, als zugleich das Vermögen der einzelnen Gesellschafter geschädigt ist (→ Rn. 63). Das Einverständnis von (Mit-)Gesellschaftern schließt in dieser Höhe einen Nachteil aus (vgl. nur BGH NJW 2011, 3733 (3735)). Bei einer **GmbH & Co KG** können nicht nur die Kommanditisten geschädigt sein, sondern auch eine geschäftsführende Komplementär-GmbH, die am Vermögen der KG nicht selbst beteiligt ist, kann Schaden nehmen, wenn in einer wirtschaftlichen Krise die Komplementärhaftung der GmbH eingreift und das

GmbH-Vermögen durch die mangelnde Realisierbarkeit des Freistellungsanspruchs gegen die KG konkret gefährdet bzw. gemindert ist (BGH NJW 2000, 154 (155); 2003, 2996 (2999); Achenbach/ Ransiek/Rönnau WirtschaftsStR-HdB/*Seier* Teil 5 Kap. 2 Rn. 367; *Krekeler,* Verteidigung in Wirtschaftsstrafsachen, 2003, 102). Nach der neueren Rspr. sind aber die Kommanditisten nur dann unmittelbar wirtschaftlich betroffen sein, wenn ihr Kapitalkonto im Tatzeitpunkt einen positiven Stand aufweist (BGH NJW 2013, 3590 (3594) – Hochseeschlepper; aA *Wessing* NZG 2014, 97 (99): negativer Kapitalsaldo trotz fehlender Ausgleichspflicht zu berücksichtigen, da Mehrbelastung). Schädigt bei einer **Einmann-GmbH & Co KG** der Alleingesellschafter-Geschäftsführer der Komplementär-GmbH und alleinige Kommanditist der KG das Gesamthandsvermögen der KG, liegt in Bezug auf seine Kommanditisteneinlage eine straflose Selbstschädigung vor, in Bezug auf die persönlich haftende GmbH hingegen eine strafbare Fremdschädigung (BGH NStZ 1987, 279; Achenbach/Ransiek/Rönnau WirtschaftsStR-HdB/*Seier* Teil 5 Kap. 2 Rn. 366; Fischer Rn. 113). Entsprechendes muss für die **Limited & Co KG** bzw. die **Einmann-Limited & Co KG** gelten.

163a   **c) Haftungsbeschränkungen und Nachschusspflichten.** Bei einer **GmbH** ist bei der Bemessung des Vermögensnachteils nach der Rspr. die **Haftungsbeschränkung** zu berücksichtigen (BGH NStZ 1999, 557; zust. MüKoStGB/*Dierlamm* Rn. 204; krit. Fischer Rn. 114), so dass in Fällen, in denen die schädigende Handlung des Geschäftsführers in der Belastung mit Verbindlichkeiten besteht, ein Vermögensnachteil nur in Höhe des Betrages angenommen werden kann, in dem die Kapitalgesellschaft noch über unbelastetes Vermögen – einschließlich konkreter Erwerbsaussichten – verfügt; denn ebenso wie der Wert der Forderungen gegen eine GmbH für die wirtschaftliche Betrachtung abnehme, wenn das Unternehmen überschuldet sei und keine Aussicht auf Gesundung bestehe, könne umgekehrt auch bei der Bemessung des Vermögensnachteils die Beschränkung der Haftung der GmbH auf ihr Vermögen nicht außer Betracht bleiben (BGH NStZ 1999, 557 (558)). Hierfür spricht, dass Forderungen, die nicht realisierbar sind, bei einer wirtschaftlichen Betrachtung wertlos sind. Umgekehrt sind dann aber ggf. auch **Nachschusspflichten**, jedenfalls soweit ein Gesellschafter sich ihnen nicht entziehen kann, bei der Bemessung des Vermögensnachteils zu berücksichtigen.

164   **d) Zurechnungszusammenhang.** Zwischen Nachteil und Pflichtverletzung muss zunächst Kausalität iSe **Kausalzusammenhangs** (Ursachenzusammenhangs) bestehen („und dadurch"), dh der Nachteil muss **kausale Folge** des Missbrauchs oder Treubruchs sein (Achenbach/Ransiek/Rönnau WirtschaftsStR-HdB/*Seier* Teil 5 Kap. 2 Rn. 208; Fischer Rn. 115; Schönke/Schröder/*Perron* Rn. 39; SK-StGB/*Hoyer* Rn. 115; zum Verhältnis von Pflichtverletzung und Nachteil → Rn. 66). Die Kausalität richtet sich nach den allg. Regeln, so dass Mitursächlichkeit genügt (Matt/Renzikowski/*Matt* Rn. 146; SSW StGB/*Saliger* Rn. 78). An der Kausalität fehlt es, wenn der Nachteil ausschließlich auf anderen Umständen beruht.

165   Weiter ist ein **Pflichtwidrigkeitszusammenhang** erforderlich, dh der Nachteil muss gerade durch den Missbrauch bzw. Treubruch verursacht worden sein, eine objektiv zurechenbare Folge der Pflichtverletzung darstellen (BGHSt 43, 293 (296 f.) – Bugwellenprozess; 46, 30 (34); BGH wistra 2007, 422; Achenbach/Ransiek/Rönnau WirtschaftsStR-HdB/*Seier* Teil 5 Kap. 2 Rn. 204; AnwK-StGB/*Esser* Rn. 213; *Bräunig,* Untreue in der Wirtschaft, 2011, 238 f.; *Kindhäuser* FS Lampe, 2003, 709 (724); Matt/Renzikowski/*Matt* Rn. 147; Momsen/Grützner WirtschaftsStR/*Schramm* Kap. 5 Teil B Rn. 130; Mü-KoStGB/*Dierlamm* Rn. 202; Rengier StrafR BT I § 18 Rn. 50; SK-StGB/*Hoyer* Rn. 115; SSW StGB/*Saliger* Rn. 81; Wessels/Hillenkamp StrafR BT II Rn. 767; krit. BeckOK StGB/*Wittig* Rn. 39.2). Hieran **fehlt** es, wenn der Nachteil bei einem (hypothetisch gedachten) pflichtgemäßen **Alternativverhalten** aller Voraussicht nach ebenfalls eingetreten wäre. Mangelte es zB den Entscheidungsträgern an der notwendigen Befugnis und wird der Kredit notleidend, fehlt es am Pflichtwidrigkeitszusammenhang, wenn die Bonität des Kreditnehmers außer Zweifel stand (BGHSt 46, 30 (34); *Corsten* wistra 2010, 206 (208)). Ebenso fehlt es bei einem **atypischen Kausalverlauf** am Pflichtwidrigkeitszusammenhang, dh wenn der Eintritt des Nachteils außerhalb dessen liegt, was nach dem gewöhnlichen Verlauf der Dinge und der allg. Lebenserfahrung noch in Rechnung zu stellen ist (AnwK-StGB/*Esser* Rn. 214).

166   Erforderlich ist außerdem ein **Schutzzweckzusammenhang** idS, dass die durch den Missbrauch bzw. Treubruch **verletzte Norm** dem **Schutz des Vermögens** dienen muss. Dies ist allerdings schon für die Feststellung der Pflichtwidrigkeit von Bedeutung (→ Rn. 66a ff.), so dass dieser Restriktion iRd Nachteils keine eigenständige Bedeutung zukommt. Wurde die Vermögensbetreuungspflicht verletzt, liegt der Schutzzweckzusammenhang vor (vgl. LK-StGB/*Schünemann* Rn. 185, 188; vgl. auch *Bräunig,* Untreue in der Wirtschaft, 2011, 239).

167   **e) Unmittelbarkeitsbeziehung.** Sehr streitig ist gegenwärtig, ob als weitere Restriktion eine **Unmittelbarkeitsbeziehung** zwischen Pflichtwidrigkeit und Nachteil zu fordern ist (hierfür BGH (5. Strafsenat) NJW 2009, 3173 Rn. 33 – Berliner Reinigungsbetriebe (insoweit nicht abgedruckt in BGHSt 54, 44); OLG Celle BeckRS 2012, 20313 (nicht abgedruckt in BGH wistra 2013, 37 L); Achenbach/Ransiek/Rönnau WirtschaftsStR-HdB/*Seier* Teil 5 Kap. 2 Rn. 221; AnwK-StGB/*Esser* Rn. 216 ff.; AWHH/*Heinrich* StrafR BT § 22 Rn. 75; BeckOK StGB/*Wittig* Rn. 39.1; *Bräunig,* Untreue in der Wirtschaft, 2011, 237 f.; *Gerkau,* Untreue und objektive Zurechnung, 2008, 231 ff.; *Haft*

NJW 1996, 238; *Hinrichs,* Zur Untreuestrafbarkeit gemeindlicher Vertreter, 2011, 173 ff.; LK-StGB/ *Schünemann* Rn. 168; *Matt* NJW 2005, 390 (391 f.); Matt/Renzikowski/*Matt* Rn. 125; MüKoStGB/ *Dierlamm* Rn. 197; NK-StGB/*Kindhäuser* Rn. 107; Rengier StrafR BT I § 18 Rn. 52a; *Rönnau* StV 2011, 753 (762); *Saliger* NStZ 2007, 545 (551), *Saliger* HRRS 2006, 10 (13); SK-StGB/*Hoyer* Rn. 107; SSW StGB/*Saliger* Rn. 62, 71; krit. *Hefendehl* FS Samson, 2010, 295 (308); für die Anwendung der Kriterien der obj. Zurechnung *Brand* NJW 2011, 1751 (1752); aA („nicht erforderlich") BGHSt (1. Strafsenat) 56, 203 = BGH NJW 1747, 1751 Rn. 59; *Ensenbach,* Der Prognoseschaden bei der Untreue, 2016, 123 f.; zusf. *Mosiek* HRRS 2012, 454 ff.). Hierbei ist darauf zu achten, was mit dem Begriff „Unmittelbarkeit" gemeint ist, da in der Diskussion häufig **verschiedene Bedeutungsebenen** (hierzu *Krell* NZWiSt 2013, 370 (377 f.); SSW StGB/*Saliger* Rn. 84) vermengt werden:

Soweit – unter Hinweis auf das Bestehen eines **Unmittelbarkeitserfordernisses beim Betrug** 167a (§ 263) – gefordert wurde, dass der Vermögensnachteil bei der Untreue „unmittelbar" durch die Pflicht- verletzung herbeigeführt werden muss, verstanden iSv ohne Zwischenstationen, auf derselben Ver- mögensverfügung beruhend **(Stoffgleichheit),** ist einzuwenden, dass es sich hierbei um ein spezifisches Erfordernis des Betrugtatbestandes handelt; beim Betrug muss der durch den Täter erstrebte Vorteil gleichsam die „Kehrseite" des dem Opfer infolge der Vermögensverfügung zugefügten Vermögens- schadens sein (vgl. nur Lackner/Kühl/*Kühl* § 263 Rn. 58 mwN). Ein derartiges Erfordernis besteht bei der Untreue nicht (vgl. OLG Hamm NJW 1982, 190 (192); AnwK-StGB/*Esser* Rn. 215; *Martin,* Bankuntreue, 2000, 150 f.; Schönke/Schröder/*Perron* Rn. 39; SSW StGB/*Saliger* Rn. 84; *Strelczyk,* Die Strafbarkeit der Bildung schwarzer Kassen, 2008, 182 ff.).

Allerdings muss bei der Untreue durchaus eine **Unmittelbarkeitsbeziehung** idS bestehen, dass das 167b Vermögen infolge der Pflichtwidrigkeit im Tatzeitpunkt (insgesamt betrachtet) **aktuell gemindert** sein muss. Nur dann liegt ein Nachteil vor. Dies setzt voraus, dass auf der **Nachteilseite** ein „unmittelbarer" Vermögensabfluss stattgefunden hat, dem auf der **Vorteilseite** kein „unmittelbarer" (kompensierender) Vermögenszufluss (→ Rn. 169, 171 ff.) gegenübersteht. Bei einem derartigen Verständnis des „Unmittel- barkeitsprinzips" ist dessen Anwendung auf der Nachteilseite die „logische Konsequenz" der anerkann- ten Anwendung auf der Vorteilseite, korrespondieren Vorteils- und Nachteilseite (vgl. OLG Celle BeckRS 2012, 20313; Achenbach/Ransiek/Rönnau WirtschaftsStR-HdB/*Seier* Teil 5 Kap. 2 Rn. 221; AnwK-StGB/*Esser* Rn. 216; BeckOK StGB/*Wittig* Rn. 39.1; *Hinrichs,* Zur Untreuestrafbarkeit ge- meindlicher Vertreter, 2011, 174; Matt/Renzikowski/*Matt* Rn. 132; *Mosiek* HRRS 2009, 565 (566)). Bedeutung hat das Unmittelbarkeitserfordernis auf der Nachteilseite insbes. bei **Schadensersatz- ansprüchen, Prozesskosten** und **Sanktionen** (→ Rn. 175a ff.).

2. Gesamtsaldierung. a) Grundsatz. Für die Berechnung des Vermögensschaden wendet die ganz 168 hM wie beim Betrug das **Prinzip der Gesamtsaldierung** an (RGSt 73, 283 (285); 75, 227 (230); BGHSt 31, 232 (234); BGH NStZ 1986, 455 (456); 1997, 543; 2004, 205 (206); 2010, 330 (331); BGH NStZ-RR 2006, 378 (379); 2011, 312 (313); BGH NJW 2011, 3528 (3529); OLG Bremen NStZ 1989, 228 (229); OLG Köln NZWiSt 2013, 396; Achenbach/Ransiek/Rönnau WirtschaftsStR-HdB/*Seier* Teil 5 Kap. 2 Rn. 170; Fischer Rn. 115; Lackner/Kühl/*Kühl* Rn. 17; LK-StGB/*Schünemann* Rn. 168; *Rojas,* Grundprobleme der Haushaltuntreue, 2011, 176; Schönke/Schröder/*Perron* Rn. 40; SSW StGB/ *Saliger* Rn. 55; krit. NK-StGB/*Kindhäuser* Rn. 108; abw. *Wolf,* Die Strafbarkeit der rechtswidrigen Verwendung öffentlicher Mittel, 1998, 82 (117)). Dies ist sachgerecht, da auch die Untreue nach hM nur das Vermögen als Ganzes schützt, nicht jedoch die Dispositionsbefugnis (→ Rn. 9). Entscheidend ist, ob der Vermögensinhaber bei einem **ex ante** vorzunehmenden Vergleich seines gesamten Vermögens vor und nach der Tat gemäß der **wirtschaftlichen Betrachtungsweise** (→ Rn. 58) insgesamt eine **in Geld messbare Vermögensverringerung** erlitten hat, ein „Minus" vorliegt. Maßgebend ist der **Tatzeitpunkt,** spätere Werterhöhungen oder Wertminderungen bleiben außer Betracht (vgl. nur BGH NStZ 2010, 329 (330); *Bittmann* NStZ 2012, 57 (60)). Eine „unvorhersehbare glückliche nachträgliche Entwicklung" kann die wirtschaftliche Minderwertigkeit im Tatzeitpunkt nicht beseitigen (BVerfGE 126, 170 ff. = BVerfG NJW 2010, 3209 (3219) Rn. 144; aA unter Hinweis auf das Bilanzrecht *Saliter* FS Schünemann, 2014, 705 (712); krit. auch *Safferling* NStZ 2011, 376 (378)). Ein Nachteil liegt hierbei nach hM auch dann vor, wenn **deliktisch erworbenes Vermögen** (→ Rn. 59) kompensationslos abfließt (vgl. nur BGH NStZ-RR 1999, 184 (186)).

b) Kompensation. aa) Allgemeines. An einem **Nachteil fehlt** es, wenn der Vermögensabfluss 169 durch einen Vermögenszufluss **wirtschaftlich vollständig kompensiert** wird (vgl. nur BGHSt 31, 232 (234); 40, 287 (295); 43, 293 (298); 52, 323 (337 f.)). Die wirtschaftlichen Vorteile müssen auf der Vorteilsseite **„unmittelbar"** (→ Rn. 171 ff.; zur „Nachteilsseite" → Rn. 167b, 175a ff.) den Ausgleich herbeiführen (BGHSt 55, 288 = BGH NJW 2011, 88 (93) Rn. 45 – Siemens/AUB; AWHH/*Heinrich* StrafR BT § 22 Rn. 75; Fischer Rn. 164; *Lösing,* Die Kompensation des Vermögensnachteils durch nicht exakt quantifizierbare, vermögenswirksame Effekte, 2012, 84 ff.; SSW StGB/*Saliger* Rn. 57; *Waßmer,* in Fischer/Hoven, 175 (176 ff.)). Maßgeblich ist gem. dem Prinzip der Gesamtsaldierung der Vergleich des Wertes des **(Gesamt-)Vermögens** „unmittelbar" vor und nach dem pflichtwidrigen Verhalten (vgl. nur BGH NJW 2011, 3528 (3529); aA (Erfüllungszeitpunkt maßgebend) *Weber* FS Tiedemann, 2008, 637 (643 f.); *Schlösser* NStZ 2009, 663 (665)). So werden zB bei Verträgen idR die beiderseits eingegangenen Verpflichtungen (**Eingehungsuntreue**) bzw. die gewährten Leistungen (**Erfüllungsuntreue**) miteinander verglichen (Achenbach/Ransiek/Rönnau WirtschaftsStR-HdB/*Seier* Teil 5 Kap. 2 Rn. 184; *Krell* NZWiSt 2013, 370 (372)). Der Vergleich von Leistung und Gegenleistung stellt allerdings eine (pragmatische) Vereinfachung dar, da an sich der Wert des Gesamtvermögens zu vergleichen ist, der sich verändert haben kann, obwohl Leistung und Gegenleistung objektiv gleichwertig sind (vgl. *Velten* FS Schünemann, 2014, 715 (716 ff.); vgl. auch *Bittmann* wistra 2015, 223 (225)); umgekehrt kann trotz fehlender Gleichwertigkeit das Gesamtvermögen unverändert sein.

169a   In folgenden Fällen findet typischerweise eine **Kompensation** statt:

– bei **Austauschgeschäften,** wenn die Gegenleistung **wirtschaftlich gleichwertig** ist (BGH wistra 2010, 445: Käufe von Archiven, Büchern, Gemälden und Druckgrafiken; BGH NStZ-RR 2005, 343: Mietkauf); zu beachten ist, dass die erbrachte Gegenleistung auch aufgrund von Mindestsätzen werthaltig sein kann (BGH NStZ 2010, 330 (332): HOAI).

– bei einer **Befreiung von einer Verbindlichkeit** (BGH NStZ 1995, 185: Entnahme einer geschuldeten Geschäftsführervergütung; BGH NStZ-RR 2011, 312: Durchsetzung eines berechtigten Anspruchs auf Vergütung); zur eigenmächtigen Erfüllung von Forderungen → Rn. 181 ff.;

– bei einer **begründeten Erwartung (Exspektanz)** auf einen Vorteil (→ Rn. 177), der bereits im Tatzeitpunkt ein entsprechender Vermögenswert zuzumessen ist (BGH NStZ 1997, 543: erwartete Gewerbesteuereinnahmen, Rettung und Schaffung von Arbeitsplätzen; BGH NStZ-RR 2006, 378 (379)); vage Erwerbsaussichten genügen jedoch nicht (RGSt 61, 211 (212));

– bei **Anstellungsverträgen,** sofern die Stelle mit einem persönlich und fachlich qualifizierten Bewerber besetzt wird; zur Ämterpatronage → Rn. 215 ff.;

– bei **Entschädigungszahlungen** an (ehrenamtliche) Vorstandsmitglieder eines gemeinnützigen Vereins für die überobligatorische Aufwendung von Arbeitzeit und Arbeitskraft, wenn die geleistete Arbeitstätigkeit brauchbar und werthaltig ist (OLG Köln NZWiSt 2013, 396 (398) mAnm *Lindemann/ Andreschewski* NZWiSt 2013, 398 ff.);

– beim **Anspruch auf Herausgabe eines Vorteils im Innenverhältnis,** sofern dieser wirtschaftlich betrachtet schon dem Vermögen des Treupflichtigen zuzuordnen ist (BGH wistra 2010, 303: Anspruch auf Übertragung des Kapitalwerts einer Lebensversicherung).

170   In den folgenden Fällen **fehlt es** typischerweise an einer **Kompensation:**

– bei der **Beschädigung** oder **Zerstörung** von Vermögensgegenständen;

– beim **Verschenken** (RGSt 71, 344) oder **Verschleudern** von Vermögensgegenständen (RGSt 26, 106 (110 f.); BGHSt 44, 376 (384 f.) – Diestel; 48, 354: Grundstücke);

– bei der **Begleichung einer nichtigen Forderung** (BGH NJW 2013, 401 – Telekom-Spitzelaffäre; → Rn. 174a)

– bei **unentgeltlicher Inanspruchnahme** von Leistungen, für die ein Entgelt zu entrichten ist (BGH NJW 1982, 2881: Einrichtungen, Material und Personal einer Universität).

– bei **ungewisser Aussicht auf Rückzahlung von Entnahmen** (BGH NStZ 2013, 38 (39): Rückzahlung von Firmengeldern, die für private Spekulationsgeschäfte eingesetzt wurden);

– bei der **Vereinbarung bzw. Zahlung überhöhter Preise** für Waren und Dienstleistungen (BGHSt 47, 24: Satz-, Film- und Montagearbeiten; BGHSt 49, 201: Handwerkervergütung) oder eines **überhöhten Mietzinses** (BGH NStZ-RR 2005, 343 (344): Baumaschine);

– bei der **Verschleierung des Vorhandenseins von Vermögenswerten,** da nach der Rspr. die dauerhafte Entziehung der Verfügungsmöglichkeit einen Nachteil begründet (BGHSt 52, 323 Rn. 46 – Siemens/Enel; BGH NJW 2009, 89 (92); BGHSt 55, 266 Rn. 40 ff. – Trienekens; BGH NJW 2010, 3458 (3462); zu „schwarzen Kassen" → Rn. 196 ff.);

– bei der **nachträglichen Wiedergutmachung** des Schadens (→ Rn. 175), zB beim Ersatz eines veräußerten Gegenstandes (BGHSt 20, 143 (144));

– bei **Zahlungen für Leistungen, zu denen der Empfänger ohnehin verpflichtet** ist (BGHSt 54, 148 Rn. 39 – Gebauer/Volkert; BGH NJW 2010, 92 (94): Sonderbonus für die ohnehin geschuldete Zusammenarbeit mit dem Arbeitgeber).

171   **bb) Einzel- und Gesamtbetrachtung.** Die Untreuehandlung muss „unmittelbar" sowohl den Vermögensabfluss als auch den Vermögenszufluss hervorbringen, wobei für die Kompensation grds. die **einzelne Handlung** bzw. das **einzelne Geschäft (Einzelbetrachtung)** maßgebend ist (BGH NJW 1983, 1807 (1808); BGH NStZ 1986, 455 (456)). Stammt dagegen der dem Vermögen zugeflossene Vorteil aus einer weiteren, rechtlich selbständigen Handlung, einem später abgeschlossenen Geschäft, wird hierdurch der bereits eingetretene Nachteil grds. nicht ausgeräumt, sondern es handelt sich allenfalls um eine bloße Schadenswiedergutmachung (BGHSt 52, 323 Rn. 46 – Siemens/Enel; BGH NJW 2009, 89 (93); BGHSt 55, 266 Rn. 45 – Trienekens; BGH NJW 2010, 3458 (3463); BGH NStZ 1986, 455 (456); BGH wistra 2001, 218 (219 f.); BGH NJW 2001, 3528 (3529); Fischer Rn. 166; Schönke/ Schröder/*Perron* Rn. 41; *Waßmer,* Untreue bei Risikogeschäften, 1997, 112 ff.).

172   Allerdings ist nach hM eine **Gesamtbetrachtung** geboten, wenn das Verhalten **Teil eines wirtschaftlich einheitlichen Vorhabens** ist, nach dem ein anfänglicher Verlust als **Durchgangsstadium**

zu einem späteren Gewinn in Kauf genommen werden muss, der erst durch weitere selbstständige Handlungen herbeigeführt werden kann (BGHSt 47, 295 (302): bei wirtschaftlicher Betrachtung „nach einem vernünftigen Gesamtplan" mehrere Verfügungen erforderlich, um den ausgleichenden Erfolg zu erreichen; bereits RGSt 61, 211 (213): Sanierungsversuch; RGSt 65, 422 (430); 66, 255 (261 f.); 75, 227 (230); RG JW 1936, 882: Produktionsumstellung; RGSt 75, 227 (230): Aufwendungen, um Arbeitnehmer zu halten; OLG Frankfurt a. M. NStZ-RR 2004, 244 (245): Annahme verlustbringender Aufträge, um Folgeaufträge zu erlangen; Achenbach/Ransiek/Rönnau WirtschaftsStR-HdB/ *Seier* Teil 5 Kap. 2 Rn. 177: Werbekampagne; vgl. auch AnwK-StGB/*Esser* Rn. 177; *Bräunig,* Untreue in der Wirtschaft, 2011, 198 (244 ff.); LK-StGB/*Schünemann* Rn. 169; *Lösing,* Die Kompensation des Vermögensnachteils durch nicht exakt quantifizierbare, vermögenswirksame Effekte, 2012, 134; Matt/Renzikowski/*Matt* Rn. 141; MüKoStGB/*Dierlamm* Rn. 207; Schönke/Schröder/*Perron* Rn. 41; SK-StGB/*Hoyer* Rn. 86; SSW StGB/*Saliger* Rn. 59; *Waßmer,* in Fischer/Hoven, 175 (177 ff.)). In der Praxis geht es vor allem um **Investitionen,** wobei es bei der gebotenen wirtschaftlichen Betrachtung keine Rolle spielen darf, ob diese **rechtmäßig** oder **rechtswidrig** sind (→ Rn. 174). An einem Schaden fehlt es daher iErg auch dann, wenn zum Erhalt von Großaufträgen **Schmiergeldzahlungen** erfolgen, um die Marktposition auszubauen und längerfristig Gewinne zu erwirtschaften (OLG Frankfurt a. M. NStZ-RR 2004, 244 (245); Achenbach/Ransiek/Rönnau WirtschaftsStR-HdB/*Seier* Teil 5 Kap. 2 Rn. 178; HK-KapMStrafR/*Zieschang* Rn. 76; SSW StGB/*Saliger* Rn. 61; vgl. auch BGH wistra 1984, 226: Zahlung von „verschlüsselten Provisionen", um die Beteiligung an einer KG und die Vermittlung derartiger Beteiligungen „attraktiver" zu gestalten).

Der **2. Strafsenat** des BGH hat dies allerdings im Jahr 2008 im Fall **Siemens/Enel** anders gesehen, **172a** indem er zwischen dem Auslagern der Gelder in eine „schwarze Kasse" und den späteren Bestechungszahlungen trennte: „Das Erlangen von durch spätere Geschäfte letztlich erzielten Vermögensvorteilen ist nicht anders als eine Rückführung der entzogenen Mittel, allenfalls eine Schadenswiedergutmachung" (BGHSt 52, 323 Rn. 46; BGH NJW 2009, 89 (92)). Dagegen hat der **1. Strafsenat** im Jahr 2010 im Fall **Siemens/AUB** bei „Sonderbonuszahlungen" an Betriebsräte (→ Rn. 133b) ein Recht eine Schadenskompensation für möglich erachtet (BGHSt 55, 288 = BGH NJW 2011, 88 (93) Rn. 45 f.): Eine „unmittelbare" Schadenskompensation liege nicht nur dann vor, wenn die Kompensation in engem zeitlichen Zusammenhang mit der Pflichtverletzung steht, da „unmittelbar" nicht iSv „zeitgleich" bzw. „sofort" oder auch nur „bald" zu begreifen sei, sondern die Unmittelbarkeit sei auch dann gegeben, wenn keine weitere, selbstständige Handlung mehr hinzutreten müsse, damit der Vermögenszuwachs entstehe; dies lag im Fall nahe, da im Tatzeitpunkt weitere Zahlungen an die AUB nicht mehr erforderlich waren und damit der Siemens AG durch die Zusammenarbeit finanzielle Vorteile erwachsen konnten.

Das Vermögen muss grds. dem **geschädigten Vermögen** zufließen, so dass es nicht genügt, dass der **173** Vorteil bei einem Dritten eintritt (Schönke/Schröder/*Perron* Rn. 41). Anders ist dies aber dann, wenn die „Vermögensmassen" – wie im Konzern – eine **wirtschaftliche Einheit** bilden (D. *Busch,* Konzernuntreue, 2004, 196 ff.).

cc) **Rechtlich missbilligte Geschäfte.** Bei der Kompensation sind nach heute hM auch durch **174** **rechtlich missbilligte Geschäfte zugeflossene Vermögenswerte** bzw. **Erwerbsaussichten** (Exspektanzen) **zu berücksichtigen,** wie zB durch pflichtwidrige Risikogeschäfte oder durch den pflichtwidrigen Einsatz von Schmiergeldern erlangte Vermögensvorteile, sofern sie der erlittenen Vermögenseinbuße wirtschaftlich mindestens äquivalent sind (BGH NJW 1975, 1234 (1235) – Bundesligaskandal: Zahlung von 100.000 DM vom Vereinskonto für den Erhalt der Bundesligazugehörigkeit (30.000 als Anzahlung; der Rest nach Erfüllung, auch als „Schweigegeld"); BGHSt 55, 288 Rn. 44 ff. – Siemens/AUB; BGH NJW 2011, 88 (93): „Sonderbonuszahlungen" an den Betriebsrat, um das Wohlverhalten zu „kaufen"; Achenbach/Ransiek/Rönnau WirtschaftsStR-HdB/*Seier* Teil 5 Kap. 2 Rn. 415; AnwK-StGB/*Esser* Rn. 175c; *Bräunig,* Untreue in der Wirtschaft, 2011, 176 ff., 198 ff.; LK-StGB/*Schünemann* Rn. 185; Matt/Renzikowski/*Matt* Rn. 141; *Nack* NJW 1980, 1599; *Rojas,* Grundprobleme der Haushaltsuntreue, 2011, 170 f.; krit. *Bringewat* JZ 1977, 667; NK-StGB/*Kindhäuser* Rn. 113; *Schreiber/Beulke* JuS 1977, 656; SSW StGB/*Saliger* Rn. 60; *Waßmer,* Untreue bei Risikogeschäften, 1997, 121 ff.; aA RGSt 71, 344 (346); *Hillenkamp* NStZ 1981, 161 (166); Schönke/Schröder/*Perron* Rn. 41). Dies ist deshalb umstritten, weil die Kompensation wegen der rechtlichen Missbilligung nicht rechtlich garantiert, sondern nur faktisch-wirtschaftlich begründbar ist (LK-StGB/*Schünemann* Rn. 121). Sofern man aber – wie die hM – deliktisch erworbenes Vermögen schützt (→ Rn. 59), ist die Einbeziehung konsequent und entspricht, wie das BVerfG im Landowsky-Beschluss bestätigt hat, der verfassungsrechtlich geforderten wirtschaftlichen Betrachtung: „Normative Gesichtspunkte können bei der Feststellung eines Nachteils durchaus eine Rolle spielen. Sie dürfen aber, soll der Charakter der Untreue als Vermögensdelikt und Erfolgsdelikt bewahrt bleiben, wirtschaftliche Überlegungen nicht verdrängen. So kann bspw. die Verwendung des anvertrauten Vermögens zu verbotenen Zwecken nicht per se als nachteilsbegründend angesehen werden; vielmehr bleibt es auch in solchen Fällen erforderlich, zu prüfen, ob das verbotene Geschäft – wirtschaftlich betrachtet – nachteilhaft war" (BVerfGE 126, 170 Rn. 115). Zu beachten ist aber, dass die maßgebenden Erwerbsaussichten – **zumindest faktisch** –

begründet sein müssen und eine „vage Hoffnung" nicht ausreicht (vgl. zum Ankauf von Steuerdaten-CDs *Kelnhofer/Krug* StV 2008, 660 (664); *Spernath* NStZ 2010, 307 (312); zur rechtswidrigen Wahlkampffinanzierung *Altenburg* NJW 2015, 1624 (1625)).

174a   **Keinen wirtschaftlichen Wert,** der iRd Kompensation zu berücksichtigen ist, sollen nach der neueren Rspr. des 2. Strafsenats des BGH **Forderungen** haben, die auf gemäß § 134 BGB **nichtige Verträge** gestützt sind und bei denen auch keine bereicherungsrechtlichen Ansprüche bestehen (BGH NJW 2013, 401 (403) – Telekom Spitzelaffäre). Entsprechendes soll für nach § 138 BGB **sittenwidrige Verträge** gelten (Fischer Rn. 112). Werden derartige rechtsgrundlose Forderungen nach Erbringung der rechtlich missbilligten Gegenleistung bedient, soll dem Vermögen des Treugebers ein Nachteil entstehen, da es an einer Zahlungspflicht fehlt und der Nachteil nicht durch einen gleichwertigen Vorteil – Erlöschen wirksamer Forderungen – kompensiert wird. Diese rein normative Sichtweise ist **abzulehnen,** da eine **Gesamtbetrachtung** durchzuführen ist, bei der die bereicherungsrechtliche Bewertung (wegen § 817 S. 2 BGB kein Anspruch auf Ersatz des Wertes der geleisteten Dienste) nicht einfach in das Strafrecht übernommen werden kann. Der wirtschaftliche Wert der rechtlich missbilligten Gegenleistung ist bei einer wirtschaftlichen Betrachtung iRd Kompensation zu berücksichtigen (vgl. *Cornelius* NZWiSt 2013, 166 (169)), wie dies auch dann der Fall ist, wenn vor der Erbringung der Gegenleistung die Bezahlung bzw. „Anzahlung" (→ Rn. 174) erfolgt (vgl. *Waßmer,* in Fischer/Hoven, 175 (181 ff.)). Ebenso haben auch durch **Schwarzarbeit** erbrachte Leistungen einen wirtschaftlichen Wert und sind als Vermögenspositionen zu berücksichtigen (*Burghardt/Bröckers* NJW 2015, 903 (908)), so dass eine Untreue aufgrund von Zahlungen für „schwarz" erbrachte Leistungen ausscheidet.

174b   Denkt man die normative Sichtweise des 2. Strafsenats konsequent weiter, sind **Forderungen,** die aus einer **geldwäschetauglichen Vortat** (§ 261 Abs. 1 S. 2) stammen – etwa Kaufpreisforderungen, die durch einen gewerbsmäßigen Betrug erlangt wurden –, „kontaminiert" und verkehrsunfähig, mithin wertlos. Zahlungen zur Erfüllung dieser Forderungen würden dann einen Nachteil begründen (*Bülte* NStZ 2014, 680 (682 ff.)). Damit würde aber die Untreue zum „Instrument der Vortatverfolgung", wäre durch die „Synthese von Untreue und Geldwäsche nun (zufällig) ein wirksames Instrument der Geldwäschebekämpfung entstanden", was „vom Gesetzgeber nicht gesehen wurde oder gar gewollt war" (*Bülte* NStZ 2014, 680 (685 f.)).

175   **dd) Schadenswiedergutmachung, Ersatzansprüche, Steuervorteile. Nicht kompensationsfähig** ist die **bloße Schadenswiedergutmachung** durch andere, rechtlich selbstständige Handlungen (vgl. nur BGH NStZ 1986, 455 (456); BGH NStZ-RR 2006, 306 f.). Nicht kompensationsfähig sind zudem **Ersatzansprüche** gegen den Täter (insbes. Schadensersatzansprüche), die mit Vornahme der Untreuehandlung entstehen (Fischer Rn. 168; *Ransiek* ZStW 116 (2004), 634 (663 f.); Schönke/Schröder/*Perron* Rn. 42; *Waßmer,* Untreue bei Risikogeschäften, 1997, 126 ff.; *Wolf* KJ 2000, 531 (535)), oder gegen Dritte (zB eine Versicherung). Diese Ausnahme von der grds. gebotenen wirtschaftlichen Betrachtungsweise hat das BVerfG im Landowsky-Beschluss nicht beanstandet, weil sie ersichtlich der Regelungskonzeption des § 266 und dem Willen des Gesetzgebers entspricht, es widersprüchlich wäre, wegen des Bestehens eines Schadensersatzanspruchs einen Schaden zu verneinen (BVerfGE 126, 170 Rn. 126; BVerfG NJW 2010, 3209 (3217)). Dasselbe gilt für **Steuervorteile,** die die Geschädigten (zB von Geschlossenen Fonds) durch die Geltendmachung von Verlustzuweisungen (Achenbach/Ransiek/Rönnau WirtschaftsStR-HdB/*Seier* Teil 5 Kap. 2 Rn. 232) erlangen können (zur steuerlichen Nichtberücksichtigung von Vermögensschäden durch veruntreute Gelder als „außergewöhnliche Belastungen" vgl. BFH BeckRS 2009, 25015809).

175a   **c) Schadensersatzansprüche, Prozesskosten und Sanktionen.** Sehr streitig ist, ob Schadensersatzansprüche, Prozesskosten oder Sanktionen, die im Fall der **Aufdeckung der Tat** drohen, einen Nachteil begründen können (bejahend Schönke/Schröder/*Perron* Rn. 37; *J. Schwind* NStZ 2001, 349 (352); ebenso LK-StGB/*Schünemann* Rn. 184, der den Nachteil in Abhängigkeit vom Entdeckungsrisiko bestimmen will (das freilich kaum kalkulierbar sein dürfte, zumal das Dunkelfeld unbekannt ist, → Rn. 14; zudem würde dann der „schlaue und gerissene Täter" privilegiert, vgl. *Weber* FS Seebode, 2008, 437 (444)); bejahend auch *Pastor Muñoz/Coca Vila* GA 2015, 284 (290 ff.); abl. Achenbach/Ransiek/Rönnau WirtschaftsStR-HdB/*Seier* Teil 5 Kap. 2 Rn. 213; *Otto* RuP 2000, 109 f.; *Rengier* StrafR BT I § 18 Rn. 52a; *Weber* FS Seebode, 2008, 437 (444 ff.); diff. *Jäger* FS Otto, 2007, 593 (603 ff.), der einen „unmittelbaren inneren Vermögensbezug" bzw. „untreuespezifischen Sinnbezug" fordert; ausf. *Burger,* Untreue (§ 266 StGB) durch das Auslösen von Sanktionen zu Lasten von Unternehmen, 2007, 78 ff.). Der Annahme des **5. Strafsenats** im Fall **Berliner Reinigungsbetriebe,** dass die Aufdeckung der Tat ein Zwischenschritt sei, der der „Unmittelbarkeit" entgegenstehe (BGH NJW 2009, 3173 Rn. 33 (insoweit nicht abgedruckt in BGHSt 54, 44); zust. OLG Celle BeckRS 2012, 20313; Achenbach/Ransiek/Rönnau WirtschaftsStR-HdB/*Seier* Teil 5 Kap. 2 Rn. 224; AnwK-StGB/*Esser* Rn. 217), ist der **1. Strafsenat** in der **Kölner Parteispendenaffäre** (BGHSt 56, 203 Rn. 59; BGH NJW 2011, 1747 (1751); abl. SSW StGB/*Saliger* Rn. 62) entgegengetreten: Ein „unmittelbarer Zusammenhang" zwischen pflichtwidrigem Tun und Vermögensnachteil müsse nicht bestehen; der Kausalzusammenhang werde nicht dadurch unterbrochen, dass der Vermögensschaden erst bei Entdeckung der Tathandlung eintrete; eines solchen Unmittelbarkeitserfordernisses bedürfe es auch nicht im Hinblick auf die tatbestandliche Weite des § 266; selbst wenn am Unmittelbarkeitserfordernis mit der bisherigen Rspr. festgehalten werden sollte, würde sich daraus nicht ergeben, dass Pflichtwidrigkeit und Nachteil in einem engen zeitlichen Verhältnis zueinander stehen müssten, „da ‚unmittelbar' jedenfalls nicht zeitgleich, sofort oder auch nur alsbald" bedeutet. Dieser Sichtweise hat sich der **3. Strafsenat** im Fall **Konzept „Wahlsieg 2006"** angeschlossen (BGH NJW 2015, 1618 Rn. 49 mAnm *Brand/Seeland* ZWH 2015, 258 ff.). Ihr ist – soweit die jeweilige Rechtsfolge nicht ohnehin auszuklammern ist (→ Rn. 175c) – unter Beibehaltung des Unmittelbarkeitserfordernisses (→ Rn. 167b) zuzustimmen, da die Aufdeckung der Tat **kein relevanter Zwischenschritt** ist, der für die Unmittelbarkeit des Schadenseintritts – wie auch generell für die materielle Strafbarkeit eines Verhaltens – von Bedeutung ist. Wie der 3. Strafsenat anführt, ist „für die Bejahung der Unmittelbarkeit (…) vielmehr maßgebend, dass der Schadenseintritt nicht von einer Handlung eines Dritten abhängt, dem ein Beurteilungsspielraum oder Ermessen eingeräumt ist" (BGH NJW 2015, 1618 Rn. 49). Hierdurch wird iRd § 266 der Unmittelbarkeitszusammenhang unterbrochen.

Daher ist ein Nachteil zu **bejahen,** wenn – wie bei Verstößen gegen das PartG (→ Rn. 203; nach **175b** § 31c Abs. 1 S. 1 PartG besteht ein Anspruch gegen die Partei in Höhe des Dreifachen bzw. Zweifachen des rechtswidrig erlangten Betrages) – eine **Sanktion zwingende Folge der Tat** ist, deren Festsetzung nicht im Ermessen steht (SSW StGB/*Saliger* Rn. 75; zust. Matt/Renzikowski/*Matt* Rn. 124; *Rengier* StrafR BT I § 18 Rn. 53c; *Reschke,* Untreue, Bankrott und Insolvenzverschleppung im eingetragenen Verein, 2015, 269 f.; vgl. auch BeckOK StGB/*Wittig* Rn. 44.3; Rengier StrafR BT I § 18 Rn. 52b f.). Dagegen ist ein Nachteil zu **verneinen,** wenn der Schadenseintritt noch von Entscheidungen Dritter abhängig ist, die infolge eines **Ermessensspielraums** nicht mit Sicherheit vorhersehbar sind und damit nicht feststehen (OLG Celle BeckRS 2012, 20313: Aberkennung der Gemeinnützigkeit abhängig von der Entscheidung der Steuerverwaltung). Entsprechendes muss für **Schadensersatzansprüche** und **Prozesskosten** gelten (vgl. zu Prozessrisiken, die bezifferbar sein müssen, → Rn. 221b).

Keinen Nachteil kann eine **Verbandsgeldbuße** nach § 30 OWiG begründen (Achenbach/Ran- **175c** siek/Rönnau WirtschaftsStR-HdB/*Seier* Teil 5 Kap. 2 Rn. 213; *Otto* RuP 2000, 109 (110); *Weber* FS Seebode, 2008, 437 (448); aA *J. Schwind* NStZ 2001, 349 (352)), und zwar nicht nur deshalb, weil sie lediglich festgesetzt werden *kann* (→ Rn. 175a), wenn eine Leitungsperson durch die Begehung einer Straftat oder Ordnungswidrigkeit die Voraussetzungen für die Festsetzung schafft. Die Verbandsgeldbuße soll eine Besserstellung von juristischen Personen ggü. natürlichen Personen vermeiden (BT-Drs. V/129, 59). Bei der Bemessung des **Ahndungteils** der Verbandsgeldbuße geht es ausschließlich um den „kollektiven Anteil an der fehlerhaften Sinnbestimmung", der sich in der Tat der Leitungsperson manifestiert hat (vgl. KK-OWiG/*Rogall* OWiG § 30 Rn. 137). Es handelt sich folglich um eine Sanktion, die zur Gleichstellung von juristischen Personen mit natürlichen Personen den Verbandszusammenhang ahndet und daher iRd Bestimmung des Nachteils iSd § 266, der dem Individualtäter zuzurechnen ist, keine Berücksichtigung finden darf. Sähe man dies anders, würde jede vorsätzliche Tat, die eine Verbandsgeldbuße zur Folge hat, eine Untreue begründen, mithin § 266 über § 30 OWiG „zu einem alles überstrahlenden Universaldelikt aufgeblasen" (Achenbach/Ransiek/Rönnau WirtschaftsStR-HdB/ *Seier* Teil 5 Kap. 2 Rn. 213). Auch der **Abschöpfungsteil** der Verbandsgeldbuße (vgl. 30 Abs. 3 iVm § 17 Abs. 4 OWiG) kann keinen Nachteil iSd § 266 begründen, da es hierbei allein um die Abschöpfung wirtschaftlicher Vorteile geht, die der Verband unrechtmäßig gezogen hat (vgl. nur KK-OWiG/ *Rogall* OWiG § 30 Rn. 140 mwN), durch deren Herausgabe der Verband nicht geschädigt werden kann (*Burger,* Untreue (§ 266 StGB) durch das Auslösen von Sanktionen zu Lasten von Unternehmen, 2007, 35; *Weber* FS Seebode, 2008, 437 (444)). Entsprechendes gilt für den **Verfall** nach § 29a OWiG – der angeordnet werden kann, wenn eine Verbandsgeldbuße nicht festgesetzt wird –, und zwar selbst dann, wenn er unter Geltung des Bruttoprinzips über die Gewinnabschöpfung hinausgeht (so iErg zu §§ 73 ff. auch *Weber* FS Seebode, 2008, 437 (444)).

d) Ermittlung und Bezifferung. Nach den grdl. Vorgaben des **Landowsky-Beschlusses** des **175d** BVerfG (BVerfGE 126, 170 Rn. 113 ff.; BVerfG NJW 2010, 3209 (3215); vgl. auch BVerfG NJW 2013, 365) müssen die Strafgerichte „von einfach gelagerten und eindeutigen Fällen – etwa bei einem ohne Weiteres greifbaren Mindestschaden – abgesehen, (…) den von ihnen angenommenen Nachteil der Höhe nach beziffern und dessen Ermittlung in wirtschaftlich nachvollziehbarer Weise in den Urteilsgründen darlegen". Wenn und soweit in der wirtschaftlichen Praxis **Methoden** zur Bewertung von Vermögenspositionen entwickelt wurden, seien diese ggf. über Hinzuziehung eines **Sachverständigen** der Beurteilung zugrunde zu legen, „um der Schadensfeststellung rational nachvollziehbar zu machen und sich zu vergewissern, ob im Einzelfall eine hinreichend sichere Grundlage für die Feststellung eines Vermögensnachteils überhaupt existiert oder ob man sich in einem Bereich bewegt, in dem von einem zahlenmäßig fassbaren Schaden noch nicht die Rede sein kann". Soweit Unsicherheiten verblieben, sei unter Beachtung des Zweifelssatzes der **(Mindest-)Schaden** im Wege der **Schätzung** zu ermitteln. Angeknüpft werden könne hierbei an die **Bewertungsvorschriften des Bilanzrechts** (BVerfGE 126, 170 Rn. 123 ff., 141 ff. unter Bezugnahme auf *Hefendehl,* Vermögensgefährdung und Exspektanzen, 1994, 169 ff. (448, 454 f.); abl. *Ensenbach,* Der Prognoseschaden bei der Untreue, 2016, 213).

175e   Diese Vorgaben haben die **nachfolgende Rspr. stark beeinflusst** (→ Rn. 210a und 214) und dazu geführt, dass die Feststellung von Vermögensschäden „schwieriger" (Fischer Rn. 162) geworden ist. Befürchtet wird, dass sich hierdurch die bestehende Absprachentendenz verstärkt (*Kraatz* JR 2011, 434 (439); *Krüger* NStZ 2011, 369 (370)). Die Vorgaben zwingen die Justiz jedenfalls dazu, „gefühlte" Schäden zu hinterfragen und eine rationale wirtschaftliche Schadensberechnung durchzuführen, um den Charakter der Untreue als Vermögensdelikt zu wahren. Die Anforderungen an die **tatrichterliche Begründung** sind deutlich angewachsen. Im Hinblick auf den erhöhten Begründungsaufwand wird mit Recht gefordert, dass sich die Richter hinreichend mit den Fragen der wirtschaftlichen Schadensberechnung befassen und seitens der Justizverwaltungen Ressourcen zur Verfügung gestellt werden, um einer Verstärkung der Absprachepraxis entgegenzuwirken (Fischer Rn. 163a).

175f   In der Praxis ist der Nachteil im **Regelfall** genau, dh „**in Euro und Cent**" zu quantifizieren (*Bittmann* NStZ 2012, 57 (62)). Soweit unter Hinweis auf die Vorgaben des BVerfG angeführt wird, dass eine exakte Bezifferung in **einfach gelagerten und eindeutigen Fällen** entbehrlich sei, da das Bezifferungsgebot nicht übertrieben werden dürfe (SSW StGB/*Saliger* Rn. 50b), werden die Entscheidungsgründe überinterpretiert: In eindeutigen Fällen ist es zwar entbehrlich, die Ermittlung des Nachteils eingehend darzulegen, die exakte Bezifferung ist aber dennoch geboten, zumal die Höhe des Schadens für die Strafzumessung Bedeutung hat. Bei der Wertbestimmung ist grds. auf den **Verkehrs- oder Marktwert** als objektives Kriterium abzustellen (hierzu *Bräunig*, Untreue in der Wirtschaft, 2011, 240 f.; *Lösing*, Die Kompensation des Vermögensnachteils durch nicht exakt quantifizierbare, vermögenswirksame Effekte, 2012, 116 f.). Fehlt ein solcher – insbes. bei der Einzigartigkeit des Geschäfts –, bestimmt sich der wirtschaftliche Wert nach dem von den Vertragsparteien **individuell vereinbarten Preis** unter Berücksichtigung der für die Parteien des fraglichen Geschäfts maßgeblichen preisbildenden Faktoren (vgl. nur zu § 263 BGH (1. Strafsenat) NStZ 2010, 700; anders aber zum Eingehungsbetrug BGH (5. Strafsenat) NJW 2013, 1460 ff., wonach es mit Blick auf die praktischen Schwierigkeiten bei der Ermittlung des objektiven Marktwertes generell auf den vereinbarten Kaufpreis ankommen soll, womit bei der Schadensbestimmung ein Unterschied zwischen Betrug und Untreue bestünde (so auch ausdrücklich S. 1461 Rn. 20); zust. *Bittmann* wistra 2013, 449 (453 ff.); gegen diese „intrasubjektive Wertsetzung", die das Erfordernis der Sachverständigenheranziehung unterläuft und den Schadensbegriff bei Betrug und Untreue spaltet, zu Recht *A. H. Albrecht* NStZ 2014, 17 (18 ff.); krit. auch *Krell* NZWiSt 2013, 370 (372 f.)). Bedeutung hat der individuell ausgehandelte Preis zB für Schmiergeldzahlungen (*Bittmann* NStZ 2012, 57 (62)). Die **Heranziehung von Sachverständigen** (krit. *Fischer* StraFo 2010, 329 (335): „neue Spielwiese für Sachverständigengutachten") sollte nicht der Regelfall werden, sondern muss auf **komplexe Fälle** beschränkt bleiben (vgl. *Hefendehl* wistra 2012, 325 (330); *Hinrichs* wistra 2013, 161 (165); SSW StGB/*Saliger* Rn. 50b). In der Praxis werden andererseits aber gerade die Fälle, in denen die Bewertung spezielle kaufmännische Kompetenzen voraussetzt, „fast ausnahmslos" (*Schlösser* StV 2010, 157 (160)) eine sachverständige Begutachtung erfordern.

175g   Zu betonen ist weiter, dass **Bilanzierungsregeln** nicht pauschal und undifferenziert übertragen werden dürfen, sondern der „bilanzrechtliche Ansatz" häufig der **Korrektur** bedarf und damit eher ein **heuristisches Mittel** darstellt, um den entstandenen Nachteil zu ermitteln (vgl. Achenbach/Ransiek/ Rönnau WirtschaftsStR-HdB/*Seier* Teil 5 Kap. 2 Rn. 196; *Becker* HRRS 2010, 383 (391 f.); *Fischer* StraFo 2010, 329 (334); *Hefendehl* wistra 2012, 325 (328 ff.); *Joecks* FS Samson, 2010, 355 (366); *Kraatz* JR 2011, 434 (439); *Perron* FS Frisch, 2013, 857 (866 ff.); *Rübenstahl* NJW 2009, 2392 (2393); Schönke/ Schröder/*Perron* Rn. 45; *Schulze*, Die Konkretisierung und Quantifizierung des Vermögensnachteils bei ungetreuen Kreditgeschäften, 2014, 74 ff.; SSW StGB/*Saliger* Rn. 50b, 71; *Wessing*/*Krawczyk* NZG 2010, 1121 (1124); vgl. auch LK-StGB/*Schünemann* Rn. 182: keine Akzessorietät, Bilanzrecht nur eine „Rückversicherung"). Denn Handelsbilanzen liegt – wie auch das BVerfG im Landowsky-Beschluss ausgeführt hat – das sog Vorsichtsprinzip zugrunde, das aus Gründen des Verkehrsschutzes eine Unterbewertung einer möglichen Überbewertung vorzieht; so ist etwa die Berücksichtigung erwarteter Vermögenszuwächse in der Rechnungslegung bilanzrechtlich unzulässig (BVerfGE 126, 170 Rn. 123; BVerfG NJW 2010, 3209 (3216)). Zudem ist darauf hinzuweisen, dass bilanzrechtliche Bewertungsregeln nicht selten umstritten sind (SSW StGB/*Saliger* Rn. 70). Besonders schwierig ist die **Unternehmensbewertung** (vgl. auch → Rn. 188). Die für die Untreue maßgebende Höhe des Nachteils kann daher im Einzelfall von den **Wertansätzen eines Wirtschaftsprüfers** (deutlich) abweichen (*Bittmann* NStZ 2012, 57 (63)).

176   **3. Ausbleiben einer Vermögensmehrung.** Der Nachteil kann bei der Untreue nach ganz hM auch im **Ausbleiben einer Vermögensmehrung** bestehen, sofern der Treupflichtige nach dem Inhalt des Treueverhältnisses zum **vermögensmehrenden Handeln rechtlich verpflichtet** ist (BGHSt 20, 143 (145); BGH NJW 1983, 1807 (1808) (gekürzt in BGHSt 31, 232 (234 f.)); BGH wistra 1984, 109; 1989, 224 (225); BGH NStZ 2003, 540 (541); OLG Bremen NStZ 1989, 228 (229); ausf. *Bräunig*, Untreue in der Wirtschaft, 2011, 158 ff. mwN; aA LK-StGB/*Schünemann* Rn. 173). Dies ist sowohl mit dem Wortlaut des § 266 als auch mit dem Gebot restriktiver und präzisierender Auslegung des Tatbestands zu vereinbaren und daher verfassungsrechtlich unbedenklich (BVerfGE 126, 170 Rn. 118; BVerfG NJW 2010, 3209 (3216); aA LK-StGB/*Schünemann* Rn. 173: „dogmatisch irrig"). Der diesbezüglich gewährte

Schutz begründet mit Blick auf den Betrug (§ 263) **keinen erweiterten Schadensbegriff** (*Labsch*, Untreue (§ 266 StGB), Grenzen und Möglichkeiten einer neuen Deutung, 1983, 322; SK-StGB/*Hoyer* Rn. 100; *Waßmer*, Untreue bei Risikogeschäften, 1997, 103 ff.; aA *Kindhäuser* FS Lampe, 2003, 722 ff.; Otto StrafR BT 54/33; Überblick bei *Hefendehl*, Vermögensgefährdung und Exspektanzen, 1994, 33 ff.; offen gelassen von BVerfGE 126, 170 Rn. 122; BVerfG NJW 2010, 3209 (3216)), da die Aussicht auf eine Vermögensmehrung eine vermögenswerte Exspektanz darstellt, die auch der Betrug (vgl. nur Schönke/Schröder/*Perron* § 263 Rn. 87 ff. mwN) schützt. So hat zB der Vormund das zum Vermögen des **Mündels** gehörende Geld verzinslich anzulegen (§ 1806 BGB). Hierbei kann es an einem Vermögenszuwachs nicht nur infolge eines **Unterlassens** fehlen, sondern eine Exspektanz kann auch **aktiv vereitelt** werden (BGH NJW 1983, 1807: Übertragung von verzinslich angelegten Geldern auf ein unverzinstes Konto). Zu beachten ist, dass § 266 (nur) die Nachteilszufügung verbietet, aber **keine Gewinnmaximierung** verlangt (BGHSt 31, 232 (234); *Bräunig*, Untreue in der Wirtschaft, 2011, 163). Bei der Kapitalanlage besteht ein weiter **Ermessensspielraum**. Entscheidend ist, ob das Ausbleiben der Vermögensmehrung evident unvertretbar war.

     Keine Rechtspflicht besteht zur Vermögensmehrung durch Vornahme **verbotener oder sitten-**   **176a** **widriger** Geschäfte oder Handlungen (BGHSt 20, 143 (145 f.): Abschluss wettbewerbswidriger Geschäfte; Fischer Rn. 112). Daher ist zB ein Oberbürgermeister nicht zur Annahme einer „Geldspende", die zuvor im Rahmen einer Korruptionsstraftat konkret zugesagt wurde, verpflichtet (aA BGH NStZ 2006, 628: Pflicht zur Zuführung an die Stadtkasse „als außergewöhnliche, nicht im Haushaltsplan veranschlagte Einnahme").

     Im Rahmen der Untreue liegt eine **vermögenswerte Exspektanz** nicht erst dann vor, wenn die   **177** Vermögensmehrung „**sicher**" zu erwarten ist (so BGHSt 20, 143 (145); 31, 232 (234 f.); BGH NJW 1983, 1807 (1808); BGH wistra 1984, 109; OLG Bremen NStZ 1989, 228 (229)), sondern mit Blick auf die Betrugsdogmatik muss es genügen, dass im Einzelfall eine „große Wahrscheinlichkeit" (RGSt 71, 333; 334) bzw. „begründete Aussicht" (BGHSt 17, 147 (148); OLG Köln NJW 1967, 1923) ihrer Realisierung besteht und damit ein **messbarer wirtschaftlicher Wert** vorhanden ist (Fischer Rn. 111: „wirtschaftlich realistische Gewinnerwartung"; Achenbach/Ransiek/Rönnau WirtschaftsStR-HdB/*Seier* Teil 5 Kap. 2 Rn. 174: „als wahrscheinlich prognostiziert"; vgl. auch AnwK-StGB/*Esser* Rn. 167; MüKoStGB/*Dierlamm* Rn. 210; SK-StGB/*Hoyer* Rn. 99). Diesbezüglich lässt sich keine schematische Grenze angeben (Fischer Rn. 116). **Nicht ausreichend** ist jedenfalls eine bloße Erwartung, Chance (BGH NStZ-RR 2002, 237 (238)) oder Hoffnung (OLG Bremen NStZ 1989, 228 (229); OLG Stuttgart NJW 1999, 1566: Erbaussicht). Dasselbe gilt für die „nur mehr oder minder" gesicherte Aussicht eines Geschäftsabschlusses (BGH NJW 1983, 1807 (1809)).

     Ein **Nachteil** kann dann vorliegen, wenn ein Geschäft **noch vorteilhafter** hätte abgeschlossen   **178** werden können. Dies ist der Fall, wenn ein Grundstück zu einem höheren Preis von einem Zwischenerwerber statt direkt vom Verkäufer gekauft wird (BGH NStZ 2000, 46; 2003, 540), beim Kauf zu einem Preis, in den Schmiergelder einkalkuliert sind (Kick-Back, BGHSt 50, 299 (314) – Kölner Müllskandal; BGH NStZ 2010, 330 (332); → Rn. 218) oder bei Nichtnutzung der (wegen eines Rahmenvertrags vorhandenen) Möglichkeit, einen Rabatt eingeräumt zu bekommen (BGH BeckRS 1983, 05555). Dasselbe gilt, wenn zu hohe Entschädigungszahlungen bewirkt werden (BGH NStZ 2008, 398). Ein Nachteil liegt auch darin, dass ein Geschäftsreisender dem Geschäftsherrn die **Aussicht auf Geschäfte mit Stammkunden** nimmt, da derartige Geschäfte mit hoher Wahrscheinlichkeit Gewinne erwarten lassen, so dass der Kreis der Stammkunden eine vermögenswerte Exspektanz begründet (RGSt 71, 333 (334)).

     4. Ausgleichsbereitschaft und Ausgleichsfähigkeit. An einem **Nachteil fehlt es** nach hM, wenn   **179** der Täter jederzeit zum Ersatz des Schadens **fähig und bereit** ist und hierfür ständig **eigene flüssige Ersatzmittel** bereithält, die den Ausgleich ermöglichen (RGSt 73, 283 (285 f.); BGHSt 15, 342 (344); 15, 372 (376); BGH NStZ 1982, 331; 1995, 233 (234); 2008, 455 (456); NJW 2015, 1190 (1191); KG NJW 1965, 703 (705); 1972, 218; OLG Karlsruhe NStZ 1990, 82 (84); Achenbach/Ransiek/Rönnau WirtschaftsStR-HdB/*Seier* Teil 5 Kap. 2 Rn. 179; AnwK-StGB/*Esser* Rn. 180; *Hantschel*, Untreuevorsatz, 2010, 307; *Hellmann* ZIS 2007, 433 (440); Lackner/Kühl/*Kühl* Rn. 17; LK-StGB/*Schünemann* Rn. 171; Matt/Renzikowski/*Matt* Rn. 145; MüKoStGB/*Dierlamm* Rn. 209; Otto StrafR BT § 54 Rn. 34; *Ransiek* ZStW 116 (2004), 634 (669); Rengier StrafR BT I § 18 Rn. 51a; *Rojas*, Grundprobleme der Haushaltsuntreue, 2011, 175 f.; *Tsagkaraki*, Die Bildung der sog. „schwarzen Kassen" als strafbare Untreue gemäß § 266 StGB, 2013, 134; *Waßmer*, Untreue bei Risikogeschäften, 1997, 126 ff.; iErg ebenso (fehlende obj. Zurechnung mangels rechtlich relevanter Gefahr) *Saliger* HRRS 2006, 10 (21 f.); SSW StGB/*Saliger* Rn. 80; (Tätige Reue) Momsen/Grützner WirtschaftsStR/*Schramm* Kap. 5 Teil B Rn. 128; aA *Bräunig*, Untreue in der Wirtschaft, 2011, 371 ff.; Fischer Rn. 169; *Labsch*, Untreue (§ 266 StGB), Grenzen und Möglichkeiten einer neuen Deutung, 1983, 323; Schönke/Schröder/*Perron* Rn. 42 (anders Rn. 48: mutmaßliche Einwilligung); ausf. *Dobers*, Freifahrtschein für Vermögende?, 2015, 45 ff., 141 ff.; *Wittig* FS Imme Roxin, 2012, 375 ff.). Dies gilt nach der neueren Rspr. auch dann, wenn der Täter **auf sonstige Weise** den Ersatz des Schadens sicherstellen kann, insbes. aufgrund der **Zusage eines Dritten** (BGH NStZ 1995, 233: Aussicht der Erstattung durch eine vom

Täter beherrschte französische Gesellschaft; krit. Fischer Rn. 166, da nach BGHSt 15, 372 (376) die Ersatzfähigkeit „allein im Machtbereich des Täters" liegen müsse und die Bereitschaft eines Dritten keine „sichere" Ersatzfähigkeit begründe). Danach fehlt es zB an einem Nachteil, wenn ein Vermieter die Mietkaution auf einem „allgemeinen Konto" einzahlt und damit nur die abgesonderte Anlage der Gelder auf einem Anderkonto unterlässt (BGH NStZ 2008, 455 (456)), ein ersatzfähiger und ersatzwilliger Insolvenzverwalter Gelder vorübergehend zweckentfremdet (Rengier StrafR BT I § 18 Rn. 51a) oder die (belastbare) Bürgschaftserklärung eines Dritten vorhanden ist (SSW StGB/*Saliger* Rn. 80).

179a   Diese **Sichtweise,** die dazu führt, dass der Täter „risikolos" zu betreuendes Vermögen zu eigenen Zwecken abziehen und verwenden kann (krit. Fischer Rn. 169; *Dobers,* Freifahrtschein für Vermögende?, 2015, 99 ff.) und Teilnehmer ebenfalls privilegiert werden (krit. Momsen/Grützner WirtschaftsStR/*Schramm* 5 B Rn. 128), steht mit dem wirtschaftlichen Vermögensbegriff in Einklang, da bei der Untreue die Ersatzansprüche des Geschädigten gegen den Täter wirtschaftlich werthaltig sein können, während beim Betrug der Täter dem Opfer gerade Ersatzansprüche abschneiden will, so dass diese wirtschaftlich betrachtet praktisch wertlos sind (Achenbach/Ransiek/Rönnau WirtschaftsStR-HdB/*Seier* Teil 5 Kap. 2 Rn. 181; Rengier StrafR BT I § 18 Rn. 51a; *Waßmer,* Untreue bei Risikogeschäften, 1997, 129). IÜ trägt sie der gebotenen restriktiven Auslegung des Untreuetatbestands Rechnung. Daher ist es, wie sich dem Landowsky-Beschluss des BVerfG v. 23.6.2010 entnehmen lässt, auch verfassungsrechtlich geboten, einen Nachteil zu verneinen, wenn der Täter jederzeit bereit und fähig ist, einen Fehlbetrag aus eigenen flüssigen Mitteln vollständig auszugleichen (BVerfGE 126, 170 Rn. 126 aE; BVerfG NJW 2010, 3209 (3217)). Nicht zu übersehen ist freilich, dass dem Täter hierdurch die Möglichkeit von **Schutzbehauptungen** eröffnet wird, da er sich insbes. darauf berufen kann, hinsichtlich der Ersatzfähigkeit einem Tatbestandsirrtum erlegen zu sein, oder den Entschluss, den Schaden nicht auszugleichen, erst später gefasst zu haben (Achenbach/Ransiek/Rönnau WirtschaftsStR-HdB/*Seier* Teil 5 Kap. 2 Rn. 179; Fischer Rn. 169). Zudem können hierdurch **Schneeballsysteme** begünstigt werden (Achenbach/Ransiek/Rönnau WirtschaftsStR-HdB/*Seier* Teil 5 Kap. 2 Rn. 293, 296).

180   Ein **Nachteil** liegt jedenfalls dann vor, wenn der Täter aufgrund von **Mittellosigkeit** (OLG Stuttgart NJW 1968, 1340 (1341)) oder **schlechten Vermögensverhältnissen** (RGSt 73, 283 (286)) nicht in der Lage ist, jederzeit den Ausgleich durchzuführen. Dies gilt auch, wenn nur die Möglichkeit besteht, sich das Geld bei Bedarf durch **Kreditaufnahme** zu beschaffen (BGH NStZ 1981, 331). Schließlich liegt ein Nachteil vor, wenn der Täter zwar über ausreichende Mittel verfügt, also die Ausgleichsfähigkeit vorhanden ist, er aber keinen Überblick über die unberechtigten Entnahmen und seine Eigenmittel hat und sogar **Verschleierungshandlungen** vorgenommen hat, die den Geschädigten die Geltendmachung ihrer Ansprüche erheblich erschweren (BGH wistra 1990, 352), so dass es an der Ausgleichsbereitschaft mangelt (MüKoStGB/*Dierlamm* Rn. 209).

181   **5. Eigenmächtige Erfüllung einer Forderung.** An einem **Nachteil fehlt** es auch dann, wenn der Treupflichtige **eigenmächtig** eine **fällige und einredefreie Forderung** erfüllt, die gegen den Vermögensinhaber besteht, da er ihn damit von einer Verbindlichkeit befreit und somit der Vermögensabfluss kompensiert wird; hierbei spielt es keine Rolle, ob die Forderung einem Dritten (RGSt 75, 227 (228 f.)) oder dem Treupflichtigen selbst zusteht (BGH NStZ 2004, 205 (206); BGH NStZ-RR 2011, 312; Achenbach/Ransiek/Rönnau WirtschaftsStR-HdB/*Seier* Teil 5 Kap. 2 Rn. 32; Schönke/Schröder/*Perron* Rn. 41, 42; SK-StGB/*Hoyer* Rn. 111). Einschlägig ist dies, wenn der GmbH-Geschäftsführer eine angemessene Vergütung (BGH NStZ 1995, 185; BGH wistra 1987, 65; 1995, 144; 1999, 340; 2000, 466) oder der Liquidator abzuwickelnder Treuhandgesellschaften sein Honorar entnimmt (BGH NStZ 2001, 542), bei der Tilgung eines fälligen Provisionsanspruchs (BGH NStZ 2004, 205 (206)), der Auszahlung einer fälligen Vermittlungsprovision (BGH NStZ-RR 2006, 175), der Verwendung von Kundenschecks zur Rückführung von fälligen Überbrückungskrediten (BGH NStZ 2003, 545) und der Aufrechnung mit eigenen Gebührenforderungen (OLG Karlsruhe NStZ 1990, 82 (84)). An einem Nachteil fehlt es selbst dann, wenn das Bestehen des fälligen und einredefreien Anspruchs **nur schwer beweisbar** ist (BGH wistra 1999, 420 (422); BGH NStZ 2004, 205 (206); BGH NStZ-RR 2011, 312 (313)), da es allein auf die materielle Rechtslage ankommt. Dasselbe gilt, wenn durch die Erfüllung des Anspruchs eine gegen den Vermögensinhaber gerichtete **erfolgversprechende Klage abgewendet** wird und damit weitere Verluste (Verfahrenskosten, Verzugszinsen) verhindert werden (Mitsch StrafR BT II 6.2.2.2).

182   Nach der früheren Rspr. sollte stets ein **Nachteil** vorliegen, wenn die bediente **Forderung noch nicht fällig** ist, da durch den Abzug der liquiden Geldmittel deren weitere wirtschaftliche Nutzung ausscheidet (vgl. zur Vergütung eines Liquidators BGH NStZ 2001, 542 (544); LG Chemnitz wistra 2003, 194; zum Vorschuss des Rechtsanwalts KG NStZ 2008, 405; anders aber für die vorfristige Erfüllung eines gesicherten vertraglichen Provisionsanspruchs BGH NStZ-RR 2006, 175 (176)). Nach der **neueren Rspr.** ist dagegen eine **Kompensation nicht ausgeschlossen,** wenn eine (zB mangels Vorliegens einer prüffähigen Rechnung) noch nicht fällige Forderung vorzeitig erfüllt wird, da auch diese Forderungen **wirtschaftlichen Wert** haben können (BGH NStZ-RR 2011, 312 (314)). Diesbezüglich kann eine geminderte Werthaltigkeit nicht pauschal angenommen werden, sondern muss nach den Umständen des Einzelfalls festgestellt werden (BGH NStZ-RR 2011, 312 (314): Abhängigkeit von einem „Federstrich" / Betreiben eines besonderen Aufwands). An einem Nachteil kann es selbst bei der Zahlung auf eine nicht erbrachte Leistung fehlen, wenn wegen einer anderen erbrachten Leistung eine „dem Grunde nach" berechtigte Forderung besteht (BGH NStZ-RR 2011, 312 (313)).

Ein **Nachteil** liegt allerdings auch nach der neueren Rspr. vor, wenn der Täter zwar eine Forderung **182a** gegen den Treugeber hat, ihn aber durch **Verschleierung des Verwendungszwecks** darüber täuscht, dass die Forderung erlöschen soll (BGH NStZ-RR 1997, 298: Entnahmen mittels fingierter Rechnungen), oder die **Kenntniserlangung von der Ausgleichsforderung verhindert** (BayObLGSt 1973, 54: Nichtbuchung einkassierten Betrages). Denn der Handelnde muss das Erlangte zu seinem bestehenden Anspruch **„in Beziehung gebracht"** haben, um auszuschließen, dass der Schuldner doppelt leistet (BGH NStZ-RR 2013, 312 (313)). Hiergegen wird zT eingewandt, dass die drohende Doppelbelastung im Regelfall als „rein abstrakt" einzustufen ist und die Schwelle zur Untreue erst dann überschritten wird, wenn der Treunehmer tatsächlich ein zweites Mal Ansprüche anmeldet (Achenbach/Ransiek/Rönnau WirtschaftsStR–HdB/*Seier* Teil 5 Kap. 2 Rn. 33).

6. Schadensgleiche Vermögensgefährdung. Der Schaden kann bei der Untreue wie beim Betrug **183** traditionell (vgl. zu § 266 aF bereits RGSt 16, 77 (81)) in einer sog **schadensgleichen Vermögensgefährdung** bestehen, bei der das Vermögen aufgrund der **konkreten Gefahr** des endgültigen Vermögensverlustes nach wirtschaftlicher Betrachtung **bereits aktuell gemindert** ist (BGHSt 44, 376 (384); 46, 30 (34); 47, 8 (11); 48, 354 (357); BGH NStZ 2008, 455 (456); 2010, 329 (330); NZG 2016, 703 (710); OLG Stuttgart NJW 1999, 1564 (1565); OLG Hamm NStZ 2010, 334; *Becker* HRRS 2009, 334 (336); *Bittmann* NStZ 2012, 57 (59 f.); *Bräunig*, Untreue in der Wirtschaft, 2011, 294; *Ensenbach*, Der Prognoseschaden bei der Untreue, 39; *Fischer* Rn. 150; *Hantschel*, Untreuevorsatz, 2010, 307; Lackner/Kühl/*Kühl* Rn. 17a; Matt/Renzikowski/*Matt* Rn. 126; NK-StGB/*Kindhäuser* Rn. 111; *Ransiek* ZStW 116 (2004), 634 (660 ff., 678); Schönke/Schröder/*Perron* Rn. 45; SK-StGB/*Hoyer* Rn. 106; zur Kritik *Krell* NZWiSt 2013, 370 (373 ff.); MüKoStGB/*Dierlamm* Rn. 226 f.; *Otto* FS Puppe, 2011, 1247 (1259 ff.); *P. Werner*, Der Gefährdungsschaden als Nachteil im Sinne des Untreuetatbestandes, 2011, 25 ff., 126 ff.). Bei diesem Schaden, der häufig auch als **Gefährdungsschaden** bezeichnet wird und bei Betrug und Untreue gleich zu bestimmen ist (Wessels/Hillenkamp StrafR BT II Rn. 775 mwN; aA *Mansdörfer* JuS 2009, 114 (116 f.); *Perron* FS Tiedemann, 2008, 737 (739 ff.); SSW StGB/*Saliger* Rn. 66), handelt es sich um einen **effektiven Schaden,** dessen Höhe anhand der Wahrscheinlichkeit des endgültigen Vermögensverlustes zu bestimmen ist (→ Rn. 280; → Rn. 191, 195). Maßgebend ist eine **Prognose ex ante** im Tatzeitpunkt (für eine pragmatische „korrigierte ex-post-Betrachtung", um der Ressourcenschwäche der Justiz Rechnung zu tragen und um dem Beschuldigten eine längere Phase der Ungewissheit zu ersparen, dagegen *Bittmann* NStZ 2013, 72 ff.). Da ein endgültiger Vermögensverlust („Endschaden") noch nicht eingetreten ist (**„Durchgangsschaden",** *Fischer* StV 2010, 95 (101)), ist es vorzugswürdig, an der traditionellen Bezeichnung als „schadensgleiche Vermögensgefährdung" bzw. „Gefährdungsschaden" festzuhalten (AnwK-StGB/*Esser* Rn. 229a; Eisele StrafR BT II Rn. 903 ff.; *Fischer* StraFo 2008, 269 ff.; LK-StGB/*Schünemann* Rn. 178 ff.; Matt/Renzikowski/*Matt* Rn. 128; Rengier StrafR BT I § 18 Rn. 57; Wessels/Hillenkamp StrafR BT II Rn. 776; aA *Hauck* ZIS 2011, 919 (929): Entsorgung auf der „Müllhalde der Strafrechtsdogmatik"; für die Bezeichnung als **„Prognoseschaden"** *Ensenbach*, Der Prognoseschaden bei der Untreue, 2016, 104 f.). Das **BVerfG** hat die „Kategorie" oder „Rechtsfigur" der schadensgleichen Vermögensgefährdung bzw. des Gefährdungsschadens grds. **anerkannt,** da die Konkretheit der Gefahr von der gefestigten Rspr. in mehrfacher Hinsicht präzisiert worden ist: zeitlich muss nicht nur mit dem alsbaldigen Eintritt eines endgültigen Schadens zu rechnen sein, sondern eine nicht mehr zu kontrollierende und nur noch im Belieben des Täters stehende Möglichkeit des endgültigen Vermögensverlusts bestehen; zudem müssen die Tatsachen feststehen, welche die schadensgleiche Vermögensgefährdung begründen (BVerfG NJW 2009, 2370 (2372); BVerfGE 126, 170 = BVerfG NJW 2010, 3209 (3218) Rn. 136 ff.).

Die **Praxis** hat allerdings die Konkretheit **zT relativ großzügig,** „in geradezu inflationärer Weise", **184** gehandhabt (Achenbach/Ransiek/Rönnau WirtschaftsStR-HdB/*Seier* Teil 5 Kap. 2 Rn. 190; vgl. nur die Nachweise bei *Fischer* StraFo 2008, 269 ff.). Dieser Extension des Untreuetatbestands durch **Konstruktion von Gefährdungsschäden** wurde in der Strafrechtswissenschaft mit Recht entgegengehalten (vgl. nur Achenbach/Ransiek/Rönnau WirtschaftsStR-HdB/*Seier* Teil 5 Kap. 2 Rn. 190; *Aldenhoff/Kuhn* ZIP 2004, 103 (106); *Bernsmann* GA 2007, 219 (230); *Bosch* wistra 2001, 257 ff.; *Dierlamm* NStZ 1997, 534 (535); *Fischer* Rn. 159; *Matt/Saliger,* Irrwege der Strafgesetzgebung, 1999, 217 (229); *Mosenheuer* NStZ 2004, 179 (181); MüKoStGB/*Dierlamm* Rn. 211; *Ransiek* ZStW 116 (2004), 634 (667); *Saliger* HRRS 2006, 10 (12); *Saliger* ZStW 112 (2000), 563 (565 ff., 574 ff.); SSW StGB/*Saliger* Rn. 67), dass sie die Untreue in ein konkretes Gefährdungsdelikt umzuformen droht und die Nichterfassung des Versuchs unterläuft. Für den Betrug mag eine derartige Extension noch hinnehmbar sein, da iErg nur die Grenze zwischen Versuch und Vollendung verschoben wird, nicht aber für die Untreue, bei der sie eine Vorverlagerung der Strafbarkeit zur Folge hat. Bei der Anwendung des Nachteilsbegriffs auf Vermögensgefährdungen befindet sich die Auslegung daher an den **äußersten noch zulässigen Grenzen** (BVerfG NJW 2009, 2370 (2372); aA *Fischer* StV 2010, 95 (98): „Kern" des Tatbestands), eine allzu starke Extension des Nachteilsbegriffs ist als Verstoß gegen Art. 103 Abs. 2 GG zu bewerten.

184a   **Verfassungsrechtlich** ist es deshalb geboten, wie das BVerfG ausgeführt hat, dass Gefährdungsschäden in wirtschaftlich nachvollziehbarer Weise **festgestellt und beziffert** werden (→ Rn. 175d ff.).
Die Annahme eines Gefährdungsschadens muss auf **eindeutige, evidente Fälle** (*Becker* HRRS 2009,
334 (339 f.); Fischer Rn. 67) beschränkt bleiben. Problematisch sind insbes. Fälle, in denen der Eintritt
des (endgültigen) Nachteils von weiteren Handlungen des Täters, des Opfers oder Dritter abhängig ist
(vgl. *Saliger* ZStW 112 (2000), 563, 611 f.; BGH NStZ 2007, 545 (549)). Hier ist strikt darauf zu
achten, dass die **Unmittelbarkeitsbeziehung** (→ Rn. 167b) gewahrt ist. Im Zweifel, insbes. wenn der
Gefährdungsschaden nicht „bezifferbar" ist bzw. „vage" erscheint, ist **in dubio pro reo** ein Nachteil
zu verneinen (BVerfGE 126, 170 Rn. 151; BVerfG NJW 2010, 3209 (3220)). Hinzuweisen ist darauf,
dass gerade bei Prognosen und Schätzungen die erhebliche Gefahr besteht, einem sog **Rückschau-
fehler** (hindsight bias, hierzu *Altenburg* BB 2015, 323 (325 f.); *Francuski,* Prozeduralisierung im Wirtschaftsstrafrecht, 2014, 332) zu unterliegen, da Menschen, nachdem sie den Ausgang von Ereignissen
kennen, rückblickend ihre ursprünglichen Schätzungen in Richtung des tatsächlichen Ausgangs ver-
zerren; hierdurch wird die Fähigkeit, Ereignisse zutreffend voraussagen zu können, systematisch (stark)
überschätzt.

185   Angesichts der Vorgaben des BVerfG bedürfen die Fallgruppen, in denen die Rspr. bislang einen
Gefährdungsschaden bejaht hatte, künftig einer **besonders strengen Prüfung.** Abstrakte Vermögensgefährdungen sind nicht erfasst. Ein **Gefährdungsschaden** liegt nur dann vor, wenn das Vermögen
bereits im Tatzeitpunkt derart stark gefährdet ist, dass eine **bezifferbare** (und nicht im „gefühlte")
Vermögensminderung vorliegt. **Denkbar** ist dies zB:

– bei der Manipulation des **Ausschreibungsverfahrens** (→ Rn. 221);
– beim Überlassen von **Bargeld an Dritte** (aber nicht bereits bei der pflichtwidrigen Entnahme aus
  dem Firmentresor), wenn die „zum Greifen nahe" Gefahr besteht, dass das Geld per Trickdiebstahl
  entwendet wird (OLG Hamburg NStZ 2010, 335 f.; krit. Rengier StrafR BT I § 18 Rn. 59);
– bei **Bestellung einer Grundschuld** (BGH(Z) NJW-RR 2010, 1683 (1684));
– bei der Übernahme einer **Bürgschaft für ein hochspekulatives Risikoprojekt,** bei der die Wahrscheinlichkeit der Inanspruchnahme sehr groß ist (BGH NStZ-RR 2006, 378 (379); NZG 2016, 703
  (711) – Nürburgring; ausf. zur Untreue durch Bürgschaftsvergabe *T. Schneider* wistra 2015, 369 ff.; zu
  Risikogeschäften → Rn. 190 ff.);
– bei einer (schweren) **Kreditgefährdung, Rufschädigung** oder **Geschäftsverleumdung** (Achen-
  bach/Ransiek/Rönnau WirtschaftsStR-HdB/*Seier* Teil 5 Kap. 2 Rn. 171); Bsp.: kundenschädigendes
  Fernsehinterview eines Vorstandssprechers einer Bank (zum Fall Kirch/Breuer (BGH(Z) NJW 2006,
  830) *Jäger* FS Otto, 2007, 593 ff.; vgl. auch OLG München(Z) ZIP 2013, 558: vorsätzliche sittenwidrige Schädigung);
– bei der **Kreditgewährung ohne Sicherheiten** (zur Kredituntreue → Rn. 193 ff.);
– bei der Einzahlung von **Mandantengeldern** auf ein allg. Konto (statt Anderkonto), sofern die
  konkrete Gefahr des Zugriffs von Gläubigern besteht (OLG Hamm NStZ 2010, 334; zur Verwahrung
  und Weiterleitung von Fremdgeldern → Rn. 207 ff.);
– Übernahme einer **hochriskanten Mietgarantie** ohne kalkulatorische Absicherung (BGH NStZ
  2013, 715 – Berliner Bankenskandal);
– bei Begründung eines **bezifferbaren Prozessrisikos** (→ Rn. 221b);
– bei Abgabe eines **Schuldanerkenntnisses** für eine GmbH, sofern die jederzeitige Inanspruchnahme
  droht, ohne dass eine Gegenleistung zufließt (BGH NStZ 1999, 557);
– bei Entnahmen, die das **Stammkapital** angreifen bzw. auf andere Weise die **Existenz einer GmbH
  gefährden** (→ Rn. 221a);
– bei Veranlassen eines Testierunfähigen zur Errichtung eines **notariellen Testamentes,** wenn keine
  Möglichkeit mehr besteht, die letztwillige Verfügung zu ändern (OLG Celle NStZ-RR 2013, 176
  (177); den Eintritt des Erbfalls fordernd *Kudlich* JA 2013, 712 ff.; *Oğlakcıoğlu* ZWH 2013, 375 f.; SSW
  StGB/*Saliger* Rn. 71);
– bei unordentlicher Buchführung (→ Rn. 204 ff.).

186   Hingegen **fehlt** es an einem Gefährdungsschaden, wenn eine Gefährdung **nicht feststellbar** ist, der
endgültige Vermögensverlust **ohne weiteres verhindert** werden kann (vgl. BGH NZG 2016, 703 (710)
– Nürburgring) oder **noch nicht feststeht:**

– **fiktive Ein- und Auszahlungen** (Buchungen), nur um einen höheren Kreditrahmen zu erreichen
  (OLG Karlsruhe wistra 2005, 399);
– **Abschluss eines Grundstückkaufvertrags** durch einen Betreuer zum Nachteil der betreuten
  Eigentümerin, solange die vormundschaftsgerichtliche Genehmigung noch aussteht (BGH NJW
  2003, 3717 (3718); krit. *Rotsch* wistra 2004, 300 (301));
– **drohende Pfändung,** der ohne weiteres mit der Drittwiderspruchsklage (§ 771 ZPO) begegnet
  werden kann (BGH NStE Nr. 7 zu § 266);
– **drohende Aberkennung der Gemeinnützigkeit** eines Vereins, da sie von der eigenverantwortlichen und nicht vorhersehbaren Entscheidung der Steuerverwaltung abhängig ist (OLG Celle
  BeckRS 2012, 20313; *Jahn* JuS 2013, 179 (181); Lackner/Kühl/*Kühl* Rn. 16; *Lassmann* NStZ 2009,

473 (477); *Lassmann* ZStV 2010, 141 (145); vgl. auch *Flämig* WissR 2012, 340 (355); aA OLG Hamm wistra 1999, 350 (354));

– **drohender Entzug der Rechtsfähigkeit** eines Idealvereins wegen Überschreitung des Nebenzweckprivilegs, da die Rechtsfähigkeit als solche keinen Vermögenswert hat (AnwK-StGB/*Esser* Rn. 314b; diff. *Brand/Sperling* JR 2010, 473 (479 f.)).

7. Individueller Schadenseinschlag. Die Rechtsfigur des **individuellen (persönlichen) Scha-** 187 **denseinschlags** ist nach hM nicht nur für den Betrug (grdl. BGHSt 16, 321 ff. – Melkmaschine), sondern auch für die Untreue von Bedeutung (BGHSt 43, 293 (299) – Bugwellenprozess; BGH NStZ-RR 2004, 54 (55); BGH NStZ 2010, 330 (332); 2014, 517; Achenbach/Ransiek/Rönnau WirtschaftsStR-HdB/*Seier* Teil 5 Kap. 2 Rn. 185; *Adick,* Organuntreue (§ 266 StGB) und Business Judgment, 2010, 125; *Hantschel,* Untreuevorsatz, 2010, 303; Lackner/Kühl/*Kühl* Rn. 17a; LK-StGB/*Schünemann* Rn. 175; *Molketin* NStZ 1987, 369 (370); *Rojas,* Grundprobleme der Haushaltsuntreue, 2011, 195 ff.; *Rostalski* HRRS 2015, 73 (84); *H. C. Schmidt* NJW 2015, 284 ff.; Schönke/Schröder/*Perron* Rn. 43; SK-StGB/*Hoyer* Rn. 110; *Teixeira* ZIS 2016, 307 (318); *Velten* FS Schünemann, 2014, 715 ff.; *Waßmer,* Untreue bei Risikogeschäften, 1997, 139 ff.; diff. ("Liquidierbarkeitsthese") *Bräunig,* Untreue in der Wirtschaft, 2011, 248 ff. (262 ff.); abl. MüKoStGB/*Dierlamm* Rn. 208). Danach wird der Vermögensabfluss trotz der rechnerischen Gleichwertigkeit des Vermögenszuflusses ausnahmsweise **nicht kompensiert.** Anerkannt sind im Wesentlichen **drei Fallgruppen:**

(1) Die Gegenleistung ist für den Vermögensinhaber für den von ihm angedachten **Zweck nicht oder nicht in vollem Umfange verwendbar** und kann auch **nicht in anderer zumutbarer Weise verwertet** werden; einschlägig ist dies vor allem bei Aufwendungen, die für ihn unter Berücksichtigung seiner Verhältnisse ganz oder teilweise „wertlos" sind; Bsp.:
    – (unverhältnismäßiger) Kauf kostspieliger Kunstgegenstände und teurer Spirituosen durch den Geschäftsführer einer Stadtwerke-GmbH zu Repräsentationszwecken (OLG Hamm NStZ 1986, 119 (120));
    – Veranstaltung einer (zu) luxuriösen Reise für Aufsichtsratsmitglieder einer stark verschuldeten Verkehrsbetriebe-AG (Achenbach/Ransiek/Rönnau WirtschaftsStR-HdB/*Seier* Teil 5 Kap. 2 Rn. 186 unter Hinweis auf AG Braunschweig 16.8.1990 – 4 LS 703 JS 41626/88);
    – Besichtigungsfahrten, die für die Gesellschaft keinen konkret messbaren Nutzen haben, sondern allein der „Erbauung" der Teilnehmer dienen (OLG Hamm NStZ-RR 2012, 374);
    – Inanspruchnahme von Betriebsmitteln durch den Vorstandsvorsitzenden für Zwecke, die vorwiegend von persönlichen Interessen geleitet sind (LG Essen CCZ 2015, 90 – Middelhoff; hierzu *Köllner/Lendermann* NZI 2016, 476 ff.);
    – Erwerb einer überwiegend maroden und unbewohnbaren, für die Zwecke eines Vereins ungeeigneten Immobilie (BGH NStZ-RR 2012, 373 (374));
    – Darlehensaufnahme durch Bürgermeister und Stadtkämmerer, wenn der Kreditbetrag „wirtschaftlich wertlos" ist (→ Rn. 211).
(2) Der Vermögensinhaber wird zu **vermögensschädigenden Folgemaßnahmen genötigt,** da er in erhebliche finanzielle Bedrängnis gerät; Bsp.:
    – Kauf einer (überdimensionierten) Melkmaschine mit hohen Folgekosten, die zu einer Kreditaufnahme nötigen (BGHSt 16, 321).
(3) Dem Treugeber werden die finanziellen Mittel entzogen, die für die Aufrechterhaltung einer angemessenen Wirtschaftsführung unerlässlich sind; Bsp.:
    – ein (zu) teures Bauvorhaben verhindert, dass eine Gemeinde ihre Pflichtaufgaben erfüllen kann (Schönke/Schröder/*Perron* Rn. 44).

Im Hinblick auf den Landowsky-Beschluss des BVerfG (BVerfGE 126, 170 = BVerfG NJW 2010, 188 3209 (3215) Rn. 112) ist (auch und gerade) für die Fälle des individuellen Schadenseinschlags zu fordern dass der Nachteil **in wirtschaftlich nachvollziehbarer Weise bezifferbar** ist (→ Rn. 175d ff.; ob die Rechtsfigur angesichts der neueren Rspr. des BVerfG „in Teilen einer Korrektur bedarf", hat BGH (5. Strafsenat) NStZ 2014, 517 (519) mAnm *Trüg* offen gelassen; zuvor bereits zu § 263 BGH (5. Strafsenat) NStZ 2014, 318 (320); hiergegen *H. C. Schmidt* NJW 2015, 284 ff.; für einen normativen Schadensbegriff *Rostalski* HRRS 2016, 73 (78 ff.)). Jedenfalls in gravierenden Fällen der **Fallgruppen 2 und 3** ist aufgrund der starken Beeinträchtigung der wirtschaftlichen Bewegungsfreiheit das Vermögen als Ganzes ersichtlich belastet, so dass es wirtschaftlich betrachtet **objektiv weniger wert** ist (zur Unternehmensbewertung nach dem Marktwertverfahren *Velten* FS Schünemann, 2014, 715 (717); zu den verschiedenen Verfahren der Unternehmensbewertung *Lesch/Hüttemann/Reschke* NStZ 2015, 609 (615 ff.); *Schulze,* Die Konkretisierung und Quantifizierung des Vermögensnachteils bei ungetreuen Kreditgeschäften, 2014, 182 ff.). Bei der **Fallgruppe 1** besteht dagegen die Gefahr, dass nicht mehr auf den objektiven Wert des Vermögens als Ganzes, sondern auf den **individuellen Wert** von einzelnen Vermögensbestandteilen für den Vermögensinhaber abgestellt wird. Die ausnahmsweise Zulassung dieser Subjektivierung durch Einbeziehung der individuellen Verwendungsmöglichkeit erscheint zwar aus kriminalpolitischen Gründen sachgerecht, im Hinblick auf das Schutzgut der Untreue, das Vermögen als Ganzes, muss aber gerade diese Fallgruppe **äußerst restriktiv** gehandhabt werden, um einen bloßen

Schutz der Dispositionsbefugnis zu vermeiden. **Nicht ausreichend** ist eine lediglich „**unwillkommene**" **Vermögenszusammensetzung** (Achenbach/Ransiek/Rönnau WirtschaftsStR-HdB/*Seier* Teil 5 Kap. 2 Rn. 185; aA – Abgrenzung nach qualitativen, nicht quantitativen Kriterien – *Bittmann* NStZ 1998, 495 (497)), die **ohne Weiteres „korrigiert"** werden kann. Ein Nachteil kommt deshalb nur dann in Betracht, wenn „ein objektiver Wert des Erlangten für den Erwerber nicht realisierbar ist, da es ihm unmöglich (oder unzumutbar) ist, diesen letztlich in Geld umzusetzen" (BGH NStZ 2014, 517 (519)). Wegen der faktisch **fehlenden Verwertungsmöglichkeit** ist das Vermögen in wirtschaftlich nachvollziehbarer Weise **geschädigt.** Von Bedeutung ist der individuelle Schadenseinschlag nicht nur bei pflichtwidrigen Risikogeschäften (→ Rn. 191), sondern insbes. auch bei der Haushaltsuntreue (→ Rn. 214).

189   **8. Zweckverfehlungslehre.** Schließlich wird von der hM bei der Untreue genauso wie beim Betrug auf die **Zweckverfehlungslehre** zurückgegriffen (Achenbach/Ransiek/Rönnau WirtschaftsStR-HdB/*Seier* Teil 5 Kap. 2 Rn. 187; BeckOK StGB/*Wittig* Rn. 45.2; *Jordan* JR 2000, 133 (139); *Kindhäuser* FS Lampe, 2003, 709 (724 ff.); *Kohlmann/Brauns* S. 93; Momsen/Grützner WirtschaftsStR/*Schramm* Kap. 5 Teil B Rn. 134; Schönke/Schröder/*Perron* Rn. 43; SK-StGB/*Hoyer* Rn. 117; krit. *Rojas,* Grundprobleme der Haushaltsuntreue, 2011, 207 ff.; abl. *Hantschel,* Untreuevorsatz, 2010, 303; LK-StGB/*Schünemann* Rn. 175; *Neye,* Untreue im öffentlichen Dienst, 1981, 43 ff.; Rengier StrafR BT I § 18 Rn. 53a; *Schlösser* NStZ 2013, 162 (163)). Danach liegt ein Nachteil vor, wenn zu einem bestimmten Zweck (Projekt, Spende, Subvention etc) überlassene Gelder zweckwidrig verwendet werden, da dann der mit der Überlassung verfolgte **wirtschaftliche bzw. soziale Zweck verfehlt** wird. An einem Nachteil **fehlt** es allerdings, wenn ein **gleichwertiger anderer Zweck** erreicht wird. Bedeutung besitzt die Zweckverfehlungslehre im Bereich der öffentlichen Verwaltung für die Fälle der **Haushaltsuntreue** (→ Rn. 210 ff.). Im privaten Bereich ist sie insbes. für die **Stiftungsuntreue** von Bedeutung, da der Mitteleinsatz dem Willen des Stifters entsprechen muss (hierzu *Lassmann*, Stiftungsuntreue, 2008, 185 ff.; *Lassmann* NStZ 2009, 475 (476 f.)).

190   **9. Wichtige Fallgruppen. a) Risikogeschäfte.** Bei **pflichtwidrigen Risikogeschäften** (zum Begriff → Rn. 114), bei denen gegen die im Innenverhältnis maßgebende Risikopolitik verstoßen wird, dh das eingegangene Risiko zu hoch ist (zur Pflichtwidrigkeit → Rn. 115 ff.), ist zu prüfen, ob die Geschäfte ausgeglichen sind. **Ausgeglichen** ist ein Risikogeschäft, wenn der Einsatz durch das Produkt aus möglichem Gewinn und Eintrittswahrscheinlichkeit wirtschaftlich kompensiert wird (vgl. LK-StGB/*Schünemann* Rn. 187). Ein Nachteil liegt jedenfalls dann vor, wenn das Risikogeschäft **nicht ausgeglichen** ist, dh objektiv betrachtet der Einsatz „nicht wert" ist (Bsp.: ein Vermögensverwalter tätigt außerbörslich ein Spekulationsgeschäft für 10.000 EUR, für das er an der Börse lediglich 7.000 EUR gezahlt hätte). Die Differenz (3.000 EUR) zwischen Einsatz und objektivem Wert des Geschäfts begründet einen (endgültigen) Nachteil **(Differenzschaden).** Aber auch bezüglich des restlichen Einsatzes (7.000 EUR) kann – wie beim **ausgeglichenen** Risikogeschäft (→ Rn. 191) – nach den Grundsätzen des individuellen Schadenseinschlags ein Nachteil in Form des **Risikoschadens** zu folgern sein, wenn gegen die im Innenverhältnis maßgebende Risikopolitik verstoßen wurde. Das „klassische" Risikogeschäft ist die **Kreditvergabe** (→ Rn. 193 ff.).

191   Bei **pflichtwidrigen Risikogeschäften,** die **ausgeglichen** sind, ist das Geschäft objektiv betrachtet den Einsatz „wert" (Bsp.: ein Vermögensverwalter tätigt außerbörslich ein Spekulationsgeschäft für 10.000 EUR, für das er an der Börse ebenfalls 10.000 EUR gezahlt hätte; er kauft Lottoscheine). In diesen Fällen ist aber nach den Grundsätzen des **individuellen Schadenseinschlags** (→ Rn. 187 f.) ein Nachteil begründbar (vgl. AWHH/*Heinrich* StrafR BT § 22 Rn. 73; LK-StGB/*Schünemann* Rn. 187; *Martin,* Bankuntreue, 2000, 128 ff.; *Ransiek* ZStW 116 (2004), 634 (650 ff.); *Rose* wistra 2005, 281 (282 ff.); Schönke/Schröder/*Perron* Rn. 45; *Waßmer,* Untreue bei Risikogeschäften, 1997, 144 ff.; Wessels/Hillenkamp StrafR BT II Rn. 777; iErg ähnlich *Bräunig,* Untreue in der Wirtschaft, 2011, 297 f.; weiter *Hillenkamp* NStZ 1981, 161 (166 f.); krit. *Hellmann* ZIS 2007, 433 (439 ff.); *Martin,* Bankuntreue, 2000, 124), wenn die **wirtschaftliche Bewegungsfreiheit stark eingeengt** (→ Rn. 188) bzw. das Geschäft wegen des Verstoßes gegen die im Innenverhältnis maßgebende Risikopolitik für den Vermögensinhaber **unbrauchbar und nicht in anderer zumutbarer Weise verwertbar** (zB ein Börsenkontrakt nicht verlustfrei weiterverkauft werden kann) ist. Die Berücksichtigung der individuellen Brauchbarkeit ist hier sachgerecht, weil der Täter mit dem Geschäft dann nicht lediglich eine „unwillkommene", ohne Weiteres korrigierbare Vermögenszusammensetzung herbeiführt, sondern bei einem „unglücklichen" Ausgang ein endgültiger Vermögensverlust, uU sogar der Totalverlust droht. Beim pflichtwidrigen Risikogeschäft liegt damit in aller Regel – wenn auch nicht immer – ein Nachteil in Form eines **Risikoschadens** vor. Der Sache nach handelt es sich um eine **schadensgleiche Vermögensgefährdung** (*Hillenkamp* NStZ 1981, 161 (166)), da bei einem „glücklichen" Ausgang kein (endgültiger) Vermögensverlust eintritt, sondern uU sogar ein hoher Gewinn erzielt wird.

192   Ein **Risikoschaden** liegt insbes. dann vor, wenn der Täter pflichtwidrig „**nach Art eines Spielers**" entgegen den Regeln kaufmännischer Sorgfalt zur Erlangung höchst zweifelhafter Gewinnaussichten eine aufs äußerste gesteigerte Verlustgefahr auf sich nimmt (BGH NJW 1975, 1234; 1990, 3220; BGH GA 1977, 342 (343); BGH wistra 1982, 148; BGH NStZ-RR 2006, 378 (379); LG Bielefeld JZ 1977,

692; LK-StGB/*Schünemann* Rn. 116; *Nack* NJW 1980, 1601 f.; NK-StGB/*Kindhäuser* Rn. 75; Otto StrafR BT § 54 Rn. 30; Schönke/Schröder/*Perron* Rn. 45a; Tiedemann GmbH-StrafR Vor §§ 82 ff. Rn. 19; *Waßmer,* Untreue bei Risikogeschäften, 1997, 73 ff.; zur exzessiven Fristentransformation in Zweckgesellschaften (Conduits) *C. Schröder* NJW 2010, 1169 (1173); zur Zahlung von Bestechungsgeldern anlässlich der Fußball-WM 2006 *Hoven/Kubiciel/Waßmer* NZWiSt 2016, 121 (123)), sofern sein Handeln gegen die im Innenverhältnis maßgebende Risikopolitik verstößt. Daher liegt zB ein Nachteil vor, wenn ein Vermögensverwalter trotz Vereinbarung einer konservativen Anlagestrategie hochspekulative Geschäfte vornimmt (BGH NStZ-RR 1998, 43: Options- und Warentermingeschäfte mit dem Risiko des Totalverlustes) oder ein Vormund entgegen den gesetzlichen Vorgaben mit Mündelgeldern spekuliert. Allerdings ist auch bei Anwendung der **„Spielerformel"** – also evidenten Fällen – die verfassungsrechtlich gebotene Ermittlung des Nachteils (→ Rn. 175d ff.) nicht verzichtbar. Stets ist die Angabe der **exakten Schadenshöhe** bzw. des **Mindestschadens** erforderlich. So liegt zB beim Abschluss von **CMS Spread Ladder Swaps** (→ Rn. 129d) bei bilanzieller Betrachtungsweise ein Nachteil in Höhe der zu bildenden singulären Drohverlustrückstellung (§ 249 HGB) vor, die nach dem Marktwert des Swaps zu bewerten ist; bei Abschluss ist der Marktwert für den Kunden negativ, für die Bank umgekehrt positiv (vgl. LG Augsburg BeckRS 2013, 11546; *Bader/Wilkens* wistra 2013, 81 (84 f.)).

b) Kredituntreue. Bei der pflichtwidrigen Kreditvergabe (zur Pflichtwidrigkeit → Rn. 122 ff.) kann   **193** nach der Rspr. **mit Valutierung** (Auszahlung) eine **schadensgleiche Vermögensgefährdung** vorliegen (vgl. RGSt 61, 211 (211 f.); BGHSt 47, 148 (156); BGH NJW 1979, 1512; 1984, 2539 (2540); vgl. auch *Doster* WM 2001, 333 (337 f.); *Ransiek* ZStW 116 (2004), 634 (667 f.)). Voraussetzung ist, dass der **Rückzahlungsanspruch minderwertig** ist, wobei ein Minderwert, etwa infolge einer Täuschung über die Bonität, durch den Wert hinreichend werthaltiger und liquider Sicherheiten kompensiert werden kann; der Minderwert ist im Hinblick auf die Vorgaben des BVerfG (→ Rn. 175d) mittels einer **wirtschaftlichen Betrachtungsweise** zu bestimmen, konkret festzustellen und ggf. unter Beauftragung eines Sachverständigen zu beziffern; hierbei können die **banküblichen Bewertungsansätze** für Wertberichtigungen Anwendung finden, da dann, wenn aufgrund fehlender Bonität des Schuldners und nicht ausreichender Sicherheiten mit einem teilweisen Forderungsausfall zu rechnen ist, **bilanzielle Korrekturen** vorgenommen werden müssen; sind genaue Feststellungen zur Einschätzung des Ausfallrisikos nicht möglich, sind **Mindestfeststellungen** zu treffen, um den eingetretenen wirtschaftlichen Schaden unter Beachtung des Zweifelsatzes zu schätzen (BGH NStZ 2013, 711 (712); zur Bewertung von Kreditforderungen nach betriebswirtschaftlichen Methoden *Schulze,* Die Konkretisierung und Quantifizierung des Vermögensnachteils bei ungetreuen Kreditgeschäften, 2014, 246 ff.).

Nach diesen Grundsätzen kann zB bei einer **Auszahlung** der Darlehensvaluta **vor Eintragung der** **193a** **dinglichen Sicherheit,** die ein Notar unter Verstoß gegen den Treuhandvertrag tätigt, eine schadensgleiche Vermögensgefährdung vorliegen (BGH NStZ 2010, 329; bestätigt durch BVerfG NJW 2009, 2370). Der Schaden der Darlehensgeberin besteht darin, dass sie eine ungesicherte und damit in ihrem Wert zweifelhafte Darlehensforderung erhält (BVerfG NJW 2009, 2370 (2373)). Völlig wertlos ist die Forderung auf Darlehensrückzahlung allerdings nur dann, wenn der Darlehensnehmer und Grundstückskäufer nicht willens oder in der Lage ist, den Kredit auch nur teilweise zu tilgen (BGH NStZ 2010, 329 (330)). Andererseits **fehlt es** an einem Gefährdungsschaden, wenn eine eintragungsbereite erstrangige Grundschuld vorliegt, deren Eintragung an der geforderten Rangstelle nur noch das Tätigwerden des Grundbuchamts voraussetzt, da dann eine vollwertige Sicherheit vorhanden ist (BVerfG NJW 2009, 2370 (2373)). Zu berücksichtigen ist, dass **Veränderungen** des Marktwertes des Grundstücks und der Grundschuld ebenso wie Änderungen in der finanziellen Leistungsfähigkeit des Grundstückserwerbers, die erst **nach der treuwidrigen Verfügung** entstanden sind, für die Bestimmung des Vermögensnachteils keine Relevanz haben, da derartige Umstände in dem von der Bank durch die Darlehensgewährung eingegangenen wirtschaftlichen Risiko liegen (BGH NStZ 2010, 329 (330)).

Streitig ist, welche **Form des Schadens** in den Fällen der Kredituntreue vorliegt. Der **1. Strafsenat** **194** vertrat in einer Entscheidung v. 20.3.2008 (BGH NJW 2008, 2451 mit abl. Anm. *Rübenstahl* NJW 2008, 2454 f.; abl. auch *Beulke/Witzigmann* JR 2008, 430 ff.; *Klötzer/Schilling* StraFo 2008, 305 ff.; zust. *Schlösser* StV 2010, 157 (160); bekräftigend BGHSt 53, 199) die Auffassung, der in der Sache später auch der **3. Strafsenat** folgte (BGH BKR 2010, 163 (166) – WestLB/Box clever; BGH NStZ 2010, 329 (330)), dass bei genauer Betrachtung die „so genannte konkrete Vermögensgefährdung" in Wirklichkeit einen bereits unmittelbar mit der Tathandlung eingetretenen **endgültigen Vermögensverlust** darstelle; sei eine Kreditrückzahlung überhaupt nicht zu erwarten und seien verwertbare Sicherheiten nicht vorhanden, sei dieser in Höhe der gesamten ausgekehrten Darlehensvaluta entstanden; im Falle teilweiser Werthaltigkeit des Rückzahlungsanspruchs oder einer Sicherheit sei der Vermögensverlust um den entsprechenden Wert reduziert; der „unmittelbar und realiter eingetretene Vermögensnachteil" ergebe sich hier aus der Saldierung der ausbezahlten Darlehenssumme mit dem verbleibenden Wert der Rückzahlungsforderung, der nach (bilanztechnischen) Bewertungsregeln ermittelt (Wertberichtigung; Abschreibung), letztlich geschätzt werden müsse; werde die Forderung später doch bedient, handele es sich um eine bloße Schadenswiedergutmachung. In der Sache bedeutet diese Sichtweise (vorbereitend *Nack*

StraFo 2008, 277 ff.), die einen **„Endschaden"** folgert, die **Abschaffung der Kategorie des Gefährdungsschadens** (Fischer Rn. 160; *Wessing* BKR 2010, 159 (161)).

195   Dieser Rechtsprechungslinie ist insoweit zuzustimmen, als ein **endgültiger Vermögensverlust** dann eingetreten ist, wenn der **vollständige Ausfall** des Kredits sicher zu erwarten ist (Ausfallwahrscheinlichkeit 100 %; Risikoklasse 4: uneinbringlich; zur üblichen Einteilung in Risikoklassen vgl. *Laskos* Anhang 5). Richtig ist auch, dass in Fällen, in denen die Rückzahlung unsicher ist (Ausfallwahrscheinlichkeit unter 100 %; Risikoklasse 3: notleidend; Risikoklasse 2: anmerkungsbedürftig), bereits ein (effektiver) Nachteil vorliegt, da das Vermögen wirtschaftlich betrachtet im Tatzeitpunkt aktuell gemindert ist. Da es hier aber letztlich doch zu einer vollständigen oder teilweisen Rückzahlung kommen kann, ist der Eintritt eines endgültigen Vermögensverlustes gerade nicht sicher, sondern nur mehr oder weniger wahrscheinlich. Daher ist jedenfalls für diese Fälle an dem Begriff der **schadensgleichen Vermögensgefährdung** festzuhalten (vgl. auch BVerfGE 126, 170 Rn. 136, 142; BVerfG NJW 2010, 3209 (3218, 3219); *Saliger* NJW 2010, 3195 (3197)). Diesbezüglich ist weiter darauf hinzuweisen, dass die Rechtsprechungslinie, die einen Endschaden annahm, mit der damaligen Rspr. anderer Strafsenate, die am Begriff des „Gefährdungsschadens" festgehalten haben (vgl. zur pflichtwidrigen Kreditvergabe 2. Strafsenat, BGH NStZ 2007, 704 (705); zur pflichtwidrigen Einzahlung einer Mietkaution auf ein Girokonto 5. Strafsenat, BGHSt 52, 182), nicht übereinstimmte (*Rübenstahl* NJW 2008, 2454).

196   **c) Schwarze Kassen.** Die **Bildung und Führung** „schwarzer Kassen" begründet nicht stets einen Nachteil. Wie bei der Pflichtwidrigkeit (→ Rn. 135 ff.) ist zwischen Privatwirtschaft, öffentlicher Verwaltung und Parteiwesen zu trennen:

197   **aa) Öffentliche Verwaltung.** Im Bereich der **Öffentlichen Verwaltung** ging die Rspr. zT davon aus, dass ein Nachteil bereits dann vorliegt, wenn staatliche Gelder unter Missachtung von Vorschriften, die der ordnungsgemäßen Überwachung der Einnahmen und Ausgaben dienen, in eine schwarze Kasse überführt werden und damit nicht zur Verfügung stehen (vgl. RGSt 71, 155 (157); BGH GA 1956, 154 f.; OLG Frankfurt a. M. NJW 2004, 2028 (2030)). Hiergegen spricht aber, dass der bloße Verstoß gegen Haushaltsgrundsätze und Vorschriften des Haushaltsrechtes noch keinen Nachteil begründet (BGHSt 40, 287 (294) – „haushaltstechnische Verlagerung"). Maßgebend ist vielmehr der **Verwendungszweck** der Gelder (vgl. bereits RGSt 75, 227 (228 ff.); heute Achenbach/Ransiek/Rönnau WirtschaftsStR-HdB/*Seier* Teil 5 Kap. 2 Rn. 204; *Dierlamm* FS Widmaier, 2008, 607 (611 ff.); *Hefendehl*, Vermögensgefährdung und Exspektanzen, 1994, 287 ff.; *Louis*, Die Falschbuchung im Strafrecht, 2002, 138 f.; *Neye*, Untreue im öffentlichen Dienst, 1981, 73 ff.; *Neye* NStZ 1981, 369 (372); *Saum* HRRS 2015, 345 (349); *Saliger* NStZ 2007, 545 (547); *Saliger/Gaede* HRRS 2008, 57 (70); Schönke/ Schröder/*Perron* Rn. 45c).

198   Ein **Nachteil** liegt vor, wenn mit den Geldern **zweckfremde Ausgaben getätigt** werden sollen, da dann – angesichts der beschränkten Gesamtmenge der verfügbaren öffentlichen Finanzmittel – die Mittel an anderer Stelle fehlen werden und somit mit dem alsbaldigen Eintritt eines endgültigen Schadens zu rechnen ist (BGHSt 40, 287 (296)). Ein Nachteil liegt in diesen Fällen nicht erst dann vor, wenn die zweckfremde **Verwendung sicher** ist, sondern bereits dann, wenn der Mitteltransfer lediglich die Möglichkeit verschaffen soll, **„nach Gutdünken"** eigenmächtig und unkontrolliert für erst noch zu bestimmende Zwecke über die Gelder zu verfügen, sie als geheimen, keiner Zweckbindung unterliegenden Dispositionsfonds zu nutzen, da hier ein nahe liegende Gefahr besteht, dass Ausgaben unter Vernachlässigung des Gebots wirtschaftlicher und sparsamer Verwaltung ohne zwingenden Grund gemacht werden (BGHSt 40, 287 (296); *Rojas,* Grundprobleme der Haushaltsuntreue, 2011, 243 ff.). Ist die zweckfremde Verwendung sicher, ist der Mitteltransfer ggf. als **endgültiger Vermögensverlust** zu bewerten, ansonsten liegt eine (bloße) **schadensgleiche Vermögensgefährdung** vor (→ Rn. 200).

199   An einem **Nachteil fehlt es** hingegen, wenn die überführten Gelder für Zwecke vorgesehen sind, die dem jeweiligen Träger der öffentlichen Verwaltung (Bund, Länder, Kommunen) **notwendige Aufwendungen in gleicher Höhe ersparen,** da das Gesamtvermögen des Trägers eine Einheit bildet, es durch die Aufteilung des Gesamthaushalts in Einzelhaushalte nicht in rechtlich selbständige Zweckvermögen aufgespalten wird (vgl. zum Bundeshaushalt BGHSt 40, 287 (295): Überweisung von Mitteln des BMVg an den BND).

200   **bb) Privatwirtschaft.** Auch in der **Privatwirtschaft** muss es dann, wenn Organe oder Angestellte pflichtwidrig Gelder auf Konten umleiten bzw. derartige Konten unterhalten, genauso wie im Bereich der öffentlichen Verwaltung (→ Rn. 197) auf den **konkreten Verwendungszweck** ankommen („verwendungszweckabhängige Lesart", SSW StGB/*Saliger* Rn. 77; ausf. *Tsagkaraki,* Die Bildung der sog. „schwarzen Kassen" als strafbare Untreue gemäß § 266 StGB, 2013, 192 ff.). Von einem **Nachteil** ist auszugehen, wenn ein **nicht im Interesse des Unternehmens** liegender Einsatz der in der schwarzen Kasse befindlichen Mittel **mit Sicherheit angestrebt** wird (BGH wistra 1999, 418: nicht dem Geschäftszweck eines Unternehmens entsprechende Zahlungen). In diesem Fall liegt ein **endgültiger Vermögensverlust** vor (Fischer Rn. 134; LK-StGB/*Schünemann* Rn. 178; Momsen/Grützner WirtschaftsStR/*Schramm* Kap. 5 Teil B Rn. 143), womit bei entsprechender Schadenshöhe ein besonders schwerer Fall (§ 266 Abs. 2 iVm § 263 Abs. 3 S. 2 Nr. 2 Alt. 1, → Rn. 238) zu bejahen ist.

Ein Nachteil liegt auch dann vor, wenn das Geldvermögen wie im Fall **Siemens/Enel** verborgen   **200a**
wird, um es „nach Maßgabe eigener Zweckmäßigkeitserwägungen" (dh **nach Gutdünken,** eigenmächtig und unkontrolliert) „bei noch nicht absehbaren späteren Gelegenheiten für möglicherweise nützliche, jedenfalls aber risikoreiche Zwecke" einzusetzen (BGHSt 52, 323 Rn. 43; BGH NJW 2009, 89
(92); die hiergegen gerichtete Verfassungsbeschwerde hat BVerfGE 126, 170 = BVerfG NJW 2010, 3209
(3216 ff.) Rn. 124 ff. zurückgewiesen, da gegen die Annahme eines Nachteils „weder dem Grunde noch
der Höhe nach" von Verfassungs wegen Bedenken bestünden; vgl. hierzu *Adick,* Organuntreue (§ 266
StGB) und Business Judgment, 2010, 25; AWHH/*Heinrich* StrafR BT § 22 Rn. 75a; *Brammsen/Apel*
WM 2010, 781 (784); *Fischer* Rn. 134, 136; *Ransiek* NJW 2009, 95 f.; krit. *Bräunig,* Untreue in der
Wirtschaft, 2011, 300 ff.; SSW StGB/*Saliger* Rn. 77; abl. MüKoStGB/*Dierlamm* Rn. 16). Das Einrichten bzw. Halten einer „schwarzen Kasse" ist in diesen Fällen allerdings entgegen der Auffassung des 2.
Strafsenates des BGH **nicht als „endgültiger" Vermögensschaden** zu bewerten (so BGHSt 52, 323
Rn. 42 ff. unter Aufgabe von BGHSt 51, 100 (113 ff.) – Kanther/Weyrauch Rn. 46; BGH NJW 2007,
1760 (1764); bekräftigend in BGHSt 55, 266 Rn. 40 – **Trienekens;** BGH NJW 2010, 3458 (3462);
zust. der 5. Strafsenat in BGH NStZ 2014, 646 mAnm *Hoven),* sondern es handelt sich (bloß) um eine
schadensgleiche Vermögensgefährdung (BeckOK StGB/*Wittig* Rn. 46.1; LK-StGB/*Schünemann*
Rn. 180; *Mitsch* JuS 2011, 97 (102); Momsen/Grützner WirtschaftsStR/*Schramm* Kap. 5 Teil B
Rn. 146; MüKoStGB/*Dierlamm* Rn. 16, 248; *Rojas,* Grundprobleme der Haushaltsuntreue, 2011,
189 ff.; *Saliger* FS Samson, 2010, 455 (460 ff.); *Satzger* NStZ 2009, 297 (302 ff.); *Tsagkaraki,* Die Bildung
der sog. „schwarzen Kassen" als strafbare Untreue gemäß § 266 StGB, 2013, 240 ff.), da die Gelder
möglicherweise doch im Interesse des Unternehmens verwendet werden, womit „nur" die konkrete
Gefahr des endgültigen Vermögensverlustes besteht (zur Definition des Gefährdungsschadens
→ Rn. 183). Dagegen folgerte der 2. Strafsenat im Fall Siemens/Enel sogar einen Nachteil in **Höhe der
vollen Summe** der Gelder, die sich in der „schwarzen Kasse" befanden, da eine Kompensation
ausgeschlossen sei: „Weder die ‚vage Chance', aufgrund des Mitteleinsatzes zu Bestechungszwecken
später einmal einen möglicherweise iErg wirtschaftlich vorteilhaften Vertrag abzuschließen, noch gar die
bloße Absicht des Täters, die entzogenen Mittel für solche Zwecke zu verwenden, stellen einen zur
Kompensation geeigneten gegenwärtigen Vermögensvorteil dar"; die spätere Verwendung der entzogenen und auf verdeckten Konten geführten Geldmittel sei „allenfalls eine Schadenswiedergutmachung"
(BGHSt 52, 323 Rn. 45 f.). Dies mag im Fall Siemens/Enel so gewesen sein, sofern tatsächlich nur die
„vage" Chance bestand, dass die Mittel später im wirtschaftlichen Interesse des Unternehmens eingesetzt
werden, es also an einer vermögenswerten Exspektanz fehlte, überzeugt in dieser Allgemeinheit jedoch
nicht.

Dagegen **fehlt es** – entgegen der Rspr. des 2. Strafsenates (BGHSt 52, 323 = BGH NJW 2009, 89   **201**
(92) Rn. 43 f. – Siemens/Enel; BGHSt 55, 266 = BGH NJW 2010, 3458 (3462 f.) Rn. 40 – Trienekens)
– dann an einem **Nachteil,** wenn die Absicht besteht, die Gelder bei späterer Gelegenheit **„ganz" im
wirtschaftlichen Interesse** des Unternehmens einzusetzen (vgl. OLG Frankfurt a. M. NStZ-RR 2004,
244 (245); Achenbach/Ransiek/Rönnau WirtschaftsStR-HdB/*Seier* Teil 5 Kap. 2 Rn. 420; *Bernsmann*
GA 2007, 219 (222 ff.); *Dierlamm* FS Widmaier, 2008, 607 (612); *Gerhäusser,* Der Vermögensnachteil des
§ 266 StGB bei Bildung einer „schwarzen Kasse", 2015, 266 ff.; *Kempf* FS Hamm, 2008, 255 (260 f.);
Momsen/Grützner WirtschaftsStR/*Schramm* Kap. 5 Teil B Rn. 142; *Rönnau* FS Tiedemann, 2008, 711
(732 ff.); *Saum* HRRS 2015, 345 (350 f.); *Saliger* NJW 2010, 3195 (3197); *Saliger/Gaede* HRRS 2008,
57 (70, 73 ff.); *Schlösser* HRRS 2009, 19 (25); SSW StGB/*Saliger* Rn. 77; diff. *Louis,* Die Falschbuchung
im Strafrecht, 2002, 140; aA Fischer Rn. 141–149; *Hoven,* in Fischer/Hoven, 201 (205 ff.)), da die
Gelder dann dem Vermögensinhaber nur **vorenthalten,** nicht aber dauerhaft entzogen werden. Die
Aufhebung der Dispositionsbefugnis mag zwar pflichtwidrig sein, kann aber – solange die jederzeitige
Rückführung der Gelder sichergestellt ist – ohne Verstoß gegen das Verschleifungsverbot keinen Nach-
teil iSd § 266 begründen (MüKoStGB/*Dierlamm* Rn. 16, 248). Gemäß dem Prinzip der Gesamtsaldie-
rung liegt (→ Rn. 171) kein Nachteil vor, da die in der schwarzen Kasse befindlichen Gelder dem
Unternehmen zuzuordnen sind, eine Aufspaltung des Vermögens künstlich wäre. Dass dann auch
Erwerbsaussichten, die aus strafbaren Handlungen Dritter resultieren, zu berücksichtigen sind (so Fischer
Rn. 141–149), steht der Kompensation nicht entgegen, da diese Positionen bei wirtschaftlicher Betrachtung Vermögenswert haben können (→ Rn. 59, 174). Bejaht man dagegen in diesen Fällen einen
Nachteil („verwendungszweckunabhängige Lesart"), kann die Untreue nicht mehr als reines Ver-
mögensdelikt begriffen werden; vielmehr wird der Untreuetatbestand instrumentalisiert, um
insbes. Strafbarkeitslücken im Bereich der (Auslands-)Korruption zu schließen. Das wirtschaftliche Ver-
mögensverständnis bleibt dann „auf der Strecke" (Achenbach/Ransiek/Rönnau WirtschaftsSt-HdB/
Seier Teil 5 Kap. 2 Rn. 420).

Schließlich soll nach dem Urteil des 2. Strafsenats im Fall **Trienekens** ein Nachteil sogar dann   **201a**
vorliegen, wenn zwar die für die Vermögensverwaltung zuständigen Organe die „schwarze Kasse" selbst
einrichten und führen, aber hierbei die **Sicherung gegen eigenmächtige Zugriffe Dritter** (der zur
Unterhaltung der Kasse oder zum Transport der Bargelder eingesetzten Personen) bzw. eine Vorkehrung
für den Fall des unerwarteten Ausfalls zumindest einiger dieser Personen oder zum Schutz vor Zugriffen
von Gläubigern **fehlt** (BGHSt 55, 266 = BGH NJW 2010, 3458 (3462) Rn. 43). Damit wird aber eine

abstrakte Vermögensgefährdung zum Nachteil gekürt (abl. LK-StGB/*Schünemann* Rn. 179, 180: „moralischer Vermögensbegriff"; Matt/Renzikowski/*Matt* Rn. 123; *Saum* HRRS 2015, 345 (350); SSW StGB/*Saliger* Rn. 77: „Übernormativierung").

202   **cc) Parteiwesen.** Auch im **Parteiwesen** muss es dann, wenn Funktionäre der Partei Gelder entziehen oder vorenthalten und damit schwarze Kassen einrichten bzw. unterhalten, ebenso wie im Bereich der öffentlichen Verwaltung (→ Rn. 197) und in der Privatwirtschaft (→ Rn. 200), auf den konkreten **Verwendungszweck** ankommen. Ein **Nachteil** liegt deshalb nicht nur dann vor, wenn eine **zweckwidrige Verwendung** der Gelder **sicher** ist, sondern bereits dann, wenn die Gelder „**nach Gutdünken**", nach einem selbst definierten Parteiinteresse unter Umgehung der satzungsmäßigen Organe zur verdeckten Finanzierung politischer oder sonstiger Zwecke der Partei verwendet werden sollen, und damit eine konkrete, nicht zu kontrollierende, nur im Belieben der Täter stehende Möglichkeit des endgültigen Vermögensverlusts besteht, so dass der objektive wirtschaftliche Wert der Forderungen für den Berechtigten gemindert ist (BGHSt 51, 100 (113) – Kanther/Weyrauch; OLG Frankfurt a. M. NJW 2004, 2028 (2030); *Ransiek* NJW 2007, 1727 (1728); *P. Werner,* Der Gefährdungsschaden als Nachteil im Sinne des Untreuetatbestandes, 2011, 58; aA (kein Gefährdungsschaden) LG Wiesbaden NJW 2002, 1510 (1512); Achenbach/Ransiek/Rönnau WirtschaftsStR-HdB/*Seier* Teil 5 Kap. 2 Rn. 191). Auch in diesen Fällen kann zwischen dem Eintritt eines **endgültigen Vermögensschadens** (zweckwidrige Verwendung sicher) und einer **schadensgleichen Vermögensgefährdung** (Verwendung nach Gutdünken) differenziert werden (→ Rn. 200 f.).

203   Darüber hinaus ist im Parteiwesen ein **Nachteil** selbst dann zu bejahen, wenn eine **zweckgemäße Verwendung** der Gelder angestrebt wird, aber das Parteivermögen – insbes. durch das Beiseiteschaffen von Parteivermögen (BGHSt 51, 100 (117) = BGH NJW 2007, 1760 (1764) – Kanther/Weyrauch; vgl. auch OLG Frankfurt a. M. NJW 2004, 2028 (2030)), die Nichtweiterleitung von Spenden (BGH NStZ-RR 2007, 176 – Wuppertaler Spendenskandal) oder die Verschleierung von Parteispenden (LG Bonn NJW 2001, 1736 (1738) – Kohl) – **zwingenden finanziellen Sanktionen nach dem PartG („self-executing",** BGHSt 56, 203 = BGH NJW 2011, 1747 (1751) Rn. 56 ff. – Kölner Parteispendenaffäre) ausgesetzt wird, die sich im Fall der Tatentdeckung „materiell quasi von selbst" vollziehen (BGH NJW 2015, 1618 (1623) – Konzept „Wahlsieg 2006") und die etwaigen finanziellen Vorteile übersteigen (vgl. *Saliger* NStZ 2007, 545 (549); *J. Schwind* NStZ 2001, 349 (353); *Velten* NJW 2000, 2852 (2856); krit. *R. Hamm* NJW 2001, 1694 (1696); NJW 2005, 1993 (1994 f.); *Krüger* NJW 2002, 1178 ff.; *Ransiek* ZStW 116 (2004), 634 (661 f.); NJW 2007, 1727 (1728); aA Achenbach/Ransiek/Rönnau WirtschaftsStR-HdB/*Seier* Teil 5 Kap. 2 Rn. 224; AWHH/*Heinrich* StrafR BT § 22 Rn. 75a; *Matt* NJW 2005, 389 (391 f.); *Otto* RuP 2000, 109 ff.; *Wolf* KJ 2000, 531 ff.). Dass die Tat erst entdeckt und die Sanktion festgesetzt werden muss, steht der „Unmittelbarkeit" des Nachteilseintritts nicht entgegen, da diese Zwischenschritte nicht relevant sind (→ Rn. 175a). In diesen Fällen liegt allerdings zunächst „nur" eine **schadensgleiche Vermögensgefährdung** vor. Daran ändert auch die Entdeckung der Tat nichts (*Saliger* ZIS 2011, 902 (911)), selbst wenn dann der Rückforderungsanspruch zu bilanzieren ist (aA BGHSt 56, 203 Rn. 56, 60; BGH NJW 2015, 1618 (1623)), da der endgültige Vermögensverlust („Endschaden") erst mit der Entrichtung der festgesetzten Sanktion eintritt (zur Definition des Gefährdungsschadens → Rn. 183).

204   **d) Unordentliche Buchführung.** Eine **unordentliche Buchführung** begründet nicht „ohne weiteres" (so aber RGSt 73, 283 (286 f.); 77, 228; AG Krefeld NZM 1998, 981) eine schadensgleiche Vermögensgefährdung. Vielmehr liegt ein Nachteil in Form einer **schadensgleichen Vermögensgefährdung** nur dann vor, wenn die **konkrete Gefahr** besteht, dass begründete und durchsetzbare **Ansprüche nicht oder nicht rechtzeitig geltend gemacht und realisiert** werden können (BGHSt 20, 304 f.; BGH NStZ 1996, 543; 2004, 559; Achenbach/Ransiek/Rönnau WirtschaftsStR-HdB/*Seier* Teil 5 Kap. 2 Rn. 201; Fischer Rn. 201; *Schönke/Schröder/Perron* Rn. 45b; SSW StGB/*Saliger* Rn. 73; Zieschang NZM 1999, 393; eing. Louis, Die Falschbuchung im Strafrecht, 2002, 114 ff.; *Louis* BC 2002, 90 (93)) oder – umgekehrt – infolge mangelhafter Dokumentation der geleisteten Zahlungen die Geltendmachung ungerechtfertigter Ansprüche Dritter erleichtert wird und mit einer **doppelten Inanspruchnahme** zu rechnen ist (BGHSt 47, 8 (11); OLG Frankfurt a. M. NStZ-RR 2004, 244 (245 f.); Achenbach/Ransiek/Rönnau WirtschaftsStR-HdB/*Seier* Teil 5 Kap. 2 Rn. 201; *Louis,* Die Falschbuchung im Strafrecht, 2002, 127 f.; aA (unordentliche Buchführung bloße Vorbereitungshandlung) *Mosenheuer* NStZ 2004, 179 (180 f.)). Letzteres setzt voraus, dass konkrete Hinweise dafür vorhanden sind, dass die Inanspruchnahme **bevorsteht** (AnwK-StGB/*Esser* Rn. 262; vgl. auch SSW StGB/*Saliger* Rn. 73; *P. Werner,* Der Gefährdungsschaden als Nachteil im Sinne des Untreuetatbestandes, 2011, 100).

205   Eine **schadensgleiche Vermögensgefährdung** liegt deshalb vor:
– wenn **keinerlei Aufzeichnungen** geführt werden (BGH NStZ 1996, 543);
– wenn aufgrund der **Vielzahl von Falsch- und Nichtbuchungen** die Buchführung insgesamt keine Übersicht über den Vermögensstand und damit Rechte und Pflichten gestattet (*Louis* BC 2002, 90 (93));

- wenn **durch einzelne Falsch- und Nichtbuchungen** mit einer doppelten Inanspruchnahme zu rechnen ist und aufgrund der unzureichenden Buchhaltung eine wesentliche Erschwerung der Rechtsverteidigung zu besorgen ist (BGHSt 47, 8 (11); *Louis* BC 2002, 90 (93));
- beim **Beiseiteschaffen von Belegen,** sofern die betroffenen Forderungen wirtschaftlich nicht bereits völlig wertlos sind und damit ein messbarer Nachteil nicht eintreten kann (BGH wistra 1986, 24 (217));
- bei **Belegmanipulationen,** sofern sie eine erfolgreiche Inanspruchnahme des Dienstherrn bzw. Arbeitgebers auf **Schadensersatz** befürchten lassen (BGH NStZ 2000, 375 (376); OLG Köln NJW 1966, 1373 (1374); aA (Geltendmachung im Ermessen des Berechtigten, *Kraatz* ZStW 2011, 123 (2011), 447, 482 f.; Rengier StrafR BT I § 18 Rn. 52b; SSW StGB/*Saliger* Rn. 75a).

Demgegenüber **fehlt es** an einer schadensgleichen Vermögensgefährdung: **206**
- bei **verschleiernden Buchungen,** die derart **auffällig** sind, dass sie geeignet sind, die besondere Aufmerksamkeit des Insolvenzverwalters zu erregen (BGH NStZ 2004, 559);
- wenn **Ansprüche relativ leicht zu errechnen** sind und damit auch ohne korrekte Buchführung durchgesetzt werden können (BGH wistra 1988, 353);
- bei lediglich **verzögerten Buchungen** (OLG Stuttgart NJW 1971, 64).

e) Verwahrung und Weiterleitung von Fremdgeldern. Bei der pflichtwidrigen Verwahrung von **207** Fremdgeldern auf einem **allg. Geschäfts- oder Privatkonto** statt auf einem Anderkonto – insbes. durch Rechtsanwälte und Notare – liegt ein Nachteil vor, wenn die **konkrete Gefahr des Zugriffs von Gläubigern** auf das allg. Konto besteht und daher eine schadensgleiche Vermögensgefährdung zu bejahen ist (OLG Hamm NStZ 2010, 334 (335); *Schmidt* NStZ 2013, 498 (500)). IU ist ein **Nachteil nur bei fehlender Auszahlungsbereitschaft und Auszahlungsfähigkeit** anzunehmen (BGH NStZ-RR 2004, 54; BGH NJW 2010, 1764; BGH NStZ 2010, 334; OLG Karlsruhe NStZ 1990, 82 (84); Achenbach/Ransiek/Rönnau WirtschaftsStR-HdB/*Seier* Teil 5 Kap. 2 Rn. 268), da es bei einer jederzeit vorhandenen Ausgleichsfähigkeit und Ausgleichsbereitschaft an einem Nachteil fehlt (→ Rn. 179). Die **fortgesetzte Leistungsunfähigkeit** steht hierbei nach der Rspr. der Verwirklichung des Treuebruchtatbestands durch Unterlassen nicht entgegen, da der zur Weiterleitung Verpflichtete für seine Leistungsfähigkeit zu den jeweiligen Zahlungszeitpunkten Sorge zu tragen hat (Rechtsgedanke der omissio libera in causa, BGH NStZ 2014, 158 (159); BGH NJW 2014, 1190 (1191)). An einem **Nachteil fehlt** es aber, wenn mit **Gegenansprüchen** (Honorar, Gebühren, Auslagen) aufgerechnet wird (Achenbach/Ransiek/Rönnau WirtschaftsStR-HdB/*Seier* Teil 5 Kap. 2 Rn. 268). Honoraransprüche müssen hierfür idR fällig und einredefrei sein, es kann jedoch genügen (→ Rn. 182), dass sie dem Grunde nach bestehen und befriedigt werden sollen (*Schmidt* NStZ 2013, 498 (501 f.)). Hieran fehlt es, wenn die Verwendung der Mandantengelder mit dem Vorsatz rechtswidriger Bereicherung erfolgt (BGH NStZ 2015, 277). Befinden sich Mandantengelder auf einem **gepfändeten Anderkonto,** fehlt es an einem Nachteil, wenn der Mandant den vollstreckenden Gläubiger erfolgreich auf Freigabe in Anspruch nehmen kann (LG Lübeck wistra 2012, 449 f.).

Dass es an **Auszahlungsbereitschaft und Auszahlungsfähigkeit fehlt,** kann nach der Rspr. insbes. **208** aus folgenden Umständen geschlossen werden:
- **Abstreiten** des Zahlungseinganges (RGSt 73, 283 (286));
- **Vertrösten** oder **Hinhalten,** langer Zeitablauf, fehlende Mitteilung bei Zahlungseingängen, Auszahlung erst auf Intervention und fehlende Abrechnung (OLG Karlsruhe NStZ 1990, 82 (84));
- **verschleiernde Schreiben** (BGH NJW 1960, 1629 (1630));
- **Ausschöpfung** des Kontos, so dass die Mittel zur Auszahlung fehlen (RGSt 73, 283 (286));
- **Überweisung** auf ein Konto, über das der Täter **nicht alleine verfügen** kann (BGH NStZ 1997, 124);
- **Verwendung als Sicherheit** für eigene Darlehen (BGH wistra 1988, 192).

Hingegen kann aus den nachfolgend genannten Umständen **grds. nicht** auf die **fehlende Auszah- 209 lungsbereitschaft und Auszahlungsfähigkeit** geschlossen werden:
- **verzögerte Abrechnung** nach Ausführung eines Auftrags (OLG Stuttgart NJW 1971, 64);
- **verzögerte Überweisung** von Geldern (OLG Celle MDR 1990, 846);
- **fehlende Weiterleitung** der Gelder (OLG Düsseldorf wistra 1997, 239);
- **Gefahr der Pfändung** der Gelder, sofern bei eindeutiger Sach- und Rechtslage gegen die Pfändung mit der Drittwiderspruchsklage ohne weiteres vorgegangen werden kann (BGH NStE Nr. 7 zu § 266).

f) Haushaltsuntreue. aa) Allgemeines. Im Unterschied zu privaten Haushalten unterliegen öf- **210** fentliche Haushalte einer auf das Gemeinwohl bezogenen **normativen Zweckbindung,** wobei die öffentlichen Mittel nach den maßgebenden Haushaltsgrundsätzen strengen sachlichen und zeitlichen Bindungen unterworfen sind (Achenbach/Ransiek/Rönnau WirtschaftsStR-HdB/*Seier* Teil 5 Kap. 2 Rn. 344; monografisch zur Haushaltsuntreue *Coenen; Munz; Neye; Rojas; Wolf*). Der zweckwidrige Einsatz öffentlicher Mittel kann daher ungeachtet der wirtschaftlichen Gleichwertigkeit von Leistung und Gegenleistung gemäß der Zweckverfehlungslehre einen **Nachteil** begründen, wenn zweckgebundene Mittel verringert werden und der auf das Gemeinwohl bezogene **ursprüngliche Zweck nicht erreicht** wird (BGHSt 19, 37 (44 f.); 40, 287 (295 ff.) − „haushaltstechnische Verlagerung"; 43, 293 (297 f.) − Bugwellenprozess; BGH NJW 2001, 2411 (2414); 2003, 2179 (2181); BGH NStZ 2011, 520 (521) − Schäch *Berger* JR 2002, 118 f.; *Bieneck* wistra 1998, 249; *Bittmann* NStZ 1998, 495; *Brauns* JR 1998, 381; *Fabricius* NStZ 1993, 414 (416); Fischer Rn. 128; *Haas* S. 96; *Kohlmann/Brauns* S. 65, 71, 107; Lackner/Kühl/*Kühl* Rn. 17c; *Neye* NStZ 1981, 369 f.; Otto StrafR BT § 54 Rn. 35; *Reck* wistra 1996, 127 ff.; Rengier StrafR BT I § 18 Rn. 53a; *Rojas,* Grundprobleme der Haushaltsuntreue, 2011, 220 ff.; Schönke/Schröder/*Perron* Rn. 44; *Weimann,* Die Strafbarkeit der Bildung sog. schwarzer Kassen gem. § 266 StGB (Untreue), 1996, 97 (119)); diff. zwischen (strafloser) formeller und (strafbarer) materieller Zweckwidrigkeit SSW StGB/*Saliger* Rn. 96; für einen „integrierten Schadensbegriff" (jede pflichtwidrige Hingabe integriere einen Schaden) *Schünemann* StV 2003, 463 (469 ff.); zust. *Hinrichs,* Zur Untreuestrafbarkeit gemeindlicher Vertreter, 2011, 145 ff.). Voraussetzung ist aber, dass bei einer wirtschaftlichen Gesamtbetrachtung eine **Kompensation ausscheidet,** da § 266 nicht die Dispositionsbefugnis schützt (BGHSt 43, 293 (297)). Daher fehlt es an einem Nachteil, wenn **andere zulässige Zwecke erreicht** werden, die dem Gemeinwohl entsprechen (→ Rn. 212). Es bedarf deshalb in Fällen der Haushaltsuntreue stets einer **wirtschaftlich nachvollziehbaren Feststellung,** dass das Vermögen in einer bestimmten Höhe unter Berücksichtigung der erlangten Vermögensmehrungen **tatsächlich vermindert** wurde (BGH NStZ 2011, 520 (521) mAnm *Adick* ZWH 2011, 30).

210a   **De lege ferenda** wird die Schaffung eines **Straftatbestands der „Haushaltsuntreue",** der allein die Pflichtwidrigkeit haushaltswidriger Verfügungen mit Strafe bedroht, gefordert (*Coenen,* Die Strafbarkeit von Verstößen gegen das Haushaltsrecht bei der Bewirtschaftung öffentlicher Mittel, 2000, 95 ff.; *Schünemann* Unverzichtbare Gesetzgebungsmaßnahmen, 2011, 38 ff. (90 f.): Entwurf eines § 349, wiedergegeben auch bei LK-StGB/*Schünemann* Rn. 270; krit. *Rojas,* Grundprobleme der Haushaltsuntreue, 2011, 57 ff.). Zunächst sollten aber die Möglichkeiten der Prävention durch entsprechende Gestaltung des Haushaltsrechts und Einbindung der Rechnungshöfe ausgeschöpft werden (hierzu ausf. *v. Lewinski/ Immermann* VerwArch 2014, 441 (444 f., 447 ff.)).

211   **bb) Ausgaben ohne/mit Kompensation.** Ein **Nachteil** liegt vor, wenn Haushaltsmittel **ohne Gegenleistung** pflichtwidrig verausgabt werden bzw. pflichtwidrig die **Vereinnahmung von Geldern unterlassen** wird. Dies ist insbes. der Fall:

– bei der **Ämterpatronage** (→ Rn. 215 ff.), wenn fachlich ungeeignete Personen angestellt (BGH NStZ-RR 2006, 307) oder zu hohe Erfahrungsstufen zugebilligt werden (BGH KommJur 2016, 253 (254 f.);

– bei **nutzlosen (zweckfremden) Ausgaben,** die aus dem Bereich der Wahrnehmung öffentlicher Aufgaben herausfallen (BGHSt 40, 287 (295)); zB Kauf von Theaterkarten durch einen Abgeordneten mit Mitteln des „Besuchertopfes" (OLG Koblenz NJW 1999, 3277); Übernahme der Buffetkosten einer Silberhochzeit (BGH NZWiSt 2014, 135 mAnm *Klemm* NStZ 2015, 223 ff.);

– bei **Ausgaben ohne Aussicht auf Nachbewilligung** (BGH NStZ 1986, 455 (456): Verwendung von Portomitteln für die Teilnahme an einer Fachausstellung nach vorheriger Ablehnung der Bezuschussung);

– bei der **Bezahlung von Geldstrafen** aus öffentlichen Mitteln (BGHSt 37, 266; BGH NJW 1991, 990 (991));

– bei der **Darlehensaufnahme** für eine Gemeinde, wenn der Kreditbetrag wegen der finanziellen Situation der Gemeinde wirtschaftlich wertlos ist (BVerfG NJW 2013, 365 (367) unter Aufhebung von BGH NStZ 2011, 520 (521) − Schäch − wegen unzulänglicher, weil mehrdeutiger Feststellungen zum Nachteil);

– bei **Gewährung einer öffentlichen Subvention, auf die kein Anspruch besteht,** da damit zweckgebundene Mittel verringert werden, ohne dass der Subventionszweck erreicht werden kann (BGH NJW 2003, 2179 (2180); Rengier StrafR BT I § 18 Rn. 53a; *Rübenstahl/Wasserburg* NStZ 2004, 521; Schönke/Schröder/*Perron* Rn. 44; *Wagner* NStZ 2003, 543; krit. *Jordan* JR 2000, 133 (139));

– bei der **Nichtgeltendmachung von Forderungen,** sofern hierdurch das Vermögen in bezifferbarer Weise iSe schadensgleichen Vermögensgefährdung gemindert ist (BGH NZWiSt 2014, 135 (137) mAnm *Bittmann* NZWiSt 2014, 129 ff.; *Klemm* NStZ 2015, 223 ff.; vgl. auch Fischer Rn. 122; *Hoven/ Kubiciel/Waßmer* NZWiSt 2016, 121 (123 f.));

– bei der **persönlichen Bereicherung** des Treupflichtigen (BGH NJW 1982, 2881 (2882): Inanspruchnahme öffentlicher Leistungen zur Abwicklung privater Gutachten- und Forschungsaufträge; Fischer Rn. 122: Inanspruchnahme öffentlicher Sach- und Personalmittel für privat liquidierte ärztliche Leistungen; Vermischung von dienstlichen und privaten Ausgaben; *Kiethe* NStZ 2005, 529 (534): Griff in die Gemeindekasse);

– bei der **Vergabe öffentlicher Aufträge zu überhöhten Preisen,** in die zB Schmiergelder einkalkuliert sind (Fischer Rn. 123; *Simonis* CCZ 2016, 70 (75));

- bei der **Verschwendung von Mitteln** entgegen dem Grundsatz sparsamen Wirtschaftens (Achenbach/Ransiek/Rönnau WirtschaftsStR-HdB/*Seier* Teil 5 Kap. 2 Rn. 347; Fischer Rn. 125; *Kiethe* NStZ 2005, 529 (534); Schönke/Schröder/*Perron* Rn. 44); einschlägig ist dies zB, wenn zum Jahresende hin im sog „Dezemberfieber" überflüssige Investitionen getätigt werden, nur um im Folgejahr keine Kürzungen hinnehmen zu müssen (Achenbach/Ransiek/Rönnau WirtschaftsStR-HdB/*Seier* Teil 5 Kap. 2 Rn. 347);
- bei **Zahlungen, auf die kein Anspruch besteht,** da der Staat „nichts verschenken" darf (BGH NStZ-RR 2002, 237 (238): Entgelt ohne Gegenleistung; BGH NStZ-RR 2005, 83: unangemessene Abfindung).

Hingegen **fehlt es an einem Nachteil:**   212

- bei einer bloßen **haushaltswidrigen Umleitung** öffentlicher Mittel an eine andere Behörde (BGHSt 40, 287 (295) – „haushaltstechnische Verlagerung": Überweisung von Mitteln des BMVg, die zum Jahresende verfallen würden („Überkipper"), an den BND), da das Vermögen des Trägers insgesamt betrachtet nicht verringert ist (→ Rn. 199);
- bei einer bloßen **Haushaltsüberschreitung** (→ Rn. 213 f.) durch Titelüberziehung, sofern der Mitteleinsatz zulässigen Zwecken entspricht (BGHSt 43, 293 (298) – Bugwellenprozess: Realisierung des Theaterbetriebs); anders ist dies aber, wenn ein Nachteil unter dem Gesichtspunkt des individuellen Schadenseinschlags bejaht werden kann;
- bei der Verwendung von Mitteln für die **Erfüllung von öffentlichen Aufgaben,** die die unumgängliche Inanspruchnahme anderweitiger, im Haushaltsplan bewilligter Mittel erspart (BGHSt 40, 287 (294 f.));
- bei Ausgaben **mit sicherer Aussicht auf Nachbewilligung,** da der Einsatz der öffentlichen Mittel dringend erforderlich ist (BGH NStZ 1984, 549 (550): dringende Reparatur, die nur aus einem dafür nicht vorgesehenen Titel bezahlt werden kann);
- beim **Ankauf von sog Steuer-CDs,** da dem Fiskus iErg keine Nachteile, sondern durch die zu erwartenden Steuernachzahlungen erhebliche finanzielle Vorteile entstehen (*Kaiser* NStZ 2011, 383 (389 f.); *Trüg* StV 2011, 111 (114)).

cc) Haushaltüberschreitung. Bei einer Haushaltsüberschreitung, bei der Ausgaben gemäß der 213
Zwecksetzung des maßgebenden Haushaltstitels getätigt werden und eine **Verrechnung** mit den für das **Folgejahr** erwarteten Mitteln stattfinden soll, richtet sich das Vorliegen eines Nachteils nach den **Grundsätzen des individuellen Schadenseinschlags** (→ Rn. 187) (grdl. BGHSt 43, 293 (299) = BGH NJW 1998, 913 (914) – Bugwellenprozess unter Bezugnahme auf BGHSt 16, 321 – Melkmaschinenfall; bestätigt durch BGH NJW 2001, 2411 (2413); 2003, 2179 (2180); vgl. hierzu Achenbach/Ransiek/Rönnau WirtschaftsStR-HdB/*Seier* Teil 5 Kap. 2 Rn. 349; *Berger* JR 2002, 118; GA 2004, 57; *Brauns* JR 1998, 381 (384); Lackner/Kühl/*Kühl* Rn. 17c; *Wagner/Dierlamm* NStZ 2001, 371 (372); Wessels/Hillenkamp StraftR BT II Rn. 777; vgl. auch *Munz,* Haushaltsuntreue, 2001, 162 ff.; *Ransiek* ZStW 116 (2004), 634 (655); *Rojas,* Grundprobleme der Haushaltsuntreue, 2011, 229 ff.; *Rübenstahl/Wasserburg* NStZ 2004, 521 (525 ff.); *Thomas* FS Rieß, 2002, 795 (808); *Wolf,* Die Strafbarkeit der rechtswidrigen Verwendung öffentlicher Mittel, 1998, 58 ff. (109 ff.); krit. *Saliger* ZStW 112 (2000), 563 (589 ff.); *Schünemann* StV 2003, 463 (469); v. *Selle* JZ 2008, 178 (180 f.); aA (Zweckverfehlung, Begrenzungen des Treueverhältnisses maßgebend) *Bittmann* NStZ 1998, 495 (496); Fischer Rn. 129).

Ein **Nachteil** liegt daher vor, wenn die **wirtschaftliche Bewegungsfreiheit sehr stark beein-** 214
trächtigt ist, dh durch die Haushaltsüberschreitung eine wirtschaftlich gewichtige Kreditaufnahme erforderlich wird (Nachtragshaushalt), die Dispositionsfähigkeit des Haushaltsgesetzgebers in schwerwiegender Weise beeinträchtigt wird und er durch den Mittelaufwand insbes. in seiner politischen Gestaltungsbefugnis beschnitten ist (BGHSt 43, 293 (299) – Bugwellenprozess). Restriktiv ist allerdings nicht nur zu fordern, dass diese drei Kriterien **kumulativ** vorliegen (vgl. *Kiethe* NStZ 2005, 529 (533); *Rübenstahl/Wasserburg* NStZ 2004, 521 (525); krit. zur politischen Gestaltungsbefugnis AnwK-StGB/*Esser* Rn. 205; *Brauns* JR 1998, 381 f.; MüKoStGB/*Dierlamm* Rn. 263; SK-StGB/*Hoyer* Rn. 114; allein auf die Unbrauchbarkeit der Gegenleistung abstellend *Rojas,* Grundprobleme der Haushaltsuntreue, 2011, 234 ff.), sondern mit Blick auf die Vorgaben des BVerfG (→ Rn. 175b) muss der Nachteil – wie auch sonst in Fällen des individuellen Schadenseinschlags (→ Rn. 188) – in wirtschaftlich nachvollziehbarer Weise **beziffert** werden. Hingegen ist ein **Nachteil zu verneinen,** wenn die Haushaltsüberschreitung **nicht derart gravierend** ist, selbst wenn der Haushaltsgesetzgeber durch eine Kreditaufnahme für Ausgleich sorgen muss, oder die Überschreitung sich gar nur als **geringfügig** darstellt.

dd) Ämterpatronage. Bei der **Ämterpatronage,** bei der aus sachfremden Erwägungen ein öffent- 215
liches Amt mit einer Person besetzt wird, gelten die für den **Anstellungsbetrug** entwickelten Grundsätze entsprechend (Achenbach/Ransiek/Rönnau WirtschaftsStR-HdB/*Seier* Teil 5 Kap. 2 Rn. 354; Fischer Rn. 165; *Krell,* Untreue durch Stellenbesetzungen, 2015, 150 ff.; *Lindenschmidt,* Zur Strafbarkeit der parteipolitischen Ämterpatronage in der staatlichen Verwaltung, 2004, 46 ff.; NK-StGB/*Kindhäuser* Rn. 120; *Schmidt-Hieber* NJW 1989, 558 ff.; *Schmidt-Hieber/Kiesswetter* NJW 1992, 1790 ff.).

216   Bei der Ernennung von **Beamten** liegt ein Nachteil bereits dann vor, wenn der Ernannte die für das Amt **erforderliche persönliche Eignung** (iS persönlicher Zuverlässigkeit) nicht aufweist, da dem Beamtenverhältnis eine besondere Treuebeziehung eigen ist (BGHSt 45, 1 ff.). Dies gilt auch für die Einstellung von **Angestellten,** sofern die zu erfüllenden Aufgaben eine besondere persönliche Zuverlässigkeit und fachliche Vertrauenswürdigkeit voraussetzen (BGH NStZ-RR 2006, 307: Fachdienstleiter) und der Eingestellte nicht über die **geforderte Eignung** verfügt. IÜ kann ein Nachteil vorliegen, wenn die zugesagten **Dienste weniger wert** sind als der übernommene Lohn (BGH NJW 1961, 2027; KommJur 2016, 253 (254 f.)) und damit gegen das Leistungsprinzip verstoßen wird (Schönke/Schröder/ *Perron* Rn. 44). Hingegen fehlt es an einem Nachteil, wenn die zu erfüllenden Aufgaben keine besondere persönliche Zuverlässigkeit und fachliche Vertrauenswürdigkeit voraussetzen (vgl. AnwK-StGB/*Esser* Rn. 179).

217   Ein **Nachteil** ist idR nur in **gravierenden Fällen** nachweisbar, da Einstellungsbehörden einen **weiten Ermessensspielraum** haben (Achenbach/Ransiek/Rönnau WirtschaftsStR-HdB/*Seier* Teil 5 Kap. 2 Rn. 354; Lackner/Kühl/*Kühl* Rn. 17c). Dies ist insbes. dann der Fall, wenn ersichtlich nicht qualifizierte Personen auf leitende Dienstposten berufen werden (BGH NStZ-RR 2006, 307: Einstellung von fachlich ungeeigneten früheren Wahlkampfhelfern durch einen Landrat per Eilentscheidung ohne Einhaltung des üblichen Auswahlverfahrens). Hingegen **fehlt es an einem Nachteil,** wenn die Stelle mit einem **persönlich und fachlich geeigneten Bewerber** besetzt wird.

218   **g) Kick-Back/Schmiergeld.** Ein Kick-Back (zum Begriff → Rn. 139) ist nur dann pflichtwidrig, wenn dem Geschäftsherrn ein **Nachteil** zufügt wird (→ Rn. 140 f.). Der Nachteil besteht regelmäßig in **Höhe des Schmiergeldes,** das wirtschaftlich betrachtet aus dem betreuten Vermögen stammt (BGHSt 47, 295 (298 f.) – Drittmittel; 49, 317 (332 f.) – „System Schreiber"; 50, 299 (314) – Kölner Müllskandal; BGH NStZ 2001, 650 (651); 2004, 568 (569 f.); 2010, 330 (332); BGH NJW 2006, 2864 (2867) – Wuppertaler Korruptionsskandal; BGH NJW 2013, 3590 (3592) – Hochseeschlepper; OLG Hamm NStZ-RR 2006, 13 (14); Achenbach/Ransiek/Rönnau WirtschaftsStR-HdB/*Seier* Teil 5 Kap. 2 Rn. 409 f.; Fischer Rn. 118; Lackner/Kühl/*Kühl* Rn. 17a; LK-StGB/*Schünemann* Rn. 167; *Mölter* wistra 2010, 53 (59); Momsen/Grützner WirtschaftsStR/*Schramm* Kap. 5 Teil B Rn. 148; Rengier StrafR BT I § 18 Rn. 53; *Saliger* NJW 2006, 3377 (3378); krit. AnwK-StGB/*Esser* Rn. 198; *Bernsmann* StV 2005, 576 (578); *Bernsmann* GA 2007, 219 (235 f.); SK-StGB/*Hoyer* Rn. 108; SSW StGB/*Saliger* Rn. 65; *Szebrowski,* Kick-Back, 2005, 198). Die Kompensation scheitert entweder daran, dass ein um den Betrag des Schmiergeldes **erhöhter Preis** verlangt wird (Einpreisung), oder daran, dass die Gegenleistung zwar zum regulären Preis (Normalpreis) erlangt wird, aber der für das Schmiergeld aufgewendete Betrag als **Preisnachlass** hätte gewährt werden können, so dass insoweit eine vermögenswerte Exspektanz bestand. Kritisch ist zu sehen, dass die Praxis offenbar zu einer **Beweislastumkehr** neigt, indem sie davon ausgeht, dass ohne die Schmiergeldzahlung „regelmäßig" ein günstigerer Abschluss getätigt worden wäre (BGHSt 50, 299 Ls. 2; BGH NJW 2006, 2864 Ls. 2; BGH NStZ 2010, 330 (332)). Diese Vermutung liegt zwar nahe, gerade wenn zum Zweck der Auftragserlangung Schmiergelder in beträchtlicher Höhe und über einen längeren Zeitraum gezahlt wurden (BGH NJW 2006, 2864 (2867)), kann aber wegen des Grundsatzes in dubio pro reo den Nachweis nicht ersetzen (Achenbach/Ransiek/Rönnau WirtschaftsStR-HdB/*Seier* Teil 5 Kap. 2 Rn. 412; AnwK-StGB/*Esser* Rn. 198; *Bernsmann* StV 2005, 576 f.; *Kraatz* JR 2010, 407 (411 f.); Momsen/Grützner WirtschaftsStR/*Schramm* Kap. 5 Teil B Rn. 148; MüKoStGB/*Dierlamm* Rn. 273; NK-StGB/*Kindhäuser* Rn. 114).

219   Ein Kick-Back liegt auch bei der **Einwerbung von Drittmitteln** vor, wenn ein Hochschullehrer die Beschaffung von Geräten (etc) beeinflusst und hierdurch einem Verein zur Förderung des eigenen Instituts eine umsatzabhängige Rückvergütung in Form einer „Spende" zukommen lässt. Hier liegt ein **Nachteil** in **Höhe der Spende** vor, wenn diese den Kaufpreis erhöht hat (BGHSt 47, 295 (299); hierzu *Haeser* MedR 2002, 55 (56); *Kindhäuser/Goy* NStZ 2003, 291 (292); *Kuhlen* JR 2003, 231 ff.; *Rönnau* JuS 2003, 232 ff.; *Tholl* wistra 2003, 181 f.) bzw. nicht entsprechender Preisnachlass hätte gewährt werden können. Hingegen fehlt es bereits an der Pflichtwidrigkeit, wenn nur „firmeninterne" Provisionen ausgekehrt werden (BGHSt 47, 295 (300 f.)).

220   Als Kick-Back ist auch das komplizierte **„System Schreiber"** (BGHSt 49, 317 ff.) zu begreifen. Hier wurden bei internationalen Waffengeschäften über verschachtelte Kontensysteme und Briefkastenfirmen Schmiergelder in Millionenhöhe erlangt und über ein **Geflecht von Tarnfirmen** an Politiker und Manager weitergereicht. Auf der einen Seite wurden im Namen des Treugebers (Thyssen) Waffen an Dritte verkauft, auf der anderen Seite im Namen des Treugebers mit Tarnfirmen Vermittlungsverträge abgeschlossen, wonach bei Zustandekommen der Waffengeschäfte Provisionen an diese Tarnfirmen zu zahlen waren. Der **Nachteil** kann hier nicht in den in den Kaufpreis einkalkulierten Schmiergeldern bestehen, da ohne die Schmiergelder kein anderer Kaufpreis zu erzielen war. Nach der Rspr. soll der Nachteil allerdings darin bestehen, dass die Treupflichtigen Provisionen erhielten, die zwar vom Vertragspartner des Treugebers stammten, aber über den Treugeber an einen Dritten ausbezahlt und von dort an die Treupflichtigen weitergeleitet wurden (BGHSt 49, 317 (333); krit. Fischer Rn. 120; NK-StGB/*Kindhäuser* Rn. 114a). IErg ist die Annahme eines Nachteils zutreffend, der Nachteil besteht jedoch in einer **schadensgleichen Vermögensgefährdung** des Treugebers, der aufgrund eines ausdrücklichen vertraglichen Verbots von Vermittlungsprovisionen, die den Käufer berechtigten, den Kaufpreis ggf. um den Betrag gezahlter Provisionen zu reduzieren, dem Risiko späterer Rückforderungen ausgesetzt war (vgl. *Pananis* NStZ 2005, 572; *Schünemann* NStZ 2006, 196 (200 f.); *Vogel* JR 2005, 123 (125 f.)).

h) Manipulation des Ausschreibungsverfahrens. Bei der **Manipulation des Ausschreibungs-** **221** **verfahrens** liegt nach der bisherigen Rspr. bereits dann ein **Nachteil** vor, wenn das **Budget** bzw. die zur Angebotsabgabe **aufzufordernden Firmen** (zB durch Herausgabe der Bieterlisten) **verraten** werden (BGHSt 41, 140 (143); NStZ 2000, 260 (261); BayObLG NJW 1996, 268 (271); Schönke/Schröder/*Perron* Rn. 45b; krit. Achenbach/Ransiek/Rönnau WirtschaftsStR-HdB/*Seier* Teil 5 Kap. 2 Rn. 223; aA (abstrakte Vermögensgefahr) *Haft* NJW 1996, 238; Lackner/Kühl/*Kühl* Rn. 17a; LK-StGB/*Schünemann* Rn. 182; Momsen/Grützner WirtschaftsStR/*Schramm* Kap. 5 Teil B Rn. 140; *Ransiek* ZStW 116 (2004), 634 (668); SSW StGB/*Saliger* Rn. 72; ausf. *Bräunig*, Untreue in der Wirtschaft, 2011, 309 ff.; *P. Werner*, Der Gefährdungsschaden als Nachteil im Sinne des Untreuetatbestands, 2011, 106 ff.). Denn hierdurch werde das ordnungsgemäße Funktionieren des Ausschreibungsverfahrens insgesamt gestört und die Möglichkeit von Angebotskartellen eröffnet, so dass die Gefahr eines ggü. einem ordnungsgemäßen Ausschreibungsverfahren unvorteilhafteren Abschlusses „gleichsam vorprogrammiert" sei (BayObLG NJW 1996, 268 (271)), so dass von einer hinreichend konkreten **schadensgleichen Vermögensgefährdung** auszugehen ist. Mit Blick auf die restriktiven Vorgaben des BVerfG (→ Rn. 175d) ist jedenfalls zu verlangen, dass der Nachteil im Einzelfall in wirtschaftlich nachvollziehbarer Weise **bezifferbar** ist.

i) Existenzgefährdung einer Gesellschaft. Die Feststellung einer pflichtwidrigen (→ Rn. 151) **221a** Existenzgefährdung im Tatzeitpunkt setzt grds. die Aufstellung einer **Vermögensbilanz** voraus, sie kann in Einzelfällen aber auch allein aufgrund des **tatsächlichen Geschehenslaufs** erfolgen (BGH NStZ-RR 2013, 345 (346) mAnm *Wessing/Krawczyk* NZG 2014, 59 ff.). Anhaltspunkte für die Vermögenssituation gibt die handelsrechtliche **Jahresbilanz** (BGH NStZ-RR 2005, 86 (87); 2007, 79 (80)), die für den Schluss eines Geschäftsjahrs das Verhältnis des Vermögens (Aktiva) und der Schulden (Passiva) eines Kaufmanns darstellt (vgl. § 242 Abs. 1 S. 1 HGB). Die Zugrundelegung von **Zerschlagungswerten** unter Berücksichtigung der Abwicklungskosten und etwaiger Sozialansprüche (BGH NStZ-RR 2007, 79 (80); *Fischer* Rn. 96a) dürfte nur dann angebracht sein, wenn die Fortführung des Unternehmens ausgeschlossen ist. Jedenfalls darf die Ermittlung des Nachteils nicht aus der Erwägung heraus unterbleiben, dass sie – insbes. wegen unvollständiger Buchhaltungsunterlagen – mit praktischen Schwierigkeiten verbunden ist; verbleiben Unsicherheiten ist unter Beachtung des **Zweifelssatzes** der (Mindest-)Schaden im Wege der Schätzung zu ermitteln (BGH NStZ-RR 2013, 345 (346)). Wurde zeitnah ein **Insolvenzverfahren** eröffnet, ist es möglich, dass sich anhand der Erkenntnisse aus diesem Verfahren (Mindest-)Feststellungen zur Vermögenssituation und damit auch zur Existenzgefährdung treffen lassen (BGH NStZ-RR 2013, 345 (346)).

j) Prozessrisiken. Prozessrisiken hat die Rspr. bislang uneinheitlich bewertet (Achenbach/Ransiek/ **221b** Rönnau WirtschaftsStR-HdB/*Seier* Teil 5 Kap. 2 Rn. 200 mwN). Im Hinblick auf die Vorgaben des BVerfG (→ Rn. 175d) ist zu fordern, dass ein (Mindest-)Schaden nach wirtschaftlich nachvollziehbaren Maßstäben **bezifferbar** ist (vgl. zum sog „Makelbetrug" BGH NStZ 2013, 37 (38) mAnm *Schlösser* NStZ 2013, 162). Ein bezifferbares Prozessrisiko setzt zum einen die konkrete Gefahr voraus, mit einer Klage überzogen zu werden, und zum anderen die nicht von der Hand zu weisende Möglichkeit, den Rechtsstreit zu verlieren (Achenbach/Ransiek/Rönnau WirtschaftsStR-HdB/*Seier* Teil 5 Kap. 2 Rn. 200). Daran fehlt es, wenn feststeht, dass der Rechtsstreit gewonnen würde (vgl. zum gutgläubigen Eigentumserwerb BGH NStZ 2013, 37 (38)). Bejaht wurde eine (hier sog) „Makeluntreue" zB:

– beim Abschluss eines (unausgewogenen) **(Grundstücks-)Kaufvertrags,** der angesichts der zum Zeitpunkt des Vertragsschlusses im Umbruch befindlichen Rechts- und Wirtschaftslage das (ganz) erhebliche Prozessrisiko begründet, dass der Kaufgegenstand ohne adäquaten wirtschaftlichen Gegenwert verloren geht (BGHSt 44, 376 (386) – Diestel);

– bei Zahlungsanweisungen in Zusammenhang mit einem **nichtigen Darlehensvertrag,** die das ganz erhebliche Prozessrisiko begründen, auf Rückzahlung in Anspruch genommen zu werden, ohne den Betrag zurückerhalten zu können (BGH wistra 2006, 306 (307)).

C. Subjektiver Tatbestand

I. Vorsatz

1. Allgemeines. § 266 ist ein **Vorsatzdelikt.** Gefordert ist der Wille zur Verwirklichung des Tat- **222** bestands in Kenntnis aller obj. Tatumstände (vgl. nur BGHSt 34, 379 (390)). **Bedingter Vorsatz** genügt sowohl für den Missbrauchs- als auch den Treubruchstatbestand (RGSt 76, 115 (116); BGH NJW 1975, 1234 (1236); zu § 266 aF bereits RGSt 69, 203 (205); de lege lata für das Erfordernis direkten Vorsatzes hinsichtlich der Pflichtwidrigkeit *Dinter,* Der Pflichtwidrigkeitsvorsatz der Untreue, 2012, 122 ff.; de lege ferenda für das Erfordernis direkten Schädigungsvorsatzes (wie in § 153 Abs. 1 öStGB) *P. Werner,* Der Gefährdungsschaden als Nachteil im Sinne des Untreuetatbestandes, 2011, 200 ff.; *Tsagkaraki,* Die Bildung der sog. „schwarzen Kassen" als strafbare Untreue gemäß § 266 StGB, 2013, 263; zu Reformvorschlägen ausf. *Hantschel,* Untreuevorsatz, 2010, 57 ff.). Zwischen dem Vorsatz hinsichtlich der **Pflichtwidrigkeit** und hinsichtlich der **Nachteilszufügung** ist zu differenzieren, da das Verschleifungs- bzw. Entgrenzungsverbot auch im subjektiven Tatbestand besteht (BGH NStZ 2013, 715 – Berliner Bankenskandal; *Trüg* NStZ 2013, 717: „untreueintrinsische Sichtweise"). Der Vorsatz muss Pflichtwidrigkeit und Nachteilszufügung umfassen (BGHSt 9, 358 (360); 13, 315 (320); BGH NStZ 1986, 455 (456); BGH NJW 1990, 3219 (3220); 2001, 2411 (2414)). Hierbei muss sich der Vorsatz nicht auf sämtliche Details des Nachteils (insbes. die genaue Höhe) erstrecken, sondern es genügt das Bewusstsein der Schädigung (*Bittmann* NStZ 2012, 57 (61)).

222a   **Besondere Absichten,** insbes. eine Bereicherungsabsicht wie beim Betrug (§ 263), setzt der Tatbestand der Untreue nicht voraus. Die **allg. („gute") Absicht,** „letztlich" den Interessen des Treugebers nicht schaden oder ihnen dienen zu wollen, schließt den Vorsatz nicht aus (BGHSt 52, 323 Rn. 48 – Siemens/Enel; BGH NJW 2009, 89 (92); BGHSt 54, 148 = BGH NJW 2010, 92 (95) Rn. 43 – Gebauer/Volkert; BGH NStZ 2011, 520 (521) – Schäch), sondern ist lediglich für die Strafzumessung (→ Rn. 276 ff.) von Bedeutung.

223   **2. Nachweis.** Nach stRspr macht es der weit gestreckte Rahmen des äußeren Tatbestandes des § 266 erforderlich, an den Nachweis der inneren Tatseite **strenge Anforderungen** zu stellen. Der Vorsatz bedürfe **besonders sorgfältiger Prüfung,** um Interessenlage und Motiven des Täters angemessen Rechnung zu tragen („Vorsatzlösung" (*Hantschel,* Untreuevorsatz, 2010, 305) oder „Strenge-Anforderungen-Formel" (hierzu *Hillenkamp* FS Maiwald, 2010, 323 (326 ff.)); vgl. nur BGHSt 3, 23 (25); 47, 295 (302); 48, 331 (348); BGH NJW 1975, 1234 (1236); BGH NStZ 1990, 437; wistra 2003, 463; BGH NStZ 2007, 704 (705); zust. *Adick,* Organuntreue (§ 266 StGB) und Business Judgment, 2010, 46; *Ignor/Sättele* FS Hamm, 2008, 211 (221); Lackner/Kühl/*Kühl* Rn. 19; Matt/Renzikowski/*Matt* Rn. 150; *Nack* NJW 1980, 1599 (1602)). Dies soll insbes. für den **bedingten Vorsatz** gelten, wenn der Täter **nicht eigennützig** handelt oder nur eine **schadensgleiche Vermögensgefährdung** bewirkt (vgl. nur BGH NJW 1983, 461). Diese Restriktion ist zwar zu begrüßen, eine besonders sorgfältige Prüfung des Vorsatzes und damit eine eingehende Beweiswürdigung, die alle für und gegen Vorsatz streitenden Gesichtspunkte umfassend einbezieht, stellt jedoch kein Charakteristikum des § 266 dar, sondern ist eine Selbstverständlichkeit, die die (vorgelagerte) verfassungsrechtlich gebotene restriktive Handhabung des äußeren Tatbestands nicht ersetzen kann (Achenbach/Ransiek/Rönnau WirtschaftsStR-HdB/*Seier* Teil 5 Kap. 2 Rn. 89; *Dierlamm* NStZ 1997, 534 (535); *Feigen* FS Rudolphi, 2004, 445 (459); Fischer Rn. 176; *Hantschel,* Untreuevorsatz, 2010, 305; LK-StGB/*Schünemann* Rn. 190; MüKoStGB/*Dierlamm* Rn. 281; *Ransiek* ZStW 116 (2004), 634 (640); Schönke/Schröder/*Perron* Rn. 50; SSW StGB/*Saliger* Rn. 104; Wessels/Hillenkamp StrafR BT II Rn. 782; *Waßmer,* Untreue bei Risikogeschäften, 1997, 156 ff.; *P. Werner,* Der Gefährdungsschaden als Nachteil im Sinne des Untreuetatbestandes, 2011, 91 f.). Für die Beweiswürdigung und damit den Nachweis des Vorsatzes gelten daher die **allg. (strengen) Regeln** (hierzu ausf. *Hantschel,* Untreuevorsatz, 2010, 227 (246 ff.)).

223a   **3. Vorsatz der Pflichtwidrigkeit.** Umstritten ist, welche **Anforderungen** an den Vorsatz der Pflichtwidrigkeit zu stellen sind (ausf. *Dinter,* Der Pflichtwidrigkeitsvorsatz der Untreue, 2012, 18 ff.; *Marwedel* ZStW 123 (2011), 548 ff.), womit die praktisch sehr bedeutsame Frage verbunden ist, ob ein diesbezüglicher Irrtum als **Tatbestands- oder Verbotsirrtum** zu behandeln ist. Zu beachten ist, dass es sich bei der „Pflichtwidrigkeit" (krit. zum Begriff *Martin,* Bankuntreue, 2000, 153 f.) nicht um ein „zusätzliches" Tatbestandsmerkmal (zutr. *Hantschel,* Untreuevorsatz, 2010, 306) handelt, sondern hiermit die Verletzung der Vermögensbetreuungspflicht durch Missbrauch bzw. Treubruch umschrieben wird (→ Rn. 65). Der Vorsatz der Pflichtwidrigkeit erstreckt sich daher zum einen auf die Vermögensbetreuungspflicht, zum anderen umfasst er die Grenzen des Innenverhältnisses und (beim Missbrauchtatbestand) die Befugnisse im Außenverhältnis bzw. (beim Treubruchstatbestand) den übernommenen Aufgabenkreis.

223b   Nach einer **extensiven Auffassung** genügt für den Vorsatz der Pflichtwidrigkeit die **Kenntnis der Tatsachen,** aus denen sich die Pflichtwidrigkeit ergibt, so dass jeder Irrtum über die rechtliche Bewertung eines zutreffend erkannten tatsächlichen Sachverhaltes einen **Verbotsirrtum** begründet (AWHH/*Heinrich* StrafR BT § 22 Rn. 69; *Martin,* Bankuntreue, 2000, 154 f.; *Marwedel* ZStW 123 (2011), 548 (569); NK-StGB/*Kindhäuser* Rn. 122). Dem entspricht es, wenn der 5. Strafsenat des BGH in einer Entscheidung v. 17.9.2009 ausführte, dass die Inanspruchnahme eines „nicht tatsachenfundierten irrigen Erlaubnissatzes" nicht zur Annahme eines Tatbestandsirrtums berechtigt (BGHSt 54, 148 Rn. 47 – Gebauer/Volkert; BGH NJW 2010, 92 (95)). Zu den gleichen Ergebnissen gelangt, wer die Pflichtwidrigkeit als **gesamttatbewertendes Merkmal** begreift, bei dem der Vorsatz nur die dieses Merkmal begründenden Tatsachen umfassen muss, während das Bewusstsein der Pflichtwidrigkeit als aus dieser Kenntnis gezogene Konsequenz Teil des Unrechtsbewusstseins ist (so LK-StGB/Schünemann Rn. 193; hiergegen *Hantschel,* Untreuevorsatz, 2010, 80 ff.).

Dagegen soll nach einer **differenzierenden Auffassung,** die der 3. Strafsenat des BGH in der **223c** Mannesmann/Vodafone-Entscheidung v. 21.12.2005 zugrunde legte (BGH NJW 2006, 522 (531); nicht abgedruckt in BGHSt 50, 331 ff.), eine sachgerechte Einordnung nicht durch schlichte Anwendung einfacher Formeln zu erreichen sein, sondern es bedürfe des Rückgriffs auf **„wertende Kriterien und differenzierende Betrachtungen".** Im Fall wurde ein Verbotsirrtum gefolgert, da die Täter „in Kenntnis dessen, dass ihr Verhalten für die Mannesmann AG sicher nachteilig war und mithin ihre Vermögensbetreuungspflicht eigentlich verletzte, gleichsam einen nicht bestehenden besonderen Erlaubnissatz in Anspruch genommen haben". „Eine solche Fehlvorstellung werde aber von § 17 StGB und nicht von § 16 StGB geregelt". Der Senat dürfte somit bei Fehlbewertungen wohl nur in Ausnahmefällen einen Tatbestandsirrtum folgern. Die genauen Kriterien, wie die Abgrenzung vorzunehmen ist, blieben aber „offen" (Fischer Rn. 174).

Vorzugswürdig erscheint eine **restriktive Auffassung,** wonach der Täter nicht nur die der Pflicht- **223d** widrigkeit zugrunde liegenden Tatsachen kennen, sondern ihm zugleich die **Pflichtwidrigkeit bewusst** sein muss (vgl. AnwK-StGB/*Esser* Rn. 234; *Hantschel,* Untreuevorsatz, 2010, 76 ff., 306; *Jakobs* NStZ 2005, 276 (277); *Jakobs* FS Dahs, 2005, 49 ff.; *Kiethe* NStZ 2005, 529 (534); *Lüderssen* FS Richter II, 2006, 373 ff.; *Matt/Renzikowski/Matt* Rn. 151; Momsen/Grützner WirtschaftsStR/*Schramm* Kap. 5 Teil B Rn. 154; MüKoStGB/*Dierlamm* Rn. 282; Schönke/Schröder/*Perron* Rn. 49; Wessels/Hillenkamp StrafR BT II Rn. 781; *Waßmer,* Untreue bei Risikogeschäften, 1997, 153 ff.; diff. (bei Verstößen gegen gesetzliche Pflichten Tatsachenkenntnis ausreichend, sonst Rechtskenntnis erforderlich) *Dinter,* Der Pflichtwidrigkeitsvorsatz der Untreue, 2012, 82 f.). Denn die Pflichtwidrigkeit ist ein **komplexes normatives Tatbestandsmerkmal** (BVerfGE 126, 170 Rn. 97; BVerfG NJW 2010, 3209 (3213); BGH NStZ 2010, 632 (634): „normatives Tatbestandsmerkmal"; BGH NJW 2006, 522 (531): „stark normativ geprägt"; *Hantschel,* Untreuevorsatz, 2010, 85; *Hüls* NZWiSt 2014, 12 (13 f.); *Radtke* NStZ 2011, 556 (557); *Rojas,* Grundprobleme der Haushaltsuntreue, 2011, 107; SSW StGB/*Saliger* Rn. 31a; aA (weiterverweisendes Blankettmerkmal) OLG Stuttgart StV 2010, 80 (81); *Deiters* ZIS 2006, 152 (159); SK-StGB/*Hoyer* Rn. 49; („teilweise verhaltensnormenvermittelndes Tatbestandsmerkmal") *Dinter,* Der Pflichtwidrigkeitsvorsatz der Untreue, 2012, 62; (gesamttatbewertendes Merkmal) LK-StGB/*Schünemann* Rn. 193; (gemischtes Blankett- und tatbewertendes Merkmal) *Leitz* GA 2015, 517 (527); das eine rechtliche Bewertung erfordert. Dem entspricht es, wenn der 5. Strafsenat des BGH in einem Urt. v. 14.12.2000 (BGH NJW 2001, 2411 (2414)) die Kenntnis der Pflichtwidrigkeit für erforderlich erachtet und der 2. Strafsenat in einem Urt. v. 18.10.2006 (BGHSt 51, 100 = BGH NJW 2007, 1760 (1766) Rn. 58 – Kanther/Weyrauch) ausgeführt hat, dass es bei den (rechtlichen) „Anforderungen an den Rechenschaftsbericht" um die „tatsächlichen Voraussetzungen der so konkretisierten Pflicht" gehe, die irrtümliche Verkennung der Anforderungen den Tatvorsatz ausschließe. Diese Bewertung muss freilich nicht juristisch exakt sein, sondern es genügt, dass der Täter gemäß einer **Parallelwertung in der Laiensphäre** den **wesentlichen rechtlich-sozialen Bedeutungsgehalt** seines Verhaltens erfasst, eine laienhafte Vorstellung vom Vorliegen einer Pflichtverletzung hat (Achenbach/Ransiek/Rönnau WirtschaftsStR-HdB/*Seier* Teil 5 Kap. 2 Rn. 86; AnwK-StGB/*Esser* Rn. 234; *Hantschel,* Untreuevorsatz, 2010, 306; *Kiethe* NStZ 2005, 529 (534); *Matt/Renzikowski/Matt* Rn. 151; *Schünemann* StV 2003, 463 (471); *Seibt/Schwarz* AG 2010, 301 (310); SK-StGB/*Hoyer* Rn. 118; *Waßmer,* Untreue bei Risikogeschäften, 1997, 154). Ein Tatbestandsirrtum liegt daher vor, wenn der Täter sich über die zugrunde liegenden Tatsachen oder den wesentlichen rechtlich-sozialen Bedeutungsgehalt seines Verhaltens irrt. Dagegen ist von einem Verbotsirrtum auszugehen, wenn er die Tatsachen und den rechtlich-sozialen Bedeutungsgehalt erfasst, aber dennoch annimmt, zu seinem Verhalten befugt zu sein. Konsequenz dieser Auffassung ist es, dass dann, wenn die rechtliche Bewertung **einfach bzw. evident** ist, ein **Verbotsirrtum** vorliegen wird, während dann, wenn sie **komplex und schwierig** ist (damit den Täter idR überfordert), ein **Tatbestandsirrtum** nahe liegt (SSW StGB/*Saliger* Rn. 105; zust. Achenbach/Ransiek/Rönnau WirtschaftsStR-HdB/*Seier* Teil 5 Kap. 2 Rn. 86; *Hinrichs,* Zur Untreuestrafbarkeit gemeindlicher Vertreter, 2011, 191 f.; zwischen Irrtümern im „Kernbereich" und „Randbereich" diff. *Leitz* GA 2015, 517 (529)).

4. Vorsatz beim Gefährdungsschaden. a) Streitstand. Auch für den Nachteil in Form des **224** Gefährdungsschadens genügt **bedingter Vorsatz.** Nach stRspr (vgl. nur BGHSt 36, 1 (9 f.) zu § 223a aF) setzt bedingter Vorsatz nicht nur voraus, dass der Täter **intellektuell** die Möglichkeit des Erfolgseintritts – hier also des Eintritts des Gefährdungsschadens – erkannt hat, sondern auch, dass er **voluntativ** diesen Erfolgseintritt billigend in Kauf genommen hat. Für die Untreue ist gegenwärtig sehr str., ob sich das voluntative Element darüber hinaus auch auf die **Billigung der Realisierung des endgültigen Vermögensnachteils** erstrecken muss:

Der **2. Strafsenat** des BGH hatte eine derartige **Restriktion** des subjektiven Tatbestands in Bezug **224a** auf „schwarze Kassen" zunächst in einem Urt. v. 18.10.2006 (BGHSt 51, 100 (120) – Kanther/Weyrauch) restriktiv gefordert und dann in einem Beschl. v. 25.5.2007 (BGH NStZ 2007, 704 (705)) zur Kreditvergabe hieran verallgemeinernd angeknüpft (zust. Fischer Rn. 183 f.; *Ignor/Sättele* FS Hamm, 2008, 211 (224 f.); *Kempf* FS Hamm, 2008, 255 (262 ff.); *Matt/Renzikowski/Matt* Rn. 155; vgl. auch BeckOK StGB/*Wittig* Rn. 48.1). Nachfolgend hat der Senat diese Restriktion bestätigt (BGH NJW

2010, 1764 f.: Untreue eines Notars). Die hierdurch entstehende Inkongruenz zwischen objektivem und subjektivem Tatbestand (*Perron* NStZ 2008, 517 (518): „dogmatisches Neuland"; „mutiger Schritt"; *Hillenkamp* FS Maiwald, 2010, 323 (341): Bruch mit bisheriger Rspr.; *Bernsmann* GA 2007, 219 (230): „(schwach) überschießende Innentendenz"; SK-StGB/*Hoyer* Rn. 120: „subjektiver Schleichweg"), die im Schrifttum überwiegend auf Ablehnung gestoßen ist (vgl. *Adick* HRRS 2008, 460 (463); *Bernsmann* GA 2007, 219 (230); *Beulke/Witzigmann* JR 2008, 430 (434 f.); *Bräunig*, Untreue in der Wirtschaft, 2011, 386 ff.; *Hillenkamp* FS Maiwald, 2010, 323 (341 ff.); *Hinrichs* wistra 2013, 161 (167); *Kempf* FS Hamm, 2008, 255 (264 ff.); *Küper* JZ 2009, 800 (804); *Mitsch* JuS 2011, 97 (102); Momsen/Grützner/ Schramm Kap. 5 Teil B Rn. 141; *Nack* StraFo 2008, 277 (281); NK-StGB/*Kindhäuser* Rn. 123; *Ransiek* NJW 2007, 1727 (1729); *Saliger* NStZ 2007, 545 (550 f.); *Schlösser* NStZ 2008, 397 f.; Schönke/ Schröder/*Perron* Rn. 49; *Schünemann* NStZ 2008, 430 (433 f.); SK-StGB/*Hoyer* Rn. 119; SSW StGB/ *Saliger* Rn. 104a; *Weber* FS Eisenberg, 2009, 371 ff.; *P. Werner*, Der Gefährdungsschaden als Nachteil im Sinne des Untreuetatbestandes, 2011, 35; Wessels/Hillenkamp StrafR BT II Rn. 784), zT aber wegen der hieraus resultierenden Restriktion hingenommen wird (AWHH/*Heinrich* § 22 Rn. 78: als Bemühen um eine Einschränkung „immerhin verständlich"; Achenbach/Ransiek/Rönnau WirtschaftsStR–HdB/ *Seier* Teil 5 Kap. 2 Rn. 195: Ergebnisse „sachgerecht", dogmatische Unzulänglichkeiten „das kleinere Übel"), rechtfertigt der Senat damit, dass die konkrete Vermögensgefährdung der Sache nach eine Vorverlagerung der Vollendung in den Bereich des Versuchs bedeute, der durch die Inkongruenz zwischen objektivem und subjektivem Tatbestand gekennzeichnet sei (BGHSt 51, 100 (123)). Fischer (Rn. 184) begreift die Restriktion als geeignetes Mittel zur Rückführung der Untreue auf einen strafwürdigen Kernbereich und weist darauf hin, dass das BVerfG bei der Auslegung des § 261 Abs. 2 Nr. 1 den Tatbestand durch eine ähnliche Konstruktion begrenzt (BVerfGE 110, 226 = BVerfG NJW 2004, 1305 (1311 f.): Vorsatz des Strafverteidigers setzt bei der Geldwäsche sichere Kenntnis von der Herkunft des inkriminierten Honorars voraus) und die Rspr. für den bedingten Vorsatz bei „verteidigungsspezifischen" Straftaten ebenfalls Einschränkungen (BGHSt 38, 345 (349 ff.); 46, 53 (59)) vorgenommen hat.

224b　　Der **5. Strafsenat** hatte sich dieser Restriktion des subjektiven Tatbestands bereits in einem Beschl. v. 2.4.2008 (BGHSt 52, 182 = BGH NJW 2008, 1827) **angeschlossen.** Nunmehr hat er diese Sichtweise in einem Urt. v. 28.5.2013 **bestätigt:** Anders als etwa bei Kapitaldelikten lasse sich bei der Untreue das voluntative Element nicht bereits weitgehend aus dem Gefährdungspotential der Handlung ableiten; der Grad der Wahrscheinlichkeit eines Erfolgseintritts könne allein kein Kriterium für die Entscheidung der Frage sein, ob der Täter mit dem Erfolg auch einverstanden war; es komme vielmehr immer auch auf die Umstände des Einzelfalles an, bei denen insbes. die Motive und die Interessenlage zu beachten seien (BGH NStZ 2013, 715 (716) – Berliner Bankenskandal – mAnm *Trüg; Kubiciel* StV 2014, 91; *Saliger* ZWH 2014, 74). Diese Sichtweise ist auch in der Rspr. der **Oberlandesgerichte** auf Zustimmung gestoßen (vgl. OLG Hamburg NStZ 2010, 335 (336) mAnm *Jahn* JuS 2009, 1144 ff.; OLG München NJW 2013, 3799 (3801)).

224c　　Dagegen hatte sich der **1. Strafsenat** in einem Beschl. v. 20.3.2008 (BGH NJW 2008, 2451 (2452); zust. AnwK-StGB/*Esser* Rn. 229; vgl. auch *Adick* HRRS 2008, 460 (462 f.); *Bosch/Lange* JZ 2009, 225 (228); *Selle/Wietz* ZIS 2008, 471 (474 f.)) in einem **obiter dictum** explizit **gegen eine Restriktion** des subjektiven Tatbestands bei Risikogeschäften und insbes. bei der Kreditvergabe ausgesprochen, da die genaue Betrachtung ergebe, dass die schadensgleiche Vermögensgefährdung in Wirklichkeit ein bereits unmittelbar mit der Tathandlung eingetretener **endgültiger Vermögensnachteil** sei („Scheinproblematik"); wer bei der Kreditvergabe um die Minderwertigkeit des Rückzahlungsanspruchs wisse, handele mit **direktem Vorsatz**. In einem Beschl. v. 18.2.2009 zu § 263 bekräftigte der Senat, dass die schadensgleiche Vermögensgefährdung eine „verschleiernde Bezeichnung" sei und sich das voluntative Element allein auf den unmittelbar mit der Vermögensverfügung eingetretenen tatbestandlichen Schaden erstrecken müsse, es auf die „Billigung eines eventuellen Endschadens" nicht ankomme (BGHSt 53, 199 Rn. 15, 17; BGH NJW 2009, 2390 (2391) mAnm *Rübenstahl*).

224d　　Schließlich hatte es der **3. Strafsenat** in einem Urt. v. 13.8.2009 **offen gelassen,** ob bei § 266 hinsichtlich des Eintritts einer Vermögensgefährdung bedingter Vorsatz ausreicht oder ob zusätzlich zu fordern ist, dass der Täter die konkrete Gefahr des endgültigen Vermögensverlustes sieht und auch deren Realisierung billigt (BGH BKR 2010, 163 (166) – WestLB/Boxclever; auf der Linie des 2. Strafsenats zuvor LG Düsseldorf BeckRS 2008, 19567).

225　　**b) Lösung.** Die Rspr. hat bislang von einer **Anfrage nach § 132 Abs. 3 GVG** unter Hinweis auf (angeblich) abweichende Fallgestaltungen abgesehen (vgl. nur BGH (5. Strafsenat) NStZ 2013, 715 (716) – Berliner Bankenskandal; krit. Achenbach/Ransiek/Rönnau WirtschaftsStR-HdB/*Seier* Teil 5 Kap. 2 Rn. 288), was der Rechtssicherheit abträglich ist. Beide Rechtsprechungslinien bedürfen der **Korrektur und Zusammenführung.** Dem **1. Strafsenat** ist insoweit zuzustimmen, als dass bei der Kreditvergabe mit Valutierung bereits ein endgültiger Vermögensnachteil eingetreten ist, wenn die Nichtrückzahlung sicher ist; bei einer lediglich unsicheren Rückzahlung liegt hingegen eine schadensgleiche Vermögensgefährdung vor (→ Rn. 195). Richtig ist auch, dass dann, wenn dem Täter im Tatzeitpunkt die Minderwertigkeit des Rückzahlungsanspruchs bekannt ist, direkter Vorsatz vorliegt. Dem **2. Strafsenat** ist beizupflichten, dass beim Gefährdungsschaden der Nachweis des bedingten Vorsatzes restriktiver Handhabung bedarf (→ Rn. 223). Allerdings ist die vom Senat bewirkte Verwandlung der Untreue in ein Delikt mit einem „überschießenden Vorsatz" bzw. einer „(schwach) überschießenden Innentendenz" systemwidrig (*Adick,* Organuntreue (§ 266 StGB) und Business Judgment, 2010, 45; *Bernsmann* GA 2007, 219 (230); *Hantschel,* Untreuevorsatz, 2010, 308; *Murmann* JURA 2010, 561 (566); *Saliger* NStZ 2007, 545 (550); Wessels/Hillenkamp StrafR BT II Rn. 784). Denn bei der schadensgleichen Vermögensgefährdung muss sich der Vorsatz – wie auch sonst – nicht auf die Beendigung der Tat – dh die Realisierung des endgültigen Vermögensnachteils (→ Rn. 248) – erstrecken, sondern nur auf die Vollendung – dh die Realisierung des Gefährdungsschadens als eines im Tatzeitpunkt vorliegenden effektiven Nachteils. Letztlich kann dies aber dahinstehen, da es sich nur um eine **scheinbare Restriktion** handelt: Denn die Billigung der Realisierung des Gefährdungsschadens ist von der Billigung der Realisierung des endgültigen Vermögensnachteils überhaupt nicht unterscheidbar, da ein Gefährdungsschaden ja gerade deshalb bejaht wird, weil die konkrete Gefahr des endgültigen Vermögensverlustes besteht. **Gefährdungsschaden und endgültiger Vermögensnachteil sind insoweit untrennbar miteinander verbunden** (vgl. auch SK-StGB/*Hoyer* Rn. 106, 120). Billigt der Täter den Eintritt eines Gefährdungsschadens, billigt er zugleich den Eintritt eines endgültigen Vermögensnachteils. Der Problematik der **Vorverlagerung der Strafbarkeit,** die durch Anerkennung der schadensgleichen Vermögensgefährdung als Nachteil entsteht (→ Rn. 184), kann daher nicht (allein) beim subjektiven Tatbestand entgegengewirkt werden, sondern die Restriktion muss bereits beim objektiven Tatbestand ansetzen (*Beulke/Witzigmann* JR 2008, 430 (435); NK-StGB/*Kindhäuser* Rn. 123; *Saliger* NStZ 2007, 545 (551); SK-StGB/*Hoyer* Rn. 120).

Für den Vorsatz bedeutet dies, dass der Täter **mit direktem Vorsatz** handelt, wenn er die Umstände **226** kennt, die die konkrete Gefahr des Eintritts eines endgültigen Vermögensnachteils und damit eine bereits im Tatzeitpunkt bezifferbare (→ Rn. 175d) schadensgleiche Vermögensgefährdung begründen (zB unzureichende Kreditbesicherung; gravierende Verletzung der banküblichen Informations- und Prüfungspflicht, → Rn. 122 ff., 193), da er dann – da diese Gefährdung den Schaden begründet – von dem **Gefährdungsschaden (sicher) weiß** (LG Arnsberg BeckRS 2013, 15115; Fischer Rn. 177; *Hantschel,* Untreuevorsatz, 2010, 308; *Keller/Sauer* wistra 2002, 365 (368); Schönke/Schröder/*Perron* Rn. 50; *Waßmer,* Untreue bei Risikogeschäften, 1997, 159 f.). Die Problematik des Nachweises des **bedingten Vorsatzes** stellt sich nur dann, wenn der Täter einen **Gefährdungsschaden** (dh bei Kreditgeschäften die Minderwertigkeit des Rückzahlungsanspruchs) **lediglich für möglich hält.** Nur in diesen Fällen, in denen der Täter keine sichere Kenntnis von der Gefährdung hat, muss in der Praxis der Nachweis des bedingten Vorsatzes überhaupt geführt und festgestellt werden, ob der Täter den Erfolgseintritt billigend in Kauf genommen bzw. sich damit abgefunden hatte. Dass in diesen Fällen der Schluss auf bedingten Vorsatz umso eher nahe liegt, je größer und je offensichtlicher die Gefährdung sich für den Täter darstellt, mithin „für je wahrscheinlicher der Täter den Erfolgseintritt hält" (BGH NStZ 2013, 715 (716)), liegt auf der Hand. Allerdings ist für den Nachweis nicht allein die Höhe der Gefährdung maßgebend, sondern nach der Rspr. ist eine **Gesamtwürdigung** anzustellen, bei der Motive und Interessenlage des Täters umfassend zu würdigen sind (→ Rn. 223). Hierbei gilt, dass der bedingte Vorsatz durch die **bloße Hoffnung** auf einen glücklichen Ausgang nicht ausgeschlossen wird (vgl. nur BGHSt 46, 30 (34); 48, 331 (347); BGH NJW 1979, 1512; Fischer Rn. 178; NK-StGB/*Kindhäuser* Rn. 122; Schönke/Schröder/*Perron* Rn. 49).

c) Beispiele. Beim **Eingehen unvertretbarer Risiken** muss der Handelnde die Höhe der Risiken **226a** **ex-ante** erkannt haben; späteres Wissen bleibt außer Betracht (*C. Schröder* NJW 2010, 1169 (1171): Investitionen in ABS-Anleihen). Bei **Risikogeschäften** (→ Rn. 190 ff.) müssen die eingegangenen Verlustrisiken erkannt worden sein. Geht es um **systemische Risiken,** die in komplexen Systemen – wie der (Finanz-)Wirtschaft – immer vorhanden sein dürften und ex ante wegen sehr schwer oder nicht durchschaubarer Wirkungszusammenhänge kaum oder gar nicht prognostizierbar sind, bereitet die Feststellung des Vorsatzes besonders große Schwierigkeiten (vgl. Fischer Rn. 174a). Hier sind die tatsächlich vorhandenen Risiken – wie sich in der Finanzkrise 2007/10 (→ Rn. 129a ff.) deutlich zeigte – vielfach erst spät zu erkennen. Daher sind in derartigen Fällen der Annahme von Vorsatz sehr enge Grenzen gesetzt (vgl. Achenbach/Ransiek/Rönnau WirtschaftsStR-HdB/*Seier* Teil 5 Kap. 2 Rn. 289; HK-StrafR/*Beukelmann* Rn. 36; Momsen/Grützner WirtschaftsStR/*Schramm* Kap. 5 Teil B Rn. 73; *Otto* FS Krey, 2010, 375 (402 f.); *Schröder* NJW 2010, 1169 (1174); *Waßmer* ZBB 2010, 341 (344)), womit eine Untreuestrafbarkeit zwar nicht stets ausgeschlossen ist, aber in der Praxis idR (in dubio pro reo) ausscheiden wird.

II. Irrtum

1. Tatbestandsirrtum. Ein **Tatbestandsirrtum,** der den Vorsatz und damit die Strafbarkeit wegen **227** Untreue ausschließt (vgl. § 16 Abs. 1), liegt vor allem dann vor, wenn der Täter sich über den zugrunde liegenden **tatsächlichen Sachverhalt** irrt. Dies ist zB in Bezug auf den **Nachteil** der Fall, wenn der Täter im Tatzeitpunkt irrtümlich davon ausgeht, genügend eigene Mittel bereit zu halten (→ Rn. 179), um den Nachteil auszugleichen zu können (Achenbach/Ransiek/Rönnau WirtschaftsStR-HdB/*Seier* Teil 5 Kap. 2 Rn. 179).

228   Bei einem **normativen Tatbestandsmerkmal** – wie der „Pflichtwidrigkeit" des Verhaltens (Vermögensbetreuungspflicht, Missbrauch, Treubruch), aber auch beim Merkmal „fremdes Vermögen" – muss der Täter nicht nur die den Begriff erfüllenden Tatsachen zutreffend erkannt haben, sondern er muss zugleich den **wesentlichen rechtlich-sozialen Bedeutungsgehalt** des Merkmals gemäß einer **Parallelwertung in der Laiensphäre** erfasst haben (vgl. zur Pflichtwidrigkeit → Rn. 223a ff.). Fehlt es hieran, ist ein Tatbestandsirrtum zu folgern.

229   Ein vorsatzausschließender Tatbestandsirrtum kann auch dann vorliegen, wenn der Täter irrig von einem **wirksamen Einverständnis** (Lackner/Kühl/*Kühl* Rn. 20) ausgeht. Dasselbe gilt nach der Rspr. für ein **hypothetisches Einverständnis** (OLG Hamm NStZ-RR 2012, 374 (375); zu dieser Rechtsfigur → Rn. 144a), also wenn der Täter irrig annimmt, bei vorheriger Befragung wäre der Vermögensinhaber einverstanden gewesen. Daher ist von einem **Tatbestandsirrtum** auszugehen, wenn der Täter irrig annimmt, dass die tatsächlichen Voraussetzungen eines Einverständnisses vorliegen (BGHSt 3, 23; 25; Achenbach/Ransiek/Rönnau WirtschaftsStR-HdB/*Seier* Teil 5 Kap. 2 Rn. 85; Schönke/Schröder/*Perron* Rn. 49). Dagegen ist ein **Verbotsirrtum** zu folgern, wenn er in voller Kenntnis der Tatumstände und ihrer wesentlichen rechtlich-sozialen Bedeutung den rechtlich falschen Schluss zieht, dass ein Einverständnis vorhanden ist.

230   **2. Verbotsirrtum.** Ein **Verbotsirrtum** liegt vor, wenn dem Täter bei Begehung der Tat die **Einsicht fehlt, Unrecht zu tun.** Konnte er den Irrtum nicht vermeiden, handelt er ohne Schuld, konnte er ihn vermeiden, kann die Strafe nach § 49 Abs. 1 lediglich gemildert werden (§ 17 S. 1, S. 2). Ein Verbotsirrtum ist zB zu folgern, wenn der Täter – in voller Kenntnis des Sachverhalts und des wesentlichen rechtlich-sozialen Bedeutungsgehalts (→ Rn. 223d) – sich über seine Vermögensbetreuungspflicht irrt. Um einen Verbotsirrtum handelt es sich auch, wenn der Täter annimmt, trotz des entgegenstehenden Willens des Treugebers „letztlich zum Vorteil" des Geschäftsherrn tätig werden zu dürfen (BGH NStZ 1986, 455 (456)) oder die bloße Hoffnung hegt, der Geschäftsherr werde die Verfügung nachträglich billigen (Achenbach/Ransiek/Rönnau WirtschaftsStR-HdB/*Seier* Teil 5 Kap. 2 Rn. 85). Dagegen liegt ein (Verbots-)Irrtum **fern,** wenn der Täter seine **Tat gezielt verschleiert** (BGHSt 55, 266 Rn. 47 – Trienekens; BGH NJW 2010, 3458 (3460, 3463): Nicht-/Falschbuchung; BGH NZWiSt 2014, 135 (139): Erstellen fingierter Rechnungen) oder die **Pflichtverletzung evident** ist (BGHSt 54, 148 = BGH NJW 2010, 92 (96) Rn. 59 – Gebauer/Volkert – ausgeufertes System der Betriebsratsbegünstigung mit Selbstbedienungscharakter; KG wistra 2015, 71: Bewilligung von Übergangsgeld „ohne Übergang").

231   An die **Unvermeidbarkeit** stellt die Rspr. (vgl. nur BGHSt (GrS) 2, 194 (201); 21, 18 (20); BGH NStZ 2000, 307 (309)) **hohe Anforderungen:** der Täter muss bei der ihm nach den Umständen sowie seinem Lebens- und Berufskreis zuzumutenden Gewissensanspannung sowie bei Ausschöpfung der zur Verfügung stehenden Erkenntnismittel nicht in der Lage gewesen sein, das Unrecht einzusehen. Für den Untreuetäter, der idR von Berufs wegen eine herausgehobene Position bekleidet, in den Geschäftsverkehr eingebunden ist und dem häufig erhebliche Vermögenswerte anvertraut sind, gilt damit ein **strenger Maßstab,** da er sich mit den rechtlichen Grenzen seiner Berufstätigkeit eingehend vertraut machen muss. Die Unvermeidbarkeit ist daher in der Praxis **kaum zu begründen** (vgl. Achenbach/Ransiek/Rönnau WirtschaftsStR-HdB/*Seier* Teil 5 Kap. 2 Rn. 98; NK-StGB/*Kindhäuser* Rn. 125), zumal der Täter bei Zweifeln an der rechtlichen Zulässigkeit seines Verhaltens entsprechenden Rechtsrat einholen muss. Sie kommt im Wesentlichen nur dann in Betracht, wenn sich die Rechtsauffassung des Täters zuvor durch eine **gerichtliche oder behördliche Entscheidung** oder durch die **Rechtsauskunft** einer **sachkundigen, unvoreingenommenen Person,** die mit der Erteilung der Auskunft keinerlei Eigeninteresse verfolgt, bestätigt hatte und er infolgedessen auf die Richtigkeit der Entscheidung bzw. Auskunft vertraute und nach den für ihn erkennbaren Umständen auch vertrauen durfte (BGHSt 40, 257 (264); 58, 15 = BGH NJW 2013, 93 (97) Rn. 70; BGH NStZ 2000, 307 (309); LG Düsseldorf NJW 2004, 3275 (3285)). Beachtlich ist insbes. die **Rechtsauskunft** der **zuständigen Behörde** (BGH NJW 2001, 2411 (2414): Auskunft des Haushaltsbeauftragten des Finanzministeriums).

231a   Der **Rat eines Rechtsanwalts** entlastet nur dann, wenn – zumindest aus Sicht des Anfragenden – er nach eingehender sorgfältiger Prüfung erfolgt und von der notwendigen Sachkenntnis getragen ist, nicht lediglich – da erkennbar vordergründig und mangelhaft – eine „Feigenblattfunktion" erfüllt (BGH NStZ 2000, 307 (309)). „Eher zur Absicherung als zur Klärung bestellte Gefälligkeitsgutachten scheiden als Grundlage unvermeidbarer Verbotsirrtümer aus" (BGHSt 58, 15 Rn. 74; BGH NJW 2013, 93 (97)). Insbes. bei komplexen Sachverhalten und erkennbar schwierigen Rechtsfragen ist regelmäßig ein **detailliertes, schriftliches Gutachten** erforderlich (BGHSt 58, 15 Rn. 74). Erkennbare Zweifel an der Objektivität oder Sachkunde des Rechtsberaters legen die Vermeidbarkeit des Verbotsirrtums nahe, während umgekehrt ein hoher Spezialisierungsgrad ein Indiz für die Unvermeidbarkeit ist (*Kudlich/ Wittig* ZWH 2013, 253 (255 ff., 260)).

232   Für die **Limited** (→ Rn. 24 ff.) gilt hinsichtlich der Unvermeidbarkeit ebenfalls ein **strenger Maßstab.** Für die Geschäftstätigkeit folgt dies bereits daraus, dass diese dem deutschen Recht unterliegt. Aber

auch der Umstand, dass im Innenverhältnis ausländisches Gesellschaftsrecht Anwendung findet, führt nicht dazu, dass man in der Praxis gerade bei Direktoren von kleineren Limiteds nur wenig „Verständigkeit" erwarten kann (so aber *Rönnau* ZGR 2005, 832 (856)). Wer als Geschäftsführer eine ausschließlich in Deutschland tätige „Scheinauslandsgesellschaft" leitet bzw. als Gesellschafter sich bewusst für eine ausländische Gesellschaftsform entschieden hat, muss sich mit dem anzuwendenden **ausländischen Recht** selbstverständlich **vertraut machen** (BGH NStZ 2010, 632 (635)). Gerade wegen der mit der Anwendung ausländischen Rechts verbundenen Unsicherheiten kann der Täter nicht darauf vertrauen, dass er die Rechtslage ohne hinreichende Kenntnisse des ausländischen Rechts richtig bewertet.

D. Besonders schwere Fälle (§ 266 Abs. 2 iVm § 263 Abs. 3 und § 243 Abs. 2)

I. Allgemeines

1. Besonders schwere Fälle und Regelbeispielstechnik. Für **besonders schwere Fälle** der **233** Untreue gilt nach § 266 Abs. 2 die Vorschrift des § 263 Abs. 3 **„entsprechend".** In derartigen Fällen beträgt damit gem. § 263 Abs. 3 S. 1 die **Freiheitsstrafe von 6 Monaten bis zu 10 Jahren.** Die Frage, ob ein besonders schwerer Fall vorliegt, ist eine dem Tatgericht obliegende Frage der **Strafzumessung,** in die das Revisionsgericht nur in engen Grenzen eingreifen kann. In die vorzunehmende **Gesamtwürdigung** sind alle die Tat und den Täter kennzeichnenden wesentlichen Gesichtspunkte einzubeziehen (BGH NStZ-RR 2003, 257). Gemäß der **Regelbeispielstechnik** haben die in § 263 Abs. 3 S. 2 benannten Regelbeispiele nur Indizwirkung, dh trotz ihres Vorliegens kann in atypischen Fällen, in denen besondere Umstände die Indizwirkung erschüttern, ein besonders schwerer Fall verneint werden. Umgekehrt kann, auch wenn ein Regelbeispiel nicht erfüllt ist, in atypischen Fällen der Unrechts- und Schuldgehalt derart hoch sein, dass ein unbenannter besonders schwerer Fall zu folgern ist.

2. Regelbeispielskatalog und Leitbildcharakter. Seit dem **6. StrRG** von 1998 (→ Rn. 8) verweist **234** § 266 Abs. 2 auf die Regelbeispiele des Betrugs, um die zuvor unbenannten besonders schweren Fälle zu konkretisieren. Dieser Verweis unterliegt **sehr starker Kritik** (Achenbach/Ransiek/*Rönnau* WirtschaftsStR-HdB/*Seier* Teil 5 Kap. 2 Rn. 23: „unbedachter Schnellschuss"; LK-StGB/*Schünemann* Rn. 219: „kapitale Fehlleistung", „nichtig"; Mitsch StrafR BT II, 2. Aufl., § 8 Rn. 6: „Unüberlegtheit"; Schönke/Schröder/*Perron* Rn. 53: „weitgehend missglückt"; Wessels/Hillenkamp StrafR BT II Rn. 786: „von sehr begrenztem Sinn"; SSW StGB/*Saliger* Rn. 111: „in hohem Maße fragwürdig"; krit. auch *Eisele,* Die Regelbeispielsmethode im Strafrecht, 2004, 428; Lackner/Kühl/*Kühl* Rn. 22). Daran ist richtig, dass jedenfalls **§ 263 Abs. 3 S. 2 Nr. 5 nicht zur Untreue passt,** da bei der Untreue die „Vortäuschung" eines Versicherungsfalles nicht denkbar ist (vgl. Fischer Rn. 189; LK-StGB/*Schünemann* Rn. 218; Schönke/Schröder/*Perron* Rn. 53), und schon allein aus Gründen der Rechtsklarheit die Schaffung eines **eigenen Regelbeispielskatalogs** vorzugswürdig gewesen wäre. IÜ erscheint die Kritik aber überzogen, da die geforderte „entsprechende" Anwendung zu bewerkstelligen ist. **Große praktische Bedeutung** besitzt nicht nur das Regelbeispiel des § 263 Abs. 3 S. 2 Nr. 2, bei dem es um Fälle geht, in denen der Täter einen Vermögensverlust großen Ausmaßes herbeiführt oder in der Absicht handelt, eine große Zahl von Menschen in die Gefahr des Verlustes von Vermögenswerten zu bringen, sondern auch die Regelbeispiele des § 263 Abs. 3 S. 2 Nr. 1 und 4 sind relevant, da sowohl gewerbsmäßiges Handeln als auch Taten von Amtsträgern keineswegs selten sind. Diesbezüglich können die Regelbeispiele – wie vom Gesetzgeber intendiert – **Leitbildcharakter** entfalten, so dass es einer weitflächigen Ergänzung durch Annahme unbenannter besonders schwerer Fälle bzw. der Korrektur durch Versagung der Indizwirkung nicht bedarf (aA *Eisele,* Die Regelbeispielsmethode im Strafrecht, 2004, 431; LK-StGB/*Schünemann* Rn. 219; Schönke/Schröder/*Perron* Rn. 53). Hierfür spricht auch, dass die Gesichtspunkte, die bislang in Untreuefällen im Wege einer Gesamtwürdigung für die Annahme eines Regelbeispiels sprachen, wie ein besonderes Maß an krimineller Hartnäckigkeit und Energie, ein außergewöhnlich hoher Schaden und ein besonders schwerer Vertrauensmissbrauch (vgl. Schönke/Schröder/*Perron* Rn. 53 mwN), sich in den Regelbeispielen widerspiegeln.

II. Benannte besonders schwere Fälle (Regelbeispiele)

1. Gewerbsmäßiges Handeln (§ 266 Abs. 2 iVm § 263 Abs. 3 S. 2 Nr. 1 Alt. 1). Gewerbs- 235 mäßig handelt, wer die Absicht hat, sich selbst durch die **wiederholte Begehung** der Untreue eine Einnahmequelle von einigem Umfang und einiger Dauer zu verschaffen (BGH NStZ-RR 2003, 297 (298); BGH NStZ 2014, 85). Eine Ausdehnung auf die Begehung von „Urkundenfälschung oder Betrug" ist angesichts des Wortlautes des § 263 Abs. 3 S. 2 Nr. 1 Alt. 1, der die Untreue nicht einbezieht, ausgeschlossen (Fischer Rn. 191). Die Regelwirkung wird nicht dadurch widerlegt, dass der Täter frühere Untreueschäden mit weiteren veruntreuten Geldern ausgleicht („Schneeballsystem"), da es hierbei nicht um eine Schadenswiedergutmachung geht, sondern die Tatentdeckung vermieden werden soll (BGH NStZ-RR 2003, 297 (298)). Der Gewerbsmäßigkeit steht es nach der Rspr. nicht entgegen, wenn der Täter wesentliche Beträge der veruntreuten Gelder Dritten (etwa Prostituierten) aus **altruisti-schen Gründen** (Finanzierung des Drogenentzugs; finanzielle Unterstützung) zukommen lassen will, da hierdurch die Eigennützigkeit des Handelns nicht entfällt (BGH NStZ 2014, 85). Ebenso steht es der Anwendung des Regelbeispiels nicht entgegen, dass der Untreuetäter typischerweise eine gewerbs-mäßige Pflichtenstellung innehat (aA MüKoStGB/*Dierlamm* Rn. 301: unzulässige Doppelverwertung), da es nicht um das gewerbsmäßige Handeln als solches, sondern allein um die (vom Täter nicht geschuldete) gewerbsmäßige Begehung von Untreuetaten geht.

236   **2. Bandenmäßiges Handeln (§ 266 Abs. 2 iVm § 263 Abs. 3 S. 2 Nr. 1 Alt. 2).** Eine **Bande** liegt nicht mehr bereits beim losen Zusammenschluss von mindestens zwei Personen vor (so noch BGHSt 38, 26 ff.), sondern nach der neueren Rspr. erst dann, wenn sich mindestens drei Personen ausdrücklich oder konkludent mit dem Willen verbunden haben, Straftaten zu begehen (BGHSt 46, 321 (325 ff.); BGH wistra 2002, 21; *Fischer* Rn. 191). Eine feste Organisationsstruktur und ein starker Gruppenwille – wie bei der kriminellen Vereinigung (§ 129) – sind nicht erforderlich. Die **Verbindung zur fortgesetzten Begehung** fordert die Absicht, innerhalb eines gewissen Zeitraums eine Vielzahl selbstständiger Untreuetaten zu begehen. Die Begehung der Tat als **Mitglied** der Bande setzt nicht nur eine tatsächliche Eingliederung voraus, sondern dass sich die Tat in die Kette der geplanten Taten einfügt.

237   **3. Herbeiführen eines Vermögensverlustes großen Ausmaßes (§ 266 Abs. 2 iVm § 263 Abs. 3 S. 2 Nr. 2 Alt. 1).** Ein **Vermögensverlust großen Ausmaßes** liegt vor, wenn die Schadens-höhe außergewöhnlich hoch ist. Maßgebend ist die **Summe** der zugefügten und verfolgbaren (zu § 247 → Rn. 269 f.) Nachteile (BGH NStZ 2012, 38 (39 f.)). Die Grenze ist objektiv zu bestimmen, wobei beim Betrug ein großes Ausmaß bei Schäden ab **50.000 EUR** angenommen wird (BGHSt 48, 360 (361); KG wistra 2015, 71 (76); HK-StrafR/*Beukelmann* Rn. 47; Momsen/Grützner WirtschaftsStR/*Schramm* Kap. 5 Teil B Rn. 161; *Peglau* wistra 2004, 7 (9); Schönke/Schröder/*Perron* § 263 Rn. 188c; aA (Regelung zu unbestimmt und damit verfassungswidrig) MüKoStGB/*Dierlamm* Rn. 302). Diese Grenze ist im Interesse der Rechtssicherheit auf die Untreue zu übertragen (vgl. auch AnwK-StGB/*Esser* Rn. 250; offen gelassen von BGH NJW 2001, 2485 f.; aA (nicht unter 100.000 EUR) Matt/Renzikowski/*Matt* Rn. 160; MüKoStGB/*Dierlamm* Rn. 302; SSW StGB/*Saliger* Rn. 112). Hierdurch wird für die Untreue das Verhältnis von Regel (Grundtatbestand) und Ausnahme (besonders schwerer Fall) keineswegs „auf den Kopf gestellt" (aA Achenbach/Ransiek/Rönnau WirtschaftsStR-HdB/*Seier* Teil 5 Kap. 2 Rn. 37; *Martin*, Bankuntreue, 2000, 167 f.; vgl. auch SK-StGB/*Hoyer* Rn. 126), da für den „Durchschnitt der erfahrungsgemäß gewöhnlich vorkommenden Fälle" nicht das arithmetische Mittel (2015: 183.280 EUR) maßgebend ist (ebenso HK-StrafR/*Beukelmann* Rn. 47). Vielmehr zeigt die PKS, dass im Jahr 2015 nur 15,4 % der registrierten Untreuefälle in die Schadenskategorie über 50.000 EUR fielen (vgl. PKS 2015 Anh. Tabelle 07; im Jahr 2008 waren es 12,72 %, vgl. Voraufl.).

238   **Herbeigeführt** ist der Vermögensverlust erst dann, wenn der **endgültige Verlust eingetreten** ist (BGHSt 48, 354 (357); Achenbach/Ransiek/Rönnau WirtschaftsStR-HdB/*Seier* Teil 5 Kap. 2 Rn. 37; *Krüger* wistra 2004, 146; *Lang/Eichhorn/Golombek/v. Tippelskirch* NStZ 2004, 528 (530); MüKoStGB/*Dierlamm* Rn. 302; Schönke/Schröder/*Perron* Rn. 53 iVm § 263 Rn. 188c; SK-StGB/*Hoyer* Rn. 126; aA *Hannich/Röhm* NJW 2004, 2061 (2063 f.); *Peglau* wistra 2004, 7 (8)), da das Merkmal „Vermögens-verlust" nach Wortlaut und Systematik enger zu verstehen ist als das des Vermögensschadens bzw. Vermögensnachteils. Es genügt daher **nicht**, wenn der Abschluss eines Austauschvertrags durch den Treupflichtigen nur einen Nachteil iSe **schadensgleichen Vermögensgefährdung** bewirkt (Einge-hungsuntreue), sondern der Geschädigte muss seine Leistung erbracht haben (Erfüllungsuntreue). Gene-rell gilt, dass sich der Gefährdungsschaden realisiert haben und damit ein endgültiger Schaden eingetreten sein muss. Bei **„schwarzen Kassen"** (→ Rn. 200 ff.) ist folglich das Regelbeispiel nur dann erfüllt, wenn ein endgültiger Vermögensnachteil bejaht wird (AnwK-StGB/*Esser* Rn. 251 mwN). Fehlt es daran, kann im Einzelfall mit Blick auf die übrigen Umstände die Annahme eines unbenannten besonders schweren Falles in Betracht kommen (BGHSt 48, 354 (357)).

239   **4. Handeln in der Absicht, durch fortgesetztes Handeln eine große Zahl von Menschen in die Gefahr des Verlustes von Vermögenswerten zu bringen (§ 266 Abs. 2 iVm § 263 Abs. 3 S. 2 Nr. 2 Alt. 2).** Erforderlich ist die Gefährdung der Vermögenswerte von **Menschen.** Die Gefähr-dung von juristischen Personen genügt – mit Ausnahme von Sonderfällen wie der Einmann-GmbH – nicht (BGH NStZ 2001, 319 f.). Eine lediglich mittelbare Betroffenheit als Aktionär ist ebenfalls nicht ausreichend (Schönke/Schröder/*Perron* Rn. 53 iVm § 263 Rn. 188d; aA *Peglau* wistra 2004, 7 (10)). Der Begriff der **großen Zahl** ist tatbestandsspezifisch auszulegen (vgl. zu § 306b Abs. 1 BGHSt 44, 175 (177f): „jedenfalls" 14 Personen ausreichend). Einerseits muss keine unübersehbare Zahl von Menschen (vgl. § 309 Abs. 2) betroffen sein, andererseits wird die Gefährdung mehrerer Menschen nicht genügen. Im Interesse der Restriktion des Regelbeispiels sollte man die Gefährdung von **mindestens 20 Men-schen** fordern (MüKoStGB/*Hefendehl* § 263 Rn. 779; NK-StGB/*Kindhäuser* § 263 Rn. 396).

240   Der Täter muss mit **Absicht** handeln, dh es muss ihm auf die Gefährdung ankommen. Sicheres Wissen genügt nicht (aA Schönke/Schröder/*Perron* Rn. 53 iVm § 263 Rn. 188d). Liegt Absicht vor, ist

das Regelbeispiel bereits bei Begehung der ersten Tat verwirklicht (BGH NStZ 2001, 319 (320)). Die Absicht muss auf die **fortgesetzte Begehung** von Untreuetaten gerichtet sein, die zwar rechtlich selbstständig, aber noch nicht konkretisiert sein müssen (Schönke/Schröder/*Perron* Rn. 53 iVm § 263 Rn. 188d).

5. Bringen einer anderen Person in wirtschaftliche Not (§ 266 Abs. 2 iVm § 263 Abs. 3 S. 2 241 **Nr. 3).** In **wirtschaftlicher Not** befindet sich der Geschädigte, wenn er einer solchen Mangellage ausgesetzt ist, dass der notwendige Lebensunterhalt für ihn oder unterhaltspflichtige Personen ohne Hilfe Dritter nicht mehr gewährleistet ist (vgl. nur SK-StGB/*Hoyer* Rn. 127). Nicht ausreichend ist die bloße Beeinträchtigung der gewohnten Lebensführung. Unter einer **anderen Person** sind nach hM nicht nur Menschen, sondern auch juristische Personen zu verstehen (MüKoStGB/*Hefendehl* § 263 Rn. 856; Schönke/Schröder/*Perron* Rn. 53 iVm § 263 Rn. 188e; SSW StGB/*Satzger* § 263 Rn. 307; aA Momsen/Grützner WirtschaftsStR/*Schramm* Kap. 5 Teil B Rn. 162; *Schramm,* Untreue und Konsens, 2005, 248), wie der Vergleich zum Regelbeispiel des § 263 Abs. 3 S. 2 Nr. 2 Alt. 2 zeigt, wo von „Menschen" die Rede ist. Das **in Not Bringen** setzt nicht voraus, dass der Täter absichtlich handelt, es genügt dolus eventualis.

6. Missbrauch durch einen Amtsträger (§ 266 Abs. 2 iVm § 263 Abs. 3 S. 2 Nr. 4). Das 242 Regelbeispiel ist vor allem für die Fälle der **Haushaltsuntreue** von Bedeutung. Praktische Relevanz hat aber zB auch die Untreue durch **Gerichtsvollzieher** (BGH NStZ-RR 2013, 344). Die Amtsträgereigenschaft kann **strafschärfend** verwertet werden (BGH NStZ 2000, 592; Momsen/Grützner WirtschaftsStR/*Schramm* 5 B Rn. 163; *Schramm,* Untreue und Konsens, 2005, 248; aA Achenbach/Ransiek/Rönnau WirtschaftsStR-HdB/*Seier* Teil 5 Kap. 2 Rn. 38 AnwK-StGB/*Esser* Rn. 253; AWHH/*Heinrich* StrafR BT 22/81; *Eisele,* Die Regelbeispielsmethode im Strafrecht, 2004, 429 f.; Fischer Rn. 190; Lackner/Kühl/*Kühl* Rn. 22; LK-StGB/*Schünemann* Rn. 218; *Martin,* Bankuntreue, 2000, 172; Matt/Renzikowski/*Matt* Rn. 162; MüKoStGB/*Dierlamm* Rn. 304; NK-StGB/*Kindhäuser* Rn. 128; Schönke/Schröder/*Perron* Rn. 53; SK-StGB/*Hoyer* Rn. 127; Wessels/Hillenkamp StrafR BT II Rn. 786), da es nicht gegen das Doppelverwertungsverbot des § 46 Abs. 3 verstößt, wenn der Gesetzgeber im Rahmen seines Gestaltungsspielraums besondere persönliche Merkmale zur Strafbegründung und zur Strafschärfung heranzieht; so hätte der Gesetzgeber die „Amtsträger-Untreue" ggü. der „Jedermanns-Untreue" auch als Tatbestandsqualifikation ausgestalten können; iÜ korrelieren beide Merkmale nicht zwangsläufig, da nicht jede Person, die eine Vermögensbetreuungspflicht hat, Amtsträger ist, und umgekehrt nicht jedem Amtsträger eine Vermögensbetreuungspflicht obliegt.

Der Begriff des **Amtsträgers** ist in § 11 Abs. 1 Nr. 2 legaldefiniert. Der Täter muss im Tatzeitpunkt 243 **tatsächlich** Amtsträger sein („als"); die bloße Vorgabe der Amtsträgereigenschaft genügt nicht (BGH NStZ-RR 2013, 344). Ein **Missbrauch** liegt vor, wenn der Amtsträger vorsätzlich rechtswidrig, insbes. vorsätzlich ermessenswidrig handelt (BGH NStZ-RR 2013, 344). Ein Missbrauch von **„Befugnissen"** liegt vor, wenn der Amtsträger die Untreue durch ein Verhalten begeht, das im Rahmen seiner Zuständigkeit liegt, während es sich um einen Missbrauch der **„Stellung"** handelt, wenn das Verhalten außerhalb des eigenen Zuständigkeitsbereichs, aber unter Ausnutzung der durch das Amt gegebenen Möglichkeiten erfolgt (BGH NStZ-RR 2013, 344). Bei einem Amtsträger, der nicht Beamter im staatsrechtlichen Sinn ist, muss es um die **öffentliche Verwaltungstätigkeit** gehen, so dass ein Sparkassenangestellter, der seine Position als Privatkundenberater missbraucht, das Regelbeispiel nicht erfüllt (BGH NStZ 2004, 559).

III. Unbenannte besonders schwere Fälle

Gemäß der Regelbeispielstechnik (→ Rn. 233) kann in **atypischen Fällen** trotz Nichterfüllung eines 244 Regelbeispiels ein unbenannter besonders schwerer Fall bejaht werden. Maßgebend ist eine **Gesamtabwägung** tat- und täterbezogener Umstände (Fischer Rn. 192). Zu denken ist insbes. an ein **ungewöhnliches Ausmaß** des Vertrauensbruchs und einen **großen Umfang der Tatfolgen** vor dem Hintergrund jahrelanger gewohnheitsmäßiger Begehung (BGH NStZ-RR 2003, 257 (258)). Nicht ausreichend ist es, dass ein Täter die „Früchte" seiner Tat „bewusst genießt, anstatt sich mit Skrupeln zu plagen", da sich hierin weder ein gesteigerter Unwert der Tat ausdrückt noch eine außergewöhnliche Hartnäckigkeit und Stärke des verbrecherischen Willens deutlich wird (BGH wistra 1989, 99 (100); Fischer Rn. 192).

IV. Ausschluss eines besonders schweren Falles

Nach § 266 Abs. 2 iVm § 243 Abs. 2 ist ein besonders schwerer Fall **zwingend ausgeschlossen,** 245 wenn sich die Tat auf einen **geringen Vermögensschaden** (→ Rn. 271) bezieht. Dies betrifft sowohl benannte als auch unbenannte besonders schwere Fälle (Achenbach/Ransiek/Rönnau WirtschaftsStR-HdB/*Seier* Teil 5 Kap. 2 Rn. 39). Ob ein derartiger **Bagatellfall** vorliegt, richtet sich nicht nur nach dem Wert des tatsächlich veruntreuten Vermögens, sondern auch nach den Absichten und Vorstellungen des Täters (vgl. Schönke/Schröder/*Eser/Bosch* § 243 Rn. 52).

E. Versuch, Vollendung und Beendigung

246   Der **Versuch** des § 266, eines Vergehens, ist mangels ausdrücklicher Bestimmung **nicht strafbar** (vgl. § 23 Abs. 1; zur Forderung der Kriminalisierung → Rn. 18). Dies gilt auch dann, wenn ein besonders schwerer Fall vorliegt, da dies nach § 12 Abs. 3 den Vergehenscharakter unberührt lässt. Ein strafloser (untauglicher) Versuch liegt etwa dann vor, wenn der Treunehmer von einem tatsächlich vorliegenden Einverständnis des Treuegebers mit der Vermögensschädigung keine Kenntnis hat (AnwK-StGB/*Esser* Rn. 232a). Eine straflose **Vorbereitungshandlung** ist idR die bloße Ankündigung, sich pflichtwidrig verhalten zu wollen (BGHSt 47, 22 (27 f.); Fischer Rn. 187).

247   Die Tat nach § 266 ist **vollendet,** wenn der **Vermögensnachteil eingetreten** ist (BGHSt 43, 293 (297)). Vollendung tritt auch im Fall einer **schadensgleichen Vermögensgefährdung** ein (vgl. nur BGHSt 20, 304 (305); BGH NStZ 2001, 650; BGH NStZ-RR 2006, 378; Fischer Rn. 187; Schönke/Schröder/*Perron* Rn. 51). Daher ist ein **„Rücktritt"** ausgeschlossen (für analoge Anwendung des § 24 *Weber* FS Tiedemann, 2008, 637 (642 ff.), da der Gefährdungsschaden die Vollendung vorverlege; für einen Rücktritt von der vollendeten Untreue auch *Pastor Muñoz/Coca Vila* GA 2015, 284 (300); mit Recht abl. *Ensenbach,* Der Prognoseschaden bei der Untreue, 2016, 344 ff.). Die Anerkennung **Tätiger Reue** würde die Schaffung einer Regelung – wie in § 167 öStGB – voraussetzen, da es an einer planwidrigen Regelungslücke fehlt (für eine Gesamtanalogie zu den Vorschriften über Tätige Reue *Bittmann* NStZ 2012, 57 (61)). Das Nachtatverhalten ist daher aktuell nur für die Strafzumessung von Bedeutung.

248   **Beendet** ist die Tat (mit der Rechtsfolge der Verfolgungsverjährung, → Rn. 291), wenn der **Vermögensnachteil endgültig eingetreten** ist (vgl. nur BGHR StGB § 266 Abs. 1 Nachteil 15). Im Falle einer schadensgleichen Vermögensgefährdung bedeutet dies, dass sich die Gefährdung realisiert haben muss, dh der endgültige Vermögensverlust stattgefunden hat (BGH NJW 2001, 2102 (2106) (nicht abgedruckt in BGHSt 46, 310); BGH NStZ 2001, 650; 2003, 540 (541); Fischer Rn. 187; Schönke/Schröder/*Perron* Rn. 51; vgl. auch *Ensenbach,* Der Prognoseschaden bei der Untreue, 2016, 370 ff.; krit. MüKoStGB/*Dierlamm* Rn. 284: Umdeutung der Untreue in ein Dauerdelikt), oder feststeht, dass ein endgültiger Vermögensverlust nicht mehr eintreten kann. Dies gilt auch für den Missbrauchstatbestand (SSW StGB/*Saliger* Rn. 108; aA *Cordes/Sartorius* NJW 2013, 2635 (2636 f.): nachträgliche Erfüllung einer rechtswirksam begründeten Verbindlichkeit kein „rechtsverneinendes Tun"), da nicht auf den Missbrauch (Tathandlung), sondern auf den Nachteilseintritt (Erfolg) abzustellen ist. Bereits durch den Vermögensabfluss kann der Nachteil endgültig eingetreten und damit die Tat beendet sein (BGH wistra 2004, 429 (430): Überweisung von Geld zur Anlage in ein „völlig unseriöses" Investmentprogramm). Im Fall der **Nichtgeltendmachung einer Forderung** tritt die Beendigung spätestens mit der Verjährung der Forderung ein (*Hoven/Kubiciel/Waßmer* NZWiSt 2016, 121 (124) mwN). Entsteht der (endgültige) Nachteil durch verschiedene Ereignisse oder vergrößert er sich durch diese nach und nach, ist der **Zeitpunkt des letzten Ereignisses** maßgebend (BGHR StGB § 266 Abs. 1 Nachteil 15; BGH NJW 2001, 2102 (2106); BGH NStZ 2001, 650; 2003, 540 (541); BGH wistra 2004, 429 (430); Fischer Rn. 187; Schönke/Schröder/*Perron* Rn. 58). Bei einer durch Schmiergelder (Kick-Back) beeinflussten Preisvereinbarung ist daher die Tat erst mit der Abwicklung des letzten Ein- bzw. Verkaufs beendet.

F. Rechtswidrigkeit

249   Die Rechtswidrigkeit richtet sich nach **allgemeinen Regeln.** Als **Rechtfertigungsgründe** kommen der rechtfertigende Notstand und – da § 266 ausschließlich ein Individualrechtsgut, das Vermögen, schützt (→ Rn. 9) – insbes. die mutmaßliche Einwilligung in Betracht. Allerdings haben diese Rechtfertigungsgründe **geringe praktische Bedeutung** (Achenbach/Ransiek/Rönnau WirtschaftsStR-HdB/*Seier* Teil 5 Kap. 2 Rn. 95; Mitsch StrafR BT II 6.2.2.2).

I. Rechtfertigender Notstand

250   Die Berufung auf einen **rechtfertigenden Notstand** (§ 34) setzt voraus, dass der Täter in einer gegenwärtigen, nicht anders abwendbaren Gefahr für ein Rechtsgut zur Abwendung der Gefahr eine Untreuetat begeht, bei Abwägung der widerstreitenden Interessen das geschützte Interesse das beeinträchtigte wesentlich überwiegt und die Tat ein angemessenes Mittel zur Abwendung der Gefahr ist. Denkbar sind Situationen, in denen **Leben, Leib oder Freiheit** bedroht sind, so dass die Interessenabwägung zugunsten des Täters ausfällt. Abgesehen davon können aber insbes. **wirtschaftliche Notlagen** – wie die Gefahr der Insolvenz oder des Verlustes von Arbeitsplätzen – grds. keine Untreuehandlungen rechtfertigen (BGHSt 5, 61 (66)), da die Rechtsordnung besondere Verfahren zur Verfügung stellt, um diese Notlagen abzumildern, so dass weder ein Überwiegen der zu erhaltenden Vermögenswerte die Gefahr anders abwendbar ist. Gerade bei Konfliktlagen, die ihren **Ursprung in einem wirtschaftlich riskanten Verhalten** haben, ist die Tat nicht als angemessenes Mittel zur Abwendung

der Gefahr anzusehen, da grds. jeder das Risiko seiner finanziellen Dispositionen trägt. Daher scheidet die Berufung auf einen Notstand aus, wenn ein Rechtsanwalt Mandantengelder veruntreut, um seine Kanzlei vor dem wirtschaftlichen Zusammenbruch zu bewahren (BGH NJW 1976, 680 (681)). Nur bei **Vorliegen ganz außergewöhnlicher Umstände,** wie dem Vorhandensein „gewichtiger kulturpolitischer Interessen" und „gesamtpolitischer Belange" (BGHSt 12, 299 (304 ff.): Auslandstournee einer Musikakademie; BGH NJW 1976, 680 (681); AWHH/*Heinrich* StrafR BT § 22 Rn. 74; Tiedemann WirtschaftsStR AT Rn. 307; aA LK-StGB/*Schünemann* Rn. 199), erscheint eine Rechtfertigung möglich.

II. Mutmaßliche Einwilligung

Die **mutmaßliche Einwilligung** ist nach herkömmlicher Auffassung auch iRd § 266 (nur) ein   **251** gewohnheitsrechtlich anerkannter Rechtfertigungsgrund (vgl. *Francuski,* Prozeduralisierung im Wirtschaftsstrafrecht, 2014, 275; NK-StGB/*Kindhäuser* Rn. 124; Schönke/Schröder/*Perron* Rn. 48; SK-StGB/*Hoyer* Rn. 121; Wessels/Hillenkamp StrafR BT II Rn. 786; *Waßmer,* Untreue bei Risikogeschäften, 1997, 36 ff. (163 ff.)), der Anwendung findet, wenn der Treupflichtige die Vermögensbetreuungspflicht verletzt hat. Gerade auch im Hinblick auf das **hypothetische Einverständnis,** bei dem bereits der Tatbestand entfällt (→ Rn. 144a), wird jedoch in neuerer Zeit verstärkt angenommen, dass der mutmaßliche Wille des Vermögensinhabers als „mutmaßliches Einverständnis" bereits den Tatbestand ausschließt (Achenbach/Ransiek/Rönnau WirtschaftsStR-HdB/*Seier* Teil 5 Kap. 2 Rn. 91; AnwK-StGB/*Esser* Rn. 116; AWHH/*Heinrich* StrafR BT § 22 Rn. 71; *Brand/Seeland* ZWH 2015, 258 (263); *Edlbauer/Irrgang* JA 2010, 786 (789); Fischer Rn. 90; *Hellmann* ZIS 2007, 433 (437); Matt/Renzikowski/*Matt* Rn. 92; Mitsch StrafR BT II 6.2.2.2; Momsen/Grützner WirtschaftsStR/*Schramm* Kap. 5 Teil B Rn. 151; MüKoStGB/*Dierlamm* Rn. 145; *Murmann* JURA 2010, 561 (562); *Schramm,* Untreue und Konsens, 2005, 227 ff.; *Tsagkaraki,* Die Bildung der sog. „schwarzen Kassen" als strafbare Untreue gemäß § 266 StGB, 2013, 108; diff. *Hantschel,* Untreuevorsatz, 2010, 306 f.). Jedenfalls scheidet eine mutmaßliche Einwilligung dann aus, wenn ein Einverständnis gegen gesetzliche und verfassungsrechtliche Vorgaben verstoßen hätte (BGH NJW 2015, 1618 (1620 f.) – Konzept „Wahlsieg 2006"). Anerkannt sind **zwei Fallgruppen** der mutmaßlichen Einwilligung:

Das **Handeln im materiellen Interesse des Betroffenen** steht im Vordergrund, wenn ein Handeln   **252** aufgrund der Beschränkungen des Innenverhältnisses nur mit seinem **Einverständnis** zulässig ist, das aber aus tatsächlichen Gründen (zB Abwesenheit, Krankheit) **nicht eingeholt** werden kann (vgl. LG Kleve BeckRS 2010, 29946). Denkbar ist dies bei einem Geschäftsabschluss, der wegen seiner Vorteilhaftigkeit dem wahren Willen des Geschäftsherrn höchstwahrscheinlich entspricht. Dagegen geht es um das **Prinzip des mangelnden Interesses,** wenn der Treupflichtige eigene Interessen verfolgt und ein schutzwürdiges Erhaltungsinteresse des Vermögensinhabers fehlt. Dies ist bei **geringfügigen Eingriffen** denkbar.

G. Täterschaft und Teilnahme

I. Täterschaft

§ 266 ist ein **Sonderdelikt,** da nur ein **Treupflichtiger** Täter sein kann (→ Rn. 20; zu vertretungs-   **253** berechtigten Organe bzw. Gesellschaftern, gesetzlichen und faktischen Vertretern → Rn. 21 ff.; zu Hilfspersonen → Rn. 47). Außenstehende Personen, denen die Vermögensbetreuungspflicht nicht obliegt, kommen nur als Teilnehmer (Anstifter/Gehilfen) in Betracht.

Die übliche **Abgrenzung zwischen Täterschaft und Teilnahme** ist iRd § 266 außer Kraft, da der   **254** Treubruchstatbestand grds. durch jedes vermögensschädigende Verhalten des Treupflichtigen verwirklicht werden kann (→ Rn. 106), so dass jede Verletzung der Vermögensbetreuungspflicht die Täterschaft begründet (Achenbach/Ransiek/Rönnau WirtschaftsStR-HdB/*Seier* Teil 5 Kap. 2 Rn. 66; *Bräunig,* Untreue in der Wirtschaft, 2011, 126; Lackner/Kühl/*Kühl* Rn. 2; LK-StGB/*Schünemann* Rn. 205; Momsen/Grützner WirtschaftsStR/*Schramm* Kap. 5 Teil B Rn. 156; Rengier StrafR BT I § 18 Rn. 69; *Schramm,* Untreue und Konsens, 2005, 71 ff.; SSW StGB/*Saliger* Rn. 107; iErg ebenso – „regelmäßig Täter" – BGHSt 9, 203 (217); aA – Tatherrschaftsregeln anzuwenden – MSM StrafR BT I § 45 Rn. 21). Für die Untreue gilt deshalb der **Einheitstäterbegriff:** Wenn ein Treupflichtiger einen Nichttreupflichtigen zu einer Vermögensschädigung anstiftet (zB ein Prokurist einen Buchhalter zur Wegnahme oder Unterschlagung) oder ihn hierbei unterstützt, ist er stets unmittelbarer Täter und nicht bloßer Teilnehmer (iErg ebenso auf Grundlage der Pflichtdeliktslehre Roxin StrafR AT I § 25 Rn. 267 ff.; aA – mittelbare Täterschaft des Treupflichtigen, der den Nichttreupflichtigen als „qualifikationslos doloses Werkzeug" benutzt – Jescheck/Weigend StrafR AT § 62 II 7; näher *Mitsch* JuS 2011, 97 (103)). Zwischen Vollendung und Beendigung besteht nach der Rspr. die Möglichkeit der **sukzessiven Beteiligung** (AnwK-StGB/*Waßmer* § 25 Rn. 70 und § 27 Rn. 30 mwN), was auch für die Untreue Bedeutung hat (LK-StGB/*Schünemann* Rn. 207).

255   **Mittäterschaft** (§ 25 Abs. 2) setzt voraus, dass allen Mittätern eine Vermögensbetreuungspflicht obliegt. Dies ist zB bei den Mitgliedern des Vorstands einer AG der Fall (BGHSt 49, 147 (163) – Bremer Vulkan). Bei **Gremienentscheidungen** begründet nach der Rspr. auch eine Stimmenthaltung Mittäterschaft, wenn nur hierdurch die Wirksamkeit der Beschlüsse herbeiführbar ist, da dann die Mehrheitsentscheidung zugerechnet werden kann (BGH NJW 2006, 522 (527) – Mannesmann/Vodafone (insoweit nicht abgedruckt in BGHSt 50, 331 ff.); krit. *Hanft* JURA 2007, 58 (59 f.); abl. *Ransiek* NJW 2006, 814 (816)).

256   **Mittelbare Täterschaft** (§ 25 Abs. 1 Alt. 2) ist nach der Rspr. kraft **Organisationsherrschaft** denkbar, wenn zB der Vorstand des herrschenden Mutterunternehmens aufgrund seiner Leitungsmacht existenzgefährdende Eingriffe zu Lasten einer Tochtergesellschaft vornimmt (BGHSt 49, 147 (163) – Bremer Vulkan) oder Mitarbeiter für die Begehung von Straftaten nutzt (BGHSt 40, 218 (236)). Auch kann der Treupflichtige den **Treugeber als undoloses Werkzeug** gegen sich selbst einsetzen (OLG Celle NStZ-RR 2013, 176: Testierunfähige wurden durch ihre Betreuer veranlasst, mittels letztwilliger Verfügung die Betreuer und Dritte als Erben bzw. Vermächtnisnehmer einzusetzen; hierzu *Kudlich* JA 2013, 712 ff.; *Oğlakcıoğlu* ZWH 2013, 375 f.).

II. Teilnahme

257   Anstiftung (§ 26) und Beihilfe (§ 27) richten sich nach den **allgemeinen Regeln** (vgl. nur BGHSt 54, 148 Rn. 29 ff., 65 ff. – Gebauer/Volkert). Eine **Anstiftung** liegt zB vor, wenn jemand einen GmbH-Geschäftsführer zum Abschluss eines nachteiligen Vertrages durch Zusage eines Kick-Back bewegt (LK-StGB/*Schünemann* Rn. 204) oder ein Patient einen Vertragsarzt eindringlich zur Verordnung eines unwirtschaftlichen Medikaments auffordert (*Gaßner/Strömer* NZS 2014, 612 (613)). Auch bei der Firmenbestattung können die übernehmenden Gesellschafter bzw. Hintermänner uU als Anstifter erfasst werden (*Werner* NZWiSt 2013, 418 (424)). In den Fällen des Nötigungsnotstands liegt eine Anstiftung seitens des Hintermannes vor, wenn ein rechtfertigender Notstand verneint und (lediglich) ein entschuldigender Notstand angenommen wird (*Mitsch* JuS 2011, 97 (103)). Keine Anstiftung, sondern eine **Beihilfe** (zu den erforderlichen Feststellungen OLG München wistra 2010, 155 (156) f.) liegt vor, wenn der Täter zur Begehung einer Untreue bereits entschlossen ist und nur in seinem Tatentschluss bestärkt sowie in der konkreten Tatausführung unterstützt wird (sog omnimodo facturus, BGH GmbHR 2013, 820). Der Vorsatz des Gehilfen muss sich auf sämtliche Merkmale des Untreuetatbestands beziehen, also auch die Verursachung eines Nachteils umfassen (BGH NStZ-RR 2015, 81).

257a   In den Fällen der **neutralen Beihilfe,** dh bei berufstypischen Unterstützungsleistungen, kommt nach der Rspr. (BGHSt 46, 107 (112, 113)) eine strafbare Beihilfe in Betracht, wenn der Hilfeleistende weiß, dass sein Tun zur Begehung einer Untreue beiträgt; hält er dies nur für möglich, muss das von ihm erkannte Risiko der Tatbestandsverwirklichung derart hoch sein, dass er sich der Förderung eines erkennbar tatgeneigten Täters „angelegen" sein lässt, dh die Begehung einer Untreue für „überaus wahrscheinlich" hält (vgl. AnwK-StGB/*Waßmer* § 27 Rn. 18 ff. mwN).

257b   Eine (straflose) **notwendige Teilnahme** ist auch bei der Untreue möglich. So ist ein Betriebsrat, der sich darauf beschränkt, eine ihm durch den Arbeitgeber pflichtwidrig angebotene Begünstigung **entgegenzunehmen,** straflos; dagegen kommt eine Strafbarkeit in Betracht, wenn sein Tatbeitrag über das reine Annehmen der Begünstigung hinausgeht, er den Arbeitgeber gerade zu der Begünstigung bestimmt (Anstiftung) oder in seiner Willensbildung bestärkt (Beihilfe) (vgl. LG Braunschweig BeckRS 2009, 29834; *Moll/Roebers* NZA 2012, 57 (62)). Wer – insbes. im Rahmen von **Vertrags- oder Vergleichsverhandlungen** – eigene oder fremde Interessen vertritt, kann nur dann Anstifter oder Gehilfe der Untreue seines treupflichtigen Kontrahenten sein, wenn ein **kollusives Zusammenwirken** vorliegt (*Thomas* FS Rissing-van Saan, 2011, 669 ff.). Dasselbe gilt für das Handeln des Gläubigers bzw. dessen Vertreters bei der Begründung einer **Bürgschaftsverpflichtung** (vgl. *T. Schneider* wistra 2015, 369 (377)).

257c   Für Teilnehmer gilt nach hM **§ 28 Abs. 1** (zur eventuellen doppelten Strafmilderung beim Gehilfen → Rn. 281), da die Vermögensbetreuungspflicht ein **strafbegründendes besonderes persönliches Merkmal** ist (BGHSt 26, 53 (54); 41, 1 (2); BGH NStZ 1997, 281; 2012, 316 (317); 2012, 630; BGH NStZ-RR 2008, 6; wistra 2015, 146; BGH NJW 2015, 1618 (1624); Achenbach/Ransiek/Rönnau WirtschaftsStR-HdB/*Seier* Teil 5 Kap. 2 Rn. 64; *Bräunig*, Untreue in der Wirtschaft, 2011, 128; Fischer Rn. 185; Lackner/Kühl/*Kühl* Rn. 2; LK-StGB/*Schünemann* Rn. 203; Matt/Renzikowski/*Matt* Rn. 165; Mitsch StrafR BT II 6.2.3.1; Momsen/Grützner WirtschaftsStR/*Schramm* Kap. 5 Teil B Rn. 157; MüKoStGB/*Dierlamm* Rn. 286; Otto StrafR BT § 54 Rn. 3; Rengier StrafR BT I § 18 Rn. 66; SSW StGB/*Saliger* Rn. 107; Wessels/Hillenkamp StraftR BT II Rn. 786; aA Schönke/Schröder/*Perron* Rn. 52). Sie charakterisiert nicht nur eine besondere Dispositions- bzw. Zugriffsmöglichkeit und damit – tatbezogen – allein eine besondere Anfälligkeit des Vermögens (so aber Schönke/Schröder/*Perron* Rn. 52), sondern kennzeichnet zugleich die Nähe zum Treugeber und beruht damit – täterbezogen – auch auf dem Gedanken eines nur vom Täter zu verwirklichenden personalen Unrechts.

H. Konkurrenzen

I. Verhältnis von Missbrauchs- und Treubruchstatbestand

Der **Missbrauchstatbestand** ist nach hM ein Unterfall des allgemeineren Treubruchstatbestands   **258**
(→ Rn. 29) und verdrängt diesen als **lex specialis** (vgl. nur Lackner/Kühl/*Kühl* Rn. 21). Beziehen sich
Missbrauchs- und Treubruchstatbestand auf unterschiedliche Nachteile, können sie nebeneinander in
Tateinheit (§ 52) oder Tatmehrheit (§ 53) stehen (BGHSt 5, 61 (65 f.); Fischer Rn. 194).

II. Eine bzw. mehrere Untreuehandlungen

Werden durch **ein und dieselbe Handlung** mehrere Vermögensinhaber geschädigt, ist von gleich-   **259**
artiger Idealkonkurrenz iSv § 52 Abs. 1 auszugehen (BGH wistra 1986, 67: Schädigung der Mitkom-
manditisten; BGH NJW 2015, 1618 (1623) – Konzept „Wahlsieg 2006": Schädigung von Fraktion und
Partei; aA Schönke/Schröder/*Perron* Rn. 54). Eine Handlung liegt auch dann vor, wenn ein mittelbarer
Täter durch einmalige Anweisung Gutgläubige zu einer Vielzahl von Einzelhandlungen veranlasst (BGH
NStZ-RR 1998, 43).

Nimmt der Täter **mehrere Handlungen** vor, die auf einer einzigen Willensentschließung beruhen,   **260**
kann eine **natürliche Handlungseinheit** und damit eine strafbare Handlung vorliegen. Dies ist zB der
Fall, wenn mehrere Verstöße gegen die Buchführungspflicht in ihrer Gesamtheit die Buchführung erst
unordentlich machen (BGHSt 3, 23 (26 f.)) oder zwischen den Verhaltensweisen ein derart enger
räumlicher und zeitlicher Zusammenhang besteht, dass das gesamte Handeln auch für einen Dritten
objektiv als einheitliches zusammengehöriges Tun erscheint (BGH wistra 2010, 345; 2015, 269 (270);
2016, 152 (153): am selben Tag vorgenommene Überweisungen/Barabhebungen). Wird dagegen nach
einer vollendeten Untreue durch eine weitere Untreuehandlung der eingetretene Nachteil lediglich
vertieft, handelt es sich dabei um eine **mitbestrafte Nachtat** (BGH NStZ 2011, 160).

Eine **Klammerwirkung** in Bezug auf mehrere, an sich selbständige Untreuetaten, entfaltet selbst   **260a**
eine sich über einen gewissen Zeitraum hinziehende Bestechlichkeit im geschäftlichen Verkehr (§ 299)
nicht, da dieses Delikt in seinem strafrechtlichen Unwert, wie er in der Strafandrohung Ausdruck findet,
deutlich hinter der Untreue zurückbleibt (BGH wistra 2012, 310).

Bei **Serienstraftaten** kommt eine **fortgesetzte Untreue**, die sich auf die Annahme einer mit   **261**
einheitlichem Gesamtvorsatz vorgenommenen fortgesetzten Handlung stützte, nach Aufgabe der
Rechtsfigur des Fortsetzungszusammenhangs durch die Rspr. im Jahr 1994 (grdl. zum Betrug BGHSt
40, 138 ff.) **nicht mehr in Betracht** (BGH StV 1995, 298; BGH NJW 2006, 3219 (3222); BayObLG
NJW 1996, 271; OLG München NJW 1994, 3113 (3115)). Daher liegt zB **Tatmehrheit** (§ 53) vor,
wenn ein Finanzbeamter mehrere fingierte Steuererklärungen abgibt, und zwar selbst dann, wenn dies
gedanklich oder tatsächlich vorbereitet in rascher Folge erfolgt, da es jeweils eines neuen Tatentschlusses
bedarf (BGH (1. Strafsenat) wistra 2009, 398; nach dieser Entscheidung soll es wegen des tatrichterlichen
Beurteilungsspielraums unbeachtlich sein, dass BGH (5. Strafsenat) NJW 2007, 2864 Rn. 28 (nicht
abgedruckt in BGHSt 51, 356) in einem vergleichbaren Sachverhalt die tatrichterliche Bewertung als
Tateinheit nicht beanstandete).

III. Verhältnis der Untreue zu anderen Strafvorschriften

Tateinheit ist denkbar mit **Diebstahl** (§ 242) (BGH MDR/D 1954, 399; BGHSt 17, 360 (361 f.)),   **262**
Computerbetrug (§ 263a) und **Urkundsdelikten** (§§ 267 ff.) (RGSt 72, 193 (195); BGHSt 18, 312
(313)). Tateinheit zwischen **Bestechlichkeit** (§ 332) und Untreue ist möglich, wenn die tatbestandlichen Ausführungshandlungen zumindest teilweise zusammentreffen, zB die Verabredung über die Auftragsvergabe an ein Unternehmen sowohl den Abschluss der Unrechtsvereinbarung als auch den Beginn
des Treubruchs darstellt (BGHSt 47, 22 (25 ff.); Fischer Rn. 196; diff. *Bittmann* wistra 2002, 405 (406);
Schönke/Schröder/*Perron* Rn. 54). Entsprechendes gilt für die **Bestechlichkeit im geschäftlichen
Verkehr** (§ 299; vgl. BGH NStZ 2009, 445 (446)). Mit **Wettbewerbsbeschränkenden Absprachen
bei Ausschreibungen** (§ 298) ist gleichfalls Tateinheit denkbar, wenn zB Planungsbeauftragte, die vom
Bauherrn mit der Vorbereitung der Vergabe betraut wurden, sich an Kartellabsprachen beteiligen (NK-
StGB/*Dannecker* § 298 Rn. 105; zum Architekten als Täter der §§ 298, 299, 266 *Müller* NZWiSt 2014,
218 ff. (255 ff.)). Tateinheit ist auch mit der **Gebührenüberhebung** (§ 352) durch einen Amtsträger,
Anwalt oder sonstigen Rechtsbeistand möglich, sofern nicht nur gegen das Gebührenrecht, sondern
zugleich gegen die Vermögensbetreuungspflicht verstoßen wird (BGH NJW 1957, 596 (597); 2006,
3219 (3221); BGH NStZ 2011, 281; Schönke/Schröder/*Perron* Rn. 54; aA OLG Karlsruhe NStZ 1991,
239 (240)). IÜ ist grds. Tateinheit zwischen **strafbarem Insiderhandel** (§ 38 Abs. 1 WpHG) und
Untreue denkbar, wobei es aber idR an einer Schädigung des betreuten Vermögens fehlen wird (Fuchs/
Waßmer WpHG § 38 Rn. 80).

Mit **Betrug** (§ 263) besteht nach hM **Tateinheit**, wenn dem Täter eine Vermögensbetreuungspflicht   **263**
obliegt und die Untreue **mit den Mitteln des Betruges** begangen wird (RGSt 73, 6 (8); BGHSt 8, 254

(260); BGH StV 1984, 513; BGH wistra 1991, 218; 1992, 342; AWHH/*Heinrich* StrafR BT § 22 Rn. 89; Fischer Rn. 195; Lackner/Kühl/*Kühl* Rn. 23; Schönke/Schröder/*Perron* Rn. 54). Die Vermögensschädigung wird dann nicht nur durch das Ausnutzen einer Vertrauensstellung, sondern auch durch Täuschung herbeigeführt, so dass sowohl das Unrecht der Untreue als auch des Betrugs verwirklicht ist. Die Untreue tritt dagegen als **mitbestrafte Nachtat** zurück, wenn ein Vermögensgegenstand betrügerisch erlangt wurde und eine **Sicherung** oder **Verwertung** stattfindet, die den Tatbestand der Untreue erfüllt (BGHSt 6, 67 (68); BGH wistra 1999, 339). Umgekehrt ist der Betrug als mitbestrafte Nachtat zu bewerten, wenn er allein der Sicherung oder Verwertung der Beute dient, die durch eine Untreue erlangt wurde (BGH NStZ 1994, 586; BGH wistra 1992, 342 (343)). **Tatmehrheit** kommt in Betracht, wenn der Täter bei der Untreuehandlung weder einen Vorteil für sich erstrebt noch erlangt hat und die Täuschungshandlung den aus der Untreue resultierenden Schadensersatzanspruchs vereiteln soll (BGH NJW 1955, 508 (509); Schönke/Schröder/*Perron* Rn. 54) oder der Erlangung eines weiteren, dem Täter nicht zustehenden Vorteils dient (Fischer Rn. 195). Daher liegt Tatmehrheit vor, wenn der Täter pflichtwidrig Verträge abschließt, die für seine Firma nachteilig sind, und anschließend der Geschäftsleitung vorspiegelt, die Verträge mit höheren, über dem Bewertungs- bzw. Herstellungspreis liegenden Verkaufspreisen abgeschlossen zu haben, um auf diese Weise Provisionszahlungen zu erhalten, auf die er keinen Anspruch hatte (BGH NStZ 2011, 280 (281)).

264   Die **einfache Unterschlagung** (§ 246 Abs. 1) tritt hinter die Untreue wegen der seit dem 6. StrRG von 1998 in § 246 Abs. 1 enthaltenen formellen Subsidiaritätsklausel zurück, da die Untreue mit höherer Strafe bedroht ist. Aber auch die (mit derselben Strafandrohung versehene) **veruntreuende Unterschlagung** (§ 246 Abs. 2) tritt hinter § 266 Abs. 1 zurück, wenn der Täter bei der Untreuehandlung bereits Zueignungsvorsatz hatte (BGHSt 8, 254 (260); BGH wistra 1991, 213 (214); BGH NJW 2012, 3046; Lackner/Kühl/*Kühl* Rn. 23; anders (Tateinheit) in Bezug auf die früher in § 351 geregelte Amtsunterschlagung BGHSt 13, 315 (320); aA (§ 246 Abs. 2 lex specialis) LK-StGB/*Schünemann* Rn. 210). Denn der Unrechtsgehalt der Tat wird erschöpfend von der Untreue erfasst, so dass ein Fall der Gesetzeskonkurrenz vorliegt (Schönke/Schröder/*Perron* Rn. 55; Wessels/Hillenkamp StrafR BT II Rn. 326; abw. Rengier StrafR BT I § 18 Rn. 73: Konsumtion; BGH NJW 2012, 3046 Rn. 8: formelle Subsidiarität; SK-StGB/*Hoyer* Rn. 128: Rechtswidrigkeit der Zueignung entfällt). Dagegen tritt die veruntreuende Unterschlagung hinter eine **gewerbsmäßig begangene Untreue,** die als besonders schwerer Fall mit höherer Strafe bedroht ist, infolge formeller Subsidiarität zurück, da die Subsidiaritätsklausel des § 246 Abs. 1 auch für § 246 Abs. 2 Geltung beansprucht (BGH NJW 2012, 3046 Rn. 5 ff. mAnm *Hohmann* NStZ 2012, 161 f.). **Tatmehrheit** besteht dagegen zwischen Untreue und Unterschlagung, wenn der Täter sich erst nach Vollendung der Untreue zur Zueignung entschließt (Lackner/Kühl/*Kühl* Rn. 23; Schönke/Schröder/*Perron* Rn. 55; SK-StGB/*Hoyer* Rn. 128).

265   Mit **Insolvenzdelikten** (§§ 283 ff.) sollte nach der früheren Rspr., die gem. der sog **Interessentheorie** abgrenzte, **Tateinheit** nur dann möglich sein, wenn ein (GmbH-)Geschäftsführer durch ein und dieselbe Handlung sowohl im Interesse der Gesellschaft als auch zu deren Nachteil tätig ist (BGHSt 28, 371 (372 f.); 30, 127 (129 f.); 34, 221 (223 f.); krit. *Rotsch* wistra 2004, 300). Dies ist zB der Fall, wenn er beiseite geschaffte Gelder teils für die Gesellschaft, teils für sich verwenden will. Konsequenz war aber eine widersinnige Einschränkung des Anwendungsbereichs der Insolvenzdelikte bei allein im eigenen Interesse vorgenommenen masseschmälernden Verhaltensweisen. In einer Entscheidung v. 15.5.2012 hat der 3. Strafsenat des BGH, der zuvor bereits zur Aufgabe neigte (BGH NJW 2009, 2225 (2227 f.); hierzu *Bittmann* wistra 2010, 8 (9); *Brand* NStZ 2010, 9 (11 f.); *Kasiske* JR 2011, 235 (239 ff.); ebenso BGH NZG 2012, 1238 (1239); vgl. auch 1. Strafsenat, BGH NStZ-RR 2009, 373) nach einer Anfrage (BGH NZG 2011, 1311), auf die hin alle anderen Strafsenate erklärten, an ihrer Rechtsauffassung nicht festzuhalten, die Interessentheorie aufgegeben (BGHSt 57, 229; BGH NJW 2012, 2366; aA weiterhin die Vertreter der uneingeschränkten Gesellschaftertheorie (→ Rn. 150): Verurteilung nur aus Insolvenzdelikt bei einem Einverständnis der Gesellschafter; für Fortführung der Interessentheorie LK-StGB/*Schünemann* Rn. 212). Seitdem ist eine tateinheitliche Verurteilung bei einem **Tätigwerden „im Geschäftskreis" des Vertretenen** möglich, da verschiedene Rechtsgüter beeinträchtigt werden, die durch unterschiedliche Strafvorschriften geschützt sind: Während der Untreuetatbestand das Vermögen des Treugebers wahrt, dienen die Bankrottbestimmungen dem Schutz der Insolvenzmasse im Interesse der Gläubiger (BGHSt 57, 229 Rn. 31; vgl. auch BGH ZInsO 2016, 916). Diese sog **Geschäftskreistheorie,** der im Grundsatz auch die hL folgt (**Funktionentheorie,** entscheidend ist, ob der Täter aus seiner besonderen Stellung resultierende Wirkungsmöglichkeiten nutzt, vgl. nur *Arloth* NStZ 1990, 570 (572); BeckOK StGB/*Wittig* Rn. 57; *Labsch* wistra 1985, 59 (60); Schönke/Schröder/ *Perron* § 14 Rn. 26; *Schwarz* HRRS 2009, 341 (342 ff.); *Winkelbauer* JR 1988, 33 (34); enger (wirksame Bindung maßgebend, **Zurechnungsmodell**) *Radtke* GmbHR 2009, 875 (876); vgl. auch *Brand* NStZ 2010, 8 (12 f.)), vermeidet Strafbarkeitslücken.

265a   Der Tatbestand der **Rechtsbeugung** (§ 339) entfaltet eine **Sperrwirkung** in der Weise, dass ein Richter, anderer Amtsträger oder Schiedsrichter wegen anderer Straftaten, die er im Zusammenhang mit der **Leitung oder Entscheidung einer Rechtssache** verwirklicht hat, nur dann belangt werden kann, wenn er zugleich eine Rechtsbeugung begangen hat (vgl. nur Schönke/Schröder/*Heine/Hecker*

§ 339 Rn. 17 mwN). Diese Sperrwirkung erstreckt sich auch auf § 266 (LG Aurich ZInsO 2014, 343).

§ 2 **BauFordSiG** verdrängt, wenn der Baugeldempfänger Geldbeträge entgegen § 1 BauFordSiG **265b** nicht zur Befriedigung der am Bau Beteiligten einsetzt (zur Vermögensbetreuungspflicht des Baugeldempfängers → Rn. 49), § 266 als spezielle Regelung (vgl. bereits zu den früheren §§ 1, 5 GSB OLG Brandenburg OLG-NL 1999, 241) im Wege der **Spezialität** (Achenbach/Ransiek/Rönnau WirtschaftsStR-HdB/*Seier* Teil 5 Kap. 2 Rn. 299; *Brand* wistra 2012, 92 (98); MüKoStGB/*Wegner* BauFordSiG § 2 Rn. 43; *Reinhardt* → BauFordSiG § 2 Rn. 25; aA Fischer Rn. 23).

§ 31d **PartG** und § 266 können zueinander in Tateinheit stehen, da unterschiedliche Rechtsgüter **265c** geschützt werden (BGH NJW 2015, 1618 (1624) – Konzept „Wahlsieg 2006").

Bei einer **Steuerhinterziehung** (§ 370 Abs. 1 AO) durch einen Finanzbeamten, der seine Befug- **266** nisse oder Stellung als Amtsträger missbraucht (§ 370 Abs. 3 Nr. 2 AO), liegt **Tateinheit** vor, da der Unrechtsgehalt der Steuerhinterziehung regelmäßig nicht zugleich den der Untreue erfasst und das Regelbeispiel lediglich eine Strafzumessungsregel ist (BGH NStZ 1998, 91 f.). Praktische Bedeutung haben Fälle, in denen Finanzbeamte durch Eingabe erfundener Daten die Erstattung nicht vorhandener Steueranrechnungsbeträge erreichen (BGHSt 51, 356; BGH wistra 2009, 398). Auch im Fall einer wirksamen **Selbstanzeige** (§ 371 AO) kann eine tateinheitlich vorliegende Untreue verfolgt und bestraft werden (*Pump/Krüger* DStR 2013, 1972 (1976 f.)).

Die **Depotunterschlagung** (§ 34 DepotG) und die **unwahre Angabe über das Eigentum** (§ 35 **267** DepotG) treten infolge der in diesen Tatbeständen enthaltenen Subsidiaritätsklauseln hinter die Untreue zurück (Achenbach/Ransiek/Rönnau WirtschaftsStR-HdB/*Seier* Teil 5 Kap. 2 Rn. 280; *Fichtner,* Die börsen- und depotrechtlichen Strafvorschriften und ihr Verhältnis zu den Eigentums- und Vermögensdelikten des StGB, 1993, 222 ff.).

Als **Vortat einer Geldwäsche** (§ 261) kommt § 266 gem. § 261 Abs. 1 S. 2 Nr. 4 lit. a in Betracht, **267a** wenn die Untreue **gewerbsmäßig** oder von einem **Mitglied einer Bande,** die sich zur fortgesetzten Begehung von Untreuetaten verbunden hat, begangen worden ist. Im Fall der gewerbsmäßigen Begehung kann die Untreue allerdings nur dann taugliche Vortat sein, wenn der (Haupt-)Täter gewerbsmäßig gehandelt hat, da die Beihilfe selbst nicht Katalogtat sein kann (BGH NJW 2008, 2516; *Hoch* StV 2009, 414 f.; *Ransiek* JR 2008, 480 ff.; aA NK-StGB/*Altenhain* § 261 Rn. 30; *Neuheuser* NStZ 2009, 327 f.). Außerdem setzt der Tatbestand der Geldwäsche voraus, dass durch die Tathandlung der tatsächliche Zugriff auf den aus der Vortat stammenden Gegenstand konkret erschwert wird; bloße Vorbereitungshandlungen (zB Eröffnung eines Kontos und Wertpapierdepots) genügen nicht (KG NJOZ 2013, 1748 (1750)).

Eine **echte Wahlfeststellung** soll nach hM infolge rechtsethischer und psychologischer Vergleich- **267b** barkeit bzw. Gleichwertigkeit zwischen Untreue und **Unterschlagung** (OLG Braunschweig MDR 1951, 181; NK-StGB/*Kindhäuser* § 246 Rn. 46) sowie **Betrug** (BGHSt 23, 304 (306); OLG Hamburg JR 1956, 28; NK-StGB/*Kindhäuser* § 263 Rn. 415) möglich sein, **nicht** aber zwischen Untreue und **Hehlerei** (BGHSt 15, 266 f.; NK-StGB/*Altenhain* § 259 Rn. 86; aA BeckOK StGB/*Ruhmannseder* § 259 Rn. 67; MüKoStGB/*Maier* § 259 Rn. 196; Schönke/Schröder/*Stree/Hecker* § 259 Rn. 58) sowie **Diebstahl** (BGHSt 25, 182 (186)). Insoweit bleibt abzuwarten, ob das Rechtsinstitut der echten Wahlfeststellung, das den Aspekt der Rechtssicherheit aus Gründen der Gerechtigkeit zurückdrängt, im Lichte der neueren Rspr. des BVerfG zu Art. 103 Abs. 2 GG weiterhin als verfassungsgemäß bewertet wird (für Verfassungswidrigkeit der 2. Strafsenat im Anfragebeschluss BGH NStZ 2014, 392; dagegen die Verfassungsmäßigkeit bejahend die Antwortbeschlüsse des 3. Strafsenats (BGH NStZ-RR 2015, 39 f.) und 4. Strafsenats (BGH NStZ-RR 2015, 40 f.)).

Im Wege der **Postpendenzfeststellung** erfolgt eine Verurteilung wegen Untreue, wenn die Täter- **267c** schaft an einem vorausgegangenen Betrug fraglich ist, aber die (Mit-)Täterschaft an der späteren Veruntreuung der Betrugsbeute feststeht (OLG Hamburg MDR 1994, 712).

I. Strafverfahren

I. Offizialdelikt

Taten nach § 266 sind – sofern kein Fall der Haus- und Familienuntreue oder Bagatelluntreue **268** vorliegt (→ Rn. 269 ff.) – **Offizialdelikte** und werden **von Amts wegen** verfolgt. Eine Strafverfolgung scheidet aus, wenn ein **Verfahrenshindernis** vorhanden ist. So steht etwa die **Immunität** des Täters der Strafverfolgung entgegen (zu Abgeordneten *Soyka* JA 2011, 566 (572)). Im Fall des Limburger Bischofs Tebartz-van Elst, dem Untreuetaten vorgeworfen wurden (hierzu *Rostalski* RW 2015, 1 f.), ist die Staatsanwaltschaft davon ausgegangen, dass bei **„innerkirchlichen Angelegenheiten",** die keine rechtliche Außenwirkung entfalten, wegen des in Art. 140 GG iVm Art. 137 Abs. 3 WRV normierten Selbstbestimmungsrechts der Religionsgemeinschaften, das insbes. auch das Ordnen und Verwalten des Vermögens umfasst, ein verfassungsrechtlich begründetes „Befassungsverbot" besteht (zust. *Gmeiner* ZIS 2016, 19 (23); *Waldhoff* KuR 2014, 171 (187); aA *Rostalski* RW 2015, 10 ff. (18 ff.)).

II. Antragsdelikt (§ 266 Abs. 2 iVm §§ 247, 248a)

269   **1. Haus- und Familienuntreue.** Bei der **Haus- und Familienuntreue** (§ 266 Abs. 2 iVm § 247) findet die Strafverfolgung ausschließlich auf Antrag des **Geschädigten** statt **(absolutes Antragsdelikt)**. Eine solche Tat liegt vor, wenn durch die Untreue ein **Angehöriger** (iSv § 11 Abs. 1 Nr. 1, vgl. BGH NStZ 2013, 38 (39)), der **Vormund** oder der **Betreuer** geschädigt wurde oder der Geschädigte mit dem Täter in häuslicher Gemeinschaft lebt. Unter **häuslicher Gemeinschaft** ist nicht nur die Familiengemeinschaft zu verstehen, sondern jede auf einem freien Entschluss beruhende Gemeinschaft mit einem gemeinsamen Haushalt, die für eine gewisse Dauer angelegt und von dem Willen getragen ist, die Verpflichtungen aus der persönlichen Bindung zu tragen, wie dies insbes. bei nichtehelichen Lebensgemeinschaften und Wohngemeinschaften der Fall ist (OLG Hamm NStZ-RR 2004, 111 (112)).

269a   Der **Betreuer** eines Geschädigten ist nach § 77 Abs. 3 zur Stellung eines Strafantrags jedenfalls dann berechtigt, wenn die Betreuung gerade dazu dienen soll, mögliche Straftaten gegen den Betreuten aufzudecken und dessen diesbezügliche Rechte wahrzunehmen (BGH NJW 2014, 2968; krit. *Böhm* FamRZ 2014, 1827 ff.; *Lauck/Schmalenberger* NZFam 2014, 944 f.). IÜ geht die Rspr. überwiegend davon aus, dass die Strafantragsbefugnis nach § 247 gesondert übertragen werden muss, da weitgehende persönliche Belange betroffen sind (OLG Karlsruhe BeckRS 2014, 05573; OLG Celle NStZ 2012, 702; OLG Köln wistra 2005, 392; aA LG Ravensburg FamRZ 2001, 937; offen gelassen von BGH NJW 2014, 2968 (2969)).

270   Bei einer **KG** führt das Fehlen fristgerechter Strafanträge nur dann zu einem Strafverfolgungshindernis, wenn der Täter **zu allen Gesellschaftern** in einer privilegierten Beziehung iSd § 247 steht (BGH NStZ 2013, 38; MüKoStGB/*Hohmann* § 247 Rn. 9; Schönke/Schröder/*Eser/Bosch* § 247 Rn. 10). Schädigt der Täter eine **GmbH,** deren Gesellschafter **ausschließlich Angehörige** sind, so sind die Angehörigen als Verletzte iSd § 266 Abs. 2 iVm § 247 anzusehen (BGH NJW 2003, 2924 (2926); BGH NStZ-RR 2005, 86; Achenbach/Ransiek/Rönnau WirtschaftsStR-HdB/*Seier* Teil 5 Kap. 2 Rn. 13; Fischer Rn. 193; Lackner/Kühl/*Kühl* Rn. 22; aA *Bittmann/Richter* wistra 2005, 51 (53)), so dass grds. ein Strafantragserfordernis besteht. Hingegen bedarf es keines Strafantrags, wenn die Tat zu einem (nicht einwilligungsfähigen, → Rn. 151) **Nachteil der GmbH** geführt hat, dh zu einer **Existenzgefährdung** (BGH NStZ-RR 2005, 86; 2007, 79 (80); Fischer Rn. 193; LK-StGB/*Schünemann* Rn. 225; Wessels/Hillenkamp StrafR BT II Rn. 786; krit. *Bittmann/Richter* wistra 2005, 51 ff.), da zu der GmbH keine privilegierende Beziehung iSd § 247 besteht.

271   **2. Bagatelluntreue.** Bezieht sich die Untreue lediglich auf einen **geringen Vermögensnachteil,** wird die Tat nach § 266 Abs. 2 iVm § 248a ebenfalls nur auf Antrag verfolgt, es sei denn, die Strafverfolgungsbehörde hält in dem Fall wegen des besonderen öffentlichen Interesses an der Strafverfolgung ausnahmsweise ein Einschreiten von Amts wegen für geboten **(relatives Antragsdelikt).** Die Grenze der Geringwertigkeit dürfte angesichts von Kosten- und Preissteigerungen derzeit bei **50 EUR** liegen (OLG Zweibrücken NStZ 2000, 536; OLG Hamm NJW 2003, 3145; OLG Frankfurt a. M. NStZ-RR 2008, 311; Achenbach/Ransiek/Rönnau WirtschaftsStR-HdB/*Seier* Teil 5 Kap. 2 Rn. 27; Momsen/Grützner WirtschaftsStR/*Schramm* Kap. 5 Teil B Rn. 166; SK-StGB/*Hoyer* Rn. 127; diff. Schönke/Schröder/*Eser/Bosch* § 248a Rn. 10; vgl. aber auch OLG Oldenburg NStZ-RR 2005, 111: 30 EUR; KG StraFo 2010, 212: 25 EUR). In die Schadenskategorien von 1 bis 15 EUR und 15 bis 50 EUR fielen im Jahre 2013 11,71 % bzw. 2,01 % der registrierten Fälle (vgl. PKS 2013 Anh. Tabelle 07).

272   **3. Strafantrag. Verletzter** iSd § 77 und damit **strafantragsberechtigt** ist allein der **geschädigte Vermögensinhaber,** auch in Fällen, in denen Treugeber und Vermögensinhaber personenverschieden sind (Achenbach/Ransiek/Rönnau WirtschaftsStR-HdB/*Seier* Teil 5 Kap. 2 Rn. 12). Nur der Geschädigte kann die **Klageerzwingung** (§ 172 StPO) betreiben (→ Rn. 273a) und die **Rechte aus §§ 406d ff. StPO** (insbes. Akteneinsicht) wahrnehmen. Mit dem **Tod** des Verletzten geht das Antragsrecht nicht auf seine Angehörigen über, da § 266 Abs. 2 eine nach § 77 Abs. 2 erforderliche Bestimmung zum Übergang nicht vorsieht (OLG Hamm NStZ-RR 2004, 112).

III. Gerichtsstand

272a   Der Gerichtsstand ist nach § 7 Abs. 1 StPO bei dem Gericht begründet, in dessen **Bezirk** die Straftat begangen wurde. Gem. § 9 Abs. 1 ist die Straftat nicht nur am **Ort der Handlung** des Täters, sondern auch dort begangen, wo der zum Tatbestand gehörende Erfolg eingetreten ist, dh sich der **Vermögensschaden manifestiert** hat (BGHSt 51, 29 Rn. 7; BGH NJW 2006, 1984 (1985); Fischer Rn. 187). Bei einer Schädigung des Vermögens **juristischer Personen** ist der Sitz der Gesellschaft maßgebend, nicht der Wohnsitz der (uU stillen) Gesellschafter (vgl. zur GmbH BGHSt 51, 29; BGH NJW 2006, 1984).

IV. Verfahrenseinstellung und Nebenklage

273   Untreuetaten werden **relativ häufig** nach § 172 Abs. 2 StPO (kein hinreichender Tatverdacht), **§ 153 StPO** (Bagatellsachen) und nach **§ 153a StPO** (Erfüllung von Auflagen und Weisungen)

eingestellt. Auch wird nicht selten die Strafverfolgung nach § 154a StPO „aus verfahrensökonomischen Gründen" beschränkt (vgl. nur BGHSt 55, 288 Rn. 26 – Siemens/AUB; BGH NJW 2011, 88 (90)). Sofern § 153a StPO in Fällen Anwendung findet, die sehr große öffentliche Aufmerksamkeit erregt haben (→ Rn. 1), ist dies heikel, da gerade hier eine strikte Durchführung des Legalitätsprinzips angezeigt erscheint und das öffentliche Interesse an der Strafverfolgung nicht durch die Erfüllung von Auflagen entfällt (vgl. *P.-A. Albrecht* FS Hamm, 2008, 1 (18 f.); *Götz* NJW 2007, 419 (420 ff.); *Murmann* JURA 2010, 561 (567); *Saliger/Sinner* ZIS 2007, 476 (478 ff.)). Insbes. die Einstellung von Fällen mit hohen Schadenssummen (LK-StGB/*Schünemann* Rn. 4: „Freikaufverfahren") wirkt als moderner „Ablasshandel". Folge der Einstellung nach § 153a StPO ist, dass – anders als bei der Einstellung nach den §§ 172 Abs. 2, 153 StPO – eine erneute Verfolgung der Tat ausscheidet („ne bis in idem").

Ein **Klageerzwingungsantrag** (§ 172 StPO) kann von jedem unmittelbar **Verletzten** gestellt **273a** werden. Nach der Rspr. der Oberlandesgerichte sind bei einer Untreue zum Nachteil der Vermögensinteressen einer **juristischen Personen** (insbes. Kapitalgesellschaft) die Gesellschafter bzw. Aktionäre (wie auch die Geschäftsführer bzw. Vorstände) keine unmittelbar Verletzten (zur AG: OLG Braunschweig wistra 1993, 31; OLG Frankfurt a. M. BeckRS 2010, 22149; NJW 2011, 691 – Kirch/Deutsche Bank; zur GmbH: OLG Celle NJW 2007, 1223; OLG Stuttgart NJW 2001, 840; AnwK-StGB/*Esser* Rn. 238; HK-StrafR/*Beukelmann* Rn. 51; krit. LK-StGB/*Schünemann* Rn. 227; aA (unter Hinweis auf BGHSt 4, 202 (204 f.) zu § 61 Nr. 2 aF StPO) Achenbach/Ransiek/Rönnau WirtschaftsStR-HdB/*Seier* Teil 5 Kap. 2 Rn. 13; NK-StGB/*Kindhäuser* Rn. 129), sondern nur mittelbar verletzt. Wer über eine Konstruktion mit Haftungsbeschränkung am Wirtschaftsverkehr teilnehme, um einen Durchgriff auf die eigene Person zu vermeiden, müsse umgekehrt Anspruchsbeschränkungen gegen sich selbst gelten lassen (OLG Frankfurt a. M. NJW 2011, 691). Im Hinblick darauf, dass Vermögensinhaber ausschließlich die juristische Person ist (→ Rn. 62), ist dies konsequent, führt allerdings dazu, dass die „wahren" Vermögensinhaber keine Klageerzwingungsanträge stellen können (LK-StGB/*Schünemann* Rn. 212: „kriminalpolitisch äußerst misslich"). Antragsberechtigt ist somit nur die juristische Person. **Anders** ist es aber zB dann, wenn ein Mitgesellschafter durch **eigenmächtige Gewinnentnahmen** in erster Linie die anderen Gesellschafter und nicht die GmbH selbst geschädigt hat (BGH NJW 2003, 1924 (1925); BGH NStZ-RR 2005, 86). Ebenso sind bei der **GmbH & Co. KG** die **Gesellschafter** antragsberechtigt, da die KG keine eigene Rechtspersönlichkeit besitzt (→ Rn. 63), womit eine Schädigung des Gesamthandsvermögens zugleich und unmittelbar das Vermögen der Gesellschafter berührt (OLG Celle wistra 2014, 34; AnwK-StGB/*Esser* Rn. 238).

Ein Anschluss des Verletzten (→ Rn. 272, 273a) an die öffentlich erhobene Klage mit der **Neben- 273b klage** kommt auch bei § 266 in Betracht, da der mWv 1.10.2009 durch das 2. Opferrechtsreformgesetz v. 29.7.2009 (BGBl. I 2280) geschaffene Katalog des § 395 Abs. 3 StPO (Nebenklage bei anderen rechtswidrigen Taten) nicht abschließend ist (BGH (5. Strafsenat) NJW 2012, 2601 mAnm *Bung/Jahn* StV 2012, 754 ff.; vgl. auch Schönke/Schröder/*Perron* Rn. 58a; aA BGH (1. Strafsenat) BeckRS 2011, 20606; OLG Jena NJW 2012, 547; Momsen/Grützner WirtschaftsStR/*Schramm* Kap. 5 Teil B Rn. 170). § 395 Abs. 3 StPO setzt allerdings voraus, dass der Anschluss „aus besonderen Gründen", insbes. wegen der schweren Folgen der Tat, zur Wahrnehmung seiner Interessen geboten erscheint". Bei Taten nach § 266 ist deshalb eine Nebenklage **in aller Regel ausgeschlossen**, da allein das wirtschaftliche Interesse an der effektiven Durchsetzung zivilrechtlicher Ansprüche gegen den Angeklagten ein besonderes Schutzbedürfnisses nicht begründen kann (BGH NJW 2012, 2601 (2602)). Eine **besondere prozessuale Schutzbedürftigkeit** können nach dem Willen des Gesetzgebers schwere Folgen der Tat nahe legen, aber auch die notwendige Abwehr von Schuldzuweisungen durch den Angeklagten (BGH NJW 2012, 2601 (2602) mwN). Außerdem ist eine gravierende Beweisnot denkbar, die durch einen Auslandsbezug begründet wird und eine nur von den Strafgerichten herbeizuführende Rechtshilfe erforderlich macht (BGH NJW 2012, 2601 (2602)).

V. Hinweispflicht

Missbrauchs- und Treubruchstatbestand sollen nach hM **verschiedene Strafgesetze iSd § 265 274 StPO** sein (BGHSt 26, 167 (174); BGH NJW 1954, 1616; 1984, 2539 (2540); Matt/*Renzikowski*/*Matt* Rn. 43; Schönke/Schröder/*Perron* Rn. 2; SSW StGB/*Saliger* Rn. 177; *Wegenast,* Missbrauch und Treubruch, 1994, 137). Nach der Rspr. muss das Gericht den Angeklagten beim Übergang vom Missbrauchs- auf den Treubruchstatbestand gemäß § 265 Abs. 1 StPO auf die Veränderung des rechtlichen Gesichtspunktes **besonders hinweisen** und ihm Gelegenheit zur Verteidigung geben, wobei jedoch ein **Hinweis nicht erforderlich** sein soll, wenn die für den Missbrauchstatbestand erforderliche Vermögensbetreuungspflicht in vollem Umfang der zugleich verletzten Vermögensfürsorgepflicht iSd Treubruchstatbestandes entspricht (BGH NJW 1984, 2539 (2540)). Diese Sichtweise ist jedoch mit der herrschenden Auffassung, dass die Vermögensbetreuungspflicht bei beiden Tatbeständen inhaltsgleich ist (→ Rn. 29 f.), nicht zu vereinbaren. Da beide Begehungsformen in ihrem Unrechtsgehalt gleichartig sind, wird dasselbe Strafgesetz angewendet, wenn der Angeklagte statt aus der einen aus der anderen Untreueart verurteilt wird, so dass ein **Hinweis stets entbehrlich** ist (Achenbach/Ransiek/Rönnau

WirtschaftsStR-HdB/*Seier* Teil 5 Kap. 2 Rn. 62; *Küpper* NStZ 1986, 249 (253); Lackner/Kühl/*Kühl* Rn. 24).

VI. Verständigung

274a   Verständigungen, die in der Strafrechtswissenschaft trotz der seit dem 4.8.2009 bestehenden gesetzlichen Verankerung in § 257c StPO weiterhin vehement kritisiert werden (LK-StGB/*Schünemann* Rn. 4: „Institutionalisierung eines Freikaufverfahrens"; *Schünemann* wistra 2015, 161 (164): „konzeptionslose Zerstörung"; die Verfassungsmäßigkeit trotz „defizitären Vollzugs" bejahend BVerfGE 133, 168 ff. = BVerfG NJW 2013, 1058 ff.), haben auch und gerade bei Untreueverfahren **große praktische Bedeutung** (vgl. nur *Jahn* JZ 2011, 340 (341)). Es gelten hierbei die allg. Grundsätze. Das Gericht hat bei der Bekanntgabe der Verständigung auch eine **Ober- und Untergrenze der Strafe** anzugeben, wobei die Verständigung nur zustande kommt, wenn Angeklagter und Staatsanwaltschaft dem Vorschlag zustimmen (vgl. § 257c Abs. 3 StPO).

VII. Wiederaufnahme

274b   Ein Wiederaufnahmeantrag (§ 366 StPO) gegen ein **rechtskräftiges Strafurteil** kann gem. § 79 Abs. 1 BVerfGG auch darauf gestützt werden, dass es auf der **Auslegung einer Norm** beruht, die vom BVerfG für **unvereinbar** mit dem GG erklärt worden ist. Da das BVerfG in neuerer Zeit mehrfach die verfassungsrechtlichen Vorgaben präzisiert hat, könnte dies dazu führen, dass abgeschlossene „**Altfälle**" aufgerollt werden (Achenbach/Ransiek/Rönnau WirtschaftsStR-HdB/*Seier* Teil 5 Kap. 2 Rn. 21). In dem Antrag müssen der gesetzliche Grund der Wiederaufnahme sowie die Beweismittel angegeben werden (§ 366 Abs. 1 StPO). Bei einem (zB) auf den Landowsky-Beschluss des BVerfG v. 23.6.2010 (BVerfGE 126, 170 = BVerfG NJW 2010, 3209) gestützten Wiederaufnahmeantrag muss daher geltend gemacht werden, dass das gegen den Verurteilten ergangene Strafurteil auf der **verfassungswidrigen Überdehnung** des Begriffs des „Nachteils" durch eine den Vorgaben des BVerfG nicht entsprechende Annahme einer Vermögensgefährdung beruht (vgl. KG NJW 2012, 2985).

J. Strafe, Strafzumessung und Strafrahmenverschiebungen

I. Strafe

275   Für den **Täter** des § 266 Abs. 1 beträgt die **Freiheitsstrafe** von einem Monat (vgl. § 38 Abs. 2) bis zu 5 Jahren. Die **Geldstrafe** reicht von 5 bis zu 360 Tagessätzen, die Höhe eines Tagessatzes beträgt mindestens 1 EUR und höchstens 30. 000 EUR (§ 40 Abs. 2 S. 3). **Beide Strafen** können gemeinsam verhängt werden, wenn der Täter sich durch die Tat bereichert oder zu bereichern versucht hat (vgl. § 41), was häufig der Fall sein wird, da die Untreue idR begangen wird, um einen Vermögensvorteil zu erlangen. In **besonders schweren Fällen** (§ 266 Abs. 2 iVm § 263 Abs. 3) beträgt die Strafe Freiheitsstrafe von 6 Monaten bis zu 10 Jahren. Bei Bildung einer **Gesamtstrafe** kann die Freiheitsstrafe bis zu 15 Jahre und die Geldstrafe bis zu 720 Tagessätze erreichen (vgl. § 54 Abs. 2 S. 2 Hs. 1).

II. Strafzumessung

276   Die **Schuld** bildet nach § 46 Abs. 1 die Grundlage für die Strafzumessung, wobei die Wirkungen, die von der Strafe für das künftige Leben in der Gesellschaft zu erwarten sind (zB Arbeitsplatzverlust, gewerbe- und beamtenrechtliche Folgen, AnwK-StGB/*Esser* Rn. 259a), zu berücksichtigen sind. Bei den nach § 46 Abs. 2 **abzuwägenden Umständen** sind iRd § 266 folgende von Bedeutung und haben Einfluss auf **Art und Höhe der Strafe:** Beweggründe und Ziele (altruistische, egoistische Motive); Gesinnung (Handeln aus Gewissenlosigkeit); bei der Tat aufgewendeter Wille (zu überwindende Hindernisse, Hartnäckigkeit, Beeinflussung durch Dritte); Maß der Pflichtwidrigkeit (Ausmaß der Pflichtverletzung); Art der Ausführung (Zeit, Dauer, Mittel); verschuldete Auswirkungen (Höhe des Nachteils); Vorleben (ungetilgte einschlägige Vorstrafen); persönliche und wirtschaftliche Verhältnisse (Stellung in der Unternehmens- bzw. Behördenhierarchie, Einkommens- und Vermögenssituation); Nachtatverhalten (Reue, Einsicht, Geständnis, Schadenswiedergutmachung, Bemühen um Ausgleich).

277   Als **strafschärfend** kann das Handeln mit **Bereicherungsabsicht** berücksichtigt werden (BGH StV 1996, 25 (26); BGH wistra 1999, 418), da es kein Tatbestandsmerkmal der Untreue ist. Hingegen kann ein Handeln „mit Gewinnstreben" grds. nicht als strafschärfend berücksichtigt werden, da das Streben nach wirtschaftlichen Vorteilen bei der Untreue im Regelfall zur Tatbestandsverwirklichung gehört und daher die strafschärfende Verwertung gegen das Doppelverwertungsverbot des § 46 Abs. 3 verstößt (BGH NStZ 1981, 343). Dies gilt auch für ein Handeln „aus reinem Eigennutz" (BGH NStZ 1983, 455). Anders ist dies aber, wenn das Gewinnstreben ein besonders anstößiges Maß erreicht (Fischer Rn. 188; Schönke/Schröder/*Perron* Rn. 53). Ebenso kann ein Handeln **„ohne wirtschaftliche Not"**

strafschärfend Berücksichtigung finden, wenn ein in besonders guten finanziellen Verhältnissen lebender Täter nicht den geringsten Anlass zu einer auf Bereicherung an fremdem Gut gerichteten Tat hat, und dies deshalb unter den gegebenen Umständen besonders verwerflich zu bewerten ist (BGH NStZ 1981, 343). Dies gilt schließlich auch für den Missbrauch einer besonderen Vertrauensstellung mit einem **hohen Maß an krimineller Energie** (BGH wistra 2007, 261), die **Uneinsichtigkeit** des Täters (BGH NStZ-RR 2006, 307 (308)) und die **Verstrickung** anderer mit in das Unrecht (AG Öhringen BeckRS 2016, 05645).

Strafmildernd kann – abweichend vom Normalfall der gewöhnlich vorkommenden Untreuedelik- **278** te – ein Handeln **„ohne Eigennutz"** (BGH NStZ 1983, 455; BGH wistra 1998, 27 (28)) bzw. **ohne persönliche Bereicherung** (BGH wistra 1987, 28) sein. Auch das **Mitverschulden** des Geschädigten kann – selbst bei hohem Schaden und langer Tatdauer – die Tat in milderem Licht erscheinen lassen, wenn zB ein Angestellter über eine lange Zeit hinweg ohne nennenswerte Kontrolle mit Firmengeldern umgehen kann und dieser Organisationsmangel Unterschleife erleichtert (BGH StV 1988, 253; vgl. auch BGH BeckRS 2007, 03602). Andererseits entlasten fehlende Aufsicht und Kontrolle nicht, wenn dem Treupflichtigen fremdes Vermögen „ganz persönlich" anvertraut ist und Versäumnisse anderer diese Pflichtenstellung nicht mindern und den Vertragsbruch nicht milder erscheinen lassen (vgl. zur Untreue einer Nachlassverwalterin BGH NStZ-RR 2003, 297 (298)). Auch die aus der „Prominenz" resultierenden Belastungen durch ein großes Medieninteresse und ein „Spießrutenlaufen zwischen wartenden Fotografen und Kameraleuten", können nicht ohne Weiteres strafmildernd berücksichtigt werden: Wer sich „an exponierter Stelle in der Öffentlichkeit betätigt, muss mit einem besonderen Interesse auch für den Fall der Durchführung eines Strafverfahrens rechnen" (BGH NJW 2000, 154 (157)).

Eine **überlange Dauer des Strafverfahrens,** die der Angeklagte nicht zu vertreten hat und das **279** Beschleunigungsverbot verletzt (zB durch das Verlegen von Akten oder eine schleppende Bearbeitung), hat die Rspr. gemäß der sog **Rechtsfolgenlösung** auch bei der Untreue strafmildernd berücksichtigt (vgl. nur BGHSt 24, 239 (242)). Mit der Entscheidung des Großen Senates vom 17.1.2008 (BGHSt 52, 124 ff.) hat sich die Rspr. der sog **Strafvollstreckungslösung** zugewandt, wonach in der Urteilsformel auszusprechen ist, dass ein bezifferter Teil der verhängten Strafe als vollstreckt gilt. IÜ ist die **sehr lange Dauer von Untreueverfahren** ein Missstand, dem – soweit er nicht bereits durch eine **frühzeitige Einstellung** eingedämmt werden kann (vgl. *Altenburg* BB 2015, 323 (327)) – auch bei der Strafzumessung Rechung zu tragen ist.

Für die Strafzumessung ist die **Höhe des Nachteils** von erheblicher Bedeutung. Auch deshalb bedarf **280** die Bestimmung des Schuldumfangs **gesicherter Feststellungen** zur Schadenshöhe (vgl. Fischer Rn. 188). Dies gilt sowohl für den Gefährdungsschaden als auch für den „Endschaden". Zur Ermittlung und Bezifferung des Nachteils → Rn. 175d ff.

III. Strafrahmenverschiebungen

1. Teilnehmer. Teilnehmern fehlt es an der Vermögensbetreuungspflicht (→ Rn. 20). Die Strafe des **281** **Anstifters** ist daher gem. **§ 28 Abs. 1** (zur Anwendbarkeit → Rn. 257c) obligatorisch nach § 49 Abs. 1 zu mildern. Bei der Strafe des **Gehilfen** ist grds. eine **doppelte Strafmilderung** nach **§ 28 Abs. 1** und **§ 27 Abs. 2 S. 2** durchzuführen. Allerdings ist nach hM nur eine **einfache Strafmilderung** vorzunehmen, wenn der Sache nach Mittäterschaft vorliegt, dh die Gehilfenstellung allein aus dem Fehlen der Vermögensbetreuungspflicht resultiert (BGHSt 26, 53 (55); BGH wistra 1985, 190 f.; 1988, 303; 1994, 139; 2005, 260 f.; BGH NStZ-RR 2006, 109; 2009, 102; BGH NStZ 2012, 316 (317) mAnm *Hadamitzky/Richter* NZWiSt 2014, 144; KG NJOZ 2013, 1748 (1750); AnwK-StGB/*Esser* Rn. 236; AWHH/*Heinrich* StrafR BT § 22 Rn. 84; Fischer Rn. 186; LK-StGB/*Schünemann* Rn. 203; SK-StGB/ *Hoyer* Rn. 123; aA Achenbach/Ransiek/Rönnau WirtschaftsStR-HdB/*Seier* Teil 5 Kap. 2 Rn. 65; Schönke/Schröder/*Perron* Rn. 52). Damit wird dem unterschiedlichen Unrechts- und Schuldgehalt der Beteiligung Rechnung getragen.

2. Unterlassen. Bei Begehung der Untreue durch **Unterlassen** ist nach hM eine Strafmilderung **282** nach **§ 13 Abs. 2** möglich (BGHSt 36, 227 (228 f.); BGH NStZ-RR 1997, 357; BGH NJW 2015, 1190; OLG Hamm wistra 2002, 475 (477); LG Krefeld NZM 2000, 200; Achenbach/Ransiek/Rönnau WirtschaftsStR-HdB/*Seier* Teil 5 Kap. 2 Rn. 80; AWHH/*Heinrich* StrafR BT § 22 Rn. 41; Fischer Rn. 32, 55, 188; LK-StGB/*Schünemann* Rn. 202; Matt/Renzikowski/*Matt* Rn. 53; Momsen/Grützner WirtschaftsStR/*Schramm* Kap. 5 Teil B Rn. 159; MüKoStGB/*Dierlamm* Rn. 142; NK-StGB/*Kindhäuser* Rn. 28; aA Eisele StrafR BT II Rn. 884; *Güntge* wistra 1996, 84 (86); Lackner/Kühl/*Kühl* Rn. 2; Rengier StrafR BT I § 18 Rn. 38; Schönke/Schröder/*Perron* Rn. 35, 53; SK-StGB/*Hoyer* Rn. 123; SSW StGB/*Saliger* Rn. 33; *Timpe* JR 1990, 428 f.; Wessels/Hillenkamp StrafR BT II Rn. 765), obwohl kein unechtes Unterlassungsdelikt vorliegt (→ Rn. 11), der Tatbestand sowohl die Verletzung der Vermögensbetreuungspflicht durch Tun als auch durch Unterlassen unmittelbar erfasst und gleich behandelt. Denn der § 13 Abs. 2 zugrunde liegende Grundgedanke, dass ein Unterlassen uU weniger schwer wiegt als ein Tun, kann auch auf eine Untreuetat zutreffen. § 13 Abs. 2 kann hierbei entweder als Vergünstigung für alle Unterlassensfälle begriffen werden (so BGHSt 36, 227 (228 f.); BGH NStZ-RR 1997, 357) oder analoge Anwendung finden (so LK-StGB/*Schünemann* Rn. 202). Eine Strafmilderung wird aber idR daran scheitern, dass es an einer Schulddifferenz zwischen Tun und Unterlassen fehlt (Fischer Rn. 188; Lackner/Kühl/*Kühl* Rn. 2).

283   **3. Täter-Opfer-Ausgleich und Schadenswiedergutmachung.** Liegen Anhaltspunkte dafür vor, dass an den Geschädigten nach der Tat **Schadensersatzleistungen** erbracht wurden, hat der Tatrichter zu prüfen und in den Urteilsgründen zu erörtern, ob die Voraussetzungen des **§ 46a** vorliegen (Bay-ObLG NJW 1995, 2120) und damit eine fakultative Strafmilderung nach § 49 Abs. 1 in Betracht kommt. Bei lediglich erstrebter, aber noch nicht überwiegend geleisteter Wiedergutmachung soll die Vergünstigung jedoch nur in Ausnahmefällen eingeräumt werden, etwa wenn der Geschädigte eine erforderliche Mitwirkung verweigert oder durch relativ geringes Verschulden ein hoher Schaden verursacht wurde (BayObLG NJW 1995, 2120 unter Hinweis auf BT-Drs. 12/6853, 21).

K. Weitere Rechtsfolgen

I. Verfall

284   **Erlangt** aus einer Untreuetat sind alle Vermögenswerte, die dem Täter (oder Teilnehmer) unmittelbar aus der Verwirklichung des Tatbestandes in irgendeiner Phase des Tatablaufs zufließen (BGH ZInsO 2016, 916). Allerdings ist die Anordnung des Verfalls **ausgeschlossen,** wenn der Verletzte iSd § 73 Abs. 1 S. 2 **Ansprüche** gegen den Täter hat. Auch der Fiskus kann idS Verletzter sein (BGH NStZ-RR 2015, 171). Im Rahmen der nach § 111i Abs. 2 StPO zu treffenden Entscheidung hat der Tatrichter gleichfalls die **Härtevorschrift** des § 73c Abs. 1 zu beachten (BGH wistra 2013, 386; 2016, 152)

II. Berufsverbot

285   Bei der Entscheidung, ob ein Berufsverbot (§ 70) zu verhängen ist, steht dem Tatrichter angesichts des schwerwiegenden Eingriffs, der mit dieser Maßregel verbunden ist, ein **weiter Ermessensspielraum** zur Verfügung (BGH wistra 2007, 343 (344): Berufsverbot gegen Rechtsanwalt). Wurden alle maßgeblichen Umstände (einschließlich Vorstrafen) gewürdigt, kann das Tatgericht rechtsfehlerfrei von der Verhängung absehen (BGH wistra 2007, 343 (344)). Im Hinblick auf die einschneidenden Folgen eines Berufsverbots ist dies in der Praxis häufig der Fall (Matt/Renzikowski/*Matt* Rn. 168).

III. Inhabilität

286   Jede Verurteilung nach § 266 führt dazu, dass der Verurteilte für die Dauer von fünf Jahren seit Rechtskraft des Urteils vom **Amt eines GmbH-Geschäftsführers** und **AG-Vorstands** automatisch **ausgeschlossen** ist (§ 6 Abs. 2 S. 2 Hs. 1 Nr. 3 lit. e GmbHG, § 76 Abs. 3 S. 2 Hs. 1 Nr. 3 lit. e AktG). Nicht eingerechnet wird dabei die Zeit, in der der Verurteilte in einer Anstalt verwahrt worden ist (§ 6 Abs. 2 S. 2 Hs. 2 GmbHG, § 76 Abs. 3 S. 2 Hs. 2 AktG). Dieser Ausschluss gilt entsprechend bei einer Verurteilung im Ausland wegen einer vergleichbaren Tat (§ 6 Abs. 2 S. 3 GmbHG, § 76 Abs. 3 S. 3 AktG).

IV. Zivil- und Arbeitsrecht

287   § 266 ist **Schutzgesetz** iSd **§ 823 Abs. 2 BGB** (vgl. nur BGH(Z) NJW 2010, 2948; *Dannecker* NZG 2000, 243), so dass durch den Vermögensinhaber (LG Wiesbaden AG 2015, 833) gegen den Täter **Schadensersatzansprüche** aus deliktischer Haftung geltend gemacht werden können. Der Anspruchsteller hat hierbei nach allg. Grundsätzen alle Umstände darzulegen und zu beweisen, aus denen sich die Verwirklichung der Tatbestandsmerkmale des § 266 ergibt (BGH(Z) BecksRS 2013, 12877; BGH NJW-RR 2015, 1279). Zudem können Ansprüche nach **weiteren Anspruchsgrundlagen** (zB § 31 BGB; § 831 BGB; § 93 Abs. 2 AktG; § 43 Abs. 2 GmbHG, vgl. OLG Koblenz(Z) NZG 2015, 272; AnwK-StGB/*Esser* Rn. 259b; Matt/Renzikowski/*Matt* Rn. 169) bestehen. Denkbar ist auch, dass Zahlungspflichten aus einer vereinbarten **Vertragsstrafe** oder **Betriebsbuße** resultieren (AnwK-StGB/*Esser* Rn. 259c). Arbeitsrechtlich kann die Untreue eine **Tatkündigung** (falls die Tat nach Überzeugung des Arbeitgebers bewiesen ist) bzw. eine bloße **Verdachtskündigung** (falls die Tat noch nicht erwiesen ist) begründen (BAG NZA 2013, 665).

V. Disziplinar-, Standes- und Berufsrecht

288   Eine Verurteilung aus § 266 kann bei **Beamten,** aber zB auch bei **Vertragsärzten,** disziplinar- und berufsrechtliche Folgen (zB Disziplinarverfahren; Ruhen der Kassenzulassung) sowie für Personen mit **berufsständisch** organisierten Berufen (zB Ärzte; Rechtsanwälte; Notare; Steuerberater; Wirtschafts-

prüfer) standesrechtliche Folgen haben (AnwK-StGB/*Esser* Rn. 338; Matt/Renzikowski/*Matt* Rn. 169 ff.). Gegen einen **Rechtsanwalt,** der Mandantengelder zweckwidrig verwendet hat, können anwaltsgerichtliche Maßnahmen zu verhängen sein; eine Untreue ist in besonderem Maße geeignet, Achtung und Vertrauen der Rechtsuchenden zu beeinträchtigen (AnwGH NRW BeckRS 2016, 12511).

VI. Waffenbesitzkarte und Jagdschein

Die rechtskräftige Verurteilung wegen Untreue kann zum Widerruf der Waffenbesitzkarte und der **289** Ungültigerklärung nebst Einziehung des Jagdscheins führen, da nach der Regelvermutung des § 5 Abs. 2 Nr. 1 lit. a WaffG der Verurteilte als idR waffenrechtlich unzuverlässig und daher auch nach § 17 Abs. 1 S. 2 BJagdG als jagdrechtlich unzuverlässig gilt, wenn er wegen einer vorsätzlichen Straftat zu einer **Freiheitsstrafe oder Geldstrafe von mindestens 60 Tagessätzen** verurteilt wurde (vgl. zur Verurteilung wegen verbotenen Insiderhandels zu 90 Tagessätzen VGH München BeckRS 2012, 51988).

VII. Verbandsgeldbuße

Gegen eine juristische Person oder Personenvereinigung kann eine Verbandsgeldbuße nach § 30 **290** **OWiG** festgesetzt werden, wenn eine ihrer Leitungspersonen (iE § 30 Abs. 1 Nr. 1–5 OWiG) eine **Untreue** begangen hat und der Verband durch die Tat **bereichert** worden ist oder werden sollte (vgl. § 30 Abs. 1 Alt. 2 OWiG). Voraussetzung ist aber, dass eine **externe Schädigung** vorliegt (→ Rn. 21 ff.), da die Schädigung des eigenen Verbands (interne Schädigung) keine Verbandsgeldbuße begründen kann (vgl. *Peukert*/*Altenburg* BB 2015, 2822 (2827)). Auch kann in Betrieben und Unternehmen eine Geldbuße nach § 130 OWiG wegen **Verletzung der Aufsichtspflicht** gegen den Inhaber bzw. eine ihm durch § 9 OWiG gleichgestellte Person (zum Adressatenkreis KK-OWiG/*Rogall* OWiG § 130 Rn. 22 ff.) verhängt werden, wenn eine nachgeordnete Person eine Untreue begangen hat, die durch gehörige Aufsicht verhindert oder wesentlich erschwert worden wäre (vgl. § 130 Abs. 1 S. 1 OWiG). Hat die **Leitungsperson** einer juristischen Person bzw. Personenvereinigung eine Aufsichtspflichtverletzung begangen, kann in Fällen der externen Schädigung – zusätzlich eine **Verbandsgeldbuße** festgesetzt werden (zur Nichtberücksichtigung von Verbandsgeldbußen bei der Bestimmung des Nachteils iSd § 266 → Rn. 175c).

VIII. Korruptionsregister

In den Bundesländern, die bereits ein Korruptionsregister eingeführt haben, kann eine Untreue eine **291** **Vergabesperre** und damit den **Ausschluss von öffentlichen Aufträgen** zur Folge haben. So sieht § 5 Abs. 1 Nr. 1 KorruptionsbG NRW die Eintragung einer „Verfehlung" vor, die in der Begehung einer Straftat nach § 266 iRd unternehmerischen Betätigung bestehen kann, sofern diese „von Bedeutung, insbes. in Bezug auf die Art und Weise der Begehung oder den Umfang des materiellen oder immateriellen Schadens" ist. Die Eintragung erfolgt nach § 5 Abs. 2 S. 1 Nr. 6 KorruptionsbG NRW sogar bereits für die **Dauer der Durchführung eines Straf- oder Bußgeldverfahrens,** „wenn im Einzelfall angesichts der Beweislage bei der meldenden Stelle kein vernünftiger Zweifel an einer schwerwiegenden Verfehlung besteht, und die Ermittlungs- bzw. die für das Bußgeldverfahren zuständige Verwaltungsbehörde den Ermittlungszweck nicht gefährdet sieht".

L. Verjährung

Die Frist der **Verfolgungsverjährung** beträgt **5 Jahre** (vgl. § 78 Abs. 3 Nr. 4). Dies gilt auch in den **292** besonders schweren Fällen des § 266 Abs. 2 iVm § 263 Abs. 3 (vgl. § 78 Abs. 4). Sie beginnt, sobald die Tat beendet ist, dh mit Eintritt des endgültigen Vermögensnachteils (→ Rn. 248), ruht, solange nach dem Gesetz die Verfolgung nicht begonnen oder nicht fortgesetzt werden kann (§ 78b Abs. 1 Nr. 2) und wird durch die im Katalog des § 78c Abs. 1 aufgeführten Verfahrenshandlungen unterbrochen. Die Frist der **absoluten** Verfolgungsverjährung beträgt **10 Jahre** (vgl. § 78c Abs. 3 2).

Die Frist der **Vollstreckungsverjährung** richtet sich nach der jeweils rechtskräftig verhängten Strafe **293** und kann somit **3, 5 oder 10** und in besonders schweren Fällen (§ 266 Abs. 2 iVm § 263 Abs. 3) sogar **20 Jahre** betragen (vgl. § 79 Abs. 3 Nr. 2–5). Sie beginnt mit Rechtskraft (§ 79 Abs. 6) und ruht, solange nach dem Gesetz die Vollstreckung nicht begonnen oder fortgesetzt werden kann, oder Aufschub, Unterbrechung, Aussetzung zur Bewährung bzw. Zahlungserleichterung bewilligt ist (§ 79a Nr. 1–3).

§ 266a Vorenthalten und Veruntreuen von Arbeitsentgelt

(1) Wer als Arbeitgeber der Einzugsstelle Beiträge des Arbeitnehmers zur Sozialversicherung einschließlich der Arbeitsförderung, unabhängig davon, ob Arbeitsentgelt gezahlt wird, vorenthält, wird mit Freiheitsstrafe bis zu fünf Jahren oder mit Geldstrafe bestraft.

(2) Ebenso wird bestraft, wer als Arbeitgeber

1. der für den Einzug der Beiträge zuständigen Stelle über sozialversicherungsrechtlich erhebliche Tatsachen unrichtige oder unvollständige Angaben macht oder
2. die für den Einzug der Beiträge zuständige Stelle pflichtwidrig über sozialversicherungsrechtlich erhebliche Tatsachen in Unkenntnis lässt

und dadurch dieser Stelle vom Arbeitgeber zu tragende Beiträge zur Sozialversicherung einschließlich der Arbeitsförderung, unabhängig davon, ob Arbeitsentgelt gezahlt wird, vorenthält.

(3) ¹Wer als Arbeitgeber sonst Teile des Arbeitsentgelts, die er für den Arbeitnehmer an einen anderen zu zahlen hat, dem Arbeitnehmer einbehält, sie jedoch an den anderen nicht zahlt und es unterlässt, den Arbeitnehmer spätestens im Zeitpunkt der Fälligkeit oder unverzüglich danach über das Unterlassen der Zahlung an den anderen zu unterrichten, wird mit Freiheitsstrafe bis zu fünf Jahren oder mit Geldstrafe bestraft. ²Satz 1 gilt nicht für Teile des Arbeitsentgelts, die als Lohnsteuer einbehalten werden.

(4) ¹In besonders schweren Fällen der Absätze 1 und 2 ist die Strafe Freiheitsstrafe von sechs Monaten bis zu zehn Jahren. ²Ein besonders schwerer Fall liegt in der Regel vor, wenn der Täter

1. aus grobem Eigennutz in großem Ausmaß Beiträge vorenthält,
2. unter Verwendung nachgemachter oder verfälschter Belege fortgesetzt Beiträge vorenthält oder
3. die Mithilfe eines Amtsträgers ausnutzt, der seine Befugnisse oder seine Stellung missbraucht.

(5) Dem Arbeitgeber stehen der Auftraggeber eines Heimarbeiters, Hausgewerbetreibenden oder einer Person, die im Sinne des Heimarbeitsgesetzes diesen gleichgestellt ist, sowie der Zwischenmeister gleich.

(6) ¹In den Fällen der Absätze 1 und 2 kann das Gericht von einer Bestrafung nach dieser Vorschrift absehen, wenn der Arbeitgeber spätestens im Zeitpunkt der Fälligkeit oder unverzüglich danach der Einzugsstelle schriftlich

1. die Höhe der vorenthaltenen Beiträge mitteilt und
2. darlegt, warum die fristgemäße Zahlung nicht möglich ist, obwohl er sich darum ernsthaft bemüht hat.

²Liegen die Voraussetzungen des Satzes 1 vor und werden die Beiträge dann nachträglich innerhalb der von der Einzugsstelle bestimmten angemessenen Frist entrichtet, wird der Täter insoweit nicht bestraft. ³In den Fällen des Absatzes 3 gelten die Sätze 1 und 2 entsprechend.

Übersicht

A. Allgemeines

I. Entstehungsgeschichte

§ 266a ist durch das **2. WiKG v. 15.5.1986** (Art. 1 Nr. 11; BGBl. I 721; vgl. BR-Drs. 150/83; BT- **1** Drs. 10/318, 12 (25 f.); 10/5058, 31) an die Stelle der früheren §§ 529 Abs. 1, 1428 Abs. 1 RVO, § 225 Abs. 1 AFG, § 150 Abs. 1 AngVersG und § 234 RKnappschaftsG getreten, die das Vorenthalten von Beiträgen für ihren jeweiligen sozialversicherungsrechtlichen Anwendungsbereich getrennt unter Strafe gestellt hatten, und hat die vereinzelten Strafbestimmungen in einer einheitlichen Vorschrift im Kernstrafrecht zusammengefasst (vgl. LK-StGB/*Möhrenschlager* Vor § 266a „Entstehungsgeschichte"; NK-StGB/*Tag* Rn. 3 ff.; *Martens* wistra 1985, 51). Die Vorschrift ist seitdem in wesentlichen Teilen mehrfach neu gefasst worden. Mit Wirkung zum 1.8.2002 wurde durch Art. 8 des **Gesetzes zur Erleichterung der Bekämpfung von illegaler Beschäftigung und Schwarzarbeit** v. 23.7.2002 (BGBl. I 2787; BT-Drs. 14/8221, 8 f., 18; 14/8625; 14/9630; BR-Drs. 253/02, 606/02) Abs. 1 klarstellend geändert, indem die gesonderte Erwähnung von Beiträgen zur Bundesanstalt für Arbeit entfiel (nunmehr insgesamt „Arbeitsförderung") und die Strafbarkeit isolierter Nichtabführung von Beträgen unabhängig von der Lohnzahlung aufgenommen wurde. Zugleich wurden in dem neu eingefügten Abs. 4 in Anlehnung an § 370 AO besonders schwere Fälle in Regelbeispieltechnik eingeführt. Die vormaligen Abs. 4 und 5 wurden zu Abs. 5 und 6. Durch Art. 2 des **Gesetzes zur Intensivierung der Bekämpfung der Schwarzarbeit** und Steuerhinterziehung v. 23.7.2004 (BGBl. I 1842; BT-Drs. 15/2573, 9 f. (28 f.); 15/2948, 15/3077, 18 f.; 15/3079, 10), **in Kraft getreten am 1.8.2004,** sind die Abs. 2 und 3 neu gefasst worden. In Abs. 2 wurde erstmals – wenngleich unter engeren Voraussetzungen als für den Fall der Nichtabführung von Anteilen des ArbN – das **Vorenthalten von Beiträgen des ArbG** zur Sozialversicherung unter Strafe gestellt (vgl. *Laitenberger* NJW 2004, 2703; *Rönnau/ Kirch-Heim* wistra 2005, 321). Eine Strafbarkeit bestand zuvor nur in den Fällen eines Beitragsbetrugs nach § 263, der indes eine konkrete Fehlvorstellung der Einzugsstelle voraussetzte und bei einem fehlenden Kontakt zwischen ArbG und Einzugsstelle idR nicht in Betracht kam (vgl. Müller-Gugenberger WirtschaftsStR/*Thul* § 38 Rn. 183; **zur Behandlung von Alt- und Übergangsfällen** unter Beachtung von § 2 Abs. 3 vgl. BGH NStZ 2012, 510 (511); BGH wistra 2010, 408; BGH NStZ 2007, 527; BGH wistra 1992, 141; BGH BeckRS 2010, 23785 Rn. 29 ff. (insoweit in BGH NStZ-RR 2010, 376 nicht abgedr.); eingehend Schönke/Schröder/*Perron* Rn. 1). Durch die Neuregelung erhielt § 266a als Sonderregelung neben § 263 eigenständige Bedeutung und schloss Strafbarkeitslücken (vgl. BT-Drs. 15/2573, 28; Erbs/Kohlhaas/*Ambs* Rn. 2). Die Strafbarkeit nach dem bisherigen Abs. 3, welcher die Vorenthaltung von Beiträgen zur Sozialversicherung und der Arbeitsförderung seitens der Mitglieder einer Ersatzkasse betraf und dem ein nur geringer Anwendungsbereich zukam (Laitenberger NJW 2004, 2703 (2704)), wurde aufgehoben; der bisherige Abs. 2 wurde in redaktionell neu gefasster Form zu Abs. 3. Abs. 4 wurde durch eine Bezugnahme auf Abs. 2 erweitert. Neu eingefügt wurden das fakultative Absehen von Strafe im Falle einer „Selbstanzeige" und die obligatorische Straffreiheit bei fristgerechter Nachentrichtung in Abs. 6. Angepasst wurden ferner § 10 Abs. 3 AÜG und § 28e Abs. 3 und 4 SGB IV.

II. Systematik und Rechtsgut

2   § 266a stellt als **Sonderdelikt** Verhaltensweisen eines ArbG unter Strafe, durch die bestimmte Teile des Arbeitsentgeltes an hierfür zuständige Stellen nicht rechtzeitig abgeführt werden (zu den wirtschaftlichen Hintergründen vgl. Müller-Gugenberger WirtschaftsStR/*Thul* § 38 Rn. 5 ff.). Die Vorschrift enthält **drei Tatbestände:** Nach **Abs. 1** ist strafbar das Vorenthalten von **Beitragsteilen des ArbN** durch den ArbG oder einer nach Abs. 5 gleichgestellten Person, auch auf Zeit (Erbs/Kohlhaas/ *Ambs* Rn. 4). Die Tat bildet nach überwiegender Auffassung ein echtes Unterlassungsdelikt (BGHSt 51, 124 (133); 47, 318 (320) = BGH NJW 2002, 2480 (2481); BGH NStZ 2002, 547 mAnm *Radtke* NStZ 2003, 154; OLG Düsseldorf StV 2009, 193; OLG Celle NStZ 1998, 303; Fischer Rn. 14; MüKoStGB/ *Radtke* Rn. 7; SK-StGB/*Hoyer* Rn. 3); zutreffenderweise trägt sie zumindest Elemente eines Erfolgsdeliktes in sich (LK-StGB/*Gribbohm*, StGB, 11. Aufl., Rn. 63; *Rönnau/Kirch-Heim* wistra 2005, 321 (323)). Ihr kann auch ein positives Tun – etwa die Vorlage unzutreffender Nachweise – zugrunde liegen (LK-StGB/*Möhrenschlager* Rn. 3), wenngleich der Schwerpunkt des vorwerfbaren Verhaltens in der Untätigkeit des ArbG im Fälligkeitszeitpunkt liegt. Dem Tatbestand zugrunde liegt eine Sonderbeziehung zwischen ArbG und ArbN einerseits und ArbG und Sozialversicherung andererseits, das ihn in die Nähe der Untreue rückt. **Abs. 2** betrifft die Nichtabführung der **Beitragsteile des ArbG** durch diesen oder eine gleichgestellte Person (Abs. 5). Da es sich hierbei um die Nichterfüllung einer originären Eigenschuld des ArbG mit geringerem Unrechts- und Schuldgehalt handelt, ist die Strafbarkeit nicht allein an die Vorenthaltung, sondern an ein zusätzliches Verhalten geknüpft: Abs. 2 Nr. 1 stellt unrichtige oder unvollständige Angaben des ArbG unter Strafe, ist damit betrugsähnlich ausgestaltet und bildet ein Begehungsdelikt (vgl. BGH NJW 2011, 3047; **aA** MüKoStGB/*Radtke* Rn. 7); Abs. 2 Nr. 2 knüpft als untreueähnliches echtes Unterlassungsdelikt an das pflichtwidrige Verschweigen sozialversicherungsrechtlich erheblicher Tatsachen an (BGH NJW 2011, 3047; Fischer Rn. 21b; MüKoStGB/*Radtke* Rn. 7; SSW StGB/*Saliger* Rn. 3). **Abs. 3** regelt als erneut echtes Unterlassungsdelikt den Sonderfall einer Nichtabführung **treuhänderisch einbehaltener Teile des Arbeitsentgelts** seitens des ArbG oder einer gleichgestellten Person (Abs. 5) an Dritte (zB vermögenswirksame Leistungen, Lohnpfändungen) und bestraft ein untreueähnliches Unrecht im Verhältnis des ArbG zum ArbN. **Abs. 4** enthält Strafschärfungsgründe in Regelbeispielstechnik, **Abs. 6** die Voraussetzungen für ein Absehen von Strafe und einen persönlichen Strafausschließungsgrund.

3   **Tatobjekt** von § 266a Abs. 1 und Abs. 2 sind die Beiträge des ArbN und ArbG zur Sozialversicherung – Kranken-, Pflege- und Rentenversicherung sowie der Arbeitslosenversicherung, nunmehr Arbeitsförderung –, wie sie nach den ausfüllenden sozialrechtlichen Regelungen (vgl. §§ 28d ff. SGB IV) geschuldet sind; die Vorschrift ist insoweit **sozialrechtsakzessorisch ausgestaltet** (BGHSt 53, 71 (77)) und hat vergleichbar mit § 370 AO Blankettcharakter. Schutzgut ist dementsprechend das **Interesse der Solidargemeinschaft an der Sicherstellung des Aufkommens der Mittel für die Sozialversicherung** (BVerfG NJW 2003, 961; BGH NStZ 2006, 227 (228); BGH wistra 2005, 458 (459); BGH NJW 2000, 2993 (2994); Schönke/Schröder/*Perron* Rn. 2; SSW StGB/*Saliger* Rn. 2; Müller-Gugenberger WirtschaftsStR/*Thul* § 38 Rn. 11; *Martens* wistra 1986, 154 (155); vgl. auch BT-Drs. 10/5058, 31; 15/2573, 28; **aA** SK-StGB/*Hoyer* Rn. 4: geschützt sei das Vermögen der Sozialversicherungsträger als rechtsfähiger Körperschaften; so auch MüKoStGB/*Radtke* Rn. 4: Sozialversicherungsträger als Träger des Rechtsgutes), damit zugleich die Funktionsfähigkeit der Sozialversicherung. Die Inpflichtnahme der ArbG zur Funktion der Sozialsysteme soll strafrechtlich verstärkt, Schwarzarbeit effektiv bekämpft werden (BT-Drs. 10/318, 12; 15/2573, 17 f.). Das **Vermögen des ArbN** wird von Abs. 1 nicht geschützt (OLG Köln NStZ-RR 2003, 212 (213); Schönke/Schröder/*Perron* Rn. 2; MüKoStGB/*Radtke* Rn. 4; SK-StGB/*Hoyer* Rn. 6 f.; SSW StGB/*Saliger* Rn. 2; **aA** BSGE 78, 24; LK-StGB/*Gribbohm*, StGB, 11. Aufl., Rn. 5; NK-StGB/*Tag* Rn. 8 ff.; diff. LK-StGB/*Möhrenschlager* Rn. 8 ff.), denn der ArbN erleidet durch die Nichtabführung der Beiträge in seinem Versicherungsschutz keinen Nachteil (SK-StGB/*Hoyer* Rn. 7; MüKoStGB/*Radtke* Rn. 4; anders LK-StGB/*Möhrenschlager* Rn. 10 unter Hinweis auf § 55 Abs. 1 § 203 SGB VI: Schädigung im Einzelfall möglich) und ist nach § 28g S. 2 SGB IV durch den Lohnabzug gegenüber dem ArbG frei geworden. Es besteht auch kein Treuhandverhältnis des ArbG gegenüber seinem ArbN im Hinblick auf die Arbeitnehmerbeiträge (BGHSt 47, 318 (319) = BGH NJW 2002, 2480 f.). Der ArbN ist daher auch **nicht Verletzter iSv § 172 StPO** (vgl. OLG Köln NStZ-RR 2003, 212 (213); Fischer Rn. 2). Hinsichtlich benachteiligter Mitbewerber des ArbG (vgl. BT-Drs. 10/318, 12 (25)) entfaltet § 266a nur Schutzreflexe (Schönke/ Schröder/*Perron* Rn. 2; SSW StGB/*Saliger* Rn. 2). Anderes gilt **für § 266a Abs. 3:** Da die Vorschrift keine Sozialversicherungsbeiträge betrifft, sondern im alleinigen Interesse des ArbN weiterzuleitende Lohnbestandteile, die Unterrichtung des ArbN zudem tatbestandsausschließend wirkt, ist hier alleinig das Vermögen des ArbN geschützt (OLG Celle NJW 1992, 190; LK-StGB/*Möhrenschlager* Rn. 11; SK-StGB/*Hoyer* Rn. 12; eingehend Schönke/Schröder/*Perron* Rn. 2).

4   § 266a ist **Schutzgesetz iSv § 823 Abs. 2 BGB** für den Sozialversicherungsträger (zB BGHZ 133, 374; 134, 304; BGH NJW 1998, 1306), für den ArbN nur im Fall des Abs. 3 (vgl. OLG Hamm NJW-RR 1999, 915; **aA** NK-StGB/*Tag* Rn. 8, 16). Die Vorschrift ist daher auch von hoher praktischer

Bedeutung für Schadensersatzklagen der Sozialversicherungsträger gegen Leitungsverantwortliche von Kapitalgesellschaften nach deren Insolvenz; eine Vielzahl der zu § 266a ergangenen Entscheidungen stammt aus diesem Grunde von Zivilgerichten. Im Rahmen der strafrechtlichen Inzidentprüfung ist dabei zT ein weites, zivilrechtlichen Fahrlässigkeitsbegriffen angenähertes Verständnis des Vorsatz- und Schulderfordernisses zu beobachten.

Im **Gemeinschaftsrecht** sind § 266a und das zugrunde liegende nationale Sozialrecht überlagert 5 durch die VO (EWG) Nr. 1408/71 („WanderarbeitnehmerVO") und die zugehörige Durchführungs-VO (EWG) Nr. 574/72 (→ Rn. 24). Ob § 266a insoweit auch das gesamteuropäische Beitragsaufkommen schützt, hat der BGH offen gelassen (BGHSt 51, 125 (135) = BGH NJW 2007, 233 (236)); es dürfte angesichts der Eigenständigkeit des nationalen Sozialversicherungsrechts der Mitgliedstaaten aber zu verneinen sein (LK-StGB/*Möhrenschlager* Rn. 8; *Radtke* GmbHR 2009, 915 (918); aA *Hauck* NStZ 2007, 221). In transnationalen Fallgestaltungen zu Ländern außerhalb der EU sind Assoziationsabkommen und bilaterale Sozialversicherungsabkommen zu beachten (→ Rn. 25).

III. Nebengesetzliche Straf- und Bußgeldvorschriften

§ 266a trifft häufig zusammen mit der Verwirklichung von Tatbeständen aus nebenstrafrechtlichen 6 Bestimmungen, die **Verhaltensweisen auf dem Gebiet des Grauen und Schwarzen Arbeitsmarktes** sanktionieren (eingehend Müller-Gugenberger WirtschaftsStR/*Henzler* §§ 36, 37). Straf- und Bußgeldbestimmungen sind insbes. in folgenden Regelungen enthalten:

– **§ 111 SGB IV** behandelt Verstöße gegen Mitteilung-, Melde-, Aufbewahrungs- und andere Mit- 7 wirkungspflichten als Ordnungswidrigkeiten. Für Fälle geringfügiger Beschäftigung im Haushalt (§ 8a SGB IV) ist eine Anwendung von § 266a ausdrücklich ausgeschlossen (§ 111 Abs. 1 S. 1 Nr. 2a, S. 2 SGB IV iVm § 28a Abs. 7 SGB IV). Für die gesetzliche Unfallversicherung sieht **§ 209 SGB VII** Bußgeldtatbestände vor und nimmt gleichfalls den Verstoß gegen Meldepflichten im Falle geringfügiger Beschäftigung im Haushalt aus dem Anwendungsbereich von § 266a aus (§ 209 Abs. 1 S. 1 Nr. 5, S. 2 SGB VII). Bußgeldtatbestände unterschiedlichen Gegenstandes auf dem Gebiet der Arbeitsförderung enthält **§ 404 SGB III**. Für ordnungswidrig erklärt sind ua eine Beauftragung zwischen Unternehmern mit Dienst- und Werkleistungen, die durch illegal beschäftigte Ausländer ausgeführt werden (§ 404 Abs. 1 SGB III), ferner die eigene Beschäftigung von Ausländern ohne Arbeitsberechtigung (§ 404 Abs. 2 Nr. 2 und 3 SGB III).
– Nach § 9 des Gesetzes zur Bekämpfung der Schwarzarbeit und illegaler Beschäftigung (**Schwarz-ArbG**) v. 23.6.2004 (BGBl. I 1842) ist der unberechtigte Sozialleistungsbezug im Zusammenhang mit der Erbringung von Dienst- und Werkleistungen strafbar, soweit er mit Schwarzarbeit einhergeht. Bei Beschäftigung illegaler ausländischer Arbeitskräfte können die §§ 10, 11 SchwarzArbG einschlägig sein. Der Verstoß des Auftraggebers gegen Melde- und Mitwirkungspflichten und die Beauftragung von Dienst- und Werkleistungen durch Schwarzarbeiter bildet nach § 8 SchwarzArbG einen Bußgeldtatbestand.
– Die §§ 15, 15a des Gesetzes zur Regelung der gewerbsmäßigen Arbeitnehmerüberlassung (**AÜG**) v. 3.2.1995 (BGBl. I 158) enthalten Straftatbestände für die Beschäftigung oder Überlassung ausländischer Leiharbeitnehmer. Gegenstand von Ordnungswidrigkeiten nach § 16 AÜG bilden Verstöße gegen Erlaubnis- und Mitwirkungspflichten im Rahmen der Arbeitnehmerüberlassung.
– § 23 des Gesetzes über zwingende Arbeitsbedingungen für grenzüberschreitend entsandte und für regelmäßig im Inland beschäftigte Arbeitnehmer und Arbeitnehmerinnen (**AEntG**) v. 20.4.2009 (BGBl. I 799) enthält Bußgeldandrohungen ua für den Fall der Zuwiderhandlung gegen tarifvertragliche Bestimmungen.
– Das seit 16.8.2014 geltende **MiLoG** sieht in § 21 Bußgeldvorschriften vor.
– Die **§§ 95, 98 AufenthG** sehen Straf- und Bußgeldandrohungen für die Tätigkeit oder Beschäftigung von Ausländern ohne Aufenthaltstitel vor.
– Bußgeldtatbestände enthalten ferner § 117 HwO und die §§ 144 ff. GewO.

B. Täter

Täter kann in allen Tatbestandsalternativen des § 266a nur derjenige sein, der die Zahlung der 8 bezeichneten Beiträge und Leistungen schuldet, mithin **nur der Arbeitgeber** oder eine ihm nach Abs. 5 gleichgestellte Person, sowie deren Vertreter gem. § 14. § 266a ist damit ein **Sonderdelikt** (Fischer Rn. 3; Erbs/Kohlhaas/*Ambs* Rn. 5; MüKoStGB/*Radtke* Rn. 8, 11; Müller-Gugenberger WirtschaftsStR/*Thul* § 38 Rn. 14, 29). Die Eigenschaft als Arbeitgeber ist **besonderes persönliches Merkmal iSd § 28 Abs. 1** (BGH NJW 2011, 2526; BGH wistra 2011, 344; vgl. für § 529 RVO aF BGH wistra 1984, 67; LK-StGB/*Möhrenschlager* Rn. 82; Fischer Rn. 3; aA Schönke/Schröder/*Perron* Rn. 20; Lackner/Kühl/*Heger* Rn. 2). Ein Beteiligter, der nicht selbst die Leistungen schuldet oder für einen Leistungsschuldner handelt, kann nur Teilnehmer sein; dies gilt insbes. für den ArbN. Da § 266a Abs. 1 ein Schutzgesetz iSv **§ 823 Abs. 2 BGB** zugunsten der Sozialversicherungen darstellt (BGHZ

134, 304; BGH NJW 2005, 2546), haftet der Täter dem Sozialversicherungsträger auch zivilrechtlich auf Schadensersatz.

I. Arbeitgeber

9   **1. Begriff.** Die Arbeitgebereigenschaft **bestimmt sich grds. sozialversicherungsrechtlich** (BGH NStZ 2015, 648; 2014, 321; 2013, 587; Müller-Gugenberger WirtschaftsStR/*Thul* § 38 Rn. 27; Fischer Rn. 4); maßgeblich ist die Verpflichtung zur Abführung von Beitragsteilen zur Sozialversicherung nach § 28e SGB IV. Der Wortlaut von § 266a („Arbeitnehmer", „Arbeitgeber", „Arbeitsentgelt") gebietet allerdings eine **Einengung auf das Bestehen eines Arbeitsverhältnisses im Sinne des zivilrechtlichen Dienst- und Arbeitsrechts.** Auch das Sozialrecht stellt hierauf ab, reicht allerdings weiter (vgl. § 7 Abs. 1 S. 1 SGB IV: „Beschäftigung ... insbesondere"; SK-StGB/*Hoyer* Rn. 19 f., 31; MüKoStGB/ *Radtke* Rn. 9 f.: weitgehende Deckungsgleichheit des arbeits- und sozialversicherungsrechtlichen ArbG-Begriffs mit Ausnahme von Sonderkonstellationen; **aA** Schönke/Schröder/*Perron* Rn. 11; Müller-Gugenberger WirtschaftsStR/*Thul* § 38 Rn. 40). **ArbG ist der nach §§ 611 ff. BGB Dienstberechtigte, zu dem der dienstverpflichtete ArbN in einem persönlichen Abhängigkeitsverhältnis steht** (BSGE 34, 111 (113) = BSG NJW 1972, 1912; 1967, 2031; BGH NStZ 2016, 348; BGH NStZ 2015, 648 (649); BGH NStZ-RR 2014, 246 (247); s. auch LK-StGB/*Möhrenschlager* Rn. 14; MüKoStGB/*Radtke* Rn. 12). Erforderlich für ein sozialversicherungsrechtliches Beschäftigungsverhältnis ist damit die Leistung und Empfangnahme nicht-selbstständiger Dienste gegen Entgelt (vgl. BSG NJW 1964, 1824; BGH NStZ 2013, 587; Erbs/Kohlhaas/*Ambs* Rn. 10). Der Abschluss eines Dienst- oder Arbeitsvertrages oder seine zivilrechtliche Wirksamkeit ist entbehrlich (s. aber BAGE 112, 299), ein **faktisches Arbeitsverhältnis ausreichend** (vgl. BAG NJW 1972, 973; BAG NJW 1998, 557; LK-StGB/*Möhrenschlager* Rn. 15; MüKoStGB/*Radtke* Rn. 12; NK-StGB/*Tag* Rn. 20; SSW StGB/Saliger Rn. 6; Müller-Gugenberger WirtschaftsStR/*Thul* § 38 Rn. 41a). Einer **tatsächlichen Arbeitsausübung** im Beitragszeitraum bedarf es nicht; so hebt eine vertraglich vorgesehene Freistellung von der Arbeitsleistung das Arbeitsverhältnis iSv § 266a nicht auf (vgl. § 7 Abs. 1a, Abs. 3 SGB IV; SK-StGB/ *Hoyer* Rn. 23; NK-StGB/*Tag* Rn. 24). Für eine Strafbarkeit nach § 266a Abs. 3 StGB muss eine wirksame Verpflichtung zur Lohnzahlung begründet sein (→ Rn. 69).

10   Ob § 266a darüber hinaus auch solche Beschäftigungsverhältnisse erfasst, die **keine Arbeitsverhältnisse im engeren arbeitsrechtlichen Sinn** darstellen, gleichwohl aber von § 7 Abs. 1 SGB IV erfasst sind und daher der Sozialversicherungspflicht unterliegen, ist umstritten (dafür: MüKoStGB/*Radtke* Rn. 9, 16; NK-StGB/*Tag* Rn. 25, Schönke/Schröder/*Perron* Rn. 11, 15f; Müller-Gugenberger WirtschaftsStR/*Thul* § 38 Rn. 40; dagegen: SK-StGB/ *Hoyer* Rn. 19 ff.). Nach der Begriffsbestimmung in § 7 Abs. 1 S. 1 SGB IV handelt es sich bei der von § 3 SGB IV erfassten Beschäftigung um „nichtselbstständige Arbeit, insbesondere in einem Arbeitsverhältnis". Der sozialversicherungsrechtliche Begriff des Beschäftigungsverhältnisses geht damit über den des Arbeitsrechtes hinaus; insbes. umfasst er auch **unentgeltlich Beschäftigte,** die der Sozialversicherungspflicht unterliegen, und Fälle einer **arbeitsrechtlichen Weiterbeschäftigungspflicht** (weitere Beispiele bei SK-StGB/*Hoyer* Rn. 20; s. auch NK-StGB/*Tag* Rn. 24 ff.). Angesichts der Sozialrechtsakzessorietät und des Schutzzweckes von § 266a liegt eine strafrechtliche Einbeziehung auch solcher Fallgestaltungen nahe. Mit dem Wortlaut der Vorschrift ist dies jedoch nicht zu vereinbaren. Indem § 266a – mit ausdrücklich bezeichneten Ausnahmen in Abs. 5 – allein Arbeitgeber als Täter und Arbeitnehmer als Betroffene bezeichnet, nimmt die Vorschrift auf technische, spezifisch dem Arbeitsrecht entstammende Begriffe Bezug, so dass innerhalb der Grenzen zulässiger Auslegung keine Anwendung auf darüber hinausreichende Fallgestaltungen in Betracht kommt (**aA** MüKoStGB/*Radtke* Rn. 11, 16). Ob die Beurteilung von Sachverhalten nach § 266a durch die Strafgerichte sich in jedem Fall an der Auslegung des – materiell arbeitsrechtlichen – ArbG-Begriffs zu orientieren haben, den ihm die Arbeitsgerichte gegeben haben, ist dagegen eine prozessuale Frage.

10a   Soweit das Sozialversicherungsrecht eine **eigene Versicherungspflicht für selbstständig Tätige,** insbes. Künstler vorsieht (vgl. § 2 SGB VI), ist eine Verletzung der Abführungspflicht mangels ArbG-Eigenschaft nicht nach § 266a strafbar (vgl. Müller-Gugenberger WirtschaftsStR/*Thul* § 38 Rn. 86).

11   **2. Kriterien, Abgrenzung zu selbstständiger Tätigkeit.** Maßgeblich für die Beurteilung, ob ein sozialversicherungspflichtiges Arbeitsverhältnis vorliegt, sind allein die **tatsächlichen Verhältnisse** und Bedingungen der Dienstleistung des Verpflichteten (BGHSt 53, 71 (77) = BGH NJW 2009, 528 (530); BGH NStZ 2016, 348; 2015, 648 (649); NStZ 2014, 321 (322); 2013, 587 (588); BGH wistra 2013, 277; NStZ-RR 2012, 13; BGH NJW 2011, 3047; BGH wistra 2010, 29; BSG NZS 2007, 648 (650); MüKoStGB/*Radtke* Rn. 12; NK-StGB/*Tag* Rn. 19 f.; Müller-Gugenberger WirtschaftsStR/*Thul* § 38 Rn. 47 ff.). Die Beteiligten können sich der Sozialversicherungspflicht **nicht durch eine abweichende vertragliche Gestaltung oder Bezeichnung** entziehen (vgl. BGHSt 53, 71 = BGH NJW 2009, 528 (530); 2014, 1975 (1976); BGH NStZ-RR 2014, 246 (248); 2001, 599; BSGE 45, 199 (200); Müller-Gugenberger WirtschaftsStR/*Thul* § 38 Rn. 104); auf das vertraglich beschriebene, aber nicht ausgeübte Tätigkeitsbild (vgl. KassKomm/*Seewald* SGB IV § 7 Rn. 47b), den gewählten Vertragstyp (BGH NStZ 2001, 599: Werkvertrag), die Organisationsform oder Bezeichnung (vgl. BGH NStZ-RR 2012, 13: Beschäftigte als Gesellschafter einer zur Verschleierung gegründeten BGB-Gesellschaft) kommt es daher nicht an. Soweit die **sozialgerichtliche Rspr.** den vertraglichen Vereinbarungen der Beteiligten Gewicht einräumt (vgl. BSG NZS 2013, 181 (182): tatsächliche Handhabung nur entscheidend, soweit vertraglich zulässig; hierzu *Floeth* NZS 2014, 207 (208)), ergibt sich daraus praktisch kein Widerspruch; denn aus den tatsächlichen Verhältnissen wird sich regelmäßig ein Rückschluss auf das vertraglich Gewollte oder – sofern ausdrücklich anderes vereinbart ist – auf einen nur zum Schein geschlossenen und damit nichtigen (§ 117 BGB) Vertrag ziehen lassen. Lediglich dann, wenn die **tatsächliche Handhabung nicht zwingend für ein Arbeitsverhältnis spricht,** müssen sich die Parteien an dem von ihnen gewählten Vertragstypus festhalten lassen (BAG NJW 2010, 2455 (2457); BGH NJW 2011, 3047).

Zur Feststellung der ArbG-Eigenschaft ist demnach eine **wertende Gesamtbetrachtung der tat- 11a sächlichen Gegebenheiten** erforderlich (BGH NStZ 2016, 348; 2015, 648 (649); NJW 2014, 1975 (1976); NStZ-RR 2014, 246 (248); NStZ 2014, 321 (323); BGH wistra 2013, 277 (279); BSGE 51, 164 (167); BSG NZS 2013, 181 (182); 2007, 648 (649); BAG NJW 2010, 2455 (2456)). Diese erfolgt regelmäßig im Rahmen einer spiegelbildlichen Prüfung, ob es sich bei dem Beschäftigten um einen ArbN handelt (exemplarisch OLG Frankfurt a. M. BeckRS 2014, 17893). **Kriterien für eine Stellung als ArbN** – und damit für eine Qualifikation des Täters als ArbG – bilden eine persönliche Abhängigkeit durch örtliche, zeitliche und inhaltliche Weisungsgebundenheit, die Eingliederung in den Betrieb und in die Betriebsabläufe des ArbG, die Überlassung betriebseigenen Arbeitsgeräts, festgelegte tägliche Arbeitszeiten und ihre Erfassung durch den Betriebsinhaber, die Erforderlichkeit einer Genehmigung von Urlaub, die Berechnung eines festen Entgeltes oder zumindest fester Entgeltsätze (zB Stundenlohn) durch den ArbG und das Fehlen eines eigenen unternehmerischen Risikos des ArbN. Bei Diensten höherer Art können einzelne Merkmale entfallen oder gemindert sein. Demgegenüber ist **eine selbstständige Tätigkeit gekennzeichnet durch** eigenes wirtschaftliches Risiko mit wechselnden Einkünften, unternehmerischer Eigeninitiative, eigenem Kapitaleinsatz, dabei insbes. die Existenz einer eigenen Betriebsstätte, eigene Rechnungsstellung, freie Verfügungsmöglichkeiten über die eigene Arbeitskraft, eine fehlende Verpflichtung zu höchstpersönlicher Arbeitsleistung und eine im Wesentlichen frei gestaltbare Tätigkeit und Arbeitszeit (vgl. § 7 Abs. 1 S. 2 SGB IV; § 84 Abs. 1 S. 2, Abs. 2 HGB; § 5 Abs. 1 ArbGG; BGH NStZ 2016, 348; BGH NStZ-RR 2014, 246 (248); BGH NStZ 2014, 321 (323); 2013, 587; BGH wistra 2010, 29; BGH NStZ 2001, 599 (600); BAG NJW 2010, 2455 (2456); 2004, 461; BSGE 45, 199 (200); 51, 164 (167); BSG NZS 2013, 181. (182); 2007, 648 (649); BSG NJW 1994, 341; BSG BeckRS 2009, 69002; LSG NRW NZS 2011, 906 (908); BFHE 221, 182 = BFH NZA-RR 2008, 231; *Schulz* NJW 2006, 183 (184); *Birk* NJW 1979, 1017; ausführlich zu den Kriterien Müller-Gugenberger WirtschaftsStR/*Thul* § 38 Rn. 49 ff.; KassKomm/*Seewald* SGB IV § 7 Rn. 53 ff.). **Einzelne für eine selbstständige Tätigkeit sprechende Gesichtspunkte stehen der Einordnung als ArbN nicht entgegen** (s. etwa BGH NJW 2014, 1975 (1976); BGH NStZ-RR 2014, 246 (248) für Paketzusteller). In Grenzfällen kann andererseits einzelnen Kernkriterien wie insbes. der Betriebseinbindung oder Weisungsgebundenheit entscheidende Bedeutung zukommen (instruktiv BGH NStZ 2015, 648 (649) mAnm *Trüg* für Bühnenaufbauarbeiter). Die Tätigkeit in Rechtsform einer Gesellschaft spricht nicht notwendig für Selbstständigkeit (Müller-Gugenberger WirtschaftsStR/*Thul* § 38 Rn. 64), sondern kann Ausdruck einer versuchten Gesetzesumgehung sein (→ Rn. 13).

Für den beitragspflichtigen ArbG ist eine tatsächliche **Möglichkeit bestimmender Einfluss- 11b nahme und Weisung** erforderlich, aber auch ausreichend. Unerheblich ist dagegen, ob der ArbG die Löhne selbst auszahlt oder dies durch einen Dritten geschieht, ob der Betrieb im Eigentum des ArbG steht und ob er ihn für eigene oder fremde Rechnung führt (vgl. Fischer Rn. 4; MüKoStGB/*Radtke* Rn. 12). Grds. ist ArbG derjenige, in dessen Namen der Betrieb geführt wird; daher können auch Nießbraucher, Pächter oder Entleiher des Betriebsinventars Arbeitgeber sein, sofern sie nur gegenüber den Beschäftigten weisungsberechtigt sind (BSGE 34, 111 = BSG NJW 1972, 1912). Eine Gewinnerzielungsabsicht ist nicht erforderlich; auch eine ehrenamtliche Tätigkeit kann ausreichen (Lackner/Kühl/*Heger* Rn. 3). Das Vorschieben eines **Strohmannes** oder **fingierter Arbeitsverträge** mit anderen (Schein-)Unternehmen hebt die Eigenschaft als ArbG nicht auf (vgl. Fischer Rn. 4); ggf. kommt eine Haftung nach § 10 Abs. 3 AÜG, § 28e Abs. 3 und 4 SGB IV in Betracht (vgl. BGH NStZ 2001, 599; näher → Rn. 12). Zur Delegation der Beitragsabführung auf Dritte → Rn. 15.

Der **gemeinschaftsrechtliche Maßstab** zur Unterscheidung zwischen einem Arbeitsverhältnis und selbstständiger 11c Erwerbstätigkeit entspricht im Wesentlichen dem deutschen Rechts (vgl. BGH NStZ-RR 2012, 13; MüKoStGB/ *Radtke* Rn. 23 aE; *Kudlich* ZWH 2013, 337; zu Entsendungsfällen → Rn. 23 ff.). Nach der **Rspr. des EuGH** erfolgt die Abgrenzung „anhand objektiver Kriterien (...), die das Arbeitsverhältnis im Hinblick auf die Rechte und Pflichten der betroffenen Personen kennzeichnen. Das wesentliche Merkmal des Arbeitsverhältnisses besteht darin, dass jemand für einen anderen nach dessen Weisung Leistungen erbringt, die eine gewissen wirtschaftlichen Wert haben und für die er als Gegenleistung eine Vergütung erhält. Der Bereich, in dem die Leistungen erbracht werden, und die Art. des Rechtsverhältnisses zwischen ArbN und ArbG sind (...) unerheblich" (EuGH 3.7.1986 – C–66/85 = BeckEuRS 1986, 126836; ebenso EuGH NJW 1996, 2921 (2922)). Selbstständige Tätigkeit übt demgegenüber derjenige aus, der in Bezug auf die Wahl seiner Tätigkeit, die Arbeitsbedingungen und das Entgelt keiner Unterordnung unterliegt, wirtschaftlich in eigener Verantwortung handelt und ein ihm von dem Empfänger seiner Leistungen vollständig und unmittelbar gezahltes Entgelt erhält (EuGH 20.11.2001 – C–268/99 = BeckEuRS 2001, 354039 zu Assoziierungsabkommen bezüglich der Niederlassungsfreiheit) wird. Notwendig ist eine Gesamtabwägung, in die Umstände wie die Beteiligung an den geschäftlichen Risiken des Unternehmens, die freie Gestaltung der Arbeitszeit und der freie Einsatz eigener Hilfskräfte einzustellen sind, wobei nicht bereits einzelne Merkmale der Selbstständigkeit – etwa eine Entlohnung im Wege einer Ertragsbeteiligung – die Eigenschaft als ArbN ausschließen (EuGH 14.12.1989 – C–3/87 =

BeckEuRS 1989, 153298). Soweit es in **Sachverhalten mit gemeinschaftsrechtlichen Bezügen** auf die ArbN-Eigenschaft nach Unionsrecht – etwa bei der im Falle der Beschäftigung ausländischer Unionsbürger zu bestimmenden **Reichweite der Niederlassungsfreiheit nach Art. 49 AEUV** (vgl. BGH NStZ-RR 2012, 13) – ankommt, liegt demnach eine eindeutige Rspr. vor, die ungeachtet von Auslegungsproblemen des Einzelfalles eine Vorlagepflicht nach Art. 267 AEUV ausschließt.

11d   Eine für die Beteiligten zuverlässige Möglichkeit der Klärung, ob eine versicherungs- und beitragspflichtige Beschäftigung vorliegt, bietet das von der Deutschen Rentenversicherung durchgeführte **Statusfeststellungsverfahren („Clearing") nach § 7a Abs. 1 SGB IV.** Die Entscheidung bindet im Strafverfahren nicht; bei Unterbreitung zutreffender und vollständiger Tatsachen kann eine Negativmitteilung aber einen unvermeidbaren Verbotsirrtum begründen (→ Rn. 80). Bei Täuschung über den tatsächlichen Sachverhalt liegt bereits sozialversicherungsrechtlich keine bindende Entscheidung vor; strafrechtlich kann – neben § 266a Abs. 1 – ein Fall des § 266a Abs. 2 Nr. 1 vorliegen (Müller-Gugenberger WirtschaftsStR/*Thul* § 38 Rn. 68).

12   3. Scheinselbstständigkeit, Arbeitnehmerüberlassung. Bei Abschluss von Dienst- oder Werkverträgen mit **„freien Mitarbeitern"** oder **vorgeblich Selbstständigen,** insbes. **mit vorgeblichen Subunternehmern** ist für die Frage, ob eine **Scheinselbstständigkeit** vorliegt, abzustellen auf die allgemeine Abgrenzung zwischen ArbN und Selbstständigen nach § 7 Abs. 1 SGB IV (BGH NStZ-RR 2012, 13; BGH wistra 2010, 29; OLG Frankfurt a. M. BeckRS 2014, 17893; MüKoStGB/*Radtke* Rn. 15; Müller-Gugenberger WirtschaftsStR/*Thul* § 38 Rn. 49 f., 80a; *Floeth* NZS 2014, 207; *Schulz* NJW 2006, 183; *Diepenbrock* NZS 2016, 127 mit Fallbsp. für Lkw-Fahrer, Honorarärzte u. Fleischzerleger; → Rn. 11); zudem können die vormals nach § 7 Abs. 4 SGB IV aF für eine Beweislastumkehr maßgeblichen Kriterien zur Beurteilung herangezogen werden. Das Ergebnis eines **Statusfeststellungsverfahrens nach § 7a SGB IV** hat im Strafprozess keine Bindungswirkung; anderes gilt nur für die konstitutiv wirkende Entscheidung im Antragsverfahren nach § 7a Abs. 4 SGB IV. Allerdings können die in dem Verfahren gewonnenen Erkenntnisse (vgl. § 7a Abs. 2 SGB IV) herangezogen werden. Da eine Mitwirkung des Betroffenen im sozialrechtlichen Verfahren nicht erzwungen werden kann, besteht kein Verwertungsverbot (Erbs/Kohlhaas/*Ambs* Rn. 6a; **aA** *Schulz* NJW 2006, 183).

12a   **Hat der scheinselbstständige Subunternehmer seinerseits Beschäftigte angestellt,** die er seinem Auftraggeber – tatsächlich: ArbG – zur Arbeitsleistung stellt, handelt es sich gleichfalls nicht um ArbN des Scheinselbstständigen, sondern um solche des ArbG (vgl. BGH NStZ 2014, 321). Denn bei Eingliederung des Scheinselbstständigen in den Betrieb des ArbG mit entsprechender Weisungsunterworfenheit kann für die dem Scheinselbstständigen zugeordneten Beschäftigten nichts Anderes gelten. Soweit sie Weisungen des vermeintlichen Subunternehmers zu befolgen haben, stellen sich diese als delegierte Weisungen des tatsächlichen ArbG dar; der Scheinselbstständige nimmt dabei faktisch die Rolle des dem ArbG nachgeordneten Vorarbeiters ein (zutreffend *Floeth* NZS 2014, 207 (209)).

12b   Auch in dem zu einer Scheinselbstständigkeit spiegelbildlichen Fall einer **vorgetäuschten ArbN-Eigenschaft durch Installieren eines fingierten ArbG,** insbes. einer zum Schein errichteten Gesellschaft kommt es darauf an, welcher der vermeintlichen ArbN tatsächlich Weisungs- und Leitungs-aufgaben gegenüber anderen, ihm untergeordneten Beschäftigten wahrnimmt. Dieser ist ArbG und damit zur Abführung der Sozialversicherungsbeiträge verpflichtet (vgl. BGH NStZ 2013, 587 für vermeintliche Kolonnenführer einer zum Schein errichteten GmbH im Baugewerbe).

13   Im Falle **zulässiger Arbeitnehmerüberlassung iSv § 1 AÜG** („Zeitarbeit" oder „Leiharbeit"; s. hierzu BGH NJW 2014, 1975 (1977); 2003, 1821; BAG NZA-RR 2012, 455) ist allein der Verleiher beitragspflichtiger ArbG (vgl. § 3 Abs. 1 Nr. 2 AÜG). Der Entleiher haftet für die Erfüllung der Beitragspflicht nur subsidiär als selbstschuldnerischer Bürge (§ 28e Abs. 2 S. 1 SGB IV), ist daher nicht ArbG und damit kein tauglicher Täter nach § 266a (NK-StGB/*Tag* Rn. 22; Müller-Gugenberger WirtschaftsStR/*Thul* § 38 Rn. 79). Dies gilt auch bei zivilrechtlichen Mängeln des Entleihungsvertrages außerhalb der Unwirksamkeitsgründe des § 9 AÜG (vgl. MüKoStGB/*Radtke* Rn. 17). Für Subunternehmen im Baugewerbe vgl. § 28e Abs. 3a–3e SGB IV. **Bei unerlaubter oder nach § 9 AÜG unwirksamer Arbeitnehmerüberlassung** gilt nach § 10 Abs. 1 S. 1 AÜG der **Entleiher als ArbG;** er unterliegt Meldepflichten wie im Falle eines wirksamen Vertragsverhältnisses (BGH NStZ-RR 2014, 246 (248); BGH NStZ 2006, 227; nach BAGE 120, 352 = BAG NZA 2007, 751 nicht bei Unzulässigkeit im Baugewerbe nach § 1b AÜG), auch wenn er keinen Lohn zahlt. Der Verleiher ist grds. kein tauglicher Täter nach § 266a (s. bereits BGHSt 31, 32). **Zahlt der illegale Verleiher den Lohn,** gilt er jedoch nach **§ 10 Abs. 3 AÜG, § 28e Abs. 2 S. 3 und 4 SGB IV** neben dem Entleiher als ArbG und haftet gesamtschuldnerisch auf Zahlung der Sozialversicherungsbeiträge; er kann dann neben dem Entleiher Täter nach § 266a sein (BGH NJW 2014, 1975 (1976); BGH NStZ-RR 2014, 246 (248); BGH NStZ 2001, 599; Fischer Rn. 4; Erbs/Kohlhaas/*Ambs* Rn. 8; zur alten Rechtslage BGHSt 31, 32 = BGH NJW 1982, 1952). Dies gilt auch insoweit, wie ArbN über die genehmigten werkvertraglichen Vereinbarungen hinaus eingesetzt werden (LG Oldenburg wistra 2005, 117 mAnm *Südbeck* wistra 2005, 119; s auch § 15 AÜG). Eine Pflichtendelegation aufgrund interner Abreden zwischen Ver- und Entleiher scheidet aus (MüKoStGB/*Radtke* Rn. 17); aufgrund der rechtswidrigen Ausgestaltung des Überlassungsverhältnisses ist der Fall auch nicht einer Zuständigkeitsdelegation innerhalb einer juristischen Person mit der Folge einer Herabstufung auf eine Überwachungspflicht vergleichbar (**aA** MüKoStGB/*Radtke* Rn. 17).

Die rechtliche und tatsächliche Ausgestaltung von **Drei-Personen-Verhältnissen** aus Beschäftigtem, Einsatz- **13a** betrieb und einem Vermittler im weitesten Sinne ist in der Praxis allerdings **vielgestaltig** und dient nicht selten allein dazu, die Abführung von Sozialversicherungsbeiträgen zu vermeiden. Auch hier entscheidet über die rechtliche Einordnung die tatsächliche Handhabung und nicht die von den Parteien gewählte Bezeichnung oder gewünschte Rechtsfolge. Zur Abgrenzung s. die widerlegliche Vermutungsregel des § 1 Abs. 2 AÜG sowie die von der Rspr. entwickelten Grundsätze (eingehend BGH NStZ 2003, 552; BGH NJW 2014, 1975 (1977) und BAG NJW 1984, 2912; s. auch BGH NStZ-RR 2014, 246 (248); BAG BB 1990, 1343; LK-StGB/*Möhrenschlager* Rn. 18). Um eine **illegale Arbeitnehmerüberlassung** handelt es sich idR in allen Fällen, in denen ein ArbG eine abhängige Beschäftigung eigener, aber zeitweise bei einem anderen Unternehmen tätiger ArbN durch deren angebliche Scheinselbstständigkeit – insbes. als vorgebliche Subunternehmer –, vorgeschobene Werkverträge oder freie Dienstverträge zu verschleiern sucht (s. etwa LG Oldenburg NStZ-RR 1996, 80; NK-StGB/*Tag* Rn. 23). Von einer derartig verdeckten Überlassung scheinselbstständiger sind Konstellationen zu unterscheiden, in denen sich ein Einsatzunternehmen von einem dritten Dienstleister tatsächlich selbstständige oder freie Mitarbeiter vermitteln lässt ("**Contracting**"; s. hierzu eingehend *Lanzinner/Nath* NZS 2015, 210 und 251; *Lange* NZWiST 2015, 248 und Müller-Gugenberger WirtschaftsStR/*Bieneck/Heitmann*, 5. Aufl. 2011, § 37 Rn. 49 ff.). Auch im Fall **mehrstufiger fingierter Subunternehmerverhältnisse** kann eine unerlaubte Arbeitnehmerüberlassung vorliegen, wenn und soweit es sich um eine sozialversicherungspflichtige Tätigkeit aufgrund faktischer Entleihungen handelt (BGH NStZ 2001, 599; vgl. andererseits BGH NStZ 2003, 552). Zur Abgrenzung bei **Franchisesystemen** vgl. OLG Frankfurt a. M. BeckRS 2014, 17893; BAGE 178, 182 (184).

II. Verantwortlichkeit nach § 14 und Pflichtendelegation

ArbG können neben natürlichen auch juristische Personen, rechtsfähige Gesellschaften und Einrich- **14** tungen des öffentlichen Rechts sein. Hierunter fällt auch eine Gesellschaft bürgerlichen Rechts (vgl. OLG Celle BeckRS 2016, 11186). Zugleich ist die **Arbeitgebereigenschaft besonderes persönliches Merkmal iSv § 14.** Taugliche Täter des § 266a sind daher auch die für einen ArbG handelnden Organe, vertretungsberechtigten Gesellschafter oder gesetzlichen Vertreter iSv § 14 Abs. 1 sowie Beauftragte iSv § 14 Abs. 2 (Fischer Rn. 5 f.; MüKoStGB/*Radtke* Rn. 34; *Plagemann* NZS 2000, 8), woraus sich eine Mehrfachverantwortlichkeit ergeben kann. Dies umfasst vor allem den **Geschäftsführer einer GmbH** (§ 35 GmbHG; BGHSt 51, 224 = BGH NJW 2007, 1370; BGHSt 48, 307 = BGH NStZ 2004, 283; BGHSt 47, 318 = BGH NJW 2002, 2480; BGHZ 133, 370 = BGH NJW 1997, 130), den Geschäftsführer der GmbH in der GmbH & Co KG (vgl. Lackner/Kühl/*Heger* § 14 Rn. 2), den **Vorstand einer AG** (§ 76 AktG) oder eines rechtsfähigen Vereins (§ 26 BGB), oder den **geschäftsführungsberechtigten Gesellschafter einer Personengesellschaft** (§ 125 HGB; § 709 BGB) ab dem Zeitpunkt seines Eintritts, seiner Berufung oder Bestellung (BGH NJW 2002, 1122; Fischer Rn. 5). Die **Verantwortlichkeit endet** mit der formellen Beendigung der Position, insbes. mit Abberufung, einseitiger Niederlegung der Geschäftsführerstellung und Eintritt von Unwirksamkeitsvoraussetzungen (BGHZ 133, 370 = BGH NJW 1997, 130; 2003, 3787 (3789); Lackner/Kühl/*Heger* Rn. 4), es sei denn, dass die Tätigkeit tatsächlich weiter ausgeübt wird (OLG Naumburg GmbHR 2000, 558; OLG Bamberg BeckRS 2016, 03553 für den Fall einer Verurteilung iSv § 6 Abs. 2 S. 1 Nr. 3 GmbHG; LG Stendal GmbHR 2000, 88; Fischer Rn. 5; **aA** MüKoStGB/*Radtke* Rn. 36 aE).

Verpflichtet ist auch der fehlerhaft bestellte (§ 14 Abs. 3) oder **faktische Geschäftsführer** (BGHSt **14a** 51, 224 = BGH NJW 2007, 1370 (1372); BGHSt 47, 318 = BGH NJW 2002, 2480; BGH NStZ 2000, 34; OLG Karlsruhe wistra 2006, 352; **aA** Schönke/Schröder/*Perron* Rn. 11; diff. SK-StGB/*Hoyer* Rn. 29; *Radtke* NStZ 2003, 153 (156) sowie MüKoStGB/*Radtke* Rn. 36: nur nach den Grundsätzen des fehlerhaft bestellten Organs) oder der faktische Vorstand (BGHSt 21, 101 = BGH NJW 1966, 2225), sofern ihre Stellung nicht ohnehin bereits eine Beauftragung nach § 14 Abs. 2 S. 1 Nr. 1 nahelegt (Müller-Gugenberger WirtschaftsStR/*Thul* § 38 Rn. 30). **Str.** ist, ob auch ein **Scheingeschäftsführer** oder **Strohmann** als ArbG iSv § 266a iVm § 14 Abs. 1 gelten muss (ablehnend OLG Hamm NStZ-RR 2001, 173, Schönke/Schröder/*Perron* Rn. 11; Fischer Rn. 5; *Krumm* NZWiST 2015, 102 (103) sowie Voraufl.; bejahend OLG Braunschweig 27.5.2015 – 1 Ss 14/15 Rn. 6, 13; Müller-Gugenberger WirtschaftsStR/*Thul* § 38 Rn. 32; *Rönnau* NStZ 2003, 525 (527)). Der BGH neigt in neueren Entscheidungen der Auffassung zu, den Strohmann als nach § 266a StGB generell verantwortlich anzusehen (vgl. BGHSt 57, 175 = NJW 2012, 2051 (2052); 2002, 2480 (2482)).

Die ArbG-Eigenschaft knüpft an tatsächliche Kriterien wie insbes. Weisungs- und Leitungskompetenz, die auch **14b** einem Vertreter iSv § 14 zukommen müssen. Daher wird zu differenzieren sein: Ausschlaggebend ist **nicht bereits die formelle Position** des Betreffenden (so aber in anderem Zusammenhang BGH NJW 2002, 2480 (2482)); auch das gelegentliche Auftreten nach außen für das Unternehmen – wie gerade typisch für einen nur vorgeblich Verantwortlichen sein kann – begründet für sich genommen noch keine Verantwortlichkeit (s. aber OLG Braunschweig – 1 Ss 14/15). Vielmehr kommt es darauf an, ob dem Betreffenden **nach den tatsächlichen Verhältnissen Einflussmöglichkeiten und Entscheidungskompetenzen** zukamen. Bei formeller Geschäftsführungsbefugnis und Vertretungsmacht bildet dies freilich die Regel und wird praktisch zu unterstellen sein. Ist es in Ausnahmefällen zu verneinen, kommt eine Täterstellung schon mangels tatsächlicher Möglichkeit der Pflichtausübung nicht in Betracht (zutreffend etwa OLG Hamm NStZ-RR 2001, 173). Der Strohmann kann dann nur **als Beihelfer bestraft** werden, soweit er durch den von ihm erzeugten Schein die Straftaten der tatsächlichen Entscheidungsträger vorsätzlich unterstützt hat. Er gelangt auch nicht im Wege vorgelagerter Verantwortlichkeit – durch vorwerfbare Übernahme der Stellung oder ihre nicht rechtzeitige Aufgabe – in eine Täterstellung (so Müller-Gugenberger WirtschaftsStR/*Thul* § 38 Rn. 32); denn die Möglichkeit, sich einer faktisch einflusslosen Position zu entziehen, konstituiert noch nicht positiv die für das Sonderdelikt unabdingbare tatsächliche ArbG-Stellung.

14c **Gesetzliche Vertreter iSd § 14 Abs. 1 S. 3** sind ua der endgültige Insolvenzverwalter, der Nachlassverwalter und der Testamentsvollstrecker (NK-StGB/*Tag* Rn. 31 f.); zum vorläufigen Insolvenzverwalter vgl. → Rn. 54. Ein **Beauftragter iSv § 14 Abs. 2** – etwa: Betriebsleiter, Generaldirektor, Generalbevollmächtigter, Zweigstellenleiter, Abteilungsleiter – haftet nach § 266a, sofern er aufgrund seiner persönlichen Fähigkeiten und der ihm zur Verfügung gestellten Mittel tatsächlich in der Lage ist, die ihm übertragenen Aufgaben zu erfüllen (vgl. *Martens* wistra 1986, 156). Nach § 14 Abs. 2 S. 1 Nr. 2 ist dabei eine Übertragung bei Einräumung entsprechender Befugnisse bis hinunter auf Sachbearbeiterebene möglich.

15 **Bei einem mehrgliedrigen Vertretungsorgan** – entsprechendes gilt für mehrere Vertreter oder Beauftragte – bleibt grds. jedes Mitglied der Geschäftsleitung im Rahmen seiner organschaftlichen Allzuständigkeit zur Abführung der Sozialversicherungsbeiträge verpflichtet (BGHZ 133, 170 = BGH NJW 1997, 130; LK-StGB/*Möhrenschlager* Rn. 21). Eine **interne Zuständigkeitsübertragung** oder eine **Delegation auf Dritte,** wie insbes. in größeren Unternehmen üblich, führt nicht zu einer Aufhebung der strafrechtlichen Verantwortlichkeit, sondern bewirkt, dass sich die Handlungspflicht in eine **Auswahl- und Überwachungspflicht** umwandelt (BGHSt 47, 318 (325) = BGH NJW 2002, 2480 (2482); BGHZ 133, 370 = BGH NJW 1997, 130; 2001, 969; OLG Düsseldorf NJW-RR 1996, 289; MüKoStGB/*Radtke* Rn. 35; Müller-Gugenberger WirtschaftsStR/*Thul* § 38 Rn. 31; *Plagemann* NZS 2000, 8 (9); **aA** OLG Frankfurt a. M. ZIP 1995, 213) Der nach § 14 Verantwortliche hat durch geeignete organisatorische Maßnahmen die Erfüllung der sozialversicherungsrechtlichen Verbindlichkeiten durch den intern zuständigen Organverwalter oder Dritten sicherzustellen. Bei bekannter Unzuverlässigkeit oder einschlägigen straf- oder berufsrechtlichen Vorbelastungen des Delegierten kann bereits die Übertragung pflichtwidrig sein; jedenfalls begründet sie intensive Überwachungspflichten. Bei einer Übertragung auf einen ordnungsgemäß ausgewählten Delegierten darf sich der Verantwortliche nach einer angemessenen und beanstandungsfreien Einarbeitungszeit auf die Pflichterfüllung zwar grds. verlassen. Er ist aber auch dann von einer Überwachung nicht entbunden und hat selbst die notwendigen Maßnahmen zu ergreifen, wenn sich Anzeichen für eine unzureichende Pflichterfüllung bieten (BGHZ 133, 370 (378) = BGH NJW 1997, 130; 2001, 969 (970)). Solche Anhaltspunkte müssen sich nicht unmittelbar auf die Nichtabführung von Beiträgen beziehen, sondern können auch aus allgemeinen organisatorischen Unzulänglichkeiten folgen. Dies gilt auch im **Verhältnis des formellen zum faktischen Geschäftsführer** (BGHSt 47, 318 (325) = BGH NJW 2002, 2480 (2482); Lackner/Kühl/*Heger* Rn. 4; LK-StGB/*Möhrenschlager* Rn. 21; str., **aA** *Radtke* NStZ 2003, 154 (156); SK-StGB/Hoyer Rn. 28) sowie bei **horizontaler Aufgabenverteilung innerhalb der Geschäftsleitung** (BGHZ 133, 370 (378 f.) = BGH NStZ 1997, 125 (126); OLG Celle BeckRS 2016, 11186; NK-StGB/*Tag* Rn. 28). Die Überwachungspflicht kommt vor allem **in finanziellen Krisensituationen** zum Tragen, in denen die laufende Erfüllung der Verbindlichkeiten nicht mehr gewährleistet ist; hier können konkrete Einzelanweisungen und eine nachträgliche Vergewisserung angezeigt sein (vgl. BGH NJW 2001, 969 (971)). Erlangt der für den technischen Bereich zuständige Geschäftsführer Kenntnis über eine wirtschaftliche Situation des Unternehmens, die eine Erfüllung der Beitragspflichten gefährdet, darf er deren Regelung **nicht mehr allein seinem Mitgeschäftsführer überlassen,** auch wenn dieser für die finanziellen Belange des Unternehmens intern allein zuständig ist (BGHSt 48, 307 (313 f.) = BGH NJW 2003, 3787; vgl. auch BGHSt 37, 106 (125) = BGH NJW 1990, 2560 (2564)). Bei **Gesamtgeschäftsführung und -vertretung** (etwa nach §§ 709, 714 BGB) ist jeder einzelne Gesellschafter auch strafrechtl. gehalten, die Beitragsabführung sicherzustellen durch Herbeiführung einer entsprechenden Willensbildung und Überwachung der Vornahme, erforderlichenfalls durch Eigenvornahme im Rahmen einer Notgeschäftsführung (§ 744 Abs. 2 BGB).

III. Gleichgestellte Personen nach § 266a Abs. 5

16 Nach Abs. 5 sind dem Arbeitgeber ausdrücklich benannte Personen in arbeitgeberähnlicher Stellung gleichgestellt. Der Begriff des **Hausgewerbetreibenden** ist in § 12 Abs. 1 SGB IV, der des **Heimarbeiters** in § 12 Abs. 2 SGB IV legaldefiniert (hierzu auch BSG NZA 1988, 629). Als Arbeitgeber eines Heimarbeiters oder eines Hausgewerbetreibenden gilt nach **§ 12 Abs. 3 SGB IV** derjenige, der die Arbeit unmittelbar an diese Personen vergibt, als Auftraggeber derjenige, in dessen Auftrag und für dessen Rechnung sie arbeiten. **Gleichgestellte Personen** werden von §§ 1, 2 HeimArbG bestimmt. Die Gleichstellung setzt nach § 1 Abs. 2 HeimArbG eine Schutzbedürftigkeit aufgrund wirtschaftlicher Abhängigkeit voraus; sie erfolgt in einem Verfahren unter Beteiligung des möglichen ArbG durch behördliche Entscheidung (§ 1 Abs. 4, § 4 HeimArbG). Nach dem Wortlaut des Abs. 5 („gleichgestellt") bindet die konstitutive Verwaltungsentscheidung den Strafrichter (LK-StGB/*Möhrenschlager* Rn. 29). Zum Begriff des **Zwischenmeisters** vgl. § 12 Abs. 4 SGB IV.

C. Tathandlungen

I. Vorenthaltung von Arbeitnehmerbeiträgen (Abs. 1)

1. Beitragspflicht und -höhe. a) Grundsatz. §266a Abs. 1 ist **sozialrechtsakzessorisch** gestaltet **17** und bildet insoweit eine Blankettvorschrift. Vorenthaltene Beiträge können daher nur solche sein, die **aufgrund einer versicherungspflichtigen Beschäftigung nach dem geltenden materiellem Sozialversicherungsrecht geschuldet** sind (vgl. BGHSt 51, 124 = BGH NJW 2007, 233 (234); BGHSt 71, 71 (75) = BGH NJW 2009, 528 (530); Fischer Rn. 9a). Allgemeine – und vorrangig zu prüfende – Voraussetzung für eine Strafbarkeit ist eine sozialversicherungspflichtige Tätigkeit nach §§ 2, 7 SGB IV mit der Folge einer Beitragspflicht nach § 22 Abs. 1 SGB IV (vgl. BGHSt 47, 318 = BGH NJW 2002, 2480 (2481); MüKoStGB/*Radkte* Rn. 43). Der **Inhalt der Angaben des ArbG** nach § 28a SGB IV hat auf die materielle Beitragsschuld keinen Einfluss; insbes. zählen zu den ArbN-Beiträgen auch solche, die der ArbG der Einzugsstelle pflichtwidrig nicht gemeldet hat (BGH StV 2009, 188 (189); Fischer Rn. 9; SSW StGB/*Saliger* Rn. 10). Umgekehrt begründet weder eine Meldung noch ein bestimmter Beitragsnachweis (§ 28f SGB IV) bereits für sich genommen eine Beitragsschuld (vgl. § 26 Abs. 2 SGB IV).

Gegenstand von Abs. 1 ist die Pflicht des ArbG, den – idR hälftigen (vgl. § 20 SGB IV iVm § 346 **18** Abs. 1 SGB III, § 168 SGB VI, § 58 Abs. 1 SGB XI, anders dagegen nach § 249 Abs. 1 SGB V) – **Anteil des ArbN zum Gesamtsozialversicherungsbeitrag** einschließlich der Beiträge zur Arbeitsförderung (§ 28d SGB IV) abzuführen. Dabei handelt es sich – im Unterschied zu den ArbG-Anteilen – zwar um eine Beitragsschuld des ArbN. Im Außenverhältnis zur Einzugsstelle allerdings **haftet hierfür allein der ArbG (§ 28e Abs. 1 S. 1 SGB IV);** seine Zahlung gilt als aus dem Vermögen des ArbN erbracht (§ 28e Abs. 1 S. 2 SGB IV). Nach § 28g S. 1 SGB IV besteht ein Rückgriffsanspruch des ArbG gegen den ArbN, der nach § 28g S. 2 SGB IV nur durch Abzug vom Arbeitslohn geltend gemacht werden kann. Übt der ArbG sein Rückgriffsrecht nicht aus (vgl. die Zeitgrenze nach § 28g S. 3 SGB IV), ändert dies nichts an der Einordnung als ArbN-Beiträge (NK-StGB/*Tag* Rn. 42).

Die Abführung der Beiträge steht **nicht zur Disposition des ArbN.** Übt der ArbG sein Rückgriffs- **19** recht im Einvernehmen mit dem ArbN nicht aus, hat dies keine Auswirkung auf die strafbewehrte Zahlungspflicht des ArbG im Außenverhältnis zur Einzugsstelle; die geschuldeten Beiträge sind auch dann solche des ArbN (Schönke/Schröder/*Perron* Rn. 4). Einigen sich ArbG und ArbN auf eine Übernahme sämtlicher Lohnzugsteile durch den ArbG und eine dauerhafte Auszahlung des Arbeitsentgeltes ohne Abzüge, liegt darin eine – legale – **Nettolohnabrede** iSv § 14 Abs. 2 S. 1 SGB IV. Davon zu unterscheiden ist das kollusive Zusammenwirken von ArbG und ArbN zum Zweck der Hinterziehung der Lohnabzugsteile, dh eine Übereinkunft in einem illegalen Beschäftigungsverhältnis iSv § 14 Abs. 2 S. 2 SGB IV, Beiträge nicht abzuführen und nicht vom Lohn abzuziehen (**Schwarzlohnabrede;** vgl. BGHSt 38, 285 = BGH NStZ 1992, 441); hierbei wird idR eine **Teilnahme des ArbN** an der Tat vorliegen. In beiden Fällen bleibt die strafrechtliche Verantwortung des ArbG für die Nichtabführung der Beiträge unberührt. Zu den Auswirkungen auf die Berechnung der Beitragsverkürzung → Rn. 26.

b) Fehlende Beitragspflicht des Arbeitnehmers, nicht erfasste Ansprüche

Abs. 1 gilt nicht für sozialversicherungsrechtliche Sachverhalte, in denen lediglich ArbG-, nicht aber ArbN- **20** Beiträge geschuldet sind, oder in denen generell keine Beitragspflicht besteht (vgl. Schönke/Schröder/*Perron* Rn. 4; MüKoStGB/*Radtke* Rn. 44 ff.). Im erstgenannten Fall kann allerdings § 266a Abs. 2 verwirklicht sein. Dies betrifft ua

– **Fälle geringfügiger Beschäftigung** nach §§ 8, 8a SGB IV, § 7 SGB V, in denen allein der ArbG nach § 249b **21** SGB V, § 172 Abs. 3 SGB VI in Höhe eines Pauschbetrages beitragspflichtig ist (vgl. BGH NStZ 2014, 321 (323); 2011, 161; BGH NStZ-RR 2010, 376; 1996, 543; BGH StV 1993, 364); für die Rentenversicherung besteht nach neuer Rechtslage allerdings eine ergänzende Beitragspflicht des ArbN, auf die dieser verzichten kann (§ 168 Abs. 1 Nr. 1b, 1c, § 6 Ib SGB IV, („opt-out"); Überblick bei ErfK/*Rolfs* SGB IV § 8 Rn. 25 ff.);

– die Zahlung **freiwilliger Beiträge** zur Rentenversicherung oder zur freiwilligen Kranken- und Pflegeversicherung (vgl. § 6 Abs. 1 Nr. 1, §§ 250, 257 SGB V; § 61 SGB VI), die – gegenüber der Einzugsstelle wie auch im Innenverhältnis zum ArbG – allein der ArbN schuldet (vgl. Schönke/Schröder/*Perron* 4; SK-StGB/*Hoyer* Rn. 36);

– **Beiträge zur gesetzlichen Unfallversicherung,** die nach § 150 Abs. 1 SGB VII allein vom ArbG zu tragen sind (vgl. BGH BeckRS 2010, 00690 Rn. 45 = BGH wistra 2010, 148 (insoweit in BGH NStZ 2010, 635 nicht abgedr.));

– die Zahlung von **Kurzarbeitergeld** nach §§ 95 ff. SGB III (§ 249 Abs. 2 SGB V; § 169 Abs. 1 Nr. 1a SGB VI; § 58 Abs. 1 S. 2 SGB XI;

– **Studenten** (§ 6 Abs. 1 Nr. 3 SGB V, § 5 Abs. 3 SGB VI, § 27 Abs. 4 Nr. 2 SGB III);

– Beschäftigte nach **Überschreiten des 65. Lebensjahres** (vgl. § 346 Abs. 3 SGB III; § 172 SGB VI);

– Beschäftige in **Berufsausbildung** mit geringem Arbeitsentgelt nach § 20 Abs. 3 Nr. 1 SGB IV und

– die Ableistung eines **freiwilligen sozialen Jahres** nach § 20 Abs. 3 Nr. 2 SGB IV.

Bereits nach dem Wortlaut von § 266a Abs. 1 nicht erfasst ist ferner die unterbliebene oder verspätete Zahlung von **22** **Säumniszuschlägen** nach § 24 SGB IV, **Zinsen** für bereits fällige oder gestundete Beiträge, **Auslagen** der Einzugsstelle, **Zwangsgeldern** und **Geldbußen** (vgl. MüKoStGB/*Radtke* Rn. 47).

23   **c) Internationale Sachverhalte.** In Fällen mit Auslandsbezug kann fraglich sein, ob der betroffene ArbN der **inländischen Sozialversicherungspflicht unterliegt** oder davon ausgenommen ist. Seine **Staatsangehörigkeit** ist hierfür ohne Bedeutung. Die Pflicht zur Beitragszahlung besteht vielmehr für alle ArbN, die im Geltungsbereich des SGB tätig sind (§ 2 Abs. 2, § 3 Nr. 1 SGB IV); maßgeblich ist dabei der Ort, an dem die Beschäftigung tatsächlich ausgeübt wird (§ 9 Abs. 1 SGB IV). Die **§§ 4, 5 SGB IV** sehen hiervon für den Fall transnational **entsandter ArbN** Ausnahmen vor. Nach § 4 Abs. 1 SGB IV („Ausstrahlung") unterliegen der inländischen Versicherungspflicht auch Personen, die im Rahmen eines inländischen Beschäftigungsverhältnisses ins Ausland zu dortiger Tätigkeit entsandt werden, sofern die Entsendung infolge einer Eigenart der Beschäftigung oder vertraglich im Voraus zeitlich begrenzt ist. Umgekehrt sind nach § 5 Abs. 1 SGB IV („Einstrahlung") ArbN von der inländischen Versicherungspflicht ausgenommen, die auf Grundlage eines im Ausland bestehenden Beschäftigungsverhältnisses für zeitlich begrenzte Dauer nach Deutschland zu hiesiger Tätigkeit entsandt werden. Dabei muss das Unternehmen im Ausland allerdings **entsendefähig sein,** dh sich nach den tatsächlichen Verhältnissen als ArbG darstellen, der zur Organisation, Anleitung und Überwachung der im Inland ausgeübten Tätigkeit in der Lage ist (BGHSt 52, 767 (70) = BGH NJW 2008, 595). Insbes. darf die dortige Beschäftigung zur Umgehung der inländischen Versicherungspflicht nicht nur fingiert sein; vielmehr muss ungeachtet der Entsendung weiterhin eine tatsächliche und rechtliche Bindung an den ausländischen ArbG bestehen (BSGE 79, 214 (217)) = BSG NZS 1997, 372) und das Beschäftigungsverhältnis nach Rückkehr des ArbN in das Ausland dort fortgesetzt werden (BGHSt 51, 124 (128) = BGH NJW 2007, 233 (235)). Handelt es sich um eine bloße **Schein- oder Briefkastenfirma,** und ist der ArbN tatsächlich dem deutschen Unternehmen zuzuordnen, findet § 5 SGB IV daher keine Anwendung (s. aber nachfolgend → Rn. 24), weil ein ausländisches Beschäftigungsverhältnis tatsächlich nicht besteht und ein Entsendefall nur vorgetäuscht ist (BGHSt 51, 224 = BGH NJW 2007, 1370). In Fällen, in denen **das ausländische Beschäftigungsverhältnis erst mit der Entsendung beginnt,** ist erforderlich, dass von Vornherein vereinbart ist oder infolge der Eigenart der Beschäftigung feststeht, dass die Beschäftigung nach Rückkehr beim ausländischen Unternehmen fortgeführt wird (BGHSt 52, 67 = BGH NJW 2008, 595; BSGE 75, 232 = BSG NZS 1995, 281). In Fällen unerlaubter Arbeitnehmerüberlassung (§ 9 Nr. 1, § 10 Abs. 1 AÜG; → Rn. 12) treten die Wirkungen der Einstrahlung nicht ein (BSGE 164, 145 (159) = BSG VersR 1989, 716; MüKoStGB/*Radtke* Rn. 23).

24   Die **§§ 2 ff.** SGB IV stehen nach **§ 6 SGB IV** allerdings unter dem **Vorbehalt über- und zwischenstaatlichen Rechts.** § 266a knüpft dementsprechend nicht allein an die deutschen Sozialgesetze, sondern auch an zwischen- und überstaatliche Bestimmungen an, soweit sie innerstaatlich gelten und das anzuwendende Sozialversicherungsrecht bestimmen (vgl. BGHSt 51, 124 = BGH NJW 2007, 233 (234); BGHSt 51, 224 = BGH NJW 2007, 1370). Dieser Vorrang betrifft zum einen unionsrechtliche Sozialvorschriften zur Koordinierung des Sozialversicherungsrechts der Mitgliedstaaten, zum anderen bilaterale Sozialversicherungsabkommen (vgl. *Radtke* GmbHR 2009, 915). Ergibt sich nach diesen Bestimmungen, dass kein inländisches sozialversicherungspflichtige Beschäftigungsverhältnis vorliegt, fehlt es sozialrechtlich und damit zugleich nach § 266a an einer Beitragspflicht.

24a   Im **Bereich der EU** fanden bislang die **VO (EWG) Nr. 1408/71** v. 14.6.1971 („Wanderarbeitnehmerverordnung", ABl. 1971 L 149, 2) sowie die hierzu ergangenen Durchführungsvorschriften in der **VO (EWG) Nr. 574/72** v. 21.3.1972 (ABl. 1972 L 74, 1) Anwendung. Sie sind **seit dem 1.5.2010** weitgehend durch die **VO (EG) Nr. 883/2004** v. 29.4.2004 (ABl. 2004 L 166, 1) und die zu ihrer Durchführung ergangene **VO (EG) Nr. 987/2009** v. 16.9.2009 (ABl. 2009 L 284, 1) abgelöst worden (vgl. Art. 90, 91 der VO 883/2004; Art. 96, 97 der VO 987/2009). Die **Verordnungen enthalten kollisionsrechtliche Regelungen** welchem nationalen Sozialversicherungsrecht ein ArbN – insbes. im Falle einer Entsendung zwischen Mitgliedstaaten – untersteht, und **entsprechen inhaltlich im Wesentlichen den §§ 4, 5 SGB IV** (vgl. Art. 11 Abs. 3 lit. a, Art. 12, 13 der VO 883/2004 (Vor.: eine – allerdings „voraussichtliche" – maximale Entsendedauer von 2 Jahren), Art. 14 der VO 987/2009; zum früheren Recht s. Art. 13, 14 der VO 1408/71; EuGH Slg. 2000, I-883 = EuGH NZS 2000, 291). Sie sehen aber ein Verfahren vor, in dem der Sozialversicherungsträger des Herkunftsstaates auf Antrag des ArbG oder ArbN die Entsendung bestätigt und bescheinigt, dass der Beschäftigte den Rechtsvorschriften des Herkunftsstaates unterstellt bleibt (vgl. Art. 4, 5, 19 Abs. 2 der VO 987/2009; „**Dokument „A 1"** (früher: Formblatt „E 101");** näher *Schüren/Wilde* NZS 2011, 121). Einer derartigen Bescheinigung kommt Bindungswirkung zu; die Überprüfung der materiellen Voraussetzungen der Entsendung durch die Behörden des Ziellandes scheidet aus, wenn sie ihrem Vorliegen aus (EuGH Slg. 2006, I-1079). Die **Entsendebescheinigung eines anderen EU-Staates bindet auch die deutschen Strafverfolgungsorgane,** solange sie nicht widerrufen oder zurückgenommen wird (vgl. Art. 5 der VO 987/2009). Dies gilt **auch dann, wenn sie sachlich nicht zutrifft und durch Täuschung des ausländischen Sozialversicherungsträgers erschlichen wurde;** eine Strafbarkeit nach § 266a, auch aufgrund eines etwaigen Beitragsbetruges scheidet aus (BGHSt 51, 124 = BGH NJW 2007, 233 (234 f.) m. zust. Anm. *Schulz* NJW 2007, 237 mAnm *Hauck* NStZ 2007, 221 mAnm *Rübenstahl* NJW 2007, 3538; vgl. EuGH Slg. 2006, I-1079 = EuGH wistra 2005, 181 (Ls.); Slg. 2000, I-2005; Slg. 2000, I-883 = EuGH EuZW 2000, 380 (384); MüKoStGB/*Radtke* Rn. 27 ff.; *Ignor/Rixen* wistra 2001, 201). Das hierdurch eröffnete Missbrauchspotential kann nur durch den europäischen Gesetzgeber oder im Einzelfall durch ein Vertragsverletzungsverfahren beseitigt werden. **Ohne Entsendebescheinigung** kommt es auch nach dem europäischen Rechtsstand auf das Vorliegen eines materiellen Beschäftigungsverhältnisses im Ausland an; die Anstellung von ArbN bei ausländischen Scheinfirmen und bloße Scheinverträge mit solchen Unternehmen entbinden nicht von der Versicherungspflicht (vgl. BGHSt 51, 125 (128) = BGH NJW 2007, 233 (234 f.); *Jofer/Weiß* StraFo 2007, 277).

Durch die Neuregelung des europäischen Rechtes durch die Verordnungen 883/2004 und 987/2009 sind die **24b** materiellen Kollisionsregeln ohne Änderung in der Sache präzisiert worden (vgl. *Schüren/Wilde* NZS 2011, 121; *Tiedemann* NZS 2011, 41). Die Neuregelung hat inhaltlich auch **keine Änderungen** an dem Vorrang erbracht, die der formalen Bescheinigung einer Entsendung und des damit einhergehenden sozialversicherungsrechtlichen Status eines Beschäftigten zukommt (vgl. *Schüren/Wilde* NZS 2011, 121). Art. 5 der VO 987/2009 bestimmt im Gegenteil nunmehr ausdrücklich, dass „vom Träger eines Mitgliedstaats ausgestellte Dokumente, in denen der Status einer Person für die Zwecke der Anwendung der Grundverordnung und der Durchführungsverordnung bescheinigt wird, sowie Belege, auf deren Grundlage die Dokumente ausgestellt wurden, (...) für die Träger der anderen Mitgliedstaaten so lange verbindlich" bleiben, „wie sie nicht von dem Mitgliedstaat, in dem sie ausgestellt wurden, widerrufen oder für ungültig erklärt werden". Als **Übergangsrecht** bestimmt Art. 87 Abs. 8 der VO 883/2004 zudem, dass dem Beschäftigten bei gleichbleibendem Sachverhalt der sozialversicherungsrechtliche Status, der ihm unter der Geltung alten Rechts bescheinigt wurde, erhalten bleibt.

Auf dem Gebiet des außereuropäischen Rechts richtet sich die Versicherungspflicht vorrangig (§ 6 **25** SGB IV) nach **bilateralen Sozialversicherungsabkommen,** sofern diese durch Zustimmungsgesetz in deutsches Recht umgesetzt worden sind; auch **Assoziationsabkommen** mit der EU sind insoweit beachtlich (vgl. BGHSt 51, 224 = BGH NJW 2007, 1370 für Türkei; BGHSt 52, 67 = BGH NJW 2008, 595 für Ungarn vor Beitritt zur EU). Soweit bilaterale Abkommen die Ausstellung von Bescheinigungen ausländischer Sozialbehörden hinsichtlich der Anwendbarkeit ausländischen Sozialversicherungsrechts vorsehen, besteht hier **keine Bindung für das Strafverfahren.** Eine Gleichstellung mit europäischen A 1- oder E 101-Bescheinigungen ist wegen der unterschiedlichen Rechtsqualität der zugrunde liegenden Regelungen und der mit dem unionsinternen Zusammenwirken nicht vergleichbaren Zusammenarbeit und Überprüfbarkeit nicht geboten. Dies gilt auch für Bescheinigungen jetziger EU-Mitgliedstaaten aus der Zeit vor dem Beitritt; § 2 Abs. 3 findet keine Anwendung. Sind die in dem Abkommen vorgesehenen Voraussetzungen einer Entsendung gewahrt, gehen die dortigen Vorschriften über die Sozialversicherungspflicht den inländischen Regelungen vor. Sind die Entsendebescheinigungen gemessen an dem Wortlaut des Abkommens dagegen inhaltlich offensichtlich unzutreffend, haben die deutschen Behörden und Gerichte die Rechtslage demgemäß eigenständig zu prüfen und sind nicht gehindert, abweichend von der Bescheinigung zu entscheiden (BGHSt 52, 67 = BGH NJW 2008, 595 (für ungarische „D/H-Bescheinigungen") m. abl. Anm. *Rübenstahl* NJW 2008, 598; offen gelassen noch von BGHSt 51, 224 = BGH NJW 2007, 1370 (Entsendung türkischer ArbN ohne Entsendebescheinigung); vgl. auch BSGE 85, 240 (243) zum deutsch-jugoslawischen Sozialversicherungsabkommen; zust. *MüKoStGB/Radtke* Rn. 33; abl. *Jofer/Weiß* StraFo 2007, 277 (281)). Eine Strafbarkeit nach § 266a kommt daher in Betracht, wenn ein Entsendefall zur Umgehung der deutschen Sozialversicherungspflicht offensichtlich nur vorgetäuscht ist.

d) Beitragshöhe. Die Beitragshöhe bestimmt sich gleichfalls nach materiellem Sozialrecht. **Be-** **26** **messungsgrundlage** ist das **geschuldete Arbeitsentgelt iSd Legaldefinition des § 14 Abs. 1 SGB IV** bis zu den jeweils geltenden, vom Bundesminister für Wirtschaft und Arbeit durch Rechtsverordnung für jedes Kalenderjahr im Voraus bestimmten Beitragsbemessungsgrenzen. Nach § 20 Abs. 2 SGB IV besteht eine sog **Gleitzone** für Arbeitsentgelte zwischen 400,01 EUR und 800 EUR mit der Folge einer Absenkung der Bemessungsgrundlage (Müller-Gugenberger WirtschaftsStR/*Thul* § 38 Rn. 138 f.). **Maßgeblich ist das Bruttoentgelt** (§§ 223, 226 Abs. 1 S. 1 SGB V; §§ 161, 162 Nr. 1 SGB VI; § 82 Abs. 1 S. 1 SGB VII; §§ 341, 342 SGB III; §§ 54, 57 Abs. 1 S. 1 SGB XI iVm § 226 Abs. 1 S. 1 Nr. 1 SGB V; vgl. BGHSt 53, 71 (75) = BGH NJW 2009, 528 (529); BGH NStZ 2016, 348 (349); BGH NJW 2014, 1975 (1977); BSGE 64, 110 (111 f.); *MüKoStGB/Radtke* Rn. 57). Nach § 14 Abs. 1 SGB IV zählen dazu alle wirtschaftlichen Zuwendungen des ArbG in ursächlichem Zusammenhang mit der Beschäftigung (vgl. BGH NStZ-RR 2009, 339 (340)), mithin auch **Sachbezüge** (vgl. §§ 2, 3 SvEO, zu Spesen vgl. BGH NJW 2011, 3047; BGH NStZ-RR 2009, 339), nicht aber lohnsteuerfreie Aufwandsentschädigungen (§ 14 Abs. 1 S. 3 SGB IV; § 1 Abs. 1 Nr. 1 SvEO). Auch **einmalige Zuwendungen** sind dem Arbeitsentgelt im Zahlungsmonat grds. zuzurechnen (§ 23a SGB IV; Ausnahme nach § 1 SvEV ua für Sonn-, Feiertags- und Nachtarbeit und Trinkgeld). An den ArbN ausgezahlte **Umsatzsteuer** ist nicht Teil des Arbeitsentgelts, wenn es sich bei dem ArbN um bloße Durchlaufposten handelt (vgl. BGH NJW 2014, 1975 (1977)). **Gegenforderungen des ArbG** wie Schadensersatzansprüche oder Vertragsstrafen mindern das zur Bemessung heranzuziehende Entgelt nicht (BGH NJW 2014, 1975 (1977); BSGE 78, 224). Bei der Verschleierung eines Beschäftigungsverhältnisses dienenden vertraglichen Konstruktionen kommt es auf den Betrag an, der dem ArbN tatsächlich als Lohn verbleiben soll. In Abweichung von der vertraglichen Lohnvereinbarung getroffene Stundungsabreden oder zeitlich abweichend verteilte Lohnauszahlungen haben auf die Höhe und Fälligkeit der Beiträge keinen Einfluss (→ Rn. 34). Arbeitsentgelte aus mehreren Tätigkeiten bei demselben ArbG werden zusammengezählt (BSGE 55, 1 = BSG NZA 1984, 206; Müller-Gugenberger WirtschaftsStR/*Thul* § 38 Rn. 131).

26a Die **Berechnung der Sozialversicherungsbeiträge** erfolgt nach den für das betreffende Jahr gesetzlich oder durch Satzung der jeweiligen Krankenkasse festgelegten **Beitragssätzen** (zB § 241 SGB V). Die jeweils geltenden Sätze und Grenzwerte sind für die Jahreszeiträume ab 1989 in Übersichten veröffentlicht in *Aichberger,* Sozialgesetzbuch (Textsammlung), Nr. 4/11 unter „Sozialversicherungswerte". Bei einer **legalen Nettolohnabrede** (→ Rn. 19) ist der ausgezahlte Lohn die Nettobemessungsgrundlage für die Beiträge; erforderlich ist daher eine Hochrechnung auf das – fiktive – Bruttoentgelt. Dies gilt aufgrund der für Fälle illegaler Beschäftigungsverhältnisse neu eingeführten Fiktion einer Nettolohnabrede nach **§ 14 Abs. 2 S. 2 SGB IV** (vgl. BT-Drs. 14/8221, 1; zu den Voraussetzungen der „Illegalität" vgl. BGH NJW 2014, 1975 (1977); BAG NZA-RR 2012, 539) nunmehr auch für die **Schwarzlohnabrede** (BGHSt 53, 71 (75) = BGH NJW 2009, 528 (529); BGH NStZ 2016, 348 (349); 2011, 645 (646); 10, 337; BSGE 109, 254 = BSG NZA-RR 2012, 539; BAGE 133, 332 = BAG NZA 2010, 881; *Stuckert* wistra 2014, 289 (291)); die frühere Rspr., derzufolge bei illegalen Beschäftigungsverhältnissen eine Bruttolohnvereinbarung zu unterstellen sei (BGHSt 38, 285 (289); BGH wistra 1993, 148; BSGE 64, 110 (114); vgl. auch Schönke/Schröder/*Perron* Rn. 4; krit. LK-StGB/*Gribbohm,* StGB, 11. Aufl., Rn. 41 f.), ist überholt und findet nur noch auf Altfälle vor Inkrafttreten von § 14 Abs. 2 S. 2 SGB IV am 1.8.2002 Anwendung (vgl. BGH wistra 2010, 408). Die an einen illegal Beschäftigten ausgezahlten Löhne oder schwarz ausgezahlten Lohnteile sind daher wie bei einer legalen Nettolohnabrede als Nettoarbeitsentgelt zu bewerten und um die darauf entfallenden Steuern und Beiträge hochzurechnen, wobei im Zweifel nach § 39c EStG die **Lohnsteuerklasse VI** zugrunde zu legen ist (BGHSt 53, 71 = BGH NJW 2009, 528 (530); Müller-Gugenberger WirtschaftsStR/*Thul* § 38 Rn. 267 ff.; s. aber BGH NStZ 2016, 348 (349); anders für den Fall teilweiser Anmeldung LG Freiburg 14.3.2014 – 10 Ns 410 Js 4578/11: dann Lohnsteuerklasse I). Dass sich hierbei ein Bruttoarbeitsentgelt ergeben kann, das den Wert der Arbeitsleistung übersteigt, oder ein anderes Entgelt als bei Berechnung des Verkürzungsumfangs einer parallelen Steuerhinterziehung zugrunde zu legen ist, bleibt ohne Belang (BGHSt 57, 71 (76 f.) = BGH NJW 2009, 528 (530); BGH NStZ 2016, 348 (349)). § 14 Abs. 2 S. 2 SGB IV findet auch auf die in der Praxis häufigen **Fälle teilweiser Schwarzlohnzahlungen** Anwendung (BGH NStZ 2011, 645 (646); 2010, 635 (637)); eine Hochrechnung auf den Bruttolohn darf insoweit allerdings nur hinsichtlich des nicht angemeldeten Teiles der Lohnsumme erfolgen (BGH BeckRS 2010, 00690 Rn. 38 = BGH wistra 2010, 148 (insoweit in BGH NStZ 2010, 635 nicht abgedr.); Müller-Gugenberger WirtschaftsStR/*Thul* § 38 Rn. 271). Ein der gesetzlichen Fiktion des § 14 Abs. 2 S. 2 SGB IV entgegenstehender Wille der Vertragsparteien ist unbeachtlich.

26b Maßgeblich ist der von Rechts wegen geschuldete Lohn. Ob und in welcher Höhe der ArbG das **Arbeitsentgelt tatsächlich an den ArbN ausgezahlt** hat, ist für die Bemessung der Beitragsschuld unerheblich; das einkommensteuerrechtlich nach § 2 Abs. 1 Nr. 1, § 19 EStG maßgebliche Zuflussprinzip gilt nicht. Bei einer unwirksamen **untertariflichen Lohnabrede** („Lohndumping") ist nach sozialversicherungsrechtlicher Rspr. daher der tatsächlich geschuldete Tariflohn als geschuldeter Mindestlohn maßgeblich (BSGE 93, 119; 75, 61); infolge der strengen Sozialrechtsakzessorietät von § 266a StGB gilt strafrechtlich insoweit nichts anderes (vgl. LG Magdeburg BeckRS 2011, 00689; zust. *Schröder* GmbHR 2010, 177; MüKoStGB/*Radtke* Rn. 60; *Metz* NZA 2011, 782). Entsprechendes gilt für einen **Verstoß gegen das MiLoG** (in Kraft seit 16.8.2014). Eine den Mindestlohn unterschreitende Lohnabrede ist gemäß § 3 S. 1 MiLoG unwirksam; der ArbN hat nach § 1 Abs. 1MiLoG zumindest Anspruch auf Zahlung des in § 1 Abs. 2 MiLoG bestimmten Bruttolohnes mit der sich aus § 3 MiLoG ergebenden Fälligkeit. Unabhängig von einer tatsächlichen Auszahlung sind hierauf Sozialversicherungsbeiträge zu entrichten, deren Vorenthaltung zur Strafbarkeit nach § 266a führt. Im Hinblick auf das strafrechtliche Bestimmtheitsgebot und in Ansehung der auch sozialrechtlich umstrittenen Rechtsfolgen (s. etwa *Lembke* NZA 2015, 70; *Bayreuther* NZA 2014, 865; *Däubler* NJW 2014, 1924; zusammenfassend *Pötters/Krause* NZA 2015, 398) dürfte eine strafbewehrte Pflicht zu weiterreichender Beitragszahlung auf Grundlage des üblichen (§ 612 Abs. 2 BGB) oder Tariflohns zumindest derzeit ausscheiden. Zu einer Ordnungswidrigkeit nach § 21 Abs. 1 Nr. 9 MiLoG steht eine Vorenthaltung nach § 266a in Tatmehrheit (vgl. BGHSt 57, 175 = BGH NJW 2012, 2051 zu § 23 Abs. 1 AEntG; *Pötters/Krause* NZA 2015, 398 (401)).

26c Keine Hochrechnung auf den Bruttolohn erfolgt **bei geringfügig entlohnten Beschäftigten** (§ 8 Abs. 1 Nr. 1 SGB IV), auf die § 14 Abs. 2 S. 2 SGB IV keine Anwendung findet (BGH NStZ-RR 2010, 376; s. auch BGH NStZ 2015, 648 (649)). Die vorenthaltenen Sozialversicherungsbeiträge berechnen sich hier grds. nach § 249a S. 1 SGB V und § 168, § 172 Abs. 3 S. 1 SGB VI. Soweit es sich dabei allein um ArbG-Beiträge handelt, kommt nur eine Strafbarkeit nach § 266b Abs. 2 StGB in Betracht (→ Rn. 21, 58 f.). Bei freiwilliger Rentenversicherung des geringfügig Beschäftigten bilden allerdings die Aufstockungsbeiträge nach § 168 Abs. 1 Nr. 1b SGB VI ArbN-Anteile (Müller-Gugenberger WirtschaftsStR/*Thul* § 38 Rn. 100).

27 Die **tatrichterlichen Feststellungen** müssen zum Zweck revisionsgerichtlicher Nachprüfbarkeit alle Berechnungsgrundlagen enthalten, die zum Verständnis der im Urteil angenommenen Vorenthaltungshöhe erforderlich sind (MüKoStGB/*Radtke* Rn. 133). Die bloße Mitteilung der monatlich geschuldeten Sozialversicherungsbeiträge reicht hierzu nicht aus, auch wenn sich ihre Höhe aus den maßgeblichen sozialversicherungsrechtlichen Bestimmungen ableiten ließe (BGH NJW 2002, 2480 (2483); BGH NStZ 1996, 543; BGH StV 1993, 364). Der Tatrichter kann sich auch nicht auf die Übernahme von Berechnungen der Sozialversicherungsbehörden, etwa die Angaben eines Prüfers oder einen Beitragsbescheid beschränken, da die Höhe die Sozialversicherungsabgaben nicht dem Urkunden- oder Zeugenbeweis zugänglich, sondern unter Anwendung von Rechtsnormen zu klären ist (BGH NJW 2005, 3650 (3651); 2009, 639 (zu § 370 AO); OLG Bamberg BeckRS 2016, 03553; OLG Düsseldorf 2009, 193). Die Feststellungen müssen vielmehr **aufgegliedert nach Versicherungszweigen die geschuldeten monatlichen Beiträge für jeden Fälligkeitszeitpunkt** erkennen lassen. Als Berechnungsgrundlagen der Beitragshöhe sind aufgeschlüsselt auf die Beitragszeiträume die jeweilige **Anzahl der Arbeitnehmer, ihre Beschäftigungszeiten und Bruttolöhne sowie die Höhe der Beitragssätze** der jeweils zuständigen Krankenkasse anzuführen (BGH NStZ-RR 2010, 376; BGH wistra 2006, 425 (426); BGH NJW 2005, 3650 (3651); 2002, 2480 (2483) (insoweit in BGHSt 47, 318 nicht abgedr.); BGH NStZ 1996, 543; BGHR StGB § 266a Sozialabgaben 4 und 5; OLG Bamberg BeckRS 2016, 03553; OLG Celle BeckRS 2016, 11186; OLG Düsseldorf StV 2009, 193; OLG Hamm NStZ-RR 2001, 173 (174); Fischer Rn. 9d; Erbs/Kohlhaas/*Ambs* Rn. 25a). Dabei muss auszuschließen sein, dass Beschäftigungsverhältnisse ohne oder mit nur teilweiser Sozialversicherungspflicht, insbes. geringfügige Beschäftigungen, betroffen sind (vgl. BGH wistra 2013, 277 (279); BGH NStZ-RR 2010, 376). Der Berechnungsvorgang als solcher muss als reine Rechtsanwendung dagegen nicht dargestellt werden, wenngleich sich dies zur Nachvollziehbarkeit des erzielten Ergebnisses empfiehlt (BGH NJW 2011, 3047). Ein **Geständnis** des Angekl. kann nur die Anknüpfungstatsachen für die Berechnung zum Gegenstand haben (Müller-Gugenberger WirtschaftsStR/*Thul* § 38 Rn. 15); es setzt die Darlegungsanforderungen grds. nicht herab (BGH NStZ-RR 2010, 376). Die vollständige Darstellung der Berechnungsgrundlagen kann aber ausnahmsweise dann entbehrlich sein, wenn ein sozialversicherungsrechtlich sachkundiger Angekl., der zur Berechnung der nicht abgeführten Beiträge in der Lage ist, ein Geständnis ablegt (BGH NStZ 2001, 200 (201); s. auch BGH NStZ-RR 2010, 376).

Von diesen strengen Anforderungen ist der BGH (NStZ 2011, 161, obiter; so auch OLG Celle BeckRS 2016, 11186; OLG Braunschweig 27.5.2015 – 1 Ss 14/15; MüKoStGB/*Radtke* Rn. 134 f.) für die Fälle abgewichen, dass der ArbG **nach ordnungsgemäßer Meldung seiner ArbN und des Umfanges ihrer Beschäftigung die Beiträge zum Fälligkeitszeitpunkt nicht zahlt.** Mindestfeststellungen sind hier allein zu den vorenthaltenen Gesamtsozialversicherungsbeiträgen und den darin enthaltenen Arbeitnehmeranteilen geboten. Als hinreichende Feststellungsgrundlage können hier die von dem ArbG nach § 28f Abs. 3 S. 1 SGB IV **der Einzugsstelle vorgelegten Beitragsnachweise** ausreichen, die nach § 28f Abs. 3 S. 3 SGB IV Grundlage der Vollstreckung der Einzugsstelle bilden. Lediglich dann, wenn sich Anhaltspunkte dafür bieten, dass die in den Beitragsnachweisen genannten Beträge nicht den geschuldeten entsprechen, soll Anlass zu weitergehenden Feststellungen bestehen (BGH NStZ 2011, 161 (162)). Die Auffassung ist aus praktischer Sicht zu begrüßen, kann aber noch nicht als gefestigte Rspr. gelten (so aber bereits OLG Bamberg BeckRS 2016, 03553 Rn. 18). Jedenfalls für die Fälle illegaler Beschäftigungsverhältnisse oder systematischer Beitragshinterziehung bedarf es nach wie vor umfassender Feststellungen.

Bei lückenhaften Erkenntnissen – etwa infolge mangelnder Buchführung des Angekl. – 28 kommt in Betracht, die Höhe der Löhne und daraus die Höhe der vorenthaltenen Sozialversicherungsbeiträge – wie bereits im Sozialversicherungsrecht selbst zulässig (§ 28f Abs. 2 SGB IV) – unter Verwertung der vorliegenden Anhaltspunkte **im Wege der Schätzung zu bestimmen** (BGHSt 53, 71 = BGH NJW 2009, 528 (529); BGHSt 38, 186 (193) = BGH NJW 1992, 921; BGH wistra 2013, 277 (280); BGH NStZ 2010, 635 (636); 2009, 27; BGH wistra 2007, 220; BGH BeckRS 2010, 23785 Rn. 15 (insoweit in BGH NStZ-RR 2010, 376 nicht abgedr.); zu den Schätzungsgrundlagen und der Berechnung *Klemme/Schubert* NStZ 2010, 606; *Bader* wistra 2010, 121 sowie eingehend *Stuckert* wistra 2014, 289). So kann der ausgezahlte Lohn im Wege eines internen Betriebsvergleiches auf Grundlage tragfähiger Vergleichswerte für frühere oder spätere Zeiträume (vgl. Müller-Gugenberger WirtschaftsStR/*Thul* § 38 Rn. 251) bestimmt werden. Er kann aber auch unter Heranziehung einer branchenüblichen Nettolohnquote auf einen **Prozentsatz des Nettoumsatzes** geschätzt werden (BGHSt 53, 71 = BGH NJW 2009, 528 (529); BGH NStZ 2010, 635 (636); BGH wistra 2013, 277 (280)), der wegen der typischen Kosten- und Lohnstruktur bei Schwarzarbeit höher als die Bruttolohnquote bei legal operierenden Unternehmen ausfallen kann (BGH BeckRS 2013, 07084 = BGH wistra 2013, 277 (280): Lohnanteil von 2/3 in der Sicherheitsbranche; BGH NStZ 2010, 635 und BGH BeckRS 2010, 23785 Rn. 22: Lohnanteil von 2/3 in der **Baubranche;** BGH BeckRS 2009, 86665 Rn. 3 ff.: Lohnanteil von 70 % in der Baubranche; BGH wistra 1983, 107: Lohnanteil von 70 % in der Baubranche (zu § 263 und § 370 AO); OLG Düsseldorf wistra 1988, 123 (124): Lohnanteil von 60 % in der Baubranche (zu § 370 AO); **aA** *Röthlein* wistra 2009, 107 (113); *Joecks* JZ 2009, 526 (531)). Auch kann eine Verteilung der Löhne auf Betriebsstätten und Beitragszeiträume auf Grundlage paralleler Erkenntnisse zu anderen Beschäftigten bestimmt werden (instruktiv BGH NStZ 2001, 599). Der **Höhe des Stundenlohnes** können branchenübliche oder tarifvertragliche Werte zugrunde gelegt werden (BGH BeckRS 2010, 00690 Rn. 29 = BGH wistra 2010, 148 (insoweit in BGH NStZ 2010, 635 nicht abgedr.)). Im Rahmen der tatsächlichen Gesamtwürdigung der Schätzungsgrundlagen gilt der **Zweifelssatz;** insoweit können Sicherheitsabschläge oder die Feststellung eines Mindestumfanges der Beitragsvorenthaltung angezeigt sein (vgl. BGH BeckRS 2009, 86665 (insoweit in BGH NStZ 2010, 216 nicht abgedr.)). Schätzungen der Zollbehörden können nur dann übernommen werden, wenn sie durch das Tatgericht nach strafrechtlichen Verfahrensgrundsätzen überprüft worden sind (vgl. BGH BeckRS 2010, 00690 Rn. 18). Die tatsächlichen Grundlagen einer auf Schätzung beruhenden Beitragsberechnung müssen im tatrichterlichen Urteil zwecks revisionsgerichtlicher Überprüfbarkeit nachvollziehbar dargestellt sein.

29   Eine Schätzung der Lohnhöhe anhand des Nettoumsatzes ist nach der Grundsatzentscheidung des BGH v. 10.11.2009 (BGH BeckRS 2010, 00690 = BGH NStZ 2010, 635 = BGH wistra 2010, 148; ebenso BGH wistra 2013, 277 (280)) allerdings **nur dann zulässig,** wenn für eine annähernd genaue Berechnung aussagekräftige **Beweismittel – insbes. Belege und Aufzeichnungen des ArbG – nicht zur Verfügung stehen,** oder wenn eine exakte Berechnung einen **unangemessenen Aufklärungsaufwand** erfordern würde, der für den Schuldumfang zu keinem nennenswerten Erkenntnisgewinn führen würde, weil gegenüber der Schätzung nur unerheblich abweichende Werte zu erwarten sind (BGH BeckRS 2010, 00690 Rn. 12 = BGH NStZ 2010, 635 (636); BGH BeckRS 2010, 23785 Rn. 15; BGH wistra 2013, 277). Der Sachverhalt muss zumindest insoweit ausermittelt sein, als feststehen muss, ob und mit welchem Aufwand eine tatsachenfundierte Berechnung oder auch nur genauere Schätzung möglich ist (vgl. OLG Celle StV 2012, 456). Ergeben sich entsprechende Aufklärungsmöglichkeiten, darf **nicht vorschnell auf eine pauschale Schätzung der Lohnquote ausgewichen** werden. Taugliche Beweismittel für eine konkrete Ermittlung der Schwarzlohnsumme bilden die von dem Unternehmer gestellten **Ausgangsrechnungen,** sofern sie vollständig erfassbar sind. Hieraus ermittelte Arbeitsstunden können mit gezahlten Stundenlöhnen multipliziert werden, die ihrerseits auf Grundlage branchenüblicher oder tarifvertraglicher Stundenlöhne geschätzt werden können. Auf diesem Wege gewonnene Erkenntnisse sind anhand anderer verfügbarer Betriebszahlen, insbes. von sog **Abdeckrechnungen** zur buchhalterischen Verschleierung der Schwarzlohnauszahlungen, oder von regelmäßigen Barabhebungen auf ihre Zuverlässigkeit zu überprüfen (BGH BeckRS 2010, 00690 Rn. 30 f.; *Stuckert* wistra 2014, 289 (293)). Ein **Geständnis** kann zugrunde gelegt werden, wenn der Angekl. hinreichenden Einblick in die betriebswirtschaftlichen Strukturen gehabt hat und die aus seinen Angaben herzuleitende Kostenstruktur sich als plausibel erweist (vgl. BGH BeckRS 2009, 86665 (insoweit in BGH NStZ 2010, 216 nicht abgedr.)). Liegen nur für einen Teil der ausgezahlten Löhne gesicherte Erkenntnisse vor, so kann eine **Hinzuschätzung** weiterer nicht angemeldeter Leistungen erfolgen (BGH wistra 2013, 277). Im Falle **teilweiser Schwarzlohnauszahlungen** ist darauf Bedacht zu nehmen, dass ein berechnungsadäquater Abzug der angemeldeten Lohnteile erfolgt (BGH BeckRS 2010, 00690 Rn. 38; → Rn. 26).

29a   Liegen dem Tatrichter allerdings Anknüpfungstatsachen vor, die eine konkrete und realistische Berechnung der Vorenthaltungshöhe erlauben, scheidet eine Schätzung aus und wäre rechtsfehlerhaft. Eine fehlerhafte Bestimmung der Höhe der geschuldeten und vorenthaltenen Beiträge betrifft – sofern hierdurch nicht eine Verletzung der Abführungspflicht insgesamt in Frage steht – allerdings allein den **Schuldumfang** und damit die Rechtsfolgenseite (vgl. etwa BGH wistra 2013, 277 (279); BGH NStZ 2011, 161, (162)).

30   **2. Vorenthaltung. a) Begriff.** „Vorenthalten" ist die **unterlassene Abführung** der nach § 23 Abs. 1 SGB IV fälligen ArbN-Anteile am Gesamtversicherungsbeitrag gegenüber der nach §§ 28h, 28i SGB IV zuständigen Einzugsstelle (BGHZ 144, 311 (314) = BGH NStZ 2001, 91 (92); BGH NJW 1992, 177; NK-StGB/*Tag* Rn. 57; Fischer Rn. 13: „schlichte Nichtzahlung"). § 266a Abs. 1 wird damit überwiegend als **echtes Unterlassungsdelikt** angesehen (BGHZ 134, 304 = BGH NJW 1997, 1237; OLG Celle wistra 1996, 114; Schönke/Schröder/*Perron* Rn. 5; Lackner/Kühl/*Heger* Rn. 7; Müller-Gugenberger WirtschaftsStR/*Thul* § 38 Rn. 153), birgt durch die Stichtagsbezogenheit aber zumindest Elemente eines Erfolgsdeliktes (vgl. LK-StGB/*Möhrenschlager* Rn. 3; s. auch Fischer Rn. 21b; *Krack* wistra 2015, 121; *Rönnau/Kirch-Heim* wistra 2005, 321 (323)). Auf Verschleierung oder Täuschung der Einzugsstelle angelegte Bemühungen des Täters sind nicht erforderlich (Fischer Rn. 10). **Zahlungen an die falsche Einzugsstelle** bewirken keine tatbestandsausschließende Erfüllung der Beitragsschuld, wenn der Betrag nicht bis zum Fälligkeitszeitpunkt an die richtige Stelle weitergeleitet worden ist.

31   **Einzugsstelle** auch für die Rentenversicherungsbeiträge und die Beiträge zur Arbeitsförderung ist nach § 28i S 1 SGB IV die Krankenkasse, welche die Krankenversicherung durchführt (für Fälle geringfügiger Beschäftigung vgl. § 28i S. 5 SGB IV). Dies gilt auch für freiwillig krankenversicherte ArbN (Schönke/Schröder/*Perron* Rn. 8). Nach § 28e Abs. 1 S. 2 SGB IV sind **Krankenkassen als ArbG** im Hinblick auf ihre eigenen Beitragspflichten privilegiert (krit Fischer Rn. 13); eine Strafbarkeit nach § 266a Abs. 1 kommt insoweit nicht in Betracht. Die Einzugsstelle legt aufgrund der von der Bundesagentur für Arbeit vergebenen **Betriebsnummern** (zur praktischen Bedeutung vgl. Müller-Gugenberger WirtschaftsStR/*Thul* § 38 Rn. 92 ff.) ArbG-Konten an; der ArbG hat ihr gegenüber gemäß § 28f Abs. 3 SGB IV die monatlichen **Beitragsnachweise** für alle bei der betreffenden Einzugsstelle versicherten Beschäftigten zu erbringen. Die Einzugsstelle überwacht auf dieser Grundlage den Eingang der Beiträge. Eine Überprüfung auf inhaltliche Richtigkeit und gesonderte Beitragsfestsetzung erfolgen nicht; vielmehr erfüllt der Beitragsnachweis selbst teilweise die Funktion eines Leistungsbescheides (vgl. § 28f Abs. 3 S. 3 SGB IV, ohne konstitutiv für die Beitragshöhe zu wirken. Zu einer inhaltlichen Überprüfung kommt es mindestens alle vier Jahre nach § 28p SGB IV durch die Rentenversicherungsträger.

31a   Nach der Einzugsstelle bestimmt sich grds. auch der für § 9 StGB, § 7 StPO maßgebliche **Ort des tatbestandlichen Erfolgseintritts,** denn an ihrem Sitz manifestieren sich die Tatfolgen. Dabei ist einen abzustellen auf den Hauptsitz der Krankenkasse, die als zuständige Einzugsstelle bestimmt ist (vgl. OLG Düsseldorf wistra 2014, 38 = OLG Düsseldorf NZS 2013, 624). Tatort iSv § 9 ist aber auch der Sitz der konkret mit dem Beitragseinzug befassten Organisationseinheit – etwa eine Geschäftsstelle –, denn für seine Bestimmung kommt es auf die faktische Betrachtung an, an welchem Ort der Täter hätte handeln, dh die Begleichung seiner Beitragsschuld hätte bewirken müssen (**aA** OLG Düsseldorf wistra 2014, 38 = OLG Düsseldorf NZS 2013, 624: nur am Hauptsitz).

Der **Zeitpunkt des Zahlungseingangs** bestimmt sich nach § 3 der BeitragsverfahrensVO (→ Rn. 36). Bei unbarer **31b** Zahlung gilt grds. die Wertstellung zugunsten der Einzugsstelle als Zahlungszeitpunkt, bei Vorliegen einer Einzugsermächtigung der Tag der Fälligkeit.

b) Fälligkeit. Die Beitragsvorenthaltung bezieht sich auf den Zeitpunkt der Fälligkeit der Beträge **32** (vgl. BGH NStZ 1990, 587). Fälligkeit tritt – bei zahlreichen Einzelabweichungen – **nach § 23 Abs. 1 S. 2 SGB IV grds. am drittletzten Bankarbeitstag** des betreffenden Monats der beitragspflichtigen Beschäftigung ein. Beiträge können in Vormonatshöhe entrichtet und ein verbleibender Restbetrag im Folgemonat nachgezahlt werden (§ 23 Abs. 1 S. 3 SGB IV). Unklarheiten in einer § 23 Abs. 1 S. 2 SGB IV vorgehenden fälligkeitsbestimmenden Satzungsregelung (vgl. § 23 Abs. 1 S. 1 SGB IV) gehen zu Lasten des Sozialversicherungsträgers (BGH NJW 1998, 1306 (1307)). § 3 Abs. 1, Abs. 2 BeitragsverfahrensVO (→ Rn. 36) bestimmt die zulässigen Zahlungsarten und abhängig vom Eingang der Zahlung den Tag, welcher als Zahlungstag gilt. Die – allerdings überwiegend durch den ArbG zu tragenden – Beiträge zur gesetzlichen Unfallversicherung werden nur jährlich fällig (§ 152 Abs. 1 SGB VII).

Eine stillschweigende **Duldung** der Fälligkeitsüberschreitung seitens der Einzugsstelle, etwa eine **33** Verwaltungspraxis, in einem bestimmten Zeitraum keine Maßnahmen zu ergreifen, hindert die Strafbarkeit ebenso wenig wie ein Stundungsantrag (BGH wistra 1997, 102), **Verhandlungen mit der Einzugsstelle** oder eine verzögerte Vollstreckung (vgl. BGH NJW 1992, 177; Schönke/Schröder/*Perron* Rn. 18). Anderes gilt für eine wirksame **Stundungsvereinbarung** mit der Einzugsstelle (vgl. § 76 SGB IV), soweit sie vor dem Fälligkeitszeitpunkt getroffen wurde (Fischer Rn. 11; LK-StGB/*Möhrenschlager* Rn. 51; MüKoStGB/*Radtke* Rn. 51 f.). Wurde eine Stundung außerhalb der engen formellen und materiellen Voraussetzungen des § 76 Abs. 2 SGB IV ausgesprochen, oder ist eine gewährte Stundung in Anbetracht einer auf Satzung beruhenden Fälligkeit unwirksam (vgl. BGH NJW 1992, 177 (178)), entfaltet sie zwar auch strafrechtl. keine tatbestandsausschließende Wirkung (vgl. NK-StGB/*Tag* Rn. 53), es kommt aber ein unvermeidbarer Verbotsirrtum in Betracht. Auch bei irriger tatsächlicher Annahme einer tatsächlich nicht gewährten Stundung kann ein – allerdings idR vermeidbarer – Verbotsirrtum anzunehmen sein (vgl. OLG Hamburg ZIP 2007, 725). Die Absicht, die geschuldeten Beträge nur vorübergehend zurückzuhalten, steht der Strafbarkeit nicht entgegen. Eine nachträgliche, auch nur kurzzeitig verspätete Zahlung lässt den Tatbestand nicht entfallen, sondern wirkt als nachträgliche Schadenswiedergutmachung nur strafmildernd, wenn sie nicht ausnahmsweise unter den Voraussetzungen von Abs. 6 als Strafaufhebungsgrund zu berücksichtigen ist (BGH NStZ 1990, 587; MüKoStGB/*Radtke* Rn. 52, 54). Bei unvorhergesehenen **Verzögerungen in der Weiterleitung der Zahlung** seitens des beauftragten Kreditinstitutes – zur höchstzulässigen Überweisungsdauer vgl. § 675a BGB – oder eines verlässlichen Dritten (→ Rn. 15) kann es aber an einem Verschulden des ArbG fehlen. Ist der Einzugsstelle mit ihrem Einverständnis eine **Abbuchungserlaubnis per Lastschrift** erteilt worden, muss sie selbst dafür Sorge zu tragen, dass die fälligen Beiträge rechtzeitig eingezogen werden. Hat der ArbG durch eine **ausreichende Deckung auf dem bezogenen Konto** das seinerseits Erforderliche für die rechtzeitige Abführung getan, entfällt bereits der Tatbestand des § 266a StGB, wenn die Einzugsstelle Krankenkasse von einer Ermächtigung ohne triftigen Grund keinen Gebrauch macht; denn die Beiträge sind dann nicht vorenthalten (OLG Düsseldorf StV 2009, 193 (194); MüKoStGB/*Radtke* Rn. 55).

Auf die Durchführung oder den Zeitpunkt der **Lohnauszahlung** kommt es zur Bestimmung des **34** Fälligkeitszeitpunktes nicht an, wie § 266a Abs. 1 nunmehr ausdrücklich klarstellt. Damit ist die früher streitige Frage, ob der Tatbestand auch bei einer unterbliebenen Lohnzahlung erfüllt ist, zugunsten der bereits früher vornehmlich in der Rspr. vertretenen Lohnpflichttheorie (BGHSt 47, 318 = BGH NJW 2002, 2480 (2481); BGHSt 48, 307 = BGH NJW 2003, 3787; BGHZ 144, 311 = BGH NJW 2000, 2293; BSGE 75, 61 (65) = BSG NZA 1995, 701; *Radtke* NStZ 2003, 154; **aA** zum früheren Recht *Gribbohm* JR 1997, 479; *Bittmann* wistra 1999, 441; *Bente* wistra 1996, 115) entschieden. Unerheblich bleibt also, wann der **ArbN dem ArbG die Lohnzahlung stundet** oder wenn die Lohnauszahlung einvernehmlich auf eine vom Lohnanfall abweichende Weise zeitlich verteilt wird (Müller-Gugenberger WirtschaftsstR/*Thul* § 38 Rn. 106, 157). Denn die Beitragspflicht knüpft allein an den Bestand eines sozialversicherungspflichtigen Arbeitsverhältnisses und die Höhe des vereinbarten Lohnes an und ist fälligkeitsverschiebenden Abreden der Parteien generell entzogen. So bestimmt § 22 Abs. 1 SGB IV, dass die Beitragsansprüche entstehen, „sobald ihre im Gesetz oder aufgrund eines Gesetzes bestimmten Voraussetzungen vorliegen". § 23 Abs. 1 S. 2 SGB IV stellt für die Fälligkeit des Beitrages auf den Monat ab, „in dem die Beschäftigung oder Tätigkeit, mit der das Arbeitsentgelt oder Arbeitseinkommen erzielt wird, ausgeübt worden ist"; wann das Entgelt fällig wird, ist demnach nicht maßgeblich (SK-StGB/*Hoyer* Rn. 40; **aA** NK-StGB/*Tag* Rn. 50; vgl. auch Fischer Rn. 12: grds. möglich, iZw aber seitens des ArbN gewährtes Darlehen). Anderes gilt nur dann, wenn das Arbeitsentgelt selbst infolge einer zulässigen Regelung oder Veränderung des Dienst- oder Arbeitsvertrages herabgesetzt ist, wie es etwa im Rahmen einer Freistellung nach § 7 Abs. 1a SGB IV oder einer Vereinbarung flexibler Arbeitszeiten nach § 7 Abs. 1b SGB IV denkbar erscheint (vgl. SK-StGB/*Hoyer* Rn. 40).

35   **c) Drittleistung.** § 266a Abs. 1 ist nach seinem Schutzzweck und der Umschreibung der tatbestandlichen Begehungsform Erfolgsdelikt in dem Sinne, als dem Sozialversicherungsträger zum Fälligkeitszeitpunkt keine Beiträge zugeflossen sein dürfen (vgl. LK-StGB/*Gribbohm*, StGB, 11. Aufl., Rn. 63, 65). Leistet statt dem ArbG ein Dritter, wirkt dies daher tatbestandsausschließend (vgl. BGH NStZ 2006, 227 (228); wistra 2001, 464 (465)), selbst wenn die Zahlungen dem ArbG nicht zurechenbar sind (Müller-Gugenberger WirtschaftsStR/*Thul* § 38 Rn. 160; MüKoStGB/*Radtke* Rn. 49; *Rönnau/Kirch-Heim* wistra 2005, 321 (323); **aA** Lackner/Kühl/*Heger* Rn. 7).

36   **d) Teilleistungen.** Zur Anrechnung von Teilzahlungen gilt grds. die BeitragsverfahrensVO v. 3.5.2006 (BGBl. I 1138; VO-Ermächtigung in § 28n Nr. 2 SGB IV), die an die Stelle der zum 1.7.2006 aufgehobenen BeitragszahlungsVO getreten ist. **§ 4 BeitragsverfahrensVO** bestimmt für die Einzugsstelle bindend die **Tilgungsreihenfolge** und verdrängt insoweit § 366 Abs. 2 BGB (BGH NJW 1998, 1484). Hiernach kann der ArbG bei der Zahlung bestimmen, welche Schuld getilgt werden soll; insbes. kann er eine vorrangige Tilgung der ArbN-Anteile vorsehen. Trifft er keine Bestimmung, werden zunächst Auslagen der Einzugsstelle, dann Gebühren, Gesamtsozialversicherungsbeiträge, Säumniszuschläge, Zinsen, schließlich Geldbußen und Zwangsgelder getilgt. Innerhalb der gleichen Schuldenart werden die einzelnen Schulden nach ihrer Fälligkeit, bei gleichzeitiger Fälligkeit anteilmäßig erfüllt.

37   Angesichts der erst drittrangigen Tilgung der Sozialversicherungsbeiträge und der dann anteilmäßigen Berücksichtigung von ArbG- und ArbN-Anteilen kann diese Verrechnung bei einer fehlenden Tilgungsbestimmung **einer Strafbarkeit des ArbG Vorschub leisten,** die schon durch eine andere Verteilung der geleisteten Beiträge hätte vermieden werden können. So kann die vorrangige Verrechnung von Auslagen und Gebühren strafbarkeitsbegründend oder schulderhöhend wirken, soweit sie eine Tilgung ausstehender Restbeiträge hindert. Für den ArbG kann es auch günstiger sein, seine gesamte Leistungen auf die ArbN-Beiträge anzurechnen, wenn er sich wegen der Nichtleistung der ArbG-Anteile nicht nach § 266a Abs. 2 strafbar machen würde, weil es an einer der unter § 266a Abs. 2 Nr. 1 und 2 angeführten Verhaltensweisen fehlt (vgl. Schönke/Schröder/*Perron* Rn. 10a; SK-StGB/*Hoyer* Rn. 42). Insoweit trifft nicht zu, dass die Frage der Tilgung wegen der in Abs. 2 aufgenommenen Vorenthaltung von ArbG-Anteilen weitgehend an Bedeutung verloren hat (so aber Fischer Rn. 11; Lackner/Kühl/*Heger* Rn. 11; BeckOK StGB/*Wittig* Rn. 11.1). Soweit sich § 4 BeitragsverfahrensVO – wie bereits zuvor § 4 BeitragszahlungsVO – dahingehend verstehen lässt, dass eine Anrechnung eingehender Beträge im Zweifel auf die jeweils älteste Beitragsschuld vorzunehmen ist, hätte dies zudem zur Folge, dass fällig werdende neue Beitragsschulden offen bleiben und zu erneuter Strafbarkeit führen. So würde eine nur einmalig ausgesetzte Monatsbeitragszahlung wegen der Verrechnung der wieder aufgenommenen Zahlungen mit der jeweiligen Vormonatsschuld zu einer immer neuen, „revolvierenden" Tatbestandsverwirklichung führen (vgl. LK-StGB/*Gribbohm*, StGB, 11. Aufl., Rn. 61 f.).

38   Wegen dieser Unzuträglichkeiten sind Teilleistungen auf fällig werdende Beiträge Zahlungen nach hM **auch ohne ausdrückliche Bestimmung des ArbG vorrangig auf die ArbN-Anteile zu verrechnen,** damit „die Einzugsstelle es nicht in der Hand hat, den Arbeitgeber durch Verrechnung auf Arbeitgeberanteile oder rückständige Beiträge strafrechtlich schuldig werden zu lassen" (BGH NStZ 1990, 587; BGH NJW 1991, 2918; BayObLG NStZ-RR 1999, 142; BayObLG JR 1988, 477; OLG Düsseldorf NJW 1956, 302 (Rspr. teilweise aus der Zeit vor Einfügung eines Tilgungsbestimmungsrechts des ArbG in die früheren BeitragszahlungsVO am 28.7.1997, BGBl. I 1927); vgl. auch Schönke/Schröder/*Perron* Rn. 10a; LK-StGB/*Möhrenschlager* Rn. 44; MüKoStGB/*Radtke* Rn. 62 f.; SK-StGB/ *Hoyer* Rn. 43; NK-StGB/*Tag* Rn. 64; *Wegner* wistra 2000, 36; *Mitsch* JZ 1994, 888). Nach der hauptsächlich in der Zivilrechtsprechung vertretenen **Gegenauffassung** bedarf es einer zumindest konkludenten Tilgungsbestimmung des ArbG, der rechtliche Relevanz nur dann zukommen soll, wenn sie greifbar in Erscheinung getreten ist (vgl. BGH NJW 2009, 2599; 2001, 968; 1998, 485; OLG Düsseldorf NJW-RR 1998, 1729; Fischer Rn. 11; Lackner/Kühl/*Heger* Rn. 6; Müller-Gugenberger WirtschaftsStR/*Thul* § 38 Rn. 158; s. auch *Esser/Keuten* wistra 2010, 161). Derartige Anforderungen ergeben sich jedoch weder aus § 4 BeitragsverfahrensVO noch aus der zivilrechtlichen Natur einer Tilgungsbestimmung (vgl. BGH NJW 1989, 1792; vgl. MüKoBGB/*Wenzel* § 366 Rn. 10). Zu ihrer Auslegung nach objektivem Empfängerhorizont ist vielmehr maßgeblich auf die Umstände des Einzelfalles, insbes. auf die Interessenlage des Schuldners abzustellen (BGH NJW-RR 1991, 562 (565); 1995, 1257; BGH NJW 1999, 2043 (2044)). Der Wille und die Interessenlage eines Beitragsschuldners richten sich erkennbar aber darauf, durch Zahlungen eine Strafbarkeit weitest möglich zu vermeiden und die Folgen einer bereits eingetretenen Verwirklichung von § 266a abzumildern (LK-StGB/*Gribbohm,* StGB, 11. Aufl., Rn. 62; MüKoStGB/*Radtke* Rn. 63; vgl. auch BayObLG wistra 1988, 238 (239) zu § 366 BGB). Damit ist eine möglichst „täterfreundliche" (Schönke/Schröder/*Perron* Rn. 10a; SK-StGB/*Hoyer* Rn. 43) Auslegung des Verhaltens des ArbG als konkludente Tilgungsbestimmung geboten.

39   Demzufolge sind Beitragsleistungen ohne ausdrückliche Tilgungsbestimmung im Zweifel **nicht auf bereits rückständige Beitragsforderungen** (Ausnahme: Fälle des Abs. 6 S. 2), sondern **auf die nächstfällige Forderung,** hierbei im Zweifel zunächst **auf den ArbN-Anteil** anzurechnen (vgl. Schönke/Schröder/*Perron* Rn. 10a). Sind diese Forderungen erfüllt, hat zum Zwecke einer strafmildernden Schadenswiedergutmachung die Tilgung solcher zurückliegender Beitragsforderungen zu erfolgen,

hinsichtlich derer der ArbG sich bereits strafbar gemacht hat. Dies verlangt dem Tatrichter ggf. eine Korrektur der von der Einzugsstelle vorgenommenen Verrechnungen ab.

Im **Beitreibungsverfahren** sind Zahlungen und Vollstreckungen auf die Rückstände anzurechnen, **40** deretwegen die Zwangsbeitreibung erfolgt (BGH NJW 1991, 2918; BGH NStZ 1990, 588).

3. Unmöglichkeit und Unzumutbarkeit. a) Grundsatz. Grds. erfordert § 266a Abs. 1 als echtes **41** Unterlassungsdelikt, dass dem handlungspflichtigen ArbG die **Erfüllung der Beitragspflicht möglich und zumutbar** ist (BGHSt 53, 71 = BGH NJW 2009, 528 (530); BGHSt 47, 318 (320) = BGH NJW 2002, 2480; 1998, 1306; BGH ZIP 2002, 124; OLG Hamm wistra 2003, 73; einschränkend neuerdings BGH NJW 2011, 3047, s. näher → Rn. 42, 65a). Der ArbG muss daher eine tatsächliche und rechtliche Möglichkeit zur Erfüllung seiner sozialversicherungsrechtlichen Verbindlichkeiten gehabt haben. Sie kann fehlen in Fällen einer **tatsächlichen Handlungsverhinderung** – etwa durch Krankheit –, der allerdings idR durch eine rechtzeitige Pflichtendelegation begegnet werden kann, und insbes. im Falle einer **fehlenden wirtschaftlichen Leistungsfähigkeit** des ArbG. Eine Unzumutbarkeit kann sich in engen Ausnahmefällen aus einer **Pflichtenkollision** ergeben.

Das Erfordernis der wirtschaftlichen Möglichkeit und Zumutbarkeit der Beitragsleistung hat der **1.** **42** **StrS des BGH** (NJW 2011, 3047 (nicht tragend) m. krit. Anm. *Bittmann* NJW 2011, 3048; abl. *Wittig* HRRS 2012, 63; zust. LK-StGB/*Möhrenschlager* Rn. 65) allerdings **aufgegeben für Fälle illegaler Beschäftigungsverhältnisse, in denen die Beiträge durch positives Tun vorenthalten werden.** Ausgehend von den Tatbeständen des § 266a Abs. 2, die nicht an ein schlichtes Vorenthalten der Beiträge anknüpfen, sondern an Pflichtverletzungen durch unrichtige Angaben (Abs. 2 Nr. 1) und das Unterlassen der nach § 28a SGB IV erforderlichen Meldung (Abs. 2 Nr. 2), soll für alle Fälle, in denen die Nichtführung auf ein betrugsähnliches Verhalten des ArbG zurückgeht, eine Unmöglichkeit oder Unzumutbarkeit der Beitragszahlung nicht tatbestandsausschließend wirken, mithin auch für Abs. 1. Hierdurch soll, entsprechend der Intention des Gesetzgebers (BT-Drs. 15/2573, 28), eine einheitliche Handhabung der Vorschrift für ArbG- und ArbN-Anteile erreicht werden (BGH NJW 2011, 3047 (3048)). Demnach wäre eine Unfähigkeit zur Beitragsabführung mangels liquider Mittel in einschlägigen Fällen allein für den Schuldumfang, mithin für das Strafmaß von Bedeutung.

Der Entscheidung lässt sich, soweit sie § 266a Abs. 1 betrifft, **nicht zustimmen.** Sie behauptet entgegen dem **42a** Wortlaut der Vorschrift letztlich zwei Tatbestandsalternativen: Die schlichte Nichtabführung der Beiträge, bezeichnet als „originärer" Anwendungsbereich (BGH NJW 2011, 3047), und eine durch aktive Täuschung oder pflichtwidrige Nichtanmeldung bewirkte Beitragsvorenthaltung. Hierin liegt jedoch ein außertatbestandliches Verhalten. Ist als strafbewehrte Handlungspflicht in § 266a Abs. 1 allein die Beitragszahlung aufgeführt, so muss aber – wie der BGH selbst ausführt (BGH NJW 2011, 3047 (3048)) – die Erfüllung *dieser* Pflicht möglich und zumutbar sein. Das Erfordernis kann nicht durch Postulierung anderer, im Tatbestand nicht angelegter Pflichten – der Anmeldung oder des Verbotes täuschenden Verhaltens –, die der ArbG fraglos zu befolgen vermag, umgangen werden.

Unabhängig davon bleibt die Frage einer die Beitragsabführung hindernden wirtschaftlichen Leistungsunfähigkeit **42b** **von hoher rechtstatsächlicher Bedeutung.** Denn außerhalb der Fälle systematischer Schwarzarbeit werden Sozialversicherungsbeträge hauptsächlich von ArbG in der Unternehmenskrise vorenthalten, die sich durch Nichtabführung der Beiträge wirtschaftlich Luft zu verschaffen suchen. Die Tat geht dann idR mit Steuerstraftaten und Insolvenzdelikten einher.

b) Zahlungsunfähigkeit des Beitragsschuldners. Eine Unmöglichkeit liegt grds. dann vor, wenn **43** **der Beitragspflichtige im Fälligkeitszeitpunkt zur Beitragsabführung außerstande ist** (BGHSt 47, 318 (320) = BGH NJW 2002, 2480; BGHZ 134, 304 (307) = BGH NJW 1997, 1237; 2002, 1123 (1124); 1997, 133; Schönke/Schröder/*Perron* Rn. 10 mwN). Eine Zahlungsunfähigkeit in diesem Sinne muss sich gerade auf die Beitragspflicht beziehen; sie entspricht nicht der allgemeinen Zahlungsunfähigkeit iSv § 17 Abs. 2 InsO, die bereits dann vorliegt, wenn der Schuldner nicht mehr alle fälligen Zahlungsverpflichtungen erfüllen kann (MüKoStGB/*Radtke* Rn. 66). Ist der Beitragsschuldner nur zu einer kumulativen Erfüllung von Sozialversicherungs- und Drittverbindlichkeiten außerstande, reichen die ihm verfügbaren Mittel aber zu einer isolierten Erfüllung der Beitragsschuld noch aus, ist er zahlungsfähig (SK-StGB/*Hoyer* Rn. 46; vgl. näher→ Rn. 47).

Zur **Ermittlung der wirtschaftlichen Leistungsfähigkeit** sind alle Betriebsmittel und das Be- **44** triebsvermögen des Unternehmens, im Falle persönlich haftender Gesellschafter auch deren Vermögen heranzuziehen. Bei fehlender Verfügungsmöglichkeit über vorhandene oder zufließende Beträge – etwa infolge Kontosperrung oder erfolgter Pfändung – zählen diese nicht zum berücksichtigungsfähigen Vermögen. Neue Verbindlichkeiten muss der ArbG zur Erfüllung der Beitragsverbindlichkeiten nur im Rahmen ordnungsgemäßen Geschäftsganges, nicht aber dann eingehen, wenn ihre Begleichung nicht gewährleistet ist. Dies gilt auch für die **Ausschöpfung oder Erhöhung beste-hender Kreditlinien** (BGHSt 47, 318 (322) = BGH NJW 2002, 2480; 2002, 1123 (1125); OLG Celle NJW 2001, 2985; *Tag* JR 2002, 521; zu eng SK-StGB/*Hoyer* Rn. 50: nur dann nicht erforderlich, wenn Kreditaufnahme zivilrechtlich gegen §§ 134, 138 BGB oder strafrechtlich gegen §§ 263, 265b verstößt). Hat das Unternehmen allerdings Liquidität auf diesem Wege bereits erlangt, ist es verpflichtet, sie zur Begleichung der Beitragsschuld einzusetzen (MüKoStGB/*Radtke* Rn. 66; aA SK-StGB/*Hoyer* Rn. 50).

45   Nach der **Rspr.** (BGHSt 47, 318 (320) = BGH NJW 2002, 2480; BGHSt 48, 307 = BGH NJW 2003, 3787 m. abl. Anm. *Radtke* NStZ 2004, 562; BGH NJW 2011, 3047 (3048); BGH NStZ 2006, 223 (224); BGH NJW 2002, 1123 (1125); BGHZ 134, 304 = BGH NJW 1997, 1237; OLG Düsseldorf StV 2009, 193 (194); krit. SSW StGB/*Saliger* Rn. 18; MüKoStGB/*Radtke* Rn. 67) kann der Tatbestand des § 266 Abs. 1 auch dann verwirklicht werden, wenn der Handlungspflichtige zwar zum Fälligkeitszeitpunkt zahlungsunfähig ist, die Pflichtwidrigkeit jedoch **im Sinne einer omissio libera in causa vorverlagert** ist, weil er sich in der Zeit vor Fälligkeit der seinerzeit noch verfügbaren Mittel zur Begleichung der Beitragsschuld vorwerfbar begeben hat, oder weil er es trotz Anzeichen künftiger Zahlungsschwierigkeiten versäumt hat, die Begleichung der Beiträge durch eine Liquiditätsvorsorge sicherzustellen (BGH NStZ 2003, 552 f.). Eine derartige Pflichtverletzung kann allein nicht aus der fehlenden Deckung im Fälligkeitszeitpunkt geschlossen werden, sondern bedarf der **Feststellung eines konkreten vorsätzlichen und schuldhaften Fehlverhaltens des ArbG** (BGHSt 47, 318 (322) = BGH NJW 2002, 2480 (2481)). Dies ist unproblematisch, soweit der ArbG liquide Mittel, die er erkennbar für die spätere Beitragsabführung benötigen würde, durch pflichtwidriges Handeln, etwa durch überhöhte Entnahmen oder inkongruente Zahlungen beiseite geschafft hat (vgl. Schönke/Schröder/*Perron* Rn. 10; insoweit zust. auch MüKoStGB/*Radtke* Rn. 71). Auch ein unter geordneten wirtschaftlichen Bedingungen unbedenkliches unternehmerisches Verhalten kann allerdings zu beanstanden sein, sofern sich dem ArbG – etwa durch eine schlechte Ertragslage, Forderungsausfälle und Kreditkündigungen, aber auch durch ungeordnete organisatorische Verhältnisse im Unternehmen (BGHSt 47, 318 (323) = BGH NJW 2002, 2480; BGHZ 134, 304 (315) = BGH NJW 1997, 1237) – **Anzeichen künftiger Liquiditätsprobleme** bieten. Der ArbG hat in diesem Fall eine auf den Fälligkeitszeitpunkt bezogene Liquiditätsprognose zu stellen und bei sich abzeichnenden Zahlungsschwierigkeiten Vorsorge- und Sicherungsmaßnahmen – etwa in Form von Rücklagen – für die spätere Begleichung der Arbeitnehmerbeiträge zu treffen (BGHSt 47, 318 (322) = BGH NJW 2002, 2480; BGHZ 134, 304 (307) = BGH NJW 1997, 1237; krit. *Radtke* NStZ 2003, 154 (155)). Dies kann betriebliche Einsparungen, etwa die Schließung von Betriebsstätten, Kürzung von Löhnen und die Entlassung von Beschäftigten (**aA** Schönke/Schröder/*Perron* Rn. 10), aber auch einen **Verzicht auf die Erfüllung anderweitig bestehender Verbindlichkeiten** erfordern (→ Rn. 47). Nicht zu verlangen ist die Eingehung neuer Verbindlichkeiten, insbes. die Beschaffung von Kreditmitteln, deren Rückzahlung nicht gewährleistet ist, und die Durchführung von Verwertungsmaßnahmen, die sich einer Vollstreckungsvereitelung nach § 288 annähern würden. Bleiben im Zeitpunkt des Offenbarwerdens der zugespitzten wirtschaftlichen Situation keine rechtlich zulässigen Maßnahmen, um die künftige Zahlung der Sozialversicherungsbeiträge sicherzustellen, handelt der ArbG nicht pflichtwidrig.

46   Da es sich § 266a um ein Vorsatzdelikt handelt, dürfen die abstrakten Anforderungen zur vorgelagerten Beitragssicherung in BGHSt 47, 318 **nicht im Sinne einer strafrechtlichen Fahrlässigkeitshaftung für die prognostische Beurteilung des ArbG** verstanden werden. Es kommt daher nicht allein darauf an, ob die seitens des ArbG im Vorfeld des Fälligkeitszeitpunktes getroffenen unternehmerischen Entscheidungen vertretbar waren. § 266a erfordert sowohl hinsichtlich der Wahrnehmung der wirtschaftlichen Krisensituation als auch hinsichtlich der sich bietenden und nicht ergriffenen Vorsorgemöglichkeiten einen **zumindest bedingten Vorsatz des ArbG**, der sich darauf erstrecken muss, **die künftig fälligen Beitragsforderungen nicht erfüllen zu können** (vgl. BGHSt 47, 318 (323) = BGH NJW 2002, 2480 (2481); Schönke/Schröder/*Perron* Rn. 17; SK-StGB/*Hoyer* Rn. 52: „Doppelvorsatz"). Eine Prüfung darf sich daher nicht allein darauf beschränken, zu welchem Zeitpunkt der ArbG nach dem Maßstab unternehmerischer Sorgfalt die Liquiditätskrise hätte frühestens erkennen und durch welche Maßnahmen er ihnen hätte begegnen *können*, denn hierdurch würde allenfalls ein fahrlässiges Verhalten belegt (vgl. Fischer Rn. 18). Bestanden entsprechende Erkenntnis- und Vorsorgemöglichkeiten, kann dies nur als Anknüpfung für weitere einzelfallbezogene Erhebungen und Feststellungen dahingehend dienen, ob der ArbG die problematische Liquiditätslage tatsächlich wahrgenommen und ob er Sicherungsmaßnahmen bewusst unterlassen hat (→ Rn. 79). Die vermeintlich erhebliche Ausweitung der strafrechtlichen Verantwortlichkeit durch die Vorverlagerung von Handlungspflichten (SSW StGB/*Saliger* Rn. 18) relativiert sich damit. Dem Tatrichter stellen sich infolge dieser Anforderungen Aufklärungspflichten und -schwierigkeiten, die jenen im Insolvenzstrafrecht vergleichbar sind.

47   **c) Konkurrierende Zahlungsverpflichtungen, Existenzsicherung des Unternehmens.** Stehen dem ArbG noch Mittel zur Verfügung, werden Beitragsforderungen häufig deshalb nicht erfüllt, weil der ArbG die Bedienung anderer Verbindlichkeiten – etwa Lohn- und Lieferantenforderungen – für den Fortbestand seines Unternehmens als vordringlicher ansieht. Auch im Falle vorgelagerter Prüfungspflichten (→ Rn. 45) fragt sich, ob und ggf. welche Drittforderungen der ArbG für eine Erfüllung vorsehen darf. Nach zutreffender Auffassung **geht die Pflicht zur Abführung der Sozialbeiträge iSv § 266a anderen Verbindlichkeiten des ArbG vor,** da sie durch den strafrechtlichen Normbefehl hervorgehoben sind (BGHSt 47, 318 = BGH NJW 2002, 2480; BGHSt 48, 307 (311) = BGH NJW 2003, 3787; 2005, 3650 (3651); BGHZ 134, 304 = BGH NJW 1997, 1237; Schönke/Schröder/*Perron* Rn. 10; SK-StGB/*Hoyer* Rn. 68 f.; Lackner/Kühl/*Heger* Rn. 10; vgl. auch BT-Drs. 10/5058, 31; **aA** Fischer Rn. 16 f.; MüKoStGB/*Radtke* Rn. 70; *ders.* NStZ 2003, 154 (156); NK-StGB/*Tag* Rn. 71, 78; *Rönnau* NJW 2004, 976; *Kutzner* NJW 2006, 413; *Tag* JR 2002, 521 (522))).

47a   Ein Widerspruch zur **insolvenzrechtlichen Anfechtbarkeit von Beitragszahlungen** (s etwa BGHZ 183, 86) besteht nicht (**aA** MüKoStGB/*Radtke* Rn. 70). Denn der strafrechtliche Vorwurf knüpft in einer Liquiditätskrise an die unternehmerische Fortführungsentscheidung unter Vernachlässigung der Beitragsverbindlichkeiten an, die auch – und gerade – dann zu sanktionieren ist, wenn sie gleichwohl die Insolvenz mündet. Dass unter dem dann geltenden rechtlichen Regime etwaige Beitragszahlungen keinen Bestand gehabt hätten, hat auf die strafbewehrte Zahlungspflicht keinen Einfluss. Der ArbG hätte sich ihrer durch rechtzeitige Stellung eines Insolvenzabtrages entledigen können; unterlässt er dies, muss er sich behandeln lassen wie jeder andere ArbG außerhalb einer Krise.

Das Bestehen anderweitiger Forderungen oder ihre Erfüllung führt daher grds. nicht zur Unmöglich- **47b** keit und lässt die Tatbestandsmäßigkeit von § 266a Abs. 1 nicht entfallen. Dies gilt hinsichtlich der Art der Forderung und der Person des Gläubigers unterschiedslos. Auch die **Lohnforderungen der Beschäftigten** sind nachrangig gegenüber den Sozialversicherungsbeiträgen; erforderlichenfalls hat sie der ArbG zu kürzen oder ArbN zu entlassen, um die fälligen – auf Grundlage des ungekürzten Bruttolohnes berechneten – Beiträge abführen zu können (BGHZ 134, 304 (309) = BGH NJW 1997, 1237; BGH VersR 1981, 529; OLG Hamm NStZ-RR 2007, 170 (171) („stattdessen"); Müller-Gugenberger WirtschaftsStR/*Thul* § 38 Rn. 167; Lackner/Kühl/*Heger* Rn. 8; **aA** Schönke/Schröder/*Perron* Rn. 9 f.). Vom Vorrang der Beitragsansprüche ausgenommen sind nur bereits **titulierte Forderungen** dritter Gläubiger, hinsichtlich derer konkrete Vollstreckungsmaßnahmen – etwa in Gestalt anstehender Pfändungen – zu erwarten sind (BGHSt 47, 318 (323) = BGH NJW 2002, 2480), mithin nicht schon ab dem Zeitpunkt der vorläufigen oder endgültigen Vollstreckbarkeit einer Forderung, sondern erst, wenn die Vollstreckung droht; insoweit kann auf den Maßstab des § 288 zurückgegriffen werden (vgl. Lackner/Kühl/*Heger* § 288 Rn. 2).

Für Wirtschaftlichkeits- und darauf beruhende Zumutbarkeitserwägungen ist in diesem Zusammen- **48** hang kein Raum (vgl. Schönke/Schröder/*Perron* Rn. 10). Der ArbG darf zwischen der Beitragsforderung und weiteren offenen Verbindlichkeiten auch dann nicht abwägen, wenn eine vorrangige Erfüllung anderer Forderungen zur **Existenzsicherung** des Unternehmens unabdingbar erscheint (Schönke/Schröder/*Perron* Rn. 10; Müller-Gugenberger WirtschaftsStR/*Thul* § 38 Rn. 166 f.: kein Recht des ArbG zu Rettungsversuchen auf Risiko der Solidargemeinschaft; **aA** Fischer Rn. 17a; Lackner/Kühl/ *Heger* Rn. 10: Anforderungen sollen unter dem Gesichtspunkt der Zumutbarkeit „angemessen abgemildert" werden; vgl. auch SSW StGB/*Saliger* Rn. 18). Insoweit besteht ein Gleichlauf mit dem Insolvenzrecht, das bei nicht mehr möglicher Erfüllung aller vitalen Forderungen – hierzu zählt auch die Beitragspflicht – dem Unternehmer keine weiteren Rettungsbemühungen, sondern eine Insolvenzantragsstellung abverlangt (→ Rn. 47a). Auch das Sozialrecht erlaubt keine Suspendierung der Beitragspflicht zum Zweck der Aufrechterhaltung eines Unternehmens oder der Sicherung gefährdeter Arbeitsplätze (**aA** MüKoStGB/*Radtke* Rn. 70). Der Vorrang gilt daher auch für die von dem ArbG im Vorfeld der Beitragsfälligkeit geschuldeten Bemühungen um eine Liquiditätssicherung. Der nur empirische Befund, dass Unternehmen in der Krise gleichwohl Lieferanten- und Lohnforderungen den Vorzug vor einer Zahlung von Beiträgen oder Rückstellungen hierfür geben werden (Fischer Rn. 17a), bleibt auf den Normbefehl des § 266a ohne Einfluss; gleiches gilt für die Erwägung, dass die bevorzugte Erfüllung anderweitiger Forderungen zum Zweck der Existenzsicherung des Unternehmen im Erfolgsfall auch zur Rettung von Arbeitsplätzen und damit zum künftigen Beitragsaufkommen beitragen kann (vgl. MüKoStGB/*Radtke* Rn. 70). Ein begrenzter Freiraum verbleibt dem ArbG demnach nur auf Rechtsfolgenebene unter den Voraussetzungen von Abs. 6 (vgl. insoweit BGHSt 47, 318 (321) = BGH NJW 2002, 2480 (2481) (zu Abs. 5 aF); BGHSt 48, 307 (311) = BGH NJW 2003, 3787).

Auf anderer, subjektiver Ebene liegt auch hier die Frage, ob der ArbG im Vorfeld **tatsächlich erkannt hat,** dass sich **49** die Erfüllung anderweitiger Forderungen auf seine Fähigkeit zur Begleichung der Beitragspflicht auswirken werde. § 266a verbietet lediglich, sehenden Auges anderen Forderungen den Vorzug zu geben. Eine – auch fehlsame – Prognose, die Liquidität werde ausreichen, ist nicht strafbar. Insofern ergibt sich auch keine „tendenzielle Überforderung" (SSW StGB/*Saliger* Rn. 18) des ArbG durch die Vorrangrechtsprechung des BGH. Ebenso wenig bedarf es einer Einschränkung des Forderungsvorranges, um auf diesem Weg einer Strafbarkeit bei pflichtgerechtem Vorverhalten entgegenzuwirken (so aber MüKoStGB/*Radtke* Rn. 71).

Auch bei **kurzfristig eintretenden, unerwarteten Ereignissen,** die die Liquidität des ArbG einschränken, ist **49a** grds. keine Abwägung und Pflichtensuspendierung möglich. Hierzu gehören sowohl die Entstehung neuer Verbindlichkeiten durch Notsituationen (zB Elementarschäden) als auch unvorhergesehene Forderungsausfälle (zB Insolvenz von Kunden). Allerdings ist wiederum zu differenzieren: Im Vorfeld getroffene unternehmerische Entscheidung, die das Ereignis begünstigt haben oder seine Folgen verschlimmern (zB fehlende Rücklagen, unzutreffende Prognosen, Kredite an Kunden), führen für sich genommen noch nicht zu einer strafrechtlichen (Risiko-)Haftung (vgl. Fischer Rn. 17a, 18; → Rn. 46). Die Erfüllung anderweitiger Verbindlichkeiten nach dem Ereignis ist daher idR unerheblich. Nach dem Ereignis liegt eine Existenzkrise vor, die entweder zur Insolvenzantragsstellung drängt oder wirtschaftlich aufgefangen werden kann; in letzterem Fall muss aber zwingend auch Spielraum für eine Beitragszahlung bestehen. Nur in eng umgrenzten Ausnahmen, in denen eine Unternehmensfortführung gesichert ist und allein aufgrund des kurzen Zeitrahmens die für die fristgerechte Begleichung aller Forderungen erforderlichen Mittel nicht abgerufen werden können, kann unter Zumutbarkeitsgesichtspunkten eine vorrangige Begleichung existenzsichernder Forderungen hinzunehmen sein (weiter Fischer Rn. 17a, 18; LK-StGB/*Möhrenschlager* Rn. 64); allerdings wird in derartigen Fällen regelmäßig bereits eine Stundungsanfrage bei der Einzugsstelle Erfolg versprechen.

Das **Verhältnis zu anderen strafbewehrten Zahlungspflichten,** etwa aus § 170 StGB, § 26a **50** UWG ist bislang ungeklärt. Hier wird sich bei Erfüllung einer Verbindlichkeit eine Rechtfertigung im Hinblick auf die Nichterfüllung der anderen unter dem Gesichtspunkt einer Pflichtenkollision ergeben, da der Pflichtige einem gleichwertigen Rechtsgut genügt (vgl. BGHSt 47, 318 (322) = BGH NJW 2002, 2480 (2481); MüKoStGB/*Radtke* Rn. 96).

51   **d) Insolvenzreife und Insolvenz.** Die Beitragspflicht und eine Strafbarkeit bei Nichtabführung bestehen grds. auch in der einer Insolvenz vorgelagerten Krisenzeit (BGHSt 48, 307 = BGH NJW 2003, 3787; BGH NStZ 2006, 223 (225); Schönke/Schröder/*Perron* Rn. 10; Lackner/Kühl/*Heger* Rn. 10; **aA** MüKoStGB/*Radtke* Rn. 77; ausführlich LK-StGB/*Möhrenschlager* Rn. 62 ff.). Eine Ausnahme hiervon besteht nur **während der dreiwöchigen Insolvenzantragsfrist des § 15a Abs. 1 InsO** (vormals § 64 Abs. 1 S. 1 GmbHG). Da die verteilungsfähige Vermögensmasse eines insolvenzreifen Unternehmens in dieser Zeit zu erhalten und eine bevorzugte Befriedigung einzelner Gläubiger zu verhindern ist, die organschaftlichen Vertreter betroffener Gesellschaften aus diesem Grunde zudem nach § 64 S. 1 GmbHG (vormals § 64 Abs. 2 S. 1 GmbHG), § 92 Abs. 2 AktG, § 130a Abs. 1 HGB für Zahlungen nach Eintritt der Insolvenzreife persönlich haften (vgl. BGHZ 146, 264 (275) = BGH NJW 2001, 1280), besteht für die Nichtabführung der Arbeitnehmerbeiträge während des Fristlaufs ein **Rechtfertigungsgrund** (BGHSt 48, 307 (310) = BGH NJW 2003, 3787 (nicht tragend) für § 64 GmbHG aF, mAnm *Götte* DStR 2004, 286, *Radtke* NStZ 2004, 562 und *Wilhelm* ZIP 2007, 1781; BGH NJW 2005, 3650; vgl. auch Lackner/Kühl/*Heger* Rn. 10; Schönke/Schröder/*Perron* Rn. 10; SK-StGB/*Hoyer* Rn. 48 f.; für eine tatbestandsausschließende Pflichtensuspendierung wegen rechtlicher Unmöglichkeit MüKoStGB/*Radtke* Rn. 72 f.; SSW StGB/*Saliger* Rn. 19; *Rönnau* NJW 2004, 976 (979)). Die Pflichtenkollision zwischen strafbarer Beitragsnichtabführung und damit einhergehenden zivilrechtlichen Ansprüchen aus § 823 Abs. 2 BGB einerseits und einer bei Beitragsabführung andererseits eintretenden Rückgriffshaftung wegen Verstoßes gegen den Grundsatz der Massesicherung ist damit aufgelöst. Zahlt der Pflichtige die Beiträge trotz fehlender straf- und zivilrechtlicher Pflicht, haftet er persönlich in Zahlungshöhe; er kann sich auch nicht darauf berufen, mit der Sorgfalt eines ordentlichen Kaufmanns im Sinne der § 64 S. 2 GmbHG, § 92 Abs. 2 S. 2 AktG oder § 130a Abs. 1 S. 2 HGB gehandelt zu haben (BGHSt 48, 307 (310) = BGH NJW 2003, 3787 (3788); BGH NJW-RR 2010, 701).

52   **Mit Ablauf der Dreiwochenfrist** kehrt sich diese Pflichtenlage nach der strafgerichtlichen Rechtsprechung erneut um. Sofern kein Insolvenzantrag gestellt worden ist, **entfällt der Rechtfertigungsgrund** ex-nunc; der Vorrang der Beitragspflicht vor anderen Forderungen lebt wieder auf (BGHSt 48, 307 (310 f.) = BGH NJW 2003, 3787 (5. StrS); BGH NStZ 2006, 223; **aA** SK-StGB/*Hoyer* Rn. 72: Fortbestand des Rechtfertigungsgrundes für den Zeitraum der Insolvenzreife; MüKoStGB/*Radtke* Rn. 77: rechtl. Unmöglichkeit der Beitragsentrichtung nach Insolvenzreife). Lässt etwa der Geschäftsführer einer GmbH die Frist des § 15a Abs. 1 InsO verstreichen, muss er aus den ihm noch zur Verfügung stehenden Mitteln die Sozialversicherungsbeiträge entrichten, will er eine Strafbarkeit nach § 266a Abs. 1 und eine persönliche Haftung nach § 823 Abs. 2 BGB vermeiden. Dies gilt **auch dann, wenn die Insolvenzreife der Gesellschaft fortbesteht,** so dass Beitragszahlungen in einem späteren Insolvenzverfahren nach §§ 129, 130 InsO anfechtbar wären. Das Wiederaufleben der strafrechtlichen Beitragspflicht liegt nach der Rspr. des 5. StrS des BGH darin begründet, dass § 15a InsO und die gesellschaftsrechtlichen Haftungsbestimmungen nur eine Karenzfrist zum Zweck von Sanierungsversuchen und der Prüfung einer Fortbestehensprognose eröffnen sollen, sie daher auch nur insoweit als Rechtfertigung im Rahmen von § 266a Abs. 1 herangezogen werden können (BGHSt 48, 307 (310 f.) = BGH NJW 2003, 3787; 2005, 3650 (3651) = BGH NStZ 2006, 223 mAnm *Kutzer* NStZ 2006, 413, *Sinn* NStZ 2007, 155 und *Rönnau* wistra 2007, 81). Dagegen hebe die Insolvenzreife an sich die strafbewehrte Pflicht zur Abführung der Arbeitnehmerbeiträge nicht auf. Werde das Unternehmen nach Fristablauf weitergeführt, bestehe hinsichtlich der Beitragspflicht dieselbe Lage wie vor Fristbeginn, zumal nicht absehbar sei, ob und wann es überhaupt zur Einleitung des Insolvenzverfahrens komme (BGH NJW 2005, 3650 (3652)).

53   Die Auffassung des 5. StrS stand **zunächst in Widerspruch zur Rspr des II. ZS des BGH,** derzufolge den Sozialversicherungsansprüchen auch nach Ablauf der Dreiwochenfrist kein Vorrang zukommt, der Pflichtige sich daher durch die Nichtabführung weder strafbar macht noch Ersatzansprüchen nach § 823 Abs. 2 BGB aussetzt. Vielmehr sei ihm im Zeitraum der Insolvenzreife nach dem Grundsatz der Massesicherung nicht gestattet, Zahlungen an bevorzugte Gläubiger vorzunehmen; er würde hierfür persönlich nach § 64 S. 1 GmbHG oder § 823 Abs. 2 BGB haften (BGH NJW 2005, 2546 (nicht tragend); vgl. die Darstellungen bei MüKoStGB/*Radtke* Rn. 73 ff.; *Brand* GmbHR 2010, 237). An diesem Standpunkt **hält der II. ZS im Hinblick auf die Rspr. des 5. StrS nicht mehr fest.** Dem Vertreter der Gesellschaft könne mit Rücksicht auf die Einheit der Rechtsordnung nicht angesonnen werden, seine Massesicherungspflicht zu erfüllen und Sozialversicherungsbeiträge einzubehalten, wenn er sich hierdurch strafrechtlicher Verfolgung aussetze. Beitragszahlungen sind demnach **mit den Pflichten eines ordentlichen und gewissenhaften Geschäftsleiters nach § 64 S. 2 GmbHG, § 92 Abs. 2 S. 2 AktG oder § 130a Abs. 1 S. 2 HGB vereinbar** und führen nicht zu einer Rückgriffshaftung nach diesen Vorschriften (BGH NJW 2007, 2118 (2120) m. zust. Anm. *Altmeppen* NJW 2007, 2121; mAnm *Rönnau* JZ 2008, 46; BGH NJW 2008, 2504) oder nach § 823 Abs. 2 BGB (BGH NJW-RR 2008, 1253; s andererseits BGH NJW 2009, 295). Auch die **Abführung bereits rückständiger ArbN-Anteile** löst keine Haftung aus (BGH NZG 2011, 303). Anders liegt es bei der Zahlung von ArbG-Beiträgen nach Insolvenzreife, da der bloßen Vorenthaltung angesichts der engeren Voraussetzungen von § 266a Abs. 2 keine strafrechtliche Bedeutung zukommt (BGH NJW 2011, 221).

53a   Damit ist die **straf- und zivilrechtliche Pflichtenlage auch für die Zeit nach Ablauf der Dreiwochenfrist des § 15a Abs. 1 InsO harmonisiert** (vgl. SSW StGB/*Saliger* Rn. 19). Dem Ergebnis gebührt Zustimmung; es orientiert sich stringent am insolvenzrechtlichen Normbefehl, spätestens drei Wochen nach Eintritt der Insolvenzreife die Einleitung des Insolvenzverfahrens zu veranlassen. Sieht der Pflichtige von einem entsprechenden Antrag ab, muss er sich hieran festhalten lassen: Trifft seine Einschätzung zu, dass die Insolvenzreife nicht fortbesteht, schuldet er sozialversicherungs-, zivil- und strafrechtlich fraglos auch die Beitragsabführung. Dies gilt aber auch dann, wenn er sich entgegen seiner insolvenzrechtlichen Antragspflicht zu einer Unternehmensfortführung entschließt. Es besteht auch dann kein Anlass, ihn über den Ausnahmezeitraum des § 15a Abs. 1 InsO hinaus im Hinblick auf seine Beitragspflicht zu privilegieren. Haftungs- und straffrei – auch im Hinblick auf § 15a V InsO – wird er nur dann, wenn er im Zweifel von seinem Insolvenzantragsrecht Gebrauch macht. Das Ergebnis steht auch im Einklang mit der steuerrechtlichen Lage, derzufolge die Zahlungspflicht auch im Stadium der Insolvenzreife besteht und der Handlungspflichtige bei Nichtabführung nach §§ 69, 34 AO persönlich haftet (vgl. BFHE 216, 491 = BFH NJW 2007, 3520; BFHE 222, 228 = BFH ZIP 2009, 122).

Im Insolvenzverfahren selbst ist die Abführungspflicht für den ArbG suspendiert (BGHSt 48, 307 **54** (312 f.) = BGH NJW 2003, 3787; SSW StGB/*Saliger* Rn. 19). Eine Strafbarkeit nach § 266a Abs. 1 scheidet **ab dem Zeitpunkt eines seitens des ArbG gestellten Insolvenzantrags** unabhängig davon aus, ob es zu einem Eröffnungsbeschluss kommt oder nicht. Maßgeblich ist auch nicht, ob dem Pflichtigen im Eröffnungsverfahren ein Verfügungsverbot auferlegt oder ein Zustimmungsvorbehalt angeordnet wird (§ 21 Abs. 2 Nr. 2 InsO; anders wohl Müller-Gugenberger WirtschaftsStR/*Thul* § 38 Rn. 77, 168); ist dies der Fall, tritt hiermit – und nach § 80 Abs. 1 InsO mit Verfahrenseröffnung – allerdings zudem eine rechtliche Unmöglichkeit der Beitragsabführung ein. Tauglicher Täter iSv § 266a im Insolvenzverfahren ist der **Insolvenzverwalter,** da auf ihn die Verwaltungs- und Verfügungsbefugnis übergeht (MüKoStGB/*Radtke* Rn. 37; NK-StGB/*Tag* Rn. 32; SK-StGB/*Hoyer* Rn. 28). Führt er das Unternehmen fort, trifft ihn die Abführungspflicht. Für den **vorläufigen Insolvenzverwalter** gilt anderes. Zwar erlangt auch er im Fall des § 22 Abs. 1 S. 1 InsO die Verwaltungs- und Verfügungsbefugnis („starker" vorläufiger Insolvenzverwalter). Eine Strafbarkeit scheidet aber auch dann aus, wenn er den Geschäftsbetrieb nach § 22 Abs. 1 S. 2 Nr. 2 InsO fortführt, da im Zwischenstadium bis zur Verfahrenseröffnung die Prüfungs- und Sicherungspflicht überwiegt, die Fortführung daher zunächst der Masseerhaltung dient. Damit ist eine strafbewehrte Pflicht zu einer vorrangigen Beitragszahlung nicht zu vereinbaren (**str.;** wie hier Schönke/Schröder/*Perron* Rn. 11; SSW StGB/*Saliger* Rn. 7; **aA** Mü-KoStGB/*Radtke* Rn. 37; SK-StGB/*Hoyer* Rn. 28; Müller-Gugenberger WirtschaftsStR/*Thul* § 38 Rn. 77; *Richter* NZI 2002, 121; MüKoInsO/*Haarmeyer* § 22 Rn. 208; vgl. ferner *Plagemann* NZS 2000, 8 (10, 13 f.)).

e) Unzumutbarkeit. Für eine – auch im Rahmen eines echten Unterlassungsdelikts grds. zu **55** berücksichtigende – Unzumutbarkeit der Beitragsabführung bleibt ein nur **schmaler Anwendungsbereich.** Dies liegt darin begründet, dass die der Beitragspflicht zugrunde liegenden Allgemeininteressen das wirtschaftliche Individualinteresse am Vermögenserhalt und einer Unternehmensfortführung überwiegen (vgl. Schönke/Schröder/*Perron* Rn. 10 aE; **aA** NK-StGB/*Tag* Rn. 78; wohl auch Lackner/*Kühl/Heger* Rn. 10 sowie LK-StGB/*Möhrenschlager* Rn. 64), zumal § 266a Abs. 6 bereits Fälle einer subjektiven Pflichtenkollision erfasst und privilegiert. Versuche zur Behebung einer Existenzkrise des ArbG-Unternehmens begründen grds. keine Unzumutbarkeit; Ausnahmen müssen notstandsähnlichen Charakter besitzen (→ Rn. 49a). Die in der Lit. angeführte Gefährdung höchstpersönlicher Rechtsgüter (Schönke/Schröder/*Perron* Rn. 10 aE) wird ebenso wie eine Kollisionslage im Hinblick auf dritte Rechtsgüter (vgl. SK-StGB/*Hoyer* Rn. 48: allenfalls Rechtfertigungsgrund) nur in Ausnahmefällen praktisch werden (zB Aufbringung von Behandlungskosten bei einer eigenen lebensbedrohlichen Erkrankung oder einer solchen naher Angehöriger). Die Gefährdung des allgemeinen Lebensbedarfs des ArbG zählt angesichts zumutbarer Handlungsalternativen nicht hierzu (**aA** Schönke/Schröder/*Perron* Rn. 10 aE). Bei gesundheitlichen Beeinträchtigung, die den Pflichtigen an einer persönlichen Handlungsvornahme hindern, bestehen für die Annahme von Unzumutbarkeit jedenfalls dann strenge Anforderungen, wenn nur eine Überwachung und Anweisung Dritter erforderlich ist (BGHZ 133, 370 (381) = BGH NJW 1997, 130(133)).

II. Vorenthaltung von Arbeitgeberbeiträgen (Abs. 2)

1. Allgemeines. Der mit Wirkung zum 1.8.2004 neugefasste Abs. 2 unterstellt auch die Vorent- **56** haltung von ArbG-Beiträgen der Strafandrohung des § 266a (vgl. zur Neuregelung *Rönnau/Kirch-Heim* wistra 2005, 321). Strafbar ist im Unterschied zu Abs. 1 nicht die unterlassene Abführung als solche, sondern nur ein **bestimmtes Verhalten gegenüber der Einzugsstelle** (§ 28i S. 1 SGB IV), das zum Vorenthalten der Beiträge führt (vgl. Erbs/Kohlhaas/*Ambs* Rn. 20). Hiermit soll dem im Vergleich zum untreueähnlichen Abs. 1 geringeren Unrechtsgehalt der Nichtentrichtung einer eigenen Schuld Rechnung getragen werden (vgl. BT-Drs. 14/8221, 18; 15/2573, 28). Der Tatbestand ist in seiner Ausgestaltung § 370 AO vergleichbar und enthält betrugsähnliche Elemente (BGH NStZ 2007, 527; SSW StGB/*Saliger* Rn. 21). § 266a Abs. 2 bildet in der unter Nr. 1 beschriebenen Tatbestandsalternative ein Begehungsdelikt, hinsichtlich Nr. 2 ein echtes Unterlassungsdelikt mit erfolgsbezogenen Elementen (→ Rn. 2, 35; BGH NJW 2011, 3047; Fischer Rn. 21; **aA** MüKoStGB/*Radtke* Rn. 78: insgesamt Unterlassungsdelikt).

57   Zum Täterkreis → Rn. 9 ff.; gleichgestellt sind auch hier Personen iSv Abs. 5. Zur Fälligkeit der Beiträge, zu Zahlungen Dritter und Teilzahlungen → Rn. 32 ff. Auch § 266a Abs. 2 ist hinsichtlich der Beitragsschuld sozialrechtsakzessorisch, setzt daher eine nach den geltenden Vorschriften des Sozialversicherungsrechts bestehende Beitragsschuld voraus (→ Rn. 17).

58   **2. Erfasste Beiträge.** Erfasst sind sämtliche Sozialversicherungsbeiträge, die originär vom ArbG aufzubringen sind. Dies betrifft nicht nur den mit den ArbN-Anteilen **korrespondierenden ArbG-Anteil** an dem Gesamtversicherungsbeitrag nach § 28d SGB IV, sondern auch solche **Beiträge, die ausschließlich dem ArbG zugeordnet sind,** zB Unfallversicherungsbeiträge nach § 150 Abs. 1 SGB VII (vgl. BGH BeckRS 2010, 00690 Rn. 45; SK-StGB/Hoyer Rn. 73), Beiträge für geringfügig Beschäftigte nach § 8 SGB IV, § 249b S. 1 SGB V, § 172 Abs. 3 SGB VI (**„Minijobs"**, → Rn. 60b) oder die von § 20 Abs. 3 SGB IV genannten Fälle der Berufsausbildung oder eines freiwillig sozialen Jahres (näher → Rn. 21; weitere Fälle bei LK-StGB/Möhrenschlager Rn. 68; Müller-Gugenberger WirtschaftsStR/Thul § 38 Rn. 192 ff.). Optiert der von der Rentenversicherungspflicht befreite ArbN nach § 5 Abs. 2 S. 2 SGB VI für eine Versicherung, entsteht gleichfalls eine strafbewehrte Beitragspflicht des ArbG. **Ausgenommen** von Abs. 2 sind **Beiträge für geringfügig Beschäftigte in Privathaushalten** iSv § 8a SGB IV, deren unterbliebene Abführung nach § 111 Abs. 1 S. 1 Nr. 2a, S. 2 SGB IV, § 172 Abs. 4 SGB VI, § 209 Abs. 1 S. 1 Nr. 5, S. 2 SGB VII nur bußgeldbewehrt ist (vgl. BT-Drs. 15/2573, 31; Joecks wistra 2004, 441 (443); Laitenberger NJW 2004, 2704; s. auch § 50e EStG für das Steuerrecht). Allerdings soll eine Strafbarkeit nach § 263 für den Fall der Täuschung der Sozialversicherungsträger unberührt bleiben (LK-StGB/Möhrenschlager Rn. 66; SK-StGB/Hoyer Rn. 73; NK-StGB/Tag Rn. 89; Erbs/Kohlhaas/Ambs Rn. 20; vgl. auch BT-Drs. 15/2573, 28); dies erscheint zweifelhaft, da angesichts der tatbestandlichen Voraussetzungen von § 266a Abs. 2 in den meisten Fällen infolge eines Irrtums der Einzugsstelle auch ein Betrug vorliegt, der bei einer Strafbarkeit nach § 266a Abs. 2 im Wege der Gesetzeskonkurrenz zurücktritt (BGH NStZ 2007, 527; → Rn. 117). Durch das Aufleben des zurücktretenden Straftatbestandes würde der Strafbarkeitsausschluss nach § 111 Abs. 1 S. 2 SGB IV, § 209 Abs. 1 S. 2 SGB VII weitestgehend umgangen (zustimmend, gleichwohl für eine Anwendbarkeit von § 263 MüKoStGB/Radtke Rn. 79). Von Abs. 2 nicht erfasst sind ferner Beiträge zur Urlaubs- und Lohnausgleichskasse der Bauwirtschaft (vgl. BAG NJW 2005, 3739; Müller-Gugenberger WirtschaftsStR/Thul § 38 Rn. 195 ff.).

59   Zur **Beitragshöhe** und den **Darlegungspflichten** des Tatrichters → Rn. 26. Grds. trägt der ArbG die Beiträge hälftig; abweichende Beitragshöhen bestehen – teilweise in Gestalt von Pauschalbeträgen – aus der gesetzlichen Krankenversicherung (vgl. §§ 241, 249 Abs. 1 SGB V), der sog Gleitzone iSv § 20 Abs. 2 SGB IV (s § 249 Abs. 3 SGB V; § 58 Abs. 3 S. 3, Abs. 5 S. 2 SGB XI) und zT bei geringfügig Beschäftigten iSv §§ 8, 8a SGB IV (§ 249b SGB V; § 168 Abs. 1 Nr. 1b, 1c, § 172 Abs. 3 S. 1, Abs. 3a SGB VI). Die **Schätzungsbefugnis** bezieht sich auch auf den ArbG-Anteil, der auf Grundlage eines aufgrund tatsächlicher Anhaltspunkte geschätzten Nettolohnes hochgerechnet werden kann (→ Rn. 28).

60   **3. Tatbegehung.** § 266a Abs. 2 erfordert eine **Vorenthaltung** der ArbG-Beiträge. Die Voraussetzungen entsprechen insoweit jenen des Abs. 1; insbes. ist auch in Abs. 2 ausdrücklich aufgenommen, dass die Tat keine Lohnzahlung seitens des ArbG erfordert. Darüber hinaus setzt sie in zwei Tatbestandsalternativen ein betrugsartiges – indes nicht betrugsidentisches – Verhalten des ArbG gegenüber der Einzugsstelle voraus; die Vorschrift ist insoweit § 370 Abs. 1 AO nachgebildet. Anders als im Fall eines Beitragsbetrugs nach § 263 (vgl. BGH wistra 1992, 141) erfordert § 266a Abs. 2 StGB in beiden Tatvarianten **weder eine Täuschung noch eine Irrtumserregung** (MüKoStGB/Radtke Rn. 80; SSW StGB/Saliger Rn. 21; Fischer Rn. 21a; Müller-Gugenberger WirtschaftsStR/Thul § 38 Rn. 225 f.; **aA** Schönke/Schröder/Perron Rn. 11h), so dass es nicht darauf ankommt, ob der befasste Mitarbeiter der Einzugsstelle sich über die Richtigkeit und Vollständigkeit der Angaben Gedanken macht und dabei einer konkreten Fehlvorstellung unterliegt (Fischer Rn. 21a; Lackner/Kühl/Heger Rn. 12; SSW StGB/Saliger Rn. 21; vgl. auch BT-Drs. 15/2573, 28; BR-Drs. 155/04, 76). Soweit die **Gegenauffassung** eine betrugsähnliche Auslegung vornimmt und neben einem Irrtum der Einzugsstelle ein **„verfügungsadäquates Verhalten"** als Irrtumsfolge fordert, auf dem die Vorenthaltung beruhen müsse (Schönke/Schröder/Perron Rn. 11h; SK-StGB/Hoyer Rn. 76; MüKoStGB/Radtke Rn. 83), widerspricht dies der seitens des Gesetzgeber bewusst von § 263 abweichend gewählten Tatbestandsstruktur und überdehnt die tatbestandlichen Anforderungen, die sich in einer – nicht notwendig äquivalent-kausalen – Verknüpfung zwischen Tathandlung und -erfolg erschöpfen („dadurch", → Rn. 64).

60a   Die **„für den Einzug der Beiträge zuständige Stelle"** nach Abs. 2 entspricht weitgehend der „Einzugsstelle" iSv Abs. 1, mithin der nach § 28i S. 1 SGB IV zuständigen Krankenkasse (→ Rn. 31), die auch für einen Großteil der allein von dem ArbG zu tragenden Umlagen und Pauschalbeträge zuständig ist (vgl. Müller-Gugenberger WirtschaftsStR/Thul § 38 Rn. 198). Daneben bestehen abweichende Einzugsstellen bei geringfügiger Beschäftigung (Knappschaft Bahn-See als „Minijob-Zentrale", § 28i S. 5 SGB IV) und für die Umlagen zur gesetzlichen Unfallversicherung (§ 121 SGB VII).

60b   Bei der **Vortäuschung geringfügiger Beschäftigung,** die tatsächlich in darüber hinausgehendem Umfang geleistet wurde, und der Abführung von Pauschalbeiträgen nur zur Minijobzentrale (→ Rn. 60a) sind die Beiträge zur falschen Einzugsstelle gelangt. Die geschuldeten regulären Beiträge sind daher insgesamt vorenthalten worden. Dass Pauschalbeiträge gezahlt wurden, kann aber bei der Strafzumessung Berücksichtigung finden (Müller-Gugenberger WirtschaftsStR/*Thul* § 38 Rn. 190).

a) Abs. 2 Nr. 1 (unrichtige oder unvollständige Angaben). „Sozialversicherungsrechtlich erheb- **61** liche Tatsachen" sind **solche, die die Sozialversicherungspflicht und die Höhe der Sozialversicherungsbeiträge materiell beeinflussen können** (MüKoStGB/*Radtke* Rn. 80; SSW StGB/*Saliger* Rn. 21; NK-StGB/*Tag* Rn. 90; vgl. auch BT-Drs. 15/2573, 28). Dies betrifft im Wesentlichen Angaben des ArbG zur Zahl seiner ArbN, zum Beginn und Ende des Beschäftigungsverhältnisses, der Art der Tätigkeit und der Lohnhöhe. Den Katalogen meldepflichtiger Tatsachen in **§ 28a SGB IV** kommt hierfür indizielle Bedeutung zu (Schönke/Schröder/*Perron* Rn. 11c; weitergehend iS durchgehender Erheblichkeit wohl SSW StGB/*Saliger* Rn. 21; MüKoStGB/*Radtke* Rn. 80). Praktisch am bedeutsamsten ist die Übermittlung eines **unzutreffenden Beitragsnachweises** nach § 28f SGB IV, in dem sozialversicherungsrechtlich erhebliche Tatsachen zusammengefasst ihren Niederschlag finden, da die Einzugsstelle nur die darin angegebenen Beiträge geltend macht (vgl. Müller-Gugenberger WirtschaftsStR/*Thul* § 38 Rn. 199 ff.).

Der Begriff der **„Tatsache"** entspricht jenem in § 263 (vgl. insoweit → § 263 Rn. 14 ff.; Schönke/ **61a** Schröder/*Perron* § 263 Rn. 8). Soweit die sozialversicherungsrechtlichen Merkmale eine rechtliche Vorbewertung, etwa zum Begriff des ArbN erfordern, sind Fehlvorstellungen des ArbG hierüber allein auf Ebene eines möglichen – idR aber vermeidbaren – Verbotsirrtums Rechnung zu tragen, da es sich um eine fehlerhafte Subsumtion bekannter tatsächlicher Umstände und damit um eine Fehleinschätzung der Rechtspflicht handelt, den Umstand in einer bestimmten Weise oder überhaupt mitzuteilen (**aA** MüKoStGB/*Radtke* Rn. 81: Frage des Vorsatzes). Insofern bedeutet es keinen Widerspruch, auch die Eigenschaft als ArbN und ArbG als Tatsache im Sinne der Vorschrift aufzufassen. Bei unzutreffender Angabe der Person des ArbG – etwa bei Vorschieben eines Dritten – ist allerdings zu beachten, dass eine rechtzeitige Beitragsabführung gleichwohl tatbestandsausschließend wirkt. Eine sozialversicherungsrechtliche Mitteilungspflicht ist nach dem Wortlaut der Nr. 1 nicht erforderlich; dies ist insoweit folgerichtig, als die Alternative auch frei erfundene Angaben erfasst, hinsichtlich derer eine Pflicht zur Mitteilung nicht bestehen kann.

Den Begriff der „unvollständigen oder unrichtigen Angaben" enthält auch § 264 Abs. 1 Nr. 1. **62** **„Angaben"** sind – mit § 264 Abs. 1 übereinstimmend – alle schriftlichen oder mündlichen Erklärungen über das Vorliegen eines bestimmten Sachverhaltes. Auf die Art ihrer Übermittlung kommt es nicht an. Sie kann zB persönlich, telefonisch, per Brief, Fax oder E-Mail (SK-StGB/*Hoyer* Rn. 74; SSW StGB/*Saliger* § 264 Rn. 23), dabei auch in konkludenter Form erfolgen (MüKoStGB/*Radtke* Rn. 81; Schönke/Schröder/*Perron* Rn. 11d); ein bloßes Schweigen ohne Erklärungsgehalt fällt jedoch unter Nr. 2. „Machen" setzt als Handlung keine Eigenhändigkeit voraus, so dass mittelbare und Mittäterschaft in den Grenzen von § 28 Abs. 1 grds. möglich sind (vgl. Fischer § 264 Rn. 22; SK-StGB/*Hoyer* § 264 Rn. 54). Die Angaben müssen der Einzugsstelle – bereits im Hinblick auf die Erfolgsbezogenheit des Tatbestandes – zugegangen sein. Sie sind **„unrichtig",** wenn sie mit der Wirklichkeit nicht übereinstimmen, wenn also eine bestehende sozialversicherungsrechtliche Tatsache als nicht bestehend oder eine nicht bestehende als bestehend bezeichnet wird. **„Unvollständig"** sind sie, wenn sie entgegen dem Anschein der Vollständigkeit in wesentlichen Punkten lückenhaft sind (Schönke/Schröder/*Perron* Rn. 11d; Lackner/Kühl/*Heger* Rn. 12), wenn zB eine Jahresmeldung nicht alle beschäftigten ArbN aufführt. Eine Kombination beider Alternativen in einer Handlung des ArbG – insbes. in Fällen teilweiser Schwarzarbeit – ist ohne weiteres möglich.

b) Abs. 2 Nr. 2 (pflichtwidriges Verschweigen). Die zweite Tatbestandalternative setzt als Unter- **63** lassungsdelikt eine **Mitteilungspflicht** des ArbG über die maßgeblichen Tatsachen voraus, die sich idR aus **§§ 28a, 28d SGB IV** und aus der auf Grundlage von §§ 28c, 106 SGB IV, § 195 SGB VI ergangenen Verordnung über die Erfassung und Übermittlung von Daten für die Träger der Sozialversicherung v. 23.1.2006 (**DEÜV**; BGBl. I 152) ergibt. Die Einzugsstelle wird über solche Tatsachen in Unkenntnis gelassen, wenn der ArbG sie nicht oder nicht rechtzeitig, dh nicht zu dem in der pflichtbegründenden Norm angegebenen Zeitpunkt übermittelt (Schönke/Schröder/*Perron* Rn. 11e; Lackner/Kühl/*Heger* Rn. 12). Hauptanwendungsbereich sind Fälle **vollständiger Schwarzarbeit,** in denen den Sozialversicherungsträgern der ArbG und sein Unternehmen insgesamt unbekannt sind (vgl. Fischer Rn. 21; MüKoStGB/*Radtke* Rn. 82). Eine **Kenntnis der Einzugsstelle über die verschwiegenen Umstände** schließt den Tatbestand aus (SSW StGB/*Saliger* Rn. 21); die Kenntnis eines dortigen Mitarbeiter, mit dem der ArbG kollusiv zusammenwirkt (vgl. § 266a Abs. 3 S. 2 Nr. 2) ist dem allerdings nicht gleichzusetzen und lässt die Strafbarkeit unberührt. Liegt eine Erklärung des ArbG vor, in denen – auch wesentliche – Teile einer sozialversicherungspflichtigen Tätigkeit verschwiegen sind, handelt es sich um einen Fall der Unvollständigkeit nach Nr. 1. Die Möglichkeit und Zumutbarkeit rechtzeitiger Unterrichtung (→ Rn. 65a) wird nur selten in Zweifel stehen, etwa bei Krankheit ohne zumutbare Möglichkeit einer Pflichtendelegation, oder der unverschuldeten Vernichtung von Unterlagen ohne zeitnahe Rekonstruktionsmöglichkeit (vgl. Schönke/Schröder/*Perron* Rn. 11e).

64   **4. Taterfolg.** Als Taterfolg bezeichnet Abs. 2 die „Vorenthaltung der Beiträge"; insoweit gelten die Ausführungen zu Abs. 1 entsprechend (→ Rn. 30 ff.). Nach dem Wortlaut muss der Erfolg **durch die Tathandlungen („dadurch")** eingetreten sein. Erforderlich ist keine strikte äquivalente Kausalität in dem Sinne, dass der ArbG ohne die Tathandlung – also bei ordnungsgemäßen Angaben – die Beiträge gezahlt haben müsste. § 266a Abs. 2 würde in diesem Fall leerlaufen, da sich kaum widerlegen ließe, dass der ArbG auch in diesem Fall den auf ihn entfallenden Beitragsanteil nicht abgeführt hätte, zumal ein solches Verhalten keine strafrechtlichen Folgen nach sich gezogen hätte. Ebenso wenig kommt es darauf an, ob und zu welchem spätesten Zeitpunkt die Einzugsstelle im Falle ordnungsgemäßer Angaben Zwangs- und Vollstreckungsmaßnahmen eingeleitet hätte, oder ob die Tathandlungen zu einer täuschungsbedingten Untätigkeit der Einzugsstelle geführt haben (so aber *Rönnau/Kirch-Heim* wistra 2005, 321 (325); Lackner/*Kühl/Heger* Rn. 12a; wie hier MüKoStGB/*Radtke* Rn. 83; Müller-Gugenberger WirtschaftsStR/*Thul* § 38 Rn. 225 ff.). Abgesehen von den erheblichen tatsächlichen Schwierigkeiten einer derartigen Prognose ginge ein solches Verständnis an dem Verfahren der Beitragsabführung vorbei, in dem eine Festsetzung der Beitragshöhe durch die Einzugsstelle gerade nicht erfolgt (→ Rn. 31). Der Zusammenhang ist wie im Fall des gleichlautenden § 370 Abs. 1 AO richtigerweise funktional zu verstehen (BGH NJW 2011, 3047; vgl. BT-Drs. 15/2573, 28; abl. MüKoStGB/*Radtke* Rn. 83; *Krack* wistra 2015, 121). Die Pflichtverletzungen des ArbG nach Nr. 1 und 2 verkörpern ein erhöhtes Unrecht und eine typische Gefahrerhöhung im Hinblick auf die eintretende Beitragsvorenthaltung. Die Vorenthaltung ist daher – wie im Fall hinterzogener Fälligkeitssteuern (vgl. Erbs/Kohlhaas/*Senge* § 370 Rn. 40) – **ab dem Fälligkeitszeitpunkt eingetreten, der dem Zeitpunkt einer hypothetischen ordnungsgemäßen Mitteilung nachfolgt** (vgl. Fischer Rn. 21b aE). Ein solches Verständnis entspricht der Absicht des Gesetzgebers, die Vorenthaltung von Beitragspflichten bei Verletzung von Erklärungspflichten in Anlehnung an § 370 AO unter Strafe zu stellen (BT-Drs. 15/2573, 28; BR-Drs. 155/04, 76 f.).

65   An dem von § 266a Abs. 2 geforderten **Ursachenzusammenhang fehlt es** nur dann, wenn die Einzugsstelle bei einer Unterlassung nach Nr. 2 die verschwiegenen Tatsachen zum Zeitpunkt der geschuldeten Mitteilung bereits aus anderweitig – etwa infolge einer Betriebsprüfung –erfahren hat, da der Tatbestand eine Unkenntnis der Einzugsstelle erfordert (vgl. LK-StGB/*Möhrenschlager* Rn. 71; Erbs/Kohlhaas/*Senge* AO § 370 Rn. 40a). Dies gilt indes nicht für Taten nach Nr. 1, denn ein Irrtum der Einzugsstelle ist hier nicht vorausgesetzt (vgl. BGH NStZ 2011, 283 zu § 370 Abs. 1 Nr. 1 AO); das Tatunrecht und die Gefährdung des Beitragsaufkommens hat sich vielmehr schon durch die unrichtige oder unvollständige Mitteilung verwirklicht. Kein Ursachenzusammenhang besteht ferner in dem praktisch seltenen Fall, dass die Einzugsstelle aus von der unterbliebenen oder unrichtigen Mitteilung gänzlich unabhängigen Gründen davon ausgeht, dass eine Beitragspflicht nicht besteht, etwa bei einer unzutreffenden, nicht auf Fehlangaben oder unterbliebenen Angaben des ArbG beruhenden Annahme eines Ausschlusstatbestandes. Der Konstruktion einer „Vermögensverfügung" (SK-StGB/*Hoyer* Rn. 76) oder einer „verfügungsadäquaten Verhaltens" der Einzugsstelle (Schönke/Schröder/*Perron* Rn. 11h; MüKoStGB/*Radtke* Rn. 83) bedarf es zur systematischen oder begrifflichen Erfassung solcher Fälle nicht.

65a   **5. Unmöglichkeit.** Eine wirtschaftliche **Unmöglichkeit oder Unzumutbarkeit der Beitragsentrichtung** wirkt bei Taten nach § 266 Abs. 2 nach zutreffender neuerer Rspr. des BGH (NJW 2011, 3047 (nicht tragend) m. krit. Anm. *Bittmann;* **aA** Schönke/Schröder/*Perron* Rn. 11h; MüKoStGB/*Radtke* Rn. 7 aE, 78; Müller-Gugenberger WirtschaftsStR/*Thul* § 38 Rn. 228; *Krack* wistra 2015, 121; *Wittig* HRRS 2012, 63; für Abs. 1 → Rn. 41 ff.) **nicht tatbestandsausschließend oder rechtfertigend.** Bei dem Begehungsdelikt des § 266a Abs. 2 Nr. 1 verkörpert sich das Tatunrecht maßgeblich in der betrugsähnlichen Tathandlung; die für Unterlassungsdelikte geltenden Anforderungen sind daran von Vornherein nicht anzulegen. Der Unterlassungstatbestand des § 266a Abs. 2 Nr. 2 knüpft nicht an der Vorenthaltung als schlichte Nichtzahlung, sondern an die unterbliebene sozialrechtliche Meldung an, die dem ArbG ohne weiteres möglich und zumutbar ist. Soweit die Vorenthaltung in diesen Fällen *auch* aus wirtschaftlichen Gründen erfolgt, kommt es hierauf nicht an (**aA** Vorauflage); denn § 266a Abs. 2 verknüpft den Taterfolg wertend mit den in Nr. 1 und 2 beschriebenen Tathandlungen (→ Rn. 64).

III. Einbehaltung und unterlassene Weiterleitung von Entgeltanteilen (Abs. 3)

66   **1. Allgemeines.** § 266a Abs. 3 stellt – praktisch gegenüber Abs. 1 und 2 nur wenig bedeutsam – ein **untreueähnliches Verhalten** des ArbG unter Strafe (anders Müller-Gugenberger WirtschaftsStR/*Thul* § 38 Rn. 2: Sonderfall der Untreue), das sich im Gegensatz zu Abs. 1 und 2 nicht auf Beiträge zur Sozialversicherung, sondern auf treuhänderisch einbehaltene Lohnbestandteile des ArbN bezieht, die der ArbG einer bestimmten Verwendung zuzuführen hat. **Tatverletzter ist der ArbN,** aus dessen Vermögen der einbehaltene Vermögenswert stammt; nicht geschützt ist der – nur mittelbar betroffene – Drittempfänger, selbst wenn er durch das Verhalten des ArbG einen Schaden erleidet. Der gegenüber einer schlichten Nichtauszahlung des Lohnes gesteigerte, eine Strafbarkeit rechtfertigende Unrechtsgehalt liegt in der besonderen Gefahr begründet, die eine unterbliebene Weiterleitung drittbezogener

Lohnteile für den ArbN bedeutet, wenn sie ihm gegenüber nicht offengelegt wird. Da der ArbN sich idR auf die von dem ArbG geschuldete Verwendung verlässt, wird er keine Veranlassung haben, die einbehaltenen Beträge gegenüber dem ArbG nachzufordern und ist daher in erheblichem Umfang dessen Insolvenzrisiko ausgesetzt (vgl. BT-Drs. 10/318, 28). Zudem können ihm über eine fortbestehende Zahlungspflicht hinausreichende Nachteile gegenüber dem Dritten erwachsen, etwa durch entgangene Prämien oder Vertragskündigungen (vgl. BT-Drs. 10, 318 (326); Schönke/Schröder/*Perron* Rn. 14; LK-StGB/*Möhrenschlager* Rn. 7: Gefährdungsdelikt).

Der Tatbestand stellt auf ein bestimmtes, dem ArbN potentiell nachteiliges Verhalten des ArbG ab, **67** setzt aber **keine konkrete Vermögensgefährdung** des ArbN voraus. Ob sich dem ArbN Verdachtsmomente für eine unterbliebene Weiterleitung bieten, er etwa durch eine Mitteilung des Dritten von unterbliebenen Weiterleitungen in zurückliegender Zeit weiß, ist daher ohne Belang. Ein entsprechendes Erfordernis ergibt sich auch nicht aus der tatbestandlichen Voraussetzung, dass der ArbG dem ArbN die unterbliebene Weiterleitung verschwiegen haben muss. Denn idR wird nur eine Unterrichtung durch den ArbG dem ArbN die erforderliche Sicherheit vermitteln, dass der ArbG seiner Weiterleitungsverpflichtung auch künftig nicht nachkommen wird; zudem wird erst hierdurch das Verhalten des ArbG auf die straflose Stufe einer bloßen Nichtauszahlung des Lohnes zurückgeführt (**aA** SK-StGB/*Hoyer* Rn. 80, der einen bestimmten Rechtsschein für erforderlich und strafbarkeitsbegründend hält; vgl. näher → Rn. 74).

Ein **Einverständnis des ArbN** mit dem Vorgehen des ArbG wirkt angesichts der Schutzrichtung der **68** Vorschrift tatbestandsausschließend (LK-StGB/*Möhrenschlager* Rn. 77), selbst wenn die Abführungspflicht – wie etwa im Fall der Lohnpfändung – gegenüber dem Dritten und vornehmlich in dessen Interesse besteht. Das Delikt ist jedenfalls in Bezug auf die unterbliebene Weiterleitung und Information des ArbN **Unterlassungsdelikt;** auch beim ersten Teilakt, der Einbehaltung des Lohnanteiles, liegt der Schwerpunkt in einem Unterlassen, auch wenn vorgelagert Abreden mit dem ArbN und/oder dem Dritten hinzutreten können (MüKoStGB/*Radtke* Rn. 85; **aA** SK-StGB/*Hoyer* Rn. 77, 80: insoweit Handlung). § 266a Abs. 6 S. 3 sieht eine – in ihren Voraussetzungen unklare – **Strafbefreiung** für den Fall einer Nachentrichtung vor (→ Rn. 113).

2. Tatobjekt. § 266a Abs. 3 erfasst „Teile des Arbeitsentgelts", die der ArbG „für den ArbN an einen **69** anderen zu zahlen hat". Arbeitsentgelt ist die seitens des ArbG dem ArbN geschuldete Gegenleistung für die Arbeitsleistung; es umfasst Leistungen für Zeiträume ohne Arbeitspflicht des ArbN wie Lohn(fort)zahlungen während Urlaub, Krankheit oder Erziehungszeit, nicht aber Aufwendungsersatz oder Abfindungsansprüche (vgl. SK-StGB/*Hoyer* Rn. 78). Das **Arbeitsentgelt muss rechtswirksam geschuldet** sein; eine rein faktische Betrachtungsweise reicht im Gegensatz zu Abs. 1 und 2 nicht aus, weil Abs. 3 mit der Rechtspflicht zur Weiterleitung der Lohnbestandteile (→ Rn. 71) mittelbar auch eine rechtliche Verpflichtung des ArbG zur Lohnauszahlung voraussetzt (vgl. Schönke/Schröder/*Perron* Rn. 15 f.; MüKoStGB/*Radtke* Rn. 84).

Tatobjekt von § 266a Abs. 3 bilden **rechtmäßig einbehaltene Lohnbestandteile,** die aufgrund **70** einer den ArbG treffenden Abführungspflicht einem Dritten zustehen. Die Pflicht kann privat- wie öffentlich-rechtlichen Ursprungs sein. **Beispiele** sind vermögenswirksame Leistungen nach § 2 Abs. 7 S. 1 des 5. VermBG, dem ArbG angezeigte Lohnabtretungen – zB zugunsten von Unterhaltsgläubigern –, Lohnpfändungen nach § 829 ZPO, auf Vereinbarungen zwischen ArbN und ArbG beruhende Abführungspflichten zugunsten privater oder freiwilliger Renten- und Krankenversicherungen, Ersatz- oder Pensionskassen (Fischer Rn. 22a; Schönke/Schröder/*Perron* Rn. 13; LK-StGB/*Möhrenschlager* Rn. 73; vgl. BT-Drs. 10/318, 29). Ob und in welcher Form die betreffenden Beträge in der Lohnabrechnung ausgewiesen sind, ist unerheblich. **Nicht von § 266a Abs. 2 umfasst** sind die Sozialversicherungsbeiträge, die bereits das Tatobjekt des § 266a Abs. 1 und Abs. 2 bilden. Ausdrücklich ausgenommen ist von Abs. 2 S. 2 zudem die Lohnsteuer, deren nach § 38 Abs. 3 S. 1, § 41a EStG geschuldete Abführung bereits nach §§ 370, 378, 380 AO strafbewehrt ist.

„Für den ArbN" ist wirtschaftlich zu verstehen, setzt daher keinen Auftrag seitens des ArbN oder **71** dessen Vertretung voraus. Die Pflicht des ArbG zur Weiterleitung muss nicht gegenüber dem ArbN, sondern kann auch gegenüber dem Dritten bestehen; im Falle einer Forderungsabtretung können Verpflichtungen gegenüber beiden zusammentreffen. Nach dem Wortlaut von § 266a Abs. 3 („zu zahlen hat") ist allerdings erforderlich, dass die **Pflicht des ArbG zur Abführung des einbehaltenen Lohnteiles rechtlich besteht,** so dass eine entsprechende Inzidentprüfung des zugrunde liegenden Rechtsverhältnisses geboten sein kann (vgl. SK-StGB/*Hoyer* Rn. 79; NK-StGB/*Tag* Rn. 112 f.). Erweist sich etwa eine Pfändung oder Abtretung der Lohnforderung als unwirksam, scheidet eine Anwendung von § 266a Abs. 3 idR aus, wenn der ArbG nicht schuldrechtlich gegenüber dem ArbN gleichwohl zur Abführung verpflichtet ist. Behält der ArbG Beträge eigenmächtig ein, um tatsächliche oder vermeintliche Gläubiger des ArbN zu befriedigen, gilt Abs. 3 gleichfalls nicht (dann ggf. § 266; vgl. NK-StGB/*Tag* Rn. 113). Maßgeblich ist die Verpflichtung des ArbG im Außenverhältnis zum ArbN oder Dritten, nicht die Rechtsbeziehung im Innen(valuta)verhältnis zwischen ArbN und Dritten. Ergibt sich dort keine wirksame Verpflichtung, weil etwa der ArbN dem Dritten freiwillig Beträge zuwendet, bleibt die strafbewehrte Rechtspflicht des ArbG hiervon unberührt (vgl. Schönke/Schröder/*Perron* Rn. 13).

72   **3. Tathandlung.** § 266a Abs. 3 ist dreiaktig aufgebaut: Der ArbG muss (1.) Lohnbestandteile einbehalten haben, die er (2.) entgegen einer entsprechenden Verpflichtung nicht an einen Dritten weiterleitet; von der unterbliebenen Abführung an den Dritten darf er (3.) den ArbN nicht unterrichtet
haben.

73   **a) Einbehaltung von Teilen des Arbeitsentgelts.** Der ArbG darf das Arbeitsentgelt **nicht in
vollem Umfang an den ArbN ausbezahlt** haben; Bezugsgröße ist der Nettolohn. Abs. 3 geht von
dem Normalfall aus, dass der ArbG Lohnanteile in genau der Höhe einbehält, die er vereinbarungsgemäß
an einen Dritten abzuführen hat, und den verbleibenden Lohn an den ArbN zahlt. Dass die Vorschrift
nur diesen Fall erfasst (so die hM, vgl. Fischer Rn. 22a; Schönke/Schröder/*Perron* Rn. 13; SK-StGB/
Hoyer Rn. 80 mwN), ergibt sich aber weder aus ihrem Wortlaut noch aus ihrem Schutzzweck oder ihrer
Entstehungsgeschichte (vgl. BT-Drs. 10/318, 26 ff.). Tatbestandlich ist vielmehr jeder Einbehalt von
Beträgen, die einem Dritten zustehen und bei ordnungsgemäßem Verhalten an ihn weiterzuleiten wären.
Die einbehaltenen Entgeltanteile können daher geringer als der dem Dritten geschuldete Gesamtbetrag
ausfallen; denn auch Teilbeträge muss der ArbG, soweit er sie einbehält, an den Dritten abführen. Der
einbehaltene Anteil kann andererseits über den geschuldeten Betrag hinausreichen. § 266a Abs. 3 setzt
**nicht voraus, dass der ArbG den um den einbehaltenen Teil gekürzten Lohn oder überhaupt
Lohn auszahlt (aA** Fischer Rn. 22a, Schönke/Schröder/*Perron* Rn. 13; SSW StGB/*Saliger* Rn. 23;
SK-StGB/*Hoyer* Rn. 80; differenzierend NK-StGB/*Tag* Rn. 116). Nur eine vollständige Lohnzahlung
ohne Einbehaltung schließt den Tatbestand aus.

74   Nach der abweichenden **hM** (Schönke/Schröder/*Perron* Rn. 13; SK-StGB/*Hoyer* Rn. 77, 80; MüKoStGB/*Radtke*
Rn. 85; SSW StGB/*Saliger* Rn. 23) beruht § 266a Abs. 3 auf einem Rechtsschein pflichtgemäßen Verhaltens des
ArbG. Nur wenn der ArbG den gekürzten Lohnanteil an den ArbN auszahle, komme der Einbehaltung ein strafbar-
keitsbegründender Erklärungswert dahingehend zu, dass der ArbG sich auch im Übrigen pflichtgemäß verhalte und die
geschuldeten Beträge weiterleite (vgl. SK-StGB/*Hoyer* Rn. 80; NK-StGB/Tag Rn. 116). Der Wortlaut stützt ein
solches Verständnis nicht (anders SK-StGB/*Hoyer* § 266a Rn. 80: „einbehalten" sei anders zu verstehen als „vorenthalten"); er setzt eine schlichte Nichtauszahlung von Beträgen voraus, die einem Dritten geschuldet sind. Im Hinblick
auf den Schutzzweck von § 266a Abs. 3 (→ Rn. 66) rechtfertigt sich eine Anwendung auch dann, wenn die Lohnzahlung nicht genau um den von Abs. 3 erfassten Anteil verkürzt wird, oder wenn sie gänzlich unterbleibt. Der ArbN
bleibt auch dann – selbst in dem Fall, dass der Dritte ihm fehlende Zahlungseingänge mitteilt – über die Verwendung
des aktuell einbehaltenen Lohnanteiles zumindest im Ungewissen. Denn tatbestandsausschließend wirkt, wie die
Unterrichtungspflicht des ArbG zeigt, nur die Kenntnis von der unterbleibenden Weiterleitung. Im Übrigen erscheint
kaum einsehbar, warum ein ArbG, der weitere Lohnbestandteile in auch nur geringfügigem Umfang vorenthält,
hierdurch nach § 266a Abs. 3 privilegiert sein soll. Auch nach den Gesetzesmaterialien sollen von § 266a Abs. 3
sämtliche Fälle des Nichtabführens von Arbeitsentgeltteilen erfasst werden, die unter dem Gesichtspunkt der Verletzung
treuhänderischer Pflichten des ArbG im Zusammenhang mit der Lohnzahlung strafwürdig und anderweitig nicht erfasst
sind (BT-Drs. 10/318, 28 (30); vgl. auch S. 27: „Das Verhalten des ArbG, der die vermögenswirksamen Leistungen
nicht erbringt, ohne den ArbN hierüber aufzuklären, erscheint generell strafwürdig.").

75   **b) Unterlassene Abführung an den Dritten.** Nichtzahlung an den Dritten bedeutet, dass der ArbG
das einbehaltene Entgelt nicht oder zumindest nicht rechtzeitig an den Dritten abführt. Maßgeblich für
die Rechtzeitigkeit ist die Fälligkeit des Anspruchs aus dem der Abführungspflicht zugrunde liegenden
Rechtsverhältnis (Lackner/Kühl/*Heger* Rn. 15; SSW StGB/*Saliger* Rn. 23). Im Zweifel ist mit Fälligkeit
des Lohnes auch die Zahlung an den Dritten vorzunehmen, so dass Einbehaltung und Nichtzahlung
zusammenfallen.

76   Eine Unmöglichkeit oder Unzumutbarkeit der Abführung hindert die Strafbarkeit (Fischer Rn. 22b;
aA SSW StGB/*Saliger* Rn. 23 aE; Schönke/Schröder/*Perron* Rn. 13; MüKoStGB/*Radtke* Rn. 86: erst
die Nichtunterrichtung bilde das strafrechtlich relevante Unterlassen). Die in der Rspr. für Abs. 1 und 2
entwickelten Grundsätze (→ Rn. 43 ff.) sind auf Abs. 3 übertragbar, da ein Vorrang auch des von Abs. 3
geschützten Lohnanteiles vor anderen Gläubigerforderungen aufgrund seines strafrechtlichen Schutzes
angenommen werden kann. Interessenkollisionen – insbes. solche in der Krise des Unternehmens – sind
aber weitgehend dadurch entschärft, dass der ArbG sich seiner strafrechtlichen Zahlungspflicht durch
schlichte Mitteilung an den ArbN entledigen kann.

77   **c) Unterlassene Unterrichtung des Arbeitnehmers.** In der unterbliebenen Unterrichtung des
ArbN über die Nichtabführung liegt das letztlich strafbarkeitsbegründende Unrecht des Verhaltens des
ArbG (vgl. Schönke/Schröder/*Perron* Rn. 14). Tatbestandsausschließend wirkt bereits eine **schlichte
Mitteilung** des ArbG über die beabsichtigte oder erfolgte Nichtabführung; eine Vereinbarung mit dem
ArbN oder dessen Einverständnis ist nicht erforderlich. Dagegen hindert eine nicht auf den ArbG
zurückgehende Kenntnis des ArbN die Strafbarkeit nicht (Fischer Rn. 22a). Die Mitteilung ist **an keine
Form gebunden;** sie kann mündlich oder schriftlich, etwa mit der Lohnabrechnung erfolgen. Für den
ArbN muss ihr Inhalt – erforderlichenfalls durch Auslegung – zumindest erkennbar sein. Hinsichtlich
des Zeitpunktes der Mitteilung ist Abs. 2 unklar formuliert („spätestens", „oder unverzüglich danach";
vgl. Fischer Rn. 22b). Jedenfalls ausreichend ist eine Unterrichtung vor Fälligkeit, **nach dem Fälligkeitszeitpunkt** dagegen nur dann, wenn sie ohne schuldhaftes Zögern (§ 121 Abs. 1 BGB) erfolgt,
so dass jede Fahrlässigkeit nach Fälligkeit der Annahme einer tatbestandsausschließenden Unterrichtung

entgegensteht. „Fälligkeit" bezieht sich auch hier (→ Rn. 75) auf die Verpflichtung des ArbG im Verhältnis zum ArbN oder im Zuwendungsverhältnis zum Dritten, und nicht auf die Lohnauszahlung; idR und iZw werden beide Zeitpunkte aber übereinstimmen. Die Mitteilung kann auch für künftige Fälligkeitszeitpunkte oder für eine unbestimmte Zeit in der Zukunft („ab sofort") erfolgen. Eine **Unterrichtung durch Dritte** ist nur dann tatbestandlich, wenn sie dem ArbG erkennbar zuzurechnen ist (vgl. MüKoStGB/*Radtke* Rn. 87).

D. Subjektiver Tatbestand und Rechtswidrigkeit

I. Subjektiver Tatbestand

§ 266a **erfordert in allen Tatvarianten Vorsatz,** wobei durchgehend Eventualvorsatz ausreicht **78** (vgl. BGHSt 47, 318 (323) = BGH NJW 2002, 2480 (2482) für Abs. 1; BGHZ 133, 370 (371) = BGH NStZ 1997, 125; OLG Düsseldorf StV 2009, 193 (194); Fischer Rn. 23; Lackner/Kühl/*Heger* Rn. 16; MüKoStGB/*Radtke* Rn. 89; LK-StGB/*Möhrenschlager* Rn. 79). Eine **Schädigungs- oder Bereicherungsabsicht** ist **nicht erforderlich** (vgl. BGH VersR 1960, 748; LK-StGB/*Möhrenschlager* Rn. 79); sie kann sich bei Vorliegen aber nach Abs. 4 strafschärfend auswirken. Der ArbG muss auch **nicht beabsichtigen, die Beträge dauerhaft vorzuenthalten.** Denn eine beabsichtigte und vollzogene Nachentrichtung wirkt als Schadenswiedergutmachung lediglich strafmildernd und nur unter den engen Voraussetzungen von Abs. 6 strafausschließend.

Abs. 1 und 2 setzen den **Willen und das Bewusstsein** voraus, **die geschuldeten Beiträge bei 79 Fälligkeit nicht abzuführen** (BGHZ 133, 370 (381) = BGH NJW 1997, 130 (133); 2001, 969 (970); BGH VersR 2001, 343 (344); BGH NJW 1992, 177; OLG Düsseldorf StV 2009, 193 (194)). Fehlt es hieran zunächst, weil der ArbG etwa erst nach Fälligkeit von der unterbliebenen Abführung durch einen beauftragten Vertreter Kenntnis erlangt, liegt Vorsatz ab dem Zeitpunkt vor, in dem der ArbG sich zur nachträglichen Nichtabführung der Beiträge entschließt oder sie zumindest billigend in Kauf nimmt; dies wird innerhalb einer kurzen, in Tagen zu bemessenden Karenzfrist nach Kenntniserlangung anzunehmen sein. Bei Verletzung von Überwachungspflichten (→ Rn. 15) kommt es darauf an, ob der Pflichtige es für möglich hält und sich damit abfindet, dass die unterlassene Kontrolle in eine Vorenthaltung mündet. Der Vorsatz muss sich auch auf die **Stellung der Beteiligten als ArbG und ArbN** – indes nur auf die statusbegründenden tatsächlichen Voraussetzungen, nicht auf die rechtliche Einordnung als solcher und die eigene Verpflichtung zur Beitragsabführung (näher nachfolgend → Rn. 80) – und alle darüber hinausreichenden, die sozialversicherungsrechtlichen Pflichten begründenden tatsächlichen Umstände erstrecken. Im Fall des Abs. 2 bedarf es eines zumindest bedingten Vorsatzes hinsichtlich der Unrichtigkeit oder Unvollständigkeit der Angaben und – für Abs. 2 Nr. 2 – der Verpflichtung zur Mitteilung. Im Falle einer **aufgrund von Zahlungsschwierigkeiten unterlassenen Beitragsabführung** muss der Täter auch **im Vorfeld der Fälligkeit** vorsätzlich gehandelt haben, sofern ihm ein pflichtwidriges Verhalten in diesem Zeitraum strafrechtlich zugerechnet werden soll (BGHSt 47, 318 (323) = BGH NJW 2002, 2480 (2481 f.); BGH (ZS) NJW 2002, 1123 (1125); Fischer Rn. 15b; MüKoStGB/*Radtke* Rn. 92; → Rn. 45). Der Handlungspflichtige muss daher nicht nur die wirtschaftliche Krisensituation (BGHSt 47, 318 (323) = BGH NJW 2002, 2480 (2482): „Anzeichen von Liquiditätsproblemen") rechtzeitig erkannt haben; er muss von ihm erkannte Vorsorgemöglichkeiten, etwa die Bildung von Rücklagen, auch bewusst nicht wahrgenommen und dabei billigend in Kauf genommen haben, dass sein Verhalten zu einer Gefährdung der Beitragsabführung führen werde. Eine bloße Erkennbarkeit reicht nicht aus (vgl. Fischer Rn. 23). Gewichtige Anhaltspunkte für eine Wahrnehmung der Gefährdungslage können darin gesehen werden, dass der ArbG bereits in der Vergangenheit mit Problemen bei der Aufbringung der Beiträge konfrontiert war; erst recht bestehen sie, wenn er in naher Vergangenheit die Beiträge nicht rechtzeitig hat entrichten können (vgl. BGHSt 47, 318 (323) = BGH NJW 2002, 2480 (2482); weiter mit MüKoStGB/*Radtke* Rn. 92). **Ungeordnete organisatorische und buchhalterische Verhältnisse** im Unternehmen können gleichfalls die Annahme nahe legen, der Angeklagte habe die Nichtabführung der Beiträge billigend in Kauf genommen (BGHSt 47, 318 (323 f.) = BGH NJW 2002, 2480 (2481); 2002, 1123 (1125)). Indizien für einen zumindest bedingten Vorsatz der Nichtabführung bilden im Übrigen ein zutreffender Beitragsnachweis oder die **nachweisliche Kenntnis wirtschaftlicher Schwierigkeiten,** die eine Beitragsabführung gefährden (vgl. Müller-Gugenberger WirtschaftsStR/*Thul* § 38 Rn. 172 ff.). Die Kenntnis fehlender oder nur sporadischer **Überwachung eines Dritten** (→ Rn. 15) weist idR auf bedingten Vorsatz hinsichtlich der Beitragsvorenthaltung. **Zahlungsversuche** können den Vorsatz ausschließen, wenn der ArbG im Vertrauen auf eine Weiterleitung an die Einzugsstelle gehandelt hat (vgl. BGH (ZS) NJW 1992, 177 (179) für eine Scheckeinreichung in Erwartung der Fortsetzung einer ständigen Kreditierungspraxis).

Angesichts der Sozialrechtsakzessorietät von § 266a und der Komplexität der sozialversicherungs- **80** rechtlichen Vorschriften sind behauptete oder tatsächliche Irrtumsfälle hinsichtlich der Tatbestandsverwirklichung in der Praxis häufig. Abzugrenzen ist nach allgemeinen Grundsätzen: Die Unkenntnis über das Vorliegen tatsächlicher Umstände, die eine sozialversicherungsrechtliche Abführungspflicht

begründen, aufheben oder im Hinblick auf den Fälligkeitszeitpunkt verschieben, bildet einen vorsatzausschließenden **Tatbestandsirrtum** iSv § 16 Abs. 1; bei einem Irrtum über die daraus folgende
Rechtspflicht, Beiträge abzuführen, handelt es sich dagegen um einen **Verbotsirrtum iSv § 17**
(MüKoStGB/*Radtke* Rn. 90; NK-StGB/*Tag* Rn. 81; *Mayer* NZWiSt 2015, 169; missverständlich die
zivilgerichtl. Rspr., wonach der ArbG „die Pflicht der Beitragsabführung kennen" müsse, BGHZ 133,
370 (381); BGH NJW 2001, 969 (971)). Dies gilt grds. auch für die Bewertung normativer Tatbestandsmerkmale, insbes. die eigene **Stellung des Angekl. als Arbeitgeber** oder als nach § 14
Handlungspflichtigem (→ Rn. 81), und die **Einordnung eines Beschäftigten als Arbeitnehmer.**
Erforderlich, aber auch ausreichend ist eine zutreffende Erfassung der tatsächlichen Umstände, die
dem Bestehen eines Arbeitsverhältnisses zugrunde liegen, und ihres rechtlich-sozialen Bedeutungs-
gehaltes. Glaubt der Angekl. trotz derartiger Kenntnis, keine ArbG-Stellung einzunehmen und zur
Abführung von Beiträgen nicht verpflichtet zu sein, befindet er sich in einem den Vorsatz nicht
berührenden Subsumtions- und damit allenfalls in einem Verbotsirrtum (BGH NStZ 2014, 321 (323);
2010, 337; OLG Celle wistra 2014, 109; LK-StGB/*Möhrenschlager* Rn. 79 f.; NK-StGB/*Tag* Rn. 81;
MüKoStGB/*Radtke* Rn. 90 f.; SK-StGB/*Hoyer* Rn. 55; Müller-Gugenberger WirtschaftsStR/*Thul*
§ 38 Rn. 236; *Mayer* NZWiSt 2015, 169 (170); weiter *Schulz* NJW 2006, 183 (186): reine Tatsachenkenntnis ausreichend; **aA** LG Ravensburg StV 2007, 412; Schönke/Schröder/*Perron* Rn. 17; Lackner/
Kühl/*Heger* Rn. 16; SSW StGB/*Saliger* Rn. 24). In den praktisch bedeutsamen Grenzfällen zwischen
Beauftragung selbstständiger Mitarbeiter und der Beschäftigung scheinselbstständiger ArbN reicht es
daher aus, dass der ArbG die tatsächlichen Umstände der Beschäftigung kennt, sich ihm hierdurch
seine Pflichtenstellung als ArbG im Grundsatz erschließt und er sie zumindest für möglich hält; ob er
meint, den sozialversicherungsrechtlichen Rechtsbegriff des „Arbeitgebers" auszufüllen, ist dagegen
nur für § 17 StGB bedeutsam. Da dem ArbG insoweit ein **Statusfeststellungsverfahren nach § 7a
Abs. 1 S. 1 SGB IV** offen steht, ist ein etwaiger **Verbotsirrtum regelmäßig vermeidbar** (BGH
NStZ 2010, 337). In Fällen organisierter Schwarzarbeit oder bei gezielt auf die Umgehung sozialversicherungsrechtlicher Tatbestände gerichteter Scheinselbstständigkeit wird ein Tatbestands- wie
auch ein Verbotsirrtum schon angesichts der Fallumstände regelmäßig auszuschließen sein (vgl. BGH
NJW 2014, 1975 (1977); NK-StGB/*Tag* Rn. 81). Dagegen kann in rechtlich schwierigen Fallgestaltungen, in denen sich dem Angekl. als juristischem Laien seine Arbeitgeberstellung nicht erschließt,
ausnahmsweise ein Tatbestandsirrtum anzunehmen sein. Der BGH hat dies in dem Fall angenommen,
in dem eine Geschäftsanteilveräußerung und die damit verbundene Abberufung des juristisch nicht
vorgebildeten Angekl. als Geschäftsführer wegen Verstoßes gegen aktienrechtliche Vorschriften möglicherweise unwirksam gewesen war und der Angekl. – von ihm unerkannt – seine Stellung als nach
§ 14 Verantwortlicher behalten hatte (BGH NJW 2003, 3787 (3790) (insoweit in BGHSt 48, 307
nicht abgedr.); vgl. auch BGHSt 48, 108 (117 f.) = BGH NJW 2003, 907; LG Karlsruhe StV 2010,
309). In Fällen illegaler **ArbN-Überlassung** muss der Angekl. den Fiktionstatbestand des § 10 Abs. 1
AÜG zumindest seinem ungefähren Inhalt sowie die daraus resultierenden Rechtsfolgen wenigstens
annäherungsweise gekannt haben (BGH NJW 2003, 1821 (1822); Schönke/Schröder/*Perron* Rn. 17;
aber zw., denn auch insoweit läge ein bloßer Rechtsirrtum vor). Die Unkenntnis des Entleihers über
die fehlende Erlaubnis des Verleihers wirkt vorsatzausschließend im Hinblick auf die nach § 10 Abs. 1
AÜG begründete ArbG-Stellung (vgl. NK-StGB/*Tag* Rn. 82).

81   Bei **rechtlicher Verantwortlichkeit nach § 14** muss sich der Vorsatz auf die tatsächlichen Umstände
beziehen, welche die die Vertreterstellung begründen. So unterliegt ein GmbH-Geschäftsführer bei
irriger Annahme seiner wirksamen Abberufung einem Tatbestandsirrtum (BGH NJW 2003, 2787
(2790) (insoweit in BGHSt 48, 307 nicht abgedr.)). Auch im Übrigen muss der Angekl., in Fällen der
Pflichtendelegation (→ Rn. 15) **von den seine persönliche Handlungspflicht begründenden
Umständen Kenntnis** haben. Um einen grds. vermeidbaren Verbots- und keinen Tatbestandsirrtum
handelt es sich dagegen dann, wenn der Handlungspflichtige bei Vertretung oder in Fällen interner
Zuständigkeitsübertragung oder Pflichtendelegation über seine Überwachungsobliegenheiten, ihren
Umfang oder seine Pflicht irrt, bei Unregelmäßigkeiten selbst einzuschreiten (BGHZ 133, 370 (381) =
NJW 1997, 130 (133); 2001, 969 (971); OLG Düsseldorf NJW-RR 1993, 1128). Meint der ArbG etwa,
er könne einen betrauten Mitarbeiter trotz Anzeichen für eine Unzuverlässigkeit oder wirtschaftliche
Probleme des Unternehmens ohne Kontrolle weiter gewähren lassen, zieht er aus ihm bekannten
Umständen lediglich falsche rechtliche Schlussfolgerungen.

81a   Auch die Höhe des abzuführenden Betrages muss grundsätzlich vom Vorsatz umfasst sein (LK-StGB/
Möhrenschlager Rn. 80; *Mayer* NZWiSt 2015, 169 (172); demgemäß kann – innerhalb einer Tat aber
allein den Schuldumfang betreffend – eine Strafbarkeit nur hinsichtlich eines Teiles nicht abgeführter
Beiträge vorliegen. Erforderlich ist, dass der Täter die Höhe des Beitragsanspruches kennt oder zumindest für möglich hält und ihn auch verkürzen will; eine sichere Kenntnis der Beitragshöhe ist hierzu
nicht vorauszusetzen (vgl. BGH NStZ 2012, 160 (161) zu § 370 AO). Abzugrenzen ist auch hier im
Grundsatz nach Tatsachenkenntnis und rechtlicher Bewertung: Kennt der ArbG alle für die Berechnung
der Beiträge maßgeblichen Umstände, so würden Berechnungs- oder Subsumtionsfehler den Vorsatz
nicht berühren, sondern wären nach § 17 zu beurteilen. Von dieser Unterscheidung allein in Ansehung
der Komplexität sozialversicherungsrechtlicher Vorschriften abzuweichen, besteht kein Anlass (so aber

Achenbach/Ransiek WirtschaftsStR-HdB/*Bente*, 3. Aufl. 2011, Teil 12 Kap. 1 Rn. 45; *Mayer* NZWiSt 2015, 169 (172)). Dies schließt nicht aus, im Einzelfall von Unvermeidbarkeit nach § 17 S. 1 auszugehen.

Nimmt der ArbG irrig an, dass ihn wirtschaftliche Schwierigkeiten von seiner Zahlungspflicht **81b** entbinden, oder irrt er insoweit, als er den Vorrang der Beitragspflicht gegenüber **kollidierenden Zahlungsverpflichtungen** verkennt, handelt es sich gleichfalls um einen Ver- bzw. Gebotsirrtum nach § 17 (Schönke/Schröder/*Perron* Rn. 17; SK-StGB/*Hoyer* Rn. 56); auch hier gilt anderes – Anwendung von § 16 – nur in den praktisch seltenen Fällen, in denen der ArbG bereits zu Unrecht seine Zahlungsunfähigkeit oder andere Fälle tatsächlicher Unmöglichkeit annimmt (Fischer Rn. 17; MüKoStGB/ *Radtke* Rn. 90). Meint der ArbG irrtümlich, die Einzugsstelle habe ihm die **Zahlung gestundet,** unterliegt er einem Tatbestandsirrtum über den Fälligkeitszeitpunkt (Fischer Rn. 23; SSW StGB/*Saliger* Rn. 24; Schönke/Schröder/*Perron* Rn. 17 vgl. auch BGHZ 133, 370 (381): der ArbG müsse den Fälligkeitszeitpunkt kennen). Um einen solchen Fall handelt es sich aber nicht, wenn der ArbG nur eine Erklärung der Einzugsstelle anders auslegt, als diese objektiv zu verstehen ist (dann unbeachtlicher Subsumtionsirrtum), oder wenn die Einzugsstelle satzungswidrig eine Stundung gewährt (dann – idR aber unvermeidbarer – Verbotsirrtum; **aA** LK-StGB/*Gribbohm*, StGB, 11. Aufl., Rn. 82: gleichfalls Tatbestandsirrtum). Die Unkenntnis über Mitteilungspflichten nach **Abs. 2 Nr. 2** und **Abs. 3** bildet einen Verbotsirrtum, die Unkenntnis der pflichtbegründenden Umstände wirkt nach § 16 vorsatzausschließend (Schönke/Schröder/*Perron* Rn. 17).

II. Rechtswidrigkeit

Eine **Einwilligung des ArbN** ist wegen seiner fehlenden Dispositionsbefugnis über das geschützte **82** Rechtsgut für Abs. 1 und 2 unerheblich (vgl. Schönke/Schröder/*Perron* Rn. 18; LK-StGB/*Möhrenschlager* Rn. 77; → Rn. 3). Im Fall von Abs. 3 wirkt eine – praktisch seltene – Einwilligung tatbestandsausschließend; im Hinblick auf den Schutzzweck dieses Tatbestandes und den Ausschluss bei Unterrichtung gilt dies auch dann, wenn dem ArbN die Verfügungsbefugnis über die Forderung fehlt, etwa bei Pfändung und Abtretung (**aA** SSW StGB/*Saliger* Rn. 25; MüKoStGB/*Radtke* Rn. 88). Ein **Einverständnis der Einzugsstelle** vor Fälligkeit lässt sich als Stundung der Beiträge auffassen und schließt durch Hinausschieben des Fälligkeitszeitpunktes gleichfalls den Tatbestand aus (Schönke/Schröder/ *Perron* Rn. 18). Ein Notstand (§ 34) oder eine **rechtfertigende Pflichtenkollision** kommt kaum in Betracht, da entsprechende Fallkonstellationen bereits auf Tatbestandsebene im Rahmen der Zumutbarkeit der Beitragsabführung zu berücksichtigen sein werden; für § 266a Abs. 2 scheidet nach neuerer Rspr. eine wirtschaftliche Unmöglichkeit oder Unzumutbarkeit als Rechtfertigungsgrund von Vornherein aus (BGH NJW 2011, 3047; → Rn. 65a). In der Aufrechterhaltung des Unternehmens, der Sicherung von Arbeitsplätzen und des eigenen Lebensunterhaltes des ArbG können keine der Beitragsabführung widerstreitende Pflichten gesehen werden (LG Nürnberg NJW 1988, 1856 (1857); Fischer Rn. 24; Schönke/Schröder/*Perron* Rn. 18; LK-StGB/*Möhrenschlager* Rn. 78; **aA** MüKoStGB/*Radtke* Rn. 69, 74, 94 (bereits auf Tatbestandsebene zu berücksichtigen); *Brand* GmbHR 2010, 237 (Rechtfertigung nach § 34); vgl. → Rn. 55). Konkurrierende Forderungen berechtigen nicht zum Einbehalt der Beiträge; dies gilt auch für die Lohnansprüche der ArbN. Gerechtfertigt ist die Nichtabführung allein im **Dreiwochenzeitraum nach Eintritt der Insolvenzreife iSv § 15a Abs. 1 InsO** (näher → Rn. 51).

E. Tatvollendung, Verjährung, Beteiligung

I. Versuch und Vollendung

Ein **Versuch** von § 266a ist nach § 23 Abs. 1 straflos. **Tatvollendung** tritt ein mit der Nichterfüllung **83** der jeweiligen Handlungspflicht (BGHSt 28, 371 (379); Fischer Rn. 21b), mithin nach Abs. 1 und 2 mit Nichtabführung der Beiträge im jeweiligen Fälligkeitszeitpunkt, nach Abs. 3 mit Verstreichenlassen der spätesten Unterrichtungsmöglichkeit (MüKoStGB/*Radtke* Rn. 115; Schönke/Schröder/*Perron* Rn. 31; SSW StGB/*Saliger* Rn. 26).

II. Beendigung und Verjährung

Nach § 78a S. 1 beginnt die Verjährungsfrist mit Beendigung der Tat. Qualifiziert man **§ 266a Abs. 1 84 und Abs. 2 Nr. 2** als echte Unterlassungsdelikte, ist dies der Zeitpunkt, in dem die **Pflicht zum Handeln,** mithin das Erlöschen der Leistungspflicht **entfällt** (vgl. BGHSt 28, 371 (380); BGH NStZ 2012, 510 (511); BGH NJW 2009, 157 (160) (insoweit in BGHSt 53, 24 nicht abgedr.); Schönke/ Schröder/*Perron* Rn. 31; MüKoStGB/*Radtke* Rn. 116; Müller-Gugenberger WirtschaftsStR/*Thul* § 38 Rn. 12, 277; **aA** mit beachtlichen Argumenten LK-StGB/*Möhrenschlager* Rn. 113 f.: Fälligkeit als Beendigungszeitpunkt). Nichts anderes kann für **§ 266a Abs. 2 Nr. 1** gelten, da der Taterfolg auch hier durch die – fortwährende – Beitragsvorenthaltung eintritt, die Tat sich daher gleichfalls als Dauerdelikt darstellt. **Beendet** ist die Tat daher in allen Fällen des Abs. 1 und 2 erst mit **Beitragsentrichtung** oder

Wegfall des Beitragsschuldners, insbes. durch Abschluss der Liquidation des Unternehmensträgers (BGH NStZ 2012, 510 (511); BGH NJW 2009, 157 (160); BGH wistra 2010, 408 (409); 1992, 23; OLG Jena NStZ-RR 2006, 170; OLG Düsseldorf StV 1985, 109; Fischer Rn. 21b), aber auch mit **Niederschlagung der Beitragsforderung** durch die Einzugsstelle nach § 76 Abs. 2 S. 1 Nr. 2 SGB IV oder **Ausscheiden des Täters aus seiner Vertreterstellung** nach § 14 (OLG Dresden wistra 2010, 196; OLG Jena NStZ-RR 2006, 170; MüKoStGB/*Radtke* Rn. 116). Zahlungsunfähigkeit des Betragsschuldners bedeutet auch für den Fall, dass sie zur Unmöglichkeit der Beitragszahlung führt, noch keine Beendigung (OLG Jena NStZ-RR 2006, 170; **aA** Schönke/Schröder/*Perron* Rn. 31; LK-StGB/*Möhrenschlager* Rn. 112), sondern erst, wenn sie in eine **Eröffnung des Insolvenzverfahrens** gemündet hat (OLG Dresden wistra 2010, 196).

85   Liegt keiner der vorgenannten Fälle vor, ist spätester Anknüpfungspunkt die sozialversicherungsrechtliche Verjährung der Beitragsschuld (OLG Jena NStZ-RR 2006, 170; vgl. auch OLG Düsseldorf StV 1985, 109; MüKoStGB/*Radtke* Rn. 116), die nach § 25 Abs. 1 S. 2 SGB IV allerdings erst 30 Jahre nach Ablauf des Kalenderjahres eintritt, in dem der Beitrag fällig geworden ist (krit. daher LK-StGB/*Möhrenschlager* Rn. 113; *Hüls/Reichling* StraFo 2011, 305; hiergegen MüKoStGB/*Radtke* Rn. 117). In Fällen des § 266a Abs. 3 beginnt die Verjährung mit dem Erlöschen der Mitteilungspflicht (Schönke/Schröder/*Perron* Rn. 31). Die **Verjährungsfrist** beträgt für sämtliche Taten nach § 266a fünf Jahre (§ 78 Abs. 3 Nr. 4) einschließlich besonders schwerer Fälle nach Abs. 4 (vgl. § 78 Abs. 4).

III. Beteiligung

86   Da es sich bei allen Taten nach § 266a um **Sonderdelikte** handelt, sind taugliche Täter nur der ArbG, deren Vertreter und Beauftragte nach § 14 sowie gleichgestellte Personen nach Abs. 5 (→ Rn. 8). Aufgrund des Pflichten- und Unrechtsgefälles zwischen sonder- und nicht sonderpflichtigen Personen gilt **für Teilnehmer § 28 Abs. 1** (BGH NJW 2011, 2526; BGH wistra 2011, 344 (346); 1984, 67 (zu § 529 RVO aF); Fischer Rn. 3; NK-StGB/*Tag* Rn. 18; SSW StGB/*Saliger* Rn. 5; eingehend MüKoStGB/*Radtke* Rn. 98; **aA** Lackner/Kühl/*Heger* Rn. 2; Schönke/Schröder/*Perron* Rn. 20), dies gilt auch für ArbN des Täters (LK-StGB/*Möhrenschlager* Rn. 82).

86a   Eine Bestrafung wegen **Beihilfe** kommt insbes. in Betracht bei auf Weisung des ArbG handelnden Angestellten, welche die Voraussetzungen von § 14 nicht erfüllen, oder bei mit dem ArbG in Fällen der Schwarzarbeit kollusiv zusammenwirkenden ArbN, ferner bei Dritten, die dem zur Beitragsabführung verpflichteten Täter dadurch unterstützen, dass sie die organisatorischen Rahmenbedingungen für eine Verschleierung der tatsächlichen Verhältnisse herstellen oder aufrechterhalten (vgl. BGH NStZ 2013, 587: Errichtung einer Schein-GmbH als vermeintlichem ArbG; BGH NStZ 2011, 645 (646): Erstellung von Scheinrechnungen zur Ermöglichung der für Schwarzlohnzahlungen erforderlichen Barabhebungen; weitere Bsp. bei *Thum/Selzer* wistra 2011, 290 (295)). Ob der Gehilfe nach § 27 wegen jeder von dem Haupttäter begangenen rechtlich selbstständigen Tat schuldig ist, richtet sich nach allgem. Grundsätzen danach, ob er für jeden der monatlichen Anmeldungs- und Beitragszeiträume einen eigenständigen Tatbeitrag geleistet hat, oder ob er – im Sinne eines uneigentlichen Organisationsdelikts – eine tatübergreifende Tätigkeit entfaltet hat (vgl. BGH NStZ 2013, 645; BGH BeckRS 2013, 11559 Rn. 9 (insoweit in BGH NStZ 2013, 587 nicht abgedr.)). Eine Unterstützung durch bloße Unterlassung ist – wenngleich selten praktisch – möglich, kann bei fehlenden Tätermerkmalen aber mangels Handlungspflicht nicht in der unterbleibenden Beitragszahlung liegen (vgl. LK-StGB/*Möhrenschlager* Rn. 82).

F. Rechtsfolgen

87   Neben die – für alle Tatbestände des § 266a identische – Regelstrafandrohung tritt für § 266a Abs. 1 und 2 eine Strafschärfung für besonders schwere Fälle (Abs. 4), weiterhin die Möglichkeit des Absehens von Strafe sowie ein persönlicher Strafaufhebungsgrund (Abs. 6). Für Teilnehmer, denen in eigener Person die **ArbG-Eigenschaft fehlt,** ist die Strafe nach § 28 Abs. 1, § 49 Abs. 1 zu mildern (BGH BeckRS 2011, 18808 Rn. 23, insoweit in BGH NStZ 2011, 645 nicht abgedr.).

I. Regelstrafe, Strafzumessungsgründe

88   Der Regelstrafrahmen umfasst wie bei § 263 und § 266 für sämtliche Fälle des § 266a Freiheitsstrafe bis zu fünf Jahren oder Geldstrafe. Bei der Strafzumessung fällt vor allem die **Höhe der vorenthaltenen Beiträge** ins Gewicht (vgl. BGHSt 53, 71 (73, 76) = BGH NJW 2009, 528 (533); BGH BeckRS 2013, 17285 Rn. 21 (insoweit in BGH NStZ 2014, 321 nicht abgedr.); 2006, 227; MüKoStGB/*Radtke* Rn. 104), soweit das Ausmaß der Vorenthaltung nicht bereits zur Annahme eines besonders schweren Falles nach § 266a Abs. 4 S. 2 Nr. 4 drängt. Zeitgleich vorenthaltene ArbN- und ArbG-Beiträge nach Abs. 1 und 2 gegenüber derselben Einzugsstelle sind zusammenzuzählen, da sie eine Tat bilden (BGH NStZ 2014, 321 (323); BGH wistra 2010, 408; 2008, 180; BGH NStZ 2007, 527; s. auch → Rn. 116).

In Fällen geringfügiger Vorenthaltung wird – wenn nicht bereits der Vorsatz in Frage steht – eine Verfahrenseinstellung nach §§ 153 ff. StPO oder ein Absehen von Strafe nach § 59 (vgl. aber OLG Hamm NStZ-RR 2007, 170: nicht bei Gesamtschaden iHv knapp 10.000 EUR) in Betracht kommen. Zu abgeführten Beiträgen für eine **freiwillige Krankenversicherung** der Beschäftigten (§ 9 SGB V) vgl. BGH NStZ 2006, 227. Zumessungsrelevant können weiterhin die Vorsatzform und eine etwaige **Schädigungs- oder Bereicherungsabsicht** sein (Fischer Rn. 25), insbes. wenn durch die Taten bezweckt ist, sich einen Wettbewerbsvorteil am Markt zu verschaffen; in solchen Fällen kann bereits die Annahme groben Eigennutzes und damit eines besonders schweren Falles in Anwendung von Nr. 1 der Regelbeispiele gerechtfertigt sein (BGH NStZ 2010, 216). Ein **kollusives Zusammenwirken von ArbG und ArbN** ergibt ein Tatbild, das durch ein gesteigertes Ausmaß an krimineller Energie geprägt ist, und wirkt daher straferschwerend (BGH NStZ 2010, 216). Dagegen kommt einer gewerbsmäßigen Begehungsweise für sich genommen als ein dem Tatbestand immanentes Merkmal keine strafschärfende Bedeutung zu (BGH NStZ 2007, 527). Das Motiv des ArbG, den Betrieb seines Unternehmens aufrechtzuerhalten und die dortigen Arbeitsplätze zu retten, bildet nur in Ausnahmefällen, die sich den Voraussetzungen von Abs. 6 annähern, einen bestimmenden Strafzumessungsgrund. Gleiches gilt für eine nach unternehmerischen Maßstäben unverschuldete wirtschaftliche Krisensituation (vgl. OLG Hamm NStZ-RR 2007, 170). Allerdings werden Beitragsvorenthaltungen aufgrund einer subjektiv empfundenen Zwangslage in der Krise des Unternehmens generell milder zu bewerten sein als Fälle organisierter Schwarzarbeit (→ Rn. 91).

Strafmildernd wirkt eine **nachträgliche Beitragsentrichtung** (vgl. BGH NJW 2009, 528 (533) **89** (insoweit in BGHSt 53, 71 nicht abgedr.); s. auch OLG Bamberg BeckRS 2016, 03553 Rn. 23), insbes. dann, wenn sie zeitnah nach Fälligkeit erfolgt; weiterhin jedes Verhalten, das eine Nähe zu den Privilegierungen nach Abs. 6 aufweist, ohne sie zu erreichen (vgl. Fischer Rn. 25; SSW StGB/*Saliger* Rn. 28). Allerdings bietet eine Nachzahlung der Beiträge keine taugliche Grundlage für eine Strafmilderung nach § **46a Nr. 1**, da ein auf einem kommunikativen Prozess aufbauender und auf Wiedergutmachung auch immaterieller Folgen angelegter Täter-Opfer-Ausgleich bei § 266a als einem Delikt, das den Schutz des gesamtstaatlichen Sozialversicherungsaufkommens zum Gegenstand hat, ersichtlich ausscheidet (vgl. BGH NStZ 2001, 200 (201) für Steuerdelikte; aA OLG Dresden wistra 2001, 277). In Betracht kommt dagegen eine Anwendung von § **46a Nr. 2** (MüKoStGB/*Radtke* Rn. 106; offen gelassen von BGH NStZ 2001, 200 (201)). Zu einer Strafmilderung im Falle von Beitragszahlungen für eine freiwillige Mitgliedschaft der ArbN in der gesetzlichen Krankenversicherung vgl. BGH NStZ 2006, 227 (228).

Einem **Geständnis** kommt eine umso größere strafmildernde Bedeutung zu, desto gewichtiger der **90** Beitrag des Angekl. zur Aufklärung des – idR großteils unternehmensinternen – sozialversicherungsrechtlichen Sachverhaltes zu bewerten ist; so wird im Fall der Schwarzarbeit eine Aufdeckung der Anzahl der ArbN, ihrer Beschäftigungszeiten und des tatsächlich ausgezahlten Lohnes einen deutlich strafmildernden Umstand darstellen, wenn sie zu einer verlässlichen Ermittlung des Vorenthaltungsumfanges beiträgt. Auch eine wahrheitsgemäße Mitteilung nach Abs. 6, die zB wegen Verfristung oder ersichtlich dauerhafter Zahlungsunfähigkeit nicht zu einem Absehen von Strafe geführt hat, ist insoweit zu berücksichtigen (vgl. SK-StGB/*Hoyer* Rn. 99). Die Aufdeckung dritter Taten aus dem Bereich des schwarzen oder grauen Arbeitsmarktes auf weitere Schwarzarbeitsaufkommen können Anlass zu einer Strafmilderung geben, wenngleich der Anwendungsbereich von § **46b** nur in Fällen des § 266a Abs. 4 eröffnet ist (vgl. § 46b Abs. 1 S. 2) und die in Betracht kommenden Drittdelikte idR nicht dem Katalog von § 100a Abs. 2 StPO angehören werden.

Strafschärfend wirken – insbes. in Fällen organisierter Schwarzarbeit – ein **auf systematische Vor-** **91** **enthaltung angelegtes Verhalten** und ein hiermit einhergehender hoher **Verschleierungsaufwand,** zB durch Manipulation von Lohnunterlagen (vgl. BGH BeckRS 2008, 01765 = BGH StraFo 2008, 219) oder Erstellung von Scheinrechnungen (BGH wistra 2008, 180), soweit nicht bereits § 266a Abs. 4 S. 2 Nr. 2 eingreift oder der Sachverhalt die Annahme eines unbenannten besonders schweren Falles nahe legt (MüKoStGB/*Radtke* Rn. 105). So bildet die fehlende oder unrichtige Verbuchung aufzeichnungspflichtiger Vorgänge, insbes. die unvollständige oder **unrichtige Führung von Lohnunterlagen** jedenfalls dann einen bestimmenden Strafzumessungsgrund, wenn der ArbG hierdurch zugleich Ordnungswidrigkeitentatbestände – insbes. nach § 111 Abs. 1 Nr. 3, § 3a SGB IV, § 23 Abs. 1 Nr. 8 AEntG (→ Rn. 7) – verwirklicht, die nach § 21 Abs. 1 OWiG verdrängt oder im Hinblick auf die Straftaten von der Verfolgung ausgenommen werden (BGH BeckRS 2010, 00690 Rn. 47 ff. unter Verweis auf BGHSt 23, 342 (345); LK-StGB/*Möhrenschlager* Rn. 83). Dies gilt insbes. dann, wenn **die Taten „als Gewerbe" betrieben** werden, der Täter mithin aus dem illegalen Verhalten als solchem seine Einnahmen erzielt (so vor allem bei systematischer Verkürzung von Steuern und Sozialversicherungsbeträgen, vgl. BGH wistra 2008, 180; BGH StraFo 2008, 219; s. auch BGHSt 53, 71 (87) = BGH NJW 2009, 528 (533)), während im Hinblick auf § 46 Abs. 3 einer gewerbsmäßigen Begehungsweise keine strafschärfende Bedeutung zukommen kann, soweit sie allein durch die Stellung und Tätigkeit des Angekl als ArbG bedingt und damit bereits dem Tatbestand von § 266a immanent ist (BGH StV 2007, 412). Straferhöhend im Hinblick auf die **Gesamtstrafe** wirkt die systematische Begehung über einen langen Tatzeitraum.

II. Besonders schwerer Fall (Abs. 4)

92   1. **Allgemeines.** Der mit Wirkung zum 1.8.2002 eingefügte (→ Rn. 1), allein auf Tatbestände nach Abs. 1 und 2 anwendbare § 266a Abs. 4 sieht für besonders schwere Fälle einen erhöhten Strafrahmen von 6 Monaten bis zu 10 Jahren Freiheitsstrafe vor. Die Vorschrift ist in **Regelbeispielstechnik** ausgestaltet. Der Inhalt der Regelbeispiele ist bewusst **an § 370 Abs. 3 S. 2 Nr. 1, 3, 4 AO angelehnt** (vgl. BT-Drs. 14/8221, 18; BR-Drs. 1086/01, 37), so dass die dortigen Maßstäbe weitgehend übernommen werden können (vgl. Erbs/Kohlhaas/*Senge* AO § 370 Rn. 88 ff.). Da der Strafrahmen jenem besonders schwerer Betrugsfälle nach § 263 Abs. 3 entspricht, sind Wertungswidersprüche für die – nach Neufassung des Abs. 2 ohnehin seltenen – Fälle, in denen eine Anwendung von § 263 in Betracht kommt, weitgehend ausgeräumt (vgl. Lackner/Kühl/*Heger* Rn. 16a). In **Übergangsfällen** mit Tatbegehung vor Einfügung der Abs. 2 und 4 kann sich § 266a bei einer Konkurrenz mit § 263 als das nach § 2 Abs. 3 mildere Gesetz erweisen, wenn ein besonders schwerer Fall nach § 263 Abs. 3 anzunehmen ist, nach § 266a Abs. 4 aber ausscheidet (BGH StraFo 2008, 219; BGH StV 2007, 412 für Gewerbsmäßigkeit).

93   Hinsichtlich der Prüfung eines besonders schweren Falles gelten die allgemeinen Grundsätze (vgl. Fischer § 46 Rn. 88). So kommt den Regelbeispielen bei Vorliegen ihrer Voraussetzungen nur **indizielle Wirkung** zu, so dass die Regelwirkung in atypischen Fallgestaltungen – insbes. bei Kumulation gewichtiger Strafmilderungsgründe im Übrigen – entkräftet sein kann. Umgekehrt kann auch bei fehlender Verwirklichung eines Regelbeispieles ein **unbenannter besonders schwerer Fall** angenommen werden (vgl. BGH BeckRS 2010, 00690 Rn. 50; SK-StGB/*Hoyer* Rn. 84; nach Müller-Gugenberger WirtschaftsStR/*Thul* § 38 Rn. 287 zu bejahen bei Schäden ab 50.000 EUR). Wird die Regelwirkung eines der benannten Fälle von Abs. 4 bejaht, muss sich der **Vorsatz** auf alle tatsächlichen Voraussetzungen des Regelbeispiels beziehen (MüKoStGB/*Radtke* Rn. 108). Im Falle der **Beihilfe** müssen die Vor. eines besonders schweren Falles in der Person und dem Tatbeitrag des Gehilfen vorliegen (vgl. BGH NJW 2009, 690 (692); BGH NStZ 1983, 217 (jeweils zu § 370 AO)). Der **Versuch** der Verwirklichung eines Regelbeispiels mit strafschärfender Wirkung kommt – anders als bei § 243 (BGHSt 33, 370 (373)) oder § 370 Abs. 3 AO (BGH wistra 2010, 449) – mangels Versuchsstrafbarkeit des Grundtatbestandes nicht in Betracht (MüKoStGB/*Radtke* Rn. 114).

94   2. **Einzelne Regelbeispiele. a) Grob eigennütziges Vorenthalten in großem Ausmaß.** Abs. 4 S. 2 **Nr. 1** erfordert kumulativ einen groben Eigennutz des Angekl. und eine Vorenthaltung großen Ausmaßes. **„Aus grobem Eigennutz"** – in § 370 Abs. 3 S. 2. Nr. 1 AO seit Neufassung der Vorschrift zum 1.1.2008 nicht mehr enthalten – setzt als Tatmotiv voraus, dass der Angekl sich bei Vorenthaltung der Beiträge von dem Streben nach eigenem Vorteil in einem besonders anstößigen Maß leiten lässt (vgl. BGH NStZ 1990, 497; 1985, 459, jeweils zu § 370 Abs. 3 AO aF; wistra 1991, 106 zu § 264 Abs. 2 S. 2 Nr. 2). Der Angekl. muss über eine Bereicherungsabsicht iSv § 263 hinaus das übliche Maß kaufmännischen Gewinnstrebens deutlich überschritten haben (Erbs/Kohlhaas/*Ambs* Rn. 27). Die Anstößigkeit seines Verhaltens kann sich aus einer besonderen Skrupellosigkeit und Verantwortungslosigkeit gegenüber seinen ArbN ergeben, ihren Ausdruck aber auch darin finden, dass der **ArbG mit den ArbN kollusiv zusammenwirkt** und aus **organisierter Schwarzarbeit** erhebliche Vorteile zieht (BGH NStZ 2010, 216; vgl. auch BGH wistra 1991, 106). Erforderlich ist stets eine Gesamtbetrachtung der Tatumstände; der besonderen Höhe der Beitragsvorenthaltung kommt dabei indizielle Bedeutung zu (BGH NStZ 1990, 497 zu § 370 AO aF; MüKoStGB/*Radtke* Rn. 111). Da es dem Angekl. um einen eigenen Vorteil gehen muss, scheidet das Regelbeispiel aus, wenn das primäre Motiv für die Vorenthaltung eine wirtschaftliche Krisensituation des Unternehmens, das Bestreben um seine Sanierung und die Bewahrung von Arbeitsplätzen bildet (vgl. Schönke/Schröder/*Perron* Rn. 29b; MüKoStGB/*Radtke* Rn. 111), während umgekehrt ein von vornherein auf Beitragshinterziehung ausgelegter Geschäftsbetrieb für die Annahme eines besonders schweren Falles spricht (LK-StGB/*Möhrenschlager* Rn. 87) Das Motiv des Eigennutzes stellt ein **besonderes persönliches Merkmal iSv § 28 Abs. 2** dar, muss daher bei jedem Beteiligten gesondert vorliegen (SK-StGB/*Hoyer* Rn. 86).

95   In **großem Ausmaß** sind Beiträge vorenthalten, wenn der Gesamtschaden sich deutlich von der Schadenssumme abhebt, die gewöhnlich Folge einer Straftat nach § 266a Abs. 1 oder Abs. 2 ist (Fischer Rn. 27; Erbs/Kohlhaas/*Ambs* Rn. 27). Während die Literatur insoweit die Vorenthaltung von Beträgen ab 500.000 EUR bis in den Millionenbereich für erforderlich hält (Schönke/Schröder/*Perron* Rn. 29b; NK-StGB/*Tag* Rn. 100; *Ignor/Rixen* NStZ 2002, 510 (512); für § 370 AO FGJ/*Joecks* AO § 370 Rn. 270; Koch/Scholtz/*Scheurmann-Kettner* AO § 370 Rn. 59), nimmt die **Rspr.** für § 263 Abs. 3 S. 2 Nr. 2 (BGHSt 48, 360 = BGH NJW 2004, 169; BGH wistra 2004, 262 (263); BGH StV 2007, 132), für § 264 Abs. 2 S. 2 Nr. 1 (BGH wistra 1991, 106) und auch für § 370 Abs. 3 S. 2 Nr. 1 AO (BGHSt 53, 71 (84) = BGH NJW 2009, 528; BGHSt 57, 123 = BGH NJW 2012, 1458; BGH wistra 2010, 449; BGH NJW 2012, 2599) eine **Untergrenze von 50.000 EUR** an. Dass damit zugleich die Grenze für Beiträge großen Ausmaßes iSv § 266a Abs. 4 S. 2 Nr. 1 markiert ist (so SK-StGB/*Hoyer* Rn. 85; SSW StGB/*Saliger* Rn. 29; Lackner/Kühl/*Heger* Rn. 16b; *Wegner* wistra 2002, 382 (383); s. auch OLG Saarbrücken wistra 2006, 117), konnte bislang nicht gesichert angenommen werden. Denn der Wert war

nach bisheriger Rspr. nur für Fälle eines eingetretenen Vermögensverlustes – eingetretene Schäden bei § 263, ausgezahlte Subventionen bei § 264 – angenommen worden; insbes für § 370 Abs. 3 S. 2 Nr. 1 AO unterschied der BGH zwischen einem eingetretenen Verlust in Form ungerechtfertigt erlangter Zahlungen des Finanzamtes, und der bloßen Gefährdung des Steueranspruches durch pflichtwidriges Verschweigen steuerrelevanter Tatsachen, wofür eine Untergrenze von 100.000 EUR gelten sollte (BGHSt 53, 71 (85) = BGH NJW 2009, 528 (532)). Dagegen soll die Grenze von 50.000 EUR nach neuer Rspr. (BGH NJW 2016, 965 m. krit. Anm. *Altenburg;* zustimmend *Kirch-Heim* NStZ 2016, 291) jedenfalls **für § 370 Abs. 3 S. 2 Nr. 1 AO** unterschiedslos auch dann gelten, wenn ein bloßer Gefährdungsschaden vorliegt. Begründet wird dies u. a. damit, dass § 370 AO nach Wortlaut und Struktur nicht den Eintritt eines Vermögensverlustes erfordert, sondern eine Gefährdung des Steueranspruches genügen lässt und ihr den Eintritt eines eingetretenen Schadens beim Steuerfiskus bereits tatbestandlich gleichsetzt (BGH NJW 2016, 965 (966 f.)). Diese Erwägungen **lassen sich auf § 266a übertragen**. Denn auch Taten nach § 266a Abs. 1 und Abs. 2 bewirken der Sache nach nur eine Gefährdung des Beitragsanspruches, setzen aber keine endgültige Verringerung des Beitragsaufkommens voraus. Eine Grenze von 50.000 EUR wird künftig daher auch für das Regelbeispiel nach § 266a Abs. 4 S. 2 Nr. 1 anzusetzen sein (anders – Wertgrenze von 100.000 EUR – auf Grundlage der bisherigen Rspr. MüKoStGB/*Radtke* Rn. 110; *Thum/Selzer* wistra 2011, 290 (294) und Voraufl.).

Die Regelbeispielstechnik erlaubt es, einen besonders schweren Fall unter Gesamtbewertung der **95a** Tatumstände auch für Vorenthaltungsbeträge innerhalb der Wertgrenze von 50.000 EUR – dann ggf. als unbenannten besonders schweren Fall – anzunehmen (vgl. BGH wistra 2008, 281); umgekehrt muss auch eine höhere Summe nicht notwendig Anwendung des Ausnahmestrafrahmens führen (vgl. NK-StGB/*Tag* Rn. 100). Für die Berechnung ist auf **jede einzelne Tat im materiellen Sinne gesondert** abzustellen. Fälle einer einheitlichen Tat oder tateinheitlicher Verwirklichung sind zu addieren; dies gilt insbes. bei gleichzeitiger Unterlassung des Abführens von Beiträgen für mehrere ArbN und mehrere Versicherungszweige an dieselbe Einzugsstelle (BGHSt 53, 71 (85) = BGH NJW 2009, 528 (532)). Dass Beiträge nachbezahlt worden sind, ist für die Bestimmung des „großen Ausmaßes" ohne Bedeutung, kann daher nur bei Prüfung einer evtl. Entkräftung der Indizwirkung des Regelbeispiels eine Rolle spielen (**aA** *Ignor/Rixen* NStZ 2002, 510 (512)).

b) Verwendung nachgemachter oder verfälschter Belege. Belege sind alle Urkunden und **96** technischen Aufzeichnungen iSv §§ 267, 268, aber auch rein elektronische Daten iSv § 269 auf entsprechenden Trägern (LK-StGB/*Möhrenschlager* Rn. 89; vom Wortlaut noch gedeckt), mit denen sozialversicherungsrechtlich erhebliche Tatsachen nachgewiesen werden können (SK-StGB/*Hoyer* Rn. 87; Schönke/Schröder/*Perron* Rn. 29c). Das **„Nachmachen"** entspricht § 146 Abs. 1 bzw. dem Herstellen einer unechten Urkunde nach § 267 mit seinen Entsprechungen in §§ 268, 269, das **„Verfälschen"** den Verfälschungstatbeständen in §§ 267–269, so dass ein Auseinanderfallen des angeblichen und des tatsächlichen Ausstellers erforderlich ist. Eine **schriftliche Lüge reicht nicht aus** (BGH NStZ 1989, 272 (zu § 370 Abs. 3 AO); Fischer Rn. 28; Erbs/Kohlhaas/*Senge* AO § 370 Rn. 91); eine **zusätzliche inhaltliche Unrichtigkeit** des Belegs wird von der hM aber vorausgesetzt (SK-StGB/*Hoyer* Rn. 88; Schönke/Schröder/*Perron* Rn. 29c; LK-StGB/*Möhrenschlager* Rn. 89). Das der Angekl. den Beleg selbst nachgemacht oder verfälscht oder einen Dritten hierzu veranlasst hat, ist nicht erforderlich. Sein Vorsatz muss sich auf die Unechtheit jedoch erstrecken. **„Verwendet"** ist der Beleg, wenn er der Einzugsstelle zugegangen ist (vgl. SK-StGB/*Hoyer* Rn. 87; ob die Einzugsstelle von ihm Kenntnis genommen und in ihrer Tätigkeit hiervon beeinflusst wurde, ist unerheblich. Dagegen reicht es nicht aus, wenn die Belege nur als Grundlage von Meldungen gegenüber der Einzugsstelle dienen und zu eventueller Vorlage vorgehalten werden (vgl. BGHSt 35, 374 = BGH NJW 1989, 309; BGH wistra 1989, 228 (jeweils zu § 370 Abs. 3 Nr. 4 AO)). Inhaltlich ist erforderlich, dass die Belege ein sachlich **unrichtiges Bild sozialversicherungsrechtlich erheblicher Tatsachen vermitteln** (Schönke/Schröder/*Perron* Rn. 29c; SSW StGB/*Saliger* Rn. 29), da es sonst an einer über die tateinheitliche Verwirklichung von Urkundsdelikten hinausreichenden, die Strafschärfung rechtfertigenden Risikoerhöhung hinsichtlich der Beitragsgefährdung fehlt (vgl. SK-StGB/*Hoyer* Rn. 88 f.). Die **Aufnahme nachgemachter oder verfälschter Belege in die Lohnunterlagen** und ihre Zugrundelegung einer unrichtigen Meldung, aber ohne ihre Mitversendung an die Einzugsstelle reicht nicht aus; denn hiermit werden nicht die Belege, sondern nur ihr Inhalt verwendet (vgl. BGHSt 31, 225; BGH wistra 2010, 148 (152); 2005, 144 (145) (jeweils zu § 370 Abs. 3 AO); Müller-Gugenberger WirtschaftsStR/*Thul* § 38 Rn. 283). Die Verwendung inhaltlich falscher **Abdeckrechnungen** erfüllt das Regelbsp. nicht, wenn es sich um selbst erstellte Rechnungen des ArbG oder von Fremdunternehmen unter deren Namen hergestellte handelt, ohne daß eine Verfälschung vorliegt. Um eine **„fortgesetzte" Beitragsvorenthaltung** handelt es sich, wenn bereits zuvor zumindest zwei rechtlich selbstständige Taten nach § 266a Abs. 1 oder Abs. 2 begangen sind (vgl. BGH NStZ 1998, 413 (zu § 370 Abs. 3 AO)). Dabei müssen nicht jeweils neue Belege eingereicht werden, die bereits vorgelegten aber zumindest insoweit verwendet worden sein, als der Angekl. – auch konkludent – darauf Bezug nimmt (Fischer Rn. 28; Lackner/Kühl/*Heger* Rn. 16c). Eine nur tatsächliche Fortwirkung reicht nicht aus (**aA** wohl SK-StGB/*Hoyer* Rn. 89). Der Vorsatz muss sich nicht bereits bei den beiden ersten Taten auf eine fortgesetzte Begehungsweise gerichtet haben (BGH NStZ 1998, 413).

97   **c) Mithilfe eines Amtsträgers.** Der Amtsträger (§ 11 Abs. 1 Nr. 2) muss in Form einer **Beihilfe** an der Tat teilgenommen haben (**aA** MüKoStGB/*Radtke* Rn. 113: auch Anstiftung möglich). Das Ausnutzen eines undolosen Werkzeugs reicht nicht aus (Fischer Rn. 29; SK-StGB/*Hoyer* Rn. 91) Die Handlung des Amtsträgers muss sich gerade auf eine Tatbegehung nach § 266a beziehen. Ein **Missbrauch von Befugnissen** liegt vor, wenn der Amtsträger sich im Rahmen seiner formellen Zuständigkeit materiell rechtswidrig verhält (SK-StGB/*Hoyer* Rn. 90; Schönke/Schröder/*Perron* § 264 Rn. 76), etwa auf die Erhebung von Beiträgen gerichtete Handlungen verzichtet, unrichtige Bescheinigungen zugunsten des ArbG ausstellt oder eine Beitragsberechnung aufgrund erkannt unrichtiger Angaben des ArbG vornimmt. Auch eine Weiterleitung erkannt falscher Angaben des ArbG fällt unter das Regelbeispiel, wenn der Amtsträger zum Eingreifen verpflichtet wäre (**aA** Schönke/Schröder/*Perron* § 264 Rn. 77). Ein **Missbrauch seiner Stellung** liegt vor, wenn der Amtsträger außerhalb seines eigenen Zuständigkeitsbereichs, aber unter Ausnutzung der ihm durch sein Amt gegebenen Möglichkeiten eine rechtswidrige Handlung zugunsten des ArbG begeht (vgl. Fischer § 264 Rn. 47; Schönke/Schröder/*Perron* § 264 Rn. 77; enger MüKoStGB/*Radtke* Rn. 113), etwa den ArbG über Möglichkeiten einer effektiven Verschleierung der Beitragsvorenthaltung berät. Eine bestimmte Art der Einwirkung des ArbG auf den Amtsträger – etwa in Form einer Bestechung – setzt das Regelbeispiel nicht voraus. Der ArbG muss die bewusst pflichtwidrige Mithilfe des Amtsträgers aber in seinen **Vorsatz** aufgenommen haben; vertraut er lediglich darauf, dass der Amtsträger sich fahrlässig verhält, etwa die Unrichtigkeit eingereichter Erklärungen übersehen werde, ist das Regelbeispiel nicht erfüllt (LK-StGB/*Möhrenschlager* Rn. 90). Dies folgt bereits aus den allgemeinen, auch für die Regelbeispiele geltenden (→ Rn. 93) Anforderungen vorsätzlicher Tatbegehung. Dem Tatbestandsmerkmal des **Ausnutzens** kommt eine darüber hinausreichende Bedeutung nur insoweit zu, als der Angekl. – wie indes regelmäßig und bei Fehlen entgegenstehender Anhaltspunkte zu unterstellen – in dem Bewusstsein handelt, dass die Mithilfe des Amtsträgers zum Erfolg der Tat beiträgt (vgl. MüKoStGB/*Radtke* Rn. 113). Eine gesteigerte Vorsatzform verlangt es nicht.

III. Straffreiheit nach Abs. 6

98   In Anlehnung an das steuerliche **Selbstanzeigeverfahren** (§ 371 AO) sieht § 266a Abs. 6 für alle Fälle des § 266a (vgl. Abs. 6 S. 3) bei rechtzeitigem Offenbaren der Zahlungsunfähigkeit des ArbG die fakultative Möglichkeit eines Absehens von Strafe (Abs. 6 S. 1) und bei zusätzlichem Nachentrichten der Beiträge einen obligatorischen persönlichen Strafaufhebungsgrund vor (Abs. 6 S. 2). Zweck der Vorschrift ist eine Entkriminalisierung hauptsächlich solcher Beitragsvorenthaltungen, die im Gefolge einer **wirtschaftlichen Krise von Klein- und mittleren Unternehmen** begangen werden. Dem ArbG soll in Fällen einer subjektiv empfundenen Zwangslage und der durch eine zumindest versuchte Wiedergutmachung bewirkten Unrechts- und Schuldminderung ein Weg zurück in die Legalität eröffnet werden (vgl. BT-Drs. 10/318, 30 f.; 10/5058, 26; Schönke/Schröder/*Perron* Rn. 21; LK-StGB/*Möhrenschlager* Rn. 93; SK-StGB/*Hoyer* Rn. 92; vgl. *Krack* NStZ 2001, 505 (509)). Nach seinen Voraussetzungen und diesem Zweck scheidet eine Anwendung von Abs. 6 bei Taten nach § 266a Abs. 2 weitgehend aus (vgl. BGH NJW 2011, 3047 (3048); *Laitenberger* NJW 2004, 2703; *Joecks* wistra 2004, 441 (443)). Bei Absehen von Strafe oder Strafausschließung leben qua Gesetzeskonkurrenz zurücktretende Straftatbestände nicht wieder auf. § 266a Abs. 6 wirkt auch zugunsten handlungspflichtiger Vertreter iSv § 14 und findet über den Wortlaut („Arbeitgeber", „Täter") hinaus **entsprechende Anwendung auch auf Teilnehmer** (MüKoStGB/*Radtke* Rn. 131; NK-StGB/*Tag* Rn. 138; SK-StGB/*Hoyer* Rn. 104), die die Voraussetzungen für eine Straffreiheit allerdings in eigener Person erfüllen müssen (vgl. Schönke/Schröder/*Perron* Rn. 27; SSW StGB/*Saliger* Rn. 32; ferner BGH wistra 2009, 189 zu § 371 AO). Dies gilt auch für Abs. 6 S. 2; auch einem Teilnehmer ist nach erfolgreicher Mitteilung iSv Abs. 6 S. 1 daher eine Nacherfüllungsfrist nach Abs. 6 S. 2 zu setzen, der er notfalls durch Zahlung aus eigenem Vermögen nachkommen kann (**aA** Fischer Rn. 34; Schönke/Schröder/*Perron* Rn. 27; MüKoStGB/*Radtke* Rn. 132: obligatorische Straffreiheit idR nach S. 1; SK-StGB/*Hoyer* Rn. 105: Straffreiheit jedenfalls mit Zahlung innerhalb einer bezogen auf den Teilnehmer angemessenen Frist). Der Beteiligte muss die von Abs. 6 geforderten Handlungen nicht persönlich vorgenommen, aber zumindest **zurechenbar veranlasst** haben (NK-StGB/*Tag* Rn. 133).

99   Aufgrund der engen und teilweise unklaren Voraussetzungen ist § 266a Abs. 6 in Wortlaut und Systematik **wenig geglückt** und der Weg zu einer möglichen Strafbefreiung für den ArbG mit erheblichen Unsicherheiten belastet. Die Anzahl der von der Vorschrift aufgeworfenen Auslegungsfragen (krit. auch Fischer Rn. 30f.; NK-StGB/*Tag* Rn. 125) steht infolgedessen in keinem Verhältnis zu ihrer **geringen praktischen Bedeutung**. In der überwiegenden Anzahl der von Abs. 6 erfassten Fälle dürften Verfahrenseinstellungen nach den §§ 153ff. StPO erfolgen, insbes. Zahlungsauflagen nach § 153a Abs. 1 Nr. 1 StPO ausgesprochen werden, sofern die zugrunde liegende Tat nicht bereits im Wege von Verhandlungen zwischen Einzugsstelle und ArbG, ggf. unter Einschaltung des Insolvenzverwalters erledigt und einem strafrechtlichen Verfahren entzogen ist (vgl. Fischer Rn. 30; SSW StGB/*Saliger* Rn. 30; Müller-Gugenberger WirtschaftsStR/*Thul* § 38 Rn. 291). Veröffentlichte Rspr. ist zu § 266a Abs. 6 bislang nicht ergangen.

1. Absehen von Strafe (Abs. 6 S. 1). Voraussetzung für ein Absehen von Strafe ist eine Selbst- **100** anzeige des Abführungspflichtigen, in der dieser der Einzugsstelle die unterbliebene Zahlung, die Höhe der offen gebliebenen Beiträge bzw. die Grundlage für eine entsprechende Berechnung und die Gründe für die Nichtzahlung darzulegen hat. Die Bemühungen des ArbG bilden die materielle Grundlage für die von Abs. 6 gewährte Vergünstigung, da sie Unrecht und Schuld der Tat mindern (vgl. BT-Drs. 10/318, 31: der ArbG muss sich Absehen von Strafe „verdienen"). In **Fällen des Abs. 2** ist eine Selbstanzeige vor Fälligkeit ohne Bedeutung, da hierdurch bereits der Tatbestand ausgeschlossen wird (vgl. Schönke/Schröder/*Perron* Rn. 21; *Laitenberger* NJW 2004, 2706; s. auch BGH NJW 2011, 3047 (3048)).

a) Mitteilung der Höhe der vorenthaltenen Beiträge (Nr. 1). Die dem Beitragspflichtigen **101** abverlangte Mitteilung bezieht sich allein auf die **fällig werdenden** oder gerade fällig gewordenen Beiträge, hinsichtlich derer eine Straffreiheit nach Abs. 6 in Betracht kommt. Etwaig **vorenthaltene frühere Beiträge** müssen nicht erklärt werden (Schönke/Schröder/*Perron* Rn. 24). Die Gegenansicht (LK-StGB/*Möhrenschlager* Rn. 99; Fischer Rn. 32; SSW StGB/*Saliger* Rn. 31) kann sich zwar auf die Gesetzesbegründung stützen (BT-Drs. 10, 10/318, 31), erlegt dem ArbG aber nicht nur eine uU erhebliche Selbstbezichtigung bezüglich sämtlicher – unabänderlich strafbarer – früherer Taten auf, sondern auch die Herbeischaffung umfangreichen Tatsachenmaterials und steht dem Zweck der Vorschrift daher entgegen. Der Beitragspflichtige muss wahrheitsgemäß **sämtliche sozialversicherungsrechtlich erheblichen Tatsachen mitteilen**, aus denen sich die Höhe der vorenthaltenen Beiträge ergibt, und auf dieser Grundlage eine Berechnung der Beitragshöhe vornimmt. Dass er die Beiträge zutreffend errechnet, ist nicht erforderlich; es folgt auch nicht aus dem gesetzgeberischen Zweck, der Einzugsstelle eine Entscheidung über das weitere Vorgehen zu ermöglichen. Eine solche Mitteilung ist **auch für ArbG-Beiträge** in Fällen nach Abs. 2 Nr. 2 denkbar, wenn etwa der ArbG in der Unternehmenskrise keine Mitteilung über beitragsrelevante Beschäftigungsänderungen mehr gemacht hatte. Für eine Ausdehnung auf Fälle einer Korrektur unzutreffender Angaben nach Abs. 2 Nr. 1 in Analogie zu § 371 AO (hierfür *Joecks* wistra 2004, 441 (443)) besteht angesichts des Ausnahmecharakters der Vorschrift und sich anderenfalls ergebenden Wertungswidersprüchen zur Strafbarkeit nach Abs. 1 dagegen kein Raum (zutreffend LK-StGB/*Möhrenschlager* Rn. 98).

b) Darlegung ernsthaften Bemühens (Nr. 2). Der Beitragspflichtige muss **wahrheitsgemäß** (vgl. **102** BT-Drs. 10/318, 31; SK-StGB/*Hoyer* Rn. 93; Schönke/Schröder/*Perron* Rn. 22) begründen, warum eine Beitragszahlung nicht erfolgt ist. Die von Abs. 6 S. 2 Nr. 2 vorausgesetzten Umstände müssen daher tatsächlich vorliegen; sie sind zudem **schlüssig und inhaltlich so ausführlich** darzulegen, dass die Einzugsstelle ohne weitere Sachverhaltsaufklärung ihre weiteren Entscheidungen treffen kann (BT-Drs. 10/318, 30; SK-StGB/*Hoyer* Rn. 96). Die von Abs. 6 S. 1 Nr. 2 genannten Voraussetzungen der Unmöglichkeit rechtzeitiger Zahlung und eines ernsthaften Bemühens hierum sind nicht deutlich voneinander zu trennen. Ihr sachliches Vorliegen reicht allein – ohne entsprechende Darlegung – zur Erlangung der Vergünstigung des Abs. 6 nicht aus (**aA** Fischer Rn. 32; dagegen zutreffend LK-StGB/*Möhrenschlager* Rn. 101; MüKoStGB/*Radtke* Rn. 127).

Dass dem ArbG die Zahlung der Beiträge **„nicht möglich"** war, erfasst bei wörtlichem Verständnis **103** nur die nach den Grundsätzen der omissio libera in causa strafbaren Fälle einer vorverschuldeten Zahlungsunfähigkeit (→ Rn. 45), da eine unverschuldete Unmöglichkeit bereits tatbestandsausschließend wirkt (vgl. Fischer Rn. 31; Schönke/Schröder/*Perron* Rn. 23). Der Anwendungsbereich der Vorschrift würde hierdurch allerdings bis zur Bedeutungslosigkeit eingeengt; insbes. würde die – für eine Zurechnung des Vorverhaltens erforderliche – Inkaufnahme späterer Beitragsvorenthaltung bei Bedienung anderer Verbindlichkeiten einem „ernsthaften Bemühen" iSd Abs. 6 regelmäßig entgegenstehen. Abs. 6 S. 1 Nr. 2 ist daher entsprechend der Gesetzesbegründung und dem von der Vorschrift verfolgten Zweck **weit auszulegen** und auf Fälle zu erstrecken, in denen dem Täter die Erfüllung der Beitragsverbindlichkeiten zwar möglich, jedoch mit Blick auf das von ihm erstrebte Erhaltung des Unternehmens erheblich erschwert war (so MüKoStGB/*Radtke* Rn. 122; SSW StGB/*Saliger* Rn. 30 f.), er sich etwa durch Lohn- oder andere, **zur Aufrechterhaltung des Betriebes unabdingbare Zahlungen** der zur Abführung der Sozialversicherungsbeiträge erforderlichen Mittel begeben hat (BT-Drs. 10/318, 31). Ein solches Verständnis entspricht auch der Vorrangrechtsprechung des BGH, soweit diese sich darauf stützt, dass die Regelung des Abs. 6 im Falle einer Gleichrangigkeit der Verbindlichkeiten des ArbG unverständlich wäre (BGHSt 47, 318 (321) = BGH NJW 2002, 2480 (2481)). Danach regelt Abs. 6 S. 1 Nr. 2 „ersichtlich ... nicht den Fall, dass überhaupt keine finanziellen Mittel mehr vorhanden sind, sondern den Sachverhalt, dass diese in für den Fortbestand des Betriebes notwendige Zahlungen geflossen sind" (BGHSt 48, 307 (311) = BGH NJW 2003, 3787 (3788); s. auch LK-StGB/*Gribbohm*, StGB, 11. Aufl., Rn. 92; **aA** Fischer Rn. 31; Schönke/Schröder/*Perron* Rn. 23; SK-StGB/*Hoyer* Rn. 94: nur strafbares Vorverhalten erfasst). § 226a bietet mithin gerade für Fälle einen Ausgleich, in denen der ArbG den Tatbestand von § 266a Abs. 1 und Abs. 2 durch Befriedigung einer anderweitigen Forderung erfüllt, zum Ausgleich der Beitragsforderung mithin in der Lage gewesen wäre.

104   Legt der Angekl. derartige Umstände – idR die wirtschaftliche Situation des Unternehmens und die Folgen einer pflichtgemäßen vorrangigen Abführung der Sozialversicherungsbeiträge – gegenüber der Einzugsstelle nachvollziehbar dar, wird regelmäßig zugleich ein hinreichendes **„ernsthaftes Bemühen"** um die Beitragsentrichtung zu erkennen sein. Denn ein solches liegt bereits dann vor, wenn der Angekl. seiner Absicht fristgemäßer Beitragszahlung mit Rücksicht auf ernstzunehmende, einer Zahlung widerstreitende Gegengründe nicht nachgegangen ist (vgl. BT-Drs. 10/318, 31; SK-StGB/*Hoyer* Rn. 95; enger wohl LK-StGB/*Möhrenschlager* Rn. 98 sowie MüKoStGB/*Radtke* Rn. 122: es müssen alle zur Behebung der wirtschaftlichen Notlage bestehenden Möglichkeiten genutzt worden sein). Anerkennenswerte Beweggründe liegen immer dann vor, wenn die vorhandenen Mittel zur Aufrechterhaltung des Betriebes unumgänglich notwendig und begründete Aussichten dafür vorhanden waren, dass die Beiträge in angemessener Zeit nachentrichtet werden können (BT-Drs. 10/318, 31; Schönke/Schröder/*Perron* Rn. 22). Fehlvorstellungen des ArbG hierüber oder ein Eventualvorsatz hinsichtlich einer gleichwohl eintretenden generellen Zahlungsunfähigkeit stehen dem nicht entgegen. Hat der ArbG verfügbare Mittel zur Beitragsabführung nicht aktiviert, obwohl ihm dies zumutbar gewesen wäre, hat er sich nicht ernsthaft bemüht. Die Aufnahme weiterer Kredite ist dem Angekl. nicht abzuverlangen, sofern hierdurch eine Überschuldung des Unternehmens bewirkt oder vertieft werden würde (zu weit daher LK-StGB/*Gribbohm*, StGB, 11. Aufl., Rn. 92). Die Darlegung gegenüber der Einzugsstelle muss sich auch auf derartige Möglichkeiten erstrecken.

105   **c) Form und Frist.** Die Mitteilung des Angekl. eröffnet die Vergünstigungen des Abs. 6 nur dann, wenn sie innerhalb der von § 266a Abs. 6 S. 1 bestimmten, am Fälligkeitszeitpunkt des betreffenden Beitrags orientierten Frist erfolgt. Infolge der engen zeitlichen Grenzen einer strafbefreienden Mitteilung kann der Beitragspflichtige einer **Strafbarkeit hinsichtlich zurückliegender Beiträge** mithin nicht entgehen. Dieser wesentliche Unterschied zur steuerstrafrechtlichen Selbstanzeige (**aA** *Joecks* wistra 2004, 443: analoge Anwendung von § 371 AO, s. bereits → Rn. 100) vermindert den Anreiz für ein Vorgehen nach Abs. 6, wenn durch die Selbstanzeige aus Sicht des Beitragspflichtigen die Gefahr der Aufdeckung früherer Taten besteht. **„Unverzüglich"** bedeutet nach § 121 Abs. 1 BGB ohne schuldhaftes Zögern. Ein zur Einholung von Rechtsrat angemessener Zeitraum ist hinzunehmen. Eine Selbstanzeige nach Eintritt der Fälligkeit hat insbes. Bedeutung für Vorenthaltungen nach § 266a Abs. 2, da frühere Mitteilungen an die Einzugsstelle bereits den Tatbestand ausschließen (vgl. Schönke/Schröder/*Perron* Rn. 21). Der von Abs. 6 S. 1 bestimmte Zeitrahmen ist als Ausschlussfrist zu verstehen; **Nachbesserungen** einer unvollständigen oder unzutreffenden Mitteilung sind daher nicht berücksichtigungsfähig, soweit sie nach dem Erklärungszeitraum erfolgen.

106   In förmlicher Hinsicht muss die Mitteilung des Angekl. zu Beweiserleichterungszwecken **schriftlich** erfolgen (krit. Schönke/Schröder/*Perron* Rn. 24; Fischer Rn. 32: sachfremde Abkoppelung von Unrecht und Schuld), wofür eine Aufnahme zu Protokoll der Einzugsstelle iSv § 126 Abs. 1 BGB ausreicht (SK-StGB/*Hoyer* Rn. 98; NK-StGB/*Tag* Rn. 133). Bei fehlender Schriftform kann den ansonsten vorliegenden materiellen Voraussetzungen des Abs. 6 nur im Rahmen der allgemeinen Strafzumessungserwägungen Rechnung getragen werden.

107   **d) Tatrichterliche Entscheidung.** Liegen die Voraussetzungen von Abs. 6 S. 1 vor, ist eine Entscheidung über ein Absehen von Strafe erst angezeigt, wenn die **nach Abs. 6 S. 2 gesetzte Frist fruchtlos verstrichen** ist. Das Verfahren befindet sich bis dahin in einem Schwebezustand, in dem der staatliche Strafanspruch aufschiebend bedingt und eine Sachentscheidung zu Lasten des Angekl. gehindert ist (vgl. BGHSt 7, 336 (341) (zu § 112 RAbgO aF); BayObLGSt 89, 145 (148); OLG Karlsruhe NStZ-RR 2007, 147 (jeweils zu § 371 Abs. 3 AO)). Zu Fällen fehlender Fristsetzung → Rn. 111.

108   Die Entscheidung, ob bei Vorliegen der formellen und materiellen Voraussetzungen von Abs. 6 S. 1 von Strafe abzusehen ist, liegt im **pflichtgemäßen tatrichterlichen Ermessen.** Hierbei wird maßgeblich auf die Intensität der Konfliktlage für den Angekl., die Auswirkung einer Beitragszahlung für Dritte und seine Bemühungen um eine Beitragsentrichtung abzustellen sein (Fischer Rn. 36; Schönke/Schröder/*Perron* Rn. 25; MüKoStGB/*Radtke* Rn. 124). Zugunsten des Angekl. können etwa eine kurz vor Fälligkeit gescheiterte Sanierung, die Begleichung von Lohnforderungen und wichtiger Lieferantenrechnungen anstelle der Beiträge, oder der Zuschuss nicht unerheblicher Beträge aus dem Privatvermögen des Angekl. wirken. In Anbetracht der Formalisierung des Selbstanzeigeverfahrens sind nur diejenigen auf ihren Wahrheitsgehalt überprüften Gründe berücksichtigungsfähig, die der Angekl. mitgeteilt hat (**aA** Fischer Rn. 35).

109   **2. Straffreiheit (Abs. 6 S. 2).** § 266a Abs. 6 S. 2 bildet einen **obligatorischen persönlichen Strafaufhebungsgrund** nach Vorbild von § 371 Abs. 3 AO (BT-Drs. 10/318, 31; LK-StGB/*Möhrenschlager* Rn. 92; SSW StGB/*Saliger* Rn. 30; Schönke/Schröder/*Perron* Rn. 21), der über den Wortlaut hinaus auch Teilnehmern zugutekommen kann (bereits → Rn. 98 sowie 112a). Zu den Erfordernissen nach Abs. 6 S. 1 muss hinzutreten, dass der Pflichtige die Beiträge innerhalb einer von der Einzugsstelle bestimmten angemessenen Frist nachentrichtet. Nach dem Wortlaut von Abs. 6 S. 2 ist eine **Fristsetzung durch die Einzugsstelle nur und erst dann veranlasst, wenn die Voraussetzungen von**

Abs. 6 S. 1 vorliegen. So räumt Abs. 6 dem Angekl. keine Möglichkeit einer strafbefreienden Nachentrichtung ein, wenn der Angekl. bereits die Frist des Abs. 6 S. 1 versäumt hat oder seine Mitteilung keine taugliche Begründung für die Beitragsvorenthaltung enthält. Ob die Einzugsstelle einen derartigen Fall zutreffend angenommen und zu Recht von einer Nachfristsetzung abgesehen hat, ist seitens des Tatrichters umfassend nachprüfbar.

Auch die **Angemessenheit einer gesetzten Frist** unterliegt vollständiger tatrichterlicher Über-   110
prüfung, nicht lediglich einer Kontrolle auf Vertretbarkeit (LG Kassel StV 2006, 697 zu § 371 Abs. 3
AO; Lackner/Kühl/*Heger* Rn. 19). Sie richtet sich einzelfallbezogen nach dem Zeitraum, der dem
Angekl. nach seinen Einkommensverhältnissen und seiner sonstigen persönlichen Situation zuzubilligen
ist, um die zur Beitragsnachentrichtung erforderlichen Mittel aufzubringen (vgl. BT-Drs. 10/318, 31;
SSW StGB/*Saliger* Rn. 31; *Winkelbauer* wistra 1988, 16 (19)). Ist eine solche Möglichkeit nicht abzusehen, weil der Angekl. erkennbar zahlungsunfähig ist, bleibt die Fristsetzung dennoch erforderlich, um
für die Durchführung des Strafverfahrens Gewissheit über den endgültigen Fortbestand oder Wegfall des
staatlichen Strafanspruchs zu erlangen (vgl. BayObLGSt 89, 145 (154); OLG Karlsruhe NStZ-RR 2007,
147; OLG Köln wistra 1988, 274 (276), jeweils zu § 371 Abs. 3 AO). In einem solchen Fall wird eine
durchschnittlich bemessene Frist hinreichen. Im Verfahren nach § 371 Abs. 3 AO wird überwiegend
von einem Monat als Mindestfrist ausgegangen (OLG Köln wistra 1988, 246 (247); Schwarz/*Dumke* AO
§ 371 Rn. 116); dies erscheint auch für Abs. 6 S. 2 angemessen.

War die Frist nach tatrichterlicher Beurteilung **zu lang bemessen,** gereicht dies dem auf die Frist-   111
länge vertrauenden Angekl. nicht zum Nachteil, sie kann seitens des Tatrichters nicht nachträglich
verkürzt werden (vgl. BGHSt 7, 336 (341) (zu § 112 RAbgO aF); LK-StGB/*Möhrenschlager* Rn. 106;
SK-StGB/*Hoyer* Rn. 102). War sie **unangemessen kurz,** hat der Tatrichter die angemessene Länge
selbst zu bestimmen und damit zu entscheiden, ob eine Nachentrichtung rechtzeitig erfolgt ist (LK-
StGB/*Möhrenschlager* Rn. 106; MüKoStGB/*Radtke* Rn. 129; aA SK-StGB/*Hoyer* Rn. 102: Rückgabe
an die Einzugsstelle; vgl. auch Schwarz/*Dumke* AO § 371 Rn. 158). Hat die Einzugsstelle eine **Fristsetzung insgesamt versäumt,** weil sie etwa unzutreffend von einem Fehlen der Voraussetzungen des
Abs. 6 S. 1 ausgegangen ist, hat sie der Tatrichter gleichfalls selbst zu bestimmen und das Strafverfahren
für die Zeit des Fristlaufes zu unterbrechen (vgl. BFH NJW 1982, 1720; OLG Karlsruhe NStZ-RR
2007, 147 (148), jeweils zu § 371 Abs. 3 AO; LK-StGB/*Möhrenschlager* Rn. 106; Erbs/Kohlhaas/*Senge*
AO § 371 Rn. 20). Dass die Frist gerechnet ab dem Zeitpunkt, an dem sie die Einzugsstelle hätte setzen
können, bereits abgelaufen ist, bleibt dann unschädlich; der Täter kann Straffreiheit noch innerhalb der
strafrichterlichen Frist erlangen (MüKoStGB/*Radtke* Rn. 130).

Das der Angekl. die Beträge selbst oder aus eigenen Mitteln nachentrichtet, ist von Abs. 6 S. 2 nicht   112
vorausgesetzt (LK-StGB/*Möhrenschlager* Rn. 104). **Rechtzeitige Drittzahlungen** kommen ihm daher
zugute, insbes. die Nachentrichtung durch weitere Zahlungspflichtige (MüKoStGB/*Radtke* Rn. 126;
SK-StGB/*Hoyer* Rn. 100; *Winkelbauer* wistra 1988, 16 (18)). Eine **Zahlung des Beitragspflichtigen
vor Fristsetzung** durch die Einzugsstelle ist unschädlich und führt gleichfalls zur Strafbefreiung
(Schönke/Schröder/*Perron* Rn. 25; aA Fischer Rn. 33). **Zahlungen ohne vorangegangene Mitteilung nach Abs. 6 S. 1** sind dagegen nach dem eindeutigen Wortlaut unbehelflich und nur als allgemeiner Strafmilderungsgrund beachtlich (vgl. BGH NStZ 1990, 587; BayObLG NStZ-RR 1999,
142; MüKoStGB/*Radtke* Rn. 127; Fischer Rn. 33; aA SK-StGB/*Samson*/
Günther, 7. Aufl., Rn. 48). Ein nachentrichteter Teilbetrag ist auf die strafrechtlich günstigste Weise auf
die Beitragsschuld anzurechnen (→ Rn. 36 f.) und führt zur Strafbefreiung nur insoweit, wie zumindest
die Beiträge einer Tat beglichen sind („insoweit"; vgl. Schönke/Schröder/*Perron* Rn. 25; NK-StGB/*Tag*
Rn. 136).

Um obligatorische Straffreiheit zu erlangen, ist **auch für einen Teilnehmer eine Nachentrichtung**   112a
erforderlich (str., wie hier LK-StGB/*Möhrenschlager* Rn. 106; aA Fischer Rn. 34; Schönke/Schröder/
Perron Rn. 27; MüKoStGB/*Radtke* Rn. 132: Straffreiheit schon unter den Voraussetzungen von Abs. 6
S. 1). Auch ihm ist daher eine Frist zu setzen. Dass der Teilnehmer erforderlichenfalls – wenn nicht der
Täter selbst nachentrichtet – Zahlungen auf eine fremde Schuld erbringen muss (wegen § 823 Abs. 2
BGB bereits zw.), steht nicht entgegen. Denn maßgeblicher Strafbefreiungsgrund ist die Abwendung
eines Schadens für die Solidargemeinschaft (BT-Drs. 10/318, 31); die Gefährdung des Beitragsaufkom-
mens wird aber von dem Teilnehmer mitverantwortet.

3. Fälle des § 266a Abs. 3 (Abs. 6 S. 3). Eine sinnvolle Anwendungsmöglichkeit der Abs. 6 S. 1   113
und 2 auf Fälle des § 266a Abs. 3 erschließt sich nicht (vgl. Fischer Rn. 30a), da die Einzugsstelle in die
Vorenthaltung von Lohnteilen zu Lasten des ArbN und Dritter nicht eingeschaltet ist und die Mitteilung
an den ArbN bereits tatbestandsausschließend wirkt. Die Gesetzesbegründung ist unergiebig (vgl. BT-
Drs. 10/318, 31: „Auch in Fällen des Absatzes 3 können entsprechende Ausnahmesituationen eintreten."). Dass eine Erklärung des ArbG gegenüber beliebigen dritten – auch privaten – Zahlungsemp-
fängern und in deren Ermessen gestellte Fristsetzungen über die Strafbarkeit entscheiden, erscheint
systemfremd, ist als zugunsten des Täters wirkende und einzig denkbare Auslegung der gesetzlichen
Ausgestaltung aber hinzunehmen.

IV. Maßnahmen und -regeln, Nebenfolgen

114   Neben der Strafe kommt eine **Anordnung von Wertersatzverfall** nach §§ 73, 73a im Umfang der vorenthaltenen Beiträge in Betracht. Dem Verfall stehen allerdings regelmäßig die nach § 73 Abs. 1 S. 2 vorrangigen Ansprüche der Sozialversicherungsträger entgegen; diese sind taugliche Verletzte iSv § 73 Abs. 1 S. 2 (vgl. BGH BeckRS 2010, 00690 Rn. 42; BGH NStZ 2001, 155; *Harms/Jäger* NStZ 2001, 181). Gleiches gilt für den ArbN und einen anspruchsberechtigten Dritten in Fällen des Abs. 3. Das prozessuale Vorgehen wird sich daher regelmäßig auf eine Rückgewinnungshilfe (§ 111b Abs. 5 StPO) beschränken. Ist die Realisierung entsprechender Ansprüche – etwa bei Rückkehr des ArbN ins Ausland – ungewiss, kann nach § 111i StPO verfahren werden. Als **Nebenfolge** kommt ein Ausschluss von der Teilnahme an Wettbewerben um öffentliche Bauaufträge nach § 21 Abs. 1 S. 1 Nr. 4 SchwarzArbG in Betracht. In gravierenden Fällen ist die Verhängung eines **Berufsverbotes** nach § 70 möglich (LG München wistra 1987, 261; LK-StGB/*Möhrenschlager* Rn. 91). Die Nichtabführung von Beiträgen bildet eine Pflichtverletzung iSv § 70, da sie in typischer Verbindung zu der ausgeübten Tätigkeit steht und aus ihrer Missachtung erhebliche Gefahren resultieren, denen ein Berufsverbot begegnen kann (LG München wistra 1987, 261; LK-StGB/*Hanack* § 70 Rn. 28 ff.; SSW StGB/*Bockemühl* § 70 Rn. 11; Erbs/Kohlhaas/*Ambs* Rn. 33; *Martens* NJW 1957, 1289; **aA** BayObLG NJW 1957, 958; für Steuerhinterziehung in Zusammenhang mit Schwarzarbeit offen gelassen von BGH NStZ 1995, 124). Als von Gesetzes wegen eintretende Folgen sind der **Ausschluss von einer Tätigkeit als Vorstand oder Geschäftsführer** nach § 76 Abs. 3 S. 2 Nr. 3 lit. e AktG, § 6 Abs. 2 S. 2 Nr. 3 lit. e GmbHG und der Eintrag in das Gewerbezentralregister nach § 149 Abs. 2 Nr. 4 GewO zu beachten.

G. Konkurrenzen

115   Zur Abgrenzung, ob bei Vorenthaltungen mehrerer Beiträge oder Lohnteile eine oder mehrere Taten anzunehmen sind, ist grds. darauf abzustellen, ob der Täter die ihm abverlangte Beitragszahlung oder Lohnteilweiterleitung durch eine oder mehrere Handlungen hätte vollziehen können. Die einheitliche Motivationslage, ein auf Vorenthaltung gerichteter Gesamtplan oder identische Vorbereitungshandlungen sind für die Konkurrenzlage unerheblich (BGHSt 35, 14 = BGH NJW 1988, 1800). Demnach gilt:

116   Das gleichzeitige, dh **zu demselben Fälligkeitszeitpunkt unterbliebene Abführen von Beiträgen für mehrere ArbN** und mehrere Versicherungszweige an dieselbe Einzugsstelle bildet zutreffenderweise eine einheitliche Tat, da die Zahlung durch eine Handlung vorzunehmen gewesen wäre (BGH BeckRS 2007, 09380 (insoweit in BGH NStZ 2007, 527 nicht abgedr.); Fischer Rn. 36; LK-StGB/*Möhrenschlager* Rn. 108; **aA** (Tateinheit) OLG Frankfurt a. M. NStZ-RR 1999, 109; Schönke/Schröder/*Perron* Rn. 28; MüKoStGB/*Radtke* Rn. 99; Lackner/Kühl/*Heger* Rn. 20; s. auch Erbs/Kohlhaas/*Ambs* Rn. 24: natürliche Handlungseinheit). Dabei macht es keinen Unterschied, ob ein ArbG zugleich Beiträge hinsichtlich seiner vertraglichen ArbN und solcher ArbN vorenthält, die zu ihm aufgrund gesetzlicher **Fiktion des § 10 Abs. 1 AÜG** in einem Arbeitsverhältnis stehen (vgl. aber BGH wistra 2003, 262 (266) und BGH NJW 2003, 1821 (1824) (für § 263): Tateinheit). Nur eine Tat – keine Tateinheit – liegt auch bei gleichzeitiger Vorenthaltung von ArbN- und ArbG-Beiträgen bezüglich desselben Monats und gegenüber derselben Einzugsstelle, mithin bei einem **Zusammentreffen von Abs. 1 und Abs. 2 Nr. 2** vor; betroffen ist daher nur der Schuldumfang (BGH NStZ 2015, 648 (649); 2014, 321 (323), auch zur Tenorierung; BGH wistra 2010, 408; 2008, 180; BGH NStZ 2007, 527; **aA** (für Tateinheit) MüKoStGB/*Radtke* Rn. 99; Fischer Rn. 36; SSW StGB/*Saliger* Rn. 27; Müller-Gugenberger WirtschaftsStR/*Thul* § 38 Rn. 292). Mit der über ein Unterlassen hinausgehenden Tathandlung nach **Abs. 2 Nr. 1** besteht dagegen Tateinheit (Fischer Rn. 36; SK-StGB/*Hoyer* Rn. 106; MüKoStGB/*Radtke* Rn. 99: generell Tateinheit). Im Verhältnis der Begehungsweisen des Abs. 2 tritt bei unvollständigen Angaben **Abs. 2 Nr. 2 hinter Abs. 2 Nr. 1** zurück (Müller-Gugenberger WirtschaftsStR/*Thul* § 38 Rn. 207). **Zwischen Taten nach Abs. 2 Nr. 1,** die mittels zeitlich unterschiedlicher Erklärungen des ArbG für einzelne ArbN – auch gegenüber derselben Einzugsstelle für denselben Fälligkeitszeitpunkt – begangen sind, besteht Tatmehrheit.

116a   Tatmehrheit besteht generell bei **Vorenthaltungen zu unterschiedlichen Fälligkeitszeitpunkten** – auch gegenüber derselben Einzugsstelle und hinsichtlich derselben ArbN – und bei **Vorenthaltungen gegenüber unterschiedlichen Einzugsstellen,** da die Zahlungen durch unterschiedliche, jeweils eigenständige Handlungen vorzunehmen gewesen wären (vgl. BGHSt 48, 307 (314) = BGH NJW 2003, 3787 (3789); BGH NStZ-RR 2011, 276; BGH NStZ 2006, 227 (228); OLG Hamm NStZ-RR 2007, 170; OLG Frankfurt a. M. NStZ-RR 1999, 104; Fischer Rn. 36; Lackner/Kühl/*Heger* Rn. 20; SK-StGB/*Hoyer* Rn. 106; **aA** OLG Hamm wistra 2002, 338 m. abl. Anm. *Bittmann/Ganz* wistra 2002, 130). Ausnahmen bestehen, wenn der ArbG die Vorenthaltung **durch eine einheitliche Handlung oder Erklärung** – etwa ein Stundungsersuchen – erreicht; es liegt dann Tateinheit vor (vgl. LK-StGB/*Möhrenschlager* Rn. 108).

116b   Bei **unterbliebener Weiterleitung von Lohnteilen an Dritte nach Abs. 3** liegt gegenüber Abs. 1 und 2 wegen der unterschiedlichen Empfänger und abverlangten Handlungen Tatmehrheit vor (OLG Celle NJW 1992, 190; Schönke/Schröder/*Perron* Rn. 28; NK-StGB/*Tag* Rn. 141; LK-StGB/*Möhren-*

schlager Rn. 110). Mehrere Unterlassungen nach Abs. 3 zu Lasten desselben ArbN an einem Lohn-fälligkeitszeitpunkt stehen in Tateinheit (SSW StGB/*Saliger* Rn. 27; MüKoStGB/*Radtke* Rn. 100; **aA** LK-StGB/*Möhrenschlager* Rn. 111: eine Tat), auch wenn Zahlungen an unterschiedliche Dritte abzufüh-ren sind, da die durch eine Handlung vorgenommene Lohneinbehaltung die Taten verklammert. Dem-gegenüber stehen Einbehaltungen zu Lasten verschiedener ArbN in Tatmehrheit, auch wenn sie denselben Fälligkeitszeitpunkt und denselben Drittempfänger betreffen (MüKoStGB/*Radtke* Rn. 100; einschränkend LK-StGB/*Möhrenschlager* Rn. 111).

§ 266a Abs. 1 und Abs. 3 sind gegenüber § 266 das speziellere Gesetz (Fischer Rn. 37; Müller- **117** Gugenberger WirtschaftsStR/*Thul* § 38 Rn. 2). Seit der Neufassung zum 1.8.2004 (→ Rn. 1) ist § 266a **Abs. 2 lex specialis gegenüber § 263** (BGH NStZ 2012, 510 (511); BGH StraFo 2008, 219 mAnm *Steinberg* wistra 2009, 55; BGH wistra 2008, 180 (181); BGH BeckRS 2010, 00690 Rn. 45; BT-Drs. 15/2573, 28 f.; Fischer Rn. 37; SK-StGB/*Hoyer* Rn. 107; BGH NJW 2003, 1821 (1823) beruht auf alter Rechtslage); dies **gilt auch für Fälle des § 266a Abs. 1**, in denen der Angekl. über die Vorenthaltung hinaus mit Betrugsvorsatz die Einzugsstelle täuscht (vgl. BGH NStZ 2012, 510 (511); 2007, 527; Erbs/Kohlhaas/*Ambs* Rn. 23; SSW StGB/*Saliger* Rn. 27; MüKoStGB/*Radtke* Rn. 101; BT-Drs. 15/2573, 28; anders noch BGH wistra 2006, 425), **nicht aber für § 266a Abs. 3**, in dessen Anwendungsbereich bei zusätzlicher Täuschung des ArbN Tateinheit mit § 263 anzunehmen ist (**str., aA** MüKoStGB/*Radtke* Rn. 100 aE; Schönke/Schröder/*Perron* Rn. 28: § 263 gehe vor). Zu Übergangsfällen und der Anwen-dung von § 2 Abs. 3 vgl. BGH NStZ 2012, 510 (511); 2007, 527; BGH wistra 2010, 408; BGH StraFo 2008, 219 und BGH StV 2007, 412; hiernach kann § 266a Abs. 2 als milderes Gesetz anwendbar sein. Ist das Verhalten des ArbG **tatbestandlich nicht von § 266a erfasst, bleibt § 263 anwendbar;** dies soll bei Täuschung der Sozialversicherungsträger auch für den Fall der Ausnahmetatbestände nach § 111 Abs. 1 S. 1 Nr. 2a, S. 2 SGB IV, § 209 Abs. 1 S. 1 Nr. 5; S. 2 SGB VII gelten (SK-StGB/*Hoyer* Rn. 73; NK-StGB/*Tag* Rn. 89; Erbs/Kohlhaas/*Ambs* Rn. 20; zw., → Rn. 58). § 263 kann auch erfüllt sein, wenn die ArbG-Eigenschaft des Täters nicht feststellbar ist. Eine wahlweise Verurteilung nach § 266a und § 263 scheidet aus (OLG Bamberg BeckRS 2016, 03553). Zwischen **Lohn- und Umsatzsteuer-hinterziehungen nach § 370 AO** und § 266a besteht auch innerhalb desselben Tatzeitraumes Tat-mehrheit (BGHSt 35, 14 (16 f.) = BGH NJW 1988, 1800; BGH NStZ 2006, 227; BGH wistra 1990, 253; BGH NStZ 1988, 77; BayObLG StV 1982, 532; OLG Düsseldorf wistra 1988, 78; LK-StGB/*Möhrenschlager* Rn. 110; MüKoStGB/*Radtke* Rn. 103; **aA** OLG Stuttgart NStZ 1982, 514 (515): Tatidentität). Tateinheit von § 266a Abs. 1 und Abs. 2 kann bestehen mit **§ 267** (vgl. § 266a Abs. 4 S. 2 Nr. 2) oder mit den **§§ 331 ff.** (vgl. § 266a Abs. 4 S. 2 Nr. 3). **Insolvenzstraftaten** (§§ 283 ff.; § 15a Abs. 5 InsO) können dann in Tateinheit zu § 266a stehen, wenn die dem ArbG vorwerfbare Unmög-lichkeit der Beitragszahlung – etwa im Fall einer inkongruenten Zahlung – auf ihnen beruht (Schönke/Schröder/*Perron* Rn. 28; MüKoStGB/*Radtke* Rn. 102); iÜ besteht Tatmehrheit. Zu **§ 291 Abs. 1 Nr. 3** (Lohnwucher) besteht Tatmehrheit.

Zu den **§§ 95, 96 AufenthG, §§ 10 ff. SchwarzArbG** und **§§ 15, 15a AÜG** besteht Tatmehrheit **118** (vgl. MüKoStGB/*Radtke* Rn. 103; s. insbes. BGH NStZ 2014, 321; BGH NJW 2012, 471 zu § 11 Abs. 1 SchwarzArbG). Bei Zusammentreffen mit **Ordnungswidrigkeitentatbeständen** nach § 111 SGB IV und anderen Vorschriften (→ Rn. 6 f.) besteht nach § 21 Abs. 1 S. 1 OWiG ein Vorrang von § 266a, soweit prozessuale Tatidentität besteht (vgl. BGH NJW 2008, 595 (598) (zu § 16 Abs. 1 AÜG); OLG Düsseldorf NStZ-RR 2008, 51 (zu § 8 SchwArbG); MüKoStGB/*Radtke* Rn. 138). Die Ein-stellung eines auf Tatvorwürfe nach § 266a gerichteten Strafverfahrens nach den § 153 ff. StPO – oder seine anderweitige Erledigung – führt nach diesem Maßstab nicht zum Strafklageverbrauch in Bezug auf Bußgeldverfahren wegen Nichtzahlung des Mindestlohnes nach § 23 Abs. Nr. 1 AEntG, denn es liegt nicht dieselbe prozessuale Tat vor (BGHSt 57, 175 = BGH NJW 2012, 2051 (zu § 5 Abs. 1 Nr. 1 AEntG aF); OLG Saarbrücken BeckRS 2011, 14022; zust. MüKoStGB/*Radtke* Rn. 138; **aA** OLG Jena wistra 2010, 39; *Ast/Klocke* wistra 2014, 206). Gleiches hat dann auch für die Verfolgung von Ordnungs-widrigkeiten nach **§ 21 MiLoG** und nach § 404 Abs. 2, 3 SGB III zu gelten (**aA** OLG Oldenburg BeckRS 2010, 17931).

§ 266b Mißbrauch von Scheck- und Kreditkarten

(1) Wer die ihm durch Überlassung einer Scheckkarte oder einer Kreditkarte eingeräumte **Möglichkeit, den Aussteller zu einer Leistung zu veranlassen, mißbraucht und diesen dadurch schädigt, wird mit Freiheitsstrafe bis zu drei Jahren oder mit Geldstrafe bestraft.**

(2) § 248a gilt entsprechend.

Neuere Literatur (Auswahl): *Altenhain,* Der strafbare Mißbrauch kartengestützter elektronischer Zahlungssysteme, JZ 1997, 752; *Baier,* Konsequenzen für das Strafrecht bei Abschaffung des Euroscheckverkehrs, ZRP 2001, 454; *Bernsau,* Der Scheck- und Kreditkartenmißbrauch durch den berechtigten Karteninhaber, 1990; *Brand,* Missbrauch eines Geldausgabeautomaten durch den berechtigten EC-Karteninhaber, JR 2008, 496; *Brand,* EC-Kartenmissbrauch und untreuespezifische Auslegung, WM 2008, 2194; *Brand/Hotz* Fortgeschrittenenklausur – Stafrecht: AT und Ver-mögensstrafrecht – Ein Lotteriegewinn mit Folgen, JuS 2014, 714; *Eisele/Fad,* Strafrechtliche Verantwortlichkeit beim

Missbrauch kartengestützter Zahlungssystem, JURA 2002, 305; *Knierim,* Straftaten im Bankbereich, in Wabnitz/Janovsky, Handbuch des Wirtschafts- und Steuerstrafrechts, 4. Aufl. 2014, Kap. 10, Rn. 15 ff., 443 ff.; *Kudlich,* Computerbetrug und Scheckkartenmissbrauch durch den berechtigten Karteninhaber – NJW 2002, 905, JuS 2003, 537; *Küpper,* die Kreditkartenentscheidung des BGH unter Geltung des § 266b n. F., NStZ 1988, 60; *Löhning,* Unberechtigte Bargeldabhebung mit eurocheque-Karte und Geheimnummer an defekten Geldautomaten, JR 1999, 362; *Otto,* Missbrauch von Scheck- und Kreditkarten sowie Fälschung von Vordrucken für Euroschecks und Euroscheckkarten, wistra 1986, 150; *Ranft,* Der Kreditkartenmißbrauch (§ 266b Alt. 2 StGB), JuS 1988, 673; *Rossa,* Mißbrauch beim electronic cash, CR 1997, 219.

A. Allgemeines

I. Bedeutung

1   Der Straftatbestand des § 266b wurde in Anlehnung an den Missbrauchstatbestand der Untreue mit dem 2. WiKG neu eingefügt, um einen strafrechtlichen Schutz vor missbräuchlichen Benutzungen von Scheck- oder Kreditkarten durch den berechtigten Karteninhaber zu schaffen und in diesem Bereich aufgetretene Strafbarkeitslücken zwischen § 263 und § 266 zu schließen (BT-Drs. 10/5088, 31). Da im Verhältnis zwischen Karteninhaber und ausstellender Bank regelmäßig eine besondere Vermögensbetreuungspflicht iSd § 266 nicht vorliegt, war der Untreuetatbestand hier nicht einschlägig (BGHSt 24, 386; 33, 244), auch wenn hier ein untreueartiges Unrecht begangen wird. Unabhängig von der Streitfrage, ob hier im Hinblick auf die teilweise befürwortete Anwendung des § 263 tatsächlich eine Strafbarkeitslücke bestand (MüKoStGB/*Radtke* Rn. 2; Fischer Rn. 3), wird vom Tatbestand des § 266b nun jeder Missbrauch durch den berechtigten Karteninhaber – auch ohne Bestehen einer besonderen Vermögensbetreuungspflicht – erfasst, sofern dieser zur Rückzahlung des vom Aussteller verauslagten Betrages nicht in der Lage ist. Da der kartengestützte elektronische Zahlungsverkehr in den letzten Jahren immer weiter zugenommen und deshalb eine hohe praktische Relevanz erlangt hat, hat dies letztlich auch Auswirkungen auf die Strafnorm zu dessen Schutz, auch wenn der zahlenmäßige Anteil an der gesamten Computerkriminalität gering ist. Die Polizeiliche Kriminalstatistik weist für das Jahr 2008 3.787 Fälle des § 266b und damit einen leichten Rückgang auf, nachdem im Vorjahr noch 4.263 Fälle registriert wurden. Auch wenn im Jahr 2009 die Anzahl der Verfahren wieder auf 3.934 Fälle angestiegen ist, hat die Bedeutung des § 266b in den letzten Jahren weiter abgenommen. So weist die PKS im Jahr 2012 nur noch 2.460 Verfahren aus. Im Jahr 2013 erfolgte ein weiterer Rückgang auf nur noch 2.167 Verfahren. Während 2014 die Fallzahlen weiter auf 1.787 zurückgingen, erfolgte 2015 wieder ein Anstieg auf 1.949 Fälle.

II. Rechtsnatur

2   Bei § 266b handelt es sich um ein Erfolgsdelikt, dessen Tatbestand nur verwirklicht ist, wenn der Täter den Aussteller zu einer Zahlung veranlasst hat, ihm also einen Vermögensschaden zugefügt hat. Selbst bei einer Tatbegehung im Ausland kommt es damit auch hier gem. § 9 Abs. 1 Alt. 3 zu einer Strafbarkeit im Inland, weil Tatort nicht nur der Ort ist, an dem der Täter – etwa durch Einsatz seiner Kreditkarte im Ausland – gehandelt hat, sondern auch dort, wo der zum Tatbestand gehörende Erfolg eingetreten ist. Vom deutschen Strafrecht erfasst werden deshalb – anders als bei abstrakten Gefährdungsdelikten (vgl. BGH NStZ 2015, 81 mAnm *Becker* zu § 86a und BGH NStZ-RR 2013, 253 zu § 261) – auch vom Ausland aus begangene Missbrauchshandlungen mit Scheck- oder Kreditkarten, wenn der Vermögensschaden bei der kartenausstellenden Bank im Inland eingetreten ist.

III. Schutzgut

3   Durch § 266b wird nach allgemeiner Ansicht in erster Linie das Vermögen der Aussteller von Scheck- und Kreditkarten geschützt. Hinzu kommt als überindividuelles Allgemeingut aber auch der Schutz der Funktionsfähigkeit des bargeldlosen Zahlungsverkehrs (BT-Drs. 10/5058, 32; BGH NStZ 1993, 283). Dieses den gesetzgeberischen Motiven entsprechende Schutzgut ergibt sich hier aber – im Gegensatz zu § 152a – nur mittelbar, da § 266b als Tatererfolg einen Vermögensnachteil beim Kartenaussteller erfordert und sich entsprechend seinem Wortlaut nicht als abstraktes Gefährdungsdelikt unmittelbar auch gegen Angriffe des Täters gegen das allgemeine Vertrauen zum Schutz des bargeldlosen Zahlungsverkehrs richtet (MüKoStGB/*Radtke* Rn. 1; Fischer Rn. 3; LK-StGB/*Gribbohm,* StGB, 11. Aufl., Rn. 1). Maßgeblich für die Legitimität der Verhaltens- und Sanktionsnorm sowie für die Auslegung der einzelnen Tatbestandsmerkmale ist daher ausschließlich das Vermögen des Kartenausstellers als geschütztes Rechtsgut.

B. Kommentierung im Einzelnen

I. Tatobjekt

4   Tatobjekt iSd § 266b sind nur Scheck- oder Kreditkarten, ohne dass sich aber im Gesetz eine ausdrückliche Definition hierfür findet. Insoweit ist daher auch im Einzelnen die Reichweite dieser

Begriffe, etwa in Bezug auf einzelne Funktionen und den Einsatz im Zwei- oder Drei-Partner-System, umstritten und bedarf zunächst einer näheren Klärung.

1. Scheckkarte. Das Wesen der Scheckkarte iSd § 266b liegt in der besonderen Garantiefunktion, **5** indem das ausstellende Kreditinstitut die Einlösung eines Schecks oder die Auszahlung eines bestimmten Betrages garantiert und damit dem Schecknehmer bzw. der anderen beteiligten Bank das Risiko abnimmt, dass der ausbezahlte Betrag nicht gedeckt ist (BT-Drs. 10/5058, 32). Die Scheckkarte hat aber insoweit an Bedeutung verloren als das bisherige Euroscheck-Verfahren seit 1.1.2002 abgeschafft ist, mit dem bei Vorlage der Scheckkarte mit einem EC-Scheck unter Beachtung der formellen Anforderungen (Verwendung spezieller EC-Formulare, Eintragung der Kartennummer auf der Scheckrückseite und Vorlegung binnen 8 Tagen ab Ausstellung) das ausstellende Kreditinstitut bis zu einem Höchstbetrag die Einlösung des Schecks garantierte (vgl. näher Fischer Rn. 6; MüKoStGB/*Radtke* Rn. 8). Eingesetzt wird die EC-Karte daher heute in Form der MAESTRO-Karte nur noch als Zahlungskarte iSd § 152a Abs. 4 für Electronic-Cash-Systeme sowie zur Bargeldbeschaffung an Geldautomaten. Inwieweit eine Verwendung der Scheckkarte in diesen neuen Funktionen aber noch dem § 266b unterfallen soll, ist teilweise umstritten. Letztlich kommt es für die Anwendung des § 266b entscheidend darauf an, ob man jede beliebige durch Verwendung der EC-Karte verursachte Zahlung bereits genügen lässt oder ob die Ausnutzung der spezifischen Garantiefunktion der Scheckkarte für notwendig erachtet wird. Entsprechend dem Wortlaut und der Entstehungsgeschichte des § 266b müssen aber hier letztlich alle missbräuchlichen Verwendungen der Scheckkarte ausscheiden, bei denen seitens des Karteninhabers veranlasste Zahlungen nicht auf einer dem Drei-Personen-Verhältnis entsprechenden Garantiefunktion des Kartenausstellers beruhen (BGHSt 47, 160 (165)). Ohne einen solchen Einsatz der Karte gegenüber einem Dritten können auch die weiteren tatbestandlichen Voraussetzungen des § 266b in Bezug auf die Veranlassung des Ausstellers zu einer Zahlung nicht erfüllt sein.

Vor diesem Hintergrund wird eine Verwendung der Scheckkarte im Lastschriftverfahren, sog **POZ-** **6** **Verfahren** (Point Of Sale ohne Zahlungsgarantie) hier nicht vom Tatbestand erfasst. Der Karteninhaber ermächtigt hier durch seine Unterschrift beim Händler diesen nur dazu, den jeweiligen Betrag von seinem Konto abzubuchen. Von Seiten der ausstellenden Bank wird daher keine Einlösungsgarantie gegeben und diese wird auch zu keiner Zahlung veranlasst, so dass bei einer Verwendung der Karte durch den Nichtberechtigten oder bei einer Überschreitung des Kreditrahmens durch den berechtigten Karteninhaber ein Betrug iSd § 263 zu Lasten des Händlers vorliegt, aber wegen der fehlenden Garantiefunktion durch die Überlassung der Karte kein Missbrauch einer Scheckkarte (BGHSt 46, 146 (153); OLG Koblenz StRR 2014, 445; MüKoStGB/*Radtke* Rn. 11; Fischer Rn. 6a).

Eine Anwendung des § 266b kommt auch nicht beim sog **POS-Verfahren** (point of sale) in Betracht, **7** bei dem ein automatisiertes Lastschriftverfahren mit einer Online-Überprüfung der Karte und einer Einlösungsgarantie der kartenemittierenden Bank vorliegt. Nachdem hier bei bestehender Online-Verbindung eine Eingabe der PIN zu erfolgen hat und die Echtheit der Karte überprüft wird, so dass es etwa bei einer Kartensperre oder einer Überschreitung des Verfügungsrahmens des jeweiligen Kontos zu keiner Auszahlung kommt, erfolgt die Freigabe der Auszahlung (Autorisierung) durch die ausstellende Bank selbst, so dass hier keine generelle Garantiefunktion der Scheckkarte benutzt wird, sondern nur eine solche im Einzelfall aufgrund der Online-Rückmeldung an den Händler mit „Zahlung erfolgt" (so Fischer Rn. 6a; MüKoStGB/*Radtke* Rn. 12). Soweit demgegenüber nach anderer Ansicht auch hier § 266b zur Anwendung kommen soll, weil eine Zahlungspflicht des Ausstellers der Karte auch dann besteht, wenn sich die online überprüfte Auszahlung zwar grundsätzlich innerhalb des mit dem Kunden vereinbarten Verfügungsrahmens hält, aber aktuell nicht gedeckt ist (so LK-StGB/*Gribbohm*, StGB, 11. Aufl., Rn. 15; Schönke/Schröder/*Perron* Rn. 4c), wird die von § 266b geforderte Garantiefunktion nicht ausreichend berücksichtigt.

Wird auf dem in der Scheckkarte eingebauten Mikrochip ein vorausbezahlter Geldbetrag durch **8** „Aufladen" bei der ausstellenden Bank gespeichert, die Scheckkarte damit als sog **Geldkarte** verwendet, liegt hier ebenfalls keine Ausnutzung einer Garantiefunktion gegenüber dem Kartenaussteller vor. Hier erfolgt eine Zahlung jeweils durch Abbuchung des fälligen Betrages von dem zunächst aufgeladenen und noch zur Verfügung stehenden Geldbetrag. Da die kartenausgebende Bank sich beim Aufladen der Geldkarte bereits in bar oder vom Konto des Karteninhabers den jeweiligen Geldbetrag hat auszahlen lassen, ist mit der elektronischen Geldkarte eine Guthabensforderung des Karteninhabers gegen sein Kreditinstitut verbrieft. Eine Zahlungsgarantie der kartenausstellenden Bank ist damit nicht verbunden (*Altenhain* JZ 1997, 760; MüKoStGB/*Radtke* Rn. 13; Fischer Rn. 6a).

Umstritten ist auch die Anwendung des § 266b, soweit die Scheckkarte vom Berechtigten als **9** Codekarte **an Bankautomaten zur Bargeldbeschaffung** eingesetzt wird, obwohl der dem Karteninhaber intern von der ausstellenden Bank eingeräumte Verfügungsrahmen bereits ausgeschöpft ist. Im Hinblick auf den von § 266b geforderten Missbrauch der eingeräumten Rechtsmacht in Anlehnung an den Untreuetatbestand ist hier eine differenzierte Lösung dahingehend geboten, ob Abhebungsvorgänge am Geldautomaten der kartenausgebenden Bank oder an institutsfremden EC-Automaten vorgenommen werden. Erfolgt die Abhebung am **Geldautomaten der eigenen Bank** wird die Scheckkarte im Zwei-Personen-Verhältnis ohne eine Garantiehaftung der Bank eingesetzt, wobei die Bank hier ohnehin eine Auszahlung nur bei einer Kontodeckung veranlasst wird (BGHSt 47, 160 (164 f.); MüKoStGB/ *Radtke* Rn. 19 f.; Fischer Rn. 7). Demgegenüber kommt bei einer Benutzung von **Geldautomaten fremder Banken** grundsätzlich eine Anwendung des § 266b in Betracht, da hier bei der Geldauszahlung die kartenausstellende Bank die Rückzahlung gegenüber der in Anspruch genommenen Bank garantiert (BGHSt 47, 160 (164); BGH NStZ 1992, 278; BayObLG 97, 75; OLG Stuttgart NJW 1988, 981). Dem ist im Ergebnis zuzustimmen, da sich das kartenausgebende Institut aufgrund Vereinbarung innerhalb des Kreditgewerbes gegenüber dem Institut, an dessen Automaten die Abhebung erfolgt ist, zur Rückzahlung des abgehobenen Betrages verpflichtet hat (BGHSt 47, 160 (166)). Aufgrund der weiteren technischen Entwicklung hat sich hier aber in den letzten Jahren eine Änderung insoweit ergeben, als der Vorgang der Bargeldabhebung an Geldautomaten vielfach nur noch im Online-Betrieb durchgeführt wird, dh bei der Bedienung des Automaten erfolgt eine Datenübertragung, bei der neben einer Online-Überprüfung der Kartendaten auch eine entsprechende Autorisierung durch die kartenausstellende Bank vor jeder Auszahlung eingeholt wird. Damit liegt hier eine dem POS-Verfahren vergleichbare Konstellation vor. In diesem Fall einer Online-Autorisierung durch die kartenausstellende Bank fehlt somit auch eine entsprechende Garantieerklärung. Vielmehr verpflichtet sich der Kartenaussteller nach Überprüfung der übermittelten Daten selbst gegenüber der den Geldautomaten betreibenden Bank zum Ausgleich des beim Abhebungsvorgang ausbezahlten Betrages. Bei dieser Form der Bargeldabhebung im Online-Betrieb kann folglich eine Strafbarkeit nach § 266b ebenfalls nicht mehr angenommen werden (so auch MüKoStGB/*Radtke* Rn. 20 f.; Fischer Rn. 9; SK-StGB/*Hoyer* Rn. 4; *Mühlbauer* wistra 2003, 244 (252); *Baier* ZRP 2001, 455; *Zielinski* JR 2002, 343). Somit kommt beim Einsatz der Scheckkarte an Geldautomaten fremder Banken eine Anwendung des § 266b nur noch dann in Betracht, wenn die Abhebung im Offline-Verfahren und somit ohne Online-Autorisierung der Auszahlung durchgeführt wird. Dies bedeutet für die Tatgerichte, dass bei Bargeldabhebungen an fremden Geldautomaten jeweils im konkreten Einzelfall die zugrunde liegenden technischen Verfahren und Kontrollmechanismen vor einer Auszahlung festzustellen sind.

10   **2. Kreditkarte.** Bei einer Kreditkarte verpflichtet sich der Aussteller gegenüber einem durch einen Rahmenvertrag mit ihm verbundenes Unternehmen, dem sog Vertragsunternehmer, dessen Forderungen gegen den Karteninhaber auszugleichen. Für diese Garantieübernahme ist der Kartenaussteller berechtigt, von den entstandenen Geldforderungen eine vorher vereinbarte Provision als Service-Entgelt abzuziehen. Die Zahlungspflicht des Kreditkartenunternehmens entsteht aber nur, wenn der Vertragsunternehmer bei einer Transaktion mit dem Karteninhaber die im Rahmenvertrag vereinbarten Förmlichkeiten beachtet hat. Dazu zählen vor allem die Überprüfung der Unterschrift auf Übereinstimmung in Bezug auf die Kreditkarte und den vom Karteninhaber zu unterzeichnenden Beleg sowie die Einhaltung bestimmter Höchstgrenzen für einzelne Geschäfte. Das kartenausstellende Unternehmen zieht die so bei Transaktionen jeweils angefallenen Geldbeträge von dem Karteninhaber – meist nach monatlicher Abrechnung – ein, wobei dies je nach vertraglicher Vereinbarung in einem einmaligen Betrag oder auch auf Raten erfolgen kann. Nach diesem **sog Drei-Partner-System** funktionieren heute die großen weltweit einsetzbaren **Universalkreditkarten** von VISA, American Express und Eurocard als Mittel zur bargeldlosen Zahlung. Da hier jeweils eine Zahlungsverpflichtung des kartenausstellenden Unternehmens gegenüber dem jeweiligen Vertragsunternehmer begründet wird, handelt es sich bei dieser Form der Zahlungsabwicklung nach ganz hM um eine von § 266b erfasste Kreditkarte (BGHSt 38, 281; 47, 160 (165); LK-StGB/*Gribbohm,* StGB, 11. Aufl., Rn. 18 f.; Fischer Rn. 10; MüKoStGB/*Radtke* Rn. 2 f.; Lackner/Kühl/*Heger* Rn. 4; Schönke/Schröder/*Perron* Rn. 5 jeweils mwN). Auch bei Kreditkarten ist aber zu berücksichtigen, dass an der vom Tatbestand geforderten Übernahme einer Garantie fehlen kann, wenn bei jedem Zahlungsvorgang intern – wie oben dargestellt – eine Online-Autorisierung vorgenommen wird.

11   Demgegenüber ist eine Erfassung von Kreditkarten im **sog Zwei-Partner-System** in Form von Kundenkarten, bei denen der Kartenaussteller dem Kunden für sein Unternehmen bzw. seine Filialen einen Kredit einräumt, durch § 266b im Einzelnen umstritten. Die Funktion solcher Kreditkarten besteht hier darin, dass dem Karteninhaber bestimmte Forderungen aus Leistungserbringungen durch den Kartenaussteller bis zu einem Abrechnungszeitpunkt oder für einen längeren Zeitraum – zB bei vereinbarter Ratenzahlung – gestundet werden und ihm somit Kredit gewährt wird. Damit übernimmt aber der Kartenaussteller gerade keine Garantieverpflichtung im Sinne einer Geldleistung gegenüber einem Dritten. Vielmehr wird mit der Karte dem Kunden bis zu einem vorher vereinbarten Kreditrahmen nur die Möglichkeit eingeräumt, Leistungen des ausstellenden Unternehmens ohne erneute Prüfung der Kreditwürdigkeit in Anspruch zu nehmen. Folglich wird nach hM bei dieser Form von Kreditkarten eine Anwendung des § 266b ausgeschlossen (BGHSt 38, 281; 47, 160 (165 f.); MüKoStGB/*Radtke* Rn. 24; LK-StGB/*Gribbohm,* StGB, 11. Aufl., Rn. 18; Schönke/Schröder/*Perron* Rn. 5; Fischer Rn. 10; Lackner/Kühl/*Heger* Rn. 4 jeweils mwN). Dies gilt auch für Tankkarten, die dem Arbeitnehmer von seinem Arbeitgeber für die Betankung von Geschäftsfahrzeugen überlassen werden (OLG Celle NStZ 2011, 218; AG Eggenfelden NStZ-RR 2009, 139). Nach aA sollen auch Kreditkarten im Zwei-Partner-System als taugliche Tatobjekte im Rahmen des § 266b in Betracht kommen, weil die Karte vom Täter als Mittel zur Erlangung einer Leistung sowie zur Stundung einer Gegenforderung

eingesetzt werde, obwohl er nicht in der Lage ist, die dem Kartenaussteller zustehende Forderung auszugleichen, so dass hier ein untreueähnliches Verhalten gegeben sei (so *Otto* JZ 1992, 1139 f.; *Ranft* JuS 1988, 680 f.; *Hilgendorf* JuS 1997, 130 (135)). Dem ist aber entgegen zu halten, dass mit dieser Auslegung des § 266b der Wortlaut der Regelung in Bezug auf die Veranlassung einer Zahlung betreffend den Aussteller überdehnt wird. Dem Karteninhaber geht es hier bei der Erlangung von Waren oder der Inanspruchnahme von Dienstleistungen in erster Linie nicht um ein untreueähnliches Verhalten, sondern vorrangig um ein betrügerisches Verhalten, indem durch Vorspiegelung einer fortbestehenden Kreditwürdigkeit die Leistungen des kartenausstellenden Unternehmens in Anspruch genommen werden. Dies wird bereits durch § 263 erfasst. Auch wenn diese Auffassung im Ergebnis damit zu einer gegenüber § 266b höheren Strafandrohung führt, darf bei diesem „Konstruktionsfehler des Gesetzes" (Lackner/Kühl/*Heger* Rn. 4) das Gericht nicht einfach den geringeren Strafrahmen des § 266b in diesem Fall zugrunde legen (LK-StGB/*Gribbohm*, StGB, 11. Aufl., Rn. 20; MüKoStGB/ *Radtke* Rn. 27; Fischer Rn. 10). Es kann aber diesen Gesichtspunkt im Rahmen der konkreten Strafzumessung im Einzelfall berücksichtigen.

Von den reinen Kundenkarten im sog Zwei-Partner-System sind aber heute vielfach verwendete **12** spezielle **weitergehende Karten-Angebote** zu unterscheiden. So kann das jeweilige kartenausstellende Unternehmen dem Karteninhaber bei Transaktionen auch eine Zahlungsfunktion einräumen, die aber – im Gegensatz zu den Universalkreditkarten – lediglich auf das eigene oder eine begrenzte Anzahl weiterer Unternehmen beschränkt ist (zB IKEA-Karte, Comfort-Karte). Wird bei den normalen Kundenkarten dem Kunden vom Kartenaussteller selbst einen Kredit eingeräumt, bedient sich bei diesen Formen der Kartenaussteller eines Dritten, meist einer Bank, mit der er hinsichtlich der Zahlungsabwicklung zusammenarbeitet. Diese Bank nimmt letztlich die Kreditabwicklung vor, indem einerseits die beim Kauf angefallenen Beträge dem Kartenaussteller überwiesen werden und anderseits fällige Beträge vom Konto des Karteninhabers eingezogen werden. Auch in diesem Fall ist der Anwendungsbereich des § 266b nicht eröffnet, wenn es letztlich bei diesem Einsatz der Kundenkarte nur zu Leistungserbringungen im Verhältnis des Kunden zum Kartenaussteller und damit im Zwei-Personen-Verhältnis kommt. Die Tatsache, dass eine Bank vom Kartenaussteller zur Zahlungsabwicklung herangezogen wird, führt nicht zur Übernahme einer Garantiefunktion und folglich auch nicht zu einem Drei-Partner-System. Insoweit sind hier aber beliebige weitere Mischformen denkbar, die an Hand ihrer vertraglichen Ausgestaltungen im Einzelfall auf die Anwendung in Bezug auf § 266b hin beurteilt werden müssen.

II. Tathandlungen

Die eigentliche Tathandlung besteht darin, dass der Täter die ihm durch Überlassung der Scheck- **13** oder Kreditkarte eingeräumten Möglichkeit, den Aussteller zu einer Zahlung zu veranlassen, missbraucht.

1. Berechtigter Karteninhaber. Als Täter nach § 266b kommt nur der berechtigte Inhaber einer **14** Scheck- oder Kreditkarte in Betracht, dem mit der Ausstellung und Aushändigung einer entsprechenden Karte überhaupt erst die Befugnis eingeräumt wurde, den Aussteller zu einer Zahlung zu veranlassen. Damit handelt es sich bei § 266b um ein Sonderdelikt. Die Berechtigung im Verhältnis zum Aussteller ist folglich ein besonderes persönliches Merkmal iSd § 28 Abs. 1 (MüKoStGB/*Radtke* Rn. 4). Berechtigter ist auch derjenige, der sich mit falschen Personalien durch Täuschung eine Scheck- oder Kreditkarte erschlichen hat, da auch ihm durch die Überlassung der Karte die Möglichkeit des Ausstellers zu einer Zahlung zu veranlassen eingeräumt ist (BGHSt 47, 160; *Ranft* JuS 1988, 673 (677); LK-StGB/*Gribbohm*, StGB, 11. Aufl., Rn. 5; MüKoStGB/*Radtke* Rn. 5; Fischer Rn. 12). Insoweit kommt aber auch § 263 bei dem Erschleichen der Karte in Betracht, weil in der Ausstellung der Karte mit der eingeräumten Verfügungsbefugnis bereits eine konkrete Vermögensgefährdung zu sehen ist. Soweit der Karteninhaber als Berechtigter nicht selbst handelt, sondern einen gut- oder bösgläubigen Dritten als doloses Werkzeug für seine Zwecke einsetzt, ist von mittelbarer Täterschaft (§ 25 Abs. 1 Alt. 2) auszugehen (LK-StGB/*Gribbohm*, StGB, 11. Aufl., Rn. 47). Hat der Karteninhaber unter Missachtung der Vertragsbedingungen mit dem Kartenaussteller seine Scheck- oder Kreditkarte an einen Dritten weitergegeben, handelt es sich bei diesem nicht um den Berechtigten. § 266b will nicht vor jeder Art vertragswidriger Benutzung von Kreditkarten und den damit verbundenen Missbrauchsmöglichkeiten schützen, sondern sich nur gegen den (an sich berechtigten) Karteninhaber richtet (BT-Drs. 10/5058, 32; BGH NStZ 1992, 278; OLG Düsseldorf NJW 1993, 1872; *Otto* wistra 1986, 150 (152); *Ranft* JuS 1988, 673 (678); Fischer Rn. 12; LK-StGB/*Gribbohm*, StGB, 11. Aufl., Rn. 5; MüKoStGB/*Radtke* Rn. 5). In diesem Fall kommt aber die Anwendung von §§ 263 bzw. 263a oder 266 gegenüber dem berechtigten Karteninhaber in Betracht, aber nicht gegenüber dem Kartenaussteller, da insoweit aus Vertrag keine besondere Vermögensbetreuungspflicht besteht.

2. Möglichkeit, den Aussteller zur Zahlung zu veranlassen. Dem Inhaber der Scheck- oder **15** Kreditkarte muss durch die Überlassung, dh die willentliche Übergabe der Karte zur Nutzung entsprechend dem zugrunde liegenden Konto- bzw. Kartenvertrag im Rahmen des Zahlungs- und Kreditverfahrens, die Möglichkeit eingeräumt worden sein, eine Zahlung durch den Kartenaussteller an einen

Dritten zu veranlassen. Dem Begriff der Zahlung unterfällt nicht nur die Hingabe von Bargeld, sondern auch eine Geldleistung im Wege der Verrechnung (BT-Drs. 10/5058, 32). Damit ist offensichtlich, dass die im Rahmen des sog Zwei-Partner-Systems erfolgte bloße Stundung von Geldleistungen in Bezug auf vom Kartenaussteller erbrachte Waren- oder Dienstleistungen (→ Rn. 11) insoweit nicht als Zahlung angesehen werden kann. Auch wenn begrifflich jede Zahlung an den Karteninhaber von diesem Merkmal umfasst wäre, kann nach dem Sinn und Zweck der Regelung nur eine Zahlung des Kartenausstellers, die auf einem auf Geld ausgerichteten Ausgleichsanspruch eines Dritten gegen den Aussteller für erbrachte Leistungen beruht, hier einbezogen sein (Fischer Rn. 13).

16   Die Möglichkeit, den Aussteller zur Zahlung zu veranlassen, setzt eine entsprechende tatsächliche Rechtsmacht des Karteninhabers voraus, die ihm vom Kartenaussteller eingeräumt worden sein muss, ohne dass dies insoweit eine wirksame Verpflichtungsbefugnis iSd § 266 erfordert (Fischer Rn. 14; *Weber* NStZ 1986, 481 (484)). Eines in allen Details wirksamen zivilrechtlichen Vertrages bedarf es damit aber nicht. Es genügt, wenn dem Karteninhaber mit der Überlassung der Scheck- oder Kreditkarte die tatsächliche Rechtsmacht gewährt wird, den Kartenaussteller im Rahmen der Garantiehaftung verpflichten zu können. Auch die Aushändigung der entsprechenden Karte an einen Kunden zB trotz Geschäftsunfähigkeit begründet diese Möglichkeit (LK-StGB/*Gribbohm*, StGB, 11. Aufl., Rn. 32; Fischer Rn. 14).

17   **3. Missbrauch der eingeräumten Befugnisse.** Mit der eigentlichen Tathandlung des Missbrauchs einer eingeräumten Befugnis wird an die Regelung des § 266 Abs. 1 Alt. 1 angeknüpft. Ein solcher **Missbrauch** ist folglich dann anzunehmen, wenn der Karteninhaber nach außen im Rahmen seines rechtlichen Könnens gegenüber dem Zahlungsempfänger handelt, im Innenverhältnis zum Kartenaussteller aber die Grenzen seines rechtlichen Dürfens überschreitet (BT-Drs. 10/5058, 32; BGH NStZ 1992, 278 (279); MüKoStGB/*Radtke* Rn. 32; Schönke/Schröder/*Perron* Rn. 9; Fischer Rn. 15; LK-StGB/*Gribbohm*, StGB, 11. Aufl., Rn. 23). Faktisch wird vom Täter die ihm überlassene Scheck- oder Kreditkarte zu dem vom Aussteller vorgesehenen Zweck eingesetzt, um so eine Zahlungspflicht zu begründen. Die jeweiligen Grenzen des Handelns für den Karteninhaber bestimmen sich dabei nach den schuldrechtlichen Vertragsverhältnissen, die der Kartenüberlassung zugrunde liegen.

18   Nur soweit eine wirksame Ausübung **externer Rechtsmacht („Können")** im Außenverhältnis überhaupt besteht, kann auch ein Missbrauch erfolgen. Daran fehlt es etwa, wenn die Kreditkarte vertragswidrig zur Beschaffung von Bargeld, als Mittel der Kreditsicherung oder in sonst rechtsmissbräuchlicher Weise eingesetzt wird. Gleiches gilt auch für den Fall, dass es im Rahmen eines Zahlungsvorgangs zu einer nicht genehmigten Überschreitung der vertraglich vereinbarten Höchstgrenzen kommt, es sei denn das Vertragsunternehmen hat sich die Nichteinhaltung des Limits von dem Kartenaussteller vorher genehmigen lassen (MüKoStGB/*Radtke* Rn. 33–35; Fischer Rn. 16; LK-StGB/*Gribbohm*, StGB, 11. Aufl., Rn. 2). Von einem solchen Missbrauch kann auch dann nicht ausgegangen werden, wenn der an sich berechtigte Karteninhaber seine Scheck- oder Kreditkarte vertragswidrig und damit unberechtigt an einen Dritten weitergibt, damit dieser durch Waren- oder Dienstleistungen Zahlungsverpflichtungen des Kartenausstellers auslöst. Hier scheidet dann zwar § 266b aufgrund der fehlenden Berechtigung des Dritten aus, es kommt aufgrund der verwirklichten Täuschungshandlung gegenüber dem Dritten zu Lasten des Ausstellers aber eine Anwendung von § 263 bzw. § 263a in Betracht sowie ggf. eine Beteiligung (§§ 26, 27) des berechtigten Karteninhabers an diesen Handlungen.

19   In Bezug auf die Überschreitung der **internen Befugnisse („Dürfen")** sind die Unterschiede zwischen Scheck- und Kreditkarten zu beachten (LK-StGB/*Gribbohm*, StGB, 11. Aufl., Rn. 24). Während der Inhaber einer Scheckkarte von dieser nur im Rahmen eines vorhandenen Guthabens oder bis zur Höhe einer vorher eingeräumten Kreditlinie Gebrauch machen darf, kommt es folglich für die Grenze des rechtlichen „Dürfens" bei der Scheckkarte immer auf den Zeitpunkt der Verwendung an. Hatte das Konto in diesem Moment keine Deckung, liegt ein von § 266b erfasster Missbrauch vor.

20   Im Unterschied dazu liegt bei der Verwendung von Kreditkarten zwischen der Belastung des Kartenkontos und der Fälligkeit der auf dieser angefallenen Forderungen – je nach dem Zeitpunkt des Gebrauchs der Karte – ein Zeitraum von bis zu einem Monat bis zum vom Kartenaussteller vertraglich festgelegten Abrechnungszeitpunkt. Entscheidend für die Überschreitung der Befugnisse im Innenverhältnis ist damit hier nicht der Zeitpunkt der Kreditierung. Vielmehr kommt es nur darauf an, ob bei der Einziehung der Forderung durch den Kartenaussteller zu dem vorher vereinbarten festen Termin eine ausreichende Deckung auf dem Konto vorhanden ist. Dabei ist es für den Missbrauch nicht maßgeblich, ob der Täter eine ihm von Aussteller festgelegte Kreditgrenze überschreitet (BT-Drs. 10/5058, 32; LK-StGB/*Gribbohm*, StGB, 11. Aufl., Rn. 27; Fischer Rn. 7). Entscheidend ist letztlich, ob eine Rückzahlungsmöglichkeit besteht, unabhängig davon ob die vereinbarte Kreditgrenze erreicht wird oder nicht (BGHSt 47, 160 (170)). Dies gilt entsprechend auf für die Fälle, bei denen nach der Ausgestaltung des Vertrages zwischen Karteninhaber und -aussteller kein vollständiger Ausgleich des Kreditkartenkontos zum Abrechnungszeitpunkt erfolgt, sondern nur eine monatliche (Mindest-)Ratenzahlung (Fischer Rn. 17). Umgekehrt führt aber eine Überschreitung der eingeräumten Kreditlinie nicht zu einem Missbrauch iSd § 266b, wenn ein Ausgleich der Forderung möglich ist und folglich dem Kartenaussteller auch gar kein Schaden entsteht.

III. Schädigung des Kartenausstellers als Taterfolg

Der Missbrauch der Scheck- oder Kreditkarte ist erst dann vollendet, wenn es beim jeweiligen **21** Kartenaussteller zu einem Vermögensschaden als Taterfolg gekommen ist. Eine sonstige Schädigung reicht hier nicht aus (BT-Drs. 10/5058, 33). Nachdem § 266b dem Untreuetatbestand nachgebildet ist und folglich keinen unterschiedlichen Schadensbegriff verwendet, gelten die zu § 266 und § 263 entwickelten Grundsätze zum Vermögensschaden auch hier (→ § 263 Rn. 77 ff. und → § 266 Rn. 161 ff.). Im Einzelnen umstritten ist dabei, ob auch eine konkrete Vermögensgefährdung ausreichend ist. Während teilweise ein Gefährdungsschaden als nicht erfasst angesehen wird (so SK-StGB/ *Hoyer* Rn. 6; *Ranft* JuS 1988, 678; *Bernsau,* Scheck- und Kreditkartenmissbrauch durch berechtigten Karteninhaber, 1990, 115) ist nach zutreffender hA im Hinblick auf die Inhaltsidentität des Merkmals „schädigen" in § 266b mit „Vermögen ... beschädigt" iSd § 263 und die im Übrigen vergleichbaren tatbestandlichen Strukturen ein abweichender Schadensbegriff nicht zu begründen (MüKoStGB/*Radtke* Rn. 42; Fischer Rn. 18; Schönke/Schröder/*Perron* Rn. 10; LK-StGB/*Gribbohm,* StGB, 11. Aufl., Rn. 36). Als Konsequenz aus der Berücksichtigung einer solchen schadensgleichen Vermögensgefährdung verschiebt sich hier aber der für den Eintritt des Schadens maßgebliche Zeitpunkt von dem Ausbleiben der Kartenzahlung nach vorne auf den Zeitpunkt, in den die Zahlungspflicht des Kartenausstellers bei dem maßgeblichen Einsatz der Scheck- oder Kreditkarte begründet wird. Wie aus der Regelung des § 266b Abs. 2 iVm § 248a in Bezug auf das Strafantragserfordernis deutlich wird, kennt der Tatbestand keine Einschränkung des Schadensbegriffs in Bezug auf Bagatellschäden, dh die Höhe des tatsächlich eingetretenen Schadens oder der schadensgleichen Vermögensgefährdung ist hier ohne Bedeutung (Fischer Rn. 18; MüKoStGB/*Radtke* Rn. 43 mwN).

Ein Taterfolg in Form einer Schädigung des Kartenausstellers ist nur dann zu verneinen, wenn der **22** Inhaber der Scheck- oder Kreditkarte trotz Missachtung der ihm durch den jeweiligen Kartenvertrag im Innenverhältnis eingeräumten Befugnisse jederzeit in der Lage ist, die im Verhältnis zum Kartenaussteller entstandenen Verbindlichkeiten auszugleichen. Gleiches gilt – ebenso wie bei § 263 (vgl. BGH NStZ 1998, 570; 1999, 354; BGH NStZ-RR 2000, 331) – wenn der berechtigte Kartenaussteller über entsprechende Sicherheiten verfügt (zB Bürgschaften, Sicherungsübereignungen, Grund- und Pfandrechte), auf die er ohne weiteres zugreifen kann. In diesem Fall wird sein Vermögensabfluss durch die Befriedigung seiner Ansprüche aus diesen Sicherheiten kompensiert, so dass in der gedachten Vermögensbilanz kein negativer Saldo verbleibt (MüKoStGB/*Radtke* Rn. 44; Schönke/Schröder/*Perron* Rn. 10).

IV. Subjektiver Tatbestand

Für die Verwirklichung des subjektiven Tatbestandes muss beim Täter Vorsatz hinsichtlich aller **23** objektiven Tatbestandsmerkmale vorliegen, wobei hier jeweils bedingter Vorsatz ausreichend ist. Dies erfordert vor allem in Bezug auf den Missbrauch, dass der Täter einerseits Kenntnis von den Grenzen seiner internen Befugnisse zur Verpflichtung des Kartenausstellers hat und andererseits im Zeitpunkt der Verwendung der Karte auch mit bedingtem Vorsatz in Kauf nimmt, zu einem Ausgleich der Forderung zum vereinbarten Abrechnungsdatum nicht in der Lage zu sein. Folglich ist ein Vorsatz des Täters in Bezug auf den Missbrauch zu verneinen, wenn er erst nachträglich von einer fehlenden Kontodeckung Kenntnis erlangt oder irrtümlich davon ausgeht, dass er seinen Verpflichtungen gegenüber dem Aussteller der Scheck- oder Kreditkarte nachkommen kann. Ist dem Täter demgegenüber die Überschreitung der ihm von Kartenaussteller eingeräumten Belastungsgrenze bekannt und geht er davon aus, aufgrund seiner Einkommens- oder Vermögensverhältnisse jederzeit zum Ausgleich entstandener Verbindlichkeiten in der Lage zu sein, fehlt es zwar nicht am Missbrauchs-, wohl aber am Schädigungsvorsatz (MüKoStGB/*Radtke* Rn. 46; Fischer Rn. 19; LK-StGB/*Gribbohm,* StGB, 11. Aufl., Rn. 45). Wie auch beim Betrug reichen insoweit aber bloße vage Vermutungen oder Hoffnungen dahingehend, dass eine entstandene Verbindlichkeit durch künftige Zahlungseingänge ausgeglichen werden könne, nicht aus, um einen Vorsatz zu verneinen (MüKoStGB/*Radtke* Rn. 46; Fischer Rn. 19; LK-StGB/ *Gribbohm,* StGB, 11. Aufl., Rn. 45). Ob aus den ermittelten Einkommens- und Vermögensverhältnissen die subjektive Einlassung des Täters als reine Schutzbehauptung angesehen werden muss oder zur Verneinung eines Schädigungsvorsatzes führt, obliegt der Beurteilung des Tatrichters im Einzelfall.

V. Rechtswidrigkeit

Ein Kartenmissbrauch erfolgt im Verhältnis zum Aussteller der Scheck- oder Kreditkarte regel- **24** mäßig rechtswidrig. Allgemeine Rechtfertigungsgründe im Einzelfall werden nur ausnahmsweise – etwa bei einem rechtfertigenden Notstand (§ 34) – in Betracht kommen, wenn der Täter mit seiner Scheck- oder Kreditkarte Abhebungen vornimmt, um als Opfer eine räuberische Erpressung oder vergleichbare Situation abzuwenden (LK-StGB/*Gribbohm,* StGB, 11. Aufl., Rn. 43). Soweit sich der Täter darauf beruft, der Kartenaussteller habe geringfügige oder sogar höhere Überziehungen des

Verfügungsrahmens mehrfach zugelassen, kommt dessen Einverständnis oder zumindest mutmaßliches Einverständnis in Betracht, das aber zum Ausschluss des Missbrauchs und damit bereits des objektiven Tatbestandes führt. Einer solchen Einlassung können nicht die allgemeinen Geschäftsbedingungen des jeweiligen Kartenvertrages entgegengehalten werden, soweit diese solche Überziehungen ausschließen, da der tatsächliche Wille des Ausstellers im Einzelfall hiervon abweichen kann (Fischer Rn. 19). Auch wenn Banken in der Praxis Überziehungen vielfach über den eingeräumten Kreditrahmen hinaus dulden und einen Kontoausgleich durch die Bewilligung von Ratenkreditverträgen anbieten, wird ein solches Einverständnis des Kartenausstellers jedenfalls bei einem offensichtlichen Kartenmissbrauch – etwa durch hohe Transaktionen in einem kurzen Zeitraum – zu verneinen sein. In anderen Fällen muss ggf. im Rahmen der Beweisaufnahme eine Duldung von Überziehungen durch den Kartenaussteller in der Vergangenheit geklärt werden. Soweit ein tatbestandsausschließendes Einverständnis nicht vorliegt, kann aber ein nachweisbarer Irrtum des Täters insoweit auch im Einzelfall den Vorsatz entfallen lassen.

VI. Versuch und Vollendung

25   Sobald der Schaden beim Kartenaussteller eingetreten ist, ist die Tat vollendet. Für den Fall einer konkreten Vermögensgefährdung tritt eine Vollendung aber bereits im Zeitpunkt des Karteneinsatzes ein, wenn der Karteninhaber nicht zum Kontoausgleich in der Lage ist (MüKoStGB/*Radtke* Rn. 49). Der Versuch des Scheck- und Kreditkartenmissbrauchs selbst ist aber nicht strafbar. Nachdem der Gesetzgeber mit § 266b eine spezielle und damit abschließende Norm für den kartengestützten Zahlungsverkehr getroffen hat (BGH NStZ 1987, 120; KG JR 1987, 257; OLG Hamm MDR 1987, 514; OLG Stuttgart NJW 1988, 981 f.; Fischer Rn. 20; LK-StGB/*Gribbohm*, StGB, 11. Aufl., Rn. 48; Lackner/Kühl/*Heger* Rn. 4), kann ein strafloser Versuch des § 266b nicht durch einen Rückgriff auf die Versuchsstrafbarkeit nach § 263 Abs. 2 geahndet werden. Vielmehr schließen sich hier §§ 263 und 266b schon tatbestandlich aus. Eine andere Konstellation ergibt sich aber dort, wo der Täter eine Scheck- oder Kreditkarte außerhalb ihrer Garantiefunktion als Zahlungskarte einsetzt, wie zB beim elektronischen Lastschrifteinzugsverfahren (POZ) ohne entsprechende Kontodeckung. Dieses von § 266b nicht erfasste betrügerische Verhalten kann als Betrug gegenüber dem Leistungserbringen bestraft werden. Hier besteht damit auch bei einem Versuch keine Sperrwirkung durch § 266b, nur weil der Täter zur Tatbegehung eine Scheckkarte eingesetzt hat.

VII. Konkurrenzen

26   Wird mit der Rechtsprechung (BGHSt 24, 386; 33, 244) die Auffassung vertreten, dass ein Scheck- und Kreditkartenmissbrauch grundsätzlich auch von § 263 oder § 266 erfasst werden kann, bedarf es einer Abgrenzung dieser Tatbestände im Rahmen der Konkurrenzen. Insoweit muss dann § 266b als speziellere Norm bei einer missbräuchlichen Verwendung von Karten im Garantie-Bereich einer Anwendung der allgemeineren Regelung von Betrug und Untreue entgegenstehen (BGH NStZ 1987, 120; OLG Hamm MDR 1987, 514; KG JR 1987, 257; OLG Stuttgart NJW 1988, 981; LK-StGB/*Gribbohm*, StGB, 11. Aufl., Rn. 51; Fischer Rn. 23; MüKoStGB/*Radtke* Rn. 50). Sieht man in Ablehnung der BGH-Rspr. demgegenüber im von § 266b erfassten Missbrauch von Kredit- und Scheckkarten bereits weder einen Betrug noch eine Untreue, treten Konkurrenzfragen mit diesen Delikten gar nicht auf (vgl. die Nachweise bei Fischer Rn. 3; MüKoStGB/*Radtke* Rn. 2).

27   Sofern der Täter eine von § 266b erfasste Scheck- oder Kreditkarte durch eine Täuschung gegenüber dem Kartenaussteller erlangt hat, um mit dieser jeweiligen Karte im Folgenden missbräuchlich Waren- oder Dienstleistungen in Anspruch zu nehmen, ist das Verhältnis von § 263 und § 266b umstritten. Da hier bei der Kartenausgabe bereits ein von § 263 erfasster Gefährdungsschaden verursacht wird (BGHSt 33, 244 (246); 47, 160 (170); BGH StV 1992, 54; BGH wistra 1993, 183), nimmt die Rspr. bei einem von vornherein geplanten missbräuchlichen Einsatz der Scheck- oder Kreditkarte Tateinheit mit § 266b an (BGHSt 47, 160 (169) f.). Demgegenüber soll nach aA hier von Tatmehrheit ausgegangen werden (Lackner/Kühl/*Heger* Rn. 9; SK-StGB/*Hoyer* Rn. 8). Nach aA ist der Betrug bei der Erlangung der Karte gegenüber dem späteren Einsatz der Karte iS verwirklichten § 266b als speziellerer Tat mitbestrafte Vortat (so *Mitsch* JZ 1994, 886; LK-StGB/*Gribbohm*, StGB, 11. Aufl., Rn. 55), nach aA umgekehrt § 266b gegenüber dem vorher verwirklichten Betrug mitbestrafte Nachtat (so *Küpper* NStZ 1988, 61). Letztlich muss hier die Beurteilung im Einzelfall an Hand der getroffenen Feststellungen erfolgen. Für den Fall, dass der Täter bei der Erlangung der Scheck- oder Kreditkarte durch Täuschung bereits konkret beabsichtigt, damit vom Tatbestand des § 266b erfasste Zahlungsvorgänge abzuwickeln, erscheint die Annahme von Tateinheit gerechtfertigt, da dann in der Abwicklung der Geschäfte bzw. Auszahlungen lediglich die Beendigung des bereits mit der Täuschung bei der Kontoeröffnung begonnenen Betrugs liegt. Erfolgt demgegenüber der missbräuchliche Einsatz der Scheck- oder Kreditkarte völlig losgelöst von den täuschenden Angaben, ist hier aufgrund des gesonderten Tatentschlusses von Tatmehrheit auszugehen.

VIII. Antragserfordernis (Abs. 2)

Der Missbrauch von Scheck- und Kreditkarten ist grundsätzlich ein Offizialdelikt. Nur bei einem **28** geringen Schaden ist durch den Verweis in Abs. 2 auf § 248a ein Strafantrag erforderlich. Diese objektiv zu bestimmende Grenze der Geringwertigkeit ist aber bereits ab einem Betrag von ca. 25–30 EUR überschritten (vgl. näher Fischer § 248a Rn. 3). Im Hinblick darauf ist in der Praxis kaum ein Anwendungsbereich für das Antragserfordernis. Vielmehr wird ein Missbrauch der Scheck- oder Kreditkarte – unabhängig von der konkreten Schadenshöhe – ohne eine Strafanzeige des Kartenausstellers kaum bekannt, so dass diese regelmäßig der eigentliche Ausgangspunkt für die polizeilichen oder staatsanwaltschaftlichen Ermittlungen sein wird.

IX. Besonderheiten der Strafverfolgung

Eine Strafverfolgung bei § 266b wird regelmäßig nur bei einer Strafanzeige durch den Kartenaus- **29** steller in Betracht kommen, da die Ermittlungsbehörden ansonsten keine Kenntnis von einer missbräuchlichen Verwendung einer Scheck- oder Kreditkarte erlangen werden. Dabei werden die Kartenaussteller – wie die bisherigen von der Rechtsprechung entschiedenen Fallgestaltungen und die Zahlen der Kriminalstatistik zeigen – den Weg über die Erstattung einer Strafanzeige nur in offensichtlichen Fällen wählen, bei denen gezielt etwa durch mehrere erlangte Karten und durch eine Vielzahl von Transaktionen – meist innerhalb kürzester Zeit – erhebliche Schäden entstanden sind. Bei zweifelhaften Missbrauchshandlungen (zB bei Vermögensgefährdungen) wird es dagegen kaum zu Strafanzeigen und somit zu Ermittlungen kommen, weil hier im Interesse der weiteren Geschäftsbeziehungen zum Kunden vorrangig andere Lösungen – etwa durch Ratenkreditverträge – zur Begleichung der Verbindlichkeiten gesucht werden dürften, um einen eingetretenen Schaden auszugleichen bzw. zumindest zu vermindern. Im Übrigen erfordert der Nachweis eines Missbrauchs neben den Feststellungen zur konkreten Ausgestaltung des Vertragsverhältnisses zwischen Kartenaussteller und Kunde sowie zur jeweiligen Zahlungsabwicklung zum Ausschluss nicht tatbestandsmäßiger Handlungen – etwa im POS-, POZ- oder Online-Verfahren mit Autorisierung – teilweise aufwändige Ermittlungen zur Vermögenslage des Täters, insbesondere bei der Verwendung von Kreditkarten vom Zeitpunkt der Belastung des Kartenkontos bis zur Fälligkeit der Rückzahlung, um an Hand der objektiven Feststellungen Rückschlüsse auf den Vorsatz ziehen zu können. Insoweit ist ein Tatnachweis in vielen Fällen auch nicht leicht zu führen.

§ 268 Fälschung technischer Aufzeichnungen

(1) Wer zur Täuschung im Rechtsverkehr
1. eine unechte technische Aufzeichnung herstellt oder eine technische Aufzeichnung verfälscht oder
2. eine unechte oder verfälschte technische Aufzeichnung gebraucht,
wird mit Freiheitsstrafe bis zu fünf Jahren oder mit Geldstrafe bestraft.

(2) Technische Aufzeichnung ist eine Darstellung von Daten, Mess- oder Rechenwerten, Zuständen oder Geschehensabläufen, die durch ein technisches Gerät ganz oder zum Teil selbsttätig bewirkt wird, den Gegenstand der Aufzeichnung allgemein oder für Eingeweihte erkennen lässt und zum Beweis einer rechtlich erheblichen Tatsache bestimmt ist, gleichviel ob ihr die Bestimmung schon bei der Herstellung oder erst später gegeben wird.

(3) Der Herstellung einer unechten technischen Aufzeichnung steht es gleich, wenn der Täter durch störende Einwirkung auf den Aufzeichnungsvorgang das Ergebnis der Aufzeichnung beeinflusst.

(4) Der Versuch ist strafbar.

(5) § 267 Abs. 3 und 4 gilt entsprechend.

Neuere Literatur (Auswahl): *Böse,* Rechtsprechungsübersicht zu den Urkundendelikten, NStZ 2005, 370; *Duchstein,* Die Strafbarkeit von Fahrerkartenmanipulationen, SVR 2013, 361; *ders.,* Die Strafbarkeit von Fahrerkartenmanipulationen, NZV 2013, 367; *Freund,* Grundfälle zu den Urkundendelikten, JuS 1994, 207; *Gawrisch,* Das EG-Kontrollgerät, § 268 StGB und der k-Wert, VRR 2014, 449; *Geppert,* Fälschung technischer Aufzeichnungen durch Gegenblitzanlage?, DAR 2000, 106; *Hartmann,* Neue Herausforderungen für das Urkundenstrafrecht im Zeitalter der Informationsgesellschaft, 2004; *Humberg,* Der Missbrauch von Wegstreckenzählern gem. § 22b StVG, SVR 2011, 164; *Lampe,* Fälschung technischer Aufzeichnungen, NJW 1970, 1097; *Langer,* Lenk- und Ruhezeiten im Straßenverkehr und ihre Kontrolle durch Fahrtschreiber und Kontrollgeräte, DAR 2002, 97; *Puppe,* Die Fälschung technischer Aufzeichnungen, 1972; *Puppe,* Die neue Rechtsprechung zu den Fälschungsdelikten, Teil I: JZ 1986, 938, Teil II: JZ 1991, 550; *Puppe,* Zur Frage der störenden Einwirkung auf den Aufzeichnungsvorgang iSd StGB § 268 Abs. 3, JR 1993, 330; *dies.,* Die neue Rechtsprechung zu den Fälschungsdelikten, JZ 1997, 490.

A. Allgemeines

I. Bedeutung

1   Nachdem technische Geräte und Anlagen aller Art zunehmend unseren Alltag bestimmen und immer häufiger bereits mit eigener IP-Adresse ausgestattet sind und selbst über Datennetze mit anderen Computersystemen kommunizieren, ist gerade in diesem Bereich das Vertrauen in die Sicherheit der Informationsgewinnung durch solche Einrichtungen von besonderer Bedeutung. Während § 267 als Angriffsziel eine unechte Urkunde hat, tritt bei § 268 an deren Stelle die unechte technische Aufzeichnung. Die Regelung des § 268 dient damit letztlich dem Schutz der Zuverlässigkeit des Beweisverkehrs mit solchen technischen Geräten. Die Vorschrift wurde mit dem 1. StRG v. 25.6.1969 (BGBl. I 645) erstmals in das StGB eingefügt und durch das 6. StRG v. 26.1.1998 (BGBl. I 179) in zahlreichen Punkten geändert.

2   In den polizeilichen Kriminalstatistiken nimmt die Fälschung technischer Aufzeichnungen im Verhältnis zu anderen Delikten nur eine geringe praktische Bedeutung ein. Ein vom Gesetzgeber ursprünglich erwarteter breiter Anwendungsbereich – vor allem auch im Bereich der Computerkriminalität – hat sich damit hier nicht ergeben. Die in der Kriminalstatistik erfassten Fälle haben in den letzten Jahren sogar deutlich abgenommen. Wurden im Jahr 2003 insgesamt noch 2.825, im Jahr 2008 1.886 Anzeigen erfasst, waren es im Jahr 2011 nur noch 1.282 Fälle und 2012 insgesamt 1.301 Fälle. Diese Fallzahlen gingen im Jahr 2013 auf nur noch 965 Fälle und 2014 sogar auf nur noch 904 Fälle und 2015 auf 876 Fälle weiter zurück. Innerhalb dieser Fallzahlen zu § 268 weist die polizeiliche Kriminalstatistik als speziellen Anwendungsbereich die Manipulationen an Fahrtenschreibern noch gesondert aus. Dies offensichtlich deshalb, weil man davon ausging, dass diese Verstöße eine besondere Rolle innerhalb der Fälschungen technischer Aufzeichnungen spielen. Doch auch hier sind die Zahlen rückläufig. Wurden im Jahr 2009 137 Fälle registriert, waren es 2010 insgesamt 252 sowie 2011 232. Auch wenn sich 2012 wieder ein Anstieg auf 347 Fälle ergab, kam es 2013 mit 203 Fällen und 2014 mit 174 Fällen hier ebenfalls zu einem deutlichen Rückgang der Fallzahlen, was möglicherweise auch auf die Umstellung zu digitalen Geräten zurückzuführen ist, die nicht so leicht manipuliert werden können. 2015 ist aber wieder ein Anstieg auf 226 Fälle zu verzeichnen. Damit zeigt sich aber, dass im Vergleich zu den Gesamtzahlen den Manipulationen im Zusammenhang mit Fahrtenschreibern und EG-Kontrollgeräten innerhalb des § 268 nicht die bedeutende Rolle zukommt, die aufgrund der gesonderten Ausweisung in der Kriminalstatistik erwartet worden war. Letztlich nehmen die sonstigen nicht einzeln aufgefächerten Fälle der Fälschungen technischer Aufzeichnungen innerhalb der gesamten Fallzahlen die viel größere Rolle ein.

II. Rechtsnatur

3   Mit der Fälschung technischer Aufzeichnungen sollen Strafbarkeitslücken geschlossen werden, die dadurch entstehen, dass in Wirtschaft und Industrie, aber auch in vielen privaten Bereichen zunehmend se automatisch arbeitende technische Systeme eingesetzt werden, bei denen Manipulationen der Aufzeichnungen von der bisherigen Urkundenfälschung nicht erfasst werden, die aber in der geschäftlichen und privaten Rechtspraxis für den Beweisverkehr eine große Bedeutung haben. Es bestehen grundlegende Unterschiede zwischen technischen Aufzeichnungen und Urkunden. Anders als die in einer Urkunde verkörperte menschliche Gedankenerklärung, kann ein technisches Gerät ohne eigene Rechtsfähigkeit selbst keine Erklärungen abgeben. Alle von technischen Geräten erstellten Aufzeichnungen sind deshalb nicht durch die für Urkunden typische Identität von Beweismittel und dem zu beweisenden, unmittelbar rechtserheblichen Sachverhalt geprägt (MüKoStGB/*Erb* Rn. 2). Folglich können technische Aufzeichnungen auch nur Augenscheinsobjekte dahingehend sein, dass ein bestimmter rechtserheblicher Sachverhalt als Gegenstand der Aufzeichnung vorgelegen hat oder in bestimmter Weise beschaffen war (OLG Stuttgart NJW 1959, 1379). Eine „Echtheit" einer Urkunde im klassischen Sinn wie bei § 267 kann es deshalb hier bei § 268 nicht geben.

4   Ebenso wie bei der Urkundenfälschung, die einen Handlungserfolg in Form des Herstellens, Verfälschens oder Gebrauchens einer unechten Urkunde erfordert, bedarf es bei § 268 mit den entsprechenden Tathandlungen für die Tatbegehung ebenfalls eines Erfolges in Bezug auf eine dieser Tathandlungen. Soweit eine Tatbegehung über Datennetze erfolgt, was heute speziell bei technischen Geräten der Fall ist, die über Datenleitungen mit dem Internet verbunden sind, kommt es gem. § 9 Abs. 1 Alt. 3 für die Bestimmung des Tatortes damit auf den Ort an, an dem der zum gesetzlichen Tatbestand gehörende Erfolg eintritt. Dies führt bei Distanzdelikten vom Ausland aus unter Verwendung von TK-Medien, etwa durch Verfälschung der aufgezeichneten Daten bzw. im Fall des Gebrauchmachens der unechten oder gefälschten Daten per E-Mail oder sonst über das Internet auch zur Anwendung deutschen Strafrechts, wenn es dem ausländischen Täter auf eine Wirkung im Inland ankommt und die unechten oder gefälschten technischen Aufzeichnungen gezielt dort hergestellt bzw. verändert oder auch gebraucht werden (iE str.; vgl. nur *Sieber* NJW 1999, 2071; *Collardin* CR 1995, 629; Fischer § 9 Rn. 7a mwN sowie → § 9 Rn. 14 ff.).

III. Schutzgut

Geschütztes Rechtsgut ist bei § 268 – insoweit in Anknüpfung an die Urkundenfälschung in § 267 – 5
vor allem die Zuverlässigkeit und Sicherheit des Rechts- und Beweisverkehrs mit technischen Aufzeichnungen (BGHSt 40, 30; Fischer Rn. 2; Schönke/Schröder/*Heine*/*Schuster* Rn. 3; MüKoStGB/*Erb*
Rn. 3; LK-StGB/*Zieschang* Rn. 2) sowie das Vertrauen in die Sicherheit der Informationsgewinnung
durch technische Geräte (BGHSt 40, 30; 28, 300; OLG Karlsruhe NStZ 2002, 653; AG Tiergarten JR
2000, 386 *Kienapfel* JZ 1971, 163).

Jedoch ist die Frage nach dem eigentlichen Rechtsgut nicht unumstritten, da die gesetzgeberische 6
Konzeption des § 268 insgesamt für missglückt gehalten wird (*Haft* NStZ 1987, 7; *Freund* JuS 1994, 207;
NK-StGB/*Puppe* Rn. 5), jedoch sind die Auswirkungen der einzelnen Auffassungen letztlich nur sehr
gering. Jedenfalls ist das Vertrauen im Beweisverkehr hier nicht auf einen menschlichen Aussteller
bezogen, sondern allein auf die Herkunft der maßgeblichen Daten aus einem unbeeinflussten Herstellungsvorgang eines selbstständig und ordnungsgemäß arbeitenden technischen Geräts (Schönke/Schröder/*Heine*/*Schuster* Rn. 4; MüKoStGB/*Erb* Rn. 3).

B. Kommentierung im Einzelnen

I. Tatobjekt (Abs. 2)

Tatobjekt iSd § 268 Abs. 1 sind alle technischen Aufzeichnungen. Was begrifflich darunter zu sub- 7
sumieren ist, wird vom Gesetzgeber mit der Legaldefinition in § 268 Abs. 2 iE konkretisiert und
festgelegt. Entsprechend dieser Begriffsbestimmung durch den Gesetzgeber erfordert das Vorliegen einer
technischen Aufzeichnung insgesamt vier Elemente: So muss es sich erstens um eine Darstellung von
Informationen handeln, die der weit gefassten Bezeichnung als Daten, Mess- oder Rechenwerte,
Zustände oder Geschehensabläufe unterzuordnen sind. Hinzukommen muss zum Zweiten, dass die
Darstellung durch ein technisches Gerät selbsttätig bewirkt wird. Zum Dritten muss der Gegenstand der
Aufzeichnung erkennbar sein sowie zum Vierten die jeweilige Darstellung auch eine Beweisbestimmung
haben. Der Bereich der erfassten Darstellungsobjekte ist damit hier sehr weit gezogen, so dass mit dieser
Regelung auch künftig denkbare technische Entwicklungen einbezogen werden können.

1. Darstellung. Zunächst muss es sich bei der technischen Aufzeichnung um eine Darstellung von 8
Informationen handeln. Was die Form dieser Aufzeichnung betrifft, sind in der Legaldefinition keine
Vorgaben enthalten. Die Darstellung kann daher in beliebiger Form erfolgen, ohne dass die Aufzeichnung zwingend einen Sprachbezug aufweisen muss. Auch wenn entsprechende sprachlich-schriftliche
Darstellungen – etwa in Form von Abrechnungen oder Messergebnissen – hier häufiger vorliegen
werden, braucht eine Darstellung im Gegensatz zu einer Urkunde iSd § 267 weder optisch-visuell noch
überhaupt unmittelbar sinnlich wahrnehmbar sein (Schönke/Schröder/*Heine*/*Schuster* Rn. 8; MüKo-
StGB/*Erb* Rn. 9 mwN). In Betracht kommen daher hier auch fotografische Aufzeichnungen bestimmter Geschehensabläufe etwa durch eine automatisierte Überwachungskamera im Verkehr (AG
Tiergarten NStZ-RR 2000, 9), durch akustische Aufzeichnungen etwa auf einem Tonträger oder durch
Filmstreifen, die einen Strahleneinfall registrieren (Schönke/Schröder/*Heine*/*Schuster* Rn. 8). Vor allem
aber können auch die in einem EDV-System in elektronischer Form gespeicherten Daten von der
Legaldefinition des § 268 Abs. 2 erfasste Darstellungen sein, soweit sie sich etwa auf gespeicherte
Rechenwerte beziehen. Im Gesetzgebungsverfahren wurde deshalb auch der Rahmen dessen, was von
dieser Definition erfasst werden sollte zuletzt mit folgender beispielhafter Aufzählung umschrieben:
„Aufzeichnungen selbsttätiger Messgeräte, zB Waagen mit selbsttätigem Druckwerk, Thermographen,
Flüssigkeitsmessgeräte, Zählwerke mit Druckwerk, Manometer mit automatischer Aufzeichnung usw.
Zu erwähnen sind weiterhin Fahrtenschreiber, fotografische Ablesungen von Uhren, fotografische Aufnahmen der Verkehrspolizei bei Geschwindigkeitsüberschreitungen usw, Elektrokardiogramme und
andere Aufzeichnungen medizinischer Geräte, Röntgenaufnahmen, Aufzeichnungen datenverarbeitender Maschinen" (zitiert nach BGHSt 29, 205).

Erforderlich ist bei einer Darstellung aber stets, dass die vom Gerät erstellten Aufzeichnungen eine 9
gewisse Dauerhaftigkeit aufweisen. Damit sollen letztlich nur temporäre Darstellungen von Informationen hier ausgeschlossen werden, die das Aufgezeichnete nicht perpetuieren (BGH StV 2016, 365 (366)
mAnm *Erb*). Insoweit ergeben sich hier aber sehr unterschiedliche Auffassungen insbesondere zu zwei
wesentlichen Fragen:

Dies betrifft zum einen die Frage, ob die Informationen in einem selbstständig verkörperten, vom 10
Gerät abtrennbaren Stück enthalten sein müssen. So wird von der Rechtsprechung (BGHSt 29, 205;
BGH wistra 2004, 145 und StV 2016, 365) und Teilen der Literatur (*Puppe* JZ 1986, 949; LK-StGB/
Zieschang Rn. 3; Fischer Rn. 4) gefordert, dass die von § 268 Abs. 2 erfassten Geräte Werte nicht nur
anzeigen, sondern sie außerdem auf einer von ihnen abtrennbaren Unterlage festhalten. Dies hat zur
Folge, dass Geräte, die bestimmt sind, Wegstrecken oder den Verbrauch von Gas, Wasser oder Strom zu
messen bereits deshalb nicht in den Anwendungsbereich von § 268 einbezogen sind, da derartige

Messgeräte im Alltagsleben weit überwiegend nicht mit einer Registriervorrichtung ausgestattet sind, sondern lediglich mit einer Anzeigeeinrichtung. Begründet wird dies damit, dass der Gesetzgeber, soweit es seine Absicht gewesen wär, auch Anzeigen solcher Geräte als technische Aufzeichnung zu erfassen, er sie in ihrer üblichen Ausführung als Anzeigegeräte hätte aufnehmen müssen. Dies umso mehr, als sie in dieser Form (nur-Anzeigegeräte) auch den technisch nicht beschlagenen Laien geläufig sind. Aus dem Umstand, dass dies nicht geschehen ist, wird deshalb gefolgert, dass es nicht beabsichtigt war, die bloße Messanzeige des Kilometer-, Gas-, Stromzählers oder anderer vergleichbarer Geräte unter den Begriff der technischen Aufzeichnung einzuordnen. So wird auch erst die Verkörperung auf einem Auslesegerät der Daten eines Spielautomaten zu einer Darstellung iSd § 268 (BGH StV 2016, 365), Die geforderte Abtrennbarkeit vom Gerät erscheint aber gerade im Blick auf die moderne Informationstechnik als zu restriktiv, wenn es sich – wie etwa beim digitalen Fahrtenschreiber – bei dem maßgeblichen Informationsträger um einen integralen Bestandteil des Geräts handelt und nicht ein separates Ausgabegerät (*Erb* StV 2016, 367). Gerade im Bereich der elektronischen Speichertechnik wird geräteintern zunehmend eine Aufzeichnung so vorgenommen, dass nicht nur die letzten Daten angezeigt und gesichert werden, sondern auch die zuvor angefallenen Daten. Entscheidend muss daher hier letztlich für die Erfassung vom Tatbestand der unveränderte Fortbestand der gewonnenen Informationen durch dieses Gerät sein und nicht die Abtrennbarkeit des Informationsträgers (so iErg auch MüKoStGB/*Erb* Rn. 13 f.; Schönke/Schröder/*Heine*/*Schuster* Rn. 9; Lackner/Kühl/*Heger* Rn. 3; NK-StGB/*Puppe* Rn. 24). Vor diesem Hintergrund sind daher auch moderne sog „intelligente" Zähler, besser bekannt unter der englischen Bezeichnung *smart meter* als technische Aufzeichnungen anzusehen. Kennzeichnend für diese modernen Zähler für Energie (Strom, Erdgas, Fernwärme oder Wasser) ist, dass zum einen dem jeweiligen Anschlussnutzer der tatsächliche Energieverbrauch und die tatsächliche Nutzungszeit anzeigt wird und zum anderen diese Geräte in ein Kommunikationsnetz eingebunden sind. Ein solches intelligentes Messsystem besteht aus einem „intelligenten Zähler", der den physischen Stromfluss digital zählt und einem „Smart Meter Gateway", das Zählerwerte speichern, Daten verarbeiten und mit einem Netzwerk kommunizieren kann. Beide Einheiten befinden sich regelmäßig im selben Gerät. In Deutschland ist der Einbau von heute bereits verfügbaren intelligenten Energiezählern („EDL21-Zähler") nach dem EnWG inzwischen sogar Pflicht.

11   Zum anderen ist umstritten, inwieweit technische Geräte, bei denen die nachfolgenden Messwerte durch kontinuierliche Addition mit in die Anzeige eingehen, von dieser Definition erfasst werden. Dies betrifft vor allem Kilometer-, Gas-, Strom- oder Wasserzähler. Hier ist jedenfalls unstreitig, dass Geräte, die nach einer Messung jeweils wieder in die Nullstellung zurückgehen wie eine Waage oder ein anderer vergleichbare Anzeige keinesfalls in den Anwendungsbereich von § 268 Abs. 2 StGB einbezogen sind. Auch wenn sich die Zählerstände dieser Geräte fortlaufend verändern, aber gleichwohl eine Summe der bisher gemessenen Einheiten anzeigen und damit der gegenwärtige Zählerstand als Summand der künftig angezeigten Werte in diesen quasi weiter fortbesteht, sollen diese nach einer Auffassung ebenfalls von der Legaldefinition erfasst werden (so: OLG Frankfurt a. M. NJW 1979, 205; Schönke/Schröder/*Heine*/*Schuster* Rn. 9; *Kaufmann* ZStW 1971, 423). Demgegenüber wird nach anderer Ansicht eine Anwendung des § 268 StGB hier ausgeschlossen, da mit der Weiternutzung des Geräts die gegenwärtige Anzeige nicht mehr für Beweiszwecke zur Verfügung steht. IÜ besteht für Kilometerzähler auch mit § 22b StVG ein gesonderter strafrechtlicher Schutz, so dass es einer Erfassung durch § 268 gar nicht bedarf (so iErg BGHSt 29, 205; MüKoStGB/*Erb* Rn. 12; NK-StGB/*Puppe* Rn. 24; Fischer Rn. 4; LK-StGB/*Zieschang* Rn. 6). Dieser letztgenannten Ansicht ist zuzustimmen, da es hier einerseits regelmäßig bereits an der Dauerhaftigkeit einer Aufzeichnung fehlt und der Gesetzgeber andererseits die bestehende Kontroverse durch die dargestellte Sonderregelung im § 22b StVG entschärft hat. Einer solchen Regelung hätte es nicht bedurft, wenn diese Zähler bereits von der geltenden Regelung des § 268 erfasst werden würden.

12   Im Gesetzestext werden als Darstellungsobjekte ausdrücklich Daten, Mess- und Rechenwerte, Zustände und Geschehensabläufe genannt. Auch wenn sich diese Begriffe nicht exakt voneinander trennen lassen und sich inhaltlich teilweise überschneiden, lassen sich damit alle aktuellen und auch zukünftig entsprechend der technischen Entwicklung vorstellbaren Darstellungsobjekte erfassen. Der Begriff der Daten soll sich dabei entsprechend der Gesetzesbegründung auf alle speicherbaren Informationen beziehen, die einer weiteren Verarbeitung in einer Datenverarbeitungsanlage unterliegen (BT-Drs. V/ 4094, 37). In Übereinstimmung mit der hM umfasst dieser Begriff aber als Daten auch alle Informationen, die einer weiteren Verarbeitung nicht mehr bedürfen und damit alle Eingabe-, Ausgabe-, Stammdaten und Zwischenergebnisse (LK-StGB/*Zieschang* Rn. 8; Schönke/Schröder/*Heine*/*Schuster* Rn. 11; Fischer Rn. 6; Lackner/Kühl/*Heger* Rn. 4). Insoweit sind den Daten damit als Oberbegriff auch die Mess- und Rechenwerte unterzuordnen, ohne dass sich hier zusätzliche Informationsaufzeichnungen ergeben. Messwerte sind letztlich End- und Zwischenergebnisse von Objekten jeglicher Art, Rechenwerte von Berechnungen aller Art, gleichgültig ob es sich um sachbezogene oder abstrakte Rechenoperationen handelt (BT-Drs. V/4094, 37). Hierunter fallen etwa alle Daten von Geräten zur Messung etwa von Längen, Geschwindigkeiten, Schallpegeln, Mengen, Temperaturen oder Zeitaufzeichnungen, aber auch eine Aufzeichnung über erfasste Umsatz- und Spieldaten eines Geldspielautomaten (BGH StV 2016, 365). Bei Zuständen handelt es sich um eine konstante oder veränderliche Zusammenfassung von Einzeldaten jeglicher Art unter bestimmten Gesichtspunkten (Fischer Rn. 8), wobei sich dieser

Begriff kaum von den Daten abgrenzen lässt. Zustände können materielle oder auch nichtmateriale Objekte sein in Form von Wärmemessungen, Prüfungen von Materialien oder Ergebnisse von einmaligen medizinischen Untersuchungen. Diesem Objekt entspricht als Form der Darstellung am ehesten die Fotografie. Demgegenüber werden von den Geschehensabläufen Entwicklungen erfasst, die letztlich einen Zustand im Ablauf einer bestimmten Zeitspanne beschreiben (Fischer Rn. 9; LK-StGB/*Zieschang* Rn. 12). Relevantes Darstellungsmittel wäre daher hier in erster Linie der Film. Hierunter zu subsumieren sind daher etwa in der Medizin die Ergebnisse eines EKG oder EEG sowie auch Unfallereignisse, Wettergeschehnisse, Tachografenscheiben oder sonstige Test im naturwissenschaftlichen oder technischen Bereich.

2. Selbsttätiges Bewirken der Aufzeichnung. Als zweite Voraussetzung für das Vorliegen einer **13** technischen Aufzeichnung muss hinzukommen, dass diese ganz oder zum Teil selbsttätig durch das jeweilige technische Gerät erstellt worden ist. Nachdem hier vom Gesetzeswortlaut voll- und auch teilautomatisch arbeitende Objekte zugelassen werden, steht einer menschlichen Mitwirkung bei der Erstellung der Aufzeichnungen grundsätzlich nicht entgegen, jedoch bleibt iE offen, wo im konkreten Einzelfall die Grenzen einer solchen Mitwirkung zu ziehen sind. Auch der technische Aufwand sowie die Funktion und Leistung des jeweiligen Geräts werden nicht näher festgelegt (Schönke/Schröder/*Heine/Schuster* Rn. 15; MüKoStGB/*Erb* Rn. 17). Es verwundert daher nicht, dass die Auslegung dieses Merkmals einer technischen Aufzeichnung iE unklar und umstritten ist. Nach der zutreffenden hM wird hier letztlich für erforderlich gehalten, dass Entstehung und Gestalt der Darstellung dem technischen Prinzip der Automation zuzuweisen sind und folglich alle Darstellungen hier einbezogen sind, die ohne unmittelbares menschliches Handeln ausgelöst werden und selbst Bestandteil eines über die bloße Aufnahme hinausgehenden selbsttätigen technischen Aufzeichnungsvorgangs sind (LG Flensburg NJW 2000, 1664; AG Tiergarten NStZ-RR 2000, 9; Schönke/Schröder/*Heine/Schuster* Rn. 15; Mü-KoStGB/*Erb* Rn. 21; LK-StGB/*Zieschang* Rn. 18). Entscheidend ist damit, dass die Leistung des jeweiligen Geräts darin bestehen muss, dass durch entsprechend der Konstruktion und Programmierung des ablaufenden automatischen Vorgangs letztlich ein Aufzeichnungsinhalt erstellt wird, der einen neuen Informationsgehalt und damit ein Mehr an Informationen aufweist (*Sieber*, Computerkriminalität und Strafrecht, 2. Aufl. 1980, 312 f.).

Klassische Beispiele für solche Geräte, die hier erfasst werden, sind Rechenmaschinen, Rechner und **14** Registrierkassen, die hier durch entsprechende interne Vorgänge der Addition oder Multiplikation selbsttätig einen neuen Informationsgehalt hervorbringen. Ausgehend von diesen Grundüberlegungen ist es aber unstreitig, dass es an der selbsttätigen Bewirkung einer Aufzeichnung jedenfalls dann fehlt, wenn deren Inhalt durch den Menschen quasi eigenhändig und unmittelbar bestimmt wird. Die Verwendung einer Schreibmaschine oder eines Programms im Computer zur reinen Textverarbeitung erfüllt daher nicht das Selbsttätigkeitserfordernis. Gleiches muss auch gelten, wenn etwa durch einen Scanner oder Drucker nur Daten wiedergegeben werden. Auch wenn hier maschineninterne Vorgänge der Informationsverarbeitung ausgelöst werden, kommt es doch nur zur Reproduktion vorhandener und nicht zur Erstellung neuer Informationen. Auch bei Fotokopien, Fotografien und reinen Tonaufnahmen wird kein Mehrwert erzeugt, so dass es auch hier an einer technischen Aufzeichnung fehlt. Etwas anderes muss aber dort gelten, wo – wie etwa bei vielen modernen digitalen Kameras – automatische Einblendungen von Informationen in die erstellten Dateien erfolgen. Damit sind vor allem im Rahmen der Verkehrsüberwachung durch die jeweiligen Messgeräte erstellte Bilder vom Fahrzeugführer mit den Einblendungen von Datum, Uhrzeit und gemessener Geschwindigkeit als technische Aufzeichnungen iSd § 268 StGB anzusehen. Auch bei einer E-Mail oder bei einem Fax werden von den Computern bzw. Geräten bei der Übertragung automatisch Daten mit übertragen in Bezug auf Herkunft der Mail und die Absenderkennung, so dass es auch hier zu einer selbsttätigen Einblendung von Informationen kommt (vgl. ausf. MüKoStGB/*Erb* Rn. 21 mwN).

3. Erkennbarkeit des Gegenstands der Aufzeichnung. Als drittes Element der Definition muss **15** die Darstellung den Gegenstand der Aufzeichnung allgemein oder für Eingeweihte erkennen lassen. Dabei ist die Bedeutung dieses Merkmals zwar unklar. Nach ganz hM ist letztlich auf das Bezugsobjekt der Aufzeichnung abzustellen, den konkreten Sachverhalt, welcher der Aufzeichnung zugrunde gelegen hat und auf den sich die Information bezieht, um so einen Beweisbezug herzustellen (*Sieber*, Computerkriminalität und Strafrecht, 2. Aufl. 1980, 314; Schönke/Schröder/*Heine/Schuster* Rn. 18; MüKoStGB/ *Erb* Rn. 26; LK-StGB/*Zieschang* Rn. 20; Lackner/Kühl/*Heger* Rn. 5). IErg soll hier mit diesem Teil der Legaldefinition sichergestellt werden, dass die Darstellung einen Bezug zu einem individuellen Vorgang erkennen lässt. So kann eine Verbindung zu einem einzelnen Vorgang und zu einer konkreten potentiellen Beweistatsache hergestellt werden. Häufig wird sich ein solcher Bezug einfach ergeben, wenn die technische Aufzeichnung auf dem Bezugsobjekt selbst angebracht ist, indem sich etwa daran ein entsprechender Aufdruck (zB von Preis und Gewicht auf Objekten) befindet. In anderen Fällen – wie etwa bei Tachoscheiben – liegen aber Aufzeichnungen vor, die jedoch ohne Zusammenhang mit dem Gegenstand der aktuellen Aufzeichnung sind und ohne ein Bezugsobjekt nur Schlüsse auf bestimmt Fakten zulassen. In diesem Fall ist fraglich, wie ein solcher Beweisbezug herzustellen ist, denn ohne diesen fehlt es jedenfalls begrifflich an einer technischen Aufzeichnung, die für den Rechtsverkehr tauglich und schutzwürdig ist. Ausreichend ist es daher, wenn etwa der Beweisbezug durch das technische Gerät selbst hergestellt wird, indem dieses zB entsprechende Messdaten intern als Ausdruck selbst laufend nummeriert. Aber auch eine zusätzliche menschliche Tätigkeit ist hier denkbar, wenn dadurch – etwa bei einer medizinischen Untersuchung – die Patientendaten auf eine entsprechende Aufzeichnung geschrieben oder damit sonst fest verbunden werden. Letztlich erfordert der Begriff der technischen Aufzeichnung aber nicht, dass sich der Gegenstand der Aufzeichnung aus sich selbst eindeutig bestimmen lassen muss. Vielmehr genügt es, wenn er unter Berücksichtigung sonstiger Anhaltspunkte bestimmbar ist, auch wenn dafür im Einzelfall auf Sachverständige zurückgegriffen werden muss (Schönke/Schröder/ *Heine/Schuster* Rn. 23; MüKoStGB/*Erb* Rn. 27; LK-StGB/*Zieschang* Rn. 21; Lackner/Kühl/*Heger* Rn. 5). Ein entsprechender Beweisbezug fehlt aber, wenn eine Verbindung zwischen Aufzeichnung und Beweisbezug jederzeit wieder aufgehoben werden kann wie bei einem nur lose in einer Krankenakte liegenden EKG ohne Patientendaten (so auch: Schönke/Schröder/*Heine/Schuster* Rn. 21) Die Konkretisierbarkeit erfordert es damit letztlich nicht, dass das jeweils aufzeichnende Gerät im Nachhinein noch eindeutig bestimmt werden kann. Nach überwiegender Ansicht genügt es daher, wenn das aufzeichnende Gerät zumindest seinem Typ nach festgestellt werden kann (Schönke/Schröder/*Heine/Schuster* Rn. 23a; Fischer Rn. 12; MüKoStGB/*Erb* Rn. 30; LK-StGB/*Zieschang* Rn. 27).

16   **4. Beweisbestimmung.** Als letzte Voraussetzung für eine technische Aufzeichnung erfordert die Legaldefinition, dass die Darstellung zum Beweis einer rechtlich erheblichen Tatsache bestimmt ist, gleichgültig ob diese Beweisbestimmung bereits bei der Herstellung als Absichtsbeweismittel oder erst später als Zufallsbeweismittel gegeben wird. Erforderlich ist damit im Gegensatz zu § 267 keine Beweiseignung. Die Beweisbestimmung erfordert eine Darstellung für eine rechtlich erhebliche Tatsache, selbst wenn die Aufzeichnung jederzeit hier nur technisch-innerbetrieblichen Kontrollzwecken dient (Schönke/Schröder/*Heine/Schuster* Rn. 25). An die Beweisbestimmung sind dabei strenge Anforderungen zu stellen, da auch Geräte ohne besondere technische Prüfung oder Eichung in den Anwendungsbereich des § 268 Abs. 2 einbezogen sind (Schönke/Schröder/*Heine/Schuster* Rn. 24; MüKoStGB/*Erb* Rn. 31; LK-StGB/*Zieschang* Rn. 23; Lackner/Kühl/*Heger* Rn. 6 und 25).

II. Tathandlungen (Abs. 1 und 3)

17   Liegt entsprechend der dargestellten Legaldefinition nach Abs. 2 eine technische Aufzeichnung vor, muss zur Tatbestandsverwirklichung eine der in Abs. 1 oder 3 iE genannten eigentlichen Tathandlungen erfüllt sein. Die dort aufgenommenen einzelnen Alternativen sind der Regelung des § 267 nachgebildet. So kann entsprechend Nr. 1 zum einen eine unechte technische Aufzeichnung hergestellt oder zum anderen eine solche verfälscht werden sowie nach Nr. 2 eine unechte oder gefälschte technische Aufzeichnung gebraucht werden. Über Abs. 3 steht es der Herstellung einer unechten technischen Aufzeichnung gleich, wenn durch störende Einwirkung auf den Aufzeichnungsvorgang das Ergebnis der Aufzeichnung beeinflusst wird.

18   **1. Herstellung einer unechten technischen Aufzeichnung (Abs. 1 Nr. 1 Alt. 1).** Als erste Tathandlung führt der Gesetzgeber – wie bei § 267 – die Herstellung einer unechten technischen Aufzeichnung an. Im Gegensatz zur Urkundenfälschung, wo es einen Aussteller und eine Erklärung gibt, die sich aus der Urkunde ergibt und die mit der Realität verglichen werden kann, fehlt eine entsprechende Identifikation hier bei § 268. Weder ein Aussteller noch eine Übereinstimmung des aus der Aufzeichnung erkennbaren mit dem „echten" Aufzeichnungsgerät sind hier feststellbar. Auch wenn vor diesem Hintergrund die Auffassungen über die Auslegung dieser Tathandlung iE auseinander gehen, muss sich diese hier letztlich am Schutzobjekt orientieren. Deshalb kann bei § 268 die Echtheit einer Aufzeichnung hier nur auf den Vorgang zur Herstellung der Aufzeichnung bezogen sein, nämlich die Herkunft aus einem Herstellungsvorgang, der in seinem Ablauf durch die selbsttätige Arbeitsweise des betreffenden technischen Geräts zwangsläufig vorgegeben ist und der bei richtig in Gang gesetztem und ordnungsgemäß arbeitendem Gerät die Zuverlässigkeit der Aufzeichnung verbürgt (so: BayObLGSt 1973, 155 (156)). Nach iErg zutreffender hA ist eine technische Aufzeichnung daher dann als unecht anzusehen, wenn sie überhaupt nicht oder nicht so, wie sie als Gegenstand vorliegt, das Ergebnis eines aus einem ordnungsgemäßen Arbeitsgang in seiner Selbsttätigkeit frei von Störungshandlungen unbeeinflussten Aufzeichnungsvorgangs ist, obwohl der Gegenstand diesen Eindruck erweckt (Schönke/ Schröder/*Heine/Schuster* Rn. 31; MüKoStGB/*Erb* Rn. 4; LK-StGB/*Zieschang* Rn. 26; Lackner/Kühl/ *Heger* Rn. 7; Fischer Rn. 16 jeweils mwN). Das Merkmal der Unechtheit will damit die Authentizität des Aufzeichnungsvorgangs sichern und ihn vor gerätefremden Einwirkungen und Manipulationen schützen und ist eng mit Herstellungsvorgang verbunden.

19   Eine unechte technische Aufzeichnung liegt damit zunächst bei der Herstellung einer manuellen Nachahmung vor, die den Eindruck erweckt, es liege eine ordnungsgemäße technische Aufzeichnung vor. Gleiches gilt, wenn das technische Aufzeichnungsgerät missbräuchlich eingesetzt wird. Soweit Manipulationen am Gerät selbst vorgenommen werden, greift insoweit die Gleichstellungsregelung des Abs. 3 ein (→ Rn. 22). Demgegenüber liegt keine unechte, sondern nur eine inhaltlich unrichtige Aufzeichnung vor, wenn etwa das technische Gerät nur mit unrichtigem „Input" an Daten befüllt wird, also das Bezugsobjekt der Daten verändert wird. Hier wird dann der eigentliche automatisiert ablaufende Aufzeichnungsvorgang richtig wiedergegeben, wenn es zu keinen Eingriffen kommt (Schönke/Schröder/*Heine/Schuster* Rn. 32; MüKoStGB/*Erb* Rn. 38; NK-StGB/*Puppe* Rn. 38; Fischer Rn. 20). Dies gilt etwa für das Verändern des Gewichts auf einer Waage, das zu einem inhaltlich unrichtigen Messergebnis führt, aber nicht zu einer Herstellung einer unechten Aufzeichnung. Auch der Täter, der ein defektes Gerät weiterarbeiten lässt, das falsche Ergebnisse liefert, begeht kein Herstellen (auch nicht durch Unterlassen). In diesem Fall werden zwar inhaltlich unrichtige Aufzeichnungen erstellt, aber keine unechten (BGHSt 28, 308; LK-StGB/*Zieschang* Rn. 29; Fischer Rn. 19; Schönke/Schröder/*Heine/Schuster* Rn. 32). Nicht dem § 268 Abs. 1 Nr. 1 unterfallen daher falsche Namenseintragungen auf einem Fahrtenschreiberschaublatt (KG VRS 57, 122) oder vom Kraftfahrer mit den Namen von Fahrer und Beifahrer versehene Schaublätter, um diese im Laufe der Fahrt zur Täuschung über Lenkzeiten auszutauschen (OLG Stuttgart NStZ-RR 2000, 11; OLG Karlsruhe VRS 97, 166; BayObLG NZV 1999, 344). In diesem Fall kommt aber eine Anwendung des § 263 in Betracht. Auch die Benutzung der Fahrerkarte einer anderen Person in einem digitalen Kontrollgerät erfüllt nicht § 268 sondern § 269 (OLG Stuttgart VRS 124, 321). Verwendet der Täter zur Verhinderung einer Herstellung eines ordnungsgemäßen Überwachungsfotos bei einer Geschwindigkeitsmessung im Verkehr eine sog Gegenblitzanlage, wird hier ebenfalls keine unechte Aufzeichnung hergestellt. Die auf dem Kamerafilm belichtete Aufnahme gibt exakt die Situation wieder, die zum Zeitpunkt der Aufnahmeauslösung vorgelegen hat. Die Aufnahme entspricht dem bestimmungsgemäßen Programmablauf der Kamera und ist nicht unrichtig, sondern nur inhaltlich nicht zutreffend (LG Flensburg NJW 2000, 1664; Geppert DAR 2000, 106; aA aber AG Tiergarten NStZ-RR 2000, 9). Dies gilt auch für die Anbringung von Reflektoren im Fahrzeug an Sonnenblenden oder Rückspiegeln sowie das Aufkleben einer Reflexionsfolie auf das Kfz-Kennzeichen (BGHSt 45, 197; OLG Düsseldorf NJW 1997, 1793 – aber für Anwendung § 267; OLG München NJW 2006, 2132, aber Anwendung des § 303 kommt in Betracht).

2. Verfälschen einer technischen Aufzeichnung (Abs. 1 Nr. 1 Alt. 2). Die Tathandlung kann   20
nach der zweiten Variante auch in dem Verfälschen einer technischen Aufzeichnung bestehen. Eingriffsobjekt des Täters kann hier nur eine bereits vorhandene Aufzeichnung sein, an der Manipulationen vorgenommen werden, um den Eindruck zu erwecken, sie sei in ihrer veränderten Form das Ergebnis eines ordnungsgemäßen Herstellungsvorgangs. Wie bei § 267 ist auch hier das Verfälschen damit ein Unterfall des Herstellens einer unechten Aufzeichnung. Es kann sich sowohl auch den Inhalt als auch auf den perpetuierten Beweisbezug der Aufzeichnung beziehen (Schönke/Schröder/*Heine/Schuster* Rn. 39). Diese Tathandlung ist jedoch nicht erfüllt, wenn lediglich eine Aufzeichnung verhindert wird.

**3. Gebrauchmachen einer unechten oder verfälschten technischen Aufzeichnung (Abs. 1   21
Nr. 2).** Ebenso wie bei § 267 kann auch hier als dritte Variante die Tathandlung auch in dem Gebrauchmachen einer technischen Aufzeichnung bestehen, die entsprechend der Nr. 1 von Anfang an als unecht hergestellt wurde oder verfälscht wurde. Ohne Bedeutung ist hierbei, ob der Täter die unechte oder verfälschte technische Aufzeichnung selbst hergestellt hat oder zu welchem Zeitpunkt vor der Tatbegehung er von dieser Unechtheit erfahren hat.

4. Gleichstellung der störenden Einwirkung auf den Aufzeichnungsvorgang (Abs. 3). Durch   22
die in der Praxis wichtige Regelung des § 268 Abs. 3 werden quasi als Unterfall des Herstellens (BGHSt 28, 303; LK-StGB/*Zieschang* Rn. 30) alle störenden Einwirkungen auf den eigentlichen Aufzeichnungsvorgang dem Herstellen gleichgestellt. Diese Tathandlung erfordert damit, dass der Täter den eigentlichen Aufzeichnungsvorgang beeinflusst und dadurch die fehlerfreie Funktion des Geräts beeinträchtigt. Hier sind vielfältige störende Eingriffe denkbar. So können im EDV-Bereich solche Einwirkungen durch Programm- und Konsolmanipulationen ausgelöst werden. Tatbestandsmäßig ist daher hier die Manipulation der mit einem Auslesegerät eines Geldspielautomaten automatisch erstellten Umsätze auf einem Auslesestreifen (BGH StV 2016, 364 mAnm *Erb* und mBspr *Hecker* JuS 2015, 1132). Im Fall des LG Köln BeckRS 2010, 17280 hatten die Täter durch die Verwendung einer manipulierten Programmversion auf den Vorgang der Aufzeichnung der Umsätze eines Spielautomaten so eingewirkt, dass das Ergebnis der Aufzeichnung verfälscht wurde. Etwas anderes gilt nur soweit es sich um reine Inputmanipulationen handelt, mit denen nicht auf den Aufzeichnungsvorgang selbst Einfluss genommen wird. Eine störende Einwirkung auf den Aufzeichnungsvorgang ist aber auch dann anzunehmen, wenn ein Gerät abgeschaltet wird, um dadurch eine kontinuierliche Aufzeichnung von Daten zu stören und so das Ergebnis zu beeinflussen (Fischer Rn. 23; LK-StGB/*Zieschang* Rn. 39; Lackner/Kühl/*Heger* Rn. 8 jeweils mwN). Erfasst werden hier auch alle mechanischen Eingriffe in das Aufzeichnungsgerät, um etwa durch Verbiegen des Aufzeichnungsstifts (BayObLG wistra 1995, 310), Veränderungen am Getriebe oder vergleichbare Manipulationen Einfluss auf den Aufzeichnungsvorgang zu nehmen. Nicht tatbestandsmäßig sind hier aber Reparatureingriffe am Aufzeichnungsgerät (Schönke/Schröder/*Heine/Schuster* Rn. 47; Fischer Rn. 24; LK-StGB/*Zieschang* Rn. 31) ebenso wie der Einsatz von Gegenblitzanlagen. Die hier erstellte Aufnahme wird nicht beeinflusst, sondern entspricht dem bestimmungsgemäßen

Programmablauf der Kamera und ist nur inhaltlich nicht zutreffend (LG Flensburg NJW 2000, 1664; *Geppert* DAR 2000, 106; aA aber AG Tiergarten NStZ-RR 2000, 9).

23   IE umstritten ist hier aber, inwieweit das Unterlassen der Entstörung eines defekten Geräts durch den dafür Verantwortlichen zu einer Einwirkung auf den Ablauf führt. Dies ist vor allem dann relevant, wenn im Fahrzeug ein defekter Fahrtenschreiber eingesetzt wird, der aber bewusst nicht repariert oder ersetzt wird, weil er etwa die gefahrene Geschwindigkeit zu niedrig aufzeichnet. Da hier schon kein aktives Tun vorliegt, kommt allenfalls eine Strafbarkeit durch Unterlassen in Betracht. Diese ist aber in Bezug auf den Führer eines Fahrzeugs zu verneinen, dessen Fahrtenschreiber infolge störender Einwirkung eines anderen auf den Aufzeichnungsvorgang – von welcher der Fahrzeugführer keine Kenntnis hat und mit welcher er auch nicht rechnet – die tatsächlich gefahrene Geschwindigkeit zu niedrig aufzeichnet, wenn der Fahrer, um im Rechtsverkehr mit Hilfe der unrichtigen Fahrtschreiber-Aufzeichnungen täuschen zu können, die „Entstörung" der Aufzeichnungsmechanismen unterlässt (BGHSt 28, 300). Ein anderes Ergebnis kann sich nur dort ergeben, wo der Fahrer Kenntnis von der fehlerhaften Aufzeichnung hat, aber gleichwohl eine Beseitigung der Störung am Aufzeichnungsgerät nicht veranlasst.

III. Subjektiver Tatbestand

24   Neben dem objektiven Tatbestand ist der Nachweis eines zumindest bedingten Vorsatzes in subjektiver Hinsicht erforderlich, der sich auf alle Tatbestandsmerkmale und damit vor allem auf die Merkmale des Abs. 2 in Bezug auf das Vorliegen einer technischen Aufzeichnung beziehen muss. Hinzukommen muss als überschießendes subjektives Element stets ein Handeln zur Täuschung im Rechtsverkehr. Ein vorsatzausschließender Tatbestandsirrtum iSd § 16 liegt dann vor, wenn der Täter irrig glaubt, es liege eine technische Aufzeichnung vor.

IV. Versuchsstrafbarkeit (Abs. 4)

25   Ebenso wie bei der Urkundenfälschung nach § 267 Abs. 2 ist gem. § 268 Abs. 4 auch bei der Fälschung technischer Aufzeichnungen der Versuch strafbar. Ein solcher Fall wird insbesondere dann vorliegen, wenn der Täter aus seiner Sicht zwar alles Erforderliche getan hat, es aber gleichwohl nicht zur Verwirklichung einer der in Abs. 1 oder 3 genannten Tathandlungen gekommen ist. Ein Versuch kommt etwa dann in Betracht, wenn im Rahmen der Beeinflussung des Ergebnisses der Aufzeichnung entgegen der Absicht keine Störung, sondern eine korrigierende Auswirkung eingetreten ist (Mü-KoStGB/*Erb* Rn. 35; SK-StGB/*Hoyer* Rn. 29; Schönke/Schröder/*Heine/Schuster* Rn. 52). Im Versuchsstadium bleibt eine Tat auch stecken, soweit etwa der Täter Aufzeichnungen zur späteren Verwendung nachahmt, ohne dass diese jetzt schon bestimmten Beweisgegenständen zugeordnet werden können (Schönke/Schröder/*Heine/Schuster* Rn. 66). Demgegenüber kein Versuch, sondern bereits eine vollendete Tat liegt aber dann vor, wenn zwar der objektive Tatbestand verwirklicht ist, es aber noch nicht zu einer Täuschung im Rechtsverkehr gekommen ist, denn insoweit genügt das subjektive Element auf Seiten des Täters. Eine tatsächliche Täuschung ist jedenfalls nicht erforderlich.

V. Regelbeispiele und Qualifizierungen (Abs. 5)

26   Durch den Verweis in § 268 Abs. 5 auf die Regelung des § 267 Abs. 3 und Abs. 4 gelten die dortigen Regelbeispiele für einen besonders schweren Fall und die Qualifizierungen entsprechend. Damit gilt bei Vorliegen eines der Regelbeispiele der erhöhte Strafrahmen von sechs Monaten bis zu zehn Jahren. Regelbeispiele sind ein gewerbsmäßiges Handeln oder als Mitglied einer Bande, ein Vermögensverlust großen Ausmaßes, eine erhebliche Gefährdung des Rechtsverkehrs durch eine große Zahl von unechten oder verfälschten technischen Aufzeichnungen sowie der Missbrauch der Befugnisse oder der Stellung als Amtsträger. Eine Qualifizierung mit der Aufwertung der Tat vom Vergehen zum Verbrechen mit einem Strafrahmen von einem Jahr bis zu zehn Jahren kann dann angenommen werden, wenn die Fälschung technischer Aufzeichnungen durch ein Mitglied einer Bande, die sich zur fortgesetzten Begehung von Straftaten nach den §§ 263–264 oder §§ 267–269 verbunden hat, gewerbsmäßig begangen wird.

VI. Konkurrenzen

27   Ebenso wie bei § 267 gelten auch innerhalb des § 268 für die Tathandlungen des Herstellens und Fälschens bei einem nachfolgenden Gebrauchmachen dieselben Grundsätze. Insoweit liegt in diesem Fall eine deliktische Einheit vor, so dass insoweit nur eine einheitliche Tat der Fälschung beweiserheblicher Aufzeichnungen gegeben ist. IÜ kann Tateinheit mit § 267 bestehen, soweit eine technische Aufzeichnung zugleich eine Urkunde verkörpert. Idealkonkurrenz kann mit einer Vielzahl weiterer Delikte – etwa § 263 bestehen. Als Spezialregelung ist § 22b StVG in Bezug auf Wegstreckenzähler und Geschwindigkeitsbegrenzer zu beachten.

VII. Besonderheiten der Strafverfolgung

Eine Strafverfolgung nach § 268 wird überwiegend bei einer Strafanzeige durch ein geschädigtes **28** Unternehmen erfolgen, wenn Veränderungen an technischen Aufzeichnungsgeräten festgestellt worden sind. Vielfach werden Manipulationen aber auch im Rahmen von Kontrollen im Verkehrsbereich festgestellt, wenn es um die Prüfung von Aufzeichnungen der Fahrtenschreiber oder EG-Kontrollgeräten durch die dafür zuständigen Behörden geht. Ein Tatnachweis erfordert hier eine konkrete Auswertung der relevanten Geräte sowie ergänzend dazu ggf. die Beauftragung eines Sachverständigen, um etwaige Veränderungen feststellen zu können. Wie oben bereits dargestellt hat der Tatbestand aber in der Praxis der Strafverfolgung nur eine geringe praktische Relevanz.

§ 269 Fälschung beweiserheblicher Daten

(1) Wer zur Täuschung im Rechtsverkehr beweiserhebliche Daten so speichert oder verändert, daß bei ihrer Wahrnehmung eine unechte oder verfälschte Urkunde vorliegen würde, oder derart gespeicherte oder veränderte Daten gebraucht, wird mit Freiheitsstrafe bis zu fünf Jahren oder Geldstrafe bestraft.

(2) Der Versuch ist strafbar.

(3) § 267 Abs. 3 und 4 gilt entsprechend.

Neuere Literatur (Auswahl): *Bode/Ligocki,* Ungelöste Probleme des Urkundenbegriffs, JUS 2015, 989 (Teil 1) und 1071 (Teil 2); *Böse,* Rechtsprechungsübersicht zu den Urkundendelikten, NStZ 2005, 370; *Brand,* Die strafrechtliche Bedeutung der Nutzung fremder Packstationsdaten zu kriminellen Zwecken, NStZ 2013, 7; *Buggisch,* Fälschung beweiserheblicher Daten durch Verwendung einer falschen E-Mail-Adresse? NJW 2004, 3519; *Buggisch/Kerling,* Phishing, Pharming und ähnliche Delikte, Kriminalistik 2006, 531; *Dietsch,* Examensklausur Strafrecht – Die Farbe des Geldes, JuS 2014, 636; *Dornseif/Schumann,* Probleme des Datenbegriffs im Rahmen des § 269, JR 2002, 52; *Duchstein,* Die Strafbarkeit von Fahrerkartenmanipulationen, NZV 2013, 367; *Eisele,* Fälschung beweiserheblicher Daten bei Anmeldung eines eBay-Accounts unter falschem Namen, FS Puppe, 2011, 1091; *Esser,* Die qualifizierte elektronische Signatur – Eine Untersuchung ihres strafrechtlichen Schutzes durch § 269 StGB, 2006; *Goeckenjan,* Phishing von Zugangsdiensten für Online-Bankdienste und deren Verwertung, wistra 2008, 128; *Gercke,* Die Strafbarkeit von Phishing und Identitätsdiebstahl, CR 2005, 606; *Graf,* Phishing derzeit nicht generell strafbar! NStZ 2007, 129; *Hecker,* Herstellung, Verkauf, Erwerb und Verwendung von manipulierten Telefonkarten, JA 2004, 762; *Heghmanns,* Strafbarkeit des „Phishing" von Bankkontendaten und ihre Verwertung, wistra 2007, 167; *Hornung,* Die Haftung von WLAN-Betreibern, CR 2007, 88; *Kulhanek,* Datenurkundenqualität von E-Mail-Anhängen, StV 2015, 725; *Kusnik,* Hände weg von der Handysperre, CR 2011, 718; *Petermann,* Die Errichtung gefälschter Internetaccounts – ein Anwendungsfall des § 269 StGB, JuS 2010, 774; *Popp,* Phishing, Pharming und das Strafrecht, MMR 2006, 84; *Petermann,* Die Einrichtung gefälschter Internetaccounts – ein Anwendungsfall des § 269 StGB? JuS 2010, 774; *Puppe,* Die Datenurkunde im Strafrecht, JuS 2012, 961; *Radtke,* Neue Formen der Datenspeicherung und das Urkundenstrafrecht, ZStW 115 (2003), 26; *Schiffbauer,* Steckbrief 2.0 – Fahndungen über das Internet als rechtliche Herausforderung, NJW 2014, 1052; *Schlömer/Dittrich,* ebay & Recht – Rechtsprechungsübersicht zum Jahr 2009, K&R 2010, 148; *Seidl/Fuchs,* Zur Strafbarkeit des sog. „Skimmings", HRRS 2011, 265; *Singelnstein,* Erfüllt die Angabe falscher Personalien bei Auktionsgeschäften im Internet den Tatbestand des § 269 StGB?, JR 2011, 375; *Stuckenberg,* Zur Strafbarkeit von „Phishing", ZStW 118 (2006), 878; *Willer,* Die Onlineauktion unter falschem Namen und der Straftatbestand der Fälschung beweiserheblicher Daten i. S. d. § 269 StGB, NStZ 2010, 553; *Wörner/Hoffmanns,* „Der arme Informatikstudent", JURA 2013, 742.

A. Allgemeines

I. Bedeutung

Die durch das 2. WiKG vom 15.5.1986 (BGBl. I 721) neu in das StGB eingefügte Strafnorm über die **1** Fälschung beweiserheblicher Daten ist – wie bereits aus dem Wortlaut deutlich – als parallele Bestimmung zur Urkundenfälschung geschaffen worden, um computerspezifische Strafbarkeitslücken im Bereich der Urkundendelikte zu schließen (BT-Drs. 10/318, 31; 10/5058, 33). Dabei hat der Gesetzgeber mit § 269 neue computerspezifische Fälschungsvorgänge den Tatbestandsvarianten der Urkundenfälschung iSd § 267 so weit nachgebildet, wie es ihm unter Beachtung der Besonderheiten der elektronischen Datenverarbeitung möglich erschien (BGH NStZ-RR 2003, 265 (266)), um auch hier die Erfassung bloßer elektronischer Lügen auszuschließen (BT-Drs. 10/5058, 34). Während bei § 267 die Urkunde auf einem körperlichen Medium dauerhaft sichtbar fixiert ist, kann eine „Datenurkunde" eine solche Wirkung nicht entfalten. Deshalb muss das Gericht bei § 269 im Wege einer „hypothetischen Subsumtion" prüfen, ob der jeweilige DV-Vorgang bei urkundengerechter Umsetzung vom Tatbestand erfasst wird (LK-StGB/*Zieschang* Rn. 13; Schönke/Schröder/*Heine/Schuster* Rn. 18; Fischer Rn. 2a). Die computergespeicherte Information mit beweiserheblichen Daten muss mangels unmittelbarer Wahrnehmbarkeit quasi erst in ein anderes Medium übertragen werden. Ob diese am Vorbild der überkommenen Urkunde orientierte Gestaltung des Tatbestandes zum Schutz nicht sichtbarer Verkörperungen von Erklärungen die computerspezifischen Besonderheiten sachgemäß getroffen und umgrenzt hat, bleibt zweifelhaft (*Radtke* ZStW 115 (2003), 26 (30); *Freund* JuS 1994, 209; Fischer Rn. 2a mwN).

2   Obwohl in den vergangenen Jahren die elektronischen Kommunikationsformen, vor allem per E-Mail, eine immer größere Bedeutung erlangt haben, hatte die Fälschung beweiserheblicher Daten nach der polizeiliche Kriminalstatistik bei der gesamten Computerkriminalität bisher nur eine relativ geringe Bedeutung. Dies hat sich aber in den letzten Jahren deutlich verändert. So wurden 5.716 Fälle im Jahr 2008 erfasst, was zwar nur einem Anteil von 9 % an der gesamten Computerkriminalität in diesem Zeitraum entspricht, aber gegenüber dem Vorjahr eine Steigerung um fast 30 % bedeutete. Die Zahl der Fälle ist 2009 weiter auf 6.319 deutlich angestiegen. Dies dürfte vor allem auf Phishing-Fälle und andere Fallgestaltungen zurückzuführen sein, weil immer mehr Bestellungen, Verkäufe oder andere Rechtshandlungen über das Internet abgewickelt werden, die auch einer Fälschung der dabei eingesetzten Daten zugänglich sind. Diese steigenden Fallzahlen haben sich auch in den letzten Jahren fortgesetzt. So stiegen die Fälle der Fälschung beweiserheblicher Daten im Jahr 2012 auf 8.593 Verfahren. Im Jahr 2013 ergab sich ein weiterer deutlicher Anstieg auf 9.779 Fälle. Seitdem sind die Fälle mit 7.567 im Jahr 2014 und mit 6.904 im Jahr 2015 wieder rückläufig.

II. Rechtsnatur

3   Ebenso wie beim Computerbetrug, der einen Handlungserfolg in Form eines Vermögensschaden erfordert, bedarf es bei § 269 für die Tatbegehung eines Erfolges in Bezug auf eine der Tathandlungen in Form der Speicherung, der Veränderung oder des Gebrauchmachens von beweiserheblichen Daten (LK-StGB/*Zieschang* Rn. 13). Soweit eine Tatbegehung über Datennetze erfolgt, was heute speziell beim Phishing von besonderer praktischer Bedeutung ist, kommt es gem. § 9 Abs. 1 Alt. 3 für die Bestimmung des Tatortes damit auf den Ort an, an dem die zum gesetzlichen Tatbestand gehörende Erfolg eintritt. Dies führt bei Distanzdelikten vom Ausland aus unter Verwendung von TK-Medien, etwa durch Speicherung, Veränderung der Daten bzw. im Fall des Gebrauchmachens der unechten oder gefälschten Daten per E-Mail oder sonst über das Internet auch zur Anwendung deutschen Strafrechts, wenn es dem ausländischen Täter auf eine Wirkung im Inland ankommt und die unechten oder gefälschten Daten gezielt dort gespeichert bzw. verändert oder dorthin übermittelt werden (im Einzelnen str.; vgl. nur *Sieber* NJW 1999, 2071; *Collardin* CR 1995, 629; Fischer § 9 Rn. 7a mwN sowie → § 9 Rn. 14 ff.). Im Gegensatz zu reinen abstrakten Gefährdungsdelikten (vgl. BGH NStZ 2015, 81 mAnm *Becker* zu § 86a und BGH NStZ-RR 2013, 253 zu § 261) lässt sich daher hier regelmäßig auch bei vom Ausland aus begangenen Taten ein Tatort im Inland durch den eingetretenen Erfolg begründen.

III. Schutzgut

4   Ebenso wie bei der herkömmlichen Urkundenfälschung schützt auch § 269 die Sicherheit und Zuverlässigkeit des Rechts- und Beweisverkehrs in Bezug auf DV-Vorgänge mit beweiserheblichen Daten (*Bühler* MDR 1987, 453; *Wegscheider* CR 1989, 998; Fischer Rn. 2; Schönke/Schröder/*Heine*/*Schuster* Rn. 4) und dient damit an sich nicht dem Vermögensschutz. Erst durch den Verweis in § 269 Abs. 3 auf § 267 Abs. 3 Nr. 2 mit der Qualifizierung in Bezug auf die beabsichtigte oder erfolgte Verursachung hoher Vermögensschäden als Regelbeispiele wird der Tatbestand auch zu einem Vermögensdelikt.

B. Kommentierung im Einzelnen

I. Tatobjekt

5   Eigentliches Objekt aller Tathandlungen des § 269 sind beweiserhebliche Daten. Hinzukommen muss aber, dass die jeweiligen Daten „bei ihrer Wahrnehmung eine unechte oder verfälschte Urkunde vorliegen würde." Damit wird vom Gesetzgeber zum Ausdruck gebracht, dass von § 269 alle Fälle der Urkundenfälschung erfasst werden sollen, bei denen eine Anwendung des § 267 nur deshalb scheitert, weil ein unsichtbarer Datensatz mit beweiserheblichen Daten nicht dem Urkundenbegriff unterfällt. Insoweit ist im Einzelnen umstritten, ob sich der Prüfungsaufbau an der gesetzlichen Tatbestandsformulierung oder an der Parallele zur Urkundenfälschung zu orientieren hat (näher MüKoStGB/*Erb* Rn. 5 ff.). Dies bedarf letztlich keiner weiteren Erörterung, da die Prüfung in beiden Varianten – wenn auch in unterschiedlicher Reihenfolge – jeweils dieselben relevanten Fragestellungen erörtern muss.

6   **1. Daten als Erklärungsträger.** Aufgrund des Fehlens einer ausdrücklichen Regelung muss für die Daten auf allgemeine Begriffsbestimmungen zurückgegriffen werden, wobei aber eine Heranziehung des § 202a Abs. 2, wo im Übrigen der Datenbegriff auch nicht definiert, sondern nur vorausgesetzt wird, im Hinblick auf die unterschiedlichen Ziele der Normen wenig hilfreich ist (*Lenckner*/*Winkelbauer* CR 1986, 483 (484); LK-StGB/*Zieschang* Rn. 6). Im Hinblick auf die ratio legis ist der Datenbegriff hier letztlich auf alle Informationen zu beziehen, die in einer primär für die maschinelle Verarbeitung bestimmten Form als eine bestimmte Abfolge von Signalen codiert sind, um eine automatisierte

Erfassung, Übertragung oder Bearbeitung der Informationen zu ermöglichen oder zu erleichtern (*Dornseif/Schumann* JR 2002, 52 (54); MüKoStGB/*Erb* Rn. 13; Fischer Rn. 3). Die Art der Speicherung in magnetischer oder optischer Form ist für die strafrechtliche Bewertung ohne Bedeutung. Im Gegensatz zur urkundlichen Erklärung bedarf es aus technischer Sicht auch keiner Fixierung des Datums auf einem bestimmten elektronischen, magnetischen oder sonstigen Datenträger, denn auch während der Übertragungsphase innerhalb eines Speichermediums (zB bei Defragmentierungen) oder zu einer anderen Speicherstelle (zB Datenübertragen) behalten Daten ihren Charakter (MüKoStGB/*Erb* Rn. 16). Abweichend von § 267 kann daher hier auch keine Abgrenzung nach den Kategorien Kopie oder Original erfolgen, sondern nur bezogen auf die jeweilige Datei als Darstellung einer Erklärung (*Radtke* ZStW 115 (2003), 26 (36)). Dem Datenbegriff unterzuordnen sind aber nur bereits maschinengerecht codierte Informationen, die in einem funktionellen Zusammenhang mit dem Betrieb einer DV-Anlage stehen. Dabei steht es aber nicht entgegen, dass die entsprechenden Zeichen – etwa in Form von Strichcodes oder auf Lochkarten – in sichtbarer Form gespeichert sind (MüKoStGB/*Erb* Rn. 14; *Dornseif/Schumann* JR 2002, 52 (54)). Demgegenüber handelt es sich bei Schriftstücken aller Art, Beweiszeichen sowie analogen Bild- und Tonaufnahmen, auch wenn diese automatisch erfasst und weiterverarbeitet werden können, um keine Daten iSd § 269. Die Datenqualität ist erst gegeben, wenn – etwa durch Einscannen – eine digitale Bildaufzeichnung erstellt wird, bei welcher der Erklärende seine bisher nur schriftliche Willensäußerung in einen Datensatz umgewandelt und diesen dazu bestimmt hat, als originäre Perpetuierung der Erklärung zu dienen (MüKoStGB/*Erb* Rn. 15).

2. Beweiserheblichkeit der Daten. Entsprechend dem Gesetzeswortlaut muss eine Beweiserheb- **7** lichkeit der Daten gegeben sein. Davon ist auszugehen, wenn diese dazu bestimmt sind, bei einer Verarbeitung im Rechtsverkehr als Beweisdaten für rechtlich erhebliche Tatsachen benutzt zu werden (LK-StGB/*Zieschang* Rn. 9; Fischer Rn. 3; MüKoStGB/*Erb* Rn. 12). Die Daten müssen somit einen Aussagegehalt haben, der für das Rechtsleben in irgendeiner Form von Bedeutung ist. Ebenso wie bei der herkömmlichen Urkunde in Papierform bedarf es aber keiner aktuellen Beweisbedeutung in einem bestimmten Verwendungszusammenhang, einer bestimmten Beweisrichtung oder einer Beweisbedeutung gerade für das Rechtsverhältnis, in dem die Datenurkunde errichtet wurde. Durch das im Folgenden noch zu prüfende zusätzlich notwendige Merkmal der Parallelität zur herkömmlichen Urkunde hat aber die Beweiserheblichkeit der Daten keine besondere eigenständige strafbarkeitsbegrenzende Wirkung. Daten, die für das Rechtsleben keine Relevanz besitzen, weil sie vom Nutzer ausschließlich für private, wirtschaftliche, technische oder wissenschaftliche Zwecke erstellt wurden, enthalten schon keine rechtserhebliche Erklärung und werden folglich bereits aus diesem Grund nicht von § 269 erfasst (LK-StGB/*Zieschang* Rn. 9; MüKoStGB/*Erb* Rn. 12), ohne dass es einer weiteren Prüfung der Beweiserheblichkeit bedarf.

3. Parallelmerkmale zur Urkundenfälschung. Aufgrund der notwendigen weiteren hypotheti- **8** schen Tatbestandsvoraussetzung, dass die beweiserheblichen Daten „bei ihrer Wahrnehmung eine unechte oder verfälschte Urkunde" darstellen würden, bedarf es einer urkundengerechten Umsetzung der DV-Vorgänge. Dies erfordert damit, dass die gespeicherten Daten eine Gedankenerklärung beinhalten, die geeignet und bestimmt ist, Beweis zu erbringen und die einen bestimmten Aussteller als Erklärenden erkennen lässt. Mit dieser hypothetischen Konstruktion wird damit nicht nur das Kriterium der visuellen Wahrnehmbarkeit ersetzt, sondern durch die Notwendigkeit der Unechtheit oder Verfälschung auch im Bereich des § 269 die Strafbarkeit der bloßen schriftlichen Lüge bei der Datenverarbeitung ausgeschlossen.

a) Gedankenerklärung. Die gespeicherten Daten müssten hypothetisch im Fall ihrer Wahrnehmung **9** zunächst eine Gedankenerklärung beinhalten. Insoweit genügt auch für die Datenurkunde nicht jede beliebige Willensäußerung, deren Nachweis als Indiz für einen rechtlich erheblichen Sachverhalt in Betracht kommt (MüKoStGB/*Erb* Rn. 10). Vielmehr muss es sich um eine Erklärung handeln, die als eigentliches Ziel von ihr selbst ausgehende Rechtswirkungen verfolgt. Dabei sind einzelne Daten regelmäßig für sich genommen noch keine solche Gedankenerklärung. Sie werden es vielmehr erst im Zusammenhang mit anderen gespeicherten Daten, die im Rahmen eines Programms verarbeitet werden. An einer solchen von § 269 erfassten Gedankenerklärung fehlt es damit, wenn gespeicherte Daten etwa nur den Anschein einer technischen Aufzeichnung erwecken (SK-StGB/*Hoyer* Rn. 14) oder ausschließlich für betriebsinterne Zwecke des Betreibers der EDV-Anlage bestimmt sind bzw. ihrem äußeren Anschein nach nur einen Entwurf für eine spätere Erklärung bilden sollen (BGHSt 13, 382 (385) zu § 267; SK-StGB/*Hoyer* Rn. 15) und damit keinen nach außen wirkenden Erklärungscharakter haben (OLG Hamm StV 2009, 475 (476)). Gleiches gilt auch bei einer Datenübermittlung an Dritte, wenn diese erkennbar ohne Eingehung einer rechtlichen Bindung erfolgt (MüKoStGB/*Erb* Rn. 10). Zusätzlich bewirken Veränderungen eines Computerprogramms noch nicht den Anschein einer Gedankenerklärung, weil dieses weder über einen bestimmten Sachverhalt informiert noch sich darin ein bestimmter Erklärungswille ausdrückt (*Sieber*, Computerkriminalität und Strafrecht, 2. Aufl. 1980, 325; Schönke/Schröder/*Heine/Schuster* Rn. 8; SK-StGB/*Hoyer* Rn. 16). Im Übrigen kann eine solche hypothetisch vorgestellte Gedankenerklärung immer nur dann vorliegen, wenn Daten auch auf Dauer gespeichert werden.

10   **b) Beweisbestimmung.** Zusätzlich müssen die manipulierten Daten dazu geeignet sein, bei einer Verarbeitung im Rechtsverkehr als Beweisdaten für rechtlich erhebliche Tatsachen benutzt zu werden. Dies kann nur erfüllt sein, wenn die Daten einen Aussagegehalt haben, der für das Rechtsleben in irgendeiner Form relevant ist. Insoweit gelten die obigen Ausführungen zur Beweiserheblichkeit (→ Rn. 7) hier entsprechend. Ebenso wie bei § 267 genügt aber eine nachträgliche Beweisbestimmung durch den Täter oder durch einen Dritten in Form einer sog Zufallsurkunde, wenn dies durch einen nach außen erkennbaren Akt des Ausstellers erfolgt (*Wegscheider* CR 1989, 998; Fischer § 267 Rn. 9 mwN; aA SK-StGB/*Hoyer* Rn. 20).

11   **c) Erkennbarkeit des Ausstellers.** Die von § 269 erfassten Daten müssen auch ihren Aussteller erkennen lassen. Dies ist nach der zu § 267 entwickelten sog Geistigkeitstheorie (Schönke/Schröder/ *Cramer/Heine* § 267 Rn. 55) diejenige Person, der die Daten im Fall ihrer visuellen Darstellung nach ihrem Erklärungsgehalt zugerechnet werden können und die den Anschein eines vorhandenen Garantiewillens übernehmen will (OLG Hamm StV 2009, 475 (476)). Aussteller des beweiserheblichen Ergebnisses eines DV-Vorgangs ist damit derjenige, der diese EDV-Anlage für sich einsetzt und den Herstellungsprozess nach außen erkennbar autorisiert (Schönke/Schröder/*Heine/Schuster* Rn. 12; LK-StGB/*Zieschang* Rn. 16; SK-StGB/*Hoyer* Rn. 21; *Radtke* ZStW 115 (2003), 56; *Welp* CR 1992, 359). Dabei handelt es sich aber nicht um den Programmierer, der die Arbeitsgänge des Computers festlegt, oder um den Mitarbeiter, der die Daten tatsächlich eingibt, also etwa Buchungen, Eintragungen vornimmt (Schönke/Schröder/*Heine/Schuster* Rn. 12; LK-StGB/*Zieschang* Rn. 16; Lackner/Kühl/*Heger* Rn. 6, *Radtke* ZStW 115 (2003), 46). Vielmehr ist es der Betreiber der EDV-Anlage, also deren „Geschäftsherr", der die Anlage für seine Zwecke verwendet und damit in arbeitsteiligen Prozessen die Abgabe von Erklärungen delegiert, also etwa das TK-Unternehmen (BGH NStZ-RR 2003, 265) oder die Bank, denen letztlich die abgegebene Erklärung rechtlich zugerechnet wird. Die Identität des Ausstellers muss sich dabei ohne weitere Untersuchungen und Nachforschungen aus der Datenurkunde selbst ergeben. Davon ist auszugehen, wenn entweder der Text der Erklärung oder die jederzeit im System abrufbaren Dateiinformationen (zB der Header einer E-Mail) erkennen lassen, wem der jeweiligen Datensatz zuzurechnen ist. Eine elektronisch signierte Erklärung ist insoweit nicht erforderlich (*Puppe* Jus 2012, 961; aA OLG Hamm StV 2009, 475 (476)). Insoweit genügt es, wenn die Angaben zur Herkunft des jeweiligen Datensatzes aus einer bestimmten EDV-Anlage stammen, die berechtigterweise nur von einer einzigen Person zur Abgabe rechtserheblicher Erklärungen genutzt wird (MüKoStGB/*Erb* Rn. 11). An einer solchen Erkennbarkeit des Ausstellers fehlt es damit aber, wenn dieser sich nicht aus den Daten selbst, sondern erst aus zusätzlichen Ausstellerhinweisen erkennen lässt, die etwa nur bei einem Computerausdruck (zB bei Papier mit vorgedrucktem Briefkopf) angebracht werden (SK-StGB/ *Hoyer* Rn. 22; MüKoStGB/*Erb* Rn. 11), so dass mit den gespeicherten Daten als dem eigentlichen Tatobjekt des § 269 noch keine vollständige Erklärung perpetuiert wird. Auch das auf einer CD gespeicherte und dann in den Arbeitsspeicher eingelesene Abbild einer Datei erfüllt nicht das Merkmal einer Urkunde (BGH StV 2010, 364 (365) mAnm *Jahn* JuS 2010, 554).

II. Tathandlungen

    Von § 269 wird neben den eigentlichen Tathandlungen des Speicherns oder Veränderns auch das Gebrauchmachen derart gespeicherter oder veränderter Daten erfasst. Das Speichern entspricht dabei dem Herstellen einer echten Urkunde iSd § 267, das Verändern dem Verfälschen einer echten Urkunde. Ebenso wie bei der Urkundenfälschung bildet dabei das Speichern oder Verändern mit anschließendem Gebrauch nur eine Tat iSd § 269 (Fischer Rn. 10 und § 267 Rn. 44; MüKoStGB/*Erb* § 267 Rn. 221 mwN).

12   **1. Speichern.** Als erste Tathandlung wird von § 269 das Speichern der beweiserheblichen Daten erfasst, das der Herstellung einer unechten Urkunde bei § 267 entspricht. Diese Handlungsmodalität umfasst – unter Rückgriff auf die entsprechende Legaldefinition in § 3 Abs. 4 Nr. 1 BDSG – alle Methoden, mit denen Daten auf einem Trägermedium zum Zweck ihrer weiteren Verwendung erfasst, kopiert, aufgenommen oder aufbewahrt werden. Der Begriff der Speicherung ist unabhängig von dem jeweiligen technischen Verfahren und der Vorgehensweise. So kann eine Speicherung durch Eingabe der Daten, Übertragung von einem Datenträger auf einen anderen erfolgen, wobei es auf den Ort der Speicherung nicht ankommt. Im Hinblick auf die Perpetuierungsfunktion der Strafnorm fehlt es aber an einer für die Speicherung erforderlichen gewissen Beständigkeit, wenn Daten etwa lediglich im Arbeitsspeicher eines Rechners kurzfristig abgelegt werden (*Welp* CR 1992, 354 (360); MüKoStGB/*Erb* Rn. 32). Da eine E-Mail ebenfalls auf dem Rechner des Empfängers bzw. des Providers abgelegt wird, erfüllt auch deren Versendung das Merkmal des Speicherns (*Gercke* CR 2005, 606 (610); *Goeckerjan* wistra 2008, 128 (130); *Heghmanns* wistra 2007, 167 (168); Fischer Rn. 5). Diese Tathandlung ist aber vor allem – soweit nicht bereits die vorrangige Spezialregelung des § 152a und § 152b eingreift –

einschlägig, wenn illegal erlangte Kontendaten und Geheimnummern auf Blanko-Karten übertragen werden, um gegenüber der Bank den Eindruck zu erwecken, der Karteninhaber sei berechtigter Kontoinhaber (BGHSt 38, 120 (121); LK-StGB/*Zieschang* 19; MüKoStGB/*Erb* Rn. 33). Gleiches gilt für die Herstellung von sog Telefonkarten-Simulatoren, die ein entsprechendes Guthaben für das Telefonieren an Kartentelefonen vorgeben (BGH NStZ-RR 2003, 265 (266); LG Würzburg NStZ 2000, 374; *Böse* NStZ 2005, 370 (375); MüKoStGB/*Erb* Rn. 33; LK-StGB/*Zieschang* 19; Fischer Rn. 3). Eine Speicherung kann auch in mittelbarer Täterschaft (§ 25 Abs. 1) dadurch begangen werden, dass der Täter einen gutgläubigen Dritten zur Eingabe einer falschen Datenurkunde veranlasst. Von § 269 erfasst wird auch das Entfernen bzw. Löschen eines sog SIM-Locks für ein Prepaid-Handy (AG Nürtingen BeckRS 2010, 27908; AG Göttingen NStZ-RR 2012, 12; kritisch: *Kusnik* CR 2011, 718; nach OLG Karlsruhe StV 2016, 374 soll hier aber § 17 Abs. 2 UWG erfüllt sein). Der Tatbestand ist insoweit etwa auch erfüllt, wenn der Täter jeweils selbst erstellte elektronische Lohnsteuerbescheinigungen für von ihm erfundene Personen mit fiktiven Lohnsteuerzahlungen an Finanzämter übermittelt (BGH NStZ-RR 2012, 343).

2. Verändern. Die Alt. 2 des § 269 erfasst das Verändern und entspricht dem Verfälschen einer 13 Urkunde bei § 267. Entsprechend der ergänzend heranzuziehenden Legaldefinition des § 3 Abs. 4 Nr. 2 BDSG ist hierunter jede inhaltliche Umgestaltung von Daten zu verstehen, indem eine vorhandene echte Datenurkunde zumindest teilweise einen anderen Inhalt erhält, der nur scheinbar dem als Erklärenden ausgewiesenen Aussteller zugerechnet werden kann (MüKoStGB/*Erb* Rn. 34). Wie der Täter dabei technisch vorgeht, ist für die Tatbestandsverwirklichung unerheblich, wenn letztlich die Angaben in der Datenurkunde und/oder die Ausstelleridentität nicht mehr in vollem Umfang zutreffend sind. Dies liegt etwa bei der Veränderung von PDF-Dateien mit Testreports und Messkontrollblättern vor (LG Essen BeckRS 2010, 12217). Auch die Veränderung der „gehackten" Zugangsdaten eines eBay-Accounts führt zur Anwendung des § 269 (BGH NStZ 2015, 635).

3. Gebrauchmachen. Ebenso wie nach der Alt. 3 des § 267 kommt auch bei der Fälschung 14 beweiserheblicher Daten eine Tatbegehung in Form des Gebrauchmachens solcher gespeicherter oder veränderter Datenurkunden in Betracht. Diese Tatmodalität ist verwirklicht, wenn die entsprechenden falschen Daten einem Täuschungsadressaten so zugänglich gemacht werden, dass diesem die Möglichkeit eines eigenständigen Zugriffs durch eine maschinellen Erfassung des Inhalts eröffnet und so die falsche Erklärung perpetuiert wird (MüKoStGB/*Erb* Rn. 35 f.; Fischer Rn. 6). Die Konfrontation des Adressaten mit der vermeintlich echten Erklärung des Ausstellers kann etwa durch eine Übermittlung einer E-Mail, durch die Bereitstellung einer Datenurkunde zum Herunterladen im Internet oder auch durch eine Übergabe einer falschen Datenurkunde auf einem Datenträger erfolgen (*Willer* NStZ 2010, 556). Diese Tathandlung ist demgegenüber aber nicht erfüllt, wenn dem Täuschungsadressaten lediglich sekundäre Anschauungsobjekte in Form eines Computerausdrucks oder einer Bildschirmanzeige vorgehalten werden, denn insoweit erfolgt hier – ebenso wie bei der Vorlage nur einer Fotokopie bei § 267 – nur die bloße Behauptung, über die Perpetuierung einer entsprechenden Erklärung zu verfügen, ohne dass der angebliche Erklärungsträger tatsächlich existieren muss (MüKoStGB/*Erb* Rn. 37 f.). Auch Anhänge von E-Mails scheiden grds. aus, jedoch ist hier eine Wertung nach dem Schutzzweck vorzunehmen (*Kulhanek* StV 2015, 725). In diesem Zusammenhang ist auch die Gleichstellungsvorschrift des § 270 von Bedeutung, wenn ein Gebrauchmachen gegenüber einer EDV-Anlage erfolgt, die aufgrund der automatisierten Weiterverarbeitung rechtserhebliche Dispositionen trifft.

4. Relevante Einzelfragen. a) Phishing. Soweit beim sog **Phishing**, dem Fischen nach Online- 15 Zugangsdaten (vor allem bezogen auf das Online-Banking, aber auch Auktionsplattformen), massenhaft fingierte E-Mails zur Erlangung fremder Zugangsdaten verschickt werden, um damit die Nutzer auf falsche Internetseiten zu lenken, handelt es sich um die bekannteste Form des digitalen Identitätsdiebstahls. Hier ist es auch in den letzten Jahren weiterhin zu steigenden Fallzahlen gekommen. So stieg 2013 die Zahl der Verfahren von 3.440 auf 4.096 und damit um 19 %. Weitere deutliche Steigerungen ergaben sich 2014 auf 6.984 Sachverhalte. Während früher die Geschädigten per Mail dazu aufgefordert wurden auf einer durch Link aufgerufenen Webseite ihre Konto- oder sonstigen Zugangsdaten einzugeben, werden zunehmend in Form des sog „Spear-Phishing" fingierte E-Mails von einer Bank, einem Online-Anbieter oder Dienstleistungsunternehmen versandt, die eine Bestellung bzw. Rechnung mit entsprechender Abbuchung vom Konto zum Gegenstand haben und denen im Anhang eine PDF-Datei zum Inhalt der Transaktion mit Malware beigefügt ist. Wird diese Datei durch Anklicken geöffnet, wird eine entsprechende Schadsoftware auf dem Rechner installiert, die künftig etwa alle Tätigkeiten am Rechner mitprotokolliert und an den Täter online weiterleitet. Bei der Versendung einer solchen fingierten E-Mail kommt eine Strafbarkeit nach § 269 in Betracht, wenn es sich bei dieser um eine Fälschungen beweiserheblicher Daten handelt. Die E-Mail, mit welcher der Eindruck erweckt werden soll, sie stamme von einer tatsächlich existierenden Bank oder einem anderen Anbieter (Finanzdienstleister wie PayPal, Internetprovider, Online-Plattform wie eBay), unterfällt dem Datenbegriff und ist auch beweiserheblich. Da hier mit der E-Mail rechtlich erhebliche Gedankenerklärungen unter falscher Identität gemacht werden, wird über den wahren erkennbaren Aussteller getäuscht, so dass hypothetisch eine unechte Urkunde vorliegt (*Buggisch* NJW 2004, 3519 (3521); *Gercke* CR 2005, 606 (609); *Popp* MMR

2006, 85; *Heghmanns* wistra 2007, 167; *Fischer* Rn. 8; *Goeckenjan* wistra 2008, 128 (130); kritisch *Graf* NStZ 2007, 129 (132)). Auch eine unsignierte E-Mail ist geeignet, im Rechtsverkehr Beweis zu erbringen. Zweifelhaft könnte nur die Beweiserheblichkeit sein, weil der E-Mail eine Unterschrift oder sonstige (digitale) Signatur fehlt. Damit hat die E-Mail zwar nicht die volle Beweiskraft. Diese ist aber – ebenso wie bei § 267 – nicht nötig, sondern es genügt die Eignung, für einen bestimmte rechtserhebliche Tatsache Beweis zu erbringen (Schönke/Schröder/*Heine/Schuster* § 267 Rn. 11; *Fischer* § 267 Rn. 10; SK-StGB/*Hoyer* § 267 Rn. 30; *Puppe* JuS 2012, 961). Da E-Mails heute im Rechtsverkehr vielfach wie Schreiben mit Unterschrift behandelt werden und auch vertrauliche Informationen enthalten, stellen sie auch ein für den Rechtsverkehr geeignetes Indiz dar. Entscheidend muss letztlich sein, ob die E-Mail nach dem Verständnis der Beteiligten – auch ohne digitale Signatur – als verbindlich angesehen werden kann und ein Schreiben mit Unterschrift ersetzen soll. Eine Anwendung des § 269 scheidet allenfalls dann aus, wenn die E-Mail so grob fehlerhaft und schwer verständlich verfasst ist, dass sie nicht als ernsthafte Erklärung gelten kann (*Graf* NStZ 2007, 129 (132)). Im Visier der Phishing-Täter stehen zunehmend auch die Zugangsdaten zu DHL-Packstationen, um diese dann zum Versand betrügerisch oder unter Einsatz fremder Kreditkartendaten im Internet erworbener Waren zu nutzen (vgl. näher: *Brand* NStZ 2013, 7).

16   **b) Elektronische Anmeldevorgänge im Internet.** Soweit über einer Webseite des Anbieters die Anmeldung eines Accounts (zB bei eBay) durch den Täter mit falschen Daten erfolgt, kommt eine Strafbarkeit nach § 269 in Betracht, da es nach Übermittlung der Daten über das Internet zu einer Speicherung beweiserheblicher Daten kommt, wobei es im Blick auf § 270 unerheblich ist, dass die Daten maschinell in das System eingelesen werden. Mit Eingabe der unzutreffenden Personalien gibt der Täter die Gedankenerklärung ab, er wolle bei dem Betreiber des Webangebots Mitglied werden und unter Anerkennung der AGB deren Dienst nutzen, obwohl er – unter seinen wahren Personalien – vom Anbieter gesperrt wurde. Die angegebenen falschen Personalien lassen auch einen Aussteller der Erklärung erkennen, während die wahre Identität des Anmeldenden unbekannt bleibt. Sofern die bei der Erstellung des Mitgliedskontos eingegebenen Daten (etwa bei eBay) nicht nur einen internen Vorgang betreffen, sondern als besonderes Identifikationsmittel – im vertraglichen wie vorvertraglichen Bereich – ein Handeln unter einem bestimmten Namen nach außen ermöglichen und Pflichten (zB Zahlung von Provisionen, Angebotsgebühren) begründen, werden damit auch unmittelbar Rechtswirkungen entfaltet (KG BeckRS 2009, 25371; OLG Bamberg 24.11.2009 – 2 Ss 50/09; AG Kassel BeckRS 2015, 11901 sowie *Willer* NStZ 2010, 553 und *Petermann* JuS 2010, 774; *Dietsch* JuS 2014, 642; Schönke/Schröder/*Heine/Schuster* Rn. 14a; aA OLG Hamm StV 2009, 475 (476) mBespr *Jahn* JuS 2009, 662; *Fischer* Rn. 4). Dies gilt etwa auch für Buchungen über booking.com (BGH BeckRS 2016, 13016). Dabei kommt es auch im Blick auf den Verwendungszweck der Datenurkunde, ihrer Beweisrichtung und den Kreis der Beteiligten zu einer Identitätstäuschung (BGHSt 40, 203 (206)), wenn die Anmeldung etwa zur Umgehung einer zuvor gegen den Täter erfolgten „Sperre" erfolgt. Der Verwendung einer digitalen Signatur bedarf es nicht (*Puppe* JuS 2012, 961; aA Hamm StV 2009, 475 (476)). Allein die Tatsache, dass es einem Internetnutzer leicht gemacht wird, sich unter unzutreffenden Personalien anzumelden, steht einer Strafbarkeit nicht entgegen. Auch die Änderung der Kontodaten eines „gehackten" eBay-Accounts führt zur Fälschung beweiserheblicher Daten (BGH NStZ 2015, 635). Demgegenüber fehlt es bei der Anmeldung eines E-Mail-Accounts, der etwa nur für Korrespondenz mit (eingeweihten) Bekannten oder für anonyme Gespräche in Chatrooms verwendet wird, an einer Beweisbestimmung im Rechtsverkehr (*Buggisch* NJW 2004, 3519 (3521); *Dietsch* JuS 2014, 641). § 269 scheidet auch bei der Einstellung von Waren mit den falschen Daten aus, da hier nur das Pseudonym des Verkäufers erkennbar ist, nicht aber der tatsächliche Anbieter der Waren (OLG Hamm StV 2009, 475 (476); KG BeckRS 2009, 25371). Kommt es bei einem Kauf bzw. Zuschlag bei der Auktion zu einer Offenlegung der Klarpersonalien des Anbieters, könnte darin aber – je nach den jeweiligen technischen Ausgestaltungen im Einzelfall – ein Gebrauchen der gefälschten Daten zu sehen sein. § 269 ist im Internet hier aber auch dann erfüllt, wenn ein privater Betreiber einer Internetseite, die ein offizielles polizeiliches Internetangebot suggeriert, quasi in Form der „digitalen Amtsanmaßung" für private Fahndungsmaßnahmen benutzt, um über diese Seite sachdienliche Ermittlungshinweise entgegen zu nehmen, die dem privaten Seitenbetreiber zugehen sollen (*Schiffbauer* NJW 2014, 1056 f.).

17   **c) Skimming.** Diese neue Begehungsform leitet sich vom Skimmer, dem Lesegerät für Magnetstreifen von Zahlungskarten ab. Dabei werden von den Tätern unterschiedliche Methoden in Form von Aufsätzen, Kameras usw eingesetzt, um einerseits an die auf dem Magnetstreifen der Kredit- und Zahlungskarten gespeicherten Kartendaten und andererseits an die PIN zu gelangen, die von dem Bankkunden bei ihrer Verfügung am Geldautomaten eingesetzt werden (*Tyszkiewicz* HRRS 2010, 207; *Kück* Der Kriminalist 10/2010, 8; *Seidl/Fuchs* HRRS 2011, 265). Nach stark steigenden Fallzahlen bis zum Jahr 2010 sind solche Skimming-Angriffe auf Geldautomaten stark rückläufig. Wurden im Jahr 2012 in Deutschland insgesamt 872 Angriffe auf 521 Geldautomaten registriert, ging diese Zahl 2013 auf 341 Automaten noch weiter zurück. Diese Entwicklung hat sich auch 2014 mit 145 Fällen und 111 Fällen in den ersten 11 Monaten von 2015 fortgesetzt. Gründe für diesen Rückgang sind ua die flächendeckende Ausstattung der girocards und Geldautomaten mit dem Sicherheitsstandard EMV, die verbreiterte Aufrüstung der deutschen Geldautomaten mit Anti-Skimming-Technologie, Aufklärung und Information der Bürger, gezielte Risikominimierungsstrategien der Banken und Sparkassen sowie die enge Zusammenarbeit aller am Kartengeschäft Beteiligten. Aus rechtlicher Sicht lässt sich das Vorgehen der Täter in drei strafrechtlich relevante Phasen: dem Ausspähen der Kartendaten sowie der PIN von Zahlungskarten, dem eigentlichen „Skimming", dem Nachmachen von Zahlungskarten (sog „White Plastics") und dem Missbrauch mit den gefälschten Zahlungskarten (sog „Cashing"). In der **ersten Phase des Ausspähens der Kartendaten** mit einem entsprechenden Lesegerät liegt kein § 202a vor (BGH MMR 2010, 711 mBespr *Jahn* JuS 2010, 1030; BGH NStZ 2010, 275 und BGH NStZ 2010, 509). Da das Skimmer-Lesegerät mit einer Software zum Auslesen der Daten ausgestattet ist, liegt ein Computerprogramms mit abgrenzbarem Programmteil iSd § 149 Abs. 1 Nr. 1 iVm §§ 152a Abs. 5, 152b Abs. 5, so dass im Herstellen, Verschaffen, Feilhalten, Verwahren oder Überlassen solcher Geräte eine Vorbereitungshandlung zur Fälschung von Zahlungskarten gesehen werden kann. Soweit mit einer Kamera oder mit einer falschen aufgesetzten Tastatur die PIN aufgezeichnet wird, ist § 202b Alt. 1 zu verneinen, da die entsprechenden Informationen nicht während der Speicherung oder Übermittlung gewonnen werden. Da die erlangte PIN als Datum verwendet werden soll, um anderen einen Nachteil zuzufügen, handelt es sich bei dem Verkaufen, Verbreiten aber um eine von § 303b Abs. 1 Nr. 2, Abs. 5 iVm § 202c Abs. 1 Nr. 1 erfasste Vorbereitungshandlung. Das Auswerten und Systematisieren von Videoaufzeichnungen der PIN-Eingaben sowie das Erfassen der ausgelesenen Kartendaten der Kunden auf einen Datenträger kann noch nicht als Versuch der Fälschung von Zahlungskarten angesehen werden (BGH JR 2014, 299 mAnm *Schiemann;* NJW 2010, 623; NStZ 2011, 517 und wistra 2011, 299). Das **Nachmachen von Zahlungskarten („White Plastics")** erfüllt den Tatbestand des § 152a Abs. 1 bzw. bei Zahlungskarten mit Garantiefunktion auch des § 152b Abs. 1 sowie des § 269, der aber verdrängt wird (→ Rn. 22). Dabei reicht auch die Herstellung falsch codierter Magnetstreifen auch auf unbedruckten Karten für das Nachahmen einer Zahlungskarte aus, je nach der beabsichtigten Verwendung dieser Karten (OLG Jena NStZ-RR 2009, 236; Fischer § 152a Rn. 11 mwN). Das spätere **Gebrauchmachen von gefälschten Zahlungskarten** wird durch § 152a Abs. 1 Nr. 2 iVm § 152b Abs. 1 bzw. § 269 sanktioniert, dazu steht in Tateinheit § 263a Abs. 1 Alt. 3. Beide Delikte stehen zueinander in Tateinheit (BGH BeckRS 2010, 16872 = BGH wistra 2010, 406; näher → § 263a Rn. 28).

d) Fahrerkartenmanipulationen bei digitalen Fahrtenschreibern. Nachdem seit Mai 2006 in **17a** Fahrzeugen für Speditionen und Personentransportunternehmen digitale Fahrtenschreiber verwendet werden und die Fahrer zur Überwachung der Lenkt- und Ruhezeiten eine sog Fahrerkarte, die mit einem Speicherchip ausgestattet ist, benutzen müssen, ist hier durch das Fahren mit einer fremden Fahrerkarte eine Fälschung beweiserheblicher Daten gegeben. Durch die Verwendung einer Fahrerkarte erklärt der der Fahrer konkludent, derjenige zu sein, für den die nachfolgend aufgezeichneten Fahrt- und Ruhezeiten gelten. Durch die Nutzung einer fremden Fahrerkarte wird damit über den Aussteller getäuscht. Die jeweils eingesetzte Fahrerkarte ist zusammen mit der elektronischen Auswertung des digitalen Fahrtenschreibers auch zum Beweis im Rechtsverkehr bestimmt und geeignet. Es kommt durch die Autorisierung des nachfolgenden Aufzeichnungsvorgangs im Fahrtenschreiber mit der falschen Fahrerkarte auch zu einer Speicherung von entsprechenden Daten (OLG Stuttgart VRS 124 (2013), 321; *Duchstein* NZV 2013, 367).

e) Digital gefälschte Unterschriften. Ein Rückgriff auf § 269 kommt auch dann in Betracht, wenn **17b** im Zusammenhang mit elektronischen Lesegeräten – etwa bei der Auslieferung von Paketen – falsche Unterschriften eingegeben werden. In diesem Fall greift die herkömmliche Urkundenfälschung des § 267 nicht ein, da die digitale Speicherung im Hintergrund keine verkörperte Gedankenerklärung darstellt und durch einen Ausdruck keine Urkunde, sondern lediglich eine Kopie hergestellt wird. Jedoch führt die digitale Erfassung der Unterschrift hier zur Speicherung beweiserheblicher Daten, die bei unmittelbarer Wahrnehmung eine unechte Urkunde darstellen würde (OLG Köln NStZ 2014, 276 mAnm *Gutmann* MMR 2014, 315; *Bott* NZWiSt 2014, 225 und *Popp* jurisPR-ITR 22/2014 Anm. 4).

III. Subjektiver Tatbestand

Der subjektive Tatbestand der Fälschung beweiserheblicher Daten erfordert zum einen auf Seiten des **18** Täters Vorsatz hinsichtlich der objektiven Tatbestandes sowie zum anderen ein Handeln zur Täuschung im Rechtsverkehr. So muss der Täter zumindest bedingt vorsätzlich vor allem alle tatsächlichen Umstände kennen, die dazu führen, dass es sich bei der von ihm gespeicherten, veränderten oder gebrauchten beweiserheblichen Daten im Fall ihrer Wahrnehmbarkeit um eine unechte oder verfälschte Urkunde handeln würde. Dabei reicht eine Parallelwertung in der Laiensphäre aus. Ein Subsumtionsirrtum kann insoweit hier zu einem Verbotsirrtum führen (LK-StGB/*Zieschang* Rn. 24). Für die weiter erforderliche Täuschung im Rechtsverkehr muss es dem Täter darum gehen, dass der Täuschungsadressat die Möglichkeit eines unmittelbaren Zugriffs auf die gefälschte Datenurkunde erhält. Insoweit genügt es nach § 270 für diese Täuschung auch, wenn dem Täter bekannt ist, dass die falschen Daten an eine EDV-Anlage übermittelt und weiterverarbeitet werden, so dass es zu weiteren rechtserheblichen Beeinflussungen dieses Systems kommt (MüKoStGB/*Erb* Rn. 39; Fischer Rn. 7).

IV. Versuchsstrafbarkeit (Abs. 2)

19   Ebenso wie die Urkundenfälschung kann auch die Fälschung beweiserheblicher Daten versucht werden. Dabei ist die Strafbarkeit weit nach vorne verlagert, da mit jeder Speicherung oder Veränderung von Datenurkunden oder deren Gebrauchen die Tat bereits vollendet ist. Die Vollendung des Gebrauchens tritt dabei unabhängig davon ein, ob der Beweisadressat von der gefälschten Datenurkunde tatsächlich Kenntnis erlangt hat, es genügt, wenn diese zugänglich gemacht wurde (LK-StGB/*Zieschang* Rn. 26). Ein Versuch kommt daher nur beim Beginn mit ersten Ausführungshandlungen in Betracht, sofern also der Täter mit der Eingabe falscher beweiserheblicher Daten bzw. der Veränderung solcher startet, ohne dass es noch zu einem Abschluss seines Vorgehens und damit zu einer vom Tatbestand erfassten Tathandlung gekommen ist.

V. Verweisung auf § 267 Abs. 3 und 4 (Abs. 3)

20   Über den Verweis auf § 267 Abs. 3 werden die dort geregelten Regelbeispiele für besonders schwere Fälle auch für die Fälschung beweiserheblicher Daten anwendbar. Zu diesen Regelbeispielen gehören gewerbsmäßiges Handeln (Nr. 1), ein Vermögensverlust großen Ausmaßes (Nr. 2) ab einer Grenze von über 50.000 EUR (→ § 263 Rn. 136 ff.), eine erhebliche Gefährdung des Rechtsverkehrs durch eine große Anzahl unechter oder verfälschter Datenurkunden (Nr. 3), wobei die Grenze ab einer Zahl von 20 anzunehmen sein (Fischer § 267 Rn. 30 mwN) wird, sowie ein Missbrauch der Befugnisse oder der Stellung des Täters als Amtsträger (Nr. 4). Diese Nr. 4 kommt vor allem dann in Betracht, wenn der Amtsträger im Rahmen seiner Zuständigkeit Zugang zu echten Datenurkunden hat, die verfälscht werden können, oder ihm selbst die Befugnis zur Erstellung von Datenurkunden eingeräumt ist.

21   Mit der Verweisung auf § 267 Abs. 4 wird zusätzlich im Fall eines kumulativ vorliegenden gewerbsmäßigen und bandenmäßigen Handels die Tat sogar zu einem Verbrechen qualifiziert. Dies kann vor allem in Fällen der massenhaften Versendung von Phishing-Mails zur Erlangung von Zugangsdaten für das Online-Banking (→ Rn. 15) in Betracht kommen.

VI. Konkurrenzen

22   Innerhalb des § 269 ist bei einer Begehung mehrerer Tathandlungen – etwa bei der Speicherung und beim anschließenden Gebrauch einer Datenurkunde nur von einer Tat auszugehen (BGH NStZ 2015, 635). Etwas anderes gilt nur dann, wenn das Gebrauchmachen auf einem erst nachträglich gefassten Beschluss beruht. Die Fälschung beweiserheblicher Daten wird durch §§ 152a und 152b verdrängt, soweit eine Fälschung von Zahlungskarten (ggf. mit Garantiefunktion) vorliegt. Daneben kommt Tateinheit vor allem mit Täuschungsdelikten, die beim Gebrauch unechter Datenurkunden begangen werden, etwa in erster Linie mit § 263a, in Betracht (BGHSt 38, 120 (121); BGH StV 2004, 21 (23); BGH wistra 2010, 406 für Skimming; MüKoStGB/*Erb* Rn. 41). Gleiches gilt für § 303a, § 303b, aber auch §§ 263 und 266. Aufgrund der fehlenden Urkundenqualität eines Datenausdrucks sowie der nur maschinell gespeicherten Daten ist ein Zusammentreffen mit § 267 kaum denkbar. Allenfalls dann, wenn das Tatobjekt eine Erklärung sowohl in optisch wahrnehmbarer Form als auch in codierter Form enthält (zB Flugschein mit Magnetstreifen), kommt Tateinheit in Betracht, soweit sich die Tat hier an sich auf zwei Falsifikate erstreckt, die den unterschiedlichen Charakter von unechter Urkunde und gefälschter Datenurkunde aufweisen (MüKoStGB/*Erb* Rn. 41; LK-StGB/*Zieschang* Rn. 29 f.).

Vorbemerkungen zu §§ 283–283d

Literatur: *Bemmann*, Zur Frage der objektiven Bedingungen der Strafbarkeit, 1957; *Biermann*, Die strafrechtlichen Risiken des vorläufigen Insolvenz-Verwalters, 2007; *Bretzke*, Der Begriff der „drohenden Zahlungsunfähigkeit" im Konkursstrafrecht, 1984; *Dohmen*, Verbraucherinsolvenz und Strafrecht, 2005; *M. Grub*, Die insolvenzstrafrechtliche Verantwortlichkeit der Gesellschafter von Personenhandelsgesellschaften, 1995; *Erdmann*, Die Krisenbegriffe der Insolvenzstraftatbestände, 2007; *Gübel*, Die Auswirkungen der faktischen Betrachtungsweise auf die strafrechtliche Haftung faktischer GmbH-Geschäftsführer, 1994; *Hager*, Der Bankrott durch Organe juristischer Personen, 2007; *von der Heydt*, Die subjektive Seite der Konkursdelikte, 1987; *Hiltenkamp-Wisgalle*, Die Bankrottdelikte, 2001; *Hörl*, Das strafrechtlich geschützte Vermögen im Konkurs des Gemeinschuldners, 1998; *Krause*, Ordnungsgemäßes Wirtschaften und Erlaubtes Risiko. Grund- und Einzelfragen des Bankrotts, 1995; *Matzen*, Der Begriff der drohenden und eingetretenen Zahlungsunfähigkeit im Konkursstrafrecht, 1993; *Mohr*, Bankrottdelikte und übertragende Sanierung, 1993; *Moosmayer*, Einfluss der Insolvenzordnung 1999 auf das Insolvenzstrafrecht, 1997; *Penzlin*, Strafrechtliche Auswirkungen der Insolvenzordnung, 2000; *Plathner*, Der Einfluss der Insolvenzordnung auf den Bankrotttatbestand, 2002; *Röhm*, Zur Abhängigkeit des Insolvenzstrafrechts von der Insolvenzordnung, 2002; *Schlüchter*, Der Grenzbereich zwischen Bankrottdelikten und unternehmerischen Fehlentscheidungen, 1977; *Schuster* Das Verhältnis von Strafnormen und Bezugsnormen aus anderen Rechtsgebieten, 2013; *Stapelfeld*, Die Haftung des GmbH-Geschäftsführers für Fehlverhalten in der Unternehmenskrise, 1990; *Stracke*, Zur Übertragbarkeit des zivilrechtlichen Überschuldungsbegriffs in das Strafrecht, 2007.

I. Rechtsgut der Insolvenzdelikte

Die Tatbestände des 24. Abschnitts schützen die Gläubigergesamtheit gegen eine Schmälerung des **1** wirtschaftlichen Wertes ihrer Position durch die Verringerung, Verheimlichung oder ungerechte Verteilung (aA hinsichtlich dieser letzten Alternative NK-StGB/*Kindhäuser* Rn. 30) der aktuellen Haftungsbzw. voraussichtlichen Insolvenzmasse. Die umgekehrte Formulierung der hM, wonach die §§ 283 ff. die präsumptive Insolvenzmasse vor Eingriffen zum Nachteil der Gläubiger schützen sollen (s. zB BGHSt 28, 371; Fischer Rn. 3; NK-StGB/*Kindhäuser* Rn. 25), verschiebt zwar die Betonung von den Gläubigerinteressen hin zur Masseintegrität (vgl. LK-StGB/*Tiedemann* Rn. 46), meint in der Sache aber offenbar nichts anderes. Soweit die hM und einige Mindermeinungen die Insolvenzstraftatbestände daneben auch mit Schutzreflexen zugunsten verschiedener Kollektiv- oder Individualrechtsgüter ausstatten, ist dies abzulehnen: Die Arbeitnehmer des Schuldners sind ohnehin bereits aufgrund ihrer Gläubigerstellung in den Schutzbereich der §§ 283 ff. einbezogen und bedürfen daher keiner zusätzlichen strafrechtlichen Besserstellung; dies umso weniger, als ihnen schon ihre zivilrechtliche Privilegierung durch die InsO weitgehend genommen wurde (LK-StGB/*Tiedemann* Rn. 51 ff.; aA offenbar Fischer Rn. 3). Die Rechtsgüter des Schutzes von Treu und Glauben im Wirtschaftsverkehr (MSM StrafR BT I § 48 Rn. 9) oder des gesamtwirtschaftlichen Systems (BGH ZinsO 2010, 1383; Fischer Rn. 3; Lackner/ Kühl/*Heger* Rn. 1; Schönke/Schröder/*Heine/Schuster* Rn. 2; *Röhm,* Zur Abhängigkeit des Insolvenzstrafrechts von der Insolvenzordnung, 2002, 79 ff.; AWHH StrafR BT § 19 Rn. 15) verdienen wegen ihrer Konturenlosigkeit keine Anerkennung (vgl. LK-StGB/*Tiedemann* Rn. 56). Die Funktionsfähigkeit der Kreditwirtschaft sollte zwar wohl nach Auffassung des historischen Gesetzgebers (dazu *Maul* DB 1979, 1758 f.) wie auch nach der reichsgerichtlichen Rspr. (RGSt 4, 41 (42); 16, 238 (239)) ein eigenes Schutzgut der Bankrotttatbestände darstellen und wird auch heute noch von einer verbreiteten Meinung als solches anerkannt (BVerfGE 48, 48 (61 f.); LK-StGB/*Tiedemann* Rn. 56; *Bretzke,* Der Begriff der „drohenden Zahlungsunfähigkeit" im Konkursstrafrecht, 1984, 16; *M. Grub,* Die insolvenzstrafrechtliche Verantwortlichkeit der Gesellschafter von Personenhandelsgesellschaften, 1995, 6; *von der Heydt,* Die subjektive Seite der Konkursdelikte, 1987, 121 f.; *Hiltenkamp-Wisgalle,* Die Bankrottdelikte, 2001, 55 ff.; *Moosmayer,* Einfluss der Insolvenzordnung 1999 auf das Insolvenzstrafrecht, 1997, 133 ff.; *Stracke,* Zur Übertragbarkeit des zivilrechtlichen Überschuldungsbegriffs in das Strafrecht, 2007, 434 ff.; Bittmann/ *Bittmann* Insolvenzstrafrecht, 2004, § 12 Rn. 25; Weyand/Diversy Insolvenzdelikte Rn. 12 ff.; Otto StrafR BT § 61 Rn. 80; Wessels/Hillenkamp StrafR BT II Rn. 458). Da jedoch mit dem Funktionieren der Kreditwirtschaft letztlich nur das Vertrauen potentieller Kreditgeber in die generelle Lukrativität von Kreditgeschäften und ihre darauf gründende allgemeine Bereitschaft zur Kreditvergabe gemeint ist (so auch ausbuchstabiert bei LK-StGB/*Tiedemann* Rn. 55), werden mit diesem Rechtsgut letztlich ökonomische Individualinteressen zu Bestandteilen des Gemeinwohls überhöht. Dies mag system- oder gesellschaftstheoretisch angebracht sein, strafrechtliche Konsequenzen sollten daran aber nicht geknüpft werden. Zudem ist zu bedenken, dass die Anerkennung eines nicht disponiblen Kollektivguts dem Täter die Möglichkeit nähme, die rechtfertigende Einwilligung seiner Gläubiger einzuholen. Weshalb es dem krisengeschüttelten Schuldner aber trotz der Zustimmung sämtlicher Gläubiger nicht gestattet sein sollte, sein letztes Heil etwa in einem Hochrisikogeschäft oder der Teilnahme an einer Lotterie (§ 283 Abs. 1 Nr. 2) zu suchen, ist nicht zu erkennen. Die besseren Gründe sprechen daher dafür, es für die Bankrottdelikte des 24. Abschnitts bei bloßem Individualgüterschutz zu belassen (so iErg auch *Krause,* Ordnungsgemäßes Wirtschaften und Erlaubtes Risiko. Grund- und Einzelfragen des Bankrotts, 1995, 173 ff.; *Matzen,* Der Begriff der drohenden und eingetretenen Zahlungsunfähigkeit im Konkursstrafrecht, 1993, 14 f.; *Mohr,* Bankrottdelikte und übertragende Sanierung, 1993, 147 ff.; *Penzlin,* Strafrechtliche Auswirkungen der Insolvenzordnung, 2000, 29 ff.; Gössel StrafR BT II § 28 Rn. 2; Mitsch StrafR BT II § 5 Rn. 139; Schmidhäuser StrafR BT Kap. 11 Rn. 93; Sonnen StrafR BT 144).

Geschützt wird nur, wer seine Gläubigerstellung schon bei Vornahme der Bankrotthandlung (abge- **2** sehen von den Fällen des § 283 Abs. 2 jedoch zwingend auch bereits bei Eintritt der wirtschaftlichen Krise) innehat. Eine Erweiterung des Schutzbereichs auf nur potentielle Gläubiger (*Stapelfeld,* Die Haftung des GmbH-Geschäftsführers für Fehlverhalten in der Gesellschaftskrise, 1990, 261; wohl auch LK-StGB/*Tiedemann* Rn. 53) müsste angesichts der Schwierigkeiten bei der sinnvollen Begrenzung des Personenkreises zu Rechtsunsicherheit führen und unterliefe zudem die strafbarkeitsbegrenzende Funktion einer rechtsstaatskonformen Schutzgutskonzeption (iErg auch *Mohr,* Bankrottdelikte und übertragende Sanierung, 1993, 153). Hingegen hängt die Erfüllung der Bankrotttatbestände weder von der Anzahl aktuell vorhandener Gläubiger noch von der Kaufmannseigenschaft des Schuldners ab. Der Schutzbereich der §§ 283 ff. ist vielmehr auch dann eröffnet, wenn es nur einen einzigen betroffenen Gläubiger gibt (BGHSt 28, 373; BGH NJW 2001, 1875; Fischer Rn. 3; krit. *Krüger* wistra 2002, 52) oder der Schuldner eine Privatperson ist; die teilweise gegebene Unmöglichkeit (so bei § 283 Abs. 1 Nr. 5 u. 7, § 283b) oder Schwierigkeit (so bei § 283 Abs. 1 Nr. 6), das Verhalten von Nicht-Kaufleuten unter die einzelnen Varianten der Bankrotttatbestände zu subsumieren, stellt nicht das gesamte Schutzgut, sondern allenfalls die Sachgerechtigkeit einzelner Tatbestandsfassungen in Frage.

II. Rechtsnatur der einzelnen Delikte

3   **1. Sonderdelikte. a) Tauglicher Täter.** Mit Ausnahme des § 283d enthält der 24. Abschnitt nach wohl einhelliger Auffassung (s. statt vieler MüKoStGB/*Radtke/Petermann* Rn. 26; für den gesamten § 283 ausdrücklich BGH NJW 2013, 949 mAnm *Brammsen/Ceffinato* NZI 2013, 619; *Fauser* ZWH 2013, 273; *Kraatz* JR 2013, 465; *Weyand* ZinsO 2013, 1064;) Sonderdelikte, als deren Täter nur in Betracht kommt, wer mehrere besondere persönliche Merkmale iSd § 28 Abs. 1 (s. Fischer Rn. 21) aufweist:

4   Zum einen steht die Strafbarkeit nach den §§ 283–283c unter der Bedingung, dass der Täter (→ Rn. 26) seine Zahlungen eingestellt hat oder über sein Vermögen das Insolvenzverfahren eröffnet oder aber mangels Masse nicht eröffnet wurde (im Einzelnen → Rn. 27–32). Diese Bedingung ist untrennbar mit seiner individuellen wirtschaftlichen Lage verbunden und stellt daher für ihn ein persönliches Merkmal dar; ihre dogmatische Einordnung als objektive Strafbarkeitsbedingung (→ Rn. 25) ändert hieran nichts.

5   Zum zweiten erfassen die §§ 283–283c nur den Schuldner. Dies ergibt sich zwar nicht schon aus ihrer allgemein gehaltenen Täterumschreibung („Wer …", nicht etwa: „Ein Schuldner …"), jedoch sowohl aus ihrer Binnensystematik wie auch aus ihrem Bezug auf das Insolvenzrecht: Die in ihnen genannten Tathandlungen sind mit den bereits erwähnten Strafbarkeitsbedingungen verknüpft, die von vornherein nur erfüllen kann, wer Geldzahlungen oder geldwerte Leistungen schuldet (LK-StGB/*Tiedemann* Rn. 59). Auch ist das Tatbestandsmerkmal der wirtschaftlichen Krise, in der sich wiederum nur ein Schuldner befinden kann, durch das Wort „seine" bzw. „seiner" in § 283 Abs. 2 und § 283c Abs. 1 unzweifelhaft der Person des möglichen Täters zugeordnet (weshalb die von Fischer § 283 Rn. 38 implizit geäußerten Zweifel am Sonderdeliktscharakter des § 283 Abs. 2 unbegründet erscheinen; iErg wie hier nun auch BGH NJW 2013, 949). Und schließlich treffen auch nur den Schuldner insolvenzrechtliche Sonderpflichten, die sein besonderes Näheverhältnis zum Rechtsgut der Bankrottdelikte begründen und ihn damit qualitativ von anderen Tatbeteiligten unterscheiden (LK-StGB/*Tiedemann* Rn. 59). Dieses Argument wird auch nicht durch die Existenz des § 283d entwertet, da dort zwar jedermann Täter sein kann, dies jedoch nur, wenn er mit Einwilligung oder zugunsten des sonderpflichtigen Schuldners handelt.

6   Die §§ 283 Abs. 1 und 283c beziehen sich zudem nur auf solche Schuldner, die sich in der Sondersituation einer wirtschaftlichen Krise befinden, wobei freilich unterschiedliche Krisenbegriffe gelten: Während eine Krise iSd § 283 Abs. 1 sowohl bei Überschuldung wie auch bei drohender oder akuter Zahlungsunfähigkeit vorliegt, greift § 283c nur ein, wenn der Schuldner von der zuletzt genannten Krisenform betroffen ist (zum Krisenbegriff näher → Rn. 33–40).

7   Bei den §§ 283 Abs. 1 Nr. 5 u. 7 sowie 283b ist der Täterkreis schließlich noch weiter eingegrenzt, da nur Kaufleute gegen die in diesen Tatbeständen vorausgesetzten Buchführungs- und Bilanzierungspflichten verstoßen können. Für die übrigen Varianten des § 283 sowie für § 283c ergibt sich hieraus im Umkehrschluss, dass sie auch von Nicht-Kaufleuten und insbesondere von insolventen Verbrauchern verwirklicht werden können; dies wird durch die bereits erwähnte allgemein gehaltene Täterbeschreibung ebenso bestätigt wie durch das insolvenzrechtliche Institut der Verbraucherinsolvenz gem. §§ 304 ff. InsO (so die ganz hM in Rspr. u. Lit.; s. zB BGH NJW 2001, 1875; BeckOK StGB/*Beukelmann* § 283 Rn. 91; Fischer Rn. 81; LK-StGB/*Tiedemann* Rn. 85b, jeweils mwN).

8   **b) Der Schuldner als Täter.** Mit der Feststellung, dass hierfür nur ein Schuldner in Betracht kommt, ist die Frage nach dem tauglichen Täter der §§ 283–283c noch nicht vollständig beantwortet, da erst noch zu klären ist, wer überhaupt als Schuldner anzusehen ist. Hierbei muss einerseits auf Vorgaben des öffentlichen und bürgerlichen Rechts zurückgegriffen werden, andererseits ist zu bedenken, dass Schuldner im zivilrechtlichen Sinne auch juristische, Täter im strafrechtlichen Sinne aber bislang nur natürliche Personen sein können.

9   **aa) Natürliche Personen als Schuldner.** Natürliche Personen sind dann Schuldner iSd Bankrottdelikte, wenn sie zivil- oder öffentlich-rechtlich entweder selbst zur Leistung verpflichtet sind oder aufgrund entsprechender Bestimmungen für die Schuld eines anderen einzustehen haben (LK-StGB/*Tiedemann* Rn. 60). Tauglicher Täter der §§ 283–283c ist daher zB auch der Bürge (Bittmann/*Bittmann,* Insolvenzstrafrecht, 2004, § 12 Rn. 37), der steuerliche Haftungsschuldner iSd §§ 69 ff. AO, der gem. §§ 1415 ff. BGB in Gütergemeinschaft mit dem Schuldner lebende Ehegatte (RGSt 68, 108 (109)) sowie jeder, der nach den Regeln der InsO oder des AnfG etwas in anfechtbarer Weise erlangt und daher die Zwangsvollstreckung in das Erworbene zu dulden hat (LK-StGB/*Tiedemann* Rn. 60). Schuldner ist zudem der an einer Personen(-handels-)gesellschaft Beteiligte, soweit er mit seinem Privatvermögen für die Verbindlichkeiten der Gesellschaft einzustehen hat, so etwa der Gesellschafter einer GbR, oHG, Partnerschaft oder GmbH-Vorgesellschaft (für letzteren BGHSt 3, 25; *Bittmann/Pisarski* wistra 1995, 91; aA *Deutscher/Körner* wistra 1996, 11) sowie der Komplementär einer KG oder KGaA. Der Kommanditist haftet hingegen nur in Höhe seiner Einlage persönlich und ist darüber hinaus kein Schuldner. Die Schuldnerstellung der jeweiligen Gesellschafter ergibt sich dabei aus allgemeinen zivilrechtlichen Grund-

sätzen und besteht unabhängig von ihrer Vertretungsbefugnis. Sie wird auch nicht durch § 14 Abs. 1 Nr. 2 auf den vertretungsberechtigten Gesellschafter begrenzt, da diese Vorschrift eine reine Zurechnungsregel enthält, für deren Anwendung kein Raum ist, wenn die Schuldnereigenschaft des Täters ohnehin bereits vorliegt und daher gar nicht mehr zugerechnet zu werden braucht (so auch die hM; s. zB *M Grub,* Die insolvenzstrafrechtliche Verantwortlichkeit der Gesellschafter von Personenhandelsgesellschaften, 1995, 47 ff.; *Richter* GmbHR 1994, 143; *Schulte* NJW 1973, 1774; *Winkelbauer* wistra 1986, 18 f.; *ders.* JR 1988, 33 f.; aA LK-StGB/*Tiedemann* Rn. 65). Durch diese Ausweitung des Schuldnerbegriffes auf zahlreiche Anteilseigner werden die §§ 283 ff. nicht überdehnt, da sie nicht mit einer Zurechnung der übrigen Strafbarkeitsvoraussetzungen auf den Haftungsschuldner einhergeht. Der haftende Gesellschafter einer Personen(-handels-)gesellschaft kann sich deshalb nur dann gem. §§ 283 ff. strafbar machen, wenn er sich selbst in der wirtschaftlichen Krise befindet (sofern der jeweils in Rede stehende Tatbestand dies erfordert) und er zugleich in eigener Person eine objektive Strafbarkeitsbestimmung des § 283 Abs. 6 erfüllt. Dagegen bleibt etwa der nichtvertretungsberechtigte oHG-Gesellschafter, dessen eigene Finanzen geordnet sind, vom Insolvenzstrafrecht unbehelligt, wenn lediglich die oHG überschuldet ist und ihre Zahlungen eingestellt hat.

Kein Schuldner und damit auch kein tauglicher Täter der §§ 283–283c ist, wer sich zivilrechtlich **10** nicht wirksam zu einer Leistung verpflichten kann, so zB der Geschäftsunfähige, der Minderjährige oder der in seiner Vermögensverfügung beschränkte Betreute. Etwas anderes gilt für diesen Personenkreis nur dann, wenn er aufgrund einer vorab wirksam erklärten Einwilligung seines gesetzlichen Vertreters bzw. Betreuers oder des Vormundschaftsgerichts handelt. Deren nachträgliche Genehmigung wirkt hingegen – wie stets im Strafrecht – nicht zurück und stellt daher auch die Schuldnereigenschaft nicht ex tunc her (LK-StGB/*Tiedemann* Rn. 60). Ebenfalls nicht als Schuldner anzusehen sind die Anteilseigner bzw. Mitglieder von juristischen Personen wie zB Vereins- oder Genossenschaftsmitglieder, GmbH-Gesellschafter (auch nicht der Alleingesellschafter einer Ein-Mann-GmbH) und Aktionäre, sowie schließlich auch nicht die für juristische Personen Handelnden (zB Vorstände, Geschäftsführer, Bevollmächtigte, Prokuristen uam; s. zu ihnen aber → Rn. 13, 16).

bb) Juristische Personen als Schuldner. Juristische Personen und diesen angenäherte Gebilde sind **11** selbst als Schuldner iSd §§ 283 ff. anzusehen, soweit sie sich wirksam zu einer Leistung verpflichten können oder für die Verbindlichkeiten Dritter haften (etwa als Komplementärin einer KG). Dies gilt für sämtliche Kapitalgesellschaften, sei es deutschen (AG und GmbH), europäischen (Europäische Gesellschaft – SE) oder ausländischen Rechts (zB Limited, LLP, Inc. usw), sowie für Genossenschaften, rechtsfähige Vereine und Stiftungen, aber auch für die rechtsfähige oHG, KG und Partnerschaft (s. § 124 Abs. 1 HGB, für die KG iVm § 161 Abs. 2 HGB, für die Partnerschaft iVm § 7 Abs. 2 PartGG) oder die nach neuerer Rechtsprechung mindestens teilrechtsfähige (vgl. BGHZ 146, 341) BGB-Gesellschaft. Für deren Schuldnereigenschaft kommt es zwar nicht darauf an, ob sie ihren Geschäfts- oder Verwaltungssitz im Inland haben, jedoch bleibt das deutsche Insolvenzstrafrecht für reine Auslandsgesellschaften meist irrelevant, weil es nicht zu einer Eröffnung des Insolvenzverfahrens über ihr Vermögen oder zu einer Antragsabweisung mangels Masse nach deutschem Recht kommt und damit keine objektive Strafbarkeitsbedingung gem. § 283 Abs. 6 eintritt.

cc) Zurechnung der Schuldnerstellung auf natürliche Personen. Da eine Täterverantwortlich- **12** keit der vorgenannten juristischen Personen und (teil-)rechtsfähigen Gebilde dem geltenden deutschen Strafrecht wesensfremd ist, werden diese weder aufgrund ihrer Schuldnereigenschaft und – soweit erforderlich – ihrer Krisenbefangenheit noch dadurch zu tauglichen Tätern der §§ 283 ff., dass sie eine objektive Strafbarkeitsbedingung des § 283 Abs. 6 erfüllen. Erforderlich ist vielmehr die Überleitung dieser täterschaftsbegründenden Merkmale auf eine oder mehrere natürliche Personen mit Hilfe der Zurechnungsnorm des § 14, die nach der Aufgabe der sog Interessentheorie durch den BGH (BGHSt 57, 229 mBespr *Brand* NJW 2012, 2370; *Habetha* NZG 2012, 1134; *Krawczyk* StRR 2012, 429; *Radtke* GmbHR 2012, 962; *Wegner* GWR 2012, 312; *Wessing* EWiR 2012, 609) nur noch dann eingreift, wenn der Handelnde „als" Organ des Vertretenen in dessen Geschäftskreis tätig wird und nicht lediglich die Gelegenheit seiner Vertretungsmacht zu deren Mißbrauch nutzt (BGHSt 57, 229; Schönke/Schröder/ *Heine*/*Schuster* § 283 Rn. 2c; MüKoStGB/*Radtke*/*Petermann* Rn. 57 f.; *Habetha* NZG 2012, 1134; *Pohl* wistra 2013, 331). Wer danach im Einzelnen als Zurechnungsadressat in Betracht kommt, soll an dieser Stelle lediglich überblicksartig dargestellt werden; für die Details ist auf die ausführliche Kommentierung zu § 14 zu verweisen:

Taugliche Täter der §§ 283 ff. können gem. § 14 Abs. 1 Nr. 1 die gesetzlichen Organe juristischer **13** Personen sowie die Mitglieder solcher Organe sein, also etwa GmbH-Geschäftsführer, Vorstände und Vorstandsmitglieder einer AG, Genossenschaft, Stiftung oder eines Vereines sowie solche Personen, die nach den Bestimmungen der jeweils maßgeblichen Rechtsordnung als Organe bzw. Organmitglieder von Gesellschaften ausländischen Rechts anzusehen sind (s. AG Stuttgart wistra 2008, 226 für den Geschäftsführer einer englischen Limited).

Gem. § 14 Abs. 1 Nr. 2 sind mögliche Täter der §§ 283 ff. auch die vertretungsberechtigten Gesell- **14** schafter rechtsfähiger Personengesellschaften, wie zB geschäftsführende oHG-Gesellschafter oder Komplementäre einer KG; sind letztere ihrerseits juristische Personen, bedarf es einer Kettenzurechung gem.

§ 14 Abs. 1 Nr. 2 iVm Nr. 1, die im zweiten Schritt zu deren eigenen Organen bzw. Organmitgliedern führt (so die hM; s. zB LK-StGB/*Tiedemann* Rn. 65; Schönke/Schröder/*Perron* § 14 Rn. 23; die abweichende Auffassung von *M. Grub,* Die insolvenzstrafrechtliche Verantwortlichkeit der Gesellschafter von Personenhandelsgesellschaften, 1995, 94 ff., der nur eine einfache Zurechung gem. § 14 Abs. 1 Nr. 1 vornehmen will, führt nicht zu anderen Ergebnissen; zweifelhaft erscheint freilich die Einschränkung bei BGHSt 19, 174 ff., wonach der zweite Zurechnungsschritt nur dann zum Organ der juristischen Person führen könne, wenn dieses auch tatsächlich die Geschäftsleitung der KG innehat: Denn über § 14 sollen nicht Handlungen, sondern die Schuldnereigenschaft der KG zugerechnet werden, die nicht davon abhängt, wer ihre Geschäfte führt).

15   § 14 Abs. 1 Nr. 3 erstreckt den Täterkreis der §§ 283 ff. auch auf den gesetzlichen Vertreter einer anderen natürlichen oder juristischen Person, wozu insbesondere Insolvenzverwalter, daneben aber auch sorgeberechtigte Eltern Minderjähriger sowie Betreuer zu zählen sind.

16   Ist der Schuldner Inhaber eines Betriebes, können über § 14 Abs. 2 schließlich auch seine gewillkürten Vertreter und Handlungsbevollmächtigen als Täter der §§ 283 ff. in die Verantwortung genommen werden. Da es hierbei nicht auf ihre Betriebszugehörigkeit ankommt, können hiervon neben Prokuristen, Vertriebs-, Einkaufs- oder Rechtsabteilungsleitern und sonstigen mit Handlungsvollmacht ausgestatteten Internen auch externe Berater verschiedenster Art (insbes. Steuerberater, Anwälte, Unternehmensberater, Sanierer, usw) betroffen sein. Von der hM wird auch der geschäftsführende GbR-Gesellschafter zu diesem Personenkreis gezählt (s. *Tiedemann* NJW 1979, 1850), jedoch erscheint es angesichts der im Zivilrecht mittlerweile anerkannten Teilrechtsfähigkeit der GbR sachgerechter, ihn bereits in § 14 Abs. 1 Nr. 2 zu verorten. Beizupflichten ist allerdings der Auffassung, dass § 14 Abs. 2 Nr. 1 auch solche Personen erfasst, die für einen nicht rechtfähigen Verein handeln (LK-StGB/*Tiedemann* Rn. 66).

17   Die Zurechnung nach den in → Rn. 13–16 genannten Kriterien trifft neben formellen auch sog faktische Organe und Organmitglieder (Geschäftsführer, Vorstände etc), Vertreter oder Bevollmächtigte, die eine entsprechende Funktion tatsächlich ausüben, ohne wirksam dazu bestellt worden zu sein. Die Grundlage hierfür liefert teilweise bereits § 14 Abs. 3, der bei rechtlich unwirksamen Bestellungsakten ersichtlich auf die durch sie geschaffenen faktischen Verhältnisse abstellt. Zudem besteht ein unabweisbares Bedürfnis dafür, die §§ 283 ff. auch auf solche Fälle anzuwenden, in denen der Schuldner einen Dritten für sich schalten und walten lässt, ohne diesen zum förmlichen Organmitglied etc zu bestellen. Während hierüber grundsätzliche Einigkeit besteht, herrscht über die einzelnen konkreten Voraussetzungen der strafrechtlichen Haftung des faktischen Organs Streit, der hier nicht im Einzelnen wiedergegeben werden kann; für eine Darstellung des Streitstands und der Detailprobleme → § 14 Rn. 53, 59–63 sowie → InsO § 15a Rn. 22–28.

18   Jenseits der Fälle des § 14 schließt schon der Nullum-Crimen-Grundsatz die strafrechtliche Zurechnung der Schuldnerstellung von einer natürlichen oder juristischen auf eine andere (natürliche oder juristische) Person aus: § 25 ist keine geeignete Zurechnungsnorm, da er besondere Täterqualitäten beim Zurechnungsadressaten bereits voraussetzt (aA wohl LK-StGB/*Schünemann* § 14 Rn. 10 ff.); § 75 betrifft nicht die Täterschaft, sondern allein die Einziehung; andere Zurechnungsnormen sind von vornherein nicht ersichtlich. Soweit in der Literatur erwogen wird, solche Hintermänner in den Täterkreis der §§ 283 ff. einzubeziehen, die zwar einerseits als die wahren wirtschaftlich Verpflichteten anzusehen sind, andererseits aber weder eine formelle noch faktische Organ- oder Vertreterstellung einnehmen (s. Fischer Rn. 13, der für die Frage, wer seine Zahlungen eingestellt hat, auf den wirklichen Sachverhalt und nicht auf einen ihm widersprechenden Schein abstellt; ähnl. Lackner/Kühl/*Heger* § 283 Rn. 3) kann es daher nicht um die Zurechnung einer fremden Schuldnerstellung, sondern allenfalls um die – allein zivilrechtlich zu beurteilende – Begründung einer eigenen Schuldnerstellung des Hintermannes gehen. Nur wenn diese gelingt (etwa im Wege einer gesellschaftsrechtlich anerkannten Durchgriffshaftung oder bei Vorliegen eines Strohmanngeschäfts, durch das ein anderer als der nach außen Handelnde verpflichtet werden soll), ist auch gegen einen strafrechtlichen Durchgriff auf den Hintermann nichts einzuwenden, andernfalls muss dieser unterbleiben (ausführlich zu dieser Problematik und im Ergebnis wie hier LK-StGB/*Tiedemann* Rn. 71–76). Zu beachten ist dabei aber, dass die eigene Schuldnerstellung des Hintermanns nur notwendige, nicht aber bereits hinreichende Bedingung für seine strafrechtliche Täterverantwortung ist, die zusätzlich meist seine eigene Krisenbefangenheit und immer die eigene Erfüllung einer Strafbarkeitsbedingung des § 283 Abs. 6 erfordert; dazu schon → Rn. 9.

19   Zugerechnete und eigene Schuldnerstellung können in einer Person (insbes. dem geschäftsführenden und zugleich persönlich haftenden Sozius einer Personengesellschaft) zusammenfallen, dürfen aber gleichwohl nicht miteinander vermengt werden, da sie unterschiedliche wirtschaftliche und rechtliche Schicksale erleiden können (→ Rn. 9). So mag sich etwa ein geschäftsführender oHG-Gesellschafter, dessen private wirtschaftliche Verhältnisse geordnet sind, straflos seiner Wettleidenschaft hingeben (§ 283 Abs. 1 Nr. 2), solange er dabei private Mittel einsetzt und sich nicht selbst in die Krise manövriert (§ 283 Abs. 2); die gleichzeitige Insolvenz der von ihm vertretenen Gesellschaft inkriminiert dieses Verhalten nicht. Spielt er aber mit dem Geld der krisenbefangenen oHG, stellt dies – neben einer möglichen Untreue gem. § 266 – eine Bankrottstraftat dar.

dd) Beginn und Ende der Schuldnerstellung. Der Täter muss bei Vornahme einer Tathandlung **20** der §§ 283–283c bereits Schuldner sein oder im Fall des § 283 Abs. 2 spätestens durch diese Handlung werden; ist seine Schuldnerstellung schon vorher entfallen oder erst später entstanden, bleibt sein Tun oder Unterlassen straflos. Zudem muss die Schuldnerstellung des Täters auch beim Eintritt der in §§ 283 u. 283c vorausgesetzten wirtschaftlichen Krise bestehen, deren Vorliegen bzw. Verursachung ebenfalls zwingende Voraussetzung für die Tatbestandsverwirklichung ist. Hingegen braucht der Täter bei Eintritt einer objektiven Strafbarkeitsbedingung des § 283 Abs. 6 nicht immer noch Schuldner zu sein, sofern er seine Tathandlung zu diesem Zeitpunkt bereits vollendet hat (RGSt 39, 217 (218); LK-StGB/*Tiedemann* Rn. 67). Praktisch bedeutsam ist dies vor allem für Organe, Vertreter, etc, denen eine fremde Schuldnerstellung nur solange zugerechnet werden kann, wie sie ihre Position formell oder faktisch innehaben. Ein GmbH-Geschäftsführer, der erst nach einer bereits erfolgten Vermögensbeseitigung (§ 283 Abs. 1 Nr. 1) berufen wird, ist daher ebenso straflos wie der Vorstand einer AG, der bereits vor dem Ablauf der Bilanzierungsfrist (§ 283 Abs. 1 Nr. 7b oder § 283b Abs. 1 Nr. 3b) das Unternehmen verlassen hat (BGH MDR 1981, 100; LK-StGB/*Tiedemann* Rn. 67). Umgekehrt können sich beide nicht darauf berufen, im Zeitpunkt der Eröffnung des Involvenzverfahrens über das Vermögen der Gesellschaft kein Organ und damit auch kein Schuldner mehr gewesen zu sein, wenn sie im Rahmen ihrer früheren Organstellung eine Bankrotthandlung begangen haben. Diese Grundsätze gelten auch für den Erwerb und Verlust der Kaufmannseigenschaft, die Voraussetzung für die täterschaftliche Verwirklichung der §§ 283 Abs. 1 Nr. 5 u. 7 sowie 283b ist (RGSt 4, 41 (42); 15, 64 (66)).

2. Tätigkeits- und Erfolgsdelikte. Der 24. Abschnitt enthält trotz der Einheitlichkeit seines **21** Rechtsgutes ein – rechtspolitisch wenig überzeugendes – Sammelsurium unterschiedlich konzipierter Tatbestände, die den strafrechtlichen Gläubigerschutz zT weit ins Vorfeld einer eigentlichen Beeinträchtigung verlagern, zT aber auch erst die tatsächliche Verletzung der Gläubigerposition erfassen: § 283 Abs. 1 Nr. 5–7 und § 283b enthalten abstrakte Gefährdungs- und zugleich bloße Tätigkeitsdelikte, für deren Verwirklichung es im konkreten Fall keiner tatsächlichen Gefährdung und erst recht keiner Verletzung der Gläubigerinteressen bedarf. Beim Eingehen von Spekulations- oder Differenzgeschäften gem. § 283 Abs. 1 Nr. 2, dem Vortäuschen fremder Rechte gem. § 283 Abs. 1 Nr. 4 Alt. 1 und dem Verheimlichen oder Verschleiern der geschäftlichen Verhältnisse gem. § 283 Abs. 1 Nr. 8 handelt es sich um abstrakt-konkrete (nach anderer Terminologie: „potentielle") Gefährdungsdelikte, bei denen die Tathandlungen zwar generell geeignet sein müssen, die Gläubigerposition zu beeinträchtigen, jedoch nicht deren konkrete Gefährdung herbeizuführen brauchen; andererseits sind diese Tatbestände nicht erfüllt, wenn eine Gefährdung angesichts der Umstände des Einzelfalles ausgeschlossen werden kann.

§ 283 Abs. 1 Nr. 1 u. 2 (in den Varianten des Eingehens von Verlustgeschäften, der unwirtschaftli- **22** chen Ausgaben sowie des Spiels oder der Wette), Nr. 3, 4 Alt. 2 und Nr. 8 (in Form der Vermögensverringerung) stellen ebenso wie § 283d konkrete Gefährdungs- und somit Erfolgsdelikte dar, durch die entweder die Haftungsmasse als solche verringert oder die Anzahl der Teiler erhöht und damit die wirtschaftliche Position des einzelnen Gläubigers mindestens konkret gefährdet wird. § 283 Abs. 2 u. § 283c schließlich sind klassische Verletzungsdelikte, deren Erfolg zum einen in der Herbeiführung einer Krise und der mit ihr verbundenen Schmälerung der Befriedigungsmöglichkeiten der Gläubiger (§ 283 Abs. 2), zum anderen in der Begünstigung eines oder mehrerer Gläubiger und der hierzu komplementären Benachteiligung der übrigen (§ 283c) besteht.

3. Vorsatz- und Fahrlässigkeitsdelikte. Mit Ausnahme von § 283 Abs. 4 u. 5 und § 283b Abs. 2 **23** handelt es sich bei den §§ 283–283d um reine Vorsatzdelikte (s. § 15). § 283 Abs. 4 Nr. 2 betrifft eine Kombination aus vorsätzlichen Bankrotthandlungen und leichtfertiger, dh grob fahrlässiger, Erfolgsverursachung (sog Vorsatz-Fahrlässigkeitskombination), die gem. § 11 Abs. 2 ebenfalls als Vorsatztat gilt (aA offenbar BeckOK GmbHG/*Wisskirchen*/*Kuhn* GmbHG § 6 Rn. 22); Beteiligung an ihr ist deshalb möglich, ihr Versuch nur deshalb nicht, weil sich § 283 Abs. 3 aufgrund seiner Stellung im Gesamtgefüge des § 283 nicht auf dessen Abs. 4 bezieht. § 283 Abs. 4 Nr. 1 erfordert zwar Vorsatz bezüglich der Banktrotthandlung, ist dogmatisch aber gleichwohl als bloßes Fahrlässigkeitsdelikt anzusehen, da fahrlässige Unkenntnis der wirtschaftlichen Krise genügt; § 11 Abs. 2 greift hier nicht ein, da die Krise – anders als bei § 283 Abs. 4 Nr. 2 – keine besondere Tatfolge darstellt. Strafbare Teilnahme gem. §§ 26, 27 an der Banktrottat ist ebenso, wenn eine andere um eine wirtschaftliche Krise weiß, ist daher ebenso wenig möglich wie mittelbare Täterschaft gem. § 25 Abs. 1 Alt. 2. § 283 Abs. 5 enthält ebenfalls ein Fahrlässigkeitsdelikt, da er nur fahrlässige oder leichtfertige Bankrotthandlungen erfasst und deren – vom Wortlaut ermöglichte – Kombination mit Vorsatz in Bezug auf das Vorliegen oder die Herbeiführung der wirtschaftlichen Krise nicht unter § 11 Abs. 2 fällt. § 283b Abs. 2 schließlich stellt ebenfalls ein reines Fahrlässigkeitsdelikt dar.

4. Begehungs- und Unterlassungsdelikte. Der 24. Abschnitt enthält in § 283 Abs. 1 Nr. 5 Alt. 1 **24** u. Nr. 7b sowie in § 283b Abs. 1 Nr. 1 Alt. 1 u. Nr. 3b echte Unterlassungsdelikte, im Übrigen Begehungsdelikte.

III. Deliktsübergreifende Merkmale

1. Objektive Strafbarkeitsbedingungen des § 283 Abs. 6. a) Dogmatische Einordnung.
25 Sämtliche Tatbestände des 24. Abschnitts enthalten die Bedingung, dass der Schuldner entweder seine Zahlungen eingestellt hat, über sein Vermögen das Insolvenzverfahren eröffnet oder der Eröffnungsantrag mangels Masse abgewiesen worden ist (§§ 283 Abs. 6, 283b Abs. 3, 283c Abs. 3, 283d Abs. 4). Dogmatisch handelt es sich dabei nach heute ganz überwiegender Meinung (s. statt vieler Fischer Rn. 12; MüKoStGB/*Radtke*/*Petermann* Rn. 94; LK-StGB/*Tiedemann* Rn. 89; aA *Bemmann,* Zur Frage der objektiven Bedingungen der Strafbarkeit, 1957, 47 ff.; *Maurer* wistra 2003, 253) um außerhalb des Unrechtstatbestandes angesiedelte Umstände, die nicht vom Vorsatz oder der Fahrlässigkeit des Täters umfasst zu sein brauchen, sondern lediglich objektiv vorliegen müssen (sog objektive Strafbarkeitsbedingungen). Obwohl eine gewisse Skepsis bzgl. der Verwendung objektiver Strafbarkeitsbedingungen angebracht sein mag, spricht doch nichts gegen ihren Einsatz bei den Insolvenzdelikten: Sie sind Ausfluss der gesetzgeberischen Entscheidung, nicht bereits die für das geschützte Rechtsgut generell gefährlichen und damit sozialschädlichen Bankrotthandlungen als solche zu bestrafen, sondern das Strafrecht erst dann auf den Plan treten zu lassen, wenn die Unternehmenskrise in ihnen kulminiert (LK-StGB/*Tiedemann* Rn. 87); sie schränken daher die Strafbarkeit effektiv ein (LK-StGB/*Tiedemann* Rn. 89). Der Umstand, dass die gesetzgeberische Zurückhaltung auch (oder sogar vorwiegend) volkswirtschaftlich bzw. beweispraktisch motiviert war (s. dazu SK-StGB/*Hoyer* Rn. 18 f.), entwertet die Strafbarkeitsbedingungen nicht.

26   Die Bedingungen des § 283 Abs. 6 stellen besondere persönliche Merkmale iSd § 28 Abs. 1 dar (wohl einhM; s. zB Fischer Rn. 21; auch → Rn. 4), die nach der Formulierung des Gesetzes der Täter aufweisen muss. Da aber juristische Personen oder (teil-)rechtsfähige Gebilde nicht als strafrechtlich verantwortliche Täter in Betracht kommen, wäre bei strikt wörtlicher Anwendung des § 283 Abs. 6 deren Insolvenz von den §§ 283–283d gar nicht erfasst (MüKoStGB/*Radtke*/*Petermann* Rn. 98; LK-StGB/*Tiedemann* Rn. 63). Obgleich weitgehende Einigkeit darüber herrscht, dass dies selbstverständlich nicht gewollt sein kann und daher vermieden werden muss, ist die dogmatische Lösung umstritten: Der wohl überwiegende Teil der Lit. hält eine berichtigende Auslegung des § 283 Abs. 6 für erforderlich, bei der das Wort „Täter“ durch den Begriff „Schuldner“ zu ersetzen sei; diese Interpretation ermögliche dann die Anwendung des § 14 und damit eine Zurechung der objektiven Strafbarkeitsbedingung auf eine oder mehrere der dort genannten natürlichen Personen (so insbes. *Tiedemann* NJW 1977, 780; s. auch NK-StGB/*Kindhäuser* Rn. 43; Schönke/Schröder/*Heine*/*Schuster* Rn. 59a; Weyand/Diversy Insolvenzdelikte Rn. 25). Dieser Weg ist sicher gangbar (aA *Labsch* wistra 1985, 4), wohl aber gar nicht erforderlich: Sieht man den Zweck des § 14 darin, strafbarkeitsbegründende Merkmale einem Vertreter oä zuzurechnen, kommt es dabei wohl nur darauf an, ob diese Merkmale ursprünglich beim Vertretenen vorhanden waren; welche Personenqualität der Vertretene aufweist, ist demgegenüber belanglos. Die Strafbarkeitsbedingungen des § 283 Abs. 6 lassen sich dann direkt einer natürlichen Person zurechnen, wenn sie zunächst nur bei einer juristischen Person oder einem (teil-)rechtsfähigen Gebilde vorliegen. Zu abweichenden Ergebnissen gegenüber der hM führt dieser abgekürzte Zurechnungsweg aber nicht.

27   **b) Einzelne Strafbarkeitsbedingungen. aa) Zahlungseinstellung.** Der Täter stellt seine Zahlungen ein, wenn er trotz ernsthaften Erfüllungsverlangens der Gläubiger generell damit aufhört, seine fälligen Geldschulden zu begleichen (insoweit wohl einhM; s. zB RGSt 41, 309 (312); Fischer Rn. 13). Erforderlich ist hierfür mindestens ein tatsächlicher Akt, der in irgendeiner Form nach außen erkennbar wird (LK-StGB/*Tiedemann* Rn. 146); einer besonderen Erklärung bedarf es dabei aber nicht (RGSt 41, 309 (312)), ebenso wenig der Kenntnisnahme durch sämtliche Gläubiger (Jaeger/*Müller* InsO § 17 Rn. 39).

28   Dabei stellt der Schuldner seine Zahlungen erst dann ein, wenn er mindestens den überwiegenden Teil seiner fälligen und eingeforderten Verbindlichkeiten nicht mehr bedient (MüKoStGB/*Radtke*/ *Petermann* Rn. 97; LK-StGB/*Tiedemann* Rn. 145; dem Erfordernis eines Zahlungsausfalls von 2/3 zuneigend wohl Schönke/Schröder/*Heine*/*Schuster* § 283 Rn. 60; aA *Röhm,* Zur Abhängigkeit des Insolvenzstrafrechts von der Insolvenzordnung, 2002, 211). Eine noch niedrigere Schwelle des Bedingungseintritts wäre weder mit den übrigen Strafbarkeitsbedingungen des § 283 Abs. 6 noch mit dem Alltagsverständnis zu vereinbaren: Denn erstere führen faktisch ebenfalls dazu, dass die Gläubiger nicht mehr mit substantiellen Zahlungen rechnen können. Und letzteres erkennt in der Zahlungseinstellung einen regelmäßig kompletten Ausfall der Gläubigerforderungen, der schwerer wiegt als bloße Zahlungsunfähigkeit. Wann der überwiegende Teil der vorhandenen Geldschulden offen bleibt, ist eine Frage ihrer Gesamtsumme, nicht der Anzahl der einzelnen Verbindlichkeiten oder Gläubiger. Daher liegt Zahlungseinstellung auch schon dann vor, wenn ein Großgläubiger nicht mehr befriedigt (BGH NJW 1985, 1785; 1991, 981; 2001, 1874) bzw. eine einzelne Schuld nicht mehr beglichen wird (LK-StGB/ *Tiedemann* Rn. 145; aA wohl Fischer Rn. 13 unter Verweis auf BGH 17.2.1981 – 1 StR 546/80 = BGH NStZ 1981, 309), sofern dies mehr als 50 % der Gesamtverbindlichkeiten betrifft. Umgekehrt sind die Zahlungen noch nicht eingestellt, wenn zwar zahlreiche kleinere Schuldposten offen bleiben, deren Summe aber weniger als die Hälfte der vorhandenen Verbindlichkeiten ausmacht. Sind spätestens binnen

drei Wochen (MüKoStGB/*Radtke/Petermann* Rn. 101; LK-StGB/*Tiedemann* Rn. 145) wieder ausreichende Zahlungsmittel zu erwarten und sollen diese dann auch zur Schuldentilgung eingesetzt werden, handelt es sich lediglich um eine Zahlungsstockung, nicht schon um die Zahlungseinstellung (Fischer Rn. 13; NK-StGB/*Kindhäuser* Rn. 104). Die Zahlung muss zudem gerade von dem Schuldner eingestellt werden, der sich in der Krise befindet. Ist in der Vergangenheit ein Dritter für die Verbindlichkeiten des Täters eingetreten, ohne dabei selbst Schuldner zu sein, und verweigert dieser nun weitere Zahlungen, so begründet dies dann keine Zahlungseinstellung iSd § 283 Abs. 6, wenn der krisenbefangene Schuldner selbst willens und in der Lage ist, mehr als 50 % seiner Verbindlichkeiten aus eigenen Mitteln zu bedienen. Kann er dies nicht, liegt die Zahlungseinstellung hingegen nicht erst dann vor, wenn der Dritte nicht mehr leistet, sondern schon zu dem früheren Zeitpunkt, in dem er selbst aufgehört hat, substantiellen Schuldendienst zu leisten. Nur insoweit ist der hM beizupflichten, die für das Vorliegen der Zahlungseinstellung auf den wahren Sachverhalt und nicht auf einen ihm widersprechenden Schein abstellt (Fischer Rn. 13); eine Verlagerung der Schuldnerstellung auf den Dritten geht damit aber nicht einher (→ Rn. 18).

Zahlungseinstellung im strafrechtlichen Sinne (zum insolvenzrechtlichen Diskussionsstand s. Jaeger/ **29** *Müller* InsO § 17 Rn. 35 mwN) erfordert nicht die Zahlungsunfähigkeit des Schuldners, sondern kann auch dann vorliegen, wenn dieser sich lediglich irrig für zahlungsunfähig hält oder aber schlicht zahlungsunwillig ist (stRspr seit RGSt 14, 221 sowie hM in der Lit.; s. zB Fischer Rn. 13; Schönke/Schröder/*Heine/Schuster* § 283 Rn. 60; Lackner/Kühl/*Heger* § 283 Rn. 27; MüKoStGB/*Radtke/Petermann* Rn. 102). Die Gegenauffassung (LK-StGB/*Tiedemann* Rn. 144; *Moosmayer*, Einfluss der Insolvenzordnung 1999 auf das Insolvenzstrafrecht, 1997, 79 ff.; Wessels/Hillenkamp StrafR BT II Rn. 468) führt zu mehreren Verwerfungen in der Binnensystematik insbesondere des § 283 und ist daher abzulehnen: Denn sie knüpft die Strafbarkeitsbedingung der Zahlungseinstellung entweder an die Krisenform der eingetretenen Zahlungsunfähigkeit und lässt sie damit bei drohender Zahlungsunfähigkeit bzw. Überschuldung ins Leere laufen oder sie muss die beiden letztgenannten Krisenformen bereits auf der Tatbestandsebene mit der eingetretenen Zahlungsunfähigkeit kumulieren, um eben diese Konsequenz zu vermeiden; beides ist vom Gesetzgeber ersichtlich nicht intendiert. Zudem drängt sie die Versuchsstrafbarkeit bei § 283 unnötig weit zurück, da sie den an sich strafbaren untauglichen Versuch beim Irrtum über die Zahlungsunfähigkeit wegen der vorher fehlenden Strafbarkeitsbedingung des § 283 Abs. 6 faktisch bis zur Insolvenzverfahrenseröffnung bzw. deren Ablehnung mangels Masse straffrei stellt.

Im Strafverfahren sind die Voraussetzungen der Zahlungseinstellung durch die Ermittlungsbehörden **30** bzw. die Strafgerichte selbstständig zu prüfen und festzustellen (BGHSt 7, 146; Fischer Rn. 13); ggf. ist hierfür eine vollständige Liquiditätsrechnung zu erstellen (LK-StGB/*Tiedemann* Rn. 146).

bb) Insolvenzverfahrenseröffnung. Damit ist in § 283 Abs. 6 der formale Eröffnungsakt, also der **31** rechtskräftige Beschluss des Insolvenzgerichts gem. § 27 InsO gemeint, auf dessen inhaltliche Richtigkeit (also das tatsächliche Vorliegen der formellen und materiellen Insolvenzverfahrensvoraussetzungen) es nicht ankommt und auf die dementsprechend vom Strafrichter auch nicht nachzuprüfen ist (wohl einhM; s. zB Fischer Vor § 283 Rn. 14 mwN). Der Täter kann sich daher nicht damit verteidigen, dass das Insolvenzverfahren irrtümlich oder rechtsfehlerhaft eröffnet worden sei (BGH GA 1955, 364; LK-StGB/*Tiedemann* Rn. 163); ob dies auch für den Fall eines objektiv willkürlichen Eröffnungsbeschlusses gelten kann, erscheint freilich zweifelhaft. Die Insolvenzverfahrenseröffnung entfällt, wenn der Eröffnungsbeschluss auf die Beschwerde (vgl. § 34 Abs. 2 InsO) hin aufgehoben wird (RGSt 44, 48), nicht aber bei nachträglicher Einstellung des Insolvenzverfahrens gem. §§ 207, 211 ff. InsO und erst recht nicht bei deren bloßer Möglichkeit (Schönke/Schröder/*Heine/Schuster* § 283 Rn. 61 mwN). Der im Eröffnungsbeschluss bezeichnete bzw. beim Fehlen einer (eindeutigen) Bezeichnung durch Auslegung des Beschlusses zu ermittelnde (RGSt 41, 426; 49, 321) Gemeinschuldner ist zugleich der von § 283 Abs. 6 gemeinte Täter; nicht statthaft ist die Erstreckung auf einen im Eröffnungsbeschluss nicht genannten Hintermann, der als „wahrer" Schuldner anzusehen ist (Fischer Rn. 14).

cc) Abweisung des Eröffnungsantrags mangels Masse. Erforderlich ist hierfür ein rechtskräftiger **32** Abweisungsbeschluss des Insolvenzgerichts gem. § 26 Abs. 1 InsO. Der Strafrichter ist an diesen ebenso gebunden wie an den Eröffnungsbeschluss und hat daher keine eigene Richtigkeitsprüfung anzustellen (→ Rn. 31). Eine Einstellung des Insolvenzverfahrens gem. §§ 207, 211 ff. InsO steht der Abweisung nicht gleich. Für die Bestimmung des Gemeinschuldners und damit auch des möglichen Täters iSd § 283 Abs. 6 gelten bei der Abweisung des Eröffnungsantrags dieselben Grundsätze wie bei der Stattgabe (→ Rn. 31).

2. Wirtschaftliche Krise. a) Allgemeines. Die Tatbestände des 24. Abschnitts verlangen ganz **33** überwiegend eine Tathandlung, die entweder in einer wirtschaftlichen Krise des Schuldners vorgenommen wird (§§ 283 Abs. 1, Abs. 4 Nr. 1 u. Abs. 5 Nr. 1, 283c, 283d Abs. 1 Nr. 1) oder eine solche Krise herbeiführt (§ 283 Abs. 2, Abs. 4 Nr. 2 u. Abs. 5 Nr. 2). Dagegen verlangt § 283d Abs. 1 Nr. 2 nach der hier vertretenen Ansicht zur Zahlungseinstellung (→ Rn. 29) nur tatsächliche Akte bzw. förmliche Verfahren, die zwar regelmäßig die Folge einer wirtschaftlichen Krise sind, dies aber keineswegs stets sein müssen. § 283b verzichtet vollständig auf das Krisenerfordernis.

34   Auch die krisenbezogenen Tatbestände nennen unterschiedliche Krisenformen: § 283 Abs. 1, Abs. 4 Nr. 1 u. Abs. 5 Nr. 1 betreffen neben der Überschuldung und der bereits eingetretenen auch die drohende Zahlungsunfähigkeit, die von § 283 Abs. 2 dagegen gerade nicht erfasst wird. § 283c stellt allein auf die drohende Zahlungsunfähigkeit ab. § 283d Abs. 1 Nr. 1 schließlich erfasst neben der ausdrücklich genannten drohenden zwar auch die – im Wege des Erst-Recht-Schlusses hineinzulesende (→ § 283d Rn. 5) – akute Zahlungsunfähigkeit, nicht aber die Überschuldung.

35   **b) Einzelne Krisenformen. aa) Überschuldung.** Die Überschuldung ist nicht nur Tatbestandsmerkmal des Bankrotts gem. § 283, sondern auch der Insolvenzverfahrensverschleppung gem. § 15a InsO. Obwohl zwar trefflich darüber gestritten werden kann, ob sich der strafrechtliche Überschuldungsbegriff mit demjenigen des Handels- oder Insolvenzrechts deckt (s. dazu LK-StGB/*Tiedemann* Vor § 283 Rn. 148), besteht doch Einigkeit darüber, dass es innerhalb des Strafrechts nur einen einheitlichen Überschuldungsbegriff gibt. Es kann daher an dieser Stelle auf die Erläuterungen zur Überschuldung bei § 15a InsO verwiesen werden (→ InsO § 15a Rn. 70–106).

36   Da ihre Feststellung schwierig ist, führt die Überschuldung in der Strafverfolgungspraxis ein Schattendasein (*Greif/Herden* ZinsO 2011, 109). Gelingt es im Einzelfall aber, ihr Vorliegen nachzuweisen, beschränkt sich ihre strafbegründende Wirkung nicht auf bestimmte Schuldner. Der vereinzelt vertretenen Auffassung (*Degener* FS Rudolphi, 2004, 405; *Otto* GS Bruns, 1980, 269; *ders.* JURA 1989, 33), sie könne nur für solche Gebilde strafrechtlich relevant werden, für die sie zugleich einen gesetzlichen Insolvenzeröffnungsgrund darstellt (dh für juristische Personen, Privatpersonen in der Nachlassinsolvenz oder der Insolvenz des Gesamtguts bei fortgesetzter Gütergemeinschaft sowie Gesellschaften ohne Rechtspersönlichkeit, bei denen kein persönlich haftender Gesellschafter eine natürliche Person ist; s. §§ 19 Abs. 1 u. 3, 320, 332 InsO), kann nicht gefolgt werden. Denn sie steht im Widerspruch zu der bewussten Entscheidung des Gesetzgebers, die Überschuldung als allgemeines, für alle Schuldner geltendes Tatbestandsmerkmal auszugestalten (BT-Drs. 7/3441, 20). Und sie übersieht, dass die Bankrotthandlungen des § 283 Abs. 1 schon per se und nicht erst in der wirtschaftlichen Krise des Schuldners gefährlich sind, weshalb es inkonsequent wäre, sie bei bestimmten Schuldnern nur in einer bestimmten Art der Krise unter Strafe zu stellen (Schönke/Schröder/*Heine/Schuster* § 283 Rn. 51; NK-StGB/*Kindhäuser* Rn. 100; LK-StGB/*Tiedemann* Rn. 147; Bittmann/*Bittmann*, Insolvenzstrafrecht, 2004, § 12 Rn. 92). Auch überschuldete Personen(handels-)gesellschaften, (teil-)rechtsfähige Gebilde und Privatpersonen außerhalb der Nachlass- oder der Gesamtgutsinsolvenz können sich daher gem. § 283 strafbar machen.

37   **bb) Zahlungsunfähigkeit.** Die Zahlungsunfähigkeit löst ebenso wie die Überschuldung die Insolvenzantragspflicht des § 15a Abs. 1 InsO aus und ist daher auch Tatbestandsvoraussetzung der Insolvenzverfahrensverschleppung gem. § 15a Abs. 4 InsO. Da sie dort nicht anders zu verstehen ist als in den §§ 283, 283c u. 283d Abs. 1 Nr. 1, kann für sie wiederum auf die Kommentierung zu § 15a InsO verwiesen werden (→ InsO § 15a Rn. 51–69).

38   **cc) Drohende Zahlungsunfähigkeit.** Obwohl das Strafrecht auf die insolvenzrechtliche Legaldefinition der drohenden Zahlungsunfähigkeit in § 18 Abs. 2 InsO zurückgreifen kann (Müller-Gugenberger WirtschaftsStR/*Richter* § 78 Rn. 48), bleibt diese Krisenform für das Strafrecht problematisch und sollte deshalb restriktiv gehandhabt werden (MüKoStGB/*Radtke/Petermann* Rn. 89; LK-StGB/*Tiedemann* Rn. 139; *Moosmayer,* Einfluss der Insolvenzordnung 1999 auf das Insolvenzstrafrecht, 1997, 169 f.; *Achenbach* GS Schlüchter, 2002, 272 f.). Dies liegt zum einen daran, dass ihr notwendig ein prognostisches Element innewohnt, das ihre Feststellung sowohl für den Handelnden selbst wie auch für den Strafrichter naturgemäß erschwert. Zum anderen lässt auch § 18 Abs. 2 InsO („Der Schuldner droht zahlungsunfähig zu werden, wenn er voraussichtlich nicht in der Lage sein wird, die bestehenden Zahlungspflichten im Zeitpunkt der Fälligkeit zu erfüllen.") weiterhin Interpretationsspielräume, die unterschiedlich ausgefüllt werden: ZT wird die überwiegende Wahrscheinlichkeit des Eintritts der Zahlungsunfähigkeit und damit die Gefahrenintensität in den Mittelpunkt der strafrechtlichen Betrachtung gerückt (s. zB NK-StGB/*Kindhäuser* Rn. 99; MüKoStGB/*Radtke/Petermann* Rn. 91; LK-StGB/*Tiedemann* Rn. 138; *Hiltenkamp-Wisgalle,* Die Bankrottdelikte, 2001, 295 f.; *Plathner,* Der Einfluss der Insolvenzordnung auf den Bankrotttatbestand, 2002, 180 ff.; *Röhm,* Zur Abhängigkeit des Insolvenzstrafrechts von der Insolvenzordnung, 2002, 149). Demgegenüber betonen andere (s. zB BGHR StGB § 283 Abs. 1 Zahlungsunfähigkeit 2; Fischer Rn. 10; Lackner/Kühl/*Heger* § 283 Rn. 8; Schönke/Schröder/ *Heine/Schuster* § 283 Rn. 53; *Otto* GS R. Bruns, 1980, 279 ff.) das Zeitmoment, indem sie das Drohen der Zahlungsunfähigkeit als Gefahr ihres baldigen Eintritts definieren. Dies verdient den Vorzug. Denn dabei kann auf eine strikt fälligkeitsbezogene Gegenüberstellung von Forderungen und Verbindlichkeiten des Schuldners zurückgegriffen werden, die angesichts der im Wirtschaftsleben meist klar festgelegten Zahlungsfristen vergleichsweise leicht zu erstellen ist. Ergibt sich aus dieser Gegenüberstellung für hinreichend lange Zeitabschnitte innerhalb des Prognosezeitraums (→ Rn. 39) ein voraussichtliches, für die Annahme der Zahlungsunfähigkeit ausreichendes Überwiegen der Verbindlichkeiten gegenüber den Forderungen, ist in einem zweiten Schritt eine Prognose darüber anzustellen, ob die Verdienst- und Kreditschöpfungsmöglichkeiten des Schuldner ausreichen werden, diese Deckungslücke zu schließen. Ist dies nicht der Fall, droht die Zahlungsunfähigkeit. Mit dieser Bestimmungsmethode sind zwar keineswegs sämtliche Unwägbarkeiten der Prognose ausgeräumt, jedoch gewährleistet sie erheblich größere Rechtssicherheit als eine betriebswirtschaftliche Bewertung der Werthaltigkeit und Einbringlichkeit von Forderungen einerseits sowie der Abwendbarkeit von Verbindlichkeiten andererseits, auf welche die Gegenmeinung zusätzlich zu den hier genannten Prognoseschritten angewiesen ist. Der Einwand, diesem Vorteil stehe der Nachteil eines zu späten Eingreifens des Strafrechts und der damit einhergehenden Vernachlässigung schutzwürdiger Gläubigerinteressen gegenüber (LK-StGB/*Tiedemann* Rn. 138), ist zirkulär und verfängt daher nicht. Ob eine tatbestandsrelevante Gläubigergefährdung tatsächlich über einen längeren Zeitraum hinweg bestehen kann, ist nämlich gerade erst die zu klärende Frage, nicht schon die Antwort hierauf.

Der Prognosezeitraum für den Eintritt der Zahlungsunfähigkeit beginnt mit dem Tag der Prognoseer- **39** stellung und endet grundsätzlich mit der letzten Fälligkeit aller bereits vorhandenen (wohl einhM; s. zB LK-StGB/*Tiedemann* Rn. 139) Verbindlichkeiten des Schuldners (Lackner/Kühl/*Heger* § 283 Rn. 8; Schönke/Schröder/*Heine/Schuster* § 283 Rn. 53; *Bieneck* StV 1999, 45). Zahlungsverpflichtungen, die während dieser Zeit entstehen und sicher oder wenigstens überwiegend wahrscheinlich (s. hierzu BGH DStR 2014, 433) fällig werden, sind bei der Prognose zu berücksichtigen, erst später fällige bleiben hingegen selbst dann außer Betracht, wenn sie im Prognosezeitraum hinzugekommen sind (Lackner/Kühl/*Heger* § 283 Rn. 8; LK-StGB/*Tiedemann* Rn. 139; *Röhm,* Zur Abhängigkeit des Insolvenzstrafrechts von der Insolvenzordnung, 2002, 140 ff.; für das Insolvenzrecht ebenso Jaeger/*Müller* InsO § 18 Rn. 10; and. die Vorstellung des Gesetzgebers, der die letztgenannten Zahlungspflichten bei der Prognose berücksichtigt wissen wollte; s. BT-Drs. 12/2443, 115). Von diesen Grundsätzen ist dann eine Ausnahme zu machen, wenn der Schuldner Verbindlichkeiten (etwa in Form von Darlehen) eingegangen ist, deren Fälligkeit so weit in der Zukunft liegt, dass über die bis dahin zu erwartende Liquiditätsentwicklung keine zuverlässigen Aussage mehr getroffen werden kann. In diesen Konstellationen ist die prognoserelevante Zeitspanne im Regelfall auf ein Kalenderjahr zu begrenzen (*Bittmann* wistra 1998, 321 (325); *Röhm,* Zur Abhängigkeit des Insolvenzstrafrechts von der Insolvenzordnung, 2002, 154; Jaeger/*Müller* InsO § 18 Rn. 7 schlägt für die insolvenzrechtliche Prognose zwei Kalenderjahre vor; LK-StGB/*Tiedemann* Rn. 139 will das Ende des auf den Prognosebeginn folgenden Geschäftsjahres des Schuldners heranziehen; *Erdmann,* Die Krisenbegriffe der Insolvenzstraftatbestände, 2007, 141 ff. favorisiert einen nicht näher definierten „betriebswirtschaftlich überschaubaren" Zeitraum); Besonderheiten des Einzelfalles können eine abweichende Grenzziehung sinnvoll erscheinen lassen. Die Auswahl eines fälligkeitsunabhängigen Stichtages kommt nur zur Verkürzung, nicht zur Verlängerung des Prognosezeitraums in Betracht.

Die drohende Zahlungsunfähigkeit kann bzw. muss sowohl vom Schuldner selbst in einer internen **40** ex-ante-Prüfung wie auch durch das Strafgericht in einer externen ex-post-Betrachtung festgestellt werden. Um ein hinreichend zuverlässiges Bild von seiner Liquiditätsentwicklung zu erhalten, wird sich der Schuldner dabei vorrangig einer oder mehrerer anerkannter Methoden der betriebswirtschaftlichen Finanzplanung bedienen müssen. Liegt eine derartige Finanzplanung des Schuldners vor, wird im Regelfall auch das Strafgericht auf deren Ergebnisse zurückgreifen können, es sei denn, diese wären im konkreten Fall offensichtlich unvollständig oder unzutreffend. Fehlt eine seriöse Finanzplanung des Schuldners, bleibt ihm selbst nur der Rückgriff auf die Analyse von Insolvenzindikatoren und Beweisanzeichen, wie etwa dem Auflaufen hoher Rückstände, insbesondere auch bei wiederkehrenden Verbindlichkeiten (Löhnen, Mieten, Zinsen etc) sowie Steuern und Abgaben, Wechselprolongationen oder -protesten, häufigen Mahnungen, der Verweigerung von Scheckeinlösungen durch die Banken des Schuldners, Lastschriftrückgaben, zunehmenden Sicherungsverlangen von Geld- und Warenkreditgebern, dem Scheitern von Kreditverhandlungen, der Kündigung von Kreditlinien bzw. deren Androhung, dem Erlass gerichtlicher Mahn- oder Vollstreckungsbescheide, Vollstreckungsmaßnahmen mit oder ohne Erfolg, oder der Abgabe der eidesstattlichen Versicherung gem. § 807 ZPO; im Einzelfall kann auch der Wegfall oder die Insolvenz eines wichtigen Geschäftspartners oder die drohende Niederlage in einem Rechtsstreit auf die drohende Zahlungsunfähigkeit hindeuten (s. auch die Auflistung bei LK-StGB/*Tiedemann* Rn. 142). Das Gericht ist auch dann gehalten, einen Liquiditätsstatus zu erstellen bzw. erstellen zu lassen (BGH StV 2012, 584: „empfiehlt sich"), jedoch ist sein Rückgriff auf eine wirtschaftskriminalistische Einschätzung unter Heranziehung der genannten Beweisanzeichen keineswegs unzulässig. Betriebswirtschaftliche Finanzplanung und wirtschaftskriminalistische Bewertung anhand von Krisenindikatoren sind im Regelfall alternative Feststellungsmethoden (aA *Matzen,* Der Begriff der drohenden und eingetretenen Zahlungsunfähigkeit im Konkursstrafrecht, 1993, 109 ff.: zweistufiges Prüfungsverfahren), was aber nicht ausschließt, dass die eine zur Überprüfung der Ergebnisse der anderen kumulativ herangezogen wird (LK-StGB/*Tiedemann* Rn. 142).

c) Handeln in der Krise. Soweit die Insolvenzstraftatbestände an eine wirtschaftliche Krise des **41** Schuldners anknüpfen, legen sie damit auch den möglichen Tatzeitraum fest: Dieser beginnt mit dem ersten Eintritt einer tatbestandlichen Krise (meist der drohenden Zahlungsunfähigkeit oder der Überschuldung) und endet erst mit ihrer Überwindung; liegen mehrere Krisenvarianten vor, müssen sie sämtlich abgewendet sein. Der Eintritt einer Strafbarkeitsbedingung des § 283 Abs. 6 stellt dagegen unabhängig davon, um welche Bedingung es sich konkret handelt (Fischer Rn. 16; Müller-Gugenberger WirtschaftsStR/*Richter* § 81 Rn. 85 f.; differenzierend LK-StGB/*Tiedemann* Rn. 100: Abweisung des Antrags auf Insolvenzeröffnung mangels Masse lässt die Möglichkeit späterer Tatbegehung nur bei vorheriger Zahlungseinstellung bestehen), noch nicht den zeitlichen Endpunkt der möglichen Strafbarkeit dar (BGHSt 1, 191). Für die Zahlungseinstellung versteht sich dies von selbst, für die Eröffnung des Insolvenzverfahrens folgt es aus der Natur dieses Verfahrens, das gerade dem rechtlich geordneten Umgang mit der fortbestehenden Krise dient, für die Abweisung des Insolvenzantrags mangels Masse schließlich ergibt es sich aus der Überlegung, dass der Massemangel zwar ein rechtsförmiges Verteilungsverfahren sinnlos macht, aber keinen strafrechtlichen Freibrief für den Schuldner darstellt. Bei der Frage, ob auch noch nach der Beendigung des Insolvenzverfahrens eine Bankrotthandlung vorgenommen werden kann (pauschal bejahend Müller-Gugenberger WirtschaftsStR/*Richter* § 81 Rn. 86) ist zu differenzieren: Die Einstellung wegen Wegfalls des Eröffnungsgrundes (§ 212 InsO) dokumentiert die Überwindung der Krise und damit auch die Unmöglichkeit eines weiteren Handelns in dieser Krise. Die Aufhebung des Verfahrens gem. §§ 258, 259 InsO gibt dem Schuldner das Recht zur freien Verfügung über die Insolvenzmasse zurück und markiert damit seinen wirtschaftlichen Neustart. In diesen beiden Fällen ist daher das Tatbestandskontinuum der Insolvenzdelikte unterbrochen und es kommt allenfalls eine erneute Strafbarkeit wegen des Eintritts einer neuen Krise in Betracht (Fischer Rn. 16; LK-StGB/*Tiedemann* Rn. 100; *Moosmayer,* Einfluss der Insolvenzordnung 1999 auf das Insolvenzstrafrecht, 1997, 196). Hingegen besagt eine Einstellung gem. §§ 207, 211 oder 213 InsO nicht, dass die Krise überwunden ist und beseitigt daher auch nicht die Möglichkeit, weitere Bankrotthandlungen zu begehen.

42 **3. Zusammenhang zwischen Tatbestandshandlung und objektiver Strafbarkeitsbedingung.** Die Bedingungen des § 283 Abs. 6 sollen die Strafbarkeit gem. §§ 283–283d effektiv begrenzen (→ Rn. 25). Damit ihnen dies gelingt, müssen sie aber in irgendeiner Form mit den jeweiligen Tatbestandsmerkmalen verknüpft werden: Schon dort, wo ein Handeln in der Krise vorausgesetzt wird, bestehen Zweifel an der Strafwürdigkeit, wenn der spätere Eintritt einer Strafbarkeitsbedingung nicht mit diesem Handeln in Verbindung steht, sondern nach zwischenzeitlich überwundener Krise auf gänzlich neuen Ursachen beruht. Und bei dem krisenunabhängigen § 283b erschiene es sogar nahezu unvertretbar, die uU nur um wenige Tage verspätete Bilanzerstellung durch einen wirtschaftlich gesunden Schuldner schon deshalb zu pönalisieren, weil dieser Jahre später in die Insolvenz fällt (Schönke/Schröder/*Heine/Schuster* § 283b Rn. 7; LK-StGB/*Tiedemann* Rn. 91; *Dreher* MDR 1978, 723). Da zudem die Verfolgungsverjährung erst mit dem Eintritt einer Bedingung des § 283 Abs. 6 zu laufen beginnt (hM seit RGSt 16, 190) und daher in diesen Konstellationen ebenfalls keine Restriktionswirkung entfaltet, sucht die nahezu einhM in Rspr. und Lit. (s. zB BGHSt 28, 231 (233 ff.); BGH JZ 1979, 75 (77); Fischer Rn. 17; Schönke/Schröder/*Heine/Schuster* § 283 Rn. 59; Lackner/Kühl/*Heger* § 283 Rn. 29; MüKoStGB/*Radtke/Petermann* Rn. 106; LK-StGB/*Tiedemann* Rn. 90; aA *Schäfer* wistra 1990, 86) die Lösung in einer Verknüpfung des tatbestandsmäßigen Verhaltens mit den Strafbarkeitsbedingungen. Dem ist unter folgenden Prämissen zuzustimmen:

43 Bei den Tatbeständen, die das Merkmal der wirtschaftlichen Krise enthalten (§§ 283, 283c und 283d) sind Tathandlungen und Strafbarkeitsbedingung dann hinreichend miteinander verknüpft, wenn gerade diejenige Krise zum Eintritt der Strafbarkeitsbedingung geführt hat, in der auch gehandelt wurde („Krisenidentität"). Gelingt es dem Schuldner hingegen, diese Krise zu überwinden, so macht es im Hinblick auf die geschützten Gläubigerinteressen (→ Rn. 1) keinen Unterschied, ob er den wirtschaftlichen Zusammenbruch dauerhaft vermeiden kann oder dieser später aufgrund neuer Entwicklungen doch noch eintritt (ähnl. *Penzlin,* Strafrechtliche Auswirkungen der Insolvenzordnung, 2000, 187: Unterbrechung des Gefahrzusammenhangs; gegen ihn LK-StGB/*Tiedemann* Rn. 95): in beiden Fällen bleibt sein Verhalten während der überwundenen Krise unterhalb der Strafwürdigkeitsschwelle. Das Konzept der Krisenidentität liefert auch die Antwort auf einige Folgefragen zum Verhältnis zwischen Tathandlung und Strafbarkeitsbedingung: Da – abgesehen von den Fällen des § 283 Abs. 2 – die inkriminierte Handlung schon nicht ursächlich für die den Konnex vermittelnde Krise zu sein braucht, muss sie für den Eintritt der Strafbarkeitsbedingung erst recht nicht kausal werden (so auch die stRspr und die ganz hM; s. zB BGHSt 1, 191; BGH GA 1953, 73; 1971, 38; BGH MDR 1981, 454; OLG Düsseldorf NJW 1980, 1292; BayObLG NStZ 2003, 214; Fischer Vor § 283 Rn. 17 mwN). Aus diesem Grunde, aber auch, weil es nur auf die Verknüpfung zwischen der Krise und dem Eintritt der Strafbarkeitsbedingung ankommt und der Dauerzustand der ersteren nach dem punktuellen Ereignis des letzteren fortbesteht, kann die Tathandlung grundsätzlich auch dem Bedingungseintritt nachfolgen (→ Rn. 41). Anders liegt es hingegen bei der wirtschaftlichen Krise: Diese muss jeweils mindestens eine juristische Sekunde vor der Strafbarkeitsbedingung und der Tathandlung eingetreten sein und zudem – unabhängig davon, ob der Bedingungseintritt der Tathandlung folgt oder umgekehrt – in dem Zeitraum zwischen diesen beiden Ereignissen durchgehend vorgelegen haben. Nur dann (aA wohl Fischer Vor § 283 Rn. 17: Strafbarkeit entfällt auch dann, wenn sich der Schuldner zwar kontinuierlich in der Krise befunden hat, seine Handlung aber im Zeitpunkt des Bedingungseintritts gem. § 283 Abs. 6 keine Gefahrerhöhung mehr bewirkt), andererseits aber auch schon dann, liegt die erforderliche Krisenidenti-

tät vor. Eines Ursachenzusammenhangs zwischen der Krise und der Zahlungseinstellung etc iSd condicio-sine-qua-non-Formel bedarf es hierfür ebenso wenig (ähnl. LK-StGB/*Tiedemann* Rn. 95) wie
anderer Verbindungselemente (aA BGH NStZ 2008, 401 (402): Betroffenheit derselben Gläubiger durch
Bankrotthandlung und Eintritt der Strafbarkeitsbedingung; anders auch nach der hier vertretenen
Auffassung bei § 283b; → Rn. 46).

Die strafbarkeitsbegründende Krisenidentität wird durch die wirtschaftliche Sanierung des Schuld-   **44**
ners beseitigt, die sowohl auf eigenen Anstrengungen (interne Sanierung) wie auch auf der Mitwirkung
von Gläubigern oder der Inanspruchnahme staatlicher Hilfen (externe Sanierung) beruhen kann (LK-
StGB/*Tiedemann* Rn. 176 f.; *Richter* GmbHR 1984, 142). Ein nachhaltiger oder dauerhafter Sanie-
rungserfolg braucht dabei nicht einzutreten (so aber in der Tendenz die Rspr. und ein Teil der Lit.; s.
zB BGH JZ 1979, 75; Fischer Rn. 17; Müller-Gugenberger WirtschaftsStR/*Richter* § 81 Rn. 78).
Vielmehr reicht eine nur vorübergehende wirtschaftliche Gesundung aus (NK-StGB/*Kindhäuser*
Rn. 109; MüKoStGB/*Radtke/Petermann* Rn. 107; LK-StGB/*Tiedemann* Rn. 173; *Richter* GmbHR
1984, 142), da andernfalls die Strafbarkeitseinschränkung nicht zu erreichen wäre, die mit der Verknüpfung von Tathandlung und objektiver Strafbarkeitsbedingung gerade erstrebt wird. Denn von einer
dauerhaften Sanierung kann letztlich nur gesprochen werden, wenn die Bedingungen des § 283 Abs. 6
niemals eintreten; dann aber bleibt der Schuldner ohnehin straflos. Ob die Sanierung auch nur temporär
gelungen ist, hängt freilich von den Besonderheiten der einzelnen Krisenformen ab: Die Überschuldung wird stichtagsbezogen festgestellt, weshalb auch ihr Wegfall nur stichtagsbezogen ermittelt werden
kann; war der Schuldner in der Zeit zwischen der Vornahme der Tathandlung und dem Eintritt der
Strafbarkeitsbedingung (oder umgekehrt) nur an einem einzigen Stichtag nicht überschuldet, ist daher
bereits damit die Krisenidentität beseitigt (so wohl auch MüKoStGB/*Radtke/Petermann* Rn. 107).
Anders verhält es sich dagegen bei der drohenden und der eingetretenen Zahlungsunfähigkeit, der
jeweils das Element einer bestimmten Dauer innewohnt. Hier liegt eine ausreichende Unterbrechung
der Krise nur dann vor, wenn die wirtschaftliche Erholung des Schuldners solange andauert, dass nicht
nur seine aktuelle Zahlungsfähigkeit wiederhergestellt ist, sondern darüber hinaus für den relevanten
Prognosezeitraum auch keine erneute Zahlungsunfähigkeit mehr droht (LK-StGB/*Tiedemann* Rn. 171).
Die Frage, welche konkreten Maßnahmen ergriffen werden müssen, damit überhaupt von einer
Sanierung gesprochen werden kann, ist primär betriebswirtschaftlicher Natur und zudem nur einzelfall-
bezogen zu beantworten (eine exemplarische Aufzählung möglicher Sanierungsmaßnahmen liefert LK-
StGB/*Tiedemann* Rn. 168–170).

Für die prozessuale Feststellung der Krisenidentität ist der Nachweis erforderlich, aber auch ausrei-   **45**
chend, dass sich der Schuldner sowohl im Zeitpunkt seiner Tathandlung wie auch beim Eintritt der
Strafbarkeitsbedingung des § 283 Abs. 6 in der wirtschaftlichen Krise befunden und es sich dabei jeweils
um dieselbe Krisenform gehandelt hat. Die Kontinuität der Krise wird dann widerleglich vermutet; der
in-dubio-Grundsatz gilt – nur! – insoweit nicht (hM; s. zB OLG Düsseldorf NJW 1980, 1292 (1293);
OLG Hamburg NJW 1987, 1344; Fischer Rn. 17; SK-StGB/*Hoyer* Rn. 18; LK-StGB/*Tiedemann*
Rn. 92; *Maurer* wistra 2003, 254; *Richter* NZJ 2002, 124; *Schlüchter* JR 1979, 515; aA Lackner/Kühl/
Heger § 283 Rn. 29; MüKoStGB/*Radtke/Petermann* Rn. 108; *Penzlin,* Strafrechtliche Auswirkungen
der Insolvenzordnung, 2000, 186).

Bei dem Buchführungsdelikt des § 283b, das kein Handeln in der Krise voraussetzt, kann naturgemäß   **46**
die Krisenidentität keine Rolle spielen. Vielmehr bedarf es hier eines unmittelbaren Zusammenhanges
zwischen der Tathandlung und der Strafbarkeitsbedingung, der freilich nicht die Qualität einer Kausalbeziehung aufzuweisen braucht, sondern rein äußerlicher Natur sein kann. Ausreichend ist etwa die
Fortdauer des Verstoßes gegen die Bilanzierungs- und Buchführungspflicht im Zeitpunkt des Eintritts
der Strafbarkeitsbedingung oder auch der Umstand, dass von der Tathandlung und dem Bedingungseintritt dieselben Gläubiger betroffen sind (BGH NStZ 2008, 401 (402)). Prozessual verlangt § 283b den
vollen Nachweis des Vorliegens eines ausreichenden Verbindungselements; der Zweifelssatz gilt insoweit
ohne Einschränkung (aA die hM; Nachweise → Rn. 45).

IV. Prozessuale und außerstrafrechtliche Vorschriften

1. Strafprozessuale Besonderheiten. Für die Insolvenzstraftaten der §§ 283–283d ist gem. § 74c   **47**
Abs. 1 Nr. 5 GVG (ggf. iVm § 103 Abs. 2 JGG) die Wirtschaftsstrafkammer zuständig, soweit das LG in
erster Instanz oder als Berufungsgericht nach dem Schöffengericht tätig wird.

In Ermittlungsverfahren, die (auch) wegen des Verdachts des Bankrotts in einem besonders schweren   **48**
Fall geführt werden, ist – sofern deren allgemeine Voraussetzungen gegeben sind – gem. § 100a Abs. 2
Nr. 1q StPO die Überwachung der Telekommunikation zulässig.

2. Außerstrafrechtliche Sanktionen. Die Verurteilung wegen einer Insolvenzstraftat des 24. Ab-   **49**
schnitts führt innerhalb der ersten fünf Jahre nach dem Eintritt der Rechtskraft in der Regel zur
Versagung der Erlaubnis zum Betreiben bestimmter Gewerbe; s. §§ 34c Abs. 2 Nr. 1, 34d Abs. 2 Nr. 1,
34e Abs. 2, 34f Abs. 2 Nr. 1, § 57 Abs. 2 GewO. Ebenfalls für die Dauer von fünf Jahren seit der
Rechtskraft der Entscheidung ist der wegen einer vorsätzlichen Tat gem. §§ 283–283d Verurteilte für

die Funktion des Geschäftsführers einer GmbH (s. § 6 Abs. 2 Nr. 3b GmbHG) oder eines Vorstandsmitglieds einer AG (s. § 76 Abs. 3 Nr. 3b AktG) gesperrt (sog Inhabilität).

§ 283 Bankrott

(1) Mit Freiheitsstrafe bis zu fünf Jahren oder mit Geldstrafe wird bestraft, wer bei Überschuldung oder bei drohender oder eingetretener Zahlungsunfähigkeit

1. Bestandteile seines Vermögens, die im Falle der Eröffnung des Insolvenzverfahrens zur
   Insolvenzmasse gehören, beiseite schafft oder verheimlicht oder in einer den Anforderungen einer ordnungsgemäßen Wirtschaft widersprechenden Weise zerstört, beschädigt oder
   unbrauchbar macht,
2. in einer den Anforderungen einer ordnungsgemäßen Wirtschaft widersprechenden Weise
   Verlust- oder Spekulationsgeschäfte oder Differenzgeschäfte mit Waren oder Wertpapieren eingeht oder durch unwirtschaftliche Ausgaben, Spiel oder Wette übermäßige Beträge
   verbraucht oder schuldig wird,
3. Waren oder Wertpapiere auf Kredit beschafft und sie oder die aus diesen Waren hergestellten Sachen erheblich unter ihrem Wert in einer den Anforderungen einer ordnungsgemäßen Wirtschaft widersprechenden Weise veräußert oder sonst abgibt,
4. Rechte anderer vortäuscht oder erdichtete Rechte anerkennt,
5. Handelsbücher, zu deren Führung er gesetzlich verpflichtet ist, zu führen unterläßt oder so
   führt oder verändert, daß die Übersicht über seinen Vermögensstand erschwert wird,
6. Handelsbücher oder sonstige Unterlagen, zu deren Aufbewahrung ein Kaufmann nach
   Handelsrecht verpflichtet ist, vor Ablauf der für Buchführungspflichtige bestehenden Aufbewahrungsfristen beiseite schafft, verheimlicht, zerstört oder beschädigt und dadurch die
   Übersicht über seinen Vermögensstand erschwert,
7. entgegen dem Handelsrecht
   a) Bilanzen so aufstellt, daß die Übersicht über seinen Vermögensstand erschwert wird,
      oder
   b) es unterläßt, die Bilanz seines Vermögens oder das Inventar in der vorgeschriebenen
      Zeit aufzustellen, oder
8. in einer anderen, den Anforderungen einer ordnungsgemäßen Wirtschaft grob widersprechenden Weise seinen Vermögensstand verringert oder seine wirklichen geschäftlichen
   Verhältnisse verheimlicht oder verschleiert.

(2) Ebenso wird bestraft, wer durch eine der in Absatz 1 bezeichneten Handlungen seine
Überschuldung oder Zahlungsunfähigkeit herbeiführt.

(3) Der Versuch ist strafbar.

(4) Wer in den Fällen

1. des Absatzes 1 die Überschuldung oder die drohende oder eingetretene Zahlungsunfähigkeit fahrlässig nicht kennt oder
2. des Absatzes 2 die Überschuldung oder Zahlungsunfähigkeit leichtfertig verursacht,

wird mit Freiheitsstrafe bis zu zwei Jahren oder mit Geldstrafe bestraft.

(5) Wer in den Fällen

1. des Absatzes 1 Nr. 2, 5 oder 7 fahrlässig handelt und die Überschuldung oder die drohende
   oder eingetretene Zahlungsunfähigkeit wenigstens fahrlässig nicht kennt oder
2. des Absatzes 2 in Verbindung mit Absatz 1 Nr. 2, 5 oder 7 fahrlässig handelt und die
   Überschuldung oder Zahlungsunfähigkeit wenigstens leichtfertig verursacht,

wird mit Freiheitsstrafe bis zu zwei Jahren oder mit Geldstrafe bestraft.

(6) Die Tat ist nur dann strafbar, wenn der Täter seine Zahlungen eingestellt hat oder über
sein Vermögen das Insolvenzverfahren eröffnet oder der Eröffnungsantrag mangels Masse
abgewiesen worden ist.

Übersicht

A. Allgemeines

I. Grundlagen

§ 283, der seine aktuelle, seit dem 1.1.1999 geltende Fassung durch Art. 60 Nr. 2 EGInsO v. **1**
5.10.1994 erhalten hat, enthält in Abs. 1 den Katalog der üblicherweise sog Bankrotthandlungen und
pönalisiert in Abs. 2 den klassischen Kern sozialschädlichen Verhaltens in der wirtschaftlichen Krise,
nämlich die vorsätzliche Insolvenzverursachung durch eine oder mehrere Kataloghandlungen des Abs. 1;
er ist damit die zentrale Norm des Insolvenzstrafrechts (Fischer Rn. 1; LK-StGB/*Tiedemann* Rn. 1
spricht insoweit etwas missverständlich von Grundtatbeständen). Bedenken gegen seine Verfassungsmäßigkeit bestehen nicht (s. Fischer Rn. 1 unter Berufung auf BVerfG BeckRS 2003, 24359 für die
Beachtung des Bestimmtheitsgebots des Art. 103 Abs. 2 GG).

II. Deliktscharakter

2   **1. Verletzungs- und Gefährdungsdelikte.** Ähnlich dem gesamten 24. Abschnitt (→ Vorb. §§ 283–283d Rn. 21 f.) fasst § 283 zahlreiche Einzeltatbestände mit unterschiedlichem Deliktscharakter zusammen: Abs. 2 erfordert mit der Herbeiführung der Überschuldung oder Zahlungsunfähigkeit und der damit verbundenen Schmälerung der Befriedigungsmöglichkeiten der Gläubiger eine wahrnehmbare (zweifelnd LK-StGB/*Tiedemann* Rn. 2) oder zumindest analytisch feststellbare Veränderung der Außenwelt und enthält damit ein Erfolgsdelikt herkömmlicher Prägung (NK-StGB/*Kindhäuser* Rn. 3; ähnl. Schönke/Schröder/*Heine*/*Schuster* Rn. 1; aA Lackner/Kühl/*Heger* Rn. 1; LK-StGB/*Tiedemann* Rn. 3–6; *Matzen,* Der Begriff der drohenden und eingetretenen Zahlungsunfähigkeit im Konkursstrafrecht, 1993, 15; *Moosmayer,* Einfluss der Insolvenzordnung 1999 auf das Insolvenzstrafrecht, 1997, 135 (abstraktes Gefährdungsdelikt); SK-StGB/*Hoyer* Rn. 5 und iErg ebenso MüKoStGB/*Radtke*/*Petermann* Vor § 283 Rn. 23 (konkretes Gefährdungsdelikt)). Abs. 1 Nr. 1, Nr. 2 in den Varianten des Eingehens von Verlustgeschäften, der unwirtschaftlichen Ausgaben sowie des Spiels oder der Wette, Nr. 3, Nr. 4 Alt. 2 und Nr. 8 in Form der Vermögensverringerung stellen konkrete Gefährdungs- und somit ebenfalls Erfolgsdelikte dar, weil durch ihre Tathandlungen entweder die Haftungsmasse als solche aktuell verringert oder die Anzahl der Teiler erhöht und damit die wirtschaftliche Position des einzelnen Gläubigers mindestens konkret gefährdet wird. Abs. 1 Nr. 2 in den Varianten des Eingehens von Spekulations- oder Differenzgeschäften, Nr. 4 Alt. 1 und Nr. 8 in Form des Verheimlichens oder Verschleierns der geschäftlichen Verhältnisse des Schuldners enthalten abstrakt-konkrete (oder nach anderer Bezeichnung „potentielle") Gefährdungsdelikte, deren Tatbestand zwar keine konkrete Gläubigergefährdung erfordert, aber gleichwohl dann entfällt, wenn die Tathandlung nicht einmal eine allgemeine Gefahr für die Position der Gläubiger herbeiführt (etwa indem Rechte nicht existierender Personen vorgetäuscht werden). Schließlich handelt es sich bei § 283 Abs. 1 Nr. 5–7 um abstrakte Gefährdungs- und damit bloße Tätigkeitsdelikte, bei denen das Tatverhalten lediglich generell und unabhängig vom Einzelfall geeignet sein muss, die Gläubiger zu gefährden, in concreto aber keine Gefahr darzustellen braucht; so bleibt zB die verspätete Bilanzerstellung auch dann strafbar, wenn der einzige Gläubiger aufgrund enger privater Verbindungen zum Täter dessen Vermögensstand auch ohne Einblick in die Bilanzen kennt (in gleicher Weise differenzierend wie hier, aber mit zT abweichender Terminologie Fischer Vor § 283 Rn. 3; aA Otto StrafR BT § 61 Rn. 81; ders. GS R. Bruns, 1980, 268; *Schlüchter,* Der Grenzbereich zwischen Bankrottdelikten und unternehmerischen Fehlentscheidungen, 1977, 137; Tiedemann WirtschaftsStR AT 240, (gesamter Abs. 1 enthält abstrakt-konkrete Gefährdungsdelikte); SK-StGB/*Hoyer* Rn. 5 und iErg ebenso MüKoStGB/*Radtke*/*Petermann* Vor § 283 Rn. 23 (durchgehend konkrete Gefährdungsdelikte)). Die hM sieht demgegenüber in sämtlichen Varianten des Abs. 1 abstrakte Gefährdungsdelikte (s. zB LPK-StGB/*Kindhäuser* Vor §§ 283–283d Rn. 4; Lackner/Kühl/*Heger* Rn. 1; Schönke/Schröder/*Heine*/*Schuster* Rn. 1; *Krause,* Ordnungsgemäßes Wirtschaften und Erlaubtes Risiko. Grund- und Einzelfragen des Bankrotts, 1995, 210 f. u. 247 f.) und beruft sich dabei darauf, dass das Element der konkreten Gefährdung der Gläubigerinteressen – auch wenn es in einzelnen Begehungsweisen enthalten sein mag – nirgends explizit zum Tatbestandsmerkmal erhoben sei (LK-StGB/*Tiedemann* Rn. 6). Sie bedient sich damit letztlich eines Wortlautarguments, das schon deshalb nicht stichhaltig ist, weil das Erfordernis einer konkreten oder wenigstens abstrakt-konkreten Gefährdung im Ergebnis eine Tatbestandseinschränkung darstellt, die auch jenseits der Wortlautgrenze zulässig ist.

3   **2. Vorsatz- und Fahrlässigkeitsdelikte.** Während § 283 Abs. 1 und 2 reine Vorsatzdelikte enthalten, stellt § 283 Abs. 4 Nr. 2 eine Vorsatz-Leichtfertigkeits-Kombination und damit eine Sonderform der Vorsatz-Fahrlässigkeitskombination dar, die gem. § 11 Abs. 2 als Vorsatztat gilt. Beteiligung an einer Tat gem. § 283 Abs. 4 Nr. 2 ist daher möglich. Der Versuch des § 283 Abs. 4 bleibt dagegen straflos, weil sich § 283 Abs. 3 nicht auf Abs. 4 bezieht.

4   § 283 Abs. 4 Nr. 1 erfordert zwar Vorsatz bezüglich der Banktrotthandlung, ist dogmatisch aber gleichwohl als bloßes Fahrlässigkeitsdelikt anzusehen, da fahrlässige Unkenntnis der wirtschaftlichen Krise genügt; § 11 Abs. 2 greift nicht ein, da die Krise hier anders als bei § 283 Abs. 4 Nr. 2 nicht als besondere Tatfolge ausgestaltet ist. Strafbare Teilnahme gem. §§ 26, 27 an der Bankrotttat eines anderen, der nicht um seine wirtschaftliche Krise weiß, ist daher ebenso wenig möglich wie mittelbar Täterschaft gem. § 25 Abs. 1 Alt. 2, für welche es dem Hintermann an der nötigen Täterqualität (→ Vorb. §§ 283–283d Rn. 3–7) fehlt. Die hieraus resultierende Strafbarkeitslücke (zB für den wissenden Buchhalter, der seinen unwissenden Prinzipal veranlasst, sein Vermögen zu beseitigen) ist hinnehmbar.

5   § 283 Abs. 5 enthält ebenfalls Fahrlässigkeitstaten, da er nur fahrlässig bzw. leichtfertig begangene Bankrotthandlungen erfasst und deren – vom Wortlaut ermöglichte – Kombination mit Vorsatz in Bezug auf das Vorliegen oder die Herbeiführung der wirtschaftlichen Krise nicht unter § 11 Abs. 2 fällt, der stets Handlungsvorsatz erfordert. Hinzu kommt bei § 283 Abs. 5 Nr. 2, dass es wohl kaum möglich sein dürfte, durch fahrlässiges Handeln vorsätzlich einen Erfolg herbei zu führen und es sich daher bei dem Wort „wenigstens" um totes Recht handelt (s. Fischer Rn. 37; NK-StGB/*Kindhäuser* Rn. 106; LK-StGB/*Tiedemann* Rn. 214).

3. Begehungs- und Unterlassungsdelikte. § 283 enthält in Abs. 1 Nr. 5 Alt. 1 und Nr. 7b echte **6**
Unterlassungsdelikte, im Übrigen nur Begehungsdelikte.

III. Binnensystematik

1. Verhältnis von Abs. 2 zu Abs. 1. Auch wenn es zunächst anders scheinen mag, stehen die Abs. 1 **7**
und 2 des § 283 wegen ihres Bezuges auf jeweils mehrere, zugleich aber auch auf unterschiedlich viele
Krisenformen nicht in einem Verhältnis denknotwendiger Exklusivität. Denn auch der bereits krisenbefangene Schuldner kann durchaus noch eine weitere Krisenvariante verursachen, etwa eine schon
drohende in eine akute Zahlungsunfähigkeit verwandeln oder letzterer noch die Überschuldung hinzufügen, indem er zB einen wesentlichen Teil seines Aktivvermögens zerstört. § 283 Abs. 1 ist gegenüber Abs. 2 auch nicht die speziellere und damit vorrangige Norm, da es den dafür erforderlichen
zwangsläufigen Einschluss aller Merkmale des Abs. 2 in Abs. 1 ersichtlich nicht gibt. Umgekehrt schließt
aber auch der Abs. 2 den Abs. 1 weder logisch zwingend noch wertungsmäßig (aA LK-StGB/*Tiedemann*
Rn. 8) in sich ein. Ersteres ist offensichtlich, zweiteres zeigt der Blick auf die möglichen Fallkonstellationen: Nimmt der Schuldner die Tathandlung außerhalb einer wirtschaftlichen Krise vor, ist die Vorrang-
frage obsolet. Handelt er in der Krise und führt er damit zugleich iSd Abs. 2 eine weitere Krise herbei,
so stellt letzteres zwar den gefährlicheren Angriff auf das geschützte Rechtsgut dar und lässt deshalb die
Strafbarkeit gem. Abs. 1 zurücktreten. Für den umgekehrten Fall einer vorgängigen Krisenverursachung
und anschließender erneuter Bankrotthandlungen iSd Abs. 1 gilt dies aber nicht. Hier vertieft der
Schuldner gerade erst durch sein weiteres Verhalten die zuvor geschaffene Gefahrenlage und setzt damit
neues Unrecht, das nicht schon durch § 283 Abs. 2 erfasst ist. Es gibt daher keine allgemein gültige
Formel für das Verhältnis der Abs. 1 und 2 zueinander; vielmehr müssen einzelfallbezogene Lösungen
auf der Konkurrenzebene gefunden werden.

2. Verhältnis von Abs. 1 Nr. 8 zu Abs. 1 Nr. 1–7. Für das Verhältnis der Generalklausel des § 283 **8**
Abs. 1 Nr. 8 zu den Katalogtaten der vorausgehenden Nr. 1–7 sind im wesentlich zwei Lösungen
denkbar: Zum einen könnte die Generalklausel als der eigentliche Grundtatbestand des gesamten Abs. 1
angesehen werden, aus dem die Kataloghandlungen entweder als Spezialfälle oder nach Art von
Regelbeispielen ausgestanzt sind (so LK-StGB/*Tiedemann* Rn. 9–13; *Schöne* JZ 1973, 450). Bei dieser
Sichtweise käme Abs. 1 Nr. 8 nur für solche Verhaltensweisen in Betracht, die eine vergleichbare
Unrechtsqualität aufweisen wie die in den Nr. 1–7 aufgezählten. Da zudem das in Nr. 8 explizit
aufgeführte Erfordernis des groben Verstoßes gegen die Anforderungen des ordnungsgemäßen Wirt-
schaftens auch in die Nr. 1–7 hineinzulesen wäre, böte Nr. 8 auch ein Instrument zur Restriktion der
Nr. 1–7, die dann nicht für Bagatellfälle gelten könnten; umgekehrt würden die Nr. 1–7 aber nicht die
Anwendung der Nr. 8 sperren (LK-StGB/*Tiedemann* Rn. 12). Diese Auffassung führt zwar zu begrü-
ßenswerten Auslegungsergebnissen und lässt die Nr. 8 hinreichend bestimmt erscheinen (s. zu dieser
Problematik NK-StGB/*Kindhäuser* Rn. 92), erfordert aber zwei Korrekturen am Wortlaut der Vorschrift: Nach ihrem Verständnis ist nämlich nicht nur das Wort „andere" falsch gewählt, sondern auch
das Komma vor „den Anforderungen …" fehl am Platze (LK-StGB/*Tiedemann* Rn. 11), weshalb Nr. 8
eigentlich lauten müsste „… in einer sonstigen den Anforderungen … widersprechenden Weise …"
Angesichts der offenbar bewussten Entscheidung des Reformgesetzgebers für das Wort „andere" (s. BT-
Drs. 7/5291, 18) sowie des Fehlens von Anhaltspunkten dafür, dass die Kommasetzung einen Missgriff
darstellen könnte, gehen diese Bedeutungsverschiebungen zu weit. Vorzugswürdig ist daher die hM, die
Abs. 1 Nr. 8 als Auffangtatbestand versteht, mit dem sämtliche strafwürdigen Handlungen oder Unter-
lassungen erfasst werden sollen, die sich nicht unter den Katalog der Nr. 1–7 subsumieren lassen (s. zB
BGH NStZ 2009, 635; Fischer Rn. 30; SK-StGB/*Hoyer* Rn. 91; MüKoStGB/*Radtke/Petermann*
Rn. 65). Mit ihr lassen sich unerwünschte Sperrwirkungen der Nr. 1–7 sowie Konflikte mit dem
Bestimmtheitsgebot des Art. 103 Abs. 2 GG auch ohne Eingriffe in den Sinngehalt und die Grammatik
der Vorschrift durchaus vermeiden. Zu erreichen ist dies durch die Interpretation des Wortes „andere"
in Nr. 8 als „nicht in den vorherigen Ziffern genannt" und eine enge Auslegung des Merkmals des
groben Verstoßes gegen die Anforderungen ordnungsgemäßen Wirtschaftens, das damit zum inhaltlichen Korrektiv zur Weite der Nr. 8 im übrigen avancieren kann.

B. Bankrotthandlungen (Abs. 1 Nr. 1–8)

I. Beiseite Schaffen von Vermögensgegenständen (Abs. 1 Nr. 1)

1. Vermögensbestandteile. § 283 Abs. 1 Nr. 1 betrifft explizit nur solche Vermögensgegenstände, **9**
„die im Falle der Eröffnung des Insolvenzverfahrens zur Insolvenzmasse gehören". Wann dies der Fall ist,
bestimmen die §§ 35–37 InsO bzw. entsprechende Vorschriften im ausländischen Insolvenzrecht (zur
Problematik der Anwendung ausländischen Insolvenz- und Handelsrechts bei der Beurteilung von
Bankrotttaten gem. § 283 s. LK-StGB/*Tiedemann* Rn. 244 f.; LK-StGB/*Werle/Jeßberger* § 9 Rn. 105 f.;
OLG Karlsruhe NStZ 1985, 317); § 283 Abs. 1 Nr. 1 ist insoweit insolvenzrechtsakzessorisch.

10　　Nach der Grundnorm des § 35 InsO fällt das gesamte Vermögen des Schuldners in die Insolvenzmasse, das ihm zur Zeit der Insolvenzverfahrenseröffnung gehört oder während des Insolvenzverfahrens von ihm erlangt wird. Gem. § 36 InsO sind unpfändbare Gegenstände sowie unter bestimmten Voraussetzungen (s. dazu § 36 Abs. 2 InsO) auch der Hausrat des Schuldners hiervon ausgenommen. Hinsichtlich der Geschäftsbücher des Schuldners, seiner landwirtschaftlichen Utensilien und Bestände sowie seiner Apothekenbetriebsmittel bestehen freilich Ausnahmen von der Ausnahme, da diese zwar unpfändbar sind (s. § 811 Abs. 1 Nr. 4, 9 u. 11 ZPO), aber dennoch zur Insolvenzmasse gehören. Das Gesamtgut einer Gütergemeinschaft fällt nur in die Insolvenzmasse, wenn es vom Schuldner allein verwaltet wird (s. § 37 InsO). Diese Grundsätze ergeben Folgendes:

11　　(Potentielle) Massebestandteile sind alle beweglichen (BGH GA 1953, 74: Geschäftseinrichtung) und unbeweglichen (RGSt 62, 152: Grundstücke) Sachen im Eigentum des Schuldners, auch wenn sie bereits verpfändet sind; das Pfandrecht berührt weder die Eigentumszuordnung, noch begründet es ein Aussonderungsrecht des Pfandgläubigers (s. § 50 InsO: nur Absonderungsrecht; zum ganzen auch LK-StGB/*Tiedemann* Rn. 21). An Sachen, die vom Schuldner sicherungsübereignet wurden, besteht gem. § 51 Nr. 1 InsO ebenfalls nur ein Absonderungsrecht des Sicherungsnehmers, weshalb sie regelmäßig in der Insolvenzmasse verbleiben (BGHSt 3, 32 (35 f.); 5, 119 (120)); umgekehrt gehören Sachen, die an den Schuldner sicherungsübereignet wurden, nicht zur Insolvenzmasse. Letzteres gilt auch für Sachen, an denen ein Eigentumsvorbehalt eines Dritten besteht, der diesen gem. § 47 InsO zur Aussonderung aus der Masse berechtigt (RGSt 66, 177 (178)). Was der Schuldner deliktisch oder sonst unrechtmäßig erlangt hat, gehört dann zu seinem Vermögen, wenn der Übertragungsakt lediglich anfechtbar ist (Fischer Rn. 3; Schönke/Schröder/*Heine/Schuster* Rn. 3; LK-StGB/*Tiedemann* Rn. 20; BGH GA 1955, 149 (150) für betrügerischen Erwerb). Bleibt das Eigentum des Opfers (wie zB bei Diebstahl oder Unterschlagung) dagegen unberührt, besteht ein Aussonderungsrecht und die Insolvenzmasse ist nicht gemehrt (LK-StGB/*Tiedemann* Rn. 20). Sachen, die der Insolvenzverwalter freigegeben hat, scheiden aus der Insolvenzmasse und damit auch aus dem Anwendungsbereich des § 283 Abs. Nr. 1 aus.

12　　Ebenfalls zur Insolvenzmasse gehören die dinglichen und obligatorischen Rechte des Schuldners (BGHSt 3, 32 (35); BGH GA 1961, 358), insbesondere seine Forderungen gegen Dritte, aber zB auch Gesellschaftsanteile, Patente (bereits ab Anmeldung; s. dazu *Hörl,* Das strafrechtlich geschützte Vermögen im Konkurs des Gemeinschuldners, 1998, 247 ff.), Warenzeichen und sonstige gewerbliche Schutzrechte, technisches oder kaufmännisches Know-how (BGHZ 16, 172; insoweit für eine Einzelfallprüfung eintretend *Hörl,* Das strafrechtlich geschützte Vermögen im Konkurs des Gemeinschuldners, 1998, 301), Marketinginstrumente (s. BT-Drs. 7/5291, 18; *Hörl,* Das strafrechtlich geschützte Vermögen im Konkurs des Gemeinschuldners, 1998, 105 für die Kundenkartei, die nicht primär einen Sachwert, sondern nutzbares Wissen darstellt), sichere (etwa auf Vorverträge uä gründende) Gewinnerwartungen (LK-StGB/*Tiedemann* Rn. 24), die Firma, soweit sie nicht aus dem bürgerlichen Namen einer natürlichen Person besteht oder diesen enthält und daher wegen des Persönlichkeitsrechts des Namensträgers der freien Verfügung entzogen ist (LK-StGB/*Tiedemann* Rn. 19; aA BGH GA 1955, 73: Firma ist nicht Bestandteil der Insolvenzmasse), Anwartschaftsrechte (insbes. beim Erwerb unter Eigentumsvorbehalt durch den Schuldner; hM; s. zB Fischer Rn. 3; Lackner/Kühl/*Heger* Rn. 9; Schönke/Schröder/*Heine/Schuster* Rn. 3; Weyand/Diversy Insolvenzdelikte Rn. 62), Rückübertragungsansprüche (etwa bzgl. vom Schuldner sicherungsübereigneter Sachen; BGHSt 5, 121) oder Wohnungseigentum (LK-StGB/*Tiedemann* Rn. 16). Forderungen, die dem Schuldner lediglich zur Einziehung abgetreten sind, verbleiben rechtlich und wirtschaftlich beim Zedenten und sind kein Teil des Schuldnervermögens (RGSt 72, 252 (254 ff.); LK-StGB/*Tiedemann* Rn. 22).

13　　Die eigene Arbeitskraft des Schuldners stellt weder eine Sache noch ein Recht, sondern ein bloßes Potential dar und fällt als solches nicht in sein Vermögen (OLG Düsseldorf NJW 1982, 1712; Fischer Rn. 3; Weyand/Diversy Insolvenzdelikte Rn. 61). Demgemäß stellt es keine Bankrotthandlung dar, wenn der Schuldner seine Tätigkeit einstellt oder sich sogar bewusst in den Zustand der Arbeitsunfähigkeit versetzt (LK-StGB/*Tiedemann* Rn. 24; für die Anwendung von § 283 Abs. 1 Nr. 8 auf solche Fälle aber *Schulte* ZinsO-Praxis 2002, 265). Die Erzeugnisse seiner eigenen Arbeit (zB selbst geschaffene Werkstücke oder Kunstwerke) gehören dagegen zum Vermögen des Schuldners, ebenso von ihm erlangtes oder zu beanspruchendes Arbeitsentgelt, seine Ansprüche auf die Arbeitsleistung von Arbeitnehmern, Angestellten und sonstigen Mitarbeitern sowie schließlich auch die Produkte aus der Arbeit seiner Beschäftigten (LK-StGB/*Tiedemann* Rn. 24).

14　　Für die Gegenstände, die wegen Unpfändbarkeit aus der Insolvenzmasse fallen, sind beispielhaft zu nennen die Arbeitsmittel des Schuldners (§ 811 Abs. 1 Nr. 5 u. 7 ZPO; s. RGSt 73, 127 (128): Schreibmaschine), seine Ansprüche auf Lieferung unpfändbarer Sachen (RGSt 73, 127 (128)), nicht übertragbare Rechte (BGH wistra 1994, 349: persönliches Vor- oder Ankaufsrecht) sowie der Nießbrauch (LK-StGB/*Tiedemann* Rn. 23).

15　　Wirtschaftlich wertlose Gegenstände fallen zwar in die Insolvenzmasse, stellen aber gleichwohl keine tauglichen Tatobjekte des Bankrotts dar, da ihre Beseitigung etc die strafrechtlich geschützten Gläubigerinteressen nicht tangiert (wohl einhM; s. BGHSt 3, 36; 5, 120 (121); Fischer Rn. 3; LK-StGB/*Tiedemann* Rn. 16). Dies gilt einerseits auch dann, wenn sie für den Schuldner einen (hohen) Affektionswert haben, andererseits aber nur bei völliger wirtschaftlicher Wertlosigkeit, so dass auch geringwertige

Vermögensbestandteile vom Tatbestand erfasst bleiben; eine Bagatellgrenze, für die es ohnehin an hinreichend objektivierbaren Bestimmungskriterien fehlen würde, kennt § 283 Abs. 1 Nr. 1 nicht (LK-StGB/*Tiedemann* Rn. 16). Gegenstände, die mit Pfand- oder sonstigen Sicherungsrechten belegt oder an einen Dritten sicherungsübereignet sind, verlieren hierdurch nicht ihren immanenten Wert (RG DRiZ 1934, 314) und fallen daher auch dann unter § 283 Abs. 1 Nr. 1, wenn die Belastung diesen Wert ausschöpft oder sogar übersteigt (hM; s. zB BGH GA 1960, 375 (376); Fischer Rn. 3; LK-StGB/*Tiedemann* Rn. 17 u. 21); allein dies entspricht den Schutzinteressen der Gläubigergesamtheit, die bei den Inhabern der Sicherungsrechte offenkundig sind, aber auch bei den übrigen Gläubigern – etwa bei Unwirksamkeit der bestehenden Sicherungen gem. § 88 InsO – vorhanden sein können. Einer Überdehnung des Strafrechtsschutzes in Bezug auf belastete Vermögensbestandteile ist ggf. durch eine restriktive Interpretation der einzelnen Tathandlungen des § 283 Abs. 1 Nr. 1 zu begegnen. Im umgekehrten Fall des Erwerbs unter Eigentumsvorbehalt durch den Schuldner kann dessen Anwartschaftsrecht aber wirtschaftlich wertlos sein und daher aus seinem Vermögen ausscheiden, wenn die Restkaufpreisforderung den Sachwert erheblich übersteigt (BGH GA 1960, 375 (376); Fischer Rn. 3; LK-StGB/*Tiedemann* Rn. 21). Geschäftsbücher sind nur dann von § 283 Abs. 1 Nr. 1 erfasst, wenn ihnen aufgrund ihres konkreten Inhalts ein eigenständiger wirtschaftlicher Wert zukommt, was zB bei Kalkulationsunterlagen, Kundenkarteien uÄ der Fall sein kann; andernfalls kommt nur § 283 Abs. 1 Nr. 6 oder ein Verheimlichen oder Verschleiern der geschäftlichen Verhältnisse iSd § 283 Abs. 1 Nr. 8 in Betracht (eingehend *Hörl,* Das strafrechtlich geschützte Vermögen im Konkurs des Gemeinschuldners, 1998, 97 ff.; s. auch LK-StGB/*Tiedemann* Rn. 18). Bei Zweifeln über den Wert eines Gegenstandes gilt der In-dubio-Grundsatz (LK-StGB/*Tiedemann* Rn. 17; aA wohl Lackner/Kühl/*Heger* Rn. 9).

2. Beiseite Schaffen. Ein Vermögensgegenstand wird beiseite geschafft, wenn der alsbaldige Zugriff **16** der Gläubiger auf ihn durch eine Veränderung seiner tatsächlichen Lage oder seiner rechtlichen Verhältnisse vereitelt oder wesentlich erschwert wird (wohl einhM; s. zB RGSt 61, 107 (108); OLG Frankfurt a. M. NStZ 1997, 551; Fischer Rn. 4). Hierunter fällt neben dem räumlichen Verbringen (BGHSt 11, 145 f.) auch jede wirksame oder unwirksame (LK-StGB/*Tiedemann* Rn. 25; aA wohl Fischer Rn. 4, der nur die rechtswirksame Veräußerung nennt) Verfügung über den Gegenstand, so zB seine – tatsächliche oder vorgetäuschte – Übertragung (BGH wistra 1987, 29: Veräußerung eines Grundstücks; BGH GA 1971, 38: Übertragung eines Miteigentumsanteils; LK-StGB/*Tiedemann* Rn. 25: Umwandlung von Gesamthandseigentum des Schuldners in Alleineigentum eines Dritten; BGH JZ 1979, 75 (76 f.): Verschiebung von Vermögenswerten auf ein eigens hierfür gegründetes Unternehmen des Täters; BGH NJW 2001, 1874 u. LK-StGB/*Tiedemann* Rn. 34: Übertragung von Vermögen auf den Ehegatten, Verwandte oder sonstige Vertrauenspersonen des Täters; BGH MDR 1979, 457: zum Schein erfolgende Sicherungsübereignung) oder Belastung (RGSt 66, 131 f.: Einräumung von Grundpfandrechten; LK-StGB/*Tiedemann* Rn. 25: Eintragung einer Auflassungsvormerkung), aber auch die Aufhebung eines Rechts (RGSt 62, 277 f.: Erklärung der Löschungsbewilligung für eine dem Schuldner zustehende Grundschuld), die Umleitung von Buchgeld auf fremde Privat- oder Geschäftskonten (OLG Frankfurt a. M. NStZ 1997, 551: Verschiebung von Geld auf das Konto einer selbstständigen Offshore-Gesellschaft; BGHSt 34, 309 ff.: Gutschrift eingehender Gelder auf dem Konto der Freundin des Täters).

Da die allgemein akzeptierte Definition des Beiseiteschaffens jede Weggabe von Geld (so zB auch **17** zur Tilgung fälliger Schulden, Rückzahlung von (Gesellschafter-)Darlehen, Bestreitung des Lebensunterhalts des Schuldners uÄ) oder anderer Vermögenswerte (etwa durch Gründung einer Auffanggesellschaft) sowie umgekehrt auch das Erlöschenlassen von Forderungen durch deren Einziehung erfasst, besteht Einigkeit darüber, dass sozialübliches Verhalten des Schuldners, das für ihn uU sogar zivilrechtlich geboten sein kann, aus dem Anwendungsbereich des § 283 Abs. 1 Nr. 1 herausgenommen werden muss. Ein Teil der Lit. stellt hierbei auf eine subjektiv-finale Komponente des Handelns ab und will nur dann von einem Beiseiteschaffen iSd § 283 Abs. 1 Nr. 1 sprechen, wenn der Täter gerade auf eine Vermögensminderung zum Nachteil der Gläubiger abziele (so insbesondere LK-StGB/*Tiedemann* Rn. 28). Dies ist mit zwei Nachteilen verbunden und daher abzulehnen: Zum einen ist die geforderte innere Zielsetzung des Täters nur schwer beweisbar (aA LK-StGB/*Tiedemann* Rn. 28a, der vom Benachteiligungserfolg auf die Benachteiligungsabsicht zurückschließen will). Und zum anderen bleibt diese Auffassung indifferent gegenüber sozial oder rechtlich missbilligten Verhaltensweisen, denen keine Absicht der Gläubigerbenachteiligung innewohnt (zB Bestechungen im geschäftlichen Verkehr während der Unternehmenskrise; auch → Rn. 25). Den Vorzug verdient daher trotz einzelner Schwächen im Detail (→ Rn. 24) die hM, die für das Beiseiteschaffen ebenso wie für das Zerstören etc einen Verstoß gegen die objektiv zu bestimmenden Anforderungen ordnungsgemäßen Wirtschaftens verlangt und damit sowohl Wertungswidersprüche vermeidet, als auch meist sachgerechte Ergebnisse erzielt (→ Rn. 25).

Ein Beiseiteschaffen durch Unterlassen kommt nur dann in Betracht, wenn den Schuldner nach **18** allgemeinen Grundsätzen (zB aus Ingerenz oder uU als Überwachergarant für seine Mitarbeiter) eine Garantenpflicht zum Vermögenserhalt gegenüber seinen Gläubigern trifft (MüKoStGB/*Radtke/Petermann* Rn. 16; LK-StGB/*Tiedemann* Rn. 37). Hingegen resultiert für den Schuldner weder aus seiner Schuldnerstellung, noch aus seiner wirtschaftlichen Krise, noch auch aus dem laufenden oder beantragten Insolvenzverfahren eine Garantenstellung, die ihn zum Beschützer der Befriedigungsinteressen seiner Gläubiger machen könnte. Denn dies liefe – jedenfalls in der Krise – auf seine Verpflichtung hinaus, alle seine Ressourcen ausschließlich zugunsten der Gläubiger einzusetzen, und wäre daher mit seiner wirtschaftlichen Handlungsfreiheit nicht in Einklang zu bringen (LK-StGB/*Tiedemann* Rn. 38). Ist der Schuldner aber nicht Beschützer der Vermögensinteressen seiner Gläubiger, so muss er deren Beeinträchtigung durch Dritte auch nur dann abwehren, wenn er diese Dritten zu überwachen hat. Andernfalls ist er selbst dann nicht zum Einschreiten verpflichtet, wenn der handelnde Dritte nur ihn selbst begünstigen will (LK-StGB/*Tiedemann* Rn. 37; aA Schönke/Schröder/*Stree/Bosch* § 13 Rn. 31). Der Schuldner ist daher im Regelfall nicht Unterlassungstäter des Bankrotts, wenn er ein zu seinen Gunsten erfolgendes Beiseiteschaffen durch einen Dritten lediglich untätig geschehen lässt. Er kann aber mittelbarer oder unmittelbarer Täter durch aktives Tun sein, wenn er den Dritten entweder aktiv zu seinem Handeln bewegt oder die zu seinen Gunsten beiseite geschafften Gegenstände entgegennimmt oder verwendet.

19   **3. Verheimlichen.** Verheimlichen ist jedes aktive Tun oder pflichtwidrige Unterlassen, das dazu dient die Gläubiger und/oder den Insolvenzverwalter über die Existenz von Vermögensgegenständen oder deren Zugehörigkeit zur Insolvenzmasse mindestens vorübergehend in Unkenntnis zu lassen (s. zB RGSt 67, 365 f.; OLG Frankfurt a. M. NStZ 1997, 551; Fischer Rn. 5; LK-StGB/*Tiedemann* Rn. 38); vollendet ist es nicht schon mit dem bloßen Verschweigen oder Abstreiten als solchem, sondern erst dann, wenn es auch tatsächlich zur Unkenntnis der Adressaten geführt hat (SK-StGB/*Hoyer* Rn. 36; NK-StGB/*Kindhäuser* Rn. 25; MüKoStGB/*Radtke/Petermann* Rn. 17; aA Müller-Gugenberger WirtschaftsStR/*Richter* § 83 Rn. 32). Da die verheimlichten Vermögensbestandteile dem Zugriff der Gläubiger oder des Insolvenzverwalters nicht dauerhaft entzogen zu werden brauchen, bleibt es aber auch dann bei vollendetem Verheimlichen, wenn die zwischenzeitliche Unkenntnis durch erfolgreiche Recherchen der Betroffenen oder Dritter oder durch eigene Aufklärungstätigkeiten des Schuldners wieder beseitigt wird; Raum für einen strafbefreienden Rücktritt bleibt daher auch in der letztgenannten Konstellation nicht (hM; s. zB Schönke/Schröder/*Heine/Schuster* Rn. 5; aA LK-StGB/*Tiedemann* Rn. 38). Beispiele für das Verheimlichen sind: Unrichtige Angaben über den Vermögensstand im Rahmen der Auskünfte gem. § 97 InsO (LK-StGB/*Tiedemann* Rn. 38a), das Verschweigen oder die falsche Darstellung von Umständen, die für das Bestehen eines Anfechtungsrechts des Insolvenzverwalters relevant sind (RGSt 66, 152), falsche Angaben über die Zuordnung von Eigentum, das Verschweigen von Vermögensbestandteilen bei der eidesstattlichen Versicherung gem. § 98 InsO (BGHSt 11, 145 f.), die Nichtanzeige von Vermögensgegenständen gegenüber dem Insolvenzverwalter, die in den Unterlagen zum Eigenantrag des Schuldners auf Eröffnung des Insolvenzverfahrens fehlen (BGH GA 1956, 123), das Verschweigen einer Eigentümerhypothek oder -grundschuld (RGSt 67, 366; LK-StGB/*Tiedemann* Rn. 34), die Einziehung einer nicht angegebenen Forderung oder das Einbehalten einer nach Insolvenzverfahrenseröffnung erhaltenen Leistung (BGH GA 1954, 310), die Nichtangabe eines unpfändbaren Gegenstandes, um einen gleichartigen Gegenstand unpfändbar erscheinen zu lassen (Schönke/Schröder/*Heine/Schuster* Rn. 5), aber auch das Vorspiegeln eines den Zugriff der Gläubiger verhindernden Rechtsverhältnisses (RGSt 64, 141; LK-StGB/*Tiedemann* Rn. 40). Das Verschweigen fremden Eigentums im Besitz des Schuldner ist kein Verheimlichen iSd § 283 Abs. 1 Nr. 1 (LK-StGB/*Tiedemann* Rn. 39 aA wohl die hM; s. zB Schönke/Schröder/*Heine/Schuster* Rn. 5), sofern nicht der Besitz als solcher einen Vermögenswert darstellt. Da der Schuldner vor Eröffnung des Insolvenzverfahrens nur ausnahmsweise Offenbarungs- bzw. Wahrheitspflichten gegenüber den Gläubiger oder Vollstreckungsbeamten treffen, kann auch sein Schweigen bzw. Leugnen in dieser Phase nur ausnahmsweise ein tatbestandliches Verheimlichen sein; denn dieses setzt Aufklärungspflichten voraus, schafft sie aber nicht (iErg ähnl. LK-StGB/*Tiedemann* Rn. 42 f.; zu weitgehend RGSt 64, 138: Verheimlichen durch falsche Angaben gegenüber dem Gerichtsvollzieher im Rahmen einer Einzelzwangsvollstreckung; BGH GA 1956, 347: falsche Darstellung der Eigentumsverhältnisse der Ehegatten in einem Ehevertrag, der zusammen mit einem Vermögensverzeichnis beim Registergericht eingereicht wurde). Andererseits lässt aber die Notwendigkeit, im Zuge des Insolvenzverfahrens ein eigenes pflichtwidriges Vorhalten aufzudecken, weder die insolvenzrechtlichen Auskunftspflichten noch die Strafbarkeit des Verstoßes hiergegen entfallen; es besteht dann bei der Verfolgung des Vorverhaltens lediglich das strafprozessuale Verwertungsverbot des § 97 Abs. 1 S. 3 InsO (LK-StGB/*Tiedemann* Rn. 39).

20   Da ein Verschweigen oder Leugnen ohne Verletzung einer Auskunfts- bzw. Wahrheitspflicht von vornherein kein Verheimlichen iSd § 283 Abs. 1 Nr. 1 darstellt, ein pflichtwidriges Verschweigen oder Leugnen aber umgekehrt nie ordnungsgemäß sein kann, ist das zusätzliche Erfordernis des Verstoßes gegen die Anforderungen ordnungsgemäßen Wirtschaftens (→ Rn. 17, 23) für die Definition des Verheimlichens ohne Bedeutung.

21   **4. Beschädigen, Zerstören, Unbrauchbarmachen.** Das Beschädigen bzw. Zerstören eines Vermögensbestandteils ist für § 283 Abs. 1 Nr. 1 nicht anders zu definieren als für § 303. Beschädigt ist ein Vermögensbestandteil demnach dann, wenn seine bestimmungsgemäße Brauchbarkeit nicht ganz unerheblich beeinträchtigt (RGSt 66, 205), zerstört ist er, wenn sie gänzlich aufgehoben wird (RGSt 8, 33); für die Einzelheiten sei auf die Kommentierungen zu § 303 verwiesen (s. zB Fischer § 303 Rn. 4–14).

Unbrauchbar gemacht ist ein Vermögensbestandteil schließlich dann, wenn seine Eignung für den bestimmungsgemäßen Zweck beseitigt wird (einhM; s. zB LK-StGB/*Tiedemann* Rn. 48). Vom Zerstören unterscheidet sich dies nur durch eine Akzentverschiebung vom Substanzverlust hin zur Funktionseinbuße (LK-StGB/*Tiedemann* Rn. 46 u. 48), die praktisch weitgehend bedeutungslos ist und letztlich auf eine verzichtbare Doppelung der Tathandlungen hinausläuft. Beschädigt, zerstört oder unbrauchbar gemacht werden können nur körperliche Gegenstände sowie Sachgesamtheiten und Funktionseinheiten (zB einzelne Betriebsteile), nicht aber immaterielle Vermögensbestandteile wie etwa Rechte oder Forderungen; dies zeigt nicht nur die juristische Begriffsdefinition dieser Handlungen, sondern auch der allgemeine Sprachgebrauch (LK-StGB/*Tiedemann* Rn. 45).

Nach dem Wortlaut des § 283 Abs. 1 Nr. 1 müssen die Tathandlungen des Beschädigens etc jeweils **22** den Anforderungen einer ordnungsgemäßen Wirtschaft widersprechen; ausführlich → Rn. 23.

5. Verstoß gegen die Anforderungen einer ordnungsgemäßen Wirtschaft. a) Allgemeines. **23** Nach der Satzstellung in § 283 Abs. 1 Nr. 1 bezieht sich das Tatbestandsmerkmal des Verstoßes gegen die Anforderungen einer ordnungsgemäßen Wirtschaft nur auf die Tatalternativen des Beschädigens, Zerstörens und Unbrauchbarmachens von Vermögensbestandteilen. Es ist jedoch mit der ganz hM auch auf die Tatvariante des Beiseiteschaffens zu erstrecken, um sowohl eine Überdehnung der Strafbarkeit (→ Rn. 17) wie Wertungswidersprüche innerhalb des § 283 Abs. 1 Nr. 1 zu vermeiden: Da es keinen Unterschied macht, ob ein Gegenstand physisch vernichtet bzw. verbraucht (also zerstört) oder weggeworfen bzw. sonst dem Zugriff Dritter preisgegeben (dh beiseite geschafft; Schönke/Schröder/*Heine*/*Schuster* Rn. 17) wird, ist jedenfalls das Zerstören bzw. Unbrauchbarmachen letztlich als Unterfall des Beiseiteschaffens anzusehen (aA wohl LK-StGB/*Tiedemann* Rn. 44). Es sind daher auch an sämtliche dieser Handlungen dieselben rechtlichen Maßstäbe anzulegen. Gleiches folgt auch aus der weitgehenden Beschränkung der Tatalternativen des Beschädigens etc auf körperliche Gegenstände (→ Rn. 21): Es ist kein sachlicher Grund ersichtlich, weshalb für die Strafbarkeit des Zerstörens einer Sache nur deshalb andere Kriterien gelten sollten als bspw. für das Erlöschenlassen einer Forderung, weil sie sich nicht aus § 283 Abs. 1 Nr. 1 Alt. 1, sondern aus dessen Alt. 3 ergibt.

Die Frage, wie die Anforderungen einer ordnungsgemäßen Wirtschaft inhaltlich zu umreißen sind, ist **24** nur für kaufmännisches Handeln einigermaßen zuverlässig zu beantworten: Hier gelten die im Zivil- und Handelsrecht entwickelten Grundsätze der Sorgfalt eines ordentlichen Kaufmanns. Für privates Wirtschaften aber fehlen vergleichbare zivilrechtliche Verhaltensnormen, die Grundlage der strafrechtlichen Begriffsbestimmung sein könnten (s. Lackner/Kühl/*Heger* Rn. 11; MüKoStGB/*Radtke*/*Petermann* Rn. 22; LK-StGB/*Tiedemann* Vor § 283 Rn. 110; *Bieneck* StV 1999, 43). Hieraus wird bisweilen gefolgert, dass private Schuldner (zur Geltung des § 283 für diesen Personenkreis → Vorb. §§ 283–283d Rn. 7) überhaupt nicht an die Vorgaben einer ordnungsgemäßen Wirtschaft gebunden seien und diese daher auch straflos ignorieren dürften; der Topos des ordentlichen Wirtschaftens könne daher bei der Beurteilung privater Bankrotthandlungen keine Rolle spielen (*Dohmen*, Verbraucherinsolvenz und Strafrecht, 2005, 184; *Penzlin*, Strafrechtliche Auswirkungen der Insolvenzordnung, 2000, 204; *Schramm* wistra 2002, 56). Aber auch die gegenteilige Schlussfolgerung wird von einigen gezogen: Da es eigene Wirtschaftsgrundsätze für Privatpersonen nicht gebe, müssten für sie dieselben Kriterien des ordnungsgemäßen Wirtschaftens gelten, denen auch Kaufleute unterworfen seien; dies gelte auch für die Festlegung der Strafbarkeitsgrenzen im Rahmen des § 283 (SK-StGB/*Hoyer* Rn. 40; NK-StGB/*Kindhäuser* Vor § 283 Rn. 70; *Krause*, Ordnungsgemäßes Wirtschaften und Erlaubtes Risiko. Grund- und Einzelfragen des Bankrotts, 1995, 405). Keiner dieser beiden Extrempositionen ist zu folgen. Statt dessen sind eigenständige insolvenzstrafrechtliche Anforderungen an ein ordnungsgemäßes privates Wirtschaften zu entwickeln (so auch Schönke/Schröder/*Heine*/*Schuster* Rn. 17; *Röhm*, Zur Abhängigkeit des Insolvenzstrafrechts von der Insolvenzordnung, 2002, 278 f.), die sich an folgenden Grundsätzen orientieren: Da Kaufleute in ein strafferes Korsett außerstrafrechtlicher Verhaltensnormen eingebunden sind als Private, ist bei letzteren jedenfalls alles das als ordnungsgemäß anzusehen, was auch bei einem Kaufmann so zu werten wäre. Darüber hinaus ist dem Privaten aber auch dort ein weiter Handlungsspielraum zuzubilligen, wo der Kaufmann im Hinblick auf Sonderinteressen Dritter (zB seiner Arbeitnehmer oder wirtschaftlich von ihm abhängiger Geschäftspartner), die den Privaten nicht tangieren, bereits in seiner Freiheit beschränkt ist. Ordnungswidrig ist das Wirtschaften des Privaten daher nur dann, wenn es der diligentia quam in suis widerspricht, die er auch außerhalb der Krise zur Vermeidung von Rechtsnachteilen zu beachten hätte.

b) Verstöße bei der Tatalternative des Beiseiteschaffens. Aus der Tatalternative des Beiseiteschaf- **25** fens von Vermögensgegenständen scheiden zunächst eindeutig ordnungsgemäße Vorgänge aus, wie zB das bloße Bewirken einer geschuldeten Leistung (RGSt 71, 231; SK-StGB/*Hoyer* Rn. 34; LK-StGB/ *Tiedemann* Rn. 29; *Hendel* NJW 1977, 1946), die Veräußerung, mit der ein entsprechender (oder sogar ein überhöhter; vgl. BGH NStZ 2003, 327), alsbald in das Vermögen des Schuldners fließender Gegenwert korrespondiert (anders aber, wenn die erworbene Kaufpreisforderung uneinbringlich ist und daher keinen adäquaten Wertausgleich darstellt; s. MüKoStGB/*Radtke*/*Petermann* Rn. 13), der Verbrauch von Geld oder anderen Gegenständen zur Bestreitung eines angemessenen Lebensunterhalts (RGSt 66, 89; BGH MDR 1981, 511), wobei sich der Schuldner aber angesichts seiner wirtschaftlichen Krise einzuschränken hat (Schönke/Schröder/*Heine*/*Schuster* Rn. 4; weitergehend SK-StGB/*Hoyer* Rn. 34; *Schlüchter* JR 1982, 30: Schuldner muss sich mit dem Notdürftigen begnügen), die Ausgründung von Auffanggesellschaften, sofern diese nicht nur Vermögenswerte, sondern in angemessenem Umfang auch Verbindlichkeiten übernehmen (LK-StGB/*Tiedemann* Rn. 30), Notverkäufe vor Eröffnung des Insolvenzverfahrens zum Erhalt des Geschäftsbetriebes (BGH NJW 1952, 898; LK-StGB/*Tiedemann* § 283 Rn. 32) oder die Bezahlung von Prozesskosten eines Gesellschafters, die in unmittelbarem Zusammenhang mit dessen für die Gesellschaft ausgeübter Tätigkeit stehen (BGH wistra 1987, 216). Bei Privatleuten ist auch die Umwandlung einer Lebensversicherung gem. § 167 VVG (mit der Folge weitgehenden Pfändungsschutzes) als ordnungsgemäß anzusehen (iErg ebenso *Kemperdick* ZinsO 2009, 2099). Nicht mehr ordnungsgemäß ist hingegen der Aufwand für eine Auslandsreise, durch die sich der Schuldner den Unannehmlichkeiten des bevorstehenden Insolvenzverfahrens zu entziehen versucht (Schönke/Schröder/*Heine*/*Schuster* Rn. 4), das Anhäufen eines „Notgroschens", um sich im Voraus mit Unterhaltsmitteln aus der späteren Insolvenzmasse zu versorgen (BGH MDR 1981, 511), die Übernahme einseitiger vertraglicher Verpflichtungen ohne gleichzeitigen Erwerb vertraglicher Rechte (BGH GA 1953, 74) oder die Belastung eines Grundstücks ohne entsprechenden Gegenwert (RGSt 66, 131), schließlich auch die (schon jenseits der Insolvenzstraftatbestände inkriminierte) Zahlung von Bestechungsgeldern in der Krise (aA LK-StGB/*Tiedemann* Rn. 36); die Rückzahlung eines früher sog eigenkapitalersetzenden Gesellschafterdarlehens ist nach dem Inkrafttreten des MoMiG im Jahre 2008 nicht mehr per se ordnungswidrig (s. LK-StGB/*Tiedemann* Rn. 34, *Bittmann* wistra 2009, 103). Abzulehnen ist die hM, welche die Einziehung von Geld bereits dann als ordnungswidrig ansieht, wenn der Schuldner dabei die Absicht verfolgt, dieses Geld für sich zu verbrauchen (BGH GA 1961, 358, NK-StGB/*Kindhäuser* Rn. 21), da damit ohne zwingenden Grund nicht die böse Tat, sondern allein die böse Absicht bestraft wird; Strafbarkeitslücken entstehen auch dann nicht, wenn man erst den tatsächlichen Geldverbrauch zum Gegenstand der strafrechtlichen Prüfung macht (so auch LK-StGB/*Tiedemann* Rn. 36).

26   **c) Verstöße bei den Tatalternativen des Beschädigens etc.** Ordnungsgemäß ist bei diesen Tatalternativen jede wirtschaftlich sinnvolle Maßnahme, wie etwa das Zerstören von Investitionsgütern, die durch neue (bessere) ersetzt werden (vgl. BR-Drs. 5/75, 34), der Verbrauch von Umlaufvermögen zum Zwecke der Herstellung höherwertiger Wirtschaftsgüter oder der Abriss baufälliger Betriebsgebäude (Fischer Rn. 6). Ordnungswidrig ist dagegen jedes mutwillige Handeln des Schuldners (hM; s. zB SK-StGB/*Hoyer* Rn. 41; MüKoStGB/*Radtke*/*Petermann* Rn. 21; Dannecker/Knierim/Hagemeier InsStrafR/*Knierim*/*Smok* Rn. 968).

II. Eingehen von Verlust-, Spekulations- oder Differenzgeschäften; Spiel und Wette (Abs. 1 Nr. 2)

27   **1. Verlustgeschäfte.** Der Begriff des Verlustgeschäfts ist ebenso wie die übrigen Geschäftsbegriffe in § 283 Abs. 1 Nr. 2 restriktiv zu handhaben, um die Überdehnung der Strafbarkeit in den Bereich üblicher Geschäftstätigkeit hinein zu vermeiden (LK-StGB/*Tiedemann* Rn. 52). Er umfasst daher nur solche Geschäfte, die von vornherein auf einen Vermögensverlust oder eine Vermögensminderung angelegt sind (BT-Drs. 7/5291, 18). Straflos bleiben dagegen Geschäfte, die sich erst im Nachhinein als verlustträchtig herausstellen. Markantestes Beispiel für ein Verlustgeschäft ist die Verschleuderung unter Einstandspreis, mit der buchstäblich um jeden Preis rasch Liquidität generiert werden soll; in ihr kann zugleich auch ein Beiseiteschaffen gem. § 283 Abs. 1 Nr. 1 liegen (LK-StGB/*Tiedemann* Rn. 54). Diese Definition des Verlustgeschäfts zeigt den Charakter des § 283 Abs. 1 Nr. 2 als Generalklausel zur Nr. 3 (Fischer Rn. 7), in der dieser klassische Fall eines Verlustgeschäfts nochmals gesondert erwähnt ist.

28   **2. Spekulationsgeschäfte.** Spekulationsgeschäfte liegen nach der Vorstellung des Gesetzgebers dann vor, wenn in der Hoffnung auf einen unüblich hohen Gewinn ein ebenfalls unüblich hohes Verlustrisiko eingegangen wird (BT-Drs. 7/3441, 35). Diese Definition will zwar durch das doppelte Erfordernis der unüblich hohen Gewinnerwartung bei gleichzeitig ungewöhnlich hohem Verlustrisiko eine begrüßenswerte Restriktion der Strafbarkeit erreichen, arbeitet dafür aber mit dem sehr unbestimmten Kriterium der Unüblichkeit und ist daher sowohl materiell-rechtlich wie prozessual schwer zu handhaben (LK-StGB/*Tiedemann* Rn. 56). Zweifelsfrei von ihr erfasst sind nur solche Geschäfte, bei denen der Gewinn bei objektiver ex-ante-Betrachtung letztlich vom Zufall abhängt (RGSt 16, 238; Fischer Rn. 8), wie zB bei klassischen Börsenspekulationen, Waren- oder Devisentermingeschäften (LPK-StGB/*Kindhäuser* Rn. 16), Beteiligung an Unternehmen mit unsicherer Finanzierungsbasis (BT-Drs. 7/3441, 35), Investitionen in besonders kostenintensive Geschäftszweige (LK-StGB/*Tiedemann* Rn. 57) oder Innovationen mit ungewisser Marktakzeptanz.

29   **3. Differenzgeschäfte.** Differenzgeschäfte sind durch die Intention des Täters gekennzeichnet, seinen Gewinn allein aus der Differenz zwischen An- und Verkaufspreis zu ziehen, während es ihm auf die Lieferung von Waren oder Wertpapieren nicht ankommt (RG GA 1913, 442); dem § 283 Abs. 1

Nr. 2 unterfallen nur Geschäfte gem. § 764 aF BGB, nicht dagegen zugelassene Börsentermingeschäfte iSd § 37e S. 2 WpHG (Schönke/Schröder/*Heine*/*Schuster* Rn. 11; LK-StGB/*Tiedemann* Rn. 59; Weyand/Diversy Insolvenzdelikte Rn. 73; aA die wohl hM; s. zB Fischer Rn. 9; SK-StGB/*Hoyer* Rn. 46; NK-StGB/*Kindhäuser* Rn. 32; *Krause,* Ordnungsgemäßes Wirtschaften und Erlaubtes Risiko. Grundund Einzelfragen des Bankrotts, 1995, 133). Andernfalls müssten zugelassene Börsenhändler in der wirtschaftlichen Krise jegliche Börsentermingeschäfte unterlassen und damit womöglich den Großteil ihrer bisherigen Handelsaktivitäten und ihre wichtigste Einnahmequelle aufgeben. Dies erscheint auch deshalb nicht sachgerecht, weil besonders riskante Börsentermingeschäfte im Einzelfall ohnehin als Spekulationsgeschäfte iSd § 283 Abs. 1 Nr. 2 Alt. 2 strafbar sein können. Differenzgeschäfte sind auch die Prolongationen ursprünglicher Differenzgeschäfte (LK-StGB/*Tiedemann* Rn. 60). Devisengeschäfte können ebenfalls als Differenzgeschäfte anzusehen sein, wobei es sich um Warengeschäfte handelt, wenn sie mit ausländischen Geldsorten abgewickelt werden (Fischer Rn. 9; NK-StGB/*Kindhäuser* Rn. 33), um Wertpapiergeschäfte hingegen dann, wenn sie mitttels Wechseln oder Schecks getätigt werden (BT-Drs. 7/5291, 18); in der Praxis ist diese Unterscheidung aber von untergeordneter Bedeutung.

4. Gemeinsame Kriterien der Verlust-, Spekulations- und Differenzgeschäfte. Das Eingehen **30** von Verlust-, Spekulations- oder Differenzgeschäften fällt nur dann unter § 283 Abs. 1 Nr. 2, wenn es im Widerspruch zu den Anforderungen einer ordnungsgemäßen Wirtschaft steht, wobei für dieses einschränkende Kriterium nur ein enger Anwendungsbereich verbleibt, da schon die inkriminierten Geschäfte selbst durchgehend restriktiv definiert werden. Wirtschaftswidrig ist das Eingehen des Geschäfts dann, wenn eine objektive ex-ante-Betrachtung ergibt, dass es für einen Schuldner in der Situation des Täters zweifelsfrei unvertretbar war (SK-StGB/*Hoyer* Rn. 47; Schönke/Schröder/*Heine*/*Schuster* Rn. 12; *Tiedemann* ZIP 1983, 521). Dies ist zB der Fall, wenn die Insolvenz des krisenbefangenen Unternehmens durch das Eingehen der genannten Geschäfte lediglich hinausgeschoben werden soll (Fischer Rn. 9) oder ein Verlustgeschäft nur eingegangen wird, weil es gewinnbringende Anschlussgeschäfte erwarten lässt; denn bei dieser Erwartung handelt es sich lediglich um eine unsichere Prognose, die den realisierten Verlust nicht zu kompensieren vermag (LK-StGB/*Tiedemann* Rn. 62; aA die wohl hM; s. zB NK-StGB/*Kindhäuser* Rn. 34; Schönke/Schröder/*Heine*/*Schuster* Rn. 12; MüKoStGB/*Radtke*/*Petermann* Rn. 27). Ordnungsgemäß sind dagegen etwa Notverkäufe (dh Verlustgeschäfte), die getätigt werden, um Liquiditätsengpässe während eines Konjunkturtiefs zu überbrücken und damit Arbeitsplätze zu erhalten (BR-Drs. 5/75, 35, Fischer Rn. 9; trotz Bedenken auch LK-StGB/*Tiedemann* Rn. 62).

Nach dem Wortlaut des § 283 Abs. 1 Nr. 2 ist die Tat bereits mit dem Eingehen der aufgeführten **31** Geschäfte vollendet. Dies kann angesichts des Schutzzwecks der Norm aber nicht auch für erfolgreiche Spekulations- oder Differenzgeschäfte gelten: Da diese zu einem – im Regelfall sogar überdurchschnittlichen – Gewinn führen, damit die Haftungsmasse erhöhen und die Gläubiger im Ergebnis besser stellen, entfällt bei ihnen das Strafbedürfnis. Zu demselben Ergebnis führt auch der Vergleich mit dem spielenden Schuldner, der nicht bestraft wird, wenn er gewinnt. Es wäre widersprüchlich, den erfolgreichen Spekulanten anders zu behandeln als den erfolgreichen Spieler, von dem er sich in der Sache kaum unterscheidet (Fischer Rn. 10; NK-StGB/*Kindhäuser* Rn. 34; MüKoStGB/*Radtke*/*Petermann* Rn. 27; Schönke/Schröder/*Heine*/*Schuster* Rn. 12; LK-StGB/*Tiedemann* Rn. 61; aA Bittmann/*Bittmann,* Insolvenzstrafrecht, 2004, § 12 Rn. 120).

5. Unwirtschaftliche Ausgaben. Ausgaben (des Schuldners, nicht solche, die Dritte zugunsten des **32** Schuldners tätigen) sind unwirtschaftlich, wenn sie das Maß des Notwendigen und Üblichen überschreiten und nicht in einem angemessenen Verhältnis zur wirtschaftlichen Gesamtsituation des Schuldners (dh seinem Vermögen, seinen Einkünften und seinen sonstigen Kosten; BGH NJW 1953, 1481) stehen (RGSt 15, 313; BGH NJW 1953, 1481; Fischer Rn. 11; Schönke/Schröder/*Heine*/*Schuster* Rn. 17; SK-StGB/*Hoyer* Rn. 52; Lackner/Kühl/*Heger* Rn. 13; MüKoStGB/*Radtke*/*Petermann* Rn. 28; LK-StGB/*Tiedemann* Rn. 65). Die Angemessenheit ist bei einmaligen Ausgaben für den Zeitpunkt des Verpflichtungsgeschäfts (= schuldig werden; → Rn. 34) zu bestimmen, bei wiederkehrenden Ausgaben (zB Mieten oder Gehältern) von dort aus für einen Zeitraum, den der Schuldner bei vernünftigem Wirtschaften ins Auge gefasst haben müsste (BGH GA 1967, 264; Schönke/Schröder/*Heine*/*Schuster* Rn. 17; LK-StGB/*Tiedemann* Rn. 66). Ob die Ausgaben privaten oder geschäftlichen Zwecken dienen, ist unerheblich (RGSt 73, 230; BGHSt 3, 26; Schönke/Schröder/*Heine*/*Schuster* Rn. 17; SK-StGB/*Hoyer* Rn. 52; MüKoStGB/*Radtke*/*Petermann* Rn. 28; LK-StGB/*Tiedemann* Rn. 65; Dannecker/Knierim/Hagemeier InsStrafR/*Knierim*/*Smok* Rn. 974; aA Müller-Gugenberger WirtschaftsStR/*Richter* § 83 Rn. 63: Privatausgaben sind nicht erfasst). Im Konzern sollen nach der Rspr. die Ausgaben des Schuldners isoliert zu betrachten sein (BGH GA 1967, 264; ebenso Schönke/Schröder/*Heine*/*Schuster* Rn. 17), was aber nur dann sachgerecht ist, wenn keine Kostenübernahmeverpflichtung einer wirtschaftlich gesunden Konzernmutter besteht. Unwirtschaftlich sind zB aussichtslose Investitionen (BGH GA 1954, 311; zugleich kann es sich dabei um Spekulationsgeschäft handeln; → Rn. 28), überzogene Kosten für die Geschäftsausstattung, Mieten (BGH GA 1954, 311: Privatwohnung des Schuldners), private oder geschäftliche Reisen (BGH MDR 1981, 511: Urlaubsreise des Schuldners), Gehälter, Marketing (RGSt 73, 230; Dannecker/Knierim/Hagemeier InsStrafR/*Knierim*/*Smok* Rn. 975) oder Repräsentation (letztere auch dann, wenn sie Leistungsfähigkeit bzw. Kreditwürdigkeit vortäuschen und damit die Weiterführung des Unternehmens ermöglichen oder erleichtern sollen; Schönke/Schröder/*Heine*/*Schuster* Rn. 17; Müller-Gugenberger WirtschaftsStR/*Richter* § 83 Rn. 65), Luxusanschaffungen (wie Flugzeuge, Jachten oder Fahrzeuge der Luxusklasse; Fischer Rn. 11; Schönke/Schröder/*Heine*/*Schuster* Rn. 17; LK-StGB/*Tiedemann* Rn. 67) sowie allgemein überhöhte Ausgaben für den Lebensunterhalt. Ursprünglich angemessene Aufwendungen sind – soweit rechtlich möglich – in der Krise anzupassen. Aufwendungen für den Geschäftsbetrieb des Schuldners werden nicht schon deshalb unwirtschaftlich, weil die Zahlungseinstellung bevorsteht und damit absehbar ist, dass der Betrieb ohnehin bald zum Erliegen kommen wird (BGH GA 1958, 47). Auch übermäßige Ausgaben sind dann nicht tatbestandlich, wenn sie durch einen wirtschaftlichen (nicht lediglich affektiven) Gegenwert kompensiert werden, der in das Vermögen des Täters gelangt und den Gläubigern für ihre Befriedigung zur Verfügung steht (so insbes. bei Luxusanschaffungen, die sich ohne wesentlichen Wertverlust wieder zu Geld machen lassen; SK-StGB/*Hoyer* Rn. 50; NK-StGB/*Kindhäuser* Rn. 37; MüKoStGB/*Radtke*/*Petermann* Rn. 28; LK-StGB/*Tiedemann* Rn. 67; *Krause,* Ordnungsgemäßes Wirtschaften und Erlaubtes Risiko. Grund- und Einzelfragen des Bankrotts, 1995, 266 f.; aA BGH GA 1959, 341: keine Kompensation). Nicht ohne weiteres unwirtschaftlich sind Ausgaben für (Lebens-)Versicherungen des Schuldners (RG JW 1934, 2472; LK-StGB/*Tiedemann* Rn. 67). Ausgaben, die der Schuldner aus dem unpfändbaren Teil seines Vermögens bestreitet, berühren den Schutzzweck des § 283 nicht (→ Rn. 10) und sind daher auch nicht unwirtschaftlich iSd § 283 Abs. 1 Nr. 2 (BGH NJW 1953, 1480; MüKoStGB/*Radtke*/*Petermann* Rn. 28; Dannecker/Knierim/Hagemeier InsStrafR/*Knierim*/*Smok* Rn. 974). Die bisweilen vertretene Auffassung, der Schuldner habe auch für unwirtschaftliche Ausgaben seiner Familienangehörigen (RGSt 31, 152) oder seiner Arbeitnehmer (Fischer Rn. 11) einzustehen, sofern er diese nicht ausreichend beaufsichtigt habe, ist zu pauschal: Es geht dabei um ein Unterlassen des Schuldners, das nur dann strafrechtlich relevant wird, wenn ihn im konkreten Fall eine Erfolgsabwendungspflicht trifft. Diese wiederum könnte nur aus seiner Überwachergarantenstellung resultieren, die aber weder gegenüber Angehörigen noch gegenüber Arbeitnehmern umfassend besteht (ähnl. NK-StGB/*Kindhäuser* Rn. 39; Schönke/Schröder/*Heine*/*Schuster* Rn. 17; LK-StGB/*Tiedemann* Rn. 70). Soweit Schmiergeldzahlungen von der hM ebenfalls als unwirtschaftliche Ausgaben angesehen werden (LK-StGB/*Tiedemann* Rn. 67), überzeugt dies nicht: Da § 283 Abs. 1 Nr. 2 Alt. 2 nur auf die Unwirtschaftlichkeit der Ausgaben, aber nicht auf deren allgemeine Ordnungswidrigkeit abstellt, ist keine Verwerflichkeits-, sondern allein eine Wirtschaftlichkeitsprüfung anzustellen, die durchaus ergeben kann, dass der Schmiergeldeinsatz ökonomisch nützlich war. Allerdings werden Schmiergelder regelmäßig iSd Abs. 1 Nr. 1 beiseite geschafft (→ Rn. 25).

33   **6. Spiel und Wette.** Spiel und Wette sind in § 283 Abs. 1 Nr. 2 im zivilrechtlichen Sinn des § 762 BGB zu verstehen (wohl einhM; s. zB Fischer Rn. 12). Hierunter fällt auch die Beteiligung am Fußballtoto (LK-StGB/*Tiedemann* Rn. 63), an Sportwetten, am Zahlenlotto (Lackner/Kühl/*Heger* Rn. 13) oder an anderen Lotterien (RGSt 27, 181) sowie an progressiven Kundenwerbungen nach dem sog Schneeballsystem oder mittels Kettenbriefaktionen (NK-StGB/*Kindhäuser* Rn. 35; MüKoStGB/*Radtke*/*Petermann* Rn. 29), nicht dagegen das sog Börsenspiel (RGSt 15, 279).

34   **7. Verbrauchen oder Schuldigwerden übermäßiger Beträge durch unwirtschaftliche Ausgaben, Spiel oder Wette.** Der Schuldner muss durch unwirtschaftliche Ausgaben, Spiel oder Wette übermäßige Beträge verbrauchen oder schuldig werden, wobei die Übermäßigkeit aber nur bei Spiel und Wette eigenständige Bedeutung erlangt, da sie bei den Ausgaben mit deren Unwirtschaftlichkeit gleichzusetzen ist. Sie ist dementsprechend zu definieren als Mitteleinsatz, der angesichts der konkreten wirtschaftlichen Lage des Täters nicht zu rechtfertigen ist und zu seinem Vermögen nicht mehr in einem angemessenen Verhältnis steht (→ Rn. 32 mwN). Verbraucht sind die Beträge dann, wenn sie tatsächlich ausgegeben wurden (einhM; s. zB RG GA 1917, 115; SK-StGB/*Hoyer* Rn. 48). Schuldig geworden ist der Täter die Beträge, wenn er sein Vermögen mit einklagbaren Verbindlichkeiten belastet hat (hM; s. zB BGHSt 22, 360; Schönke/Schröder/*Heine*/*Schuster* Rn. 15; SK-StGB/*Hoyer* Rn. 48; NK-StGB/*Kindhäuser* Rn. 38; Lackner/Kühl/*Heger* Rn. 13; LK-StGB/*Tiedemann* Rn. 69). Entgegen der älteren Rspr. (RGSt 22, 12; ihr folgend Fischer Rn. 13) stellt die Begründung von Naturalobligationen kein Schuldigwerden iSd § 283 Abs. 1 Nr. 2 dar, da sie deren Gläubigern im Konfliktfall nicht dient und den übrigen Gläubigern nicht schadet. Zudem ist anzunehmen, dass der Gesetzgeber für den Bankrotttatbestand zwei unterschiedliche Schuldenbegriffe etablieren und beim Schuldigwerden auch unvollkommene, bei der Bestimmung der Schuldnereigenschaft hingegen nur durchsetzbare Verbindlichkeiten erfassen wollte (LK-StGB/*Tiedemann* Rn. 69). Bei Spiel und Wette läuft daher die Variante des Schuldigwerdens weitgehend leer; dies gilt auch, wenn zur Erfüllung einer Naturalobligation ein Scheck hingegeben wird, es sei denn, der Schuldner würde durch einen Dritten, der den Scheck gutgläubig erworben hat, tatsächlich in Anspruch genommen (LK-StGB/*Tiedemann* Rn. 69; weitergehend SK-StGB/*Hoyer* Rn. 48; Schönke/Schröder/*Heine*/*Schuster* Rn. 15: Möglichkeit der Inanspruchnahme durch den gutgläubigen Erwerber bedeutet Schuldigwerden).

III. Verschleudern von kreditierten Waren oder Wertpapieren (Abs. 1 Nr. 3)

1. Beschaffen von Waren oder Wertpapieren auf Kredit. Die zweiaktige (Schönke/Schröder/ **35** *Heine* Rn. 19) Tathandlung des § 283 Abs. 1 Nr. 3 beginnt mit dem Beschaffen von Waren oder Wertpapieren, wobei unter Waren nach der Legaldefinition des § 1 Abs. 2 Nr. 1 aF HGB alle beweglichen Sachen einschließlich Devisen (→ Rn. 29) zu verstehen sind, die Gegenstand des Handelsverkehrs sind bzw. sein können (LK-StGB/*Tiedemann* Rn. 73). Wertpapiere iSd Tatbestands sind nur solche, bei denen das Recht aus dem Papier dem Recht am Papier folgt (Wertpapiere ieS, wie zB Aktien, Inhaberschuldverschreibungen, Wechsel, uÄ). Papiere, die das Recht nicht verkörpern, sondern lediglich verbriefen und bei denen daher das Recht am Papier dem Recht aus dem Papier folgt (etwa Hypothekenbriefe) sind dagegen nicht von § 283 Abs. 1 Nr. 3 erfasst; dies ergibt der Vergleich mit den Waren, da nur die Wertpapiere ieS wie diese Gegenstand eines Handelskauf iSd §§ 373 ff. HGB sein können (LK-StGB/*Tiedemann* Rn. 74). Den auf Kredit erworbenen Waren stellt das Gesetz ausdrücklich solche Sachen gleich, die aus ihnen (also insbesondere aus Rohstoffen) hergestellt sind. Gemeint ist damit die Herstellung durch den Schuldner oder in dessen Auftrag und zwar auch dann, wenn hierbei neben den kreditierten auch andere Waren mit verarbeitet wurden (Schönke/Schröder/*Heine*/*Schuster* Rn. 21; MüKoStGB/*Radtke*/*Petermann* Rn. 35; LK-StGB/*Tiedemann* Rn. 76a).

Die Waren oder Wertpapiere sind beschafft, wenn der Schuldner sie rechtsgeschäftlich erworben und **36** mindestens den Besitz an ihnen erlangt hat (Schönke/Schröder/*Heine*/*Schuster* Rn. 19). Nicht ausreichend ist dafür der bloße Vertragsschluss (RGSt 72, 190; NK-StGB/*Kindhäuser* Rn. 46; MüKoStGB/ *Radtke*/*Petermann* Rn. 33), nicht erforderlich dagegen der Eigentumserwerb durch den Schuldner, weshalb auch unter Eigentumsvorbehalt gekaufte und noch nicht (voll) bezahlte Waren verschleudert werden können (BGHSt 9, 84; Lackner/Kühl/*Heger* Rn. 14; MüKoStGB/*Radtke*/*Petermann* Rn. 33; LK-StGB/*Tiedemann* Rn. 75; Dannecker/Knierim/Hagemeier InsStrafR/*Knierim*/*Smok* Rn. 980; aA noch RGSt 66, 176; 72, 188). Darin liegt kein Wertungswiderspruch zu § 283 Abs. 1 Nr. 1, in dessen Rahmen nur solche Gegenstände beiseite geschafft etc werden können, die Bestandteil der Insolvenzmasse sind (→ Rn. 9 ff.). Denn der Strafgrund des § 283 Abs. 1 Nr. 3 liegt nicht in der Verringerung des Vermögensstandes durch Weggabe der Waren bzw. Wertpapiere als solcher (die ohnehin bereits in Abs. 1 Nr. 1 und ggf. auch Nr. 2 erfasst ist), sondern in der sich erst aus der Verschleuderung resultierenden Gefahr, dass sich der Schuldner der notwendigen Mittel für die Rückführung der erhaltenen Kredite begibt (Schönke/Schröder/*Heine*/*Schuster* Rn. 19). Nur dieser von den Eigentumsverhältnissen unabhängige Strafgrund erklärt hinreichend die Beschränkung des § 283 Abs. 1 Nr. 3 auf kreditierte Waren bzw. Wertpapiere.

Waren oder Wertpapiere sind kreditiert iSd § 283 Abs. 1 Nr. 3, wenn sie im Zeitpunkt der Ver- **37** äußerung oder sonstigen Abgabe noch nicht vollständig bezahlt sind (RGSt 72, 187 (190); LK-StGB/ *Tiedemann* Rn. 76); schon die Einräumung eines kurzen Zahlungsziels von 30 Tagen durch den Lieferanten stellt daher eine Kreditvergabe dar, sofern dieses Zahlungsziel im Veräußerungszeitpunkt noch nicht erreicht ist (Fischer Rn. 14; LK-StGB/*Tiedemann* Rn. 76). Sind dagegen die veräußerten Waren oder Wertpapiere bezahlt, scheidet § 283 Abs. 1 Nr. 3 auch dann aus, wenn die Bezahlung nur durch die Aufnahme eines weiteren Kredits ermöglicht wurde; allerdings kann dann ein Verlustgeschäft iSd Abs. 1 Nr. 2 oder eine andere Vermögensverringerung gem. Abs. 1 Nr. 8 vorliegen (LK-StGB/ *Tiedemann* Rn. 76). Für die Anwendung des § 283 Abs. 1 Nr. 3 ist es gleichgültig, ob der Kredit auf rechtlich einwandfreie Weise oder etwa durch Betrug erlangt wurde (RGSt 66, 176; Schönke/Schröder/ *Heine*/*Schuster* Rn. 19).

2. Veräußerung oder sonstige Abgabe erheblich unter Wert (Verschleuderung). Die auf Kredit **38** beschafften Wertpapiere, Waren oder aus letzteren hergestellten Sachen müssen erheblich unter ihrem Wert veräußert oder sonst abgegeben werden. Unter dem Veräußern ist dabei jeder Übertragungsakt zu verstehen, bei dem der Täter seine Rechte an dem betreffenden Gegenstand aufgibt, unabhängig davon, ob dies entgeltlich oder unentgeltlich geschieht (ganz hM; s. zB RGSt 48, 218; Schönke/Schröder/ *Heine*/*Schuster* Rn. 21; SK-StGB/*Hoyer* Rn. 56; NK-StGB/*Kindhäuser* Rn. 47; Lackner/Kühl/*Heger* Rn. 14; MüKoStGB/*Radtke*/*Petermann* Rn. 35; LK-StGB/*Tiedemann* Rn. 77; aA Fischer Rn. 14: nur entgeltliche Übereignung). Eine sonstige Abgabe liegt vor bei bloßer Besitzüberlassung ohne Eigentumsübertragung (Lackner/Kühl/*Heger* Rn. 14; LK-StGB/*Tiedemann* Rn. 77), Verpfändung (RGSt 48, 218) oder Bestellung eines kaufmännischen Zurückbehaltungsrechts für einen Dritten (Schönke/Schröder/ *Heine*/*Schuster* Rn. 21; NK-StGB/*Kindhäuser* Rn. 47).

Maßstab für die Verschleuderung ist nicht der Einkaufs- (RGSt 47, 61; NK-StGB/*Kindhäuser* Rn. 48; **39** Lackner/Kühl/*Heger* Rn. 14), sondern der übliche Verkaufswert, der im Regelfall mit dem Marktwert identisch ist (RGSt 72, 190; MüKoStGB/*Radtke*/*Petermann* Rn. 35; LK-StGB/*Tiedemann* Rn. 78); ausschlaggebend ist dabei der Wert im Veräußerungs- bzw. Abgabezeitpunkt (Schönke/Schröder/*Heine*/ *Schuster* Rn. 22). Verschleudert ist die Ware oder das Wertpapier dabei dann, wenn selbst der niedrigste übliche Marktpreis noch um mindestens 10 % unterschritten wird und der Täter bei der Veräußerung oder Abgabe (nicht notwendigerweise auch schon beim Erwerb; Schönke/Schröder/*Heine*/*Schuster* Rn. 21) mit entsprechendem Verschleuderungswillen handelt. Der Absicht des Schuldners, mit der

Verschleuderung die Insolvenzverfahrenseröffnung hinauszuschieben, bedarf es dabei aber nicht (Schönke/Schröder/*Heine*/*Schuster* Rn. 21).

40   **3. Verstoß gegen die Anforderungen einer ordnungsgemäßen Wirtschaft.** Auch § 283 Abs. 1 Nr. 3 erfordert einen Verstoß gegen die Anforderungen einer ordnungsgemäßen Wirtschaft, an dem es ausnahmsweise fehlen kann, wenn etwa die Ware zu verderben droht (LK-StGB/*Tiedemann* Rn. 79), die Veräußerung Teil wirtschaftlich gebotener und wettbewerbsrechtlich zulässiger Marketingaktionen (zB Räumungsverkäufen, Lockvogelangeboten oder Markteinführungen; Fischer Rn. 15; MüKoStGB/*Radtke*/*Petermann* Rn. 36; *Göhler*/*Wilts* DB 1976, 1660) ist oder ein Preissturz nahe bevorsteht (Lackner/Kühl/*Heger* Rn. 14; *Klug* JZ 1957, 463). Wird die Ware zwar unter Wert veräußert, hiermit aber gleichwohl ein Gewinn erwirtschaftet (zB weil sie auch zu Dumpingpreisen eingekauft wurde), ist dies im Regelfall ordnungsgemäß, da dann dem Grundgebot jedes gewinnorientierten Wirtschaftens Genüge getan ist; etwas anderes kann allenfalls dann gelten, wenn im konkreten Fall auf einen höheren Gewinn verzichtet wird, der sicher und ohne jeden Mehraufwand hätte erzielt werden können (zB indem ein entsprechendes Kaufangebot ignoriert wird; aA Schönke/Schröder/*Heine*/*Schuster* Rn. 23; SK-StGB/*Hoyer* Rn. 58, Lackner/Kühl/*Heger* Rn. 14; *Klug* JZ 1957, 463: stets ordnungsgemäß; NK-StGB/*Kindhäuser* Rn. 48; *Krause,* Ordnungsgemäßes Wirtschaften und Erlaubtes Risiko. Grund- und Einzelfragen des Bankrotts, 1995, 137: nie ordnungsgemäß).

IV. Vortäuschen oder Anerkennen von Rechten (Abs. 1 Nr. 4)

41   **1. Vortäuschen von Rechten.** Rechte anderer, dh Forderungen, sonstige schuldrechtliche Ansprüche oder dingliche Rechte (BR-Drs. 5/75, 35; RGSt 64, 311), werden vorgetäuscht, wenn sich der Schuldner gegenüber einem Dritten (der nicht sein Gläubiger zu sein braucht; es kann sich zB auch um den Insolvenzverwalter oder das Insolvenzgericht handeln) auf sie beruft, obwohl sie in Wahrheit nicht bestehen (BGH GA 1953, 74; Schönke/Schröder/*Heine*/*Schuster* Rn. 25; Lackner/Kühl/*Heger* Rn. 15). Vorgetäuscht werden kann ein Recht, das überhaupt nicht, nur teilweise (zB ein Rückzahlungsanspruch samt Zinsen aus einem in Wahrheit unverzinslichen Darlehen; Schönke/Schröder/*Heine*/*Schuster* Rn. 25), noch nicht oder nicht mehr (etwa ein Anspruch aus einem vor- oder rückdatierten Vertrag; Schönke/Schröder/*Heine*/*Schuster* Rn. 25: rückdatierter Arbeitsvertrag) oder nicht mit der behaupteten Qualität (insbesondere mit dem Charakter eines Insolvenzvorrechts; BR-Drs. 5/75, 35) besteht; ebenfalls ausreichend ist das Vortäuschen der Durchsetzbarkeit eines Rechts (LK-StGB/*Tiedemann* Rn. 84: Verschweigen der rechtskräftigen Abweisung einer Zahlungsklage). Hingegen handelt es sich nicht um ein Vortäuschen, wenn lediglich ein falscher Schuldgrund genannt wird, der die Qualität des Rechts nicht verändert (SK-StGB/*Hoyer* Rn. 60; BGH LM Nr. 14 zu § 239 KO), ein ursprünglich nicht bestehendes Recht als erloschen verbucht (RGSt JR 1928, 1548; Schönke/Schröder/*Heine*/*Schuster* Rn. 25; diff. LK-StGB/*Tiedemann* Rn. 86, der insbesondere Verschleierungshandlungen von Gesellschafter-Geschäftsführern unter § 283 Abs. 1 Nr. 4 subsumiert) oder lediglich auf eine Nichtschuld bezahlt wird (Fischer Rn. 18); in diesen Fällen kommen aber andere Varianten des § 283 Abs. 1, insbesondere die Nr. 1 und Nr. 8, in Betracht. Konkludentes Vortäuschen ist ohne weiteres möglich, sofern es sich an einen Adressaten wendet, dem die Täuschung auch zugeht (Schönke/Schröder/*Heine*/*Schuster* Rn. 25). Vortäuschen durch Unterlassen erfordert eine Rechtspflicht zur Aufklärung (LK-StGB/*Tiedemann* Rn. 84). Vollendet ist die Tat mit dem Zugang der täuschenden Erklärung beim Adressaten; der Geltendmachung des angeblichen Rechts im Insolvenzverfahren bedarf es nicht (RGSt 62, 288; Fischer Rn. 17; Schönke/Schröder/*Heine*/*Schuster* Rn. 24; NK-StGB/*Kindhäuser* Rn. 50). Obwohl es nicht zu einer tatsächlichen Beeinträchtigung der Gläubigerinteressen, insbesondere in Form einer geringeren Befriedigungsquote, zu kommen braucht, fallen völlig ungeeignete Handlungen, die nicht einmal zu einer Gefährdung der Gläubiger führen können (zB das Anerkennen fiktiver Rechte eines fiktiven Gläubigers), gleichwohl nicht unter § 283 Abs. 1 Nr. 4 (hM; s. zB Schönke/Schröder/*Heine*/*Schuster* Rn. 24).

42   **2. Anerkennen erdichteter Rechte.** Erdichtet und anerkannt ist ein Recht, wenn es vom Schuldner und dem angeblichen Gläubiger mittels korrespondierender Erklärungen (nicht notwendig aber eines Vertrages gem. § 781 BGB; Schönke/Schröder/*Heine*/*Schuster* Rn. 26) erfunden wird (BGH GA 1953, 74; LK-StGB/*Tiedemann* Rn. 85; ähnl. Fischer Rn. 18). Das Erdichten und Anerkennen unterscheidet sich damit vom Vortäuschen nur insoweit, als es sich auf das Zwei-Personen-Verhältnis zwischen dem Schuldner und dem Gläubiger beschränkt und keiner Kundgabe gegenüber einem Dritten bedarf (RGSt 62, 288); im Übrigen unterliegt es aber denselben Voraussetzungen (→ Rn. 41). Ein Erdichten und Anerkennen durch Unterlassen ist nur in sehr engen Grenzen möglich, etwa dann, wenn der Schuldner ausnahmsweise Beschützergarant seiner Gläubiger oder Überwachergarant für den Gläubiger ist, der auf das betreffende Recht pocht (ähnl. SK-StGB/*Hoyer* Rn. 63; MüKoStGB/*Radtke*/*Petermann* Rn. 41; LK-StGB/*Tiedemann* Rn. 88; weitergehend Fischer Rn. 18; Schönke/Schröder/*Heine*/*Schuster* Rn. 26; Müller-Gugenberger WirtschaftsStR/*Richter* § 83 Rn. 44: bloßes Unterlassen von Einwendungen oder Rechtsmitteln im Prozess ist Anerkennen). Die Anerkennung braucht nicht im Insolvenzverfahren zu erfolgen (BGH LM Nr. 2 zu § 239 KO). Da das Nichtbestehen oder gar die bloße Nichtdurchsetzbarkeit eines Rechts noch nicht für ein Erdichten ausreicht, fällt die Anerkennung aus Kulanzgründen nicht unter § 283 Abs. 1 Nr. 4 (BR-Drs. 5/75, 35; Fischer Rn. 18; Schönke/Schröder/*Heine*/*Schuster* Rn. 27; LK-StGB/*Tiedemann* Rn. 83). Hingegen kann die Abgabe einer falschen eidesstattlichen Versicherung gem. § 98 InsO die Anerkennung eines erdichteten Rechts beinhalten, sofern sie mit dem Scheingläubiger abgestimmt ist (RGSt 64, 43, MüKoStGB/*Radtke*/*Petermann* Rn. 39).

V. Unterlassenes oder mangelhaftes Führen von Handelsbüchern (Abs. 1 Nr. 5)

1. Buchführungspflicht. § 283 Abs. 1 Nr. 5 setzt ausdrücklich die gesetzliche Pflicht des Täters zur **43** Führung von Handelsbüchern voraus, womit die handelsrechtliche, nicht etwa die steuer- oder gewerberechtliche Buchführungspflicht gemeint ist (wohl einhM; s. zB Schönke/Schröder/*Heine*/*Schuster* Rn. 29), die sich aus §§ 238 ff. HGB, §§ 41 ff. GmbHG, §§ 150 u. 152 AktG, § 33 Abs. 1 GenG und §§ 1, 5 u. 11 PublizitätsG ergibt. Buchführungspflichtig ist gem. § 238 Abs. 1 HGB jeder Kaufmann, also jeder Betreiber eines Handelsgewerbes iSd § 1 Abs. 1 HGB. Handelsgewerbe wiederum ist jeder Gewerbebetrieb, der nach seiner Art oder seinem Umfang einen in kaufmännischer Weise eingerichteten Geschäftsbetrieb erfordert (Umkehrschluss aus § 1 Abs. 2 HGB). Seit Inkrafttreten des BilMoG sind allerdings auch solche Einzelkaufleute von der Buchführungspflicht befreit, die zwar ein kaufmännisch eingerichtetes Gewerbe betreiben, damit jedoch an zwei aufeinanderfolgenden Abschlussstichtagen jeweils nicht mehr als 500.000 EUR Umsatzerlöse und 50.000 EUR Jahresüberschuss erwirtschaften (§ 241a HGB). Kleingewerbetreibende sowie Land- und Forstwirte (s. § 3 HGB) werden erst mit ihrer freiwilligen Eintragung ins Handelsregister zu buchführungspflichtigen Kaufleuten (§ 2 HGB) und damit auch zu tauglichen Tätern des § 283 Abs. 1 Nr. 5 (Fischer Rn. 19; Schönke/Schröder/*Heine*/*Schuster* Rn. 29; LK-StGB/*Tiedemann* Rn. 96). Der Fiktivkaufmann iSd § 5 HGB kann dagegen nicht Täter des § 283 Abs. 1 Nr. 5 (möglicherweise aber der Nr. 6; → Rn. 51) sein, da er schon handelsrechtlich nicht zur Buchführung verpflichtet ist (hM im Handelsrecht; s. zB MüKoHGB/*Lieb* HGB § 5 Rn. 6 mwN) und zudem lediglich einer Rechtsscheinshaftung unterliegt, die dem Strafrecht wesensfremd ist (wohl einhM im Strafrecht; s. zB MüKoStGB/*Radtke*/*Petermann* Rn. 43; wohl aA aus bilanzrechtlicher Sicht Hoyos/*Budde*/*Kunz* HGB § 238 Rn. 5 u. 56). Inländische Handelsgesellschaften sind sog Formkaufleute (s. § 6 HGB) und als solche auch dann gem. § 238 HGB buchführungspflichtig, wenn sie sich einer ausländischen oder europäischen Rechtsform (SE, Limited uÄ) bedienen (Schönke/Schröder/*Heine*/*Schuster* Rn. 29; *Radtke*/*Hoffmann* EuZW 2009, 406; aA *Rönnau* ZGR 2005, 850; *Schuster*, Das Verhältnis von Strafnormen und Bezugsnormen aus anderen Rechtsgebieten, 2013, 365 f.); eine als GmbH gegründete Gesellschaft ist dabei schon vor ihrer Eintragung ins Handelsregister buchführungspflichtig, wenn sie unter einer gemeinschaftlichen Firma ein Handelsgewerbe betreibt und nicht unter die Ausnahmevorschrift des § 1 Abs. 2 HGB fällt (BGHSt 3, 24). Darüber hinaus erstreckt sich die Buchführungspflicht des § 238 HGB auch auf ausländische Kaufleute mit Zweigstellen in Deutschland, wobei die Buchführung aber nur für die deutschen Niederlassungen zu erfolgen braucht (Schönke/Schröder/*Heine*/*Schuster* Rn. 29; Müller-Gugenberger WirtschaftsStR/*Richter* § 85 Rn. 14). Umgekehrt können sich deutsche Kaufleute auch dann gem. § 283 Abs. 1 Nr. 5 strafbar machen, wenn sie ausländische Buchführungspflichten verletzen (OLG Karlsruhe NStZ 1985, 317 mAnm *Liebelt* NStZ 1989, 182; Schönke/Schröder/*Heine*/*Schuster* Rn. 29; Dannecker/Knierim/Hagemeier InsStrafR/*Dannecker*/*Hagemeier* Rn. 1070). Das Strafurteil muss Feststellungen sowohl zur Kaufmannseigenschaft des Täters wie auch zu seiner daraus resultierenden Buchführungspflicht enthalten (BGH GA 1964, 136).

Bei Kapitalgesellschaften, anderen juristischen Personen und sonstigen Vereinigungen mit Buchfüh- **44** rungspflicht ergibt sich aus der Zurechnungsnorm des § 14 sowie den darin in Bezug genommenen Bestimmungen des Zivilrechts, welche konkreten natürlichen Personen die strafrechtliche Verantwortung für eine Pflichtverletzung tragen (ausführlich → Vorb. §§ 283–283d Rn. 12 ff.). Bei der oHG oder der KG sind alle persönlich haftenden Gesellschafter buchführungspflichtig, soweit sie nicht gem. § 144 Abs. 2 HGB von der Geschäftsführung ausgeschlossen sind; die Kommanditisten sind keine Kaufleute im handelsrechtlichen Sinne und daher auch nicht buchführungspflichtig (RGSt 69, 69). Der Buchführungspflichtige (sei es der Kaufmann selbst oder die Organe bzw. Vertreter, die seine Pflichtenstellung ausfüllen) braucht die Handelsbücher nicht selbst zu führen, sondern kann diese Tätigkeit auf Dritte delegieren. Der Delegierte rückt dann ebenfalls als tauglicher Täter in die Position des Delegierenden ein. Letzterer kann sich mit der Delegierung freilich nicht vollständig von seinen strafbewehrten Pflichten befreien, sondern bleibt für die sorgfältige Auswahl und Überwachung seiner Hilfspersonen verantwortlich (RGSt 58, 305; BayObLG wistra 2001, 478), wobei dabei aber im Regelfall lediglich eine Fahrlässigkeitshaftung (§ 283 Abs. 5) in Betracht kommen wird (Schönke/Schröder/*Heine*/*Schuster* Rn. 32). Ist einem von mehreren Gesellschaftern einer oHG die Buchführung übertragen worden, so haben die anderen einzugreifen und für eine ordnungsgemäße Buchführung zu sorgen, wenn er seine Pflicht vernachlässigt (RGSt 45, 387; SK-StGB/*Hoyer* Rn. 71; LK-StGB/*Tiedemann* Rn. 101a); ein GmbH-Geschäftsführer, der die Zahlungsschwierigkeiten seiner Gesellschaft kennt, hat sich auch dann der Ordnungsgemäßheit der Buchführung zu versichern, wenn diese an sich nicht in sein Ressort fällt (BGH StV 1999, 26). Ein Scheingeschäftsführer kann sowohl von der Buchführungs- wie auch von der

Kontrollpflicht befreit sein, wenn er keinerlei entsprechende Einflussmöglichkeiten hat (KG wistra 2002, 313; Fischer Rn. 20; aA Schönke/Schröder/*Heine*/*Schuster* Rn. 48 für die Bilanzierung; *Maurer* wistra 2003, 174; *Rönnau* NStZ 2003, 525).

45   Welche konkreten Bücher nach welchem System zu führen sind, legt das Handels- bzw. Gesellschaftsrecht nicht fest. Es enthält aber die Minimalanforderung, wonach die Bücher in einer lebenden Sprache mit verständlichen Abkürzungen (§ 239 Abs. 1 HGB) und nachvollziehbaren Veränderungen (§ 239 Abs. 3 HGB) vollständig, richtig, zeitgerecht und geordnet (§ 239 Abs. 2 HGB) zu führen sind und die Handelsgeschäfte des Kaufmanns sowie die Lage seines Vermögens ersichtlich machen (§ 238 Abs. 1 HGB) müssen. Nur wenn diesen Anforderungen genügt wird, sind die Bücher auch iSd § 283 Abs. 1 Nr. 5 ordnungsgemäß geführt (RGSt 25, 38). Ein bestimmtes System ist dafür nicht vorgegeben (RGSt 25, 37), weshalb etwa eine doppelte Buchführung nicht zwingend ist (Schönke/Schröder/*Heine*/*Schuster* Rn. 32). Eine Loseblattsammlung oder eine Kartei (zu letzterer BGH LM Nr. 10 zu § 239 KO; s. auch BGHSt 14, 264) kann ausreichen, nicht jedoch Eintragungen auf nicht zusammengefassten losen Zetteln (RGSt 50, 132). Nach § 239 Abs. 4 HGB können Handelsbücher auch in der geordneten Ablage von Belegen bestehen oder auf Datenträgern geführt werden, wobei dann allerdings die Möglichkeit bestehen muss, die Daten jederzeit binnen angemessener Frist lesbar zu machen (s. dazu BGH NStZ 1998, 247; Schönke/Schröder/*Heine*/*Schuster* Rn. 32; LK-StGB/*Tiedemann* Rn. 95). Die Buchführung muss Aufschluss über Einnahmen und Ausgaben sowie die ihnen zugrunde liegenden Geschäfte geben, die nach Erfüllungsgeschäften (nicht nach bloßen Verpflichtungsgeschäften; LK-StGB/*Tiedemann* Rn. 112) einzeln zu buchen sind. Als Vermögen ist bei Handelsgesellschaften nur das Gesellschaftsvermögen zu erfassen (Schönke/Schröder/*Heine*/*Schuster* Rn. 34). Den Buchungen sind gesondert aufzubewahrende (BGH NJW 1954, 1010) Belege zugrunde zu legen. Lieferscheinblocks sind Handelsbücher, wenn nur in ihnen die Warenbewegungen des Kaufmanns ersichtlich sind (BGH NJW 1955, 394). Zu den Handelsbüchern gehört auch das Verwahrungsbuch, das der Wertpapierverwahrer gem. § 14 DepotG zu führen hat (NK-StGB/*Kindhäuser* Rn. 55; enger LK-StGB/*Tiedemann* Rn. 91: nur das sog persönliche Depotbuch). Dagegen sind Aufzeichnungen, die nur die Grundlage für die Eintragungen in den Handelsbüchern bilden, nicht schon selbst als Handelsbücher anzusehen (BGHSt 4, 275). Ebenfalls keine Handelsbücher sind das Tagebuch des Handelsmaklers (§ 100 HGB) und das Aktienbuch (§ 67 AktG).

46   **2. Unterlassen der Buchführung.** Das echte Unterlassungsdelikt des § 283 Abs. 1 Nr. 5 Alt. 1 ist nicht erst dann verwirklicht, wenn niemals irgendwelche Bücher (hierzu zB BGH NStZ 1995, 347; Fischer Rn. 22) geführt werden, sondern schon dann, wenn die Buchführung entweder erst nach mindestens einem Geschäftsjahr aufgenommen oder nachgeholt wird (RGSt 49, 277; MüKoStGB/*Radtke*/*Petermann* Rn. 47; ähnl. Schönke/Schröder/*Heine*/*Schuster* Rn. 33: Lücke für längere, deutlich unterscheidbare Zeiträume erheblicher Art) oder eine zunächst vorhandene Buchführung für einen entsprechend langen Zeitraum nicht mehr weiter geführt wird (NK-StGB/*Kindhäuser* Rn. 59; *Schäfer* wistra 1986, 201). Denn derart lange Lücken in der Buchführung machen jede sinnvolle Rekonstruktion des Vermögensstandes faktisch unmöglich und stehen daher in ihren Konsequenzen dem dauernden Totalausfall der Buchführung gleich. Unterbleibt nur die Führung einzelner Handelsbücher (RGSt 49, 277; BGHSt 4, 274) oder werden sämtliche oder einige Bücher nur vorübergehend (dh unterjährig) nicht geführt (RG GA 1914, 115), handelt es sich dagegen noch nicht um ein Unterlassen iSd § 283 Abs. 1 Nr. 5, regelmäßig aber um einen Buchführungsmangel, der ebenfalls unter diese Vorschrift fällt.

47   Da rechtliches Sollen stets tatsächliches Können voraussetzt, ist das Unterlassen der Buchführung nicht pflichtwidrig, wenn diese dem Täter faktisch unmöglich ist (BGHSt 28, 232; OLG Düsseldorf wistra 1998, 361), etwa weil ihm selbst die erforderlichen Fähigkeiten fehlen und ihm für die Beauftragung geeigneter Dritte keine ausreichenden finanziellen Mittel zur Verfügung stehen. Dies gilt allerdings nicht, wenn sich der Täter schuldhaft in die Situation aktueller Unmöglichkeit versetzt hat (sog omissio libera in causa; s. Fischer Rn. 29a; *Renzikowski* FS Weber, 1986, 334 f.; einschränkend LK-StGB/*Tiedemann* Rn. 119; *Hillenkamp* FS Tiedemann, 2008, 966 f.; zum Ganzen auch *Hagemeier* NZWiSt 2012, 105), indem er etwa die Geldreserven für die Bezahlung eines Buchhalters verschleudert oder im Wege inkongruenter Deckung gem. § 283c weggegeben hat (Schönke/Schröder/*Heine*/*Schuster* Rn. 33). Nicht per se schuldhaft ist es dagegen, dass er seine Buchhaltungspflicht durch Gründung des Unternehmens oder seinen Eintritt in dieses aus freien Stücken begründet (Schönke/Schröder/*Heine*/*Schuster* Rn. 48 für die Übernahme der Bilanzierungspflicht; aA *Schlüchter* JR 1979, 513) bzw. sich überhaupt in die wirtschaftliche Krise manövriert hat. Zwar macht auch die längerfristige Unmöglichkeit, der Buchführungspflicht selbst oder mit Hilfe Dritter zu genügen, die Unterlassung nicht pflichtwidrig, jedoch kann in diesen Fällen das Weiterführen der buchführungspflichtigen Tätigkeit eine eigenständige, von § 283 Abs. 1 Nr. 8 erfasste Pflichtwidrigkeit begründen (Schönke/Schröder/*Heine*/*Schuster* Rn. 33; SK-StGB/*Hoyer* Rn. 73; LK-StGB/*Tiedemann* Rn. 120; *Beckemper* JZ 2003, 807; *Schäfer* wistra 1986, 204, *Schlüchter* JR 1979, 515).

48   **3. Mangelhafte Buchführung. a) Mangelhafte Führung oder Veränderung der Bücher.** Dem vollständigen Unterlassen der Buchführung stellt § 283 Abs. 1 Nr. 5 das mangelhafte Führen der

Handelsbücher sowie deren Veränderung gleich, sofern dadurch die Übersicht über den Vermögensstand des Schuldners erschwert wird. Mangelhaft ist die Buchführung dabei dann, wenn sie nicht den Grundsätzen der §§ 238, 239 HGB entspricht, insbesondere nicht vollständig, richtig, zeitgerecht oder geordnet erfolgt (§ 239 Abs. 2 HGB), zB weil Geschäftsvorgänge nicht der Zeitfolge entsprechend, nicht fortlaufend oder nicht zeitnah gebucht, Vermögensbestandteile falsch bewertet (RGSt 39, 219) oder falsche Belege angefertigt werden (BGH GA 1956, 348; Schönke/Schröder/*Heine/Schuster* Rn. 34; NK-StGB/*Kindhäuser* Rn. 62).

Das Handelsrecht verbietet die nachträgliche Veränderung der Handelsbücher nur dann, wenn sie **49** nicht als solche zu erkennen ist und/oder die Feststellbarkeit des ursprünglichen Inhalt beseitigt (§ 239 Abs. 3 HGB). Schon um Wertungswidersprüche zwischen den einzelnen Rechtsgebieten zu vermeiden, kann deshalb auch das Strafrecht nur die handelsrechtwidrige Veränderung pönalisieren; den Charakter einer Verfälschung iSd § 267 braucht diese aber nicht haben (Schönke/Schröder/*Heine/Schuster* Rn. 35; LK-StGB/*Tiedemann* Rn. 107).

b) Erschwerung der Übersicht über den Vermögensstand. § 283 Abs. 1 Nr. 5 erfasst nicht die **50** mangelhafte Buchführung als solche, sondern greift erst ein, wenn durch sie die Übersicht über den Vermögensstand des Schuldners erschwert wird, sich also auch ein Sachverständiger diese Übersicht entweder überhaupt nicht mehr oder nur mit erheblicher Mühe und großem Zeitaufwand verschaffen kann (RGSt 47, 312; BGH NStZ 2000, 36; NK-StGB/*Kindhäuser* Rn. 64; MüKoStGB/*Radtke/Petermann* Rn. 49; *Rönnau* NStZ 2003, 531). Dies ist nicht schon dann der Fall, wenn lediglich einzelne Geschäftsvorfälle nicht verbucht, die Belege zu ihnen aber vorhanden sind (BGH GA 1959, 341), Buchungsänderungen durch Aktenvermerke belegt werden (BGH NStZ 2003, 327) oder ein erfahrener Kaufmann die Buchung ohne weiteres komplettieren könnte (insbesondere, weil lediglich wiederkehrende Aufwendungen in stets gleicher oder vergleichbarer Höhe nicht verbucht wurden; s. RGSt 29, 308; LK-StGB/*Tiedemann* Rn. 118; *Biletzki* NStZ 1999, 539). Eine geordnete Aufbewahrung sämtlicher Belege kann uU die Übersicht über den Vermögensstand auch dann noch gewährleisten, wenn die Bücher zeitweilig nicht geführt wurden (BGH MDR 1980, 455). Die Übersicht über den Vermögensstand braucht im Zeitpunkt des Eintritts einer Strafbarkeitsbedingung des § 283 Abs. 6 nicht weiterhin erschwert zu sein; vielmehr wird der insoweit erforderliche Zusammenhang allein durch das Kriterium der Krisenidentität (→ Vorb. §§ 283–283d Rn. 46 ff.) vermittelt. Zur Erschwerung der Übersicht über den Vermögensstand muss das Strafurteil konkrete Feststellungen enthalten (Schönke/Schröder/*Heine/Schuster* Rn. 37).

VI. Unterdrücken von Handelsbüchern (Abs. 1 Nr. 6)

1. Handelsbücher und sonstige Unterlagen. Der Begriff der Handelsbücher in § 283 Abs. 1 Nr. 6 **51** ist nach Inhalt und Umfang identisch mit demjenigen in § 283 Abs. 1 Nr. 5 (→ Rn. 45). Sonstige Unterlagen iSd Tatbestandes sind solche gem. § 257 HGB, also Inventare und Bilanzen, Gewinn- und Verlustrechnungen, Lageberichte von Kapitalgesellschaften, empfangene Handelsbriefe im Original und versandte in Kopie sowie Buchungsbelege. Wie die Formulierungen „... zu deren Aufbewahrung ein Kaufmann ... verpflichtet ist" und „vor Ablauf der für Buchführungspflichtige bestehenden Aufbewahrungsfristen ..." zeigen, setzt § 283 Abs. 1 Nr. 6 im Unterschied zur Nr. 5 keine Buchführungs- und damit auch keine Aufbewahrungspflicht des Täters voraus (BR-Drs. 5/75, 36). Taugliche Tatobjekte sind daher alle Handelsbücher und sonstige Unterlagen, die tatsächlich – sei es verpflichtend oder freiwillig – geführt werden bzw. vorhanden sind (Schönke/Schröder/*Heine/Schuster* Rn. 39). Und tauglicher Täter kann nicht nur der buchführungspflichtige Kaufmann, sondern jeder Schuldner sein, auch wenn es sich um einen Angehörigen der freien Berufe oder eine Privatperson handelt (hM Fischer Rn. 24; Lackner/Kühl/*Heger* Rn. 19; MüKoStGB/*Radtke/Petermann* Rn. 52; krit. Schönke/Schröder/*Heine/Schuster* Rn. 39). Gegen diese Ausdehnung des Tatbestandes auf Nicht-Kaufleute bestehen dort keine Bedenken, wo es um Bücher und Unterlagen geht, deren Vorhandensein aus einer freien und bewussten Entscheidung des Schuldners resultiert (wie freiwillig geführte Handelsbücher oder freiwillig erstellte Bilanzen uä). Es gibt keinen zwingenden Grund, weshalb der Schuldner nicht auch strafrechtlich an den Konsequenzen dieser Entscheidung festgehalten werden sollte. Bedenken ergeben sich aber für solche Unterlagen, die entweder jeder besitzt, der am Geschäftsleben teilnimmt (wie zB einfache Belege), oder dem Schuldner womöglich sogar gegen seinen Willen aufgedrängt werden (wie zB unverlangte Handelsbriefe; s. Fischer Rn. 24). Insoweit ist es angezeigt, Privatpersonen aus dem Anwendungsbereich des § 283 Abs. 1 Nr. 6 herauszunehmen (Fischer Rn. 24; ähnlich auch Schönke/Schröder/*Heine/Schuster* Rn. 39; weitergehend NK-StGB/*Kindhäuser* Rn. 67 f.; LK-StGB/*Tiedemann* Rn. 121: Private gehören nicht zum Täterkreis des § 283 Abs. 1 Nr. 6). Die bisweilen in der Lit. angesprochene Konstellation des Unterdrückens fremder Handelsbücher oder Unterlagen durch den Schuldner (Schönke/Schröder/*Heine/Schuster* Rn. 39) fällt zwar unter den Wortlaut des § 283 Abs. 1 Nr. 6, dürfte jedoch in den seltensten Fällen die Vermögensinteressen der Gläubiger des handelnden Schuldners berühren und ist daher nur dann strafwürdig, wenn ein krisenbefangener Schuldner die Bücher eines anderen krisenbefangenen Schuldners unterdrückt.

52   **2. Beiseiteschaffen, Verheimlichen, Zerstören, Beschädigen.** § 283 Abs. 1 Nr. 6 enthält mit
dem Beiseiteschaffen, Verheimlichen, Zerstören und Beschädigen nur solche Tatmodalitäten, die auch in
§ 283 Abs. 1 Nr. 1 genannt sind; im einzelnen → Rn. 16–19. Bei elektronisch geführten Handelsbüchern oder elektronisch gespeicherten sonstigen Unterlagen kann ein Verheimlichen isd § 283 Abs. 1
Nr. 6 auch darin liegen, dass über die (Nicht-)Zugänglichkeit der Dateien getäuscht oder deren Lesbarkeit binnen angemessener Zeit verhindert wird (Schönke/Schröder/*Heine/Schuster* Rn. 40; NK-
StGB/*Kindhäuser* Rn. 71). Zerstört sind Bücher auch dann, wenn ihre Ordnung vollständig und
irreparabel aufgelöst wird, etwa durch Zerlegen und Zerstreuen einer Loseblattsammlung (BR-Drs. 5/
75, 36; SK-StGB/*Hoyer* Rn. 76). Sämtliche Handlungsalternativen sind auch dann verwirklicht, wenn
sie nur einen Teil der Handelsbücher oder Unterlagen betreffen (Schönke/Schröder/*Heine/Schuster*
Rn. 40; NK-StGB/*Kindhäuser* Rn. 71; LK-StGB/*Tiedemann* Rn. 125b).

53   Die Tathandlungen des § 283 Abs. 1 Nr. 6 müssen vor dem Ablauf der für Buchführungspflichtige
bestehenden Aufbewahrungsfristen vorgenommen werden, die sich aus § 257 Abs. 4 u. 5 HGB ergeben.
Handelt der Täter zwar in noch offener Aufbewahrungsfrist, aber zugleich nach Einstellung des
Insolvenzverfahrens, ist dies nur dann strafwürdig, wenn im konkreten Fall weiterhin ein berechtigtes
Interesse der Gläubiger am Vorhandensein der Bücher und Unterlagen besteht (BGH GA 1954, 311;
Schönke/Schröder/*Heine/Schuster* Rn. 41; SK-StGB/*Hoyer* Rn. 79; LK-StGB/*Tiedemann* Rn. 123; aA
Bittmann/*Bittmann,* Insolvenzstrafrecht, 2004, § 12 Rn. 385).

54   Wie bei § 283 Abs. 1 Nr. 5 Alt. 2 muss auch bei § 283 Abs. 1 Nr. 6 die Tathandlung die Übersicht
über den Vermögensstand des Schuldners erschweren; im Einzelnen → Rn. 50.

VII. Mangelhafte oder unterlassene Bilanzerstellung
(Abs. 1 Nr. 7a und b)

55   **1. Bilanz und Inventar.** Laufende Bilanz und Eröffnungsbilanz sind in § 242 Abs. 1 HGB legalde-
finiert als der zu Beginn des Handelsgewerbes (= Eröffnungsbilanz) sowie für den Schluss eines jeden
Geschäftsjahrs (= laufende Bilanz) zu erstellende Abschluss, der das Verhältnis des Vermögens und der
Schulden des Kaufmann ausweist. Diese Bilanz im engeren Sinn ist zusammen mit der Gewinn- und
Verlustrechnung (legaldefiniert in § 242 Abs. 2 HGB) Bestandteil des Jahresabschlusses, zu dem bei
Kapitalgesellschaften auch noch ein Anhang (s. §§ 284–288 HGB) gehört und ein Lagebericht (s.
§§ 289 f. HGB) aufzustellen ist (s. § 264 Abs. 1 S. 1 HGB). Für § 283 Abs. 1 Nr. 7 ist jedoch nur die
Bilanz im engeren Sinne relevant, was letztlich schon aus dem Analogieverbot folgt: Der Strafgesetzgeber
hat mit der Wendung „… entgegen dem Handelsrecht …" nicht nur den materiellen Regelungsgehalt,
sondern auch die Begriffsdefinition des Handelsrechts übernommen und damit eine Wortlautgrenze
errichtet, die zu Lasten des Täters nicht übersteigbar ist (LK-StGB/*Tiedemann* Rn. 130). Wer seine
Bilanz isd § 242 Abs. 1 HGB rechtzeitig und ordentlich erstellt und nur seine Gewinn- und Verlustrechnung, den Anhang zum Jahresabschluss oder den Lagebericht mangelhaft oder verspätet liefert,
macht sich daher nicht gem. § 283 Abs. 1 Nr. 7 strafbar.

56   Das Inventar ist das Ergebnis der Inventur und verzeichnet unter Angabe ihres jeweiligen Wertes
sämtliche Immobilien, Forderungen und Schulden, Bargeldbeträge sowie sonstigen Vermögensgegenstände des Kaufmannes. Es ist zu Beginn des Handelsgewerbes und für den Schluss eines jeden Geschäftsjahrs zu erstellen (§ 240 HGB).

57   **2. Mangelhafte Bilanzerstellung.** § 283 Abs. 1 Nr. 7a betrifft nicht das Inventar, sondern nur die
Bilanz, und auch diese nur, wenn der Schulder zu ihrer Erstellung gesetzlich verpflichtet ist. Taugliche
Täter können daher nur Vollkaufleute sein (Schönke/Schröder/*Heine/Schuster* Rn. 44; SK-StGB/*Hoyer*
Rn. 85; NK-StGB/*Kindhäuser* Rn. 76; Lackner/Kühl/*Heger* Rn. 20; MüKoStGB/*Radtke/Petermann*
Rn. 55; LK-StGB/*Tiedemann* Rn. 129). Der Tatbestand ist erfüllt, wenn eine Bilanz aufgestellt, dh
(physisch) angefertigt wird, die nicht den Vorgaben des Handelsrechts, insbesondere den Bilanzierungs-
vorschriften der §§ 242–256a HGB, entspricht und deshalb die Übersicht über den Vermögensstand des
Schuldners erschwert; die Bilanzfeststellung durch den Aufsichtsrat oder die Aktionäre (s. §§ 172, 173
AktG) bzw. die Gesellschafter einer GmbH (s. 46 Nr. 1 GmbHG) ist für § 283 Abs. 1 Nr. 7a ohne
Bedeutung (Schönke/Schröder/*Heine/Schuster* Rn. 44; Bittmann/*Bittmann,* Insolvenzstrafrecht, 2004,
§ 12 Rn. 389). Zu den handelsrechtlichen Bilanzierungsregeln existiert umfangreiche Kasuistik und
Literatur, die an dieser Stelle nicht einmal ansatzweise sinnvoll wiedergegeben werden kann; für sie sei
auf die entsprechenden Spezialkommentare verwiesen. Zur Erschwerung der Übersicht über den Ver-
mögensstand → Rn. 50. Ergeben kann sich die Erschwerung sowohl aus der Unrichtigkeit wie auch aus
der Verschleierung der Bilanzansätze (Schönke/Schröder/*Heine/Schuster* Rn. 44; LK-StGB/*Tiedemann*
Rn. 142), zB in Form der Fingierung, Auslassung oder falschen Bewertung einzelner Bilanzposten auf
der Aktiv- oder Passivseite (BGHSt 30, 289; s. auch *Hartung* NJW 1995, 1190: Verschweigen des
Rangrücktritts eines Gläubigers). Da der Einzelkaufmann nicht verpflichtet ist, sein außerhalb des
Handelsgewerbes liegendes Privatvermögen in die Bilanz aufzunehmen, stellt ein entsprechendes Unter-
lassen auch keine mangelhafte Bilanzierung isd § 283 Abs. 1 Nr. 7a dar (hM; s. Schönke/Schröder/
Heine/Schuster Rn. 44; SK-StGB/*Hoyer* Rn. 86; Lackner/Kühl/*Heger* Rn. 20; MüKoStGB/*Radtke/*

Petermann Rn. 56; LK–StGB/*Tiedemann* Rn. 137; *Muhler* wistra 1996, 126; aA NK–StGB/*Kindhäuser* Rn. 83). Wer für ein Geschäftsjahr sowohl ordnungsgemäße wie auch mangelhafte Bilanzen erstellt (etwa um sich mit Hilfe der letzteren einen Kredit zu erschleichen) genügt seinen handelsrechtlichen Pflichten und macht sich daher nicht gem. § 283 Abs. 1 Nr. 7a strafbar (Schönke/Schröder/*Heine*/ *Schuster* Rn. 44); für ihn kommen aber zahlreiche andere Tatbestände vom Betrug (§ 263) über den Kreditbetrug (§ 265b) bis hin zur unrichtigen Darstellung (§ 331 HGB) in Betracht.

3. Unterlassen der Bilanzierung. Das unechte Unterlassungsdelikt (BGH NStZ 2003, 546) des **58** § 283 Abs. 1 Nr. 7b ist verwirklicht, wenn die Erstellungsfristen für die Bilanz oder das Inventar nicht eingehalten werden und sich der Schuldner bereits vor dem Ablauf der Erstellungfrist in der wirtschaftlichen Krise befand (BGH wistra 1998, 105; OLG Stuttgart NStZ-RR 2011, 277; aA *Reither* wistra 2014, 48). Darauf, ob die Bilanzerstellung später nachgeholt wird oder dauerhaft unterbleibt, kommt es nicht an; die Verspätungsdauer ist erst bei der Strafzumessung zu berücksichtigen. Erforderlich ist ein Verstoß gegen handelsrechtliche Bilanzierungs- bzw. Inventurpflichten, der nur von Vollkaufleuten begangen werden kann. Der häufigste Anwendungsfall des § 283 Abs. 1 Nr. 7b ist die nicht rechtzeitige Erstellung der Geschäftsjahresbilanz bzw. des Jahresinventars (dazu *Moosmayer* NStZ 2000, 296) also die Bilanzierung oder Inventur außerhalb der dem ordnungsgemäßen Geschäftsgang entsprechenden Zeit (s. §§ 243 Abs. 3, 240 Abs. 2 HGB), bei Kapitalgesellschaften außerhalb der Fristen der §§ 264, 267 HGB (3 Monate nach dem – nicht zwingend mit dem Kalenderjahresende identischen – Geschäftsjahresende, bei sog kleinen Kapitalgesellschaften 6 Monate nach Geschäftsjahresende) und bei eingetragenen Genossenschaften später als 5 Monate nach dem Geschäftsjahresende (s. § 336 HGB); Konflikte mit dem Bestimmtheitsgebot des Art. 103 Abs. 2 GG ergeben sich aus diesen abgestuften Fristen nicht (BVerfGE 48, 57). Daneben gilt § 283 Abs. 1 Nr. 7b auch bei fehlenden oder verspäteten Eröffnungsbilanzen, die nicht nur bei der erstmaligen Eröffnung eines Handelsgewerbes zu erstellen sind (s. § 242 HGB), sondern auch beim entgeltlichen oder unentgeltlichen (Schönke/Schröder/*Heine*/*Schuster* Rn. 45: Erbschaft) Erwerb eines fremden Geschäfts (RGSt 28, 428), der Eintragung als Kaufmann nach §§ 2 oder 3 HGB, der Umwandlung eines einzelkaufmännischen Unternehmens in eine Gesellschaft oder umgekehrt (RG LZ 1914, 689: Gründung einer oHG durch Aufnahme eines Gesellschafters; RGSt 26, 222: Ausscheiden des einzigen Mitgesellschafters aus einer oHG) sowie der Geschäftsfortführung nach beendeter Insolvenz (RGSt 25, 76). Übernimmt jemand in einer wirtschaftlichen Krisensituation ein Handelsgewerbe, hat er sofort ein Inventar zu erstellen (Schönke/Schröder/*Heine*/*Schuster* Rn. 45). Sinkt ein vollkaufmännischer Betrieb nicht nur vorübergehend zum Kleingewerbe herab, ist für den Zeitpunkt des Übergangs eine Abschlussbilanz zu erstellen (BGH NJW 1954, 1854). Am Beginn der Liquidation einer Kapitalgesellschaft ist eine Liquidationseröffnungsbilanz, danach jeweils eine Liquidationsjahresbilanz zu erstellen (s. § 71 GmbHG; OLG Frankfurt a. M. BB 1977, 312). Bereits laufende Bilanzierungs- und Inventarisierungsfristen gelten auch für neu hinzukommende Organmitglieder (BayObLG wistra 1990, 201: Liquidator), für ausscheidende Organe werden sie bedeutungslos.

Ist die erstellte Bilanz so fehlerhaft, dass sie faktisch überhaupt nicht zu gebrauchen ist, liegt kein **59** Unterlassen iSd § 283 Abs. 1 Nr. 7b, sondern eine mangelhafte Bilanzerstellung gem. § 283 Abs. 1 Nr. 7a vor (Lackner/Kühl/*Heger* Rn. 20). Die Erstellung eines unbrauchbaren Inventars bleibt straflos. Die Gegenauffassung (BGH GA 1956, 348; Fischer Rn. 29; Schönke/Schröder/*Heine*/*Schuster* Rn. 46; SK–StGB/*Hoyer* Rn. 89; NK–StGB/*Kindhäuser* Rn. 86; MüKoStGB/*Radtke*/*Petermann* Rn. 62: Scheinbilanz ohne Grundlage im Inventar) führt bei Bilanzen ohne Not (aA LK–StGB/*Tiedemann* Rn. 152 unter Hinweis auf die bei § 283 Abs. 1 Nr. 7a weitergehenden Mängelheilungsmöglichkeiten) zu erheblichen Wertungsschwierigkeiten (s. hierzu RG JW 1935, 2061) und bei Inventaren zur Missachtung der bewussten gesetzgeberischen Entscheidung, diese in § 283 Abs. 1 Nr. 7a nicht zu erfassen.

Sofern die Bilanzierungs- bzw. Inventarisierungsfrist erst nach dem Eintritt einer objektiven Strafbar- **60** keitsbedingung des § 283 Abs. 6 endet, ist zu differenzieren: Führt der Bedingungseintritt dazu, dass der Schuldner nicht mehr selbst über die rechtzeitige Bilanz- oder Inventarerstellung entscheiden kann (so stets bei Insolvenzverfahrenseröffnung und meist bei Abweisung des Eröffnungsantrags mangels Masse), unterbricht er die Zurechnung des Unterlassungserfolgs auf den Täter und es kommt allenfalls ein strafbarer Versuch in Betracht. Lässt der Bedingungseintritt hingegen die Pflichtenstellung des Schuldners unberührt (so bei Zahlungseinstellung), kommt es mit der späteren Fristversäumnis zur strafbaren Tatvollendung (aA die hM, die Vollendung unabhängig von der Art der eingetretenen Strafbarkeitsbedingung immer dann annimmt, wenn der Täter vor dem Bedingungseintritt keine Vorbereitungen für die rechtzeitige Bilanz- oder Inventarerstellung getroffen hat und deshalb auch ohne den Bedingungseintritt die Frist nicht hätte einhalten können; BGH GA 1956, 356; 1959, 49; BGH NStZ 1992, 182; Fischer Rn. 29; Schönke/Schröder/*Heine*/*Schuster* Rn. 47; SK–StGB/*Hoyer* Rn. 90; Lackner/Kühl/ *Heger* Rn. 20; wieder anders LK–StGB/*Tiedemann* Rn. 151: stets nur Versuch).

Wie bei der unterlassenen Buchführung gem. § 283 Abs. 1 Nr. 5 (→ Rn. 47) ist auch die unterlassene **61** Bilanz- oder Inventarerstellung grundsätzlich dann nicht pflichtwidrig, wenn es dem Schuldner unmöglich ist, seine Pflichten rechtzeitig zu erfüllen, insbesondere weil er selbst nicht über die notwendigen Fachkenntnisse verfügt, gleichzeitig aber auch die Mittel für die Einschaltung eines kompetenten Dritten entweder überhaupt nicht aufbringen kann oder für vorrangige öffentliche Zahlungspflichten (insbes.

für Leistungen an die Sozialversicherung) verwenden muss (stRspr u. hM; s. zB BGHSt 28, 232 f.; BGH NStZ 1992, 182; 1998, 193; BGH wistra 1998, 327; BGH DStR 1998, 500; BGH StV 2002, 199; BGH NStZ 2003, 546; BGH wistra 2007, 309; OLG Stuttgart NStZ 1987, 461; KG wistra 2002, 314; Fischer Rn. 29a; Schönke/Schröder/*Heine/Schuster* Rn. 48; NK-StGB/*Kindhäuser* Rn. 88; LK-StGB/*Tiedemann* Rn. 154; *Biletzki* NStZ 1999, 540 aA *Schlüchter* JR 1979, 515; *Schäfer* wistra 1986, 204), die Buchhaltungsunterlagen einem zuverlässigen und ordnungsgemäß überwachten Steuerberatungsbüro zur Bilanzerstellung überlassen hat, das seinerseits nicht rechtzeitig tätig wird (BGH NStZ 2000, 206; Schönke/Schröder/*Heine/Schuster* Rn. 48; *Holzapfel* FS Wahle, 2008, 20; krit. hierzu *Rönnau* NStZ 2003, 529) oder als Organ oder Liquidator beim Schuldner eintritt und dort ein nicht rechtzeitig behebbares Defizit in der Buchhaltung vorfindet (OLG Frankfurt a. M. BB 1977, 312). Zu prüfen ist in solchen Fällen aber stets, ob die Pflichtwidrigkeit nicht wegen des Eingreifens der Grundsätze der sog omissio libera in causa bestehen bleibt (→ Rn. 47).

VIII. Sonstige Verringerung des Vermögensstandes (Abs. 1 Nr. 8)

62   Der – nicht über jeden verfassungsrechtlichen Zweifel an seiner Bestimmtheit erhabene – Auffangtatbestand (→ Rn. 8) des § 283 Abs. 1 Nr. 8 soll Lücken im Katalog der Bankrotthandlungen der Nr. 1–7 schließen und erfasst zu diesem Zweck zwei Gruppen von Verhaltensweisen, von denen die erste durch die Schmälerung der Haftungsmasse, die zweite durch deren Verschleierung gekennzeichnet ist (BGH wistra 2009, 274; Schönke/Schröder/*Heine/Schuster* Rn. 49; SK-StGB/*Hoyer* Rn. 92; LK-StGB/*Tiedemann* Rn. 156); beide müssen den Anforderungen einer ordnungsgemäßen Wirtschaft grob widersprechen. Die Vorschrift ist im Wesentlichen kasuistisch geprägt und hat in jüngerer Zeit vor allem in den Fällen der sog „Firmenbestattung" Bedeutung erlangt, bei der das betroffene Unternehmen regelmäßig an einen hierauf spezialisierten „Dienstleister" veräußert wird und von diesem sodann eine nichtssagende neue Firma, einen Scheinsitz im Ausland und einen faktisch nicht greifbaren (Schein-)Geschäftsleiter erhält, um es für Zustellungen und sonstige Kontaktaufnahmen unerreichbar zu machen; zugleich werden damit die geschäftlichen Verhältnisse des Unternehmens verschleiert (BGH wistra 2009, 273; s. auch BGH ZinsO 2013, 553 mAnm *Bittmann* ZWH 2013, 320; *Köllner* NZI 2013, 368; *Schubert* wistra 2013, 429). § 283 Abs. 1 Nr. 8 kommt daneben zB auch dann in Betracht, wenn nicht kreditierte oder selbst hergestellte Waren (zB aus der landwirtschaftlichen Produktion oder dem Bergbau der Schuldners) oder immaterielle Güter (wie Rechte oder Know-how) verschleudert werden und dies nicht schon ein Beiseiteschaffen iSd Nr. 1 oder ein Verlustgeschäft gem. Nr. 2 darstellt (Fischer Rn. 30), das Unternehmen trotz langfristiger Unmöglichkeit der Buchführung und/oder Bilanzierung weiterbetrieben wird (→ Rn. 47), Aufträge, Finanzmittel oder andere Ressourcen an dem schuldnerischen Unternehmen vorbeigeleitet werden (etwa in eine Auffanggesellschaft, die sich nicht an den Lasten das Schuldners beteiligt; ausführlich hierzu LK-StGB/*Tiedemann* Rn. 155–158), eine undurchsichtige Konzernstruktur (zB mit nicht offengelegten Tochterunternehmen im Ausland) geschaffen wird (Fischer Rn. 30), ungesicherte Waren- oder Geldkredite durch den Schuldner ausgegeben werden (LK-StGB/*Tiedemann* Rn. 168), mit falschen oder irreführenden Angaben neues Kapital eingeworben (NK-StGB/*Kindhäuser* Rn. 91) oder generell ohne das branchenübliche Mindestmaß an Übersicht und Planung gewirtschaftet wird (BGH NJW 1981, 355; Fischer Rn. 30). Da § 283 Abs. 1 Nr. 8 einen groben Widerspruch gegen die Anforderungen einer ordnungsgemäßen Wirtschaft voraussetzt, werden Bagatellverstöße von ihm nicht erfasst (Schönke/Schröder/*Heine/Schuster* Rn. 49; NK-StGB/*Kindhäuser* Rn. 89).

C. Handeln in der Krise

63   § 283 Abs. 1 setzt voraus, dass der Schuldner bereits zahlungsunfähig oder überschuldet ist oder ihm die Zahlungsunfähigkeit droht. Zu dem damit eröffneten Handlungszeitraum sowie den einzelnen Voraussetzungen dieser Krisenformen → Vorb. §§ 283–283d Rn. 37–45.

D. Herbeiführen der Krise (Abs. 2)

64   Im Unterschied zu Abs. 1 verlangt § 283 Abs. 2 kein Handeln in der Krise, schließt dieses aber auch nicht zwingend aus, da er immer dann eingreift, wenn sich der Täter mit seiner Handlung in die Überschuldung oder Zahlungsunfähigkeit manövriert. Ob er sich vorher bereits in einer anders gearteten Krise befand oder nicht, ist dabei irrelevant (→ Rn. 7; insoweit missverständlich LK-StGB/*Tiedemann* Rn. 179: § 283 Abs. 2 erfasst Tun und Unterlassen außerhalb der Krise). Erforderlich ist bei § 283 Abs. 2 aber stets ein Kausalzusammenhang zwischen der oder den Bankrotthandlung(en) und der neuen Krise iSd der condicio-sine-qua-non-Formel (ganz hM; s. zB OLG Frankfurt a. M. NStZ 1997, 551; Fischer Rn. 31; krit. *Krause* NStZ 1999, 161), wobei Mitursächlichkeit ausreicht (LK-StGB/*Tiedemann* Rn. 180); bei mehreren Bankrotthandlungen genügt es, dass sie erst kumulativ zur Überschuldung oder Zahlungsunfähigkeit führen. Reserveursachen bleiben – wie stets bei der Kausalitätsprüfung – außer

Betracht. Die bloße Verstärkung einer bereits eingetretenen Krise ist kein Herbeiführen iSd § 283 Abs. 2 (LK-StGB/*Tiedemann* Rn. 180).

Gem. § 283 Abs. 2 macht sich nur strafbar, wer seine Überschuldung oder aktuelle Zahlungsunfähig- **65** keit herbeiführt, nicht auch, wer lediglich seine drohende Zahlungsunfähigkeit verursacht; allerdings fällt sein weiteres Handeln während drohender Zahlungsunfähigkeit dann bereits unter § 283 Abs. 1.

Nach dem Wortlaut des § 283 Abs. 2 können unterschiedslos alle Bankrotthandlungen des Abs. 1 **66** Nr. 1–8 krisenverursachend sein. Faktisch erlangen sie allerdings höchst unterschiedliche Bedeutung: Während die Handlungen der Nr. 1–3 und Nr. 8 ohne weiteres geeignet sein können, die Überschuldung oder Zahlungsunfähigkeit herbeizuführen, ist dies bei den Handlungen und Unterlassungen gem. Nr. 5–7 nur ausnahmsweise der Fall (weitergehend Fischer Rn. 31: Verursachung der Krise ist gänzlich ausgeschlossen). Denn eine mangelhafte oder fehlende Buchführung, Bilanzerstellung oder Inventur erschwert zwar den Nachweis der wirtschaftlichen Situation des Schuldners, beeinflusst diese Situation als solche aber regelmäßig nicht. Etwas anderes kann allenfalls dann gelten, wenn ein Dritter (insbes. ein Kreditgeber) die Buchführungs- oder Bilanzierungsmängel zum Anlass nimmt, seine Geschäftsbeziehung mit dem Schuldner zu beenden und diesen damit in die Krise stürzt, was der Schuldnern wiederum im Zeitpunkt seines Tuns oder Unterlassens mindestend billigend in Kauf nimmt (Beispiel nach LK-StGB/*Tiedemann* § 283 Rn. 181). Ähnlich liegt es bei den Handlungen gem. § 283 Abs. 1 Nr. 4: Auch diese verschlechtern den wirtschaftlichen Status des Schuldners nur dann, wenn er sich ausnahmsweise nicht (mehr) auf ihre zivilrechtliche Nichtigkeit berufen kann oder ihretwegen die wirtschaftliche Unterstützung Dritter verliert.

Auch für die Bankrotthandlungen des § 283 Abs. 1, deren Ursächlichkeit für die Überschuldung oder **67** Zahlungsunfähigkeit unproblematisch ist (wie insbesondere die Vermögensbeseitigung oder übermäßige Ausgaben), sollen nach einer bisweilen vertretenen Auffassung dann weniger strenge Maßstäbe gelten, wenn sie nicht in der Krise vorgenommen werden, sondern diese „nur" herbeiführen. Virulent werden soll dies insbesondere für solche Bankrotthandlungen, die einen (groben) Verstoß gegen die Anforderungen einer ordnungsgemäßen Wirtschaft erfordern, da diese Anforderungen innerhalb und außerhalb der Krise unterschiedlich sind. Dem wirtschaftlich gesunden Schuldner sind höhere Risiken und Ausgaben erlaubt, als dem krisenbefangenen, der vorsichtiger zu wirtschaften hat. Diese Differenzierung ist freilich dort aufzugeben, wo sich der anfänglich noch liquide und nicht überschuldete Täter bewusst in die Krise stürzt oder seinen Sturz zumindest billigend in Kauf nimmt (and. LK-StGB/*Tiedemann* Rn. 183 ff.). Hier ist es sachgerechter, den Schuldner schon zu Beginn seines Handelns an dessen Konsequenzen zu messen.

E. Subjektive Voraussetzungen

I. Vorsatz

§ 283 Abs. 1 u. Abs. 2 verlangt Vorsatz hinsichtlich sämtlicher Tatbestandsmerkmale, der also auch das **68** Vorliegen einer Krise (in Abs. 1) und deren Verursachung durch eine oder mehrere Bankrotthandlungen (in Abs. 2) umfassen muss (BGH NStZ 2003, 327). Es genügt durchgehend bedingter Vorsatz (wohl einhM; s. zB Fischer Rn. 32). Der Vorsatz zur Herbeiführung einer Krise umfasst den weniger weitgehenden Vorsatz der bloßen Krisenvertiefung, weshalb eine Bestrafung gem. § 283 Abs. 1 möglich ist, wenn der Täter seine Krise verursachen will und dabei verkennt, dass er bereits krisenbefangen ist (Schönke/Schröder/*Heine*/*Schuster* Rn. 56). Auch die tatsächlichen Voraussetzungen seiner Buchführungs-, Bilanzierungs- oder Inventarisierungspflicht sowie der (allerdings nicht notwendig ihn selbst treffenden; → Rn. 51, 53) handelsrechtlichen Aufbewahrungspflichten (s. Abs. 1 Nr. 5–7) muss der Täter in seinen Vorsatz aufnehmen, weshalb ein entsprechender Irrtum (zB über seine Kaufmannseigenschaft) einen Tatbestandsirrtum iSd § 16 darstellt. Ein bloßer Verbotsirrtum gem. § 17 liegt hingegen vor, wenn der Schuldner bei voller Tatsachenkenntnis lediglich den Umfang seiner Pflichtenstellung falsch einschätzt (also etwa glaubt, auch als Kaufmann nicht buchführungspflichtig zu sein; BGH NJW 1981, 355; BGH StV 1984, 461: Irrtum über den Pflichtenkreis eines faktischen Geschäftsführers; Fischer Rn. 32; Schönke/Schröder/*Heine*/*Schuster* Rn. 56; MüKoStGB/*Radtke*/*Petermann* Rn. 73; aA SK-StGB/*Hoyer* Rn. 109; LK-StGB/*Tiedemann* Rn. 188a: Vorsatzausschluss). Eine entsprechende Unterscheidung ist hinsichtlich der normativen Merkmale einzelner Bankrotthandlungen zu treffen, nämlich dem (groben) Widerspruch gegen die Anforderungen einer ordnungsgemäßen Wirtschaft (Abs. 1 Nr. 1–3 u. Nr. 8), der Unwirtschaftlichkeit von Ausgaben (Abs. 1 Nr. 2) und der Übermäßigkeit von Beträgen (Abs. 1 Nr. 2): Auch hier führt Tatsachenunkenntnis (zB über die Höhe einer konkreten Ausgabe) zum Vorsatzausschluss, während die lediglich falsche Bewertung einen Subsumtionsirrtum darstellt, der allenfalls als Verbotsirrtum zu werten sein kann (Fischer Rn. 32; wohl auch BGH MDR 1981, 511; einschränkend Schönke/Schröder/*Heine*/*Schuster* Rn. 56: Unterscheidung wie hier „jedenfalls" bei grobem Verstoß gegen die Anforderungen einer ordnungsgemäßen Wirtschaft; aA LK-StGB/*Tiedemann* Rn. 189: stets Vorsatzausschluss). Auf das Vorliegen einer objektiven Strafbarkeitsbedingung des § 283 Abs. 6 braucht sich der Vorsatz nicht zu beziehen.

II. Vorsatz-Fahrlässigkeits-Kombinationen

69   **1. Abs. 4 Nr. 1.** Gem. § 283 Abs. 4 Nr. 1 macht sich strafbar, wer in fahrlässiger Unkenntnis seiner wirtschaftlichen Krise eine vorsätzliche Bankrotthandlung gem. Abs. 1 begeht (zB seine Bilanz nicht erstellt, die klare Hinweise auf seine bereits seit längerem bestehende Überschuldung geben würde). Zur Dogmatik dieser Verbindung von Vorsatz und Fahrlässigkeit → Rn. 4. Soweit Fahrlässigkeit ausreicht, gilt der allgemeine Fahrlässigkeitsmaßstab (s. dazu zB Fischer § 15 Rn. 12 ff.).

70   **2. Abs. 4 Nr. 2.** § 283 Abs. 4 Nr. 2 erfasst die Fälle, in denen der Täter vorsätzlich eine oder mehrere Bankrotthandlungen gem. Abs. 1 begeht und durch diese leichtfertig seine Überschuldung oder Zahlungsunfähigkeit herbeiführt. Leichtfertigkeit als Form gesteigerter Fahrlässigkeit liegt dabei vor, wenn der Täter in besonders schwerem Maße sorgfaltswidrig handelt, etwa bei erkennbarer Krisennähe grob wirtschaftswidrig seinen Vermögensbestand erheblich verringert (Schönke/Schröder/*Heine*/*Schuster* Rn. 57; SK-StGB/*Hoyer* Rn. 117; MüKoStGB/*Radtke*/*Petermann* Rn. 76; LK-StGB/*Tiedemann* Rn. 213), oder eine besonders gewichtige, krisenverhindernde Pflicht verletzt und dabei in grober Achtlosigkeit verkennt, dass dies in die Krise führt. Bei § 283 Abs. 4 Nr. 2 handelt es sich um eine echte Vorsatz-Fahrlässigkeits-Kombination iSd § 11 Abs. 2 (→ Rn. 3), an der Teilnahme möglich ist. Auch der Teilnehmer muss hinsichtlich der Krisenverursachung mindestens leichtfertig handeln, ist aber auch dann strafbar, wenn er von einer vorsätzlichen Herbeiführung der Krise durch den Haupttäter ausgeht, dieser aber insoweit nur leichtfertig handelt; umgekehrt greift § 283 Abs. 4 Nr. 2 für den Teilnehmer auch ein, wenn der Haupttäter die Krise vorsätzlich verursacht, der Teilnehmer dies jedoch leichtfertig nicht erkannt hat (Schönke/Schröder/*Heine*/*Schuster* Rn. 57).

III. Fahrlässigkeit

71   § 283 Abs. 5 Nr. 1 u. 2 bedroht fahrlässige Bankrotthandlungen gem. Abs. 1 Nr. 2, 5 u. 7 (nicht dagegen andere Katalogtaten des Abs. 1) mit Strafe, sofern der Täter seine wirtschaftliche Krise wenigstens fahrlässig (also uU auch leichtfertig) nicht kennt (Abs. 5 Nr. 1) oder mit seinen Handlungen wenigstens leichtfertig seine Krise verursacht (Abs. 5 Nr. 2). Fahrlässigkeit hinsichtlich der genannten Bankrotthandlungen kann zB vorliegen, wenn der Schuldner einen Dritten mit der Buchführung beauftragt, diesen aber nicht sorgfältig auswählt oder überwacht oder ihn so überlastet, dass er seine Aufgaben nicht mehr ordnungsgemäß und rechtzeitig zu erfüllen vermag (Schönke/Schröder/*Heine*/*Schuster* Rn. 58; SK-StGB/*Hoyer* Rn. 118; MüKoStGB/*Radtke*/*Petermann* Rn. 77). Die Taten gem. § 283 Abs. 5 bleiben selbst dann reine Fahrlässigkeitsdelikte, wenn sie einzelne Vorsatzelemente enthalten (→ Rn. 5), so zB wenn der Täter bewusst seine Handelsbücher verändert und dabei fahrlässig verkennt, dass hierdurch die Übersicht über seinen Vermögensstand erschwert wird; LK-StGB/*Tiedemann* Rn. 217).

F. Versuch (Abs. 3)

72   Gem. § 283 Abs. 3 ist in den Fällen der Abs. 1 u. 2 (nicht aber – was dogmatisch möglich wäre – bei Abs. 4 Nr. 2; → Rn. 3) auch der Versuch strafbar (kritisch hierzu LK-StGB/*Tiedemann* Rn. 197). Ein derartiger Versuch kommt insbes. dann in Betracht, wenn die Bankrotthandlung selbst nicht zu Ende gebracht wird, als untauglicher Versuch (aA wohl Fischer Rn. 33) aber auch dann, wenn sich der Täter irrtümlich in der Krise wähnt (BGH JZ 1979, 75; aA LK-StGB/*Tiedemann* Rn. 199) oder einen wertlosen, von ihm aber als werthaltig eingestuften Gegenstand veräußert (BGH MDR 1988, 453). Wer sich fälschlich für einen tauglichen Täter des § 283 hält, kann entweder einen untauglichen Versuch (etwa wenn er der irrigen Auffassung ist, Geschäftsführer des Schuldner-Unternehmens zu sein) oder ein strafloses Wahndelikt verwirklichen (zB wenn er als Kommanditist glaubt, die Schuldnerstellung der KG treffe ihn in vollem Umfang auch persönlich; → Vorb. §§ 283–283d Rn. 9). Auch bei § 283 beginnt der Versuch nach allgemeinen Grundsätzen nicht, solange der Täter nicht mit sämtlichen wesentlichen Ausführungshandlungen wenigstens begonnen hat. Daher ist insbes. das Beiseiteschaffen iSd Abs. Nr. 1 nicht schon mit dem Abschluss eines Übertragungsvertrags, sondern erst mit dem Beginn der vertraglich geschuldeten Übertragungshandlungen versucht (Schönke/Schröder/*Heine*/*Schuster* Rn. 64; LK-StGB/ *Tiedemann* Rn. 200), so etwa, wenn für ein veräußertes Grundstück bereits die Auflassung erfolgt und der Antrag auf Eintragung beim Grundbuchamt gestellt ist (RGSt 61, 109). Ist die vorgenommene Bankrotthandlung nicht durch ein und dieselbe Krise (Krisenidentität; → Vorb. §§ 283–283d Rn. 46 ff.) mit der eingetretenen Strafbarkeitsbedingung des § 283 Abs. 6 verknüpft, kommt weder Vollendung noch Versuch des § 283 in Betracht (Schönke/Schröder/*Heine*/*Schuster* Rn. 64; aA SK-StGB/*Hoyer* Rn. 113).

73   Nicht mehr nur Versuch, sondern Tatvollendung liegt vor, wenn in den Fällen des § 283 Abs. 1 die Bankrotthandlung als solche vollendet ist oder im Fall des § 283 Abs. 2 die Überschuldung oder Zahlungsunfähigkeit tatsächlich herbeigeführt wurde; der Vollendungszeitpunkt wird nicht bis zum Eintritt der Strafbarkeitsbedingung des § 283 Abs. 6 hinausgeschoben (hM; Schönke/Schröder/*Heine*/

Schuster Rn. 63; NK-StGB/*Kindhäuser* Rn. 114; Lackner/Kühl/*Heger* Rn. 31; LK-StGB/*Tiedemann* Rn. 220). Da mit Tatvollendung kein strafbefreiender Rücktritt gem. § 24 mehr möglich ist, muss der Schudner daher in diesen Fällen seine wirtschaftliche Krise überwinden und damit den Eintritt der Strafbarkeitsbedingung des § 283 Abs. 6 abwenden, um straflos zu bleiben (→ Vorb. §§ 283–283d Rn. 46 ff.). Handlungen, mit denen der Täter die Wirkungen der Tat freiwillig wieder aufhebt oder abmildert, sind jedoch bei der Strafzumessung zu seinen Gunsten zu berücksichtigen, so zB das Zurückbringen beiseitegeschaffter Vermögensstücke (Schönke/Schröder/*Heine*/*Schuster* Rn. 63) oder die Behebung von Buchführungsmängeln. Gleiches gilt auch bei einer nur kurzzeitigen Bilanzverspätung.

G. Objektive Strafbarkeitsbedingungen (Abs. 6)

Taten gem. § 283 werden nur bestraft, wenn eine objektive Strafbarkeitsbedingung des § 283 Abs. 6 **74** eintritt, der Schuldner also entweder seine Zahlungen eingestellt hat, über sein Vermögen das Insolvenzverfahren eröffnet oder der Eröffnungsantrag mangels Masse abgewiesen worden ist. Zu den Einzelheiten → Vorb. §§ 283–283d Rn. 27–32. Die Verfolgungsverjährung beginnt erst mit dem Bedingungseintritt (ganz hM; s. zB Fischer Rn. 39).

H. Täterschaft und Teilnahme

Zur Sonderdeliktsnatur des § 283 → Vorb. §§ 283–283d Rn. 3–20. Mittäter kann nur sein, wer in **75** eigener Person die notwendigen Sonderqualitäten aufweist. Zudem müssen sämtliche Mittäter entweder für denselben Schuldner handeln oder Schuldner derselben Gläubiger sein bzw. mindestens einen Teil der Gläubiger gemeinsam haben (RGSt 31, 407; Schönke/Schröder/*Heine*/*Schuster* Rn. 65). Für die Teilnahme gelten die allgemeinen Regeln (RGSt 21, 291). Da die besonderen Tätermerkmale solche des § 28 Abs. 1 sind, ist die Strafe des Teilnehmers entsprechend zu mildern (BGH NJW 2013, 949; SK-StGB/*Hoyer* Rn. 107; NK-StGB/*Kindhäuser* Rn. 111; LK-StGB/*Tiedemann* Rn. 228; Fischer Rn. 38: Milderung bei Teilnahme an einer Tat gem. § 283 Abs. 1; in der Tendenz auch MüKoStGB/*Radtke*/*Petermann* Rn. 80: Milderung liegt nahe; aA Lackner/Kühl/*Heger* Rn. 25; *Brammsen*/*Ceffinato* NZI 2013, 619). § 283d sperrt die Teilnahmestrafbarkeit bei § 283 nicht (→ § 283d Rn. 1 u. 18). Geschäftspartner des Schuldners bei Verlust-, Spekulations- oder Differenzgeschäften, Mitspieler, Wettgegner und Erwerber der auf Kredit beschafften und verschleuderten Waren machen sich nicht wegen Teilnahme am Bankrott strafbar, sofern sie sich auf ein bloßes Handeln im Rahmen des Geschäfts- oder Spielüblichen beschränken (Rechtsgedanke der sog notwendigen Teilnahme; s. BGH GA 1956, 348; Schönke/Schröder/*Heine*/*Schuster* Rn. 65; NK-StGB/*Kindhäuser* Rn. 113; LK-StGB/*Tiedemann* Rn. 229). Ihre Strafbarkeit setzt aber ein, sobald sie diesen Rahmen verlassen, insbes. wenn sie den Schuldner erst zu seinem Tun bewegen. Keine notwendigen Teilnehmer sind die Scheingläubiger in den Fällen des § 283 Abs. 1 Nr. 4, mit denen der Schuldner kollusiv zusammenwirkt (LK-StGB/*Tiedemann* Rn. 89). Der Ankauf oder das Absetzen von beiseite geschafften Sachen stellt Hehlerei dar (BGH GA 1977, 145), nicht dagegen der Erwerb verschleuderter Waren (Schönke/Schröder/*Heine*/*Schuster* Rn. 65). Die Ahndung dieser Hehlerei wird aber erst mit dem Eintritt einer Strafbarkeitsbedingung des § 283 Abs. 6 möglich, da es andernfalls auch für den Hehler am Strafbedürfnis fehlt (Schönke/Schröder/*Heine*/*Schuster* Rn. 65). Für die Abgrenzung von Beihilfe zum Bankrott einerseits und Begünstigung, Strafvereitelung oder Hehlerei andererseits ist der Zeitpunkt der Tatbeendigung maßgeblich, nicht derjenige des Bedingungseintritts gem. § 283 Abs. 6 (LK-StGB/*Tiedemann* Rn. 230; *Stree* JuS 1965, 474; aA NK-StGB/*Kindhäuser* Rn. 112).

I. Konkurrenzen
I. Binnenkonkurrenzen bei § 283

Mehrere Bankrotthandlungen gem. § 283 stellen im Regelfall selbstständige Taten dar, für die es **76** jeweils eigener Willensentschlüsse des Täters bedarf. Sie werden auch nicht durch den Eintritt einer Strafbarkeitsbedingung des § 283 Abs. 6 zu einer Einheit verbunden (aA noch RGSt 66, 269) und stehen zueinander im Verhältnis der Tatmehrheit (stRspr des BGH; s. zuletzt BGH NStZ 1998, 193: mehrere verspätete Bilanzen; auch hM; s. zB Fischer Rn. 41; Schönke/Schröder/*Heine*/*Schuster* Rn. 66; SK-StGB/*Hoyer* Rn. 120; Lackner/Kühl/*Heger* Rn. 32; MüKoStGB/*Radtke*/*Petermann* Rn. 87; *Doster* wistra 1998, 328). Ausnahmen von diesem Grundsatz gelten dann, wenn mehrere Bankrotthandlungen im Einzelfall in einem engen raum-zeitlichen Zusammenhang stehen, der sie zu einer Bewertungseinheit verbindet, was insbesondere bei mehreren, aufeinander bezogenen unwirtschaftlichen Ausgaben iSd § 283 Abs. 1 Nr. 2 (BGHSt 3, 26, LK-StGB/*Tiedemann* Rn. 234), mehrfachem Verheimlichen desselben Vermögensgegenstands (BGH MDR 1982, 970), mehreren Einzelverstößen gegen die Buchführungspflicht gem. § 283 Abs. 1 Nr. 5 (BGH NStZ 1984, 455; 1998, 193; Fischer Rn. 23; Schönke/Schröder/*Heine*/*Schuster* Rn. 37: auch, wenn einzelne Verstöße vor und andere nach dem Eintritt der Krise erfolgen) oder bei mehreren Bankrotthandlungen der Fall ist, von denen die eine die andere vorbereiten oder verdecken soll (zB Anerkennen erdichteter Rechte, um später den betroffenen Gegenstand an den Scheingläubiger auszukehren und damit beiseite zu schaffen). Es handelt sich dann entweder von vornherein nur um eine einzige Tat des § 283 (ggf. in Form einer Dauerstraftat; Fischer Rn. 41: fortlaufende Verstöße gegen Abs. 1 Nr. 5) oder um eine Haupttat mit mitbestrafter Vor- bzw. Nachtat (s. SK-StGB/*Hoyer* Rn. 120; MüKoStGB/*Radtke/Petermann* Rn. 87; LK-StGB/*Tiedemann* Rn. 234: Verheimlichen eines zuvor schon beiseite geschafften Vermögensbestandteils ist mitbestrafte Nachtat; insoweit aA BGHSt 11, 146: einheitliches Delikt; Schönke/Schröder/*Heine/Schuster* Rn. 24: Abs. 1 Nr. 4 ist mitbestrafte Vortat des anschließenden Beiseiteschaffens gem. Abs. 1 Nr. 1). Die Verletzung der Buchführungspflicht gem. § 283 Abs. 1 Nr. 5 steht mit dem Verstoß gegen die Bilanzierungspflicht gem. § 283 Abs. 1 Nr. 7 in Tateinheit, wenn der Täter bei der ersteren bereits erkennt, dass er ihretwegen nicht rechtzeitig wird bilanzieren können (aA BGH NStZ 1998, 193: Tatmehrheit; Schönke/Schröder/*Heine/Schuster* Rn. 66: Handlungseinheit). Hat jemand Bilanzen für mehrere krisenbefangene Gesellschaften aufzustellen, liegt dann Tateinheit vor, wenn die Unterlassung einer Bilanzierung auch dazu führt, dass die anderen Bilanzierungspflichten nicht erfüllt werden können (BGH GA 1981, 518). Verursachen mehrere Bankrotthandlungen erst gemeinsam die Krise iSd § 283 Abs. 2, stellen sie nur eine Tat dar.

77 Zwischen mehreren Bankrotthandlungen des § 283 Abs. 1 oder Abs. 2 ist Wahlfeststellung möglich, gegen die keine grundlegenden verfassungsrechtlichen Bedenken bestehen (aA BGH NStZ 2014, 392). Sie kommt zB in Betracht, wenn sich nicht klären lässt, ob Vermögensgegenstände beiseite geschafft oder verheimlicht, übermäßige Beträge durch unwirtschaftliche Ausgaben, durch Spiel oder durch Wette verbraucht (BGH GA 1959, 341) oder fehlende Handelsbücher überhaupt nicht geführt (§ 283 Abs. 1 Nr. 5) oder beiseite geschafft wurden (§ 283 Abs. 1 Nr. 6). Hingegen scheidet Wahlfeststellung zwischen einer Bankrotthandlung des § 283 und einer Gläubigerbegünstigung gem. § 283c wegen des unterschiedlichen Unrechtsgehalts dieser beiden Delikte aus (Schönke/Schröder/*Heine/Schuster* Rn. 66).

78 § 283 Abs. 1 tritt hinter Abs. 2 zurück, soweit der Täter in der Krise handelt und dadurch eine weitere Krise herbeiführt. Verursacht er zunächst die Krise und begeht er danach weitere Bankrotthandlungen gem. § 283 Abs. 1, liegt Tatmehrheit vor (aA Fischer Rn. 41: Abs. 2 schließt auch hier Abs. 1 aus). Die Abs. 1 u. 2 gehen den Abs. 4 u. 5 vor (BGH GA 1956, 347: teils vorsätzliche, teils fahrlässige Verletzung der Buchführungspflicht); Abs. 4 verdrängt wiederum den Abs. 5.

II. Verhältnis zu den §§ 283b–283d

79 Zum Verhältnis des § 283 zu den §§ 283b–283d s. jeweils dort.

III. Verhältnis zu sonstigen Tatbeständen

80 **1. Konkurrenzverhältnis zu § 266.** Soweit jemand als Organ, etc des Schuldners agiert, erfüllt sein äußeres Verhalten häufig sowohl den Tatbestand des Bankrotts gem. § 283 wie auch den der Untreue gem. § 266, so zB wenn der Geschäftsführer Vermögen der von ihm vertretenen GmbH unter Wert veräußert, sich selbst ein überhöhtes Gehalt auszahlt oder angebliche eigene Rechte gegen die Gesellschaft in deren Namen anerkennt und später für sich realisiert. Die seit der Aufgabe der sog Interessentheorie durch den BGH (BGHSt 57, 229) hM in Rspr. u. Lit. fragt in diesen Konstellationen zunächst danach, ob der Täter „als" Vertreter im Geschäftskreis des Vertretenen tätig geworden ist oder lediglich die Gelegenheit seiner Vertretungsmacht dazu genutzt hat, diese zu eigenem oder fremdem Nutzen zu missbrauchen (BGHSt 57, 229; Schönke/Schröder/*Heine/Schuster* Rn. 2c; MüKoStGB/*Radtke/Petermann* Vor § 283 Rn. 57 f.; *Habetha* NZG 2012, 1134; *Pohl* wistra 2013, 331). Ist letzteres der Fall, handelt er außerhalb des Zurechnungsbereichs des § 14. Ihm fehlt dann bei seinem Tun oder Unterlassen die für den Bankrotttäter erforderliche Sonderqualität, weshalb seine Strafbarkeit nur aus § 266, nicht aber (auch) aus § 283 resultieren kann. Agiert der Täter dagegen „als" Organ etc des Geschäftsherrn, befindet er sich in einer doppelten Pflichtenbindung: Er ist dann nicht nur seinem Prinzipal zur Vermögensbetreuung verpflichtet, sondern tritt auch in dessen Pflichtenstellung gegenüber den Gläubigern ein. Vernachlässigt er uno actu beide Pflichten, wird er regelmäßig wegen Bankrotts in Tateinheit mit Untreue bestraft (zurückhaltend Schönke/Schröder/*Heine/Schuster* Rn. 67; MüKoStGB/*Radtke/Petermann* Vor § 283 Rn. 89: Tateinheit im Einzelfall möglich). Im Lichte der BGH-Rechtsprechung zur Einrichtung sog Schwarzer Kassen (BGHSt 52, 323), die von dem Gedanken getragen ist, dass der Geschäftsherr auch durch solche Handlungen geschädigt werden kann, die in seinem vermeintlichen Interesse vorgenommen werden, erscheint dies nur folgerichtig. Denn auch zahlreiche Bankrotthandlungen führen objektiv nicht nur zu einer Gefährdung der Gläubigerinteressen, sondern zuvörderst auch zu einer Verringerung des vom Täter zu betreuenden Vermögens. Es ist kein Grund ersichtlich, weshalb diese beiden Verletzungswirkungen nicht auch im jeweiligen Strafausspruch zum Ausdruck kommen sollten.

81 **2. Konkurrenzverhältnis zu anderen Tatbeständen.** Idealkonkurrenz des § 283 ist möglich mit § 156 bei falscher eidesstattlicher Versicherung nach § 98 InsO (RGSt 64, 43), mit § 263, mit § 288 (RGSt 20, 215), mit § 37 DepotG (RGSt 48, 118; aA Fischer Rn. 43). Keine straflose Nachtat, sondern

Realkonkurrenz ist anzunehmen, wenn die Tat der Sicherung von durch Betrug erlangten Vermögenswerten dient (BGH GA 1955, 365). Gleiches gilt für das Konkurrenzverhältnis von Bankrott und Steuerhinterziehung, und zwar auch dann, wenn die Finanzbehörde alleiniger Insolvenzgläubiger ist (BGH NStZ 1987, 23).

§ 283a Besonders schwerer Fall des Bankrotts

¹In besonders schweren Fällen des § 283 Abs. 1 bis 3 wird der Bankrott mit Freiheitsstrafe von sechs Monaten bis zu zehn Jahren bestraft. ²Ein besonders schwerer Fall liegt in der Regel vor, wenn der Täter

1. aus Gewinnsucht handelt oder
2. wissentlich viele Personen in die Gefahr des Verlustes ihrer ihm anvertrauten Vermögenswerte oder in wirtschaftliche Not bringt.

A. Allgemeines

§ 283a normiert im Wege der Regelbeispielstechnik besonders schwere Fälle des vorsätzlichen (nicht **1** auch des ganz oder teilweise fahrlässigen; → § 283 Rn. 69–71) Bankrotts gem. § 283 Abs. 1–3; er enthält keine Qualifikation im technischen Sinn, sondern nur eine Strafzumessungsregel (LK-StGB/ *Tiedemann* Rn. 17).

Schon durch seinen expliziten Verweis auf die Versuchsvorschrift des § 283 Abs. 3 zeigt er, dass es **2** keinen eigenen Versuch des besonders schweren Falls, sondern nur den Versuch in einem besonders schweren Fall geben soll (Fischer Rn. 1). Sind die Voraussetzungen des § 283a erfüllt, greift er daher bereits im Versuchsstadium des § 283 Abs. 3 unmittelbar ein und schließt eine Strafmilderung gem. § 23 Abs. 2 wegen noch fehlender Erfüllung des besonders schweren Falls – nicht aber wegen des Vollendungsmangels als solchem – aus (ganz hM; s. zB Fischer Rn. 1; Schönke/Schröder/ *Heine/Schuster* Rn. 9; NK-StGB/*Kindhäuser* Rn. 3; LK-StGB/*Tiedemann* Rn. 15; aA SK-StGB/*Hoyer* Rn. 2); die umstrittene dogmatische Frage, ob es den Versuch eines erfolgsqualifizierten Delikts überhaupt geben kann, ist daher für § 283a obsolet.

Weil § 283a nur Strafzumessungsregeln enthält, gelten für die Teilnahme am besonders schweren Fall **3** des Bankrotts gelockerte Akzessorietätsregeln: Der Beitrag eines jeden Teilnehmers ist einer eigenen Gesamtwürdigung zu unterziehen, in der die Bewertung der Haupttat nur einen von mehreren Faktoren darstellt. Daher kann der Teilnehmerbeitrag auch dann als besonders schwer iSd § 283a angesehen werden, wenn die Haupttat nur unter § 283 fällt, und umgekehrt (Schönke/Schröder/ *Heine/Schuster* Rn. 2: Teilnehmer hat Kenntnis von der großen Schadensfolge, der Haupttäter nicht; s. auch LK-StGB/ *Tiedemann* Rn. 16; aA SK-StGB/*Hoyer* Rn. 9; NK-StGB/*Kindhäuser* Rn. 14; MüKoStGB/*Radtke*/ *Petermann* Rn. 16). Das Regelbeispiel des § 283a Nr. 1 stellt zudem ein besonderes persönliches Merkmal iSd § 28 Abs. 2 dar und trifft daher schon deshalb nur den Beteiligten, in dessen Person es vorliegt (Schönke/Schröder/*Heine/Schuster* Rn. 2; NK-StGB/*Kindhäuser* Rn. 14; LK-StGB/*Tiedemann* Rn. 16).

§ 283a erhöht die Mindeststrafe des § 283 auf Freiheitsstrafe von sechs Monaten und dessen Höchst- **4** strafe auf Freiheitsstrafe von zehn Jahren. Auch der besonders schwere Bankrott bleibt damit ein Vergehen (s. § 12), schließt die Verhängung von Geldstrafe aber regelmäßig aus.

B. Regelbeispiele

I. Handeln aus Gewinnsucht

Strafschärfungsgrund des § 283a Nr. 1 ist das Handeln aus Gewinnsucht, das vom üblichen, in keiner **5** Weise strafwürdigen kaufmännischen Gewinnstreben abzugrenzen ist. Gewinnsucht liegt daher erst dann vor, wenn das Erwerbsstreben des Täters ein ungewöhnliches, „ungesundes" und sittlich anstößiges Maß erreicht (so die Formel der Rspr.; zB BGHSt 1, 388; ihr folgend auch die hM in der Lit.; s. zB Fischer Rn. 2; Schönke/Schröder/*Heine/Schuster* Rn. 4; SK-StGB/*Hoyer* Rn. 4; NK-StGB/*Kindhäuser* Rn. 4; LK-StGB/*Tiedemann* Rn. 3; krit. *Seibert* NJW 1962, 1019). Hierfür ist es noch nicht ausreichend, dass er sich verbotswidrig und verwerflich verhält. Vielmehr kann von Gewinnsucht nur bei besonderer Rücksichtslosigkeit gesprochen werden, die der Täter einsetzt, um sich oder dem von ihm vertretenen Schuldner Vorteile zu Lasten der Gläubiger zu verschaffen (NK-StGB/*Kindhäuser* Rn. 4; LK-StGB/ *Tiedemann* Rn. 3; Dannecker/Knierim/Hagemeier InsStrafR/*Dannecker/Hagemeier* Rn. 1029). Soweit für die Definition der besonderen Rücksichtslosigkeit auf das Merkmal des Verstoßes gegen die Anforderungen an eine ordnungsgemäße Wirtschaftsführung zurückgegriffen wird (Schönke/Schröder/ *Heine/Schuster* Rn. 4), ist dies allerdings wenig hilfreich, da ein derartiger Verstoß bereits zahlreiche Varianten des Grundtatbestandes (§ 283 Abs. 1 Nr. 1–3 u. Nr. 8) kennzeichnet. Besondere Rücksichtslosigkeit ist aber zB dann anzunehmen, wenn der Täter schon bei der Aufnahme seiner Geschäftstätigkeit den wirtschaftlichen Zusammenbruch einplant, um so auf unlautere Weise Gewinne zu erzielen (Mü-KoStGB/*Radtke*/*Petermann* Rn. 5; einschränkend Schönke/Schröder/*Heine*/*Schuster* Rn. 7: „zumeist" Fall d. Nr. 1; aA Fischer Rn. 6: unbenannter besonders schwerer Fall) oder aus der Bankrotttat ein eigentliches Geschäft macht, was regelmäßig beim gewerblichen Firmenbestatter der Fall ist. Indiz für die besondere Rücksichtslosigkeit kann auch die Höhe des vom Täter verursachten Schadens sein (NK-StGB/*Kindhäuser* Rn. 4). Aus Gewinnsucht handelt nicht nur, wer im technischen Sinne süchtig ist, sondern jeder, der sie zum bestimmenden Beweggrund für seine Tat werden lässt; dabei reicht es aus, dass der Täter einer einmaligen Versuchung erliegt (LK-StGB/*Tiedemann* Rn. 3).

II. Gefahr des Vermögensverlustes für viele Personen

6   Das Regelbeispiel des § 283a Nr. 2 Alt. 1 besteht in der vom Täter wissentlich verursachten Gefahr für viele Personen, ihre dem Täter anvertrauten Vermögenswerte zu verlieren. Viele Personen iSd Vorschrift sind dabei nach hM mindestens zehn Tatopfer (Fischer Rn. 3; SK-StGB/*Hoyer* Rn. 5; MüKoStGB/*Radtke*/*Petermann* Rn. 9; LK-StGB/*Tiedemann* Rn. 9), was wegen der häufig (insbesondere in den Fällen des § 283a Nr. 2 Alt. 2) mitbetroffenen Arbeitnehmer des Schuldners zu niedrig angesetzt sein dürfte. Sachgerechter erscheint es, auf mindestens fünfzig Opfer abzustellen (generell skeptisch gegenüber einer numerischen Grenze Schönke/Schröder/*Heine*/*Schuster* Rn. 5). Anvertraut sind Vermögenswerte dann, wenn sie dem Täter in dem Vertrauen darauf übergeben oder belassen wurden, er werde mit ihnen im Sinne des Anvertrauenden verfahren, sie also zu einem bestimmten Zweck verwenden, aufbewahren oder zurückgeben (so die Definition bei § 246 Abs. 2, die auch für § 283a Nr. 2 gilt; s. LK-StGB/*Tiedemann* Rn. 6). Praktisch relevant wird dies vor allem beim wirtschaftlichen Zusammenbruch von Schuldnern, die gewerbsmäßige Vermögensverwaltung betreiben (wie Banken, Sparkassen, Genossenschaften oder Bausparkassen). Jedoch können nicht nur Geldeinlagen in Form von Ersparnissen, sondern auch Waren (zu denken ist hier vor allem an den Lieferantenkredit; LK-StGB/*Tiedemann* Rn. 7; stark einschränkend Fischer Rn. 4: „in der Regel nicht") oder Kapitalbeteiligungen anvertraut sein (Schönke/Schröder/*Heine*/*Schuster* Rn. 5; SK-StGB/*Hoyer* Rn. 6; MüKoStGB/*Radtke*/*Petermann* Rn. 7), letztere aber nicht bei sog „Abschreibungsgesellschaften" (so auch früher SK-StGB/*Samson* Rn. 4; aA LK-StGB/*Tiedemann* Rn. 7). Die anvertrauten Vermögenswerte brauchen nicht endgültig verloren zu sein, es genügt vielmehr die konkrete Verlustgefahr (BR-Drs. 5/75, 37 f.; Fischer Rn. 4), auch die Gefahr eines erheblichen Teilverlustes (LK-StGB/*Tiedeman* Rn. 8). Der Täter muss die Verlustgefahr wissentlich, dh mindestens mit dolus directus herbeiführen (wohl einhM; s. zB Fischer Rn. 3).

III. Wirtschaftliche Not vieler Personen

7   § 283a Nr. 2 Alt. 2 erfasst Bankrotthandlungen, mit denen der Täter wissentlich viele Personen (zu beiden Voraussetzungen → Rn. 6) in wirtschaftliche Not bringt. Hierfür reicht es noch nicht aus, dass die Betroffenen lediglich in ihrer gewohnten Lebensführung beeinträchtigt bzw. fühlbar eingeengt werden (LK-StGB/*Tiedemann* Rn. 10). Vielmehr müssen sie gerade infolge der Bankrotthandlung in eine nicht nur vorübergehende, schwere wirtschaftliche Mangellage geraten (Schönke/Schröder/*Heine*/*Schuster* Rn. 6; NK-StGB/*Kindhäuser* Rn. 8; Lackner/Kühl/*Heger* Rn. 2; MüKoStGB/*Radtke*/*Petermann* Rn. 10), in der ihnen die eigenen Mittel zur Beschaffung lebenswichtiger, der Befriedigung durchschnittlicher materieller Bedürfnisse dienender Dinge fehlen (Schönke/Schröder/*Heine*/*Schuster* Rn. 6). In wirtschaftliche Not bringen kann der Täter zB seine Gläubiger, die wegen des Ausfalls ihrer Forderungen selbst in eine wirtschaftliche Krise stürzen (sog Folgeinsolvenz), seine Arbeitnehmer, die ihren Arbeitsplatz und damit ihr Einkommen verlieren, sowie solche Personen, die ihre Einkommen verlieren, weil Vermögenswerte vernichtet sind, die sie dem Täter anvertraut oder sonst überlassen hatten (Fischer Rn. 5; Schönke/Schröder/*Heine*/*Schuster* Rn. 6; NK-StGB/*Kindhäuser* Rn. 8). Ist die wirtschaftliche Not durch Dritte verursacht oder hat sie sich der Betroffene selbst zuzuschreiben (etwa, weil er sich als entlassener Arbeitnehmer nicht um eine neue Arbeitsstelle bemüht; s. Fischer Rn. 5; Schönke/Schröder/*Heine*/*Schuser* Rn. 6), bleibt sie bei der Bestrafung des Täters außer Betracht.

IV. Unbenannte besonders schwere Fälle

8   Der in § 283a genannte Katalog der besonders schweren Fälle ist nicht abschließend (allgM; s. zB Fischer Rn. 6). Vielmehr liefern die Regelbeispiele – wie ihr Name schon sagt – nur Indizien dafür, welchen Unrechts- und Schuldgehalt eine Tat aufweisen muss, um nach dem Wertmaßstab des Gesetzes als besonders schwer zu gelten (BR-Drs. 5/75, 37). Deshalb kommen auch jenseits der Regelbeispiele verschiedene Umstände in Betracht, die entweder für sich allein oder in ihrer Zusammenschau die Tat in objektiver und subjektiver Hinsicht so weit über den Durchschnittsfall des Bankrotts hinausheben, dass ein besonders schwerer Fall iSd § 283a angenommen werden muss (Schönke/Schröder/*Heine*/*Schuster* Rn. 7; Dannecker/Knierim/Hagemeier InsStrafR/*Dannecker*/*Hagemeier* Rn. 1034). Zu denken ist dabei insbes. an Bankrotthandlungen bei Großinsolvenzen, die auch dann eine Vielzahl von Gläubigern

betreffen und immense Gesamtschäden anrichten können, wenn die Voraussetzungen des § 283a Nr. 2 nicht erfüllt sind (BT-Drs. 7/550, 260; Fischer Rn. 6; Schönke/Schröder/*Heine/Schuster* Rn. 7; NK-StGB/*Kindhäuser* Rn. 11; MüKoStGB/*Radtke/Petermann* Rn. 12; LK-StGB/*Tiedemann* Rn. 12). Erforderlich ist dabei aber stets die Schädigung individuell bestimmbarer Gläubiger, während die bloße Beeinträchtigung der Volkswirtschaft oder anderer Allgemeininteressen (etwa der Kreditwirtschaft) für sich genommen schon deshalb keinen besonders schweren Fall begründen kann, weil derartige Allgemeingüter nicht in den Schutzbereich des § 283 fallen (→ Vorb. §§ 283–283d Rn. 1; aA die hM; s. zB BT-Drs. 7/550, 260; Schönke/Schröder/*Heine/Schuster* Rn. 7; SK-StGB/*Hoyer* Rn. 8; MüKoStGB/*Radtke/Petermann* Rn. 12; LK-StGB/*Tiedemann* Rn. 12). Aber auch die Beeinträchtigung weniger Gläubiger (im Extremfall sogar eines einzigen Gläubigers) kann insbes. dann einen besonders schweren Fall darstellen, wenn der Bankrott des Schuldners ihre wirtschaftliche Existenz vernichtet (vgl. BT-Drs. 7/5291, 19; Fischer Rn. 6; NK-StGB/*Kindhäuser* Rn. 7). Schließlich kann die Tat auch deshalb besonders schwer wiegen, weil eine Vielzahl von Banktrotthandlungen vorliegt (ähnl. Schönke/Schröder/*Heine/Schuster* Rn. 7) oder solche Handlungen besonders raffiniert ausgeführt wurden (Fischer Rn. 6).

V. Ausschluss der Regelwirkung

Da die Regelbeispiele nur indizielle Bedeutung haben (→ Rn. 8), kann ihre Wirkung entfallen, wenn **9** sie durch andere, für den Täter sprechende Umstände aufgewogen werden, die im Rahmen der vorzunehmenden Gesamtwürdigung der Tat deren Unrechts- und/oder Schuldgehalt so gering erscheinen lassen, dass die Anwendung des erhöhten Strafrahmens des § 283a unangemessen erschiene (LK-StGB/*Tiedemann* Rn. 2). In Betracht kommen zB Fälle, in denen der Täter die zuvor geschaffene Gefahr iSd § 283a Nr. 2 Alt. 1 durch den Einsatz erheblicher Eigenmittel wieder beseitigt. Es bleibt dann beim Regelstrafrahmen des § 283.

C. Überwachung der Telekommunikation

In Ermittlungsverfahren, die (auch) wegen des Verdachts des Bankrotts in einem besonders schweren **10** Fall gem. § 283a geführt werden, ist – sofern deren allgemeine Voraussetzungen vorliegen – gem. § 100a Abs. 2 Nr. 1q StPO die Überwachung der Telekommunikation zulässig.

§ 283b Verletzung der Buchführungspflicht

(1) Mit Freiheitsstrafe bis zu zwei Jahren oder mit Geldstrafe wird bestraft, wer

1. **Handelsbücher, zu deren Führung er gesetzlich verpflichtet ist, zu führen unterläßt oder so führt oder verändert, daß die Übersicht über seinen Vermögensstand erschwert wird,**
2. **Handelsbücher oder sonstige Unterlagen, zu deren Aufbewahrung er nach Handelsrecht verpflichtet ist, vor Ablauf der gesetzlichen Aufbewahrungsfristen beiseite schafft, verheimlicht, zerstört oder beschädigt und dadurch die Übersicht über seinen Vermögensstand erschwert,**
3. **entgegen dem Handelsrecht**
   a) **Bilanzen so aufstellt, daß die Übersicht über seinen Vermögensstand erschwert wird, oder**
   b) **es unterläßt, die Bilanz seines Vermögens oder das Inventar in der vorgeschriebenen Zeit aufzustellen.**

(2) Wer in den Fällen des Absatzes 1 Nr. 1 oder 3 fahrlässig handelt, wird mit Freiheitsstrafe bis zu einem Jahr oder mit Geldstrafe bestraft.

(3) § 283 Abs. 6 gilt entsprechend.

A. Allgemeines

Die Verletzung der Buchführungspflicht ist abstraktes Gefährdungs- und zugleich Sonderdelikt der **1** Kaufleute (→ Vorb. §§ 283–283d Rn. 21; auch hM; s. zB OLG Hamburg NJW 1987, 1343; Fischer Rn. 2; Schönke/Schröder/*Heine/Schuster* Rn. 1; SK-StGB/*Hoyer* Rn. 1; wohl zweifelnd LK-StGB/*Tiedemann* Rn. 1; *Weyand* PStR 2014, 165). Sie wird nur dann gem. der milderen Vorschrift des § 283b bestraft, wenn sie entweder außerhalb oder in schuldloser Unkenntnis einer akuten wirtschaftlichen Krise begannen wird. Dagegen greift in der Krise § 283 Abs. 1 (in bestimmten Konstellationen auch § 283 Abs. 2; → § 283 Rn. 7 u. 64; s. auch *Moosmayer* NStZ 2000, 296) und bei schuldhafter Krisenunkenntnis § 283 Abs. 4 Nr. 1 oder Abs. 5 Nr. 1 ein, die als lex specialis jeweils den § 283b verdrängt (MüKoStGB/*Radtke/Petermann* Rn. 3; LK-StGB/*Tiedemann* Rn. 18; aA BGH NStZ 1998, 192; Fischer Rn. 2 u. 7: Subsidiarität des § 283b; offen gelassen wird die Art des Konkurrenzverhältnisses von BGH NStZ 1984, 455; Schönke/Schröder/*Heine/Schuster* Rn. 1 u. 10). Wird durch die Pflichtwidrigkeit bei der Buchführung oder Bilanzierung vorsätzlich oder wenigstens leichtfertig die Überschuldung oder Zahlungsunfähigkeit des Täters herbeigeführt, tritt § 283b hinter § 283 Abs. 2 (bei Vorsatz) bzw. § 283 Abs. 4 Nr. 2 oder Abs. 5. Nr. 2 (bei Leichtfertigkeit) zurück. § 283b beruht auf der Erwägung des Gesetzgebers, dass eine ordnungsgemäße Buchführung und Bilanzierung unverzichtbare Grundlage für die Selbstinformation des Kaufmanns ist und nur der zuverlässig informierte Kaufmann eine Gefährdung der Interessen seiner Gläubiger im Rahmen seiner wirtschaftlichen Entscheidungen hinreichend sicher vermeiden kann (BT-Drs. 7/3441, 38; s.auch BayObLG NJW 2003, 1961; Schönke/Schröder/*Heine*/ *Schuster* Rn. 1; SK-StGB/*Hoyer* Rn. 3; LK-StGB/*Tiedemann* Rn. 1; *Wilhelm* NStZ 2003, 512). Verfassungsrechtliche Bedenken gegen die Vorschrift bestehen nicht (BGHSt 28, 234; Fischer Rn. 1; zweifelnd *Dreher* MDR 1978, 724).

B. Tathandlungen

2   Die in § 283b Abs. 1 Nr. 1 und Nr. 3 genannten Tathandlungen sind mit denjenigen des § 283 Abs. 1 Nr. 5 und Nr. 7 deckungsgleich; zu ihnen im Einzelen → § 283 Rn. 43–50 u. 55–61.

3   § 283b Abs. 1 Nr. 2 unterscheidet sich von § 283 Abs. 1 Nr. 6 allein durch den Umfang des Kreises möglicher Täter: Sein Wortlaut („… er … verpflichtet ist …") erfasst insoweit nur Personen, die nach dem Handelsrecht (s. § 257 HGB) selbst aufbewahrungspflichtig sind, dh ausschließlich Kaufleute. Private und Freiberufler, die freiwillig Bücher führen, kommen dagegen nicht als Täter des § 283b Abs. 1 Nr. 2 in Betracht. Diese enge Umgrenzung des Tatbestandes ist durch das strafrechtliche Analogieverbot de lege lata zementiert, erscheint rechtspolitisch aber fragwürdig, da zumindest die meisten Freiberufler ebenfalls in zunehmend komplexen wirtschaftlichen Zusammenhängen agieren und häufig nicht nur Bücher führen, sondern bei mangelhafter Buchführung auch in gleicher Weise wie Kaufleute ihre Gläubiger gefährden. Zu den weiteren Voraussetzungen des § 283b Abs. 1 Nr. 2 → § 283 Rn. 51–54.

C. Subjektive Voraussetzungen

4   Sämtliche Varianten des § 283b Abs. 1 erfordern Vorsatz, der sich naturgemäß nicht auf das Vorliegen einer Krise zu beziehen braucht bzw. beziehen darf; im Übrigen entsprechen die konkreten Vorsatzanforderungen denjenigen bei § 283 Abs. 1 Nr. 5–7; → § 283 Rn. 68.

5   Gem. § 283b Abs. 2 ist in den Fällen des § 283b Abs. 1 Nr. 1 u. Nr. 3 (nicht dagegen des § 283b Abs. 1 Nr. 2) auch die fahrlässige Begehung strafbar, die sämtliche Formen und Grade der Fahrlässigkeit umfassen kann (krit. hierzu *Dreher* MDR 1978, 724). Den praktisch häufigsten Fall von Fahrlässigkeit dürfte dabei die unsorgfältige Auswahl und/oder Überwachung der mit der Buchführung oder Bilanzierung beauftragten Personen durch den Täter darstellen (Schönke/Schröder/*Heine*/*Schuster* Rn. 3; SK-StGB/*Hoyer* Rn. 4; MüKoStGB/*Radtke*/*Petermann* Rn. 15; LK-StGB/*Tiedemann* Rn. 9).

D. Objektive Strafbarkeitsbedingungen

6   Aufgrund der Verweisungsbestimmung des § 283b Abs. 3 hängt die Strafbarkeit der Verletzung der Buchführungspflicht vom Eintritt einer objektiven Strafbarkeitsbedingung des § 283 Abs. 6 ab, also von der Zahlungseinstellung durch den Schuldner, der Eröffnung des Insolvenzverfahrens über sein Vermögen oder der Abweisung des Eröffnungsantrags mangels Masse. Zur Dogmatik und den einzelnen Voraussetzungen dieser Bedingungen → Vorb. §§ 283–283d Rn. 25–32.

7   Der Wortlaut des § 283b stellt keine Verknüpfung zwischen der Tathandlung und dem Eintritt der objektiven Strafbarkeitsbedingung her und ließe daher im Extremfall auch die Bestrafung einer einzelnen, kurzzeitigen Bilanzverzögerung zu, nach der das schuldnerische Unternehmen noch jahrzehntelang prosperiert, bevor es schließlich in die Insolvenz fällt. Es herrscht weitgehende Einigkeit darüber, dass die Strafbarkeit des Schuldners solche und ähnliche Konstellationen nicht erfassen soll und daher einer Einschränkung bedarf. Zu diesem Zweck ist das Erfordernis eines Zusammenhangs zwischen der Tathandlung und dem Eintritt der objektiven Strafbarkeitsbedingung in die Norm hineinzulesen (ganz hM; s. zB BGHSt 28, 233; BGH wistra 1996, 264; BayObLG NJW 2003, 1960; OLG Hamburg NJW 1987, 1343; Fischer Rn. 5; Schönke/Schröder/*Heine*/*Schuster* Rn. 7; SK-StGB/*Hoyer* Rn. 6; Lackner/Kühl/ *Heger* Rn. 3; MüKoStGB/*Radtke*/*Petermann* Rn. 22; LK-StGB/*Tiedemann* Rn. 14; *Achenbach* NStZ 2004, 552; *Maurer* wistra 2003, 253; *Röhm* DZWiR 2002, 143; *Rönnau* NStZ 2003, 530; *Wilhelm* NStZ 2003, 511; aA *Schäfer* wistra 1990, 86), der jedoch nicht zu einer Kausalbeziehung zu erstarken braucht (aA *Trüg*/*Habetha* wistra 2007, 370). Ausreichend ist vielmehr eine lediglich äußerliche Verbindung (→ Vorb. §§ 283–283d Rn. 46), die etwa dann gegeben ist, wenn der Verstoß gegen die Bilanzierungspflicht im Zeitpunkt der Eröffnung des Insolvenzverfahrens noch andauert (BGHSt 28, 232) oder lediglich eineinhalb Jahre vor dem Eröffnungszeitpunkt begangen wurde (BGH GA 1953, 75), die Gläubiger oder der Insolvenzverwalter wertvolle Zeit bei der Forderungsbeitreibung verlieren, weil erst noch nachgebucht werden muss (vgl. MüKoStGB/*Radtke*/*Petermann* Rn. 21) oder der Schuldner den drohenden Kriseneintritt wegen eines mittlerweile behobenen Buchführungsmangels nicht rechtzeitig

erkannt hat (OLG Hamburg NJW 1987, 1343; Schönke/Schröder/*Heine*/*Schuster* Rn. 7; SK-StGB/ *Hoyer* Rn. 6). An dem erforderlichen Zusammenhang zwischen der Tathandlung und dem Eintritt der Strafbarkeitsbedingung fehlt es dagegen zB dann, wenn bereits wegen eines Zeitablaufs von mehreren Jahren ausgeschlossen werden kann, dass sich ein behobener Buchführungsmangel noch auf den Eintritt einer Strafbarkeitsbedingung auswirken könnte (Fischer Rn. 5; Schönke/Schröder/*Heine*/*Schuster* Rn. 7; MüKoStGB/*Radtke*/*Petermann* Rn. 21).

Die Verfolgungsverjährung beginnt auch bei § 283b erst mit dem Eintritt der objektiven Strafbarkeits-   **8** bedingung, nicht schon mit der Vornahme der Tathandlung (ganz hM; s. zB Fischer Rn. 39).

E. Vollendung und Versuch

Das abstrakte Gefährdungsdelikt des § 283b ist mit der Vornahme der jeweiligen Tathandlung voll-   **9** endet (→ § 283 Rn. 73); eines darüber hinausgehenden Erfolgseintritts bedarf nicht.

Der Versuch des § 283b ist mangels ausdrücklicher Regelung nicht strafbar.   **10**

F. Täterschaft und Teilnahme

§ 283b enthält ein Sonderdelikt, als dessen Täter nur Kaufleute in Betracht kommen. Teilnehmer iSd   **11** §§ 26, 27 kann hingegen nach allgemeinen Grundsätzen auch ein Nichtkaufmann sein (→ § 283 Rn. 75), dessen Strafe dann gem. § 28 Abs. 1 zu mildern ist (LK-StGB/*Tiedemann* Rn. 17; hierzu auch → § 283 Rn. 75).

G. Konkurrenzen

Mehrere Einzelverstöße gegen § 283b stehen jedenfalls dann in Tatmehrheit zueinander, wenn sie   **12** unterschiedliche Geschäftsjahre betreffen (MüKoStGB/*Radtke*/*Petermann* Rn. 28; LK-StGB/*Tiedemann* Rn. 18; → § 283 Rn. 76). Bei Verstößen innerhalb derselben Geschäftsperiode ist dagegen zu differenzieren: Bei mehreren Verletzungen der Buchführungspflicht gem. § 283b Abs. 1 Nr. 1 liegt hier regelmäßig Tateinheit vor (LK-StGB/*Tiedemann* Rn. 18). Gleiches gilt, wenn sowohl die Buchführung wie auch die Bilanzerstellung einem Dritten übertragen wurde und dabei ein einheitliches Auswahl- oder Überwachungsverschulden verschiedene Verstöße gegen § 283b Abs. 1 Nr. 1 u. Nr. 3 zur Folge hat (BGH GA 1978, 186; OLG Frankfurt a. M. NStZ-RR 1999, 105; Fischer Rn. 6; Schönke/Schröder/ *Heine*/*Schuster* Rn. 10; SK-/*Hoyer* Rn. 7; LK-StGB/*Tiedemann* Rn. 18). In den übrigen Fällen bleibt es auch hier bei Tatmehrheit. Wahlfeststellung zwischen verschiedenen Tathandlungen des § 283b Abs. 1 ist möglich (→ § 283 Rn. 77).

Gegenüber dem spezielleren § 283 tritt § 283b stets zurück (→ Rn. 1). Zum Verhältnis des § 283b zu   **13** § 283c u. § 283d → § 283c Rn. 25 u. → § 283d Rn. 18. Für die Konkurrenzverhältnisse zu sonstigen Tatbeständen des Kern- und Nebenstrafrechts gelten die Ausführungen zu § 283 entsprechend; → § 283 Rn. 81).

§ 283c Gläubigerbegünstigung

(1) Wer in Kenntnis seiner Zahlungsunfähigkeit einem Gläubiger eine Sicherheit oder Befriedigung gewährt, die dieser nicht oder nicht in der Art oder nicht zu der Zeit zu beanspruchen hat, und ihn dadurch absichtlich oder wissentlich vor den übrigen Gläubigern begünstigt, wird mit Freiheitsstrafe bis zu zwei Jahren oder mit Geldstrafe bestraft.

(2) Der Versuch ist strafbar.

(3) § 283 Abs. 6 gilt entsprechend.

A. Allgemeines

Die Gläubigerbegünstigung stellt einen Spezialfall des Beiseiteschaffens von Vermögensgegenständen   **1** bzw. der Verringerung des Vermögensstandes dar, bei dem die betroffenen Vermögenswerte nicht schlechthin den Gläubigern entzogen, sondern lediglich ungleich unter ihnen verteilt werden. Der Schuldner schädigt daher mit ihr nicht die Gläubigergesamtheit, sondern untergräbt lediglich das Prinzip der gleichmäßigen Vermögensverteilung in der Insolvenz (BGHSt 34, 221; 35, 357; Schönke/Schröder/ *Heine*/*Schuster* Rn. 1; LK-StGB/*Tiedemann* Rn. 1), wozu er häufig durch den Druck des begünstigten Gläubigers oder diesem gegenüber bestehenden moralischen Erfüllungsverpflichtungen verleitet werden dürfte. Sein Verhalten erscheint aus diesen Gründen zwar weniger verwerflich als die Bankrotthandlungen des § 283, bleibt aber gleichwohl strafwürdig, da es die Aussichten der nicht begünstigten Gläubiger auf eine höhere Verteilungsquote schmälert (LK-StGB/*Tiedemann* Rn. 1) und damit letztlich deren Befriedigungsinteresse gefährdet oder sogar akut beeinträchtigt. Es wird daher von der privilegierenden Strafnorm (BT-Drs. 7/3441, 39; auch stRspr u. wohl einhM in der Lit.; s. statt aller BGH NStZ 1996, 544; LK-StGB/*Tiedemann* Rn. 1 mwN) des § 283c erfasst, nicht aber von den Tatständen des

§ 283 Abs. 1 Nr. 1 oder Nr. 8. Die Gläubigerbegünstigung gem. § 283c ist sowohl Sonder- (→ Vorb. §§ 283–283d Rn. 3 ff., 21) wie auch Erfolgsdelikt.

B. Objektiver Tatbestand

I. Zahlungsunfähigkeit des Schuldners

2   Obwohl § 283c im Hinblick auf die Zahlungsunfähigkeit des Schuldners subjektiv formuliert ist („… in Kenntnis seiner Zahlungsunfähigkeit …"), muss diese im Handlungszeitpunkt auch objektiv vorliegen, da man nur bestehende Tatsachen auch kennen kann (LK-StGB/*Tiedemann* Rn. 1). Erforderlich ist dabei aktuelle Zahlungsunfähigkeit (zu dieser → Vorb. §§ 283–283d Rn. 37). Drohende Zahlungsunfähigkeit und Überschuldung eröffnen den Anwendungsbereich des § 283c nach dessen ausdrücklichem Wortlaut nicht.

II. Gläubiger

3   § 283c privilegiert nur die Begünstigung solcher Personen, die als Gläubiger iSd Vorschrift anzusehen sind. Dies sind alle Inhaber eines vermögensrechtlichen Anspruchs gegen den Schuldner (Fischer Rn. 2; LK-StGB/*Tiedemann* Rn. 6), gleichgültig, ob der Anspruch privat- oder öffentlich-rechtlicher Natur ist und ob sein Inhaber Insolvenzgläubiger iSd § 38 InsO, Massegläubiger (s. §§ 53 ff. InsO), oder Absonderungsberechtigter gem. §§ 49 ff. InsO ist (RGSt 16, 403; Fischer Rn. 2; Schönke/Schröder/ *Heine/Schuster* Rn. 12; Lackner/Kühl/*Heger* Rn. 2; MüKoStGB/*Radtke/Petermann* Rn. 8; LK-StGB/ *Tiedemann* Rn. 6), da all diesen Personen ein Teil – und nur ein Teil – der Insolvenzmasse zusteht. Wer die genannten Kriterien erfüllt, ist dabei auch dann Gläubiger, wenn sein Anspruch noch vom Eintritt einer Bedingung abhängt; so etwa der Bürge, der erst aufgrund seiner eigenen Inanspruchnahme durch den Bürgschaftsnehmer einen Ausgleichsanspruch gegen den Schuldner erwirbt (RGSt 35, 127; Fischer Rn. 2; Schönke/Schröder/*Heine/Schuster* Rn. 12; Lackner/Kühl/*Heger* Rn. 2; LK-StGB/*Tiedemann* Rn. 7). Kein Gläubiger iSd § 283c sind dagegen Inhaber nicht-vermögensrechtlicher Ansprüche, welche die zu verteilende Insolvenzmasse nicht tangieren (LK-StGB/*Tiedemann* Rn. 6). Gleiches gilt für Aussonderungsberechtigte, soweit es lediglich um die Geltendmachung ihrer Aussonderungsansprüche geht; hinsichtlich ihrer übrigen Ansprüche (zB auf Zahlung des Kaufpreises für eine unter Eigentumsvorbehalt gelieferte Sache) ist ihre Gläubigereigenschaft iSd § 283c aber zu bejahen (LK-StGB/*Tiedemann* Rn. 6). Beizupflichten ist zudem der hM, wonach der selbst anspruchsberechtigte Schuldner (etwa der Erbe in der Nachlassinsolvenz, der eigene Forderungen gegen den Erblasser hat) nicht als Gläubiger iSd § 283c gelten kann (RGSt 68, 368; BGHSt 34, 226; Fischer Rn. 2; Schönke/Schröder/*Heine/ Schuster* Rn. 12; MüKoStGB/*Radtke/Petermann* Rn. 9; LK-StGB/*Tiedemann* Rn. 10; aA *Achenbach* FG BGH, 2000, 608). Denn der Schuldner ist zumindest für die Zwecke des Insolvenzstrafrechts allein an seiner besonderen Pflichtenstellung gegenüber den Gläubigern festzuhalten, die es verbietet, ihn gleichzeitig in deren Lager zu stellen und ihm damit die Privilegierung des § 283c zukommen zu lassen (BGHSt 34, 222; LK-StGB/*Tiedemann* Rn. 10; krit. *Hartwig* FS Bemmann, 1997, 323). Er verwirklicht daher nicht den Tatbestand § 283c, sondern den strengeren § 283 Abs. 1 Nr. 1, wenn er sich selbst eine Sicherheit oder Befriedigung verschafft, die ihm (so) nicht gebührt (Schönke/Schröder/*Heine/Schuster* Rn. 12). Ebenfalls keine Gläubiger iSd § 283c sind die Anteilseigner der Schuldnergesellschaft, soweit es gerade um diese Anteile geht, die konstitutive Teile der Haftungsmasse sind und daher keine Forderungen der Anteilsinhaber gegen diese Haftungsmassse begründen können (LK-StGB/*Tiedemann* Rn. 10); der Umstand, dass diese Anteile in den Bilanzen der Gesellschaft als Guthaben der Gesellschafter erfasst werden, ändert hieran nichts. Da sog eigenkapitalersetzende Darlehen der Gesellschafter nach altem Recht wie Stammkapital zu behandeln waren (Schönke/Schröder/*Heine/Schuster* Rn. 12; LK-StGB/ *Tiedemann* Rn. 10; *Hendel* NJW 1977, 1947), galt für sie gleiches. Mit dem Inkrafttreten des MoMiG im Jahre 2008 wurde jedoch die Gleichsetzung eigenkapitalersetzender Gesellschafterdarlehen mit dem Stammkapital beseitigt und durch bloße Rückzahlungsverbote ersetzt (s. § 64 GmbHG nF und §§ 130a, 177a HGB nF), weshalb die Darlehensgeber nunmehr auch als Gläubiger iSd § 283c anzusehen sind (OLG Celle wistra 2014, 363; Schönke/Schröder/*Heine/Schuster* Rn. 12). Wird gegen ein bestehendes Rückzahlungsverbot verstoßen, liegt daher kein Bankrott, sondern lediglich eine Gläubigerbegünstigung vor (LK-StGB/*Tiedemann* Rn. 10; *Bittmann* wistra 2009, 104). Nicht überzeugend ist es, Organe, Vertreter und sonstige Personen, denen die Schuldnerstellung über § 14 zugerechnet wird, aus dem Gläubigerkreis des § 283c herauszunehmen (so aber BGH NJW 1969, 1494: Besicherung eigener Gehaltsansprüche durch den GmbH-Geschäftsführer; BGHSt 34, 221: Befriedigung eigener Ansprüche gegen die KG durch deren Geschäftsführer; iErg zustimmend LK-StGB/*Tiedemann* Rn. 11). Denn anders als beim anspruchsberechtigte Schuldner selbst kann ihre Gläubigerposition – die nach der hier zugrunde gelegten Begriffsdefinition nicht zweifelhaft ist – schon deshalb nicht durch ihre Schuldnerrolle überlagert werden, weil sie eben nicht Schuldner sind, sondern diesen nur vertreten (im Ergebnis wie hier, aber mit unterschiedlichen Begründungen Schönke/Schröder/*Heine/Schuster* Rn. 12; SK-StGB/*Hoyer* Rn. 6; Lackner/Kühl/*Heger* Rn. 2; NK-StGB/*Kindhäuser* Rn. 3; MüKoStGB/*Radtke/*

Petermann Rn. 11; *Hendel* NJW 1977, 1946; *Renkl* JuS 1973, 613; *Weber* StV 1988, 16; *Winkelbauer* JR 1988, 33).

Für die zeitliche Abfolge von Gläubigerstellung, Zahlungsunfähigkeit und Begünstigungshandlung **4** gilt: Aus dem Wortlaut des § 283c („… in Kennntis …") folgt zunächst, dass die Zahlungsunfähigkeit bereits vor der Tathandlung bestanden haben muss (→ Rn. 2). Der mildere § 283c kommt aber nur dann zur Anwendung, wenn auch die Gläubigerstellung vor der Begünstigungshandlung begründet wurde. Entsteht die Gläubigerposition erst im Zuge der Begünstigungshandlung oder gar noch später (zB indem zunächst rechtsgrundlos geleistet und erst im nachhinein der zugehörige Anspruch konstuiert wird), bleibt es hingegen bei dem strengeren § 283 (nahezu einhM; s. zB RGSt 35, 127; Fischer Rn. 2; Schönke/Schröder/*Heine/Schuster* Rn. 12; SK-StGB/*Hoyer* Rn. 9; NK-StGB/*Kindhäuser* Rn. 4; Lackner/Kühl/*Heger* Rn. 2; einschränkend Bittmann/*Bittmann,* Insolvenzstrafrecht, 2004, § 14 Rn. 9). Entgegen der hM (s. zB BGHSt 35, 361; Fischer Rn. 2; NK-StGB/*Kindhäuser* Rn. 4; MüKoStGB/*Radtke/ Petermann* Rn. 9; LK-StGB/*Tiedemann* Rn. 9; diff. Schönke/Schröder/*Heine/Schuster* Rn. 12: grundsätzlich § 283c, ausnahmsweise aber § 283, wenn das Gläubigerverhältnis entgegen einer ordnungsgemäßen Wirtschaftsführung begründet wurde) bleibt es zudem auch dann beim Bankrott, wenn die Gläubigerstellung zwar vor der Begünstigungshandlung, aber erst nach dem Eintritt der Zahlungsunfähigkeit begründet wurde (etwa in dem Fall, dass einem danach hinzukommenden Kreditgeber sogleich eine Sicherheit gewährt wird; s. LK-StGB/*Tiedemann* Rn. 8). Dies beruht auf der wertenden Überlegung, dass der zahlungsunfähige Schuldner neue Verpflichtungen nur noch dann eingehen darf, wenn er hierbei äußerste Umsicht walten lässt. Hierzu gehört es auch, seine eigenen Interessen an einer – naturgemäß kostenverursachenden – Fortsetzung seines Geschäftsbetriebes oder einer kompetenten Beratung in der Krise mit den Befriedigungs- bzw. Besicherungsinteressen von Altgläubigern auszutarieren, die es zunächst mit einem zahlungsfähigen Schuldner zu tun hatten und nun mit dessen wirtschaftlicher Krise konfrontiert sind: Es liegt auf der Hand, dass letztere grundsätzlich schwerer wiegen als die entsprechenden Interessen von Neugläubigern, die sich sehenden Auges (sind sie insoweit blind, schützt sie § 263) mit einem zahlungsunfähigen Schuldner eingelassen haben. Es ist daher für den Schuldner geboten, dem Druck von Neugläubigern, ihnen eine bevorzugte Behandlung angedeihen zu lassen, in besonderem Maße zu widerstehen. Für die Überprüfung aber, ob er dies getan hat, hält der Tatbestand des § 283 ein Instrument parat, das dem § 283c fehlt: Dort nämlich ist das Handeln des Schuldners an den Anforderungen einer ordnungsgemäßen Wirtschaft zu messen, die durch seine konkrete wirtschaftliche Situation wesentlich mitbestimmt werden. § 283c dagegen impliziert ordnungsgemäßes Wirtschaften und ist daher allein auf die Begünstigung solcher Gläubiger anzuwenden, die bereits vor dem Eintritt der Zahlungsunfähigkeit des Schuldners vorhanden waren (Lackner/Kühl/*Heger* Rn. 2; *Vormbaum* GA 1981, 197). Sein Ausschluss bei sämtlichen Neugläubigern bedeutet auch keine unvertretbare Einschränkung der wirtschaftlichen Bewegungsfreiheit des Schuldners. Denn er führt nicht zu einer automatischen Strafbarkeit von Geschäften mit solchen Gläubigern, sondern lediglich zur Anwendung eines strengeren Überprüfungsmaßstabes.

III. Befriedigung oder Gewährung einer Sicherheit

1. Sicherheit. Ein Gläubiger erhält eine Sicherheit iSd § 283c, wenn ihm eine bevorzugte Rechts- **5** stellung und damit die Möglichkeit eingeräumt wird, eine bessere, gewissere, leichtere oder schnellere Befriedigung zu erlangen, als er zu beanspruchen hätte (wohl einhM; s. statt aller RGSt 30, 261; Fischer Rn. 5). In Betracht kommen hierfür sowohl Rechtsgeschäfte, wie zB die Einräumung von (Grund-) Pfandrechten (BGH ZIP 1999, 196), die Sicherungsübereignung (RG JW 1910, 679), die Sicherungsabtretung (LK-StGB/*Tiedemann* Rn. 13), die Hingabe von Schecks oder Wechseln Dritter (→ Rn. 6) oder die Einräumung eines Zurückbehaltungsrechts (Fischer Rn. 5), wie auch Realakte, etwa eine Besitzübertragung (LK-StGB/*Tiedemann* Rn. 14; Bittmann/*Bittmann,* Insolvenzstrafrecht, 2004, § 14 Rn. 19), die Erhöhung des Wertes von Sicherungseigentum (insbes. durch dessen Bearbeitung; LPK-StGB/*Kindhäuser* Rn. 10; LK-StGB/*Tiedemann* Rn. 15) und uU auch die bloße Verbesserung der Beweislage hinsichtlich des in Rede stehenden Befriedigungsanspruchs (LK-StGB/*Tiedemann* Rn. 14). Nachrangige Sicherheiten werden ebenfalls von § 283c erfasst, da sie im Einzelfall durchaus die Befriedigungschancen ihres Inhabers verbessern können (etwa, wenn ein vorrangig Gläubiger bereits befriedigt oder aber übersichert sind). Deshalb kann auch in der Bestellung eines weiteren Grundpfandrechts an einer bereits wertausschöpfend belasteten Immobilie eine strafbare Gläubigerbegünstigung liegen (RGSt 30, 261; Fischer Rn. 5; Schönke/Schröder/*Heine/Schuster* Rn. 4; LK-StGB/*Tiedemann* Rn. 15; aA SK-StGB/*Hoyer* Rn. 7), sofern sie – was praktisch allerdings selten vorkommen dürfte – die übrigen Gläubiger benachteiligt. Ähnlich verhält es sich mit zivilrechtlich unwirksamen Sicherheitenbestellungen, die ebenfalls zur leichteren Befriedigung des Begünstigten führen können, sofern niemand den Einwand der Unwirksamkeit erhebt; auch sie fallen daher unter § 283c (RG JW 1934, 1289: sittenwidrige Sicherungsübereignung; BGH GA 1958, 48: Sicherungsübereignung ohne erforderliche vormundschaftsgerichtliche Genehmigung; *Hartwig* FS Bemmann, 1997, 319: wegen mangelnder Bestimmtheit des Sicherungsgutes unwirksame Sicherungsübereignung; aA für den zuletzt genannten Fall die hM s. BGH GA 1958, 48; Schönke/Schröder/*Heine/Schuster* Rn. 4; Lackner/Kühl/*Heger* Rn. 4; Mü-

KoStGB/*Radtke*/*Petermann* Rn. 12; LK-StGB/*Tiedemann* Rn. 13; *Vormbaum* GA 1981, 108). Dagegen ist etwa eine Buchhypothek vor ihrer Eintragung (s. RGSt 65, 416; Lackner/Kühl/*Heger* Rn. 4) oder eine Briefhypothek vor der Briefübergabe (s. RGSt 34, 174; Schönke/Schröder/*Heine*/*Schuster* Rn. 4; LK-StGB/*Tiedemann* Rn. 14) noch keine Sicherheit iSd § 283c, da es für ihr Entstehen erst noch des Hinzutretens weiterer tatsächlicher Umstände bedarf. Gleiches gilt für aufschiebend bedingte Sicherheiten, sofern der Bedingungseintritt nicht lediglich von einer einseitgen Erklärung oder Handlung des Gläubigers abhängt (ähnlich wohl Fischer Rn. 5). Verschafft der Schuldner dem Gläubiger einen Vollstreckungstitel (zB indem er ein Versäumnisurteil oder einen Vollstreckungsbescheid gegen sich ergehen lässt, ein notarielles Schuldanerkenntnis abgibt oder einen Anwaltsvergleich schließt), liegt hierin noch keine Sicherheitengewährung, da der erlangte Titel als solcher nur die formelle Anspruchsdurchsetzung erleichtert, nicht aber die materiellen Befriedigungschancen erhöht (iErg ebenso RGSt 30, 46; LK-StGB/*Tiedemann* Rn. 13; aA für das Ergehenlassen eines Versäumnisurteils Fischer Rn. 4; Schönke/Schröder/*Heine*/*Schuster* Rn. 7). Angesichts seines Schutzzwecks gilt § 283c nur für solche Sicherheiten, die aus dem Teil des Schuldnervermögens stammen, das zur künftigen Insolvenzmasse gehört (Schönke/Schröder/*Heine*/*Schuster* Rn. 4; LK-StGB/*Tiedemann* Rn. 14; Bittmann/*Bittmann*, Insolvenzstrafrecht, 2004, § 14 Rn. 22; Weyand/Diversy Insolvenzdelikte Rn. 124). Bewegt der Schuldner lediglich einen Dritten dazu, Sicherheiten für ihn zu stellen (zB für ihn zu bürgen; s. Schönke/Schröder/*Heine*/*Schuster* Rn. 4) oder setzt er fremde oder unpfändbare eigene Gegenstände (→ § 283 Rn. 10) als Sicherheit ein, begeht er damit keine Gläubigerbegünstigung.

6   **2. Befriedigung.** Ein Gläubiger wird befriedigt iSd § 283c, wenn sein Anspruch erfüllt wird (s. § 362 Abs. 1 BGB) oder er eine Leistung als Erfüllung (s. § 363 BGB) oder an Erfüllungs statt annimmt (s. § 364 Abs. 1 BGB); ob die Leistung oder Erfüllung durch den Schuldner selbst oder einen Dritten erfolgt, ist dabei regelmäßig (nicht aber bei höchstpersönlichen Verpflichtungen) gleichgültig. Verschafft der Schuldner dem Gläubiger durch Gegengeschäfte eine Aufrechnungslage, die letzterer auch zur Aufrechnung nutzt, liegt bei wirtschaftlicher Betrachtung des Geschäfts eine (Sach-)Leistung des Schuldners vor, die der Gläubiger an Erfüllungs statt annimmt; die anschließende Verrechnung dient lediglich der technischen Umsetzung. Es ist daher sachgerecht, in diesem Gesamtvorgang ebenfalls eine Befriedigung des Gläubigers iSd § 283c zu sehen (RGSt 6, 149; BGH GA 1961, 359; MüKoStGB/*Radtke*/*Petermann* Rn. 13; LK-StGB/*Tiedemann* Rn. 16; zu weitgehend, weil auf § 283c abstellend auf den strengeren § 283 abstellend Schönke/Schröder/*Heine*/*Schuster* Rn. 5: Befriedigung auch bei Aufrechnung nach Scheinverkauf). Bringt der Täter ein (Grund-)Pfandrecht, das ein Dritter zu seinen Gunsten dem Gläubiger eingeräumt hat, durch Erfüllung des Anspruchs zum Erlöschen, so gewährt er nur dem Gläubiger, nicht aber auch dem Pfandschuldner eine Befriedigung (RGSt 62, 279; Schönke/Schröder/*Heine*/*Schuster* Rn. 5; LK-StGB/*Tiedemann* Rn. 16). Erfolgt die Leistung (insbes. in Form der Hingabe eines eigenen Schecks oder Wechsels durch den Schuldner; s. RG GA 1891, 230; LZ 1918, 770; Schönke/Schröder/*Heine*/*Schuster* Rn. 5; LK-StGB/*Tiedemann* Rn. 16) lediglich erfüllungshalber (s. § 364 Abs. 2 BGB), führt sie nicht zur Befriedigung und regelmäßig auch nicht zu einer Besicherung des Gläubigers iSd § 283c (Schönke/Schröder/*Heine*/*Schuster* Rn. 5). Die Hingabe eines Kundenschecks oder -wechsels stellt ebenfalls noch keine Befriedigung (so die zivilrechtliche Rspr. und ein Teil der strafrechtlichen Lit.; s. zB BGH NJW 1992, 1380; SK-StGB/*Hoyer* Rn. 11; LK-StGB/*Tiedemann* Rn. 16; aA wohl die Rspr. in Strafsachen; s. RG JW 1927, 1106; BGHSt 16, 279; ebenso Schönke/Schröder/*Heine*/*Schuster* Rn. 5; MüKoStGB/*Radtke*/*Petermann* Rn. 13), immerhin aber die Gewährung einer Sicherheit dar (LK-StGB/*Tiedemann* Rn. 16). Leistet anstelle des Schuldners ein Dritter aus seinem eigenen Vermögen, ist der Schutzzweck des § 283c dann nicht berührt, wenn die Leistung schenkweise oder in Form eines ungesicherten Darlehens an den Schuldner erfolgt. Vielmehr wird im ersten Fall die Position der verbleibenden Gläubiger sogar verbessert, da die gleich bleibende Haftungsmasse dann auf weniger Köpfe verteilt werden muss. Im zweiten Fall findet lediglich ein Gläubigertausch statt, der die Gläubigergesamtheit nicht tangiert. Drittzahlungen mit solchem Hintergrund sind daher zwar möglicherweise inkongruent (BGH NJW-RR 2011, 630) und insolvenzrechtlich anfechtbar (s. hierzu BGH NJW 2014, 2956 mit Darstellung möglicher Fallgestaltungen), strafrechtlich aber irrelevant. Befriedigt der Dritte den Gläubiger dagegen nur, weil er dafür seinerseits ein besichertes Erfüllungsversprechen des Schuldners erhält, stellt nicht die Befriedigung als solche, sondern die Gewährung der Sicherheit an den Dritten eine Begünstigung dar, die nach der hier vertretenen Auffassung am Maßstab des § 283 zu messen ist, sofern sie nach Eintritt der Zahlungsunfähigkeit des Schuldners erfolgt (→ Rn. 4).

IV. Gewähren einer inkongruenten Deckung

7   **1. Inkongruente Deckung. a) Allgemeines.** Das Strafrecht verwehrt es dem Schuldner nicht, seine zivilrechtlichen Pflichten buchstabengetreu zu erfüllen und gestattet ihm auch, fällige Verbindlichkeiten in der geschuldeten Art und Weise zu tilgen, um so wenigstens einen Rest seiner wirtschaftlichen Reputation zu retten und evtl. neue Geldgeber zu finden. § 283c pönalisiert daher nur die sog inkongruente Deckung (so die Bezeichnung in § 131 InsO, die auch im Strafrecht allg. akzeptiert ist; s. dazu zB Fischer Rn. 6), bei der eine Sicherheit oder Befriedigung gewährt wird, die der Gläubiger „nicht

oder nicht in der Art oder nicht zu der Zeit zu beanspruchen hat". Gibt dagegen der Schuldner einem Gläubiger exakt das, was ihm zusteht, zu einem Zeitpunkt, in dem es ihm zusteht (= kongruente Deckung) begeht er damit weder eine Gläubigerbegünstigung, noch einen Bankrott (BGHSt 8, 57; Fischer Rn. 7; Schönke/Schröder/*Heine*/*Schuster* Rn. 8; SK-StGB/*Hoyer* Rn. 14; *Bittmann* ZWH 2012, 100), mögen auch die übrigen Gläubiger infolge dessen leer ausgehen. Die Frage, ob eine inkongruente Deckung vorliegt, ist rein zivilrechtlich zu beantworten (wohl einhM; s. zB RGSt 66, 90; BGHSt 8, 55; Schönke/Schröder/*Heine*/*Schuster* Rn. 8; NK-StGB/*Kindhäuser* Rn. 12; Lackner/Kühl/*Heger* Rn. 5; MüKoStGB/*Radtke*/*Petermann* Rn. 14; LK-StGB/*Tiedemann* Rn. 20).

b) Nicht zu beanspruchen. Die Gläubigerbegünstigung setzt begriffsnotwendig voraus, dass der **8** Begünstigte wenigstens irgendeinen Anspruch gegen den Schuldner hat, da er andernfalls schon nicht als Gläubiger anzusehen ist. Einen Gläubiger iSd § 283c, der das Erlangte nicht zu beanspruchen hat, gibt es daher nur dann, wenn der Schuldner die Leistung aufgrund einer Einrede (zB Verjährung; Fischer Rn. 6; Schönke/Schröder/*Heine*/*Schuster* Rn. 9; SK-StGB/*Hoyer* Rn. 15; NK-StGB/*Kindhäuser* Rn. 13; Lackner/Kühl/*Heger* Rn. 5; MüKoStGB/*Radtke*/*Petermann* Rn. 14; LK-StGB/*Tiedemann* Rn. 21), der Unvollkommenheit der Verbindlichkeit (s. §§ 762 f. BGB) oder aus anderen Gründen (LK-StGB/*Tiedemann* Rn. 21) dauerhaft verweigern oder deren Rechtsgrundlage, insbesondere durch zivilrechtliche (nicht duch insolvenzrechtliche Anfechtung, die den Befriedigungsanspruch unberührt lässt; s. RGSt 66, 90; BGHSt 8, 56; Schönke/Schröder/*Heine*/*Schuster* Rn. 9; Lackner/Kühl/*Heger* Rn. 5; LK-StGB/*Tiedemann* Rn. 21) Anfechtung gem. §§ 119 ff. BGB (Schönke/Schröder/*Heine*/*Schuster* Rn. 9) beseitigen kann und daher auch der Insolvenzverwalter den Anspruch nicht zu erfüllen bräuchte. Erfüllung hat der Gläubiger auch dann nicht zu beanspruchen, wenn das Geschäft erst durch diese selbst (etwa bei zunächst gegebener Formnichtigkeit) zu voller Wirksamkeit erstarkt (SK-StGB/*Hoyer* Rn. 15; MüKoStGB/*Radtke*/*Petermann* Rn. 15; aA Schönke/Schröder/*Heine*/*Schuster* Rn. 9; NK-StGB/*Kindhäuser* Rn. 13). Wer Inhaber eines Befriedigungsanspruchs ist, hat nicht schon deshalb auch eine Sicherheit zu beanspruchen (BGH MDR 1979, 457; Schönke/Schröder/*Heine*/*Schuster* Rn. 9; SK-StGB/*Hoyer* Rn. 15); es bedarf hierfür vielmehr einer eigenen, wirksamen (zur Nichtigkeit einer Sicherungsabrede, die allein in Erwartung der bevorstehenden Insolvenz des Schuldners getroffen wurde, s. RGSt 63, 78; Fischer Rn. 7; LK-StGB/*Tiedemann* Rn. 23) Sicherungsabrede (BGHSt 35, 361; *Vormbaum* GA 1981, 112). Ebenfalls nicht zu beanspruchen hat der Gläubiger die Ersetzung des zahlungsunfähigen durch einen zahlungsfähigen Schuldner (LK-StGB/*Tiedemann* Rn. 23; aA SK-StGB/*Hoyer* Rn. 10), etwa indem die Verbindlichkeiten von einer Auffanggesellschaft übernommen werden; in diesen Fällen ist aber besonders sorgfältig zu prüfen, ob hieraus eine Benachteiligung der übrigen Gläubiger erwachsen kann. Fehlt es gänzlich an Ansprüchen, etwa weil ein Vertrag zwischen Schuldner und Begünstigtem wegen Dissenses gar nicht zustande gekommen oder als Wucher- oder Scheingeschäft nichtig ist (Schönke/Schröder/*Heine*/*Schuster* Rn. 9; SK-StGB/*Hoyer* Rn. 4; LK-StGB/*Tiedemann* Rn. 21), ist der Begünstigte schon kein Gläubiger. Die Leistung des Schuldners stellt dann keine inkongruente Deckung iSd § 283c, sondern regelmäßig ein Beiseiteschaffen von Vermögensgegenständen gem. § 283 Abs. 1 Nr. 1 dar. Gleiches gilt im Hinblick auf den überschießenden Teil auch dann, wenn der Gläubiger quantitativ mehr erhält, als ihm zusteht (Schönke/Schröder/*Heine*/*Schuster* Rn. 9; SK-StGB/*Hoyer* Rn. 4; LK-StGB/*Tiedemann* Rn. 21 u. 40; *Vormbaum* GA 1981, 126). Wird dem Gläubiger lediglich qualitativ mehr zugewandt, als geschuldet ist (etwa eine erstrangige anstatt einer nachrangigen Grundschuld), ist hingegen hinsichtlich der gesamten Leistung die Gläubigerstellung zu bejahen, die Kongruenz aber deswegen zu verneinen, weil dem Gläubiger das Erlangte nicht in dieser Art zusteht.

c) Nicht in der Art zu beanspruchen. Der Gläubiger hat das Erhaltene nicht in der Art zu **9** beanspruchen, wenn eine Leistung an Erfüllungs Statt oder erfüllungshalber erfolgt, zB durch Übertragung von Sachen zur Tilgung einer Geldschuld (Schönke/Schröder/*Heine*/*Schuster* Rn. 10; anders aber, wenn der Ersetzungsbefugnis vorab vereinbart wurde; BGH GA 1956, 348; wiederum anders, wenn diese Vereinbarung nur in Erwartung der Insolvenz getroffen wurde und daher nichtig ist; → Rn. 8), Hingabe fremder Schecks oder Wechsel (→ Rn. 5) oder Abtretung von Forderungen (BGH StV 1996, 315). Gleiches gilt auch bei Einräumung von Grundpfandrechten an nicht geforderter Rangstelle, nachträglicher Aufwertung von Sicherheiten (*Vormbaum* GA 1981, 117), werterhöhender Bearbeitung von sicherungsübereigneten Gütern (→ Rn. 5) und uU auch bei Lieferung von Waren oder Erbringung von Werkleistungen in anderer als der geschuldeten Qualität (RGSt 67, 1; LK-StGB/*Tiedemann* Rn. 22). Bei Befriedigung nach Insolvenzeröffnung sind die Änderungen des Anspruchs durch das Insolvenzrecht zu berücksichtigen, zB nach Ablehnung der Erfüllung durch den Insolvenzverwalter (s. §§ 103 ff. InsO).

d) Nicht zu der Zeit zu beanspruchen. Nicht zu der Zeit zu beanspruchen hat der Gläubiger das, **10** was er vor Fälligkeit erhält, sei es, weil bei einer betagten oder gestundeten Forderung der Fälligkeitszeitpunkt noch nicht gekommen ist oder nachträglich vorverlegt wurde (RGSt 2, 439; 4, 62) oder bei einer bedingten Forderung die Fälligkeitsbedingung noch aussteht (Schönke/Schröder/*Heine*/*Schuster* Rn. 11; SK-StGB/*Hoyer* Rn. 16; NK-StGB/*Kindhäuser* Rn. 15). Der Gläubiger erhält auch dann eine Sicherheit (weitergehend Schönke/Schröder/*Heine/Schuster* Rn. 10: sogar Befriedigung), die er zu diesem Zeitpunkt nicht mehr (weitergehend wohl LK-StGB/*Tiedemann* Rn. 23: niemals) zu beanspruchen hat, wenn der Schuldner seine Insolvenzantragspflicht verletzt und ihm damit zugleich zu einem verspäteten Pfändungspfandrecht verhilft (RGSt 48, 20; Fischer Rn. 6).

11   **2. Gewähren.** Die Tathandlung des § 283c besteht im Gewähren der inkongruenten Deckung durch den Schuldner. Hierfür hat die früher hM nicht nur ein entsprechendes Angebot des Schuldners, sondern auch die aktive Annahme durch den begünstigten Gläubiger verlangt (RGSt 29, 413; 62, 277; NK-StGB/*Kindhäuser* Rn. 10; Lackner/Kühl/*Heger* Rn. 4). Vorzugswürdig ist demgegenüber die vordringende Auffassung, welche die einseitige Leistungsbewirkung durch den Schuldner genügen lässt (Schönke/Schröder/*Heine/Schuster* Rn. 6; SK-StGB/*Hoyer* Rn. 12; MüKoStGB/*Radtke/Petermann* Rn. 11; LK-StGB/*Tiedemann* Rn. 17; zweifelnd auch Fischer Rn. 4). Denn sie stellt für das Strafrecht den Gleichlauf mit der im Zivilrecht vorherrschenden Theorie der realen Leistungsbewirkung her und berücksichtigt zudem, dass die Begünstigungshandlung auch in einem bloßen Realakt (→ Rn. 5) bestehen kann. Und sie vermag schließlich auch die Privilegierung der Gläubigerbegünstigung hinreichend zu erklären, deren wesentlicher Grund nicht in der Mitwirkung des Gläubigers bei der eigentlichen Begünstigungshandlung zu finden ist, sondern allenfalls in dessen vorherigem Drängen auf Besicherung oder Befriedigung (ähnl. Schönke/Schröder/*Heine/Schuster* Rn. 6). Eine einseitige Leistungsbewirkung und damit ein Gewähren iSd § 283c liegt daher zB schon in der Überweisung von Geld auf das Bankkonto des Gläubigers und zwar auch dann, wenn er dies weder aktiv verlangt noch durch vorherige Angabe seiner Kontonummer konkludent gebilligt hat (Schönke/Schröder/*Heine/Schuster* Rn. 6; SK-StGB/*Hoyer* Rn. 12; MüKoStGB/*Radtke/Petermann* Rn. 11; aA die Vertreter der früher hM sowie LK-StGB/*Tiedemann* Rn. 17: ausschlaggebend ist Kontoangabe durch den Gläubiger).

12   Gewähren durch Unterlassen kommt – ebenso wie eine Vermögensbeseitigung gem. § 283 Abs. 1 Nr. 1 (→ § 283 Rn. 18) – nur dann in Betracht, wenn den Schuldner nach allgemeinen Grundsätzen, etwa aus Ingerenz oder wegen seiner Überwacherfunktion gegenüber Dritten, eine Garantenpflicht gegenüber den benachteiligten Gläubigern trifft (LK-StGB/*Tiedemann* Rn. 18; mit gleichem Ansatz, aber unterschiedlichen Konsequenzen auch Fischer Rn. 4; Schönke/Schröder/*Heine/Schuster* Rn. 7). Bloße Passivität des nicht garantenpflichtigen Schuldners wird von § 283c dagegen nicht erfasst, weshalb dieser keine Gläubigerbegünstigung begeht, wenn er einer eigenmächtigen Verrechnung durch den Gläubiger lediglich nicht widerspricht (wohl einhM; BGH GA 1958, 48; Fischer Rn. 4; Schönke/Schröder/*Heine/Schuster* Rn. 7; SK-StGB/*Hoyer* Rn. 13; NK-StGB/*Kindhäuser* Rn. 11; Lackner/Kühl/*Heger* Rn. 4; LK-StGB/*Tiedemann* Rn. 18) oder einen Zivilprozess durch Hinnahme eines Versäumnisurteils verloren gibt (SK-StGB/*Hoyer* § 283c Rn. 13; NK-StGB/*Kindhäuser* Rn. 11; LK-StGB/*Tiedemann* Rn. 19; aA Fischer Rn. 4; Schönke/Schröder/*Heine/Schuster* Rn. 7). Bei dem kollusiven Einverständnis des Schuldners mit dem Gläubiger und dem ebenfalls kollusiven Anerkenntnis eines Klageanspruchs, die bisweilen als Beispielsfälle des Unterlassens genannt werden (Fischer Rn. 4), handelt es sich in Wahrheit um aktives Tun (LK-StGB/*Tiedemann* Rn. 4). Die Verletzung der Insolvenzantragspflicht als solche stellt noch kein ingerentes Vorverhalten zur Gläubigerbegünstigung dar, weil allein mit ihr noch keine Erhöhung der Begünstigungsgefahr einhergeht (SK-StGB/*Hoyer* Rn. 13; NK-StGB/*Kindhäuser* Rn. 11; MüKoStGB/*Radtke/Petermann* Rn. 13; LK-StGB/*Tiedemann* Rn. 19; zweifelnd auch Fischer Rn. 4; aA RGSt 48, 20; Schönke/Schröder/*Heine/Schuster* Rn. 7). Demgemäß macht sich der Schuldner auch nicht gem. § 283c strafbar, wenn er gegen eine im Verspätungszeitraum erfolgende Einzelzwangsvollstreckung lediglich nicht einschreitet; anders liegt es erst, wenn er diese aktiv ermöglicht (→ Rn. 10).

V. Begünstigung eines Gläubigers und Benachteiligung der übrigen

13   Der tatbestandliche Erfolg des § 283c besteht in der Begünstigung des bevorzugten Gläubigers (BT-Drs. 7/3441, 38) sowie der hierzu komplementären unmittelbaren (LK-StGB/*Tiedemann* Rn. 28), nicht aber notwendig gleichmäßigen (LK-StGB/*Tiedemann* Rn. 29) Benachteiligung der übrigen Gläubiger. Dies ist dann der Fall, wenn der Schuldner das im Mangelzustand der Zahlungsunfähigkeit geltende Gleichverteilungsprinzip verletzt und der begünstigte Gläubiger dadurch auf Kosten der übrigen Gläubigern einen Vorteil erlangt (RGSt 16, 406; 40, 107; Schönke/Schröder/*Heine/Schuster* Rn. 13; MüKoStGB/*Radtke/Petermann* Rn. 18; LK-StGB/*Tiedemann* § 283c Rn. 26), der anhand des hypothetischen Kausalverlaufs ohne die inkongruente Leistung (die aber nicht schon selbst den Vorteil darstellt; LK-StGB/*Tiedemann* Rn. 26) zu ermitteln ist. An diesem Vorteil kann es etwa dann fehlen, wenn die Befriedigung des Gläubigers zwar vorzeitig, aber nur Zug um Zug mit einer gleichwertigen Gegenleistung erfolgt (einschränkend LK-StGB/*Tiedemann* Rn. 28: Vorteil dann, wenn normative Betrachtung eine Schädigung des Schuldners oder der übrigen Gläubiger ergibt), sämtliche Gläubiger gleichermaßen eine inkongruente Sicherheit erhalten (LK-StGB/*Tiedemann* Rn. 26) oder die Verwertung der inkongruent gewährten Sicherheit lediglich die statt dessen mögliche kongruente Befriedigung des Schuldners ersetzt (*Vormbaum* GA 1981, 120). Dagegen stellt die nachträgliche insolvenzrechtliche Anfechtung des begünstigenden Rechtsgeschäfts durch den Insolvenzverwalter oder einen benachteiligten Gläubiger lediglich einen nachträglichen Nachteilsausgleich dar, der den vorherigen Vorteilseintritt nicht mehr ungeschehen machen und daher auch die Strafbarkeit gem. § 283c nicht beseitigen kann (Schönke/ Schröder/*Heine*/*Schuster* Rn. 13; SK-StGB/*Hoyer* Rn. 7). Lässt der Vergleich von tatsächlichem und hypothetischem Kausalverlauf keinen Begünstigungserfolg erkennen, scheidet zwar vollendete Gläubigerbegünstigung aus, jedoch bleibt strafbarer Versuch gem. § 283c Abs. 2 möglich (Schönke/Schröder/ *Heine*/*Schuster* Rn. 13; SK-StGB/*Hoyer* Rn. 1; NK-StGB/*Kindhäuser* Rn. 16; Lackner/Kühl/*Heger* Rn. 6).

C. Subjektiver Tatbestand

§ 283c verlangt Vorsatz bzgl. sämtlicher objektiver Tatbestandsmerkmale, stellt dabei aber unterschied- **14** liche Anforderungen an die jeweils nötige Vorsatzform. Fahrlässigkeit oder Kombinationen aus Vorsatz und Fahrlässigkeit sind dagegen nicht strafbar.

Seine Zahlungsunfähigkeit muss von positiver Kenntnis und damit von direktem Vorsatz des Täters **15** umfasst sein; dolus eventualis genügt nicht (einhM; s. zB Fischer Rn. 8; LK-StGB/*Tiedemann* Rn. 30). Wissen muss der Täter dabei aber nur um die tatsächlichen Umstände, aus denen sich die Zahlungsunfähigkeit ergibt. Fehlt ihm dieses Wissen, unterliegt er einem vorsatzausschließenden Tatbestandsirrtum gem. § 16. Kommt er hingegen trotz dieses Wissens zu der falschen Bewertung, weiterhin zahlungsfähig zu sein, beseitigt dies seinen Vorsatz nicht; es liegt dann vielmehr ein unbeachtlicher Subsumtionsirrtum vor (Schönke/Schröder/*Heine*/*Schuster* Rn. 16; LK-StGB/*Tiedemann* Rn. 30). Hält sich der Täter irrtümlich für zahlungsunfähig, kommt untauglicher Versuch in Betracht (→ § 283 Rn. 72; Schönke/Schröder/*Heine*/*Schuster* Rn. 16; aA LK-StGB/*Tiedemann* Rn. 35: Wahndelikt).

Hinsichtlich der Inkongruenz der Deckung genügt bedingter Vorsatz (Schönke/Schröder/*Heine*/ **16** *Schuster* Rn. 16) auch dann, wenn der Täter nicht zugleich mit Benachteiligungsabsicht im technischen Sinne handelt. Die Auffassung, fehlende Benachteiligungsabsicht müsse durch dolus directus bzgl. der Inkongruenz kompensiert werden (BGH GA 1959, 341; Fischer Rn. 8; NK-StGB/*Kindhäuser* Rn. 18; *Vormbaum* GA 1981, 122), beruht wohl auf der unzutreffenden Prämisse, dass positive Kenntnis der Benachteiligung ohne gleichzeitiges Wissen um die Inkongruenz nicht möglich sei (s. hierzu Schönke/ Schröder/*Heine*/*Schuster* Rn. 16, der zu Recht darauf hinweist, dass sogar die kongruente Deckung einen Nachteil für die übrigen Gläubiger darstellen und der Schuldner dies auch wissen kann); ihr ist daher nicht zu folgen. Der (bedingte) Vorsatz bzgl. der Inkongruenz der Deckung setzt voraus, dass der Täter nicht nur die ihr zugrunde liegenden Tatsachen kennt bzw. wenigstens billigend in Kauf nimmt, sondern im Wege einer Parallelwertung in der Laiensphäre auch die zivilrechtliche Situation nachvollzieht, aus der sich die Inkongruenz ergibt (LK-StGB/*Tiedemann* Rn. 30). Der Irrtum hierüber oder über die wertungsbegründenden Tatsachen ist gem. § 16 vorsatzausschließend (BGHR StGB § 283c Abs. 1 Sicherungsgewährung 1: Irrtum über das Bestehen eines Sicherungsanspruchs; Schönke/Schröder/ *Heine*/*Schuster* Rn. 16) und beseitigt in aller Regel zugleich auch den Vorsatz im Hinblick auf eine Bankrotthandlung gem. § 283 Abs. 1 Nr. 1, da der Täter dann zwingend von der Ordnungsgemäßheit seines Handelns ausgeht (RG JW 1934, 843; BGHSt 8, 57; Schönke/Schröder/*Heine*/*Schuster* Rn. 16; MüKoStGB/*Radtke*/*Petermann* Rn. 23; LK-StGB/*Tiedemann* Rn. 30). Hält der Täter eine kongruente Deckung irrtümlich für inkongruent, liegt ein strafbarer untauglicher Versuch vor (Schönke/Schröder/ *Heine*/*Schuster* Rn. 16; SK-StGB/*Hoyer* Rn. 19; MüKoStGB/*Radtke*/*Petermann* Rn. 23; LK-StGB/ *Tiedemann* Rn. 35). Wer glaubt, eine Schuld vorzeitig (etwa um den Gläubiger aus dessen wirtschaftlicher Krise zu befreien) erfüllen oder die geschuldete Geldzahlung durch eine Sachleistung (insbesondere, weil er nur noch über Sachmittel verfügt) ersetzen zu dürfen, unterliegt einem Verbotsirrtum gem. § 17 (Schönke/Schröder/*Heine*/*Schuster* Rn. 16; NK-StGB/*Kindhäuser* Rn. 19; LK-StGB/*Tiedemann* Rn. 30), der den Vorsatz unberührt lässt.

Den Begünstigungs- bzw. Benachteiligungserfolg muss der Täter wissentlich oder absichtlich herbei- **17** führen, ihn also mindestens sicher kennen und wollen oder sogar als Endzweck seines Handelns erstreben; dolus eventualis reicht insoweit nicht. Vertraut der Täter darauf, dass es nicht zu einer Benachteiligung von Gläubigern kommt, etwa weil er hofft, die Bestellung von inkongruenten Sicherheiten werde neue Liquidität in seinen Betrieb bringen, ihm so dessen Weiterführung ermöglichen und schlussendlich zur Befriedigung sämtlicher Gläubiger führen, befindet er sich in einem Tatbestandsirrtum gem. § 16 (BGH LM **Nr. 2 zu § 241 KO**; Schönke/Schröder/*Heine*/*Schuster* Rn. 17; NK-StGB/*Kindhäuser* Rn. 17; LK-StGB/*Tiedemann* Rn. 31). Geht er umgekehrt irrig von einer Benachteiligung aus, liegt strafbarer untauglicher Versuch vor.

D. Versuch (Abs. 2) und Vollendung

§ 283c Abs. 2 stellt den Versuch der Gläubigerbegünstigung ausdrücklich unter Strafe. Die Versuchs- **18** strafbarkeit setzt mit dem Beginn der Begünstigungshandlung ein, also etwa mit der Erteilung eines Überweisungsauftrags des Schuldners an seine Bank (Fischer Rn. 9), der Übersendung von Kundenwechseln oder -schecks an den Gläubiger, der Verschaffung einer Vollstreckungsmöglichkeit oder auch der Zusage, vorerst von der Stellung eines Insolvenzantrages abzusehen, um dem Gläubiger dadurch (weitere) Pfändungen zu ermöglichen (LK-StGB/*Tiedemann* Rn. 34; zu der letztgenannten Konstellation auch → Rn. 10 und 12). Zu vorsatz- und damit ggf. auch versuchsbegründenden Irrtümern des Täters → Rn. 15–17.

19 Der Tatbestand des § 283c ist vollendet, wenn es zu einer Begünstigung eines oder mehrerer Gläubiger sowie der damit korrespondierenden Benachteiligung der übrigen kommt (LK-StGB/*Tiedemann* Rn. 2), zB durch Gutschrift eines Überweisungsbetrages auf dem Konto des Gläubigers (Fischer Rn. 9). Soweit bisweilen die Benachteiligungskomponente bei der Definition des Taterfolgs unerwähnt bleibt (s. zB BT-Drs. 7/3441, 38; Lackner/Kühl/*Heger* Rn. 6; Schönke/Schröder/*Heine/Schuster* Rn. 19), ist damit ersichtlich keine Vorverlegung des Vollendungszeitpunkts intendiert. Die bewusste inkongruente Bevorzugung eines nur vermeintlichen Gläubigers führt ebenfalls zu diesem Erfolg und stellt daher keinen untauglichen Versuch, sondern bereits eine vollendete Tat gem. § 283c Abs. 1 dar (Schönke/Schröder/*Heine* Rn. 20; *Vormbaum* GA 1981, 127). Vom Eintritt einer objektiven Strafbarkeitsbedingung gem. § 283c Abs. 3 iVm § 283 Abs. 6 hängt die Tatvollendung nicht ab (→ § 283 Rn. 73).

E. Objektive Strafbarkeitsbedingungen

20 § 283c Abs. 3 verweist auf § 283 Abs. 6 und macht die Strafbarkeit der Gläubigerbegünstigung damit vom Eintritt einer objektiven Bedingung abhängig, nämlich entweder von der Zahlungseinstellung durch den Schuldner, oder der Eröffnung des Insolvenzverfahrens über sein Vermögen, oder der Abweisung des Eröffnungsantrags mangels Masse. Zur Dogmatik dieser Bedingungen, den Voraussetzungen für den Bedingungseintritt und dem Erfordernis eines Zusammenhangs zwischen Tathandlung und Strafbarkeitsbedingung (Krisenidentität) → Vorb. §§ 283–283d Rn. 25–32 u. Rn. 42–45. Die Verfolgungsverjährung läuft erst ab dem Bedingungseintritt (ganz hM; s. zB LK-StGB/*Tiedemann* Rn. 32).

F. Täterschaft und Teilnahme

21 § 283c enthält ein echtes Sonderdelikt des zahlungsunfähigen Schuldners (→ Vorb. §§ 283–283d Rn. 3 ff. und 1). Wem diese Sondereigenschaft fehlt, kann daher nicht Täter, sondern allenfalls Teilnehmer der Gläubigerbegünstigung werden, wofür die allgemeinen Grundsätze gelten. Strafbare Teilnahme kommt dabei auch für Personen in Betracht, die auf Geheiß oder mit Einverständnis des Schuldners eine Begünstigungshandlung in seinem Interesse vornehmen (Schönke/Schröder/*Heine/Schuster* Rn. 20; LK-StGB/*Tiedemann* Rn. 36). Für den Teilnehmer, dem die Schuldnereigenschaft fehlt, ist die Strafe gem. § 28 Abs. 1 zu mildern.

22 Der begünstigte Gläubiger bleibt als sog notwendiger Teilnehmer straffrei, solange sich sein Tatbeitrag auf die Entgegennahme der inkongruenten Leistung oder die Mitwirkung am zivilrechtlich erforderlichen Übertragungsgeschäft (Beispiele hierzu bei LK-StGB/*Tiedemann* Rn. 38: Annahme des Übereignungsangebots, Vereinbarung eines Übergabesurrogats für die Sicherungsübereignung, Abschluss einer Sicherungsabrede) beschränkt (RGSt 2, 439; 61, 314; BGH NJW 1993, 1279; Fischer Rn. 10; Schönke/Schröder/*Heine/Schuster* Rn. 21; NK-StGB/*Kindhäuser* Rn. 21; Lackner/Kühl/*Heger* Rn. 8; LK-StGB/*Tiedemann* Rn. 38; aA *Herzberg* JuS 1975, 795; *Sowada* GA 1995, 71). Entfaltet er darüber hinaus gehende Aktivitäten, ist er hierfür aber wie jeder andere Teilnehmer zu bestrafen (RGSt 61, 315; Fischer Rn. 10; Schönke/Schröder/*Heine/Schuster* Rn. 21; MüKoStGB/*Radtke/Petermann* Rn. 26; LK-StGB/*Tiedemann* Rn. 38); geht die Initiative zur Begünstigungshandlung von ihm aus, liegt Anstiftung gem. § 26 nahe (RGSt 48, 21; 65, 417).

G. Konkurrenzen

23 Da jede einzelne Begünstigungshandlung iSd § 283c Abs. 1 einen eigenen Willensentschluss des Schuldners erfordert, stehen mehrere dieser Handlungen in Tatmehrheit zueinander (Fischer Rn. 11; NK-StGB/*Kindhäuser* Rn. 27; MüKoStGB/*Radtke/Petermann* Rn. 27; LK-StGB/*Tiedemann* Rn. 42; einschränkend Schönke/Schröder/*Heine/Schuster* Rn. 22: nur sofern sie keinen einheitlichen Tatkomplex bilden); dies gilt schon, wenn sie innerhalb ein und derselben Krise begangen werden, erst recht aber dann, wenn sie über mehrere Krisen verteilt sind.

24 Als privilegierender Spezialtatbestand sperrt § 283c die Anwendung des schwereren § 283 Abs. 1 Nr. 1 (wohl einhM in Lit. u. Rspr.; s. zB BGH NStZ 1996, 544; Fischer Rn. 11). Dies gilt nicht nur dann, wenn eine strafbare Gläubigerbegünstigung gleichzeitig eine Bankrotthandlung gem. § 283 Abs. 1 Nr. 1 darstellt (s. zu dieser Konstellation LK-StGB/*Tiedemann* Rn. 39), sondern darüber hinaus in allen Konstellationen, in denen materiell eine Gläubigerbegünstigung vorliegt, die nicht einmal von § 283c erfasst wird (Fischer Rn. 1). Der Rückgriff auf § 283 Abs. 1 Nr. 1 verbietet sich daher auch dann, wenn ein Schuldner eine inkongruente Deckung gewährt, der entweder nicht um seine akute Zahlungsunfähigkeit weiß, oder „nur" überschuldet bzw. drohend zahlungsunfähig ist (BGHSt 8, 56; Schönke/Schröder/*Heine/Schuster* Rn. 22; SK-StGB/*Hoyer* Rn. 8; NK-StGB/*Kindhäuser* Rn. 5; MüKoStGB/

Radtke/Petermann Rn. 21; LK-StGB/*Tiedemann* Rn. 39); wird lediglich eine kongruente Deckung gewährt kann erst recht nicht auf § 283 zurückgegriffen werden. In all diesen Fällen bleibt der Schuldner deshalb straflos (BR-Drs. 5/75, 39). Diese weitreichende Sperrwirkung des § 283c erklärt sich aus seinem Strafgrund: Da die Gläubigerbegünstigung – anders als eine Bankrotthandlung gem. § 283 – nur das insolvenzrechtliche Prinzip der gleichmäßigen Vermögensverteilung stört, das zu verteilende Schuldnervermögen aber nicht auf Kosten der Gläubigergesamtheit schmälert (→ Rn. 1), muss jede Handlung privilegiert werden, durch die ein Gläubiger entweder nur das erhält, was ihm ohnehin zusteht oder nur bevorzugt gesichert bzw. befriedigt wird oder werden soll. § 283 Abs. 1 Nr. 1 greift aber dort ein, wo eine – zwangsläufig inkongruete – Sicherung oder Befriedigung jenseits der Gläubigerstellung des Begünstigten in Rede steht, also etwa bei Zahlungen über den geschuldeten Betrag hinaus, auf eine Nicht-Schuld oder an den Schuldner selbst (→ Rn. 3, 8). Fallen solche Zahlungen mit einer Begünstigungshandlung gem. § 283c zusammen, weil einem Gläubiger zu früh zuviel gewährt wird, verdrängt § 283 Abs. 1 Nr. 1 den § 283c (LK-StGB/*Tiedemann* Rn. 40; aA die hM; BGH NJW 1969, 1495; BGH GA 1953, 76; Schönke/Schröder/*Heine/Schuster* Rn. 22; SK-StGB/*Hoyer* Rn. 4; NK-StGB/*Kindhäuser* Rn. 25; Lackner/Kühl/*Heger* Rn. 13: Tateinheit). Lässt sich nicht mehr sicher feststellen, ob eine Leistung nur inkongruent war oder daneben auch den geschuldeten Betrag überstiegen hat, bleibt es nach dem in-dubio-Grundsatz allein bei § 283c (Schönke/Schröder/*Heine/Schuster* Rn. 22; SK-StGB/*Hoyer* Rn. 21; MüKoStGB/*Radtke/Petermann* Rn. 27), da sich Wahlfeststellung zwischen § 283 Abs. 1 Nr. 1 und § 283c wegen des unterschiedlichen Unrechtsgehalts der beiden Delikte auch dann verbietet, wenn man die Strafe nur dem milderen § 283c entnimmt (aA BGH GA 1955, 365; Fischer Rn. 11). Jenseits des § 283 Abs. 1 Nr. 1 besteht kein Spezialitätsverhältnis zwischen der Gläubigerbegünstigung und dem Bankrott (LK-StGB/*Tiedemann* Rn. 41), weshalb § 283 Abs. 1 Nr. 2–8 und § 283c je nach konkreter Fallgestaltung sowohl tateinheitlich wie auch tatmehrheitlich (so zB bei unterlassener oder falscher Verbuchung der inkongruenten Leistung; Schönke/Schröder/*Heine/Schuster* Rn. 22; SK-StGB/*Hoyer* Rn. 21; LK-StGB/*Tiedemann* Rn. 43; aA Fischer Rn. 11; Lackner/Kühl/*Heger* Rn. 10: Tateinheit) verwirklicht werden können. Tatmehrheit liegt auch vor, wenn der Bankrott (auch in Form des § 283 Abs. 1 Nr. 1) und die Gläubigerbegünstigung durch zwei unterschiedliche Handlungen verwirklicht werden (aA Fischer Rn. 11: Tateinheit).

Die Gläubigerbegünstigung gem. § 283c und das Buchführungsdelikt des § 283b stehen schon deshalb nicht in Konkurrenz zueinander, weil die eine nur innerhalb und das andere nur außerhalb der Krise begangen werden kann; zwischen beiden herrscht daher faktische Exklusivität (wohl anders Fischer Rn. 11 und LK-StGB/*Tiedemann* Rn. 43: Tateinheit und sogar Tatmehrheit ist denkbar, wenn die inkongruente Leistung falsch oder gar nicht verbucht wird). Zum Verhältnis zwischen § 283c und § 283d → § 283d Rn. 1, 18. **25**

Mit § 288 (RGSt 20, 215; Fischer Rn. 11), § 37 DepotG (RGSt 34, 238) oder § 2 BauFordSiG **26** (RGSt 48, 89; Fischer Rn. 11; MüKoStGB/*Wegner* BauFordSiG § 2 Rn. 43; aA LK-StGB/*Tiedemann* Rn. 43: Vorrang des spezielleren § 283c) steht § 283c regelmäßig in Idealkonkurrenz.

§ 283d Schuldnerbegünstigung

(1) Mit Freiheitsstrafe bis zu fünf Jahren oder mit Geldstrafe wird bestraft, wer

1. in Kenntnis der einem anderen drohenden Zahlungsunfähigkeit oder

2. nach Zahlungseinstellung, in einem Insolvenzverfahren oder in einem Verfahren zur Herbeiführung der Entscheidung über die Eröffnung des Insolvenzverfahrens eines anderen

Bestandteile des Vermögens eines anderen, die im Falle der Eröffnung des Insolvenzverfahrens zur Insolvenzmasse gehören, mit dessen Einwilligung oder zu dessen Gunsten beiseite schafft oder verheimlicht oder in einer den Anforderungen einer ordnungsgemäßen Wirtschaft widersprechenden Weise zerstört, beschädigt oder unbrauchbar macht.

(2) Der Versuch ist strafbar.

(3) ¹ In besonders schweren Fällen ist die Strafe Freiheitsstrafe von sechs Monaten bis zu zehn Jahren. ² Ein besonders schwerer Fall liegt in der Regel vor, wenn der Täter

1. aus Gewinnsucht handelt oder

2. wissentlich viele Personen in die Gefahr des Verlustes ihrer dem anderen anvertrauten Vermögenswerte oder in wirtschaftliche Not bringt.

(4) Die Tat ist nur dann strafbar, wenn der andere seine Zahlungen eingestellt hat oder über sein Vermögen das Insolvenzverfahren eröffnet oder der Eröffnungsantrag mangels Masse abgewiesen worden ist.

A. Allgemeines

§ 283d verselbstständigt die Strafbarkeit von Bankrotthandlungen iSd § 283 Abs. 1 Nr. 1, die nicht **1** vom Schuldner, sondern mit seiner Einwilligung oder zu seinen Gunsten von außenstehenden Dritten begangen werden. Er enthält damit als einziger Tatbestand des 24. Abschnitts ein – punktuell einge-schränktes (Schönke/Schröder/*Heine*/*Schuster* Rn. 1) – Allgemeindelikt (allgM; s. zB Fischer Rn. 2), als dessen Täter jedermann mit Ausnahme des Schuldners und der für ihn handelnden Organe, Vertreter und Beauftragten iSd § 14 (LK-StGB/*Tiedemann* Rn. 6; eingehend hierzu *Brand*/*Sperling* ZStW 2009, 307 ff.) in Betracht kommt. Wie die übrigen Insolvenzstraftatbestände schützt auch § 283d die Gläubi-gergesamtheit gegen eine Schmälerung des wirtschaftlichen Wertes ihrer Position aufgrund einer Ver-ringerung oder Verheimlichung der Insolvenzmasse (→ Vorb. §§ 283–283d Rn. 1), wobei sein Anwen-dungsbereich allerdings enger ist als derjenige des § 283 Abs. 1 Nr. 1: Da Außenstehende eine weitaus geringere Verantwortung für die Wahrung der Gläubigerinteressen tragen als der Schuldner (BT-Drs. 7/ 3441, 39; BGHSt 35, 357; Schönke/Schröder/*Heine*/*Schuster* Rn. 1; NK-StGB/*Kindhäuser* Rn. 2; MüKoStGB/*Radtke*/*Petermann* Rn. 1), ist ihnen auch strafrechtlich mehr erlaubt als diesem. Straflos lässt § 283d insbes. bloße Eigenmächtigkeiten Außenstehender, von denen der Schuldner weder weiß noch profitieren soll. Bei der Begünstigung eines zwar überschuldeten, aber weder akut noch drohend zahlungsunfähigen Schuldners kommt ebenfalls nicht § 283d, sondern allenfalls eine strafbare Teilnahme an Haupttaten des Schuldners gem. § 283 Abs. 1 Nr. 1 in Betracht (ggf. auch solchen gem. § 283 Abs. 1 Nr. 2–8 und bei Unterstützung eines Schuldners, der hierdurch erst in die Krise gerät, sowie bei leichtfertiger Herbeiführung der Krisen solcher gem. § 283 Abs. 2 u. Abs. 4 Nr. 2; Fischer Rn. 2; NK-StGB/*Kindhäuser* Rn. 13; LK-StGB/*Tiedemann* Rn. 23); anders als § 283c (→ § 283c Rn. 24) entfaltet § 283d insoweit keinerlei Sperrwirkung (LK-StGB/*Tiedemann* Rn. 3; zur Möglichkeit der kumulativen Strafbarkeit wegen Teilnahme am Bankrott und täterschaftlicher Schuldnerbegünstigung → Rn. 18). Und auch dort, wo ein Außenstehender mit dem Einverständnis des Schuldners einen Gläubiger oder ein Gläubiger sich selbst begünstigt, findet § 283d keine Anwendung (BGHSt 35, 357 (361); Fischer Rn. 2; Schönke/Schröder/*Heine*/*Schuster* Rn. 2: NK-StGB/*Kindhäuser* Rn. 5; Lackner/Kühl/*Heger* Rn. 2; MüKoStGB/*Radtke*/*Petermann* Rn. 3; LK-StGB/*Tiedemann* Rn. 4; *Vormbaum* GA 1981, 130; aA SK-StGB/*Hoyer* Rn. 9), da er nicht den bloßen Eingriff in das insolvenzrechtliche Gleichverteilungsgebot betrifft. Soweit derartige Fälle gleichwohl von seinem Wortlaut („mit dessen Einwilligung … beiseite schafft …) erfasst werden, ist § 283d telelogisch zu reduzieren, um Wertungswidersprüche zwischen der mildern, für den Schuldners geltenden Strafdrohung des § 283c und dem höheren, für den Außen-stehenden maßgeblichen Strafrahmen des § 283d zu vermeiden (Schönke/Schröder/*Heine*/*Schuster* Rn. 2: LK-StGB/*Tiedemann* Rn. 4). Dementsprechend verbleibt es für den Außenstehenden oder Gläubiger bei einer Teilnahme zur Begünstigungstat des Schuldners gem. § 283c und jenseits davon bei seiner Straflosigkeit (BGHSt 35, 357; Fischer Rn. 2; Schönke/Schröder/*Heine*/*Schuster* Rn. 2). Wegen der fehlenden Sperrwirkung des § 283d kann auch der krisenbefangene Schuldner selbst wegen Teil-nahme an seiner eigenen Begünstigung strafbar sein, sofern die Tatherrschaft nicht (auch) bei ihm, sondern allein beim Außenstehenden liegt (Lackner/Kühl/*Heger* Rn. 5). Teilt er sich die Tatherrschaft mit diesem, wird er gem. § 283 Abs. 1 Nr. 1, der Außenstehende hingegen gem. § 283d bestraft (Fischer Rn. 2). Weiß der begünstigte Schuldner nicht um die Tat des Außenstehenden oder duldet er diese lediglich, ohne erfolgsabwendungspflichtig zu sein (→ § 283 Rn. 18), bleibt er hingegen völlig straflos (LK-StGB/*Tiedemann* Rn. 2 u. 4). Da die Erweiterung des Täterkreises durch § 283d die Qualität der Tathandlung unverändert lässt, handelt es sich bei der Schuldnerbegünstigung ebenso wie beim Bankrott in der Variante des § 283 Abs. 1 Nr. 1 um ein konkretes Gefährdungsdelikt (→ Vorb. §§ 283–283d Rn. 22 u. → § 283 Rn. 2; iErg ebenso MüKoStGB/*Radtke*/*Petermann* Rn. 2; aA LK-StGB/*Tiedemann* Rn. 4; Bittmann/*Bittmann*, Insolvenzstrafrecht, 2004, § 12 Rn. 2; Weyand/Diversy Insolvenzdelikte Rn. 131: abstraktes Gefährdungsdelikt).

B. Objektiver Tatbestand

I. Tathandlungen

2   **1. Beiseiteschaffen, Verheimlichen etc von Vermögensbestandteilen.** Die Tathandlungen des § 283d Abs. 1 sind mit denen des § 283 Abs. 1 Nr. 1 identisch und müssen sich zudem ebenfalls auf die dort genannten Vermögensbestandteile beziehen. Für sie und die mit ihnen verknüpfte Problematik eines strafbaren Unterlassens gelten daher in vollem Umfang die Ausführungen zu § 283 Abs. 1 Nr. 1; → § 283 Rn. 9–26.

3   **2. Einwilligung des Schuldners.** § 283d Abs. 1 Alt. 1 verlangt ein Handeln mit objektiv vor-liegender Einwilligung des Schuldners, nicht jedoch zu dessen Gunsten (Fischer Rn. 3; Schönke/ Schröder/*Heine*/*Schuster* Rn. 3: LK-StGB/*Tiedemann* Rn. 13), wobei sie eine solche – von § 283d Abs. 1 Alt. 2 gesondert erfasste – Zweckrichtung freilich auch nicht ausschließt. Ihre geringe praktische Bedeutung (LK-StGB/*Tiedemann* Rn. 11) beschränkt sich auf Fälle, in denen ein Handeln zugunsten des Schuldners nicht zu ermitteln (LK-StGB/*Tiedemann* Rn. 13), das Verhalten des Täters mit dem Alltagsverständnis einer eigentlichen Begünstigung kaum oder gar nicht zu vereinbaren ist (so insbes. beim Zerstören, Beschädigen oder Unbrauchbarmachen von Vermögensgegenständen; BT-Drs. 7/3441, 39) oder aber der Vorteil des Handelnden oder eines Dritten – jedoch nicht zugleich Gläubiger des Einwilligenden sein darf (→ Rn. 1) – erstrebt wird. Die Einwilligung des Schuldners folgt im Grundsatz

allgemeinen Regeln, kann also ausdrücklich oder konkludent erklärt werden (allgM; s. zB Fischer Rn. 3) und muss im Handlungszeitpunkt schon bzw. noch vorliegen; wurde sie bereits vorher wirksam widerrufen oder wird sie erst danach erteilt, bleibt sie unbeachtlich (Schönke/Schröder/*Heine*/*Schuster* Rn. 3; SK-StGB/*Hoyer* Rn. 7; NK-StGB/*Kindhäuser* Rn. 4; LK-StGB/*Tiedemann* Rn. 14). Hingegen wirkt eine durch Täuschung oder Drohung erlangte Einwilligung für den Handelnden strafbarkeitsbegründend. Zwar ist zuzugeben, dass die Genese des § 283d Abs. 1 Alt. 1 dafür spricht, solche Vorgänge aus ihr auszuklammern, die dem Schuldner abgetrotzt oder abgeschwindelt wurden (Fischer Rn. 3; LK-StGB/*Tiedemann* Rn. 14), jedoch ist andererseits nicht einzusehen, weshalb ein Täter, der nicht nur die Rechtsgüter der Gläubigergesamtheit bedroht, sondern darüber hinaus auch noch die Willensfreiheit des Schuldners beeinträchtigt (zB indem er dem zahlungsunfähigen Schuldner mit einer Strafanzeige wegen Insolvenzverschleppung droht, falls dieser nicht die Aneignung eines Gegenstands aus der Insolvenzmasse duldet) und damit eine besonders hohe kriminelle Energie an den Tag legt, im Hinblick auf den § 283d straflos gestellt werden sollte (iErg ebenso Schönke/Schröder/*Heine*/*Schuster* Rn. 3; SK-StGB/*Hoyer* Rn. 7; NK-StGB/*Kindhäuser* Rn. 4; MüKoStGB/*Radtke*/*Petermann* Rn. 10). Schaltet der Täter den Willen des Schuldners gänzlich aus, verbietet es dagegen die Wortlautgrenze, noch von einer Einwilligung zu sprechen (Schönke/Schröder/*Heine*/*Schuster* Rn. 3). Da die Einwilligung bei § 283d StGB strafbegründend ist, die Strafbarkeit aber nicht auf bloße Vermutungen gestützt werden kann, kommt eine mutmaßliche Einwilligung des Schuldners nicht in Betracht (offen gelassen von LK-StGB/*Tiedemann* Rn. 15). Ob die Einwilligung unaufgefordert oder erst auf Bitten des Täters erteilt wird, ist ohne Bedeutung (Schönke/Schröder/*Heine*/*Schuster* Rn. 3). Ist der Schuldner eine juristische Person, eine Handels- oder eine Personengesellschaft, bedarf es der Einwilligung der Organe bzw. Personen, die nach dem Gesetz und der inneren Verfassung des Schuldners hierzu berufen sind; ob diese Einwilligung inhaltlich den maßgeblichen zivil- und gesellschaftsrechtlichen Vorschriften entspricht, ist irrelevant (aA wohl Schönke/Schröder/*Heine*/*Schuster* Rn. 3: Einwilligung nur im Rahmen des rechtlich Zulässigen; auch *Brand*/*Sperling* ZStW 2009, 307 für den Verstoß der Einwilligung gegen § 30 GmbHG, wobei sie dieses Ergebnis selbst als „grotesk" bezeichnen).

3. Handeln zugunsten des Schuldners. § 283d Abs. 1 Alt. 2 erfasst das Handeln zugunsten des **4** Schuldners, also mit einer vom Täter verfolgten inneren Zweckrichtung. Es ist mit der hM als subjektives Tatbestandsmerkmal einzustufen (NK-StGB/*Kindhäuser* Rn. 6; MüKoStGB/*Radtke*/*Petermann* Rn. 12; Schönke/Schröder/*Heine*/*Schuster* Rn. 9; LK-StGB/*Tiedemann* Rn. 11; aA SK-StGB/*Hoyer* Rn. 6); hierzu im einzelnen → Rn. 11. Anders als bei der Einwilligungsalternative ist beim Handeln zugunsten des Schuldners dessen Kenntnis vom Handeln und der Zwecksetzung des Täters nicht erforderlich (Schönke/Schröder/*Heine*/*Schuster* Rn. 4; auch → Rn. 1), erst recht bedarf es keines kollusiven Zusammenwirkens von Schuldner und Täter (NK-StGB/*Kindhäuser* Rn. 6).

II. Tatsituationen

1. Drohende oder eingetretene Zahlungsunfähigkeit des Schuldners (Abs. 1 Nr. 1). Wie **5** § 283c ist auch § 283d im Hinblick die Krise des Schuldners subjektiv formuliert („… in Kenntnis der einem anderen drohenden Zahlungsunfähigkeit …"), jedoch muss hier ebenso wie dort die Krise im Handlungszeitpunkt objektiv vorliegen, da man nur bestehende Tatsachen auch kennen kann (→ § 283c Rn. 2). Zum Merkmal der drohenden Zahlungsunfähigkeit im Einzelnen → Vorb. §§ 283–283d Rn. 38–40. Obwohl § 283d nur die während drohender Zahlungsunfähigkeit nennt, besteht weitgehend Einigkeit darüber, dass er auch Handlungen während der akuten Zahlungsunfähigkeit des Schuldners erfasst; dies ergibt ein zulässiger Erst-Recht-Schluss (Fischer Rn. 5; Schönke/Schröder/*Heine*/*Schuster* Rn. 5; SK-StGB/*Hoyer* Rn. 3; Lackner/Kühl/*Heger* Rn. 3; MüKoStGB/*Radtke*/*Petermann* Rn. 7; LK-StGB/*Tiedemann* Rn. 7).

2. Zahlungseinstellung, Insolvenzverfahren, Entscheidungsverfahren zur Insolvenzeröff- **6** **nung (Abs. 1 Nr. 2).** § 283d Abs. 1 Nr. 2 betrifft Handlungssituationen, in denen die wirtschaftliche Krise des Schuldners durch Zahlungseinstellung, Eröffnung eines Insolvenzverfahrens oder ein Entscheidungsverfahren zur Insolvenzeröffnung „offenbar geworden ist" (BT-Drs. 7/3441, 39). Zur Zahlungseinstellung → Vorb. §§ 283–283d Rn. 27–30. Das Insolvenzverfahren iSd § 283d Abs. 1 Nr. 2 erstreckt sich vom Eintritt der Rechtskraft des Insolvenzeröffnungsbeschlusses bis zur Aufhebung des Verfahrens nach § 258 InsO (Schönke/Schröder/*Heine*/*Schuster* Rn. 5; LK-StGB/*Tiedemann* Rn. 7), das Verfahren zur Herbeiführung der Entscheidung über die Insolvenzeröffnung beginnt mit der Insolvenzantragstellung gem. § 13 InsO und endet mit Rücknahme (§ 13 Abs. 2 InsO) oder Abweisung (insbes. mangels Masse; s. § 26 InsO) des Antrags oder dem rechtskräftigen Eröffnungsbeschluss gem. § 27 InsO (Schönke/Schröder/*Heine*/*Schuster* Rn. 5; LK-StGB/*Tiedemann* Rn. 7).

Die Tathandlung des § 283d Abs. 1 Nr. 2 muss nach Zahlungseinstellung durch den Schuldner oder **7** in einem Insolvenz- bzw. Entscheidungsverfahren zur Insolvenzeröffnung vorgenommen werden. Die Verwendung des Wortes „in" ist dabei allerdings unglücklich, da der außenstehende Täter gerade nicht in eines der genannten Verfahren involviert ist und dort mangels Gläubigerstellung meist auch keine eigene Rechtsposition innehat. § 283d Abs. 1 Nr. 2 ist daher korrigierend zu lesen als „während eines

Insolvenzverfahrens oder eines Verfahrens zur Herbeiführung ..."; hiergegen bestehen keine Bedenken im Hinblick auf des verfassungsrechtliche Bestimmtheitsgebot des Art. 103 Abs. 2 GG (zw. LK-StGB/ *Tiedemann* Rn. 8).

C. Subjektiver Tatbestand

8 § 283d setzt durchgehend Vorsatz voraus, der aber im Hinblick auf die einzelnen objektiven Tatbestandsvoraussetzungen unterschiedliche Qualität haben muss; fahrlässige Schuldnerbegünstigung ist nicht strafbar. § 283d Abs. 1 Alt. 2 konstituiert mit dem Handeln zugunsten des Schuldners ein weiteres subjektives Tatbestandsmerkmal neben dem Vorsatz (→ Rn. 4, 11).

I. Kenntnis von der drohenden Zahlungsunfähigkeit

9 Hinsichtlich der drohenden oder akuten (→ Rn. 5) Zahlungsunfähigkeit des Schuldners erfordert § 283d Abs. 1 Nr. 1 positive Kenntnis des Täters; hierzu gelten sinngemäß die Erläuterungen → § 283c Rn. 15. Nimmt der Täter irrig an, der Schuldner sei bereits akut zahlungsunfähig, obwohl diesem in Wahrheit nur die Zahlungsunfähigkeit droht, oder geht er umgekehrt bei akuter Zahlungsunfähigkeit nur von deren Drohen aus, ist dieser Irrtum jeweils unbeachtlich (MüKoStGB/*Radtke*/*Petermann* Rn. 16; Schönke/Schröder/*Heine*/*Schuster* Rn. 8; LK-StGB/*Tiedemann* Rn. 17). Das Wissen um die drohende oder akute Zahlungsunfähigkeit einerseits und der Vorsatz hinsichtlich der Zahlungseinstellung, des Insolvenzverfahrens oder des Entscheidungsverfahrens zur Insolvenzeröffnung andererseits können unabhängig von einander gegeben sein (zum Verhältnis von Zahlungsunfähigkeit und Zahlungseinstellung zueinander → Vorb. §§ 283–283d Rn. 29), aus dem Vorliegen des einen dürfen daher keine Schlüsse auf die Existenz des anderen gezogen werden. Andererseits reicht es aber für die Strafbarkeit der Schuldnerbegünstigung ohne weiteres aus, wenn der Täter eine dieser beiden subjektiven Voraussetzungen erfüllt. Seine Unkenntnis von den objektiven Voraussetzungen der jeweils anderen Nummer des § 283d Abs. 1 ist dann ohne Belang (Schönke/Schröder/*Heine*/*Schuster* Rn. 8; LK-StGB/*Tiedemann* Rn. 17). Die irrige Annahme der Zahlungseinstellung, des Insolvenzverfahrens oder des Entscheidungsverfahrens zur Insolvenzeröffnung begründet lediglich einen strafbaren Versuch, sofern der Täter nicht zugleich positive Kenntnis von der drohenden oder eingetretenen Zahlungsunfähigkeit des Schuldners hat (Schönke/Schröder/*Heine* Rn. 8).

II. Vorsatz bzgl. der übrigen Tatbestandsmerkmale

10 Jenseits des Merkmals der drohenden oder akuten Zahlungsunfähigkeit des Schuldners reicht dolus eventualis des Täters aus (allgM; s. zB Fischer Rn. 7). Sein Vorsatz muss sich dabei auf die Tathandlung und deren Wirkung auf die Gesamtheit der Gläubiger (Schönke/Schröder/*Heine*/*Schuster* Rn. 7), die Zugehörigkeit der betroffenen Vermögensbestandteile zur Insolvenzmasse (LK-StGB/*Tiedemann* Rn. 16), das Vorliegen einer der in § 283d Abs. 1 Nr. 2 genannten Tatsituationen und bei § 283d Abs. 1 Alt. 1 auch auf das Vorliegen der Einwilligung des Schuldners (Fischer Rn. 7) beziehen. Kennt der Täter einen oder mehrere dieser Umstände nicht, befindet er sich im vorsatzausschließenden Tatbestandsirrtum gem. § 16; gleiches gilt auch dann, wenn er irrig davon ausgeht, ein Gläubiger solle das Tatobjekt als kongruente oder auch inkongruente Deckung erhalten (Schönke/Schröder/*Heine*/*Schuster* Rn. 7; NK-StGB/*Kindhäuser* Rn. 8; LK-StGB/*Tiedemann* Rn. 16). Glaubt der Täter umgekehrt irrig an das Vorliegen solcher Umstände, begeht er einen gem. § 283d Abs. 2 strafbaren untauglichen Versuch. Unbeachtlich ist es, wenn der Täter vom Vorliegen einer bestimmten Tatsituation des § 283d Abs. 1 Nr. 2 ausgeht, während in Wahrheit eine andere dieser Situationen gegeben ist (etwa wenn das Insolvenzverfahren bereits eröffnet ist, der Täter aber meint, es müsse erst noch über den Insolvenzantrag entschieden werden; s. dazu Schönke/Schröder/*Heine*/*Schuster* Rn. 8; NK-StGB/*Kindhäuser* Rn. 8; LK-StGB/*Tiedemann* Rn. 16 ff.). Auf den Eintritt einer objektiven Strafbarkeitsbedingung gem. § 283d Abs. 4 braucht sich der Vorsatz nicht zu beziehen.

III. Handeln zugunsten des Schuldners

11 § 283d Abs. 1 Alt. 2 stellt das Handeln zugunsten des Schuldners unter Strafe, dh ein Verhalten, das nach der Vorstellung des Täters den materiellen oder immateriellen Interessen des Schuldners dient (Schönke/Schröder/*Heine*/*Schuster* Rn. 9; NK-StGB/*Kindhäuser* Rn. 6; MüKoStGB/*Radtke*/*Petermann* Rn. 13; LK-StGB/*Tiedemann* Rn. 11). Dies ist etwa dann der Fall, wenn dem Schuldner auf Kosten der Gläubigergesamtheit ein Vermögensvorteil erhalten oder verschafft werden soll (Schönke/Schröder/ *Heine*/*Schuster* Rn. 9), daneben aber auch, wenn eine Zuwendung an einen Dritten erfolgt, an welcher der Schuldner aus ideellen Gründen interessiert ist (MüKoStGB/*Radtke*/*Petermann* Rn. 13; LK-StGB/ *Tiedemann* Rn. 11). Verfolgt der Täter in diesem Sinne die Interessen des Schuldners, entlastet es ihn nicht, wenn er daneben auch einen Nutzen für sich oder Dritte erstrebt (BGH GA 1967, 265; Schönke/ Schröder/*Heine*/*Schuster* Rn. 9; NK-StGB/*Kindhäuser* Rn. 6; LK-StGB/*Tiedemann* Rn. 12); sofern keine Einwilligung des Schuldners vorliegt, reicht ein ausschließlich eigen- oder drittnützig motiviertes

Verhalten des Täters im Rahmen des § 283d aber nicht aus (MüKoStGB/*Radtke*/*Petermann* Rn. 4; Schönke/Schröder/*Heine*/*Schuster* Rn. 9). Der beim Schuldner eintretende Begünstigungseffekt muss vom Täter im technischen Sinne beabsichtigt sein, da damit die vom Gesetzgeber gewünschte Einschränkung des Tatbestandes (→ Rn. 1) am effektivsten zu erreichen ist (BGH GA 1967, 265; NK-StGB/*Kindhäuser* Rn. 6; Lackner/Kühl/*Heger* Rn. 2; MüKoStGB/*Radtke*/*Petermann* Rn. 14; LK-StGB/*Tiedemann* Rn. 12); direkter und erst recht bedingter Vorsatz reichen nicht aus (aA Schönke/Schröder/*Heine*/*Schuster* Rn. 9: dolus directus reicht aus, weil § 283d Abs. 1 Alt. 2 keine Einschränkung, sondern eine Vorverlagerung des Rechtsgüterschutzes enthält).

D. Versuch (Abs. 2)

§ 283d Abs. 2 stellt die versuchte Schuldnerbegünstigung ausdrücklich unter Strafe. Angesichts 12 identischer Tathandlungen folgt dieser Versuch dabei denselben Regeln, die auch für den versuchten Bankrott gem. § 283 Abs. 1 Nr. 1 gelten; im Einzelnen → § 283 Rn. 72 u. 73. Zusätzlich zu den dort genannten Voraussetzungen erfordert der Versuchsbeginn bei § 283d Abs. 2 aber auch noch das Vorliegen der Begünstigungsabsicht auf Seiten des Täters oder der Einwilligung des Schuldners; die bloße Bitte an den Schuldner, seine Einwilligung zu dem Vorhaben des Täters zu erteilen, stellt lediglich eine straflose Vorbereitungshandlung dar (LK-StGB/*Tiedemann* Rn. 20). Zu den versuchsbegründenden Irrtümern des Täters → Rn. 10. Untauglicher Versuch kommt daneben auch dann in Betracht, wenn der Täter irrig davon ausgeht, dem Schuldner drohe die Zahlungsunfähigkeit bzw. dieser sei bereits zahlungsunfähig (Schönke/Schröder/*Heine*/*Schuster* Rn. 11; LK-StGB/*Tiedemann* Rn. 21).

E. Objektive Strafbarkeitsbedingungen (Abs. 4)

Gem. § 283d Abs. 4 hängt die Strafbarkeit der Schuldnerbegünstigung vom Eintritt mindestens einer 13 der dort genannten objektiven Bedingungen ab, nämlich der Zahlungseinstellung durch den Schuldner, der Eröffnung des Insolvenzverfahrens über dessen Vermögen oder der Abweisung des Eröffnungsantrags mangels Masse. Diese Bedingungen sind inhaltlich identisch mit denjenigen des § 283 Abs. 6, müssen dort aber beim Täter selbst (aber auch → Vorb. §§ 283–283d Rn. 26), hier hingegen bei dem begünstigten Schuldner eintreten. Zur Dogmatik dieser Bedingungen, den einzelnen Voraussetzungen für den Bedingungseintritt und dem Erfordernis eines Zusammenhangs zwischen Tathandlung und Strafbarkeitsbedingung (Krisenidentität) → Vorb. §§ 283–283d Rn. 25–32 u. Rn. 42–45. Die Verfolgungsverjährung beginnt erst mit dem Bedingungseintritt.

F. Täterschaft und Teilnahme

Täter des Allgemeindelikts der Schuldnerbegünstigung kann mit Ausnahme des Schuldners selbst und 14 der für ihn handelnden Organe, Vertreter und Beauftragten iSd § 14 jedermann sein (→ Rn. 1), also auch ein Gläubiger, sofern er nicht sich selbst oder einen anderen Gläubiger begünstigt (BGHSt 35, 358; Schönke/Schröder/*Heine*/*Schuster* Rn. 12; auch → Rn. 1, 3), oder der Insolvenzverwalter (SK-StGB/*Hoyer* Rn. 1; MüKoStGB/*Radtke*/*Petermann* Rn. 4; LK-StGB/*Tiedemann* Rn. 5). Die Teilnahme an der Schuldnerbegünstigung folgt allgemeinen Grundsätzen. Handelt ein Teilnehmer ohne Begünstigungsabsicht iSd § 283d Abs. 1 Alt. 2, ist – sofern er nicht statt dessen in Kenntnis der vorliegenden Einwilligung des Schuldners handelt – seine Strafe zwingend zu mildern, da die Begünstigungsabsicht ein besonderes persönliches Merkmal iSd § 28 Abs. 1 darstellt (NK-StGB/*Kindhäuser* Rn. 10; Mü-KoStGB/*Radtke*/*Petermann* Rn. 21; LK-StGB/*Tiedemann* Rn. 23; aA Schönke/Schröder/*Heine*/*Schuster* Rn. 12). Auch wenn der Schuldner selbst sowie seine Organe, Vertreter oder Beauftragten nicht Täter des § 283d sein können, kommen sie gleichwohl als strafbare Teilnehmer einer fremden Begünstigungstat in Betracht (→ Rn. 1); dem stehen die Grundsätze der sog notwendigen Teilnahme nicht entgegen (NK-StGB/*Kindhäuser* Rn. 10). Die bloße Duldung der Tathandlung durch den Schuldner oder die für ihn bestellten Personen iSd § 14 begründet die Teilnahmestrafbarkeit aber in aller Regel noch nicht (NK-StGB/*Kindhäuser* Rn. 10; MüKoStGB/*Radtke*/*Petermann* Rn. 5; LK-StGB/*Tiedemann* Rn. 24; strenger Schönke/Schröder/*Heine*/*Schuster* Rn. 12: Duldung ist bereits Unterlassungstäterschaft gem. § 283 Abs. 1 Nr. 1). Der teilnehmende Schuldner und seine Organe, Vertreter oder Beauftragten können nicht die Strafmilderung des § 28 Abs. 1 StGB für sich in Anspruch nehmen, da ihnen zwar die Begünstigungsabsicht im technischen Sinne fehlen mag, sie aber gerade durch ihre Teilnahme ihre Einwilligung in die Tat kundtun (NK-StGB/*Kindhäuser* Rn. 10; mit anderer Begründung auch Mü-KoStGB/*Radtke*/*Petermann* Rn. 21; LK-StGB/*Tiedemann* Rn. 24: materielle Selbstbegünstigungsabsicht).

G. Besonders schwerer Fall (Abs. 3)

§ 283d Abs. 3 nennt Regelbeispiele für besonders schwere Fälle der Schuldnerbegünstigung, die 15 denjenigen des § 283a entsprechen. Es kann daher in vollem Umfang auf die Kommentierung zu § 283a verwiesen werden. Der Umstand, dass die betroffenen Vermögenswerte beim besonders schweren Bankrott dem Täter, bei der besonders schweren Schuldnerbegünstigung dagegen dem Schuldner anvertraut worden sein müssen, ist inhaltlich bedeutungslos.

H. Konkurrenzen

16   Mehrere Begünstigungshandlungen iSd § 283d stehen zueinander in Tatmehrheit (RGSt 66, 268; Fischer Rn. 12; LK-StGB/*Tiedemann* Rn. 27; einschränkend Schönke/Schröder/*Heine/Schuster* Rn. 14: nur soweit sie nicht einen Handlungskomplex bilden); dies gilt erst recht dann, wenn sie von verschiedenen Personen, zugunsten unterschiedlicher Schuldner oder während unterschiedlicher Krisen des Schuldners vorgenommen werden.

17   Wird eine Handlung sowohl zugunsten des Schuldners wie auch mit dessen Einwilligung vorgenommen, liegt nur eine einheitliche Tat gem. § 283d vor (Schönke/Schröder/*Heine/Schuster* Rn. 14; Mü-KoStGB/*Radtke/Petermann* Rn. 24; LK-StGB/*Tiedemann* Rn. 27); Wahlfeststellung zwischen den beiden Alternativen des § 283d Abs. 1 ist möglich (Fischer Rn. 12; Schönke/Schröder/*Heine/Schuster* Rn. 14; NK-StGB/*Kindhäuser* Rn. 13; LK-StGB/*Tiedemann* Rn. 27). Gleiches gilt bei gleichzeitiger Erfüllung sowohl des § 283d Abs. 1 Nr. 1 als auch des § 283d Abs. 1 Nr. 2 (aA Fischer Rn. 12: wechselseitiger Ausschluss), wobei es in diesen Konstellationen aber faktisch kaum jemals einer Wahlfeststellung bedürfen wird.

18   Die Teilnahmestrafbarkeit des Außenstehenden an einer Tat des Schuldners gem. § 283 Abs. 1 Nr. 1 ist gegenüber seiner gleichzeitig vorliegenden Täterschaft gem. § 283d (die insbes. dann gegeben sein kann, wenn er sich die Tatherrschaft mit dem Schuldner teilt) subsidiär (Schönke/Schröder/*Heine/Schuster* Rn. 15; SK-StGB/*Hoyer* Rn. 11; NK-StGB/*Kindhäuser* Rn. 13; Lackner/Kühl/*Heger* Rn. 7; MüKoStGB/*Radtke/Petermann* Rn. 23). Dagegen steht die Teilnahme an den Bankrotthandlungen des § 283 Abs. 1 Nr. 2–8, Abs. 2 u. Abs. 4 Nr. 2 sowie zum Buchführungsdeliktdelikt des § 283b regelmäßig in Tatmehrheit zur Täterschaft gem. § 283d. Für den Schuldner, der selbst Täter des § 283 Abs. 1 Nr. 1 ist, scheidet gleichzeitige Teilnahme an seiner eigenen Begünstigung aus, da er nur entweder Tatherrschaft haben kann (dann bleibt es bei § 283) oder nicht (dann kommt nur Teilnahme bei § 283d in Betracht). § 283c und § 283d schließen sich nach der hier vertretenen Auffassung wechselseitig aus (→ Rn. 1, 3).

19   Idealkonkurrenz ist möglich mit § 257 (RGSt 9, 684; Schönke/Schröder/*Heine/Schuster* Rn. 16; MüKoStGB/*Radtke/Petermann* Rn. 25; LK-StGB/*Tiedemann* Rn. 28), § 261 (Schönke/Schröder/*Heine/Schuster* Rn. 16), § 263 (Lackner/Kühl/*Heger* Rn. 7), § 266 (insbes. bei Taten des Insolvenzverwalters; LK-StGB/*Tiedemann* Rn. 28), sowie mit der Teilnahme an einer Vollstreckungsvereitelung gem. § 288 (Fischer Rn. 12; Schönke/Schröder/*Heine/Schuster* Rn. 16; LK-StGB/*Tiedemann* Rn. 28).

§ 284 Unerlaubte Veranstaltung eines Glücksspiels

(1) Wer ohne behördliche Erlaubnis öffentlich ein Glücksspiel veranstaltet oder hält oder die Einrichtungen hierzu bereitstellt, wird mit Freiheitsstrafe bis zu zwei Jahren oder mit Geldstrafe bestraft.

(2) Als öffentlich veranstaltet gelten auch Glücksspiele in Vereinen oder geschlossenen Gesellschaften, in denen Glücksspiele gewohnheitsmäßig veranstaltet werden.

(3) Wer in den Fällen des Absatzes 1

1. gewerbsmäßig oder
2. als Mitglied einer Bande handelt, die sich zur fortgesetzten Begehung solcher Taten verbunden hat,
wird mit Freiheitsstrafe von drei Monaten bis zu fünf Jahren bestraft.

(4) Wer für ein öffentliches Glücksspiel (Absätze 1 und 2) wirbt, wird mit Freiheitsstrafe bis zu einem Jahr oder mit Geldstrafe bestraft.

Neuere Literatur (Auswahl): *Barton/Gercke/Janssen,* Die Veranstaltung von Glücksspielen durch ausländische Anbieter per Internet unter besonderer Berücksichtigung der Rechtsprechung des EuGH, wistra 2004, 321; *Beckemper/Janz,* Rien ne va plus – Zur Strafbarkeit wegen des Anbietens privater Sportwetten nach der Sportwettenentscheidung des BVerfG v. 28.3.2006, ZIS 2008, 31; *Becker/Ulbrich/Voß,* Tele-Gewinnspiele im „Hot Button-Verfahren": Betrug durch Moderatoren?, MMR 2007, 149; *Bertrand,* Aktuelle Betrachtung des Glücksspielstrafrechts, 2011; *Bolay,* Glücksspiel, Glücksspiel oder doch Gewinnspiel, MMR 2009, 669; *Brüning,* Möglichkeiten einer unionsrechtlichen Regulierung des Glücksspiels im europäischen Binnenmarkt, NVwZ 2013, 23; *Dannecker/Pfaffendorf,* Die Gesetzgebungskompetenz der Länder auf dem Gebiet des Straf- und Ordnungswidrigkeitenrechts, NZWiSt 2012, 212 (Teil 1) und 252 (Teil 2); *Dederer,* Stürzt das deutsche Sportwettenmonopol über das Bwin-Urteil des EuGH?, NJW 2010, 198; *Dehne-Niemann,* Alea iacta est – Straflosigkeit der Vermittlung privater Sportwetten?, wistra 2008, 361; *Diegmann/Hoffmann,* Tanz ums Lotto-Kalb, NJW 2004, 2642; *Dietel/Hecker/Ruttig,* Glücksspielrecht Kommentar, 2008; *Duesberg,* Zur Strafbarkeit des Online-Pokers, JA 2008, 270; *Duesberg/Buchholz,* Aktuelle glücksspiel- und steuerstrafrechtliche Risiken der Nutzung von Online-Casinos, NZWiSt 2015, 16; *Eunuschat,* Europäischer Gerichtshof kippt Glücksspielmonopol! Oder doch nicht?, GewArch 2010, 425; *Fischer,* Das Recht der Glücksspiele im Spannungsfeld zwischen staatlicher Gefahrenabwehr und privatwirtschaftlicher Betätigungsfreiheit, Diss. 2009; *Fritze-*

meyer/Rinderle, Das Glücksspiel im Internet, CR 2003, 599; *Grünwald/Koch,* Nichts geht mehr? Sportwetten im Internet, MMR 2008, 711; *Heger,* Strafbarkeit von Glücksspielen, Sportwetten und Hausverlosungen via Internet im Lichte des Europarechts, ZIS 2012, 396; *Heine,* Oddset-Wetten und § 284 StGB, wistra 2003, 441; *Hoeller/Bodemann,* Das Gambelli-Urteil des EuGH und seine Auswirkungen auf Deutschland, NJW 2004, 122; *Hofmann/Mosbacher,* Finanzprodukte für den Fußballfan: Strafbares Glücksspiel?, NStZ 2006, 249; *Holznagel,* Poker – Glücks- oder Geschicklichkeitsspiel?, MMR 2008, 439; *Horn,* Zum Recht der gewerblichen Veranstaltung und Vermittlung von Sportwetten, NJW 2004, 2047; *Janz,* Rechtsfragen der Vermittlung v. Oddset-Wetten usw., NJW 2003, 1694; *Koenig/ Ciszewski,* Sieg oder Niederlage für das Glücksspielmonopol nach Inkrafttreten des Glücksspielstaatsvertrags?, WiVerw 2008, 103; *Koenig/Bovolet-Schober,* Zur Anwendbarkeit des Glücksspieländerungsstaatsvertrages (GlüÄndStV), insbesondere des Internetverbotes, auf Online-Games, GewArch 2013, 59; *Krause,* Wie muss der deutsche Glücksspielstaatsvertrag reformiert werden, um den europarechtlichen Vorgaben zu genügen?, GewArch 2010, 428; *Laustetter,* Die Abgrenzung des strafbaren Glücksspiels vom straflosen Geschicklichkeitsspiel, JR 2012, 507; *Lesch* Sportwetten via Internet – Spiel ohne Grenzen, wistra 2005, 241; *Lüderssen,* Aufhebung der Straflosigkeit gewerblicher Spielvermittler durch den neuen Staatsvertrag zum Glücksspielwesen in Deutschland?, NStZ 2007, 15; *Meyer,* Sportwetten als illegales Glücksspiel? JR 2004, 447; *Odenthal,* Gewinnabschöpfung und illegales Glücksspiel, NStZ 2006, 14; *Pagenkopf,* Der neue Glücksspielstaatsvertrag – Neue Ufer, alte Gewässer, NJW 2012, 2918; *Peters,* Die Spielverordnung, ZRP 2011, 134; *Petropoulos,* Die Strafbarkeit des Sportwettens mit festen Gewinnquoten, wistra 2006, 332; *Petropoulos/Morozinis,* Der Sportwettenbetrug durch Manipulation zu Lasten des Wettveranstalters und des Wettenden, wistra 2009, 254; *Pischel,* Glück im Spiel – Pech vor Gericht?, JA 2008, 202; *Rotsch/Heissler,* Internet-"Auktionen" als strafbares Glücksspiel gem. § 284 StGB?, ZIS 2010, 403; *Rüping,* Strafrechtliche Fragen staatliche genehmigter Lotterien, JZ 2005, 239; *Safferling/Scholz,* Sportwetten in Europa, JA 2009, 353; *Streinz/Kruis,* Unionsrechtliche Vorgaben und mitgliedstaatliche Gestaltungsspielräume im Bereich des Glücksspielrechts, NJW 2010, 3745; *Weidemann,* Höchstrichterliche Sportwetten-Akrobatik, NVwZ 2008, 278; *Windoffer,* Die Neuregelung des Glücksspielrechts vor dem Hintergrund unionsund verfassungsrechtlicher Rahmenbedingungen, DÖV 2012, 257; *Witte,* „Card counting" im Blackjack aus strafrechtlicher Sicht, JR 2012, 97.

A. Allgemeines

I. Bedeutung

Mit § 284 Abs. 1 wird das Veranstalten von Glücksspielen einschließlich bestimmter Vorbereitungs- **1** handlungen dazu unter Strafe gestellt. Dabei handelt es sich um eine verwaltungsakzessorische Vorschrift, die das Vorliegen einer Straftat vom Fehlen einer behördlichen Erlaubnis abhängig macht (BGH NJW 2007, 3078 (3081); OLG München NJW 2006, 3588; OLG Stuttgart NJW 2006, 2422). Sanktioniert werden kann in erster Linie das öffentliche Glücksspiel, dem aber über Abs. 2 das gewohnheitsmäßige Glücksspiel in Privatvereinen gleichgestellt wird. Da das illegale Glücksspiel zunehmend auch zu einem Tätigkeitsfeld der organisierten Kriminalität geworden ist, hat der Gesetzgeber mit dem OrgKG v. 15.7.1992 in Abs. 3 Qualifikationstatbestände für gewerbs- oder bandenmäßiges Handeln eingefügt. Mit dem 6. StrRG erfolgte eine Vorverlagerung der Strafbarkeit, indem über Abs. 4 auch die Werbung für ein öffentliches Glücksspiel erfasst wird. Damit sollte vor allem den neuen Telekommunikationsmöglichkeiten durch das Internet und der Bedeutung ausländischer Veranstalter Rechnung getragen werden (BT-Drs. 13/9064, 20 f.; vgl. näher LK-StGB/*Krehl* Vor § 284 Rn. 1).

Nachdem nur ein öffentliches Glücksspiel ohne staatliche Erlaubnis sanktioniert werden kann, ist es **2** für die Tatbestandsvoraussetzungen von großer Bedeutung, wann eine solche behördliche Gestaltung erteilt werden kann oder muss. Insofern mussten sich der EuGH beginnend mit der Gambelli-Entscheidung (EuGH NJW 2004, 139) und auch das BVerfG (BVerfG NJW 2006, 1261) mehrfach mit den europarechtlichen und verfassungsrechtlichen Vorgaben in Bezug auf das Verbot gewerblicher und damit nicht staatlicher Wetten befassen. Als Konsequenz aus diesen Entscheidungen war zum 1.1.2008 der neue Staatsvertrag zum Glücksspielwesen in Deutschland (Glücksspielstaatsvertrag – GlüStV 2008) in Kraft getreten, der den früheren Lotterie-Staatsvertrag ersetzt hat. Mit drei Urteilen v. 8.9.2010 (MMR 2010, 838 (830, 844)) hat der EuGH entschieden, dass ein staatliches Monopol allein nicht geeignet ist, die Erreichung des mit seiner Errichtung verfolgten Ziels, Anreize zu übermäßigen Ausgaben für das Spielen zu vermeiden und die Spielsucht zu bekämpfen, zu gewährleisten, wenn die Wetttätigkeiten nicht in kohärenter und systematischer Weise begrenzt werden. Bei dem zum 1.7.2012 nun in Kraft getretenen neuen Glücksspielstaatsvertrag (GlüStV 2012) steht die Regulierung der Spielangebote mit dem Ziel des Schutzes der Spieler und der Allgemeinheit vor den Gefahren des Glücksspiels im Mittelpunkt (*Pagenkopf* NJW 2012, 3918). Nach § 1 des GlüStV 2012 sind gleichrangige Ziele des Staatsvertrags nun ua nach Nr. 1 die Glücksspielsucht und Wettsucht zu verhindern und Voraussetzungen für eine wirksame Suchtbekämpfung zu schaffen sowie nach Nr. 2 eine Kanalisierung des Glücksspiels durch ein begrenztes, eine geeignete Alternative zum nicht erlaubten Glücksspiel darstellendes Glücksspielangebot zu schaffen, um den natürlichen Spieltrieb der Bevölkerung in geordnete und überwachte Bahnen zu lenken und gleichzeitig damit das illegale Glücksspiel einzudämmen. Die Strafnorm zum unerlaubten Veranstalten von Glücksspiel hat auch vor dem Hintergrund der aufgedeckten Wett-Skandale und der immer weiter zunehmenden Wettangebote aller Art über das Internet an Bedeutung gewonnen. Von besonderer praktischer Relevanz sind aktuell vor allem die Beteiligungen über Online-Glücksspiele, die von § 285 erfasst werden. Allein hier wurden 2015 Einnahmen iHv 13 Mrd. EUR erzielt. Gerade um den Online-Markt besser zu kontrollieren, haben sich mit dem Geldwäscheergänzungsgesetz (GwGErgG) vom 18.2. (BGBl. I 268) hier zahlreiche zusätzliche Meldepflichten für Glücksspiele im Internet ergeben.

II. Schutzgut

3   Bei der Frage, welches Rechtsgut mit § 284 geschützt werden soll, zeigt sich eine kontroverse Meinungsvielfalt (vgl. näher: LK-StGB/*Krehl* Vor § 284 Rn. 6 ff.; Schönke/Schröder/*Heine* Rn. 2 ff.; Fischer Rn. 2 f.). Die Schwierigkeiten bei der Bestimmung des Schutzgutes werden aus einer Vielzahl gerichtlicher Entscheidungen im Verwaltungsrecht, Wettbewerbsrecht und im Strafrecht mit unterschiedlichsten Begründungen und Ergebnissen deutlich. Nach bisheriger Rspr. und hM geht es bei § 284 in erster Linie darum, „die wirtschaftliche Ausbeutung der natürlichen Spielleidenschaft des Publikums unter staatliche Kontrolle und Zügelung zu nehmen" (BGHSt 11, 209 (210) unter Verweis auf RGSt 65, 194 (195); BGH NStZ 1993, 571; BGH NJW 1993, 2821; Schönke/Schröder/*Heine*/ *Hecker* Rn. 2; Fischer Rn. 2a). Auch der Gesetzgeber selbst sieht mit der Strafnorm diese Ziele als verfolgt an (BT-Drs. 13/8587, 67). Dies entspricht auch der Zielsetzung des neuen § 1 Nr. 1 und Nr. 2 GlüStV. Danach sollen das Entstehen von Glücksspielsucht und Wettsucht verhindert und die Voraussetzungen für eine wirksame Suchtbekämpfung geschaffen sowie das Glücksspielangebot begrenzt und der natürliche Spieltrieb der Bevölkerung in geordnete und überwachte Bahnen gelenkt werden.

    Daneben wird mit der Zulassung nur eines konzessionierten Glücksspiels aber auch das Ziel verfolgt, einen ordnungsgemäßen Spielbetrieb und damit letztlich auch den Schutz des Einzelnen vor den Gefahren durch Manipulationen beim Glücksspiel zum Schaden seines Vermögens zu gewährleisten (*Heine* wistra 2003, 442, MüKoStGB/*Hohmann* Rn. 1; NK-StGB/*Wohlers*/*Gaede* Rn. 9, SK-StGB/ *Hoyer* Rn. 3). Dieses geschützte Rechtsgut wird auch aus den weiteren Zielsetzungen in § 1 Nr. 3 und Nr. 4 GlüStV ausdrücklich deutlich, der Verhinderung eines Ausweichens auf nicht erlaubte Glücksspiele, der Gewährleistung und Sicherstellung des Jugend- und Spielerschutzes sowie der ordnungsgemäßen Durchführung von Glücksspielen, um so die Spieler vor betrügerischen Machenschaften zu schützen und die mit Glücksspielen verbundene Folge- und Begleitkriminalität abzuwehren.

III. Rechtsnatur

4   Bei § 284 fehlt aufgrund der sehr unterschiedlichen Regelungsgegenstände ein einheitlicher Deliktscharakter. So werden neben tatbestandlich verselbstständigten Vorbereitungs- und Förderungshandlungen auch Formen der Ermöglichung unkontrollierten Glücksspiels sanktioniert. Je nach dem von § 284 geschützten Rechtsgut, ergeben sich hier auch Auswirkungen auf die Rechtsnatur. Geht man insoweit vom Vertrauen in die Gewährleistung einer manipulationsfreien Spielchance und damit vom Ausschluss von Vermögensschäden aus, ist hier von einem Verletzungsdelikt auszugehen, das als Erfolgs- und letztlich konkretes Vermögensgefährdungsdelikt ausgestaltet ist (so: MüKoStGB/*Hohmann* Rn. 2). Stellt man dagegen über mit der hM in erster Linie auf die Kontrolle des Spielbetriebs ab, erfordert die Tatbestandsverwirklichung lediglich die Vornahme einer der umschriebenen Tathandlungen, so dass es sich bei § 284 um ein schlichtes Tätigkeitsdelikt in Form eines abstrakten Gefährdungsdelikts handelt (Schönke/Schröder/*Heine*/*Hecker* Rn. 2b; LK-StGB/*Krehl* Rn. 1; SK-StGB/*Hoyer* Rn. 4; NK-StGB/ *Wohlers*/*Gaede* Rn. 10; *Horn* NJW 2004, 2048). Dies hat vor allem Auswirkungen bei der Bestimmung des relevanten Begehungsortes iSd § 3 und § 9, wenn – insbesondere bei Straftaten über das Internet – ausländische Angebote im Inland abrufbar sind. Aber auch unabhängig davon lässt sich hier bei jedem über das Internet angebotenen ausländischen Glücksspiel eine Auswirkung im Inland und damit ein zum Tatbestand gehörender Erfolg iSd § 9 feststellen, welchen die Strafnorm gerade verhindern will. Ausländische Lotterie und Glücksspielanbieter unterfallen damit grundsätzlich den §§ 284, 287, zumindest dann, wenn das ausländische Angebot einen spezifischen Bezug zum Inland hat, weil es etwa in deutscher Sprache abgefasst ist (OLG Hamburg MMR 2002, 471 (472); OLG Köln ZUM 2006, 648 und ZfWG 2007, 377; ausführlich: LK-StGB/*Krehl* Rn. 20a; *Stögmöller* K&R 2002, 27 (32); *Fritzemeyer*/*Rinderle* CR 2003, 599 (601); *Lesch* wistra 2005, 241; *Meyer* JR 2004, 447 (450); *Hecker*/*Schmidt* ZfWG 2006, 301 (306); Fischer Rn. 19; aA *Barton*/*Gercke*/*Janssen* wistra 2004, 321 (323)).

IV. Verfassungs- und europarechtlicher Hintergrund

5   Auch wenn der Straftatbestand des § 284 selbst verfassungsgemäß ist, haben sowohl das BVerfG als auch der EuGH aber strenge Anforderungen entwickelt, die das staatliche Wettmonopol und damit korrespondierend auch die entsprechende Sanktionsnormen unter erheblichen Rechtfertigungsdruck stellen und deshalb hier bei der Auslegung zu berücksichtigen sind. Das Strafrecht kann nicht zur Durchsetzung eines staatlichen Wettmonopols herangezogen werden, das seinerseits gegen Europa- und/oder Verfassungsrecht verstößt. Einer Anwendbarkeit des § 284 als Grundlage für die Verhängung strafrechtlicher Sanktionen stehen daher sowohl verfassungsrechtliche als auch gemeinschaftsrechtliche Gründe entgegen, solange es an einer den Vorgaben des BVerfG im Urteil vom 28.3.2006 (BVerfG NJW

2006, 1261 Rn. 149, 154) entsprechenden Rechtsgrundlage für das staatliche Wettmonopol fehlt (OLG Bamberg BeckRS 2011, 18198).

1. Europarechtliche Vorgaben des EuGH vor 1.1.2008. Nach der Rspr. des EuGH (EuGH NJW **6** 2004, 139 Rn. 69 – „Gambelli" und NJW 2007, 1515 Rn. 46 – „Placanica, Palazzese und Sorricchio") sind nur solche nationale Maßnahmen als diskriminierungsfrei und damit als zulässige Beschränkungen des Art. 49 EGV anzusehen, die der Beschränkung der Spieltätigkeiten aus zwingenden Gründen des Allgemeininteresses wie dem Verbraucherschutz, der Betrugsvorbeugung und der Vermeidung von Anreizen für die Bürger zu überhöhten Ausgaben für das Spielen dienen. Jedoch müssen Beschränkungen, die auf solche Gründe sowie auf die Notwendigkeit gestützt sind, Störungen der sozialen Ordnung vorzubeugen, auch geeignet sein, die Verwirklichung dieser Ziele in dem Sinne zu gewährleisten, dass sie kohärent und systematisch zur Begrenzung der Wetttätigkeiten beitragen und sie dürfen nicht über das hinausgehen, was zur Erreichung dieses Ziels erforderlich ist. Insoweit steht es den Mitgliedstaaten frei, die Ziele ihrer Politik auf dem Gebiet des Glücksspiels festzulegen und das angestrebte Schutzniveau genau zu bestimmen, sofern die Beschränkungen die sich aus der Rechtsprechung des EuGH ergebenden Anforderungen hinsichtlich ihrer Verhältnismäßigkeit genügen (EuGH NJW 2007, 1515 Rn. 48). Dabei ist ein strafbewehrtes staatliches Wettmonopol unmittelbar an den Grundfreiheiten des EG-Vertrages zu messen. Zwar sind für das Strafrecht grundsätzlich die Mitgliedstaaten zuständig, jedoch setzt das Gemeinschaftsrecht dieser Zuständigkeit nach ständiger Rechtsprechung Schranken. Das Strafrecht darf nämlich nicht die durch das Gemeinschaftsrecht garantierten Grundfreiheiten beschränken. Deshalb sind Art. 43 und Art. 49 EGV dahin auszulegen, dass sie einer nationalen Regelung in Bezug auf strafrechtliche Sanktion wegen Sammelns von Wetten ohne die nach dem nationalen Recht erforderliche Konzession oder polizeiliche Genehmigung, dann entgegenstehen, wenn sich mögliche Anbieter diese Konzessionen oder Genehmigungen deshalb nicht beschaffen konnten, weil der Mitgliedstaat es unter Verstoß gegen das Gemeinschaftsrecht abgelehnt hatte, sie ihnen zu erteilen. Das OLG München (OLG München NJW 2006, 3588 (3591)) spricht daher auch von einer „Neutralisierung deutscher Straftatbestände".

2. Verfassungsrechtliche Vorgaben des BVerfG. Unter Bezugnahme auf diese Rspr. des EuGH **7** hat das BVerfG mit Beschluss vom 28.6.2006 (BVerfG NJW 2006, 1261 (1264 f.); vgl. dazu: *Pestalozza* NJW 2006, 1711; *Petropoulos* wistra 2006, 332; *Holznagel/Ricke* MMR 2006, 298; *Mosbacher* NJW 2006, 3529) bindend festgestellt, dass das staatliche Sportwetten-Monopol mit dem Ausschluss aller privaten Wettangebote in seiner gegenwärtigen gesetzlichen und tatsächlichen Ausgestaltung einen unverhältnismäßigen Eingriff in die Berufsfreiheit des Art. 12 GG darstellt und daher mit dem Grundgesetz unvereinbar ist. Das zum Zeitpunkt der Entscheidung geltende Staatslotteriegesetz enthielt keine materiell-rechtlichen Regelungen und strukturellen Sicherungen, die konsequent am Ziel der Begrenzung der Wettleidenschaft und Bekämpfung der Wettsucht ausgerichtet waren und dessen Erreichung auch hinreichend gewährleisteten. Diese Mängel in der konkreten Ausgestaltung von Sportwetten betrafen damit nicht nur den Vollzug des einfachen Rechts, sondern führten zu einem gesetzlichen Regelungsdefizit. Denn den an entsprechender beruflicher Tätigkeit interessierten Bürgern ist der Ausschluss gewerblicher Wettangebote durch private Wettunternehmen und damit eine Beschränkung des Grundrechts aus Art. 12 GG aber verfassungsrechtlich nur dann zumutbar, wenn das bestehende Wettmonopol auch in seiner konkreten Ausgestaltung der Vermeidung und Abwehr von Spielsucht und problematischem Spielverhalten dient. Will der Gesetzgeber an einem staatlichen Wettmonopol festhalten, muss er sich für die verfassungsgemäße Ausgestaltung konsequent an diesem Ziel durch materiell-rechtliche und organisatorische Maßnahmen orientieren, indem etwa inhaltliche Kriterien betreffend Art und Zuschnitt der Sportwetten sowie Vorgaben zur Beschränkung ihrer Vermarktung entwickelt werden, wobei sich die Werbung für das Wettangebot zur Vermeidung eines Aufforderungscharakters auf eine Information und Aufklärung über die Möglichkeit zum Wetten zu beschränken hat. Die Einzelausgestaltung muss am Ziel der Suchtbekämpfung und damit verbunden am Spielerschutz ausgerichtet sein, etwa durch Vorkehrungen wie der Möglichkeit der Selbstsperre. Für eine verfassungsrechtlich zulässige Beschränkung des Angebots von Sportwetten sind deshalb Maßnahmen zur Abwehr von Suchtgefahren, die über das bloße Bereithalten von Informationsmaterial hinausgehen, geboten (BVerfG NJW 2006, 1261 Rn. 120 ff.). Für eine Übergangszeit bis zum 31.12.2007 hat das BVerfG dem Gesetzgeber aufgetragen, entweder das staatliche Monopol unter Beachtung der dargestellten verfassungsgerichtlichen Vorgaben aufrechtzuerhalten oder das gewerbliche Angebot von Sportwetten durch private Unternehmen gesetzlich und kontrolliert zuzulassen (vgl. mwN LK-StGB/*Krehl* Vor § 284 Rn. 8 ff.).

3. Verfassungsmäßigkeit des § 284. Vor diesem verfassungs- und europarechtlichem Hintergrund **8** ist § 284 selbst aber verfassungsgemäß und verstößt weder gegen das Bestimmtheitsgebot des Art. 103 Abs. 2 GG noch gegen Art. 12 Abs. 1 GG (BVerfG NJW 2006, 1261 Rn. 116 f.; BVerfG NVwZ 2008, 301 (303); BVerfG NJW 2007, 3078 (3080); OLG Bamberg BeckRS 2011, 18198). Das Bestimmtheitsgebot verpflichtet den Gesetzgeber, die Voraussetzungen der Strafbarkeit so genau zu umschreiben, dass Tragweite und Anwendungsbereich der Straftatbestände für den Normadressaten schon aus dem Gesetz selbst zu erkennen sind und sich durch Auslegung ermitteln und konkretisieren lassen (BVerfGE 71, 108 (114 ff.); 73, 206 (234 f.); 75, 329 (340 ff.) und BVerfG NJW 2003, 1030 – stRspr). Jeder Bürger muss vorhersehen können, welches Verhalten verboten und mit Strafe bedroht ist, damit er sein Tun oder Unterlassen auf die Strafrechtslage eigenverantwortlich einrichten kann und willkürliche staatliche Reaktionen nicht befürchten muss (BVerfGE 64, 389 (393 f.); 85, 69 (72 f.)). Diesen Anforderungen wird § 284 gerecht. Trotz der unbestimmten Rechtsbegriffe handelt es sich um einen vollständigen Tatbestand, der lediglich hinsichtlich einer Voraussetzung an das Verwaltungshandeln anknüpft, so dass der Normadressat weiß, was rechtlich verboten ist und welche Strafe im Falle eines Verstoßes verhängt werden kann (BVerfG NJW 2006, 1261 Rn. 159). § 284 ist auch mit Art. 12 Abs. 1 GG vereinbar und deshalb nicht verfassungswidrig, da die Strafnorm selbst keine inhaltlichen Vorgaben für die Ausgestaltung des Wettangebots enthält, die zu einem Regelungsdefizit führen könnten (BVerfG NJW 2006, 1261 Rn. 129). Vielmehr kann die Auslegung des § 284 als die Veranstaltung und Vermittlung von Sportwetten umfassendes Repressivverbot bei entsprechender rechtlicher und tatsächlicher Ausgestaltung des Sportwettenangebots verfassungsrechtlich gerechtfertigt sein, wenn mit der Begrenzung der Wettleidenschaft und der Bekämpfung der Wettsucht ein legitimes Ziel zugrunde liegt, zu dessen Erreichung der Ausschluss gewerblicher Sportwettenangebote ein grundsätzlich verhältnismäßiges Mittel darstellt. Das für die Verfassungswidrigkeit des bisherigen staatlichen Wettmonopols erhebliche verwaltungsrechtliche Regelungsdefizit ist nicht in § 284, sondern allein in den bisherigen Staatslotteriegesetzen zu verorten (BVerfG NVwZ 2008, 301 (303); BVerfG NJW 2006, 1261 Rn. 130).

9   **4. Folgen für Übergangszeit bis 31.12.2007.** Ob während der Übergangszeit bis zum 31.12.2007 bei einem Wettangebot ohne behördliche Erlaubnis eine Strafbarkeit in Betracht kommt, hat das BVerfG der Beurteilung durch die Strafgerichte überlassen (BVerfG NJW 2006, 1261 Rn. 159; 2007, 1521 (1523)). Weil die verfassungsrechtlichen Grundlagen für eine strafrechtliche Sanktion nach der Entscheidung des BVerfG vom 28.3.2006 entfallen sind und folglich ein strafbewehrter Ausschluss gewerblicher Wettangebote einen unverhältnismäßigen und unzumutbaren Eingriff in die Berufsfreiheit darstellt, solange das bestehende Wettmonopol in seiner konkreten rechtlichen sowie in der Praxis realisierten Ausgestaltung nicht primär der Vermeidung und Abwehr von Spielsucht und problematischem Spielverhalten dient, ist während der Übergangszeit eine Verurteilung rechtsstaatswidrig Das Strafrecht kann nicht zur Durchsetzung eines staatlichen Wettmonopols herangezogen werden, das seinerseits gegen Verfassungsrecht verstößt. Der Staat würde sich willkürlich verhalten, wenn er einerseits die Erteilung einer Erlaubnis für die Veranstaltung von Sportwetten unter Berufung auf ein mit der Verfassung unvereinbares Gesetz (Staatslotteriegesetz bzw. Lotteriestaatsvertrag) versagt und andererseits aber gleichzeitig denjenigen bestraft, der ohne diese behördliche Erlaubnis einen grundrechtlich geschützten Beruf ausübt (OLG Bamberg BeckRS 2011, 18198; OLG Hamburg ZfWG 2008, 295; OLG München NJW 2008, 3151; LG München I 29.10.2007 – 5 KLs 307 Js 31714/05; OLG Frankfurt a. M. NStZ-RR 2008, 372). Dem steht nicht entgegen, dass das BVerfG während der Übergangszeit bis zu einer gesetzlichen Neuregelung die bisherigen Regelungen für weiter anwendbar erklärt hat. Die Fortgeltung ist ausdrücklich nur darauf beschränkt, dass das gewerbliche Veranstalten von Sportwetten durch private Wettunternehmen bis zur Neuregelung „weiterhin als verboten angesehen und ordnungsrechtlich unterbunden werden" darf (BVerfG NJW 2006, 1261 Rn. 157 f.). Nur im Hinblick auf den rechtspolitischen Gestaltungsspielraum des Gesetzgebers und zur Verhinderung eines ordnungsrechtlichen Vakuums im Bereich der gewerblichen Sportwettenveranstaltungen ist für eine Übergangzeit diese eine an sich verfassungswidrige Rechtslage hinzunehmen, um so den Übergang von einer verfassungswidrigen zu einer verfassungsgemäßen Gesetzeslage zu sichern. Für Altfälle vor der Entscheidung des BVerfG hatte der BGH (BGH NJW 2007, 3078 (3080)) im Übrigen eine strafrechtliche Sanktionsmöglichkeit ebenfalls verneint und einen unvermeidbaren Verbotsirrtum angenommen (so auch: OLG Stuttgart NJW 2006, 2422; OLG München NJW 2006, 3588; OLG Frankfurt a. M. NStZ-RR 2007, 201; *Horn* JZ 2006, 789 (793); *Petropoulos* wistra 2006, 332; *Mosbacher* NJW 2006, 3529).

10   **5. Neuregelungen durch Glücksspielstaatsvertrag seit 1.1.2008.** Mit dem seit 1.1.2008 geltenden GlüStV 2008 wurden die Vorgaben des BVerfG umgesetzt und die bisherigen verfassungswidrigen Reglungen ersetzt. Der neue GlüStV hält weiterhin am staatlichen Wettmonopol fest. Inwieweit die einzelnen Neuerungen in allen Punkten mit dem Gemeinschaftsrecht vereinbar sind, ist im Einzelnen umstritten. Die Rspr. geht überwiegend davon aus, dass mit dem neuen GlüStV die europa- und verfassungsrechtlichen Vorgaben umgesetzt wurden (BVerfG NVwZ 2008, 1338 und 2009, 1221 sowie ua VGH München NVwZ-RR 2009, 202 und ZfWG 2009, 387; OLG Frankfurt a. M. MMR 2009, 577; OVG Berlin-Brandenburg 27.1.2008 – OVG 1 S 203.07 und 81.08 sowie 21.1.2010 = BeckRS 2010, 45763; VGH Mannheim BeckRS 2009, 31754; OVG Saarbrücken ZfWG 2009, 369; OLG Schleswig ZfWG 2009, 312). Teilweise werden – insbesondere in Bezug auf das Verbot des Veranstaltens und Vermittelns von Glücksspielen im Internet – auch Zweifel an der Rechtmäßigkeit dieser Bestimmungen geltend gemacht (vgl. nur: OLG Stuttgart ZfWG 2008, 149; VG Freiburg BeckRS 2008, 35171 und BeckRS 2008, 37835; VG Potsdam ZfWG 2008, 151; *Grünwald/Koch* MMR 2008, 711; *Koenig/Ciszewski* WiVerw 2008, 103; *Becker* ZfWG 2009, 1; *Koenig* ZfWG 2009, 229; *Brugger* ZfWG 2009, 256; *Mahne/Jouran* NVwZ 2009, 1190). Bedenken gegen die Einhaltung europarechtlicher Vorgaben beste-

hen auch in Bezug auf Verbote der Internet-Werbung. Inzwischen wurde der gem. § 27 GlüStV an sich – ohne erneute Verlängerung – nur bis 31.12.2011 geltende GlüStV aber bereits von einzelnen Bundesländern wieder gekündigt.

6. Neue Urteile des EuGH vom 8.9.2010. Auf Vorlageersuchen der VGe Gießen und Stuttgart **11** erkennt der EuGH mit dem ersten Urteil vom 8.9.2010 im Verfahren C-316/08 und weiteren verbundenen Verfahren („Markus Stoß" ua; EuGH MMR 2010, 844 mAnm *Mintas* und *Bussche/Weber* CR 2010, 667) im Vorabentscheidungsverfahren zunächst das dem Glücksspielrecht innewohnende Gefährdungspotential – insbesondere beim Glücksspiel im Internet – an, so dass die sittlichen, religiösen oder kulturellen Besonderheiten und die mit Spielen und Wetten einhergehenden sittlich und finanziell schädlichen Folgen für den Einzelnen wie für die Gesellschaft ein ausreichendes Ermessen der staatlichen Stellen rechtfertigen können, im Einklang mit ihrer eigenen Wertordnung festzulegen, welche Erfordernisse sich aus dem Schutz der Verbraucher und der Sozialordnung ergeben (EuGH MMR 2010, 844 Rn. 103). Dabei sind die Art. 43 und 49 EG dahingehend auszulegen, dass es einem Mitgliedstaat nicht verwehrt ist, für Anbieter von Glücksspiel aus einem anderen Mitgliedstaat Dienstleistungen in seinem Hoheitsgebiet vom Besitz einer von seinen eigenen Behörden erteilten Erlaubnis abhängig zu machen (Ls. 5), dh umgekehrt, dass in einem EU-Mitgliedstaat erteilte Genehmigungen für Glücksspiel in Bezug auf andere Mitgliedstaaten keine Legalitätswirkung entfalten. Restriktionen für inländische oder ausländische Anbieter müssen aber in allen Fällen den Anforderungen der Verhältnismäßigkeit genügen und durch zwingende Gründe des Allgemeinwohls, wie den Verbraucherschutz, die Betrugsvorbeugung und die Vermeidung von Anreizen für die Bürger zu übermäßigen Ausgaben für das Spielen, legitimiert sein. Der Umstand, dass ein Mitgliedstaat ein Monopol einem Erlaubnissystem vorzieht, kann dem Erfordernis der Verhältnismäßigkeit genügen (so bereits: EuGH NVwZ 2010, 1085; 2010, 1081), soweit unter dem Aspekt des Ziels eines hohen Verbraucherschutzniveaus, die Errichtung des Monopols mit der Einführung eines normativen Rahmens einhergeht, der dafür sorgt, dass der Inhaber des Monopols tatsächlich in der Lage sein wird, ein solches Ziel mit einem Angebot, das nach Maßgabe dieses Ziels quantitativ bemessen und qualitativ ausgestaltet ist und einer strikten behördlichen Kontrolle unterliegt, in kohärenter und systematischer Weise zu verfolgen (Ls. 2 und Rn. 76). Ob die von einem Mitgliedstaat beschlossenen Beschränkungen diesen Zielen tatsächlich entsprechen, haben die nationalen Gericht zu prüfen (Rn. 78, 98). Ohne deshalb eine abschließende Entscheidung zum deutschen Glücksspielrecht zu treffen, sieht der EuGH aber (Ls. 4) für den Fall, dass Werbemaßnahme des Inhabers eines solchen Monopols nicht auf das begrenzt bleiben, was erforderlich ist, um die Verbraucher zum Angebot des Monopolinhabers hin- und sie damit von anderen nicht genehmigten Zugangskanälen wegzulenken, sondern darauf abzielen, den Spielbetrieb der Verbraucher zu fördern und sie zwecks Maximierung der aus den entsprechenden Tätigkeiten erwarteten Einnahmen zu aktiver Teilnahme am Spiel zu stimulieren sowie die zuständigen Behörden eine zur Entwicklung und Stimulation der Spieltätigkeit geeignete Politik der Angebotserweiterung betreiben und Dulden, gibt dies aber berechtigten Anlass zu der Schlussfolgerung, dass ein solches Monopol nicht geeignet ist, die Erreichung des mit seiner Errichtung verfolgten Ziels, Anreize zu übermäßigen Ausgaben für das Spielen zu vermeiden, die Spielsucht zu bekämpfen und die Tätigkeiten in diesem Bereich in kohärenter und systematischer Weise zu begrenzen, zu erreichen. Dabei wird vom EuGH ausdrücklich darauf hingewiesen, dass ein Mitgliedstaat keine strafrechtlichen Sanktionen wegen einer nicht erfüllten Verwaltungsformalität verhängen darf, wenn er die Erfüllung dieser Formalität unter Verstoß gegen das Unionsrecht abgelehnt oder vereitelt hat (Rn. 115). Aufgrund des zweiten Urteils des EuGH vom 8.9.2010 – C-409/06 („Winner Wetten" – EuGH MMR 2010, 838 mAnm *Mintas*) darf eine nationale Regelung über ein staatliches Sportwettenmonopol wegen des Vorrangs des Gemeinschaftsrechts, nicht für eine Übergangszeit weiter angewendet werden, wenn sie nach den Feststellungen eines nationalen Gerichts Beschränkungen mit sich bringt, die mit der Niederlassungsfreiheit und dem freien Dienstleistungsverkehr unvereinbar sind, weil sich nicht dazu beitragen, die Wetttätigkeiten in kohärenter und systematischer Weise zu begrenzen. Im dritten Urteil v. 8.9.2010 – C-46/08 („Carmen Media Group" EuGH MMR 2010, 840 mAnm *Mintas*) wird hinsichtlich der Vermittlung von Glücksspiel im Internet Art. 49 EGV dahingehend ausgelegt, dass eine nationale Regelung (wie § 4 Abs. 4 GlüStV), die solche Angebote im Internet untersagt, um übermäßige Ausgaben für das Spielen zu vermeiden sowie die Spielsucht zu bekämpfen und die Jugendlichen zu schützen, grundsätzlich als zur Verfolgung dieser legitimer Ziele geeignet angesehen werden kann, auch wenn das Anbieten solcher Spiele über herkömmliche Kanäle zulässig bleibt.

7. Folgerungen aus der neuen EuGH-Rspr. Auch wenn der EuGH keine abschließende Ent- **12** scheidungen zur glücksspielrechtlichen Diskussion im Inland getroffen hat und sich damit keine unmittelbaren, rechtsgestaltenden Wirkungen in Bezug auf den deutschen GlüStV ergeben, müssen als Folge der Urteile vom 8.9.2010 die deutschen Behörden und Gerichte aber im Einzelfall prüfen, ob die zu beobachtenden Friktionen so gravierend sind, dass sie die Gesamtkohärenz des deutschen Glücksspielrechts in Frage stellen, weil dieses den EU-Vorgaben nicht entspricht. Für diese Aufgaben hat der EuGH ein oben dargestelltes Prüfprogramm zur Beurteilung der Kohärenz eines Monopols in Leitsatz 4 aufgestellt. Von den Gerichten muss daher geklärt werden, ob die Gesetzgebung von Bund und Ländern, die Behörden und die staatlichen Glücksspielanbieter in erster Linie am Ziel der Suchtbekämpfung orientiert sind oder – entgegen der Regelung in § 1 GlüStV – nicht doch primär fiskalische Interessen verfolgen (vgl. BVerwG BeckRS 2011, 47352; 2011, 47353; 2011, 47354). Nach ersten Entscheidungen des OVG Berlin-Brandenburg (BeckRS 2010, 55611) des OVG Lüneburg (BeckRS 2010, 55860) und des OVG Koblenz (BeckRS 2010, 56756) sollen private Sportwetten vorläufig auch weiter verwaltungsrechtlich untersagt werden können. Da sich aber nach der Rspr. des EuGH letztlich die verwaltungsakzessorisch den §§ 284, 287 zugrunde liegenden Regelungen im GlüStV nicht in allen Punkten als tragfähig erwiesen haben, nachdem einerseits durch die staatlichen Gesellschaften besonders lukrative Glücksspiele zur Einnahmeerhöhung massiv beworben werden und andererseits besonders suchtfördernde und sozialschädliche Formen des Spiels (zB an Automaten) weitgehend unkontrolliert zugelassen werden, dürfte jedenfalls – wie bereits vor dem Inkrafttreten des GlüStV zum 1.1.2008 – aber eine strafrechtliche Sanktion von Wettangeboten ohne behördliche Erlaubnis aufgrund der unklaren Rechtslage bis zum Inkrafttreten des neuen GlüStV 2012 kaum in Betracht kommen (→ Rn. 9; Fischer, StGB, 58. Aufl. 2011, § 284 Rn. 2c; *Ennuschat* GewArch 2010, 425; *Krause* GewArch 2010, 428). Da auch nach den strengen Vorgaben des EuGH zum Umfang zulässiger Werbung und zur Gesamtkohärenz der gesetzlichen Regelungen zum Glücksspielrecht ein staatliches Monopol für Sportwetten grundsätzlich aufrechterhalten bleiben kann, bleibt abzuwarten, welche politischen Entscheidungen hier künftig bei der Neuausrichtung des deutschen Glücksspielrechts getroffen werden. Nach Auffassung des EuGH (EuGH BeckRS 2010, 522093) besteht jedenfalls beim gegenwärtigen Stand des Gemeinschaftsrechts keine gegenseitige Anerkennungspflicht in Bezug auf in einzelnen Mitgliedstaaten erteilten Erlaubnissen.

12a　**8. Der Glücksspielstaatsvertrag vom 1.7.2012.** Nachdem der alte GlüStV in § 27 bereits eine Evaluierungsbestimmung enthielt, war es erforderlich, eine Neuregelung zu schaffen (vgl. dazu: *Pagenkopf* NJW 2012, 2918).

Der GlüStV 2012 enthält nun in § 1 zu den Zielen folgende Regelung:

1. das Entstehen von Glücksspielsucht und Wettsucht zu verhindern und die Voraussetzungen für eine wirksame Suchtbekämpfung zu schaffen,
2. durch ein begrenztes, eine geeignete Alternative zum nicht erlaubten Glücksspiel darstellendes Glücksspielangebot den natürlichen Spieltrieb der Bevölkerung in geordnete und überwachte Bahnen zu lenken sowie der Entwicklung und Ausbreitung von unerlaubten Glücksspielen in Schwarzmärkten entgegenzuwirken,
3. den Jugend- und den Spielerschutz zu gewährleisten,
4. sicherzustellen, dass Glücksspiele ordnungsgemäß durchgeführt, die Spieler vor betrügerischen Machenschaften geschützt, die mit Glücksspielen verbundene Folge- und Begleitkriminalität abgewehrt werden und
5. Gefahren für die Integrität des sportlichen Wettbewerbs beim Veranstalten und Vermitteln von Sportwetten vorzubeugen.

Um diese Ziele zu erreichen, sind differenzierte Maßnahmen für die einzelnen Glücksspielformen vorgesehen, um deren spezifischen Sucht-, Betrugs-, Manipulations- und Kriminalitätsgefährdungspotentialen Rechnung zu tragen.

In § 4 GlüStV 2012 findet sich nunmehr weiterhin eine allgemeine Verbots- und Erlaubnisbestimmung, die vor allem in der gegenwärtigen verwaltungsgerichtlichen Praxis zentrale Bedeutung hat. Hier sind die Zulassung und das Vermitteln öffentlicher Glücksspiele neu geregelt. Nach § 4 Abs. 4 GlüStV 2012 weiterhin grundsätzlich verboten ist das Angebot von Glücksspiel im Internet, jedoch sieht § 4 Abs. 5 GlüStV 2012 insoweit unter engen Voraussetzungen den Eigenvertrieb und die Vermittlung von Lotterien sowie die Veranstaltung und Vermittlung von Sportwetten im Internet vor. Ergänzt werden diese Regelungen durch detaillierte Bestimmungen in §§ 4a–4e GlüStV über die Konzessionserteilung, in § 5 über den Umfang der Werbung für öffentliches Glücksspiel sowie in § 6 GlüStV um ein Sozialkonzept für die Veranstalter und Vermittler von öffentlichen Glücksspielen. Dort ist insbesondere vorgesehen, dass die Spieler zu verantwortungsbewusstem Spiel anzuhalten sind und der Entstehung von Glücksspielsucht vorzubeugen ist. Von Seiten der EU-Kommission wurden auch gegen die Neuregelungen im GlüStV 2012 teilweise Bedenken erhoben. Im Urteil vom 12.6.2014 (EuGH BeckRS 2014, 80976) hat der EuGH – zwar im Verfahren noch zum GlüStV 2008 – allgemein festgehalten (→ Rn. 32), dass die staatlichen Stellen bei der Festlegung der Anforderungen, die sich aus dem Schutz der Verbraucher und der Sozialordnung ergeben, über ein weites Ermessen verfügen. Im Übrigen ist es Sache jedes Mitgliedstaats zu bestimmen, ob es im Zusammenhang mit den von ihm verfolgten legitimen Zielen erforderlich ist, Spiel- und Wetttätigkeiten vollständig oder teilweise zu verbieten, oder ob es genügt, sie zu beschränken und zu diesem Zweck mehr oder weniger strenge Kontrollformen vorzusehen.

12b　Inzwischen liegen aber auch bereits zum neuen deutschen Glücksspielrecht von 2012 erste grundlegende Entscheidungen vor, durch welche diese Regelungen in wesentlichen Bestandteilen für rechts- und verfassungswidrig erklärt wurden und nun auch europarechtlich auf Kritik gestoßen sind. So hatte der BayVerfG mit Entscheidung vom 25.9.2015 (NJOZ 2015, 1970 mAnm *Stulz-Herrnstadt/Engelmann* GRUR-Prax 2015, 491) festgestellt, dass zwei Regelungen des neuen GlüStV mit dem Rechtsstaatsprinzip unvereinbar sind. Dies gilt zum einen für § 4a Abs. 3 GlüStV, wonach aufgrund dieser neu eingeführten „Experimentierklausel" die Zahl der Sportwett-Konzessionen, die in § 10 Abs. 3 GlüStV gesetzlich auf 20 festgelegt ist, unter bestimmten Voraussetzungen durch Beschluss der Ministerpräsidentenkonferenz geändert werden kann. Zum anderen ist auch die Ermächtigung des § 5 Abs. 4 GlüStV zum Erlass einer Werberichtlinie nicht mit dem Rechtsstaatsprinzip vereinbar. Auch der VGH Kassel hat mit Beschluss vom 16.10.2015 (NVwZ 2016, 171) die in § 9a Abs. 5 GlüStV erfolgte Zuweisung von Entscheidungsbefugnissen an ein aus 16 Vertretern der Länder bestehendes Glücksspielkollegium mit dem Bundesstaats- und dem Demokratieprinzip des Grundgesetzes für unvereinbar erklärt. Vor allem aber hat der EuGH auf Vorlage des AG Sonthofen in einem anhängigen Strafverfahren wegen Vermittlung von Sportwetten mit Urteil vom 4.2.2016 (C-336/14 – NVwZ 2016, 369 mAnm *Streinz* JuS 2016, 568 und *Stulz-Herrnstadt/Engelmann* GRUR-Prax 2016, 106; *Weidemann* NVwZ 2016, 374) festgestellt, dass das von den deutschen Gerichten für EU-rechtswidrig befundene Staatsmonopol faktisch fortbesteht. Die Experimentierklausel habe letztlich die Unvereinbarkeit des vormaligen Staatsmonopols mit dem freien Dienstleistungsverkehr nicht behoben. Diese Situation verbietet es daher nach Art. 56 AEUV, die private Vermittlung von Sportwetten eines in einem anderen EU-Mitgliedsstaat zugelassenen Anbieters strafrechtlich zu sanktionieren, weil sie ohne deutsche Erlaubnis erfolgt. Damit wird letztlich deutlich, dass auch die Regelungen im GlüStV von 2012 den EU-rechtlichen Anforderungen nicht gerecht wird, so dass der Gesetzgeber eine neue und unionsrechtskonforme Regelung erlassen muss. Ob damit eine strafrechtliche Sanktion von Verstößen gegen dem GlüStV 2012 aufgrund der aktuellen Gesetzeslage erfolgen kann, erscheint daher nach dieser Entscheidung mehr als fraglich.

B. Kommentierung im Einzelnen

I. Begriff des Glücksspiels

Auch wenn im Gesetz keine Definition zum Begriff des Glücksspiels enthalten ist, bildet dieses **13** letztlich eine Unterart des Spiels. Innerhalb der Spiele ist das von § 284 nur erfasste Glücksspiel von Unterhalts- und Geschicklichkeitsspielen abzugrenzen. Das Glücksspiel ist damit von der strafrechtlich nicht sanktionierten Wette zu unterscheiden. Dabei kann letztlich nicht die individuelle und oft sogar willkürliche Bezeichnung des jeweiligen Spielangebots maßgeblich sein, sondern es muss jeweils dessen konkrete Ausgestaltung näher beurteilt werden (LK-StGB/*Krehl* Rn. 3). So kann sich hinter der Bezeichnung eines Spiels als Wette – etwa bei Sport- oder Rennwetten – trotz des gewählten Namens im Einzelfall doch ein Glücksspiel verbergen.

1. Glücksspiele. Nach der Legaldefinition des § 3 Abs. 1 GlüStV liegt ein Glücksspiel vor, wenn im **14** Rahmen eines Spiels für den Erwerb einer Gewinnchance ein Entgelt verlangt wird und die Entscheidung über den Gewinn ganz oder überwiegend vom Zufall abhängt. Damit werden mit dieser Regelung die schon bisher nach hM (vgl. BGHSt 2, 274 (276); 29, 152 (157), 36, 80; BGH NJW 2002, 2175) für den Begriff des Glücksspiels maßgeblichen beiden Kriterien aufgegriffen: So erfordert das Vorliegen eines Glücksspiels zum einen, dass die Entscheidung über Gewinn und Verlust nicht wesentlich von den Fähigkeiten und Kenntnissen und vom Grade der Aufmerksamkeit der Spieler bestimmt wird, sondern allein oder hauptsächlich vom Zufall gesteuert wird (BGH NStZ 2003, 372 (373); 29, 152 (157)). Hinzukommen muss zum anderen ein vermögenswerter Einsatz für den Erwerb einer Gewinnchance, der sich beim Ausbleiben eines Gewinns als Verlust niederschlägt (BGHSt 34, 171 (176); RGSt 55, 270 (271)). Im Gegensatz zu Wetten oder anderen Spielen geht es beim Glücksspiel – neben anderen Beweggründen wie Zeitvertreib oder Vergnügen – vor allem um die Erlangen von Vermögensvorteilen (RGSt 40, 21 (32 f.); BayObLG JR 2003, 386; LK-StGB/*Krehl* Rn. 7).

Von einem Zufall ist nur bei dem Wirken unberechenbarer, dem Einfluss der Beteiligten entzogener **15** Ursachen auszugehen (BGHSt 9, 37; 34, 171 (175); RGSt 62, 136 (165)). Von einem zufallsbedingten Glücksspiel kann somit nur ausgegangen werden, wenn die nur mathematisch berechenbare Wahrscheinlichkeit des Gewinns sich durch individuelle Anstrengung nicht wesentlich steigern lässt. Für die Beurteilung, ob das Spiel vom Zufall abhängt, sind die Fähigkeiten und Erfahrungen des Durchschnittsspielers mit normalen Fähigkeiten unter normalen Umständen und die jeweiligen individuellen Spielverhältnisse maßgeblich, unter denen das Spiel eröffnet ist und gewöhnlich betrieben wird (LK-StGB/*Krehl* Rn. 8). Von einem Glücksspiel ist damit auch dann auszugehen, wenn einzelne Spieler die Fähigkeit zur Ausschaltung des Zufalls haben (BGHSt 2, 274 (276); 29, 156; BGH NStZ 2003, 372 (374); Fischer Rn. 4). Entscheidend ist letztlich immer, wie sich das Spiel nach außen darstellt (OLG Hamm JR 2004, 479). Auch wenn durch eine nicht erkennbare Manipulation des Anbietenden der Zufall ausscheidet, ändert dies an der grundsätzlichen Bewertung des Spiels nichts (BayObLG NJW 1993, 2820; LK-StGB/*Krehl* Rn. 7; NK-StGB/*Wohlers/Gaede* Rn. 11; Fischer Rn. 4).

Entsprechend der obigen Definition ist die Durchführung eines Glücksspiels nicht vorstellbar, wenn **16** die Mitspieler keine Einsätze tätigen. Bei einem Glücksspiel geht es nämlich um die Erzielung eines Gewinns oder um den Verlust des Einsatzes. Ob dabei der vom Spieler geleistete Einsatz bei ungünstigem Ausgang zu einem Vermögensverlust führen muss, hat der BGH offen gelassen (BGHSt 34, 371 (376); verneinend RGSt 45, 424 (425 f.); 64, 355 (360); bejahend OLG Köln NJW 1957, 721; OLG Hamm JMBlNW 1957, 250; SK-StGB/*Hoyer* Rn. 6; näher: LK-StGB/*Krehl* Rn. 13). Von einem Einsatz ist dabei bei jeder Leistung auszugehen, die in der Hoffnung erbracht wird, im Falle des Gewinnen eine gleiche oder höherwertige Leistung zu erhalten, und in der Befürchtung, dass sie im Falle des Verlierens dem Gegenspieler oder dem Veranstalter anheimfällt. Allerdings muss es sich wegen der notwendigen

Abgrenzung zum bloßen Unterhaltungsspiel um einen nicht ganz unbeträchtlichen Einsatz handeln (BGHSt 34, 171 (176)). Dabei darf es sich bei diesem Vermögensopfer nicht lediglich um vom eigentlichen Spiel unabhängige Spielberechtigungsbeiträge – etwa in Form eines Eintrittsgeldes – handeln, sondern es muss darüber hinaus aus dem Einsatz aller Mitspieler die Gewinnchance des Einzelnen erwachsen. Übliche Brief- oder Kartenporto oder normale Telefongebühren genügen damit hier als Einsatz nicht, wenn es sich nicht um spezielle – zT auch über das Fernsehen bei als Quiz ausgegebenen Gewinnspielen – teure Service-Rufnummern handelt, bei denen bewusst ein länger andauerndes Gespräch erstrebt wird, um hohe Telefonkosten zu erzielen (BGH NJW 2002, 3415 (3417); LK-StGB/*Krehl* Rn. 12a; Fischer Rn. 5; *Becker/Ulbrich/Voß* MMR 2007, 149; *Bolay* MMR 2009, 669; *Schröder/Thiele* JURA 2007, 814; *Noltenius* wistra 2008, 285). Die strafrechtlich relevante Schwelle zu Erheblichkeit des Einsatzes dürfte heute an einer Grenze von mindestens 2 EUR anzunehmen sein (näher LK-StGB/*Krehl* Rn. 12). Die Versendung von reinen Kettenbriefen, die auf dem Schneeballsystem beruhen, stellt somit kein Glücksspiel dar (BGHSt 34, 171 (176)).

17   Erlauben die Spielregeln verschiedene Spielweisen (Setzarten), von denen möglicherweise nur einige Glücksspiel sind, so ist das ganze Spiel ein Glücksspiel, wenn nach den Spielregeln den Spielern auch nur eine Glücksspielvariante jederzeit offen steht (BGHSt 2, 274 (278) für sog Spiralo-Roulette). Insoweit gilt für die Zuordnung zum Bereich des Glücksspiels der Grundsatz der einheitlichen Betrachtungsweise (BGH NStZ 2003, 372 (373); LK-StGB/*Krehl* Rn. 8; Fischer Rn. 8).

18   Zu den Glücksspielen zählen damit nach der Rspr. unter anderem (vgl. näher zu einzelnen Glücksspielen: LK-StGB/*Krehl* Rn. 14; Schönke/Schröder/*Heine/Hecker* Rn. 7): Kartenlotterie (RGSt 12, 388); Lotto (RGSt 18, 342 (343)); Pokern (RG JW 2006, 789; OLG Stuttgart ZStW 44 (1924), 620, diff. aber: *Fischhaber/Manz* GewArch 2007, 405; *Kretschmer* ZfWG 2007, 93; *Schmidt/Wittig* JR 2009, 45; *Holznagel* MMR 2008, 439 (443 f.)); „sog Oddset-Wetten", dh Sportwetten zu festen Gewinnquoten (BVerfG NJW 2006, 1261 (1264); BGH NStZ 2003, 372 mAnm *Wohlers* JZ 2003, 860; BGH NJW 2004, 1057; LG München I NJW 2002, 2656; *Diegmann/Hoffmann* NJW 2004, 2645; *Lesch* JR 2003, 344; *Beckemper* NStZ 2004, 39; *Hermanns/Klein* JA 2003, 632; für Einzelfallprüfung: *Heine* wistra 2003, 443; *Wrage* JR 2001, 406); Rommé (KG HRR 1929 Nr. 1803); Spiralo-Roulette (BGHSt 2, 276) und weiter Formen des Roulette, je nach Art der Durchführung; Sektorenspiel (BVerwG NJW 1960, 1684); Würfelspiele um Geld (RGSt 10, 252). Glücksspiele sind auch sog „Win Fonds" (OLG Saarbrücken ZfWG 2009, 228). Für die Praxis insoweit von Interesse sind auch Beobachtungsspiele mit glücksspielimmanenten Spielmöglichkeiten, bei denen der auf Geschicklichkeit, Konzentrations- oder Merkfähigkeit angelegte Spielcharakter mit einfachen Mitteln (zB Regeländerung oder Änderung des Spielablaufs) zu einer zufallsbestimmten Spielgestaltung umfunktioniert werden kann (LK-StGB/*Krehl* Rn. 10). Dazu zählen das sog „Hütchenspiel" und das Roulettespiel Opta I (BayObLG 93, 8), bei denen es somit auf die individuellen Spielvorgänge ankommt. Werden beim „Hütchenspiel" an die Konzentrations- und Merkfähigkeit des Mitspielers erfüllbare Anforderungen – etwa durch langsame Bewegung der benutzten „Hütchen" – gestellt, ist ein Glücksspiel meist zu verneinen, während umgekehrt bei einem über besondere Fingerfertigkeiten verfügenden Veranstalter die Schiebe- und Wechselakte derart schnell vorgenommen werden, so dass jedenfalls ein durchschnittlicher Mitspieler keine Gewinnaussichten hat (BGHSt 36, 74 (79)). Bei Geldspielautomaten ist ebenfalls die Beschaffenheit des einzelnen Apparates maßgeblich, inwieweit Gewinn und Verlust auch für den geübten Spieler hauptsächlich vom Zufall abhängen. Nicht zum Glücksspiel zählen aber Fantasy-League-Spiele wie „Super-Manager" (BVerwG NVwZ 2014, 889) oder „Wetten aufs Wetter" (BVerwG NJW 2014, 3175).

19   **2. Abgrenzung zur Wette.** Bei der zivilrechtlich in § 762 BGB geregelten und von § 284 nicht erfassten Wette handelt es sich um einen Schuldvertrag, bei dem Gewinn und Verlust von streitigen oder ungewissen Ereignissen abhängig gemacht werden. Auch wenn Wette und Spiel sich vom äußeren Tatbestand nicht unterscheiden, lässt sich doch eine Differenzierung im Blick auf die subjektive Seite bei den Beweggründen und den verfolgten Zwecken vornehmen. Bei der Wette geht es vorrangig um die Erledigung eines Meinungsstreites über entgegengesetzte Behauptungen, wobei die Tatsache, dass der Sieger den Wettpreis erhält, ohne wesentliche Bedeutung ist. Demgegenüber steht beim Glücksspiel das Interesse an der Erlangung eines Vermögensvorteils in Form eines Gewinns im Vordergrund (LK-StGB/*Krehl* Rn. 3; SK-StGB/*Hoyer* Rn. 12; Fischer Rn. 9). Vor diesem Hintergrund handelt es sich – trotz ihrer insoweit missverständlichen Bezeichnung – bei Renn- und Sportwetten nicht um eine straflose Wette, sondern um ein Glücksspiel (BGH NStZ 2007, 151 (153); LK-StGB/*Krehl* Rn. 5; Fischer Rn. 10). Hier wird regelmäßig einer Mehrzahl von Personen die Möglichkeit eröffnet, nach einem bestimmten Spielplan gegen Geldeinsatz auf den Eintritt oder Ausgang eines zukünftigen Ereignisses zu setzen, das wesentlich vom Zufall abhängt.

20   **3. Abgrenzung zum Geschicklichkeitsspiel.** Um ein strafloses Geschicklichkeitsspiel handelt es sich, wenn nicht der Zufall, sondern körperliche oder geistige Fähigkeit die Entscheidung über Gewinn und Verlust bestimmt. An die Konzentrations- und Merkfähigkeit oder die Fertigkeiten der jeweiligen Mitspieler werden somit erfüllbare Anforderungen gestellt (BGH NJW 1989, 919 (920); vgl. zur Abgrenzung näher: *Laustetter* JR 2012, 507). Ist das Schwierigkeitsniveau des Spiels aber unerreichbar, wird dieses wieder vom Zufall abhängig und damit zum Glücksspiel. Hiermit wird bereits deutlich, dass

eine exakte Abgrenzung zwischen Geschicklichkeits- und Glücksspiel nicht möglich ist. So kann genau das gleiche Spiel ein Glücksspiel sein, wenn es von Unkundigen gespielt wird, dagegen ein Geschicklichkeitsspiel, wenn die Spieler Übung und Erfahrung besitzen (LK-StGB/*Krehl* Rn. 9). Innerhalb einer Veranstaltung kann dasselbe Spiel aber nicht – je nach den einzelnen Teilnehmern – als Glücksspiel und als Geschicklichkeitsspiel beurteilt werden. Vielmehr muss über den Charakter des Spiels einheitlich entschieden werden (BGHSt 2, 276, LK-StGB/*Krehl* Rn. 9). Bei dieser einheitlichen Betrachtungsweise ist mit Blick auf eine Vorhersage mit überwiegender Richtigkeitsgewähr bei einer Mehrzahl von Einzelspielen zu berücksichtigen, dass der Anreiz für den Spieler umso höher ist, je unwahrscheinlicher der Spielausgang (mit hoher Gewinnquote) ist (BGH NStZ 2003, 372 (373); OLG Hamm JR 2004, 479). Sofern zu den Spielern sowohl geübte bzw. erfahrene als auch ungeübte bzw. unerfahrene Personen gehören, kommt es zur Abgrenzung auf den Durchschnitt der Spieler an, für die das Spiel eröffnet und gewöhnlich betrieben wird (BGH NStZ 2003, 372 (373); Schönke/Schröder/*Heine/Hecker* Rn. 5). Besonders schwierig ist diese Abgrenzung beim sog „Hütchenspiel" (→ Rn. 18).

4. Lotterie und Ausspiel als Sonderformen. Um eine besondere Form des Glücksspiel handelt es **21** sich auch bei der Lotterie und Ausspielung (BGHSt 34, 171 (179)). Nach § 3 Abs. 3 S. 1 GlüStV wird die Lotterie legal definiert als ein Glücksspiel, bei dem einer Mehrzahl von Personen die Möglichkeit eröffnet wird, nach einem bestimmten Plan gegen ein bestimmtes Entgelt (Einsatz) die Chance auf einen Geldgewinn zu erlangen. Auch hier muss die Gewinnmöglichkeit für die Mitspieler erkennbar vom Zufall abhängig sein. Sofern anstelle von Geld aber Sachen oder andere geldwerte Vorteile gewonnen werden können, spricht man gem. § 3 Abs. 3 S. 2 GlüStV von einer Ausspielung. Für diese beiden Sonderformen des Glücksspiels greift bei einer unerlaubten Veranstaltung der eigene Straftatbestand des § 287 ein (→ § 287 Rn. 3 ff.).

II. Öffentlichkeit des Glücksspiels mit Gleichstellungsklausel (Abs. 2)

Das Glücksspiel muss öffentlich sein. Trotz des insoweit möglicherweise missverständlichen Wortlautes **22** handelt es sich in Bezug auf die Öffentlichkeit nicht um ein Merkmal der Tathandlung, sondern um eine Eigenschaft des Spiels. Ein solches öffentliches Glücksspiel ist nach der Legaldefinition des § 3 Abs. 2 GlüStV dann gegeben, wenn einerseits für einen größeren, nicht geschlossenen Personenkreis eine Teilnahmemöglichkeit besteht oder es sich andererseits um gewohnheitsmäßig veranstaltete Glücksspiele in Vereinen oder sonstigen geschlossenen Gesellschaften iSd Gleichstellungsklausel des Abs. 2 handelt.

Für die Bejahung einer Öffentlichkeit muss die Veranstaltung folglich der Allgemeinheit und nicht **23** nur einem durch persönliche Beziehungen verbundenen Personenkreis zugänglich sein (BGH GA 1956, 386; LG München I NJW 2002, 2656; LK-StGB/*Krehl* Rn. 15), ohne dass aber der Teilnehmerkreis unbegrenzt zu sein braucht. Entscheidend ist also nicht die Öffentlichkeit des Ortes, an dem das Spiel stattfindet, sondern die Tatsache, dass es dem Publikum frei steht, sich am Spiel zu beteiligen (LK-StGB/ *Krehl* Rn. 15; Schönke/Schröder/*Heine/Hecker* Rn. 9; SK-StGB/*Hoyer* Rn. 16). Bei den Spielern muss also der Wille vorhanden und äußerlich erkennbar sein, auch andere am Spiel teilnehmen zu lassen. Vor diesem Hintergrund sind auch Glücksspiele in einem Club, Bordell oder einer anderen scheinbar geschlossen wirkenden Räumlichkeit öffentlich, wenn jeder – auch soweit für den Zutritt eine Zugangs- oder Aufnahmegebühr zu entrichten ist – zwecks Teilnahme am Glücksspiel sofortigen Einlass erhält. Damit ist es unerheblich, ob das Glücksspiel auch in der Öffentlichkeit wahrgenommen werden kann (LK-StGB/*Krehl* Rn. 15). Auch ein Spiel im frei zugänglichen Hof eines Bordells (BGHSt 36, 74) oder einer Gastwirtschaft (BGH GA 1956, 385) ist damit öffentlich. An einer Öffentlichkeit fehlt es aber etwa in geschlossenen Eisenbahnabteilen eines fahrenden Zuges (RGSt 63, 45) oder bei Spielen, die nach Eintritt der Polizeistunde unter bestimmten zurückgebliebenen Gästen und damit in einer geschlossenen Gesellschaft stattfinden (BGH GA 1968, 88).

Über die Gleichstellungsklausel in Abs. 2 gelten Glücksspiele in Vereinen oder geschlossenen Gesell- **24** schaften, sofern diese gewohnheitsmäßig veranstaltet werden, ebenfalls als öffentlich. Damit verfolgt der Gesetzgeber hier das Ziel, alle Glücksspiele, die über das gelegentliche Maß hinausgehen, vom Tatbestand zu erfassen. Durch Abs. 2 sollen so vor allem solche Vereine oder Personenzusammenschlüsse in den Anwendungsbereich der Strafnorm einbezogen werden, die unter dem Deckmantel an sich statthafter Vereinsziele tatsächlich hinter verschlossenen Türen Glücksspiele veranstalten. Als geschlossene Gesellschaften können auch regelmäßige Zusammenkünfte eines bestimmten Verwandten- oder Freundeskreises anzusehen sein (LK-StGB/*Krehl* Rn. 16; Schönke/Schröder/*Heine/Hecker* Rn. 10). Nicht erforderlich ist es, dass die einzelnen Teilnehmer einen Hang zum Spielen haben. Vielmehr reicht es aus, wenn die Zusammenkunft zur Ausübung des Glücksspiels regelmäßig erfolgt (RGSt 56, 246, OLG Hamburg MDR 1954, 312; LK-StGB/*Krehl* Rn. 16; Schönke/Schröder/*Heine/Hecker* Rn. 10).

III. Tathandlungen

Von § 284 wird neben der eigentlichen Begehungsform des Veranstaltens eines Glücksspiels auch **25** dessen Halten sowie das Bereitstellen von Einrichtungen zum Glücksspiel erfasst. Dies muss jeweils ohne behördliche Erlaubnis erfolgen, wobei das Fehlen der Erlaubnis jeweils Tatbestandsmerkmal ist. Alle

Tathandlungen sind aus verfassungsrechtlichen Gründen voneinander abzugrenzen (BayObLG NJW 1993, 2820 (2821); *Heine* wistra 2003, 344 mwN). Für das Beteiligen am Spiel selbst findet sich in § 285 eine eigene Strafnorm. Dabei sind das Veranstalten und Halten nach Tatherrschaftsgesichtspunkten zu beurteilen, während in Abgrenzung dazu das Bereitstellen und Werben in Abs. 4 eher typische Teilnahmeformen regeln (Schönke/Schröder/*Heine*/*Hecker* Rn. 11; *Heine* wistra 2003, 444).

26   **1. Veranstaltung eines Glücksspiels.** Unter dem Veranstalten eines Glücksspiels ist die tatherrschaftlich-verantwortliche Schaffung der maßgebenden äußeren Rahmenbedingungen für die Abhaltung unerlaubten Glücksspiels zu verstehen, wodurch dem Publikum Spielmöglichkeiten unmittelbar eröffnet werden (BGH NStZ 2003, 372 (373); BayObLG NJW 1993, 2820 (2821); Schönke/Schröder/*Heine*/*Hecker* Rn. 12; *Heine* wistra 2003, 445; LK-StGB/*Krehl* Rn. 18; Fischer Rn. 18; *Lesch* wistra 2005, 242). Dies gilt damit vor allem für das Bereitstellen von Räumlichkeiten mit Ausstattung sowie der Spieleinrichtungen, aber auch das Entwerfen eines Spielplans, wenn so dem Publikum unmittelbar Spielmöglichkeiten eingeräumt werden. Zur Vollendung der Tat genügt die Aufstellung und Zugänglichmachung des Spielplans als Vertragsangebot, ohne dass es aber des Abschlusses auch nur eines Spielvertrages bedarf (BayObLG NJW 1993, 2820 (2821); Fischer Rn. 18). Nicht erforderlich ist es, dass tatsächlich mit dem Spielbetrieb begonnen wurde und/oder eine Beteiligung am Spiel selbst stattgefunden hat (LK-StGB/*Krehl* Rn. 18; Schönke/Schröder/*Heine*/*Hecker* Rn. 12; Fischer Rn. 18). Ebenso muss der Täter nicht notwendig mit eigenen finanziellen Interessen am Ergebnis des Spielbetriebs beteiligt sein (BGH NStZ 2003, 372 (373); BGH NJW 1979, 2256 (2257); BayObLG NJW 1993, 2820 (2822)). Umgekehrt kann über ein nur subjektiv vorliegendes Eigeninteresse ein Verhalten nicht als Veranstalten eingestuft werden, solange es an den objektiven Voraussetzungen, etwa bei Aufstellen von Geldautomaten in fremden Gaststätten oder bei der Tätigkeit als Croupier fehlt (*Wohlers* JR 2003, 389; Schönke/Schröder/*Heine*/*Hecker* Rn. 12; BayObLG JR 2003, 386). Hier kann aber ggf. auch ein mittäterschaftliches Handeln in Betracht kommen. Beim Angebot von Glücksspielen durch juristische Personen oder Personengesellschaften gilt der dort jeweils verantwortlich Handelnde als Veranstalter (LK-StGB/*Krehl* Rn. 18). In Bezug auf Glücksspielangebote über das Internet ist entsprechend der Regelung in § 3 Abs. 4 GlüStV ein Veranstaltung dort gegeben, wo dem Spieler die Möglichkeit zur Teilnahme eröffnet wird. Somit genügt insoweit für die Anwendbarkeit des deutschen Rechts in Bezug auf Veranstaltungen im Ausland die Beteiligungsmöglichkeit im Inland (LK-StGB/*Krehl* Rn. 18 und 20a; Fischer Rn. 19; → Rn. 4).

27   Im Einzelnen umstritten ist, ob auch das im Gesetzeswortlaut ausdrücklich nicht aufgeführte Vermitteln von Glücksspielen, insbes. Sportwetten, ebenfalls vom Begriff des Veranstaltens miterfasst wird. Dabei wird ein Vermittler typischerweise im Vorfeld der Veranstaltung tätig, indem er den eigentlichen Veranstalter in wirtschaftlicher oder organisatorischer Hinsicht unterstützt, indem er Wetten an andere Buchmacher weitergibt oder die Aufträge im eigenen Namen, aber für eigene Rechnung ausführt, ohne jedoch mit dem Veranstalter auf gleicher Stufe zu stehen (*Janz* NJW 2003, 1694 (1696); LK-StGB/*Krehl* Rn. 18a). In § 3 Abs. 4 und Abs. 5 GlüStV werden Veranstalten und Vermitteln weitgehend gleichgestellt. Zusätzlich wird in den Erläuterungen zum GlüStV in Abschn. B) zu § 4 unter Bezugnahme auf die BGH-Rspr. (GewArch 2003, 332) auch davon ausgegangen, dass der weit auszulegende strafrechtliche Veranstalterbegriff auch große Teile der Vermittlung mit umfasst. Davon geht offensichtlich – ohne nähere Begründung selbst das BVerwG (NJW 2004, 2648) aus. Gegen eine solche Ausdehnung des Tatbestandes werden aber im Hinblick auf Art. 103 Abs. 2 GG verfassungsrechtliche Bedenken geltend gemacht (so: LK-StGB/*Krehl* Rn. 18a; *Lüderssen* NStZ 2007, 15 (17)). Letztlich hat diese Streitfrage aber dann keine große praktische Relevanz, wenn sich die Vermittlung über die allgemeinen Grundsätze von Mittäterschaft, mittelbarer Täterschaft oder Beihilfe erfassen lässt. So führen etwa „wirtschaftlich-organisatorische Wirkungseinheiten" (Schönke/Schröder/*Heine*/*Hecker* Rn. 12a), die bei einer Tätigkeit als Agent für den Hauptveranstalter, bei einem Bandenzusammenschluss oder bei Einschaltung von Strohmännern angenommen werden können, bei Vorliegen der weiteren Voraussetzungen für Mittäterschaft bzw. mittelbare Täterschaft bereits zu einer Strafbarkeit unter diesem Gesichtspunkt (*Heine* wistra 2003, 445; *Horn* NJW 2004, 2053; *Beckemper* NStZ 2004, 40; *Janz* NJW 2003, 1996; *Meyer* JR 2004, 449; *Wohlers* JZ 2003, 862; Schönke/Schröder/*Heine*/*Hecker* Rn. 12a; LK-StGB/*Krehl* Rn. 18a).

28   **2. Halten eines Glücksspiels.** Wann von einem „Halten" eines Glücksspiels ausgegangen werden kann ist im Einzelnen umstritten. Würde man mit dieser Tathandlung diejenigen, die als Unternehmer die Spieleinrichtungen zur Verfügung stellen erfassen (so: RGSt 29, 378; BGH NJW 1979, 2258; *Janz* NJW 2003, 1694 (1697)), würde sich dies mit den anderen Begehungsformen überschneiden. Um daher eine eingrenzbare tatbestandsspezifische Ausrichtung zu erreichen, kann von einem Halten nur dann angenommen werden, wenn der Täter das konkrete Spiel, das tatsächlich begonnen haben muss, leitet und/oder den äußeren Ablauf des Spielverlaufs eigenverantwortlich überwacht (BayObLG NJW 1993, 2280 (2281); Schönke/Schröder/*Heine*/*Hecker* Rn. 13; LK-StGB/*Krehl* Rn. 19; SK-StGB/*Hoyer* Rn. 19; Fischer Rn. 20), ohne dass der Halter selbst mitzuspielen braucht oder eigene wirtschaftliche Interessen haben muss. Diese Tathandlung wird somit durch Tatherrschaft (ggf. auch als Mittäterschaft) über das konkrete Spiel charakterisiert (*Horn* NJW 2004, 2053). Maßgebliche Umstände dafür sind die Spielleitung, die Verwaltung der Einsätze der Spieler oder die Verantwortung für den Spielablauf bzw.

eine qualifizierte Beteiligung am Spiel, ohne dass ein eigenes finanzielles Interesse am Spielergebnis aus einem „Halter" aber zwangsläufig einen mittäterschaftlichen Veranstalter macht (Schönke/Schröder/ *Heine/Hecker* Rn. 13; *Wohlers* JR 2003, 389). Die Funktionen eines Veranstalters oder Halters werden aber gleichwohl häufig, aber nicht notwendig zusammenfallen (BayObLG NJW 1993, 2280 (2281)). Als Halter kommen damit der Croupier oder der Bouleur beim Kugelspiel in Betracht (LK-StGB/*Krehl* Rn. 19; Fischer Rn. 20; Schönke/Schröder/*Heine/Hecker* Rn. 13). Da das Halten als solches, unabhängig vom Eigeninteresse oder Vertreterstatus des Täters für eine juristische Person oder Personengesellschaft besteht, bedarf es eines Rückgriffs auf § 14 nicht, da der Rechtsgutsbezug bei § 284 nicht erst über einen bestimmten Status des Täters hergestellt wird (LK-StGB/*Krehl* Rn. 19; Schönke/Schröder/ *Heine/Hecker* § 284 Rn. 13; Fischer Rn. 20).

3. Bereitstellung der Einrichtungen. Mit der Bereitstellung von Einrichtungen wird eine selbst- **29** ständige Vorbereitungshandlung sanktioniert (BayObLG NJW 1993, 2280 (2282)). Der Strafgrund hierfür liegt darin, dass sich der Nachweis für das tatsächliche Veranstalten oder Halten eines unerlaubten Glücksspiels teilweise nur schwer führen lässt, während das Zugänglichmachen von Spieleinrichtungen leicht feststellbar ist. Zu den Spieleinrichtungen zählen alle Gegenstände, die ihrer Natur nach geeignet oder dazu bestimmt sind, zu Glücksspielen benutzt zu werden (BayObLG NJW 1993, 2280 (2282)); LK-StGB/*Krehl* Rn. 20; Fischer Rn. 21; Schönke/Schröder/*Heine/Hecker* Rn. 15). Insoweit muss zwischen eigentlichen und uneigentlichen Spieleinrichtungen unterschieden werden. Während etwa ein Roulette-Tisch oder andere Spielgeräte anderen Zwecken nicht dienen können und daher stets als Spieleinrichtung zu qualifizieren sind, können Spielkarten, Würfel, Spielmarken, Chips oder auch völlig neutrale Gegenstände wie Stühle, Tische, Fernseher oder Telekommunikationsmittel auch für erlaubte Zwecke eingesetzt werden. Sie werden erst dann zur Spieleinrichtung iSd Alt. 3, wenn sie im konkreten Fall für Glücksspiele verwendet werden sollen (BGH NStZ 2003, 372 (373); RGSt 56, 117 (246); *Meyer* JR 2004, 449; Fischer Rn. 21; Schönke/Schröder/*Heine/Hecker* Rn. 15; LK-StGB/*Krehl* Rn. 20). Das Gleiche gilt für die Zurverfügungstellung von Räumen, nicht aber von Grundstücken, die keine Spieleinrichtung darstellen können (OLG Köln NStZ 2006, 225 (226)). Bei diesen uneigentlichen Spieleinrichtungen bedarf es daher jeweils besonderer Feststellungen, um einen strafbaren Verwendungsbezug herstellen zu können. Der Gastwirt wird daher mit der Bereitstellung von Räumen und Einrichtungen auch ohne Gewinnerzielung am Glücksspiel selbst zum Täter, wenn er die Teilnahme etwa von einem Mindestverzehr oder ähnlichen Bedingungen abhängig macht (BGHSt 11, 209 (210)). Demgegenüber hält ein Gastwirt, der in seinen Räumen Glücksspiele nur duldet, dadurch allein noch keine Spieleinrichtungen bereit. In diesem Fall kommt aber Beihilfe iSd § 27 in Betracht, wenn er die Fortführung des Spiels durch sein weiteres Verhalten (zB Bedienung der Gäste) aktiv fördert (LK-StGB/ *Krehl* Rn. 20; Schönke/Schröder/*Heine/Hecker* Rn. 17).

Die Spieleinrichtungen sind bereitgestellt, wenn sie den Spielern zur Benutzung beim Spiel zur **30** Verfügung stehen oder sonst zugänglich gemacht werden und damit den notwendigen Risikobezug aufweisen (Schönke/Schröder/*Heine/Hecker* Rn. 16; LK-StGB/*Krehl* Rn. 20). Ob auch ein Vermitteln von Glücksspielen diese Alt. 3 erfüllen ist, ist umstritten und hängt von der Beurteilung im Einzelfall ab (BGH NStZ 2003, 372 (374)). Entscheidend ist dafür letztlich, ob sich im die „Bereitstellen" zum Vermitteln überhaupt jene spezifischen Spielrisiken niederschlagen können. Sonstige Risiken, denen der Spieler im Verhältnis zum Vermittler ausgesetzt ist (etwa Betrug, Insolvenz, Unterschlagung), betreffen nur den allgemeinen Geschäftsverkehr, der nicht Gegenstand des Glücksspielrechts, sondern anderer Strafvorschriften ist (Schönke/Schröder/*Heine/Hecker* Rn. 17a). Die Erleichterung einer Kontaktaufnahme zwischen Spieler und Veranstalter und die Vermittlung eines in Deutschland genehmigten Spielangebots sind somit jedenfalls hier vom Tatbestand nicht erfasst (*Petropoulos* wistra 2006, 332 (335); *Horn* NJW 2004, 2053; Schönke/Schröder/*Heine/Hecker* Rn. 17a; Fischer Rn. 21).

IV. Ohne behördliche Erlaubnis

Die Begehung einer der vorgenannten Tathandlungen führt nur dann zu einer Strafbarkeit, wenn sie **31** ohne behördliche Erlaubnis vorgenommen werden. Aufgrund dieses negativen Tatbestandsmerkmals werden somit öffentlich durchgeführte Glücksspiele nicht strafrechtliche sanktioniert, wenn die jeweilige Veranstaltung durch ein besonderen hoheitlichen Akt in Form eines Gesetzes oder eines bestandskräftigen Verwaltungsaktes der zuständigen Behörde erlaubt ist. Die Strafnorm des § 284 ist damit nach hM verwaltungsakzessorisch, dh Art, Umfang und Wirksamkeit einer Erlaubnis bestimmen sich nach Maßgabe des Verwaltungsrechts (BGH NJW 2007, 3078 (3081); OLG München NJW 2006, 3588 (3592) und OLG München NJW 2008, 3151 (3154); OLG Stuttgart NJW 2006, 2422 (2423); Schönke/ Schröder/*Heine/Hecker* Rn. 22a; Fischer Rn. 14). Als Rechtsgrundlagen für eine behördliche Erlaubnis kommen neben den gewerblichen Regelungen für Spiele in §§ 33c–33h GewO die Landesgesetze über die Zulassung öffentlicher Spielbanken in Betracht. Weiter kann nach dem Rennwett- und Lotteriegesetz in der seit 31.10.2006 geltenden Fassung nur im Bereich des Pferdesports – insoweit vom Namen missverständlich – eine Konzession erteilt werden, wobei die dortige Strafvorschrift des § 5 RennwettG als lex specialis aber dem § 284 vorgeht. Wetten auf andere Sportarten und Glücksspiele sind staatlich konzessioniert und dürfen daher ausschließlich von staatlichen Anbietern veranstaltet werden. So bieten hier seit 1999 die Lotterieunternehmen der Länder über die Lotto-Annahmestellen sowie über das Internet die Sportwette Oddset an. Nur über § 4 Abs. 1 GlüStV iVm den jeweiligen Ausführungsgesetzen der Länder zum Staatsvertrag kann eine behördliche Erlaubnis nach deutschem Recht erteilt werden. Da aber auch nach dem GlüStV weiterhin im Wesentlichen ein staatliches Monopol mit nur wenigen Ausnahmen besteht, indiziert ein öffentliches Glücksspiel im privaten Bereich quasi schon das Fehlen einer entsprechenden behördlichen Erlaubnis.

32   Aus dieser verwaltungsakzessorischen Natur wird aber auch deutlich, dass eine Strafbarkeit der Veranstaltung von Sportwetten nicht losgelöst von der oben in → Rn. 5–12b näher dargestellten europa- und verfassungsrechtlichen Beurteilung des Glücksspielrechts zu beantworten ist (BGH NJW 2007, 3078 (3081)). Folglich kommt eine verfassungsgemäße und europarechtskonforme gesetzliche Grundlage für die nationalen Beschränkungen des Glücksspiels eine Bestrafung nach § 284 nicht in Betracht. Das Strafrecht kann nicht zur Durchsetzung eines staatlichen Wettmonopols herangezogen werden, das seinerseits gegen Verfassungs- oder Europarecht verstößt. Der Staat würde sich willkürlich verhalten, wenn er einerseits die Erteilung einer Erlaubnis für die Veranstaltung von Glücksspielen unter Berufung auf eine diesen Anforderungen nicht entsprechende Regelung versagt und andererseits aber gleichzeitig denjenigen bestraft, der ohne diese behördliche Erlaubnis einen grundrechtlich geschützten Beruf ausübt (OLG Hamburg ZfWG 2008, 295; OLG Bamberg BeckRS 2011, 18198).

33   Nach hM ist eine behördliche Erlaubnis nach deutschem Recht stets erforderlich, wenn an einem Glücksspiel Deutsche im Inland teilnehmen können (OLG Hamburg NJW-RR 2003, 760; Fischer Rn. 15). Es genügt daher nicht, wenn ein ausländischer Anbieter außerhalb der EU in seinem Heimatstaat über eine nach dortigem Recht wirksame Konzession verfügt (OLG Hamburg NJW-RR 2003, 760; BayObLG GewArch 2004, 205; VGH München GewArch 2001, 65; VGH Mannheim GewArch 2005, 148; Fischer Rn. 15 mwN). Heftig umstritten ist aber, inwieweit Genehmigungen aus anderen EU-Mitgliedstaaten im Inland eine Legalisierungswirkung entfalten. Hier wird eine Anerkennung solcher Erlaubnisse überwiegend verneint (ua BGH NJW 2002, 2175 (2176); 2004, 2160; OLG Hamm MMR 2002, 551 jeweils in Zivilsachen; *Diegmann/Hoffmann* NJW 2004, 2644; *Meyer* JR 2004, 451; *Rüping* JZ 2005, 234 (239)). Soweit nach aA von der Wirksamkeit solcher ausländischen Konzessionen ausgegangen wird, zT aber nur, wenn sie den deutschen Kontrollprämissen entsprechen (Schönke/Schröder/*Heine/Hecker* Rn. 22d; *Barton/Gercke/Janssen* wistra 2004, 321 (324); *Lesch* wistra 2005, 243; *Janz* NJW 2003, 1701; *Hoeller/Bodemann* NJW 2004, 123), ergibt sich dafür aber weder aus dem Gemeinschaftsrecht noch aus der Rspr. des EuGH eine generelle Anerkennungspflicht, denn nationale Beschränkungen im Glücksspielbereich sind gemeinschaftsrechtlich nicht unzulässig (EuGH NJW 2009, 3221; ZfWG 2007, 269 (273 f.); LK-StGB/*Krehl* Rn. 22; Fischer Rn. 15 mwN). Mit Urt. v. 8.9.2010 – C–316/08 (EuGH MMR 2010, 844) wird nun ausdrücklich in Ls. 5 klargestellt, dass in einem EU-Mitgliedstaat erteilte Genehmigungen in Bezug auf andere Mitgliedstaaten keine Legalitätswirkung entfalten. Jedoch sind dazu die in Art. 55 EGV iVm Art. 45 und Art. 45 EGV geschriebenen Rechtfertigungsgründe zu beachten, wozu die zwingenden Gründe des Allgemeininteresses zählen, die iSd Gebots der Konsistenz nur dann eine geeignete Schutzmaßnahme darstellen, wenn sie tatsächlich dem Anliegen gerecht werden, das Schutzziel in kohärenter und systematischer Weise zu erreichen (EuGH NJW 2009, 3221 mAnm *Rietdorf* GewArch 2009, 446; *Dederer* NJW 2010, 198 (199 f.)).

V. Subjektiver Tatbestand

34   Der subjektive Tatbestand erfordert Vorsatz – bedingter genügt – hinsichtlich aller Tatbestandsmerkmale, insbesondere auch bzgl. des Vorliegens eines vom Zufall abhängigen Glücksspiels. Bei irriger Annahme, das Spiel an einem bestimmten Automaten sei kein Glücksspiel, kommt je nach den Umständen Tatbestands- oder Subsumtionsirrtum in Betracht (näher → § 16 Rn. 5 ff.). Ein vorsatzausschließender Tatbestandsirrtum liegt vor, wenn der Veranstalter glaubt, der Spieler könne durch seine Geschicklichkeit den Spielausgang beeinflussen. Gleiches gilt bei der irrigen Annahme, eine behördliche Erlaubnis zu haben (LK-StGB/*Krehl* Rn. 23; Fischer Rn. 25; MüKoStGB/*Hohmann* Rn. 34). Dagegen ist die irrige Auffassung, einer Erlaubnis nicht zu bedürfen, nur Verbotsirrtum, der im Regelfall vermeidbar ist (BayObLG JR 2003, 387; OLG Hamm JR 2004, 479; LK-StGB/*Krehl* 23, SK-StGB/*Hoyer* Rn. 23; *Meyer* JR 2004, 452; Fischer Rn. 25). Etwas anderes gilt nur dann, wenn der Veranstalter aufgrund der ungeklärten Verfassungsmäßigkeit der gesetzlichen Regelungen einen Irrtum über die Notwendigkeit nicht vermeiden konnte (BGH NJW 2007, 3078 (3080) → Rn. 9).

VI. Qualifikation (Abs. 3)

35   Über den durch das OrgKG v. 15.7.1992 (BGBl. I 1302) eingeführten Qualifikationstatbestand in Abs. 3 soll Erscheinungsformen der organisierten Kriminalität bei der illegalen Veranstaltung von Glücksspielen entgegengewirkt werden. Strafschärfend wirkt daher nach Nr. 1 die Gewerbsmäßigkeit, dh die Verschaffung einer laufenden Einnahmequelle von einiger Dauer und einigem Umfang (BGH NJW 1992, 381; LG München I NJW 2002, 2656; LK-StGB/*Krehl* Rn. 24). Nach Nr. 2 gilt der

erhöhte Strafrahmen bei einem Handeln als Mitglied einer Bande mit mindestens drei Beteiligten, die sich mit gemeinsamem gleichgerichtetem Interesse zur fortgesetzten Veranstaltung von unerlaubtem Glücksspiel verbunden haben, um für eine gewisse Dauer mehrere, im Einzelnen noch ungewisse derartige Straftaten zu begehen (BGHSt 46, 321). Diese Qualifikation wird vor allem bei illegalen Spielcasino-Organisationen in Betracht kommen.

VII. Werbung für Glücksspiel (Abs. 4)

Mit dem durch das 6. StrRG neu eingefügten Abs. 4 wird die Strafbarkeit auf Vorbereitungshand- **36** lungen zu den Abs. 1 und Abs. 2 durch Werbung für ein Glücksspiel ausgedehnt. Ein derartiges Werbeverbot findet sich auch in § 5 Abs. 3 und Abs. 4 GlüStV. Da mit Hilfe der modernen Telekommunikationsmittel (insbesondere des Internets) viele ausländische Veranstalter iSd Abs. 1 im Inland gar nicht tätig werden müssen und die Voraussetzungen des § 9 für einen Handlungs- bzw. Erfolgsort im Inland nicht erfüllt sind, könnte gegenüber diesen Anbietern das Verbot von Glücksspiel nicht durchgesetzt werden. Die Vorschrift richtet sich deshalb vor allem gegen die Werbung ausländischer Anbieter für illegale Glücksspiele gegenüber dem inländischen Publikum (BT-Drs. 13/8587, 67 f. und 13/9064, 21; LK-StGB/*Krehl* Rn. 25; Fischer Rn. 24; Schönke/Schröder/*Heine/Hecker* Rn. 25a). Die Werbung kann sich sowohl an einen unbestimmten Personenkreis, also die Öffentlichkeit, wie auch an eine einzelne Person richten, ohne dass die Werbung selbst erfolgreich sein muss und dass tatsächlich ein verbotenes Spiel zustande kommt (Fischer Rn. 24; Schönke/Schröder/*Heine/Hecker* Rn. 25a). Notwendig ist aber, dass die Spielbeteiligung vom Inland aus möglich ist (LK-StGB/*Krehl* Rn. 25), weshalb der bloß werbende Hinweis auf einer inländischen Internetseite mittels eines Hyperlinks auf eine ausländische Glücksspieleinrichtung als solcher nicht genügt (LG Deggendorf MMR 2005, 124; KG MMR 2002, 119; LK-StGB/*Krehl* Rn. 25; aA OLG Hamburg MMR 2002, 471 (474)). Für die Tatbestandsverwirklichung erforderlich ist, dass die Werbung überhaupt geeignet ist, ein von Abs. 1 oder Abs. 2 erfasstes Anschlussverhalten der Veranstaltung eines Glücksspiels auszulösen. Aufgrund des Bezugs von Abs. 4 zu Abs. 1 wird eine Werbung im Inland für erlaubte Glücksspiele nicht erfasst (*Heine* wistra 2003, 447; *Horn* NJW 2004, 2053; Schönke/Schröder/*Heine/Hecker* Rn. 25a).

VIII. Konkurrenzen

Mit § 263 kommt Tateinheit in Betracht (vgl. näher zum Sportwettbetrug: *Petropoulos/Morozinis* **37** wistra 2009, 254). Idealkonkurrenz ist auch mit § 129 bei einem Personenzusammenschluss zum organisierten Betrieb illegaler Glücksspiele (*Sieber* JZ 1995, 758 (764); LK-StGB/*Krehl* Rn. 26) denkbar. § 287 ist gegen § 284 das speziellere Delikt (Schönke/Schröder/*Heine/Hecker* Rn. 27), demgegenüber verdrängt § 284 als § 285, wenn der Täter selbst am Spiel teilnimmt (Fischer Rn. 26; LK-StGB/*Krehl* Rn. 26). Innerhalb des § 284 tritt Abs. 4 hinter Abs. 1 zurück, da hier nur eine Vorbereitungshandlung zum eigentlichen Delikt vorliegt.

§ 285 Beteiligung am unerlaubten Glücksspiel

Wer sich an einem öffentlichen Glücksspiel (§ 284) beteiligt, wird mit Freiheitsstrafe bis zu sechs Monaten oder mit Geldstrafe bis zu einhundertachtzig Tagessätzen bestraft.

1. Allgemeines. Korrespondierend zur Regelung des § 284, die nur den Veranstalter bzw. Halter **1** eines unerlaubten öffentlichen Glücksspiels sanktioniert, kann mit § 285 auch der Spieler selbst mit einer Strafe – wenn auch mit deutlich geringerem Strafrahmen – geahndet werden, der sich an einem derartigen Glücksspiel beteiligt. Vom Tatbestand nicht erfasst und damit straflos ist aber die Beteiligung an einer Lotterie iSd § 287 oder an einer Ausspielung, auch wenn diese selbst nicht genehmigt sind. Hier wird auch keine Strafbarkeit wegen Beihilfe zu § 287 begründet (BGHSt 34, 171 (179)). Auch vor dem Hintergrund dieser unterschiedlichen Behandlung von Glücksspiel sowie Lotterie und Ausspielung ist im Übrigen die Legitimation für diesen Straftatbestand sehr zweifelhaft, da ein schützenswertes Rechtsgut hier kaum erkennbar ist. Zwar trägt der Spieler durch seine Teilnahme zur Etablierung und Stabilisierung des illegalen Glücksspielangebots bei, ob dies eine Bestrafung zu rechtfertigen vermag, erscheint jedoch sehr problematisch (LK-StGB/*Krehl* Rn. 1; MüKoStGB/*Hohmann* Rn. 1). Die Regelung hat aktuell vor allem im Zusammenhang mit der Beteiligung an Online-Glücksspielen über das Internet mit Online-Casinospielen wie Online-Poker, Online Black Jack oder Online-Roulette Bedeutung. Innerhalb der EU wird von einem Umsatz von ca. 13 Mrd. EUR pro Jahr in diesem Bereich ausgegangen. Auch soweit die Anbieter solcher Spiele regelmäßig vom Ausland aus agieren, ist hier deutsches Strafrecht anwendbar. Soweit die Spielbeteiligung in Deutschland erfolgt, ist hier gem. §§ 3, 9 Abs. 1 1. Alt. der inländische Handlungsort als Anknüpfungspunkt für das deutsche Strafrecht (*Duesberg/Buchholz* NZWiSt 2015, 16).

2   **2. Kommentierung im Einzelnen. a) Öffentliches Glücksspiel.** Durch die Bezugnahme auf § 284 wird klargestellt, dass zunächst ein Glücksspiel vorliegen muss, bei dem die Entscheidung über Gewinn oder Verlust letztlich ganz oder überwiegend vom Zufall abhängt. Insoweit wird auf die Darstellungen zu → § 284 Rn. 14–18 Bezug genommen. Hinzukommen muss zum einen die Öffentlichkeit dieses Glückspiels, die unter Berücksichtigung der Gleichstellungsklausel des § 284 Abs. 2 sehr weit gezogen ist (→ § 284 Rn. 22–24). Zum anderen werden nur Glücksspiele erfasst, die ohne behördliche Erlaubnis veranstaltet werden, dh eine erteilte behördliche Erlaubnis – etwa nach § 4 Abs. 1 GlüStV – beseitigt bereits die Tatbestandsmäßigkeit des § 285 und nicht erst die Rechtswidrigkeit (LK-StGB/ *Krehl* Rn. 5; Fischer Rn. 2; Schönke/Schröder/*Heine/Hecker* Rn. 3; SK-StGB/*Hoyer* Rn. 2). Nach Auffassung des AG München (BeckRS 2015, 00508 mAnm *Hambach* ZfWG 2015, 150) erfüllt auch die Beteiligung an einem Online-Glücksspiel über das Internet (hier: Black Jack) bei einem Anbieter, der über keine deutsche Lizenz verfügt, den Tatbestand des § 285. Diese Auffassung des AG München dürfte aber nach der auf Vorlage des AG Sonthofen in einem anhängigen Strafverfahren wegen der Beteiligung an Sportwetten ergangenen Entscheidung des EuGH vom 4.2.2016 (C-336/14 – NVwZ 2016, 369 mAnm *Streinz* JuS 2016, 568 und *Stulz-Herrnstadt/Engelmann* GRUR-Prax 2016, 106; *Weidemann* NVwZ 2016, 374) europarechtlich kaum mehr vertretbar sein. In diesem Fall hatte der EuGH festgestellt, dass ein Verbot der privaten Vermittlung von Sportwetten eines in einem anderen EU-Mitgliedstaat zugelassenen Anbieters wegen der Verletzung von Art. 56 AEUV strafrechtlich sanktioniert werden kann, selbst dann wenn der private Anbieter theoretisch im Inland eine Erlaubnis für die Veranstaltung oder die Vermittlung von Sportwetten erhalten kann. Der EuGH kritisiert damit erneut, dass auch nach dem neuen GlüStV 2012 das von den deutschen Gerichten für EU-rechtswidrig befundene Staatsmonopol faktisch fortbesteht und die Unvereinbarkeit des vormaligen Staatsmonopols mit dem freien Dienstleistungsverkehr letztlich nicht behoben wurde. Nichts anderes kann daher auch für die Sanktion der Beteiligung an einem solchen Glücksspiel gelten.

3   **b) Beteiligung als Tathandlung.** Der Tatbestand wird durch die Beteiligung an einem solchen ohne behördliche Erlaubnis durchgeführten öffentlichen Glücksspiel verwirklicht. Der Täter beteiligt sich dann, wenn er als Spieler an einem solchen Spiel teilnimmt und sich so den vom Zufall abhängigen Gewinn- und Verlustchancen unterwirft. Eine Beteiligung ist auch dann gegeben, wenn der Täter in Vertretung oder als Beauftragter eines anderen auf dessen Rechnung spielt (LK-StGB/*Krehl* Rn. 2; Schönke/Schröder/*Heine/Hecker* Rn. 2). Den Tatbestand verwirklicht auch der von § 284 erfasste Veranstalter oder Halter des Glücksspiels, der selbst mitspielt, jedoch tritt hier § 285 hinter § 284 zurück (→ § 284 Rn. 37). Die Tathandlung ist erst vollendet, wenn das Glücksspiel begonnen hat, etwa durch Einwerfen der Geld- oder Spielmünze in den Automaten oder durch Austeilen der Karten bzw. Hingabe des Einsatzes (LK-StGB/*Krehl* Rn. 4 SK-StGB/*Hoyer* Rn. 3). Ein bloßes Spielen zum Schein, um Dritte anzulocken, genügt demgegenüber nicht (RGSt 63, 441; Schönke/Schröder/*Heine/Hecker* Rn. 2; LK-StGB/*Krehl* Rn. 4a). Nicht erforderlich ist in Bezug auf die Beteiligung aber die Gewerbsmäßigkeit des Spielens, so dass auch derjenige, der nur bei Gelegenheit an einem solchen unerlaubten Glücksspiel teilnimmt ebenfalls den Tatbestand verwirklicht (Fischer Rn. 2). Soweit Verdeckte Ermittler sich zur Aufrechterhaltung ihrer fremden Legende an Glücksspielen beteiligen, ist eine Erfassung durch § 285 im Einzelnen streitig. Während hier teilweise eine Strafbarkeit im Blick auf den Schutzzweck der Norm verneint wird (Schönke/Schröder/*Heine/Hecker* Rn. 3; Lackner/Kühl/*Heger* Rn. 1; *Hund* NStZ 1993, 571 (572)), soll nach aA hier eine Rechtfertigung nach allgemeinen Vorschriften (zB § 34) erfolgen (Fischer Rn. 2; *Füllkrug* Kriminalistik 1990, 101 (104)). Teilweise wird auch eine ausdrückliche gesetzliche Regelung zur Herausnahme verdeckter Ermittler für erforderlich gehalten (LK-StGB/*Krehl* Rn. 3).

4   **3. Subjektiver Tatbestand.** Der subjektive Tatbestand erfordert Vorsatz – bedingter genügt – hinsichtlich aller Tatbestandsmerkmale. Dies erfordert bei § 285 vom Täter zunächst die Kenntnis und das Wissen, dass es sich überhaupt um ein Glücksspiel handelt. Hinzukommen muss weiter das Bewusstsein von der Öffentlichkeit des Spiels sowie von dem Fehlen der behördlichen Erlaubnis. Ein Irrtum hierbei führt zu einem vorsatzausschließenden Tatbestandsirrtum iSd § 16 (LK-StGB/*Krehl* Rn. 6). Irrt der Täter demgegenüber nur über die rechtliche Bewertung eines Spiels als Glücksspiel, handelt es sich um einen Subsumtionsirrtum, der einen Verbotsirrtum iSd § 17 zur Folge haben kann (LK-StGB/*Volk* § 17 Rn. 31; LK-StGB/*Krehl* Rn. 6). Zumindest mit bedingtem Vorsatz handelt der Täter auch bei Beteiligung an einem Glücksspiel eines ausländischen Anbieters, bei dem aufgrund der Nutzungsbedingungen und der weiteren Hinweise im Internet davon auszugehen war, dass die Teilnahme an einem solchen Internetcasino strafbar ist (AG München BeckRS 2015, 00508).

5   Inwieweit im Zusammenhang mit der sog Spielsucht von einer verminderten Schuldfähigkeit iSd § 21 ausgegangen werden kann, hängt von den Umständen des konkreten Einzelfalls ab. Dies wird nur bei schwersten Persönlichkeitsveränderungen zu bejahen sein mit einer schweren seelischen Abartigkeit oder dann, wenn der Täter bei Beschaffungstaten unter starken Entzugserscheinungen gelitten hat (BGH NJW 2005, 230 (231) mAnm *Schumann* JZ 2005, 418 und *Bottke* NStZ 2005, 327; BGH NStZ 1994, 501; 1999, 448 und 2004, 31).

§ 287 Unerlaubte Veranstaltung einer Lotterie oder einer Ausspielung

(1) Wer ohne behördliche Erlaubnis öffentliche Lotterien oder Ausspielungen beweglicher oder unbeweglicher Sachen veranstaltet, namentlich den Abschluß von Spielverträgen für eine öffentliche Lotterie oder Ausspielung anbietet oder auf den Abschluß solcher Spielverträge gerichtete Angebote annimmt, wird mit Freiheitsstrafe bis zu zwei Jahren oder mit Geldstrafe bestraft.

(2) Wer für öffentliche Lotterien oder Ausspielungen (Absatz 1) wirbt, wird mit Freiheitsstrafe bis zu einem Jahr oder mit Geldstrafe bestraft.

A. Allgemeines

Mit § 287 wird als Sonderregelung zu § 284 das unbefugte Veranstalten einer öffentlichen Lotterie **1** oder Ausspielung und – erweitert durch das 6. StrRG – mit Abs. 2 auch das Werben dafür unter Strafe gestellt. Die getrennten Regelungen für Lotterie, Ausspielung und Glücksspiele sind letztlich auf die Geschichte des Lotterieverbots zurückzuführen (*Ohlmann* ZfWG 2007, 101; *Klenk* GA 1976, 363 f.; *Rüping* JZ 2005, 234 f.). Im Gegensatz zu § 284 und 285 ist als einzige Tathandlung nur das unbefugte Veranstalten, nicht dagegen das Spielen in einer Lotterie oder Ausspielung erfasst.

Ebenso wie bei § 284 ist auch hier das geschützte Rechtsgut im Einzelnen umstritten. Letztlich soll **2** hier das Ziel eines ordnungsgemäßen Spielablaufs gewährleistet werden, indem der Einzelne einerseits vor den spezifischen Gefahren einer unkontrollierten Gewinnauslosung und andererseits vor Manipulationen bei der Gewinnverteilung geschützt wird (MüKoStGB/*Hohmann* Rn. 1; Schönke/Schröder/ *Heine/Hecker* Rn. 1). Teilweise wird in Bezug auf das geschützte Rechtsgut hier aber auch auf das Vermögen der Spieler oder auf fiskalische und ordnungsrechtliche Allgemeininteressen abgestellt (→ § 284 Rn. 3 f.). Je nach dem einschlägigen geschützten Rechtsgut bestimmt sich auch die Deliktsnatur des § 287. Während nach hM (Schönke/Schröder/*Heine/Hecker* Rn. 2a; Fischer Rn. 1; *Rüping* JZ 2005, 234 (235); SK-StGB/*Hoyer* Rn. 1) das Vorliegen eines schlichten Tätigkeitsdelikts in Form eines abstrakten Gefährdungsdelikts angenommen wird, soll hier im Hinblick auf die zur Tatbestandsverwirklichung notwendige Veranstaltung einer Lotterie oder Ausspielung auch von einem Erfolgsdelikt ausgegangen werden (MüKoStGB/*Hohmann* Rn. 1). Dies hat vor allem Auswirkungen in Bezug auf die Bestimmung des Tat- bzw. Erfolgsortes iSd § 9 bei ausländischen Anbietern (→ Rn. 19 und → § 284 Rn. 4).

B. Kommentierung im Einzelnen

Wie bereits im Rahmen des § 284 dargestellt, handelt es sich bei Lotterie und Ausspielung um **3** besondere Formen des Glücksspiels (BGHSt 34, 171 (179); → § 284 Rn. 19), die sich vor allem dadurch unterscheiden, dass ein bestimmter, vom Veranstalter für alle Teilnehmer festgelegter Spielplan vorgegeben wird und die Höhe des Einsatzes nicht von der Willkür der Spieler abhängt. Die hier früher umstrittene Frage, ob bestimmte Formen der sog progressiven Kundenwerbung wie Schneeball- oder Pyramidensysteme hier ebenfalls einzubezogen sind, hat sich dadurch erledigt, dass diese als Formen des unlauteren Wettbewerbs von § 16 Abs. 2 UWG erfasst werden (LK-StGB/*Krehl* Rn. 16 und Vor § 287 Rn. 6, 8; Fischer Rn. 4; MüKoStGB/*Hohmann* Rn. 16). Allenfalls bei Kettenbriefaktionen außerhalb des geschäftlichen Verkehrs kommt ausnahmsweise ein Rückgriff auf § 287 in Betracht, wenn die im Folgenden darzustellenden Voraussetzungen einer Lotterie oder Ausspielung vorliegen.

I. Lotterie

In § 3 Abs. 3 S. 1 GlüStV wird die Lotterie legal definiert als ein Glücksspiel, bei dem einer Mehrzahl **4** von Personen die Möglichkeit eröffnet wird, nach einem bestimmten Plan gegen ein bestimmtes Entgelt (Einsatz) die Chance auf einen Geldgewinn zu erlangen (vgl. auch RGSt 67, 397 (398); OLG Köln GRUR 2000, 535; LK-StGB/*Krehl* Rn. 3; Fischer Rn. 2). Dies führt im Einzelnen zu folgenden Besonderheiten der Lotterie:

Für die Bejahung einer Lotterie bedarf es zunächst eines vom Veranstalter einseitig aufgestellten **5** Spielplans, der von den Teilnehmern beachtet werden muss. Inhaltlich erfordert dieser Plan eine Regelung zum Spielbetrieb im Allgemeinen sowie eine Festlegung der Bedingungen, unter denen einer Mehrzahl von Personen die Möglichkeit der Beteiligung eröffnet wird (*Otto* JURA 1997, 385 (386); LK-StGB/*Krehl* Rn. 4). Mit dem Spielplan muss der Unternehmer auch einer Mehrzahl von Personen aufgrund eines der Höhe nach festgelegten Einsatzes ein vom Zufall abhängiges Anrecht auf Gewinn einräumen. Die nähren Ausgestaltungen des Plans mit Detailfragen kann von den Umständen (insbes. dem Maß der Beteiligung) abhängig gemacht werden (Schönke/Schröder/*Heine/Hecker* Rn. 3; LK-StGB/*Krehl* Rn. 4; MüKoStGB/*Hohmann* Rn. 6).

Die Lotterie erfordert weiter einen im Spielplan näher bestimmten Einsatz, dh einen Vermögenswert, **6** der bewusst für die Beteiligung an den Gewinnaussichten geopfert wird (BGHSt 3, 99 (103); LK-StGB/

Krehl Rn. 6; Lackner/Kühl/*Heger* Rn. 2; Fischer Rn. 7). Bei einem ins Ermessen der einzelnen Spieler gestellten Einsatz läge andernfalls keine Lotterie oder Ausspielung vor, sondern ein Glücksspiel iSd § 284 vor (Schönke/Schröder/*Heine*/*Hecker* Rn. 4; LK-StGB/*Krehl* Rn. 4; Lackner/Kühl/*Heger* Rn. 2). Da die Tat nur das Veranstalten der Lotterie (und nicht deren Durchführung) voraussetzt, reicht es aus, dass der Täter davon ausgeht, der Einsatz werde von den Spielern bewusst als Spielbeitrag geopfert (OLG Düsseldorf NJW 1958, 760; Schönke/Schröder/*Heine*/*Hecker* Rn. 4). An einem solchen Einsatz fehlt es, wenn die Kosten der Lotterie als Gratisausspielung ausschließlich von dem Veranstalter in der Hoffnung auf eine Umsatzsteigerung getragen werden (BGHSt 3, 104; RGSt 65, 196; 67, 400; LK-StGB/*Krehl* Rn. 8; Schönke/Schröder/*Heine*/*Hecker* Rn. 5; Lackner/Kühl/*Heger* Rn. 2; MüKoStGB/*Hohmann* Rn. 10). Da der Einsatz aber auch in versteckter Form verlangt werden kann, etwa zusammen mit dem Eintrittsgeld, dem Kaufpreis für eine Ware oder einer Beitrittssumme, ist durch diese Verbindung mit anderen Leistungen, in diesem Fall von einer von § 287 erfassten Lotterie auszugehen (BGHSt 11, 209; 3, 99; LK-StGB/*Krehl* Rn. 7; Schönke/Schröder/*Heine*/*Hecker* Rn. 4). So kann auch in der Teilnahme per SMS oder per spezieller Telefonservice-Rufnummer ein versteckter Einsatz gesehen werden (*Sensburg* BB 2002, 126 (128); *Bahr* WRP 2002, 501 (505); LK-StGB/*Krehl* Rn. 7). Die Einsätze der einzelnen Spieler müssen nicht notwendig gleich sein. Einzelne Teilnehmer können sogar von der Verpflichtung zur Zahlung eines Einsatzes ganz befreit sein, sofern dies nicht für die Mehrzahl aller Teilnehmer gilt (LK-StGB/*Krehl* Rn. 8) oder der Einsatz nur im Fall des Verlustes zu zahlen ist (Schönke/Schröder/*Eser*/*Heine* Rn. 4).

7   Für die Annahme einer Lotterie oder einer Ausspielung zwingend erforderlich ist auch ein Gewinn, der bei der Lotterie in Geld, bei der Ausspielung demgegenüber in beweglichen oder unbeweglichen Sachen bestehen muss (LK-StGB/*Krehl* Rn. 9; Schönke/Schröder/*Heine*/*Hecker* Rn. 5; SK-StGB/*Hoyer* Rn. 5). Im Einzelnen umstritten ist aber, ob bei der Lotterie oder Ausspielung die Gefahr eines Vermögensverlustes bestehen muss (näher: LK-StGB/*Krehl* Rn. 10).

8   Nachdem es sich bei der Lotterie nur um eine besondere Form des Glücksspiels handelt, muss auch hier die Gewinnmöglichkeit für die Mitspieler erkennbar vom Zufall abhängig sein (→ § 284 Rn. 14 ff.; RGSt 65, 195; 67, 398; BGH GA 1978, 334; OLG Braunschweig NJW 1954, 1777 (1778)). Maßgeblich für die Beurteilung ist insoweit der Standpunkt des Spielers. Entscheidend wird daher in den meisten Fällen eine Losziehung sein, jedoch kommt auch der Eintritt zukünftiger ungewisser Ereignisse, die Reihenfolge des Eingangs der richtigen Lösung oder der Ausgang eines Rennens in Betracht (MüKoStGB/*Hohmann* Rn. 14). Ein Zufall ist auch dann zu bejahen, wenn das Ergebnis einer anderen Lotterie oder Ausspielung (sog Zweitlotterie) über Gewinn oder Verlust entscheiden soll. Folglich ist eine von § 287 erfasste Lotterie auch in der Weise möglich, dass der Täter sich an eine bereits bestehende andere Lotterie, die ihrerseits behördlich erlaubt ist (zB Toto oder Lotto), dadurch anschließt, dass er den Teilnehmern der von ihm organisierten Wettgemeinschaft die Zahlung der Gewinne verspricht, welche auf Lose jener Lotterie entfallen, vorausgesetzt freilich, dass er selbst als Veranstalter Eigentümer der Lose bleibt und seine Abnehmer eine Forderung auf Gewinnauszahlung allein gegen ihn haben sollen (näher → Rn. 10; BGH BeckRS 1977, 31113687; Schönke/Schröder/*Heine*/*Hecker* Rn. 6; LK-StGB/*Krehl* Rn. 12). Soweit Preisrätsel mit Denksportaufgaben angeboten werden, werden sie von § 287 nicht erfasst, weil der Gewinn wesentlich von einer Denkleistung und nicht vom Zufall abhängt (LK-StGB/*Krehl* Rn. 12; Fischer Rn. 8).

9   Für die Bejahung einer Lotterie muss der Spielplan auch die Beteiligung mehrerer Personen vorsehen. Unerheblich ist es aber, wenn sich diese ursprüngliche Erwartung des Veranstalters nicht erfüllt. Insoweit reicht es aus, wenn nur einer Person ein Spielvertrag angeboten wird, während der Unternehmer die übrigen nicht abgesetzten Lose selbst spielt (RGSt 67, 397; LK-StGB/*Krehl* Rn. 11).

10   Unter die von § 287 erfassten Lotterien fallen damit ua Preisrätsel aller Art in Zeitungen (RGSt 25, 256; 60, 386), das Gewinn-Sparen (OVG Münster MDR 1956, 701), das Zahlenlotto (OLG Braunschweig NJW 1954, 1777), Lottospiele um Geldgewinne, Anschluss- und Zweitlotterien sowie gewerbliche Spielgemeinschaften (LK-StGB/*Krehl* Rn. 13; Schönke/Schröder/*Heine*/*Hecker* Rn. 13b; MüKoStGB/*Hohmann* Rn. 23), nicht aber private Wettgemeinschaften. Bei Sportwetten mit festen Gewinnquoten fehlt es regelmäßig an einem Spielplan (zB Oddset-Wette), so dass es sich deshalb um ein Glücksspiel und nicht um eine Lotterie handelt (BGH JZ 2003, 858 mAnm *Wohlers;* LK-StGB/*Krehl* Rn. 5; → § 284 Rn. 16). Von § 287 erfasst werden nur sonstige Sportwetten, die nicht an festen Gewinnquoten gebunden sind, wie etwa nach Art des Toto (*Lesch* wistra 2005, 241; LK-StGB/*Krehl* Rn. 5). Kettenbriefaktionen werden wegen fehlendem Zusammenhang zwischen vermögenswerter Aufwendung und potentiellem Gewinn ebenso wie von § 284 auch nicht von § 287 erfasst (LK-StGB/*Krehl* Rn. 17; BGHSt 34, 171 (179); → § 284 Rn. 14).

11   Inwieweit auch Wett- und Spielgemeinschaften oder sonstige gewerbliche Spielvermittlungen in Form von Lotterieketten von Abs. 1 erfasst werden, hängt von der jeweiligen vertragliche Ausgestaltung der Beziehungen ab (vgl. näher: LK-StGB/*Krehl* Rn. 13; Schönke/Schröder/*Heine*/*Hecker* Rn. 13b; Fischer Rn. 8a; MüKoStGB/*Hohmann* Rn. 23). Die Tatsache, dass zwischen dem Spieler und einem konzessionierten Lotterieveranstalter – wie Toto oder Lotto – andere Personen zwischengeschaltet sind, führt nicht notwendig zur Annahme einer grundsätzlich straflosen Vermittlung einer Lotterie (*Rüping* JZ 2005, 238; Schönke/Schröder/*Heine*/*Hecker* Rn. 13b). Vielmehr wird der Charakter einer strafbaren

Lotteriekette erlangt, wenn sich nicht nur das Rechtsverhältnis zwischen dem Lotterieveranstalter und dem Vermittler (erstes, legales Kettenglied) als Lotterie darstellt, sondern auch das Rechtsverhältnis zwischen dem Vermittler und dem Spieler um eine lotterierechtliche Komponente ergänzt wird und damit nicht nur der Geschäftsbesorgung dient (*Fruhmann* MDR 1993, 822 (824); Schönke/Schröder/*Heine/Hecker* Rn. 13b; LK-StGB/*Krehl* Rn. 13). Davon ist auszugehen, sofern der Spieler weder Eigentümer der Lose wird noch einen schuldrechtlichen Anspruch auf Gewinnauszahlung gegen den Lotterieveranstalter erhält und stattdessen nur auf den Vermittler (formales Abgrenzungskriterium) verwiesen wird (*Heine* wistra 2003, 446; *Horn* NJW 2004, 2047 (2053); LK-StGB/*Krehl* Rn. 13). Dies gilt aber auch dann, zwar der Spieler rechtlich über beide Rechtspositionen gegenüber dem Lotterieveranstalter verfügt, diese aber faktisch (materielles Abgrenzungskriterium) nicht durchsetzen kann, weil die Gewinne wiederum unter allen Mitgliedern der Spielgemeinschaft aufgeteilt werden (OLG München NStZ-RR 1997, 327 (328)).

II. Ausspielung

Die Ausspielung unterscheidet sich entsprechend der Definition in § 3 Abs. 3 S. 2 GlüStV von der   **12**
Lotterie nur dadurch, dass nicht Geld, sondern Sachen oder andere geldwerte Vorteile gewonnen werden können. Die oben dargestellten Voraussetzungen der Lotterie (→ Rn. 4–9) gelten daher auch hier mit folgenden Besonderheiten:

Auch bei der Ausspielung muss ein gewisser Spielplan bestehen (BGHSt 3, 99; Fischer Rn. 3; LK-   **13**
StGB/*Krehl* Rn. 4). Ebenso wie bei der Lotterie kann der notwendige Einsatz auch hier ein versteckter sein (→ Rn. 6; BGH GA 1978, 334). Als Gewinne in Form von Sachen oder geldwerten Leistungen kommen hier etwa Erholungsreisen, Kuraufenthalte oder sogar die Errichtung eines Gebäudes in Betracht, sofern darin ein Vermögenswert zu sehen ist (Schönke/Schröder/*Heine/Hecker* Rn. 11; LK-StGB/*Krehl* Rn. 9).

Unter den Begriff der Ausspielung fallen damit nach der Rspr. ua (vgl. näher: LK-StGB/*Krehl* Rn. 15;   **14**
Schönke/Schröder/*Heine/Hecker* Rn. 13) die Tombola, der Absatz von Waren im Wege der Losziehung, der Vertrieb von Waren durch Aussetzen von Preisen in Glücksbuden (RGSt 10, 249), Ausspielungen auf Jahrmärkten, Volksfesten oder vergleichbaren Veranstaltungen. Gleiches gilt für den Absatz von Waren im Wege der Losziehung durch Ladeninhaber (RGSt 19, 257) sowie das Aussetzen von Preisen für die Teilnahme an Geschicklichkeitsspielen (BGHSt 9, 39).

III. Öffentliche Veranstaltung als Tathandlung

Als Tathandlung kommt nur die Veranstaltung einer öffentlichen Lotterie oder Ausspielung ohne   **15**
behördliche Genehmigung in Betracht. Entsprechend der gesetzlichen Formulierung („namentlich") haben die weiter aufgeführten Varianten in Bezug auf das Angebot zum Abschluss von Spielverträgen oder die Annahme von Angeboten auf Abschluss eines Spielvertrags nur beispielhaften Charakter (BT-Drs. 13/9064, 21; LK-StGB/*Krehl* Rn. 19; Schönke/Schröder/*Heine/Hecker* Rn. 14).

Als Veranstalter ist – ebenso wie bei § 284 (→ § 284 Rn. 26 f.) – anzusehen, wer die Möglichkeit zur   **16**
unmittelbaren Beteiligung an einer unter seiner Leitung stattfindenden Lotterie oder Ausspielung tatherrschaftlich eröffnet, ohne dass es später tatsächlich zur Durchführung der Lotterie bzw. Ausspielung gekommen sein muss (RGSt 8, 293; 19, 259; BayObLG 56, 76; LK-StGB/*Krehl* Rn. 18; Schönke/Schröder/*Heine/Hecker* Rn. 15; MüKoStGB/*Hohmann* Rn. 22). Dies erfordert somit konkrete Aktivitäten, aufgrund derer den Kunden die Möglichkeit zur Teilnahme eröffnet wird. Dazu gehören etwa Angebote zum Abschluss von Spielverträgen durch die Übersendung von Teilnahmeformularen, die Zusendung von Loszertifikaten (auch in Form von Musterlosscheinen) oder die Annahme der Erklärung eines Spielinteressenten, sich nach den Spielregeln an der Lotterie beteiligen zu wollen (LK-StGB/*Krehl* Rn. 19). Demgegenüber genügen bloße organisatorische Ankündigungen, Scheinangebote oder nur rein innerorganisatorische Vorbereitungshandlungen noch nicht (BT-Drs. 3/9064, 21; LK-StGB/*Krehl* Rn. 18; Schönke/Schröder/*Heine/Hecker* Rn. 15). Hier kann aber ggf. § 263 erfüllt sein.

Der Begriff der Öffentlichkeit deckt sich dabei im Wesentlichen mit § 284 Abs. 1 (→ § 284   **17**
Rn. 22–24). Eine Veranstaltung ist öffentlich, sobald sich das Angebot der Lotterie oder Ausspielung nicht mehr auf einen bestimmten Kreis von Teilnehmern beschränkt, sondern an eine Mehrzahl unbestimmter Personen richtet, die weder als Mitglieder einer gleichgerichteten Interessengemeinschaft noch in persönlicher Hinsicht miteinander verbunden sind (Schönke/Schröder/*Heine/Hecker* Rn. 17; LK-StGB/*Krehl* Rn. 21, Fischer Rn. 9). Da für die Strafbarkeit von Veranstaltungen innerhalb geschlossener Gesellschaften oder Vereine eine dem § 284 Abs. 2 entsprechende Gleichstellungsklausel fehlt, werden derartige Veranstaltungen bei fehlendem Öffentlichkeitsbezug von § 287 nicht erfasst (LK-StGB/*Krehl* Rn. 21; Schönke/Schröder/*Heine/Hecker* Rn. 17; Lackner/Kühl/*Heger* Rn. 5). Das zum Ausschluss der Öffentlichkeit führende Kriterium kann sich etwa aus einer Verbundenheit durch Beruf, Freundschaft oder gemeinsame Interessen ergeben (LK-StGB/*Krehl* Rn. 21) Daher bedarf etwa eine geschlossene Tombola regelmäßig keiner Erlaubnis. Ob private Wettgemeinschaften, denen jedermann beitreten kann, dagegen wieder öffentlichen Charakter haben, ist jeweils Tatfrage (BGH BeckRS 1977,

31113687). Im Übrigen ist für die Beurteilung der Öffentlichkeit unerheblich, auf welche Weise eine Aufforderung zur Beteiligung an der Lotterie erfolgt, etwa durch briefliche Benachrichtigung der Spiellustigen, durch Zeitungsanzeigen, mündlich (Schönke/Schröder/*Heine/Hecker* Rn. 17; *Schild* NStZ 1982, 447) oder über moderne Kommunikationsmittel wie vor allem durch Internetangebote.

18   Ebenso wie bei § 284 muss auch hier eine behördliche Erlaubnis fehlen (→ § 284 Rn. 31–33). Auch dieser Straftatbestand ist damit verwaltungsakzessorisch. Da nach § 10 Abs. 2, Abs. 5 GlüStV auch für Lotterien und Ausspielungen grundsätzlich ein staatliches Monopol gilt, werden Genehmigungen hier nur in den seltensten Fällen vorliegen. Nur bei Lotterien mit geringem Gefährdungspotential iSd §§ 12 ff. GlüStV oder bei kleineren Lotterien iSd § 18 GlüStV besteht iVm den landesrechtlichen Ausführungsgesetzten überhaupt die Möglichkeit, über § 12 Abs. 1 iVm § 4 Abs. 1 GlüStV eine behördliche Erlaubnis erteilt zu bekommen. Hinsichtlich ausländischer Genehmigungen von Anbietern innerhalb und außerhalb der EU gilt → § 284 Rn. 33 entsprechend.

19   Vor dem Hintergrund der immer weiter zunehmenden Internetnutzung im Bereich von Lotterien und Ausspielungen ist die Erfassung von grenzüberschreitenden Angeboten durch § 287 von besonderer praktischer Relevanz. Werden Lotteriespielmöglichkeiten an verschiedenen Orten angeboten, wird das Spiel an jedem Ort veranstaltet, so dass sich hier die Möglichkeit verschiedener Erlaubnissituationen ergeben kann (LK-StGB/*Krehl* Rn. 20 und Vor § 284 Rn. 23). Durch die Teilnahmemöglichkeit an ausländischen Lotterien im Inland über das Internet wird durch den Abschluss von Spielverträgen ein Erfolgsort iSd § 9 im Inland begründet, wenn das ausländische Angebot einen spezifischen Bezug zum Inland hat, weil es etwa in deutscher Sprache abgefasst ist und damit gezielt nach Deutschland hineinwirken soll (→ § 284 Rn. 4 sowie LK-StGB/*Krehl* Rn. 20; Schönke/Schröder/*Heine/Hecker* Rn. 16). Dabei genügt aber für die nur strafbare Veranstaltung nicht jede Handlung, die nur kausal eine Beteiligung im Inland irgendwie ermöglicht. Für Internet-Provider, die als Host- oder Access-Provider nur den Zugang zum Internet vermitteln bzw. Speicherkapazitäten für Dritte zur Verfügung stellen, reicht schon die Haftungsprivilegierung in §§ 8–10 TMG aus, um eine Strafbarkeit zu verneinen. Soweit daneben im Inland nur eine Annahmestelle ohne tatherrschaftliche Organisation für ausländische Lotterieangebote betrieben wird, fehlt es ebenfalls bereits an einem notwendigen Veranstalten iSd § 287 (LK-StGB/*Krehl* Rn. 20; Schönke/Schröder/*Heine/Hecker* Rn. 16).

IV. Werbung für Lotterie und Ausspielung (Abs. 2)

20   Die Tathandlung des Abs. 2 besteht in der Werbung für von Abs. 1 erfasste Lotterien oder Ausspielungen. Ebenso wie bei § 284 Abs. 4 (→ § 284 Rn. 36) geht es hier vor allem darum, im Inland angebotene Lotteriebeteiligungen ausländischer Anbieter zu erfassen, die etwa über das Internet unmittelbar vom inländischen Aufenthaltsort des Spielteilnehmers abgewickelt werden können (BT-Drs. 13/9065, 21; 13/8587, 67 f.; LK-StGB/*Krehl* Rn. 29). Von einem Werben ist auszugehen, wenn eine Bekanntgabe von behördlich nicht erlaubten Lotterien oder Ausspielungen etwa durch Ankündigung, durch Anpreisen, durch Zusendung von Werbematerials bei den Adressaten ein wohlwollendes Interesse an den von Abs. 1 erfassten Spielen geweckt oder gefördert werden soll (LK-StGB/*Krehl* Rn. 30). Über das finale Element einer positiv-wertenden Einflussnahme wird das Werben so vom neutralen Anbieten abgegrenzt (OLG Nürnberg SpuRt 2001, 156 (158); LK-StGB/*Krehl* Rn. 30; MüKoStGB/*Hohmann* Rn. 24).

V. Subjektiver Tatbestand

21   Der subjektive Tatbestand erfordert Vorsatz, wobei bedingter Vorsatz genügt. Insoweit muss der Täter alle Umstände kennen, die zu einer öffentlich veranstalteten Lotterie oder Ausspielung ohne die erforderliche Erlaubnis führen. Beim Täter ist das Bewusstsein nötig, dass auch ein Einsatz für die Beteiligung an der Gewinnaussicht geleistet wird. Demgegenüber bedarf es auf Seiten des Teilnehmers keines Bewusstsein, dass er einen Vermögenswert für die Beteiligung an den Gewinnaussichten opfert, es genügt, dass der Veranstalter davon ausgeht (OLG Düsseldorf NJW 1958, 760; LK-StGB/*Krehl* Rn. 27; Schönke/Schröder/*Heine/Hecker* Rn. 20). Die fehlende Kenntnis von einer notwendigen behördlichen Erlaubnis für die Veranstaltung der Lotterie oder Ausspielung oder die irrige Annahme, eine Konzession werde nicht benötigt, begründet nur einen Verbotsirrtum iSd § 17. Die fälschliche Verkennung des Lotteriecharakters ist bloßer Subsumtionsirrtum. Demgegenüber führt die irrige Annahme des Vorliegens einer behördlichen Erlaubnis zu einem vorsatzausschließenden Tatbestandsirrtum (LK-StGB/*Krehl* Rn. 27; Schönke/Schröder/*Heine/Hecker* Rn. 20; Fischer Rn. 14).

VI. Konkurrenzen

22   Alle Handlungen zur öffentlichen Veranstaltung einer Lotterie oder Ausspielung begründen eine einheitliche Tat iSd § 287. Soweit vom Veranstalter etwa unrichtige Angaben über Gewinnaussichten gemacht werden oder unberechtigter Weise vom Spielplan arglistig zum Nachteil der Teilnehmer abgewichen wird, kommt Tateinheit mit § 263 in Betracht. Nur § 263 liegt allerdings vor, wenn eine

Lotterie oder Ausspielung nur zum Schein veranstaltet wird (RGSt 21, 107; LK-StGB/*Krehl* Rn. 31). Tateinheit ist auch möglich mit § 16 Abs. 1 UWG bei progressiven Kundenwerbungen (BGHSt 2, 139 (145); Schönke/Schröder/*Heine/Hecker* Rn. 23; LK-StGB/*Krehl* Rn. 31; Fischer Rn. 16). Da es sich bei Lotterie und Ausspielung um Sonderformen des Glücksspiels handelt, geht § 287 dem § 284 vor. Bei dem RennwettG unterfallenden Pferdewetten geht die dortige Strafnorm des § 5 RennwettG als lex specialis dem § 287 vor.

§ 288 Vereiteln der Zwangsvollstreckung

(1) Wer bei einer ihm drohenden Zwangsvollstreckung in der Absicht, die Befriedigung des Gläubigers zu vereiteln, Bestandteile seines Vermögens veräußert oder beiseite schafft, wird mit Freiheitsstrafe bis zu zwei Jahren oder mit Geldstrafe bestraft.

(2) Die Tat wird nur auf Antrag verfolgt.

Literatur: *Berghaus,* Der strafrechtliche Schutz der Zwangsvollstreckung, 1967; *Bruns,* Gläubigerschutz gegen Vollstreckungsvereitelung, ZStW (1934) 53, 457; *Eckels,* Tätige Reue bei Vollstreckungsvereitelung?, NJW 1955, 1827; *Gehrig,* Der Absichtsbegriff in den Straftatbeständen des Besonderen Teils des StGB, 1986; *Geppert,* Vollstreckungsvereitelung und Pfandkehr, JURA 1987, 427; *Haas,* Beisieteschaffen von Forderungen, wistra 1989, 259; *Haas,* Der strafrechtliche Schutz der Zwangsvollstreckung zur Erwirkung der Herausgabe bestimmter beweglicher Sachen (§ 883 ZPO), JR 1991, 272; *Haas,* Vereiteln der Zwangsvollstreckung durch Betrug und Unterschlagung, GA 1996, 117; *Kühn,* Vollstreckungsvereitelung – die unbekannte Beraterfalle?, NJW 2009, 3610; *Laubenthal,* Einheitlicher Wegnahmebegriff im Strafrecht?, JA 1990, 38; *Lüke,* Die Bedeutung vollstreckungsrechtlicher Erkenntnisse für das Strafrecht, FS Arthur Kaufmann, 1989, 565; *Rimmelspacher,* Strafrechtliche Organ-, Vertreter- und Verwalterhaftung, erörtert am Beispiel der Vollstreckungsvereitelung, JZ 1967, 472; *Schöne,* Das Vereiteln der Gläubigerrechte, JZ 1973, 446; *Schwab,* Bindung des Strafrichters an rechtskräftige Zivilurteile?, NJW 1960, 2169; *Schubert/Regge/Schmid/Schröder,* Quellen zum Strafgesetzbuch von 1870, Bd. 2, 1992; *Seemann,* Strafbare Vereitelung von Gläubigerrechten (§§ 283 ff., 288 StGB), 2006.

I. Allgemeines

1. Geschichte. Ein erster, nie Gesetz gewordener Vorläufer des Straftatbestands der Vollstreckungs- **1** vereitelung fand sich in § 483 Abs. 1 des Entwurfs zum preußischen Strafgesetzbuch des Jahres 1843. Danach sollte „als Betrüger" bestraft werden, wer als Nicht-Gewerbetreibender in der Absicht, seine „Gläubiger zu verkürzen" entweder seine Zahlungsunfähigkeit vortäuschte oder bei tatsächlich eingetretener Zahlungsunfähigkeit sein Vermögen (teilweise) verheimlichte oder den Gläubigern entzog (s. dazu *Seemann,* Strafbare Vereitelung von Gläubigerrechten (§§ 283 ff., 288 StGB), 2006, 29 Fn. 130). Dieser Entwurf, in dem die Vollstreckungsvereitelung gleichsam als eine Form des Privatbankrotts ausgestaltet war, wurde im Jahr 1847 in eine bereits vertraut klingende Fomulierung umgewandelt. Strafbar sollte sich nun machen, *„wer in der Absicht, seinen Gläubigern den Gegenstand ihrer Befriedigung zu entziehen, sein Vermögen ganz oder theilweise verheimlicht oder bei Seite schafft…"* (§ 327 PreußStGB-E 1847; abgedruckt bei *Seemann,* Strafbare Vereitelung von Gläubigerrechten (§§ 283 ff., 288 StGB), 2006, 29 Fn. 130). Zum Gesetz wurde allerdings auch dieser Entwurf nicht. Erst in das Strafgesetzbuch für das Königreich Sachsen vom 11.8.1855 wurde in das Kapital „Von dem Bankrott, der Fälschung und anderen betrüglichen Handlungen" auch der Tatbestand der „Hinterziehung der Hülfsvollstreckung" (Art. 310) aufgenommen: *„Wer außer dem Falle des böslichen Bankerotts, um bei einer ihm drohenden Hülfsvollstreckung die Befriedigung des Gläubigers zu vereiteln, Bestandtheile seines Vermögens veräußert oder bei Seite schafft, … ist nach dem Betrage des verursachten Schadens mit den Strafen des einfachen Betrugs zu belegen."* (abgedruckt bei *Seemann,* Strafbare Vereitelung von Gläubigerrechten (§§ 283 ff., 288 StGB), 2006, 28). Im Revidirten Strafgesetzbuch für das Königreich Sachsen vom 1.10.1868 wurde die „Hinterziehung der Hülfsvollstreckung" des Art. 310 zu einem Antragsdelikt umgestaltet und in der Strafdrohung sowohl von der Schadenshöhe wie auch vom Tatbestand des einfachen Betrugs entkoppelt; im übrigen blieb die Vorschrift unverändert (Text abrufbar unter https://digital. slub-dresden.de/fileadmin//data399247599.pdf). Dieser revidierte Tatbestand des sächsischen Strafrechts bildete auch die Vorlage für § 288 des Strafgesetzbuchs für den Norddeutschen Bund vom 31.5.1870 (*Schubert/Regge/Schmid/Schröder,* Quellen zum Strafgesetzbuch von 1870, Bd. 2, 1992, 272), in dem lediglich das Ausnahmeverhältnis zum Bankrott gestrichen und der Wortlaut (der insbesondere durch die Verwendung des Wortes „Zwangsvollstreckung" anstelle des exotischen Begriffs der „Hilfsvollstreckung" leichter verständlich gemacht werden sollte; s. dazu Protokoll der 37. Sitzung des Reichstags des Norddeutschen Bundes vom 7.4.1870, 727) im übrigen redaktionell angepasst wurde. Die Vorschrift lautete schon damals: *„Wer bei einer ihm drohenden Zwangsvollstreckung in der Absicht, die Befriedigung des Gläubigers zu vereiteln, Bestandtheile seines Vermögens veräußert oder bei Seite schafft, wird … bestraft."* (Bundesgesetzblatt des Norddeutschen Bundes 1870, Nr. 16, 251). Ihre Tatbestandsbeschreibung wurde seither – also seit nahezu 150 Jahren – lediglich orthographisch modernisiert, ansonsten aber inhalts- und wortgleich belassen.

2   **2. Rechtsgut.** § 288 schützt das materielle Befriedigungsrecht des einzelnen Gläubigers (ganz hM; s. zB BGHSt 16, 330 (334); BGH NJW 2010, 2894 (2896); Fischer Rn. 1; Schönke/Schröder/*Heine*/ *Hecker* Rn. 1; Lackner/Kühl/*Heger* Rn. 1; SSW StGB/*Kudlich* Rn. 1; MüKoStGB/*Maier* Rn. 1; AnwK-StGB/*Putzke* Rn. 1; LK-StGB/*Schünemann* Rn. 2 ff.; *Geppert* JURA 1987, 427). Keinen Schutz genießt hingegen eine lediglich formale Verfahrensposition, die ihrem Inhaber uU (etwa bei vorläufiger Vollstreckbarkeit eines Instanzurteils oder nach rechtskräftigem Versäumnisurteil) auch unabhängig vom Bestehen eines materiell-rechtlichen Anspruchs den Zugriff auf das Schuldnervermögen erlaubt (aA SK-StGB/*Hoyer* Rn. 1; NK-StGB/*Wohlers*/*Gaede* Rn. 2). Dies schon deshalb nicht, weil § 288 eine solche Position weder aktuell voraussetzt (so bereits die Rspr. zur Vorgängernorm des Art. 310 SächsStGB 1855; Kgl. SächsOAppellG Dresden, Allg. GZ f. d. Kgr. Sachsen 1857, 314) noch sinnvoll voraussetzen könnte: Griffe die Vorschrift erst ein, sobald ein formeller Vollstreckungstitel vorliegt, würde sie vom (vermeintlichen) Schuldner wohl häufig geradezu als Aufforderung zur „rechtzeitigen" Vermögensbeseitigung missverstanden und damit ihren eigenen Schutzzweck konterkarieren. Obwohl die Vollstreckungsvereitelung damit ausschließlich ein Vermögensdelikt (MüKoStGB/*Maier* Rn. 2; *Geppert* JURA 1987, 427) zu Lasten des wirklichen Anspruchsinhabers darstellt, ist aber die formelle verfahrensrechtliche Stellung des (vermeintlichen oder tatsächlichen) Gläubigers für die praktische Anwendung des § 288 keineswegs völlig bedeutungslos. Vielmehr erscheint es sachgerecht, die Verfestigung dieser Verfahrensstellung und den Umfang der Prüfungspflicht des Strafgerichts in ein umgekehrt proportionales Verhältnis zueinander zu setzen: Hat der Gläubiger bereits ein rechtskräftiges Zivilurteil erstritten, braucht das Bestehen des zugrunde liegenden Anspruchs im Strafverfahren nicht erneut überprüft zu werden. Alles andere liefe auf eine faktische Wiederholung des Zivilprozesses im Strafverfahren hinaus, die nicht nur die Einheit der Rechtsordnung, sondern auch jeden effektiven Gläubigerschutz unterminieren müsste (ähnlich MüKoStGB/*Maier* Rn. 10; LK-StGB/*Schünemann* Rn. 4). War der behauptete Anspruch dagegen noch nicht rechtshängig, muss der Strafrichter das Vorliegen sämtlicher Anspruchsvoraussetzungen von Amts wegen ermitteln, da ungeprüfte Behauptungen des Gläubigers nicht die Bestrafung des Schuldners rechtfertigen können. Zivilverfahrensrechtliche Zwischenstadien schließlich verlangen auch im Strafrecht nach Abstufungen (eingehend zum ganzen → Rn. 5). Die zivilverfahrensrechtliche Formalposition wird damit nicht zu einem eigenen Schutzgut, wohl aber zu einem wichtigen Kriterium, mit dessen Hilfe die Vermögensinteressen des Gläubigers und die wirtschaftliche Dispositionsfreiheit des Schuldners sachgerecht austariert werden können.

3   **3. Deliktsnatur.** Täter iSd § 288 kann nur sein, wem selbst die Zwangsvollstreckung in sein eigenes Vermögen droht oder die Vollstreckungsschuldnereigenschaft eines Dritten gem. § 14 zugerechnet wird; die Vorschrift enthält daher ein echtes Sonderdelikt (MüKoStGB/*Maier* Rn. 43; NK-StGB/*Wohlers*/ *Gaede* Rn. 4). Zudem stellt die Vollstreckungsvereitelung ein abstrakt-konkretes (nach anderer Lesart: ein potentielles) Gefährdungsdelikt (MüKoStGB/*Maier* Rn. 2; LK-StGB/*Schünemann* Rn. 6; aA Schönke/Schröder/*Heine*/*Hecker* Rn. 1: abstraktes Gefährdungsdelikt) mit überschießender Innentendenz (genauer: ein sog. kupiertes Erfolgsdelikt) dar (allgM; s. statt aller Schönke/Schröder/*Heine*/*Hecker* Rn. 1), da § 288 lediglich eine auf Befriedigungsvereitelung gerichtete Absicht des Täters, nicht aber die tatsächliche Vereitelung oder auch nur die konkrete Gefährdung der Gläubigerbefriedigung verlangt. Andererseits bleiben aber solche Handlungen straflos, die nicht einmal potentiell geeignet erscheinen, die Gläubigerinteressen zu beeinträchtigen (etwa, weil nur ein völlig marginaler Vermögensbestandteil beiseite geschafft wird). § 288 ist Schutzgesetz iSd § 823 Abs. 2 BGB (BGHZ 114, 305 (308); NK-StGB/*Wohlers*/*Gaede* Rn. 1; *Kirchhof* ZInsO 2011, 2009 (2010)).

4   **4. Praktische Bedeutung.** § 288 ist für die Strafverfolgungspraxis nahezu bedeutungslos (s. dazu MüKoStGB/*Maier* Rn. 3; NK-StGB/*Wohlers*/*Gaede* Rn. 1 u. Fn. 1, beide unter Hinweis auf statistische Zahlen). Der Grund hierfür dürfte im absoluten Antragserfordernis des § 288 Abs. 2 zu finden sein, das die Initiative zur Strafverfolgung ausschließlich in die Hände des betroffenen Gläubigers legt. Dem Gläubiger aber, der meist weder genaueren Einblick in die Vermögensverhältnisse des Schuldners noch hinreichende Anhaltspunkte für eine – tendenziell auf Heimlichkeit angelegte – Vermögensbeseitigung haben dürfte, wird es schwer fallen, einen fundierten Strafantrag zu stellen. Gleichwohl gestellte Strafanträge sollen wohl weniger die Strafverfolgung als die Zahlungsbereitschaft des Schuldners fördern und werden dementsprechend oft zurückgenommen, wenn die offenen Verbindlichkeiten beglichen sind. LK-StGB/*Schünemann* Rn. 1 Fn. 3 vermutet hinter der Bedeutungslosigkeit des § 288 dagegen einen strukturellen Wandel der Kreditwirtschaft.

II. Objektiver Tatbestand

5   **1. Anspruch. a) Bestehen des Anspruchs.** Rechtsgut (→ Rn. 2) und Textgeschichte (→ Rn. 1) des § 288 zeigen, dass er nicht die formelle (etwa aus einer vollstreckbaren Urkunde iSd § 794 Abs. 1 Nr. 5 ZPO resultierende; s. dazu RG JW 1937, 1336; LK-StGB/*Schünemann* Rn. 15) Vollstreckungsbefugnis, sondern die Anspruchsposition des Gläubigers schützen soll; er setzt daher grundsätzlich das Bestehen eines materiell-rechtlichen Anspruchs voraus (hM; → Rn. 2 mwN; aA SK-StGB/*Hoyer* Rn. 1, 5ff; NK-StGB/*Wohlers*/*Gaede* Rn. 2). Hiervon ist nur dann eine Ausnahme zu machen, wenn zugunsten des Vollstreckungsgläubigers bereits eine rechtkräftige Entscheidung eines Zivil- oder anderen Fachgerichts vorliegt, die nach Anhörung beider Parteien ergangen ist und prozessual nicht mehr angegriffen werden kann (sei es durch ordentliche Rechtsmittel, Nichtigkeits-, Restitutions- oder Vollstreckungsabwehrklage gem. §§ 579, 580, 767 ZPO oder unter Berufung auf die Sittenwidrigkeit der Vollstreckung gem. § 826 BGB; s. LK-StGB/*Schünemann* Rn. 15). In diesen Fällen spricht eine (widerlegliche!) Vermutung für die Richtigkeit der fachgerichtlichen Entscheidung, die deshalb auch der strafrechtlichen Beurteilung zugrunde zu legen ist (MüKoStGB/*Maier* Rn. 10; AnwK-StGB/*Putzke* Rn. 5; LK-StGB/ *Schünemann* Rn. 4 u. 15; *Lüke,* FS-Arthur Kaufmann, 1989, 565 (576); and. die hM; s. zB BayObLGSt 1952, 224; Lackner/Kühl/*Heger* Rn. 2; SSW StGB/*Kudlich* Rn. 2; Kindhäuser StrafR BT II § 37 Rn. 4; Krey StrafR BT II Rn. 289; Mitsch StrafR BT II Rn. 93; Rengier StrafR BT I § 27 Rn. 3; Wessels/Hillenkamp StrafR BT II Rn. 446; keine Bindung an Zivilurteil; wieder and. Schönke/ Schröder/*Heine/Hecker* Rn. 5: Bindung des Strafrichters nur an rechtskräftige zivilprozessuale Klageabweisung). Will der präsumtive Täter der Vollstreckungsvereitelung trotz Vorliegens eines prozessual unangreifbaren Fachgerichtsurteils eine erneute Anspruchsprüfung durch die Strafverfolgungsbehörden erreichen, muss er hinreichende Gründe für die Unrichtigkeit des Urteils benennen (iE wohl ebenso MüKoStGB/*Maier* Rn. 11); die unsubstantiierte Behauptung, ein Anspruch gegen ihn bestehe in Wahrheit nicht, reicht hierfür nicht aus. Umgekehrt muss auch ein Gläubiger, der trotz rechtskräftiger Abweisung eines Anspruchs durch ein Fachgericht nunmehr Strafantrag gem. § 288 Abs. 2 stellt, im Einzelnen darlegen, weshalb sein Anspruch gleichwohl bestehen soll (strenger Schönke/Schröder/ *Heine/Hecker* Rn. 5: niemals strafrechtliche Überprüfung nach rechtskräftiger Klageabweisung). Die Richtigkeitsvermutung zugunsten fachgerichtlicher Entscheidungen besteht aber nur, wenn diese Entscheidungen das Ergebnis eines Verfahrens sind, in dem der Schuldner seine Sichtweise der Sach- und Rechtslage vorgetragen hat und mit diesem Vortrag auch gehört wurde. Aus rechtskräftigen Vollstreckungsbescheiden oder Versäumnisurteilen sowie Urteilen nach Zurückweisung verspäteten Vorbringens gem. § 296 ZPO kann daher nicht auf das Bestehen des eingeklagten Anspruchs geschlossen werden. Gleiches gilt erst recht für nicht rechtskräftige, aber bereits vorläufig vollstreckbare Entscheidungen (LK-StGB/*Schünemann* Rn. 15; vgl. auch RGSt 31, 22; OLG Hamm NJW 1956, 194). Für die strafrichterliche Überprüfung der Zwangsvollstreckungssituation gilt daher: Ist noch kein fachgerichtliches Verfahren über den behaupteten Anspruch anhängig oder hat in einem durchgeführten Verfahren keine umfassende inhaltliche Auseinandersetzung mit den Argumenten der Streitparteien stattgefunden, muss die Anspruchsprüfung im Rahmen des Strafverfahrens erfolgen. Existiert dagegen bereits ein prozessual nicht mehr angreifbares fachgerichtliches Urteil, in dem das Vorbringen der ursprünglichen Streitparteien berücksichtigt ist, prüft das Strafgericht dessen Richtigkeit nur, wenn der Sachvortrag des (vermeintlichen) Schuldners oder (vermeintlichen) Gläubigers im Strafverfahren hierzu Anlass bietet. Ist ein fachgerichtliches Verfahren anhängig, aber noch nicht rechtskräftig abgeschlossen, wird regelmäßig ein Vorgehen gem. § 154d StPO (im Ermittlungsverfahren) bzw. § 262 Abs. 2 StPO (im Hauptverfahren) sachgerecht sein.

b) Durchsetzbarkeit des Anspruchs. Der von § 288 vorausgesetzte (zur Ausnahmesituation des **6** Vorliegens eines unangreifbaren Fachgerichtsentscheidung → Rn. 5) materiell-rechtliche Anspruch muss bereits bei Vornahme der Vereitelungshandlung begründet sein (s. statt aller LK-StGB/*Schünemann* Rn. 11), da nur dann auch zu diesem Zeitpunkt schon die Zwangsvollstreckung drohen kann (RGSt 63, 341; LK-StGB/*Schünemann* Rn. 11). Angesichts des Schutzzwecks und der Deliktsnatur des § 288 genügt es dabei freilich, dass sein Entstehen oder seine Fälligkeit nicht mehr von einer Mitwirkungshandlung des Schuldners abhängt; der Anspruch braucht noch nicht fällig zu sein (zB weil er betagt oder eine aufschiebende Bedingung noch nicht eingetreten ist; Schönke/Schröder/*Heine/Hecker* Rn. 6; SSW StGB/*Kudlich* Rn. 6; LK-StGB/*Schünemann* Rn. 11) oder kann sich in einem Anwartschaftsrecht erschöpfen, das erst noch zum Vollrecht erstarken muss (RGSt 32, 298; LK-StGB/*Schünemann* Rn. 11). Daher genießt etwa auch der zivilprozessuale Kostenerstattungsanspruch der obsiegenden Partei, der mit Rechtshängigkeit des Hauptsacheanspruchs entsteht und lediglich unter der aufschiebenden Bedingung einer für den Erstattungsgläubiger günstigen Entscheidung steht, vom Beginn des Zivilverfahrens an den Schutz des § 288 (Schönke/Schröder/*Heine/Hecker* Rn. 8; LK-StGB/*Schünemann* Rn. 14). Anders verhält es sich hingegen mit dem Unterhaltsanspruch des Kindes: Dieser stellt vor der Geburt weder eine Anwartschaft im eigentlichen Sinne noch einen aufschiebend bedingten, sondern schlicht einen künftigen Anspruch dar, der lediglich im Wege der einstweiligen Anordnung vorab gesichert werden kann (§ 247 Abs. 1 FamFG); er wird daher nicht durch § 288 geschützt (RGSt 44, 251 (252); SK-StGB/ *Hoyer* Rn. 19; MüKoStGB/*Maier* Rn. 7; LK-StGB/*Schünemann* Rn. 14; aA OLG Jena GA 1913, 156; Schönke/Schröder/*Heine/Hecker* Rn. 6). § 288 greift zudem nur ein, wenn der in Rede stehende Anspruch durchsetzbar ist, dh die Möglichkeit besteht, ihn erfolgreich gerichtlich geltend zu machen (s. statt aller Schönke/Schröder/*Heine/Hecker* Rn. 7), weshalb bloße Naturalobligationen nicht von § 288 erfasst werden. Dauerhafte Einwendungen oder Einreden (wie etwa Unwirksamkeit wegen Gesetzesverstoßes, Sittenwidrigkeit, Anfechtbarkeit, Rücktritt, Unmöglichkeit oder Verjährung; s. hierzu LK-StGB/*Schünemann* Rn. 12) lassen den Schutz des § 288 schon aufgrund ihres bloßes Bestehens entfallen, nicht erst wenn sie aktiv erhoben oder die für sie erforderlichen Gestaltungserklärungen abgegeben wurden. Denn strafwürdig ist weder eine Vermögensbeseitigung nach Erhebung einer Einrede noch die umgekehrte Handlungsabfolge (Schönke/Schröder/*Heine*/*Hecker* Rn. 7; LK-StGB/*Schünemann* Rn. 12; aA RGSt 13, 292 (293); MüKoStGB/*Maier* Rn. 11: Anfechtung nur nach erfolgter Erklärung beachtlich). Besteht freilich im konkreten Fall nicht einmal mehr die Möglichkeit einer wirksamen Einrede oder Gestaltungserklärung (etwa weil die Anfechtungsfrist des § 124 BGB abgelaufen oder der Schuldner rechtskräftig zur Leistung verurteilt ist), kommt strafbare Vollstreckungsvereitelung in Betracht. Sofern nicht bereits ein rechtskräftiges Fachgerichtsurteil vorliegt (→ Rn. 5) hat der Strafrichter daher stets selbst zu prüfen, ob Einwendungen bestehen oder Einreden gegen den Anspruch des Gläubigers erhoben werden könnten. § 288 setzt schließlich auch voraus, dass der in Rede stehende Anspruch vollstreckungsfähig, mithin überhaupt der zwangsweisen Durchsetzung zugänglich ist (statt aller LK-StGB/*Schünemann* Rn. 11). Hieran fehlt es etwa bei lediglich dem Grunde, nach nicht aber der Höhe nach festgestellten Ansprüchen sowie bei mangelnder Bestimmtheit des Anspruchsgegenstands (zB wegen nicht hinreichender Konkretisierung einer zu übereignenden Sachgesamtheit). Vollstreckbar im technischen Sinne braucht der Anspruch hingegen nicht zu sein (einhM; s. zB LK-StGB/*Schünemann* Rn. 1 u. 11), da dies (zumindest bei zivilrechtlichen Ansprüchen) Titel, Klausel und Zustellung erfordern würde, die in § 288 sämtlich keine Erwähnung finden (MüKoStGB/*Maier* Rn. 13; auch Rn. 2).

7   **c) Vermögenswerter Anspruch.** Als Vermögensdelikt (→ Rn. 2) kann sich die Vollstreckungsvereitelung nur auf vermögenswerte Ansprüche des privaten oder öffentlichen Rechts beziehen (einhM; s. zB MüKoStGB/*Maier* Rn. 11). Nicht durch § 288 geschützt sind daher öffentlich-rechtliche Ansprüche auf Zahlung von Geldstrafen, -bußen oder -auflagen (ganz hM; s. zB Fischer Rn. 2), Verfahrenskosten in Straf- oder OWi-Verfahren (RGSt 32, 298 (299); MüKoStGB/*Maier* Rn. 9; LK-StGB/*Schünemann* Rn. 13; aA Schönke/Schröder/*Heine*/*Hecker* Rn. 4; NK-StGB/*Wohlers*/*Gaede* Rn. 2) oder Zwangsgeldern (LG Bielefeld NStZ 1992, 284; MüKoStGB/*Maier* Rn. 9) sowie Verfalls- und Einziehungsansprüche gem. §§ 73b–75, auch wenn diese bereits durch Maßnahmen gem. §§ 111b–111d StPO gesichert sind (MüKoStGB/*Maier* Rn. 9; LK-StGB/*Schünemann* Rn. 13). Denn diese Ansprüche resultieren allein aus der Straf- bzw. Zwangsgewalt des Staates und seiner Untergliederungen und haben daher keine fiskalische Relevanz; zudem muss die Selbstbegünstigung auch dort straflos bleiben (s. dazu §§ 257, 258), wo es dem Täter um die Abwendung finanzieller Sanktionen für seine Straftat zu tun ist (SK-StGB/*Hoyer* Rn. 19; MüKoStGB/*Maier* Rn. 9; LK-StGB/*Schünemann* Rn. 13). Hingegen fällt die Vereitelung staatlicher Rückgewinnungshilfe gem. § 111b Abs. 5 StPO zugunsten des geschädigten Opfers durchaus unter § 288, da es hier nicht um Strafansprüche, sondern um die Sicherung zivilrechtlicher Schadenersatzforderungen geht (BVerfG NJW 2003, 1727; Schönke/Schröder/*Heine*/*Hecker* Rn. 4; Lackner/Kühl/*Heger* Rn. 2; MüKoStGB/*Maier* Rn. 9; LK-StGB/*Schünemann* Rn. 13). Liegt ein vermögenswerter Anspruch vor, ist es unerheblich, ob er auf Zahlung einer Geldsumme, Herausgabe einer Sache (vgl. *Haas* JR 1991, 272), oder eine Handlung, Duldung oder Unterlassung gerichtet ist (hM; s. zB Schönke/Schröder/*Heine*/*Hecker* Rn. 4; SK-StGB/*Hoyer* Rn. 8; LK-StGB/*Schünemann* Rn. 9; aA *Berghaus*, Der strafrechtliche Schutz der Zwangsvollstreckung, 1967, 102: Duldungs- und Unterlassungsansprüche sind nicht erfasst).

8   **2. Drohen der Zwangsvollstreckung. a) Zwangsvollstreckung.** Zwangsvollstreckung iSd § 288 ist jede zwangsweise Durchsetzung eines Anspruchs in einem förmlichen hoheitlichen Verfahren, unabhängig davon, welche in- oder ausländischen (Schönke/Schröder/*Heine*/*Hecker* Rn. 4; MüKoStGB/*Maier* Rn. 6; LK-StGB/*Schünemann* Rn. 9) Vollstreckungsorgane (wie Gerichte, Rechtspfleger, Gerichtsvollzieher oder Vollstreckungsbeamte der Verwaltungsbehörden; s. dazu zB MüKoStGB/*Maier* Rn. 6) nach welchen konkreten Verfahrensregeln (der ZPO, des ZVG, der AO, des VwVG oder anderer Gesetze, die häufig auf eines dieser Regelungswerke verweisen; s. zB MüKoStGB/*Maier* Rn. 6) tätig werden. § 288 StGB meint allerdings nur die Einzelzwangsvollstreckung (einhM; s. statt aller Lackner/Kühl/*Heger* Rn. 1), da der Schutz der Gläubigergesamtheit im Gesamtvollstreckungsverfahren der InsO allein den §§ 283 ff. StGB zugewiesen ist. Zwangsvollstreckung ist auch die Zwangsverwaltung (s. § 869 ZPO; LK-StGB/*Schünemann* Rn. 10), nicht hingegen der Vollzug eines Arrests gem. § 916 ff. ZPO, da der Arrest noch nicht der Durchsetzung, sondern lediglich der Sicherung eines Anspruchs dient (wohl einhM; s. zB Schönke/Schröder/*Heine*/*Hecker* Rn. 4). Betreibt der Gläubiger das Arrestverfahren, zeigt dies aber regelmäßig, dass von ihm die Zwangsvollstreckung droht (MüKoStGB/*Maier* Rn. 6).

9   **b) Drohen der Zwangsvollstreckung.** Die Zwangsvollstreckung droht, wenn konkrete Anhaltspunkte dafür vorliegen, dass der Gläubiger seinen Anspruch alsbald zwangsweise durchsetzen wird und Vollstreckungsmaßnahmen damit in nahe Aussicht gerückt sind (RGSt 44, 251 (252); BGH MDR/H 1977, 638; Fischer Rn 4; Schönke/Schröder/*Heine*/*Hecker* Rn. 8; MüKoStGB/*Maier* Rn. 12; LK-StGB/*Schünemann* Rn. 17; *Kühn* NJW 2009, 3611; *Tiedemann* NJW 1977, 781). Ausschlaggebend hierfür ist eine objektive Betrachtung (BVerfG NJW 2003, 1727; RGSt 20, 256 (257); RGSt 44, 251, (253); BGH MDR/H 1977, 638; MüKoStGB/*Maier* Rn. 12), da das Drohen der Zwangsvollstreckung echtes objektives Tatbestandsmerkmal ist und nicht durch die Vorstellungen und Pläne des Schuldners (die allein für den subjektiven Tatbestand von Bedeutung sein können; → Rn. 17) oder Gläubigers (die allenfalls Indizcharakter haben können) definiert wird (MüKoStGB/*Maier* Rn. 12). Die Zwangsvollstre-

ckung droht daher nicht allein deshalb, weil der Schuldner sie subjektiv erwartet (MüKoStGB/*Maier* Rn. 12) oder der Gläubiger fest dazu entschlossen ist, ohne dies freilich bereits in irgendeiner Form kundgemacht zu haben; umgekehrt droht die Zwangsvollstreckung aber dann, wenn sich der Gläubiger um die Erlangung eines Titels bemüht, dabei aber hofft, ihn nicht nutzen zu müssen (ähnl. Schönke/Schröder/*Heine/Hecker* Rn. 8; MüKoStGB/*Maier* Rn. 12: unbedingter Wille des Gläubigers zur Durchführung der Zwangsvollstreckung nicht erforderlich). Hat der private Gläubiger bereits einen Titel erwirkt (MüKoStGB/*Maier* Rn. 15) oder der staatliche Gläubiger einen vollstreckbaren Verwaltungsakt erlassen, droht die Zwangsvollstreckung stets. Erst recht ist dies dann der Fall, wenn bereits mit Vollstreckungsmaßnahmen begonnen wurde, die lediglich noch nicht abgeschlossen sind (zB eine Sache bereits gepfändet, aber noch nicht verwertet wurde; s. dazu Schönke/Schröder/*Heine/Hecker* Rn. 9; SK-StGB/*Hoyer* Rn. 9; MüKoStGB/*Maier* Rn. 15) oder nicht zur vollständigen Befriedigung des Gläubigers geführt haben (Schönke/Schröder/*Heine/Hecker* Rn. 9; LK-StGB/*Schünemann* Rn. 18). Daneben liegt ein Drohen der Zwangsvollstreckung auch immer dann vor, wenn der Gläubiger ein förmliches Verfahren zur Sicherung seiner Ansprüche (insbes. ein Arrestverfahren; s. dazu zB RGSt 26, 9 (10); Fischer Rn. 3) oder zur Erlangung eines Titels oder vollstreckbaren Verwaltungsaktes initiiert, etwa einen gerichtlichen Mahn- oder Vollstreckungsbescheid (NK-StGB/*Wohlers/Gaede* Rn. 8) beantragt, eine förmliche Anhörung durchführt oder Klage erhebt (RGSt 1, 37; LK-StGB/*Schünemann* Rn. 17; aA SK-StGB/*Hoyer* Rn. 9; MüKoStGB/*Maier* Rn. 15: Klageerhebung als solche begründet noch nicht das Drohen der Zwangsvollstreckung, weil dieses gar keine Klage voraussetze und die Klage zudem erfolglos sein könne; mit dieser Argumentation wird allerdings Ursache und Wirkung verwechselt und die Frage des Bestehens eines Anspruchs mit derjenigen nach seiner Durchsetzung vermengt). Einigkeit herrscht schließlich darüber, dass die Zwangsvollstreckung einerseits bereits vor Klageerhebung oder Einleitung anderer förmlicher Verfahren (etwa aufgrund entsprechender ernstlicher Erklärungen oder wiederholter und dringender Mahnungen des Gläubigers; s. dazu RG GA 1887, 201 f.; RGSt 20, 256 (257); Schönke/Schröder/*Heine/Hecker* Rn. 8; and. aber bei Mahnungen oder Klageandrohungen mit bloßem „Schreckschusscharakter"; s. dazu SSW StGB/*Kudlich* Rn. 6), andererseits aber nicht allein aufgrund eingetretener Fälligkeit der Forderung (RGSt 20, 256 (258); Fischer Rn. 4) drohen kann. Diese Grundsätze markieren zugleich die Grenze zu dem dahinter liegenden Feld reiner Kasuistik (Übersichten dazu bei LK-StGB/*Schünemann* Rn. 17; NK-StGB/*Wohlers/Gaede* Rn. 8). Mit Eröffnung des Insovenzverfahrens über das Schuldnervermögen wird die von § 288 StGB gemeinte Einzelzwangsvollstreckung (→ Rn. 8) durch Insolvenzgläubiger iSd § 38 InsO unzulässig (§ 89 Abs. 1 InsO) und kann daher (nur!) von Seiten dieses Personenkreises auch nicht mehr drohen (MüKoStGB/*Maier* Rn. 14). Maßgeblich für die Beurteilung, ob Zwangsvollstreckung droht, ist allein der Zeitpunkt der Vereitelungshandlung; erst später entstehende oder bereits vorher entfallene Vollstreckungsdrohungen bleiben außer Betracht (MüKoStGB/*Maier* Rn. 17; LK-StGB/*Schünemann* Rn. 17).

3. Vermögensbestandteile. Angesichts des Schutzzwecks des § 288 (→ Rn. 2) ist der Begriff der **10** Vermögensbestandteile iSd Vorschrift nicht materiell-zivilrechtlich, sondern vollstreckungsrechtlich zu verstehen (LK-StGB/*Schünemann* Rn. 20). Er erfasst daher sämtliche Vermögensobjekte (Sachen sowie dingliche und obligatorische Rechte), in die zugunsten des Gläubigers in rechtlich zulässiger und wirksamer Weise vollstreckt werden kann (RGSt 5, 206 f.; 22, 208 (210); LK-StGB/*Schünemann* Rn. 20; *Tiedemann* JuS 1967, 25), ohne dass diese zwingend im Eigentum des Schuldners stehen müssten (RGSt 61, 407 (408); BGHSt 16, 330 (332)). Vermögensbestandteil in diesem Sinne kann auch der bloße Besitz des Schuldners an einer fremden Sache sein, sofern die Zwangsvollstreckung gerade wegen der Herausgabe (RGSt 61, 407; LK-StGB/*Schünemann* Rn. 22) oder der beabsichtigten Verwertung dieser im (Sicherungs-)Eigentum des Gläubigers stehenden Sache betrieben wird (zB wegen ausbleibender Kaufpreiszahlungen des Vorbehaltskäufers bei Lieferung unter Eigentumsvorbehalt; s. dazu BGHSt 16, 330). Besitzt der Schuldner dagegen Sachen Dritter, gehören diese aus der Perspektive des vollstreckenden Gläubigers nicht zum Vermögen des Schuldners (RGSt 66, 177 (178); 72, 252 (255); LK-StGB/*Schünemann* Rn. 25). Gleiches gilt für Forderungen, die dem Schuldner lediglich zur Einziehung abgetreten sind: Diese verbleiben rechtlich und wirtschaftlich beim Zedenten und sind ebenfalls kein Teil des Schuldnervermögens (RGSt 72, 252 (254 ff.); Fischer Rn. 6; LK-StGB/*Schünemann* Rn. 24). Unpfändbare Sachen und Rechte (s. §§ 811, 811c, 850 ff. ZPO) unterliegen nicht der Zwangsvollstreckung wegen Geldforderungen und sind daher (nur) im Hinblick auf solche Vollstreckungen auch nicht als Vermögensbestandteile des Schulderns anzusehen; anders liegt es freilich, wenn gerade wegen der Herausgabe unpfändbarer Sachen im Besitz des Schuldners vollstreckt werden soll (RGSt 61, 407 (408); Schönke/Schröder/*Heine/Hecker* Rn. 11; SK-StGB/*Hoyer* Rn. 12; SSW StGB/*Kudlich* Rn. 7; MüKoStGB/*Maier* Rn. 29). Ähnliches gilt für wesentliche Bestandteile eines Grundstücks, die keine selbstständigen Gegenstände der Zwangsvollstreckung sein können und deshalb nur dann als Vermögensbestandteile iSd § 288 in Betracht kommen, wenn die Immobiliarzwangsvollstreckung in das Grundstück droht (RGSt 42, 62; LK-StGB/*Schünemann* Rn. 21; *Tiedemann* JuS 1967, 25 (27)). Wirtschaftlich wertlose Gegenstände gehören zwar zum Vermögen des Schuldners, stellen aber gleichwohl keine tauglichen Tatobjekte der Vollstreckungsvereitelung dar, da ihre Veräußerung oder Beseitigung die strafrechtlich geschützten Gläubigerinteressen nicht tangiert (für § 283 Abs. 1 Nr. 1 entspricht dies der

wohl einhM; s. BGHSt 3, 36; 5, 120 (121); Fischer § 283 Rn. 3; LK-StGB/*Tiedemann* § 283 Rn. 16; aA für § 288 aber LK-StGB/*Schünemann* Rn. 26). Dies gilt einerseits auch dann, wenn sie für den Schuldner einen (hohen) Affektionswert haben, andererseits aber nur bei völliger wirtschaftlicher Wertlosigkeit, so dass auch geringwertige Vermögensbestandteile von § 288 erfasst bleiben; eine Bagatellgrenze, für die es ohnehin an hinreichend objektivierbaren Bestimmungskriterien fehlen würde, kennt die Vorschrift nicht. Gegenstände des Schuldners, die mit Pfand- oder sonstigen Sicherungsrechten belegt sind, verlieren hierdurch allerdings nicht ihren immanenten Wert (RG DRiZ 1934, 314) und fallen daher auch dann unter § 288, wenn die Belastung diesen Wert ausschöpft oder sogar übersteigt (s. RG JW 1932, 3625 für ein wertausschöpfend belastetes Grundstück). Für weitere Einzelaspekte des maßgeblichen Vermögensbegriffs kann auf die Ausführungen bei → § 283 Rn. 9–15 verwiesen werden, da der strafrechtliche Schutz des Gläubigers in der Einzelzwangsvollstreckung nicht weiter reicht als im Insolvenzfall und daher die in § 288 Abs. 1 bezeichneten Vermögensbestandteile mit den in § 283 Abs. 1 Nr. 1 genannten identisch sind (RGSt 72, 252 (254); LK-StGB/*Schünemann* Rn. 23).

11   **4. Veräußern oder Beiseiteschaffen.** § 288 erfasst nur die Tathandlungen der Veräußerung und des Beiseiteschaffens von Vermögensobjekten, nicht hingegen auch alle anderen denkbaren Methoden der (versuchten) Vollstreckungsvereitelung. Für diese kommen allenfalls die Straftatbestände der Pfandkehr gem. § 289 (bei Entfernung bereits gepfändeter Sachen aus der Obhut des Pfandgläubigers), des Betrugs gem. § 263 (bei Täuschungen über die wahren Vermögensverhältnisse des Schuldners und daraus resultierenden Zahlungserleichterungen; s. dazu MüKoStGB/*Maier* Rn. 33) oder der falschen Versicherung an Eides Statt gem. § 156 (bei unzutreffenden Vermögensauskünften nach § 802c ZPO) in Betracht. Entzieht sich der Schuldner der Zwangsvollstreckung durch Flucht oder zerstört er eigene Sachen, um sie für den Gläubiger wertlos zu machen, bleibt er gänzlich straflos. Für die Flucht folgt dies schon daraus, dass die Schuldknechtschaft abgeschafft ist. Für die Zerstörung (sowie die Beschädigung oder das anderweitige Unbrauchbarmachen) eigener Sachen zeigt es der Vergleich von § 283 Abs. 1 Nr. 1 mit § 288: Ersterer enthält diese Tatmodalitäten, letzterer nicht. § 303 wiederum spricht von fremden Sachen und scheidet dehalb von vornherein aus.

12   **a) Veräußern.** Veräußerung iSd § 288 ist jeder dinglich wirkende Rechtsakt, durch den bestehende Befriedigungsmöglichkeiten des Gläubigers unmittelbar beeinträchtigt oder zunichte gemacht werden. Hierzu gehört etwa die Übereignung (Schönke/Schröder/*Heine/Hecker* Rn. 12) oder Dereliktion (LK-StGB/*Schünemann* Rn. 29) von Sachen, die Abtretung (LK-StGB/*Schünemann* Rn. 28; s. auch BGH wistra 2000, 311 (314): rückdatierte Sicherungsabtretung) oder der Erlass (LK-StGB/*Schünemann* Rn. 29) einer Forderung, der Verzicht auf bestehende Rechte (so allgemein MüKoStGB/*Maier* Rn. 28; für den Verzicht auf einen Nießbrauch auch RG GA 1892, 165), die Übertragung auf einen Treuhänder (BGH NJW 1993, 2041; BGH NJW 1996, 2231; LK-StGB/*Schünemann* Rn. 29), die Verpfändung von beweglichen Sachen (BGHSt 16, 331), Forderungen (RGSt 7, 237 (239)) oder sonstigen Rechten, die Belastung eines Grundstücks mit einer Hypothek oder Grundschuld (RGSt 38, 227 (231); 42, 62 (63); 66, 130 (131); aA für die neuerliche Bestellung eines Grundpfandrechts an einem bereits wertausschöpfend belasteten Grundstück MüKoStGB/*Maier* Rn. 26; aA für sämtliche Formen der Belastung *Haas* wistra 1989, 259 (260)) sowie die Eintragung einer (Auflassungs-)Vormerkung (RGSt 34, 3 (4); 59, 314 (315)). Eine Treuhandschaft und damit eine Veräußerung iSd § 288 dürfte regelmäßig auch dann vorliegen, wenn der Beschuldigte die Sicherheitsleistung gem. § 116 Abs. 1 Nr. 4 StPO zunächst auf ein Konto seines Verteidigers überweist und dieser sie dann in eigenem Namen hinterlegt (demgegenüber sieht OLG Frankfurt a. M. NJW 2005, 1727 darin ein Beiseiteschaffen; zur kontroversen Aufnahme dieser Entscheidung in der Lit. s. *Herzog/Hoch/Warius* StV 2007, 542; *Kühn* NJW 2009, 3612; LK-StGB/*Schünemann* Rn. 43). Wie insbesondere das Beispiel des belasteten Grundstücks zeigt, muss der veräußerte Gegenstand keineswegs aus dem Vermögen des Schuldners ausscheiden, sondern kann durchaus sowohl rechtlich wie auch physisch darin verbleiben. Obgleich die von vielen verwendete Veräußerungsdefinition regelmäßig den gegenteiligen Eindruck erweckt (s. statt vieler Lackner/Kühl/*Heger* Rn. 4: „Veräußern ist jede rechtliche Verfügung, durch die ein Vermögenswert … aus dem Vermögen ausscheidet…"), wird dies auch von der hM nicht bestritten. Der Abschluss eines schuldrechtlichen Vertrages entfaltet als solcher noch keine dingliche Wirkung (Abstraktionsprinzip!) und stellt daher auch noch keine Veräußerung dar (so allg. die hM; s. zB Schönke/Schröder/*Heine/Hecker* Rn. 12; speziell für den Abschluss eines Kaufvertrages auch RGSt 32, 20). Gleiches gilt für unwirksame oder nichtige dingliche Rechtsgeschäfte, die allerdings ein Beiseiteschaffen iSd § 288 Abs. 1 Alt. 2 begründen können (SK-StGB/*Hoyer* Rn. 15; NK-StGB/*Wohlers/Gaede* Rn. 10). Vermietet, verpachtet oder verleiht der Schuldner einen Gegenstand, ist auch in jeweiligen Erfüllungsgeschäft keine Veräußerung sehen, da der Gläubiger dann in den Rückgabeanspruch des Schuldners gegen seinen Vertragspartner vollstrecken kann (für Vermieten und Verleihen wie hier LK-StGB/*Schünemann* Rn. 30 u. 32; Schönke/Schröder/*Heine/Hecker* Rn. 14 sieht im Verleihen von Sachen, die Nutzungen abwerfen, zwar keine Veräußerung, jedoch ein Beiseiteschaffen iSd § 288 Abs. 1 Alt. 2). Soweit demgegenüber die wohl hM die Verpachtung deshalb als Veräußerung einstuft, weil der Pächter gem. § 581 BGB iVm § 956 BGB das Eigentum an den Früchten der Sache erwirbt und diese daher nicht mehr der Befriedigung des Gläubigers dienen können (RGSt 6, 100 (101); MüKoStGB/*Maier* Rn. 26; LK-StGB/*Schünemann*

Rn. 29), beruht dies auf der fragwürdigen Hypothese, dass der Schuldner bei eigener Nutzung die Früchte ebenfalls gezogen hätte, wozu ihn § 288 jedoch nicht verpflichtet (→ Rn. 16); es überzeugt daher nicht. Ebenfalls keine Veräußerung liegt schließlich in der Ausschlagung einer Erbschaft (Lackner/Kühl/*Heger* Rn. 4; Schönke/Schröder/*Heine*/*Hecker* Rn. 12; MüKoStGB/*Maier* Rn. 29; LK-StGB/*Schünemann* Rn. 30; aA RG JW 1902, 519) oder der Ablehnung, eine Gütergemeinschaft fortzusetzen (MüKoStGB/*Maier* Rn. 29; LK-StGB/*Schünemann* Rn. 30), da es sich dabei um freie Entscheidungen im Kernbereich der Privatautonomie handelt, die dem Einfluss des Gläubigers entzogen sind.

Fließt dem Schuldner selbst (nicht ausreichend ist dagegen der Zufluss bei einem Treuhänder oder gar **13** einem sonstigen Dritten; s. dazu MüKoStGB/*Maier* Rn. 25) bei der Veräußerung der (aus objektivierter Gläubigersicht im Zeitpunkt der jeweiligen Verfügung zu bestimmende; s. dazu LK-StGB/*Schünemann* Rn. 28) volle wirtschaftliche Gegenwert des veräußerten Vermögensobjekts zu, werden die Befriedigungschancen des Geldgläubigers durch die Veräußerung in Summe nicht geschmälert werden, weshalb § 288 in diesen Fällen ausscheidet (ganz hM; s. statt vieler Schönke/Schröder/*Heine*/*Hecker* Rn. 12). Entgegen der Rspr. (RG GA 1901, 128; BGH NJW-RR 1991, 467 (468)) gilt dies auch dann, wenn der Schuldner beabsichtigt, den erhaltenen Gegenwert alsbald zu verschenken oder zu verprassen (Schönke/Schröder/*Heine*/*Hecker* Rn. 12; SK-StGB/*Hoyer* Rn. 14; MüKoStGB/*Maier* Rn. 25; LK-StGB/*Schünemann* Rn. 28), da andernfalls allein seine böse Absicht bestraft würde, die noch keinen Niederschlag in der Außenwelt gefunden hat. Verprasst oder verschenkt der Schuldner das Erhaltene tatsächlich, liegt ggf. darin und nicht schon in der ursprünglichen Veräußerung die strafbare Vollstreckungsvereitelung (MüKoStGB/*Maier* Rn. 25; zum Verprassen aber auch → Rn 14). Strafbar bleibt hingegen die Verschleuderung unter Wert (BGH NJW 1953, 1152; MüKoStGB/*Maier* Rn. 27) sowie – unabhängig vom Zufluss eines Gegenwerts – auch die Veräußerung bereits gepfändeter (LK-StGB/*Schünemann* Rn. 28) oder an den Gläubiger herauszugebender Gegenstände (MüKoStGB/*Maier* Rn. 25), durch die der Gläubiger eine Sicherheit bzw. den ihm zustehenden Gegenstand selbst verliert.

Gewährt der Schuldner einem Dritten lediglich eine sog konkruente Deckung (ausführlich zu **14** konkruenten und inkongruenten Deckungen → § 283c Rn. 7–12), indem er eine fällige Verpflichtung in der geschuldeten Form erfüllt, liegt ebenfalls keine tatbestandliche Veräußerung iSd § 288 vor (wohl einhM; s. statt aller Schönke/Schröder/*Heine*/*Hecker* Rn. 13). Denn selbstverständlich kann das Strafrecht dem Schuldner nicht die Erfüllung seiner zivilrechtlichen Pflichten verbieten. Auch ist es dem Schuldner nicht verwehrt, im Rahmen seiner allgemeinen Lebensführung weitere Ausgaben zu tätigen (iE auch LK-StGB/*Schünemann* Rn. 29), ohne dass er durch § 288 auf angemessene oder gar bescheidene Aufwendungen beschränkt würde; denn diese Vorschrift kennt – im Unterschied zu § 283 Abs. 1 Nr. 2 – keine Tatmodalität der unwirtschaftlichen Ausgaben (LK-StGB/*Schünemann* Rn. 29).

b) Beiseite Schaffen. Ein Beiseiteschaffen iSd § 288 liegt vor, wenn die Vollstreckung in den **15** betroffenen Gegenstand wenigstens vorübergehend faktisch erschwert oder unmöglich gemacht wird (so – trotz unterschiedlicher Akzentsetzung in den Details – die iErg einhM; s. zB BGH GA 1965, 309; Fischer Rn. 10; Schönke/Schröder/*Heine*/*Hecker* Rn. 14; MüKoStGB/*Maier* Rn. 30; AnwK-StGB/*Putzke* Rn. 11; LK-StGB/*Schünemann* Rn. 31; NK-StGB/*Wohlers*/*Gaede* Rn. 13). Da wirksame Rechtsgeschäfte bereits eine Veräußerung gem. § 288 Abs. 1 Alt. 1 darstellen (→ Rn. 12), verbleiben hierfür im wesentlichen Realakte sowie nichtige oder unwirksame Rechtshandlungen (ähnl. NK-StGB/*Wohlers*/*Gaede* Rn. 13) wie das Verstecken an Ort und Stelle (NK-StGB/*Wohlers*/*Gaede* § 288 Rn. 13), das Verbringen an einen unbekannten (RG Recht 1902, 594: Lagerung in einem unter fremdem Namen gemieteten Raum), unzugänglichen (BGH NStZ-RR 2012, 278 (279)) oder vom Gläubiger nicht vermuteten Ort (RG DJ 1934, 450; LK-StGB/*Schünemann* Rn. 31), Scheinbelastungen (RGSt 63, 133; LK-StGB/*Schünemann* Rn. 31: Bestellung einer Scheinhypothek) oder Scheinveräußerungen mit oder ohne Besitzübergabe (RGSt 13, 138 (140); 27, 213 (215); Fischer Rn. 10) und das Verdunkeln der wirklichen Vermögenszuordnung durch falsche Beweismittel (RG GA 1898, 122: Ausstellung einer Urkunde über eine nicht erfolgte Zession). Die Einziehung einer Forderung ist zum einen eine Rechtshandlung mit Erlöschenswirkung und zum anderen per definitionem durch den Zufluss des eingezogenen Forderungsbetrages (→ Rn. 13) gekennzeichnet; sie stellt daher auch dann kein Beiseiteschaffen dar, wenn sie vor Fälligkeit erfolgt (SK-StGB/*Hoyer* Rn. 14; LK-StGB/*Schünemann* Rn. 31; NK-StGB/*Wohlers*/*Gaede* Rn. 13; aA RGSt 9, 231; 19, 25; Fischer Rn. 10; MüKoStGB/*Maier* Rn. 30). Fließt hingegen nicht der volle Forderungsbetrag zu, handelt es sich bei Lichte besehen nicht um eine Einziehung, sondern um einen (Teil-)Erlass und damit um eine Veräußerung iSd § 288 Abs. 1 Alt. 1. Eine Beschädigung ist schon dem Wortsinn nach kein Beiseiteschaffen (s. für die wohl einhM LK-StGB/*Schünemann* Rn. 32). Beim Zerstören spricht zwar nicht der Wortsinn gegen die Subsumtion unter § 288 Abs. 1 Alt. 2, wohl aber der Umstand, dass § 283 Abs. 1 Nr. 1 die Tathandlungen des Beiseiteschaffens und des Zerstörens explizit unterscheidet (Schönke/Schröder/*Heine*/*Hecker* Rn. 14; SSW StGB/*Kudlich* Rn. 9; SK-StGB/*Hoyer* Rn. 15; AnwK-StGB/*Putzke* Rn. 11; NK-StGB/*Wohlers*/*Gaede* Rn. 13; aA RGSt 27, 122 (123); Fischer Rn. 10; MüKoStGB/*Maier* Rn. 30; LK-StGB/*Schünemann* Rn. 31). Der alltägliche Ge- oder Verbrauch von Gütern im Rahmen der allgemeinen Lebensführung ist ebenso wenig ein Beiseiteschaffen wie ein Veräußern (LK-StGB/*Schünemann* Rn. 32; Rn. 14). Nicht ausreichend für § 288 Abs. 1 Alt. 2 ist schließlich auch die bloße Mehrung der Schuldenmasse, das

Leugnen des Besitzes gegenüber den Vollstreckungsorganen sowie die Aufforderung an einen Dritten, sich auf seine tatsächlich bestehenden Rechte an einem Vermögensgegenstand zu berufen (zu diesen Beispielen s. LK-StGB/*Schünemann* Rn. 32).

16 **c) Unterlassen.** Ein Veräußern oder Beiseiteschaffen durch Unterlassen kommt nur dann in Betracht, wenn der Schuldner Garant für die Vermögensinteressen seiner Gläubiger ist. Eine solche Garantenstellung kann im Einzelfall insbeondere aus Ingerenz, Überwachungspflichten für Dritte (speziell Mitarbeiter des Schuldners) und erhöhten Vermögenserhaltungspflichten nach bereits eingeleiteten Sicherungs- oder Vollstreckungsmaßnahmen des Gläubigers (MüKoStGB/*Maier* Rn. 28; LK-StGB/*Schünemann* Rn. 29) resultieren. Sie folgt jedoch weder allein aus der Schuldnerstellung, noch aus der Zuordnung bestimmter Gegenstände zum Schuldnervermögen (so aber andeutungsweise LK-StGB/ *Schünemann* Rn. 29), da dies auf die Verpflichtung des Schuldners hinausliefe, alle seine Ressourcen ausschließlich zugunsten der Gläubiger einzusetzen, was mit seiner wirtschaftlichen Handlungsfreiheit nicht in Einklang zu bringen wäre (LK-StGB/*Schünemann* Rn. 29). Vollstreckungsvereitelung durch Unterlassen kann daher etwa dann begangen werden, wenn der Schuldner den unberechtigten Zugriff eines Dritten auf einen bereits rechtmäßig gepfändeten oder mit dinglichem Arrest belegten Gegenstand nicht abwehrt (LK-StGB/*Schünemann* Rn. 29; weitergehend RG GA 1892, 165: Nichthinderung unberechtigter Zugriffe Dritter ist stets tatbestandlich) oder eine zu seinen Gunsten erfolgende Vermögensbeseitung durch seine Mitarbeiter nicht unterbindet. Geht der Schuldner bewußt keiner Arbeit nach oder läßt er andere Erwerbs- oder Gewinnchancen ungenutzt, stellt dies dagegen ebenso wenig ein strafbares Unterlassen dar (LK-StGB/*Schünemann* Rn. 29; aA RGSt 35, 62; BayObLGSt 14, 220: Beiseiteschaffen durch Vereinbarung einer unverhältnismäßig geringen Vergütung) wie die Weigerung, vollstreckungsfördernde Auskünfte zu erteilen (RGSt 71, 227 (229); RG DJ 1937, 1317; LK-StGB/ *Schünemann* Rn. 32).

III. Subjektiver Tatbestand

17 **1. Vorsatz.** § 288 erfordert Vorsatz bezüglich sämtlicher objektiver Tatbestandsmerkmale, dh auch hinsichtlich des Bestehens eines gegen den Täter gerichteten, durchsetzbaren, vermögenswerten und vollstreckungsfähigen Anspruchs (→ Rn. 5–7), des Drohens der Zwangsvollstreckung durch einen bestimmten Gläubiger (Fischer Rn. 11; Schönke/Schröder/*Heine/Hecker* Rn. 16; MüKoStGB/*Maier* Rn. 37), des Umstands, dass der veräußerte oder beiseite geschaffte Gegenstand überhaupt der Zwangsvollstreckung unterliegt (RGSt 59, 314 ff.; nicht aber notwendigerweise der Tatsache, dass gerade in diesen Gegenstand auch vollstreckt werden soll; s. dazu RG JW 1905, 754; LK-StGB/*Schünemann* Rn. 34; insoweit aA NK-StGB/*Wohlers/Gaede* Rn. 14) sowie der mangelnden Vollwertigkeit eines zufließenden Veräußerungserlöses oder der Inkongruenz einer gewährten Deckung (s. zu letzterem Schönke/Schröder/*Heine/Hecker* Rn. 16). Bedingter Vorsatz reicht durchgehend aus (s. statt aller Lackner/Kühl/*Heger* Rn. 5). Einem vorsatzausschließenden Tatbestandsirrtum gem. § 16 Abs. 1 S. 1 unterliegt, wer meint, dass der Gläuber überhaupt nicht oder jedenfalls nicht in die veräußerten oder beiseite geschafften Gegenstände vollstrecken dürfe (RGSt 38, 227 (234); 59, 314 (316); LK-StGB/*Schünemann* Rn. 34; aA Fischer Rn. 11: nicht Vorsatz, sondern Vereitelungsabsicht entfällt), oder davon ausgeht, zivilrechtlich zu der vorgenommenen Veräußerung verpflichtet zu sein (ganz hM; s. zB Fischer Rn. 11 mwN; aA MSM StrafR BT I § 47 Rn. 10: Verbotsirrtum). Die Annahme, auch nach einer Veräußerung oder einem Beiseiteschaffen von Vermögensgegenständen sei noch ausreichend Haftungsmasse zur Befriedigung der Gläubiger vorhanden, lässt den Vorsatz unberührt, beseitigt aber die Vereitelungsabsicht (→ Rn. 18; aA die hM; s. Fischer Rn. 11; LK-StGB/*Schünemann* Rn. 34; NK-StGB/*Wohlers/Gaede* Rn. 15). Die Ansicht, eine Veräußerung schade den Gläubigern nicht, weil der veräußerte Gegenstand ohnehin wertlos gewesen sei, kann sowohl den Vorsatz (wenn der Täter glaubt, es liege schon kein Veräußern iSd § 288 vor; s. hierzu BGH ZIP 1991, 230) wie auch die Vereitelungsabsicht (wenn er annimmt, die Befriedigungsmöglichkeiten würden dadurch nicht weiter geschmälert) entfallen lassen; für die Praxis ist diese Unterscheidung freilich bedeutungslos.

18 **2. Vereitelungsabsicht.** Der Täter des § 288 muss nicht nur vorsätzlich, sondern zudem in der Absicht handeln, die Befriedigung des Gläubigers zu vereiteln. Zu fordern ist dabei Absicht im technischen Sinn, dh dolus directus 1. Grades (SK-StGB/*Hoyer* Rn. 17; AnwK-StGB/*Putzke* Rn. 13; LK-StGB/*Schünemann* Rn. 37; NK-StGB/*Wohlers/Gaede* Rn. 16), da nur so ein ausreichendes Korrektiv zu dem weit ausgreifenden objektiven Tatbestand geschaffen werden kann (and. die hM, die direkten Vorsatz 2. Grades ausreichen lässt; s. zB RGSt 59, 314 (315); BGH MDR 1991, 521; Fischer Rn. 12; Lackner/Kühl/*Heger* Rn. 6; Schönke/Schröder/*Heine/Hecker* Rn. 17; SSW StGB/*Kudlich* Rn. 11; MüKoStGB/*Maier* Rn. 40); da die hier vertretene Auffassung den Vereitelungserfolg als erstrebten Zwischenzweck ausreichen lässt (LK-StGB/*Schünemann* Rn. 37) und den Strafrichter selbstverständlich auch nicht dazu zwingt, der bloßen Behauptung fehlender Vereitelungsabsicht unbesehen zu glauben, kann ihr auch nicht entgegengehalten werden, dass sie den Anwendungsbereich des § 288 marginalisiere. Vereitelungsabsicht liegt vor, wenn es dem Täter gerade darauf ankommt, die Befriedigung des Gläubigers wenigstens vorübergehend (BGH MDR 1977, 238; Fischer Rn. 12; Schönke/Schröder/*Heine/*

Hecker Rn. 17) gänzlich oder teilweise (LK-StGB/*Schünemann* Rn. 36) zu unterbinden oder zu erschweren (RGSt 8, 1 (4); RG Recht 1903, 424). Einzutreten braucht dieser Erfolg nicht (Fischer Rn. 12). Die Vereitelungsabsicht fehlt, wenn der Täter (vermeintlich) über weitere Vermögensstücke verfügt, die für die Befreidigung des Gläubigers ausreichen (wohl einhM; s. statt aller Fischer Rn. 13), es sei denn, die Vollstreckung erfolgt gerade wegen der Herausgabe des veräußerten oder beseite geschafften Gegenstandes; dann ist die Vereitelungsabsicht der Beseitigungshandlung immanent (RGSt 75, 19; Fischer Rn. 13; LK-StGB/*Schünemann* Rn. 38). Versucht der Schuldner, für seine Gläubiger „zu retten, was zu retten ist" (zB indem einen verlustbringenden Notverkauf verderblicher Ware durchführt; s. dazu LK-StGB/*Schünemann* Rn. 38) oder schaltet er einen Treuhänder ein, der sein verbliebenes Vermögen gleichmäßig auf die Gläubigergesamtheit verteilen soll (MüKoStGB/*Maier* Rn. 42), wird er regelmäßig ebenfalls ohne Vereitelungsabsicht handeln.

IV. Vollendung, Beendigung, Versuch

1. Vollendung. Die Vollstreckungsvereitelung ist mit dem jeweiligen Akt des Veräußerns oder **19** Beiseiteschaffens vollendet (einhM; s. statt aller Schönke/Schröder/*Heine/Hecker* Rn. 15); auf den Eintrit des beabsichtigten Vereitelungserfolgs kommt es dabei nicht an (RGSt 32, 20 (21); 38, 227 (233); MüKoStGB/*Maier* Rn. 32; iE auch LK-StGB/*Schünemann* Rn. 33, der aber gleichwohl einen „Zwischenerfolg" in Form eines konkret gefährlichen Zustandes im Sinne der potentiellen Gefährdungsdelikte verlangt). Tätige Reue nach dem Vollendungszeitpunkt führt mangels ausdrücklicher Regelung nicht zur Straflosigkeit (s. statt aller Fischer Rn. 12), sondern eröffnet allenfalls Möglichkeiten einer Opportunitätsentscheidung oder der Strafmilderung. Extreme Fallgestaltungen, in denen dies angesichts eines vollständig fehlenden Strafbedürfnisses unzureichend erscheint (s. dazu LK-StGB/*Schünemann* Rn. 33: Verstecken eines Vermögensgegenstandes für nur einen Tag mit freiwilligem Zurückschaffen noch vor dem Beginn irgendeiner Vollstreckungsmaßnahme), sind denkbar, dürften allerdings wegen unterbleibenden Strafantrags (→ Rn. 4) theoretisch bleiben.

2. Beendigung. Soweit ersichtlich, erörtert allein Schönke/Schröder/*Heine/Hecker* Rn. 15 die Mög- **20** lichkeit eines Auseinanderfallens von formeller Vollendung und materieller Tatbeendigung. Praktischer Bedarf für eine solche Konstruktion, die allein für die Strafbarkeit eines später hinzukommenden Gehilfen bedeutsam werden und ausschließlich Sonderfälle des Beiseiteschaffens (in denen die Verbringung eines Gegenstandes in sein endgültiges Versteck längere Zeit in Anspruch nimmt) betreffen könnte, besteht indes nicht.

3. Versuch. Bei der Vollstreckungsvereitelung handelt es sich um ein Vergehen (s. § 12 Abs. 2), **21** dessen Versuch mangels ausdrücklicher gesetzlicher Bestimmung nicht strafbar ist (s. § 23 Abs. 1).

V. Täterschaft und Teilnahme

§ 288 enthält ein Sonderdelikt (→ Rn. 3), als dessen Täter nur der Vollstreckungsschuldner selbst in **22** Betracht kommt. In Fällen gesetzlicher Vertretung einer juristischen oder natürlichen Person oder einer rechtsfähigen Personenvereinigung wird die Schuldnerstellung über § 14 dem Vertreter zugerechnet, der dann auch der taugliche Täter der Vollstreckungsvereitelung sein kann; ausführlich hierzu → Vorb. §§ 283 ff. Rn. 12 ff.). Diese Zurechnung kann im Einzelfall dazu führen, dass der Täter mehrere Schuldnerstellungen in seiner Person vereint (so etwa der geschäftsführende Komplementär einer KG), die dann im Hinblick auf die Frage, wem konkret die Zwangsvollstreckung droht und wessen Vermögensgegenstände veräußert werden, sorgfältig zu unterscheiden sind; auch → Vorb. §§ 283 ff. Rn. 19.

Die Vollstreckungsvereitelung ist kein eigenhändiges Delikt (LK-StGB/*Schünemann* Rn. 41) und **23** kann daher vom Schuldner oder dessen gesetzlichem Vertreter auch in mittelbarer Täterschaft durch einen anderen begangen werden. Dies gilt nicht nur dort, wo sich der Schuldner für die Vereitelungshandlung eines gutgläubigen Dritten bedient, sondern auch für den Einsatz eines bösgläubigen Extraneus, der dann als qualifikationslos-doloses Werkzeug Gehilfe des Schuldners ist (Fischer Rn. 5; LK-StGB/*Schünemann* Rn. 41 mwN zu abweichenden Täterschaftskonstruktionen, die allerdings zum gleichen Ergebnis führen; aA NK-StGB/*Wohlers/Gaede* Rn. 4 mwN zu einer vordringenden Auffassung, die in dem letztgenannten Fall Tatherrschaft des Schuldners und damit die Strafbarkeit aller Beteiligten verneint).

Die Strafbarkeit der Teilnahme folgt den allgemeinen Regeln. Der Gehilfe braucht daher nicht selbst **24** mit Vereitelungsabsicht handeln, muss aber um diese Absicht des Täters ebenso wissen (RG JW 1939, 2357; Fischer Rn. 14) wie um die Tatförderung durch sein eigenes Verhalten (LK-StGB/*Schünemann* Rn. 42). Der bloße Erwerb von Vermögensgegenständen im Rahmen einer tatbestandsmäßigen Veräußerung begründet auch für den bösgläubigen Erwerber noch keine strafbare Beihilfe (Rechtsgedanke der sog notwendigen Teilnahme; s. Fischer Rn. 14; LK-StGB/*Schünemann* Rn. 42 sowie die Rspr. zu § 283; → § 283 Rn. 75; anders die wohl hM; s. dazu NK-StGB/*Wohlers/Gaede* Rn. 4 mwN). Die Strafbarkeitsschwelle ist aber zB dann überschritten, wenn der Erwerber des Gegenstandes diesen heimlich rücküberträgt oder zugunsten des Schuldners weiterveräußert (Fischer Rn. 14; der dort ebenfalls genannte Fall des Ankaufs weit unter Wert ist hingegen gerade ein Fall notwendiger Teilnahme, da die Veräußerung zum Verkehrswert schon für den Schuldner straflos ist und Beihilfe deshalb von vornherein nicht in Betracht kommt). Anstiftung ist niemals notwendig, auch gibt es keine notwendige Teilnahme am Beiseiteschaffen (s. RGSt 63, 133: Beihilfe des Inhabers einer Scheinhypothek). Vielmehr kann der Ankauf oder das Absetzen von beiseite geschafften Gegenständen sogar Hehlerei darstellen (BGH GA 1977, 145 bei einem Beiseiteschaffen im Rahmen des § 283 Abs. 1 Nr. 1).

25   Die Eigenschaft als Vollstreckungsschuldner stellt ein besonderes Tätermerkmal iSd § 28 Abs. 1 dar, weshalb die Strafe des teilnehmenden Nicht-Schuldners entsprechend zu mildern ist (BGH NJW 2013, 949 für die Schuldnereigenschaft bei § 283; Fischer Rn. 14; Schönke/Schröder/*Heine/Hecker* Rn. 18; SK-StGB/*Hoyer* Rn. 11; LK-StGB/*Schünemann* Rn. 44; aA Lackner/Kühl/*Heger* Rn. 7; SSW StGB/ *Kudlich* Rn. 12; MüKoStGB/*Maier* Rn. 48; NK-StGB/*Wohlers/Gaede* Rn. 5).

VI. Konkurrenzen

26   Innerhalb des § 288 kann das Vorliegen der Tathandlungen des Veräußerns oder des Beiseiteschaffens wahldeutig festgestellt werden (RGSt 6, 100; LK-StGB/*Schünemann* Rn. 46); grundlegende verfassungsrechtliche Bedenken gegen das Institut der Wahlfeststellung bestehen nicht (aA BGH NStZ 2014, 392).

27   Tateinheit ist möglich mit § 136, wenn die Zwangsvollsreckung bereits begonnen hat, aber noch nicht abgeschlossen ist. Ebenso mit § 246 (etwa bei Veräußerung fremder Sachen, die der Schuldner herauszugeben hätte; s. RGSt 61, 410; BGH GA 1965, 309), mit § 283c (bei Gewähren einer inkongruenten Deckung; s. RGSt 20, 214; Fischer Rn. 16), mit § 283 Abs. 2, wenn der Schuldner mit der Vereitelungshandlung zugleich seine wirtschaftliche Krise herbeiführt, sowie auch mit § 283 Abs. 1 Nr. 1, sofern – was denkbar ist (→ Rn. 9) – Einzel- und Gesamtvollstreckung nebeneinander betrieben werden (NK-StGB/*Wohlers/Gaede* Rn. 18 mwN). Betrug gem. § 263 kann gegenüber der Vollstreckungsvereitelung straflose Nachtat sein (zB wenn der Schuldner nach dem Beiseiteschaffen falsche Angaben über den Verbleib der betroffenen Gegenstände macht; s. MüKoStGB/*Maier* Rn. 53).

VII. Strafantrag, Verfall

28   **1. Strafantrag.** Die Vollstreckungsvereitelung ist absolutes Antragsdelikt; § 288 Abs. 2. Antragsberechtigt sind (nur) diejenigen Gläubiger, von deren Seite die Zwangsvollstreckung drohte und deren Befriedigung vereitelt werden sollte oder vereitelt wurde (RGSt 1, 37; 17, 42; NK-StGB/*Wohlers/Gaede* Rn. 17). In deren Insolvenz liegt die Antragsberechtigung auch bei ihren Insolvenzverwaltern (RGSt 23, 344; 33, 433; 35, 149; LK-StGB/*Schünemann* Rn. 45). Vorermittlungen und unaufschiebbare vorläufige Sicherungsmaßnahmen seitens der Strafverfolgungsbehörden sind bereits dann zulässig, wenn zwar noch kein Strafantrag gestellt, die Antragsfrist des § 77b aber noch offen ist (BVerfG NStZ-RR 2004, 112).

29   **2. Verfall.** Das Beiseiteschaffen kann dazu führen, dass der Täter die nunmehr unbeschränkte, nicht mehr durch eine drohende Zwangsvollstreckung belastete Verfügungsmacht über den betreffenden Gegenstand erlangt. Hierin liegt zwar ein erlangtes „etwas" iSd § 73 Abs. 1 S. 1, jedoch stehen einer Verfallsanordnung regelmäßig gem. § 73 Abs. 1 S. 2 die Ansprüche des Verletzten entgegen (s. dazu eingehend BGH wistra 2012, 69).

§ 291 Wucher

(1) ¹Wer die Zwangslage, die Unerfahrenheit, den Mangel an Urteilsvermögen oder die **erhebliche Willensschwäche eines anderen dadurch ausbeutet, daß er sich oder einem Dritten**
1. für die Vermietung von Räumen zum Wohnen oder damit verbundene Nebenleistungen,
2. für die Gewährung eines Kredits,
3. für eine sonstige Leistung oder
4. für die Vermittlung einer der vorbezeichneten Leistungen
Vermögensvorteile versprechen oder gewähren läßt, die in einem auffälligen Mißverhältnis zu der Leistung oder deren Vermittlung stehen, wird mit Freiheitsstrafe bis zu drei Jahren oder mit Geldstrafe bestraft. ²Wirken mehrere Personen als Leistende, Vermittler oder in anderer Weise mit und ergibt sich daraus ein auffälliges Mißverhältnis zwischen sämtlichen Vermögensvorteilen und sämtlichen Gegenleistungen, so gilt Satz 1 für jeden, der die Zwangslage oder sonstige Schwäche des anderen für sich oder einen Dritten zur Erzielung eines übermäßigen Vermögensvorteils ausnutzt.

(2) ¹In besonders schweren Fällen ist die Strafe Freiheitsstrafe von sechs Monaten bis zu **zehn Jahren. ²Ein besonders schwerer Fall liegt in der Regel vor, wenn der Täter**
1. durch die Tat den anderen in wirtschaftliche Not bringt,
2. die Tat gewerbsmäßig begeht,
3. sich durch Wechsel wucherische Vermögensvorteile versprechen läßt.

Literatur: *Ackermann,* Unerfahrenheitswucher als neuartiges Wirtschaftsdelikt, FS Tiedemann, 2008, 1163 ff.; *Arzt,* Zwischen Nötigung und Wucher, FS Lackner, 1987, 641 ff.; *Bernsmann,* Zur Problematik der Mißbrauchsklausel beim Sachwucher – eine Untersuchung zu einem „dogmatischen Dunkelfeld", GA 1981, 141 ff.; *Haberstroh,* Wucher im vermittelten Kreditgeschäft, NStZ 1982, 265 ff.; *Hohendorf,* Das Individualwucherstrafrecht nach dem Ersten Gesetz zur Bekämpfung der Wirtschaftskriminalität von 1976, 1982; *Hohendorf,* Die Bestimmung des auffälligen Mißverhältnisses zwischen Vermögensvorteilen und Leistung beim Ratenkreditwucher, BB 1982, 1205 ff.; *Heinsius,* Das Rechtsgut des Wuchers. Zur Auslegung des § 302a StGB, 1997; *Kindhäuser,* Zur Struktur des Wuchertatbestandes, NStZ 1994, 104 ff.; *Laufen,* Der Wucher (§ 291 Abs. 1 S. 1 StGB), Systematische Einordnung und dogmatische Struktur, 2004; *Löw,* Lohnwucher, unangemessene Entgeltvereinbarungen und ihre Folgen, MDR 2004, 734 ff.; *Nack,* § 302a StGB – ein faraday'scher Käfig für Kredithaie? MDR 1981, 621 ff.; *Otto,* Neue Tendenzen in der Interpretation der Tatbestandsmerkmale des Wuchers beim Kreditwucher, NJW 1982, 2745 ff.; *Scheffler,* Zum Verständnis des Wuchers gemäß § 302a StGB, GA 1992, 1 ff.; *Sickenberger,* Wucher als Wirtschaftsstraftat. Eine dogmatisch-empirische Untersuchung, 1985; *Sturm,* Die Neufassung des Wuchertatbestandes und die Grenzen des Strafrechts, JZ 1977, 84 ff.

A. Regelungscharakter

Strafbarer Wucher besteht darin, dass der Täter in einem **Leistungsaustauschverhältnis** vorsätzlich **1** eine **Zwangslage** und **Schwächesituation des Opfers** dazu **ausnutzt,** dass er den Vertragspartner als Gegenleistung für sich oder einen Dritten **Vorteile versprechen oder gewähren lässt, die den Gegenwert seiner** eigenen **Leistung** erkennbar in unangemessener Weise **weit übersteigen.** Vom Straftatbestand erfasst wird danach nur der **Individualwucher** (RGSt 60, 216 (225); BGHSt 11, 182 (183); Fischer Rn. 3; Schönke/Schröder/*Heine/Hecker* Rn. 2; Lackner/Kühl/*Heger* Rn. 1). Diesem wird im Zwei-Personen-Verhältnis nach Abs. 1 S. 2 die Bewucherung des einzelnen Opfers durch eine Mehrzahl zusammenwirkender Leistungserbringer hinzugefügt. Die Ausnutzung einer generellen Notlage der Allgemeinheit, der **Sozialwucher** (vgl. §§ 3–5 WiStG), wird von der vorliegenden Vorschrift nicht betroffen (BGHSt 11, 182 (183); Fischer Rn. 3; MüKoStGB/*Pananis* Rn. 1; LK-StGB/*Wolff* Rn. 1). Der Wuchertatbestand ist vollendet, wenn der Täter sich grob unangemessene Vorteile versprechen lässt. Zur tatsächlichen Leistungserbringung muss es nicht gekommen sein. Insoweit handelt es sich um einen **Gefährdungstatbestand** (Fischer Rn. 3; Schönke/Schröder/*Heine/Hecker* Rn. 2), weil ein tatsächlicher Schadenseintritt nicht generell vorausgesetzt wird. Die Strafnorm soll **das Vermögen** des Bewucherten schützen (Fischer Rn. 3; Schönke/Schröder/*Heine/Hecker* Rn. 2; Lackner/Kühl/ *Heger* Rn. 1; MüKoStGB/*Pananis* Rn. 3; SSW StGB/*Saliger* Rn. 2). Nur im Fall der tatsächlichen Leistungserbringung durch den Bewucherten liegt ein auf das Vermögen bezogenes Vermögensverletzungsdelikt vor (LK-StGB/*Wolff* Rn. 3). Ein Nebeneffekt des Straftatbestands ist der Schutz des Vertrauens in das ordnungsgemäße **Funktionieren des Wirtschaftsverkehrs;** dabei handelt es sich aber nicht um ein für die Legitimation der Strafnorm relevantes Rechtsgut. Charakteristisch für den Wuchertatbestand ist das **Vorliegen eines Leistungsaustauschverhältnisses,** also eines mindestens zweiseitigen Vertrages (Lackner/Kühl/*Heger* Rn. 2; MüKoStGB/*Pananis* Rn. 6; SSW StGB/*Saliger* Rn. 3). Ein einseitiges Rechtsgeschäft wird von der Norm nicht erfasst.

Der Wuchertatbestand beschränkt die **Vertragsfreiheit** nicht in einem über die Maßstäbe der Zivil- **2** rechtsordnung nach § 138 Abs. 2 BGB hinausgehenden Maß. Insoweit besteht hinsichtlich des objektiven Tatbestands weitgehend ein Gleichklang. Die Vertragsfreiheit ist vor diesem Hintergrund kein eigenständiges Rechtsgut der Strafnorm (aA NK-StGB/*Kindhäuser* Rn. 2 und BGH NStZ 1994, 105 ff.). Auch auf andere Gründe für die zivilrechtliche Unwirksamkeit des Vertrages als § 138 Abs. 2 BGB kommt es für die Erfüllung des Straftatbestands nicht an (SSW StGB/*Saliger* Rn. 3). Demnach ist trotz der Nähe des Wuchertatbestands zur Erpressung auch die **allgemeine Handlungsfreiheit** des Bewucherten und damit seine Willens- und Vertragsfreiheit kein zusätzliches Schutzgut des Straftatbestands (MSM StrafR BT I § 43 Rn. 8).

Das Gesetz nennt mit dem Mietwucher (Abs. 1 S. 1 Nr. 1) und dem Kreditwucher (Abs. 1 S. 1 **3** Nr. 2) nur Beispiele der in Frage kommenden **Leistungen des Wucherers,** die aber auch allgemein angesprochen (Abs. 1 S. 1 Nr. 3) und um Vermittlungsgeschäfte erweitert werden (Abs. 1 S. 1 Nr. 4). Ob der Wucherer seine Gegenleistung für das Versprechen oder die Verschaffung eines unangemessenen Vermögensvorteils aus eigenen oder fremden Mitteln erbringen will, ist unerheblich (MüKoStGB/ *Pananis* Rn. 6). Der Wortlaut der Norm steht dem nicht entgegen, der Normzweck spricht dafür.

B. Die Regelungen im Einzelnen

Der Tatbestand ist unnötig kompliziert gefasst (*Ackermann* FS Tiedemann, 2008, 1163), mit einer **4** Kumulation von subjektiven und wertenden Elementen verbunden und deshalb unpraktikabel (*Scheffler* GA 1992, 1 (4)). Er setzt voraus, dass eine Leistung des Wucherers und eine unangemessen hohe Gegenleistung des Bewucherten sich gegenüber stehen und der Wucherer sich diese Gegenleistung deshalb versprechen oder gewähren lässt, weil er eine objektive Zwangslage und subjektive Schwächesituation des Bewucherten dazu ausnutzt. Insbesondere die Ungewissheit über die Bestimmung des auffälligen Missverhältnisses zwischen Leistung und Gegenleistung hat dazu geführt, dass die Norm kaum praktische Bedeutung erlangt hat.

I. Leistungen des Wucherers

5   Abs. 1 S. 1 nennt nur scheinbar einen Katalog bestimmter Leistungsverhältnisse. Aus Abs. 1 S. 1
Nr. 3 ist zu entnehmen, dass auch **beliebige Leistungen des Wucherers** gemeint sind, für die Abs. 1
S. 1 **Nr. 1 und 2** nur **Beispiele** nennen (Fischer Rn. 4; MSM StrafR BT I § 43 Rn. 14; MüKoStGB/
Pananis Rn. 6), nachdem das frühere Gesetz verschiedene Tatbestände vorgesehen hatte. Auch die
Vermittlung einer Leistung ist eine Leistung (BT-Drs. V/75, 40), so dass Abs. 1 S. 1 **Nr. 4** ebenfalls ein
Unterfall der allgemeinen Leistungsklausel in Abs. 1 Nr. 3 darstellt und lediglich **deklaratorische
Funktion** besitzt. Die Abgrenzung zwischen den Fallgruppen ist daher im Ergebnis unerheblich, wenn
hilfsweise jedenfalls allgemeine Leistungen nach Abs. 1 S. 1 Nr. 3 in Rede stehen (MSM StrafR BT I
§ 43 Rn. 14). Die Unterscheidung zwischen Mietwucher sowie Kreditwucher einerseits sowie Wucher
bei sonstigen Leistungen andererseits ist allenfalls für die Art und Weise der Bestimmung des auffälligen
Missverhältnisses von Leistung und Gegenleistung anhand üblicher Margen von Bedeutung. Auf die
zivilrechtliche Wirksamkeit oder Unwirksamkeit der zugrunde liegenden Vertragsbeziehung
kommt es nicht an (BeckOK StGB/*Schmidt* Rn. 5; MSM StrafR BT I § 43 Rn. 12; SSW StGB/*Saliger*
Rn. 3).

6   **1. Mietwucher (Abs. 1 S. 1 Nr. 1).** Abs. 1 S. 1 Nr. 1 betrifft die **Vermietung von Räumen zum
Wohnen** oder damit verbundene Nebenleistungen. Gemeint ist nicht die Wohnraumvermietung,
sondern die Vermietung von Räumen zu dem im Einzelfall vorgesehenen Zwecke des Wohnens,
gegebenenfalls einschließlich der **Nebenräume** (LK-StGB/*Wolff* Rn. 5). Es kommt daher **nicht** darauf
an, ob die Räume ursprünglich **zum Wohnen bestimmt und geeignet** sind (Fischer Rn. 5; NK-
StGB/*Kindhäuser* Rn. 13; MüKoStGB/*Pananis* Rn. 7). Gerade die Überlassung von ungeeigneten
Räumen zum Wohnen gegen Entgelt kann Wucher sein, so die Vermietung von Trockenböden, Kel-
lerräumen, Lagerräumen oder Schuppen für Wohnzwecke. Auch auf eine bestimmte Beschaffenheit
kommt es nicht an, so dass **Behelfsunterkünfte und Baracken** Räume zum Wohnen im Sinne von
Abs. 1 S. 1 Nr. 1 darstellen können. Es geht nicht nur um Räume in Bauwerken; Wohncontainer
können genügen. Bewegliche Sachen sind inbegriffen, so dass auch **Wohnwagen, Wohncontainer,
Schiffskajüten oder Wohnzelte** als Räume zum Wohnen in Betracht kommen (Schönke/Schröder/
Heine/Hecker Rn. 4; MüKoStGB/*Pananis* Rn. 7; SSW StGB/*Saliger* Rn. 4; aA LK-StGB/*Wolff* Rn. 5).
Die zusätzlich angesprochenen **Nebenleistungen** sind alle Leistungen, die dem Wohnzweck zuzuord-
nen sind, also etwa Strom-, Gas- und Wasserlieferungen, Mobiliargestellung, Reinigung, Gartenpflege,
Benutzung von Fahrstühlen und Garagen oder Stellplätzen, Hausmeistertätigkeiten oder sonstige Ser-
viceleistungen (NK-StGB/*Kindhäuser* Rn. 13; MüKoStGB/*Pananis* Rn. 8). Angesichts eines bisher im
Ganzen ausreichenden Angebots von Wohnungen für die Gesamtbevölkerung trifft der Mietwucher
heute vor allem bestimmte Bevölkerungsgruppen, wie Studenten oder Ausländer (BT-Drs. 7/5291, 20;
LG Darmstadt NJW 1975, 549 f.). Der Wuchertatbestand erfasst sowohl Haupt- als auch **Untermiet-
verhältnisse** (Schönke/Schröder/*Heine/Hecker* Rn. 4; MüKoStGB/*Pananis* Rn. 7; SSW StGB/*Saliger*
Rn. 7).

7   **2. Kreditwucher (Abs. 1 S. 1 Nr. 2).** Mit dem **Kredit** ist hier dasselbe gemeint **wie in § 265b
Abs. 3 Nr. 2** (MüKoStGB/*Pananis* Rn. 9; SSW StGB/*Saliger* Rn. 5; LK-StGB/*Wolff* Rn. 9), also
Gelddarlehen aller Art, Akzeptkredite, der entgeltliche Erwerb und die Stundung von Geldforderungen,
die Diskontierung von Wechseln und Schecks und die Übernahme von Bürgschaften, Garantien und
sonstigen Gewährleistungen. Die **Höhe eines vereinbarten Zinsfußes** hat wegen der wechselnden
Zinshöhen nur **Indizbedeutung.** Kreditwucher kann auch vorliegen, wenn **im Rahmen gekoppelter
Geschäfte** mit der Gewährung eines Gelddarlehens weitere Leistungen verknüpft sind, so dass zwischen
beiden ein erkennbarer Zusammenhang besteht. Auch **unechtes Factoring** gehört zur Kreditgewährung (Fischer Rn. 6; MüKoStGB/*Pananis* Rn. 9; SSW StGB/*Saliger* Rn. 5; LK-StGB/*Wolff* Rn. 10);
echtes Factoring (Forderungskauf mit Risikoübernahme) fällt unter Abs. 1 S. 1 Nr. 3. Wucherische
Bargeschäfte werden ebenfalls regelmäßig von Abs. 1 S. 1 Nr. 3 erfasst.

8   **3. Sonstige Leistungen (Abs. 1 S. 1 Nr. 3).** Sonstige Leistungen sind alle Leistungen, die nicht
schon durch die vertypten Fälle nach Abs. 1 S. 1 Nr. 1 und 2 erfasst sind. Eine Beschränkung auf
Vermögensleistungen nimmt das Gesetz nicht vor (Schönke/Schröder/*Heine/Hecker* Rn. 7; NK-StGB/
Kindhäuser Rn. 15; MSM StrafR BT I § 43 Rn. 14; MüKoStGB/*Pananis* Rn. 11; SSW StGB/*Saliger*
Rn. 6), so dass **Dienstleistungen aller Art** gemeint sind (MüKoStGB/*Pananis* Rn. 10), auch Flucht-
hilfe, Lebensrettung, Ehevermittlung, Kunsthandel, Barbetrieb, Betäubungsmittelhandel oder Abtrei-
bungen. Inbegriffen sind nämlich selbst **gesetzwidrige Tätigkeiten.** Beim **Lohnwucher** ist das
Entgelt für Arbeitsleistungen eine Leistung des Wucherers (BGHSt 43, 53 (59)), die mit dem Vorteil für
den Wucherer zu vergleichen ist. Dabei kommt es bei Grenzgängern nicht auf die Lebensverhältnisse am
Wohnort, sondern auf die inländischen Maßstäbe an (Schönke/Schröder/*Heine/Hecker* Rn. 11). Beste-
hen Zweifel darüber, ob ein Fall von Abs. 1 S. 1 Nr. 1 oder Nr. 2 vorliegt, greift Abs. 1 S. 1 Nr. 3 als
Auffangtatbestand ein (LK-StGB/*Wolff* Rn. 11). Dieser gilt etwa für Mietverhältnisse, soweit nicht
Abs. 1 S. 1 Nr. 1 eingreift, für Darlehen, soweit, wie bei Sachdarlehen, nicht Abs. 1 S. 1 Nr. 2 gilt,

ferner für Verpachtung, Leihe, Tausch oder Verkauf von Gegenständen oder Rechten in der Form des echten Factoring (Fischer Rn. 7).

4. Vermittlung von Leistungen (Abs. 1 S. 1 Nr. 4). Vermittler ist jeder, der gegen Entgelt die **9** Bereitschaft eines Dritten zum Abschluss eines Geschäfts herbeiführt (MüKoStGB/*Pananis* Rn. 12). Die Vermittlung von Leistungen ist ihrerseits eine Leistung, so dass schon Abs. 1 S. 1 Nr. 3 eingreift. Abs. 1 S. 1 Nr. 4 **stellt nur klar,** dass auch Vermittlungsleistungen hinsichtlich der Leistungen nach Abs. 1 S. 1 Nr. 1–3 dem Straftatbestand unterliegen (BT-Drs. 7/3341, 40; Fischer Rn. 8; Schönke/Schröder/ *Heine/Hecker* Rn. 8; NK-StGB-StGB/*Kindhäuser* Rn. 16). Eine relevante Vermittlung wird insbesondere von Kreditvermittlern, Provisionsvertretern oder Maklern betrieben.

II. Vermögensvorteil als Gegenleistung

Der Wucherer muss sich vom Bewucherten einen Vermögensvorteil versprechen oder gewähren **10** lassen. Der Begriff Vermögensvorteil ist **wie in § 263 Abs. 1** zu verstehen (RGSt 20, 279 (286)). Er besteht **in jeder günstigeren Gestaltung der Vermögenslage** durch Übertragung von Geld oder Sachen, Erbringung von Dienst- oder Arbeitsleistungen, Forderungsabtretung oder Forderungserlass. Der Vermögensvorteil muss also nicht unbedingt in Geld bestehen, aber **in Geld messbar** sein (Schönke/Schröder/*Heine/Hecker* Rn. 10; LK-StGB/*Wolff* Rn. 25). Er kann auch in bedingt zugesicherten Vermögensvorteilen oder in einer Vollmacht zur Verfügung über fremdes Vermögen bestehen. Immaterielle Vorteile scheiden jedoch aus (MSM StrafR BT I § 43 Rn. 15).

III. Auffälliges Missverhältnis zwischen Leistung und Gegenleistung

1. Zwei-Personen-Verhältnisse. Es muss ein sogleich erkennbar auffälliges Missverhältnis zwischen **11** Leistung und Gegenleistung bestehen. Dessen Feststellung erfordert den **Vergleich des objektiven Werts** der sich gegenüberstehenden Leistungen. Maßgeblich ist der **Marktwert,** hilfsweise ein **„gerechter Preis"** (BayObLG 84, 95 (96 f.); näher *Laufen,* Der Wucher (§ 291 Abs. 1 S. 1 StGB), Systematische Einordnung und dogmatische Struktur, 2004, 124 ff.), der aber kaum bestimmbar ist, so dass der Wuchertatbestand mangels eines Marktwerts meist nicht anwendbar ist. Auch **bei verbotenen oder sittenwidrigen Leistungen** stößt die Wertbestimmung auf ungelöste Probleme; die Praxis orientiert sich am Üblichen. Es erscheint nicht sachgerecht, rechts- oder sittenwidrige Leistungen als wertlos zu betrachten (Fischer Rn. 19a; MSM StrafR BT I § 43 Rn. 16; aA *Bernsmann* GA 1981, 148 (158 ff.)). Subjektive Empfindungen des Bewucherten spielen für die Bestimmung des auffälligen Missverhältnisses keine Rolle. Ein persönlicher Schadenseinschlag bleibt außer Betracht (NK-StGB/*Kindhäuser* Rn. 28). Maßgeblich ist schon aufgrund des Wortlauts der Norm die **Perspektive des Gläubigers,** also des potenziellen Wucherers, nicht diejenige des mutmaßlichen Opfers. Zu vergleichen sind unter **Beachtung der Umstände des Einzelfalls** die **Gesamtheit der Vermögensaufwendungen** des anderen Teils **mit den Vorteilen,** die dem Täter oder einem Dritten **für die Leistung** zufließen, nicht mit den Vorteilen, die das Opfer aus dem Geschäft erlangt oder sich verspricht (RGSt 20, 279 (282); 29, 78 (82); 39, 126 (129); 53, 285 (286); 60, 216 (219); BGHSt 43, 53 (59); BayObLG 84, 95 (96); Fischer Rn. 16; SSW StGB/*Saliger* Rn. 13; LK-StGB/*Wolff* Rn. 26), wofür der Lotteriegewinn des Bewucherten aus Losen als Musterbeispiel gilt. Bei einer Mehrzahl selbstständiger Geschäfte ist der Vergleich für jedes einzelne Geschäft durchzuführen (RGSt 60, 216 (219)). Bei gekoppelten Geschäften müssen sämtliche Leistungen und alle Gegenleistungen zum Gegenstand der vergleichenden Prüfung gemacht werden. Ein **auffälliges Missverhältnis** liegt dann vor, wenn unbeschadet der späteren Notwendigkeit einer genaueren Prüfung für jeden Kundigen sogleich erkennbar ist, dass das Verhältnis von Leistung und Gegenleistung völlig unangemessen ist (BGHSt 43, 53 (60) mAnm *Bernsmann* JZ 1998, 633; BayObLG 84, 95 (96); OLG Stuttgart wistra 1982, 36 (37); *Bülte/Hagemeier* NStZ 2015, 317 (320); Schönke/ Schröder/*Heine/Hecker* Rn. 12; Lackner/Kühl/*Heger* Rn. 3). Dies ist durch Vergleich der Vorteile, die dem Wucherer aus dem Geschäft zufließen, mit dem Wert der Leistung zu ermitteln.

Beim **Mietwucher** geben der für Sozialwucher geltende Bußgeldtatbestand des § 5 WiKG und die **12** dazu erlassenen Richtlinien einen Hinweis darauf, wann von einem auffälligen Missverhältnis von Leistung und Gegenleistung auszugehen ist (MSM StrafR BT I § 43 Rn. 17). Danach liegt bei einer Überschreitung des üblichen Mietzinses im Fall der Wohnraumknappheit um mehr als 20 % ein unangemessen hoher Preis vor. Es geht um die **Ortsüblichkeit** (LG Darmstadt NJW 1975, 549 f. mAnm *Gothling;* Schönke/Schröder/*Heine/Hecker* Rn. 13; NK-StGB/*Kindhäuser* Rn. 33; MüKoStGB/*Pananis* Rn. 29; SSW StGB/*Saliger* Rn. 14) und um einen Grenzwert von 20 % über dem üblichen Betrag, wobei der Ausgangspunkt allerdings die Lage der Wohnungsknappheit mit der Folge ohnehin hoher Mietzinsbeträge ist. **Gestehungskosten** des Vermieters können bei der Vergleichsbetrachtung berücksichtigt werden (BGH NJW 1958, 599 (600); einschränkend BGHSt 30, 280 (281) mAnm *Scheu* JR 1982, 474; Schönke/Schröder/*Heine/Hecker* Rn. 13; Lackner/Kühl/*Heger* Rn. 4; MüKoStGB/*Pananis* Rn. 31). Zu beachten sind insbesondere **Art, Größe, Ausstattung, Beschaffenheit und Lage des Mietobjekts** (BGHSt 30, 280 (281); LG Darmstadt NJW 1975, 549) sowie die **Nebenleistungen,** ferner besondere **Risiken** für den Vermieter, die sich aus der Person oder den Verhältnissen des Mieters im Hinblick auf möglichen Mietausfall oder Abnutzung des Mietobjekts ergeben können (Schönke/ Schröder/ *Heine/Hecker* Rn. 13). Auf der Mieterseite ist eine Beeinträchtigung der Lebensführung durch die Höhe des Mietzinses zu beachten (RGSt 71, 325 (326); BGH NJW 1958, 599 (600)). Es kommt auf die **aktuelle Mietsituation,** nicht auf veraltete Mietspiegel an (OLG Karlsruhe NJW 1997, 3388 f.). Unter Berücksichtigung aller Umstände ist bei **Wohnraum ohne gesetzliche Preisbindung** bei einer **Überschreitung der ortsüblichen Miete um 50 % und mehr** in der Regel von einem auffälligen Missverhältnis auszugehen (BGHSt 30, 280 (281); BayObLG NZM 1998, 999 (1000); Fischer Rn. 17; Schönke/Schröder/ *Heine/Hecker* Rn. 15; Lackner/Kühl/ *Heger* Rn. 4; NK-StGB/ *Kindhäuser* Rn. 33; MüKoStGB/ *Pananis* Rn. 30; LK-StGB/ *Wolff* Rn. 30; einschränkend OLG Karlsruhe NJW 1997, 3388 (3389)). Bei **preisgebundenem Wohnraum** muss der Grenzwert nicht tiefer veranschlagt werden (Fischer Rn. 17). Bei **gewerblich genutzten Räumen** (Abs. 1 S. 1 Nr. 3) kann er bei 100 % über der ortsüblichen Miete angesetzt werden (SSW StGB/ *Saliger* Rn. 14).

13 Beim **Kreditwucher** spielt der Ratenkredit eine praktisch wichtige Rolle. Das auffällige Missverhältnis muss hierbei aufgrund einer **Gesamtschau verschiedener Faktoren** ermittelt werden (OLG Karlsruhe NJW 1988, 1154 (1156); MSM StrafR BT I § 43 Rn. 18; LK-StGB/ *Wolff* Rn. 33). Das Missverhältnis kann demnach nicht allein aus der Differenz zwischen dem effektiven Jahreszins des konkreten Kredits und dem in Monatsberichten der Deutschen Bundesbank veröffentlichten Schwerpunktzins als dem Maß des Üblichen festgestellt werden (Fischer Rn. 18; *Laufen,* Der Wucher (§ 291 Abs. 1 S. 1 StGB), Systematische Einordnung und dogmatische Struktur, 2004, 137 ff.). Vielmehr müssen neben dem **Zins** auch **Zweck und Höhe des Darlehens, Laufzeit, Kreditsicherheiten, Ausfallrisiko** und die **Kosten** in Form von Provisionen, Bearbeitungsgebühren, Restschuldversicherungen ua berücksichtigt werden (LK-StGB/ *Wolff* Rn. 33). Gestehungskosten sind nach der Rspr. im Rahmen redlicher Geschäftskalkulation berücksichtigungsfähig (BGHSt 84, 23 mAnm *Nack*). Ein **effektiver Jahreszins von 30 % und mehr** gilt als Indiz für ein wucherisches Kreditgeschäft (SSW StGB/ *Saliger* Rn. 15). Im Allgemeinen kann unter Berücksichtigung der genannten Umstände des Einzelfalls ein relativ um **100 % über dem Schwerpunktzins** liegender effektiver Jahreszins oder eine absolute **Differenz um mindestens 12 Prozentpunkte** (Schönke/Schröder/ *Heine/Hecker* Rn. 16; NK-StGB/ *Kindhäuser* Rn. 36; MüKoStGB/ *Pananis* Rn. 35; SSW StGB/ *Saliger* Rn. 15) als in einem auffälligen Missverhältnis stehender Wert bezeichnet werden (LK-StGB/ *Wolff* Rn. 33), was wiederum nur ein Indiz ist und die **Gesamtwürdigung aller Umstände** nicht entbehrlich macht (Lackner/Kühl/ *Heger* Rn. 5). Liegt andererseits der effektive Jahreszins im Bereich des Marktüblichen, kommt es auf die Berechnung von Einzelpositionen nicht mehr an; Wucher ist dann auszuschließen (*Kindhäuser* NStZ 1994, 105 (108)). Bei anderen Krediten spielt zuvörderst der **Zinsfuß** (OLG Karlsruhe NJW 1988, 1154 (1156)), der bei Kreditgeschäften unter ähnlichen Umständen im redlichen Geschäftsverkehr üblich ist, eine besondere Rolle.

14 Beim **sonstigen Leistungswucher** fehlt es, wie beim Kreditwucher, an festen Vorgaben. Es müssen alle Umstände des Einzelfalls in einer Gesamtschau bewertet werden. Relativ unproblematisch sind Fälle, in denen gesetzliche Gebührensätze für Leistungen, etwa von Ärzten oder Rechtsanwälten, bestehen (SSW StGB/ *Saliger* Rn. 16). Für andere Bereiche ist § 4 WiKG von besondere Aussagekraft (NK-StGB/ *Kindhäuser* Rn. 37). Als Bezugspunkt gilt der **Marktpreis** (*Kindhäuser* NStZ 1994, 105 (109 f.); MüKoStGB/ *Pananis* Rn. 36; SSW StGB/ *Saliger* Rn. 13). Dessen Überschreitung mindestens um **das Doppelte** indiziert ein auffälliges Missverhältnis; bisweilen wird auch schon eine Überschreitung des Marktpreises **um 50 %** als Indiz für ein auffälliges Missverhältnis angesehen (MüKoStGB/ *Pananis* Rn. 38). Der „gerechte Preis" spielt keine Rolle und er liefert keinen hinreichend bestimmten Beurteilungsmaßstab. Bei Leistungen, die keinen Marktwert haben, entfällt daher praktisch die Anwendung des Wuchertatbestands. Er kann dann nur in Evidenzfällen unter Berücksichtigung der Gegebenheiten des Einzelfalls angewendet werden. **Bei verbotenen oder sittenwidrigen Leistungen,** wie Drogenhandel oder Prostitution, kann sich die Praxis, soweit der Straftatbestand mit Blick auf den Schutzzweck der Norm überhaupt zur Anwendung kommt (diff. Schönke/Schröder/ *Heine/Hecker* Rn. 18; abl. NK-StGB/ *Kindhäuser* Rn. 32; *Laufen,* Der Wucher (§ 291 Abs. 1 S. 1 StGB), Systematische Einordnung und dogmatische Struktur, 2004, 144 f.), am tatsächlich Üblichen (Schwarzmarktpreis) orientieren (SSW StGB/ *Saliger* Rn. 16). Beim **Lohnwucher** wird die Erfüllung des Tatbestands angenommen, wenn der vereinbarte Lohn höchstens zwei Drittel des Tariflohns umfasst (BGHSt 43, 53 (59 f.) mAnm *Bernsmann* JZ 1998, 629 und *Renzikowski* JR 1999, 164; Fischer Rn. 19; Schönke/Schröder/ *Heine/Hecker* Rn. 18; NK-StGB/ *Kindhäuser* Rn. 34).

15 Im Fall des **Vermittlungswuchers** kommt es darauf an, ob **die Vermittlungsleistung** als solche im Vergleich mit dem Wert ihrer Gegenleistung ein auffälliges Missverhältnis ergibt (RGSt 29, 78 (80); Fischer Rn. 20; Schönke/Schröder/ *Heine/Hecker* Rn. 17). Jedoch kann Vermittlungswucher unter den Voraussetzungen des Abs. 1 S. 2 auch in einem Missverhältnis zwischen dem Wert der vermittelten Leistung und der Vergütung des Bewucherten liegen (NK-StGB/ *Kindhäuser* Rn. 39; LK-StGB/ *Wolff* Rn. 37). Auch beim Vermittlungswucher ist zuvörderst ein **Vergleich anhand der ortsüblichen Entgelte** für Vermittlungsleistungen vorzunehmen (MüKoStGB/ *Pananis* Rn. 39). Ungeklärt ist wiederum, ob für das auffällige Missverhältnis eine Überschreitung des für entsprechende Vermittlungsleistungen Üblichen um **mehr als 50 %** (Fischer Rn. 20) oder von annähernd 100 % erforderlich ist. Beides

sind jedoch nur Indizien, die im Rahmen einer Gesamtschau aller Umstände zu berücksichtigen sind und dabei mehr oder weniger großes Gewicht besitzen. Misst man die Angemessenheit des Entgelts für die Vermittlungsleistung am Wert des Gegenstands der Vermittlung, dann kann etwa bei einer Vermittlungsprovision in Höhe von 20 % des Wertes des Vermittlungsgegenstands ein Schwellenwert angenommen werden.

2. Addition in Mehrpersonenverhältnissen (Abs. 1 S. 2). Wirken mehrere Personen mit und 16 ergibt sich ein **auffälliges Missverhältnis zwischen sämtlichen Vermögensvorteilen und sämtlichen Gegenleistungen,** gilt der Wuchertatbestand gemäß Abs. 1 S. 2 für jeden, der die Zwangslage oder sonstige Schwäche des anderen für sich oder einen Dritten zur Erzielung eines übermäßigen Vermögensvorteils ausnutzt. Das betrifft vor allem die Vermittlung und Gewährung von Krediten oder deren Absicherung durch Auskünfte oder Versicherungen, aber auch für andere Leistungsverhältnisse. Hier ist das auffällige Missverhältnis auf den Vergleich sämtlicher Leistungen und aller Gegenleistungen auf der anderen Seite bezogen (Schönke/Schröder/*Heine/Hecker* Rn. 30; LK-StGB/*Wolff* Rn. 40). Abs. 1 S. 2 regelt dabei den **Fall einer fehlenden oder nicht feststellbaren Mittäterschaft.** Täter nach Abs. 1 ist auch ohne die Sonderbestimmung des Abs. 1 S. 2 jeder an der Kreditverschaffung Mitwirkende, der eine im Hinblick auf seine Leistung für sich genommen unangemessene Gegenleistung sich versprechen lässt oder erhält; Mittäter ist jeder, der arbeitsteilig mit einem anderen gemeinschaftlich dolos für sich oder einen Dritten eine unangemessene Leistung anstrebt (Schönke/Schröder/*Heine* Rn. 30). Wer nicht Mittäter ist und für seine eigene Leistung isoliert gesehen keine unangemessene Gegenleistung erstrebt, wäre demnach nur Teilnehmer. Abs. 1 S. 2 fasst aber für andere Fälle außer der Mittäterschaft die Beiträge derjenigen, die selbstständige Geschäfte vornehmen, welche aber in einem funktionalen Zusammenhang stehen, zusammen und unterwirft im Fall des Ausnutzens einer Schwächelage des Vertragspartners bei den Mitwirkenden das auffällige Missverhältnis der Gesamtheit von Leistungen und Gegenleistungen für alle an der Kreditverschaffung Mitwirkenden dem Wuchertatbestand (BT-Drs. 7/3441, 40). Es geht um **Nebentäterschaft** (Fischer Rn. 21; NK-StGB/*Kindhäuser* Rn. 41; MüKoStGB/*Pananis* Rn. 40; SSW StGB/*Saliger* Rn. 17; LK-StGB/*Wolff* Rn. 49). Bestraft wird nur der Mitwirkende, der die Schwächesituation des Vertragspartners dazu **ausnutzt,** dass er sich oder einem Dritten einen unangemessenen Vorteil versprechen oder gewähren lässt (MSM StrafR BT I § 43 Rn. 20). Aus dem Täterkreis scheidet dagegen ein Mitwirkender aus, der ausschließlich für seine eigene Leistung eine insoweit angemessene Gegenleistung anstrebt (*Kindhäuser* NStZ 1994, 105 (108); MüKoStGB/*Pananis* Rn. 42; LK-StGB/*Wolff* Rn. 45) oder die Notlage des Vertragspartners und dessen Schwäche nicht ausnutzt. Mitwirkung in diesem Sinne liegt vor, wenn **bei wirtschaftlicher Betrachtung ein einheitlicher Geschäftsvorgang** anzunehmen ist, der in einem sonst selbstständigen Teil vom Wucherer wahrgenommen wird (BT-Drs. 7/5291, 20; Fischer Rn. 21; Schönke/Schröder/*Heine/Hecker* Rn. 31; NK-StGB/*Kindhäuser* Rn. 43, Lackner/Kühl/*Heger* Rn. 9; MüKoStGB/*Pananis* Rn. 41; LK-StGB/*Wolff* Rn. 46). Die verschiedenen Einzelgeschäfte müssen in einem inneren Zusammenhang stehen, wie etwa bei Kreditvermittlung und Kreditgewährung. Ein zufälliges Zusammentreffen oder eine einheitliche Zielsetzung reichen nicht aus. Besteht dagegen ein **funktionaler Zusammenhang** zwischen verschiedenen Geschäften, werden alle **Leistungen und Gegenleistungen** aus den zusammenhängenden Geschäften **zusammengefasst** und das Vorliegen eines auffälligen Missverhältnisses aus dem Vergleich der gebündelten Leistungen und Gegenleistungen ermittelt (Fischer Rn. 22; SSW StGB/*Saliger* Rn. 17; aA LK-StGB/*Wolff* Rn. 48), nicht nur aus den Einzelleistungen, die für sich genommen die Wuchergrenze überschreiten. Diese Regelung weist freilich ein Legitimationsproblem auf, weil hohe, aber noch nicht wucherische Einzelpreise zur Strafbarkeit führen sollen, wenn sie zusammengenommen die Wuchergrenze überschreiten (*Kindhäuser* NStZ 1994, 105 (108 f.)). Ob dies nach dem „ultima ratio-Prinzip" eine Strafdrohung rechtfertigt, bleibt bestritten.

IV. Ausbeuten einer Schwächelage des Bewucherten

Wucher ist das Ausbeuten der Zwangslage, der Unerfahrenheit, des Mangels an Urteilsvermögen oder 17 der erheblichen Willensschwäche eines anderen. Die **Einwilligung** des anderen ist schon wegen ihrer Erfassung im Tatbestand, nicht erst wegen der Sittenwidrigkeit der Art des Geschäftsabschlusses **irrelevant** (MSM StrafR BT I § 43 Rn. 9), so dass auch die Schwächelage des Bewucherten **nicht** so weit gehen muss, dass seine **Einwilligungsfähigkeit ausgeschlossen** wäre (NK-StGB/*Kindhäuser* Rn. 18).

1. Schwäche des anderen. Die Gründe für die Schwäche des Vertragspartners sind in Abs. 1 S. 1 18 abschließend aufgezählt; die Alternativen sind prinzipiell **gleichwertig** (LK-StGB/*Wolff* Rn. 14). Es können auch **mehrere dieser Gründe kumulativ** vorliegen oder ineinander übergehen (RGSt 17, 440 (442)). Sie führen jeweils zu einer erheblichen Unterlegenheit bei den Vertragsverhandlungen, die es dem Wucherer praktisch gestattet, einseitig die Vertragsbedingungen zu diktieren. Im Fall der Stellvertretung ist die Zwangslage beim Vertretenen, die Unerfahrenheit, der Mangel an Urteilsvermögen oder eine erhebliche Willensschwäche beim Stellvertreter von Bedeutung (Fischer Rn. 9; LK-StGB/*Wolff* Rn. 55). Die Schwächelage muss zur Zeit des Vertragsabschlusses vorliegen; tritt sie erst später ein oder fällt sie nachträglich weg, so ist dies unerheblich.

19   **a) Zwangslage.** Dies ist eine derartige individuelle Bedrängnis, dass dem Opfer das wucherische Geschäft als das geringere Übel erscheint. Es geht oft um eine wirtschaftliche Not, jedoch kann sich die Zwangslage auch aus anderen Umständen ergeben (BT-Drs. 7/3441, 40 f.; Fischer Rn. 10; LK-StGB/ *Wolff* Rn. 14), etwa einer gesundheitlichen oder seelischen Bedrängnis (MüKoStGB/*Pananis* Rn. 14) oder der Ausübung von Nötigungsdruck durch Dritte. Es geht um eine **ernste persönliche oder wirtschaftliche Bedrängnis** (BGHSt 42, 399 (400); Schönke/Schröder/*Heine*/*Hecker* Rn. 23; SSW StGB/*Saliger* Rn. 8). Unerheblich ist, ob das Opfer die Zwangssituation selbst **verschuldet** hat oder nicht (BGHSt 11, 182 (186); Fischer Rn. 10; Schönke/Schröder/*Heine*/*Hecker* Rn. 24; MüKoStGB/ *Pananis* Rn. 16; LK-StGB/*Wolff* Rn. 15). Wird die Zwangslage aber durch Nötigung herbeigeführt, so liegt bei deren Ausnutzung eher eine Erpressung und kein Wucher vor (Schönke/Schröder/*Heine*/*Hecker* Rn. 3). **Die Zwangslage muss** tatsächlich **bestehen** und **nicht nur** von den Anderen **irrtümlich angenommen werden** (RGSt 12, 303 (304); 28, 288 (290); Fischer Rn. 10; aA *Hohendorf,* Das Indivi- dualwucherstrafrecht nach dem Ersten Gesetz zur Bekämpfung der Wirtschaftskriminalität von 1976, 1982, 93). Es muss andererseits nicht unbedingt **eine die Existenz bedrohende Situation** vorliegen (Fischer Rn. 10; NK-StGB/*Kindhäuser* Rn. 19; Lackner/Kühl/*Heger* Rn. 8; LK-StGB/*Wolff* Rn. 14a). Diese erfüllt aber gegebenenfalls den Tatbestand der Zwangslage. Nicht ausreichend sind kurzfristige Liquiditätsprobleme. Geht der Täter irrtümlich von einer Zwangslage des Opfers aus, die tatsächlich nicht besteht, kommt nur ein – strafloser – Versuch in Betracht.

20   **b) Unerfahrenheit.** Eine erhebliche Schwäche in der Verhandlungsposition durch Unerfahrenheit liegt vor, wenn ein **Mangel an Geschäftserfahrung** gegeben ist, durch den sich das Opfer **vom Durchschnitt der Teilnehmer am Geschäftsverkehr deutlich unterscheidet** und der seine Fähig- keit zur richtigen Beurteilung der Verhältnisse erheblich einschränkt (RGSt 37, 205 (206 f.); BGHSt 11, 182 (186); 43, 56 (61); Fischer Rn. 11; Schönke/Schröder/*Heine*/*Hecker* Rn. 25; NK-StGB/*Kindhäuser* Rn. 20; MüKoStGB/*Pananis* Rn. 17; SSW StGB/*Saliger* Rn. 9; *Lackner*/*Werle* NStZ 1985, 503 (504); LK-StGB/*Wolff* Rn. 19). Der Mangel kann **allgemein** bestehen **oder sich auf einzelne Lebens- bereiche beschränken;** im letzteren Fall muss er aber zu einer erheblichen Schwächung der Verhand- lungsposition in Bezug auf das in Rede stehende Geschäft führen. Das **Fehlen von Spezialkenntnissen oder Detailinformationen** über das konkrete Geschäft, wie den effektiven Jahreszins beim Kredit (BGH JR 1984, 251 mAnm *Otto*) ist noch **keine Unerfahrenheit** im Sinne des Wuchertatbestands (RGSt 37, 205 (206); Fischer Rn. 11; MüKoStGB/*Pananis* Rn. 17); insoweit kommt im Einzelfall Betrug in Betracht, wenn eine Aufklärungspflicht besteht (*Laufen,* Der Wucher (§ 291 Abs. 1 S. 1 StGB), Systematische Einordnung und dogmatische Struktur, 2004, 106 ff.). Andernfalls würde die zunehmende Informationsasymetrie zwischen Anbietern und Abnehmern auf neuen Märkten (*Acker- mann* FS Tiedemann, 2008, 1163 (1165)) zu sehr in den Bereich der Strafbarkeit hineingezogen. **Fehlende Sprachkenntnis** kann zu Unerfahrenheit führen, ist damit aber nicht identisch (Schönke/ Schröder/*Heine*/*Hecker* Rn. 25; LK-StGB/*Wolff* Rn. 19).

21   **c) Mangel an Urteilsvermögen.** Ein Mangel an Urteilsvermögen ist mehr als Unerfahrenheit. Er liegt vor, wenn der Bewucherte **nicht in der Lage** ist, **sich durch vernünftige Argumente leiten zu lassen** oder die wechselseitigen Leistungen und die wirtschaftlichen Folgen des Geschäftsabschlusses richtig zu bewerten (BT-Drs. 7/3441, 41; Fischer Rn. 12; Schönke/Schröder/*Heine*/*Hecker* Rn. 26; NK-StGB/*Kindhäuser* Rn. 21; Lackner/Kühl/*Heger* Rn. 8; LK-StGB/*Wolff* Rn. 21). Es geht um ein **intellektuelles Defizit,** der oftmals, aber nicht notwendig auf Verstandesschwäche beruht (SSW StGB/ *Saliger* Rn. 9). Auf die Dauer des Defizits kommt es nicht an. Auch wer infolge eines Unfalls benommen ist, kann vorübergehend einen Mangel an Urteilsvermögen aufweisen (MüKoStGB/*Pananis* Rn. 18).

22   **d) Erhebliche Willensschwäche.** Eine erhebliche Willensschwäche ist jede Form der angeborenen oder erworbenen **Verminderung der Widerstandsfähigkeit** gegen Versuchungen (BayObLG 84, 95 (97)), die in der Persönlichkeit und dem Wesen des Bewucherten ihre Ursache besitzt (BT-Drs. V/75, 4; 7/3341, 541; Schönke/Schröder/*Heine*/*Hecker* Rn. 27; MüKoStGB/*Pananis* Rn. 19; LK-StGB/*Wolff* Rn. 22). Das Defizit muss aber **erheblich** sein und dazu ein solches Ausmaß besitzen, dass es den anderen Schwächegründen gleichsteht (BT-Drs. 7/5291, 20; Fischer Rn. 13). Das ist etwa in Fällen der (Sucht-)**Krankheit oder Intoxikation,** insbesondere mit der Folge einer Persönlichkeitsstörung oder Persönlichkeitsveränderung, der Fall, jedoch ist ein **pathologischer Befund nicht zwingend erfor- derlich** (MüKoStGB/*Pananis* Rn. 19). Die Widerstandskraft des Bewucherten muss deutlich geringer sein als diejenige des unter vergleichbaren Umständen am Geschäftsverkehr teilnehmenden Durch- schnittsbürgers (SSW StGB/*Saliger* Rn. 9). **Leichtsinn reicht** nach der heute geltenden Gesetzesfassung **nicht mehr aus** (NK-StGB/*Kindhäuser* Rn. 22; SSW StGB/*Saliger* § 291 Rn. 7; LK-StGB/*Wolff* Rn. 23).

23   **2. Ausbeutung.** Der Täter muss die Schwäche des anderen ausbeuten, was mit einem Ausnutzen (Abs. 1 S. 2) gleichbedeutend ist (Fischer Rn. 14; Schönke/Schröder/*Heine*/*Hecker* Rn. 29). Unter Ausbeutung ist **der bewusste Missbrauch** der Situation zur Herbeiführung des Versprechens oder der Gewährung des unangemessenen Vorteils zu verstehen. Eine qualifizierte Art der Vorgehensweise, etwa in Form einer besonderen Rücksichtslosigkeit oder Aggressivität, wird nach hM nicht vorausgesetzt

(RGSt 3, 218 (219 f.); BGHSt 11, 182 (187); NK-StGB/*Kindhäuser* Rn. 23; SSW StGB/*Saliger* Rn. 10; LK-StGB/*Wolff* Rn. 24; offen gelassen von OLG Karlsruhe NJW 1988, 1154 (1158); aA Schönke/Schröder/*Heine*/*Hecker* Rn. 29 für eine besonders anstößige oder gefährliche Weise des Ausnutzens). Es genügt, dass **der Täter die Schwächelage des Opfers kennt** (RGSt 28, 288 (290)) und sie zur Herbeiführung der unangemessenen Vorteilsversprechung oder Vorteilsgewährung **instrumentalisiert.** Die Wahl des Begriffes ausnutzen in Abs. 1 S. 2 zwingt nicht zu einer anderen Auslegung, weil damit nur ein anderer Akzent gesetzt wird, um das auffällige Missverhältnis von Leistungen und Gegenleistungen hervorzuheben (LK-StGB/*Wolff* Rn. 24); ein erheblicher Sinnunterschied liegt darin nicht. Die **besondere Anstößigkeit der Vorgehensweise,** die von einem Teil der Literatur gefordert wird, ist zudem kein bestimmtes Zusatzmerkmal, das über die sich aus der Situation sonst ergebenden Wertungen hinausginge. Verspricht der Bewucherte die künftige Gewährung des Vorteils **unter dem geheimen Vorbehalt,** sie später wegen der ihm bekannten Unwirksamkeit des Vertrages nach § 138 Abs. 2 BGB zu verweigern, schließt dies den Straftatbestand des Wuchers nicht aus (MüKoStGB/*Pananis* Rn. 20). Der mentale Vorbehalt ist irrelevant.

3. Handlungsmodalitäten. Der Wucherer muss die unangemessenen Vermögensvorteile unter Aus- 24 beutung der Schwäche des anderen sich oder einem Dritten versprechen lassen oder ihre Gewährung herbeiführen. Vermögensvorteil ist jede Besserstellung der Vermögenslage. **Versprochen** wird die Vermögenszuwendung, wenn der Bewucherte sich **zur Erbringung der Leistung verpflichtet.** Eine bedingte Verpflichtung genügt (Schönke/Schröder/*Heine*/*Hecker* Rn. 19; NK-StGB/*Kindhäuser* Rn. 25; LK-StGB/*Wolff* Rn. 52). Auf die zivilrechtliche Wirksamkeit der Verpflichtung kommt es nicht an (MüKoStGB/*Pananis* Rn. 22; LK-StGB/*Wolff* Rn. 54). **Gewährenlassen** ist die **Annahme der Leistung.** Da schon das Versprechen der Leistungserbringung den Tatbestand erfüllt, ist das Gewährenlassen nach verbreiteter Ansicht nur dann von Bedeutung, wenn der tatsächlichen Leistungserbringung kein gesondertes Versprechen vorausgegangen ist, dabei noch kein Tatvorsatz beim Wucherer vorlag (SSW StGB/*Saliger* Rn. 11) oder der Täter eine andere als die versprochene Leistung annimmt (NK-StGB/*Kindhäuser* Rn. 26; LK-StGB/*Wolff* Rn. 52). Im Übrigen liegt durch Sich-Versprechen-Lassen und anschließendes Gewährenlassen nur eine einheitliche Tat vor (Schönke/Schröder/*Heine*/*Hecker* Rn. 19). Dabei ist das Sich-Versprechen-Lassen **subsidiär,** wenn es zu einer Leistungsgewährung kommt (MSM StrafR BT I § 43 Rn. 13). Wird ein Vorteilsversprechen nur zum Schein angenommen, liegt kein (vollendeter) Wucher vor; der Versuch bleibt straflos.

Der Wucherer kann den Tatbestand **eigennützig oder fremdnützig** erfüllen, indem er entweder 25 **sich selbst oder einem Dritten** den Vorteil versprechen oder gewähren lässt (LK-StGB/*Wolff* Rn. 55). Auch **der Leistende** muss nicht mit dem Bewucherten identisch sein, so etwa, wenn ein Bürge anstelle des Hauptschuldners leistet (NK-StGB/*Kindhäuser* Rn. 27).

V. Subjektiver Tatbestand

Der Wucher setzt Vorsatz voraus. **Bedingter Vorsatz genügt** (Fischer Rn. 24; Schönke/Schröder/ 26 *Heine*/*Hecker* Rn. 35; NK-StGB/*Kindhäuser* Rn. 46; SSW StGB/*Saliger* Rn. 18; LK-StGB/*Wolff* Rn. 56) mit Ausnahme des Vorteilsstrebens, das direkten Vorsatz voraussetzt (MüKoStGB/*Pananis* Rn. 43; für den Fall des Abs. 1 S. 2 auch Fischer Rn. 24). Bezugspunkte des Vorsatzes sind der Schwächezustand des Bewucherten (Fischer Rn. 24), dessen Vorteilsversprechen oder Vorteilsgewährung, die Kenntnis des Täters von den Tatsachengrundlagen der normativen Merkmals des auffälligen Missverhältnisses zwischen Leistung und Gegenleistung (RGSt 29, 78 (82); OLG Düsseldorf NStZ-RR 1998, 365) und der Wille zur Ausnutzung der Schwächelage des Bewucherten zur Herbeiführung seines Vorteilsversprechens oder seiner Leistungserbringung. Eine **Fehlbewertung** der Schwächelage des Bewucherten oder des Missverhältnisses von Leistung und Gegenleistung (Fischer Rn. 24) durch den Wucherer, der die Umstände kennt, ist nur ein **Verbotsirrtum** (RGSt 71, 325 (326); für Subsumtionsirrtum Fischer Rn. 24), der regelmäßig vermeidbar ist (anders im Einzelfall OLG Karlsruhe NJW 1988, 1154 (1158)). **Tatbestandsirrtümer** kommen vor allem **hinsichtlich der Schwächelage** des anderen in Frage. Es genügt aber zur Erfüllung des subjektiven Tatbestands insoweit eine laienhafte Erfassung der Situation des Opfers (Fischer Rn. 24; MüKoStGB/*Pananis* Rn. 43; SSW StGB/*Saliger* Rn. 18; LK-StGB/*Wolff* Rn. 57).

VI. Täterschaft und Teilnahme

Für die Beteiligung am Wucher gelten **die allgemeinen Regeln.** Täter ist derjenige, der sich selbst 27 oder einem Dritten die unangemessenen Vermögensvorteile versprechen oder gewähren lässt. Dies ist nicht nur der Vertragspartner des Bewucherten; auch ein Hintermann, Vermittler, Strohmann oder Geldgeber kann Täter sein (MSM StrafR BT I § 43 Rn. 24). Der Vermittler kann andererseits auch nur Teilnehmer sein (Schönke/Schröder/*Heine*/*Hecker* Rn. 38); die Abgrenzung von Täterschaft und Teilnahme richtet sich nach der Gesamtbewertung von Tatinteresse und Gewicht des Tatbeitrags, im letzteren Punkt also nach vorhandener oder fehlender Tatherrschaft. Abs. 1 S. 2 enthält eine **Sonderbestimmung für Nebentäterschaft.** Wegen der Möglichkeit des fremdnützigen Wuchers ist auch derjenige Täter, der das Vorteilsversprechen oder die Leistung zugunsten eines Dritten annimmt. An der Tat des Nebentäters können Dritte wiederum nach §§ 26, 27 teilnehmen (Fischer Rn. 25; NK-StGB/*Kindhäuser* Rn. 48). **Der Bewucherte** bleibt als **notwendiger Teilnehmer** straflos (Schönke/Schröder/*Heine*/*Hecker* Rn. 40; SSW StGB/*Saliger* Rn. 19; LK-StGB/*Wolff* Rn. 63).

C. Rechtsfolgen

28   Während im **Normalfall** der Strafrahmen Freiheitsstrafe bis zu drei Jahren oder Geldstrafe umfasst, sieht Abs. 2 S. 1 vor, dass **in besonders schweren Fällen** Freiheitsstrafe von sechs Monaten bis zu zehn Jahren verhängt werden kann. Geldstrafe kommt neben Freiheitsstrafe in Betracht, es sei denn, dass der Täter fremdnützig gehandelt hat (§ 41). Eine abschließende Regelung darüber, wann besonders schwere Fälle vorliegen, trifft das Gesetz nicht. Es gibt also einerseits **unbenannte besonders schwere Fälle,** andererseits nennt Abs. 2 S. 2 **Regelbeispiele,** bei deren Erfüllung grundsätzlich vom Vorliegen eines besonders schweren Falles auszugehen ist, aber ausnahmsweise als Folge einer Gesamtwürdigung aller Strafzumessungsgründe doch auch der Normalstrafrahmen zur Anwendung kommen kann. Auch für die Prüfung, ob ein unbenannter besonders schwerer Fall vorliegt, ist eine **Gesamtwürdigung aller Umstände** iSv § 46 erforderlich. Ein unbenannter besonders schwerer Fall ist insbesondere dann in Betracht zu ziehen, wenn der erstrebte oder erlangte Vorteil ein großes Ausmaß erreicht hat, ferner bei besonders langer Dauer der Geschäftsbeziehung, gewohnheitsmäßiger Tatbegehung oder großer Hilflosigkeit des Opfers und großen Nachteilen für dieses (Schönke/Schröder/*Heine*/*Hecker* Rn. 47; LK-StGB/*Wolff* Rn. 74).

I. Herbeiführung wirtschaftlicher Not (Abs. 2 S. 2 Nr. 1)

29   Bringt der Wucherer den Bewucherten in wirtschaftliche Not, liegt ein Regelbeispiel für einen besonders schweren Fall vor. Der Fall entspricht der **Notlage** (BGHSt 11, 182 (183)) iSd früheren Gesetzesfassung. Gemeint ist eine die **Existenz gefährdende wirtschaftliche Lage** (BGH NStZ 1984, 23; Schönke/Schröder/*Heine*/*Hecker* Rn. 43) infolge der Entziehung von Vermögenswerten durch das wucherische Geschäft. Dem Bewucherten muss im geschäftlichen Bereich derart die Existenzgrundlage entzogen worden sein, dass er zum Bestreiten seines Lebensunterhalts auf die Hilfe Dritter angewiesen ist (Schönke/Schröder/*Heine*/*Hecker* Rn. 43; NK-StGB/*Kindhäuser* Rn. 52; MüKoStGB/*Pananis* Rn. 48; SSW StGB/*Saliger* Rn. 23; LK-StGB/*Wolff* Rn. 69). Dafür ist zumindest **bedingter Vorsatz** in Bezug auf die Herbeiführung der Notlage beim Bewucherten erforderlich (Schönke/Schröder/*Heine*/*Hecker* Rn. 44). Die **Verschärfung** einer beim Geschäftsabschluss bereits bestehenden Zwangslage soll nicht zur Erfüllung des Regelbeispiels genügen (BT-Drs. IV/1549, 10), was unbefriedigend erscheint. Dieser Fall kann indes als unbenannter besonders schwerer Fall bewertet werden (Fischer Rn. 28; LK-StGB/*Wolff* Rn. 69).

II. Gewerbsmäßige Tatbegehung (Abs. 2 S. 2 Nr. 2)

30   Ein besonders schwerer Fall liegt in der Regel vor, wenn der Täter gewerbsmäßig handelt. Dazu ist der Wille zu wiederholter Tatbegehung erforderlich sowie die Absicht, sich gerade durch wucherische Geschäfte eine fortlaufende Einnahmequelle zu verschaffen (BGHSt 11, 182 (187)). Dieser Wille kann bereits bei einem ersten Vergehen vorliegen, so dass schon dann das Regelbeispiel erfüllt werden kann (LK-StGB/*Wolff* Rn. 70; aA NK-StGB/*Kindhäuser* Rn. 54).

III. Vermögensvorteil durch Wechsel (Abs. 2 S. 2 Nr. 3)

31   Ein Regelbeispiel für einen besonders schweren Fall des Wuchers ist erfüllt, wenn der Täter sich einen unangemessenen **Vorteil** als Gegenleistung **mit einem Wechsel** versprechen lässt, was heute aber nicht mehr praxisüblich ist. Der Strafschärfungsgrund liegt in den **Risiken der Weitergabe des Wechsels** für den Bewucherten unter Ausschluss von Einwendungen aus dem Grundgeschäft (Schönke/Schröder/*Heine*/*Hecker* Rn. 46). Der Vorteil muss gerade in der Wechselsumme enthalten sein (Fischer Rn. 27; LK-StGB/*Wolff* Rn. 72). Es genügt nicht, dass der Täter bei Prolongationen unangemessene Zinsen verlangt (NK-StGB/*Kindhäuser* Rn. 55). Andererseits muss das Vorteilsversprechen nicht schon von Anfang an mit einem Wechsel erteilt worden sein. Ein nachträgliches Wechselgeschäft genügt. Dagegen nennt das Gesetz kein Regelbeispiel für einen besonders schweren Fall in der Form des Vorteilsversprechens mit einem Scheck (LK-StGB/*Wolff* Rn. 73). Insoweit kommt nur die Annahme eines unbenannten besonders schweren Falles in Frage.

D. Konkurrenzen

32   Treffen die Tathandlungen des Versprechenlassens und der Gewährung eines einheitlichen Vorteils zusammen, liegt nur ein Vergehen des Wuchers vor. Sind mehrere Modalitäten nach Abs. 1 S. 1 Nr. 1–4 erfüllt, liegt nur eine Tat vor (MüKoStGB/*Pananis* Rn. 49; LK-StGB/*Wolff* Rn. 75; für Tateinheit

Fischer Rn. 29). Verschiedene Geschäfte sind meist tatmehrheitlich begangene Wuchertaten. Tateinheit ist mit Erpressung oder Betrug ist möglich (Lackner/Kühl/*Heger* Rn. 12; MüKoStGB/*Pananis* Rn. 49; LK-StGB/*Wolff* Rn. 75; zur Abgrenzung von Wucher und Betrug OLG Stuttgart NStZ 1985, 503 mAnm *Lackner*/*Werle*), ferner mit Börsenwucher nach § 89 BörsG (Fischer Rn. 29). Eine Ordnungswidrigkeit nach §§ 3–5 WiKG tritt hinter das Vergehen zurück (§ 21 OWiG).

§ 298 Wettbewerbsbeschränkende Absprachen bei Ausschreibungen

(1) Wer bei einer Ausschreibung über Waren oder Dienstleistungen ein Angebot abgibt, das auf einer rechtswidrigen Absprache beruht, die darauf abzielt, den Veranstalter zur Annahme eines bestimmten Angebots zu veranlassen, wird mit Freiheitstrafe bis zu fünf Jahren oder mit Geldstrafe bestraft.

(2) Der Ausschreibung im Sinne des Absatzes 1 steht die freihändige Vergabe eines Auftrages nach vorausgegangenem Teilnahmewettbewerb gleich.

(3) [1]Nach Absatz 1, auch in Verbindung mit Absatz 2, wird nicht bestraft, wer freiwillig verhindert, daß der Veranstalter das Angebot annimmt oder dieser seine Leistung erbringt. [2]Wird ohne Zutun des Täters das Angebot nicht angenommen oder die Leistung des Veranstalters nicht erbracht, so wird er straflos, wenn er sich freiwillig und ernsthaft bemüht, die Annahme des Angebots oder das Erbringen der Leistung zu verhindern.

Literatur: *M. Achenbach,* Strafrechtlicher Schutz des Wettbewerbs?, 2009; *Bender,* Sonderstraftatbestände gegen Submissionsabsprachen, 2005; *Böse,* Vorsatzanforderungen bei Blankettgesetzen am Beispiel des Kartellrechts, FS Puppe, 2011, 1353; *Bosch,* Anmerkung zum Beschluss des BGH vom 17.10.2013 – 3 StR 167/13, ZWH 2014, 275; *Diehl,* Die Strafbarkeit von Baupreisabsprachen im Vergabeverfahren, BauR 1993, 1; *Dierlamm,* Die Verfolgung von Submissionsabsprachen nach GWB/OWiG und Strafrecht (§ 298 StGB), ZWeR 2013, 192; *Greeve,* Ausgewählte Fragen zu § 298 StGB seit Einführung des Gesetzes zur Bekämpfung der Korruption vom 13.8.1997, NStZ 2002, 505; *Greeve,* Anmerkung zum Beschluss des BGH vom 25.7.2012 2 StR 154/12, NZWiSt 2013, 140; *Greeve,* Reichweite und erforderliche Begrenzung des Anwendungsbereichs des § 298 StGB – Ausgewählte Fragen zu wettbewerbsbeschränkenden Absprachen bei Ausschreibungen, FS Wolf Schiller, 2014, 227; *Grützner,* Die Sanktionierung von Submissionsabsprachen, 2003; *Hefendehl,* Kollektive Rechtsgüter im Strafrecht, 2002; *Heuking,* Strafbarkeitsrisiken beim Submissionsbetrug, BB 2013, 1155; *Hohmann,* Anmerkung zum Beschluss des BGH vom 25.7.2012 2 StR 154/12, wistra 2013, 105; *Ingenstau*/*Korbion*/*Leupertz*/*Wietersheim,* VOB Teile A und B, Kommentar, 19. Aufl. 2015; *Kapellmann*/*Messerschmidt,* VOB Teile A und B, 5. Aufl., 2015; *Kleinmann*/*Berg,* Änderungen des Kartellrechts durch das „Gesetz zur Bekämpfung der Korruption" vom 13.8.1997, BB 1998, 277; *König,* Neues Strafrecht gegen die Korruption, JR 1997, 397; *Kretschmer,* Strafrechtliche Risiken im Vergaberecht, ZWH 2013, 355; *Kretschmer,* Anmerkung zum Beschluss des BGH vom 17.10.2013 – 3 StR 167/13, JR 2014, 407; *Kuhlen,* Anmerkungen zu § 298 StGB, FS Lampe, 2003, 743; *Kularatz*/*Kus*/*Portz,* Kommentar zum GWB-Vergaberecht, 3. Aufl. 2014; *Lüderssen,* Die Symbiose von Markt und Staat – auseinanderdividiert durch Strafrecht?, StV 1997, 318; *Lüderssen,* Primäre oder sekundäre Zuständigkeit des Strafrechts?, FS Eser, 2005, 163; *Meyer*/*Kuhn,* Anmerkung zu BGH, Beschl. v. 22.6.2004 – 4 StR 428/03, EWiR 3/2005, 133; *Meyer-Lohkamp*/*Hübner,* Bonusregelung und Selbstbelastungsfreiheit – unauflösbare Widersprüche bei Kartellstraftaten, ZWH 2016, 99; *N. Müller,* Der Architekt als Täter des § 298 StGB bei privaten Bauprojekten, NZWiSt 2014, 218 und 255; *Nickel,* Submissionskartelle zwischen Kartell- und Strafrecht – Reichweite und Bedeutung der Bonusregelung des Bundeskartellamts, wistra 2014, 7; *Oldigs,* Die Strafbarkeit von Submissionsabsprachen nach dem neuen § 298 StGB, wistra 1998, 291; *Otto,* Wettbewerbsbeschränkende Absprachen bei Ausschreibungen – § 298 StGB, wistra 1999, 41; *Pasewaldt,* Zehn Jahre Strafbarkeit wettbewerbsbeschränkender Absprachen bei Ausschreibungen gemäß § 298 StGB, ZIS 2008, 84; *Rönnau,* Vermögensabschöpfung in der Praxis, 2003; *Rotsch,* Mythologie und Logos des § 298 StGB, ZIS 2014, 579; *Rübenstahl,* Anmerkung zu OLG Celle, Beschl. v. 29.3.2012 – 2 Ws 81/12, NZWiSt 2013, 71; *Stoffers*/*Möckel,* Reichweite der Strafbarkeit von Submissionsabsprachen, NJW 2012, 3270; *Theile*/*Mundt,* NZBau 2011, 715; *Vogel,* „Vergabestrafrecht": Zur straf- und bußgeldrechtlichen Verantwortlichkeit öffentlicher Auftraggeber bei Verletzung des Vergaberechts, FS Tiedemann, 2008, 817; *v. Coelln,* Anmerkung zum Beschluss des BGH vom 25.7.2012 2 StR 154/12, ZIS 2012, 628; *Walter,* § 298 StGB und die Lehre von den Deliktstypen, GA 2001, 131; *Walter,* Anmerkung zu BGH, Urt. v. 22.7.2001 – 1 StR 576/00, JZ 2002, 254; *Wiesmann,* Die Strafbarkeit gemäß § 298 StGB bei der Vergabe von Bauleistungen und die Implementierung eines Straftatbestands verbotener Submissionsabsprachen in ein Strafgesetz der Europäischen Union, 2006; *Wolters,* Die Änderungen des StGB durch das Gesetz zur Bekämpfung der Korruption, JuS 1998, 1100; *Wunderlich,* Die Akzessorietät des § 298 StGB zum Gesetz gegen Wettbewerbsbeschränkungen (GWB), 2009; s. auch die Angaben zu § 81 GWB.

A. Allgemeines

I. Wettbewerb als geschütztes Rechtsgut

Der mit dem Korruptionsbekämpfungsgesetz vom 13.8.1997 (BGBl. I 2038) eingeführte Tatbestand **1** dient ausweislich der Überschrift des 26. Abschnitts dem Schutz des Wettbewerbs (hM, s. BT-Drs. 13/5584, 13; BGH NJW 2012, 3318 (3319); LK-StGB/*Tiedemann* Rn. 6 mwN; → GWB § 81 Rn. 1). Der freie Wettbewerb, wie er durch die Regelungen des GWB gewährleistet wird, ist kein „normatives Gebilde" (vgl. *Achenbach,* Strafrechtlicher Schutz des Wettbewerbs?, 2009, 109), sondern als Grundlage freier wirtschaftlicher Entfaltung und einer gesamtwirtschaftlich vorteilhaften Entwicklung legitimer Gegenstand strafrechtlichen Schutzes (NK-StGB/*Dannecker* Vor § 298 Rn. 11 f.; *Grützner,* Die Sanktionierung von Submissionsabsprachen, 2003, 457 ff.; Schönke/Schröder/*Heine/Eisele* Vor §§ 298 ff. Rn. 5; s. dagegen *Achenbach,* Strafrechtlicher Schutz des Wettbewerbs?, 2009, 104 ff.; *Oldigs* wistra 1998, 291 (294)). Soweit dies unter Verweis auf die Unbestimmtheit des Begriffs „Wettbewerb" bezweifelt wird (*Lüderssen* StV 1997, 318 (320)), ist dem entgegen zu halten, dass der Tatbestand, nicht das geschützte Rechtsgut am Maßstab des Art. 103 Abs. 2 GG zu messen ist und § 298 – nicht zuletzt aufgrund der konkretisierenden Bezugnahmen auf das GWB – diesen Anforderungen genügt (NK-StGB/*Dannecker* Vor § 298 Rn. 17; s. auch BVerfG wistra 2009, 269). Es ist auch nicht geboten, das Vertrauen des Einzelnen in die Funktionsfähigkeit eines freien Wettbewerbs zum Rechtsgut zu erheben, um den Einwand der fehlenden Verletzbarkeit des geschützten Rechtsgutes auszuräumen (so aber MüKoStGB/*Hohmann* Rn. 1, 3; vgl. auch *Hefendehl,* Kollektive Rechtsgüter im Strafrecht, 2002, 279 f.), denn eine Rechtsgutsverletzung tritt dadurch ein, dass der Wettbewerb in Gestalt des konkreten Preisbildungsprozesses verfälscht bzw. ausgeschaltet wird (→ Rn. 2). Ungeachtet der Verselbstständigung des Wettbewerbs zu einem „mediatisierten Zwischenrechtsgut" (LK-StGB/*Tiedemann* Rn. 6) zeigt sich in dem Schutz der Marktgegenseite zugleich dessen individualschützende Komponente (s. NK-StGB/*Dannecker* Rn. 13; → KartellVO Art. 23 Rn. 18). Die überwiegende Ansicht geht dementsprechend unter Berufung auf die Gesetzesbegründung (BT-Drs. 13/5584, 13) davon aus, dass der Tatbestand neben dem Wettbewerb auch das Vermögen des Veranstalters einer Ausschreibung und der (möglichen) Mitbewerber schützt (Fischer Rn. 2; Schönke/Schröder/*Heine/Eisele* Vor §§ 298 ff. Rn. 6; Lackner/ Kühl/*Heger* Rn. 1; *Rotsch* ZIS 2014, 579 (582); zum Veranstalter: BGH NJW 2012, 3318 (3319); NK-StGB/*Dannecker* Rn. 14; LK-StGB/*Tiedemann* Rn. 7). Gegen dieses Verständnis spricht jedoch, dass der Gesetzgeber die Einführung eines betrugsähnlichen Vermögensgefährdungsdeliktes ausdrücklich verworfen und stattdessen den Schutz des Wettbewerbs in den Vordergrund gestellt hat (Gesetzesbegründung BT-Drs. 13/5584, 13 zum „Ausschreibungsbetrug" – § 264b StGB-E). Es liegt daher nahe, den Vermögensschutz lediglich als Schutzreflex bzw. erwünschte Nebenfolge des § 298 einzuordnen und ihm für das tatbestandlich vertypte Unrecht keine selbstständige Bedeutung beizumessen (Krey/Hellmann/Heinrich StrafR BT II Rn. 775; *Kuhlen* FS Lampe, 2003, 743 (745)), denn die anderenfalls drohende Konsequenz, bei fehlender Vermögensgefährdung Straflosigkeit anzunehmen (so *Otto* wistra 1999, 41 (46)), wäre mit dem gesetzgeberischen Konzept nicht vereinbar (Schönke/Schröder/*Heine/ Eisele* Rn. 2). Der Tatbestand schützt daher ausschließlich den Wettbewerb (*Kuhlen* FS Lampe, 2003, 743 ff.; SK-StGB/*Rogall* Rn. 4; Matt/Renzikowski/*Schröder/Bergmann* Rn. 1, 3; *Stoffers/Möckel* NJW 2012, 3270 (3274); s. auch MüKoStGB/*Hohmann* Rn. 4 f.).

II. Deliktsstruktur

2   § 298 wird überwiegend als abstraktes Gefährdungsdelikt angesehen (BGH NStZ 2003, 548 (549); SSW StGB/*Bosch* Rn. 2; Fischer Rn. 3a; Schönke/Schröder/*Heine/Eisele* Rn. 2; *Kuhlen* FS Lampe, 2003, 743 (750); Lackner/Kühl/*Heger* Rn. 1; *Otto* wistra 1999, 41 (46); *Rotsch* ZIS 2014, 579 (582)). In Bezug auf das konkrete Ausschreibungsverfahren führt das tatbestandsmäßige Verhalten jedoch nicht nur zu einer Gefährdung, sondern zu einer Verletzung des geschützten Rechtsgutes, da der Wettbewerb in dem konkreten Ausschreibungsverfahren durch die Absprache und das auf ihr beruhende Angebot beeinträchtigt wird (*Grützner,* Die Sanktionierung von Submissionsabsprachen, 2003, 512; *Kretschmer* JR 2014, 407; LK-StGB/*Tiedemann* Rn. 9; *Walter* GA 2001, 131 (140)). Ungeachtet der missverständlichen Gesetzesbegründung (s. BT-Drs. 13/5584, 14: „Gefahr für die Beeinträchtigung des Wettbewerbs") entspricht diese Einordnung als **Verletzungsdelikt** auch der vom Gesetzgeber zugrunde gelegten Orientierung am Kartellordnungswidrigkeitenrecht (s. auch *Grützner,* Die Sanktionierung von Submissionsabsprachen, 2003, 508 f.; zu § 81 Abs. 2 Nr. 1 iVm § 1 GWB: → GWB § 81 Rn. 15). Die Rechtsgutsverletzung ergibt sich nicht (allein) aus der Verletzung einer Wettbewerbsregel (vgl. *Kuhlen* FS Lampe, 2003, 743 (746 f.)), sondern aus dem Eingriff in den Wettbewerbs- bzw. Preisbildungsprozess (LK-StGB/*Tiedemann* Rn. 9). Diesem Verständnis kann nicht entgegengehalten werden, dass der Wettbewerb bereits durch die Absprache beeinträchtigt werde, so dass die Abgabe eines entsprechenden Angebotes als „rechtsgutsneutrales" Nachtatverhalten angesehen werden müsste (*Rotsch* ZIS 2014, 579 (581)), denn die in der Absprache angelegte Wettbewerbsbeschränkung wird erst mit deren Umsetzung vollständig verwirklicht. Der Einwand, eine Straflosigkeit wegen tätiger Reue (§ 298 Abs. 3) sei nur bei einem Gefährdungsdelikt statthaft (*Kuhlen* FS Lampe, 2003, 747; *Rotsch* ZIS 2014, 579 (581)), greift nicht durch, da durch das Nachtatverhalten die Gefahr einer Vertiefung der bereits bewirkten Rechtsgutsverletzung abgewendet wird (zur Beendigung → Rn. 33). Dass ungeachtet einer bereits eingetretenen Rechtsgutsverletzung Straffreiheit gewährt wird, mag ungewöhnlich sein (vgl. aber § 306e Abs. 1 iVm § 306), lässt sich aber mit den Besonderheiten des Wettbewerbsrechts erklären (zur Kronzeugenregelung → GWB § 81 Rn. 87 f.). Die Deutung als abstraktes Gefährdungsdelikt, die den Strafgrund darin sieht, dass die Funktionsfähigkeit des Ausschreibungswettbewerbs als Institution durch eine Vielzahl entsprechender Taten gefährdet wird (Kumulationsdelikt, s. *Hefendehl,* Kollektive Rechtsgüter im Strafrecht, 2002, 280), vermag demgegenüber die Möglichkeit einer Strafbefreiung nach § 298 Abs. 3 nicht zu erklären (*Kuhlen* FS Lampe, 2003, 748; s. auch *Hefendehl,* Kollektive Rechtsgüter im Strafrecht, 2002, 280). Das gesamtwirtschaftliche Interesse an einem Schutz des Wettbewerbs wird auch bei An-

nahme eines Verletzungsdeliktes keineswegs ausgeblendet (vgl. *Kuhlen* FS Lampe, 2003, 749), sondern trägt mittelbar zur Legitimation des strafrechtlichen Schutzes des konkreten Wettbewerbsprozesses bei. Unabhängig von der Einordnung als Verletzungs- oder Gefährdungsdelikt ist § 298 als Erfolgsdelikt anzusehen, da der Tatbestand den Zugang des Angebots als tatbestandsmäßigen Erfolg voraussetzt (*Kuhlen* FS Lampe, 2003, 752; *Walter* GA 2001, 131 (134); eingehend *Rotsch* ZIS 2014, 579 (583 ff., 588); aA SSW StGB/*Bosch* Rn. 2; Fischer Rn. 3a: Tätigkeitsdelikt). Nach der hier vertretenen Auffassung manifestiert sich darin zugleich der in der Wettbewerbsbeschränkung liegende Verletzungserfolg (*Walter* GA 2001, 131 (140)).

III. Blankettcharakter und Kartellrechtsakzessorietät

Mit der Einführung des § 298 hat der Gesetzgeber einen Teilbereich der Kartellordnungswidrigkeiten **3** (s. § 81 Abs. 2 Nr. 1 GWB) kriminalisiert (s. BT-Drs. 13/5584, 13). Im Tatbestand kommt dieser Zusammenhang darin zum Ausdruck, dass mit dem Merkmal der „rechtswidrigen" Absprache auf das allgemeine Kartellverbot (§ 1 GWB) Bezug genommen wird (→ Rn. 26 ff.). Die Reichweite des tatbestandlichen Verbotes ist daher akzessorisch zum Kartellrecht zu bestimmen (*Meyer/Kuhn* EWiR 1/ 2005, 133 (134); *Wunderlich*, Die Akzessorietät des § 298 zum Gesetz gegen Wettbewerbsbeschränkungen (GWB), 2009, 73 (75 ff., 161 ff., 187 ff.)). Ein Verhalten, das nach allgemeinem Kartellrecht erlaubt ist, stellt auch im Rahmen des § 298 kein strafwürdiges Unrecht dar (s. den Bericht des Rechtsausschusses, BT-Drs. 13/8079, 14; LK-StGB/*Tiedemann* Rn. 34). Eine vom Gesetzgeber vorgenommene Einschränkung des allgemeinen Kartellverbotes führt daher unmittelbar zu einer Reduzierung des tatbestandlichen Verbotes, so dass § 298 insoweit zutreffend als unechte Blankettnorm verstanden wird, die durch die Bestimmungen des GWB als Ausfüllungsnormen ergänzt wird (*Heuking* BB 2013, 1155; MüKoStGB/*Hohmann* Rn. 12; SK-StGB/*Rogall* Rn. 25; s. auch *Meyer/Kuhn* EWiR 1/05, 133 (134); aA NK-StGB/*Dannecker* Rn. 20; *Rotsch* ZIS 2014, 579 (589 f.)). Damit wird nicht ohne Weiteres jede Verschärfung des allgemeinen Kartellrechts in § 298 übernommen, denn insoweit ist zu berücksichtigen, dass der Gesetzgeber in § 298 nur einen Ausschnitt des allgemeinen Kartellverbotes kriminalisiert hat (**asymmetrische Akzessorietät**, vgl. *Lüderssen* FS Eser, 2005, 163 (170)); es ist insoweit eine Frage der Auslegung, ob das kartellrechtswidrige Verhalten von Wortlaut und ratio des Straftatbestandes erfasst wird (zu vertikalen Absprachen → Rn. 23 f.). Eine Ausweitung des Kartellverbotes kann jedoch wegen des Rückwirkungsverbotes (Art. 103 Abs. 2 GG) keinesfalls die Strafbarkeit einer Tat begründen, die zur Zeit ihrer Begehung kartellrechtlich zulässig war (MüKoStGB/*Hohmann* Rn. 27 Fn. 104). Umgekehrt kann die Erweiterung einer gesetzlichen Freistellungsregelung nach der lex-mitior-Regelung (§ 2 Abs. 3) auch die Strafbarkeit einer bereits abgeschlossenen Tat ausschließen. Soweit die implizite Verweisung auf das Kartellrecht im Hinblick auf das Bestimmtheitsgebot (Art. 103 Abs. 2 GG) als verfassungsrechtlich bedenklich angesehen wird (*Meyer/Kuhn* EWiR 2005, 133 (134)), kann auf die Ausführungen zu § 81 GWB verwiesen werden (→ GWB § 81 Rn. 2 ff.; vgl. auch BVerfG wistra 2009, 269 (270)).

B. Tatbestand

I. Täter (Sonderdelikt)

Nach allgemeiner Auffassung handelt es sich bei § 298 um ein Allgemeindelikt (BGH NJW 2012, **4** 3318 (3319); *Bender*, Sonderstraftatbestände gegen Submissionsabsprachen, 2005, 98; SSW StGB/*Bosch* Rn. 18; NK-StGB/*Dannecker* Rn. 19; Fischer Rn. 17; Schönke/Schröder/*Heine/Eisele* Rn. 22; MüKoStGB/*Hohmann* Rn. 85; Lackner/Kühl/*Heger* Rn. 6; LK-StGB/*Tiedemann* Rn. 13, Rn. 46; *Wiesmann*, Die Strafbarkeit gemäß § 298 StGB bei der Vergabe von Bauleistungen und die Implementierung eines Straftatbestands verbotener Submissionsabsprachen in ein Strafgesetz der Europäischen Union, 2006, 169). Diese Einordnung widerspricht jedoch der Konzeption des Gesetzgebers, mit § 298 einen Ausschnitt des Kartellordnungswidrigkeitenrechts zu kriminalisieren (s. BT-Drs. 13/5584, 13 (14)): Da es sich bei dem insoweit einschlägigen Bußgeldtatbestand (§ 81 Abs. 2 Nr. 1 GWB) um ein Sonderdelikt handelt (→ GWB § 81 Rn. 6, 14), kann der persönliche Anwendungsbereich des (spezielleren) Straftatbestandes nicht darüber hinausgehen (→ Rn. 3; ebenso *Rotsch* ZIS 2014, 579 (588 f.); s. dagegen *Bender*, Sonderstraftatbestände gegen Submissionsabsprachen, 2005, 84 f.; LK-StGB/*Tiedemann* Rn. 13, jeweils unter Hinweis auf die zu § 38 Abs. 1 Nr. 1 GWB aF vertretene Gegenansicht). Als Täter kommen daher nur Inhaber eines Unternehmens oder Organe, Vertreter und Beauftragte (§ 14) von Unternehmen in Frage (*Rotsch* ZIS 2014, 579 (589); insoweit → GWB § 81 Rn. 14); die Unternehmensvereinigung bleibt insoweit außer Betracht, da sie als Unternehmen erfasst wird, sofern sie durch Abgabe eines Angebotes wirtschaftlich tätig wird (→ KartellVO Art. 23 Rn. 10). Der in der Gesetzesbegründung enthaltene Hinweis auf die allgemeinen Regelungen über Täterschaft und Teilnahme (BT-Drs. 13/ 5584, 14) steht dem nicht entgegen (so aber *Wiesmann*, Die Strafbarkeit gemäß § 298 StGB bei der Vergabe von Bauleistungen und die Implementierung eines Straftatbestands verbotener Submissionsabsprachen in ein Strafgesetz der Europäischen Union, 2006, 169), da er sich ausschließlich auf Personen bezieht, die als Unternehmer an der Absprache beteiligt (vgl. den Hinweis in der Gesetzesbegründung auf die ausdrückliche Erfassung als Täter in § 264b StGB-E, BT-Drs. 13/3353, 5) und somit auch nach hier vertretener Ansicht taugliche Täter sind. IErg wird die aus der Akzessorietät zum Kartellrecht resultierende Einschränkung des Täterkreises überwiegend anerkannt, indem im Wege der teleologischen Reduktion verlangt wird, dass das Angebot für ein an der Absprache beteiligtes Unternehmen abgegeben wird (*Bender,* Sonderstraftatbestände gegen Submissionsabsprachen, 2005, 89; NK-StGB/ *Dannecker* Rn. 92; Schönke/Schröder/*Heine/Eisele* Rn. 22; MüKoStGB/*Hohmann* Rn. 85 f.; LK-StGB/*Tiedemann* Rn. 18, Rn. 46 ff.).

5   Beschränkt man mit der hier vertretenen Ansicht den Täterkreis auf den **Unternehmensinhaber** und die in § 14 genannten Repräsentanten (s. dagegen NK-StGB/*Dannecker* Rn. 19, 89; MüKoStGB/ *Hohmann* Rn. 87; LK-StGB/*Tiedemann* Rn. 16), so kommen als Täter vor allem die **Organe** juristischer Personen (§ 14 Abs. 1 Nr. 1, s. zum Vorstand einer Aktiengesellschaft: *Kleinmann/Berg* BB 1998, 277 (280)), **vertretungsberechtigte Gesellschafter** einer Personengesellschaft (§ 14 Abs. 1 Nr. 2) sowie leitende Angestellte eines Unternehmens (*Wiesmann,* Die Strafbarkeit gemäß § 298 StGB bei der Vergabe von Bauleistungen und die Implementierung eines Straftatbestands verbotener Submissionsabsprachen in ein Strafgesetz der Europäischen Union, 2006, 171) **als Beauftragte** (§ 14 Abs. 2 S. 1 Nr. 1, s. NK-StGB/*Böse* § 14 Rn. 40) in Betracht. Soweit darüber hinaus auch jede zur Vertretung des Unternehmens befugte Person (wie zB ein Prokurist) oder sogar Vertreter ohne Vertretungsmacht, die sich das Angebot zu eigen machen, in den persönlichen Anwendungsbereich des § 298 einbezogen werden (NK-StGB/*Dannecker* Rn. 89; MüKoStGB/*Hohmann* Rn. 87; LK-StGB/*Tiedemann* Rn. 17; weitergehend *Grützner,* Die Sanktionierung von Submissionsabsprachen, 2003, 534 f.), ist dafür auf der Grundlage des § 14 kein Raum. Allerdings ist bei der unwirksamen Bestellung eines Organs bzw. Beauftragten § 14 Abs. 3 zu beachten; auf der Grundlage der Rechtsprechung (BGHSt 31, 118 (122); 46, 62 (64 f.); zur Kritik NK-StGB/*Böse* § 14 Rn. 27 ff.) kommt auch das faktische Organ als Täter in Betracht (vgl. MüKoStGB/*Hohmann* Rn. 87). Hilfspersonen, die bei der Erstellung (Sekretärin) oder Übermittlung (Bote) des Angebotes mitwirken, scheiden hingegen als Täter aus (NK-StGB/*Dannecker* Rn. 94; Mü-KoStGB/*Hohmann* Rn. 89; LK-StGB/*Tiedemann* Rn. 17; s. aber *Wiesmann,* Die Strafbarkeit gemäß § 298 StGB bei der Vergabe von Bauleistungen und die Implementierung eines Straftatbestands verbotener Submissionsabsprachen in ein Strafgesetz der Europäischen Union, 2006, 171).

II. Sachlicher Anwendungsbereich

6   **1. Ausschreibung (Abs. 1). a) Begriff und Gegenstand.** Der Schutzbereich des Tatbestands erfasst zunächst den Wettbewerb im Ausschreibungsverfahren (Abs. 1). Eine **Ausschreibung** ist ein Verfahren, mit dem ein Veranstalter Angebote von mehreren Anbietern einholt, um unter den Bedingungen eines freien Wettbewerbs das für den Veranstalter günstigste Angebot zu ermitteln (HK-StrafR/ *Bannenberg* Rn. 6; SSW StGB/*Bosch* Rn. 3; NK-StGB/*Dannecker* Rn. 22; einschränkend Fischer Rn. 4: unbestimmte Zahl von Anbietern→ Rn. 8). Als Gegenstand der Ausschreibung kommt die Lieferung von Waren oder die Erbringung von gewerblichen Leistungen in Betracht. Diese Begriffe sind kartellrechtsakzessorisch auszulegen (BT-Drs. 13/5584, 14; Lackner/Kühl/*Heger* Rn. 2; LK-StGB/*Tiedemann* Rn. 23; eingehend *Wunderlich,* Die Akzessorietät des § 298 StGB zum Gesetz gegen Wettbewerbsbeschränkungen (GWB), 2009, 146 ff.; → Rn. 3). Als **Waren** (vgl. § 103 Abs. 2 GWB) sind sämtliche Gegenstände anzusehen, die im Geschäftsverkehr veräußert werden können (*Grützner,* Die Sanktionierung von Submissionsabsprachen, 2003, 515; Schönke/Schröder/*Heine/Eisele* Rn. 10); dazu zählen neben beweglichen Sachen und Immobilien auch Nutzungs- und Immaterialgüterrechte, Unternehmen und Gewinnchancen (HK-StrafR/*Bannenberg* Rn. 7; NK-StGB/*Dannecker* Rn. 46; BeckOK StGB/ *Momsen* Rn. 19; LK-StGB/*Tiedemann* Rn. 24). Eine **Leistung** ist eine Tätigkeit, deren Erfolg einem anderen zufällt und der dementsprechend in der Regel ein Dienst- oder Werkvertrag zugrunde liegt (LK-StGB/*Tiedemann* Rn. 25); dies umfasst neben der Ausführung von Bauvorhaben jede Art von Dienstleistungen (§ 103 Abs. 3 und Abs. 4 GWB; s. insoweit *Wunderlich,* Die Akzessorietät des § 298 StGB zum Gesetz gegen Wettbewerbsbeschränkungen (GWB), 2009, 150 ff.). Gewerblich ist eine Leistung, die im geschäftlichen Verkehr erbracht wird; auf der Grundlage des im Wettbewerbsrecht geltenden funktionalen Unternehmensbegriffs (→ GWB § 81 Rn. 9, → KartellVO Art. 23 Rn. 4) fallen darunter nicht nur die Leistungen von Gewerbebetrieben, sondern auch von Angehörigen der freien Berufe (BT-Drs. 13/5584, 14; Fischer Rn. 8). Darüber hinaus werden auch Leistungen des Staates im privatwirtschaftlichen Bereich und künstlerische Werke („Kunst am Bau") erfasst (MüKoStGB/*Hohmann* Rn. 50; LK-StGB/*Tiedemann* Rn. 25; → KartellVO Art. 23 Rn. 2, 4).

7   **b) Öffentliche Ausschreibungen.** Die Einführung des § 298 zielte in erster Linie auf den Schutz des Wettbewerbs bei Ausschreibungen der öffentlichen Hand, zu denen diese europarechtlich (s. die RL Nr. 2004/17/EG, ABl. 2004 L 134, 1, 2004/18/EG. ABl. 2004 L 134, 114, 2009/81/EG, ABl. 2009 L 216, 76; s. nunmehr die bis zum 18.4.2016 umzusetzende RL 2014/25/EU, ABl. 2014 L 94, 243; 2014/ 24/EU, ABl. 2014 L 94, 65; vgl. insoweit §§ 97 ff. GWB) bzw. haushaltsrechtlich (s. § 55 BHO) verpflichtet ist (s. BT-Drs. 13/5584, 12). Der Begriff des **öffentlichen Auftraggebers** ist funktional zu

bestimmen und umfasst nach § 99 GWB neben Bund, Ländern und anderen Gebietskörperschaften (Gemeinden, Landkreise) und sonstigen Körperschaften des öffentlichen Rechts auch natürliche und juristische Personen des Privatrechts, die öffentliche Aufgaben, insbesondere im Bereich der Daseinsvorsorge, wahrnehmen (NK-StGB/*Dannecker* Rn. 27; eingehend *Wunderlich,* Die Akzessorietät des § 298 StGB zum Gesetz gegen Wettbewerbsbeschränkungen (GWB), 2009, 131 ff.). Das Ausschreibungsverfahren richtet sich nach dem Kartellvergaberecht (§§ 97 ff. GWB), sofern die einschlägigen Schwellenwerte erreicht oder überschritten werden (s. § 106 Abs. 1 GWB; s. zu den Schwellenwerten VO (EU) Nr. 1336/2013, ABl. 2013 L 335, 17, sowie ab 18.4.2016 Art. 15 RL 2014/25/EU, ABl. 2014 L 94, 243, Art. 4 RL 2014/24/EU, ABl. 2014 L 94, 65); anderenfalls finden die Bestimmungen der Vergabe- und Vertragsordnung für Bauleistungen – Teil A (VOB/A vom 7.1.2016, BAnz. AT vom 19.1.2016 B3), der Verdingungsordnung für Leistungen – Teil A (VOL/A –BAnz. 2009 Nr. 196a, bereinigt 2010) und die Verdingungsleistung für freiberufliche Leistungen (VOF –BAnz. 2009 Nr. 185a) Anwendung. Da die Vergabeverordnung weitgehend auf diese Regelungswerke verweist (§ 2 S. 2 Vergabeverordnung), wirkt sich die Differenzierung zwischen ober- und unterschwelligem Bereich im Rahmen des § 298 nicht aus (NK-StGB/*Dannecker* StGB Rn. 26; LK-StGB/*Tiedemann* Rn. 20).

Der Tatbestand erfasst zunächst als gesetzlichen Regelfall das **offene Verfahren** (§ 119 Abs. 1, 3 **8** GWB) bzw. die **öffentliche Ausschreibung** (§ 3 Abs. 1 VOB/A; § 3 Abs. 1 VOL/A), wonach eine unbeschränkte Anzahl von Unternehmen öffentlich zur Abgabe eines Angebotes aufgefordert wird. Demgegenüber zeichnet sich das **nicht offene Verfahren** (§ 119 Abs. 4 GWB) bzw. die beschränkte **Ausschreibung** (§ 3 Abs. 2 VOB/A; § 3 Abs. 1 S. 2 VOL/A) dadurch aus, dass – ggf. nach öffentlicher Aufforderung zur Teilnahme – nur eine beschränkte Anzahl von Unternehmen zur Abgabe eines Angebotes aufgefordert wird. Da durch den begrenzten Teilnehmerkreis unter Umständen ein besonders starker Anreiz zur Bildung eines Submissionskartells entstehen kann, fallen auch diese Verfahren in den Anwendungsbereich des Tatbestands (BT-Drs. 13/5584, 14; HK-StrafR/*Bannenberg* Rn. 6). Soweit der beschränkten Ausschreibung kein öffentlicher Teilnahmewettbewerb vorausgeht (§ 3 Abs. 4 VOL/A; s. dagegen § 119 Abs. 4 GWB), wird sie zum Teil vom Anwendungsbereich ausgenommen (MüKo-StGB/*Hohmann* Rn. 35). Anders als in § 298 Abs. 2 wird der Begriff der Ausschreibung aber nicht an das Erfordernis eines öffentlichen Teilnahmewettbewerbs geknüpft (BGH NJW 2014, 1252 (1253); OLG Celle NZWiSt 2013, 68 (71)). Durch den Verzicht auf eine öffentliche Aufforderung zur Teilnahme ist der Kreis der Wettbewerber zwar unter Umständen kleiner; der Wettbewerb in dem Ausschreibungsverfahren selbst wird dadurch jedoch nicht weniger schutzwürdig (vgl. dagegen § 298 Abs. 2). Der Tatbestand findet daher auch auf beschränkte Ausschreibungen ohne öffentlichen Teilnahmewettbewerb Anwendung (BGH NJW 2014, 1252 (1253); OLG Celle NZWiSt 2013, 68 (71); *Bender,* Sonderstraftatbestände gegen Submissionsabsprachen, 2005, 65; SSW StGB/*Bosch* Rn. 3; NK-StGB/*Dannecker* Rn. 36; Matt/Renzikowski/*Schröder/Bergmann* Rn. 7, 9, 14; vgl. auch *Wiesmann,* Die Strafbarkeit gemäß § 298 StGB bei der Vergabe von Bauleistungen und die Implementierung eines Straftatbestands verbotener Submissionsabsprachen in ein Strafgesetz der Europäischen Union, 2006, 95).

Bei dem **Verhandlungsverfahren,** in dem der Veranstalter sich an ausgewählte Unternehmen **9** wendet, um mit diesen über die Auftragsbedingungen zu verhandeln (§ 119 Abs. 5 GWB), handelt es sich nicht um eine Ausschreibung, da der Veranstalter gerade darauf verzichtet, unter Wettbewerbsbedingungen mehrere Angebote einzuholen, sondern stattdessen individuell mit den einzelnen Anbietern verhandelt (LK-StGB/*Tiedemann* Rn. 21; *Wunderlich,* Die Akzessorietät des § 298 StGB zum Gesetz gegen Wettbewerbsbeschränkungen (GWB), 2009, 121. Das Verhandlungsverfahren entspricht insoweit der **freihändigen Auftragsvergabe,** die – wie sich auch im Umkehrschluss aus Abs. 2 ergibt – nicht als Ausschreibung iSd Abs. 1 anzusehen ist (NK-StGB/*Dannecker* Rn. 40; *Theile/Mundt* NZBau 2011, 715 (719); *Wiesmann,* Die Strafbarkeit gemäß § 298 StGB bei der Vergabe von Bauleistungen und die Implementierung eines Straftatbestands verbotener Submissionsabsprachen in ein Strafgesetz der Europäischen Union, 2006, 96). Soweit den Verhandlungen (und der Vergabe) jedoch ein öffentlicher Teilnahmewettbewerb vorausgeht (vgl. § 119 Abs. 5 GWB), wird strafrechtlicher Schutz nach § 298 Abs. 2 gewährt (→ Rn. 16).

Der **wettbewerbliche Dialog** (§ 119 Abs. 6 GWB; § 3 EU Abs. 1 Nr. 4 VOB/A) wird als neu **10** eingeführte, eigenständige Verfahrensart (s. Kulartz/Kus/Portz/*Kulartz,* Kommentar zum GWB-Vergaberecht, 3. Aufl. 2014, GWB § 101 Rn. 21) ebenfalls nicht als Ausschreibung angesehen (*Bender,* Sonderstraftatbestände gegen Submissionsabsprachen, 2005, 72; NK-StGB/*Dannecker* Rn. 41; *Greeve* FS Schiller, 2014, 227 (238); MüKoStGB/*Hohmann* Rn. 40; *Kretschmer* JR 2014, 407 (408); *Theile/Mundt* NZBau 2011, 715 (719). Bei dem wettbewerblichen Dialog handelt es sich um ein dreigliedriges Verfahren, das einen Teilnahmewettbewerb, den Dialog mit den ausgewählten Anbietern und die Angebotsphase mit der Erteilung des Zuschlags umfasst (Ingenstau/Korbion/Leupertz/Wietersheim/*Müller-Wrede,* VOB Teile A und B, 19. Aufl. 2015, VOB/A EG § 3 Rn. 39; Immenga/Mestmäcker/*Dreher* GWB § 101 Rn. 35; s. insoweit § 3b EU Abs. 4 VOB/A). Die dritte Phase entspricht dabei weitgehend dem nicht offenen Verfahren bzw. der beschränkten Ausschreibung (Kulartz/Kus/Portz/*Kulartz,* Kommentar zum GWB-Vergaberecht, 3. Aufl. 2014, GWB § 101 Rn. 20; Ingenstau/Korbion/Leupertz/Wietersheim/*Müller-Wrede,* VOB Teile A und B, 19. Aufl. 2015, VOB/A § 3 EG Rn. 39, 44; Kapellmann/Messerschmidt/*Schneider,* VOB Teile A und B, 5. Aufl. 2015, VOB/A § 3 EG Rn. 57). Zwar kann der Veranstalter in der Angebots- und Zuschlagsphase eine Präzisierung, Klarstellung oder Ergänzung eines zuschlagsfähigen Angebotes verlangen (§ 3 EG Abs. 7 Nr. 7 S. 3, Nr. 8 S. 2 VOB/A), jedoch dürfen dadurch die grundlegenden bzw. wesentlichen Elemente des Angebotes bzw. der „Ausschreibung" nicht geändert werden (§ 3b EU Abs. 4 Nr. 7 S. 4, Nr. 8 S. 3 VOB/A). Die durch die Dialogphase bewirkte Einschränkung des Wettbewerbs rechtfertigt es ebenfalls nicht, diesem Verfahren den strafrechtlichen Schutz zu versagen (so aber MüKoStGB/*Hohmann* Rn. 40; Matt/Renzikowski/ *Schröder/Bergmann* Rn. 20; s. dagegen NK-StGB/*Dannecker* Rn. 41); angesichts des in der ersten Phase obligatorischen Teilnahmewettbewerbs wäre dies mit der Wertung des Gesetzgebers, den Wettbewerb bei einer freihändigen Vergabe nach einem öffentlichen Teilnahmewettbewerb zu schützen, kaum zu vereinbaren (*Wunderlich,* Die Akzessorietät des § 298 StGB zum Gesetz gegen Wettbewerbsbeschränkungen (GWB), 2009, 129 f.; → Rn. 9). Da eine genaue Leistungsbeschreibung erst im Dialog mit den Anbietern entwickelt werden soll, beschränkt sich die Bekanntmachung zwar zunächst darauf, die Bedürfnisse des Auftraggebers und die allgemeinen Anforderungen an den Anbieter zu beschreiben; dass es sich dabei gleichwohl in der Sache um eine (funktionale) Ausschreibung (vgl. Immenga/Mestmäcker/ *Dreher* GWB § 101 Rn. 35) handelt, wurde in den vergaberechtlichen Bestimmungen (§ 3 EG Abs. 5 Nr. 7 S. 4 VOB/A aF: „Ausschreibung"; s. aber nunmehr § 3b EU Abs. 4 Nr. 7 S. 4: „Auftragsbekannt-machung") implizit anerkannt (vgl. insoweit Kapellmann/Messerschmidt/*Schneider,* VOB Teile A und B, 5. Aufl. 2015, VOB/A § 3 EG Rn. 59). Der wettbewerbliche Dialog wird damit vom sachlichen Anwendungsbereich des Tatbestands erfasst (SSW StGB/*Bosch* Rn. 3; *Wunderlich,* Die Akzessorietät des § 298 StGB zum Gesetz gegen Wettbewerbsbeschränkungen (GWB), 2009, 130).

11   Der Tatbestand greift nicht ein, sofern ein öffentlicher Auftraggeber durch eine freihändige Auftrags-vergabe gegen die **Ausschreibungspflicht** verstößt (de-facto-Vergabe, s. *Greeve* FS Schiller, 2014, 227 (239); *Heuking* BB 2013, 1155 (1158)); insoweit kommt allerdings eine Strafbarkeit wegen Untreue (§ 266) und Korruption (§§ 299, 332, 334) in Betracht (NK-StGB/*Dannecker* Rn. 44; MüKoStGB/ *Hohmann* Rn. 46; eingehend dazu de lege lata und de lege ferenda: *Vogel* FS Tiedemann, 2008, 817 (826 ff.)). Der Umstand, dass das jeweilige **Ausschreibungsverfahren rechtsfehlerhaft** durchgeführt wird, lässt die Anwendbarkeit des § 298 jedoch unberührt (BGH NJW 2014, 1252 (1253); SSW StGB/*Bosch* Rn. 3; MüKoStGB/*Hohmann* Rn. 46; LK-StGB/*Tiedemann* Rn. 199). Nach zum Teil vertretener Ansicht soll dies nicht gelten, sofern ein derart schwerwiegender Verstoß vorliege, dass von einer „Ausschreibung" nicht mehr die Rede sein könne (NK-StGB/*Dannecker* Rn. 44; *Greeve* FS Schiller, 2014, 227 (240); Matt/Renzikowski/*Schröder/Bergmann* Rn. 23; *Wiesmann,* Die Strafbarkeit gemäß § 298 StGB bei der Vergabe von Bauleistungen und die Implementierung eines Straftatbestands verbotener Submissionsabsprachen in ein Strafgesetz der Europäischen Union, 2006, 114; offen gelas-sen in BGH NJW 2014, 1252 (1253)). Dagegen spricht jedoch, dass der Gesetzgeber auch die Kollusion mit dem Veranstalter ungeachtet des darin liegenden Verstoßes gegen grundlegende Prinzi-pien des Ausschreibungsverfahrens (vgl. § 97 Abs. 2, Abs. 4, Abs. 5 GWB) als tatbestandsmäßig erfassen wollte (s. BT-Drs. 13/5584, 14; → Rn. 19, 21; für Straflosigkeit einer Absprache des Ver-anstalters mit sämtlichen Bietern: dagegen *Greeve* FS Schiller, 2014, 227 (240)). Aus dem gleichen Grund scheidet auch die Annahme eines Strafaufhebungsgrundes aus, sofern im vergaberechtlichen Nachprüfungsverfahren ein Rechtsverstoß festgestellt wird (vgl. Greeve Korruptionsdelikte Rn. 356 f.; Schönke/Schröder/*Heine/Eisele* Rn. 9; s. dagegen zutreffend NK-StGB/*Dannecker* Rn. 44; LK-StGB/ *Tiedemann* Rn. 19).

12   **c) Private Ausschreibungen.** Der Tatbestand erfasst auch Ausschreibungen durch **private Auftrag-geber,** sofern diese sich eines Verfahrens bedienen, das der Ausschreibung durch einen öffentlichen Auftraggeber ähnlich ist (BT-Drs. 13/5584, 14; BGH NStZ 2003, 548; SSW StGB/*Bosch* Rn. 5; Fischer Rn. 6; *Otto* wistra 1999, 41; Schönke/Schröder/*Heine/Eisele* Rn. 7; *Stoffers/Möckel* NJW 2012, 3270 (3272); *Theile/Mundt* NZBau 2011, 715 (719)). Als privater Auftraggeber kommen nicht nur Unterneh-men (vgl. BT-Drs. 13/558, 14), sondern auch Privatpersonen in Betracht (NK-StGB/*Dannecker* Rn. 29; Fischer Rn. 6; MüKoStGB/*Hohmann* Rn. 43; LK-StGB/*Tiedemann* Rn. 20). Nach der Rechtspre-chung ist die Ähnlichkeit des privaten Verfahrens zu bejahen, wenn sich das Verfahren nach den wesentlichen Vorschriften über die Vergabe öffentlicher Aufträge richtet (BGH NStZ 2003, 548; *Stoffers/Möckel* NJW 2012, 3270 (3272)). Welche Vorschriften als wesentlich anzusehen sind, entscheidet der Bezug zum geschützten Rechtsgut, so dass Bestimmungen, die auf den haushaltsrechtlichen Grund-sätzen der Wirtschaftlichkeit und Sparsamkeit (s. § 7 Abs. 1 BHO, § 6 Abs. 1 HGrG; vgl. insoweit § 97 Abs. 1 S. 2 GWB) beruhen oder der Verfolgung vergabefremder Zwecke (Förderung des Mittelstands, s. § 97 Abs. 4 GWB) dienen, nicht zu berücksichtigen sind (*Bender,* Sonderstraftatbestände gegen Sub-missionsabsprachen, 2005, 75 f.; SSW StGB/*Bosch* Rn. 5; MüKoStGB/*Hohmann* Rn. 45; LK-StGB/ *Tiedemann* Rn. 20; *Wiesmann,* Die Strafbarkeit gemäß § 298 StGB bei der Vergabe von Bauleistungen und die Implementierung eines Straftatbestands verbotener Submissionsabsprachen in ein Strafgesetz der Europäischen Union, 2006, 107 ff.; aA *N. Müller* NZWiSt 2014, 218 (219); Matt/Renzikowski/*Schrö-der/Bergmann* Rn. 24). Zu den für den Wettbewerb wesentlichen Vorschriften zählen neben der Be-

schränkung auf fachkundige, leistungsfähige und zuverlässige Anbieter, dem Erfordernis einer eindeutigen Leistungsbeschreibung und einer Frist für die Abgabe von Angeboten (s. insoweit BGH NStZ 2003, 548) der Grundsatz der Gleichbehandlung sämtlicher Anbieter (*Bender*, Sonderstraftatbestände gegen Submissionsabsprachen, 2005, 74; LPK-StGB/*Kindhäuser* Rn. 20), aber auch die Geheimhaltung der Angebote bis zum Fristablauf und eine transparente Festlegung der Kriterien, nach denen die Angebote bewertet werden, sowie die Einräumung entsprechender Rechte für die Bieter und eine rechtliche Bindung des Veranstalters (NK-StGB/*Dannecker* Rn. 32; *Greeve* NStZ 2002, 505 (506 f.); *N. Müller* NZWiSt 2014, 218 (219); *Pasewaldt* ZIS 2008, 84 (86)).

Allerdings lassen **einzelne Abweichungen** von den genannten Vorschriften die Anwendbarkeit des **13** § 298 unberührt (s. zur Verlängerung der Angebotsfrist: BGH NStZ 2003, 548); dies ergibt sich bereits daraus, dass auch Verfahrensverstöße bei der Vergabe öffentlicher Aufträge keine tatbestandsausschließende Wirkung entfalten (→ Rn. 11; vgl. zu dieser Parallele NK-StGB/*Dannecker* Rn. 44; *Wiesmann*, Die Strafbarkeit gemäß § 298 StGB bei der Vergabe von Bauleistungen und die Implementierung eines Straftatbestands verbotener Submissionsabsprachen in ein Strafgesetz der Europäischen Union, 2006, 114); dies dürfte im Ergebnis der im Schrifttum vorgeschlagenen Gesamtabwägung entsprechen (vgl. NK-StGB/*Dannecker* Rn. 31; *Wiesmann*, Die Strafbarkeit gemäß § 298 StGB bei der Vergabe von Bauleistungen und die Implementierung eines Straftatbestands verbotener Submissionsabsprachen in ein Strafgesetz der Europäischen Union, 2006, 112). Die Gegenansicht bezieht private Ausschreibungen nur unter der Voraussetzung in den Tatbestand ein, dass sie in vollem Umfang den Regelungen über die Vergabe öffentlicher Aufträge folgen (*Greeve* NStZ 2002, 505 (507); *Pasewaldt* ZIS 2008, 84 (86)). Die Unterscheidung zwischen wettbewerbsbezogenen und wettbewerbs- bzw. vergabefremden Vergabevorschriften wirft jedoch keine unüberwindlichen Probleme auf (so aber *Greeve* NStZ 2002, 505 (507); s. dagegen *Pasewaldt* ZIS 2008, 84 (86)) und führt auch nicht zu einer ungerechtfertigten Ausweitung des strafrechtlichen Schutzes bei privaten Ausschreibungen (so aber *Pasewaldt* ZIS 2008, 84 (86)). Das Rechtsgut Wettbewerb ist im Ausgangspunkt vielmehr unabhängig von öffentlich-rechtlichen Vorgaben zu schützen; soweit der Gesetzgeber die Vergabe öffentlicher Aufträge aus haushaltsrechtlichen Gründen oder zur Verfolgung vergabefremder Zwecke (Mittelstandsförderung) reguliert, kann dies daher kein Grund für die Rücknahme des strafrechtlichen Schutzes bei privaten Ausschreibungen sein (vgl. auch LK-StGB/*Tiedemann* Rn. 20).

d) Ausschreibungen im Ausland. Der Schutzbereich des § 298 umfasst auch **Ausschreibungen 14 der EU und der anderen Mitgliedstaaten** (NK-StGB/*Dannecker* Rn. 107; MüKoStGB/*Hohmann* Rn. 113; Lackner/Kühl/*Heger* Rn. 1; LK-StGB/*Tiedemann* Rn. 53; *Wiesmann*, Die Strafbarkeit gemäß § 298 StGB bei der Vergabe von Bauleistungen und die Implementierung eines Straftatbestands verbotener Submissionsabsprachen in ein Strafgesetz der Europäischen Union, 2006, 45 ff.; skeptisch *Fischer* Rn. 5a). Die weitgehende Harmonisierung des Vergaberechts bringt das den Mitgliedstaaten gemeinsame Anliegen zum Ausdruck, bei der Vergabe öffentlicher Aufträge einen effektiven grenzüberschreitenden Wettbewerb zu gewährleisten; die Einbeziehung sämtlicher öffentlicher Ausschreibungen innerhalb des Binnenmarktes in den strafrechtlichen Schutz entspricht daher dem Gebot europarechtsfreundlicher Auslegung (LK-StGB/*Tiedemann* Rn. 53; s. auch allgemein zum Schutz kollektiver Rechtsgüter anderer Mitgliedstaaten NK-StGB/*Böse* Vor § 3 Rn. 62). Sofern Submissionsabsprachen geeignet sind, den zwischenstaatlichen Handel (spürbar) zu beeinträchtigen (→ KartellVO Art. 23 Rn. 24), verstoßen sie außerdem gegen das unionsrechtliche Kartellverbot (Art. 101 AEUV). Da die Mitgliedstaaten verpflichtet sind, Rechtsgüter der Union in gleicher Weise strafrechtlich zu schützen wie vergleichbare inländische Rechtsgüter (grundlegend EuGH NJW 1990, 2245 Rn. 24 – „Griechischer Mais"), ist § 298 so auszulegen, dass er nicht nur Verstöße gegen § 81 GWB, sondern auch solche gegen Art. 101 AEUV erfasst (vgl. allgemein zum Assimilierungsgebot und der europarechtskonformen Auslegung: NK-StGB/*Böse* Vor § 3 Rn. 61 mwN). Die europarechtlichen Vorgaben betreffen also nicht allein den Wettbewerb im Zusammenhang mit der Vergabe öffentlicher Aufträge oberhalb der festgelegten Schwellenwerte (→ Rn. 7), sondern beziehen sich auf einen freien und unverfälschten Wettbewerb im gesamten Binnenmarkt (→ KartellVO Art. 23 Rn. 1, 3 zur Kartellrechtsakzessorietät). Aus diesem Grund ist es weder sachgerecht noch geboten, öffentliche Ausschreibungen im „unterschwelligen" Bereich oder private Ausschreibungen auszuschließen (vgl. auch OLG Frankfurt a. M. NStZ-RR 2014, 288 (289); s. dagegen *Wiesmann*, Die Strafbarkeit gemäß § 298 StGB bei der Vergabe von Bauleistungen und die Implementierung eines Straftatbestands verbotener Submissionsabsprachen in ein Strafgesetz der Europäischen Union, 2006, 49 (51 f.)). Die Anwendung des § 298 auf private Ausschreibungen, die nach dem Recht eines anderen Mitgliedstaates erfolgen, verstößt nicht gegen das Bestimmtheitsgebot (so aber NK-StGB/*Dannecker* Rn. 107), da die Kriterien für die Erfassung derartiger Verfahren als „Ausschreibung" keine anderen sind als bei einer inländischen (privaten) Auftragsvergabe (→ Rn. 12; s. allgemein zur Verweisung auf ausländisches Recht NK-StGB/*Böse* Vor § 3 Rn. 67). Die vorstehenden Ausführungen gelten auch für Ausschreibungen im Europäischen Wirtschaftsraum (NK-StGB/*Dannecker* Rn. 107), nicht aber für Ausschreibungen in **Drittstaaten** (MüKoStGB/*Hohmann* Rn. 113; LK-StGB/*Tiedemann* Rn. 53; *Wiesmann*, Die Strafbarkeit gemäß § 298 StGB bei der Vergabe von Bauleistungen und die Implementierung eines Straftatbestands verbotener Submissionsabsprachen in ein Strafgesetz der Europäischen Union, 2006, 51; s. aber zur beiderseitigen Strafbarkeit nach § 3 IRG: OLG Frankfurt a. M. NStZ-RR 2014, 288 (289)). Soweit Ausschreibungen im Ausland vom Schutzbereich des § 298 erfasst werden, setzt eine Strafbarkeit außerdem die Anwendbarkeit des deutschen Strafrechts nach Maßgabe der §§ 3 ff. voraus (näher NK-StGB/*Dannecker* Rn. 108 ff.).

15   **2. Teilnahmewettbewerb (Abs. 2).** Nach Abs. 2 wird auch der Teilnahmewettbewerb im Vorfeld einer freihändigen Vergabe in den strafrechtlichen Schutz einbezogen, da der Veranstalter und die Bieter aufgrund der rechtlichen Bindungen des Veranstalters an die Grundsätze des Vergabeverfahrens (Transparenz, Gleichbehandlung) auch insoweit in besonderem Maße auf die Kräfte des freien Wettbewerbs vertrauen dürfen (BT-Drs. 13/5594, 14; LK-StGB/*Tiedemann* Rn. 22). Mit dem Erfordernis eines Teilnahmewettbewerbs hat der Gesetzgeber den Anwendungsbereich des Tatbestandes zugleich auf Fälle von einer gewissen Größenordnung und Bedeutung begrenzt; soweit der freihändigen Vergabe kein Teilnahmewettbewerb vorausgeht (§ 3 Abs. 1 S. 3, Abs. 5 VOL/A; vgl. auch zum Verhandlungsverfahren nach § 3b EU Abs. 3 Nr. 4 VOB/A: Ingenstau/Korbion/Leupertz/Wietersheim/*Müller-Wrede,* VOB Teile A und B, 19. Aufl. 2015, VOB/A § 3 EG Rn. 15 sowie § 3 Abs. 4 VOF), hat der Gesetzgeber eine Ahndung als Ordnungswidrigkeit (§ 81 Abs. 2 Nr. 1 GWB) als ausreichend angesehen (BT-Drs. 13/5584, 14). Die Begriffe der freihändigen Vergabe (§ 3 Abs. 3 VOB/A, § 3 Abs. 5 VOL/A) und des Teilnahmewettbewerbs sind in Anlehnung an das Vergaberecht auszulegen; dies gilt insbesondere für die Vergabe von Aufträgen durch Private, die ebenfalls von Abs. 2 erfasst werden (BT-Drs. 13/5584, 14; → Rn. 12 f.). Der Teilnahmewettbewerb setzt daher eine öffentliche Aufforderung zur Abgabe eines Angebotes voraus (vgl. § 3 Abs. 1 VOL/A, § 3 Abs. 1 VOF). Im Hinblick auf die Erfassung eines ausländischen Teilnahmewettbewerbs gelten die Ausführungen zur Ausschreibung entsprechend (→ Rn. 14).

16   Aus den oben genannten Gründen findet Abs. 2 auch auf das **Verhandlungsverfahren** Anwendung, soweit diesem eine öffentliche Aufforderung zur Teilnahme vorausgeht (§ 119 Abs. 5 GWB; § 3b EU Abs. 3 Nr. 1 VOB/A, § 3 EG Abs. 3 VOL/A, § 3 Abs. 1 VOF), denn in diesem Verfahrensstadium findet wie bei einem Teilnahmewettbewerb vor einer freihändigen Vergabe ein – wenn auch eingeschränkter – Wettbewerb zwischen den Teilnehmern statt (*Bender,* Sonderstraftatbestände gegen Submissionsabsprachen, 2005, 70 f.; *Greeve* NStZ 2002, 505 (506); *Wiesmann,* Die Strafbarkeit gemäß § 298 StGB bei der Vergabe von Bauleistungen und die Implementierung eines Straftatbestands verbotener Submissionsabsprachen in ein Strafgesetz der Europäischen Union, 2006, 96 f.). Es wäre im Hinblick auf die Intention des Gesetzgebers, mit dem Erfordernis eines öffentlichen Teilnahmewettbewerbs Aufträge mit einer gewissen Größenordnung zu erfassen (BT-Drs. 13/5584, 14), geradezu widersinnig, das im oberschwelligen Bereich (→ Rn. 7) anzuwendende Verhandlungsverfahren von dem Anwendungsbereich des Tatbestands auszunehmen (*Greeve* NStZ 2002, 505 (506); Matt/Renzikowski/*Schröder/Bergmann* Rn. 18; *Walter* JZ 2002, 254 (256)). Dass das Vergaberecht begrifflich zwischen Verhandlungsverfahren und freihändiger Vergabe unterscheidet (vgl. § 3 Abs. 3 VOB/A einerseits, § 3b EU Abs. 3 VOB/A andererseits), steht einer solchen Auslegung nicht entgegen (s. aber *Kretschmer* ZWH 2013, 355 (356); *Walter* JZ 2002, 254 (256)), da es sich bei dem Verhandlungsverfahren in der Sache um eine besondere Form der freihändigen Vergabe handelt (*Bender,* Sonderstraftatbestände gegen Submissionsabsprachen, 2005, 69; Immenga/Mestmäcker/*Dreher* GWB § 101 Rn. 13). Das Verhandlungsverfahren mit öffentlichem Teilnahmewettbewerb fällt daher unter Abs. 2 (*Bender,* Sonderstraftatbestände gegen Submissionsabsprachen, 2005, 71; NK-StGB/*Dannecker* Rn. 40; MüKoStGB/*Hohmann* Rn. 39; Matt/Renzikowski/*Schröder/Bergmann* Rn. 18; *Wunderlich,* Die Akzessorietät des § 298 StGB zum Gesetz gegen Wettbewerbsbeschränkungen (GWB), 2009, 122 f.; aA *Kretschmer* ZWH 2013, 355 (356); LK-StGB/*Tiedemann* Rn. 22; s. auch Lackner/Kühl/*Heger* Rn. 4). Der **wettbewerbliche Dialog** wird nicht von Abs. 2, sondern von Abs. 1 (→ Rn. 10) erfasst, da der Auftrag nicht freihändig, sondern durch Zuschlagserteilung vergeben wird.

III. Tathandlung

17   **1. Abgabe eines Angebotes.** Im Unterschied zum Kartellordnungswidrigkeitenrecht (vgl. § 81 Abs. 2 Nr. 1 GWB iVm § 1 GWB) verlangt der Tatbestand nicht nur eine wettbewerbsbeschränkende Absprache (→ Rn. 21 ff.), sondern auch deren Konkretisierung in Gestalt eines Angebotes, das gegenüber dem Veranstalter abgegeben wird (s. BT-Drs. 13/5584, 14; → Rn. 2). Die **Nichtabgabe** oder die **Rücknahme** eines Angebots sind daher – auch wenn dies auf einer rechtswidrigen Absprache beruht – nicht tatbestandsmäßig (Mitsch StrafR BT II § 3 Rn. 209). Der Tatbestand erfasst nicht nur das Angebot, das nach der Submissionsabsprache angenommen werden soll, sondern auch die mit diesem (scheinbar) konkurrierenden Schutzangebote (Achenbach/Ransiek/Rönnau WirtschaftsStR-HdB/*Achenbach* Teil 3 Kap. 4 Rn. 16; Fischer Rn. 12a; → Rn. 19; vgl. dagegen BT-Drs. 13/5584, 14). Ein solches Angebot liegt vor, wenn der Bieter die Lieferung bzw. Leistung unter Anerkennung der Ausschreibungs- bzw. Teilnahmebedingungen zu einem festgelegten Preis so bestimmt anbietet, dass grundsätzlich ohne Weiteres ein Zuschlag erfolgen kann (NK-StGB/*Dannecker* Rn. 50; Fischer Rn. 13). Das Angebot muss daher die **wesentlichen förmlichen und inhaltlichen Anforderungen** der Ausschrei-

bung erfüllen, dh es muss die vom Veranstalter geforderten Angaben und Erklärungen und eine Unterschrift des Anbieters (oder seines Vertreters) enthalten (NK-StGB/*Dannecker* Rn. 50; MüKoStGB/ *Hohmann* Rn. 54 f.). Dass das Angebot in einzelnen Punkten präzisierungs- oder klarstellungsbedürftig ist oder Nachverhandlungen geführt werden müssen (→ Rn. 10 zum wettbewerblichen Dialog), ist jedoch unschädlich (NK-StGB/*Dannecker* Rn. 51; MüKoStGB/*Hohmann* Rn. 57; LK-StGB/*Tiedemann* Rn. 27). Dies gilt entsprechend für geringfügige formale Mängel (vgl. zum nicht ordnungsgemäß verschlossenen Umschlag: OLG Düsseldorf WuW DE-R 1135 (1137)). Informelle Anfragen oder die Ankündigung eines Angebotes reichen hingegen nicht aus (Fischer Rn. 13; LK-StGB/*Tiedemann* Rn. 27). Gleiches gilt für Bemühungen um eine Auftragserteilung außerhalb eines Ausschreibungsverfahrens, zB im Wege der Bestechung (*Grützner,* Die Sanktionierung von Submissionsabsprachen, 2003, 516).

Nach der Rspr. ist ein Angebot auch dann tatbestandsmäßig, wenn ein **zwingender Grund für den** **18** **Ausschluss** des Angebotes (§ 16 Abs. 1 VOB/A) vorliegt (BGH NJW 2014, 1252 (1253 f.); *Kreschmer* JR 2014, 407 (409)). Dies soll nicht nur für **verspätete Angebote** iSd § 16 Abs. 1 Nr. 1 VOB/A (BGH NStZ 2003, 548; ebenso Greeve Korruptionsdelikte Rn. 378; LK-StGB/*Tiedemann* Rn. 29; vgl. auch BVerfG wistra 2009, 269 (270)), sondern auch für unvollständige Angebote gelten (BGH NJW 2014, 1252 (1253 f.): fehlende Übersendung der erforderlichen Unterlagen). Im Schrifttum wird hingegen die Tatbestandsmäßigkeit eines Angebots verneint, bei dem ein zwingender Ausschlussgrund offensichtlich gegeben ist (Matt/Renzikowski/*Schröder/Bergmann* Rn. 37; LK-StGB/*Tiedemann* Rn. 27; eingehend *Wiesmann,* Die Strafbarkeit gemäß § 298 StGB bei der Vergabe von Bauleistungen und die Implementierung eines Straftatbestands verbotener Submissionsabsprachen in ein Strafgesetz der Europäischen Union, 2006, 78 ff. (84 f.); s. auch NK-StGB/*Dannecker* Rn. 51; MüKoStGB/*Hohmann* Rn. 58, Rn. 71; *Wunderlich,* Die Akzessorietät des § 298 StGB zum Gesetz gegen Wettbewerbsbeschränkungen (GWB), 2009, 176; aA Greeve Korruptionsdelikte Rn. 377). Soweit der BGH in einem solchen Angebot, soweit es auf einer rechtswidrigen Absprache beruht, eine Wettbewerbsbeeinträchtigung sieht), indem er mit „der für Submissionsabsprachen typischen Wiederholung und allmählichen Steigerung der Angebotspreise" einen Rechtsgutsbezug herstellt (BGH NJW 2014, 1252 (1254)), verliert er den in § 298 geschützten konkreten Wettbewerbsprozess aus den Augen (→ Rn. 1, 2). Selbst wenn man § 298 nicht als Verletzungsdelikt, sondern mit der hM als abstraktes Gefährdungsdelikt ansieht, sind im Wege einer teleologischen Reduktion zur Rechtsgutsgefährdung untaugliche Handlungen von der Strafbarkeit auszunehmen (*Bosch* ZWH 2014, 275 (276); NK-StGB/*Dannecker* Rn. 51; MüKoStGB/*Hohmann* Rn. 58; LK-StGB/*Tiedemann* Rn. 27; aA *Kretschmer* JR 2014, 407 (409), unter Verweis auf die Parallele zur Irrelevanz von Verfahrensfehlern bei den Aussagedelikten; s. dagegen zur Tatbestandslosigkeit unverwertbarer Aussagen: NK-StGB/*Vormbaum* § 153 Rn. 32 ff., § 154 Rn. 36 ff.; s. auch für grobe Verfahrensverstöße: OLG Köln NJW 1988, 2485 (2486)).Dabei ist einzuräumen, dass der vergaberechtliche Ausschluss eines Angebotes aufgrund der wettbewerbswidrigen Absprache (vgl. § 16 Abs. 1 Nr. 4 VOB/A) unbeachtlich ist, da der Tatbestand anderenfalls leerliefe (BGH NStZ 2003, 548). Von dieser Konstellation ist jedoch das formal unzulängliche und damit von vornherein auszuschließende Angebot zu unterscheiden, weil es den strafrechtlich geschützten Wettbewerbsprozesses nicht in gleicher Weise wie ein prima facie berücksichtigungsfähiges Angebot zu gefährden vermag (*Bosch* ZWH 2014, 275 (276)), sondern insoweit normativ der unterlassenen Abgabe eines Angebotes gleichsteht (SSW StGB/ *Bosch* Rn. 7; NK-StGB/*Dannecker* Rn. 53; Fischer Rn. 15a; MüKoStGB/*Hohmann* Rn. 62; *Wiesmann,* Die Strafbarkeit gemäß § 298 StGB bei der Vergabe von Bauleistungen und die Implementierung eines Straftatbestands verbotener Submissionsabsprachen in ein Strafgesetz der Europäischen Union, 2006, 85; *Wunderlich,* Die Akzessorietät des § 298 StGB zum Gesetz gegen Wettbewerbsbeschränkungen (GWB), 2009, 175 f.). Besonders deutlich zeigt sich diese Parallele bei dem nicht rechtzeitig eingereichten Angebot. Da sich die Überschreitung der Frist für die Einreichung der Angebote in der Regel ohne Weiteres feststellen lässt, ist das verspätete Angebot ebenfalls nicht als tatbestandsmäßig anzusehen (NK-StGB/*Dannecker* Rn. 53; Fischer Rn. 15a; MüKoStGB/*Hohmann* Rn. 62; *Theile/Mundt* NZBau 2011, 715 (719); *Wiesmann,* Die Strafbarkeit gemäß § 298 StGB bei der Vergabe von Bauleistungen und die Implementierung eines Straftatbestands verbotener Submissionsabsprachen in ein Strafgesetz der Europäischen Union, 2006, 81; s. auch Schönke/Schröder/*Heine/Eisele* Rn. 13). Soweit der Veranstalter hingegen nach pflichtgemäßem Ermessen Angebote ausschließen kann (§ 16 Abs. 2 VOB/A), ist nicht die Praxis der Vergabestelle bei der Anwendung des jeweiligen Ausschlusstatbestandes maßgeblich (so aber NK-StGB/*Dannecker* Rn. 51; MüKoStGB/*Hohmann* Rn. 58; LK-StGB/*Tiedemann* Rn. 27), sondern das Angebot ist als tatbestandsmäßig anzusehen, da es nur von vornherein (offensichtlich) ungeeignet ist, den Wettbewerbsprozess wie ein formal ordnungsgemäßes Angebot zu beeinträchtigen (*Wiesmann,* Die Strafbarkeit gemäß § 298 StGB bei der Vergabe von Bauleistungen und die Implementierung eines Straftatbestands verbotener Submissionsabsprachen in ein Strafgesetz der Europäischen Union, 2006, 84).

Das Angebot muss als Willenserklärung grundsätzlich einen rechtsgeschäftlichen **Bindungswillen 19** zum Ausdruck bringen; der Tatbestand kann daher durch bloße Mitwirkungshandlungen (zB Überbringung durch einen Boten) nicht verwirklicht werden (Achenbach/Ransiek/Rönnau WirtschaftsStR-HdB/*Achenbach* Teil 3 Kap. 4 Rn. 13; LK-StGB/*Tiedemann* Rn. 17; → Rn. 5). Das Angebot muss jedoch nicht ernstlich abgegeben werden (so aber HK-StrafR/*Bannenberg* Rn. 13; s. dagegen BeckOK StGB/*Momsen* Rn. 24); insbesondere sollen nach der Gesetzesbegründung (vgl. BT-Drs. 13/5584, 14) auch Scheinangebote im Rahmen einer **kollusiven Absprache** mit einem Vertreter des Veranstalters erfasst werden (NK-StGB/*Dannecker* Rn. 52; MüKoStGB/*Hohmann* Rn. 59; LK-StGB/*Tiedemann* Rn. 28; *Wunderlich,* Die Akzessorietät des § 298 StGB zum Gesetz gegen Wettbewerbsbeschränkungen (GWB), 2009, 177; vgl. dagegen §§ 116, 117 BGB jeweils iVm § 166 Abs. 1 BGB). Dementsprechend setzt der Tatbestand nicht voraus, dass der Täter die Absprache bei der Abgabe des Angebots gegenüber dem Veranstalter (bzw. seinem Vertreter) verheimlicht (s. BT-Drs. 13/5584, 14; FK-KartellR/*Achenbach* GWB § 81 Rn. 302; NK-StGB/*Dannecker* Rn. 54; Schönke/Schröder/*Heine/Eisele* Rn. 18). Aus den gleichen Gründen ist für die Tatbestandsmäßigkeit unerheblich, ob der Täter das Unternehmen, für das er ein Angebot abgibt, wirksam (vgl. § 138 BGB) vertritt (s. NK-StGB/*Dannecker* Rn. 89; LK-StGB/*Tiedemann* Rn. 48; s. dazu und zu den Grenzen des § 14 → Rn. 5).

20   Das Angebot ist abgegeben und die Tat damit **vollendet,** wenn das Angebot dem Veranstalter zugeht, so dass es bei ordnungsgemäßem Ablauf in dem konkreten Vergabeverfahren berücksichtigt werden kann; eine Kenntnisnahme oder Annahme ist nicht erforderlich (Fischer Rn. 15; *Otto* wistra 1999, 41 (42); LK-StGB/*Tiedemann* Rn. 29). Die Vollendung tritt daher nicht erst mit Ablauf der Frist für die Einreichung von Angeboten ein (vgl. *Wolters* JuS 1998, 1100 (1102) Fn. 23), sondern mit dem Zugang als tatbestandsmäßigem Erfolg (NK-StGB/*Dannecker* Rn. 53; MüKoStGB/*Hohmann* Rn. 61; → Rn. 2). Auch bei einem kollusiven Zusammenwirken des Bieters mit einem Vertreter des Veranstalters (zB verspätete Abgabe eines rückdatierten Angebotes) ist eine Vollendung nicht erst dann anzunehmen, wenn der letztere das Angebot in den ordnungsgemäßen Geschäftsgang gibt (Schönke/Schröder/*Heine/ Eisele* Rn. 12; MüKoStGB/*Hohmann* Rn. 60), sondern ebenso auf den Zugang beim Veranstalter abzustellen (LK-StGB/*Tiedemann* Rn. 29). Das bloße Absenden eines Angebotes ist ein (strafloser) Versuch (SSW StGB/*Bosch* Rn. 7; LPK-StGB/*Kindhäuser* Rn. 6).

21   **2. Rechtswidrige Absprache.** Das Angebot muss auf einer (kartell-)rechtswidrigen Absprache beruhen. Die rechtswidrige Absprache stellt nicht die tatbestandsmäßige Handlung (Abgabe eines Angebots, → Rn. 17 ff.), sondern deren Grundlage dar (vgl. BT-Drs. 13/5584, 14): Mit dem Angebot wird die rechtswidrige Absprache vom Täter im Ausschreibungsverfahren umgesetzt (→ Rn. 29 f.). Die Absprache muss nicht heimlich erfolgen, da der Gesetzgeber auch die Kollusion mit dem Veranstalter erfassen wollte und auch der entsprechende Bußgeldtatbestand (§ 81 Abs. 2 Nr. 1 GWB) keine derartige Einschränkung enthält (s. BT-Drs. 13/5584, 14; HK-StrafR/*Bannenberg* Rn. 12; → Rn. 19).

22   **a) Begriff der Absprache.** Wenngleich der Gesetzgeber mit dem Begriff der Absprache von der kartellrechtlichen Terminologie abgewichen ist, ergibt sich aus der Gesetzesbegründung und der Akzessorietät zum Kartellrecht, dass jedenfalls **Vereinbarungen** zwischen Unternehmen iSd § 1 GWB vom Tatbestand erfasst werden (→ GWB § 81 Rn. 14, → KartellVO Art. 23 Rn. 14 f.). Darunter fallen auch Vereinbarungen, die durch Einsatz von Druck- oder Lockmitteln zustande gekommen sind (s. dazu *Bender,* Sonderstraftatbestände gegen Submissionsabsprachen, 2005, 117 ff.; aber → Kartell-VO Art. 23 Rn. 30; vgl. auch zu § 21 Abs. 2 GWB → GWB § 81 Rn. 36 ff.). Im Gesetzgebungsverfahren wurde davon ausgegangen, dass der Tatbestand auch auf **abgestimmte Verhaltensweisen** Anwendung findet (BT-Drs. 13/5584, 14), und eine ausdrückliche Einbeziehung in den Tatbestand für entbehrlich gehalten (s. BT-Drs. 13/5584, 7 und 12 f.). Allerdings setzt der Wortlaut der Auslegung des Merkmals „Absprache" insoweit Grenzen, als dieser eine inhaltliche Verständigung über das Verhalten der Beteiligten im Ausschreibungsverfahren verlangt (NK-StGB/*Dannecker* Rn. 57; *Grützner,* Die Sanktionierung von Submissionsabsprachen, 2003, 519 f.; Schönke/Schröder/*Heine/Eisele* Rn. 16; MüKoStGB/*Hohmann* Rn. 66; *König* JR 1997, 397 (402); LK-StGB/*Tiedemann* Rn. 32; vgl. auch zum Begriff „Vertrag" in § 1 GWB aF: BGHSt 32, 54 (61 f.)). Der Wortlaut verlangt jedoch entgegen der vorherrschenden Auffassung (BGH NJW 2014, 1252 (1253); SSW StGB/*Bosch* Rn. 9; NK-StGB/*Dannecker* Rn. 57; Fischer Rn. 11; MüKoStGB/*Hohmann* Rn. 66; *Theile/Mundt* NZBau 2011, 715 (719); LK-StGB/*Tiedemann* Rn. 32) keinen rechtlichen oder faktischen Bindungswillen (*Wunderlich,* Die Akzessorietät des § 298 StGB zum Gesetz gegen Wettbewerbsbeschränkungen (GWB), 2009, 205); der Begriff der Absprache entspricht damit dem – weit verstandenen – Begriff der Vereinbarung iSd § 1 GWB bzw. Art. 101 AEUV (→ KartellVO Art. 23 Rn. 14; vgl. auch Fischer Rn. 10). Ein abgestimmtes Verhalten wie die Koordination des Marktverhaltens durch den Austausch von Informationen über das beabsichtigte Verhalten im Ausschreibungsverfahren ist daher nicht als tatbestandsmäßig anzusehen (BGH NJW 2014, 1252 (1253); MüKoStGB/*Hohmann* Rn. 66; *Kleinmann/Berg* BB 1998, 277 (280); LK-StGB/*Tiedemann* Rn. 32; weitergehend NK-StGB/*Dannecker* Rn. 57; *Kuhlen* FS Lampe, 2003, 743 (755); *Wunderlich,* Die Akzessorietät des § 298 StGB zum Gesetz gegen Wettbewerbsbeschränkungen (GWB), 2009, 206). Gleiches gilt für Erkundigungen oder ergebnislos verlaufende Gespräche über die Abgabe von Angeboten (NK-StGB/*Dannecker* Rn. 58; Fischer Rn. 11; MüKoStGB/*Hohmann* Rn. 66; SK-StGB/*Rogall* Rn. 22; LK-StGB/*Tiedemann* Rn. 32).

23   **b) Beteiligte.** Aus der Akzessorietät zum Kartellrecht (→ Rn. 3) folgt, dass als Beteiligte an der Absprache nur **Unternehmen** in Betracht kommen (*Greeve* NStZ 2002, 505 (508); MüKoStGB/

Hohmann Rn. 68; LK-StGB/*Tiedemann* Rn. 13; → Rn. 5). Der Tatbestand erfasst demnach **horizontale Absprachen** zwischen den Unternehmen, die als Bieter um den zu vergebenden Auftrag konkurrieren (hM, s. BGHSt 49, 201 (205)). Demgegenüber ist zweifelhaft, ob der Tatbestand auch auf die **vertikale Absprache** zwischen einem Bieter und dem Veranstalter (bzw. seinem Vertreter) Anwendung findet. Die Beschränkung der an der Absprache beteiligten Personen auf Unternehmen steht dem nicht entgegen, da der öffentliche Auftraggeber aufgrund seiner wirtschaftlichen Tätigkeit als Nachfrager zumindest nach deutschem Verständnis dem funktionalen Unternehmensbegriff unterfällt (LK-StGB/ *Tiedemann* Rn. 13; *Wunderlich,* Die Akzessorietät des § 298 StGB zum Gesetz gegen Wettbewerbsbeschränkungen (GWB), 2009, 220 ff.; → GWB § 81 Rn. 14; aber → KartellVO Art. 23 Rn. 4). Nach der früheren Rechtsprechung (BGHSt 49, 201 (205 ff.); BGH wistra 2005, 29; BGH NStZ 2006, 687) und Teilen des Schrifttums (NK-StGB/*Dannecker* Rn. 64; *Greeve* NStZ 2002, 505 (508); Schönke/ Schröder/*Heine/Eisele* Rn. 17; *Kuhlen* FS Lampe, 2003, 743 (756 f.); *Pasewaldt* ZIS 2008, 84 (87); *Rotsch* ZIS 2014, 579 (591 f.); Matt/Renzikowski/*Schröder/Bergmann* Rn. 27) sind vertikale Absprachen gleichwohl nicht tatbestandsmäßig, da die in der Gesetzesbegründung zitierten §§ 1, 25 GWB in der damaligen Fassung vertikale Wettbewerbsbeschränkungen dieser Art nicht umfassten (BGHSt 49, 201 (206 f.)). Zwar spricht die Gesetzesbegründung insofern gegen diese Auslegung, als sie auf die besondere Strafwürdigkeit der Fälle hinweist, in denen „der" Bieter kollusiv mit einem Mitarbeiter des Veranstalters zusammenarbeitet (BT-Drs. 13/5584, 14; s. insoweit *Bender,* Sonderstraftatbestände gegen Submissionsabsprachen, 2005, 152 f.; *Wiesmann,* Die Strafbarkeit gemäß § 298 StGB bei der Vergabe von Bauleistungen und die Implementierung eines Straftatbestands verbotener Submissionsabsprachen in ein Strafgesetz der Europäischen Union, 2006, 129). Der Kontext dieser Passage deutet jedoch auf das Gegenteil hin, denn zuvor wird erläutert, dass die Absprache gegenüber dem Veranstalter nicht verheimlicht werden muss; in den Ausführungen wird daher eine Absprache zwischen den konkurrierenden Unternehmen stillschweigend vorausgesetzt (BGHSt 49, 201 (206); *Greeve* NZWiSt 2013, 140 (141)).

Die neuere Rspr. (BGH NJW 2012, 3318; OLG Celle NZWiSt 2013, 68 (71)) verweist mit der **24** inzwischen überwiegend im Schrifttum vertretenen Gegenansicht demgegenüber darauf, dass der Anwendungsbereich des § 1 GWB mit der 7. GWB-Novelle auf vertikale Wettbewerbsbeschränkungen ausgedehnt worden sei und diese Erweiterung aufgrund der Kartellrechtsakzessorietät des § 298 auch auf dessen Tatbestand durchschlage (SSW StGB/*Bosch* Rn. 9; MüKoStGB/*Hohmann* Rn. 68; Lackner/ Kühl/*Heger* Rn. 3; *N. Müller* NZWiSt 2014, 218 (223); SK-StGB/ *Rogall* Rn. 23; *Rübenstahl* NZWiSt 2013, 71 (73); *Stoffers/Möckel* NJW 2012, 3270 (3273); LK-StGB/*Tiedemann* Rn. 13; *Wiesmann,* Die Strafbarkeit gemäß § 298 StGB bei der Vergabe von Bauleistungen und die Implementierung eines Straftatbestands verbotener Submissionsabsprachen in ein Strafgesetz der Europäischen Union, 2006, 132; *Wunderlich,* Die Akzessorietät des § 298 StGB zum Gesetz gegen Wettbewerbsbeschränkungen (GWB), 2009, 216 f.). Diese Argumentation verkennt jedoch, dass der Tatbestand des § 298 nur einen Ausschnitt des allgemeinen Kartellverbots umfasst und sich daher aus der Reichweite des letzteren keine zwingenden Rückschlüsse auf den Umfang des strafbewehrten Verbotes ziehen lassen (BGHSt 49, 201 (207); SSW StGB/*Bosch* Rn. 19; NK-StGB/*Dannecker* Rn. 65); aus dieser asymmetrischen Akzessorietät (→ Rn. 3) können sicher daher auch keine Wertungswidersprüche ergeben (so aber BGH NJW 2012, 3318 (3319); s. dagegen *Greeve* NZWiSt 2013, 140 (142); s. auch *Heuking* BB 2013, 1155 (1157)). Der Hinweis auf die Änderung des § 1 GWB ist auch insofern wenig überzeugend, als vertikale Vereinbarungen vor ihrem Inkrafttreten anderen wettbewerbsrechtlichen Verbotsnormen unterfielen (vgl. *Meyer/Kuhn* EWiR 1/05, 133 (134); s. dagegen *Bender,* Sonderstraftatbestände gegen Submissionsabsprachen, 2005, 176 ff.). Für eine einschränkende Auslegung des § 298 spricht darüber hinaus, dass den vertikalen Absprachen die für horizontale Absprachen typische und für einen funktionierenden Ausschreibungswettbewerb gefährliche Tendenz zur Wiederholung fehlt, mit der im Gesetzgebungsverfahren (s. BT-Drs. 13/5584, 13) unter Hinweis auf die Ringvereinbarungen (→ Rn. 25) im Bauwesen die Kriminalisierung der Submissionsabsprache begründet worden ist (BGHSt 49, 205; NK-StGB/ *Dannecker* Rn. 66; *Greeve* NZWiSt 2013, 140 (141); *Rotsch* ZIS 2014, 579 (591); *v. Coelln* ZIS 2012, 628 (630 f.)). Die Gefahr der Wiederholung bzw. Verfestigung horizontaler Absprachen lässt sich mit dem Hinweis auf die Möglichkeit von Ausgleichszahlungen nicht ausräumen (s. aber *Wunderlich,* Die Akzessorietät des § 298 StGB zum Gesetz gegen Wettbewerbsbeschränkungen (GWB), 2009, 219). Dem Umstand, dass vertikale Vereinbarungen ebenfalls auf Wiederholung angelegt sein können (SSW StGB/ *Bosch* Rn. 19; *Stoffers/Möckel* NJW 2012, 3270 (3273); *Wunderlich,* Die Akzessorietät des § 298 StGB zum Gesetz gegen Wettbewerbsbeschränkungen (GWB), 2009, 219; s. auch LK-StGB/*Tiedemann* Rn. 13; s. ferner zur Kollusion von Bietern und Architekt bei privaten Bauprojekten: *N. Müller* NZWiSt 2014, 218 (223 f.)), wird dadurch Rechnung getragen, dass vertikale Absprachen als Korruption im Geschäftsverkehr (§ 299; s. auch §§ 332, 334) angemessen geahndet werden können (BGHSt 49, 205 f.; s. auch *Theile/Mundt* NZBau 2011, 715 (719); krit. *N. Müller* NZWiSt 2014, 255 (256)). Für eine selbstständige Ahndung nach § 298 kann zwar angeführt werden, dass eine vertikale Absprache dazu führen kann, dass ein Wettbewerb nicht nur beschränkt, sondern sogar vollkommen ausgeschaltet wird, indem der Veranstalter einem Bieter den Auftrag zusichert (*Wunderlich,* Die Akzessorietät des § 298 StGB zum Gesetz gegen Wettbewerbsbeschränkungen (GWB), 2009, 220). Gleichwohl bleibt bei dieser Argumentation unberücksichtigt, dass dieser Konstellation der Sache nach der Fall gleichsteht, dass ein

Auftrag gar nicht erst ausgeschrieben, sondern freihändig an den betreffenden Unternehmer vergeben wird. Da die Pflicht zur Ausschreibung selbst nicht strafbewehrt ist (→ Rn. 11), wäre es widersprüchlich, eine die Ausschreibung unterlaufende vertikale Absprache über § 298 zu erfassen. Dementsprechend begründet die fehlende Erfassung des Veranstalters einer privaten Ausschreibung keine „Strafbarkeitslücke" (so aber *Wiesmann*, Die Strafbarkeit gemäß § 298 StGB bei der Vergabe von Bauleistungen und die Implementierung eines Straftatbestands verbotener Submissionsabsprachen in ein Strafgesetz der Europäischen Union, 2006, 130 f.; *Wunderlich*, Die Akzessorietät des § 298 StGB zum Gesetz gegen Wettbewerbsbeschränkungen (GWB), 2009, 217), sondern ist eine Konsequenz der insoweit fehlenden strafbewehrten Pflicht zur Ausschreibung (*Greeve* NZWiSt 2013, 140 (142)).

25   **c) Gegenstand und Zweck.** Die Absprache muss darauf abzielen, den Veranstalter zur Annahme eines bestimmten Angebotes zu veranlassen (**Finalität** der Absprache). Die intendierte Lenkungswirkung der Absprache kann grundsätzlich auch dadurch erreicht werden, dass das „herausgestellte" Angebot seinem Inhalt nach bestimmt wird (Fischer Rn. 12a; Schönke/Schröder/*Heine/Eisele* Rn. 18; LK-StGB/*Tiedemann* Rn. 39). Wird jedoch nur eine Preisuntergrenze festgelegt und es den Absprachebeteiligten freigestellt wird, ob sie ein entsprechendes Angebot abgeben, so spricht die darin liegende Beeinträchtigung des Wettbewerbs zwar für die Tatbestandsmäßigkeit einer solchen Absprache (so SSW StGB/*Bosch* Rn. 10; NK-StGB/*Dannecker* Rn. 78; MüKoStGB/*Hohmann* Rn. 77; *Theile/Mundt* NZBau 2011, 715 (720)). Soweit die Absprache die Abgabe mehrerer Angebote zu diesem Preis umfasst und eines davon nicht auf andere Weise „herausgestellt" wird, zielt die Absprache aber nicht auf die Annahme „eines bestimmten" Angebotes ab und wird daher vom Tatbestand nicht erfasst (Matt/Renzikowski/*Schröder/Bergmann* Rn. 35; ebenso Fischer Rn. 12a; *Stoffers/Möckel* NJW 2012, 3270 (3273)). Aus der angestrebten Lenkungswirkung in Bezug auf ein bestimmtes Angebot ergibt sich weiter, dass sich die Absprache auf ein konkretes Ausschreibungsverfahren beziehen muss. Da es dem Gesetzgeber darauf ankam, auf Wiederholung angelegte, organisatorisch verfestigte Submissionskartelle zu bekämpfen (BT-Drs. 13/5584, 13), gelten insoweit jedoch keine besonders strengen Anforderungen; es werden daher auch **Ringabsprachen** erfasst, in denen das anzunehmende Angebot für zukünftige Ausschreibungen nach einer festgelegten Reihenfolge, nach Sachgebieten oder nach Regionen bestimmt wird (NK-StGB/*Dannecker* Rn. 79; MüKoStGB/*Hohmann* Rn. 78; LK-StGB/*Tiedemann* Rn. 39). Zum Teil wird eine Finalität der Absprache verneint, wenn sie auf Veranlassung eines Vertreters des Veranstalters zustande kommt, da dieser in einem solchen Fall nicht erst durch die Absprache zur Annahme eines bestimmten Angebotes veranlasst werde (*König* JR 1997, 397 (402); Lackner/Kühl/*Heger* Rn. 3). Gegen eine solche Beschränkung wird jedoch mit Recht eingewandt, dass die Absprache, mit der das anzunehmende Angebot festgelegt wird, mitursächlich für den Zuschlag durch den Veranstalter ist (LK-StGB/*Tiedemann* Rn. 38). Der Umstand, dass der Gesetzgeber auch die Kollusion zwischen Veranstalter und Bietern erfassen wollte (→ Rn. 19), spricht ebenfalls dafür, auch die vom Veranstalter initiierte Absprache als tatbestandsmäßig anzusehen (NK-StGB/*Dannecker* Rn. 80; Schönke/Schröder/*Heine/Eisele* Rn. 18; MüKoStGB/*Hohmann* Rn. 79).

26   **d) Rechtswidrigkeit.** Die Rechtswidrigkeit der Absprache ist nach vorherrschender Auffassung ein (normatives) Tatbestandsmerkmal (*Bender,* Sonderstraftatbestände gegen Submissionsabsprachen, 2005, 105; NK-StGB/*Dannecker* Rn. 59, 75; *Grützner,* Die Sanktionierung von Submissionsabsprachen, 2003, 523 f.; MüKoStGB/*Hohmann* Rn. 67; Lackner/Kühl/*Heger* Rn. 3; LK-StGB/*Tiedemann* Rn. 36, Rn. 43). Dies wird jedoch dem Umstand nicht gerecht, dass der Tatbestand einen Ausschnitt des mit der Absprache verwirklichten allgemeinen Ordnungswidrigkeitentatbestandes (§ 81 Abs. 2 Nr. 1 GWB) kriminalisiert (→ Rn. 3, → Rn. 4). Dementsprechend bestimmt die Qualifizierung der Absprache als „rechtswidrig" die rechtliche Bewertung von deren Umsetzung durch die Abgabe eines entsprechenden Angebotes (SK-StGB/*Rogall* Rn. 25; s. auch *Kuhlen* FS Lampe, 2003, 743 (754); vgl. auch zur rechtlichen Bewertungseinheit von Absprache und Umsetzung: → GWB § 81 Rn. 14; s. dagegen *Bender,* Sonderstraftatbestände gegen Submissionsabsprachen, 2005, 104; *Grützner,* Die Sanktionierung von Submissionsabsprachen, 2003, 523). Das Erfordernis der Rechtswidrigkeit der Absprache ist daher – der Rechtswidrigkeit im Kartellbußgeldrecht entsprechend (→ GWB § 81 Rn. 17 f.) – als **Verweis auf** die tatbestandlichen Grenzen des allgemeinen Kartellverbotes und **das allgemeine Verbrechensmerkmal** einzuordnen (s. auch SK-StGB/*Rogall* Rn. 29: gesamttatbewertendes Merkmal; vgl. auch Fischer Rn. 18). Die Bewertung als „rechtswidrig" beruht auf dem wettbewerbsbeschränkenden Charakter der Absprache (LK-StGB/*Tiedemann* Rn. 36) und hat daher **akzessorisch zum Kartellrecht** zu erfolgen (BGHSt 49, 201 (205); → Rn. 3); Verstöße gegen andere Gesetze (§§ 299, 331 ff.) bleiben insoweit außer Betracht (MüKoStGB/*Hohmann* Rn. 67; LK-StGB/*Tiedemann* Rn. 33). Die Akzessorietät zum Kartellrecht lässt die Anwendung der allgemeinen Rechtfertigungsgründe gleichwohl unberührt (s. MüKoStGB/*Hohmann* Rn. 95; → GWB § 81 Rn. 18).

27   Aus der Akzessorietät des tatbestandlichen Verbotes folgt zunächst, dass eine Absprache, die kartellrechtlich zulässig ist, eine Strafbarkeit nach § 298 nicht zu begründen vermag (→ Rn. 3). Dies gilt zunächst, soweit für die betreffende Absprache eine **Freistellung** vom Kartellverbot (§§ 2, 3 GWB; Art. 101 Abs. 3 AEUV) oder eine **Bereichsausnahme** (vgl. § 28 GWB zur Landwirtschaft) eingreift (NK-StGB/*Dannecker* Rn. 71; Matt/Renzikowski/*Schröder/Bergmann* Rn. 30; LK-StGB/*Tiedemann*

Rn. 34; → GWB § 81 Rn. 9, 17, → KartellVO Art. 23 Rn. 2, 26 f.; eingehend *Wunderlich,* Die Akzessorietät des § 298 StGB zum Gesetz gegen Wettbewerbsbeschränkungen (GWB), 2009, 247 ff. (271 ff.)).

Vom strafbewehrten Verbot ausgenommen sind weiterhin **Bieter- und Arbeitsgemeinschaften,** die **28** zur Abgabe eines gemeinsamen Angebotes gebildet werden (Bericht des Rechtsausschusses, BT-Drs. 13/8079, 14). Da die beteiligten Unternehmen erst durch die Zusammenarbeit in die Lage versetzt werden, ein Angebot abzugeben, wirken derartige Absprachen nicht wettbewerbsbeschränkend, sondern fördern den Wettbewerb, indem der Kreis der Bieter erweitert wird (NK-StGB/*Dannecker* Rn. 72; MüKoStGB/*Hohmann* Rn. 71; Matt/Renzikowski/*Schröder*/*Bergmann* Rn. 31; *Wunderlich,* Die Akzessorietät des § 298 StGB zum Gesetz gegen Wettbewerbsbeschränkungen (GWB), 2009, 246 f.; s. allgemein Immenga/Mestmäcker/*Zimmer* GWB § 1 Rn. 255; → KartellVO Art. 23 Rn. 25). Diese Ausnahme vom Kartellverbot (§ 1 GWB) setzt jedoch nicht voraus, dass die selbstständige Teilnahme an der Ausschreibung wegen der begrenzten Kapazitäten, technischen Geräte oder Fachkenntnisse unmöglich ist, sondern greift auch dann ein, wenn die Beteiligung als einzelnes Unternehmens wirtschaftlich nicht zweckmäßig oder kaufmännisch nicht vernünftig wäre (WuW/E BGH 2150; Immenga/Mestmäcker /*Zimmer* GWB § 1 Rn. 256). Aufgrund der mit einer solchen Beurteilung verbundenen Unsicherheiten wird zum Teil gefordert, dass eine Strafbarkeit nach § 298 voraussetzt, dass die Voraussetzungen dieser Ausnahme eindeutig nicht gegeben sind (NK-StGB/*Dannecker* Rn. 73; MüKoStGB/*Hohmann* Rn. 72; LK-StGB/*Tiedemann* Rn. 35). Da das Kartellrecht dem unternehmerischen Entscheidungsspielraum Rechnung trägt und ein Verstoß bereits bei einer nachvollziehbaren Entscheidung verneint (OLG Frankfurt a. M. NZBau 2004, 60 (61); vgl. auch MüKoStGB/*Hohmann* Rn. 72), besteht für eine solche Einschränkung jedoch kein Grund; unter Umständen schließt jedoch ein entsprechender Irrtum des Täters eine Strafbarkeit aus (→ Rn. 32; → GWB § 81 Rn. 5, 16). Eine rechtswidrige Absprache liegt vor, wenn mehrere Unternehmen nicht nur ein einzelnes Angebot, sondern darüber hinaus in Kenntnis der Preise der Einzelangebote ein gemeinsames Angebot abgeben, um auf diese Weise als Bietergemeinschaft den Zuschlag zu erhalten (OLG Düsseldorf WuW DE-R 1135 (1137)). Dies dürfte in der Regel ebenso gelten, wenn ein ausdrückliches Verbot zur Abgabe von Einzelangeboten vereinbart wird, die mit dem gemeinsamen Angebot konkurrieren (vgl. *Bender,* Sonderstraftatbestände gegen Submissionsabsprachen, 2005, 139; s. dagegen MüKoStGB/*Hohmann* Rn. 73). Eine rechtswidrige Absprache kann auch über ein **Gemeinschaftsunternehmen** erfolgen, sofern dieses als auf demselben Markt wie die Mutterunternehmen tätig ist und als Instrument zur Zusammenarbeit eingesetzt wird („kooperatives" Gemeinschaftsunternehmens, s. NK-StGB/*Dannecker* Rn. 74; MüKoStGB/*Hohmann* Rn. 74; s. dazu BGH WuW/E DE-R 711 (716 f.); Immenga/Mestmäcker/*Zimmer* GWB § 1 Rn. 297 ff.). Scheitert die Bildung einer Bietergemeinschaft, so sind die vorausgehenden Verhandlungen nicht als rechtswidrige Absprache anzusehen (NK-StGB/*Dannecker* Rn. 73; LK-StGB/*Tiedemann* Rn. 35).

3. Zusammenhang von Angebot und Absprache. Das vom Täter abgegebene Angebot muss auf **29** der rechtswidrigen Absprache beruhen. Dies erfordert nicht nur einen entsprechenden Kausalzusammenhang (s. insoweit NK-StGB/*Dannecker* Rn. 76; LK-StGB/*Tiedemann* Rn. 31), sondern setzt außerdem voraus, dass sich in dem Angebot die mit der Absprache bezweckte Wettbewerbsbeschränkung realisiert (vgl. BT-Drs. 13/5584, 14). Dieser Beruhenszusammenhang ist bei Angeboten gegeben, die **Gegenstand der rechtswidrigen Absprache** sind und in Übereinstimmung mit dieser abgegeben werden; dies gilt nicht nur für das „herausgestellte" Angebot, sondern auch für die anderen (scheinbar) konkurrierenden Schutzangebote (→ Rn. 17). Demgegenüber sind Angebote, mit denen ein Bieter seine Kenntnis von der Absprache ausnutzt, indem er den in der Absprache festgelegten Kartellpreis knapp unterbietet, nicht tatbestandsmäßig, denn ein solches Angebot dient gerade nicht der Umsetzung der wettbewerbswidrigen Absprache (Lackner/Kühl/*Heger* Rn. 3; SK-StGB/*Rogall* Rn. 29; aA Mitsch StrafR BT II § 3 Rn. 211). Für den **Außenseiter,** der zufällig oder gezielt Kenntnis von der Absprache erlangt hat, ergibt sich dies aus der Akzessorietät zum Kartellrecht (→ Rn. 3), denn die einseitige Anpassung an das wettbewerbsbeschränkende Verhalten Dritter wird nicht von § 81 GWB erfasst (NK-StGB/*Dannecker* Rn. 77; MüKoStGB/*Hohmann* Rn. 63; *Theile*/*Mundt* NZBau 2011, 715 (719); LK-StGB/*Tiedemann* Rn. 31); dies gilt entsprechend für den Außenseiter, der nicht an der Absprache beteiligt ist, diese aber gleichwohl beachtet, um einen Preiskampf zu vermeiden (MüKoStGB/*Hohmann* Rn. 63; LK-StGB/*Tiedemann* Rn. 31).

Demgegenüber wird das Angebot des „Aussteigers", der die anderen Kartellmitglieder entgegen der **30** getroffenen Absprache unterbietet, überwiegend als auf der Absprache beruhend angesehen (NK-StGB/ *Dannecker* Rn. 76; *Fischer* Rn. 24; *Grützner,* Die Sanktionierung von Submissionsabsprachen, 2003, 526; Schönke/Schröder/*Heine*/*Eisele* Rn. 20; *Theile*/*Mundt* NZBau 2011, 715 (719); LK-StGB/ *Tiedemann* Rn. 31). Insoweit ist einzuräumen, dass die Absprache für die Abgabe des konkreten Angebots ursächlich ist, soweit der Bieter seine Kenntnisse gezielt ausnutzt, um den abgesprochenen Preis (minimal) zu unterbieten (*Wiesmann,* Die Strafbarkeit gemäß § 298 StGB bei der Vergabe von Bauleistungen und die Implementierung eines Straftatbestands verbotener Submissionsabsprachen in ein Strafgesetz der Europäischen Union, 2006, 161). Etwas Anderes kann allenfalls dann gelten, wenn der **Aussteiger** sein Angebot auf der Grundlage einer eigenständigen, unabhängig von der Absprache erstellten Kalkulation abgibt (NK-StGB/*Dannecker* Rn. 77; Schönke/Schröder/*Heine/Eisele* Rn. 20; MüKoStGB/*Hohmann* Rn. 63; s. dagegen LK-StGB/*Tiedemann* Rn. 31). Letztlich ist der Beruhenszusammenhang jedoch auch in den erstgenannten Konstellationen zu verneinen (Matt/Renzikowski/ *Schröder/Bergmann* Rn. 44), denn das Angebot des Aussteigers führt nicht zu einer Vertiefung der vereinbarten Wettbewerbsbeschränkung, sondern stellt den Wettbewerb zumindest teilweise wieder her, indem das Kartell aufgebrochen und der abgesprochene Preis unterboten wird (dagegen SSW StGB/ *Bosch* Rn. 12). Von einer „Privilegierung" desjenigen, der nicht nur den Veranstalter, sondern auch noch „seine Mittäter" hintergeht (Fischer Rn. 14; BeckOK StGB/*Momsen* Rn. 26; ebenso NK-StGB/*Dannecker* Rn. 76), kann daher keine Rede sein, denn der Umstand, dass eine rechtswidrige Vereinbarung gebrochen wird, vermag zur Begründung strafwürdigen Unrechts nichts beizutragen. Dass der Aussteiger unter Ausnutzung seiner Kenntnisse ein „überhöhtes" Angebot abgibt (vgl. SSW StGB/*Bosch* Rn. 12; Fischer Rn. 14), macht sein Verhalten nicht strafwürdiger als das entsprechende Angebot eines Außenseiters (vgl. auch zu fehlendem Risikozusammenhang beim Außenseiter: NK-StGB/*Dannecker* Rn. 77; MüKoStGB/*Hohmann* Rn. 63; *Wiesmann,* Die Strafbarkeit gemäß § 298 StGB bei der Vergabe von Bauleistungen und die Implementierung eines Straftatbestands verbotener Submissionsabsprachen in ein Strafgesetz der Europäischen Union, 2006, 162). Etwas Anderes folgt auch nicht aus der Wettbewerbsbeschränkung, die von dem absprachegemäßen Verhalten der übrigen Kartellmitglieder ausgeht (s. aber *Wiesmann,* Die Strafbarkeit gemäß § 298 StGB bei der Vergabe von Bauleistungen und die Implementierung eines Straftatbestands verbotener Submissionsabsprachen in ein Strafgesetz der Europäischen Union, 2006, 164), denn deren Angebote werden vom Tatbestand erfasst (→ Rn. 29; zur Verantwortlichkeit des Aussteigers → Rn. 35). Schließlich führt die Beschränkung auf absprachegemäß abgegebene Angebote auch deshalb nicht zu unhaltbaren Ergebnissen, weil jede geringfügige Abweichung von der Absprache zum Tatbestandsausschluss führen müsse (vgl. *Wiesmann,* Die Strafbarkeit gemäß § 298 StGB bei der Vergabe von Bauleistungen und die Implementierung eines Straftatbestands verbotener Submissionsabsprachen in ein Strafgesetz der Europäischen Union, 2006, 165), denn richtigerweise kommt es für den Beruhenszusammenhang allein auf die Elemente der Absprache an, die für die Beschränkung des Ausschreibungswettbewerbs maßgeblich sind.

31   **4. Teleologische Reduktion.** Im Schrifttum wird zum Teil eine teleologische Reduktion des Tatbestands für Konstellationen erwogen, in denen der Eintritt eines Vermögensschadens beim Veranstalter mit Sicherheit auszuschließen ist (*Otto* wistra 1999, 41 (46)). Da § 298 nach hier vertretener Ansicht nicht das Vermögen, sondern ausschließlich den Wettbewerb schützt (→ Rn. 1), ist dies jedoch abzulehnen (Schönke/Schröder/*Heine/Eisele* Rn. 2; *Kuhlen* FS Lampe, 2003, 743 (751); LK-StGB/*Tiedemann* Rn. 12; ebenso Fischer Rn. 3a). Darüber hinaus ist auch die Parallele zu den abstrakten Gefährdungsdelikten (vgl. *Otto* wistra 1999, 41 (46)) nicht gegeben, da die mit der Abgabe des Angebotes eingetretene Wettbewerbsbeschränkung bereits eine Rechtsgutsverletzung darstellt (NK-StGB/*Dannecker* Rn. 18; → Rn. 2), und die darüber hinausgehenden Gefahren für den Wettbewerb (Tendenz zur Wiederholung, schleichende Erhöhung der Angebotspreise) auch bei Absprachen, die lediglich einer „Verstetigung der Auftragslage" dienen (vgl. *Diehl* BauR 1993, 1 (2)), gegeben sind (MüKoStGB/ *Hohmann* Rn. 11; LK-StGB/*Tiedemann* Rn. 12). Schließlich bedarf es im Rahmen des § 298 keiner teleologischen Reduktion, da die Relevanz der Absprache (bzw. des Angebotes) für das geschützte Rechtsgut (Wettbewerb) im Rahmen des Merkmals „rechtswidrig" zu berücksichtigen ist (→ Rn. 28 zu Bietergemeinschaften).

IV. Subjektiver Tatbestand

32   Der subjektive Tatbestand setzt Vorsatz in Bezug auf die Verwirklichung des objektiven Tatbestands voraus (§ 15). Dies gilt auch für das Ziel der Absprache, den Veranstalter zur Annahme eines bestimmten Angebotes zu veranlassen, dh es bedarf keiner entsprechenden Absicht des Täters, sondern es genügt, dass er den Zweck der Absprache kennt (*Grützner,* Die Sanktionierung von Submissionsabsprachen, 2003, 527; Schönke/Schröder/*Heine/Eisele* Rn. 21; MüKoStGB/*Hohmann* Rn. 80, 82; SK-StGB/*Rogall* Rn. 35; LK-StGB/*Tiedemann* Rn. 41; → GWB § 81 Rn. 16); dies schließt auch bedingten Vorsatz ein (BeckOK StGB/*Momsen* Rn. 28; aA Fischer Rn. 18). Nach überwiegender Ansicht ist der Irrtum des Täters über die Rechtswidrigkeit der Absprache als vorsatzausschließender Tatbestandsirrtum (§ 16 Abs. 1 S. 1) anzusehen (NK-StGB/*Dannecker* Rn. 83; MüKoStGB/*Hohmann* Rn. 83; *Grützner,* Die Sanktionierung von Submissionsabsprachen, 2003, 523; *Kuhlen* FS Lampe, 2003, 743 (754); *Theile/ Mundt* NZBau 2011, 715 (720); LK-StGB/*Tiedemann* Rn. 43). Die Rechtswidrigkeit der Absprache kann jedoch nicht von der Rechtswidrigkeit der Abgabe eines entsprechenden Angebotes getrennt werden, denn die Absprache und deren Umsetzung sind Elemente eines einheitlichen Kartellverstoßes (→ GWB § 81 Rn. 14). Es wäre widersprüchlich, den Irrtum über die Kartellrechtswidrigkeit der Absprache im ordnungswidrigkeitenrechtlichen „Grundtatbestand" (→ Rn. 3) als Verbotsirrtum (§ 11 Abs. 2 OWiG) einzuordnen (s. zu § 81 Abs. 2 Nr. 1 GWB: → GWB § 81 Rn. 16), im Rahmen des spezielleren Straftatbestandes jedoch einen vorsatzausschließenden Tatbestandsirrtum anzunehmen. Die Rechtswidrigkeit der Absprache ist daher gleichbedeutend mit der Rechtswidrigkeit der Tat

(→ Rn. 26), so dass ein entsprechender Irrtum als Verbotsirrtum anzusehen ist (näher *Böse* FS Puppe, 2011, 1353 (1362 ff.); ebenso MSM StrafR BT II § 68 Rn. 5; SK-StGB/*Rogall* Rn. 25; s. auch Fischer Rn. 18), der bei Unvermeidbarkeit den Schuldvorwurf ausschließt (§ 17 S. 1; → GWB § 81 Rn. 5). Allerdings dürften sich aus der unterschiedlichen Einordnung keine gravierenden Unterschiede ergeben, da die hM es für den Vorsatz ausreichen lässt, dass der Täter einen Verstoß gegen das Wettbewerbsrecht in laienhafter Parallelwertung für möglich hält (NK-StGB/*Dannecker* Rn. 83; MüKoStGB/*Hohmann* Rn. 80).

V. Vollendung und Beendigung

Der Tatbestand ist mit dem Zugang des Angebotes beim Veranstalter **vollendet** (→ Rn. 20). Als **33** Zeitpunkt der **Beendigung** wird in Anlehnung an die Regelung über tätige Reue (Abs. 3) die Erbringung der letzten Teilleistung des Veranstalters angesehen (Fischer Rn. 15b; Schönke/Schröder/ *Heine/Eisele* Rn. 27; *König* JR 1997, 397 (402); *Wiesmann,* Die Strafbarkeit gemäß § 298 StGB bei der Vergabe von Bauleistungen und die Implementierung eines Straftatbestands verbotener Submissionsabsprachen in ein Strafgesetz der Europäischen Union, 2006, 186); die Rechtsprechung stellt insoweit auf die Erstellung der Schlussrechnung ab (s. zu § 81 GWB: BGH NJW 2004, 1539 (1541)). Da der Zeitpunkt der Beendigung den Abschluss der materiellen Rechtsgutsverletzung markiert, ist jedoch nicht auf das Vermögen des Veranstalters, sondern auf den in Bezug auf das konkrete Ausschreibungsverfahren geschützten Wettbewerbs- bzw. Preisbildungsprozess abzustellen (NK-StGB/*Dannecker* Rn. 101; LK-StGB/*Tiedemann* Rn. 57; → Rn. 2). Die Beeinträchtigung des geschützten Rechtsgutes ist daher mit dem **Abschluss des Ausschreibungsverfahrens** durch Erteilung des Zuschlags endgültig eingetreten und die Tat daher zu diesem Zeitpunkt beendet (NK-StGB/*Dannecker* Rn. 101; *Grützner,* Die Sanktionierung von Submissionsabsprachen, 2003, 531; LK-StGB/*Tiedemann* Rn. 57; aA – Zugang des Angebotes – MüKoStGB/*Hohmann* Rn. 94; Lackner/Kühl/*Heger* Rn. 7).

C. Beteiligung und Unterlassen

I. Täterschaft und Teilnahme

Nach hier vertretener Auffassung ist § 298 ein **Sonderdelikt,** so dass nur Unternehmen bzw. deren **34** Organe und Beauftragte (§ 14) als Täter in Betracht kommen (→ Rn. 4 f.). Eine zur Erstellung oder Übermittlung des Angebotes eingeschaltete Hilfsperson (Sekretärin, Bürobote) kann daher nicht (Mit-) Täter sein (→ Rn. 5); allerdings kann deren Handeln dem Unternehmensinhaber bzw. dessen Repräsentanten nach den Regeln der **mittelbaren Täterschaft** (Organisationsherrschaft) zugerechnet werden (s. insoweit NK-StGB/*Dannecker* Rn. 97; LK-StGB/*Tiedemann* Rn. 48; → Rn. 37; zur mittelbaren Täterschaft kraft überlegenen Wissens BGH NJW 2014, 1252 (1254)). Aus der Akzessorietät zum Kartellrecht folgt eine weitere Einschränkung des Täterkreises auf Inhaber und Vertreter von Unternehmen, die als **Kartellmitglieder** an der rechtswidrigen Absprache beteiligt sind (NK-StGB/*Dannecker* Rn. 92; Greeve Korruptionsdelikte Rn. 387; Schönke/Schröder/*Heine/Eisele* Rn. 22; MüKoStGB/*Hohmann* Rn. 88; LK-StGB/*Tiedemann* Rn. 47; offen gelassen in BGHSt 49, 201 (208)). Die Gegenansicht, die auch eine Täterschaft Außenstehender für möglich hält (BGH NJW 2012, 3318 f.; *Bender,* Sonderstraftatbestände gegen Submissionsabsprachen, 2005, 89; *Grützner,* Die Sanktionierung von Submissionsabsprachen, 2003, 534; *Pasewaldt* ZIS 2008, 84 (88 f.); SK-StGB/*Rogall* Rn. 41), verkennt das Verhältnis zu § 81 GWB und dessen Charakter als „Grundtatbestand" zu § 298 (→ Rn. 3 f., → Rn. 29; vgl. auch LK-StGB/*Tiedemann* Rn. 47). Aus den gleichen Gründen scheidet auch der Veranstalter bzw. dessen Vertreter als Täter aus (Greeve NZWiSt 2013, 140 (142); Hohmann wistra 2013, 105 (106 f.); LK-StGB/*Tiedemann* Rn. 47; aA BGH NJW 2012, 3318 f.; HK-StrafR/*Bannenberg* Rn. 14; Fischer Rn. 17; → Rn. 23 f.).

Gibt ein Unternehmer auf der Grundlage der getroffenen Absprache ein Angebot ab, verwirklicht er **35** den Tatbestand selbst; dies gilt auch für Schutzangebote (→ Rn. 17), so dass zur Begründung von Täterschaft einer Zurechnung der Angebote der anderen Kartellmitglieder nach den Regeln der **Mittäterschaft** nicht bedarf (missverständlich die Gesetzesbegründung, BT-Drs. 13/5584, 14; NK-StGB/ *Dannecker* Rn. 95; MüKoStGB/*Hohmann* Rn. 90). Ob ein Kartellmitglied, das selbst kein Angebot abgibt, als Mittäter zu bestrafen ist, weil er sich das Angebot eines anderen Kartellmitglieds zurechnen lassen muss (§ 25 Abs. 2), soll ausweislich der Gesetzesbegründung nach den allgemeinen Grundsätzen über die Abgrenzung von Täterschaft und Teilnahme zu entscheiden sein (BT-Drs. 13/5584, 14; s. auch BGHSt 49, 201 (208); BGH NJW 2012, 3318 (3319)). Als Indizien soll daher dem Tatinteresse (Erhalt von Ausgleichszahlungen, s. SSW StGB/*Bosch* Rn. 18) und dem Einfluss auf das Zustandekommen der Absprache maßgebliche Bedeutung zukommen (BT-Drs. 13/5584, 14; Fischer Rn. 17a). Auf der Grundlage der Tatherrschaftslehre wird hingegen nur ausnahmsweise Mittäterschaft anzunehmen sein, da das nicht mitbietende Kartellmitglied auf die Abgabe eines Angebots durch die anderen Kartellmitglieder keinen beherrschenden Einfluss hat (FK-KartellR/*Achenbach* GWB § 81 Rn. 301; *Bender,* Sonderstraftatbestände gegen Submissionsabsprachen, 2005, 86; NK-StGB/*Dannecker* Rn. 95, Rn. 98; MüKo-

StGB/*Hohmann* Rn. 90; LK-StGB/*Tiedemann* Rn. 47; ablehnend *Kretschmer* ZWH 2013, 355 (357); für eine Mittäterschaft des Veranstalters: BGH NJW 2012, 3318 (3319); *Heuking* BB 2013, 1155 (1158); dagegen *v. Coelln* ZIS 2012, 628 (632)). Nach diesen Grundsätzen muss sich gegebenenfalls auch der **„Aussteiger",** der selbst kein absprachegemäßes Angebot abgibt (→ Rn. 30), die Angebote der Kartellmitglieder zurechnen lassen, soweit diese sich auf der Grundlage der aus ihrer Sicht gültigen Absprache an der Ausschreibung beteiligen. Dass der Aussteiger sich selbst nicht mehr an diese Vereinbarung gebunden sieht, unterbricht den durch den gemeinsamen Tatplan begründeten Zurechnungszusammenhang nicht, zumal der Erfolg seines Vorgehens davon abhängt, dass sich die anderen Kartellmitglieder absprachegemäß verhalten (→ Rn. 29 f.).

36   Soweit eine Täterschaft aus den oben genannten Gründen zu verneinen ist, kommt eine Strafbarkeit wegen **Teilnahme** (§§ 26, 27) in Betracht. Dies gilt für **Hilfspersonen,** derer sich der Täter zur Tatausführung bedient, ebenso wie für **Vertreter des Veranstalters,** mit denen er kollusiv zusammenwirkt (vgl. BGHSt 49, 201 (208 f.); allgemein → Rn. 34 und LK-StGB/*Tiedemann* Rn. 47 f.; s. dagegen zum Architekten bei privaten Bauprojekten: *N. Müller* NZWiSt 2014, 218 (224)). Der **Außenseiter,** der durch sein „kartellkonformes" Verhalten den Erfolg der Absprache fördert (→ Rn. 29), indem er ein Schutzangebot abgibt oder ein eigenes Angebot zurückzieht, macht sich als Gehilfe (§ 27) strafbar. Lehnt man eine Mittäterschaft des Kartellmitglieds ab, das kein eigenes Angebot abgibt (→ Rn. 35), so ist auch insoweit eine Strafbarkeit wegen Beihilfe anzunehmen.

II. Unterlassen

37   Wenngleich die Nichtabgabe eines Angebots nicht vom Tatbestand erfasst wird (→ Rn. 17), kann eine Strafbarkeit wegen Unterlassens dadurch begründet werden, dass die betreffende Person die Abgabe eines Angebots, das auf einer Kartellabsprache beruht, nicht verhindert, obwohl sie dazu als Garant (§ 13) verpflichtet ist. Eine solche Garantenpflicht trifft den **Inhaber** des Unternehmens, das sich an der Ausschreibung beteiligt (NK-StGB/*Dannecker* Rn. 99; Schönke/Schröder/*Heine/Eisele* Rn. 14; LK-StGB/*Tiedemann* Rn. 48); sie ist nicht auf die vertragliche Bindung an die Ausschreibungsbedingungen (so aber Fischer Rn. 16; s. auch BeckOK StGB/*Momsen* Rn. 27; dagegen SSW StGB/*Bosch* Rn. 8; Schönke/Schröder/*Heine/Eisele* Rn. 14), sondern entweder auf Ingerenz (Beteiligung an der Absprache, s. BeckOK StGB/*Momsen* Rn. 27) oder (jedenfalls) auf die allgemeine Pflichtenstellung des Geschäftsherrn als Überwachergarant für die mit dem Unternehmensbetrieb verbundenen Risiken zurückzuführen (Schönke/Schröder/*Heine/Eisele* Rn. 14; LK-StGB/*Tiedemann* Rn. 49; s. allgemein NK-StGB/*Wohlers/Gaede* § 13 Rn. 53 mwN), die auch dem Tatbestand der Aufsichtspflichtverletzung (§ 130 OWiG) zugrunde liegt (KK-OWiG/*Rogall* OWiG § 130 Rn. 2). Diese Pflicht trifft auch die für das Unternehmen handelnden **Organe, Vertreter und Beauftragten** (§ 14; s. Hellmann/Beckemper WirtschaftsStR Rn. 952), so dass auch der **Compliance Officer** als Garant verpflichtet ist, einen Wettbewerbsverstoß des Unternehmens, bei dem er angestellt ist, zu verhindern (BGH NJW 2009, 3173 (3174 f.); zur Stellung als Beauftragter iSd § 14 Abs. 2 S. 1 Nr. 2: NK-StGB/*Böse* § 14 Rn. 87). Dessen Unterlassen wird jedoch gegenüber der Begehung durch ein Leitungsorgan des Unternehmens regelmäßig nur als Beihilfe anzusehen sein (s. BGH NJW 2009, 3175; s. dagegen allgemein NK-StGB/*Wohlers/Gaede* § 13 Rn. 26 mwN).

D. Tätige Reue (Abs. 3)

38   Mit § 298 Abs. 3 wollte der Gesetzgeber einen Ausgleich dafür schaffen, dass die Strafbarkeit bereits mit der Abgabe des Angebotes vollendet ist, und dem Täter die Möglichkeit geben, von der Tat Abstand zu nehmen und dadurch Straffreiheit zu erlangen (s. BT-Drs. 13/5584, 14 f.). Die Regelung enthält einen **obligatorischen Strafaufhebungsgrund** und entspricht § 24 bzw. den für die Vollendung einschlägigen Regelungen in §§ 264 Abs. 5, 264a Abs. 3, 265b Abs. 2 (s. insoweit BT-Drs. 13/ 5584, 15). Der Täter wird nicht bestraft, wenn er freiwillig verhindert, dass der Veranstalter das herausgestellte Angebot annimmt oder dieser seine Leistung erbringt (S. 1), oder er sich freiwillig und ernsthaft darum bemüht, wenn das Angebot ohne sein Zutun nicht angenommen bzw. die Leistung nicht erbracht wird (S. 2). Die allgemeinen Voraussetzungen („freiwillig", „ernsthaftes Bemühen") sind in Anlehnung an die Rücktrittsregelung bei mehreren Tatbeteiligten (§ 24 Abs. 2) auszulegen (NK-StGB/*Dannecker* Rn. 86). Indem der Gesetzgeber es ausreichen lässt, dass der Täter die Erbringung der vom Veranstalter geschuldeten Gegenleistung (Zahlung der vereinbarten Vergütung) verhindert, gewährt er Straffreiheit zu einem Zeitpunkt, in dem die Schädigung des Wettbewerbs im Ausschreibungsverfahren bereits eingetreten ist und lediglich ein Vermögensschaden beim Veranstalter noch abgewendet werden kann; dieser weite Anwendungsbereich und die darin zum Ausdruck kommende Orientierung an den Betrugsdelikten (→ Rn. 1) entspricht jedoch nicht dem auf den Wettbewerb bezogenen Schutzzweck des Tatbestandes (Fischer Rn. 21; LK-StGB/*Tiedemann* Rn. 44; → Rn. 1). Dies spricht für eine einschränkende Auslegung, die nur den Fall erfasst, dass die Leistungserbringung an den Veranstalter vollständig verhindert wird, und eine Strafbefreiung versagt, sofern der Veranstalter bereits Teilzahlungen erbracht hat (ähnlich SSW StGB/*Bosch* Rn. 16; aA Fischer Rn. 21; zur insoweit nicht bestehenden

Parallele mit der Beendigung → Rn. 33). Andererseits lässt sich die Gewährung von Straffreiheit auch nach der Zuschlagserteilung – in Anlehnung an das Kronzeugenprogramm im Ordnungswidrigkeitenrecht (→ GWB § 81 Rn. 87 f.) – mit der Erwägung rechtfertigen, dass durch eine Aufdeckung des Kartells eine Fortsetzung bzw. Wiederholung der Submissionsabsprache verhindert werden kann (zu den Ringabsprachen → Rn. 24, 25). Dementsprechend setzt die tätige Reue voraus, dass der Täter die Absprache und die darauf beruhenden Angebote gegenüber dem Veranstalter offenlegt (s. auch NK-StGB/*Dannecker* Rn. 85; MüKoStGB/*Hohmann* Rn. 98). Die in Abs. 3 vorgesehene Rechtsfolge (Straffreiheit) gilt nur für Taten nach § 298; eine Strafbarkeit nach anderen Tatbeständen (§§ 263, 267, 299, 331 ff.) bleibt unberührt; die tätige Reue vor der Zuschlagserteilung wird jedoch in der Regel zugleich als Rücktritt von einem versuchten Submissionsbetrug anzusehen sein (MüKoStGB/*Hohmann* Rn. 99; LK-StGB/*Tiedemann* Rn. 45). Ist hingegen der Zuschlag bereits erteilt und der Eingehungsbetrug vollendet, so kann der Täter insoweit weder über einen Rücktritt (§ 24) noch über tätige Reue (§ 298 Abs. 3) Straffreiheit erlangen (Greeve Korruptionsdelikte Rn. 397; LK-StGB/*Tiedemann* Rn. 45).

Die Zusammenarbeit mit den Kartell- und Strafverfolgungsbehörden hebt die Strafbarkeit nicht auf; **39** das auf der Grundlage des § 81 Abs. 7 GWB erlassene Kronzeugenprogramm findet insoweit keine Anwendung (*Nickel* wistra 2014, 7 (9); → GWB § 81 Rn. 87 f.; zu den Konsequenzen für den Beschuldigten: *Dierlamm* ZWeR 2013, 192 ff.). Die Aufdeckung der Absprache und die Kooperation können jedoch als strafmilderndes Nachtatverhalten (s. allgemein NK-StGB/*Streng* §§ 46 Rn. 83, 46b Rn. 8) oder im Rahmen der §§ 153, 153a StPO berücksichtigt werden (*Nickel* wistra 2014, 7 (10 ff.)). Der Vorschlag, durch Einführung eines besonders schweren Falles der Submissionsabsprache (vgl. § 300) eine Anwendung der strafrechtlichen Kronzeugenregelung zu ermöglichen (*Nickel* wistra 2014, 7 (13 f.); zur Anwendbarkeit bei tateinheitlich begangenem Betrug *Dierlamm* ZWeR 2013, 192 (194) → Rn. 41), ist abzulehnen (ebenso *Meyer-Lohkamp/Hübner* ZWH 2016, 99 (102)): Einerseits wäre es verfehlt, die Höhe der Strafe mit Blick auf die Anwendbarkeit des § 46b festzulegen, andererseits hat die Staatsanwaltschaft auch im Rahmen dieser Vorschrift nicht die Befugnis, für ein abstrakt festgelegtes kooperatives Nachtatverhalten verbindlich Straffreiheit zuzusichern (vgl. zu § 153a StPO auch *Nickel* wistra 2014, 7 (12)), sondern hat bei der Anwendung des § 46b StGB iVm § 153b StPO eine auf den konkreten Einzelfall bezogene Ermessensentscheidung (vgl. die Kriterien nach § 46b Abs. 2 sowie § 46b Abs. 1 S. 4 zur individuellen Straferwartung) zu treffen (BGH NStZ 2010, 443 (444)). Derartige Bedenken bestünden nicht gegen die Einführung eines obligatorischen Strafaufhebungsgrundes (*Meyer-Lohkamp/Hübner* ZWH 2016, 99 (103) – § 298 Abs. 4 StGB-E).

E. Konkurrenzen

Mehrere Handlungen, die auf die Abgabe eines Angebotes gerichtet sind, stellen als **Bewertungs-** **40** **einheit** eine Tat dar (Fischer Rn. 22; LK-StGB/*Tiedemann* Rn. 49). Das Gleiche gilt, wenn ein Bieter im Rahmen desselben Ausschreibungsverfahrens mehrere Angebote abgibt (BGH wistra 2003, 146 (147): natürliche Handlungseinheit; ebenso NK-StGB/*Dannecker* Rn. 102). Beteiligt sich der Täter hingegen an mehreren Ausschreibungsverfahren mit (jeweils) einem Angebot, so liegt Tatmehrheit (§ 53) vor (NK-StGB/*Dannecker* Rn. 102; SK-StGB/*Rogall* Rn. 47; LK-StGB/*Tiedemann* Rn. 49). Dies gilt allerdings nicht, wenn die abgegebenen Angebote auf derselben Absprache (zB einer Ringabsprache → Rn. 24, 25) beruhen, welche die einzelnen Tathandlungen zu einer Bewertungseinheit verbindet (s. zum Kartellordnungswidrigkeitenrecht: BGH JZ 1997, 98 (100 f.); vgl. insoweit → GWB § 81 Rn. 14; s. auch zur Verklammerung mehrerer, nicht unmittelbar vom Täter abgegebener Angebote durch einen einheitlichen Tatbeitrag BGH NStZ 2014, 400 (403), sowie zum „unechten Organisationsdelikt": BVerfG NJW 2014, 1945 (1946); OLG Frankfurt a. M. NStZ-RR 2014, 288 (289)). Dass die Absprache auf eine Wiederholung bei nachfolgenden Ausschreibungsverfahren angelegt ist, reicht allerdings für die Begründung von Tateinheit (§ 52) nicht aus (vgl. BGH JZ 1997, 101; s. auch zur Unrechtsvereinbarung mit „Open end"-Charakter im Rahmen der §§ 331 ff.: BGH NJW 2004, 693 (695)). Im Verhältnis zum Kartellordnungswidrigkeitenrecht (§ 81 GWB) genießt § 298 nach den allgemeinen Grundsätzen (§ 21 OWiG) **Vorrang** (FK-KartellR/*Achenbach* GWB § 81 Rn. 306; NK-StGB/*Dannecker* Rn. 106; auch → GWB § 81 Rn. 70).

Aufgrund der unterschiedlichen Schutzrichtung ist im Verhältnis zum Betrug (§ 263) **Tateinheit** **41** anzunehmen (HK-StrafR/*Bannenberg* Rn. 17; NK-StGB/*Dannecker* Rn. 103; Fischer Rn. 22; Schönke/Schröder/*Heine/Eisele* Rn. 29; SK-StGB/*Rogall* Rn. 48). Soweit zum Teil angenommen wird, dass § 263 im Verhältnis zum (spezielleren) § 298 zurücktritt (*Wolters* JuS 1998, 1100 (1102)) oder als Verletzungsdelikt gegenüber dem (Vermögens-)Gefährdungsdelikt Vorrang genießt (MSM StrafR BT II § 68 Rn. 9), wird verkannt, dass § 298 in erster Linie bzw. nach hier vertretener Auffassung (→ Rn. 1) ausschließlich dem Schutz des Wettbewerbs dient (LK-StGB/*Tiedemann* Rn. 50). Eine Anwendung des § 263 ist nicht nur erforderlich, um klarzustellen, dass auf Seiten des Veranstalters ein Vermögensschaden eingetreten ist, sondern auch weil es nicht sachgerecht wäre, eine Strafschärfung nach Maßgabe der § 263 Abs. 3, Abs. 5 auszuschließen (LK-StGB/*Tiedemann* Rn. 50; s. auch MüKoStGB/*Hohmann* Rn. 102; vgl. auch BT-Drs. 13/5584, 14). Ein solches Bedürfnis besteht aber auch beim versuchten Betrug (SSW StGB/*Bosch* Rn. 20), so dass es widersprüchlich ist, insoweit Gesetzeskonkurrenz anzunehmen, weil die im Betrugsversuch enthaltene Vermögensgefährdung bereits in der Verurteilung nach § 298 zum Ausdruck komme (so aber NK-StGB/*Dannecker* Rn. 103; MüKoStGB/*Hohmann* Rn. 102; LK-StGB/*Tiedemann* Rn. 51). Tateinheit ist des Weiteren im Verhältnis zum Subventionsbetrug (§ 264) anzunehmen (NK-StGB/*Dannecker* Rn. 104; Fischer Rn. 22). Gleiches gilt für den Geheimnisverrat (§§ 203, 17 ff. UWG) und die Untreue (§ 266) durch Vertreter des Veranstalters, soweit darin zugleich eine Beihilfe zu einer Tat nach § 298 zu sehen ist (vgl. NK-StGB/*Dannecker* Rn. 105; → Rn. 36).

42   Im Verhältnis zu den Korruptionsdelikten (§§ 299, 331 ff.) ist **Tatmehrheit** (§ 53) anzunehmen, da die Tatbestände durch unterschiedliche Handlungen verwirklicht werden (NK-StGB/*Dannecker* Rn. 104; LK-StGB/*Tiedemann* Rn. 51; s. auch zu § 38 Abs. 1 Nr. 1 GWB aF: BGH JZ 1997, 1998 (1999)). Soweit demgegenüber zum Teil Tateinheit angenommen wird (Fischer Rn. 22; MüKoStGB/*Hohmann* Rn. 101; SK-StGB/*Rogall* Rn. 48), dürfte dies auf der Einbeziehung vertikaler Absprachen in den Anwendungsbereich des § 298 beruhen (s. dagegen → Rn. 23 f.), wodurch die Unrechtsvereinbarung (teil-)identisch mit der rechtswidrigen Absprache wird. Die Nötigung (§ 240) zur Beteiligung an der Kartellabsprache ist ebenfalls als gegenüber § 298 selbstständige Tat (§ 53) anzusehen (NK-StGB/*Dannecker* Rn. 104; Fischer Rn. 22; aA MüKoStGB/*Hohmann* Rn. 101).

F. Strafverfolgung

I. Offizialdelikt

43   § 298 ist als Offizialdelikt ausgestaltet, so dass es zur Verfolgung keines Strafantrages bedarf. Die Vergabebehörde ist zur Erstattung einer Anzeige nicht gesetzlich verpflichtet; das Unterlassen einer Anzeige ist daher nicht als Begünstigung (§ 257) oder Strafvereitelung (§ 258) strafbar (NK-StGB/*Dannecker* Rn. 111; aA MüKoStGB/*Hohmann* Rn. 104). Allerdings kann die Verletzung der Abgabepflicht (§ 41 OWiG, → Rn. 45) eine Strafbarkeit wegen Strafvereitelung (§§ 258, 258a) begründen (NK-StGB/*Dannecker* Rn. 111).

II. Verjährung

44   Die Tat verjährt innerhalb von fünf Jahren (§ 78 Abs. 3 Nr. 4). Die Frist beginnt nach § 78a mit der Beendigung der Tat, dh mit dem Abschluss des Ausschreibungsverfahrens durch Erteilung des Zuschlags, zu laufen (NK-StGB/*Dannecker* Rn. 101, Rn. 116; dazu → Rn. 33).

III. Zuständigkeit

45   Soweit der Verdacht einer Straftat (§ 298) besteht, hat die Kartellbehörde ein zur Verfolgung einer Ordnungswidrigkeit nach § 81 GWB eingeleitetes Verfahren an die Staatsanwaltschaft abzugeben (§ 41 Abs. 1 OWiG). Dies gilt jedoch nicht, soweit die Kartellbehörde zur Festsetzung einer Verbandsgeldbuße wegen einer schweren Kartellordnungswidrigkeit ausschließlich zuständig ist (§ 82 GWB → GWB § 82 Rn. 1 ff.). § 298 ist eine Wirtschaftsstraftat (§ 74c Abs. 1 Nr. 5a GVG), so dass für die Verfolgung der natürlichen Personen (und der Festsetzung einer Verbandsgeldbuße bei Abgabe durch die Kartellbehörde, § 82 S. 2 GWB) die Schwerpunktstaatsanwaltschaften für Wirtschaftsstrafsachen und am Landgericht als erste Instanz (§ 74 Abs. 1 GVG) bzw. als Berufungsinstanz (§ 74 Abs. 3 GVG) die Wirtschaftsstrafkammer zuständig sind.

IV. Verfall (§ 73)

46   Soweit der Täter durch die Tat Vermögenswerte (Leistung des Veranstalters, Ausgleichszahlungen) erlangt hat, unterliegen diese grundsätzlich dem Verfall (§ 73 Abs. 1 S. 1). Dies gilt jedoch nicht, soweit die Anordnung des Verfalls durch Ersatzansprüche des Verletzten ausgeschlossen ist (§ 73 Abs. 1 S. 2). Wenngleich auch staatliche Stellen in Form öffentlicher Auftraggeber als „Verletzte" in Betracht kommen (s. BGH NJW 2001, 693 f.; LK-StGB/*Schmidt* § 73 Rn. 36 mwN), wird ein Verfall gleichwohl für zulässig gehalten, da § 298 nicht die Vermögensinteressen des Veranstalters, sondern den Wettbewerb schützt (MüKoStGB/*Hohmann* Rn. 109; → Rn. 1). Diese Erwägung greift jedoch nicht durch, soweit der erlangte Vorteil dem auf Seiten des Veranstalters eingetretenen Vermögensschaden und einem damit korrespondierenden Anspruch auf Schadensersatz aus § 823 Abs. 2 BGB iVm § 263 entspricht, da nach dem Schutzzweck der Ausschlussklausel eine doppelte Inanspruchnahme des Täters wegen einer einheitlichen (prozessualen) Tat (s. insoweit LK-StGB/*Schmidt* § 73 Rn. 40; iE ebenso BGH wistra 2001, 295 (297)) vermieden werden soll (vgl. *Rönnau* Vermögensabschöpfung Rn. 388; s. zum Verhältnis von Korruption und Untreue: BGHSt 47, 22 (31 f.); BGH wistra 2001, 295 (297); BGH NStZ 2003, 423). Die Verfallsanordnung ist damit unzulässig, soweit dem Veranstalter ein solcher Schadensersatz gegen den Täter zusteht (s. aber zur Gewinnabschöpfung durch Verhängung einer Verbandsgeldbuße nach § 30 OWiG → GWB § 81 Rn. 86).

§ 299 Bestechlichkeit und Bestechung im geschäftlichen Verkehr

(1) Mit Freiheitsstrafe bis zu drei Jahren oder Geldstrafe wird bestraft, wer im geschäftlichen Verkehr als Angestellter oder Beauftragter eines Unternehmens

1. **einen Vorteil für sich oder einen Dritten als Gegenleistung dafür fordert, sich versprechen lässt oder annimmt, dass er bei dem Bezug von Waren oder Dienstleistungen einen anderen im inländischen oder ausländischen Wettbewerb in unlauterer Weise bevorzuge, oder**
2. **ohne Einwilligung des Unternehmens einen Vorteil für sich oder einen Dritten als Gegenleistung dafür fordert, sich versprechen lässt oder annimmt, dass er bei dem Bezug von Waren oder Dienstleistungen eine Handlung vornehme oder unterlasse und dadurch seine Pflichten gegenüber dem Unternehmen verletze.**

(2) Ebenso wird bestraft, wer im geschäftlichen Verkehr einem Angestellten oder Beauftragten eines Unternehmens

1. **einen Vorteil für diesen oder einen Dritten als Gegenleistung dafür anbietet, verspricht oder gewährt, dass er bei dem Bezug von Waren oder Dienstleistungen ihn oder einen anderen im inländischen oder ausländischen Wettbewerb in unlauterer Weise bevorzuge, oder**
2. **ohne Einwilligung des Unternehmens einen Vorteil für diesen oder einen Dritten als Gegenleistung dafür anbietet, verspricht oder gewährt, dass er bei dem Bezug von Waren oder Dienstleistungen eine Handlung vornehme oder unterlasse und dadurch seine Pflichten gegenüber dem Unternehmen verletze.**

Literatur (Auswahl): *Altenburg,* Die Unlauterkeit in § 299 StGB: Ein Beitrag zur Harmonisierung von Strafrecht und Wettbewerbsrecht, 2012; *Dann,* Und immer ein Stück weiter – Die Reform des deutschen Korruptionsstrafrechts, NJW 2016, 203ff; *Gloy/Loschelder/Erdmann* (Hrsg.), Handbuch des Wettbewerbsrechts, 4. Aufl. 2010; *Jacobs/Lindacher/ Teplitzky* (Hrsg.), UWG Großkommentar (zitiert GK-UWG/*Bearbeiter*); *Koepsel,* Bestechlichkeit und Bestechung im geschäftlichen Verkehr, 2006; *Pragal,* Die Korruption innerhalb des privaten Sektors und ihre strafrechtliche Kontrolle durch § 299 StGB, 2006; *Sahan,* Ist der Vertragsarzt tauglicher Täter der Bestechlichkeit im geschäftlichen Verkehr gem. § 299 Abs. 1 StGB?, ZIS 2007, 69 ff.; *ders.,* Gefährliches Terrain, KVH Journal Nr. 2/2011, 5 ff.; *Sahan,* Erfüllung der Korruptionstatbestände durch niedergelassene Vertragsärzte?, ZIS 2012, 386 ff.; *Sahan/Urban,* Die Unbestechlichkeit niedergelassener Vertragsärzte, ZIS 2011, 23 ff.; *Ulbricht,* Bestechung und Bestechlichkeit im geschäftlichen Verkehr, 2007; *Wollschläger,* Der Täterkreis des § 299 Abs. 1 StGB, 2009.

Übersicht

A. Allgemeines

I. Entwicklung der Norm

1   Durch Art. 1 Nr. 3 des Gesetzes zur Bekämpfung der Korruption (KorrBekG) v. 13.8.1997 (BGBl. I 2038, in Kraft getreten am 20.8.1997) fügte der Gesetzgeber die Vorschrift des § 299 in den neuen 26. Abschnitt des StGB ein. Die Regelung entspricht im Wesentlichen der des § 12 UWG in der durch Art. 139 Nr. 6 EGStGB gewonnenen Fassung, der durch Art. 4 Nr. 1 KorrBekG aufgehoben wurde. Mit der Verlagerung der Strafvorschrift in das StGB wollte der Gesetzgeber die Effektivität der Verfolgung korrupter Verhaltensweisen durch eine bessere Bewusstseinsbildung bei den Strafverfolgungsorganen steigern. Daneben wollte er unter generalpräventiven Gesichtspunkten insbes. das Bewusstsein der Bevölkerung dafür schärfen, dass auch die im Geschäftsverkehr begangene Korruption ein nicht nur die Wirtschaft betreffendes Unrecht darstellt, sondern allgemein sozialethisch zu missbilligen ist (BT-Drs. 13/5584, 15; Fischer Vor § 298 Rn. 4 ff.; LK-StGB/*Tiedemann* Vor § 298 zur Entstehungsgeschichte; Schönke/Schröder/*Heine/Eisele* Rn. 1 mwN; krit. zur Verlagerung in das Kernstrafrecht der BRat in BT-Drs. 13/6424, 7). Im Zuge der Verlagerung wurde die Vorschrift durch eine Umgruppierung der Absätze strukturell an §§ 331 ff. angepasst. Der Gesetzgeber erweiterte die Regelung zudem mit erheblichen Auswirkungen auf die Anwendungspraxis durch die **Aufnahme von Drittvorteilen** in den Tatbestand (vgl. BT-Drs. 13/3353, 13; Gesetzesantrag Bayern v. 12.9.1995, BR-Drs. 571/95, 20; 298/95, 21, 61; *Lüderssen* BB 1996, 2525). Zugleich erhöhte er die Höchststrafe v einem auf drei Jahre Freiheitsstrafe und fügte mit § 300 einen besonders schweren Fall ein, der mit Freiheitsstrafe bis zu fünf Jahren bestraft werden kann. Daneben ermöglichte er durch die Einführung des § 301 eine Verfolgung von Amts wegen bei besonderem öffentlichem Interesse an der Strafverfolgung.

2   Durch das Gesetz zur Ausführung (...) der Gemeinsamen Maßnahme 98/742/JI des Rates der Europäischen Union betreffend die Bestechung im privaten Sektor (ABl. Nr. L 358 v. 31.12.1998, 2) v. 22.8.2002 (BGBl. I 3387) ergänzte der Gesetzgeber § 299 mit Wirkung zum 30.8.2002 um einen dritten Absatz, der den Schutzbereich der Vorschrift auf Handlungen im **ausländischen Wettbewerb** ausgedehnt hat (vgl. BT-Drs. 14/8998, 9 f.) und damit über die nur auf den gemeinsamen Markt bezogenen Vorgaben der Gemeinsamen Maßnahme hinausgegangen ist. Vor der Einführung des Abs. 3 waren Schmiergeldzahlungen im ausländischen Wettbewerb, durch die deutsche Mitbewerber nicht benachteiligt wurden, nicht von der Regelung des § 299 erfasst (so auch mit ausführlicher Begründung BGH NJW 2009, 89 (93); Fischer Rn. 1, 2a; Schönke/Schröder/*Heine/Eisele* Rn. 1; HK-StrafR/*Bannenberg* Rn. 1; zur Anwendbarkeit von § 299 Abs. 2 auf Auslandssachverhalte vor Einführung des Abs. 3 vgl. *Randt* BB 2000, 1006 (1008 f.); *Walter* wistra 2001, 321; *Weidemann* DStZ 2002, 329). Der Gesetzgeber hat also den Schutz des ausländischen Wettbewerbs mit der Einfügung des dritten Absatzes neu in die Regelung des § 299 aufgenommen und nicht etwa einen insoweit schon zuvor bestehenden Schutz des ausländischen Wettbewerbs nur klargestellt (aA HK-StrafR/*Bannenberg* Rn. 2; ausführlich zum Schutz des ausländischen Wettbewerbs → Rn. 51 ff.).

3   Nachdem ein von der Bundesregierung der 16. Wahlperiode eingebrachter **Entwurf eines Zweiten Korruptionsbekämpfungsgesetzes** (BT-Drs. 16/6558 = BR-Drs. 548/07) angesichts des Grundsatzes der Diskontinuität gescheitert ist, hat die Bundesregierung der 18. Wahlperiode eine erneute Änderung angestrebt und am 21.1.2015 den vom Bundesministerium der Justiz und für Verbraucherschutz vorgelegten Entwurf des Gesetzes zur Bekämpfung der Korruption beschlossen. Am 25.11.2015 wurde entsprechend dem Entwurf das „Gesetz zur Bekämpfung der Korruption" erlassen. Mit diesem Gesetz wurden va internationale Vorgaben zur Korruptionsbekämpfung umgesetzt. Neben einer Überführung der Regelungen des IntBestG und des EUBestG in einen neuen § 335a wurde das Gewerblichkeitserfordernis gestrichen, um zukünftig freie Berufe zu erfassen (vgl. *Dann* NJW 2016 203 (204)). Der bisherige Regelungsgehalt des § 299 aF findet sich nunmehr in § 299 Abs. 1 Nr. 1, Abs. 2 Nr. 1. Mit der jeweiligen Nr. 2 wurde ein gänzlich neues Regelungskonzept eingeführt. Die neue Nr. 2 der Abs. 1 und 2 pönalisiert die Vorteilsannahme bzw. -gewährung im Gegenzug zur Pflichtverletzung gegenüber dem Arbeitgeber (vgl. zum wortgleichen Referentenentwurf des BMJV *Gaede*, NZWiSt 2014, 281; zum ehemaligen Gesetzesentwurf *Wolf* NJW 2006, 2735 ff., *ders.* ZRP 2007, 44 ff.; *Rönnau/Golombek* ZRP 2007, 193; *Kienle/Kappel* NJW 2007, 3550; *Schuster/Rübenstahl* wistra 2008, 201). Mit der Neuregelung ist insbes. eine Ausdehnung der Strafbarkeit auf Handlungen außerhalb des Wettbewerbs verbunden. Die neue Regelung knüpft im Hinblick auf die Strafbarkeit nicht an die Gefährdung des Wettbewerbs, sondern an die Verletzung von gegenüber dem Geschäftsherrn bestehenden Pflichten an, ohne diese allerdings näher zu konkretisieren (BT-Drs. 18/4350, 21). An die Stelle des § 299 bisher zugrundeliegenden „Wettbewerbsmodells" ist mithin ein Untreue-nahes „Geschäftsherrenmodell" (Fischer Rn. 1) getreten (vgl. dazu *Wolf* CCZ 2014, 29, (30 f.)) sowie zum ehemaligen Entwurf *Kienle/Kappel* NJW 2007, 3530; *Kretschmer* StraFo 2008, 496, (500 f.); *Wolf* NJW 2006, 2735; *Zöller* GA 2009, 137). Der bisherige Abs. 3 wurde in die Abs. 1 und 2 integriert, ohne dass damit eine inhaltliche Änderung verbunden ist (BT-Drs. 18/4350, 22). Schlussendlich wurden einige Wortlautänderungen entsprechend redaktioneller Änderungen im Gesetz gegen den unlauteren Wettbewerb vorgenommen

(BT-Drs. 18/4350, 22). Zuletzt geht mit dem Gesetz zur Bekämpfung der Korruption auch eine Ausweitung des Geldwäschetatbestandes um die Vortat der Bestechung und Bestechlichkeit im geschäftlichen Verkehr einher. Auch wenn sich diese Ausdehnung angesichts ihrer Einordnung in § 261 Abs. 1 S. 2 Nr. 4a auf besonders schwere Fälle beschränkt, ist insbes. die daraus folgende faktische Ausweitung strafprozessualer Eingriffsmöglichkeiten bedenklich. Die Notwendigkeit der vorgenommenen Änderung des § 299 wird damit begründet, dass EU-Vorgaben bei der im Rahmen der Bestechung und Bestechlichkeit im geschäftlichen Verkehr zu prüfenden Unrechtsvereinbarung auf eine Pflichtverletzung gegenüber dem Geschäftsherren abstellten, während für die deutsche Vorschrift maßgeblich sei, ob eine unlautere Bevorzugung im Wettbewerb vorliege (Referentenentwurf 2014, 1 (12); BR-Drs. 548/07, 12; vgl. auch *Wolf* CCZ 2014, 29 (33 f.)). Die Erweiterung des § 299 sei sachgerecht gewesen, da die alte Fassung durch die Beschränkung auf Bevorzugungen im Wettbewerb die strafbedürftigen Fälle der mit Schmiergeldzahlungen erkauften Verletzung von Pflichten durch Angestellte und Beauftragte von Unternehmen außerhalb von Wettbewerbslagen nicht erfasst habe (BT-Drs. 18/4350, 21 vgl. auch *Wolf* CCZ 2014, 29 (33 f.)). Die Neufassung des § 299 durchbricht die vom nationalen Strafrecht vorgesehene Differenzierung zwischen Korruptions- und Vermögensstrafrecht und stellt nach hier vertretener Auffassung einen Fremdkörper im 26. Abschnitt des StGB „Straftaten gegen den Wettbewerb" dar. Für den erstrebten Schutz der Interessen des Geschäftsherren „an der loyalen und unbeeinflussten Erfüllung der Pflichten durch seine Angestellten" (BR-Drs. 548/07, 23) besteht vor dem Hintergrund einer im deutschen Strafrecht insbes. durch §§ 263 und 266 hinreichenden Regelung strafwürdigen Unrechts v Vermögensschädigungen und einer entspr. sorgfältig ausdifferenzierten Kasuistik der Rspr. keine Notwendigkeit. Die Neufassung des § 299 nF erscheint nicht nur mit Blick auf Art. 103 Abs. 2 GG bedenklich, sondern stellt überdies angesichts des nicht erforderlichen Eintritts eines Vermögensschadens eine Verletzung des ultima ratio Gedankens dar (überzeugend *Gaede* NZWiSt 2014, 281 (286 f.), der zudem auf ein nur eingeschränktes Umsetzungserfordernis hinweist). Die Kritik an diesem Gesetz wurde treffend in den BRAK-Stellungnahmen Nr. 6/2015 und 39/2007 zusammengefasst.

II. Geschütztes Rechtsgut

Das durch § 299 Abs. 1 Nr. 1 und Abs. 2 Nr. 1 geschützte Rechtsgut besteht in dem **Interesse der** **4** **Allgemeinheit an einem freien und fairen Wettbewerb im geschäftlichen Verkehr** (BT-Drs. 13/ 5584, 9; BGHSt 31, 207 (209 ff.); BGH NJW 1983, 1919 (1920); NK-StGB/*Dannecker* Rn. 4; Schönke/Schröder/*Heine/Eisele* Rn. 2; Fischer Rn. 2; LK-StGB/*Tiedemann* Rn. 1; SK-StGB/*Rogall* Rn. 7; MüKoStGB/*Krick* Rn. 2; HK-StrafR/*Bannenberg* Rn. 3; *Bürger* wistra 2003, 130 (133), jeweils mwN; aA MSM StrafR BT I S. 245 Rn. 2 „abstraktes Vermögensgefährdungsdelikt"; *Walter* wistra 2001, 321 „Individualrechtsgüter"; *Pragal* ZIS 2006, 63 „Nichtkäuflichkeit übertragener Entscheidungen und darauf bezogenes Vertrauen"; ausführlich zur Rechtsgutdiskussion *Vasilikou* FS I. Roxin, 2012, 359 ff.), also einem Wettbewerb der frei ist von unlauteren Einflussnahmen, die geeignet sind, sachwidrige Marktentscheidungen zu begünstigen (*Wittig* wistra 1998, 7 (10)). Die Vermögensinteressen der **Mitbewerber und des Geschäftsherrn sind als Reflex mit geschützt,** soweit sie deren Interesse als Marktteilnehmer an einem unverfälschten Wettbewerb widerspiegeln (vgl. den Wortlaut von § 1 UWG; ähnlich Fischer Rn. 2 „mittelbar geschützt"; ebenso HK-StrafR/*Bannenberg* Rn. 3; weitergehend die wohl noch überwiegende Ansicht, vgl. beispielhaft Schönke/Schröder/*Heine/Eisele* Rn. 2 „daneben"; MüKoStGB/*Krick* Rn. 2 „sowie"; ausführlich NK-StGB/*Dannecker* Rn. 6 mwN). Etwas anderes lässt sich auch nicht aus BGH NJW 1983, 1919 (1920) ableiten, da der BGH sich hier entgegen vielfacher anders lautender Verweise auf diese Entscheidung nicht für ein duales, möglicherweise individuelle Vermögensinteressen umfassendes Rechtsgut des § 12 UWG, sondern lediglich für ein Strafantragsrecht der Mitbewerber und des Geschäftsherrn als Träger des durch § 12 UWG geschützten Rechtsguts des freien Wettbewerbs ausspricht. Der Annahme eines solchen Antragsrechts der Mitbewerber und des Geschäftsherrn ist auch im Hinblick auf den Begriff des „Verletzten" iSd § 301 zuzustimmen (→ § 301 Rn. 2).

Durch die neuen Regelungen in § 299 Abs. 1 Nr. 2 und Abs. 2 Nr. 2 wird dagegen allein das Interesse des Geschäftsherrn an einer loyalen und von Dritten unbeeinflussten Erfüllung der Pflichten durch seine Angestellten und Beauftragten geschützt. Die Abstraktheit dieses „Rechtsguts" (vgl. zum Rechtsgut im Wirtschaftsstrafrecht → Einf. Rn. 3) fügt sich in eine entsprechende generelle Tendenz des deutschen Gesetzgebers ein (hierzu bereits *Hassemer* NStZ 1989, 553 (557)) und ist zudem im Falle des § 299 offensichtlich dem Bestreben nach europäischer Harmonisierung geschuldet.

Nach § 299 Abs. 1 Nr. 1 und Abs. 2 Nr. 2 gehört nicht nur der deutsche, sondern auch der ausländische Wettbewerb zum Schutzbereich dieser Vorschrift (ausführl. → Rn. 2). Dies hat in der Praxis die Folge, dass deutsche Wettbewerber auf ausländischen Märkten gegenüber ihren ausländischen Mitbewerbern benachteiligt sind, da viele andere Staaten keinen so weit reichenden Strafrechtsschutz gewähren (LK-StGB/*Tiedemann* Vor § 298 Rn. 12 ff.). Obwohl der Schutzbereich des § 299 auch Handlungen im ausländischen Wettbewerb erfasst, richtet sich die Anwendung dieses Straftatbestandes freilich weiterhin nach den allgemeinen Regeln des internationalen Strafrechts (§§ 3–9), die den Umfang der innerstaatlichen Strafgewalt festlegen (NK-StGB/*Dannecker* Rn. 75, vgl. auch *Walter* wistra

2001, 321 (322 ff.); *Weidemann* RIW 2006, 370). Bei Taten mit Bezug zu einem ausländischen Markt liegt der Tatort gemäß § 9 Abs. 1 im Inland, wenn der Täter im Inland gehandelt hat oder der Taterfolg im Inland eintritt (Fischer Rn. 2b). Ersteres ist beispielsweise der Fall, wenn der Täter im Inland eine auf den Abschluss einer Unrechtsvereinbarung gerichtete Erklärung abgibt, letzteres, wenn die Gewährung des Vorteils hier eintritt (*Weidemann* RIW 2006, 370 (371 f.)).

B. Voraussetzungen

5   Die Vorschrift des § 299 unterscheidet entspr. (→ Rn. 1) den Tatbeständen der Amtsträgerbestechung (Bestechlichkeit nach § 332 einerseits sowie Bestechung nach § 334 andererseits) zwischen der Bestechlichkeit (Abs. 1) und der Bestechung (Abs. 2) im geschäftlichen Verkehr. In beiden Absätzen und allen vier Nummern muss sich das Täterverhalten auf eine Unrechtsvereinbarung beziehen. In der jeweiligen Nr. 1 muss die Unrechtsvereinbarung auf eine Bevorzugung in unlauterer Weise abzielen (Schönke/Schröder/*Heine*/*Eisele* Rn. 3). Die neue Nr. 2 der Abs. 1 und 2 erfasst dagegen solche Verabredungen, für die als Gegenleistung die Verletzung einer Pflicht ggü. dem Unternehmen erfolgen soll.

I. Bestochene Person

6   Bei der bestochenen Person muss es sich um einen Angestellten oder Beauftragten eines Unternehmens handeln. Aus diesem Grund handelt es sich bei dem im Abs. 1 beschriebenen Tatbestand um ein **Sonderdelikt,** dessen Täter durch eine besondere Beziehung zum Betrieb gekennzeichnet wird (LK-StGB/*Tiedemann* Rn. 10). Außenstehende kommen daher nur als Teilnehmer (Anstifter oder Gehilfen) an der Bestechlichkeit im geschäftlichen Verkehr in Betracht, soweit ihr Tatbeitrag nicht den Tatbestand der in Abs. 2 erfassten Bestechung erfüllt. So ist insbes. der Inhaber eines Unternehmens kein tauglicher Täter der Bestechlichkeit (Fischer Rn. 8a; SK-StGB/*Rogall* Rn. 17; NK-StGB/*Dannecker* Rn. 27; LK-StGB/*Tiedemann* Rn. 13; Schönke/Schröder/*Heine*/*Eisele* Rn. 7 mwN). Die hinsichtlich der Person des Bestochenen vorausgesetzten Kriterien sind im Hinblick auf Abs. 1 als **besondere persönliche Merkmale (§ 14)** einzustufen, welche die Strafbarkeit des Täters begründen und deren Fehlen beim Teilnehmer gemäß § 28 Abs. 1 zu einer Milderung der Strafe nach § 49 Abs. 1 bei diesem Teilnehmer führt (MüKoStGB/*Krick* Rn. 3). Der in Abs. 2 normierte Tatbestand der Bestechung im geschäftlichen Verkehr kann hingegen durch jedermann begangen werden.

7   **1. Unternehmen.** In Anlehnung an redaktionelle Änderungen im Gesetz gegen den unlauteren Wettbewerb wurde der Begriff des geschäftlichen Betriebes im Rahmen der Neuregelung der Norm durch den Begriff des Unternehmens ersetzt. Damit sollen jedoch keine inhaltliche Änderungen einhergehen (BT-Drs. 18/4350, 22). Der Begriff umfasst jede Einrichtung, die ihre wesensgemäßen Aufgaben dadurch erfüllt, dass sie dauerhaft und regelmäßig durch Austausch v Leistung und Gegenleistung am Wirtschaftsleben teilnimmt (BGHSt 2, 396 (403); 10, 358 (365 ff.); BGH NJW 1991, 267 (270); NK-StGB/*Dannecker* Rn. 24; LK-StGB/*Tiedemann* Rn. 19; Fischer Rn. 4). Der Begriff des Unternehmens erfordert anders als derjenige des Gewerbebetriebs keine Gewinnerzielungsabsicht (RGSt 50, 188; 68, 70; 68, 263; BGHSt 2, 396 (402); NK-StGB/*Dannecker* Rn. 24; LK-StGB/*Tiedemann* Rn. 19; *Fischer* Rn. 4). Daher können auch gemeinnützige, kulturelle, soziale sowie öffentliche Einrichtungen Unternehmen sein, wenn und soweit sie wirtschaftliche Tätigkeiten entfalten (BGHSt 43, 96 (105); BGH NJW 1991, 367 (370)). Wesentlich für das Vorliegen eines Unternehmens ist, dass der Betrieb seine ihm wesensgemäßen Aufgaben im Wirtschaftsleben vollzieht (*Sahan* ZIS 2007, 69 (70)), folglich nicht privat oder hoheitlich, sondern durch den Austausch von Leistungen geprägt ist (BGHSt 2, 396 (402)). So sind bspw. die Tätigkeit privater Krankenhäuser und anderer medizinischer Einrichtungen sowie – abw. vom Anwendungsbereich des HGB – die freiberufliche Tätigkeit von Ärzten, Rechtsanwälten, Notaren, Steuerberatern, Architekten und Unternehmensberatern „Unternehmen" iSd § 299 (so auch Fischer Rn. 4; LK-StGB/*Tiedemann* Rn. 19).

8   Da sowohl für das GWB als auch für das UWG der Grundsatz anerkannt ist, dass nur der rechtlich zulässige Wettbewerb geschützt wird (Immenga/Mestmäcker/*Zimmer* § 1 Rn. 117 mwN), werden **gesetzes- und sittenwidrige Geschäftstätigkeiten** nicht vom Schutzbereich des § 299 erfasst (RGSt 55, 31; Schönke/Schröder/*Heine*/*Eisele* Rn. 6; SK-StGB/*Rogall* Rn. 19; LK-StGB/*Tiedemann* Rn. 19; *Ulbricht,* Bestechung und Bestechlichkeit im geschäftlichen Verkehr, 2007, 60 ff. mwN; aA Fischer Rn. 5, der nur „ausschließlich illegale" Tätigkeiten aus dem Anwendungsbereich des § 299 ausnehmen will, nicht jedoch „einzelne rechtswidrige Betätigungen" innerhalb eines iÜ legalen geschäftlichen Betriebs; wie *Fischer* auch MüKoStGB/*Krick* Rn. 16). Kein durch § 299 geschütztes Unternehmen sind bspw. Menschen- oder Drogenhandel (Schönke/Schröder/*Heine*/*Eisele* Rn. 6), Anlage von „Schwarzgeld" oder Geldwäschetätigkeiten (aA Fischer Rn. 5).

9   Dadurch, dass der Tatbestand des § 299 Abs. 1 Nr. 1 und Abs. 2 Nr. 1 ausschl. den unlauteren Wettbewerb um diejenigen Kunden erfasst, die ein Unternehmen unterhalten, ist zudem der unlautere Wettbewerb um den privaten Kunden von der Strafandrohung vollständig ausgenommen (RGSt 47, 183). **Rein privates wirtschaftliches Handeln,** auch die nicht auf Dauer angelegte Verwaltung privaten Vermögens unterfällt dem Tatbestand nicht (Fischer Rn. 6). Zuwendungen an Beauftragte von

Privatpersonen sind also von vornherein nicht strafbar. So erfüllt beispielsweise ein Architekt, der Zuwendungen von Lieferanten dafür verlangt, dass er diese bei der Auftragsvergabe für den Bauherrn in unlauterer Weise gegenüber anderen Mitbewerbern bevorzuge, den Tatbestand des § 299 Abs. 1 Nr. 1 nicht, wenn es sich bei dem Bauherrn um eine Privatperson handelt.

Die Tätigkeit öffentlicher Behörden und öffentlich-rechtlicher Körperschaften stellt insoweit keine **10** Unternehmenstätigkeit dar, wie sie als Hoheitsträger handeln (Fischer Rn. 6). Als Unternehmen einzuordnen ist hingegen **fiskalisches Handeln staatlicher Stellen** (BGHSt 2, 396 (403); 10, 358 (365); LK-StGB/*Tiedemann* Rn. 19; MüKoStGB/*Krick* Rn. 16; Schönke/Schröder/*Heine/Eisele* Rn. 6), dh deren Beteiligung am Wirtschaftsverkehr, soweit unter den Interessenten für Aufträge ein Wettbewerb entsteht (*Baumbach/Hefermehl*, UWG, 34. Aufl. 2016, UWG § 12 Rn. 5). Dabei kommt es nicht darauf an, ob die staatliche Stelle in öffentlich- oder privatrechtlicher Organisationsform handelt oder öffentliche Aufgaben wahrnimmt (BGHSt 2, 396 (403 f.) unter ausdr. Aufgabe der entgegenstehenden Rspr. des RG; BGHSt 10, 358 (365 f.); BGH NJW 1977, 951 (952); BGH NStZ 1994, 277; NK-StGB/*Dannecker* Rn. 26). Sogar im Bereich der Daseinsfürsorge können staatliche Stellen nach den oben genannten Kriterien der Rspr. Unternehmen sein. So ist bspw. die Tätigkeit gesetzlicher Krankenkassen (RGSt 68, 70 (74 f.) für Postbeamtenkrankenkasse; RG JW 1935, 1861 Nr. 20 für Allgemeine Ortskrankenkasse), staatlicher Beschaffungsstellen (BGHSt 2, 396 (403); 10, 358 (365)) und Ausschreibungsstellen (LK-StGB/*Tiedemann* § 299 Rn 19) als Unternehmen eingeordnet worden (*Schramm* JuS 1999, 338 f. mwN); ebenso die Gebietskörperschaft hinsichtlich des Baus eines kommunalen Klärwerks (BGHSt 43, 96 ff. = BGH NJW 1997, 3034 (3037)). Sofern es sich bei den Beamten oder Angestellten dieser Stellen um „Amtsträger" oder „für den öffentlichen Dienst besonders Verpflichtete" iSd §§ 331 ff. handelt, scheidet § 299 allerdings nach zutreffender Ansicht der Rspr. aus. Denn zwischen § 299 und §§ 331 ff. besteht ein Exklusivitätsverhältnis mit einem Vorrang der Amtsdelikte (BGH NStZ 1994, 277; ebenso LK-StGB/*Tiedemann* Rn. 19, 61; aA MüKoStGB/*Krick* Rn. 7, 41; zur Abgrenzung von Amtsträgern und Angestellten bzw. Beauftragten → Rn. 11).

Die Tätigkeit als **Schiedsrichter** für einen Sportverband erfolgt nicht im Rahmen eines Unternehmens (vgl. *Schlösser* NStZ 2005, 423 (424); Fischer Rn. 6: gegen ein Tätigwerden im geschäftlichen Verkehr hingegen *Krack* ZIS 2011, 475 (477 ff.)).

2. Angestellter. Angestellter ist derjenige, der in einem Dienst-, Werk- oder Auftragsverhältnis **11** zum Inhaber eines Geschäftsbetriebs steht und dessen **Weisungen unterworfen** ist (NK-StGB/*Dannecker* Rn. 19; Schönke/Schröder/*Heine/Eisele* Rn. 7; Fischer Rn. 9). Fehlt es an der Weisungsgebundenheit, kann es sich nicht um einen Angestellten, sondern allenfalls um einen Beauftragten handeln (NK-StGB/*Dannecker* Rn. 19). Erforderlich ist das Bestehen eines **vertraglichen Beschäftigungsverhältnisses** (BGHSt 2, 396 (401)). Auf die arbeits- oder steuerrechtliche Einordnung des Vertrages kommt es dabei ebenso wenig an wie auf dessen zivilrechtliche Wirksamkeit, sofern der Angestellte nur faktisch als solcher tätig wird (NK-StGB/*Dannecker* Rn. 19; Fischer Rn. 9; Schönke/Schröder/*Heine/Eisele* Rn. 7 jeweils mwN). Auch die Dauer des Verhältnisses ist nicht von Bedeutung (OLG Stuttgart HRR 29, 1852), solange das Vertragsverhältnis zum Tatzeitpunkt – zumindest faktisch – begründet (RGSt 50, 130) und noch nicht beendet war (MüKoStGB/*Krick* Rn. 4). Durch die Kündigung eines Angestellten kann dessen Einflussmöglichkeit bereits vor Vertragsende entfallen, so dass es ab diesem Zeitpunkt an der Angestellteneigenschaft fehlt (NK-StGB/*Dannecker* Rn. 19 mwN). Ob das Vertragsverhältnis ein Entgelt vorsieht, ist unerheblich (Fischer Rn. 9; SK-StGB/*Rogall* Rn. 25). Da das Rechtsgut des § 299 zumindest in erster Linie im Schutz des freien Wettbewerbs besteht (→ Rn. 4), erfasst der Tatbestand dabei nur solche Angestellte, die eine gewisse Entscheidungskompetenz haben oder zumindest Entscheidungen beeinflussen können (RGSt 72, 132 f.; SK-StGB/*Rogall* Rn. 25; Fischer Rn. 9). **Untergeordnete Hilfskräfte** sind daher keine Angestellten iSd § 299 (BayObLG NJW 1996, 268; Fischer Rn. 9 mwN). Dasselbe gilt für **Boten** (NK-StGB/*Dannecker* Rn. 19). Der **Inhaber eines Geschäftsbetriebs** ist kein Angestellter dieses Betriebs (Fischer Rn. 8a; SK-StGB/*Rogall* Rn. 17; NK-StGB/*Dannecker* Rn. 27; MüKoStGB/*Krick* Rn. 4; LK-StGB/*Tiedemann* Rn. 10; Schönke/Schröder/*Heine/Eisele* Rn. 7a mit zahlreichen weiteren Nachweisen; aA *Lampe* FS Stree/Wessels, 1993, 465). Dies ergibt sich nicht nur schon aus dem Wortlaut der Vorschrift, sondern auch daraus, dass es dem Inhaber eines Geschäftsbetriebs an der für die Angestellteneigenschaft notwendigen durch Weisungsgebundenheit geprägten Vertragsbeziehung zum Geschäftsbetrieb fehlt. Dies gilt auch bei der Einschaltung eines „Strohmanns" (Fischer Rn. 8a). Der **Geschäftsführer einer GmbH** hingegen ist nach hM Angestellter in diesem Sinn (Fischer Rn. 9; Schönke/Schröder/*Heine/Eisele* Rn. 7; Lackner/Kühl/*Heger* § 299 Rn 2; NK-StGB/*Dannecker* Rn. 27; MüKoStGB/*Krick* Rn. 4; LK-StGB/*Tiedemann* Rn. 11, 16; aA Müller-Gugenberger WirtschaftsStR/*Ludwig* § 53 Rn. 92 ff., der eine Einordnung des Geschäftsführers als Angestellten oder Beauftragten ablehnt). Dies wird damit begründet, dass es für die Angestellteneigenschaft bei § 299 nicht auf die zivilrechtliche Unterscheidung zwischen Angestellten und Organen ankomme, sondern vielmehr auf die faktische Weisungsgebundenheit ggü. dem Geschäftsherrn. Gerade vor dem Hintergrund dieser Begründung ist jedoch zumindest für den **Alleingesellschafter-Geschäftsführer** die Angestellteneigenschaft abzulehnen (ausdrückl. nunmehr auch der BGH in seiner Entscheidung „Hochseeschleppergeschäft", BGH NStZ 2014, 42 (44)). Denn dieser ist zwar verpflichtet, die Interessen der rechtlich selbstständigen GmbH wahrzunehmen. Da der geschäftsführende Alleingesellschafter einer GmbH einem Betriebsinhaber faktisch gleich steht, fehlt es ihm jedoch an der für die Angestellteneigenschaft erforderlichen Weisungsgebundenheit (NK-StGB/*Dannecker* Rn. 21; MüKoStGB/*Krick* Rn. 4; LK-StGB/*Tiedemann* Rn. 14; aA *Bürger* wistra 2003, 130; als „vertretbar" offen gelassen bei Fischer Rn. 8a). Für die Stellung des **faktischen Geschäftsführers** als Angestellter spricht sich *Tiedemann* aus (LK-StGB/*Tiedemann* Rn. 16; ebenso SK-StGB/*Rogall* Rn. 27; aA *Lesch* AnwBl 2003, 261 (264)). **Vorstandsmitglieder** von Aktiengesellschaften sind nach überwiegender Ansicht Angestellte iSd Vorschrift (zu § 12 UWG und im Hinblick auf geschäftsführende Vorstandsmitglieder RGSt 66, 81 ff.; BGHSt 20, 210 ff.; Lackner/Kühl/*Heger* Rn. 2; LK-StGB/*Tiedemann* Rn. 14; *Bürger* DStR 2003, 1421 (1423); *Lesch* AnwBl 2003, 261 (264); *Odenthal* wistra 2005, 170 (171); dagegen unter Einordnung als Betriebsinhaber mit dem Hinweis auf die Stellung des Vorstands als Willensbildungs- und Handlungsorgan der AG *Brand/Wostry* WRP 2008, 637 (643 ff.); ebenfalls dagegen unter Einordnung als Beauftragte Fischer Rn. 10c). **Aufsichtsratsmitglieder** einer AG sind nicht aufgrund ihrer Organmitgliedschaft Angestellte (wie hier wohl auch Fischer Rn. 10a). Ihre Angestellteneigenschaft kann sich jedoch aus einem von ihrer Organmitgliedschaft unabhängigen Beschäftigungsverhältnis ergeben (Betriebsratsvertreter). Angestellte **Mitglieder des Betriebsrats** sind Angestellte auch iSd § 299, soweit sie nicht nur betriebsintern handeln, sondern „Marktverhalten nach außen" zeigen (*Rieble/Klebeck* NZA 2006, 758 (768); LK-StGB/*Tiedemann* Rn. 14). **Komplementäre** einer KG sind aufgrund ihrer Stellung als persönlich haftende Gesellschafter Geschäftsinhaber und angesichts der fehlenden Weisungsgebundenheit trotz ihrer besonderen Pflichtenstellung gegenüber der KG und den übrigen Gesellschaftern damit nicht Angestellte (NK-StGB/*Dannecker* Rn. 21). Schaltet ein für die Auftragsvergabe zuständiger Angestellter eines Unternehmens selbstständige **„Vermittlergesellschaften"** ein, die für die Auftragserteilung eine „Provision" von den begünstigten Lieferanten erhalten, so bleibt er trotz dieser Zwischenschaltung Angestellter seines geschäftlichen Betriebs, während die nur für die „Strohmanngesellschaften" handelnden Personen weder Angestellte noch Beauftragte des auftragsvergebenden Betriebs werden (*Wittig* wistra 1998, 7; ihr folgend NK-StGB/*Dannecker* Rn. 20; Fischer Rn. 9. Zur Zulässigkeit von sog **„Industrieverkäufern"** vgl. LK-StGB/*Tiedemann* Rn. 13). Angestellte iSd § 299 können auch **Beamte** und **Angestellte staatlicher Stellen** sein, soweit sie nicht als „Amtsträger" oder „für den öffentlichen Dienst besonders Verpflichtete" iSd §§ 331 ff. handeln. Zu unterscheiden ist dabei, ob die für den Staat Handelnden im Zusammenhang mit einer hoheitlichen oder einer fiskalischen Aufgabe tätig werden. Nur im zweiten Fall können die Handelnden „Angestellte" sein (vgl. BGHSt 46, 310 (313 ff.); 49, 214 (226 f.); 50, 299 (303); BGH NStZ 2009, 95 (99); MüKoStGB/*Krick* Rn. 4; LK-StGB/*Tiedemann* Rn. 19). Niedergelassene Vertragsärzte sind keine Angestellten des geschäftlichen Betriebs der Krankenkassen (*Sahan* ZIS 2007, 69 mwN – ausführl. → Rn. 13).

12 **3. Beauftragter. Beauftragter** eines Unternehmens ist nach dem vorherrschenden weiten Verständnis dieses Begriffes (so bezeichnet von *Wittig* wistra 1998, 7 (9)), wer ohne Geschäftsinhaber oder Angestellter zu sein aufgrund seiner Stellung im Betrieb berechtigt und verpflichtet ist, für diesen geschäftlich zu handeln und auf die im Rahmen des Betriebs zu treffenden Entscheidungen, die dessen Waren- und Leistungsaustausch betreffen, Einfluss nehmen kann (BGHSt 2, 396 (401) mit Verweis auf die stRspr des RG; BGHSt 43, 96 (105); BayObLG NJW 1996, 170; Fischer Rn. 10; Schönke/Schröder/*Heine/Eisele* Rn. 8; *Schramm* JuS 1999, 339). Dem Begriff des Beauftragten kommt nach überwiegender Ansicht eine Auffangfunktion zu, so dass er nicht nach bürgerlich-rechtlichen Kriterien, sondern anhand der tatsächlichen Verhältnisse zu bestimmen ist (NK-StGB/*Dannecker* Rn. 22; Fischer Rn. 10). Dem ist nur insoweit zuzustimmen, wie es um die rechtliche Einordnung des Verhältnisses zwischen dem Auftraggeber und dem Beauftragten geht; nicht hingegen insoweit, wie auf eine **rechtsgeschäftliche Beziehung** zwischen dem Auftraggeber und dem Beauftragten verzichtet werden sollte (*Sahan* ZIS 2007, 69 (71); *Sahan/Urban* ZIS 2011, 23 (24 f.); aA LK-StGB/*Tiedemann* Rn. 17). Letzteres ergibt sich schon daraus, dass der Begriff des „Beauftragten" im Zusammenhang mit dem des „Angestellten" zu sehen ist, der zwingend eine vertragliche Beziehung voraussetzt. Mit der Aufführung des Beauftragten sollte gegenüber dem Angestellten erkennbar auf die weisungsabhängige Einbindung in den Betrieb verzichtet werden, nicht aber auf das Bestehen einer rechtsgeschäftlichen Beziehung. Zudem hat der Gesetzgeber bei der Formulierung des § 299 – anders als bei § 266 – darauf verzichtet, eine Befugniseinräumung durch „Gesetz" oder durch „behördlichen Auftrag" aufzuführen. Eine Entgeltlichkeit wird nicht vorausgesetzt (LK-StGB/*Tiedemann* Rn. 16). Da der Beauftragtenbegriff anders als der des Angestellten keine weisungsgebundene Tätigkeit voraussetzt, können auch **außenstehende Personen** Beauftragte sein, soweit sie aufgrund der ihnen eingeräumten Position in der Lage sind, Entscheidungen der genannten Art für den Betrieb zu treffen oder zu veranlassen (Fischer Rn. 10a). Da der Beauftragte iSd § 299 nicht weisungsabhängig in den Betrieb eingebunden sein muss, reicht für die Annahme eines Beauftragten abw. von der zivilrechtlichen Begriffsbestimmung ein Geschäftsbesorgungsvertrag nach § 675 BGB aus (LK-StGB/*Tiedemann* Rn. 16; NK-StGB/*Dannecker* Rn. 23 mwN). **Untergeordnete Hilfskräfte** können in Ermangelung der vom Beauftragtenbegriff vorausgesetzten Einflussnahmemöglichkeit nicht Beauftragte in diesem Sinn sein (BayObLG wistra 1996, 30; Fischer Rn. 10). **Faktische Geschäftsführer** werden überwiegend als Beauftragte angesehen (so NK-StGB/

Dannecker Rn. 22; Lackner/Kühl/*Heger* Rn. 2; LK-StGB/*Tiedemann* Rn. 16, der offenbar von einer doppelten Erfassung des faktischen Geschäftsführer als tauglicher Täter des § 299 ausgeht; vgl. auch *Lesch* AnwBl 2003, 261 (264) und → Rn. 11). **Unternehmensberater** (OLG Karlsruhe BB 2000, 636; *Schmidl* wistra 2006, 286 (288); NK-StGB/*Dannecker* Rn. 23; Lackner/Kühl/*Heger* Rn. 2), **Architekten** (BGHSt 43, 96 (105); beachte auch BGH NJW 2001, 2102 (2104) zur Abgrenzung gegenüber der Amtsträgereigenschaft von Architekten) und freiberuflich tätige **Bauingenieure** (BGHSt 43, 96 = BGH NJW 1997, 3043), die im Rahmen ihres Auftrags Lieferanten vermitteln, können Beauftragte sein (so auch Fischer Rn. 10), allerdings nur insoweit, wie sie für einen geschäftlichen Betrieb und nicht für eine Privatperson tätig sind. Dasselbe gilt für **Werkvertragspartner** (NK-StGB/*Dannecker* Rn. 22). Ein **Handelsvertreter** ist nur dann Beauftragter, wenn er an die Interessen eines Vertragsteils gebunden und dadurch gehindert ist, ein Vermittlungsentgelt auch von der anderen Vertragspartei zu verlangen (BGHSt 2, 401; BGH NJW 1968, 1572 (1573); Fischer Rn. 10a; vgl. NK-StGB/*Dannecker* Rn. 23). Auch **Vermittler** in sog **Tenderverfahren** oder sonstigen Ausschreibungsverfahren sind keine Beauftragten, solange ihnen die Funktion eines **Doppelmaklers** zukommt, der durch die Zahlung einer Provision oder einer Gebühr nicht dazu verleitet wird, seine Neutralitätspflicht gegenüber der anderen Partei zu verletzen. Die hieraus folgende grundsätzliche Zulässigkeit v Zuwendungen an Vermittler im Zusammenhang mit Ausschreibungen ergibt sich schon daraus, dass das HGB die Bezahlung eines **Handelsmaklers** von beiden Parteien als den Regelfall betrachtet. Die Tätigkeit als Doppelmakler ist grundsätzlich – auch ohne ausdr. Vereinbarung – zulässig (Palandt/*Sprau* BGB § 654 Rn. 4 mwN). Dies folgt bereits aus der Vorschrift des § 654 BGB, wonach ein Makler grundsätzlich für beide Parteien tätig werden kann. Für Handelsmakler iSd HGB gilt darüber hinaus, dass sich beide Parteien die Kosten des Maklers im Zweifel zu teilen haben (s. § 99 HGB). Unzulässig sind hingegen idR Provisionszahlungen an Vermittler, die zu dem ausschreibenden Betrieb über die reine Maklertätigkeit hinaus in einem besonderen Vertrauensverhältnis (sog **Vertrauensmakler**) stehen und aus diesem Grund als Beauftragte einzuordnen sind. Ob ein Vermittler bzw. Abwicklungspartner bei der Ausübung der ihm obliegenden Tätigkeit ausschl. an die Interessen des Ausschreibeunternehmens – also des Kunden – gebunden und dadurch daran gehindert ist, ein Entgelt auch von der anderen Vertragsseite anzunehmen, hängt von den tatsächlichen Gegebenheiten des Einzelfalls ab. Die Transparenz der Entgeltvereinbarungen ist insoweit ein gewichtiges Indiz gegen die Annahme einer Beauftragtenstellung des Vermittlers (BGH 27.3.1968 – I ZR 163/65 = BGH GRUR 1968, 587 (589); ähnl. MüKoStGB/*Krick* Rn. 7, 10). Vereinzelt werden auch **Mitglieder des Vorstands** als Beauftragte statt als Angestellte einer AG bezeichnet (mit Hinweis auf die fehlende Weisungsgebundenheit Schönke/Schröder/*Heine/Eisele* Rn. 8; Fischer Rn. 10, 10a; vgl. zur herrschenden Ansicht → Rn. 11). Auch der **kaufmännische Leiter** einer AG wird als Beauftragter angesehen (Schönke/Schröder/*Heine/Eisele* Rn. 8 mit Verweis auf BGHSt 20, 210). Ob **Mitglieder des Aufsichtsrats** Beauftragte der AG sind, ist umstr. (bejahend NK-StGB/*Dannecker* Rn. 23; LK-StGB/*Tiedemann* Rn. 16; *Moosmayer* wistra 2004, 401 (407); für **Aufsichtsrat einer Genossenschaft** Schönke/Schröder/*Heine/Eisele* Rn. 8; vgl. insoweit auch RGSt 68, 120; zweifelnd Fischer Rn. 10a). Bei **Personengesellschaften** wird ein einzelner geschäftsführender Gesellschafter als Beauftragter eingeordnet, während die gemeinschaftlich handelnden Gesellschafter als Betriebsinhaber angesehen werden (*Winkelbauer* FS Weber, 2004, 384 (389)). Als Beauftragte angesehen werden ferner auf der Grundlage des überwiegend vertretenen weiten Beauftragtenbegriffs **Vorstände von Vereinen** (RGSt 68, 264) und **Genossenschaften** (Fischer Rn. 10a), **Insolvenzverwalter** (vgl. LG Magdeburg wistra 2002, 156 (157)) und **Testamentsvollstrecker** (MüKoStGB/*Krick* Rn. 7; Fischer Rn. 10a).

Ob niedergelassene **Vertragsärzte** bei der Verordnung von Arznei-, Verband-, Heil- und Hilfs- **13** mitteln als Beauftragte eines geschäftlichen Betriebes iSd § 299 handeln, war lange Zeit umstr. (**abl.** *Geis* wistra 2005, 369 ff.; *ders.* wistra 2007, 361 ff.; *Klötzer-Assion* NStZ 2008, 12; Lackner/Kühl/*Heger* Rn. 2; *Reese* PharmR 2006, 92 (98); *Sahan* ZIS 2007, 69 ff.; *ders.* DÄrztebl. 2007, 2392 ff.; *ders.* KVHJ Nr. 2/2011, 5 ff.; *Sahan/Urban* ZIS 2011, 23 ff.; *Schmidl* wistra 2006, 286 (288); *Schnapp* FS Herzberg, 2008, 795 ff.; *Taschke* StV 2004, 422 ff.; *ders.* StV 2005, 406 (410 f.); Ulsenheimer ArztStrafR Teil 13 Rn. 991 ff.; unter Anzweiflung des „Bezugs" durch die Krankenversicherungen iErg wohl auch LK-StGB/*Tiedemann* Rn. 32; **bejahend** BGH NStZ 2012, 35 (37 ff.); OLG Braunschweig NZS 2010, 584; *Pragal* NStZ 2005, 133 (134 f.); *Pragal/Apfel* A&R 2007, 10 (11 f.); *Schmitz-Elvenich,* Die Krankenversicherung, 2007, 240, wohl auch Fischer Rn. 10b; **offen** bei MüKoStGB/*Krick* Rn. 4, Fn 114; Schönke/Schröder/*Heine/Eisele* Rn. 8a). Zwar handelt es sich bei den Krankenversicherungen grds. um geschäftliche Betriebe (*Sahan* ZIS 2007, 69 (71)), doch hat der BGH in seinem Beschluss des Großen Senats für Strafsachen das Vertragsärzte bei der Verordnung v Arznei-, Verband-, Heil- und Hilfsmitteln nicht als Beauftragte der Krankenversicherungen handeln (BGH NStZ 2012, 505 (506 ff.) mAnm *Sahan* ZIS 2012, 386 ff.; *ders.* StRR 2012, 390 f.; *Hohmann* wistra 2012, 388 ff.; *Braun* MedR 2013, 277 ff.; *Brand/Hotz* PharmR 2012, 317 ff.; *Tsambikakis* FS Steinhilper, 2013, 217 ff.). Für das Vorliegen eines Beauftragtenverhältnisses fehlt es an einer rechtsgeschäftlichen Beziehung, welche zwischen den einzelnen Vertragsärzten und den jeweiligen Krankenversicherungen ihrer Patienten nicht besteht (anders BGH NStZ 2012, 505 (506 ff.)). Überdies wird der Vertragsarzt auch bei Verzicht auf das Vorliegen einer solchen rechtsgeschäftlichen

Beziehung bei der Behandlung seiner Patienten und in diesem Zusammenhang auch bei der Verordnung von Arznei-, Verband-, Heil- und Hilfsmitteln nicht „als" Beauftragter der Krankenversicherungen tätig, sondern in Erfüllung seiner Verpflichtungen aus den mit seinen Patienten bestehenden Behandlungsverträgen (BGH NStZ 2012, 505 (506 ff.); ausführlich *Sahan* ZIS 2007, 69 (71 f.); *ders.* ZIS 2012, 386 (388 f.).

13a   Hinsichtlich des Unternehmens seiner eigenen Praxis wiederum steht die Eigenschaft des Vertragsarztes als Unternehmensinhaber der Annahme einer Beauftragteneigenschaft *dieses* Unternehmens entgegen. Ebenso wenig handelt es sich bei den Patienten des Arztes als natürliche Personen um Unternehmen. Selbiges gilt für die Kassenärztlichen Vereinigungen, deren Tätigkeit als Selbstverwaltung umschrieben werden kann (*Maaß* NJW 2001, 3369 (3376)).

14   Soweit zutreffend auch **Anlage-** und **Steuerberater** sowie **Rechtsanwälte** als mögliche Beauftragte ihrer (als geschäftlicher Betrieb organisierten) Mandanten eingeordnet werden (MüKoStGB/*Krick* Rn. 7 mit weiteren Berufsgruppen; LK-StGB/*Tiedemann* Rn. 16), ist einschr. darauf hinzuweisen, dass § 299 einen Zusammenhang mit dem Bezug v Waren oder Dienstleistungen voraussetzt.

II. Bestechende Person

15   Der in § 299 Abs. 2 normierte Tatbestand der aktiven Bestechung im geschäftlichen Verkehr kann von **jedermann** erfüllt werden (HK-StrafR/*Bannenberg* Rn. 6; NK-StGB/*Dannecker* Rn. 16; Fischer Rn. 19 mwN). Denn anders als bei der passiven Begehungsweise nach Abs. 1 ist der Täterkreis der aktiven Bestechung nicht auf Angestellte und Beauftragte beschränkt (Schönke/Schröder/*Heine/Eisele* Rn. 25). Zudem erfasst das objektive Tatbestandsmerkmal „im (...) Wettbewerb" des Abs. 2 Nr. 1 (→ Rn. 60) auch Konstellationen, in denen der Täter zu Zwecken eines fremden Wettbewerbs handelt. Denn die gesetzliche Formulierung erstreckt sich auf den Wettbewerb des Vorteilsgewährenden selbst, gleichermaßen aber auch auf den Wettbewerb eines Dritten (NK-StGB/*Dannecker* Rn. 62; LK-StGB/ *Tiedemann* Rn. 20 uvm). Allein der Wettbewerb des Bestochenen scheidet als Bezugspunkt des Merkmals aus (Fischer Rn. 19). Bei der Bestechung im geschäftlichen Verkehr handelt es sich also weder um ein Sonderdelikt für Angestellte oder Beauftragte noch um eines für Gewerbetreibende oder Mitbewerber iSd UWG, die selbst in einem Wettbewerb stehen. Der Umstand, dass den Tatbestand der Bestechung nur derjenige (täterschaftlich) erfüllt, der im eigenen Interesse oder im Interesse eines anderen Mitbewerbers tätig wird, führt keinesfalls dazu, § 299 Abs. 2 als Sonderdelikt zu klassifizieren. Auch andere Beschränkungen auf einen bestimmten Personenkreis sind nicht vorgesehen, so dass § 299 Abs. 2 als Jedermannsdelikt ausgestaltet ist.

III. Tathandlung

16   Die Tathandlungen der Bestechlichkeit (Abs. 1) und der Bestechung (Abs. 2) im geschäftlichen Verkehr unterscheiden sich lediglich hinsichtlich der Perspektive in einem zweiseitigen Tatverhalten.

17   **1. Handeln im geschäftlichen Verkehr.** Die Tathandlung sowohl der Bestechlichkeit (Abs. 1) als auch der Bestechung (Abs. 2) muss **im geschäftlichen Verkehr** erfolgen. Mit diesem Merkmal beschreibt der Gesetzgeber den Zusammenhang, den die konkrete Tathandlung notwendig mit dem Unternehmen aufweisen muss. Der Begriff des Handelns im geschäftlichen Verkehr wird allgemein weit ausgelegt. Er umfasst alle selbstständigen (NK-StGB/*Dannecker* Rn. 30 mwN) Aktivitäten, die auf die Förderung eines beliebigen Geschäftszwecks gerichtet sind und in denen eine Teilnahme am Wettbewerb zum Ausdruck kommt (NK-StGB/*Dannecker* Rn. 28; Fischer Rn. 12; Schönke/Schröder/*Heine/Eisele* Rn. 9; Lackner/Kühl/*Heger* Rn. 3 mwN; vgl. auch Köhler/Bornkamm/*Köhler* UWG § 2 Rn. 3 ff.). Geschäftszweck kann dabei jeder wirtschaftliche, also dem **Erwerb dienende** Zweck sein. Durch das Tatbestandsmerkmal des Handelns im geschäftlichen Verkehr wird der Kreis der strafbaren Handlungen insbes. in zweifacher Weise abgegrenzt. Zum einen fallen **private** (BGHSt 10, 358 (366)), zum anderen in Ausübung von **Hoheitsgewalt** vorgenommene amtliche Tätigkeiten (BGHSt 2, 396 (403); 10, 358 (366)) aus dem Tatbestand des § 299 heraus (NK-StGB/*Dannecker* Rn. 28; Fischer Rn. 12; Schönke/ Schröder/*Heine/Eisele* Rn. 9; Lackner/Kühl/*Heger* Rn. 3 mwN). Um private und damit nicht von § 299 erfasste Tätigkeiten handelt es sich insbes. beim Erwerb zum Zwecke der **eigenen Verwendung** (Schönke/Schröder/*Heine/Eisele* Rn. 9; LK-StGB/*Tiedemann* Rn. 21 mwN). **Betriebsinterne Vorgänge** finden mangels Außenwirkung ebenfalls nicht im geschäftlichen Verkehr statt. **Private Endverbraucher** werden von § 299 auch dann nicht erfasst, wenn sie eine Ware nach Benutzung weiterverkaufen (BGHSt 2, 396 (402); 10, 358 (366)). Das Handeln **staatlicher Stellen** erfolgt nicht im geschäftlichen Verkehr, soweit es hoheitlich erfolgt; im Rahmen fiskalischen Handelns können indes auch diese Stellen Tathandlungen iSd § 299 vornehmen (→ Rn. 11). Dabei ist unerheblich, ob die staatliche Stelle sich einer privat- oder öffentlich-rechtlichen Unternehmensform bedient (NK-StGB/ *Dannecker* Rn. 29) und ebenso, ob ein Bezug zur Daseinsfürsorge besteht. Hoheitliche Handlungen liegen vor, wenn das Verhältnis zwischen den Beteiligten durch Regelungen beherrscht wird, die einen Hoheitsträger einseitig berechtigen oder verpflichten. Mangels staatlicher Steuerung ist die Deutsche Bahn AG keine Behörde (BGH NStZ 2004, 678; anders für die DB Netz AG BGH NStZ 2011, 394).

Neben den beiden genannten praktisch bedeutsamsten Beschränkungsfunktionen führt das Erfordernis der Verfolgung eines wirtschaftlichen Zwecks dazu, dass auch alle **freiberuflichen, künstlerischen** und **wissenschaftlichen** Aktivitäten nur insoweit Tathandlung des § 299 sein können, wie sie dem Erwerb dienen. Das Handeln **wohltätiger** und **gemeinnütziger** Unternehmen erfolgt nur dann im geschäftlichen Verkehr, wenn in einem bestimmten Bereich der Tätigkeit ein Erwerbszweck hinzu tritt (BGHZ 2, 254 ff.). Ein Idealverein beispielsweise handelt dann im geschäftlichen Verkehr, wenn in einem bestimmten Bereich seiner Aktivitäten ein Erwerbszweck neben seinen eigentlichen Zweck hinzutritt, beispielsweise der Deutsche Fußballbund, der aus dem Vertrieb von Programmheften Überschüsse erzielt und diese zur Finanzierung seiner gemeinnützigen Zwecke verwendet (BGH GRUR 1962, 255). Dasselbe gilt für **karitatives** Handeln (BVerfGE 24, 236 ff.). **Verschenken von Waren** stellt dann ein Handeln im geschäftlichen Verkehr dar, wenn damit Kunden gewonnen werden sollen (BGH GRUR 1975, 320 zu Werbegeschenken).

    2. Vorteil. Unter einem **Vorteil** ist eine unentgeltliche Leistung materieller oder immaterieller Art zu   **18** verstehen, die die wirtschaftliche, rechtl. oder persönliche Lage des Empfängers objektiv verbessert und auf die er keinen Anspruch hat (vgl. BGH NJW 2003, 2997 f.; BGH wistra 2001, 260 (261) mwN; BGHSt 31, 279; 35, 133 zu § 331; Schönke/Schröder/*Heine/Eisele* Rn. 11 mwN). Angesichts der gewichtigen Bedeutung sozialer Kontakte für das Geschäfts- und Wirtschaftsleben und dem entspr. hohen und schützenswerten Interesse an Rechtsklarheit ist der Tatbestand des § 299 bereits bei der Auslegung des Vorteilsbegriffs möglichst klar zu konturieren (ebenso LK-StGB/*Tiedemann* Rn. 28; bei der „Unlauterkeit" Schönke/Schröder/*Heine/Eisele* Rn. 19). Vor dem Hintergrund des durch § 299 Abs. 1 Nrn. 1 und 2 geschützten Rechtsguts (→ Rn. 4) sind nur solche Zuwendungen „Vorteile", die geeignet sind, den Angestellten oder Beauftragten des Waren oder Dienstleistungen beziehenden Unternehmens dazu zu bewegen, sich bei seiner Wahl zwischen konkurrierenden Anbietern von sachwidrigen Erwägungen leiten zu lassen.

    Als Vorteil kommen in erster Linie **materielle Zuwendungen** wie klassischer Weise Geldzuwen-   **19** dungen in Betracht. Diese können beispielsweise in Form von zinslosen Darlehen (BGH wistra 2005, 226), Honoraren für Produktempfehlungen (BGHSt 49, 214 ff.), Provisionen (BGH NJW 1968, 1572 (1573 f.)), Verkaufsprämien (RGSt 48, 291 (293)), Rabatten (BGH wistra 2001, 260 (261)), Rückvergütungen (BGH GRUR 1973, 382 (383)) und Sondervergütungen (BGH GRUR 1962, 466 (467)) gewährt werden. Materielle Zuwendungen sind aber beispielsweise auch Beteiligungen an gewinnreichen Unternehmen (RGZ GRUR 1941, 482 (484)), Darlehensgewährung ohne Rücksicht auf die Konditionen (BGHSt 13, 328 f.), Stundungen einer Schuld (BGHSt 16, 40 (41)), Veranlassung eines zahlungsunwilligen Schuldners zur Zahlung (RG DR 1943, 77), Überlassung eines Leihwagens (RGSt 64, 328 (335)) oder von Wohnraum (LK-StGB/*Tiedemann* Rn. 25), Unterstützung eines Stellengesuchs (RGSt 56, 249 (251), vgl. auch MüKoStGB/*Krick* Rn. 18), Vermittlung oder Gewährung einer bezahlten Nebentätigkeit (RGSt 77, 75 (78)), Zuwendungen von Gebrauchsgütern sowie Einladungen zu Urlaubsreisen (Fischer Rn. 7). Bei gegenseitigen Leistungen kann der Vorteil in dem Mehrwert des Erhaltenen liegen. Ein Vorteil scheidet jedoch nicht allein deshalb aus, weil bei einem solchen Vertrag die an den Angestellten oder Beauftragten zu erbringenden Leistungen in einem angemessenen Verhältnis zu den von ihm aufgrund der Vereinbarung seinerseits geschuldeten Leistungen stehen. Vielmehr kann bereits im Abschluss eines solchen Vertrages ein Vorteil liegen (MüKoStGB/*Krick* Rn. 18). Maßgebend sind die Umstände des Einzelfalls (BGHSt 18, 263 (265 f.); 31, 264 (279 f.) = BGH NJW 1983, 2509 (2512); OLG Hamburg StV 2001, 277 (279) mwN).

    Daneben erfasst der Begriff des Vorteils aber auch **immaterielle Zuwendungen** wie bspw. die   **20** Verleihung von Ehrenämtern (Fischer Rn. 7), das Stärken der Stellung in einem Unternehmen (AG Saarbrücken wistra 1991, 318), die Erringung der Gunst einer „Respektsperson", die Erhaltung oder Festigung einer Freundschaft (RG DR 1943, 76, 77) sowie die Gewährung von Geschlechtsverkehr oder Duldung unzüchtiger Handlungen (RGSt 64, 291 f.), wobei flüchtige Annäherungen (BGH MDR 1960, 63 (64)) oder die bloße Gelegenheit zu sexuellem Kontakt als solche (BGH NJW 1989, 914 f.) nicht genügen (Fischer Rn. 7; Otto StrafR BT § 61 Rn. 156, der eine Erheblichkeit der immateriellen Zuwendung dergestalt verlangt, dass die mit ihr verbundene persönliche Besserstellung derjenigen einer materiellen Zuwendung entspricht; LK-StGB/*Tiedemann* Rn. 27). Die Befriedigung der Eitelkeit, des Ehrgeizes oder des Geltungsbedürfnisses stellt nicht per se einen Vorteil iSd § 299 dar, sondern nur dann, wenn aus ihr eine objektivierbare Besserstellung resultiert (BGH NJW 1985, 2654 (2656); BGHSt 35, 128 (133 f.); 14, 123 (128); BGH wistra 2003, 59 (62); BGH NStZ 1985, 497 (499)). Dies kann ua dann angenommen werden, wenn die Befriedigung der Eitelkeit sich in einer Auszeichnung konkretisiert (BGHSt 14, 123 (128)).

    Sozialadäquate Zuwendungen sind nicht geeignet, Angestellte oder Beauftragte zu sachwidrigen   **21** Entscheidungen zu verleiten und gelten daher nicht als „Vorteil" iSd § 299 (ebenso NK-StGB/*Dannecker* Rn. 39 f.; MüKoStGB/*Krick* Rn. 18; Greeve Korruptionsdelikte 199 (207); Lackner/Kühl/*Heger* Rn. 4; SK-StGB/*Rogall* Rn. 40; LK-StGB/*Tiedemann* Rn. 28). Die Grenzen sozialadäquater Vorteile sind dabei im geschäftlichen Verkehr grundsätzlich weiter zu ziehen als im Bereich der öffentlichen Verwaltung (Fischer Rn. 16a; LK-StGB/*Tiedemann* Rn. 28 mwN). Dies ergibt sich schon daraus, dass der Gesetzgeber in Abweichung v §§ 331 ff. Zuwendungen ohne Unrechtsvereinbarung für den Bereich des geschäftlichen Verkehrs nicht unter Strafe gestellt hat, eine sog „Landschafts-" oder „Klimapflege" in diesem Bereich also straflos bleiben sollte. Hinsichtlich der Ermittlung des (noch) Sozialadäquaten gibt es keine feste Wertgrenze (LK-StGB/*Tiedemann* Rn. 28). Ein Kriterium für die Sozialüblichkeit besteht darin, dass eine Zuwendung nach Art und Höhe regelmäßig ohne Rücksicht auf eine besondere Gegenleistung gegeben zu werden pflegt (RGSt 63, 426 (427)). Als sozial-üblich anzusehen sind bspw. und insbes. **Essenseinladungen,** Einladungen zu **kulturellen Ereignissen** und **Sportveranstaltungen** sowie **Geschenke** zu **Weihnachten** und zum **Geburtstag.** Diese der Art und Weise nach sozial-üblichen Zuwendungen sind nicht „Vorteil" iSd § 299, es sei denn, dass sie den sonst üblichen Lebenszuschnitt des Angestellten oder Beauftragten im konkreten Einzelfall dem Wert nach (nachgewiesen) so deutlich übersteigen, dass sie geeignet erscheinen, sachwidrige Erwägungen hervorzurufen. Jedenfalls im Hinblick auf Essenseinladungen erscheint zweifelhaft, ob diese überhaupt den Bereich des in diesem Sinne Sozialadäquaten übersteigen können.

22   **Im Einzelnen** als straflos bewertet werden Einladungen zum Essen, die unentgeltliche Abgabe von Gebrauchsartikeln aus besonderen Anlässen sowie Werbegeschenke (*Lesch* AnwBl 2003, 205 mit Hinweis auf BGH GRUR 1959, 31). Ebenfalls als unter dem Gesichtspunkt der Sozialadäquanz straflos eingeordnet wurden das Gewähren von Trinkgeldern und sonstigen sozial-üblichen kleinen Gelegenheitsgeschenken (*Lampe* in Krekeler/Tiedemann/Ulsenheimer/Weimann (Hrsg.), 1985 ff., Art. Wirtschaftskorruption sub. III 3 Handwörterbuch des Wirtschafts- und Steuerrechts).

23   **3. Vorteilsempfänger.** Seit der Überführung des § 12 UWG in § 299 (→ Rn. 1) kann Vorteilsempfänger durch die ausdr. Einbeziehung des Drittvorteils neben dem **Angestellten** oder **Beauftragten** selbst grundsätzlich auch **jeder Dritte** sein. Die Ergänzung sollte ausweislich der Formulierungen im Gesetzgebungsverfahren lediglich die ohnehin bereits geltende Rechtslage klarstellen (BT-Drs. 13/5584, 15 f.; BGH NJW 2006, 925 (927); BGHSt 35, 128 (133)). Aus dem Umstand, dass Zuwendungen an Dritte nach der alten Rechtslage nur insoweit erfasst wurden, wie sie dem Angestellten oder Beauftragten selbst mittelbar zugutekamen, könnte angesichts dieser Klarstellungsintention des Gesetzgebers abgeleitet werden, dass auch nach heutiger Rechtslage Drittvorteile nur in solchen Konstellationen von § 299 erfasst werden, in denen sie dem Angestellten oder Beauftragten mittelbar selbst zugutekommen. Einer solchen Auslegung steht indes der eindeutige Wortlaut des § 299 entgegen, (so zutreffend Fischer Rn. 11) der eine Einschränkung des Personenkreises nicht vorsieht (MüKoStGB/*Krick* Rn. 19). Dritter kann daher grundsätzlich jede natürliche oder juristische Person oder sonstige Organisation, Behörde oder Partei sein (MüKoStGB/*Krick* Rn. 19). So sind bspw. Ehepartner, Lebensgefährten, Geliebte, Kinder und andere Verwandte, aber auch politische Parteien, sowie andere Organisationen und Gesellschaften (vgl. LK-StGB/*Tiedemann* Rn. 26) „Dritte".

24   Nach wohl noch überwiegender Ansicht ist auch **das Unternehmen,** für den der Angestellte oder Beauftragte tätig ist, „Dritter" iSd § 299 (MüKoStGB/*Krick* Rn. 19; Schönke/Schröder/*Heine/Eisele* Rn. 12; LK-StGB/*Tiedemann* Rn. 26). Dieser Auffassung ist entschieden entgegenzutreten (krit. ebenfalls Fischer Rn. 11; *Nepomuck/Groß* wistra 2012, 132 ff.; *Grützner/Momsen/Behr* NZWiSt 2013, 88 (91 ff.); *Odenthal* wistra 2005, 170 (172); *Winkelbauer* FS Weber, 2004, 392 (393); Lackner/Kühl/*Heger* Rn. 4, der in Fällen der Begünstigung des Unternehmens die Unlauterbarkeit verneint). Von einem Angestellten oder Beauftragten wird gerade erwartet, dass er Vorteile für das Unternehmen erstrebt und bewirkt, für das er im geschäftlichen Verkehr auftritt. Dadurch, dass der Angestellte oder Beauftragte eines Unternehmens für diesen Vorteile aushandelt, füllt er genau die von ihm im Wettbewerb erwartete Funktion aus, die das Unternehmen als eigentlicher Marktteilnehmer durch die Delegation der Auswahlentscheidung auf ihn übertragen hat. Handlungen eines Angestellten oder Beauftragten zu Gunsten seines Unternehmens sind zudem wertungsmäßig nicht von Handlungen des Geschäftsherrn zu eigenen Gunsten zu unterscheiden. Da letztere nicht dem Tatbestand der Bestechung im geschäftlichen Verkehr unterfallen (→ Rn. 6), muss dies auch für erstere gelten. Besonders plastisch sichtbar wird die Unvereinbarkeit der überwiegenden Ansicht mit dem Sinn und Zweck des § 299 daran, dass sie dazu führte, dass jedes Rabattverlangen vorbehaltlich einer unwägbaren Lauterbarkeitsprüfung strafbar wäre. Aus diesem Grund kann auch vermittelnden Vorschlägen nicht gefolgt werden, nach denen untragbare Ergebnisse über eine Anwendung des Transparenz-Gebots iVm Zuständigkeitsregeln vermieden werden sollen (vgl. *Odenthal* wistra 2005, 170 (172)).

25   **4. Als Angestellter oder Beauftragter fordern, sich versprechen lassen, annehmen (Abs. 1).** Die Tathandlung der in Abs. 1 beschriebenen Bestechlichkeit im geschäftlichen Verkehr setzt voraus, dass der Täter als Angestellter (→ Rn. 11) oder Beauftragter (→ Rn. 12) eines Unternehmens (→ Rn. 7 ff.) einen Vorteil (→ Rn. 18) für sich oder einen Dritten (→ Rn. 23) fordert, sich versprechen lässt oder annimmt. Diese drei Handlungsvarianten entsprechen iE den Tathandlungen der §§ 331 ff., so dass im Hinblick auf diese Einzelheiten auf die Ausführungen zu § 331 verwiesen werden kann (→ § 331 Rn. 86 ff.).

26   **Fordern** ist die ausdr. oder konkludente Erklärung des Täters, durch die er zum Ausdruck bringt, dass er einen Vorteil begehrt. Das Verlangen ist also eine auf Abschluss einer Unrechtsvereinbarung gerichtete Erklärung (BGHSt 15, 88 (97)), die dem in Aussicht genommenen Vorteilsgeber oder dessen Mittels-

mann zur Kenntnis gebracht werden muss (NK-StGB/*Dannecker* Rn. 32). Das Fordern setzt anders als die anderen beiden Handlungsvarianten keine Übereinkunft zwischen Nehmer und Geber des Vorteils voraus. Es ist ausreichend, dass die Erklärung im Falle der schriftlichen Äußerung dem anderen zugegangen ist bzw. dass der andere im Falle der mündlichen Äußerung v der Erklärung Kenntnis genommen hat (NK-StGB/*Dannecker* Rn. 32). Ob der Erklärungsempfänger die Bedeutung des Ansinnens versteht ist ebenso bedeutungslos (RGSt 39, 193 (198)) wie der Umstand, dass das Begehren sofort zurückgewiesen wird (NK-StGB/*Dannecker* Rn. 32; Schönke/Schröder/*Heine/Eisele* Rn. 14). In der Handlungsvariante des Forderns erfasst der Tatbestand der Bestechlichkeit im geschäftlichen Verkehr folglich auch schon von vornherein untaugliche Anbahnungsbemühungen als vollendetes Unrecht und dehnt die Strafbarkeit bedenklich weit in den Vorfeldbereich aus (so auch NK-StGB/*Dannecker* Rn. 32; Fischer Rn. 17; LK-StGB/*Tiedemann* Rn. 48).

Sich versprechen lassen bedeutet die Annahme des Angebots eines zukünftig zu erbringenden **27** Vorteils (BGHSt 10, 237 (241); BGH JR 1989, 430 (431)). Die zweite Handlungsvariante setzt anders als die erste Modalität eine Mitwirkung des Vorteilsgebers voraus, nämlich das Versprechen des Vorteils (NK-StGB/*Dannecker* Rn. 33). Die Annahme des Angebots kann ausdr. oder konkludent erfolgen und bedarf keiner bestimmten Form. Geht der Angestellte bzw. Beauftragte irrig vom Vorliegen eines Vorteilsangebots aus und gibt eine nur vermeintliche Annahmeerklärung ab, so kommt keine Unrechtsvereinbarung zustande, ein sich versprechen lassen liegt nicht vor. Allerdings kann in diesen Fällen das Fordern eines Vorteils in Betracht kommen (GK-UWG/*Otto,* 1. Aufl. 2006, UWG § 12 Rn. 67). Ob es im weiteren Verlauf tatsächlich zur Gewährung des Vorteils kommt, ist irrelevant.

Annehmen ist die tatsächliche Entgegennahme des Vorteils mit dem nach außen bekundeten Willen, **28** über den Vorteil zu eigenen Zwecken oder zugunsten eines Dritten zu verfügen (BGHSt 14, 123 (127); 15, 88 (97); Schönke/Schröder/*Heine/Eisele* Rn. 14). Der Vorbehalt, den Vorteil unter Umständen zurückzugeben, hindert die Annahme des Vorteils nicht (GA 1963, 147 (148)). Wird der Vorteil hingegen bspw. zum Zweck der Beweissicherung nur zum Schein entgegengenommen, ist hierin keine strafbare Annahme zu sehen (BGHSt 15, 88 (97); NK-StGB/*Dannecker* Rn. 34; aA NK-StGB/*Kuhlen* § 331 Rn. 28 ff.). Erlangt der Vorteilnehmer die Sachherrschaft über das ihm Zugewandte ohne Kenntnis des damit angestrebten Zwecks, liegt nach überwiegender Ansicht eine Annahme erst in dem Moment vor, in dem der Vorteilnehmer ausdr. oder konkludent zu erkennen gibt, dass er das Zugewandte als Gegenleistung für die erstrebte zukünftige Bevorzugung behalten will (BGHSt 15, 88 (103); OLG Köln MDR 1960, 156; NK-StGB/*Dannecker* Rn. 34 mwN).

Der Bestochene muss „als" Angestellter oder Beauftragter eines Unternehmens handeln, also gerade **29** in dieser Funktion (vgl. RGSt 72, 132; MüKoStGB/*Krick* Rn. 22). Handelt er, ohne dass sein Tätigwerden zumindest auch eine geschäftliche Angelegenheit des Betriebs betrifft, so ist der Tatbestand des § 299 Abs. 1 nicht erfüllt (vgl. RGSt 47, 183 (185); MüKoStGB/*Krick* Rn. 22).

5. Anbieten, versprechen, gewähren (Abs. 2). Der Tatbestand der aktiven Bestechung nach § 299 **30** Abs. 2 entspricht spiegelbildlich dem der Bestechlichkeit nach Abs. 1. Die Tathandlungen der Bestechung bilden das Gegenstück zu denen der Bestechlichkeit: das Anbieten entspricht dem Fordern (→ Rn. 26), das Versprechen dem sich versprechen lassen (→ Rn. 27) und das Gewähren dem Annehmen (→ Rn. 28) eines Vorteils. Die drei Handlungsvarianten entsprechen zudem iE den Tathandlungen der §§ 331 ff., so dass im Hinblick auf diese Einzelheiten auf die Ausführungen zu § 332 verwiesen werden kann (→ § 332 Rn. 40). Das **Anbieten** einer gegenwärtigen und das **Versprechen** einer zukünftigen Leistung sind einseitige, auf den Abschluss einer Unrechtsvereinbarung gerichtete Erklärungen des Bestechenden. In beiden Handlungsvarianten bedarf es einer ausdr. oder stillschweigenden Erklärung des Bestechenden (BGHSt 16, 40 (46)), die dem anderen Beteiligten zur Kenntnis gebracht wird (BGHSt 15, 88 (97); 16, 40 (46)). Ob dieser den Sinn des Erklärten versteht, ist unerheblich. Es reicht aus, dass er ihn nach dem Willen des Bestechenden verstehen soll (BGHSt 15, 88 (102); 15, 184 (185); 16, 40 (46)). Ob es tatsächlich zur Gewährung des Vorteils kommt, ist irrelevant (NK-StGB/ *Dannecker* Rn. 64; Fischer Rn. 17). Das **Gewähren** des Vorteils setzt dessen tatsächliche Übergabe voraus, mit dem Willen, die Verfügungsmacht auf den Vorteilnehmer zu übertragen. Das Gewähren setzt das ausdr. oder konkludente Zustandekommen einer Unrechtsvereinbarung voraus (NK-StGB/*Dannecker* Rn. 65; Schönke/Schröder/*Heine/Eisele* Rn. 28).

6. Als Gegenleistung für eine unlautere Bevorzugung im Wettbewerb beim Bezug von **31** **Waren Dienstleistungen (= sog Unrechtsvereinbarung). a) Bevorzugung im Wettbewerb.** Mit der Vorteilsgewährung muss eine **Bevorzugung** erstrebt werden. Eine Bevorzugung setzt schon begrifflich eine Entscheidung zwischen mindestens zwei Bewerbern voraus (BGHSt 49, 214 (218); ebenso Fischer Rn. 14). Eine Bevorzugung liegt in jeder Besserstellung gegenüber Mitbewerbern auf die der Bevorzugte keinen Anspruch hat (Schönke/Schröder/*Heine/Eisele* Rn. 18; Fischer Rn. 14).

Die (erstrebte) Bevorzugung muss **im Wettbewerb** stattfinden. Ob eine Wettbewerbssituation vor- **32** liegt, ist grundsätzlich objektiv zu bestimmen. Der Adressat der Bevorzugung (also zumeist der Vorteilsgeber) muss somit in einem Wettbewerbsverhältnis stehen. Vorausgesetzt werden Mitbewerber des Bevorzugten, also Gewerbetreibende, welche Waren oder Leistungen gleicher oder verwandter Art vertreiben bzw. nachfragen und in einem **konkreten Wettbewerbsverhältnis** stehen, vgl. § 2 Abs. 1

Nr. 3 UWG (LK-StGB/*Tiedemann* Rn. 37). Ein rein abstraktes Wettbewerbsverhältnis reicht nach richtiger Auffassung nicht aus (ausführlich dazu LK-StGB/*Tiedemann* Rn. 37 f. mwN; aA wohl Mü-KoStGB/*Krick* Rn. 27 mwN). In keinem Wettbewerbsverhältnis stehen **Monopolisten** (Schönke/Schröder/*Heine/Eisele* Rn. 23 mwN).

33   Der relevante **Zeitpunkt** für das Vorliegen eines Wettbewerbsverhältnisses ist nicht derjenige, in dem die Tathandlung vorgenommen wird, sondern der (ggf. fiktive) Zeitpunkt der (erstrebten) Bevorzugung (LK-StGB/*Tiedemann* Rn. 36; Schönke/Schröder/*Heine/Eisele* Rn. 23). Der individuelle Konkurrent muss noch nicht identifizierbar sein (Fischer Rn. 15). Es reicht, dass ernsthaft mit dem Markteintritt eines Konkurrenten gerechnet wird (vgl. RGSt 66, 16 (18)), auf deren Ausschaltung die Zuwendung abzielt. Da es sich also um eine zukünftige Bevorzugung handelt, ist die Frage des Vorliegens einer Wettbewerbssituation nach der Vorstellung des Täters zu bewerten. Hierin zeigt sich der (materielle) Versuchscharakter des § 299. Da der Bezug der Waren oder Leistungen von mindestens einem Konkurrenten noch möglich sein muss (BGH GRUR 1968, 587; BGH NJW 2007, 2932), bleibt das Wettbewerbsverhältnis jedoch letztlich ein objektives Tatbestandsmerkmal (so auch LK-StGB/*Tiedemann* Rn. 36; aA Fischer Rn. 15), welches in seiner Bestimmung dem unmittelbaren Ansetzten im Rahmen des Versuchs ähnelt (vgl. dazu → § 22 Rn. 35 ff.).

34   **b) Beim Bezug von Waren oder Dienstleistungen.** Die Bevorzugung muss beim **Bezug** von Waren oder gewerblichen Leistungen geschehen. Der Begriff des Bezugs umfasst das gesamte, auf die Erlangung oder den Absatz von Waren und Dienstleistungen gerichtete Geschäft, also nicht nur den Abschluss eines Vertrages, sondern auch die Bestellung, Lieferung, Prüfung oder Entgegennahme der Ware (MüKoStGB/*Krick* Rn. 26; LK-StGB/*Tiedemann* Rn. 31; die Rspr. hält sogar im Rahmen der Zahlungsabwicklung eine Tat nach § 299 für möglich, vgl. BGHSt 10, 269). Nach der vom Reichsgericht entwickelten und bislang – soweit ersichtlich – vom BGH nicht revidierten weiten Rspr. stellt auch eine Bevorzugung beim Absatz eines Produktes im Rahmen sog „Abverkaufsaktionen" mittelbar eine Bevorzugung „beim Bezug" dieser Ware dar, da der Geschäftsherr des Bestochenen bei einer höheren Absatzmenge auch größere Mengen beziehen muss (RGSt 48, 291 (296) – „Korkengeld"). Ob der Vorteilsgeber die Waren oder Dienstleistungen bezieht oder ob dieser Bezug auf Seiten des Geschäftsherrn des Angestellten bzw. Beauftragten geschieht, ist unerheblich (BGHSt 2, 396 (401); LK-StGB/*Tiedemann* Rn. 31 mwN). Zur Frage des Bezugsverhältnisses im Hinblick auf die Behandlungsleistung des niedergelassenen Vertragsarztes vgl. ausführlich LK-StGB/*Tiedemann* Rn. 32.

35   Die Begriffe **Ware und Dienstleistung** werden allgemein nicht handelsrechtlich, sondern aufgrund der Geschichte der Norm **wettbewerbsrechtlich ausgelegt** und werden daher allgemein **weit** interpretiert (LK-StGB/*Tiedemann* Rn. 30).

36   Nach dieser weiten Definition umfasst der Begriff der **Waren** iSd § 299 alle wirtschaftlichen Güter, die Gegenstand des Handels sein können. Darunter fallen nach hM neben beweglichen Sachen auch landwirtschaftliche Erzeugnisse, Immaterialgüterrechte, Grundstücke, elektrischer Strom sowie auf Datenträgern gespeicherte Daten und EDV-Programme (MüKoStGB/*Krick* Rn. 26 mwN).

37   Der Begriff der **gewerblichen Leistung** wurde als Folgeänderung des Gesetzes gegen den unlauteren Wettbewerb durch den Begriff der „Dienstleistungen" ersetzt (BT-Drs. 18/4350, 22).

Hiervon werden nunmehr auch die Leistungen der freien Berufe erfasst (zum Streit, ob dies bereits nach der aF der Fall war Fischer Rn. 14; Schönke/Schröder/*Heine/Eisele* Rn. 22; MüKoStGB/*Krick* Rn. 17; *Lesch* AnwBl 2003, 261 (263); *Ulbricht*, Bestechung und Bestechlichkeit im geschäftlichen Verkehr, 2007, 94; NK-StGB/*Dannecker* Rn. 54; LG Magdeburg wistra 2002, 156 (157)).

38   **c) Als Gegenleistung.** Die Formulierung **„als Gegenleistung dafür"** verdeutlicht nach hM, dass es einer **(Unrechts-)Vereinbarung** dahingehend bedarf, dass der Vorteil und die Bevorzugung in einem Gegenseitigkeitsverhältnis stehen bzw. dieses Gegenseitigkeitsverhältnis gewollt wird (vgl. nur LK-StGB/*Tiedemann* Rn. 29). Das setzt voraus, dass die (erstrebte) Bevorzugung gerade aufgrund der Vorteilsgewährung geschehen soll. Dafür ist eine dahingehende (zumindest stillschweigende) Übereinkunft oder (im Falle des Forderns bzw. Anbietens) eine solche einseitige Erklärung notwendig (MüKoStGB/*Krick* Rn. 24). Dabei schadete es nicht, wenn die erstrebte Bevorzugung erst ungenau bestimmt ist. So reicht es nach Ansicht der Rspr. aus, dass die Bevorzugung „in groben Umrissen erkennbar und festgelegt" ist (BGH NStZ 2014, 323; BGHSt 32, 290 (291)).

39   Der Gesetzgeber hat bewusst und zu Recht v einer Lockerung der Unrechtsvereinbarung nach dem Vorbild der §§ 331, 333 abgesehen (vgl. dazu Schönke/Schröder/*Heine/Eisele* Rn. 16). An einer Unrechtsvereinbarung iSd § 299 fehlt es demnach, wenn ausschl. bereits erbrachte Bevorzugungen nachträglich belohnt werden. Solche **Dankeschönzahlungen** sind von § 299 nicht erfasst; hier besteht allein ein Risiko, soweit derartige Zahlungen als Anreiz für die Bevorzugung im Rahmen von Folgegeschäften bewertet werden könnten. Aufgrund des – gegenüber §§ 331, 333 enger formulierten – Unrechtsvereinbarungserfordernisses fallen auch die **Klimapflege** und das **Anfüttern** von Entscheidungsträgern nicht unter den Tatbestand des § 299 (so die einhellige Ansicht, vgl. nur LK-StGB/*Tiedemann* Rn. 29; Fischer Rn. 13; ausdrücklich nunmehr auch BGH in der Entscheidung „Hochseeschlepper", BGH NStZ 2014, 44; mAnm *Lindemann/Hehr* NZWiSt 2014, 350 ff.; *Brand* NJW 2013, 3594 f.; *Golombek* WiJ 2014, 84 ff.).

d) In unlauterer Weise. Die (erstrebte) Bevorzugung muss sodann „in unlauterer Weise" vorgenom- **40**
men werden. Dieses Merkmal bezieht sich wie die Bevorzugung und die Wettbewerbssituation auf die
Zukunft und ist somit von der Vorstellung des Täters abhängig (LK-StGB/*Tiedemann* Rn. 39). Welche
Funktion diesem Merkmal der Unlauterkeit der Bevorzugung zukommt ist umstr.

Die wohl noch **hM** hält das Merkmal der Unlauterkeit der Bevorzugung in § 299 für entbehrlich und **41**
geht davon aus, dass es **keine eigenständige Bedeutung** hat (so Fischer Rn. 16; LK-StGB/*Tiedemann*
Rn. 42; NK-StGB/*Dannecker* Rn. 53; *Ulbricht*, Bestechung und Bestechlichkeit im geschäftlichen Verkehr, 2007, 107 f.). Diese Ansicht wird damit begründet, dass die Verknüpfung einer Vorteilsgewährung
an einen Angestellten oder Beauftragten mit einer Bevorzugung im Wettbewerb stets unlauter sei. Dem
Merkmal der Unlauterkeit komme damit nur klarstellende Funktion zu, es sei daher „letztlich überflüssig" (für diese hM vgl NK-StGB/*Dannecker* Rn. 53). Dieser Argumentation scheint auch die Rspr.
zu folgen. Diese verweist zwar darauf, dass die Unlauterkeit gleichbedeutend mit Sittenwidrigkeit sei
(dabei bezieht sie sich offensichtlich auf den § 1 UWG aF), vgl. zB BGH GRUR 1977, 619. Jedoch
scheint auch die Rspr. davon auszugehen, dass eine solche Sittenwidrigkeit bei einer Verknüpfung von
Vorteil und Bevorzugung durch eine Unrechtsvereinbarung stets vorliege. Insofern entspricht die Rspr.
in diesem Punkt der herrschenden Literaturauffassung.

Teile der Literatur wollen dem Merkmal der Unlauterkeit hingegen eine eigenständige Bedeutung **42**
zukommen lassen. Dafür spricht nunmehr auch eine systematische Gesetzesbetrachtung. So sieht der
Gesetzentwurf der Bundesregierung betreffend die Bekämpfung von Korruption im Gesundheitswesen
die Einführung eines neuen § 299a vor, der an § 299 angelehnt ist und der Unlauterkeit eine bedeutsame
Abgrenzung zwischen strafbarem und straflosem Verhalten zuspricht. Im Zusammenhang mit dem
Merkmal der Unlauterkeit werden folgende Punkte diskutiert:

aa) Ausschluss sozialadäquater Zuwendungen. Teilweise wird ein **Ausschluss von sozialadä-** **43**
quaten Zuwendungen aus dem Tatbestand mittels Auslegung des Merkmals der Unlauterkeit vorgenommen (Schönke/Schröder/*Heine/Eisele* Rn. 20; Lackner/Kühl/*Heger* Rn. 5). Wie bereits dargelegt, muss ein solcher Ausschluss jedoch konsequenter Weise im Rahmen des Vorteils geschehen
(→ Rn. 21; ebenso MüKoStGB/*Krick* Rn. 18; LK-StGB/*Tiedemann* Rn. 28). Das ergibt sich schon
daraus, dass sich die Unlauterkeit ausdr. nicht auf den Vorteil, sondern auf die Bevorzugung bezieht. Für
die Ausgrenzung sozialüblicher Vorteilsgewährungen aus dem Tatbestand ist das Merkmal der Unlauterkeit somit nicht geeignet (ähnlich auch Fischer Rn. 16).

bb) Ausschluss der Strafbarkeit bei Zustimmung des Geschäftsinhabers. Sodann wird von **44**
Teilen der Literatur die Unlauterkeit als Anknüpfungspunkt für einen Strafbarkeitsausschluss bei Zustimmung des Geschäftsinhabers zur Vorteilsgewährung an seinen Angestellten oder Beauftragten diskutiert (so etwa *Ulbricht*, Bestechung und Bestechlichkeit im geschäftlichen Verkehr, 2007, 101 ff.). Die
Frage, ob die **Zustimmung des Geschäftsinhabers** eine Strafbarkeit nach § 299 entfallen lässt, ist seit
langem umstr. Diese Konstellationen werden unter dem Begriff der **entschleierten Schmiergelder**
diskutiert (diese Terminologie wurde erstmals von *Wassermann* GRUR 1931, 549 in die Diskussion
eingebracht; vgl. auch LK-StGB/*Tiedemann* Rn. 55; *Rengier* FS Tiedemann, 2008, 837 (838); *Hirschenkrämer* WRP 1965, 130; *Koepsel*, Bestechlichkeit und Bestechung im geschäftlichen Verkehr, 2006, 157);
instruktiv *Dann* FS Wessing, 2015, 283 (284 ff.)).

Die **Rspr.** (RGSt 48, 291; OLG Düsseldorf WRP 1979, 37) und mit ihr die **hM** (NK-StGB/ **45**
Dannecker Rn. 13, 52, 80; *Bürger* wistra 2003, 130 (134); *Hiersemann* WRP 1964, 222; *Leo* WRP 1966,
153) geht seit der Entscheidung des Reichsgerichts im sog Korkengeldfall (RGSt 48, 291) davon aus,
dass die Zustimmung des Geschäftsinhabers auf die Strafbarkeit nach § 299 keinen Einfluss hat. Im
Korkengeldfall hatte ein Sekthersteller unter Zustimmung des Restaurantbetreibers den Kellnern eine
Prämie für jeden Korken versprochen, welchen sie beim dem Hersteller ablieferten. Dadurch sollte sich
der Absatz des Sektes durch vermehrte Empfehlung der Kellner im Restaurant erhöhen. Das Reichsgericht entschied, dass eine Strafbarkeit des Herstellers sowie des Kellners nicht aufgrund der Zustimmung des Restaurantbetreibers entfalle. Diese Auffassung der Rspr. wird damit begründet, dass der
Geschäftsherr nicht über das Rechtsgut des § 299, welches (zumindest in erster Linie) der Wettbewerb
ist (vgl. zum Rechtsgut → Rn. 4), verfügen könne. Die Einwilligung des Geschäftsinhabers könne
dementsprechend eine Strafbarkeit nicht beseitigen (RGSt 48, 291; NK-StGB/*Dannecker* Rn. 80;
Hiersemann WRP 1964, 222; *Leo* WRP 1966, 153; eine überzeugende Lösung des Korkengeldfalls vor
dem Hintergrund der heutigen Rechtslage schlägt *Altenburg*, Die Unlauterkeit in § 299 StGB, 2012,
183 ff. vor). Ein Ausschluss der Strafbarkeit würde auch der Schutzrichtungsvielfalt des § 299 nicht
gerecht. Dieser schütze gerade auch die Mitbewerber und die Verbraucher vor Marktverzerrungen. Die
Verbraucher vertrauten darauf, dass Angestellte oder Beauftragte nicht durch Dritte in ihren Handlungen
beeinflusst werden (vgl. beispielhaft die Ausführungen des OLG Düsseldorf WRP 1979, 37). Der
Gesetzgeber hat diese Auffassung im Zusammenhang mit der Einführung einer Einwilligungsmöglich-
keit zu den Nr. 2 der Abs. 1 und 2 hinsichtlich der Nr. 1 bekräftigt (BT-Drs. 18/6389, 15; krit. hierzu
Krack ZIS 2016, 83 ff., der die Gesetzesbegründung dahingehend auslegt, dass der Gesetzgeber sich nicht
im Streit um die Wirkung einer Zustimmung im Rahmen der Abs. 1 Nr. 1 und Abs. 2 Nr. 1 positionie-
ren wollte).

46   Eine **andere Ansicht** hingegen möchte der Zustimmung des Geschäftsherren rechtfertigende bzw. tatbestandsausschließende Wirkung zubilligen.

Teilweise wird dies damit begründet, dass § 299 den Geschäftsherrn und dessen Vermögensinteressen schütze (so zB *Wollschläger,* Der Täterkreis des § 299 Abs. 1 StGB, 2009, 136; zu dieser Mindermeinung und der Kritik daran s bereits → Rn. 4).

47   Andere Autoren hingegen setzen zwar mit der hM das Wettbewerbsmodell voraus, wollen jedoch nichtsdestotrotz der Zustimmung des Geschäftsinhabers eine tatbestandsausschließende Wirkung beimessen (Müller-Gugenberger/*Ludwig* § 53 Rn. 103; *Hirschenkrämer* WRP 1965, 130; *Heiseke* WRP 1969, 362). Diese Ansicht wird damit begründet, dass bei Bestechungstaten der Unrechtskern darin liege, dass eine Entscheidung, die jemand für einen anderen (fremdverantwortlich) trifft, „erkauft“ werde (so zB *Pragal,* Die Korruption innerhalb des privaten Sektors und ihre strafrechtliche Kontrolle durch § 299 StGB, 2006, 138 ff.). Der Entscheidungsmaßstab des Angestellten oder Beauftragten, der sich grundsätzlich an dem Leistungsprinzip zu orientieren habe, werde aufgrund des Versprechens eines Vorteils durch egoistische Motive ersetzt oder zumindest ergänzt (*Koepsel,* Bestechlichkeit und Bestechung im geschäftlichen Verkehr, 2006, 100 ff.). Weiß nun der Geschäftsinhaber von der Vorteilsgewährung und billigt er diese, so kann keine Rede mehr davon sein, dass dessen Entscheidung auf falschen Maßstäben beruht. Das zeigt auch, dass der Geschäftsinhaber, trifft er dieselbe Entscheidung persönlich, von der Strafbarkeit ausgenommen ist. Mit der hM würde dadurch eine „Privilegierung von Komödien“ (so passen *Winkelbauer* FS Weber, 2004, 385 (392)) hervorgerufen, da Vorteilsgewährungen an Angestellte oder Beauftragte, die dem Geschäftsherrn versprochen werden, nicht vom Tatbestand erfasst würden, während Versprechen an den Angestellten den Tatbestand erfüllen, obwohl der Geschäftsherr diese gebilligt hat. Die hM führt nach dieser Ansicht zu einer ungerechtfertigten Differenzierung zwischen diesen – oft rein zufällig gewählten – zivilrechtlichen Konstruktionen (so auch *Samson* FS Sootak, 2008, 225 (235)).

48   Auch nach **hier vertretener Auffassung** können diese Ansichten nicht überzeugen. Eine Strafbarkeit nach § 299 scheidet nicht deshalb aus, weil der Geschäftsinhaber Träger des Rechtsguts und deshalb einwilligungsfähig ist (→ Rn. 4). Vielmehr ist mit der hM davon auszugehen, dass eine Einwilligung nicht möglich ist, da das geschützte Rechtsgut der Wettbewerb ist, mithin ein kollektives Rechtsgut geschützt wird. Dennoch führt die Zustimmung des Geschäftsinhabers dazu, dass eine Strafbarkeit nach § 299 ausscheidet. Die Zustimmung des Geschäftsinhabers zur Vorteilsgewährung an seinen Angestellten oder Beauftragten bewirkt, dass eine wettbewerbskonforme Entscheidung entsteht (so auch *Rengier* FS Tiedemann, 2008, 837 (842); *Samson* FS Sootak, 2008, 225 (236); *Koepsel,* Bestechlichkeit und Bestechung im geschäftlichen Verkehr, 2006, 157 ff.). Vor einer wettbewerbskonformen Entscheidung braucht der Wettbewerb jedoch nicht geschützt zu werden. Wenn aufgrund der Zustimmung des Geschäftsinhabers feststeht, dass dieser persönlich dieselbe Entscheidung getroffen hätte, wie sein Angestellter, dann kann von einer „erkauften“ Entscheidung des Angestellten keine Rede sein. Das führt dazu, dass die Bevorzugung, die aufgrund der Vorteilsgewährung geschieht, dem Willen des Geschäftsinhabers entspricht. Die für § 299 typische Konstellation, dass eine Marktentscheidung aufgrund von Delegation von Entscheidungsmacht durch Ersetzung des Entscheidungsmaßstabes des Agenten erkauft wird, entsteht in diesen Fällen gerade nicht (so auch *Koepsel,* Bestechlichkeit und Bestechung im geschäftlichen Verkehr, 2006, 188; vgl. hierzu auch die Argumentation des LG Frankfurt a. M. NStZ-RR 2015, 215 im Hinblick auf den Alleingesellschafter und Geschäftsführer einer GmbH).

Die Rspr. argumentiert seit der bekannten Korkengeldentscheidung neben der fehlenden Einwilligungsfähigkeit des Geschäftsinhabers auch mit dem Schutz der Verbraucher sowie der Mitbewerber. Zu beachten ist jedoch, dass sich seit dieser Entscheidung das Wettbewerbsrecht wesentlich verändert hat (so auch überzeugend *Rengier* FS Tiedemann, 2008, 837 (842); *Altenburg,* Die Unlauterkeit in § 299 StGB, 2012, 108 ff.) auch die Gerichte scheinen die Auswirkungen dieser Veränderungen auf die Norm des § 299 teilweise zu erkennen, vgl. OLG Oldenburg GRUR-RR 2004, 209 (210)). Das Verbraucherleitbild hat sich aufgrund europäischer Entwicklungen stark gewandelt. Ein aufgeklärter Durchschnittsverbraucher erwartet heute keine absolute Objektivität v Angestellten privater Betriebe. Auch existiert im Wettbewerbsrecht keinerlei allgemeine Verpflichtung zur Objektivität (s. Köhler/Bornkamm/*Köhler* UWG § 4 Rn 3.48).

Zusätzlich wurden die Zugabeverordnung und das Rabattgesetz abgeschafft. Danach ist es heute grundsätzlich erlaubt, Rabatte zu gewähren und Zugaben zu versprechen (so ausdr. die Gesetzesbegründung, vgl. BT-Drs. 14/5441, 8). Einem Geschäftsinhaber ist demnach heute die Annahme von Zugaben nicht mehr verboten, sondern iAllg erlaubt. Bei dieser heutigen wettbewerbsrechtlichen Lage ist nicht ersichtlich, warum eine Strafbarkeit davon abhängen soll, ob dem Geschäftsinhaber selbst diese Zugabe, also der Vorteil, für seinen Angestellten versprochen wird, oder ob dieser einem Versprechen an seinen Angestellten zustimmt.

49   Es bleibt demnach festzuhalten, dass zumindest seit den Veränderungen der wettbewerbsrechtlichen Regelungen eine Zustimmung des Geschäftsinhabers zu dem versprochenen oder gewährten Vorteil nach der hier vertretenen Auffassung die Strafbarkeit nach § 299 ausschließt. Dabei ist dieser Ausschluss mittels richtiger Auslegung des Merkmals der Unlauterkeit der Bevorzugung zu erreichen (so auch *Rengier* FS Tiedemann, 2008, 837 (846); ausführlich *Altenburg,* Die Unlauterkeit in § 299 StGB, 2012,

108 ff.; ebenfalls in diese Richtung Fischer Rn. 18; LK-StGB/*Tiedemann* Rn. 55), sodass es einer teleologischen Reduktion des Tatbestandes aufgrund von mangelnder Rechtsgutsgefährdung nicht bedarf (so aber *Koepsel,* Bestechlichkeit und Bestechung im geschäftlichen Verkehr, 2006, 165 f.).

Zu beachten ist jedoch, dass aufgrund der weiten Vorverlagerung der Strafbarkeit iRv § 299 (vgl. dazu **50** bereits → Rn. 26) eine nach dem Versprechen des Vorteils vorgenommene Billigung des Geschäftsinhabers die bereits eingetretene Strafbarkeit nicht mehr zu beseitigen vermag. Auch kommt aufgrund des materiellen Versuchscharakters des § 299 (dazu bereits → Rn. 33) bei fehlender Kenntnis des Vorteilsgewährenden v der Zustimmung des Geschäftsinhabers eine Strafbarkeit trotz dieser Zustimmung in Betracht.

7. Ausländischer Wettbewerb (Nrn. 1 Abs. 1 und 2). Nach Überführung des Inhalts aus § 299 **51** Abs. 3 aF ergibt sich nunmehr aus den Nr. 1 in Abs. 1 und 2, dass **Schutzgut des § 299 auch der ausländische Wettbewerb** ist, der Leistungswettbewerb mithin weltweit geschützt wird (*Rönnau* JZ 2007, 1084 (1085); vgl. dazu auch → Rn. 4). Mit dieser Regelung ist der Gesetzgeber über die europarechtlichen Verpflichtungen hinausgegangen und hat neben dem Wettbewerb innerhalb der Europäischen Union auch den sonstigen ausländischen Wettbewerb erfasst (NK-StGB/*Dannecker* Rn. 74).

Unabhängig von der Schutzweite des § 299 richtet sich der **räumlich-personale Anwendungs-** **52** **bereich** des § 299 nach den allgemeinen Regeln der §§ 3 ff. (→ Rn. 4). Diesbezüglich enthält § 299 keine eigenständige Aussage (vgl. *Rönnau* JZ 2007, 1084 (1085)). Insofern bedarf es zur Anwendbarkeit des deutschen Strafrechts eines Anknüpfungspunkts iSd §§ 3 ff. (zu den Voraussetzungen vgl. §§ 3 ff.).

Diese weitgehende Pönalisierung führt dazu, dass deutsche Wettbewerber auf ausländischen Märkten **53** gegenüber den Mitbewerbern, deren Herkunftsland keine so weitgehende Strafbarkeit kennt, benachteiligt werden (→ Rn. 4; NK-StGB/*Dannecker* Rn. 74). Das ist insbes. im Hinblick auf Staaten, in denen Korruption notwendiges Mittel zur wirtschaftlichen Betätigung ist, misslich (*Rönnau* JZ 2007, 1084 (1086)). Daraus ergibt sich die Frage, ob Korruptionstaten auf solchen ausländischen Märkten, auf denen die Zahlung von Schmiergeldern nicht nur üblich, sondern teilweise sogar zwingende Voraussetzung für die wirtschaftliche Betätigung ist, eine Rechtfertigung der Taten angenommen werden kann. Zumindest wenn sich der Anknüpfungspunkt für die Anwendbarkeit deutschen Strafrechts aus §§ 3, 9 ergibt, existiert jedoch nach hM keine über die allgemeinen Rechtfertigungsgründe (→ Rn. 61 f.) hinausgehende Möglichkeit der Einschränkung der Strafbarkeit über das Merkmal der **Sozialadäquanz durch Einfluss der im Ausland existierenden Moralvorstellungen** (Fischer Rn. 23a). Anders zu beurteilen sind ausschließliche Auslandstaten. In solchen Fällen kann sich die Anwendbarkeit deutschen Strafrechts nur aus § 7 ergeben. Dieser setzt voraus, dass die Tat am Tatort mit Strafe bedroht ist (wobei eine Strafbarkeit nach einem – im Ausland typischen – untreueähnlichen Korruptionstatbestand ausreichend ist; vgl. dazu LK-StGB/*Tiedemann* Rn. 65 und zu beachten ist, dass annähernd alle Staaten UN-Konventionen ratifiziert haben, die sie verpflichten, Korruption (zumindest auf dem Papier) zu bestrafen). Ist jedoch nach dem Tatortrecht die Strafbarkeit einer ausschl. im Ausland getätigten Vorteilsgewährung aufgrund von dessen (dortiger) Sozialadäquanz tatbestandslos oder gerechtfertigt, so scheidet eine Strafbarkeit nach deutschem Strafrecht mangels Anwendbarkeit aus (vgl. dazu ausführlich *Rönnau* JZ 2007, 1084 (1086); zu den Auswirkungen in der Praxis *Beukelmann* FS I. Roxin, 2012, 201 ff.). Über diesen Umweg beeinflussen bei reinen Auslandstaten die ausländischen Moralvorstellungen die Möglichkeit einer Strafbarkeit nach § 299.

8. Als Gegenleistung für ein beim Bezug von Waren oder Dienstleistungen erfolgendes **53a** **Handeln oder Unterlassen, das ohne Einwilligung des Unternehmens diesem gegenüber Pflichten verletzt (= sog. Unrechtsvereinbarung). a) Pflichten gegenüber dem Unternehmen verletzen.** Geschützt wird das Verhältnis zwischen Unternehmen und Angestelltem oder Beauftragtem. Einschlägig sind daher ausschließlich Pflichten, die dem Angestellten oder Beauftragten gerade gegenüber dem Inhaber des Betriebes obliegen. Die Verletzung allgemeiner Pflichten genügt nicht. Die Pflichten ggü. dem Unternehmen können sich dabei insbesondere aus Gesetz oder Vertrag ergeben. Relevant wird vor diesem Hintergrund auch eine genaue Differenzierung, wer im geschützten Vertragsverhältnis nicht nur tatsächlich, sondern auch rechtlich befugt ist, eine Konkretisierung der vertraglichen Pflichten vorzunehmen.

Ausreichend ist weiter nicht jede aus dem jeweiligen Rechtsverhältnis resultierende Pflicht. Es muss **53b** sich vielmehr um Pflichten handeln, die sich auf den Bezug von Waren oder Dienstleistungen beziehen. Nicht vom Tatbestand erfasst werden daher rein innerbetriebliche Störungen, da es sich insoweit nicht um Pflichten handelt, die sich auf den Bezug von Waren oder Dienstleistungen beziehen (BT-Drs. 18/ 4350, 21; *Dann* NJW 2016 203 (204)).

Eine darüber hinausgehende Konkretisierung der Pflichten findet sich in der Gesetzesbegründung **53c** nicht (eine teleologische Einschränkung schlagen etwa NK-StGB/*Dannecker* Rn. 108; *Krack,* FS Samson, 2010, 377 (387) und *Kubiciel* ZIS 2014, 667 (671) vor). In der Folge ergibt sich ein komplexes Spannungsfeld aus den Pflichten von Unternehmen einerseits, intern Vorgaben und Richtlinien zu schaffen, die auf eine Verhinderung rechtswidrigen Verhaltens zielen und andererseits die Gefahr, hierdurch nunmehr eine ungewollte Strafbarkeit der eigenen Angestellten oder Beauftragten zu kreieren.

Anders als im Rahmen von § 299 aF werden nunmehr zudem auch Vorteilszuwendungen von Monopolisten, die nicht im Wettbewerb bevorzugt werden können erfasst (*Dann* NJW 2016 203 (205)).

53d   **b) Handeln oder Unterlassen.** Mit der Einführung der Voraussetzung eines Handelns oder Unterlassens als Gegenleistung wollte der Gesetzgeber klarstellen, dass allein die Annahme des Vorteils oder das
bloße Verschweigen der Zuwendung gegenüber dem Geschäftsherrn für sich genommen nicht geeignet
ist, eine Pflichtverletzung iSd Regelung darzustellen. Der in der bloßen Annahme eines Vorteils liegende
Verstoß beispielsweise gegen Compliance-Vorschriften des Unternehmens ist daher zur Tatbestandsverwirklichung nicht ausreichend. Der Vorteil muss vielmehr im Rahmen der auch in den Fällen der
Nr. 2 erforderlichen Unrechtsvereinbarung eine im Interesse des Vorteilsgebers liegende Gegenleistung
für die Verletzung von Pflichten sein.

53e   **c) Ohne Einwilligung des Unternehmens.** Angesichts des von dieser Variante geschützten Indivi-
dualrechtsguts verweist der Gesetzgeber konsequenterweise darauf, dass hier – anders als in den Fällen
der Nr. 1 – ein Strafbarkeitsausschluss durch das Unternehmen erfolgen kann.

Während eine solche Zustimmung bei vertraglichen Pflichten bereits die Pflichtverletzung ausschließt,
ohne dass es eines Rückgriffs auf eine gesonderte Anknüpfung im Tatbestand bedürfe, ist dies bei
gesetzlichen Pflichten nicht zwingend der Fall.

Eine Einwilligung muss sich dabei sowohl auf die Annahme bzw. das Gewähren eines Vorteils als auch
die Verbindung zum Handeln oder Unterlassen des Angestellten oder Beauftragten beziehen (BT-Drs.
18/6389, 15; *Dann* NJW 2016 203 (205)). Eine nachträgliche Genehmigung ist – anders als bei den
§§ 331, 333 – nicht vorgesehen.

53f   Inwieweit der Gesetzgeber durch seine Wortwahl tatsächlich davon ausgeht, dass die Zustimmung des
Unternehmens als Einwilligung im Sinne eines Rechtfertigungsgrundes zu werten ist, ist fragwürdig.
Richtigerweise wird man vor dem Hintergrund des hier geschützten Rechtsguts annehmen müssen, dass
es sich bei der hier normierten Voraussetzung um ein Merkmal des objektiven Tatbestandes handelt und
dass die Zustimmung des Unternehmens daher als Einverständnis bereits tatbestandsausschließend wirkt.

53g   Wie auch bei der Pflichtenbegründung wird es für den Rechtsunterworfenen in der Praxis schwierig
sein zu differenzieren, wer sein Handeln oder Unterlassen im Unternehmen rechtswirksam und nicht
nur tatsächlich billigen kann.

53h   Eine Verbindung zwischen den Nrn. 1 und 2 ergibt sich dabei daraus, dass die Verteidigung des
Angestellten oder Beauftragten im Hinblick auf die Nr. 2 mit dem Hinweis auf eine (konkludente)
Zustimmung des Unternehmens betreffend sein Handeln dazu führen kann, dass – jedenfalls in den
Fällen gesetzlicher Pflichten – eine Vorteilsgabe als Gegenleistung für eine unlautere Bevorzugung und
damit eine Strafbarkeit wegen Nr. 1 angenommen wird.

IV. Vollendung/Beendigung

54   Bei § 299 handelt es sich um ein **Tätigkeitsdelikt.** Die Tat ist demnach vollendet, wenn die
Tathandlung vorgenommen wurde. Für den § 299 Abs. 1 bedeutet das, dass **Vollendung** mit dem
Fordern, sich Versprechen lassen oder Annehmen eintritt. Vor allem das Beispiel des Forderns macht
deutlich, dass es nicht zu einer Unrechtsvereinbarung kommen muss. Erst recht kommt es nicht darauf
an, dass die unlautere Bevorzugung tatsächlich vorgenommen wird (NK-StGB/*Dannecker* Rn. 82). Im
Falle des § 299 Abs. 2 ist die Tat mit Anbieten, Versprechen oder Gewähren des Vorteils vollendet. Auch
in diesen Fällen muss weder die Unrechtsvereinbarung noch die Bevorzugung tatsächlich vorliegen.
Wiederum reicht die Vornahme der Tathandlung zur Vollendung der Tat aus.

55   Teilweise wird die **Beendigung** bereits in dem Zeitpunkt der Annahme des letzten Teils des v der
Unrechtsvereinbarung umfassten Vorteils angenommen (vgl. BGHSt 10, 243; 11, 345; BGH NJW 1998,
2373; BGH NStZ-RR 2008, 42 f.; NK-StGB/*Dannecker* Rn. 84). Wird die Ausführung der auf der
Unrechtsvereinbarung beruhenden Handlung des Bestochenen erst zeitlich nach der vollständigen
Annahme des Vorteils abgeschlossen, kann eine Beendigung jedoch erst dann angenommen werden,
wenn die erstrebte Handlung des Angestellten oder Beauftragten vollständig vorgenommen wurde (vgl.
BGHSt 52, 300 (303) = BGH NJW 2008, 3076; Bespr. *Dann* NJW 2008, 3078; *Gleß/Geth* NJW 2009,
183). Stellt sich die Vornahme der erstrebten Handlung erst nach Erbringung des Vorteils endgültig als
nicht (mehr) möglich heraus, ist dieser Zeitpunkt als Beendigung anzusehen (wie hier LK-StGB/
Tiedemann Rn. 70). Wird der Vorteil nur versprochen, gefordert oder angeboten, ohne dass darauf
eingegangen wird, so liegt eine Beendigung in dem Zeitpunkt vor, in dem sich das Vorhaben als
fehlgeschlagen erweist (LK-StGB/*Tiedemann* Rn. 70).

V. Versuch

56   Eine Strafbarkeit des Versuchs ist mangels ausdr. Regelung (vgl. § 23 Abs. 1) nicht vorgesehen.
Allerdings wurde durch die Erfassung der Tathandlungen Fordern und Anbieten der Beendigungszeitpunkt weit nach vorne verlagert, sodass das Delikt nach § 299 in solchen Fällen materiellen Versuchscharakter ausweist.

VI. Subjektiver Tatbestand

Eine Strafbarkeit nach § 299 setzt **Vorsatz in Bezug auf alle objektiven Tatumstände** voraus. 57
Insbes. muss sich der Vorsatz auf die Funktion des Vorteilsempfängers als Angestellten oder Beauftragten
beziehen. Sodann muss der Vorsatz das Gegenseitigkeitsverhältnis sowie die Pflichtverletzung gegenüber
dem Unternehmen oder die Bevorzugung beim Bezug von Waren oder Dienstleistungen im Wettbewerb erfassen. Stellt sich der Vorteilsgewährende vor, dass – zum Zeitpunkt der Bevorzugung – kein
Wettbewerbsverhältnis vorliegt (zB da die Entscheidung zu seinen Gunsten bereits gefallen ist) so stellt
dieser Irrtum einen Tatumstandsirrtum (§ 16) dar, welcher eine Strafbarkeit nach den Nrn.1 der Abs. 1
und 2 entfallen lassen kann (so auch LK-StGB/*Tiedemann* Rn. 51).

Das Merkmal der Unlauterkeit in den Nrn. 1 der Abs. 1 und 2 ist ein eigenständiger, normativer 58
Tatumstand, dem nach hier vertretener Auffassung (→ Rn. 48) eine eigenständige Bedeutung zukommt.
Dementsprechend muss sich der Vorsatz auch auf die Umstände beziehen, welche die Unlauterkeit
begründen. Stellt sich der Täter Umstände vor, die die Tat lauter erscheinen lassen, handelt es sich um
einen Tatumstandsirrtum nach § 16 (so auch LK-StGB/*Tiedemann* Rn. 51; Schönke/Schröder/*Heine*/
Eisele Rn. 29; allgemein zu Irrtümern bei normativen Tatbestandsmerkmalen → § 16 Rn. 26 f.). Ebenfalls einen Irrtum nach § 16 stellt nach hier vertretener Auffassung (→ Rn. 44 ff.) die irrige Vorstellung
des Täters dar, der Geschäftsherr habe seine Zustimmung zur Vorteilsgewährung an seinen Angestellten
oder Beauftragten erteilt. Nach überwiegender Ansicht müsste diese Fehlvorstellung hingegen als (wohl
regelmäßig vermeidbarer) Verbotsirrtum nach § 17 eingestuft werden.

Die irrige Annahme des Vorteilsgewährenden, bei der bestochenen Person handele es sich um den 59
Geschäftsherrn, stellt einen den Vorsatz ausschließenden Irrtum nach § 16 Abs. 1 S. 1 dar. Eine Fehlvorstellung dieser Art tritt in der Praxis besonders häufig im Zusammenhang mit kleineren Unternehmen und gerade im Kontext mit ausländischen Kundenunternehmen auf, bei denen angestellte Geschäftsführer nur schwer von einem geschäftsführenden Inhaber zu unterscheiden sind.

Auch das Merkmal des Fehlens einer Einwilligung des Unternehmensinhabers in den Nrn. 2 der 59a
Abs. 1 und 2 stellt nach richtiger Auffassung einen eigenständigen Tatumstand dar (→ Rn 53f), weshalb
ein diesbezüglicher Irrtum als Tatumstandsirrtum nach § 16 zu werten ist.

Das Merkmal des Handelns **„zu Zwecken des Wettbewerbs"** ist durch das Gesetz zur Bekämpfung 60
der Korruption aus § 299 Abs. 2 gestrichen worden Stattdessen müssen nunmehr auch die Handlungen
des Abs. 2 Nr. 1 im Wettbewerb erfolgen. Ausweislich der Gesetzesbegründung wurde mit dieser
Änderung das Ziel verfolgt, einen Gleichklang zwischen der Bestechlichkeit und der Bestechung zu
erreichen.

VII. Keine Rechtfertigung

Eine Rechtfertigung einer Tat nach § 299 kommt im Regelfall nicht in Betracht. Eine **Einwilligung** 61
des Geschäftsinhabers wirkt im Hinblick auf die Nrn. 1 der Abs. 1 und 2 nicht rechtfertigend (so die
ganz hM, vgl. bereits → Rn. 44 ff.; ebenfalls NK-StGB/*Dannecker* Rn. 80 mwN; aA *Winkelbauer*
FS Weber, 2004, 385 (391)). Nach hier vertretener Auffassung schließt eine Zustimmung des Geschäftsinhabers zur Vorteilsgewährung aufgrund mangelnder Unlauterkeit jedoch den Tatbestand aus (vgl. dazu
bereits ausführl. → Rn. 48 f.).
Zur Einordnung der Zustimmung des Unternehmensinhabers als tatbestandsausschließendes Einverständnis → Rn. 53 f.

Ein **rechtfertigender Notstand** kommt regelmäßig nicht in Betracht. Das liegt daran, dass eine 62
Bestechung oder Bestechlichkeit auch in Fällen wirtschaftlicher Not kaum je das mildeste Mittel zur
Beseitigung einer solchen sein wird. Selbst wenn das einmal der Fall sein sollte, stellt eine Tat nach § 299
kein angemessenes Mittel zur Beseitigung einer finanziellen Notlage dar (wie hier auch die ganz hM, vgl.
dazu LK-StGB/*Tiedemann* Rn. 56 mwN).

Eine Rechtfertigung aufgrund v sozialadäquatem Verhalten scheidet ebenfalls aus. Soweit Zuwendun- 63
gen allgemein üblich und im Rahmen der Sozialsitte bleiben, fehlt es bereits an der Tatbestandsmäßigkeit
(dazu ausführl. → Rn. 21 f.). Eine darüber hinaus gehende rechtfertigende Wirkung aufgrund des
Prinzips der **Sozialadäquanz** gibt es nicht (LK-StGB/*Tiedemann* Rn. 58).

C. Rechtsfolgen

Die Strafdrohung sowohl der aktiven als auch der passiven Bestechung ist eine Freiheitsstrafe bis zu 64
drei Jahren. Eine erhöhte Strafdrohung für besonders schwere Fälle enthält § 300 (→ § 300 Rn. 12).
Zudem kann gem. § 302 in Fällen des §§ 299, 300 S. 2 Nr. 2 auch der erweiterte Verfall angeordnet
werden (vgl. dazu ausführl. → § 302 Rn. 4).

Im Falle einer Verurteilung wegen einer Tat nach § 299 folgt kein gesetzliches Verbot einer Geschäfts- 65
führerstellung nach § 6 Abs. 2 Nr. 3 GmbHG bzw. einer Vorstandsposition in einer AG (vgl. § 76
Abs. 3 Nr. 3 AktG) und zwar auch dann nicht, wenn die Tat als Geschäftsführer oder Vorstand begangen

wurde. Ein Berufsverbot kommt daher nur nach der allgemeinen Regelung des § 70 in Betracht (→ § 70 Rn. 1 ff.).

66 Eine in der Praxis nicht zu unterschätzende Folge der Einordnung einer Zuwendung als Vorteil iSv § 299 besteht in dem zu befürchtenden Verstoß gegen das in § 4 Abs. 5 Nr. 10 EStG und den entspr. Verweisungsnormen geregelte und über § 370 AO strafrechtlich sanktionierte Verbot, diese Zahlungen steuerlich gewinnmindernd zu berücksichtigen. Dies gilt nach neuester Rspr. des BFH auch im Hinblick auf die Kosten eines wegen § 299 durchgeführten Strafverfahrens und eines in diesem Zuge für verfallen erklärten Betrag (BFH BeckRS 2014, 95606). Angesichts der häufig vorgenommenen buchhalterischen Verschleierung solcher Zuwendungen haben Bestechungszahlungen nicht selten auch ein steuerstrafrechtliches Risiko zur Folge. In Betracht kommt auch eine Haftung des Bestechenden aus § 823 Abs. 2 BGB iVm § 299 gegenüber dem Geschäftsherrn eines bestochenen Mitarbeiters (OLG Frankfurt a. M. BeckRS 2011, 08475) sowie eine steuerliche Haftung gem. § 71 AO.

67 Hinzuweisen ist zudem darauf, dass gemäß § 100a Abs. 2 Nr. 1 Buchst. r StPO unter bestimmten Voraussetzungen auch eine TK-Überwachung möglich ist. Ein Korruptionsregister, welches im Zuge öffentlicher Auftragsvergaben bedeutsam werden könnte, existiert auf Bundesebene bislang nicht, ist aber immer wieder Teil politischer Diskussionen (hierzu *Lantermann* ZRP 2013, 107 ff.) und dürfte in absehbarer Zeit Wirklichkeit werden.

D. Konkurrenzen

I. Mehrere Tathandlungen

68 Mehrere Vorteilsgewährungen, die auf die gleiche Bevorzugung abzielen, werden nicht zu einer Bewertungseinheit iS *einer* Handlung zusammengefasst (LK-StGB/*Tiedemann* Rn. 59; NK-StGB/*Dannecker* Rn. 86). Anderes gilt nur, wenn der Vorteil bereits bei der ersten Tat durch die Unrechtsvereinbarung genau festgelegt war und nur eben dieser Vorteil später gewährt wird. In einem solchen Fall liegt in dem Versprechen und dem späteren Gewähren eine tatbestandliche Handlungseinheit vor (vgl. BGH wistra 1995, 61 (62)).

Mehrfache Bevorzugungen sind mangels Möglichkeit eines Fortsetzungszusammenhangs (BGHSt 41, 292 (302); 40, 138) selbstständige Taten iSd § 53 (vgl. LK-StGB/*Tiedemann* Rn. 59).

II. Tateinheit

69 **1. Tateinheit in Fällen des § 299 Abs. 1.** Tateinheit kann insbes. zwischen § 299 Abs. 1 und **§ 263** vorliegen, wenn der Bestochene seine Bereitschaft zur Vornahme der Bevorzugung dem Vorteilsgewährenden vorspiegelt (BGHSt 15, 88 (99)). Im Falle einer Tat, die Expektanzen von Mitbewerbern zerstört, sodass diese einen Vermögensschaden erleiden, kommt auch eine tateinheitliche Begehung eines Betruges zum Nachteil der Mitbewerber in Betracht. Werden die Schmiergelder an den Angestellten oder Beauftragten ohne Wissen des Geschäftsinhabers gezahlt und diesem daher eine um die Schmiergelder erhöhte Rechnung ausgestellt, ist ebenfalls Tateinheit von Betrug und der Tat nach § 299 anzunehmen (BGH wistra 1989, 224 (225)).

Tateinheit ist auch zwischen § 299 Abs. 1 und **§ 253** anzunehmen, wenn der Angestellte oder Beauftragte die Schmiergeldforderung mit der Drohung verknüpft, im Falle des Ausbleibens eine negative Beeinflussung des Entscheidungsprozesses herbeizuführen (vgl. LK-StGB/*Tiedemann* Rn. 60 mwN).

70 Bei verschleierten Schmiergeldern kommt zudem Tateinheit zwischen der Tat nach § 299 Abs. 1 und **§ 266** in Betracht (vgl. etwa BGHSt 31, 207 (208)). Das ist nach hM jedoch nur dann der Fall, wenn der Vermögensschaden dem Geschäftsinhaber unmittelbar durch die Schmiergeldzahlung entsteht und nicht erst durch die – zeitlich nachgelagerte – Bevorzugung (LK-StGB/*Tiedemann* Rn. 60 mwN; NK-StGB/*Dannecker* Rn. 89).

71 **2. Tateinheit in Fällen des § 299 Abs. 2.** In Fällen des § 299 Abs. 2 ist insbes. eine tateinheitliche Begehung mit **§ 298** iRv Submissionsverfahren denkbar (LK-StGB/*Tiedemann* Rn. 61; NK-StGB/*Dannecker* Rn. 90).

Unstr. liegt Tateinheit auch zwischen § 299 Abs. 2 und den **§§ 333, 334** in Fällen vor, in denen gleichzeitig einem Amtsträger und einem – davon personenverschiedenen – Angestellten oder Beauftragten Vorteile gewährt werden.

72 **Umstr.** ist jedoch, wie Taten zu beurteilen sind, bei denen **Vorteile an Amtsträger als Angestellte eines Unternehmens der Öffentlichen Hand** gewährt werden. Teilweise wird gefordert, dass in solchen Fällen aus Klarstellungsgründen Tateinheit zwischen § 299 Abs. 2 und den §§ 333, 334 anzunehmen sei. Diese Auffassung wird damit begründet, dass diese Normen unterschiedliche Rechtsgüter schützen (so NK-StGB/*Dannecker* Rn. 90 mwN). Nach richtiger – auch vom BGH vertretener (vgl. BGHSt 43, 96 (105)) – Auffassung besteht jedoch ein **Exklusivitätsverhältnis** zwischen dem § 299 auf der einen und den §§ 333, 334 auf der anderen Seite (so auch BayObLG NJW 1996, 268 (270); LK-

StGB/*Tiedemann* Rn. 61, vgl. dazu bereits → Rn. 10). Insofern kommt eine tateinheitliche Begehung in diesen Fällen nicht in Betracht.

III. Tatmehrheit

Tatmehrheit besteht nach hM zu allen Taten, die durch die Bevorzugung begangen werden (vgl. **73** BGH NStZ 1987, 326 (327); BGHSt 41, 292 (302); MüKoStGB/*Krick* Rn. 41 mwN). Diese Auffassung ist jedoch zumindest bei Taten bedenklich, welche vor der Beendigung der Korruptionstat begangen werden. Nach richtiger Auffassung tritt die Beendigung jedoch erst mit der Vornahme der angestrebten Bevorzugung ein (→ Rn. 55). Bis zum Zeitpunkt der Beendigung ist somit grundsätzlich noch Tateinheit zwischen der Tat nach § 299 und der durch die Bevorzugung verwirklichten Taten anzunehmen (NK-StGB/*Dannecker* Rn. 91; LK-StGB/*Tiedemann* Rn. 62). Eine Verklammerung mehrerer Untreuestraftaten durch Delikte der Bestechlichkeit im geschäftlichen Verkehr scheidet angesichts der divergierenden Strafrahmen aus (BGH BeckRS 2012, 05863).

E. Prozessuales

Eine Tat nach § 299 wird grundsätzlich nur aufgrund eines Strafantrages verfolgt, vgl. § 301. Ein **74** solcher ist jedoch in Fällen von besonderem öffentlichem Interesse entbehrlich. Es handelt sich demnach bei § 299 um ein **relatives Antragsdelikt** (vgl. dazu ausführlich → § 301 Rn. 1).

§ 299 ist ein **Privatklagedelikt** (§ 374 Abs. 1 Nr. 5a StPO). Jedoch ist die Verweisung auf den **75** Privatklageweg nur dann angebracht, wenn der Verstoß gegen § 299 in Umfang und Wirkung leichterer Art ist (so auch MüKoStGB/*Krick* Rn. 43).

Die **Verjährungsfrist** für die Strafverfolgung beträgt **fünf Jahre** (§ 78 Abs. 3). Die Frist beginnt gem. **76** § 78a S. 1 mit Beendigung der Tat. Da es sich bei § 299 um ein Tätigkeitsdelikt handelt, ist umstr., ob dieser Fristbeginn mit Vornahme der tatbestandlichen Handlung oder mit der Rechtsgutsverletzung beginnt. Richtigerweise kommt es nicht auf den Zeitpunkt der Vollendung, sondern auf den Zeitpunkt der **Beendigung** an. Ausschlaggebend ist somit der Zeitpunkt der Bevorzugung bzw. der Zeitpunkt, an dem diese fehlschlägt (so auch die hM, vgl. etwa MüKoStGB/*Krick* Rn. 43; LK-StGB/*Tiedemann* Rn. 70 jeweils mwN; vgl. zum Beendigungszeitpunkt bereits ausführlich → Rn. 55).

§ 299a Bestechlichkeit im Gesundheitswesen

Wer als Angehöriger eines Heilberufs, der für die Berufsausübung oder die Führung der Berufsbezeichnung eine staatlich geregelte Ausbildung erfordert, im Zusammenhang mit der Ausübung seines Berufs einen Vorteil für sich oder einen Dritten als Gegenleistung dafür fordert, sich versprechen lässt oder annimmt, dass er

1. bei der Verordnung von Arznei-, Heil- oder Hilfsmitteln oder von Medizinprodukten,
2. bei dem Bezug von Arznei- oder Hilfsmitteln oder von Medizinprodukten, die jeweils zur unmittelbaren Anwendung durch den Heilberufsangehörigen oder einen seiner Berufshelfer bestimmt sind, oder
3. bei der Zuführung von Patienten oder Untersuchungsmaterial

einen anderen im inländischen oder ausländischen Wettbewerb in unlauterer Weise bevorzuge, wird mit Freiheitsstrafe bis zu drei Jahren oder mit Geldstrafe bestraft.

Literatur (Auswahl): *Brand/Hotz,* Das „vertragsärztliche Wirtschaftsstrafrecht" nach BGH, Beschl. v. 29.3.2012, GSSt 2/11, PharmR 2012, 317; *Braun,* Ärztekorruption und Strafrecht – steht das ultima-ratio-Prinzip der Schaffung eines neuen Strafrechtstatbestands entgegen?, MedR 2013, 277; *Cahnbley,* Die geplanten Tatbestände der Bestechlichkeit und Bestechung im Gesundheitswesen – Strafverfolgungsrisiken und kritische Anmerkungen zum Berufsrechtsmodell, MPR 2015, 145; *Dannecker/Schröder,* Neuregelung der Bestechlichkeit und Bestechung im geschäftlichen Verkehr, ZRP 2015, 48; *Di Bella,* Entwurf eines Gesetzes zur Bekämpfung von Korruption im Gesundheitswesen, RDG 2015, 244; *Dieners,* Die neuen Tatbestände zur Bekämpfung der Korruption im Gesundheitswesen, PharmR 2015, 529; *Gaßner,* Korruption im Gesundheitswesen- Definition, Ursachen, Lösungsansätzen, NZS 2012, 521; *Geiger,* Antikorruption im Gesundheitswesen, CCZ 2011, 1; *Hohmann,* BGH vom 29.3.2012 – GSSt 2/11 – „Bestechung" von Kassenärzten, wistra 2012, 388; *Jary,* Strafbarkeit der Korruption im Gesundheitswesen – eine Betrachtung de lege ferenda, MPR 2014, 52; *Jary,* Anti-Korruption – Neue Gesetzesvorhaben zur Korruptionsbekämpfung im Gesundheitswesen und im internationalen Umfeld, PharmR 2015, 99; *Kaufmann/Ludwig,* Strafbarkeit von Arzneimittelmusterabgaben? – Strafbarkeitsrisiko von pharmazeutischen Unternehmern nach dem StGB-Entwurf „Bestechlichkeit und Bestechung im Gesundheitswesen" bei Musterabgaben an Ärzte, PharmR 2014, 50; *Kubiciel,* Bestechlichkeit und Bestechung im Gesundheitswesen- Grund und Grenze der §§ 299a, 299b StGB-E, MedR 2016, 1; *Kubiciel,* Die Tatbestände gegen Korruption im Gesundheitswesen und die Folgen für die Healthcare Compliance, jurisPR-Compl 3/2016; *Kubiciel,* Habemus legem: Die Tatbestände gegen Bestechung und Bestechlichkeit im Gesundheitswesen, CB 2016, Nr. 6, 1; *Oeben/Heil,* §§ 299a, b StGB auf der Zielgeraden – Auswirkungen auf die Zusammenarbeit im Gesundheitswesen, PharmR 2016, 217; *Passarge,* Aktuelle Entwicklungen in der Gesetzgebung zur Korruptionsbekämpfung, DStR 2016, 482; *Püschel/Süße,* Die finale Fassung des Gesetzes zur Bekämpfung der Korruption im Gesundheitswesen und ihre Folgen, Newsdienst Compliance 2016, 71001; *Ramb/Reich,* Verschärfung des Korruptionsstrafrechts im Gesundheitssektor, CB 2015, 72; *Sahan,* Zur Strafbarkeit niedergelassener Vertragsärzte wegen Bestechlichkeit, ZIS 2012, 386; *Sahan,* Erfüllung der Korruptionstatbestände durch niedergelassene Vertragsärzte? Anmerkung zu BGH vom 29.3.2012, StRR 2012, 390; *Schlund,* Korruption im Gesundheitswesen, NJW-Spezial 2016, 312; *Schneider/Ebermann,* Das Strafrecht im Dienste gesundheitsökonomischer Steuerungsinteressen, HRRS 2013, 219; *Schneider/Ebermann,* Zangengriff auf den Honorar-Wahlarzt, HRRS 2015, 116; *Schröder,* Korruptionsbekämpfung im Gesundheitswesen durch Kriminalisierung von Verstößen gegen berufsrechtliche Pflichten zur Wahrung der heilberuflichen Unabhängigkeit: Fünf Thesen zu den §§ 299a, 299b StGB des Regierungsentwurfs vom 29.7.2015 Teil 1, 2, NZWiSt 2015, 321, NZWiSt 2015, 361; *Steenbreker,* Korruptionsbekämpfung in sonstiger Weise: § 299a E-StGB und Strafgesetzgebung im Gesundheitswesen, MedR 2015, 660; *Tsambikakis,* Strafbarkeitsrisiken korruptiven Verhaltens niedergelassener Ärzte nach dem Beschluss des Großen Senats für Strafsachen, FS Steinhilper, 2013, 217; *Wallhäuser,* Compliance für Krankenhäuser, CB 2016, 151; *Wigge,* Grenzen der Zusammenarbeit im Gesundheitswesen-der Gesetzentwurf zur Bekämpfung von Korruption im Gesundheitswesen, NZS 2015, 447.

A. Allgemeines

I. Entwicklung der Norm

1   Am 29.3.2012 hat der Große Senat in Strafsachen des BGH entschieden, dass niedergelassene Ärzte weder Amtsträger noch Beauftragte der Krankenkassen seien und somit nicht von den zu diesem Zeitpunkt geltenden Regelungen zur Verhinderung korruptiven Verhaltens erfasst werden könnten (BGH NStZ 2012, 505 (506 ff.) mAnm *Sahan* ZIS 2012, 386 ff.; *ders.* StRR 2012, 390 f.; *Hohmann* wistra 2012, 388 ff.; *Braun* MedR 2013, 277 ff.; *Brand/Hotz* PharmR 2012, 317 ff.; *Tsambikakis* FS Steinhilper, 2013, 217 ff.). Dieser Revisionsentscheidung lag ein Urteil des LG Hamburg zugrunde (618 KLs 10/09 v. 9.12.2010).

2   Nachdem davon ausgehend verschiedene Gesetzentwürfe vorgelegt worden sind (ua BT-Drs. 17/14575 v. 14.8.2013; BR-Drs. 16/15 v. 15.1.2015), hat die BReg am 28.7.2015 einen Gesetzentwurf beschlossen, der die Bestechung und Bestechlichkeit im Gesundheitswesen unter Strafe stellt und am 4.6.2016 in Kraft getreten ist (zum Entwurf *Jary* PharmR 2015, 99 (107)).

II. Geschütztes Rechtsgut

3   Die §§ 299a f. verfolgen einen doppelten Rechtsgüterschutz. Ausweislich der Gesetzesbegründung soll neben dem Schutz des lauteren Wettbewerbs im Gesundheitswesen auch das Vertrauen in die Integrität heilberuflicher Entscheidungen geschützt werden (Gesetzentwurf BReg v. 29.7.2015, 10; zur grundsätzlichen Kritik an einem „Rechtsgüterpluralismus" s. BeckOK StGB/*Momsen* § 299 Rn. 2b). Dies hat erhebliche Auswirkungen auf die Auslegung der neuen Straftatbestände, die mit dem Schutz des Vertrauens eine bedenkliche Nähe zu den §§ 331 ff. aufweisen.

B. Voraussetzungen

4   In Anlehnung an die allgemeine Systematik der Korruptionsdelikte im StGB differenziert das Gesetz zwischen Bestechlichkeit (§ 299a) und Bestechung (§ 299b) im Gesundheitswesen. In beiden Straftatbeständen muss sich das Täterverhalten auf eine Unrechtsvereinbarung beziehen, die auf eine Bevorzugung in unlauterer Weise abzielt (*Ramb/Reich* CB 2015, 72 (74)). Eine Entsprechung zu den Delikten der Vorteilsannahme (§ 331) oder der Vorteilsgewährung (§ 333) gibt es für den Bereich des Gesundheitswesens ebenso wenig wie für die Bestechung und Bestechlichkeit im geschäftlichen Verkehr.

I. Bestochene Person

5   § 299a schränkt den Täterkreis dergestalt ein, dass es sich bei der bestochenen Person um den **Angehörigen eines Heilberufs** handeln muss, der für die Berufsausübung oder die Führung der Berufsbezeichnung eine staatlich geregelte Ausbildung erfordert.

6   Die Regelung weitet den Adressatenkreis damit erheblich gegenüber anderen Entwürfen aus (etwa BR-Drs. 16/15, 17 f.), nach welchen etwa nur solche Berufe erfasst sein sollten, die eine Kammerzugehörigkeit nach sich ziehen (krit. ggü. dieser Ausdehnung *Bittmann/Brockhaus/Rübenstahl/Tsambikakis* WiJ 2015, 176 (182)).

7   Laut Gesetzesbegründung orientiert sich der Täterkreis dabei an demjenigen aus § 203 Abs. 1 Nr. 1. Neben Ärzten und Apothekern sind daher etwa auch Physiotherapeuten, Ergotherapeuten, Logopäden und medizinische Bademeister erfasst (→ § 203 Rn. 31). Der Gesetzgeber begründet diese Ausweitung damit, dass auch diese am Gesundheitswesen Beteiligten erheblichen Einfluss auf ökonomische Bezugs- und Vergabeentscheidungen haben können (Gesetzentwurf BReg v. 29.7.2015, 9). Ein Verweis auf § 203 Abs. 3 S. 2 lässt sich der Gesetzesbegründung nicht entnehmen, weshalb etwa medizinische Fachangestellte und die medizinischen Handwerke nicht von der Norm erfasst sein dürften. Keiner staatlichen Ausbildung bedürfen zudem Heilpraktiker. Ebenfalls nicht erfasst sind ausweislich des eindeutigen Wortlauts juristische Personen, die niemals Heilberufsträger sein können.

8   Eine Einschränkung auf Angestellte oder Beauftragte erfolgt anders als in § 299 nicht, weshalb auch Geschäftsinhaber der Regelung unterfallen, soweit sie als Heilberufsträger einzustufen sind.

II. Tathandlung

Entsprechend der Systematik der Korruptionsbekämpfung im StGB beschreiben auch die §§ 299a f. **9** ein zweiseitiges Tatverhalten. Bestraft wird die Vorteilsgabe im Gegenzug zur (beabsichtigten) Bevorzugung im Rahmen näher beschriebener Beziehungen zwischen den Beteiligten. Der Gesetzgeber beschreibt hier den Zusammenhang, den die konkrete Abrede notwendigerweise mit dem Gesundheitswesen aufweisen muss. Ausgenommen von der Strafbarkeit sind mithin jedenfalls Handlungen, die rein privaten Charakter haben, aber auch all diejenigen, die sich nicht unter die folgenden Konkretisierungen subsumieren lassen (*Jary* PharmR 2015, 99 (101)).

1. Bei der Verordnung von Arznei-, Heil- oder Hilfsmitteln oder von Medizinprodukten. 10 Die (beabsichtigte) Bevorzugung muss im Rahmen des § 299a **bei der Verordnung von Arznei-, Heil- oder Hilfsmitteln oder von Medizinprodukten** erfolgen.

Der Gesetzgeber orientiert sich bei seiner Eingrenzung an feststehenden und teilweise gesetzlich **11** geregelten Begriffen des Gesundheitswesens (etwa Arzneimittel in § 2 AMG, Heilmittel in § 32 SGB V, Hilfsmittel in § 33 SGB V, Medizinprodukte in § 3 MPG, Gesetzentwurf BReg v. 29.7.2015, 21).

Heilmittel sind danach Dienstleistungen, die einem Heilzweck dienen oder einen Heilerfolg sichern und nur von entsprechend ausgebildetem Personal erbracht werden dürfen. Hierunter fallen insbesondere Maßnahmen der physikalischen Therapie, der podologischen Therapie, der Stimm-, Sprech- und Sprachtherapie sowie Maßnahmen der Ergotherapie (vgl. Spickhoff/*Wabnitz* SGB V § 32 Rn. 4); **Hilfsmittel** sind sächliche Mittel, die durch ersetzende, unterstützende oder entlastende Wirkung den Erfolg der Krankenbehandlung sichern, eine Behinderung ausgleichen oder ihr vorbeugen (Spickhoff/*Wabnitz* SGB V § 33 Rn. 2).

Der Begriff der **Verordnung** meint die Verschreibung von Arzneimitteln, Heil- und Hilfsmitteln und **12** Medizinprodukten zugunsten von Patienten, unabhängig davon, ob für das verschriebene Mittel oder Produkt eine Verschreibungspflicht besteht. Ebenfalls erfasst sind Tätigkeiten, die mit dem Verordnen in einem engen inneren Zusammenhang stehen, wie beispielsweise die Übersendung der Verordnung an einen anderen Leistungserbringer.

Aus dem Straftatbestand ausgenommen wurde im Rahmen der abschließenden Gesetzesformulierung **13** die Bevorzugung im Rahmen der Abgabe von Arznei-, Heil-, oder Hilfsmitteln oder von Medizinprodukten. Insbesondere im Hinblick auf Apotheker, die als Heilberufsträger vom Gesetz erfasst werden, führt diese Änderung zu einer erheblichen Reduzierung strafrechtlicher Risiken.

2. Bei dem Bezug von Arznei- oder Hilfsmitteln oder von Medizinprodukten, die jeweils 14 zur unmittelbaren Anwendung durch den Heilberufsangehörigen oder einen seiner Berufs- helfer bestimmt sind. Unter **Bezug** ist jegliche Form des Sich-Verschaffens zu verstehen, sei es auf eigene oder fremde Rechnung.

Im Hinblick auf Bezugsentscheidungen des Heilberufsträgers hatte im Vergleich zu dem zugrunde liegenden Referentenentwurf des Bundesjustizministeriums bereits die Bundesregierung eine erste Einschränkung vorgenommen, indem Bezugsentscheidungen nur dann erfasst sein sollten, wenn Waren betroffen sind, die zur Abgabe an Patienten bestimmt waren. Die Bundesregierung wollte damit die Tathandlung anhand des Schutzzwecks der neuen Regelungen konkretisieren, die nicht dem allgemeinen Wettbewerbsschutz dienen, sondern Fälle erfassen sollen, in denen sachfremde Erwägungen zu Lasten von Patienten getroffen werden könnten.

Im Rahmen der abschließenden Gesetzesberatungen ist diese Einschränkung dahingehend weiter konkretisiert worden, dass nur der Bezug von Waren relevant ist, die zur unmittelbaren Anwendung durch den Heilberufsträger oder einen seiner Berufshelfer bestimmt sind. Eine bedeutende Minderung strafrechtlicher Risiken ergibt sich auch aus dieser Streichung für Apotheker, die zwar Waren im o. g. Sinne beziehen, indes nicht unmittelbar anwenden.

Die im selben Zuge erfolgte Streichung der Heilmittel aus der Handlungsvariante des Bezugs ist folgerichtig, da diese nicht von Heilberufsangehörigen bezogen werden.

Während allgemeine Bezugsentscheidungen eines Heilberufsträgers, etwa im Hinblick auf die Ausstattung von Praxisräumen, also weiterhin allenfalls von § 299 erfasst werden, soweit ein Angestellter oder Beauftragter tätig wird, greifen §§ 299a f. folglich erst ein, wenn die beeinflusste Bezugsentscheidung sich auf die Weitergabe an Patienten auswirken könnte (vgl. *Jary* PharmR 2015, 99 (102)).

Praktische Schwierigkeiten dürften sich in der Folge dieser Einschränkung ergeben, wenn ein Heilberufsträger Bezugsentscheidungen betreffend Waren, die zur unmittelbaren Anwendung bestimmt sind und solchen, die nicht an Patienten weitergegeben werden sollen, gemeinsam trifft. Es besteht die Gefahr, dass Ermittlungsbehörden in diesen Fällen ein unangebracht weites Verständnis von Umgehungsgeschäften haben und damit der eindeutigen gesetzgeberischen Einschränkung zuwiderhandeln.

3. Bei der Zuführung von Patienten oder Untersuchungsmaterial. Auch hinsichtlich des **15** Zuführungsbegriffs orientiert sich der Gesetzgeber an bereits bestehenden Regelungen im medizinischen Bereich (Patientenzuführung/-zuweisung in § 11 ApoG, § 73 Abs. 7 SGB V, § 31 MBO –

Gesetzentwurf BReg v. 29.7.2015, 21). Erfasst ist jede Handlung des Heilberufsträgers, die geeignet ist, den Patienten in seiner Wahl eines Leistungserbringers zu beeinflussen.

Dieses sehr weite Verständnis hat bereits in der Vergangenheit zu einer Vielzahl an Fragestellungen im Rahmen von Kooperationsvereinbarungen verschiedener Leistungserbringer geführt, die nunmehr eine strafrechtliche Relevanz erhalten.

Einschränkend ist indes festzuhalten, dass angesichts des Wortlauts die Zuführung eines Patienten erfolgen muss. Vor diesem Hintergrund wird man den Tatbestand dahingehend auslegen müssen, dass Konstellationen, in denen ein Heilberufsträger Personen, die ihm gegenüber als Patienten, dem Empfohlenen gegenüber indes als Private auftreten, zuweist, nicht erfasst sind (etwa bei der Vermittlung an ein Fitnessstudio, ohne dass dort abrechenbare Leistungen erbracht würden).

16   **4. Vorteil.** Unter einem **Vorteil** ist laut Gesetzesbegründung auch bei den §§ 299a f. eine unentgeltliche Leistung materieller oder immaterieller Art zu verstehen, die die wirtschaftliche, rechtliche oder persönliche Lage des Empfängers objektiv verbessert und auf die er keinen Anspruch hat (vgl. BGH NJW 2003, 2997 f.; BGH wistra 2001, 260 (261) zu § 99 mwN; BGHSt 31, 279; 35, 133 zu § 331). Auf die Ausführungen zum Vorteilsbegriff und Vorteilsempfänger bei § 299 kann daher verwiesen werden (→ § 299 Rn. 18 ff.).

17   **5. Fordern, sich versprechen lassen, annehmen im Zusammenhang mit der Ausführung seines Berufs.** Die Tathandlung der Bestechlichkeit im geschäftlichen Verkehr setzt voraus, dass der Täter einen Vorteil für sich oder einen Dritten fordert, sich versprechen lässt oder annimmt. Diese drei Handlungsvarianten entsprechen i. E. den Tathandlungen des § 299 Abs. 1 sowie der §§ 331 ff., so dass im Hinblick auf diese Einzelheiten auf die dortigen Ausführungen verwiesen werden kann (→ § 299 Rn. 26 und → § 331 Rn. 86 ff.).

Der Bestochene muss **im Zusammenhang mit der Ausübung seines Berufs** handeln, also gerade in seiner beruflichen Funktion. Handelt er, ohne dass sein Tätigwerden zumindest auch im Zusammenhang mit der Berufsausübung erfolgt, so ist der Tatbestand des § 299a nicht erfüllt (Gesetzentwurf BReg,v 29.7.2015, 22). Eine enge Auslegung dieses Tatbestandsmerkmals erscheint vor dem Hintergrund der Weite des Gesamttatbestandes angezeigt.

18   **6. Abs. 1 Nr. 1 Als Gegenleistung für eine unlautere Bevorzugung im in- oder ausländischen Wettbewerb (= sog Unrechtsvereinbarung). a) Bevorzugung im Wettbewerb.** Mit der Vorteilsgewährung muss eine **Bevorzugung im Wettbewerb** erstrebt werden. Eine Bevorzugung setzt auch bei §§ 299a f. schon begrifflich eine Entscheidung zwischen mindestens zwei Bewerbern voraus (vgl. BGHSt 49, 214 (218); ebenso Fischer § 299 Rn. 14). Eine Bevorzugung liegt auch hier in jeder Besserstellung gegenüber Mitbewerbern, auf die der Bevorzugte keinen Anspruch hat. Auch an dieser Stelle kann grundsätzlich auf die Ausführungen zu § 299 verwiesen werden (→ § 299 Rn. 31 ff.).

19   **b) Als Gegenleistung.** Die Formulierung **„als Gegenleistung dafür"** verdeutlicht, dass es, wie bei § 299 auch, einer **(Unrechts-)Vereinbarung** dahingehend bedarf, dass der Vorteil und die Bevorzugung in einem Gegenseitigkeitsverhältnis stehen bzw. dieses Gegenseitigkeitsverhältnis gewollt wird. Das setzt voraus, dass die (erstrebte) Bevorzugung gerade aufgrund der Vorteilsgewährung geschehen soll. Dafür ist eine dahingehende (zumindest stillschweigende) Übereinkunft oder (im Falle des Forderns bzw. Anbietens) eine solche einseitige Erklärung erforderlich. Dabei dürfte es einer Strafbarkeit auch hier nicht entgegenstehen, wenn die erstrebte Bevorzugung erst in Umrissen bestimmt ist. So reicht es nach Ansicht der Rspr. zu § 299 aus, dass die Bevorzugung „in groben Umrissen erkennbar und festgelegt" ist (BGH NStZ 2014, 323; BGHSt 32, 290 (291)).

Der Gesetzgeber hat auch hier bewusst und zu Recht von einer Lockerung der Unrechtsvereinbarung nach dem Vorbild der §§ 331, 333 abgesehen (vgl. dazu Schönke/Schröder/*Heine/Eisele* § 299 Rn. 16). An einer Unrechtsvereinbarung iSd §§ 299a f. fehlt es demnach, wenn ausschl. bereits erbrachte Bevorzugungen nachträglich belohnt werden. Solche **Dankeschönzuwendungen** sind von §§ 299a f. nicht erfasst. Aufgrund des – gegenüber §§ 331, 333 enger formulierten – Unrechtsvereinbarungserfordernisses fallen auch die **Klimapflege** und das **Anfüttern** v Entscheidungsträgern nicht unter den Tatbestand.

20   Besonderes Augenmerk wird auch an dieser Stelle auf Umgehungsgeschäfte, etwa durch Vereinbarung von wertmäßig nicht ausgeglichenen Geschäften zwischen Akteuren im Gesundheitswesen, bspw. im Rahmen von Anwendungsbeobachtungen oder Datenkäufen, zu richten sein.

21   Laut ausdrücklichem Hinweis in der Gesetzesbegründung sollen zudem jedenfalls geringfügige Zuwendungen von Patienten grundsätzlich nicht vom Tatbestand erfasst werden (Gesetzentwurf BReg v. 29.7.2015, 17).

22   **c) In unlauterer Weise.** Die (erstrebte) Bevorzugung muss „in unlauterer Weise" vorgenommen werden.

Auch im Rahmen der Bestimmung der Unlauterkeit kann auf die zu § 299 entwickelten Auslegungsgrundsätze zurückgegriffen werden (BT-Drs. 18/6446, 21). Eine Bevorzugung ist unlauter, wenn sie geeignet ist, Mitbewerber durch die Umgehung der Regelungen des Wettbewerbs und durch Ausschaltung der Konkurrenz zu schädigen (vgl. Fischer § 299 Rn. 16).

Dieses Merkmal bezieht sich wie die Bevorzugung und die Wettbewerbssituation auf die Zukunft und ist somit v der Vorstellung des Täters abhängig. An der Unlauterkeit fehlt es insbesondere dann, wenn die Bevorzugung berufsrechtlich zulässig ist (BT-Drs. 18/6446, 21), wohingegen eine Bevorzugung unlauter sein soll, wenn die Annahme der als Gegenleistung gewährten Vorteile gegen gesetzliche oder berufsrechtliche Vorschriften verstößt (*Jary* PharmR 2015, 99 (102)).

Eine Vielzahl verschiedener Regelungen aus dem Berufs- und Sozialrecht erlangen hierdurch eine neue, strafrechtliche Bedeutung. Beispielhaft zu nennen sind in diesem Zusammenhang etwa die §§ 31ff. MBO, § 2 Abs. 7, 8 ZMBO, § 7 HWG, § 10 ApoG, AMPreisV, §§ 73 Abs. 7, 128 SGB V.

Aus einer pauschalen Anlehnung an außerstrafrechtliche Rechtsbereiche ergeben sich in diesem Zusammenhang verschiedene Probleme. Zunächst handelt es sich bei den in Bezug genommenen Regelungen häufig um Generalklauseln, die den Bestimmtheitsanforderungen des Strafrechts nicht genügen und deren richtige Interpretation nicht abschließend geklärt ist. Hinzu kommt, dass gerade Regelungen in Berufsordnungen die gesetzgeberische Dignität fehlt, um strafrechtliche Folgen nach sich zu ziehen (zu deren möglicher Anwendbarkeit trotz Streichung des ausdrücklichen Verweises auf das Berufsrecht → Rn. 14). Viele der Regelungen verfolgen zudem einen anderen Zweck als den Schutz des Wettbewerbs, der durch § 299a gewährleistet werden soll. Zuletzt nimmt der Gesetzgeber durch diese Akzessorietät eine für den Rechtsbetroffenen nicht überschaubare Anzahl an Regelungen in Bezug, weshalb annähernd jedes Verhalten im Gesundheitswesen dem Risiko unterworfen ist, eine Strafbarkeit nach sich zu ziehen. Eine wünschenswerte Differenzierung zwischen Straf- und Ordnungsrecht, etwa durch Beschränkung des Strafrechts auf schwere Verfehlungen, ist nicht vorgesehen. Begegnet werden kann diesem Missstand allein durch eine restriktive Interpretation der Unlauterkeit, die allerdings weder in der Gesetzesbegründung noch in der Anlehnung an das Rechtsgut des Vertrauensschutzes angelegt ist.

Erfreulich ist demgegenüber, dass der Gesetzgeber zumindest gekennzeichnet hat, dass nicht **23** strafbar sein könne, was berufs- und sozialrechtlich erlaubt ist (Gesetzentwurf BReg v. 29.7.2015, 22). Ausdrücklich nennt er in der Gesetzesbegründung beispielhaft Berufsausübungsgemeinschaften (§ 18 MBO), Gewinnbeteiligungen (§ 128 Abs. 2 S. 3 SGB V), Kooperationsvereinbarungen (etwa §§ 115a, 115b, 116b, 140aff. SGB V), Anwendungsbeobachtungen (§ 67 Abs. 6 S. 3 AMG, § 33 MBO) und Bonuszahlungen auf sozialrechtlicher Grundlage (etwa § 84 Abs. 4 SGB V), die daher keine strafrechtlichen Folgen nach sich ziehen können, soweit die jeweils aufgestellten Voraussetzungen beachtet werden. Vor diesem Hintergrund ist auch die Abgabe von Arzneimittelmustern an Ärzte zur Erprobung in gewissen Mengen erlaubt (ausführlich *Kaufmann/Ludwig* PharmR 2014, 50 (52 f.)).

Entscheidender Faktor zur Abgrenzung strafbaren von straflosem Verhalten soll im Rahmen von Austauschverhältnissen im Gesundheitswesen laut Gesetzgeber die Frage sein, ob Leistung und Gegenleistung sich entsprechen. Die Frage, wie diese Angemessenheit zu bestimmen sein wird, ist noch vor Inkrafttreten des Gesetzes in der Literatur, insbesondere im Hinblick auf Kooperationsverhältnisse mit Ärzten, streitig diskutiert worden (vgl. *Schneider/Eberbach* HRRS 2013, 219 ff.). Soweit vorhanden, bietet sich in diesem Zusammenhang eine Orientierung an bestehenden Abrechnungssystemen im Gesundheitswesen an. Überzeugend ist dabei die Ansicht von *Schneider/Eberbach* (HRRS 2013, 219 ff.), wonach in dem Fall, in dem verschiedene Abrechnungssysteme zur Anwendung auf einen Sachverhalt in Betracht kommen, eine Abrechnung in Anlehnung an jedes dieser Systeme als angemessen bewertet werden sollte.

Nach vielfältiger Kritik hat der Gesetzgeber die Anknüpfung an die Verletzung berufsrechtlicher **24** Pflichten im Rahmen der abschließenden Gesetzesberatungen aus dem Gesetzesentwurf gestrichen. Laut Gesetzesbegründung sollte es sich um einen Auffangtatbestand für diejenigen Fälle handeln, bei denen, etwa aufgrund von Monopolstellungen, keine Wettbewerbssituation gegeben ist (Gesetzentwurf BReg v. 29.7.2015, 23).

Es bleibt der Praxis überlassen, inwieweit die Verletzung berufsrechtlicher Vorschriften, trotz der **25** Streichung, weiterhin tatbestandsrelevant sein kann, insbesondere als dass es sich bei diesen Vorschriften um solche im Sinne des § 3a UWG handeln kann. Bereits die Einordnung als Auffangtatbestand durch den Gesetzgeber im Rahmen der ursprünglichen Gesetzesbegründung spricht dafür, dass er der Verletzung berufsrechtlicher Pflichten auch einen Wettbewerbseinfluss zumisst.

III. Versuch

Eine Strafbarkeit des Versuchs ist mangels ausdr. Regelung (vgl. § 23 Abs. 1) nicht vorgesehen. **26**

Allerdings wurde durch die Erfassung der Tathandlungen Fordern und Anbieten der Vollendungszeit- **27** punkt weit nach vorne verlagert, sodass das Delikt in solchen Fällen materiellen Versuchscharakter aufweist.

IV. Subjektiver Tatbestand

28   Im Hinblick auf den subjektiven Tatbestand kann auf die Ausführungen zu § 299 verwiesen werden
(→ § 299 Rn. 57 ff.).

C. Rechtsfolgen

29   Die Strafdrohung des § 299a ist eine Freiheitsstrafe bis zu drei Jahren. Eine erhöhte Strafdrohung für
besonders schwere Fälle erfolgt über den Verweis auf § 300 (→ § 300 Rn. 12), wobei darauf zu achten
ist, dass die dort aufgeführten Regelbeispiele angesichts des arbeitsteiligen und auf Gewinnerzielung
abstellenden Tätigwerdens im Gesundheitswesen dem Wortlaut nach häufig erfüllt sein dürften. Zudem
kann gem. § 302 in Fällen der §§ 299a f. auch der erweiterte Verfall angeordnet werden (vgl. dazu
ausführlich → § 302 Rn. 4).
      Eine in der Praxis nicht zu unterschätzende Folge der Einordnung einer Zuwendung als Vorteil iSv
§ 299a besteht in dem zu befürchtenden Verstoß gegen das in § 4 Abs. 5 Nr. 10 EStG und die entspr.
Verweisungsnormen geregelte und über § 370 AO strafrechtlich sanktionierte Verbot, diese Zahlungen
steuerlich gewinnmindernd zu berücksichtigen. Dies gilt nach neuester Rspr. des BFH auch im Hinblick
auf die Kosten eines wegen § 299 durchgeführten Strafverfahrens und eines in diesem Zuge für verfallen
erklärten Betrages (BFH BeckRS 2014, 95606).
      Hinzuweisen ist zudem auf schwerwiegende berufsrechtliche Folgen, etwa durch den Verlust von
Zulassungen, die in Folge einer Bestrafung wegen § 299a eintreten können.

D. Konkurrenzen

30   Soweit eine als Gegenleistung für den Vorteil vorgenommene pflichtwidrige Handlung weitere
Straftatbestände erfüllt, können zur Beurteilung des Konkurrenzverhältnisses zwischen dem Tatbestand
des § 299a und den mitverwirklichten anderen Straftatbeständen laut Gesetzesbegründung die zu den
§§ 299, 331 ff. entwickelten Grundsätze herangezogen werden.
      Hinsichtlich des Verhältnisses zwischen den Korruptionsstraftatbeständen der §§ 331 ff. und dem
neuen § 299a kann auf die von der Rechtsprechung zu § 299 und die zu den §§ 331 ff. entwickelten
Grundsätze zurückgegriffen werden (vgl. BGH BeckRS 9998, 86380 = BGH NStZ 1994, 277).
      Erfüllt der Täter sowohl den Tatbestand des § 299 als auch den Tatbestand des neuen § 299a, ist
wegen der teilweise unterschiedlichen Schutzrichtung der beiden Normen regelmäßig Tateinheit anzunehmen.

E. Prozessuales

31   § 299a ist als Offizialdelikt ausgestaltet. Die ursprünglich geplante Fassung als relatives Antragsdelikt ist
im Rahmen der abschließenden Beratungen im Gesetzgebungsprozess verworfen worden.
      Die **Verjährungsfrist** für die Strafverfolgung beträgt **fünf Jahre** (§ 78 Abs. 3). Die Frist beginnt gem.
§ 78a S. 1 mit Beendigung der Tat. Da es sich bei § 299a um ein Tätigkeitsdelikt handelt, ist auch hier
unklar, ob dieser Fristbeginn mit Vornahme der tatbestandlichen Handlung oder mit der Rechtsgutsverletzung beginnt. Richtigerweise kommt es nicht auf den Zeitpunkt der Vollendung, sondern auf den
Zeitpunkt der **Beendigung** an. Ausschlaggebend ist somit der Zeitpunkt der Bevorzugung bzw. der
Zeitpunkt, an dem diese fehlschlägt (→ § 299 Rn. 76).

§ 299b Bestechung im Gesundheitswesen

**Wer einem Angehörigen eines Heilberufs im Sinne des § 299a im Zusammenhang mit
dessen Berufsausübung einen Vorteil für diesen oder einen Dritten als Gegenleistung dafür
anbietet, verspricht oder gewährt, dass er**
1. bei der Verordnung von Arznei-, Heil- oder Hilfsmitteln oder von Medizinprodukten,
**2. bei dem Bezug von Arznei- oder Hilfsmitteln oder von Medizinprodukten, die jeweils zur
unmittelbaren Anwendung durch den Heilberufsangehörigen oder einen seiner Berufshelfer bestimmt sind, oder**
3. bei der Zuführung von Patienten oder Untersuchungsmaterial
**ihn oder einen anderen im inländischen oder ausländischen Wettbewerb in unlauterer Weise
bevorzuge, wird mit Freiheitsstrafe bis zu drei Jahren oder mit Geldstrafe bestraft.**

1   § 299b regelt als spiegelbildliches Allgemeindelikt zu § 299a die Bestechung im Gesundheitswesen.
Auf die Ausführungen zu § 299a und § 299 Abs. 2 kann daher sinngemäß verwiesen werden.

§ 300 Besonders schwere Fälle der Bestechlichkeit und Bestechung im geschäftlichen Verkehr

¹In besonders schweren Fällen wird eine Tat nach den §§ 299, 299a und 299b mit Freiheitsstrafe von drei Monaten bis zu fünf Jahren bestraft. ²Ein besonders schwerer Fall liegt in der Regel vor, wenn
1. die Tat sich auf einen Vorteil großen Ausmaßes bezieht oder
2. der Täter gewerbsmäßig oder als Mitglied einer Bande handelt, die sich zur fortgesetzten Begehung solcher Taten verbunden hat.

A. Zweck und Bedeutung der Norm

Die Regelung des § 300 wurde durch das Gesetz zur Bekämpfung der Korruption v. 13.8.1997 **1** (BGBl. I 2038) eingefügt. Dabei diente der § 335 als Vorbild, sodass sich der Gesetzgeber bei der Formulierung des § 300 eng daran orientierte (NK-StGB/*Dannecker* Rn. 3). Wie auch § 335 stellt § 300 keinen eigenständigen Straftatbestand dar, sondern eine Strafzumessungsregel für besonders schwere Fälle der Bestechung und Bestechlichkeit im geschäftlichen Verkehr und im Gesundheitswesen (LK-StGB/*Tiedemann* Rn. 1). In solchen besonders schweren Fällen wird die Strafdrohung der §§ 299, 299a und 299b von bis zu drei Jahren auf eine Strafdrohung von drei Monaten bis fünf Jahren verschärft. Insofern verzichtete der Gesetzgeber – trotz grundsätzlicher Orientierung an dem § 335 – auf die Übernahme der hohen Strafdrohungen des § 335 (vgl. dazu sowie für die Gründe für diesen Verzicht NK-StGB/*Dannecker* Rn. 3).

Bei der Einführung des § 300 hat sich der Gesetzgeber der Regelbeispieltechnik bedient. Er hat in **2** den § 300 S. 2 Nr. 1 und 2 zwei Regelbeispiele benannt, in denen regelmäßig ein bsF vorliegt. Jedoch kann der Richter von den Rechtsfolgen des § 300 auch bei Vorliegen eines Regelbeispiels aufgrund besonderer Umstände absehen. Den Regelbeispielen kommt insoweit nur eine Indizwirkung zu (stRspr, vgl. etwa BGHSt 28, 318). Eine Widerlegung der Indizwirkung wurde zB in einem Fall angenommen, in dem der Täter sowohl ein vollumfängliches Geständnis ablegte als auch weitgreifende Widergutmachungsleistungen in Form von jahrelanger freiwilliger sozialer Arbeit erbrachte (LG Hildesheim BeckRS 2009, 28108).

Auf der anderen Seite kann auch bei Nichtvorliegen der Regelbeispiele ein (unbenannter) bsF bejaht **3** werden (→ Rn. 12). Das ist jedoch nur dann möglich, wenn in der zu entscheidenden Fallkonstellation ein vergleichbarer Schweregrad vorliegt (NK-StGB/*Dannecker* Rn. 2).

B. Die Regelbeispiele

I. Vorteil großen Ausmaßes (Nr. 1)

Ein Regelbeispiel liegt nach § 300 S. 2 Nr. 1 vor, wenn die Tat sich auf einen Vorteil großen **4** Ausmaßes bezieht. § 300 S. 2 Nr. 1 bezieht das große Ausmaß ausdrücklich auf den Vorteil und nicht auf die durch diesen Vorteil „erkaufte" Bevorzugung, was daran liegen dürfte, dass Schäden der Bevorzugung (wie Marktstörungen) schwierig zu ermitteln und beziffern sein dürften (so auch LK-StGB/*Tiedemann* Rn. 3).

Umstritten ist, wie das Merkmal **Vorteil großen Ausmaßes** zu bestimmen ist. Teilweise wird **5** vertreten, dass es für die Frage, ob ein Vorteil großen Ausmaßes vorliegt, (untergeordnet) auch auf die individuellen (Vermögens-)Verhältnisse des Vorteilsempfängers ankommt (SSW StGB/*Rosenau* Rn. 2). Andere Autoren wollen hingegen eine allgemeine Bestimmung des Vorteils großen Ausmaßes anhand **objektiver Kriterien** vornehmen (LK-StGB/*Tiedemann* Rn. 4). Richtiger Weise muss das „große Ausmaß" – anders als der Vorteil und dessen Beeinflussungsfähigkeit – objektiv ausgelegt werden. Die Frage, ob eine Vorteilsgewährung den Empfänger beeinflussen kann, hängt wesentlich von den subjektiven Umständen des Empfängers ab. Ob ein Vorteil, welcher eine solche Beeinflussung herbeiführt, ein „großes Ausmaß" besitzt, ist eine nachgelagerte, objektive Fragestellung.

Die Schwierigkeit der Bestimmung einer bestimmten objektiven Wertgrenze liegt darin begründet, **6** dass andere Vorschriften, die auf ein großes Ausmaß abstellen, nicht ohne Weiteres als Vergleichsmaßstab dienen können. So werden auch in den Normen § 263 Abs. 3 S. 2 Nr. 2 Alt. 1, § 264 Abs. 2 Nr. 1 und § 370 Abs. 3 Nr. 1 AO Vermögensverluste, nicht-gerechtfertigte Subventionen bzw. Steuerverkürzungen großen Ausmaßes vorausgesetzt. Jedoch können die für diese Paragrafen ermittelten Werte nach hier vertretener Ansicht nicht übernommen werden. Das liegt daran, dass sich die Frage, ob ein Vorteil großen Ausmaßes vorliegt, **nur unter Berücksichtigung des Tatbestandes** der §§ 299, 299a und 299b beantworten lässt (BT-Drs. 13/5584; NK-StGB/*Dannecker* Rn. 5; MüKoStGB/*Krick* Rn. 2; Schönke/Schröder/*Heine/Eisele* Rn. 3; missverständlich ist insoweit das Urteil des BGH im Allianz Arena-Prozess, in welchem er in Bezug auf die Bestimmung des großen Ausmaßes auf ein Urteil zu § 264 verweist, s. BGH NJW 2006, 3290 (3298); anders nunmehr auch BGH BeckRS 2016, 00162).

Selbst eine Orientierung an den für § 335 entwickelten Grundsätzen für die Bestimmung des großen Ausmaßes iRd § 300 wird von der Literatur herrschend mit der Begründung abgelehnt, dass iRd § 335 auch das Interesse an der Reinheit der Amtsführung betroffen ist. Auch wird vorgebracht, dass im öffentlichen Dienst regelmäßig geringere Einkommen der Entscheidungsträger existieren, sodass ein großes Ausmaß dort – trotz objektiver Bestimmung – bereits bei niedrigeren Beträgen angenommen werden sollte (vgl. NK-StGB/*Dannecker* Rn. 5; MüKoStGB/*Krick* Rn. 2; LK-StGB/*Tiedemann* Rn. 4). Diese Unsicherheit in der Bestimmung des Merkmals großes Ausmaß führt dazu, dass Teile der Literatur den § 300 in dieser Hinsicht als „bedenklich unbestimmt" ansehen (Schönke/Schröder/*Heine/Eisele* Rn. 3; zust. BeckOK StGB/*Momsen* Rn. 2).

7   Die Gesetzesbegründung ging davon aus, dass ein Vorteil großen Ausmaßes iSd § 300 auch schon unter der insbes. von der hM für § 264 angenommenen Grenze von 50.000 EUR möglich sei (BT-Drs. 13/558, 15; kritisch dazu *Wolters* JuS 1998, 1100 (1103)). Soweit sich die Stimmen in der Literatur zu klaren Wertgrenzen in Bezug auf das Merkmal des großen Ausmaßes äußern, gehen diese zT weit auseinander. So werden bspw. Beträge von 20.000 EUR (LK-StGB/*Tiedemann* Rn. 4), 25.000 EUR (NK-StGB/*Dannecker* Rn. 5; MüKoStGB/*Krick* Rn. 2) ebenso genannt wie Beträge in geringerer Höhe (so nennt SK-StGB/*Rogall* Rn. 6 bspw. einen Betrag von 10.000 EUR).

Mit Urteil vom 23.11.2015 zu § 300 und § 335 (BGH BeckRS 2016, 01162) ist der BGH dazu übergegangen, die Auslegung des Regelbeispiels für verschiedene Delikte zu vereinheitlichen und ein großes Ausmaß ab einer Summe von 50.000 EUR anzunehmen (s. mit derselben Tendenz zu § 370 Abs. 3 S. 2 Nr. 1 AO auch BGH BeckRS 2016, 02436).

8   Nach hier vertretener Auffassung ist aufgrund der Unbestimmtheit des § 300 S. 2 Nr. 1 eine restriktive Auslegung geboten (so auch LK-StGB/*Tiedemann* Rn. 4). Zudem kommt ein Vorteil großen Ausmaßes ohnehin nur bei materiellen Vorteilen in Betracht, da immaterielle Vorteile in ihrem Umfang nicht messbar sind (so auch NK-StGB/*Dannecker* Rn. 3; MüKoStGB/*Krick* Rn. 2).

Als **Berechnungsmethode** zur Bestimmung einer objektiven Wertgrenze für das Vorliegen eines Vorteils großen Ausmaßes bietet es sich daher an, zunächst einen Durchschnittswert der Bestechungszahlungen zu ermitteln. Sodann muss dieser Durchschnittswert mit dem Umfang des Vorteils im konkreten Einzelfall verglichen werden. Nur in einem Fall, in dem der Vorteil den Durchschnittswert erheblich überschreitet, liegt ein Vorteil großen Ausmaßes vor (wie hier auch Fischer Rn. 4; *Wolters* JuS 1998, 1100 (1103), der das Doppelte des Durchschnittswerts ansetzen will). Diese Orientierung am Durchschnittswert entspricht auch dem Sinn und Zweck eines Regelbeispiels für besonders schwere Fälle (so führt der BGH aus, dass ein solcher bsF sich „vom Durchschnitt vorkommender Fälle so abhebt, dass die Anwendung des Ausnahmestrafrahmens geboten ist", BGHSt 28, 319).

II. Gewerbsmäßig oder als Mitglied einer Bande (Nr. 2)

9   Nach § 300 S. 2 Nr. 2 Alt. 1 liegt ein bsF idR auch dann vor, wenn die Bestechung oder Bestechlichkeit gewerbsmäßig begangen wird. Der Begriff der Gewerbsmäßigkeit orientiert sich laut Gesetzesbegründung an den gleichlautenden Formulierungen in § 335 und § 261 (BT-Drs. 13/5584). Eine **Gewerbsmäßigkeit** liegt somit immer dann vor, wenn der Täter in der Absicht handelt, sich durch wiederholte Tatbegehung eine nicht nur vorübergehende Einnahmequelle von einigem Umfang zu sichern (stRspr, vgl. nur BGHSt 1, 383; 29, 189; zust. NK-StGB/*Dannecker* Rn. 7; MüKoStGB/*Krick* Rn. 3). Die Übernahme dieser Definition der Gewerbsmäßigkeit führt dazu, dass eine solche auch bereits bei der ersten Tatbegehung angenommen werden kann, wenn der Täter subjektiv plant, weitere Taten zu begehen und sich dadurch eine nicht unerhebliche Einnahmequelle zu sichern (vgl. MüKoStGB/*Krick* Rn. 3). Auch reicht es nach höchstrichterlicher Rspr. aus, wenn die Tat der Schaffung einer mittelbaren Einkommensquelle dient (BGH wistra 1999, 465).

10   Nach § 300 S. 2 Nr. 2 Alt. 2 liegt ein Regelbeispiel für einen besonders schweren Fall auch dann vor, wenn der Täter als **Mitglied einer Bande handelt, die sich zur fortgesetzten Begehung solcher Taten verbunden hat.** Auch hier kann in Bezug auf den Begriff der Bande auf die für andere Normen entwickelte Definition zurückgegriffen werden. Das Bestehen einer Bande setzt demnach mindestens 3 Personen voraus, die sich mit dem Willen verbunden haben, künftig für eine gewisse Dauer mehrere selbstständige Taten iSd §§ 299, 299a und 299b zu begehen (vgl. zum Begriff der Bande insbes. den Beschluss des Großen Senats für Strafsachen, BGHSt 46, 321). Ein Mindestmaß an Organisation oder ein gefestigter Bandenwille sind demnach keine Voraussetzung (BGHSt 46, 321; MüKoStGB/*Krick* Rn. 4). Die Heraufsetzung der Mindestanzahl auf drei Personen hat insbes. dazu geführt, dass ein dauerhaftes Zusammenarbeiten zw. Vorteilsnehmer und Vorteilsgeber allein keine bandenmäßige Begehung begründen kann (LK-StGB/*Tiedemann* Rn. 6).

C. (Unbenannte) besonders schwere Fälle

11   Unbenannte besonders schwere Fälle kommen nur dann in Betracht, wenn trotz geringem Ausmaß des Vorteils und fehlender Gewerbsmäßigkeit bzw. Bandenzugehörigkeit die Rechtsgüter der §§ 299, 299a und 299b (→ § 299 Rn. 31 ff.; → 299a Rn. 2) in besonderem Maße nachhaltig verletzt werden

(BeckOK StGB/*Momsen* Rn. 5; Schönke/Schröder/*Heine*/*Eisele* Rn. 6). Solche Konstellationen kommen etwa in Betracht, wenn erhebliche Schädigungen insbes. von Mitbewerbern oder Geschäftsherren eingetreten sind. Zudem wird teilweise auch dann die Annahme eines unbenannten bsF für möglich gehalten, wenn nicht der Vorteil von besonders großem Ausmaß ist, aber die erkaufte Bevorzugung ein weit überdurchschnittliches Ausmaß annimmt (MüKoStGB/*Krick* Rn. 2).

D. Rechtsfolge

Die Rechtsfolge des § 300 ist eine Erhöhung des Strafrahmens der §§ 299, 299a und 299b auf eine **12** Freiheitsstrafe von drei Monaten bis zu fünf Jahren. Diese erhöhte Strafdrohung greift ein, wenn ein bsF vorliegt. Das ist der Fall, wenn ein Regelbeispiel verwirklicht wurde und die Indizwirkung nicht widerlegt wurde oder wenn ein unbenannter bsF vorliegt.

Es handelt sich demnach weiterhin um ein Vergehen (vgl. § 12 Abs. 3). Bei der Bemessung der Strafe ist im unteren Bereich gem. § 47 Abs. 2 die Verhängung einer Geldstrafe möglich (vgl. dazu auch LK-StGB/*Tiedemann* Rn. 1; *Wolters* JuS 1998, 1100 (1103)).

§ 301 Strafantrag

(1) Die Bestechlichkeit und Bestechung im geschäftlichen Verkehr nach § 299 wird nur auf Antrag verfolgt, es sei denn, daß die Strafverfolgungsbehörde wegen des besonderen öffentlichen Interesses an der Strafverfolgung ein Einschreiten von Amts wegen für geboten hält.

(2) Das Recht, den Strafantrag nach Absatz 1 zu stellen, haben in den Fällen des § 299 Absatz 1 Nummer 1 und Absatz 2 Nummer 1 neben dem Verletzten auch die in § 8 Absatz 3 Nummer 2 und 4 des Gesetzes gegen den unlauteren Wettbewerb bezeichneten Verbände und Kammern.

1. Zweck und Bedeutung der Norm. Die Vorschrift des § 301 bestimmt, dass es sich bei § 299 **1** um ein relatives Antragsdelikt handelt. Diese Regelung wurde durch das Gesetz zur Bekämpfung der Korruption v. 13.8.1997 (BGBl. I 2038) eingeführt, nachdem die Vorgängernorm des § 299, § 12 UWG aF, als reines Antragsdelikt nur eine sehr geringe praktische Bedeutung erlangt hatte. Um dieser geringen praktischen Bedeutung abzuhelfen, hat sich der Gesetzgeber bei Überführung der Norm ins Kernstrafrecht dafür entschieden, den § 299 nunmehr als relatives Antragsdelikt auszugestalten (BT-Drs. 12/5584, 16; LK-StGB/*Tiedemann* Rn. 1). Seit der Einführung des § 301 wurde dieser nur geringfügig geändert. Diese Änderungen bestanden in der Anpassung der Verweisung in § 301 Abs. 2 auf das UWG, welches im Jahre 2004 reformiert worden war, sowie in einer (rein terminologischen) Anpassung an den § 14 BGB (vgl. dazu MüKoStGB/*Krick* Rn. 1). Zuletzt wurde § 301 Abs. 2 durch das Gesetz zur Bekämpfung der Korruption vom 25.11.2015 neu gefasst. Die Regelung verwies bisher auf § 8 Abs. 3 Nr. 1 des Gesetzes gegen den unlauteren Wettbewerb (UWG). Seit der Neufassung des UWG war damit über diese Verweisung auch der Mitbewerber antragsberechtigt. Da dieser Personenkreis jedoch in den Fällen des § 299 Abs. 1 Nr. 1 und Abs. 2 Nr. 2 mit dem Verletzten identisch ist (der Mitbewerberbegriff setzt ein konkretes Wettbewerbsverhältnis voraus, § 2 Abs. 1 Nr. 3 UWG), wurde diese überflüssige Doppelung durch die Streichung des Verweises auf § 8 Abs. 3 Nr. 1 UWG beseitigt. Sind ausschließlich Belange des Unternehmens verletzt (§ 299 Abs. 1 Nr. 2 und Abs. 2 Nr. 2), besteht ebenfalls keine Notwendigkeit, dem Mitbewerber ein Antragsrecht einzuräumen.

Darüber hinaus sind nach § 301 Abs. 2 iVm § 8 Abs. 3 Nr. 2 und 4 UWG bestimmte Verbände zur Förderung gewerblicher und selbstständiger beruflicher Interessen und Kammern antragsberechtigt. In Beibehaltung der bisherigen Rechtslage bleibt dieses Antragsrecht nur für die Fälle einer unlauteren Bevorzugung im Wettbewerb (§ 299 Abs. 1 Nr. 1 und Abs. 2 Nr. 1) bestehen. Liegt ausschließlich eine Pflichtverletzung gegenüber dem Unternehmen vor, ist kein Grund ersichtlich, den Verbänden und Kammern ein Strafantragsrecht einzuräumen.

2. Strafantragsberechtigung (Abs. 2). a) Verletzter. Strafantragsberechtigt ist nach § 301 Abs. 2 **2** in erster Linie der Verletzte. Wer Verletzter einer Tat nach § 299 ist, bestimmt sich nach § 77. Antragsberechtigt sind also die Träger des geschützten Rechtsguts (BGHSt 31, 207 (210); LK-StGB/*Tiedemann* Rn. 2). Da primäres Rechtsgut der Nrn. 1 der Absätze 1 und 2 das Interesse der Allgemeinheit an einem freien und fairen Wettbewerb im geschäftlichen Verkehr ist (→ § 299 Rn. 7), muss der Begriff des Verletzten, um überhaupt eine Bedeutung zu haben, auf die reflexartig mit geschützten Personen bezogen werden (vgl. zum Rechtsgut des § 299 und der Auswirkung des Kreises der Strafantragsberechtigten auf diese Diskussion ausführlich → § 299 Rn. 7).

Als Antragsberechtigte sind in Fällen der Nrn. 1 der Abs. 1 und 2 allgemein die **Mitbewerber** anerkannt, die auf demselben Markt tätig sind und vergleichbare Waren oder gewerbliche Leistungen anbieten bzw. beziehen (LK-StGB/*Tiedemann* Rn. 2; NK-StGB/*Dannecker* Rn. 4). Eine Beschränkung auf die konkreten Mitbewerber, die sich um den gleichen Auftrag, das gleiche Geschäft beworben haben, wird herrschend abgelehnt (vgl. LK-StGB/*Tiedemann* Rn. 2; MüKoStGB/*Krick* Rn. 2; NK-StGB/ *Dannecker* Rn. 4; aA *Walter* wistra 2001, 321 (324)). Eine zukünftig geplante Teilnahme an dem betreffenden Markt reicht jedoch für die Verletzteneigenschaft nicht aus (LK-StGB/*Tiedemann* Rn. 2). Ist der Mitbewerber eine juristische Person, so ist diese selbst Verletzter und damit antragsberechtigt.

Neben den Mitbewerbern wird von der ganz hM auch in Fällen der Nr. 1 der Abs. 1 und 2 der **Geschäftsherr** des Angestellten oder Beauftragten als Verletzter angesehen, wenn das Verhalten des Angestellten oder Beauftragten ihm gegenüber pflichtwidrig war, die Schmiergeldzahlung also nicht offengelegt wurde (für diese hM vgl. BGHSt 31, 207 (209); LK-StGB/*Tiedemann* Rn. 3; NK-StGB/ *Dannecker* Rn. 6; Fischer Rn. 4). Das Einverständnis des Geschäftsherrn beseitigt bereits seine Verletzteneigenschaft, sodass es sich dabei nicht um einen Verzicht auf den Strafantrag handelt, welcher ohnehin nur gegenüber der Strafjustiz erklärt werden könnte (LK-StGB/*Tiedemann* Rn. 3).

Verletzter im Rahmen der Nrn. 2 in den Abs. 1 und 2 ist stets das Unternehmen. Dabei steht diesem ein Antragsrecht sowohl gegen den eigenen Arbeitnehmer als auch gegen denjenigen zu, der nach § 299 Abs. 2 Nr. 2 den Angestellten oder Beauftragten entsprechend beeinflusst.

3   **b) Verbände und Kammern.** Neben dem Verletzten sind gem. § 300 Abs. 2 auch die in § 8 Abs. 3 Nr. 1, 2 und 4 UWG genannten Kammern und Verbände strafantragsberechtigt. Diese Kammern und Verbände sind unabhängig davon strafantragsberechtigt, ob sie selbst oder ihre Mitglieder v der konkreten Tat betroffen sind, mithin ob sie selbst oder ihre Mitglieder Verletzte sind.

4   Von dieser Verweisung erfasst sind zunächst Gewerbetreibende, die Waren oder gewerbliche Leistungen gleicher oder verwandter Art vertreiben (§ 8 Abs. 3 Nr. 1 UWG), wobei diese zumeist bereits Verletzte sein dürften.

5   Sodann sind auch **rechtsfähige Verbände zur Förderung wirtschaftlicher Interessen (§ 8 Abs. 3 Nr. 2 UWG)** strafantragsberechtigt. Dabei handelt es sich um solche Zusammenschlüsse von Personen, die rechtsfähig sind, deren Satzungszweck und tatsächliche Wirkungsweise zumindest auch die Förderung gewerblicher Interessen bezweckt und die eine erhebliche Mitgliederzahl von Gewerbetreibenden aufweisen (vgl. dazu BGH NJW 1991, 367 (370); NK-StGB/*Dannecker* Rn. 9).

6   Zu den antragsberechtigten Verbänden zählen demnach insbes. die Zentrale zur Bekämpfung unlauteren Wettbewerbs e. V., der Deutsche Schutzverband gegen Wirtschaftskriminalität e. V. und der Verband der Rundfunkgesellschaften (vgl. NK-StGB/*Dannecker* Rn. 9; LK-StGB/*Tiedemann* Rn. 4). Nicht erfasst sind hingegen Verbraucherschutzverbände iSd § 8 Abs. 3 Nr. 3 UWG. Dieser Ausschluss wird zwar zT in der Literatur kritisch bewertet (LK-StGB/*Tiedemann* Rn. 4), ist jedoch vom Gesetzgeber gewollt (vgl. NK-StGB/*Dannecker* Rn. 9).

7   **3. Besonderes öffentliches Interesse (Abs. 1). a) Allgemeines.** Gem. § 301 Abs. 1 erfolgt eine Verfolgung von Amts wegen nur bei Vorliegen eines besonderen öffentlichen Interesses an der Strafverfolgung. Zwar ist dem Wortlaut des Gesetzes nach diese Art der Verfolgung als Ausnahme konstruiert („es sei denn"), jedoch spricht Nr. 260 RiStBV v einer regelmäßigen Bejahung des öffentlichen Interesses und dreht damit das Regel-Ausnahme Verhältnis faktisch um (LK-StGB/*Tiedemann* Rn. 6). Bei der Entscheidung, ob ein besonderes Interesse an der Strafverfolgung besteht, handelt es sich um eine Ermessensentscheidung der StA, welche der gerichtlichen Kontrolle entzogen ist (BVerfGE 51, 176; LK-StGB/*Tiedemann* Rn. 6; NK-StGB/*Dannecker* Rn. 14).

8   **b) Gründe für die Annahme eines besonderen öffentlichen Interesses.** Bei besonders schweren Fällen der Bestechung oder Bestechlichkeit (§ 300) liegt grundsätzlich ein besonderes öffentliches Interesse vor. Nur in extremen Ausnahmefällen kann ein solches beim Vorliegen eines besonders schweren Falls abgelehnt werden (vgl. Nr. 242a Abs. 2 RiStBV; NK-StGB/*Dannecker* Rn. 16).

9   Handelt es sich um eine einfache Bestechungstat, so führen insbes. folgende Gesichtspunkte zu der Annahme eines besonderen öffentlichen Interesses: das Mitwirken eines Amtsträgers (vgl. LK-StGB/ *Tiedemann* Rn. 9), grobe Verletzungen von Verhaltenscodizes oder Berufspflichten (NK-StGB/*Dannecker* Rn. 17) oder die herausgehobene Stellung des Täters (MüKoStGB/*Krick* Rn. 3). Auch kann ein besonderes öffentliches Interesse dadurch begründet sein, dass ein nach § 301 Abs. 2 Antragsberechtigter aus Furcht vor beruflichen oder wirtschaftlichen Konsequenzen auf die Stellung eines Strafantrages verzichtet (NK-StGB/*Dannecker* Rn. 18).

10   **c) Folgen der Ablehnung eines besonderen öffentlichen Interesses.** Lehnt die Staatsanwaltschaft das Vorliegen eines öffentlichen Interesses ab, so wird die Tat nur auf Antrag eines Verletzten oder anderweitig Antragsberechtigten verfolgt. Jedoch steht der öffentlichen Klage sodann zumeist § 374 Abs. 1 Nr. 5a StPO entgegen. Dieser macht § 299 zu einem Privatklagedelikt, sodass die öffentliche Klage nur in Fällen von öffentlichem Interesse zu geschehen hat (vgl. § 376 StPO). Allerdings wird dieser Begriff des öffentlichen Interesses iRv § 376 StPO weiter verstanden als im Rahmen von § 301. Es ist also denkbar, dass die StA zwar den fehlenden Strafantrag nicht ersetzt, aber nach Stellung des Antrags eines Verletzten dennoch öffentliche Klage erhebt (LK-StGB/*Tiedemann* Rn. 11; NK-StGB/*Dannecker* Rn. 19).

§ 302 Erweiterter Verfall

In den Fällen der §§ 299, 299a und 299b ist § 73d anzuwenden, wenn der Täter gewerbsmäßig handelt oder als Mitglied einer Bande, die sich zur fortgesetzten Begehung solcher
Taten verbunden hat.

1. Zweck und Bedeutung der Norm. Die Vorschrift des § 302 wurde im Laufe des Gesetz- **1**
gebungsverfahrens zum Gesetz zur Bekämpfung der Korruption v. 13.2.1997 (BGBl. I 2038) auf Anregung des BRat in das Reformvorhaben aufgenommen und soll eine effektive Gewinnabschöpfung
insbes. in Fällen der organisierten Kriminalität ermöglichen (LK-StGB/*Tiedemann* § 302 Entstehungsgeschichte Vor Rn. 1; MüKoStGB/*Krick* Rn. 1). Sie ist durch das Gesetz zur Bekämpfung der Korruption vom 25.11.2015 neu gefasst. § 302 differenziert dem Wortlaut nach nicht mehr zwischen Tätern
einer Bestechung nach §§ 299 Abs. 2, 299b einerseits und Tätern einer Bestechlichkeit nach §§ 299
Abs. 1, 299a anderseits (vgl. zur ehemaligen Regelung NK-StGB/*Dannecker* Rn. 2).

Seit der **Nichtigerklärung des § 43a** durch das BVerfG (BVerfGE 105, 135 ff.) war die ehemalige **2**
Differenzierung ohnehin bereits faktisch aufgehoben. (NK-StGB/*Dannecker* Rn. 6).

2. Voraussetzungen. Die Vorschrift des § 302 setzt eine Bestechung oder Bestechlichkeit in einem **3**
bsF nach § 300 S. 2 Nr. 2 voraus. Die in § 302 angeordnete Anwendung des erweiterten Verfalls gilt
nicht für den bsF des § 300 S. 2 Nr. 1 („Vorteil großen Ausmaßes"). Es muss demnach eine banden-
oder gewerbsmäßige Begehung einer Tat nach §§ 299 ff. vorliegen. Die Merkmale der Bande und der
Gewerbsmäßigkeit sind in gleicher Weise zu bestimmen, wie iRv § 300 (vgl. dazu → § 300 Rn. 9 f.).

3. Rechtsfolge. § 302 ordnet für die erfassten Fälle obligatorisch die Anwendung des erweiterten **4**
Verfalls nach § 73d an. Nach verfassungskonformer Auslegung des § 73d Abs. 1 S. 1 ist die Anordnung
des erweiterten Verfalls jedoch nur dann zulässig, wenn sich der Tatrichter durch Ausschöpfung der
vorhandenen Beweismittel v. der deliktischen Herkunft der Gegenstände überzeugt hat (vgl. Mü-
KoStGB/*Krick* Rn. 2; zu dieser Problematik des § 73d s. auch → § 73d Rn. 27 ff.; besonders problematisch sind vor diesem Hintergrund Bestrebungen der BReg eine Beweislastumkehr im Bereich des
Verfallsrechts einzuführen).

a) Einfacher Verfall bei Bestechung und Bestechlichkeit. In einfachen Fällen der Bestechung **5**
oder der Bestechlichkeit sowie in Fällen des § 300 S. 2 Nr. 1 kommt nur der einfache Verfall nach § 73
in Betracht.

In Fällen der §§ 299 Abs. 1, 299a ist grundsätzlich der Verfall des Vorteils anzuordnen. Zu beachten **6**
ist jedoch, dass ein Verfall des Vorteils in den meisten Konstellationen des § 299 Abs. 1 aufgrund von
§ 73 Abs. 1 S. 2 nicht in Betracht kommt, da dem Geschäftsherrn des Angestellten oder Beauftragten
ein zivilrechtl. Anspruch auf Herausgabe des Vorteils „aus der Tat" erwachsen ist (BGH NStZ 2014, 397;
so auch BGH wistra 1998, 61 ff.; NK-StGB/*Dannecker* Rn. 4 mwN). In Fällen, in denen der Vorteil
nicht gewährt, sondern nur versprochen oder gefordert wurde, kommt ein Verfall von Anfang an nicht
in Betracht (LK-StGB/*Tiedemann* Rn. 1).

In Fällen der §§ 299 Abs. 2, 299b besteht das „erlangte Etwas" in der Bevorzugung im Wettbewerb, **7**
mithin in dem Wettbewerbsvorteil, für den der Wertersatzverfall nach § 73a gilt (LK-StGB/*Tiedemann*
Rn. 3; NK-StGB/*Dannecker* Rn. 7). Dieser Wettbewerbsvorteil beziffert sich auf den Gewinn aus dem
durch die Bestechung erhaltenen Geschäfts ohne einen Abzug des Schmiergeldes (NK-StGB/*Dannecker*
Rn. 7).

b) Erweiterter Verfall in Fällen der Bestechlichkeit (§§ 299 Abs. 1, 299a). In Fällen der **8**
banden- oder gewerbsmäßigen Bestechlichkeit ermöglicht der § 302 den erweiterten Verfall (zur
Bedeutung des erweiterten Verfalls sowie dessen Reichweite vgl. → § 73d Rn. 5). Der Ausschlussgrund
des § 73 Abs. 1 S. 2, der einen (einfachen) Verfall in Fällen des § 299 Abs. 1 regelmäßig ausschließt, gilt
im Rahmen des erweiterten Verfalls nach hM nicht (BGH NStZ-RR 2006 138; Fischer § 73 Rn. 17).

c) Erweiterter Verfall in Fällen der Bestechung (§§ 299 Abs. 2, 299b). Auch in Fällen der **9**
banden- oder gewerbsmäßigen Bestechung findet die Vorschrift des § 302 Anwendung. Die praktische
Bedeutung ist jedoch deshalb gering, da sich der erweiterte Verfall auf Gegenstände beschränkt. Der
Wettbewerbsvorteil, welcher durch eine Bestechung erlangt wird, stellt jedoch in den meisten Fällen
keinen Gegenstand dar (LK-StGB/*Tiedemann* Rn. 3).

§ 303a Datenveränderung

**(1) Wer rechtswidrig Daten (§ 202a Abs. 2) löscht, unterdrückt, unbrauchbar macht oder
verändert, wird mit Freiheitsstrafe bis zu zwei Jahren oder mit Geldstrafe bestraft.**

(2) Der Versuch ist strafbar.

(3) Für die Vorbereitung einer Straftat nach Absatz 1 gilt § 202c entsprechend.

Neuere Literatur (Auswahl): *Bär,* Computer- und Internetkriminalität, in: Wabnitz/Janovsky, Handbuch des Wirtschafts- und Steuerstrafrechts, 4. Aufl. 2014, Kap. 14, 818 ff.; *Boehm/Pesch,* Rechtliche Herausforderungen einer virtuellen Währung, MMR 2012, 75; *Brand,* Die strafrechtliche Bedeutung der Nutzung fremder Packstationen zu kriminellen Zwecken, NStZ 2013, 7; *Busch/Giessler,* SIM-Lock und Prepaid-Bundles – Strafbarkeit bei Manipulationen, MMR 2001, 586; *Dorner,* „Big Data" und Dateneigentum, CR 2014, 617; *Eckstein,* MMORPGs und Metaversen: Strafrechtsschutz in virtuellen Welten, JurPC Web-Dok. 58/2013; *Eisele,* Der Kernbereich des Computerstrafrechts, JURA 2012, 922; *Ernst,* Hacker und Computerviren im Strafrecht, NJW 2003, 3233; *Ernst,* (Hrsg.), Hacker, Cracker & Computerviren, 2003; *Ernst,* Das neue Computerstrafrecht, NJW 2007, 2661; *Gercke* Die Entwicklung des Internetstrafrechts im Jahr 2006, ZUM 2007, 286; *Goeckenjan,* Auswirkungen des 41. Strafrechtsänderungsgesetzes auf die Strafbarkeit des Phishing, wistra 2009, 47; *Gröseling/Höfinger,* Computersabotage und Vorfeldkriminalität – Auswirkungen des 41. StRÄndG zur Bekämpfung der Computerkriminalität; MMR 2007, 626; *Heghmanns,* Daten- und Datennetzdelikte, in: Achenbach/Ransiek/Rönnau, Handbuch Wirtschaftsstrafrecht, 4. Aufl. 2015, Teil 6; *Heidrich,* Rechtliche Fragen bei der Verwendung von DNS-Blacklisting zur Spam-Filterung, CR 2009, 168; *Heidrich/Tschoepe,* Rechtsprobleme der E-Mail-Filterung, MMR 2004, 75; *Jüngel/Schwan/Neumann,* Das Abfangen von E-Mails nach § 303a StGB, MMR 2005, 820; *Kitz,* Meine E-Mails les' ich nicht, CR 2005, 450; *Koch,* Strafrechtliche Probleme des Angriffs und der Verteidigung in Computernetzen, 2008; *Krischker,* Datenschutzkontrollen und Hacking, ZD 2015, 464; *Popp,* Erpresserische DDos-Angriffe als Computersabotage (§ 303b Abs. 1 Nr. 2 StGB), jurisPR-ITR 25/2011 Anm. 6; *Roos/Schumacher,* Botnetze als Herausforderung für Recht und Gesellschaft, MMR 2014, 377; *Sasdi,* Strafbarkeit der Funktionserweiterung technischer Geräte, CR 2005, 235; *Schmidl,* E-Mail-Filterung am Arbeitsplatz MMR 2005, 343; *Sittig/Brünjes,* Zur Strafbarkeit beim Einsatz von Trojaner, StRR 2012, 127; *Schreibauer/Hessel,* Das 41. Strafrechtsänderungsgesetz zur Bekämpfung der Computerkriminalität, K&R 2007, 616; *Schumann,* Das 41. StRÄndG zur *Bekämpfung* der Computerkriminalität, NStZ 2007, 675; *Schulze-Heiming,* Der strafrechtliche Schutz der Computerdaten gegen die Angriffsformen der Spionage, Sabotage und des Zeitdiebstahls, Diss. Münster, 1995; *Spindler/Ernst,* Vertragsgestaltung für den Einsatz von E-Mail-Filtern, CR 2004, 437; *Vassilaki,* Kriminalität im World Wide Web – Erscheinungsformen der „Post-Computerkriminalität" der zweiten Generation, MMR 2006, 212; *Vassilaki,* Das 41. StRÄndG – Die neuen strafrechtlichen Regelungen und ihre Wirkungen auf die Praxis, CR 2008, 131.

A. Allgemeines

I. Bedeutung

1   Nachdem unkörperliche Daten keine Sachen iSd § 303 sind, musste ein neuer Tatbestand geschaffen werden, um entsprechende Manipulationen daran strafrechtlich erfassen zu können. Dazu wurde mit dem 2. WiKG zur Bekämpfung der Computerkriminalität vom 15.5.1986 (BGBl. I 721) erstmals ein eigener, der Sachbeschädigung nachgebildeter Straftatbestand für die Datenveränderung in § 303a aufgenommen, um Daten jeglicher Art vor Veränderungen zu schützen. Mit dem 41. StRÄndG v. 7.8.2007 (BGBl. I 1786) wurde in Umsetzung von Art. 3–5 des Rahmenbeschlusses der EU v. 24.2.2005 (2005/222/JI) über Angriffe auf Informationssysteme und von Art. 4 bis Art. 6 des Übereinkommens über Computerkriminalität des Europarates (Convention on Cybercrime) mit § 303a Abs. 3 eine Erweiterung des Tatbestandes durch die Sanktionierung von Vorbereitungshandlungen einer Straftat nach Abs. 1 vorgenommen (vgl. näher Schönke/Schröder/*Stree*/*Hecker* Rn. 1). Diese Regelung entspricht auch bereits Art. 3–5 der RL 2013/40/EU über Angriffe auf Informationssysteme vom 12.8.2013 (EU-ABl. 2013 L 218, 8), die an die Stelle des bisherigen Rahmenbeschlusses getreten ist und bis 4.9.2015 in nationales Recht umzusetzen war. Ein weiterer Reformbedarf besteht hier nicht mehr.

2   In den polizeilichen Kriminalstatistiken nahm die Datenveränderung bzw. Computersabotage im Verhältnis zu anderen Delikten der Computerkriminalität bisher nur eine geringe praktische Bedeutung ein. Mit 2.660 Fällen im Jahr 2007 sowie 2.207 Fällen im Jahr 2008 und 2.276 Fälle in 2009 war die Anzahl der Delikte gegenüber den Vorjahren zwar weiter angestiegen, der Anteil an der gesamten Computerkriminalität mit 62.944 Fällen in 2007 bzw. 63.642 Fällen in 2008 blieb aber eher gering. Jedoch kam es hier gerade in den letzten Jahren zu erheblichen Steigerungen der Fallzahlen im zweistelligen Bereich. So nahm die Zahl der registrierten Verfahren bereits in 2011 auf 4.644 zu, verdoppelte sich im Jahr 2012 auf 10.857 und stieg im Jahr 2013 nochmals auf 12.766 Verfahren weiter deutlich an. Dies ist vor allem auf einzelne bzw. besonders relevante Phänomene in diesem Bereich wie Erpressungshandlungen im Zusammenhang mit gezielten DDoS-Attacken oder auch die vielfältigen noch näher dazustellenden anderen Erscheinungsformen der digitalen Erpressung (zB die sog „Ransomware"), die in der Öffentlichkeit vor allem unter den Begriffen „BKA-Trojaner" oder „GVU-Trojaner" bekannt geworden sind. In den Jahren 2013 (5.667 Fälle) und 2014 (3.357 Fälle) sind die Fallzahlen aber zurückgegangen. Diese Fallzahlen der Kriminalstatistik geben allerdings die tatsächliche Bedrohung durch Cyberkriminalität nur unzureichend wieder. So werden statistisch nur Inlandstaten erfasst, nicht aber vom Ausland begangene Taten. Vor allem aber ist bei allen Deliktsbereichen entsprechend einer aktuellen Dunkelfeldstudie aus Niedersachsen davon auszugehen, dass nur 9 % aller Delikte hier angezeigt werden, so dass sich eine Dunkelziffer von über 90 % ergibt. Im Übrigen darf auch nicht außer Betracht bleiben, dass aufgrund der zunehmenden Abhängigkeit vieler Betriebe und Verwaltungen von einer funktionsfähigen Datenverarbeitung durch die von § 303a und § 303b sanktionierten Tathandlungen ein im Einzelfall erheblicher materieller Schäden ausgelöst werden kann. Im Vergleich mit herkömmlichen Arbeitsweisen in Papierform sind sowohl die gespeicherten Daten als auch die gesamte Hard- und Software viel anfälliger für Störungen aller Art. Veränderungen am Datenbestand des EDV-

Systems, teilweise Löschungen von Datenbeständen oder nur der Kontakt mit einem Magneten können dazu führen, dass einzelne Daten, bestimmte Datenträger oder gesamte Datenbestände nicht mehr genutzt werden können. Es ist deshalb in diesem Bereich – wie spektakuläre Fälle belegen – für die Täter mit geringem Aufwand möglich, etwa durch Computerviren oder andere Sabotageprogramme erhebliche wirtschaftliche Schäden herbeizuführen, wobei von einer hohen Dunkelziffer auszugehen ist. Insbesondere über die Nutzung des Internet ergeben sich mit dem WWW eine Vielzahl neuer Angriffsmöglichkeiten auf EDV-Systeme (vgl. *Vassilaki* MMR 2006, 212), die bis zum Ausfall der EDV-Systeme in ganzen Wirtschaftszweigen und vor allem in kritischen Infrastrukturen führen können, so dass die Bedeutung des Straftatbestandes der Datenveränderung künftig noch weiter zunehmen wird. Gerade aktuelle Fälle zeigen, dass vor allem professionell agierende Täter gezielt Angriffe auf Industrieanlagen – etwa der Energiewirtschaft – starten, um die Schadsoftware dort einzuschleusen und die Kontrolle über derartige Systeme zu übernehmen.

II. Rechtsnatur

Wie schon aus der Gesetzesüberschrift deutlich wird, handelt es sich bei § 303a um ein Erfolgsdelikt **3** iSd allgemeinen Tatbestandslehre, dass immer dann verwirklicht ist, wenn es durch eine der dort genannten Tathandlungen tatsächlich zu einer Datenveränderung als Handlungserfolg kommt (BGHSt 46, 212 (220 f.); LK-StGB/*Wolff* Rn. 51; Achenbach/Ransiek/Rönnau WirtschaftsStR-HdB/*Heghmanns* Teil 6 Rn. 8 ff.; *Sieber* NJW 1999, 2066; *Vassilaki* CR 2001, 263). Dies hat – vor allem im Zusammenhang mit einer Tatbegehung über die Datennetze – zur Folge, dass es gem. § 9 Abs. 1 Alt. 3 für die Bestimmung des Tatortes vor allem darauf ankommt, wo der zum Tatbestand gehörende Erfolg eingetreten ist und nicht nur auf den Ort, an dem die zum gesetzlichen Tatbestand gehörende Handlung vom Täter vorgenommen wurde. Damit werden vom deutschen Strafrecht – anders als bei abstrakten Gefährdungsdelikten (vgl. BGH BeckRS 2014, 21651 zu § 86a und BGH NStZ-RR 2013, 253 zu § 261) – auch Tathandlungen erfasst, die vom Ausland unter Verwendung von Telekommunikationsmitteln – insbesondere auch über das Internet – begangen werden, wenn eine der durch § 303a sanktionierten Tathandlungen des Löschens, Unterdrückens, Unbrauchbarmachens oder Veränderns von einem im Ausland gelegenen Tätigkeitsort aus zu einer Datenveränderung als Handlungserfolg im Inland geführt haben (Wabnitz/Janovsky WirtschaftsStR-HdB/*Bär* Kap. 14 Rn. 205 ff.; Fischer Rn. 5 ff. jeweils mwN). Ebenso wie beim qualifizierten Tatbestand des § 303b Abs. 1 Nr. 1 kann es so zu einem sog Distanzdelikt mit einem Auseinanderfallen des Ortes der Handlung und des Eintritts des zum Tatbestand gehörenden Erfolges einer Datenveränderung kommen, so dass auch eine vom Ausland aus begangene Handlung mit Erfolgsort im Inland tatbestandsmäßig sein kann.

III. Schutzgut

Geschütztes Rechtsgut ist nach ganz hM das Interesse des Verfügungsberechtigten an der ungestörten **4** und jederzeit möglichen Verwendung der in gespeicherten oder übermittelten Daten enthaltenen Informationen (BayObLG JR 1994, 476 (477); OLG Nürnberg CR 2013, 212; LK-StGB/*Wolff* Rn. 4; Fischer Rn. 2; Schönke/Schröder/*Stree/Hecker* Rn. 1; MüKoStGB/*Wieck-Noodt* Rn. 2; BeckOK StGB/*Weidemann* Rn. 2 jeweils mwN). Die im Schrifttum (*Welp* iur 1988, 448 und *Haft* NStZ 1987, 10) noch teilweise vertretene weitergehende Interpretation der Norm hin zu einem spezialisierten Vermögensrecht in Form des Verfügungsrechts über Daten als Immaterialgüterrecht wird überwiegend abgelehnt, wobei offen bleibt, ob damit eine wesentliche sachliche Abweichung zur hM besteht.

IV. Verfassungsmäßigkeit

Der Tatbestand der Datenveränderung genügt auch den verfassungsrechtlichen Bestimmtheitsanforde- **5** rungen des Art. 103 GG. Soweit teilweise dagegen Bedenken erhoben werden (vgl. LK-StGB/*Tolksdorf*, StGB, 11. Aufl. 2005, § 303a Rn. 7; SK-StGB/*Hoyer* Rn. 7, 8), weil die Verfügungsbefugnis über Daten nicht konkret durch den Gesetzgeber festgelegt worden sei, sind diese nicht berechtigt. Zwar kann bei Daten nicht unmittelbar an das Zivilrecht mit seiner sachenrechtlichen Zuordnung angeknüpft werden, doch lassen sich auch hier durch die Eigentumsverhältnisse an Datenträgern, die Verfügungsrechte über Daten sowie durch gesetzliche geregelte Verwertungsrechte – zB durch das Urheberrecht mit §§ 2 Abs. 1 Nr. 1, 69a ff. UrhG und andere Schutzrechte – ausreichende Kriterien für eine Festlegung der Berechtigung an Daten finden, ohne den Bestimmtheitsgrundsatz zu verletzen (LK-StGB/ *Wolff* Rn. 2 mwN), da andernfalls der Gesetzgeber der Vielgestaltigkeit des Lebens nicht Rechnung tragen könnte (BGHSt 38, 120 (121)).

Da die von § 303a Abs. 3 in Bezug genommene Vorschrift des § 202c sehr weit gefasst ist und einer **6** Entwicklung und Verwendung von Programmen zur Sicherheitsüberprüfung von IT-Systemen entgegenstehe, weil bei § 202c Nr. 2 nicht zwischen „guter" und „böser" Software unterschieden werden, war eine Verfassungsbeschwerde eingelegt (vgl. *Böcker* DuD 2007, 923), die das BVerfG (CR 2009, 673) nicht zur Entscheidung angenommen hat (vgl. näher → § 202c Rn. 18 ff.).

B. Kommentierung im Einzelnen

I. Tatobjekt (Abs. 1)

7   Tatobjekt iSd § 303a sind alle nicht unmittelbar wahrnehmbaren Daten, wobei vom Gesetzgeber dazu inhaltlich auf die Legaldefinition in § 202a Abs. 2 Bezug genommen wird (vgl. näher → § 202a Rn. 7 ff.).

8   **1. Datenbegriff.** Vom Tatbestand erfasste Daten sind – ebenso wie bei § 202a – Darstellungen von Informationen, wobei auf der semantischen Ebene Angaben über einen Gegenstand oder Zustand der realen oder irrealen Welt zu verstehen sind, während auf syntaktischer Ebene die Darstellung durch einen Code konventionell festgelegter Zeichen erfolgt (LK-StGB/*Wolff* Rn. 6; Wabnitz/Janovsky WirtschaftsStR-HdB/*Bär* Kap. 14 Rn. 75 ff. jeweils mwN). Geschützt werden damit alle einzelnen Informationen, gleichgültig ob sie der Nutzer selbst erstellt hat oder sie ihm unmittelbar dienen, oder aber nur für den Programmablauf eingesetzt werden ebenso wie Computerprogramme als Ansammlungen von verschiedensten Einzeldaten. Einbezogen sind daneben auch Datenbanken, E-Mails oder auch einzelne Internet-Seiten. Bezogen auf das Schutzgut des § 303a ist hier entscheidend die physisch-elektronische Integrität von bereits entstandenen Daten in Bezug auf deren Verlust und Beeinträchtigung ihrer Verwertbarkeit. Der Datenbegriff ist nicht auf Informationen beschränkt, die einen unmittelbar nutzbaren Informationsgehalt haben, die beweiserheblich sind, gegen Zugriff besonders gesichert sind oder denen auch ein wirtschaftlicher Wert zukommt. Auch Daten des Betriebssystems oder vergleichbare Informationen, die für den Ablauf des Systems von besonderer Bedeutung sind, werden hier einbezogen (BayObLG JR 1994, 477; LK-StGB/*Wolff* Rn. 6 mwN).

9   Dieser allgemeine Datenbegriff erfährt durch § 202a Abs. 2 in zweifacher Hinsicht eine inhaltliche Einschränkung: Zum einen dürfen die Daten nicht unmittelbar wahrnehmbar, also sichtbar oder hörbar sein, sondern müssen eine technische Umformung erfahren haben. Zum anderen werden nur die Zustandsformen von gespeicherten oder übermittelten Daten geschützt. Gespeichert sind Informationen, wenn sie auf einem körperlichen Trägermedium aufgenommen oder aufbewahrt sind, wobei die jeweilige Technologie ohne Bedeutung ist. Erfasst werden damit allen Formen von Datenspeichern von großen Festplatten bis hin zu kleinsten Mikrochips zur Steuerung von Anlagen, Fahrzeugen oder auch RFID-Chip (Radio Frequency Identification), die inzwischen etwa in vielen Bekleidungsstücken oder anderen Waren verwendet und berührungslos über Funkfrequenzen gelesen werden können (LK-StGB/*Wolff* Rn. 7).

10   Im Einzelnen umstritten ist der Schutz von Daten, die technisch bedingt in Arbeitsspeichern oder in Netzwerken abgelegt werden. Während hier ein Schutz solcher Daten teilweise verneint wird (LK-StGB/*Wolff* Rn. 7; Fischer Rn. 3; Gercke/Brunst InternetStrafR, Rn. 128), sollen diese nach anderer Ansicht auch einbezogen sein (SK-StGB/*Hoyer* Rn. 3; *Hilgendorf* JuS 1996, 512; MüKoStGB/*Graf* § 202a Rn. 16; *Welp* iur 1988, 445; *Ernst* NJW 2003, 3238). Entscheidend ist hier letztlich nicht die Abgrenzung zwischen Festspeichern und Arbeitsspeichern, da es insoweit keine starre Grenze gibt. Maßgeblich ist vielmehr in Bezug auf die nur geschützten Zustandsformen der Speicherung und Übermittlung eine zeitliche Komponente dahingehend, ob Daten für eine gewisse Dauer verfügbar und damit auch iSd § 202a Abs. 2 überhaupt „gespeichert" sind (*Koch,* Strafrechtliche Probleme des Angriffs und der Verteidigung in Computernetzwerken, 2008, 114; → § 202a Rn. 11).

11   **2. Einschränkung durch Verfügungsbefugnis.** Während in § 303 das Merkmal „fremd" als einschränkendes Kriterium zur Kennzeichnung der rechtlichen Beziehungen des Täters zum Tatobjekt herangezogen wird, fehlt in § 303a eine solche Begrenzung, da Daten keine Sachen sind. Eine zivilrechtliche Zuordnung von Informationen zu bestimmten Berechtigten existiert nicht und man kann von keinem „Dateneigentum" ausgehen. Damit könnte jeder Programmierer und jeder Nutzer, der an seinem Computer arbeitet, ein Datenveränderer sein, wenn er nicht mehr benötigte Daten löscht. Sinn und Zweck des Tatbestandes kann es aber nicht sein, in all diesen Fällen eines sozialadäquaten Verhaltens von einem kriminellen Unrecht auszugehen und die Datenveränderung undifferenziert unter Strafe zu stellen. Es besteht daher Einigkeit darüber, dass der weite Tatbestand einer Präzisierung bedarf und einschränkend auszulegen ist (OLG Nürnberg CR 2013, 212), auch wenn die Meinungen auseinandergehen, wie diese Begrenzung zu erfolgen hat. Während teilweise die Ergänzung des Tatbestandes um das ungeschriebene Merkmal der Fremdheit der Daten dahingehend gefordert wird, dass einer anderen Person ein unmittelbares rechtlich geschütztes Interesse auf Verarbeitung, Nutzung oder Löschung der Daten zusteht (*Lenckner/Winkelbauer* CR 1986, 828; *Welp* iur 1989, 447; Schönke/Schröder/*Stree/Hecker* Rn. 3), soll die Rechtswidrigkeit der Datenveränderung nicht nur als allgemeines Verbrechensmerkmal, sondern als einschränkendes Tatbestandsmerkmal angesehen werden (LK-StGB/*Wolff* Rn. 9 ff.; Fischer Rn. 4; *Hilgendorf* JuS 1996, 892; Lackner/Kühl/*Heger* Rn. 4; SK-StGB/*Hoyer* Rn. 4). IErg ist diese dogmatische Frage zweitrangig. Entscheidend ist, dass eine Datenveränderung tatbestandsmäßig nur dann erfüllt sein kann, wenn die Daten als Tatobjekt einer fremden Verfügungsbefugnis unterliegen.

Wem dabei eine Verfügungsberechtigung über Daten zusteht, kann wegen mangelnder eindeutiger **12** zivilrechtlicher Regelungen in Bezug auf Daten letztlich nur anhand von **Fallgruppen** näher beurteilt werden, aus denen sich Anhaltspunkte der Datenzuordnung ergeben (vgl. allgemein zu „Rechten" an Daten: *Specht* CR 2016, 288 und *Zech* GRUR 2015, 1151). Maßgebliches Zuordnungskriterium für die Datenverfügungsbefugnis ist dabei die Urheberschaft der Daten, also der Skripturakt (OLG Nürnberg CR 2013, 212).Dabei können speziell bei Computerprogrammen die Nutzungsrechte gem. §§ 69a–69g UrhG sowie die jeweils zugrunde liegenden vertraglichen Vereinbarungen der Beteiligten Berücksichtigung finden. Von § 303a unproblematisch erfasst wird eine Datenveränderung auf fremden Speichermedien, über die der Täter als Dritter kein eigenes Zugriffs- und Verfügungsrecht hat (BayObLG JR 1994, 476). Umgekehrt ist eine Verfügungsberechtigung über Daten für den anzuerkennen, der Daten befugt zu eigenen Zwecken erstellt oder von dessen Zustimmung abhängig ist und der die entsprechenden Informationen erstmalig abspeichert (*Hilgendorf* JuS 1996, 892; *Welp* iur 1989, 447 f.; LK-StGB/*Wolff* Rn. 12). Gleiches muss für den jeweiligen Eigentümer des Computers oder der Datenträger gelten. Problematisch sind die Fallgestaltungen, bei denen Eigentum am Speichermedium und Nutzungsrecht, etwa bei Leasing, Verarbeitungen in Netzwerken oder Datenbanken, auseinander fallen. Hier folgt die Berechtigung an den Daten nicht dem Eigentum am Datenträger, wenn unerlaubt Daten auf einem Anderen gehörenden Datenträger gespeichert werden (LK-StGB/*Wolff* Rn. 13; *Hilgendorf* JuS 1996, 893). Bei im fremden Auftrag erstellten Daten im Rahmen eines Arbeits- oder Dienstverhältnisses steht die Verfügungsbefugnis dem Arbeitgeber zu (vgl. § 69b UrhG für Computerprogramme). Im Verhältnis des Auftraggebers zu Dritten, die im fremden Auftrag Daten erstellen (zB DV-Dienstleister, Steuerberater, Wirtschaftsprüfer) ist dies umstritten (zum Meinungsstand: LK-StGB/*Wolff* Rn. 14 Fn. 23). Hier kann von einer grundsätzlichen Berechtigung des Auftraggebers erst ausgegangen werden, wenn diesem das Computerprogramm zur Verfügung gestellt wurde, sofern der Auftragnehmer nicht nur unselbstständige Beiträge liefert (OLG Nürnberg CR 2013, 212; LK-StGB/*Wolff* Rn. 14; Fischer Rn. 6; *Hilgendorf* JuS 1996, 893). Ansonsten wird von einer Verfügungsbefugnis des Auftragnehmers auszugehen sein. Die Verfügungsbefugnis endet, wenn der Berechtigte darauf verzichtet oder sein Recht verwirkt hat.

In Bezug auf die **E-Mail-Kommunikation** kommen als Verfügungsberechtigte nur der Absender **13** und der Empfänger der Nachricht in Betracht, keinesfalls aber Provider oder andere beim Übermittlungsvorgang eingeschaltete Dritte. Dabei wird der Empfänger letztlich erst dann zum Berechtigten, wenn die E-Mail in seinem elektronischen Postfach angekommen ist. Bis zu diesem Zeitpunkt bleibt demgegenüber der Absender der Nachricht weiter Nutzungsberechtigter, was vor allem für Virenscanner und Spamfilter von Bedeutung ist (*Jüngel*/*Schwan*/*Neumann* MMR 2005, 820; Schönke/Schröder/*Stree*/*Hecker* Rn. 3). Nur Filterprogramme, die nach Ablage der Nachricht im Postfach des Empfängers eingreifen, verletzen dessen Verfügungsberechtigung. Werden demgegenüber E-Mails bereits vor diesem Zeitpunkt ausgefiltert, fehlt es an einem Übergang der Verantwortlichkeit und damit der Strafbarkeit nach § 303a, wenn die Nachrichten nicht unterdrückt, sondern mit einem Vermerk versehen an den Absender zurückgesandt werden (*Heidrich* CR 2009, 170; LK-StGB/*Wolff* Rn. 17; Fischer Rn. 7; aA *Hoeren* NJW 2004, 3513 und *Kitz* CR 2005, 454, die bereits von Berechtigung des Empfängers ausgehen). An Daten oder Dateien in Form von Schadsoftware aller Art wie Viren, Würmern, Trojaner, die unberechtigt, dh ohne oder gegen den Willen des Verfügungsberechtigten auf ein Computersystem gelangen, erhält der Eigentümer des jeweiligen Rechners das alleinige Verfügungsrecht (Fischer Rn. 7).

Das bloßen **Kopieren von Dateien oder Programmen** verletzt im Übrigen nicht die Verfügungs- **13a** befugnisse desjenigen, dem die Daten auf dem Original zustehen, weil die Daten auf dem Original unverändert bleiben (OLG Nürnberg CR 2013, 212; Fischer Rn. 6; LK-StGB/*Wolff* Rn. 16; aA AG Böblingen CR 1989, 308 sowie *Richter* CR 1989, 303). Daten auf einer unerlaubt hergestellten Kopie fallen nicht in das Nutzungsrecht desjenigen, dem die Daten auf dem Original zustehen. Da auch der Verfügungsberechtigte über diese Daten weiterhin in seinen Rechten nicht tangiert ist, wird bei solchen Kopien der Schutzbereich des § 303a nicht eröffnet. Wer deshalb etwa einen dienstlichen Laptop mit in Kopie gespeicherten Daten überlassen bekommt, kann nicht wegen Datenveränderung sanktioniert werden, da die Originaldateien in ihrem Bestand unberührt bleiben (OLG Nürnberg CR 2013, 212).

II. Tathandlungen (Abs. 1)

Als eigentliche Tathandlungen, die zu einer Datenveränderung führen können, sind im Gesetzestext **14** vier Alternativen, das Löschen, Unterdrücken, Unbrauchbarmachen oder Verändern von Daten aufgeführt. Aus dieser gesetzlichen Aufzählung wird bereits deutlich, dass es hier inhaltlich zu Überschneidungen kommen muss, da eine präzise Abgrenzung aller Begriffe nicht möglich ist. Durch das Erfassen aller denkbaren rechtswidrigen Beeinträchtigung von Daten werden zwar Strafbarkeitslücken vermieden, die Rechtsanwendung aber letztlich erschwert. Der Gesetzgeber selbst hat zur Auslegung an die entsprechenden Begriffsbestimmungen des § 3 Abs. 4 BDSG angeknüpft (BT-Drs. 10/5058, 34), die somit – soweit dies mit den Zweckbestimmungen des Gesetzes vereinbar ist – herangezogen werden können.

15   Alle Tathandlungen des § 303a können dabei sowohl durch positives Tun als auch durch Unterlassen begangen werden. Ein strafrechtlich relevantes Unterlassen kommt aber nur bei einer Garantenstellung iSd § 13 in Betracht, wenn der Täter zur Abwendung einer Datenveränderung auch rechtlich verpflichtet war. In Betracht kommt hier etwa die Nichtverhinderung einer Weitergabe von Computerviren durch einen infizierten Rechner (*Hilgendorf* JuS 1996, 1082 (1084)). Das bloße Betreiben eines ungesicherten WLAN-Zugangs, über den Dritte einen offenen Internetzugang zur Begehung von Straftaten erhalten, kann aber nicht als strafrechtlich erhebliches Unterlassen angesehen werden (*Hornung* CR 2007, 88; *Bär* MMR 2005, 434). Im Übrigen ist es gleichgültig, ob die jeweiligen Tathandlungen durch individuelle Manipulationen oder durch Programme gesteuert (zB Viren) automatisiert erfolgen (*Fischer* Rn. 8).

16   **1. Löschen.** Das Löschen entspricht dem Zerstören von Sachen iSd § 303 und deckt sich weitgehend mit der Begriffsdefinition in § 3 Abs. 4 Nr. 5 BDSG. Von einem Löschen der Daten ist erst dann auszugehen, wenn diese vollständig und unwiederbringlich unkenntlich gemacht und ihre Verkörperung auf dem Datenträger physisch beseitigt wurden. Dies gilt selbst dann, wenn die Daten weiterhin – etwa auf einer Sicherheitskopie – verfügbar sind (*Fischer* Rn. 9; Schönke/Schröder/*Stree/Hecker* Rn. 4; *Hilgendorf* JuS 1996, 891). Eine solche irreversible Unkenntlichmachung von Daten tritt daher etwa bei einer Magnetisierung, Beschädigung oder Zerstörung des Datenträgers ein (*Welp* iur 1989, 435; *Hilgendorf* JuS 1996, 891; LK-StGB/*Wolff* Rn. 23 mwN) ebenso wie bei einem Überschreiben oder Umformatieren. Erfolgt eine nur teilweise Datenvernichtung, führt dies nur dann zu einer Löschung, wenn die verbleibenden Informationen keine sinnvollen Inhalte mehr haben. Ansonsten kommt statt der Tathandlung des Löschens hier ein Verändern von Daten in Betracht. Vom Tatbestand erfasst wird auch die dauerhafte Löschung von E-Mails (*Sassenberg/Lammer* DuD 2008, 464; *Jüngel/Schwan/Neumann* MMR 2005, 820; *Heidrich/Tschoepe* MMR 2004, 79; *Kitz* CR 2005, 453). Dies ist aber zu verneinen, soweit die E-Mails durch einen Spam-Filter nur mit einem entsprechenden Vermerk bzgl. der Nichtweiterleitung an den Versender als Verfügungsberechtigten wieder zurückgesandt werden (*Heidrich* CR 2009, 169). Eine Datenlöschung kann auch durch die vorsätzliche Installierung von Virus-Programmen oder durch DoS-Attacken ausgelöst werden, wenn etwa ein vom Störprogramm herbeigeführter Systemabsturz zu einer vollständigen Vernichtung der Daten im Arbeitsspeicher des Rechners führt (LG Ulm CR 1989, 825). Auch die Beseitigung einer Kopiersperre mittels eines sog Crackers oder des SIM-Lock-Schutzes bei einem Prepaid-Handy (OLG Frankfurt a. M. CR 2002, 806; *Busch/Giesler* MMR 2001, 586; aA *Sasdi* CR 2005, 238) führt zu einer Löschung, hier kommt auch § 269 in Betracht (→ § 269 Rn. 12) oder § 17 Abs. 2 UWG (OLG Karlsruhe StV 2016, 374).

17   Zu beachten ist aber, dass demgegenüber das einfache „Löschen" einer Datei auf der Festplatte oder auf einem Datenträger – etwa durch Verschieben in den „Papierkorb" – noch nicht zur Unkenntlichmachung der Daten führt (*Gercke/Brunst* InternetStrafR Rn. 130). Bei einem solchen Vorgehen wird lediglich der Dateiname in der Dateizuordnungstabelle (File Allocation Table – FAT) gestrichen, dh die Daten selbst sind auf dem Speichermedium weiterhin vorhanden und nur die entsprechenden Sektoren des Datenträgers werden für eine künftige Überschreibung freigegeben. Die Daten können daher jederzeit wieder rekonstruiert werden, solange es noch nicht zu einer vollständigen Überschreibung der Sektoren und damit endgültigen Löschung gekommen ist.

18   **2. Unterdrücken.** Bei der Tathandlung des Unterdrückens werden die Daten dem Zugriff des Berechtigten nur zeitweise oder auf Dauer entzogen, während die physische Integrität der Daten unangetastet bleibt (BT-Drs. 10/5058, 34 f.; *Möhrenschlager* wistra 1986, 141; *Welp* iur 1989, 436; *Hilgendorf* JuS 1996, 891; *Fischer* Rn. 10 und LK-StGB/*Wolff* Rn. 24). Im Hinblick auf den straflosen Entzug von Sachen bei § 303 steht der Entzug von Daten damit hier unter Strafe, wobei es auf die Art und Weise des Eingriffs nicht ankommt. Eine auf unabsehbare Dauer gerichtete Entziehungsabsicht ist nicht erforderlich (LK-StGB/*Wolff* Rn. 24; Schönke/Schröder/*Stree/Hecker* Rn. 6; *Fischer* Rn. 10), nach OLG Frankfurt a. M. StV 2007, 248 soll es aber bei einem verzögerten Aufbau einer Internetseite bzw. Totalausfall bei einer „Online-Demo" für zwei Stunden an der Dauerhaftigkeit der Entziehung fehlen (aA *Gercke* ZUM 2007, 286 (287)), jedoch greift bei solchen Denial-of-Service (DoS)-Angriffen nun § 303b Abs. 1 Nr. 2 ein. Tatbestandsmäßig iS dieser Alternative des § 303a ist hier in erster Linie die körperliche Entziehung des jeweiligen Datenträgers. Hier einzuordnen sind aber auch alle Formen des „logischen" Versteckens, die zu einer Einschränkung der Verwendbarkeit von Daten führen. Gleiches gilt für die Einfügung von Zugriffsschranken (etwa durch einen erstmaligen Passwortschutz bzw. eine Änderung vorhandener Zugangsdaten), das Umbenennen von Dateien oder auch das Löschen von Dateien im Inhaltsverzeichnis des Datenträgers, so dass der Verfügungsberechtigte vom Zugriff auf seine Daten ausgeschlossen bleibt. Darunter fallen aber auch in Computerprogramme eingebaute sog Programmsperren, mit denen bei Eintritt eines bestimmten Ereignisses der Ablauf blockiert wird (*Wuermeling* CR 1994, 585). Im Rahmen der Datenkommunikation ist das Ausfiltern, Umleiten oder Abfangen von Daten, insbesondere von E-Mails (OLG Karlsruhe MMR 2005, 178; *Hoeren* NJW 2004, 3515; *Jüngel/Schwan/Neumann* MMR 2005, 820) erfasst. Gleiches gilt für das massenhafte Versenden unerwünschter E-Mails („Spamming"), soweit es beim überlasteten Rechner zu einem Systemabsturz oder zu Beeinträchtigungen beim Zugriff auf die dort gespeicherten Daten kommt. Für die Tatbestandsverwirklichung unerheblich ist es, ob es dem Berechtigten mit geringem oder erheblichem Aufwand gelingt, seine Daten wieder zu erlangen (LK-StGB/*Wolff* Rn. 24). Dieser Tathandlung zuzuordnen sind meist auch die aktuellen Fälle der sog „Ransomware". Dieser Begriff setzt sich zusammen aus *ransom*, dem englischen Wort für Lösegeld, und *ware*, der für verschiedene Arten von Computerprogrammen üblichen Bezeichnung *(Software, Malware)*. Letztlich handelt es sich bei der **Ransomware** um Schadprogramme, mit deren Hilfe ein Eindringling in dem Rechner eine Zugriffs- oder Nutzungsverhinderung der Daten sowie des gesamten Computersystems erwirkt. Dabei werden private Daten auf einem fremden Computer von der Schadsoftware entweder verschlüsselt oder der Zugriff auf sie wird verhindert. Beim Start des Rechners erscheint etwa die Meldung, das Bundeskriminalamt, die Bundespolizei, die GEMA oder Microsoft habe illegale Aktivitäten auf dem Computer festgestellt und diesen daraufhin gesperrt. Für die Entschlüsselung oder Freigabe der eigenen Daten wird dann ein „Lösegeld", meist in Form eines anonymen Bezahlsystems über „Ukash" oder „Paysafe" gefordert, in aktuellen Fällen auch fast nur noch in Form von Bitcoins, einem weltweit verfügbaren dezentralen Zahlungssystem mit virtuellen Geldeinheiten. In der Öffentlichkeit vor allem bekannt geworden sind diese Fälle als „BKA-Trojaner" oder „GVU-Trojaner" (vgl. zu den Erscheinungsformen die Aufklärungsseite: www.bka-trojaner.de). Neuformen der Erpressungstrojaner sind TeslaCrypt oder Locky, wobei aber bei Bezahlung nicht notwendig wieder eine Freigabe der Daten erfolgt. Die Schadprogramme haben dabei ein sehr unterschiedliches Schadenspotential. Während sich einfachere und harmlosere Erpressungsversuche nur in einem Hinweisfenster äußern, das bei jedem regulären Systemstart erscheint und nicht geschlossen werden kann, so dass nur der Zugang zu den eigenen Daten auf dem Rechner unterdrückt wird, verschlüsseln besonders bösartige Varianten die gesamte Festplatte des Rechners, so dass auch andere Tathandlungen des § 303a verwirklicht sein können. Die Tathandlung des Unterdrückens kann auch in virtuellen Welten wie „Second Life" verwirklicht werden, wenn etwa dem Avatar des Berechtigten dessen Elemente (Items) entzogen werden (*Eckstein* JurPC-Web-Dok. 58/2013).

3. Unbrauchbarmachen. Die Tathandlung des Unbrauchbarmachens wird verwirklicht, wenn die **19** bestimmungsgemäße Verwendung der Daten, also ihre Gebrauchsfähigkeit, beeinträchtigt wird und diese ihren Zweck nicht mehr erfüllen können. Das Merkmal entspricht der Beschädigung von Sachen iSd § 303 (*Welp* iur 1989, 435; LK-StGB/*Wolff* Rn. 26; *Hilgendorf* JuS 1996, 891 und Fischer Rn. 11). Zu denken ist hier an eine Einwirkung auf den Datenträger oder die Daten, die deren konkrete Bearbeitung ausschließen. So kann etwa die Löschung oder Hinzufügung von Datensätzen in einer Datenbank mit bestehenden Verknüpfungen zu einer Unbrauchbarkeit des gesamten Datenbestandes führen, wenn es sich nicht nur um geringfügige Beeinträchtigungen handelt (SK-StGB/*Hoyer* Rn. 10). Aber auch ein teilweises Überschreiben oder Löschen von Daten oder eine Programmsperre durch Spamming kommen hier in Betracht. Diese Beispiele machen aber deutlich, dass diese Vorgehensweisen meist bereits vom Löschen oder Unterdrücken von Daten erfasst werden, so dass für das Unbrauchbarmachen kaum ein eigener Anwendungsbereich gegenüber den anderen Tathandlungen verbleibt.

4. Verändern. Unter der letzten Tatalternative des Veränderns versteht das Gesetz unter Rückgriff **20** auf § 3 Abs. 4 Nr. 2 BDSG eine inhaltliche Umgestaltung von gespeicherten Daten, so dass von einer Funktionsbeeinträchtigung der Daten oder einem anderen Bedeutungsgehalt bzw. Aussagewert auszugehen ist (LK-StGB/*Wolff* Rn. 27; Fischer Rn. 12). Dies kann durch die Hinzufügung, den Austausch oder das Entfernen von Daten erfolgen. Umfasst sind aber nicht nur inhaltliche Modifikationen, sondern entsprechend dem Willen des Gesetzgebers auch Manipulationen, die nur den Kontext der Daten verändern, aber die Daten selbst nicht modifizieren. Dies kann dadurch erfolgen, dass Informationen in einen anderen Zusammenhang gestellt oder aus einem solchen gelöst werden. Darunter wäre etwa die Übersetzung einer Datei in den Code einer anderen Programmiersprache ohne inhaltliche Änderung einzuordnen oder das Abspeichern eines Virus auf dem Rechner mit Manipulationen (*Welp* iur 1989, 435; *Hilgendorf* JuS 1996, 891; *Eichelberger* MMR 2004, 595). Auch soweit ein Computerprogramm oder eine Datei mit einem Virus verbunden wird, kommt es zu einer Veränderung, wenn Informationen, Passwörter oder andere Informationen gespeichert, gelöscht oder verändert werden und das ursprüngliche Programm durch die infiltrierten Teile erweitert und damit inhaltlich umgestaltet wird. Hierunter fällt auch die Infektion des Rechners mit Schadsoftware zum Betrieb eines sog Bot-Netzes (vgl. zu notwendigen Feststellungen BGH NJW 2015, 3463). Als Bot-Netz wird der illegale Zusammenschluss einer Vielzahl von mit Schadsoftware infizierten Rechnern bezeichnet, die damit von einem sog Bot-Master über einen Command&Control-Server ferngesteuert und für kriminelle Zwecke missbraucht werden können. Man spricht vom einzelnen infizierten System als „Zombie", während das gesamte Bot-Netz mit einer Vielzahl von geschädigten Systemen als „Zombie-Armee" gilt. Dabei kann eine Infektion eines Zielsystems auf verschiedenste Weise erfolgen, etwa durch unbewussten Download der Schadsoftware, durch Öffnen des Anhangs einer infizierten E-Mail, aber auch durch das Aufrufen an sich unverdächtiger Webseiten, auf denen der Täter Manipulationen vorgenommen hat, so dass es zur sog Drive-By-Infektion kommt (vgl. näher: *Roos/Schumacher* MMR 2014, 377). Zunehmend werden aber auch Schadprogramme eingesetzt, die keine Veränderungen an gespeicherten Daten herbeiführen (sog. „fileless malware"), so dass insoweit § 303a nicht mehr eingreift. Auch der bloße Betrieb eines Bot-Netzes nach einer Infektion mit einem Schadprogramm wird nicht erfasst. (vgl. deshalb: Gesetzentwurf

BR-Drs. 338/16 zur Schaffung einer neuen Strafnorm in § 202e-E StGB zur unbefugten Benutzung informationstechnischer Systeme). Erfasst wird aber der Austausch der Kontonummer einer ec-Karte, da hier der Aussagewert des Magnetstreifens der Karte inhaltlich verändert wird (BayObLG JR 1994, 476 mAnm *Hilgendorf;* AG Böblingen CR 1989, 308; *Richter* CR 1989, 303). Hierunter zu subsumieren sind auch heimlich installierte sog „Dialer-Programme", die so ausgestaltet sind, dass sie ohne Zutun und ohne Kenntnis des Nutzers eine Veränderung der bestehenden Zugangsdaten für das Internet bzw. Veränderungen in der Registrierdatenbank vornehmen (AG Hamburg-St. Georg MMR 2006, 345; *Buggisch* NStZ 2002, 180; *Fülling/Rath* JuS 2005, 598). Dies gilt auch beim sog Pharming, wenn Manipulationen an der „Host-Datei" am Computer bzw. an DNS-Servern erfolgen, um den Aufruf bestimmter Web-Seiten auf manipulierte Inhalte umzuleiten (*Buggisch/Kerling* Kriminalistik 2006, 536; *Popp* MMR 2006, 86). § 303a kann aber auch verwirklicht sein durch die Aufhebung der Sperre von Mobiltelefonen („SIM-Lock"), die bei Prepaid-Handys nur ein Telefonieren im Netz eines bestimmten Providers zulassen (*Sasdi* CR 2005, 235; CR 2005, 106). Wer sich demgegenüber über ein ungeschütztes WLAN Zugang zum Internet verschafft, verändert keine Daten, sondern benutzt diese Zugangsmöglichkeit nur (LG Wuppertal MMR 2011, 65; aA noch AG Wuppertal NStZ 2008, 161). Die Grenze zur Strafbarkeit wird hier erst überschritten, wenn Manipulationen an dort vorhandenen Daten – etwa des WLAN-Routers – vorgenommen werden (*Bär* MMR 2005, 434 (439); *Buermeyer* HRRS 2004, 285). Auch das bloße Kopieren von Dateien lässt den Informationsgehalt und die verkörperten Informationen unberührt und führt folglich zu keiner Veränderung (LK-StGB/*Wolff* Rn. 29; OLG Nürnberg CR 2013, 212).

III. Subjektiver Tatbestand

21   Neben dem objektiven Tatbestand ist der Nachweis eines zumindest bedingten Vorsatzes in subjektiver Hinsicht erforderlich, der sich auf alle Tatbestandsmerkmale beziehen muss. Der Täter muss vor allem wissen bzw. für möglich halten, dass an den relevanten Daten fremde Verfügungsbefugnisse bestehen bzw. es an eigenen solchen fehlt. Ein vorsatzausschließender Tatbestandsirrtum iSd § 16 liegt dann vor, wenn der Täter irrig glaubt, über die Daten verfügungsbefugt zu sein. Geht der Täter allerdings irrig – trotz Kenntnis der Berührung fremder Belange – davon aus, zur Tat berechtigt zu sein, kommt eine direkte Anwendung des § 16 nicht in Betracht. Die rechtliche Behandlung eines dann vorliegenden Erlaubnistatbestandsirrtums – mit einer analogen Anwendung des § 16 oder eines Rückgriffs auf den Verbotsirrtum gem. § 17 – ist im Einzelnen umstritten (Schönke/Schröder/*Stree/Hecker* Rn. 8; *Hilgendorf* JuS 1996, 894).

IV. Rechtswidrigkeit

22   Wird – wie oben dargestellt – das Merkmal rechtswidrig bei § 303a nicht nur als allgemeines Verbrechensmerkmal angesehen, führt eine Einwilligung des Verfügungsberechtigten über die Daten bereits zum Tatbestandsausschluss. Im Rahmen der Rechtfertigung ist daher vor allem die mutmaßliche Einwilligung von Bedeutung. Zu einer Rechtfertigung kommt es auch, wenn von einem Host-Provider von Dritten eingestellte rechtswidrige Inhalte auf der Grundlage des § 7 Abs. 2 S. 2, § 10 S. 1 Nr. 2 TMG nach dem Auffinden gelöscht werden. Soweit im Rahmen des Virenscanning oder der Abwehr von Spam-Mails eingehende Nachrichten vom Provider oder vom Unternehmen gelöscht oder unterdrückt werden, ohne dass der Adressat der E-Mail damit einverstanden ist, wird eine Rechtswidrigkeit dieses Handelns regelmäßig zu bejahen sein, selbst wenn das Virenscanning häufig durch § 109 TKG gedeckt sein wird (*Köcher* DuD 2005, 163 (165); *Heidrich/Tschoepe* MMR 2004, 79; *Cornelius/Tschoepe* K&R 2005, 269 (270)). Mit der Umleitung dieser Daten in einen gesonderten Ordner, der auch dem Empfänger zugänglich gemacht werden kann, bestehen ausreichende Möglichkeiten, den Betroffenen in die Entscheidung über die Annahme der E-Mail einzubinden, bevor irgendwelche Schäden entstanden oder zu befürchten sind (LK-StGB/*Wolff* Rn. 35; *Spindler/Ernst* CR 2004, 437 (439); *Heidrich/Tschoepe* MMR 2004, 75 (78); *Kitz* CR 2005, 540 (543) f.; *Jüngel/Schwan/Neumann* MMR 2005, 820 (823 f.); *Schmidl* MMR 2005, 343; offen gelassen OLG Karlsruhe CR 2005, 288 (290)).

V. Versuchsstrafbarkeit (Abs. 2)

23   Ebenso wie bei der Sachbeschädigung ist gem. § 303a Abs. 2 der **Versuch strafbar.** Ein solcher Fall wird insbesondere dann vorliegen, wenn der Täter aus seiner Sicht zwar alles Erforderliche getan hat, es aber – etwa durch die eingesetzten Viren – noch zu keiner Auswirkung auf die Daten gekommen ist oder dem Eintritt des tatbestandlichen Erfolgs irgendwelche (technische) Hindernisse entgegenstehen. Der Versuch beginnt – je nach Vorgehensweise – etwa mit dem Öffnen von Dateien bzw. dem Einschleusen eines Virusprogramms oder dem Angriff auf Zugangssperren (LK-StGB/*Wolff* Rn. 36; Schönke/Schröder/*Stree/Hecker* Rn. 11; Fischer Rn. 16) und ist mit dem Eintritt der Datenveränderung vollendet. Die irrtümliche Annahme einer fremden Verfügungsbefugnis über die Daten führt zu einem nach hM strafbaren untauglichen Versuch.

VI. Vorbereitungshandlungen (Abs. 3)

Mit dem 41. StrÄndG wurde in Umsetzung von Art. 6 Abs. a iVm Art. 4 Abs. 1 der Cyber-Crime- **24** Konvention mit dem neuen § 303a Abs. 3 ein Verweis auf § 202c aufgenommen (BT-Drs. 16/3656, 8). In der Konvention war vorgesehen, dass auch bestimmte besonders gefährliche Vorbereitungshandlungen in Bezug auf Datenveränderungen unter Strafe gestellt werden sollen. Diese Regelung entspricht auch den Vorgaben von Art. 7 der EU-RL über Angriff auf Informationssysteme vom 12.8.2013 (EU-ABl. 2013 L 218, 8), die bis 4.9.2015 in nationales Recht umzusetzen war. Mit dieser Regelung wollte der Gesetzgeber in Form eines abstrakten Gefährdungsdelikts alle Vorbereitungshandlungen erfassen, deren objektiver Zweck die Begehung einer Straftat nach § 303a Abs. 1 ist, und nicht nur eine bisher straflose versuchte Beihilfe sanktionieren, wenn es nicht zu Vollendung einer Haupttat gekommen ist (BT-Drs. 16/3656, 12; kritisch: *Borges/Stuckenberg/Wegener* DuD 2007, 275; *Schulz* DuD 2006, 781). Sanktioniert werden kann somit das Herstellen, Verschaffen, Verkaufen, Überlassen oder sonstige Zugänglichmachen von Passwörtern oder sonstigen Sicherungscodes (§ 202c S. 1 Nr. 1) sowie von Computerprogrammen (§ 202c S. 1 Nr. 2), deren Zweck die Begehung einer Datenveränderung ist (vgl. näher → § 202c Rn. 5 ff.).

Von § 303a Abs. 3 iVm § 202c Abs. 1 Nr. 1 erfasst werden somit alle Zugangscodes, Passwörter **25** oder vergleichbare Daten, etwa einer Verschlüsselungs- bzw. Entschlüsselungssoftware, mit deren Hilfe eine Datenveränderung iSd § 303a Abs. 1 vorgenommen werden kann. Erforderlich ist nur, dass im Zeitpunkt der Tat eine konkrete Eignung der Zugangsdaten zur Tatbegehung besteht (*Ernst* NJW 2007, 2663). Diese Regelung kann in Betracht kommen, wenn etwa auf den weltweiten virtuellen Schwarzmärkten missbräuchlich erlangte Zugangsdaten etwa für Computer, Online-Angebote aller Art, Lizenzschlüssel zur Nutzung von Software angeboten werden, wenn mit diesen Daten eine Straftat nach § 303a begangen werden soll. Da aber hier jeweils ein subjektiver Tatnachweis hinzukommen muss, wird dies im Einzelfall schwierig nachweisbar sein, da die Verkäufer oder Käufer solcher missbräuchlich erlangten Daten weder die Täter sind, welche die Daten zuvor ausgespäht haben, noch diejenigen, die sich später betrügerisch einsetzen wollen. Insoweit sind daher eine auftretende Strafbarkeitslücke durch den neuen Straftatbestand der Datenhehlerei in § 202d geschlossen worden, mit dem generell eine Verschaffung, eine Überlassung, eine Verbreitung oder ein Zugänglichmachen von rechtswidrig erlangten Daten iSd § 202a Abs. 2 sanktioniert werden kann, wenn der Täter mit Bereicherungs- oder Schädigungsabsicht handelt (vgl. zum Entwurf: BT-Drs. 18/5088; BR-Drs. 284/13 und BR-Drs. 70/14 sowie *Klengel/Gans* ZRP 2013, 16 und *Golla/von zur Mühlen* JZ 2014, 668). Die Neuregelung ist seit 18.12.2015 in Kraft (s. § 202d).

Demgegenüber erfordert § 303a Abs. 3 iVm § 202c Abs. 1 Nr. 2 ein Computerprogramm, das **26** nach Art und Weise seines Aufbaus und seiner Beschaffenheit bzw. seiner Funktionsweise objektiv bereits so ausgestaltet ist, dass es zur Begehung einer von § 303a Abs. 1 erfassten Computerstraftat dienen soll. Dabei ist es aber nicht ausreichend, wenn das jeweilige Computerprogramm lediglich zur Begehung einer Datenveränderung geeignet ist, denn gerade daran wurde vom Gesetzgeber nicht angeknüpft. Vielmehr wird durch das – in Anlehnung an § 263a Abs. 3 formulierte – Erfordernis der Zweckbestimmung klargestellt, dass es sich um eine entscheidende Eigenschaft des Programms handeln muss, Straftaten nach § 303a Abs. 1 zu begehen (BT-Drs. 16/3656, 12; BVerfG NZV 2006, 483; LK-StGB/*Wolff* Rn. 39; *Fischer* § 202c Rn. 5). Vom Tatbestand erfasst werden damit in erster Linie sog Hacker-Tools, soweit sie zu einer Datenveränderung eingesetzt werden können oder auch Programme zur Erstellung von Viren (Virus Construction Kids) oder Trojanern ebenso wie vergleichbare Softwareanwendungen, die gezielt zur Begehung von Datenveränderungen geschrieben wurden. Auch alle Tathandlungen zur Verbreitung von Schadsoftware zur Herstellung eines Bot-Netzes werden hier sanktioniert. Beispielhaft seien hier nur die weltweiten Durchsuchungsmaßnahmen in Bezug auf die Schadsoftware Blackshade zu nennen, die auch zu 20.111 Durchsuchungen in Deutschland führten (vgl. Berichte unter www.heise.de). Durch den Gesetzeswortlaut geforderte besondere Zweckbestimmung wird aber umgekehrt deutlich, dass alle Programme, die nach ihrer objektiven Funktion schon andere Zielsetzungen verfolgen (zB allgemeine, unspezifisch einzusetzende Software einschließlich Systemprogrammen), die aber auch für eine Tatbegehung nach § 303a Abs. 1 eingesetzt werden könnten und hierfür geeignet sind, bereits nicht dem objektiven Tatbestand unterfallen (BVerfG MMR 2009, 577).

Im Einzelnen umstritten ist hier aber, ob Computerprogramme mit hohem „Missbrauchspotential" **27** (*Fischer* § 202c Rn. 6), dh Software die sowohl von Berechtigten für Prüfungs- und Testzwecke als auch von Unberechtigten zur Begehung von Straftaten eingesetzt werden können, überhaupt den objektiven Tatbestand des § 202c erfüllen (vgl. eingehend dazu → § 202c Rn. 13 ff.). In Bezug auf sog *Dual-Use-Programme,* die für Forschungen oder Sicherheitsüberprüfungen entwickelt wurden und zum Schutz von Datenverarbeitungsanlagen benutzt werden, sich aber auch missbräuchlich einsetzen lassen, muss – ebenso wie bei § 263a Abs. 3 – zunächst geprüft werden, ob nicht bereits der Rekurs auf den Zweck der Software zum Ausschluss des Tatbestandes führt (BVerfG MMR 2009, 577). Erst wenn dies nicht der Fall ist, muss zusätzlich ein quasi subjektives Element dahingehend, dass der Täter eine eigene oder fremde

Computerstraftat in Aussicht genommen hat, in den objektiven Tatbestand gezogen werden (BT-Drs. 16/3656, 19; LK-StGB/*Wolff* Rn. 39; Fischer § 202c Rn. 6; *Ernst* NJW 2007, 2663; *Hofmann/Reiners* DuD 2007, 920). Dies führt zur Verneinung einer Strafbarkeit, wenn das Computerprogramm etwa nur zur Entwicklung von Sicherheitssoftware oder zu Ausbildungszwecken in der IT-Sicherheitsbranche hergestellt, erworben oder einem anderen überlassen wird.

28   In **subjektiver Hinsicht** erfordert die Verwirklichung einer Vorbereitungshandlung Vorsatz, wobei dolus eventualis genügt. Der Vorsatz muss sich bzgl. § 202c Abs. 1 Nr. 2 auch auf die Zweckbestimmung des Computerprogramms beziehen (BVerfG NZV 2006, 483; LK-StGB/*Wolff* Rn. 42; *Ernst* NJW 2007, 2664). Der Täter muss also mindestens damit rechnen, dass das tatgegenständliche Programm zukünftig zur Begehung von Straftaten gebraucht wird (kognitives Element) und diese Benutzung des Programms billigend in Kauf nehmen (voluntatives Element).

29   Durch die Verweisung in § 303a Abs. 3 über § 202c Abs. 2 auf § 149 Abs. 2 und 3 gilt auch hier **Tätige Reue** als persönlicher Strafaufhebungsgrund. Da bereits mit einer der Tathandlungen des § 303a Abs. 3 iVm § 202c Vollendung eintritt, ist für einen Rücktritt nach § 24 kein Raum. Insoweit hat der Gesetzgeber über die Tätige Reue eine Straffreiheit dann angenommen, wenn der Täter die Tat freiwillig aufgibt und darüber hinaus die von ihm verursachte Gefahr, dass andere eine Datenveränderung weiter vorbereiten oder ausführen, abwendet oder deren Vollendung verhindert (§ 149 Abs. 2 Nr. 1) und die zur Tatbegehung hergestellten Programme bzw. anderen Mittel iSv § 149 Abs. 2 Nr. 2 unschädlich macht.

VII. Konkurrenzen

30   Soweit mehrere Tathandlungen des § 303a gleichzeitig verwirklicht wurden, handelt es sich nur um eine Tat und nicht um Idealkonkurrenz. § 303a tritt bei Vorliegen einer der Qualifizierungen des § 303b Abs. 1 Nr. 1 oder Nr. 2 bzw. § 274 Abs. 1 Nr. 2 zurück. Im Übrigen ist wegen der unterschiedlichen Schutzrichtungen regelmäßig von Tateinheit mit §§ 263a, 269, 303 oder § 202a auszugehen, es sei denn der Unrechtsgehalt der Tat ist bereits in einem der anderen Delikte mit enthalten. § 303a kann auch taugliche Bezugstat nach § 130 OWiG sein. Hier kann über § 30 OWiG auch die Verantwortlichkeit einer juristischen Person begründet werden, wenn die Pflichtverletzung im Zusammenhang mit der Betriebs- und Unternehmenstätigkeit erfolgt ist (BT-Drs. 16/3656, 14), so dass etwa ein Unternehmen, das für einen Kunden eine Software entwickelt, geahndet werden kann, wenn sich Mitarbeiter unbefugt Zugang zu den besonders gesicherten Daten des Kunden verschaffen und dort Veränderungen vornehmen.

VIII. Antragserfordernis

31   Mit Ausnahme von Vorbereitungshandlungen nach § 303a Abs. 3 werden alle Tathandlungen nach § 303a Abs. 1 und 2 gem. § 303c primär nur auf Antrag verfolgt. Antragsberechtigt ist als Verletzter hier derjenige, dem das Verfügungs- und Nutzungsrecht an den veränderten Daten zusteht (→ Rn. 8 ff.), nicht aber der vom Dateninhalt Betroffene. Eines Strafantrages bedarf es nur dann nicht, wenn die Strafverfolgungsbehörde ein besonderes öffentliches Interesse an der Verfolgung bejaht und deshalb von Amts wegen einschreitet. Dies ist bei einer nachhaltigen Störung des allgemeinen Rechtsfriedens und des Sicherheitsgefühls der Bevölkerung dann anzunehmen, wenn es durch die Tathandlung zu einem hohen wirtschaftlichen Schaden oder einer Betroffenheit einer Vielzahl von Opfern kommt (LK-StGB/*Wolff* § 303c Rn. 13; MüKoStGB/*Wieck-Noodt* § 303c Rn. 10; Fischer § 303c Rn. 7).

IX. Besonderheiten der Strafverfolgung

32   Während der Taterfolg einer Datenveränderung meist leicht durch die Auswertung und forensische Begutachtung des betroffenen Computersystems festgestellt werden kann, besteht die Hauptschwierigkeit des Tatnachweises bei den notwendigen Ermittlungen zur Feststellung der Ursachen hierfür. Erforderlich sind hier spezielle EDV-Kenntnisse, um etwa entsprechende Schadsoftware aufzuspüren und später auch einen gerichtsverwertbaren Nachweis für Manipulationshandlungen führen zu können. Dazu bedarf es ggf. eines Vergleichs alter und neuer Dateien, etwa an Hand von Sicherungskopien. Besondere Schwierigkeiten des Tatnachweises bestehen bei Tatbegehungen über TK-Netze, da hier eine Zurückverfolgung der Täter nur an Hand verwendeter IP-Adressen oder sonstiger Kennungen erfolgen kann. Soweit von den jeweiligen Providern hier nicht auf der Grundlage des § 96 bzw. § 100 TKG Daten über die zu einem konkreten Zeitpunkt hinter einer solchen dynamischen IP-Adresse steckende Person gespeichert werden (vgl. ausführlich: KMR/*Bär* Vor §§ 100a–100j Rn. 14 ff.), ist eine Überführung der Täter gar nicht mehr möglich. Soweit innerhalb eines Netzwerkes als mögliche Nutzer mehrere Personen in Betracht kommen, bedarf es zusätzlicher Ermittlungen zur Identifizierung des Täters (vgl. näher Bär HdB zur EDV-Beweissicherung Rn. 452 ff.). Durch die Nichtigkeit der §§ 113a, 113b TKG aF aufgrund des BVerfG-Urteils v. 2.3.2010 (NJW 2010, 833) und die damit fehlende anlassunabhängige Speicherung von bei der Kommunikation im Internet angefallenen Verkehrsdaten sind die Ermittlungs-

möglichkeiten noch weiter eingeschränkt, so dass vielfach eine Feststellung der Täter nur noch dann möglich ist, wenn andere Ermittlungsansätze bestehen. Durch die Neuregelung zur Vorratsdatenspeicherung in den §§ 113a-113g TKG und die Neufassung bzw. Änderung in § 100g StPO und § 100j StPO mit dem Gesetz zur Einführung einer Speicherpflicht und einer Höchstspeicherpflicht für Verkehrsdaten vom 10.12.2015 (BGBl. I 2218) werden – zumindest in Bezug auf die Personenauskunft nach § 100j Abs. 2 StPO – die Ermittlungsmöglichkeiten wieder verbessert.

§ 303b Computersabotage

(1) Wer eine Datenverarbeitung, die für einen anderen von wesentlicher Bedeutung ist, dadurch erheblich stört, dass er

1. eine Tat nach § 303a Abs. 1 begeht,
2. Daten (§ 202a Abs. 2) in der Absicht, einem anderen Nachteil zuzufügen, eingibt oder übermittelt oder
3. eine Datenverarbeitungsanlage oder einen Datenträger zerstört, beschädigt, unbrauchbar macht, beseitigt oder verändert,

wird mit Freiheitsstrafe bis zu drei Jahren oder mit Geldstrafe bestraft.

(2) Handelt es sich um eine Datenverarbeitung, die für einen fremden Betrieb, ein fremdes Unternehmen oder eine Behörde von wesentlicher Bedeutung ist, ist die Strafe Freiheitsstrafe bis zu fünf Jahren oder Geldstrafe.

(3) Der Versuch ist strafbar.

(4) [1]In besonders schweren Fällen des Absatzes 2 ist die Strafe Freiheitsstrafe von sechs Monaten bis zu zehn Jahren. [2]Ein besonders schwerer Fall liegt in der Regel vor, wenn der Täter

1. einen Vermögensverlust großen Ausmaßes herbeiführt,
2. gewerbsmäßig oder als Mitglied einer Bande handelt, die sich zur fortgesetzten Begehung von Computersabotage verbunden hat,
3. durch die Tat die Versorgung der Bevölkerung mit lebenswichtigen Gütern oder Dienstleistungen oder die Sicherheit der Bundesrepublik Deutschland beeinträchtigt.

(5) Für die Vorbereitung einer Straftat nach Absatz 1 gilt § 202c entsprechend.

Neuere Literatur (Auswahl): *Bär,* Computer- und Internetkriminalität, in: Wabnitz/Janovsky, Handbuch des Wirtschafts- und Steuerstrafrechts, 4. Aufl. 2014, Kap. 14, 818 ff.; *Boehm/Pesch,* Rechtliche Herausforderungen einer virtuellen Währung, MMR 2014, 75; *Brand,* Die strafrechtliche Bedeutung der Nutzung fremder Packstationen zu kriminellen Zwecken, NStZ 2013, 7; *Dorner,* „Big Data" und Dateneigentum, CR 2014, 617; *Eckstein,* MMORPGs und Metaversen: Strafrechtsschutz in virtuellen Welten, JurPC Web-Dok. 58/2013; *Eisele,* -Der Kernbereich des Computerstrafrechts, JURA 2012, 922; *Ernst,* Hacker und Computerviren im Strafrecht, NJW 2003, 3233; *Ernst* (Hrsg.), Hacker, Cracker & Computerviren, 2003; *Ernst,* Das neue Computerstrafrecht, NJW 2007, 2661; *Goeckenjan,* Auswirkungen des 41. Strafrechtsänderungsgesetzes auf die Strafbarkeit des Phishing, wistra 2009, 47; *Gröseling/ Höfinger,* Computersabotage und Vorfeldkriminalität – Auswirkungen des 41. StRÄndG zur Bekämpfung der Computerkriminalität; MMR 2007, 626; *Heghmanns,* Daten- und Datennetzdelikte, in: Achenbach/Ransiek/Rönnau, Handbuch Wirtschaftsstrafrecht, 4. Aufl. 2015, Teil 6; *Hoffmanns,* Die „Lufthansa-Blockade" 2001 – eine (strafbare) Online-Demonstration, ZIS 2012, 409; *Kitz,* Der Gewaltbegriff im Informationszeitalter und die strafrechtliche Beurteilung von Online-Blockaden, ZUM 2006, 730; *Koch,* Strafrechtliche Probleme des Angriffs und der Verteidigung in Computernetzen, 2008; *Popp,* Erpresserische DDos-Angriffe als Computersabotage (§ 303b Abs. 1 Nr. 2 StGB), jurisPR-ITR 25/2011 Anm. 6; *Roos/Schumacher,* Botnetze als Herausforderung für Recht und Gesellschaft, MMR 2014, 377; *Schreibauer/Hessel,* Das 41. Strafrechtsänderungsgesetz zur Bekämpfung der Computerkriminalität, K&R 2007, 616; *Schumann,* Das 41. StRÄndG zur *Bekämpfung der Computerkriminalität,* NStZ 2007, 675; *Schulze-Heiming,* Der strafrechtliche Schutz der Computerdaten gegen die Angriffsformen der Spionage, Sabotage und des Zeitdiebstahls, Diss. Münster, 1995; *Sittig/Brünjes,* Zur Strafbarkeit beim Einsatz von Trojaner, StRR 2012, 127; *Vassilaki,* Kriminalität im World Wide Web – Erscheinungsformen der „Post-Computerkriminalität" der zweiten Generation, MMR 2006, 212; *Vassilaki,* Das 41. StRÄndG – Die neuen strafrechtlichen Regelungen und ihre Wirkungen auf die Praxis, CR 2008, 131; *Volesky/Scholten,* Computersabotage – Sabotageprogramme – Computerviren, iur 1987, 280.

A. Allgemeines

I. Bedeutung

Im Verhältnis zur Datenveränderung handelt es sich bei der Computersabotage um einen Sondertat- **1** bestand in Bezug auf schwere Behinderungen oder Störungen des Betriebs eines Computer- oder Informationssystems. Während die mit dem 2. WiKG zur Bekämpfung der Computerkriminalität v. 15.5.1986 (BGBl. I 721) ursprüngliche Fassung des § 303b nur dem Schutz hochwertiger Wirtschafts- und Industriegüter vor Sabotageakten diente, erfolgte durch das 41. StRÄndG v. 7.8.2007 (BGBl. I 1786) in Umsetzung von Art. 3–5 des Rahmenbeschlusses der EU v. 24.2.2005 (2005/222/JI) über Angriffe auf Informationssysteme und von Art. 3 und Art. 5 des Übereinkommens über Computerkriminalität des Europarates (Convention on Cybercrime) eine grundlegende Neufassung und Erweiterung des Tatbestandes. Die Regelung entspricht auch Art. 4 und Art. 9 der neuen EU-RL 2013/40/ EU, ergänzt durch Erwägungsgrund 3–6 (EU-ABl. 2013 L 218, 9). Mit § 303b Abs. 1 werden nun auch weniger schwere Fälle der Computersabotage erfasst, während der bisherige Tatbestand als Qualifizierung in § 303b Abs. 2 aufrechterhalten bleibt. Die Versuchsstrafbarkeit ist unverändert nun in § 303b Abs. 3 beibehalten. Neu enthalten sind in § 303b Abs. 4 eine Strafzumessungsregel für besonders schwere Fälle der Computersabotage sowie durch den Verweis in § 303b Abs. 5 auf § 202c auch eine selbstständige Strafdrohung für besonders gefährliche Vorbereitungshandlungen. Nach dem IT-Sicherheitsgesetz vom 17.7.2015 (BGBl. I 1324) besteht gem. § 8b Abs. 4 BSIG für Betreiber kritischer Infrastrukturen nun eine Meldepflicht bei erheblichen Störungen ihrer informationstechnischen Systeme.

2   Ebenso wie die Datenveränderung nahm die Computersabotage im Verhältnis zu anderen Delikten der Computerkriminalität nur eine geringe praktische Bedeutung ein. Die polizeiliche Kriminalstatistik weist für beide Tatbestände mit 2.660 Fällen im Jahr 2007 sowie 2.207 Fällen im Jahr 2008 sowie 2.276 Fälle 2009 zwar im Vergleich zu den Vorjahren einen Anstieg aus, wobei aber der Anteil dieser Delikte an der gesamten Computerkriminalität eher gering ist. Jedoch ergab sich gerade in den letzten Jahren eine erhebliche Steigerung der Fallzahlen. So nahm die Zahl der registrierten Verfahren bereits in 2011 auf 4.644 zu, verdoppelte sich im Jahr 2012 auf 10.857 und stieg im Jahr 2013 nochmals auf 12.766 Verfahren weiter deutlich an. In den Jahren 2014 (5.667 Fälle) und 2015 (3.537 Fälle) ist es aber wieder zu deutlichen Rückgang gekommen. Dies ist vor allem auf einzelne bzw. besonders relevante Phänomene in diesem Bereich wie Erpressungshandlungen im Zusammenhang mit gezielten DDoS-Attacken oder auch die vielfältigen anderen Erscheinungsformen der digitalen Erpressung (zB die sog „Ransomware"), die in der Öffentlichkeit vor allem unter den Begriffen „BKA-Trojaner" oder „GVU-Trojaner" bekannt geworden sind. Bei diesen Fallzahlen darf aber nicht außer Betracht bleiben, dass aufgrund der zunehmenden Abhängigkeit vieler Betriebe und Verwaltungen von einer funktionsfähigen Datenverarbeitung durch die in §§ 303a und 303b sanktionierten Tathandlungen ein im Einzelfall erheblicher materieller Schäden ausgelöst werden kann. Hinzu kommt das hohe Dunkelfeld von über 90 % bei derartigen Begehungsweisen (→ § 303a Rn. 2).

II. Rechtsnatur

3   Auch bei § 303b handelt es sich – wie bei § 303a – um ein Erfolgsdelikt iSd allgemeinen Tatbestandslehre, dass immer dann verwirklicht ist, wenn es durch eine der dort genannten Tathandlungen tatsächlich zu einer Computersabotage mit einer erheblichen Störung der Datenverarbeitung als Handlungserfolg gekommen ist (BGHSt 46, 212 (220 f.); LK-StGB/*Wolff* Rn. 2; Achenbach/Ransiek/ Rönnau WirtschaftsStR-HdB/*Heghmanns* Teil 6 Rn. 8 ff.; *Sieber* NJW 1999, 2066; *Vassilaki* CR 2001, 263). Bei einer Tatbegehung über die Datennetze kommt es damit auch hier gem. § 9 Abs. 1 Alt. 3 für die Bestimmung des Tatortes vor allem darauf ankommt, wo der zum Tatbestand gehörende Erfolg eingetreten ist und nicht nur auf den Ort, an dem die zum gesetzlichen Tatbestand gehörende Handlung vom Täter vorgenommen wurde. Vom deutschen Strafrecht erfasst werden deshalb auch – anders als bei nur abstrakten Gefährdungsdelikten (vgl. BGH BeckRS 2014, 21651 zu § 86a und BGH NStZ-RR 2013, 253 zu § 261) – vom Ausland unter Verwendung von Telekommunikationsmitteln begangene Tathandlungen, wenn eine der durch § 303b sanktionierten Tathandlungen zu einem Störungserfolg im Inland geführt hat (Wabnitz/Janovsky WirtschaftsStR-HdB/*Bär* Kap. 14 Rn. 205 ff.; Fischer § 9 Rn. 5 ff. jeweils mwN). Ein Auseinanderfallen des Ortes der Handlung und des Eintritts des zum Tatbestand gehörenden Erfolges (sog Distanzdelikt) ist daher möglich (→ § 303a Rn. 3).

III. Schutzgut

4   War bisher durch § 303b nur das Interesse von Wirtschaft und Verwaltung an der Funktionstüchtigkeit ihrer Datenverarbeitung geschützt, dient die geänderte Schutzrichtung des Tatbestandes nun generell dem Interesse der Betreiber und Nutzer von EDV-Anlagen an deren ordnungsgemäßer Funktionsweise ohne Beschränkung auf bestimmte betriebliche oder behördliche Computeranlagen (BT-Drs. 16/ 3656, 13; LK-StGB/*Wolff* Rn. 2; Schönke/Schröder/*Stree/Hecker* Rn. 1 mwN) und will damit das neue Grundrecht auf Integrität und Vertraulichkeit informationstechnischer Systeme aus Art. 2 Abs. 1 iVm Art. 1 Abs. 1 GG (BVerfG NJW 2008, 822) sichern.

IV. Verfassungsmäßigkeit

5   Der Tatbestand der Computersabotage genügt auch den verfassungsrechtlichen Bestimmtheitsanforderungen des Art. 103 GG. Soweit teilweise gegen die hinreichende Bestimmtheit des § 303b deshalb Bedenken erhoben werden (vgl. NK-StGB/*Zaczyk* Rn. 2), weil die Begriffe „Datenverarbeitung" und „wesentliche Bedeutung" zu unbestimmt seien, erscheint dies nicht gerechtfertigt. Die mit diesen unbestimmten Rechtsbegriffen verbundenen Schwierigkeiten bei der Eingrenzung des Tatbestandes lassen sich – wie bei anderen Strafnormen – durch eine geeignete Auslegung überwinden (LK-StGB/

Wolff Rn. 1), ohne verfassungsrechtliche Grundsätze zu verletzen. Auch die von § 303b Abs. 5 in Bezug genommene und sehr weit gefasst Vorschrift des § 202c entspricht in Bezug auf die geforderte Zweckbestimmung der Software iSd § 202c Nr. 2 den verfassungsrechtlichen Vorgaben (BVerfG CR 2009, 673).

B. Kommentierung im Einzelnen

I. Tatobjekt

Als Tatobjekt iSd § 303b kommen nur Datenverarbeitungen in Betracht, die für einen anderen von **6** wesentlicher Bedeutung sind. Sowohl der Begriff „Datenverarbeitung" als auch die „wesentliche Bedeutung für einen anderen" werfen zahlreiche Abgrenzungsprobleme im Einzelfall auf, die für die Reichweite des Tatbestandes von großer praktischer Relevanz sind.

1. Datenverarbeitung. Der technisch nicht eindeutige Begriff der Datenverarbeitung ist nach dem **7** Willen des Gesetzgebers weit auszulegen und umfasst nicht nur den einzelnen Datenverarbeitungsvorgang, sondern auch den weiteren Umgang mit Daten und deren Verwertung (BT-Drs. 10/5058, 35). Einbezogen sind damit neben den (einzelnen) automatisierten elektronischen Prozessen, bei denen Daten durch Erfassung, Aufbereitung, Speicherung, Umwandlung verarbeitet oder innerhalb eines internen oder externen Netzwerkes übertragen werden, sondern auch die Gesamtheit aller elektronischen Rechenvorgänge (LK-StGB/*Wolff* Rn. 4; Fischer Rn. 4; Schönke/Schröder/*Stree/Hecker* Rn. 3; MüKoStGB/*Wieck-Noodt* Rn. 6). Ausgeklammert vom begrifflichen Verständnis bleiben damit lediglich sonstige Vorgänge, wie die Versendung von Datenträgern per Post oder die Verwendung von Ausdrucken, da diese nicht in der Form der elektronischen Datenverarbeitung erfolgen (Fischer Rn. 4).

2. Wesentliche Bedeutung. Zwar werden neben den DV-Anlagen von Betrieben, Unternehmen **8** und Behörden nun auch Computer- und Informationssysteme von Privatpersonen erfasst, doch sollen durch das Merkmal der wesentlichen Bedeutung als Filter Bagatellfälle vom Tatbestand ausgenommen werden. Eine solche Einschränkung war mit den Begriffen „schwere Behinderung" in Art. 5 des EU-Übereinkommens bzw. „wenn kein leichter Fall vorliegt" in Art. 3 des EU-Rahmenbeschlusses sowie nun in Art. 3 der neuen EU-RL 2013/40/EU, ergänzt durch Erwägungsgrund 11 (EU-ABl. 2013 L 218, 9) auch vorgesehen, ohne dass sich der Gesetzgeber aber in vollem Umfang an diesen Formulierungen orientiert hat. Die wesentliche Bedeutung ist aber letztlich unabhängig von der Größe und Leistungsfähigkeit der verwendeten Datenverarbeitung oder des jeweiligen Betriebes oder Unternehmens, dh auf eine anlagenbezogene Beurteilung kann es hier nicht ankommen (Fischer Rn. 6). Im Einzelfall können daher auch sehr leistungsfähige Kleingeräte, wie etwa Smartphones, Personal Digital Assistants (PDAs) oder Netbooks auch von wesentlicher Bedeutung sein (Fischer Rn. 6; LK-StGB/*Wolff* Rn. 12). Gegenüber § 303b Abs. 1 aF sollen jedenfalls hier auch weniger schwer wiegende Fälle erfasst werden, was auch aus dem abgesenkten Strafrahmen deutlich wird (BT-Drs. 16/3656, 13). Vom Anwendungsbereich ausgeklammert bleiben jedenfalls aber alle Störungen von nur untergeordneter Bedeutung. Gleichwohl kann dieses sehr schwer objektivierbare Wesentlichkeitskriterium im Einzelfall zu schwierigen Abgrenzungsfragen führen.

Bezogen auf den **wirtschaftlichen Bereich** besteht eine wesentliche Bedeutung der Datenverarbei- **9** tung insbes. bei Rechenzentren etwa in Großunternehmen oder bei Computeranlagen, die für die Organisation und die Verwaltungs- oder Arbeitsabläufe eines Unternehmens grundlegend sind, so dass bei einem Ausfall notwendige Daten nicht zur Verfügung stehen bzw. Datenverarbeitungsprozesse in wichtigen Teilbereichen nicht mehr oder nur mit nicht unerheblichem Mehraufwand genutzt werden können (LK-StGB/*Wolff* Rn. 10; Schönke/Schröder/*Stree/Hecker* Rn. 4 jeweils mwN). Die geforderte Wesentlichkeit kann aber auch einen einzelnen Datenverarbeitungsvorgang betreffen, wenn etwa die Buchhaltung, das Controlling, die Personalverwaltung oder sonstige zentrale Aufgabenbereiche nicht mehr funktionsfähig sind. Dies gilt etwa bei Nichtfunktionieren der Praxissoftware eines Arztes, so dass die Patientendaten nicht zur Verfügung stehen (LG Ulm CR 1989, 825).

Im **privaten Bereich** ist von einer wesentlichen Bedeutung der EDV-Anlage auszugehen, wenn sie **10** für die Lebensgestaltung der jeweiligen Person eine zentrale Funktion einnimmt (BT-Drs. 16/3656, 13). Wird damit eine Datenverarbeitung etwa nur zum Surfen im Internet oder für Computerspiele benutzt, fehlt es an einer wesentlichen Bedeutung. Gleiches gilt bei Datenverarbeitungen in Haushaltsgeräten wie TV-Anlagen, Navigationsgeräten usw (Schönke/Schröder/*Streee/Hecker* Rn. 4; Fischer Rn. 7). Demgegenüber ist dies nach BT-Drs. 16/3656, 13 bei einem Bezug zu einer Erwerbstätigkeit oder einer sonstigen wissenschaftlichen, künstlerischen oder schriftstellerischen Tätigkeit zu bejahen, so etwa beim Laptop mit der Dissertation eines Doktoranden (*Ernst* NJW 2007, 2664). Während für die wesentliche Bedeutung teilweise nur ein objektiver Maßstab (so LK-StGB/*Wolff* Rn. 11) angelegt wird, sollen hier auch subjektive Bewertungen mit einbezogen werden können (so: Fischer Rn. 6). Diese Abgrenzung ist etwa im Blick auf katalogisierte Digitalbilder- oder Video-Sammlungen, umfangreiche private E-Mail-Daten durchaus von Bedeutung. Eine zu weitgehende Subjektivierung würde hier aber zu einer problematischen Ausdehnung des Tatbestandes führen, der im Blick auf den Schutzzweck der Norm nicht gerechtfertigt erscheint.

II. Tathandlungen

11   Als eigentliche Tathandlungen, die zu einer Computersabotage führen können, sind in den Ziffern 1–3 drei sehr unterschiedliche Vorgehensweisen aufgeführt, die von der Begehung einer Datenveränderung (Nr. 1) über die Eingabe oder Übermittlung von Daten in Nachteilszufügungsabsicht (Nr. 2) bis hin zu Sabotagehandlungen an Datenverarbeitungsanlagen oder Datenträgern (Nr. 3) reichen.

12   **1. Begehung einer Tat nach § 303a Abs. 1 (Nr. 1).** Durch § 303b Abs. 1 Nr. 1 wird eine Tat nach § 303a Abs. 1 vorausgesetzt, also eine rechtswidrige Löschung, Unterdrückung, Unbrauchbarmachung oder Veränderung von Daten. Angriffsobjekt sind somit auch hier Daten, die – wie bei § 303a – rechtlich nicht der Verfügungsbefugnis des Täters unterliegen dürfen. Im Hinblick auf den zur Verwirklichung dieser Tathandlung weiter erforderlichen Taterfolg einer Störung der Datenverarbeitung, kann dieser Tatbestand nur erfüllt sein, wenn die veränderten Daten zu der Datenverarbeitung gehören, so dass dadurch die geforderten negativen Veränderungen in Bezug auf den Datenverarbeitungsvorgang oder den Informationsgehalt der Daten ausgelöst werden (*Grösling/Höfinger* MMR 2007, 627; LK-StGB/*Wolff* Rn. 15). Insoweit handelt es sich daher bei dieser Tathandlung um eine Qualifikation zu § 303a Abs. 1.

13   **2. Eingabe oder Übermittlung von Daten (Nr. 2).** Mit dieser gegenüber der alten Fassung zusätzlichen Tathandlung in Nr. 2 sollen – über die bereits in Nr. 1 einbezogenen Fallgestaltungen hinaus – Störungen der Datenverarbeitung erfasst werden, bei denen Daten in Nachteilszufügungsabsicht eingegeben oder übermittelt werden. Durch derartige an sich neutrale Handlungen können erhebliche Beeinträchtigungen eines Computersystems verursacht werden, wenn sie sozial inadäquat und damit rechtswidrig eingesetzt werden (BT-Drs. 16/3656, 13). Diese Tathandlung ist daher bspw. bei einer sog Denial-of-Service(DoS)-Attacke bzw. DDoS (distributet DoS) verwirklicht, wenn – ohne Eindringen in den fremden Rechner – die Dienste eines Servers (bei DoS) oder einer größeren Anzahl von Rechners (bei DDoS) durch einen koordinierten Angriff mit einer Vielzahl von gleichzeitigen Anfragen so belastet werden, dass eine Kommunikation mit diesem bzw. diesen Server(n) ganz blockiert oder zumindest erheblich erschwert wird. Eine besondere Form stellt die DRDoS (Distributed Reflected Denial of Service)-Attacke dar, bei der ein Angreifer seine Datenpakete nicht direkt an das Opfer, sondern an regulär arbeitende Internetdienste sendet, jedoch über veränderte IP-Adressen (IP-Spoofing) als Absenderadresse die des Opfers eingibt, so dass es durch die Antworten auf diese Anfragen zum eigentlichen DoS-Angriff kommt, wobei der Ursprung des Angriffs kaum ermittelbar ist. Hier erfasst werden auch DoS-Attacken in Form eines politischen Protestes, sog Online-Demonstrationen. Hier hatte das OLG Frankfurt a. M. (MMR 2006, 547 mAnm *Gercke* und *Kitz* ZUM 2006, 730; *Kelker* GA 2009, 86) bei einer zweistündigen Blockade der Internetseite eines Luftfahrtunternehmens zur alten Fassung der §§ 303a, 303b noch eine Strafbarkeit verneint (*Hoffmanns* ZIS 2012, 409). Derartige DoS- oder DDoS-Attacken werden zunehmend auch mit klassischen Erpressungs-Delikten kombiniert. So verurteilte das LG Düsseldorf (MMR 2011, 624 mAnm *Bär*) einen Täter, der sich über einen russischen Provider Serverkapazitäten angemietet hatte, um mit einem Bot-Netz einen Anbieter eines elektronischen Wettportals zu Geldzahlungen zu veranlassen wegen Computersabotage in Tateinheit mit Erpressung (vgl. auch *Popp* jurisPR-ITR 25/2011 Anm. 6).

14   Durch das zusätzliche subjektive Korrektiv „in der Absicht, einem anderen Nachteil zuzufügen" wird sichergestellt, dass nur missbräuchliche, also in Schädigungsabsicht begangene Handlungen vom Tatbestand erfasst werden. Damit bleiben andere Aktivitäten bei der Netzwerkgestaltung oder bei sonstigen zulässigen Maßnahmen der Unternehmen – etwa zu Sicherheitszwecken – hier ausgeklammert. Eine Nachteilszufügungsabsicht erfordert das Bewusstsein des Täters, dass der Nachteil die notwendige Folge der Tat ist. Als Nachteil gilt dabei jede negative Folge oder Beeinträchtigung rechtmäßiger Interessen, ohne dass dieser vermögensrechtlicher Natur zu sein braucht (BGHSt 29, 196 zu § 274 Abs. 1 Nr. 1; Fischer Rn. 12a). Da zur Tatbestandsverwirklichung die Absicht genügt, braucht der Nachteil selbst nicht eingetreten zu sein. Nach Auffassung des Rechtsausschusses (BT-Drs. 16/5449, 9) soll es aber bei Massenprotesten per E-Mail an der Absicht der Nachteilszufügung fehlen, wenn dieses Vorgehen von der Meinungsfreiheit iSd Art. 5 GG gedeckt ist. Dies kann aber nur dann gelten, wenn im Rahmen einer nicht verabredeten Aktion unterschiedliche Absender von E-Mails eine Störung der Datenverarbeitung durch Überlastung des Servers herbeiführen. Sofern demgegenüber – auch bei durchaus anerkennenswerten Motiven – im Rahmen von organisierten Protestaufrufen zur Durchsetzung von politischen oder sonstigen Anliegen, der Server eines Unternehmens oder einer sonstigen Behörde bzw. Organisation lahmgelegt werden soll, muss in diesem Fall von einer Nachteilsabsicht der Beteiligten ausgegangen werden, weil ein solches Vorgehen die Grenzen einer zulässigen Meinungsäußerung überschreitet (LK-StGB/*Wolff* Rn. 29).

15   **3. Sabotagehandlungen an DV-Anlagen oder Datenträgern (Nr. 3).** Unter Strafe gestellt sind nach § 303b Abs. 1 Nr. 3 als eigenständigem Tatbestand auch Angriffe auf die Datenverarbeitungsanlage

oder einen Datenträger und damit letztlich auf die Hardware. Die Datenverarbeitungsanlage erfasst alle Einzelbestandteile der maschinentechnischen Ausstattung vom Bildschirm über Laufwerke, Drucker bis hin zur Zentraleinheit selbst (LK-StGB/*Wolff* Rn. 17; Fischer Rn. 13). Einbezogen sich auch alle zur Datenverarbeitung gehörenden Bestandteile eines lokalen Netzwerkes (LAN oder WLAN). Zu den Datenträgern gehören alle heute gängigen elektronischen, magnetischen oder optischen Speichermedien wie Diskette, Magnetband, CD-ROM bzw. DVD, aber auch USB- sowie andere Memory-Sticks oder SD-Speicherchips in Digitalfotos, Navigationsgeräten oder anderen technischen Gegenständen. Nach dem Gesetzeswortlaut müssen diese Tatobjekte – im Gegensatz zu § 303 Abs. 1 – für den Täter nicht fremd sein, dh die Eigentumsverhältnisse sind für die Tatbegehung ohne Bedeutung. Die Regelung ist damit auch anwendbar, wenn sich die Handlung des Täters zwar gegen eigene Sachen richtet, aber dadurch die Datenverarbeitung eines dem Täter nicht gehörenden Unternehmens oder einer Behörde gestört wird (BT-Drs. 10/5058, 36).

Als konkrete Tathandlungen sind im Gesetz fünf Varianten vorgesehen, die sich inhaltlich teilweise **16** überschneiden. So kommen zunächst das Zerstören oder Beschädigen – wie bei § 303 – der jeweiligen Hardware in Betracht. Unbrauchbar gemacht wird ein Gegenstand durch Aufhebung oder so starke Beeinträchtigung der Gebrauchsfähigkeit, dass eine ordnungsgemäße Nutzung entfällt. Da das Unbrauchbarmachen meist eine Beschädigung einschließen wird, ist der Anwendungsbereich dieser Tathandlung gering (*Hilgendorf* JuS 1996, 1082). Zu einer Beseitigung kommt es, sobald der Gegenstand aus dem Verfügungs- oder Gebrauchsbereich des Berechtigten entfernt wurde. Da es im Rahmen der Veränderung – Herstellung eines abweichenden Zustandes der Hardware durch Umbau oder Verwendung neuer Komponenten – regelmäßig bereits zu einem Beschädigen oder Unbrauchbarmachen kommt, sind für diese letzte Tatalternative Anwendungsfälle kaum denkbar (LK-StGB/*Wolff* Rn. 22; Fischer Rn. 13).

III. Störung der Datenverarbeitung als Taterfolg

Als Taterfolg des § 303b muss es zu einer erheblichen Störung der Datenverarbeitung kommen. **17** Durch die Einfügung „erheblich" mit dem 41. StrÄndG sollte klargestellt werden, dass Störungen von untergeordneter Bedeutung ausgeschlossen bleiben (BT-Drs. 16/3654, 13). Dieser Taterfolg tritt somit erst ein, sofern der reibungslose Ablauf der Datenverarbeitung nicht unerheblich beeinträchtigt ist (LK-StGB/*Wolff* Rn. 23; Fischer Rn. 12; Schönke/Schröder/*Stree*/*Hecker* Rn. 10). Dafür soll nach der Gesetzesbegründung einerseits eine Störung des Betriebes insgesamt nicht erforderlich sein, während andererseits eine bloße abstrakte oder konkrete Gefährdung der Datenverarbeitung noch nicht ausreichend ist. Die Art der jeweiligen Störung ist unerheblich, so dass sowohl alle Eingriffe in den technischen Ablauf der mechanischen Teile oder des Datenflusses innerhalb der Anlage als auch Schadprogramme (Viren, DoS-Attacken) in allen denkbaren Formen in Betracht kommen. Unzweifelhaft ist eine solche erhebliche Störung zu bejahen, wenn die Funktionsfähigkeit der EDV-Anlage völlig aufgehoben ist, also etwa ein elektronisches Wettportal aufgrund einer DoS-Attacke nicht mehr im Netz erreichbar ist (LG Düsseldorf MMR 2011, 625 mAnm *Bär*). Darunter sind Fälle wie die Verletzung oder Zerstörung der Substanz des Rechners (Computer wird angezündet oder mit sonstigen Flüssigkeiten gebrauchsunfähig gemacht) zu subsumieren ebenso wie die bewusste Herbeiführung des völligen Zusammenbruchs eines EDV-Systems. Bereits nicht so eindeutig ist dies, wenn es lediglich zu einer Einschränkung der Funktionsfähigkeit der Anlage kommt. Hier kann wiederum nur das Kriterium der Erheblichkeit herangezogen werden. Beeinträchtigungen der Hardwarefunktionen – zB durch den Ausfall einzelner Funktionen oder Geräte (Bildschirme, Drucker) – dürften so regelmäßig zu einer Störung führen, wenn keine Datenausgabe und Arbeit am Rechner mehr möglich ist. Gleiches gilt für die erhebliche Herabsetzung der Rechnergeschwindigkeit oder die Nichtausführbarkeit einzelner Programme bzw. Anwendungen als Wirkung der eingesetzten Viren. Kann die volle Funktionsfähigkeit aber über ein anderes Gerät, über Sicherungskopien oder durch einen kurzfristigen Neustart des Rechners ohne große Zeitaufwand oder erhebliche Kosten wieder erreicht werden, erfüllt die nur zeitweise Manipulation den tatbestandlichen Erfolg der Störung nicht (LK-StGB/*Wolff* Rn. 26). Gleiches gilt, wenn die Auswirkungen der Störung nur sehr begrenzt sind und sich nicht auf andere Teile der Datenverarbeitung auswirken. Am meisten Schwierigkeiten bei der Einordnung bereitet die unberechtigte Einflussnahme auf das Ergebnis der Datenverarbeitung (*Voleskey*/*Scholten* iur 1987, 283). Bereits der Gesetzgeber (BT-Drs. 10/5058, 35) hat den Begriff der Datenverarbeitung nicht auf den einzelnen Datenverarbeitungsvorgang, sondern auch auf den weiteren Umgang mit den Daten sowie deren Verwertung erstreckt, denn ein falsche Ergebnisse erzielender Rechner kann einen viel größeren Schaden anrichten als ein Computer, der ganz oder teilweise funktionsunfähig ist. In Abgrenzung zu § 263a wird aber deutlich, dass regelmäßig die Störung eines einzelnen Datenverarbeitungsvorgangs hier nicht ausreichend ist, sondern nur die Störung einer unbestimmten Vielzahl von solchen Vorgängen. Sabotagehandlungen führen deshalb nur zum tatbestandlichen Erfolg, wenn sich Programmveränderungen oder Veränderungen von Daten auf eine Vielzahl oder sogar alle Datensätze bzw. Daten auswirken (LK-StGB/*Wolff* Rn. 24; *Volesky*/*Scholten* iur 1987, 284). Der Tatbestand ist daher etwa erfüllt, wenn es durch Sabotagehandlungen zu Veränderungen bei der Lohnbuchhaltung des Betriebes in Form von falschen Berechnungen der Lohnsteuern oder durch Gehaltsauszahlungen an fiktive Mitarbeiter kommt.

IV. Subjektiver Tatbestand

18   Neben dem objektiven Tatbestand ist hinsichtlich aller Voraussetzungen der Nachweis eines **zumindest bedingten Vorsatzes** in subjektiver Hinsicht erforderlich. Der Täter muss vor allem wissen bzw. für möglich halten, dass die Datenverarbeitung für den von der Störung Betroffenen von wesentlicher Bedeutung ist und es durch die eigentliche Tathandlung zu einer entsprechenden erheblichen Beeinträchtigung kommt. Bzgl. § 303b Abs. 1 Nr. 1 gelten zusätzlich die dortigen Anforderungen (→ § 303a Rn. 18), in Bezug auf § 303b Abs. 1 Nr. 2 muss die Absicht einer Nachteilszufügung hinzukommen (→ Rn. 14). Ein vorsatzausschließender Tatbestandsirrtum iSd § 16 liegt vor, wenn der Täter irrig von einer unwesentlichen Bedeutung der Datenverarbeitung ausgeht.

V. Rechtswidrigkeit

19   Nachdem das auch für § 303b Abs. 1 Nr. 1 relevante Merkmal „rechtswidrig" der Tatbestandsebene zuzurechnen ist (→ § 303a Rn. 8 ff.), können nur allgemeine Rechtfertigungsgründe zum Ausschluss der Rechtswidrigkeit führen. Dabei hat hier ausschließlich die Einwilligung oder mutmaßliche Einwilligung eine praktische Bedeutung. So führt etwa die Einwilligung des Verfügungsberechtigten über die Daten oder des Inhabers eines fremden Betriebes oder Unternehmens, dem die gestörte Datenverarbeitung zuzuordnen ist, zum Tatbestandsausschluss.

VI. Qualifikation (Abs. 2)

20   Mit einer gegenüber Abs. 1 erhöhten Strafandrohung bleiben die bisher in § 303b Abs. 1 aF sanktionierten Sabotagehandlungen als Qualifikationstatbestand aufrechterhalten, wenn die Datenverarbeitung für einen fremden Betrieb, ein fremdes Unternehmen oder eine Behörde von wesentlicher Bedeutung sind. Zur Reichweite des **„Betriebs"** kann nicht auf die enge Legaldefinition in § 265b Abs. 3 Nr. 1 abgestellt werden, sondern ist allgemein auf die zu § 14 entwickelten Grundsätze zurückzugreifen. Entscheidend ist, ob es sich um eine räumliche und organisatorische Zusammenfassung von Personen und Sachmitteln zur Erreichung eines arbeitstechnischen Zwecks handelt, der nicht unbedingt wirtschaftlich sein muss (Fischer § 14 Rn. 8; *Volesky/Scholten* iur 1987, 281; LK-StGB/*Wolff* Rn. 7). Als **Unternehmen** wird demgegenüber eine organisatorische Einheit angesehen, die auf einer Verbindung personeller und sachlicher Mittel beruht. Damit werden durch diese – teilweise deckungsgleichen – Begriffe von § 303b Abs. 2 etwa Datenverarbeitungen in Geschäften, Handwerksbetrieben, Agenturen, Freiberuflern, Banken und Vereinen geschützt. Da ein unmittelbarer wirtschaftlicher Zweck mit Gewinnerzielungsabsicht nicht im Vordergrund steht, sind auch karitative Einrichtungen oder andere gemeinnützige Vereine, Theater ohne wirtschaftliche Ziele einbezogen. Hinzukommen muss aber in allen Fällen, dass Betrieb oder Unternehmen für den Täter auch fremd sind. Daran fehlt es aber, wenn Alleineigentum des Täters vorliegt oder er als Alleingesellschafter einer GmbH tätig ist. Täter iSd § 303b kann nicht sein, wer Sabotagehandlungen an seiner eigenen DV-Anlage vornimmt. Für Betriebs- oder Unternehmensangehörige ist von einer Fremdheit auszugehen, solange das Betriebsvermögen rechtlich bzw. wirtschaftlich nicht dem Täter zuzuordnen ist. Probleme bei der Zuordnung können auftreten, wenn die Datenverarbeitung des Unternehmens – etwa durch fremde Rechenzentren – wahrgenommen wird. In diesem Fall dürfte die Datenverarbeitung wohl dem Betrieb des Unternehmens zuzuordnen sein. Der Betreiber des Rechenzentrums kann Täter iSd § 303b Abs. 2 sein. Entscheidend ist deshalb die Prüfung der Eigentums-, Gebrauchs- und Verfügungsrechte sowohl an der vorhandenen Hardware als auch hinsichtlich der Software. Ggf. muss hier auch weiter zwischen System- und Anwendersoftware unterschieden werden. Unter einer **Behörde** wird – ebenso wie in § 11 Abs. 1 Nr. 7 – ein ständiges, von der Person des Inhabers unabhängiges, in das Gefüge der öffentlichen Verwaltung eingeordnetes Organ der Staatsgewalt mit der Aufgabe, unter öffentlicher Autorität nach eigener Entschließung für Staatszwecke tätig zu sein, verstanden (BGHSt 25, 186 sowie Fischer § 11 Rn. 29 mwN). Dazu zählen auch die Gerichte.

VII. Versuchsstrafbarkeit (Abs. 3)

21   Ebenso wie bei der Sachbeschädigung und der Datenveränderung ist gem. § 303b Abs. 3 auch hier der Versuch strafbar. Eine solche Ausweitung der Strafbarkeit ist durch Art. 5 Abs. 2 des EU-Rahmenbeschlusses geboten (BT-Drs. 16/3656, 13). Nur ein Versuch ist anzunehmen, wenn es trotz erfolgter Sabotagehandlung noch zu keinem Taterfolg, der Störung der Datenverarbeitung, gekommen ist, der Täter aber nach seinen Vorstellungen bereits mit der Tatausführung begonnen hat. Die erfolglosen Bemühungen eines Crackers, über ein Sicherungssystem eines fremden Rechners Sabotagehandlungen vorzunehmen, werden so erfasst. Die Grenze der straflosen Vorbereitungshandlung zum Versuch ist mit dem Beginn des Angriffs auf die Datenverarbeitungsanlage bzw. den Datenträger – etwa durch Beginn

des Eingabe- oder Übermittlungsvorgangs eines Virus oder eines Trojanischen Pferdes – überschritten (LK-StGB/*Wolff* Rn. 31; Fischer Rn. 20). Mit dem Eintritt der erheblichen Störung der Datenverarbeitung ist die Tat vollendet.

VIII. Strafzumessungsregel (Abs. 4)

Mit dem durch das 41. StrÄndG neu eingefügten Abs. 4 wurde eine Strafzumessungsregel für **22** besonders schwere Fälle der Computersabotage geschaffen, die sich vom Strafrahmen des Abs. 2 nicht immer angemessen erfassen lassen (BT-Drs. 16/3656, 13). Die hier enthaltenen drei Regelbeispiele orientieren sich dabei an vergleichbaren Bestimmungen anderer Tatbestände und setzen damit hier bereits die Vorgaben aus Art. 9 Abs. 4 der neuen EU-RL 2013/40/EU (EU-ABl. 2013 L 218, 9) um. Bemerkenswert ist hier, dass die besonders schweren Fälle nicht an den Grundtatbestand, sondern nur an die Qualifikation des Abs. 2 anknüpfen. Dies beruht letztlich darauf, dass Sabotagehandlungen gerade bei Unternehmen und Behörden zu einem beträchtlichen wirtschaftlichen Schaden führen können.

Mit der Herbeiführung eines Vermögensverlustes großen Ausmaßes **(Nr. 1)** wird die Regelung des **23** § 263a Abs. 2 iVm § 263 Abs. 3 S. 2 Nr. 2 hier übernommen (BT-Drs. 16/3656, 14). Wie bereits die gesetzliche Formulierung nahelegt, ist der Vermögensverlust größeren Ausmaßes nach objektiven Gesichtspunkten zu bestimmen (BGHSt 48, 360 (361)). Die von der Rspr. zu § 263 Abs. 3 S. 2 Nr. 2 entwickelte Wertgrenze von 50.000 EUR für den geforderten Vermögensverlust, um den Bestimmtheitsanforderungen zu genügen (BGHSt 48, 360 (361)), lässt sich in Hinblick auf die Sachnähe der Manipulationshandlungen an Computern bei den Regelbeispielen des § 263 und § 263a auch hier übertragen (LK-StGB/*Wolff* Rn. 35; Fischer Rn. 23). Sofern es aber nur bei der Absicht der Zufügung eines großen Vermögensverlustes geblieben ist, reicht dies für die Bejahung des Regelbeispiels nicht aus. Ebenso wie bei § 263 Abs. 3 muss auch hier der Schaden tatsächlich eingetreten sein, so dass eine schadensgleiche Vermögensgefährdung hier nicht genügt (BGHSt 48, 354 (356)).

Die Auslegung des Regelbeispiels einer gewerbs- oder bandenmäßigen Begehung **(Nr. 2)** hat sich **24** inhaltlich an den vergleichbaren Bestimmungen in § 263 Abs. 3 S. 1 Nr. 2 und § 267 Abs. 3 S. 2 Nr. 2, auf die durch § 263a Abs. 2 und § 269 Abs. 3 Bezug genommen wird, zu orientieren (BT-Drs. 16/3656, 14). Die danach für die Gewerbsmäßigkeit erforderliche wiederholte Tatbegehung, um sich eine fortlaufende Einnahmequelle zu verschaffen, wird aber bei Sabotagehandlungen kaum in Betracht kommen, da damit regelmäßig keine vermögensrechtlichen Interessen verfolgt werden. Von einer bandenmäßigen Begehung ist erst bei einem Zusammenschluss von mindestens drei Personen für eine gewisse Dauer auszugehen, wenn mehrere selbständige, im Einzelnen noch ungewisse Straftaten nach § 303b Abs. 2 begangen werden sollen. Hierbei genügt eine stillschweigende Vereinbarung eines wiederholten deliktischen Zusammenwirkens der Täter, ohne dass eine Bandenabrede, etwa in Form eines gefestigten „Bandenwillens" oder ein Tätigwerden im übergeordneten Bandeninteresse nötig ist (BGHSt 47, 214 (219); 46, 321 (325)). Dies wäre etwa bei zeitlich koordinierten gemeinsamen DoS-Attacken durch mehrere Täter verwirklicht, um einen für die Geschäftsabwicklung wesentlichen Internet-Server eines oder mehrerer Unternehmen lahmzulegen.

Durch das überwiegend an § 316b Abs. 3 angelehnte dritte Regelbeispiel einer Beeinträchtigung der **25** Versorgung der Bevölkerung mit lebenswichtigen Gütern oder Dienstleistungen oder der Sicherheit der Bundesrepublik Deutschland **(Nr. 3)** und der damit umschriebenen sog kritischen Infrastrukturen sollen hier besonders schwere Folgen für die Allgemeinheit ebenfalls mit einen erhöhten Strafrahmen sanktioniert werden können. Hierbei wurde vom Gesetzgeber berücksichtigt, dass heute die Verfahrensabläufe im Rahmen der Infrastrukturunternehmen, etwa der Energie- und Wasserversorgung, aber auch der Krankenhäuser oder der Bankwirtschaft sowie des Bahn- und Luftverkehrs fast ausschließlich mit Hilfe der EDV abgewickelt werden, so dass solche Betriebe und Unternehmen für Sabotageakte besonders anfällig sind (BT-Drs. 16/3656, 14). In Bezug auf die diesen Fallgestaltungen gleichgestellten Beeinträchtigungen der staatlichen Sicherheitsinteressen geht es – ebenso wie bei § 92 Abs. 3 Nr. 2 – um schwerwiegende Angriffe gegen staatliche Einrichtungen, die lebenswichtige Infrastruktureinrichtungen betreffen. In Betracht kommen hier etwa Sabotagehandlungen gegenüber öffentlichen Versorgungsbetrieben (Gas, Wasser, Strom), aber auch Datenverarbeitungsanlagen der Polizei, Feuerwehr, mit denen beispielsweise Einsätze ausgelöst oder gesteuert werden. Insoweit kann es hier zu tateinheitlichen Begehungsweisen mit §§ 316b, 316c, 317 und § 318 kommen. Für Betreiber solcher kritischer Infrastrukturen gilt nach § 8b Abs. 4 BSIG seit dem IT-Sicherheitsgesetz vom 17.7.2015 eine Meldepflicht bei erheblichen Störungen ihrer informationstechnischen Systeme.

IX. Vorbereitungshandlungen (Abs. 5)

Mit dem 41. StrÄndG wurde in Umsetzung von Art. 6 Abs. 1a iVm Art. 4 Abs. 1 der Cyber-Crime- **26** Konvention in § 303b Abs. 5 – ebenso wie in § 303a Abs. 3 – ein Verweis auf § 202c aufgenommen (BT-Drs. 16/3656, 14). In der Konvention war vorgesehen, dass auch bestimmte besonders gefährliche Vorbereitungshandlungen in Bezug auf Eingriffe in ein System selbständig unter Strafe gestellt werden sollen. Ziel des Gesetzgeber war es, in Form eines abstrakten Gefährdungsdelikts alle Vorbereitungshandlungen zu erfassen, deren objektiver Zweck die Begehung einer Straftat nach § 303b Abs. 1 ist, und nicht nur eine bisher straflose versuchte Beihilfe zu sanktionieren, wenn es nicht zu Vollendung einer Haupttat gekommen ist (BT-Drs. 16/3656, 12; kritisch: *Borges/Stuckenberg/Wegener* DuD 2007, 275; *Schulz* DuD 2006, 781). Diese Regelung entspricht auch den Vorgaben von Art. 7 der EU-RL über Angriffe auf Informationssysteme vom 12.8.2013 (EU-ABl. 2013 L 218, 8), die bis 4.9.2015 in nationales Recht umzusetzen ist. Sanktioniert werden kann somit das Herstellen, Verschaffen, Verkaufen, Überlassen, Verbreiten oder sonstige Zugänglichmachen von Passwörtern oder sonstigen Sicherungscodes (§ 202c S. 1 Nr. 1) sowie von Computerprogrammen (§ 202c S. 1 Nr. 2), deren Zweck die Begehung einer Computersabotage ist.

27   Von § 303b Abs. 5 iVm § 202c Abs. 1 Nr. 1 erfasst werden somit alle Zugangscodes, Passwörter oder vergleichbare Daten, etwa eine Verschlüsselungs- bzw. Entschlüsselungssoftware, die eine Begehung von Sabotagehandlungen iSd § 303b Abs. 1 zulassen. Erforderlich ist nur, dass im Zeitpunkt der Tat eine konkrete Eignung der Zugangsdaten zur Tatbegehung besteht (*Ernst* NJW 2007, 2663). Wer somit Kennungen oder sonstige Zugangsinformationen zu fremden Servern weitergibt, damit diese für spätere Angriffe auf Computersysteme eingesetzt werden können, macht sich insoweit strafbar. Hier werden auch Aufzeichnungen der PIN-Eingabe an Geldautomaten einbezogen beim sog Skimming, wenn diese Daten iSd § 303b Abs. 1 Nr. 2 später dazu benutzt werden, um anderen einen Nachteil zuzufügen. Diese Regelung kann auch in Betracht kommen, wenn etwa auf den weltweiten virtuellen Schwarzmärkten missbräuchlich erlangte Zugangsdaten etwa für Computer, Online-Angebote aller Art angeboten werden, wenn mit diesen Daten eine Straftat nach § 303b begangen werden soll. Da aber hier jeweils ein subjektiver Tatnachweis hinzukommen muss, wird dies im Einzelfall schwierig nachweisbar sein, da die Verkäufer oder Käufer solcher missbräuchlich erlangten Daten weder die Täter sind, welche die Daten zuvor ausgespäht haben, noch diejenigen, die sie später betrügerisch einsetzen wollen. Insoweit ist daher eine auftretende Strafbarkeitslücke durch einen neuen Straftatbestand der Datenhehlerei in einem § 202d-StGB-E zu schließen, mit dem generell eine Verschaffung, eine Überlassung, eine Verbreitung oder ein Zugänglichmachen von rechtswidrig erlangten Daten iSd § 202a Abs. 2 sanktioniert werden kann, wenn der Täter mit Bereicherungs- oder Schädigungsabsicht handelt (vgl. zum Entwurf: BR-Drs. 284/13 und BR-Drs. 70/14 sowie *Klengel/Gans* ZRP 2013, 16 und *Golla/von zur Mühlen* JZ 2014, 668).

28   Demgegenüber erfordert § 303a Abs. 3 iVm § 202c Abs. 1 Nr. 2 ein Computerprogramm, das nach Art und Weise seines Aufbaus und seiner Beschaffenheit bzw. seiner Funktionsweise objektiv bereits so ausgestaltet ist, dass es zur Begehung einer von § 303b Abs. 1 erfassten Sabotagehandlung eingesetzt werden kann. Es genügt nicht, wenn das jeweilige Computerprogramm lediglich zur Begehung einer Computersabotage. Vielmehr wird durch das Erfordernis der Zweckbestimmung klargestellt, dass es sich hierbei um eine entscheidende Eigenschaft des Programms handeln muss, mit dieser Software Straftaten nach § 303b Abs. 1 zu begehen (BT-Drs. 16/3656, 12; BVerfG NZV 2006, 483; LK-StGB/*Wolff* § 303a Rn. 39; *Fischer* § 202c Rn. 5). Vom Tatbestand erfasst werden damit auch hier sog Hacker-Tools, soweit sie für Sabotagehandlungen aller Art eingesetzt werden können und/oder gezielt zur Begehung solcher Straftaten geschrieben wurden. Durch die vom Gesetzeswortlaut geforderte besondere Zweckbestimmung wird aber umgekehrt deutlich, dass alle Programme, die nach ihrer objektiven Funktion schon andere Zielsetzungen verfolgen bereits nicht dem objektiven Tatbestand unterfallen (BVerfG CR 2009, 673 sowie → § 303a Rn. 21 ff.). In Bezug auf Computerprogramme mit hohem „Missbrauchspotential" (*Fischer* § 202c Rn. 6), dh Software die sowohl von Berechtigten für Prüfungs- und Testzwecke als auch von Unberechtigten zur Begehung von Straftaten eingesetzt werden können (sog *Dual-Use-Programme*), gelten die Ausführungen bei → § 303a Rn. 24 ff. entsprechend.

29   In subjektiver Hinsicht erfordert die Verwirklichung einer Vorbereitungshandlung Vorsatz, wobei dolus eventualis genügt. Der Vorsatz muss sich bzgl. § 202c Abs. 1 Nr. 2 auch auf die Zweckbestimmung des Computerprogramms beziehen (BVerfG NZV 2006, 483; LK-StGB/*Wolff* § 303a Rn. 42; *Ernst* NJW 2007, 2664). Der Täter muss also mindestens damit rechnen, dass das tatgegenständliche Programm zukünftig zur Begehung von Straftaten gebraucht wird (kognitives Element) und diese Benutzung des Programms billigend in Kauf nehmen (voluntatives Element).

30   Durch die Verweisung in § 303b Abs. 5 auf den gesamten § 202c, findet über den dortigen Abs. 2 auch § 149 Abs. 2 und 3 mit der Tätigen Reue als persönlichem Strafaufhebungsgrund Anwendung. Damit einer der Tathandlungen des § 202c Abs. 1 Vollendung eintritt, ist für einen Rücktritt nach § 24 kein Raum. Deshalb soll hier Tätige Reue zur Straffreiheit führen, wenn der Täter die Tat freiwillig aufgibt und darüber hinaus die von ihm verursachte Gefahr, dass andere eine Datenveränderung weiter vorbereiten oder ausführen, abwendet oder deren Vollendung verhindert (§ 149 Abs. 2 Nr. 1) und die zur Tatbegehung hergestellten Programme bzw. anderen Mittel iSv § 149 Abs. 2 Nr. 2 unschädlich macht.

X. Konkurrenzen

31   Hinsichtlich der Konkurrenzen ist aufgrund der Deliktsnatur offensichtlich, dass die Qualifizierung des § 303b Abs. 1 Nr. 1 den Grundtatbestand des § 303a verdrängt. Im Übrigen ist regelmäßig Tat-

einheit mit weiteren Tatbeständen, insbesondere § 303 oder §§ 263a, 269 gegeben, es sei denn die Sachbeschädigung würde hinter § 303b zurücktreten, falls deren tatbestandlicher Erfolg bereits voll von der Sabotagehandlung mit erfasst wird. Soweit mehrere Tathandlungen – etwa des § 303b Abs. 1 Nr. 1 und Nr. 3 – gleichzeitig verwirklicht wurden, handelt es sich trotz unterschiedlicher Angriffsmodi um eine einheitliche Tat und nicht um Idealkonkurrenz (LK-StGB/*Wolff* Rn. 39; Fischer Rn. 27). Im Übrigen ist wegen der unterschiedlichen Schutzrichtungen Tateinheit mit §§ 263a, 269, 303 oder § 202a denkbar, es sei denn der Unrechtsgehalt der Tat ist bereits in einem der anderen Delikte mit enthalten. § 303b kann auch taugliche Bezugstat nach § 130 OWiG sein. Speziell bei DoS-Angriffen auf fremde Server, um vom Betreiber Geldzahlungen zu verlangen, wird regelmäßig auch Tateinheit mit §§ 253, 255 vorliegen (LG Düsseldorf MMR 2011, 624 mAnm *Bär*). Wenn die Pflichtverletzung im Zusammenhang mit der Betriebs- und Unternehmenstätigkeit erfolgt, kann über § 30 OWiG auch die Verantwortlichkeit einer juristischen Person begründet werden (BT-Drs. 16/3656, 14).

XI. Antragserfordernis

Gem. § 303c werden alle Tathandlungen nach § 303b Abs. 1–3 primär nur auf Antrag verfolgt. **32** Antragsberechtigt ist als Verletzter hier der Inhaber und Berechtigte der Datenverarbeitung. Eines Strafantrages bedarf es nur dann nicht, wenn die Strafverfolgungsbehörde ein besonderes öffentliches Interesse an der Verfolgung bejaht und deshalb von Amts wegen einschreitet. Dies wird bei Sabotagehandlungen, die dem qualifizierten Tatbestand des § 303b Abs. 2 oder eines Regelbeispiels nach § 303b Abs. 4 erfüllen, aufgrund des besonderen Unrechtsgehalts dieser Vorgehensweisen regelmäßig anzunehmen sein (LK-StGB/*Wolff* § 303c Rn. 1; Fischer § 303c Rn. 7). Mit dem Gesetz zur Erhöhung der Sicherheit informationstechnischer Systeme (IT-Sicherheitsgesetz) vom 17.7.2015 (BGBl. I 1324) besteht hier über § 8b Abs. 4 BSIG und § 109 Abs. 5 TKG auch eine Meldepflicht für erhebliche Störungen der Verfügbarkeit, Integrität, Authentizität und Vertraulichkeit ihrer informationstechnischen Systeme.

XII. Besonderheiten der Strafverfolgung

Ebenso wie bei der Datenveränderung besteht auch bei Sabotagehandlungen die Hauptschwierigkeit **33** des Tatnachweises darin, den Täter zu ermitteln. Dazu bedarf es zunächst einer Feststellung der vom Täter vorgenommenen Veränderungen an der Hard- und/oder Software, um einen gerichtsverwertbaren Nachweis für Manipulationshandlungen führen zu können. Dies wird in den meisten Fällen nur durch eine aufwändige Untersuchung und forensische Auswertung durch speziell im EDV-Bereich ausgebildete Polizeibeamte von Spezialdienststellen oder durch Sachverständige möglich sein. Bei einer Tatbegehungen über Datennetze – etwa im Rahmen von DoS-Attacken oder vergleichbaren Vorgehensweisen – ist eine Täterermittlung nur durch Zurückverfolgungen im Netz an Hand der jeweils verwendeten und vom geschädigten Rechner gespeicherten IP-Adresse des Angreifers oder einer sonstigen Kennungen möglich. Nur wenn zu den ermittelten IP-Adressen des Täters vom jeweiligen Provider auf der Grundlage des § 96 oder § 100 TKG Daten dazu gespeichert werden, welchem Nutzer diese IP-Adresse jeweils zum Tatzeitpunkt konkret zugewiesen wurde, kann ein weiterer Ermittlungsansatz überhaupt gewonnen werden. Dies erfordert ggf. weitere gerichtlich angeordnete Maßnahmen zur Auskunft über Verkehrsdaten gem. § 100g Abs. 1 Nr. 2 StPO bei diesen mittels Telekommunikation begangenen Straftaten oder eine Personenauskunft zu den hinter einer IP-Adresse stehenden Personen nach § 100j Abs. 2 iVm Abs. 1 S. 1 StPO (vgl. zu den einzelnen Ermittlungsmöglichkeiten eingehend: Bär HdB zur EDV-Beweissicherung Rn. 151 ff. sowie Bär TK-Überwachung § 100g Rn. 3 ff.). Durch die Nichtigkeit der §§ 113a, 113b TKG aF und damit der anlassunabhängigen Vorratsdatenspeicherung nach dem Urteil des BVerfG v. 2.3.2010 (NJW 2010, 883) und der deshalb fehlenden anlassunabhängigen Speicherung von angefallenen Verkehrsdaten der Kommunikation ist die Möglichkeit einer Täterermittlung aber stark eingeschränkt (vgl. näher KMR/*Bär* Vor §§ 100a–100j Rn. 14 ff.). Dies gilt vor allem dann, wenn der Täter seinen Angriff über Anonymisierungsdienste oder über einen offenen Proxy-Server durchführt, so dass eine Zurückverfolgung im Netz kaum mehr möglich ist. Durch die Neuregelung zur Vorratsdatenspeicherung in dem Gesetz zur Einführung einer Speicherpflicht und einer Höchstspeicherfrist für Verkehrsdaten vom 10.12.2015 (BGBl. I 2218) werden sich die *Ermittlungsmöglichkeiten* – vor allem in Bezug auf die Personenauskunft nach § 100j Abs. 2 StPO – aber *wieder verbessern*. Ein Abfrage von Vorratsdaten bleibt bei Straftaten nach § 303b aber wegen der nichtvorliegenden Katalogtat iSd § 100g Abs. 2 StPO aber weiter ausgeschlossen.

Vorbemerkungen zu §§ 324–330d

Literatur: *Ahlmann-Otto*, Die Verknüpfung von deutschem und EG-Abfallwirtschaftsrecht mit dem Abfallstrafrecht, 2000; *Alexander*, Die strafrechtliche Verantwortlichkeit für die Wahrung der Verkehrssicherungspflichten in Unternehmen, 2005; *Bartholme*, Der Schutz des Bodens im Umweltstrafrecht, 1995; *Beckemper/Wegner*, Der Abfallbegriff – Geltung des § 3 Abs. 3 S. 1 Nr. 2 KrW-/AbfG im Abfallstrafrecht, wistra 2003, 281; *Bergmann*, Zur Strafbewehrung verwaltungsrechtlicher Pflichten im Umweltstrafrecht, 1993; *Bloy*, Die Straftaten gegen die Umwelt im System des

Rechtsgüterschutzes, ZStW 100 (1988), 485; *Bergmann,* Umweltstrafrecht: Geschichte – Dogmatik – Zukunftsperspektiven, JuS 1997, 577; *Börner,* Unerlaubtes Betreiben einer Anlage bei wesentlicher Abweichung von einer Genehmigung, wistra 2006, 7; *Bosch,* Organisationsverschulden in Unternehmen, 2002; *Böse,* Die Garantenstellung des Betriebsbeauftragten, NStZ 2003, 636; *Bottke,* Das zukünftige Umweltschutzstrafrecht, Jus 1980, 539; *Brahms,* Definition des Erfolges der Gewässerverunreinigung, 1994; *Braun,* Die kriminelle Gewässerverunreinigung (§ 324 StGB), 1990; *Brauer,* Die strafrechtliche Behandlung genehmigungsfähigen, aber nicht genehmigten Verhaltens, 1998; *Brede,* Anmerkung zu Braunschweig, Urteil v. 2.2.1998, SS 97–97, NStZ 1999, 137; *Breuer,* Empfehlen sich Änderungen des strafrechtlichen Umweltschutzes insbesondere in Verbindung mit dem Verwaltungsrecht?, NJW 1988, 2072; *Breuer,* Verwaltungsrechtlicher und strafrechtlicher Umweltschutz – Vom Ersten zum Zweiten Umweltkriminalitätsgesetz, JZ 1994, 1077; *Breuer,* Der Im- und Export von Abfällen innerhalb der Europäischen Union aus umweltstrafrechtlicher Sicht, 1998; *Busch,* Unternehmen und Umweltstrafrecht, 1997; *Christ,* Rechtsfragen der Altautoverwertung, 1998; *Clausen,* Die umweltgefährdende Abfallbeseitigung durch Unterlassen, 2000; *Dahs,* Zur strafrechtlichen Haftung des Gewässerschutzbeauftragten nach § 324 StGB, NStZ 1986, 97; *Dahs,* Der Überwachungswert im Strafrecht – ein untauglicher Versuch, NStZ 1987, 440; *Dahs/Pape,* Die behördliche Duldung als Rechtfertigungsgrund im Strafrecht, NStZ 1988, 393; *Daxenberger,* Kumulationseffekte – Grenze der Erfolgszurechnung im Umweltstrafrecht, 1997; *Diehm,* Die „safe-harbour"-Verordnung und das Urteil des EuGH zum Rahmenbeschluss über den Schutz der Umwelt durch das Strafrecht, wistra 2006, 366; *Dölling,* Umweltstrafrecht und Verwaltungsrecht, JZ 1985, 461; *Dölling,* Zur Entwicklung des Umweltstrafrechts, FS Kohlmann, 2003, 111; *Dominok,* Strafrechtliche Unterlassungshaftung von Amtsträgern in Umweltbehörden, 2007; *Ensenbach,* Probleme der Verwaltungsakzessorietät im Umweltstrafrecht, 1989; *Erdt,* Das verwaltungsakzessorische Merkmal der Unbefugtheit in § 324 und seine Stellung im Deliktsaufbau, 1997; *Feldhaus,* Umweltschutzsichernde Betriebsorganisation, NVwZ 1991, 927; *Fenner,* Der Rechtsmissbrauch im Umweltstrafrecht im System des Strafrechts und des Öffentlichen Rechts, 2000; *Fluck,* Die Duldung des unerlaubten Betreibens von genehmigungsbedürftiger Anlagen, NuR 1990, 197; *Forkel,* Grenzüberschreitende Umweltbelastungen und deutsches Strafrecht, 1988; *Frank,* Strafrechtliche Relevanz rechtswidrigen begünstigenden Verwaltungshandelns – erläutert am Beispiel der Gewässerverunreinigung (§ 324 StGB), 1985; *Franzheim/Pfohl,* Umweltstrafrecht, 2. Aufl. 2001; *Frisch,* Verwaltungsrechtsakzessorietät und Tatbestandsverständnis im Umweltstrafrecht, 1993; *Geidies,* Betrieb „wilder" Müllkippen durch Unterlassen, NJW 1989, 821; *Geisler,* Strafbarkeit von Amtsträgern im Umweltrecht, NJW 1982, 11; *Gentzke,* Informales Verwaltungshandeln und Umweltstrafrecht, 1990; *Gradl,* Umweltgefährdende Abfallbeseitigung – Eine strafrechtliche Studie zu § 326 StGB unter Berücksichtigung von Kriminologie und Kriminalistik, 1992; *Gröger,* Die Haftung des Amtsträgers nach § 324 StGB, 1985; *von der Grün,* Garantenstellung und Anzeigepflichten von Amtsträgern im Umweltbereich, 2003; *Günther-Nicolay,* Die Erfassung von Umweltstraftaten mit Auslandsbezug durch das deutsche Umweltstrafrecht gem. §§ 324 ff. StGB, 2003; *Gürbitz,* Zur Strafbarkeit von Amtsträgern im Umweltstrafrecht, 1997; *Gütschow,* Der Artenschutz im Umweltstrafrecht, 1998; *Hallwaß,* Die behördliche Duldung als Unrechtsausschließungsgrund im Umweltstrafrecht, 1987; *Hallwaß,* Das Merkmal „nachhaltig" im Sinne von § 326 Abs 1 Nr 3 StGB, NJW 1988, 880; *Hecker,* Die Verunreinigung öffentlicher Anlagen durch Hunde aus abfall- und ordnungswidrigkeitenrechtlicher Sicht, NStZ 1990, 326; *Hecker,* Die abfall- und bußgeldrechtliche Verantwortlichkeit für illegale Müllablagerungen Dritter, 1991; *Hecker,* „Wilde" Müllablagerungen Dritter als Problem abfallstrafrechtlicher Unterlassungshaftung, NJW 1992, 873; *Hecker,* Die Strafbarkeit grenzüberschreitender Luftverunreinigung im deutschen und europäischen Umweltstrafrecht, ZStW 115 (2004), 880; *Hecker/Heine/Risch/Windolph/Hühner,* Abfallwirtschaftskriminalität im Zusammenhang mit der EU-Osterweiterung, 2008; *Heger,* Die Europäisierung des deutschen Umweltstrafrechts, 2009; *Heger,* Perspektiven des Europäischen Strafrechts nach dem Vertrag von Lissabon – eine Durchsicht des (wohl) kommenden EU-Primärrechts vor dem Hintergrund des Lissabon-Urteils des BVerfG vom 30.6.2009, ZIS 2009, 406; *Heger,* Das 45. Strafrechtsänderungsgesetz – Ein erstes europäisiertes Gesetz zur Bekämpfung der Umweltkriminalität, HRRS 2012, 211; *Heghmanns,* Grundzüge einer Dogmatik der Straftatbestände zum Schutz von Verwaltungsrecht oder Verwaltungshandeln, 2000; *Heider,* Die Bedeutung der behördlichen Duldung im Umweltstrafrecht; *Heine,* Verwaltungsakzessorietät des Umweltstrafrechts: Rechtsvergleichende Funktionsanalysen – unbestimmte Rechtsbegriffe – Reichweite von Genehmigungen, NJW 1990, 2425; *Heine,* Die strafrechtliche Verantwortlichkeit von Unternehmen, 1995; *Heine,* Auswirkungen des Kreislaufwirtschafts- und Abfallgesetzes auf das Abfallstrafrecht, NJW 1998, 3665; *Heine,* Strafrecht und „Abfalltourismus", FS Triffterer, 1996, 265; *Heine,* Schutz von Gewässer und Meer durch das Strafrecht: Neue europäische und nationale Entwicklungen, FS Otto, 2007, 1015; *Heine,* Die Europäisierung des Strafrechts, dargestellt am Beispiel der Verbringung von Abfällen innerhalb der EU, FS Jung, 2007, 261; *Henzler,* Strafrechtliche Behandlung der Lagerung von potenziellen Oldtimer-Fahrzeugen, wistra 2002, 413; *Henzler/Pfohl,* Der unerlaubte Betrieb von Anlagen zur Lagerung und Behandlung von ausgedienten Kraftfahrzeugen, wistra 2004, 331; *Hoffmann,* Grundfragen der grenzüberschreitenden Verbringung von Abfällen, 1994; *Hofmann,* Bodenschutz durch Strafrecht?, 1996; *Hohmann,* Das Rechtsgut der Umweltdelikte, 1991; *Horn,* Strafbares Fehlverhalten von Genehmigungs- und Aufsichtsbehörden, NJW 1981, 1; *Horn,* Umweltschutz durch Strafrecht, NuR 1988, 63; *Horn/Hoyer,* Rechtsprechungsübersicht zum Umweltstrafrecht, JZ 1991, 703; *Hoyer,* Die Eignungsdelikte, 1987; *Hug,* Umweltstrafrechtliche Verantwortlichkeiten in den Kommunen, 1996; *Hütting,* Die Wirkung der behördlichen Duldung im Umweltstrafrecht, 1996; *Iburg,* Anmerkung zu Schleswig-Holstein, Beschluss v. 20.5.1997, 2 Ss 334/96, NStZ 1997, 546; *Immel,* Strafrechtliche Verantwortlichkeit von Amtsträgern im Umweltstrafrecht: Umweltuntreue, 1987; *Jaeschke,* Informale Gestattungen und §§ 327, 325 StGB, NuR 2006, 480; *Jedwab,* Der Irrtum des Genehmigungsempfängers im Umweltstrafrecht, 2006; *Jünemann,* Rechtsmissbrauch im Umweltstrafrecht, 1998; *Kareklas,* Die Lehre vom Rechtsgut und das Umweltstrafrecht, 1990; *Kasper,* Die Erheblichkeitsschwelle im Bereich des Umweltstrafrechts, insbesondere bei § 324 StGB, 1997; *Kemme,* Das Tatbestandsmerkmal der Verletzung verwaltungsrechtlicher Pflichten in den Umweltstraftatbeständen des StGB, 2007; *Kindhäuser,* Rechtstheoretische Grundfragen des Umweltstrafrechts, FS Helmrich, 1994, 967; *Kirchner/Jakielski,* Autowracks und andere Probleme des Abfallstrafrechts – Braunschweig NStZ-RR 1998, 175, JA 2000, 815; *Kleine-Cosak,* Kausalitätsprobleme im Umweltstrafrecht, 1988; *Knaut,* Die Europäisierung des Umweltstrafrechts, 2005; *Knopp/Striegl,* Umweltschutzorientierte Betriebsorganisation zur Risikominimierung, BB 1992, 2008; *Köhne,* Die richtlinienkonforme Auslegung im Umweltstrafrecht – dargestellt am Abfallbegriff des § 326 Abs. 1 StGB, 1997; *Krüger,* Die Entstehungsgeschichte des 18. Strafrechtsänderungsgesetzes zur Bekämpfung der Umweltkriminalität, 1995; *Kuchenbauer,* Asbest und Strafrecht, NJW 1997, 2009; *Kuhlen,* Der Handlungserfolg der strafbaren Gewässerverunreinigung (§ 324 StGB), GA 1986, 389; *Kuhlen,* Zum Umweltstrafrecht in der

Bundesrepublik Deutschland, 1. Teil, WiVerw 1991, 183; 2. Teil WiVerw 1992, 215; *Kuhlen,* Umweltstrafrecht: Auf der Suche nach einer neuen Dogmatik, ZStW 105 (1993), 697; *Kuhlen,* Die Abgrenzung von Täterschaft und Teilnahme, insbesondere bei den sogenannten Betriebsbeauftragten, in Amelung (Hrsg.), Individuelle Verantwortung und Beteiligungsverhältnisse bei Straftaten in bürokratischen Organisationen, 2000, 71; *Lamberg,* Umweltgefährdende Beseitigung von Gärfuttersickersäften, NJW 1987, 421; *Laski,* Die strafrechtlichen Bezüge des Bundes-Bodenschutzgesetzes, 2003; *Laufhütte/Möhrenschlager,* Umweltstrafrecht in neuer Gestalt, ZStW 92 (1980), 912; *Malitz,* Zur behördlichen Duldung im Strafrecht, 1995; *Mansdörfer,* Einführung in das europäische Umweltstrafrecht, JURA 2004, 297; *Martin,* Sonderdelikte im Umweltstrafrecht, 2006; *Mattausch/Baumann,* Nuklearkriminalität – Illegaler Handel mit radioaktiven Stoffen, NStZ 1994, 462; *Meinberg,* Empirische Erkenntnisse zum Vollzug des Umweltstrafrechts, ZStW 100 (1988), 112; *Meyer,* Führt § 330d Abs. 2 zur endgültigen Eurparechtsakssorietät des deutschen Umweltstrafrechts?, wistra 2012, 371; *Michalke,* Umweltstrafsachen, 2. Aufl. 2000; *Michalke,* Verwaltungsrecht im Umweltstrafrecht, 2001; *Moench,* Lärm als kriminelle Umweltgefährdung, 1980; *Möhrenschlager,* Neuere Entwicklungen im Umweltstrafrecht des Strafgesetzbuchs, NuR 1983, 209; *Möhrenschlager,* Revision des Umweltstrafrechts, NStZ 1994, 513 und 566; *Möhrenschlager,* Bericht aus der Gesetzgebung (3/2011) – Regierungsentwurf zu einem Strafrechtsänderungsgesetz über den strafrechtlichen Schutz der Umwelt, wistra 2011, XXXIII; *Nappert,* Die strafrechtliche Haftung von Bürgermeistern und Gemeinderäten im Umweltstrafrecht, 1997; *Nestler,* Die strafrechtliche Verantwortlichkeit eines Bürgermeisters für Gewässerverunreinigungen, GA 1994, 514; *Niering,* Der strafrechtliche Schutz der Gewässer, 1993; *Ocker,* Das unerlaubte Betreiben von genehmigungsbedürftigen Anlagen (usw.), 1995; *Ohm,* Der Giftbegriff im Umweltstrafrecht, 1985; *Ostendorf,* Die strafrechtliche Rechtmäßigkeit rechtswidrigen hoheitlichen Handelns, JZ 1981, 165; *Otto,* Grundsätzliche Problemstellungen des Umweltstrafrechts, JURA 1991, 308; *Otto,* Das neue Umweltstrafrecht, JURA 1995, 134; *Paetzold,* Die Neuregelung rechtsmissbräuchlich erlangter Genehmigungen durch § 330d Nr 5 StGB, NStZ 1996, 170; *Papier,* Gewässerverunreinigung, Grenzwertfestsetzung, Strafrecht, 1984; *Perschke,* Die Verwaltungsakzessorietät des Umweltstrafrechts nach dem 2. UKG, wistra 1996, 161; *Pfeiffer,* Verunreinigung der Luft nach § 325 StGB, 1992; *Pfohl,* Strafbarkeit von Amtsträgern wegen Duldung unzureichender Abwasserreinigungsanlagen, NJW 1994, 418; *Pfohl,* Strafbarkeit von unerlaubten Einleitungen in öffentliche Abwasseranlagen, wistra 1994, 6; *Pfohl,* Das 45. Strafrechtsänderungsgesetz – Umsetzung der EU-Richtlinie über den strafrechtlichen Schutz der Umwelt, ZWH 2013, 95; *Randelzhofer/Wilke,* Die Duldung als Form flexiblen Verwaltungshandelns, 1981; *Rehbinder,* Umweltsichernde Unternehmensorganisation, ZHR 165 (2001), 1; *Reichard,* Umweltschutz durch völkerrechtliches Strafrecht, 1999; *Reinhardt,* Der strafrechtliche Schutz vor den Gefahren der Kernenergie, 1989; *Rengier,* Die öffentlich-rechtliche Genehmigung im Strafrecht, ZStW 101 (1989), 874; *Rengier,* Zur Bestimmung und Bedeutung der Rechtsgüter im Umweltstrafrecht, NJW 1990, 2506; *Rengier,* Das moderne Umweltstrafrecht im Spiegel der Rechtsprechung, 1992; *Rengier,* Anmerkung zu BGH v. 2.3.1994 – 2 StR 604/93, JR 1996, 35; *Rengier,* Zum Gefährdungsmerkmal „(fremde) Sachen von bedeutendem Wert" im Umwelt- und Verkehrsstrafrecht, FS Spendel, 1992, 559; *Rengier,* Zur Täterkreis und zum Sonder- und Allgemeindeliktscharakter der „Betreiberdelikte" im Umweltstrafrecht, FS Kohlmann, 2003, 225; *Ries,* Die Durchbrechung der Verwaltungsakzessorietät durch § 330d Nr 5 StGB, 2003; *Riettiens,* Der Abfallbegriff im Strafrecht, 1994; *Rogall,* Gegenwartsprobleme des Umweltstrafrechts, FS Köln, 1988, 505; *Rogall,* Die Strafbarkeit von Amtsträgern im Umweltbereich, 1991; *Rogall,* Grundprobleme des Abfallstrafrechts, NStZ 1992, 360 und 561; *Rogall,* Die Duldung im Umweltstrafrecht, NJW 1995, 922; *Rogall,* Die Verwaltungsakzessorietät im Umweltstrafrecht – Alte Streitfragen, neues Recht, GA 1995, 299; *Rogall,* Die Auswirkungen des neuen Kreislaufwirtschafts- und Abfallgesetzes auf das Umweltstrafrecht, FS Boujong, 1996, 807; *v. Rohr,* Das Strafrecht im System umweltrechtlicher Instrumentarien, 1995; *Ronzani,* Erfolg und individuelle Zurechnung im Umweltstrafrecht, 1992; *Rotsch,* Individuelle Haftung in Großunternehmen – Plädoyer für den Rückzug des Umweltstrafrechts, 1998; *Rotsch,* Neues zur Organisationsherrschaft, NStZ 2005, 13; *Rudolphi,* Anmerkung zu BGH 39, 36, NStZ 1984, 193; *Rudolphi,* Primat des Strafrechts im Umweltschutz?, NStZ 1984, 248; *Rudolphi,* Strafrechtliche Verantwortlichkeit der Bediensteten von Betrieben für Gewässerverunreinigungen und ihre Begrenzung durch den Einleitungsbescheid, FS Lackner, 1987, 863; *Rudolphi,* Anmerkung zu BGH, Urteil v. 3.11.1993 – 2 StR 321/93, NStZ 1994, 433; *Sack,* Anmerkung zu Stuttgart v. 4.3.1977 – 4 Ss (8) 63/77, NJW 1977, 1407; *Sack,* Das Gesetz zur Bekämpfung der Umweltkriminalität, NJW 1980, 1424; *Sack,* Umweltschutz-Strafrecht, Loseblatt; *Samson,* Kausalitäts- und Zurechnungsprobleme im Umweltstrafrecht, ZStW 99 (1987), 617; *Sanden,* Die Bodenverunreinigung (§ 324a StGB), wistra 1996, 283; *Sangenstedt,* Garantenstellung und Garantenpflicht von Amtsträgern, 1988; *Schall,* Umweltschutz durch Strafrecht: Anspruch und Wirklichkeit, NJW 1990, 1263; *Schall,* Möglichkeiten und Grenzen eines verbesserten Umweltschutzes durch das Strafrecht, wistra 1992, 1; *Schall,* Zur Strafbarkeit vom Amtsträgern in Umweltverwaltungsbehörden – BGH 38, 325, JuS 1993, 719; *Schall,* Probleme der Zurechnung von Umweltdelikten in Betrieben, in Schünemann (Hrsg.), Deutsche Wiedervereinigung, Bd. III – Unternehmenskriminalität, 1996, 99; *Schall,* Neue Erkenntnisse zu Realität und Verfolgung der Umweltkriminalität, FS Schwind, 2006, 395; *Schall,* Die Verwaltungsakzessorietät im Lichte des § 330d Nr 5 StGB, FS Otto, 2007, 743; *Schall,* Die „Verletzung verwaltungsrechtlicher Pflichten" als strafbegründendes Tatbestandsmerkmal im Umweltstrafrecht, FS Küper, 2007, 505; *Scheele,* Zur Bindung des Strafrichters an fehlerhafte Genehmigungen im Umweltstrafrecht, 1993; *Schittenhelm,* Probleme der umweltgefährdenden Abfallbeseitigung nach § 326 StGB, GA 1983, 310; *Schmalenberg,* Ein europäisches Umweltstrafrecht, 2003; *Schmidt/Schöne,* Das neue Umweltstrafrecht, NJW 1994, 2514; *Schminke,* Die Einleitung häuslicher Schiffsabwässer nach nationalem und internationalem Recht, 2009; *Schmitz,* Verwaltungshandeln und Strafrecht – Zur Verwaltungsakzessorietät des Umweltstrafrechts, 1992; ders., „Wilde" Müllablagerungen und strafrechtliche Garantenstellung der Grundstückseigentümers, NJW 1993, 1167; *Scholz,* Gewässerverunreinigung und Indirekteinleitungen, 1996; *Schünemann,* Die Strafbarkeit von Amtsträgern im Gewässerstrafrecht, wistra 1986, 235; *Schwarz,* Anmerkung zu BGH, Urteil vom 19.8.1992 – 2 StR 86/92, NStZ 1993, 285; *Sieren,* Ausländische Umweltmedien als Schutzgüter des deutschen Umweltstrafrechts, 2001; *Spindler,* Unternehmensorganisationspflichten, 2001; *Spitzmann,* Artenschutz-Strafrecht, 2000; *Suilman,* Bekämpfung der Umweltkriminalität, 2005; *Szelinski/Schneider,* Grenzüberschreitende Abfallverbringungen, 1995; *Szesny/Görtz,* Das neue Umweltstrafrecht – Kritisches zur Umsetzung der Richtlinie Umweltstrafrecht, ZUR 2012, 405; *Tiedemann/Kindhäuser,* Umweltstrafrecht – Bewährung oder Reform?, NStZ 1988, 337; *Tiedemann,* Die Neuordnung des Umweltstrafrechts, 1980; *Tiessen,* Die „genehmigungsfähige" Gewässerverunreinigung, 1987; *Triffterer,* Umweltstrafrecht, 1980; *Vierhaus,* Das Bundes-Bodenschutzgesetz, NJW 1998, 1262; *Vogelsang-Rempe,* Umweltstrafrechtliche Relevanz von Altlasten, 1992; *Wasmuth/Koch,* Rechtfertigende Wirkung der behördlichen Duldung im Umweltstrafrecht, NJW 1990, 2434; *Weber,* Konzeption und

Grundsätze des Wirtschaftsstrafrechts (einschließlich Verbraucherschutz), ZStW 96 (1984), 376; *Weber,* Zur Reichweite sektoraler „gesetzlicher" Mißbrauchsklauseln, insbesondere des § 330d Nr. 5 StGB, FS Hirsch, 1999, 795; *Wernicke,* Das neue Wasserstrafrecht, NJW 1977, 1662; *Wernicke,* Anmerkung zu AG Frankfurt, Urteil v. 26.8.1985, 92 Js 34929/ 80 – 933 Schö. 226, NStZ 1986, 223; *Wessel,* Die umweltgefährdende Abfallbeseitigung durch Unterlassen, 1993; *Wiedemann,* Gefahrguttransport-Tatbestand im neuen Umweltstrafrecht (§ 328 III Nr. 2 StGB), 1995; *Winkelbauer,* Zur Verwaltungsakzessorietät des Umweltstrafrechts, 1985; *Winkelbauer,* Die strafrechtliche Verantwortung von Amtsträgern im Umweltstrafrecht, NStZ 1986, 149; *Winkelbauer,* Die behördliche Genehmigung im Strafrecht, NStZ 1988, 201; *Winkelbauer,* Umweltstrafrecht und Unternehmen, FS Lenckner, 1998, 654; *Winkemann,* Probleme der Fahrlässigkeit im Umweltstrafrecht, 1991; *Witteck,* Der Betreiber im Umweltstrafrecht, 2004; *Wohlers,* Der Erlaß rechtsfehlerhafter Genehmigungsbescheide als Grundlage mittelbarer Täterschaft, ZStW 108 (1996), 61; *Wohlers,* Verwaltungsakzessorietät und Rechtsmissbrauchsklauseln – am Beispiel des § 330d Nr. 5 StGB, JZ 2001, 850; *Zeitler,* Anmerkung zu GenStA Hamm, Bescheid v. 23.8.1983 – 2 Zs 1636/83, NStZ 1984, 220; *Zimmermann,* Wann ist der Einsatz von Strafrecht auf europäischer Ebene sinnvoll? – Die neue Richtlinie zum strafrechtlichen Schutz der Umwelt, ZRP 2009, 74.

Übersicht

A. Historie

1   Die Bekämpfung der Umweltkriminalität (monografisch *Suilmann,* Bekämpfung der Umweltkriminalität, 2005), ein Anliegen schon im Altertum und Mittelalter, erlangt in der jüngsten, der industrialisierten Neuzeit eine andere Dimension, und zwar quantitativ (Bevölkerung, Konsum pro Kopf) und qualitativ (naturwissenschaftlicher und technischer Fortschritt). Wachstum von Industrie und Verkehr, die zunehmende Verwendung gefährlicher Chemikalien, Nutzung der Kernenergie, Ausbeutung natürlicher Rohstoffquellen und Eingriffe in die Landschaft (vgl. Wessels/Hettinger StrafR BT I Rn. 1052) haben im späten 20. Jahrhundert einen Bewusstseinswandel verursacht.

2   Mit dem 18 StÄG vom 28.3.1980 (zur politischen Entstehungsgeschichte MSM StrafR BT II § 58 Rn. 2; monografisch *Tiedemann,* Die Neuordnung des Umweltstrafrechts, 1980; *Krüger,* Die Entstehungsgeschichte des 18. Strafrechtsänderungsgesetzes zur Bekämpfung der Umweltkriminalität, 1995; vgl. auch Müller-Gugenberger WirtschaftsStR/*Pfohl* § 54 Rn. 105) wurde ein eigener Abschnitt der „Straftaten gegen die Umwelt" ins StGB eingefügt. Hier wurden die wichtigsten Umweltdelikte zusammengefasst, die bislang in den verschiedenen Umweltverwaltungsgesetzen (zB WHG, BImSchG, AbfG, AtG) enthalten waren. Insofern bleibt die frühere Rspr. beachtlich. Der Gesetzgeber verfolgte das Ziel, die eher unbekannte und unübersichtliche Materie aufzuwerten, zu vereinheitlichen und zu verschärfen. Die Sozialschädlichkeit der Umweltkriminalität sollte verstärkt in das Bewusstsein der Öffentlichkeit (aber auch der Strafverfolgungsbehörden) gerufen werden, die generalpräventive Wirkung erhöht

werden (BT-Drs. 8/2382, 9 ff.; 8/3633, 19; Krey/Hellmann/Heinrich StrafR BT I Rn. 1165; Otto StrafR BT § 82 Rn. 2). Dies wurde zwar mit einer Auflösung des engen und damit rechtssicheren Zusammenhangs zwischen Sachmaterie in den Nebengesetzen und den Strafvorschriften erkauft (vgl. Fischer Rn. 4; MüKoStGB/*Schmitz* Rn. 1; NK-StGB/*Ransiek* Rn. 17; *Sack* NJW 1980, 1424 (1427)). Auch bleibt kritisch zu hinterfragen, inwieweit es sich um bloß symbolische Gesetzgebung handelt (vgl. MüKoStGB/*Schmitz* Rn. 16), die die eigentliche komplexe Steuerungsaufgabe durch das Verwaltungsrecht eher verschleiert und der eine Überbewertung der strafrechtlichen Steuerungswirkung zugrunde liegt. Die Zielsetzung des Gesetzgebers ist aber in der Literatur zu Recht auf Zustimmung gestoßen und wird auch heute weithin positiv beurteilt (vgl. *Laufhütte/Möhrenschlager* ZStW 92 (1980), 912; *Tiedemann*, Die Neuordnung des Umweltstrafrechts, 1980, 13; *Triffterer*, Umweltstrafrecht, 30). Freilich wird auch immer Kritik an der Effizienz des Umweltstrafrechts geübt, insbes. bzgl. schwerer (industrieller) Umweltbeeinträchtigungen (*Heine* NJW 1990, 2425; *Breuer* JZ 1994, 1077 (1080); *Meinberg* ZStW 100 (1988), 112; *Schall* wistra 1992, 1). Auch konterkariert die verwaltungsrechtliche Komplexität die Verständlichkeit der Normen und damit die Schaffung bzw. Effektuierung eines Unrechtsbewusstseins (vgl. Fischer Rn. 5a), zum administrativen Rechtsgutsaspekt (→ Rn. 11).

Als Reaktion auf wissenschaftliche Kritik schuf der Gesetzgeber das 31. StÄG (2. UKG) v. 27.6.1994 **3** (hierzu MSM StrafR BT II § 58 Rn. 3; *Breuer* JZ 1994, 1077; *Otto* JURA 1995, 134), welches ua die Einführung der §§ 324a, 326 Abs. 2 (Abfalltourismus) und § 330d Abs. 1 Nr. 5 (missbräuchlich erlangte Genehmigungen) brachte. Weitere Änderungen normierte das 6. StRG vom 26.1.1998 (hierzu Wessels/Hettinger StrafR BT I Rn. 1055).

Eine strafschärfende Reform der §§ 324 ff. erfolgte schließlich aufgrund zunehmender Europäisierung **3a** des Umweltstrafrechts (→ Rn. 52) durch das 45. StÄG v. 6.12.2011, wodurch die RL 2008/99/EG v. 19.11.2008 über den strafrechtlichen Schutz der Umwelt (hierzu *Zimmermann* ZRP 2009, 74 ff.; *Heger* HRRS 2012, 211 ff.) in das deutsche Recht (verspätet) umgesetzt wurde; neue Straftatbestände und Regelungen (zB §§ 325 Abs. 3, 330d Abs. 2) sowie Erweiterungen bisheriger Normen (ua §§ 326 Abs. 1, 328 Abs. 1, 3; hierzu *Möhrenschläger* wistra 2011, H 3, V, H 4, V, H 12, V; *Szesny/Görtz* ZUR 2012, 405, *Pfohl* ZWH 2013, 95) sind das Resultat (vgl. Schönke/Schröder/*Heine/Hecker* Rn. 7d, SK-StGB/*Schall* Rn. 5c). Das Ziel einer „Klarstellung" (BR-Drs. 58/11, 12) hat der Gesetzgeber aber abermals verfehlt (vgl. MüKoStGB/*Schmitz* Rn. 14).

B. Überblick; Systematik

Die im 29. Abschnitt des StGB enthaltenen Delikte sind keine abschließende Kodifikation des **4** Umweltstrafrechts. Weitere Delikte mit Umweltbezug finden sich im StGB, zB die §§ 311, 312, 314, insbes. aber im Nebenstrafrecht (einschließlich unzähliger Ordnungswidrigkeitentatbestände). Hierzu zählen zB (vgl. auch die Aufzählung in Nr. 268 RiStBV sowie Müller-Gugenberger WirtschaftsStR/ *Pfohl* § 54 Rn. 109) die §§ 69 ff. BNatSchG, § 62 BImSchG, § 27 ChemG, § 148 GewO, §§ 73 ff. IfSG, §§ 58 ff. LFBG, §§ 68 f. PflSchG, §§ 40 ff. SprengG, §§ 17 ff. TierSchG (hierzu MSM StrafR BT II § 59 Rn. 5 ff.), §§ 74 ff. TierSG. Daneben gelten natürlich die allgemeinen Delikte zum Schutze von Leben und Gesundheit, Eigentum, Jagd- und Fischereirecht sowie die gemeingefährlichen Straftaten.

Das Umweltstrafrecht des StGB folgt keinem einheitlichen Gliederungsprinzip (Otto StrafR BT § 82 **5** Rn. 32; MSM StrafR BT II § 58 Rn. 13 ff.). Man kann drei Tatbestandsgruppen unterscheiden: erstens Tatbestände, die bestimmte Schutzobjekte erfassen, zweitens Tatbestände, die bestimmte Tätigkeiten pönalisieren, drittens Vorschriften zum Umgang mit besonders gefährlichen Stoffen.

Zu den als Umweltmedium geschützten Objekten zählen (vgl. LPK-StGB/*Kindhäuser* Rn. 4) Luft **6** (§§ 325, 326 Abs. 1 Nr. 4a, 327 Abs. 2 S. 2, 328 Abs. 1 Nr. 2, Abs. 3, 329 Abs. 1, 330), Boden (§§ 324a, 326 Abs. 1 Nr. 4a, 327 Abs. 2 S. 2, 328 Abs. 1 Nr. 2, Abs. 3, 330) und Wasser (§§ 324, 326 Abs. 1 Nr. 4a, 327 Abs. 2 S. 2, 328 Abs. 1 Nr. 2, Abs. 3, 329 Abs. 2, 330), vgl. ferner die Stille/ Erschütterungs- und Strahlenfreiheit in § 325. Die sonstigen Erscheinungsformen der Umwelt werden multimedial geschützt (Lackner/Kühl/*Heger* Rn. 7; LPK-StGB/*Kindhäuser* Rn. 4; Rengier StrafR BT II § 47 Rn. 2), nämlich die Tierwelt (§§ 325, 326 Abs. 1 Nr. 1, 4b, 327 Abs. 2 S. 2, 328 Abs. 1 Nr. 2, Abs. 3, 330), die Pflanzenwelt (§§ 325, 326 Abs. 1 Nr. 4b, 327 Abs. 2 S. 2, 328 Abs. 1 Nr. 2, Abs. 3, 330) und bestimmte Schutzgebiete (§§ 329 Abs. 3, 4, 330). Zu den pönalisierten spezifisch umweltgefährdenden Tätigkeiten zählen die Abfallbeseitigung (§ 326) und das Betreiben von Anlagen; mit dem Umgang mit gefährlichen Stoffen befasst sich (§ 328).

C. Rechtsgüter

Die Rechtsgüter des Umweltstrafrechts sind seit jeher umstritten (monografisch *Hohmann*, Das **7** Rechtsgut der Umweltdelikte, 1991; *Kareklas*, Die Lehre vom Rechtsgut und das Umweltstrafrecht, 1990; zsf. zB SSW StGB/*Saliger* Rn. 9 ff.). Der wissenschaftliche Aufwand dürfte dem praktischen Ertrag kaum gerecht werden, zumal an der Legitimität des Umweltschutzes keine Zweifel bestehen und die eigentliche Auslegungsarbeit bei den in den §§ 324 ff. zahlreich vorhandenen Tatbestandsmerkmalen zu leisten ist.

8   Die Überschrift des 29. Abschnitts determiniert das Rechtsgut Umwelt. Schon der relationale Begriff Umwelt bringt zum Ausdruck, dass es ein umgebenes Zentrum geben muss (MSM StrafR BT II § 58 Rn. 19: Bezugsbegriff), insofern anders als es beim (natur- und geisteswissenschaftlich ebenso hoch problematischem) Begriff der Natur der Fall wäre (Fischer Rn. 3). Eine Umwelt an sich gibt es nicht. Bezugspunkt der Umwelt ist der Mensch (vgl. auch BT-Drs. 8/2382, 9 f.; NK-StGB/*Ransiek* Rn. 7). Soweit die Tatbestände so ausgestaltet sind, dass Umweltmedien als eigenständige schutzwürdige Universalrechtsgüter (Rengier StrafR BT II § 47 Rn. 2) erscheinen (zB in § 324), liegt auch hierin keine Bewahrung der Natur um ihrer selbst willen als ideelles Gut (anders die ökologische Rechtsgutsbetrachtung, vgl. *Kuhlen* ZStW 105 (1993), 697 (702)) oder als religiöser Gegenstand (vgl. MSM StrafR BT II § 58 Rn. 19). In den rein umweltmedialen Tatbeständen wird aber auch deutlich, dass ein reiner Anthropozentrismus (ausschließlicher Schutz des Individuums vor Umweltgefahren) ebenso wenig zutreffen kann (vgl. MüKoStGB/*Schmitz* Rn. 18; anders die rein anthropozentrische bzw. personale Rechtsgutbetrachtung, hierzu *Hohmann,* Das Rechtsgut der Umweltdelikte, 1991, 196 ff.).

9   Aber auch die kollektiven Umweltgüter sind auf den Menschen bezogen, indem sie den existentiellen Individualrechtsgütern vorgelagert sind (Lackner/Kühl/*Heger* Rn. 7). Der Schutz der Umwelt um des Menschen willen als dessen natürliche Lebensgrundlage (Wessels/Hettinger StrafR BT I Rn. 1057) ist Schicksalsaufgabe moderner Gesellschaften (SSW StGB/*Saliger* Rn. 2). Die Umwelt (in ihrem status quo) wird vor dem Menschen für den Menschen geschützt (SK-StGB/*Schall* Rn. 13 ff.). Es ist auch gerade Aufgabe des Strafrechts, (nur) sozialschädliche Verhaltensweisen zu bekämpfen (Rengier StrafR BT II § 47 Rn. 10), hier also Verhaltensweisen, die die humanen Lebensbedingungen für die gegenwärtigen und künftigen Generation (Wessels/Hettinger StrafR BT I Rn. 1057; Otto StrafR BT § 82 Rn. 29; *Bloy* ZStW 100 (1988), 485; *Rogall* FS Köln, 1988, 505 (509)) mindestens abstrakt gefährden. Dieses Verständnis liegt auch dem Art. 20a GG („Der Staat schützt auch in Verantwortung für die künftigen Generationen die natürlichen Lebensgrundlagen und die Tiere.") zugrunde.

10   Die hM vertritt mithin zu Recht eine vermittelnd ökologisch-anthropozentrische Sichtweise (zB Rengier StrafR BT II § 47 Rn. 10; SSW StGB/*Saliger* Rn. 11; Schönke/Schröder/*Heine*/*Hecker* Rn. 8; LK-StGB/*Steindorf* Rn. 15; *Bloy* JuS 1997, 577 (580)). Je nach Norm wird der Individualschutz mal mehr (§§ 325 Abs. 1, 325a Abs. 1, Abs. 2, 326 Abs. 1 Nr. 1, 2, 327 Abs. 2 S. 2, 328 Abs. 1 Nr. 2), mal weniger (zB §§ 324, 324a Abs. 1 Nr. 2) akzentuiert.

11   Im Lichte der Verwaltungsakzessorietät des Umweltstrafrechts (→ Rn. 13 ff.) kommt ein administrativer Rechtsgutsaspekt (Rengier StrafR BT II § 47 Rn. 11; vgl. auch *Horn* NuR 1988, 63 (64); Müller-Gugenberger WirtschaftsStR/*Pfohl* § 54 Rn. 115 f.; NK-StGB/*Ransiek* Rn. 9 ff.) hinzu. Die akzessorische Ausgestaltung der Tatbestände dient der Subsidiarität des Strafrechts und zugleich dem Schutz der behördlichen Präventivkontrolle. Insofern geht es nicht um einen natürlichen Zustand an sich, sondern darum, ob eine Zustandsveränderung von der Rechtsgemeinschaft (in Gestalt demokratisch legitimierter Verwaltung) gewollt ist (vgl. MSM StrafR BT II § 58 Rn. 22). Es ist daher auch unzutreffend, von einer Pönalisierung bloßen Verwaltungsungehorsams zu sprechen, wenn eine geordnete Verwaltung knapper Ressourcen sachlich angezeigt ist. Hiervon zu unterscheiden sind rein administrative Ansätze (insbes. *Papier,* Gewässerverunreinigung, Grenzwertfestsetzung, Strafrecht, 1984, 10 ff.), die dem auch ökologisch geprägten Willen des Gesetzgebers nicht gerecht werden (krit. auch SSW StGB/*Saliger* Rn. 12).

D. Umweltstrafrecht als Wirtschaftsstrafrecht

12   Der Begriff des Wirtschaftsstrafrechts ist generell umstritten. Gleiches gilt für die Frage, ob das Umweltstrafrecht miteinzubeziehen ist (abl. Otto StrafR BT § 82 Rn. 31; bejahend *Weber* ZStW 96 (1984), 376; vgl. auch Müller-Gugenberger WirtschaftsStR/*Pfohl* § 54 Rn. 1). Zwar können die meisten Umweltdelikte durch Privatpersonen begangen werden; die bedeutendste Bedrohung der Umwelt dürfte aber in Emissionen aus Wirtschaftsbetrieben bestehen, sodass eine besondere Betroffenheit der Wirtschaft vorliegt (*Tiedemann,* Die Neuordnung des Umweltstrafrechts, 1980, 11 f.). Gewerbliche Betätigungen sind häufig mit Beeinträchtigungen der Umwelt verbunden, außerdem können ökonomische Anreize zur Umgehung öffentlich-rechtlich gebotenen Umweltschutzes existieren (Müller-Gugenberger WirtschaftsStR/*Pfohl* § 54 Rn. 1).

E. Verwaltungsakzessorietät

I. Allgemeines

13   Bis auf die §§ 328 Abs. 2 Nr. 3, 4, 330 sind alle Delikte des Umweltstrafrechts verwaltungsakzessorisch ausgestaltet. Mit dem Begriff der Verwaltungsakzessorietät wird die Anbindung und Abhängigkeit des Umweltstrafrechts vom Umweltverwaltungsrecht bezeichnet (LK-StGB/*Steindorf* Vor § 324 Rn. 22; monographisch *Michalke,* Umweltstrafsachen, 2. Aufl. 2000; *Frisch,* Verwaltungsrechtsakzessorietät und Tatbestandsverständnis im Umweltstrafrecht, 1993; *Schmitz,* Verwaltungshandeln und Strafrecht – Zur Verwaltungsakzessorietät des Umweltstrafrechts, 1992; *Ensenbach,* Probleme der Verwaltungsakzessorietät im Umweltstrafrecht, 1989; *Winkelbauer,* Zur Verwaltungsakzessorietät des Umweltstrafrechts, 1985).

Die Verwaltungsakzessorietät des Umweltstrafrechts ist seit jeher Gegenstand der rechtspolitischen Kritik (vgl. nur Lackner/Kühl/*Heger* Rn. 3: regional unterschiedliche Verwaltungspraxis, Verfilzungen zwischen Behörden und Industrie, sachfremde Rücksichtnahmen auf Arbeitsplätze und Gewerbesteueraufkommen). Sie ist aber konsequenter Ausfluss eines subsidiären, dh zurecht nachrangigen und dienenden Strafrechts (vgl. NK-StGB/*Ransiek* Rn. 44; SSW StGB/*Saliger* Rn. 16), insbes. in Materien, die riskante, aber gesellschaftlich nützliche Handlungen regulieren sollen (was eine klassische Aufgabe des detaillierteren und flexibleren und damit insbes. in sich dynamisch entwickelnden Bereichen deutlich praktikableren Verwaltungsrechts ist). Die früher umstrittenste Problematik rechtsmissbräuchlich erwirkter Verwaltungsakte hat sich mit Einführung der Durchbrechung der Verwaltungsakzessorietät in § 330d Nr. 5 (→ § 330d Rn. 26 ff.) durch das 2. UKG 1994 ohnehin erledigt. Seit dem 45. StÄG erstreckt sich die Akzessorietät auch auf harmonisiertes Umweltverwaltungsrecht anderer EU-Mitgliedstaaten für dort begangene Taten, sog Gleichstellungsklausel (Lackner/Kühl/*Heger* § 330d Rn. 6) in § 330d Abs. 2 (→ Rn. 50; → § 330d Rn. 36a ff.).

Zur verfassungsrechtlichen Bestimmtheitsproblematik → § 1 Rn. 50 ff. (sowie speziell zum Umwelt- **14** strafrecht BVerfGE 75, 329 (340 ff.); gegen den Vorlagebeschluss AG Nördlingen NStZ 1986, 315; vgl. auch *Schall* wistra 1992, 1 (4 f.); *Otto* JURA 1991, 308 (310 f.)).

Zu unterscheiden sind drei (MüKoStGB/*Schmitz* Rn. 41; SSW StGB/*Saliger* Rn. 19 nennt fünf, **15** unter Hinweis auf § 330d Nr. 4b und 4e) Erscheinungsformen der Verwaltungsakzessorietät.

II. Begriffliche Akzessorietät

Die begriffliche Akzessorietät erschöpft sich darin, dass eine Strafnorm Begriffe enthält, die aus dem **16** Verwaltungsrecht stammen (Otto StrafR BT § 82 Rn. 6; Rengier StrafR BT II § 47 Rn. 13). Dies ist zB beim Abfall in § 326 und bei der kerntechnischen Anlage in § 327 der Fall. Derartige Anbindungen sind sachgerecht, da sie den Sachzusammenhang zum Fachrecht wahren (vgl. BT-Drs. 8/2382, 10) und durch Harmonisierung die Rechtssicherheit fördern. Die Auslegung des Straftatbestands richtet sich aber am spezifisch strafrechtlichen Normzweck aus, sodass ggf. Abweichungen auftreten, die möglichst, aber wegen der damit einhergehenden Rechtsunsicherheit, vermieden werden müssen (SSW StGB/*Satzger* Rn. 22; MüKoStGB/*Schmitz* Rn. 42 f.).

III. Verwaltungsrechtsakzessorietät

Von Verwaltungsrechtsakzessorietät wird dann gesprochen, wenn der Straftatbestand auf Rechtsvor- **17** schriften (→ § 330d Nr. 4a) des Umweltverwaltungsrechts verweist (Otto StrafR BT § 82 Rn. 7; Rengier StrafR BT II § 47 Rn. 14). Derartige Blankette sind üblich im Nebenstrafrecht und verfassungsrechtlich unbedenklich, solange die Ausfüllungsnorm hinreichend bestimmt ist (BVerfGE 75, 329; MüKoStGB/*Schmitz* Rn. 45). Im Umweltstrafrecht fallen hierunter die §§ 324a, 325 Abs. 1, 2, 3, 325a Abs. 1, 2, 326 Abs. 3, 328 Abs. 3 iVm 330d Abs. 1 Nr. 4 („verwaltungsrechtliche Pflichten"), § 327 Abs. 2 Nr. 1 („genehmigungsbedürftige Anlage") und § 329 (Verweis auf Rechtsverordnungen).

IV. Verwaltungsaktsakzessorietät

1. Allgemeines. Bei der Verwaltungsaktsakzessorietät hängt die Strafbarkeit von der Einzelanordnung **18** einer Verwaltungsbehörde ab (Otto StrafR BT § 82 Rn. 8; Rengier StrafR BT II § 47 Rn. 15; SSW StGB/*Saliger* Rn. 23; krit. *Schall* wistra 1992, 1 (5)). Dies betrifft tatbestandsmäßig Delikte gegen verwaltungsrechtliche Pflichten (→ Rn. 17) iVm § 330d Abs. 1 Nr. 4c, d, ferner §§ 327 und 328 (Handeln ohne Genehmigung oder gegen eine Untersagung), darüber hinaus die Rechtfertigung durch behördliche Genehmigung (zB bei § 324).

Erforderlich ist die verwaltungsrechtliche Wirksamkeit des Verwaltungsakts (§ 43 VwVfG). Unwirk- **19** same Verwaltungsakte entfalten, schon aus Gründen der Subsidiarität und Rechtssicherheit, auch keine strafrechtliche Wirkung. Dies gilt vor allem für iSd §§ 43 Abs. 3, 44 VwVfG nichtige Verwaltungsakte. Sie sind auch strafrechtlich unwirksam (BGHSt 23, 86; BGH NJW 2005, 2095 (2097); Rengier StrafR BT II § 47 Rn. 16; Fischer Rn. 8; vgl. auch BayObLG NStZ-RR 2000, 119; aA Schönke/Schröder/ *Heine*/*Hecker* Rn. 16a; *Frisch,* Verwaltungsrechtsakzessorietät und Tatbestandsverständnis im Umweltstrafrecht, 1993, 105 f.).

2. Belastende Verwaltungsakte. a) Allgemeines. Hierunter fallen Anordnungen und Auflagen **20** (zB §§ 12, 17, 24 BImSchG), Aufhebungen von Genehmigungen (§§ 48, 49 VwVfG) sowie Untersagungen, zB gem. §§ 20, 25 BImSchG.

b) Rechtswidrige belastende Verwaltungsakte. Die Behandlung des wirksamen (vgl. § 43 Abs. 2 **21** VwVfG: „Ein Verwaltungsakt bleibt wirksam, solange und soweit er nicht zurückgenommen, widerrufen, anderweitig aufgehoben oder durch Zeitablauf oder auf andere Weise erledigt ist."), aber rechtswidrigen belastenden Verwaltungsakts (hierzu Otto StrafR BT § 82 Rn. 10; Rengier StrafR BT II § 47 Rn. 17; monografisch *Scheele,* Zur Bindung des Strafrichters an fehlerhafte Genehmigungen im Umweltstrafrecht, 1993) ist strittig. Die hM geht von einer strengen Verwaltungsakzessorietät aus und stellt auf die formale Wirksamkeit nach § 43 VwVfG ab (Fischer Rn. 7; *Dölling* JZ 1985, 461 (466); *Laufhütte/Möhrenschlager* ZStW 92 (1980), 921; *Rogall* GA 1995, 299 (309); vgl. auch BGHSt 23, 86 (93); 31, 314 (315)). Die Gegenauffassung (SSW StGB/*Saliger* Rn. 31; Lackner/Kühl/*Heger* § 325 Rn. 9; *Heghmanns,* Grundzüge einer Dogmatik der Straftatbestände zum Schutz von Verwaltungsrecht oder Verwaltungshandeln, 2000, 312 (354); Otto StrafR BT § 82 Rn. 10, der für einen persönlichen Strafausschließungsgrund eintritt, wenn der Täter das Rechtsgut nicht beeinträchtigt und das auch wusste, bzw. einen Strafaufhebungsgrund nach Aufhebung des rechtswidrigen Verwaltungsakts) kritisiert insbes. die Pönalisierung des bloßen (es würde kein sozialschädlicher Eingriff in Umweltrechtsgüter bestraft) Verwaltungsungehorsams. Vor dem Hintergrund des auch sachlich begründeten administrativen Rechtsgutsaspekt (→ Rn. 11) der betreffenden Delikte besteht für eine solche vom Gesetzgeber nicht vorgesehene Lockerung der Verwaltungsaktsakzessorietät aber kein hinreichender Anlass.

22   **c) Ausländische belastende Verwaltungsakte.** Diese entfalten jenseits von § 330d Abs. 2 nur eine beschränkte räumliche Geltung (SSW StGB/*Saliger* § 330d Rn. 14) und sind daher strafrechtlich unbeachtlich (→ § 330d Rn. 36g).

23   **3. Begünstigende Verwaltungsakte. a) Allgemeines.** Genehmigungen als begünstigende Verwaltungsakte können tatbestandsausschließend wirken (zB § 327 Abs. 1: „ohne die erforderliche Genehmigung", aber auch § 325 Abs. 1 „unter Verletzung verwaltungsrechtlicher Pflichten", dh insbes. Genehmigungspflichten) oder rechtfertigend (zB § 324: „unbefugt").

24   Existiert eine Genehmigung, so ist es irrelevant, ob sie veraltet ist, dh heute nicht mehr hätte ergehen dürfen (MüKoStGB/*Schmitz* Rn. 46; aA *Heine* NJW 1990, 2425 (2431 f.)). Auch eine spätere Aufhebung wirkt strafrechtlich nicht zurück.

25   Ausgeschlossen wird aber nur die umweltdeliktische Strafbarkeit (SSW StGB/*Saliger* Rn. 35; *Tiedemann/Kindhäuser* NStZ 1988, 337 (344)); auch geringfügige Körper- und Eigentumsverletzungen sind mangels Dispositionsbefugnis der Verwaltung nicht von der Genehmigung erfasst (aA Lackner/Kühl/*Heger* § 324 Rn. 13; MüKoStGB/*Schmitz* Rn. 50 bzgl. „typischen Begleitrisiken"). Freilich kann der Genehmigungsempfänger in vorsatz- und fahrlässigkeitsausschließender Weise fehlerhaft auf die Reichweite der Genehmigung vertrauen (SSW StGB/*Saliger* Rn. 35).

26   **b) Missbräuchlich erwirkte begünstigende Verwaltungsakte.** Die unter den Voraussetzungen des § 330d Abs. 1 Nr. 5 (→ § 330d Rn. 26 ff.) rechtsmissbräuchlich erwirkten Verwaltungsakte (monografisch *Fenner,* Der Rechtsmissbrauch im Umweltstrafrecht im System des Strafrechts und des Öffentlichen Rechts, 2000; *Jünemann,* Rechtsmissbrauch im Umweltstrafrecht, 1998) werden als nicht existent behandelt (insoweit anders als im Verwaltungsrecht, § 48 Abs. 2 S. 3 VwVfG). Sonstige Rechtsmissbräuchlichkeit ist unerheblich.

27   **c) Rechtswidrige begünstigende Verwaltungsakte.** Rechtswidrige begünstigende Verwaltungsakte (monografisch *Scheele,* Zur Bindung des Strafrichters an fehlerhafte Genehmigungen im Umweltstrafrecht, 1993; *Frank,* Strafrechtliche Relevanz rechtswidrigen begünstigenden Verwaltungshandelns – erläutert am Beispiel der Gewässerverunreinigung (§ 324), 1985), die nicht unter § 330d Abs. 1 Nr. 5 fallen, entfalten strafrechtliche Wirkung, wenn und solange sie verwaltungsrechtlich wirksam sind (BGH NJW 2005, 2095 (2097 f.); OLG Frankfurt a. M. NJW 1987, 2753 (2756); Wessels/Hettinger StrafR BT I Rn. 1061; Otto StrafR BT § 82 Rn. 9 ff.; Rengier StrafR BT II § 47 Rn. 18; *Rogall* FS Köln, 1988, 505 (526)), insbes. solange sie nicht zurückgenommen (§ 48 VwVfG) sind. Ihre materiellrechtliche Fehlerhaftigkeit ist irrelevant. Dies gilt auch dann, wenn der Adressat Rechtswidrigkeit erkennt oder erkennen konnte (*Rudolphi* NStZ 1984, 193 (196); aA LG Hanau NJW 1988, 571). Nach aA kommt rechtswidrigen Genehmigungen keine Bedeutung zu (*Ostendorf* JZ 1981, 165 (167); *Perschke* wistra 1996, 161 (164 f.)); für den Täter komme ggf. ein Erlaubnistatumstandsirrtum (*Winkelbauer* NStZ 1988, 201; *Schmitz,* Verwaltungshandeln und Strafrecht – Zur Verwaltungsakzessorietät des Umweltstrafrechts, 1992, 36 (43, 58)) oder unvermeidbarer Verbotsirrtum in Frage. Gegen diese Auffassung sprechen aber Wertungswidersprüche zwischen dem Verwaltungs- und dem Strafrecht, die der Rechtssicherheit und dem Vertrauensschutz (vgl. auch Müller-Gugenberger WirtschaftsStR/*Pfohl* § 54 Rn. 131) abträglich sind. Geboten ist vielmehr ein Umkehrschluss aus dem sonst überflüssigen § 330d Abs. 1 Nr. 5 (SSW StGB/*Saliger* Rn. 29; MüKoStGB/*Schmitz* Rn. 70), der insofern abschließend ist (Fischer Rn. 8).

28   **d) Abweichungen von Genehmigungen.** Überschreitungen der Genehmigung führen dann dazu, dass der Täter behandelt wird, als hätte er überhaupt keine Genehmigung, wenn es sich um wesentliche, dh rechtsgutsrelevante Abweichungen handelt (Lackner/Kühl/*Heger* § 327 Rn. 2; MüKoStGB/*Schmitz* Rn. 58; *Börner* wistra 2006, 7), nicht nur um Akzidentien. Eine Erhöhung der abstrakten Gefahr ist hierbei nicht erforderlich (Fischer § 327 Rn. 5). Benutzungsbedingungen und einschränkende Auflagen wirken sich zB bei § 324 auf die Befugnis nur aus, wenn Menge oder Schadstoffhaltigkeit des ins Gewässer Eingeleiteten betroffen sind (OLG Frankfurt a. M. NJW 1987, 2753 (2755); Lackner/Kühl/ *Heger* § 324 Rn. 11).

Auch Verstöße gegen Auflagen werden unter dieser Voraussetzung wie ein Handeln ohne Genehmi- 29 gung eingeordnet (BayObLG MDR 1988, 252; zu § 327 aA Lackner/Kühl/*Heger* § 327 Rn. 2; Otto StrafR BT § 82 Rn. 82: Verstoß gegen Auflagen macht das Betreiben der Anlage noch nicht zu einem Betreiben ohne Genehmigung). ZB muss bei § 324 die Verunreinigung gerade auf den Auflagenverstoß zurückzuführen sein (Fischer § 324 Rn. 7b; *Sack* NJW 1977, 1407; aA OLG Stuttgart NJW 1977, 1406).

Der Fristablauf einer befristen Genehmigung wird wie Genehmigungslosigkeit behandelt (Fischer 30 § 327 Rn. 5).

Zur – gerade in Wirtschaftsunternehmen verständig auszulegenden – personellen Reichweite von 31 Genehmigungen vgl. MüKoStGB/*Schmitz* Rn. 64 ff.

e) Ausländische Genehmigungen. Die Legalisierungswirkung einer ausländischen Genehmigung 32 (für Genehmigungen anderer EU-Mitgliedstaaten → § 330d Rn. 36a ff.) hängt davon ab, ob die ausländischen Hoheitsakte unter Berücksichtigung völker- und EG-rechtlicher Vorgaben anzuerkennen sind (SSW StGB/*Saliger* § 330d Rn. 14; Schönke/Schröder/*Heine*/*Hecker* § 330d Rn. 19a). Jedoch ist es wenig sinnvoll, einem ausländischen Emittenten, der sich an die Genehmigung seines Handlungsorts hält, die Berufung auf die ausländische Genehmigung zu versagen (vgl. MüKoStGB/*Schmitz* Rn. 149).

f) Genehmigungsfähigkeit. Die bloße Genehmigungsfähigkeit (monografisch *Tiessen,* Die „geneh- 33 migungsfähige"Gewässerverunreinigung, 1987) steht dem tatsächlichen Verwaltungsakt nicht gleich (BGHSt 37, 21 (28f.); OLG Köln wistra 1991, 74; NK-StGB/*Ransiek* § 324 Rn. 27; LPK-StGB/ *Kindhäuser* § 324 Rn. 11; *Breuer* NJW 1988, 2072 (2079); *Rogall* NStZ 1992, 561 (565); *Tiedemann/ Kindhäuser* NStZ 1988, 337 (343); aA *Otto* JURA 1995, 134 (141); *Brauer,* Die strafrechtliche Behandlung genehmigungsfähigen, aber nicht genehmigten Verhaltens, 1998, 64 (118)).

Dies gilt auch dann, wenn die Verwaltungsbehörde zur Erteilung der Erlaubnis verpflichtet war 34 (Lackner/Kühl/*Heger* § 324 Rn. 10b; aA SSW StGB/*Saliger* Rn. 34; *Schünemann* wistra 1986, 235 (241); *Bloy* ZStW 100 (1988), 485 (505): Tatbestandsausschluss; *Rudolphi* NStZ 1984, 197 f.: Rechtfertigung; Schönke/Schröder/*Heine*/*Hecker* Rn. 19 f.: Strafaufhebung). Anzuführen ist wiederum der sachlich begründbare administrative Rechtsgutsaspekt (→ Rn. 11). Beeinflusst wird allein die Strafzumessung, da der Unrechtsgehalt geringer ist (MSM StrafR BT II § 58 Rn. 8).

g) Informale Gestattungen. Von ausdrücklichen, insbes. aber von konkludenten Genehmigungen 35 abzugrenzen (hierzu LG Bonn NStZ 1988, 224; SSW StGB/*Saliger* Rn. 38) sind informale Gestattungen (LPK-StGB/*Kindhäuser* Rn. 11; *Jaeschke* NuR 2006, 480; monografisch *Gentzke,* Informales Verwaltungshandeln und Umweltstrafrecht, 1990). Zwar kann eine schlichte Untätigkeit der Behörde ggü. einem Umweltverstoß nicht rechtfertigend wirken (Wessels/Hettinger StrafR BT I Rn. 1063). Umstritten ist aber, ob eine Duldung (hierzu *Rogall* NJW 1995, 922; monografisch *Randelzhofer/Wilke,* Die Duldung als Form flexiblen Verwaltungshandelns, 1981; *Hallwaß,* Die behördliche Duldung als Unrechtsausschließungsgrund im Umweltstrafrecht, 1987; *Heider,* Die Bedeutung der behördlichen Duldung im Umweltstrafrecht, 1994; *Malitz,* Zur behördlichen Duldung im Strafrecht, 1995; *Hütting,* Die Wirkung der behördlichen Duldung im Umweltstrafrecht, 1996*),* dh eine bewusst getroffene Entscheidung der zuständigen Behörde, gegen einen rechtswidrigen Zustand oder das ihr bekannte rechtswidrige Verhalten Dritter nicht einzuschreiten (Wessels/Hettinger StrafR BT I Rn. 1063), legalisierende Wirkung hat. Die hM lehnt dies zu Recht ab (BGHSt 37, 21 (28); OLG Stuttgart NJW 1977, 1408; OLG Braunschweig ZfW 1991, 52 (62); OLG Karlsruhe ZfW 1996, 406 (409); LG Bonn NStZ 1988, 224; LK-StGB/*Steindorf* Rn. 44, 48; Otto StrafR BT § 82 Rn. 14; *Fluck* NuR 1990, 197; *Pfohl* NJW 1994, 418 (422); *Kuhlen* WiVerw 1992, 215 (266); *Rogall* NJW 1995, 922; aA SSW StGB/*Saliger* Rn. 40; MSM StrafR BT II § 58 Rn. 11; *Dahs/Pape* NStZ 1988, 393 (395); *Wasmuth/Koch* NJW 1990, 2434 (2439); *Wernicke* NJW 1977, 1662 (1664)). Tatbestandsausschließend oder rechtfertigend wirkt ausschließlich das Vorliegen eines Verwaltungsakts, den zu erlassen der Behörde ja auch ohne Weiteres möglich wäre. Ggf. handelt der Täter im Verbotsirrtum (StA Mannheim NJW 1976, 585; Müller-Gugenberger WirtschaftsStR/*Pfohl* § 54 Rn. 147).

Gleiches gilt für Duldungsabsprachen, Nichtbescheidungsabsprache und die Vorabzustimmung (vgl. 36 LG Hanau NJW 1988, 571; hierzu *Michalke,* Umweltstrafsachen, 2. Aufl. 2000, Rn. 150; aA Fischer § 327 Rn. 5).

F. Gesetzestechnik

I. Verletzungs-, Gefährdungs- und Eignungsdelikte

Das Umweltstrafrecht weist eine Häufung von Delikten im Vorfeld einer Verletzung auf, was sich auf 37 ein hohes Schadenspotential umweltgefährdender Handlungen bzw. hohe Schadensempfindlichkeit der Schutzobjekte zurückführen lässt (SSW StGB/*Saliger* Rn. 6). Auch Nachweisprobleme werden vermindert (MSM StrafR BT II § 58 Rn. 21).

38   **1. Verletzungsdelikte; Konkrete Gefährdungsdelikte; Abstrakte Gefährdungsdelikte.** Nur die §§ 324, 324a Abs. 1 Nr. 2, 329 Abs. 3, 4, 330 Abs. 1 S. 2 Nr. 1, 3, Abs. 2 Nr. 2, 330a Abs. 2 sind als Verletzungsdelikte ausgestaltet. Freilich handelt es sich bei den normierten Erfolgen um solche, die ihrerseits dem Vorfeld der menschlichen, aber auch der umweltmedialen Schädigung zuzuordnen sind (vgl. MüKoStGB/*Schmitz* Rn. 29, der von einer Uminterpretation der Verletzung- in Gefährdungsdelikte spricht).

39   Bei den §§ 325a Abs. 2, 328 Abs. 3, 330 Abs. 1 Nr. 2, Abs. 2 Nr. 1, 330a Abs. 1 handelt es sich um konkrete Gefährdungsdelikte, bei den §§ 325 Abs. 2, 326 Abs. 1 Nr. 1–3, Abs. 2, 3, 327 Abs. 1, 2 S. 1, 328 Abs. 1, 2, 329 Abs. 1, 2 um abstrakte Gefährdungsdelikte.

40   **2. Eignungsdelikte.** Besonders charakteristisch für die Umweltdelikte sind die Eignungsdelikte, auch potentielle Gefährdungsdelikte (vgl. Joecks StGB § 325 Rn. 1; Rengier StrafR BT II § 47 Rn. 5) genannt, s. §§ 324a Abs. 1 Nr. 1, 325 Abs. 1, 325a Abs. 1, 326 Abs. 1 Nr. 4, 327 Abs. 2 S. 2, 328 Abs. 1 Nr. 2. Hierbei handelt es sich um eine mittlere Kriminalisierung zwischen konkreten und abstrakten Gefährdungsdelikten (BT-Drs. 12/192, 18).

41   Die geforderte Schädigungseignung setzt voraus, dass nach gesicherter naturwissenschaftlicher Erkenntnis feststeht, dass das Verhalten nach den konkreten Umständen Schäden an den im Tatbestand genannten Handlungsobjekt generell verursachen kann (vgl. MSM StrafR BT II § 58 Rn. 55; SSW StGB/*Saliger* § 324a Rn. 14; *Hoyer,* Die Eignungsdelikte, 1987, 30 ff., 165; OLG Karlsruhe ZfW 1996, 406). Die Eignung zur mittelbaren Schädigung ist ausreichend (MüKoStGB/*Alt* § 325 Rn. 32). Es ist nicht erforderlich, dass die mögliche Schädigung naturwissenschaftlich bereits einmal nachgewiesen worden ist (MüKoStGB/*Alt* § 324a Rn. 23;). Unklar ist aber jeweils, welche Umstände als Grundlage der Eignungsermittlung zu berücksichtigen sind (vgl. SK-StGB/*Schall* § 324a Rn. 19; MüKoStGB/*Schmitz* Rn. 27). Es muss sich um für ein generelles Kausalitätsurteil hinreichend invariante (statische) Umstände handeln (SSW StGB/*Saliger* Rn. 7; → § 325 Rn. 5), dies schließt die generalisierende Berücksichtigung individueller Tatumstände (einen generalisierender Gegenbeweis der Ungefährlichkeit) mit ein. Hinreichend abstrakt sind bei § 325 bspw. (vgl. MüKoStGB/*Schmitz* Rn. 27) Menge, Konzentration, Ausbreitung des Schadstoffs, Art und Zustand des Umweltmediums, Art und Beschaffenheit der emittierenden Anlage (Schornsteinhöhe), Lage des Emissionsherds, Siedlungsdichte und Beschaffenheit der Landschaft sowie die Wetterlage (NK-StGB/*Ransiek* § 325 Rn. 5; *Triffterer,* Umweltstrafrecht, 1980, 191; aA SSW StGB/*Saliger* § 325 Rn. 5). Es ist aber irrelevant, ob sich zB zufällig kein Mensch in der Gefahrenzone befindet (Schönke/Schröder/*Heine*/*Hecker* § 325 Rn. 18).

42   Regelmäßig wird sachverständige Beratung erforderlich sein (OLG Karlsruhe ZfW 1996, 406 (407)). Überschreitung der TA (zB Luft, Lärm) sind nur Indizien für die Eignung (antizipierte Sachverständigengutachten, Fischer § 325 Rn. 7), da es sich nicht um Rechtsvorschriften iSd § 330d Abs. 1 Nr. 4 handelt (MSM StrafR BT II § 58 Rn. 55) (→ 330d Rn. 19).

II. Versuchs- und Fahrlässigkeitsstrafbarkeit

43   **1. Versuchspönalisierungen.** Der Versuch ist für zahlreiche Delikte unter Strafe gestellt, s. §§ 324 Abs. 2, 324a Abs. 2, 325 Abs. 1 S. 2, 326 Abs. 4, 328 Abs. 4.

44   **2. Fahrlässigkeitsstrafbarkeit.** Anders als im (engeren) Wirtschaftsstrafrecht ist in den § 324 ff. durchweg (mit der Ausnahme des § 328 Abs. 2 Nr. 4 iVm Abs. 6) fahrlässiges Handeln unter Strafe gestellt, was mit den großen Schadenspotentialen bei Realisierung des jeweiligen Risikos zu begründen ist. Dem Schuldgrundsatz wird durch eine Abstufung der Strafen genüge getan.

45   Wie bei Fahrlässigkeitsdelikten generell besteht auch bei den fahrlässigen Umweltdelikten die Aufgabe, den Sorgfaltsmaßstab bei der Behandlung von Umweltgütern (monografisch *Winkemann,* Probleme der Fahrlässigkeit im Umweltstrafrecht, 1991) hinreichend restriktiv und rechtssicher festzulegen. Problematisch sind Maßfiguren wie der „umweltbewusste Rechtsgenosse" (OLG Celle NJW 1995, 3197; OLG Stuttgart NStZ 1989, 122 (123); OLG Düsseldorf NJW 1991, 1123; *Kuhlen* WiVerw 1991, 183 (202); Lackner/Kühl/*Heger* § 324 Rn. 7), da es sich hier um eine Umschreibung der Frage, aber um keine Antwort handelt, solange nicht bestimmt wird, wann ein Rechtsgenosse hinreichend umweltbewusst ist. Immerhin gibt es zur Präzisierung der Sorgfaltsanforderungen eine Vielzahl rechtsgutsbezogener öffentlich-rechtlicher Regelungen sowie technischer Standards, die zumindest Indizwirkung haben (LK-StGB/*Steindorf* § 324 Rn. 123).

46   Dennoch ist die Rspr. bisweilen zu streng (vgl. SSW StGB/*Saliger* § 326 Rn. 40; *Schall* NStZ-RR 2006, 299; 2008, 134), etwa bei der Abfallbeseitigung durch Beauftragung Dritter (vgl. BGHSt 40, 84 (87); BGH NJW 2006, 3628; LG Kiel NStZ 1997, 496), wo streng statuierte Auswahl- und Kontrollpflichten die Eigenverantwortlichkeit der Delegationsempfänger nicht immer genügend berücksichtigen.

G. Kriminalpolitische und praktische Bedeutung

Die PKS weist für das Jahr 2015 (übergreifende Übersicht von 1981 bis 2008 bei Müller-Gugenberger **47** WirtschaftsStR/*Pfohl* § 54 Rn. 334 ff.) 12485 erfasste Fälle der Straftaten gegen die Umwelt nach §§ 324 ff. aus (2014: 13553 Fälle). Die Aufklärungsquote lag bei 59,7 % (2014: 59,4 %). Auf § 324 entfielen 2661 Fälle, auf § 324a 941 Fälle, auf § 325 119 Fälle, auf § 325a 17 Fälle, auf § 326 (ohne Abs. 2), dem damit wichtigsten Umweltdelikt 7703 Fälle, auf § 326 Abs. 2 412 Fälle, auf § 327 402 Fälle, auf § 328 108 Fälle, auf § 329 28 Fälle und auf § 330a entfielen 94 Fälle.

Zur Kritik an der Effektivität des Umweltstrafrechts → Rn. 12. Richtig ist, dass das Umwelt- **48** strafrecht wie jedes Strafrecht kein primäres Steuerungsmittel sein kann (dies ist Aufgabe des Verwaltungsrechts), weil es in seiner rechtsstaatlichen Formalität außerhalb des Schutzes eines ethischen Minimums im sozialen Nahbereich schnell an Grenzen stößt (hierzu Otto StrafR BT § 82 Rn. 26 ff.; *Schall* FS Schwind, 2006, 395; Plädoyer für einen Rückzug des Umweltstrafrechts bei *Rotsch,* Individuelle Haftung in Großunternehmen – Plädoyer für den Rückzug des Umweltstrafrechts, 1998; vgl. auch NK-StGB/*Ransiek* Rn. 32 ff., zu alternativen Regelungskonzepten Rn. 52 ff.). Hauptträger des Umweltschutzes ist das öffentliche Umweltrecht als Ausgleich kollidierender ökonomischer und ökologischer Interessen. Umweltstrafrecht kann nur nachrangig sein, bloß ergänzend, flankierend, verstärkend (BT-Drs. 12/192, 11; SSW StGB/*Saliger* Vor § 324 Rn. 2). Daher rührt auch die Verwaltungsakzessorietät des Umweltstrafrechts (→ Rn. 13 ff.). Die eigentlichen Gefährdungen dürften tatsächlich eher durch legale Verschmutzungen auftreten, die weitaus meisten Umweltbeeinträchtigungen geschehen befugt, daher bleibt für die §§ 324 ff. wenig mehr an Substanz als der Ordnungsverstoß (Fischer Rn. 4; zum administrativen Rechtsgutsaspekt: → Rn. 11). Umweltstraftaten haben sich erst aus einer Übersteigerung ursprünglich sozial anerkannter Tätigkeit entwickelt und können daher nicht absolut, sondern nur in dieser Übersteigerung verboten werden (MSM StrafR BT II § 58 Rn. 7). Grundsätzlich problematisch ist die strafprozessuale Ermittlung individuellen Fehlverhaltens in kollektiven Zusammenhängen, also insbes. in arbeitsteilig organisierten Wirtschaftsunternehmen (Lackner/ Kühl/*Heger* Rn. 4). Immerhin existieren aber nicht nur Versuchs- und Fahrlässigkeitsstrafbarkeiten, sondern gibt es auch die Haftung der Unternehmensführung für Organisations- und Aufsichtsmängel (zumindest nach § 130 OWiG, wodurch auch das Unternehmen selbst gem. § 30 OWiG bebußbar wird). Natürlich wird die Strafjustiz in aller Regel auf Sachverständige angewiesen sein (vgl. MSM StrafR BT II § 58 Rn. 48), was aber bei der Normierung naturwissenschaftlicher Lebenssachverhalte nichts Besonderes ist.

Umweltschutz ist schließlich zwar in der Mitte der Gesellschaft angekommen (zB als Klimabewusst- **49** sein); allerdings ist insbes. das Verfolgungsinteresse in Politik, Medien und Öffentlichkeit bei der Durchsetzung umweltlicher Standards schon größer gewesen (Fischer Rn. 5; ausf. *Schall* FS Schwind, 2006, 395) und ist nach wie vor, und vielleicht mehr denn je, vom Konflikt von Ökologie und ökonomischen Wohlstand geprägt.

H. Internationale Aspekte

Umweltmedien sind allgegenwärtig, Sachverhalte häufig grenzüberschreitend (SSW StGB/*Saliger* **50** Rn. 79; monografisch *Günther-Nicolay,* Die Erfassung von Umweltstraftaten mit Auslandsbezug durch das deutsche Umweltstrafrecht gem. §§ 324 ff. StGB, 2003; *Forkel,* Grenzüberschreitende Umweltbelastungen und deutsches Strafrecht, 1988; vgl. auch *Hecker* ZStW 115 (2003), 880). Mit Recht nimmt daher die hM an, dass ausländische Umweltgüter in den Schutzbereich der jeweiligen Tatbestände einbezogen sind (MüKoStGB/*Schmitz* Rn. 147; monografisch *Sieren,* Ausländische Umweltmedien als Schutzgüter des deutschen Umweltstrafrechts, 2001; → § 330d Rn. 2).

Im Übrigen gelten die §§ 3 ff., insbes. ist § 5 Nr. 11 zu berücksichtigen. Zu ausländischen Genehmi- **51** gungen → Rn. 32.

Ein Europäisches Umweltstrafrechts ist mehr und mehr im Entstehen (monografisch *Knaut,* Die **52** Europäisierung des Umweltstrafrechts, 2005; *Heger,* Die Europäisierung des deutschen Umweltstrafrechts, 2009; *Schmalenberg,* Ein europäisches Umweltstrafrecht, 2003; vgl. auch *Mansdörfer* JURA 2004, 297; SSW StGB/*Saliger* Rn. 80). Ein Rahmenbeschluss über den Schutz der Umwelt durch das Strafrecht hat der EuGH für nichtig erklärt (EuZW 2005, 632, hierzu *Diehm* wistra 2006, 366; Lackner/ Kühl/*Heger* Rn. 16). Die RL 2008/99/EG (in Kraft seit 26.12.2008) wurde nun (endlich) 2011 umgesetzt (dazu → Rn. 3a). Damit beeinflusst das Unionsrecht maßgeblich das Verwaltungsrecht und wirkt damit qua Verwaltungsakzessorietät ins deutsche Recht hinein (→ Rn. 13 ff.; vgl. auch *Hecker* ZStW 115 (2004), 880 (895 ff.)) auch auf das Umweltstrafrecht, zB im Abfallrecht, → § 326 Rn. 4 (vgl. auch BGHSt 43, 219 (224 ff.)). Zur Berücksichtigung EU-ausländischer Rechtsakte → § 330d Rn. 36a ff. Desweiteren erhielt die EU durch den Vertrag von Lissabon eine Rahmenstrafgesetzgebungskompetenz (vgl. Art. 83 AEUV), die zum Erlass von Richtlinien mit strafrechtlichen Mindestvorgaben in bestimmten schweren Kriminalitätsbereichen ermächtigt (näher NK-StGB/*Ransiek* Rn. 58) einhergehend mit einer Annexkompetenz (dazu *Heger* ZIS 2009, 406 (412 f.)) für sonstige Bereiche, wenn dies für die wirksame Durchführung der Politik der Union auf einem Gebiet, auf dem Harmonisierungsmaßnahmen erfolgt sind, unerlässlich ist (vgl. Art. 83 Abs. 2 S. 1 AEUV).

53   Zu völkerrechtlichen Verpflichtungen s. MSM StrafR BT II § 58 Rn. 35; monografisch *Reichard*, Umweltschutz durch völkerrechtliches Strafrecht, 1999. Das Völkerstrafrecht enthält in Art. 8 Abs. 2b iv IStGH-Statut, § 11 Abs. 3 VStGB einen umweltschützenden Tatbestand.

I. Täterschaft und Teilnahme

I. Allgemein- und Sonderdelikte

54   Das Umweltstrafrecht enthält Allgemeindelikte, unstrittig §§ 324, 326 Abs. 1, 328 Abs. 2 Nr. 1, 3, 4, 330a (SSW StGB/*Saliger* Rn. 43), aber auch Sonderdelikte.

55   Dies betrifft zum einen das Merkmal „wer eine Anlage betreibt". Die §§ 327 Abs. 1 Nr. 1, Abs. 2 Nr. 1–3, 329 Abs. 1 S. 1 und 2, Abs. 2 Nr. 1 und 2 sind daher Sonderdelikte. Zu unterscheiden sind sie von Delikten, die das Merkmal „wer beim Betrieb der Anlage" enthalten (§§ 325 Abs. 1, 2, 325a Abs. 1, 2, 328 Abs. 3 Nr. 1): Hier handelt es sich um nur räumlich-gegenständlich begrenzte Allgemeindelikte (SSW StGB/*Saliger* Rn. 44; *Witteck*, Der Betreiber im Umweltstrafrecht, 2004, 19 ff.; *Martin*, Sonderdelikte im Umweltstrafrecht, 2006, 31 ff.; NK-StGB/*Ransiek* § 325 Rn. 9; aA *Schall* JuS 1993, 719 (720 f.); *Horn/Hoyer* JZ 1991, 703 (704)).

56   Das zweite sonderdeliktsbegründende Merkmal ist „unter Verletzung verwaltungsrechtlicher Pflichten" (§§ 324a Abs. 1, 325 Abs. 1, 2, 325a Abs. 1, 2, 326 Abs. 3, 328 Abs. 3 Nr. 1, 2, 329 Abs. 4): Allerdings ist hier darauf abzustellen, ob die in Bezug genommenen Pflichtenquelle nach § 330d Nr. 4 Jedermanns- oder Sonderpflichten des Adressaten enthält (SSW StGB/*Saliger* Rn. 45).

57   § 28 Abs. 1 ist nicht anzuwenden (SSW StGB/*Saliger* § 324a Rn. 21; *Martin*, Sonderdelikte im Umweltstrafrecht, 2006, 143 ff.; aA Fischer § 330d Rn. 5; NK-StGB/*Ransiek* § 324a Rn. 27). Es handelt sich um tatbezogene Merkmale, die lediglich die Nähe zum Rechtsgut gewährleisten.

II. Unternehmen

58   Das deutsche Strafrecht kennt aus guten Gründen (vgl. auch Müller-Gugenberger WirtschaftsStR/*Pfohl* § 54 Rn. 320; MüKoStGB/*Schmitz* Rn. 132; anders aber zB NK-StGB/*Ransiek* Rn. 37 ff.) keine Strafbarkeit juristischer Personen, sondern nur die bußgeldrechtliche Verantwortlichkeit nach § 30 OWiG. Der strafrechtliche Vorwurf knüpft also an das Individuum in seiner innerbetrieblichen Verantwortung (Lackner/Kühl/*Heger* § 324 Rn. 16) an (monografisch *Rotsch*, Individuelle Haftung in Großunternehmen – Plädoyer für den Rückzug des Umweltstrafrechts, 1998; *Heine*, Die strafrechtliche Verantwortlichkeit von Unternehmen, 1995; vgl. auch Müller-Gugenberger WirtschaftsStR/*Pfohl* § 54 Rn. 315 ff.). Es gelten die allgemeinen Regeln (§§ 13, 14, 25 ff.), deren Anwendung allerdings faktische Schwierigkeiten aufwirft, die mit der Komplexität von Unternehmensstrukturen aufgrund innerbetrieblicher horizontaler und vertikaler Arbeitsteilung zusammenhängen.

59   Zu erinnern ist aber daran, dass die hM eine Geschäftsherrenhaftung gem. § 13 (vgl. nur Schönke/Schröder/*Stree/Bosch* § 13 Rn. 52; NK-StGB/*Wohlers* § 13 Rn. 53; zu Recht aA aber etwa *Bosch*, Organisationsverschulden im Unternehmen, 2002, 146 ff.; SK-StGB/*Rudolphi/Stein* § 13 Rn. 35a; MüKoStGB/*Schmitz* Rn. 135; Otto StrafR AT § 9 Rn. 93), eine mittelbare Täterschaft kraft Organisationsherrschaft, nicht nur in staatlichen oder mafiösen Machtapparaten, sondern auch in Wirtschaftsunternehmen (BGHSt 40, 218 (236); 48, 77 (90 ff.); 48, 331 (342); 49, 147 (163 f.); BGH wistra 1998, 148 (150); BGH JR 2004, 245; zu Recht krit. *Rotsch* NStZ 2005, 13 (17); *Bosch*, Organisationsverschulden im Unternehmen, 2002, 226 ff.) sowie die umfassende Verantwortung der Geschäftsleitung (vgl. BGHSt 37, 106 (124): Generalverantwortung und Allzuständigkeit; berechtigte Kritik etwa bei MüKoStGB/*Schmitz* Rn. 134; *Heine*, Die strafrechtliche Verantwortlichkeit von Unternehmen, 1995) annimmt. Kein Unternehmensverantwortlicher kann sich durch Delegation auf Untergebene vollständig entlasten. Ihm bleibt eine Restverantwortung (nämlich hinsichtlich Auswahl, Instruktion, Kontrolle und Sanktionierung der Delegationsempfänger; zsf. Fischer Rn. 22; zur sog (Criminal) Compliance (vgl. auch *Bock* ZIS 2009, 68; speziell zur Beauftragung zur Abfallbeseitigung s. BGHSt 40, 86; 43, 231; *Heine* FS Triffterer, 1996, 411); insofern Verantwortungsmehrung (SSW StGB/*Saliger* Rn. 48).

J. Verantwortlichkeit von Betriebsbeauftragten

60   Ein recht neues öffentlich-rechtliches Instrument sind die Beauftragten. Hierbei handelt es sich um Funktionsträger, deren Bestellung gesetzlich vorgeschrieben ist und deren Rechtsstellung durch Gesetz ausgestaltet ist. Sie haben typischerweise Kontroll-, Informations- und Initiativaufgaben (*Rehbinder* ZHR 165 (2001), 1 (9 f.)), aber keine Entscheidungs- und Weisungsbefugnis, welche – insofern auch Ausdruck der Generalverantwortung der Geschäftsleitung – ungeschmälert beim Betriebsinhaber verbleibt. Exemplarisch hervorgehoben sei der Betriebsbeauftragte für Immissionsschutz nach §§ 53 ff. BImSchG; 5. BImSchV; ImSchZuVO der Länder (hierzu *Knopp/Striegl* BB 1992, 2008; *Feldhaus* NVwZ 1991, 927) Er ist privatrechtlicher Arbeitnehmer, ist jedoch insofern Außenorgan, als er Pflichten ggü. den

zuständigen Behörden hat, nimmt aber keine öffentlich-rechtlichen Aufgaben wahr. Ein direktes Verpflichtungsverhältnis ggü. der Behörde besteht nicht. Diese ist ihm ggü. nicht weisungsbefugt. Er ist auch keinen besonderen verwaltungsrechtlichen Sanktionen unterworfen. Die Installation des Beauftragten liegt im Eigeninteresse des Betreibers hinsichtlich seiner öffentlich-rechtlichen Pflichten. Der Beauftragte wirkt auf umweltfreundliche Verfahren hin und a deren Entwicklung und Einführung mit. Er überwacht die einschlägigen Umweltauflagen und –vorschriften, sowie die Immissions- bzw. Emissionswerte. Er klärt die Betriebsangehörigen über umweltrelevante Risiken, Pflichten und Maßnahmen im Betrieb auf. Auf die strafrechtliche Verantwortung des Beauftragten zur Unterbindung der Abwanderung der strafrechtlichen Haftbarkeit nach unten wird zurückzukommen sein. Außer dem Immissionsschutzbeauftragten gibt es solche für Arbeitsschutz/-sicherheit (§ 13 Abs. 2 ArbSchG, § 5 ASiG), Datenschutz (§ 4 f. BDSG), Sicherheit (§ 22 SGB VII), Störfälle (§ 58a BImSchG), Abfall (§§ 59, 60 KrWG), Strahlenschutz (§§ 31 ff. StrahlenschutzVO, 13 ff. RöntgenVO), Gefahrgut (§ 1 ff. GefahrgutbeauftragtenVO), kerntechnische Sicherheit (§ 2 AtSMV), biologische Sicherheit (§ 16 GenTSV) und Gewässerschutz (§§ 64 ff. WHG; hierzu *Dahs* NStZ 1986, 97; *Rudolphi* FS Lackner, 1987, 863 (875 ff.)).

Damit der Beauftragte seine Pflichten wahrnehmen kann, wird seine Stellung durch korrespondieren- **61** de Pflichten des Betriebsinhabers gesichert. Insbesondere sind ihm personelle und sachliche Mittel zur Verfügung zu stellen (zB gem. § 55 Abs. 4 BImSchG), jede Benachteiligung ist verboten (§ 58 Abs. 1 BImSchG).

Die zunehmende Verbreitung des Rechtsinstituts des Betriebsbeauftragten im Rahmen öffentlich- **62** rechtlicher Regulierung lässt auch die Frage ihrer strafrechtlichen Verantwortung bedeutsamer werden. In nicht wenigen Fällen ergibt sich eine Garantenstellung bereits nach allgemeinen Grundsätzen, insbes. bei Auch-Betriebsbeauftragten (vgl. SSW StGB/*Saliger* Rn. 51; MSM StrafR BT II § 58 Rn. 29) durch freiwillige tatsächliche Übernahme qua Delegation. (OLG Frankfurt a. M. NJW 1987, 2753 (2756); *Bosch,* Organisationsverschulden im Unternehmen, 2002, 527 f.; *Alexander,* Die strafrechtliche Verantwortlichkeit für die Wahrung der Verkehrssicherungspflichten in Unternehmen, 2005, 283). Es kann auch § 14 Abs. 2 greifen (MSM StrafR BT II § 58 Rn. 28).

Strittig ist, ob in den übrigen Fällen schon die bloße gesetzliche Stellung als Betriebsbeauftragter auch **63** für § 13 ausreicht (ausf. *Bosch,* Organisationsverschulden im Unternehmen, 2002, 526 ff.), womit keine Haftung (allein) für seine Stellung, sondern für sein Verhalten als Betriebsbeauftragter zu verstehen ist. Teilweise wird die Garantenstellung verneint (LK-StGB/*Steindorf* § 324 Rn. 49; *Wernicke* NStZ 1986, 223), da den Beauftragten Gestaltungsmacht, Entscheidungs- und Weisungsbefugnisse (Linienpositionen) fehlten. Allerdings geht es nicht um eine Erfolgsverhinderungsgarantie, sondern nur darum, dass das Gebotene getan wird, sodass fehlende Weisungsbefugnisse zwar den Pflichtenkreis begrenzen, aber nicht die Garantenstellung ausschließen. Die eine Garantenstellung bejahende herrschende Auffassung (OLG Frankfurt a. M. NJW 1987, 2753 (2756); Fischer Rn. 22a; MSM StrafR BT II § 58 Rn. 29; MüKoStGB/*Schmitz* Rn. 137; *Böse* NStZ 2003, 636; *Dahs* NStZ 1986, 97 (100 f.); *Rudolphi* FS Lackner, 1987, 863 (878 f.); *Busch,* Unternehmen und Umweltstrafrecht, 1997, 551 f.; *Kuhlen* in Amelung Individuelle Verantwortung und Beteiligungsverhältnisse bei Straftaten in bürokratischen Organisationen, 2000, 71 (87); vgl. auch BGH NJW 2009, 3173) verweist auf die Überwachungs-, Initiativ-, Informations- und Berichtsfunktion der Beauftragten, welche durch ihre fachliche Nähe zur Gefahr als Stelle in der betrieblichen Organisation eine Herrschaft über die betrieblichen Gefahrenquellen erlangten. Der Kombination von Fachwissen (Monopolisierung des Risikowissens) und einer institutionalisierten Nähe zum Entscheidungszentrum entspreche eine Ratio des Instituts, ein Wille des Gesetzgebers, auch eine strafrechtliche Verantwortlichkeit zu begründen (*Kuhlen* in Amelung, Individuelle Verantwortung und Beteiligungsverhältnisse bei Straftaten in bürokratischen Organisationen, 2000, 71 (88)). Dies ist aber zweifelhaft. Der Gesetzgeber hat bewusst auf eine Strafbewehrung der Aufgabenerfüllung der jeweiligen Beauftragten verzichtet (*Bosch,* Organisationsverschulden im Unternehmen, 2002, 526). Die Beauftragten sind gesetzlich als Binnenorgan konzipiert. Dem würden Pflichten nach außen widersprechen (*Rehbinder* ZHR 165 (2001), 1 (18); vgl. auch *Spindler,* Unternehmensorganisationspflichten, 2001, 939 (1019)). Dem Gesetzgeber bleibt es unbenommen, Verantwortlichkeitsregelungen wie etwa § 13 Abs. 1 Nr. 5 ArbSchG zu treffen.

Jedenfalls ist ein Beauftragter kein Beschützergarant, zB der Gewässerschutzbeauftragte im Hinblick **64** auf das Gewässer (MüKoStGB/*Schmitz* Rn. 138; *Alexander,* Die strafrechtliche Verantwortlichkeit für die Wahrung der Verkehrssicherungspflichten in Unternehmen, 2005, 284 f. gegen AG Frankfurt a. M. NStZ 1986, 72 (75)).

Fraglich ist auch die Qualifizierung der Beteiligung eines Beauftragten als Täterschaft oder Teilnahme. **65** Die wohl hM zieht aus der organisatorischen Stellung der Beauftragten immerhin die Konsequenz, dass es sich lediglich um Teilnahme handele (OLG Frankfurt a. M. NJW 1987, 2753 (2756); Schönke/Schröder/*Heine/Hecker* § 324 Rn. 17; MSM StrafR BT II § 58 Rn. 29). Nach aA soll es sich um Täterschaft handeln, wenn sich der Unternehmensinhaber voll auf den Beauftragten verlasse, was aufgrund der weit reichenden Aufgaben nahe liege. Ein Beauftragter habe die Entscheidungen des Chefs dann voll in seiner Hand und sei Tatherr (*Schall* in Schünemann Deutsche Wiedervereinigung, Band III – Unternehmenskriminalität, 1996, 99 (119); *Busch,* Unternehmen und Umweltstrafrecht, 1997, 553 f.; SSW StGB/*Saliger* Rn. 50).

K. Verantwortlichkeit von Amtsträgern

66   Die Strafbarkeit von Amtsträgern im Umweltbereich (monografisch *Hug*, Umweltstrafrechtliche Verantwortlichkeiten in den Kommunen, 1996; *Gürbitz*, Zur Strafbarkeit von Amtsträgern im Umweltstrafrecht, 1997; *Rogall*, Die Strafbarkeit von Amtsträgern im Umweltbereich, 1991; *Sangenstedt*, Garantenstellung und Garantenpflicht von Amtsträgern, 1988; *Immel*, Strafrechtliche Verantwortlichkeit von Amtsträgern im Umweltstrafrecht: Umweltuntreue, 1987; *Gröger*, Die Haftung des Amtsträgers nach § 324 StGB, 1985) wurde im 18. StÄG und 2. UKG bewusst ausgeklammert (BT-Drs. 12/7300, 21 (27); hierzu MüKoStGB/*Schmitz* Rn. 92), da es sich um eine über den Umweltschutz hinausreichende allgemeine Problematik handelt (Wessels/Hettinger StrafR BT I Rn. 1065; *Schmidt/Schöne* NJW 1994, 2514). Es gelten die allgemeinen Regeln strafrechtlicher Zurechnung. Bei Sonderdelikten (→ Rn. 54 ff.) kann der Amtsträger, der nicht Adressat der Norm ist, nur Teilnehmer sein (SSW StGB/*Saliger* Rn. 55).
67   Man unterscheidet vier Fallgruppen der Amtsträgerverantwortlichkeit (vgl. *Schall* JuS 1993, 719; *Rengier* StrafR BT II § 47 Rn. 22 ff.).

I. Erteilung einer materiell fehlerhaften Erlaubnis

68   Die vorsätzliche Erteilung einer materiell fehlerhaften unwirksamen (§§ 43 Abs. 3, 44 VwVfG sowie § 330d Abs. 1 Nr. 5) Erlaubnis birgt keine besonderen Schwierigkeiten. Da die unwirksame Erlaubnis weder tatbestandsausschließend noch rechtfertigend wirkt (SSW StGB/*Saliger* Rn. 58; LK-StGB/*Steindorf* Rn. 51), liegt eine teilnahmefähige Haupttat vor, ferner kommt Mittäterschaft in Betracht (BGHSt 39, 381 (386 f.); MSM StrafR BT II § 58 Rn. 31; LPK-StGB/*Kindhäuser* § 324 Rn. 14). Für den vorsatzlosen Täter bestehen Fahrlässigkeitsstrafnormen (→ Rn. 44 ff.).
69   Bei einer vorsätzlichen Erteilung einer materiell fehlerhaften wirksamen Erlaubnis ist demgegenüber mangels rechtswidriger Haupttat keine Teilnahme möglich. Eine Mittäterschaft ist jenseits von § 330d Abs. 1 Nr. 5 kaum denkbar. Bei gutgläubigem Empfänger übt der Amtsträger eine Irrtumsherrschaft aus und ist unproblematisch mittelbarer Täter (MüKoStGB/*Schmitz* Rn. 115).
70   Aber auch bei bösgläubigem Genehmigungsempfänger geht die hM von einer mittelbaren Täterschaft des Amtsträgers aus, da dieser eine nicht tatbestandsmäßige oder gerechtfertigte Umweltverschmutzung ermöglicht (BGHSt 39, 381 (387 ff.); hierzu Müller-Gugenberger WirtschaftsStR/*Pfohl* § 54 Rn. 312; OLG Frankfurt a. M. NJW 1987, 2753 (2757); LK-StGB/*Steindorf* Rn. 53 f.; *Rudolphi* NStZ 1994, 433; *Lackner/Kühl* Rn. 10; *Nappert*, Die strafrechtliche Haftung von Bürgermeistern und Gemeinderäten im Umweltstrafrecht, 1997, 226 ff.). Zutreffen dürfte aber die eine mittelbare Täterschaft verneinende Gegenauffassung (MüKoStGB/*Schmitz* Rn. 108 ff.; Schönke/Schröder/*Heine/Hecker* Rn. 35; *Schall* JuS 1993, 719 (721); *Rogall* NJW 1995, 925; *Wohlers* ZStW 108 (1996), 61 ff.; Otto StrafR BT § 82 Rn. 21). Der Amtsträger hat keine Tatherrschaft, da der Empfänger der Genehmigung eigenverantwortlich darüber entscheidet, ob und wie er von der Genehmigung Gebrauch macht. Ein bloß typischer faktischer Zusammenhang zwischen Genehmigungserteilung und Umweltnutzung (SSW StGB/*Saliger* Rn. 60) ist zur Begründung des tätertypischen Unrechts nicht ausreichend.
71   Auch auf Grundlage der hM ist zu berücksichtigen, dass nur Verstöße gegen materielle Umweltschutzpflichten von Bedeutung sind (BGHSt 38, 325 (333 f.); OLG Frankfurt a. M. NJW 1987, 2753 (2757); SSW StGB/*Saliger* Rn. 56). Nicht selten kommt dem Amtsträger auch ein Beurteilungs- oder Ermessensspielraum zu. Eine hinreichende Verletzung liegt jedenfalls bei einer Ermessensreduzierung auf Null vor (BGHSt 38, 325 (335 f.); Fischer Rn. 18), im Übrigen ist strittig, ob nur bei signifikanten, dh offenkundigen oder schwerwiegenden Verwaltungsfehlern, eine Strafbarkeit in Betracht kommt (so OLG Frankfurt a. M. NStZ-RR 1996, 105; LG Mannheim NJW 1976, 585; Schönke/Schröder/*Heine/Hecker* Rn. 30; SSW StGB/*Saliger* Rn. 57) oder bei jedem Ermessensfehler gem. § 40 VwVfG, § 114 VWGO (so OLG Frankfurt a. M. NJW 1987, 2757; *Horn* NJW 1981, 1 (7); *Nappert*, Die strafrechtliche Haftung von Bürgermeistern und Gemeinderäten im Umweltstrafrecht, 1997, 235 f.). Für letzteres sprechen die Anbindung an das Verwaltungsrecht und damit die größere Rechtssicherheit, da nicht verschiedene Schweregrade festgelegt werden müssen.

II. Nichteinschreiten gegen Umweltdelikte

72   Nach zutreffender hM sind zuständige Amtsträger Beschützergaranten, ihnen ist der Schutz der Umweltgüter im Interesse der Allgemeinheit anvertraut, (BGHSt 38, 325 (332 ff.); 39, 381; OLG Frankfurt a. M. NJW 1987, 2753 (2757); OLG Saarbrücken NJW 1991, 3045; OLG Düsseldorf MDR 1989, 923; LG Bremen NStZ 1982, 164; AG Hanau wistra 1988, 199; StA Landau NStZ 1984, 554; StA Mannheim NJW 1976, 585; GenStA Celle NJW 1988, 2395; *Nestler* GA 1994, 514 (523 ff.); *Schwarz* NStZ 1993, 285; *Otto* JURA 1991, 308 (315); Otto StrafR BT § 82 Rn. 23; aA MüKoStGB/*Schmitz* Rn. 118; SK-StGB/*Rudolphi* § 13 Rn. 54d; *Geisler* NJW 1982, 11 (12); *Schünemann* wistra 1986, 235 (243)). Aufgrund der mittelbaren Administrierung der Umweltgüter durch das Umweltstrafrecht entspricht die strafrechtliche Verantwortung der verwaltungsrechtlichen Zuständigkeit (Joecks StGB

Rn. 14). Die zuständigen Amtsträger der Umwelt- und Aufsichtsbehörden sind auf Posten gestellt ggü. allen Angriffen, was sie auch von allgemeinen Polizei- und Ordnungsbehörden unterscheidet (vgl. aber BGH NJW 1987, 187 (188); BGH wistra 2000, 92 (93)).

Sie haben daher die Pflicht zu möglichem, erforderlichen und zumutbaren Handeln. Hierbei kommt **73** ihnen ggf. Ermessen zu (SSW StGB/*Saliger* Rn. 67). Nachgewiesen werden muss die hypothetische Kausalität (vgl. nur SSW StGB/*Saliger* Rn. 68; BGHSt 38, 325 (329 f.) sowie allgemein Schönke/Schröder/*Stree/Bosch* § 13 Rn. 61). Die Abgrenzung von Täterschaft und Teilnahme ist bei Unterlassungsdelikten grundsätzlich strittig (vgl. nur MüKoStGB/*Freund* § 13 Rn. 259 ff.). Zur Fahrlässigkeit vgl. AG Hanau wistra 1988, 199 (200).

III. Nichtrücknahme oder fehlender Widerruf einer rechtswidrigen Erlaubnis

Man unterscheidet hierbei zwei Fallgruppen (vgl. Rengier StrafR BT II § 47 Rn. 27 ff.; *Rudolphi* **74** NStZ 1994, 433 (435); monografisch *Dominok,* Strafrechtliche Unterlassungshaftung von Amtsträgern in Umweltbehörden, 2007): War die Erlaubnis von Anfang an rechtswidrig, so ist der Amtsträger Garant kraft Ingerenz (BGHSt 39, 381 (390); OLG Frankfurt a. M. NJW 1987, 2753 (2757): Otto StrafR BT § 82 Rn. 25; *Schall* NStZ 1992, 265 (267)). War der Verwaltungsakt aber ursprünglich rechtmäßig, ist nun aber aufgrund veränderter Sachlage rechtswidrig (vgl. OLG Frankfurt a. M. NJW 1987, 2753 (2756); LPK-StGB/*Kindhäuser* § 324 Rn. 16), so scheidet Ingerenz mangels pflichtwidrigen Vorverhaltens aus (SSW StGB/*Saliger* Rn. 63). Der Amtsträger ist aber nach wie vor Beschützergarant (→ Rn. 72).

Rechtsfolge sind Rücknahme oder Widerruf, soweit dies möglich, erforderlich und zumutbar ist. **75** Ggf. steht dem Amtsträger ein Beurteilungs- oder Ermessensspielraum zu, §§ 48, 49 VwVfG (vgl. GStA Zweibrücken NStZ 1984, 554; MSM StrafR BT II § 58 Rn. 32). Richtigerweise ist für eine Strafbarkeit keine Ermessensreduzierung auf Null erforderlich (so OLG Frankfurt a. M. NJW 1987, 2753 (2757); GStA Celle NJW 1988, 2394; aA MüKoStGB/*Schmitz* Rn. 113), sondern Ermessensfehler genügen (Lackner/Kühl/*Heger* Rn. 11; LK-StGB/*Steindorf* Rn. 56; *von der Grün,* Garantenstellung und Anzeigepflichten von Amtsträgern im Umweltbereich, 2003, 98 ff.).

Garant kraft Ingerenz kann nur der Amtsträger sein, der die Befugnis erteilt hat, nicht sein Amtsnach- **76** folger (Otto StrafR BT § 82 Rn. 25; NK-StGB/*Ransiek* § 324 Rn. 70; MüKoStGB/*Schmitz* Rn. 125; aA *Schall* NJW 1990, 1263 (1269); *Winkelbauer* NStZ 1986, 149 (151); *Horn* NJW 1981, 1 (6); Rengier StrafR BT II § 47 Rn. 28; Fischer Rn. 20 unter Hinweis auf die Rspr. zur Produkthaftung: BGHSt 37, 106 (120), die freilich ihrerseits zu kritisieren ist). Ein Amtsnachfolger kann aber dienstlich in eine eigene Beschützergarantenstellung hineingewachsen sein.

IV. Staatlich betriebene Anlagen

Keine besonderen Probleme bereitet es, wenn die öffentliche Hand, insbes. auf kommunaler Ebene, **77** Anlagen betreibt, zB Klärwerke, Abfallentsorgungsanlagen, Mülldeponien, Schwimmbäder, Schlachthöfe, Krankenhäuser, Kraftwerke (vgl. Rengier StrafR BT II § 47 Rn. 23; SSW StGB/*Saliger* Rn. 53; Müller-Gugenberger WirtschaftsStR/*Pfohl* § 54 Rn. 308). Der zuständige Amtsträger ist hier direkter Adressat der Umweltstrafnormen wie ein vergleichbarer privater Anlagenbetreiber und daher ohne Weiteres Täter oder Teilnehmer (BGHSt 38, 325 (330); LK-StGB/*Steindorf* Rn. 50; MüKoStGB/*Schmitz* Rn. 104), ggf. über § 14 Abs. 2 S. 3 (hierzu OLG Köln NJW 1988, 2119).

Was die Verantwortlichkeit für Unterlassen angeht, kommt dem zuständigen Amtsträger eine Über- **78** wachergarantenstellung aus Sachherrschaft über eine Gefahrenquelle zu (OLG Stuttgart NStZ 1989, 122; SSW StGB/*Saliger* Rn. 53; MüKoStGB/*Schmitz* Rn. 118; für Obhutsgarantenstellung *Nappert,* Die strafrechtliche Haftung von Bürgermeistern und Gemeinderäten im Umweltstrafrecht, 1997, 66 ff.).

L. Allgemeine Rechtfertigung

Zur Rechtfertigung durch Verwaltungshandeln (→ Rn. 23 ff.). Darüber hinaus kann § 34 in Betracht **79** kommen, allerdings iErg nur bei Not- und Katastrophenfälle (BayObLG JR 1979, 124; Rengier StrafR BT II § 48 Rn. 10; MSM StrafR BT II § 58 Rn. 30), zB bei der Verwendung chemischer Mittel zur Bindung ausgelaufenen Öls (Wessels/Hettinger StrafR BT I Rn. 1064). Ein rechtfertigender Notstand qua Sanierung von Arbeitsplätzen oder Abwendung der Insolvenz eines Unternehmens (BGH NStZ 1997, 189; LG Bremen NStZ 1982, 164; LG Mannheim NJW 1976, 585 (586); vgl. LPK-StGB/*Kindhäuser* § 324 Rn. 8; Joecks StGB § 324 Rn. 10; *Rudolphi* NStZ 1984, 193 (248); *Winkelbauer,* Zur Verwaltungsakzessorietät des Umweltstrafrechts, 1985, 11 ff.; vgl. aber auch Otto StrafR BT § 82 Rn. 36: Rechtfertigung, wenn einer einmaligen Verunreinigung der dauerhafte Verlust von Arbeitsplätzen oÄ gegenübersteht) scheidet angesichts der Gewichtigkeit der Umweltrechtsgüter aus. Derartige Arbeitsplatzsicherung auch in tatsächlicher Hinsicht fragwürdig (SSW StGB/*Saliger* Rn. 78). Auch Einwilligungen sind mangels Dispositionsbefugnis über Umweltmedien irrelevant (zB Fischer § 324 Rn. 7a).

80   Fragen der Sozialadäquanz gehören (als Erheblichkeitsschwelle) zur Auslegung der Tatbestandsmerkmale (→ § 58 Rn. 30; *Zeitler* NStZ 1984, 220), zB (→ § 324 Rn. 8 f.).

§ 324 Gewässerverunreinigung

**(1) Wer unbefugt ein Gewässer verunreinigt oder sonst dessen Eigenschaften nachteilig
verändert, wird mit Freiheitsstrafe bis zu fünf Jahren oder mit Geldstrafe bestraft.**

(2) Der Versuch ist strafbar.

**(3) Handelt der Täter fahrlässig, so ist die Strafe Freiheitsstrafe bis zu drei Jahren oder
Geldstrafe.**

A. Allgemeines

1   Die Vorschrift (monografisch *Niering,* Der strafrechtliche Schutz der Gewässer, 1993; *Braun,* Die
kriminelle Gewässerverunreinigung (§ 324 StGB), 1990), die durch das 45. StÄG nicht verändert wurde
(hierzu SSW StGB/*Saliger* Rn. 1), schützt (ökologisch-anthropozentrisch, → Vorb. §§ 324–330d
Rn. 7 ff.) die Reinheit der Gewässer in ihrem status quo als Lebensgrundlage für Menschen, Tiere und
Pflanzen (BGHSt 38, 325 (332); BGH NStZ 1987, 323 (324); Fischer Rn. 2; SSW StGB/*Saliger* Rn. 2).
Es handelt sich im ein von jedermann begehbares Erfolgsdelikt (BGH NJW 1992, 122 (123); Rengier
StrafR BT II § 48 Rn. 3; Lackner/Kühl/*Heger* Rn. 1; aA *Rogall* FS Köln, 1988, 519) in Gestalt eines
Verletzungsdelikts. Ergänzend kommt die Ordnungswidrigkeit gem. § 103 WHG in Betracht.

2   Rechtsprechungsübersichten bei *Schall* NStZ 1992, 209 ff. (265); BGH NStZ-RR 1998, 353 f.; 2001,
1; 2003, 65 f.; 2005, 33 ff.; 2006, 161 ff.; 2008, 97. Zu europäischen Entwicklungen *Heine* FS Otto,
2007, 1015.

B. Objektiver Tatbestand

I. Gewässer

3   Der Begriff des Gewässers ist in § 330d Nr. 1 legaldefiniert (→ § 330d Rn. 2 ff.).

II. Sonst nachteiliges Verändern dessen Eigenschaften

4   Wie aus dem Wortlaut „sonst" folgt, ist das Verunreinigen (→ § 324 Rn. 14) ein Spezialfall (OLG
Karlsruhe JR 1983, 339 (340); Joecks StGB Rn. 4; Rengier StrafR BT II § 48 Rn. 3) des nachteiligen
Veränderns als Oberbegriff (monografisch *Brahms,* Definition des Erfolges der Gewässerverunreinigung,
1994; vgl. auch *Kuhlen* GA 1986, 389).

5   **1. Allgemeines.** Unter das nachteilige Verändern fällt jede nicht unerhebliche Verschlechterung der
natürlichen Gewässereigenschaften (vgl. § 3 Nr. 7 WHG) im physikalischen, chemischen oder biologischen Sinn (LPK-StGB/*Kindhäuser* Rn. 2; Joecks StGB Rn. 4), dh jedes Minus an Wassergüte im
Vergleich zur Lage vor der Tathandlung (OLG Celle NJW 1986, 2326; LG Kleve NStZ 1981, 266;
Lackner/Kühl/*Heger* Rn. 4). Eine vorherige, auch starke, Verschmutzung schließt eine weitere nachteilige Veränderung nicht aus (BGH NStZ 1997, 189; OLG Hamburg ZfW 1983, 112; OLG Celle NJW
1986, 2326; OLG Frankfurt a. M. NJW 1987, 2753; AG Frankfurt a. M. MDR 1988, 338; Rengier
StrafR BT II § 48 Rn. 3; SK-StGB/*Schall* Rn. 3a).

6   Die Verschlechterung muss durch Einbringen von Stoffen bewirkt worden sein (Schönke/Schröder/
Heine/Hecker Rn. 9; NK-StGB/*Ransiek* Rn. 10); das Aufwirbeln von Sand oder eine mechanisch ver-
ursachte Schaumbildung sind nicht tatbestandsmäßig (MüKoStGB/*Alt* Rn. 22; vgl. auch BayObLG
NJW 1966, 1572 (1573); aA LK-StGB/*Steindorf* Rn. 42).

7   Für die Nachteiligkeit ist es ausreichend, wenn spätere Schäden möglich sind (OLG Stuttgart NJW
1977, 1406 (1407); OLG Frankfurt a. M. NStZ 1987, 508), insofern in Wirklichkeit Eignungsdelikt (vgl.
Lackner/Kühl/*Heger* Rn. 4; OLG Köln NJW 1988, 2119 (2120)). Auf tatsächliche Folgeschäden (zB
Fischsterben) kommt es nur bei der Strafzumessung an (→ § 330 Rn. 4 ff.).

8   **2. Erheblichkeit.** Es besteht Einigkeit, dass der verursachte Negativsaldo von gewisser Erheblichkeit
sein muss (vgl. nur BGH NStZ 1991, 281 (282); OLG Köln NJW 1988, 2119 (2120); SSW StGB/*Saliger*
Rn. 10 f.; LK-StGB/*Steindorf* Rn. 27 f.; monografisch *Kasper,* Die Erheblichkeitsschwelle im Bereich
des Umweltstrafrechts, 1997). Das Maß der Sozialadäquanz muss überschritten worden sein (vgl. Otto
StrafR BT § 82 Rn. 34). Die Reichweite allerdings ist ungeklärt (Rengier StrafR BT II § 48 Rn. 8;
nach hM gleichwohl hinreichend bestimmter Tatbestand: BGHSt 30, 285 (288)), zumal eine Manipulation der Bagatellgrenze dadurch möglich ist, dass man den zur Betrachtung ausgewählten Gewässerteil
verkleinert oder vergrößert (*Bloy* JuS 1997, 577 (582); SSW StGB/*Saliger* Vor § 324 Rn. 70; MüKo-
StGB/*Schmitz* Vor § 324 Rn. 31, der auch Zweifel an der verfassungsrechtlichen Bestimmtheit äußert),

da die Verunreinigung eines Gewässerteils ausreichend ist (BGH NStZ 1991, 281 (282); LG Kleve NStZ 1981, 266 (267)).

Entscheidend sollen sein (wenig rechtssicher) die Umstände des Einzelfalls (vgl. BGH NStZ 1991, **9** 281 f.; OLG Karlsruhe JR 1983, 339 (340); LG Kleve NStZ 1981, 266; Wessels/Hettinger StrafR BT I Rn. 1071; Rengier StrafR BT II § 48 Rn. 4), wobei die Größe des Gewässers, die Wasserführung, die Fließgeschwindigkeit, die Menge und Gefährlichkeit der Schadstoffe und die Vorbelastung des Gewässers angeführt werden (OLG Frankfurt a. M. NJW 1987, 2753; SSW StGB/*Saliger* Rn. 11; MüKoStGB/*Alt* Rn. 34; NK-StGB/*Ransiek* Rn. 13). Als Beispiele für auszuscheidende Lappalien werden etwa das Baden ohne vorherige Reinigung, das Ausleeren einer Cola-Flasche, das Urinieren einzelner Personen oder das Wegwerfen einer Zigarettenkippe genannt (MSM StrafR BT II § 58 Rn. 40; SSW StGB/ *Saliger* Rn. 15).

3. Einzelheiten. Denkbar sind alle für ein Negativsaldo an Gewässerqualität ursächlichen Hand- **10** lungen, nicht nur die in § 9 WHG aufgeführten Benutzungsarten (Fischer Rn. 5a; OLG Düsseldorf NJW 1991, 1123 (1124); vgl. StA Stuttgart wistra 1987, 305; BayObLG JR 1988, 344). In der Rspr. findet sich zB die Einleitung chlorhaltigen (OLG Köln NJW 1988, 2119), glyzerinhaltigen (LG Kleve NStZ 1981, 266) oder sauerstoffarmen (BGH NuR 2004, 66) Wassers, ferner die Ablagerung wasser-belastenden Abfalls (BGH NStZ 1987, 323), ins Grundwasser versickernde Schadstoffe (OLG Celle NJW 1986, 2326; Rengier StrafR BT II § 48 Rn. 9) oder thermische Veränderungen durch Einleiten von Kühlwasser aus einem Kraftwerk. Genannt werden überdies radioaktive Kontaminierung (BT-Drs. 8/2382, 14; Lackner/Kühl/*Heger* Rn. 5) und die Verringerung der Fließgeschwindigkeit durch Stauung, sodass die Selbstreinigungskraft des Flusses beeinträchtigt wird (BT-Drs. 8/2382, 14; MSM StrafR BT II § 58 Rn. 40).

Richtigerweise ist auch das Absenken des Wasserspiegels eine tatbestandsmäßige Veränderung (OLG **11** Stuttgart NStZ 1994, 590 f.; aA Lackner/Kühl/*Heger* Rn. 5), erst recht das Austrocknen eines Gewässers (OLG Oldenburg NuR 1990, 480). Zu unterscheiden ist dies vom bloßen Umleiten (MSM StrafR BT II § 58 Rn. 40), bei dem es an einer Veränderung der Wassereigenschaften fehlt.

Die bloße Beeinträchtigung der Nutzung, zB die Verhinderung der Bademöglichkeit durch das **12** Einbringen von Glasscherben (OLG Stuttgart NStZ 1994, 590; Joecks StGB Rn. 5), ist nach verbreiteter Auffassung ebenfalls erfasst (OLG Stuttgart NJW 1977, 1406 und NStZ 1994, 590; *Rengier,* Das moderne Umweltstrafrecht im Spiegel der Rechtsprechung, 1992, 16 ff.; Rengier StrafR BT II § 48 Rn. 7; auf die wasserwirtschaftlichen Benutzungsmöglichkeiten abstellend (*Papier,* Gewässerverunreinigung, Grenzwertfestsetzung, Strafrecht, 1984, 6). Zwar ist die Benutzungsmöglichkeit eine Eigenschaft des Gewässers, dennoch ist die nutzungsorientierte Betrachtungsweise nicht hinreichend mit der ökologischen Schutzrichtung vereinbar (LPK-StGB/*Kindhäuser* Rn. 5; Joecks StGB Rn. 5).

4. Ermittlung. Der eigentliche Nachweis der Gewässerverunreinigung ist eine naturwissenschaftli- **13** che Aufgabe, sodass das Gericht auf Sachverständige angewiesen ist. Die dortigen Methoden sind auch strafrechtlich relevant, insbes. die Unterscheidung von Höchstwerten und Überwachungswerten. Wenn Höchstwerte existieren, reicht eine einmalige Überschreitung (OLG Frankfurt a. M. JR 1988, 168 (169); Fischer Rn. 7a; krit. SK-StGB/*Schall* Rn. 30; MüKoStGB/*Alt* Rn. 31). Handelt es sich lediglich um sog Überwachungswerte, so werden Werte aus fünf Proben ermittelt und der Durchschnitt gebildet (LG Bonn NStZ 1987, 461; MSM StrafR BT II § 58 Rn. 42; Fischer Rn. 7a; MüKoStGB/*Schmitz* Vor § 324 Rn. 60; NK-StGB/*Ransiek* Rn. 39 ff.; *Dahs* NStZ 1987, 440).

III. Verunreinigen

Unter Verunreinigen werden (vom Wortlaut her nicht zwingend) nur äußerlich wahrnehmbare **14** Einwirkungen (LPK-StGB/*Kindhäuser* Rn. 3; Joecks StGB Rn. 4) auf das Gewässer verstanden, zB Trübungen, Ölspuren (BT-Drs. 8/2382, 13), Schaumbildungen und Schmutzfahnen. Es ist ausreichend, wenn sich die Verunreinigung nur an der Wasseroberfläche bewegt (BGH NStZ 1991, 281 (282)). Zu Bagatellen (→ Rn. 8 f.)

IV. Kumulationen

Im engen Zusammenhang mit der Frage der hinreichend erheblichen Erfolgsverursachung **15** (→ Rn. 8 f.) steht die Behandlung von Kumulationseffekten (monografisch *Ronzani,* Erfolg und indivi-duelle Zurechnung im Umweltstrafrecht, 1992; *Kleine-Cosak,* Kausalitätsprobleme im Umweltstrafrecht, 1988; vgl. auch *Samson* ZStW 99 (1987), 617; dh (vgl. MüKoStGB/*Schmitz* Vor § 324 Rn. 32 f.) Summationen (mehrere Handlungen summieren sich und überschreiten zusammen die Erheblichkeits-schwelle) und Synergieeffekte (mehrere Handlungen bewirken einen nicht nur summierten Anstieg der Schädigung, sondern einen darüber hinaus gesteigerten oder auch ganz andere Wirkungen). Die hM hält – in Anlehnung an die Lehrbuchfälle zur kumulativen Kausalität – für alle Einzeltäter die Kausalität für gegeben (LK-StGB/*Steindorf* Rn. 31; *Kuhlen* WiVerw 1991, 183 (196)) und nimmt also eine Gesamt-erfolgszurechnung vor (vgl. BGH NStZ 1987, 323 (324); OLG Stuttgart NJW 1977, 1406 (1407); LK-

StGB/*Steindorf* Rn. 31), sodass das Maß der Minimalität des Beitrags irrelevant wird. Ebenso egal soll es nach hM sein, ob die Einzeltäter gleichzeitig oder sukzessive (aA SSW StGB/*Saliger* Rn. 17) zusammenwirken.

16   Jedenfalls bei sukzessivem Zusammenwirken aber kann es keine Gesamterfolgszurechnung an den Ersthandelnden geben (SSW StGB/*Saliger* Vor § 324 Rn. 76; *Bloy* JuS 1997, 577 (583 f.)), unabhängig davon, ob dem Ersthandelnden die Kausalbeiträge des Zweithandelnden bekannt sind. Dies folgt direkt einerseits aus der restriktiven Definition des tatbestandsmäßigen Erfolgs, andererseits aus den allgemeinen Regeln für die Zurechnung fremd verursachter Erfolge, insbes. dem Regressverbot (vgl. *Daxenberger,* Kumulationseffekte – Grenze der Erfolgszurechnung im Umweltstrafrecht, 1997, 87 ff. (136 ff.); MüKo-StGB/*Schmitz* Vor § 324 Rn. 35 ff.). Auch der Zweithandelnde muss mit seiner emittierenden Handlung die Erheblichkeitsschwelle überschreiten und den Erfolg selbst verursachen (Schönke/Schröder/*Heine/Hecker* Rn. 8), auch er erfährt keine Gesamtzurechnung. Gleiches wird auch bei gleichzeitigem Handeln zutreffen. Es ist daher irrelevant, ob auch andere Personen das Gewässer verändern (vgl. auch OLG Celle NJW 1986, 2326 (2327); OLG Köln NJW 1988, 2119 (2121)).

C. Rechtswidrigkeit: unbefugt

17   Die Unbefugtheit in § 324 (monografisch *Erdt,* Das verwaltungsakzessorische Merkmal der Unbefugtheit in § 324 und seine Stellung im Deliktsaufbau, 1997) ist kein Tatbestands-, sondern allgemeines Verbrechensmerkmal (BGHSt 39, 381 (387 f.); Otto StrafR BT § 82 Rn. 36; Lackner/Kühl/*Heger* Rn. 8; Franzheim/Pfohl UmweltStrafR Rn. 67 f., 159 ff.; aA NK-StGB/*Ransiek* Rn. 22; *Frisch,* Verwaltungsrechtsakzessorietät und Tatbestandsverständnis im Umweltstrafrecht, 1993, 64 (117); *Heghmanns,* Grundzüge einer Dogmatik der Straftatbestände zum Schutz von Verwaltungsrecht oder Verwaltungshandeln, 200, 177), weil die Verschlechterung der Wasserqualität grundsätzlich sozialgefährlich und daher generell Unrecht ist (SSW StGB/*Saliger* Vor § 324 Rn. 25).

18   Befugtheit kann sich insbes. aus behördlicher Genehmigung nach WHG oder den Landeswassergesetzen (auch nach anderen Rechtsgebiete, wenn die Befugnis auch auf wasserrechtlichen Aspekt bezogen ist; vgl. OLG Köln NJW 1988, 2119) ergeben (vgl. MüKoStGB/*Alt* Rn. 58 ff.), ferner aus Gewohnheitsrecht (Einleitung von Schiffsabwässern, vgl. BayObLG MDR 1982, 1040 (1041); abl. LG Hamburg NuR 2003, 776; monografisch *Schminke,* Die Einleitung häuslicher Schiffsabwässer nach nationalem und internationalem Recht, 2009). Zu weiteren Fragen der Rechtswidrigkeit (→ Vorb. §§ 324–330d Rn. 79 f.). Zur Frage, inwiefern ausländische Genehmigungen rechtfertigend wirken s. Schönke/Schröder/*Heine/Hecker* Rn. 12a; (→ Vorb. §§ 324–330d Rn. 32; → § 330d Rn. 36a ff.).

D. Sonstiges

I. Fahrlässigkeit, Abs. 3

19   Gem. Abs. 3 ist die fahrlässige Gewässerverunreinigung strafbar. Allgemein zur Konkretisierung der Fahrlässigkeit (→ Vorb. §§ 324–330d Rn. 45 f.). Erfasst sind vermeidbare Sorgfaltswidrigkeiten und Unfälle aller Art mit auslaufendem Schadstoff (*Nisipeanu* UPR 2008, 325 ff.; Rengier StrafR BT II § 48 Rn. 9; vgl. auch OLG Celle NJW 1995, 3197 (3198)), zB die fahrlässige Verursachung einer Schiffskollision (OLG Hamburg NStZ 1983, 170).

II. Versuch, Abs. 2

20   Gem. Abs. 2 ist die versuchte Gewässerverunreinigung strafbar. Gefährdungen im Vorfeld des Erfolgsdelikts werden durch die §§ 324a Abs. 1 Nr. 1, Abs. 3, 325 Abs. 2, 3, 6 Nr. 2, 326 Abs. 1 Nr. 4a, Abs. 5 Nr. 1, 327 Abs. 2 Nr. 2, S. 2, Abs. 3 Nr. 2 und 329 Abs. 2, 5 Nr. 1 erfasst.

III. Besonders schwere Fälle

21   § 330 findet Anwendung, s. dortige Erl.

IV. Konkurrenzen

22   Tateinheit (vgl. Fischer Rn. 11; SSW StGB/*Saliger* Rn. 23; Lackner/Kühl/*Heger* Rn. 18) ist möglich mit §§ 274 Abs. 1 Nr. 3, 303 ff., 307 ff., 313, 314, 316b Abs. 1 Nr. 2, 318, 319, 324a, 325, 326 (aber → Rn. 23), 327 Abs. 2, 328, 329 Abs. 3, 330a sowie § 27 ChemG.

23   Die nur gewässergefährdende Abfallbeseitigung nach § 326 Abs. 1 Nr. 4a wird von § 324 konsumiert (BGHSt 38, 325 (338 f.); Rengier StrafR BT II § 48 Rn. 10; MüKoStGB/*Alt* Rn. 120). § 12 Abs. 3 MBergG ist ausdrücklich subsidiär.

§ 324a Bodenverunreinigung

(1) Wer unter Verletzung verwaltungsrechtlicher Pflichten Stoffe in den Boden einbringt, eindringen läßt oder freisetzt und diesen dadurch

1. in einer Weise, die geeignet ist, die Gesundheit eines anderen, Tiere, Pflanzen oder andere Sachen von bedeutendem Wert oder ein Gewässer zu schädigen, oder
2. in bedeutendem Umfang

verunreinigt oder sonst nachteilig verändert, wird mit Freiheitsstrafe bis zu fünf Jahren oder mit Geldstrafe bestraft.

(2) Der Versuch ist strafbar

(3) Handelt der Täter fahrlässig, so ist die Strafe Freiheitsstrafe bis zu drei Jahren oder Geldstrafe.

A. Allgemeines

Die erst durch das 2. UKG eingeführte Norm schützt den Boden (monografisch *Hofmann*, Boden- **1** schutz durch Strafrecht?, 1996; *Bartholme*, Der Schutz des Bodens im Umweltsrafrecht, 1995; vgl. auch *Sanden* wistra 1996, 283), der wie Wasser und Luft eine besondere Bedeutung für den Naturhaushalt hat und als Lebensgrundlage und Lebensraum für Menschen, Tiere und Pflanzen strafrechtlichen Schutz verdient (Rengier StrafR BT II § 48 Rn. 11), wie sich auch aus den Bodenfunktionen (vgl. auch Joecks StGB Rn. 2) nach § 2 Abs. 2 BBodschG ergibt. § 324a gewährleistet keinen quantitativen Bodenschutz gegen Flächenverbrauch und Oberflächenversiegelung, welcher nur für besonders schutzbedürftige Gebiete nach Maßgabe von § 329 Abs. 2, 3 gewährleistet wird (vgl. SSW StGB/*Saliger* Rn. 1; → § 329 Rn. 18), etwa durch Schwarzbauten (BT-Drs. 12/192, 16). Es handelt sich um ein Erfolgsdelikt, welches aber in Abs. 1 Nr. 1 eine Eignungskomponente enthält. Täter können nur die Adressaten der jeweils verletzten verwaltungsrechtlichen Pflicht sein (MSM StrafR BT II § 58 Rn. 49). Das Delikt ist daher ein Sonderdelikt, wenn die in Bezug genommene Pflicht keine Jedermannspflicht ist (→ Vorb. §§ 324–330d Rn. 54 ff.; SSW StGB/*Saliger* Rn. 21; aA Lackner/Kühl/*Heger* Rn. 1). Rechtsprechungsübersichten bei *Schall* NStZ-RR 2002, 34 f.; 2003, 66 f.; 2005, 35 ff.; 2006, 163 ff.; 2008, 99 f.; *Schall* NStZ 1997, 420 ff.

B. Objektiver Tatbestand

I. Boden

Es gilt auch im Strafrecht (Rengier StrafR BT II § 48 Rn. 12; *Laski*, Die strafrechtlichen Bezüge des **2** Bundes-Bodenschutzgesetzes, 2003, 77 ff.; MSM StrafR BT II § 58 Rn. 45; Lackner/Kühl/*Heger* Rn. 2) § 2 Abs. 1 BBodSchG:

„Boden im Sinne dieses Gesetzes ist die obere Schicht der Erdkruste, soweit sie Träger der in Absatz 2 genannten Bodenfunktionen ist, einschließlich der flüssigen Bestandteile (Bodenlösung) und der gasförmigen Bestandteile (Bodenluft), ohne Grundwasser und Gewässerbetten."

Geschützt sind auch bebauter und ausländischer Boden (SSW StGB/*Saliger* Rn. 5), nicht aber der Bewuchs, bauliche Anlagen oder auf dem Boden gelagerte bewegliche Sachen (MüKoStGB/*Alt* Rn. 13; OVG Münster ZUR 2012, 568).

II. Stoffe

Der Stoffbegriff entspricht dem § 224 Abs. 1 Nr. 1 (Joecks StGB Rn. 3; Rengier StrafR BT II § 48 **3** Rn. 12) und umfasst Substanzen aller Art, die chemisch, chemisch-physikalisch, mechanisch, thermisch oder auf sonstige Weise nachteilige Bodenveränderungen hervorrufen können, unabhängig vom Aggregatzustand, ausgenommen Strahlen (SSW StGB/*Saliger* Rn. 7; MüKoStGB/*Alt* Rn. 15).

Beeinträchtigungen ohne Stoffeinwirkung werden nicht erfasst, zB Bauwerke, Rodungen, Aufschüt- **4** tungen, Abgrabungen, Entwässerungen oder Grundwasserabsenkungen (LPK-StGB/*Kindhäuser* Rn. 2; *Sanden* wistra 1996, 283 (284)), allenfalls greift § 329 Abs. 2, 3.

III. Tathandlungen: Einbringen, Eindringen Lassen, Freisetzen

Die Tathandlungen sollen jedes nachteilig verändernde Verhalten erfassen (BT-Drs. 12/192, 17). **5**

1. Einbringen. Einbringen ist jede Verursachung einer Kontamination des Bodens mit Fremdstoffen **6** (Joecks StGB Rn. 5; *Möhrenschlager* NStZ 1994, 513 (517)), wobei nur der finale Stoffeintrag erfasst wird (Rengier StrafR BT II § 48 Rn. 12; SK-StGB/*Schall* Rn. 24; MSM StrafR BT II § 58 Rn. 47; Fischer Rn. 4).

7   Das Einbringen kann unmittelbar geschehen (zB durch Düngung oder Pflanzenschutz) oder mittelbar, zB durch Luftverunreinigung (MSM StrafR BT II § 58 Rn. 47; vgl. auch *Möhrenschlager* NStZ 1994, 517) oder Auslaufenlassen von Chemikalien (BGH NJW 1992, 122; OLG Zweibrücken NJW 1992, 2841 (2842); LG Bad Kreuznach NJW 1993, 1725).

8   **2. Eindringen Lassen.** Hierunter fällt das pflichtwidrige Nichthindern einer Bodenverunreinigung (MSM StrafR BT II § 58 Rn. 47), dh die Unterlassung durch einen sog Garanten nach § 13 (Fischer Rn. 4a; aA *Winkelbauer* FS Lenckner, 1998, 654 (656)). Auch das Ausbreitenlassen vorhandener Stoffe, etwa aufgrund Altlasten (vgl. § 2 Abs. 5 BBodSchG) ist erfasst (Fischer Rn. 4a; aA NK-StGB/*Ransiek* Rn. 13; monografisch *Vogelsang-Rempe,* Umweltstrafrechtliche Relevanz von Altlasten, 1992), nicht aber das bloße Belassen im Boden (Fischer Rn. 4a; SSW StGB/*Saliger* Rn. 9). Trotz § 4 Abs. 3 S. 4 und Abs. 6 BBodSchG ist der Alteigentümer kein Garant (MSM StrafR BT II § 58 Rn. 49; *Laski,* Die strafrechtlichen Bezüge des Bundes-Bodenschutzgesetzes, 2003, 146 (154); SSW StGB/*Saliger* Rn. 18). Zu beachten bleibt in jedem Fall, dass sich die Garantenpflicht auf mögliche, erforderliche und zumutbare Maßnahmen beschränkt.

9   **3. Freisetzen.** Freisetzen (vgl. auch §§ 307, 311, 325, 330a) ist die Herbeiführung einer Lage, in der sich der Stoff unkontrollierbar ausbreiten kann (Rengier StrafR BT II § 48 Rn. 12; MSM StrafR BT II § 58 Rn. 47; zu § 330a BT-Drs. 8/2382, 25 f.; LG Frankfurt a. M. NStZ 1990, 592; vgl. auch BGHSt 43, 346 (351 f.)).

10   Ausreichend ist es, wenn der Stoff mittelbar, etwa über die Luft oder das Wasser, in den Boden gelangen kann (SSW StGB/*Saliger* Rn. 10).

IV. Verunreinigen; nachteilig Verändern

11   Die Tathandlungen sind dem § 324 nachgebildet. Zum Verunreinigen → § 324 Rn. 14; zum nachteilig Verändern → § 324 Rn. 4 ff. Bezugspunkt ist in § 324a die relative ökologische Bodenqualität (Fischer Rn. 5) des status quo (SK-StGB/*Schall* Rn. 12). Bei der Ermittlung kommt der BBodSchV eine Indizwirkung zu (MSM StrafR BT II § 58 Rn. 48; *Laski,* Die strafrechtlichen Bezüge des Bundes-Bodenschutzgesetzes, 2003, 88; *Sander* NJW 2000, 2544).

V. Taterfolg gem. Nr. 1: Eignung, die Gesundheit eines anderen, Tiere, Pflanzen oder andere Sachen von bedeutendem Wert oder ein Gewässer zu schädigen

12   **1. Eignung zur Schädigung.** § 324a ist insofern ein Eignungsdelikt (→ Vorb. §§ 324–330d Rn. 40 ff.; aA Otto StrafR BT § 82 Rn. 42: abstraktes Gefährdungsdelikt). Anhaltspunkte für eine Schädigung bieten Prüf- und Maßnahmenwerte nach § 8 Abs. 1 Nr. 1, 2 BBodSchG (sofern noch nicht festgelegt, dienen die Werte der BodSchG der Länder als Orientierung: MüKoStGB/*Alt* Rn. 24; hierzu *Vierhaus* NJW 1998, 1262).

13   **2. Gesundheit eines anderen.** Es gilt der strafrechtliche Gesundheitsbegriff des § 223 (Fischer Rn. 7; SSW StGB/*Saliger* Rn. 14). Abzugrenzen sind hiernach nicht unerheblich nachteilig abweichende, körperliche (ggf. auch psychisch induzierte) Zustände (vgl. nur Lackner/Kühl/*Heger* § 223 Rn. 5) von bloßen Belästigungen. Hinreichend sind aber Hustenreize, Übelkeit oder Kopfschmerzen (Fischer Rn. 7). Ausreichend ist auch eine Eignung zur mittelbaren Schädigung, zB im Rahmen einer Nahrungskette (Lackner/Kühl/*Heger* Rn. 4; LK-StGB/*Steindorf* Rn. 42).

14   **3. Tiere, Pflanzen, andere Sachen von bedeutendem Wert, Gewässer.** Tiere sind Lebewesen, die ihre Energie nicht durch Photoysnthese gewinnen und Sauerstoff zum Atmen benötigen. Der Pflanzenbegriff ist naturwissenschaftlich sehr umstritten, iSd Strafgesetzgebers dürften jedenfalls alle photoautotrophen Lebewesen sowie Pilze hierunter zu fassen sein. Zu anderen Sachen s. § 90 BGB. Zum Gewässer → § 330d Rn. 2 ff.

15   Die Eigentumslage ist irrelevant, namentlich werden Schäden in Land- und Forstwirtschaft erfasst (vgl. SSW StGB/*Saliger* § 325 Rn. 6; MüKoStGB/*Alt* Rn. 26). Bei tätereigenen Sachen muss die Gefährdung aber über den Lebenskreis des Täters hinausgehen (*Bartholme,* Der Schutz des Bodens im Umweltstrafrecht, 1995, 74 ff.; aA SK-StGB/*Schall* Rn. 16).

16   Der bedeutende Wert bemisst sich wirtschaftlich (vgl. MüKoStGB/*Alt* § 325 Rn. 27; Sack § 325a Rn. 152: 1.000 EUR), aber auch ökologisch oder kulturell, wenn ein gewichtiges Allgemein- oder Individualinteresse an der Erhaltung besteht (BT-Drs. 8/238, 15 f.; Otto StrafR BT § 82 Rn. 42; Lackner/Kühl/*Heger* § 325 Rn. 13; NK-StGB/*Ransiek* Rn. 8). Entgegen dem Wortlaut ist nicht auf den Wert der geschädigten Sache, sondern auf die Bedeutung des Schadens abzustellen (BGH NJW 1990, 194 (195); Otto StrafR BT § 82 Rn. 42; vgl. auch SSW StGB/*Saliger* § 325 Rn. 10).

VI. Taterfolg gem. Nr. 2: Bedeutender Umfang

Hierunter ist jede ökonomische oder ökologische Beeinträchtigung von einigem Gewicht zu ver- **17** stehen (vgl. BT-Drs. 12/129, 17; *Möhrenschlager* NStZ 1994, 513 (517)). Ausschlaggebend sind Intensität und Dauer der Beeinträchtigung sowie der Aufwand der Beseitigung (BT-Drs. 12/192, 17; MüKoStGB/*Alt* Rn. 29; aA LK-StGB/*Steindorf* Rn. 57). Die Intensität ist nicht nur quantitativ, sondern auch qualitativ zu bestimmen (ökologisch; BT-Drs. 12/7300, 22; Rengier StrafR BT II § 48 Rn. 13). Die materielle Vergleichbarkeit mit Nr. 1 muss gewährleistet sein. Das Merkmal ist aber diffus, da naturwissenschaftlich bislang keine hinreichende Präzisierung möglich ist (Joecks StGB Rn. 7; zweifelnd an Bestimmtheit und Praktikabilität auch Fischer Rn. 10), sodass auch die eigenständige Bedeutung ggü. Nr. 1 unklar bleibt.

VII. Verletzung verwaltungsrechtlicher Pflichten

Es handelt sich um ein Tatbestandsmerkmal (BT-Drs. 12/192, 17; Lackner/Kühl/*Heger* Rn. 7; SSW **18** StGB/*Saliger* Rn. 19; aA SK-StGB/*Schall* Rn. 32). Zur Anwendung des § 28 → Vorb. §§ 324–330d Rn. 57. Der Begriff der verwaltungsrechtlichen Pflichten ist in § 330d Abs. 1 Nr. 4 legaldefiniert (→ § 330d Rn. 13). Die Verletzung bestimmt sich nach Maßgabe des Verwaltungsrechts. Eingeschlossen sind die Nichtbeachtung eines in einer Rechtsvorschrift (§ 330d Abs. 1 Nr. 4a) enthaltenen Genehmigungserfordernisses (vgl. BT-Drs. 12/192, 18) sowie Verstöße gegen belastende Verwaltungsakte (→ Vorb. §§ 324–330d Rn. 20 ff.). Mit § 330d Abs. 2 ist nunmehr klargestellt, dass bei in einem anderen EU-Mitgliedstaat begangenen Taten die dortigen Pflichten, Genehmigungen etc unter bestimmten Voraussetzungen zu berücksichtigen sind (vgl. SK-StGB/*Schall* Rn. 40; → Vorb. §§ 324–330d Rn. 32; → § 330d Rn. 36a ff.).

C. Sonstiges

I. Fahrlässigkeit, Abs. 3; Versuch, Abs. 2

Fahrlässiges Handeln ist nach Abs. 3 strafbar. Zum Sorgfaltsmaßstab (→ Vorb. §§ 324–330d Rn. 45 f.). **19** Der Versuch ist gem. Abs. 2 strafbar. Gefährdungen im Vorfeld erfassen die §§ 325 Abs. 1, 2, 3, 4 Nr. 2, Abs. 6, 326 Abs. 1 Nr. 4a, Abs. 2 Nr. 2, Abs. 5, 329 Abs. 2 Nr. 3, Abs. 3, 5.

II. Besonders schwere Fälle

§ 330 findet Anwendung, s. dortige Erl. **20**

III. Konkurrenzen

Tateinheit ist möglich mit (vgl. Fischer Rn. 13; Lackner/Kühl/*Heger* Rn. 11; SSW StGB/*Saliger* **21** Rn. 22) den §§ 211 ff.; 223 ff., 222, 229, 303 ff., 314, 316b Abs. 1 Nr. 2, 318, 319, 324, 325, 326 (aber → Rn. 22), 327, 328 Abs. 3 (aA Lackner/Kühl/*Heger* Rn. 11; *Bartholme,* Der Schutz des Bodens im Umweltstrafrecht, 1995, 224: § 328 Abs. 3 soll hinter Abs. 1 zurücktreten), § 329 Abs. 2, 3, 330a und mit § 27 ChemG.

§ 324a konsumiert § 326 Abs. 1 Nr. 4a, soweit bloß die Bodenqualität betroffen ist (BGH wistra **22** 2001, 259; Rengier StrafR BT II § 48 Rn. 13; MüKoStGB/*Alt* Rn. 65).

§ 325 Luftverunreinigung

(1) ¹Wer beim Betrieb einer Anlage, insbesondere einer Betriebsstätte oder Maschine, unter Verletzung verwaltungsrechtlicher Pflichten Veränderungen der Luft verursacht, die geeignet sind, außerhalb des zur Anlage gehörenden Bereichs die Gesundheit eines anderen, Tiere, Pflanzen oder andere Sachen von bedeutendem Wert zu schädigen, wird mit Freiheitsstrafe bis zu fünf Jahren oder mit Geldstrafe bestraft. ²Der Versuch ist strafbar.

(2) Wer beim Betrieb einer Anlage, insbesondere einer Betriebsstätte oder Maschine, unter Verletzung verwaltungsrechtlicher Pflichten Schadstoffe in bedeutendem Umfang in die Luft außerhalb des Betriebsgeländes freisetzt, wird mit Freiheitsstrafe bis zu fünf Jahren oder mit Geldstrafe bestraft.

(3) Wer unter Verletzung verwaltungsrechtlicher Pflichten Schadstoffe in bedeutendem Umfang in die Luft freisetzt, wird mit Freiheitsstrafe bis zu drei Jahren oder mit Geldstrafe bestraft, wenn die Tat nicht nach Absatz 2 mit Strafe bedroht ist.

(4) Handelt der Täter in den Fällen der Absätze 1 und 2 fahrlässig, so ist die Strafe Freiheitsstrafe bis zu drei Jahren oder Geldstrafe.

(5) Handelt der Täter in den Fällen des Absatzes 3 leichtfertig, so ist die Strafe Freiheitsstrafe bis zu einem Jahr oder Geldstrafe.

(6) Schadstoffe im Sinne der Absätze 2 und 3 sind Stoffe, die geeignet sind,

1. die Gesundheit eines anderen, Tiere, Pflanzen oder andere Sachen von bedeutendem Wert zu schädigen oder
2. nachhaltig ein Gewässer, die Luft oder den Boden zu verunreinigen oder sonst nachteilig zu verändern.

(7) Absatz 1, auch in Verbindung mit Absatz 4, gilt nicht für Kraftfahrzeuge, Schienen-, Luft- oder Wasserfahrzeuge.

A. Allgemeines

1   Die Vorschrift schützt die relative Reinheit der Luft als Lebensgrundlage und Lebensraum für Menschen, Tiere und Pflanzen (MSM StrafR BT II § 58 Rn. 53; *Rudolphi* NStZ 1984, 248 (249); monografisch *Pfeiffer,* Verunreinigung der Luft nach § 325, 1992). Durch das 45. StÄG (→ Vorb. §§ 324–330d Rn. 3a) wurde sie erheblich verändert (hierzu BT-Drs. 17/5391, 5; MüKoStGB/*Alt* Rn. 8 ff.). Das Eignungsdelikt (→ Vorb. §§ 324–330d Rn. 40 ff.) des Abs. 1 betrifft bestimmte Immissionen ggü. Menschen, Tieren, Pflanzen oder anderen Sachen von bedeutendem Wert. Die Emissionstatbestände des Abs. 2 und des neu eingefügten, ggü. Abs. 2 subsidiären Auffangtatbestands des Abs. 3 enthalten abstrakte Gefährdungsdelikte (Lackner/Kühl/*Heger* Rn. 1; Rengier StrafR BT II § 48 Rn. 14; aA SSW StGB/*Saliger* Rn. 1: tatmittelbezogenes Eignungsdelikt). Die Hauptquelle schädlicher Emissionen wird wegen der Ausnahme des Abs. 7 (→ Rn. 21 ff.) freilich nicht erfasst (Fischer Rn. 22). Ergänzend kommt die Ordnungswidrigkeit gem. § 62 BImSchG in Betracht. Je nach Adressatenkreis der verwaltungsrechtlichen Pflicht kann es sich um ein Sonderdelikt handeln (vgl. SSW StGB/*Saliger* Rn. 22; → Vorb. §§ 324–330d Rn. 56). Rechtsprechungsübersichten bei *Schall* NStZ 1997, 429; BGH NStZ-RR 2003, 67; 2006, 166; 2008, 100.

B. Objektiver Tatbestand des Abs. 1

I. Anlage

2   Anlage ist der Oberbegriff („insbesondere"), „Betriebsstätte" (→ § 327 Rn. 14) und „Maschine" sind bloße Beispiele. Vgl. zunächst **§ 3 Abs. 5 BImSchG** (ähnlich ist § 3 Abs. 2, 3 UmweltHG):

„Anlagen im Sinne dieses Gesetzes sind
1. Betriebsstätten und sonstige ortsfeste Einrichtungen,
2. Maschinen, Geräte und sonstige ortsveränderliche technische Einrichtungen sowie Fahrzeuge, soweit sie nicht der Vorschrift des § 38 unterliegen, und
3. Grundstücke, auf denen Stoffe gelagert oder abgelagert oder Arbeiten durchgeführt werden, die Emissionen verursachen können, ausgenommen öffentliche Verkehrswege."

3   Vgl. insbes. 1., 2., 13. BImSchV. Der strafrechtliche Anlagenbegriff geht hierüber noch hinaus (vgl. BT-Drs. 8/3633, 27 und 11/7101, 18) und erfasst alle auf gewisse Dauer vorgesehene, als Funktionseinheit organisierte Einrichtungen von nicht ganz unerheblichen Ausmaßen, die der Verwirklichung bestimmter Zwecke dienen (BayObLG wistra 1994, 237; Otto StrafR BT § 82 Rn. 50; Franzheim/Pfohl UmweltStrafR Rn. 204). Es ist unerheblich, ob die Anlage ortsfest (einschließlich va Arbeits- und Lager-Grundstücken, zB Viehhaltung, Schrottplätze, Autofriedhöfe, Flugplätze, öffentliche Verkehrswege) oder beweglich (va Baumaschinen, zB Betonmischer, Transportmischer, Motorkompressoren, Turmdrehkräne, Schweiß-oder Kraftstromerzeuger, handbediente Betonbrecher, Planierraupen, Bagger, Drucklufthämmer, auch Rasenmäher oder – bei § 325a – Musikinstrumente; vgl. Fischer Rn. 4) ist, genehmigungsbedürftige oder nicht (nach §§ 4, 22 BImSchG), zu gewerblichen oder privaten Zwecken dient (Fischer Rn. 4; Lackner/Kühl/*Heger* Rn. 2; SSW StGB/*Saliger* Rn. 9). Die Beschränkungen des § 2 Abs. 2 BImSchG für Flugplätze und des § 3 Abs. 5 Nr. 3 BlmSchG für öffentliche Verkehrswege gelten strafrechtlich nicht (SSW StGB/*Saliger* Rn. 10, s. auch BT-Drs. 8/2382, 34). Zu beachten ist aber die Ausnahme des Abs. 7 (→ Rn. 21 ff.).

4   Der Begriff der Anlage ist damit uferlos weit (MSM StrafR BT II § 58 Rn. 24). Ausgeschieden werden allein solche Einrichtungen, bei denen die Auswirkungen auf die Umgebung alleine auf das Verhalten einzelner Personen zurückzuführen sind, sowie Geräte, die nur die menschliche Hand verlängern (MüKoStGB/*Alt* Rn. 20).

II. Betrieb

5   Der Betrieb (monografisch *Witteck,* Der Betreiber im Umweltstrafrecht, 2004) einer Anlage, vgl. auch § 4 BImschG, umfasst alle funktionellen Handlungen (die also der bestimmungsgemäßen Nutzung dienen, vgl. BayObLG NStZ 1998, 465; MüKoStGB/*Alt* Rn. 22), seitdem die Anlage für ihre Zwecke in Gang gesetzt wurde, bis zur völligen Stilllegung (Fischer Rn. 5; Sack Rn. 25; vgl. auch BayObLG

NStZ 1998, 465). Dies schließt Probeläufe, Wartungs- und Reparaturarbeiten mit ein (MSM StrafR BT II § 58 Rn. 26; SSW StGB/*Saliger* Rn. 12). In Funktion gehalten wird eine Anlage auch dann, wenn sie nicht gegen unbefugte Weiterbenutzung abgesichert wird (AG Cochem NStZ 1985, 505 (506); LK-StGB/*Steindorf* Rn. 25).

Nicht tatbestandsmäßig ist das Errichten oder Innehaben einer nicht betriebsbereiten oder nie **6** betriebenen Anlage, da hiervon keine Risiken ausgehen; ferner Änderungen der Anlage.

III. Verletzung verwaltungsrechtlicher Pflichten

Zu diesem Tatbestandsmerkmal (BT-Drs. 12/192, 18; GStA Zweibrücken NStZ 1984, 554; Fischer **7** Rn. 3; *Laufhütte/Möhrenschlager* ZStW 1992 (1980), 912 (941); → § 324a Rn. 18; → § 330d Rn. 12) Insbesondere kommt ein Verstoß gegen das Genehmigungserfordernis des § 4 BImSchG in Betracht (hierzu Lackner/Kühl/*Heger* Rn. 10; MüKoStGB/*Alt* Rn. 41 ff.). Zur Verletzung ausländischer Vorschriften → Vorb. §§ 324–330d Rn. 32; → 330d Rn. 36a ff.)

IV. Veränderungen der Luft

Zum Verändern, welches nur den tatbestandlichen Erfolg bezeichnet, wobei die Art und Weise der **8** Herbeiführung gleichgültig ist (Lackner/Kühl/*Heger* Rn. 13) → § 324 Rn. 5. Der Begriff geht über § 3 Abs. 4 BImSchG hinaus und erfasst zB auch die radioaktive Kontamination (BT-Drs. 12/192, 18; MüKoStGB/*Alt* Rn. 27) sowie thermische Veränderungen (Schönke/Schröder/*Heine/Hecker* Rn. 2; LK-StGB/*Steindorf* Rn. 8). Auch die ausländische Luft ist geschützt (SSW StGB/*Saliger* Rn. 1; Schönke/Schröder/*Heine/Hecker* Rn. 1) (→ Vorb. §§ 324–330d Rn. 50 ff.; → § 330d Rn. 36a ff.).

Es gilt eine vergleichbare Erheblichkeitsschwelle wie bei § 324 (→ § 324 Rn. 8 f.). **9**

V. Verursachen

Das Verursachen ist auch durch Unterlassen in Garantenstellung möglich (Lackner/Kühl/*Heger* **10** Rn. 13). Mitursächlichkeit ist ausreichend (Fischer Rn. 6a). Zu Kumulationen → § 324 Rn. 15 f.

VI. Eignung, außerhalb des zur Anlage gehörenden Bereichs die Gesundheit eines anderen, Tiere, Pflanzen oder andere Sachen von bedeutendem Wert zu schädigen

1. Eignung zur Schädigung. § 325 ist ein Eignungsdelikt (aA Otto StrafR BT § 82 Rn. 49: **11** abstraktes Gefährdungsdelikt). Zur Schädigungseignung → Vorb. §§ 324–330d Rn. 40 ff.; vgl. auch § 3 BImSchG).

2. Gesundheit eines anderen. → § 324a Rn. 13. Insofern sind erhebliche Einwirkungen (vgl. StA **12** Hannover NStZ 1987, 175 (176)) von bloßen Belästigungen abzugrenzen (BT-Drs. 8/3633, 27; Fischer Rn. 8).

3. Tiere, Pflanzen, andere Sachen von bedeutendem Wert. → § 324a Rn. 14 ff. Bzgl. letzterem **13** kommt insbes. die korrosive Schädigung von Bauwerken und Kunstdenkmälern durch Immissionen in Betracht (BT-Drs. 8/2382; 15; Fischer Rn. 2, 10; *Rengier* FS Spendel, 1992, 570).

4. Außerhalb des zur Anlage gehörenden Bereichs. Dies erfasst Nachbarschaft oder Allgemein- **14** heit, soweit sie unter normalen Umständen von den schädlichen Einwirkungen erfasst werden können (Fischer Rn. 11; SSW StGB/*Saliger* Rn. 7). Für Einwirkungen innerhalb der Anlage greifen allgemeine Straftatbestände und arbeitsschutzrechtliche Regelungen, sowie der Abs. 3 für Emissionen (Lackner/Kühl/*Heger* Rn. 3).

C. Objektiver Tatbestand des Abs. 2

I. Beim Betrieb einer Anlage, insbesondere einer Betriebsstätte oder Maschine

Hierzu → Rn. 2 ff., zur Anlage → Rn. 2 ff., zur Betriebsstätte → § 327 Rn. 14, zur Maschine **15** → Rn. 2, zum Betrieb → Rn. 5 f.

II. Verletzung verwaltungsrechtlicher Pflichten

Zum Tatbestandsmerkmal (Fischer Rn. 3; Sack Rn. 150) der Verletzung verwaltungsrechtlicher **16** Pflichten (→ § 324a Rn. 18; → 330d Rn. 12 ff.). Das Merkmal der groben Verletzung (dazu BT-Drs. 8/2382, 16; MSM StrafR BT II § 58 Rn. 56; LK-StGB/*Steindorf* Rn. 62 ff.), dh eines Verstoßes gegen eine Pflicht in besonders großem Maße bzw. gegen eine besonders gravierende Pflicht, wurde durch das 45. StÄG gestrichen und ist nur noch für vor dem 13.12.2011 begangene Taten relevant (Lackner/Kühl/ *Heger* Rn. 11; dazu BT-Drs. 17/5391, 16). An einer Verletzung fehlt es vor allem, wenn das Verhalten materiell rechtmäßig war (Lackner/Kühl/*Heger* Rn. 8 f.; *Dölling* JZ 1985, 461 (467)). Zur Verletzung ausländischer Vorschriften (→ Vorb. §§ 324–330d Rn. 32;→ § 330d Rn. 36a ff.).

III. Schadstoffe, Abs. 2 iVm Abs. 6

17   Zu Stoffen → § 324a Rn. 3 f., zur Eignung → Vorb. §§ 324–330d Rn. 40 ff., zu dem Merkmalen des Abs. 6 Nr. 1 → § 324a Rn. 12 ff., zu Abs. 4 Nr. 2 (Gewässer → § 330d Rn. 2 ff.; Luft → Rn. 8 f.; Boden → § 324a Rn. 2; verunreinigen oder sonst nachteilig verändern → § 324 Rn. 4 ff., 14).

18   Hinzugekommen ist der Begriff „nachhaltig". Dieser besteht aus einem temporalen und einem quantitativen Element (vgl. BGHSt 39, 381 (385); OLG Zweibrücken NJW 1992, 2841 (2842); OLG Schleswig NuR 1990, 92 (93); LG Stuttgart NStZ 2006, 291 (292); AG Lübeck NJW 1991, 1125 (1126); Rengier StrafR BT II § 48 Rn. 24): Erforderlich sind Beeinträchtigungen von längerer Dauer (nicht nur vorübergehend, kurzfristig) und einer gewissen Intensität (erheblicher Umfang).

IV. Freisetzen in die Luft außerhalb des Betriebsgeländes

19   Zum Freisetzen → § 324a Rn. 9 f. Im Unterschied zum Wortlaut des Abs. 1 (außerhalb des zur Anlage gehörenden Bereichs), beginnt die Außenluft (BT-Drs. 12/192, 19; SSW StGB/*Saliger* Rn. 17), dh Nachbarschaft oder Allgemeinheit (→ Rn. 14; Otto StrafR BT § 82 Rn. 52) erst jenseits der Betriebsgrundstücksgrenze. Wenn sich mehrere Anlagen auf einem Grundstück befinden, ist das Merkmal dann noch nicht erfüllt, wenn zwar die Luft außerhalb der einen Anlage betroffen ist, sich dies aber noch innerhalb der Betriebsgrundstücke hält (MSM StrafR BT II § 58 Rn. 56; NK-StGB/*Ransiek* Rn. 12; Müller-Gugenberger WirtschaftsStR/*Pfohl* § 54 Rn. 204; *Möhrenschlager* NStZ 1994, 513 (518)).

V. In bedeutendem Umfang

20   Hierzu → § 324a Rn. 17.

D. Objektiver Tatbestand des Abs. 3
I. Allgemeines; Verhältnis zu Abs. 2

20a   In Umsetzung der RL 2008/99/EG vom 19.11.2008 (→ Vorb. §§ 324–330d Rn. 3a) wurde Abs. 3 durch das 45. StÄG eingefügt. Abs. 3 bezweckt den Schutz vor Emissionen; ein Anlagezug ist nicht notwendig, wobei nach dem Wortlaut auch anlagenbezogene Emissionen innerhalb des Betriebsgeländes (sogar innerhalb einer Anlage), die von Abs. 2 nicht erfasst werden, dem Tatbestand unterfallen (Fischer Rn. 18a; MüKoStGB/*Alt* Rn. 70; Lackner/Kühl/*Heger* Rn. 14a; *Pfohl* ZWH 2013, 95 (96)). Die Gegenaufassung will aus dem vom Gesetzgeber intendiertem „geringen Anwendungsbereich" (vgl. BT-Drs. 17/5391, 17) ein Ausschlussverhältnis folgern (Anwendbarkeit nur für unabhängig vom Betrieb einer Anlage und außerhalb der Anlage emittierte Schadstoffe: Schönke/Schröder/*Heine*/*Hecker* Rn. 24b; SSW StGB/*Saliger* Rn. 19c; *Szesny/Görtz* ZUR 2012, 405 (406); zB Abbrennen von Kupferkabeln, Verrottenlassen von Fässern auf einem Feld, aus denen giftige Dämpfe freigesetzt werden: NK-StGB/*Ransiek* Rn. 16).

II. Tatbestandsvoraussetzungen

20b   Zur Verletzung verwaltungsrechtlicher Vorschriften → § 324a Rn. 18; → 330d Rn. 12 ff.; zur Verletzung ausländischen Rechts → Vorb. §§ 324–330d Rn. 32; → 330d Rn. 36a ff.; zu Schadstoffen → Rn. 17; zum Freisetzen in bedeutendem Umfang → § 324a Rn. 9 f., 17.

E. Ausnahmen gem. Abs. 7

21   Gem. Abs. 7 gilt Abs. 1 (auch iVm Abs. 4: fahrlässig) nicht für die angegebenen Fahrzeuge, für die die §§ 38 ff. BImSchG und das Verkehrsrecht (va StVG und StVO) greifen. Durch das 45. StÄG wurde Abs. 2 aus dem Anwendungsbereich wieder herausgenommen (BT-Drs. 17/5391, 17; *Pfohl* ZWH 2013, 95 (97)). Auf Abs. 3 ist die Ausnahmeregelung nicht anwendbar (Fischer Rn. 22a; *Möhrenschlager* wistra 2011, XXXIII; *Heger* HRRS 2012, 211 (215); aA Sperrwirkung des Abs. 2: SSW StGB/*Saliger* Rn. 19c; NK-StGB/*Ransiek* Rn. 16; offen bei *Pfohl* ZWH 2013, 95 (97); s. auch → Rn. 20a).

22   Zu Kraftfahrzeugen s. § 1 Abs. 2 StVG. Zu Schienenfahrzeugen vgl. § 1 AEG, § 4 PBefG. Zu Luftfahrzeugen s. § 1 Abs. 2 LuftVG. Zu Wasserfahrzeugen vgl. das BinSchAufgG.

23   Abzugrenzen ist von ortsveränderlichen Anlagen (→ Rn. 2 f.), wenn Fahrzeuge betriebsgebunden als Arbeitsgeräte eingesetzt werden, zB Mähmaschinen und Traktoren (MSM StrafR BT II § 58 Rn. 64; SSW StGB/*Saliger* Rn. 11), Baumaschinen. Bloße Zuladung macht ein Fahrzeug aber noch nicht zu einer Anlage (MüKoStGB/*Alt* Rn. 21).

F. Sonstiges

I. Fahrlässigkeit, Abs. 4; Leichtfertigkeit, Abs. 5, Versuch, Abs. 1 S. 2

Die Verwirklichung sowohl des Abs. 1 als auch des Abs. 2 ist gem. Abs. 4 auch als Fahrlässigkeitsdelikt   24
strafbar. Zum Maßstab → Vorb. §§ 324–330d Rn. 45 f. Hingegen wird bei Abs. 3 wegen des geringeren
Unrechtsgehalts (vgl. BT-Drs. 17/5391, 17) eine gesteigerte Fahrlässigkeit in Form der Leichtfertigkeit
vorausgesetzt. Der Versuch ist gem. Abs. 1 S. 2 strafbar. Der Versuch der Abs. 2 und 3 ist nicht strafbar.
Gefährdungen im Vorfeld werden von den §§ 326 Abs. 1 Nr. 4a, Abs. 5, 327 Abs. 2, 3 Nr. 2, 329
Abs. 1, 5 Nr. 1, 330a erfasst.

II. Besonders schwere Fälle

§ 330 findet Anwendung, s. dortige Erl.   25

III. Konkurrenzen

Tateinheit ist möglich (vgl. Fischer Rn. 25; Lackner/Kühl/*Heger* Rn. 19; SSW StGB/*Saliger* Rn. 24)   26
mit den §§ 211 ff.; 222, 223 ff., 229, 303, 304, 311, 324, 325a, 326, 327 Abs. 2 (aA Schönke/Schröder/
Heine/Hecker Rn. 31), 328, 329, 330 a. Abs. 3 tritt bei anlagenbezogenen Schadstoffemissionen außerhalb des Betriebsgeländes aufgrund formeller Subsidiarität hinter Abs. 2 zurück (Fischer Rn. 18b;
Lackner/Kühl/*Heger* Rn. 14a; → Rn. 20a).

§ 325a Verursachen von Lärm, Erschütterungen und nichtionisierenden Strahlen

**(1) Wer beim Betrieb einer Anlage, insbesondere einer Betriebsstätte oder Maschine, unter
Verletzung verwaltungsrechtlicher Pflichten Lärm verursacht, der geeignet ist, außerhalb des
zur Anlage gehörenden Bereichs die Gesundheit eines anderen zu schädigen, wird mit Freiheitsstrafe bis zu drei Jahren oder mit Geldstrafe bestraft.**

**(2) Wer beim Betrieb einer Anlage, insbesondere einer Betriebsstätte oder Maschine, unter
Verletzung verwaltungsrechtlicher Pflichten, die dem Schutz vor Lärm, Erschütterungen
oder nichtionisierenden Strahlen dienen, die Gesundheit eines anderen, ihm nicht gehörende
Tiere oder fremde Sachen von bedeutendem Wert gefährdet, wird mit Freiheitsstrafe bis zu
fünf Jahren oder mit Geldstrafe bestraft.**

(3) Handelt der Täter fahrlässig, so ist die Strafe
1. in den Fällen des Absatzes 1 Freiheitsstrafe bis zu zwei Jahren oder Geldstrafe,
2. in den Fällen des Absatzes 2 Freiheitsstrafe bis zu drei Jahren oder Geldstrafe.

**(4) Die Absätze 1 bis 3 gelten nicht für Kraftfahrzeuge, Schienen-, Luft- oder Wasserfahr-
zeuge.**

1. Allgemeines. Die Vorschrift schützt vor Lärm, Erschütterungen (monografisch *Moench,* Lärm als   1
kriminelle Umweltgefährdung, 1980) und nichtionisierenden Strahlen. Abs. 1 ist ein Eignungsdelikt
(→ Vorb. §§ 324–330d Rn. 40 ff.; aA Otto StrafR BT § 82 Rn. 59: abstraktes Gefährdungsdelikt), das
die menschliche Gesundheit schützt (SSW StGB/*Saliger* Rn. 1; vgl. aber auch Schönke/Schröder/
Heine/Hecker Rn. 1; *Rengier* NJW 1990, 2506 (2511 f.): Schutz der Ruhe als Zwischenrechtsgut; ebenso
MüKoStGB/*Alt* Rn. 1: „rekreative Ruhe"; aA SK-StGB/*Schall* Rn. 2), sodass eine Einwilligung in
Betracht kommt (NK-StGB/*Ransiek* Rn. 13; *Hoyer,* Die Eignungsdelikte, 1987, 169). Das konkrete
Gefährdungsdelikt (MSM StrafR BT II § 58 Rn. 59) des Abs. 2 schützt auch Tiere und Sachen (Joecks
StGB Rn. 2; *Möhrenschlager* NStZ 1994, 517 (518)). Verkehrslärm als die bedeutendste und belästigends-
te Lärmquelle (Fischer Rn. 2b) ist gem. Abs. 4 ausgenommen. Ergänzend kommen die Ordnungswidrigkeiten gem. § 117 OWiG, § 62 BImSchG oder nach den LImSchG in Betracht. Rechtsprechungsübersicht bei *Schall* NStZ 1997, 422. § 325a ist ein Sonderdelikt, wenn die in Bezug genommene
verwaltungsrechtliche Pflicht keine Jedermannspflicht ist (→ Vorb. §§ 324–330d Rn. 56).

2. Objektiver Tatbestand des Abs. 1. a) Betrieb einer Anlage. Zur Anlage → § 325 Rn. 2 ff.   2
Zum Betrieb → § 325 Rn. 5 f. In Betracht kommen für § 325a zB (vgl. Fischer Rn. 2b; SSW StGB/
Saliger § 325 Rn. 7) lärmverursachende Maschinen (AG Dieburg NStZ-RR 1998, 73), insbes. auf
Baustellen, ferner Motorsportanlagen, Turmuhren, Lautsprecheranlagen, Megaphone, Radios, Fernseh-
geräte und Musikinstrumente. Rein menschliche Lärmquellen, etwa Rufe und Schreie in Freizeit- und
Sporteinrichtungen (zu Kinderlärm: § 22 Abs. 1a BImSchG; VGH Kassel NVwZ-RR 2012, 21)
scheiden aus (Fischer Rn. 2b), ebenso Handwerkzeuge als bloße Hilfsmittel menschlicher Tätigkeit
(LK-StGB/*Steindorf* Rn. 10; Schönke/Schröder/*Heine/Hecker* Rn. 4).

3   **b) Verletzung verwaltungsrechtlicher Pflichten.** Zu diesem Tatbestandsmerkmal (Fischer Rn. 4; MüKoStGB/*Alt* Rn. 14; → § 324a Rn. 18; → § 330d Rn. 12 ff.). Zur Verletzung ausländischer Vorschriften (→ Vorb. §§ 324–330d Rn. 22, 32; → § 330d Rn. 36a ff.).

4   **c) Verursachen von Lärm.** Lärm sind Geräusche (also durch Schallwellen verbreitete, hörbare Einwirkungen), die geeignet sind, einen normal empfindlichen (BT-Drs. 8/2382, 16; aA LK-StGB/ *Steindorf* Rn. 6; MüKoStGB/*Alt* Rn. 8) Menschen zu belästigen (MSM StrafR BT II § 58 Rn. 60; Lackner/Kühl/*Heger* Rn. 5). Zu betrachten sind Lautstärke und Lästigkeitswert. Zum Verursachen → § 325 Rn. 10.

5   **d) Eignung, außerhalb des zur Anlage gehörenden Bereichs die Gesundheit eines anderen zu schädigen.** Zur Schädigungseignung → Vorb. §§ 324–330d Rn. 40 ff. Zur Gesundheitsschädigung in Abgrenzung zur bloßen Belästigung oder rein psychischen Beeinträchtigung → § 325 Rn. 12. Ausreichend hierfür sind ein Dauerlärm vom mindestens 80 Dezibel oder einzelne Gesamtschallpegel von 100 Dezibel (BT-Drs. 8/3633, 28; Joecks StGB Rn. 2; vgl. auch SK-StGB/*Schall* Rn. 15). Die Verursachung dauerhaften Schlafentzugs kann genügen (AG Dieburg NStZ-RR 1998, 73). Dem TA-Lärm kommt Indizwirkung zu (SSW StGB/*Saliger* Rn. 5; → § 330d Rn. 19), ebenso der Freizeitlärm-RL oder der VDI-RL 2058 für Betriebslärm (neuer Entwurf seit April 2013; s. www.vdi.de).

6   Zum Merkmal „außerhalb des zur Anlage gehörenden Bereichs" → § 325 Rn. 14.

7   **3. Objektiver Tatbestand des Abs. 2. a) Verletzung verwaltungsrechtlicher Pflichten, die dem Schutz vor Lärm, Erschütterungen oder nichtionisierenden Strahlen dienen.** Zu dem Tatbestandsmerkmal ist die Verletzung verwaltungsrechtlicher Pflichten, vgl. § 330d Abs. 1 Nr. 4 (→ § 324a Rn. 18; → § 330d Rn. 12). Die Schutzbereich ist ausdrücklich eingeschränkt (was sich bei anderen Vorschriften erst aus § 330d ergibt: → § 330d Rn. 13). Zum Lärm → Rn. 4.

8   Erschütterungen sind stoßhaltige, periodische oder regellose niederfrequente mechanische Schwingungen (LK-StGB/*Steindorf* Rn. 29), zB bei Sprengungen oder beim Betreiben schwerer Maschinen (SSW StGB/*Saliger* § 325 Rn. 11).

9   Ionisierende Strahlen (erfasst durch §§ 309–311) sind diejenigen Teilchen, die beim Zusammentreffen mit Materie eine Ionisierung bewirken, also ein oder mehrere Elektronen aus der Hülle neutraler Atome oder Moleküle abtrennen (NK-StGB/*Herzog* § 309 Rn. 4), zB Neutronen- oder Röntgenstrahlen. Beispiele für nichtionisierende Strahlen sind elektromagnetische, Licht-, Radar-, Mobilfunk- und Laserstrahlen, Ultraschall oder Mikrowellen (BT-Drs. 8/3633, 34; MüKoStGB/*Alt* Rn. 24).

10   **b) Gefährdung der Gesundheit eines anderen, ihm nicht gehörender Tiere oder fremder Sachen von bedeutendem Wert.** Anders als bei Abs. 1 sind auch Gefährdungen innerhalb des Anlagenbereichs erfasst (Fischer Rn. 6), sodass die Norm auch eine des Arbeitsschutzes ist (*Möhrenschlager* NStZ 1994, 513 (518)).

11   Gefährdung ist die konkrete Gefahr (NK-StGB/*Ransiek* Rn. 8). Zur Gesundheit eines anderen → § 324a Rn. 13. Zum Tier → § 324a Rn. 14.

12   „Ihm nicht gehörend" umfasst fremdes Eigentum, aber auch herrenlose und wildlebende Tiere (SSW StGB/*Saliger* § 325 Rn. 10; MüKoStGB/*Alt* Rn. 20; aA Fischer Rn. 8). Obwohl der Wortlaut von § 324a („Tiere, Pflanzen oder andere Sachen von bedeutendem Wert") abweicht, soll dennoch das Erheblichkeitsprinzip angewendet werden (MSM StrafR BT II § 58 Rn. 61; aA *Stegmann*, Artenschutz-Strafrecht, 2000, 220).

13   Zu Sachen von bedeutendem Wert → § 324a Rn. 16. Diese müssen in § 325a fremd sein, was sich nach dem Bürgerlichen Recht richtet, sodass im Alleineigentum des Täters oder eines anderen Beteiligten stehende sowie herrenlose Sachen ausscheiden (MüKoStGB/*Alt* Rn. 21; *Sack* Rn. 152; vgl. auch § 242).

14   **4. Ausnahmen gem. Abs. 4.** → § 325 Rn. 21 ff.

15   **5. Sonstiges. a) Fahrlässigkeit, Abs. 3; Versuch.** Fahrlässiges Handeln ist nach Abs. 3 strafbar. Zum Maßstab → Vorb. §§ 324–330d Rn. 45 f. Der Versuch ist nicht strafbar. Gefährdungen im Vorfeld erfassen die §§ 327 Abs. 2 Nr. 1, Abs. 3 Nr. 2, 328 Abs. 3 Nr. 3, 329 Abs. 1, Abs. 4 Nr. 1.

16   **b) Besonders schwere Fälle.** § 330 findet Anwendung, s. dortige Erl.

17   **c) Tätige Reue.** § 330b findet Anwendung, s. dortige Erl.

18   **d) Konkurrenzen.** Tateinheit (Fischer Rn. 13; Lackner/Kühl/*Heger* Rn. 12) kann bestehen mit den §§ 222, 223, 229, 303, 304, 326, 327 Abs. 2 Nr. 1, 329 Abs. 1.

19   Abs. 1 tritt hinter Abs. 2 zurück (Fischer Rn. 13; SSW StGB/*Saliger* § 325 Rn. 17).

§ 326 Unerlaubter Umgang mit Abfällen

(1) Wer unbefugt Abfälle, die

1. Gifte oder Erreger von auf Menschen oder Tiere übertragbaren gemeingefährlichen Krankheiten enthalten oder hervorbringen können,
2. für den Menschen krebserzeugend, fortpflanzungsgefährdend oder erbgutverändernd sind,
3. explosionsgefährlich, selbstentzündlich oder nicht nur geringfügig radioaktiv sind oder
4. nach Art, Beschaffenheit oder Menge geeignet sind,
   a) nachhaltig ein Gewässer, die Luft oder den Boden zu verunreinigen oder sonst nachteilig zu verändern oder
   b) einen Bestand von Tieren oder Pflanzen zu gefährden,

außerhalb einer dafür zugelassenen Anlage oder unter wesentlicher Abweichung von einem vorgeschriebenen oder zugelassenen Verfahren sammelt, befördert, behandelt, verwertet, lagert, ablagert, ablässt, beseitigt, handelt, makelt oder sonst bewirtschaftet, wird mit Freiheitsstrafe bis zu fünf Jahren oder mit Geldstrafe bestraft.

(2) Ebenso wird bestraft, wer

1. Abfälle im Sinne des Artikels 2 Nummer 1 der Verordnung (EG) Nr. 1013/2006 des Europäischen Parlaments und des Rates vom 14. Juni 2006 über die Verbringung von Abfällen (ABl. L 190 vom 12.7.2006, S. 1, L 318 vom 28.11.2008, S. 15), die zuletzt durch die Verordnung (EU) Nr. 135/2012 (ABl. L 46 vom 17.2.2012, S. 30) geändert worden ist, in nicht unerheblicher Menge, sofern es sich um ein illegales Verbringen von Abfällen im Sinne des Artikels 2 Nummer 35 der Verordnung (EG) Nr. 1013/2006 handelt, oder
2. sonstige Abfälle im Sinne des Absatzes 1 entgegen einem Verbot oder ohne die erforderliche Genehmigung

in den, aus dem oder durch den Geltungsbereich dieses Gesetzes verbringt.

(3) Wer radioaktive Abfälle unter Verletzung verwaltungsrechtlicher Pflichten nicht abliefert, wird mit Freiheitsstrafe bis zu drei Jahren oder mit Geldstrafe bestraft.

(4) In den Fällen der Absätze 1 und 2 ist der Versuch strafbar.

(5) Handelt der Täter fahrlässig, so ist die Strafe

1. in den Fällen der Absätze 1 und 2 Freiheitsstrafe bis zu drei Jahren oder Geldstrafe,
2. in den Fällen des Absatzes 3 Freiheitsstrafe bis zu einem Jahr oder Geldstrafe.

(6) Die Tat ist dann nicht strafbar, wenn schädliche Einwirkungen auf die Umwelt, insbesondere auf Menschen, Gewässer, die Luft, den Boden, Nutztiere oder Nutzpflanzen, wegen der geringen Menge der Abfälle offensichtlich ausgeschlossen sind.

Übersicht

Rn.

A. Allgemeines

1   Bei § 326 handelt es sich um den für die Praxis relevantesten Tatbestand aus dem Bereich der Umweltdelikte (Schönke/Schröder/*Heine*/*Hecker* Rn. 1; SSW StGB/*Saliger* Rn. 2). Die Norm soll unzulässige Abfallbeseitigung (*Hecker*/*Heine*/*Risch*/*Windolph*/*Hühner*, Abfallwirtschaftskriminalität im Zusammenhang umf. mit der EU-Osterweiterung, 2008; *Gradl*, Umweltgefährdende Abfallbeseitigung – Eine strafrechtliche Studie zu § 326 StGB unter Berücksichtigung von Kriminologie und Kriminalistik, 1992) verhüten. Ergänzende Ordnungswidrigkeiten enthalten die § 69 KrWG, § 9 AbfKlärV, § 13 AltholzV, § 10 AltÖlV, § 11 AltfahrzeugV, § 22 BattG, § 13 BioAbfV, § 7 DepVerwV, § 11 GewAbfV, § 6 HKWAbfV, § 5 PCBAbfallV, § 15 VerpackV, § 23 ElektroG, § 18 AbfVerbrG, § 14 TierNebG und § 116 StrlSchV. Geschützt werden sollen Menschen und Umweltmedien, aber auch Tiere und Pflanzen soweit diese wirtschaftlich oder ökologisch nützlich sind (Joecks StGB Rn. 1; *Heine* NJW 1998, 3665 (3666); *Kareklas*, Die Lehre vom Rechtsgut und das Umweltstrafrecht, 1990, 138 f.). Diese Rechtsgüter sind auch im Ausland geschützt (SSW StGB/*Saliger* Rn. 1; Fischer Rn. 21; aA LK-StGB/*Steindorf* Rn. 94; überholt BGHSt 40, 79; vgl. *Rengier* JR 1996, 34 (35 f.)).

2   Es handelt sich um abstrakte Gefährdungsdelikte (BGHSt 36, 255 (257); 39, 381 (385); BGH NStZ 1997, 189; Otto StrafR BT § 82 Rn. 64), in Abs. 1 Nr. 4 aber mit Eignungskomponente (→ Vorb. §§ 324–330d Rn. 40 ff.; MüKoStGB/*Alt* Rn. 4, SK-StGB/*Schall* Rn. 9). Abs. 3 ist zugleich ein echtes Unterlassungsdelikt (BT-Drs. 8/2382, 19; Lackner/Kühl/*Heger* Rn. 9). Abs. 1 ist ein Allgemeindelikt (BGHSt 39, 381 (385); 40, 84 (87)), ebenso Abs. 2 (SSW StGB/*Saliger* Rn. 41; aA MüKoStGB/*Alt* Rn. 118). Abs. 3 ist ein Sonderdelikt des Abfallbesitzers (NK-StGB/*Ransiek* Rn. 71; aA SK-StGB/ *Schall* Rn. 179). Rechtsprechungsübersichten bei *Schall* NStZ 1997, 420; *ders.* NStZ-RR 1998, 353; *ders.* 2001, 1; *ders.* 2002, 33; *ders.* 2003, 65; *ders.* 2005, 97; *ders.* 2006, 263 (292); *ders.* 2007, 33; *ders.* 2008, 101).

2a   Die Norm wurde in Folge der Umsetzung der RL 2008/99/EG über den strafrechtlichen Schutz der Umwelt v. 19.11.2008 durch das 45. StÄG v. 6.12.2011 verschärft (Matt/Renzikowski/*Norouzi*/*Rettenmaier* Rn. 2; SSW StGB/*Saliger* Rn. 1; dazu BT-Drs. 17/5391, 5, 12 f., 17 f.; 17/7674, 14). Abs. 1 wurde um zusätzliche Tathandlungen erweitert (NK-StGB/*Ransiek* Rn. 2; Schönke/Schröder/*Heine*/ *Hecker* Rn. 1). Abs. 2 wurde neugefasst (MüKoStGB/*Alt* Rn. 9; Fischer Rn. 1) und umfasst nun auch Abfälle iSd VO (EG) Nr. 1013/2006 (BeckOK StGB/*Witteck* Rn. 1.1). Durch die Änderung der Überschrift wurde hervorgehoben, dass Abs. 2 Nr. 1 nicht ausschließlich gefährliche Abfälle erfasst (NK-StGB/*Ransiek* Rn. 2). Durch Gesetz v. 21.1.2013 (BGBl. I 98) wurde eine redaktionelle Änderung des neu gefassten Abs. 2 Nr. 1 vorgenommen: die in Bezug genommene VO (EU) Nr. 413/2010 (ABl. L 119 v. 13.5.2010, 1) wurde durch die VO (EU) Nr. 135/2012 ersetzt (MüKoStGB/*Alt* Rn. 9).

B. Objektiver Tatbestand des Abs. 1

I. Abfälle

1. Allgemeines. Der strafrechtliche Abfallbegriff (monografisch *Ahlmann-Otto,* Die Verknüpfung von **3** deutschem und EG-Abfallwirtschaftsrecht mit dem Abfallstrafrecht, 2000; *Riettiens,* Der Abfallbegriff im Strfrecht, 1994) des § 326 ist selbstständig auszulegen, orientiert sich aber eng am Abfallwirtschaftsrecht (BGHSt 37, 21; 37, 333 (335); BGH NuR 1998, 389 (390); OLG Oldenburg NStZ-RR 2008, 243; OLG Celle NuR 2011, 531 m. iE zust. Anm. *Krel* NuR 2011, 487; *Rogall* FS Boujong, 1996, 807 ff.; aA *Beckemper/Wegner* wistra 2003, 281 (285)), insbes. dem KrWG einschließlich ausfüllender und ergänzender Rechtsverordnungen sowie Anhängen.

In § **3 Abs. 1 S. 1 KrWG** heißt es:

„Abfälle im Sinne dieses Gesetzes sind alle Stoffe oder Gegenstände, derer sich ihr Besitzer entledigt, entledigen will oder entledigen muss."

Die Auslegung dieser Norm wiederum muss die zugrunde liegenden europäischen Verordnungen **4** und Richtlinien sowie internationale Abkommen (Basler Übereinkommen von 1989) berücksichtigen (vgl. BGHSt 37, 333 (336); MüKoStGB/*Alt* Rn. 12; monografisch zur richtlinienkonformen Auslegung des Abfallbegriffs *Köhne,* Die richtlinienkonforme Auslegung im Umweltstrafrecht – dargestellt am Abfallbegriff des § 326 Abs. 1 StGB, 1997). Insofern ist auch die EuGH-Rechtsprechung (zur Europäisierung des Strafrechts am Beispiel des Abfallstrafrechts: *Heine* FS Jung, 2007, 261) von Relevanz. Darüber hinaus gilt die in Abs. 2 Nr. 1 ausdrücklich benannte VO (EG) Nr. 1013/2006 v. 14.6.2006 über die Verbringung von Abfällen unmittelbar (MüKoStGB/*Alt* Rn. 13).

Nach deutschem Abfallrecht war vor Umsetzung der AbfRRL 2008/98/EG v. 19.11.2008 (ABl. 2008 **5** L 312, 9), (anders das europäische Abfallrecht, vgl. EuGH NVwZ 2004, 1341) eine bewegliche Sache erforderlich, sodass zB Boden erst nach Aushebung oder Auskofferung Abfall sein konnte (BGH NJW 1992, 122 (123); SSW StGB/*Saliger* Rn. 5). Eine Strafbarkeitslücke entstand wegen § 324a nicht. IRd Umsetzung der AbfRRL 2008/98/EG, namentlich mit der Schaffung des § 3 Abs. 1 KrWG, wurde die Beschränkung auf bewegliche Sachen allerdings beseitigt und somit der Anwendungsbereich des nationalen verwaltungsrechtlichen Abfallbegriffs ausgeweitet (Matt/Renzikowski/*Norouzi/Rettenmaier* Rn. 5; Fischer Rn. 6; aA Saliger Rn. 277). Für kontaminierte Böden gilt der verwaltungsrechtliche Abfallbegriff des KrWG wegen der Ausnahmeklausel des § 2 Abs. 2 Nr. 10 KrWG aber dennoch nicht (BT-Drs. 17/6052, 70). Andererseits gelten die Anwendungsbeschränkungen des § 2 Abs. 2 KrWG aber nicht für den strafrechtlichen Abfallbegriff (Rengier StraR BT II § 48 Rn. 23; vgl. auch BGHSt 37, 21 (24 f.); BGH NStZ 1991, 281 (282)), weil sie auf der rein verwaltungsrechtlichen Ratio beruhen, dass sich das Abfallrecht gegen andere, speziellere Rechtsgebiete abgrenzen muss. Die Abfalleigenschaft solcher Stoffe, die diesen Ausnahmeregelungen unterfallen, muss daher allein anhand des § 3 KrWG festgestellt werden (MüKoStGB/*Alt* Rn. 16).

Der Aggregatzustand des Abfalls ist gleichgültig (vgl. OLG Karlsruhe ZfW 1996, 406 (408); Joecks **5a** StGB Rn. 2; Lackner/Kühl/*Heger* Rn. 3; Otto StrafR BT § 82 Rn. 66).

Die Unterscheidung von Abfällen zur Verwertung und Abfällen zur Beseitigung in § 3 Abs. 1 S. 2 **6** KrWG spielt für die verwaltungsrechtlichen Pflichten und Verfahren eine Rolle. Für die strafrechtliche Abgrenzung des Abfalls ist allein zwischen Produkten und Abfällen (jeder Art) zu unterscheiden (vgl. Fischer Rn. 8; Schönke/Schröder/*Heine/Hecker* Rn. 2b; SSW StGB/*Saliger* Rn. 7; aA – nur Abfälle zur Beseitigung – LK-StGB/*Steindorf* Rn. 16; vgl. *Rogall* FS Boujong, 1996, 826), und zwar unter gesamtbetrachtender Berücksichtigung aller Umstände. Man unterscheidet sog subjektiven und objektiven Abfall:

2. Subjektiver (gewillkürter) Abfall. Subjektiver Abfall sind alle beweglichen Sachen, deren sich **7** ihr Besitzer entledigt oder entledigen will (BGHSt 37, 333; BGH NStZ 1997, 544 f.; Sack Rn. 29 ff.). Zum Besitzer s. § **3 Abs. 9 KrWG:**

„Besitzer von Abfällen im Sinne dieses Gesetzes ist jede natürliche oder juristische Person, die die tatsächliche Sachherrschaft über Abfälle hat."

Hinzukommen muss aber ein Besitzwille (SSW StGB/*Saliger* Rn. 10), an dem es zB bei Hundekot fehlt (Schönke/Schröder/*Heine/Hecker* Rn. 2d; aA OLG Düsseldorf NStZ 1991, 335 (336); *Hecker* NStZ 1990, 326 (327)). Gem. § **3 Abs. 2 KrWG** liegt eine Entledigung vor, wenn

„Stoffe oder Gegenstände einer Verwertung im Sinne der Anlage 2 oder einer Beseitigung im Sinne der Anlage 1 zuführt oder die tatsächliche Sachherrschaft über sie unter Wegfall jeder weiteren Zweckbestimmung aufgibt."

Zum Entledigungswillen s. § **3 Abs. 3 KrWG:** **8**

„[1] Der Wille zur Entledigung im Sinne des Absatzes 1 ist hinsichtlich solcher Stoffe oder Gegenstände anzunehmen,

1. die bei der Energieumwandlung, Herstellung, Behandlung oder Nutzung von Stoffen oder Erzeugnissen oder bei Dienstleistungen anfallen, ohne dass der Zweck der jeweiligen Handlung hierauf gerichtet ist, oder
2. deren ursprüngliche Zweckbestimmung entfällt oder aufgegeben wird, ohne dass ein neuer Verwendungszweck unmittelbar an deren Stelle tritt."

[2] Für die Beurteilung der Zweckbestimmung ist die Auffassung des Erzeugers oder Besitzers unter Berücksichtigung der Verkehrsanschauung zugrunde zu legen."

9   Aber Nr. 2 ist eine Fiktion und gilt daher strafrechtlich (in dubio pro reo) nicht (vgl. BGH NStZ 1997, 544; OLG Koblenz NStZ-RR 1997, 363; vgl. auch *Beckemper/Wegner* wistra 2003, 281).

10   Es ist irrelevant, wenn der Stoff nach Entsorgung weiterverwertet wird oder werden könnte (BGHSt 37, 333 (334); BGH NStZ 1997, 544 (545); OLG Düsseldorf wistra 1994, 73 (74); OLG Oldenburg wistra 1996, 116; BayObLG NuR 2001, 118; Wessels/Hettinger StrafR BT I § 24 Rn. 1079; MüKoStGB/*Alt* Rn. 27; aA noch OLG Düsseldorf MDR 1989, 931). Es ist allein darauf abzustellen, ob der Besitzer sich der Sache entledigen will, weil sie für ihn wertlos geworden ist (OLG Oldenburg NStZ-RR 2008, 243 zum Abwässerschlamm, der einer Biogasanlage zugeführt wird). Es ist aber kein Abfall, wenn die Sache entsprechend ihrem ursprünglichen Zweck weiter verwendet oder in ihrem gegenwärtigen Zustand ohne weitere Behandlung durch Umwidmung unmittelbar einem neuen Verwendungszweck zugeführt werden soll (Rengier StrafR BT II § 48 Rn. 19), vgl. zB die Verwendung von Altreifen als Beschwerung für Siloplanen. Indiz für Abfall ist die Zahlung eines Entgelts an einen Dritten (BGHSt 37, 333 (336 f.); NK-StGB/*Ransiek* Rn. 14), Indiz für ein Produkt (irrelevant ob Haupt- oder Nebenprodukt eines Produktionsprozesses; zB Gülle als Dünger, vgl. OLG Oldenburg NuR 2000, 409; OLG Zweibrücken NStZ 1991, 336; Fischer Rn. 11) ist ein Marktwert, sodass ein Abnehmer ein Entgelt zahlt. Der Entledigungswille des Täters muss sich in äußerlich erkennbarer Weise, ausdrücklich oder konkludent, manifestiert haben (SK-StGB/*Schall* Rn. 42; SSW StGB/*Saliger* Rn. 13; BayObLG NZV 1993, 164).

11   **3. Objektiver Abfall (Zwangsabfall).** Dies sind alle beweglichen Sachen, deren sich ihr Besitzer entledigen muss (Zwangsabfall; vgl. BGHSt 37, 21; 37, 333; 40, 84 (85); 43, 219; OLG Braunschweig NStZ-RR 2001, 42; OLG Koblenz NStZ-RR 1996, 9; OLG Oldenburg MDR 1996, 301; OLG Stuttgart JR 1992, 478 (479); NK-StGB/*Ransiek* Rn. 16). Hierzu vgl. **§ 3 Abs. 4 KrWG:**

> „Der Besitzer muss sich Stoffen oder Gegenständen im Sinne des Absatzes 1 entledigen, wenn diese nicht mehr entsprechend ihrer ursprünglichen Zweckbestimmung verwendet werden, auf Grund ihres konkreten Zustandes geeignet sind, gegenwärtig oder künftig das Wohl der Allgemeinheit, insbesondere die Umwelt zu gefährden und deren Gefährdungspotential nur durch eine ordnungsgemäße und schadlose Verwertung oder gemeinwohlverträgliche Beseitigung nach den Vorschriften dieses Gesetzes und der auf Grund dieses Gesetzes erlassenen Rechtsverordnungen ausgeschlossen werden kann."

12   Es soll also eine ordnungsgemäße Entsorgung umweltgefährdender Restprodukte ohne weiteren wirtschaftlichen Gebrauchswert (BGHSt 37, 21; BGH NJW 1994, 2161; BayObLG NStZ 1984, 123 (124); aA LK-StGB/*Steindorf* Rn. 64) auch gegen den Willen des Abfallbesitzers gewährleistet werden (LPK-StGB/*Kindhäuser* Rn. 6). Nach Beendigung der ursprünglichen Nutzung, die von der Umwidmung abzugrenzen ist (vgl. LG Stuttgart NStZ 2006, 291 (292)), ist es irrelevant, ob eine Sache nach Entsorgung und ggf. Umwandlung wieder verwendet werden kann (LPK-StGB/*Kindhäuser* Rn. 6; Otto StrafR BT § 82 Rn. 65). Es zählt die objektive Gebrauchswertlosigkeit der Sache für den wirtschaftlich Vernünftigen in ihrem gegenwärtigen konkreten Zustand (BGHSt 37, 21 (27); 333 (334 ff.); BGH NJW 1994, 2161; SSW StGB/*Saliger* Rn. 17). Der bloße Wille des Besitzers, die Sache als Wirtschaftsgut zu verwenden, oder die theoretische Möglichkeit eines Recyclings stehen der Annahme von Abfall nicht entgegen (BGHSt 37, 21 (26 f.); SK-StGB/Schall Rn. 53; *Rogall* NStZ 1992, 360 (364)). Zur in § 326 präzisierten Eignung zur Allgemeinwohlgefährdung → Rn. 23 ff.

13   Beispiele (vgl. weitere bei SSW StGB/*Saliger* Rn. 20) sind Altreifen (BVerwGE 92, 359), vgl. aber zur Umwidmung → Rn. 10, verseuchter Sand (BGHSt 37, 21 (25 f.)), Bauschutt (BVerwGE 92, 353), Altöle und Reststoffe aus Produktionsprozessen (OLG Oldenburg MDR 1996, 301; OLG Düsseldorf NStZ 1991, 336), Pferdemist (OLG Koblenz NStZ-RR 1997, 363), ggf. auch Fahrzeuge/Autowracks (zuletzt LG Stuttgart NStZ 2006, 291; OLG Braunschweig NJW 2001, 1079; OLG Düsseldorf NStZ-RR 2000, 20; vgl. aber auch OLG Schleswig NStZ 1997, 546; OLG Koblenz NStZ-RR 1996, 9; OLG Braunschweig NStZ-RR 1998, 175; monografisch zur Altautoverwertung *Christ,* Rechtsfragen der Altautoverwertung, 1998; vgl. auch *Henzler/Pfohl* wistra 2004, 331; Fischer Rn. 13). Diese sind dann Abfall, wenn sie nicht mit wirtschaftlich vernünftigem Aufwand fahrbereit und verkehrssicher zu machen sind (Matt/Renzikowski/*Norouzi/Rettenmaier* Rn. 11), wovon auch § 2 Abs. 1 Nr. 2 AltfahrzeugV ausgeht („Altfahrzeug' Fahrzeuge, die Abfall nach § 3 Abs. 1 des Kreislaufwirtschaftsgesetzes sind"). Die bloße Möglichkeit, Einzelteile auszubauen („Ausschlachten") entspricht nicht der ursprünglichen Zweckbestimmung und ändert an der Abfalleigenschaft nichts (vgl. OLG Braunschweig NJW 2001, 1079; OLG Düsseldorf NStZ-RR 2000, 19). Auch restaurierungsbedürftige Oldtimer werden wegen ihres Liebhaberwerts Produkt und kein Abfall sein (vgl. OLG Celle NZV 1997, 405; *Henzler* wistra 2002, 413; Lackner/Kühl/*Heger* Rn. 2a).

II. Charakterisierung der Abfälle gem. Abs. 1 Nr. 1–4

14   **1. Nr. 1. a) Gifte.** Gifte (monografisch *Ohm,* Der Giftbegriff im Umweltstrafrecht, 1985) sind, enger als bei § 224 Abs. 1 Nr. 1, vgl. auch § 3a Nr. 6, 7 ChemG und § 3 S. 2 Nr. 6, 7 GefStoffV, Stoffe, die unter bestimmten Bedingungen durch chemische oder chemisch-physikalische Wirkung zur Zerstörung

der menschlichen Gesundheit, zumindest aber zur vorübergehenden Aufhebung wesentlicher körperlicher Fähigkeiten und Funktionen in erheblichem Umfang, geeignet sind (BT-Drs. 8/2382, 17; Wessels/Hettinger StrafR BT I § 24 Rn. 1081; Müller-Gugenberger WirtschaftsStR/*Pfohl* § 54 Rn. 228). Stoffe, die nur auf Tiere und Pflanzen wirken, reichen nicht aus (MüKoStGB/*Alt* Rn. 29), können aber unter Nr. 4 lit. b fallen.

b) Erreger von auf Menschen oder Tiere übertragbaren gemeingefährlichen Krankheiten. 15
Heranzuziehen ist bzgl. Menschen das IfSG, bzgl. Tieren das TierSG (vgl. auch Art. 74 Nr. 19 GG). Gem. § 2 Nr. 1 IfSG ist ein Krankheitserreger ein vermehrungsfähiges Agens (Virus, Bakterien, Pilz, Parasit) oder ein sonstiges biologisches transmissibles Agens, das bei Menschen eine Infektion oder übertragbare Krankheiten verursachen kann. Gem. § 2 Nr. 3 IfSG ist eine übertragbare Krankheit eine durch Krankheitserreger oder deren toxische Produkte, die unmittelbar oder mittelbar auf den Menschen übertragen werden, verursachte Krankheit. Bzgl. Tieren sind Tierseuchen iSd § 1 Abs. 2 Nr. 1 TierSG erfasst.

Gemeingefährlich ist eine Krankheit, wenn zu der erheblichen Gesundheitsgefahr eine Gefährdung 16 weiterer Bevölkerungskreise hinzukommt (Fischer Rn. 15; SSW StGB/*Saliger* Rn. 24). Ausreichend ist die mittelbare Eignung, dh qua Vermittlung einer Pflanze oder eines unbelebten Agens (SSW StGB/ *Saliger* Rn. 24; *Möhrenschlager* NStZ 1994, 513 (519)).

c) „Enthalten oder hervorbringen können". „Hervorbringen können" meint Fälle, in denen erst 17 durch den Kontakt mit den Umweltmedien aufgrund chemischer Reaktion Gift entsteht (vgl. Joecks StGB § 330a Rn. 1; *Fischer* Rn. 15; zum Asbest vgl. *Kuchenbauer* NJW 1997, 2009 (2010 f.); Mü-KoStGB/*Alt* Rn. 73).

2. Nr. 2. Zu diesen Merkmalen (vgl. auch § 3a Abs. 1 Nr. 12, 13, 14 ChemG) s. **§ 2 Abs. 3 S. 1** 18 **GefStoffV:**

„¹ Krebserzeugend, erbgutverändernd oder fruchtbarkeitsgefährdend" im Sinne des Abschnitts 4 sind
1. Stoffe, die die Kriterien für die Einstufung als krebserzeugend, erbgutverändernd oder fruchtbarkeitsgefährdend erfüllen und für die Richtlinie 67/548/EWG des Rates vom 27. Juni 1967 zur Angleichung der Rechts- und Verwaltungsvorschriften für die Einstufung, Verpackung und Kennzeichnung gefährlicher Stoffe (ABl. L 196 vom 16.8.1967, 1), die zuletzt durch die Richtlinie 2009/2/EG (ABl. L 11 vom 16.1.2009, 6) geändert worden ist,
2. Zubereitungen, die einen oder mehrere der in Nummer 1 genannten Stoffe enthalten, wenn die Konzentration eines oder mehrerer dieser Stoffe die Konzentrationsgrenzen für die Einstufung einer Zubereitung als krebserzeugend, erbgutverändernd oder fruchtbarkeitsgefährdend übersteigt,
3. Stoffe, Zubereitungen oder Verfahren, die in den nach § 20 Absatz 4 bekannt gegebenen Regeln und Erkenntnissen als krebserzeugend, erbgutverändernd oder fruchtbarkeitsgefährdend bezeichnet werden."

Zu „krebserzeugend" s. **§ 3 S. 2 Nr. 12 GefStoffV:** 19

„krebserzeugend (kanzerogen), wenn sie bei Einatmen, Verschlucken oder Aufnahme über die Haut Krebs hervorrufen oder die Krebshäufigkeit erhöhen können".

Zu „fortpflanzungsgefährdend" vgl. § 3 S. 2 Nr. 13 GefstoffV; darunter werden sowohl Fruchtschädigungen als auch Beeinträchtigungen der Fruchtbarkeit verstanden (MüKoStGB/*Alt* Rn. 39; SK-StGB/ *Schall* Rn. 67). Zu erbgutverändernd vgl. § 3 S. 2 Nr. 14 GefStoffV; hierunter fallen Stoffe, die vererbbare genetische Schäden zur Folge haben oder deren Häufigkeit erhöhen können (MüKoStGB/*Alt* Rn. 39).

3. Nr. 3. Zu „explosionsgefährlich" vgl. **§ 1 Abs. 1 SprengG:** 20

„¹ Dieses Gesetz gilt für den Umgang und Verkehr mit sowie die Einfuhr von festen oder flüssigen Stoffen und Zubereitungen (Stoffe), die durch eine nicht außergewöhnliche thermische, mechanische oder andere Beanspruchung zur Explosion gebracht werden können (explosionsgefährliche Stoffe), soweit sie zur Verwendung als Explosivstoffe oder als pyrotechnische Sätze bestimmt sind, sowie im Anwendungsbereich des Abschnitts V auch für explosionsgefährliche Stoffe mit anderer Zweckbestimmung. ² Als explosionsgefährlich gelten ferner nur solche Stoffe, die sich bei Durchführung der Prüfverfahren nach Anhang Teil A.14 der Verordnung (EG) Nr 440/2008 der Kommission vom 30. Mai 2008 zur Festlegung der Prüfmethoden gemäß der Verordnung (EG) Nr 1907/2006 des Europäischen Parlaments und des Rates zur Registrierung, Bewertung, Zulassung und Beschränkung chemischer Stoffe (REACH) (ABl. L 142 vom 31.5.2008, 1) in der jeweils jüngsten im Amtsblatt der Europäischen Union veröffentlichten Fassung als explosionsgefährlich erwiesen haben."

Weitere Begriffsbestimmungen enthält § 3 SprengG. Vgl. auch **§ 3 S. 2 Nr. 1 GefStoffV:**

„explosionsgefährlich, wenn sie in festem, flüssigem, pastenförmigem oder gelatinösem Zustand auch ohne Beteiligung von Luftsauerstoff exotherm und unter schneller Entwicklung von Gasen reagieren können und unter festgelegten Prüfbedingungen detonieren, schnell deflagrieren oder beim Erhitzen unter teilweisem Einschluss explodieren".

Selbstentzündlich sind diejenigen Abfälle, die hochentzündlich oder leichtentzündlich iSd § 3 S. 2 21 Nr. 3, 4 GefStoffV sind (MüKoStGB/*Alt* Rn. 40).

Zur Radioaktivität s. **§ 2 Abs. 1 AtG:** 22

„Stoffe, die ein Radionuklid oder mehrere Radionuklide enthalten und deren Aktivität oder spezifische Aktivität im Zusammenhang mit der Kernenergie oder dem Strahlenschutz nach den Regelungen dieses Gesetzes oder einer auf Grund dieses Gesetzes erlassenen Rechtsverordnung nicht außer Acht gelassen werden kann."

Zur Geringfügigkeit vgl. § 8 und Anl. I und III StrlSchV.

23   **4. Nr. 4.** Diese Variante erfasst sog Sonderabfälle (Fischer Rn. 18; Lackner/Kühl/*Heger* Rn. 6).

24   **a) Eignung nach Art, Beschaffenheit oder Menge.** Zur Schädigungseignung → Vorb.
§§ 324–330d Rn. 40 ff.

25   Die Geeignetheit nach „Art" ist die generelle („durch und durch"; SSW StGB/*Saliger* Rn. 28)
Gefährlichkeit eines Abfalls. Die „Beschaffenheit" verweist auf den konkreten Gehalt an Schadstoffen
(Fischer Rn. 19), die Menge auf die schiere Quantität (BT-Drs. 8/2382, 18). Unter Letzteres können
auch an sich unschädliche Stoffe fallen (vgl. BGHSt 34, 211 (212); OLG Zweibrücken NJW 1988,
3029 f.; BayObLG NStZ 1988, 26 (27); BayObLG NJW 1989, 1290; OLG Stuttgart NStZ 1991, 590).

26   Strittig ist (zsf. Rengier StrafR BT II § 48 Rn. 26 f.), ob im Rahmen der Eignungsprüfung die konkrete
Tat- und Lagersituation heranzuziehen ist (so BT-Drs. 8/2382, 18; BayObLG JR 1991, 216; Fischer
Rn. 25; Sack Rn. 196). Die verneinende Ansicht fasst den Wortlaut zu Recht abschließend auf und
berücksichtigt nur Art, Beschaffenheit oder Menge des Abfalls (BayObLG NJW 1989, 1290; BayObLG
NStZ-RR 2002, 76; Rengier StrafR BT II § 48 Rn. 26; *Hoyer*, Die Eignungsdelikte, 1987, 189).

27   **b) Lit. a.** Zum Gewässer → § 330d Rn. 2 ff. Vgl. auch **§ 62 Abs. 3 WHG:**

„Wassergefährdende Stoffe im Sinne dieses Abschnitts sind feste, flüssige und gasförmige Stoffe, die geeignet
sind, dauernd oder in einem nicht nur unerheblichen Ausmaß nachteilige Veränderungen der Wasserbeschaffen-
heit herbeizuführen."

28   Zur Luft → § 325 Rn. 8 (anders für § 326: NK-StGB/*Ransiek* Rn. 28). Zum Boden → § 324a
Rn. 2. Zum Verunreinigen → § 324 Rn. 14, zur nachteiligen Veränderung → § 324 Rn. 4 ff.

29   Zur Nachhaltigkeit → § 325 Rn. 18. Ausf. zu diesem Merkmal bei § 326 *Hallwaß* NJW 1988, 880;
vgl. auch OLG Zweibrücken NJW 1992, 2841; AG Hamburg NStZ 1988, 365.

30   **c) Lit. b.** Zu Tieren und Pflanzen → § 324a Rn. 14. Bestand (vgl. auch § 39 PflSchG aF) ist die
Population in einem bestimmen Gebiet (BT-Drs. 12/192, 20; Wessels/Hettinger StrafR BT I § 24
Rn. 1087). Die Eigentumslage ist irrelevant (Wessels/Hettinger StrafR BT I § 24 Rn. 1087). Zwar
spricht Abs. 6 von Nutztieren und -pflanzen, allerdings kann der Nutzen auch ökologischer Art sein.
Ausgeschlossen sein sollen aber „reine Schädlinge" (BT-Drs. 8/3633, 30; LK-StGB/*Steindorf* Rn. 2),
wobei unklar ist, wie dieser Begriff angesichts der ökologischen Funktion eines jeden Lebewesens zu
verstehen sein soll (MüKoStGB/*Alt* Rn. 46).

31   **d) Beispiele.** Praxisrelevant geworden sind etwa (vgl. SSW StGB/*Saliger* Rn. 30) Hausmüll (BGHSt
34, 211 (212); anders Fischer Rn. 19), Altöle (OLG Köln NJW 1986, 1117; OLG Düsseldorf wistra
1994, 73 (74)), Fäkalschlamm (BayObLG NStZ 1988, 27), Klärschlamm (OLG Stuttgart NStZ 1991,
590), Rindergülle (BayObLG NJW 1989, 1290), ausgehobene verseuchte Erde (BGH NJW 1992, 122),
Pferdemist (OLG Koblenz NStZ 1997, 363), Mistsickersaft (BayObLG NStZ-RR 2002, 76; der Mist-
haufen selbst ist aber idR nur eine Zwischenlagerung von Wirtschaftsdünger und daher kein Abfall;
OLG Oldenburg NJW 1992, 924); Hundekot (bejaht von OLG Düsseldorf NJW 1991, 1695; aA OLG
Celle Nds. Rpfl. 1990, 230) und insbes. Autowracks mit Betriebsflüssigkeiten (zsf. Rengier StrafR BT II
§ 48 Rn. 27a; MüKoStGB/*Alt* Rn. 74 ff.), s. schon → Rn. 13; Teile der Rspr. zogen den konkreten
Zustand der Flüssigkeitsbehälter heran (so OLG Schleswig NStZ 1997, 546; OLG Braunschweig NStZ-
RR 1998, 175; 2001, 42); überzeugender ist jedoch die abstrahierende Gegenauffassung (OLG Celle
NStZ 1996, 191; LG Stuttgart NStZ 2006, 291; hierzu *Iburg* NStZ 1997, 546 (547); *Brede* NStZ 1999,
137; *Kirchner/Jakielski* JA 2000, 813 (815 f.)).

III. Sammeln, Befördern, Behandeln, Verwerten, Lagern, Ablagern, Ablassen, Beseitigen, Handeln, Makeln, sonst Bewirtschaften

32   Nach Umsetzung von Art. 3 lit. b der Umweltstrafrechtsrichtlinie besteht der Tathandlungskatalog
des § 326 nun aus elf Varianten: Sammeln, Befördern, Behandeln, Verwerten, Lagern, Ablagern,
Ablassen, Beseitigen, Handeln, Makeln, sonst Bewirtschaften (Fischer Rn. 27a). Letztlich werden so alle
Fälle der unvorschriftsmäßigen Abfallentsorgung erfasst (vgl. OLG Düsseldorf wistra 1994, 76; Schönke/
Schröder/*Heine/Hecker* Rn. 9). Durch die explizite Aufzählung des Verwertens ist klargestellt worden,
dass § 326 Abs. 1 auch Abfälle zur Verwertung iSd § 3 Abs. 1 KrWG erfasst.

32a   **1. Sammeln.** Gemeint ist damit das Einsammeln von Abfällen, einschließlich derer vorläufiger
Sortierung und vorläufiger Lagerung zum Zweck der Beförderung zu einer Abfallbehandlungsanlage
(vgl. § 3 Abs. 15 KrWG; ausf. Schönke/Schröder/*Heine/Hecker* Rn. 10). Differenziert werden kann
zwischen gemeinnützigem (vgl. § 3 Abs. 17 KrWG) und gewerblichem Sammeln (vgl. § 3 Abs. 18
KrWG).

32b   **2. Befördern.** Dies wird verstanden als ortsverändernde Tätigkeit (NK-StGB/*Ransiek* Rn. 34;
Schönke/Schröder/*Heine/Hecker* Rn. 10; vgl. § 3 Abs. 11 KrWG). Der Zielort der Beförderung muss
allerdings (anders als Abs. 2) im Inland liegen (BT-Drs. 17/5391, 18; Fischer Rn. 29).

3. Behandeln. Hierunter fällt jede quantitative und qualitative Veränderung des Abfalls, zB das 33 Aufbereiten, Entgiften (zur Plausibilität dieser Var. MSM StrafR BT II § 58 Rn. 70), Zerkleinern, Kompostieren, Verbrennen (Wessels/Hettinger StrafR BT I § 24 Rn. 1083; Otto StrafR BT § 82 Rn. 68; NK-StGB/*Ransiek* Rn. 34), Vermischen von verschmutztem Erdreich mit unbelastetem (BGHSt 37, 21 (28)), Ausschlachten von Autowracks (LG Stuttgart NStZ 2006, 291). Auch die energetische und stoffliche Verwertung sind erfasst (SSW StGB/*Saliger* Rn. 32). Die Behandlung eines Stoffs mit dem Ziel, zu vermeiden, dass überhaupt Abfall entsteht, scheidet aber aus (MüKoStGB/*Alt* Rn. 50).

4. Verwerten. Verwerten ist jedes Verfahren, durch das Abfälle zu einem sinnvollen Zweck zusam- 33a mengeführt werden, indem sie entweder Materialien ersetzen oder zur Wiederverwendung vorbereitet werden (vgl. § 3 Abs. 23 KrWG). In Anlage 2 zum KrWG sind einzelne Verwertungsarten exemplarisch aufgezählt. Irrelevant ist es, ob der Abfall innerhalb der Anlage, in der er erzeugt wurde, verwertet wird oder außerhalb (Fischer Rn. 31).

5. Lagern. Dies ist jede vorübergehende Aufbewahrung (Zwischenlagerung; BGHSt 37, 333; 40, 79 34 (82); BGH NJW 1991, 1621; Wessels/Hettinger StrafR BT I § 24 Rn. 1083; Otto StrafR BT § 82 Rn. 68) mit dem Ziel (vgl. Fischer Rn. 7a) der späteren endgültigen Beseitigung (BGHSt 36, 255 (258); SK-StGB/*Schall* Rn. 98), eigenen Wiederverwertung (OLG Stuttgart NuR 2004, 556) oder Rückführung in den Wirtschaftskreislauf. Auch das Umlagern ist Lagern (Fischer Rn. 32; aA OLG Köln JR 1991, 523 (525)). Auf eine Steigerung der Gefahr kommt es nicht an (LK-StGB/*Steindorf* Rn. 102).

Nicht tatbestandsmäßig ist aber das Bereitstellen zum Abtransport (BGHSt 37, 333 (337); OLG Köln 35 NStZ 1987, 461 (462); OLG Düsseldorf MDR 1982, 868 (869)).

6. Ablagern. Hier wird Abfall mit dem Ziel gelagert (→ Rn. 34 f.), sich seiner endgültig zu entledi- 36 gen (BT-Drs. 8/2382, 18; MSM StrafR BT II § 58 Rn. 70). Hierzu zählt auch das Abkotenlassen eines Hundes (AG Düsseldorf NStZ 1989, 532; aA *Hecker* NStZ 1990, 326) oder das Zurücklassen von Abfällen, die die entsorgungspflichtige Körperschaft erkennbar nicht einsammelt (BayObLG NStZ-RR 1998, 114; Lackner/Kühl/*Heger* Rn. 7b).

7. Ablassen. Ablassen ist jedes Ausfließenlassen von Flüssigkeiten (BT-Drs. 8/2382, 18; Wessels/ 37 Hettinger StrafR BT I § 24 Rn. 1083; und Gasen, vgl. Fischer Rn. 34) oder rieselfähiger Stoffe (MüKoStGB/*Alt* Rn. 56).

8. Beseitigen. Unter diese Modalität fällt jedes vorsätzliche oder fahrlässige Verhalten, das keine 38 Verwertung ist, und dazu dient, sich des Abfalls zu entledigen (vgl. § 3 Abs. 26 KrWG; OLG Köln NJW 1986, 1117 (1118 f.); OLG Düsseldorf wistra 1994, 73 (76); Joecks StGB Rn. 3; Wessels/Hettinger StrafR BT I § 24 Rn. 1082). Sie ist erfüllt, wenn ein Zustand geschaffen wird, in welchem der Abfall der gesetzlich vorgesehenen Entsorgung entzogen ist (*Heine* NJW 1998, 3665 (3666); vgl. auch BGHSt 43, 219 (231 f.); OLG Düsseldorf wistra 1994, 73; vgl. auch OLG Köln NJW 1986, 1117; Fischer Rn. 35). Eine endgültige Beseitigung ist nicht erforderlich (vgl. LG Kiel NStZ 1997, 496 (497): Verschenken eines PKW zum Ausschlachten; weitere Bsp. bei SSW StGB/*Saliger* Rn. 32a), sodass auch die Wiederzuführung in den Wirtschaftskreislauf möglich ist (Matt/Renzikowski/*Norouzi*/*Rettenmaier* Rn. 17). Ein bloßes Sortieren reicht aber ebenso wenig aus (OLG Köln NuR 2005, 64) wie eine bloße Ortsveränderung (MüKoStGB/*Alt* Rn. 57; Fischer Rn. 35; SK-StGB/*Schall* Rn. 104). Die in Anlage 1 zum KrWG aufgezählten Beseitigungsverfahren haben einzig beispielhaften Charakter (Fischer Rn. 35).

9. Handeln. Hiervon ist die wirtschaftliche Tätigkeit, die auf den Erwerb oder Verkauf von Abfällen 38a gerichtet ist, erfasst (MüKoStGB/*Alt* Rn. 58). Das Handeln kann Hauptzweck der Tätigkeit, aber auch iR einer sonstigen wirtschaftlichen Tätigkeit erfolgen (Fischer Rn. 36). Nicht erforderlich ist dabei die physische Inbesitznahme des Abfalls durch den Händler (vgl. § 3 Abs. 12 KrWG). Um die Vorverlagerung der Versuchsstrafbarkeit zu verhindern, ist einschränkende, ungeschriebene Tatbestandsvoraussetzung der erfolgreiche Abschluss des Kaufvertrages (NK-StGB/*Ransiek* Rn. 36; SSW StGB/*Saliger* Rn. 32; SK-StGB/*Schall* Rn. 106). Dieses Merkmal ist gleichzeitig das Abgrenzungskriterium zum Begriff des Handeltreibens (Schönke/Schröder/*Heine*/*Hecker* Rn. 10b).

10. Makeln. Unter Makeln wird die erfolgreiche Vermittlung von Handelsgeschäften verstanden (vgl. 38b § 3 Abs. 13 KrWG; Fischer Rn. 37). Ebenso wie beim Handeln kommt es auf eine tatsächliche Sachherrschaft des Maklers nicht an (Schönke/Schröder/*Heine*/*Hecker* Rn. 10b).

11. Sonst Bewirtschaften. Neuer Auffangtatbestand (vorher „sonst beseitigen") ist das sonstige 38c Bewirtschaften (Saliger Rn. 310, 312; Sack Rn. 214c). Darunter fällt jede andere (nicht zwingend gewerbliche) Tätigkeit, die eine Bewirtschaftung von Abfällen iSv Art. 3 Nr. 9 AbfRRL darstellt (§ 3 Abs. 14 KrWG; NK-StGB/*Ransiek* Rn. 32). So wird jedes Verhalten erfasst, das dazu führt, dass Abfälle ihrer gesetzlich vorgeschriebenen Entsorgungsart entzogen werden (Fischer Rn. 38). Weitere Voraussetzung ist das Entstehen einer Gefahr des Freisetzens von Schadstoffen oder die Erhöhung solcher (Matt/Renzikowski/*Norouzi*/*Rettenmaier* Rn. 17; Schönke/Schröder/*Heine*/*Hecker* Rn. 10b). Erfasst ist daher auch das Zuführen der Abfälle zurück in den Wirtschaftskreislauf (MüKoStGB/*Alt* Rn. 59).

38d Dem Wortlaut des § 3 Abs. 14 KrWG nach umfasst das Bewirtschaften auch Vorbereitungshandlungen, namentlich das Bereitstellen und Überlassen von Abfällen. Diese Handlungen wurden jedoch schon vorher unter die Modalität des Lagerns subsumiert, sodass in der jetzigen ausdrücklichen Aufzählung keine Erweiterung des § 326 liegt (Schönke/Schröder/*Heine/Hecker* Rn. 10b). Straflos ist weiterhin das Zusammentragen und Bereitstellen von Abfällen zur ordnungsgemäßen Erfüllung der gesetzlichen Überlassungspflicht gem. § 17 KrWG (vgl. OLG Stuttgart Die Justiz 1974, 591; *Möhrenschlager* NuR 1983, 209 (217); *Schall* NStZ 1997, 462 (466)), es sei denn, die Überlassungspflicht wurde verletzt, etwa indem die rechtzeitige Veranlassung der Abholung versäumt wurde (LK-StGB/*Steindorf* Rn. 98). Ebenso macht sich ein nicht zur Überlassung verpflichteter Abfallbesitzer strafbar, wenn er eine rechtzeitige und effektive Verwertung oder Beseitigung verhindert (Schönke/Schröder/*Heine/Hecker* Rn. 10b). Ob in einem solchen Fall die Tatbestandsvariante des Lagerns oder der Auffangtatbestand greift, ist anhand der Gefährlichkeit des Abfalls, sowie der Art und Dauer der Aufbewahrung abzugrenzen (BGHSt 37, 333 (337); BayObLG NStZ-RR 1998, 114; OLG Düsseldorf MDR 1982, 868; *Heine* NJW 1998, 3665 (3670)).

38e Die in § 3 Abs. 20 KrWG aufgezählten Maßnahmen zur Vermeidung von Abfällen fallen nicht unter die Auffangmodalität (MüKoStGB/Alt Rn. 59).

39 **12. Tatbegehung durch Unterlassen.** Das Delikt kann auch durch Unterlassen (§ 13) verwirklicht werden (vgl. BGH NStZ 1997, 545; monografisch *Clausen,* Die umweltgefährdende Abfallbeseitigung durch Unterlassen, 2000; *Wessel,* Die umweltgefährdende Abfallbeseitigung durch Unterlassen, 1995; *Wiedemann,* Gefahrguttransport-Tatbestand im neuen Umweltstrafrecht (§ 328 Abs. 3 Nr. 2 StGB), 1993; *Hecker,* Die abfall- und bußgeldrechtliche Verantwortlichkeit für illegale Müllablagerungen Dritter, 1991). Problematisch ist die Verantwortlichkeit eines Grundstückseigentümers als Opfer wilder Müllablagerung (*Hecker* NJW 1992, 873; *Schmitz* NJW 1993, 1167). Die Nichthinderung der Müllablagerung ist als solche nicht strafbar (Schönke/Schröder/*Heine/Hecker* Rn. 11; SSW StGB/*Saliger* Rn. 33; aA *Iburg* NJW 1988, 2338 (2342)). Der Grundstückseigentümer kann aber als Garant zur Beseitigung der Abfälle verpflichtet sein. Eine Garantenstellung wird aus der Verantwortlichkeit für eine Gefahrenquelle abgeleitet (OLG Frankfurt a. M. NJW 1974, 1666; LG Koblenz NStZ 1987, 281; MSM StrafR BT II § 58 Rn. 72).

40 Erforderlich ist dabei aber verwaltungsrechtlich (§ 3 Abs. 9 KrWG; → Rn. 5) und daher auch strafrechtlich (ultima-ratio-Prinzip) die Sachherrschaft über das Grundstück und damit über die Abfälle (*Hecker,* Die abfall- und bußgeldrechtliche Verantwortlichkeit für illegale Müllablagerungen Dritter, 1991, 125 ff.; MSM StrafR BT II § 58 Rn. 72). Hieran fehlt es bei frei zugänglichen Grundstücken im Außenbereich (LG Frankfurt a. M. NZM 2005, 679 (680); LG Koblenz NStZ 1987, 281 (282); SSW StGB/*Saliger* Rn. 33; MüKoStGB/*Alt* Rn. 121). Eine Garantenstellung kraft Ingerenz kann vorliegen (abgesehen von der ausdrücklichen oder stillschweigenden Gestattung der Ablagerung, vgl. BGHSt 30, 391 (395 f.)), wenn der Grundstückseigentümer zur wilden Müllablagerung Dritter beigetragen hat, indem er selbst nutzlose Dinge auf dem Grundstück gelagert und es nicht eingefriedet hat (OLG Braunschweig NStZ-RR 1998, 175 (177)). Zu Altlasten → § 324a Rn. 8.

41 Zu Überwachungspflichten bei und nach Einschaltung Dritter → Vorb. §§ 324–330d Rn. 46.

IV. Außerhalb einer dafür zugelassenen Anlage

42 **1. Dafür zugelassene Anlage.** Abfälle sollen nur in den hierfür bestimmten und zugelassenen Anlagen beseitigt werden. Dafür zugelassene Anlagen sind vor allem die Abfallentsorgungsanlagen nach dem KrWG, es kommen aber auch solche nach dem TierNebG oder § 9a Abs. 3 AtG in Betracht (BT-Drs. 8/2382, 19; SSW StGB/*Saliger* Rn. 34; zu weiteren s. MüKoStGB/*Alt* Rn. 69). Zugelassen ist die Anlage, wenn die erforderliche Planfeststellung oder Genehmigung vorliegt (Lackner/Kühl/*Heger* Rn. 8). Die Zulassung („dafür") setzt voraus, dass die Anlage nicht nur allgemein zugelassen ist, sondern sich die Zulassung gerade auf die Art und Menge des betroffenen Abfalls bezieht (BGHSt 43, 219 (221); Sack Rn. 231; Fischer Rn. 41). Es ist irrelevant, ob zugelassene Anlagen existieren (BayObLG NJW 1989, 1290; OLG Oldenburg NJW 1988, 2391; OLG Celle MDR 1989, 842; *Lamberg* NJW 1987, 421), jede ungenehmigte Beseitigung ist tatbestandsmäßig.

43 **2. Außerhalb.** Hierzu → § 325 Rn. 14. Das Merkmal ist auch hier rein räumlich zu verstehen. Regionale Zuständigkeiten sind unbeachtlich (BGHSt 43, 219 (222); SSW StGB/*Saliger* Rn. 34; *Rogall* NStZ 1992, 561 (563)).

V. Unter wesentlicher Abweichung von einem vorgeschriebenen oder zugelassenen Verfahren

44 **1. Vorgeschriebene oder zugelassene Verfahren.** Betroffen sind einerseits Fälle, in denen die Abfallentsorgung außerhalb einer Anlage zugelassen ist, aber auch Fälle, in denen bei der Entsorgung innerhalb einer zugelassenen Anlage vom Verfahren in umweltgefährdender Weise abgewichen wurde (BGHSt 39, 381; OLG Karlsruhe NStZ 1990, 128; *Kuhlen* WiVerw 1991, 181 (218); MüKoStGB/*Alt*

Rn. 71; aA LK-StGB/*Steindorf* Rn. 115). Ggf. sind besondere Untersuchungsmethoden üblich und erforderlich (BGHSt 39, 381 (383)). Es ist irrelevant, ob besondere Verfahren existieren (OLG Oldenburg NJW 1988, 2391; OLG Celle MDR 1989, 842; Fischer Rn. 43; aA OLG Celle NJW 1986, 2326), jede ungenehmigte Beseitigung ist tatbestandsmäßig.

2. Wesentliche Abweichung. Diese bemisst sich danach, ob auch nach einer Behandlung die **45** Umweltgefährlichkeit des Abfalls fortbesteht oder die Behandlung zu einer sonst vermeidbaren Umweltgefährdung führt (BT-Drs. 8/2382, 19; SSW StGB/*Saliger* Rn. 34; Lackner/Kühl/*Heger* Rn. 8). Zwischen Abweichung und Umweltbeeinträchtigung muss ein Kausalzusammenhang bestehen (GStA Zweibrücken NStZ 1984, 554; StA Landau NStZ 1984, 553; MüKoStGB/*Alt* Rn. 72).

VI. Unbefugt

Zu diesem Hinweis auf das allgemeine Verbrechensmerkmal (BGHSt 37, 21 (29); Otto StrafR BT **46** § 82 Rn. 71; MüKoStGB/*Alt* Rn. 111) → § 324 Rn. 17 f.

C. Objektiver Tatbestand des Abs. 2

I. Allgemeines

§ 326 Abs. 2 soll in Erfüllung internationaler Verpflichtungen (Art. 4 des Basler Übereinkommens **47** von 1989, → Rn. 4; EG-Abfallverbringungs-VO, nunmehr EG-VVA vom 14.6.2006, zuletzt geändert durch VO (EU) Nr. 1234/2014 v. 18.11.2014 (ABl. 2014 L 332, 15)) der grenzüberschreitende Verbringung von Abfällen (monografisch *Hoffmann,* Grundfragen der grenzüberschreitenden Verbringung von Abfällen, 1994; *Szelinski/Schneider,* Grenzüberschreitende Abfallverbringungen, 1995; *Breuer,* Der Im- und Export von Abfällen innerhalb der Europäischen Union aus umweltstrafrechtlicher Sicht, 1998), dem sog grenzüberschreitenden Abfalltourismus entgegenwirken (BT-Drs. 12/192, 20; LPK-StGB/*Kindhäuser* Rn. 2; Joecks StGB Rn. 5; SK-StGB/*Schall* Rn. 125; NK-StGB/*Ransiek* Rn. 44), was zum einen auf der Gefährlichkeit von Transporten, zum anderen auf dem Misstrauen ggü. der Entsorgungsstruktur in anderen Ländern beruht (vgl. Fischer Rn. 48).

II. Tatobjekte

1. Abfälle iSd Abs. 2 Nr. 1. Die Umsetzung des Art. 3 lit. c UmweltstrafrechtsRL (ABl. 2008 L **48** 328, 30) hat zu einer wesentlichen Verschärfung des Tatbestandes geführt (SSW StGB/*Saliger* Rn. 35). Mit dem 45. StÄG (BGBl. 2011 I 2557 f.) neu eingefügt wurde Abs. 2 Nr. 1, der nicht nur gefährliche Abfälle iSd Abs. 1 erfasst, sondern darüber hinaus alle Abfälle iSd Art. 2 Nr. 35 der EG-VVA Nr. 1013/2006 vom 14.6.2006 (Fischer Rn. 46). Dieser weite europäische Abfallbegriff setzt daher keine besondere Gefährlichkeit der Abfälle (anders vgl. Abs. 1 Nr. 1–4) voraus (MüKoStGB/*Alt* Rn. 82; SK-StGB/ *Schall* Rn. 128; *Kropp* NStZ 2011, 674 (676)). Ebenso erfordert er keine Eignung des Abfalls zur schädlichen Umwelt- oder Gesundheitseinwirkung (BT-Drs. 17/5391, 18). Zwecks Ausschluss von Bagatelltaten ist aber das Überschreiten einer nicht unerheblichen Menge an Abfall erforderlich (BT-Drs. 17/5391, 18). Unter Umständen kann auch das wiederholte Verbringen unerheblicher Mengen als Bewertungseinheit zur Bejahung des Merkmals der Erheblichkeit führen (BT-Drs. 17/5391, 18; Fischer Rn. 46; SSW StGB/*Saliger* Rn. 36).

2. Abfälle iSd Abs. 2 Nr. 2. Daneben besteht in Abs. 2 Nr. 2 nunmehr die Regelung des vor- **48a** herigen Abs. 2 fort. Diese umfasst alle sonstigen Abfälle im Sinne des Abs. 1. Dazu → Rn. 3 ff. Aufgrund des weit gefassten Abs. 2 Nr. 1 hat diese Variante jedoch an Relevanz verloren (NK-StGB/*Ransiek* Rn. 60; Lackner/Kühl/*Heger* Rn. 8a; *Pfohl* ZWH 2013, 99).

III. Verbringen in den, aus dem oder durch den Geltungsbereich dieses Gesetzes

1. Geltungsbereich dieses Gesetzes. Hierunter ist das Inland zu verstehen, dh die in der Präambel **49** des Grundgesetzes genannten Länder einschließlich Eigengewässern, dem Küstenmeer und dem Luftraum über dem Staatsgebiet (Lackner/Kühl/*Heger* Rn. 8b iVm Vor § 3 Rn. 4, 5).

2. Verbringen. Verbringen ist jede ortsverändernde Beförderung (Lackner/Kühl/*Heger* Rn. 8b; SK- **50** StGB/*Schall* Rn. 134). Mit „in den", „aus dem", „durch den" werden alle grenzüberschreitenden Beförderungen (Einfuhr, Ausfuhr und Durchfuhr) bezeichnet, vgl. auch § 4 Abs. 2 Nr. 4–7 AWG, § 11 BtMG, § 22a Abs. 1 Nr. 4 KrWaffG. Der Täter muss den Abfall nicht eigenhändig befördern, ausreichend ist die Beauftragung eines Dritten, zB einer Spedition (MüKoStGB/*Alt* Rn. 85; vgl. auch OLG Karlsruhe NJW 1991, 3104).

IV. Verstoß gegen Verbringungsverbot oder -vorbehalt

50a   **1. Illegale Verbringung (Abs. 2 Nr. 1). 2. Entgegen einem Verbot oder ohne die erforderliche Genehmigung (Abs. 2 Nr. 2).** Wann die Abfallverbringung illegal iSd Abs. 2 Nr. 1 ist, ergibt sich aus Art. 2 Nr. 35 lit. a – f der VO (EG) Nr. 1013/2006 (krit. zum Begriff illegal *Möhrenschlager* wistra 2011, R XXXIV). Den Verzicht auf Notivizierungs- und Genehmigungsverfahren erlaubt Art. 3 Abs. 2 der R Verordnung für zur Verwertung bestimmte Abfälle der sog Grünen Liste des Anh. III (zB Schrott, Bruchglas, Papier, Textilien) (Schönke/Schröder/*Heine*/*Hecker* Rn. 12d). Für die Verbringung von Abfällen zur Beseitigung sowie solcher der sog Gelben Liste der Anhänge IV, IVa (ebenso nicht explizit in Anh. III aufgeführter) müssen die Vorschriften der Art. 4 ff., 9 ff. VO für das Notifizierungs- und Zustimmungsverfahren eingehalten werden (MüKoStGB/*Alt* Rn. 88; NK-StGB/*Ransiek* Rn. 58).

50b   Auch im Falle einer durch Fälschung, falsche Angaben oder Betrug erlangten Zustimmung ist die Verbringung gem. Art. 2 Nr. 35 lit. c der VO illegal. Ob eine deutsche oder ausländische Behörde getäuscht wurde ist irrelevant (Schönke/Schröder/*Heine*/*Hecker* Rn. 12e). Einschränkend wird aber eine Berührung des Schutzzwecks des § 326 Abs. 2 vorausgesetzt; das Verhalten muss gerade das behördliche Notifizierungsverfahren gefährden (Schönke/Schröder/*Heine*/*Hecker* Rn. 12e). Entgegen dem Wortlaut des Art. 2 Nr. 35 lit. c VO gilt dies über die Rechtsmissbrauchsklausel des § 330d Abs. 1 Nr. 5 iVm § 330d Abs. 2 entsprechend für Einwirkungen durch Drohung, Bestechung und Kollusion (Schönke/Schröder/*Heine*/*Hecker* Rn. 12 f.; *Heger* ZIS 2013, 289 (295) mwN; MüKoStGB/*Alt* Rn. 91; SSW StGB/*Saliger* Rn. 36a; aA NK-StGB/*Ransiek* Rn. 59).

51   **2. Entgegen einem Verbot oder ohne die erforderliche Genehmigung (Abs. 2 Nr. 2).** Verbringungsverbote enthalten vor allem das AbfVerbrG und die EG-VVA (vgl. Müller-Gugenberger WirtschaftsStR/*Pfohl* § 54 Rn. 83, 248; SK-StGB/*Schall* Rn. 134 ff.).

52   Genehmigungserfordernisse bestehen insbes. nach dem KrWG, § 19 StrlSchV (Genehmigung grenzüberschreitender Verbringung) und ausweislich des Notifizierungsverfahrens nach Art. 6 ff. EG-AbfVerbrVO iVm AbfVerbrG (Fischer Rn. 49; vgl. auch → Vorb. §§ 324–330d Rn. 23 ff.).

D. Objektiver Tatbestand des Abs. 3

53   Die Norm beruht auf der besonderen Gefährlichkeit radioaktiver Abfälle (BT-Drs. 8/2382, 19; Lackner/Kühl/*Heger* Rn. 9).

I. Radioaktive Abfälle

54   Zum Abfall → Rn. 3 ff. Zur Radioaktivität → Rn. 22. S. noch **§ 3 Abs. 2 Nr. 1a StrlSchV:**

„Radioaktive Abfälle: Radioaktive Stoffe im Sinne des § 2 Abs. 1 des Atomgesetzes, die nach § 9a des Atomgesetzes geordnet beseitigt werden müssen, ausgenommen Ableitungen im Sinne des § 47.“

Vgl. auch §§ 72 ff. StrlSchV. Radioaktive Abfälle können auch gasförmig sein (Fischer Rn. 12).

II. Nicht Abliefern

55   Die Tathandlung ist das Unterlassen der gem. § 9a Abs. 2 AtG bestehenden Ablieferungspflichten. Diese richten sich an den Besitzer (hierzu → Rn. 7; vgl. auch OLG Celle NJW 1987, 1281). Die Ablieferung muss dem Täter möglich und zumutbar sein (Fischer Rn. 51).

56   Unverzügliches Handeln ist erforderlich (Lackner/Kühl/*Heger* Rn. 9; Otto StrafR BT § 82 Rn. 77; *Triffterer*, Umweltstrafrecht, 1980, 213; aA BT-Drs. 8/2382, 19; Fischer Rn. 50: ausreichend, wenn vor Eintritt von Gefahren). Die Norm enthält keine Frist, daher ist dieses echte Unterlassungsdelikt (→ Rn. 2) schon dann vollendet, wenn der Täter an dem Abfall Besitz erlangt hat und ihm die Ablieferung möglich und zumutbar ist. Die Abgrenzung hinreichender Gefahr ist ohnehin nicht hinreichend konkret möglich; auch ein Umkehrschluss zu § 328 Abs. 2 Nr. 1 ist nicht zwingend.

57   Es handelt sich um eine Bringschuld. Bloßes Bereitstellen genügt nicht (MüKoStGB/*Alt* Rn. 98; LK-StGB/*Steindorf* Rn. 129).

III. Unter Verletzung verwaltungsrechtlicher Pflichten

58   Hierzu → § 324a Rn. 18; → § 330d Rn. 12 ff. Betroffen sind die Ablieferungspflichten nach §§ 5 Abs. 3, 9a Abs. 2 AtG bzw. ihre Ausnahmen iVm der StrlSchV.

E. Strafausschließungsgrund gem. Abs. 6

I. Allgemeines

59   Abs. 6 enthält die gesetzestechnisch wenig gelungene (Wessels/Hettinger StrafR BT I § 24 Rn. 1089; Lackner/Kühl/*Heger* Rn. 12; vgl. auch *Kuhlen* WiVerw 1991, 181 (219)) sog Minima-Klausel (LPK-

StGB/*Kindhäuser* Rn. 3; Joecks StGB Rn. 6), die Bagatellen ausschließen soll. Die Vorschrift enthält zur Eingrenzung des abstrakten Gefährdungsdelikts einen sachlichen Strafausschließungsgrund (SK-StGB/ Schall Rn. 180; SSW StGB/*Saliger* Rn. 38; *Ostendorf* GA 1982, 333 (337); aA LK-StGB/*Steindorf* Rn. 144), wenn der Gegenbeweis der Ungefährlichkeit erbracht wird. Zweifel zur Frage der Ungefährlichkeit gehen nach dem klaren Wortlaut zu Lasten des Täters (*Rogall* NStZ 1992, 561 (563); Fischer Rn. 58).

II. Schädliche Einwirkungen auf die Umwelt offensichtlich ausgeschlossen

Zu schädlichen Umwelteinwirkungen vgl. § 3 Abs. 1 BImSchG. Wie der Wortlaut „insbesondere" **60** zeigt, sind die aufgeführten Schutzgüter nicht abschließend (BT-Drs. 8/2382, 34; aA: LK-StGB/*Steindorf* Rn. 148; SK-StGB/*Schall* Rn. 181a). Zu Nutztieren und Nutzpflanzen → Rn. 30.

„Offensichtlich ausgeschlossen" sind schädliche Einwirkungen, wenn keine vernünftigen Zweifel an **61** der Unschädlichkeit bestehen (BayObLG NStZ-RR 2002, 76 (77); Otto StrafR BT § 82 Rn. 81).

III. Wegen der geringen Menge der Abfälle

Abs. 6 gilt sachwidrig nur für den Gesichtspunkt der Abfallmenge statt sinnvollerweise generell auf die **62** Gefahrenlage abzustellen (Otto StrafR BT § 82 Rn. 81; *Tiedemann,* Die Neuordnung des Umweltstrafrechts, 1980, 37; *Schittenhelm* GA 1983, 310 (318); SK-StGB/*Schall* Rn. 182). Andere Umstände als die Menge, die die Unschädlichkeit sicherstellen, müssen grundsätzlich unberücksichtigt bleiben (MüKoStGB/*Alt* Rn. 115; krit. Lackner/Kühl/*Heger* Rn. 12). Ob eine Menge gering ist, darf aber nach hM über den Wortlaut hinaus auch anhand des Gefahrenpotentials der im Abfall enthaltenen Schadstoffe beurteilt werden (SK-StGB/*Schall* Rn. 181a; SSW StGB/*Saliger* Rn. 38).

F. Sonstiges

I. Fahrlässigkeit, Abs. 5; Versuch, Abs. 4

Fahrlässiges Handeln ist nach Abs. 5 strafbar. Zum Maßstab (insbes. bei der Abfallbeseitigung durch **63** Beauftragung Dritter) → Vorb. §§ 324–330d Rn. 45 f. Der Versuch der Abs. 1 und Abs. 2 ist gem. Abs. 4 strafbar.

II. Besonders schwere Fälle

§ 330 findet Anwendung, s. dortige Erl. **64**

III. Tätige Reue

§ 330b findet Anwendung, s. dortige Erl. **65**

IV. Konkurrenzen

Im Vergleich zum neu eingefügten Abs. 2 Nr. 1 bildet Abs. 2 Nr. 2 einen Auffangtatbestand (SSW **65a** StGB/*Saliger* Rn. 43). In Fällen der grenzüberschreitenden Abfallverbringung ist jedoch aufgrund der Intention des Gesetzgebers Abs. 2 Nr. 2 als lex specialis zu begreifen (vgl. BT-Drs. 17/5391, 18; Fischer Rn. 59; *Heger* HRRS 2012, 211 (217); aA *Pfohl* ZWH 2013, 98 f.: Tateinheit).

Tateinheit (vgl. Fischer Rn. 59; SSW StGB/*Saliger* Rn. 43) kann bestehen mit den §§ 324, 324a, 325 **66** Abs. 1 Nr. 1, 327 Abs. 1, 2 S. 1 Nr. 3, 328, 329 Abs. 3, 330a.

Abs. 1 Nr. 4 ist subsidiär ggü. § 324, wenn bloß Gewässer verunreinigt werden, da die abstrakte **67** Gefährdung dann in eine Verletzung umgeschlagen ist (BGHSt 38, 325 (338); BGH wistra 2001, 259; aA LK-StGB/*Steindorf* Rn. 157). Vergleichbares gilt bzgl. § 69 PflSchG (MüKoStGB/*Alt* Rn. 136). § 12 Abs. 3 MBergG ist ausdrücklich subsidiär.

§ 327 Unerlaubtes Betreiben von Anlagen

(1) Wer ohne die erforderliche Genehmigung oder entgegen einer vollziehbaren Untersagung

1. eine kerntechnische Anlage betreibt, eine betriebsbereite oder stillgelegte kerntechnische Anlage innehat oder ganz oder teilweise abbaut oder eine solche Anlage oder ihren Betrieb wesentlich ändert oder

2. eine Betriebsstätte, in der Kernbrennstoffe verwendet werden, oder deren Lage wesentlich ändert,

wird mit Freiheitsstrafe bis zu fünf Jahren oder mit Geldstrafe bestraft.

(2) ¹Mit Freiheitsstrafe bis zu drei Jahren oder mit Geldstrafe wird bestraft, wer

1. eine genehmigungsbedürftige Anlage oder eine sonstige Anlage im Sinne des Bundes-Immissionsschutzgesetzes, deren Betrieb zum Schutz vor Gefahren untersagt worden ist,
2. eine genehmigungsbedürftige Rohrleitungsanlage zum Befördern wassergefährdender Stoffe im Sinne des Gesetzes über die Umweltverträglichkeitsprüfung,
3. eine Abfallentsorgungsanlage im Sinne des Kreislaufwirtschaftsgesetzes oder
4. eine Abwasserbehandlungsanlage nach § 60 Absatz 3 des Wasserhaushaltsgesetzes

ohne die nach dem jeweiligen Gesetz erforderliche Genehmigung oder Planfeststellung oder entgegen einer auf dem jeweiligen Gesetz beruhenden vollziehbaren Untersagung betreibt. ²Ebenso wird bestraft, wer ohne die erforderliche Genehmigung oder Planfeststellung oder entgegen einer vollziehbaren Untersagung eine Anlage, in der gefährliche Stoffe oder Gemische gelagert oder verwendet oder gefährliche Tätigkeiten ausgeübt werden, in einem anderen Mitgliedstaat der Europäischen Union in einer Weise betreibt, die geeignet ist, außerhalb der Anlage Leib oder Leben eines anderen Menschen zu schädigen oder erhebliche Schäden an Tieren oder Pflanzen, Gewässern, der Luft oder dem Boden herbeizuführen.

(3) Handelt der Täter fahrlässig, so ist die Strafe

1. in den Fällen des Absatzes 1 Freiheitsstrafe bis zu drei Jahren oder Geldstrafe,
2. in den Fällen des Absatzes 2 Freiheitsstrafe bis zu zwei Jahren oder Geldstrafe.

A. Allgemeines

1 Die Vorschrift befasst sich mit Anlagen, von denen generell erhebliche Umweltgefahren ausgehen (vgl. BT-Drs. 8/2382, 19). Sie sichert die Dispositions- und Entscheidungsbefugnis der zuständigen Genehmigungsbehörden (Fischer Rn. 2; vgl. OLG Braunschweig NStZ-RR 1998, 175 (177)), zum administrativen Rechtsgutsaspekt → Vorb. §§ 324–330d Rn. 11.

1a Mit Wirkung vom 1.3.2010 wurde Abs. 2 S. 1 Nr. 2 geändert (monografisch dazu *Ocker,* Das unerlaubte Betreiben von genehmigungsbedürftigen Anlagen (usw), 1995; zur Verfassungsmäßigkeit BVerfGE 1975, 329). Durch das 45. StÄG vom 6.12.2011 wurde der neue Tatbestand des unerlaubten Betreibens einer gefährlichen Anlage in einem anderen Mitgliedstaat der EU in Abs. 2 S. 2 als Folge der Umsetzung der RL 2008/99/EG v. 19.11.2008 (ABl. 2008 L 328, 28) eingefügt. Eine redaktionelle Änderung des Abs. 2 S. 1 Nr. 3 erfolgte aufgrund der Neuregelung des Kreislaufwirtschafts- und Abfallrechts vom 24.2.2012. Im Zuge der Umsetzung der Richtlinie über Industrieemissionen vom 8.4.2013 (BGBl. I 734) wurde zuletzt Abs. 2 S. 1 Nr. 4 angefügt.

1b Die Norm enthält mit Ausnahme von Abs. 2 S. 2, der ein tathandlungsbezogenes Eignungsdelikt darstellt (Saliger Rn. 449; *Pfohl* ZWH 2013, 99), abstrakte Gefährdungsdelikte (Joecks StGB Rn. 1; SSW StGB/*Saliger* Rn. 1), die zugleich als Sonderdelikte ausgestaltet sind, da Täter nur der Betreiber einer Anlage iSd Tatbestands sein kann (→ Vorb. §§ 324–330d Rn. 55; LPK-StGB/*Kindhäuser* Rn. 2; *Martin,* Sonderdelikte im Umweltstrafrecht, 2006, 36 ff. (51); aA; NK-StGB/*Ransiek* Rn. 5). Es handelt sich um Dauerdelikte (BayObLG NJW 1996, 1422; Fischer Rn. 19). Rechtsprechungsübersichten bei *Schall* NStZ-RR 1997, 577 (580); *Schall* NStZ-RR 1998, 353 (357) und 2007, 33 (34).

2 Ergänzende Ordnungswidrigkeiten enthalten die §§ 46 AtG, 62 BImSchG, 69 KrWG, 23 UVPG, 103 WHG.

B. Objektiver Tatbestand des Abs. 1

3 Abs. 1 befasst sich mit dem Bereich der Kerntechnik und zählt wie die §§ 307–312, 326 Abs. 3, 328 Abs. 1, 2 zum Atomstrafrecht (SSW StGB/*Saliger* Rn. 2; monografisch *Reinhardt,* Der strafrechtliche Schutz vor den Gefahren der Kernenergie, 1989).

I. Tathandlungen des Abs. 1 Nr. 1

4 **1. Betreiben einer kerntechnischen Anlage. a) Kerntechnische Anlage.** Die kerntechnische Anlage ist in § 330d Nr. 2 legaldefiniert, s. dortige Erl.

5 Zur Anlage → § 325 Rn. 2 ff. Vgl. auch § 7 AtG. Einschränkend sollen bei größere Anlagenkomplexen nur diejenigen Anlagen erfasst sein, die in einem funktionalen Zusammenhang mit der nuklearen Anlage stehen und daher ein Strahlenrisiko bergen (MSM StrafR BT II § 58 Rn. 82; Fischer Rn. 4), sodass Bürogebäude, Garagen oder Sozialgebäude ausscheiden. § 327 Abs. 1 bezog sich früher nur auf Anlagen im Inland (dazu s. *Günther-Nicolay,* Die Erfassung von Umweltstraftaten mit Auslandsbezug durch das deutsche Umweltstrafrecht gem. §§ 324 ff. StGB, 2003, 354 f.). Heute umfasst er wegen § 330d Abs. 2 aber auch Anlagen in anderen EU-Mitgliedstaaten (*Möhrenschlager* wistra 2011, VII; *Heger* HRRS 2012, 217; SSW StGB/*Saliger* Rn. 4).

6 **b) Betreiben.** Zum Betreiben bzw. Betrieb → § 325 Rn. 5 f. Die Errichtung einer kerntechnischen Anlage fällt (nur) unter § 46 Abs. 1 Nr. 2 AtG.

2. Innehaben oder ganz oder teilweises Abbauen einer betriebsbereiten oder stillgelegten 7 kerntechnischen Anlage. Zur kerntechnischen Anlage → § 330d Rn. 8. Betriebsbereitschaft liegt vor, wenn die Anlage ohne wesentliche Zwischenschritte betrieben (→ § 325 Rn. 5 f.) werden kann. Stillgelegt ist eine Anlage, die nicht mehr betrieben wird. Tatbestandsmäßig sind aber nur solche Anlagen, von denen noch ein Strahlenrisiko ausgeht (MüKoStGB/*Alt* Rn. 12; Schönke/Schröder/*Heine/Hecker* Rn. 7).

Unter das Innehaben fallen alle über den Betrieb hinaus Möglichkeiten des Besitzes iSd tatsächlichen 8 Sachherrschaft (LK-StGB/*Steindorf* Rn. 5; NK-StGB/*Ransiek* Rn. 7), vgl. auch § 854 Abs. 1 BGB sowie den Gewahrsamsbegriff beim Diebstahl.

Ganz oder teilweises Abbauen erfordert einen Eingriff in die Sachsubstanz der Anlage. Bloßes 9 Abschalten und Stilllegen reicht nicht aus (SSW StGB/*Saliger* Rn. 5; MüKoStGB/*Alt* Rn. 13).

3. Wesentliche Änderung einer solchen Anlage oder ihres Betriebs. Vgl. auch § 15 Abs. 1 10 BImSchG.

a) Änderung einer solchen Anlage. Die Änderung einer solchen Anlage (dh einer kerntechnischen 11 Anlage) kann technischer, baulicher oder räumlicher Art sein (Sack Rn. 41). Eine räumliche Änderung liegt vor, wenn die räumliche Anordnung von Anlagenteilen oder Nebeneinrichtungen innerhalb des Anlagengrundstücks abweichend von den Angaben im Bauplan umgesetzt oder verschoben wird (vgl. MüKoStGB/*Alt* Rn. 15). Bezugspunkt der Änderung einer Anlage ist dabei der atomrechtliche Genehmigungbescheid (MüKoStGB/*Alt* Rn. 14).

b) Änderung ihres Betriebs. Hierunter fällt die Veränderung der Funktionsweise der Anlage, der 12 Gegenstand der Erzeugung oder die Art und Weise der Herstellung (MüKoStGB/*Alt* Rn. 15). Hierzu zählt zB Erhöhung der Reaktorleistung (SSW StGB/*Saliger* Rn. 5; SK-StGB/*Schall* Rn. 22). Die bloße Änderung der Betriebsorganisation ist nicht erfasst (Sack Rn. 42).

c) Wesentlich. Die Änderung ist wesentlich, wenn sie die abstrakte Gefährlichkeit der Anlage steigert 13 (Schönke/Schröder/*Heine/Hecker* Rn. 10), sodass die Genehmigungsfrage neu aufgeworfen wird, insbes. bei Erhöhung des Strahlungsrisikos (MüKoStGB/*Alt* Rn. 16). Verbesserungen von Vorsorge- und Schutzmaßnahmen scheiden also aus (NK-StGB/*Ransiek* Rn. 8; Sack Rn. 60).

II. Tathandlungen des Abs. 1 Nr. 2

1. Betriebsstätte, in der Kernbrennstoffe verwendet werden. a) Betriebsstätte. Hierunter 14 fallen die zu einem stehenden Betrieb räumlich zusammengefassten Einrichtungen (Schönke/Schröder/ *Heine/Hecker* Rn. 11; SSW StGB/*Saliger* Rn. 7), insbes. Forschungseinrichtungen. (LK-StGB/*Steindorf* Rn. 10a; Sack Rn. 56).

b) Kernbrennstoffe. Kernbrennstoffe sind gem. § 2 Abs. 1 S. 2 AtG: 15

„besondere spaltbare Stoffe im Form von
1. Plutonium 239 und Plutonium 241,
2. mit den Isotopen 235 oder 233 angereichertem Uran,
3. jedem Stoff, der einen oder mehrere der in den Nummern 1 und 2 genannten Stoffe enthält,
4. Stoffen, mit deren Hilfe in einer geeigneten Anlage eine sich selbst tragende Kettenreaktion aufrechterhalten werden kann und die in einer Rechtsverordnung bestimmt werden (...)."

Für Kernbrennstoffe in Atomwaffen gilt das KrWaffG (BGHSt 38, 207). 16

c) Verwenden. In einer Betriebsstätte werden Kernbrennstoffe verwendet, wenn sie dort nutzbar 17 gemacht werden, zB zur Energiegewinnung oder zur Forschung. → § 328 Rn. 10.

2. Wesentlich Änderung der Betriebsstätte oder deren Lage. Betriebsstätte sind die zu einem 18 stehenden Betrieb räumlich zusammengefassten Einrichtungen (Schönke/Schröder/*Heine/Hecker* Rn. 11). Zur Änderung → Rn. 10 ff.

Die Lage der Betriebsstätte wird geändert, wenn eine Anlage auf ein anderes Grundstück verlegt wird 19 (MüKoStGB/*Alt* Rn. 19). Die Erweiterung des Anlagengrundstücks um ein anderes Grundstück reicht nicht aus (MüKoStGB/*Alt* Rn. 19; aA SK-StGB/*Schall* Rn. 34; Sack Rn. 59).

Zur Wesentlichkeit → Rn. 13. 20

III. Ohne die erforderliche Genehmigung

Die Genehmigung hat hier tatbestandsausschließende Wirkung (LPK-StGB/*Kindhäuser* Rn. 3; 21 → Vorb. §§ 324–330d Rn. 23). Die Erforderlichkeit einer Genehmigung richtet sich nach den §§ 7, 9 AtG (ggf. iVm auf dem AtG beruhenden Rechtsvorschriften). Nicht auf dem AtG beruhenden Genehmigungserfordernisse sind unbeachtlich (Fischer Rn. 5; MüKoStGB/*Alt* Rn. 38).

IV. Entgegen einer vollziehbaren Untersagung

22 Zur vollziehbaren Untersagung, durch die dem Täter eine Vorwarnung gegeben wird (BT-Drs. 8/2382, 16; MSM StrafR BT II § 58 Rn. 12) als belastenden Verwaltungsakt (→ Vorb. §§ 324–330d Rn. 20 ff.). In Bezug genommen wird die Ermächtigung des § 19 Abs. 3 S. 2 Nr. 3 AtG, ggf. iVm auf dem AtG beruhenden Rechtsvorschriften (Lackner/Kühl/*Heger* Rn. 2). Zur Vollziehbarkeit → § 330d Rn. 22.

C. Objektiver Tatbestand des Abs. 2

I. Objektiver Tatbestand des Abs. 2 S. 1

23 **1. Tatobjekte des Abs. 2 S. 1 Nr. 1.** Zur Anlage → § 325 Rn. 2 ff., wobei in § 327 freilich nur der Anlagenbegriff des BImSchG maßgeblich ist (vgl. MüKoStGB/*Alt* Rn. 20). Die immissionsrechtliche Genehmigungsbedürftigkeit richtet sich nach § 4 BImSchG iVm der 4. BImSchV (in der Rspr. va Abfallbeseitigungsanlagen, LG Frankfurt a. M. NZM 2005, 679; vgl. aber OLG Köln NStZ 1987, 461; zu Autolagerplätzen, OLG Braunschweig NStZ-RR 1998, 175 (177); BayObLG NStZ 1998, 465).

24 Sonstige Anlagen sind nicht genehmigungsbedürftige Anlagen gem. § 22 ff. BImSchG. Zur Untersagung vgl. schon → Rn. 22. Erfasst sind nur schutzzweckrelevante Untersagungen nach § 25 Abs. 2 BImSchG (SSW StGB/*Saliger* Rn. 11). Ob die Untersagungsverfügung materiell rechtswidrig ist, ist irrelevant (→ Vorb. §§ 324–330d Rn. 21). Gleiches gilt, wenn die Untersagungsverfügung für sofort vollziehbar erklärt wird (§ 80 Abs. 2 Nr. 4 VwGO), nach Widerspruch und Anfechtungsklage aber vom Verwaltungsgericht aufgehoben wird (aA *Tiedemann/Kindhäuser* NStZ 1988, 337 (344): Strafaufhebungsgrund).

25 **2. Tatobjekte des Abs. 2 S. 1 Nr. 2.** Diese Tatmodalität wurde mit Wirkung zum 1.3.2010 (in Abs. 2 Nr. 2) geändert und nimmt nunmehr nicht das WHG (zur früheren Rechtslage vgl. MüKoStGB/*Alt*, 1. Aufl. 2006, Rn. 17), sondern das UVPG in Bezug (s. dort §§ 20 ff. UVPG sowie Anlage 1 Nr. 19.3; vgl. auch RohrFLtgV). Erhalten geblieben ist der Begriff der wassergefährdenden Stoffe (hierzu § 62 Abs. 3 WHG, → § 326 Rn. 27). Hauptanwendungsfälle dürften Mineralöl- und Erdgaspipelines sein (SSW StGB/*Saliger* Rn. 12).

26 **3. Tatobjekte des Abs. 2 S. 1 Nr. 3.** Abfallentsorgungsanlagen im Sinne des KrWG (redaktionelle Änderung durch das 45. StÄG, vorher KrW-/AbfG) gibt es nicht, weil der Begriff dort nicht verwendet wird (und im KrW-/AbfG ebenfalls nicht verwendet wurde, vgl. *Michalke*, Umweltstrafsachen, 2. Aufl. 2000, Rn. 327, die sich dann auch gegen jede Anwendung ausspricht; vgl. auch MüKoStGB/*Alt* Rn. 27). Erfasst sind nur Abfallbeseitigungsanlagen nach den §§ 34 ff. KrWG (Deponien, s. § 3 Abs. 27 KrWG; vgl. SSW StGB/*Saliger* Rn. 13; Lackner/Kühl/*Heger* Rn. 3; aA BayObLG NStZ 1998, 465).

27 Ausreichend ist es, wenn eine Grundstücksfläche zur Abfallentsorgung für einen nicht unerheblichen Zeitraum bestimmt wird (OLG Stuttgart NStZ 1991, 590; vgl. auch BayObLG NJW 1992, 925; NK-StGB/*Ransiek* Rn. 14). Zu Anlagen zur Lagerung von Autowracks → § 326 Rn. 13, 31 sowie BayObLG NStZ 1998, 465; OLG Zweibrücken NJW 1992, 2841; *Henzler/Pfohl* wistra 2004, 331 (333 ff.)). Zum Abfallbegriff → § 326 Rn. 3 ff.

27a **4. Tatobjekte des Abs. 2 S. 1 Nr. 4.** Zum 2.5.2013 wurde § 327 Abs. 2 S. 1 um Nr. 4 erweitert. Der Tatbestand umfasst daher nun Abwasserbehandlungsanlagen nach § 60 Abs. 3 WHG. Zeitgleich wurde § 60 WHG als Folge der Umsetzung der Richtlinie über Industrieemmisionen geändert (Fischer Rn. 11a)

28 **5. Betreiben.** Zum Betreiben bzw. Betrieb → § 325 Rn. 5 f. Die Errichtung oder wesentliche Änderung einer Anlage ist (nur) von § 62 Abs. 1 Nr. 1, 4 BImSchG erfasst

29 Auch ein Betreiben durch Unterlassen, § 13, kommt in Betracht (ausf. *Geidies* NJW 1989, 821), insbes. wenn wilde Müllablagerungen Dritter nicht unterbunden werden (MSM StrafR BT II § 58 Rn. 85; LG Frankfurt a. M. NZM 2005, 679 f.; OLG Stuttgart NJW 1987, 1281; AG Cochem NStZ 1985, 505; aA BayObLG NJW 1992, 925; BayObLG NStZ 1998, 465; AG Kreuznach NStZ 1998, 571; SK-StGB/*Schall* Rn. 17; Fischer Rn. 12: konkludente Zweckbestimmung erforderlich). Zum gegen die Weiterbenutzung einer stillgelegten gemeindeeigenen Müllkippe nicht einschreitenden Bürgermeister (LG Koblenz NStZ 1987, 281; Fischer Rn. 12). Vgl. auch → § 326 Rn. 39 ff.

II. Objektiver Tatbestand des Abs. 2 S. 2

29a Abs. 2 S. 2 wurde durch das 45. StÄG mit Wirkung zum 14.11.2011 eingeführt. Dadurch wurde die Regelung des Art. 3 lit. d der Umweltrichtlinie in nationales Recht umgesetzt. Bezweckt ist die Verfolgung von Taten, in den Fällen, in denen Anlagen unter Verletzung verwaltungsrechtlicher Pflichten im EU-Ausland betrieben werden (BT-Drs. 17/5391, 11 (13, 18); NK-StGB/*Ransiek* Rn. 3).

1. Tatobjekte des Abs. 2 S. 2. a) Anlage in einem anderen Mitgliedstaat der Europäischen 29b
Union. Zum Anlagenbegriff → § 325 Rn. 2 ff. Abs. 2 S. 2 erfasst nur Anlagen innerhalb der EU, aber
außerhalb Deutschlands. Der Anwendungsbereich ist allerdings im Gegensatz zu S. 1 nicht auf die dort
aufgelisteten Anlagentypen beschränkt (Lackner/Kühl/*Heger* Rn. 3a). Das Vorliegen der Merkmale des
§ 327 Abs. 2 S. 2 allein begründet noch nicht die Strafverfolgung nach deutschem Recht, vielmehr
bedarf es zusätzlich eines bestimmten Anknüpfungspunktes nach den §§ 3 ff., der die Verfolgung einer
Auslandstat erlaubt (dazu auch BT-Drs. 17/5391, 29).

Umstritten ist, ob auch kerntechnische Anlagen unter den Begriff der gefährlichen Anlage subsumiert 29c
werden können (bejahend SK-StGB/*Schall* § 330d Rn. 7). Diese werden jedoch schon von Abs. 1 der
Norm umfasst (→ Rn. 4 f.; aA NK-StGB/*Ransiek* Rn. 16)

b) Lagerung gefährlicher Stoffe oder Gemische. Stoffe sind chemische Elemente und ihre Ver- 29d
bindungen in natürlicher Form oder gewonnen durch ein Herstellungsverfahren, ebenso notwendige
Zusatzstoffe und verfahrensbedingte Verunreinigungen; nicht umfasst sind abtrennbare Lösungsmittel
(Art. 2 Nr. 7 GHS-VO; MüKoStGB/*Alt* Rn. 31). Gemische sind Gemische oder Lösungen, die aus
mindestens zwei Stoffen bestehen (Art. 2 Nr. 8 GHS-VO). Wann Stoffe oder Gemische gefährlich sind
ergibt sich aus Art. 2 Nr. 7, 8 und Art. 3 GHS-VO iVm Anh. I Teil 1–5 zur GHS-VO (entsprechendes
Tatbestandsmerkmal bei § 328, → § 328 Rn. 26). Definiert werden dort physikalische Gefahren sowie
Gesundheits- und Umweltgefahren (Bsp. s. MüKoStGB/*Alt* § 328 Rn. 31).

Zum Begriff des Lagerns vgl. § 2 Abs. 6 GefStoffV: 29e

„¹Lagern ist das Aufbewahren zur späteren Verwendung sowie zur Abgabe an andere. ²Es schließt die Bereitstellung zur Beförderung ein, wenn die Beförderung nicht innerhalb von 24 Stunden nach der Bereitstellung oder
am darauf folgenden Werktag erfolgt (...)."

c) Verwenden gefährlicher Stoffe oder Gemische. Gem. Art. 3 Nr. 25 GHS-VO, § 3 Nr. 10 29f
ChemG, § 2 Abs. 5 GefStoffV umfasst der Begriff des Verwendens das Verarbeiten, Verbrauchen,
Lagern, Bereithalten, Behandeln, Abfüllen, Umfüllen, Mischen, Herstellen sowie jede Art des Ge-
brauchs. Er entspricht den Tathandlungen des § 328 Abs. 3 Nr. 1 (→ § 328 Rn. 27 ff.). Tatbestands-
mäßig sind weder die Ein- oder Ausfuhr noch die Herstellung gefährlicher Stoffe oder Gemische (LK-
StGB/*Steindorf* Rn. 26; NK-StGB/*Ransiek* Rn. 11).

d) Ausübung gefährlicher Tätigkeiten. Das Merkmal der Ausübung einer gefährlichen Tätigkeit 29g
ist umweltbezogen (rechtsgutsbezogen) auszulegen (BT-Drs. 17/5391, 18; Fischer Rn. 14; Saliger
Rn. 450).

2. Betreiben. Tathandlung ist das Betreiben der Anlage in einem anderen Mitgliedstaat der Europäi- 29h
schen Union. Zum Betreiben bzw. Betrieb → § 325 Rn. 5 f.

3. Abstrakte Schädigungseignung. Der Betrieb muss auf eine Art und Weise vorgenommen 29i
werden, die geeignet ist, außerhalb der Anlage Leib oder Leben eines anderen Menschen zu schädigen
oder erhebliche Schäden an Tieren oder Pflanzen, Gewässern, der Luft oder dem Boden herbeizuführen.
Abs. 2 S. 2 ist insofern Eignungsdelikt (SK-StGB/*Schall* Rn. 67; Saliger Rn. 449; aA NK-StGB/*Ransiek*
Rn. 15 – abstraktes Gefährdungsdelikt). Zur Schädigungseignung und den genannten Rechtsgütern
→ Vorb. §§ 324–330d Rn. 40 ff.; → § 324 Rn. 12 ff. Zum Merkmal außerhalb der Anlage → § 325
Rn. 14.

Die Gefährdungseignung muss inländische Rechtsgüter betreffen (*Heger* HRRS 2012, 211 (217); 29j
MüKoStGB/*Alt* Rn. 34; Fischer § 326 Rn. 13; aA *Szesny/Görtz* ZUR 2012, 405 (408)). Die Gefährdung ausländischer Rechtsgüter kann nur dann nach deutschem Recht verfolgt werden, sofern sich ein
anderer Anknüpfungspunkt aus den §§ 3 ff. ergibt.

Das Erfordernis der Schädigungseignung betont einen erhöhten Unrechtsgehalt der Tat. Insofern ist es 29k
inkonsequent, dass der Gesetzgeber die gleiche Strafandrohung wie für die Verwirklichung des rein
abstrakten Gefährdungsdelikts nach Abs. 2 S. 1 festgesetzt hat (Schönke/Schröder/*Heine/Hecker*
Rn. 19).

III. Ohne die nach dem jeweiligen Gesetz erforderliche Genehmigung oder Planfeststellung oder entgegen einer auf dem jeweiligen Gesetz beruhenden vollziehbaren Untersagung

1. Abs. 2 S. 1. → Vorb. §§ 324–330d Rn. 18 ff. Die erforderlichen Genehmigungen oder Planfest- 30
stellungen sind den erwähnten Gesetzen zu entnehmen (§§ 4, 15, 17 BImSchG, § 20 ff. UVPG, § 34 ff.
KrWG). Zur vollziehbaren Untersagung (vgl. §§ 20, 25 BImSchG, 39 KrWG).

2. Abs. 2 S. 2. Auch Abs. 2 S. 2 ist tatbestandlich verwaltungsakzessorisch (SSW StGB/*Saliger* 30a
Rn. 15b). Gem. § 330d Abs. 2 S. 1 entscheidet über die Erforderlichkeit der Genehmigung oder Plan-
feststellung das Recht des Staates, in dem die Anlage betrieben wird (MüKoStGB/*Alt* Rn. 49) → § 330d
Rn. 36a ff.

D. Sonstiges

I. Fahrlässigkeit, Abs. 3, und Versuch

31   Fahrlässiges Handeln ist nach Abs. 3 strafbar. Zum Maßstab → Vorb. §§ 324–330d Rn. 45 f. Der Versuch ist straflos.

II. Besonders schwere Fälle

32   § 330 findet Anwendung, s. dortige Erl.

III. Konkurrenzen

33   Tateinheit ist möglich mit (vgl. SSW StGB/*Saliger* Rn. 19; MüKoStGB/*Alt* Rn. 62) §§ 211 ff., 223 ff., 303 ff., 312, 324–326, 328, 329. Abs. 1 tritt hinter §§ 307, 309, 311 zurück (Schönke/Schröder/ *Heine/Hecker* Rn. 25; aA – Tateinheit – MSM StrafR BT II § 58 Rn. 89; SK-StGB/*Schall* Rn. 81). Abs. 2 S. 2 tritt hinter § 328 Abs. 3 Nr. 1 zurück.

---

§ 328 Unerlaubter Umgang mit radioaktiven Stoffen und anderen gefährlichen Stoffen und Gütern

(1) Mit Freiheitsstrafe bis zu fünf Jahren oder mit Geldstrafe wird bestraft,

1. wer ohne die erforderliche Genehmigung oder entgegen einer vollziehbaren Untersagung Kernbrennstoffe oder
2. wer ohne die erforderliche Genehmigung oder wer entgegen einer vollziehbaren Untersagung sonstige radioaktive Stoffe, die nach Art, Beschaffenheit oder Menge geeignet sind, durch ionisierende Strahlen den Tod oder eine schwere Gesundheitsschädigung eines anderen oder erhebliche Schäden an Tieren oder Pflanzen, Gewässern, der Luft oder dem Boden herbeizuführen,

herstellt, aufbewahrt, befördert, bearbeitet, verarbeitet oder sonst verwendet, einführt oder ausführt.

(2) Ebenso wird bestraft, wer

1. Kernbrennstoffe, zu deren Ablieferung er auf Grund des Atomgesetzes verpflichtet ist, nicht unverzüglich abliefert,
2. Kernbrennstoffe oder die in Absatz 1 Nr. 2 bezeichneten Stoffe an Unberechtigte abgibt oder die Abgabe an Unberechtigte vermittelt,
3. eine nukleare Explosion verursacht oder
4. einen anderen zu einer in Nummer 3 bezeichneten Handlung verleitet oder eine solche Handlung fördert.

(3) Mit Freiheitsstrafe bis zu fünf Jahren oder mit Geldstrafe wird bestraft, wer unter Verletzung verwaltungsrechtlicher Pflichten

1. beim Betrieb einer Anlage, insbesondere einer Betriebsstätte oder technischen Einrichtung, radioaktive Stoffe oder gefährliche Stoffe und Gemische nach Artikel 3 der Verordnung (EG) Nr. 1272/2008 des Europäischen Parlaments und des Rates vom 16. Dezember 2008 über die Einstufung, Kennzeichnung und Verpackung von Stoffen und Gemischen, zur Änderung und Aufhebung der Richtlinien 67/548/EWG und 1999/45/EG und zur Änderung der Verordnung (EG) Nr. 1907/2006 (ABl. L 353 vom 31.12.2008, S. 1), die zuletzt durch die Verordnung (EG) Nr. 790/2009 (ABl. L 235 vom 5.9.2009, S. 1) geändert worden ist, lagert, bearbeitet, verarbeitet oder sonst verwendet oder
2. gefährliche Güter befördert, versendet, verpackt oder auspackt, verlädt oder entlädt, entgegennimmt oder anderen überläßt

und dadurch die Gesundheit eines anderen, Tiere oder Pflanzen, Gewässer, die Luft oder den Boden oder fremde Sachen von bedeutendem Wert gefährdet.

(4) Der Versuch ist strafbar.

(5) Handelt der Täter fahrlässig, so ist die Strafe Freiheitsstrafe bis zu drei Jahren oder Geldstrafe.

(6) Die Absätze 4 und 5 gelten nicht für Taten nach Absatz 2 Nr. 4.

A. Allgemeines

1   Die Vorschrift dient der Bekämpfung der generell außerordentlich gefährlichen Nuklearkriminalität (BT-Drs. 12/7300, 23 f.; *Mattausch/Baumann* NStZ 1994, 462; Fischer Rn. 1), vgl. schon § 327 sowie

§§ 307, 309, 311, 312 und §§ 19, 22a KrWaffG. Zu radioaktiven Abfällen gem. § 326 Abs. 1 Nr. 3, Abs. 3, 5 → § 326 Rn. 22, 54.

Eine wesentliche Änderung der Norm erfolgte mit dem 45. StÄG (BGBl. 2011 I 2558): in Abs. 1 **1a** Nr. 2 und Abs. 3 wurde das Merkmal „grob" gestrichen, sodass zur Tatbestandsverwirklichung nun jede Pflichtwidrigkeit ausreichend ist; ebenso wurde in diesen Tatbeständen der Kreis der geschützten Rechtsgüter erweitert (Tiere, Pflanzen, Gewässer, Luft, Boden); zusätzlich wurde in Abs. 3 Nr. 1 die dynamische Verweisung auf das Chemikaliengesetz durch einen statischen Verweis auf die VO (EG) Nr. 1272/2008 ersetzt (überblicksartig *Möhrenschlager* wistra 2011, VII f.).

Abs. 1 Nr. 1 enthält ein abstraktes Gefährdungsdelikt, Nr. 2 ist ein Delikt mit Eignungskomponente **2** (vgl. SSW StGB/*Saliger* Rn. 1; aA Fischer Rn. 1; Otto StrafR BT § 82 Rn. 93: abstraktes Gefährdungsdelikt). Abs. 2 ist abstraktes, Abs. 3 konkretes Gefährdungsdelikt (BT-Drs. 12/7300, 24; Otto StrafR BT § 82 Rn. 94, 96).

Abs. 1 (soweit es um vollziehbare Untersagungen geht), Abs. 2 Nr. 2 Var. 1 (berechtigter Besitzer), Abs. 3 Nr. 1 (wenn Sonderpflicht des Anlagenbetreibers) und Nr. 2 sind Sonderdelikte (→ Vorb. §§ 324–330d Rn. 55 f. – im Einzelnen strittig, vgl. *Martin*, Sonderdelikte im Umweltstrafrecht, 2006, 117 ff.).

B. Objektiver Tatbestand des Abs. 1

I. Kernbrennstoffe, Nr. 1

Hierzu → § 327 Rn. 15 f. **3**

II. Sonstige radioaktive Stoffe, die nach Art, Beschaffenheit oder Menge geeignet sind, durch ionisierende Strahlen den Tod oder eine schwere Gesundheitsschädigung eines anderen oder erhebliche Schäden an Tieren oder Pflanzen, Gewässern, der Luft oder dem Boden herbeizuführen, Nr. 2

1. Sonstige radioaktive Stoffe. Hierzu § 2 Abs. 1 S. 1 AtG: **4**

„Radioaktive Stoffe (Kernbrennstoffe und sonstige radioaktive Stoffe) im Sinne dieses Gesetzes sind alle Stoffe, die ein Radionuklid oder mehrere Radionuklide enthalten und deren Aktivität oder spezifische Aktivität im Zusammenhang mit der Kernenergie oder dem Strahlenschutz nach den Regelungen dieses Gesetzes oder einer auf Grund dieses Gesetzes erlassenen Rechtsverordnung nicht außer Acht gelassen werden kann."

Hierzu zählen vor allem Caesium 137, Kobalt 60, Strontium 90 und Jod 131 (LK-StGB/*Steindorf* Rn. 4; *Mattausch/Baumann* NStZ 1994, 462 (463)).

2. Eignung. a) Eignungsdelikt. Abs. 1 Nr. 2 ist insofern Eignungsdelikt (aA Otto StrafR BT § 82 **5** Rn. 93: abstraktes Gefährdungsdelikt). Zur Schädigungseignung → Vorb. §§ 324–330d Rn. 40 ff. Die Schädigungseignung kann durch eine geeignete und mangelfreie Verpackung und Sicherung ausgeschlossen werden; es kommt dann auf die Strahlung außerhalb der Verpackung an (BGHSt 39, 371; MüKoStGB/*Alt* Rn. 12). In den Schutzbereich fallen Rechtsgüter im Inland sowie auch im Ausland (SK-StGB/*Schall* § 330d Rn. 5).

b) Tod. Dieser ist wie bei §§ 311 ff. zu verstehen (vgl. nur NK-StGB/*Neumann* Vor § 211 **6** Rn. 17 ff.).

c) Schwere Gesundheitsschädigung. Die schwere Gesundheitsschädigung ist nicht mit der schwe- **7** ren Körperverletzung gem. § 226 gleichzustellen (MSM StrafR BT II § 58 Rn. 92; Schönke/Schröder/ *Heine/Hecker* Rn. 2 f.), sondern erfasst jeden langwierigen, qualvollen oder die Leistungsfähigkeit schwer beeinträchtigenden psychischen oder physischen Krankenzustand (BT-Drs. 6/3434, 13; MSM StrafR BT II § 58 Rn. 92; Otto StrafR BT § 82 Rn. 93; vgl. auch BGH StV 2003, 332).

d) Erhebliche Schäden an Tieren oder Pflanzen, Gewässern, der Luft oder dem Boden. **7a** Durch das 45. StÄG wurde Abs. 1 Nr. 2 erweitert. Tatbestandsmäßig ist seitdem auch die Eignung zur Herbeiführung erheblicher Schäden an Tieren (→ § 324a Rn. 14), Pflanzen (→ § 324a Rn. 14), Gewässern (→ § 330d Rn. 2 ff.), der Luft (→ § 325 Rn. 8) oder dem Boden (→ § 324a Rn. 2). Die Erheblichkeit der Schädigung ist quantitativ zu bestimmen; sie kann sich daher sogar ausschließlich aus dem Umfang der Schädigung ergeben (MüKoStGB/*Alt* Rn. 14; Fischer Rn. 3).

3. Durch ionisierende Strahlen. Hierzu → § 325a Rn. 9. **8**

III. Tathandlungen

Die Tathandlungen sollen jeden Umgang mit den nuklearen Stoffen umfassen (SSW StGB/*Saliger* **9** Rn. 3). Sie orientieren sich an den §§ 4 ff. AtG.

9a   Durch das 45. StÄG (BGBl. 2011 I 2558) wurde in Umsetzung von Art. 3 lit. e der Umweltstraf-rechtsrichtlinie die Tathandlung des Herstellens von Kernbrennstoffen in den Katalog aufgenommen. Dieser Tatbestand bezweckt die Schließung von Strafbarkeitslücken, indem er Fälle umfasst, die nicht unter das Verarbeiten subsumiert werden können (BT-Drs. 17/5391, 19; Fischer Rn. 4). Auszulegen ist dieses Merkmal entsprechend dem der §§ 109e Abs. 2, 312 Abs. 1 zugrunde liegenden Verständnis (SSW StGB/*Saliger* Rn. 3), sodass sowohl die Auswahl als auch die Verwendung eines Rohstoffs oder Halbfabrikats sowie dessen Verarbeitung oder Gestaltung tatbestandsmäßig sind.

10   Aufbewahren, vgl. §§ 5, 6 AtG, ist jedes Innehaben der Sachherrschaft (Schönke/Schröder/*Heine*/*Hecker* Rn. 6; LK-StGB/*Steindorf* Rn. 6). Befördern (vgl. §§ 4, 4a, 4b AtG) ist die Herbeiführung einer Ortsveränderung neben Be- und Entladung (MüKoStGB/*Alt* Rn. 15; SSW StGB/*Saliger* Rn. 3; aA zur Be- und Entladung NK-StGB/*Ransiek* Rn. 4). (Sonst) Verwenden, vgl. § 9 AtG, ist die dynamische (zB mechanische, metallurgische oder chemische) Behandlung von nuklearen Stoffen mit dem Ziel der Nutzbarmachung (MüKoStGB/*Alt* Rn. 17), sei es in Reaktoren oder Forschungseinrichtungen. Das Beseitigen von Atommüll wird nicht erfasst (MüKoStGB/*Alt* Rn. 15; *Sack* Rn. 22). Bearbeiten und Verarbeiten sind Beispielsfälle des Verwendens, vgl. § 9 AtG und § 3 Nr. 10 ChemG. Zum Ein- und Ausführen vgl. § 3 AtG und → § 326 Rn. 50.

IV. Ohne die erforderliche Genehmigung oder entgegen einer vollziehbaren Untersagung

11   Zum Handeln ohne die (hier nach dem AtG iVm der StrlSchV) erforderliche Genehmigung → § 327 Rn. 21. Zur vollziehbaren Untersagung (hier nach § 19 Abs. 3 AtG) → § 327 Rn. 22. IÜ → Vorb. §§ 324–330d Rn. 18 ff.

V. Pflichtwidrig

12   „Pflichtwidrig" bedeutet das gleiche wie die Verletzung einer verwaltungsrechtlichen Pflicht, hierzu → § 324a Rn. 18; → § 330d Rn. 12 ff.). Das einschränkende Merkmal der groben Pflichtwidrigkeit wurde aufgehoben, um den Vorgaben des Art. 3 lit. e der Umweltstrafrechtsrichtlinie gerecht zu werden (*Pfohl* ZWH 2013, 95 (99)).

C. Objektiver Tatbestand des Abs. 2
I. Abs. 2 Nr. 1

13   **1. Kernbrennstoffe; aufgrund des Atomgesetzes Verpflichtung zu deren Ablieferung.** Zu Kernbrennstoffen → § 327 Rn. 15 f. Die Ablieferungsverpflichtung richtet sich nach §§ 5, 19 Abs. 3 S. 2 Nr. 2 AtG.

14   **2. Nicht unverzüglich Abliefern.** Zum nicht Abliefern (die Vorschrift ist insofern ein echtes Unterlassungsdelikt) → § 326 Rn. 55 ff. Adressat des Gebots ist der unmittelbare, nicht berechtigte Besitzer (SSW StGB/*Saliger* Rn. 5).

15   Jede verspätete und nicht vollständige Ablieferung ist tatbestandsmäßig (Schönke/Schröder/*Heine*/*Hecker* Rn. 12). Anders als in § 326 Abs. 3 (→ § 326 Rn. 56) muss die Ablieferung ausdrücklich unverzüglich (§ 121 Abs. 1 BGB: „ohne schuldhaftes Zögern") erfolgen.

II. Abs. 2 Nr. 2

16   **1. Tatobjekt.** Zu Kernbrennstoffen → § 327 Rn. 15 f. Zu den in Abs. 1 Nr. 2 bezeichneten Stoffen → Rn. 4 ff.

17   **2. Abgeben an Unberechtigte.** Abgabe ist die bewusste Übertragung des Gewahrsams (SSW StGB/*Saliger* Rn. 6). Dies kann auch durch Unterlassen eines Garanten geschehen (MüKoStGB/*Alt* Rn. 60; aA NK-StGB/*Ransiek* Rn. 7). Die Einräumung von Mitgewahrsam genügt (MüKoStGB/*Alt* Rn. 31). Unberechtigter ist, wer nicht nach dem AtG zum Besitz berechtigt ist.

18   **3. Vermitteln der Abgabe an Unberechtigte.** Schon im Vorfeld soll der Anbahnung illegaler Geschäfte strafrechtlich entgegengetreten werden (BT-Drs. 12/7300, 24; Fischer Rn. 8). Ausreichend für ein Vermitteln der Abgabe ist das Herstellen von Geschäftsbeziehungen zwischen Abgebendem und potentiellem Empfänger zum Zwecke der Ermöglichung eines Abgabegeschäfts (SSW StGB/*Saliger* Rn. 6; MüKoStGB/*Alt* Rn. 32). Es ist irrelevant, ob tatsächlich Stoffe abgegeben werden (Schönke/Schröder/*Heine*/*Hecker* Rn. 13).

III. Abs. 2 Nr. 3

19   **1. Nukleare Explosion.** Dieses Merkmal ist wie die Explosion durch Freisetzen von Kernenergie in § 307 Abs. 1 zu verstehen (Fischer Rn. 9). Hierunter fällt ein Vorgang, bei dem durch Kernspaltung oder Kernfusion die in den radioaktiven Stoffen gebundene Energie druckartig in Gestalt ionisierender Strahlung freigesetzt wird (SSW StGB/*Saliger* Rn. 7). Erfasst sind insbes. Kernwaffenversuche (Fischer Rn. 9). Kontrollierte Vorgänge im Reaktor oder Laborexperimente im Teilchenbereich sowie Implosionen scheiden aus (Fischer Rn. 9; MüKoStGB/*Alt* Rn. 33).

2. Verursachen. Hierzu → § 325 Rn. 10. Allerdings soll nicht jedes Setzen einer Ursache erfasst sein, **20** sondern (wie beim Bewirken in § 311 Abs. 1 und Herbeiführen in den §§ 308, 313) nur das unmittelbar täterschaftliche Herbeiführen (BT-Drs. 10/10076, 11; Fischer Rn. 10; NK-StGB/*Ransiek* Rn. 8; aA Schönke/Schröder/*Heine*/*Hecker* Rn. 13b; SK-StGB/*Horn* Rn. 6). Mittelbare Täterschaft und Teilnahme werden dann von Nr. 4 erfasst.

IV. Abs. 2 Nr. 4

1. Verleiten eines anderen. Verleiten umfasst die mittelbare Täterschaft (§ 25 Abs. 1 Var. 2) sowie **21** Anstiftung (§ 26) zu Taten nach Nr. 3 (Fischer Rn. 11). Es handelt sich um eine rechtspolitisch problematische Gleichstellung von Täterschaft und Teilnahme (Schönke/Schröder/*Heine*/*Hecker* Rn. 13c, f.). Geschaffen wurde diese Variante vor allem, um die Teilnahme an einer nicht rechtswidrigen Haupttat eines Ausländers zu pönalisieren (BT-Drs. 13/10076, 11). Wenn freilich für die Haupttat deutsches Strafrecht anwendbar ist (§§ 3, 4, 5 Nr. 11a), dann sind die für den Haupttäter geltenden Rechtfertigungsgründe auch für den Täter nach Abs. 2 Nr. 4 anzuwenden (Fischer Rn. 11).

2. Fördern. Hierunter fällt die Beihilfe (§ 27) zu Taten nach Nr. 3 (LG Stuttgart NStZ 1997, 288), **22** zB durch Lieferanten von Material, Technik oder Know-how (MüKoStGB/*Alt* Rn. 36; Schönke/ Schröder/*Heine*/*Hecker* Rn. 13e).

3. Kausalität und objektive Zurechnung. Das Verleiten oder Fördern muss nach den Regeln der **23** Teilnahme ursächlich sein für eine mindestens ins Versuchsstadium gekommene Haupttat (MüKoStGB/ *Alt* Rn. 37). Nicht ausreichend ist die wissenschaftliche Wissensvermittlung im Rahmen alltäglicher universitärer Tätigkeit durch Veröffentlichungen, Vorträge, Vorlesungen etc (Schönke/Schröder/*Heine*/ *Hecker* Rn. 13e).

D. Objektiver Tatbestand des Abs. 3
I. Abs. 3 Nr. 1

1. Betrieb einer Anlage, insbesondere einer Betriebsstätte oder technischen Einrichtung. Zur Anlage → § 325 Rn. 2 ff., zum Betrieb → § 325 Rn. 5 ff. Zur Betriebsstätte → § 327 Rn. 14. Die **24** technische Einrichtung setzt ein gewisses mechanisch-technisches Niveau voraus, ist aber ansonsten denkbar weit und erfasst Geräte aller Art, zB Fahrzeuge, Kühleinrichtungen, Heizungen, Laboratorien (Fischer Rn. 15).

2. Radioaktive Stoffe. Hierzu → Rn. 4. **25**

3. Gefährliche Stoffe und Gemische des Gefahrstoffrechts (Art. 3 der VO (EG) Nr. 1272/ 26 2008). Die alte Fassung des Abs. 3 Nr. 1 verwies auf Gefahrstoffe gem. § 19 Abs. 2 ChemG. Durch das 45. StÄG wurde dieser Verweis durch Verweis auf die VO (EG) Nr. 1272/2008 ersetzt. Zweck der Änderung war den Anwendungsbereich der Norm auf Auslandstaten zu erstrecken (BT-Drs. 17/5391, 19). Ebenso bestand das Bedürfnis, die konkreten Stoffe oder Gemische besser ermitteln zu können, was anhand der Zuordnung über ihre Kennzeichnung nun gewährleistet ist (BT-Drs. 17/5391, 19; Matt/ Renzikowski/*Norouzi*/*Rettenmaier* Rn. 15). Allerdings wurde dadurch der Anwendungsbereich dieser Hinsicht enger gefasst (mit Bsp. s. Schönke/Schröder/*Heine*/*Hecker* Rn. 16). Zu den Begriffen der gefährlichen Stoffe und Gemische → § 327 Rn. 29d (ausf. SSW StGB/*Saliger* Rn. 10).

4. Lagern. Hierzu → § 326 Rn. 34 f. Vgl. hier aber → § 2 Abs. 6 GefStoffV, → § 327 Rn. 29d f. **27**

5. Bearbeiten; Verarbeiten; sonst Verwenden. Hierzu so zu Abs. 1 (→ Rn. 10), sowie BayObLG **28** NStZ-RR 2002, 152. Nicht erfasst sind Ein- und Ausfuhr, die Herstellung und das Gewinnen von Stoffen und Zubereitungen, das Ablagern und das Vernichten (MüKoStGB/*Alt* Rn. 41; LK-StGB/ *Steindorf* Rn. 26).

II. Abs. 3 Nr. 2

Diese Tatmodalität regelt den Gefahrguttransport (monografisch *Wiedemann*, Gefahrguttransport-Tat- **29** bestand im neuen Umweltstrafrecht (§ 328 III Nr. 2 StGB), 1995).

1. Gefährliche Güter. Hierzu s. § 330d Nr. 3 (→ § 330d Rn. 9 ff.). **30**

2. Befördern etc. Hier richtet sich die Auslegung nach **§ 2 Abs. 2 S. 1 GGBefG** (BT-Drs. 8/ **31** 2382, 24; SSW StGB/*Saliger* Rn. 12):

„Die Beförderung im Sinne dieses Gesetzes umfasst nicht nur den Vorgang der Ortsveränderung, sondern auch die Übernahme und die Ablieferung des Gutes sowie zeitweilige Aufenthalte im Verlauf der Beförderung, Vorbereitungs- und Abschlusshandlungen (Verpacken und Auspacken der Güter, Be- und Entladen), Herstellen, Einführen und Inverkehrbringen von Verpackungen, Beförderungsmitteln und Fahrzeugen für die Beförderung gefährlicher Güter, auch wenn diese Handlungen nicht vom Beförderer ausgeführt werden."

32   Versenden, verpacken, auspacken, verladen, entladen, entgegennehmen und anderen überlassen sind danach nur besondere Handlungsformen des Beförderns (BT-Drs. 8/2382, 24). Innerbetriebliche Transporte werden nicht erfasst (BT-Drs. 12/192, 25; SSW StGB/*Saliger* Rn. 12; Schönke/Schröder/*Heine*/ *Hecker* Rn. 17), vgl. § 1 Abs. 2 Nr. 1 GGBefG.

III. Unter Verletzung verwaltungsrechtlicher Pflichten

33   Zur Verletzung verwaltungsrechtlicher Pflichten (auch hier Tatbestandsmerkmal, MüKoStGB/*Alt* Rn. 43) → § 324a Rn. 18; → § 330d 12 ff. Auch an dieser Stelle ist das einschränkende Merkmal der groben Verletzung durch das 45. StÄG entfallen.

IV. Dadurch Gefährdung der Gesundheit eines anderen, von Tieren, Pflanzen, Gewässern, Luft oder Boden oder fremder Sachen von bedeutendem Wert

34   Zur Gesundheit eines anderen → § 324a Rn. 13. Zu Tieren → § 324a Rn. 14. Das eingeschränkte Kriterium der Fremdheit der Tiere, sowie ihres Wertes ist mit Wirkung vom 14.12.2011 entfallen. Gleichzeitig wurde der Kreis der geschützten Rechtsgüter auf die Umweltmedien Pflanzen, Gewässer, Luft und Boden erweitert. Zu Pflanzen → § 324a Rn. 14. Zu Gewässern → § 330d Rn. 2 ff. Zur Luft → § 325 Rn. 8. Zum Boden → § 324a Rn. 2. Zu Sachen → § 324a Rn. 14. Zur Fremdheit → § 325a Rn. 13. Das Merkmal des bedeutenden Wertes bezieht sich ausschließlich auf fremde Sachen (Mü-KoStGB/*Alt* Rn. 50), zum Begriff → § 324a Rn. 16. Zur Gefährdung (als konkrete Gefahr, vgl. MüKoStGB/*Alt* Rn. 47) → § 325a Rn. 11 sowie LG Ellwangen NStZ 1982, 468. Auch Gefahren innerhalb der Anlage sind von Abs. 3 Nr. 1 erfasst (BayObLG NJW 1995, 540).

E. Sonstiges
I. Fahrlässigkeit, Abs. 5; Versuch, Abs. 4

35   Gem. Abs. 5 ist das Fahrlässigkeitsdelikt strafbar. Zum Maßstab → Vorb. §§ 324–330d Rn. 45 f. Gem. Abs. 4 ist der Versuch strafbar. Beides gilt aber gem. Abs. 6 nicht für Taten nach Abs. 2 Nr. 4.

II. Besonders schwere Fälle

36   § 330 findet Anwendung, s. dortige Erl.

III. Tätige Reue

37   § 330b findet Anwendung, s. dortige Erl.

IV. Konkurrenzen

38   Tateinheit ist möglich (vgl. Fischer Rn. 22; SSW StGB/*Saliger* Rn. 17) mit §§ 211 ff., 223 ff., 303 ff., 307 (einschränkend Fischer Rn. 21: Abs. 2 Nr. 3 und 4 treten hinter § 307 zurück), 309 (Lackner/ Kühl/*Heger* Rn. 8; aA Schönke/Schröder/*Heine*/*Hecker* Rn. 28), 310, 311 (aA MSM StrafR BT II § 58 Rn. 97: Abs. 1 gü. § 311 Abs. 1 subsidiär), 312, 324 ff., insbes. 326 Abs. 1 Nr. 3 und Abs. 3, 327 Abs. 1.

39   Abs. 2 Nr. 3 und 4 treten hinter §§ 19, 22a KrWaffKontrG zurück (SSW StGB/*Saliger* Rn. 17; Lackner/Kühl/*Heger* Rn. 8). Abs. 2 Nr. 4 verdrängt die §§ 26 und 27 (LG Stuttgart NStZ 1997, 288 (290)). § 27 ChemG ist ausdrücklich subsidiär (§ 27 Abs. 6 ChemG).

§ 329 Gefährdung schutzbedürftiger Gebiete

(1) ¹Wer entgegen einer auf Grund des Bundes-Immissionsschutzgesetzes erlassenen Rechtsverordnung über ein Gebiet, das eines besonderen Schutzes vor schädlichen Umwelteinwirkungen durch Luftverunreinigungen oder Geräusche bedarf oder in dem während austauscharmer Wetterlagen ein starkes Anwachsen schädlicher Umwelteinwirkungen durch Luftverunreinigungen zu befürchten ist, Anlagen innerhalb des Gebiets betreibt, wird mit Freiheitsstrafe bis zu drei Jahren oder mit Geldstrafe bestraft. ²Ebenso wird bestraft, wer innerhalb eines solchen Gebiets Anlagen entgegen einer vollziehbaren Anordnung betreibt,

die auf Grund einer in Satz 1 bezeichneten Rechtsverordnung ergangen ist. [3] Die Sätze 1 und 2 gelten nicht für Kraftfahrzeuge, Schienen-, Luft- oder Wasserfahrzeuge.

(2) [1] Wer entgegen einer zum Schutz eines Wasser- oder Heilquellenschutzgebietes erlassenen Rechtsvorschrift oder vollziehbaren Untersagung

1. betriebliche Anlagen zum Umgang mit wassergefährdenden Stoffen betreibt,
2. Rohrleitungsanlagen zum Befördern wassergefährdender Stoffe betreibt oder solche Stoffe befördert oder
3. im Rahmen eines Gewerbebetriebes Kies, Sand, Ton oder andere feste Stoffe abbaut,

wird mit Freiheitsstrafe bis zu drei Jahren oder mit Geldstrafe bestraft. [2] Betriebliche Anlage im Sinne des Satzes 1 ist auch die Anlage in einem öffentlichen Unternehmen.

(3) Wer entgegen einer zum Schutz eines Naturschutzgebietes, einer als Naturschutzgebiet einstweilig sichergestellten Fläche oder eines Nationalparks erlassenen Rechtsvorschrift oder vollziehbaren Untersagung

1. Bodenschätze oder andere Bodenbestandteile abbaut oder gewinnt,
2. Abgrabungen oder Aufschüttungen vornimmt,
3. Gewässer schafft, verändert oder beseitigt,
4. Moore, Sümpfe, Brüche oder sonstige Feuchtgebiete entwässert,
5. Wald rodet,
6. Tiere einer im Sinne des Bundesnaturschutzgesetzes besonders geschützten Art tötet, fängt, diesen nachstellt oder deren Gelege ganz oder teilweise zerstört oder entfernt,
7. Pflanzen einer im Sinne des Bundesnaturschutzgesetzes besonders geschützten Art beschädigt oder entfernt oder
8. ein Gebäude errichtet

und dadurch den jeweiligen Schutzzweck nicht unerheblich beeinträchtigt, wird mit Freiheitsstrafe bis zu fünf Jahren oder mit Geldstrafe bestraft.

(4) Wer unter Verletzung verwaltungsrechtlicher Pflichten in einem Natura 2000-Gebiet einen für die Erhaltungsziele oder den Schutzzweck dieses Gebietes maßgeblichen

1. Lebensraum einer Art, die in Artikel 4 Absatz 2 oder Anhang I der Richtlinie 2009/147/ EG des Europäischen Parlaments und des Rates vom 30. November 2009 über die Erhaltung der wildlebenden Vogelarten (ABl. L 20 vom 26.1.2010, S. 7) oder in Anhang II der Richtlinie 92/43/EWG des Rates vom 21. Mai 1992 zur Erhaltung der natürlichen Lebensräume sowie der wildlebenden Tiere und Pflanzen (ABl. L 206 vom 22.7.1992, S. 7), die zuletzt durch die Richtlinie 2013/17/EU (ABl. L 158 vom 10.6.2013, S. 193) geändert worden ist, aufgeführt ist, oder
2. natürlichen Lebensraumtyp, der in Anhang I der Richtlinie 92/43/EWG des Rates vom 21. Mai 1992 zur Erhaltung der natürlichen Lebensräume sowie der wildlebenden Tiere und Pflanzen (ABl. L 206 vom 22.7.1992, S. 7), die zuletzt durch die Richtlinie 2013/17/ EU (ABl. L 158 vom 10.6.2013, S. 193) geändert worden ist, aufgeführt ist,

erheblich schädigt, wird mit Freiheitsstrafe bis zu fünf Jahren oder mit Geldstrafe bestraft.

(5) Handelt der Täter fahrlässig, so ist die Strafe

1. in den Fällen der Absätze 1 und 2 Freiheitsstrafe bis zu zwei Jahren oder Geldstrafe,
2. in den Fällen des Absatzes 3 Freiheitsstrafe bis zu drei Jahren oder Geldstrafe.

(6) Handelt der Täter in den Fällen des Absatzes 4 leichtfertig, so ist die Strafe Freiheitsstrafe bis zu drei Jahren oder Geldstrafe.

Übersicht

A. Allgemeines

1   Die Norm schützt Gebiete, die durch schädliche Umwelteinwirkungen in besonderem Maße beeinträchtigt werden (BT-Drs. 8/2382, 20; Joecks StGB Rn. 1). Im Zuge der Umsetzung der Umweltrichtlinie (BGBl. 2011 I 2557) wurde der Schutzbereich der Norm durch Einfügung des Abs. 4 auf der Lebensräume in Natura 2000-Gebiete erweitert und die Strafbarkeit in diesen Fällen verschärft (Abs. 6).

1a   Abs. 1 und 2 enthalten abstrakte Gefährdungsdelikte, Abs. 3 ist als Verletzungsdelikt ausgestaltet (SSW StGB/*Saliger* Rn. 1; MüKoStGB/*Alt* § 329 Rn. 3; aA – abstrakte Gefährdungsdelikte – Otto StrafR BT § 82 Rn. 100; aA MSM StrafR BT II § 58 Rn. 109: Abs. 3 konkretes Gefährdungsdelikt). Ebenso handelt es sich bei Abs. 4 um ein Erfolgsdelikt. Abs. 1 und 2 Nr. 1, Nr. 2 Var. 1 und Nr. 3 sind Sonderdelikte, ebenso Abs. 3 und 4, soweit es vollziehbare Untersagungen betrifft (→ Vorb. §§ 324–330d Rn. 21; SSW StGB/*Saliger* Rn. 14; aA MüKoStGB/*Alt* § 329 Rn. 47). Ergänzend kommt die Ordnungswidrigkeit nach § 103 WHG in Betracht.

B. Objektiver Tatbestand des Abs. 1

I. Geschützte Gebiete

2   Abs. 1 enthält den immissionsschutzrechtlichen Tatbestand (SSW StGB/*Saliger* Rn. 1) und nimmt auf § 49 BImSchG Bezug; § 329 Abs. 1 Var. 1 auf § 49 Abs. 1 BImSchG (sog Schongebiete, zB Kur-, Erholungs- oder Klinikgebiete; Fischer § 329 Rn. 3), die 2. Var. auf § 49 Abs. 2 BImSchG (sog Smog-Gebiete; BT-Drs. 8/2382, 20 f.). Verordnungen nach § 49 Abs. 1 BImSchG existieren noch nicht, die meisten Smog-Verordnungen der Länder nach § 49 Abs. 2 BImSchG wurden aufgehoben (vgl. Lackner/Kühl/*Heger* Rn. 3). Die Strafvorschrift geht so weitgehend ins Leere.

II. Anlagen innerhalb des Gebiets

3   Zur Anlage → § 325 Rn. 2 ff. Erfasst sind in § 329 Abs. 1 aber nur solche nach § 3 Abs. 5 BImSchG (BT-Drs. 8/2382, 21; SSW StGB/*Saliger* Rn. 3). Nur Anlagen innerhalb des Gebiets sind relevant (diese aber selbst dann, wenn die Emissionen etwa wegen Windes außerhalb des Schutzgebietes getragen werden; LK-StGB/*Steindorf* Rn. 11), von außen in das Schutzgebiet hineinwirkende Anlagen hingegen nicht (MüKoStGB/*Alt* Rn. 11).

III. Betreiben

4   Zum Betreiben bzw. Betrieb → § 325 Rn. 5 ff.

IV. Entgegen einer entsprechenden Rechtsverordnung (Abs. 1 S. 1) oder vollziehbaren Anordnung (Abs. 1 S. 2)

5   Zu den entsprechenden Rechtsverordnungen → Rn. 2. Zur vollziehbaren Anordnung → Vorb. §§ 324–330d Rn. 21.

Jeder Verstoß erfüllt dieses Merkmal, solange der Smog-Alarm noch nicht wieder aufgehoben ist. Es **6** ist nur auf Strafzumessungsebene zu berücksichtigen, wenn sich die Wetterlage tatsächlich gebessert hatte.

V. Ausnahme gem. Abs. 1 S. 3

Zu Kraftfahrzeugen, Schienen-, Luft- und Wasserfahrzeugen → §325 Rn. 21 ff. **7**

C. Objektiver Tatbestand des Abs. 2

I. Geschützte Gebiete

Abs. 2 enthält den gewässerschutzrechtlichen Tatbestand (SSW StGB/*Saliger* Rn. 1). Betroffen sind **8** Wasserschutzgebiete (§§ 51, 52 WHG) und Heilquellenschutzgebiet (§ 53 WHG), jeweils auch nach Maßgabe des Landesrechts. Anders als in Abs. 1 sind auch in das Schutzgebiet hineinwirkende Tätigkeiten erfasst (Fischer Rn. 5).

II. Tathandlungen

1. Nr. 1. Zur Anlage → § 325 Rn. 2 ff. Betrieblich sind solche Anlagen, die nicht lediglich dem **9** Privatgebrauch dienen (Lackner/Kühl/*Heger* Rn. 7; vgl. auch BayObLG wistra 1994, 237 (238)), also Wirtschaftsunternehmen. Um ein Gewerbe muss es sich nicht handeln (Fischer Rn. 7), erfasst sind also auch zB Arztpraxen und die Urproduktion (*Czychowski* ZfW 1980, 209). Eine Gewinnerzielungsabsicht ist nicht erforderlich (MüKoStGB/*Alt* Rn. 16). Anlagen in öffentlichen Unternehmen (zB Gas- und Elektrizitätswerke, Verkehrsbetriebe) sind gem. Abs. 2 S. 2 gleichgestellt.

Die Anlage muss zum Umgang (vor allem Lagerung, Abfüllung, Herstellung, Behandlung, Ver- **10** wendung, Umschlag; SSW StGB/*Saliger* Rn. 5) mit wassergefährdenden Stoffen dienen. Zu wassergefährdenden Stoffen vgl. § 62 Abs. 3 WHG und → § 326 Rn. 27. Vgl. ferner den Verweis auf besondere Anlagen nach § 62 Abs. 1 S. 1 WHG (*„Anlagen zum Lagern, Abfüllen, Herstellen und Behandeln wassergefährdender Stoffe sowie Anlagen zum Verwenden wassergefährdender Stoffe"*) sowie S. 3 (*„Anlagen zum Umschlagen wassergefährdender Stoffe sowie zum Lagern und Abfüllen von Jauche, Gülle und Silagesickersäften sowie von vergleichbaren in der Landwirtschaft anfallenden Stoffen"*). Das Lagern wird weiter als bei § 326 (→ § 326 Rn. 34 f.) verstanden und umfasst insbes. das Aufbewahren zur späteren (Wieder)Verwendung (Fischer Rn. 7); aber nicht, wenn eine Maschine oder ein Gerät einen Stoff zur Isolation, Kühlung oder Schmierung verwendet (BT-Drs. 8/23382, 21; MüKoStGB/*Alt* Rn. 18). Abfüllen ist das Überleiten (näher Fischer Rn. 7), Herstellen ist Gewinnen oder Anfertigen von Stoffen, Behandeln das physikalische, chemische oder biologische Einwirken auf einen wassergefährdenden Stoff, Verwenden jede Art von Nutzung eines wassergefährdenden Stoffs, um sich seiner Eigenschaften zum Erreichen bestimmter, außerhalb seiner selbst liegender Zwecke zu bedienen (näher MüKoStGB/*Alt* Rn. 22). Umschlagen ist das Beladen oder Beschicken von Stoffen in Transportanlagen oder in feste Anlagen, die dem Bereitstellen oder Aufbewahren zum Zwecke des späteren Transports dienen (Fischer Rn. 7), umgekehrt verhält es sich mit dem Entladen.

Zum Betreiben → § 325 Rn. 5 ff. **11**

2. Nr. 2. Zur Rohrleitungsanlage zum Befördern wassergefährdender Stoffe → § 327 Rn. 25. Zum **12** Betreiben → § 325 Rn. 5 ff.

Befördern ist das Verbringen der Stoffe von einem Ort zum anderen (Sack Rn. 77). Gesetzgeberisches **13** Motiv bei Schaffung dieser Variante waren Unfälle von Tanklastzügen (BT-Drs. 12/192, 26).

3. Nr. 3. Zu den anderen festen Stoffen zählen zB Erde, Torf, Humus und Schlamm (Schönke/ **14** Schröder/*Heine*/*Hecker* Rn. 31; SSW StGB/*Saliger* Rn. 7).

Abbauen ist jeder Vorgang, mit dem aus einer festen unbeweglichen Sache feste bewegliche Sachen **15** gewonnen werden (LK-StGB/*Steindorf* Rn. 30; MüKoStGB/*Alt* Rn. 26), zB durch Abgraben oder Ausheben.

Im Rahmen eines Gewerbebetriebes geschieht dies dann, wenn es sich um eine auf Gewinnerzielung **16** gerichtete, fortgesetzte, wirtschaftliche, nicht notwendig generell erlaubte Tätigkeit handelt (SSW StGB/*Saliger* Rn. 7). Die öffentliche Verwaltung ist ebenso wenig erfasst (LK-StGB/*Steindorf* Rn. 31; aA NK-StGB/*Ransiek* Rn. 8) wie rein Privates.

III. Entgegen einer entsprechenden Rechtsvorschrift oder vollziehbaren Untersagung

Zu den relevanten Rechtsvorschriften → Rn. 2. Zur vollziehbaren Untersagung → Vorb. **17** §§ 324–330d Rn. 21; → § 327 Rn. 22. Beachtlich sind alle Untersagungen, die zumindest auch der Absicherung des betreffenden Schutzgebiets gegen störende Einflüsse dienen (SSW StGB/*Saliger* Rn. 4).

D. Objektiver Tatbestand des Abs. 3

I. Geschützte Gebiete

18   Geschützt sind Naturschutzgebiete iSd § 23 BNatSchG, als Naturschutzgebiet nach § 22 Abs. 3 BNatSchG einstweilig sichergestellte Flächen (hierzu BT-Drs. 8/3633, 32) sowie Nationalparke iSd § 24 Abs. 1–3 BNatSchG.

II. Tathandlungen

19   **1. Nr. 1. a) Bodenschätze; andere Bodenbestandteile.** Bodenschätze sind abbauwürdige natürliche Anhäufungen von Mineralien, Gasen oder Gesteinen (MüKoStGB/*Alt* Rn. 31). Zu anderen Bodenbestandteilen zählen zB Kies, Sand, Kohle, Erdöl oder Erdgas (Sack Rn. 90; Schönke/Schröder/*Heine/Hecker* Rn. 39).

20   **b) Abbauen; Gewinnen.** Zum Abbauen → Rn. 15. Zum Gewinnen gehören alle Arbeitsgänge, die mit der unmittelbaren Loslösung der Bodenschätze oder Bodenbestandteile aus dem natürlichen Verbund zusammenhängen und auf Förderung gerichtet sind (MüKoStGB/*Alt* Rn. 31). Erforderlich sind ein erheblicher zeitlicher Umfang und ein technischer Mindeststandard (Schönke/Schröder/*Heine/Hecker* Rn. 39).

21   **2. Nr. 2.** Abgrabungen sind Vertiefungen, Aufschüttungen sind Erhöhungen des Bodenniveaus (MüKoStGB/*Alt* Rn. 32 mit Beispielen). Auch Auf- und Abspülungen (Fischer Rn. 12) sind erfasst. Zu verlangen ist eine gewisse zeitliche Beständigkeit (Schönke/Schröder/*Heine/Hecker* Rn. 40; NK-StGB/*Ransiek* Rn. 10; aA LK-StGB/*Steindorf* Rn. 40).

22   **3. Nr. 3. a) Gewässer.** Hierzu → § 330d Rn. 2 ff. Allerdings betrifft § 329 Abs. 3 nur Gewässer im Geltungsbereich der naturschutzrechtlichen Vorschriften (BT-Drs. 8/2382, 22; MüKoStGB/*Alt* Rn. 33).

23   **b) Schaffen.** Das Schaffen eines Gewässers ist das Verursachen einer Wasseransammlung, welche erstmalig die Merkmale eines Gewässers erfüllt (NK-StGB/*Ransiek* Rn. 10; SSW StGB/*Saliger* Rn. 9), zB durch Ableiten von Wasserläufen, Anlegen künstlicher Seen (Fischer Rn. 12).

24   **c) Verändern.** Hierunter fällt jedes Umgestalten (SSW StGB/*Saliger* Rn. 9), zB durch teilweises Einschütten, Eindeichungen, Begradigungen von Flussläufen, Verrohrungen oder Hebungen und Senkungen des Grundwasserspiegels (MüKoStGB/*Alt* Rn. 34).

25   **d) Beseitigen.** Beseitigen ist die Aufhebung des äußeren Zustands des Gewässers (Schönke/Schröder/*Heine/Hecker* Rn. 41), zB durch vollständiges Einschütten.

26   **4. Nr. 4.** Moore sind dauerhaft feuchte, schwammige, oft unzugängliche Gelände mit einer mindestens 30 cm dicken Torfschicht. Sümpfe sind Feuchtgebiete mit schwankender Vernässung, bei denen sich an der Oberfläche keine Torfschicht gebildet hat. Brüche sind zeitweise überschwemmte bewaldete Gebiete.

27   Sonstige Feuchtgebiete sind zB Tümpel, Rieden, Auwälder, Streuwiesen (SSW StGB/*Saliger* Rn. 9).

28   Entwässern ist jedes Ableiten des in einem Feuchtgebiet vorhandenen Wassers, nicht beschränkt auf einen Überschuss (Sack Rn. 98; MüKoStGB/*Alt* Rn. 35; aA Schönke/Schröder/*Heine/Hecker* Rn. 43). Hierzu zählen etwa Trockenlegungen, Auffüllungen, Abtorfungen und die Schaffung von Entwässerungsgräben (vgl. BT-Drs. 8/2382, 22).

29   **5. Nr. 5.** Wald ist in § 2 Abs. 1 BWaldG legaldefiniert:

„¹Wald im Sinne dieses Gesetzes ist jede mit Forstpflanzen bestockte Grundfläche. ²Als Wald gelten auch kahlgeschlagene oder verlichtete Grundflächen, Waldwege, Waldeinteilungs- und Sicherungsstreifen, Waldblößen und Lichtungen, Waldwiesen, Wildäsungsplätze, Holzlagerplätze sowie weitere mit dem Wald verbundene und ihm dienende Flächen."

In § 2 Abs. 2 BWaldG heißt es:

„Kein Wald im Sinne des Gesetzes sind (…)

4. in der Flur oder im bebauten Gebiet gelegene kleinere Flächen, die mit einzelnen Baumgruppen, Baumreihen oder mit Hecken bestockt sind oder als Baumschulen verwendet werden."

30   Roden ist die Räumung der Bestockung mit Entfernung des Knollen- und Wurzelwerks (Sack Rn. 103; MüKoStGB/*Alt* Rn. 36; aA NK-StGB/*Ransiek* Rn. 13).

31   **6. Nr. 6. a) Geschützte Tiere.** Zu Tieren → § 324a Rn. 14 sowie § 7 Abs. 2 Nr. 1 BNatSchG. „Besonders geschützt" sind die Tiere, die unter § 7 Abs. 2 Nr. 13 BNatSchG fallen (monografisch zum strafrechtlichen Artenschutz *Stegmann,* Artenschutz-Strafrecht, 2000; *Gütschow,* Der Artenschutz im Umweltstrafrecht, 1998).

b) Töten. Hierzu vgl. § 212 Abs. 1, hier bezogen auf das Leben von Tieren, bzw. §§ 4 ff. TierSchG. **32**

c) Fangen. Fangen, vgl. § 292 Abs. 1 Nr. 1, ist die Freiheitsberaubung zu Lasten eines Tieres mit der **33** Absicht, ihm die Freiheit nicht alsbald und am Ort des Fangens wiederzugeben (MüKoStGB/*Alt* Rn. 38 iVm MüKoStGB/*Zeng* § 292 Rn. 2); sowohl die Entfernung des Tiers aus seinem geschützten Lebensraum als auch das Gefangenhalten innerhalb des Schutzgebiets sind erfasst.

d) Nachstellen. Hierunter, vgl. § 292 Abs. 1 Nr. 1, fallen alle das Töten oder Fangen unmittelbar **34** vorbereitende Handlungen (BT-Drs. 12/19, 26), zB (vgl. MüKoStGB/*Alt* Rn. 38 iVm MüKoStGB/ *Zeng* § 292 Rn. 27) das Aufstellen von Fallen, das Auslegen von Ködern oder das Auflauern.

e) Gelege ganz oder teilweise zerstören oder entfernen. Gelege ist die Gesamtheit der Eier, die **35** eierlegende Tiere an einer Stelle ablegen (Fischer Rn. 12). Zerstören, vgl. §§ 303 Abs. 1, 292 Abs. 1 Nr. 2, ist die teilweise oder völlige Vernichtung eines Geleges (SSW StGB/*Saliger* Rn. 10). Entfernen erfasst das Verbringen auch bloß einzelner Eier aus dem Gelege (BT-Drs. 12/192, 26; Sack Rn. 107; SK-StGB/*Horn* Rn. 18).

7. Nr. 7. a) Geschützte Pflanzen. Zu Pflanzen → § 324a Rn. 14 sowie § 7 Abs. 2 Nr. 2 **36** BNatSchG. „Besonders geschützt" sind die Pflanzen, die unter § 7 Abs. 2 Nr. 13 BNatSchG fallen.

b) Beschädigen oder Entfernen. Beschädigen ist, in Anlehnung an die Auslegung des Merkmals **37** bei § 303 Abs. 1 und § 292 Abs. 1 Nr. 2, jede nicht unerhebliche Einwirkung, durch die die Pflanze entweder in ihrer Substanz verletzt oder in ihrer Lebensfunktion beeinträchtigt wird (Fischer Rn. 12; SSW StGB/*Saliger* Rn. 10). Entfernen ist das Verbringen einer Pflanze aus dem geschützten Gebiet (MüKoStGB/*Alt* Rn. 39). Die Umsetzung innerhalb des Schutzgebiets ist nicht erfasst (BT-Drs. 12/192, 26; Fischer Rn. 12).

8. Nr. 8. Gebäude sind Häuser und andere bauliche Anlagen (SSW StGB/*Saliger* Rn. 10), auch wenn **38** sie nicht im Boden verankert sind (Sack Rn. 112). Errichten beinhaltet alle Erstellungshandlungen nebst Ausheben der Fundamente (LK-StGB/*Steindorf* Rn. 46). Es muss sich nicht notwendig um gebietsintern errichtete Gebäude handeln (NK-StGB/*Ransiek* Rn. 16; aA Schönke/Schröder/*Heine/Hecker* Rn. 44c).

III. Entgegen einer betreffenden Rechtsvorschrift oder vollziehbaren Untersagung

Zur Rechtsvorschrift → § 330d Rn. 18 f. Zur vollziehbaren Untersagung → Rn. 17. In § 329 Abs. 3 **39** ist der in anderen Vorschriften mittels § 330d Nr. 4 gewonnene Rechtsgutsbezug (→ § 330d Rn. 13 ff.) ausdrücklich normiert.

IV. Dadurch nicht unerhebliche Beeinträchtigung des jeweiligen Schutzzwecks

Der jeweilige Schutzzweck ergibt sich aus den in Bezug genommenen Verwaltungsgesetzen. Eine **40** nicht unerhebliche Beeinträchtigung liegt vor, wenn der Täter eine nicht nur vorübergehende Störung von einer gewissen Intensität herbeigeführt hat, die das Eintreten konkreter Gefahren für diese Gebietsteile wahrscheinlicher macht (BT-Drs. 12/192, 23 ff.; Fischer Rn. 11). Eine effektive Schädigung ist nicht erforderlich (aA MSM StrafR BT II § 58 Rn. 112). Bei der Ermittlung der Intensität ist das jeweilige Gebiet zu betrachten (Fischer Rn. 11).

E. Objektiver Tatbestand des Abs. 4

Infolge der Umsetzung von Art. 3 lit. h der Umweltrichtlinie (→ Vorb. §§ 324–330d Rn. 3a) wurde **40a** Abs. 4 durch das 45. StÄG hinzugefügt (zur Verfassungsmäßigkeit des Abs. 4 vgl. SSW StGB/*Saliger* § 326 Rn. 11e mwN). Bezweckt ist der unionsweite Schutz gefährdeter wildlebender heimischer Pflanzen- und Tierarten und ihrer natürlichen Lebensräume (MüKoStGB/*Alt* § 326 Rn. 45).

I. Geschützter Lebensraum innerhalb eines Natura 2000-Gebiets

1. Natura 2000-Gebiet. In den Schutzbereich fallen Lebensräume geschützter Arten (Nr. 1) und **40b** natürliche Lebensraumtypen (Nr. 2) in einem Natura 2000-Gebiet. Gem. § 7 Abs. 1 Nr. 8 BNatSchG sind Natura 2000-Gebiete europäische Vogelschutzgebiete (§ 7 Abs. 1 Nr. 7 BNatSchG) oder solche von gemeinschaftlicher Bedeutung (§ 7 Abs. 1 Nr. 6 BNatSchG).

2. Lebensräume nach Nr. 1. Nr. 1 erfasst Lebensräume bestimmter Tier- und Pflanzenarten von **40c** gemeinschaftlichem Interesse (Anh. II der FFH-Richtlinie 92/43), sowie auch Lebensräume bestimmter Vogelarten (Art. 4 Abs. 2 oder Anh. I der Vogelschutzrichtlinie 2009/147).

3. Natürliche Lebensraumtypen nach Nr. 2. Ebenfalls geschützt sind natürliche Lebensräume von **40d** gemeinschaftlichem Interesse, zu deren Erhaltung es der Ausweisung besonderer Schutzgebiete bedarf (vgl. Anhang der FFH-Richtlinie). Beispiele sind etwa Dünen, Hainsimsen, Buchenwälder, Auenwälder oder alpine Lärchenwälder (Schönke/Schröder/*Heine/Hecker* Rn. 46b).

II. Erhebliche Schädigung desselben

40e   Abs. 4 unterscheidet sich von den übrigen Tatbeständen des § 329 dadurch, dass auf eine Aufzählung verschiedener Tathandlungsvarianten verzichtet wurde (Lacker/Kühl/*Heger* Rn. 8a). Tathandlung kann damit jede kausal zum Taterfolg führende Handlung innerhalb oder außerhalb eines Natura 2000-Gebiets sein (BT-Drs. 17/5391, 16). Taterfolg ist der Eintritt einer erheblichen Schädigung des geschützten Lebensraumes. Hierin liegt eine Ähnlichkeit zur „nicht unerheblichen Beeinträchtigung" iRd Abs. 3, obgleich der Schaden dort weniger gravierend sein muss, um zur Tatbestandsverwirklichung zu führen (MüKoStGB/*Alt* Rn. 47), sodass hieraus für die erforderliche Intensität der Schädigung iSd Abs. 4 keine Schlüsse gezogen werden können (Schönke/Schröder/*Heine/Hecker* Rn. 46c; *Pfohl* NuR 2013, 314). Die Erheblichkeit ist vielmehr dann zu bejahen, wenn die Schädigung den Schutzzweck des Gebiets aufhebt oder ihn qualitativ oder quantitativ nachhaltig beeinträchtigt (Fischer Rn. 15). Erfasst sind sowohl Substanzverletzungen (Zerstörung von Pflanzen, die Brutmöglichkeiten für Zugvögel darstellen) als auch Verunreinigungen einzelner Umweltmedien (Gewässer, Luft, Boden) (MüKoStGB/*Alt* Rn. 47).

III. Unter Verletzung verwaltungsrechtlicher Pflichten

40f   Der erheblichen Schädigung muss eine Verletzung verwaltungsrechtlicher Pflichten zugrunde liegen (MüKoStGB/*Alt* Rn. 48). Zur Verletzung verwaltungsrechtlicher Pflichten → § 324a Rn. 18; → § 330d 12 ff. (vgl. auch *Pfohl* NuR 2013, 315).

F. Sonstiges
I. Fahrlässigkeit, Abs. 5; Leichtfertigkeit, Abs. 6; Versuch

41   Fahrlässiges Handeln in den Fällen der Abs. 1–3 ist gem. Abs. 5 strafbar (früher Abs. 4). Zum Maßstab → Vorb. §§ 324–330d Rn. 45 f. Abs. 6 wird den Anforderungen der Umweltrichtlinie („grobe Fahrlässigkeit") gerecht und stellt in den Fällen des neuen Abs. 4 bereits das leichtfertige Handeln unter Strafe. Für die Abs. 1–3 hat der Gesetzgeber auf eine entsprechende Schärfung verzichtet, da diese nicht zwingend war (Fischer Rn. 18).
Der Versuch des § 329 ist nicht unter Strafe gestellt.

II. Besonders schwere Fälle

42   § 330 findet Anwendung, s. dortige Erl.

III. Konkurrenzen

43   Tateinheit ist möglich (vgl. Fischer Rn. 19; SSW StGB/*Saliger* Rn. 15) zwischen Abs. 1 und §§ 223 ff., 325, 325a, 327 Abs. 2 S. 1 Nr. 1; zwischen Abs. 2 und §§ 324, 326 Abs. 1, 327 Abs. 2 sowie zwischen Abs. 3 und §§ 304, 324 (aA Sack Rn. 153), 327 Abs. 2.

§ 330 Besonders schwerer Fall einer Umweltstraftat

(1) ¹In besonders schweren Fällen wird eine vorsätzliche Tat nach den §§ 324 bis 329 mit Freiheitsstrafe von sechs Monaten bis zu zehn Jahren bestraft. ²Ein besonders schwerer Fall liegt in der Regel vor, wenn der Täter
1. ein Gewässer, den Boden oder ein Schutzgebiet im Sinne des § 329 Abs. 3 derart beeinträchtigt, daß die Beeinträchtigung nicht, nur mit außerordentlichem Aufwand oder erst nach längerer Zeit beseitigt werden kann,
2. die öffentliche Wasserversorgung gefährdet,
3. einen Bestand von Tieren oder Pflanzen einer streng geschützten Art nachhaltig schädigt oder
4. aus Gewinnsucht handelt.

(2) Wer durch eine vorsätzliche Tat nach den §§ 324 bis 329
1. einen anderen Menschen in die Gefahr des Todes oder einer schweren Gesundheitsschädigung oder eine große Zahl von Menschen in die Gefahr einer Gesundheitsschädigung bringt oder
2. den Tod eines anderen Menschen verursacht, wird in den Fällen der Nummer 1 mit Freiheitsstrafe von einem Jahr bis zu zehn Jahren, in den Fällen der Nummer 2 mit Freiheitsstrafe nicht unter drei Jahren bestraft, wenn die Tat nicht in § 330a Abs. 1 bis 3 mit Strafe bedroht ist.

(3) In minder schweren Fällen des Absatzes 2 Nr. 1 ist auf Freiheitsstrafe von sechs Monaten bis zu fünf Jahren, in minder schweren Fällen des Absatzes 2 Nr. 2 auf Freiheitsstrafe von einem Jahr bis zu zehn Jahren zu erkennen.

1. Allgemeines. Die Vorschrift enthält in Abs. 1 S. 1 unbenannte besonders schwere Fälle, in Abs. 1 **1** S. 2 nicht abschließende und nicht zwingende Regelbeispiele für besonders schwere Fälle (Nr. 1–3 beruhen auf einem besonders hohen Erfolgsunwert, MSM StrafR BT II § 58 Rn. 115, Nr. 4 ist ein subjektives Merkmal, SSW StGB/*Saliger* Rn. 2), in Abs. 2 eine („normale") Qualifikation (Nr. 1) bzw. Erfolgsqualifikation (Nr. 2; hierzu BT-Drs. 13/8587, 75 f.) und in Abs. 3 eine Regelung für minder schwere Fälle des Abs. 2. Anwendungsbereich sind die §§ 324–329 in vorsätzlicher Begehungsweise.

Ein unbenannter besonders schwerer Fall kommt dann in Betracht, wenn das gesamte Tatbild ein- **2** schließlich der Täterpersönlichkeit vom Durchschnitt der erfahrungsgemäß vorkommenden Fälle ab- weicht (SSW StGB/*Saliger* Rn. 2; Sack Rn. 43).

Indizien gegen die Annahme eines besonders schweren Falls sind ein nur schwach ausgeprägter Vorsatz **3** sowie die Voraussetzungen der tätigen Reue, auch wenn § 330b nicht anwendbar ist (MüKoStGB/*Alt* Rn. 5).

2. Besonders schwere Fälle (Regelbeispiele) gem. Abs. 1. a) Abs. 1 S. 2 Nr. 1. aa) Gewässer, 4 Boden, Schutzgebiet. Zum Gewässer → § 330d Rn. 2 ff. Zum Boden → § 324a Rn. 2. Zu den Schutzgebieten iSd § 329 Abs. 3 → § 329 Rn. 18.

bb) Beeinträchtigung nicht zu beseitigen/nur mit außerordentlichem Aufwand zu beseiti- 5 gen/erst nach längerer Zeit zu beseitigen. Beeinträchtigung ist die nachteilige Veränderung (SSW StGB/*Saliger* Rn. 4; → § 324 Rn. 4 ff.). Ein außerordentlicher Aufwand ist ein deutlich über dem Durchschnitt vergleichbarer Fälle liegender finanzieller und arbeitsmäßiger Mitteleinsatz (MüKoStGB/ *Alt* Rn. 8), zB Fischsterben (LG Ellwangen NStZ 1982, 468), Ölpest (OLG Düsseldorf NJW 1991, 1123 (1125)). Die erst nach längerer Zeit zu beseitigende Beeinträchtigung wird man erst nach einer beträcht- lichen Dauer annehmen können, mehrstündige oder mehrtägige Nutzungsunterbrechungen sind nicht ausreichend (BT-Drs. 12/192, 28; Sack Rn. 56). Das Zurückziehen auf die Umstände des Einzelfalls bei der Festlegung der Beträchtlichkeit (vgl. MüKoStGB/*Alt* Rn. 8; LK-StGB/*Steindorf* Rn. 9) ist freilich wenig rechtssicher. Man sollte die Hürde nicht zu hoch legen und eine Woche genügen lassen.

b) Abs. 1 S. 2 Nr. 2. aa) Öffentliche Wasserversorgung. Dies ist die auf Dauer angelegte Ver- **6** sorgung der Allgemeinheit mit Trink- und Brauchwasser in einem bestimmten Versorgungsgebiet (Schönke/Schröder/*Heine/Hecker* Rn. 6; LK-StGB/*Steindorf* § 329 Rn. 16), nicht die private oder betriebliche (zB in Brauereien); hier greift uU § 324 (BT-Drs. 8/2382, 23; Sack Rn. 60). Vgl. auch §§ 316b Abs. 1 Nr. 2 und 318.

bb) Gefährdung. Hierzu → § 325a Rn. 10. Erforderlich ist eine konkrete Gefahr. Diese wird **7** mindestens dann bestehen, wenn ein öffentlicher Brunnen ausfällt und daher einwandfreies Trinkwasser nicht mehr in ausreichender Menge zur Verfügung steht und rationiert werden muss (vgl. BGH NJW 1992, 122 (123); SSW StGB/*Saliger* Rn. 5; MüKoStGB/*Alt* Rn. 10; anders SK-StGB/*Horn* Rn. 5: Eintritt von lebens-, gesundheits- oder sachvernichtenden Partikeln in die öffentliche Wasserversorgung nur durch Zufall ausgeblieben oder verhindert). Erforderlich ist eine Beeinträchtigung über einen erheblichen Zeitraum hinweg (NK-StGB/*Ransiek* Rn. 4).

c) Abs. 1 S. 2 Nr. 3. aa) Bestand von Tieren oder Pflanzen einer streng geschützten Art. In **8** der bis zum 13.12.2011 geltenden Fassung des § 330 Abs. 1 S. 2 Nr. 3 hieß es noch „Bestand von Tieren oder Planzen der vom Aussterben bedrohten Arten". Durch das 45. StÄG wurde dieser Wortlaut durch den Begriff der „streng geschützten Art" ersetzt (BT-Drs. 17/5391, 20) und dem Sprachgebrauch des § 7 Abs. 2 Nr. 14 BNatSchG angepasst. Die Änderung beruht auf der VO Nr. 338/97/EG v. 9.12.1996 (ABl. 1997 L 61, 1). Auf den inhaltlichen Schutzbereich der Norm hatte dies keine Auswirkungen (MüKoStGB/*Alt* Rn. 11). Zum Bestand von Tieren und Pflanzen → § 326 Rn. 30.

bb) Nachhaltige Schädigung. Zum Begriff der Nachhaltigkeit → § 325 Rn. 18. Ein Bestand wird **9** dann nachhaltig geschädigt, wenn über die Vernichtung einzelner Exemplare hinaus die Überlebens- chancen der Art erheblich sinken und die Wiederherstellung, wenn überhaupt, dann nur mit großem Aufwand möglich ist (vgl. NK-StGB/*Ransiek* Rn. 5; MüKoStGB/*Alt* Rn. 12).

d) Abs. 1 S. 2 Nr. 4. Das auch in den §§ 236 Abs. 4 Nr. 1, 283a S. 2 Nr. 1, 283d Abs. 3 S. 2 Nr. 1 **10** enthaltene Merkmal der Gewinnsucht erfasst besonders anstößiges Gewinnstreben (MSM StrafR BT § 58 Rn. 115; Müller-Gugenberger WirtschaftsStR/*Pfohl* § 54 Rn. 172), nicht schon jedes gewerbs- mäßige Handeln (Fischer Rn. 6). Das Streben nach Kostenersparnis soll nicht genügen (SSW StGB/ *Saliger* Rn. 7; MüKoStGB/*Alt* Rn. 13; NK-StGB/*Ransiek* Rn. 6), was aber zweifelhaft ist, da jede Kostenvermeidung bei gleichen Einnahmen den Gewinn steigert, was der Täter auch wissen wird.

Der Täter handelt erst dann „aus" Gewinnsucht, wenn er systematisch vorgeht und einen gewissen **11** Umfang der Tat anstrebt (vgl. Schönke/Schröder/*Heine/Hecker* Rn. 8; NK-StGB/*Ransiek* Rn. 6; vgl. auch BGHSt 1, 388 (390)).

3. Qualifikation gem. Abs. 2. Das qualifizierte Delikt des Abs. 2 ist ein Verbrechen. In Abs. 3 sind **12** minder schwere Fälle geregelt (→ Rn. 16).

13   **a) Abs. 2 Nr. 1. aa) Gefahr des Todes oder einer schweren Gesundheitsschädigung für einen anderen Menschen.** Zum Tod → § 328 Rn. 6. Zur schweren Gesundheitsschädigung → § 328 Rn. 7 (vgl. auch Fischer Rn. 8). Zur (konkreten) Gefahr → § 325a Rn. 11.

14   **bb) Gefahr einer Gesundheitsschädigung für eine große Zahl von Menschen.** Zur Gesundheitsschädigung → § 324a Rn. 13. Zur Gefahr → § 325a Rn. 11. Eine große Zahl von Menschen (vgl. auch §§ 263 Abs. 3 Nr. 2, 267 Abs. 3 Nr. 3, 306b Abs. 1, 308 Abs. 2, 309 Abs. 3, 312 Abs. 3, 315 Abs. 3 Nr. 2, 318 Abs. 3, 330a Abs. 1), ein unnötig vager Begriff, besteht aus einer nicht sofort überschaubaren Personenvielzahl (vgl. BGHSt 44, 175 (177)), die nicht erst bei 20 Personen (so die hM, vgl. Fischer Rn. 8; LK-StGB/*Steindorf* Rn. 6) beginnen dürfte, sondern bereits, wenn es sich um mehr als 10 Personen handelt.

15   **b) Abs. 2 Nr. 2.** Zum Tod → § 328 Rn. 6. Es handelt sich um eine Erfolgsqualifikation (wie zB auch § 227), sodass § 18 gilt (BT-Drs. 13/8587, 75 f.). Es muss sich die spezifische, dem Grunddelikt innewohnende Gefährlichkeit niedergeschlagen haben (MüKoStGB/*Alt* Rn. 17).

16   **4. Minder schwere Fälle gem. Abs. 3.** Abs. 3 enthält minder schwere Fälle und bezieht sich auf den Qualifikationstatbestand des Abs. 2.

17   **5. Sonstiges. a) Versuch.** Da es sich bei Abs. 2 um ein Verbrechen handelt, folgt die Versuchsstrafbarkeit aus §§ 23 Abs. 1 iVm 12 Abs. 1. Zum allgemeinen Problem des versuchten Regelbeispiels vgl. nur MüKoStGB/*Schmitz* § 243 Rn. 82 ff.

18   **b) Konkurrenzen.** Tateinheit ist möglich mit (vgl. Lackner/Kühl/*Heger* Rn. 9) mit §§ 211 ff., 223 ff., 303, 314 Abs. 2 ist ggü. § 330a Abs. 1–3 ausdrücklich subsidiär. § 27 ChemG tritt kraft ausdrücklicher Subsidiarität hinter § 330 zurück.

§ 330a Schwere Gefährdung durch Freisetzen von Giften

   (1) Wer Stoffe, die Gifte enthalten oder hervorbringen können, verbreitet oder freisetzt und dadurch die Gefahr des Todes oder einer schweren Gesundheitsschädigung eines anderen Menschen oder die Gefahr einer Gesundheitsschädigung einer großen Zahl von Menschen verursacht, wird mit Freiheitsstrafe von einem Jahr bis zu zehn Jahren bestraft.

   (2) Verursacht der Täter durch die Tat den Tod eines anderen Menschen, so ist die Strafe Freiheitsstrafe nicht unter drei Jahren.

   (3) In minder schweren Fällen des Absatzes 1 ist auf Freiheitsstrafe von sechs Monaten bis zu fünf Jahren, in minder schweren Fällen des Absatzes 2 auf Freiheitsstrafe von einem Jahr bis zu zehn Jahren zu erkennen.

   (4) Wer in den Fällen des Absatzes 1 die Gefahr fahrlässig verursacht, wird mit Freiheitsstrafe bis zu fünf Jahren oder mit Geldstrafe bestraft.

   (5) Wer in den Fällen des Absatzes 1 leichtfertig handelt und die Gefahr fahrlässig verursacht, wird mit Freiheitsstrafe bis zu drei Jahren oder mit Geldstrafe bestraft.

1   **1. Allgemeines.** Die unter dem Eindruck der Giftkatastrophe von Seveso geschaffene (MSM StrafR BT II § 58 Rn. 118) Vorschrift ist ein Fremdkörper im Abschnitt der Straftaten gegen die Umwelt, da sie keinen Bezug zu den Umweltmedien Wasser, Boden oder Luft aufweist (vgl. SSW StGB/*Saliger* Rn. 1; Franzheim/Pfohl UmweltStrafR Rn. 463). Sie gehört eigentlich zu den gemeingefährlichen Straftaten und dient allein dem Schutz der menschlichen Gesundheit (LPK-StGB/*Kindhäuser* Vor § 324 Rn. 6). Eine behördliche Erlaubnis wirkt nicht rechtfertigend (→ Vorb. §§ 324–330d Rn. 25 sowie BT-Drs. 8/2382, 25; LK-StGB/*Steindorf* Rn. 15 ff.; Fischer § 326 Rn. 7a). Es handelt sich bei Abs. 1 um ein von jedermann begehbares (SK-StGB/*Horn* Rn. 8) konkretes Gefährdungsdelikt (Joecks StGB Rn. 1; Otto StrafR BT § 82 Rn. 103) und um ein Verbrechen.

2   **2. Objektiver Tatbestand des Abs. 1. a) Stoffe, die Gifte enthalten oder hervorbringen können.** Zu Stoffen → § 324a Rn. 3 f. Zu Giften → § 326 Rn. 14, zum „enthalten oder hervorbringen können" → § 326 Rn. 17. Zu Holzschutzmitteln als Gift LG Frankfurt a. M. ZUR 1994, 33 (37).

3   **b) Tathandlungen. aa) Verbreiten.** Verbreiten soll das zweckgerichtete räumliche Ausdehnen sein (MüKoStGB/*Alt* Rn. 8; LK-StGB/*Steindorf* Rn. 5), was freilich schlecht zum nach Abs. 4 und Abs. 5 möglichen fahrlässigen Begehen passt (MSM StrafR BT II § 58 Rn. 119).

4   **bb) Freisetzen.** Hierzu → § 324a Rn. 9 f. Das bloße Auslegen von festen Stoffen (zB Rattengift) ist aufgrund Kontrollierbarkeit kein Freisetzen (BT-Drs. 8/2382, 26).

5   Der Vertrieb von Produkten, die erst bei Anwendung gefährlich sind, genügt nicht, da in Gestalt einer Rückrufmöglichkeit ein hinreichendes Maß an Kontrollierbarkeit vorliegt (SSW StGB/*Saliger* Rn. 4; SK-StGB/*Horn* Rn. 3). Möglich bleibt ein Unterlassungsdelikt, wenn eine notwendige Warnung oder

ein notwendiger Produktrückruf verabsäumt werden (vgl. LG Frankfurt a. M. ZUR 1994, 33 (37); NK-StGB/*Ransiek* Rn. 5; MüKoStGB/*Alt* Rn. 17; aA LG Frankfurt a. M. NStZ 1990, 592).

c) Gefahrerfolge. Zum Tod → § 328 Rn. 6. Zur schweren Gesundheitsschädigung → § 328 Rn. 7 **6** (vgl. auch Fischer § 330 Rn. 8). Zur (konkreten) Gefahr → § 325a Rn. 11. Zur Gefahr einer Gesundheitsschädigung einer großen Zahl von Menschen → § 330 Rn. 14.

3. Erfolgsqualifikation gem. Abs. 2. Hierzu → § 330 Rn. 15. **7**

4. Minder schwere Fälle gem. Abs. 3. Abs. 3 enthält minder schwere Fälle für die Qualifikation **8** des Abs. 1 und die Erfolgsqualifikation des Abs. 2. → § 330 Rn. 16.

5. Sonstiges. a) Fahrlässigkeit, Abs. 4 und Abs. 5; Versuch. Abs. 4 enthält eine Vorsatz-Fahr- **9** lässigkeits-Kombination für vorsätzliches Handeln bei Fahrlässigkeit bzgl. der Gefahrverursachung. Es gilt § 11 Abs. 2, sodass Teilnahme möglich ist. Abs. 5 pönalisiert leichtfertiges Handeln bei (einfacher) Fahrlässigkeit bzgl. der Gefahrverursachung.

Da es sich bei dem Delikt um ein Verbrechen handelt, folgt die Versuchsstrafbarkeit aus §§ 23 Abs. 1 **10** iVm 12 Abs. 1. Ferner ist der Versuch der Beteiligung gem. § 30 strafbar.

b) Tätige Reue. § 330b findet Anwendung, s. dortige Erl. **11**

c) Konkurrenzen. Tateinheit ist möglich (vgl. Lackner/Kühl/*Heger* Rn. 8; SSW StGB/*Saliger* **12** Rn. 12) mit den §§ 211, 212, 222, 223 ff., 229, 324 ff. Hinter § 314 tritt die Vorschrift zurück (NK-StGB/*Ransiek* Rn. 9). § 330 Abs. 2 und § 27 ChemG sind formell subsidiär.

§ 330b Tätige Reue

(1) ¹Das Gericht kann in den Fällen des § 325a Abs. 2, des § 326 Abs. 1 bis 3, des § 328 Abs. 1 bis 3 und des § 330a Abs. 1, 3 und 4 die Strafe nach seinem Ermessen mildern (§ 49 Abs. 2) oder von Strafe nach diesen Vorschriften absehen, wenn der Täter freiwillig die Gefahr abwendet oder den von ihm verursachten Zustand beseitigt, bevor ein erheblicher Schaden entsteht. ²Unter denselben Voraussetzungen wird der Täter nicht nach § 325a Abs. 3 Nr. 2, § 326 Abs. 5, § 328 Abs. 5 und § 330a Abs. 5 bestraft.

(2) Wird ohne Zutun des Täters die Gefahr abgewendet oder der rechtswidrig verursachte Zustand beseitigt, so genügt sein freiwilliges und ernsthaftes Bemühen, dieses Ziel zu erreichen.

1. Allgemeines. Die Vorschrift enthält einen fakultativen (Abs. 1 S. 1: Vorsatzdelikte) bzw. obliga- **1** torischen (Abs. 1 S. 2: Fahrlässigkeitsdelikte) Strafmilderungs- oder Strafaufhebungsgrund und schafft damit für den Täter einen Anreiz, den von ihm geschaffenen Zustand zu entschärfen (BT-Drs. 12/192, 29; OLG Schleswig SchlHA 1998, 169; MSM StrafR BT II § 58 Rn. 79). Ist die Tat noch nicht vollendet, greift schon § 24. Eine Bestrafung nach anderen Vorschriften als den aufgeführten ist nicht ausgeschlossen (Joecks StGB Rn. 2; Lackner/Kühl/*Heger* Rn. 3). Sicherungseinziehung (§ 76a Abs. 2 Nr. 2) bleibt möglich (SSW StGB/*Saliger* Rn. 3; SK-StGB/*Horn* Rn. 7).

2. Voraussetzungen nach Abs. 1. a) Anwendungsbereich. S. 1 betrifft die Vorsatzdelikte der **2** §§ 325a Abs. 2, 326 Abs. 1–3, 328 Abs. 1–3 und 330a Abs. 1, 3 und 4; S. 2 die Fahrlässigkeitsdelikte §§ 325a Abs. 3 Nr. 2, 326 Abs. 5, 328 Abs. 5 und 330a Abs. 5 (die frühere Nennung von 330a Abs. 4 war ein Redaktionsversehen (Otto StrafR BT § 82 Rn. 106; MüKoStGB/*Alt* Rn. 2).

Außerhalb des Anwendungsbereichs des § 330b bleibt eine Berücksichtigung bei der Strafzumessung **3** und im Strafprozess (§§ 153, 153a StPO) möglich (MüKoStGB/*Alt* Rn. 2).

b) Abwendung der Gefahr oder Beseitigen des von ihm verursachten Zustands. In der Var. 1 **4** geht es um die Eliminierung einer bereits eingetretenen (sonst gilt § 24) konkreten Gefahr, sie bezieht sich also auf die §§ 325a Abs. 2, 328 Abs. 3, 330a. Die Var. 2 erfasst die §§ 326 und 328 Abs. 1 und Abs. 2, verlangt demnach die Beseitigung abstrakter Gefahrenzustände.

„Zustand" meint demgegenüber abstrakte Gefahren, die sich jenseits der Gefahr durch den Hand- **5** lungsvollzug zu konkreten Gefahren und Schäden verdichten können (BT-Drs. 12/192, 29; Fischer Rn. 2). Für ein Beseitigen ist keine Eigenhändigkeit erforderlich, nur eine zurechenbare Verursachung (BT-Drs. 12/192, 29; SSW StGB/*Saliger* Rn. 2).

c) Bevor ein erheblicher Schaden entsteht. Die Umweltmedien und Rechtsgutsträger dürfen **6** noch keinen erheblichen Schaden erlitten haben. Nur ein erheblicher Schaden schließt § 330b aus. Ein bloß weitere Schäden verhinderndes Handeln des Täters kann bei der Strafzumessung berücksichtigt werden (Lackner/Kühl/*Heger* Rn. 2). Erheblich ist ein Schaden, wenn Personen gewichtig beeinträchtigt wurden, wobei kein Fall des § 226 vorliegen muss (SSW StGB/*Saliger* Rn. 2), oder wenn ein bedeutender Sachschaden entstanden ist, wozu auch Instandsetzungskosten zählen (NK-StGB/*Ransiek* Rn. 4; SK-StGB/*Horn* Rn. 3; aA OLG Schleswig SchlHA 1998, 169 f.).

7   **d) Freiwillig.** Freiwillig bedeutet das Gleiche wie bei § 24 (hierzu vgl. nur MüKoStGB/*Herzberg*/ *Hoffmann-Holland* § 24 Rn. 102 ff.).

8   **3. Voraussetzungen nach Abs. 2. a) Anwendungsbereich: Gefahrabwendung oder Beseitigung des rechtswidrig verursachten Zustands ohne Zutun des Täters.** In Fällen des Abs. 1 S. 1, S. 2 greift Abs. 2 (vgl. § 24 Abs. 1 S. 2) dann, wenn der Täter nicht kausal für die Gefahrabwendung oder Zustandsbeseitigung geworden ist.

9   **b) Freiwilliges und ernsthaftes Bemühen, dieses Ziel zu erreichen.** Dies ist dem § 24 Abs. 1 S. 2 nachgebildet (MSM StrafR BT II § 58 Rn. 124). Zur Freiwilligkeit → Rn. 7. Freiwillig und ernsthaft ist das Bemühen, solange der Täter an das Bestehen der Gefahr glaubt, und wenn er alles tut, was nach seiner Überzeugung zu ihrer Beseitigung möglich und zur Gefahrenabwehr geeignet ist (MüKoStGB/*Alt* Rn. 6).

§ 330c Einziehung

¹ Ist eine Straftat nach den §§ 326, 327 Abs. 1 oder 2, §§ 328, 329 Absatz 1, 2 oder Absatz 3, dieser auch in Verbindung mit Absatz 5, oder Absatz 4, dieser auch in Verbindung mit Absatz 6, begangen worden, so können

1. Gegenstände, die durch die Tat hervorgebracht oder zu ihrer Begehung oder Vorbereitung gebraucht worden oder bestimmt gewesen sind, und
2. Gegenstände, auf die sich die Tat bezieht,

eingezogen werden. ² § 74a ist anzuwenden.

1   **1. Allgemeines.** Im Zuge der Erweiterung des § 329 (→ § 329 Rn. 1) wurde durch das 45. StÄG v. 6.12.2011 ebenfalls eine redaktionelle Folgeänderung des § 330c vorgenommen, indem die neu eingefügten Abs. 4 und Abs. 6 des § 329 mitumfasst wurden (Matt/Renzikowski/*Norouzi*/Rettenmaier § 326 Rn. 1).

1a   Die Vorschrift erweitert die Möglichkeiten der Einziehung über § 74 Abs. 1 hinaus. Die Voraussetzungen des § 74 Abs. 2, 3 müssen erfüllt sein (Lackner/Kühl/*Heger* Rn. 1).

2   **2. Voraussetzungen. a) Anwendungsbereich.** § 330c gilt für die §§ 326, 327 Abs. 1 oder 2, §§ 328, 329 Abs. 1, 2 oder Abs. 3, dieser auch iVm Abs. 5 oder Abs. 4, dieser auch iVm Abs. 6, betrifft also neben Vorsatz- auch Fahrlässigkeitstaten. Für die nicht aufgeführten Delikte bleibt es bei den §§ 74 ff.

3   **b) S. 1 Nr. 1, 2.** S. 1 Nr. 1 erweitert die Einziehung für sog Tatprodukte und Tatmittel auf Fahrlässigkeitstaten (→ Vorb. §§ 324–330d Rn. 44 ff.) und hat nur insofern selbstständige Bedeutung ggü. § 74 Abs. 1 (SSW StGB/*Saliger* Rn. 2).

4   S. 1 Nr. 2 erfasst, anders als § 74 Abs. 1, Beziehungsgegenstände, zB Kernbrennstoffe oder Anlagen (MüKoStGB/*Alt* Rn. 5).

5   **c) S. 2.** S. 2 erklärt § 74a für anwendbar und ermöglicht die Einziehung täterfremden Eigentums über § 74 Abs. 2 Nr. 1 hinaus, zB auf angemietete, geleaste oder geliehene Tatwerkzeuge und Anlagen (BT-Drs. 12/192, 30; Fischer Rn. 4). Die Begrenzung durch § 74b ist zu beachten.

§ 330d Begriffsbestimmungen

(1) Im Sinne dieses Abschnitts ist

1. ein Gewässer:
   ein oberirdisches Gewässer, das Grundwasser und das Meer;
2. eine kerntechnische Anlage:
   eine Anlage zur Erzeugung oder zur Bearbeitung oder Verarbeitung oder zur Spaltung von Kernbrennstoffen oder zur Aufarbeitung bestrahlter Kernbrennstoffe;
3. ein gefährliches Gut:
   ein Gut im Sinne des Gesetzes über die Beförderung gefährlicher Güter und einer darauf beruhenden Rechtsverordnung und im Sinne der Rechtsvorschriften über die internationale Beförderung gefährlicher Güter im jeweiligen Anwendungsbereich;
4. eine verwaltungsrechtliche Pflicht:
   eine Pflicht, die sich aus
   a) einer Rechtsvorschrift,
   b) einer gerichtlichen Entscheidung,
   c) einem vollziehbaren Verwaltungsakt,
   d) einer vollziehbaren Auflage oder
   e) einem öffentlich-rechtlichen Vertrag, soweit die Pflicht auch durch Verwaltungsakt hätte auferlegt werden können,

ergibt und dem Schutz vor Gefahren oder schädlichen Einwirkungen auf die Umwelt, insbesondere auf Menschen, Tiere oder Pflanzen, Gewässer, die Luft oder den Boden, dient;

5. **ein Handeln ohne Genehmigung, Planfeststellung oder sonstige Zulassung:**
auch ein Handeln auf Grund einer durch Drohung, Bestechung oder Kollusion erwirkten oder durch unrichtige oder unvollständige Angaben erschlichenen Genehmigung, Planfeststellung oder sonstigen Zulassung.

(2) [1] Für die Anwendung der §§ 311, 324a, 325, 326, 327 und 328 stehen in Fällen, in denen die Tat in einem anderen Mitgliedstaat der Europäischen Union begangen worden ist,

1. einer verwaltungsrechtlichen Pflicht,
2. einem vorgeschriebenen oder zugelassenen Verfahren,
3. einer Untersagung,
4. einem Verbot,
5. einer zugelassenen Anlage,
6. einer Genehmigung und
7. einer Planfeststellung

entsprechende Pflichten, Verfahren, Untersagungen, Verbote, zugelassene Anlagen, Genehmigungen und Planfeststellungen auf Grund einer Rechtsvorschrift des anderen Mitgliedstaats der Europäischen Union oder auf Grund eines Hoheitsakts des anderen Mitgliedstaats der Europäischen Union gleich. [2] Dies gilt nur, soweit damit ein Rechtsakt der Europäischen Union oder ein Rechtsakt der Europäischen Atomgemeinschaft umgesetzt oder angewendet wird, der dem Schutz vor Gefahren oder schädlichen Einwirkungen auf die Umwelt, insbesondere auf Menschen, Tiere oder Pflanzen, Gewässer, die Luft oder den Boden, dient.

A. Allgemeines

§ 330d definiert in seinem neuen Abs. 1 (§ 330d aF) Begriffe für die Delikte des 29. Abschnitts des **1** StGB. Auf andere Begriffe finden diese Definitionen nur bei ausdrücklichem Verweis Anwendung (MüKoStGB/*Schmitz* Rn. 1). Der durch das 45. StÄG (→ Vorb. §§ 324–330d Rn. 3a) angefügte Abs. 2 enthält Regelungen zur Anwendbarkeit ausländischen Rechts für im EU-Ausland begangene Umweltstraftaten (sog Europarechtsakzessorietät: MüKoStGB/*Schmitz* Rn. 1).

B. Definitionen in Abs. 1

I. Gewässer, Nr. 1

Gemeint sind, nachdem eine frühere Beschränkung aufgehoben wurde, auch ausländische Gewässer **2** (BT-Drs. 12/192, 30; Fischer Rn. 2a; Lackner/Kühl/*Heger* § 324 Rn. 2). Vgl. auch § 5 Nr. 11.

1. Oberirdisches Gewässer. Hierunter fällt gem. **§ 3 Abs. 1 Nr. 1 WHG:** **3**

„das ständig oder zeitweilig in Betten fließende oder stehende oder aus Quellen wild abfließende Wasser."

Zur Übernahme des Begriffs im Strafrecht OLG Celle ZfW 1987, 126; BayObLG JR 1988, 344. Erfasst sind sowohl natürlich (zB Flüsse und Seen) als auch künstlich – legal oder illegal (vgl. Lackner/Kühl/*Heger* § 324 Rn. 2) – entstandene Gewässer, zB Kanäle (SSW StGB/*Saliger* § 324 Rn. 6). Die Größe ist irrelevant (OLG Stuttgart NStZ 1994, 590). Damit nicht jede Straßenpfütze, Baugrube oder Fahrspur zum Gewässer wird (MSM StrafR BT II § 58 Rn. 39; Lackner/Kühl/*Heger* § 324 Rn. 2; *Möhrenschlager* NuR 1983, 209 (211)), sind aber eine gewisse Dauerhaftigkeit sowie ein Gewässerbett erforderlich. Das Gewässerbett ist mitgeschützt (Fischer § 324 Rn. 2b).

Das Wasser muss sich im natürlichen Wasserkreislauf befinden, sodass Leitungswasser, Abwasser, **4** Kanalisation, Wasser in Kläranlagen, in Behältnissen gefasstes Wasser, Schwimmbecken, Zierteiche, Springbrunnen, Straßengräben, Pumpspeicherbecken, künstliche Feuerlöschteiche (BayObLG JR 1988, 344; OVG Greifswald ZUR 2002, 415 (419); LPK-StGB/*Kindhäuser* Rn. 1; Joecks StGB § 324 Rn. 3) etc nicht erfasst werden. Allerdings hebt die Durchleitung von Bächen oder Flüssen in Rohren oder Tunneln deren Gewässereigenschaft nicht auf (BGH NStZ 1997, 189; Wessels/Hettinger StrafR BT I Rn. 1069; Fischer § 324 Rn. 2b; MüKoStGB/*Alt* § 324 Rn. 15). Im Übrigen kommt aber eine mittelbare Einleitung von Schadstoffen in ein Gewässer in Betracht, wenn zB ein Rohrsystem in einem Fluss mündet (vgl. BayObLG JR 1988, 344; OLG Hamm NJW 1975, 747; LG Ellwangen NStZ 1982, 468; MSM StrafR BT II § 58 Rn. 39; monografisch *Scholz,* Gewässerverunreinigung und Indirekteinleitungen, 1996).

Quelle ist ein natürlicher, an einer bestimmten, örtlich begrenzten Stelle auftretender, nicht nur **5** vorübergehender Austritt von Grundwasser (SSW StGB/*Saliger* § 324 Rn. 6).

2. Grundwasser. Grundwasser ist gem. **§ 3 Nr. 3 WHG:** **6**

„das unterirdische Wasser in der Sättigungszone, das in unmittelbarer Berührung mit dem Boden oder dem Untergrund steht."

Hierzu zählen auch stehende und fließende Gewässer in Erdhöhlen und Bergwerksstollen (OLG Celle NJW 1995, 3197 (3198); Fischer § 324 Rn. 3; MüKoStGB/*Alt* § 324 Rn. 17).

7   **3. Meer. § 3 Nr. 2 WHG** umfasst:

„das Meer zwischen der Küstenlinie bei mittlerem Hochwasser oder zwischen der seewärtigen Begrenzung der oberirdischen Gewässer und der seewärtigen Begrenzung des Küstenmeeres."

Der strafrechtliche Begriff geht aber hierüber hinaus und bezieht nicht nur nationale Küstengewässer, sondern auch fremde und Hohe See mit ein (Fischer § 324 Rn. 4; SSW StGB/*Saliger* § 324 Rn. 5, 8).

II. Kerntechnische Anlage, Nr. 2

8   Zur Anlage (→ § 325 Rn. 2 ff.). Zu Kernbrennstoffen (→ § 327 Rn. 15 f.). Vgl. auch § 7 Abs. 1 AtG. Nicht erfasst sind Fusionsreaktoren, Anlagen zur Kernvereinigung, zur Lagerung, zur Verwertung radioaktiver Reststoffe oder zur Beseitigung von radioaktiven Abfällen (MüKoStGB/*Alt* § 327 Rn. 9).

III. Gefährliches Gut, Nr. 3

9   Die Legaldefinition verweist auf **§ 2 Abs. 1 GGBefG**:

„Gefährliche Güter im Sinne dieses Gesetzes sind Stoffe und Gegenstände, von denen auf Grund ihrer Natur, ihrer Eigenschaften oder ihres Zustandes im Zusammenhang mit der Beförderung Gefahren für die öffentliche Sicherheit oder Ordnung, insbesondere für die Allgemeinheit, für wichtige Gemeingüter, für Leben und Gesundheit von Menschen sowie für Tiere und Sachen ausgehen können."

10   Für besondere Anwendungsbereiche kommen konkretisierende sektorale Gefahrgutverordnungen (GGVSEB, GGV See) hinzu, ferner internationale Rechtsvorschriften (ADR-Übereinkommen, CO-TIF, RID). Wegen der Komplexität des durch das Strafrecht in Bezug genommenen Gefahrgutrechts werden Zweifel an der hinreichenden Bestimmtheit der Norm geäußert (MüKoStGB/*Schmitz* Rn. 7).

11   Beispiele (vgl. BT-Drs. 8/2382, 27; SSW StGB/*Saliger* § 328 Rn. 11) sind explosive Stoffe, Zündwaren, Feuerwerkskörper, feuergefährliche, giftige, radioaktive, ätzende oder infektiöse Stoffe.

IV. Verwaltungsrechtliche Pflicht, Nr. 4

12   **1. Allgemeines. a) Bedeutung.** Die verwaltungsrechtliche Pflicht ist in den §§ 324a, 325, 325a, 326 Abs. 3, 328 Abs. 3, 329 Abs. 4 Tatbestandsvoraussetzung (monografisch *Kemme,* Das Tatbestandsmerkmal der Verletzung verwaltungsrechtlicher Pflichten in den Umweltstraftatbeständen des StGB, 2007; *Bergmann,* Zur Strafbewehrung verwaltungsrechtlicher Pflichten im Umweltstrafrecht, 1993; vgl. auch *Schall* FS Küper, 2007, 505; *Laski,* Die strafrechtlichen Bezüge des Bundes-Bodenschutzgesetzes, 46 ff.). Zur Verwaltungsakzessorietät (→ Vorb. §§ 324–330d Rn. 13 ff.).

13   **b) Rechtsgutbezug.** Die jeweilige Verwaltungsrechtsquelle muss *„dem Schutz vor Gefahren oder schädlichen Einwirkungen auf die Umwelt, insbes. auf Menschen, Tiere oder Pflanzen, Gewässer, die Luft oder den Boden, dienen".* Der Anwendungsbereich ergibt sich als tatbestandsspezifischer Schutzzweckzusammenhang aus den verschiedenen Tatbestandsvoraussetzungen und den Schutzzwecken der einzelnen Vorschriften (Fischer Rn. 11), was im Einzelnen zu Unklarheiten führen kann (zur Rechtsgutproblematik: → Vorb. §§ 324–330d Rn. 7 ff.; für verfassungskonforme Restriktion MüKoStGB/*Schmitz* Rn. 21 ff.). Quelle einer solchen rechtsgutsbezogenen Verwaltungspflicht können, vorbehaltlich der Bestimmtheit (→ Rn. 16 f.) alle Gefahrenabwehrvorschriften sein, nicht nur das eigentliche öffentliche Umweltrecht (vgl. BT-Drs. 12/192, 23). Ausreichend ist es, wenn die Vorschriften zumindest mittelbar dem Umweltgut dienen (SSW StGB/*Saliger* Rn. 13; Schönke/Schröder/*Heine/Hecker* Rn. 22; zT aA *Schall* FS Küper, 2007, 505 (516 f.)). Strittig sind Vorschriften über das Verhalten im Straßenverkehr (Lackner/Kühl/*Heger* § 324a Rn. 7; AG Schwäbisch Hall NStZ 2002, 152; Fischer § 324a Rn. 3).

14   Bei § 324a zB ist erforderlich, dass die jeweilige Vorschrift den Schutz der Bodenqualität zumindest mittelbar und zumindest auch zum Ziel hat (Fischer § 324a Rn. 3; Lackner/Kühl/*Heger* § 324a Rn. 7), was insbes. nach dem BBodSchG der Fall ist, aber auch bzgl. Vorschriften aufgrund von §§ 7, 23 BImSchG, § 17 ChemG iVm GefStoffV, § 1 Nr. 2, 2 Nr. 1b, 4 DüngeG, DüngemittelV, § 6 PflSchG, §§ 17 Abs. 1 S. 1, 28 Abs. 1 S. 1 KrwG, WHG, KlärschlammVO/AbfKlärV (hierzu *Schall* NStZ-RR 2005, 33 (35)).

15   Für § 325 ist erforderlich, dass die jeweilige Vorschrift den Schutz der Luftqualität zumindest mittelbar und zumindest auch zum Ziel hat (BT-Drs. 8/2382, 16; Fischer § 325 Rn. 3; SSW StGB/*Saliger* § 325 Rn. 13), vgl. das BImSchG und die aufgrund §§ 23, 32–35, 38 BImSchG erlassenen Rechtsverordnungen, ggf. auch AtG, KrWG, GewO, ChemG, Arbeitsschutzgesetze als Rechtsquelle (Lackner/Kühl/*Heger* § 325 Rn. 6) und Satzungen kommunaler Gebietskörperschaften (SSW StGB/*Saliger* § 325 Rn. 13). Für § 325a Abs. 1 muss ein zumindest mittelbarer Lärmbezug vorhanden sein (Schönke/Schröder/*Heine/Hecker* 325a Rn. 6; SSW StGB/*Saliger* § 325 Rn. 8), vgl. auch § 325a Abs. 2 (insbes. BImSchG einschließlich hierzu ergangener Verordnungen, zB Geräte- und MaschinenlärmschutzVO, SportanlagenlärmVO, aber auch zB AtG, GewO, ChemG, sofern Vorschrift dem Schutz vor Lärm, Erschütterungen oder nichtionisierenden Strahlen dient; Lackner/Kühl/*Heger* § 325a Rn. 4). Vergleich-

bares gilt bei § 328 Abs. 3: Es ist auch diesbzgl. erforderlich, dass die jeweilige Vorschrift den Schutz der geschützten Rechtsgüter zumindest mittelbar und zumindest auch zum Ziel hat (Fischer § 328 Rn. 13a), bei Nr. 1 betrifft dies außerhalb des ChemG das BImSchG und darauf beruhende Verordnungen, das DüngeG iVm DüngemittelVO, PflSchG, AtG iVm StrlSchVO und Arbeitssicherheitsvorschriften; bei Nr. 2 insbes. das GGBefG und darauf beruhende Verordnungen, KrWG und allgemeine Normen der Gefahrenabwehr (auch StVO; Fischer § 328 Rn. 14) sowie Arbeitssicherheitsvorschriften.

c) Bestimmtheit. Hierzu vgl. schon die Erl. zu § 1. Das Bestimmtheitserfordernis erfasst alle in **16** Bezug genommenen Normen. Die Pflichtenbeschreibung muss hinreichend konkret sein (OLG Celle NStZ-RR 1998, 208 (209); BT-Drs. 12/192, 31; Fischer § 324a Rn. 3). Der Normadressat muss voraussehen können, welches Verhalten mit Strafdrohung verboten ist (BT-Drs. 12/192, 18).

Die Anordnungen allgemeiner (Grund)Pflichten und Programmsätze (zB §§ 5, 22 BImSchG; § 3 Abs. 1 **17** S. 1, 2 PflSchG; § 5 WHG; §§ 4, 7 BBodSchG; § 3 Abs. 2 DüngeG) sind nicht ausreichend (vgl. BT-Drs. 12/192, 18; OLG Celle NStZ-RR 1998, 208 (209); Lackner/Kühl/*Heger* § 324a Rn. 7; SSW StGB/ *Saliger* § 324a Rn. 17), ebenso wenig allgemeine Verhaltenspflichten im Straßenverkehr (→ Rn. 13).

2. Rechtsvorschrift, Nr. 4a. a) Allgemeines. Rechtsvorschriften sind formelle Gesetze, Rechts- **18** verordnungen, Satzungen sowie Verordnungen der EG (vgl. BGHSt 42, 219 (221 f.); MüKoStGB/ *Schmitz* Rn. 10).

b) Verwaltungsvorschriften. Die nur verwaltungsintern geltenden Verwaltungsvorschriften sind **19** keine Rechtsnormen (MüKoStGB/*Schmitz* Rn. 12; Schönke/Schröder/*Heine/Hecker* Rn. 12). Betroffen sind im Umweltstrafrecht va die Technischen Anleitungen, also die TA Luft (vgl. *Fischer* § 325 Rn. 3; Lackner/Kühl/*Heger* § 325 Rn. 6) und die TA Lärm (vgl. Fischer § 325a Rn. 3; *Schall* NStZ-RR 2005, 33 (37); 2006, 161 (166)). Erst nach Umsetzung in einen Verwaltungsakt (Franzheim/Pfohl Umwelt-StrafR Rn. 235; *Schall* NStZ-RR 2005, 33 (37)) erlangen sie Verbindlichkeit, dann greift nämlich Nr. 4c. Im Übrigen kommt Ihnen nur eine Indizwirkung bei der Auslegung anderer Tatbestandsmerkmale zu (vgl. *Schall* NStZ-RR 2003, 65 (67)).

3. Gerichtliche Entscheidung, Nr. 4b. Die sog Verwaltungsjudikatsakzessorietät (SSW StGB/ **20** *Saliger* Rn. 7; zur Überflüssigkeit der Nr. 4b MüKoStGB/*Schmitz* Rn. 13) kommt in der Praxis insbes. als verwaltungsrechtliche Betriebsuntersagung im Wege der einstweiligen Anordnung gem. § 123 VwGO vor.

4. Vollziehbarer Verwaltungsakt, Nr. 4c. a) Verwaltungsakt. Der Begriff des Verwaltungsakts **21** entspricht dem des § 35 VwVfG bzw. dem entsprechenden Landesrecht (BT-Drs. 12/7300, 25).

b) Vollziehbar. Vollziehbar in diesem strafrechtlichen Sinne (MüKoStGB/*Schmitz* Rn. 15) ist ein **22** Verwaltungsakt dann, wenn kein Suspensiveffekt nach § 80 Abs. 1 VwGO besteht, also nach Eintritt der Unanfechtbarkeit und in den Fällen des § 80 Abs. 2 VwGO. Dem Strafrichter steht hierbei keine eigene Rechtmäßigkeitsprüfung zu (BGHSt 23, 86 (92); OLG Karlsruhe NJW 1978, 116; Fischer Rn. 8). Zur späteren Aufhebung eines rechtswidrigen Verwaltungsakts (→ Vorb. §§ 324–330d Rn. 21).

5. Vollziehbare Auflage, Nr. 4d. Die Aufführung der vollziehbaren Auflage (vgl. § 36 Abs. 2 Nr. 4 **23** VwVfG und entsprechendes Landesrecht sowie Sondernormen des Besonderen Verwaltungsrechts) dient nur der Klarstellung, da es sich hierbei verwaltungsrechtlich um einen Verwaltungsakt handelt (BT-Drs. 12/7300, 25; Lackner/Kühl/*Heger* § 325 Rn. 7; Schönke/Schröder/*Heine/Hecker* Rn. 16).

6. Öffentlich-rechtlicher Vertrag, Nr. 4e. Zu öffentlich-rechtlichen Verträgen s. §§ 54 ff. VwVfG **24** und entsprechendes Landesrecht. Gerade im Umweltrecht wird auf eine moderne konsensuale Verwaltung Wert gelegt. § 330d Nr. 4e verhindert nun, dass das Umweltstrafrecht durch den Abschluss von Verträgen anstelle des Erlasses von Verwaltungsakten umgangen werden kann (BT-Drs. 12/7300, 25). Erfasst sind aber die öffentlich-rechtlichen Verträge nur, soweit die Pflicht auch durch Verwaltungsakt hätte auferlegt werden können (gemeint ist dürfen, MüKoStGB/*Schmitz* Rn. 18, vgl. auch § 54 S. 2 VwVfG). Dies soll der Gefahr einer überdehnten Strafbarkeit bei freiwillig (überobligatorisch) übernommenen Pflichten vorbeugen, deren Verletzung somit also nicht tatbestandsmäßig ist (BT-Drs. 12/ 7300, 25; 12/192, 42 (45); SK-StGB/*Schall* Rn. 36).

Zur Nichtigkeit vgl. § 59 VwVfG und (→ Vorb. §§ 324–330d Rn. 19). **25**

V. Handeln ohne Genehmigung, Planfeststellung oder sonstige Zulassung, Nr. 5

1. Allgemeines. Die Vorschrift, die eine Durchbrechung der Verwaltungsakzessorietät (→ Vorb. **26** §§ 324–330d Rn. 13 ff.) darstellt (MSM StrafR BT II § 58 Rn. 9; SSW StGB/*Saliger* Rn. 15; krit. *Breuer* JZ 1994, 1077 (1091); monografisch *Ries,* Die Durchbrechung der Verwaltungsakzessorietät durch § 330d Nr. 5 StGB, 2003, vgl. auch *Schall* FS Otto, 2007, 743), vgl. § 48 Abs. 2 S. 3 Nr. 1 und 2 VwVfG, und nur strafrechtlich zum Abschnitt des § 29. Abschnitt des StGB sowie kraft ausdrücklicher Verweisung (§ 311) gilt (Lackner/Kühl/*Heger* Rn. 5; *Wohlers* JZ 2001, 850 (852 ff.); vgl. auch BGHSt 50, 105 (115)) ist eine Kodifikation früherer Rspr. (vgl. BGHSt 39, 381 (387); LG Hanau NJW 1988,

571 (576)) und hL (*Horn* NJW 1981, 1 (3); *Ostendorf* JZ 1981, 165 (175); *Bloy* ZStW 100 (1988), 485 (502); vgl. zur damaligen Diskussion ferner *Rengier* ZStW 101 (1989), 874 (885); *Otto* JURA 1991, 308 (313)) durch das 2. UKG (→ Vorb. §§ 324–330d Rn. 3), ausgehend von § 34 Abs. 8 AWG aF (jetzt §§ 17 Abs. 6, 18 Abs. 9 AWG nF) und dem Gedanken der Vertrauensschutzverwirkung.

27   Anwendbar ist die Norm nur auf begünstigende Verwaltungsakte, also nicht auf die rechtsmissbräuchliche Abwendung eines belastenden Verwaltungsakts (Schönke/Schröder/*Heine*/*Hecker* Rn. 23; *Fenner,* Der Rechtsmissbrauch im Umweltstrafrecht im System des Strafrechts und des Öffentlichen Rechts, 2000, 145 f.). Informale Gestattungen fallen nicht unter § 330d Abs. 1 Nr. 5 (*Rogall* GA 1995, 299 (318); MüKoStGB/*Schmitz* Rn. 40; aA *Perschke* wistra 1996, 161 (166); *Jünemann,* Rechtsmissbrauch im Umweltstrafrecht, 1998, 149 ff.).

28   Es handelt sich um eine abschließende Regelung rechtsmissbräuchlicher Verhaltensweisen (vgl. schon → Vorb. §§ 324–330d Rn. 27, sodass zB die schlichte Kenntnis der Rechtswidrigkeit eines Verwaltungsakts irrelevant ist (zur früheren Rechtslage vgl. LG Hanau NJW 1988, 571 (576)). Die unter Nr. 5 fallenden Genehmigungen gelten als nicht erteilt und entfalten daher keine tatbestandsausschließende oder rechtfertigende Wirkung (MüKoStGB/*Schmitz* Rn. 28; aA *Dölling* JZ 1985, 461 (464): Anwendung nur auf rechtfertigende Genehmigungen). Die materielle Genehmigungsfähigkeit spielt keine Rolle (LK-StGB/*Steindorf* Rn. 6; aA *Rogall* GA 1995, 299 (318)).

29   Wie die verwendeten Begriffe des Erschleichens und des Erwirkens nahelegen, wird zielgerichtetes Handeln (Absicht) des Antragstellers vorausgesetzt (MüKoStGB/*Schmitz* Rn. 44; Schönke/Schröder/*Heine*/*Hecker* Rn. 36).

30   Nur wer die Genehmigung selbst missbräuchlich erwirkt, erfüllt § 330d Nr. 5 (Lackner/Kühl/*Heger* § 325 Rn. 10; aA *Petzold* NStZ 1996, 170 (173)). Es gelten hier die Zurechnungsregeln der §§ 25 ff. und § 13 (SSW StGB/*Saliger* Rn. 20; *Fenner,* Der Rechtsmissbrauch im Umweltstrafrecht im System des Strafrechts und des Öffentlichen Rechts, 2000, 156, 162). An eine bloße Rechtsnachfolge kann sich die Wirkung des § 330d Nr. 5 also nicht anknüpfen (für eine Zurechnung an den Rechtsnachfolger bei Wissen und fahrlässigem Nichtwissen aber *Weber* FS Hirsch, 1968, 795 (802); *Otto* JURA 1995, 134 (139)).

31   **2. Drohung.** Die Drohung verlangt, wie in § 240, dass der Täter dem Amtsträger ein durch nicht wunschgemäßes Verhalten bedingtes empfindliches Übel in Aussicht stellt, auf dessen Eintritt der Täter Einfluss zu haben vorgibt (vgl. MüKoStGB/*Schmitz* Rn. 35).

32   **3. Bestechung.** Hierzu vgl. § 334. Allerdings enthält § 330d Nr. 5 das Erfordernis der Kausalität für den Erlass der rechtswidrigen Genehmigung (MüKoStGB/*Schmitz* Rn. 83).

33   **4. Kollusion.** Der dem § 48 VwVfG fremde Begriff der Kollusion (krit. hinsichtlich der Bestimmtheit SK-StGB/*Schall* Rn. 56; vgl. auch § 16 Abs. 4 CWÜAG) ist zu verstehen als gemeinschaftlicher Rechtsbruch des Genehmigungsadressaten mit Amtsträgern der Genehmigungsbehörde (BT-Drs. 12/3700, 25; BGHSt 39, 381 (387); *Paetzold* NStZ 1996, 170 (172 f.); *Schall* FS Otto, 2007, 743; *Wohlers* JZ 2001, 850; LPK-StGB/*Kindhäuser* Rn. 3). Erforderlich ist ein bewusst planmäßiges Vorgehen zur Umgehung des Rechts und zum beiderseitigen Vorteil von Täter und Amtsträger (Lackner/Kühl/*Heger* § 324 Rn. 10; *Paetzold* NStZ 1996, 170 (173)). Dies erfordert eine Absprache zwischen Antragsteller und Amtsträger.

34   Die bloße beiderseitige Kenntnis der Rechtswidrigkeit reicht nicht aus (*Möhrenschlager* NStZ 1994, 513 (515); MüKoStGB/*Schmitz* Rn. 40). Die Einwirkung auf private Sachverständige genügt – abgesehen von § 11 Nr. 2c – selbst dann nicht, wenn die Genehmigungsbehörde auf diesen vertraut (s. aber BT-Drs. 12/3700, 25; NK-StGB/*Ransiek* Rn. 5; wie hier SSW StGB/*Saliger* Rn. 19).

35   **5. Unrichtige oder unvollständige Angaben.** Hierzu vgl. § 48 Abs. 2 Nr. 2 VwVfG und § 264 Abs. 1 Nr. 4. Erforderlich sind schriftliche oder mündliche Erklärungen über das Vorliegen oder Nichtvorliegen von Tatsachen (MüKoStGB/*Schmitz* Rn. 43; *Fenner,* Der Rechtsmissbrauch im Umweltstrafrecht im System des Strafrechts und des Öffentlichen Rechts, 2000, 251 ff.). Auszugrenzen sind nicht entscheidungserhebliche und nicht rechtsgutsbezogene Tatsachen (Schönke/Schröder/*Heine*/*Hecker* Rn. 32).

36   Unrichtig sind die Angaben, wenn sie nicht mit der Wirklichkeit übereinstimmen (vgl. BGHSt 34, 111 (115)); unvollständig sind sie, wenn mindestens eine entscheidungserhebliche Angabe fehlt (MüKoStGB/*Schmitz* Rn. 43).

C. Gleichstellung verwaltungsrechtlicher Rechtsakte im EU-Ausland, Abs. 2

I. Allgemeines

36a   Der durch das 45. StÄG angefügte neue Abs. 2 (zur Kritik im Gesetzgebungsverfahren SSW StGB/*Saliger* Rn. 23) hat lediglich klarstellende Funktion (BT-Drs. 17, 5391, 11; Schönke/Schröder/*Heiner*/*Hecker* Rn. 40; NK-StGB/*Ransiek* Rn. 6; aA wegen des über Art. 2 der RL 2008/99/EG hinausgehenden Anwendungsbereichs MüKoStGB/*Schmitz* Rn. 47) und kodifiziert die bereits durch unionsrechtskonforme Auslegung stattgefundene Berücksichtigung von Verletzungen des Rechts (divergierende Rechtslagen aber wegen harmonisiertem EU-Recht selten) anderer EU-Mitgliedstaaten (dazu SSW StGB/*Saliger* Rn. 22, 24).

II. Tat in einem anderen EU-Mitgliedstaat begangen

Relevant ist entgegen des § 9 (s. dortige Erl.) allein der Ort an dem der Täter gehandelt hat (Lackner/ **36b** Kühl/*Heger* Rn. 6; vgl. BT-Drs. 17/5391, 21 – „Tathandlung", aA *Heger* HRRS 2012, 211 (219)); auf den Erfolgsort, der aber für die vorgeschaltete Frage der nötigen Anknüpfung an das deutsche Strafrecht nach den §§ 3 ff. eine Rolle spielen kann (dazu SSW StGB/*Saliger* Rn. 24) kommt es dafür nicht an (*Meyer* wistra 2012, 371 (375)). Bei einem ausländischen Erfolgs- und einem inländischen Handlungsort greifen ohnehin deutsche Vorschriften (NK-StGB/*Ransiek* Rn. 6).

III. Tat nach §§ 311, 324a, 325, 326, 327, 328

Die Gleichstellung verwaltungsrechtlicher Vorschriften (Nr. 1: „verwaltungsrechtliche Pflicht"- **36c** §§ 324a, 325 Abs. 1, 2, 3, 326 Abs. 3, 328 Abs. 3; Nr. 2: „vorgeschriebene oder zugelassene Verfahren" – § 326 Abs. 1; Nr. 3: „Untersagung" – §§ 327 Abs. 1, Abs. 2, 328 Abs. 1; Nr. 4: „Verbot" – § 326 Abs. 2 Nr. 2; Nr. 5: zugelassene Anlage" – § 326 Abs. 1; Nr. 6: „Genehmigung" – §§ 326 Abs. 2, 327 Abs. 1, 2, 328 Abs. 1; Nr. 7: „Planfeststellung" – § 327 Abs. 2) eines anderen EU-Staates gilt aufgrund des klaren Wortlauts nur für die genannten Straftatbestände (SSW StGB/*Saliger* Rn. 24). Zur Frage einer analogen Anwendung für §§ 324, 329 Abs. 4 (→ Rn. 36e).

IV. Einschränkung, S. 2

Voraussetzung für die Gleichstellung EU-ausländischer Genehmigungen etc ist ein Beruhen auf **36d** harmonisiertem, dem Schutz eines der genannten Rechtsgüter bezweckenden Unionsrechts (Schönke/ Schröder/*Heine*/*Hecker* Rn. 40; Fischer Rn. 12; zur Schutzrichtung → Rn. 13 ff.). Fehlt es hieran, kann die Verletzung von EU-ausländischem Recht nicht strafbarkeitsbegründend wirken (MüKoStGB/ *Schmitz* Rn. 58; zu täterbegünstigenden Rechtsakten → Vorb. §§ 324–330d Rn. 32; → Rn. 36g).

V. Erweiterungen des Abs. 2

Die §§ 324, 325a, 329 fallen ausdrücklich nicht in den Anwendungsbereich. Ein Verweis auf § 324 ist **36e** aber nach dem Gesetzgeber nicht erforderlich, da über das Merkmal „unbefugt" bereits ausländische Genehmigungen auch von Nicht-EU-Staaten idR zu berücksichtigen sind (vgl. BT-Drs. 17/5391, 11; → Vorb. §§ 324–330d Rn. 32). Umstritten ist eine uU zu Ungunsten des Täters wirkende, strafbarkeitsbegründende (aus diesem Grunde abl. GK-BImSchG/*Weber* § 325a Rn. 9; krit. *Meyer* wistra 2012, 371 (376); MüKoStGB/*Schmitz* Rn. 61) Erstreckung auf §§ 325a, 329 Abs. 4 (wegen der Systematik und des Gebots zur unionrechtskonformen Auslegung bejahend Schönke/Schröder/*Heine*/*Hecker* Rn. 40; beschränkend auf Verstöße gegen die Anhänge A und B der RL 2008/99/EG: SSW StGB/ *Saliger* Rn. 27; aA Lackner/Kühl/*Heger* Rn. 6 – Schutz vor Lärm etc in § 329 nicht von der Umwelt- richtlinie erfasst; Lösung de lege ferenda: *Meyer* wistra 2012, 371 (374 f.)).

Die Heranziehung der in § 330d Abs. 2 unerwähnten Rechtsmissbrauchsklausel aus § 330d Abs. 1 **36f** Nr. 5 ist geboten (strengere Umsetzung der Mindestvorgaben der RL 2008/899/EG durch den na- tionalen Gesetzgeber möglich: MüKoStGB/*Schmitz* Rn. 56; vgl. Erwägung 12 der Richtlinie), sodass nach § 330d Abs. 1 Nr. 5 erwirkte EU-ausländische Rechtsakte keinen strafrechtlichen Schutz entfalten (Schönke/Schröder/*Heine*/*Hecker* Rn. 40).

VI. Verwaltungsrecht dritter Staaten

Das Verwaltungsrecht von Nicht-EU-Staaten kann keine Strafbarkeit begründen (sonst Entwertung **36g** des harmonisierten EU-Umweltrechts; Umkehrschluss aus Abs. 2: NK-StGB/*Ransiek* Rn. 6; Mü- KoStGB/*Schmitz* Rn. 64), allenfalls zur Straflosigkeit führen (→ Vorb. §§ 324–330d Rn. 32; für eine strikte Fremdrechtsakzessorietät SK-StGB/*Schall* Vor § 324 Rn. 20o ff.).

Vorbemerkungen zu §§ 331–338

1. Entstehung und Entwicklung der Vorschriften. Die Korruptionsdelikte wurden durch das am **1** 20.8.1997 in Kraft getretene KorruptionsbG v. 13.8.1997 (BGBl. I 2038) sowohl im Hinblick auf die Tatbestandsvoraussetzungen als auch die Rechtsfolgen ergänzt und verschärft (vgl. *Korte* NStZ 1997, 513). Im Jahr 2009 sind Änderungen im BBG und im BeamtStG im Hinblick auf das Verbot der Annahme von Vorteilen in Kraft getreten. Zuletzt sind mit dem Gesetz zur Bekämpfung der Korruption (BGBl. 2015 I 2025) im November 2015 diverse Erweiterungen auf Europäische Amtsträger sowie ausländische und Bedienstete erfolgt.

2 **a) Korruptionsbekämpfungsgesetz vom 13.8.1997 (KorruptionsbG).** Durch dieses Gesetz wurden insbesondere die Anforderungen an die sog **Unrechtsvereinbarung,** den Kernbereich aller Bestechungsdelikte, sowohl für die Vorteilsannahme als auch -gewährung nach §§ 331, 333 herabgesetzt, indes nicht vollständig aufgegeben. Der Tatbestand der Vorteilsgewährung setzte in seiner alten Fassung voraus, dass der Vorteil „Gegenleistung" für eine „Diensthandlung" war, die ihrem sachlichen Gehalt nach zumindest grob umrissen sein musste. Eine Zuwendung von Vorteilen „zur Erlangung allgemeinen Wohlwollens" genügte nach der Rspr. des BGH nicht (BGH NStZ 1999, 561). Je umfangreicher sich der Aufgabenbereich des Amtsträgers darstellte, umso schwieriger war die Zuordnung des Vorteils zu einer bestimmten oder zumindest bestimmbaren Diensthandlung. Der Gesetzgeber verfolgte mit der Novellierung die Intention, die Beweisschwierigkeiten zu beseitigen, die mit dem Erfordernis der Bestimmbarkeit der Diensthandlung verbunden waren. Nunmehr genügt es, wenn ein Vorteil für die (vergangene oder künftige) Dienstausübung im Allgemeinen angeboten, versprochen oder gewährt wird (vgl. auch BGH NJW 2004, 3570 (3571); 2008, 3580 (3582)). Im Gesetzgebungsverfahren war bis zuletzt umstritten, in welchem Umfang die Unrechtsvereinbarung beibehalten werden sollte (BR-Drs. 298/95, 2 (10, 16 f.); 571/96, 14; 13/5584). Ziel des Gesetzgebers war weiter, als strafwürdig bewertete Zuwendungen an Amtsträger zur „Klimapflege" bzw. das sog „Anfüttern", das Geneigtmachen zu eventuellen späteren Gegenleistungen zu erfassen. Nach der Neufassung reicht nunmehr aus, dass der Vorteil von Vorteilsgeber und Vorteilsnehmer allgemein im Sinne eines Gegenseitigkeitsverhältnisses mit der Dienstausübung des Amtsträgers verknüpft wird. Hierdurch soll dem Hervorrufen eines bloßen Anscheins möglicher „Käuflichkeit" von Amtsträgern begegnet werden (vgl. BGH NStZ-RR 2003, 171; BGH NStZ 2005, 334; BGH NJW 2007, 3446 (3448)). Andererseits hat der Gesetzgeber prinzipiell an dem Erfordernis einer Unrechtsvereinbarung festgehalten. Der weiter reichende Vorschlag des Bundesrates (Entwurf eines Korruptionsbekämpfungsgesetzes v. 18.12.1995, BT-Drs. 13/3353), der vorsah, auf die Unrechtsvereinbarung gänzlich zu verzichten und die Strafbarkeit der Vorteilsannahme und -gewährung davon abhängig zu machen, dass dem Amtsträger ein Vorteil „im Zusammenhang mit seinem Amt" zugewendet wird, fand keine parlamentarische Mehrheit (Fischer § 331 Rn. 22 mwN; LK-StGB/*Sowada* § 331 Rn. 65). Die Bundesregierung und der Rechtsausschuss des Deutschen Bundestages hatten dagegen eingewendet, dass durch die vorgesehene Erweiterung der Tatbestände ein breites Spektrum nicht strafwürdiger Handlungen in die Strafbarkeit einbezogen würde (vgl. BGH NJW 2008, 3580 (3582) mwN). Die Kompromisslösung geht über die alte Rechtslage hinaus, bleibt jedoch hinter dem weitergehenden Vorschlag des Bundesrates zurück. Erforderlich ist mithin die Feststellung, dass der Vorteil überhaupt für dienstliche Handlungen angenommen oder gewährt worden ist (BT-Drs. 16/4333, 5 f.).

3 Ferner wurden **Drittzuwendungen** in die Straftatbestände der §§ 331 ff. einbezogen. Nach der seinerzeitigen Fassung der Korruptionsdelikte war eine Strafbarkeit nach §§ 331 ff. nur gegeben, wenn dem Amtsträger zumindest mittelbar materielle oder immaterielle Vorteile zugutekamen. Für die Praxis entstanden jedoch zunehmend Beweisprobleme, wenn die Zuwendungen durch Spenden an politische Parteien und andere Organisationen verschleiert wurden (vgl. *Schaupensteiner* NStZ 1996, 409 (411)). Seit der Neufassung ist es ausreichend, wenn der Vorteil einem Dritten zugutekommt.

4 Zudem wurden Zuwendungen für **bereits vorgenommene Diensthandlungen** ausdrücklich in § 333 Abs. 1 aufgenommen. Die **Strafdrohungen** der §§ 331 und 333 wurden verschärft und § 335 für besonders schwere Fälle der Bestechung und der Bestechlichkeit eingeführt. Ferner erfolgte eine Klarstellung des **Amtsträgerbegriffs** hinsichtlich der Erfüllung öffentlicher Aufgaben in privatrechtlicher Organisationsform. Hierzu wurden in § 11 Abs. 1 Nr. 2c die Worte „unbeschadet der zur Aufgabenerfüllung gewählten Rechtsform" eingefügt.

5 **b) Sonstige Gesetzesänderungen.** Am 12.2.2009 ist das Bundesbeamtengesetz (BBG) v. 5.2.2009 in Kraft getreten (BGBl. I 160). § 71 BBG enthält eine Neuregelung zur Annahme von Vorteilen, die § 70 BBG aF ersetzt. § 71 BBG bezieht neben „Geschenken und Belohnungen" ausdrücklich sonstige Vorteile ein, die Beamte „für sich oder einen Dritten in Bezug auf ihr Amt fordern, sich versprechen lassen oder annehmen". Nach der Gesetzesbegründung (BT-Drs. 16/7076, 117) gilt das Annahmeverbot auch für Auszeichnungen und Prämien für im Dienst erbrachte Leistungen (zB Wissenschaftspreise), sofern diese nicht vom Dienstherrn selbst, sondern von dritter Seite verliehen werden. Dabei könne ausnahmsweise zugelassen werden, dass der Beamte das Preisgeld annehme und behalte, wenn nach den konkreten Gegebenheiten jeder Anschein eines Interessenkonfliktes oder einer Beeinflussung der Dienstausübung ausgeschlossen werden kann.

6 Nachdem die Rahmenkompetenz des Bundes zur Regelung des Beamtenrechts mit dem Gesetz zur Änderung des GG v. 28.8.2006 (BGBl. I 2034) entfallen war, ist das Beamtenstatusgesetz v. 17.6.2008 am 1.4.2009 in Kraft getreten (BGBl. 2008 I 1010). § 42 BeamtStG enthält eine § 71 BBG entsprechende Regelung zum grundsätzlichen Verbot der Annahme von Vorteilen und der Erteilung von Ausnahmegenehmigungen, die die Pflichten zu unparteiischer, gerechter und uneigennütziger Amtsführung ergänzt. Der Gesetzgeber hat zudem klargestellt, dass Beamte entsprechend § 331 Abs. 1 Vorteile auch nicht für eine dritte Person fordern, sich versprechen lassen oder annehmen dürfen (BT-Drs. 16/4027, 33).

Das am 31.10.2003 von der Generalversammlung der UN verabschiedete und am 9.12.2003 von der **6a** Bundesrepublik Deutschland gezeichnete Übereinkommen gegen Korruption ist nunmehr am 12.12.2014 in Kraft getreten (BGBl. II 140), nachdem zuvor mit Wirkung zum 1.9.2014 die § 108e normierte Strafbarkeit der Abgeordnetenbestechung neu geregelt worden war (→ Rn. 15) und aufgrund des Gesetzes vom 27.10.2014 (BGBl. II 762) die Ratifizierung erklärt werden konnte.

Zur Umsetzung von Rechtsinstrumenten internationaler Organisationen sind auf Grundlage des **6b** weitgehend unverändert gebliebenen Gesetzesentwurfes der Bundesregierung v. 18.3.2015 (BT-Drs. 18/4350) mit dem Gesetz zur Bekämpfung der Korruption vom 20.11.2015 (BGBl. I 2025), in Kraft seit 26.11.2015, diverse Änderungen erfolgt. So sind beispielsweise die §§ 331, 332 dahingehend ergänzt worden, dass nunmehr Europäische Amtsträger und Mitglieder eines Gerichts der Europäischen Union vom Tatbestand erfasst sind. Ferner ist durch § 335a (→ § 335a Rn. 1 ff.) der Anwendungsbereich von §§ 332, 334 und 335 um die Einbeziehung von ausländischen und internationalen Bediensteten erweitert worden.

c) Weitere Gesetzesvorhaben. Die Bundesregierung hat als Reaktion auf die „Vertragsärzte"-Ent- **7** scheidung des BGH vom 29.3.2012 (NStZ 2012, 505; vgl. → § 331 Rn. 10) am 21.10.2015 einen Entwurf für ein Gesetz zur Bekämpfung von Korruption im Gesundheitswesen vorgelegt (BT-Drs. 18/6446). Auf dieser weitgehend unverändert gebliebenen Grundlage hat der Bundestag am 30.5.2016 ein entsprechendes Gesetz verabschiedet (BGBl. I 1254). Danach beschreiben die § 299a und § 299b unter Strafe gestellte Korruptionshandlungen im Gesundheitswesen und § 300 definiert besonders schwere Fälle der Korruption im geschäftlichen Verkehr (§ 299) und im Gesundheitswesen. Das Gesetz trat am 4.6.2016 in Kraft.

2. Deliktsnatur/Rechtsgut. Die Vorschriften der §§ 331 ff. sind nach hM abstrakte Gefährdungs- **8** delikte (Fischer § 331 Rn. 2; LK-StGB/*Sowada* Rn. 39; SSW StGB/*Rosenau* § 331 Rn. 8; aA *Kargl* ZStW 114 (2002), 763 (785 f.)). Sie setzen weder eine tatsächliche Verletzung noch eine Gefährdung der geschützten Rechtsgüter voraus (MüKoStGB/*Korte* § 331 Rn. 10).

Geschützte Rechtsgüter sind das Vertrauen der Allgemeinheit in die Lauterkeit des öffentlichen **9** Dienstes (BGHSt 10, 241; 14, 130; 15, 96; 30, 48; 31, 264; 39, 45; 47, 22; BGH NStZ 1985, 497; BGH NJW 1987, 1342; BGH NStZ-RR 2002, 272 (273)), die Funktionsfähigkeit der öffentlichen Verwaltung aufgrund des Vertrauens in deren Sachbezogenheit und Unparteilichkeit (Fischer § 331 Rn. 2; Schönke/Schröder/*Heine/Eisele* § 331 Rn. 9) sowie das Vertrauen in die Unkäuflichkeit von Trägern staatlicher Funktionen und damit zugleich in die Sachlichkeit staatlicher Entscheidungen (BGHSt 15, 88 (96); 30, 46 (48); 47, 295 (309); BGH NStZ-RR 2002, 272 (273)). Ferner sollen die Normen sicherstellen, dass die Lauterkeit der Amtsausübung gewährleistet und die Autorität staatlichen Handelns nicht erschüttert wird (SSW StGB/*Rosenau* § 331 Rn. 7; *Lackner/Kühl*/Heger § 331 Rn. 1).

Nicht geschützt sind die Vermögensinteressen der Anstellungskörperschaft, die Zuverlässigkeit der **10** Umsetzung des Staatswillens und der Schutz vor einer Verfälschung des Staatswillens (BGHSt 30, 46 (48); 47, 22). Soweit im Schrifttum die Auffassung vertreten wird, diese Rechtsgüter seien gleichfalls von §§ 331 ff. geschützt, werden die Vorschriften als konkrete Gefährdungsdelikte eingestuft (BeckOK StGB/v. *Heintschel/Heinegg* § 331 Rn. 4.1). Mit Erweiterung der §§ 331 ff. durch das KorruptionsbG sind auch diejenigen Fälle, in denen durch die Vorteile nur das generelle Wohlwollen des Amtsträgers erkauft oder „allgemeine Klimapflege" betrieben wird, in den Tatbestand einbezogen worden, weil es gerade Schutzzweck der Norm ist, bereits den Anschein der Käuflichkeit amtlicher Entscheidungen zu vermeiden (BGH NJW 2004, 3569 (3571); 2007, 3446 (3448); OLG Köln BeckRS 2014, 18661 Rn. 97).

3. Systematik der Vorschriften. §§ 331 und 332 sind echte Amtsdelikte, die die Strafbarkeit des **11** Amtsträgers im Zusammenhang mit der Entgegennahme von Vorteilen regeln (sog „passive" Beste-chung), wohingegen § 333 und § 334 spiegelbildlich die Strafbarkeit des den Vorteil Versprechenden oder Gewährenden in den Blick nehmen (sog „aktive" Bestechung). Bezieht sich die Unrechtsver-einbarung nicht auf eine pflichtwidrige Diensthandlung, sondern auf die Dienstausübung im Allgemei-nen, ohne dass der Vorteil eine Gegenleistung für eine bestimmte Handlung darstellt, greifen die Straftat-bestände des § 331 (Vorteilsannahme) bzw. des § 333 (Bestechlichkeit) ein. § 332 (Vorteilsgewährung) und § 334 (Bestechung) setzen hingegen eine Unrechtsvereinbarung voraus, die auf eine konkrete pflichtwidrige Diensthandlung gerichtet ist.

Als echte Amtsdelikte können die Tatbestände der §§ 331, 332 nur von Amtsträgern, für den öffent- **12** lichen Dienst besonders Verpflichteten, Richtern oder Schiedsrichtern begangen werden. Über § 48 WStG findet § 331 auf Offiziere und Unteroffiziere sowie § 332 auf alle Soldaten Anwendung. Bei der aktiven Vorteilsgewährung und Bestechung nach §§ 333, 334 sind ferner ausdrücklich „Soldaten der Bundeswehr" als mögliche Täter genannt. Der Nichtamtsträger kann lediglich Anstifter oder Gehilfe, nicht aber Täter, Mittäter oder mittelbarer Täter sein. Für den Teilnehmer ist die Strafe nach § 28 Abs. 1 zu mildern.

§ 331 Vorteilsannahme

(1) Ein Amtsträger, ein Europäischer Amtsträger oder ein für den öffentlichen Dienst besonders Verpflichteter, der für die Dienstausübung einen Vorteil für sich oder einen Dritten fordert, sich versprechen läßt oder annimmt, wird mit Freiheitsstrafe bis zu drei Jahren oder mit Geldstrafe bestraft.

(2) ¹Ein Richter, Mitglied eines Gerichts der Europäischen Union oder Schiedsrichter, der einen Vorteil für sich oder einen Dritten als Gegenleistung dafür fordert, sich versprechen läßt oder annimmt, daß er eine richterliche Handlung vorgenommen hat oder künftig vornehme, wird mit Freiheitsstrafe bis zu fünf Jahren oder mit Geldstrafe bestraft. ²Der Versuch ist strafbar.

(3) Die Tat ist nicht nach Absatz 1 strafbar, wenn der Täter einen nicht von ihm geforderten Vorteil sich versprechen läßt oder annimmt und die zuständige Behörde im Rahmen ihrer Befugnisse entweder die Annahme vorher genehmigt hat oder der Täter unverzüglich bei ihr Anzeige erstattet und sie die Annahme genehmigt.

Neuere Literatur (Auswahl): *Ambos,* Zur Strafbarkeit der Drittmittelakquisition, JZ 2003, 345; *Ambos/Ziehn,* Zur Strafbarkeit von Schulfotografen wegen Bestechung oder Vorteilsgewährung gemäß §§ 333, 334 StGB, NStZ 2008, 498; *Bannenberg,* Korruption in Deutschland und ihre strafrechtliche Kontrolle, eine kriminologisch-strafrechtliche Analyse, 2002; *Bernsmann,* Die Korruptionsdelikte (§§ 331 ff. StGB) – Eine Zwischenbilanz, StV 2003, 521; *Bernsmann,* Public Private Partnership („PPP") – ein Thema für das Strafrecht?!, StV 2005, 685; *Bittmann,* Zum Konkurrenzverhältnis von Bestechlichkeit und Untreue, wistra 2002, 405; *Bott/Hiéramente,* Ausschluss einer Korruptionsstrafbarkeit durch institutionalisierte Vorabbewilligungen?; *Bottke,* Korruption und Kriminalrecht in der Bundesrepublik Deutschland, ZRP 1998, 215; *Brand,* Der Insolvenzverwalter als Amtsträger und Täter der §§ 331, 332 StGB, DZWIR 2008, 318; *Bruns,* Der sogenannte Herzklappenskandal, ArztR 1998, 237; *Bruns,* Strafbarkeit – Krankenhausarzt – Drittmittel der Industrie – Vorteilsannahme, ArztR 2003, 103; *Burmeister,* Strafrechtliche Risiken städtebaulicher Verträge, BauR 2003, 1129; *Busch,* Kostenloser Computer für eine Schulfotoaktion – Erlaubtes „Schulsponsoring" oder strafbare Korruption?, NJW 2006, 1100; *Clausen/Ostendorf,* Korruption im öffentlichen Dienst, 2002; *Cramer,* Erfüllt die Einstellung des Verfahrens aus Gründen der Opportunität gemäß § 153a StGB den Tatbestand der Vorteilsannahme gemäß § 331 StGB, wistra 1999, 414; *Dahs/Müssig,* Strafbarkeit kommunaler Mandatsträger als Amtsträger? – Eine Zwischenbilanz, NStZ 2006, 191; *Dann,* Und immer ein Strück weiter – Die Reform des deutschen Korruptionsstrafrechts, NJW 2016, 203; *Dauster,* Private Spenden zur Förderung von Forschung und Lehre: Teleologische Entschärfung des strafrechtlichen Vorteilsbegriffs nach § 331 StGB und Rechtfertigungsfragen, NStZ 1999, 63; *Deiters,* Zur Frage der Strafbarkeit von Gemeinderäten wegen Vorteilsannahme und Bestechlichkeit, NStZ 2003, 453; *Diettrich/Schatz,* Sicherung der privaten Drittmittelförderung, ZRP 2001, 521; *Dölling,* Empfehlen sich Änderungen des Straf- und Strafprozessrechts, um der Gefahr der Korruption wirksam zu begegnen? Gutachten C zum 61. DJT 1996; *Dölling,* Neuregelung der Strafvorschriften gegen Korruption; *Dölling,* Die Neuregelung der Strafvorschriften gegen Korruption, ZStW 112 (2000), 334; *Erlinger,* Drittmittelforschung unter Korruptionsverdacht?, MedR 2002, 60; *Erb,* Zur Strafbarkeit von Grenzüberschreitungen bei Verfahrensabsprachen, StV 2014, 103; *Eser,* „Sozialadäquanz": eine überflüssige oder unverzichtbare Rechtsfigur?, FS Roxin, 2001, 199; *Fürsen/Schmidt,* Drittmitteleinwerbung – strafbare Dienstpflicht? JR 2004, 57; *Geis,* Ist jeder Kassenarzt ein Amtsarzt?, wistra 2007, 361; *Grziwotz,* Zur Strafbarkeit von Amtsträgern beim Abschluss städtebaulicher Verträge, BauR 2000, 1437; *Günther,* Unbegründete Ängste der Klinikärzte und der pharmazeutischen Industrie vor den Änderungen des Antikorruptionsgesetzes, MedR 2001, 457; *Haeser,* Erfahrungen mit der neuen Rechtslage im Korruptionsstrafrecht und Drittmittelrecht – aus der Sicht des Staatsanwalts, MedR 2002, 55; *Harriehausen,* Einwerbung und Annahme von Drittmitteln – immer mit einem Fuß im Gefängnis?, NStZ 2013, 256; *Heinrich,* Rechtsprechungsübersicht zu den Bestechungsdelikten (§§ 331–335 StGB), NStZ 2005, 197 und 256; *Helmrich,* Zum Beginn der Verfolgungsverjährung bei Bestechungsdelikten (§§ 299, 331 ff. StGB), wistra 2009, 10; *Hild,* Die Gesetze zur Bekämpfung internationaler Bestechung (IntBestG) sowie das EU-Bestechungsgesetz (EUBestG), StraFo 2000, 221; *Höltkemeier,* Sponsoring als Straftat, 2005; *Hofmann/Zimmermann,* Steuerliche Behandlung von Schmiergeldern als Hindernis für die effiziente Korruptionsbekämpfung, ZRP 1999, 49; *Hoven,* Der Wechsel von Amtsträgern in die Privatwirtschaft – Gedanken zur Vorteilsannahme nach § 331 StGB am Beispiel Eckart von Klaedens, NStZ 2013, 617; *Hoven,* Aktuelle rechtspolitische Entwicklungen im Korruptionsstrafrecht, NStZ 2015, 553; *Jutzi,* Genehmigung der Vorteilsannahme bei nicht in einem öffentlich-rechtlichen Amtsverhältnis stehenden Amtsträgern, NStZ 1991, 105; *Kargl,* Über die Bekämpfung des Anscheins der Kriminalität bei der Vorteilsannahme ZStW 114 (2002), 763; *Kargl,* Parteispendenakquisition und Vorteilsannahme, JZ 2005, 503; *Kindhäuser/Goy,* Zur Strafbarkeit ungenehmigter Drittmitteleinwerbung, NStZ 2003, 291; *Knauer/Kaspar,* Restriktives Normverständnis nach dem Korruptionsbekämpfungsgesetz, GA 2005, 385; *König,* Neues Strafrecht gegen Korruption, JR 1997, 397; *Korte,* Der Einsatz des Strafrechts zur Bekämpfung der internationalen Korruption, wistra 1999, 81; *Kuhlen,* Untreue, Vorteilsannahme und Bestechlichkeit bei Einwerbung universitärer Drittmittel, JR 2003, 231; *Kuhlen,* Verjährungsbeginn bei Bestechung und Bestechlichkeit, JR 2009, 53; *Kuhlen,* Die Bestechungsdelikte der §§ 331–334 StGB, JuS 2011, 673; *Laufs,* Ärzte und Sponsoren, NJW 2002, 1770; *Liebl,* Korruption: Skandal oder Skandalisierung?, Kriminalistik 2005, 478; *Lippert,* Vorteilsannahme, Bestechlichkeit und die Einwerbung von Drittmitteln bei der Beschaffung von Medizinprodukten, NJW 2000, 1772; *Lohse,* Verfall (von Wertersatz) bei Vertragsschluss auf Grund Korruption, JR 2009, 188; *Mansdörfer,* Strafrechtliche Haftung für Drittmitteleinwerbung an staatlichen Hochschulen, wistra 2003, 211; *Marel,* Die Strafbarkeit kommunaler Mandatsträger gem. §§ 331, 332 StGB, StraFo 2003, 259; *Matkey,* Korruption – Rechtssicherheit durch das Verpflichtungsgesetz, Kriminalistik 2001, 742; *Meininger,* Möglichkeiten, Grenzen und Praxis des Sponsoring der öffentlichen Verwaltung, 2000; *Michalke,* Drittmittel und Strafrecht – Licht am Ende des Tunnels?, NJW 2002, 3381; *Ostendorf,* Bekämpfung der Korruption als rechtliches Problem oder zunächst moralisches Problem?, NJW 1999, 615; *Paster/Sättele,* Alles, was das Leben verschönern kann, NStZ 2008, 366; *Pelz,* Die Bekämpfung der Korruption im Auslandsgeschäft, StraFo 2000, 300; *Pelz,* Sponsoring – Zwischen Marketing und Korruption, LMuR

2009, 50; *Ratzel*, Drittmittelforschung unter Korruptionsverdacht, MedR 2002, 63; *Rönnau*, Untreue und Vorteils-annahme durch Einwerbung von Drittmitteln?, JuS 2003, 232; *Rust/Wostry*, Die Tätertauglichkeit des Vorstandes einer gesetzlichen Krankenkasse nach §§ 331 ff. StGB; MedR 2009, 319; *Saliger/Sinner*, Korruption und Betrug durch Parteispenden, NJW 2005, 1073; *Sanchez-Hermosilla*, Korruptionsstrafrecht und Drittmittelforschung, Kriminalistik 2002, 506; *ders.*, Rechtspolitik zur Korruptionsbekämpfung, Kriminalistik 2003, 74; *Satzger*, Bestechungsdelikte und Sponsoring, ZStW 115 (2003), 469; *Satzger*, „Schwarze Kassen" zwischen Untreue und Korruption – Eine Besprechung des Urteils BGH 2 StR 587/07 (Siemens-Entscheidung), NStZ 2009, 297; *Schäfer/Liesching*, Überlegungen zu Vorteils-annahme und Vorteilsgewährung, ZRP 2008, 173; *Schaupensteiner*, Gesamtkonzept zur Eindämmung der Korruption, NStZ 1996, 409; *Schaupensteiner*, Wachstumsbranche Korruption, Kriminalistik 2003, 9; *Schlund*, Beteiligung an Bestechungsdelikten – Grenzen der Sozialadäquanz, NJW-Spezial 2014, 568; *Schlösser*, Zur Strafbarkeit des Public Fundraising nach den §§ 331 ff. StGB am Beispiel des Schulfotografen-Falles – (BGH, Urt. v. 26.5.2011 – 3 StR 492/10), NZWiSt 2013, 11; *Schmidt/Güntner*, Drittmitteleinwerbung und Korruptionsstrafrecht – Rechtliche Prämissen und rechtspolitische Konsequenzen, NJW 2004, 471; *Schreiber/Rosenau/Combé/Wrackmeyer*, Zur Strafbarkeit der An-nahme von geldwerten Zuwendungen durch Städte und Gemeinden nach § 331 StGB, GA 2005, 265; *Stolpe*, Interna-tionale Vorgaben zur Korruptionsbekämpfung, Kriminalistik 2004, 292; *Tag*, Drittmitteleinwerbung – strafbare Dienst-pflicht?, JR 2004, 50; *Taschke*, Die Bekämpfung der Korruption in Europa auf Grundlage der OECD-Konvention, StV 2001, 78; *Trüg*, Vorteilsgewährung durch Übersendung von WM-Gutscheinen – Schützt Sponsoring vor Strafe?, NJW 2009, 196; *Winkelbauer*, Strafrechtliche Risiken kommunaler Finanzierung durch Spenden oder Sponsoring BWGZ 2004, 893; *Wolters*, Die Änderung des StGB durch das Gesetz zur Bekämpfung der Korruption, JuS 1998, 1100; *Zieschang*, Das EU-Bestechungsgesetz und das Gesetz zur Bekämpfung internationaler Bestechung, NJW 1999, 105; *Zöller*, Korruptionsstrafbarkeit durch Wahlkampfspenden – zugleich Besprechung von BGH, Urt. vom 28.8.2007, GA 2008, 151.

Übersicht

A. Überblick

1   Die Norm regelt in Abs. 1 die Strafbarkeit von Amtsträgern, Europäischen Amtsträgern und für den öffentlichen Dienst besonders Verpflichteten im Falle der Annahme von Vorteilen für die Dienstausübung. Abs. 2 regelt die Strafbarkeit von Richtern, Mitgliedern eines Gerichts der Europäischen Union und Schiedsrichtern. Nimmt der Richter, der nach § 11 Abs. 1 Nr. 2a, zugleich ein Amtsträger ist (LK-StGB/*Sowada* Rn. 92), eine nichtrichterliche Tätigkeit vor, ist Abs. 1 einschlägig. Für die richterliche Tätigkeit stellt Abs. 2 demgegenüber eine Qualifikation dar. Abs. 3 enthält eine besondere Genehmigungsregelung, die sich allerdings nur auf den Tatbestand des Abs. 1 bezieht.

B. Objektiver Tatbestand

2   Objektiv setzt der Tatbestand der Vorteilsannahme voraus, dass eine der in Abs. 1 und 2 bezeichneten Personen (→ Rn. 3 ff.) einen Vorteil (→ Rn. 24 ff.) für die Dienstausübung oder eine richterliche Handlung (→ Rn. 47 ff.), die mit dem Vorteil inhaltlich durch eine Unrechtsvereinbarung verknüpft sein muss (→ Rn. 67 ff.), fordert, sich versprechen lässt oder annimmt (→ Rn. 86 ff.). Mittelpunkt der Bestechungstatbestände ist die „Unrechtsvereinbarung" (BGH NStZ 1995, 92), die seit der Neufassung der Delikte durch das KorruptionsbG (→ Vorb. §§ 331–338 Rn. 2) bezüglich des Abs. 1 nur noch in der Form bestehen muss, dass eine inhaltliche Verknüpfung zwischen der Vorteilszuwendung und der allgemeinen Dienstausübung, nicht aber notwendigerweise einer konkreten Diensthandlung besteht. Bei Abs. 2 muss die Vorteilsannahme weiterhin Gegenleistung für eine konkrete richterliche Handlung sein.

I. Täter

3   § 331 ist – ebenso wie § 332 – ein echtes Amtsdelikt. Täter, Mittäter und mittelbarer Täter des Abs. 1 kann ausschließlich ein Amtsträger oder ein für den öffentlichen Dienst besonders Verpflichteter, Täter des Abs. 2 lediglich ein Richter oder Schiedsrichter sein. Vgl. zu den Einzelheiten der Voraussetzungen der Amtsträgereigenschaft auch die Kommentierung zu → § 11 Rn. 1 ff.

4   **1. Amtsträger (Abs. 1).** Der Begriff des Amtsträgers ist in § 11 Abs. 1 Nr. 2 und 2a definiert. Darunter fallen Beamte im staats- oder beamtenrechtlichen Sinn sowie Richter (§ 11 Abs. 1 Nr. 2a), sonstige in einem öffentlich-rechtlichen Amtsverhältnis stehende Personen (§ 11 Abs. 1 Nr. 2b) und Personen, die dazu bestellt sind, bei einer Behörde oder einer sonstigen Stelle oder in deren Auftrag Aufgaben der öffentlichen Verwaltung wahrzunehmen (§ 11 Abs. 1 Nr. 2c). Seit der mit dem Gesetz zur Bekämpfung der Korruption v. 20.11.2015 (BGBl. I 2025) erfolgten Erweiterung (→ Vorb. §§ 331–338 Rn. 6b) findet der Tatbestand nunmehr ebenso Anwendung auf Europäische Amtsträger (§ 11 Abs. 1 Nr. 2a; → Rn. 21). Die Vorschrift des § 11 Abs. 1 Nr. 2c wirft Fragen im Hinblick auf die Begriffe „sonstige Stellen", „Aufgaben der öffentlichen Verwaltung" und „Bestellung zur Wahrnehmung öffentlicher Aufgaben" auf.

5   „Sonstige Stellen" sind behördenähnliche Institutionen, die rechtlich befugt sind, bei der Ausführung von Gesetzen und der Erfüllung öffentlicher Aufgaben mitzuwirken, ohne dabei selbst Behörde im verwaltungsrechtlichen Sinne zu sein (BGHSt 49, 214 (219); BGH NJW 2007, 2932 f.; 2009, 3248 f.; 2010, 784). Der Organisationsform der Stelle kommt dabei nach ständiger Rechtsprechung regelmäßig keine entscheidende Bedeutung zu (Fischer Rn. 4a). Privatrechtlich organisierte Einrichtungen und Unternehmen der öffentlichen Hand sind nur dann „öffentliche Stellen", wenn sie bei der Wahrnehmung von Verwaltungsaufgaben staatlicher Steuerung unterliegen und daher bei einer Gesamtbetrachtung als „verlängerter Arm" des Staates erscheinen (BGHSt 43, 370 (377); 45, 15; 49, 214 (219); 50, 299 (303); MüKoStGB/*Korte* Rn. 37). Insoweit bedarf eines aussagekräftigen Unterscheidungsmerkmals von staatlichem und privatem Handeln (BGH NJW 2007, 2932 (2933)). Beispiele hierfür sind die „Deutsche Gesellschaft für Technische Zusammenarbeit" GTZ (BGHSt 43, 370 (375)), die Treuhand Liegenschaftsgesellschaft (BGH NJW 2001, 3062 ff.), die Planungsgesellschaft Bahnbau Deutsche Einheit GmbH, eine 100%ige Tochter der Deutschen Bahn AG (BGHSt 52, 290: weil diese im alleinigen Eigentum des Staates stand, vom Bund finanziert wurde und alleiniger Unternehmenszweck eine vom

Bund festgelegte öffentliche Aufgabe war) oder Angestellte der Deutschen Bahn Netz AG (BGH NStZ 2011, 394).

Hingegen zählen nach der Rspr. des BGH die Deutsche Bahn AG (BGHSt 49, 214 (219 ff.) mangels **6** maßgeblicher staatlicher Steuerung), das Deutsche Rote Kreuz (BGHSt 46, 310 mangels organisatorischer Eingliederung in die Staatsverwaltung), die Flughafen Frankfurt/Main Aktiengesellschaft (trotz der Anteilseignerschaft der öffentlichen Hand; BGHSt 45, 16) und andere Unternehmen, bei denen ein Privater im Hinblick auf unternehmerische Entscheidungen wesentlich beteiligt ist (BGHSt 50, 299 (305 f.)), nicht zu den öffentlichen Stellen iSd § 11 Abs. 1 Nr. 2c. Körperschaften und Anstalten des öffentlichen Rechts sind zwar nicht allein aufgrund ihrer Rechtsnatur sonstige Stellen iSd § 11 Abs. 1 Nr. 2c. Jedoch ist der öffentlich-rechtlichen Organisationsform erhebliche indizielle Bedeutung beizumessen, weil gerade das institutionelle Moment die Integrität und Funktionsfähigkeit des Verwaltungsapparates und das öffentliche Vertrauen in die staatlichen Institutionen in den Blick geraten lässt. Dies gilt auch dann, wenn der Aufgabenträger bei der Erfüllung seiner Aufgaben keiner Steuerung durch staatliche Behörden im engeren Sinn unterliegt (BGH NJW 2010, 784: für den Hessischen Rundfunk als öffentlich-rechtliche Rundfunkanstalt).

Zu den Aufgaben der öffentlichen Verwaltung gehören sowohl die Eingriffs- und Leistungsverwaltung **7** als auch der Bereich der staatlichen Daseinsvorsorge (stRspr; BGHSt 38, 199 (201); BGH NJW 2010, 784; MüKoStGB/*Korte* Rn. 35). Mit umfasst sind auch Annexaufgaben, wie das Einwerben von Sponsorengeldern (Fischer Rn. 4c).

Die Bestellung von Privatpersonen zur Wahrnehmung öffentlicher Aufgaben ist von der rein pri- **8** vatrechtlichen Beauftragung abzugrenzen (BGH NJW 1998, 2373; MüKoStGB/*Korte* Rn. 38). Sie muss zu einer über den einzelnen Auftrag hinausgehenden längerfristigen Tätigkeit der Privatperson für die öffentliche Verwaltung oder einer organisatorischen Eingliederung in die Behördenstruktur führen (BGHSt 43, 96 (105); 43, 370 (379)). Eines förmlichen Bestellungsaktes bedarf es indes nicht (Fischer § 11 Rn. 20 mwN). Für die Frage der Amtsträgereigenschaft ist die Art der Aufgabe entscheidend, nicht die Rechtsform, in der diese wahrgenommen wird (BGHSt 43, 370 (377); vgl. § 11 Abs. 1 Nr. 2c: *„unbeschadet der zur Aufgabenerfüllung gewählten Rechtsform"*). Eine öffentlich-rechtliche Bestellung hat die Rspr. insbesondere angenommen, wenn öffentliche Behörden durch freiberufliche Private ersetzt werden (Fischer Rn. 4a), eine langfristige Beauftragung mit der Aufgabenerfüllung (beispielsweise bei der Gesamtbetreuung eines Großprojektes (BGH NJW 1998, 2373) oder eine Betrauung mit einer Vielzahl von Bauprojekten (vgl. Fischer Rn. 4a) erfolgt. Eine lediglich unterstützende Heranziehung genügt indes nicht (BGHSt 42, 232; Fischer Rn. 4a). Erfolgt die Beauftragung einer sonstigen Stelle insgesamt, so ist ein Bestellungsakt hinsichtlich der einzelnen Mitarbeiter nicht erforderlich (Mü-KoStGB/*Korte* Rn. 38).

Zu den Amtsträgern iSd § 11 Abs. 1 Nr. 2 zählen daher unter anderem der Vorstand einer Landes- **9** bank (BGHSt 31, 264 (267 ff.); MüKoStGB/*Korte* Rn. 35), angestellte Ärzte in Universitätskliniken und öffentlichen Krankenhäusern (BGH NStZ 2000, 90 f.), freiberufliche Architekten und Bauingenieure, wenn sie im Einzelfall dazu bestellt sind, im Auftrag einer Behörde oder sonstigen Stelle Aufgaben der öffentlichen Verwaltung wahrzunehmen (BGH NJW 1998, 2373: beispielsweise aufgrund eines Rahmenvertrages die Betreuung sämtlicher Baugelegenheiten eines städtischen Krankenhauses), leitende Bedienstete bei der GEZ, einer nicht rechtsfähigen Gemeinschaftseinrichtung der öffentlich-rechtlichen Rundfunkanstalten (BGHSt 47, 22), der Geschäftsführer eines kommunalen Fernwärmeversorgungsunternehmens (BGH NJW 2004, 693), der Geschäftsführer eines Müllentsorgungsunternehmens (BGH NStZ 2007, 211 f.), der Oberbürgermeister als Aufsichtsratsvorsitzender einer Stadtwerke-AG (BGH NStZ 2006, 628; Fischer Rn. 4a), Mitglieder des Leitungsorgans eines Rechtsanwaltsversorgungswerks sowie Insolvenzverwalter (LK-StGB/*Sowada* Rn. 12 mwN).

Keine Amtsträger sind hingegen niedergelassene Vertragsärzte, weil diese nicht den öffentlich-recht- **10** lichen Krankenkassen, sondern aufgrund des zivilrechtlichen Behandlungsvertrages in erster Linie im Interesse der Patienten tätig werden (BGH NStZ 2012, 505). Ebensowenig fungieren die Geschäftsführer einer gemeinnützigen Wohnungsbaugesellschaft (BGH NJW 2007, 2932; Fischer Rn. 4c) und des Roten Kreuzes (BGHSt 46, 310) als Amtsträger. Gleiches gilt für Dolmetscher, auch wenn sie regelmäßig bei Prüfungsverfahren mitwirken. Insoweit erfolgt lediglich eine unterstützende Heranziehung ohne Eingliederung in die Behördenstruktur (BGHSt 42, 230 ff.). Gemeinderatsmitglieder sind nach der neueren Rspr. des BGH ebenfalls nicht mehr als Amtsträger anzusehen (BGHSt 51, 44; BGH NStZ 2007, 36).

2. Für den öffentlichen Dienst besonders Verpflichtete (Abs. 1). Für den öffentlichen Dienst **11** besonders Verpflichtete sind Personen, die bei einer Behörde oder einer sonstigen Stelle, die Aufgaben der öffentlichen Verwaltung wahrnimmt oder für diese ausführt, beschäftigt oder tätig und auf die gewissenhafte Erfüllung ihrer Obliegenheiten aufgrund eines Gesetzes förmlich verpflichtet sind (§ 11 Abs. 1 Nr. 4). Hierzu zählen zum einen der in einem öffentlich-rechtlichen Anstellungsverhältnis stehende Schulsekretär, der für das Bestell- und Zahlwesen zuständig ist (BGH NJW 2016, 1398), Angestellte einer Behörde oder sonstigen Stelle, die keine öffentlichen Aufgaben wahrnehmen, beispielsweise Kanzleikräfte, Hausmeister etc, und zum anderen vorübergehend für einzelne öffentliche Aufgaben herangezogene Personen, wie Sachverständige oder Mitglieder eines beratenden Ausschusses (MüKoStGB/*Korte* Rn. 47). Voraussetzung für eine Strafbarkeit nach § 331 ist eine Verpflichtung nach § 1 Abs. 1 Nr. 3 VerpflG. Dass eine Person, die bereits Amtsträger iSd § 11 Abs. 1 Nr. 2 ist, gleichwohl förmlich verpflichtet wird, ändert – in der Alternative des Amtsträgers (MüKoStGB/*Korte* Rn. 48) – nichts an der Anwendbarkeit des § 331.

12   **3. Richter und Schiedsrichter (Abs. 2).** Täter nach Abs. 2 kann nur ein Richter, ein Mitglied eines Gerichts der Europäischen Union oder Schiedsrichter sein. Fehlt es an diesem Tatbestandsmerkmal oder nimmt der Betroffene keine richterliche Handlung vor (→ Rn. 61 ff.), zB bei Tätigkeiten im Bereich der Justizverwaltung (LG Lüneburg BeckRS 2015, 03604: Abordnung an das Prüfungsamt), kann jedoch eine Strafbarkeit nach Abs. 1 als Amtsträger (vgl. § 11 Abs. 1 Nr. 2 lit. a, c und Nr. 2a lit. b und c in Betracht kommen.

13   **a) Richter.** Der Begriff des deutschen Richters ist in § 11 Abs. 1 Nr. 3 definiert. Danach zählen hierzu sowohl Berufsrichter als auch ehrenamtliche Richter.

14   **Berufsrichter** sind neben den nach §§ 8 ff. DRiG unter Aushändigung einer Ernennungsurkunde berufenen Richtern ebenso Richter auf Zeit, Richter zur Probe und Richter kraft Auftrags, unabhängig davon, ob sie diese Tätigkeit hauptberuflich oder im Nebenamt ausüben (MüKoStGB/*Radtke* § 11 Rn. 94; LK-StGB/*Sowada* Rn. 93). Ferner zählen hierzu die technischen Richter beim BPatG (Mü-KoStGB/*Korte* Rn. 142). Keine Richter sind Rechtspfleger und Referendare, selbst wenn sie im Auftrag eines Richters tätig werden (MüKoStGB/*Korte* Rn. 142; LK-StGB/*Sowada* Rn. 93 mwN).

15   Zu den **ehrenamtlichen** Richtern zählen Schöffen in Strafverfahren, Handelsrichter bei den Kammern für Handelssachen, Beisitzer bei den Disziplinargerichten und Mitglieder der Ehrengerichte (Fischer § 11 Rn. 24; LK-StGB/*Sowada* Rn. 93).

16   **b) Schiedsrichter.** Zu den **Schiedsrichtern** zählen alle Personen, die aufgrund eines Schiedsvertrages (§§ 1025 ff. ZPO; §§ 101–110 ArbGG) oder eines gleichstehenden Begründungsaktes durch letztwillige Verfügung oder sonstige gesetzlich statthafte und nicht auf Vereinbarung beruhende Verfügung (§ 1066 ZPO) zur verbindlichen Entscheidung von Rechtsstreitigkeiten berufen sind (SSW StGB/*Rosenau* Rn. 12; Lackner/Kühl/*Heger* Rn. 2; LK-StGB/*Sowada* Rn. 94). Im Gegensatz zu Richtern beruht die Tätigkeit von Schiedsrichtern, zu denen ebenso ausländische Schiedsrichter zählen (MüKoStGB/*Korte* Rn. 143), nicht auf einem hoheitlichen Bestellungsakt, sondern auf rechtsgeschäftlicher Grundlage. Schiedsrichter sind daher keine Amtsträger, so dass eine Anwendbarkeit von § 331 Abs. 1 ausscheidet.

17   Ebenfalls zu den Schiedsrichtern zählen die Mitglieder der Sportgerichte (Schönke/Schröder/*Heine/ Eisele* Rn. 50; NK-StGB/*Kuhlen* Rn. 122; LK-StGB/*Sowada* Rn. 94; aA SK-StGB/*Rudolphi/Stein* Rn. 6b). Schiedsgutachter, Schiedsleute nach den Schiedsordnungen der Länder, Parteiengerichte der politischen Parteien, Schlichter in Tarifangelegenheiten und andere Personen, die lediglich unverbindliche Schlichtungsvorschläge unterbreiten (so Schiedsleute nach den Schiedsordnungen der Länder), aber keine verbindlichen Entscheidungen treffen können, unterfallen dieser Vorschrift nicht (Schönke/ Schröder/*Heine/Eisele* Rn. 50; MüKoStGB/*Korte* Rn. 143; LK-StGB/*Sowada* Rn. 94; SK-StGB/*Rudolphi/Stein* Rn. 6b).

18   **4. Sonstige Personengruppen und ausländische Täter.** Folgende Personengruppen sind zu unterscheiden:

19   **a) Abgeordnete.** Abgeordnete des Bundestages und der Landtage sowie kommunale Mandatsträger sind grundsätzlich keine Amtsträger (BGHSt 5, 100 (105 f.); BGH NJW 2006, 2050 (2052 ff.); BGH NStZ 2007, 36; MüKoStGB/*Korte* Rn. 42 f.). Etwas anderes gilt nur, wenn sie neben der Ausübung ihres Mandats in einem öffentlich-rechtlichen Amtsverhältnis stehen (wie Minister und Staatssekretäre) oder Aufgaben der öffentlichen Verwaltung wahrnehmen (wie Aufsichtsratsmitglieder kommunaler Unternehmen, BGHSt 51, 44 (58)). Im Übrigen ist die Abgeordnetenbestechung in § 108e geregelt. Diese Vorschrift stellt eine abschließende Sonderregelung für Zuwendungen im Zusammenhang mit Wahlen und Abstimmungen in den Volksvertretungen dar (LK-StGB/*Sowada* Rn. 16 mwN).

20   **b) Soldaten.** Soldaten mit einem Mannschaftsdienstgrad gehören nicht zu den Amtsträgern. § 48 Abs. 1 WStG regelt indes für den Straftatbestand des § 331 eine Gleichstellung von Offizieren der Bundeswehr mit Amtsträgern (→ § 332 Rn. 1 ff.).

21   **c) Europäische Amtsträger und Mitglieder eines Gerichts der Europäischen Union.** Hingegen werden durch die Neuregelung in Abs. 1 Handlungen von Europäischen Amtsträgern und in Abs. 2 solche von Mitgliedern eines Gerichts der Europäischen Union vom Tatbestand erfasst. Nach der in § 11 Abs. 1 Nr. 2a lit. a–c aufgeführten Legaldefinition handelt es sich bei den Europäischen Amtsträgern um Mitglieder der Kommission, mit der Zentralbank, des Rechnungshofes oder eines Gerichts der Europäischen Union, um Beamte oder sonstige Bedienstete der Union oder einer auf der Grundlage des Rechts der Union geschaffenen Einrichtung sowie um Beauftragte, die Aufgaben der Union oder einer auf der Grundlage des Rechts der Union geschaffenen Einrichtung wahrnehmen. Mitglieder des

Europäischen Parlaments, des Europäischen Rates und des Rates sind keine Europäischen Amtsträger; Mitglieder des Europäischen Parlaments werden aber von § 108e erfasst (BeckOK StGB/*v. Heintschel-Heinegg* § 11 Rn. 31 ff.).

5. Zeitpunkt der Amtsträgereigenschaft. Die Bestechungsdelikte (§§ 331–335) setzen voraus, dass **22** der Bestochene **zum Zeitpunkt der Tathandlung** Amtsträger ist (BGHSt 11, 345 (347); BGH NStZ 2007, 211 (212)). Nachwirkende Pflichten – wie etwa bei §§ 353b, 355 – bestehen bei den Bestechungsdelikten nicht. Hat der Beschuldigte einen Vorteil – wenngleich nur wenige Tage – nach Beendigung seiner Tätigkeit als Amtsträger erhalten, scheidet eine Verurteilung wegen Vorteilsannahme aus. Dies gilt selbst dann, wenn die Vorteilszuwendung mit Rücksicht auf die frühere oder gar zukünftige Amtstätigkeit erfolgt ist (Schönke/Schröder/*Heine/Eisele* Rn. 70; SK-StGB/*Rudolphi/Stein* Rn. 7; BeckOK StGB/*v. Heintschel-Heinegg* Rn. 9; SSW StGB/*Rosenau* Rn. 11; BGH NJW 2004, 3569 (3572)). Ist die Annahme des Vorteils aufgrund einer früheren entsprechenden Verabredung zwischen dem Amtsträger und dem Vorteilsgeber erfolgt, kommen die Tatbestandsalternativen des Forderns oder Sichversprechenlassens von Vorteilen in Betracht (BGH NStZ 2004, 564).

6. Vorteilsgeber. Vorteilsgeber kann jedermann, mithin auch ein Amtsträger, sein (Lackner/Kühl/ **23** *Heger* Rn. 2). Bei Tathandlungen unter Amtsträgern kommt eine Anwendung der Bestechungsvorschriften daher ebenfalls in Betracht (OLG Hamm NStZ 2002, 38).

II. Vorteil

§ 331 setzt voraus, dass der Amtsträger oder ein Dritter durch aktive Zuwendung eines Vorteils oder **24** durch Unterlassen einer sonst eintretenden Verschlechterung bessergestellt wird.

1. Begriff des Vorteils. Unter einem Vorteil iSd § 331 Abs. 1 ist jede materielle oder immaterielle **25** Leistung zu verstehen, auf die der Amtsträger keinen Anspruch hat und die seine wirtschaftliche, rechtliche oder auch nur persönliche Lage objektiv verbessert (stRspr; BGHSt 31, 264 (279); 35, 128 (133); 47, 295 (304); BGH NJW 2003, 763 (764); BGH NStZ-RR 2007, 309; BGH NStZ 2008, 216 (217); BGH StV 2012, 19). Es ist weder ein Nachteil des Vorteilsgebers noch eine Freiwilligkeit der Unrechtsvereinbarung erforderlich. Dass der Amtsträger den Vorteil auch auf andere Weise hätte erlangen können, ist ebenfalls unbeachtlich.

a) Objektive Besserstellung durch materielle oder immaterielle Leistungen. Eine objektive **26** Besserstellung des Amtsträgers ist insbesondere bei Zuwendung **materieller** Leistungen jeder Art gegeben. Dabei kann es sich um geldwerte Vorteile in Form von Bargeld und Sachwerten, aber auch um die Finanzierung von Reisen, Kongressen, Essen und Feiern, die Einladung zu Veranstaltungen, die Beschaffung von Gegenständen, die Einräumung von Rabatten, die Gewährung von Darlehen, die Erbringung von Dienst- und Werkleistungen sowie die Vermittlung von Aufträgen und Nebentätigkeiten handeln (vgl. im Einzelnen → Rn. 38 f.; Fischer Rn. 11c; MüKoStGB/*Korte* Rn. 61). Darüber hinaus kommt jede sonstige finanzielle Besserstellung in Betracht; der Vorteilsbegriff der §§ 331 ff. ist weiter als der Begriff des Vermögensvorteils (Fischer Rn. 11a). Aus diesem Grund ist es unbeachtlich, ob die Zuwendung objektiv einen wirtschaftlichen Vorteil darstellt. Daher kann genauso die Gewährung eines geringen Rabattes auf einen überhöhten Preis einen Vorteil iSd § 331 darstellen (Fischer Rn. 11d; MüKoStGB/*Korte* Rn. 62). Auch in der Vermeidung einer sonst eintretenden Verschlechterung kann eine objektive Besserstellung liegen (BeckOK StGB/*v. Heintschel-Heinegg* Rn. 16).

Die Höhe des Vermögenswertes ist für die rechtliche Einordnung als Vorteil unerheblich (BGH NStZ **27** 2000, 596), kleinere Werbegeschenke – wie Kugelschreiber, Notizblöcke, Kalender – sind ebenfalls umfasst (Schönke/Schröder/*Heine/Eisele* Rn. 15), die Annahme solcher Gegenstände kann jedoch im Rahmen der Sozialadäquanz liegen (→ Rn. 99). Bei der Zuwendung von Sachwerten ist eine wirksame Übereignung oder die Erlangung von Rechten nicht erforderlich (MüKoStGB/*Korte* Rn. 62). Auch die Überlassung gestohlener Gegenstände stellt einen Vorteil dar (Schönke/Schröder/*Heine/Eisele* Rn. 15). Gleiches gilt für die Gewährung von Erlösen aus Straftaten, an denen der Amtsträger durch seine Dienstausübung mitgewirkt hat (Lackner/Kühl/*Heger* Rn. 5).

Der Vorteil braucht kein dauernder zu sein (BGHSt 15, 286). Bereits die Überlassung von Gegen- **28** ständen zum vorübergehenden Gebrauch oder eine Liquiditätserweiterung durch vorübergehende Überweisung dienstlich veranlasster Geldbeträge auf ein privates Konto (BGH NStZ-RR 1998, 269) erfüllen den Begriff des Vorteils. Gleiches gilt für die Vorfinanzierung von Reisekosten, insbesondere wenn der Täter aufgrund seiner eher beengten finanziellen Verhältnisse nicht ohne Weiteres in der Lage ist, die verauslagten Kosten gleich nach den Buchungen zurückzuerstatten (BGH NStZ 2005, 334 (335)).

Erlangt der Amtsträger nur einen Teil des Vorteils für die Dienstausübung oder Diensthandlung, liegt **29** der Vorteil in dem Mehrwert des Empfangenen (Lackner/Kühl/*Heger* Rn. 4). An der Vorteilseigenschaft fehlt es selbst dann nicht, wenn der Amtsträger zugleich dienstliche Belange fördert (Lackner/Kühl/ *Heger* Rn. 5). Nicht ausreichend ist es hingegen, wenn sich der Vorteilsnehmer einen Gewinn erst aus der Dienstausübung selbst verschaffen will (BGHSt 1, 182). Die Frage, ob es einen Vorteil darstellt, wenn dem Amtsträger lediglich die zur Dienstausübung erforderlichen Mittel zur Verfügung gestellt werden (abl. Fischer Rn. 12; Lackner/Kühl/*Heger* Rn. 5; OLG Zweibrücken NStZ 1982, 204: kostenloses Benzin an Polizeibeamten für Ermittlungen in der Freizeit), hat der BGH bisher offen gelassen (BGH NJW 2008, 3580 (3582)). Das Erfordernis einer solchen Ausnahme vom Vorteilsbegriff stellt sich indes nicht, da dieser Aspekt jedenfalls im Rahmen der Unrechtsvereinbarung zu berücksichtigen ist (Schönke/Schröder/*Heine/Eisele* Rn. 36 f.; MüKoStGB/*Korte* Rn. 94; *Trüg* NJW 2009, 196).

30　　In den meisten Fällen stellen Zuwendungen gleich welcher Art einen finanziellen Vorteil für den Amtsträger oder Dritten dar, ein solcher ist allerdings nicht erforderlich. Zuwendungen **immaterieller** Art werden von dem Begriff des „Vorteils" iSd § 331 erfasst, sofern sie einen objektiv messbaren Inhalt aufweisen und den Täter in irgendeiner Weise besser stellen (BGHSt 31, 279; 47, 304; 48, 44 (49); Schönke/Schröder/*Heine/Eisele* Rn. 18). In der Praxis haben immaterielle Vorteile seit der durch das KorruptionsbG erfolgten Einbeziehung der Drittzuwendungen (→ Rn. 41) nur noch eine geringe Bedeutung. Sie kommen insbesondere bei der Gewährung oder Duldung sexueller Handlungen (BGH StV 1994, 527; BGH NStZ-RR 2002, 272), der Einladung zu kulturellen oder sportlichen Veranstaltungen sowie der Verleihung von Ehrungen oder Titeln in Betracht, sofern mit diesen Zuwendungen nicht bereits materielle Vorteile verbunden sind. Zu den immateriellen Vorteilen zählen auch objektiv messbare Verbesserungen der persönlichen Wirkungsmöglichkeiten als Forscher (BGHSt 47, 295 (304)) und die Unterstützung bei Wahlkämpfen durch positive Berichterstattung (Fischer Rn. 11 f.; MüKoStGB/*Korte* Rn. 70) sowie die Vermittlung der Mitgliedschaft in Vereinen und Clubs, die nicht für jedermann zugänglich sind (MüKoStGB/*Korte* Rn. 70).

31　　Die bisher von der Rspr. angenommen Fallgruppen der Befriedigung des Ehrgeizes (BGHSt 14, 123 (128)), der Gunst des Vorgesetzten (OLG Zweibrücken NStZ 1982, 204 (205)), der Ansehensmehrung und der Steigerung der wissenschaftlichen Reputation, sind nach der neueren Rechtsprechung wohl eher nicht mehr als ein solcher Vorteil anzusehen (BGHSt 47, 304 f. in einem *obiter dictum*). Diese Bereiche verlassen den Bereich der objektiven Messbarkeit oder Darstellbarkeit eines Vorteils, sie gleiten zu sehr ins Unbestimmte ab.

32　　**b) Kein Nachteil des Vorteilsgewährenden erforderlich.** Die Erlangung eines Vorteils iSd § 331 Abs. 1 setzt keinen korrespondierenden Nachteil des Vorteilsgebers voraus (BGH NJW 2001, 2558 (2559) mwN; BGH NStZ 2005, 334 (335)). Es ist ausreichend, dass dem Amtsträger aus dem Verhalten des Zuwendenden, beispielsweise der unentgeltlichen Überlassung von Gegenständen oder dem Abschluss eines Vertrages über eine Nebentätigkeit, ein Vorteil erwächst (Lackner/Kühl/*Heger* Rn. 5).

33　　Der Vorteilsgewährende braucht auch keine sein Vermögen mindernde Verfügung vorzunehmen und den Vorteil dem Amtsträger nicht unmittelbar zur Verfügung zu stellen; es genügt, wenn die Vorteilsgewährung dem Amtsträger durch dessen Verhalten zugutekommen soll (Lackner/Kühl/*Heger* Rn. 5).

34　　**c) Fehlender Anspruch des Amtsträgers – Vertragliche Zuwendungen.** Ein Vorteil iSd § 331 Abs. 1 ist nur gegeben, wenn eine Zuwendung an den Amtsträger oder einen Dritten erfolgt, auf die der Amtsträger keinen Rechtsanspruch hat. Ein solcher Anspruch wird aber nicht bereits dadurch begründet, dass Leistungen des Gewährenden an den Amtsträger auf vertraglicher Grundlage erfolgen. Ein Vorteil kann nämlich bereits im Abschluss eines Vertrages liegen, der Leistungen an den Amtsträger zum Inhalt hat (zB hinsichtlich einer Nebentätigkeit), sofern der Amtsträger auf den Abschluss dieses Vertrages keinen Anspruch hat (BGH NStZ 2003, 171; 2008, 216 (217); OLG Köln BeckRS 2014, 18661 Rn. 70). Dies gilt selbst dann, wenn lediglich die vertragsgemäße Leistung des Amtsträgers entgolten werden soll (BGHSt 31, 264 (279); BGH NStZ-RR 2003, 171; 2007, 309). Bei der Beurteilung des Vorliegens eines Vorteils ist es in diesem Zusammenhang nicht von Bedeutung, ob Leistung und Gegenleistung als angemessen oder unangemessen anzusehen sind, es ist allein entscheidend, ob schon der Vertragsschluss als solcher ein Vorteil ist, unabhängig vom Wert der daraus geschuldeten Gegenleistung (Fischer Rn. 12; Lackner/Kühl/*Heger* Rn. 4; NK-StGB/*Kuhlen* Rn. 52 ff.; Schönke/Schröder/*Heine/Eisele* Rn. 15 ff.; SK-StGB/*Rudolphi/Stein* Rn. 22a; MüKoStGB/*Korte* Rn. 72 f.). Auch durch eine angemessene – aber sonst nicht erzielbare – Gegenleistung kann ein Amtsträger veranlasst werden, iSd leistenden Vertragspartners zu entscheiden (BGH wistra 2011, 391; OLG Celle NJW 2008, 164: jeweils zu Schulfotoaktionen). Anderenfalls hätten es Amtsträger und Leistungsgeber in der Hand, durch die Vereinbarung eines Vertragsverhältnisses die Bestechungstatbestände zu umgehen (vgl. dazu BGHSt 31, 264). Ein Vorteil kann insbesondere in dem Abschluss von Verträgen über eine Nebentätigkeit (zB Berater- und Gutachterverträge) liegen, die Leistungen an den Amtsträger zur Folge haben, selbst wenn diese nur das angemessene Entgelt für die aufgrund des Vertrages geschuldeten Leistungen darstellen. Es kann in diesen Fällen jedoch an einer Unrechtsvereinbarung fehlen, wenn der Abschluss des Vertrages nicht für die Dienstausübung erfolgt ist, sondern durch einen Nichtamtsträger in gleicher Weise hätte abgeschlossen werden können (BGH NStZ-RR 2003, 171; OLG Hamburg StV 2001, 277).

35　　**d) Freiwilligkeit.** Begeht der Amtsträger eine Nötigung oder nutzt er sonstige Zwangsmittel, um den Dritten zu einer Zuwendung zu veranlassen, liegt gleichwohl ein Vorteil iSd § 331 vor (BGHSt 9, 245 für den Fall einer Erpressung; Schönke/Schröder/*Heine/Eisele* Rn. 17; SSW StGB/*Rosenau* Rn. 21). Wendet der Amtsträger indes Gewalt an, fehlt es an einer Unrechtsvereinbarung. Die Vereinbarung der Begehung einer Ordnungswidrigkeit, die „einvernehmlich" zur Verhängung eines Bußgeldes führt, ist grundsätzlich kein Vorteil im Sinne der Bestechungstatbestände (BGH NJW 2005, 3011).

e) Vorteil durch Unterlassen. Ein materieller Vorteil kann auch darin liegen, dass der Vorteilsgeber **36** von einem Recht, dessen Ausübung wirtschaftlich oder tatsächlich vernünftig wäre, gegenüber dem Amtsträger keinen Gebrauch macht, so zB die Nichtdurchsetzung einer Forderung sowie deren Stundung oder Erlass (BGHSt 16, 37 (40)), die Nichtanhebung der Miete oder die Nichtkündigung eines (Darlehens-)Vertrags bzw. die Duldung des vertragswidrigen Gebrauchs einer Mietwohnung (SSW StGB/*Rosenau* Rn. 19; MüKoStGB/*Korte* Rn. 63 mwN). Darüber hinaus hat die Rechtsprechung auch die Erhaltung einer günstigen beruflichen Situation durch das Unterlassen der Publizierung dienstlicher Verfehlungen als Vorteil iSd § 331 angesehen (BGH NJW 1985, 2654 (2656); aA MüKoStGB/*Korte* Rn. 63 mwN für lediglich immaterielle Vorteile durch Unterlassen).

f) Hypothetische Ersatzleistungen. Wird dem Amtsträger oder Dritten ein geldwerter Vorteil **37** angeboten, versprochen oder gewährt, so ist es unbeachtlich, wenn der Begünstigte einen vergleichbaren Vorteil gleichfalls auf eine andere Art und Weise erlangen könnte. Derartige hypothetische Erwägungen spielen bei der Feststellung des Vorliegens eines Vorteils grundsätzlich keine Rolle, sie können allenfalls für die angestrebte Unrechtsvereinbarung unter dem Gesichtspunkt der subjektiven Wertschätzung von Bedeutung sein (BGH NJW 2008, 3580 (3581); OLG Karlsruhe NJW 2001, 907 (908); *Trüg* NJW 2009, 196).

g) Fallbeispiele. Die Rechtsprechung hat unter anderem bei folgenden Sachverhalten das Vorliegen **38** eines – materiellen – Vorteils angenommen: Finanzierung von Reisen und Kongressen sowie die Erstattung der Kosten für Essen und Feiern (BGHSt 48, 44), Einladung zu Kongressreisen und Veranstaltungen (BGHSt 48, 44; BGH NStZ 2000, 90), Finanzierung von Betriebsfeiern (BGHSt 48, 44; OLG Köln NStZ 2002, 36), Teilnahme an bestimmten Fortbildungsveranstaltungen (OLG Hamburg StV 2001, 279), Gewährung von Darlehen (BGHSt 13, 328; BGH NStZ 2005, 335), Stundung einer Forderung (BGHSt 16, 40), Einräumung eines Rabatts (BGH NJW 2001, 2558), bezahlte Nebentätigkeiten (BGHSt 18, 263), Honorarzahlung für wertloses Gutachten (BGH NStZ 1999, 561), unentgeltliche Überlassung von Gebrauchsgegenständen (zB Leihwagen; BGHSt 47, 295; OLG Karlsruhe NJW 2001, 907 (908)), Reparatur von medizinischen Geräten (BGHSt 47, 295; 48, 44), die Beschaffung von büro- und medizintechnischen Geräten (BGHSt 47, 295), die Erbringung von Dienst- und Werkleistungen, die Vermittlung von Aufträgen und Nebentätigkeiten (MüKoStGB/*Korte* Rn. 61), bezahlter „Begleitservice" von Prostituierten (BGH NStZ-RR 2002, 272), Erlöse aus einer Straftat, an der der Amtsträger mitgewirkt hat (BGHSt 20, 1; BGH NJW 1987, 1340) sowie der Abschluss eines Vertrages, auf den der Amtsträger keinen Rechtsanspruch hat (→ Rn. 34).

Kein Vorteil ist bei gesetzlich erlaubtem Verhalten (SSW StGB/*Rosenau* Rn. 37) wie der Verfahrens- **39** einstellung nach § 153a StPO, dem Bezahlen einer rechtlich zulässigen Gebühr (vgl. BGH NJW 2005, 3011; Schönke/Schröder/*Heine*/*Eisele* Rn. 17) oder der Zug um Zug erfolgende Kostenerstattung gegenüber einem Notar oder Gerichtsvollzieher gegeben (vgl. SK-StGB/*Rudolphi*/*Stein* Rn. 29, die allerdings über eine fehlende Unrechtsvereinbarung zu diesem Ergebnis kommen).

2. Empfänger des Vorteils. Der Tatbestand der Vorteilsannahme ist nicht nur dann erfüllt, wenn der **40** Vorteil dem Amtsträger zugekommen soll, sondern ferner dann, wenn die Zuwendung aus altruistischen Motiven an einen Dritten erfolgt bzw. erfolgen soll. Bei dem Dritten muss es sich nicht um eine Person in einem persönlichen Näheverhältnis zu dem Amtsträger handeln. In Betracht kommen vielmehr die Anstellungskörperschaft (SSW StGB/*Rosenau* Rn. 20), Städte und Gemeinden, Universitäten bei der Drittmittelforschung (→ Rn. 111) und Parteien bei Wahlkampfspenden (→ Rn. 119).

a) Einbeziehung von Drittzuwendungen durch das KorruptionsbG. Aufgrund der Neufassung **41** von § 331 durch das KorruptionsbG ist es nicht mehr erforderlich, dass der geforderte, versprochene oder angenommene Vorteil dem Amtsträger selbst zumindest mittelbar zugutekommt (sog mittelbare Bestechung; vgl. noch BGHSt 33, 336 (339); 35, 128 (135)). Vielmehr ist der Tatbestand des § 331 Abs. 1 und 2 auch dann erfüllt, wenn von vornherein vorgesehen ist, dass die Leistung an einen Dritten gewährt werden soll. Dabei ist es grundsätzlich unerheblich, ob die Zuwendung einem privaten Dritten oder einer öffentlichen Einrichtung zufließen soll. Der – durch das KorruptionsbG erfolgten – Ergänzung des Tatbestandes um die Vorteilsgewährung an einen Dritten lag die Erwägung zugrunde, dass das Vertrauen der Bevölkerung in die Sachlichkeit der staatlichen Entscheidungen und die Gesetzmäßigkeit der Verwaltung ebenso in solchen Fällen erschüttert wird, in denen durch Zuwendungen an Dritte der Anschein der Käuflichkeit der öffentlichen Verwaltung erweckt wird (BT-Drs. 13/5584, 9; BGHSt 47, 309; BGH NJW 2004, 3571 (3575): wobei der BGH ausführt, dass durch die Neuregelung entstandene Spannungslagen vom Gesetzgeber nicht vollständig bedacht worden seien). Fragen der Strafbarkeit ergeben sich daher insbesondere bei Zuwendungen an die Anstellungskörperschaft (hierzu BGH StV 2012, 19), an Städte und Gemeinden, bei der Drittmittelforschung und bei Wahlkampfspenden. Die hM geht gleichwohl von einer Vorteilsgewährung aus, löst die Probleme indes über eine einschränkende

Auslegung des Tatbestands insbesondere bezüglich der Unrechtsvereinbarung (→ Rn. 67 ff.). Aufgrund der Gesetzesänderung hat ferner der Anwendungsbereich der immateriellen Vorteile an Bedeutung verloren. Es ist nun nicht mehr erforderlich, immaterielle Vorteile des Amtsträgers bei materiellen Zuwendungen an Dritte festzustellen (MüKoStGB/*Korte* Rn. 69). Eine Unterscheidung zwischen „mittelbarer Bestechung" zugunsten des Amtsträgers und einer uneigennützigen Bestechung zugunsten eines Dritten ist für die Erfüllung des Tatbestandes gleichfalls ohne Bedeutung, kann allerdings bei der Strafzumessung Relevanz erlangen (→ Rn. 193 ff.; BGHSt 47, 306).

42   **b) Voraussetzung der Strafbarkeit von Drittvorteilen durch das KorruptionsbG.** Drittvorteile sind von § 331 nicht nur dann erfasst, wenn sie privaten Dritten, wie dem Ehegatten, Familienangehörigen oder dem Amtsträger nahestehenden Personen zugewendet werden; vielmehr können Dritte auch Vereine (BGH NStZ 2006, 628) und sonstige juristische Personen, Personenvereinigungen, Behörden, die Anstellungskörperschaft des Amtsträgers (OLG Karlsruhe NJW 2001, 907 (908); OLG Köln NStZ 2002, 35 f.; OLG Celle NJW 2008, 164), Gebietskörperschaften (Fischer Rn. 14) sowie Parteien (→ Rn. 45) sein.

43   Die Zuwendungen an den Dritten müssen mit Wissen und Willen des Amtsträgers erfolgen. Dazu reicht die Kenntnis von der Annahme eines Vorteils zB durch einen Familienangehörigen aus (LG Wuppertal NJW 2003, 1405). Gleiches gilt, wenn der Amtsträger die Gewährung eines Vorteils an einen Dritten unter Bezugnahme auf eine Vereinbarung zwischen ihm und dem Vorteilsgeber zulässt (Fischer Rn. 16). Erlangt der Amtsträger erst später Kenntnis von der Zuwendung an einen Angehörigen oder sonstigen Dritten, liegt die Annahme eines Vorteils vor, sobald er die Entgegennahme billigt (BGH NJW 2004, 3575 (3576)). Ein eigennütziges Handeln des Amtsträgers ist nicht erforderlich (Fischer Rn. 13, 14; Schönke/Schröder/*Heine/Eisele* Rn. 21). Ebenso wenig ist es von Bedeutung, ob der Amtsträger eine Position oder Funktion innerhalb der vorgenannten Organisationen ausübt oder Mitglied derselben ist (MüKoStGB/*Korte* Rn. 78). Grundsätzlich unterfallen ferner Spenden an gemeinnützige Organisationen und sonstige Zuwendungen aus altruistischen Gründen dem Begriff des Drittvorteils iSd § 331. In den Fällen, in denen der Amtsträger keinerlei eigene Interessen verfolgt, dürfte aber in der Regel das Vorliegen einer Unrechtsvereinbarung zweifelhaft sein (MüKoStGB/*Korte* Rn. 79).

44   Unbeachtlich ist, ob der Dritte (bspw. die Anstellungskörperschaft) einen Anspruch auf Leistung gegenüber dem Vorteilsgeber hat. Der Begriff des Vorteils setzt lediglich das Fehlen eines Rechtsanspruchs des Amtsträgers auf den gewährten Vorteil voraus (→ Rn. 34). Es kommt mithin allein darauf an, ob der Amtsträger persönlich einen Anspruch auf Leitung an sich oder einen Dritten hat (Fischer Rn. 15; vgl. BGH NStZ 2006, 628 (630)).

45   Die Entgegennahme von Wahlkampfspenden ist nicht erst dann eine Vorteilsannahme, wenn die Spenden im Hinblick auf eine konkrete Amtshandlung erfolgen. Die Grenze zur Strafbarkeit ist vielmehr schon dann überschritten, wenn Spender und Amtsträger davon ausgehen, dass der Amtsträger im Laufe der künftigen Amtszeit mit Entscheidungen zu einem Vorhaben des Spenders befasst sein wird und der unbeteiligte Betrachter den Eindruck gewinnt, dass dieser mit der Spende Einfluss auf anfallende Entscheidungen nehmen will (BGH NJW 2007, 3446). Insbesondere bei Spenden von außergewöhnlicher Höhe wird es regelmäßig naheliegen, dass der Spender nicht nur – straffrei – die allgemeine Ausrichtung der Politik des Wahlbewerbers unterstützen will, sondern sich – strafbar – dessen Gewogenheit auch im Blick auf eigene konkret geplante oder zu erwartende Vorhaben sichern und seine Individualinteressen fördern will (BGH NJW 2004, 3575).

46   Beispiele für Drittvorteile sind ua Geldzahlungen an Vereine, Spenden für wohltätige Zwecke, das Beschaffen eines Arbeitsplatzes für Angehörige und Bekannte des Amtsträgers oder die berufliche Förderung dieser Personen (MüKoStGB/*Korte* Rn. 61). Immaterielle Drittvorteile können beispielsweise in der Vermittlung des Zugangs zu Eliteschulen oder Praktikantenstellen für Angehörige und Bekannte von Amtsträgern liegen, die ohne Mithilfe nicht ohne Weiteres zugänglich wären (MüKoStGB/*Korte* Rn. 70). Sponsoringleistungen und Drittmittel für Forschungszwecke fallen genauso unter den Begriff des Vorteils, vgl. aber die Rspr. zur einschränkenden Auslegung des Tatbestandes bei nicht strafwürdigen Zuwendungen → Rn. 108 ff.).

III. Dienstausübung/Richterliche Handlung

47   Weitere Voraussetzung für eine Strafbarkeit nach § 331 ist, dass die Zuwendung **für** die Dienstausübung eines Amtsträgers bzw. für den öffentlichen Dienst besonders Verpflichteten (Abs. 1) oder **als Gegenleistung für** eine richterliche Handlung (Abs. 2) erfolgt.

48   **1. Dienstausübung eines (Europäischen) Amtsträgers (Abs. 1).** Nach der Änderung des Straftatbestandes der Vorteilsannahme durch das KorruptionsbG (→ Vorb. §§ 331–338 Rn. 2) genügt es, wenn ein Amtsträger einen Vorteil für sich oder einen Dritten allgemein für seine Dienstausübung fordert, sich versprechen lässt oder annimmt, ohne dass es des Zusammenhanges mit einer konkreten Diensthandlung bedarf (BT-Drs. 13/8079, 15). Der Gesetzgeber hat damit geringere Anforderungen an die Bestimmtheit der Handlung des Amtsträgers gestellt, um einem bewussten Handeln von Amtsträgern begegnen zu können, mit dem ein böser Schein möglicher Käuflichkeit erweckt wird (BGHSt 47, 295

(306); 49, 275 (281); BGH NStZ-RR 2003, 171; BGH NStZ 2005, 334). Die Dienstausübung selbst ist kein Merkmal des objektiven Tatbestandes, sondern lediglich Anknüpfungspunkt für die Unrechtsvereinbarung (LK-StGB/*Sowada* Rn. 61).

a) Begriff der Dienstausübung. Dienstausübung ist jede Tätigkeit, die ein Amtsträger oder be- **49** sonders Verpflichteter im öffentlichen Dienst zur Wahrnehmung der ihm übertragenen Aufgaben entfaltet (BGHSt 31, 264 (280); BGH NJW 1998, 1878). Dies schließt alle Aufgaben ein, die der Amtsträger nur aufgrund seines Amtes wahrnehmen kann und die in den Bereich seiner amtlichen Funktionen fallen (BGHSt 35, 132; BGH NStZ 1998, 194; 2000, 598). Die Aufgabenzuweisung kann durch ein Gesetz, eine Verwaltungsvorschrift oder eine Weisung des Vorgesetzten erfolgen (MüKoStGB/*Korte* Rn. 84). Es reicht aus, wenn der Vorteil für irgendeine dienstliche Tätigkeit versprochen oder gewährt wird, ohne dass – anders als bei §§ 332, 334 – der Nachweis des Zusammenhangs mit einer konkreten Diensthandlung erforderlich wäre. Tatbestandsmäßig ist sowohl die bereits vorgenommene als auch die zukünftige Dienstausübung, mithin jedes vergangene und zukünftige dienstliche Verhalten.

Zu der Dienstausübung zählen ferner **vorbereitende** oder lediglich **unterstützende** Tätigkeiten, **50** sofern der Amtsträger, der keine eigene Entscheidungszuständigkeit innehat, als fachlicher Zuarbeiter an der Vorbereitung einer Ermessensentscheidung beteiligt ist. Insoweit ist es ausreichend, dass der jeweilige Beamte aufgrund seiner Kompetenz, derentwegen er in die Entscheidungsfindung einbezogen wird, über eine jedenfalls praktische Einflussnahmemöglichkeit verfügt, insbesondere, wenn ihm die fachliche und rechtliche Beratung der Entscheidungsträger obliegt (BGH NJW 2002, 2257). Hierunter fällt beispielsweise ein Vorschlag zur Auftragsvergabe (Schönke/Schröder/*Heine*/*Eisele* Rn. 31), der Entwurf von Entscheidungsvorlagen (MüKoStGB/*Korte* Rn. 85), die Fertigung von Vermerken sowie die Erstellung von Gutachten (BGHSt 47, 260 (263)) und die Beratung anderer Amtsträger (BGHSt 3, 143 (145); NK-StGB/*Kuhlen* Rn. 71).

Die Dienstausübung kann in einem **Unterlassen** liegen (vgl. § 336). Die Rspr. hat dies beispielsweise **51** bei dem Unterlassen einer Anzeige der Überschreitung der Sperrstunden für einen im Verkehrsunfalldienst tätigen Polizeibeamten (BGH NStZ 1998, 194; LK-StGB/*Sowada* Rn. 60) und der unterlassenen Meldung einer Manipulation bei der Auftragsvergabe durch einen Sachgebietsleiter (BGH NStZ 2004, 565; aA Lackner/Kühl/*Heger* Rn. 8) angenommen.

Bei einem **für den öffentlichen Dienst besonders Verpflichteten** umfasst der Begriff der Dienst- **52** ausübung sämtliche Tätigkeiten, die in den Bereich der ihm übertragenen Aufgaben fallen. Bei einem Sachverständigen kommt es daher auf den Umfang des ihm erteilten Gutachtenauftrages an (Fischer Rn. 7).

b) Dienstausübung im Rahmen der abstrakten Zuständigkeit. Es ist nicht erforderlich, dass der **53** Amtsträger für die Dienstausübung örtlich oder sachlich zuständig ist, es muss jedoch eine „abstrakte" Zuständigkeit (Fischer Rn. 6), mithin eine funktionelle Verbindung mit den unmittelbar dem Amtsträger zugewiesenen Aufgaben bestehen (OLG Hamburg StV 2001, 278; Schönke/Schröder/*Heine*/ *Eisele* Rn. 32; SSW StGB/*Rosenau* Rn. 33 f.). Dies ist gegeben, wenn die Aufgabe zum Geschäftsbereich der Behörde des Amtsträgers gehört und die Bearbeitung solcher Angelegenheiten ihrer Art nach in seinen amtlichen Tätigkeitsbereich fällt, auch wenn er nach der internen Geschäftsverteilung für die konkrete Amtshandlung nicht zuständig wäre (KG NJW 1998, 1877; für die Diensthandlung nach § 331 aF hatte der BGH entschieden, dass die Handlung ihrer Natur nach mit dem Aufgabenbereich des Amtsträgers in einer nicht nur äußerlich losen Beziehung stehen muss; BGHSt 14, 125; 16, 38). Zu dem allgemeinen Aufgabenbereich eines Polizeibeamten zählt beispielsweise die Erforschung von Ordnungswidrigkeiten – unabhängig von der innerdienstlichen Aufgabenverteilung (BGH NStZ 1998, 194; MüKoStGB/*Korte* Rn. 86). Gleiches gilt für die Vermittlung von im Eigentum des Bundes stehenden Wohnungen durch einen Mitarbeiter des Bundesvermögensamtes (KG NJW 1998, 1877 (1878); MüKoStGB/*Korte* Rn. 86). Der Erlass eines Baubescheides gehört zu den Aufgaben eines Sachbearbeiters des Bauamtes, selbst wenn dieser für den konkreten Vorgang nicht zuständig ist (Fischer Rn. 6). Bei höherrangigen Amtsträgern umfasst die Dienstausübung häufig zahlreiche Handlungen, so bei einem Bürgermeister alle Maßnahmen im Zusammenhang mit der örtlichen Investitionspolitik (BGHSt 49, 275 (282 f.)), bei einem Direktor und Chefarzt einer Universitätsklinik sämtliche Maßnahmen im Bereich des Bestellwesens (OLG Köln NStZ 2002, 35 (37)), bei einem Minister alle innerhalb seines Geschäftsbereichs liegenden Aufgaben und bei einem Behördenleiter jedwede Entscheidungen im Rahmen der Zuständigkeit der Behörde (MüKoStGB/*Korte* Rn. 99). Ob die Aufgabe während der Dienstzeit oder in den Diensträumlichkeiten vorgenommen wird, ist unerheblich (Fischer Rn. 7).

c) Abgrenzung zu Privathandlungen (insbesondere Nebentätigkeiten). Eine dienstliche Tätig- **54** keit ist immer dann zu verneinen, wenn der Amtsträger eine Privathandlung vornimmt. Eine Dienstausübung ist unstreitig gegeben, wenn der Amtsträger eine ihm durch Gesetz oder Dienstanweisung übertragene Tätigkeit in der durchgeführten Weise vornehmen darf oder muss (LK-StGB/*Sowada* Rn. 54 mwN). Liegt die Tätigkeit vollumfänglich außerhalb des Zuständigkeitsbereichs des Amtsträgers, so liegt eine Privathandlung vor. Bzgl. der übrigen Handlungen ist für die Abgrenzung zwischen Dienstausübung und Privathandlung entscheidend, ob der Amtsträger eine mit seinem allgemeinen Aufgabenbereich in unmittelbaren Zusammenhang stehende Tätigkeit ausübt oder ob er lediglich eine Handlung vornimmt, die auch durch einen beliebigen Dritten wahrgenommen werden könnte (SSW StGB/ *Rosenau* Rn. 34). Dies gilt selbst dann, wenn der Amtsträger seine im Dienst erworbenen Kenntnisse oder sein amtliches Ansehen einsetzt (BGHSt 31, 264 (280 ff.)) oder die Handlung aus Anlass oder bei Gelegenheit seiner Amtsführung vornimmt (LK-StGB/*Sowada* Rn. 55; MüKoStGB/*Korte* Rn. 87). Eine Privathandlung stellt es dar, wenn ein Polizeibeamter als Zeuge über Wahrnehmungen aussagt, die er im außerdienstlichen Bereich gemacht hat (LK-StGB/*Sowada* Rn. 55). Führt er hingegen in seiner Freizeit Ermittlungen durch, die zu seinem allgemeinen Tätigkeitsbereich gehören oder bei denen er den Anschein dienstlichen Auftretens erweckt, sind diese Handlungen als Diensthandlungen iSd § 331 anzusehen (OLG Zweibrücken NStZ 1982, 204; NK-StGB/*Kuhlen* Rn. 68; LK-StGB/*Sowada* Rn. 59).

55   Keine Dienstausübung stellen ferner folgende Handlungen dar: Private Einkäufe während der Dienstzeit (LK-StGB/*Sowada* Rn. 55; OLG Köln NJW 2000, 3727), Erkundigungen eines Staatsanwaltes im Namen des Betroffenen über das Ergebnis einer Blutprobe, selbst wenn dies unter Einsatz des amtlichen Ansehens erfolgt (BGHSt 29, 300 (302); Schönke/Schröder/*Heine/Eisele* Rn. 33; LK-StGB/*Sowada* Rn. 55), private Hilfeleistungen des Amtsträgers, wie das Formulieren von Eingaben und Anträgen an Behörden, die Anfertigung von Bauzeichnungen, selbst wenn der Amtsträger für deren Bearbeitung zuständig ist. Etwas anderes gilt nur, wenn der Vorteil nicht für die Hilfestellung, sondern für die spätere Bearbeitung des Antrags oder der Eingabe versprochen oder gewährt wird (LK-StGB/*Sowada* Rn. 55).

56   Von einer Dienstausübung ist auszugehen, wenn ein Vorstandsmitglied einer Landesbank über eine bloße private Beratungstätigkeit hinaus im Rahmen seiner dienstlichen Obliegenheiten für die Landesbank gerade mit denjenigen Angelegenheiten befasst ist, auf die sich seine Beratungstätigkeit bezogen hat (BGHSt 31, 264 (281 ff.)). Eine Dienstausübung wird auch nicht deshalb zu einer Privathandlung, weil der Amtsträger pflichtwidrig oder vorschriftswidrig handelt (BGHSt 48, 213; MüKoStGB/*Korte* Rn. 88).

57   **Nebentätigkeiten** sind selbst dann keine Dienstausübung sondern Privathandlungen, wenn der Amtsträger bei seiner Nebentätigkeit dienstlich erworbene Kenntnisse nutzt oder einsetzt (BGHSt 11, 125 (128); 18, 263 (267)). Etwas anderes gilt nur, soweit der Amtsträger bei der Ausführung der Nebentätigkeit auch im Rahmen seiner dienstlichen Obliegenheiten für den Vorteilsgeber tätig werden soll (vgl. BGHSt 31, 264 (280) zu § 331 aF). Es kommt mithin darauf an, ob der Amtsträger und der Vorteilsgeber den in der Vereinbarung der entgeltlichen Nebentätigkeit liegenden Vorteil iS eines Gegenseitigkeitsverhältnisses mit der Dienstausübung des Amtsträgers im Rahmen seiner dienstlichen Tätigkeit verknüpfen wollten (BGH NStZ-RR 2007, 309; BGHSt 31, 264 (280)). Handlungen im Rahmen einer Nebentätigkeit unterfallen selbst dann nicht der Diensthandlung, wenn der Amtsträger dienstlich mit dieser Aufgabe hätte betraut werden können (Fischer Rn. 7; BGHSt 18, 59; 29, 300 (302)) oder wenn die Nebentätigkeit verboten oder nicht genehmigt ist (BGH NStZ-RR 2007, 309 (310); BGH NStZ 2008, 216 (218)). Der Umstand, dass der Amtsträger später mit derselben Tätigkeit dienstlich betraut wird, ändert nichts an der Einordnung als Privathandlung (BGHSt 18, 263 (267); BGH wistra 2001, 388 (389); MüKoStGB/*Korte* Rn. 89).

58   **d) Rechtswidrige, strafbare oder vorgetäuschte Dienstausübung.** Nach hM stellt ebenso ein pflichtwidriges oder strafbares Verhalten des Amtsträgers eine Dienstausübung dar, wenn erst dessen amtliche Stellung die betreffende Handlung ermöglicht (BGH NJW 1987, 1340 f.; BGH NStZ 2000, 596 (598); LK-StGB/*Sowada* Rn. 57), so zB die Weitergabe von Informationen, die ein Polizeibeamter in dienstinternen Informationssystemen recherchiert hat (BGH NStZ 2000, 596 (598); LK-StGB/ *Sowada* Rn. 59).

59   Für die Annahme einer Dienstausübung kommt es nicht darauf an, ob der Amtsträger tatsächlich beabsichtigt, die von ihm angebotene dienstliche Handlung vorzunehmen. Sogar Vereinbarungen mit dem Vorteilsgeber, bei denen der Amtsträger mit dem inneren Vorbehalt handelt, die künftig in Aussicht gestellte Tätigkeit (möglicherweise) nicht vorzunehmen oder sich von dem Vorteil nicht beeinflussen zu lassen, sind unter den Begriff der Dienstausübung oder bei konkreten (pflichtwidrigen) Handlungen unter den Begriff der Diensthandlung (vgl. § 332) zu subsumieren (LK-StGB/*Sowada* Rn. 61). Gleiches gilt für den Fall, dass der Amtsträger die Vornahme einer zukünftigen dienstlichen Handlung lediglich vortäuscht, da bereits hierdurch der Eindruck der Käuflichkeit entsteht und die tatsächliche Vornahme der Dienstausübung kein Tatbestandsmerkmal ist (→ Rn. 48). Ob daneben die Vorspiegelung einer in der Vergangenheit vorgenommenen Dienstausübung den Tatbestand des § 331 erfüllt, ist streitig (vgl. zum Streitstand LK-StGB/*Sowada* Rn. 62).

60   Der BGH hatte für die Tatbestände der §§ 331, 332 idF vor Einführung des KorruptionsbG eine Strafbarkeit verneint und in dem Vorspiegeln einer innerdienstlichen Handlung lediglich den Tatbestand des Betruges bejaht, weil der seinerzeitige Wortlaut des § 332 forderte, dass der Täter eine Diensthandlung vorgenommen *hat* (BGHSt 29, 300 (303)). Im Schrifttum wird überwiegend die Meinung vertreten, selbst bei einer vorgetäuschten pflichtwidrigen Handlung eine Strafbarkeit nach § 332, zumindest aber nach § 331 vor (vgl. Nachweise bei SK-StGB/*Rudolphi/Stein* Rn. 17b; MüKoStGB/*Korte* Rn. 21; Fischer Rn. 10). Eine vermittelnde Meinung bejaht eine Strafbarkeit nach § 331 für den Fall des Vortäuschens einer pflichtwidrigen Diensthandlung, sofern eine pflichtgemäße dienstliche Tätigkeit entfaltet wurde, die mit dem Vorteil entlohnt wird. Fehlt es hingegen vollständig an der Vornahme einer

dienstlichen Tätigkeit, komme allenfalls eine Betrugsstrafbarkeit in Betracht (LK-StGB/*Sowada* Rn. 63 mwN; BeckOK StGB/*Trüg* Rn. 30.1).

2. Richterliche Handlung eines Richters, eines Mitglieds eines Gerichts der Europäischen Union oder Schiedsrichters (Abs. 2). Die Qualifikation des Abs. 2 greift ein, wenn ein („Europa"-) Richter oder Schiedsrichter einen Vorteil als Gegenleistung für eine bestimmte richterliche Handlung fordert, sich versprechen lässt oder annimmt. Im Gegensatz zu Abs. 1 ist es nicht ausreichend, dass sich die Unrechtsvereinbarung lediglich auf die Ausübung des Richteramts als solches bezieht. Weitere Unterschiede zu Abs. 1 sind die höhere Strafandrohung, die Strafbarkeit des Versuchs (Abs. 2 S. 2) und der Nichtanwendbarkeit der Genehmigungsregelung des Abs. 3. **61**

a) Begriff der richterlichen Handlung. Voraussetzung für das Vorliegen einer richterlichen Handlung eines Berufsrichters oder ehrenamtlichen **Richters** (→ Rn. 12 ff.) ist, dass deren Vornahme in den Bereich der Pflichten fällt, die durch die richterliche Unabhängigkeit geschützt sind (BT-Drs. 7/550, 271; Fischer Rn. 29; MüKoStGB/*Korte* Rn. 145; LK-StGB/*Sowada* Rn. 95; Schönke/Schröder/*Heine*/*Eisele* Rn. 49; SSW StGB/*Rosenau* Rn. 46). Dabei ist es unerheblich, ob es sich um die Entscheidung einer Rechtssache mit widerstreitenden Interessen oder um einseitige Rechtsangelegenheiten handelt (MüKoStGB/*Korte* Rn. 145 mwN). Zu den richterlichen Handlungen zählen ferner alle vorbereitenden und begleitenden Tätigkeiten, wie richterliche Verfügungen, Terminsanberaumungen und Beweisaufnahmen (NK-StGB/*Kuhlen* Rn. 122; SK-StGB/*Rudolphi*/*Stein* Rn. 14). Nicht den richterlichen Handlungen unterfallen hingegen Aufgaben und Tätigkeiten im Bereich der Justizverwaltung (Fischer Rn. 29). Ebenso sind Handlungen, die ein Richter im Rahmen einer Abordnung in einer Verwaltungsbehörde vornimmt, keine richterlichen Handlungen iSd § 331 Abs. 2 (MüKoStGB/*Korte* Rn. 147), sondern unterfallen der Strafbarkeit von Amtsträgern nach § 331 Abs. 1. **62**

Zu den richterlichen Handlungen eines **Schiedsrichters**, dem nicht kraft Gesetzes bestimmte Aufgaben zugewiesen sind und der daher kein Amtsträger ist, gehören alle Handlungen, bei denen er nach dem Schiedsvertrag oder der sonstigen Beauftragung zur Unparteilichkeit verpflichtet ist (Schönke/Schröder/*Heine*/*Eisele* Rn. 50). Strafbar macht sich der Schiedsrichter bei der Annahme einer Vergütung allerdings nur, wenn er sie von einer Partei hinter dem Rücken der anderen fordert, sich versprechen lässt oder annimmt (vgl. § 337). **63**

b) Bestimmtheit der richterlichen Handlung. Nach § 331 Abs. 2 muss der Vorteil als Gegenleistung für eine bereits vorgenommene oder künftig vorzunehmende richterliche Handlung vorgesehen sein. Aufgrund dieser enger gefassten Unrechtsvereinbarung muss sich die Tathandlung auf eine bestimmte richterliche Handlung beziehen. Die Anforderungen an die Bestimmtheit dürfen allerdings nicht überspannt werden. So ist es ausreichend, dass die einvernehmlich ins Auge gefasste richterliche Handlung nach ihrem sachlichen Gehalt in groben Umrissen erkennbar und festgelegt ist. Sie braucht hingegen nicht in ihrer konkreten Gestalt nach Zeitpunkt, Anlass und Ausführungsweise feststehen (BGHSt 32, 290 (291)). **64**

Die richterliche Handlung muss nicht pflichtwidrig sein, wie ein Vergleich mit der Qualifikation des § 332 Abs. 2 zeigt. Gelingt der Nachweis der Verletzung einer hinreichend bestimmten richterlichen Handlung nicht, kommt eine Bestrafung gemäß § 331 Abs. 1 in Betracht (MüKoStGB/*Korte* Rn. 149; SSW StGB/*Rosenau* Rn. 47). Eine Vorteilsannahme für eine pflichtgemäße richterliche Handlung kann bspw. in den Fällen vorliegen, in denen der Richter als Gegenleistung für die Zuwendung eines Vorteils eine schnellere Terminsanberaumung vornimmt. **65**

Bei der Annahme eines Vorteils für eine künftige richterliche Handlung ist es ohne Bedeutung, ob der Richter sie später tatsächlich ausführt oder nicht. Eine Strafbarkeit scheidet indes bei Vortäuschens einer vermeintlich vorgenommenen richterlichen Handlung aus (vgl. § 332). **66**

IV. Unrechtsvereinbarung

Wesentliches Element und Mittelpunkt der Bestechungstatbestände ist die „Unrechtsvereinbarung" (vgl. BGHSt 33, 336 (339); 39, 45 (46); BGH NStZ 1995, 92), mithin eine inhaltliche Verknüpfung zwischen der Vorteilszuwendung und der Dienstausübung (§§ 331 Abs. 1, 333 Abs. 1), der Diensthandlung (§§ 332 Abs. 1, 334 Abs. 1) oder der richterlichen Handlung (§§ 331 Abs. 2, 332 Abs. 2, 333 Abs. 2, 334 Abs. 2). Dass die Annahme des Vorteils auch in den Fällen des § 331 Abs. 1 und § 333 Abs. 1 ein Äquivalent für die Dienstausübung des Amtsträgers sein muss, lässt sich der in diesen Tatbeständen enthaltenen Formulierung „für" entnehmen. **67**

1. Entstehungsgeschichte. Die Annahme einer Unrechtsvereinbarung setzt nach der Neufassung von § 331 Abs. 1 durch das KorruptionsbG vom 13.8.1997 (→ Vorb. §§ 331–338 Rn. 2) nicht mehr voraus, dass der Vorteil **als Gegenleistung für** eine bestimmte oder zumindest bestimmbare Diensthandlung des Amtsträgers gedacht ist. Vielmehr genügt es, wenn der Vorteil **für** die Dienstausübung gewährt wird. Dies ist bereits dann der Fall, wenn die Zuwendung von Vorteilsgeber und Vorteilsnehmer allgemein im Sinne eines Gegenseitigkeitsverhältnisses mit der Dienstausübung des Amtsträgers ver- **68**

knüpft wird (BGH NStZ 2008, 216; Fischer Rn. 21 ff.; MüKoStGB/*Korte* Rn. 97; LK-StGB/*Sowada* Rn. 64; SSW StGB/*Rosenau* Rn. 28).

69   Vor der Gesetzesänderung musste im Zeitpunkt der Tathandlung eine Vereinbarung abgeschlossen werden oder bereits vorliegen, wonach der Vorteil um einer bestimmten zukünftigen oder vergangenen Diensthandlung willen gewährt werden soll. Dabei musste die Zuwendung einer bestimmten Diensthandlung hinreichend konkret zugeordnet werden können (BGHSt 4, 297; 10, 241; 30, 45 f.; 33, 336 (339); 39, 47; BGH NJW 1985, 391; BGH NStZ 1994, 488; 1999, 561). Nicht erfasst wurden daher Konstellationen, in denen Vorteile zur Sicherung der „allgemeinen Geneigtheit", als „Entgegenkommen", aus Dankbarkeit für die „gute Zusammenarbeit" (vgl. BGHSt 15, 91; BGH NStZ 1984, 24; 1994; 488; 1999, 561) oder zur „Klimapflege" gewährt wurden (BGHSt 49, 275 (281 ff.); NK-StGB/*Kuhlen* Rn. 80, 86 und SSW StGB/*Rosenau* Rn. 29, jeweils zur aktuellen Gesetzeslage). Es genügte auch nicht, wenn unspezifische Zuwendungen zwar ein Nähe- oder Abhängigkeitsverhältnis geschaffen haben, aber nicht der Honorierung einer konkreten amtlichen Handlung dienten (Fischer Rn. 22 mwN). Daher entstanden insbesondere Strafbarkeitslücken bei Zuwendungen, die zur Anbahnung von Geschäftsbeziehungen erfolgten, dem „Anfüttern" des Amtsträgers dienten (Fischer Rn. 24; *Wolters* JuS 1998, 1105) oder zur „Stimmungspflege" gewährt wurden (BGH wistra 2000, 97).

70   Durch das KorruptionsbG ist eine „Lockerung der Unrechtsvereinbarung" erfolgt. Intention des Gesetzgebers war es zum einen, die Beweisanforderungen herabzusetzen (MüKoStGB/*Korte* Rn. 97; SSW StGB/*Rosenau* Rn. 28). Zum anderen sollten diejenigen als strafwürdig zu wertende Fallgestaltungen erfasst werden, die nicht auf eine konkrete Diensthandlung, sondern auf die Dienstausübung im Allgemeinen abzielen. Hierdurch soll einem bewussten Handeln von Amtsträgern begegnet werden, mit dem ein böser Anschein möglicher „Käuflichkeit" erweckt wird (vgl. BGH NStZ-RR 2003, 171; BGHSt 49, 275 (281); BGH NStZ 2005, 334; vgl. → Vorb. §§ 331–338 Rn. 2).

71   **2. Begriff der Unrechtsvereinbarung.** Eine Unrechtsvereinbarung liegt vor, wenn der Vorteil dem Empfänger mit Blick auf seine dienstliche Tätigkeit zugekommen soll, die Zuwendung nach dem ausdrücklichen oder stillschweigenden Einverständnis der Beteiligten ihren Grund mithin gerade in der Dienstausübung hat (stRspr, BGHSt 15, 239; 39, 45 (46); BGH wistra 1990, 306; 1991, 220; BGH NStZ 1994, 488 (489); BGHSt 49, 275). Dies ist der Fall, wenn der Vorteil allgemein iS eines **Gegenseitigkeitsverhältnisses** bewusst mit der Dienstausübung des Amtsträgers verknüpft wird (BGHSt 49, 275 (281); BGH NStZ 2005, 334 (335); BGH NStZ-RR 2007, 309; 2008, 13 (14); Schönke/Schröder/ *Heine*/*Eisele* § 333 Rn. 35). Dieses Äquivalenzverhältnis zwischen Vorteil und Dienstausübung muss in dem Sinne bestehen, dass der Vorteil nach dem angestrebten ausdrücklichen oder stillschweigenden Einverständnis der Beteiligten die Gegenleistung der Dienstausübung darstellt (BGH NJW 2005, 3011 (3012); Fischer Rn. 23.; MüKoStGB/*Korte* Rn. 94; SK-StGB/*Rudolphi*/*Stein* Rn. 24; *Kuhlen* JR 2003, 231 (234); *Satzger* ZStW 115 (2003), 469 (481)). Ziel der Vorteilszuwendung muss mithin sein, auf die künftige Dienstausübung Einfluss zu nehmen (BGH NStZ-RR 2007, 309 f.) und/oder die vergangene Dienstausübung zu honorieren (BGHSt 53, 6). Ein Gegenleistungsverhältnis im Sinn eines Bezuges zu einer konkreten Diensthandlung oder eine vertragsähnliche Vereinbarung sind nicht erforderlich (BGHSt 49, 275 (282 f.); BGH NStZ 1999, 561; BGH NStZ-RR 2008, 13 (14)).

72   Unter Dienstausübung ist grundsätzlich jede dienstliche Tätigkeit zu verstehen (→ Rn. 48 ff.), ohne dass ein Gegenseitigkeitsverhältnis zu einer konkreten Diensthandlung bestehen muss. Eine **bestimmte** Diensthandlung muss sich daher nicht einmal in groben Zügen feststellen lassen (MüKoStGB/*Korte* Rn. 97; SSW StGB/*Rosenau* Rn. 33). Es genügt, wenn der Wille des Vorteilsgebers auf ein generelles Wohlwollen bezogen auf künftige Fachentscheidungen gerichtet ist, das bei Gelegenheit aktiviert werden kann (BGHSt 53, 6) oder wenn die zurückliegende dienstliche Tätigkeit des Amtsträgers im Allgemeinen honoriert werden soll.

73   Wenngleich sich in der Formulierung des Tatbestandes – im Gegensatz zur Fassung vor dem KorruptionsbG – nicht mehr die Wendung „vorgenommen hat oder künftig vornehme" findet, sind sowohl **zurückliegende** als auch **zukünftige** Diensthandlungen von der Strafbarkeit erfasst, weil der Begriff der Dienstausübung aufgrund seiner Weite das gesamte Tätigwerden des Amtsträgers erfasst (MüKoStGB/*Korte* Rn. 98; LK-StGB/*Sowada* Rn. 67; Lackner/Kühl/*Heger* Rn. 10a).

74   Der Amtsträger muss den Zusammenhang zwischen Vorteil und Dienstausübung kennen oder zumindest billigend in Kauf nehmen (→ Rn. 133). Die Übereinkunft kann allerdings stillschweigend erfolgen (BGHSt 31, 254 (280); 39, 46; BGH NJW 2007, 3446 (3448); 1993, 1085; OLG Hamburg StV 2001, 277 (279); OLG Hamm NStZ 2002, 38; Fischer Rn. 23).

75   Im Schrifttum wird darauf verwiesen, dass der von der Rechtsprechung geprägte Begriff des Gegenseitigkeitsverhältnisses zwischen Vorteil und Dienstausübung ungenau sei, weil § 331 zwar voraussetze, dass der Vorteil für die Dienstausübung gewährt wird. Umgekehrt sei aber nicht erforderlich, dass die Dienstausübung für den Vorteil versprochen oder vorgenommen wird (Fischer Rn. 23 mwN; Mü-KoStGB/*Korte* Rn. 95; LK-StGB/*Sowada* Rn. 65; vgl. auch *Ambos* JZ 2003, 345 (349); *Knauer*/*Kaspar* GA 2005, 385). Wird ein Vorteil zunächst ohne Dienstbezug gewährt und entscheidet sich der Amtsträger später, den Vorteilsgeber mit einer Diensthandlung zu „belohnen", fehlt es an dem gemäß § 331 erforderlichen Äquivalenzverhältnis (LK-StGB/*Sowada* Rn. 66; BGH NJW 1985, 391 (392)).

Beispiele, bei denen aufgrund der Lockerung der Anforderungen an die Unrechtsvereinbarung 76
nunmehr eine Strafbarkeit nach § 331 Abs. 1 gegeben sein kann, sind Beraterverträge, die durch die
regelmäßige Zuwendung von Vorteilen ein Nähe- und Abhängigkeitsverhältnis aufbauen (SK-StGB/
Rudolphi/Stein Rn. 20) und schlechterdings nicht der Anschein der Käuflichkeit ausgeschlossen werden
kann (SSW StGB/*Rosenau* Rn. 17), Anbahnungszuwendungen (Lackner/Kühl/*Heger* Rn. 10a), regelmäßige Einladungen zum Essen oder sonstige Veranstaltungen zur „Stimmungspflege" sowie großzügige
Aufwandsentschädigungen zum fachlichen Gedankenaustausch (Fischer Rn. 24).

Allein in der Vereinbarung über die Gewährung von Spenden, Schenkungen, Sponsoringleistungen 77
etc ist indes eine noch keine Unrechtsvereinbarung zu sehen. Es muss vielmehr hinzukommen, dass der
Vorteilsgewährende die Zuwendungen gerade aufgrund einer bereits vorgenommenen oder im Hinblick
auf eine zukünftige Dienstausübung des Amtsträgers leistet (MüKoStGB/*Korte* Rn. 94; SSW StGB/
Rosenau Rn. 38).

3. Grenzen und Auslegung der Unrechtsvereinbarung. Die Lockerung der Unrechtsverein- 78
barung hat dazu geführt, dass sich im Randbereich des Tatbestandes erhebliche **Abgrenzungsschwie-**
rigkeiten zwischen strafbaren und straflosen Verhaltensweisen ergeben haben (Fischer Rn. 24; SSW
StGB/*Rosenau* Rn. 30; *Schäfer/Liesching* ZRP 2008, 173 (174 f.); *Paster/Sättele* NStZ 2008, 366 (370 ff.)).
Bei der fallbezogenen Prüfung, ob ein Äquivalenzverhältnis zwischen Vorteil und Dienstausübung
vorliegt, können ua die Interessenlage der Beteiligten (NK-StGB/*Kuhlen* Rn. 85), die Regelmäßigkeit
der Leistungen (*Dölling* ZStW 112 (2000), 334) sowie deren Zweckbestimmung herangezogen werden
(MüKoStGB/*Korte* Rn. 100). Die bevorzugte Behandlung eines Vorteilgebers bei der Vornahme einer
Diensthandlung ist ein gewichtiges Indiz für eine Unrechtsvereinbarung. Weitere mögliche Indizien sind
nach der Rspr. des BGH – neben der Plausibilität einer anderen, von dem Täter behaupteten oder sonst
in Betracht kommenden Zielsetzung – die Stellung des Amtsträgers, die Beziehung des Vorteilsgebers zu
den dienstlichen Aufgaben des Amtsträgers, die Vorgehensweise bei dem Angebot, dem Versprechen
oder dem Gewähren von Vorteilen sowie die Art, der Wert und die Zahl solcher Vorteile. So können
etwa dienstliche Berührungspunkte zwischen Vorteilsgeber und Amtsträger ebenso in Ausschlag geben-
der Weise für eine Unrechtsvereinbarung sprechen wie die Heimlichkeit des Vorgehens (BGHSt 48, 44
(51); 53, 6; OLG Hamburg StV 2001, 277 (280)).

Der Straftatbestand der Vorteilsgewährung wird nicht schon dadurch unanwendbar, dass eine (ange- 79
strebte) Unrechtsvereinbarung in sozialadäquate Handlungen – wie ein Sponsoringkonzept – eingebunden wird. Auch in diesem Fall ist maßgeblich, wie sich das Vorgehen aufgrund der Gesamtumstände
darstellt (vgl. *Paster/Sättle* NStZ 2008, 366; *Trüg* NJW 2009, 196).

Es ist hingegen nicht ausreichend, wenn der Amtsträger die Zuwendung vom vermeintlichen Vor- 80
teilsgeber allein deshalb – und somit ohne Gegenleistungscharakter – erhält, um die dienstliche Aufgabe
erfüllen zu können (Fischer Rn. 12, Lackner/Kühl/*Heger* Rn. 5; nach aA fehlt es jedenfalls an einer
Unrechtsvereinbarung, vgl. → Rn. 29). Gleiches gilt, wenn dem Amtsträger Vorteile gewährt werden,
bei denen eine dienstliche Gegenleistung ausgeschlossen ist, so zB Rabatte von Restaurants und Kultur-
einrichtungen für ortsansässige Dienststellen (MüKoStGB/*Korte* Rn. 101; vgl. ferner *Schaupensteiner*
Kriminalistik 1996, 237 ff.).

Bei entgeltlichen **Nebentätigkeiten,** die der Amtsträger privat für einen Auftraggeber ausübt, kann 81
das Vorliegen einer Unrechtsvereinbarung nur dann ohne Weiteres verneint werden, wenn der Auftraggeber mit dem Amtsträger keine dienstlichen Berührungspunkte hat bzw. nicht haben kann. Bestehen
hingegen dienstliche Berührungspunkte, bedarf es einer besonders sorgfältigen Prüfung, ob die Erteilung eines Auftrags für eine entgeltliche Nebentätigkeit ausschließlich wegen der besonderen Kenntnisse
und Fähigkeiten des Amtsträgers erfolgt oder auch deshalb, um seine Dienstausübung zu beeinflussen
(BGH NStZ-RR 2007, 309). Die Verschleierung einer nicht genehmigten und nicht genehmigungsfähigen Nebentätigkeit gegenüber dem Dienstherrn ist ein gewichtiges Indiz für das Vorliegen einer
Unrechtsvereinbarung, weil den Straftatbeständen der Vorteilsnahme und der Vorteilsgewährung ein
gewisses Maß an Heimlichkeit und Verdeckung der Vorteilsvereinbarung und des Vorteils gegenüber
der Anstellungskörperschaft eigen ist. Gleiches gilt für die bevorzugte Behandlung eines Vorteilsgebers
bei der Vornahme einer Diensthandlung. Ist die Vornahme einer solchen Diensthandlung nicht nachzuweisen, kann aber daraus nicht ohne Weiteres der Umkehrschluss gezogen werden (BGH NStZ-RR
2007, 309).

An einem Äquivalenzverhältnis zwischen Vorteil und Dienstausübung fehlt es, wenn der Amtsträger 82
die Zuwendung nur „gelegentlich" seines Dienstgeschäftes erhält (BGHSt 15, 239 (251); 39, 45 (46)),
zB eine Einladung zum Essen, die den Rahmen eines Arbeitsgespräches bildet (MüKoStGB/*Korte*
Rn. 104). Es ist vielmehr erforderlich, dass die Dienstausübung im Interesse des Gewährenden liegt
(daran fehlt es zB bei einer Zuwendung nach Erlass eines günstigen Verwaltungsaktes, solange nicht
auf eine Änderung Einfluss genommen werden soll) und die Gewährung des Vorteils im Interesse des
Amtsträgers liegt (MüKoStGB/*Korte* Rn. 102; NK-StGB/*Kuhlen* Rn. 94).

An einer Unrechtsvereinbarung fehlt es ferner, wenn Leistungen vom Vorteilsgeber lediglich aus 83
Gründen der Höflichkeit gewährt und vom Amtsträger aus diesem Grund angenommen werden und die
Zuwendungen nicht erfolgen, um die Dienstausübung zu beeinflussen (MüKoStGB/*Korte* Rn. 103).

Gleiches gilt für altruistische Spenden, die lediglich anlässlich einer Dienstausübung erfolgen, zB die Spende an die Feuerwehr aus Dankbarkeit der Lebensrettung (MüKoStGB/*Korte* Rn. 106).

84   Der Tatbestand des § 331 ist mangels – regelwidrigen – Äquivalenzverhältnisses gleichfalls dann nicht erfüllt, wenn die Erhebung von Gebühren oder das Aushandeln von Rabatten – rechtmäßiger – Gegenstand der Dienstausübung ist (MüKoStGB/*Korte* Rn. 134 f.). Werden im Verhandlungsweg günstige Konditionen für die Anstellungskörperschaft ausgehandelt, so ist der darin liegende Vorteil nicht eine Gegenleistung für die Diensthandlung des Abschlusses der Vereinbarung. Der Vorteil ergibt sich vielmehr aus dem günstigen Abschluss selbst und ist Teil dessen. Wird der Vorteil hingegen gegenüber der Anstellungskörperschaft nicht offen gelegt, sondern nebenbei und heimlich gewährt, so ist ein tatbestandliches Beziehungsverhältnis gegeben (BGH NJW 2003, 763 (767)). Genauso fehlt es bei der Einstellung von Ermittlungsverfahren gemäß § 153a StPO oder der Erhebung von Gebühren für einen Verwaltungsakt an einer Unrechtsvereinbarung (NK-StGB/*Kuhlen* Rn. 96; teilweise wird bereits ein Vorteil verneint, so SK-StGB/*Rudolphi*/*Stein* Rn. 22 oder ein Rechtfertigungsgrund angenommen, so *Cramer* wistra 1999, 414 (415) zu § 153a StPO).

85   **4. Unrechtsvereinbarung bei § 331 Abs. 2.** Bei Vorteilsannahmen von Richtern und Schiedsrichtern nach Abs. 2 muss die Vorteilszuwendung Gegenleistung für eine konkrete richterliche Handlung sein, weil die Unrechtsvereinbarung durch das KorruptionsbG insoweit nicht gelockert wurde (Fischer Rn. 29a; MüKoStGB/*Korte* Rn. 149). Dies setzt voraus, dass der Vorteil dem Richter oder einem Dritten aufgrund einer richterlichen Handlung gewährt wird, die zumindest in groben Umrissen ihrem sachlichen Gehalt nach konkretisiert sein muss (Schönke/Schröder/*Heine*/*Eisele* Rn. 51). Nicht erforderlich ist, dass die richterliche Handlung in allen Einzelheiten genau bestimmt ist (vgl. BGHSt 32, 291; BGH NStZ 2000, 319). So müssen Zeitpunkt, Anlass und Ausführungsweise noch nicht feststehen (LK-StGB/*Sowada* Rn. 97). Gerade bei Vorteilen für künftige Handlungen dürfen die Anforderungen nicht überspannt werden (BGH NJW 1985, 391). Es genügt, wenn Richter und Vorteilsgeber sich bei der Gewährung und Annahme des Vorteils für eine künftige richterliche Handlung über die Art der vergüteten Dienste einig sind, selbst wenn sie keine genauen Vorstellungen davon haben, wann, bei welcher Gelegenheit und in welcher Weise der Richter die Vereinbarung einlösen will. Nicht ausreichend ist es hingegen, dass die Vorteilsgewährung nur mit Rücksicht auf die Stellung des Richters oder zur „Klimapflege" erfolgt (Schönke/Schröder/*Heine*/*Eisele* Rn. 51; dies kann jedoch eine Strafbarkeit nach Abs. 1 begründen (MüKoStGB/*Korte* Rn. 149).

V. Tathandlungen

86   Die Tathandlung besteht im Fordern, Sichversprechenlassen oder Annehmen des Vorteils. Die Abgrenzung der einzelnen Tatmodalitäten ist vor allem für die Frage der Genehmigungsfähigkeit (→ Rn. 155) und der Konkurrenzen (→ Rn. 184) von Bedeutung.

87   **1. Fordern.** Unter dem Tatbestandsmerkmal des Forderns ist das ausdrückliche oder konkludente **einseitige** Verlangen eines Vorteils zu verstehen (BGHSt 10, 237 (241)). Das Verlangen muss auf den Abschluss einer Unrechtsvereinbarung gerichtet sein. Ob diese tatsächlich zustande kommt, ist unerheblich (MüKoStGB/*Korte* Rn. 52). Der Amtsträger muss den ernsthaften Willen zum Ausdruck bringen, einen Vorteil als Gegenleistung für eine Diensthandlung zu begehren (BGHSt 15, 98). Ob der Aufgeforderte der Forderung zustimmt oder den objektiven Sinn der Forderung, mithin den Zusammenhang zwischen Vorteil und Dienstausübung, überhaupt erkannt hat, ist ebenfalls ohne Bedeutung. Er muss aber – mindestens mittelbar durch einen Dritten – von der Forderung Kenntnis erlangt haben (BGHSt 10, 240 f.; MüKoStGB/*Korte* Rn. 52; Lackner/Kühl/*Heger* Rn. 7).

88   Fordern iSd Bestechungstatbestände ist nicht nur das ausdrückliche, sondern ebenso das stillschweigende, versteckte oder verschleierte Verlangen eines Vorteils für eine Dienstausübung (BGH NStZ 2006, 628 (629); Schönke/Schröder/*Heine*/*Eisele* Rn. 25). Wurde der Hintergrund der in verschleierter Form vorgebrachten Forderung von dem konkreten Adressaten nicht nachvollzogen, ist es erforderlich, dass die Erklärung für einen objektiven Dritten als Begehren eines Vorteils für eine Dienstausübung verstanden wurde. Zudem muss der Amtsträger die Forderung mit dem – sei es auch nur bedingten – Willen stellen, dass sich der Erklärungsempfänger des Zusammenhangs mit der dienstlichen Tätigkeit bewusst wird (BGHSt 10, 237; SK-StGB/*Rudolphi*/*Stein* Rn. 25 mwN; SSW/*Rosenau* Rn. 22).

89   Nicht ausreichend ist eine bloße Anregung oder Bitte des Amtsträgers oder der Umstand, dass die Initiative zur Annahme eines Vorteils vom Amtsträger ausgeht (MüKoStGB/*Korte* Rn. 50). Bei der Abgrenzung kann es von Bedeutung sein, ob der Amtsträger offen oder heimlich vorgeht. Nimmt sich die Amtsperson einen Vorteil mit Gewalt oder eigenmächtig, so ist der Tatbestand des § 331 erfüllt, wenn in der Nötigung ein „Fordern" des Vorteils zu sehen ist (Schönke/Schröder/*Heine*/*Eisele* Rn. 17; Lackner/Kühl/*Heger* Rn. 7; LK-StGB/*Sowada* Rn. 22).

90   **2. Sichversprechenlassen.** Sichversprechenlassen bedeutet die ausdrückliche oder schlüssige Annahme eines Angebots der zukünftigen Gewährung eines Vorteils, es muss mithin eine Unrechtsvereinbarung zustande kommen. Der Amtsträger muss den objektiven Sinn des Angebots verstehen und seine

Zustimmung mit dem (zumindest bedingten) Willen erklären, den Vorteil später entgegenzunehmen (Schönke/Schröder/*Heine*/*Eisele* Rn. 27; Lackner/Kühl/*Heger* Rn. 7). Ein bloßes Schweigen auf ein Angebot des Vorteilsgebers ist nicht ausreichend. Etwas anderes kommt nur in Betracht, wenn sich aus den Umständen ergibt, dass der Amtsträger oder ein Dritter den Willen hat, den Vorteil zu empfangen (LK-StGB/*Sowada* Rn. 26; Fischer Rn. 19).

Ob es zu irgendeinem Zeitpunkt tatsächlich zur Übergabe des Vorteils kommt, ist unerheblich. Allein **91** maßgeblich ist für diese Tatbestandsalternative, dass eine entsprechende Unrechtsvereinbarung abgeschlossen wird. Denn hierdurch wird bereits das Vertrauen der Öffentlichkeit in die Lauterkeit der Amtsführung gefährdet (BGH NStZ-RR 2002, 272).

Besteht ein Dissens zwischen Angebot und Annahme, ist die Handlungsmodalität des Sichverspre- **92** chenlassens nicht erfüllt, da diese nach hM objektiv und subjektiv übereinstimmende Erklärungen voraussetzt (MüKoStGB/*Korte* Rn. 54; LK-StGB/*Sowada* Rn. 27). Zu den damit zusammenhängenden Irrtumsfragen vgl. → Rn. 180. In Betracht kommt allerdings das konkludente Fordern eines Vorteils, wenn der Amtsträger ein vermeintliches Angebot auf Zuwendung eines Vorteils annimmt, das vom Dritten so nicht gemeint war (Fischer Rn. 19; LK-StGB/*Sowada* Rn. 27).

Eine Tat in der Tatbestandsalternative des Sichversprechenlassens ist vollendet, wenn der Amtsträger **93** seine Bestechlichkeit nach außen ausdrücklich oder schlüssig zu erkennen gegeben hat (BGH NStZ-RR 2002, 272).

3. Annehmen. Unter dem Tatbestandsmerkmal des Annehmens ist die tatsächliche Entgegennahme **94** des geforderten oder versprochenen Vorteils zu verstehen. Dabei muss der Amtsträger mit dem Ziel handeln, selbst Verfügungsgewalt über die Leistung zu erlangen oder sie einem Dritten zukommen zu lassen (Lackner/Kühl/*Heger* Rn. 7). Es genügt, wenn der Vorteil im Einverständnis mit der Amtsperson einem Dritten zukommt (so LG Wuppertal NJW 2003, 1405 für die Annahme von Wahlkampfspenden; Fischer Rn. 20). Erfolgt die Leistung indes unmittelbar an den Dritten, dem der Vorteil nach der Unrechtsvereinbarung zufließen soll, kommt für den Amtsträger nach überwiegender Meinung nur eine Strafbarkeit wegen des Sichversprechenlassens eines Vorteils in Betracht (ausf. LK-StGB/*Sowada* Rn. 29).

Die Entgegennahme des Vorteils muss ferner auf der Grundlage einer Unrechtsvereinbarung erfolgen **95** (MüKoStGB/*Korte* Rn. 55). Keine Annahme liegt daher vor, wenn der Amtsträger den Vorteil allein deshalb entgegennimmt, um den Vorteilsgeber der Bestechung bzw. der Vorteilsgewährung zu überführen (BGHSt 15, 88 (97); Lackner/Kühl/*Heger* Rn. 7; LK-StGB/*Sowada* Rn. 28; MüKoStGB/*Korte* Rn. 59; SK-StGB/*Rudolphi*/*Stein* Rn. 26; SSW StGB/*Rosenau* Rn. 25; aA NK-StGB/*Kuhlen* Rn. 32, wonach sich die Straflosigkeit aus § 34 ergebe).

Hat der Amtsträger den Vorteil zunächst gutgläubig erlangt, handelt er dennoch tatbestandsmäßig, **96** wenn er die auf den Abschluss einer Unrechtsvereinbarung gerichtete Absicht des Gebers nach Erhalt der Leistung erkennt, den Vorteil aber gleichwohl behält und dadurch zu erkennen gibt, dass er den Vorteil nunmehr für die Diensthandlung behalten will. Gleiches gilt, wenn er eine entsprechende Übereinkunft mit dem Geber erzielt (BGHSt 15, 88 (102 f.); BGH NJW 2007, 3446 (3448); Schönke/Schröder/*Heine*/*Eisele* Rn. 28; SK-StGB/*Rudolphi*/*Stein* Rn. 26; MüKoStGB/*Korte* Rn. 56). Ein solchermaßen „verspätetes" Annehmen des Vorteils kommt jedoch nur in Betracht, wenn der gewährte Vorteil in dem Zeitpunkt, in dem der Amtsträger die Hintergründe der Zuwendung erkannt hat, noch vorhanden ist. Hat der Amtsträger den Vorteil zwischenzeitlich gutgläubig verbraucht, bleibt für die Vorteilsannahme kein Raum (BGH NJW 2007, 3446 (3448)).

Ein Vorbehalt der Amtsperson, den Vorteil nicht zu behalten, sondern ihn nach erfolgter Annahme **97** möglicherweise zurück zu geben, ist grundsätzlich unbeachtlich. Selbst in diesem Fall maßt sich die Amtsperson die Dispositionsbefugnis hinsichtlich des Vorteils an (BGH GA 1963, 147; LK-StGB/*Sowada* Rn. 30; SSW StGB/*Rosenau* Rn. 25; vgl. auch MüKoStGB/*Korte* Rn. 58; Schönke/Schröder/*Heine*/*Eisele* Rn. 28).

VI. Einschränkende Auslegung des Tatbestands

Aufgrund der Weite des Tatbestandes der Vorteilsannahme, insbesondere durch die Einbeziehung von **98** Drittvorteilen (→ Rn. 41), wird fast einhellig das Erfordernis einer tatbestandseinschränkenden Auslegung des § 331 anerkannt. Von der hM in Rspr. und Lit. wird dabei zum einen der Gesichtspunkt der Sozialadäquanz herangezogen, zum anderen haben sich verschiedene Fallkonstellationen herausgebildet, bei denen eine Strafbarkeit aufgrund einer teleologischen Reduktion des Tatbestandes verneint wird.

1. Sozialadäquanz. Selbst die Gewährung geringwertiger Zuwendungen, die sich als bloße Gefäl- **99** ligkeit darstellen oder sozial üblich und allgemein gebilligt sind, stellt grundsätzlich einen Vorteil iSd § 331 dar (→ Rn. 27; aA SK-StGB/*Rudolphi*/*Stein* Rn. 23). Gleichwohl fehlt es in diesen Fallkonstellationen an einer Strafwürdigkeit des Verhaltens des Amtsträgers und des Vorteilsgebers, weil der Schutzzweck der Bestechungsdelikte nicht berührt wird (MüKoStGB/*Korte* Rn. 111). Durch sozial übliche und von der Allgemeinheit gebilligte Vorteile wird weder ein Anschein der „Käuflichkeit" erweckt noch sind solche Zuwendungen geeignet, Entscheidungen des Amtsträgers zu beeinflussen. Nach aM fehlt es in diesen Fällen aufgrund des sozialadäquaten Verhaltens des Amtsträgers an einer Strafbarkeit gemäß § 331.

100   **a) Dogmatische Einordnung.** Umstritten ist jedoch die dogmatische Einordnung der Lehre von der Sozialadäquanz. Nach hM schließt sozialadäquates Verhalten bereits den objektiven Tatbestand aus (BGH NStZ 2005, 335; Lackner/Kühl/*Heger* Rn. 14; Fischer Rn. 25; BeckOK StGB/*v. Heintschel-Heinegg* Rn. 31; SSW StGB/*Rosenau* Rn. 16; vgl. auch Schönke/Schröder/*Lenckner/Sternberg-Lieben* Vor §§ 32 ff. Rn. 107a). Die neuere Rspr. des BGH und eine überwiegende Meinung im Schrifttum nehmen an, dass eine Unrechtsvereinbarung iSd §§ 331, 332 nicht vorliegt, wenn gewohnheitsmäßig anerkannte, relativ geringwertige Aufmerksamkeiten und deshalb sozialadäquate Vorteile vom Amtsträger entgegengenommen werden (BGH wistra 2011, 392; BGH NStZ-RR 2002, 272; so auch Fischer Rn. 25; Lackner/Kühl/*Heger* Rn. 14; Schönke/Schröder/*Heine/Eisele* Rn. 40; vgl. auch MüKoStGB/*Korte* Rn. 114 mwN) Nach aA ergibt sich der Tatbestandsausschluss bereits aus dem Fehlen eines Vorteils (SK-StGB/*Rudolphi/Stein* Rn. 23). Eine weitere Meinung nimmt an, es liege lediglich ein Rechtfertigungsgrund vor (vgl. die Nachweise bei Schönke/Schröder/*Lenckner/Sternberg-Lieben* Vor § 32 ff. Rn. 107a). Dagegen wird zu Recht eingewendet, bei sozialadäquaten Zuwendungen stelle sich nicht die Frage einer speziellen Erlaubnis, die ein an sich verbotenes Verhalten rechtmäßig macht. Vielmehr seien die Handlungen an sich gänzlich unverdächtig (BeckOK StGB/*v. Heintschel-Heinegg* Rn. 31.1; vgl. auch BGHSt 23, 228).

101   **b) Voraussetzung sozialadäquaten Verhaltens.** Sozialadäquates Verhalten ist anzunehmen, wenn der aus Anlass oder bei Gelegenheit einer Diensthandlung dem Amtsträger gewährte Vorteil seinen Grund in den Regeln des sozialen Verkehrs und der Höflichkeit hat und der sozialen Stellung des Amtsträgers angemessen ist (BGH NStZ-RR 2002, 272; BGH NStZ 2005, 334). Allerdings bemüht sich die Rspr., die Lehre von der Sozialadäquanz nicht zu sehr auszuweiten (BGHSt 23, 228; BGH NStZ 1998, 194; BGH NJW 2003, 765; vgl. auch BeckOK StGB/*v. Heintschel-Heinegg* Rn. 31.1). So hat der BGH mehrfach darauf hingewiesen, der rechtliche Gesichtspunkt, in gewissem Umfang übliche und deshalb sozialadäquate Vorteile von der Strafbarkeit auszunehmen, könne allenfalls zum Tragen kommen, wenn es sich um gewohnheitsmäßig anerkannte, relativ geringwertige Aufmerksamkeiten handelt, die aus gegebenen Anlässen gewährt werden (BGHSt 15, 239 (251 f.); BGH NJW 2003, 763 (765); BGH NStZ 2005, 334).

102   Eine bestimmte Wertgrenze, bis zu der die Annahme von Geschenken als sozialadäquat zu bezeichnen ist, lässt sich nicht festlegen. Vielmehr ist neben dem Wert der Zuwendung auf die konkrete Stellung des Amtsträgers, die jeweiligen Gepflogenheiten der Höflichkeit oder Gefälligkeit und den konkreten sozialen Kontext abzustellen (Fischer Rn. 26; SK-StGB/*Rudolphi/Stein* Rn. 23; BeckOK StGB/ *v. Heintschel-Heinegg* Rn. 32; *Dölling* ZStW 112 (2000), 345). Häufig wird von einer Obergrenze von 30–50 EUR ausgegangen (Fischer Rn. 26a; vgl. Nachweise bei MüKoStGB/*Korte* Rn. 114 und SSW StGB/*Rosenau* Rn. 16).

103   Allein der Umstand, dass bestimmte Vorteilsgewährungen als „branchenüblich" angesehen werden, vermag die Anwendung der Korruptionsvorschriften unter dem Gesichtspunkt der Sozialadäquanz nicht zu hindern (BGH NJW 2003, 763 (765); BGH NStZ 2005, 334). Insoweit gilt die Maxime, dass nicht die Praxis das Recht bestimmt, sondern das Recht die Praxis.

104   **c) Beispiele.** Sozialadäquat sind vor allem kleinere Aufmerksamkeiten zu Weihnachten, Geburtstagen oder anlässlich von Jubiläen und persönlichen Feiertagen (Fischer Rn. 25 mwN; MüKoStGB/*Korte* Rn. 112). Die Annahme kleiner Werbegeschenke, wie Kugelschreiber, Kalender etc ist ebenfalls nicht vom Tatbestand erfasst, selbst wenn diese mit Blick auf die Dienstausübung gewährt werden (Schönke/ Schröder/*Heine/Eisele* Rn. 40; SSW StGB/*Rosenau* Rn. 16). Als sozialadäquat sind zudem Einladungen zu Getränken (BGH NStZ-RR 2002, 273) und gelegentliche Bewirtungen anzusehen, sofern sie in Art und Umfang der Stellung des Amtsträgers entsprechen und – insbesondere bei höherem Wert – nicht heimlich erfolgen (NK-StGB/*Kuhlen* Rn. 99; MüKoStGB/*Korte* Rn. 112); ggf. können solche Einladungen sogar zu den Dienstpflichten des Amtsträgers gehören (BGHSt 31, 264 (279)).

105   Die Annahme von Belohnungen aus Dankbarkeit für die Diensterfüllung oder eine überobligatorische Pflichterfüllung kann, sofern es nicht schon an einer Unrechtsvereinbarung fehlt (vgl. → Rn. 83), sozial adäquat sein (BeckOK StGB/*v. Heintschel-Heinegg* Rn. 32; LK-StGB/*Sowada* Rn. 74; krit. Fischer Rn. 25a). Trinkgelder in angemessener Höhe können unter übliche und gebilligte Vorteile fallen (Fischer Rn. 25). Dies gilt indes nicht, wenn die Annahme gesetzlich verboten ist, weil die Annahme verbotener Zuwendungen nicht sozialadäquat sein kann (MüKoStGB/*Korte* Rn. 113; *Clausen/Ostendorf,* Korruption im öffentlichen Dienst, 2002, 35). So regelt zB § 71 BBG, dass Beamte ohne Genehmigung „auch nach Beendigung des Beamtenverhältnisses, keine Belohnungen, Geschenke oder sonstigen Vorteile für sich oder einen Dritten in Bezug auf ihr Amt fordern, sich versprechen lassen oder annehmen" dürfen.

106   Nicht darunter fallen idR Einladungen zu kostenintensiven Freizeitveranstaltungen, die Vermittlung von Rabatten beim Kauf hochwertiger Waren und Bewirtungen, die den gewöhnlichen Lebenszuschnitt des Amtsträgers erkennbar überschreiten (Fischer Rn. 26). Selbst ein persönliches Verhältnis zwischen

Amtsträger und Zuwendendem lässt eine Zuwendung nicht ohne Weiteres als sozialadäquat erscheinen. Der Anschein der „Käuflichkeit" kann aber entfallen, wenn es sich um Fälle gleichwertiger Gegeneinladungen oder Zuwendungen in einer Gruppe sozial gleichgestellter Freunde handelt (BGH NStZ-RR 2003, 171; BGH NStZ 2005, 334; Fischer Rn. 26).

Vorsatz ist gegeben, wenn der Amtsträger die den Zusammenhang zwischen Diensthandlung und **107** Vorteilsgewährung begründenden tatsächlichen Umstände kannte; ob er selbst die Vorteilsgewährung für sozialadäquat hielt, erlangt allenfalls im Rahmen eines Verbotsirrtums nach § 17 Bedeutung (→ Rn. 181).

2. Bestimmte Fallgruppen der einschränkenden Tatbestandsauslegung. Die mit dem Korrup- **108** tionsbG erfolgte Lockerung der Unrechtsvereinbarung sowie die gleichzeitige Ausweitung des Tatbestandes auf Drittvorteile hat zur Folge, dass bestimmte Sachverhalte den Vorschriften der §§ 331 ff. unterfallen würden, bei denen es an einer Strafwürdigkeit fehlt, weil die Handlungen des Täters durch andere Normen ausdrücklich zugelassen oder sogar vorgeschrieben sind (vgl. BeckOK StGB/*v. Heintschel-Heinegg* Rn. 33; LK-StGB/*Sowada* Rn. 76). Diese Problematik zeigt sich insbesondere in solchen Bereichen, in denen eine Kooperation zwischen öffentlicher Hand und Privatwirtschaft erfolgt, mithin im Bereich öffentlich-privater Partnerschaft (Public Private Partnership), bei dem die Dienstausübung von Amtsträgern mit privatwirtschaftlichen Interessen und Wettbewerbsstrukturen zusammentrifft (Fischer Rn. 26b; SK-StGB/*Rudolphi/Stein* Rn. 29a; BeckOK StGB/*v. Heintschel-Heinegg* Rn. 33; *Bernsmann* StV 2005, 685). Das gleiche gilt für Fälle, in denen die Zuwendungen dem Amt zugutekommen, das der Amtsträger ausübt (Lackner/Kühl/*Heger* Rn. 6a).

Konkret stellen sich grundsätzliche Fragen der Strafbarkeit im Gesundheitswesen im Hinblick auf die **109** Drittmittelforschung und im sonstigen Beschaffungswesen, bei Wahlkampfspenden, im Bereich des Sponsoring, bei städtebaulichen Verträgen sowie bei öffentlich-rechtlichen Verträgen gemäß §§ 54 ff. VwVfG.

Um zu sachgerechten Entscheidungen zu gelangen, nehmen sowohl die Rspr. als auch die hM im **110** Schrifttum eine einschränkende Auslegung des Tatbestandes vor (LK-StGB/*Sowada* Rn. 76 mwN; SSW StGB/*Rosenau* Rn. 35 ff.). Hintergrund ist, dass sich die gesetzlichen Regelungen bereits auf der Tatbestandsebene in einen systematischen Einklang bringen lassen müssen (vgl. BGHSt 47, 295 (303, 309)). Vereinzelt wird zwar die Meinung vertreten, eine Korrektur habe auf der Ebene der Rechtswidrigkeit zu erfolgen (*Mansdörfer* wistra 2003, 211 (213); *Korte* NStZ 2003, 156 (157 f.)), der BGH hält dem jedoch entgegen, dass der Rechtfertigungsgrund der Genehmigung (§ 331 Abs. 3) nicht eingreift, wenn die Vorteile – wie dies bei der Drittmittelforschung häufig der Fall ist – vom Amtsträger gefordert worden sind (vgl. BGHSt 47, 295 (309)). Für die einschränkende Auslegung des Tatbestandes haben sich bestimmte Fallgruppen herausgebildet:

a) Einwerbung von Drittmitteln für Forschung und Lehre. Ein wesentlicher Anwendungs- **111** bereich der teleologischen Reduktion des Tatbestandes ist der Bereich der **Drittmittelforschung,** für den der BGH im Jahr 2002 in zwei Entscheidungen grundsätzliche Regelungen aufgestellt hat. Den Entscheidungen lagen Fälle zugrunde, in denen Universitätsprofessoren, die zugleich Chefärzte eines Universitätsklinikums und in dieser Eigenschaft für Beschaffungsentscheidungen mitverantwortlich waren, von den Lieferanten medizintechnischer Produkte bestimmte Zuwendungen erhielten. Dabei handelte es sich sowohl um finanzielle Mittel, die für Zwecke der Wissenschaft und Forschung, zur Finanzierung von Kongressreisen und zur Beschaffung von Geräten verwendet wurden, als auch um die Übernahme der Kosten für Betriebs- und Weihnachtsfeiern sowie um medizintechnische Geräte, die leihweise zur Verfügung gestellt wurden (vgl. BGHSt 47, 295 und 48, 44).

Grundsätzlich erfüllen derartige Drittvorteile den objektiven Tatbestand des § 331 (oder des § 332), **112** weil ein funktionaler Zusammenhang zwischen der Vorteilsgewährung und den Umsatzgeschäften des Amtsträgers besteht (MüKoStGB/*Korte* Rn. 119 f.). Etwas anderes käme nur in Betracht, wenn mit der Zuwendung unmittelbar die Grundlagenforschung gefördert oder die Durchführung klinischer Prüfungen von Arzneimitteln und Medizinprodukten (§§ 40 AMG ff., §§ 19 ff. MPG) finanziert würde, weil der Vorteil in diesen Fällen nicht für die Dienstausübung, sondern lediglich zur Ermöglichung der Dienstausübung erfolgt (MüKoStGB/*Korte* Rn. 118). Ein Ausschluss über die Lehre von der Sozialadäquanz (→ Rn. 99 ff.) kommt nach der Rspr. des BGH bei nicht nur relativ geringwertigen Zuwendungen ebenfalls nicht in Betracht (BGHSt 48, 44; Fischer Rn. 27; aA *Rönnau* JuS 2003, 236).

Demgegenüber ist die Eintreibung von Drittmitteln im Hochschulbereich mangels ausreichender **113** staatlicher Finanzmittel nicht nur erwünscht, sondern gehört nach § 25 HRG iVm den entsprechenden landesrechtlichen Vorschriften sogar zur gesetzlich festgelegten Aufgabe des Amtsträgers (LK-StGB/*Sowada* Rn. 77; SSW StGB/*Rosenau* Rn. 40; vgl. auch *Satzger* ZStW 115 (2003), 469; *Haeser* MedR 2002, 55 ff.; *Ambos* JZ 2003, 345; *Kindhäuser/Goy* NStZ 2003, 291; *Michalke* NJW 2002, 3381; *Schmidt/ Güntner* NJW 2004, 471). Bei einer Einhaltung des Trennungsprinzips, wonach die Verantwortung für Auswahl und Beschaffung von medizintechnischen Produkten und Medikamenten bei der Verwaltung des Krankenhauses und die Verantwortung für die Einwerbung von Forschungsmitteln bei den Chefärzten und Professoren liegt, wäre eine Strafbarkeit nach § 331 ff. ausgeschlossen (vgl. MüKoStGB/*Korte* Rn. 120). Eine solche Trennung lässt sich in der Praxis häufig jedoch nicht durchführen, insbesondere im Hinblick auf die erforderliche Beteiligung der Ärzte und Klinikdirektoren an der Auswahl der Medizinprodukte und Geräte (*Rönnau* JuS 2003, 232 (236); *Korte* NStZ 2003, 156 (157)). Bei der Förderung von Forschung und Lehre durch Produktlieferanten ist oftmals zudem die Höhe der Zuwendungen von Umfang und Intensität der geschäftlichen Beziehung zum Zuwendungsempfänger und vom Umsatz abhängig. Infolgedessen kann sich für den Hochschullehrer, der dienstlich zur Einwerbung von Drittmitteln angehalten ist, ein Spannungsfeld zum strafbewehrten Verbot der Vorteilsannahme ergeben (BGHSt 47, 295 (306); BGH NStZ-RR 2003, 171).

114   Nach der Rspr. des BGH unterliegt der Tatbestand der Vorteilsannahme daher in solchen Fällen einer Einschränkung des Anwendungsbereichs, in denen es die hochschulrechtlich verankerte Dienstaufgabe des Amtsträgers ist, zur Förderung von Forschung und Lehre Drittmittel einzuwerben, die sich zugleich als Vorteile iSd § 331 darstellen. Die Einschränkung des Tatbestands knüpft der BGH indes an zwei Voraussetzungen. Zum einen muss es sich bei den einzuwerbenden Drittmitteln der Sache nach um Fördermittel für Forschung und Lehre handeln. Zum anderen ist im Interesse des Schutzgutes der Strafvorschrift, nämlich des Vertrauens in die Sachgerechtigkeit der Entscheidungen, die Anzeige der Mitteleinwerbung und ihre Genehmigung in dem hochschulrechtlich vorgesehenen Verfahren erforderlich (BGHSt 47, 306). Diese Transparenz durch Anzeige und Einholung von Genehmigungen auf hochschulrechtlicher Grundlage begegne dem bösen Anschein möglicher Käuflichkeit von Amtsträgern und rechtfertige daher eine Einschränkung des Tatbestandes (BGHSt 47, 295 (306); BGH NStZ-RR 2003, 171).

115   In einer weiteren Entscheidung hat der BGH nochmals darauf hingewiesen, dass Amtsträgern in Fällen der Drittmitteleinwerbung vor der Annahme jeglicher Vorteile, die in Zusammenhang mit ihrer Dienstausübung gebracht werden können, die strikte Absicherung von Transparenz im Wege von Anzeigen und Einholungen von Genehmigungen auf hochschulrechtlicher Grundlage abzuverlangen ist (BGH NStZ-RR 2003, 171 (172)). Aus diesem Grund kommt die Annahme eines unvermeidbaren Verbotsirrtums nicht (mehr) in Betracht (vgl. dazu OLG Köln NStZ 2002, 35 (37 f.); OLG Hamburg StV 2001, 284 (288)).

116   Werden Zuwendungen der Privatwirtschaft hingegen verschleiert, wie bei Kick-Back-Zahlungen über einen Förderverein (BGHSt 47, 295 (303 ff.)), erfolgt eine Nutzung von Dritt- und Auslandskonten oder werden „Strohleute" eingeschaltet, ist eine §§ 331 ff. unterfallende Unrechtsvereinbarung naheliegend (Fischer Rn. 27a, 27b).

117   Eine Einschränkung des Tatbestandes greift selbstverständlich dann nicht, wenn der Amtsträger ausschließlich zu seinem eigenen Nutzen Vorteile für die Mitwirkung an Beschaffungsentscheidungen entgegennimmt (MüKoStGB/*Korte* Rn. 117; vgl. den Fall BGH NStZ 2000, 90 f.).

118   Die Rechtsprechung des BGH bezieht sich bislang nur auf die Drittmittelforschung an Hochschulen und das dortige Genehmigungsverfahren (Lackner/Kühl/*Heger* Rn. 6b). Offen bleibt, wie mit denjenigen Fällen umzugehen ist, in denen der Staat bei der Erfüllung seiner Aufgaben mit der Privatwirtschaft zusammenarbeitet und eine Finanzierung durch Unternehmen erfolgt, bei denen es keine gesetzlichen Regelungen über die Einwerbung von Drittmitteln gibt (*Korte* NStZ 2003, 157). Hier sollten die vom BGH dargelegten Anforderungen an die Transparenz und Dokumentation sowie etwaige behördeninterne Anzeige- und Genehmigungsverfahren eingehalten werden. In Betracht kommt auch die Einholung der Genehmigung der zuständigen Behörde gemäß § 331 Abs. 3 (BeckOK StGB/*v. Heintschel-Heinegg* Rn. 35.2).

119   **b) Parteispenden.** Die Einwerbung von Parteispenden und Wahlkampfmitteln ist von der Strafandrohung des § 331 grundsätzlich nicht ausgenommen. Amtsträger, die sich erneut um das von ihnen ausgeübte Wahlamt bewerben, sind – anders als beamtete Hochschullehrer, denen durch das Hochschulgesetz die Einwerbung von Drittmitteln für Lehre und Forschung als Dienstaufgabe übertragen wird (→ Rn. 113 ff.) – zur Einwerbung von Parteispenden nicht verpflichtet. Der BGH hat daher in einer grundlegenden Entscheidung aus dem Jahr 2004 eine Übertragung der Rspr. zur Drittmittelforschung auf die Einwerbung von Wahlkampfspenden abgelehnt (BGHSt 49, 275; Lackner/Kühl/*Heger* Rn. 6b).

120   Einer einschränkenden Auslegung des objektiven Tatbestandes des § 331 bedarf es nach dem BGH aber im Hinblick auf die verfassungsrechtlich garantierte Wahlgleichheit. Ein Amtsträger, der rechtlich völlig davon ausgeschlossen wäre, sich für die Dienstausübung nach der Wahl im Wahlkampf von Dritten finanziell unterstützen zu lassen, wäre in seinem grundrechtlichen Anspruch auf gleiche Wahlchancen gegenüber demjenigen Wahlkandidat erheblich benachteiligt, der keine Amtsträgerstellung innehat und daher in unbeschränkter Weise befugt ist, Mittel zur Finanzierung seines Wahlkampfs einzuwerben. Die Entscheidung des BGH bezog sich auf einen Fall, in dem sich ein Oberbürgermeister bei einer anstehenden Direktwahl um seine Wiederwahl beworben hatte. In der Entscheidung wurden folgende Grundsätze aufgestellt (BGHSt 49, 275 – Fall Kremendahl): Ein Amtsträger, der sich erneut um das von ihm derzeit ausgeübte, aufgrund einer Direktwahl zu erlangende Wahlamt bewirbt, macht sich nicht wegen Vorteilsannahme strafbar, wenn er verspricht, das Amt nach der Wiederwahl entsprechend den allgemeinen wirtschaftlichen oder politischen Vorstellungen des Vorteilsgebers zu führen. Zeigt sich der Amtsträger dagegen bereit, als Gegenleistung für die Wahlkampfförderung im Falle seiner Wahl eine konkrete, den Interessen des Vorteilsgebers förderliche Entscheidung zu dessen Gunsten zu treffen oder zu beeinflussen, macht er sich der Vorteilsannahme strafbar (iErg zust. *Korte* NStZ 2005, 512; ausf. *Saliger/Sinner* NJW 2005, 1073).

In der Literatur war anschließend kritisiert worden, dass der BGH damit im Ergebnis für die Erfüllung **121** des Tatbestandes ein Gegenseitigkeitsverhältnis des Vorteils zu einer konkreten Diensthandlung gefordert habe, wie es nach der alten Fassung des § 331 vor der Änderung durch das KorruptionsbG vom 13.8.1997 erforderlich war (Lackner/Kühl/*Heger* Rn. 6b; *Kargl* JZ 2005, 503, vgl. auch Fischer Rn. 28b; MüKoStGB/*Korte* Rn. 129; NK-StGB/*Kuhlen* Rn. 109).

In einer weiteren Entscheidung hat der BGH nunmehr klargestellt, dass die Entgegennahme von **122** Wahlkampfspenden nicht erst dann eine Vorteilsannahme darstellt, wenn die Spenden im Hinblick auf eine konkrete Amtshandlung erfolgen. Die Grenze zur Strafbarkeit sei vielmehr schon dann überschritten, wenn Spender und Amtsträger davon ausgingen, dass der Amtsträger im Laufe der künftigen Amtszeit mit Entscheidungen zu einem Vorhaben des Spenders befasst sein werde und der unbeteiligte Betrachter bei dieser mit der Spende Einfluss auf anfallende Entscheidungen nehmen wolle (BGH NStZ 2008, 33: ebenfalls Fall Kremendahl; abl. SSW StGB/*Rosenau* Rn. 45; *Zöller* GA 2008, 151, der § 25 Abs. 2 PartG als – negativ formulierten – Rechtfertigungsgrund ansieht; Anm. *Korte* NStZ 2008, 341, wonach die allgemeine Ausrichtung der Politik eines Amtsträgers keine dienstliche Handlung sei).

Im Einzelfall kann die Abgrenzung zwischen erlaubter und unerlaubter Einwerbung von Wahlkampf- **123** unterstützung durch einen Amtsträger schwierig sein. Als Indizien für den Bezug zu einer konkreten Diensthandlung kommen die Art und Höhe der Zuwendung, der Grad der personellen Verflechtung zwischen Vorteilsgeber und Vorteilsnehmer sowie der Inhalt der Dienstleistung in Betracht. Gegen eine Strafbarkeit können der zeitliche Abstand zwischen Zuwendung und Diensttätigkeit, die Regelmäßigkeit von Zuwendungen an die begünstigte Partei oder das zeitnahe Spenden an konkurrierende Parteien sprechen (*Saliger/Sinner* NJW 2005, 1073 (1076); LK-StGB/*Sowada* Rn. 87). Ein weiteres gewichtiges Indiz für das Fehlen einer Unrechtsvereinbarung kann die Einhaltung der Offenlegungs- und Rechenschaftspflichten nach dem PartG darstellen (Fischer Rn. 28a).

c) Sponsoring der öffentlichen Verwaltung und einzelner Amtsträger. Im Bereich der öffent- **124** lichen Verwaltung wird in den letzten Jahren verstärkt auf das Sponsoring, insbesondere von kulturellen und sportbezogenen Veranstaltungen, als Finanzierungskonzept der öffentlichen Haushalte zurückgegriffen (LK-StGB/*Sowada* Rn. 88; *Pelz* LMuR 2009, 50). Dabei handelt es sich um ein Marketinginstrument, bei dem eine – zumeist finanzielle – Unterstützung durch private Unternehmen die Gegenleistung für Werbung, Publicity und Imagegewinn darstellt (*Trüg* NJW 2009, 196 (197); vgl. zum Sponsoring unter dem Gesichtspunkt des § 266 auch BGHSt 47, 187 ff.). Diese sozial grundsätzlich erwünschte und unbedenkliche Kooperation (vgl. BGHSt 53, 6 = BGH NJW 2008, 3580 (3583)) kann allerdings Gefahren im Hinblick auf das Rechtsgut des Vertrauens in die Sachgerechtheit staatlicher Entscheidungen mit sich bringen, wenn man den Eindruck einer gelungenen „Klimapflege" entsteht, weil die Zuwendungen auch mit der Erwartung zukünftigen Entgegenkommens der Verwaltung oder einer bevorzugten Auftragsvergabe erfolgen (LK-StGB/*Sowada* Rn. 88; *Schlösser/Nagel* wistra 2007, 211 (213 f.)).

Eine höchstrichterliche Entscheidung zum Verwaltungssponsoring liegt bislang nicht vor (BeckOK **125** StGB/*v. Heintschel-Heinegg* Rn. 35a; *Paster/Sättele* NStZ 2008, 366). Im Schrifttum wird teilweise vertreten, dass sich die Grundsätze der Drittmitteleinwerbung (→ Rn. 111 ff.) auf die Einwerbung von privaten Mitteln durch die öffentliche Verwaltung übertragen ließen. Eine Strafbarkeit scheide daher trotz des Vorliegens von Drittvorteilen bei Beachtung der einschlägigen Verwaltungsvorschriften und des Transparenzgrundsatzes aus (vgl. MüKoStGB/*Korte* Rn. 120; SSW StGB/*Rosenau* Rn. 42). In diesen Fällen sei von einer regelgerechten Verknüpfung von Vorteil und Diensthandlung auszugehen, durch die das Vertrauen in die Sachbezogenheit behördlicher Entscheidungen nicht beeinträchtigt werden könne (*Busch* NJW 2009, 1100; *Knauer/Kaspar* GA 2005, 402 f.; vgl. auch *Schlösser/Nagel* wistra 2007, 211 f.: die Vorteilszuwendung erfolge nicht für die Dienstausübung, sondern zu Werbezwecken). Vgl. zum Sponsoring in Schulen, bei denen die Schulleitung Geld- oder Sachzuwendungen für die Schule (zB Computer) als Gegenleistung für die Durchführung einer **Schulfotoaktion** in Abhängigkeit von der Anzahl der fotografierten Schüler oder der verkauften Fotos zugewendet werden: SSW StGB/*Rosenau* Rn. 44; BGH StV 2012, 19; OLG Celle NJW 2008, 164 in Abgrenzung zum 1. Zivilsenat des BGH NJW 2006, 225; *Ziehn/Amboß* NStZ 2008, 498; *Busch* NJW 2006, 1100.

Werden hochrangige Amtsträger zu öffentlichkeitswirksamen Veranstaltungen eingeladen, so hat die **126** Prüfung der Vorteilsgewährung losgelöst von dem bestehenden Sponsoringkonzept zu erfolgen (*Trüg* NJW 2009, 196 ff.). Die Strafbestimmung der Vorteilsgewährung wird nämlich nicht dadurch unanwendbar, dass eine (angestrebte) Unrechtsvereinbarung in ein für sich gesehen strafrechtlich unverdächtiges Sponsoringkonzept eingebunden wird (BGHSt 53, 6: Fall „Claasen" – Freikarten für die Fußball-WM 2006; mAnm *Hettinger* JZ 2009, 370 ff.). Nimmt der Amtsträger mit der Teilnahme an der Veranstaltung lediglich Repräsentationsaufgaben des Staates oder einer Behörde wahr, erfolgt die Annahme einer solchen Einladung nicht für die Dienstausübung (SSW StGB/*Rosenau* Rn. 39). Anders liegt der Fall jedoch, wenn es das bestimmende Motiv einer Einladung ist, den Amtsträger geneigt zu machen, bei seinen Dienstaufgaben zugunsten des Einladenden zu handeln oder eine vergangene Dienstausübung zu honorieren (MüKoStGB/*Korte* Rn. 104). Diese Abgrenzung nach den fallbezogenen Umständen (zu den einzelnen Indizien vgl. → Rn. 78) geht oftmals mit schwierigen Beweisfragen einher. Ist ein solches Motiv jedoch selbst bei einer Gesamtschau aller Indizien nicht nachzuweisen, genügt es nicht, auf pauschale Bewertungen in Anlehnung an Begrifflichkeiten wie „allgemeine Klimapflege" oder „Anfüttern" zurückzugreifen (BGH NJW 2008, 3580 (3583); dazu ausf. LK-StGB/*Sowada* Rn. 75 und Rn. 88).

127   **d) Sonstige Fallgruppen.** Im Schrifttum werden weitere bislang höchstrichterlich nicht entschiedene Fallgruppen diskutiert, bei denen regelmäßig Zuwendungen an Amtsträger erfolgen. Bei der Annahme von geldwerten Zuwendungen durch Mitarbeiter von Städten und Gemeinden im Zusammenhang mit dem Abschluss städtebaulicher Verträge (vgl. *Burmeister* BauR 2003, 1129 (1135 ff.); *Grziwotz* BauR 2000, 1437) wird teilweise unterschieden, ob es sich um Zuwendungen im Rahmen der vertraglichen Vereinbarungen gemäß § 11 BauGB oder um außervertragliche Vorteile handelt, bei denen ebenfalls die Kriterien der Trennung, Transparenz, Dokumentation sowie die Einhaltung etwaiger Genehmigungsverfahren anzulegen seien (LK-StGB/*Sowada* Rn. 89; vgl. *Schreiber/Rosenau/Combé/Wrackmeyer* GA 2005, 265).

128   Eine Strafbarkeit gemäß §§ 331 ff. kann ferner im Zusammenhang mit der Einstellung von Ermittlungs- oder Strafverfahren gemäß § 153a StPO in Betracht kommen, wenn der Amtsträger oder Richter sachwidrig einen Zuwendungsempfänger auswählt, um sich selbst einen mittelbaren Vorteil zukommen zu lassen, zB einer gemeinnützigen Vereinigung, der er selbst angehört (LK-StGB/*Sowada* Rn. 90 mwN).

C. Subjektiver Tatbestand

129   Der subjektive Tatbestand ist erfüllt, wenn der Täter zumindest mit **bedingtem Vorsatz** handelt (Fischer Rn. 31; Schönke/Schröder/*Heine/Eisele* Rn. 54; MüKoStGB/*Korte* Rn. 151; BeckOK StGB/*v. Heintschel-Heinegg* Rn. 37; SSW StGB/*Rosenau* Rn. 48). Hinsichtlich der einzelnen objektiven Tatbestandsmerkmale gilt Folgendes:

130   Bezüglich der **Amtsträgereigenschaft** reicht es grundsätzlich nicht aus, dass der Betreffende nur um die seine Amtsträgerstellung begründenden Tatsachen weiß, vielmehr muss er daneben eine Bedeutungskenntnis gerade von seiner Funktion als Amtsträger haben (BGH NJW 2009, 3248 (3250); 2010, 784 (787); BGH NStZ 2008, 87). Bei Beamten und Richtern ergibt sich dies idR aus der Kenntnis von der Ernennung, bei für den öffentlichen Dienst besonders Verpflichteten aufgrund des Verpflichtungsverfahrens. Bei Amtsträgern nach § 11 Abs. 1 Nr. 2c muss der Täter nicht nur Kenntnis von dem Bestellungsakt haben, sondern zudem wissen, dass er Aufgaben der öffentlichen Verwaltung wahrnimmt (MüKoStGB/*Korte* Rn. 152).

131   Der Vorsatz muss sich ferner auf die tatsächlichen Umstände des geforderten, versprochenen oder angenommenen **Vorteils** und damit einhergehend auf das Fehlen eines Rechtsanspruchs auf die Zuwendung beziehen (Fischer Rn. 31). Dass der Amtsträger mit dem Willen handelt, den Vorteil unter einer bestimmten, hinsichtlich ihres Eintritts noch ungewissen Bedingung zurückzugeben, lässt den Vorsatz nicht entfallen (Lackner/Kühl/*Heger* Rn. 13).

132   Die Diensthandlung oder **Dienstausübung** ist kein objektives Tatbestandsmerkmal, sondern lediglich Bezugsobjekt der Unrechtsvereinbarung, so dass sich der Vorsatz darauf nicht beziehen muss (LK-StGB/*Sowada* Rn. 61). Es ist deshalb unbeachtlich, ob der Amtsträger mit dem inneren Vorbehalt handelt, die künftige Dienstausübung, auf die sich die Unrechtsvereinbarung bezieht, nicht vornehmen zu wollen (BGHSt 15, 88 (93 f.); LK-StGB/*Sowada* Rn. 61; für vergangene Diensthandlungen vgl. → Rn. 59 f.).

133   Die **Unrechtsvereinbarung** muss hingegen vom Vorsatz umfasst sein. Es genügt daher nicht, wenn der Amtsträger das Gegenseitigkeitsverhältnis zwischen dem Vorteil und der Dienstausübung oder Diensthandlung lediglich hätte erkennen können. Vielmehr muss er das Bestehen eines solchen Zusammenhangs zumindest billigend in Kauf nehmen (BGHSt 49, 275 (296)). Dabei muss sich der Vorsatz des Vorteilsnehmers jedoch nur darauf erstrecken, dass der Vorteil allgemein iS eines Gegenseitigkeitsverhältnisses mit der Dienstausübung des Amtsträgers verknüpft ist, wodurch ein böser Anschein möglicher „Käuflichkeit" erweckt wird (BGH NStZ 2005, 334 f.). Ist der Täter davon ausgegangen, dass sich die Zuwendung auf eine Privathandlung bezieht, fehlt ihm der Vorsatz. Um einen Verbotsirrtum handelt es sich hingegen, wenn er sein dienstliches Handeln irrig als Privathandlung eingestuft hat (LK-StGB/*Sowada* Rn. 100). Der Vorsatz muss weiter die Regelwidrigkeit des Beziehungsverhältnisses umfassen (LK-StGB/*Sowada* Rn. 101). Für die Annahme des Vorsatzes im Hinblick auf möglicherweise **sozialadäquates** Verhalten setzt dies voraus, dass der Täter die den Zusammenhang zwischen Diensthandlung und Vorteilsgewährung begründenden tatsächlichen Umstände kannte. Ob er selbst die Vorteilsgewährung für sozialadäquat hielt, hat allenfalls im Rahmen eines Verbotsirrtums nach § 17 Bedeutung (Fischer Rn. 31; BGH NStZ 2005, 334 (335)).

Indizien für das Vorliegen eines zumindest bedingten Vorsatzes im Hinblick auf die Verknüpfung des **134** Vorteils mit der Dienstausübung können sich, insbesondere bei der Drittmittelforschung, aus der Umsatzabhängigkeit der Zuwendungen und der Umgehung der zuständigen Verwaltungsstellen ergeben (BGH NJW 2002, 2801 (2806)).

Bei der **Tathandlung** des Forderns muss der Amtsträger den Willen haben, dass der Aufgeforderte **135** den Sinn des Angebots versteht und insbesondere den Zusammenhang zwischen Forderung und Dienstausübung erfasst, während ein diesbezüglicher Erfolg nicht erforderlich ist (BGHSt 15, 88 (93 ff.); BGH NStZ 2006, 628 (629); SK-StGB/*Rudolphi/Stein* Rn. 25 mwN). Beim Sichversprechenlassen muss der Täter mit dem Vorsatz handeln, den Vorteil anzunehmen (→ Rn. 90; MüKoStGB/*Korte* Rn. 153). Nimmt der Amtsträger den Vorteil allein deshalb entgegen, weil er den Vorteilsgeber der Bestechung bzw. der Vorteilsgewährung überführen will, fehlt es schon an dem objektiven Tatbestand der Annahme, so dass es auf den Vorsatz nicht mehr ankommt (BGHSt 15, 88 (97); vgl. auch → Rn. 95 mwN). Der Vorsatz muss zum Zeitpunkt der Tathandlung vorliegen. Erkennt der Täter erst später, dass der angenommene Vorteil mit seiner Dienstausübung verknüpft war, kommt allenfalls ein nachträgliches Annehmen durch bewusstes Behalten der Zuwendung in Betracht, sofern der Vorteil noch vorhanden ist (→ Rn. 96; LK-StGB/*Sowada* Rn. 102 mwN).

D. Rechtswidrigkeit/Genehmigung (Abs. 3)

Die Rechtswidrigkeit der Tat entfällt aufgrund der ausdrücklichen Regelung in Abs. 3, wenn eine **136** wirksame Genehmigung vorliegt. Der Grund für die Genehmigungsfähigkeit ist darin zu sehen, dass bestimmte Sachverhalte zwar den Tatbestand der Vorteilsannahme erfüllen, aber nicht strafwürdig sind. Dies ist unter anderem der Fall, wenn Vorteile aufgrund einer allgemeinen Verkehrssitte gewährt werden, die Ablehnung eines Vorteils gegen Grundregeln der Höflichkeit verstoßen würde oder andersartigen Gebräuchen bei internationalen Beziehungen Rechnung zu tragen ist (Lackner/Kühl/*Heger* Rn. 14). In diesen Fällen kann das Interesse an der Belassung des Vorteils gegenüber dem Interesse an der Verhinderung an sich unerwünschter Vorteilsnahmen überwiegen (Schönke/Schröder/*Heine/Eisele* Rn. 59). Die Tat ist nicht strafbar, wenn die Annahme des Vorteils entweder vor der Tathandlung (Abs. 3 Alt. 1) genehmigt wurde oder nachträglich (Abs. 3 Alt. 2) genehmigt wird.

I. Rechtsnatur der Genehmigung

Abs. 3 regelt die Rechtsfolgen einer wirksamen Genehmigung für die Strafbarkeit der Vorteilsannah- **137** me. Die Genehmigung kann ausdrücklich oder konkludent sowie allgemein oder im Einzelfall erteilt werden (BGH wistra 2013, 104 mwN; Fischer Rn. 32; BeckOK StGB/*v. Heintschel-Heinegg* Rn. 38). Eine Einzelfallentscheidung kommt insbesondere in Betracht, wenn der Amtsträger die Annahme des Vorteils von der Erteilung einer nicht allgemein bestehenden Genehmigung abhängig gemacht hat (Lackner/Kühl/*Heger* Rn. 16).

Die dogmatische Einordnung der Genehmigung ist im Einzelnen streitig. Es wird zumeist danach **138** unterschieden, ob die Genehmigung vor der Annahme des Vorteils erfolgt ist, ob sie nachträglich erteilt wird oder ob sich – bei fehlender ausdrücklicher Genehmigung – eine Rechtfertigung aufgrund der Genehmigungsfähigkeit zum Zeitpunkt der Tathandlung (mutmaßliche Genehmigung) ergibt:

1. Vorherige Genehmigung. Für den Fall der vorherigen Genehmigung stellt Abs. 3 nach hM – **139** trotz der Formulierung „nicht strafbar" – einen Rechtfertigungsgrund dar (BGHSt 31, 264 (285); BGH NStZ 2002, 648 (651); OLG Hamburg StV 2001, 282 (287); Fischer Rn. 35; Lackner/Kühl/*Heger* Rn. 14; SSW StGB/*Rosenau* Rn. 50; aA SK-StGB/*Rudolphi/Stein* Rn. 32: Tatbestandsausschluss mangels Unrechtsvereinbarung), weil dem Amtsträger die Annahme des Vorteils aufgrund einer besonderen Befugnisnorm erlaubt ist (Schönke/Schröder/*Heine/Eisele* Rn. 59). Für die Annahme eines Rechtfertigungsgrundes sprechen der Wortlaut des Abs. 3 („Täter") und die grundsätzliche dogmatische Einordnung des Gedankens der Einheit der Rechtsordnung auf der Rechtswidrigkeitsebene (LK-StGB/*Sowada* Rn. 104). Folgt man dieser Einordnung, ist eine Genehmigung in den Fällen entbehrlich, in denen der Täter bereits den Tatbestand nicht verwirklicht, weil es an einer rechtlich missbilligten Unrechtsvereinbarung fehlt oder sich die Annahme des Vorteils als sozialadäquat darstellt (LK-StGB/*Sowada* Rn. 106).

2. Nachträgliche Genehmigung. In Bezug auf die nachträgliche Genehmigung (Abs. 3 Alt. 2) wird **140** in der Literatur überwiegend lediglich ein Strafaufhebungsgrund angenommen, weil die Rechtmäßigkeit zum Zeitpunkt der Tathandlung des Amtsträgers feststehen müsse (BeckOK StGB/*v. Heintschel-Heinegg* Rn. 39.1; MüKoStGB/*Korte* Rn. 179; Lackner/Kühl/*Heger* Rn. 16; Schönke/Schröder/*Heine/Eisele* Rn. 61; SK-StGB/*Rudolphi/Stein* Rn. 40; LK-StGB/*Sowada* Rn. 121; aA NK-StGB/*Kuhlen* Rn. 132: kein Tatunrecht; SSW StGB/*Rosenau* Rn. 51). Da der nachträglichen Genehmigung keine rückwirkende Rechtfertigung zukommt, wird diese Einordnung denjenigen Fällen nicht gerecht, bei denen die Einholung einer vorherigen Genehmigung nicht möglich war, der Amtsträger jedoch mit der Erteilung einer solchen rechnen durfte (Fischer Rn. 36; LK-StGB/*Sowada* Rn. 121 f.). Im Schrifttum hat sich daher eine dritte Kategorie der „mutmaßlichen Genehmigung" herausgebildet.

141   **3. Mutmaßliche Genehmigung.** Eine Rechtfertigung aufgrund mutmaßlicher Genehmigung kommt nach hM in Betracht, wenn die Annahme eines Vorteils genehmigungsfähig ist und der Amtsträger mit der Erteilung der Genehmigung aufgrund der Praxis der Genehmigungsbehörde in vergleichbaren Fällen rechnen durfte, diese aber – vor allem aufgrund zeitlicher Aspekte oder aus Gründen der Höflichkeit – vor der Annahme des Vorteils nicht mehr einholen konnte. Eine solche Situation kann sich beispielsweise bei spontanen Einladungen, der unerwarteten Übergabe eines Geschenkes oder aufgrund entgegenstehender Gepflogenheiten im diplomatischen Verkehr ergeben (Lackner/Kühl/*Heger* Rn. 16; BeckOK StGB/*v. Heintschel-Heinegg* Rn. 39.1; NK-StGB/*Kuhlen* Rn. 129; MüKoStGB/*Korte* Rn. 182). In diesen Fällen ist die Rechtfertigung der Annahme des Vorteils nicht von der späteren Erteilung der Genehmigung abhängig, eine etwaige nachträgliche Versagung bleibt wirkungslos, weil es allein auf eine Rechtfertigung zum Zeitpunkt der Tathandlung ankommt (Fischer Rn. 36). Teilweise wird gefordert, dass der Amtsträger in der Absicht handelt, unverzüglich Anzeige zu erstatten (Lackner/Kühl/*Heger* Rn. 16; abl. LK-StGB/*Sowada* Rn. 122).

142   **4. Fehlerhafte Genehmigung.** Wird die Genehmigung erteilt, obwohl die Annahme des Vorteils nicht genehmigungsfähig war oder der Amtsträger nicht mit einer nachträglichen Genehmigung rechnen konnte, wird nach hM ein Strafaufhebungsgrund angenommen (vgl. Schönke/Schröder/*Heine*/*Eisele* Rn. 62; Lackner/Kühl/*Heger* Rn. 16; SK-StGB/*Rudolphi*/*Stein* Rn. 40; Fischer Rn. 36; LK-StGB/*Sowada* Rn. 123; diff. NK-StGB/*Kuhlen* Rn. 135).

II. Voraussetzungen der Genehmigung nach Abs. 3

143   Abs. 3 regelt die Rechtsfolgen einer wirksamen Genehmigung für die Strafbarkeit der Vorteilsannahme, stellt aber keine eigenständige Rechtsgrundlage für die Genehmigung dar (BT-Drs. 7/550, 272). Diese findet sich vielmehr in den beamtenrechtlichen Vorschriften.

144   **1. Rechtsgrundlagen.** Die Voraussetzungen der Genehmigung bestimmen sich nach öffentlichem Dienstrecht. Dazu zählen ua § 71 Abs. 1 BBG für Beamte, § 10 BAT für Angestellte, § 12 Abs. 1 MTArb für Arbeiter und § 3 Abs. 2 TVöD für Arbeitnehmer im öffentlichen Dienst (vgl. BeckOK StGB/*v. Heintschel-Heinegg* Rn. 41; MüKoStGB/*Korte* Rn. 158; Fischer Rn. 33; SSW StGB/*Rosenau* Rn. 53) sowie § 46 DRiG, der die beamtenrechtlichen Vorschriften auf Richter für entsprechend anwendbar erklärt (→ Rn. 156), § 19 SoldG für Soldaten und § 5 Abs. 3 BMinG sowie § 7 ParlStG für Bundesminister und Parlamentarische Staatssekretäre (vgl. MüKoStGB/*Korte* Rn. 158).

145   Bei Amtsträgern gemäß § 11 Abs. 1 Nr. 2 und 4, die zur Wahrnehmung öffentlicher Aufgaben bestellt sind, und bei Personen, die für den öffentlichen Dienst besonders verpflichtet wurden, können sich Regelungen zur Genehmigung der Vorteilsannahme in arbeitsvertraglichen Regelungen, Gesellschaftsverträgen oder besonderen Anweisungen finden, die sich an den beamtenrechtlichen Vorschriften orientieren sollten (MüKoStGB/*Korte* Rn. 158; BGHSt 31, 264 (285) zu dem Vertrag mit dem Vorstand einer Landesbank; BeckOK StGB/*v. Heintschel-Heinegg* Rn. 42.1; *Jutzi* NStZ 1991, 105).

146   Im Schrifttum wird teilweise ein Widerspruch zwischen § 331 Abs. 3 und den dienstrechtlichen Vorschriften gesehen (Fischer Rn. 33; BeckOK StGB/*v. Heintschel-Heinegg* Rn. 41 ff.; Schönke/Schröder/*Heine*/*Eisele* Rn. 57; SSW StGB/*Rosenau* Rn. 54; aA MüKoStGB/*Korte* Rn. 157). So würden § 70 BBG aF (nunmehr § 71 BBG, der geforderte Vorteile ausdrücklich erwähnt), und entsprechende landesrechtliche Regelungen die Genehmigung für vom Amtsträger geforderte Vorteile nicht ausschließen, was im Widerspruch zu Abs. 3 stehe (Fischer Rn. 33). Allerdings wird die zuständige Behörde bei der Erteilung der Genehmigung zu berücksichtigen haben, dass geforderte Vorteile – unter Berücksichtigung der allgemeinen Beamtenpflichten, § 61 BBG – grundsätzlich nicht genehmigungsfähig sind (MüKoStGB/*Korte* Rn. 168 ff.). In der Gesetzesbegründung zu dem am 1.4.2009 in Kraft getretenen § 42 BeamtStG heißt es hierzu, dass nur das Sichversprechenlassen und die Annahme nicht geforderter Vorteile genehmigt werden könne, da das Fordern von Vorteilen gegen die Pflicht zur uneigennützigen Amtsführung verstoße und dem Ansehen des Beamtentums so sehr abträglich sei, dass eine Zustimmung in diesen Fällen nicht in Betracht komme (BT-Drs. 16/4027, 33). Soweit § 46 DRiG die für Beamte geltenden Vorschriften auf Richter für entsprechend anwendbar erklärt, obwohl für richterliche Handlungen eine Genehmigung nach § 331 Abs. 2 grundsätzlich nicht in Betracht kommt, erlangt die Vorschrift Bedeutung, soweit der Richter als Amtsträger Aufgaben und Tätigkeiten im Bereich der Justizverwaltung wahrnimmt (→ Rn. 61 ff.; MüKoStGB/*Korte* Rn. 147, 158).

147   **2. Zuständige Behörde.** Voraussetzung für eine wirksame Genehmigung ist, dass sie von der zuständigen Behörde erteilt wird (BGH wistra 2013, 104). Bei Bundesbeamten ist zuständige Behörde die vorgesetzte Dienstbehörde, die die Befugnis allerdings nach § 71 Abs. 1 S. 3 BBG auf andere Stellen übertragen kann (Lackner/Kühl/*Heger* Rn. 17; MüKoStGB/*Korte* Rn. 161). Bei Angestellten und Arbeitern des öffentlichen Dienstes ist die Genehmigung durch den öffentlich-rechtlichen Arbeitgeber zu erteilen (*Jutzi* NStZ 1991, 105). Bei privatrechtlich organisierten Unternehmen, die Aufgaben der öffentlichen Daseinsvorsorge wahrnehmen, ist der Arbeitgeber zur Erteilung der Genehmigung befugt (Lackner/Kühl/*Heger* Rn. 17). Bei für den öffentlichen Dienst besonders Verpflichteten liegt die Zuständigkeit für die Erteilung der Genehmigung bei der Behörde oder Stelle, für die der Verpflichtete beschäftigt ist oder tätig wird (BeckOK StGB/*v. Heintschel-Heinegg* Rn. 43; NK-StGB/*Kuhlen* Rn. 127), allerdings kann sich die für die Verpflichtung zuständige Behörde die Zuständigkeit für die Genehmigung der Annahme von Vorteilen vorbehalten (MüKoStGB/*Korte* Rn. 163). Innerhalb der jeweiligen Behörde ist der Behördenleiter zuständig, sofern im Geschäftsverteilungsplan keine abweichende Regelung getroffen wurde (MüKoStGB/*Korte* Rn. 161).

Neben der Voraussetzung einer sachlichen Zuständigkeit muss die Behörde, die die Genehmigung   **148** erteilt hat, zudem örtlich zuständig sein (Fischer Rn. 34; Lackner/Kühl/*Heger* Rn. 17; BeckOK StGB/ *v. Heintschel-Heinegg* Rn. 43; MüKoStGB/*Korte* Rn. 165).

3. Genehmigungsbefugnis. Für die Wirksamkeit der Genehmigung ist weitere Voraussetzung, dass   **149** die zuständige Behörde im Rahmen ihrer Befugnisse handelt. Aufgrund der Verweisung in Abs. 3 sind daher neben verwaltungsrechtlichen Verfahrensvorschriften die inhaltlichen Genehmigungskriterien des jeweiligen Dienstrechts und die dienstrechtsinterne Zuständigkeitsverteilung zu berücksichtigen (SK-StGB/*Rudolphi*/*Stein* Rn. 34; BeckOK StGB/*v. Heintschel-Heinegg* Rn. 41).

Die Behörde hat nach pflichtgemäßem Ermessen zu prüfen, ob nach Lage des Falles zu besorgen ist,   **150** dass die Annahme der Zuwendung die objektive Amtsführung des Beamten beeinträchtigt oder bei Dritten, die von der Zuwendung Kenntnis erlangen, der Eindruck seiner Befangenheit entstehen könnte (Schönke/Schröder/*Heine*/*Eisele* Rn. 64). Mit der Genehmigung kann zB berücksichtigt werden, dass die Entgegennahme bestimmter Zuwendungen allgemein als unverfänglich eingeschätzt oder achtenswerten Motiven des Vorteilsgebers sowie Grundsätzen der Höflichkeit Rechnung getragen wird. Dies ist beispielsweise bei Geschenken aus Dank für die Lebensrettung durch einen Polizeibeamten (Lackner/Kühl/*Heger* Rn. 14) der Fall. In allgemeinen Regelungen können zudem die Annahme geringwertiger Aufmerksamkeiten und Werbeartikel (häufig bis zu einer Wertgrenze von 25 EUR) sowie bestimmte Formen der Bewirtung genehmigt sein (MüKoStGB/*Korte* Rn. 114, 176 mwN). § 70 BBG aF hatte bisher lediglich „Belohnungen oder Geschenke" erwähnt, umfasste nach hM aber über den Wortlaut hinaus auch die Annahme von amtsbezogenen Vorteilen gleich welcher Art (LK-StGB/ *Sowada* Rn. 108 mwN). Die neugefasste Regelung des § 71 BBG bezieht nunmehr „sonstige Vorteile" ausdrücklich ein.

Genehmigungen können ebenso für Drittzuwendungen und Sponsorengelder erteilt werden. Eine   **151** Rechtsgrundlage für Drittzuwendungen im Zusammenhang mit der Dienstausübung eines Beamten stellt § 71 BBG dar und zwar auch für den Fall, dass der Beamte den Vorteil für einen Dritten entgegennimmt oder dass der Vorteil unmittelbar dem Dritten zugeleitet wird (MüKoStGB/*Korte* Rn. 171. Bei Sponsoringleistungen kommt eine Genehmigung in Betracht, wenn eine Beeinflussung der Verwaltung bei ihrer Aufgabenwahrnehmung auszuschließen ist und kein Anschein einer solchen Beeinflussung entsteht (ausf. MüKoStGB/*Korte* Rn. 173 nebst Erläuterung zur VwV Sponsoring).

Nebentätigkeits- und Sonderurlaubsgenehmigungen können – angesichts ihrer abweichenden Funk-   **152** tion – nur dann die Genehmigung iSd § 331 Abs. 3 einschließen, wenn der genehmigenden Behörde der Zusammenhang mit dem Sichversprechenlassen bzw. der Annahme des Vorteils offen gelegt worden ist (OLG Hamburg StV 2001, 277; Fischer Rn. 34; LK-StGB/*Sowada* Rn. 107; MüKoStGB/*Korte* Rn. 175; SSW StGB/*Rosenau* Rn. 56).

Der Strafrichter hat zu prüfen, ob eine wirksame Genehmigung vorliegt. Diese Prüfung hat sich   **153** allerdings darauf zu beschränken, ob die Grenzen der Genehmigungsbefugnis eingehalten wurden. Die Ausübung des Ermessens ist nicht nachprüfbar (MüKoStGB/*Korte* Rn. 165). Streitig ist indes, ob die Wirksamkeit der Genehmigung von der – nach Verwaltungsrecht zu beurteilenden – materiellen Rechtmäßigkeit abhängt (→ Rn. 159).

III. Ausschluss der Genehmigungsfähigkeit

Nach dem Wortlaut des Abs. 3 ist die Annahme von Vorteilen in bestimmten Sachverhaltskonstella-   **154** tionen nicht genehmigungsfähig, so dass der Täter in diesen Fällen grundsätzlich rechtswidrig handelt.

Genehmigungsfähig sind nach dem ausdrücklichen Wortlaut des Abs. 3 lediglich Vorteile, die der   **155** Amtsträger angenommen oder sich hat versprechen lassen, **nicht** aber solche, die er **gefordert** hat (Fischer Rn. 33; MüKoStGB/*Korte* Rn. 168; vgl. *Satzger* ZStW 115 (2003), 469 (484) im Hinblick auf das Sponsoring, wenn die Initiative zum Eintreiben von Sponsorengeldern vom Amtsträger ausgeht). Der Grund für diese Regelung ist darin zu sehen, dass das Fordern von Vorteilen als mit der Stellung eines Amtsträgers und den Grundsätzen des öffentlichen Rechts unvereinbar angesehen wird (LK-StGB/*Sowada* Rn. 108).

Auch die Annahme von Vorteilen durch einen Richter oder Schiedsrichter als Gegenleistung für eine   **156** **richterliche Handlung** ist nach Abs. 3 nicht genehmigungsfähig, weil dieser lediglich auf Taten nach Abs. 1 verweist. Bezieht sich die Handlung des Richters auf Aufgaben und Tätigkeiten im Bereich der Justizverwaltung, für die eine Strafbarkeit als Amtsträger nach Abs. 1 gegeben sein kann, kommt eine

Genehmigung nach § 46 DRiG iVm den beamtenrechtlichen Vorschriften in Betracht (MüKoStGB/ *Korte* Rn. 158; LK-StGB/*Sowada* Rn. 116).

157 **Pflichtwidrige** Handlungen des Amtsträgers sind selbstverständlich nicht genehmigungsfähig. Dies ergibt sich aus einem Vergleich zu § 332, der keine entsprechende Genehmigung vorsieht (Schönke/ Schröder/*Heine/Eisele* Rn. 56; BeckOK StGB/*v. Heintschel-Heinegg* Rn. 40).

IV. Rechtsfolgen der (fehlenden) Genehmigung

158 Wurde dem Amtsträger vor der Annahme des Vorteils eine Genehmigung erteilt, ist die Tathandlung nach Abs. 3 gerechtfertigt (→ Rn. 139). Hat der Amtsträger unverzüglich, mithin ohne schuldhaftes Zögern (Fischer Rn. 36; MüKoStGB/*Korte* Rn. 179), die (beabsichtigte) Annahme eines Vorteils ange- zeigt und wurde die Genehmigung nachträglich erteilt, liegt grundsätzlich ein Strafaufhebungsgrund vor (→ Rn. 140). Die Rechtsfolgen beim Fehlen einer Genehmigung oder bei der Erteilung einer fehler- hafter Genehmigung sind indes umstritten.

159 **1. Vorherige Genehmigung.** Nach Abs. 3 muss die zuständige Behörde bei der Erteilung der Genehmigung **im Rahmen ihrer Befugnisse** handeln. Von der hM wird die rechtfertigende Wirkung der Genehmigung daher von deren materieller Rechtmäßigkeit abhängig gemacht (MüKoStGB/*Korte* Rn. 165; NK-StGB/*Kuhlen* Rn. 128; SK-StGB/*Rudolphi/Stein* Rn. 37; SSW StGB/*Rosenau* Rn. 55). Ist der Sachverhalt nicht genehmigungsfähig oder überschreitet die Genehmigung die gegenständlich begrenzte Befugnis der Behörde, ist die Genehmigung unwirksam (Lackner/Kühl/*Heger* Rn. 17; vgl. auch BT-Drs. 7/550, 272). Die Gegenansicht stellt allein darauf ab, ob die Genehmigung nach § 43 Abs. 2 VwVfG formelle verwaltungsrechtliche Bestandskraft hat. Lediglich eine nach § 44 VwVfG nichtige Genehmigung sei unbeachtlich und könne keine rechtfertigende Wirkung entfalten (Schönke/ Schröder/*Heine/Eisele* Rn. 64). Dem steht entgegen, dass § 331 Abs. 3 die speziellere gesetzliche Regelung darstellt und die verwaltungsrechtliche Genehmigung daher strafrechtsakzessorisch ist (Mü- KoStGB/*Korte* Rn. 166; LK-StGB/*Sowada* Rn. 112).

160 In der Praxis spielt diese Unterscheidung nur eine geringe Rolle, weil die Erteilung der Genehmigung im **Ermessen** der zuständigen Behörde steht und die Ermessensausübung nach allgemeiner Meinung nur eingeschränkt nachprüfbar ist (LK-StGB/*Sowada* Rn. 113 mwN; Fischer Rn. 34; Lackner/Kühl/ *Heger* Rn. 17; NK-StGB/*Kuhlen* Rn. 129). Der Strafrichter hat lediglich festzustellen, ob sich die Entscheidung innerhalb der Grenzen der Genehmigungsbefugnis hält, nicht aber, ob das Ermessen innerhalb dieser Grenzen fehlerfrei ausgeübt worden ist (MüKoStGB/*Korte* Rn. 165 mwN).

161 Die Genehmigung ist unwirksam, wenn sie von dem Amtsträger durch **Täuschung** oder die Angabe eines unzutreffenden Sachverhaltes erschlichen wurde (Lackner/Kühl/*Heger* Rn. 17; MüKoStGB/*Korte* Rn. 167).

162 Hat sich der Amtsträger für die Dienstausübung einen Vorteil unter dem Vorbehalt der Genehmigung **versprechen** lassen und nimmt er ihn erst nach vorliegender Genehmigung an, ist die Tat nach Abs. 3 Alt. 1 gerechtfertigt. Lässt er sich den Vorteil hingegen vorbehaltlos versprechen, ist Abs. 3 Alt. 2 einschlägig. Die Straffreiheit hängt in diesen Fällen von einer unverzüglichen Anzeige und einer nach- träglichen Genehmigung durch die zuständige Behörde ab, sofern nicht die Voraussetzungen einer mutmaßlichen Genehmigung vorgelegen haben (MüKoStGB/*Korte* Rn. 177).

163 **2. Nachträgliche Genehmigung.** Hat der Amtsträger um eine nachträgliche Genehmigung ersucht und wird diese nicht erteilt, so ist der Tatbestand nicht erfüllt, wenn der bereits angenommene Vorteil zurückgegeben wird. Behält der Amtsträger den Vorteil, liegt darin die endgültige rechtswidrige An- nahme (Lackner/Kühl/*Heger* Rn. 16).

164 Wird die Genehmigung nachträglich erteilt, obwohl die Annahme des Vorteils nicht genehmigungs- fähig war oder der Amtsträger nicht mit einer nachträglichen Genehmigung rechnen konnte, liegt nach hM ein Strafaufhebungsgrund vor (vgl. Schönke/Schröder/*Heine/Eisele* Rn. 62; Lackner/Kühl/*Heger* Rn. 16; SK-StGB/*Rudolphi/Stein* Rn. 40; Fischer Rn. 36; LK-StGB/*Sowada* Rn. 123; SSW StGB/ *Rosenau* Rn. 51; diff. NK-StGB/*Kuhlen* Rn. 135).

165 **3. Mutmaßliche Genehmigung.** Die Wirkung der nachträglichen Genehmigung als bloßer Straf- aufhebungsgrund würde denjenigen Fallkonstellationen nicht gerecht, in denen der Täter, zB bei einer spontanen Einladung zum Essen, eine vorherige Genehmigung nicht mehr einholen kann, die Entgegen- nahme des Vorteils nach den üblichen Gepflogenheiten der zuständigen Behörde aber genehmigungs- fähig ist (→ Rn. 141; MüKoStGB/*Korte* Rn. 182; SSW StGB/*Rosenau* Rn. 51). In diesen Fällen ist die Rechtfertigung der Annahme des Vorteils nicht von der späteren Erteilung der Genehmigung abhängig. Der Täter ist vielmehr im Zeitpunkt der Tathandlung gerechtfertigt. Eine etwaige nachträgliche Ver- sagung der Genehmigung bleibt daher wirkungslos (Fischer Rn. 36). Voraussetzung ist aber, dass die Einholung einer vorherigen Genehmigung der zuständigen Behörde nicht möglich oder zumindest untunlich war, zB bei Geschenken ausländischer Gäste (LK-StGB/*Sowada* Rn. 122; MüKoStGB/*Korte* Rn. 182). In diesen Fällen ist es unerheblich, ob der Täter nachträglich Anzeige bei der Behörde erstattet oder beabsichtigt, eine Genehmigung einzuholen (NK-StGB/*Kuhlen* Rn. 133; SK-StGB/*Rudolphi/Stein*

Rn. 39; Schönke/Schröder/*Heine/Eisele* Rn. 61; aA Lackner/Kühl/*Heger* Rn. 16), weil die im Tatzeitpunkt bestehende Rechtfertigung nicht durch eine spätere abweichende Ausübung der Dispositionsbefugnis der zuständigen Behörde aufgehoben werden kann (LK-StGB/*Sowada* Rn. 123). Allerdings kann die nachträgliche Genehmigung ein gewichtiges Indiz für die Genehmigungsfähigkeit und die vor der Annahme bestehende berechtigte Erwartung einer solchen Genehmigung sein (MüKoStGB/*Korte* Rn. 183).

Wird die Genehmigung entgegen der objektiv zu erwartenden Entscheidung der zuständigen Behör- **166** de gleichwohl rechtmäßig erteilt, wirkt sie als Strafaufhebungsgrund (→ Rn. 164; LK-StGB/*Sowada* Rn. 123).

E. Versuch

Der Versuch einer Vorteilsnahme durch einen Amtsträger oder für den öffentlichen Dienst besonders **167** Verpflichteten ist nicht strafbar. Die Strafbarkeit der versuchten Vorteilsnahme durch einen Richter oder Schiedsrichter ist in Abs. 2 S. 2 geregelt.

Die Schwelle von der Vorbereitung zum Versuch der Vorteilsnahme ist in der Tatbestandsalternative **168** des **Forderns** überschritten, sobald der Richter mit der Äußerung seines Ansinnens gegenüber dem Erklärungsempfänger beginnt (SSW StGB/*Rosenau* Rn. 65). Bei einer schriftlichen Forderung muss die Erklärung abgesandt, von dem Empfänger aber noch nicht zur Kenntnis genommen und ihm auch noch nicht zugegangen sein. Die Absendung eines Briefes oder einer E-Mail genügt daher (Fischer Rn. 30c; Schönke/Schröder/*Heine/Eisele* Rn. 68; MüKoStGB/*Korte* Rn. 191; LK-StGB/*Sowada* Rn. 134; BeckOK StGB/*v. Heintschel-Heinegg* Rn. 46). Beim **Sichversprechenlassen** ist Voraussetzung, dass die Erklärung des Vorteilsgebers dem Richter zugegangen ist und dieser zumindest schlüssig mit der Annahme des Angebots beginnt, ein bloßes Schweigen auf das Angebot reicht nicht aus (Fischer Rn. 30c). Bei der **Annahme** beginnt der Versuch, sobald der Täter Handlungen vornimmt, die unmittelbar zur Entgegennahme des Vorteils führen sollen (Fischer Rn. 30c; MüKoStGB/*Korte* Rn. 191).

Ein **untauglicher Versuch** kann insbesondere dann vorliegen, wenn der Richter sich irrig Umstände **169** vorstellt, die eine Unrechtsvereinbarung begründen würden, er beispielsweise unzutreffend davon ausgeht, dass die Erklärung des Gewährenden auf eine richterliche Handlung bezogen ist (MüKoStGB/*Korte* Rn. 192; LK-StGB/*Sowada* Rn. 134).

F. Vollendung/Beendigung

Bei der Vorteilsannahme in der Begehungsform des **Forderns** ist die Tat mit der Kenntnisnahme **170** seitens des Aufgeforderten vollendet, denn es kommt nicht darauf an, ob der andere Teil dem Ansinnen entspricht (BGHSt 10, 237 (243)). Dass der Erklärungsempfänger den Zusammenhang zwischen Vorteil und Amtshandlung erkennt oder wenigstens nach seiner Auffassungsgabe erkennen kann, ist nicht vorausgesetzt, erst recht nicht, dass er die Forderung „unrechtsvereinbarend" akzeptiert (BGH NStZ 2006, 628).

Eine Tat in der Tatbestandsalternative des **Sichversprechenlassens** ist vollendet, wenn der Amts- **171** träger seine Bestechlichkeit nach außen gegenüber dem Versprechenden ausdrücklich oder schlüssig zu erkennen gibt (BGH NJW 2001, 2560 (2561); SK-StGB/*Rudolphi/Stein* Rn. 42). Allein maßgeblich für diese Tatbestandsalternative ist, dass eine entsprechende Unrechtsvereinbarung zustande gekommen ist, weil das Vertrauen der Öffentlichkeit in die Lauterkeit der Amtsführung bereits durch die Unrechtsvereinbarung gefährdet ist (BGH NStZ-RR 2002, 272).

In der Tatbestandsvariante der **Annahme** eines Vorteils reicht die Entgegennahme des Vorteils aus **172** (BGH NJW 2001, 2560 (2561); Schönke/Schröder/*Heine/Eisele* Rn. 68).

Die Tat ist grundsätzlich dann **beendet,** wenn der Amtsträger den geforderten, versprochenen oder **173** gewährten Vorteil vollständig entgegengenommen hat (stRspr; BGHSt 11, 245; BGH NStZ 1995, 92). Zu weiteren Einzelheiten vgl. → Rn. 188 ff. bezüglich der Frage der Verjährung.

G. Täterschaft/Teilnahme

I. Täterschaft

Die Amtsträgereigenschaft ist strafbegründendes besonderes persönliches Merkmal iSd § 28 Abs. 1. **174** Täter, Mittäter und mittelbarer Täter kann daher nur ein Amtsträger oder eine der sonstigen in Abs. 1 und 2 genannten Personen sein. Bei mehreren Amtsträgern ist Voraussetzung für eine Mittäterschaft, dass sich der Vorteil auf eine Gegenleistung bezieht, die für alle Amtsträger Dienstausübung ist, wobei es unerheblich ist, ob der Vorteil einem oder mehreren der Amtsträger oder einem Dritten zugewendet wird (MüKoStGB/*Korte* Rn. 187). Für einen Nichtamtsträger kommt lediglich eine Verurteilung wegen Anstiftung oder Beihilfe in Betracht.

II. Teilnahme – Anstiftung und Beihilfe

175   Das Gesetz hat die Teilnahme des Vorteilsgebers an der Vorteilsannahme oder Bestechlichkeit des Vorteilsempfängers durch die Sondertatbestände der Vorteilsgewährung und Bestechung abschließend geregelt hat. Daher kann der **Vorteilsgeber** nicht zugleich Teilnehmer der Vorteilsannahme oder Bestechlichkeit sein (BGHSt 37, 207 (212)).

176   Gleichwohl ist eine Anstiftung oder Beihilfe eines **außenstehenden Dritten** möglich. Nach der Rspr. des BGH ist dabei entscheidend, auf wessen Seite der Teilnehmer tätig wird. Wer in erster Linie zur Vorteilsgewährung oder Bestechung Beihilfe leisten will (§§ 27, 333, 334), ist nicht deswegen zugleich wegen Beihilfe zur Vorteilsannahme oder Bestechlichkeit (§§ 27, 331, 332) zu bestrafen, weil er weiß, dass er durch die Unterstützung des Vorteilsgebers mittelbar die Tat des Vorteilsempfängers fördert und dies auch will (BGHSt 37, 207 (212)). Entsprechendes gilt für den Teilnehmer an der Tat der Vorteilsannahme des Amtsträgers. Will der Teilnehmer sowohl den Vorteilsgeber als auch den Vorteilsnehmer unterstützen, ist er nach hM in der Literatur aus dem härteren Strafrahmen zu bestrafen, wohingegen die Beihilfe zu dem milderen Delikt zurücktritt (Fischer Rn. 38; MüKoStGB/ *Korte* Rn. 188; LK-StGB/*Sowada* Rn. 139; NK-StGB/*Kuhlen* Rn. 146; SK-StGB/*Rudolphi/Stein* § 333 Rn. 17; SSW StGB/*Rosenau* Rn. 64; offen gelassen in BGHSt 37, 207 (212 f.)). Bei der Prüfung der Frage, auf welcher Seite der Teilnehmer tätig wird, ist neben der Willensrichtung des Handelnden darauf abzustellen, um welchen Tatbeitrag es sich handelt, welche Person in erster Linie gefördert wird und auf welcher Seite der Teilnehmer vorrangig auftritt (LK-StGB/*Sowada* Rn. 138 mwN).

177   Für den Teilnehmer auf Seiten des Vorteilsnehmers, mithin eines Amtsträgers oder Richters, ist die Strafe nach **§ 28 Abs. 1** zu mildern. Für den Teilnehmer auf Seiten des Vorteilsgebers kommt eine solche Strafmilderung mangels eines strafbegründenden besonderen persönlichen Merkmals nicht in Betracht. Das daraus resultierende Spannungsverhältnis ist vor allem darauf zurückzuführen, dass der Gesetzgeber denselben Strafrahmen für Vorteilsannahme (§ 331) und Vorteilsgewährung (§ 333) sowie für Bestechlichkeit (§ 332) und Bestechung (§ 334) festgesetzt hat und ist im Rahmen der konkreten Strafzumessung zu lösen (LK-StGB/*Sowada* Rn. 137).

H. Irrtümer

178   Es genügt grundsätzlich nicht, dass der Betreffende nur um die seine Amtsträgerstellung begründenden Tatsachen weiß. Da der Täter im Hinblick auf die **Amtsträgereigenschaft** Bedeutungskenntnis von seiner Funktion als Amtsträger haben muss (vgl. → Rn. 130), fehlt es bei einem Irrtum hierüber am Vorsatz (vgl. auch BGH NJW 2009, 3248 (3250); 2010, 784 (787)).

179   Bei dem Tatbestandsmerkmal des **Vorteils** handelt es sich nicht um ein normatives, sondern ein tatsächliches Merkmal (BGHSt 47, 295 (311)). Hat der Täter daher Kenntnis von dem Umstand, dass er etwas erhalten hat oder soll, irrt er dabei aber über die Reichweite des Vorteilsbegriffs, schließt dies den Vorsatz nicht aus (MüKoStGB/*Korte* Rn. 153).

180   Die Tathandlung des **Sichversprechenlassens** setzt eine Willensübereinstimmung zum Abschluss einer Unrechtsvereinbarung voraus (→ Rn. 90). Nimmt der Amtsträger irrig an, es läge ein Vorteilsversprechen des Dritten vor, stellt die Annahme dieses vermeintlichen Versprechens lediglich einen Versuch dar, der bei § 331 Abs. 1 straflos ist. Zu prüfen ist allerdings, ob in der Annahmeerklärung des Amtsträgers ein schlüssiges Fordern eines Vorteils zu sehen ist (MüKoStGB/*Korte* Rn. 54 mwN).

181   Geht der Täter irrtümlich vom Vorliegen der tatsächlichen Voraussetzungen einer geringen Zuwendung aus, deren Annahme **sozialadäquat** wäre, handelt er aufgrund eines Tatbestandsirrtums nicht vorsätzlich (Fischer Rn. 31; SK-StGB/*Rudolphi/Stein* Rn. 30; SSW StGB/*Rosenau* Rn. 49). Hält der Täter eine Vorteilsgewährung für sozialadäquat, obwohl dies nicht der Fall ist, liegt lediglich ein Verbotsirrtum vor (BGH NStZ 2005, 334 f.; Fischer Rn. 31; Lackner/Kühl/*Heger* Rn. 13; MüKoStGB/*Korte* Rn. 116; SSW StGB/*Rosenau* Rn. 49).

182   Nimmt der Täter zum Zeitpunkt der Annahme des Vorteils irrtümlich an, es liege eine **Genehmigung** nach Abs. 3, mithin ein Rechtfertigungsgrund, vor, so ist ein Erlaubnistatbestandsirrtum gegeben (BGH NJW 2001, 2560 f.; BGHSt 31, 264 (286); Lackner/Kühl/*Heger* Rn. 18; NK-StGB/*Kuhlen* Rn. 136). Verkennt der Täter indes die Grenzen einer rechtfertigenden Genehmigung oder hält er eine unwirksame Genehmigung für wirksam, liegt ein Verbotsirrtum vor (MüKoStGB/*Korte* Rn. 185; aA Lackner/Kühl/*Heger* Rn. 18: kein Vorsatz, weil die Genehmigung normatives Element des Erlaubnistatbestandes sei).

183   Irrt der Täter in der Konstellation der **mutmaßlichen Genehmigung** (→ Rn. 141, 165) über die tatsächlichen Voraussetzungen der Genehmigungsfähigkeit des versprochenen oder angenommenen Vorteils, handelt er ohne Vorsatz. Es liegt ein Erlaubnistatbestandsirrtum vor, weil für die Frage der Rechtswidrigkeit die tatsächlichen Umstände zum Zeitpunkt der Tathandlung in objektiver und subjektiver Hinsicht maßgeblich sind (Fischer Rn. 36; MüKoStGB/*Korte* Rn. 186). Geht der Täter hingegen bei zutreffender Kenntnis vom Sachverhalt von einer Genehmigungsfähigkeit aus, die objektiv nicht gegeben ist, liegt ein Verbotsirrtum vor (LK-StGB/*Sowada* Rn. 128). Behält der Amtsträger den

Vorteil trotz einer Versagung der Genehmigung, ist hierin ein erneutes – vorsätzliches – Annehmen des Vorteils zu sehen (LK-StGB/*Sowada* Rn. 128; MüKoStGB/*Korte* Rn. 186).

I. Konkurrenzen

Jede Tathandlung des Forderns, des Sichversprechenlassens und der Annahme ist grundsätzlich eine **184** rechtlich selbstständige Straftat (Fischer Rn. 39). Insbesondere gehen die Tatbestandsformen des Forderns und des Sichversprechenlassens nicht in der Annahme von Vorteilen auf, sondern stehen selbstständig in **Tatmehrheit** nebeneinander (BGH NStZ 1995, 92; LK-StGB/*Sowada* Rn. 142). Für die Frage der Konkurrenz der einzelnen Tatbestandsalternativen ist der Inhalt der Unrechtsvereinbarung von wesentlicher Bedeutung (Fischer Rn. 39). Eine **tatbestandliche Handlungseinheit** liegt vor, wenn der Amtsträger auf der Grundlage einer einheitlichen Unrechtsvereinbarung, die den zu leistenden Vorteil genau festlegt, entlohnt wird, auch wenn dies in bestimmten Teilleistungen erfolgt (BGH NStZ 2010, 279; BGH BeckRS 2010, 19316; BGHSt 41, 292 (302); 47, 22 (30); OLG Stuttgart NJW 2003, 228 f.). Etwas anderes gilt allerdings, wenn die zu gewährende Zuwendung von der zukünftigen Entwicklung abhängt, insbesondere wenn die Vorteilsgewährung einen „Open-end"-Charakter aufweist. In diesen Fällen hat die Vorteilsgewährung ein zu großes, selbstständiges Gewicht, als dass sie zusammen mit der Unrechtsabrede nur eine Tat bilden könnte. Es ist dann Tatmehrheit anzunehmen (BGHSt 41, 292 (302); *Bernsmann* StV 2003, 521 (525); NK-StGB/*Kuhlen* Rn. 148 f.; SK-StGB/*Rudolphi/Stein* Rn. 43 f.). Tatmehrheit kann auch bei einer „Rahmenvereinbarung" gegeben sein, bei der künftige Diensthandlungen (zB die Bearbeitung bestimmter Anträge) jeweils mit einem nach Art und Höhe bestimmten Vorteil vergütet werden sollen (Fischer Rn. 39).

Zwischen §331 und §332 besteht grundsätzlich **Gesetzeskonkurrenz,** so dass die Vorteilsannahme **185** hinter den Qualifikationstatbestand der Bestechlichkeit zurücktritt. Gleiches gilt, wenn sich die Tathandlung sowohl auf die Dienstausübung im Allgemeinen als auch auf eine konkrete pflichtwidrige Diensthandlung bezieht (Fischer Rn. 40; Schönke/Schröder/*Heine/Eisele* Rn. 75; NK-StGB/*Kuhlen* Rn. 150; SSW StGB/*Rosenau* Rn. 58; aA Lackner/Kühl/*Heger* Rn. 20) oder wenn die Unrechtsvereinbarung richterliche Handlungen nach Abs. 2 und nichtrichterliche Handlungen nach Abs. 1 umfasst (MüKoStGB/*Korte* Rn. 196; NK-StGB/*Kuhlen* Rn. 150; LK-StGB/*Sowada* Rn. 143; aA Fischer Rn. 40: Tateinheit). Nimmt der Täter einen Vorteil für mehrere Diensthandlungen an, ist ebenfalls nur eine Tat gegeben (MüKoStGB/*Korte* Rn. 194).

Tateinheit ist ferner möglich mit §253 (bei einem erpresserisch abgeforderten Vorteil, BGHSt 9, **186** 245) oder sonstigen Formen der Nötigung (LK-StGB/*Sowada* Rn. 143), mit §263 (BGHSt 15, 88 (99): eine Wahlfeststellung kommt indes nicht in Betracht; Lackner/Kühl/Heger Rn. 20; Schönke/Schröder/ *Heine/Eisele* Rn. 75; NK-StGB/*Kuhlen* Rn. 151; SK-StGB/*Rudolphi/Stein* Rn. 48), mit §266 (BayObLG NJW 1996, 268; vgl. auch BGH NJW 2001, 2560) sowie mit weiteren Tatbeständen, wenn die Tathandlung nach §331 zugleich den Tatbestand weiterer Straftaten erfüllt, die andere Rechtsgüter schützen (MüKoStGB/*Korte* Rn. 197). Tateinheit besteht auch zwischen der versuchten Bestechlichkeit und der vollendeten Vorteilsannahme (MüKoStGB/*Korte* Rn. 196).

Bei einer im Hinblick auf erhaltene Bestechungsgelder begangenen Verletzung der steuerrechtlichen **187** Erklärungspflicht ist **Tatmehrheit** zwischen §§331 ff. und der Steuerhinterziehung anzunehmen, wobei der enge sachliche Zusammenhang allerdings bei der Strafzumessung berücksichtigt werden muss (BGH NStZ-RR 2004, 242 ff.).

J. Verjährung

Die Verjährungsfrist beträgt gemäß §78 Abs. 3 Nr. 4 sowohl für die Vorteilsannahme eines Amts- **188** trägers (Abs. 1) als auch für die eines Richters oder Schiedsrichters (Abs. 2) fünf Jahre. Gemäß §78a S. 1 beginnt die Verjährung, sobald die Tat beendet ist. Nach dem vom BGH in ständiger Rechtsprechung angewendeten materiellen Beendigungsbegriff ist dies erst der Fall, wenn der Täter sein rechtsverneinendes Tun insgesamt abschließt (BGHSt 43, 1 (7); BGH NJW 2006, 925). Dies bedeutet für den Tatbestand der Vorteilsannahme, dass dieser regelmäßig erst dann beendet ist, wenn der Beamte den Vorteil, den er für die Dienstausübung gefordert oder sich hat versprechen lassen, vollständig erhalten und angenommen hat (BGHSt 10, 237 (243); 11, 345 (347); BGH NJW 1998, 2373).

Nimmt der Amtsträger mehrere Vorteile für eine Dienstausübung an, ist die Tat daher erst mit der **189** Annahme des letzten Vorteils beendet (MüKoStGB/*Korte* Rn. 201). Etwas anderes gilt jedoch dann, wenn der Täter zu dieser Zeit nicht mehr Amtsträger oder Richter war. Die Verjährung beginnt spätestens mit dem Ausscheiden des Täters aus dem Dienst. Das gilt auch dann, wenn er noch später Vorteile für seine frühere Bestechlichkeit erhält und annimmt, weil diese Handlungen straflos und daher für die Frage der Verjährung bedeutungslos sind (BGHSt 11, 345; vgl. aber BGH NStZ 2012, 511 für §§332, 334 → §332 Rn. 62).

Besteht der Vorteil, den der Täter dem Amtsträger gewährt, in einem unbefristeten Darlehen, so **190** beginnt der Lauf der Verjährungsfrist im Zeitpunkt der Hingabe des Darlehens ohne Rücksicht auf die Laufzeit des Darlehens (BGHSt 16, 207).

191   Ob die Verjährung erst zu einem späteren Zeitpunkt beginnt, wenn der Täter nach der Annahme des Vorteils eine – pflichtgemäße – Diensthandlung begeht, ist streitig. Die hM stellt darauf ab, dass die Vornahme der Dienstausübung oder einer konkreten Diensthandlung nicht zum objektiven Tatbestand des § 331 gehört und daher – anders als bei pflichtwidrigen Diensthandlungen gemäß § 332 – für die Beendigung der Tat grundsätzlich keine Bedeutung hat (MüKoStGB/*Korte* Rn. 201 mwN; *Kuhlen* JR 2009, 53).

192   Fordert der Amtsträger vergeblich einen Vorteil für die Dienstausübung oder eine bestimmte Diensthandlung, ist die Vorteilsannahme in der Vorteilsvariante des Forderns schon hiermit nicht nur voll-, sondern auch beendet. Kommt es dagegen in der Form des Sichversprechenlassens eines Vorteils oder in sonstiger Weise zu einer Unrechtsvereinbarung, deren Erfüllung ausbleibt, ist die Tat jedenfalls in dem Zeitpunkt beendet, in dem sich die Vereinbarung endgültig als „fehlgeschlagen" erweist (BGH NJW 2003, 2996; BGHSt 52, 300; MüKoStGB/*Korte* Rn. 201).

K. Rechtsfolgen

I. Strafzumessung

193   Die Vorteilsannahme nach Abs. 1 durch Amtsträger und für den öffentlichen Dienst besonders Verpflichtete wird mit Freiheitsstrafe bis zu drei Jahren bestraft. Bei der Vorteilsannahme durch Richter und Schiedsrichter nach Abs. 2 beträgt die Höchststrafe fünf Jahre. Der Grund für die Strafschärfung des Abs. 2 ist in der besonderen Schutzwürdigkeit des Vertrauens in die Unabhängigkeit und Unparteilichkeit richterlicher Entscheidungen zu sehen. Ein minder schwerer Fall des § 331 ist nicht vorgesehen. Die Strafzumessungsregel des § 335 gilt nicht für den Tatbestand des § 331.

194   Bei der Strafzumessung im engeren Sinn ist vor allem die Höhe des geforderten, versprochenen oder erlangten Vorteils zu berücksichtigen, dessen Bestimmung im Wege der Schätzung erfolgen kann (BGHSt 36, 320 (328); 38, 186 (193); 40, 374 (376)). Daneben können disziplinarrechtliche und beamtenrechtliche Konsequenzen, ein etwaiger Verlust des Arbeitsplatzes als Folge der Straftat (OLG Frankfurt a. M. StV 1994, 131 f.) und der Umstand, ob die Vorteilsannahme eigen- oder fremdnützig erfolgt ist, von Bedeutung sein (MüKoStGB/*Korte* Rn. 199; Schönke/Schröder/*Heine/Eisele* Rn. 23; BGH wistra 1999, 417 f.).

195   Einen Verstoß gegen das Doppelverwertungsverbot des § 46 Abs. 3 stellt es dar, wenn die Erschütterung des Vertrauens der Öffentlichkeit in die Lauterkeit der Verwaltung strafschärfend berücksichtigt wird, da dieser Umstand geschütztes Rechtsgut des § 331 ist (MüKoStGB/*Korte* Rn. 199). Gleiches gilt für die Erwägung, der Täter sei nicht bereit gewesen, gegen die Bestechlichkeit von Kollegen vorzugehen oder habe durch seine aktive Mitwirkung in dem bestehenden Korruptionssystem dessen Funktionieren gefestigt (BGH NStZ 2003, 544; Fischer Rn. 37).

II. Verfall

196   Der von dem Amtsträger oder Richter als Gegenleistung für die Dienstausübung erlangte Vorteil unterliegt nach **§§ 73** dem Verfall (BGHSt 30, 46; BGH NStZ-RR 2004, 242). Bei der Bestimmung der Höhe des aus der Tat Erlangten ist der wirtschaftliche Wert des Vorteils maßgeblich, den der Täter durch die Tat erzielt hat. Die Abschöpfung muss spiegelbildlich dem Vermögensvorteil entsprechen, den der Täter aus der Tat gezogen hat (BGHSt 47, 260).

197   Bei auf Bestechung beruhenden Auftragsvergaben und **Verträgen** erlangt der Unternehmer eines Werk- oder Dienstvertrages nach der Rspr. des BGH aus der Tat selbst – anders als bei verbotenen Betäubungsmittelgeschäften oder Embargoverstößen – nur die Auftragserteilung, mithin den Vorteil des schuldrechtlichen Vertragsschlusses. Die Vorteile aus der Ausführung des Auftrags sind hingegen nicht mehr unmittelbar aus der „Tat" erlangt (BGHSt 50, 299; aA *Lohse* JR 2009, 188: „Erlangt" ist die in Vollzug des Auftrags zugeflossene Gegenleistung – einschließlich fälliger Forderungen – unter Hinweis auf die Entscheidung des 1. Strafsenats BGH NStZ 2009, 275).

198   Die Verfallerklärung hat auch diejenigen Vorteile zu erfassen, die dem Täter nach seinem **Ausscheiden als Beamter** als Früchte früherer Bestechlichkeit zufließen, es sei denn, dass er durch den Empfang eines Vorteils überhaupt erst das Tatbestandsmerkmal der Vorteilsannahme erfüllt. Mit dem Zweck der Verfallsvorschriften wäre es nicht zu vereinbaren, wenn das Gesetz dem bestochenen Beamten nur solche Bestechungsvorteile nähme, die er in seinem Amte zog, aber diejenigen beließe, die ihm erst nach seinem Ausscheiden aus der Beamtenschaft zufallen (BGHSt 11, 345).

199   Wird die Tat in **Mittäterschaft** begangen, ist gegen die Mittäter auf Verfallerklärung bzgl. des von ihnen gemeinschaftlich erlangten Bestechungsmittels oder seines Wertes in Gesamthaftung zu erkennen; das gilt selbst dann, wenn einer der Mittäter das Bestechungsmittel zugleich für den anderen in Empfang genommen und alsdann vereinbarungsgemäß nur einen Teil an seinen Tatgenossen abgegeben hat (BGH NJW 1957, 1078).

Erlangt der Amtsträger einen Vorteil für seine Diensthandlung und für eine Nebentätigkeit, kann nur **200** das aufgrund der Diensthandlung Erlangte als Vorteil iSd § 311 angesehen und für verfallen erklärt werden (BGH wistra 2001, 388 (389)).

Die Anrechnungsregelung des **§ 73 Abs. 1 S. 2** schließt den Verfall von Bestechungslohn weder ganz **201** noch teilweise aus. Der Dienstherr ist im Sinne dieser Vorschrift nicht „Verletzter", wenn sich ein Amtsträger der unerlaubten Vorteilsnahme schuldig gemacht hat, weil Schutzgut das Vertrauen der Allgemeinheit in die Lauterkeit des öffentlichen Dienstes ist. Der Dienstherr hat daher keinen Anspruch auf Herausgabe des dem Amtsträger gewährten Bestechungslohns (BGHSt 30, 46; BGH NStZ 2000, 589 (590); BGH wistra 2001, 295; BGH NStZ 2003, 423). Etwas anderes gilt nur, wenn das Amtsdelikt einen Vermögensschaden oder -nachteil gemäß §§ 263, 266 für den Dienstherrn begründet (BGH NJW 2004, 695). Der Schutzzweck des § 73 Abs. 1 S. 2 gebietet es in derartigen Fällen, eine Doppelinanspruchnahme des Täters auszuschließen. Ansatzpunkt für die Beurteilung ist daher, ob (Bestechlichkeits-)Vorteil und (Untreue-)Schaden durch dieselbe prozessuale Tat iSd § 264 StPO hervorgerufen wurden (BGHSt 47, 22; weitergehend wistra 2001, 295, wonach entscheidend sei, ob der Bestechungslohn spiegelbildlich dem Vermögensnachteil im Rahmen der Untreue entspreche). Aufgrund des am 1.4.2009 in Kraft getretenen § 42 Abs. 2 BeamtStG hat der Beamte das infolgedes pflichtwidrigen Verhaltens Erlangte auf Verlangen dem Dienstherrn herauszugeben, soweit nicht der Verfall angeordnet worden ist oder es auf andere Weise auf den Staat übergegangen ist. Danach kommt dem Verfallsanspruch des Staates gegenüber dem Ablieferungsanspruch des Dienstherrn der Vorrang zu (BGH wistra 2010, 439).

Der Umfang des aus der Bestechung Erlangten kann geschätzt werden, **§ 73b** (BGH NStZ-RR 2004, **202** 242). Bei der Berechnung des Erlangten ist zu berücksichtigen, dass Bestechungsgelder der Einkommensteuer unterliegen. Daher kann lediglich derjenige Teil des Bestechungslohnes für verfallen erklärt werden, der nach Abzug der Einkommensteuer verbleibt (BGHSt 30, 46, vgl. auch BVerfGE 81, 228 (241 f.)). Ist das Besteuerungsverfahren bestandskräftig abgeschlossen, ist der anzusetzende Vorteil um die auf den Gewinn entfallende steuerliche Belastung zu mindern, anderenfalls ist die steuerliche Belastung zu schätzen (BGHSt 47, 260 (264 ff.)).

Surrogate der Bestechungsgelder unterliegen dem **Verfall des Wertersatzes** nach § 73a (stRspr; **203** BGHSt 30, 46f.; BeckOK StGB/*v. Heintschel-Heinegg* Rn. 53). Die Vorschrift über den **erweiterten Verfall (§ 73d)** ist aufgrund der Regelung in § 338 für die Vorteilsannahme gemäß § 331 nicht anwendbar.

L. Prozessuales

Für die Vorteilsannahme und die Bestechlichkeit ist – anders als bei der aktiven Vorteilsgewährung **204** und Bestechung – nicht die Wirtschaftsstrafkammer zuständig (§ 74c Abs. 1 Nr. 6a GVG). Die Überwachung der Telekommunikation (§ 100a StPO) und die Aufzeichnung des nicht öffentlich gesprochenen Wortes (§ 100c StPO) sind bei § 331 nicht zulässig (MüKoStGB/*Korte* Rn. 205). Der Staatsbürger, der sich gegen die Einstellung eines Ermittlungsverfahrens gemäß §§ 331 wenden will, ist kein zur Klageerzwingung berechtigter Verletzter iSd § 172 StPO (LK-StGB/*Sowada* Rn. 147; KK-StPO/*Moldenhauer* StPO § 172 Rn. 28).

§ 332 Bestechlichkeit

(1) ¹Ein Amtsträger, ein Europäischer Amtsträger oder ein für den öffentlichen Dienst besonders Verpflichteter, der einen Vorteil für sich oder einen Dritten als Gegenleistung dafür fordert, sich versprechen läßt oder annimmt, daß er eine Diensthandlung vorgenommen hat oder künftig vornehme und dadurch seine Dienstpflichten verletzt hat oder verletzen würde, wird mit Freiheitsstrafe von sechs Monaten bis zu fünf Jahren bestraft. ²In minder schweren Fällen ist die Strafe Freiheitsstrafe bis zu drei Jahren oder Geldstrafe. ³Der Versuch ist strafbar.

(2) ¹Ein Richter, Mitglied eines Gerichts der Europäischen Union oder Schiedsrichter, der einen Vorteil für sich oder einen Dritten als Gegenleistung dafür fordert, sich versprechen läßt oder annimmt, daß er eine richterliche Handlung vorgenommen hat oder künftig vornehme und dadurch seine richterlichen Pflichten verletzt hat oder verletzen würde, wird mit Freiheitsstrafe von einem Jahr bis zu zehn Jahren bestraft. ²In minder schweren Fällen ist die Strafe Freiheitsstrafe von sechs Monaten bis zu fünf Jahren.

(3) Falls der Täter den Vorteil als Gegenleistung für eine künftige Handlung fordert, sich versprechen läßt oder annimmt, so sind die Absätze 1 und 2 schon dann anzuwenden, wenn er sich dem anderen gegenüber bereit gezeigt hat,

1. bei der Handlung seine Pflichten zu verletzen oder,
2. soweit die Handlung in seinem Ermessen steht, sich bei der Ausübung des Ermessens durch den Vorteil beeinflussen zu lassen.

Übersicht

A. Überblick

1   Die Vorschrift des § 332 regelt die passive Bestechlichkeit und stellt eine Qualifikation zu dem Grundtatbestand des § 331 dar (Lackner/Kühl/*Heger* Rn. 2; Fischer Rn. 1; Schönke/Schröder/*Heine*/ *Eisele* Rn. 1; SSW StGB/*Rosenau* Rn. 1; BGH NStZ 1984, 24). Abs. 1 erfasst – als Qualifikation zu § 331 Abs. 1 – die Strafbarkeit von (Europäischen) Amtsträgern und für den öffentlichen Dienst besonders Verpflichteten im Falle der Annahme von Vorteilen als Gegenleistung für eine bestimmte pflichtwidrige Diensthandlung. Abs. 2 regelt die Strafbarkeit von Richtern, Mitgliedern eines Gerichts der Europäischen Union und Schiedsrichtern bei pflichtwidrigen richterlichen Handlungen. Insoweit stellt der Straftatbestand eine Qualifikation sowohl zu § 331 Abs. 2 als auch zu § 332 Abs. 1 dar. Die Qualifikation zu § 331 Abs. 2 wird durch die Pflichtwidrigkeit der richterlichen Handlung begründet (LK-StGB/*Sowada* Rn. 1; SSW StGB/*Rosenau* Rn. 2). Nimmt der Richter, der nach § 11 Abs. 1 Nr. 2a) bzw. § 11 Abs. 1 Nr. 2a a) zugleich ein (Europäischer) Amtsträger ist, eine nichtrichterliche Tätigkeit vor, ist § 332 Abs. 1 einschlägig. Für die richterliche Handlung stellt Abs. 2 daher zugleich eine Qualifikation gegenüber § 332 Abs. 1 dar. Sind die Voraussetzungen des § 332 Abs. 1 oder 2 nicht erfüllt, kommt eine Verurteilung aus den jeweiligen Grundtatbeständen in Betracht.

B. Objektiver Tatbestand

2   Objektiv setzt der Tatbestand der Bestechlichkeit voraus, dass eine der in Abs. 1 und 2 bezeichneten Personen (→ Rn. 3 ff.) einen Vorteil (→ Rn. 4 ff.) für eine bestimmte bereits vorgenommene oder zukünftige Diensthandlung oder richterliche Handlung (→ Rn. 10 ff.), deren Vornahme sich als pflichtwidrig darstellt (→ Rn. 18 ff.) und die durch eine Unrechtsvereinbarung als Gegenleistung mit dem Vorteil verknüpft ist (→ Rn. 37 ff.), fordert, sich versprechen lässt oder annimmt (→ Rn. 40).

I. Täter

3   Zum Täterkreis, insbesondere zu den Begriffen des (Europäischen) Amtsträgers und des für den öffentlichen Dienst besonders Verpflichteten (Abs. 1) sowie zu denen des (Europäischen) Richters und Schiedsrichters (Abs. 2) gelten die Ausführungen zu § 331 (→ Rn. 3 ff.) entsprechend. Wie bei § 331 Abs. 2 werden hier in Abs. 2 ebenso ausländische Schiedsrichter erfasst (→ § 331 Rn. 16; MüKoStGB/ *Korte* Rn. 40). Zusätzlich zu § 331 werden von dem Tatbestand des § 332 auch Soldaten mit Mannschaftsdienstgrad erfasst (§ 48 Abs. 2 WStG).

II. Vorteil

Vorteil iSd § 332 Abs. 1 ist jede Leistung, auf die der Amtsträger keinen Anspruch hat und die seine **4** wirtschaftliche, rechtliche oder nur persönliche Lage objektiv verbessert (BGH wistra 1991, 220). Insoweit gelten die Ausführungen zu § 331 (→ § 331 Rn. 25 ff.) entsprechend. Seit der Änderung des Tatbestandes durch das KorruptionsbG (→ Vorb. §§ 331–338 Rn. 2) sind Drittvorteile in § 332 ausdrücklich einbezogen (→ § 331 Rn. 40 ff.).

Der Tatbestand der Bestechlichkeit ist nach ständiger Rspr. des BGH nicht erfüllt, wenn der Amts- **5** träger sich den Vorteil aus der Diensthandlung selbst verschafft oder wenn sich der Vorteil unmittelbar und notwendig aus der pflichtwidrigen Handlung ergibt (BGHSt 1, 182; BGH NStZ 1994, 191; Fischer Rn. 3). Eine Strafbarkeit ist indes gegeben, wenn der Amtsträger sich dadurch einen Vorteil verschafft, dass er die private Forderung eines Gläubigers pflichtwidrig durch seine Dienststelle begleichen und der Gläubiger dies als Erfüllung seiner Forderung gelten lässt (BGH NStZ 1994, 191). Der Anwendung des § 332 Abs. 1 steht nicht entgegen, dass das dem Amtsträger zugeflossene Geld aus einer von ihm selbst unter Beteiligung des Vorteilsgebers begangenen Betrugstat stammt, wenn ihm der Anteil am Erlös erst mittelbar durch das Tätigwerden eines Dritten zufällt (BGHSt 20, 1; BGH NStZ 1987, 326; BGH wistra 1990, 306; MüKoStGB/*Korte* Rn. 11; vgl. auch BGH NStZ-RR 2005, 266).

III. Diensthandlung/Richterliche Handlung

Der Straftatbestand der Bestechlichkeit ist durch das KorruptionsbG (→ Vorb. §§ 331–338 Rn. 2) **6** weder im Hinblick auf das Erfordernis der Unrechtsvereinbarung noch im Hinblick auf die Anforderungen an die Bestimmtheit der Handlung des Amtsträgers oder Richters gelockert bzw. geändert worden. Während für § 331 nunmehr ein allgemein im Zusammenhang mit der Dienstausübung gewährter Vorteil genügt, muss für § 332 weiterhin ein konkreter Bezug zu einer bestimmten (→ Rn. 12 ff.) und zugleich pflichtwidrigen (→ Rn. 18 ff.) Diensthandlung (Abs. 1) oder richterlichen Handlung (Abs. 2) festgestellt werden (Fischer Rn. 6; SSW StGB/*Rosenau* Rn. 5).

1. Diensthandlung (Abs. 1). Der objektive Tatbestand des § 332 Abs. 1 setzt voraus, dass der Vorteil **7** eine Gegenleistung für eine zurückliegende, gleichzeitig stattfindende oder künftige Diensthandlung eines Amtsträgers oder für den öffentlichen Dienst besonders Verpflichteten darstellt (Schönke/Schröder/*Heine*/*Eisele* Rn. 2; LK-StGB/*Sowada* Rn. 2; BeckOK StGB/*v. Heintschel-Heinegg* Rn. 2; MüKoStGB/*Korte* Rn. 12). Der Vornahme der Diensthandlung oder richterlichen Handlung steht deren Unterlassen nach § 336 gleich. Ist eine Handlung nach den Pflichten des Amtsträgers geboten, stellt ihr Unterlassen eine pflichtwidrige Diensthandlung dar (Fischer Rn. 7; SSW StGB/*Rosenau* Rn. 10; BGH NStZ 1999, 560; vgl. auch → § 331 Rn. 51). Privathandlungen (→ § 331 Rn. 54) des Beamten oder Richters werden vom Tatbestand hingegen nicht umfasst, selbst wenn sie unter Verletzung einer Dienstpflicht vorgenommen wurden (Schönke/Schröder/*Heine*/*Eisele* Rn. 5; LK-StGB/*Sowada* Rn. 6).

a) Bestimmtheit der Diensthandlung. Weil die Bestechungstatbestände voraussetzen, dass nach **8** der Übereinkunft der Beteiligten der Vorteil **als Gegenleistung für** die Diensthandlung gedacht ist, muss diese Unrechtsvereinbarung notwendigerweise eine bestimmte Diensthandlung oder eine Mehrheit bestimmter Diensthandlungen zum Gegenstand haben (BGHSt 15, 217 (222 f.); 15, 239 (250); 32, 290). Zwischen Vorteilsgeber und Vorteilsnehmer muss dabei eine so konkrete Vorstellung bestehen, dass sich ersehen lässt, ob die Handlung des Amtsträgers eine Dienstpflicht verletzt oder an sich nicht pflichtwidrig ist (BGHSt 15, 187 und BGHSt 15, 217). Pflichtwidrig kann aber nicht die Dienstausübung im Allgemeinen, sondern eben nur eine konkrete Diensthandlung sein (Fischer Rn. 6; LK-StGB/*Sowada* Rn. 7).

Die Anforderungen an die Bestimmtheit der Diensthandlung dürfen nach der ständigen Rspr. des **9** BGH – insbesondere bei zukünftigen Handlungen des Amtsträgers – nicht überspannt werden, weil sonst gerade diejenigen Täter straflos blieben, die sich nicht nur im Hinblick auf eine einzelne, konkrete Diensthandlung, sondern darüber hinaus für weite Bereiche ihres Wirkens als käuflich erwiesen haben (BGHSt 32, 290). Die Diensthandlung muss daher in ihrer konkreten Gestalt nach Zeitpunkt, Anlass und Ausführungsweise noch nicht in allen Einzelheiten festgelegt sein (BGH NStZ 2005, 214). Vielmehr genügt es, wenn unter den Beteiligten Einverständnis besteht, dass der Amtsträger innerhalb eines bestimmten Aufgabenbereichs oder Kreises von Lebensbeziehungen in eine gewisse Richtung tätig werden soll und die einvernehmlich ins Auge gefasste Diensthandlung ihrem sachlichen Gehalt nach zumindest in groben Umrissen erkennbar und festgelegt ist (BGHSt 32, 291 f.; 39, 45 (46 f.); BGH NStZ 2000, 319; 2001, 425 f.; 2005, 214; BGH wistra 1990, 306; 1991, 220). Nicht erforderlich ist, dass Einvernehmen darüber erzielt wurde, bei welcher Gelegenheit und in welcher Weise der Amtsträger die Unrechtsvereinbarung einlösen soll (BGH NStZ 1989, 74).

Eine hinreichende Konkretisierung der Diensthandlung ist gegeben, wenn der Amtsträger zusagt, in **10** einer bestimmten Angelegenheit oder bei zukünftigen Auftragsvergaben für den Vorteilsgeber im Hinblick auf einen allgemein festgelegten Erfolg tätig zu werden (BGH NStZ 1989, 74; 1999, 561; BGH wistra 1999, 224 und 1999, 271; OLG Hamburg StV 2001, 277 (279); Fischer Rn. 5; LK-StGB/

Sowada Rn. 7). Es genügt daher, wenn sich der Amtsträger schlüssig bereit zeigt, bei den von ihm ausgeführten Diensthandlungen (zB bei den Bestellungen von Medizinprodukten durch einen Oberarzt) weiterhin seine Pflichten zu verletzen (BGH NStZ 2000, 90 f.). Eine solche Vereinbarung kann sich aus dem zeitlichen Zusammenhang zwischen der Annahme des Vorteils (hier Einladung in Gourmet-Restaurants) und der Bestellung bzw. dem Auftragsangebot ergeben (BGH NStZ 2000, 90 (91)).

11   Hingegen genügt es nicht, wenn die Zuwendung lediglich im Hinblick auf die Dienststellung des Amtsträgers oder zur Erlangung des generellen Wohlwollens und der Geneigtheit des Amtsträgers erfolgt (BGHSt 15, 217 (223); 32, 290 (292); BGH NStZ 2003, 158 f.; BGH wistra 2000, 97). Ein Zusammenhang mit der Dienstausübung des Amtsträgers erfüllt den Tatbestand nicht, sofern selbst unter Zugrundelegung eines großzügigen Maßstabes keine Zuordnung zu einem konkreten künftigen pflichtwidrigen Verhalten des Amtsträgers möglich ist (BGH NStZ 1999, 561 (562); MüKoStGB/*Korte* Rn. 14). Der Ausgestaltung des Tatbestandes ist daher eine Bevorzugung von Amtsträgern mit weitem Aufgabenkreis und in Führungspositionen immanent (Fischer Rn. 6; NK-StGB/*Kuhlen* § 331 Rn. 77). So genügt es zB nicht, wenn der Amtsträger aufgrund seiner Stellung erklärt, bei verschiedenen Behörden und Entscheidungsträgern eingreifen zu können und im Hinblick auf die Zuwendung von Vorteilen zusagt, seinen Einfluss für den Zuwendenden geltend zu machen (Fischer Rn. 6; BGH NStZ 2000, 319).

12   **b) Vorgetäuschte Diensthandlung.** Nach der Rspr. des BGH ist es für die passive Bestechlichkeit nach § 332 zur Vollendung der Straftat nicht erforderlich, dass der Täter eine pflichtwidrige Handlung begeht oder auch nur begehen will (BGHSt 18, 263). Ob der Amtsträger tatsächlich beabsichtigt, die – pflichtwidrige – Diensthandlung vorzunehmen, ist daher für die Erfüllung des Tatbestandes ohne Bedeutung (BGH NJW 1953, 1401 f.; BGH wistra 1985, 21 f.; Fischer Rn. 12). Unbeachtlich ist es deshalb, ob der Amtsträger mit dem inneren Vorbehalt handelt, die in Aussicht gestellte pflichtwidrige Tätigkeit tatsächlich nicht vorzunehmen (LK-StGB/*Sowada* Rn. 6; vgl. auch → § 331 Rn. 59, 132). Täuscht der Amtsträger hingegen vor, eine pflichtwidrige Diensthandlung bereits begangen zu haben, obwohl dies tatsächlich nicht der Fall ist, scheidet eine Strafbarkeit gemäß § 332 aus. In diesem Fall kann jedoch eine Betrugsstrafbarkeit (§ 263) gegeben sein (Fischer Rn. 13; ausf. MüKoStGB/*Korte* Rn. 21 f.; LK-StGB/*Sowada* Rn. 6; SSW StGB/*Rosenau* Rn. 7; aA NK-StGB/*Kuhlen* Rn. 18).

13   **2. Richterliche Handlung (Abs. 2).** Der objektive Tatbestand des § 332 Abs. 2 erfordert, dass der Richter oder Schiedsrichter (→ § 331 Rn. 12 ff.) als Gegenleistung für den vereinbarten Vorteil eine pflichtwidrige (schieds-)richterliche Handlung vorgenommen hat oder zukünftig vornehmen wird. Hinsichtlich der Bestimmtheit der richterlichen Handlung wird sowohl auf die Ausführungen zu § 331 Abs. 2 (→ § 331 Rn. 64 ff.) als auch auf die Ausführungen zu der Bestimmtheit der Diensthandlung (→ § 331 Rn. 8 ff.) Bezug genommen.

IV. Pflichtwidrigkeit

14   In Abgrenzung zu § 331 setzt der Tatbestand des § 332 nicht nur voraus, dass sich die Unrechtsvereinbarung auf eine konkrete Diensthandlung bezieht, es müssen ferner die Dienstpflichten (→ Rn. 15 ff.) oder richterlichen Pflichten (→ Rn. 30 ff.) des Vorteilsnehmers verletzt werden, der Täter muss mithin pflichtwidrig handeln. Lässt sich eine solche Pflichtwidrigkeit nicht feststellen, kommt lediglich eine Verurteilung nach § 331 in Betracht (MüKoStGB/*Korte* Rn. 23). Abs. 3 enthält eine Auslegungsregel für die Anforderungen an die Pflichtwidrigkeit in denjenigen Fällen, in denen sich der Vorteil auf eine zukünftige Diensthandlung oder richterliche Handlung (→ Rn. 33 f.) bezieht.

15   **1. Dienstpflichten (Abs. 1).** Eine Dienstpflichtverletzung liegt vor, wenn die Diensthandlung gegen ein Gesetz, eine Rechtsverordnung, Verwaltungsvorschriften oder eine dienstliche Weisung verstößt (BGHSt 15, 92; 48, 44 (46); NK-StGB/*Kuhlen* Rn. 8; Lackner/Kühl/*Heger* Rn. 3; Fischer Rn. 8) oder wenn sich der Täter bei einer Ermessensentscheidung von sachwidrigen Erwägungen leiten lässt (→ Rn. 25).

16   Die bloße Verknüpfung des geforderten, versprochenen oder angenommenen Vorteils mit der Diensthandlung des Amtsträgers und die in der Vorteilsannahme nach § 331 liegende Pflichtverletzung ist für die Annahme einer Pflichtwidrigkeit iSd § 332 nicht ausreichend. Vielmehr muss die Diensthandlung selbst pflichtwidrig sein (Fischer Rn. 7; Schönke/Schröder/*Heine/Eisele* Rn. 1; BGHSt 3, 143; 15, 239 (241); BGH NJW 2002, 2801 (2806); BGHSt 48, 44 (47); BGH NStZ-RR 2008, 13 (14)). Allein die bevorzugte schnelle Erledigung oder die Bearbeitung durch einen nach der behördlichen Geschäftsverteilung unzuständigen Amtsträger, verletzt ebenfalls keine Dienstpflicht iSd § 332 (BGHSt 16, 37; OLG Naumburg NJW 1997, 1593; Schönke/Schröder/*Heine/Eisele* Rn. 10; Lackner/Kühl/*Heger* Rn. 3), sofern nicht gegen eine Pflicht zur Bearbeitung in einer bestimmten Reihenfolge verstoßen wurde (Fischer Rn. 8; SK-StGB/*Rudolphi/Stein* Rn. 6; SSW StGB/*Rosenau* Rn. 8).

17   Im Falle des Unterlassens einer Diensthandlung (§ 336) ist eine Pflichtwidrigkeit iSd § 332 gegeben, wenn die Vornahme der Handlung dienstlich geboten war (vgl. Fischer Rn. 7; MüKoStGB/*Korte* Rn. 25). Ein pflichtwidriges Unterlassen kann insbesondere in unterbliebenen Maßnahmen zur Dienstaufsicht eines Vorgesetzten (BGH NStZ 1999, 560), dem Absehen von gebotenen polizeilichen Kontrollen (BGH wistra 2002, 428 f.) und der unterlassenen Unterrichtung eines Vorgesetzten über ein Korruptionsgeflecht liegen (MüKoStGB/*Korte* Rn. 25).

Bei Amtsträgern der EU-Mitgliedstaaten bzw. Beamten der EU richtet sich die Frage der Pflicht- **18** widrigkeit nach dem Recht des jeweiligen Mitgliedstaats bzw. nach Unionsrecht (MüKoStGB/*Korte* Rn. 23, NK-StGB/*Kuhlen* Rn. 8)

a) Gebundene Entscheidungen. Hinsichtlich Entscheidungen, bei denen dem Amtsträger kein **19** Ermessensspielraum eingeräumt ist (gebundene Entscheidungen), ist die Dienstpflicht verletzt, wenn die Handlung des Amtsträgers den maßgebenden Rechts- oder Verwaltungsvorschriften bzw. einer allgemeinen oder konkreten dienstlichen Weisung objektiv zuwiderläuft (Fischer Rn. 8; Schönke/Schröder/*Heine*/*Eisele* Rn. 8; MüKoStGB/*Korte* Rn. 24; SSW StGB/*Rosenau* Rn. 8). Bei der Anwendung unbestimmter Rechtsbegriffe liegt eine Pflichtverletzung nur vor, wenn das Ergebnis sachlich unrichtig ist (→ Rn. 23; Schönke/Schröder/*Heine*/*Eisele* Rn. 8; LK-StGB/*Sowada* Rn. 13; MüKoStGB/*Korte* Rn. 31; vgl. aber Fischer Rn. 9).

Zu pflichtwidrigen Diensthandlungen zählen ua die Fälschung von Submissionsunterlagen bei einer **20** öffentlichen Ausschreibung (Schönke/Schröder/*Heine*/*Eisele* Rn. 9), die pflichtwidrige Erteilung von Genehmigungen und Erlaubnissen, wie Baugenehmigungen und Aufenthalts- oder Fahrerlaubnissen (MüKoStGB/*Korte* Rn. 26), die zeitlich bevorzugte Erledigung eines Antrags vor früher eingegangenen Anträgen anderer, wenn diese dadurch benachteiligt werden (BGHSt 15, 371; 16, 37; Schönke/Schröder/*Heine*/*Eisele* Rn. 9), die Zubilligung von Leistungsansprüchen, wie Subventionen und Steuererstattungen (MüKoStGB/*Korte* Rn. 26), die Verletzung des Dienstgeheimnisses durch die Weitergabe von dienstlichen Informationen; dies auch dann, wenn der Täter diese durch Geheimnisverrat eines anderen Amtsträgers erfahren hat (BGHSt 14, 123 (124); BGH NStZ 2000, 596 (598); MüKoStGB/*Korte* Rn. 26; Schönke/Schröder/*Heine*/*Eisele* Rn. 9), weiterhin die freihändige Vergabe von öffentlichen Aufträgen, wenn nach den Vorschriften des Vergaberechts nur eine Ausschreibung oder Vergabe im offenen Verfahren zulässig gewesen wäre (ausf. MüKoStGB/*Korte* Rn. 27), die gezielte Weitergabe von Informationen an einen von mehreren Wettbewerbern unter Verletzung des Gleichbehandlungsgrundsatzes (OLG Hamm NJW 1973, 716), die Einstellung eines Ermittlungsverfahrens nach § 170 Abs. 2 StPO durch einen Mitarbeiter der Steuerfahndung, der zuvor eine Stellungnahme für die Verteidigung abgegeben hatte (BGH BeckRS 2008, 11731).

b) Ermessensentscheidungen. Bei Ermessensentscheidungen handelt der Amtsträger sowohl **21** pflichtwidrig, wenn er sachwidrig entscheidet, als auch dann, wenn er sich nicht ausschließlich von sachlichen Gesichtspunkten leiten lässt, sondern sich durch den Vorteil beeinflussen lässt, diesen also mit in die Waagschale legt (BGHSt 15, 88 (92); 15, 239 (242, 247); 47, 260 (263); 48, 44 (46); BGH NStZ-RR 2008, 13; SSW StGB/*Rosenau* Rn. 9). Dabei ist es ohne Bedeutung, ob die Entscheidung selbst sachlich gerechtfertigt werden kann. Ausreichend ist bereits, dass sich der Täter seinem Partner gegenüber bereit zeigt, sich bei der Ausübung seines Ermessens durch den Vorteil beeinflussen zu lassen (BGH NJW 2009, 3248). Ein Ermessensbeamter verstößt schon dadurch gegen seine Amtspflicht, dass er die von ihm zu treffenden Entscheidungen nicht unbefangen, sondern mit der inneren Belastung, die für ihn in dem gewährten oder erwarteten Vorteil liegt, herangeht (BGHSt 15, 239 (251 f.)). Es ist mithin unerheblich, ob ein anderer Beamter, der keinen Vorteil angenommen hat, ebenso entschieden hätte (BGHSt 15, 88 (92); 15, 352 (356)).

Der Begriff des Ermessens iSd § 332 bedeutet nach Systematik sowie Sinn und Zweck der Vorschrift **22** lediglich das Vorhandensein mehrerer rechtmäßiger Entscheidungsvarianten, unter denen der Amtsträger die Wahl hat. Voraussetzung ist nicht ein Ermessen im strikt verwaltungsrechtlichen Sinne (BGH NStZ 2007, 211 (212); OLG Frankfurt a. M. NJW 1990, 2075; OLG Naumburg NJW 1997, 1593 f.; Fischer Rn. 9). Der typische Unterschied zwischen der Ermessensverwaltung und der gebundenen Verwaltung, der den weiter gezogenen Bereich der Strafbarkeit des Ermessensbeamten rechtfertigt, liegt in der sachlichen Ungebundenheit des Amtsträgers. Daher müssen für den Amtsträger sachliche Handlungsalternativen gegeben sein (OLG Frankfurt a. M. NJW 1990, 2075; Fischer Rn. 9).

Bei der Auslegung **unbestimmter Rechtsbegriffe** handelt es sich grundsätzlich nicht um eine **23** Ermessensausübung, sondern um eine rechtlich voll nachprüfbare gebundene Entscheidung (Schönke/Schröder/*Heine*/*Eisele* Rn. 11; LK-StGB/*Sowada* Rn. 13; MüKoStGB/*Korte* Rn. 31; aA Fischer Rn. 9). Etwas anderes gilt lediglich dann, wenn dem Amtsträger ein gerichtlich nur eingeschränkt überprüfbarer Beurteilungsspielraum eingeräumt ist (LK-StGB/*Sowada* Rn. 13; zB Prüfungsentscheidungen). Erfasst werden daher auch planerische Entscheidungen, zB die Aufstellung eines Bebauungsplanes (BGHSt 47, 263) oder die bauplanerische Beurteilung nach § 35 BauGB sowie Entscheidungen mit Beurteilungsspielraum, wie zB Prüfungszensuren (Schönke/Schröder/*Heine*/*Eisele* Rn. 11; NK-StGB/*Kuhlen* Rn. 9).

Bei einem Amtsträger ohne eigene Entscheidungszuständigkeit genügt es für den Tatbestand der **24** Bestechlichkeit, wenn er aufgrund seiner fachlichen Kompetenz, deretwegen er in die Entscheidungsfindung einbezogen wurde, über eine jedenfalls praktische Einflussnahmemöglichkeit verfügt, beispielsweise durch die fachliche und rechtliche Beratung der Entscheidungsträger (BGHSt 47, 260 ff.).

25   Der Tatbestand des § 332 ist deshalb dann erfüllt, wenn der Täter einen bestimmten Bewerber aus sachfremden Erwägungen bevorzugt und später unter Hinweis darauf einen Vorteil verlangt (NK-StGB/ *Kuhlen* Rn. 19). Gleichgültig ist, ob er dies bereits von vornherein vorhatte oder nicht. Dagegen reicht nicht aus, dass sich der Beamte für eine ansonsten korrekte Ermessensentscheidung nachträglich einen Vorteil gewähren lässt; hier kommt nur eine Strafbarkeit nach § 331 in Betracht (Schönke/Schröder/ *Heine/Eisele* Rn. 6).

26   2. Richterliche Pflichten (Abs. 2). Eine richterliche Handlung ist pflichtwidrig, wenn sie gegen eine Rechtsnorm des formellen oder materiellen Rechts verstößt (Fischer Rn. 8; MüKoStGB/*Korte* Rn. 41; Schönke/Schröder/*Heine/Eisele* Rn. 13; NK-StGB/*Kuhlen* Rn. 26; SK-StGB/*Rudolphi/Stein* Rn. 9). Bei der Annahme einer Vergütung durch einen Schiedsrichter ist § 337 zu berücksichtigen.

27   a) Gebundene Entscheidungen. Bei gebundenen Entscheidungen kann dies erfolgen, indem eine ungültige Norm angewendet oder eine gültige Norm nicht oder unrichtig angewendet wird (LK-StGB/ *Sowada* Rn. 24). Voraussetzung ist jedoch, dass bei der Auslegung der anzuwendenden Norm der Rahmen der zulässigen Interpretation überschritten wird und die Entscheidung nicht mehr vertretbar ist (LK-StGB/*Sowada* Rn. 24; Schönke/Schröder/*Heine/Eisele* Rn. 13; SSW StGB/*Rosenau* Rn. 11). Nicht erforderlich ist, dass der Tatbestand der Rechtsbeugung (§ 339) erfüllt ist, weil der Begriff der „richterlichen Handlung" weiter ist, als der der „Leitung und Entscheidung" einer Rechtssache iSd § 339 (Schönke/Schröder/*Heine/Eisele* Rn. 13). Begeht der Richter jedoch eine Rechtsbeugung, liegt immer zugleich eine pflichtwidrige richterliche Handlung iSd § 332 vor (MüKoStGB/*Korte* Rn. 41 mwN).

28   b) Ermessensentscheidungen. Bei Ermessensentscheidungen eines Richters genügt für die Pflicht-widrigkeit − wie bei Tathandlungen nach Abs. 1 − die erkennbare Bereitschaft, sich bei der Ausübung des richterlichen Ermessens durch den Vorteil beeinflussen zu lassen. Zu den richterlichen Ermessens-entscheidungen gehören ua die Einstellung des Strafverfahrens aus Opportunitätserwägungen (§§ 153 ff. StPO), die Strafzumessung sowie Vergleichsvorschläge (MüKoStGB/*Korte* Rn. 41; LK-StGB/*Sowada* Rn. 24; NK-StGB/*Kuhlen* Rn. 26).

29   3. Zukünftige dienstliche oder richterliche Handlungen (Abs. 3). Nach Abs. 3 bedarf es für künftige dienstliche oder richterliche Handlungen nicht der Feststellung, dass der Täter zu einem späteren Zeitpunkt tatsächlich eine pflichtwidrige Handlung begangen hat. Vielmehr genügt es, dass er sich dem Zuwendenden gegenüber bereit gezeigt hat, bei der in Aussicht genommenen Handlung seine Pflichten zu verletzen oder sich bei Ausübung des Ermessens durch den Vorteil beeinflussen lassen zu wollen (vgl. BGH wistra 1998, 108; BGHSt 47, 260 ff.). Das Vertrauen der Allgemeinheit in die Sachlichkeit staatlichen Handelns wird schon dadurch gefährdet, dass das ausdrückliche oder konkluden-te Verhalten des Amtsträgers so verstanden werden muss, als sei er bereit, pflichtwidrig zu handeln oder den Vorteil bei seiner Entscheidung berücksichtigen zu wollen (Schönke/Schröder/*Heine/Eisele* Rn. 14 mwN). Kann ein solches „Bereitzeigen" nicht mit Sicherheit festgestellt werden, ist § 331 anzuwenden (vgl. BGHSt 48, 47; OLG Hamburg StV 2001, 281; Schönke/Schröder/*Heine/Eisele* Rn. 14; NK-StGB/*Kuhlen* Rn. 1).

30   Ein Ermessensbeamter, der sich einen Vorteil versprechen lässt oder einen solchen annimmt, macht sich nur dann der Bestechlichkeit schuldig, wenn er sich durch sein Verhalten ausdrücklich oder still-schweigend bereit zeigt, bei seiner zukünftigen Entscheidung nicht ausschließlich sachliche Gesichts-punkte walten zu lassen, sondern der Rücksicht auf den Vorteil Raum zu geben (BGH NStZ-RR 2002, 272).

31   4. Strafbare Handlungen/Missbrauch der dienstlichen Stellung. Nach der Rspr. des BGH begeht eine pflichtwidrige Diensthandlung iSd § 332 nicht nur derjenige, der eine Tätigkeit vornimmt, die an sich in den Kreis seiner Amtspflichten fällt, sondern ebenfalls derjenige, der seine amtliche Stellung dazu missbraucht, eine durch die Dienstvorschrift verbotene Handlung vorzunehmen, die ihm gerade seine amtliche Stellung ermöglicht. Ein solcher Missbrauch ist keine Privattätigkeit, sondern eine pflichtwidrige Amtshandlung (BGHSt 4, 293; BGH NJW 1983, 462; BGH NStZ 2000, 596 ff. mwN). Dies gilt selbst dann, wenn die verbotene Handlung, die der Beamte unter Ausnutzung seiner amtlichen Stellung vornimmt, die Merkmale einer strafbaren Handlung erfüllt (BGH NJW 1987, 1340). Strafbare Diensthandlungen sind immer pflichtwidrig (MüKoStGB/*Korte* Rn. 23; NK-StGB/*Kuhlen* Rn. 8; Fischer Rn. 10).

32   Eine Strafbarkeit nach § 332 kommt daher zB in Betracht, wenn der Täter den ihm nach seiner Dienststellung möglichen Zugriff auf die Datensammlung einer Polizeibehörde missbräuchlich handhabt (BGH NStZ 2000, 596 (599)).

V. Unrechtsvereinbarung

33   Kern des in den Bestechungstatbeständen umschriebenen Schuldvorwurfs ist die ausdrückliche oder stillschweigende Unrechtsvereinbarung, in der Amtsträger und Vorteilsgeber sich über die Gewährung eines Vorteils an den Empfänger als Gegenleistung für eine von dem Amtsträger vorzunehmende oder vorgenommene pflichtwidrige Diensthandlung einig werden (vgl. zum Begriff und den Anforderungen an die Unrechtsvereinbarung → § 331 Rn. 67 ff.). Erforderlich ist, dass der Vorteil dem Empfänger um einer bestimmten geschehenen oder künftigen Diensthandlung willen zugutekommen soll, dass er nach dem ausdrücklichen oder stillschweigenden Einverständnis der beiden Beteiligten seinen Grund gerade in der Diensthandlung hat oder dass er „Äquivalent" oder „Entgelt" für die Diensthandlung ist (BGH NStZ 1994, 488; BGH wistra 1990, 306; BGH NStZ 1987, 326 f.).

Bei § 332 wird das Erfordernis des Beziehungsverhältnisses im Tatbestand mit der Formulierung „als **34** Gegenleistung für" zum Ausdruck gebracht. Die Pflichtwidrigkeit ist nach hM nicht Bestandteil der Unrechtsvereinbarung, so dass die Strafbarkeit des Amtsträgers nach § 332 von der Beurteilung der Pflichtwidrigkeit durch den Vorteilsgeber unabhängig ist (LK-StGB/*Sowada* Rn. 20; MüKoStGB/*Korte* Rn. 24; NK-StGB/*Kuhlen* Rn. 5; SK-StGB/*Rudolphi/Stein* Rn. 1; Lackner/Kühl/*Heger* Rn. 6; SSW StGB/*Rosenau* Rn. 8).

Ein Ermessensbeamter, der sich einen Vorteil versprechen lässt oder einen solchen annimmt, macht **35** sich nur dann der Bestechlichkeit gemäß § 332 schuldig, wenn er sich durch sein Verhalten ausdrücklich oder stillschweigend bereit zeigt, bei seiner zukünftigen Entscheidung nicht ausschließlich sachliche Gesichtspunkte walten zu lassen, sondern der Rücksicht auf den Vorteil Raum zu geben (→ Rn. 30, 42). Dies ist indes nicht der Fall, wenn der gewährte Vorteil nicht das weitere dienstliche Verhalten des Amtsträgers in unerlaubter Weise beeinflussen soll, sondern seinen Grund in den Regeln des sozialen Verkehrs und der Höflichkeit hat (→ Rn. 38).

VI. Tathandlungen

Die Tathandlungen des § 332 entsprechen denen des § 331 (→ § 331 Rn. 86 ff.), so dass sich bei der **36** Auslegung keine Besonderheiten ergeben.

VII. Einschränkende Auslegung des Tatbestands

Eine einschränkende Auslegung des Tatbestandes – wie bei § 331 (→ § 331 Rn. 98 ff.)- kommt bei **37** § 332 nicht in Betracht (LK-StGB/*Sowada* Rn. 28; MüKoStGB/*Korte* Rn. 37). Die Annahme von Vorteilen als Gegenleistung für eine pflichtwidrige Handlung kann sich nicht als sozialadäquat darstellen (LK-StGB/*Sowada* Rn. 28; vgl. zur Sozialadäquanz → § 331 Rn. 99 ff.). Auch die Einwerbung von Drittmitteln oder Wahlkampfspenden für pflichtwidrige Diensthandlungen kann nicht zu einer Einschränkung des Tatbestandes führen. Ein solches Tätigwerden kann bspw. weder zu den Aufgaben eines Hochschulmitarbeiters gehören noch stellt es sich als verfassungsrechtlich legitimiertes Mittel zur Einwerbung von Wahlkampfspenden dar (MüKoStGB/*Korte* Rn. 37).

Bei Ermessensentscheidungen genügt es zwar, wenn der Amtsträger oder Richter innerhalb des ihm **38** eingeräumten Ermessens dem Vorteil einen Einfluss einräumt und dadurch sein Ermessen missbraucht. Bei der Prüfung, ob eine Unrechtsvereinbarung dieser Art vorliegt, ist aber zu berücksichtigen, dass nicht jeder aus Anlass oder bei Gelegenheit einer Diensthandlung gewährte Vorteil zu dem Zweck gegeben sein muss, das weitere dienstliche Verhalten des Amtsträgers in unerlaubter Weise zu beeinflussen. Vielmehr kann er seinen Grund ebenso in den Regeln des sozialen Verkehrs und der Höflichkeit haben, denen sich gleichfalls ein Beamter schwer entziehen kann, wenn er nicht gegen gesellschaftliche Formen verstoßen und damit unter Umständen sogar das Ansehen der Behörde schädigen will. (BGHSt 15, 239 (251 f.); BGH NStZ-RR 2002, 272 (273); MüKoStGB/*Korte* Rn. 44; LK-StGB/*Sowada* Rn. 28). Hierzu hat der BGH zB die Einladung zu Getränken an einer Hotelbar (BGHSt 15, 239 (252)) oder zu einem Essen in einem Restaurant sowie die Mitnahme in einem Kraftfahrzeug gezählt (BGH NStZ-RR 2002, 272 (273)).

C. Subjektiver Tatbestand

Subjektiv setzt der Tatbestand der Bestechlichkeit voraus, dass der Täter mit zumindest **bedingtem** **39** **Vorsatz** bzgl. aller Tatbestandsmerkmale handelt (Fischer Rn. 16; Schönke/Schröder/*Heine/Eisele* Rn. 20; MüKoStGB/*Korte* Rn. 42; SSW StGB/*Rosenau* Rn. 13). Hinsichtlich der Einzelheiten gilt zunächst das zu § 331 (→ § 331 Rn. 129 ff.) Ausgeführte entsprechend.

Darüber hinaus muss sich der Vorsatz auf die **Pflichtwidrigkeit** der Diensthandlung beziehen **40** (Fischer Rn. 16; LK-StGB/*Sowada* Rn. 25; SSW StGB/*Rosenau* Rn. 13). Entscheidend ist, mit welchen Vorstellungen sich der Amtsträger am Zustandekommen der Unrechtsvereinbarung beteiligt hat. Da die Pflichtwidrigkeit ein normatives Tatbestandsmerkmal ist, genügt Vorsatz hinsichtlich der die Pflichtwidrigkeit begründenden Umstände nicht (Fischer Rn. 16; LK-StGB/*Sowada* Rn. 26). Dem Amtsträger kann der Anschein der Käuflichkeit für pflichtwidriges Handeln vielmehr nur dann strafrechtlich zugerechnet werden, wenn ihm die Pflichtwidrigkeit bewusst ist (BGHSt 15, 352 (356); MüKoStGB/

Korte Rn. 42; Schönke/Schröder/*Heine/Eisele* Rn. 20). Es ist hingegen nicht erforderlich, dass genauso der Vorteilsgeber die Pflichtwidrigkeit der Diensthandlung kennt (MüKoStGB/*Korte* Rn. 24). Hat nur der Amtsträger Kenntnis von der Pflichtwidrigkeit der Diensthandlung, ist der Amtsträger wegen Bestechlichkeit nach § 332, der Vorteilsgeber hingegen nur wegen Vorteilsgewährung nach § 333 (nicht wegen Bestechung nach § 334) zu verurteilen (Lackner/Kühl/*Heger* Rn. 6; MüKoStGB/*Korte* Rn. 24; SSW StGB/*Rosenau* Rn. 13).

41   Bezieht sich die Unrechtsvereinbarung auf eine **künftige** Handlung (Abs. 3), genügt es, wenn der Täter sich wissentlich zur Begehung einer pflichtwidrigen Diensthandlung oder richterlichen Handlung bereit zeigt (BGHSt 15, 352 (356); MüKoStGB/*Korte* Rn. 43; SK-StGB/*Rudolphi/Stein* Rn. 17). Dass der Amtsträger oder Richter mit dem inneren Vorbehalt handelt, eine versprochene pflichtwidrige Handlung nicht vorzunehmen, schließt eine Strafbarkeit gemäß § 332 nicht aus (LK-StGB/*Sowada* Rn. 25).

42   Ein **Ermessensbeamter** handelt dann vorsätzlich iSd § 332, wenn er sich bewusst ist, dass sein Tun nach außen hin den Anschein der Käuflichkeit erweckt und er sich ausdrücklich oder stillschweigend bereit zeigt, bei seiner zukünftigen Entscheidung nicht ausschließlich sachliche Gesichtspunkte walten zu lassen, sondern mit Rücksicht auf den Vorteil sachfremden Erwägungen Raum zu geben (BGHSt 15, 239 (251)). Hiervon ist idR auszugehen, wenn der Täter den Vorteil annimmt, obwohl er erkennt, dass dieser seine Ermessensausübung beeinflussen soll (Schönke/Schröder/*Heine/Eisele* Rn. 20 mwN). Dies gilt sogar dann, wenn die Entscheidung im Ergebnis nicht zu beanstanden ist (BGH NStZ-RR 2002, 272 (274); Fischer Rn. 9a; vgl. auch → Rn. 21).

D. Rechtswidrigkeit

43   Eine Rechtfertigung des Tatbestandes der Bestechlichkeit durch eine Genehmigung der zuständigen Behörde (vgl. § 331 Abs. 3) kommt nicht in Betracht (MüKoStGB/*Korte* Rn. 45; BeckOK StGB/ *v. Heintschel-Heinegg* Rn. 11; Lackner/Kühl/*Heger* Rn. 7). Die Annahme von Vorteilen für pflichtwidrige Diensthandlungen ist nicht genehmigungsfähig (LK-StGB/*Sowada* Rn. 28 mwN; BT-Drs. 7/550, 272).

E. Versuch

44   Der Versuch der Bestechlichkeit ist strafbar. Die Strafbarkeit des Amtsträgers ist in Abs. 1 S. 2 geregelt. Die Bestechlichkeit eines Richters stellt ein Verbrechen dar, so dass sich die Versuchsstrafbarkeit aus § 23 Abs. 1 ergibt. Zum unmittelbaren Ansetzen zur Tat gelten die Ausführungen zu § 331 (→ § 331 Rn. 168) entsprechend.

45   Eine versuchte Bestechlichkeit kann vorliegen, wenn der Amtsträger **irrtümlich** von einer **Pflichtwidrigkeit** seiner Diensthandlung ausgeht (SSW StGB/*Rosenau* Rn. 19) oder einen Vorteil in der Erwartung annimmt, dieser werde ihm vom Vorteilsgeber als Gegenleistung für eine pflichtwidrige Diensthandlung gewährt, obwohl dies tatsächlich nicht der Fall ist (MüKoStGB/*Korte* Rn. 53; vgl. auch → Rn. 55 ff.).

46   Ein strafbefreiender **Rücktritt** vom Versuch kann nicht darin gesehen werden, dass der Täter auf einen zunächst geforderten oder versprochenen Vorteil vor dessen Annahme verzichtet, weil die Tat bereits mit dem Abschluss der Unrechtsvereinbarung vollendet ist (LK-StGB/*Sowada* Rn. 31; MüKoStGB/*Korte* Rn. 51; BGH NStZ-RR 2002, 272 (274)).

F. Vollendung/Beendigung

47   Zur Vollendung und Beendigung des Tatbestandes der Bestechlichkeit gelten zunächst die Ausführungen zur Vorteilsannahme (→ § 331 Rn. 170 ff. und → Rn. 188 ff.) entsprechend. Nach ständiger Rspr. des BGH ist es für den Tatbestand des § 332 zur **Vollendung** der Straftat nicht erforderlich, dass der Täter eine pflichtwidrige Handlung begeht oder auch nur begehen will. Der Tatbestand ist vielmehr bereits erfüllt, sobald der Beamte durch seine Erklärung (ausdrücklich oder stillschweigend) kundgibt, dass er einen Vorteil für die Begehung einer pflichtwidrigen Handlung fordert, annimmt oder sich versprechen lässt (BGHSt 18, 263).

48   Eine Besonderheit ergibt sich indes in den Fällen, in denen die pflichtwidrige Diensthandlung der – vollständigen – Entgegennahme des Vorteils nachfolgt. Nach der Rspr. des BGH wird die Tat erst mit der letzten Handlung zur Erfüllung der Unrechtsvereinbarung **beendet,** unabhängig davon, ob diese in der Zuwendung des Vorteils oder der pflichtwidrigen Diensthandlung liegt. Die Tat ist daher erst beendet, wenn der Amtsträger den geforderten, versprochenen oder gewährten Vorteil vollständig entgegengenommen hat und wenn die pflichtwidrige Diensthandlung vorgenommen wurde (BGH NStZ 2008, 567 f. mwN). Zu weiteren Einzelheiten bezüglich der Frage der Verjährung vgl. → Rn. 61 ff.

G. Täterschaft/Teilnahme

Der Gesetzgeber hat die §§ 331 ff. spiegelbildlich gestaltet und die Strafbarkeit der Handlungen des Vorteilsnehmers (§§ 331, 332) und des Vorteilsgebers (§§ 333, 334) abschließend geregelt. Für die Fragen der Täterschaft und der Teilnahme gilt daher Folgendes:

I. Täterschaft

Täter, Mittäter und mittelbarer Täter kann nur ein Amtsträger oder eine der sonstigen in Abs. 1 und 2　**49** genannten Personen sein, weil es sich bei § 332 um ein Sonderdelikt handelt (→ § 331 Rn. 3 ff.). Mittäterschaft setzt voraus, dass sich der Vorteil auf eine Gegenleistung bezieht, die für alle Amtsträger eine pflichtwidrige Diensthandlung darstellt (MüKoStGB/*Korte* Rn. 46; Schönke/Schröder/*Heine/Eisele* Rn. 25). Kennt ein Täter die Pflichtwidrigkeit der Diensthandlung, der andere hingegen nicht, ist Mittäterschaft möglich; letzterer ist jedoch lediglich wegen § 331 zu bestrafen (LK-StGB/*Sowada* Rn. 32). Sukzessive Mittäterschaft kann vorliegen, wenn ein Amtsträger in die Unrechtsvereinbarung eines anderen eintritt. Die mittäterschaftliche Zurechnung erfolgt jedoch erst vom Zeitpunkt des Zusammenwirkens an (Fischer Rn. 17b; LK-StGB/*Sowada* Rn. 32).

II. Teilnahme – Anstiftung und Beihilfe

Der **Vorteilsgeber** kann nicht zugleich Teilnehmer der Bestechlichkeit sein. Seine Strafbarkeit richtet　**50** sich ausschließlich nach §§ 333, 334. Die Anstiftung oder Beihilfe eines **außenstehenden Dritten** ist indes möglich (→ § 331 Rn. 176). Sie muss jedoch für die eigentliche Tathandlung des Annehmens, Sichversprechenlassens oder Forderns eines Vorteils geleistet werden (BGHSt 18, 263 (265)). Unterstützt der Dritte den Amtsträger bei der Vornahme der pflichtwidrigen Diensthandlung, liegt grundsätzlich keine Beihilfe zur Bestechlichkeit vor, weil die – pflichtwidrige – Diensthandlung nicht zur Verwirklichung des Tatbestands gehört (BeckOK StGB/*v. Heintschel-Heinegg* Rn. 14; SK-StGB/*Rudolphi/Stein* Rn. 20; Lackner/Kühl/*Heger* Rn. 9; MüKoStGB/*Korte* Rn. 50). Eine Beihilfe kann indes in Betracht kommen, wenn sich die Unterstützung fördernd auf die tatbestandliche Handlung des § 332 auswirkt (Fischer Rn. 17b).

H. Irrtümer

Nimmt der Täter irrtümlich an, die von ihm vorgenommene oder künftig vorzunehmende Dienst-　**51** handlung sei nicht pflichtwidrig, handelt er aufgrund eines **Tatbestandsirrtums** im Hinblick auf § 332 nicht vorsätzlich (Fischer Rn. 16). Es kommt aber eine Strafbarkeit gemäß § 331 in Betracht (BeckOK StGB/*v. Heintschel-Heinegg* Rn. 12). Gleiches gilt, wenn der Täter davon ausgeht, dass das Einverständnis seines Vorgesetzten die objektiv pflichtwidrige Handlung zu einer pflichtgemäßen macht (MüKoStGB/*Korte* Rn. 44). Ihm fehlt dann die Bedeutungskenntnis im Hinblick auf das normative Tatbestandsmerkmal der Pflichtwidrigkeit (Fischer Rn. 16; BeckOK StGB/*v. Heintschel-Heinegg* Rn. 10).

Verkennt der Täter hingegen die fehlende Genehmigungsmöglichkeit bei pflichtwidrigen Hand-　**52** lungen, weil er irrtümlich davon ausgeht, dass auch eine Tat nach § 332 genehmigt werden könne, liegt ein **Verbotsirrtum** vor (Fischer Rn. 16; MüKoStGB/*Korte* Rn. 44).

Nimmt der Amtsträger oder Richter irrig eine Pflichtwidrigkeit seiner dienstlichen bzw. richterlichen　**53** Handlung an, so liegt ein Fall des § 331 vor (Schönke/Schröder/*Heine/Eisele* Rn. 20; Fischer Rn. 16; SK-StGB/*Rudolphi/Stein* § 331 Rn. 30), der für den Amtsträger gemäß Abs. 1 S. 2 und für den Richter nach Abs. 2 iVm § 23 Abs. 2 strafbar ist. Dieses Delikt steht in Tateinheit mit der vollendeten Vorteilsannahme nach § 331 (Fischer Rn. 16; MüKoStGB/*Korte* Rn. 44; LK-StGB/*Sowada* Rn. 31).

Hält sich der Annehmende irrtümlich für einen Amtsträger oder eine sonstige in Abs. 1 und 2　**54** genannte Person oder nimmt er irrtümlich an, eine Privathandlung stelle eine Diensthandlung dar, liegt hingegen lediglich ein **Wahndelikt** vor (MüKoStGB/*Korte* Rn. 53). Sieht ein Richter eine pflichtwidrige Handlung im Bereich der Justizverwaltung irrtümlich als richterliche Handlung an, ist lediglich eine Strafbarkeit gemäß § 332 Abs. 1 gegeben (LK-StGB/*Sowada* Rn. 31 mwN).

I. Konkurrenzen

Zu dem Verhältnis der einzelnen Tatmodalitäten untereinander gelten die Ausführung zu § 331　**55** entsprechend (→ § 331 Rn. 184). Eine Dienstpflichtwidrigkeit, die zugleich den Tatbestand einer strafbaren Handlung verwirklicht, steht regelmäßig in **Tatmehrheit** zur Bestechlichkeit, weil die pflichtwidrige Diensthandlung nach der stRspr. des BGH nicht zum Tatbestand der Bestechlichkeit gehört (BGH NStZ 1987, 326 (327); BGH NJW 2001, 2560 mwN). Dadurch wird der allgemeine Grundsatz, dass Tateinheit zwischen zwei Delikten besteht, wenn die Verwirklichung beider Tatbestände wenigstens in einer Ausführungshandlung zusammentrifft, für die Bestechlichkeit und die mit ihr zusammentreffenden Delikte jedoch nicht in Frage gestellt (BGHSt 7, 149 (152); BGH MDR 1985, 627; BGH NJW

2001, 2560). Dies ist zB im Zusammenhang mit dem Tatbestand des § 366 der Fall, wenn die Absprachen zwischen Bestechendem und Bestochenem sowohl den Beginn des Treubruchs als auch den Abschluss der Unrechtsvereinbarung darstellen (BGH NJW 2001, 2560).

56   **Tateinheit** ist zudem möglich mit Betrug gemäß § 263 (BGHSt 20, 1; Fischer Rn. 19); Nötigung oder Erpressung gemäß §§ 240, 253 (BGHSt 9, 245; BGH NStZ 2008, 421; LK-StGB/*Sowada* Rn. 35) und Untreue gemäß § 266 (BGHSt 47, 22 (26)). Zudem liegt nach der Rspr. des BGH Tateinheit vor, wenn die aufgrund mehrerer Unrechtsvereinbarungen zugesagten Vorteile als Gegenleistung für mehrere pflichtwidrige Diensthandlungen durch eine einheitliche Handlung (zB eine Zahlung) geleistet werden (BGH NJW 2004, 695; Fischer Rn. 19). Ob mit § 299 Tateinheit besteht, wenn der Angestellte oder Beauftragte iSd § 299 zugleich Amtsträger ist, ist umstritten (so MüKoStGB/*Korte* Rn. 55; aA BGHSt 2, 403; BGH NStZ 1994, 277 zu § 12 UWG aF; vgl. auch LK-StGB/*Sowada* Rn. 35).

J. Verjährung

57   Die Verjährungsfrist beträgt gemäß § 78 Abs. 3 Nr. 3 und 4 für die Bestechlichkeit eines Amtsträgers (Abs. 1) fünf Jahre und für die eines Richters oder Schiedsrichters (Abs. 2) zehn Jahre, unabhängig von dem Vorliegen eines besonders schweren Falls gemäß § 335 (MüKoStGB/*Korte* Rn. 66).

58   Gemäß § 78a S. 1 beginnt die Verjährung, sobald die Tat beendet ist und spätestens mit dem Ausscheiden des Täters als Beamter, was auch dann gilt, wenn er noch später Vorteile für seine frühere Bestechlichkeit erhält und annimmt (BGHSt 11, 345; BGH NJW 1958, 1101; zuletzt allerdings ausdrücklich offengelassen in BGH NStZ 2012, 511). Der Tatbestand der Bestechlichkeit ist erst beendet, wenn sich der Amtsträger und der Bestechende über die pflichtwidrige Diensthandlung sowie die hierfür zu erbringende Gegenleistung einig sind und die letzte Handlung zur Erfüllung der Unrechtsvereinbarung tatsächlich vorgenommen wurde (BGH NStZ 2012, 511 mwN). Der Tatbestand der Bestechlichkeit ist regelmäßig erst dann beendet, wenn der Beamte den Vorteil, den er für die Dienstausübung gefordert oder sich hat versprechen lassen, vollständig erhalten und angenommen hat (→ § 331 Rn. 188). Werden Bestechung und Bestechlichkeit in der Form begangen, dass der Bestechende zunächst den Vorteil gewährt und der Amtsträger sodann die pflichtwidrige Diensthandlung vornimmt, so beginnt die Verjährung beider Straftaten erst mit der Vornahme der – letzten – Diensthandlung (BGHSt 52, 300).

59   Im Schrifttum wird teilweise vertreten, dass die Verjährungsfristen für den Bestechenden und den Bestochenen nicht zwangsläufig vom gleichen Zeitpunkt an zu laufen beginnen. Sofern der Bestochene die Unrechtsvereinbarung durch die Vornahme einer zugesagten Diensthandlung oder die tatsächliche Bevorzugung in unlauterer Weise vollziehe, sei die Tat allein für ihn zu diesem Zeitpunkt beendet (*Helmrich* wistra 2009, 10).

K. Rechtsfolgen

I. Strafzumessung

60   Die Bestechlichkeit nach Abs. 1 durch Amtsträger und für den öffentlichen Dienst besonders Verpflichtete wird mit Freiheitsstrafe von sechs Monaten bis zu fünf Jahren bestraft. Abs. 1 S. 2 enthält eine Regelung über den minder schweren Fall, die der Strafdrohung des § 331 vor dem KorruptionsbG entspricht. Bei der Bestechlichkeit durch Richter und Schiedsrichter nach Abs. 2 ist ein Strafrahmen von einem bis zehn Jahren vorgesehen. Auch insoweit kann ein minder schwerer Fall vorliegen, § 332 Abs. 2 S. 2. § 335 Abs. 1 Nr. 1a enthält eine Strafzumessungsregel für besonders schwere Fälle des § 332 § 47 Abs. 2 ist nicht anwendbar (Fischer Rn. 18).

61   Bei der Strafzumessung im engeren Sinn ist zu berücksichtigen, ob der Amtsträger die künftige pflichtwidrige Diensthandlung bereits ausgeführt hat (MüKoStGB/*Korte* Rn. 58) Mängel der Dienstaufsicht bilden in der Regel keinen Milderungsgrund (Fischer Rn. 18; BGH NJW 1989, 1938). Disziplinar- und beamtenrechtliche Folgen sind ebenso wie bei § 331 zu berücksichtigen. Strafmildernd wirken sich zudem eine Selbstanzeige des Täters sowie die Aufdeckung von Korruptionsgeflechten aus (LK-StGB/*Sowada* Rn. 37). Einen Verstoß gegen das Doppelverwertungsverbot des § 46 Abs. 3 stellt es aber dar, wenn das Nichteinschreiten gegen Korruptionshandlungen von Kollegen berücksichtigt wird. Im Übrigen gelten die Ausführungen zu § 331 (→ § 331 Rn. 193 ff.) entsprechend.

II. Verfall

62   Der von dem Amtsträger oder Richter als Gegenleistung für die pflichtwidrige Diensthandlung erlangte Vorteil unterliegt nach §§ 73 ff. dem Verfall (→ § 331 Rn. 196 ff.). Der Dienstherr ist nicht „Verletzter" iSd § 73 Abs. 1 S. 2 (→ § 331 Rn. 201; LK-StGB/*Sowada* Rn. 38). Hat der Täter in Tateinheit mit der Bestechlichkeit den Tatbestand des Betruges oder der Untreue verwirklicht, ist § 73 Abs. 1 S. 2 zur Vermeidung einer Doppelinanspruchnahme des Täters anzuwenden. Bei nur teilweiser Identität, ist ein Ausgleich über die Härtevorschrift des § 73c vorzunehmen (BGH NStZ 2000, 589 (590); BGH wistra 2001, 295 (297); 2003, 228; LK-StGB/*Sowada* Rn. 38; MüKoStGB/*Korte* Rn. 59).

§ 338 Abs. 1 lässt den erweiterten Verfall gemäß § 73d bei gewerbs- oder bandenmäßiger Bestechlichkeit zu.

III. Nebenfolgen

Neben einer Freiheitsstrafe von mindestens sechs Monaten wegen einer Straftat nach den § 332 kann **63** das Gericht die Fähigkeit, öffentliche Ämter zu bekleiden, aberkennen (§ 358). Erfolgt eine Verurteilung gemäß § 332 Abs. 2 zu einer Freiheitsstrafe von mehr als einem Jahr, ergibt sich der Verlust der Amtsfähigkeit aus § 45 Abs. 1. In den Fällen des EUBestG gilt dies mangels einer entsprechenden Gleichstellungsregel nicht (LK-StGB/*Sowada* Rn. 37; MüKoStGB/*Korte* Rn. 63).

L. Prozessuales

Für die Vorteilsannahme und die Bestechlichkeit ist – anders als bei der aktiven Vorteilsgewährung **64** und Bestechung – nicht die Wirtschaftsstrafkammer zuständig (§ 74c Abs. 1 Nr. 6a GVG). Die Überwachung der Telekommunikation (§ 100a Abs. 2 Nr. 1 lit. t StPO) und die Aufzeichnung des nicht öffentlich gesprochenen Wortes außerhalb von Wohnungen (§ 100f StPO) sind bei § 332 zulässig (MüKoStGB/*Korte* Rn. 67). Die Aufzeichnung des nicht öffentlich gesprochenen Wortes innerhalb von Wohnungen („Großer Lauschangriff") kommt nur bei besonders schweren Fällen der Bestechlichkeit gemäß §§ 332 iVm 335 Abs. 2 Nr. 1–3 in Betracht (§ 100c Abs. 2 Nr. 1 lit. m StPO).

§ 332 ist ein kein Erfolgsdelikt, sondern ein mehraktiges Tätigkeitsdelikt. Tatort ist daher auch der **65** Ort, an dem die Unrechtsvereinbarung abgeschlossen wurde (Fischer Rn. 2; BeckOK StGB/*v. Heintschel-Heinegg* Rn. 19), nicht hingegen der Ort, an dem die pflichtwidrige Diensthandlung ausgeführt wird, da diese nicht zum objektiven Tatbestand gehört (Schönke/Schröder/*Heine/Eisele* Rn. 1; BeckOK StGB/*v. Heintschel-Heinegg* Rn. 19).

§ 332 ist taugliche Vortat der Geldwäsche (§ 261 Abs. 1 Nr. 1, Nr. 2a; vgl. BGH wistra 2009, 310). **66** Dies hat zur Folge, dass das Bestechungsgeld, welches der Bestechende leistet, iSd § 261 aus der Tat „herrührt" (BeckOK StGB/*v. Heintschel-Heinegg* Rn. 18).

§ 333 Vorteilsgewährung

(1) Wer einem Amtsträger, einem Europäischen Amtsträger, einem für den öffentlichen Dienst besonders Verpflichteten oder einem Soldaten der Bundeswehr für die Dienstausübung einen Vorteil für diesen oder einen Dritten anbietet, verspricht oder gewährt, wird mit Freiheitsstrafe bis zu drei Jahren oder mit Geldstrafe bestraft.

(2) Wer einem Richter, Mitglied eines Gerichts der Europäischen Union oder Schiedsrichter einen Vorteil für diesen oder einen Dritten als Gegenleistung dafür anbietet, verspricht oder gewährt, daß er eine richterliche Handlung vorgenommen hat oder künftig vornehme, wird mit Freiheitsstrafe bis zu fünf Jahren oder mit Geldstrafe bestraft.

(3) Die Tat ist nicht nach Absatz 1 strafbar, wenn die zuständige Behörde im Rahmen ihrer Befugnisse entweder die Annahme des Vorteils durch den Empfänger vorher genehmigt hat oder sie auf unverzügliche Anzeige des Empfängers genehmigt.

Übersicht

A. Überblick

1 Die Vorteilsgewährung wurde als Straftatbestand durch das EGStGB 1974 neu systematisiert, durch das KorrBekG 1997 (→ Vorb. § 331–338 Rn. 2) in erheblichem Umfang erweitert und spiegelbildlich zu § 331 ausgestaltet (MüKoStGB/*Korte* Rn. 3; NK-StGB/*Kuhlen* Rn. 1; LK-StGB/*Sowada* Rn. 1; aus der Literatur zur früheren Rechtslage s. *Hardtung,* Erlaubte Vorteilsannahme, 1994, 230 ff.). Zuletzt wurde § 333 (auch iVm § 335a) **mWv 26.11.2015 durch G v. 20.11.2015 (BGBl. I 2025)** geändert und hinsichtlich des Begünstigtenkreises besonders erweitert. Dasselbe Gesetz hat zudem **§ 5 Nr. 15** neu formuliert. Demnach gilt das deutsche Strafrecht unabhängig vom Recht des Tatorts für die im Ausland begangene Vorteilsgewährung, wenn (a) der Täter zur Zeit der Tat Deutscher ist, (b) der Täter zur Zeit der Tat Europäischer Amtsträger ist und seine Dienststelle ihren Sitz im Inland hat, (c) die Tat ggü. einem Amtsträger, einem für den öffentlichen Dienst besonders Verpflichteten oder einem Soldaten der Bundeswehr begangen wird, oder (d) die Tat ggü. einem Europäischen Amtsträger oder Schiedsrichter, der zur Zeit der Tat Deutscher ist, oder einer nach § 335a (s. dort) gleichgestellten Person begangen wird, die zur Zeit der Tat Deutsche ist.

2 Bestraft wird nach **Abs. 1** der Dritte, der einem Amtsträger, einem Europäischen Amtsträger, einem für den öffentlichen Dienst besonders Verpflichteten oder einem Soldaten der Bundeswehr einen Vorteil „für diesen oder einen Dritten" anbietet, verspricht oder gewährt. Dabei wird auf die redliche Dienstausübung abgestellt, also auf eine nicht pflichtwidrige Handlung (MSM StrafR BT II § 79 Rn. 4). Die Gewährung von Vorteilen wird auch für bereits vorgenommene, also vergangene Diensthandlungen unter Strafe gestellt (vgl. Schönke/Schröder/*Heine/Eisele* Rn. 1). **Abs. 2** enthält eine Qualifikation zu Abs. 1 für die Vorteilsgewährung an einen Richter, ein Mitglied eines Gerichts der EU oder einen Schiedsrichter. Die Vorteilsgewährung ist in jeder Handlungsvariante ein abstraktes Gefährdungsdelikt (*Wentzell,* Zur Tatbestandsproblematik der §§ 331, 332 StGB, 2004, 87 mwN). Die Genehmigungsregelung in **Abs. 3** ist nur auf die Gewährung von Vorteilen nach Abs. 1 anwendbar. Trotz des Spiegelbildverhältnisses zu § 331 ist die versuchte Vorteilsgewährung nicht strafbar.

3 Rechtsgeschichtlich betrachtet bezog sich der ursprüngliche Wortlaut des Strafgesetzbuchs für das Deutsche Reich v. 15.5.1871 auf Beamte oder Mitglieder der bewaffneten Macht und strafbar machte sich, wer diesen Personen „Geschenke oder andere Vortheile" anbot, versprach oder gewährte, um sie zu einer Handlung, die eine Verletzung einer Amts- oder Dienstpflicht enthielt, zu bestimmen. Die heutige Fassung führt dazu, dass der Anwendungsbereich der Vorschrift nunmehr häufiger auch dann eröffnet ist, wenn Amtsträger höherer Ebenen mit breit gefächerten Entscheidungsspielräumen betroffen sind. Zudem war es erklärtermaßen Anliegen des Gesetzgebers, Beweisschwierigkeiten zu beseitigen, die mit dem Erfordernis der Bestimmbarkeit der Diensthandlung verbunden waren (BT-Drs. 13/584, 17; zu den noch bestehenden Beweisschwierigkeiten s. nur BGHSt 53, 6 Rn. 34). Die damit einhergehende sehr weite Fassung des Tatbestandes erhebt Bedenken in Bezug auf die hinreichende Strafwürdigkeit gewisser Verhaltensweisen (Schönke/Schröder/*Heine/Eisele* Rn. 1) und wird im Schrifttum auch deswegen kritisiert, weil der Vorteilsgewährende idR keinen Einfluss auf die Genehmigung der Vorteilsannahme durch die zuständige Behörde hat (vgl. MüKoStGB/*Korte* Rn. 4; LK-StGB/*Sowada* Rn. 1 mwN). Dies ist bei der Auslegung des Tatbestandes meistens dann zu berücksichtigen, wenn der Zuwendende den Vorteil offen anbietet oder ihn – schlüssig – unter den Vorbehalt der Genehmigung durch die zuständige Behörde stellt (MüKoStGB/*Korte* Rn. 4, 31). Der Tatbestand des § 333 braucht (genauso wie der des § 331) eine einschränkende Auslegung (BGHSt 49, 275 – Fall Kremendahl; → Rn. 19 ff.).

B. Objektiver Tatbestand

4 Der objektive Tatbestand der Vorteilsgewährung setzt voraus, dass der Täter (→ Rn. 5) einer der in Abs. 1 u. 2 bezeichneten Personen (→ Rn. 7 ff.) einen Vorteil (→ Rn. 6) für die Dienstausübung oder eine richterliche Handlung (→ Rn. 16), die mit dem Vorteil inhaltlich durch eine Unrechtsvereinbarung verknüpft ist (→ Rn. 17 f.), anbietet, verspricht oder gewährt (→ Rn. 10 ff.).

I. Täterkreis

Die Vorteilsgewährung kann als Allgemeindelikt (hierzu vgl. WBS StrafR AT Rn. 38) von **jeder-** 5
mann begangen werden. Auch eine Vorteilsgewährung von einem Amtsträger an einen anderen erfüllt
den objektiven Tatbestand der Vorteilsgewährung, weil eine Privilegierung von Vorteilsverhältnissen der
Amtsträger untereinander den Anforderungen an die Lauterkeit des öffentlichen Dienstes zuwiderlaufen
würde (OLG Frankfurt a. M. NStZ 1989, 76; OLG Hamm NStZ 2002, 38). Eine Akzessorietätslockerung gem. § 28 Abs. 1 kommt nicht in Betracht (vgl. NK-StGB/*Kuhlen* Rn. 2).

II. Vorteil und Vorteilsnehmer

1. Vorteil. Für das Tatbestandsmerkmal des „Vorteils" gelten die Ausführungen zur Vorteilsannahme 6
gem. § 331 entsprechend (→ § 331 Rn. 24 ff.). Der Vorteil muss nicht mehr als Gegenleistung für eine
bestimmte oder zumindest hinreichend bestimmbare Diensthandlung des Amtsträgers gedacht sein (vgl.
BGHSt 32, 290 (291); 39, 45 (46 f.); BGH NStZ 2001, 425 (426)). Vielmehr genügt es, wenn er von
Vorteilsgeber und Vorteilsnehmer allgemein im Sinne eines **Gegenseitigkeitsverhältnisses** mit der
Dienstausübung des Amtsträgers verknüpft wird (BGHSt 49, 275 – Fall Kremendahl). Mit anderen
Worten muss der Vorteil nach dem (angestrebten) ausdrücklichen oder stillschweigenden Einverständnis
der Beteiligten seinen **Grund** gerade in der Dienstausübung haben (vgl. BGH NJW 2005, 3011 (3012)
mwN; ausf. *Dölling,* Gutachten für den 61. Deutschen Juristentag, 1996, C 64 f., an dessen Vorschlag die
Neufassung der §§ 331 u. 333 angeknüpft hat; vgl. auch BT-Drs. 13/8079, 15). Einen Vorteil stellen ua
auch Eintrittskarten zu kostenpflichtigen Veranstaltungen dar, unabhängig davon, ob der Amtsträger
diese auf andere Weise hätte erlangen können oder sie zu Repräsentationszwecken einsetzen wollte
(BGHSt 53, 6 zur Versendung von WM-Tickets an politische Funktionsträger; vgl. LK-StGB/*Sowada*
Rn. 12). Auch für die Vorteilsgewährung gem. § 333 genügt es, wenn die Vorteilszuwendung entsprechend der Unrechtsvereinbarung an einen Dritten erfolgt (→ Rn. 10). Zur Vergütung eines Schiedsrichters als Vorteil → § 337.

2. Vorteilsnehmer. Der Vorteil muss nach Abs. 1 einem Amtsträger (§ 11 Abs. 1 Nr. 2; → § 331 7
Rn. 4 ff.), einem Europäischen Amtsträger (§ 11 Abs. 1 Nr. 2a; → Rn. 8), einem für den öffentlichen
Dienst besonders Verpflichteten (§ 11 Abs. 1 Nr. 4) oder einem Soldaten der Bundeswehr angeboten,
versprochen oder gewährt werden. Nach Abs. 2 kommen zudem Richter (§ 11 Abs. 1 Nr. 3), Mit-
glieder eines Gerichts der EU (→ Rn. 8) und Schiedsrichter (→ § 331 Rn. 16 ff.) als Begünstigte in
Betracht. Der Vorteilsnehmer muss **im Tatzeitpunkt** zur aufgezählten Personengruppe gehören
(BGHSt 11, 345 (347); BGH NStZ 2007, 211 (212); vgl. auch Spickhoff/*Schuhr* Rn. 13). Nach Abs. 1
S. 1 SoldG ist **Soldat,** wer aufgrund der Wehrpflicht oder freiwilliger Verpflichtung in einem Wehr-
dienstverhältnis steht. Da die Gleichstellungsregelung des § 48 WStG sich nur auf *durch* Soldaten der
Bundeswehr begangene Taten bezieht, war eine gesonderte Erwähnung dieser Personen in §§ 333 u.
334 StGB notwendig (MüKoStGB/*Korte* Rn. 7). Insbes. kommen nun mehr sowohl für die Vorteilsannahme als auch für die Vorteilsgewährung nicht nur **Offiziere** und **Unteroffiziere** in Betracht (§ 48
Abs. 1 WStG), sondern auch **Mannschaften** (§ 48 Abs. 2 WStG idF d. Art. 4 Gesetz v. 23.4.2014
mWv 1.9.2014), sodass die früher zu Recht vehement kritisierte Diskrepanz (ein einfacher Soldat war
im Falle der Vorteils*annahme* nicht mit Strafe bedroht; vgl. Schönke/Schröder/*Heine/Eisele* Rn. 2;
Lackner/Kühl/*Heger* Rn. 2; LK-StGB/*Sowada* Rn. 2; SK-StGB/*Rudolphi/Stein* Rn. 2) gesetzlich endgültig beseitigt wurde. Nach BGH NStZ 2012, 505 handelt ein **niedergelassener,** für die vertragsärztliche Versorgung zugelassener **Arzt** bei der Wahrnehmung der ihm in diesem Rahmen übertragenen
Aufgaben (vgl. § 73 Abs. 2 SGB V; etwa bei Verordnung von Arzneimitteln) nicht als Amtsträger iSd
§ 11 Abs. 1 Nr. 2. Hierzu s. die durch G v. 30.5.2016 (BGBl. I 1254) neu eingeführten **§ 299a**
(Bestechlichkeit im Gesundheitswesen) u. **§ 299b** (Bestechung im Gesundheitswesen). Ebenso wenig
erfüllt den Amtsträgerbegriff ein Angehöriger von ehemals staatlichen, mittlerweile privatisierten Unternehmen, wie etwa der Deutschen Bahn AG (Müller-Gugenberger WirtschaftsStR/*Ludwig* § 53 Rn. 17
mwN).

Der **Anwendungsbereich** des § 333 wurde mWv 26.11.2015 durch **G v. 20.11.2015** (BGBl. I 8
2025) durch die Einbeziehung der Europäischen Amtsträger (in Abs. 1) und Mitglieder eines Gerichts
der EU (in Abs. 2) dahingehend **erweitert,** als die Vorschriften des EUBestG über die Gleichstellung
ausländischer Amtsträger und Richter sich bisher auf die Vorteilsgewährung gem. § 333 (anders als bei
der Bestechung gem. § 334) nicht anwenden ließen (vgl. zur früheren Rechtslage Schönke/Schröder/
Heine/Eisele Rn. 2). Der neue Wortlaut geht somit über die Regelungen im EUBestG auf die Vorgaben
des EU-Protokolls und EU-Übereinkommens hinaus. Der Begriff des **Europäischen Amtsträgers**
wird im (durch das eben genannte G v. 20.11.2015) neu eingeführten § 11 Abs. 2a legal definiert.
Demnach kommt nun explizit als Vorteilsnehmer in Betracht, wer (a) Mitglied der Europäischen
Kommission, der Europäischen Zentralbank, des Rechnungshofs oder eines Gerichts der Europäischen
Union ist, (b) Beamter oder sonstiger Bediensteter der Europäischen Union oder einer auf der Grundlage
des Rechts der Europäischen Union geschaffenen Einrichtung ist oder (c) mit der Wahrnehmung von

Aufgaben der Europäischen Union oder von Aufgaben einer auf der Grundlage des Rechts der Europäischen Union geschaffenen Einrichtung beauftragt ist. In diese Definition wurden somit auch die Mitglieder eines Gerichts der EU aufgenommen: **Gerichte der EU** sind etwa der Gerichtshof der EU, das Gericht der EU sowie das Gericht für den öffentlichen Dienst der EU, während weitere dem Gericht beigeordnete Fachgerichte der Union für Sonderbereiche zukünftig hierunter fallen können (BT-Drs. 18/4350, 18).

9   Der Anwendungsbereich des § 333 wurde hinsichtlich der durch G v. 20.11.2015 (BGBl. I 2025) aufgehobenen Art. 2 § 1 IStGHGG u. § 1 Abs. 2 Nr. 10 NTSG **ebenfalls erweitert:** In Bezug auf eine Tat, die sich auf eine künftige richterliche Handlung oder eine künftige Diensthandlung bezieht, wird nach dem durch das G v. 20.11.2015 (BGBl. I 2025) neu eingeführten **§ 335a Abs. 2** (→ § 335a Rn. 8) ein Mitglied des Internationalen Strafgerichtshofes einem *Richter* (Nr. 1) und ein Bediensteter des Internationalen Strafgerichtshofes einem *sonstigen Amtsträger* (Nr. 2) gleichgestellt. Ebenfalls gleichgestellt werden nach **§ 335a Abs. 3** u. in Bezug auf eine Tat iSd Abs. 1 u. 3, die sich auf eine künftige Diensthandlung bezieht, einem Soldaten der Bundeswehr ein Soldat der in der Bundesrepublik Deutschland stationierten Truppen der nichtdeutschen Vertragsstaaten des Nordatlantikpakts, die sich zur Zeit der Tat im Inland aufhalten (Nr. 1), einem sonstigen Amtsträger ein Bediensteter dieser Truppen (Nr. 2) und einem für den öffentlichen Dienst besonders Verpflichteten eine Person, die bei den Truppen beschäftigt oder für sie tätig und aufgrund einer allgemeinen oder besonderen Anweisung einer höheren Dienststelle der Truppen zur gewissenhaften Erfüllung ihrer Obliegenheiten förmlich verpflichtet worden ist (Nr. 3). Hierzu ergänzend → § 335a Rn. 9.

III. Tathandlungen

10   Tatbestandsmäßig erfüllt wird die Vorteilsgewährung durch das Anbieten, Versprechen oder Gewähren eines Vorteils. Die einzelnen Begehungsformen entsprechen spiegelbildlich denen des § 331 (BGHSt 15, 88 (102); Fischer Rn. 4; *Hardtung,* Erlaubte Vorteilsannahme, 1994, 230; Schönke/Schröder/*Heine/ Eisele* Rn. 3; Lackner/Kühl/*Heger* Rn. 3; NK-StGB/*Kuhlen* Rn. 3; LK-StGB/*Sowada* Rn. 3; SK-StGB/*Rudolphi/Stein* Rn. 7): nämlich das Anbieten dem Fordern („Verhandlungsstufe"), das Versprechen dem Sich-versprechen-Lassen („Vereinbarungsstufe") und das Gewähren dem Annehmen („Leistungsstufe"). Der Täter braucht nicht, mit dem Vorteilsnehmer in unmittelbare Verbindung zu treten, die Tathandlungen können auch durch eine **Mittelsperson** erfolgen (vgl. BGHSt 43, 275 in Bezug auf das Gewähren eines Vorteils). Nicht in Betracht kommt § 333, wenn der Täter durch die Zuwendung nur diese Mittelsperson beeinflussen will. Somit liegt keine Vorteilsgewährung vor, wenn etwa der Täter den Vorteil der Ehefrau des Amtsträgers zuwendet, damit sie unter Verschweigen der Annahme auf den Amtsträger einwirkt, um ihn zur Vornahme der Diensthandlung zu bewegen (RGSt 13, 396; SK-StGB/ *Rudolphi/Stein* Rn. 7). **Täuscht** der Täter darüber, **einen Vorteil gewährt zu haben,** liegt keine Vorteilsgewährung vor (vgl. LK-StGB/*Sowada* Rn. 10; NK-StGB/*Kuhlen* Rn. 9). **Täuscht** der Täter **über seine Absicht,** einen Vorteil zu gewähren, handelt er immer noch tatbestandsmäßig (so die überwM: LK-StGB/*Sowada* Rn. 19; MüKoStGB/*Korte* Rn. 29; SK-StGB/*Rudolphi/Stein* Rn. 8; Beck-OK StGB/*v. Heintschel-Heinegg* Rn. 4; NK-StGB/*Kuhlen* Rn. 9 mwN; anders Spickhoff/*Schuhr* Rn. 33: „Täuscht der Geber über seine Absicht und will tatsächlich keinen Vorteil gewähren, kommen nicht §§ 333f, aber § 263 in Betracht"). Ein Vorteilsgeber, der seine Forderung gegen den Beamten bisher nicht in Bestechungsabsicht gestundet hat, sich aber **später entschließt,** die Forderung nunmehr gegen unsachliche Bevorzugung weiter zu stunden, macht sich wegen Vorteilsgewährung erst dadurch strafbar, dass er dieses Ansinnen an den Beamten heranträgt (so BGH NJW 1961, 1483). Zum Vorbehalt der Genehmigung → Rn. 34 f.

11   **1. Anbieten.** Darunter ist die einseitige, auf den Abschluss einer Unrechtsvereinbarung gerichtete explizite oder stillschweigende Erklärung des Vorteilsgebers zu verstehen (RGSt 47, 68 (69); BGH NStZ 2008, 33 (34); Fischer Rn. 4; Schönke/Schröder/*Heine/Eisele* Rn. 4; MüKoStGB/*Korte* Rn. 10; NK-StGB/*Kuhlen* Rn. 4). Ausreichend ist, wenn die Erklärung durch vorsichtig formulierte Fragen und Sondierungen erfolgt (BGH NJW 2001, 2560 (2561); OLG Hamm JMBl. NRW 1970, 190 (191); Schönke/Schröder/*Heine/Eisele* Rn. 4; MüKoStGB/*Korte* Rn. 10; Lackner/Kühl/*Heger* Rn. 3; NK-StGB/*Kuhlen* Rn. 4; LK-StGB/*Sowada* Rn. 4; Matt/Renzikowski/*Sinner* Rn. 4; SK-StGB/*Rudolphi/ Stein* Rn. 7; SSW StGB/*Rosenau* Rn. 5; aA *Bernsmann/Gatzweiler,* Verteidigung bei Korruptionsfällen, 2008, Rn. 408). Das Angebot muss nach hM zur Kenntnis des Amtsträgers oder der Mittelsperson gelangen (BGHSt 47, 22 (29) zum „Fordern"; Schönke/Schröder/*Heine/Eisele* Rn. 4; MüKoStGB/ *Korte* Rn. 10; Lackner/Kühl/*Heger* Rn. 4; NK-StGB/*Kuhlen* Rn. 4). Verlässt die Erklärung lediglich die Sphäre des Vorteilsgebers, liegt nur ein strafloser Versuch vor (anders OLG Düsseldorf JR 2003, 521 (522)). Allein der Zugang der Erklärung als solcher genügt ebenfalls nicht zur Vollendung der Tat (darauf abstellend *Böse* JR 2003, 523 (525); Fischer Rn. 4; ähnl. LK-StGB/*Sowada* Rn. 7: „Erreichen der Organisationssphäre des Korruptionspartners"). Ob der Amtsträger usw den Zusammenhang zwischen Vorteilsangebot und Dienstausübung erkennt, ist unbeachtlich, sofern der Sinn der Erklärung objektiv erkennbar ist (BGHSt 15, 88 (102); BGH NStZ 2000, 439 f.; Fischer Rn. 4; Schönke/Schröder/*Heine/*

Eisele Rn. 4; MüKoStGB/*Korte* Rn. 10; NK-StGB/*Kuhlen* Rn. 4; LK-StGB/*Sowada* Rn. 4). Bei der einseitigen Handlung des Anbietens genügt somit die Vorstellung, der Partner werde das Beziehungsverhältnis erkennen (MSM StrafR BT II § 79 Rn. 17 mwN).

Im Gegensatz zur Tatvariante des Forderns iSd § 331 geht die Tathandlung des Anbietens (wie auch **12** die des Versprechens) nicht vom Amtsträger bzw. Begünstigten, sondern vom Gewährenden aus. Das Anbieten zeigt somit keinen höheren Unrechtsgehalt im Vergleich zu den anderen Tathandlungen, und die Genehmigung nach § 333 Abs. 3 führt auch im Fall des Anbietens eines Vorteils zur Straflosigkeit (MüKoStGB/*Korte* Rn. 11). Nicht erforderlich ist für die Variante des Anbietens, dass es tatsächlich zu einer Unrechtsvereinbarung gekommen ist, vielmehr genügt das auf eine solche Übereinkunft gerichtete Angebot (BGHSt 15, 80 (102); BGH NStZ 2000, 440; MüKoStGB/*Korte* Rn. 10; LK-StGB/*Sowada* Rn. 4). Ein tatsächlicher Konsens beider Beteiligten wird somit nicht verlangt, sonst würden das Gewähren ebenso wie das Versprechen zu bloßen Untergruppen des Anbietens diminuiert (Schönke/Schröder/*Heine/Eisele* Rn. 5).

2. Versprechen. Darunter ist der einvernehmliche Abschluss einer Unrechtsvereinbarung zwischen **13** dem Vorteilsgeber und einer der in Abs. 1 u. 2 benannten Personen zu verstehen (Fischer Rn. 4; Schönke/Schröder/*Heine/Eisele* Rn. 5; MüKoStGB/*Korte* Rn. 12; NK-StGB/*Kuhlen* Rn. 5: „Willensübereinstimmung"; LK-StGB/*Sowada* Rn. 8; Matt/Renzikowski/*Sinner* Rn. 5; SK-StGB/*Stein/Rudolphi* Rn. 7; von einem „zweiseitigen Akt" reden auch MSM StrafR BT II § 79 Rn. 15). Aufgrund der Gesetzessystematik und der Intention des Gesetzgebers, die Tatbestände spiegelbildlich auszugestalten, korrespondiert das Versprechen mit dem Sichversprechenlassen des § 331, sodass die einseitige Erklärung noch kein Versprechen darstellt (aA MüKoStGB/*Korte* Rn. 12). Sprachlich wäre das zwar möglich, trifft aber nicht die sachlich sinnvolle Unterscheidung der verschiedenen Tatstufen (NK-StGB/*Kuhlen* Rn. 5; LK-StGB/*Sowada* Rn. 8), denn sonst würde das Versprechen (ebenso wie das Gewähren) zu bloßer Untergruppe des Anbietens diminuiert (Schönke/Schröder/*Heine/Eisele* Rn. 5). Praktische Relevanz dürfte diese Streitfrage jedoch kaum entfalten. Kommt eine Unrechtsvereinbarung nicht zustande, liegt in der einseitigen Zusage eines künftigen Vorteils nach hM jedenfalls ein nach § 333 Abs. 1 strafbares Anbieten (MüKoStGB/*Korte* Rn. 12; LK-StGB/*Sowada* Rn. 8).

3. Gewähren. Darunter ist die tatsächliche, direkte oder über eine Mittelsperson erfolgte Zuwendung **14** eines Vorteils an den Amtsträger usw zu verstehen (BGHSt 43, 270 (275); *Beckemper* wistra 1999, 169 (173); Fischer Rn. 4; Schönke/Schröder/*Heine/Eisele* Rn. 4; MüKoStGB/*Korte* Rn. 13; NK-StGB/*Kuhlen* Rn. 6; LK-StGB/*Sowada* Rn. 9). Der Vorteil kann – muss aber nicht – von dem Vermögen des Täters herrühren (LK-StGB/*Sowada* Rn. 10). Das Gewähren korrespondiert mit dem Annehmen und verlangt eine Willensübereinstimmung unter den Beteiligten (RGSt 65, 52 (53); Fischer Rn. 4; MüKoStGB/*Korte* Rn. 14; LK-StGB/*Sowada* Rn. 9). Dass die Zuwendung **für** die Dienstausübung erfolgt, soll sowohl dem Vorteilsgeber als auch dem Vorteilnehmer bewusst sein (RGSt 65, 52 (53); Fischer Rn. 4; NK-StGB/*Kuhlen* Rn. 6; LK-StGB/*Sowada* Rn. 9). Nach BGH genügt hingegen eine Willensübereinstimmung darüber, dass der Vorteil dem Beamten zufließen soll (BGHSt 15, 184 (185); noch weitergehend *Böse* JR 2003, 523 (525)). Praktische Relevanz dürfte diese Streitfrage jedoch kaum entfalten. Denn bei der tatsächlichen Zuwendung des Vorteils, ohne dass der Amtsträger den Sinn versteht, liegt zumindest ein strafbares (konkludentes) Anbieten vor (Fischer Rn. 4; MüKoStGB/*Korte* Rn. 14; LK-StGB/*Sowada* Rn. 9). Ob die unmittelbare Zuwendung an einen Dritten (sog **Drittvorteil**) als Gewähren gilt, ist umstritten. Teilweise wird dies abgelehnt, wobei dieses Verhalten mit dem Anbieten oder Versprechen eines Drittvorteils verbunden sein kann (so MüKoStGB/*Korte* Rn. 14; NK-StGB/*Kuhlen* Rn. 6). Nach überwiegender Ansicht stellt aber die vereinbarungsgemäß erfolgende Drittzuwendung ein Gewähren dar (BGHSt 49, 275 (298) „Fall Kremendahl"; Fischer Rn. 4; Lackner/Kühl/*Heger* Rn. 3; LK-StGB/*Sowada* Rn. 11). Entsprechend dem oben Ausgeführten (→ Rn. 10) wird dann die Kenntnis des Amtsträgers von der Übergabe an den Dritten verlangt. Erfüllt er hiervon erst später, ist der Tatbestand des § 333 erfüllt, sofern der Amtsträger die Zuwendung als Erfüllung der von ihm abgeschlossenen Unrechtsvereinbarung akzeptiert (LK-StGB/*Sowada* Rn. 11). Fehlt es an einer unmittelbaren Unrechtsvereinbarung mit dem Amtsträger, weil erst der Dritte, der den Vorteil erlangt hat, seinen Einfluss auf den Amtsträger geltend machen soll, scheidet eine Strafbarkeit nach § 333 aus (MüKoStGB/*Korte* Rn. 13).

Ein Gewähren kann auch **nachträglich** in der Weise erfolgen, dass der Vorteilsgeber einen ohne **15** Abschluss einer Unrechtsvereinbarung zugewendeten Vorteil dem Amtsträger nach Abschluss einer solchen Vereinbarung belässt. Allein aus dem Belassen des Vorteils kann indes nicht auf die Unrechtsvereinbarung geschlossen werden, diese muss vielmehr positiv aufgrund weiterer Umstände festgestellt werden (MüKoStGB/*Korte* Rn. 14; LK-StGB/*Sowada* Rn. 10; NK-StGB/*Kuhlen* Rn. 6).

IV. Bezugspunkt der Tathandlungen

Bezugspunkt der Tathandlungen ist nach Abs. 1 die Dienstausübung, nach Abs. 2 die richterliche **16** Handlung. Ausgehend von pflichtgemäßen Diensthandlungen bzw. – nach heutigem Gesetzesbegriff – pflichtgemäßer Dienstausübung bildet in § 333 ein **rechtskonformes** Verhalten den Anknüpfungspunkt der Zuwendung (vgl. *Wentzell*, Zur Tatbestandsproblematik der §§ 331, 332 StGB, 2004, 91). Ebenso wie bei § 331 genügt für Abs. 1 ein allgemeiner Zusammenhang mit der Dienstausübung des Amtsträgers, des europäischen Amtsträgers, des für den öffentlichen Dienst besonders Verpflichteten bzw. des Soldaten der Bundeswehr (vgl. OLG Köln BeckRS 2014, 18661). Dagegen verlangt Abs. 2 den Bezug zu einer konkreten richterlichen Handlung des Richters, des Mitglieds eines Gerichts der EU bzw. des Schiedsrichters. Ein Bezug zu einer künftigen Handlung („Ermessenshandlung" nach Abs. 1, richterliche Handlung nach Abs. 2) ist nicht mehr zwingend erforderlich. Die Unrechtsvereinbarung kann sich auch auf eine vergangene Handlung beziehen (vgl. LK-StGB/*Sowada* Rn. 13; Schönke/Schröder/*Heine/Eisele* Rn. 1; Lackner/Kühl/*Heger* Rn. 4, 5), sodass der sich früher aus dem Zusammenspiel der §§ 331 u. 333 ergebende Missstand (der Geber befand sich nach früherer Anlage des Gesetzes in der günstigeren Position) endgültig beseitigt wurde (vgl. *Hardtung*, Erlaubte Vorteilsannahme, 1994, 133; *Naumburg* NJW 1997, 1593).

V. Unrechtsvereinbarung

17   Bis 1997 bezog sich der Wortlaut der einschlägigen Tatbestände auf die Zuwendung von Vorteilen **„als Gegenleistung für" eine Diensthandlung,** weswegen diese Formulierung immer als Indiz für ein besonderes Beziehungsverhältnis von Vorteil und Diensthandlung interpretiert wurde (vgl. *Wentzell*, Zur Tatbestandsproblematik der §§ 331, 332 StGB, 2004, 138). Umschrieben wurde dieses Verhältnis mit dem Stichwort der sog **Unrechtsvereinbarung** (BGH NJW 1960, 2154 (2155)). Der Gesetzgeber des KorrBekG hat an dem Erfordernis einer (angestrebten) Unrechtsvereinbarung bewusst festgehalten. Nach der Änderung des Straftatbestandes der Vorteilsgewährung macht sich der Täter nach Abs. 1 bereits dann strafbar, wenn er einem Amtsträger, einem europäischen Amtsträger, einem für den öffentlichen Dienst besonders Verpflichteten oder einem Soldaten der Bundeswehr „für" die Dienstausübung einen Vorteil für diesen oder einen Dritten anbietet, verspricht oder gewährt, ohne dass es des Zusammenhanges mit einer konkreten Diensthandlung bedarf (BT-Drs. 13/8079, 15). Erfasst ist somit bereits die Vorteilsgewährung für die dienstliche Tätigkeit als solche (BGH NStZ 2005, 334; 2008, 13 (14); SK-StGB/*Rudolphi/Stein* Rn. 4). Die richterliche Handlung im Abs. 2 muss hingegen hinreichend bestimmt sein (SK-StGB/*Rudolphi/Stein* Rn. 5, 9).

18   Zwischen dem Vorteil und der Dienstausübung muss ein **„Gegenseitigkeitsverhältnis"** in dem Sinne bestehen, dass der Vorteil nach dem ausdrücklichen oder stillschweigenden Einverständnis der Beteiligten seinen Grund gerade in der Dienstausübung hat, also Ziel der Vorteilszuwendung ist, auf die künftige Dienstausübung Einfluss zu nehmen und/oder die vergangene Dienstausübung zu honorieren (BGH NJW 2011, 2819 (2820) = BGH NStZ-RR 2011, 374 (376); 2007, 309 (310 f.)). Dabei muss die dienstliche Tätigkeit nach den Vorstellungen des Vorteilsgebers noch nicht – auch nicht in ihren groben Umrissen – konkretisiert sein (so die grundlegende Entscheidung BGHSt 53, 6 (Rn. 30) = BGH NStZ 2008, 688 (690) = BGH NJW 2008, 3580 (3583) zur Vorteilsgewährung durch Versendung von WM-Tickets; s. ergänzend krit. Anm. *Jahn* JuS 2009, 176; vgl. auch OLG Köln BeckRS 2014, 18661). Es genügt vielmehr, wenn der Wille des Vorteilsgebers auf ein generelles, auf künftige Fachentscheidungen bezogenes Wohlwollen gerichtet ist, das bei Gelegenheit aktiviert werden kann. Als mögliche Indizien für oder gegen das angestrebte Ziel, fließen neben der Plausibilität einer anderen – behaupteten oder sonst in Betracht kommenden – Zielsetzung in die wertende Beurteilung namentlich ein: die Stellung des Amtsträgers und die Beziehung des Vorteilsgebers zu dessen dienstlichen Aufgaben, die Vorgehensweise bei dem Angebot, dem Versprechen oder dem Gewähren von Vorteilen sowie die Art, der Wert und die Zahl solcher Vorteile. So können etwa dienstliche Berührungspunkte zwischen Vorteilsgeber und Amtsträger ebenso in ausschlaggebender Weise für eine Unrechtsvereinbarung sprechen wie die Heimlichkeit des Vorgehens (BGHSt 53, 6 Rn. 32). Ob der Vorteilsgeber ein solches nach § 333 Abs. 1 pönalisiertes oder ein anderes Ziel verfolgt, ist Tatfrage. Die Grenzbestimmung hat nach BGHSt 53, 6 Rn. 31 in wertender Beurteilung zu erfolgen, die mit oftmals schwierigen Beweisfragen einhergeht. Pauschale Bewertungen in Anlehnung an Begrifflichkeiten wie „allgemeine Klimapflege" (so allerdings explizit KG NStZ-RR 2008, 373 (374)) oder „Anfüttern" verbieten sich dabei (vgl. ferner OLG Düsseldorf JuS 2015, 850 mAnm *Jahn; Dölling* ZStW 112 (2000) 334, mit diff. Erwägungen zur korruptiven Erscheinungsform des „Anfütterns"; LK-StGB/*Sowada* Rn. 14). Es bedarf richtigerweise einer sorgfältigen Überprüfung des jeweiligen Einzelfalles (*Wentzell*, Zur Tatbestandsproblematik der §§ 331, 332 StGB, 2004, 137). Erfolgt die Zuwendung aus Dank für eine vorangegangene Diensthandlung, kann darin zumindest auch die Gewährung eines Vorteils für künftiges dienstliches Handeln mitenthalten sein, solange auch hier ein Gegenleistungsverhältnis zu einer künftigen dienstlichen Tätigkeit besteht (vgl. BGH NJW 1961, 472 (474)).

VI. Tatbestandseinschränkende Auslegung

19   Aufgrund der Weite des Tatbestandes der Vorteilsgewährung ist ebenso wie bei der Vorteilsannahme nach § 331 (→ § 331 Rn. 98 ff.) eine tatbestandseinschränkende Auslegung geboten (repräsentativ hierzu BGHSt 49, 275 – Fall Kremendahl = BGH NJW 2004, 3569 = BGH NStZ 2005, 509; s. ausf.

LK-StGB/*Sowada* § 331 Rn. 68 ff. u. Wabnitz/Janovsky WirtschaftsStR-HdB/*Bannenberg* Kap. 12 Rn. 63 ff.). Auch bei § 333 ist nämlich der Gesichtspunkt der Sozialadäquanz heranzuziehen und eine teleologische Reduktion des Tatbestandes (OLG Celle NJW 2008, 164 (165)) bei bestimmten Fallgruppen vorzunehmen.

1. Sozialadäquanz. Im Bereich der §§ 331 u. 333 (nicht aber im Bereich der §§ 332 u. 334; hierzu **20** *Eser* FS Roxin, 2011, 199 (201)) wird allgemein ein Tatbestandsausschluss (zum allgemeinen Streit der dogmatischen Einordnung der Sozialadäquanz *Kargl* ZStW 114 (2002), 763 (780 f.); → § 331 Rn. 100) für all diejenigen Fälle angenommen, in denen die Vorteilsannahme bzw. -gewährung, beurteilt nach den Grundsätzen der sozialen Adäquanz, sich völlig im Rahmen der normalen, geschichtlich gewordenen sozialen Ordnung des Lebens (*Welzel,* Das deutsche Strafrecht, 11. Aufl. 1969, 55) bewegt (vgl. *Selle,* Der Vorteil im Sinne der Bestechungsdelikte bei Abschluss eines Vertrages, 2012, 28 ff. mwN; abl. *Wagner* JZ 1987, 594 (604)). Dem Gedanken der Sozialadäquanz kommt daher innerhalb der Korruptionsdelikte zumindest die Funktion eines Auslegungsbehelfs einzelner tatbestandlicher Merkmale zu (*Wentzell,* Zur Tatbestandsproblematik der §§ 331, 332 StGB, 2004, 39 f., 89 f. mwN). Eine Strafbarkeit gem. §§ 331, 333 scheidet somit nach allgemeiner Meinung aus, wenn der aus Anlass oder bei Gelegenheit einer Diensthandlung dem Amtsträger gewährte Vorteil seinen Grund in den Regeln des sozialen Verkehrs und der Höflichkeit hat und der sozialen Stellung des Amtsträgers angemessen ist (BGH NStZ-RR 2002, 272; BGH NStZ 2005, 334). In diesen Fällen wird weder ein „böser" (BGH NStZ 2005, 334; KG NStZ-RR 2008, 373 (375); OLG Celle NJW 2008, 164) Anschein der „Käuflichkeit" erweckt (hierzu vgl. *Schaupensteiner* NStZ 1996, 409 (414); vgl. auch krit. *Schlösser* wistra 2009, 155) noch sind solche Zuwendungen geeignet, Entscheidungen des Amtsträgers zu beeinflussen (→ § 331 Rn. 99). Neben Normalität und Üblichkeit des Verhaltens in Form einer rein quantitativen Gebräuchlichkeit wird zur Annahme sozialadäquanten Verhaltens auch dessen soziale Akzeptanz in Form einer Billigung durch die Allgemeinheit verlangt (OLG Hamburg StV 2001, 284 (287); *Knauer/Kaspar* GA 2005, 385 (397)). Kein sozialadäquates Verhalten liegt somit vor, wenn es zwar allgemein, aber missbräuchlich ausgeübt wird oder gegen Verwaltungsvorschriften, die bspw. die Annahme von Bargeld verbieten, verstößt (so *Selle,* Der Vorteil im Sinne der Bestechungsdelikte bei Abschluss eines Vertrages, 2012, 31 mwN).

Zur Bestimmung der Grenzen sozialadäquaten Verhaltens sind die konkrete Stellung des Amtsträgers, **21** der Wert der Zuwendung, die jeweiligen Gepflogenheiten der Höflichkeit bzw. Gefälligkeit und der konkrete soziale Kontext zu berücksichtigen (→ § 331 Rn. 102; Fischer Rn. 26; SK-StGB/*Rudolphi/ Stein* § 331 Rn. 23; *Dölling* ZStW 112 (2000), 345). Dabei ist grds. auf die Sphäre des Amtsträgers abzustellen (vgl. aber auch MüKoStGB/*Korte* Rn. 23). Unter die Kategorie des sozialadäquaten Verhaltens fallen auch alle geringfügigen sozial allgemein tolerierten Handlungen; hier spricht man vom „Geringfügigkeitsprinzip" als einer tatbestandlichen Auslegungsmaxime (so *Roxin* StrafR AT I § 10 Rn. 40 Fn. 79 mit Verweis auf *Roxin* JuS 1964, 376). Geringfügige Zuwendungen, die einen belanglosen Wert aufweisen, sollen somit sozialadäquat sein (vgl. BGH NStZ 2005, 334 (335); OLG Hamm NJW 1980, 2537). Weil eine wertmäßige Quantifizierung bzw. eine Festlegung einer Höchstgrenze nicht frei von Willkür vorgenommen werden kann (bedenklich ua *Gribl,* 1992, 145; *Knauer/Kaspar* GA 2005, 385 (395); LK-StGB/*Sowada* § 331 Rn. 34), ist die Sozialadäquanz in concreto festzustellen und nicht durch den Gesetzgeber festzuschreiben (vgl. *Selle,* Der Vorteil im Sinne der Bestechungsdelikte bei Abschluss eines Vertrages, 2012, 32).

2. Bestimmte Fallgruppen der einschränkenden Tatbestandsauslegung. Das KorruptionsbG **22** hat den Tatbestand des § 331 erheblich erweitert, vor allem in Hinsicht auf die Lockerung der Unrechtsvereinbarung und die Einbeziehung von Drittvorteilen. Deswegen hat der BGH in Bezug auf bestimmte Fallkonstellationen entschieden, dass der Tatbestand einer einschränkenden Auslegung unterliegt. Um die Einheit der Rechtsordnung zu gewährleisten, sollen nämlich Sachverhalte ausgenommen werden, bei denen es an einer Strafwürdigkeit fehlt, weil die Handlungen des Täters entweder durch andere Normen ausdrücklich zugelassen oder sogar vorgeschrieben sind (hierzu BGHSt 47, 295). Dies gilt insbes. für die Fälle der Drittmitteleinwerbung (→ § 331 Rn. 111 ff.) sowie von Wahlkampfspenden (→ § 331 Rn. 119 ff.). Diese Einschränkungen des Tatbestandes der Vorteilsannahme müssen allerdings spiegelbildlich auch hinsichtlich der Vorteilsgewährung in Betracht kommen. Somit lässt sich hinsichtlich § 333 Folgendes feststellen:

Gewährt der Vorteilsgeber Fördermittel für Forschung und Lehre an einen Amtsträger, dessen hoch- **23** schulrechtlich verankerte Dienstaufgabe es ist, zu diesem Zweck **Drittmittel** einzuwerben, entfällt eine Strafbarkeit gem. § 333, wenn das für die Mitteleinwerbung hochschulrechtlich vorgesehene Verfahren (Anzeige und Genehmigung) eingehalten wurde (→ § 331 Rn. 114; BGHSt 47, 295 (306); BGH NStZ-RR 2003, 171). Der Vorteilsgeber hat allerdings keinen Einfluss auf die Durchführung des Anzeige- und Genehmigungsverfahrens, weswegen ihm – zur Vermeidung einer eventuellen Strafbarkeit wegen Anbietens eines Vorteils – nur die Möglichkeit bleibt, die Zuwendung unter dem Vorbehalt der Genehmigung anzubieten und erst nach erfolgreichem Abschluss dieses Verfahrens auch tatsächlich zu gewähren. Der Vorbehalt kann auch konkludent, zB durch ein öffentliches Angebot oder eine Zuleitung der Geldmittel an die für die Genehmigung zuständige Universitätsverwaltung, erklärt werden (Mü-KoStGB/*Korte* Rn. 23; LK-StGB/*Sowada* Rn. 17 mwN).

24   Auch im Bereich der **Wahlkampfspenden** ist eine Gleichbehandlung von Amtsträger und Vorteils-geber geboten (MüKoStGB/*Korte* Rn. 25; LK-StGB/*Sowada* Rn. 17 mwN). Gewährt der Täter einem Amtsträger, der sich erneut um das von ihm derzeit ausgeübte Wahlamt bewirbt, einen Vorteil, so macht er sich nicht wegen Vorteilsgewährung strafbar, wenn der Amtsträger lediglich verspricht, das Amt nach der Wiederwahl entsprechend den allgemeinen wirtschaftlichen oder politischen Vorstellungen des Vorteilsgebers zu führen (BGHSt 49, 275 – Fall Kremendahl; → § 331 Rn. 120). Die Grenze zur Strafbarkeit ist aber schon überschritten, wenn Spender und Amtsträger davon ausgehen, dass der Amts-träger im Laufe der künftigen Amtszeit mit Entscheidungen zu einem Vorhaben des Spenders befasst sein wird und der unbeteiligte Betrachter den Eindruck gewinnt, dass dieser mit der Spende Einfluss auf anfallende Entscheidungen nehmen will (BGH wistra 2007, 467 = BGH NJW 2007, 3446 = BGH NStZ 2008, 33).

C. Subjektiver Tatbestand

25   Der subjektive Tatbestand der Vorteilsgewährung setzt voraus, dass der Täter vorsätzlich (dolus eventualis genügt) handelt (§§ 15, 16 Abs. 1). Über die reine Tatsachenkenntnis hinaus wird auch eine Bedeutungskenntnis aller Merkmale verlangt. Abzustellen ist nicht auf den abstrakt wahrzunehmenden „Laien" (so das Kriterium der Parallelwertung in der Laiensphäre), sondern auf den **konkret betroffe-nen Normadressaten** im Sinne des in seinem eigenen Verkehrskreis handelnden und nach dessen Maßstäben zu beurteilenden Bürgers. Es muss mithin **sich die gesetzgeberische Grundentscheidung im Verständnishorizont des Täters widerspiegeln** (zu diesem verfassungsbezogenen Kriterium als Konkretisierung des Vorsatzgegenstandes s. *Papathanasiou* FS Roxin, 2011, 467 ff.; ausf. *dies.* Irrtum über normative Tatbestandsmerkmale, 2014, passim).

26   Erstrecken muss sich iE der Vorsatz auf die **Umstände der Eigenschaft des Partners** als Amtsträger ggf. iVm § 11 Abs. 1 Nr. 2c) bzw. überhaupt als tauglicher Adressat. Nun werden sogar europäische Amtsträger wie auch Mitglieder eines Gerichts der EU explizit genannt (→ Rn. 7 ff.). Der Vorsatz muss ferner die **Bedeutung der Tathandlung** umfassen, mithin die Bedeutung dessen, dass das Anbieten, Versprechen oder Gewähren eines Vorteils auf eine Dienstausübung (Abs. 1) bzw. auf eine richterliche Handlung (Abs. 2) bezieht (Lackner/Kühl/*Heger* Rn. 6; LK-StGB/*Sowada* Rn. 19; SK-StGB/*Rudolphi/Stein* Rn. 11). Vorsatz ist des Weiteren bezüglich der **Regelwidrigkeit des Äquiva-lenzverhältnisses** erforderlich, dh Vorsatz darüber, dass der Vorteilsnehmer die regelwidrige Verknüp-fung zwischen dem Vorteil und der Dienstausübung erkennt (BGHSt 15, 88 (102); BGH wistra 2007, 467 = BGH NJW 2007, 3446 = BGH NStZ 2008, 33; LK-StGB/*Sowada* Rn. 19; Fischer Rn. 12; MüKoStGB/*Korte* Rn. 28; Schönke/Schröder/*Heine/Eisele* Rn. 8).

27   Täuscht der Täter darüber, einen Vorteil gewährt zu haben, liegt keine Vorteilsgewährung vor (vgl. LK-StGB/*Sowada* Rn. 10; NK-StGB/*Kuhlen* Rn. 9). Täuscht der Täter über seine Absicht, einen Vorteil tatsächlich zu gewähren, handelt er immer noch tatbestandsmäßig (so die überwiegende Meinung: LK-StGB/*Sowada* Rn. 19; MüKoStGB/*Korte* Rn. 29; SK-StGB/*Rudolphi/Stein* Rn. 8; Beck-OK StGB/*v. Heintschel-Heinegg* Rn. 4; NK-StGB/*Kuhlen* Rn. 9 mwN; anders Spickhoff/*Schuhr* Rn. 33: „Täuscht der Geber über seine Absicht und will tatsächlich keinen Vorteil gewähren, kommen nicht §§ 333f, aber § 263 in Betracht"). Unbeachtlich ist ebenfalls, ob der Vorteilsnehmer (Amtsträger usw) den Inhalt des Angebots tatsächlich versteht; entscheidend ist nur, dass der Wille des Vorteilsgebers darauf gerichtet ist, dass sein Partner den Bezug auf eine konkrete Diensthandlung erkennt (LK-StGB/*Sowada* Rn. 19; NK-StGB/*Kuhlen* Rn. 10, beide mit Verweis auf BGH wistra 2007, 467 = BGH NJW 2007, 3446 = BGH NStZ 2008, 33; sa Fischer Rn. 12; MüKoStGB/*Korte* Rn. 29; SK-StGB/*Rudolphi/Stein* Rn. 11).

D. Genehmigung (Abs. 3)

28   Die Strafbarkeit des Vorteilsgewährenden gem. Abs. 1 entfällt nach Abs. 3, wenn die zuständige Behörde im Rahmen ihrer Befugnisse entweder die Annahme des Vorteils durch den Empfänger vorher genehmigt hat oder sie die Zuwendung auf unverzügliche Anzeige des Empfängers genehmigt (vgl. BT-Drs. 7/550, 272). Die Regelung entspricht weitgehend § 331 Abs. 3 und erstreckt die Wirkung der dem Amtsträger erteilten **Genehmigung** zugleich auf den Vorteilsgeber (LK-StGB/*Sowada* Rn. 20; MüKoStGB/*Korte* Rn. 29). In Bezug auf eine richterliche Handlung nach Abs. 2 wirkt eine Genehmi-gung nicht strafbarkeitsausschließend. Die **wirksame** (Lackner/Kühl/*Heger* Rn. 7) Genehmigung muss durch die **zuständige Behörde** im Rahmen ihrer Befugnisse erteilt werden (zu den Einzelheiten → § 331 Rn. 143 ff.). Bei Zuwendungen von Drittvorteilen ist diejenige Behörde für die Genehmigung zuständig, die bei einer unmittelbaren Zuwendung an den Amtsträger zuständig wäre (LK-StGB/*Sowada* Rn. 20).

29   Dass der Vorteil durch den Amtsträger **gefordert** wurde, schließt eine Rechtfertigung nach Abs. 3 nicht aus, weil dies dem Vorteilsgeber nicht zur Last gelegt werden kann (vgl. NK-StGB/*Kuhlen* Rn. 12;

SK-StGB/*Rudolphi*/*Stein* Rn. 12). Es besteht allerdings die Problematik, dass für vom Amtsträger geforderte Vorteile nach den beamtenrechtlichen Vorschriften keine Genehmigung in Betracht kommt (→ § 331 Rn. 146). Zur Lösung dieser besonderen Konstellation wird auf die mutmaßliche Genehmigung der zuständigen Behörde abgestellt; dabei ist der hypothetische Wille der Behörde bei Hinwegdenken des Forderns durch den Amtsträger entscheidend (s. MüKoStGB/*Korte* Rn. 39; LK-StGB/*Sowada* Rn. 21).

1. Vorherige Genehmigung. Die vorherige Genehmigung stellt nach hM sowohl für den Amts- **30** träger (→ § 331 Rn. 139) als auch für den Gewährenden einen **Rechtfertigungsgrund** dar (LK-StGB/ *Sowada* Rn. 21 mwN). Die Fallkonstellation einer vorherigen Genehmigung ist zumeist in den Fällen gegeben, in denen entweder von den Behörden allgemein erteilte Genehmigungen zur Annahme geringwertiger Zuwendungen vorliegen oder das Vorteilsversprechen unter Vorbehalt (→ Rn. 34 f.) abgegeben wird. Da es für die Rechtfertigung nach Abs. 3 auf den Zeitpunkt der Annahme des Vorteils ankommt, ist eine vorherige Genehmigung auch möglich, wenn der Vorteil zwar vor der Genehmigung angeboten oder versprochen, aber erst nach Vorliegen der Genehmigung gewährt wird (näher Mü-KoStGB/*Korte* Rn. 34).

2. Mutmaßliche Genehmigung. Eine **Rechtfertigung** aufgrund mutmaßlicher Genehmigung **31** kommt nach hM ebenfalls in Betracht, wenn die Annahme eines Vorteils genehmigungsfähig ist und die Beteiligten mit der Erteilung der Genehmigung aufgrund der Praxis der Genehmigungsbehörde in vergleichbaren Fällen rechnen durften, die vorherige Einholung der Genehmigung allerdings unmöglich oder unzumutbar war (→ § 331 Rn. 141; SK-StGB/*Rudolphi*/*Stein* Rn. 14). In diesen Fällen ist es ohne Bedeutung, ob der Amtsträger die Annahme des Vorteils nachträglich unverzüglich angezeigt hat und ob die Genehmigung später tatsächlich erteilt worden ist (MüKoStGB/*Korte* 37; LK-StGB/*Sowada* Rn. 22). Vielmehr tritt die rechtfertigende Wirkung der mutmaßlichen Genehmigung zum Zeitpunkt der Tathandlung ein (→ § 331 Rn. 165; *Fischer* Rn. 11).

3. Hypothetische Genehmigung. Eine solche wird nicht anerkannt (vgl. LK-StGB/*Sowada* **32** Rn. 22).

4. Nachträgliche Genehmigung. Die nachträglich erteilte rechtmäßige Genehmigung stellt für den **33** Vorteilsgeber – ebenso wie bei § 331 für den Amtsträger – lediglich einen **Strafaufhebungsgrund** dar (→ § 331 Rn. 140; MüKoStGB/*Korte* 35; LK-StGB/*Sowada* Rn. 22; Schönke/Schröder/*Heine*/*Eisele* Rn. 11; SK-StGB/*Rudolphi*/*Stein* Rn. 15). Dem Vorteilsgeber dürfte eine nicht unverzügliche Anzeige nicht zur Last gelegt werden, da er die Unverzüglichkeit der nachträglichen Anzeigeerstattung nicht beeinflussen kann (MüKoStGB/*Korte* Rn. 35). Der Vorteilsgeber bleibt auch dann straffrei, wenn er mit einer nachträglichen Genehmigung durch die zuständige Behörde nicht gerechnet hat (zB weil er die Dienstausübung für pflichtwidrig hielt), diese aber gleichwohl rechtmäßig erteilt wurde (LK-StGB/ *Sowada* Rn. 22; vgl. auch Matt/Renzikowski/*Sinner* Rn. 11).

5. Vorbehalt einer Genehmigung. Sofern die zuständige Behörde nicht eine generelle Genehmi- **34** gung zur Annahme bestimmter Vorteile erteilt hat, hat der Vorteilsgeber idR auf die Erteilung der Genehmigung im Einzelfall keinen Einfluss. Er ist vielmehr darauf angewiesen, dass der Amtsträger das Genehmigungsverfahren ordnungsgemäß durchführt. Im Schrifttum wird daher überwiegend anerkannt, dass der Vorbehalt einer Genehmigung durch den Gewährenden beachtlich ist (LK-StGB/ *Sowada* Rn. 21; MüKoStGB/*Korte* Rn. 15; SK-StGB/*Rudolphi*/*Stein* Rn. 13). Zur Vermeidung einer Strafbarkeit wegen Anbietens eines Vorteils bleibt dem Vorteilsgeber nur die Möglichkeit, die Leistung unter dem **Vorbehalt** der Genehmigung anzubieten und erst nach Erteilung der Genehmigung zu gewähren (vgl. *Rettenmaier* CCZ 2009, 37). Der Vorbehalt kann sowohl ausdrücklich als auch konkludent etwa in der Weise erfolgen, dass der Vorteil offen oder unter Beteiligung der für die Genehmigung zuständigen Stelle erfolgt (MüKoStGB/*Korte* Rn. 30; BeckOK StGB/*v. Heintschel-Heinegg* Rn. 5).

Wird die Genehmigung durch die zuständige Behörde versagt oder holt der Amtsträger – entgegen **35** einer anderslautenden Zusage – die Genehmigung nicht ein, muss der Vorteilsgeber von einer Zuwendung absehen bzw. den bereits gewährten Vorteil zurückfordern. Anderenfalls wird die Tat durch die vorbehaltlose Gewährung bzw. das Belassen des Vorteils vollendet (MüKoStGB/*Korte* Rn. 15).

E. Irrtümer

Zu den Irrtumsfragen zu § 333 gelten sinngemäß die Ausführungen zu § 331 (→ § 331 Rn. 178 ff.) **36** unter Berücksichtigung der besonderen Vorstellungen des Vorteilsgewährenden (Lackner/Kühl/*Heger* Rn. 6). Der **Irrtum über normativ geprägte Merkmale** des § 333, anders: jeder Wertungsirrtum, kann im Allgemeinen entweder **Tat- oder Rechtsirrtum** sein und wirkt in erster Linie **vorsatzausschließend**; dies sogar ohne Rücksicht darauf, ob er verschuldet oder unverschuldet ist (hierzu s. *Papathanasiou* FS Roxin, 2011, Bd. I, 467 ff. (481) (Fn. 76 und 79); ausf. dies. Irrtum über normative Tatbestandsmerkmale, 2014, 70 ff. (120, 279) mwN).

37 Irrt sich der Täter über Umstände, deren Vorliegen **tatbestandsausschließend** wirken würde (wie etwa aus Sicht der Sozialadäquanz; → Rn. 20 f.), handelt er ohne Vorsatz. Geht der Täter im Fall des **Abs. 1** irrig davon aus, die pflichtwidrige Diensthandlung sei pflichtgemäß bzw. eine pflichtgemäße Diensthandlung sei pflichtwidrig, wird die Vorteilsgewährung gem. § 333 Abs. 1 gleichwohl verwirklicht, wobei der gleichzeitig verwirklichte Versuch des § 334 Abs. 1 straflos bleibt (vgl. Fischer Rn. 12; LK-StGB/*Sowada* Rn. 19; MüKoStGB/*Korte* Rn. 29). Geht der Täter im Fall des **Abs. 2** irrig davon aus, dass die richterliche Handlung pflichtwidrig ist, was aber tatsächlich nicht der Fall ist, dann macht er sich sowohl der vollendeten Vorteilsgewährung gem. § 333 Abs. 1 (diese verlangt nämlich keine pflichtwidrige Handlung) als auch tateinheitlich der versuchten Bestechung gem. § 334 Abs. 2 S. 2 strafbar (Fischer § 334 Rn. 7; MüKoStGB/*Korte* Rn. 29).

38 Ein **Verbotsirrtum** nach § 17 kann etwa im Fall eines Fotografen vorliegen, der glaubt, es sei üblich und somit erlaubt, den Schulen im Zusammenhang mit einer Fotoaktion Zuwendungen anzubieten und zu gewähren. Denn angesichts der vorhandenen erheblichen Rechtsunsicherheit ist in dubio pro reo von der Unvermeidbarkeit der fehlenden Unrechtseinsicht auszugehen (dazu *Ambos/Ziehn* NStZ 2008, 498 (503)).

39 Irrt sich der Vorteilsgeber über die tatsächlichen Voraussetzungen der **Genehmigung** oder der Genehmigungsfähigkeit der Zuwendung (sog **Erlaubnistatbestandsirrtum**), handelt er ohne Vorsatz aufgrund analoger Anwendung des § 16 nach der eingeschränkten Schuldtheorie ieS (zu den verschiedenen Strömungen der Schuldtheorie s. *Papathanasiou*, Irrtum über normative Tatbestandsmerkmale, 2014, 122 ff. (169 ff.)). Bezieht sich die Fehlvorstellung hingegen auf die normativen Grenzen der Genehmigungsfähigkeit (sog **Erlaubnisirrtum**), wie etwa bei einem (bei Vorteilsgeber jedoch schwerlich denkbaren) Irrtum über den Wert der Zuwendung, kommt lediglich ein Verbotsirrtum nach § 17 in Betracht (LK-StGB/*Sowada* Rn. 23; MSM StrafR BT II § 79 Rn. 30; Schönke/Schröder/*Heine/Eisele* Rn. 12; LK-StGB/*Sowada* Rn. 23). Entscheidend beim Irrtum über die Genehmigung ist nur die Vorstellung des Täters, nicht die des Vorteilsempfängers (Lackner/Kühl/*Heger* Rn. 7).

F. Versuch, Vollendung und Beendigung

40 Der **Versuch** ist nicht strafbar. Zur Vollendung und Beendigung des Tatbestandes gelten zunächst die Ausführungen zu § 331 entsprechend. Die **Vollendung** der Tat bestimmt sich nach der jeweiligen Tathandlung (→ Rn. 10 ff.). Somit ist das Anbieten und Versprechen mit der Kenntnisnahme der Erklärung seitens des Vorteilsnehmers, das Gewähren mit der Erbringung der versprochenen Leistung vollendet (vgl. LK-StGB/*Sowada* Rn. 24). Insbes. ist für die Vollendung ohne Bedeutung, ob der Amtsträger die Dienstausübung tatsächlich vornimmt oder dies auch nur beabsichtigt (Fischer Rn. 9; MüKoStGB/*Korte* Rn. 16). Eine vollendete Vorteilsgewährung liegt auch dann vor, wenn der Amtsträger bereits vor der Zuwendung zu einer – pflichtwidrigen – Dienstausübung entschlossen war, oder wenn er sich dazu entschließt (SK-StGB/*Rudolphi/Stein* Rn. 8). **Beendet** ist die Tat nicht mit der letzten zur Erfüllung der Unrechtsvereinbarung vorgenommenen Handlung (so stRspr des BGH, krit. dazu LK-StGB/*Sowada* Rn. 24), sondern mit dem Abschluss des Tatverhaltens des Vorteilsgebers (SK-StGB/*Rudolphi/Stein* Rn. 17a).

G. Täterschaft und Teilnahme

41 Bei der Vorteilsgewährung handelt es sich nicht um ein Sonderdelikt. Täter des § 333 kann somit **jedermann** sein, **nicht** jedoch der **Vorteilsnehmer.** Dieser kann sich nur nach §§ 331 u. 332 strafbar machen und nicht Mittäter oder Teilnehmer an einer Tat nach § 333 sein, weil die Voraussetzungen der erstgenannten Vorschriften selbstständig zu prüfen sind (Lackner/Kühl/*Heger* Rn. 8; LK-StGB/*Sowada* Rn. 25; MüKoStGB/*Korte* Rn. 40). Der Gesetzgeber hat nämlich auch die Teilnahme des Vorteilsnehmers an der Vorteilsgewährung oder Bestechung des Vorteilsgebers durch die Sondertatbestände der Vorteilsannahme und Bestechlichkeit **abschließend** geregelt (vgl. NK-StGB/*Kuhlen* Rn. 13; SK-StGB/*Rudolphi/Stein* Rn. 16). Dementsprechend kann der **Vorteilsnehmer** nicht zugleich Teilnehmer der Vorteilsgewährung oder Bestechung sein (BGHSt 37, 207 (212)).

42 Bei der Teilnahme **Dritter** richtet sich die Strafbarkeit danach, in welchem Lager der Teilnehmer tätig wird (BGHSt 37, 207 (212); LK-StGB/*Sowada* Rn. 26; Schönke/Schröder/*Heine/Eisele* Rn. 14; SK-StGB/*Rudolphi/Stein* Rn. 17). Unterstützt der Teilnehmer sowohl den Vorteilsgeber als auch den Vorteilsnehmer, ist er aus dem härteren Strafrahmen des § 333 zu bestrafen (NK-StGB/*Kuhlen* Rn. 14; näher zu dieser Konstellation LK-StGB/*Sowada* Rn. 26 mwN). Liegen die Voraussetzungen einer mutmaßlichen Genehmigung (→ Rn. 31) vor, entfaltet diese bei geforderten Vorteilen Wirkung nur für den Teilnehmer an § 333 (MüKoStGB/*Korte* Rn. 41).

H. Konkurrenzen

43 Jede Tathandlung gem. § 333 ist grds. eine rechtlich selbstständige Straftat. Das Anbieten, das Versprechen und die Gewährung eines Vorteils stehen somit – wie die Tathandlungen bei § 331 – in

Tatmehrheit nebeneinander (→ § 331 Rn. 184; LK-StGB/*Sowada* Rn. 27). Gibt der Vorteilsgeber ggü. mehreren Amtsträgern ein einheitliches Angebot ab oder gewährt er einen Vorteil für mehrere Diensthandlungen, liegt nur **eine Handlung** vor (Fischer Rn. 14; LK-StGB/*Sowada* Rn. 27; Mü-KoStGB/*Korte* Rn. 43; NK-StGB/*Kuhlen* Rn. 16). Werden mehrere Vorteile für eine Dienstausübung oder Diensthandlung gewährt, ist **Tateinheit** gegeben, sofern die zugrundeliegende Unrechtsvereinbarung sämtliche Vorteile umfasst. Hat die Tat hingegen „Open-end-Charakter" (von der künftigen Entwicklung abhängige Entlohnungen), ist von **Tatmehrheit** auszugehen (LK-StGB/*Sowada* Rn. 27; NK-StGB/*Kuhlen* Rn. 16).

Kommt es zum Versprechen oder auch zum Gewähren des Vorteils, so stellen diese zweiseitigen Akte **44** ggü. dem Anbieten die gravierende Begehungsform dar mit der Konsequenz, dass **Subsidiarität** des Anbietens anzunehmen ist, wenn etwa der aktive Teil den angebotenen Vorteil gewährt (MSM StrafR BT II § 79 Rn. 14). Hinter § 334 tritt § 333 im Wege der **Gesetzeskonkurrenz** zurück (NK-StGB/*Kuhlen* Rn. 16). Ob dies auch gilt, wenn sich die Vorteilszuwendung **zugleich** auf **pflichtgemäße** Dienstausübungen wie auch auf **pflichtwidrige** Diensthandlungen bezieht, ist streitig (bejahend LK-StGB/*Sowada* Rn. 27; MüKoStGB/*Korte* Rn. 44; NK-StGB/*Kuhlen* Rn. 16; SSW StGB/*Rosenau* Rn. 12; ablehnend und stattdessen für Tateinheit Fischer Rn. 14; Lackner/Kühl/*Heger* Rn. 9; Matt/ Renzikowski/*Sinner* Rn. 15; BeckOK StGB/*v. Heintschel-Heinegg* Rn. 9).

Zwischen Vorteilsgewährung zugunsten eines Richters, Mitglieds eines Gerichts der EU oder **45** Schiedsrichters (§ 333 Abs. 2) einerseits und versuchter Bestechlichkeit (§§ 334 Abs. 2, 22) bzw. vollendeter Bestechlichkeit für eine pflichtwidrige nichtrichterliche Tätigkeit (§ 334 Abs. 1) ist **Tateinheit** gegeben (MüKoStGB/*Korte* Rn. 44; LK-StGB/*Sowada* Rn. 27). **Tateinheit** besteht auch mit weiteren Tatbeständen, die andere Rechtsgüter schützen (LK-StGB/*Sowada* Rn. 27; NK-StGB/*Kuhlen* Rn. 16).

I. Rechtsfolgen

1. Strafzumessung. Die Strafrahmen des § 333 entsprechen denen zu § 331: Die Vorteilsgewäh- **46** rung ggü. Amtsträgern, europäischen Amtsträgern, für den öffentlichen Dienst besonders Verpflichteten und Soldaten der Bundeswehr (Abs. 1) wird mit Freiheitsstrafe bis zu drei Jahren oder mit Geldstrafe bestraft; die Vorteilsgewährung ggü. einem Richter, Mitglied eines Gerichts der EU oder Schiedsrichter (Abs. 2) wird mit Freiheitsstrafe bis zu fünf Jahren oder mit Geldstrafe bestraft. Die Strafzumessungsregel des § 335 für besonders schwere Fälle ist nicht anwendbar. Für die Strafzumessung im engeren Sinn gelten die Ausführungen zu § 331 entsprechend (→ § 331 Rn. 194; Wabnitz/Janovsky WirtschaftsStR-HdB/*Bannenberg* Kap. 12 Rn. 79 ff.).

2. Verfall. Sollte der Vorteilsgewährende „etwas" aus der Tat erlangen, kommt die Anordnung des **47** Verfalls nach § 73 in Betracht. Praktisch dürfte diese Vorschrift bei einer pflichtgemäßen Dienstausübung kaum Bedeutung haben (LK-StGB/*Sowada* Rn. 28). § 333 kann uU auch die Verletzung betriebsbezogener Pflichten iSd § 30 OWiG erfüllen (vgl. MüKoStGB/*Korte* Rn. 47 mwN). Die Vorschrift des § 73d (erweiterter Verfall) ist nicht anwendbar (s. § 338). Hat der Amtsträger gegen seinen Willen von dem Vorteilsgewährenden eine Zuwendung erhalten, kann diese der Einziehung unterliegen (Fischer Rn. 13; BeckOK StGB/*v. Heintschel-Heinegg* Rn. 10).

J. Prozessuales

1. Verjährung. Die Verjährungsfrist beträgt nach § 78 Abs. 3 Nr. 4 (für die Vorteilsgewährung **48** sowohl nach Abs. 1 als auch nach Abs. 2) fünf Jahre. Die Verjährungsfrist beginnt mit der Beendigung der Tat (→ Rn. 40). Geht der Gewährung eines Vorteils ein Anbieten oder Versprechen desselben durch den Vorteilsgeber voraus, beginnt die Verjährung erst mit der Gewährung des Vorteils (MüKoStGB/ *Korte* Rn. 48). Der Zeitpunkt der Vornahme der Dienstausübung ist unbeachtlich (→ § 331 Rn. 191).

2. Zuständigkeit. Zuständig für den ersten Rechtszug und die Verhandlung und Entscheidung über **49** das Rechtsmittel der Berufung gegen die Urteile des Schöffengerichts ist die **Wirtschaftsstrafkammer,** soweit zur Beurteilung des Falles besondere Kenntnisse des Wirtschaftslebens erforderlich sind (§ 74c Abs. 1 Nr. 6a GVG).

3. Sonstiges. Eine Telekommunikationsüberwachung oder die Aufzeichnung des nichtöffentlich **50** gesprochenen Wortes sind nicht zulässig, da es sich bei § 333 nicht um eine Katalogtat der §§ 100a, 100c o. 100f StPO handelt. Ein Klageerzwingungsverfahren gem. § 172 StPO kommt nicht in Betracht, da weder der Amtsträger noch ein von der Diensthandlung Betroffener Verletzter iSd § 172 Abs. 1 S. 1 StPO sind (LK-StGB/*Sowada* Rn. 29 mwN).

§ 334 Bestechung

(1) ¹Wer einem Amtsträger, einem Europäischen Amtsträger, einem für den öffentlichen Dienst besonders Verpflichteten oder einem Soldaten der Bundeswehr einen Vorteil für diesen

oder einen Dritten als Gegenleistung dafür anbietet, verspricht oder gewährt, daß er eine Diensthandlung vorgenommen hat oder künftig vornehme und dadurch seine Dienstpflichten verletzt hat oder verletzen würde, wird mit Freiheitsstrafe von drei Monaten bis zu fünf Jahren bestraft. [2] In minder schweren Fällen ist die Strafe Freiheitsstrafe bis zu zwei Jahren oder Geldstrafe.

(2) [1] Wer einem Richter, Mitglied eines Gerichts der Europäischen Union oder Schiedsrichter einen Vorteil für diesen oder einen Dritten als Gegenleistung dafür anbietet, verspricht oder gewährt, daß er eine richterliche Handlung

1. vorgenommen und dadurch seine richterlichen Pflichten verletzt hat oder
2. künftig vornehme und dadurch seine richterlichen Pflichten verletzen würde,

wird in den Fällen der Nummer 1 mit Freiheitsstrafe von drei Monaten bis zu fünf Jahren, in den Fällen der Nummer 2 mit Freiheitsstrafe von sechs Monaten bis zu fünf Jahren bestraft. [2] Der Versuch ist strafbar.

(3) Falls der Täter den Vorteil als Gegenleistung für eine künftige Handlung anbietet, verspricht oder gewährt, so sind die Absätze 1 und 2 schon dann anzuwenden, wenn er den anderen zu bestimmen versucht, daß dieser

1. bei der Handlung seine Pflichten verletzt oder,
2. soweit die Handlung in seinem Ermessen steht, sich bei der Ausübung des Ermessens durch den Vorteil beeinflussen läßt.

A. Überblick

1   § 334 ist spiegelbildlich zu § 332 gestaltet, beinhaltet eine Qualifikation zu § 333 und wird im Vortatenkatalog des Geldwäschetatbestands erwähnt (→ Rn. 25). Die Strafzumessungsregel des § 335 findet auch auf den Tatbestand der Bestechung Anwendung. Die Unrechtsvereinbarung bezieht sich insbes. auf ein bestimmtes pflichtwidriges Verhalten (eine Diensthandlung nach Abs. 1 o. eine richterliche Handlung nach Abs. 2), wobei die Pflichtwidrigkeit kein notwendiger Bestandteil dieser Unrechtsvereinbarung ist. § 334 wurde zuletzt **mWv 26.11.2015 durch G v. 20.11.2015 (BGBl. I 2025)** geändert und auch iVm dem neu eingeführten § 335a hinsichtlich des Begünstigtenkreises (früher iVm NTSG, IStGHGG, IntBestG und EUBestG) besonders erweitert. Dasselbe Gesetz hat zudem **§ 5 Nr. 15** neu formuliert. Demnach gilt das deutsche Strafrecht unabhängig vom Recht des Tatorts für die im Ausland begangene Bestechung, wenn (a) der Täter zur Zeit der Tat Deutscher ist, (b) der Täter zur Zeit der Tat Europäischer Amtsträger ist und seine Dienststelle ihren Sitz im Inland hat, (c) die Tat ggü. einem Amtsträger, einem für den öffentlichen Dienst besonders Verpflichteten oder einem Soldaten der Bundeswehr begangen wird, oder (d) die Tat ggü. einem Europäischen Amtsträger oder Schiedsrichter, der zur Zeit der Tat Deutscher ist, oder einer nach § 335a (s. dort) gleichgestellten Person begangen wird, die zur Zeit der Tat Deutsche ist.

B. Objektiver Tatbestand

2   In objektiver Hinsicht setzt der Tatbestand der Bestechung voraus, dass der Täter einer der in Abs. 1 u. 2 bezeichneten Personen (→ Rn. 5 f.) einen Vorteil (→ Rn. 4) für eine bestimmte bereits vorgenommene oder künftige Diensthandlung oder richterliche Handlung (→ Rn. 8 ff.), deren Vornahme sich als pflichtwidrig darstellt und die durch eine Unrechtsvereinbarung als Gegenleistung mit dem Vorteil verknüpft ist (→ Rn. 14), anbietet, verspricht oder gewährt (→ Rn. 7).

I. Täterkreis

3   § 334 ist kein Sonderdelikt, somit kann Täter der Bestechung **jedermann** sein, auch ein anderer Amtsträger (Schönke/Schröder/*Heine/Eisele* Rn. 2; → § 331 Rn. 3 ff.).

II. Vorteil und Vorteilnehmer

4   **1. Vorteil.** Für das Tatbestandsmerkmal des „Vorteils" bzw. „Drittvorteils" gelten die Ausführungen zur Vorteilsgewährung gem. § 333 StGB und schon zur Vorteilsannahme gem. § 331 entsprechend (→ § 333 Rn. 6; → § 331 Rn. 24 ff.). Zur Vergütung eines Schiedsrichters als Vorteil s. § 337.

5   **2. Vorteilnehmer.** Der Vorteil muss (nach **Abs. 1**) einem Amtsträger, einem europäischen Amtsträger, einem für den öffentlichen Dienst besonders Verpflichteten oder einem Soldaten der Bundeswehr bzw. (nach **Abs. 2**) einem Richter, einem Mitglied eines Gerichts der EU oder einem Schiedsrichter angeboten, versprochen oder gewährt werden. Hierzu gelten die Ausführungen zu § 331 (→ § 331 Rn. 3 ff.), § 332 (→ § 332 Rn. 4) u. § 333 (→ § 333 Rn. 7 ff.) entsprechend.

6   Der **Wortlaut** des § 334 wurde mWv 26.11.2015 durch **G v. 20.11.2015** (BGBl. I 2025) durch die Einbeziehung der Europäischen Amtsträger (in Abs. 1) und Mitglieder eines Gerichts der EU (in Abs. 2) dahingehend **geändert,** als die Vorschriften des EUBestG über die Gleichstellung ausländischer Amts-

träger und Richter nunmehr in das StGB eingeflossen sind. Der neue Wortlaut entspricht somit den Regelungen im EUBestG und den Vorgaben des EU-Protokolls und EU-Übereinkommens. Der Begriff des **Europäischen Amtsträgers** wird im (durch das eben genannte G v. 20.11.2015) neu eingeführten § 11 Abs. 2a legaldefiniert (→ § 333 Rn. 8). **Gerichte der EU** sind etwa der Gerichtshof der EU, das Gericht der EU sowie das Gericht für den öffentlichen Dienst der EU, während weitere dem Gericht beigeordnete Fachgerichte der Union für Sonderbereiche zukünftig hierunter fallen können (BT-Drs. 18/4350, 18). Der Anwendungsbereich der Bestechung wurde auch hinsichtlich des IStGHGG u. des NTSG **ebenfalls angepasst:** In Bezug auf eine Tat, die sich auf eine künftige richterliche Handlung oder eine künftige Diensthandlung bezieht, wird nach dem durch das G v. 20.11.2015 (BGBl. I 2025) neu eingeführten § **335a Abs. 1** nach Nr. 1 ein Mitglied eines ausländischen und eines internationalen Gerichts einem *Richter* und nach Nr. 2 (a) ein Bediensteter eines ausländischen Staates und eine Person, die beauftragt ist, öffentliche Aufgaben für einen ausländischen Staat wahrzunehmen, (b) ein Bediensteter einer internationalen Organisation und eine Person, die beauftragt ist, Aufgaben einer internationalen Organisation wahrzunehmen, wie auch (c) ein Soldat eines ausländischen Staates und ein Soldat, der beauftragt ist, Aufgaben einer internationalen Organisation wahrzunehmen, einem *sonstigen Amtsträger* gleichgestellt. Hierzu ergänzend → § 335a Rn. 3.

III. Tathandlungen

Die Tathandlungen des § 334, nämlich das **Anbieten, Versprechen** oder **Gewähren,** entsprechen **7** denen des § 333 (→ § 333 Rn. 10 ff.).

IV. Bezugspunkt der Tathandlungen

Bezugspunkt der Tathandlungen ist nach Abs. 1 die Diensthandlung, nach Abs. 2 die richterliche **8** Handlung. Anders als bei § 333 wird bei § 334, genauso wie bei § 332, auf ein bestimmtes und zugleich **pflicht*widriges* Verhalten** abgestellt. Ob Dienstpflichten durch die Bezugshandlung verletzt werden, ist objektiv zu beurteilen (NK-StGB/*Kuhlen* § 333 Rn. 5 mwN).

1. Diensthandlung (Abs. 1). Voraussetzung des § 334 Abs. 1 ist, dass der Vorteil eine Gegenleistung **9** für eine konkrete Diensthandlung eines Amtsträgers, eines europäischen Amtsträgers, eines für den öffentlichen Dienst besonders Verpflichteten oder eines Soldaten der Bundeswehr darstellt. Dabei ist insbes. zwischen Zuwendungen für eine vergangene und eine künftige Diensthandlung sowie zwischen gebundenen und Ermessenshandlungen des Amtsträgers zu unterscheiden. Bezieht sich die Unrechtsvereinbarung auf eine **vergangene** Diensthandlung muss diese vom Amtsträger tatsächlich vorgenommen worden sein, anderenfalls kommt lediglich eine Strafbarkeit nach § 333 Abs. 1 in Betracht (LK-StGB/ *Sowada* Rn. 8; MüKoStGB/*Korte* Rn. 21; aA NK-StGB/*Kuhlen* § 333 Rn. 4). Bei **zukünftigen** Diensthandlungen (→ Rn. 12 f.) macht sich der Bestechende auch dann strafbar, wenn der Amtsträger die Diensthandlung später tatsächlich nicht vornimmt, und zwar auch dann, wenn er zu keinem Zeitpunkt beabsichtigt hat, die pflichtwidrige Diensthandlung vorzunehmen (MüKoStGB/*Korte* Rn. 22).

Bei **ausländischen Tätern** (→ Rn. 6) ist die Pflichtwidrigkeit der Diensthandlung grds. nach der **10** jeweiligen ausländischen Rechtsordnung oder dem Recht der internationalen Organisation zu bestimmen (LK-StGB/*Sowada* Rn. 5 mwN). Bzgl. der Pflichtwidrigkeit im § 335a Abs. 1 s. *Papathanasiou* wistra 2016, 175 (178).

2. Richterliche Handlung (Abs. 2). Der objektive Tatbestand des § 334 Abs. 2 erfordert, dass der **11** Richter, das Mitglied eines Gerichts der EU oder der Schiedsrichter als Gegenleistung für den vereinbarten Vorteil eine pflichtwidrige (schieds-)richterliche Handlung vorgenommen hat oder zukünftig vornehmen wird. Hinsichtlich der Bestimmtheit der richterlichen Handlung wird auf die Ausführungen zu § 331 Abs. 2 verwiesen (→ § 331 Rn. 64 ff.). Im Übrigen gelten die Ausführungen zu vergangenen und zukünftigen Diensthandlungen (→ Rn. 9 f.; → Rn. 12 f.) entsprechend.

3. Künftige Handlung im Besonderen (Abs. 3). Aus § 334 Abs. 3 Nr. 1 folgt, dass der Tatbestand **12** bereits dann erfüllt ist, wenn sich die Tathandlung als Gegenleistung für eine künftige Diensthandlung (Abs. 1) bzw. richterliche Handlung (Abs. 2) darstellt und der Täter den anderen zu bestimmen versucht, bei der Handlung seine Pflichten zu verletzen (vgl. § 30). Bei künftigen **Ermessensentscheidungen** (wie etwa die erforderliche Zustimmung der Schulleitung zur Durchführung einer Schulfotoaktion; hierzu BGH wistra 2011, 391) genügt es nach § 334 Abs. 3 Nr. 2, wenn der Täter den Amtsträger zu bestimmen versucht, sich bei der Ausübung seines dienstlichen Ermessens (vgl. hierzu BGH GA 1959, 374; NJW 1960, 830; OLG Frankfurt a. M. NJW 1990, 2074) durch den Vorteil beeinflussen zu lassen. Auch bei Ermessensentscheidungen ist es unbeachtlich, ob der Beamte sich von dem Vorteil tatsächlich beeinflussen lässt und ob die vom Bestechenden angestrebte Diensthandlung sachlich gerechtfertigt ist (→ § 332 Rn. 25; vgl. dazu BGH NJW 1960, 2154; 2009, 3248; BGH NStZ-RR 2008, 13). Auch eine konkludente Erklärung ist ausreichend (vgl. Lackner/Kühl/*Heger* Rn. 3; Spickhoff/*Schuhr* Rn. 80).

13   Ein **Bestimmen** setzt voraus, dass der Vorteilsgeber mit dem Anbieten, Versprechen oder Gewähren eines Vorteils ausdrücklich oder konkludent versucht, den Entschluss des Amtsträgers hervorzurufen, seine Pflichten bei der Vornahme einer Diensthandlung zu verletzen (Schönke/Schröder/*Heine/Eisele* Rn. 6). Der erfolglose **Versuch des Bestimmens** ist ausreichend (BGH wistra 1998, 108 zu Schmiergeldern zur Beschleunigung der Bearbeitung von Aufträgen; Lackner/Kühl/*Heger* Rn. 3; BeckOK StGB/*v. Heintschel-Heinegg* Rn. 3). Unbeachtlich ist, ob der Amtsträger den Entschluss zuvor schon gefasst hatte (MüKoStGB/*Korte* Rn. 22) oder zur Vornahme der pflichtwidrigen Diensthandlung überhaupt in der Lage ist (LK-StGB/*Sowada* Rn. 11; Matt/Renzikowski/*Sinner* Rn. 4). Auch ist der Versuch des Bestimmens nicht davon abhängig, welche Erfolgschance sich der Täter für seinen Versuch ausrechnet (Schönke/Schröder/*Heine/Eisele* Rn. 6). Voraussetzung ist jedoch, dass die vom Bestechenden begehrte Diensthandlung bei ihrer Vornahme objektiv pflichtwidrig wäre (ausf. LK-StGB/*Sowada* Rn. 9 f.; MüKoStGB/*Korte* Rn. 22; NK-StGB/*Kuhlen* Rn. 6; Schönke/Schröder/*Heine/Eisele* Rn. 10; SK-StGB/*Rudolphi/Stein* Rn. 6). Der Versuch des Bestimmens führt nicht zu einer Vorverlagerung des Vollendungszeitpunkts (LK-StGB/*Sowada* Rn. 17).

V. Unrechtsvereinbarung

14   Das Erfordernis einer **Unrechtsvereinbarung** ist auch dem Tatbestand der Bestechung immanent (zur fehlenden Unrechtsvereinbarung s. OLG Köln BeckRS 2014, 18661). Somit setzt § 334 voraus, dass der Vorteil dem Amtsträger oder Richter um einer bestimmten geschehenen oder künftigen Diensthandlung willen zugutekommen soll, dass er nach dem ausdrücklichen oder stillschweigenden Einverständnis der beiden Beteiligten seinen Grund gerade in der Diensthandlung hat oder dass er „Äquivalent" oder „Entgelt" für die Diensthandlung ist (vgl. BGH NStZ 1994, 488 mit krit. Anm. *Maiwald*; 1987, 326). Die **Pflichtwidrigkeit** des Verhaltens ist jedoch **kein Bestandteil** der Unrechtsvereinbarung, weshalb nur der Vorteilsgeber – nicht aber der Vorteilsnehmer – diesbezüglich vorsätzlich handeln muss (LK-StGB/*Sowada* Rn. 12, 15). Zum Begriff und den Anforderungen an die Unrechtsvereinbarung → § 331 Rn. 67 ff.

C. Subjektiver Tatbestand

15   Der Tatbestand der Bestechung setzt in subjektiver Hinsicht voraus, dass der Bestechende vorsätzlich (*dolus eventualis* genügt) handelt (§§ 15, 16 Abs. 1). Der Amtsträger braucht nicht vorsätzlich zu handeln. Über die reine Tatsachenkenntnis hinaus wird auch eine Bedeutungskenntnis aller Merkmale verlangt. Hinsichtlich des internationalen und ausländischen Empfängerkreises (→ Rn. 6) muss der Bestechende Bedeutungskenntnis im Hinblick auf die tatsächlichen Umstände für die Einordnung des Partners als tauglicher Empfänger haben (vgl. LK-StGB/*Sowada* Rn. 14). Abzustellen ist nicht auf den abstrakt wahrzunehmenden „Laien" (so das Kriterium der Parallelwertung in der Laiensphäre), sondern auf den **konkret betroffenen Normadressaten** iSd in seinem eigenen Verkehrskreis handelnden und nach dessen Maßstäben zu beurteilenden Bürgers. Es muss **sich mithin die gesetzgeberische Grundentscheidung im Verständnishorizont des Täters widerspiegeln** (zu diesem verfassungsbezogenen Kriterium als Konkretisierung des Vorsatzgegenstandes s. *Papathanasiou* FS Roxin, 2011, 467 ff.; ausf. *dies.* Irrtum über normative Tatbestandsmerkmale, 2014, passim).

16   Der Vorsatz muss sich insbes. auf die **Pflichtwidrigkeit** der dienstlichen oder richterlichen Handlung sowie auf die Verknüpfung zwischen Vorteil und Diensthandlung beziehen (vgl. BGH NJW 2007, 3446 (3449) bzgl. § 333; → § 333 Rn. 25 ff.). Der Vorsatz muss sich jedoch weder darauf erstrecken, dass der Vorteilnehmer die Pflichtwidrigkeit seiner Diensthandlung erkennt (→ Rn. 14), noch darauf, den Tatentschluss des Amtsträgers hervorzurufen (MüKoStGB/*Korte* Rn. 28). Letzteres gilt auch für Abs. 3 (NK-StGB/*Kuhlen* Rn. 7; vgl. Schönke/Schröder/*Heine/Eisele* Rn. 10).

17   Nachdem das IStGHGG durch **G v. 20.11.2015 (BGBl. I 2025)** aufgehoben wurde, ist die einschlägige Bestechung kein Delikt mit überschießender Innentendenz mehr. Dies kann in der Praxis im Hinblick auf das **Rückwirkungsverbot** relevant sein (→ § 335a Rn. 10 f.).

D. Irrtümer

18   Zu den Irrtumsfragen gelten mutatis mutandis die Ausführungen zu § 331 (→ § 331 Rn. 178 ff.) unter Berücksichtigung der besonderen Vorstellungen des Bestechenden (vgl. Schönke/Schröder/*Heine/Eisele* Rn. 10, der dabei zwischen zurückliegenden und künftigen Handlungen differenziert). Geht der Täter irrtümlicherweise von einer pflichtgemäßen Diensthandlung aus, kommt eine Strafbarkeit nach § 333 in Betracht (Fischer Rn. 7; LK-StGB/*Sowada* Rn. 15; Matt/Renzikowski/*Sinner* Rn. 6; NK-StGB/*Kuhlen* Rn. 5, alle mwN). Geht der Täter irrtümlicherweise von einer vermeintlich pflichtwidrigen Diensthandlung nach Abs. 1 aus, liegt ein strafloser Versuch vor. Geht der Täter im Fall des Abs. 2 irrtümlicherweise von einer pflichtwidrigen richterlichen Handlung aus, macht er sich sowohl der vollendeten Vorteilsgewährung gem. § 333 Abs. 1 (dieser setzt nämlich keine pflichtwidrige Handlung voraus) als auch tateinheitlich der versuchten Bestechung gem. § 334 Abs. 2 S. 2 strafbar (SK-

StGB/*Rudolphi*/*Stein* Rn. 6; → § 333 Rn. 37). Nach den Änderungen durch **G** v. **20.11.2015**
(BGBl. I 2025) ist die früher bestehende Strafbarkeitslücke im Anwendungsbereich des IntBestG u. des
EUBestG, die sich nicht auf § 333 bezogen, beseitigt worden.

Der Irrtum über die Stellung des Amtsträgers wirkt vorsatzausschließend, während der Irrtum über **19**
die Strafbarkeit der Bestechung ausländischer u. internationaler Amtsträger ein Verbotsirrtum ist (vgl.
MüKoStGB/*Korte* Rn. 27). Kennt der Täter den Status solcher Vorteilsnehmer, irrt sich aber über die
Zugehörigkeit zum Kreis tauglicher Empfänger, liegt ein unbeachtlicher Subsumtionsirrtum vor (LK-
StGB/*Sowada* Rn. 14; NK-StGB/*Kuhlen* Rn. 7). Geht der Täter irrtümlicherweise davon aus, sein
Partner sei tauglicher Empfänger, liegt ein nach Abs. 1 strafloser, nach Abs. 2 strafbarer Versuch vor
(Schönke/Schröder/*Heine*/*Eisele* Rn. 9 mwN).

E. Rechtswidrigkeit

Da Vorteile für pflichtwidrige Diensthandlungen nicht genehmigungsfähig sind (vgl. BT-Drs. 7/550, **20**
272), kommt bei § 334 – ähnlich wie bei § 332 – eine rechtfertigende Genehmigung nicht in Betracht.
Ebenso wenig unterliegt § 334 einer einschränkenden Auslegung bei der Zuwendung von Drittmitteln
oder Wahlkampfspenden (vgl. MüKoStGB/*Korte* Rn. 24; Schönke/Schröder/*Heine*/*Eisele* Rn. 3;
Spickhoff/*Schuhr* Rn. 58; → § 333 Rn. 19 ff.; → § 331 Rn. 98 ff.). In Betracht kommt uU § 34 in der
Form des **Nötigungsnotstandes** (vgl. *Dann* wistra 2011, 127; LK-StGB/*Sowada* Rn. 16; NK-StGB/
Kuhlen Rn. 3g, 10, alle mwN).

F. Versuch, Vollendung und Beendigung

Der **Versuch** der Bestechung eines Amtsträgers, eines europäischen Amtsträgers, eines für den öffent- **21**
lichen Dienst besonders Verpflichteten bzw. eines Soldaten der Bundeswehr ist – anders als der Versuch
einer Bestechlichkeit dieser Personen nach § 332 Abs. 1 – nicht strafbar. Nur die Strafbarkeit der
versuchten Bestechung eines Richters, eines Mitglieds eines Gerichts der EU oder eines Schiedsrichters
ist nach § 334 Abs. 2 S. 2 geregelt. Zum unmittelbaren Ansetzen zur Tat gelten die Ausführungen zu
§ 331 (→ § 331 Rn. 168) entsprechend.

Zur Vollendung und Beendigung des Tatbestandes der Bestechung wird zunächst auf die Ausführun- **22**
gen zur Vorteilsgewährung verwiesen (→ § 333 Rn. 40). Den Vollendungszeitpunkt gibt die jeweilige
Tathandlung vor (→ § 333 Rn. 40 iVm → § 333 Rn. 10 ff.). Der Versuch des Bestimmens führt nicht zu
einer Vorverlagerung des Vollendungszeitpunkts (→ Rn. 13; vgl. aber Schönke/Schröder/*Heine*/*Eisele*
Rn. 14: „zu den Fällen des Abs. 3 mit dem Bestimmungsversuch"). Bei § 334 ist für die **Vollendung**
der Straftat nicht erforderlich, dass der Bestochene eine pflichtwidrige Handlung begeht. Werden
Bestechung und Bestechlichkeit in der Form begangen, dass der Bestechende zunächst den Vorteil
gewährt und der Amtsträger sodann die pflichtwidrige Diensthandlung vornimmt, so ist die Tat erst mit
der Vornahme der – letzten – Diensthandlung **beendet** (vgl. BGHSt 52, 300).

G. Täterschaft und Teilnahme

Täter des § 334 kann grds. jedermann sein. Der Gesetzgeber hat die Teilnahme des Vorteilsnehmers **23**
an der Vorteilsgewährung oder Bestechung des Vorteilsgebers durch die Sondertatbestände der Vorteilsannahme und Bestechlichkeit **abschließend** geregelt (→ § 333 Rn. 41). Der **Vorteilsnehmer** kann
sich nur nach §§ 331, 332 oder nach § 48 Abs. 1 u. 2 WStG (Lackner/Kühl/*Heger* Rn. 5) strafbar
machen und nicht Mittäter oder Teilnehmer an einer Tat nach §§ 333 u. 334 sein, auch wenn die
Initiative von ihm ausging (NK-StGB/*Kuhlen* Rn. 9; Schönke/Schröder/*Heine*/*Eisele* Rn. 11). Entsprechend kann der **Vorteilsgeber** nicht zugleich Teilnehmer etwa der Bestechlichkeit sein (BGHSt 37,
207; Fischer Rn. 6). Der – als Partner der Unrechtsvereinbarung in Erscheinung tretende – Vorteilsgeber
prägt das Tatbild der Bestechlichkeit so entscheidend, dass die Tatidentität bei einem Austausch seiner
Person dann nicht gewahrt ist, wenn der (nach Anklage) Bestochene nunmehr seinerseits als Täter der
Bestechung erscheint (BGH NStZ 2000, 318). Vgl. im Übrigen die Ausführungen zu → § 333 Rn. 41 f.

Nach der Änderung des Wortlauts der §§ 331 ff., der Einführung des § 335a und der Umformulie- **24**
rung des § 11 Abs. 1 Nr. 15 durch **G v. 20.11.2015 (BGBl. I 2025)** sind die früheren Ungereimtheiten
bzgl. Anstiftung und Teilnahme im internationalen Verkehr beseitigt worden (vgl. zur früheren Rechtslage nur MüKoStGB/*Korte* Rn. 31).

H. Konkurrenzen

Jede Tathandlung ist grds. eine rechtlich selbstständige Straftat, so dass **Tatmehrheit** vorliegt. Bei **25**
mehreren Zuwendungen liegt **Tateinheit** vor (näher zu den Konkurrenzen → § 333 Rn. 43). Hinter
§ 334 tritt § 333 im Wege der **Gesetzeskonkurrenz** zurück. Ist der bestochene Amtsträger zugleich
Angestellter oder Beauftragter eines geschäftlichen Betriebes, kann nach hM zwischen §§ 334 u. 299
Abs. 2 **Tateinheit** bestehen (vgl. *Höltkemeier* Sponsoring als Straftat, 2005, 181; *Wollschläger* Der Täterkreis des § 299 Abs. 1 StGB, 2009, 62; näher zum Verhältnis zwischen § 299 u. §§ 331 ff. s. Mü-

KoStGB/*Krick* § 299 Rn. 41). Handelt es sich bei der vom Amtsträger erwarteten pflichtwidrigen Diensthandlung zugleich um eine Straftat, kommt **Tateinheit** mit Anstiftung bzw. versuchter Anstiftung nach § 30 (bei Verbrechen) in Betracht, wenn sich die Unterstützung auf die Tathandlung des § 334 beschränkt (BGHSt 6, 308; NK-StGB/*Kuhlen* Rn. 11; SK-StGB/*Rudolphi/Stein* Rn. 10; vgl. auch Schönke/Schröder/*Heine/Eisele* Rn. 16). **Tatmehrheit** liegt vor, wenn selbstständige Unterstützungs-handlungen zu einzelnen strafbaren Dienstpflichtverletzungen erfolgen, die nicht durch die Unrechts-vereinbarung miteinander verknüpft werden (Fischer Rn. 10). § 334 kann (uU auch iVm § 335a) als **Vortat des Geldwäschetatbestandes** nach § 261 Abs. 1 S. 2 Nr. 2a) in Betracht kommen (BGHSt 53, 205; LK-StGB/*Sowada* Rn. 19 mwN; MüKoStGB/*Korte* Rn. 43; Matt/Renzikowski/*Sinner* Rn. 14; NK-StGB/*Kuhlen* Rn. 1).

I. Rechtsfolgen

26   **1. Strafzumessung.** Die Bestechung nach Abs. 1 ggü. Amtsträgern, europäischen Amtsträgern, für den öffentlichen Dienst besonders Verpflichteten und Soldaten der Bundeswehr wird mit Freiheitsstrafe von drei Monaten bis zu fünf Jahren bestraft. Wird die Tat ggü. einem Richter, Mitglied eines Gerichts der EU oder Schiedsrichter begangen, ist zwischen vergangenen und zukünftigen richterlichen Hand-lungen zu unterscheiden, weil der Unrechtsgehalt der Bestechung für in der Vergangenheit liegende pflichtwidrige Handlungen vom Gesetzgeber geringer bewertet wurde (s. BT-Drs. 7/550, 276). In diesem Fall beträgt der Strafrahmen drei Monate bis fünf Jahre. Bei zukünftigen richterlichen Hand-lungen ist die Mindeststrafe auf sechs Monate erhöht, die Höchststrafe beträgt ebenfalls fünf Jahre. In § 334 Abs. 1 S. 2 wird zudem ein minder schwerer Fall der Bestechung ggü. Amtsträgern etc vorgesehen (Freiheitsstrafe von bis zu zwei Jahren oder Geldstrafe), dh nicht ggü. Richtern etc. Eine Strafzumes-sungsregel für besonders schwere Fälle ist in § 335 enthalten. Für die Strafzumessung im engeren Sinne gelten die Ausführungen zu § 331 entsprechend (→ § 331 Rn. 194). Zu berücksichtigen ist bei der Strafzumessung, ob die Bestechung Erfolg hatte und eine pflichtwidrige dienstliche oder richterliche Handlung begangen wurde (BGH GA 1959, 176; LK-StGB/*Sowada* Rn. 20; Schönke/Schröder/*Heine/ Eisele* Rn. 15). In Betracht kann auch § 30 OWiG in Bezug auf Unternehmen kommen (MüKoStGB/ *Korte* Rn. 44).

27   **2. Verfall.** Nach §§ 73 ff. unterliegt das aus der Bestechung „Erlangte" dem Verfall (vgl. BGH JR 2003, 157 (159); LK-StGB/*Sowada* Rn. 21; NK-StGB/*Kuhlen* Rn. 13). Bei einer Auftragserteilung ist der wirtschaftliche Wert des Auftrags entscheidend (BGH NJW 2006, 925). In Betracht kommen ferner Chancen auf den Abschluss von Verträgen und die Verbesserung der Marktposition ggü. Kon-kurrenten, etwa durch die bessere Auslastung von Kapazitäten sowie die Werbung durch Prestige-objekte in Betracht (BGH NJW 2006, 925; sa *Wehnert/Mosiek* StV 2005, 568). Gewährt der Täter dem Amtsträger eine „Belohnung" für eine bereits vorgenommene pflichtwidrige Diensthandlung, fehlt es an etwas aus der Tat Erlangtem (LK-StGB/*Sowada* Rn. 21; MüKoStGB/*Korte* Rn. 40). Bei gewerbs- oder bandenmäßiger Bestechung ist nach § 338 die Vorschrift des § 73d (erweiterter Verfall) anzuwenden.

J. Prozessuales

28   **1. Verjährung.** Nach § 78 Abs. 3 Nr. 4 beträgt die Verjährungsfrist in allen Fällen der Bestechung fünf Jahre. Ob ein besonders schwerer Fall nach § 335 vorliegt, ist nach § 78 Abs. 4 für die Verjährung unbeachtlich. Die Verjährungsfrist beginnt mit der Beendigung der Tat (→ Rn. 22; → § 332 Rn. 61 ff.).

29   **2. Zuständigkeit.** Zuständig für den ersten Rechtszug und die Verhandlung und Entscheidung über das Rechtsmittel der Berufung gegen die Urteile des Schöffengerichts ist die **Wirtschaftsstrafkammer,** soweit zur Beurteilung des Falles besondere Kenntnisse des Wirtschaftslebens erforderlich sind (§ 74c Abs. 1 Nr. 6a GVG).

30   **3. Sonstiges.** Die **Überwachung der Telekommunikation** nach § 100a Abs. 2 Nr. 1t StPO sowie die **Aufzeichnung** des nicht öffentlich gesprochenen Wortes außerhalb von Wohnungen nach § 100f StPO sind bei § 334 zulässig (vgl. MüKoStGB/*Korte* Rn. 47). Die Aufzeichnung des nicht öffentlich gesprochenen Wortes innerhalb von Wohnungen („Großer Lauschangriff") kommt nur bei besonders schweren Fällen der Bestechung gem. §§ 334 iVm 335 Abs. 2 Nr. 1–3 in Betracht (§ 100c Abs. 2 Nr. 1m StPO). Wenn der Beschuldigte der gemeinschaftlichen Bestechung inländischer bzw. ausländischer Amtsträger verdächtig und zu vermuten war, dass die **Durchsuchung zur Auffindung von Beweismitteln** führen werde, ist die Anordnung der Durchsuchung der Wohnräume einschließlich der Nebenräume und der benutzten bzw. mitbenutzten Pkw sowie der Person des Beschuldigten nach §§ 94, 95, 98, 102, 162 StPO zulässig (s. LG Stuttgart BeckRS 2014, 09998). Zu **Mitteilungspflichten** s. Matt/Renzikowski/*Sinner* Rn. 18.

§ 335 Besonders schwere Fälle der Bestechlichkeit und Bestechung

(1) In besonders schweren Fällen wird

1. eine Tat nach
   a) § 332 Abs. 1 Satz 1, auch in Verbindung mit Abs. 3, und
   b) § 334 Abs. 1 Satz 1 und Abs. 2, jeweils auch in Verbindung mit Abs. 3,
   mit Freiheitsstrafe von einem Jahr bis zu zehn Jahren und
2. eine Tat nach § 332 Abs. 2, auch in Verbindung mit Abs. 3, mit Freiheitsstrafe nicht unter zwei Jahren

bestraft.

(2) Ein besonders schwerer Fall im Sinne des Absatzes 1 liegt in der Regel vor, wenn

1. die Tat sich auf einen Vorteil großen Ausmaßes bezieht,
2. der Täter fortgesetzt Vorteile annimmt, die er als Gegenleistung dafür gefordert hat, daß er eine Diensthandlung künftig vornehme, oder
3. der Täter gewerbsmäßig oder als Mitglied einer Bande handelt, die sich zur fortgesetzten Begehung solcher Taten verbunden hat.

A. Allgemeine Erläuterungen

§ 335 enthält eine Strafzumessungsregel und wurde mit dem KorrBekG neu eingeführt, um besonders **1** schwere Fälle der Korruption angemessen sanktionieren zu können (BT-Drs. 553/96, 19; vgl. *König* JR 1997, 397 (400)). Die Vorschrift entspricht dem § 300 für Fälle der Bestechung und Bestechlichkeit im geschäftlichen Verkehr. **Abs. 1** stellt klar, dass die Strafzumessungsregel sich nur auf Taten der Bestechung und Bestechlichkeit (§§ 332, 334), nicht hingegen auf die bloße Vorteilsannahme oder Vorteilsgewährung (§§ 331, 333) bezieht. **Abs. 2** nennt drei Regelbeispiele (→ Rn. 5 ff.). Die Vorschrift findet aufgrund der Gleichstellungsvorschriften in § 48 Abs. 1 und 2 WStG auch auf Offiziere, Unteroffiziere und Mannschaften der Bundeswehr Anwendung (vgl. LK-StGB/*Sowada* Rn. 1; MüKoStGB/*Korte* Rn. 3). Nach der Änderung des Wortlauts der §§ 331 ff., der Einführung des § 335a und der Umformulierung des § 11 Abs. 1 Nr. 15 durch **G v. 20.11.2015 (BGBl. I 2025)** bezieht sich nun § 335 entsprechend auch auf ausländische und internationale Bedienstete (die einschlägigen Vorschriften des EUBestG, IntBestG, IStGHGG u. NTSG wurden gleichzeitig aufgehoben). Die Aufzeichnung des nicht öffentlich gesprochenen Wortes innerhalb von Wohnungen ("Großer Lauschangriff") kommt nur bei besonders schweren Fällen der Bestechlichkeit und Bestechung in Betracht (§ 100c Abs. 2 Nr. 1m StPO).

IE betreffen die in § 335 Abs. 1 Nr. 1 benannten besonders schweren Fälle die Bestechlichkeit von **2** Amtsträgern nach § 332 Abs. 1 sowie die Bestechung von Amtsträgern und Richtern (einschließlich Mitgliedern eines Gerichts der EU u. Schiedsrichtern) nach § 334 Abs. 1 u. 2. Für all diese Fälle wird die Strafdrohung des Normalstrafrahmens von drei (§ 334) bzw. sechs Monaten (§ 332) bis zu fünf Jahren Freiheitsstrafe auf eine Freiheitsstrafe von einem bis zu zehn Jahren erhöht (s. etwa BGH BeckRS 2013, 079121 – Fall Ecclestone: 8 Jahre u. 6 Monate Freiheitsstrafe für Bestechungsgeld iHv über 32 Mio. EUR). Bei der Bestechlichkeit von Richtern, die im Grundtatbestand bereits mit Freiheitsstrafe von einem bis zu zehn Jahren Freiheitsstrafe bedroht ist, normiert § 335 Abs. 1 Nr. 2 iVm § 38 Abs. 2 eine Erhöhung des Strafrahmens auf zwei bis fünfzehn Jahre. Hinsichtlich der Verjährung ist § 78b Abs. 4 zu berücksichtigen (NK-StGB/*Kuhlen* Rn. 9).

Trotz der Strafandrohung von mehr als einem Jahr Freiheitsstrafe sind die besonders schweren Fälle **3** der Bestechlichkeit und Bestechung **Vergehen** (§ 12 Abs. 1; vgl. BGH BeckRS 2015, 02711). Es ist daher weder § 30 anwendbar noch ist der Versuch im Fall der besonders schweren Bestechung von Amtsträgern nach § 334 Abs. 1 iVm § 335 Abs. 1 Nr. 1b strafbar (LK-StGB/*Sowada* Rn. 2; SK-StGB/ *Rudolphi/Stein* Rn. 1a).

Strafzumessungsregeln enthalten weder eine zwingende noch eine abschließende Regelung. Ein **4** besonders schwerer Fall kann somit auch vorliegen, wenn eine große Anzahl an Pflichtverletzungen eines Amtsträgers festzustellen ist, eine Zwangslage eines der Beteiligten ausgenutzt wird oder Gegenstand der Unrechtsvereinbarung besonders schwerwiegende Pflichtverletzungen sind (MüKoStGB/*Korte* Rn. 17; LK-StGB/*Sowada* Rn. 17). Auch wenn die Voraussetzungen eines der Regelbeispiele vorliegen, kann umgekehrt vorkommen, dass überwiegende Milderungsgründe die Indizwirkung eines verwirklichten Regelbeispiels beseitigen und somit zu einem Ausschluss eines besonders schweren Falles führen (BGH wistra 2010, 185; MüKoStGB/*Korte* Rn. 18). In die erforderliche **Gesamtabwägung** (Schönke/ Schröder/*Heine/Eisele* Rn. 6) können zB das Vorliegen einer unverschuldeten Notlage oder die Annahme nur sehr geringer Geldbeträge eingestellt werden. Ferner kann von Bedeutung sein, dass sich die Pflichtwidrigkeit der Diensthandlung nicht ausgewirkt hat oder dass sich die Unrechtsvereinbarung lediglich auf eine unbedeutende Pflichtverletzung bezog (MüKoStGB/*Korte* Rn. 18; LK-StGB/*Sowada* Rn. 17).

B. Die Regelbeispiele im Einzelnen (Abs. 2)

5   Abs. 2 führt drei Regelbeispiele von besonders schweren Fällen auf, nämlich den Vorteil großen Ausmaßes (→ Rn. 6 ff.), die fortgesetzte Vorteilsnahme (→ Rn. 13 ff.) sowie die gewerbs- oder bandenmäßige Begehungsweise (→ Rn. 18 ff.). Während Nr. 1 sowohl die Fälle der Bestechung als auch der Bestechlichkeit, mithin die Geber- und die Nehmerseite, betrifft, kann Nr. 2 nur von dem Amtsträger oder Richter, mithin der Nehmerseite, erfüllt werden. Nr. 3 hingegen ist in erster Linie für den Bestechenden konzipiert (vgl. BR-Drs. 13/5584, 17).

I. Vorteil großen Ausmaßes (Nr. 1)

6   Ein besonders schwerer Fall ist nach Abs. 2 Nr. 1 in der Regel anzunehmen, wenn sich die Tat auf einen Vorteil großen Ausmaßes bezieht. Dies ist der Fall, wenn die vereinbarte oder angenommene **materielle** (MüKoStGB/*Korte* Rn. 8; SK-StGB/*Rudolphi/Stein* Rn. 2) **Zuwendung** ihrem Umfang nach deutlich aus dem Rahmen durchschnittlicher Fälle herausragt (Fischer Rn. 3). Der „Vorteil großen Ausmaßes" muss sich auf den Vorteil beim Amtsträger und nicht ein Vorteil des Zuwendenden aus der – pflichtwidrigen – Diensthandlung des Amtsträgers (etwa im Hinblick auf eine Auftragserteilung) beziehen. Letzteres wäre für einen unbenannten besonders schweren Fall relevant (LK-StGB/*Sowada* Rn. 4; MüKoStGB/*Korte* Rn. 7).

7   Dass sich die Tat auf einen Vorteil großen Ausmaßes „beziehen" muss, bedeutet, dass es entscheidend auf die Unrechtsvereinbarung und nicht auf die tatsächliche Zuwendung ankommt (LK-StGB/*Sowada* Rn. 8, NK-StGB/*Kuhlen* Rn. 4; Schönke/Schröder/*Heine/Eisele* Rn. 3; SK-StGB/*Rudolphi/Stein* Rn. 3). Das Regelbeispiel ist insofern auch dann erfüllt, wenn der Amtsträger einen Vorteil großen Ausmaßes fordert oder ihm ein solcher versprochen wird und später lediglich ein geringerer Betrag geleistet wird (Fischer Rn. 6; MüKoStGB/*Korte* Rn. 11).

8   Die Frage, **ab welchem Wert** ein Vorteil großen Ausmaßes gegeben ist, erhebt Einwände aus der Sicht der Bestimmtheit (krit. LK-StGB/*Tiedemann* § 300 Rn. 4) und kann nicht pauschal bestimmt werden. Nach dem gesetzgeberischen Willen hat die Bestimmung der Grenze unabhängig von § 300 S. 2 Nr. 1 zu erfolgen (BR-Drs. 13/5584, 17). Es können auch nicht ohne Weiteres die Größenordnungen des Subventionsbetruges (§ 264 Abs. 2 S. 2 Nr. 1) oder des Betruges im besonders schweren Fall (§ 263 Abs. 3 S. 2 Nr. 2) zugrunde gelegt werden (vgl. auch NK-StGB/*Kuhlen* Rn. 3). Die Auslegung hat sich nämlich an dem jeweiligen Tatbestand zu orientieren (vgl. BGHSt 48, 360 (364); 53, 71 (83); s. jüngst BGH NStZ-RR 2015, 278 (280)).

9   Im Schrifttum werden verschiedene Grenzen vorgeschlagen: Teilweise wird ausgeführt, dass materielle Zuwendungen im Wert von unter 10.000 EUR keinesfalls ausreichend seien (Lackner/Kühl/*Heger* Rn. 2; Fischer Rn. 6). Ferner wird vertreten, dass eine Zuwendung, die 25.000 EUR nicht übersteige, nicht unter § 335 Abs. 2 Nr. 1 falle, zumal diese Summe dem Netto-Jahreseinkommen vieler Angehöriger des höheren Dienstes entspreche (vgl. NK-StGB/*Kuhlen* Rn. 4; Schönke/Schröder/*Heine/Eisele* Rn. 3; SK-StGB/*Rudolphi/Stein* Rn. 2) bzw. dass idR ein Mindestbetrag von 50.000 EUR erforderlich sei (MüKoStGB/*Korte* Rn. 9; SSW StGB/*Rosenau* Rn. 5; vgl. auch Wessels/Hettinger StrafR BT I Rn. 1124). Vorzugswürdig erscheint die **vermittelnde Lösung** zu sein, dass nämlich 25.000 EUR als Mindestgrenze anzusetzen und 50.000 EUR regelmäßig als Orientierungsgröße anzusehen seien (LK-StGB/*Sowada* Rn. 6 unter vergleichender Berücksichtigung der Voraussetzungen und Strafrahmen der §§ 263 Abs. 3, 264 Abs. 2 u. 267 Abs. 3). Ob der Vorteil dem Amtsträger selbst oder einem Dritten zugutekommt, darf allerdings die Grenze nicht beeinflussen (MüKoStGB/*Korte* Rn. 9; aA LK-StGB/ *Sowada* Rn. 6).

10   Bei der Frage, ob ein Vorteil großen Ausmaßes vorliegt, ist entscheidend, dass der **Grund für den erhöhten Strafrahmen** in der besonderen Verletzung des geschützten Rechtsgutes liegt. Bei der Gewährung von Vorteilen großen Ausmaßes wird nämlich sowohl das Vertrauen der Allgemeinheit in die Lauterkeit der Verwaltung in erheblichem Umfang erschüttert als auch der Amtsträger in besonderer Weise korrumpiert (NK-StGB/*Kuhlen* Rn. 3; SK-StGB/*Rudolphi/Stein* Rn. 2). Es empfiehlt sich deswegen eine objektiv pauschalisierende Bestimmung der Grenze des großen Ausmaßes, wobei individuelle Verhältnisse des Amtsträgers wie auch dessen Stellung und Vermögensverhältnisse nur eingeschränkt zu berücksichtigen sind (LK-StGB/*Sowada* Rn. 5; MüKoStGB/*Korte* Rn. 8; NK-StGB/*Kuhlen* Rn. 3; Schönke/Schröder/*Heine/Eisele* Rn. 3; BeckOK StGB/*v. Heintschel-Heinegg* Rn. 4).

11   Erhält der Amtsträger aufgrund einer Unrechtsvereinbarung mehrere einzelne Zuwendungen, ist der Gesamtwert für die Bestimmung des Vorteils großen Ausmaßes von Bedeutung, solange nur eine Tat iSd §§ 332 bzw. 334 vorliegt (MüKoStGB/*Korte* Rn. 10; SK-StGB/*Rudolphi/Stein* Rn. 2a). Gleiches kann für eine Unrechtsvereinbarung mit „Open-end-Charakter" gelten, bei der die zu gewährende Zuwendung von der zukünftigen Entwicklung abhängt (vgl. LK-StGB/*Sowada* Rn. 7; SK-StGB/*Rudolphi/ Stein* Rn. 2a, beide mwN).

12   Der sog Quasivorsatz muss die tatsächlichen Voraussetzungen des Vorteils großen Ausmaßes umfassen (BGHSt 33, 370 (374)). Verkennt der Täter, dass es sich bei der Zuwendung um eine Zuwendung großen Ausmaßes handelt, entfällt die Regelwirkung des § 335 (ausf. LK-StGB/*Sowada* Rn. 9). Bei dem Vorteil großen Ausmaßes geht es um ein **tatbezogenes** Merkmal und somit ist § 28 nicht analog anzuwenden. Der Quasivorsatz des Teilnehmers muss sich insofern auf die Verwirklichung des Regelbeispiels durch den Täter beziehen (SK-StGB/*Rudolphi*/*Stein* Rn. 3a).

II. Fortgesetzte Annahme von Vorteilen (Nr. 2)

Ein besonders schwerer Fall liegt zudem nach Abs. 2 Nr. 2 in der Regel vor, wenn der Täter für eine **13** zukünftige Diensthandlung geforderte Vorteile „fortgesetzt" entgegennimmt. Täter kann aufgrund des Erfordernisses der Annahme eines Vorteils nur der Vorteilsnehmer sein (vgl. Schönke/Schröder/*Heine*/ *Eisele* Rn. 4). Wegen der Bezugnahme auf Abs. 1 muss auch eine pflichtwidrige Diensthandlung vorliegen (Lackner/Kühl/*Heger* Rn. 2; NK-StGB/*Kuhlen* Rn. 6; Schönke/Schröder/*Heine*/*Eisele* Rn. 4). Die **besondere Strafwürdigkeit** liegt darin, dass der Täter sich aus eigenem Antrieb für die Verletzung von Dienstpflichten wiederholt bzw. ständig bezahlen lässt und damit das Vertrauen in die Lauterkeit des öffentlichen Dienstes besonders nachhaltig schädigt (BR-Drs. 13/5584, 17).

Voraussetzung für das Vorliegen dieses Regelbeispiels ist es, dass der Täter einen Vorteil als Gegen- **14** leistung für die Vornahme einer künftigen Diensthandlung gefordert, den Vorteil später angenommen und dabei fortgesetzt gehandelt hat (vgl. SK-StGB/*Rudolphi*/*Stein* Rn. 4). Der Amtsträger muss den Vorteil – anders als bei § 335 Abs. 2 Nr. 1 (→ Rn. 6 f.) – tatsächlich erlangt haben (LK-StGB/*Sowada* Rn. 11; MüKoStGB/*Korte* Rn. 144). Zuvor muss der Vorteil von dem Täter gefordert worden sein, wobei eine konkludente Forderung genügt. Die Initiative muss somit von dem Bestochenen ausgegangen sein (NK-StGB/*Kuhlen* Rn. 6). Das Verhalten des Täters bezieht sich – anders als bei den Bandentaten – auf die Vergangenheit oder Gegenwart, nicht auf die Zukunft (LK-StGB/*Sowada* Rn. 13; MüKoStGB/*Korte* Rn. 13).

Das Merkmal der „fortgesetzten" Annahme ist erfüllt, wenn der Täter in mehreren rechtlich selbst- **15** ständigen Fällen Vorteile entgegennimmt (Fischer Rn. 7; NK-StGB/*Kuhlen* Rn. 5; Schönke/Schröder/ *Heine*/*Eisele* Rn. 4). Insofern ist das Regelbeispiel nicht erfüllt, wenn die Zuwendung eines Vorteils durch mehrere Teilleistungen erfolgt (MüKoStGB/*Korte* Rn. 14; SK-StGB/*Rudolphi*/*Stein* Rn. 4; aA Fischer Rn. 9). Natürliche oder rechtliche Handlungseinheit genügt ebenfalls nicht (Fischer Rn. 8; MüKoStGB/*Korte* Rn. 13). Die Unrechtsvereinbarung mit „open-end-Charakter" reicht dagegen aus (vgl. LK-StGB/*Sowada* Rn. 12; NK-StGB/*Kuhlen* Rn. 5).

Aufgrund der erheblichen Strafdrohung wird ganz überwiegend eine **mindestens dreimalige Tat- 16 begehung** gefordert (Fischer Rn. 9; LK-StGB/*Sowada* Rn. 13; MüKoStGB/*Korte* Rn. 13; NK-StGB/ *Kuhlen* Rn. 5; Schönke/Schröder/*Heine*/*Eisele* Rn. 4; SSW StGB/*Rosenau* Rn. 8; SK-StGB/*Rudolphi*/ *Stein* Rn. 4). Der BGH bejaht dagegen die Voraussetzungen dieses Regelbeispiels bereits vom ersten Fall an, sofern die Beteiligten nur eine fortgesetzte Begehung verabredet haben (BGH NStZ 2000, 596 = BGH wistra 2000, 426; so auch MüKoStGB/*Korte* Rn. 13; vgl. auch Matt/Renzikowski/*Sinner* Rn. 4). Nicht erforderlich ist, dass die Vorteilsannahmen für mehrere Diensthandlungen erfolgen (Schönke/ Schröder/*Heine*/*Eisele* Rn. 4; BeckOK StGB/*v. Heintschel-Heinegg* Rn. 5).

Der Quasivorsatz muss sich auf die fortgesetzte Tatbegehung beziehen. Bei einer mindestens dreima- **17** ligen Tatbegehung ist es allerdings unbeachtlich, ob der Quasivorsatz bereits bei den ersten Taten auf weitere Tatbegehungen gerichtet war, ein „Fortsetzungsvorsatz" ist insofern nicht erforderlich (NK-StGB/*Kuhlen* Rn. 5; Schönke/Schröder/*Heine*/*Eisele* Rn. 4; SK-StGB/*Rudolphi*/*Stein* Rn. 4; aA Fischer Rn. 8). Soll das Regelbeispiel bei der ersten Annahme eines Vorteils festgestellt werden, setzt dies aber voraus, dass der Täter bei Begehung dieser Tat bereits beabsichtigt, künftig weitere Taten zu begehen (MüKoStGB/*Korte* Rn. 13). Bei der fortgesetzten Annahme geht es um ein **täterbezogenes** Merkmal iSd § 28 Abs. 2 (LK-StGB/*Sowada* Rn. 14; NK-StGB/*Kuhlen* Rn. 5).

III. Banden- und gewerbsmäßige Begehungsweise (Nr. 3)

Abs. 2 Nr. 3 enthält ein – gleichlautend zu § 300 Nr. 2 ausgestaltetes – Regelbeispiel in den zwei **18** Unterfällen der gewerbs- sowie der bandenmäßigen Begehungsweise, das vorwiegend zwar für den Tatbestand der Bestechung nach § 334 konzipiert wurde, aber auch auf die Bestechlichkeit des Amtsträgers oder Richters anzuwenden ist (LK-StGB/*Sowada* Rn. 15; BT-Drs. 13/5584, 17).

1. Gewerbsmäßige Begehungsweise. Nach Abs. 2 Nr. 3 Alt. 1 liegt ein besonders schwerer Fall **19** vor, wenn der Täter gewerbsmäßig handelt. Gewerbsmäßig handelt, wer die Absicht hat, sich durch wiederholte Tatbegehung eine nicht nur vorübergehende Einnahmequelle von einigem Umfang zu verschaffen. Liegt diese Absicht vor, dann erfüllt bereits die erste Tatbegehung das vorliegende Regelbeispiel (BGH NStZ 1998, 98; 1995, 85; LK-StGB/*Sowada* Rn. 15; NK-StGB/*Kuhlen* Rn. 7). Die Zuwendung von nur geringen Beträgen reicht nicht aus (BGH wistra 2000, 426 (429); OLG Stuttgart NStZ 2003, 40 f.; MüKoStGB/*Korte* Rn. 15). Handelstätigkeit ist nicht notwendig und gewerbsmäßiges Handeln liegt auch dann vor, wenn die Tat, insbes. für den Vorteilsgeber, der Einnahmen aus der pflichtwidrigen Diensthandlung erlangt, nur eine mittelbare Einnahmequelle darstellt (BGH wistra 1999, 465; BGH StraFo 2003, 179; NK-StGB/*Kuhlen* Rn. 7; Fischer Rn. 10; Schönke/Schröder/*Heine*/*Eisele*

Rn. 5; SK-StGB/*Rudolphi/Stein* Rn. 5; BeckOK StGB/*v. Heintschel-Heinegg* Rn. 6). Bei der Gewerbs-mäßigkeit geht es um ein **täterbezogenes Merkmal** iSd § 28 Abs. 2 (LK-StGB/*Sowada* Rn. 15; SK-StGB/*Stein/Rudolphi* Rn. 5).

20   **2. Bandenmäßige Begehungsweise.** Nach Abs. 2 Nr. 3 Alt. 2 ist ein besonders schwerer Fall dann gegeben, wenn der Täter als Mitglied einer Bande handelt, die sich zur fortgesetzten Begehung der in § 335 Abs. 1 genannten Taten verbunden hat. Der Begriff der Bande setzt den Zusammenschluss von mindestens drei Personen voraus, die sich mit dem Willen verbunden haben, künftig für eine gewisse Dauer mehrere selbstständige, iE noch ungewisse Straftaten des im Gesetz genannten Deliktstyps zu begehen. Ein „gefestigter Bandenwille" oder ein „Tätigwerden in einem übergeordneten Bandeninte-resse" ist nicht erforderlich (grdl. BGHSt (GrS) 46, 321 (325 ff.); vgl. auch BGH wistra 2002, 57; BGH NJW 2005, 2629). Die erforderliche Bandenabrede kann auch konkludent, somit im Rahmen eines schlüssigen Verhaltens getroffen worden sein (BGH NJW 2005, 2629). Korrupte Zweierbeziehungen lediglich zwischen Bestechendem und Bestochenem genügen nach alledem nicht (LK-StGB/*Sowada* Rn. 16; NK-StGB/*Kuhlen* Rn. 8). Andererseits kommen neben Zusammenschlüssen auf Geber- oder Nehmerseite auch Verbindungen von bestechlichen Amtsträgern/Richtern mit Vorteilsgebern in Be-tracht (etwa sog „Führerschein-Mafia"; LK-StGB/*Sowada* Rn. 16; MüKoStGB/*Korte* Rn. 16; Schön-ke/Schröder/*Heine/Eisele* Rn. 5; SK-StGB/*Rudolphi/Stein* Rn. 6). Bei der Bandenzugehörigkeit geht es nach hM um ein **täterbezogenes** Merkmal iSd § 28 Abs. 2 (NK-StGB/*Kuhlen* Rn. 8; SK-StGB/*Rudolphi/Stein* Rn. 6 mwN, auch auf mM).

§ 335a Ausländische und internationale Bedienstete

(1) Für die Anwendung der §§ 332 und 334, jeweils auch in Verbindung mit § 335, auf eine Tat, die sich auf eine künftige richterliche Handlung oder eine künftige Diensthandlung bezieht, stehen gleich:
1. einem Richter:
    ein Mitglied eines ausländischen und eines internationalen Gerichts;
2. einem sonstigen Amtsträger:
    a) ein Bediensteter eines ausländischen Staates und eine Person, die beauftragt ist, öffent-liche Aufgaben für einen ausländischen Staat wahrzunehmen;
    b) ein Bediensteter einer internationalen Organisation und eine Person, die beauftragt ist, Aufgaben einer internationalen Organisation wahrzunehmen;
    c) ein Soldat eines ausländischen Staates und ein Soldat, der beauftragt ist, Aufgaben einer internationalen Organisation wahrzunehmen.

(2) Für die Anwendung der §§ 331 und 333 auf eine Tat, die sich auf eine künftige richter-liche Handlung oder eine künftige Diensthandlung bezieht, stehen gleich:
1. einem Richter:
    ein Mitglied des Internationalen Strafgerichtshofes;
2. einem sonstigen Amtsträger:
    ein Bediensteter des Internationalen Strafgerichtshofes.

(3) Für die Anwendung des § 333 Absatz 1 und 3 auf eine Tat, die sich auf eine künftige Diensthandlung bezieht, stehen gleich:
1. einem Soldaten der Bundeswehr:
    ein Soldat der in der Bundesrepublik Deutschland stationierten Truppen der nichtdeut-schen Vertragsstaaten des Nordatlantikpaktes, die sich zur Zeit der Tat im Inland aufhal-ten;
2. einem sonstigen Amtsträger:
    ein Bediensteter dieser Truppen;
3. einem für den öffentlichen Dienst besonders Verpflichteten:
    eine Person, die bei den Truppen beschäftigt oder für sie tätig und auf Grund einer allgemeinen oder besonderen Anweisung einer höheren Dienststelle der Truppen zur gewissenhaften Erfüllung ihrer Obliegenheiten förmlich verpflichtet worden ist.

A. Überblick

1   Die Vorschrift des § 335a wurde **mWv 26.11.2015 durch G v. 20.11.2015 (BGBl. I 2025) einge-führt** und hat den Personenkreis der Bestechungstatbestände (§§ 331 ff.) insofern erweitert, als die §§ 331 ff. nun auch auf Bedienstete und Richter ausländischer Staaten und internationaler Organisatio-nen Anwendung finden (vgl. BT-Drs. 18/4350, 23 f.). Zusammen mit weiteren koordinierten Gesetzes-änderungen im deutschen Recht (s. §§ 5, 11, 78b, 261, 263 f., 299, 301 f., 331 ff., 336, 338 sowie § 370 AO) dient die neue Vorschrift grds. der **Umsetzung** der – der Bekämpfung der grenzüberschreitenden und internationalen Korruption dienenden – Rechtsinstrumente des Europarats (Europarat-Überein-

kommen v. 27.1.1999 u. Europarat-Protokoll v. 15.5.2003) sowie des EU-Rahmenbeschlusses v. 22.7.2003 in nationales Recht. Zudem dient § 335a der **Überführung** mehrerer Korruptionstatbestände aus dem Nebenstrafrecht in das Strafgesetzbuch (vgl. BT-Drs. 18/4350, 1, 13). Sowohl die Bestechlichkeit als auch die Bestechung ausländischer und internationaler Amtsträger sind nun im Vortatenkatalog des § 261 Abs. 1 S. 2 enthalten.

Zu den ausländischen Bediensteten zählen auch die **Amtsträger der EU-Mitgliedstaaten** (*Nestler* **2** StV 2009, 313, (315); *Papathanasiou* wistra 2016, 175). Die eigentlichen Beamten der EU (EU-Amtsträger) werden separat in § 11 Abs. 1 Nr. 2a iVm §§ 331 ff. definiert. Keinen Zuspruch findet der Bezug der in § 335a genannten Taten auf eine „künftige" richterliche Handlung oder Diensthandlung. Dieser Bezug ist weder kriminologisch noch strafverfolgungsmäßig zu erklären (*Kubiciel/Spörl* KPKp 4/2014, 27 f.; *Schuster/Rübenstahl* wistra 2008, 201 (207); vgl. auch *Papathanasiou* wistra 2016, 175).

Zu **Vorsatz- und Irrtumsfragen** im Rahmen des § 335a s. *Papathanasiou* wistra 2016, 175 (177 f.). **3**

B. Erläuterungen

I. Neuer Terminus technicus: „Bedienstete"

Anders als im IntBestG, EUBestG und IStGH-GleichstellungsG, wird nun mehr hinsichtlich Beamten **4** und sonstiger Bediensteten ausländischer und internationaler Behörden nicht mehr der in § 11 Abs. 1 Nr. 2 gesetzlich definierte rechtstechnische Begriff „Amtsträger" verwendet. Der Gesetzgeber hat stattdessen im Einklang mit § 2 SAEG-Übermittlungsschutzgesetz und Art. 2 § 8 Europolgesetz den Begriff „Bedienstete" begrüßt (vgl. BT-Drs. 18/4350, 24). Dieser umfangreiche Begriff erscheint aufgrund rechtsgebietsübergreifender Erwägungen plausibel (hierzu *Papathanasiou* wistra 2016, 175 (176)).

II. Regelungsgegenstand des Abs. 1

Enthalten ist in Abs. 1 eine Gleichstellungsvorschrift für die Anwendung der Vorschriften über die **5** Bestechlichkeit (§ 332) und die Bestechung (§ 334) hinsichtlich einer Tat, die sich auf eine künftige richterliche Handlung oder eine künftige Diensthandlung bezieht. Die Ausdehnung auf Bedienstete ausländischer und internationaler Behörden setzt insbes. voraus, dass sich das Verhalten auf eine pflichtwidrige Diensthandlung bezieht (BT-Drs. 18/4350, 24).

Die Regelung dient der Umsetzung der Art. 5, 9 und 11 des Europarat-Übereinkommens sowie des nicht bindenden Art. 16 Abs. 2 des VN-Übereinkommens (vgl. BT-Drs. 18/4350, 24). Zudem werden Art. 2 § 1 EUBestG (soweit die ergänzten §§ 332 und 334 nicht eingreifen) und Art. 2 § 1 IntBestG in das StGB überführt (*Papathanasiou* jurisPR-StrafR 2/2016 Anm. 1). **Nr. 1** stellt ein Mitglied eines ausländischen oder internationalen Gerichts **einem Richter gleich**. Nach **Nr. 2** werden (a) ein Bediensteter eines ausländischen Staates und eine Person, die beauftragt ist, öffentliche Aufgaben für einen ausländischen Staat wahrzunehmen, (b) ein Bediensteter einer internationalen Organisation und eine Person, die beauftragt ist, Aufgaben einer internationalen Organisation wahrzunehmen, sowie (c) ein Soldat eines ausländischen Staates und ein Soldat, der beauftragt ist, Aufgaben einer internationalen Organisation wahrzunehmen, **einem sonstigen Amtsträger gleichgestellt**. Ausweislich der Entwurfsbegründung erfolgt bzgl. Nr. 2 lit. c, anders als in Art. 2 § 1 Nr. 3 IntBestG, nicht eine Gleichstellung mit den Soldaten der Bundeswehr, weil diese lediglich in § 334 Abs. 1 als Begünstigte aufgeführt werden; die Bestechlichkeit von Soldaten der Bundeswehr ist in § 48 Abs. 1 u. 2 WStG gesondert geregelt. Durch die Gleichstellung mit den (deutschen) Amtsträgern wird dagegen auch die Bestechlichkeit von ausländischen und internationalen Soldaten erfasst (BT-Drs. 18/4350, 25).

Besonders **auslegungsbedürftig** ist die Regelung in **Nr. 2 lit. a,** die den (durch Art. 2 und 5 G v. **6** 20.11.2015 aufgehobenen) Art. 2 § 1 Abs. 1 Nr. 2 lit. a EUBestG und Art. 2 § 1 Nr. 2 lit. a und b IntBestG entspricht. EUBestG verwies explizit auf § 11 Abs. 1 Nr. 2, was allerdings nun nicht der Fall ist. Es stellt sich somit die Frage, *welches Recht* für die Auslegung der Tatbestandsmerkmale anzuwenden ist. In Betracht kommt dreierlei: das Recht des Anwendungsstaates (dh das deutsche Strafrecht), das ausländische Heimatrecht der handelnden Person sowie das Völkerrecht (*Kubiciel/Spörl* KPKp 4/2014, 22; *Nestler* StV 2009, 313 (316 ff.); *Papathanasiou* wistra 2016, 175 (176); vgl. auch *Brockhaus/Haak* HRRS 2015, 218 (221 f.)). Die Entwurfsbegründung will zur Definition des betroffenen Personenkreises auf Art. 1 Abs. 4 lit. a des OECD-Übereinkommens, Art. 1 lit. a des Europarat-Übereinkommens sowie Art. 2 lit. b des VN-Übereinkommens abstellen (BT-Drs. 18/4350, 25). Der Wortlaut des Vorschriften iVm dem Nicht-Verweis auf § 11 Abs. 1 Nr. 2 zeigt zweierlei: Einerseits, dass eine derartige Auslegung des in Betracht kommenden Personenkreises das Heranziehen des deutschen Rechts von vornherein ausschließt. Andererseits, dass sie jedoch ad absurdum geführt wird, weil das OECD- und VN-Übereinkommen einen autonomen Amtsträgerbegriff eingeführt haben, während das Europarat-Übereinkommen der auslandsakzessorischen, dh. innerstaatlichen Definition des Tatortstaates ausgeht (*Papathanasiou* wistra 2016, 175 (176); vgl. auch *Bielefeld/Wengenroth* CB 2015, 367 (371); *Münkel,* Bestechung und Bestechlichkeit ausländischer Amtsträger, 2013, 276; näher *Nestler* StV 2009, 313 (318 f.)). Zur Aufrechterhaltung der unterschiedlichen völkerrechtlichen Verpflichtungen und mit

Blick auf die verfassungsrechtlichen Vorgaben aus dem Art. 103 Abs. 2 GG zum Bestimmtheitsgebot (die Strafbarkeit wäre nämlich für den Normadressaten nicht vorherzusehen und eine auslandsakzessorische Auslegung „würde zur Schaffung eines Blanketttatbestandes führen, dessen Ausfüllung allein dem jeweiligen ausländischen Gesetzgeber überantwortet wäre"; dazu s. BGH NJW 2009, 89 (94) mwN; vgl. auch *Saliger/Gaede* HRRS 2008, 59 (61); *Schuster/Rübenstahl* wistra 2008, 201 (207), beide mwN) ist die Konjunktion „und" im Text der Entwurfsbegründung buchstäblich zu nehmen und mithin von einer *kumulativen Anwendung* beider Rechtsmodelle auszugehen (*Kubiciel/Spörl* KPKp 4/2014, 24 f.; vgl. auch *Nestler* StV 2009, 313 (317); *Papathanasiou* wistra 2016, 175 (176 f.); *Walther* WiJ 2015, 152 (155)).

7   Problematisch erscheint ferner die Aussage der Entwurfsbegründung, Normzweck der Bestechungsdelikte seien die Lauterkeit des öffentlichen Dienstes und das Vertrauen der Öffentlichkeit in diese Lauterkeit, was – wenn auch eingeschränkt – auch für internationale Korruptionstaten gelte (BT-Drs. 18/4350, 24). Wie hierzu treffend angemerkt, lässt diese vage Aussage die verfassungsrechtlich äußerst bedenkliche Interpretation zu, ebenfalls die Lauterkeit ausländischer Verwaltungen könne primäres Schutzgut der neuen Gleichstellungsklausel sein (*Kubiciel/Spörl* KPKp 4/2014, 29; vgl. auch *Walther* WiJ 2015, 152 (156)). Die systematische Verortung des neuen § 335a in den §§ 331 ff., welche nach überwiegender Meinung, wie die Entwurfsbegründung es auch bestätigt, die Lauterkeit des inländischen öffentlichen Dienstes bzw. die Sachlichkeit der inländischen Amtsausübung wie auch das Vertrauen der Bevölkerung in diese schützen wollen (SK-StGB/*Rudolphi/Stein* § 331 Rn. 4 f., 14 ff.; ähnlich Mü-KoStGB/*Korte* § 331 Rn. 8), diktiert vielmehr, dass zugleich zu überprüfen ist, ob die Tat in concreto dazu geeignet ist, die Sachlichkeit der inländischen Amtsausübung bzw. das Vertrauen der Bevölkerung in diese anzugreifen (*Kubiciel/Spörl* KPKp 4/2014, 29 f.; *Papathanasiou* wistra 2016, 175 (177)).

III. Regelungsgegenstand des Abs. 2

8   **Abs. 2** entspricht § 2 IStGHGG und ist sachlich weiter als Abs. 1, gilt aber für einen eingeschränkten Personenkreis (*Papathanasiou* jurisPR-StrafR 2/2016 Anm. 1). Enthalten ist in Abs. 2 eine Gleichstellungsvorschrift für die Anwendung der Vorschriften über die Vorteilsannahme (§ 331) und die Vorteilsgewährung (§ 333) hinsichtlich einer Tat, die sich auf eine künftige richterliche Handlung oder eine künftige Diensthandlung bezieht. Nach **Nr. 1** wird ein Mitglied des Internationalen Strafgerichtshofes **einem Richter gleichgestellt.** Nach **Nr. 2** wird ein Bediensteter des Internationalen Strafgerichtshofes **einem sonstigen Amtsträger gleichgestellt.**

IV. Regelungsgegenstand des Abs. 3

9   **Abs. 3** integriert den § 1 Abs. 2 Nr. 10 des Nato-Truppen-Schutzgesetzes (NTSG) in das StGB. Enthalten ist in Abs. 3 eine Gleichstellungsklausel hinsichtlich einer künftigen Diensthandlung innerhalb der Vorschrift über die Vorteilsgewährung gem. § 333 Abs. 1 u. 3. Nach **Nr. 1** wird ein Soldat der in der Bundesrepublik Deutschland stationierten Truppen der nichtdeutschen Vertragsstaaten des Nordatlantikpaktes, die sich zur Zeit der Tat im Inland aufhalten, **einem Soldaten der Bundeswehr gleichgestellt.** Nach **Nr. 2** wird ein Bediensteter dieser Truppen **einem sonstigen Amtsträger gleichgestellt.** Nach **Nr. 3** wird eine Person, die bei den Truppen beschäftigt oder für sie tätig und aufgrund einer allgemeinen oder besonderen Anweisung einer höheren Dienststelle der Truppen zur gewissenhaften Erfüllung ihrer Obliegenheiten förmlich verpflichtet worden ist, **einem für den öffentlichen Dienst besonders Verpflichteten gleichgestellt.** Die Verwendung des Begriffs des Bediensteten dient der Angleichung an die in den Abs. 1 u. 2 verwendete Terminologie. Vor dem Hintergrund des Sprachgebrauchs in § 11 Abs. 1 Nr. 4 unterfallen förmlich Verpflichtete der Gleichstellungsregelung, wenn sie bei den Truppen beschäftigt oder für sie tätig sind (*Papathanasiou* wistra 2016, 175 (177); vgl. BT-Drs. 18/4350, 26).

C. Berücksichtigung des Rückwirkungsverbots

10   Obwohl § 2 Abs. 1 nur von der Strafe und ihren Nebenfolgen spricht, ist nach hM sowohl die rückwirkende Strafbegründung als auch die rückwirkende Strafverschärfung verboten (BVerfGE 25, 269 (286); 81, 132 (135); vgl. auch KK-OWiG/*Rogall* OWiG § 3 Rn. 43; *Satzger* JURA 2006, 747). Nach der Umsetzung der internationalen Rechtsinstrumente und der Überführung von Korruptionstatbeständen des Nebenstrafrechts in das StGB hat sich die neue Rechtslage gewissermaßen geändert, was angesichts des **verfassungsrechtlich verankerten Rückwirkungsverbots** (Art. 103 Abs. 2 GG; sa §§ 1 u. 2) nicht zu übersehen sein könnte (näher dazu *Papathanasiou* wistra 2016, 175 (178 f.)).

11   Insbes. ein Vergleich der früheren mit der neuen Rechtslage bezogen auf den § 335a ergibt grds. Folgendes: Im Rahmen des **Abs. 1** werden über die völkerrechtlichen Verpflichtungen hinaus Bestechlichkeit und Bestechung gleichbehandelt, was im Rahmen der Bestimmungen des Europarat-Übereinkommens sowie des IntBestG und des EUBestG nicht der Fall war. Nach dem Gesetzesentwurf wäre es mit dem geschützten Rechtsgut nicht vereinbar, „nur für die (aktive) Bestechung alle Bediensteten ausländischer und internationaler Behörden den inländischen Amtsträgern gleichzustellen und für die

Bestechlichkeit Einschränkungen zu machen" (BT-Drs. 18/4350, 24). Ferner wird, anders als im Art. 2 § 1 IntBestG, nicht mehr ein Zusammenhang der Bestechung mit dem internationalen geschäftlichen Verkehr verlangt. Somit entfällt zugleich die früher in subjektiver Hinsicht erforderliche Absicht, dass die Bestechung von dem Vorteilsgeber begangen wird, um sich oder einem Dritten einen Auftrag oder einen unbilligen Vorteil im internationalen geschäftlichen Verkehr zu verschaffen oder zu sichern. Diese weitgehende Pönalisierung von Bestechungstaten im Ausland kann auf der Ebene der Rechtswidrigkeit, Schuld und Strafzumessung sowie auf prozessualer Ebene (§ 153c Abs. 1 Nr. 1 StPO) wieder „normalisiert" werden (BT-Drs. 18/4350, 24). **Abs. 2** stellt, anders als § 2 IStGHGG, auch die Vorteilsannahme bzw. die Vorteilsgewährung von bzw. ggü. Mitgliedern und Bediensteten des Internationalen Strafgerichtshofs unter Strafe. Schließlich erfasst nunmehr **§ 335a,** anders als die frühere Regelung des § 1 Abs. 2 Nr. 10 NTSG, die Vorteilsgewährung (Abs. 3) und die Bestechung (Abs. 1 Nr. 2 Buchst. b und c) nur dann, wenn sie sich auf eine künftige Diensthandlung bezieht (vgl. BT-Drs. 18/4350, 26). Dies stellt iE eine günstigere Rechtslage dar, Probleme mit dem Rückwirkungsverbot lassen sich mithin diesbezüglich nicht feststellen.

§ 336 Unterlassen der Diensthandlung

Der Vornahme einer Diensthandlung oder einer richterlichen Handlung im Sinne der §§ 331 bis 335a steht das Unterlassen der Handlung gleich.

1. Allgemeines. Die Regelung der Gleichstellung des Unterlassens einer Diensthandlung oder **1** richterlichen Handlung der Vornahme einer solchen Handlung wurde durch das EGStGB 1975 eingeführt und durch das KorrBekG in § 336 eingestellt (§ 335 aF). Bereits vor der Einführung der Regelung des § 336 (bzw. 335 aF) wurde davon ausgegangen, dass die Straftatbestände der §§ 331 ff. nicht nur bei der Vornahme, sondern auch bei dem Unterlassen einer dienstlichen bzw. richterlichen Handlung erfüllt sein können (BGHSt 9, 245; BGH NStZ 1998, 194; vgl. auch BT-Drs. 7/550, 276; NK-StGB/*Kuhlen* Rn. 1). Durch die **Einführung des § 335a** sind nun die Tatbestände der §§ 331–334 explizit auch auf das Unterlassen künftiger richterlicher Handlungen oder künftiger Diensthandlungen ausländischer und internationaler Bediensteten anwendbar.

Der Gesetzgeber des KorrBekG hat es zwar übergangen, die Formulierung in § 336 („Vornahme **2** einer Dienst*handlung*") an die geänderte Terminologie in §§ 331 Abs. 1 u. 333 Abs. 1 („für die Dienst*ausübung*") anzupassen (krit. *König* JR 1997, 399; NK-StGB/*Kuhlen* Rn. 1). Dies war aber nicht zwingend veranlasst, zumal die Strafbarkeit des Unterlassens notwendigerweise den Vorwurf der Nichtvornahme der gebotenen Handlung impliziert (vgl. MüKoStGB/*Korte* Rn. 3). Wer nämlich eine bestimmte Dienstausübung nicht vornimmt, unterlässt zugleich die gebotene (Fischer § 336; Lackner/ Kühl/*Heger* Rn. 1; NK-StGB/*Kuhlen* Rn. 1; Schönke/Schröder/*Heine/Eisele* Rn. 1; SK-StGB/*Rudolphi/Stein* Rn. 2).

Für die Frage, ob das Unterlassen der Vornahme einer Diensthandlung gleichzustellen ist, so dass deren **3** Nichtvornahme zu einer Strafbarkeit wegen Vorteilsannahme bzw. Vorteilsgewährung (§§ 331, 333) oder wegen Bestechlichkeit bzw. Bestechung (§§ 332, 334) führt, kommt es darauf an, wie sich die Pflichtwidrigkeit im Zusammenhang mit der Tatbegehung durch Unterlassen darstellt (Schönke/Schröder/*Heine/Eisele* Rn. 2; SK-StGB/*Rudolphi/Stein* Rn. 3).

2. Unterlassen einer Diensthandlung. Voraussetzung für die Gleichstellung nach § 336 ist, dass das **4** Unterlassen dienstlichen Charakter hat, mithin in einem inneren Zusammenhang mit dem dienstlichen oder richterlichen Aufgabenbereich des Täters steht (LK-StGB/*Sowada* Rn. 2; NK-StGB/*Kuhlen* Rn. 2; MüKoStGB/*Korte* Rn. 4). Nicht erforderlich ist, dass der Täter nach der internen Geschäftsverteilung für die unterlassene Diensthandlung zuständig ist. Es reicht aus, wenn die Aufgabe zum Geschäftsbereich der Behörde des Amtsträgers gehört und die Bearbeitung derartiger Angelegenheiten seinem amtlichen Tätigkeitsbereich unterfällt (s. BGH NStZ 2010, 318 zur Pflicht des Amtsleiters einer Gemeinde, „sein Wissen von der in Realisierung des zuvor gefassten Planes rechtswidrigen Vergabepraxis offenkundig (zu) machen"; → § 331 Rn. 53). Bloßes privates Untätigbleiben genügt hingegen nicht (so Schönke/Schröder/*Heine/Eisele* Rn. 3). Im Übrigen gelten die allgemeinen Auslegungsregeln zum Begriff des Unterlassens nach § 13, so dass dem Täter bspw. die Vornahme der Handlung physisch möglich sein muss (SK-StGB/*Rudolphi/Stein* Rn. 1).

3. Pflichtwidrigkeit. Pflichtwidrig ist eine Unterlassung, wenn dem Amtsträger die Vornahme der **5** Diensthandlung bzw. der richterlichen Handlung rechtlich geboten ist (BGHSt 4, 167; VGH München BeckRS 2012, 58881: *„(…) verschiedene Beschäftigte des Landratsamts (haben es) unterlassen, die verauslagten Sozialleistungen (…) zurückzufordern";* LK-StGB/*Sowada* Rn. 3; NK-StGB/*Kuhlen* Rn. 3; Schönke/ Schröder/*Heine/Eisele* Rn. 6; SK-StGB/*Rudolphi/Stein* Rn. 6). Hauptanwendungsfall des § 336 ist das pflichtwidrige Unterlassen einer Handlung, die eine Strafbarkeit nach §§ 332, 334 nach sich zieht. Hier ist das Unterlassen als pflichtwidrig zu beurteilen, wenn entweder eine Pflicht zum aktiven Tun besteht oder wenn der Amtsträger oder Richter eine in seinem Ermessen liegende Diensthandlung oder richterliche Handlung aufgrund einer pflichtwidrigen Ermessensausübung unterlässt (BGH NStZ 1998, 194; 1999, 560; SK-StGB/*Rudolphi/Stein* Rn. 3). Letzteres setzt dabei keine Ermessensreduzierung auf Null voraus. Eine Strafbarkeit ist vielmehr bereits dann gegeben, wenn das Unterlassen der Handlung zwar im Bereich des Ermessensspielraums des Täters liegt, dieser sich bei seiner Entscheidung jedoch durch den Vorteil, mithin von sachfremden Erwägungen, hat beeinflussen lassen (MüKoStGB/*Korte* Rn. 5; Schönke/Schröder/*Heine/Eisele* Rn. 7; NK-StGB/*Kuhlen* Rn. 3).

6   Einen Verstoß gegen die Pflicht zur Vornahme einer Diensthandlung hat die Rspr. ua angenommen: wenn ein im Verkehrsdienst eingesetzter Polizeibeamter Kenntnis von Verstößen gegen das Gaststättengesetz erlangt, jedoch keine Anzeige erstattet hat (BGH NStZ 1998, 194), wenn ein Vorgesetzter im Rahmen seiner Dienstaufsicht dem pflichtwidrigen Verhalten eines ihm unterstellten Mitarbeiters nicht entgegengetreten ist (BGH NStZ 1999, 560), sowie wenn ein Beamter – auch außerhalb seines Aufgabenbereiches – seinen Vorgesetzten nicht über Korruptionsgeflechte oder schwere Verfehlungen eines Kollegen unterrichtet hat und durch diese Verfehlungen die Erfüllung öffentlicher Aufgaben gefährdet wurde (BGH NStZ 2004, 565).

7   Ein dienstliches Unterlassen ist hingegen **pflichtgemäß,** wenn dem Amtsträger oder Richter die Vornahme der Handlung rechtlich verboten ist, oder wenn er sich bei Ermessensentscheidungen pflichtgemäß für die Unterlassung entscheidet (LK-StGB/*Sowada* Rn. 3; Schönke/Schröder/*Heine/Eisele* Rn. 5; SK-StGB/*Rudolphi/Stein* Rn. 5). Ob das Unterlassen die materiell dem Recht entsprechende Lage ändert, ist nicht relevant (MüKoStGB/*Korte* Rn. 5 mwN). In solchen Fällen ist nur eine Strafbarkeit nach §§ 331, 333 möglich (LK-StGB/*Sowada* Rn. 3; Schönke/Schröder/*Heine/Eisele* Rn. 5).

§ 337 Schiedsrichtervergütung

Die Vergütung eines Schiedsrichters ist nur dann ein Vorteil im Sinne der §§ 331 bis 335, wenn der Schiedsrichter sie von einer Partei hinter dem Rücken der anderen fordert, sich versprechen läßt oder annimmt oder wenn sie ihm eine Partei hinter dem Rücken der anderen anbietet, verspricht oder gewährt.

1   **1. Allgemeines.** Die Vorschrift, die § 335a in dessen Fassung vor dem KorruptionsbG entspricht, ist eine gesetzliche Auslegungsregel für den Begriff des „Vorteils" bei Taten nach den §§ 331–334 (jeweils Abs. 2). Sie schränkt die Strafbarkeit von Zuwendungen an einen Schiedsrichter dahingehend ein, dass eine Strafbarkeit nur bei „hinter dem Rücken" (→ Rn. 7) gewährten Vorteilen gegeben ist. Von Bedeutung kann die Regelung insbesondere in den Fällen der Vorteilsannahme und -gewährung (§§ 331, 333) sein, weil hier eine – nachträgliche – Genehmigung von Zuwendungen gemäß § 331 Abs. 3 und § 333 Abs. 3 ausgeschlossen ist (MüKoStGB/*Korte* Rn. 2; aA Schönke/Schröder/*Heine/Eisele* Rn. 1, wonach die Vorschrift praktische Bedeutung überhaupt nur bei pflichtwidrigen Handlungen iSd §§ 332, 334 erlangen könne). Schiedsrichter, die nach ausländischem Recht bestellt wurden, unterfallen – anders als ausländische Richter (vgl. § 335a) – unmittelbar dem Anwendungsbereich der §§ 331 ff. Auf sie findet die Norm des § 337 deshalb ebenfalls unmittelbar Anwendung (vgl. LK-StGB/*Sowada* Rn. 1; MüKoStGB/*Korte* Rn. 3).

2   **2. Vergütung eines Schiedsrichters. a) Vergütungsanspruch.** Der Begriff der Vergütung ist weit auszulegen und umfasst sowohl die von den Parteien geschuldete Gegenleistung für die Tätigkeit als Schiedsrichter als auch darüber hinausgehende Zuwendungen (LK-StGB/*Sowada* Rn. 2; NK-StGB/*Kuhlen* Rn. 1; Lackner/Kühl/*Heger* Rn. 1; BeckOK -StGB/*v. Heintschel-Heinegg* Rn. 1).

3   In der Lit. ist umstritten, ob § 337 bzgl. des Vergütungsanspruchs des Schiedsrichters konstitutive oder lediglich deklaratorische Wirkung hat. Vereinzelt wird vertreten, der Vergütungsanspruch stelle von vornherein keinen Vorteil iSd §§ 331 ff. dar, weil ein rechtlich begründeter Anspruch auf diese Zuwendung bestehe. § 337 sei insoweit nicht anwendbar, selbst wenn die Leistung ohne Wissen der anderen Partei gefordert oder angeboten wurde (Schönke/Schröder/*Heine/Eisele* Rn. 2; BeckOK StGB/*v. Heintschel-Heinegg* Rn. 1). Die Gegenmeinung verweist darauf, dass auch die Erfüllung eines Anspruchs einen Vorteil darstellen könne (MüKoStGB/*Korte* Rn. 4), allerdings fehle es bei der Forderung oder Erfüllung eines vertraglichen Anspruches an einer Unrechtsvereinbarung (LK-StGB/*Sowada* Rn. 2; SK-StGB/*Stein/Deiters* Rn. 5).

4   Zwar kann ein Vorteil iSd § 331 bereits im Abschluss eines Vertrages liegen, der Leistungen an den Amtsträger oder Richter zum Inhalt hat (→ § 331 Rn. 25, 34). Bei einem Schiedsrichter besteht indes die Besonderheit, dass er durch den Abschluss des Schiedsrichtervertrages, durch den er einen Anspruch auf Zahlung zumindest der üblichen Vergütung erwirbt (vgl. § 612 BGB), überhaupt erst die Stellung eines Schiedsrichters erlangt (→ § 331 Rn. 16). Im Übrigen hat der dogmatische Streit für die Praxis keine Relevanz, weil Leistungen im Hinblick auf die einverständlich mit beiden Parteien vereinbarte Vergütung, auch wenn diese die üblichen Sätze übersteigt, nicht „hinter dem Rücken" einer Partei erfolgen (vgl. zu diesem Begriff → Rn. 7).

5   Der Vergütungsanspruch des Schiedsrichters richtet sich nach §§ 611 BGB ff. iVm dem zwischen den Parteien und dem Schiedsrichter abgeschlossenen privatrechtlichen Schiedsrichtervertrag. Fehlt es an einer entsprechenden Bestimmung, ist die übliche Vergütung geschuldet, für die das RVG Anhaltspunkte geben kann (MüKoBGB/*Müller-Glöge* BGB § 611 Rn. 137 f.). Der Anspruch richtet sich grundsätzlich

gegen beide Parteien als Gesamtschuldner. Der Schiedsrichter ist daher als Gläubiger berechtigt, die Leistung nach seinem Belieben nur von einer Partei zu fordern, ohne die andere zu informieren (§ 421 BGB). Ebenso kann eine der Parteien die Schuld mit Wirkung für die andere Partei erfüllen (§ 422 BGB), ohne dass ein strafrechtlich relevanter Vorteil iSd §§ 331 ff. vorliegt (LK-StGB/*Sowada* Rn. 3). Dasselbe gilt für die Ansprüche des Schiedsrichters auf Vorschussleistung (§ 669 BGB) sowie auf Ersatz von Aufwendungen (§ 670 BGB). Die zivilrechtliche Gültigkeit des Schiedsvertrages ist unerheblich (BGH NJW 1953, 303; Fischer § 337).

b) Zusatzleistungen. Von Bedeutung ist die Vorschrift des § 337 auch für Zusatzleistungen einer 6
Partei, die über das – offen – vereinbarte Schiedsrichterhonorar hinausgehen. Dies betrifft insbesondere einseitig geforderte oder angebotene „Schmiergelder", die vorwiegend bei den §§ 332, 334 eine Rolle spielen, wenn eine der Schiedsparteien eine pflichtwidrige, weil nicht unparteiliche Entscheidung zu ihren Gunsten erreichen will (Schönke/Schröder/*Heine/Eisele* Rn. 3).

3. „Hinter dem Rücken". Vergütungen und sonstige Zuwendungen an den Schiedsrichter stellen 7
nach § 337 nur dann einen Vorteil dar, wenn sie „hinter dem Rücken" einer Partei erfolgen. Dies setzt voraus, dass die Leistung ohne Wissen der anderen Partei und mit dem Willen erfolgt, diese zu hintergehen (BT-Drs. 7/550, 276; Fischer § 337). Es reicht daher nicht aus, wenn eine einseitige Zuwendung oder ein zusätzliches Honorarangebot mit der Absicht erfolgt, die andere Partei alsbald darüber zu informieren (SK-StGB/*Stein/Deiters* Rn. 7; LK-StGB/*Sowada* Rn. 4). Auch außergewöhnlich hohe Zuwendungen einer Partei an den Schiedsrichter bleiben – selbst bei einer Verknüpfung mit einer konkreten schiedsrichterlichen Entscheidung – straflos, sofern sie der anderen Partei mitgeteilt werden. Diese hat aufgrund der dadurch möglicherweise begründeten Zweifel an der Unparteilichkeit oder Unabhängigkeit des Schiedsrichters die Möglichkeit einer Ablehnung gemäß § 1036 ZPO (Schönke/Schröder/*Heine/Eisele* Rn. 5; LK-StGB/*Sowada* Rn. 4; BeckOK StGB/*v. Heintschel-Heinegg* Rn. 2).

§ 338 Erweiterter Verfall

In den Fällen der §§ 332 und 334, jeweils auch in Verbindung mit den §§ 335a bis 337, ist § 73d anzuwenden, wenn der Täter gewerbsmäßig handelt oder als Mitglied einer Bande, die sich zur fortgesetzten Begehung solcher Taten verbunden hat.

1. Allgemeines. Die Vorschrift wurde durch das KorruptionsbG v. 13.8.1997 eingeführt (→ Vorb. 1
§§ 331–338 Rn. 2; Fischer Rn. 1) und neu gefasst mWv 26.11.2015 durch Art. 1 G zur Bekämpfung der Korruption (BGBl. I 2025). Sie ist im Verlauf des Gesetzgebungsverfahrens auf Anregung des Bundesrates in die Reform der Korruptionstatbestände einbezogen worden, nachdem die Strafverfolgungspraxis auf die Bedeutung der wirtschaftlichen Entreicherung der Täter hingewiesen hatte (vgl. *Schaupensteiner* NStZ 1996, 409 (414)). Um eine effektive Gewinnabschöpfung namentlich bei den Straftaten der Bestechlichkeit und Bestechung sicherzustellen, hat der Gesetzgeber die Möglichkeit der Anordnung des erweiterten Verfalls (§ 73d) eröffnet, soweit die Tat gewerbs- oder bandenmäßig begangen wurde (BT-Drs. 13/8079, 14 f.; vgl. auch *Bottke* ZRP 1998, 215; *Wolters* JuS 1998, 1100). Die Regelung bewirkt mithin eine Harmonisierung mit vergleichbaren Vorschriften der Gewinnabschöpfung bei denjenigen Straftaten, die einen engen Bezug zur Organisierten Kriminalität und damit ebenfalls einer gewerbs- oder bandenmäßigen Begehung aufweisen (ua §§ 181c, 256 Abs. 2, 261 Abs. 7, 286 sowie § 33 BtMG). Eine parallele Vorschrift ist mit § 302 für die Fälle der Bestechung und Bestechlichkeit im geschäftlichen Verkehr eingeführt worden (vgl. die Kommentierung zu § 302).

Die Neufassung der Vorschrift mWv 26.11.2015 war zum einen der Einführung von § 335a und zum 2
anderen der Nichterklärung von § 43a durch Urteil des BVerfG v. 20.3.2002 (BVerfG NJW 2002, 1779) geschuldet.

2. Erweiterter Verfall in den Fällen der §§ 332 und 334. Nach § 338 ist der erweiterte Verfall 3
(§ 73d) in den Fällen der passiven Bestechlichkeit (§ 332) und der aktiven Bestechung (§ 334), jeweils auch iVm den §§ 335a–337, anzuordnen, wenn der Täter gewerbs- oder bandenmäßig handelt. Im Vergleich zu § 73 sind damit Beweiserleichterungen verbunden, weil die Verfallsobjekte nicht aus der konkret abzuurteilenden Tat stammen müssen. Im Hinblick auf eine verfassungskonforme Auslegung des § 73d kommt die Anordnung des erweiterten Verfalls indes nur in Betracht, wenn der Tatrichter die uneingeschränkte Überzeugung von der deliktischen Herkunft der betreffenden Gegenstände zu gewinnen vermochte (vgl. Fischer § 73d Rn. 5; stRspr BGHSt 40, 373; BGH NStZ 2000, 137; 2001, 531; s. auch BGH NJW 2004, 2073). Anlass zu einer entsprechenden Prüfung besteht vor allem, wenn der Schiedsrichter Vermögenswerte oder Luxusgüter besitzt, die völlig außer Verhältnis zu seinem Einkommen stehen. Nicht erforderlich ist, dass diese Gegenstände ebenfalls aus einer gewerbs- oder bandenmäßig begangenen Tat stammen (MüKoStGB/*Korte* Rn. 6).

Der Begriff „Täter" meint jeden Beteiligten iSd § 28 Abs. 2 (Täter und Teilnehmer). Für die 4
Auslegung der Begriffe „gewerbs- und bandenmäßig" gelten die Ausführungen zu § 335 entsprechend

(→ § 335 Rn. 19 f.). Liegen die Voraussetzungen des § 338 nicht vor, sind die §§ 73 ff. zu prüfen. Insbesondere ist der Bestechungslohn, den der Täter aus der abgeurteilten Tat erlangt hat, ist grundsätzlich nach § 73 abzuschöpfen (MüKoStGB/*Korte* Rn. 6; LK-StGB/*Sowada* Rn. 2).

5   In den Fällen des § 334 scheitert ein weitergehender Verfall der aus anderen Taten erzielten Vermögenswerte häufig daran, dass der Bestechende aus der Tat oder für die Tat zumeist keine „Gegenstände" erlangt. Nach § 73d können jedoch nur Gegenstände, nicht aber ersparte Aufwendungen, Gewinnaussichten oder sonstige Vermögenswerte abgeschöpft werden (MüKoStGB/*Korte* Rn. 7).

§ 355 Verletzung des Steuergeheimnisses

(1) Wer unbefugt

1. Verhältnisse eines anderen, die ihm als Amtsträger
 a) in einem Verwaltungsverfahren oder einem gerichtlichen Verfahren in Steuersachen,
 b) in einem Strafverfahren wegen einer Steuerstraftat oder in einem Bußgeldverfahren wegen einer Steuerordnungswidrigkeit,
 c) aus anderem Anlaß durch Mitteilung einer Finanzbehörde oder durch die gesetzlich vorgeschriebene Vorlage eines Steuerbescheids oder einer Bescheinigung über die bei der Besteuerung getroffenen Feststellungen
 bekanntgeworden sind, oder
2. ein fremdes Betriebs- oder Geschäftsgeheimnis, das ihm als Amtsträger in einem der in Nummer 1 genannten Verfahren bekanntgeworden ist,

offenbart oder verwertet, wird mit Freiheitsstrafe bis zu zwei Jahren oder mit Geldstrafe bestraft.

(2) Den Amtsträgern im Sinne des Absatzes 1 stehen gleich

1. die für den öffentlichen Dienst besonders Verpflichteten,
2. amtlich zugezogene Sachverständige und
3. die Träger von Ämtern der Kirchen und anderen Religionsgesellschaften des öffentlichen Rechts.

(3) ¹Die Tat wird nur auf Antrag des Dienstvorgesetzten oder des Verletzten verfolgt. ²Bei Taten amtlich zugezogener Sachverständiger ist der Leiter der Behörde, deren Verfahren betroffen ist, neben dem Verletzten antragsberechtigt.

Neuere Literatur (Auswahl): *Baum,* Durchbrechung des Steuergeheimnisses bei Dienstvergehen von Beamten, NWB 2010, 2710; *Bilsdorfer,* Das Steuergeheimnis, NWB F 2, 9005; *Blesinger,* Das Steuergeheimnis im Strafverfahren (Teil I und II), wistra 1991, 239 und 294; *Burkhard,* Selbstanzeige und Schweigepflicht der Finanzbehörde: Teilaspekte des Steuergeheimnisses, Stbg 2013, 412; *Felix,* Durchbrechung des Steuergeheimnisses zur Richtigstellung in der Öffentlichkeit verbreiteter unwahrer Tatsachen, BB 1995, 2030; *Fricke/Gerecke,* Informantenschutz und Informantenhaftung, AfP 2014, 293; *Gehm,* Anmerkung zu einer Entscheidung des FG Stuttgart, Urteil vom 4.12.2013 (1 K 3881/11) – Zum Steuergeheimnis aus § 30 AO, NZWiSt 2015, 388; *Hagen,* Steuergeheimnis in Verfahren nach der Insolvenzordnung, StW 2009, 16; *Haupt,* (Kein) Steuergeheimnis nach dem Finanzgerichtsprozess?, DStR 2014, 1025; *Kemper,* Die Offenbarung außersteuerlicher Gesetzesverstöße im Steuerstrafverfahren, wistra 2005, 290; *Krekeler/Grobarek,* Wie weit reicht das Steuergeheimnis?, PStR 2008, 81; *Kunde,* Mitteilungen über Pflichtverletzungen und andere Informationen nach § 10 StBerG, NWB 2012, 752; *Kruse,* Über das Steuergeheimnis, BB 1995, 2133; *Kümmel,* Das Akteneinsichtsrecht des Verletzten nach § 406e StPO und das Steuergeheimnis nach § 30 AO – ein in Korruptionsverfahren unauflösliches Spannungsverhältnis? wistra 2014, 124; *Küster,* Steuergeheimnis und Allgemeindelikt, PStR 2000, 108; *Lindwurm,* Das Steuergeheimnis nach der mündlichen Verhandlung vor dem FG und dem Strafgericht, AO-StB 2010, 378; *Löwe-Krahl,* Der Finanzbeamte als Geldwäschekontrolleur?, PStR 2011, 63; *Madauß,* Reichweite der Mitteilungspflicht nach § 4 Abs. 5 S. 1 Nr. 10 S. 3 EStG und Korruptionsbekämpfung, NZWiSt 2013, 176; *Maiwald,* Die Amtsdelikte, JuS 1977, 353; *Maiwald,* Zur Auslegung des Tatbestandsmerkmals des Verwertens in § 355 Abs. 1 StGB, NStZ 1984, 170; *Micker,* Die Anwendung des Steuergeheimnisses auf freiwillige und verpflichtete Anzeigeerstatter, AO-StB 2010, 92; *Müller,* Der Bruch des Steuergeheimnisses, § 355 StGB, AO-StB 2014, 21; *Müller-Jacobsen/Peters,* Schwarzmalerei in Steuerstrafakten, wistra 2009, 458; *Pflaum,* Voraussetzungen der Durchbrechung des Steuergeheimnisses zur Durchführung eines Disziplinarverfahrens, wistra 2011, 55; *Pohl,* Die Klassifikation des Steuergeheimnisses, BB 1995, 2093; *Törmöhlen,* Die Durchbrechung des Steuergeheimnisses im zwingenden öffentlichen Interesse, AO-StB 2011, 309; *Wegner,* Checkliste zum Steuergeheimnis, PStR 2007, 84; *Wegner,* Insolvenz: Strafrecht und wirtschaftliche Krise, PStR 2007, 287; *Wegner,* Keine Verletzung des Steuergeheimnisses bei Unterrichtung der Kriminalpolizei, PStR 2014, 89; *Weyand,* Mitteilungen in Strafsachen und Steuergeheimnis, NStZ 1987, 399; *Weyand,* Steuergeheimnis und Offenbarungsbefugnis der Finanzbehörden im Steuerstraf- und Bußgeldverfahren, wistra 1988, 9; *Weyand,* Arzt- und Steuergeheimnis als Hindernis für die Strafverfolgung, wistra 1990, 4; *Weyand,* Offenbarungsbefugnis nach § 30 Abs. 4 Nr. 4a AO als Offenbarungsverpflichtung?, DStR 1990, 411; *Weyand,* Ausschluß der Öffentlichkeit bei Steuerstrafverfahren, wistra 1993, 132; *Weyand,* Steuergeheimnis bei Insolvenzdelikten, PStR 2008, 55; *Weyand,* Insolvenzdelikte und Steuergeheimnis: Anmerkung zur Änderung des AEAO, ZInsO 2009, 1807.

A. Allgemeines

1   Das Steuerrecht verlangt vom Pflichtigen umfassende und lückenlose Angaben zu sämtlichen steuerlich erheblichen Umständen und erlegt ihm neben diesen **Offenbarungs- auch weitreichende Mit-**

teilungspflichten auf. Dies gilt selbst für möglicherweise strafbare oder sittenwidrige Handlungen, die nach § 40 AO gleichfalls der Besteuerung unterliegen (dazu Klein/*Ratschow* AO § 40 Rn. 1 und 16). Die Pflicht, das Steuergeheimnis zu wahren, ist hierzu **komplementär** (s. nur *Kemper* wistra 2005, 290). Derjenige, der sich der Finanzbehörde umfassend offenbart, muss darauf vertrauen können, dass seine Angaben strikt vertraulich behandelt werden, und die Sphäre der mit dem jeweiligen Steuerfall betrauten Personen nicht verlassen (s. weiter Tipke/Kruse/*Drüen* AO § 30 Rn. 8 ff.). *Kruse* (BB 1998, 2138) hat einstmals darauf hingewiesen, die Praxis zeige, „dass das Steuergeheimnis sorgfältig gehütet wird". Angesichts aktueller Steuerfälle mit bekannten Personen, bei denen jede steuerlich relevante Einzelheit ungefiltert in den Medien kolportiert wurde (man denke nur an die Verfahren betreffend *Klaus Zumwinkel, Uli Hoeneß* und *Alice Schwarzer;* s. dazu auch krit. *Burkhard* Stbg 2013, 412), muss man dieser Feststellung indes widersprechen. Das Steuergeheimnis mag in der breiten Masse der Verfahren immer noch umfassend gelten. Es ist (mittlerweile) bei bestimmten prominenten Steuerpflichtigen aber faktisch nicht mehr zu gewährleisten. Derartige nicht zu tolerierende Gesetzesbrüche werden von Journalisten sogar offen mit der Überlegung gerechtfertigt, bei steuerstrafrechtlichen Ermittlungen, zumal gegen Prominente, verdiene das Steuergeheimnis regelmäßig keine Beachtung mehr (so explizit *Müller-Neuhof* DRiZ 2014, 334). Die Finanzämter können in Zeiten umfassender elektronischer Bearbeitung von Steuerfällen und ersichtlich hierbei nicht angemessen eingeschränkter Zugriffsmöglichkeiten durch einen unüberschaubaren Kreis zahlreicher Bediensteter den Datenschutz nicht sichern. Die Strafdrohung des § 355 entfaltet offenkundig keine Wirkung mehr, zumal Ermittlungen angesichts fehlender Möglichkeiten, der Kreis potentieller Täter einzugrenzen, meist ins Leere laufen. Zuwiderhandlungen sind für den Täter ohne nennenswertes Risiko. Insbesondere Versuche, Informanten aus den Kreisen der Verwaltung oder der Ermittlungsbehörden durch Vernehmungen etc von Journalisten zu identifizieren, scheitern stets an dem diesen Berufsangehörigen zustehenden Zeugnisverweigerungsrecht des § 53 Abs. 1 Nr. 5 StPO (s. hierzu Meyer-Goßner/Schmitt/*Schmitt* StPO § 57 Rn. 25 ff.), auf das sich die Medienvertreter ausnahmslos berufen. Faktisch ist die Bestimmung mithin **nahezu bedeutungslos**, was sich auch in der sehr geringen Zahl von entsprechenden Verurteilungen widerspiegelt (s. zur Statistik MüKoStGB/*Schmitz* Rn. 9; krit. zur Verfolgungspraxis auch *Haupt* DStR 2014, 1025 (1026)).

B. Erläuterungen

I. Objektiver Tatbestand

1. Tatobjekte. Von der Bestimmung werden **Verhältnisse eines anderen** und fremde **Betriebs-** **2** **oder Geschäftsgeheimnisse** geschützt.

a) Verhältnisse eines anderen. „Verhältnisse" sind alle **Merkmale,** die eine Person **charakteri-** **3** **sieren,** und **Umstände,** die sie **betreffen** (MüKoStGB/*Schmitz* Rn. 12; Tipke/Kruse/*Drüen* AO § 30 Rn. 12). Dies bezieht sich auf sämtliche persönliche, wirtschaftliche, rechtliche, öffentliche und private Umstände, ohne dass es auf deren steuerliche Relevanz ankommt (Tipke/Kruse/*Drüen* AO § 30 Rn. 12 mwN), namentlich auch auf das **Verwaltungsverfahren** in Steuersachen selbst (Bay-VerfGH BeckRS 2014, 56089). Es unterliegt etwa dem Steuergeheimnis, ob und bei welcher Finanzbehörde ein Beteiligter **steuerlich geführt** wird, und ob eine **Außen- oder Steuerfahn-dungsprüfung** stattgefunden hat (s. weiter Klein/*Rüsken* AO § 30 Rn. 43). Geschützt ist auch die Information darüber, wer als Beteiligter im Verfahren aufgetreten ist, welche Anträge gestellt worden sind und in welcher Form das Verfahren von dem Beteiligten betrieben worden ist. Zu den **Verhältnissen** gehören zB Eingangsdaten, Umfang und Inhalt von Erklärungen gleich welcher Art gegenüber der Finanzbehörde, Name und familiäre Situation, Anschriften des Steuerpflichtigen und anderer Personen, die steuerliche Identifikationsnummer, Krankheiten, geschäftliche, wirtschaftliche und finanzielle Gegebenheiten, persönliche Präferenzen und Vorlieben und dergleichen, insbesondere auch die Existenz eines **strafrechtlichen Ermittlungsverfahrens** (Schönke/Schröder/*Perron* Rn. 4 mwN).

Nicht geschützt sind **anonym** erhobene Daten (Tipke/Kruse/*Drüen* AO § 30 Rn. 24), zB Daten- **4** sammlungen im Rahmen von Richtsatzprüfungen und dgl. für rein statistische Zwecke (Koenig/*Intemann* AO § 30 Rn. 42), desgleichen bloß verwaltungsinterne Vorgänge. Auskünfte sind insoweit nicht zulässig, soweit sie, und sei es auch nur mittelbar, Rückschlüsse auf Verhältnisse des Steuerpflichtigen oder einer anderen Person zulassen, die durch das Steuergeheimnis geschützt sind (Bay-VerfGH BeckRS 2014, 56089).

Allgemeinkundige Daten, also Umstände, die jedem Interessierten ohne größere Schwierigkeiten **5** zugänglich sind, unterfallen der Bestimmung nicht (Tipke/Kruse/*Drüen* AO § 30 Rn. 51a). Gleiches gilt für Verhältnisse, die bereits in einer **öffentlichen Gerichtsverhandlung** erörtert worden sind (*Weyand* NStZ 1987, 399; *Haupt* DStR 2014, 1025 (1028 f.); MüKoStGB/*Schmitz* Rn. 14 mwN). Insoweit geht der Grundsatz der Öffentlichkeit von Gerichtsverhandlungen (§ 169 GVG) dem Geheimhaltungsinteresse vor; § 172 Nr. 2 GVG ermöglicht es im Übrigen, zum Schutz des Steuergeheimnisses die Öffentlichkeit unter bestimmten Voraussetzungen (dazu ausführlich *Weyand* wistra 1993, 132) auszuschließen.

6 **„Anderer"** ist jeder, der nicht zugleich der Täter ist (MüKoStGB/*Schmitz* Rn. 15). Geschützt ist in diesem Zusammenhang nach allgM insbesondere auch der **Informant,** also eine Person, welche der Finanzbehörde Tatsachen über Steuerpflichtige mitteilt (stRspr; vgl. nur BFH/NV 2007, 853 mwN; s. weiter Tipke/Kruse/*Drüen* AO § 30 Rn. 15 und MüKoStGB/*Schmitz* Rn. 16, jeweils mwN; aA LG Saarbrücken wistra 2007, 78 m. krit. Anm. *Weyand* PStR 2007, 31). Zur Offenbarungsbefugnis bei unrichtigen Denunziationen → Rn. 38.

7 Gegenüber dem **Pflichtigen selbst** und auch seinem **Gesamtrechtsnachfolger** gilt das Steuergeheimnis nicht (Tipke/Kruse/*Drüen* AO § 30 Rn. 16). Dies betrifft auch den **Insolvenzverwalter,** der vom Finanzamt uneingeschränkte Informationen über den Schuldner verlangen darf (→ Rn. 22), obwohl die Finanzämter diesen Auskunftsverlangen häufig nur sehr zögerlich nachkommen (exemplarisch VG Münster ZInsO 2014, 1957 und OVG Berlin-Brandenburg ZInsO 2014, 2177; s. auch Koenig/*Intemann* AO § 30 Rn. 47 sowie *Schmittmann* NZI 2014, 878; krit. zur Rspr. der Verwaltungsgerichte aber *Nitschke* ZinsO 2014, 2388). Zum Schutzbereich bei Personen- und Kapitalgesellschaften sowie bei Gesamtschuldnern s. Tipke/Kruse/*Drüen* AO § 30 Rn. 17 ff.; Klein/*Rüsken* AO § 30 Rn. 44a ff. und Koenig/*Intemann* AO § 30 Rn. 48 ff., jeweils mwN.

8 **b) Fremdes Betriebs- oder Geschäftsgeheimnis. Betriebs- oder Geschäftsgeheimnisse** sind alle wahren Tatsachen, die nur einzelnen Personen oder einem abgrenzbaren Personenkreis bekannt sind (→ § 203 Rn. 16 ff.), und die sich auf ein (auch Einzel-)Unternehmen oder einen Geschäftsbetrieb beziehen (MüKoStGB/*Schmitz* Rn. 18), also etwa Kundenlisten, Statistiken, Kalkulationsgrundlagen, Bilanzen, Absatzwege und -strategien, Fabrikationsverfahren und allgemeines Know-how (ausführlich Tipke/Kruse/*Drüen* AO § 30 Rn. 26 mwN). Jedermann zugängliche oder offenkundige Umstände sind keine Geheimnisse. **Fremd** ist ein Geheimnis wenn es sich auf eine andere Person als den Täter bezieht (→ § 203 Rn. 25).

9 **c) Bekanntwerden.** Die Verhältnisse eines anderen bzw. die fremden Betriebs- oder Geschäftsgeheimnisse müssen dem Täter **als Amtsträger** bekannt geworden sein, also im Rahmen seiner **dienstlichen Tätigkeit. Private Kenntniserlangung** fällt nicht unter die Bestimmung (Tipke/Kruse/*Drüen* AO § 30 Rn. 38 mwN); dies gilt zB auch für Kantinengespräche, in denen ein anderer Amtsträger gegenüber Kollegen seinerseits gegen § 30 AO verstößt (MüKoStGB/*Schmitz* Rn. 23).

10 Im Einzelnen fällt (allein) die Kenntniserlangung in den in Abs. 1 Nr. 1a–c aufgeführten Verfahrensarten in den Schutzbereich der Norm, also

11 **aa) in einem Verwaltungsverfahren oder einem gerichtlichen Verfahren in Steuersachen (Abs. 1 Nr. 1a).** Ein **Verwaltungsverfahren** in diesem Sinn ist jede in einer Steuersache (§ 3 Abs. 1, 3 AO) nach innen oder außen wirkende Tätigkeit einer Behörde, die auf Prüfung der Voraussetzungen, die Vorbereitung und den Erlass eines Verwaltungsaktes gerichtet ist (Tipke/Kruse/ *Drüen* AO § 30 Rn. 31), also Erhebungs-, Beitreibungs- und außergerichtliche Rechtsmittelverfahren (MüKoStGB/*Schmitz* Rn. 25 f.). Zu den Verwaltungsverfahren in diesem Sinne gehören auch behördeninterne Prüfungen, etwa durch die verwaltungsinterne Innenrevision, die Fehlverhalten von Bediensteten nachgeht (*Weyand* wistra 1988, 9 (10 f.)).

12 **Gerichtliche Verfahren** in Steuersachen sind alle Verfahren vor dem FG und dem BFH (s. weiter *Haupt* DStR 2014, 1025), aber auch vor dem BVerfG, soweit sich Verfassungsbeschwerden gegen Steuerfestsetzungen oder -vollstreckungen richten, sowie vor den Verwaltungsgerichten, zB bei Streitigkeiten über kommunale Abgaben (Schönke/Schröder/*Perron* Rn. 11 mwN).

13 **bb) in einem Strafverfahren wegen einer Steuerstraftat oder in einem Bußgeldverfahren wegen einer Steuerordnungswidrigkeit (Abs. 1 Nr. 1b). Steuerstraftaten** sind in § 369 AO definiert; vgl. insoweit → AO § 369 Rn. 3 ff. **Steuerordnungswidrigkeiten** sind nach § 377 Abs. 1 AO Zuwiderhandlungen, die nach den Steuergesetzen mit einer Geldbuße geahndet werden können; vgl. weiter → § 377 Rn. 2 ff. Der maßgebliche Zeitpunkt der Verfahrenseinleitung ergibt sich aus § 397 Abs. 1 AO; vgl. weiter → AO § 397 Rn. 31 ff. mwN.

14 Verfahren wegen **unerlaubter Hilfeleistung in Steuersachen** erfasst § 355 nicht. § 160 StBerG ist keine Steuerordnungswidrigkeit iSd § 377 Abs. 1 AO (ausführlich *Weyand* wistra 1988, 9 (12); sa *Blesinger* wistra 1991, 294 (298)).

15 **cc) aus anderem Anlass durch Mitteilung einer Finanzbehörde oder Vorlage eines Steuerbescheides oder einer steuerlich erheblichen Bescheinigung (Abs. 1 Nr. 1c).** Hierbei handelt es sich zum einen um **Mitteilungen einer Finanzbehörde,** die nicht anlässlich eines Verfahrens nach Nr. 1a oder Nr. 1b an eine andere Behörde gemacht werden. Diese – und ihre Amtsträger – sind dann gleichfalls an das Steuergeheimnis gebunden. Ob die Finanzbehörde von sich aus, auf Ersuchen im Wege der Amtshilfe oder aufgrund einer gesetzlichen Mitteilungspflicht tätig wird, ist unerheblich (Schönke/ Schröder/*Perron* Rn. 13).

Die 2. Alt. der Nr. 1c geht zurück auf die Überlegung, dass es sachlich keinen Unterschied macht, ob **16** dem außerhalb der Steuerverwaltung stehenden Amtsträger die Verhältnisse des Steuerpflichtigen von einer Steuerbehörde mitgeteilt oder ob sie ihm durch einen anderen gesetzlich vorgeschriebenen Vorgang, also zB durch eine gesetzliche bestimmte Offenbarungspflicht, die den Steuerpflichtigen trifft, bekannt werden (s. weiter MüKoStGB/*Schmitz* Rn. 35). Derartige **Vorlagepflichten** existieren aufgrund zahlreicher Regelungen, zB im Zusammenhang mit Sozialleistungen, der Subventionsvergabe oder im Gewerberecht. Die **freiwillige Vorlage** von Bescheiden oder Bescheinigungen wird von der Norm nicht erfasst (Koenig/*Intemann* AO § 30 Rn. 91).

d) Täterkreis. Der **Kreis der möglichen Täter** ergibt sich aus Abs. 1 und Abs. 2 der Bestimmung. **17** Er umfasst:

aa) Amtsträger. Zum **Begriff** des Amtsträgers → § 11 Rn. 5 ff. Er ist weit zu fassen. Es kommen **18** hier Beschäftigte der Finanzbehörde ebenso in Frage wie Polizeibeamte, Staatsanwälte oder Richter, aber auch zB Mitarbeiter der Deutschen Rentenversicherung Bund, wenn diese als „zentrale Stelle" iSd § 81 EStG im Zusammenhang mit der Altersvorsorgezulage tätig werden (BFH DStR 2012, 283 (288)).

bb) Gleichgestellte Personen. Dem Amtsträgern **gleich gestellt** sind nach Abs. 2 Nr. 1 einmal für **19** den öffentlichen Dienst besonders Verpflichtete, → § 11 Rn. 11 sowie Koenig/*Intemann* AO § 30 Rn. 24; vgl. zudem Klein/*Rüsken* AO § 30 Rn. 33 ff.

Gleichermaßen richtet sich die Bestimmung nach Abs. 2 Nr. 2 an **amtlich** – etwa nach § 96 AO, **20** § 73 StPO – hinzugezogene Sachverständige, also Personen mit einer besonderen Sachkunde auf einem bestimmten Wissensgebiet (Meyer-Goßner/Schmitt/*Schmitt* StPO Vor § 72 Rn. 1); um einen „öffentlich bestellten Sachverständigen" muss es sich nicht handeln (Schönke/Schröder/*Perron* Rn. 17). **Privat** beigezogene Gutachter sind nicht taugliche Täter.

Den Amtsträgern ebenfalls gleichgestellt sind nach Abs. 2 Nr. 3 Träger von **Ämtern der Kirchen 21 und anderer Religionsgesellschaften** iSd § 132a, also alle Personen, die bei diesen Institutionen beschäftigt sind, soweit sie im Rahmen ihrer Tätigkeit Kenntnis von Informationen erlangen, die dem Steuergeheimnis unterliegen (s. noch Koenig/*Intemann* AO § 30 Rn. 27).

2. Tathandlungen. a) Offenbaren. Zum Begriff des **Offenbarens** zunächst → § 203 Rn. 45 ff. Ein **22** (in diesem Fall iSd → Rn. 26 gerechtfertigtes) Offenbaren in diesem Sinne ist auch die Weitergabe der amtlich bekannt gewordenen Umstände innerhalb der eigenen Behörde, selbst wenn diese dienstlichen Zwecken dient (*Weyand* wistra 1988, 9 (11); Tipke/Kruse/*Drüen* AO § 30 Rn. 51; MüKoStGB/*Schmitz* Rn. 41; aA Schönke/Schröder/*Perron* Rn. 14: Verwaltungsinterne Informationsweitergaben im Rahmen eines Verwaltungsverfahrens stellen kein Offenbaren dar). Das Offenbaren kann auf verschiedenste Art erfolgen: explizit durch mündliche oder schriftliche Mitteilung, aber auch konkludent, etwa durch Kopfnicken bei entsprechenden Fragen oder durch ein „wissendes Lächeln", wenn bestimmte Umstände zur Sprache gebracht werden. Auch das gezielte Herumliegenlassen von Unterlagen oder das Aufrufen von Computerdateien in der Annahme, andere Personen würden vom Inhalt der Unterlagen bzw. Aufzeichnungen Kenntnis nehmen, erfüllt den Tatbestand.

b) Verwerten. Zum Begriff des **Verwertens** zunächst → § 204 Rn. 5 ff. S. auch *Maiwald* NStZ 1984, **23** 170. Die Art der Verwertung ist gleichgültig; desgleichen der Umstand, ob sie zu eigenen oder zu fremden Gunsten erfolgt. Sie kann also zu gewerblichen, wissenschaftlichen oder sonstigen Zwecken erfolgen; nicht erforderlich ist es, dass der Täter wirtschaftlichen Nutzen aus seinem Handeln zieht (Tipke/Kruse/*Drüen* AO § 30 Rn. 54; MüKoStGB/*Schmitz* Rn. 42 ff., jeweils mwN; aA Schönke/Schröder/*Perron* Rn. 15: strafbar nur, wenn Zwecke der Gewinnerzielung verfolgt werden).

3. Befugnis zur Offenbarung oder Verwertung. Die Befugnis, Steuerdaten zu **offenbaren**, regelt **24** im Wesentlichen § 30 Abs. 4–7 AO. Daneben enthält die AO noch einige weitere bedeutsame Durchbrechungsmöglichkeiten (→ Rn. 39 ff.). Die **Verwertung** fremder Verhältnisse ist hiervon nicht betroffen. Insoweit kommt lediglich die **Einwilligung** des Betroffenen in Frage (MüKoStGB/*Schmitz* Rn. 104; Klein/*Rüsken* AO § 30 Rn. 62). Zwar gelten darüber hinaus grundsätzlich auch die **allgemeinen Rechtfertigungsgründe**, etwa § 34; entsprechende Anwendungsfälle sind aber kaum vorstellbar (so zu Recht Tipke/Kruse/*Drüen* AO § 30 Rn. 58).

a) Durchbrechung des Steuergeheimnisses (§ 30 Abs. 4 Nr. 1–5 AO). Die wichtigsten Durch- **25** brechungsmöglichkeiten regelt § 30 Abs. 4 AO.

aa) Verwaltungsverfahren oder gerichtliches Verfahren in Steuersachen (§ 30 Abs. 4 Nr. 1 26 AO). Das Steuergeheimnis darf durchbrochen werden zur **Durchführung eines Verfahrens** iSd § 30 Abs. 1 Nr. 1a und Nr. 1b AO; also für ein Verwaltungs-, Steuerstraf- und Steuerbußgeldverfahren. Die Datenweitergabe muss der Verfahrensdurchführung **„dienen"**, also eine Prüfung der relevanten Tatbestandsmerkmale ermöglichen, erleichtern oder auf eine festere Grundlage stellen (Klein/*Rüsken* AO § 30 Rn. 71a); erforderlich ist mithin ein funktionaler Zusammenhang (Tipke/Kruse/*Drüen* AO § 30 Rn. 63; MüKoStGB/*Schmitz* Rn. 57). Werden in Ermittlungsverfahren Erkenntnisse iSd → Rn. 3 ff. bekannt, die Dritte, auch die von Mittätern oder Gehilfen, betreffen, werden solche Aktenteile durch die Ermittlungsbehörden vor **Akteneinsicht** an die Verteidiger regelmäßig unter Hinweis auf § 30 AO geschwärzt (sehr krit. hierzu *Müller-Jacobsen/Peters* wistra 2009, 458). Dies ist angesichts der eindeutigen Regelung des § 147 StPO, welche dem Verteidiger ein **unbeschränktes Akteneinsichtsrecht** zusichert, unzulässig. Der Schutz von Daten dritter Personen tritt insoweit hinter dem Interesse des Beschuldigten an einer effektiven Verteidigung zurück (*Müller-Jacobsen/Peters* wistra 2009, 458 (461) mwN; s. auch LG Frankfurt a. M. StraFo 2005, 379 mAnm *J. Müller* StBp 2006, 130); die Offenbarung „dient" in diesen Fällen dem Steuer(straf)verfahren.

27   **bb) Gesetzliche Zulassung (§ 30 Abs. 4 Nr. 2 AO).** Eine Durchbrechung ist ferner erlaubt, wenn sie durch ein Gesetz explizit („ausdrücklich"; vgl. Tipke/Kruse/*Drüen* AO § 30 Rn. 71) **zugelassen** wird. Derartige gesetzliche Regelungen führt zum einen die AO selbst auf (→ Rn. 39 ff.). Zum anderen existieren vielfältige (Klein/*Rüsken* AO § 30 Rn. 105: „außerordentlich zahlreich") weitere gesetzlich verankerte Durchbrechungsmöglichkeiten (ausführlich jeweils in ABC-Form Tipke/Kruse/*Drüen* AO § 30 Rn. 74 ff.; Klein/*Rüsken* AO § 30 Rn. 111 ff.). Besonders hervorzuheben ist zB die Regelung des § 4 Abs. 5 S. 1 Nr. 10 S. 3 EStG, wonach die Finanzämter Strafverfolgungsbehörden über korruptionsrelevante Umstände informieren müssen (umfassend hierzu *Madauß* NZWiSt 2013, 176). Auch § 406e StPO, nach dem einem durch eine Straftat **Verletzten** Akteneinsicht zur Verfolgung eigener Ansprüche zu gewähren ist, kann zumindest eine **Teilakteneinsicht** rechtfertigen, selbst wenn dem § 30 AO unterliegende Umstände den Akten entnommen werden können (s. bereits LG Kleve ZfZ 1989, 160 mAnm *Fehn* ZfZ 1989, 374; umfassend hierzu *Kümmel* wistra 2014, 124; aA LG Bochum wistra 1991, 198; LG München wistra 2006, 240; diff. *v. Briel* wistra 2002, 213).

28   **cc) Zustimmung des Betroffenen (§ 30 Abs. 4 Nr. 3 AO).** Der Steuerpflichtige darf über die Wahrung seiner steuerlich relevanten Daten selbst **uneingeschränkt disponieren**. Er kann daher einer Offenbarung ohne Weiteres zustimmen. Da die Verfügungsbefugnis hinsichtlich steuerlicher Unterlagen im Insolvenzfall auf den Verwalter übergeht, kann er als nunmehr „Betroffener" das Finanzamt von der Beachtung des Steuergeheimnisses selbst entbinden (OVG Münster ZInsO 2016, 159 m. Anm. *Nitschke*). Die Finanzbehörde ist in diesen Fällen jedoch nicht uneingeschränkt zu Auskünften verpflichtet (MüKoStGB/*Schmitz* Rn. 62); sie muss auch dann im Rahmen der ihr zustehenden **Ermessensentscheidung** das allgemeine Interesse an der Wahrung des Steuergeheimnisses gegenüber den im konkreten Fall bestehenden privaten Interessen des Pflichtigen abwägen (Tipke/Kruse/*Drüen* AO § 30 Rn. 111 mwN).

29   **dd) Durchführung eines Strafverfahrens wegen einer Nichtsteuerstraftat (§ 30 Abs. 4 Nr. 4 AO).** Das Steuergeheimnis gilt prinzipiell auch in Bezug auf Strafverfahren. § 30 Abs. 4 Nr. 4 AO regelt seine Durchbrechung in zweierlei Hinsicht.

30   Zum einen (Nr. 4a) dürfen dem Steuergeheimnis unterliegende Umstände, die **nach** dessen **Einleitung** (*Kemper* wistra 2005, 290) in einem Steuerstraf- oder Steuerbußgeldverfahren erlangt worden sind, zur Verfolgung von Nichtsteuerstraftaten verwendet werden, es sei denn, die Umstände waren bereits zuvor im Besteuerungsverfahren bekannt geworden, oder der Pflichtige hat sie in Erfüllung steuerlicher Pflichten und in Unkenntnis des bereits existierenden Verfahrens offenbart. **Nicht verwertbar** wären zB Angaben eines Pflichtigen über gewerbliche Einnahmen aus Straftaten, die er unter Beachtung des § 40 AO in seinen Steuererklärungen deklariert hat (MüKoStGB/*Schmitz* Rn. 68; sa Tipke/Kruse/*Drüen* AO § 30 Rn. 114). Diese Alternative betrifft auch Zufallsfunde iSd § 108 StPO, zB Waffen- oder Drogenfunde bei Durchsuchungen der Steufa; insoweit dürfen die Fahnder Polizei und Staatsanwaltschaft informieren. Die Bestimmung ist über ihren Wortlaut hinaus zudem **auf Dritte** anzuwenden, die zB im Rahmen ihrer Mitteilungs- und Auskunftspflichten (§§ 93 ff. AO) Tatsachen in Unkenntnis eines gegen sie eingeleiteten Verfahrens offenbart haben; sie sind in gleicher Weise schutzwürdig wie der Pflichtige selbst (Klein/*Rüsken* AO § 30 Rn. 174; Tipke/Kruse/*Drüen* AO § 30 Rn. 114; MüKoStGB/*Schmitz* Rn. 69).

31   Zum anderen (Nr. 4b) unterliegen **freiwillige Angaben** nicht dem Steuergeheimnis, also solche, die ohne Bestehen einer steuerlichen Obliegenheit oder unter Verzicht auf Auskunftsverweigerungsrechte (§§ 101 ff. AO) erlangt wurden. Feststehen muss indes, dass der Betroffene um die Freiwilligkeit seiner Angaben bzw. das Bestehen eines Auskunftsverweigerungsrechts wusste (MüKoStGB/*Schmitz* Rn. 70 f.).

32   **ee) Zwingendes öffentliches Interesse (§ 30 Abs. 4 Nr. 5 AO).** Das **zwingende öffentliche Interesse** an der Durchbrechung des Steuergeheimnisses wird verbreitet als „Achillesferse des Steuergeheimnisses" bezeichnet (Tipke/Kruse/*Drüen* AO § 30 Rn. 119; Klein/*Rüsken* AO § 30 Rn. 182; s. auch *Tormöhlen* AO-StB 2011, 309). Es ist nach **§ 30 Abs. 4 Nr. 5 AO namentlich** gegeben, wenn:

a) Verbrechen und vorsätzliche schwere Vergehen gegen Leib und Leben oder gegen den Staat und seine Einrichtungen verfolgt werden oder verfolgt werden sollen,

b) Wirtschaftsstraftaten verfolgt werden oder verfolgt werden sollen, die nach ihrer Begehungsweise oder wegen des Umfangs des durch sie verursachten Schadens geeignet sind, die wirtschaftliche Ordnung erheblich zu

stören oder das Vertrauen der Allgemeinheit auf die Redlichkeit des geschäftlichen Verkehrs oder auf die ordnungsgemäße Arbeit der Behörden und der öffentlichen Einrichtungen erheblich zu erschüttern, oder
c) die Offenbarung erforderlich ist zur Richtigstellung in der Öffentlichkeit verbreiteter unwahrer Tatsachen, die geeignet sind, das Vertrauen in die Verwaltung erheblich zu erschüttern; die Entscheidung trifft die zuständige oberste Finanzbehörde im Einvernehmen mit dem Bundesministerium der Finanzen; vor der Richtigstellung soll der Steuerpflichtige gehört werden.

Diese gesetzliche Aufzählung ist **nicht abschließend** („namentlich"; Tipke/Kruse/*Drüen* AO § 30   **33** Rn. 120). Erforderlich für eine – durch das Gesetz nicht im einzelne Angaben eingeschränkte – Offenbarung ist jedenfalls ein **zwingendes** Weitergabeinteresse. Es darf neben der Offenbarung also keine andere weniger belastende Möglichkeit bestehen, um dem öffentlichen Interesse Rechnung zu tragen (MüKoStGB/*Schmitz* Rn. 75).

Verbrechen sind nach der Legaldefinition des § 12 Abs. 1 alle rechtwidrigen Taten, die im Mindest-   **34** maß mit einer Freiheitsstrafe von einem Jahr oder darüber bedroht sind. **Vorsätzlich schwere Vergehen** werden hingegen nicht näher definiert. Über die Auslegung dieses Begriffes herrscht daher lebhafter Streit (s. nur Klein/*Rüsken* AO § 30 Rn. 183; Tipke/Kruse/*Drüen* AO § 30 Rn. 123 mwN). Die betreffenden Delikte müssen indes mit Verbrechen durchaus vergleichbar sein, so dass **Privatklagedelikte** oder Delikte mit minderer Strafdrohung von vornherein als Rechtfertigungsgründe nicht relevant sind (s. auch MüKoStGB/*Schmitz* Rn. 76 f.). In Frage kommen zB schwere Untreuehandlungen (§ 266), gravierende Subventionsbetrügereien (§ 264) oder Betrugshandlungen (§ 263), wobei jeweils die **Voraussetzungen der besonders schweren Fälle** (§§ 266 Abs. 2, 264 Abs. 2, 263 Abs. 3) erfüllt sein müssen; nur dann liegen mit Verbrechen vergleichbare Delikte vor, welche auch vom Gesetzgeber mit entsprechend erhöhten Strafen bedroht werden (s. ergänzend Schönke/Schröder/*Perron* Rn. 28).

Wirtschaftsstraftaten, also alle in § 74c GVG aufgeführten Delikte (MüKoStGB/*Schmitz* Rn. 78;   **35** Tipke/Kruse/*Drüen* AO § 30 Rn. 124 f. jeweils mwN), erlauben die Durchbrechung des Steuergeheimnisses dann, wenn sie einen besonders schwerwiegenden Charakter haben und die wirtschaftliche Ordnung **massiv** stören (MüKoStGB/*Schmitz* Rn. 79; Klein/*Rüsken* AO § 30 Rn. 185; Tipke/Kruse/*Drüen* AO § 30 Rn. 126 f.) bzw. das Vertrauen der Allgemeinheit **erheblich** erschüttern, dh dann, wenn erkennbar in großen Teilen der Bevölkerung die Akzeptanz für das Wirtschaftssystem oder der staatlichen Verwaltung zu schwinden beginnt (s. weiter Schönke/Schröder/*Perron* Rn. 29; beispielhaft jüngst FG BW EFG 2014, 798; hierzu *Wegner* PStR 2014, 89). Angesichts dieser hohen Hürden ist diese Alternative besonders **restriktiv** auszulegen (s.a Tipke/Kruse/*Drüen* AO § 30 Rn. 120 mwN). Es ist daher nicht nachvollziehbar, weshalb Nr. 8.11 AEAO (dazu *Weyand* PStR 2008, 55; *ders.* ZInsO 2009, 1807; s. auch *Wegner* PStR 2007, 287) eine Durchbrechung des § 30 AO für alle – auch (einfach) fahrlässige – Fälle der Insolvenzverschleppung (§ 15a InsO) bzw. der Insolvenzdelikte der §§ 283–283c einschränkungslos zulässt (krit. zu Recht MüKoStGB/*Schmitz* Rn. 79).

Die **Richtigstellung unwahrer Tatsachen** statuiert eine Art Notwehrrecht (Klein/*Rüsken* AO § 30   **36** Rn. 189) für die Finanzbehörden, wenn verleumderisch unwahre Angaben im Zusammenhang mit einem Steuerfall öffentlich verbreitet werden (s. weiter *Felix* BB 1995, 2030). Das Vertrauen in die gesamte Finanzverwaltung muss hierbei **erheblich beeinträchtigt** sein; Zweifel an der Amtsführung einzelner Bediensteter reichen nicht aus (Koenig/*Intemann* AO § 30 Rn. 245). Vor einer entsprechenden Veröffentlichung „soll" der Pflichtige gehört werden. Die Bestimmung betrifft über den Wortlaut hinaus alle von einer Offenbarung Betroffenen (MüKoStGB/*Schmitz* Rn. 83), denen Gelegenheit zu rechtlichem Gehör gegeben werden **muss.**

Sonstige Fälle eines **zwingenden öffentlichen Interesses** müssen mit den Genannten vergleichbar   **37** sein (Schönke/Schröder/*Perron* Rn. 32). Praktischer Hauptanwendungsfall ist die Weitergabe von Informationen zur steuerlichen Unzuverlässigkeit eines Gewerbetreibenden an die Gewerbebehörden mit dem Ziel einer **Gewerbeuntersagung** nach § 35 GewO (s. hierzu Klein/*Rüsken* AO § 30 Rn. 193 ff. mwN; ausführlich Tipke/Kruse/*Drüen* AO § 30 Rn. 136 ff.). Auch Mitteilungen an parlamentarische **Untersuchungsausschüsse** (grundlegend BVerfG wistra 1984, 220) werden insoweit zugelassen (s. weiter krit. Tipke/Kruse/*Drüen* AO § 30 Rn. 140); desgleichen soll die Weitergabe von Informationen über auf einer „Steuer-CD" enthaltenen Daten an einen Landtagsausschuss für Finanzen und Haushaltsfragen zulässig sein, sofern dieser besondere Vorkehrungen zur Wahrung des Geheimnisschutzes getroffen hat (FG Saarbrücken BB 2016, 1174). Zu weiteren Beispielen vgl. Klein/*Rüsken* AO § 30 Rn. 197 ff.; Koenig/*Intemann* AO § 30 Rn. 258 ff.; Tipke/Kruse/*Drüen* AO § 30 Rn. 141 ff.).

b) Vorsätzlich falsche Angaben (§ 30 Abs. 5 AO). Vorsätzlich falsche Angaben gegenüber der   **38** Finanzbehörde genießen keinen Schutz (Koenig/*Intemann* AO § 30 Rn. 271; Tipke/Kruse/*Drüen* AO § 30 Rn. 142). Diese Alternative betrifft insbesondere Informanten, welche andere Personen zu Unrecht beim Finanzamt denunzieren. Deren Daten darf die Behörde, zumal in Strafverfahren der Staatsanwaltschaft, welche wegen falscher Verdächtigung (§ 164) zum Nachteil der Betroffenen geführt werden, uneingeschränkt offenbaren (*Weyand* PStR 2005, 213; Tipke/Kruse/*Drüen* AO § 30 Rn. 15 mwN; s. überdies *Micker* AO-StB 2010, 92).

39   **c) Sonstige Durchbrechungsmöglichkeiten.** Die AO regelt noch einige weitere Durchbrechungsmöglichkeiten.

40   **aa) Datenabruf und Datenkontrolle (§ 30 Abs. 6 und 7 AO).** § 30 Abs. 6 AO regelt die Befugnis
zum **Abruf von Steuerdaten** im automatisierten Verfahren (s. dazu weiter die Steuerdaten-AbrufVO
BGBl. 2005 I 3021; vgl. zudem Klein/*Rüsken* AO § 30 Rn. 214 ff.). § 30 Abs. 7 trifft Bestimmungen
im Zusammenhang mit dem nach § 87a Abs. 4 AO erlaubten Versand von elektronischen Dokumenten
(s. dazu weiter Klein/*Rüsken* AO § 30 Rn. 231 sowie Klein/*Rätke* AO § 87a Rn. 6).

41   **bb) Bekämpfung der illegalen Beschäftigung und des Leistungsmissbrauches (§ 31a AO).** Die
Finanzbehörde darf nach § 31a AO Informationen weitergeben, um **Schwarzarbeit,** die **illegale Beschäftigung** bzw. Tätigkeit von ausländischen Arbeitnehmer ohne Genehmigung (§ 284 Abs. 1 SGB III)
und den **missbräuchlichen Bezug von öffentlichen (Sozial-)Leistungen** zu verhindern bzw. zu
bekämpfen.
       Adressat der nach § 31a Abs. 2 AO **spontan** vorzunehmenden Mitteilung ist jeweils die öffent-
liche Stelle, die mit dem Vollzug der jeweiligen einschlägigen Gesetze betraut ist (Klein/*Rüsken*
AO § 31a Rn. 9). Ein Tatverdacht iSd § 152 StPO ist für die Informationsweitergabe nicht erforderlich (s. bereits *Helmschrott/Eberhardt* DStR 1994, 481; einschränkend Tipke/Kruse/*Drüen* AO § 31a
Rn. 12).

42   **cc) Verfolgung der Geldwäsche und Bekämpfung der Terrorismusfinanzierung (§ 31b
AO).** Mitteilungen sind gleichfalls zur Bekämpfung strafbarer **Geldwäsche** (§ 261; s. dazu *Löwe/
Krahl* PStR 2004, 262; *ders.* PStR 2011, 63) sowie der **Terrorismusfinanzierung** möglich. Die
jeweiligen Informationen sind durch die Finanzämter **spontan** dem BKA (Zentralstelle für Verdachtsmeldungen) bzw. den zuständigen Strafverfolgungsbehörden zu übermitteln. Es genügt der **einfache
Verdacht;** ein Anfangsverdacht iSd § 152 StPO ist nicht erforderlich (Koenig/*Intemann* AO § 31b
Rn. 9), so dass die Informationsweitergabe schon erfolgen muss, wenn ein krimineller oder Terroris-
mushintergrund nicht ausgeschlossen werden kann (diff. Tipke/Kruse/*Drüen* AO § 31b Rn. 3
mwN).

43   **dd) Zwischenstaatliche Amts- und Rechtshilfe (§§ 117–117c AO).** Die §§ 117 ff. AO treffen
weitreichende Regelungen zur zwischenstaatlichen Rechts- und Amtshilfe, die darzustellen den hier zur
Verfügung stehenden Rahmen sprengen würde. Unter den einzelnen dort gesetzlich geregelten Voraussetzungen ist eine Offenbarung geschützter Verhältnisse jedenfalls zulässig; umfassend zur Rechtshilfe in
Steuer- und Steuerstrafverfahren s. Kohlmann/*Peter* AO § 399 Rn. 250 ff.

44   **ee) Allgemeine Rechtfertigungsgründe.** Die in der AO aufgeführten Rechtfertigungsgründe sind
nach allgM **nicht abschließend** (MüKoStGB/*Schmitz* Rn. 103; Schönke/Schröder/*Perron* Rn. 19,
jeweils mwN; aA aber Tipke/Kruse/*Drüen* AO § 30 Rn. 57 mwN). Praktisch sind Fälle, in denen § 34
(rechtfertigender Notstand) eingreifen, oder aber von einer mutmaßlichen – rechtfertigenden – Einwilligung ausgegangen werden könnte, jedoch kaum vorstellbar.

II. Subjektiver Tatbestand

45   Zur Verwirklichung des § 355 ist **Vorsatz** erforderlich (MüKoStGB/*Schmitz* Rn. 53), wobei bedingter genügt (Schönke/Schröder/*Perron* Rn. 34). Ein Irrtum über das Vorliegen einer Offenbarungsbefugnis führt als **Erlaubnistatbestandirrtum** zu einem Vorsatzausschluss (vgl. ausführlich MüKoStGB/
Joecks § 16 Rn. 117 ff. mwN).

III. Täterschaft und Teilnahme

46   Täter können nur Amtsträger und die in Abs. 2 der Norm genannten gleichgestellten Personen sein.
Es handelt sich bei § 355 mithin um ein **Sonderdelikt.** Für Teilnehmer gilt § 28 Abs. 1 (MüKoStGB/
Schmitz Rn. 109 mwN). Im Übrigen finden die allg. Regeln der §§ 26, 27 Anwendung.

IV. Prozessuales und Konkurrenzen

47   Verstöße gegen § 355 werden nur **auf Antrag** (§§ 77 ff.) verfolgt (krit. insoweit *Haupt* DStR 2014,
1025 (1026)). Antragsberechtigt sind der **Verletzte** (§ 77), also derjenige, der von der Offenbarung oder
der Verwertung betroffen ist, sowie der **Dienstvorgesetzte** (§ 77a) des betreffenden Amtsträgers bzw.
der nach Abs. 2 gleichgestellten Personen. Bei hinzugezogenen Sachverständigen steht die Antragsbefugnis nach Abs. 3 S. 2 dem **Leiter der Behörde** zu, deren Verfahren betroffen ist.

§ 355 ist lex specialis zu §§ 203, 204. Zu §§ 353b, 353d besteht Idealkonkurrenz (s. weiter MüKo-StGB/*Schmitz* Rn. 111; vgl. überdies Schönke/Schröder/*Perron* Rn. 36).

V. Rechtsfolgen

§ 355 droht als Sanktion **Geldstrafe** oder **Freiheitsstrafe** bis zu zwei Jahren an. Zu einem möglichen **48** **Verlust der Amtsfähigkeit** vgl. § 358. Für Beamte bedeutet dies ggf. den automatischen Verlust der Beamtenstellung, § 48 Nr. 2 BBG.

§ 355 StGB 10

§ 355 ... lex specialis zu §§ 203, 204. Zu § 355 § 353d beruht (Lackkontrollrecht), wenn Mitko-
StGB Schutz der 11], vgl. über die Schutz-...schaulichen Linden 1e)

V. Rechtsschein

§ 355 droht als Sank...fren ... Zu einem möglichen 45
Verhältnis der Amtsfähigkeit...eln ... dem ähnschutzen Verbot der
Bestechent....

20. Strafprozeßordnung (StPO)

In der Fassung der Bekanntmachung vom 7. April 1987
(BGBl. I S. 1074, ber. S. 1319) FNA 312-2
Zuletzt geändert durch Art. 1 3. OpferrechtsreformG vom 21.12.2015 (BGBl. I S. 2525)

– Auszug –

Vorbemerkung

1 **1. Berufsgerichtliche Vorschriften.** § 118 BRAO, § 109 StBerG und § 83 WPO bestimmen das Verhältnis der jeweiligen berufsgerichtlichen Verfahren zum Straf- und Bußgeldverfahren. Dabei entsprechen sich die Wortlaute von § 118 BRAO und § 109 StBerG; § 83 WPO folgt Abs. 2 u. 3 der vorgenannten Bestimmungen. Alle drei Normen enthalten übereinstimmende Regelungen zur Bindung der Berufsgerichte an die tatsächlichen Feststellungen im Straf- und Bußgeldverfahren und zu den Folgen eines Freispruchs. § 118 BRAO und § 109 StBerG regeln zudem den Vorrang des straf- vor dem berufsgerichtlichen Verfahren und einen Sonderfall für die Wiederaufnahme des berufsgerichtlichen Verfahrens.

2 **2. Vorrang des Strafverfahrens.** Wird gegen einen **Rechtsanwalt oder Steuerberater** Anklage wegen einer berufsspezifischen Pflichtverletzung erhoben, so kann daneben zwar ein berufsgerichtliches Verfahren eingeleitet werden. Es muss jedoch umgehend bis zur Beendigung des strafgerichtlichen Verfahrens **ausgesetzt** werden. Das Gericht darf daher nur noch die Anschuldigungsschrift zustellen und den Beschluss über die Aussetzung fassen. Gleiches gilt, wenn zunächst das berufsgerichtliche Verfahren eingeleitet wurde (Feuerich/Weyland/*Feuerich* BRAO § 118 Rn. 7) und zwar auch dann, wenn sich das berufsgerichtliche Verfahren schon in der Berufungs- oder in der Revisionsinstanz befindet (Kuhls/*Kuhls* StBerG § 109 Rn. 19; aA hinsichtlich der Revision Feuerich/Weyland/*Feuerich* BRAO § 118 Rn. 9).

3 Voraussetzung für die Aussetzung ist zunächst, dass es sich in beiden Verfahren um dasselbe einheitliche geschichtliche Ereignis iSe **prozessualen Identität** iSv § 264 handelt, beide Verfahren sich gegen dieselbe Person richten ohne Rücksicht auf die rechtliche Wertung der Verhaltensweise und die in den beiden Verfahren zu ziehenden und gezogenen rechtlichen Folgerungen (BGH NJW 1979, 1171).

4 Die Aussetzung verlangt die Erhebung der öffentlichen Klage durch Einreichung der Anklageschrift, § 170 Abs. 1 StPO, oder einer dieser gleich gestellten Handlung. Dies gilt auch für den Erlass eines Strafbefehls (Kuhls/*Kuhls* StBerG § 109 Rn. 10). Die Erhebung der Privatklage zieht nur dann die Aussetzung des berufsgerichtlichen Verfahrens nach sich, wenn die StA nach § 377 StPO die Übernahme erklärt (Feuerich/Weyland/*Feuerich* BRAO § 118 Rn. 4).

5 Mit der Erhebung der öffentlichen Klage entsteht ein **temporäres Verfahrenshindernis** (BGH NJW 2005, 1057).

6 Das berufsgerichtliche Verfahren bleibt höchstens bis zum rechtskräftigen Abschluss des Strafverfahrens ausgesetzt. Es ist spätestens mit dem Urteil, der Verfahrenseinstellung oder der Ablehnung der Eröffnung der Hauptverhandlung wiederaufzunehmen. Die **Fortsetzung** kann zu einem früheren Zeitpunkt erfolgen, wenn die Sachaufklärung so gesichert erscheint, dass keine widersprüchlichen Entscheidungen zu erwarten sind oder Gründe in der Person des Angeschuldigten vorliegen, die die Verfahrensfortführung verhindern. Die Entscheidung steht im pflichtgemäßen Ermessen des Gerichts (Koslowski StBerG § 109 Rn. 7).

7 Demgegenüber besteht in einem berufsgerichtlichen Verfahren gegen **Wirtschaftsprüfer** keine Verpflichtung mehr zur Aussetzung dieses Verfahrens. Es kann nach § 83b WPO nur in zwei Fällen ausgesetzt werden: wenn eine Entscheidung nicht möglich oder zweckmäßig ist, bevor im Straf- oder Bußgeldverfahren der Sachverhalt aufgeklärt oder eine Rechtsfrage entschieden wurde (Nr. 1), oder wenn im Straf- oder Bußgeldverfahren eine Entscheidung über einen Sachverhalt oder eine Rechtsfrage zu treffen ist, die für das berufsgerichtliche Verfahren von Bedeutung und innerhalb von sechs Monaten zu erwarten ist (Nr. 2).

8 **3. Bindung der Berufsgerichte an die Feststellungen.** Das Berufsgericht ist grds. an die tatsächlichen Feststellungen gebunden, die das Gericht im Strafverfahren im **Urteil** getroffen hat, §§ 118 Abs. 3 S. 1 BRAO, 109 Abs. 3 S. 1 StBerG, 83 Abs. 2 S. 1 WPO, da abweichende Erkenntnisse in berufsgerichtlichen Verfahren nach Durchführung einer Hauptverhandlung nicht zu erwarten sind. Die Bindungswirkung gilt auch, wenn das Urteil nach § 267 Abs. 4 in abgekürzter Form begründet wird, soweit ausreichende tatsächliche Feststellungen enthalten sind (Kleine-Cosack BRAO § 118 Rn. 5). Dagegen binden die Feststellungen eines Strafbefehls nicht (BGH NJW 1999, 2288).

Die Feststellungen im Urteil zu den objektiven und subjektiven Tatsachen binden das Berufsgericht **9** nur, soweit das Urteil auf ihnen **beruht** (Koslowski StBerG § 109 Rn. 12). Widersprüchliche oder gegen Denkgesetze verstoßende, nicht zum Straftatbestand gehörende oder sonst unschlüssige tatsächliche Feststellungen sowie sämtliche rechtlichen Wertungen binden hingegen nicht (Feuerich/Weyland/*Feuerich* BRAO § 118 Rn. 37 f.).

Bezweifelt die Mehrheit der Mitglieder des Berufsgerichts die Richtigkeit der Feststellungen, kann **10** das Gericht die Feststellungen nochmals prüfen. Dabei müssen sich die **Zweifel** auf die Richtigkeit derselben tatsächlichen Feststellung beziehen, nicht aber auf das Beweisergebnis oder auf die Frage, ob Zweifel angebracht sind (BGH NJW 1985, 2037). Daher ist eine vollumfängliche Beweiserhebung durch das Berufsgericht nur dann zulässig, wenn es sämtliche Feststellungen des Urteils bezweifelt. Der Beschluss des Berufsgerichts ist mit Angabe der **Stimmenmehrheit** zu protokollieren (anders LG Berlin 25.11.2011 – WiL 6/11). Das Berufungsgericht ist an einen Beschluss des erstinstanzlichen Berufsgerichts nicht gebunden (Feuerich/Weyland/*Feuerich* BRAO § 118 Rn. 49). Bezweifelt das Berufsgericht die Feststellungen nicht, darf es auf diese verweisen (BGHSt 33, 59 (60)); in diesem Fall sind Beweisanträge, die auf diese – Feststellungen zielen – sei es auch nur mittelbar –, unzulässig (BGH NJW 1985, 2037).

4. Auswirkungen des Freispruchs. Wird ein Berufsträger rechtskräftig freigesprochen, bindet der **11** Freispruch das Berufsgericht. Es besteht ein **Prozesshindernis,** das die berufsgerichtliche Verfolgung unzulässig macht. Die Möglichkeit, die Richtigkeit der Feststellungen nach § 118 Abs. 3 S. 2 BRAO, § 109 Abs. 3 S. 2 StBerG, § 83 Abs. 1 WPO in Zweifel zu ziehen, besteht nach einem Freispruch nicht.

Dem Freispruch stehen **andere Arten der Verfahrenserledigung** nicht gleich. Die Ablehnung der **12** Eröffnung des Hauptverfahrens, § 204 StPO, und die Einstellung des Verfahrens binden das Berufsgericht nicht (Koslowski StBerG § 109 Rn. 17).

Das berufsgerichtliche Verfahren kann im Falle eines Freispruchs ausnahmsweise fortgesetzt oder **13** eingeleitet werden, wenn zwar keine Straftat begangen wurde, gleichwohl aber eine berufsständische Pflicht verletzt wurde **(disziplinarischer Überhang),** wenn zB der für eine Straftat erforderliche Vorsatz nicht nachzuweisen ist, die berufsständische Pflicht schon fahrlässiges Handeln sanktioniert (Feuerich/Weyland/*Feuerich* BRAO § 118 Rn. 24).

5. Wiederaufnahme. §§ 118 Abs. 4 BRAO, 109 Abs. 4 StBerG regeln einen besonderen Fall der **14** Wiederaufnahme. So ist die Wiederaufnahme eines rechtskräftig abgeschlossenen berufsgerichtlichen Verfahrens im Falle der Verfahrensfortsetzung nach §§ 118 Abs. 1 S. 3 BRAO, 109 Abs. 1 S. 3 StBerG auch dann zulässig, wenn die tatsächlichen entscheidungserheblichen Feststellungen im berufsgerichtlichen Verfahren den Feststellungen des Strafgerichts widersprechen. Dieser Fall kann dann eintreten, wenn das Berufsgericht das Verfahren fortsetzt und es wider Erwarten doch zu sich widersprechenden Entscheidungen kommt (Feuerich/Weyland/*Feuerich* BRAO § 118 Rn. 59). Der Antrag auf Wiederaufnahme kann durch die StA oder den Berufsträger binnen eines Monats nach Rechtskraft der strafgerichtlichen Entscheidung gestellt werden.

§ 111i Aufrechterhaltung der Beschlagnahme für einen befristeten Zeitraum

(1) Das Gericht kann anordnen, dass die Beschlagnahme nach § 111c oder der Arrest nach § 111d für die Dauer von höchstens drei Monaten aufrechterhalten wird, soweit das Verfahren nach den §§ 430 und 442 Abs. 1 auf die anderen Rechtsfolgen beschränkt worden ist und die sofortige Aufhebung gegenüber dem Verletzten unbillig wäre.

(2) ¹Hat das Gericht lediglich deshalb nicht auf Verfall erkannt, weil Ansprüche eines Verletzten im Sinne des § 73 Abs. 1 Satz 2 des Strafgesetzbuchs entgegenstehen, kann es dies im Urteil feststellen. ²In diesem Fall hat es das Erlangte zu bezeichnen. ³Liegen insoweit die Voraussetzungen des § 73a des Strafgesetzbuchs vor, stellt es im Urteil den Geldbetrag fest, der dem Wert des Erlangten entspricht. ⁴Soweit

1. der Verletzte bereits im Wege der Zwangsvollstreckung oder der Arrestvollziehung verfügt hat,

2. der Verletzte nachweislich aus Vermögen befriedigt wurde, das nicht beschlagnahmt oder im Wege der Arrestvollziehung gepfändet worden ist, oder

3. dem Verletzten die erlangte Sache nach § 111k herausgegeben worden ist,

ist dies im Rahmen der nach den Sätzen 2 und 3 zu treffenden Feststellungen in Abzug zu bringen.

(3) ¹Soweit das Gericht nach Absatz 2 verfährt, hält es die Beschlagnahme (§ 111c) des im Sinne des Absatzes 2 Satz 2 und 4 Erlangten sowie den dinglichen Arrest (§ 111d) bis zur Höhe des nach Absatz 2 Satz 3 und 4 festgestellten Betrages durch Beschluss für drei Jahre aufrecht. ²Die Frist beginnt mit Rechtskraft des Urteils. ³Sichergestellte Vermögenswerte soll

es bezeichnen. [4]§ 917 der Zivilprozessordnung ist nicht anzuwenden. [5]Soweit der Verletzte innerhalb der Frist nachweislich aus Vermögen befriedigt wird, das nicht beschlagnahmt oder im Wege der Arrestvollziehung gepfändet worden ist, hebt das Gericht die Beschlagnahme (§ 111c) oder den dinglichen Arrest (§ 111d) auf Antrag des Betroffenen auf.

(4) [1]Die Anordnung nach Absatz 3 sowie der Eintritt der Rechtskraft sind dem durch die Tat Verletzten unverzüglich durch das Gericht mitzuteilen. [2]Die Mitteilung ist zu verbinden mit dem Hinweis auf die in Absatz 5 genannten Folgen und auf die Möglichkeit, Ansprüche im Wege der Zwangsvollstreckung oder Arrestvollziehung durchzusetzen. [3]§ 111e Abs. 4 Satz 1 bis 3 gilt entsprechend.

(5) [1]Mit Ablauf der in Absatz 3 genannten Frist erwirbt der Staat die nach Absatz 2 bezeichneten Vermögenswerte entsprechend § 73e Abs. 1 des Strafgesetzbuchs sowie einen Zahlungsanspruch in Höhe des nach Absatz 2 festgestellten Betrages, soweit nicht

1. der Verletzte zwischenzeitlich wegen seiner Ansprüche im Wege der Zwangsvollstreckung oder der Arrestvollziehung verfügt hat,
2. der Verletzte nachweislich aus Vermögen befriedigt worden ist, das nicht beschlagnahmt oder im Wege der Arrestvollziehung gepfändet worden war,
3. zwischenzeitlich Sachen nach § 111k an den Verletzten herausgegeben oder hinterlegt worden sind oder
4. Sachen nach § 111k an den Verletzten herauszugeben gewesen wären und dieser die Herausgabe vor Ablauf der in Absatz 3 genannten Frist beantragt hat.

[2]Zugleich kann der Staat das durch die Vollziehung des dinglichen Arrestes begründete Pfandrecht nach den Vorschriften des Achten Buches der Zivilprozessordnung verwerten. [3]Der Erlös sowie hinterlegtes Geld fallen dem Staat zu. [4]Mit der Verwertung erlischt der nach Satz 1 entstandene Zahlungsanspruch auch insoweit, als der Verwertungserlös hinter der Höhe des Anspruchs zurückbleibt.

(6) [1]Das Gericht des ersten Rechtszugs stellt den Eintritt und den Umfang des staatlichen Rechtserwerbs nach Absatz 5 Satz 1 durch Beschluss fest. [2]§ 111l Abs. 4 gilt entsprechend. [3]Der Beschluss kann mit der sofortigen Beschwerde angefochten werden. [4]Nach Rechtskraft des Beschlusses veranlasst das Gericht die Löschung der im Bundesanzeiger nach Absatz 4 vorgenommenen Veröffentlichungen.

(7) [1]Soweit der Verurteilte oder der von der Beschlagnahme oder dem dinglichen Arrest Betroffene die hierdurch gesicherten Ansprüche des Verletzten nach Ablauf der in Absatz 3 genannten Frist befriedigt, kann er bis zur Höhe des dem Staat zugeflossenen Verwertungserlöses Ausgleich verlangen. [2]Der Ausgleich ist ausgeschlossen

1. soweit der Zahlungsanspruch des Staates nach Absatz 5 Satz 1 unter Anrechnung des vom Staat vereinnahmten Erlöses entgegensteht oder
2. wenn seit dem Ablauf der in Absatz 3 genannten Frist drei Jahre verstrichen sind.

(8) In den Fällen des § 76a Abs. 1 oder 3 des Strafgesetzbuchs sind die Absätze 2 bis 7 auf das Verfahren nach den §§ 440 und 441 in Verbindung mit § 442 Abs. 1 entsprechend anzuwenden.

A. Regelungscharakter

1   Die überaus komplizierte Regelung (*Meyer* ZStW 127 (2015), 241 (249)) mit teils materiell-recht-lichem, teils verfahrensrechtlichem Charakter (*Bittmann* NStZ 2015, 1) über die Feststellung des Vor-liegens der Verfallsvoraussetzungen mit der Einschränkung des Vorrangs privatrechtlicher Ansprüche des Verletzten und der Möglichkeit einer Verlängerung vorläufiger Sicherungsmaßnahmen zur **Rück-gewinnungshilfe vor staatlichem Auffangrechtserwerb** wurde durch das Gesetz zur Stärkung der Rückgewinnungshilfe und Vermögensabschöpfung bei Straftaten v. 24.11.2006 (BGBl. I 2350) neu gefasst (BVerfG JR 2015, 540 (542 f.); SK-StPO/*Rogall* Rn. 5). Aus dem Gemeinschaftsrecht ist die Richtlinie 2014/42/EU des Europäischen Parlaments und des Rates v. 3.4.2014 (ABl. 2014 L 127, 39 und ABl. 2014 L 138, 114) im Rahmen einer richtlinienkonformen Auslegung des nationalen Rechts zu berücksichtigen (*Lohse* JR 2015, 517 (519)). Die Bestimmung dient dem Opferschutz und soll dazu beitragen, dass Straftaten sich nicht lohnen. Sie verfolgt demnach im Rahmen des Strafverfahrens **generalpräventive** und strafrechtlich-**repressive Zwecke** und sichert zugleich **private Interessen** an der Rechtsdurchsetzung durch die Verletzten einer Vermögensstraftat.

2   Beschlagnahme oder dinglicher Arrest werden aufgehoben, wenn die Voraussetzungen nach § 111b Abs. 1 oder 2 entfallen, weil im Urteil ein Verfall nicht angeordnet wird. Der Staat verzichtet auf den Verfall aber nur im Hinblick auf vorrangige Interessen der Verletzten. Werden diese nicht durchgesetzt, soll der Verfall zugunsten des Staates dennoch möglich bleiben. Die **Durchsetzung zivilrechtlicher Ansprüche des Verletzten** kann dann **gefährdet** werden, weil für diesen die Beschaffung und Realisierung eines Vollstreckungstitels zu spät kommt, indem der **Gegenstand zwischenzeitlich beseitigt oder verbraucht** wird. Nach der vorliegenden Vorschrift soll dem Verletzten die Möglichkeit

verschafft werden, sich in Fällen der strafprozessualen Verfahrensbeschränkung (Abs. 1) durch **zeitliche Verlängerung der vorläufigen Sicherung** vor der Herausgabe an den letzten Gewahrsamsinhaber einen Titel zu verschaffen und diesen rechtzeitig zu realisieren, oder es sollen bei Erlass eines Urteils, in dem ein Verfall mit Blick auf entgegenstehende Ansprüche des Verletzten nicht angeordnet wird, Opferansprüche bereits durch das Strafgericht festgestellt werden und die Beschlagnahme für drei Jahre aufrechterhalten werden können (Abs. 2). Realisiert der Verletzte im Fall des Abs. 2 seine Ansprüche nicht innerhalb der Frist mit Hilfe der beschlagnahmten Gegenstände, fallen diese aufgrund eines Auffangrechts an den Staat. Der Betroffene wird durch einen Ausgleichsanspruch **vor doppelter Inanspruchnahme geschützt.** Wird er freigesprochen, weil er keine Straftat begangen hat, ist für die Anwendung der vorliegenden Vorschrift kein Raum. Steht dagegen fest, dass eine Straftat begangen wurde, kann die Vorschrift auch dann im objektiven Verfahren zur Anwendung gelangen, wenn der Angeklagte aus tatsächlichen Gründen freigesprochen wurde. Insgesamt ist die Regelung kompliziert und wenig praktikabel, weshalb sie in der Praxis selten zur Anwendung kommt (*Bohne/Boxleitner* NStZ 2007, 552 ff.; *Schubert* ZRP 2008, 55 ff.).

B. Die Regelungen im Einzelnen

Die Vorschrift enthält verschiedene Möglichkeiten der Verlängerung von Beschlagnahme oder dinglichem Arrest zur **Erleichterung der Realisierung von Opferansprüchen,** die das Gericht auch ohne Antrag von Amts wegen durchführen kann (*Löwe/Rosenberg/Johann* Rn. 8). Abs. 1 ist auf die Fälle der Verfahrensbeschränkung bezogen, betrifft nunmehr aber auch den dinglichen Arrest. Die Neuregelung nach Abs. 2 und den ergänzenden Bestimmungen ermöglicht in weiterem Umfang als zuvor die Verlängerung der vorläufigen Sicherungsmaßnahmen und regelt einen **Auffangrechtserwerb des Staates.** Die Bestimmung betrifft alle Arten des (einfachen, erweiterten oder Wertersatz-)Verfalls. **3**

I. Verlängerung der Sicherungsmaßnahme bei Rechtsfolgenbeschränkung (Abs. 1)

Aus verfahrensökonomischen Gründen (*Löwe/Rosenberg/Johann* Rn. 4) kann das Gericht beschließen, dass von der Prüfung der Voraussetzungen von Einziehung und Verfall abzusehen ist (§§ 430, 442). Abs. 1 kommt dann zur Anwendung, wenn eine Einziehung oder ein Verfall alleine wegen einer derartigen Beschränkung des Verfahrens auf andere Rechtsfolgen nicht angeordnet werden kann (SSW StPO/*Burghart* Rn. 3; SK-StPO/*Rogall* Rn. 9; Meyer-Goßner/Schmitt/*Schmitt* Rn. 3). Dann können Sicherungsmaßnahmen der Beschlagnahme oder des dinglichen Arrests bis zu drei Monate verlängert werden. Außerdem setzt die Bestimmung voraus, dass die Aufhebung der Sicherungsmaßnahmen **ggü. dem Verletzten unbillig** wäre (*Löwe/Rosenberg/Johann* Rn. 5; SK-StPO/*Rogall* Rn. 11), weil dieser zuvor ohne Erfolg alle ihm möglichen und zumutbaren Anstrengungen unternommen hatte, um sich einen zumindest vorläufig vollstreckbaren Titel zu verschaffen (OLG Frankfurt a. M. NStZ-RR 2003, 49; KK-StPO/*Spillecke* Rn. 8). Unbilligkeit liegt nicht vor, wenn der informierte Verletzte kein Interesse an der Realisierung seiner Ansprüche zeigt. **4**

Liegen diese Voraussetzungen vor, **kann** das Gericht nach seinem **Ermessen** anordnen, dass die gegebenenfalls bereits nach Ermessen (*Schlachetzki* wistra 2011, 41 ff.) im Vorverfahren angeordnete Beschlagnahme nach § 111c oder der Arrest nach § 111d für die – knapp bemessene – Dauer **von höchstens drei Monaten** (KG StV 2004, 529; SK-StPO/*Rogall* Rn. 12) aufrechterhalten kann. Das Ermessen des Gerichts wird freilich nur dann dahin auszuüben sein, dass die Verlängerung unterbleibt, wenn bereits klar abzusehen ist, dass der Verletzte seine Rechte nicht geltend machen wird (SSW StPO/*Burghart* Rn. 4). Eine kürzere Frist als drei Monate kann zunächst ausgesprochen und diese auch nachträglich bis zu einer Gesamtdauer von drei Monaten verlängert werden (SSW StPO/*Burghart* Rn. 5; *Löwe/Rosenberg/Johann* Rn. 6; Meyer-Goßner/Schmitt/*Schmitt* Rn. 3; KK-StPO/*Spillecke* Rn. 10). Eine längere Frist über das gesetzlich vorgesehene Höchstmaß hinaus, ist dagegen auch nicht durch nachträgliche Verlängerung möglich. Die Frist beginnt mit der Anordnung der Verlängerung, nicht erst mit der Rechtskraft des Urteils (*Schmid/Winter* NStZ 2002, 8 (10)). Nach fruchtlosem Fristablauf wird eine Beschlagnahme gegenstandslos; ein Arrest ist aufzuheben (*Löwe/Rosenberg/Johann* Rn. 6). Ist der Behörde der Aufenthalt des Empfangsberechtigten unbekannt, sind im objektiven Verfahren die Vorschriften der §§ 979–982 BGB entsprechend anzuwenden (§ 983 BGB), die der Gesetzgeber durch die Novellen in Abs. 2 ff. allerdings als überholt ansehen wollte. **5**

Für die Verlängerung der Beschlagnahme nach Abs. 1 ist **das Gericht zuständig, das andernfalls die Anordnung nach § 111c oder § 111d zu treffen hätte,** in der Regel das erkennende Gericht. Es hat dem Betroffenen, der Staatsanwaltschaft und solchen Personen, denen Rechte an den sichergestellten Gegenständen zustehen, vor der Entscheidung **das rechtliche Gehör zu gewähren** (KK-StPO/*Spillecke* Rn. 12). Anschließend entscheidet es durch **Beschluss,** der einer Begründung bedarf (*Löwe/Rosenberg/Johann* Rn. 9; SK-StPO/*Rogall* Rn. 15). Der positive wie der ablehnende Beschluss kann mit der **Beschwerde** angefochten werden (SSW StPO/*Burghart* Rn. 6; SK-StPO/*Rogall* Rn. 15; KK-StPO/*Spillecke* Rn. 13). **6**

II. Feststellung von Opferansprüchen und Auffangrechtserwerb des Staates (Abs. 2)

7   **1. Feststellungsausspruch im Urteil (Abs. 2).** Die Entscheidung nach Abs. 2 betrifft nur das „aus der Tat" (nicht „für die Tat") Erlangte (SSW StPO/*Burghart* Rn. 7; Löwe/Rosenberg/*Johann* Rn. 15; Meyer-Goßner/Schmitt/*Schmitt* Rn. 7; KK-StPO/*Spillecke* Rn. 14). Sie stellt gleichsam eine **aufschiebend bedingte Verfallanordnung** dar (*Bittmann* NStZ 2015, 1 (7); SK-StPO/*Rogall* Rn. 18; krit. SSW StPO/*Burghart* Rn. 14 ff.). Dieser Begriff des Erlangten ist hier ebenso zu verstehen wie in §§ 73 Abs. 1 S. 1, 73a S. 1 StGB (BGH wistra 2011, 113; Meyer-Goßner/Schmitt/*Schmitt* Rn. 7a). Wenn in der Hauptverhandlung die Anordnung des Verfalls alleine daran scheitert, dass **Ansprüche von Verletzten entgegenstehen** (§§ 73 Abs. 1 S. 2, 73d Abs. 1 S. 3 StGB), die **Voraussetzungen des Verfalls** also im Übrigen **vorliegen** (BGH NStZ 2014, 32 (33); wistra 2014, 192 (193); SSW StPO/*Burghart* Rn. 8), kann das Gericht dies nach Abs. 2 im Urteil **feststellen**. Damit wird ein Auffangrechtserwerb des Staates ermöglicht (Löwe/Rosenberg/*Johann* Rn. 13). Außerdem kann es die bisherigen Sicherungsmaßnahmen aufrechterhalten, sofern der Täter aus der Tat einen Vorteil erlangt hat. Die bloße Feststellung kann aber auch ohne vorgreifliche Sicherstellungsmaßnahme getroffen werden (BGHSt 60, 75 (80 ff.); *Bittmann* NStZ 2015, 1 (2); SSW StPO/*Burghart* Rn. 8). Das Erlangte ist genau zu bezeichnen (BGHSt 56, 39 (42); BGH NZWiSt 2012, 349 f.; NStZ-RR 2013, 254 f.); es kann bei verschiedenen Angeklagten **unterschiedlichen Umfang** haben (BGH NSZ-RR 2014, 44 f.; Löwe/Rosenberg/*Johann* Rn. 15), weshalb **gesamtschuldnerische Haftung** mehrerer Angeklagter, die rechtlich möglich ist (BGH NStZ-RR 2011, 343; Löwe/Rosenberg/*Johann* Rn. 19; Meyer-Goßner/Schmitt/*Schmitt* Rn. 9a; KK-StPO/*Spillecke* Rn. 14a), jedenfalls nicht ohne weiteres in gleicher Höhe anzunehmen ist (BGH NJW 2012, 92 (93)). Für einen Ausspruch nach Abs. 2 muss einerseits feststehen, dass die materiellen Voraussetzungen des Verfalls grundsätzlich vorliegen, andererseits, dass der Verfallsanordnung Ansprüche von Verletzten entgegenstehen. Die Feststellung kann insbesondere in umfangreichen Wirtschaftsstrafverfahren aufwändig sein. Liegen Gründe für die Annahme vor, dass die Verletzten ihre Rechte nicht geltend machen wollen, kann es sich empfehlen nachzufragen, ob sie darauf verzichten.

8   Ob das Gericht so verfährt, liegt in seinem pflichtgemäßen **Ermessen**, ist aber nach der Zielsetzung des Gesetzes im Regelfall geboten (Löwe/Rosenberg/*Johann* Rn. 17; SK-StPO/*Rogall* Rn. 20; Meyer-Goßner/Schmitt/*Schmitt* Rn. 8). Bei der Ermessensentscheidung sind das Interesse des Betroffenen an der Verfügung über den sichergestellten Gegenstand, das Restitutionsinteresse des potentiell Geschädigten und das staatliche Interesse am Auffangrechtserwerb zur Abschöpfung des inkriminierten Vermögens zu berücksichtigen; letzteres hat bei richtlinienkonformer Auslegung besonderer Bedeutung, sodass eine ablehnende Entscheidung nur noch ausnahmsweise in Betracht kommt (*Lohse* JR 2015, 517 (519)). Mit zunehmender Dauer der Sicherungsmaßnahmen erhöht sich das Belastungsgewicht für den Betroffenen; andererseits ist die Dauer des Bestehens eines qualifizierten Tatverdachts von gegenläufiger Bedeutung (*Lohse* JR 2015, 517 (519)). Mit Blick auf Art. 3 Abs. 1 GG wird in der Regel nur davon abgesehen werden können, wenn die nötigen Feststellungen nicht oder nicht in einer unter **Berücksichtigung des Beschleunigungsgrundsatzes** angemessenen Verfahrensdauer getroffen werden können (*Bohne/Boxleitner* NStZ 2007, 552) oder die Sicherung der Rechtsposition des Verletzten etwa durch eine Bewährungsauflage zur Schadenswiedergutmachung nach § 56b Abs. 2 S. 1 Nr. 1 StGB auch auf andere Weise möglich erscheint (SSW StPO/*Burghart* Rn. 8). Wird Abs. 2 nicht angewendet, ist **hilfsweise** zu prüfen, ob unter Verfahrensbeschränkung gemäß §§ 430, 442 nach **Abs. 1** der vorliegenden Vorschrift vorgegangen werden soll. Der Vorgehensweise nach Abs. 2 gebührt allerdings regelmäßig der Vorrang. Die Härteregelung des § 73c Abs. 1 StGB ist stets zu beachten (BGHSt 56, 30 (50); BGH StV 2013, 610; BGH NStZ-RR 2015, 44; BGH wistra 2015, 270; SK-StPO/*Rogall* Rn. 20). Zu deren Prüfung sind **Feststellungen zu den wirtschaftlichen Verhältnissen** des Angeklagten zu treffen und das Tatgericht hat sich insbesondere mit der Frage auseinanderzusetzen, ob der **Wert des Erlangten** in dessen Vermögen **noch vorhanden** ist (BGHR StPO § 111i Feststellung 2).

9   Wenn das Gericht nach Abs. 2 verfährt, hat es **in der Entscheidungsformel** seines Urteils **festzustellen** (Meyer-Goßner/Schmitt/*Schmitt* Rn. 9; zur Fassung BGH NJW 2014, 401 (406)), dass der Verfallsanordnung Ansprüche Verletzter entgegenstehen (BGHSt 55, 62 (64); 56, 39 (42)). Dies ist in den Gründen näher zu erläutern, wozu auch entsprechende **Tatsachenfeststellungen** getroffen werden müssen. Das „durch die Tat" **Erlangte**, also nicht nachträglich aufgelaufene Zinsen (BVerfG JR 2015, 540 (543)), ist **genau zu bezeichnen** (Löwe/Rosenberg/*Johann* Rn. 18). Dies kann im Tenor oder aber, insbesondere bei einer Vielzahl von Gegenständen, auch in den Gründen des Urteils geschehen. Beim **Wertersatzverfall** ist der Betrag anzugeben. Hat der Verletzte zum teilweisen Ausgleich seiner Ansprüche **bereits Vermögensgegenstände** erlangt, sind diese von Amts wegen **in Abzug zu bringen** (SK-StPO/*Rogall* Rn. 23). Auch dies muss im Urteil mitgeteilt werden. Bei Leistungen durch einen Versicherer ist zu beachten, dass diese keine Befriedigung in jenem Sinne darstellen, weil der Versicherer auf die sichergestellten Vermögenswerte Rückgriff nehmen kann. Im Übrigen führen **Leistungen Dritter** zum Erlöschen der Opferansprüche, soweit kein gesetzlicher Forderungsübergang erfolgt. Die Feststellungen nach Abs. 2 sind zusammen mit dem Urteil durch Berufung oder Revision **anfechtbar** (SK-StPO/*Rogall* Rn. 27) und zwar auch dann, wenn die Feststellung nach Abs. 2 nicht in die Urteilsformel aufgenommen wurde (BGHSt 55, 62 (64)). Es kann auch eine **Rechtsmittelbeschränkung** auf diesen Punkt vorgenommen werden. Gegen die **Ablehnung** einer Feststellung nach Abs. 2 steht der Staatsanwaltschaft und dem Verletzten die Beschwerde zu. Das Beschwerdegericht ist aber an die Urteilsfeststellungen gebunden (Abs. 3).

2. Aufrechterhaltung von Sicherungsmaßnahmen (Abs. 3). Wird die Feststellung nach Abs. 2   10 getroffen, dann hat das Gericht die vorläufigen **Sicherungsmaßnahmen** obligatorisch **für die Dauer von drei Jahren aufrecht zu erhalten** (Löwe/Rosenberg/*Johann* Rn. 26; SK-StPO/*Rogall* Rn. 28). Dies geschieht durch einen **Beschluss** (*Bittmann* NStZ 2015, 1 (5)), der in der Regel zusammen mit dem Urteil verkündet wird. Die dreijährige Frist beginnt mit der Rechtskraft des Urteils. Der Beschluss muss die sicherzustellenden Gegenstände, auf die sich die Anordnung bezieht, genau bezeichnen. Der dingliche Arrest kann aufrechterhalten werden. Ein spezieller Arrestgrund muss nicht vorliegen. Ob der Beschluss mit der **Beschwerde** anfechtbar ist, bleibt umstritten (Löwe/Rosenberg/*Johann* Rn. 32), ist aber anzunehmen (KK-StPO/*Spillecke* Rn. 18).

Wird **der Verletzte innerhalb der Frist** nachweislich **befriedigt,** dann hat das Gericht auf Antrag   11 des Betroffenen die aufrecht erhaltenen **Sicherungsmaßnahmen aufzuheben** (Meyer-Goßner/Schmitt/*Schmitt* Rn. 12). Dies gilt auch im Fall von Leistungen Dritter, soweit kein gesetzlicher Forderungsübergang erfolgt. Nach fruchtlosem Ablauf der Frist gehen die sichergestellten Gegenstände auf den Staat über, dem dann nach Abs. 5 ein **Auffangrecht** zusteht, wenn der Verletzte darauf keinen Zugriff genommen hat.

3. Qualifizierte Mitteilungspflichten (Abs. 4). Wenn das Gericht nach Abs. 2 und 3 verfährt, hat   12 es **dem Verletzten** nach Abs. 4 den Eintritt der Rechtskraft des Urteils, das die Feststellung nach Abs. 2 trifft, unverzüglich **mitzuteilen** (Löwe/Rosenberg/*Johann* Rn. 34; Meyer-Goßner/Schmitt/*Schmitt* Rn. 13; KK-StPO/*Spillecke* Rn. 19). Der Verletzte hat nämlich die Möglichkeit, im Wege der vorrangigen Befriedigung nach § 111g oder § 111h auf das arrestierte Vermögen zuzugreifen (SSW StPO/*Burghart* Rn. 11; Löwe/Rosenberg/*Johann* Rn. 22), denn seine Rechte sollen durch die Regeln über die Rückgewinnungshilfe nicht gehindert, sondern unterstützt werden. Ferner hat das Gericht ihn auf die Verlängerung der Sicherungsmaßnahmen nach Abs. 3 und seine Zugriffsmöglichkeit innerhalb der dreijährigen Frist hinzuweisen. Außerdem ist auf das Auffangrecht des Staates aufmerksam zu machen (Löwe/Rosenberg/*Johann* Rn. 35). Die Mitteilung kann im Bundesanzeiger erfolgen.

4. Auffangrechtserwerb nach fruchtlosem Fristablauf und Ausgleichsanspruch des Verletz-   13 **ten (Abs. 5–7).** Mit fruchtlosem Ablauf der Frist erwirbt der Staat die Vermögenswerte entsprechend § 73e Abs. 1 StGB oder einen Zahlungsanspruch in Höhe des festgestellten Betrages (Löwe/Rosenberg/*Johann* Rn. 39; Meyer-Goßner/Schmitt/*Schmitt* Rn. 15). Dies gilt nicht, wenn der Verletzte zwischenzeitlich wegen seiner Ansprüche im Wege der Zwangsvollstreckung oder der Arrestvollziehung über die sichergestellten Gegenstände verfügt hat, wenn er nachweislich aus dem freien Vermögen des Betroffenen befriedigt worden ist, wenn zwischenzeitlich Sachen nach § 111k an den Verletzten herausgegeben oder hinterlegt worden sind oder wenn Sachen nach § 111k an ihn herauszugeben gewesen wären und er jedenfalls innerhalb der dreijährigen Frist die Herausgabe beantragt hat, mag auch erst nach Fristablauf darüber entschieden werden (Löwe/Rosenberg/*Johann* Rn. 40; Meyer-Goßner/Schmitt/ *Schmitt* Rn. 16; KK-StPO/*Spillecke* Rn. 21). Durch diese Ausnahmetatbestände vom Auffangrechtserwerb des Staates soll im Ergebnis eine doppelte Inanspruchnahme des Betroffenen vermieden werden. Wenn die sichergestellten Gegenstände mit einem Arrestpfandrecht des Verletzten belegt sind, dann erwirbt der Staat einen Zahlungsanspruch gegen den Betroffenen in Höhe des im Urteil festgelegten Betrages. Mehrere Tatbeteiligte haften in der Regel als Gesamtschuldner (BGHSt 56, 39 (47)). Der Arrest des Verletzten verwandelt sich in ein Vollstreckungspfandrecht, aus dem er die Verwertung betreiben kann. Der erzielte Erlös fällt dann dem Staat zu. Erreicht der Erlös nicht den im Urteil festgestellten Betrag, kann der Staat seinen weiter gehenden Zahlungsanspruch geltend machen (Abs. 5 S. 4). Jedoch reduziert sich der **Ausgleichsanspruch** (Abs. 7) um den nicht realisierten Teil (BT-Drs. 16/700, 18; *Bittmann* NStZ 2015, 1 (6); SK-StPO/*Rogall* Rn. 46; Meyer-Goßner/Schmitt/*Schmitt* Rn. 18; KK-StPO/*Spillecke* Rn. 25). Die Ansprüche des Verletzten ggü. dem Betroffenen erlöschen insoweit aber mangels Erfüllung nicht. Der Betroffene wird lediglich vor einer doppelten Inanspruchnahme geschützt (Abs. 7 S. 2). Sein Ausgleichsanspruch im Fall einer Befriedigung des Verletzten nach Ablauf der Dreijahresfrist ist auf den Wert der dem Staat zugeflossenen Vermögensgegenstände beschränkt (Löwe/Rosenberg/*Johann* Rn. 51). Der Ausgleichsanspruch entfällt, wenn im Anschluss an die dreijährige Frist nach Abs. 3 weitere drei Jahre verstrichen sind (Löwe/Rosenberg/*Johann* Rn. 52).

Nach Ablauf der Notfrist von drei Jahren iSd Abs. 3 entscheidet das Gericht des ersten Rechtszugs   14 (SK-StPO/*Rogall* Rn. 47) durch **Beschluss,** ob und in welchem Umfang ein **Auffangrechtserwerb des Staates** stattgefunden hat (Abs. 6). Der deklaratorische Beschluss ist bei Eintritt der Rechtskraft ein Vollstreckungstitel (*Bittmann* NStZ 2015, 1 (5); Meyer-Goßner/Schmitt/*Schmitt* Rn. 17). In diesem Beschlussverfahren ist zu klären, in welchem Umfang das aus der Tat Erlangte noch vorhanden ist, was sich bei einer Mehrzahl von Vollstreckungsversuchen durch Gläubiger kompliziert darstellen kann. Von dieser zeitraubenden Prüfung soll das Erkenntnisverfahren im Beschleunigungsinteresse befreit bleiben (BGH NStZ 2012, 400 (401)). Das Gericht kann zur Bezeichnung der Gegenstände auf den Beschluss über die befristete Aufrechterhaltung der Sicherungsmaßnahmen oder auf die Gründe des gegen den Betroffenen ergangenen Strafurteils Bezug nehmen (Löwe/Rosenberg/*Johann* Rn. 44). Vor der Entscheidung ist dem Verletzten, dem Betroffenen und gegebenenfalls weiteren Personen, denen Rechte an den sichergestellten Gegenständen zustehen, **das rechtliche Gehör zu gewähren** (KK-StPO/*Spillecke* Rn. 23). Der Beschluss ist mit der Beschwerde anfechtbar (SK-StPO/*Rogall* Rn. 32). Wird der Verletzte innerhalb der dreijährigen Frist vollständig befriedigt, sind die aufrechterhaltenen Sicherungsmaßnahmen, Beschlagnahme oder dinglicher Arrest, unverzüglich aufzuheben (Abs. 3 S. 5).

15   Der **Auffangrechtserwerb des Staates** tritt nach Fristablauf mangels Befriedigung des Verletzten **kraft Gesetzes** ein, so dass der deklaratorische Beschluss (BGH NJW 2008, 1093 (1094)) insoweit dem Grunde nach nicht anfechtbar ist. Es findet aber hinsichtlich der Bezeichnung des Umfangs des Rechtserwerbs des Staates die **sofortige Beschwerde** statt (Abs. 6 S. 3). Beschwerdeberechtigt sind die Staatsanwaltschaft, der Verletzte, der Betroffene und alle Personen, denen Rechte an den sichergestellten Gegenständen zustehen. Mit Eintritt der Rechtskraft des Beschlusses wirkt dieser als Vollstreckungstitel. Veröffentlichungen im Bundesanzeiger sind nach Rechtskraft des Beschlusses zu löschen (Abs. 6 S. 4).

16   **5. Objektives Verfahren (Abs. 8).** Der Auffangrechtserwerb des Staates kann auch im objektiven Verfahren über den Verfall nach § 76a Abs. 1 und 3 StGB herbeigeführt werden (Abs. 8), etwa wenn das Hauptsacheverfahren nach Opportunitätsprinzip eingestellt wurde (BT-Drs. 16/700, 15). Dann wird auf Antrag der Staatsanwaltschaft nur die Entscheidung nach Abs. 2 und 3 herbeigeführt (*Bittmann* NStZ 2015, 1 (6); Löwe/Rosenberg/*Johann* Rn. 53; SK-StPO/*Rogall* Rn. 55; Meyer-Goßner/Schmitt/ *Schmitt* Rn. 19). Das Gericht entscheidet darüber durch **Beschluss,** nicht durch ein Urteil (§ 441 Abs. 3). Das objektive Verfahren kann auch dann durchgeführt werden, wenn das Hauptsacheverfahren nach §§ 154, 154a eingestellt wurde (BT-Drs. 16/700, 15).

17   **6. Nichtgeltung im Bußgeldverfahren.** Im Bußgeldverfahren ist § 111i nicht anwendbar (KK-StPO/*Spillecke* Rn. 2).

III. Partiell fehlende Folgenbestimmungen

18   Nach Ablauf von drei Jahren seit Rechtskraft des Urteils erwirbt der Staat einen Zahlungsanspruch in Höhe des gemäß Abs. 2 festgestellten Betrages, soweit dieser nicht durch Zahlungen an den Geschädigten oder Vollstreckungsmaßnahmen durch diesen zu reduzieren ist. Durch die Feststellung nach Abs. 6 entsteht ein Vollstreckungstitel. Der Anspruch des Staates erlischt in dem Umfang, in dem er durchaus gesicherte Vermögensbestandteile verwertet hat (Abs. 5 S. 4). Im Zeitraum zwischen Urteils Anlass und Rechtskraft können nach Abs. 3 S. 3 auch weitere Sicherungsmaßnahmen erfolgen, soweit die Feststellung des Umfangs des Erlangten im Urteil über die bisherigen Sicherungen hinausgeht (Löwe/ Rosenberg/*Johann* Rn. 27). **Nach Rechtskraft** des Urteils sind aber solche **Maßnahmen** durch die Normen für das Erkenntnisverfahren **nicht mehr vorgesehen.** Das Verfahren befindet sich im Stadium der Vollstreckung. Eine **entsprechende Anwendung des § 459g Abs. 2** (*Lohse* JR 2015, 517 (521)) begegnet im Hinblick auf das Prinzip vom Vorbehalt des Gesetzes jedoch Bedenken.

19   Die **Eröffnung eines Insolvenzverfahrens** (BGHSt 60, 75 (80 ff.) mAnm *Lohse* JR 2015, 517 ff.; *Rogall* JZ 2015, 473 ff.; *Weiß* NJW 2015, 716; BGH NStZ-RR 2015, 171 f.; *Markgraf/Schulenburg,* KTS 2015, 1 ff.; SK-StPO/*Rogall* Rn. 28) hat, auch wenn dies nicht ausdrücklich gesetzlich geregelt ist, auf die Zulässigkeit einer Feststellung nach Abs. 2 keine Auswirkungen (*Lohse* JR 2015, 517 (521)). Die dort geltend zu machenden Ansprüche von Geschädigten gehen allerdings dem Auffangrechtserwerb des Staates vor, sodass diesem keine Aussonderungsrechte oder Absendungsrechte zustehen.

§ 153 Absehen von der Verfolgung bei Geringfügigkeit

(1) ¹Hat das Verfahren ein Vergehen zum Gegenstand, so kann die Staatsanwaltschaft mit Zustimmung des für die Eröffnung des Hauptverfahrens zuständigen Gerichts von der Verfolgung absehen, wenn die Schuld des Täters als gering anzusehen wäre und kein öffentliches Interesse an der Verfolgung besteht. ²Der Zustimmung des Gerichts bedarf es nicht bei einem Vergehen, das nicht mit einer im Mindestmaß erhöhten Strafe bedroht ist und bei dem die durch die Tat verursachten Folgen gering sind.

(2) ¹Ist die Klage bereits erhoben, so kann das Gericht in jeder Lage des Verfahrens unter den Voraussetzungen des Absatzes 1 mit Zustimmung der Staatsanwaltschaft und des Angeschuldigten das Verfahren einstellen. ²Der Zustimmung des Angeschuldigten bedarf es nicht, wenn die Hauptverhandlung aus den in § 205 angeführten Gründen nicht durchgeführt werden kann oder in den Fällen des § 231 Abs. 2 und der §§ 232 und 233 in seiner Abwesenheit durchgeführt wird. ³Die Entscheidung ergeht durch Beschluß. ⁴Der Beschluß ist nicht anfechtbar.

A. Zweck

Die Vorschrift ermöglicht bei **Vergehen** eine Durchbrechung des Legalitätsprinzips. Sie zielt auf eine 1
vereinfachte Erledigung im Bereich der Bagatellkriminalität ab und dient einerseits der Entlastung der
Justiz. Darüber hinaus wirkt sie einer Stigmatisierung des Täters entgegen (Löwe/Rosenberg/*Beulke*
Rn. 1).

B. Anwendungsbereich

§ 153 ist nur bei Vergehen anwendbar. Bei Verbrechen scheidet eine Einstellung selbst dann aus, wenn 2
es sich um minder schwere Fälle handelt oder aufgrund von vertypten Milderungsgründen sowie einer
Milderung nach § 49 StGB nur eine geringfügige Strafe zu erwarten ist. Wurde zunächst von einem
Verbrechen ausgegangen, kommt eine Einstellung in Betracht, wenn Staatsanwaltschaft und Gericht
übereinstimmend davon ausgehen, dass diese Einschätzung unrichtig war und nur noch ein Vergehen
vorliegt (BGH NJW 2002, 2401 (2402)). In der Hauptverhandlung muss insoweit ein Hinweis nach
§ 265 erfolgen.

Bei reinen **Privatklagedelikten** geht § 376 einer Einstellung nach § 153 vor (Löwe/Rosenberg/ 3
Beulke Rn. 11). Umfasst die Tat ein Privatklage- und ein Offizialdelikt, ist § 153 anwendbar.

Bei **Ordnungswidrigkeiten** hat § 47 OWiG Vorrang. Trifft die Ordnungswidrigkeit mit einer 4
Straftat zusammen, kann § 153 hinsichtlich der Straftat angewendet und die Ordnungswidrigkeit weiter
verfolgt werden.

Die Einstellung umfasst die **prozessuale Tat.** Auch bei materiell-rechtlicher Tatmehrheit innerhalb 5
einer prozessualen Tat kann das Verfahren nur insgesamt eingestellt werden. Insoweit kommt indes eine
Einstellung gemäß §§ 154, 154a in Betracht. Sind mehrere prozessuale Taten Gegenstand des Verfahrens,
ist eine Teileinstellung grds. möglich. Regelmäßig ist in diesen Fällen aber § 154 anzuwenden.

C. Voraussetzungen

I. Geringe Schuld

Von geringer Schuld ist auszugehen, wenn sie im Vergleich mit Vergehen gleicher Art nicht unerheb- 6
lich unter dem Durchschnitt liegt. Die zu erwartende Strafe muss im untersten Bereich des Strafrahmens
liegen (*Rieß* NStZ 1981, 2 (8)). Eine Einstellung kommt auch bei Vergehen mit einer im Mindestmaß
erhöhten Strafandrohung in Betracht. Bei besonders schweren Fällen, beispielsweise bei § 263 Abs. 3
StGB, ist eine Einstellung nur möglich, wenn die Indizwirkung des Regelbeispiels durch andere, mildere
Umstände ausgeglichen wird.

Für den Schuldumfang ist eine Gesamtwürdigung aller Umstände vorzunehmen, die im Rahmen von 7
§ 46 StGB für die Strafzumessung von Bedeutung sind (Löwe/Rosenberg/*Beulke* Rn. 24). Trotz der
vom BGH heute vertretenen Kompensationslösung kann auch die lange Verfahrensdauer eine erhebliche
Rolle spielen (BGH NJW 1990, 1000).

Die Schuld muss nicht feststehen. Es genügt eine gewisse Wahrscheinlichkeit. Erforderlich ist eine 8
hypothetische Schuldfeststellung (BVerfG NJW 1990, 2741). Dabei ist zu prüfen, ob die Schuld gering
wäre, wenn der Tatverdacht sich bestätigen würde. Die Unschuldsvermutung wird durch eine Einstellung nach § 153 nicht verletzt (SaarlVerfGH BeckRS 2014, 50058 mwN; vgl. *Schott* StV 2016, 450).

II. Öffentliches Interesse

Die Einstellung setzt voraus, dass kein öffentliches Interesse an der Strafverfolgung besteht. Es kommt 9
insoweit entscheidend darauf an, ob spezialpräventive oder generalpräventive Gesichtspunkte die Bestrafung des Täters erforderlich machen. Spezialpräventive Gründe liegen vor, wenn ohne eine strafrechtliche Sanktion mit weiteren Taten zu rechnen ist. Das kann insbes. bei Vorstrafen der Fall sein. Die Art
der Tatausführung, außergewöhnliche Tatfolgen oder die Häufigkeit gleichartiger Delikte können aus
generalpräventiven Gründen der Einstellung entgegenstehen (vgl. die Verwaltungsvorschriften des Justiz-
ministeriums von Baden Württemberg, Die Justiz 2012, 455). Ist seit der Tat eine erhebliche Zeit
verstrichen, kann das ursprünglich bestehende öffentliche Interesse herabgesetzt sein (BGH NStZ 1997,
543).

D. Absehen von der Verfolgung durch die Staatsanwaltschaft

Im Ermittlungsverfahren kann die Staatsanwaltschaft mit Zustimmung des Gerichts nach Abs. 1 S. 1 10
das Verfahren einstellen. Bei Steuerstraftaten ist die Finanzbehörde, die das Verfahren führt, für die
Einstellung zuständig, §§ 398, 399 Abs. 1 AO. Eine **Zustimmung des Beschuldigten** ist nicht
erforderlich. Auch der **Geschädigte** bzw. **Nebenklageberechtigte** muss nicht zustimmen. Die Zu-

stimmung des Gerichts ist eine reine Prozesserklärung, die nicht erzwingbar ist. Die Ablehnung der Zustimmung ist nicht anfechtbar.

11　　Bei geringfügigen Vergehen kann die Staatsanwaltschaft auch ohne Zustimmung des Gerichts von der Verfolgung absehen. Voraussetzung ist, dass die Tat nicht mit einer im Mindestmaß erhöhten Strafe bedroht ist. Bei besonders schweren Fällen, die durch Regelbeispiele gekennzeichnet sind, kommt es insoweit auf den Grundtatbestand an. Beim gewerbsmäßigen Betrug nach § 263 Abs. 3 Nr. 1 StGB ist also eine Einstellung nach § 153 Abs. 1 S. 2 möglich (Meyer-Goßner/Schmitt/*Schmitt* Rn. 15). Darüber hinaus darf die Schadensfolge der Tat nur gering sein. Bei Vermögensdelikten kommt es hier insbes. auf die Schadenshöhe an, die bei etwa 50,00 EUR liegt (Meyer-Goßner/Schmitt/*Schmitt* Rn. 17).

12　　Bei **Steuerstraftaten** kann die Staatsanwaltschaft oder die Finanzbehörde gemäß § 398 AO das Verfahren ebenfalls ohne Zustimmung des Gerichts einstellen.

13　　Die Einstellung erfolgt durch unanfechtbare Verfügung der Staatsanwaltschaft. Diese enthält keine Kostenentscheidung, so dass der Beschuldigte seine Auslagen selbst tragen muss.

E. Einstellung durch Gerichtsbeschluss

14　　Mit Erhebung der Anklage geht die Zuständigkeit auf das Gericht über, das das Verfahren grds. nur mit **Zustimmung der Staatsanwaltschaft und des Angeklagten** einstellen darf. Auch in diesen Fällen hängt die Einstellung nicht von der Zustimmung des Nebenklägers ab (BGH NStZ 1999, 312).

15　　Die Einstellung erfolgt durch Beschluss, der als verfahrensbeendende Entscheidung auch die Kostenfolge regeln muss. Der Inhalt der Kostenentscheidung ergibt sich aus § 467 Abs. 1 u. 4.

F. Rechtsmittel

16　　Lehnt das Gericht die Einstellung ab, ist kein Rechtsmittel zulässig. Gegen die Einstellungsverfügung der Staatsanwaltschaft ist ebenfalls kein förmlicher Rechtsbehelf, wohl aber die Dienstaufsichtsbeschwerde gegeben (SaarlVerfGH BeckRS 2014, 50058).

17　　Der Einstellungsbeschluss ist nach Abs. 2 S. 4 unanfechtbar. Dies gilt aber nur, soweit es um die Voraussetzungen der geringen Schuld und des fehlenden öffentlichen Interesses geht. Eine Beschwerde ist insbes. dann zulässig, wenn eine Zustimmungserklärung fehlt oder es sich bei der Tat um ein Verbrechen handelte (BGH NJW 2002, 2401; KG BeckRS 2014, 17990).

18　　Die Kosten- und Auslagenentscheidung ist nicht anfechtbar, § 464 Abs. 3 S. 1 Hs. 2.

G. Rechtsfolgen

19　　Die Einstellungsverfügung der Staatsanwaltschaft, die nach Abs. 1 S. 2 ohne Zustimmung des Gerichts ergeht, verbraucht die Strafklage nicht.

20　　Wird das Verfahren durch die Staatsanwaltschaft mit Zustimmung des Gerichts oder durch gerichtlichen Beschluss nach Abs. 2 eingestellt, tritt ein beschränkter Strafklageverbrauch ein. Neue Tatsachen, die eine andere Bewertung der Schuld rechtfertigen oder das öffentliche Strafverfolgungsinteresse begründen, genügen nicht für eine Fortsetzung des Verfahrens (BGH NJW 2004, 375). Eine Wiederaufnahme ist hingegen zulässig, wenn die Tat nunmehr als Verbrechen zu qualifizieren ist. Ob eine Wiederaufnahme auch dann in Betracht kommt, wenn sich herausstellt, dass die Tat Teilakt einer Dauerstraftat oder einer Bewertungseinheit war, hat der BGH ausdrücklich offen gelassen (BGH NJW 2004, 375 (378)).

21　　Entfällt der Strafklageverbrauch, wird das Verfahren durch Erhebung einer neuen Anklage fortgesetzt.

§ 153a Absehen von der Verfolgung unter Auflagen und Weisungen

(1) [1] **Mit Zustimmung des für die Eröffnung des Hauptverfahrens zuständigen Gerichts und des Beschuldigten kann die Staatsanwaltschaft bei einem Vergehen vorläufig von der Erhebung der öffentlichen Klage absehen und zugleich dem Beschuldigten Auflagen und Weisungen erteilen, wenn diese geeignet sind, das öffentliche Interesse an der Strafverfolgung zu beseitigen, und die Schwere der Schuld nicht entgegensteht.** [2] **Als Auflagen und Weisungen kommen insbesondere in Betracht,**

1. **zur Wiedergutmachung des durch die Tat verursachten Schadens eine bestimmte Leistung zu erbringen,**
2. **einen Geldbetrag zugunsten einer gemeinnützigen Einrichtung oder der Staatskasse zu zahlen,**
3. **sonst gemeinnützige Leistungen zu erbringen,**
4. **Unterhaltspflichten in einer bestimmten Höhe nachzukommen,**
5. **sich ernsthaft zu bemühen, einen Ausgleich mit dem Verletzten zu erreichen (Täter-Opfer-Ausgleich) und dabei seine Tat ganz oder zum überwiegenden Teil wieder gut zu machen oder deren Wiedergutmachung zu erstreben,**

6. an einem sozialen Trainingskurs teilzunehmen oder
7. an einem Aufbauseminar nach § 2b Absatz 2 Satz 2 oder an einem Fahreignungsseminar nach § 4a des Straßenverkehrsgesetzes teilzunehmen.
[3] Zur Erfüllung der Auflagen und Weisungen setzt die Staatsanwaltschaft dem Beschuldigten eine Frist, die in den Fällen des Satzes 2 Nummer 1 bis 3, 5 und 7 höchstens sechs Monate, in den Fällen des Satzes 2 Nummer 4 und 6 höchstens ein Jahr beträgt. [4] Die Staatsanwaltschaft kann Auflagen und Weisungen nachträglich aufheben und die Frist einmal für die Dauer von drei Monaten verlängern; mit Zustimmung des Beschuldigten kann sie auch Auflagen und Weisungen nachträglich auferlegen und ändern. [5] Erfüllt der Beschuldigte die Auflagen und Weisungen, so kann die Tat nicht mehr als Vergehen verfolgt werden. [6] Erfüllt der Beschuldigte die Auflagen und Weisungen nicht, so werden Leistungen, die er zu ihrer Erfüllung erbracht hat, nicht erstattet. [7] § 153 Abs. 1 Satz 2 gilt in den Fällen des Satzes 2 Nummer 1 bis 6 entsprechend. [8] § 246a Absatz 2 gilt entsprechend.

(2) [1] Ist die Klage bereits erhoben, so kann das Gericht mit Zustimmung der Staatsanwaltschaft und des Angeschuldigten das Verfahren bis zum Ende der Hauptverhandlung, in der die tatsächlichen Feststellungen letztmals geprüft werden können, vorläufig einstellen und zugleich dem Angeschuldigten die in Absatz 1 Satz 1 und 2 bezeichneten Auflagen und Weisungen erteilen. [2] Absatz 1 Satz 2 und 3 gilt entsprechend. [3] Die Entscheidung nach Satz 1 ergeht durch Beschluß. [4] Der Beschluß ist nicht anfechtbar. [5] Satz 4 gilt auch für eine Feststellung, daß gemäß Satz 1 erteilte Auflagen und Weisungen erfüllt worden sind.

(3) Während des Laufes der für die Erfüllung der Auflagen und Weisungen gesetzten Frist ruht die Verjährung.

(4) [1] § 155b findet im Fall des Absatzes 1 Satz 2 Nummer 6, auch in Verbindung mit Absatz 2, entsprechende Anwendung mit der Maßgabe, dass personenbezogene Daten aus dem Strafverfahren, die nicht den Beschuldigten betreffen, an die mit der Durchführung des sozialen Trainingskurses befasste Stelle nur übermittelt werden dürfen, soweit die betroffenen Personen in die Übermittlung eingewilligt haben. [2] Satz 1 gilt entsprechend, wenn nach sonstigen strafrechtlichen Vorschriften die Weisung erteilt wird, an einem sozialen Trainingskurs teilzunehmen.

A. Zweck

Die Vorschrift ermöglicht im Bereich der kleineren und mittleren Kriminalität eine vereinfachte **1** Verfahrenserledigung. Sie dient vordringlich der Entlastung der Justiz. Daneben kommt ihr als Mittel zur Entkriminalisierung erhebliche Bedeutung zu, indem sie die Möglichkeit eröffnet, von einer formellen Verurteilung abzusehen, soweit nicht das Gebot, für einen wirksamen Rechtsgüterschutz zu sorgen, entgegensteht (Löwe/Rosenberg/*Beulke* Rn. 4). Schließlich schafft diese Art der Verfahrenserledigung häufig mehr Rechtsfrieden als durch „ein noch so scharfsinniges und brillant formuliertes Urteil" zu erreichen wäre (*Dahs* NJW 1996, 1192).

B. Einstellung in zwei Stufen

Das Gesetz sieht bei Verfahren, die nur ein Vergehen zum Gegenstand haben, zunächst eine vorläufige **2** Einstellung vor, die mit der Anordnung von Auflagen und Weisungen verbunden ist. Werden die Auflagen erfüllt, ist das Verfahren endgültig einzustellen. Werden sie nicht erfüllt, muss das Verfahren fortgesetzt werden.

C. Anwendungsbereich

§ 153a ist nur bei **Vergehen** anwendbar. Bei Verbrechen scheidet eine Einstellung selbst dann aus, **3** wenn es sich um minder schwere Fälle handelt oder aufgrund von vertypten Milderungsgründen nur eine geringfügige Strafe zu erwarten ist.

Die Vorschrift ist auch bei reinen **Privatklagedelikten** anwendbar. Dasselbe gilt, wenn die Tat ein **4** Privatklage- und ein Offizialdelikt umfasst.

Bei **Ordnungswidrigkeiten** ist eine Einstellung nach § 153a unzulässig, § 47 Abs. 3 OWiG. Trifft **5** die Ordnungswidrigkeit mit einer Straftat zusammen, kann das Verfahren nur insgesamt eingestellt werden. Die Rechtskraftwirkung der Einstellung verbietet die Weiterführung des Ordnungswidrigkeitenverfahrens (Meyer-Goßner/Schmitt/*Schmitt* Rn. 35).

Die Einstellung umfasst die **prozessuale Tat.** Liegt in einer prozessualen Tat materiell-rechtliche **6** Tatmehrheit vor, kann das Verfahren nur insgesamt eingestellt werden. Eine Teileinstellung kommt insoweit nur gemäß §§ 154, 154a in Betracht. Sind mehrere prozessuale Taten Gegenstand des Verfahrens, ist eine Teileinstellung grds. möglich. Regelmäßig ist in diesen Fällen aber § 154 anzuwenden.

D. Voraussetzungen

I. Keine entgegenstehende Schuld

7   Während bei § 153 nur geringe Schuld vorliegen darf, verlangt § 153a lediglich, dass die Schuld einer Einstellung nicht entgegensteht. Die Schuld des Täters kann somit gewichtiger sein als bei § 153. Sie darf aber höchstens den Bereich der „mittleren Kriminalität" erreichen. Eine Einstellung wird danach nicht mehr zulässig sein, wenn die Tat eine Freiheitsstrafe rechtfertigt, deren Vollstreckung nicht mehr zur Bewährung ausgesetzt werden kann (Löwe/Rosenberg/*Beulke* Rn. 32).

8   Für die Bemessung der Schuld ist eine Gesamtabwägung aller Umstände vorzunehmen, die im Rahmen von § 46 StGB für die Strafzumessung von Bedeutung sind, so auch die Dauer des Verfahrens.

9   Während bei § 153 für den Tatverdacht nur eine gewisse Wahrscheinlichkeit genügt, muss bei § 153a ein höheres Maß angesetzt werden. Eine Einstellung im Ermittlungsverfahren kommt daher nur dann in Betracht, wenn ein Tatverdacht im Sinne des § 170 Abs. 1 bejaht werden kann und ohne die Einstellung Anklage erhoben werden könnte. Im Zwischenverfahren ist die Schuld hinreichend festgestellt, wenn der Verdachtsgrad nach § 203 erreicht ist. In der Hauptverhandlung darf der Verdacht sich durch etwaige Beweiserhebungen nicht verringert haben. Eine Beweisaufnahme bis zur Entscheidungsreife kann aber nicht verlangt werden (Löwe/Rosenberg/*Beulke* Rn. 40 mwN).

II. Öffentliches Interesse

10   Es muss ein öffentliches Interesse an der Strafverfolgung vorliegen, das aber von seiner Qualität her derart begrenzt ist, dass es durch die Erfüllung von Auflagen und Weisungen beseitigt werden kann. Ob diese Voraussetzungen gegeben sind, ist im Einzelfall zu entscheiden. Dabei spielen insbes. **spezial-präventive Erwägungen** eine Rolle. Für eine Einstellung sprechen etwa eine verständliche Motivation des Täters, ein strafloses Vorleben, Schadenswiedergutmachung oder sonstige bereits vor der Einstellung erbrachte Leistungen iSv § 153a Abs. 1, ein langer Zeitraum seit Tatbegehung oder geringe Tatfolgen. Ist die Tat eine Folge fehlgeschlagener Geschäftspolitik, wurde sie durch eine ungünstige wirtschaftliche Entwicklung mit verursacht oder hat der Täter sich nicht bereichert, liegt eine Einstellung nahe. Vorstrafen, hohe Rückfallgeschwindigkeit, bereits in früheren Verfahren erfolgte Einstellungen nach § 153a oder die Unbelehrbarkeit des Täters stehen einer Einstellung regelmäßig entgegen. Hat der Täter die Verhältnisse des Wirtschaftslebens bewusst ausgenutzt, um sich zu bereichern, kommt eine Einstellung ebenfalls nicht in Betracht.

11   Die Stellung des Täters im öffentlichen Leben begründet ebenso wenig das öffentliche Interesse wie der Umstand, dass der Tat eine besondere Aufmerksamkeit in der Öffentlichkeit zukommt oder in den Medien erörtert wird (*Beulke/Fahl* NStZ 2001, 426 (429) mwN).

12   Darüber hinaus können **generalpräventive Gründe** die Einstellung ausschließen, wenn die Gefahr besteht, dass durch eine Einstellung die Verbindlichkeit des Rechts beeinträchtigt werden könnte.

13   Der BGH hat im sog Wasserbauverfahren (BGH NJW 1995, 737 (739)) das Verfahren unter Hinweis auf die Verfahrensdauer von 13 Jahren und die erheblichen Kosten der Verteidigung nach § 153 eingestellt.

14   Im sog Holzschutzverfahren hat das LG Frankfurt a. M. (NJW 1997, 1994; mAnm *Dahs* NJW 1996, 1192) das Verfahren gegen eine Geldauflage eingestellt. Dabei wurde auf den langen Zeitabstand zwischen Tatbegehung und Aburteilung, auf die überlange Verfahrensdauer und das hohe Lebensalter sowie den Gesundheitszustand der Angeklagten abgestellt. Von Bedeutung war darüber hinaus, dass die zivilrechtlichen Schadensersatzprozesse bis zum Abschluss des Strafverfahrens ausgesetzt waren und eine Reihe von Nebenklägern die Einstellung befürwortet hatten.

15   Im Parteispendenverfahren gegen Dr. Helmut Kohl hat das LG Bonn (NStZ 2001, 375; mAnm *Beulke/Fahl* NStZ 2001, 426) das Verfahren gegen eine Geldauflage eingestellt. Maßgebende Gründe waren das vorstrafenfreie Leben des Angeschuldigten, die erfolgte Schadenswiedergutmachung sowie der Umstand, dass der Angeschuldigte sich nicht persönlich bereichert hatte. Von Bedeutung war schließlich, dass es andernfalls zu einem langwierigen Verfahren kommen werde und dieser Aufwand nicht im Verhältnis zur Tat und der zu erwartenden Strafe stehe.

16   Im sog Mannesmannverfahren hat das LG Düsseldorf (Pressemitteilung Nr. 09/2006, abrufbar unter http://www.lg-duesseldorf.nrw.de/presse/dokument/09-06.pdf; mAnm *Götz* NJW 2007, 419; *Jahn* ZRP 2007, 130) das Verfahren gegen Geldauflagen eingestellt und zur Begründung darauf hingewiesen, dass die diesem Strafverfahren zugrunde liegenden Taten vor weit mehr als sechs Jahren begangen worden seien und die – sämtlich nicht vorbestraften – Angeklagten durch das Strafverfahren an sich und das überragende öffentliche Interesse im Besonderen über einen langen Zeitraum hinweg einer überdurchschnittlichen Belastung ausgesetzt gewesen seien. Außerdem seien die über das vorliegende Verfahren hinaus relevanten Rechtsfragen durch den BGH inzwischen entschieden.

Im Verfahren gegen Ecclestone führte das Gericht zur Begründung aus, dass sich der Verdacht in wesentlichen Teilen nicht erhärtet habe und sich daran auch in der weiteren Beweisaufnahme nichts ändern würde. Selbst wenn strafrechtliche Vorwürfe gegen Ecclestone aufrechterhalten bleiben könnten, wögen diese nicht so schwer, dass sie einer Verfahrenseinstellung entgegenstünden. Von Seiten der Staatsanwaltschaft wurden zudem das Alter des Angeklagten und die Verfahrensdauer angeführt (http://www.focus.de/finanzen/news/formel-1-1boss-frei-gericht-akzeptiert-100-millionen-angebot-von-ecclestone_id_4039257.html).

E. Auflagen und Weisungen

Die im Gesetz genannten Auflagen (Abs. 1 Nr. 1–3) und Weisungen (Abs. 1 Nr. 4–6) sind nicht **17** abschließend. Sie können miteinander kombiniert und mit anderen Auflagen oder Weisungen verknüpft werden. In Wirtschaftsverfahren werden in erster Linie die Schadenswiedergutmachung oder die Zahlung eines Geldbetrags an eine gemeinnützige Einrichtung bzw. an die Staatskasse in Betracht kommen (vgl. zur Verteilung der Geldauflagen *Krumm* NJW 2008, 1429).

Die Schadenswiedergutmachung findet ihre Grenze in der zivilrechtlichen Schadensersatzpflicht des **18** Täters. Die Auflage darf die Schadensersatzpflicht nicht überschreiten (Meyer-Goßner/Schmitt/*Schmitt* Rn. 16). Die Anordnung der Schadenswiedergutmachung nach besten Kräften ist zu unbestimmt und daher unzulässig.

Für den an eine gemeinnützige Einrichtung oder an die Staatskasse zu zahlenden Geldbetrag gibt es **19** keine gesetzliche Höchstgrenze. Maßgebend sind insoweit die Tatschuld und die wirtschaftlichen Verhältnisse des Beschuldigten. Als Anknüpfungspunkt kommen die bei einer Verurteilung zu verhängende Geldstrafe (vgl. *Götz* NJW 2007, 419 (422)) oder die Bewährungsauflage in Betracht (SSG Strafzumessung Rn. 52; *Fünfsinn* NStZ 1987, 97). Die Einstellung eines Strafverfahrens darf aber nicht von der Zahlung einer Geldauflage an die Staatskasse abhängig gemacht werden, wenn der Angeschuldigte durch die Erfüllung der Auflage seine Gläubiger benachteiligt (BGH NJW 2008, 2506).

F. Einstellung nach Abs. 1

Im Ermittlungsverfahren können die Staatsanwaltschaft oder die Finanzbehörde (§ 399 AO) das **20** Verfahren mit Zustimmung des Gerichts und des Beschuldigten einstellen. Zweck der richterlichen Zustimmung ist es, die gewichtige Ausnahme vom Legalitätsprinzip, gegen die sich der Verletzte mit Rechtsmitteln nicht zur Wehr setzen kann (§ 172 Abs. 2 S. 3), einer zusätzlichen neutralen Kontrolle in Gestalt einer unanfechtbaren Prozesserklärung zu unterwerfen (BGH NJW 1993, 605 (606)). Die Zustimmung, bei der es sich um eine nicht erzwingbare Prozesserklärung handelt, muss sich insbes. auch auf die zu erteilenden Auflagen und Weisungen beziehen.

Bei einem Vergehen, das nicht mit einer im Mindestmaß erhöhten Strafe bedroht ist, bedarf es keiner **21** Zustimmung des Gerichts, wenn die Tatfolgen gering sind, Abs. 1 S. 7.

Die Einstellungsverfügung muss die Auflagen und Weisungen sowie die für die Erfüllung vorgesehe- **22** nen Fristen enthalten.

Die Auflagen und Weisungen haben keinen Strafcharakter (BGH NJW 1979, 770). Sie bedürfen daher **23** keiner Vollstreckung. Vielmehr ist es grundsätzlich Aufgabe des Beschuldigten, die übernommenen Verpflichtungen zu erfüllen und deren Erfüllung nachzuweisen. In der Überwachung dieses Vorgangs als Voraussetzung der endgültigen Verfahrenseinstellung erschöpft sich die Kontrollfunktion der Staatsanwaltschaft (BGH NJW 1993, 605 (606)).

Die Staatsanwaltschaft kann die Auflagen und Weisungen mit Zustimmung des Beschuldigten **nach-** **24** **träglich ändern** bzw. die Frist zur Erfüllung verlängern, Abs. 1 S. 4. Dies kommt in erster Linie bei einer Änderung oder Fehleinschätzung der Leistungsfähigkeit des Beschuldigten in Betracht. Bei erheblichen Änderungen wird in der Literatur die Zustimmung des Gerichts verlangt (Löwe/Rosenberg/ *Beulke* Rn. 83).

Werden die Auflagen und Weisungen vollständig erfüllt, ist das Verfahren durch die Staatsanwaltschaft **25** endgültig einzustellen. Eine Kostenentscheidung ergeht nicht, so dass der Beschuldigte seine Auslagen selbst zu tragen hat. Bei nur teilweiser Erfüllung wird das Verfahren fortgesetzt. Die Staatsanwaltschaft erhebt dann regelmäßig Anklage. Erbrachte Teilleistungen werden nicht erstattet, Abs. 1 S. 6. Sie können jedoch im Falle einer Verurteilung bei der Strafzumessung berücksichtigt werden.

G. Einstellung nach Abs. 2

Zwischen Anklageerhebung und Ende der **Tatsacheninstanz** kann das Gericht unter den Voraus- **26** setzungen des Abs. 1 das Verfahren mit Zustimmung der Staatsanwaltschaft und des Angeklagten durch Beschluss einstellen. Dem Nebenkläger ist rechtliches Gehör zu gewähren. Seine Zustimmung ist aber nicht erforderlich. Die Überwachung der Erfüllung der Auflagen und Weisungen ist Aufgabe des Gerichts.

Werden die Auflagen und Weisungen vollständig erfüllt, ist das Verfahren durch Gerichtsbeschluss **27** endgültig einzustellen. Dabei sind die Kosten des Verfahrens nach § 467 Abs. 1 der Staatskasse aufzuerlegen. Seine notwendigen Auslagen hat der Angeklagte grds. selbst zu tragen, § 467 Abs. 5. Über die Kosten des Nebenklägers ist nach § 472 Abs. 2 zu entscheiden.

28   Bei nur teilweiser Erfüllung wird das Verfahren fortgesetzt. Eine Anrechnung der Teilleistungen erfolgt nicht. Sie können aber bei der Strafzumessung berücksichtigt werden.

H. Rechtsfolgen

I. Vorläufige Einstellung

29   Die vorläufige Einstellung des Verfahrens begründet ein bedingtes Verfahrenshindernis. Aus Gründen des Vertrauensschutzes entsteht bei einer vorläufigen Verfahrenseinstellung durch die Staatsanwaltschaft gem. § 153a Abs. 1 auch dann ein bedingtes Verfahrenshindernis, wenn die Staatsanwaltschaft die erforderliche Zustimmung des Gerichts nicht einholt (OLG Stuttgart NStZ 2007, 540). Mit der vollständigen Erfüllung der Auflagen und Weisungen entsteht ein endgültiges Verfahrenshindernis, Abs. 1 S. 5, Abs. 2 S. 2. Hierdurch wird aber nur die Verfolgung der Tat als Vergehen ausgeschlossen. Eine neue Verfolgung wegen derselben Tat bleibt zulässig, wenn sich nachträglich der Verdacht eines Verbrechens ergibt. Die Sperrwirkung der Einstellung umfasst aber die gesamte prozessuale Tat, auch wenn sich nachträglich herausstellt, dass diese einen größeren Schuldgehalt als ursprünglich angenommen aufweist oder wenn sich die vermeintliche Einzeltat als Teil einer Dauerstraftat oder gesetzlichen Handlungseinheit erweist (OLG Düsseldorf NStZ-RR 1997, 123).

II. Endgültige Einstellung

30   Der endgültige Einstellungsbeschluss hat ebenso wie die endgültige Einstellung der Staatsanwaltschaft nur deklaratorische Bedeutung.

31   Einstellungen nach § 153a werden nicht in das BZR oder VZR, aber in das länderübergreifende staatsanwaltschaftliche Verfahrensregister (vgl. § 492) eingetragen.

32   Die Einstellung nach § 153a hat für ein anderes Verfahren grds. keine Bedeutung. In diesem anderen Verfahren ist nicht davon auszugehen, dass die Straftat nicht begangen wurde. Andererseits darf allein aus der Verfahrenseinstellung nicht auf die Verwirklichung der angeklagten Straftaten geschlossen werden (BVerfG NVwZ 1991, 663). Die Bindung des Disziplinargerichts an die tragenden Feststellungen des erstinstanzlichen Strafurteils in einem Strafverfahren, das nach strafmaßbeschränkter Berufung gem. § 153a eingestellt worden ist, verstößt hingegen nicht gegen die Unschuldsvermutung (BVerwG NVwZ-RR 2000, 364).

III. Rechtsmittel

33   Die Einstellungsverfügung der Staatsanwaltschaft nach Abs. 1 ist eine Ermessensentscheidung, die nicht erzwungen werden kann. Der Verletzte kann die Einstellung mit der Beschwerde nur anfechten, wenn die Tat nicht ein Vergehen, sondern ein Verbrechen zum Gegenstand hat (Meyer-Goßner/Schmitt/*Schmitt* Rn. 38).

Die vorläufige Einstellung durch das Gericht nach Abs. 2 kann von der Staatsanwaltschaft und dem Angeklagten mit der Beschwerde angefochten werden, wenn sie nicht oder nicht hinsichtlich der verhängten Auflagen zugestimmt haben (Meyer-Goßner/Schmitt/*Schmitt* Rn. 57 mwN). Die endgültige Einstellung durch das Gericht ist nur bei schwerwiegenden Verfahrensverstößen anfechtbar. Das ist bei der Verletzung des rechtlichen Gehörs des Nebenklägers zur Kostenentscheidung (OLG Frankfurt a. M. NStZ-RR 2000, 256) oder bei der fehlenden Zustimmung des Angeklagten oder der Staatsanwaltschaft (OLG Karlsruhe BeckRS 2000, 30114070) der Fall.

30. Gesetz über Ordnungswidrigkeiten (OWiG)

In der Fassung der Bekanntmachung vom 19. Februar 1987 (BGBl. I S. 602) FNA 454–1

Zuletzt geändert durch Art. 4 Bundeswehr-Attraktivitätssteigerungsgesetz vom 13.5.2015 (BGBl. I S. 706)

– Auszug –

Vorbemerkung

§ 118 BRAO, § 109 StBerG und § 83 WPO bestimmen das Verhältnis vom berufsgerichtlichen zum **1** Straf- und Ordnungswidrigkeitenverfahren. Insoweit gilt für das Bußgeldverfahren das zum Strafverfahren Gesagte entsprechend; s. hierzu → Vorb. StPO Rn. 1.

Während das Strafverfahren Vorrang vor dem berufsständischen Verfahren gegen **Rechtsanwälte** **2** **und Steuerberater** genießt, § 118 Abs. 1 BRAO, § 109 Abs. 1 StBerG, kommt dem Ordnungswidrigkeitenverfahren **keine Vorrangwirkung** zu. Die Einleitung eines Bußgeldverfahrens führt daher nicht zur Aussetzung des berufsgerichtlichen Verfahrens, es sei denn, ein Bußgeldverfahren wird nach § 81 OWiG ins Strafverfahren übergeleitet (Feuerich/Weyland/*Feuerich* BRAO § 118 Rn. 4). Wurde zunächst ein Strafverfahren eingeleitet und lediglich wegen einer Ordnungswidrigkeit verurteilt, bleibt die Sperrwirkung des Strafverfahrens auch in der Rechtmittelinstanz bestehen, weil das Strafverfahren seinen Rechtscharakter beibehält. Regelmäßig ist es jedoch **zweckmäßig,** das berufsgerichtliche Verfahren auch dann auszusetzen, wenn ein Bußgeldverfahren durchgeführt wird. Dies gilt vornehmlich bei einem Steuerordnungswidrigkeitenverfahren, in dem nach § 411 AO der zuständigen Berufskammer Gelegenheit zur Stellungnahme einzuräumen ist (Kuhls/*Kuhls* StBerG § 109 Rn. 32).

Wie im Strafverfahren entfaltet auch im Bußgeldverfahren ein Urteil grundsätzlich **Bindungswir-** **3** **kung** für das Berufsgericht, § 118 Abs. 3 S. 1 BRAO, § 109 Abs. 3 S. 1 StBerG, 83 Abs. 2 S. 1 WPO. Einem in Bestandskraft erwachsenen Steuerstraf- oder Bußgeldbescheid kommt hingegen keine Bindungswirkung zu (BGH NJW 1999, 2288 (2289)).

§§ 83, 83b WPO gelten auch für das Verhältnis zwischen berufsgerichtlichem und Bußgeldverfahren **4** gegenüber **Wirtschaftsprüfern.** Die Normen haben jedoch insoweit nur geringe praktische Bedeutung, da der Vorwurf einer Ordnungswidrigkeit nur selten ein berufsgerichtliches Verfahren rechtfertigt und regelmäßig als Vergehen minderer Art dem Rügeverfahren zugänglich ist. Für das Rügeverfahren nach § 63 WPO gilt § 83 WPO nicht (Hense/Ulrich/*Pickel* WPO § 83 Rn. 2).

§ 1 Begriffsbestimmung

(1) Eine Ordnungswidrigkeit ist eine rechtswidrige und vorwerfbare Handlung, die den Tatbestand eines Gesetzes verwirklicht, das die Ahndung mit einer Geldbuße zulässt.

(2) Eine mit Geldbuße bedrohte Handlung ist eine rechtswidrige Handlung, die den Tatbestand eines Gesetzes im Sinne des Absatzes 1 verwirklicht, auch wenn sie nicht vorwerfbar begangen ist.

§ 2 Sachliche Geltung

Dieses Gesetz gilt für Ordnungswidrigkeiten nach Bundesrecht und nach Landesrecht.

§ 3 Keine Ahndung ohne Gesetz

Eine Handlung kann als Ordnungswidrigkeit nur geahndet werden, wenn die Möglichkeit der Ahndung gesetzlich bestimmt war, bevor die Handlung begangen wurde.

§ 4 Zeitliche Geltung

(1) Die Geldbuße bestimmt sich nach dem Gesetz, das zur Zeit der Handlung gilt.

(2) Wird die Bußgelddrohung während der Begehung der Handlung geändert, so ist das Gesetz anzuwenden, das bei Beendigung der Handlung gilt.

(3) Wird das Gesetz, das bei Beendigung der Handlung gilt, vor der Entscheidung geändert, so ist das mildeste Gesetz anzuwenden.

(4) [1] Ein Gesetz, das nur für eine bestimmte Zeit gelten soll, ist auf Handlungen, die während seiner Geltung begangen sind, auch dann anzuwenden, wenn es außer Kraft getreten ist. [2] Dies gilt nicht, soweit ein Gesetz etwas anderes bestimmt.

(5) Für Nebenfolgen einer Ordnungswidrigkeit gelten die Absätze 1 bis 4 entsprechend.

§ 5 Räumliche Geltung

Wenn das Gesetz nichts anderes bestimmt, können nur Ordnungswidrigkeiten geahndet werden, die im räumlichen Geltungsbereich dieses Gesetzes oder außerhalb dieses Geltungsbereichs auf einem Schiff oder in einem Luftfahrzeug begangen werden, das berechtigt ist, die Bundesflagge oder das Staatszugehörigkeitszeichen der Bundesrepublik Deutschland zu führen.

§ 6 Zeit der Handlung

[1] Eine Handlung ist zu der Zeit begangen, zu welcher der Täter tätig geworden ist oder im Falle des Unterlassens hätte tätig werden müssen. [2] Wann der Erfolg eintritt, ist nicht maßgebend.

§ 7 Ort der Handlung

(1) Eine Handlung ist an jedem Ort begangen, an dem der Täter tätig geworden ist oder im Falle des Unterlassens hätte tätig werden müssen oder an dem der zum Tatbestand gehörende Erfolg eingetreten ist oder nach der Vorstellung des Täters eintreten sollte.

(2) Die Handlung eines Beteiligten ist auch an dem Ort begangen, an dem der Tatbestand des Gesetzes, das die Ahndung mit einer Geldbuße zuläßt, verwirklicht worden ist oder nach der Vorstellung des Beteiligten verwirklicht werden sollte.

§ 8 Begehen durch Unterlassen

Wer es unterläßt, einen Erfolg abzuwenden, der zum Tatbestand einer Bußgeldvorschrift gehört, handelt nach dieser Vorschrift nur dann ordnungswidrig, wenn er rechtlich dafür einzustehen hat, daß der Erfolg nicht eintritt, und wenn das Unterlassen der Verwirklichung des gesetzlichen Tatbestandes durch ein Tun entspricht.

§ 9 Handeln für einen anderen

(1) Handelt jemand

1. als vertretungsberechtigtes Organ einer juristischen Person oder als Mitglied eines solchen Organs,
2. als vertretungsberechtigter Gesellschafter einer rechtsfähigen Personengesellschaft oder
3. als gesetzlicher Vertreter eines anderen,

so ist ein Gesetz, nach dem besondere persönliche Eigenschaften, Verhältnisse oder Umstände (besondere persönliche Merkmale) die Möglichkeit der Ahndung begründen, auch auf den Vertreter anzuwenden, wenn diese Merkmale zwar nicht bei ihm, aber bei dem Vertretenen vorliegen.

(2) [1] Ist jemand von dem Inhaber eines Betriebes oder einem sonst dazu Befugten

1. beauftragt, den Betrieb ganz oder zum Teil zu leiten, oder
2. ausdrücklich beauftragt, in eigener Verantwortung Aufgaben wahrzunehmen, die dem Inhaber des Betriebes obliegen,

und handelt er auf Grund dieses Auftrages, so ist ein Gesetz, nach dem besondere persönliche Merkmale die Möglichkeit der Ahndung begründen, auch auf den Beauftragten anzuwenden, wenn diese Merkmale zwar nicht bei ihm, aber bei dem Inhaber des Betriebes vorliegen. [2] Dem Betrieb im Sinne des Satzes 1 steht das Unternehmen gleich. [3] Handelt jemand auf Grund eines entsprechenden Auftrages für eine Stelle, die Aufgaben der öffentlichen Verwaltung wahrnimmt, so ist Satz 1 sinngemäß anzuwenden.

(3) Die Absätze 1 und 2 sind auch dann anzuwenden, wenn die Rechtshandlung, welche die Vertretungsbefugnis oder das Auftragsverhältnis begründen sollte, unwirksam ist.

§ 10 Vorsatz und Fahrlässigkeit

Als Ordnungswidrigkeit kann nur vorsätzliches Handeln geahndet werden, außer wenn das Gesetz fahrlässiges Handeln ausdrücklich mit Geldbuße bedroht.

§ 11 Irrtum

(1) ¹Wer bei Begehung einer Handlung einen Umstand nicht kennt, der zum gesetzlichen Tatbestand gehört, handelt nicht vorsätzlich. ²Die Möglichkeit der Ahndung wegen fahrlässigen Handelns bleibt unberührt.

(2) Fehlt dem Täter bei Begehung der Handlung die Einsicht, etwas Unerlaubtes zu tun, namentlich weil er das Bestehen oder die Anwendbarkeit einer Rechtsvorschrift nicht kennt, so handelt er nicht vorwerfbar, wenn er diesen Irrtum nicht vermeiden konnte.

Die Regelung zum **Tatumstandsirrtum** in **§ 11 Abs. 1 entspricht** inhaltlich **§ 16 Abs. 1 StGB** **1** (→ StGB § 16 Rn. 1). Aus der abweichenden Formulierung „einer Handlung" (§ 11 Abs. 1) statt „der Tat" (§ 16 Abs. 1 StGB) ergeben sich keine sachlichen Unterschiede (KK-OWiG/*Rengier* Rn. 1; Göhler/*Gürtler* Rn. 1).

Ebenso weicht die Regelung zum **Verbotsirrtum** in **§ 11 Abs. 2** lediglich in der Formulierung des **2** Gesetzes von der entsprechenden Regelung in **§ 17 S. 1 StGB** ab. Bei einem unvermeidbaren Verbotsirrtum ist nicht Vorsatz oder Fahrlässigkeit, sondern ausschließlich die Vorwerfbarkeit (dh **Schuld**) berührt (→ StGB § 17 Rn. 1 f.). Mögliche Ursachen eines Verbotsirrtums werden lediglich beispielhaft („namentlich") benannt (KK-OWiG/*Rengier* Rn. 1, 4 ff., 50 f., 56). Eine § 17 S. 2 StGB entsprechende Vorschrift enthält das OWiG zwar nicht. Gleichwohl kann in Anlehnung daran die Sanktion gemildert werden (KG NZV 1994, 159; BayObLG NStZ-RR 2000, 119; OLG Koblenz NZV 2009, 573; OLG Stuttgart NStZ 2012, 453; OLG Hamm BeckRS 2012, 08183; OLG Bamberg BeckRS 2015, 20269 mAnm *Sternberg-Lieben* StraFo 2016, 118; KK-OWiG/*Rengier* Rn. 125; Göhler/*Gürtler* Rn. 29 jeweils mwN).

Das Problem der **Abgrenzung** von **Tatumstandsirrtum** und **Verbotsirrtum** stellt sich im Anwen- **3** dungsbereich des OWiG grundsätzlich nicht anders dar als im Bereich des StGB und der strafrechtlichen Nebengesetze (→ StGB § 16 Rn. 25; → StGB § 17 Rn. 25). Angesichts der gesetzlichen Regelung kann nicht davon ausgegangen werden, dass bei Ordnungswidrigkeiten stets auch die Rechtswidrigkeit „der Handlung" (des Verhaltens) bekannt und vom Vorsatz umfasst sein muss (→ StGB § 16 Rn. 15; → StGB § 17 Rn. 2; KK-OWiG/*Rengier* Rn. 1, 6; Schönke/Schröder/*Sternberg-Lieben/Schuster* StGB § 15 Rn. 99; Göhler/*Gürtler* Rn. 14, 19, 21). Allerdings kann eine Vorschrift im Einzelfall voraussetzen, dass dem Täter eine rechtliche Bewertung bekannt ist (→ StGB § 16 Rn. 15).

Bei (nicht selten) **unübersichtlichen** und **überraschenden Sanktionsnormen** liegt ebenso wie bei **4** Vorschriften des Nebenstrafrechts ein unvermeidbarer Verbotsirrtum näher als im Bereich des Kernstrafrechts (→ StGB § 17 Rn. 11; KK-OWiG/*Rengier* Rn. 7; Schönke/Schröder/*Sternberg-Lieben/Schuster* StGB § 15 Rn. 99). Insbes. kann es an einem Anlass fehlen, das Verhalten einer Rechtmäßigkeitsprüfung zu unterziehen (→ StGB § 17 Rn. 11).

§ 12 Verantwortlichkeit

(1) ¹Nicht vorwerfbar handelt, wer bei Begehung einer Handlung noch nicht vierzehn Jahre alt ist. ²Ein Jugendlicher handelt nur unter den Voraussetzungen des § 3 Satz 1 des Jugendgerichtsgesetzes vorwerfbar.

(2) Nicht vorwerfbar handelt, wer bei Begehung der Handlung wegen einer krankhaften seelischen Störung, wegen einer tiefgreifenden Bewußtseinsstörung oder wegen Schwachsinns oder einer schweren anderen seelischen Abartigkeit unfähig ist, das Unerlaubte der Handlung einzusehen oder nach dieser Einsicht zu handeln.

§ 13 Versuch

(1) Eine Ordnungswidrigkeit versucht, wer nach seiner Vorstellung von der Handlung zur Verwirklichung des Tatbestandes unmittelbar ansetzt.

(2) Der Versuch kann nur geahndet werden, wenn das Gesetz es ausdrücklich bestimmt.

(3) ¹Der Versuch wird nicht geahndet, wenn der Täter freiwillig die weitere Ausführung der Handlung aufgibt oder deren Vollendung verhindert. ²Wird die Handlung ohne Zutun des Zurücktretenden nicht vollendet, so genügt sein freiwilliges und ernsthaftes Bemühen, die Vollendung zu verhindern.

(4) ¹Sind an der Handlung mehrere beteiligt, so wird der Versuch desjenigen nicht geahndet, der freiwillig die Vollendung verhindert. ²Jedoch genügt sein freiwilliges und ernsthaftes Bemühen, die Vollendung der Handlung zu verhindern, wenn sie ohne sein Zutun nicht vollendet oder unabhängig von seiner früheren Beteiligung begangen wird.

§ 14 Beteiligung

(1) ¹Beteiligen sich mehrere an einer Ordnungswidrigkeit, so handelt jeder von ihnen ordnungswidrig. ²Dies gilt auch dann, wenn besondere persönliche Merkmale (§ 9 Abs. 1), welche die Möglichkeit der Ahndung begründen, nur bei einem Beteiligten vorliegen.

(2) Die Beteiligung kann nur dann geahndet werden, wenn der Tatbestand eines Gesetzes, das die Ahndung mit einer Geldbuße zuläßt, rechtswidrig verwirklicht wird oder in Fällen, in denen auch der Versuch geahndet werden kann, dies wenigstens versucht wird.

(3) ¹Handelt einer der Beteiligten nicht vorwerfbar, so wird dadurch die Möglichkeit der Ahndung bei den anderen nicht ausgeschlossen. ²Bestimmt das Gesetz, daß besondere persönliche Merkmale die Möglichkeit der Ahndung ausschließen, so gilt dies nur für den Beteiligten, bei dem sie vorliegen.

(4) Bestimmt das Gesetz, daß eine Handlung, die sonst eine Ordnungswidrigkeit wäre, bei besonderen persönlichen Merkmalen des Täters eine Straftat ist, so gilt dies nur für den Beteiligten, bei dem sie vorliegen.

A. Begriff des Einheitstäters

1   § 14 regelt die **Beteiligung mehrerer Personen** an einer Ordnungswidrigkeit. Im Gegensatz zum StGB, das in §§ 25 f. StGB zwischen Täterschaft und Teilnahme differenziert, geht das Ordnungswidrigkeitenrecht von einem einheitlichen Täterbegriff aus. Die oftmals schwierige Abgrenzung der unterschiedlichen Formen von Täterschaft und Teilnahme im Strafrecht soll durch die Lehre vom Einheitstäter überflüssig werden und der Rechtsvereinfachung dienen, aber nicht aber zu einer Ausweitung der Ahndungsmöglichkeiten führen (Göhler/*Gürtler* Rn. 2).

2   Nach § 14 wird jeder Beteiligte einer Ordnungswidrigkeit als Täter angesehen, gleichgültig ob er **Mittäter, Anstifter oder Gehilfe** ist. Richtigerweise beschränkt sich der Bedeutungsgehalt von § 14 auf die Gleichstellung dieser drei Personenkreise (OLG Karlsruhe NStZ 1986, 128 (129)). Demnach kommt es auf § 14 nicht an, wenn es nur einen Täter gibt oder wenn es um die Beurteilung des Tatbeitrages eines Beteiligten geht, der unzweifelhaft Täter iSv § 25 Abs. 1 StGB ist. IÜ bleiben andere Formen der Täterschaft wie die mittelbare Täterschaft und die Nebentäterschaft neben der Einheitstäterschaft bestehen und werden nicht verdrängt (KK-OWiG/*Rengier* Rn. 4; BGH NJW 1983, 2272; aA OLG Braunschweig NJW 1997, 3254 (3255)).

3   Die vom Gesetzgeber angestrebte **Vereinfachung des Täterbegriffs** lässt sich nicht vollends durchhalten. Zwar vermag der Einheitstäterbegriff eine nähere Differenzierung auf der Tatbestandsebene obsolet machen, bei der Zumessung der Höhe der Geldbuße muss jedoch der Beitrag des jeweiligen Betroffenen iE gewürdigt werden. Hier kommt es auf das Gewicht des Tatbeitrages an, so dass die Überlegungen, die im Strafrecht bei der Abgrenzung von Täterschaft und Teilnahme anzustellen sind, auch im Ordnungswidrigkeitenrecht erforderlich sind, wenn es auch genügt, die Bedeutung der Tatbeteiligung und den den Beteiligten treffenden Vorwurf in tatsächlicher Hinsicht festzustellen und zu würdigen (Göhler/*Gürtler* Rn. 2). Da die Fragen nach Täterqualität und Beteiligungsgrad bei der Bußgeldmessung von vorrangiger Bedeutung sind und für deren Beurteilung auf strafrechtliche Kategorien zurückgegriffen werden muss, wird der Vereinfachungseffekt fraglich bleiben (KK-OWiG/*Rengier* Rn. 15) und kann die Frage der Tatherrschaft bei der Verteilung von Verantwortungsbereichen nicht ausgespart bleiben (Achenbach/Ransiek/Rönnau WirtschaftsStR-HdB/*Achenbach* Teil 1 Kap. 3 Rn. 3).

B. Beteiligung

I. Vorsätzliche Ordnungswidrigkeit

4   Voraussetzung für eine Täterschaft nach § 14 ist die Beteiligung an einer Ordnungswidrigkeit. Sie liegt vor, wenn jemand an einer nicht allein von ihm begangenen tatbestandsmäßigen Handlung bewusst und gewollt mitwirkt (OLG Köln GewArch 1993, 168). Ein Unterlassen steht einem aktiven Tun sowohl im Hinblick auf die **Bezugstat** als auch auf den eigenen Beitrag gleich. Auch die Beteiligung an einer versuchten Begehung einer Ordnungswidrigkeit ist möglich, wenn der Versuch geahndet werden kann, Abs. 2. Ob es sich um die Tat eines anderen handelt, ist hingegen ohne Belang, weil es gerade der Abgrenzung zwischen eigener und fremder Tat nicht bedarf. Ausreichend ist eine Bezugstat, zu der eine andere Person einen Tatbeitrag geleistet hat. Diese Bezugstat muss den Tatbestand einer als Ordnungswidrigkeit erfüllen und rechtswidrig sein, denn der strafrechtliche Grundsatz der limitierten Akzessorietät gilt auch im Ordnungswidrigkeitenrecht (KK-OWiG/*Rengier* Rn. 16 f.). So muss der andere Betei-

ligte im Hinblick auf die Bezugstat selbst vorsätzlich gehandelt haben (BGH NJW 1983, 2272; *Göhler* wistra 1983, 242; aA *Kienapfel* NJW 1971, 123 (124)). Zum Vorsatzbegriff vgl. die Kommentierung zu § 15 StGB.

II. Beitrag

Der Einheitstäter muss zu der Bezugstat einen Beitrag leisten, der mindestens dem **Gehilfenbeitrag** 5 im Strafrecht entspricht (→ StGB § 27 Rn. 2). Zwischen dem Tatbeitrag und der Bezugstat ist eine **Kausalität** erforderlich. Es genügt ein „ein fördernder Beitrag, der sich auf eine Vorbereitungs- oder Unterstützungshandlung beschränken und auch auf dem Wege psychischer Beeinflussung geleistet werden kann" (BGH NStZ 1985, 165). Dieser fördernde Beitrag braucht nicht kausal für den Erfolg der Bezugstat zu sein (BGH NJW 2000, 3010; 2001, 2409 (2410)), er darf sich aber auch nicht in einem bloßen „Dabeisein" erschöpfen; zumindest ist eine Bestärkung des Tatentschlusses erforderlich. Daher darf für die Kausalitätsfrage nicht auf die Bedingungstheorie abgestellt werden, ausreichend ist das Setzen einer mitwirkenden Ursache physischer oder psychischer Natur (KK-OWiG/*Rengier* Rn. 23). Dabei kann der Tatbeitrag auch durch ein Unterlassen erbracht werden, wenn der Täter nach allgemeinen Grundsätzen eine Garantenstellung einnimmt und es unterlässt, den Ablauf der Tat zu verhindern, zu erschweren, abzuschwächen oder für den Täter riskanter zu machen (BGH NJW 1998, 1568).

Die Beteiligungshandlung kann auch im Vorbereitungsstadium der Bezugstat geleistet werden und 6 muss spätestens bis zu deren Beendigung erbracht sein (BGH NJW 1985, 814). Es kommt nicht darauf an, ob der andere Täter von der Beteiligung Kenntnis erlangt hat; auch die so genannte heimliche Beteiligung ist möglich (KK-OWiG/*Rengier* Rn. 26; aA *Schumann*, Zum Einheitstätersystem des § 14 OWiG, 1979, 23). Eine lediglich versuchte oder erfolglose Beteiligung reicht hingegen nicht aus, Abs. 2 (Göhler/*Gürtler* Rn. 13).

Der Einheitstäter muss mit **Doppelvorsatz** handeln, dh. der Vorsatz muss sich sowohl auf die Bezugs- 7 tat als auch auf den eigenen Tatbeitrag beziehen. Ein lediglich fahrlässig geleisteter Tatbeitrag genügt nicht (OLG Köln NJW 1993, 1216 (1217); *Cramer* NJW 1969, 1929 (1933 f.); aA *Mitsch*, Recht der Ordnungswidrigkeiten, 2. Aufl. 2005, § 13 Rn. 52); eine fahrlässige Teilnahme ist ausgeschlossen; ein solcher Tatbeitrag kann allerdings eine fahrlässige Nebentäterschaft begründen (KK-OWiG/*Rengier* Rn. 5 f.).

Handelt es sich bei der Bezugstat um eine Vorsatz-Fahrlässigkeitskombination, braucht sich der erforderliche Vorsatz ausschließlich auf den Handlungsteil der Tat zu beziehen; hinsichtlich des Erfolgseintritts reicht ein fahrlässiges Handeln aus (KK-OWiG/*Rengier* Rn. 18).

Der jeweilige Beteiligte muss rechtswidrig handeln, Abs. 2. Die Beurteilung der **Rechtswidrigkeit** 8 richtet sich nach den allgemeinen Regeln.

Handelt ein Beteiligter ohne persönliche **Vorwerfbarkeit,** schließt dies die Ahndung der Tat ggü. 9 den anderen Beteiligten nicht aus, Abs. 3 S. 1. Vielmehr bleibt die Verantwortlichkeit der anderen Beteiligten unberührt (OLG Stuttgart NStZ 1981, 307 (308)).

C. Besondere persönliche Merkmale

Begründen besondere persönliche Merkmale die Möglichkeit der Ahndung, Abs. 1 S. 2, reicht es 10 aus, dass ein Beteiligter dieses besondere persönliche Merkmal aufweist. Die Regelung übernimmt den Grundgedanken des § 28 Abs. 1 StGB unter Modifizierung für den Einheitstäterbegriff (KK-OWiG/*Rengier* Rn. 37). Zu den besonderen persönlichen Merkmalen gehören Eigenschaften, die den Normadressatenkreis begrenzen und deshalb **Sonderdelikte** schaffen, bspw. die Eigenschaft als Unternehmer, Halter oder Arbeitgeber (KK-OWiG/*Rengier* Rn. 39) sowie das gewerbs- oder geschäftsmäßige Handeln nach § 14 Abs. 2 Nr. 2 AdVermiG und die Beharrlichkeit in § 32 Abs. 1 Nr. 1b ArbSG (KK-OWiG/*Rengier* Rn. 39).

Schließen besondere persönliche Merkmale die Möglichkeit der Ahndung ggü. einem Beteiligten 11 aus, so gilt dies nur ihm ggü., Abs. 3 S. 2. Wie in § 28 Abs. 2 StGB sind hiermit persönliche Strafausschließungs- oder Strafaufhebungsgründe gemeint wie der Rücktritt vom Versuch nach § 13 Abs. 4 oder die Selbstanzeige bei leichtfertiger Steuerverkürzung nach § 378 Abs. 3 AO (Göhler/*Gürtler* Rn. 17). Nicht von Abs. 3 S. 2 erfasst werden mangelnde Täterqualitäten; daher wird durch die Vorschrift nicht ausgeschlossen, dass ein Rechtsanwalt sich an einem Verstoß gegen das RBerG beteiligen kann (BGH NStZ 1983, 512).

Besondere persönliche Merkmale, die die Bußgeldandrohung schärfen oder mildern, behandelt § 14 12 nicht. Im Gegensatz zum StGB, das in § 28 Abs. 2 Folgen der **Erschwerungs- und Milderungsgründe** regelt, ist dies im Ordnungswidrigkeitenrecht nicht erforderlich, da Mindestgeldbußen nicht angedroht werden. Wird für den Wiederholungsfall eine im Mindestmaß erhöhte Geldbuße angedroht, so gilt dies nur für denjenigen Beteiligten, der den Verstoß zum wiederholten Male begangen hat (Göhler/*Gürtler* Rn. 18).

Qualifizieren bestimmte persönliche Merkmale eine Ordnungswidrigkeit zu einer Straftat, sog 13 **Mischtatbestände,** gilt dies nach Abs. 4 nur für den Beteiligten, in dessen Person sie vorliegen. Abs. 4

behandelt bestimmte persönliche Merkmale praktisch nicht wie strafbegründende, sondern wie strafschärfende Merkmale. Er findet auch dann Anwendung, wenn die Person, die das besondere persönliche Merkmal verwirklicht, nur als Teilnehmer bestraft werden kann; die Bestimmung durchbricht daher den Grundsatz, dass eine strafbare Teilnahme eine strafbare Haupttat voraussetzt (BGH NJW 1985, 1566). Hingegen findet Abs. 4 auf tatbezogene Merkmale keine Anwendung, so in § 331 Nr. 1, 2 HGB hinsichtlich des Merkmals der unrichtigen Wiedergabe oder Verschleierung (KK-OWiG/*Rengier* Rn. 51).

14   In Fällen **notwendiger Beteiligung,** wenn also ein Bußgeldtatbestand begrifflich nur durch das Zusammenwirken mehrerer Personen verwirklicht werden kann und nur bestimmte Beteiligte als Täter in Betracht kommen, werden die Tatbeiträge der übrigen Beteiligten nur dann geahndet, wenn diese ihre Rollen überschreiten (BGH NJW 1993, 3147 (3151)). Dieser Grundsatz gilt nicht, wenn gerade der Schutz des notwendig Beteiligten bezweckt wird wie der Schutz des Jugendlichen im JArbSchG oder der Mutter im MuSchG; in solchen Fällen bleibt auch eine Rollenüberschreitung ohne Ahndung (KK-OWiG/*Rengier* Rn. 54).

D. Weitere Täterschaftsformen

I. Fahrlässige Nebentäterschaft

15   Scheidet eine Einheitstäterschaft aufgrund fehlenden Vorsatzes des Beteiligten aus und kann auch ein fahrlässiger Verstoß gegen die jeweilige Norm geahndet werden, kann eine Geldbuße unter dem Gesichtspunkt einer fahrlässigen Nebentäterschaft verwirkt sein (KK-OWiG/*Rengier* Rn. 104). Da § 14 auf den Nebentäter keine Anwendung findet, werden auch besondere persönliche Merkmale nicht zugerechnet, so dass jeder Beteiligte den Tatbestand selbstständig erfüllen muss und zwar auch bei Sonderdelikten (OLG Karlsruhe NStZ 1986, 128 (129)) und bei eigenhändigen Delikten (KK-OWiG/*Rengier* Rn. 105). Treffen eine fahrlässige und eine vorsätzliche Begehungsweise aufeinander wie in RGSt 58, 366 – dort lag einem Verkäufer eine fahrlässige unerlaubte Ausfuhr von Waren zur Last, weil er fahrlässig nicht erkannt hatte, dass der Käufer die Waren bewusst ohne Genehmigung ausführen wollte –, kommt durchaus eine fahrlässige Nebentäterschaft in Betracht. Allerdings muss der konkrete Fahrlässigkeitstatbestand dem Zweck dienen, die vorsätzliche Tat des Dritten zu verhindern (KK-OWiG/*Rengier* Rn. 109; anders RGSt 58, 366, das zu Unrecht eine Ordnungswidrigkeit des Verkäufers bejaht hat).

II. Mittelbare Täterschaft

16   Statt aufgrund einer Einheitstäterschaft kann sich eine Ahndungsmöglichkeit auch aufgrund mittelbarer Täterschaft ergeben. Die strafrechtlichen Regeln finden entsprechende Anwendung (KK-OWiG/*Rengier* Rn. 87). Praktisch ergeben sich am häufigsten Probleme und Ahndungslücken, wenn bei Sonderdelikten nur der Tatmittler über die Sondereigenschaft verfügt: irrt der Tatmittler aufgrund vorsätzlicher falscher Angaben des Hintermanns über das Erfordernis einer **Genehmigung** für die Ausübung seiner Tätigkeit, kommt es darauf an, ob das Genehmigungserfordernis Auswirkungen auf die Tatbestands- oder die Rechtmäßigkeit des Handelns hat. Lässt eine Genehmigung den Tatbestand einer Ordnungswidrigkeit entfallen, befindet sich der vorsatzlos handelnde Tatmittler sich in einem den Vorsatz ausschließenden Tatbestandsirrtum (zum Arbeitgeber, der einer „Drückerkolonne" vorspiegelt, eine Reisegewerbekarte sei noch nicht erforderlich s. OLG Stuttgart NStZ 1981, 307). Insoweit entfällt die rechtswidrige Vortat; der Hintermann ohne Sondereigenschaft kann nicht verfolgt werden (KK-OWiG/*Rengier* Rn. 98). Betrifft die Genehmigung die Rechtswidrigkeit, so führt der Irrtum, allgemein ohne Erlaubnis tätig werden zu dürfen, zu einem Verbotsirrtum und damit bei Vermeidbarkeit zum Schuldausschluss. § 14 bleibt genauso anwendbar wie in dem Fall, in dem sich der Vordermann in einem Erlaubnistatbestandsirrtum befindet, weil der Hintermann dem Sonderpflichtigen vorspiegelt, eine erforderliche Genehmigung sei erteilt worden, zB wenn ein Unternehmern seine Fahrer veranlasst, gesperrte Wege zu befahren (OLG Köln VRS 39, 76). Voraussetzung für die Bejahung der mittelbaren Täterschaft ist aber, dass der sonderpflichtige Vordermann vorsätzlich handelt; bloße Fahrlässigkeit genügt nicht (Göhler/*Gürtler* Rn. 5b). Auch die versuchte mittelbare Täterschaft kann nach den allgemeinen Regeln geahndet werden, wobei hier die Abgrenzung zur versuchten Anstiftung nach den allgemeinen Regeln zu beachten ist (KK-OWiG/*Rengier* Rn. 21).

E. Einzelheiten im Wirtschaftsstrafrecht

17   Wird ein **Zeitschriftenwerber** im Rahmen einer so genannten Drückerkolonne vorsätzlich ohne Reisegewerbekarte tätig, kann eine Beteiligung des Kolonnenführers an einer Ordnungswidrigkeit nach §§ 145 Abs. 1 Nr. 1, 55 GewO vorliegen (BGH GewArch 1990, 20 (21)); anders jedoch, wenn dieser dem Werber vorspiegelt, eine Reisegewerbekarte sei (noch) nicht erforderlich. In diesem Fall entfällt der Vorsatz des Werbers, so dass auch eine Beteiligung des Kolonnenführers wegen der Eigenhändigkeit des Delikts nicht möglich ist (BGH GewArch 1990, 20 (21); KK-OWiG/*Rengier* Rn. 69).

Kann eine eigene **Arbeitnehmerüberlassung** nach § 1 Abs. 2 AÜG nicht nachgewiesen werden, **18** kommt eine Beteiligung iSv § 16 Abs. 1 Nr. 1 AÜG in Betracht (OLG Oldenburg NStZ-RR 1996, 46).

Betreibt ein Unternehmer als einzig tauglicher Täter fahrlässig unerlaubt einen **Güterfernverkehr** **19** iSv §§ 19 Abs. 1 Nr. 1b, 3 Abs. 1 S. 1 GüKG, während der täteruntaugliche Auftraggeber den Mangel kennt, scheidet eine Beteiligung aus (BGH NJW 1983, 2272). Gleiches gilt, wenn der Fahrer den Mangel kennt, der Unternehmer aber nur fahrlässig handelt (KK-OWiG/*Rengier* Rn. 70). Anders aber im Falle eines vorsätzlichen Handelns des Unternehmers: in diesem Fall ist eine Beteiligung möglich, wenn Auftraggeber oder Fahrer ebenfalls vorsätzlich handeln. Bei bloßer Fahrlässigkeit des Auftraggebers oder Fahrers können diese nicht verfolgt werden.

Eine Ordnungswidrigkeit nach dem **JArbSchG** können auch die Erziehungsberechtigten des Kindes **20** begehen, wenn sie ihm in einer zumindest arbeitgeberähnlichen Stellung gegenübertreten; wird ein Kind mit Zustimmung der Eltern von Dritten unter Verstoß gegen das JArbSchG beschäftigt wird, kann der Erziehungsberechtigte Beteiligter an der vom Dritten vorsätzlich begangenen Ordnungswidrigkeit sein (OLG Köln NStZ 1984, 460 (461)).

Bei **Kartellordnungswidrigkeiten** legt der BGH den Begriff der Beteiligung weit aus: schon das **21** bewusste Unterlassen von Aufsichtsmaßnahmen durch einen Garanten kann eine Beteiligung durch Unterlassen an Kartellabsprachen begründen (BGH wistra 1989, 109). Dabei reicht es aus, dass ein Verantwortlicher der Unternehmensleitung mit dem Abschluss von Absprachen rechnet und diese billigend in Kauf nimmt, wobei es nicht darauf ankommt, ob ihm iE bekannt ist, bei welchen Objekten und mit welchen anderen Unternehmen die Absprachen getroffen werden (WuW/E BGH 2394, 2396). Eine Beteiligung kann iÜ in jeder Förderung der Tat liegen, so in der Überwachung der Vereinbarung, der Verwahrung schriftlicher Unterlagen (KK-OWiG/*Rengier* Rn. 67). Dies gilt auch für Rechtsanwälte und Wirtschaftsprüfer, die in diesen Fällen beratend tätig geworden sind (WuW/E BKartA 1393, 1406).

F. Verfahren

Kann nicht geklärt werden, ob der Betroffene als Einheitstäter, alleiniger, mittelbarer oder Nebentäter **22** zu qualifizieren ist, so ist er nach hM als Einheitstäter zu verurteilen (OLG Düsseldorf VRS 64, 205 (206), m. zust. Anm. *Göhler* NStZ 1982, 11; aA OLG Koblenz NJW 1986, 1003; KK-OWiG/*Rengier* Rn. 110, die dies nur bei Allgemeindelikten zulassen wollen, iÜ aber von der milderen Beteiligungsform ausgehen wollen).

Beurteilt das Gericht die Beteiligung abweichend vom Bußgeldbescheid, hat es nach § 265 StPO **23** darauf hinzuweisen, da nicht auszuschließen ist, dass sich der Betroffene dann anders verteidigt (BGH VRS 57, 33 (34)).

§ 15 Notwehr

(1) Wer eine Handlung begeht, die durch Notwehr geboten ist, handelt nicht rechtswidrig.

(2) Notwehr ist die Verteidigung, die erforderlich ist, um einen gegenwärtigen rechtswidrigen Angriff von sich oder einem anderen abzuwenden.

(3) Überschreitet der Täter die Grenzen der Notwehr aus Verwirrung, Furcht oder Schrecken, so wird die Handlung nicht geahndet.

§ 16 Rechtfertigender Notstand

[1] Wer in einer gegenwärtigen, nicht anders abwendbaren Gefahr für Leben, Leib, Freiheit, Ehre, Eigentum oder ein anderes Rechtsgut eine Handlung begeht, um die Gefahr von sich oder einem anderen abzuwenden, handelt nicht rechtswidrig, wenn bei Abwägung der widerstreitenden Interessen, namentlich der betroffenen Rechtsgüter und des Grades der ihnen drohenden Gefahren, das geschützte Interesse das beeinträchtigte wesentlich überwiegt. [2] Dies gilt jedoch nur, soweit die Handlung ein angemessenes Mittel ist, die Gefahr abzuwenden.

§ 17 Höhe der Geldbuße

(1) Die Geldbuße beträgt mindestens fünf Euro und, wenn das Gesetz nichts anderes bestimmt, höchstens eintausend Euro.

(2) Droht das Gesetz für vorsätzliches und fahrlässiges Handeln Geldbuße an, ohne im Höchstmaß zu unterscheiden, so kann fahrlässiges Handeln im Höchstmaß nur mit der Hälfte des angedrohten Höchstbetrages der Geldbuße geahndet werden.

(3) ¹Grundlage für die Zumessung der Geldbuße sind die Bedeutung der Ordnungswidrigkeit und der Vorwurf, der den Täter trifft. ²Auch die wirtschaftlichen Verhältnisse des Täters kommen in Betracht; bei geringfügigen Ordnungswidrigkeiten bleiben sie jedoch in der Regel unberücksichtigt.

(4) ¹Die Geldbuße soll den wirtschaftlichen Vorteil, den der Täter aus der Ordnungswidrigkeit gezogen hat, übersteigen. ²Reicht das gesetzliche Höchstmaß hierzu nicht aus, so kann es überschritten werden.

Neuere Literatur (Auswahl) speziell zu § 17 Abs. 4: *Brenner,* Gewinnabschöpfung, das unbekannte Wesen im Ordnungswidrigkeitenrecht, NStZ 1998, 557; *Cramer/Steffen,* Bemessung von Geldbuße und Verfall gemäß §§ 17, 29a OWiG unter Berücksichtigung der steuerlichen Belastung sowie der Einnahmen des jeweiligen Alternativverhaltens, wistra 1996, 248; *Drathjer,* Die Abschöpfung rechtswidrig erlangter Vorteile im OWi-Recht, 1997; *Krumm* Gewinnabschöpfung durch Geldbuße, NJW 2011, 196; *Krumm,* Die Abschöpfung der Tatvorteile im Bußgeldverfahren durch die Geldbuße, wistra 2014, 424; *Müther,* Die Vorteilsabschöpfung im Ordnungswidrigkeitenrecht in § 17 Abs. 4 OWiG unter Berücksichtigung des deutschen und europäischen Kartellrechts, 1999; *Neufang* Geldbuße oder Gewinnabschöpfung, SVR 2011, 324; *Retemeyer,* Gewinnabschöpfung im Ordnungswidrigkeitenrecht, wistra 2012, 56; *Samson/Langrock,* Bekämpfung von Wirtschaftskriminalität im und durch Unternehmen, DB 2007, 1684; *Sannwald,* Die Vorteilsabschöpfung nach § 17 Abs. 4 bei Verstößen gegen handwerks- oder gewerberechtliche Vorschriften, GewArch 1986, 84; *Wegner,* Zur Notwendigkeit einer Festlegung des der Ahndung und des der Abschöpfung dienenden Teils einer wegen eines Kartellrechtsverstoßes verhängten Geldbuße, wistra 2005, 386; *Zimmer/Paul,* Entwicklungstendenzen der europäischen und der deutschen Kartellrechtspraxis, JZ 2008, 611.

A. Allgemeines

1   Mit § 17 werden die für alle Bußgeldverfahren geltenden Bestimmungen über die Höhe und die Bemessung der Geldbuße festgelegt. Mit Abs. 1, 2 sowie Abs. 4 S. 2 wird allgemein der Rahmen festgelegt, innerhalb dessen sich die festzusetzende Geldbuße bewegen kann. Durch die absolute Untergrenze von 5 EUR und die Höchstgrenze von 1.000 EUR, die je nach Vorsatz oder Fahrlässigkeit um die Hälfte reduziert sein kann, wird ein gesetzlicher Regelrahmen vorgegeben, wenn in Einzelgesetzen keine abweichenden Höchstbußen festgelegt werden. Dieses Höchstmaß kann in allen Fällen unter den Voraussetzungen des Abs. 4 S. 2 überschritten werden. Die Abs. 3 und 4 S. 1 enthalten demgegenüber grundlegende Anweisungen für die Zumessung der Geldbuße unter Berücksichtigung der objektiven Bedeutung der Ordnungswidrigkeit, des subjektiven persönlichen Vorwurfs sowie der wirtschaftlichen Verhältnisse des Täters. Mit der vor allem bei Ordnungswidrigkeiten im Bereich der Wirtschaft wesentlichen Regelung des Abs. 4 wird dabei vom Gesetzgeber als „Soll"-Bestimmung festgelegt, dass die zu verhängende Geldbuße in jedem Fall den vom Täter aus der Tat gezogenen wirtschaftlichen Vorteil übersteigen soll. Vor allem diese Abschöpfung wirtschaftlicher Vorteile bedarf deshalb hier näherer Erläuterung.

B. Kommentierung im Einzelnen

I. Regelrahmen (Abs. 1)

2   Mit § 17 Abs. 1 wird der Regelrahmen der Geldbuße mit einem Mindest- und Höchstrahmen festgelegt. Entsprechend dem gesetzlichen Wortlaut ist dabei die Mindestgeldbuße von 5 EUR für jeden Fall zwingend, während der Höchstbetrag unter dem Vorbehalt einer abweichenden gesetzlichen Regelung im Einzelfall steht. Der festgesetzte Mindestbetrag kann daher auf der einen Seite keinesfalls unterschritten werden, auf der anderen Seite ist aber auch eine davon abweichende Regelung über ein erhöhtes Mindestbußgeld – etwa durch landesrechtliche Regelungen – mit § 17 Abs. 1 nicht vereinbar (Göhler/*Gürtler* Rn. 7; KK-OWiG/*Mitsch* Rn. 21; Rebmann/Roth/Herrmann/*Förster* Rn. 5). Demgegenüber verletzten Regelsätze für konkretisierte Fälle der Tatbestandsverwirklichung von Bußgeldvorschriften den gesetzlichen Mindestbetrag nicht (Göhler/*Gürtler* Rn. 8). Das Höchstmaß der Geldbuße von 1.000 EUR hat im Hinblick auf die mögliche spezialgesetzliche Abweichung davon nur geringe praktische Bedeutung. Während sich allenfalls im Landesrecht noch Androhungen eines geringeren als dieses disponiblen Höchstmaßes in Einzelfällen finden, ist eine höhere Obergrenze für die zu verhängende Geldbuße der Regelfall. Nur so kann – speziell im Wirtschaftsstrafrecht – eine Sanktion verhängt werden, die der Bedeutung einer begangenen Ordnungswidrigkeit gerecht wird und auch – vor allem im Zusammenhang mit Abs. 4 S. 1 – die bei der Tat erzielten vermögenswerten Vorteile berücksichtigt. So finden sich zahlreiche Gesetze, die für Ordnungswidrigkeiten das Höchstmaß der Geldbuße bis auf eine Million EUR (zB §§ 30 Abs. 2, 130 Abs. 4, 39 Abs. 4 WpHG, § 81 Abs. 4 GWB) angehoben haben (vgl. die Nachw. bei Göhler/*Gürtler* Rn. 48a ff.). In bestimmten Fällen kann dieser Rahmen auch noch weiter erhöht werden (zB nach § 81 Abs. 4 S. 2 GWB auf bis zu 10 % des im Geschäftsjahr erzielten Gesamtumsatzes). Nur durch solch hohe angedrohte Geldbußen kann – speziell im Kartellrecht – im Hinblick auf die erzielbaren Profite auf den Normadressaten abschreckend eingewirkt werden, wenn so das ordnungswidrige Verhalten für den Täter zu riskant oder uninteressant wird und sich somit nicht mehr „lohnt".

Im Hinblick auf das sehr unterschiedliche Höchstmaß der zu verhängenden Geldbuße in den Einzel- **3** gesetzen, hat der Tatrichter bei seiner Entscheidung den im jeweiligen Einzelfall geltenden und damit für seine Zumessungsentscheidung maßgeblichen Bußgeldrahmen grundsätzlich offenzulegen (OLG Saarbrücken NStZ 1988, 368; KK-OWiG/*Mitsch* Rn. 22). Darauf kann allenfalls dann verzichtet werden, wenn es sich um Massenverfahren – etwa im Bereich der Verkehrsordnungswidrigkeiten – handelt, bei denen ohnehin Regelsätze etwa entsprechend dem Bußgeldkatalog zugrunde gelegt werden. Nur mit dem angegeben Bußgeldrahmen ist dem Rechtsbeschwerdegericht eine Überprüfung iRd Rechtsbeschwerde möglich.

II. Vorsätzliches und fahrlässiges Handeln (Abs. 2)

Mit Abs. 2 wird – in Ergänzung zu Abs. 1 – ein abgestuftes Verhältnis in Bezug auf das Höchstmaß **4** der Geldbuße für vorsätzliches und fahrlässiges Handeln festgesetzt. Auch diese Regelung hat nur subsidiären Charakter und greift deshalb nur dann ein, wenn in den einzelnen Gesetzen eine abweichende Regelung fehlt. Da aber in den meisten Gesetzen Spezialregelungen in Form von Abstufungen für fahrlässige Verstöße fehlen, ist die Anwendung des Abs. 2 insoweit zwingend. Fahrlässiges Handeln kann dann nur mit der Hälfte des angedrohten Höchstmaßes geahndet werden. Bei Vorsatz-Fahrlässigkeits-Kombinationen im Tatbestand, bei denen nur hinsichtlich eines Tatbestandsmerkmals fahrlässiges Handeln verlangt wird, im Übrigen aber Vorsatz (zB §§ 111 Abs. 3, 113 Abs. 3, 127 Abs. 4, 128 Abs. 4) fehlt eine allgemeine Regelung. Hier ist durch Spezialregelungen die Anwendung des richtigen Bußgeldrahmens sichergestellt. Soweit leichtfertiges Handeln sanktioniert wird (zB § 378 AO – leichtfertige Steuerverkürzung), ist der halbierte Bußgeldhöchstsatz für fahrlässiges Handeln maßgeblich (KK-OWiG/*Mitsch* Rn. 26; Göhler/*Gürtler* Rn. 13; Rebmann/Roth/Herrmann/*Förster* Rn. 11). Leichtfertigkeit ist als Unterform der Fahrlässigkeit nur in einem gesteigerten Maß ebenfalls dieser zuzuordnen. Der ggü. einfacher Fahrlässigkeit erhöhte subjektive Vorwurf ist iRd Zumessung nach Abs. 3 zu berücksichtigen.

Damit vom Rechtsbeschwerdegericht überprüft werden kann, ob der Tatrichter vom richtigen Buß- **5** geldrahmen ausgegangen ist, muss der Tenor der gerichtlichen Entscheidung angeben, ob gegen den Betroffenen eine Geldbuße wegen vorsätzlicher oder fahrlässiger Begehung festgesetzt wird. Soweit der Tenor insoweit nicht einer durch Auslegung der Entscheidungsgründe zu ermittelnder Ergänzung zugänglich ist (OLG Koblenz NStZ 1984, 370), ist bereits der Schuldspruch durch das Rechtsbeschwerdegericht aufzuheben (OLG Düsseldorf MDR 1994, 717; KK-OWiG/*Mitsch* Rn. 28). Die Festlegung des jeweiligen Bußgeldrahmens hat auch Bedeutung für die Dauer der Frist für die Verfolgungsverjährung, die sich gem. § 31 Abs. 2 danach richtet, mit welchem Höchstmaß das Gesetz die jeweilige Ordnungswidrigkeit bedroht (näher KK-OWiG/*Mitsch* Rn. 29).

III. Zumessung der Geldbuße (Abs. 3)

Die eigentlichen Regelungen für die Zumessung der Geldbuße im Einzelfall finden sich in Abs. 3. **6** Danach sind nach S. 1 primäre Grundlage für die Zumessung die Bedeutung der Ordnungswidrigkeit sowie der Vorwurf, der den Täter trifft. Erst nachrangig kommen nach S. 2 Hs. 1 auch die wirtschaftlichen Verhältnisse des Betroffenen „in Betracht", sofern sie nicht bei geringfügigen Ordnungswidrigkeiten nach S. 2 Hs. 2 in der Regel sogar ganz unberücksichtigt bleiben können. Die unter Berücksichtigung dieser Kriterien für den Tatrichter maßgeblichen Erwägungen für die Bemessung der Geldbuße müssen zwar nicht im Bußgeldbescheid, wohl aber in der gerichtlichen Entscheidung enthalten sein. Beim Fehlen entsprechender Ausführungen, kann der Rechtsfolgenausspruch keinen Bestand haben (BayObLG NJW 1998, 2461 (2462); KK-OWiG/*Mitsch* Rn. 30).

1. Bedeutung der Ordnungswidrigkeit. Mit der „Bedeutung" oder besser dem „Gewicht der Tat" **7** (OLG Köln NJW 1988, 1606; OLG Düsseldorf VRS 72, 285 (286)) soll der sachliche Gehalt und Umfang der Handlung berücksichtigt werden. Dieser ist in aller Regel bereits daran abzulesen, welche Einstufung der Gesetzgeber ihr hat zukommen lassen (KK-OWiG/*Mitsch* Rn. 35; Rebmann/Roth/Herrmann/*Förster* Rn. 16), denn der jeweilige Bußgeldrahmen gibt bereits einen wichtigen Anhaltspunkt dafür, welche Geldbuße im Einzelfall angemessen ist. Wesentliche Kriterien bei dem konkreten Zumessungsakt sind hier der von der Tat ausgehende Grad der Gefährdung oder Beeinträchtigung der geschützten Interessen sowie das Ausmaß der Gefährdung und Beeinträchtigung (Göhler/*Gürtler* Rn. 16). Auch bei der Bemessung der Geldbuße ist aber – analog zu § 46 Abs. 3 StGB (→ StGB § 46 Rn. 56–58) – das Verbot der Doppelverwertung zu berücksichtigen, soweit besondere Umstände bereits Bestandteil des Tatbestand der Ordnungswidrigkeit sind (BayObLG DAR 1975, 209; OLG Düsseldorf VRS 84, 340 (344); Rebmann/Roth/Herrmann/*Förster* Rn. 17; Göhler/*Gürtler* Rn. 16). In die Entscheidung einzubeziehen ist aber, ob die Aufrechterhaltung der Ordnung in dem jeweiligen Regelungsgebiet durch derartige Handlungen gefährdet oder beeinträchtigt ist (vgl. zu Zumessungskriterien in alphabetischer Reihenfolge: KK-OWiG/*Mitsch* Rn. 38–50). Der Gesetzgeber hat zur weiteren Konkretisierung insoweit für Fälle durchschnittlicher Bedeutung auf verschiedenen Sachgebieten besondere Bußgeldkataloge aufgestellt. Dies gilt mit dem Bußgeldkatalog vor allem im Verkehrsrecht, aber etwa auch im Immissionsschutzrecht, Umweltrecht und Sozialrecht (vgl. dazu näher KK-OWiG/ *Mitsch* Rn. 100 ff.; Göhler/*Gürtler* Rn. 27 ff.).

8   **2. Individueller Vorwurf.** Durch den gleichberechtigt und eigenständig neben die Bedeutung der Ordnungswidrigkeit tretenden Vorwurf, der den Täter trifft, sollen hier vor allem individuelle und besondere Umstände in der Person des Betroffenen sowie das subjektive Ausmaß der Zuwiderhandlung Berücksichtigung finden. Insoweit können die in § 46 Abs. 1 und 2 StGB (→ StGB § 46 Rn. 16 ff.) zusammengefassten Zumessungskriterien herangezogen werden (KK-OWiG/*Mitsch* Rn. 32; Göhler/ *Gürtler* Rn. 17). Dabei lassen sich neben den Umständen bei Begehung der Ordnungswidrigkeit auch Verhaltensweisen nach der Tat einbeziehen. Da der subjektive Vorwurf in Bezug auf die Tatbegehung (Vorsatz oder Fahrlässigkeit) bereits bei der Festlegung des Bußgeldrahmens Berücksichtigung gefunden hat, können diese Gesichtspunkte nicht nochmals erschwerend oder mildernd einbezogen werden (BayObLG wistra 2004, 158; Göhler/*Gürtler* Rn. 17; Rebmann/Roth/Herrmann/*Förster* Rn. 21 mwN). Für den Grad des vorwerfbaren Verhaltens als bußgelderhöhende Aspekte kommen damit etwa die bei der Tat zutage getretene Gesinnung, die vom Täter verschuldeten Auswirkungen der Handlung in Betracht, wobei aber seine Stellung im Berufsleben für sich genommen noch keinen erhöhten Vorwurf begründet, wenn es sich nicht um die Verletzung besonderer dem Betroffenen auferlegter Pflichten handelt. Wesentliche zum Nachteil des Betroffenen zu wertende Gesichtspunkte sind auch früher begangene Ordnungswidrigkeiten und/oder Straftaten, soweit diese in sachlicher und zeitlicher Hinsicht in einem inneren Zusammenhang mit der neuen Tat stehen (BayObLG NStZ-RR 1996, 79; KK-OWiG/*Mitsch* Rn. 77; Göhler/*Gürtler* Rn. 20; Rebmann/Roth/Herrmann/*Förster* Rn. 18 jeweils mwN). Dabei sind aber im maßgeblichen Zeitpunkt der letzten Tatsachenverhandlung (BayObLG DAR 2001, 412) getilgte oder bereits tilgungsreife Registereintragungen nicht mehr berücksichtigungsfähig, insoweit besteht ein Verwertungsverbot (vgl. zB § 5 Abs. 1 BZRG; § 29 Abs. 8 S. 1 StVG; OLG Bamberg BeckRS 2010, 11966). Im Hinblick auf die zT kurzen Tilgungsfristen (zB von zwei Jahren nach § 29 Abs. 1 Nr. 1 StVG für Verkehrsordnungswidrigkeiten) ist hier besonders zu beachten, dass hinreichende Feststellungen zu Verwertbarkeit getroffen werden (KK-OWiG/*Mitsch* Rn. 75 ff.; Göhler/ *Gürtler* Rn. 20a). Bußgeldmindernde Umstände sind demgegenüber ua etwa die Beweggründe der Tat, untergeordnete Beteiligung, die Wiedergutmachung des eingetretenen Schadens oder entsprechende Bemühungen sowie die Mitwirkung bei der Aufklärung (vgl. zu allen Einzelkriterien in alphabetischer Reihenfolge: KK-OWiG/*Mitsch* Rn. 54–83).

9   **3. Wirtschaftliche Verhältnisse.** Entsprechend dem Wortlaut des Abs. 3 S. 2 Hs. 1 sind wirtschaftliche Verhältnisse des Täters nur in Betracht zu ziehen und deshalb nicht stets zu berücksichtigen. Bei geringfügigen Ordnungswidrigkeiten bleiben diese nach Abs. 3 S. 2 Hs. 2 sogar idR ganz außer Betracht. Da nach der Rspr. die Obergrenze der Geringfügigkeit im Hinblick auf den Schwellenwert des § 79 Abs. 1 Nr. 1 aber bei derzeit maximal 250 EUR (BayObLG DAR 2004, 593; OLG Düsseldorf DAR 2002, 175; OLG Köln VRS 97, 381; OLG Hamburg NJW 2004, 1813; OLG Celle NJW 2008, 3079; KK-OWiG/*Mitsch* Rn. 91 f.; Göhler/*Gürtler* Rn. 23 f.; Rebmann/Roth/Herrmann/*Förster* Rn. 24) angesetzt wird, hat dieser Ausnahmefall zwar bei Verkehrsverstößen eine große praktische Bedeutung, nicht aber Taten im Bereich der Wirtschaft. Hier wird die Bedeutung der Ordnungswidrigkeit schon aufgrund des erhöhten Bußgeldrahmens vielfach eine relativ hohe Geldbuße erfordern und damit einen Grenzbetrag deutlich überschreiten. In diesem Fall bedarf es weiterer Feststellungen des Tatrichters zu den wirtschaftlichen Verhältnissen des Täters, die ihm persönlich zuzuordnen sind, im Zeitpunkt der jeweiligen Entscheidung über die Bußgeldbemessung. Zu den maßgeblichen Gesichtspunkten gehören alle Umstände, die die Fähigkeit des Täters, eine bestimmte Geldsumme aufzubringen, beeinflussen (BGH NJW 1952, 34 (35)). Dazu zählen Einkommen jeder Art, Erträge aus allen Einkunftsarten sowie Vermögenswerte, aber auch Belastungen in Form von Schulden oder Unterhaltsverpflichtungen. Zu den wirtschaftlichen Verhältnissen gehören auch unentgeltlich gewährte Vermögensvorteile oder auch Erwerbsmöglichkeiten, auch wenn sie der Betroffene nicht nutzt (Göhler/*Gürtler* Rn. 21; KK-OWiG/*Mitsch* Rn. 87; Rebmann/Roth/Herrmann/*Förster* Rn. 26). Nachdem eine Mitwirkungspflicht des Täters insoweit nicht besteht, hat das Gericht die wirtschaftlichen Verhältnisse selbst aufzuklären. Dazu bedarf es aber – auch wegen der im Bußgeldverfahren grundsätzlich herabgesetzten Anforderungen an die Urteilsgründe (BGHSt 39, 291 (300)) – nicht notwendigerweise einer vollständigen Aufklärung von Feststellungen zum konkreten Einkommen und Vermögen des Betroffenen (OLG Hamburg NZV 2004, 269; OLG Düsseldorf DAR 1998, 204; Göhler/*Gürtler* Rn. 21). Vielfach werden sich entsprechende Feststellungen bereits aus der beruflichen Stellung des Betroffenen ableiten lassen (OLG Koblenz VRS 76, 397; KK-OWiG/*Mitsch* Rn. 87; Göhler/*Gürtler* Rn. 21; *Krumm* wistra 2014, 425). Im Übrigen ist der Tatrichter nicht gehindert bei fehlenden Aufklärungsmöglichkeiten das Einkommen des Täters auch im Wege der Schätzung zu ermitteln, sofern die dafür maßgeblichen Grundlagen für das Rechtsbeschwerdegericht nachvollziehbar dargelegt werden.

IV. Abschöpfung des wirtschaftlichen Vorteils (Abs. 4)

Mit Abs. 4 hat der Gesetzgeber der Geldbuße die weitere Funktion der Abschöpfung wirtschaftlicher **10** Vorteile zugewiesen, um mögliche Täter von unrechtmäßigen Methoden der Gewinnerzielung – speziell bei allen Formen der wirtschaftlichen Betätigung – abzuhalten (KK-OWiG/*Mitsch* Rn. 10). Diese Regelung hat damit vor allem im Bereich der Wirtschaftsdelinquenz besondere Bedeutung. Sie gilt nur für natürliche Personen, die selbst am Gewinn aus der Tat beteiligt sind (*Krumm* wistra 2014, 426). Der Gesetzgeber hat Abs. 4 als „Soll-"Vorschrift ausgestaltet, ohne dass damit die anderen Zumessungskriterien des Abs. 3 zurückgedrängt werden. Da die Geldbuße den vom Täter gezogenen wirtschaftlichen Vorteil übersteigen soll, handelt es sich um eine Zumessungsregel (BT-Drs. 11/6623, 13; 12/989, 48), aufgrund derer einer zu verhängenden Geldbuße letztlich auch die Funktion der Gewinnabschöpfung zugewiesen wird. Die Geldbuße hat damit aus Gründen der Vereinfachung der Rechtsanwendung auch die Funktion des Verfalls und mit einem gewinnabschöpfenden und einem ahndenden Teil folglich hier auch einen Doppelcharakter (Göhler/*Gürtler* Rn. 37a). Da die Geldbuße den vom Täter gezogenen wirtschaftlichen Vorteil übersteigen soll, wird damit die Untergrenze der festzusetzenden Geldbuße in der Regel festgelegt (BayObLG NJW 1998, 2461 (2462); LG Düsseldorf wistra 2013, 80). Auf diese Weise soll sichergestellt werden, dass dem Täter aus der Ordnungswidrigkeit einerseits kein rechtswidriger Vorteil verbleibt und andererseits sich die Begehung der Tat nicht in irgendeiner Weise „lohnt". Durch Abs. 4 S. 2 wird hinsichtlich der Obergrenze der Geldbuße klargestellt, dass sogar das angedrohte Höchstmaß der Geldbuße überschritten werden kann, ohne dass aber ein Zwang zur Überschreitung besteht („soll"). Somit bestimmt zum einen der aus der Tat erlangte wirtschaftliche Vorteil die untere Grenze der Höhe einer Geldbuße. Zum anderen bildet der aus der Tat gezogene Vorteil zuzüglich des angedrohten Höchstmaßes der Geldbuße letztlich die absolute Obergrenze für eine festzusetzende Geldbuße (BGH wistra 1991, 268; OLG Karlsruhe NJW 1974, 1883; LG Düsseldorf wistra 2013, 80; KK-OWiG/*Mitsch* Rn. 140; Göhler/*Gürtler* Rn. 50), sodass den verfassungsrechtlichen Bestimmtheitsanforderungen genügt wird.

1. Berechnung des wirtschaftlichen Vorteils. Die Ermittlung des wirtschaftlichen Vorteils iSd **11** § 17 Abs. 4 erfordert damit grundsätzlich einen Vergleich der wirtschaftlichen Position des Betroffenen vor und nach Begehung der Tat. Im Rahmen dieser Saldierung sind von den durch die begangene Tat erlangten wirtschaftlichen Zuwächsen die Kosten und sonstigen Aufwendungen des Betroffenen abzuziehen. Nach ganz hM gilt damit iRd Abs. 4 das Nettoprinzip (OLG Hamburg NJW 1971, 1000 (1003); KK-OWiG/*Mitsch* Rn. 118; Rebmann/Roth/Herrmann/*Förster* Rn. 50; *Krumm* wistra 2014, 427; kritisch: Göhler/*Gürtler* Rn. 38; *Brenner* NStZ 2004, 256). Der aus der Ordnungswidrigkeit gezogene wirtschaftliche Vorteil ist somit der aus der Begehung der konkreten Tat resultierende, für den Täter selbst verbleibende Habensaldo (BayObLG NJW 1998, 2461 (2462); OLG Düsseldorf NStZ-RR 1996, 368; KK-OWiG/*Mitsch* Rn. 117 mwN). IRd Saldierung sind von den Einnahmen bzw. Gewinnen die vom Betroffenen tatsächlich getätigten finanziellen Aufwendungen in Abzug zu bringen.

Zur Feststellung dieser zu berücksichtigenden vermögensrechtlichen Gesamtsituation muss somit **12** zunächst der vom Täter aus der Ordnungswidrigkeit unmittelbar erzielte Gewinne oder sonstige messbare Vorteile ermittelt werden Dazu zählen etwa eine verbesserte Marktposition (BayObLG NJW 1998, 2461 (2462)) oder Gebrauchsvorteile, die auf sichere künftige Gewinne schließen lassen (OLG Hamburg NJW 1971, 1000 (1002); OLG Karlsruhe NJW 1975, 793) bzw. das Zurückdrängen von Wettbewerbern mit der Folge eines erhöhten Unternehmenswertes. Entsprechend dem Wortlaut und dem Willen des Gesetzgebers sind hier auch nur mittelbar aus der Tat gezogene Vorteile erfasst (Göhler/*Gürtler* Rn. 39b; KK-OWiG/*Mitsch* Rn. 113). Es muss sich aber immer um einen wirtschaftlichen Vorteil des Täters handeln. Hat der Betroffene etwa als Geschäftsführer oder sonstiger Vertreter eines anderen gehandelt, so ist der von der Gesellschaft oder juristischen Person erzielte Gewinn nicht notwendig vom Täter aus der Ordnungswidrigkeit erlangt (Rebmann/Roth/Herrmann/*Förster* Rn. 57). Ein solcher Vorteil müsste ggf. iRd § 30 oder § 29a abgeschöpft werden. Hypothetische Gewinne, die der Täter bei ordnungsgemäßem Verhalten erzielt hätte, haben idR außer Betracht zu bleiben (BayObLG wistra 1995, 360; OLG Düsseldorf wistra 1996, 354 mAnm *Korte* NStZ 1997, 472; Rebmann/Roth/Herrmann/*Förster* Rn. 49). Von den zugeflossenen Vorteilen sind die dem Täter entstandenen Aufwendungen in Abzug zu bringen, die im unmittelbaren Zusammenhang mit der Ordnungswidrigkeit entstanden sind. Zu diesen bei der Saldierungen zu berücksichtigenden Passivposten gehören etwa tatsächlich gezahlte Steuern (KK-OWiG/*Mitsch* Rn. 126 ff.; Rebmann/Roth/Herrmann/*Förster* Rn. 52), gegen den Täter durch die Tat entstandene Ersatzansprüche Dritter oder auch abgrenzbare Anteile an Gemeinkosten. Die Abzugsfähigkeit der jeweiligen Unkosten muss jeweils an Hand des konkreten Einzelfalls beurteilt werden. Auch ein nachträglicher Wegfall des zunächst angefallenen Vorteils ist stets zu berücksichtigen (BGH wistra 1991, 268; BayObLG wistra 1995, 360 (361); KK-OWiG/*Mitsch* Rn. 121; Göhler/*Gürtler* Rn. 42)

Der wirtschaftliche Vorteil ist – soweit möglich – vom Tatrichter konkret zu berechnen (OLG Hamm **13** GewArch 1993, 245 (246)). In Anlehnung an § 29a Abs. 3 S. 1 kann aber zur Ermittlung des wirtschaftlichen Vorteils iSd § 17 Abs. 4 im Einzelfall auf die Möglichkeit einer Schätzung zurückgegriffen werden (BayObLG wistra 2003, 470; OLG Hamm GewArch 1993, 245 (246); Rebmann/Roth/Herrmann/*Förster* Rn. 53), da ein zahlenmäßig genau berechneter Gewinn vom Gesetzeswortlaut ausdrücklich nicht vorausgesetzt wird. In § 34 Abs. 4 S. 1 GWB ist eine Schätzung sogar ausdrücklich gesetzlich vorgesehen. Bei einer solchen Schätzung müssen aber in der gerichtlichen Entscheidung die tragenden Grundlagen iE dargelegt werden, um dem Rechtsbeschwerdegericht die Möglichkeit der Nachprüfung zu geben (BayObLG wistra 2003, 470; OLG Hamm GewArch 1993, 245 (246); KK-OWiG/*Mitsch* Rn. 123 und Göhler/*Gürtler* Rn. 45 jeweils mwN). Hierzu bedarf es konkreter Feststellungen zu den im Tatzeitpunkt erbrachten Leistungen nach Art und Umfang, zu den dabei erzielten Einnahmen und den entstandenen Ausgaben einschließlich der an die Kunden ausbezahlten Gewinne sowie der berücksichtigungsfähigen Kosten für getätigte Investitionen. Außerdem muss die Gewinnermittlung erkennen lassen, ob und inwieweit Gemeinkosten und Folgelasten, wie zB die Einkommensteuer, in diese Berechnung mit einbezogen wurden (BayObLG NZA-RR 1996, 21 (22) und wistra 2003, 470).

14   Soweit die Abschöpfung des so festgestellten gesamten wirtschaftlichen Vorteils zu einer erheblichen Belastung des Betroffenen führen würde, sind zusätzlich iRd Abs. 3 S. 2 Hs. 1 die wirtschaftlichen Verhältnisse des Betroffenen bei der Bußgeldbemessung zu berücksichtigen (OLG Düsseldorf NStZ-RR 1996, 368; KK-OWiG/*Mitsch* Rn. 114). Da es sich bei Abs. 4 S. 1 um eine gebundene Zumessungsregel handelt, darf der wirtschaftliche Vorteil auch im Einzelfall ganz oder teilweise außer Acht bleiben, soweit dies aus sachlichen Gründen geboten ist, weil etwa die Bedeutung der Tat und das vorwerfbare Verhalten gering sind (vgl. OLG Hamm MDR 1979, 870; OLG Karlsruhe NJW 1974, 1883; Göhler/*Gürtler* Rn. 46). In jedem Fall müssen aber in der richterlichen Entscheidung die maßgeblichen Kriterien für die Bemessung des wirtschaftlichen Vorteils in nachprüfbarer Weise näher dargelegt werden (BayObLG wistra 2003, 470; OLG Hamm GewArch 1993, 245 (246); KK-OWiG/*Mitsch* Rn. 123; und Göhler/*Gürtler* Rn. 47).

15   **2. Maßgeblicher Bewertungszeitpunkt.** Für die Bewertung des wirtschaftlichen Vorteils maßgeblich ist der Zeitpunkt der Entscheidung. Nur zu diesem Zeitpunkt kann beurteilt werden, ob und in welcher Höhe ein solcher Vorteil entstanden ist und ob dieser auch noch oder nur noch teilweise vorhanden ist. Ein nicht mehr oder nicht mehr vollständig vorhandener Vorteil kann auch nicht zum Nachteil des Betroffenen verwertet werden (KK-OWiG/*Mitsch* Rn. 116). Soweit aber an die Stelle des erlangten Vorteils Surrogate getreten sind, können diese bei der Beurteilung der vermögensrechtlichen Gesamtsituation berücksichtigt werden.

16   **3. Verhältnis zum Verfall.** Neben Abs. 4 besteht über § 29a die Möglichkeit der Gewinnabschöpfung, indem der Verfall eines Geldbetrages angeordnet werden kann, wenn der Täter aus der Handlung etwas erlangt hat. Der Verfall ist bis zur Höhe des Betrages möglich, der dem Wert des Erlangten entspricht. Nachdem der dem Täter aus der Ordnungswidrigkeit zugeflossene Vermögensvorteil durch Abs. 4 aber bereits iRd Zumessung der Geldbuße abgeschöpft wird, kommt daneben ein zusätzlicher Verfall nicht mehr in Betracht. Geldbuße und Verfall sind somit komplementäre Instrumente, die sich gegenseitig ausschließen, wenn die Gewinnabschöpfung bereits durch die Verhängung der Geldbuße bewirkt werden könnte. Nur für den Fall, dass es nicht zur Verhängung einer Geldbuße im Hinblick auf die zu ahndende Ordnungswidrigkeit kommt oder der Täter nicht selbst, wohl aber ein Dritter Gewinne aus einer vorwerfbaren Handlung erzielt hat, kommt ein Rückgriff auf die subsidiäre Vorschrift des § 29a in Betracht (KK-OWiG/*Mitsch* Rn. 137 und § 29a Rn. 2 mwN; vgl. auch AG Alzey SVR 2015, 148).

17   **4. Wichtige Einzelfälle.** Für die Ermittlung des wirtschaftlichen Vorteils iSd § 17 Abs. 4 bei Zweckentfremdung von Wohnraum ist letztlich nicht der erzielte Gewinn maßgeblich. Vielmehr muss differenziert werden, ob die Zweckentfremdung letztlich genehmigungsfähig ist oder nicht. Im ersten Fall liegt der wirtschaftliche Vorteil in der Ersparnis einer sonst angefallenen Ausgleichsabgabe. Bei fehlender Genehmigungsfähigkeit muss demgegenüber ein Vergleich zwischen den marktüblichen Mietzins für Büroräume und den marktüblichen Wohnungsmieten während der Dauer der Zweckentfremdung vorgenommen werden (OLG Düsseldorf NJW 1999, 2686 (2687); KK-OWiG/*Mitsch* Rn. 132). Bei einer ordnungswidrigen Ausübung eines Gewerbes kann sich ein wirtschaftlicher Vorteil nur aus dem während der Tätigkeit erzielten Gewinn als zugeflossenem Vermögen ergeben. Von diesem muss aber iRd Vorteilsberechnung in Abzug gebracht werden, was der Täter im maßgeblichen Tatzeitraum an Einkünften aus nichtselbstständiger Tätigkeit aufgrund des Einsatzes seiner Arbeitskraft erzielt hätte (OLG Stuttgart GewArch 1986, 95; KK-OWiG/*Mitsch* Rn. 124). Für Ordnungswidrigkeiten nach § 8 SchwarzArbG sind bei der Berechnung des wirtschaftlichen Vorteils vom erzielten Gewinn die Aufwendungen abzuziehen, die dem Betroffenen iRd durch das Bußgeld sanktionierten und nicht entsprechend angezeigten Erbringung von Dienst- oder Werkleistungen entstanden sind (näher KK-OWiG/*Mitsch* Rn. 125).

18   Im Rahmen von Steuerordnungswidrigkeiten nach §§ 377ff. AO kann sich ein abzuschöpfender wirtschaftlicher Vorteil in erster Linie durch Zinsvorteile, etwa bei Kapitalanlagen oder durch die Ersparnis von Sollzinsen ergeben. Dabei sind aber in jedem Fall etwaige Verzinsungen von Steuernachforderungen gem. § 233a AO gegenzurechnen (JJR/*Joecks* AO § 377 Rn. 35; KK-OWiG/*Mitsch* Rn. 135). Aber auch hier muss der nachträgliche Wegfall des durch die Tat entstandenen Vorteils

berücksichtigt werden. Dabei ist aber iE umstritten, ob bereits die rechtliche Existenz derartiger Ansprüche genügt (so JJR/*Joecks* AO § 377 Rn. 34 f. unter Verweis auf BGH wistra 1984, 177) oder ob diese erst dann berücksichtigt werden dürfen, wenn eine Nachversteuerung erfolgt und durch Nachzahlung der Steuer abgeschlossen ist oder eine entsprechende Verpflichtung dazu rechtskräftig festgestellt wurde (so KK-OWiG/*Mitsch* Rn. 135). Für die Bemessung einer Geldbuße wegen Beteiligung einer Großbank an der Steuerhinterziehung ihrer Kunden sind neben dem insgesamt verwalteten Vermögen sowie den Erträgen, die Gewinnmarge und der so ermittelte Gewinn vor Steuern maßgeblich (LG Düsseldorf wistra 2013, 80).

Für Ordnungswidrigkeiten nach Kartellrecht gem. § 81 GWB gelten teilweise Sonderregelungen. So **19** ist über § 81 Abs. 4 S. 2 GWB die Höhe der zu verhängenden Geldbuße bereits auf bis zu 10 % des im der Behördenentscheidung vorausgegangenen Geschäftsjahr erzielten Gesamtumsatzes des Unternehmens oder der Unternehmensvereinigung angehoben. Über § 81 Abs. 5 S. 1 GWB ist hier zwar grundsätzlich auch § 17 Abs. 4 anwendbar, wenn mit der Geldbuße der wirtschaftliche Vorteil abgeschöpft werden soll. Es besteht aber ein Wahlrecht insoweit, als die Geldbuße auch nur als reines Ahndungsinstrument eingesetzt werden kann (§ 81 Abs. 5 S. 2 GWB). In diesem Fall scheidet aber zwar auch eine Verfall gem. § 29a Abs. 1 oder § 30 Abs. 5 aus, jedoch können über verwaltungsrechtliche Maßnahmen der Kartellbehörden nach § 34 GWB gleichwohl noch wirtschaftliche Vorteile abgeschöpft werden, wobei nach § 34 Abs. 4 S. 1 GWB gesetzlich ausdrücklich eine Schätzung des wirtschaftlichen Vorteils vorgesehen ist. Diese Form der Ahndung führt aber zu getrennten Rechtswegen, da gegen Maßnahmen nach § 34 GWB gem. § 63 GWB die Beschwerde zulässig ist, über die das OLG am Sitz der Kartellbehörde zu entscheiden hat. Demgegenüber ist gegen einen Bußgeldbescheid nur der Einspruch (§ 67) zulässig, der zum Übergang ins gerichtliche Verfahren führt, für das gem. § 83 GWB ebenfalls das OLG am Sitz der Kartellbehörde zuständig ist. Sofern das Gericht bei einer reinen Ahndungsgeldbuße gleichwohl eine Vorteilsabschöpfung über § 17 Abs. 4 vornehmen, muss eine Anrechnung über § 34 Abs. 2 S. 2 GWB erfolgen (Göhler/*Gürtler* Rn. 48a).

§ 18 Zahlungserleichterungen

¹Ist dem Betroffenen nach seinen wirtschaftlichen Verhältnissen nicht zuzumuten, die Geldbuße sofort zu zahlen, so wird ihm eine Zahlungsfrist bewilligt oder gestattet, die Geldbuße in bestimmten Teilbeträgen zu zahlen. ²Dabei kann angeordnet werden, daß die Vergünstigung, die Geldbuße in bestimmten Teilbeträgen zu zahlen, entfällt, wenn der Betroffene einen Teilbetrag nicht rechtzeitig zahlt.

§ 19 Tateinheit

(1) Verletzt dieselbe Handlung mehrere Gesetze, nach denen sie als Ordnungswidrigkeit geahndet werden kann, oder ein solches Gesetz mehrmals, so wird nur eine einzige Geldbuße festgesetzt.

(2) ¹Sind mehrere Gesetze verletzt, so wird die Geldbuße nach dem Gesetz bestimmt, das die höchste Geldbuße androht. ²Auf die in dem anderen Gesetz angedrohten Nebenfolgen kann erkannt werden.

§ 20 Tatmehrheit

Sind mehrere Geldbußen verwirkt, so wird jede gesondert festgesetzt.

§ 21 Zusammentreffen von Straftat und Ordnungswidrigkeit

(1) ¹Ist eine Handlung gleichzeitig Straftat und Ordnungswidrigkeit, so wird nur das Strafgesetz angewendet. ²Auf die in dem anderen Gesetz angedrohten Nebenfolgen kann erkannt werden.

(2) Im Falle des Absatzes 1 kann die Handlung jedoch als Ordnungswidrigkeit geahndet werden, wenn eine Strafe nicht verhängt wird.

§ 22 Voraussetzungen der Einziehung

(1) Als Nebenfolge einer Ordnungswidrigkeit dürfen Gegenstände nur eingezogen werden, soweit das Gesetz es ausdrücklich zuläßt.

(2) Die Einziehung ist nur zulässig, wenn

1. die Gegenstände zur Zeit der Entscheidung dem Täter gehören oder zustehen oder
2. die Gegenstände nach ihrer Art und den Umständen die Allgemeinheit gefährden oder die Gefahr besteht, daß sie der Begehung von Handlungen dienen werden, die mit Strafe oder mit Geldbuße bedroht sind.

(3) Unter den Voraussetzungen des Absatzes 2 Nr. 2 ist die Einziehung der Gegenstände auch zulässig, wenn der Täter nicht vorwerfbar gehandelt hat.

§ 23 Erweiterte Voraussetzungen der Einziehung

Verweist das Gesetz auf diese Vorschrift, so dürfen die Gegenstände abweichend von § 22 Abs. 2 Nr. 1 auch dann eingezogen werden, wenn derjenige, dem sie zur Zeit der Entscheidung gehören oder zustehen,

1. wenigstens leichtfertig dazu beigetragen hat, daß die Sache oder das Recht Mittel oder Gegenstand der Handlung oder ihrer Vorbereitung gewesen ist, oder
2. die Gegenstände in Kenntnis der Umstände, welche die Einziehung zugelassen hätten, in verwerflicher Weise erworben hat.

§ 24 Grundsatz der Verhältnismäßigkeit

(1) Die Einziehung darf in den Fällen des § 22 Abs. 2 Nr. 1 und des § 23 nicht angeordnet werden, wenn sie zur Bedeutung der begangenen Handlung und zum Vorwurf, der den von der Einziehung betroffenen Täter oder in den Fällen des § 23 den Dritten trifft, außer Verhältnis steht.

(2) ¹In den Fällen der §§ 22 und 23 wird angeordnet, daß die Einziehung vorbehalten bleibt, und eine weniger einschneidende Maßnahme getroffen, wenn der Zweck der Einziehung auch durch sie erreicht werden kann. ²In Betracht kommt namentlich die Anweisung,
1. die Gegenstände unbrauchbar zu machen,
2. an den Gegenständen bestimmte Einrichtungen oder Kennzeichen zu beseitigen oder die Gegenstände sonst zu ändern oder
3. über die Gegenstände in bestimmter Weise zu verfügen.
³Wird die Anweisung befolgt, so wird der Vorbehalt der Einziehung aufgehoben; andernfalls wird die Einziehung nachträglich angeordnet.

(3) Die Einziehung kann auf einen Teil der Gegenstände beschränkt werden.

§ 25 Einziehung des Wertersatzes

(1) Hat der Täter den Gegenstand, der ihm zur Zeit der Handlung gehörte oder zustand und dessen Einziehung hätte angeordnet werden können, vor der Anordnung der Einziehung verwertet, namentlich veräußert oder verbraucht, oder hat er die Einziehung des Gegenstandes sonst vereitelt, so kann die Einziehung eines Geldbetrages gegen den Täter bis zu der Höhe angeordnet werden, die dem Wert des Gegenstandes entspricht.

(2) Eine solche Anordnung kann auch neben der Einziehung eines Gegenstandes oder an deren Stelle getroffen werden, wenn ihn der Täter vor der Anordnung der Einziehung mit dem Recht eines Dritten belastet hat, dessen Erlöschen ohne Entschädigung nicht angeordnet werden kann oder im Falle der Einziehung nicht angeordnet werden könnte (§ 26 Abs. 2, § 28); wird die Anordnung neben der Einziehung getroffen, so bemißt sich die Höhe des Wertersatzes nach dem Wert der Belastung des Gegenstandes.

(3) Der Wert des Gegenstandes und der Belastung kann geschätzt werden.

(4) Ist die Anordnung der Einziehung eines Gegenstandes nicht ausführbar oder unzureichend, weil nach der Anordnung eine der in den Absätzen 1 oder 2 bezeichneten Voraussetzungen eingetreten oder bekanntgeworden ist, so kann die Einziehung des Wertersatzes nachträglich angeordnet werden.

(5) Für die Bewilligung von Zahlungserleichterungen gilt § 18.

§ 26 Wirkung der Einziehung

(1) Wird ein Gegenstand eingezogen, so geht das Eigentum an der Sache oder das eingezogene Recht mit der Rechtskraft der Entscheidung auf den Staat oder, soweit das Gesetz dies bestimmt, auf die Körperschaft oder Anstalt des öffentlichen Rechts über, deren Organ oder Stelle die Einziehung angeordnet hat.

(2) ¹Rechte Dritter an dem Gegenstand bleiben bestehen. ²Das Erlöschen dieser Rechte wird jedoch angeordnet, wenn die Einziehung darauf gestützt wird, daß die Voraussetzungen des § 22 Abs. 2 Nr. 2 vorliegen. ³Das Erlöschen des Rechts eines Dritten kann auch dann angeordnet werden, wenn diesemeineEntschädigungnach§28 Abs. 2 Nr. 1 oder 2 nicht zu gewähren ist.

(3) ¹Vor der Rechtskraft wirkt die Anordnung der Einziehung als Veräußerungsverbot im Sinne des § 136 des Bürgerlichen Gesetzbuches; das Verbot umfaßt auch andere Verfügungen als Veräußerungen. ²Die gleiche Wirkung hat die Anordnung des Vorbehalts der Einziehung, auch wenn sie noch nicht rechtskräftig ist.

§ 27 Selbständige Anordnung

(1) Kann wegen der Ordnungswidrigkeit aus tatsächlichen Gründen keine bestimmte Person verfolgt oder eine Geldbuße gegen eine bestimmte Person nicht festgesetzt werden, so kann die Einziehung des Gegenstandes oder des Wertersatzes selbständig angeordnet werden, wenn die Voraussetzungen, unter denen die Maßnahme zugelassen ist, im übrigen vorliegen.

(2) ¹Unter den Voraussetzungen des § 22 Abs. 2 Nr. 2 oder Abs. 3 ist Absatz 1 auch dann anzuwenden, wenn

1. die Verfolgung der Ordnungswidrigkeit verjährt ist oder
2. sonst aus rechtlichen Gründen keine bestimmte Person verfolgt werden kann und das Gesetz nichts anderes bestimmt.

²Die Einziehung darf jedoch nicht angeordnet werden, wenn Antrag oder Ermächtigung fehlen.

(3) Absatz 1 ist auch anzuwenden, wenn nach § 47 die Verfolgungsbehörde von der Verfolgung der Ordnungswidrigkeit absieht oder das Gericht das Verfahren einstellt.

§ 28 Entschädigung

(1) ¹Stand das Eigentum an der Sache oder das eingezogene Recht zur Zeit der Rechtskraft der Entscheidung über die Einziehung einem Dritten zu oder war der Gegenstand mit dem Recht eines Dritten belastet, das durch die Entscheidung erloschen oder beeinträchtigt ist, so wird der Dritte unter Berücksichtigung des Verkehrswertes angemessen in Geld entschädigt. ²Die Entschädigungspflicht trifft den Staat oder die Körperschaft oder Anstalt des öffentlichen Rechts, auf die das Eigentum an der Sache oder das eingezogene Recht übergegangen ist.

(2) Eine Entschädigung wird nicht gewährt, wenn

1. der Dritte wenigstens leichtfertig dazu beigetragen hat, daß die Sache oder das Recht Mittel oder Gegenstand der Handlung oder ihrer Vorbereitung gewesen ist,
2. der Dritte den Gegenstand oder das Recht an dem Gegenstand in Kenntnis der Umstände, welche die Einziehung zulassen, in verwerflicher Weise erworben hat oder
3. es nach den Umständen, welche die Einziehung begründet haben, auf Grund von Rechtsvorschriften außerhalb des Ordnungswidrigkeitenrechts zulässig wäre, den Gegenstand dem Dritten ohne Entschädigung dauernd zu entziehen.

(3) In den Fällen des Absatzes 2 kann eine Entschädigung gewährt werden, soweit es eine unbillige Härte wäre, sie zu versagen.

§ 29 Sondervorschrift für Organe und Vertreter

(1) Hat jemand

1. als vertretungsberechtigtes Organ einer juristischen Person oder als Mitglied eines solchen Organs,
2. als Vorstand eines nicht rechtsfähigen Vereins oder als Mitglied eines solchen Vorstandes,
3. als vertretungsberechtigter Gesellschafter einer rechtsfähigen Personengesellschaft,
4. als Generalbevollmächtigter oder in leitender Stellung als Prokurist oder Handlungsbevollmächtigter einer juristischen Person oder einer in Nummer 2 oder 3 genannten Personenvereinigung oder
5. als sonstige Person, die für die Leitung des Betriebs oder Unternehmens einer juristischen Person oder einer in Nummer 2 oder 3 genannten Personenvereinigung verantwortlich handelt, wozu auch die Überwachung der Geschäftsführung oder die sonstige Ausübung von Kontrollbefugnissen in leitender Stellung gehört,

eine Handlung vorgenommen, die ihm gegenüber unter den übrigen Voraussetzungen der §§ 22 bis 25 und 28 die Einziehung eines Gegenstandes oder des Wertersatzes zulassen oder den Ausschluß der Entschädigung begründen würde, so wird seine Handlung bei Anwendung dieser Vorschriften dem Vertretenen zugerechnet.

(2) § 9 Abs. 3 gilt entsprechend.

§ 29a Verfall

(1) Hat der Täter für eine mit Geldbuße bedrohte Handlung oder aus ihr etwas erlangt und wird gegen ihn wegen der Handlung eine Geldbuße nicht festgesetzt, so kann gegen ihn der Verfall eines Geldbetrages bis zu der Höhe angeordnet werden, die dem Wert des Erlangten entspricht.

(2) Hat der Täter einer mit Geldbuße bedrohten Handlung für einen anderen gehandelt und hat dieser dadurch etwas erlangt, so kann gegen ihn der Verfall eines Geldbetrages bis zu der in Absatz 1 bezeichneten Höhe angeordnet werden.

(3) ¹Der Umfang des Erlangten und dessen Wert können geschätzt werden. ²§ 18 gilt entsprechend.

(4) Wird gegen den Täter ein Bußgeldverfahren nicht eingeleitet oder wird es eingestellt, so kann der Verfall selbständig angeordnet werden.

§ 30 Geldbuße gegen juristische Personen und Personenvereinigungen

(1) Hat jemand

1. als vertretungsberechtigtes Organ einer juristischen Person oder als Mitglied eines solchen Organs,
2. als Vorstand eines nicht rechtsfähigen Vereins oder als Mitglied eines solchen Vorstandes,
3. als vertretungsberechtigter Gesellschafter einer rechtsfähigen Personengesellschaft,
4. als Generalbevollmächtigter oder in leitender Stellung als Prokurist oder Handlungsbevollmächtigter einer juristischen Person oder einer in Nummer 2 oder 3 genannten Personenvereinigung oder
5. als sonstige Person, die für die Leitung des Betriebs oder Unternehmens einer juristischen Person oder einer in Nummer 2 oder 3 genannten Personenvereinigung verantwortlich handelt, wozu auch die Überwachung der Geschäftsführung oder die sonstige Ausübung von Kontrollbefugnissen in leitender Stellung gehört,

eine Straftat oder Ordnungswidrigkeit begangen, durch die Pflichten, welche die juristische Person oder die Personenvereinigung treffen, verletzt worden sind oder die juristische Person oder die Personenvereinigung bereichert worden ist oder werden sollte, so kann gegen diese eine Geldbuße festgesetzt werden.

(2) ¹Die Geldbuße beträgt

1. im Falle einer vorsätzlichen Straftat bis zu zehn Millionen Euro,
2. im Falle einer fahrlässigen Straftat bis zu fünf Millionen Euro.

²Im Falle einer Ordnungswidrigkeit bestimmt sich das Höchstmaß der Geldbuße nach dem für die Ordnungswidrigkeit angedrohten Höchstmaß der Geldbuße. ³Verweist das Gesetzt auf diese Vorschrift, so verzehnfacht sich die Geldbuße nach Satz 2 für die Gesetz bezeichneten Tatbestände. ⁴Satz 2 gilt auch im Falle einer Tat, die gleichzeitig Straftat und Ordnungswidrigkeit ist, wenn das für die Ordnungswidrigkeit angedrohte Höchstmaß der Geldbuße das Höchstmaß nach Satz 1 übersteigt.

(2a) ¹Im Falle einer Gesamtrechtsnachfolge oder einer partiellen Gesamtrechtsnachfolge durch Aufspaltung (§ 123 Absatz 1 des Umwandlungsgesetzes) kann die Geldbuße nach Absatz 1 und 2 gegen den oder die Rechtsnachfolger festgesetzt werden. ¹Die Geldbuße darf in diesen Fällen den Wert des übernommenen Vermögens sowie die Höhe der gegenüber dem Rechtsvorgänger angemessenen Geldbuße nicht übersteigen. ³Im Bußgeldverfahren tritt der Rechtsnachfolger oder treten die Rechtsnachfolger in die Verfahrensstellung ein, in der sich der Rechtsvorgänger zum Zeitpunkt des Wirksamwerdens der Rechtsnachfolge befunden hat.

(3) § 17 Abs. 4 und § 18 gelten entsprechend.

(4) ¹Wird wegen der Straftat oder Ordnungswidrigkeit ein Straf- oder Bußgeldverfahren nicht eingeleitet oder wird es eingestellt oder wird von Strafe abgesehen, so kann die Geldbuße selbständig festgesetzt werden. ¹²Durch Gesetz kann bestimmt werden, daß die Geldbuße auch in weiteren Fällen selbständig festgesetzt werden kann. ³Die selbständige Festsetzung einer Geldbuße gegen die juristische Person oder Personenvereinigung ist jedoch ausgeschlossen, wenn die Straftat oder Ordnungswidrigkeit aus rechtlichen Gründen nicht verfolgt werden kann; § 33 Abs. 1 Satz 2 bleibt unberührt.

(5) Die Festsetzung einer Geldbuße gegen die juristische Person oder Personenvereinigung schließt es aus, gegen sie wegen derselben Tat den Verfall nach den §§ 73 oder 73a des Strafgesetzbuches oder nach § 29a anzuordnen.

(6) Bei Erlass eines Bußgeldbescheids ist zur Sicherung der Geldbuße § 111d Absatz 1 Satz 2 der Strafprozessordnung mit der Maßgabe anzuwenden, dass an die Stelle des Urteils der Bußgeldbescheid tritt.

Neuere Literatur (Auswahl): *Achenbach,* Ausweitung des Zugriffs bei den ahndenden Sanktionen gegen die Unternehmensdelinquenz, wistra 2002, 441; *Demuth/Schneider,* Die besondere Bedeutung des Gesetzes über Ordnungswidrigkeiten für Betrieb und Unternehmen, BB 1970, 642; *Eidam,* Die Verbandsgeldbuße des § 30 Abs. 4 OWiG – eine Bestandsaufnahme, wistra 2003, 448; *Hirsch,* Die Straffälligkeit von Personenverbänden, 1993; *Kindler,* Das Unternehmen als haftender Täter, 2007; *Müller,* Die Stellung der juristischen Person im Ordnungswidrigkeitenrecht, 1985; *Pohl-Sichtermann,* Geldbuße gegen Verbände – § 26 OWiG, 1974; *Ransiek,* Unternehmensstrafrecht, 1996; *Schünemann,* Unternehmenskriminalität und Strafrecht, 1979; *Tiedemann,* Die „Bebußung" von Unternehmen nach dem 2. Gesetz zur Bekämpfung der Wirtschaftskriminalität, NJW 1988, 1169; *Wegner,* Die Auswirkungen fehlerhafter Organisationsstrukturen auf die Zumessung der Unternehmensgeldbuße, wistra 2000, 361.

Übersicht

A. Einleitung

I. Normzweck

1   § 30 ermöglicht die Verhängung von Sanktionen gegen einen Verband (juristische Person, nicht rechtsfähiger Verein, rechtsfähige Personengesellschaft), wenn eine Leitungsperson als Organ eine Pflicht des Verbandes verletzt oder in der Absicht gehandelt hat, diesen zu bereichern. Damit wird die Möglichkeit geschaffen, nicht nur gegen die tatsächlich handelnde natürliche Person nach den allgemeinen Bestimmungen vorzugehen, sondern auch den Verband zu belangen, der durch seine Mitarbeiter handelt und sich das Handeln seiner Mitarbeiter zunutze macht. Das Vermögen des Verbands soll für das Verschulden seiner Leitungsperson haften, als handelte es sich um dessen Vermögen (BGH wistra 1986, 221 (222)). Ob damit das strafrechtliche Axiom *societas delinquere non potest* durchbrochen wird (so *Möhrenschläger* wistra 1983, 49 (52); → Rn. 3), bedarf in der Praxis keiner Erörterung. Maßgebend ist, dass mit Hilfe von § 30 eine **Geldbuße gegen den Unternehmensträger** wegen des Verhaltens seiner Leitungspersonen verhängt werden kann. So liegt der Hauptzweck der Vorschrift darin, „einen Ausgleich dafür zu ermöglichen, dass der juristischen Person, die nur durch ihre Organe zu handeln imstande ist, zwar die Vorteile dieser in ihrem Interesse vorgenommenen Betätigung zufließen, dass sie aber beim Fehlen einer Sanktionsmöglichkeit nicht den Nachteilen ausgesetzt wäre, die als Folge der Nichtbeachtung der Rechtsordnung im Rahmen der für sie vorgenommenen Betätigung eintreten können"; die juristische Person wäre dann ggü. der natürlichen Person besser gestellt (BT-Drs. 5/1269, 59; BGH NJW-RR 1987, 637 (638)).

2   Zudem bezweckt die Norm, die Verantwortlichen eines Verbandes anzuhalten, bei der Auswahl der Organe die im Geschäftsleben notwendige Sorgfalt walten zu lassen, insbes. auch auf deren **Rechtschaffenheit** zu achten (BGH NJW-RR 1987, 637 (638); *Hetzer* EuZW 2007, 75 (77)).

II. Dogmatische Konzeption

3   Die dogmatische Einordnung von § 30 ist umstritten. Die Diskussion über die Rechtsnatur der Norm wird vornehmlich vom Schrifttum unter dem Gesichtspunkt *de lege ferenda* und mit Blick auf andere Rechtsordnungen, nicht zuletzt die anglo-amerikanische, geführt (vgl. KK-OWiG/*Rogall* Rn. 258 f.). Schwierigkeiten bei der Einordnung der Vorschrift ergeben sich daraus, dass diese widersprüchliche Elemente aufweist. So wird sie von einigen unter Herausstellung täterschaftlich-beteiligender Elemente interpretiert und dadurch eine eigene Verbandstäterschaft als vom Gesetzgeber normiert angesehen; die Verbandsgeldbuße sei grundsätzlich Ausdruck einer Verantwortlichkeit für eigene Delinquenz (*Hetzer* EuZW 2007, 75 (77) mwN). Demgegenüber geht das OLG Hamburg nach überkommener Auffassung weiterhin davon aus, dass eine Ordnungswidrigkeit nur durch eine natürliche Person begangen werden könne, so dass es sich bei Abs. 4 um eine bloße Zurechnungsnorm handele (OLG Hamburg NStZ-RR 1998, 370 (371)). *Dannecker/Biermann* sehen demgegenüber in der Vorschrift das **Haftungsprinzip des Organisationsfehlers** verwirklicht; dieses Prinzip begründe das Einstehenmüssen des Verbandes, der seiner Organisationslast nicht nachkomme; die Individualtat der Organe oder gesetzlichen und rechtsgeschäftlichen Vertreter mit Leitungsbefugnissen sei Ausdruck mangelhafter Organisation, wobei eine Entlastung des Verbandes nicht schon durch den Nachweis hinreichender organisatorischer Maßnahmen, sondern nur im Hinblick auf Exzesstaten der natürlichen Personen möglich sei (Immenga/Mestmäcker/*Dannecker/Biermann* GWB Vor § 81 Rn. 101; krit. KK-OWiG/*Rogall* Rn. 6).

4   Mit der Durchdringung des Normgehalts geht die Frage nach der Charakterisierung der **Geldbuße als Rechtsfolge** einher. Die Vorschrift hat seit seiner Einführung im Jahr 1968 nicht nur inhaltliche Änderungen erfahren, sondern auch die Schwierigkeit ihrer Einordnung in bekannte dogmatische Strukturen geht mit der mehrfach geänderten Zuordnung der Norm im OWiG einher. Der Gesetzgeber sah in § 30 zunächst eine Geldsanktion gegen Personenverbände in Form einer Geldbuße. Um Bedenken gegen die Festsetzung von Geldbußen gegen Personenverbände zu beseitigen, hat der Gesetzgeber die Sanktion nur als Nebenfolge der Tat des Organs verstanden (BT-Drs. 5/1269, 58 (61); BGH NJW 2001, 1436 (1437)). Mit Gesetz v. 15.5.1986 (2. WiKG, BGBl. I 721) hat der Gesetzgeber die Bezeichnung als Nebenfolge gestrichen, um die Ausgestaltung der Sanktion als Nebenfolge einer Straftat zu lockern (BT-Drs. 10/318, 41). Die Bezeichnung als Nebenfolge blieb hingegen in § 88 bestehen. Ob sich nach der Vorstellung des Gesetzgebers aus der Gesetzesänderung auch materielle Änderungen ergeben sollten, ist ungeklärt (vgl. BGH NJW 2001, 1436 (1438)). Mit Gesetz v. 27.6.1994 (31. StrÄndG – 2. UKG, BGBl. I 1440) hat der Gesetzgeber die Bezeichnung als Nebenfolge weitgehend aufgegeben, um die Möglichkeiten für ein selbstständiges Verfahren gegen Personenverbände zu erweitern, die materiellen Voraussetzungen für die Verhängung der Geldbuße und die Konstruktion der Sanktion jedoch unverändert gelassen. § 30 umschreibt nach wie vor **keinen eigenen Ordnungswidrigkeitentatbestand,** sondern knüpft an eine Straftat oder Ordnungswidrigkeit des Organs eines Personenverbandes für diesen die Folge einer Geldbuße (BGH NJW 2001, 1436 (1438)). Da der BGH in der Berliner-Transportbeton-Entscheidung angenommen hat, dass für die Bemessung der Geldbuße nach Abs. 1 auch verjährte Ordnungswidrigkeiten einer Leitungsperson herangezogen werden dürfen, wenn sie aufgrund einer Bewertungseinheit mit anderen unverjährten Ordnungswidrigkeiten anderer Leitungspersonen zu einer prozessualen Tat zusammengefasst sind (BGH NJW 2006, 163), meint *Korte,* dass sich diese Entscheidung nur vertreten lasse, wenn § 30 als selbstständige Unternehmenssanktion angesehen werde (*Korte* NStZ 2007, 21 (23)). Von der Lit. wird vornehmlich vertreten, dass in der Geldbuße des § 30 eine eigenständige Sanktion (*König* JR 2001, 426 (427)) bzw. eine Hauptfolge eigener Art (FK-KartellR/ *Achenbach* GWB Vor § 81 Rn. 102) zu sehen sei. Die Geldbuße soll das rechtlich selbstständige, in erster Linie zu bestimmten Zwecken eingesetzte und verselbstständigte Vermögen treffen und ggf. die durch die Tat erlangten Vorteile ausgleichen (OLG Düsseldorf BeckRS 2013, 04076).

III. Normtrias mit §§ 9 und 130

§ 30 steht in einem engen Zusammenhang mit § 130, der Verletzungen der Aufsichtspflicht in   **5** Unternehmen sanktioniert, und der Zurechnungsnorm des § 9. Die Verletzung der Aufsichtspflicht bildet als den Hauptanwendungsfall für die von § 30 verlangte Anknüpfungstat; über § 30 als **Brücke** kann ein Verband mit Geldbuße für Aufsichtspflichtverletzungen des Betriebsinhabers belegt werden. § 9 erstreckt die Reichweite der Norm vom aufsichtspflichtigen Betriebsinhaber auf die dort beschriebenen Organe. Über die Sanktionierung der Aufsichtspflichtverletzung kann ein Personenverband auch dann belangt werden, wenn eine Zuwiderhandlung, die auf der Aufsichtspflichtverletzung beruht, von Mitarbeitern begangen wird, die nicht mit Leitungsbefugnissen ausgestattet sind. Allerdings ist zu beachten, dass die Anforderungen an die Tätereigenschaft in § 30 und § 130 nicht deckungsgleich sind. Während § 130 auf den Betriebsinhaber abstellt, dem lediglich die in § 9 genannten Personen gleichgestellt werden, kann in § 30 tauglicher Täter der Anknüpfungstat jede Person in leitender Stellung sein.

IV. Verknüpfung mit § 444 StPO

In prozessualer Hinsicht ist § 30 mit § 444 StPO verknüpft. § 444 StPO regelt das Verfahren zur   **6** Festsetzung der Verbandsgeldbuße und verweist im Wesentlichen auf die Vorschriften über die Einziehung. Besteht die Zuwiderhandlung einer Leitungsperson in einer Straftat, findet § 444 StPO auf den Verband direkte Anwendung; hat das Leitungsorgan eine Ordnungswidrigkeit begangen, vermittelt § 88 die Anwendbarkeit der Norm. Dem Verband kommt, auch wenn die Leitungsperson nicht verfolgt wird, nicht die Stellung eines Betroffenen oder Beschuldigten, sondern stets die eines **Nebenbeteiligten** zu. Dessen ungeachtet werden nicht selten die Rollen von Leitungsperson und Verband vertauscht und die juristische Person als Betroffene angesehen. Daher gilt es stets zu unterscheiden, gegen wen sich die Maßnahme richtet (vgl. BayObLG BeckRS 2014, 59137).

B. Juristische Personen und Personenverbände

Die Verbandsgeldbuße kann gegen juristische Personen (Abs. 1 Nr. 1), nicht rechtsfähige Vereine   **7** (Abs. 1 Nr. 2) oder Personenverbände (Abs. 1 Nr. 3) verhängt werden. Sie sind wie Täter zu behandeln und können Träger eines Tatverdachts sein (BGH NZKart 2014, 236). Kein tauglicher Normadressat ist hingegen ein einzelkaufmännisch organisiertes Unternehmen (*Eidam* wistra 2003, 447 (449)).

Die Verbandsgeldbuße kann sich nicht nur gegen inländische, sondern auch gegen **ausländische**   **8** **Unternehmensträger** richten (OLG Celle wistra 2002, 230), sofern die Anknüpfungstat der deutschen Sanktionsgewalt gemäß §§ 3 f. StGB, § 5 unterfällt und die Verfassung des ausländischen Unternehmensträgers rechtlich mit derjenigen eines deutschen vergleichbar ist (KK-OWiG/*Rogall* Rn. 33; zu einem polnischen Unternehmensträger vgl. OLG Celle wistra 2002, 230). Regelmäßig dürfte sich ein Vorgehen gegen einen ausländischen Unternehmensträger nur anbieten, wenn er zumindest eine Niederlassung oder Vermögen im Inland hat (KK-OWiG/*Rogall* Rn. 33) oder im Inland eine gewisse Geschäftstätigkeit entfaltet, so wie es für das KWG in § 59 KWG normiert ist (BeckOK OWiG/*Meyberg* Rn. 29).

I. Juristische Personen

Juristische Personen iSv Abs. 1 Nr. 1 sind alle **privatrechtlichen** Organisationen, denen die Rechts-   **9** ordnung eine eigene Rechtspersönlichkeit zuerkennt (Göhler/*Gürtler* Rn. 2), somit alle körperschaftlich verfassten, von ihrem Mitgliederbestand grundsätzlich unabhängigen Organisationen mit einer eigenen, ihnen von der Rechtsordnung zuerkannten Rechtspersönlichkeit (KK-OWiG/*Rogall* Rn. 34). Dies sind insbes. die Aktiengesellschaft (AG), die Kommanditgesellschaft auf Aktien (KGaA), die als Aktiengesellschaft geltende Societas Europea (SE), die Gesellschaft mit beschränkter Haftung (GmbH), die Genossenschaft, der eingetragener Verein, die Stiftung und der Versicherungsverein auf Gegenseitigkeit (KK-OWiG/*Rogall* Rn. 34; Göhler/*Gürtler* Rn. 2).

10   Auch juristische Personen des **öffentlichen Rechts** gehören nach hM zum Adressatenkreis der Norm (OLG Frankfurt a. M. NJW 1976, 1276; OLG Hamm 1979, 1312; *Müller*, Die Stellung der juristische Person im Ordnungswidrigkeitenrecht, 1985, 51 f.; aA *Hirsch*, Die Straffälligkeit von Personenverbänden, 1993, 23; *Pohl-Sichtermann* VOR 1973, 411). Es gibt keinen Grund, die juristischen Personen des öffentlichen Rechts bei der Verbandsgeldbuße anders zu behandeln als bei der Verfolgung von Aufsichtspflichtverletzungen; in § 130 Abs. 2 ist die juristische Person des öffentlichen Rechts ausdrücklich erwähnt. IÜ ist die öffentliche Verwaltung in weiten Bereichen der öffentlichen Daseinsvorsorge tätig, wo eine Gefahr von Zuwiderhandlungen in ähnlicher Form wie bei juristischen Personen des Privatrechts besteht und sich die öffentliche Verwaltung aufgrund des ihr zustehenden Formenwahlrechts durch Organisation in öffentlich-rechtlicher Form der Verhängung einer Verbandsgeldbuße entziehen könnte (KK-OWiG/*Rogall* Rn. 36). Da für § 30 das Opportunitätsprinzip gilt, § 47, besteht keine Notwendigkeit, den Anwendungsbereich der Norm beim Adressatenkreis vorschnell einzuschränken.

II. Rechtsfähige Personengesellschaften

11   Den juristischen Personen sind nach Abs. 1 Nr. 3 die **rechtsfähigen Personengesellschaften** gleichgestellt. Nach § 14 Abs. 2 BGB sind diese Personengesellschaften mit der Fähigkeit ausgestattet, Rechte zu erwerben und Verbindlichkeiten einzugehen. Hierbei handelt es sich um die offene Handelsgesellschaft (oHG) nach §§ 105 f. HGB, die Kommanditgesellschaft (KG) nach §§ 161 f. HGB, die GmbH & Co KG, die Europäische Wirtschaftliche Interessenvereinigung (EWIV) nach § 1 EWIV-AG, die Partnerschaftsgesellschaft (PartG) nach § 7 Abs. 2 PartGG sowie die am Rechtsverkehr teilnehmende BGB-Gesellschaft nach §§ 705 f. BGB.

III. Nichtrechtsfähige Vereine

12   § 30 erfasst in Abs. 1 Nr. 2 auch den nichtrechtsfähigen Verein nach § 54 BGB. Bei diesem so genannten **Idealverein** handelt es sich um ein Gesamtgebilde, das mit einer körperschaftlichen Verfassung (Satzung) und Organen (Vorstand, Mitgliederversammlung) auf längere Dauer ausgerichtet und vom Mitgliederbestand unabhängig ist und das über keinen wirtschaftlichen Geschäftsbetrieb verfügt (Göhler/*Gürtler* Rn. 6). Entfaltet er hingegen einen Geschäftsbetrieb, handelt es sich um eine Handelsgesellschaft (KK-OWiG/*Rogall* Rn. 38).

IV. Vor- und Vorgründungsgesellschaft

13   Vor- und Vorgründungsgesellschaft unterfallen auch dem Anwendungsbereich von § 30. Teils wird in der Lit. zwischen beiden Gesellschaften nicht differenziert, sondern schlicht auf die **faktische Betrachtungsweise** abgestellt, ob und in welcher Weise sich die Gesellschaft am Rechtsverkehr beteiligt (*Pohl/Sichtermann* VOR 1973, 417; Lemke/Mosbacher Rn. 19). Richtigerweise kommt es darauf an, ob sich der fragliche Verband mit seiner Rechtsnatur einem der in § 30 genannten Verbände zuordnen lässt (KK-OWiG/*Rogall* Rn. 43). Vor- und Vorgründungsgesellschaft unterscheiden sich nach der Phase, in welcher sich die Gründung einer Kapitalgesellschaft befindet (vgl. BGH NJW 1984, 2164). Die Vorgründungsgesellschaft entsteht vor dem eigentlichen Gründungsakt der Gesellschaft und ist in Bezug auf diese eine BGB-Gesellschaft (MüKoBGB/*Ulmer/Schäfer* BGB Vor § 705 Rn. 25), wenn sie am Rechtsverkehr teilnimmt (Göhler/*Gürtler* Rn. 7). Sie unterfällt damit Abs. 1 Nr. 3. Demgegenüber ist die Vorgesellschaft eine bereits gegründete Gesellschaft, deren Entstehen noch der Eintragung im Handelsregister bedarf; sie ist eine Gesellschaft *sui generis,* auf die die für den Verband einschlägigen Vorschriften Anwendung finden, soweit sie nicht die Eintragung voraussetzen (BGH NJW 1955, 1229). Es handelt sich daher zwar nicht um eine juristische Person nach Abs. 1 Nr. 1 (Ransiek UnternehmensStrafR 113); regelmäßig ist die Vorgesellschaft einer BGB-Gesellschaft oder, wenn die im Handelsgewerbe betreibt, einer oHG gleichzustellen, die nach Abs. 1 Nr. 3 ebenfalls erfasst werden (*Kindler*, Das Unternehmen als haftender Täter, 2007, 134; aA Göhler/*Gürtler* Rn. 7).

14   Der **Vorverein** ist bis zur Eintragung kein rechtsfähiger Verein, unterfällt aber Abs. 1 Nr. 2 (Rebmann/Roth/Herrmann/*Förster* Rn. 9).

V. Fehlerhafte Gesellschaft

15   Ist eine juristische Person **fehlerhaft** zustande gekommen, wird sie wie eine ordnungsgemäß zustande gekommene Gesellschaft behandelt. Voraussetzung ist allerdings, dass sie in Vollzug gesetzt wurde, also ihre Tätigkeit aufgenommen hat. Sie unterfällt ohne Weiteres § 30 (Göhler/*Gürtler* Rn. 7). Das Gleiche gilt für eine fehlerhaft zustande gekommene Personengesellschaft (MüKoBGB/*Ulmer/Schäfer* BGB § 705 Rn. 357) und für fehlerhafte Vereine (KK-OWiG/*Rogall* Rn. 45).

VI. Beendigung der Gesellschaft

Die juristische Person oder der Personenverband können solange Adressat der Norm sein, wie sie **16** existent sind. Bei Kapitalgesellschaften gilt dies bis zur Beendigung der Liquidation (OLG Zweibrücken NStZ 1995, 293), bei Personengesellschaften bis zur endgültigen Auseinandersetzung des Gesellschaftsvermögens. Im Bußgeldverfahren steht, dass das Erlöschen eines Personenverbandes dem der Tod einer als Täter belangten natürlichen Person gleich und hat die Beendigung des Verfahrens zur Folge (BGH wistra 1999, 196).

VII. Rechtsformwechsel

Der Rechtsformwechsel einer Gesellschaft schließt die Festsetzung einer Geldbuße gegen die neue **17** Gesellschaft nicht aus (BGH wistra 1986, 221). Vom Wechsel der Rechtsform sind Änderungen der **Firma** und Änderungen im **Gesellschafterkreis** abzugrenzen. Beide sind für die Frage nach einer Verbandsgeldbuße ohne Bedeutung. Eine Änderung der Firma bedeutet lediglich eine Änderung der Unternehmensbezeichnung, damit ist aber keine Identitätsänderung verbunden (BGH NJW 2012, 164; 1986, 221; Göhler/*Gürtler* Rn. 38a). Entsprechendes gilt für Änderungen im Gesellschafterkreis, diese haben auf das unveränderte Fortbestehen des Unternehmensträgers keinen Einfluss (KG WuW/E OLG 4573).

Ändert sich die Person des Unternehmensträgers, so kommt es seit Inkrafttreten von § 30 Abs. 2a **18** zum 30.6.2013 für die Inanspruchnahme des Rechtsnachfolgers nunmehr darauf an, ob eine Gesamtrechtsnachfolge oder eine partielle Gesamtrechtsnachfolge durch Aufspaltung (§ 123 UmwG) eingetreten ist. Die neue Regelung ist auf alle Fälle anwendbar, bei denen die Rechtsnachfolge nach dem 1.7.2013 eingetreten ist (Langen/Bunte/*Raum* GWB § 81 Rn. 46). Für Altfälle s. Vorauflage.

Unter den Begriff der Gesamtrechtsnachfolge fallen Verschmelzungen nach §§ 2 ff. UmwG einschließlich grenzüberschreitender Gesellschaften mit Kapitalgesellschaften aus anderen Staaten, Vollübertragungen nach § 174 Abs. 1 UmwG und die Fälle der Anwachsung (KK-OWiG/*Rogall* Rn. 55). Bislang reichte die Gesamtrechtsnachfolge als solche zur Bejahung einer wirtschaftlichen Identität nicht aus (Langen/Bunte/*Raum* § 81 Rn. 43). Da der Gesetzgeber Abs. 2a auf Anregung der Rspr. (BGH NJW 2012, 164) eingefügt hat, ist nicht davon auszugehen, dass die Rspr. korrigiert werden sollte. Vielmehr wird die bisherige Rspr. erhalten bleiben (so auch KK-OWiG/*Rogall* Rn. 51). Danach kommt es auf die § 30 Abs. 2a nur dann an, wenn die bisherige Rspr. nicht greift (BeckOK OWiG/*Meyberg* Rn. 42c). Danach ist maßgeblich, ob bei einer Veränderung in der **Person des Unternehmensträgers** zwischen der früheren und der neuen Vermögensverbindung nach wirtschaftlicher Betrachtungsweise Identität oder nahezu Identität besteht. Dies bemisst sich danach, ob das „haftende Vermögen" in einer anderen Organisation weiterhin vom Vermögen des gemäß § 30 Verantwortlichen getrennt, in gleicher oder ähnlicher Weise wie bisher eingesetzt wird und in dem neuen Verband einen wesentlichen Teil des Gesamtvermögens ausmacht. Hingegen ist nicht entscheidend, ob das „haftende Vermögen" im Zeitpunkt der Entscheidung über die Folgen eines ordnungswidrigen Handelns ihres Organs noch in der gleichen Art und Weise rechtlich verselbstständigt ist wie zur Zeit der Tat. Dabei kommt es auf die Umstände des Einzelfalles an (BGH NJW 2012, 164; BGH wistra 1986, 221 (222)).

Für den Rechtsformwechsel des Unternehmensträgers bedeutet dies, dass eine wirtschaftliche Identi- **19** tät zwischen Vorgesellschaft und juristischer Person vorhanden sein muss (BGH NJW 2012, 164; Göhler/*Gürtler* Rn. 38b) wie auch zwischen fehlerhafter Gesellschaft und der auf deren Grundlage fortgeführter Gesellschaft; das Gleiche gilt, wenn eine BGB-Gesellschaft zur oHG oder zur KG wird oder umgekehrt (KK-OWiG/*Rogall* Rn. 46).

Einer Haftung des neuen Unternehmensträgers steht nicht entgegen, wenn das Unternehmen zwi- **20** schendurch als einzelkaufmännisches geführt wurde (OLG Düsseldorf DAWR 1969, 11). Hat jedoch ein Einzelkaufmann die Anknüpfungstat begangen, kann ungeachtet einer fortbestehenden wirtschaftlichen Identität keine Verantwortlichkeit der neuen Gesellschaft entstehen, weil die Voraussetzungen der Norm niemals vorgelegen haben (Göhler/*Gürtler* Rn. 38b). Ebenso wenig wächst einem Einzelkaufmann eine Zuwiderhandlung als eigene zu, die in einer fortgeführten Gesellschaft begangen wurde (KK-OWiG/*Rogall* Rn. 45).

Bei einer **Unternehmensübernahme** kommt es für die Verantwortlichkeit der neuen Gesellschaft **21** darauf an, ob eine Gesamtrechtsnachfolge eingetreten ist. Anderenfalls scheidet § 30 schon deshalb aus (BGH NJW 2005, 1381). Ist die neue Gesellschaft indes Gesamtrechtsnachfolgerin geworden, hängt ihre Verantwortlichkeit davon ab, ob nahezu eine Identität zwischen der früheren und der neueren Vermögensbildung zu bejahen ist; dies ist der Fall, wenn das Vermögen der ursprünglich haftenden Gesellschaft in gleicher oder ähnlicher Weise wie bisher eingesetzt wird und es in der neuen Gesellschaft einen wesentlichen Teil des Gesamtvermögens ausmacht, insbes. wenn das Vermögen einer durch Umwandlung in ihr aufgegangenen Gesellschaft für die neue Gesellschaft und deren überregionale Bedeutung auf den Tätigkeitsgebieten von wesentlicher Bedeutung ist (BGH NJW 2012, 164; BGH wistra 1986, 221 (222)). Eine bußgeldrechtliche Konzernhaftung lässt das Gesetz nicht zu; bei einer Fusion unter Gleichen haftet die aufnehmende Gesellschaft nicht (BGH NJW 2012, 164; OLG Düsseldorf BeckRS 2013, 04074). Dabei kommt es vornehmlich auf die Größe der Unternehmen und der Marktanteile an (BGH wistra 2012, 152), bei Versicherungsunternehmen auf den Versicherungsvertragsbestand, das Bruttobeitragsaufkommen und das Kapitalanlagevermögen. Es genügt nicht, wenn der Rechtsnachfolger hiervon nur Teile erlangt hat (OLG Düsseldorf BeckRS 2010, 08314: 7%, 45%, 68% der genannten Kennzahlen); eine wirtschaftliche Identität liegt auch nicht vor, wenn das Gesamtvermögen des Rechtsnachfolgers durch die aufgenommene Vermögensmasse weder quantitativ noch qualitativ geprägt ist (28%, 42%, 56% der vorgenannten Kennzahlen). Es ist dabei irrelevant, ob die übernehmende Gesellschaft das Eigentum an den Betriebsmitteln an einer beherrschten Tochtergesellschaft auslagert (OLG Düsseldorf BeckRS 2010, 08314).

22   Problematisch sind die Fälle, in denen die Zuwiderhandlung in der früheren Gesellschaft begangen wurde, hingegen der **Handlungserfolg in der neuen Gesellschaft** eingetreten ist. Handelt eine Leitungsperson in Bereicherungsabsicht und tritt die Bereicherung tatsächlich erst nach dem Unternehmensübergang ein, so soll nach *Rogall* § 30 auch dann Anwendung finden, wenn die alte Gesellschaft, durch deren Vertreter die Bezugstat begangen wurde, durch § 30 nicht erfasst wird (KK-OWiG/*Rogall* Rn. 47). Hier dürfte weiter zu differenzieren sein. Begeht zB in einem einzelkaufmännischen Unternehmen eine Leitungsperson eine Straftat oder Ordnungswidrigkeit in der Absicht, dieses Unternehmen zu bereichern, und tritt der Bereicherungserfolg erst nach einem Unternehmensübergang bei der mit dem einzelkaufmännischen Unternehmen wirtschaftlich identischen KG ein, kann § 30 ggü. der KG nicht zur Anwendung gelangen. Denn bei Begehung der Anknüpfungstat war § 30 nicht anwendbar. Die KG würde schlechter gestellt als das fortgeführte einzelkaufmännische Unternehmen. Dies ist nicht einzusehen. Anders findet § 30 Anwendung, wenn die Zuwiderhandlung in Bereicherungsabsicht in einer BGB-Gesellschaft begangen wird, die wirtschaftlich identisch als KG fortgesetzt wird, und die Bereicherung erst in der neuen Gesellschaft eintritt. Kommt es in der neuen Gesellschaft hingegen nicht zu einer Bereicherung, scheidet § 30 aus (KK-OWiG/*Rogall* Rn. 47). Entsprechendes gilt für einen Verstoß gegen betriebsbezogene Pflichten. Fällt der Verstoß in die Zeit, in der kein tauglicher Normadressat existierte, scheidet § 30 aus. IÜ wirkt die Zuwiderhandlung fort, auch wenn die Wirkungen einer früheren Zuwiderhandlung erst im neuen Unternehmen eintreten (BGH wistra 1986, 221 (222); Göhler/*Gürtler* Rn. 38d).

22a   Neben der Gesamtrechtsnachfolge erfasst § 30 Abs. 2a auch den Fall der Aufspaltung, § 123 UmwG. Dabei wird das Vermögen des übertragenden Rechtsträgers auf mindestens zwei andere Rechtsträger (übernehmende Rechtsträger) aufgespalten. Die Geldbuße kann gegen einen oder gegen mehrere Teilrechtsnachfolger festgesetzt werden, wobei eine gesamtschuldnerische Haftung besteht (KK-OWiG/*Rogall* Rn. 56; aA *Kahlenberg/Neuhaus* BB 2013, 131). Bei Aufspaltung eines oder mehrerer Teilrechtsnachfolger können auch die insoweit übernehmenden Einheiten in Anspruch genommen werden, sukzessive Rechtsnachfolge. Besteht der ursprüngliche Rechtsträger hingegen fort, liegt mithin ein Fall der Abspaltung oder Ausgliederung vor (§ 123 Abs. 2 und 3 UmwG), findet § 30 Abs. 2a keine Anwendung; es bleibt bei der Haftung des übertragenden Rechtsträgers. Gleiches gilt bei für alle Fälle von Einzelrechtsübertragungen, insbes. einem sog *asset deal* (*Achenbach* wistra 2013, 373). Inwieweit das „Leerräumen" eines Unternehmensträgers strafrechtliche Konsequenzen zeitigt, ist offen (bejahend KK-OWiG/*Rogall* Rn. 58).

23   Treten nach der Begehung der Zuwiderhandlung Änderungen in der Person des Rechtsträgers ein, kommt es für die **Fortführung des Verfahrens** darauf an, ob zwischen dem früheren und dem aktuellen Rechtsträger nahezu wirtschaftliche Identität besteht (→ Rn. 18). Ist diese zu bejahen, wird das Verfahren gegen den neuen Rechtsträger eingeleitet oder, sofern bereits geschehen, fortgesetzt und der Adressat des Bußgeldbescheids bzw. das Rubrum berichtigt. Dabei wirken sich die Änderungen in der Rechtsform des Verbandes sich nicht auf das Erfordernis der Einheitlichkeit des Verfahrens aus: ist zwischenzeitlich ein Verfahren ausschließlich gegen die Leitungsperson eingeleitet und rechtskräftig abgeschlossen worden, kann gegen den Verband kein Verfahren mehr durchgeführt werden. Es liegt ein Verfolgungshindernis aus rechtlichen Gründen iSv Abs. 4 S. 3 vor; die Änderung in der Rechtsform des Verbands ändert daran nichts (Göhler/*Gürtler* Rn. 38h).

24   Liegt hingegen keine nahezu wirtschaftliche Identität zwischen dem früheren und aktuellen Rechtsträger vor, fehlt es an einem zulässigen Adressaten. Das Verfahren gegen den Verband ist einzustellen. Davon bleibt die Möglichkeit, gegen die Leitungsperson vorzugehen, unberührt.

25   Handlungen, die die Verjährung ggü. dem früheren Unternehmensträger unterbrochen haben, wirken bei nahezu wirtschaftlicher Identität auch ggü. dem neuen. Gleiches gilt für Unterbrechungshandlungen, die ggü. der Leitungsperson vorgenommen wurden (Göhler/*Gürtler* Rn. 38i).

C. Vertreter

I. Vertretungsberechtigung

Um eine Geldbuße nach § 30 verhängen zu können, muss die Anknüpfungstat von einem bestimmten **26** Personenkreis begangen worden sein, der in Abs. 1 Nr. 1–3 jeweils für die juristischen Personen, nichtrechtsfähigen Vereine und rechtsfähigen Personengesellschaften aufgezählt sind. Soweit in Abs. 1 Nr. 1 und 3 auf die Vertretungsberechtigung abgestellt wird, soll dadurch nur die **generelle Stellung des Organs** oder Gesellschafters im Gegensatz zu ihrer Art nach nicht zur Vertretung berufenen Organen gekennzeichnet werden; es kommt weder auf die konkrete Vertretungsmacht an noch auf interne Beschränkungen oder Änderungen der Bevollmächtigung (FK-KartellR/*Achenbach* GWB Vor § 81 Rn. 101). Auch eine Weisungsabhängigkeit des Vertreters im Innenverhältnis ist unerheblich, sofern sich dessen Aufgabenkreis nach außen als für den Verband repräsentativ qualifiziert. Entscheidend ist, ob die Handlung im Geschäfts- und Wirkungskreis der juristischen Person liegt und ob Pflichten verletzt werden, die diese treffen (KG WuW/E OLG 4108).

II. Materielle Verantwortlichkeit für die Unternehmensleitung

Der Personenkreis der Abs. 1 Nr. 1–3 wird nach Abs. 1 Nr. 4 um Handlungsbevollmächtigte in **27** leitender Stellung und nach Abs. 1 Nr. 5 um sonstige Leitungspersonen ergänzt. Mit dem erst 2002 eingefügten Abs. 1 Nr. 5 ist eine erhebliche Ausweitung des Anwendungsbereichs verbunden. Der Sache nach enthält Abs. 1 Nr. 5 eine Generalklausel, so dass es auf die Abgrenzung zwischen Abs. 1 Nr. 1–4 nicht mehr ankommt (*Achenbach* wistra 2002, 441 (443)). So ist ohne Beschränkung auf die formale Rechtsposition allein die materielle Verantwortlichkeit für die Unternehmensleitung maßgebend (FK-KartellR/*Achenbach* GWB Vor § 81 Rn. 98; *Kindler,* Das Unternehmen als haftender Täter, 2007, 138; aA *Eidam* wistra 2003, 447 (452)). Die bisherige Kasuistik wurde beibehalten, um die Rechtsanwendung auch im Hinblick auf die Ausfüllung des unbestimmten Rechtsbegriffes der sonstigen Leitungspersonen zu erleichtern und damit zugleich die Bestimmtheit der Norm zu erhöhen (BT-Drs. 14/8998, 11). Daher kommt es – systemgerecht mit der im Ordnungswidrigkeitenrecht vorherrschenden faktischen Betrachtungsweise – unabhängig von einer formalen Stellung des Handelnden auf die verantwortliche Leitung des Betriebs oder Unternehmens an (*Achenbach* wistra 2002, 441 (443)).

III. Unternehmensleitung durch ein Kollektivorgan

Besteht in einem Personenverband ein Leitungsgremium, so kann jedes aktive Tun eines einzelnen **28** Mitglieds des Leitungsorgans den Tatbestand erfüllen. Das einzelne Mitglied handelt insoweit für das Organ als Ganzes. Darüber hinaus besteht für jedes Mitglied des Leitungsorgans eine Garantenpflicht zur Abwehr der nach § 30 tatbestandsmäßigen Handlungen. Diese Garantenpflicht besteht für jedes Mitglied des Leitungsorgans grundsätzlich unbeschränkt. Hat das Leitungsorgan durch einen **Geschäftsverteilungsplan** die Zuständigkeit der einzelnen Mitglieder eindeutig geregelt, ist das jeweilige Leitungsorgan grundsätzlich nur für ein Unterlassen innerhalb des ihm zugewiesenen Bereiches verantwortlich. Darüber hinaus ist ein Mitglied des Leitungsorgans ausnahmsweise auch dann zum Tätigwerden verpflichtet, wenn das Unternehmen – namentlich in Krisen- und Ausnahmesituationen – als Ganzes betroffen und jedes Mitglied zum Handeln aufgerufen ist (FK-KartellR/*Achenbach* GWB Vor § 81 Rn. 101) oder wenn die Zuständigkeit der Organe abgegrenzt ist und ein Mitglied außerhalb seines Zuständigkeitsbereichs untätig geblieben ist, obwohl ihm ein Eingreifen möglich und zumutbar war, zB weil ein anderes Mitglied des Leitungsgremiums seinen Pflichten offensichtlich nicht nachkommt (BGH NJW 1990, 260; *Göhler/Gürtler* wistra 1991, 207 (208)).

IV. Einzelheiten zu den jeweiligen Verbänden

1. Organe juristischer Personen (Nr. 1)

– bei der AG die einzelnen Vorstandsmitglieder (§§ 78, 82 AktG) nebst Stellvertretern (§ 94 AktG), **29** nach § 30 BGB bestellte besondere Vertreter (KK-OWiG/*Rogall* Rn. 53) sowie nach Auflösung der AG die Abwickler (§ 265 AktG);
– bei der KGaA die als Vorstandsmitglieder geltenden persönlich haftenden Gesellschafter (§§ 282 f. AktG);
– bei der Societas Europea, die als Aktiengesellschaft gilt, die Mitglieder des jeweiligen Leitungsorgans, dh des Vorstands (§§ 15 f. SEAG) oder des Verwaltungsrats (§§ 20 f. SEAG);
– bei der GmbH die Geschäftsführer §§ 6, 35 GmbHG sowie – soweit vorhanden – die Stellvertreter § 44 GmbHG und im Falle der Auflösung die Liquidatoren (§§ 66 f. GmbHG);
– bei der Genossenschaft die ordentlichen und stellvertretenden Vorstandsmitglieder (§§ 24, 35 GenG);
– beim rechtsfähigen Verein und wirtschaftlichen Verein die Vorstandsmitglieder (§§ 21, 22, 26 BGB) sowie die besonderen Vertreter nach § 30 BGB (BGH wistra 1989, 144 f.); bei der Qualifizierung als

besonderer Vertreter gemäß § 30 BGB ist es unerheblich, dass die Vereinssatzung diesen nicht als solchen bezeichnet. Maßgebend ist, ob dem Vertreter eine solche Stellung nach der Gesamtheit der Satzungsbestimmungen zukommt, in welchen seine Pflichten und Befugnisse, für den Verein zu handeln, geregelt werden, oder, wenn er allein durch den Vorstand zum besonderen Vertreter bestellt wurde, die Satzung des Vereins die Bildung eines besonderen Geschäftskreises vorsieht (BGH EWiR 1989, 295).

– bei der privatrechtlichen Stiftung über § 86 BGB die Vorstandsmitglieder (§§ 21, 22, 26 BGB) sowie nach § 30 BGB bestellte besondere Vertreter;

– bei der juristischen Person des öffentlichen Rechts die Organe entsprechend dem jeweils sich aus Gesetz oder Satzung ergebenden Organisationsstatut (KK-OWiG/*Rogall* Rn. 59).

2. Organe des nichtrechtsfähigen Vereins (Nr. 2)

30 – die Vorstandsmitglieder, nicht aber die besonderen Vertreter nach § 30 BGB (KG WuW/E OLG 4111 f.; *Eidam* wistra 2003, 448 (453); letztere werden aber uU von Nr. 4 oder 5 erfasst (KK-OWiG/*Rogall* Rn. 60).

3. Vertretungsberechtigte Gesellschafter der rechtsfähigen Personengesellschaft (Nr. 3)

31 – bei der BGB-Gesellschaft, die am Rechtsverkehr teilnimmt, grundsätzlich jeder Gesellschafter, da die Geschäftsführung nach § 709 BGB grundsätzlich allen Gesellschaftern gemeinsam zusteht; durch den Gesellschaftsvertrag, der keiner Form bedarf, kann Abweichendes vereinbart werden, so die Geschäftsführung durch einen oder mehrere Gesellschafter unter Ausschluss der anderen, § 710 BGB, die Berechtigung aller Gesellschafter, allein für die Gesellschaft zu handeln, sowie die Übertragung der Geschäftsführungsbefugnis auf Dritte. Ob ein Gesellschafter seine Befugnisse überschreitet, ist unerheblich (KK-OWiG/*Rogall* Rn. 73; aA BeckOK OWiG/*Meyberg* Rn. 48.3). Sind wegen der Formfreiheit des Gesellschaftsvertrages die Vertretungsregelungen unklar, kommt regelmäßig eine Zurechnung nach Nr. 5 in Betracht (KK-OWiG/*Rogall* Rn. 78);

– bei der oHG jeder Gesellschafter, sofern Gesellschaftsvertrag nichts anderes regelt (§ 125 HGB); insoweit gilt das zur BGB-Gesellschaft Gesagte; Entsprechendes gilt für die PartG und EWIV;

– bei der KG die persönlich haftenden Gesellschafter (Komplementäre), §§ 161, 125 HGB; die Kommanditisten hingegen nur, wenn sie ausnahmsweise durch Gesellschaftsvertrag zur Geschäftsführung berufen sind; verfügen sie nach allgemeinen Regeln über Vertretungsmacht, ist Nr. 4 oder 5 anzuwenden (KK-OWiG/*Rogall* Rn. 74);

– bei der GmbH & Co KG der Geschäftsführer der Komplementär-GmbH (BGH NStZ 1986, 79); dies war bis zur Einführung von Nr. 5 umstritten, da Geschäftsführer der GmbH & Co KG die GmbH und nicht deren Geschäftsführer war; die Diskussion, ob dieser der GmbH & Co KG über Nr. 3 oder Nr. 5 zuzurechnen ist (vgl. KK-OWiG/*Rogall* Rn. 75; *Achenbach* wistra 2002, 441 (444)) ist rein theoretischer Natur, da eine Zurechnung nunmehr unstreitig ist.

32 **4. General- und Handlungsbevollmächtigte, Prokuristen (Nr. 4).** Generalbevollmächtigte, dh mit unbeschränkter Vertretungsmacht nach §§ 164 f. BGB ausgestattete Personen, sind stets taugliche Täter, weil sie ihrer Natur nach eine Leitungsposition innehaben, Prokuristen nach §§ 48 f. HGB und Handlungsbevollmächtigte nach § 54 HGB hingegen nur, wenn sie in leitender Stellung tätig sind. Dazu bedarf es bezogen auf den Einzelfall eingehender Feststellungen zur Unternehmensstruktur (KG 8.7.1998 – 2 Ss 109/98 – 3 Ws (B) 342/98). Erfüllt ein Prokurist oder Handlungsbevollmächtigter die Voraussetzungen von Nr. 4 nicht, kommt eine Einbeziehung in den tauglichen Täterkreis über Nr. 5 nicht mehr in Betracht, weil auch Nr. 5 eine Leitungsfunktion verlangt (Göhler/*Gürtler* Rn. 12a).

33 **5. Sonstige Leitungspersonen (Nr. 5).** Taugliche Täter können nach dieser Generalklausel (FK-KartellR/*Achenbach* GWB Vor § 81 Rn. 96) alle sonstigen Personen sein, die für die Leitung des zu einem Personenverband gehörenden Betriebs oder Unternehmens verantwortlich sind. Die Betriebs- und Unternehmensbegriffe entsprechen denen von § 130 (→ Rn. 15) und bedürfen keiner Abgrenzung (OLG Celle wistra 2012, 318). Über die in Nr. 1–4 genannten Personen hinaus kommen nach Nr. 5 als Täter **sämtliche weiteren Leitungspersonen** in Betracht. Insbes. werden diejenigen Personen erfasst, die eine der in Nr. 1–4 genannten Positionen nicht formal, sondern faktisch innehaben (Göhler/*Gürtler* Rn. 14). Nr. 5 betrifft auch den besonderen Vertreter eines nicht rechtsfähigen Vereins, wenn er nicht im Einzelfall schon von Nr. 4 erfasst wird. Ob diese Personen tatsächlich eine Leitungsfunktion ausüben, bedarf eingehender Feststellungen im Bußgeldbescheid.

34 Neben den Leitungspersonen, die operativ für den Verband tätig sind, werden auch solche erfasst, zur **Aufsicht** oder Kontrolle berufen sind (Dannecker/*C. Dannecker* JZ 2010, 981 (988); dem ggü. stellen für diese Personengruppe zu Unrecht auf die Weisungsbefugnis ab *Ransiek* NZWiSt 2012, 45 (48); *Röske*/*Böhme* wistra 2013, 48 (51)). Hierdurch sollen vor allem unzureichende Kontrollen des Vorstands bzw. der Geschäftsführung und die unterlassene Geltendmachung von Regressansprüchen ggü. Vorstandsmitgliedern und Geschäftsführern verfolgt werden können. Zudem soll sichergestellt werden, dass auch rechtswidrige Taten von Mitgliedern der Kontrollorgane zugunsten der Gesellschaft sanktioniert werden.

Taugliche Täter der Anknüpfungshandlung können Aufsichtsratsmitglieder einer AG und Mitglieder 35
des Verwaltungsrats einer GmbH iSv § 52 GmbHG (*Eidam* wistra 2003, 448 (453)), aber auch diejenigen
sein, denen innerhalb des Unternehmens die Verantwortung für einen bestimmten Lebensbereich
obliegt, wie etwa die für die interne Finanzkontrolle oder die Rechnungsprüfung zuständigen Personen
(*Achenbach* wistra 2002, 441 (443)), der im Leitungsbefugnissen ausgestattete Umweltschutzbeauftragte
(BT-Drs. 14/8998, 10; nicht aber Immissionsschutzbeauftragte nach § 54 BImschG ohne weitere Befugnisse, so zutr. *Scheidler* GewArch 2008, 195 (199)) und der Compliance-Beauftragte (vgl. *Hauschka* BB
2004, 1178). Nicht erfasst werden allerdings Personen, denen keinerlei Einflussnahme auf die Verwaltung
möglich sind, sowie externe zur Beaufsichtigung berufene Personen wie Rechnungsprüfer (*Achenbach*
wistra 2002, 441 (443)).

D. Anknüpfungstat

Die Verhängung einer Verbandsgeldbuße setzt eine Anknüpfungstat einer Leitungsperson voraus. Die 36
Anknüpfungstat kann eine Straftat oder Ordnungswidrigkeit sein, die rechtswidrig und schuldhaft
begangen sein muss. Sie kann auch im Ausland begangen worden sein, sofern deutsches Recht anzuwenden ist (KK-OWiG/*Rogall* Rn. 88).

Als Anknüpfungstat kommen eine Pflichtverletzung, welche den Verband trifft, und ein Handeln zu 37
dessen Bereicherung in Betracht. Beide Tathandlungen, die in der Praxis häufig zusammentreffen
werden, stehen im Verhältnis der Alternativität (Langen/Bunte/*Raum* § 81 Rn. 39). Es bedarf keiner
weiteren betriebsbezogenen Pflichtverletzung, wenn eine Leitungsperson zur Bereicherung des Verbandes handelt (*Eidam* wistra 2003, 447 (454)).

I. Pflichtverletzung, welche den Personenverband trifft (Abs. 1 Alt. 1)

1. Betriebsbezogenheit der Pflicht. Nach Abs. 1 Alt. 1 kann eine Verbandsgeldbuße verhängt 38
werden, wenn durch die Anknüpfungstat eine Pflichtverletzung begangen wird, die den Personenverband betrifft. Der Personenverband braucht bei Abs. 1 Alt. 1 keinen Vorteil erlangt zu haben, die
verletzte Pflicht muss aber **betriebsbezogen** sein. Betriebsbezogen sind Pflichten, die den Personenverband als Normadressaten treffen, mithin solche Pflichten, die sich aus diesem Wirkungskreis ergeben. Eine Betriebsbezogenheit des Handelns von Organen liegt nur dann nicht vor, wenn das Organ höchstpersönlich, folglich wie jedermann und somit ohne spezifischen Bezug zu seiner Stellung als Organ der
juristischen Person handelt (OLG Celle NStZ-RR 2005, 82). Der Begriff der Betriebsbezogenheit der
Pflichtverletzung entspricht dem des § 130. Diese Sichtweise wurde in der Vergangenheit mit der
Begründung abgelehnt, § 30 verlange lediglich die Verletzung einer Pflicht, die den Personenverband
betreffe, § 130 hingegen die Verletzung einer Pflicht, die den Personenverband „als solchen" betreffe
(Ransiek UnternehmensStrafR 114; KK-OWiG/*Rogall* Rn. 89). Seitdem der Gesetzgeber mit Gesetz v.
7.8.2007 die Worte „als solche" in § 130 gestrichen hat (→ § 130 Rn. 62), ist die Frage nach der
Pflichtverletzung, welche den Personenverband betrifft, für beide Vorschriften einheitlich zu beurteilen.
Insoweit ist auf die Kommentierung in → § 130 Rn. 62 f. zu verweisen.

2. Verletzung der Aufsichtspflicht nach § 130. Einen Hauptanwendungsfall der Pflichtverletzung 39
nach Abs. 1 Alt. 1, die den Personenverband betrifft, stellt die **Aufsichtspflichtverletzung** nach § 130
selbst dar (BGH wistra 1986, 111). Denn häufig besteht ein Bedürfnis, den Personenverband wegen
organisatorischer Mängel selbst zu belangen und nicht nur eine – in der Regel erheblich geringere –
Geldbuße gegen den Betriebsinhaber zu verhängen (Göhler/*Gürtler* Rn. 17). So wird bei einer Aufsichtspflichtverletzung unter Berücksichtigung des Opportunitätsprinzips, § 47, regelmäßig die Verhängung einer Verbandsgeldbuße geboten sein.

Die Aufsichtspflicht trifft den Betriebsinhaber und die ihm nach § 9 gleichgestellten Personen. Da 40
aber häufig Zuwiderhandlungen von Mitarbeitern begangen werden, die die Voraussetzungen nicht
erfüllen, wird der Anwendungsbereich von § 30 stark ausgedehnt, wenn einer Leitungsperson zumindest
eine Aufsichtspflichtverletzung nachzuweisen ist. Zwar ist der taugliche Täterkreis in beiden Vorschriften
nicht identisch, weil dem Betriebsinhaber als Leitungsperson aber stets die Oberaufsicht verbleibt, wird es
§ 130 Abs. 1 S. 2, wird es kaum zu Sanktionslücken kommen (KK-OWiG/*Rogall* Rn. 92).

II. Handeln zur Bereicherung des Personenverbandes (Abs. 1 Alt. 2)

1. Anknüpfungstat. Hat eine Leitungsperson den Personenverband durch eine Straftat oder Ord- 41
nungswidrigkeit bereichert oder die Bereicherung beabsichtigt, kommt ebenfalls die Verhängung einer
Verbandsgeldbuße in Betracht. Im Gegensatz zur Alt. 1 kommt es nicht darauf an, ob die Bereicherung
in Zusammenhang mit der Verletzung einer betriebsbezogenen Pflicht steht. Der Tatbestand von
Abs. 1 Alt. 2 kann daher durch Begehung **sämtlicher Straf- und Bußgeldtatbestände** verwirklicht
werden und zwar nicht nur durch solche mit Vermögensbezug, sondern zB auch Nötigung, Urkundenfälschung, Verwahrungsbruch (KK-OWiG/*Rogall* Rn. 96), soweit die Leitungsperson nur als „vertretungsberechtigtes Organ" gehandelt hat (→ Rn. 33).

42   Abgrenzungsprobleme ergeben sich im Hinblick auf § 29a, der ebenfalls eine Abschöpfung der Bereicherung des Personenverbandes erreichen will. Beide Normen stehen nebeneinander, wobei der spezifisch eigene Gehalt von Abs. 1 Alt. 2 vornehmlich in der Einbeziehung der Versuchsstrafbarkeit liegt, wenn die Bereicherung beabsichtigt, aber (noch) nicht eingetreten ist (KK-OWiG/*Rogall* Rn. 97).

43   **2. Begriff der Bereicherung.** Der Begriff der Bereicherung entspricht demjenigen des **Vermögensvorteils** in § 263 StGB. Hinzu kommen auch alle bloß mittelbaren Vorteile wie Wettbewerbsvorteile in Form günstigerer Geschäftsabschlüsse wegen höherer Veräußerungs- oder geringerer Einkaufspreise.

44   Der erlangte Vermögensvorteil muss **rechtswidrig** sein, da rechtmäßige Vorteile nicht abgeschöpft werden dürfen. So scheidet eine Nötigung zur Beitreibung einer Forderung aus, wenn die Forderung besteht und lediglich das Nötigungsmittel oder das Verhältnis von Mittel und Zweck rechtswidrig ist (KK-OWiG/*Rogall* Rn. 99; aA Lemke/Mosbacher Rn. 53).

45   Ist beim Personenverband tatsächlich ein Vermögensvorteil eingetreten, kommt nicht darauf an, ob der Täter die Bereicherung erstrebt hat (Rebmann/Roth/Herrmann/*Förster* Rn. 31). Hat der Personenverband hingegen keinen Vermögensvorteil erlangt, kommt es darauf an, ob die Leitungsposition einen solchen **angestrebt** hat, ohne dass dieses Ziel der Hauptzweck des Handelns sein muss (Göhler/*Gürtler* Rn. 22). Dabei braucht die Bereicherung als solche nicht Tatbestandsvoraussetzung der Anknüpfungstat zu sein. Es reicht aber nicht aus, wenn der Täter die Bereicherung nur als sichere Folge seines Handelns erkannt hat (KK-OWiG/*Rogall* Rn. 104). Der erstrebte Vermögensvorteil braucht nicht exakt ermittelt zu werden (Rebmann/Roth/Herrmann/*Förster* Rn. 31).

46   **3. Kausalität/Schutzzweckzusammenhang.** Die Anknüpfungstat muss für die (angestrebte) Bereicherung kausal sein. Darüber hinaus muss zwischen der Anknüpfungstat und der Bereicherung ein **innerer Zusammenhang** bestehen. Daran fehlt es, wenn zB eine Leitungsperson auf dem Weg zu einem Geschäftstermin mit dem PKW die zulässige Höchstgeschwindigkeit überschreitet; denn wenn die Bezugstat eine Bereicherung unter keinerlei Gesichtspunkt verhindern soll, geschieht der Normverstoß nur bei Gelegenheit der Organtätigkeit (KK-OWiG/*Rogall* Rn. 103). Dem ggü. will die wohl vorherrschende Meinung diese Konstellation, weil auch sie eine Verbandsgeldbuße für unangemessen erachtet, über das Opportunitätsprinzip lösen (Göhler/*Gürtler* Rn. 27; Rebmann/Roth/Herrmann/*Förster* Rn. 32, 36).

47   **4. Ersatzansprüche Dritter.** Ersatzansprüche Dritter haben auf die Verwirkung der Verbandsgeldbuße keinen Einfluss. Sie können aber bei der Bemessung der Geldbuße oder über das Opportunitätsprinzip nach § 47 Berücksichtigung finden. Einer exakten Bestimmung der Ersatzansprüche bedarf es nicht, eine Schätzung ist möglich. Allerdings reicht die abstrakte Möglichkeit, sich Ansprüchen Dritter ausgesetzt zu sehen, nicht aus (KK-OWiG/*Rogall* Rn. 100).

48   Die Geldbuße darf keinen Abschöpfungsanteil enthalten, wenn es zu keiner Bereicherung gekommen ist. Das Ausmaß der angestrebten Bereicherung kann aber bei der Bemessung der Geldbuße berücksichtigt werden (KK-OWiG/*Rogall* Rn. 105).

III. Handeln als Organ

49   Der Täter der Bezugstat muss diese „als Organ" begangen haben. Er muss die Leitungsposition im **Zeitpunkt der Zuwiderhandlung** inne gehabt haben (Rebmann/Roth/Herrmann/*Förster* Rn. 36a). Ein späteres Ausscheiden aus dem Verband ist ohne Belang (Göhler/*Gürtler* Rn. 27a).

50   Das Handeln der Leitungsperson muss einen **Vertretungsbezug** aufweisen, damit zwischen dem Repräsentanten des Personenverbandes und der Privatperson unterschieden werden kann. Gleichlaufend mit der Zurechnung von Organ- und Vertreterhandeln nach § 9 kommt es auch für § 30 darauf an, ob zwischen der Tat und dem Pflichten- und Aufgabenkreis des Vertreters ein funktionaler Zusammenhang besteht. Dies ist dann der Fall, wenn das Organhandeln der Geschäftspolitik des Personenverbandes entspricht und es sich in die von ihm verfolgten Ziele einpassen lässt. Rogall will demgegenüber danach unterscheiden, ob die Leitungsperson mit ihrer Handlung eigene oder Verbandsinteressen wahrnimmt (KK-OWiG/*Rogall* Rn. 107).

51   Im Falle des Abs. 1 Alt. 1 indiziert die Verletzung der betriebsbezogenen Pflicht diesen **inneren Zusammenhang** und zwar auch dann, wenn die Leitungsperson außerhalb ihres eigentlichen Aufgabenkreises tätig wird (Demuth/Schneider BB 1970, 651; aA BeckOK OWiG/*Meyberg* Rn. 75). Die Betriebsbezogenheit ist lediglich dann abzulehnen, wenn die Leitungsperson wie ein beliebiger Betriebsangehöriger oder ein Extraneus handelt (Göhler/*Gürtler* Rn. 25). So ist Handeln als Organ zu bejahen, wenn die Leitungsperson ggü. dem Geschäftspartner bei Vertragsverhandlungen einen Betrug begeht, nicht aber bei Gelegenheit der Vertreterhandlung, wenn das Organ das Feuerzeugs des Vertragspartners anlässlich von Vertragsverhandlungen stiehlt (*Eidam* wistra 2003, 448 (454); zweifelnd *Kindler*, Das Unternehmen als haftender Täter, 2007, 143, die schon die Verletzung einer betriebsbezogenen Pflicht und die Bereicherung des Verbandes verneint). Stellt hingegen ein Geschäftsführer eines Verbandes ausländische Arbeitnehmer ohne Arbeitserlaubnis ein, weil ihm hierfür Schmiergelder gezahlt wurden,

so handelt der Täter zwar in Ausübung seiner Organstellung und in Wahrnehmung funktionsspezifischer Handlungsmöglichkeiten, er wird jedoch ausschließlich eigennützig tätig, soweit es ihm auf den persönlichen Vorteil ankommt (*Kindler,* Das Unternehmen als haftender Täter, 2007, 143).

Handelt der Täter in Bereicherungsabsicht für den Verband, kommt es auf die Frage, ob die Handlung **52** in dem ihm übertragenen Geschäfts- und Wirkungskreis stattgefunden hat, nicht an (Göhler/*Gürtler* Rn. 27; zweifelnd KK-OWiG/*Rogall* Rn. 92).

Über den funktionalen Zusammenhang hinaus muss die Bezugstat **im Interesse des Personenver- 53 bandes** begangen worden sein. Dessen wirtschaftlicher Vorteil muss intendiert sein. Dabei ist es unschädlich, wenn der Täter seinen eigenen wirtschaftlichen Vorteil mit dem des Verbandes verknüpft (Rebmann/Roth/Herrmann/*Förster* Rn. 34). Dass eine Straftat oder Ordnungswidrigkeit überhaupt im Interesse des Verbandes begangen werden kann, ergibt sich schon aus der Existenz von Abs. 1 Alt. 2 (KK-OWiG/*Rogall* Rn. 93; aA *Pohl-Sichermann* VOR 1973, 159). Im Bereich fahrlässigen Handelns kommt es auf die Frage nach dem Interesse des Handelnden nicht an (*Kindler,* Das Unternehmen als haftender Täter, 2007, 144).

Über den Interessenzusammenhang sind auch so genannte **Exzessfälle** zu lösen, unerlaubte Hand- **54** lungen, die ein Leitungsorgan gegen den Verband selbst begeht. *Rogall* geht davon aus, dass diese Taten einen eigenen deliktischen Sinn konstituieren, den der Täter als „Privater" äußere (KK-OWiG/*Rogall* Rn. 112). Hier fehlt es schon an einer Tat „im Interesse" des Verbands, weil ein Delikt zu dessen Lasten nie in dessen Sinne sein kann. So kommt auch keine Verbandsgeldbuße in Betracht, wenn die Leitungsperson zur Verdeckung einer selbst begangenen Unterschlagung eine falsche Steuererklärung abgibt (*Schünemann,* Unternehmenskriminalität und Strafrecht, 1979, 253; aA Rebmann/Roth/Herrmann/ *Förster* Rn. 34, die das Opportunitätsprinzip als Korrektiv heranziehen wollen).

IV. Individualisierung des Täters

Zur Verhängung einer Geldbuße ist es nicht erforderlich, dass der Täter individualisiert werden kann, **55** wenn nur feststeht, dass die Anknüpfungstat von einem tauglichen Täter begangen wurde (OLG Rostock BeckRS 2013, 03059; aA *Kindler,* Das Unternehmen als haftender Täter, 2007, 135, da insoweit keine Feststellungen zur Fahrlässigkeit möglich seien). Es ist auch nicht Voraussetzung, dass der Täter als Mitglied eines mehrköpfigen **Geschäftsführungskollegiums** im Rahmen seiner Kompetenzen (seines Ressorts) gehandelt hat. Eine Verletzung des internen Geschäftsverteilungsplans ist unschädlich (KK-OWiG/*Rogall* Rn. 113; *Eidam* wistra 2003, 448 (454)). Handelt es sich bei der Anknüpfungstat um einen Verstoß gegen § 130, hängt die Verhängung einer Verbandsgeldbuße nicht von der Feststellung ab, welcher von mehreren in Frage kommenden Verantwortlichen die Aufsichtspflicht nicht erfüllt hat. Notwendig ist allein die Feststellung, dass ein im Sinne von § 30 Verantwortlicher die Zuwiderhandlung vorwerfbar begangen hat (BGH NStZ 1994, 346).

Die Verhängung einer Geldbuße gegen eine juristische Person hängt auch nicht davon ab, dass **56** festgestellt wird, welcher von mehreren in Frage kommenden Verantwortlichen die Aufsichtspflicht gemäß § 130 nicht erfüllt hat. Notwendig ist allein die Feststellung, dass ein iSv § 30 Verantwortlicher die Zuwiderhandlung vorwerfbar begangen hat. Dabei ist es gleichgültig, ob das Verfahren gegen eine juristische Person von vornherein als selbstständiges gemäß Abs. 4 oder zunächst zusammen mit einem Verfahren der iSv § 30 Verantwortlichen geführt wurde. Ein Grund für eine unterschiedliche verfahrensrechtliche oder materiell-rechtliche Beurteilung der genannten Fragen ist nicht ersichtlich (BGH NStZ 1994, 346).

E. Sanktionen gegen Verbände

I. Geldbuße

Bei Vorliegen einer Anknüpfungstat kann gegen den Verband eine Geldbuße verhängt werden, **57** Abs. 2. Dabei handelt es sich um eine **Ermessensvorschrift;** es gilt das Opportunitätsprinzip. Maßgebend ist, welche Sanktion ausgesprochen worden wäre, wenn die Leitungsperson die Tat als Einzelunternehmer begangen hätte (Göhler/*Gürtler* § 30 Rn. 35).

1. Begriff. Der gesetzliche Regelfall nach Abs. 2 ist die Verhängung einer kumulativen Verbands- **58** geldbuße, also einer Geldbuße gegen den Täter der Anknüpfungstat und gegen den Personenverband im verbundenen Verfahren. Unter den Voraussetzungen von Abs. 4 kann auch lediglich eine Geldbuße gegen den Verband verhängt werden, isolierte (selbstständige) Verbandsgeldbuße (KK-OWiG/*Rogall* § 30 Rn. 100 f.). Soweit darüber hinaus der Begriff der anonymen Verbandsgeldbuße verwendet wird (KK-OWiG/*Rogall* § 30 Rn. 120), kommt diesem keine eigenständige Bedeutung zu. Er umschreibt lediglich den Umstand, dass eine isolierte Verbandsgeldbuße verhängt wird, ohne dass der Täter der Anknüpfungstat identifiziert ist (→ Rn. 55).

2. Bußgeldrahmen. Die **Höhe** der Geldbuße bestimmt sich nach Abs. 2. Sie beträgt im Falle einer **59** vorsätzlichen Straftat bis zu zehn Millionen Euro und bei einer fahrlässigen Straftat bis zu fünf Millionen

Euro. Ist durch die Anknüpfungstat lediglich eine Ordnungswidrigkeit verwirklicht, bestimmt sich das Höchstmaß der Verbandsgeldbuße nach dem Höchstmaß der für die begangene Ordnungswidrigkeit angedrohten Geldbuße. Unterscheidet der Tatbestand der verwirklichten Ordnungswidrigkeit nicht zwischen vorsätzlicher und fahrlässiger Begehungsweise, wird nach § 17 Abs. 2 das Höchstmaß der Geldbuße nochmals halbiert. Sind durch die Anknüpfungstat sowohl eine Straftat als auch eine Ordnungswidrigkeit verwirklicht worden und übersteigt das Höchstmaß der für die Ordnungswidrigkeit angedrohten Geldbuße 10 Mio. EUR bei vorsätzlicher bzw. fünf Mio. EUR bei fahrlässiger Begehungsweise, richtet sich das Höchstmaß der Geldbuße nach diesen, dh den höheren Beträgen. Bei Kartellordnungswidrigkeiten ist vor allem § 81 Abs. 4 S. 2 GWB zu beachten, der eine umsatzbezogene Verbandsgeldbuße auslösen kann. Zudem kann die Geldbuße die vorgenannten Beträge zum Zwecke der Gewinnabschöpfung überschreiten, Abs. 4 iVm § 17 Abs. 4. Verweist eine Vorschrift auf Abs. 2 S. 3, so **verzehnfacht** sich das in der verweisenden Norm vorgesehene Höchstmaß der Geldbuße; dieser neu eingefügte Satz wird insbes. im Rahmen von § 130 Anwendung finden. Allerdings darf die Höhe der Geldbuße im Falle einer Unternehmensübernahme den Wert des übernommenen Vermögens sowie die Höhe der ggü. dem Rechtsvorgänger angemessenen Geldbuße nicht überschreiten, Abs. 2a S. 2. Aus Gründen der Verfahrensvereinfachung wird hier der Kaufpreis zugrunde zu legen sein (*Kahlenberg/Neuhaus* BB 2013, 131) und zwar ohne Berücksichtigung der Geldbuße. Zudem ist eine hypothetische Bußgeldbemessung im Hinblick auf den Rechtsvorgänger erforderlich; davon unberührt bleibt die Berücksichtigung nachtatlicher oder unternehmensspezifischer Umstände (*Achenbach* wistra 2013, 372).

60   **3. Bemessungskriterien.** Bei der Festsetzung der Geldbuße ist zu berücksichtigen, dass durch sie die Anknüpfungstat sanktioniert und ein durch diese erlangter wirtschaftlicher Vorteil abgeschöpft werden soll. Die Geldbuße setzt sich aus einem Ahndungsteil und einem Abschöpfungsteil zusammen. Für die Bemessung des Ahndungsteils ist zunächst von der **Tat des Verantwortlichen** auszugehen. Dessen Schuld bestimmt auch ggü. dem Personenverband den Umfang der Vorwerfbarkeit (BGH NStZ-RR 2008, 13 (15)). Durch die Kopplungsvorschrift des Abs. 2 S. 2 sind die in § 17 Abs. 3 normierten Grundsätze maßgebende Zumessungskriterien (OLG Frankfurt a. M. NZG 2010, 583; *Wegner* wistra 2000, 361 (362)). Es kommt daher auf die Bedeutung der Anknüpfungstat, deren Unrechtsgehalt und Auswirkungen auf den geschützten Ordnungsbereich, die Höhe des angerichteten Schadens sowie den den Täter der Anknüpfungstat treffende Schuldvorwurf an (*Kindler,* Das Unternehmen als haftender Täter, 2007, 145 f.). Die Höchstgrenze kann bei einem hohen Schaden, einem langen Tatzeitraum und vorsätzlichem Handeln ohne weiteres ausgeschöpft werden (LG Düsseldorf wistra 2013, 80).

61   Daneben werden auch **unternehmensbezogene Umstände** berücksichtigt, so etwa die Häufigkeit derartiger Verstöße im Betrieb, die Einrichtung unternehmensinterner Kontrollmechanismen, getroffene Vorsorgemaßnahmen zur Verhinderung solcher Taten und Ähnliches (BGH wistra 1991, 268 f.) sowie die wirtschaftlichen Verhältnisse des Personenverbandes (*Kindler,* Das Unternehmen als haftender Täter, 2007, 145). Nicht außer Acht bleiben darf der Umstand, wenn mehrere Mitarbeiter des Unternehmens in die Tat verstrickt waren (Langen/Bunte/*Raum* GWB § 81 Rn. 34). Die Einrichtung von Compliance-Maßnahmen kann eine Herabsetzung der Geldbuße gebieten (Göhler/*Gürtler* Rn. 36a). Auch die für ein Bußgeldverfahren ungewöhnlich lange Dauer eines Verfahrens ist bei der Bemessung der Geldbuße beachtlich und gebietet eine deutliche Herabsetzung der ursprünglich verhängten Geldbuße, wenn der Betroffene die überlange Verfahrensdauer nicht zu vertreten hat (BGH EWiR 1989, 295). Zudem können bei der Verhängung eines Bußgelds verjährte Ordnungswidrigkeiten einer Leitungsperson für die Bemessung des Bußgelds herangezogen werden, soweit diese mit der unverjährten Ordnungswidrigkeit eines anderen Leitungsorgans aufgrund einer Bewertungseinheit zu einer prozessualen Tat zusammengefasst sind (BGH NJW 2006, 163).

62   Bei **Kartellverstößen** ist es zugunsten des Verbandes zu werten, wenn bei Submissionsabsprachen die eigenen Organe nicht Initiator und Betreiber der Absprachen waren und die Tat lange zurückliegt, demgegenüber zu ihren Lasten, wenn sich ein Mitarbeiter über einen langen Zeitraum pflichtwidrig verhalten hat, als Ergebnis der wettbewerbsbeschränkenden Verhaltensweise eine wenn auch maßvolle Preiserhöhung zu verzeichnen war und die Ausschaltung eines Mitbewerbers sowie ein nicht unerheblicher Mehrerlös erreicht wurde (OLG Düsseldorf WuW/E DE-R 1893, 1900). IÜ gelten § 81 Abs. 4–6 GWB eigenständig.

63   Ist der Zuwiderhandelnde **Gesellschafter einer Personengesellschaft** und wird gegen beide eine Geldbuße verhängt, ist zu berücksichtigen, dass die natürliche Person als Gesellschafter der Personengesellschaft schon belastet ist (Göhler/*Gürtler* Rn. 5a). Andererseits darf bei nur einseitiger Ahndung der Ordnungswidrigkeit ggü. dem Verband die Nichtverfolgung des schuldhaft handelnden Organs nicht erschwerend berücksichtigt werden (OLG Celle MDR 1975, 601).

64   Werden sowohl gegen den Zuwiderhandelnden als auch gegen den Verband Geldbußen verhängt **(kumulative Gesamtgeldbuße),** können diese unterschiedlich hoch sein. Für die Sanktion gegen den Zuwiderhandelnden kommt es entscheidend auf dessen individuelles Fehlverhalten an, für die Sanktion gegen den Verband ist maßgeblich auf die Bedeutung des kollektiven, durch den Einzeltäter verlautbarten Sinnausdruck abzuheben (KK-OWiG/*Rogall* Rn. 154).

Mit der Geldbuße soll überdies der wirtschaftliche Vorteil **abgeschöpft** werden. Die Geldbuße soll 65
den wirtschaftlichen Vorteil übersteigen, so dass dieser die Untergrenze für die Höhe der Geldbuße
darstellt (BGH NJW 1975, 269 (270)). Zur Erreichung dieses Zwecks kann das Höchstmaß der
Geldbuße iSv Abs. 2 überschritten werden, § 17 Abs. 4 S. 2. Für die Berechnung des wirtschaftlichen
Vorteils vgl. die Kommentierung zu § 17.

4. Tateinheit und Tatmehrheit. Sind mehrere Straftaten oder Ordnungswidrigkeiten begangen 66
wurden, die als **Tateinheit** nach § 52 StGB, § 19 OWiG zu bewerten sind, wird deren Höhe durch
Kombination, nicht durch Addition ermittelt. Diese Grundsätze gelten auch für die Geldbuße nach § 30
(KK-OWiG/*Rogall* Rn. 151).

Sind mehrere Straftatbestände verwirkt, die zueinander im Verhältnis der **Tatmehrheit** nach § 53 67
StGB stehen, wird die Höhe der Strafe nach dem Asperationsprinzip, §§ 53, 54 StGB ermittelt. Als
problematisch wird erachtet, dass im Ordnungswidrigkeitenrecht keine Tatmehrheit gibt, so dass damit
korrespondierend nach § 30 einzelne Geldbußen festgesetzt werden müssen, was zu unangemessenen
Ergebnissen führen kann (FK-KartellR/*Achenbach* GWB Vor § 81 Rn. 151 f.). Diese Divergenzen
zwischen Straf- und Ordnungswidrigkeitenrecht sind bei der Festsetzung der Geldbuße ggf. zugunsten
des Täters und des Personenverbandes zu berücksichtigen.

5. Verbot der Doppelbestrafung. Da sich die Bezugstat häufig aus § 130 ergeben wird, ist verlangt 68
das Verbot der Doppelbestrafung besondere Beachtung. Dieses gilt auch für Personenverbände (OLG
Frankfurt a. M. wistra 2012, 203; OLG Köln NVwZ-RR 2005, 853) und zwar auch in Verfahren nach
§ 30 (BGH NStZ 1999, 253). Allein in der Ahndung der Zuwiderhandlung ggü. der Leitungsperson
und dem Verband liegt kein Verstoß gegen Art. 103 Abs. 3 GG (Göhler/*Gürtler* Rn. 29). Konflikt-
punkte entstehen aber, wenn handelnde Person und Gesellschafter weitgehend oder völlig identisch sind
(OLG Frankfurt a. M. wistra 2012, 203). Entsprechendes ist zu beachten, wenn für den Personenverband
mehrere Personen tätig geworden sind. So darf gegen einen Personenverband nur eine Geldbuße
festgesetzt werden darf, wenn es sich um eine Pflichtverletzung handelt, an deren Begehung mehrere
Personen beteiligt waren (BGH NStZ 1999, 253; *Bauer* wistra 1992, 47 (50)). Das ist anerkannt sowohl
bei unmittelbarer Täterschaft von Leitungspersonen als auch dann, wenn eine Tat durch mehrere
Aufsichtspflichtverletzungen nach § 130 ermöglicht wurde (BGH WuW/E 2904, 2906). Für das Zusammentreffen von Täterschaft und Aufsichtspflichtverletzung kann nichts anderes gelten, wenn sich
beide Verfehlungen auf dieselben geschichtlichen Lebensvorgänge beziehen. Jedenfalls dann, wenn sich dabei
Leitungsperson die Verletzung einer speziellen Aufsichtspflicht vorgeworfen wird, handelt es sich dabei
prozessual um dieselbe Tat iSv § 264 StPO wie die nicht verhinderte Anknüpfungstat (Langen/Bunte/
Raum § 81 Rn. 40; BGH NStZ 1999, 253).

Hingegen ist die Verhängung von mehreren Geldbußen durchaus möglich, wenn es sich um ver- 69
schiedene Sachverhalte handelt und zwar auch bei Zuwiderhandlungen von Leitungspersonen von
verschiedenen Unternehmen, die sich später zusammengeschlossen haben (BGH WuW 1987, 137).

II. Verfall

Gegen den Verband kann unter den Voraussetzungen von § 29a der Verfall angeordnet werden; im 70
Falle einer Straftat ist die Anordnung nach §§ 73, 73 StGB zwingend (KK-OWiG/*Rogall* Rn. 142). Zur
Vermeidung einer doppelten Belastung setzt die Verfallsanordnung nach Abs. 5 voraus, dass gegen den
Verband keine Geldbuße verhängt wird. Dies gilt auch insoweit, als die bloße Gewinnabschöpfung nicht
schon durch das festgesetzte Bußgeld erfolgt sein sollte (BGH NStZ-RR 2008, 13 (15)). IÜ wird auf die
Kommentierungen zu §§ 73, 73a StGB verwiesen.

Ist die Verhängung einer Geldbuße nach §§ 30, 130 gegen ein im Ausland ansässiges Unternehmen 71
mangels Einblick in die rechtliche Struktur und die gesetzlichen Vertretungsverhältnisse nicht möglich,
kommt ein Verfall nach § 29a in Betracht (LG Aachen 19.12.1995 – 63 Qs 301/95).

III. Einziehung

Schließlich kann neben der Verbandsgeldbuße die Einziehung von Gegenständen nach den allgemei- 72
nen Regeln (§ 29 OWiG, § 75 StGB) angeordnet werden.

F. Verfahren

I. Einheitliches Verfahren

Nach dem **Leitbild des Gesetzes** in Abs. 1 u. 4 soll über die Zuwiderhandlung und die Verbands- 73
geldbuße grundsätzlich in einem einheitlichen oder verbundenen Verfahren entschieden werden (Ausnahme Abs. 4. S. 2). Damit soll nach dem Willen des Gesetzgebers ein unangemessener Verfahrensaufwand vermieden und die Gefahr widersprüchlicher Entscheidungen beseitigt werden. Auch kann mit
dem einheitlichen Verfahren dem Verfahrensgrundsatz Rechnung getragen werden, dass im Mittelpunkt
eines Straf- oder Bußgeldverfahrens „der Mensch und seine Tat" stehen. Schließlich soll sichergestellt

werden, dass die Entscheidung über die Rechtsfolge gegen die juristische Person und die Rechtsfolge gegen die natürliche Person aufeinander abgestimmt werden, um im Falle so genannter Ein-Mann-Gesellschaften auch *de facto* eine Doppelbestrafung zu vermeiden (BT-Drs. V/1259, 61; BGH NJW-RR 1987, 637 (638)). Die Einzelheiten dieses Verfahrens werden von § 444 StPO geregelt.

74   Im einheitlichen Verfahren ist die Leitungsperson, der die Anknüpfungstat zur Last gelegt wird, Beschuldigte oder Betroffene, der Verband lediglich **Nebenbetroffener.** An dieser Stellung als Nebenbetroffener ändert sich auch im isolierten Verfahren nach Abs. 4 nichts. Im verbundenen Verfahren nach Abs. 1 muss die verfahrensmäßige Erledigung der Ordnungswidrigkeit des Organs der juristischen Person der gerichtlichen Festsetzung einer Geldbuße gegen die juristische Person entweder vorausgehen oder spätestens gleichzeitig erfolgen (OLG Stuttgart Die Justiz 1977, 390).

II. Isoliertes Verfahren

75   **1. Zulässigkeit des isolierten Verfahrens.** Die Verbandsgeldbuße kann auch in einem so genannten isolierten Verfahren nach Abs. 4 festgesetzt werden. In diesem Fall richtet sich das Verfahren nur gegen den Verband, dem die verfahrensrechtliche Stellung eines Nebenbetroffenen zukommt, ohne dass es einen Beschuldigten oder Betroffenen gibt. Um ausschließlich gegen den Verband vorgehen zu können, darf gegen die Leitungsperson, der die Zuwiderhandlung zur Last gelegt wird, kein Straf- oder Ordnungswidrigkeitenverfahren (mehr) anhängig sein. Das Straf- oder Ordnungswidrigkeitenverfahren darf entweder gar nicht eingeleitet oder muss eingestellt worden sein. Das Absehen von Strafe nach § 60 StGB steht der Einstellung gleich. Die Durchführung eines isolierten Verfahrens gegen den Verband stellt lediglich eine verfahrensrechtliche Bestimmung und eine **Ausnahme** vom Grundsatz des verbundenen Verfahrens dar. Davon unberührt muss in jedem Verfahren nach § 30 eine taugliche Zuwiderhandlung festgestellt werden (BGH NJW-RR 1987, 637 (638)).

76   **a) Kein Verfahren gegen die Leitungsperson.** Ist gegen die Leitungsperson kein Verfahren eingeleitet worden, so ist in der Regel anzunehmen, dass die Verfolgungsbehörde das Verfahren auf die Nebenfolge gegen die juristische Person beschränkt und iÜ von der Möglichkeit des § 47 Gebrauch macht (OLG Celle Nds. Rpfl. 1977, 255). Soweit gelegentlich formuliert wird, es sei ohne Belang, aus welchen Gründen eine Leitungsperson entweder gar nicht verfolgt oder ein Verfahren gegen sie eingestellt werde, solange dies nicht auf rechtlichen Gründen iSv Abs. 4 S. 3 beruhe (Göhler/*Gürtler* Rn. 41; *Eidam* wistra 2003, 448 (455)), ist dies missverständlich. Richtigerweise verbleibt für die Durchführung eines isolierten Verfahren nur dann Raum, wenn das Verfahren aus Opportunitätserwägungen nach §§ 153, 153a (Göhler/*Gürtler* Rn. 41, 43; aA *Wegner* NJW 2001, 1979 (1980); *Eidam* wistra 2003, 448 (455)), §§ 153b, 154, 154a StPO oder § 47 OWiG eingestellt wurde. Wird das Verfahren hingegen nach § 170 Abs. 2 StPO eingestellt, weil kein Tatverdacht vorliegt, fehlt es bereits an einer Anknüpfungstat. Erfolgt die Einstellung aufgrund eines rechtlichen Hindernisses, steht Abs. 4 S. 3 entgegen (KK-OWiG/*Rogall* Rn. 168).

77   Gelegentlich wird in der Praxis angeregt, § 30 als „Königsweg" zu beschreiten, wenn nur ein Mitarbeiter „die Einstellung auf sich nimmt"; andere Mitarbeiter würden dann geschützt, der Verband als Begünstigter belangt (vgl. *Flore/Labunski,* Praxis Steuerstrafrecht, 1999, 120). Davon zu unterscheiden ist die Konstellation, dass der Verband eine Geldauflage isV § 153a StPO für die beschuldigte Leitungsperson begleicht. In beiden Fällen wird sich eine solche Verfahrensweise für die Strafverfolgungsbehörden wegen des Legalitätsprinzips verbieten.

78   Abs. 4 S. 1 stellt keine Ausnahme vom **Legalitätsprinzip** (§ 152 Abs. 2 StPO) dar. Liegt nur der Verdacht einer Ordnungswidrigkeit vor, kann sich die Verfolgungsbehörde im Rahmen ihres pflichtgemäßen Ermessens von der Erwägung leiten lassen, dass die Verbandsgeldbuße das geeignetere Mittel ist, vor allem wenn die Anknüpfungstat nur ein geringes Maß an „individueller Boshaftigkeit" enthält (KK-OWiG/*Rogall* Rn. 164 f.).

79   Nicht ausgeschlossen ist, dass nach Durchführung des isolierten Verfahrens gegen die Leitungsperson vorgegangen wird (*Göhler/Gürtler* wistra 1991, 131 (132)). Ist hingegen ein gegen die Leitungsperson betriebenes Straf- oder Ordnungswidrigkeitenverfahren durch eine rechtskräftige Entscheidung in der Sache abgeschlossen, ist eine isolierte Festsetzung einer Geldbuße gegen den Verband nicht mehr möglich (AG Eggenfelden wistra 2002, 274).

80   Schwebt gegen die Leitungsperson noch ein Verfahren, ist die Durchführung eines isolierten Verfahrens nicht zulässig (Göhler/*Gürtler* Rn. 33). Wurde es dennoch eingeleitet, ist es umgehend einzustellen (OLG Hamm NJW 1973, 1851 (1853)) oder das Verfahren gegen die Leitungsperson zu verbinden. Eine solche **Verbindung** ist in jeder Lage des Bußgeldverfahrens möglich, und zwar dann, wenn gegen das Organ und die juristische Person zwei getrennte Bußgeldbescheide ergangen sind und gegen beide Einspruch eingelegt wurde. Eine Verbindung kommt nicht nur unmittelbar nach Eingang der Sache bei Gericht in Betracht. Sie ist auch dann noch zulässig, wenn ein Rechtsmittel anhängig ist oder die Sache als Folge eines Rechtsbeschwerdeverfahrens zurückverwiesen wurde (BGH SVR 2008, 352 (353)). Allerdings ist zu beachten, dass die Verbindung der Verfahren nicht das Verfahrenserfordernis eines Bußgeldbescheids ersetzt. Daher können vor Erlass des Bußgeldbescheids die

Verfahren gegen die Leitungsperson und den Verband verbunden werden. Ein lediglich gegen einen Verband gerichtetes Verfahren kann hingegen nicht in ein Verfahren gegen eine Leitungsperson übergeleitet oder mit einem Verfahren gegen diese verbunden werden, wenn gegen diese kein Bußgeldbescheid ergangen ist; ist dies geschehen, so ist das Verfahren insoweit einzustellen, als es sich gegen diese Person gerichtet hat (OLG Celle Nds. Rpfl. 1977, 255).

b) Gesetzlich normierte Ausnahmen. Die Klammerwirkung des einheitlichen Verfahrens mit **81** einheitlicher Entscheidung wird zudem durch Abs. 4 S. 2 durchbrochen. Danach kann das isolierte Verfahren in weiteren, gesetzlich normierten Fällen durchgeführt werden. Der Gesetzgeber hat von dieser Möglichkeit in § 96 EnWG und § 82 GWB Gebrauch gemacht. Besonders die abweichende Regelung im Kartellverfahren wird als problematisch empfunden (Göhler/*Gürtler* Rn. 34). § 82 S. 1 GWB begründet eine ausschließliche Zuständigkeit der Kartellbehörde zur Festsetzung einer Geldbuße gegen einen Verband, wenn durch die Tat (auch) gegen § 81 Abs. 1, Abs. 2 Nr. 1, Abs. 3 GWB verstoßen wurde. Andererseits kann sie das Verfahren an die StA nach § 82 S. 2 GWB abgeben. Aufgrund von § 41 ist die Kartellbehörde gehalten, das Individualverfahren an die StA abzugeben (Göhler/*Gürtler* Rn. 34). *Achenbach* sieht in dieser Regelung mit guten Gründen einen Verstoß gegen Art. 103 Abs. 3 GG; denn wenn die Verbandsgeldbuße Rechtsfolge der Straftat ist, dann kann auch das Verfahren zu ihrer Festsetzung nur ein Teil des Strafverfahrens sein, in dem es um die Verfolgung der Straftat einer Leitungsperson geht, an welche die Geldbuße gegen das Unternehmen geknüpft ist. Zudem verbürgt Art. 103 Abs. 3 GG nicht nur das Verbot der doppelten Sanktionierung, sondern auch den Grundsatz der Einmaligkeit der Strafverfolgung. Solange die nach § 41 zuständige Strafjustiz wegen des Verdachts des strafbaren Verhaltens einer Leitungsperson ermittelt, darf ein parallel betriebenes Verfahren des BKartA zur Festsetzung einer eben daran anknüpfenden Unternehmensgeldbuße nicht zulässig sein (*Achenbach* NJW 2001, 2233).

2. Ausschluss des isolierten Verfahrens. Kann eine Zuwiderhandlung aus rechtlichen Gründen **82** nicht verfolgt werden, ist die selbstständige Festsetzung einer Geldbuße gegen den Verband nach Abs. 4 S. 3 ausgeschlossen. Dies ist vornehmlich der Fall, wenn ggü. der Leitungsperson **Verfolgungsverjährung** eingetreten ist (BGH NStZ-RR 1996, 147).

Weitere rechtliche Verfolgungshindernisse sind ua entgegenstehende Rechtskraft, Immunität, Exterri- **83** torialität und ein fehlender Strafantrag, nicht aber Abwesenheit, Tod oder Verhandlungsunfähigkeit (KK-OWiG/*Rogall* Rn. 191).

Ist die Verfolgung einer Leitungsperson aus rechtlichen Gründen (Eintritt der Verfolgungsverjährung) **84** ausgeschlossen, so ist das Verfahren gegen den Verband auch dann unzulässig, wenn an derselben Tat eine andere Leitungsperson beteiligt ist und für diese kein Verfolgungshindernis besteht (OLG Frankfurt a. M. 17.1.1989 – 2 Ws (B) 433/08 OWiG).

3. Rechtsfolge bei Verstoß gegen das Gebot des einheitlichen Verfahrens. Ergehen gegen die **85** Leitungsperson und den Verband unter Verstoß gegen das Gebot eines einheitlichen Verfahrens unterschiedliche rechtskräftige Entscheidungen, sind diese rechtsfehlerhaft, aber nicht nichtig (Göhler/*Gürtler* Rn. 33a). Sie bleiben nebeneinander bestehen.

G. Erforderliche Feststellungen

I. Anforderungen an den Bußgeldbescheid

Erlässt die Verfolgungsbehörde einen auf § 30 gestützten Bußgeldbescheid, so muss sich eindeutig **86** ergeben, gegen wen er sich richtet. Eine nicht selten auftretende Fehlerquelle liegt darin, dass zweifelhaft ist, ob gegen die Leitungsperson aufgrund der Zuwiderhandlung vorgegangen wird – vielfach nach § 130 – oder ob eine Geldbuße nach § 30 verhängt werden soll. Zwar stellt der Bußgeldbescheid lediglich eine Verfahrensvoraussetzung dar, so dass an seinen Inhalt geringere Anforderungen zu stellen sind als an ein Urteil. Der Bußgeldbescheid muss jedoch eindeutig erkennen lassen, wer der Betroffene ist, wobei mangelhafte Angaben zur Person seine Wirksamkeit nicht berühren, sofern sich die Identität des Betroffenen aus den vorhandenen zutreffenden Angaben zweifelsfrei ergibt (OLG Koblenz VRS 67, 361). Allerdings kann allein aus der Aufführung des vertretungsberechtigten Organs im Bußgeldbescheid als Geschäftsführer nicht der Schluss gezogen werden, die Verwaltungsbehörde habe den Geschäftsführer persönlich als Betroffenen in Anspruch nehmen wollen (OLG Rostock BeckRS 2008, 21716). So kommt auch bei einem Verfahren gegen den Geschäftsführer einer GmbH eine Adressierung des Bußgeldbescheids an die GmbH in Betracht, da sich das Verfahren nur gegen eine natürliche Person richtet (BGH NVwZ-RR 1994, 310 (311)). Bleibt nach den im Bußgeldbescheid enthaltenen Angaben zweifelhaft, ob der Bußgeldbescheid gegen den Verband oder gegen deren Leitungsperson gerichtet ist, so stellt der Bußgeldbescheid weder gegen den Verband noch gegen die Leitungsperson eine ausreichende Grundlage für das sich dem Einspruch anschließende gerichtliche Verfahren dar (OLG Rostock BeckRS 2008, 21716).

Wird ein Bußgeldbescheid gegen einen Verband erlassen und das Verfahren vor dem Amtsgericht **87** irrtümlich gegen die Leitungsperson geführt und das Urteil in der Rechtsbeschwerde aufgehoben, weil die Leitungsperson nicht der Betroffene ist, bleibt die Sache beim AG gegen den Verband anhängig. Bis dahin ist es – nach stillschweigendem Absehen von der Verfolgung, vgl. § 47 Abs. 1 S. 1 – gemäß Abs. 4 S. 1 zulässig betrieben worden und muss zu einem Abschluss gebracht werden (OLG Dresden NStZ 1997, 348 (349)). Hingegen kann das Bußgeldverfahren auf Grundlage eines nur gegen den Verband festgesetzten Bußgeldes nicht gegen das Leitungsorgan weitergeführt werden (OLG Rostock BeckRS 2008, 21716).

II. Anforderungen an die richterliche Prüfungspflicht

88   Grundlage für die Verhängung einer Geldbuße ist gemäß § 30 eine bestimmte Tat, durch die eine der juristischen Person obliegende Pflicht verletzt wurde. Der im Bußgeldbescheid bezeichnete Lebensvorgang umfasst alle mit dem Tatvorwurf zusammenhängenden Vorkommnisse, auch wenn sie im Bußgeldbescheid nicht ausdrücklich erwähnt sind. Die Kognitionspflicht des Gerichts erstreckt sich auf den gesamten Lebenssachverhalt, der für die Bewertung der Schuld und der Rechtsfolgen von Bedeutung ist. Dies gilt auch dann, wenn er im Bußgeldbescheid nicht vollumfänglich beschrieben wird. Stützt sich zB die Verbandsgeldbuße auf eine Aufsichtspflichtverletzung nach § 130 durch einen bestimmten, konkret benannten Verantwortlichen, so darf das Gericht nicht außer Acht lassen, ob und gegebenenfalls in welchem Umfang andere für das Unternehmen gemäß § 30 Verantwortliche sich im konkreten Fall ebenfalls pflichtwidrig verhalten haben (BGH NStZ 1994, 346). Die richterliche Kognitionspflicht erstreckt sich auf die einheitliche nicht verjährte Tat. Dies bedeutet, dass der Bußgeldrichter verpflichtet ist, auch zeitlich vorgelagerte Einzelhandlungen oder Taten anderer Leitungsorgan iSv Abs. 1 zu prüfen und gegebenenfalls bei der Bemessung des Bußgelds zu Lasten der Nebenbeteiligten zu berücksichtigen (BGH NJW 2006, 163 (164)).

III. Anforderungen an die Feststellungen im Urteil

89   Gegen einen Verband kann eine Geldbuße nur festgesetzt werden, wenn der äußere und innere Tatbestand einer Ordnungswidrigkeit oder Straftat, begangen durch eine Leitungsperson, festgestellt und darüber hinaus nachgewiesen wird, dass die Tat unter Abs. 1 Nr. 1 oder Nr. 2 fällt (OLG Koblenz BB 1977, 1571). Dazu müssen die Urteilsgründe Feststellungen zum rechtswidrigen und schuldhaften Handeln des Leitungsorgans enthalten. Zwar ist es nicht es nicht zwingend erforderlich, dass die handelnde Person namentlich bezeichnet wird, wenn sie nur bestimmt werden kann. Indes muss das Urteil Ausführungen zur betrieblichen Organisation des Verbands im Hinblick auf die Wahrnehmung der Pflichten nach dem jeweiligen Gesetz enthalten. Dazu sind die Betriebsabläufe, die getroffenen und unterlassenen Maßnahmen iE bzw. die von der Betroffenen getroffenen Anordnungen anzugeben (OLG Hamm BeckRS 2000, 30121035). Dem Tenor oder den Gründen bzw. ihrem Gesamtzusammenhang muss einwandfrei zu entnehmen sein, von welcher Schuldform der Tatrichter ausgegangen ist. Dies gilt vornehmlich dann, wenn die Tat sowohl vorsätzlich als auch fahrlässig begangen werden kann (OLG Hamm BeckRS 2000, 30119892). Auch sind die wirtschaftlichen Verhältnisse der Betroffenen anzugeben sowie, ob nach § 17 Abs. 4 ein wirtschaftlicher Vorteil oder Gewinn abgeschöpft wurde (OLG Hamm wistra 2000, 433 (434)). Nicht erforderlich ist hingegen die Angabe, ob eine natürliche Person aus tatsächlichen Gründen nicht verfolgt werden konnte oder das Verfahren gegen sie eingestellt wurde (BGH NJW 1972, 1771; NVwZ-RR 1994, 310 (311); OLG Rostock BeckRS 2013, 03057 empfiehlt Klarstellung; aA Dresden OLG-NL 1996, 215). Aus dem Fehlen solcher Feststellungen ist ein Schluss, dass nur ein Vorgehen gegen den Geschäftsführer beabsichtigt gewesen sei, nicht möglich (BGH NVwZ-RR 1994, 310 (311)). Zudem ist die Berechnungsgrundlage für die Höhe der Geldbuße anzugeben (OLG Rostock BeckRS 2011, 29486).

H. Rechtskraft/Anfechtbarkeit

90   Das Ziel von § 30 liegt darin, durch eine Klammerwirkung eine einheitliche Entscheidung ggü. der Leitungsperson und dem Verband über die Verhängung einer Geldbuße herbeizuführen. Dieses Prinzip kann, wie sich schon aus Abs. 4 ergibt, nicht lückenlos durchgehalten werden. Zwar muss auch in einem selbstständigen Verfahren die „Anknüpfungstat" festgestellt werden, die Rechtsfolgen der Haupttat gestalten sich jedoch für den Verband und für Leitungsperson trotz der Akzessorietät der Nebenfolge unterschiedlich. Auch im einheitlich geführten Verfahren nach Abs. 1 sind aufgrund eines unterschiedlichen prozessualen Verhaltens von Verband und Leitungsperson **unterschiedliche Rechtsfolgen möglich.** Dem Verband steht als Nebenbetroffenem ein von der Leitungsperson weitgehend unabhängiges Rechtsmittel zu (§ 88 Abs. 3 iVm § 87 Abs. 3, § 67). Der Rechtsbehelf des einen Beteiligten wirkt grundsätzlich nur für diesen selbst, nicht aber für den anderen. Eine Ausnahme gilt nach § 437 Abs. 1 StPO iVm § 444 Abs. 2 StPO, § 46 OWiG nur für das einem Urteil nachfolgende Rechtsmittelverfahren, in dem die juristische Person unter bestimmten Umständen an den Schuldspruch des angefochtenen Urteils gebunden ist (Göhler/*Gürtler* § 88 Rn. 13). Werden durch dasselbe Urteil gegen einen Betroffenen und eine Nebenbeteiligte Geldbußen festgesetzt und ist die Rechtsbeschwerde des

Betroffenen erfolgreich, so ist die Erstreckung gemäß § 357 StPO auch dann möglich, wenn die Rechtsbeschwerde der Nebenbeteiligten durch denselben Beschluss des Rechtsbeschwerdegerichts als unzulässig (weil verspätet) verworfen wird (BayObLG BeckRS 194, 11903).

Die formelle **Verfahrensstellung** des Verbandes und des Leitungsorgans bleibt von der Frage der   **91**
Anfechtbarkeit einer Entscheidung unberührt. Der Verband bleibt stets Nebenbetroffener, auch wenn es
im Verfahren keinen Betroffenen mehr gibt (OLG Stuttgart Die Justiz 1977, 390). Bedenken gegen eine
Teilrechtskraft können sich daraus ergeben, dass bei Bußgeldentscheidungen der Verwaltungsbehörden,
ähnlich wie bei dem summarischen Verfahren des Strafbefehls, von einer Unteilbarkeit der Entscheidung
über eine einheitliche Tat ausgegangen wird. Deshalb ist grundsätzlich die Beschränkung des Einspruchs
gegen einen Bußgeldbescheid auf einzelne Beschwerdepunkte, bspw. die Höhe der Geldbuße oder die
Nebenfolge, wirkungslos, vorausgesetzt die Haupt- und Nebenfolge richten sich gegen denselben
Betroffenen (BGH NJW-RR 1987, 637 (638)).

I. Zuständigkeit

Die Zuständigkeit zur Verhängung einer Verbandsgeldbuße richtet sich nach dem **Charakter der**   **92**
Zuwiderhandlung. Handelt es sich um eine Ordnungswidrigkeit, sind die Verwaltungsbehörden nach
den allgemeinen Regeln zuständig. Die Verbandsgeldbuße wird durch Bußgeldbescheid festgesetzt. Hat
der Zuwiderhandelnde eine Straftat begangen, ist die StA zur Verfolgung berufen. Die Anklage oder der
Strafbefehlsantrag richtet sich gegen die Leitungsperson, der Verband erhält eine Stellung als Nebenbetroffener, § 444 StPO. Hat die StA zunächst der Ermittlungen übernommen und kommt sie zu dem
Ergebnis, dass lediglich eine Ordnungswidrigkeit vorliegt, kann sie das Verfahren an die Verwaltungsbehörden abgegeben oder die Verfolgung der Ordnungswidrigkeit selbst übernehmen (Göhler/*Gürtler*
Rn. 43).

Stellt die StA das Verfahren nach §§ 153, 153a, 153b, 154 oder 154a StPO ein, kommt eine **Abgabe**   **93**
an die Verwaltungsbehörden zum Erlass eines Bußgeldbescheids nicht in Betracht. Sie kann aber ein
selbstständiges Strafverfahren zur Verhängung einer Verbandsgeldbuße beantragen. Die Entscheidung
ergeht durch das Gericht durch Beschluss oder durch Urteil, §§ 444 Abs. 2 S. 2, 441 Abs. 2, Abs. 3
StPO, nicht aber durch Bußgeldbescheid (Göhler/*Gürtler* § 30 Rn. 43). Es gelten die allgemeinen
Regeln. Verfassungsrechtliche Zweifel an dieser Verfahrensweise der StA bestehen nicht (Göhler/*Gürtler*
Rn. 43; aA *Eidam* wistra 2003, 448 (455); *Wegner* NJW 2001, 1979 (1981)), weil der Verband keinen
Anspruch darauf hat, dass sein Verfahren im Bußgeldverfahren erledigt wird.

J. Verjährung

Für die Verbandsgeldbuße besteht keine eigenständige Regelung über die Verfolgungsverjährung.   **94**
Vielmehr gelten im Verfahren gegen den Verband die für die Straftat oder Ordnungswidrigkeit der
natürlichen Person maßgeblichen Vorschriften über die Verjährung (BGH wistra 2001, 180 f.).

Wird gegen den Verband kein selbstständiges Verfahren geführt, wirken die verjährungsunterbrechen-   **95**
den Handlungen gegen den die Leitungsperson auch ihm ggü. verjährungsunterbrechend (BGH NStZ-
RR 1996, 147), so dass im Blick auf die Festsetzung einer Geldbuße ebenso wie hinsichtlich der
Straftaten des Angeklagten zum Zeitpunkt des Urteils keine Verfolgungsverjährung eintritt (BGH NJW
2001, 1436 (1437)). Demgegenüber sind Verfolgungshandlungen, die sich nur gegen einen Verband
richten, sind nicht geeignet, die Unterbrechungswirkung auch auf die tätig gewordenen Leitungspersonen zu erstrecken (OLG Karlsruhe NStZ 1987, 79 (80); Göhler/*Gürtler* § 33 Rn. 43c).

Wird gegen eine Leitungsperson eines Verbands ermittelt und stellt sich später heraus, dass tatsächlich   **96**
eine andere Leitungsperson die Zuwiderhandlung begangen hat, der ggü. die Tat verjährt ist, so wirkt
die Unterbrechung der Verjährung weder ggü. ihr noch dem Verband (KK-OWiG/*Rogall* § 30
Rn. 191). Anderenfalls würde dies zu einem relativen Verjährungsbegriff führen, durch die der Festsetzung der Verbandsgeldbuße trotz tatsächlich eingetretener Verjährung möglich wäre. Dies widerspricht Abs. 4 S. 3.

Mit der Einleitung eines selbstständigen Verfahrens hat die Verjährungsunterbrechung getrennt zu   **97**
erfolgen. Die Verjährung muss nun ggü. dem Verband unterbrochen werden. Allerdings darf die Bezugstat noch nicht verjährt sein. Die Verjährung ggü. dem Verband richtet sich nach § 33.

Anders liegt die Sache bei Abs. 4. Ein natürlicher Betroffener ist nicht mehr vorhanden, womit auch   **98**
nicht mehr die Möglichkeit der Unterbrechung diesem ggü. gegeben ist. Die Verjährung kann ggü. dem
Verband durch Handlungen unterbrochen werden, die den in § 33 Abs. 1 aufgeführten entsprechen
(Göhler/*Gürtler* § 33 Rn. 43a).

Ist der Täter nicht bekannt, so unterbrechen Maßnahmen diesem ggü. nicht die Verjährung hinsicht-   **99**
lich des Verbands. *Gürtler* empfiehlt daher zutreffend, das Verfahren gegen einen unbekannten Täter
rechtzeitig vor Verjährungseintritt einzustellen und zum selbstständigen Verfahren überzugehen, wenn
die Nebenfolge den Schwerpunkt des Verfahrens bilden soll (Göhler/*Gürtler* § 33 Rn. 43b).

Die Vollstreckungsverjährung richtet sich nach § 34 (KK-OWiG/*Rogall* Rn. 251).   **100**

K. Vollstreckung

100a   Mit Wirkung zum 30.6.2013 wurde mit § 30 Abs. 6 eine vollstreckungsrechtliche Sonderbestimmung eingeführt. Die Vollstreckung der Verbandsgeldbuße folgt den allgemeinen Regeln der §§ 89 ff. (Beck-OK OWiG/*Meyberg* Rn. 139a), § 101 ist nicht anzuwenden (*Mühlhoff* NZWiSt 2013, 321). Wie bisher auch kann nach Erlass eines Urteils ein dinglicher Arrest erlassen werden (vgl. Göhler/*Seitz* Vor § 59 Rn. 107). Um Vermögensverschiebungen außerhalb der Rechtsnachfolgetatbestände zu verhindern, kann der dingliche Arrest nunmehr schon ab Erlass des Bußgeldbescheides angeordnet werden. Voraussetzung ist ein Arrestgrund, der in der Gefahr liegen kann, dass die aktuell beteiligten Personen Tendenzen zu manipulativer und betrügerischer Verschleierung von Vermögen erkennen lassen (*Mühlhoff* NZWiSt 2013, 321). Die Anordnung steht im Ermessen des Gerichts, das zu berücksichtigen hat, ob das Unternehmen durch den Arrest handlungsunfähig wird und eine Verletzung von Art. 14 GG im Hinblick auf die Vorläufigkeit der Maßnahme Betracht kommt (BeckOK OWiG/*Meyberg* Rn. 139e). IÜ gelten über § 46 die allgemeinen Regeln über den Arrest.

§ 130 [Verletzung der Aufsichtspflicht in Betrieben und Unternehmen]

(1) ¹Wer als Inhaber eines Betriebes oder Unternehmens vorsätzlich oder fahrlässig die Aufsichtsmaßnahmen unterläßt, die erforderlich sind, um in dem Betrieb oder Unternehmen Zuwiderhandlungen gegen Pflichten zu verhindern, die den Inhaber treffen und deren Verletzung mit Strafe oder Geldbuße bedroht ist, handelt ordnungswidrig, wenn eine solche Zuwiderhandlung begangen wird, die durch gehörige Aufsicht verhindert oder wesentlich erschwert worden wäre. ²Zu den erforderlichen Aufsichtsmaßnahmen gehören auch die Bestellung, sorgfältige Auswahl und Überwachung von Aufsichtspersonen.

(2) Betrieb oder Unternehmen im Sinne des Absatzes 1 ist auch das öffentliche Unternehmen.

(3) ¹Die Ordnungswidrigkeit kann, wenn die Pflichtverletzung mit Strafe bedroht ist, mit einer Geldbuße bis zu einer Million Euro geahndet werden. ²§ 30 Absatz 2 Satz 3 ist anzuwenden. ³Ist die Pflichtverletzung mit Geldbuße bedroht, so bestimmt sich das Höchstmaß der Geldbuße wegen der Aufsichtspflichtverletzung nach dem für die Pflichtverletzung angedrohten Höchstmaß der Geldbuße. Satz 3 gilt auch im Falle einer Pflichtverletzung, die gleichzeitig mit Strafe und Geldbuße bedroht ist, wenn das für die Pflichtverletzung angedrohte Höchstmaß der Geldbuße das Höchstmaß nach Satz 1 übersteigt.

Neuere Literatur (Auswahl): *Adam,* Die Begrenzung der Aufsichtspflichten in der Vorschrift des § 130 OWiG, wistra 2003, 285; *Bangard,* Aktuelle Probleme der Sanktionierung von Kartellabsprachen, wistra 1997, 161; *Bottke,* Das Wirtschaftsstrafrecht in der Bundesrepublik Deutschland, wistra 1985, 1 (52, 81); *Dannecker,* Die Verfolgungsverjährung bei Submissionsabsprachen und Aufsichtspflichtverletzungen in Betrieben und Unternehmen, NStZ 1985, 49; *Demuth/Schneider,* Die besondere Bedeutung des Gesetzes über Ordnungswidrigkeiten für Betrieb und Unternehmen, BB 1970, 642; *Hermanns/Kleier,* Grenzen der Aufsichtspflicht in Unternehmen und Betrieben, 1987; *Hsü,* Garantenstellung des Betriebsinhabers zur Verhinderung strafbarer Handlungen seiner Angestellten?, 1986; *Kindler,* Das Unternehmen als haftender Täter, 2007; *Leube,* Neuere Rechtsprechung zum Kartellordnungswidrigkeitenrecht, wistra 1987, 42; *Maschke,* Aufsichtspflichtverletzungen in Betrieben und Unternehmen, 1997; *Ransiek,* Unternehmensstrafrecht, 1996; *Rogall,* Dogmatische und kriminalpolitische Probleme der Aufsichtspflicht in Betrieben und Unternehmen, ZStW 98 (1986), 573; *Siegmann/Vogel,* Die Verantwortlichkeit des Strohmanngeschäftsführers einer GmbH, ZIP 1994, 1821; *Schünemann,* Unternehmenskriminalität und Strafrecht, 1979; *Thiemann,* Aufsichtspflichtverletzung in Betrieben und Unternehmen, 1976; *Wirtz,* Die Aufsichtspflicht des Vorstandes nach OWiG und KonTraG, WuW 2001, 342; *Wolter,* Zur dreijährigen Verjährungsfrist nach den §§ 130, 31, 131 OWiG, GA 2010, 441.

Übersicht

A. Allgemeines

I. Bedeutung

Die deutsche Rechtsordnung kennt keine in sich geschlossene Konzeption der Haftung für Verstöße **1** gegen straf- und ordnungswidrigkeitenrechtliche Normen, die im Rahmen der Tätigkeit in Betrieben und Unternehmen begangen werden. Ausgangspunkt einer systematischen Bearbeitung ist die Frage danach, wer für **Fehlverhalten in einem Unternehmen** mit Sanktionen belegt werden soll; als Täter kommen die tatsächlich handelnde Person, die Leitungsperson oder/und der Unternehmensträger in Betracht. Dabei geht das deutsche Recht davon aus, dass sich die Rechtsfolgen für Fehlverhalten, auch im Rahmen einer betrieblichen Tätigkeit, in erster Linie gegen den tatsächlich Handelnden richten. Insoweit gelten für die Ahndung von Straftaten und Ordnungswidrigkeiten die allgemeinen Bestimmungen. Dies wird regelmäßig als misslich empfunden, da in einer Vielzahl von Fällen Ordnungswidrigkeiten und Straftaten „zum Wohle" des Unternehmens begangen werden, dieses aber nur durch die Verhängung einer Geldbuße als „Verbandsstrafe" nach § 30 belangt werden kann. Wirtschaftlicher Vorteil und Verantwortlichkeit fallen daher auseinander.

Hinzu kommt, dass viele Verhaltensnormen als **Sonderdelikte** ausgestaltet sind, die an besondere **2** Eigenschaften des Täters anknüpfen, zB an die als Betriebsinhaber oder Arbeitgeber. Dieses Merkmal erfüllt die weit überwiegende Mehrzahl der tatsächlichen im Betrieb handelnden Personen als einfache Angestellte ohne Leitungsfunktion nicht, so dass sich deren Verantwortlichkeit ausschließlich nach den Allgemeindelikten bestimmt. Demgegenüber wird die von den Sonderdelikten geforderte Eigenschaft in vielen Fällen von einer juristischen Person verkörpert, die kein tauglicher Täter einer Straftat oder Ordnungswidrigkeit ist. Um über die Konstellation, dass der Unternehmensträger eine natürliche Person ist, hinaus Führungspersonen innerhalb eines Betriebs zur Rechenschaft ziehen zu können, wird über § 9 eine Organ- und Vertreterhaftung begründet, die den dort genannten Personen die Sondereigenschaft zurechnet. Die Zurechnung ersetzt allerdings nicht das Erfordernis, dass dem Vertreter oder Organ selbst ein tatbestandsmäßiges Handeln oder Unterlassen vorgeworfen werden kann. Zwar kommt neben der Organ- und Vertreterhaftung noch ein Einstehen von Leitungspersonen in Betracht, welches an die Möglichkeit der Einwirkung auf Mitarbeiter und an die dadurch begründete rechtliche Verantwortlichkeit anknüpft und auf dem Gedanken der mittelbaren Täterschaft beruht (vgl. dazu Achenbach/Ransiek/Rönnau WirtschaftsStR-HdB/*Achenbach* Teil 1 Kap. 3 Rn. 24). Aber auch diese Möglichkeit vermag Ahndungslücken nicht hinreichend zu schließen.

Eine Haftungserweiterung ergibt sich jedoch aus § 130. Die Vorschrift regelt die Verantwortlichkeit **3** des Betriebsinhabers für Zuwiderhandlungen, die in seinem Betrieb oder Unternehmen von Betriebsangehörigen begangen wurden und deren Begehung durch gehörige Aufsichtsmaßnahmen verhindert oder zumindest wesentlich erschwert worden wäre. Er soll die Lücke ausfüllen, die sich daraus ergibt, dass betriebsbezogene Pflichten infolge Delegation und Arbeitsteilung oftmals von Personen zu erfüllen sind, für die der Unternehmensträger nicht ohne Weiteres einzustehen hat, obwohl er der eigentliche Normadressat und derjenige ist, dem die Vorteile der Tat zufallen, die sich aus der Erweiterung der Betätigungsmöglichkeiten durch den arbeitsteiligen Einsatz seiner „Leute" ergeben (BGH NJW 2000, 1801 (1803)). Das Konzept der Norm liegt daher in der **Haftungsbegründung infolge Pflichtendelegation** (*Kindler*, Das Unternehmen als haftender Täter, 2007, 117). § 130 regelt die Aufsichtspflichtverletzung in Unternehmen und Betrieben einheitlich und abschließend (Göhler/*Gürtler* Rn. 1).

In der Praxis dient die Verfolgung von Aufsichtspflichtverletzungen regelmäßig auch dem Ziel, den **4** Unternehmensträger selbst zur Verantwortung zu ziehen, der oftmals vom Fehlverhalten der Mitarbeiter wirtschaftlich profitiert. So werden zB Sicherheitsvorschriften nicht eingehalten, um Kosten zu sparen, oder Kartellabsprachen getroffen, um den Gewinn zu steigern. In diesen Fällen zielt das Verhalten der Mitarbeiter auf den finanziellen Vorteil des Unternehmens. Um den **Unternehmensträger als Profiteur** solcher Umtriebe zu belangen, dient die über die Aufsichtspflichtverletzung verstärkte Haftung der Führungskräfte als „Brücke", um zur Anwendung des § 30 zu gelangen und damit eine juristische Person als Unternehmensträger selbst zur Rechenschaft zu ziehen (*Leube* wistra 1987, 41 (44); *Tessin* BB 1987, 984 (985)).

II. Rechtsnatur

5   Bei der Verletzung der Aufsichtspflicht handelt es sich um ein **echtes Unterlassensdelikt,** bei dem sich das tatbestandliche Verhalten in dem Unterlassen der erforderlichen Aufsichtsmaßnahme erschöpft (BGH NStZ 1985, 77; *Schünemann,* Unternehmenskriminalität und Strafrecht, 1979, 69).

6   Umstritten ist im Schrifttum hingegen, ob es sich um ein abstraktes (*Thiemann,* Aufsichtspflichtverletzung in Betrieben und Unternehmen, 1976, 120; *Adam* wistra 2003, 285 (289)) oder konkretes **Gefährdungsdelikt** (KK-OWiG/*Rogall* Rn. 17 mwN; *Achenbach* wistra 1998, 296 (299); *Theile/Petermann* JuS 2011, 497) handelt. Die praktischen Auswirkungen der unterschiedlichen dogmatischen Konstruktionen sind gering. Beide Auffassungen stimmen zusammen mit der Rspr. in dem Ergebnis überein, dass es sich bei der konkreten Zuwiderhandlung eines Dritten um eine objektive Bedingung der Ahndung handelt, so dass sich Vorsatz oder Fahrlässigkeit des Täters nicht darauf zu beziehen brauchen (BGH wistra 2003, 465; *Rogall* ZStW 98 (1986), 573 (599); *Adam* wistra 2003, 285 (286)). Erforderlich ist nur, dass der Betriebsinhaber weiß oder infolge mangelnder Sorgfalt verkennt, dass er die Aufsichtsmaßnahmen unterlässt, die zur Verhinderung von betrieblichen Zuwiderhandlungsgefahren aus einem bestimmten Pflichtenkreis erforderlich sind (KK-OWiG/*Rogall* Rn. 19).

III. Schutzgut

7   Die Einordnung der Vorschrift in bekannte Kategorien ist schwierig; § 130 wird teils als dogmatische Missgeburt (*Schünemann,* Unternehmenskriminalität und Strafrecht, 1979, 116, Fn. 180) teils als Etikettenschwindel (*Kindler,* Das Unternehmen als haftender Täter, 2007, 128) bezeichnet, da die Vorschrift schwer miteinander zu vereinbarende Elemente aufweist. So betrachten einige Stimmen in der Lit. § 130 als reine Zurechnungsnorm (*Bauer* wistra 1992, 47 (49); 1995, 170 (172); *Kindler,* Das Unternehmen als haftender Täter, 2007, 125). Auch wenn die zurechnungssichernde Funktion der Vorschrift durchweg anerkannt ist (KK-OWiG/*Rogall* Rn. 4), sieht die wohl überwiegende Auffassung in der Lit. den Schutzzweck der Norm zutreffend in der Verstärkung des Rechtsgüterschutzes ggü. betriebsbezogenen Zuwiderhandlungen und damit in der **Vorverlagerung des Schutzes von Rechtsgütern,** insoweit der Betriebsinhaber dazu angehalten wird, Zuwiderhandlungen bereits im Vorfeld zu begegnen (*Rogall* ZStW 98 (1986), 573 (587, 597); Göhler/*Gürtler* Rn. 3). Demgegenüber ist nach dem BGH in erster Linie das Interesse der Allgemeinheit an der Schaffung und Aufrechterhaltung einer innerbetrieblichen Organisationsform geschützt, mit der den von einem Unternehmen als der Zusammenfassung von Personen und Produktionsmitteln ausgehenden Gefahren begegnet wird. Jedoch kann auch nach dem BGH schwerlich in Zweifel gezogen werden, dass in diesem auf einem allgemeinen Ordnungsgedanken beruhenden Zweck der Vorschrift auch der Schutz der individuellen Rechtsgüter einbezogen ist, deren Verletzung durch die einzelnen in Abs. 1 angesprochenen Vorschriften des Straf- und Ordnungswidrigkeitenrechts verhindert werden soll (BGH NJW 1994, 1801). Denn die Norm betrachtet den Betrieb oder das Unternehmen als Gefahrenquelle und geht davon aus, dass die Zusammenfassung von Personal und Produktionsmitteln nicht nur Sachgefahren hervorruft, sondern auch kriminogene Wirkungen entfaltet (*Rogall* ZStW 98 (1986), 573 (587 f.)). Ob sich die Entscheidung des BGH iErg von der in der Lit. überwiegend vertretenen Auffassung, die die Vorverlagerung des Schutzes anderer Rechtsgüter betont, unterscheidet, ist nicht abschließend geklärt. Ohnehin ist zweifelhaft, ob dem genannten Urteil des BGH für das Ordnungswidrigkeitenrecht eine hinreichende Verbindlichkeit zukommt, da die Entscheidung zu einem zivilrechtlichen Sachverhalt ergangen ist. Der Entscheidung ist jedenfalls insoweit zu folgen, wie § 130 nicht als **Schutzgesetz** iSv § 823 Abs. 2 BGB anzusehen ist (BGH NJW 1994, 1801; OLG Koblenz NZG 2005, 79; aA *Adam* wistra 2003, 285 (286 f.)).

IV. Verfassungsmäßigkeit

8   Gegen die Verfassungsmäßigkeit von § 130 wurden Bedenken erhoben und auf einen Verstoß gegen die ausreichende Bestimmtheit der Norm, Art. 103 Abs. 2 GG, (Tiedemann WirtschaftsStR AT 98 f.) und gegen das Schuldprinzip (*Schünemann,* Unternehmenskriminalität und Strafrecht, 1979, 208 f.) gestützt. Diese Einwände sind überwunden; ihnen wird durch eine verfassungskonforme Auslegung der Norm begegnet (KK-OWiG/*Rogall* Rn. 19). Vgl. dazu → Rn. 64.

V. Compliance

9   Bei der Erörterung der §§ 9, 30, 130 werden regelmäßig die Begriffe Compliance und Corporate Governance erwähnt. Die Vorschriften betreffen indes nur einen Teilbereich der Compliance-Thematik, die bußgeldbewehrte Aufsichtspflichtverletzung. Die Bedeutung von Compliance und Corporate Governance reicht deutlich über die Frage der strafrechtlichen Verantwortlichkeit von Leitungspersonen

hinaus. Ganz allgemein bedeutet Compliance Einhaltung, Befolgung, Übereinstimmung, **Einhaltung bestimmter Gebote;** damit ist gemeint, dass sich Unternehmen und deren Organe in Übereinstimmung mit dem geltenden Recht verhalten müssen (*Hauschka/Moosmayer/Lösler* in Hauschka/Moosmayer/Lösler, 3. Aufl. 2016, Corporate Compliance, § 1 Rn. 1). Während Corporate Governance die Perspektive aus der Sicht der Regulierer erklärt, entspricht der Begriff der Compliance der Sicht der Regulierten, den Unternehmen (*Hauschka/Moosmayer/Lösler* in Hauschka/Moosmayer/Lösler, 3. Aufl. 2016, Corporate Compliance § 1 Rn. 2). Zum einen gilt es den Begriff der Compliance gegen die allgemeine Problematik des Risikos fehlerhafter Unternehmensentscheidungen abzugrenzen (vgl. hierzu *Lösler* NZG 2005, 104). Zum anderen weist der Compliance-Begriff inhaltlich viele Facetten auf, ohne dass es einen bestimmten oder gar abschließenden Katalog von Themen gäbe, die der Compliance zuzuordnen wären. Allgemein werden alle Maßnahmen darunter gefasst, die der Einhaltung gesetzlicher Normen oder unternehmensdefinierter Vorgaben dienen, um dadurch Haftungsansprüche oder andere Rechtsnachteile vom Unternehmen sowie dessen Organen und Mitarbeitern abzuwenden. Die mit diesem Ziel einhergehenden Pflichten sind so umfangreich und komplex wie das Unternehmen selbst.

Ein einheitliches Normengeflecht für die Compliance besteht nicht. Lediglich für einzelne Arten von **10** Unternehmen sind mehr oder weniger konkrete Pflichten geregelt. So hat der Vorstand einer Aktiengesellschaft nach § 91 Abs. 2 AktG geeignete Maßnahmen zu treffen, insbes. ein Überwachungssystem einzurichten, damit den Fortbestand der Gesellschaft gefährdende Entwicklungen früh erkannt werden. § 33 Abs. 1 WpHG statuiert für Wertpapierdienstleistungsunternehmen besondere Organisationspflichten, die über die allgemeinen Pflichten von § 25a Abs. 1, 4 KWK hinausgehen. Zudem besteht für nach Ziff. 4.1.3. des Deutschen Corporate Goverance Kodex (DCGK) eine Pflicht des Vorstands börsennotierter Unternehmen, für die Einhaltung der gesetzlichen Bestimmungen und unternehmensinternen Richtlinien zu sorgen und auf deren Beachtung durch die Konzernunternehmen hinzuwirken (vgl. *Hüffer/Spindler* AktG § 91 Rn. 37). Der DCGK entfaltet keine Rechtsverbindlichkeit (BGH NJW 2008, 855).

Im Hinblick auf die bußgeldbewehrte Aufsichtspflichtverletzung ist zwischen dem Verhältnis von **11** Unternehmen zu Organen, Mitarbeitern, Anteilseignern, Staat und privaten Dritten auf der einen und den Fragen der Organisation des Unternehmens auf der anderen Seite zu unterscheiden. Letztere stehen im direkten Zusammenhang mit dem Normenkomplex der §§ 9, 30, 130. Dabei wird der Begriff der Aufsichtspflicht nicht aus dem System der Compliance entwickelt, sondern eigenständig aus der Norm selbst. Insoweit mögen durch die fortschreitende Strukturierung der Compliance einzelne Handlungspflichten entwickelt werden. Die Verletzung dieser Pflichten ist aber nicht zwingend mit einer Aufsichtspflichtverletzung iSv § 130 gleichzusetzen. Zumindest derzeit beeinflusst die Compliance die Auslegung des Begriffs der Aufsichtspflicht noch nicht. Vielmehr werden die unternehmensbezogenen Pflichten unter Berücksichtigung von § 130 zunehmend differenzierend entwickelt, ohne dass bislang eine Änderung des Verständnisses von Aufsichtspflichten selbst in der Compliance-Literatur damit einher gegangen wäre. Ein Unternehmen ist indes gehalten, Informationen über die Haftungsrisiken zu gewinnen und diese zu überwachen. Zudem kann ein Hinweisgeberverfahren zur Aufdeckung von Verstößen gegen Verhaltenspflichten dienen, sog Whistleblowing (Wittig WirtschaftsStR § 6 Rn. 150c). Ebenso offen ist noch die Frage, ob bei einem begründeten Verdacht Maßnahmen durch externe Prüfer durchgeführt werden sollen.

Zudem hat § 130 keine direkten Auswirkungen auf die Organisationsstruktur des Unternehmens. **12** Aus dem Umstand allein, dass ein Unternehmen keine **Compliance-Organisation** eingerichtet hat, wird in dieser Allgemeinheit keine Aufsichtspflichtverletzung zu begründen sein. Denn ob für alle Unternehmen eine solche Verpflichtung generell besteht, wird unterschiedlich gesehen (bejahend *Uwe H. Schneider* ZIP 2003, 645 (648); abl. *Hauschka* ZIP 2004, 877; offen lassend Göhler/*Gürtler* Rn. 9).

B. Kommentierung im Einzelnen

I. Subsidiarität

§ 130 gelangt nur zur Anwendung, wenn der Täter keinen besonderen Straf- oder Ordnungswidrig- **13** keitentatbestand verwirklicht hat; ggü. diesem ist er subsidiär (*Rogall* ZStW 98 (1986), 573 (620)). Wenn diese Subsidiarität der Norm auch gelegentlich als Auffangtatbestand aufgefasst wird (OLG Düsseldorf VRS 67, 370; Rebmann/Roth/Herrmann/*Förster* Rn. 28), so besteht doch Einigkeit darüber, dass die Vorschrift nur anzuwenden ist, wenn der Täter im Hinblick auf den objektiven Erfolg der Ahndung nach allgemeinen Regeln keine vorsätzliche oder fahrlässige Straftat oder Ordnungswidrigkeit begangen hat, sei es durch Unterlassen, als Teilnehmer oder als Nebentäter (KG JR 1972, 121 (122), m. zust. Anm. *Göhler;* OLG Karlsruhe GewArch 1976, 161; OLG Koblenz GewArch 1981, 38; Achenbach/Ransiek/Rönnau WirtschaftsStR-HdB/*Achenbach* Teil 1 Kap. 3 Rn. 41). Bei einer in Betracht kommenden Ordnungswidrigkeit ist insbes. die Einheitstäterschaft nach § 14 zu prüfen.

Ist nicht nur irgendeine betriebsbezogene Pflicht verletzt worden, sondern eine solche, deren Erfül- **14** lung gerade Zweck des fraglichen Betriebes ist, so stellt sich auch die mangelnde Beaufsichtigung untergeordneter Kräfte regelmäßig als eigene Tatbestandsverwirklichung des Betriebsinhabers durch Unterlassen dar (KG JR 1972, 121 (122); OLG Stuttgart Die Justiz 1979, 389).

II. Betrieb

15   Unter **Betrieb** ist eine organisatorische Einheit von Arbeitsmitteln zu einem bestimmten arbeitstechnischen Zweck zu verstehen; **Unternehmen** meint die kapitalmäßige Einheit, die sich aus der Verwertung eines einheitlichen Kapitals zur Gewinnerzielung ergibt. Einer Abgrenzung beider Begriffe bedarf es nicht (Erbs/Kohlhaas/*Senge* Rn. 6), solange nur die jeweiligen Pflichten der entsprechenden Einheit und damit der verantwortlichen Person zugeordnet werden (vgl. KK-OWiG/*Rogall* Rn. 22). Die Begriffe werden daher im Folgenden synonym verwendet.

16   Beide Begriffe sind weit zu fassen. Ein **Erwerbszweck** wird nicht vorausgesetzt (FK-KartellR/*Achenbach* GWB Vor § 81 Rn. 68), so dass auch karitative Einrichtungen darunter fallen (OLG Köln GewArch 1974, 180).

17   Nach Abs. 2 werden **öffentliche Unternehmen** den privaten gleich gestellt. Es sollen alle Organisationsformen der öffentlichen Verwaltung erfasst werden, mit denen diese am Wirtschaftsleben aktiv teilnimmt. Unerheblich ist, ob das Unternehmen mittelbar oder unmittelbar durch die Behörde in der Form eines Eigenbetriebs betrieben oder als rechtsfähige öffentliche Anstalt oder Gesellschaft des Privatrechts tätig wird (Müller-Gugenberger WirtschaftsStR/*Schmid/Fridrich* § 30 Rn. 140). Ausgenommen sind lediglich öffentliche Stellen mit Verwaltungsaufgaben (Göhler/*Gürtler* Rn. 24).

III. Betriebsinhaber

18   Wer Inhaber des Betriebs oder Unternehmens ist, bestimmt sich danach, wem die Erfüllung der dem Betrieb oder Unternehmen treffenden Pflichten obliegt. Es kommt daher weder auf die Eigentümerstellung noch auf die Kapitalbeteiligung an (FK-KartellR/*Achenbach* GWB Vor § 81 Rn. 69), sondern auf den **Unternehmensträger** (Achenbach/Ransiek/Rönnau WirtschaftsStR-HdB/*Achenbach* Teil 1 Kap. 1 Rn. 6), wer also nach dem Inhalt der zu erfüllenden Pflicht zu deren Einhaltung berufen ist. Dabei ist der „Inhaber" nur dann zwingend tauglicher Täter, wenn es sich um eine natürliche Person handelt. Ist eine juristische Person als Unternehmensträger der Betriebsinhaber, so handelt es sich bei der Inhaberschaft um eine **sanktionsrechtliche Bezugsgröße** (KK-OWiG/*Rogall* Rn. 23). Als Betriebsinhaber werden dann diejenigen angesehen, die für die juristische Person handeln, da ausschließlich natürliche Personen taugliche Täter iSv § 130 sein können (BayObLG JR 1973, 28 f.). Insoweit wird die Eigenschaft des Betriebsinhabers über § 9 zugerechnet. Als Inhaber werden iVm § 9 Abs. 1 die **gesetzlichen Vertreter** behandelt (*Achenbach* wistra 2002, 441 (442)), zB bei der Aktiengesellschaft, der Genossenschaft und dem Verein jeweils der Vorstand, bei der GmbH der Geschäftsführer, bei der GmbH & Co KG der Geschäftsführer der Komplementär-GmbH (BGH NStZ 1986, 79) und bei einer rechtsfähigen Personengesellschaft die vertretungsberechtigten Gesellschafter (*Achenbach* wistra 2002, 441 (442)). Auch ein als Geschäftsführer eingesetzter Strohmann ist Betriebsinhaber (BGH NJW 194, 1801; *Siegmann/Vogel* ZIP 1994, 1819 (1821)).

19   Dem Betriebsinhaber werden über § 9 Abs. 2 auch diejenigen Personen gleichgestellt, die kraft Rechtsgeschäfts als Vertreter eingesetzt sind. Allerdings haben sie im Gegensatz zum Betriebsinhaber und den organschaftlichen Vertretern nach § 9 Abs. 1 nur insoweit für Aufsichtspflichtverletzungen einzustehen, wie sie zur Abwendung von Zuwiderhandlungen berufen sind. Es kommt darauf an, ob die **gewillkürte Vertreter** zur Aufsicht über denjenigen Betriebsbereich berufen war, in welchem es zu einer Zuwiderhandlung gekommen ist. In öffentlichen Unternehmen liegt die Aufsichtspflicht in erster Linie beim Verwaltungsleiter (Göhler/*Gürtler* Rn. 23).

20   Dem **Leiter der Rechtsabteilung,** der zugleich Leiter der Innenrevision ist, kommt eine Garantenstellung zu. Indes beschränkt sich sein Pflichtenkreis darauf, Straftaten aus dem Unternehmen zu dessen Lasten zu verhindern. Er ist grundsätzlich nicht verpflichtet, Straftaten aus dem Unternehmen zu Lasten Dritter zu unterbinden. Abweichendes gilt für öffentliche Unternehmen, wenn sich die nicht unterbundene Handlung auf eine hoheitliche Tätigkeit bezieht (BGH NJW 2009, 3173 (3175); aA Müller-Gugenberger WirtschaftsStR/*Schmid/Fridrich* § 30 Rn. 117, der auf Anstalten des öffentlichen Rechts die für Privatunternehmen geltenden Regeln übertragen will). So macht sich der Leiter der Rechtsabteilung einer kommunalen Versorgungseinrichtung strafbar, wenn er die Erhebung betrügerisch überhöhter Gebühren duldet (BGH NJW 2009, 3173 (3175)).

21   Auch wenn das Aufgabengebiet eines Leiters der Innenrevision mit dem eines **Compliance Officers (CO)** erheblich überschneidet, trifft den CO regelmäßig eine Garantenpflicht, solche im Zusammenhang mit der Tätigkeit des Unternehmens stehende Straftaten von Unternehmensangehörigen zu verhindern. Hierin ist die notwendige Kehrseite ihrer ggü. der Unternehmensleitung übernommene Pflicht zu sehen, Rechtsverstöße und – soweit möglich – Straftaten zu verhindern (BGH NJW 2009, 3173 (3175) m. insoweit abl. Anm. *Stoffers;* demgegenüber *Kraft/Winkler* CCZ 2009, 29 (32), die den Pflichtenkreis erheblich enger ziehen und maßgebend auf die Vereinbarungen zwischen CO und Unternehmensleitung über dessen Zuständigkeiten und Kompetenzen abstellen).

Sind zur Leitung eines Unternehmens **mehrere Personen** bestellt, so haben grundsätzlich alle für die **22** Aufsichtspflichtverletzung einzustehen, da § 9 allgemein auf die Vertretungsberechtigung abstellt (Achenbach/Ransiek/Rönnau WirtschaftsStR-HdB/*Achenbach* Teil 1 Kap. 3 Rn. 57). Kommt es durch Aufsichtspflichtverletzungen auf **verschiedenen Leitungsebenen** zu Zuwiderhandlungen, können alle jeweils auf ihrer Ebene zur Aufsicht Verpflichteten nebeneinander nach Maßgabe der tatsächlichen Reichweite der Aufsichtspflicht belangt werden.

Sind **auf einer Hierarchieebene** mehrere Vertreter bestellt, zB mehrere Vorstände oder Geschäfts- **23** führer, hat grundsätzlich jeder für die Aufsichtspflichtverletzung einzustehen. Dies gilt insbes. dann, wenn es an einer klaren Verteilung der Zuständigkeit im **Leitungsgremium** fehlt (OLG Hamm JR 1971, 383 (384); *Göhler* JR 1973, 29). Sind hingegen im Leitungsgremium die Aufgabenbereiche, insbes. durch eine interne Geschäftsverteilung, klar und abschließend geregelt, besteht Einigkeit, dass nur derjenige verantwortlich ist, welcher nach der im Unternehmen bestehenden Aufgabenverteilung tatsächlich für die Aufsichtspflicht zuständig ist (KK-OWiG/*Rogall* Rn. 68; *Otto* JURA 1998, 409 (414)). Zur Begründung wird teils die Normadressanteneigenschaft verneint, (*Tessin* BB 1987, 989), teils soll der Tatbestand nicht erfüllt sein, da eine Überprüfung durch Fachfremde bei schwierigen Fragen schon rein faktisch nicht möglich sei (*Wirtz* WuW 2001, 342 (345)), teils werde die Verantwortlichkeit gemindert (OLG Hamm VRS 40, 370 (372)).

Die Verantwortlichkeit der übrigen unzuständigen Gremienmitglieder lebt wieder auf, wenn es sich **24** ihnen aufdrängen muss, dass das an sich zuständige Organmitglied seine Pflichten grob vernachlässigt. Dazu müssen sie von Unregelmäßigkeiten Kenntnis erlangen oder die Aufgabenerfüllung des zuständigen Organmitglieds muss offensichtlich unzureichend sein (*Wirtz* WuW 2001, 342 (345 f.); OLG Hamm VRS 40, 370 (372); OLG Naumburg NZV 1998, 41 (42)). In diesem Fall sind die an sich unzuständigen Vertretungsberechtigten gehalten, gegebenenfalls im Zusammenwirken mit weiteren Organmitgliedern auf die Einhaltung der betriebsbezogenen Pflichten zu drängen (*Wirtz* WuW 2001, 342 (345)).

IV. Aufsichtspflichtverletzung

1. Bestehen einer Aufsichtspflicht. § 130 ist ein reines Unterlassendelikt und sanktioniert das **25** Unterlassen von Aufsichtsmaßnahmen. Um eine Aufsichtpflicht zu begründen, muss der Betriebsinhaber einer anderen Person die Wahrnehmung der ihm obliegenden **Pflichten übertragen** haben (OLG Hamm NStZ 1992, 499). Nur in diesem Fall ist eine Aufsichtspflichtverletzung denkbar. § 130 will verhindern, dass sich der Betriebsinhaber durch Delegation von Pflichten seiner Verantwortung entzieht. Diese Gefahr besteht nicht, wenn er gerade diese Pflicht selbst wahrgenommen hat (Müller-Gugenberger WirtschaftsStR/*Schmid/Fridrich* § 30 Rn. 132).

Deshalb ist die wohl überwiegend vertretene Auffassung, § 130 begründe keine Aufsichtspflicht, **26** sondern setze sie voraus, in dieser Allgemeinheit nicht zutreffend. Die Argumentation der hM beschränkt sich darauf, eine Aufsichtspflicht angesichts der Vielzahl möglicher Pflichten und deren Verletzung zu postulieren, unabhängig davon, ob sie besonders normiert seien (vgl. Müller-Gugenberger WirtschaftsStR/*Schmid/Fridrich* § 30 Rn. 142). Vielmehr ist zwischen der Pflicht des Betriebsinhabers zur Beaufsichtigung seiner Mitarbeiter einerseits und der Pflicht zur Abwendung von Zuwiderhandlungen andererseits zu unterscheiden. Die Aufsichtspflicht des Betriebsinhabers kann sich zunächst direkt aus dem Gesetz ergeben, zB als spezielle Überwachungspflicht in § 91 Abs. 2 AktG (LG München I NZG 2014, 345; *Wirtz* WuW 2001, 342 (349)). Entsprechendes gilt, wenn Vorschriften die Einrichtung einer Compliance-Organisation oder eines Risikomanagements verlangen wie § 25a KWG, § 33 WpHG, § 99a GWG f., § 64a VAG, § 52a BImSchG. Soweit iÜ Sorgepflichten aus StVO, BetrSichV, GPSG, UVV, Bauordnungen, Brandschauverordnungen, technischen Prüfverordnungen, aus §§ 223, 223a, 230 StGB im Zusammenhang mit der strafrechtlichen Produkthaftung oder aus §§ 263, 266 StGB bei Vermögensanlagegesellschaften (Müller-Gugenberger WirtschaftsStR/*Schmid/Fridrich* § 30 Rn. 128) begründet werden, dürfte es sich nicht um Aufsichtspflichten, sondern um Pflichten zur Abwendung von Zuwiderhandlungen handeln. Folgerichtig bestimmt die Rspr. die Rechtweite der Aufsichtspflicht in der Mehrzahl der Fälle, in denen der Betriebsinhaber nicht gegen eine gesetzlich normierte Pflicht verstößt, ohne deren rechtliche Grundlage einzuordnen. Deshalb kann sich eine Aufsichtspflicht nur aus den besonderen Strukturprinzipien unternehmerischen Handelns ergeben als einer Art Garantenpflicht für unternehmerisches Handeln (Müller-Gugenberger WirtschaftsStR/*Schmid/Fridrich* § 30 Rn. 126) oder eben doch aus dem Leitbild von § 130. Sicherlich können aus dieser Vorschrift keine Aufsichtspflichten iE abgeleitet werden, jedoch kann nicht verkannt werden, dass die Entfaltung und Systematisierung von Aufsichtspflichten durch Lit. und Rspr. jedenfalls in ihrer konkreten Ausformung den Anforderungen des § 130 entspringt und erst diese Norm zu einer konkreten Formulierung der einzelnen Pflichten zwingt. Insoweit erscheint die Formulierung, § 130 begründe keine Aufsichtspflicht, sondern setze sie lediglich voraus, in dieser Allgemeinheit nicht zwingend.

§ 130 gilt für **jedwede Verletzung von Aufsichtspflichten** des Betriebsinhabers, auch im presse- **27** rechtlichen Bereich, soweit nicht speziellere Normen vorhanden sind (BGH NStZ 1986, 367).

Der Unternehmer kann sich seiner Aufsichtspflicht niemals vollständig entziehen, insbes. dadurch **28** nicht, dass er in seinem Betrieb eine Aufsichtsperson mit der Überwachung der Beschäftigten beauftragt

(*Rogall* ZStW 98 (1986), 573 (603)), sog **Oberaufsicht.** Denn Abs. 1 S. 2 verpflichtet den Betriebsinhaber ausdrücklich auch zur Überwachung der Aufsichtspersonen (BayObLG NJW 2002, 766). Jener hat deswegen den Betrieb organisatorisch entsprechend zu gestalten, wenn er selbst zur Durchführung der Kontrollen nicht in der Lage ist (OLG Hamm GewArch 1974, 190). Er hat sich entweder die für seine Überwachungsaufgabe erforderlichen Kenntnisse verschaffen, um seinen Pflichten selbst nachkommen zu können, oder hat ein innerbetriebliches Kontrollsystem zu organisieren, das er extern, etwa durch einen Steuerberater oder Wirtschaftsprüfer, überwachen lässt; auch das Gebot der Zumutbarkeit führt nicht zu dem Ergebnis, dass jede Aufsichtspflicht in einem Betrieb entfällt, weil ihre Ausübung dem Inhaber nicht zuzumuten ist, sondern es begrenzt nur deren Art und Ausmaß (BayObLG NJW 2002, 766 f.). Im Anwendungsbereich von § 91 Abs. 2 AktG wird diese Pflicht insoweit konkretisiert, dass ein Überwachungssystem installiert wird, dass geeignet ist, bestandsgefährdende Entwicklungen frühzeitig zu erkennen, wovon auch Verstöße gegen gesetzliche Vorschriften umfasst sind (LG München I NZG 2014, 345).

29   Die Aufsichtspflicht besteht für den Betriebsinhaber und die ihm über § 9 gleichgestellten Personen. Auf die Frage, ob die Person im Betrieb tatsächlich tätig geworden ist, kommt es nicht an. Ein lediglich als **Strohmann** eingesetzter Geschäftsführer kann sich nicht auf seine Formalposition berufen. Im Gegenteil ist in diesem Fall ein Unterlassen von Aufsichtspflichten *per definitionem* zu bejahen (*Siegmann/Vogel* ZIP 1994, 1819 (1825)), ebenso bei einem „Rückzug aus der Geschäftsleitung" (*Müller-Gugenberger* WirtschaftsStR/*Schmid/Fridrich* § 30 Rn. 137; aA OLG Naumburg NZV 1998, 41; dort war die Mutter der drei faktischen Geschäftsführer als Geschäftsführerin nicht tätig und den Söhnen oblag die Verantwortung für den konkreten Bereich, ohne dass Anhaltspunkte für Versäumnisse der Söhne vorlagen; m. abl. Anm. *Korte* NStZ 1998, 450).

30   **2. Ausgestaltung der Aufsichtspflicht.** Welche Maßnahmen ein Unternehmer ergreifen muss, um etwaigen Verstößen gegen die für seinen Betrieb geltenden Gebote und Verbote vorzubeugen, hängt von den Umständen des Einzelfalles ab (BGH NStZ 1986, 34). Der Betriebsinhaber muss diejenigen Aufsichtsmaßnahmen ergreifen, die erforderlich und zumutbar sind, um Zuwiderhandlungen jedenfalls wesentlich zu erschweren. Die Aufsichtsmaßnahmen und die Bestellung von Aufsichtspersonen stehen unter dem **„Vorbehalt der Erforderlichkeit"** (FK-KartellR/*Achenbach* GWB Vor § 81 Rn. 79); der Aufsichtspflichtige darf daher vor mehreren gleich wirksamen Verhaltensweisen sein Tätigwerden auf die Maßnahme mit der geringsten Belastung für die Beteiligten beschränken (KK-OWiG/*Rogall* Rn. 38).

31   Diese abstrakte Betrachtung macht es kaum möglich, die Aufsichtspflicht iE zu bestimmen. Andererseits ist zu beachten, dass § 130 für jedes Unternehmen gilt, in dem Aufsichtspflichten bestehen, vom Kleinbetrieb bis zum international tätigen Konzern und zwar für alle Branchen. Daher können sich Aufsichtspflichten notgedrungen nur nach dem jeweiligen Einzelfall bestimmen. So haben Rspr. und Lit. Typen von Aufsichtspflichten entwickelt, die zur Konkretisierung der Norm beitragen (→ Rn. 32–42). Zudem besteht zugunsten des Betriebsinhabers ein weiter Ermessensspielraum. Es steht ihm grundsätzlich frei, über die Organisation seines Betriebes zu entscheiden. Wie er Kontrollmechanismen iE organisiert, bleibt ihm überlassen, soweit die Maßnahmen geeignet und effektiv sind, Zuwiderhandlungen von Betriebsangehörigen zu unterbinden. Daher handelt es sich bei den Fällen, in denen es zu einer Verurteilung gekommen ist, regelmäßig um eindeutige Verstöße gegen die Aufsichtspflicht, sei es, dass gar keine Aufsicht geführt wurde, sei es, dass diese evident unzureichend war.

     Die Aufsichtspflichten lassen sich in Organisations-, Überwachungs-, Schulungs- und Dokumentationspflichten untergliedern, wobei die Pflichten mitunter ineinander greifen:

32   **a) Organisatorische Maßnahmen.** Der Betriebsinhaber ist verpflichtet, die erforderlichen organisatorischen Maßnahmen zu ergreifen, um seiner Aufsichtspflicht nachzukommen. Zu den organisatorischen Maßnahmen gehört zunächst die sorgfältige Auswahl geeigneter und zuverlässiger Mitarbeiter. Kann der Betriebsinhaber betriebliche Aufgaben und Pflichten nicht selbst erfüllen, so muss er hierfür geeignete und zuverlässige Personen bestellen; ab einer gewissen Größe des Unternehmens hat er eine Revisionsabteilung einzurichten, mit ausreichenden personellen und sachlichen Mitteln auszustatten und ihr ausreichende Kontrollbefugnisse zu verleihen (KG WuW/E OLG 2330, 2332 f.; *Wirtz* WuW 2001, 342 (343)).

33   Falls der Betriebsinhaber sich einer Aufsichtsperson bedient, muss gewährleistet sein, dass die Zuteilung der von ihm nicht wahrnehmbaren Aufsichtsmaßnahmen **lückenlos** ist. Der Betriebsinhaber hat bei der Delegation die konkrete Aufsichtspflicht konkret einem Mitarbeiter zuzuweisen und der Aufsichtsperson der Inhalt ihrer Pflichten genau mitzuteilen (KG 26.8.1997 – 2 Ss 182/97). Daran fehlt es, wenn Kompetenzen zwischen einzelnen Mitarbeitern verteilt wurden, ohne dass diese klar abgegrenzt wurden, und wenn jeder auf die Erfüllung der Pflicht durch seine Arbeitskollegen vertraut (OLG Düsseldorf NStZ-RR 1999, 151 (152)).

34   Bei der Übertragung von Aufsichtspflichten muss der Betriebsinhaber sowohl Qualifikation und Leistungsvermögen seiner Mitarbeiter berücksichtigen als auch den Grundsatz, dass die wesentlichen Entscheidungen vom Inhaber zu treffen sich. Er darf daher die Verantwortung nicht zu weit nach unten verlagern (*Göhler/Gürtler* Rn. 14), ohne dass diese Einschränkung der **Delegationsbefugnis** iE näher zu präzisieren wäre. Unzulässig ist jedenfalls die Übertragung von Aufsichtspflichten auf Personen, die mit der Pflichtenwahrnehmung erkennbar überfordert sind (BGH NJW 1977, 1784). Das gleiche gilt, wenn der Inhaber seinen Betrieb mit Hilfe einer Aufsichtsperson weiter betreibt, die sich als ungeeignet zur Verhinderung ordnungswidriger Zustände erwiesen hat, ohne sich mit allem Nachdruck um andere organisatorische Maßnahmen zu bemühen (OLG Hamm GewArch 1973, 121).

Zu den erforderlichen organisatorischen Maßnahmen gehört es auch, dass der Betriebsinhaber **im 35 Falle einer Zuwiderhandlung** durch Betriebsangehörige tätig wird und geeignete Maßnahmen unternimmt, um Zuwiderhandlungen in der Zukunft zu verhindern. Wenn das Fehlverhalten keine Kündigung des Arbeitnehmers rechtfertigt, ist zumindest die Androhung von Konsequenzen in unbestimmter Form erforderlich. Die Androhung arbeitsrechtlicher Konsequenzen ist nicht von vornherein zu verlangen (WuW/E BGH 1799); Abweichendes gilt aber nach wiederholter Zuwiderhandlung; die allgemeine Bekanntmachung von Sanktionen im Unternehmen, sei es auch in anonymisierter Form, ist im Hinblick auf den Betriebsfrieden wegen der Prangerwirkung regelmäßig nicht erforderlich (OLG Celle NJW-RR 1993, 231).

b) Überwachungsmaßnahmen. Um seiner Aufsichtspflicht zu genügen, muss der Betriebsinhaber **36** geeignete Maßnahmen ergreifen, um die Einhaltung der betriebsbezogenen Pflichten zu überwachen. Unterlässt der Betriebsinhaber jeglicher Überwachung, liegt hierin bereits ein Verstoß gegen die Aufsichtspflicht (BayObLG NJW 2002, 766). Die Überwachungspflichten bestehen sowohl hinsichtlich des Personals als auch hinsichtlich der sachlichen Betriebsmittel (Müller-Gugenberger WirtschaftsStR/ *Schmid/Fridrich* § 30 Rn. 149).

Grundsätzlich ist der Betriebsinhaber selbst zur Überwachung verpflichtet. Kann er die betriebliche **37** Aufgaben und Pflichten nicht selbst erfüllen, so muss er hierfür geeignete und zuverlässige Personen bestellen und diese gelegentlich entweder selbst überprüfen oder durch andere kontrollieren lassen. Welchen Umfang die Überprüfungen im konkreten Fall haben müssen, hängt von den Umständen des Einzelfalls ab (BGH NStZ 1986, 34). Die Kontrollpflicht umfasst sowohl die kontinuierliche Überprüfung der Angemessenheit der Überwachungsorganisation selbst als auch die Überwachung der Aufsichtspersonen und operativ tätigen Unternehmensteile mitsamt den einzelnen Mitarbeitern. Typischerweise wird in größeren Unternehmen zudem eine **Revisionsabteilung** die nachgeordnete Überwachungsorganisation und die Tätigkeiten der in den einzelnen Unternehmensbereichen aktiven Mitarbeiter kontrollieren (KG WuW/E OLG 1449, 1457). Dabei sind stichprobenartige, überraschende Prüfungen auf wiederkehrender Basis auch in den Tochtergesellschaften, Niederlassungen und Filialen erforderlich und regelmäßig auch ausreichend, um vorsätzliche Zuwiderhandlungen gegen gesetzliche Vorschriften und Anweisungen der Betriebsleitung zu verhindern. Sie halten den Betriebsangehörigen vor Augen, dass Verstöße entdeckt und gegebenenfalls geahndet werden können. Ist allerdings abzusehen, dass **stichprobenartige** Kontrollen nicht ausreichen, um die genannte Wirkung zu erzielen, weil zB die Überprüfung von nur einzelnen Vorgängen etwaige Verstöße nicht aufdecken könnte, so ist der Unternehmer zu anderen geeigneten Aufsichtsmaßnahmen verpflichtet. In solchen Fällen kann es geboten sein, überraschend umfassendere Geschäftsprüfungen durchzuführen (WuW/E BGH 1799; BGH NStZ 1986, 34). Die Kontrollen müssen daher eine solche Häufigkeit und Kontrolltiefe besitzen, dass ein **realistisches Entdeckungsrisiko** für die handelnden Mitarbeiter besteht (*Wirtz* WuW 2001, 342 (343)).

Bei der Auslegung dieser Grundsätze haben sich in der Rspr. bislang **keine Erfahrungssätze** heraus- **38** gebildet. Einerseits soll nach dem BayObLG eine einmalige jährliche Kontrolle nicht annähernd ausreichen, weil sie das in Abs. 1 S. 1 normierte Ziel der innerbetrieblichen Aufsicht nicht verwirklichen könne. Erforderlich soll deswegen mindestens eine Kontrolle sein, die einen so erheblichen Teil der Tätigkeit des Personals erfasst, dass sie zum einen von den Beschäftigten als Kontrolle wahrgenommen wird und zum anderen geeignet ist, mit erheblicher Wahrscheinlichkeit etwaige Verstöße aufzudecken; demgemäß sollen auch in Betrieben, in denen sich das Personal als zuverlässig erwiesen hat, nur einfache Vorschriften zu beachten sind und die Gefahr von Verstößen höchstens als durchschnittlich einzustufen ist, mindestens monatliche Kontrollen durchzuführen sein. In Fällen, die das AWG betreffen, soll sicherzustellen sein, dass mindestens ein Drittel der genehmigungspflichtigen Importe stichprobenartig erfasst wird (BayObLG NJW 2002, 766 (767)). Andererseits gehen der BGH und das OLG Celle davon aus, dass ein zuständiges Vorstandsmitglied einer Aktiengesellschaft im Baugewerbe zur Vermeidung von Kartellabsprachen grundsätzlich in ausreichendem Maße tätig geworden ist, wenn es die Niederlassungsleiter und Zweigniederlassungsleiter durch Rundschreiben und Vorträge auf Tagungen in regelmäßigen Abständen über das Verbot der Kartellabsprache belehrt und eine dem Vorstand unterstehende technisch-kaufmännische Prüfgruppe in allen Niederlassungen mindestens zweimal jährlich stichprobenartige Kontrollen durchführen lassen, wenn nicht weitere Verdachtsmomente vorliegen (WuW/E BGH 2329; OLG Celle NJW-RR 1993, 231). Im Fall eines Güterkraftverkehrsunternehmens hat das OLG Hamm einen vorwerfbaren Organisationsmangel darin gesehen, dass die Mitglieder des Fahrpersonals die Fahrtenschreiberschaublätter nur einmal im Monat im Betrieb abliefern mussten (OLG Hamm VRS 62, 207 (208)).

Ist das Kontrollsystem ausreichend, kommt es weiterhin darauf an, ob der Betriebsinhaber die **39** Kontrollen mit der erforderlichen Sorgfalt ausgeführt hat. Insbes. in Fällen des Verdachts der Submissionsabsprache ist zu untersuchen, in welchen zeitlichen Abständen, auf welche Weise und in wie viel Fällen im Verhältnis zur Gesamtzahl der Angebote und Kalkulationen Überprüfungen der konkreten Abteilung erfolgten. Dabei ist von Bedeutung, welche Kenntnisse der Betriebsinhaber über die Grundlagen der Kalkulationen der Abteilung hatte und ob weitere Verstöße vorliegen und warum der Betriebsinhaber dies nicht gemerkt haben will. Häufen sich derartige Verstöße, dann kann das ein wesentliches Indiz für eine **unzureichende Durchführung** der stichprobenartigen Überprüfungen oder ein Hinweis darauf sein, dass der Betriebsinhaber derartige Absprachen in Wahrheit hingenommen hat. In diesem Zusammenhang kann es auch bedeutsam sein, ob der Betriebsinhaber nach Verstößen gegen seine Anordnungen die angedrohten Maßnahmen auch ergriffen hat (BGH NStZ 1986, 34 f.).

40   Inwieweit eine **Fachabteilung** eines Unternehmens, zB Entwicklungs- oder Steuerabteilung, der Überwachung unterliegt, ist bislang nicht geklärt. Das Problem liegt darin, dass die Unternehmensleitung eine Abteilung mit überlegenem Spezialwissen in der Sache selbst kaum beaufsichtigen kann. Im Gegenteil obliegt es der Fachabteilung, die Unternehmensleitung mit dem erforderlichen Spezialwissen zu versorgen. Daher wird zwischen der Aufsicht in der fachlichen Arbeit und der Aufsicht iÜ zu unterscheiden sein. Bei der Aufsicht iÜ steht eine Fachabteilung anderen Organisationseinheiten des Unternehmens gleich. Bei der Aufsicht über die fachliche Arbeit darf sich der Betriebsinhaber auf eine grobe Überprüfung und Plausibilitätskontrolle beschränken. Denn je höher qualifiziert die konkreten Betriebsangehörigen sind, desto mehr darf sich der Betriebsinhaber auf die Pflichtenerfüllung verlassen. Allerdings ist er verpflichtet, gerade Fachkräfte mit den erforderlichen Sachmitteln zur Erfüllung der ihnen obliegenden Aufgabe auszustatten und sie angemessen fortzubilden. Der Betriebsinhaber muss zudem einen entsprechend qualifizierten Mitarbeiter als Abteilungsleiter einsetzen, der in der Lage ist, die fachliche Arbeit zu beaufsichtigen. Übrigens hat er zu gewährleisten, dass ein ausreichender Informationsaustausch organisiert wird und zwar sowohl im Hinblick auf die Unternehmensleitung als auch zu den übrigen Fachabteilungen.

41   **c) Schulungsmaßnahmen.** Der Betriebsinhaber hat seine Betriebsangehörigen regelmäßig und systematisch aus- und fortzubilden. Er hat alle Maßnahmen zu veranlassen, die Mitarbeiter, auch (sofern vorhanden) die Revisionsabteilung, über Verhaltenspflichten unterrichten, belehren und in die Lage versetzen, diese in ihrer täglichen Praxis gehörig zu beachten. Hierzu zählen, insbes. bei der Gefahr von Verstößen gegen das Kartellrecht, Fortbildungsmaßnahmen, etwa durch Mitarbeiter der Rechtsabteilung oder auswärtige Rechtsanwälte, schriftliche Belehrungen und Hinweise zu konkreten, praxisorientierten und ggegebenenfalls anhand von Beispielen veranschaulichte Erläuterungen. Hierzu sind jedoch auch Maßnahmen zu zählen, die ein entsprechendes **Rechtswahrungsbewusstsein fördern**, etwa indem die Entschlossenheit der Unternehmensleitung zur Beachtung kartellrechtlicher Vorschriften verdeutlicht wird und Konsequenzen im Falle von Missverhalten angekündigt und auch tatsächlich gezogen werden (KG WuW/E OLG 2330, 2332). Der Umfang der Maßnahmen hat sich immer an der Größe und Organisationsstruktur des Unternehmens sowie der „Gefahrgeneigtheit" der Unternehmenstätigkeit (Auftragsvergabe typischerweise durch Ausschreibungen, bereits vorgekommene und wiederholte Kartellverstöße in der Branche) zu orientieren (WuW/E BGH 2262, 2264).

     Zu den erforderlichen Schulungsmaßnahmen gehört auch die **umfassende Einweisung eines Mitarbeiters** in seinen Aufgabenbereich und zwar ungeachtet von dessen Qualifikation und Kenntnissen. So hat das OLG Düsseldorf einen Betriebsinhaber eines Unternehmens in der Transportbetonindustrie verpflichtet, auch einen diplomierten Betriebswirt anlässlich seiner Einstellung, während seiner Einarbeitung und auch anlässlich der Verleihung der Prokura kartellrechtlich zu belehren und auf Sanktionen im Falle der Nichteinhaltung gesetzlicher Bestimmungen hinzuweisen; angesichts der Wettbewerbsstrukturen der Transportbetonindustrie, die Kartellbildungen zu begünstigen vermögen, müsse von der Geschäftsleitung sichergestellt werden, dass Führungskräfte mit der komplexen Rechtsproblematik soweit vertraut sind, dass sie Zweifelsfälle selbstständig beurteilen oder die Erforderlichkeit, Rechtsrat einzuholen, erkennen können (OLG Düsseldorf WuW 2007, 265).

42   **d) Dokumentationserfordernis.** Der Betriebsinhaber hat seine Aufsichtsmaßnahmen zu dokumentieren. Dies dient nicht zur zu Beweiszwecken beim Vorwurf einer Aufsichtspflichtverletzung. Vielmehr kann die mangelnde Dokumentation selbst eine Aufsichtspflichtverletzung begründen, da der Betriebsinhaber keine ausreichende **Transparenz** gewährleistet und eine Nachprüfung durch Dritte vereitelt. Die Überwachung der delegierten Aufgaben muss genauso nachzuweisen sein wie auch der entsprechende Eingriff des Betriebsinhabers bei Verstößen, zB in Unternehmens-, Werks- oder Betriebshandbüchern (Müller-Gugenberger WirtschaftsStR/*Schmid/Fridrich* § 30 Rn. 151).

43   **3. Grenzen der Aufsichtspflicht.** Die Aufsichtspflicht gilt nicht unbegrenzt. § 130 verlangt vom Betriebsinhaber lediglich eine **gehörige Aufsicht** über die Betriebsangehörigen. Damit wird klargestellt, dass der Betriebsinhaber nur geeignete, erforderliche und zumutbare Vorkehrungen treffen muss. Der Maßstab wird dabei wesentlich durch die konkreten Zuwiderhandlungsgefahren im Betrieb geprägt (Göhler/*Gürtler* Rn. 12). Erforderlich sind nur solche Maßnahmen, die eine hohe Wahrscheinlichkeit dafür bieten, dass betriebsbezogene Verstöße unterbleiben. Dabei gilt der Grundsatz, dass die Kontrollpflicht umso geringer ist, je höher der Mitarbeiter qualifiziert ist, doch kann aus gegebenem Anlass auch

die Kontrolle besonders qualifizierter Mitarbeiter und in der Unternehmenshierarchie hochrangiger Mitarbeiter angezeigt sein.

Aufsichtsmaßnahmen, von denen keinerlei **Verhaltensbeeinflussung** ausgehen kann, sind von vorn- 44 herein untauglich (OLG Düsseldorf WuW 2007, 265). Unzumutbar sind unverhältnismäßige Schnüffelei, eine Belohnung für Denunziation, eine Bespitzelung, eine lückenlose Überwachung (*Többens* NStZ 1999, 1 (4)), eine schikanöse Vorgehensweise, aber auch stochernde Aufsichtsmaßnahmen, die lediglich Zufallstreffer einbringen können (OLG Frankfurt a. M. VRS 56, 109 (111)), die Aufforderung, über sämtliche telefonischen Kontakte mit Wettbewerbern einen Aktenvermerk zu fertigen (BGH NJW 1986, 34), sowie aus rechtlichen oder faktischen Gründen unmögliche Maßnahmen (*Siegmann/Vogel* ZIP 1994, 1819 (1825)). Dabei ist der Umstand, dass Betriebsangehörige Zuwiderhandlungen begangen haben, allein kein ausreichendes Indiz für die Unzulänglichkeit der ergriffenen Aufsichtsmaßnahme (WuW/E BGH 2262, 2265; OLG Celle NJW-RR 1993, 231).

4. Gesteigerte Aufsichtspflicht. Der Begriff der gesteigerten Aufsichtspflicht ist § 130 nicht zu 45 entnehmen. Rspr. und Lit. verwenden ihn, um eine Anpassung der Aufsichtspflicht an veränderte Umstände zu beschreiben. Dabei steht die gesteigerte Aufsichtspflicht in direktem Zusammenhang mit der der Frage nach den Grenzen der Verantwortlichkeit des Betriebsinhabers. Der Betriebsinhaber hat nicht für jede Aufsichtspflichtverletzung einzustehen, sondern nur für diejenige, welche durch gehörige Aufsicht verhindert oder wesentlich erschwert worden wäre. Dabei wird durch die Begründung einer gesteigerten Aufsichtspflicht die Verantwortlichkeit des Betriebsinhabers über das regelmäßig ausreichende Maß ausgedehnt. Da eine gehörige Aufsicht von den Umständen des Einzelfalls abhängt, muss der Betriebsinhaber beim Eintritt besonderer Umstände in seinem Betrieb reagieren und seine **Aufsichtspflichten anpassen.**

Mit solchen Umständen sind zum einen wichtige Vorschriften (OLG Koblenz VRS 65, 457 (459)) 46 oder schwierige, komplexe oder einem schnellen Änderung unterworfenen Rechtsfragen (BGH NJW 1977, 1784) gemeint, die eine besondere Vorsicht erfordern. Zum anderen werden darunter wichtige Warnsignale verstanden, die ein gewissenhafter Betriebsinhaber nicht außer Acht lassen kann. So bestehen gesteigerte Aufsichtspflichten jedenfalls dann, wenn es im Betrieb bereits zu **Unregelmäßigkeiten** gekommen oder damit wegen besonderer Umstände zu rechnen ist (Achenbach/Ransiek/Rönnau WirtschaftsStR-HdB/*Achenbach* Teil 1 Kap. 3 Rn. 52); dies gilt insbes. bei Zweifeln an der Geeignetheit der Mitarbeiter (OLG Koblenz GewArch 1985, 224), bei hoher Fluktuation der Mitarbeiter oder bei branchentypischen Gefahren wie etwa bei objektiv bestehenden erhöhten Kartellanfälligkeit der Transportbetonindustrie (OLG Düsseldorf WuW 2007, 265). Eine gesteigerte Aufsichtspflicht besteht weiterhin, wenn bereits Behörden wegen einer Zuwiderhandlung tätig geworden sind, jedenfalls aber nach Erlass eines Bußgeldbescheids (OLG Koblenz VRS 50, 54 (57)).

Besteht eine gesteigerte Aufsichtspflicht, hat der Betriebsinhaber seine Aufsichtsmaßnahmen den 47 Umständen anzupassen und alle erforderlichen und zumutbaren Maßnahmen zu ergreifen, um Zuwiderhandlungen für die Zukunft zu unterbinden. So verdichtet sich die Überwachungspflicht in Form von Stichproben zu **einschneidenden und zahlreichen Kontrollen** (OLG Koblenz VRS 50, 54 (57)), zu Mitarbeiterbefragungen und der eingehenden Prüfung von Geschäftsvorgängen. Die geforderten Maßnahmen müssen jedoch im Rahmen des Zumutbaren bleiben. Daher sind stets auch die Eigenverantwortlichkeit der Mitarbeiter und der Betriebsfrieden zu berücksichtigen. Übertriebene Gängelungen, wie die – nicht veranlasste – Androhung der Entlassung oder Anordnung von Aktenvermerken über jeden erdenklichen Kontakt mit Wettbewerbern, sind daher nicht zu fordern (BGH NStZ 1986, 34; *Wirtz* WuW 2001, 342 (343)). Eine solche Anweisung mag nur in Einzelfällen geboten sein, in denen der verantwortliche Betriebsleiter Anlass zu der Annahme hat, dass Submissionsabsprachen erfolgen, die auch bei umfassenderen Überprüfungen nicht zu entdecken sind (BGH NStZ 1986, 34).

Eine gesteigerte Aufsichtspflicht wegen früherer Unregelmäßigkeiten bei Erfüllung betriebsbezogener 48 Pflichten seitens eines Betriebsangehörigen **dauert nicht unbegrenzt** fort. Sie kann wieder auf die Pflicht zur Durchführung der allgemein erforderlichen Aufsichtsmaßnahmen zurückgeführt werden, wenn nach entsprechender Belehrung des Betriebsangehörigen bei einer anschließend durchgeführten gesteigerten Aufsicht innerhalb einer nach den Umständen des Einzelfalls zu bemessenden Frist keine weiteren einschlägigen Verstöße der Betriebsangehörigen mehr festzustellen sind (BayObLG wistra 1988, 320). Die gesteigerte Aufsichtspflicht entfällt nicht schon dann, wenn aus Verstößen personelle Konsequenzen gezogen werden, sondern erst, wenn das nunmehr eingesetzte Personal nach einer Reihe von Kontrollen als zuverlässig eingestuft werden kann (BayObLG NJW 2002, 766 (767)).

5. Reichweite der Aufsichtspflicht. Nicht abschließend geklärt ist, in welchem Umfang sich die 49 Aufsichtspflicht des Betriebsinhabers über den eigenen Betrieb hinaus erstreckt.

a) Unselbstständige Organisationseinheiten. Grundsätzlich besteht auch für rechtlich unselbst- 49a ständige Organisationseinheiten wie **Zweigniederlassungen und Filialen** eine Aufsichtspflicht der Geschäftsleitung (WuW/E BGH 2394 (2397 f.); WuW/E BGH 2205 (2206); KG WuW/E OLG 1449 (1457)). Die Aufsichtspflicht besteht jedoch nicht uneingeschränkt, sondern gestuft. Es verhält sich mit ihr ähnlich wie mit der Aufsicht für Personen, die die Geschäftsleitung in ihrem Betrieb zur Überwachung Dritter eingesetzt hat. So hat die zentrale Unternehmensleitung hinsichtlich der Zweigniederlassungen und Filialen die Aufsichtspflichten über die Betriebsleiter und sonstigen, von ihr speziell eingesetzten Aufsichtspersonen wahrzunehmen. Der Betriebsleiter hat auf seiner Verantwortlichkeitsstufe die nachgeordneten Mitarbeiter zu überwachen und sonstige Aufsichtsmaßnahmen zu treffen. Die Aufsichtspflicht der Unternehmensleitung wird nicht dadurch eingeschränkt, dass nachgeordnete Mitarbeiter ihrerseits eine gesetzliche Sonderpflichtenstellung haben (FK-KartellR/*Achenbach* GWB Vor §§ 38–39 Rn. 61). Die Aufsichtspflichten der Geschäftsleitung und des Betriebsleiters der unselbstständigen Organisationseinheit bestehen daher nebeneinander und gleichwertig (aA wohl Göhler/*Gürtler* Rn. 7, der bei Betriebsleitern von einer Verantwortlichkeit in zweiter Linie spricht), wenn auch mit unterschiedlichem Inhalt. Während der Betriebsleiter die Aufsicht über die Zweigniederlassung oder Filiale im vollen Umfang führt, hat sich die Überwachung seitens der zentralen Geschäftsleitung auf die Überwachung des Betriebsleiters und insbes. darauf zu erstrecken, ob dieser seine eigene Aufsichtspflicht ordnungsgemäß erfüllt. Von der zentralen Unternehmensleitung können dagegen nicht alle Einzelmaßnahmen für die Überwachung der Mitarbeiter gefordert werden, wie sie den örtlichen und sich durch größere Sachnähe auszeichnenden Betriebsleitern und sonstigen Aufsichtspflichtigen in ihrem jeweiligen Zuständigkeitsbereich abverlangt werden dürfen (etwa im Hinblick auf die Überwachung der täglichen Geschäftätigkeit, der Kontakte mit Wettbewerbern, der Befragung von Mitarbeitern uÄ) (*Wirtz* WuW 2001, 342 (347)). Daher kann eine Aufsichtspflichtverletzung der zentralen Unternehmensleitung nur damit begründet werden, die organisatorischen Maßnahmen sowie die Überwachung der nachgeordneten Aufsichtspflichtigen (also Betriebsleiter und Aufsichtspersonen) nicht gehörig durchgeführt zu haben (einschränkend *Hermanns/Kleier*, Grenzen der Aufsichtspflicht in Unternehmen und Betrieben, 1987, 56).

50   Ebenfalls nicht geklärt ist, in welchem Umfang Aufsichtspflichten in **mehrfach gestuften Unternehmen** bestehen, wenn einer nachgeordneten Einheit weitere Betriebsstätten untergeordnet sind. Teils wird vertreten, dass der zentralen Unternehmensleitung die Aufsicht und Überwachung rechtlich unselbstständiger Unternehmensteile obliegt, welche ggü. nachgeordneten Betriebsstätten aufsichtspflichtig seien (Langen/Bunte/*Raum* GWB § 38 Rn. 25). Richtigerweise dürften mehrere Aufsichtspflichten nebeneinander bestehen: der (sofern vorhanden) Aufsichtspflichtige der nachgeordneten Betriebseinheit führt die uneingeschränkte Aufsicht und wird vom Verantwortliche der mittleren Unternehmensebene so überwacht, wie dieser selbst durch die zentrale Unternehmensleitung. Dabei wird der zentralen Unternehmensleitung im Rahmen der Oberaufsicht eine je intensivere Kontrollpflicht ggü. dem Beauftragten im Hinblick auf dessen Kontrollaufgaben zukommen, je mehr Aufsichtsverantwortlichkeit ihm übertragen wird.

51   Das gleiche gilt, wenn der Betriebsinhaber eine Person für die **Überwachung eines speziellen Bereichs** eingesetzt hat. Auch hier stehen die Aufsichtspflicht aufgrund besonderer Beauftragung und damit erlangter Garantenstellung sowie die Oberaufsicht des Betriebsinhabers nebeneinander; sie unterscheiden sich lediglich in der konkreten Reichweite der Aufsichtspflicht.

52   **b) Selbstständige Organisationseinheiten.** Anders stellt sich die Aufsichtspflicht in **Konzernen** dar, also in Fällen, in denen mehrere rechtlich selbstständige Unternehmen zu einer planvoll wirkenden Wirtschaftseinheit verbunden sind, die über den Zweck des einzelnen Unternehmens hinaus einen eigenen Zweck verfolgen und unter einheitlicher Leistung stehen. Eine Entscheidung durch die Rspr. steht noch aus (s. nunmehr OLG München StraFo 2015, 82); der BGH hat bislang ausgeführt, dass die eigene Rechtspersönlichkeit des Tochterunternehmens einer Zurechnung der Aufsichtspflichtverletzung zu der Muttergesellschaft entgegenstehen kann (WuW/E BGH 1871 (1876); generell abl. *Hermanns/Kleier*, Grenzen der Aufsichtspflicht in Unternehmen und Betrieben, 1987, 25). Richtigerweise besteht iSv § 130 keine originäre Aufsichtspflicht einer Muttergesellschaft ggü. ihrer Tochtergesellschaft (Göhler/*Gürtler* Rn. 5a; *Deselaers* WuW 2006, 118 (123)). Eine Aufsichtspflicht kann sich, da ein Konzern faktisch und nicht rechtlich als Einheit konstruiert ist, nur aus dem faktischen Verhältnis der Gesellschaften ergeben (KK-OWiG/*Rogall* Rn. 27), dh aus einem Beherrschungsverhältnis.

53   Ein solches **Beherrschungsverhältnis** ist jedenfalls dann zu bejahen, wenn es sich um eine 100%ige Tochtergesellschaft mit einem Gewinnabführungs- und Beherrschungsvertrag handelt (darauf aber beschränkend *Tiedemann* NJW 1979, 1849 (1852) einerseits und Göhler/*Gürtler* Rn. 5a andererseits). In diesen Fällen ist die Verflechtung der Gesellschaften derart eng, dass sich eine rein faktische Betrachtung mit der rechtlichen Verbundenheit deckt. Andernfalls könnte sich die Konzernleitung einer Aufsichtspflicht durch Verselbstständigung von Betriebsteilen entziehen, ohne faktisch Entscheidungsbefugnisse einzubüßen; dies gilt namentlich für Holdingkonstruktionen.

54   Für die übrigen Fallkonstellationen ist allein die **faktische Betrachtungsweise** maßgebend. Dabei ist die Anwendbarkeit von § 130 von den konkreten Umständen des Einzelfalles abhängig. Insoweit ist zu beachten, dass keine Konzernleitungspflicht eines Vorstands der herrschenden Gesellschaft besteht, sofern sie über die Überwachung der Führungsfunktionen in der Tochtergesellschaft hinaus auf die Überwachung aller einzelnen, operativen Maßnahmen in der Tochtergesellschaft erstreckt werden soll. Für die Begründung einer Aufsichtspflicht müssen weitere Punkte hinzukommen. Es kommt dabei auf die tatsächliche Einflussnahme der Mutter- auf die Tochtergesellschaft an. Nur wenn der Tochtergesell-

schaft von der Konzernmutter Weisungen erteilt werden, die das Handeln der Tochtergesellschaft beeinflussen, und dadurch die Gefahr der Verletzung betriebsbezogener Pflichten begründet wird, besteht im Umfang dieser konkreten Einflussnahme eine gesellschaftsrechtliche Aufsichtspflicht der Konzernmutter (OLG München StraFo 2015, 82). Dies wird auch der Fall sein, wenn die Konzernobergesellschaft in tatsächlicher Hinsicht für ihre Tochtergesellschaften Aufsichtsmaßnahmen durch organisatorische Vorkehrungen, Kontrolle und Schulungen durchführt (*Wirtz* WuW 2001, 342 (348)), wenn in deren Geschäftstätigkeit und innere Organisation steuernd eingegriffen wird (Langen/Bunte/*Raum* GWB § 38 Rn. 25) oder wenn Aufsichtsmaßnahmen im Rahmen externer Dienstleistungen, insbes. aufgrund von Serviceverträgen durch die Konzernobergesellschaft erbracht werden (*Klusmann* in Wiedemann, Handbuch des Kartellrechts, 2. Aufl. 2009, § 55 Rn. 42). Bei der konkreten Ausgestaltung der Aufsichtsmaßnahmen im Zusammenwirken von Konzernobergesellschaft und Konzerngesellschaft ist daher sowohl in organisatorischer Hinsicht als auch bei der Durchführung der Maßnahmen die Mitwirkung der Verantwortlichen in den Tochtergesellschaften in der von § 130 gebotenen Weise vorzusehen. Diese Mitwirkung hat sich an den Erfordernissen der Aufsicht bei einer Delegierung „nach unten" zu orientieren, wie in der Mitwirkung bei der Bestellung und Instruktion der für die Konzernobergesellschaft tätigen Aufsichtspersonen, der Ausweitung der Berichtspflichten innerhalb der zusätzlich zur Konzernobergesellschaft auch auf die Verantwortlichen in den betroffenen Tochterunternehmen, der Beteiligung der Verantwortlichen in den Tochterunternehmen bei Schulungen und Unterweisungen der Mitarbeiter in den Tochterunternehmen sowie bei der Überprüfung von Geschäftsvorgängen im Hinblick auf die erforderliche Einweisung der Aufsichtsperson der Konzernobergesellschaft in die besonderen Verhältnisse der Tochtergesellschaft (*Wirtz* WuW 2001, 342 (349)).

V. Zuwiderhandlung gegen betriebsbezogene Pflichten

§ 130 sanktioniert nicht die folgenlose Aufsichtspflichtverletzung, sondern es muss darüber hinaus zu **55** einer Zuwiderhandlung gegen Pflichten gekommen sein, die den Inhaber des Betriebs treffen. Die Zuwiderhandlung stellt eine **objektive Ahndungsbedingung** dar, auf die sich Vorsatz oder Fahrlässigkeit des Betroffenen nicht zu beziehen brauchen (BGH NStZ 1985, 77; *Demuth/Schneider* BB 1970, 642 (647)). Sie ist dogmatisch mit der objektiven Strafbarkeitsbedingung im Strafrecht vergleichbar (*Theile/Petermann* JuS 2011, 499).

1. Zuwiderhandlung. Sie deckt sich nicht mit dem Begriff der rechtswidrigen Tat nach § 11 Abs. 1 **56** Nr. 5 StGB oder § 1 Abs. 2: erforderlich ist lediglich die **Rechtswidrigkeit eines Verhaltens,** das sonst nicht mit Strafe oder Geldbuße (§ 1 Abs. 2) bedroht ist (Achenbach/Ransiek/*Rönnau* WirtschaftsStR-HdB/*Achenbach* Teil 1 Kap. 3 Rn. 47). Die Zuwiderhandlung, dh der äußere Geschehensablauf, muss mit Strafe oder Geldbuße bedroht sein, ohne dass die Tat in der Person des Handelnden selber geahndet werden können muss (*Többens* NStZ 1999, 1 (5)). Darunter fällt auch der Versuch einer Straftat, wenn dieser nach § 22 StGB strafbar ist (*Demuth/Schneider* BB 1970, 642 (647)). Der Grund für diese Terminologie liegt darin, dass Verstöße gegen Rechtsordnungen häufig von Betriebsangehörigen begangen werden, denen trotz Vertreterhaftung und tatsächlicher Betrachtungsweise die Normadressateneigenschaft fehlt. Um hier nicht ungerechtfertigte Sanktionslücken entstehen zu lassen, behandelt das Gesetz die Handlung des Betriebsangehörigen, der selbst nicht Normadressat ist, fiktiv als tatbestandsmäßig. Um gegen den Betriebsinhaber eine Sanktion verhängen zu können, überträgt es die Wirkungen des § 9 auf Personen, die nicht unter diese Vorschrift fallen (*Rogall* ZStW 98 (1986), 573 (604); *Demuth/Schneider* BB 1970, 642 (647)).

Der Zuwiderhandelnde muss auch den subjektiven Tatbestand der Verbotsnorm verwirklichen. Bei **57** Vorsatzdelikten soll nach hM ein natürlicher Vorsatz ausreichen (BayObLG wistra 1999, 73; *Demuth/Schneider* BB 1970, 642 (647); Erbs/Kohlhaas/*Senge* Rn. 20), ohne dass dies näher begründet wird. Vielmehr gelten für den Vorsatz die allgemeinen Voraussetzungen der § 15 StGB und § 10 (Achenbach/Ransiek/*Rönnau* WirtschaftsStR-HdB/*Achenbach* Teil 1 Kap. 3 Rn. 47 Fn. 66). Keinesfalls reicht bei Vorsatzdelikten eine fahrlässige Begehung aus, da andernfalls der Betriebsinhaber bei fahrlässiger Begehung schlechter gestellt würde, als wenn er selbst die Tat fahrlässig begehen würde (BayObLG NStZ-RR 1999, 248 (250); GewArch 2004, 219; aA Rebmann/Roth/Herrmann/*Förster* Rn. 11).

2. Tauglicher Täter. Täter können zunächst alle **Betriebsangehörigen** sein, worunter auch freie **58** Mitarbeiter (BayObLG VRS 70, 28 (29)) und Leiharbeiter (Göhler/*Gürtler* Rn. 19) zu zählen sind. Dabei muss der Dritte tatsächlich für den Inhaber tätig sein. Er darf nicht mit dem Unternehmen nur als Abnehmer der Ware, Empfänger der Dienstleistung in Kontakt stehen (*Hecker* GewArch 1999, 320 (323)); so haftet der Betreiber einer Schlachtstätte nicht für Abnehmer, die aus religiösen Gründen ihnen vom Betreiber gewerblich überlassene Tiere unter Verstoß gegen das Tierschutzgesetz ohne Betäubung schlachten (OLG Hamm NStZ 1992, 499).

Als taugliche Täter der Zuwiderhandlung kommen auch Dritte in Betracht, die ggü. dem Betroffe- **59** nen, selbstständig Pflichten erfüllen. Dazu reicht es aus, dass der Dritte bei der Wahrnehmung von Betriebsangelegenheiten eine dem Inhaber obliegende Pflicht verletzt; es genügt, dass der Handelnde lediglich vorübergehend mit Aufgaben des Betriebes betraut ist (BayObLG NStZ 1998, 575; OLG

Düsseldorf wistra 1991, 277; einschränkend KK-OWiG/*Rogall* Rn. 92). Zu diesem Personenkreis zählt ein **Subunternehmer nicht,** da er aufgrund des mit dem Unternehmer geschlossenen Vertrages das Werk selbstständig herstellt und die werkvertraglichen Anweisungsrechte es dem Besteller nicht gestatten, dem Unternehmer sein Handeln iE vorzuschreiben (BayObLG NStZ 1998, 575). Bei der Übertragung von Pflichten auf externe Dienstleister muss jedoch klar und genau geregelt sein, welche Pflichten und welche Befugnisse übertragen werden (Müller-Gugenberger WirtschaftsStR/*Schmid/Fridrich* § 30 Rn. 131). Dieser Linie steht auch nicht die Entscheidung des OLG Köln (GewArch 1974, 141 (143)) entgegen. Darin hat das Gericht die Einstandspflicht des Betroffenen auf eine Zuwiderhandlung durch ein selbstständiges Werbeinstitut ausgedehnt, was in dieser Allgemeinheit zu Recht als zu weitgehend kritisiert wird (KK-OWiG/*Rogall* Rn. 92); der Entscheidung lag jedoch die Besonderheit zugrunde, dass es zwischen dem Betroffenen und dem Dritten eine enge räumliche und organisatorische Verflechtung gab und eine keine wirtschaftliche Trennung wie bei einem echten Subunternehmer.

60   Eine Haftung für einen Subunternehmer ist hingegen nicht ausgeschlossen, wenn der Betroffene nach dem Gesetz zur **höchstpersönlichen Pflichtenerfüllung** verantwortlich ist (*Hecker* GewArch 1999, 320 (324 f.)).

61   Die die Zuwiderhandlung begehende Person muss nicht konkret ermittelt werden, wenn nur klar ist, dass es sich um einen Betriebsangehörigen handelt (Erbs/Kohlhaase/*Senge* Rn. 24). Hiergegen ist einzuwenden, dass Feststellungen zum subjektiven Tatbestand kaum getroffen werden können, wenn keine bestimmte Person ermittelt wurde (*Ransiek,* Unternehmensstrafrecht, 1996, 101; *Kindler,* Das Unternehmen als haftender Täter, 2007, 107). Dies gilt insbes. bei fahrlässig begangenen Zuwiderhandlungen. Jedenfalls bei der Beteiligung mehrerer Personen dürfte auf die **konkrete Feststellung des Dritten** nicht zu verzichten sein (KK-OWiG/*Rogall* Rn. 110). Kann ein konkreter Täter nicht ermittelt werden, spricht dies für ein Organisationsverschulden der Aufsichtspersonen (OLG Hamm JR 1973, 383 (384)).

62   **3. Betriebsbezogene Pflicht.** Der Betriebsangehörige muss gegen eine Pflicht verstoßen, die sich den Inhaber des Betriebs trifft. Hierunter fallen sowohl Gebote als auch Verbote (KK-OWiG/*Rogall* Rn. 81). Die Betriebsbezogenheit der Pflicht ist nicht räumlich zu verstehen, sondern als Zusammenhang mit dem Betätigungsfeld des Betriebs (*Demuth/Schneider* BB 1970, 642 (647)). Bislang war im Schrifttum umstritten, was unter betriebsbezogenen Pflichten zu verstehen war, denn die Zuwiderhandlung musste sich gegen eine Pflicht richten, die den Betriebsinhaber „als solchen" traf. Insoweit war unklar, ob lediglich Sonderdelikte erfasst wurden oder auch **Allgemeindelikte** (vgl. zum Streitstand KK-OWiG/*Rogall* Rn. 87 f.). Der Gesetzgeber hat durch Gesetz v. 7.8.2007 (BGBl. I 1786) die Worte „als solche" gestrichen und damit zu erkennen gegeben, dass nunmehr auch Zuwiderhandlungen gegen Allgemeindelikte erfasst werden sollen, wenn diese im Zusammenhang mit der Führung des Betriebs stehen (Achenbach/Ransiek/Rönnau WirtschaftsStR-HdB/*Achenbach* Teil 1 Kap. 3 Rn. 44). Betriebsbezogen sind nunmehr alle Pflichten, die den Betriebsinhaber treffen. Auf die Qualifizierung als Sonderdelikt oder Allgemeindelikt kommt es nicht mehr an. So kann eine Aufsichtspflichtverletzung auch darin liegen, dass der Betriebsinhaber einen Betrug des Betriebsangehörigen ggü. einem Kunden nicht unterbindet (*Thiemann,* Aufsichtspflichtverletzung in Betrieben und Unternehmen, 1976, 21), sowie in einer Gebührenüberhöhung iSv § 352 StGB durch Angestellte eines Rechtsanwalts oder im unbefugten Gebrauch von Pfandsachen iSv § 290 StGB in Pfandleihegeschäften (Erbs/Kohlhaas/*Senge* Rn. 21). Auch Fahrlässigkeitstaten aus dem allgemeinen Strafrecht, zB §§ 222, 229 StGB, können eine Aufsichtspflichtverletzung zur Folge haben (KK-OWiG/*Rogall* Rn. 84).

63   Nicht betriebsbezogen sind Pflichten, die den Betriebsinhaber in seinem privaten Bereich treffen. Ebenso wenig betriebsbezogen sind die für jedermann geltenden „Pflichten", keine Urkunde zu fälschen oder keinen Diebstahl zu begehen (vgl. BT-Drs. 5/1260, 69). Der Betriebsinhaber ist auch nicht zur Überwachung der Betriebsangehörigen verpflichtet, damit diese sich straflos führen und keine Beleidigung, keine Körperverletzung und kein Sittlichkeitsdelikt begehen (KK-OWiG/*Rogall* Rn. 78).

64   Aufgrund des hohen Unbestimmtheit des objektiven Tatbestandes der Aufsichtspflichtverletzung und der Abkopplung der Zuwiderhandlung vom subjektiven Tatbestand ist der objektive Tatbestand der Norm in verfassungskonformer Auslegung dahingehend zu ergänzen, dass es sich bei den Zuwiderhandlungen um **betriebstypische Gefahren** handeln muss (*Rogall* ZStW 98 (1986), 573 (588, 597); Göhler/*Gürtler* Rn. 9; ähnl. *Adam* wistra 2003, 285 (290), der Systemgefahren und atypische Zuwiderhandlungen ausschließen will; OLG Düsseldorf WuW 2007, 265; und *Schünemann,* Unternehmenskriminalität und Strafrecht, 1979, 119, sprechen von einem Pflichtwidrigkeits- und Schutzzweckzusammenhang) wie bei Submissionsabsprachen in der Baubranche, Verstöße gegen Lenkzeiten- und Überladungsvorschriften im Transportgewerbe oder auch bei Verstößen gegen Beschäftigungsverbote ausländischer Arbeitnehmer in der Gastronomie oder im Reinigungsgewerbe. Eine höchstrichterliche Klärung steht indes noch aus. Der BGH hat eine Garantenpflicht zur Verhinderung von Straftaten nachgeordneter Mitarbeiter für Betriebsinhaber oder Vorgesetzte bejaht. In dieser Entscheidung, in der es um Mobbing ggü. nachgeordneten Mitarbeitern ging, hat der BGH die Garantenpflicht auf die Verhinderung betriebsbezogener Straftaten beschränkt; nicht umfasst sind danach solche Taten, die der Mitarbeiter lediglich bei Gelegenheit seiner Tätigkeit im Betrieb begeht. Betriebsbezogen ist eine Tat dann, wenn sie einen inneren Zusammenhang mit der betrieblichen Tätigkeit des Begehungstäters oder mit der Art des Betriebes aufweist. Weder mit einem auf dem Arbeitsverhältnis beruhenden Weisungsrecht ggü. mit der Herrschaft über die „Gefahrenquelle Betrieb" oder unter einem anderen Gesichtspunkt lässt sich eine über die allgemeine Handlungspflicht hinausgehende, besondere Verpflichtung des Betriebsinhabers begründen, auch solche Taten von voll verantwortlich handelnden Angestellten zu verhindern, die nicht Ausfluss seinem Betrieb oder dem Tätigkeitsfeld seiner Mitarbeiter spezifisch anhaftender Gefahren sind, sondern die sich außerhalb seines Betriebes genauso ereignen könnten (BGHZ 57, 42; mAnm *Roxin* JR 2012, 305; aA *Kuhn* wistra 2012, 297). Ob sich diese Rspr. uneingeschränkt auf § 130 übertragen lässt, ist aber zweifelhaft.

Exzessverstöße, die Mitarbeiter unter so großer Geheimhaltung begangen haben, dass deren Auf- **64a** deckung mit großer Wahrscheinlichkeit nicht oder nur mit unzumutbaren Aufsichtsmaßnahmen möglich ist, können dem Aufsichtspflichtigen genauso wenig zur Last gelegt werden (Langen/Bunte/*Raum* GWB § 81 Rn. 31; aA BeckOK OWiG/*Meyberg* Rn. 76) wie Gefährdungen, die durch Zufall entstehen (*Sethge* ZBB 2006, 243 (255): keine Aufsichtspflicht des Taxiunternehmers ggü. dem Taxifahrer dahingehend, ob dieser vom Fahrgast erhaltene Insiderinformationen nutzt).

VI. Kausalität

Die Aufsichtspflichtverletzung kann nur geahndet werden, wenn die Zuwiderhandlung des Betriebs- **65** angehörigen bei gehöriger Aufsicht des Betriebsinhabers verhindert oder wesentlich erschwert worden wäre. Verhindert worden wäre die Zuwiderhandlung nach den allgemeinen Regeln über die **hypothetische Kausalität** bei Unterlassensdelikten, wenn eine an Sicherheit grenzende Wahrscheinlichkeit dafür spricht, dass es nicht zu der Zuwiderhandlung gekommen wäre, wenn der Aufsichtspflichtige seinen Pflichten nachgekommen wäre. Diese Alternative ist in der Praxis bedeutungslos, weil ein hypothetischer Kausalverlauf nur schwer zu bestimmen ist und es ausreicht, wenn die Zuwiderhandlung wesentlich erschwert worden wäre (KK-OWiG/*Rogall* Rn. 113).

Entscheidend ist daher, ob durch die gehörige Aufsicht die Zuwiderhandlung wesentlich erschwert **66** worden wäre. Der Gesetzgeber hat die auf *Roxin* zurückgehende sog **Risikoerhöhungslehre** (Roxin StrafR AT I § 11 Rn. 88) übernommen und somit den Nachweis der Kausalität wesentlich erleichtert. Die Risikoerhöhungslehre vermag allerdings nicht die Frage zu beantworten, wann eine Zuwiderhandlung wesentlich erschwert worden wäre. Teils wird verlangt, dass die hinzugedachte gebotene Maßnahme die Wahrscheinlichkeit der Zuwiderhandlung substantiell reduziert haben müsse (OLG Düsseldorf WuW 2007, 265), teils soll der Tatbestand der Aufsichtspflichtverletzung verwirklicht sein, wenn festgestellt wird, dass eine angemessene und dem Ausführenden bewusste Überwachung die verfahrensgegenständlichen Verstöße jedenfalls weitgehend verhindert hätte (BayObLG NJW 2002, 766 (767)). Noch weniger eignet sich eine Bemessung nach Prozentzahlen. Wenn insoweit eine Rückführung der Wahrscheinlichkeit um mehr als 25 % für ausreichend gehalten wird (KK-OWiG/*Rogall* Rn. 117), so bleibt unklar, wie ein solcher Wert ohne statistische Erhebung zu bestimmen sein soll. Ein Prozentsatz hilft allenfalls weiter, wenn eine Statistik, zB über die Unfallwahrscheinlichkeiten, vorliegt. Wenn aber ein signifikant erhöhter Wert besteht, dann ist der Betriebsinhaber nach dem Grad der Delinquenzgeneigtheit ohnehin zum Handeln verpflichtet. IErg bleibt es bei einer **Wertungsfrage,** ob das Risiko der Zuwiderhandlung mangels gehöriger Aufsicht wesentlich erhöht wurde. Der Betriebsinhaber darf nichts unversucht lassen, um den erkannten oder erkennbaren Zuwiderhandlungsgefahren entgegenzuwirken. Dabei ist eine **Betrachtung ex-ante** anzustellen, so dass die Kausalitätsprüfung ein prognostisches Element in sich trägt (Achenbach/Ransiek/Rönnau WirtschaftsStR-HdB/*Achenbach* Teil 1 Kap. 3 Rn. 62). Eine Kausalität zwischen Aufsichtspflichtverletzung und Zuwiderhandlung ist zB zu verneinen, wenn der Betriebsinhaber unmissverständlich zum Ausdruck bringt, dass Verstöße gegen kartellrechtliche Bestimmungen von der Unternehmensführung als schädigend angesehen werden. Denn die Aufrechterhaltung des rechtswidrigen Verhaltens des Mitarbeiters hätte sich dann als emotional belastender und damit ungleich schwieriger dargestellt und dieser wäre gezwungen gewesen, ggü. dem Betriebsinhaber sein ordnungswidriges Verhalten zu verschweigen oder gar zu leugnen (OLG Düsseldorf WuW 2007, 265).

Ob der Kausalitätszusammenhang zwischen der Zuwiderhandlung und der unterbliebenen Aufsichts- **67** maßnahme im Falle einer so genannten **Exzesstat** unterbrochen wird, ist ungeklärt (vgl. KK-OWiG/*Rogall* Rn. 117 sowie Rn. 46 und Rn. 52 zur Geeignetheit und Zumutbarkeit der Aufsichtsmaßnahmen). Der Begriff der Exzesstat ist schwierig zu fassen, da der Betriebsinhaber durch geeignete Aufsichtsmaßmaßnahmen sicherzustellen hat, dass auch vorsätzliche Zuwiderhandlungen unterbleiben. Folglich kann nicht jedes vorsätzliche Handeln eines Betriebsangehörigen eine Exzesstat darstellen, da anderenfalls bei vorsätzlichen Zuwiderhandlungen der Kausalzusammenhang stets unterbrochen wäre. In diesem Zusammenhang kommt es vielmehr darauf an, ob der Betriebsangehörige nicht beeinflussbar war und sich auch bei gehörigen Aufsichtsmaßnahmen nicht von der Tat hätte abhalten lassen (BGH wistra 1985, 228 (229); KG wistra 1985, 205). An einem Kausalzusammenhang fehlt es auch, wenn der Betriebsinhaber von seinem ordnungswidrig handelnden Mitarbeiter arglistig getäuscht wird und ihm dadurch eine Feststellung der Verstöße nicht möglich ist (OLG Stuttgart NJW 1977, 1410).

VII. Subjektiver Tatbestand

68   Die Verletzung der Aufsichtspflicht kann **vorsätzlich oder fahrlässig** begangen werden. Für den subjektiven Tatbestand gelten grundsätzlich die allgemeinen Bestimmungen. Da es sich bei der Zuwiderhandlung gegen betriebsbezogene Pflichten um eine objektive Bedingung der Ahndung handelt, brauchen sich Vorsatz oder Fahrlässigkeit darauf nicht zu beziehen. So ist für die vorsätzliche Begehung nicht die Voraussicht notwendig, dass als Folge der mangelnden Aufsicht eine bestimmte Zuwiderhandlung begangen wird (OLG Karlsruhe Justiz 1980, 395); jedoch muss der Täter die Gefahr einer betriebstypischen Zuwiderhandlung in einem bestimmten Pflichtenkreis erkannt haben (OLG Düsseldorf WuW 2007, 265). Im Fall der fahrlässigen Begehung muss der Betriebsinhaber die Gefahr der betriebstypischen Zuwiderhandlungen in einem bestimmten Pflichtenkreis erkennen können (KK-OWiG/*Rogall* Rn. 119; Achenbach/Ransiek/Rönnau WirtschaftsStR-HdB/*Achenbach* Teil 1 Kap. 3 Rn. 56), ohne dass ein Verschulden im Hinblick auf die Vorhersehbarkeit der konkreten Zuwiderhandlung gegeben sein müsste (OLG Karlsruhe GewArch 1976, 161).

69   Weiß der Täter, dass er zu Aufsicht verpflichtet ist, und unterlässt er Aufsichtsmaßnahmen in dem konkreten Arbeitsbereich, handelt er **vorsätzlich** (OLG Koblenz ZLR 1989, 711). Gleiches gilt für Strohleute, die sich nicht um den Betrieb kümmern; der in diesen Fällen häufig bestehende Irrtum über die Aufsichtspflicht und deren Umfang ist regelmäßig ein vermeidbarer Verbotsirrtum. Abweichendes gilt nur dann, wenn der Strohmann die tatsächliche Möglichkeit von Aufsichtsmaßnahmen verkennt oder glaubt, der faktische Geschäftsführer kümmere sich; dann ist lediglich von einer Fahrlässigkeitstat auszugehen (*Siegmann/Vogel* ZIP 1994, 1819 (1825)).

70   Um dem Täter **fahrlässiges** Handeln vorwerfen zu können, muss dieser gegen Sorgfaltspflichten verstoßen. Maßstab ist diejenige Sorgfalt, die von einem ordentlichen Angehörigen des jeweiligen Tätigkeitsbereichs verlangt werden kann, um die Verletzung solcher Pflichten zu verhindern (OLG Düsseldorf VRS 63, 286; WuW 2007, 265). Die Unkenntnis von den für den Betrieb geltenden Bestimmungen entlastet den Betriebsinhaber nicht, da er sich entweder die für seine Überwachungsaufgabe erforderlichen Kenntnisse verschaffen kann, oder er ein innerbetriebliches Kontrollsystem organisieren muss, das er extern, etwa durch einen Steuerberater oder Wirtschaftsprüfer, überwachen lässt (BayObLG NJW 2002, 766). Der Betriebsinhaber kann nicht darauf berufen, dass er von staatlichen Stellen nicht genügend über das Ausmaß der notwendigen Maßnahmen aufgeklärt worden sei, denn mit der Eröffnung eines Betriebes liegt es an ihm, die zur Vermeidung von betriebsbedingten Zuwiderhandlungen erforderlichen Überlegungen anzustellen (OLG Stuttgart NJW 1977, 1410; *Többens* NStZ 1999, 1 (4); zweifelnd KK-OWiG/*Rogall* Rn. 119).

VIII. Rechtsfolge

71   Die Verletzung der Aufsichtspflicht ist eine Ordnungswidrigkeit und wird nach Abs. 3 mit einer **Geldbuße** belegt. Die Höhe des Ahndungsrahmens richtet sich danach, ob die Pflichtverletzung (gemeint ist die zugrunde liegende Zuwiderhandlung des Betriebsangehörigen) mit einer Strafe oder Geldbuße bedroht ist. Ist die Pflichtverletzung mit Strafe bedroht, kann die vorsätzliche Aufsichtspflichtverletzung mit einer Geldbuße bis zu 1.000.000 EUR geahndet werden, Abs. 3 S. 1. Durch die Änderung von § 130 Abs. 3 S. 2, welcher auf § 30 Abs. 2 S. 3 verweist, verzehnfacht sich die Verbandsgeldbuße im Falle einer vorsätzlichen Begehung. Die fahrlässige Begehung wird mit bis zu 500.000 EUR geahndet, § 17 Abs. 2. Ist sie hingegen mit Geldbuße bedroht, entspricht die Obergrenze der Geldbuße der Aufsichtspflichtverletzung derjenigen für die zugrunde liegende Pflichtverletzung. Letzteres gilt auch, wenn die Pflichtverletzung sowohl bestraft als auch geahndet werden kann und die Geldbuße höher als die Strafe sein kann, Abs. 3 S. 4.

72   Die Höhe der Geldbuße bestimmt sich nach den allgemeinen Regeln. Es kommt daher auf Schwere und Ausmaß der Aufsichtspflichtverletzung sowie den Grad der Vorwerfbarkeit an (zu den Kriterien im Kartellordnungswidrigkeitenrecht Wabnitz/Janovsky WirtschaftsStR-HdB/*Dannecker/N. Müller* Kap. 18 Rn. 73 f.). Da § 130 ein Dauerdelikt darstellt, ist ggf. auch die Anzahl der tatsächlichen Zuwiderhandlungen zu berücksichtigen. Soweit es auf wirtschaftlichen Verhältnissen des Täters ankommt, ist die Person des Betriebsinhabers oder ihm gleichgestellten Personen maßgebend, nicht aber die Person des Betriebsangehörigen (KK-OWiG/*Rogall* Rn. 122).

C. Verfahren

I. Zuständigkeit

73   Die **örtliche Zuständigkeit** ergibt sich aus dem Ort, an dem die Aufsichtsmaßnahme vorzunehmen gewesen wäre. Dabei müssen der Ort der Handlung und des Erfolgs, dh wo die Aufsichtsmaßnahme wirken soll, nicht identisch sein; die örtliche Zuständigkeit kann an beiden Orten begründet werden. Zudem kann sich die örtliche Zuständigkeit aus dem Ort ergeben, an dem die betriebliche Pflicht verletzt wurde, § 7 Abs. 1 (BGH NStZ 2004, 699 f.). Zur Zuständigkeit im Kartellverfahren *Bangard* wistra 1997, 161 (165).

Die **sachliche Zuständigkeit** der Verfolgungsbehörden richtet sich danach, ob die Zuwiderhand- **74** lung mit Geldbuße oder Strafe bedroht ist, § 131 Abs. 3. Im ersten Fall ist die für die Verfolgung der Zuwiderhandlung zuständige Behörde auch zur Ahndung der Aufsichtspflichtverletzung berufen (Achenbach/Ransiek/Rönnau WirtschaftsStR-HdB/*Achenbach* Teil 1 Kap. 3 Rn. 65); im zweiten Fall gelten die Vorschriften über die Verfolgungskompetenz, die anzuwenden wären, wenn die mit Strafe bedrohte Pflichtverletzung nur mit Geldbuße bedroht wäre, entsprechend. Allgemein wird den Verwaltungsbehörden empfohlen, die Sache an die zur Verfolgung der Straftat zuständigen Staatsanwaltschaften abzugeben (Göhler/*Gürtler* Rn. 31).

II. Tatbegriff und Rechtskraft

Bei § 130 handelt es sich um eine **Dauerordnungswidrigkeit.** Daher kann für den gesamten **75** Zeitraum der Aufsichtspflichtverletzung lediglich eine einheitliche Geldbuße festgesetzt werden (BGHSt 25, 158 (163); *Bangard* wistra 1997, 161 (165)). Dies hat zur Folge, dass der Reichweite der Aufsichtspflichtverletzung maßgebende Bedeutung für die Frage der Rechtskrafterstreckung zukommt. Entscheidend ist, wie genau die Aufsichtspflichtverletzung im Bußgeldbescheid, der den Tatvorwurf begrenzt, umschrieben wird. Wird dem Betriebsinhaber vorgeworfen, allgemeine, umfassende und nicht nur für eine einzelne Niederlassung geltende (Organisations-)Verfügungen nicht erlassen zu haben, so führt dies zur Annahme einer **einheitlicher Aufsichtspflichtverletzung** für das gesamte Unternehmen einschließlich der verschiedenen Niederlassungen. Denn die Umstände, die den Vorwurf einer Aufsichtspflichtverletzung begründen, können auch nach der Verletzung einer bestimmten betriebsbezogenen Pflicht noch vorliegen und Ursache für weitere Zuwiderhandlungen sein. In der Regel ist deshalb nur eine Pflichtverletzung anzunehmen, wenn in einem Betrieb im gewissen zeitlichen Zusammenhang mehrere Verstöße gegen dieselbe gesetzliche Bestimmung begangen worden sind (BGH NJW 1985, 77). Kommt es daher infolge dieser allgemeinen Aufsichtspflichtverletzung in verschiedenen Niederlassungen zB zu Kartellverstößen, handelt es sich daher grundsätzlich um eine Tat im prozessualen Sinn (BGH NJW 1987, 267 (268), m. zust. Anm. *Göhler* wistra 1986, 113) mit der Folge, dass alle aufgrund dieser Aufsichtspflichtverletzung begangenen Zuwiderhandlungen von der **Rechtskraft** erfasst und ggf. erst später bekannt werdende Verstöße von Mitarbeitern bei der Bemessung des Bußgeldes nicht mehr berücksichtigt werden können. Dies gilt auch dann, wenn mehrere Organe oder sonstige Verantwortliche die dem Unternehmen obliegende Aufsichtspflicht nicht erfüllen (BGH MDR 1976, 504) und wenn es um Taten geht, derentwegen die Täter selbst nicht mehr wegen Verjährung verfolgt werden können (BGH wistra 1987, 148 f.).

Etwas anderes kann allenfalls dann gelten, wenn dem Aufsichtspflichtigen nicht allgemeine Organisa- **76** tionsmängel angelastet werden, sondern das Unterlassen besonderer, speziell für eine einzelne Niederlassung notwendiger Aufsichtsmaßnahmen; auch in einem solchen Fall kann jedoch zwischen allgemeiner und besonderer Aufsichtspflichtverletzung Tatidentität bestehen, wenn sich beide Zuwiderhandlungen als natürliche Handlungseinheit darstellen (OLG Frankfurt a. M. NJW 1992, 2777 (2778)). Kommt es aufgrund einer einheitlichen Aufsichtspflichtverletzung zu zwei Verfahren und zwei Verurteilungen, obwohl es sich eigentlich eine Tat handelt, so ist das 2. Urteil auch bei einem Verstoß gegen den Grundsatz *ne bis in idem* regelmäßig nicht unwirksam (BGH wistra 1990, 67 (68)). Dies ist verfassungsrechtlich unbedenklich (BVerfG 31.5.1990 – 2 BvR 1722/89). Der durch diese Rspr. drohende Strafklageverbrauch privilegiert in der Regel größere Unternehmen; denn nur nur begegnet werden, wenn in den verschiedenen Bußgeldbescheiden konkrete, auf die jeweilige Niederlassung bezogene Umstände benannt werden, die jeweils gesonderte Aufsichtsmaßnahmen in Bezug auf die verschiedenen Niederlassungen erfordert hätten (*Leube* wistra 1987, 41 (46)).

III. Feststellung des Sachverhalts

In der gerichtlichen Entscheidung sind die erforderlichen Feststellungen zu treffen, die die Erfüllung **77** des Tatbestands belegen. Für den Tatbestand des § 130 müssen Feststellungen zur Zuwiderhandlung nebst deren möglichen Ursachen getroffen (OLG Zweibrücken NStZ-RR 1998, 311) und die mit der Zuwiderhandlung in Zusammenhang stehende Betriebsorganisation, die Begrenzung der Verantwortlichkeit, die tatsächlichen Betriebsabläufe, die getroffenen und unterlassenen Aufsichtsmaßnahmen, deren Veranlassung und Wirksamkeit sowie deren Kausalzusammenhang mit der Zuwiderhandlung ermittelt und angegeben werden (OLG Düsseldorf GewArch 1991, 423; OLG Hamm GewArch 1997, 119 (120); zur Feststellung des hypothetischen Kausalverlaufs BGH MDR 1976, 504). Es muss feststehen, welche konkret erforderlichen Maßnahmen im Rahmen einer gehörigen Aufsicht zu ergreifen gewesen wären (OLG Zweibrücken NStZ-RR 1998, 311). Anderenfalls kann nicht beurteilt werden, welche innerbetrieblichen Maßnahmen geboten waren und ob sie bei „gehöriger Aufsicht" die Zuwiderhandlung verhindert hätten (OLG Zweibrücken NStZ-RR 1998, 311 (312)).

78   Ein Bußgeldbescheid kann sich entweder auf § 30 oder § 130 stützen; gibt er beide an, leidet er unter einem derart schweren Mangel, dass er nicht als Verfahrensgrundlage dienen kann wegen Unvereinbarkeit beider Sachverhalte (BayObLG JR 1973, 28 f.; anders *Göhler* JR 1973, 29 (30): der keine unterschiedlichen Lebenssachverhalte annimmt, da bei § 30 angegeben werden müsse, auf welche Pflichtverletzung der Organe Bezug genommen wird). Grundsätzlich ist auch keine **Wahlfeststellung** zwischen der Zuwiderhandlung und der Aufsichtspflichtverletzung möglich; es besteht nur eine eingeschränkte Tatidentität, da es einen wesentlichen Unterschied zwischen dem Tatbild der generellen Aufsichtspflichtverletzung als Dauerdelikt und der Beteiligung an der einzelnen Zuwiderhandlung gibt (WuW/E BGH 2394). Anderes kann gelten, wenn im Bußgeldbescheid der Gesichtspunkt einer Aufsichtspflichtverletzung wenigstens angesprochen wird. Dies reicht aus, um eine einheitliche prozessuale Tat annehmen zu können (BGH wistra 2005, 384 (385)). Wird der in einem Bußgeldbescheid ursprüngliche Tatvorwurf eines täterschaftlichen Handelns im Gerichtsurteil in die fahrlässige Verletzung der Aufsichtspflicht umgewandelt, ist dies unschädlich, wenn es sich um denselben historischen Vorgang handelt (OLG Koblenz GewArch 1985, 224).

IV. Verjährung

79   Die Verjährung richtet sich nach den allgemeinen Regeln, § 31 Abs. 2. Die Dauer der Verjährungsfrist wird durch die zugrunde liegende Zuwiderhandlung bestimmt, § 131 Abs. 3 (*König* JR 2001, 426 (428); für eine dreijährige Verjährungsfrist *Wolter* GA 2010, 441). Der Betriebsinhaber soll nicht schlechter gestellt werden, als wenn er die Tat selbst begangen hätte (OLG Köln NStZ 1990, 192). Die Verjährungsfrist beginnt mit der Beendigung der Tat (*Bangard* wistra 1997, 161 (165)). Der BGH sieht die Verletzung der Aufsichtspflicht zumindest solange nicht als beendet an, wie nach einer bestimmten Zuwiderhandlung gegen betriebsbezogene Pflichten in nächster Zeit weitere Verstöße derselben Art zu befürchten sind (BGH NJW 1985, 77; OLG Köln NStZ 1990, 192; OLG Frankfurt a. M. NStZ 1992, 193). Hiergegen wird zu Recht eingewandt, dass es ausschließlich auf den Abschluss der Rechtsgutsbeeinträchtigung und nicht auf die Gefahr weiterer Verletzungen ankommen kann und dass anderenfalls die eindeutige Bestimmung des Verjährungsbeginns nicht möglich ist (*Dannecker* NStZ 1985, 49 (56); OLG Düsseldorf WuW 2007, 265; KG WuW/E OLG 3399 (3400)). Das OLG Köln vermittelnd, in der Sache aber *de facto Dannecker* folgend, im Zweifel zugunsten des Betroffenen davon aus, dass die Tat nach der letzten bekannten Zuwiderhandlung beendet war (OLG Köln NStZ 1990, 192).

80   Dessen ungeachtet bedarf es der Bestimmung, wann die den Beginn der Verjährungsfrist auslösende Zuwiderhandlung beendet ist. Bei Submissionsabsprachen im Baugewerbe ist die Tat nicht vor Stellung der Schlussrechnung beendet, wenn durch diese erneut gegen das Abspracheverbot verstoßen wird (BGH wistra 1990, 309 (310)); dies gilt nicht nur für den durch die verbotene Absprache Begünstigten, sondern auch für die anderen an der Vereinbarung Beteiligten (EWiR § 38 GWB 1/87, 57).

81   Da eine Dauerordnungswidrigkeit nur solange fortdauert, wie der Täter den von ihm durch die Verwirklichung des Tatbestands geschaffenen rechtswidrigen Zustand aufrecht erhält oder die bußgeldbewehrte Tätigkeit ununterbrochen fortsetzt (BGH NJW 1990, 194), wird die Verjährung durch Aufsichtshandlungen unterbrochen und der Lauf der Verjährungsfrist neu in Gang gesetzt (*Mielchen/ Meyer* DAR 2008, 417 (420)).

82   Die Verjährung kann nur durch Maßnahmen gegen den Betriebsinhaber unterbrochen werden. Richtet sich ein Bußgeldverfahren ausschließlich gegen einen Unternehmensträger iSv § 30, so unterbrechen Verfolgungshandlungen gegen diesen die Verfolgungsverjährung ggü. bestimmten Einzelpersonen nicht (OLG Hamm JR 1971, 383 (384)).

V. Antragserfordernis

83   Liegt der Aufsichtspflichtverletzung eine Zuwiderhandlung zugrunde, die nur auf Antrag verfolgt wird, so gilt dies nach § 131 Abs. 2 auch für die Aufsichtspflichtverletzung (KK-OWiG/*Rogall* Rn. 127).

40. Gerichtsverfassungsgesetz (GVG)

In der Fassung der Bekanntmachung vom 9. Mai 1975 (BGBl. I S. 1077) FNA 300-2

Zuletzt geändert durch Art. 2 G zur Bekämpfung von Korruption im Gesundheitswesen vom 30.5.2016
(BGBl. I S. 1254)

– Auszug –

§ 74c [Zuständigkeit der Wirtschaftsstrafkammer]

(1) [1] Für Straftaten

1. nach dem Patentgesetz, dem Gebrauchsmustergesetz, dem Halbleiterschutzgesetz, dem Sortenschutzgesetz, dem Markengesetz, dem Designgesetz, dem Urheberrechtsgesetz, dem Gesetz gegen den unlauteren Wettbewerb, der Insolvenzordnung, dem Aktiengesetz, dem Gesetz über die Rechnungslegung von bestimmten Unternehmen und Konzernen, dem Gesetz betreffend die Gesellschaften mit beschränkter Haftung, dem Handelsgesetzbuch, dem SE-Ausführungsgesetz, dem Gesetz zur Ausführung der EWG-Verordnung über die Europäische wirtschaftliche Interessenvereinigung, dem Genossenschaftsgesetz, dem SCE-Ausführungsgesetz und dem Umwandlungsgesetz,
2. nach den Gesetzen über das Bank-, Depot-, Börsen- und Kreditwesen sowie nach dem Versicherungsaufsichtsgesetz, dem Zahlungsdiensteaufsichtsgesetz und dem Wertpapierhandelsgesetz,
3. nach dem Wirtschaftsstrafgesetz 1954, dem Außenwirtschaftsgesetz, den Devisenbewirtschaftungsgesetzen sowie dem Finanzmonopol-, Steuer- und Zollrecht, auch soweit dessen Strafvorschriften nach anderen Gesetzen anwendbar sind; dies gilt nicht, wenn dieselbe Handlung eine Straftat nach dem Betäubungsmittelgesetz darstellt, und nicht für Steuerstraftaten, welche die Kraftfahrzeugsteuer betreffen,
4. nach dem Weingesetz und dem Lebensmittelrecht,
5. des Subventionsbetruges, des Kapitalanlagebetruges, des Kreditbetruges, des Bankrotts, der Verletzung der Buchführungspflicht, der Gläubigerbegünstigung und der Schuldnerbegünstigung,
5a. der wettbewerbsbeschränkenden Absprachen bei Ausschreibungen, der Bestechlichkeit und Bestechung im geschäftlichen Verkehr sowie der Bestechlichkeit im Gesundheitswesen und der Bestechung im Gesundheitswesen,
6. a) des Betruges, des Computerbetruges, der Untreue, des Vorenthaltens und Veruntreuens von Arbeitsentgelt, des Wuchers, der Vorteilsannahme, der Bestechlichkeit, der Vorteilsgewährung und der Bestechung,
   b) nach dem Arbeitnehmerüberlassungsgesetz und dem Schwarzarbeitsbekämpfungsgesetz,
   soweit zur Beurteilung des Falles besondere Kenntnisse des Wirtschaftslebens erforderlich sind,

ist, soweit nach § 74 Abs. 1 als Gericht des ersten Rechtszuges und nach § 74 Abs. 3 für die Verhandlung und Entscheidung über das Rechtsmittel der Berufung gegen die Urteile des Schöffengerichts das Landgericht zuständig ist, eine Strafkammer als Wirtschaftsstrafkammer zuständig. [2] Die §§ 120 und 120b bleiben unberührt.

(2) In den Sachen, in denen die Wirtschaftsstrafkammer nach Absatz 1 zuständig ist, trifft sie auch die in § 73 Abs. 1 bezeichneten Entscheidungen.

(3) [1] Die Landesregierungen werden ermächtigt, zur sachdienlichen Förderung oder schnelleren Erledigung der Verfahren durch Rechtsverordnung[2] einem Landgericht für die Bezirke mehrerer Landgerichte ganz oder teilweise Strafsachen zuzuweisen, welche die in Absatz 1 bezeichneten Straftaten zum Gegenstand haben. [2] Die Landesregierungen können die Ermächtigung durch Rechtsverordnung auf die Landesjustizverwaltungen übertragen.

(4) Im Rahmen des Absatzes 3 erstreckt sich der Bezirk des danach bestimmten Landgerichts auf die Bezirke der anderen Landgerichte.

A. Gesetzlich geregelte Zuständigkeit

I. Erfordernis einer Wirtschaftsstrafkammer

Die Wirtschaftsstrafkammer ist eine von Gesetzes wegen beim Landgericht bestehende Strafkammer, **1** deren Zuständigkeit ebenfalls durch das Gesetz bestimmt wird. Intention des Gesetzgebers ist die **Nutzbarmachung von Spezialkenntnissen,** die sich zumindest die Berufsrichter durch besondere Zusatzschulungen oder ihre ständige Beschäftigung mit den besonderen Verfahrensweisen des Wirtschaftslebens erworben haben, zum Zweck einer besseren Sachaufklärung (*Rieß* JR 1980, 79).

2   Der Wirtschaftsstrafkammer sind alle Strafsachen zugewiesen, die die in § 74c Abs. 1 Nr. 1–6 aufgezählten **Katalogtaten** zum Gegenstand haben und die in die Zuständigkeit des Landgerichts fallen. Dieser Katalog ist seit Einführung der Norm im Jahr 1978 wesentlich erweitert worden.

3   Bei mehreren bestehenden Strafkammern ist es Aufgabe des Präsidiums, zumindest einer Strafkammer die Aufgaben der Wirtschaftsstrafkammer zuzuweisen. In deren Entscheidungen muss zum Ausdruck kommen, dass sie als Wirtschaftsstrafkammer entscheidet.

II. Erst- und zweitinstanzliche Zuständigkeit

4   Die Wirtschaftsstrafkammer nimmt wie eine große Strafkammer **erstinstanzliche** Aufgaben im Rahmen ihrer Zuständigkeit wahr. Diese Abgrenzung der Zuständigkeit zwischen Wirtschaftsstrafkammer und großer Strafkammer regelt § 74c. Darüber hinaus bestimmt die Vorschrift auch die zweitinstanzliche Zuständigkeit der Wirtschaftsstrafkammer und grenzt die Zuständigkeit zwischen der kleinen Strafkammer und der kleinen Wirtschaftsstrafkammer ab, nicht aber die Zuständigkeit zwischen großer und kleiner Wirtschaftsstrafkammer (OLG Köln MDR 1993, 1111).

5   Die Wirtschaftsstrafkammer ist als **Berufungsgericht** zuständig, wenn eine Katalogtat Gegenstand eines Verfahrens vor dem Amtsgericht – Schöffengericht war. Dies ist nicht nur bei einem entsprechenden erstinstanzlichen Schuldspruch der Fall, sondern auch dann, wenn die durch den Eröffnungsbeschluss zugelassene Anklage von einer Katalogtat ausgegangen ist (OLG Stuttgart MDR 1982, 252 (253)). Maßgebend ist, dass der angeklagte Lebenssachverhalt in dem auf der Anklage fußenden Eröffnungsbeschluss der ersten Instanz als eine Katalogtat gewürdigt wurde (OLG Schleswig SchlHA 2005, 257 f.). Hat das Amtsgericht die Katalogtat nach § 154 Abs. 2 StPO ausgeschieden, ist die allgemeine Strafkammer zuständig (KG NJW 2010, 3464).

III. Zuständigkeit für weitere Entscheidungen, Abs. 2

6   Nach Abs. 2 ist die Wirtschaftsstrafkammer zudem in den Sachen, in denen sie nach Abs. 1 zuständig ist, auch zur Entscheidung über **Beschwerden** nach § 73 Abs. 1 berufen gegen Beschlüsse des Amtsgerichts – Schöffengericht. Sie entscheidet über alle in die Zuständigkeit des Landgerichts fallenden Beschwerden einschließlich den Nachtragsentscheidungen und zwar auch über Beschwerden gegen amtsgerichtliche Kostenfestsetzungsbeschlüsse (LG Hildesheim Nds. Rpfl. 2007, 190) und über Akteneinsichtsgesuche (LG Hildesheim NJW 2008, 531 (532)). Entsprechendes gilt für den Antrag auf gerichtliche Entscheidung nach § 161a Abs. 3 StPO (Meyer-Goßner/Schmitt/*Schmitt* Rn. 8).

7   Voraussetzung ist jedoch, dass im Zeitpunkt der Entscheidung die Voraussetzungen von Abs. 1 vorliegen, dh der Verdacht einer Katalogtat iSd Abs. 1 Nr. 1–6 besteht. Dabei ist zu berücksichtigen, dass die Wirtschaftsstrafkammer trotz der Verweisung auf Abs. 1, der auch Berufungszuständigkeit für die kleine Wirtschaftsstrafkammer regelt, stets in einer Besetzung mit **drei Berufsrichtern** entscheidet, § 76 (LG Hildesheim Nds. Rpfl. 2007, 190).

IV. Bildung mehrerer Kammern

8   Grds. besteht bei jedem Landgericht eine Wirtschaftsstrafkammer. Dies ergibt sich in gleicher Weise wie bei der Schwurgerichtskammer und der Staatsschutzkammer aus der Formulierung, dass *eine* große Strafkammer als Wirtschaftsstrafkammer zuständig ist (Löwe/Rosenberg/*Siolek* Rn. 8). Bei dieser sind kraft Gesetzes alle Verfahren nach Abs. 1 u. 2 konzentriert.

9   Reicht der **Geschäftsanfall** nicht aus, um die Wirtschaftsstrafkammer auszulasten, kann ihr ein geringer Anteil an allgemeine Strafsachen als „Bodensatz" gewiesen werden, etwa um die Arbeitskraft auszuschöpfen, wenn zeitliche Lücken durch lange dauernden Verfahren erfahrungsgemäß unvermeidbaren Terminaufhebungen entstehen oder im umfangreiches Verfahren früher abgeschlossen wird (BGH NJW 1988, 1397; *Katholnigg* NJW 1978, 2375 (2376)).

10   Ist eine Wirtschaftsstrafkammer nicht mehr in der Lage, den Geschäftsanfall zu bewältigen, dürfen **weitere Wirtschaftsstrafkammern** eingerichtet werden (BGH NJW 2014, 2295). Insoweit steht die Geschäftsverteilung im pflichtgemäßen Ermessen des Präsidiums, denn wie der Geschäftsanteil bewältigt wird und wie viele Kammern es gibt, schreibt das Gesetz nicht vor (vgl. BGH NJW 1988, 1397). Auch hier darf den Wirtschaftsstrafkammern ein geringer Anteil an allgemeinen Strafsachen zugewiesen werden. Der Schwerpunkt der Zuständigkeit muss aber in der Bearbeitung von Wirtschaftsstrafsachen verbleiben. Dabei kommt es entscheidend darauf an, dass die zugewiesenen allgemeinen Strafsachen die Spezialkammern nicht besonders belasten. Dies ist der Fall, wenn die Wirtschaftsstrafkammern nach Einrichtung einer weiteren zu ungefähr drei Vierteln ihrer Leistungsfähigkeit – also mit eindeutigem Schwerpunkt – mit Wirtschaftsstrafsachen befasst sind (BGH NJW 1983, 2335 (2336)). Dabei dürfen den Wirtschaftsstrafkammern auch dann – und zwar auch mit einem erhöhten Anteil – allgemeine Strafsachen zugewiesen werden, wenn es nach dem Geschäftsaufkommen keine Erforderlichkeit für eine weitere Wirtschaftskammer gibt. So begegnet es keinen Bedenken, eine weitere Wirtschaftskammer einzurichten, wenn bereits mehrere Wirtschaftskammern bestehen, denen zu ca. 75 % Wirtschaftsstrafsachen und zu 25 % allgemeine Strafsachen zugewiesen sind (BGH NJW 1988, 1397; *Katholnigg* NJW 1978, 2375 (2376)). Problematisch ist der Grenzfall, wenn bislang lediglich eine Wirtschaftsstrafkammer bestanden hat, diese zwar überlastet ist, jedoch nicht in dem Ausmaße, dass bei Verteilung der Wirtschaftsstrafsachen eine Auslastung mit einem eindeutigen wirtschaftsstrafrechtlichen Schwerpunkt erzielt würde. Während hier gelegentlich undeutlich formuliert wird, dass an den Begriff der vollen Auslastung keine allzu strengen Anforderungen zu stellen seien (Bericht des Rechtsausschusses BT-Drs. 8/1844, 33; *Löwe/Rosenberg/Siolek* Rn. 8), sollte es für die Gründung einer weiteren Wirtschaftsstrafkammer ausreichen, dass die bereits vorhandene nicht in der Lage ist, den Geschäftsanfall zu bewältigen (vgl. *Katholnigg* NJW 1978, 2376 (2376)). Der vom BGH verlangte eindeutige Schwerpunkt der Tätigkeit in Wirtschaftsstrafsachen sollte in diesem Grenzfall auch dann bejaht werden, wenn die Wirtschaftsstrafsachen nur einen Anteil von knapp über 50 % des Geschäftsanfalls beider Kammern ausmachen. Die Grenze des Zulässigen dürfte erst dann erreicht sein, wenn durch das Bestehen oder Errichten mehrerer Kammern der Anteil der Wirtschaftsstrafsachen am Geschäftsaufkommen der Kammern deutlich verringert werden soll und die Eigenart als Spezialkammer verwischt wird.

Nicht zulässig ist es hingegen, beim Bestehen mehrerer Wirtschaftsstrafkammern im **Geschäftsver** **11** **teilungsplan** eine Zuweisung nach bestimmten Katalogtaten vorzunehmen.

Für den Fall einer erfolgreichen Revision gegen Urteile der Wirtschaftsstrafkammer und der Zurück- **12** verweisung ist eine **Auffangkammer** bilden (*Löwe/Rosenberg/Siolek* Rn. 8).

V. Verhältnis zu anderen Kammern

Das Verhältnis der erstinstanzlichen Strafkammern beim Landgericht bestimmt sich nach § 74e. **13** Danach gehen die Zuständigkeit des Schwurgerichts der Zuständigkeit der Wirtschaftsstrafkammer und diese wiederum der Zuständigkeit der allgemeinen Strafkammer vor. Die Wirtschaftsstrafkammer ist ggü. der allgemeinen Strafkammer **ein Gericht höherer Ordnung** im Sinne von §§ 209, 225a, 269, 270 StPO (Kissel/Mayer Rn. 10; KG NJW 2010, 3464), die in direkter Weise auf die erstinstanzliche und in entsprechender Weise auf zweitinstanzliche Zuständigkeit anzuwenden sind (OLG Koblenz NStZ 1986, 425; *Rieß* JR 1980, 79; aA OLG München JR 1980, 77).

Ist die **Staatsschutzkammer** des OLG nach § 120 zuständig, tritt die Zuständigkeit der Wirtschafts- **14** strafkammer zurück. Dies gilt auch dann, wenn eine Katalogtat nach § 74c mit einer der in § 120 genannten Taten verbunden ist (Kissel/Mayer Rn. 9), vgl. § 120 Abs. 2 S. 1 Nr. 4, S. 2 für den Verstoß gegen das AWG. Das OLG ist nach § 120b seit 1.9.2014 zuständig, wenn einem Mandatsträger Bestechung oder Bestechlichkeit vorgeworfen wird, § 108e StGB.

Die **Jugendkammer** ist im Verhältnis zur Wirtschaftsstrafkammer vorrangig zuständig (§§ 41, 108 **15** JGG). Ausnahmsweise ist die Wirtschaftsstrafkammer nach § 103 Abs. 2 S. 2 JGG zuständig, wenn ein Verfahren gegen einen Erwachsenen in ihre Zuständigkeit fällt und mit einem Verfahren gegen einen Jugendlichen verbunden wird; in diesem Fall entscheidet die Wirtschaftsstrafkammer auch in der Strafsache gegen den Jugendlichen.

Die Wirtschaftsstrafkammer **prüft** in erster Instanz ihre Zuständigkeit nach § 6a StPO bis zur **16** Eröffnung des Hauptverfahrens, danach nur noch auf Rüge des Angeklagten. Dessen Einwand ist nur bis zum Beginn von dessen Vernehmung in der Hauptverhandlung zu beachten. Wird die Wirtschaftsstrafkammer als Berufungsinstanz tätig, steht der Bericht des Berichterstatters nach § 324 Abs. 1 StPO der Eröffnung des Hauptverfahrens gleich (*Rieß* JR 1980, 79 (81)). Die Entscheidung über die Zuständigkeit kann unter den Voraussetzungen von § 210 StPO angefochten werden (Meyer-Goßner/ Schmitt/*Schmitt* Rn. 6).

Die Entscheidung der Wirtschaftsstrafkammer, es seien keine besonderen Kenntnisse des Wirtschafts- **17** lebens erforderlich, hat für die allgemeine Strafkammer **bindende Wirkung.** Dies gilt auch dann, wenn es um die Zuständigkeit im Berufungsverfahren geht (OLG Köln BeckRS 1980, 04121). Eine Zuständigkeitsbestimmung nach §§ 14, 19 StPO kommt nicht in Betracht (Meyer-Goßner/Schmitt/ *Schmitt* Rn. 6; aA OLG München JR 1980, 77 (78)).

B. Zuständigkeit

I. Zuständigkeit des Landgerichts

Die Zuständigkeit der Wirtschaftsstrafkammer ergibt sich aus Abs. 1 Nr. 1–6. Die Aufzählung der **18** dort festgehaltenen Tatbestände als **Katalogtaten** ist abschließend. Auf die Frage nach Täterschaft und Teilnahme, Vollendung oder Versuch, kommt es nicht an. Allerdings werden die Strafvereitelung und die Begünstigung vom Katalog auch dann nicht erfasst, wenn sie auf eine solche Tat hin gerichtet sind.

Im Unterschied zu § 74 Abs. 2, der die Zuständigkeit des Schwurgerichts für die dort benannten **19** Delikte zwingend begründet, ist für die Zuständigkeit der Wirtschaftsstrafkammer weitere Voraussetzung, dass das Landgericht zuständig ist.

20   Die **erstinstanzliche Zuständigkeit** des Landgerichts in Strafsachen ergibt sich aus §§ 74, 24. Sie wird entweder durch Anklageerhebung der StA zum Landgericht wegen der besonderen Schutzbedürftigkeit von Verletzten der Straftat, die als Zeugen in Betracht kommen, des besonderen Umfangs oder der besonderen Bedeutung des Falles (§§ 74, 24 Nr. 3) begründet oder durch die im Einzelfall zu erwartenden Freiheitsstrafe von mehr als vier Jahren, Unterbringung oder Sicherungsverwahrung (§§ 74, 24 Nr. 2). Im letzteren Falle ist bei mehreren Anklagepunkten nicht allein die Straferwartung für die Katalogtat von Bedeutung, sondern die Höhe der für sämtliche Anklagepunkte insgesamt zu erwartenden Strafe (OLG Karlsruhe NStZ 1985, 517; aA *Firgau* wistra 1980, 140 (141)).

21   Die Zuständigkeit der Wirtschaftsstrafkammer richtet sich nach dem Eröffnungsbeschluss. Sie ist nur zuständig, wenn der Eröffnungsbeschluss eine Katalogtat zum Gegenstand hat. Stellt das Gericht, das über die Eröffnung entscheidet, das Verfahren hinsichtlich einer Katalogtat nach § 154 StPO oder auch nach § 154a StPO ein und verbleibt keine weitere Katalogtat nach § 74c mehr, ist die allgemeine Strafkammer zuständig (BGH NStZ 1987, 132; Löwe/Rosenberg/*Siolek* Rn. 14).

22   Die Wirtschaftsstrafkammer ist als **Berufungskammer** oder so genannten kleine Wirtschaftsstrafkammer zuständig, wenn sich eine Berufung gegen ein Urteil des Amtsgerichts – Schöffengericht – wendet und die Strafsache eine Katalogtat zum Gegenstand hat. Es ist nicht entscheidend, ob eine Verurteilung wegen einer Katalogtat erfolgte, sondern ob das Amtsgericht – Schöffengericht – das Hauptverfahren wegen einer Katalogtat eröffnet hat (OLG Stuttgart MDR 1982, 252). Für Berufungen gegen Urteile des Amtsgerichts – Strafrichter – ist die kleine Strafkammer zuständig. Besteht eine kleine Wirtschaftsstrafkammer, so sollen ihr neben den Berufungen gegen Urteile des Schöffengerichts, für die sie kraft Gesetzes zuständig ist, mittels Geschäftsverteilungsplan auch die Berufungen gegen Urteile des Strafrichters in Wirtschaftsstrafsachen zugewiesen werden (Meyer-Goßner/Schmitt/*Schmitt* Rn. 6).

II. Zu den Katalogtaten im Einzelnen

23   Sind die in Nr. 1, 2, 4, 5 u. 5a genannten Tatbestände erfüllt, liegt ohne Weiteres eine Katalogtat vor, die die Zuständigkeit der Wirtschaftsstrafkammer begründen.

24   In den Fällen der Nr. 3, die die Zuständigkeit ua für Verstöße gegen das **Zoll- und Steuerrecht** regelt, ist die allgemeine Strafkammer zuständig, wenn durch dieselbe Handlung (§ 52 StGB) eine Straftat nach dem Betäubungsmittelgesetz begangen worden ist. Hierdurch soll sichergestellt werden, dass Drogendelikte, bei denen regelmäßig ein Verstoß gegen Zoll- oder Steuergesetze vorliegt, bei der allgemeinen Strafkammer verbleiben. Die Wirtschaftsstrafkammer ist ebenfalls nicht zuständig für Steuerstraftaten, die die Kraftfahrzeugsteuer betreffen. Beim Verstoß gegen das Außenwirtschaftsgesetz kann das OLG vorrangig zuständig sein, § 120 Abs. 2 S. 1 Nr. 4.

25   Von Nr. 4 soll das gesamte **Lebensmittelrecht** erfasst werden; die Aufzählung des Weingesetzes ist vielmehr als Weinrecht zu verstehen (Kissel/Mayer Rn. 3; Löwe/Rosenberg/*Siolek* Rn. 5).

26   Die Wirtschaftsstrafkammer bleibt für Delikte nach **Nr. 5** auch dann zuständig, wenn einer der dort genannten Straftatbestände aus sachlich-rechtlichen Gründen hinter § 263 StGB zurücktritt (OLG Celle wistra 1991, 359; Meyer-Goßner/Schmitt/*Schmitt* Rn. 4a; aA OLG Stuttgart wistra 1991, 236).

27   Die in Nr. 6 erwähnten Delikte sind nur dann Katalogtaten, soweit für Beurteilung des Falles **besondere Kenntnisse des Wirtschaftslebens** erforderlich sind. Es muss sich um außerhalb allgemeiner Erfahrung gelegene, nur besonderen Wirtschaftskreisen eigene bzw. geläufige Verfahrensweisen handeln, insbesondere um komplizierte, schwer zu durchschauende Mechanismen des modernen Wirtschaftslebens, durch deren raffinierten Missbrauch Wirtschaftsstrafsachen gekennzeichnet sind (OLG München JR 1980, 77 (78) mAnm *Rieß*). Die besonderen Kenntnisse in Nr. 6 beziehen sich auf Verfahrensweisen, die nur besonderen Wirtschaftskreisen eigen oder geläufig sind. Dies kann der Fall sein, wenn es zur Bewertung von Geschäftsvorgängen auf die inhaltliche richtige Darstellung in Bilanzen oder einer Gewinn- und Verlustrechnung ankommt (OLG Stuttgart wistra 1991, 236 (237)).

28   Es kommt hingegen nicht darauf an, ob der Fall Kenntnisse verlangt, die über das hinausgehen, was einem Richter normalerweise geläufig ist (LG Lübeck SchlHA 2002, 287). Besondere Kenntnisse des Wirtschaftslebens sind bei Scheckreiterei, einer Methode unlauterer Kreditbeschaffung, die dadurch gekennzeichnet ist, dass jeweils vor Einlösung eines ungedeckten Schecks bei einem Bankinstitut scheinbare Deckung durch Einreichung eines anderen ebenfalls ungedeckten Schecks geschaffen und dadurch der Protest abgewendet wird, nicht erforderlich (OLG Düsseldorf wistra 1992, 277 (278)). Gleiches gilt für den Abrechnungsbetrug eines Arztes ggü. der Krankenkasse, wenn sich das betrügerische Verhalten darin erschöpft, nicht erbrachte Leistungen in Ansatz zu bringen; eine nachträgliche Aufklärung solcher Vorgänge mag im Einzelfall umfangreiche Beweiserhebungen erforderlich machen; Spezialkenntnisse über komplizierte wirtschaftliche Zusammenhänge werden dabei jedoch nicht erfordert (OLG Köln wistra 1991, 79 (80)). Das OLG Saarbrücken hat die Zuständigkeit der Wirtschaftsstrafkammer in einer Strafsache verneint, in der zwar Kenntnisse des ärztlichen Gebühren- und Abrechnungswesens, aber keine Spezialkenntnisse über komplizierte, schwer zu durchschauende wirtschaftliche Zusammenhänge erforderlich waren (BGH wistra 2007, 360). Insoweit ist der Entscheidung zu folgen. Es erscheint entgegen OLG Saarbrücken jedoch zu weitgehend, die Zuständigkeit der Wirtschaftsstrafkammer abzulehnen, wenn zur Entscheidungsfindung das Verständnis von der Funktionsweise eines

Apothekenwirtschaftsprogramms erforderlich ist und zwar auch dann, wenn die Abläufe in der Anklageschrift verständlich und nachvollziehbar beschriebenen werden und darüber hinaus – ggf. durch einen Sachverständigen zu vermittelnde – datenverarbeitungstechnische Kenntnisse erforderlich sind. Ungeachtet dessen, dass eine Anklageschrift ohnehin verständlich und nachvollziehbar sein muss, wird der Begriff der besonderen Kenntnisse des Wirtschaftslebens in unzulässiger Weise auf rechtliche Gepflogenheiten beschränkt; er umfasst aber auch tatsächlich und technische Besonderheiten.

Keinesfalls können zur Begründung der Zuständigkeit der Wirtschaftsstrafkammer die in § 24 Nr. 3 **29** genannten Kriterien des besonderen Umfangs oder der besonderen Bedeutung des Falles herangezogen werden. Ein besonders hoher Schadensumfang, eine größere Anzahl Täter bzw. Geschädigter führt nicht zur Zuständigkeit der Wirtschaftsstrafkammer (OLG München JR 1980, 77 (78) mAnm *Rieß*).

C. Bildung gemeinsamer Wirtschaftsstrafkammern Abs. 3, 4

Abs. 3 ermächtigt die Landesregierungen, durch Rechtsverordnung Wirtschaftsstrafkammern zu **30** bilden, die über den eigentlichen Landgerichtsbezirk hinaus zuständig sind. Diese Ermächtigung können die Landesregierungen nach Abs. 3 S. 2 auf die Justizverwaltungen übertragen. Folgende Bundesländer haben Rechtsverordnungen erlassen:

Baden-Württemberg: VO v. 7.9.1998 (GBl. 561, zuletzt geänd. durch VO v. 28.3.2000, GBl. 366); § 17 VO v. 20.11.1998 (GBl. 680, zuletzt geänd. durch VO v. 15.6.2000, GBl. 499);
Bayern: § 55 VO v. 11.6.2012 (GVBl. 295, zuletzt geänd. durch VO v. 9.9.2013, GVBl. 604);
Brandenburg: § 6 GerZV v. 2.9.2014 (GVBl. II 62);
Bremen: VO v. 3.12.1974 (GBl. 337);
Mecklenburg-Vorpommern: § 8 VO v. 28.3.1994;
Rheinland-Pfalz: § 3 Abs. 4 StrBußGZV v. 19.11.1985 (GVBl. 265, zuletzt geänd. durch VO v. 13.10.2005, GVBl. 480);
Sachsen-Anhalt: § 1 WSZuStVOAG v. 12.7.2004 (GVBl. 391);
Schleswig-Holstein: § 1 VO v. 21.7.2005 (GVBl. 279).

Diese weitere Möglichkeit der Konzentration betrifft nur die **örtliche Zuständigkeit** (*Rieß* GA **31** 1976, 6). Die übrigen Zuständigkeitsbestimmungen wie zB § 125 StPO bleiben unberührt (vgl. OLG Nürnberg wistra 1999, 280). Mit der Übertragung der Zuständigkeit auf ein bestimmtes Landgericht wird nach § 143 Abs. 1 die StA zur Verfolgung der Katalogtaten zuständig, die ihren Sitz an diesem Gericht hat (Meyer-Goßner/Schmitt/*Schmitt* Rn. 5).

Dem Verordnungsgeber steht es frei, über die örtliche Zuständigkeit einer der gemeinsamen Wirt- **32** schaftsstrafkammer zu entscheiden. Die Zuständigkeit braucht sich nicht mit dem Zuständigkeitsbezirk eines OLG zu decken; sie darf aber die Grenzen eines Bundeslandes nicht überschreiten (Löwe/Rosenberg/*Siolek* Rn. 16). Ebenso muss die Übertragung jeweils einen **gesamten Landgerichtsbezirk** erfassen (Kissel/Mayer Rn. 16). Die Errichtung einer auswärtigen Kammer gemäß § 78 ist nicht statthaft (Löwe/Rosenberg/*Siolek* Rn. 16).

Die Verordnung ermächtigt abweichend von Abs. 1, der überregionalen Wirtschaftsstrafkammer **33** Strafsachen iSv Abs. 1 ganz oder auch nur teilweise zuzuweisen. Daher kann die Zuständigkeit nur für bestimmte Katalogtaten – auch innerhalb einer Nummer des Abs. 1 – nur für die erste Instanz oder nur für die Berufungsinstanz geregelt werden. Hingegen kann die Zuständigkeit nicht auf die Entscheidungen bestimmter Art beschränkt werden, wie es § 58 vorsieht (Löwe/Rosenberg/*Siolek* Rn. 16). Wird die Zuständigkeit der gemeinsamen Wirtschaftskammer eingeschränkt, muss es sich um eine generelle Regelung handeln (Kissel/Mayer Rn. 16).

Innerhalb dieser Zuständigkeit entscheidet die Wirtschaftsstrafkammer nach § 4 Abs. 2 StPO auch **34** über die Verbindung zusammenhängender Taten. Ob es sich bei der beim Amtsgericht anhängigen Sache um eine Straftat nach § 74c handelt, ist ohne Bedeutung, wenn nur ein Zusammenhang nach § 3 StPO vorliegt (OLG Karlsruhe MDR 1976, 164).

Durch die Bestimmung einer gemeinsamen Wirtschaftsstrafkammer wird insoweit ein **neuer Land-** **35** **gerichtsbezirk** gebildet, Abs. 4. Der Bezirk desjenigen Landgerichts, bei dem die gemeinsame Wirtschaftsstrafkammer angesiedelt ist, reicht iRd Zuweisung über die bisherigen Grenzen hinaus. IÜ bleibt die Wirtschaftsstrafkammer eine Strafkammer dieses Landgerichts, für die die Regelungen zB über das Präsidium und die Geschäftsverteilung uneingeschränkt gelten (Löwe/Rosenberg/*Siolek* Rn. 17).

D. Schöffen

Für die Schöffen gelten mangels einer § 58 Abs. 2 entsprechenden Regelung die allgemeinen **36** Bestimmungen des § 77 Abs. 2 (Löwe/Rosenberg/*Siolek* Rn. 18).

E. Rechtsmittel

Die Rechtsmittel gegen Entscheidungen der Wirtschaftsstrafkammer richten sich nach den allgemei- **37** nen Vorschriften. Von praktischer Relevanz ist regelmäßig nur die Rüge des Verstoßes gegen den gesetzlichen Richter, dass also statt der allgemeinen Strafkammer die Wirtschaftsstrafkammer zuständig gewesen wäre oder umgekehrt. In Ergänzung zu § 338 Nr. 1 StPO gilt, dass eine Revision gegen ein Urteil der Wirtschaftsstrafkammer nicht mit der Behauptung einer falschen Anwendung des normativen Zuständigkeitsmerkmals des Abs. 1 Nr. 6 begründet werden kann; dieses Zuständigkeitsmerkmal ist nur bis zur Entscheidung über die Eröffnung des Hauptverfahrens zu prüfen. Daher kann sich der Zuständigkeitseinwand der Revision also gegen den nach § 210 Abs. 1 StPO unanfechtbaren **Eröffnungsbeschluss** richten, der einer Beurteilung des Revisionsgerichts jedenfalls dann nicht unterliegt, wenn die Annahme einer willkürlichen Zuständigkeitsbejahung keine Grundlage hat (BGH NStZ 1985, 464 (466)). Der Beschwerdeführer wird auch nicht mit der Rüge gehört, dass die Strafsache wegen angeklagten Steuerdelikte ursprünglich vor die Wirtschaftsstrafkammer gehört hätte, seinem in zulässiger Form erhobenen Einwand nach § 6a S. 2 StPO dadurch aber den Boden entzogen worden sei, dass Teile des Verfahrens nach § 154 StPO ermessensfehlerfrei ausgeschieden wurden und somit die allgemeine Strafkammer zuständig wurde (BGH NStZ 1987, 132 (133)).

100. Gesetz über die Vermittlung der Annahme als Kind und über das Verbot der Vermittlung von Ersatzmüttern (Adoptionsvermittlungsgesetz – AdVermiG)

In der Fassung der Bekanntmachung vom 22. Dezember 2001

Zuletzt geändert durch Art. 21 G zur Bereinigung des Rechts der Lebenspartner vom 20.11.2015 (BGBl. I S. 2010)

– Auszug –

Vorbemerkung

Als Folge der **Reform des Adoptionsrechts** v. 2.7.1976 (BGBl. I 1949), in Kraft getreten am **1** 1.7.1977, wodurch der Grundsatz der Volladoption (§§ 1741 ff. BGB) eingeführt wurde, wurden mit dem **Adoptionsvermittlungsgesetz** die Bestimmungen dafür getroffen, durch welche Ämter und Organisationen und unter welchen Bedingungen Stellen eingerichtet und beauftragt werden können, welche bei Adoptionen Hilfeleistungen erbringen bzw. helfen, die erforderlichen Voraussetzungen zu schaffen.

Nachdem bereits durch Gesetz v. 27.11.1989 (BGBl. I 2014) das **Verbot der Ersatzmuttervermitt-** **2** **lung** (§§ 13a f.) eingeführt worden war, wurde durch Gesetz v. 5.11.2001 (BGBl. I 2950) das **Haager Übereinkommen v. 29.5.1993 über den Schutz von Kindern und die Zusammenarbeit auf dem Gebiet der internationalen Adoption** in nationales Recht umgesetzt (vgl. auch BR-Drs. 16/ 01) und mit Bekanntmachung v. 22.12.2001 (BGBl. 2002 I 354) neu gefasst.

Die **Straf- und Bußgeldvorschriften** des AdVermiG betreffen verbotene Vermittlungstätigkeiten **3** für Adoptionen (§ 14) bzw. verbotene Ersatzmuttervermittlungen (§ 14b).

Zwecke der Vorschriften sind die Schaffung ordnungsgemäßer und zuverlässiger Voraussetzungen für **4** eine Adoption und dieser vorausgehende Vermittlungstätigkeiten. Außerdem soll dem immer weiter um sich greifenden internationalen Kinderhandel entgegengewirkt werden, weshalb der Kinderhandel seit 1998 nach § 236 StGB unter Strafe gestellt ist (6. StrRG v. 26.1.1998, BGBl. I 164).

§ 14 Bußgeldvorschriften

(1) Ordnungswidrig handelt, wer

1. entgegen § 5 Abs. 1 oder 4 Satz 1 eine Vermittlungstätigkeit ausübt oder
2. entgegen § 6 Abs. 1 Satz 1, auch in Verbindung mit Abs. 2 oder 3, oder § 13d durch öffentliche Erklärungen
   a) Kinder zur Annahme als Kind oder Adoptionsbewerber,
   b) Kinder oder Dritte zu den in § 5 Abs. 4 Satz 1 genannten Zwecken oder
   c) Ersatzmütter oder Bestelleltern

sucht oder anbietet.

(2) Ordnungswidrig handelt auch, wer

1. entgegen § 5 Abs. 1 oder 4 Satz 1 eine Vermittlungstätigkeit ausübt und dadurch bewirkt, dass das Kind in den Geltungsbereich dieses Gesetzes oder aus dem Geltungsbereich dieses Gesetzes verbracht wird, oder
2. gewerbs- oder geschäftsmäßig
   a) entgegen § 5 Abs. 3. Nr. 1 eine Schwangere zu der Weggabe ihres Kindes bestimmt oder
   b) entgegen § 5 Abs. 3. Nr. 2 einer Schwangeren zu der Weggabe ihres Kindes Hilfe leistet.

(3) Die Ordnungswidrigkeit kann in den Fällen des Absatzes 1 mit einer Geldbuße bis zu fünftausend Euro, in den Fällen des Absatzes 2 mit einer Geldbuße bis zu dreißigtausend Euro geahndet werden.

1. Regelungscharakter. Bei den Regelungen des Abs. 1 handelt es sich um Blankettvorschriften, **1** deren Regelungsgehalt sich erst in Zusammenschau mit den Normen ergibt, auf die sie Bezug nehmen. Aus der Höhe der Bußgeldandrohungen des Abs. 3 folgt, dass der Gesetzgeber Verstöße nach Abs. 2 als besonders schwerwiegend einstuft.

2. Die Regelungen im Einzelnen. a) Tathandlungen nach Abs. 1 Nr. 1: Unerlaubte Adop- **2** **tionsvermittlung oder andere verbotene Vermittlungstätigkeiten.** Gemäß § 5 Abs. 1 Nr. 1 ist die Vermittlung von Adoptionen nur den Jugendämtern und Landesjugendämtern sowie nach § 2 Abs. 2

den Verbänden des Diakonischen Werks, des Deutschen Caritasverbands, der Arbeiterwohlfahrt und der diesen Verbänden angeschlossenen Fachverbände sowie sonstigen Organisationen mit Sitz im Inland gestattet, wenn die Stellen von der zentralen Adoptionsstelle des Landesjugendamts als Adoptionsvermittlungsstellen anerkannt worden sind. **Wer nicht** nach den genannten Vorschriften **zur Adoptionsvermittlung berechtigt** ist und diese Tätigkeit dennoch ausübt, begeht eine Ordnungswidrigkeit nach § 14 Abs. 1 Nr. 1. Eine **Ausnahme** gilt allerdings für Personen, welche iRd Voraussetzungen des § 5 Abs. 2 Nr. 1 mit dem „zu vermittelnden" Kind oder dem Adoptionsbewerber verwandt oder verschwägert sind, oder für Personen, welche nur im Einzelfall eine Gelegenheit unentgeltlich nachweisen und im Übrigen einer Adoptionsvermittlungsstelle oder dem Jugendamt hiervon unverzüglich Nachricht geben (§ 5 Abs. 2 Nr. 2).

3   In gleicher Weise gilt dies für Vermittlungtätigkeiten nach § 5 Abs. 4, welche die auf Dauer gerichtete **Aufnahme eines Kindes durch einen Dritten** betreffen oder die **Anerkennung der Vaterschaft** durch einen Mann, der das **betreffende Kind nicht gezeugt** hat.

4   **b) Tathandlungen nach Abs. 1 Nr. 2: Verbotene Adoptionsanzeigen.** Eine fachgerechte Adoptionsvermittlung soll durch § 6 gewährleistet werden, indem grds. **Adoptionsanzeigen oder darauf gerichtete Zeitungsberichte verboten** sind, durch welche Kinder zur Adoption angeboten werden oder für eine Adoption gesucht werden. Generell sind auch andere öffentliche Erklärungen verboten, durch die Kinder zur Adoption angeboten oder mit denen Adoptionsbewerber gesucht werden. Dies gilt nur dann nicht, wenn die Veröffentlichung keine Privatanschrift enthält und zugleich mit der Aufforderung verbunden ist, sich an eine durch Angabe der Anschrift näher bezeichnete Adoptionsvermittlungsstelle oder eine zentralen Adoptionsstelle zu wenden.

5   Ebenso gilt nach Abs. 1 Nr. 2b dieses Werbeverbot für Anzeigen und Veröffentlichungen, welche sich darauf beziehen, dass nach Abs. 2 Nr. 2 iVm § 5 Abs. 4 ein Dritter ein **Kind auf Dauer bei sich aufzunehmen** bereit ist oder ein Mann zur **Anerkennung der Vaterschaft für ein Kind, das er nicht gezeugt hat,** sich bereit erklärt oder für die genannten Zwecke Kinder sucht.

6   Schließlich sind auch Anzeigen im Hinblick auf **Suchen oder Anbieten von Ersatzmüttern oder Bestelleltern** iVm § 13d verboten.

7   **c) Tathandlungen nach Abs. 2: Unerlaubte Vermittlungtätigkeit, wodurch ein Kind in den oder aus dem Geltungsbereich dieses Gesetzes verbracht wird.** Ist eine Vermittlungtätigkeit nicht nur unerlaubt, sondern ist sie auch auf eine **grenzüberschreitende Vermittlung** gerichtet, liegt im Gegensatz zu Abs. 1 Nr. 1 in diesen Fällen eine schwerer zu ahndende Ordnungswidrigkeit nach Abs. 2 Nr. 1 vor. Die Geldbuße kann in solchen Fällen bis zu 30.000 EUR betragen.

8   Die **gewerbs- oder geschäftsmäßige** Hilfe für **Schwangere** bei der **Weggabe deren Kindes** oder gar die Bestimmung einer Schwangeren zur Weggabe ihres Kindes wird ebenfalls als höher zu ahndende Ordnungswidrigkeit festgelegt (Abs. 2 Nr. 2).

9   **3. Subjektiver Tatbestand und Rechtsfolgen.** § 14 sieht vorliegend keine Ordnungswidrigkeit bezüglich fahrlässigen Handelns vor, so dass daher nur vorsätzliches Handeln als Ordnungswidrigkeit zu ahnden ist (§ 10 OWiG). Bedingter Vorsatz reicht jedoch aus.

10   Die Tatalternativen nach Abs. 1 sind als **Ordnungswidrigkeiten** mit einer **Geldbuße bis zu 5.000 EUR** zu ahnden, die Tatalternativen nach Abs. 2 sind als vom Gesetzgeber benannte schwere Ordnungswidrigkeiten mit einer **Geldbuße bis zu 30.000 EUR** zu ahnden (Abs. 2).

11   **4. Sonstiges.** Für die **Verfolgungsverjährung** gelten die Vorschriften der §§ 31 ff. OWiG.

12   Wird durch die Tathandlung zugleich eine **Straftat nach § 236 StGB** erfüllt, gilt § 21 OWiG, so dass nur das Strafgesetz Anwendung findet (§ 21 Abs. 1 S. 1 OWiG), es sei denn, eine Strafe wird nicht verhängt (§ 21 Abs. 2 OWiG; → StGB § 236 Rn. 34).

§ 14b Strafvorschriften gegen Ersatzmuttervermittlung

(1) **Wer entgegen § 13c Ersatzmuttervermittlung betreibt, wird mit Freiheitsstrafe bis zu einem Jahr oder mit Geldstrafe bestraft.**

(2) [1]**Wer für eine Ersatzmuttervermittlung einen Vermögensvorteil erhält oder sich versprechen lässt, wird mit Freiheitsstrafe bis zu zwei Jahren oder Geldstrafe bestraft.** [2]**Handelt der Täter gewerbs- oder geschäftsmäßig, so ist die Strafe Freiheitsstrafe bis zu drei Jahren oder Geldstrafe.**

(3) **In den Fällen der Absätze 1 und 2 werden die Ersatzmutter und die Bestelleltern nicht bestraft.**

1   **1. Regelungscharakter.** Die Strafnorm des § 14b dient zur Durchsetzung des durch Gesetz v. 27.11.1989 (BGBl. I 2014) eingeführten **Verbots der Ersatzmuttervermittlung** (§ 13c).

2. Die Regelungen im Einzelnen. a) Unentgeltliche Ersatzmuttervermittlung (Abs. 1). Die **2** Strafvorschrift des § 14b unterscheidet danach, ob die Ersatzmuttervermittlung unentgeltlich oder zur Erlangung von Vermögensvorteilen erfolgt. Bei unentgeltlicher Tätigkeit beträgt die Strafandrohung Freiheitsstrafe **bis zu einem Jahr** oder Geldstrafe.

b) Ersatzmuttervermittlung gegen Vermögensvorteil (Abs. 2). Erhält der Vermittler einen **3** **Vermögensvorteil** für seine Tätigkeit oder lässt er sich einen solchen versprechen, beträgt die Strafandrohung Freiheitsstrafe **bis zu zwei Jahren** oder Geldstrafe.

Handelt der Vermittler sogar **gewerbs- oder geschäftsmäßig,** sind Freiheitsstrafe bis zu drei Jahren **4** oder Geldstrafe angedroht (Abs. 2 Alt. 2).

c) Strafausschließungsgrund bei Ersatzmutter oder Bestelleltern (Abs. 3). Die Straftatbestän- **5** de nach Abs. 1 u. 2 können alle Personen betreffen, welche in eine Vermittlung zwischen Ersatzmutter und Bestelleltern involviert sind. Allein die Ersatzmutter selbst und die Bestelleltern, welche zur Aufnahme eines aus einer Ersatzmutterschaft entstandenen Kindes bereit sind, bleiben nach der Regelung des Abs. 3 ohne Strafe.

3. Sonstiges. Die Tat nach § 14b kann mangels anderer Regelung nur **vorsätzlich** begangen **6** werden, wobei bedingter Vorsatz ausreicht.

Die **Verfolgungsverjährung** beträgt hinsichtlich der Straftaten nach § 14b Abs. 2 u. 3 fünf Jahre (§ 78 Abs. 3 Nr. 4 StGB); soweit eine Tat nach § 14b Abs. 1 vorliegt, verjährt diese in drei Jahren (§ 78 Abs. 3 Nr. 5 StGB).

105. Gesetz über zwingende Arbeitsbedingungen für grenzüberschreitend entsandte und für regelmäßig im Inland beschäftigte Arbeitnehmer und Arbeitnehmerinnen (Arbeitnehmer-Entsendegesetz – AEntG)

Vom 20. April 2009 (BGBl. I S. 799) FNA 810-20

Zuletzt geändert durch Art. 2 Abs. 11 VergaberechtsmodernisierungsG vom 17.2.2016 (BGBl. I S. 203)

– Auszug –

Vorbemerkung

1   1. Ziel des Gesetzes. Das Gesetz über zwingende Arbeitsbedingungen für grenzüberschreitend entsandte und für regelmäßig im Inland beschäftigte Arbeitnehmer und Arbeitnehmerinnen (Arbeitnehmer-Entsendegesetz – AEntG) verfolgt gem. seinem § 1 S. 1 das Ziel, **angemessene Mindestarbeitsbedingungen** für die in seinem Titel genannten Arbeitnehmer und Arbeitnehmerinnen zu schaffen und durchzusetzen sowie **faire und funktionierende Wettbewerbsbedingungen** zu gewährleisten. Dadurch sollen zugleich sozialversicherungspflichtige Beschäftigung erhalten und die Ordnungs- und Befriedungsfunktion der Tarifautonomie gewahrt werden (§ 1 S. 2). Dass ein Arbeitgeber im Ausland ansässig ist, soll ihn also nicht davon entbinden, die im Inland geltenden Arbeitsbedingungen zu beachten. Allerdings gilt die Verpflichtung, Mindestarbeitsbedingungen zu gewähren, § 8 Abs. 1 ebenso für Arbeitgeber mit Sitz im Inland (zum Streit in Bezug auf § 1 Abs. 1 aF s. OLG Düsseldorf NZA 1998, 1286 f.; und NZA 2000, 558). Ansonsten würden ausländische Arbeitgeber gemeinschaftsrechtswidrig diskriminiert (ErfK/*Schlachter* § 8 Rn. 2).

2   Mit dem AEntG v. 26.2.1996 (BGBl. I 227; damals noch „Gesetz über zwingende Arbeitsbedingungen bei grenzüberschreitenden Dienstleistungen"), in Kraft getreten am 1.3.1996, reagierte der Gesetzgeber auf die Entwicklung, dass im Inland zunehmend ausländische Unternehmen aus Mitgliedstaaten der Europäischen Union Dienstleistungen erbrachten und dabei aus ihrem Sitzstaat Personal grenzüberschreitend entsandten, das dort zu deutlich niedrigeren Arbeitsbedingungen beschäftigt werden konnte. Um der Gefahr gespaltener Arbeitsmärkte und daraus resultierender sozialer Spannungen zu begegnen sowie eine Verschlechterung der Situation von Klein- und Mittelbetrieben der deutschen Bauwirtschaft und die Untergrabung der Ordnungs- und Befriedungsfunktion der Tarifautonomie zu verhindern, wurden – zunächst im Wesentlichen beschränkt auf die Bauwirtschaft – auch ausländische Arbeitgeber in Bezug auf die von ihnen im Inland beschäftigten Arbeitnehmer denselben rechtlichen Verpflichtungen wie inländische Arbeitgeber unterworfen (BT-Drs. 13/2414, 6 f.; zur Entstehungsgeschichte des AEntG Ignor/Rixen ArbStrafR-HdB/*Rzepka* § 7 Rn. 3; *Webers* DB 1996, 574 (574)). Mit den Regelungen wurde der Entsenderichtlinie vorgegriffen, die sich zu diesem Zeitpunkt im Entwurfsstadium befand, aber eine ähnliche Vorgehensweise verfolgte (BT-Drs. 13/2414, 7).

3   Einige Monate nach Verabschiedung des AEntG wurde die RL 96/71/EG des Europäischen Parlaments und des Rates v. 16.12.1996 über die Entsendung von Arbeitnehmern iRd Erbringung von Dienstleistungen (ABl. 1997 L 18, 1) erlassen, deren Vorgaben durch verschiedene Änderungsgesetze nach und nach umgesetzt wurden. Die Richtlinie will zwar eine Mindestmaß an Schutz der entsendeten Arbeitnehmer gewährleisten, gibt jedoch insoweit keinen materiell-rechtlichen Inhalt vor, den die Mitgliedstaaten vielmehr unter Beachtung des Gemeinschaftsrechts frei bestimmen können. Daher muss sich der EuGH häufig mit der Vereinbarkeit nationalen Rechts mit der Entsenderichtlinie oder der Grundfreiheit des freien Dienstleistungsverkehrs gem. Art. 56 AEUV (Art. 49 EG aF) auseinandersetzen; s. etwa EuGH NZA 2001, 554; 2001, 1377; 2002, 207; 2005, 573; 2007, 917; 2008, 159; 2008, 537; 2010, 1404; 2014, 1129. Zu den verfassungsrechtlichen Einwänden gegen das AEntG ErfK/*Schlachter* § 1 Rn. 14.

4   Die aktuelle Fassung des AEntG v. 20.4.2009 (BGBl. I 799), in Kraft getreten am 24.4.2009, letztmalig geändert durch Art. 2 Abs. 11 VergaberechtsmodernisierungsG v. 17.2.2016 (BGBl. I 203), verfolgt neben den ursprünglichen Zielen des AEntG 1996 noch weitere Anliegen. Die Neufassung ist auch der rein inländischen Entwicklung geschuldet, dass unter anderem durch nachlassende Tarifbindung untertarifliche Arbeitsbedingungen weit verbreitet sind, und dient daher ebenso dem Schutz inländischer, nicht aus dem Ausland entsendeter Beschäftigter (ErfK/*Schlachter* § 1 Rn. 1; *Sittard* NZA 2009, 346 (347); vgl. auch den nunmehrigen Gesetzestitel sowie § 1). Durch die Neuverabschiedung sollte zudem das in den Jahren zuvor mehrfach geänderte Gesetz übersichtlich gestaltet werden (BT-Drs. 16/10486, 1). Die seitdem in § 23 geregelte Bußgeldvorschrift entspricht inhaltlich aber weitgehend der früheren Regelung des § 5.

5   2. Inhalt des Gesetzes. § 2 bestimmt, dass die dort genannten **allgemeinen Arbeitsbedingungen** (Mindestentgeltsätze, bezahlter Mindestjahresurlaub, Höchstarbeits- und Mindestruhezeiten, Bedingungen für die Überlassung von Arbeitskräften, Vorschriften für die Sicherheit, den Gesundheitsschutz und die Hygiene am Arbeitsplatz, Schutzmaßnahmen für Schwangere und Wöchnerinnen, Kinder und Jugendliche sowie Nichtdiskriminierungsbestimmungen) auch für Arbeitsverhältnisse zwischen einem im Ausland ansässigen Arbeitgeber und seinen im Inland beschäftigten Arbeitnehmern und Arbeitnehmerinnen gelten. Unter den Voraussetzungen der §§ 4–6 finden darüber hinaus **tarifvertragliche Arbeitsbedingungen** auf Arbeitsverhältnisse zwischen einem Arbeitgeber mit Sitz im Ausland und seinen im räumlichen Geltungsbereich des Tarifvertrages beschäftigten Arbeitnehmern und Arbeitnehmerinnen zwingend Anwendung (§ 3), wenn entweder ein bundesweiter (zur Entbehrlichkeit dieses Erfordernisses § 3 S. 2) Tarifvertrag für allgemeinverbindlich erklärt wurde oder eine Rechtsverordnung des Bundesministeriums für Arbeit und Soziales nach § 7 oder § 7a vorliegt. Zur Anwendbarkeit von **Arbeitsbedingungen in der Pflegebranche** s. die Sonderregeln der §§ 10 ff.

Eine Spezialregelung stellt die in § 14 normierte **Durchgriffshaftung** dar (zusammenfassend Ignor/Rixen Arb- **6** StrafR-HdB/*Rzepka* § 7 Rn. 145 ff.). Nach § 14 S. 1 haftet ein Unternehmer (zum einschränkend auszulegenden Begriff BeckOK ArbR/*Gussen* § 14 Rn. 2 mwN) für die Verpflichtungen des von ihm mit der Erbringung von Werk- oder Dienstleistungen beauftragten Unternehmers, das Mindestentgelt an Arbeitnehmer und Arbeitnehmerinnen oder Beiträge an eine gemeinsame Einrichtung der Tarifvertragsparteien nach § 8 zu zahlen. Diese (nach dem Wortlaut verschuldensunabhängige; BeckOK ArbR/*Gussen* § 14 Rn. 1; ErfK/*Schlachter* § 14 Rn. 1; Brüssow/Petri Arbeits-StrafR Rn. 267; einschränkend Ignor/Rixen ArbStrafR-HdB/*Rzepka* § 7 Rn. 147 und 150 ff.) Durchgriffshaftung trifft den auftraggebenden Unternehmer auch für die Verpflichtungen von Nachunternehmern oder Verleihern, die der beauftragte Unternehmer oder ein Nachunternehmer seinerseits beauftragt hat (zur Vereinbarkeit mit Art 56 AEUV (Art 49 EG aF) NZA 2004, 1211; zur Vereinbarkeit mit Art. 12 GG BAG NZA 2005, 627 (630 ff.) und BAG NZA 2007, 609 ff.). Der Auftraggeber haftet wie ein Bürge, der auf die Einrede der Vorausklage (§ 771 BGB) verzichtet hat, dh er kann gegenüber geltend gemachten Ansprüchen nicht einwenden, dass die betroffenen Arbeitnehmer und Arbeitnehmerinnen noch keine erfolglose Zwangsvollstreckung gegen den Hauptschuldner (also den beauftragten Unternehmer, Nachunternehmer oder Verleiher) versucht haben. Unter Mindestentgelt iSd § 14 S. 1 ist gem. S. 2 nur das sog Nettoentgelt zu verstehen, dh der Betrag, der nach Abzug der Steuern und der Beiträge zur Sozialversicherung und zur Arbeitsförderung oder entsprechender Aufwendungen zur sozialen Sicherung an Arbeitnehmer oder Arbeitnehmerinnen auszuzahlen ist. Die Ansprüche aus der in § 14 geregelten Durchgriffshaftung können Arbeitnehmer und Arbeitnehmerinnen, sofern sie in das Inland entsandt sind oder waren und sich ihre Ansprüche auf den Zeitraum ihrer Entsendung beziehen, auch vor einem deutschen Arbeitsgericht erheben (§ 15 S. 1).

Um die Einhaltung der anzuwendenden Arbeitsbedingungen überprüfen zu können, enthält das **7** AEntG in seinem sechsten Abschnitt Regelungen zur Kontrolle und Durchsetzung durch staatliche Behörden. Darin werden den Arbeitgebern ua **Duldungs- und Mitwirkungs- sowie Melde- und Dokumentationspflichten** auferlegt, deren Verletzung zum Teil **nach § 23 bußgeldbewehrt** ist. Das AEntG stellt somit das einzige Gesetz dar, das Verstöße gegen tarifvertraglich normierte Arbeitsbedingungen als Ordnungswidrigkeit sanktioniert (Ignor/Rixen ArbStrafR-HdB/*Rzepka* § 7 Rn. 1; vgl. auch Erbs/Kohlhaas/*Ambs* Rn. 1).

§ 23 Bußgeldvorschriften

(1) Ordnungswidrig handelt, wer vorsätzlich oder fahrlässig

1. entgegen § 8 Abs. 1 Satz 1 oder Abs. 3 eine dort genannte Arbeitsbedingung nicht oder nicht rechtzeitig gewährt oder einen Beitrag nicht oder nicht rechtzeitig leistet,

2. entgegen § 17 Satz 1 in Verbindung mit § 5 Abs. 1 Satz 1 des Schwarzarbeitsbekämpfungsgesetzes eine Prüfung nicht duldet oder bei einer Prüfung nicht mitwirkt,

3. entgegen § 17 Satz 1 in Verbindung mit § 5 Abs. 1 Satz 2 des Schwarzarbeitsbekämpfungsgesetzes das Betreten eines Grundstücks oder Geschäftsraums nicht duldet,

4. entgegen § 17 Satz 1 in Verbindung mit § 5 Abs. 3 Satz 1 des Schwarzarbeitsbekämpfungsgesetzes Daten nicht, nicht richtig, nicht vollständig, nicht in der vorgeschriebenen Weise oder nicht rechtzeitig übermittelt,

5. entgegen § 18 Abs. 1 Satz 1 oder Abs. 3 Satz 1 eine Anmeldung nicht, nicht richtig, nicht vollständig, nicht in der vorgeschriebenen Weise oder nicht rechtzeitig vorlegt oder nicht, nicht richtig, nicht vollständig, nicht in der vorgeschriebenen Weise oder nicht rechtzeitig zuleitet,

6. entgegen § 18 Abs. 1 Satz 3, auch in Verbindung mit Absatz 3 Satz 2, eine Änderungsmeldung nicht, nicht richtig, nicht vollständig, nicht in der vorgeschriebenen Weise oder nicht rechtzeitig macht,

7. entgegen § 18 Abs. 2 oder 4 eine Versicherung nicht, nicht richtig oder nicht rechtzeitig beifügt,

8. entgegen § 19 Absatz 1 Satz 1, auch in Verbindung mit Satz 2, eine Aufzeichnung nicht, nicht richtig, nicht vollständig oder nicht rechtzeitig erstellt oder nicht oder nicht mindestens zwei Jahre aufbewahrt oder

9. entgegen § 19 Abs. 2 eine Unterlage nicht, nicht richtig, nicht vollständig oder nicht in der vorgeschriebenen Weise bereithält.

(2) Ordnungswidrig handelt, wer Werk- oder Dienstleistungen in erheblichem Umfang ausführen lässt, indem er als Unternehmer einen anderen Unternehmer beauftragt, von dem er weiß oder fahrlässig nicht weiß, dass dieser bei der Erfüllung dieses Auftrags

1. entgegen § 8 Abs. 1 Satz 1 oder Abs. 3 eine dort genannte Arbeitsbedingung nicht oder nicht rechtzeitig gewährt oder einen Beitrag nicht oder nicht rechtzeitig leistet oder

2. einen Nachunternehmer einsetzt oder zulässt, dass ein Nachunternehmer tätig wird, der entgegen § 8 Abs. 1 Satz 1 oder Abs. 3 eine dort genannte Arbeitsbedingung nicht oder nicht rechtzeitig gewährt oder einen Beitrag nicht oder nicht rechtzeitig leistet.

(3) Die Ordnungswidrigkeit kann in den Fällen des Absatzes 1 Nr. 1 und des Absatzes 2 mit einer Geldbuße bis zu fünfhunderttausend Euro, in den übrigen Fällen mit einer Geldbuße bis zu dreißigtausend Euro geahndet werden.

(4) Verwaltungsbehörden im Sinne des § 36 Abs. 1 Nr. 1 des Gesetzes über Ordnungswidrigkeiten sind die in § 16 genannten Behörden jeweils für ihren Geschäftsbereich.

(5) Für die Vollstreckung zugunsten der Behörden des Bundes und der bundesunmittelbaren juristischen Personen des öffentlichen Rechts sowie für die Vollziehung des dinglichen Arrestes nach § 111d der Strafprozessordnung in Verbindung mit § 46 des Gesetzes über Ordnungswidrigkeiten durch die in § 16 genannten Behörden gilt das Verwaltungs-Vollstreckungsgesetz des Bundes.

A. Tatbestand

I. Die Bußgeldtatbestände im Einzelnen

1   **1. Bußgeldvorschriften des § 23 Abs. 1. a) Gewährung von Arbeitsbedingungen nach § 8.** § 23 Abs. 1 **Nr. 1** sanktioniert das (echte) Unterlassen, **tarifvertragliche Arbeitsbedingungen** nicht oder nicht rechtzeitig gewährt oder der gemeinsamen Einrichtung der Tarifvertragsparteien einen im nach § 5 Nr. 3 zustehenden Beitrag nicht oder nicht rechtzeitig geleistet zu haben. Bei Mindestentgeltsätzen (vgl. § 5 S. 1 Nr. 1) ist zu beachten, dass Arbeitnehmerinnen und Arbeitnehmer auf deren Anwendung verzichten können, wenngleich nur durch gerichtlichen Vergleich (§ 9 S. 1). Auch insoweit ist die Ordnungswidrigkeit der Nr. 1 bereits verwirklicht, wenn das Mindestentgelt nicht rechtzeitig gezahlt wird. Etwaige Nachzahlungen bleiben ebenso außer Betracht wie die Geringfügigkeit der nicht entrichteten Differenzbeträge (ErfK/*Schlachter* Rn. 2). Als Täter kommen gem. § 8 Abs. 1 S. 1 sowohl der **Arbeitgeber** (mit Sitz im In- oder Ausland) als auch nach § 8 Abs. 3 der **Verleiher** von Leiharbeitnehmerinnen und Leiharbeitnehmern in Betracht.

2   Der Verweisungsdschungel, den § 23 (insbes. Abs. 1 Nr. 1 sowie Abs. 2 Nr. 1 und 2 mit ihrer Anknüpfung an § 8 Abs. 1 S. 1 und Abs. 3, die wiederum auf weitere Normen verweisen) wie zahlreiche andere Bußgeld- und Strafvorschriften außerhalb des StGB offenbart, stellt sich nicht als völlig unproblematisch dar. Bedenklich im Hinblick auf den Bestimmtheitsgrundsatz aus Art. 103 Abs. 2 GG erweist sich vor allem die Ergänzung der Norm durch Tarifverträge oder eine Rechtsverordnung nach § 7 oder § 7a, da der Normunterworfene sich die jeweils für ihn geltenden bußgeldbewehrten Vorgaben erst aus verschiedenen Rechtsquellen zusammensuchen muss (krit. daher Brüssow/Petri ArbeitsStrafR Rn. 252; *Bieback* RdA 2000, 207 (216); offen gelassen von BayObLG NStZ 2000, 148). Jedoch gestattet das BVerfG dem Gesetzgeber, die Spezifizierung seiner Sanktionsvorschriften dem Verordnungsgeber zu überlassen, vor allem wenn wechselnde und mannigfaltige Einzelregelungen erforderlich sind (BVerfGE 14, 245 (251)). Nach diesen Maßstäben dürfte auch für die einzelnen Arbeitsbedingungen, welche die Tarifverträge enthalten, eine Verweisung hierauf noch zulässig sein.

3   **b) Duldungs- und Mitwirkungspflichten nach § 17.** § 23 Abs. 1 **Nr. 2–4** sanktionieren Verstöße gegen einzelne Duldungs- und Mitwirkungspflichten nach dem Gesetz zur Bekämpfung der Schwarzarbeit und illegalen Beschäftigung (Schwarzarbeitsbekämpfungsgesetz – SchwarzArbG), dessen Vorschriften nach Maßgabe des § 17 die Befugnisse der staatlichen Kontrollbehörden bestimmen. Im Einzelnen müssen **(Nr. 2)** Arbeitgeber, aber auch Arbeitnehmer und Arbeitnehmerinnen sowie Auftraggeber und Dritte, die bei einer Prüfung nach § 2 Abs. 1 SchwarzArbG angetroffen werden, die Prüfung dulden und dabei mitwirken. Dies setzt voraus, die Prüfung einerseits zu fördern und andererseits sämtliche Maßnahmen zu unterlassen, welche die Prüfung behindern, verzögern oder erschweren (Ignor/Rixen ArbStrafR-HdB/*Rzepka* § 7 Rn. 94). Zur Mitwirkung zählt auch die Erteilung erheblicher **Auskünfte** und die **Vorlage** der in §§ 3, 4 SchwarzArbG genannten Unterlagen (vgl. § 17 S. 1 Nr. 2); es besteht – entgegen etwa § 22 Abs. 1 S. 2 ArbSchG – kein Recht, die Vorlage zu verweigern (Ignor/Rixen ArbStrafR-HdB/*Rzepka* § 7 Rn. 96; vgl. auch BayObLG NStZ-RR 2000, 377 (378)). Die Duldungs- und Mitwirkungspflicht erstreckt sich aber nur auf Geschäftsunterlagen, die mittelbar oder unmittelbar Auskunft über die Einhaltung der **Arbeitsbedingungen** nach § 8 geben (§ 17 S. 1 Nr. 1).

4   Arbeitgeber und Auftraggeber müssen bei der Prüfung zudem **(Nr. 3)** in den Fällen des §§ 3 Abs. 1 und 2, 4 Abs. 1 und 2 SchwarzArbG das **Betreten ihrer Grundstücke und Geschäftsräume dulden** (§ 5 Abs. 1 S. 2 SchwarzArbG). Zu den Geschäftsräumen zählen alle Räumlichkeiten, in denen der Arbeitgeber oder Auftraggeber seine Unternehmung ausübt (Ignor/Rixen ArbStrafR-HdB/*Rzepka* § 7 Rn. 97). Das Betreten muss während der Arbeits- bzw. Geschäftszeit erfolgen (vgl. § 5 Abs. 1 S. 2 iVm § 3 Abs. 1 bzw. § 4 Abs. 1 SchwarzArbG).

5   Schließlich trifft Arbeitgeber und Auftraggeber gem. § 5 Abs. 3 S. 1 SchwarzArbG die Pflicht, in Datenverarbeitungsanlagen gespeicherte **Daten auszusondern** und den Behörden der Zollverwaltung auf deren Verlangen auf automatisiert verarbeitbaren Datenträgern oder in Listen zu **übermitteln.** Die

Aussonderungspflicht steht allerdings unter dem Maßstab der Verhältnismäßigkeit. Arbeitgeber und Auftraggeber dürfen daher die erforderlichen Daten den Behörden ungesondert zur Verfügung stellen, wenn die Aussonderung mit einem unverhältnismäßigen Aufwand verbunden wäre und überwiegende schutzwürdige Interessen des Betroffenen nicht entgegenstehen (§ 5 Abs. 3 S. 2 SchwarzArbG). Werden die Daten nicht richtig bzw. nicht vollständig, nicht in der vorgeschriebenen (insbes. automatisiert verarbeitbaren) Weise oder nicht rechtzeitig bzw. überhaupt nicht übermittelt, liegt eine Ordnungswidrigkeit gem. **Nr. 4** vor.

c) Meldepflichten nach § 18. § 23 Abs. 1 **Nr. 5–7** betreffen Meldepflichten des Arbeitgebers nach   **6** § 18 Abs. 1 und 2 bzw. des Entleihers nach § 18 Abs. 3 und 4. Arbeitgeber mit Sitz im Ausland und Entleiher, die einen Arbeitnehmer oder eine Arbeitnehmerin oder mehrere Arbeitnehmer oder Arbeitnehmerinnen im Inland beschäftigen, sind gem. § 18 Abs. 1 S. 1 sowie Abs. 3 S. 1 im Falle anwendbarer tarifvertraglicher Normen dazu verpflichtet, vor Beginn jeder Werk- oder Dienstleistung eine schriftliche Anmeldung in deutscher Sprache bei der zuständigen Behörde der Zollverwaltung vorzulegen, welche die für die Prüfung wesentlichen Angaben (vgl. dazu § 18 Abs. 1 S. 2: unter anderem Name und Geburtsdatum der bzw. des Beschäftigten sowie Beginn und voraussichtliche Dauer der Beschäftigung) enthält. Dadurch sollen die Voraussetzungen für eine effektive Kontrolle der Einhaltung des AEntG geschaffen werden (ErfK/*Schlachter* § 18 Rn. 1). Arbeitgeber mit Sitz im Inland sind von der Vorschrift nicht erfasst (zur Vereinbarkeit mit Unionsrecht ErfK/*Schlachter* § 18 Rn. 1; vgl. auch OLG Karlsruhe wistra 2001, 477).

Vor Beginn der Leistung ist eine Anmeldung nur dann erfolgt, wenn sie mindestens einen Werk-   **7** bzw. Arbeitstag vor Aufnahme der jeweiligen Beschäftigung bei der zuständigen Zollbehörde eingeht (OLG Hamm NStZ-RR 2000, 55 (56); Ignor/Rixen ArbStrafR-HdB/*Rzepka* § 7 Rn. 110). Legt der **Arbeitgeber** entgegen § 18 Abs. 1 S. 1 die erforderliche Anmeldung nicht richtig oder nicht vollständig, nicht in der vorgeschriebenen Weise (vor allem schriftlich und in deutscher Sprache) oder nicht rechtzeitig bzw. überhaupt nicht vor, begeht er eine Ordnungswidrigkeit nach **Nr. 5.**

Änderungen bzgl. der wesentlichen Angaben sind gem. § 18 Abs. 1 S. 3 **unverzüglich zu melden.**   **8** Wird entgegen § 18 Abs. 1 S. 3 eine Änderung nicht richtig oder nicht vollständig, nicht in der vorgeschriebenen Weise oder nicht rechtzeitig bzw. überhaupt nicht gemeldet, liegt eine Ordnungswidrigkeit nach **Nr. 6** vor.

Der Anmeldung gem. § 18 Abs. 1 muss der Arbeitgeber zudem gem. § 18 Abs. 2 eine (schriftliche   **9** und unterschriebene; Ignor/Rixen ArbStrafR-HdB/*Rzepka* § 7 Rn. 119) **Versicherung beifügen,** dass er seine Verpflichtung nach § 8 einhält, die tarifvertraglichen Arbeitsbedingungen zu gewähren. Die Versicherung soll dem Arbeitgeber bzw. Verleiher Bestand und Umfang seiner Pflichten verdeutlichen (BeckOK ArbR/*Gussen* § 18 Rn. 4). Nicht erforderlich ist, Versicherung und Anmeldung zugleich vorzunehmen. Allerdings muss die Versicherung der zuständigen Behörde jedenfalls vor Beginn der Werk- oder Dienstleistungen und mit eindeutig erkennbarem Bezug zu der dazugehörigen Anmeldung zugehen. Ist die Versicherung der Anmeldung nicht, nicht richtig oder nicht rechtzeitig beigefügt, stellt dies eine Ordnungswidrigkeit nach **Nr. 7** dar.

Entsprechendes gilt für den **Entleiher,** dem ein Verleiher mit Sitz im Ausland einen Arbeitnehmer   **10** oder eine Arbeitnehmerin oder mehrere Arbeitnehmer oder Arbeitnehmerinnen zur Arbeitsleistung überlassen hat. In diesem Fall ist auch er dazu verpflichtet, vor Beginn jeder Werk- oder Dienstleistung der zuständigen Behörde der Zollverwaltung eine schriftliche Anmeldung in deutscher Sprache über die ihm überlassenen Arbeitnehmer und Arbeitnehmerinnen mit den Angaben des § 18 Abs. 3 S. 1 aE zuzuleiten sowie etwaige diesbezügliche Änderungen zu melden (§ 18 Abs. 3 S. 2). Zudem hat der Entleiher der Anmeldung eine Versicherung des Verleihers beizufügen, dass dieser seine Verpflichtungen nach § 8 einhält (§ 18 Abs. 4). Kommt der Entleiher diesen Verpflichtungen nicht nach, begeht er ebenso eine Ordnungswidrigkeit nach § 23 Abs. 1 Nr. 5–7.

d) Dokumentationspflichten nach § 19. Die Ordnungswidrigkeiten des § 23 Abs. 1 **Nr. 8 und 9**   **11** ahnden einzelne Verstöße gegen die Dokumentationspflichten des § 19. Finden tarifvertragliche Arbeitsbedingungen über die Zahlung eines Mindestentgelts oder die Einziehung von Beiträgen und die Gewährung von Leistungen im Zusammenhang mit Urlaubsansprüchen auf ein Arbeitsverhältnis Anwendung, so muss der **Arbeitgeber** gem. § 19 Abs. 1 S. 1 Beginn, Ende und Dauer der täglichen Arbeitszeit der Arbeitnehmer und Arbeitnehmerinnen **aufzeichnen und** diese Aufzeichnungen mindestens zwei Jahre **aufbewahren.** Ein Verstoß gegen die Aufbewahrungspflicht setzt dabei voraus, dass der Arbeitgeber überhaupt die notwendigen Aufzeichnungen angefertigt hat (OLG Jena NStZ-RR 2005, 278). Aufbewahren bedeutet, die Aufzeichnungen so zu lagern, dass der unverzügliche Zugriff hierauf gestattet ist; hingegen ist es nicht erforderlich, die Aufzeichnungen bereitzuhalten, dh etwa an einem bestimmten Ort (zB auf einer Baustelle) abzulegen (Ignor/Rixen ArbStrafR-HdB/*Rzepka* § 7 Rn. 99; *Marschall* NZA 1998, 633 (635)). Diese Dokumentationspflichten sollen eine Kontrolle der Arbeitszeit und eine darauf beruhende zuverlässige Berechnung des Lohns ermöglichen (Ignor/Rixen ArbStrafR-HdB/*Rzepka* § 7 Rn. 99). Sie gelten ebenso („auch in Verbindung mit Satz 2") für **Entleiher,** denen ein Verleiher einen Arbeitnehmer oder eine Arbeitnehmerin oder mehrere Arbeitnehmer oder Arbeitnehmerinnen zur Arbeitsleistung überlässt (§ 19 Abs. 1 S. 2). Die Aufzeichnung nicht richtig oder nicht vollständig bzw. nicht rechtzeitig oder überhaupt nicht zu erstellen oder eine erstellte Aufzeichnung nicht oder nicht mindestens zwei Jahre aufzubewahren, bedeutet eine Ordnungswidrigkeit nach **Nr. 8.**

12 Eine Ordnungswidrigkeit nach **Nr. 9** verwirklicht schließlich, wer entgegen § 19 Abs. 2 eine **Unterlage** nicht richtig oder nicht vollständig, nicht in der vorgeschriebenen Weise oder überhaupt nicht bereithält. Nach dieser (nach EuGH NZA 2007, 917 (921) gerechtfertigten) Vorschrift ist jeder **Arbeitgeber** verpflichtet, im Inland diejenigen Unterlagen – seien es schriftliche Dokumente oder auch Datenträger mit digitalisierten Informationen – in deutscher Sprache bereitzuhalten, die für die Kontrolle der Einhaltung tarifvertraglicher Arbeitsbedingungen erforderlich sind. **Bereithalten** bedeutet, den Prüfbehörden an einer ihnen bekannten Stelle den ungehinderten Zugang zu den Unterlagen zu gewähren (Ignor/Rixen ArbStrafR-HdB/*Rzepka* § 7 Rn. 102). Diese Pflicht gilt für die gesamte Dauer der tatsächlichen Beschäftigung der Arbeitnehmer und Arbeitnehmerinnen im Inland, mindestens für die Dauer der gesamten Werk- oder Dienstleistung, insgesamt jedoch nicht länger als zwei Jahre (§ 19 Abs. 2 S. 1). Die Prüfbehörde kann verlangen, dass die Unterlagen auch am Ort der Beschäftigung bereitgehalten werden, bei Bauleistungen auf der Baustelle (§ 19 Abs. 2 S. 2).

13 **2. Bußgeldvorschriften des § 23 Abs. 2.** § 23 Abs. 2 begründet eine Haftung des Hauptunternehmers, obwohl nicht er in eigener Person die Vorgaben des AEntG missachtet hat, sondern der von ihm beauftragte Unternehmer (Nr. 1) oder sogar der Nachunternehmer, den der beauftragte Unternehmer eingesetzt bzw. dessen Tätigwerden dieser zugelassen, dh geduldet hat (Nr. 2). Der Subunternehmer, also Unternehmer bzw. Nachunternehmer, muss es entgegen § 8 Abs. 1 S. 1 bzw. Abs. 3 AEntG unterlassen haben, tarifvertragliche Arbeitsbedingungen (rechtzeitig) zu gewähren oder der gemeinsamen Einrichtung der Tarifvertragsparteien einen ihr zustehenden Beitrag (rechtzeitig) zu leisten (→ Rn. 1 f.).

14 **Unternehmer** ist, wer selbstständig Waren oder Dienstleistungen im Wirtschaftsverkehr anbietet und erbringt. Dies muss im Rahmen eines Geschäftsbetriebs erfolgen, so dass Privatpersonen ausgeschlossen sind (Ignor/Rixen ArbStrafR-HdB/*Rzepka* § 7 Rn. 81). Gemeinsame Voraussetzung der Ordnungswidrigkeiten nach Abs. 2 ist, dass der Hauptunternehmer durch die Beauftragung eines Subunternehmers Werk- oder Dienstleistungen in erheblichem Umfang ausführen lässt. **Beauftragung** bedeutet nicht die Erteilung eines (unentgeltlichen) Auftrags iSd § 662 BGB, sondern umfasst jegliches Auffordern und Bestimmen, die betreffenden Leistungen zu erbringen (Ignor/Rixen ArbStrafR-HdB/*Rzepka* § 7 Rn. 84). Der Unternehmer **lässt** Werk- oder Dienstleistungen **ausführen**, wenn er sie durch die beauftragten Subunternehmen bewirkt. Dazu ist nicht erforderlich, dass die Leistungen vollständig erbracht sind. Vielmehr genügt der Beginn mit ihrer Ausführung, nicht hingegen schon der bloße Vertragsschluss über solche Leistungen (Ignor/Rixen ArbStrafR-HdB/*Rzepka* § 7 Rn. 83).

15 Die – tatsächlich erbrachten oder zumindest vereinbarten und begonnenen (**aA** Ignor/Rixen ArbStrafR-HdB/*Rzepka* § 7 Rn. 83, wonach die bereits erbrachten Leistungen einen erheblichen Umfang aufweisen müssen) – Werk- oder Dienstleistungen müssen einen **erheblichen Umfang** einnehmen. Dies setzt voraus, dass die Größenordnung des jeweiligen Auftrags ihn betriebswirtschaftlich dauerhaft als lukrativ erscheinen lässt. Entscheidend ist insoweit nicht die Sicht der beteiligten Unternehmer, sondern die objektivierte Perspektive eines typischen Hauptunternehmers, bei dem solche Aufträge den Schwerpunkt seiner betrieblichen Aktivitäten darstellen (Ignor/Rixen ArbStrafR-HdB/*Rzepka* § 7 Rn. 85). Bei Bauleistungen wurde der notwendige erhebliche Umfang ab einem Auftragsvolumen von 10.000 EUR für einen Auftraggeber und einen Auftragnehmer angenommen (BeckOK ArbR/*Gussen* Rn. 8; ErfK/*Schlachter* Rn. 5; Brüssow/Petri ArbeitsStrafR Rn. 265; krit. schon Ignor/Rixen ArbStrafR-HdB/*Rzepka* § 7 Rn. 85, die erst den zumindest doppelten Betrag als angemessen hält). Infolge der Vielgestaltigkeit der nunmehr vom AEntG erfassten Branchen (vgl. § 4) bietet es sich aber an, sich nicht uneingeschränkt an dieser Wertgrenze zu orientieren und vielmehr die Größenordnungen für Aufträge in den jeweiligen Branchen hinreichend zu berücksichtigen.

II. Innerer Tatbestand

16 Die Ordnungswidrigkeit nach **Abs. 1** kann **vorsätzlich oder fahrlässig** begangen werden. Fahrlässigkeit kommt bei Nr. 1 etwa in Betracht, wenn sich der Arbeitgeber nicht vergewissert, dass er dem Geltungsbereich eines für allgemeinverbindlich erklärten Tarifvertrages unterliegt (vgl. Ignor/Rixen ArbStrafR-HdB/*Rzepka* § 7 Rn. 33), oder er Auskünfte der zuständigen Sozialkasse nicht einholt (Ignor/Rixen ArbStrafR-HdB/*Rzepka* § 7 Rn. 43).

17 Bei **Abs. 2** muss der Täter zwar in Bezug auf die Beauftragung eines Unternehmers mit Werk- oder Dienstleistungen in erheblichem Umfang Vorsatz haben, der freilich nur selten auszuschließen sein wird. Bezüglich der Pflichtverletzungen des Subunternehmers reicht indes aus, dass der Hauptunternehmer **fahrlässig nicht weiß**, dass der beauftragte Unternehmer Arbeitsbedingungen nicht oder nicht rechtzeitig gewährt oder Beiträge nicht oder nicht rechtzeitig leistet (Nr. 1) bzw. einen Nachunternehmer einsetzt oder für ihn tätig werden lässt, demgegenüber derselbe Vorwurf zu erheben ist (Nr. 2). Für das

fahrlässige Nichtwissen genügen bereits erkennbare (und nicht ausgeräumte) Anhaltspunkte für ein unrechtmäßiges Handeln des (Nach-)Unternehmers (Brüssow/Petri ArbeitsStrafR Rn. 264; Ignor/Rixen ArbStrafR-HdB/*Rzepka* § 7 Rn. 87; ausf. *Oberhauser* BauR 2008, 2 (3 ff.)), zB ein auffallend niedriges Angebot des Subunternehmers (ErfK/*Schlachter* Rn. 5) oder Berichte in den Medien über Ermittlungen gegen ein Unternehmen (Ignor/Rixen ArbStrafR-HdB/*Rzepka* § 7 Rn. 88).

In der Rechtsprechung wurde den Tätern teils ein unvermeidbarer **Verbotsirrtum** nach § 11 Abs. 2 OWiG **18** zugestanden. Zwar seien Arbeitgeber verpflichtet, sich laufend in den Verkündungsblättern über die für sie geltenden Vorschriften zu informieren. Dem ursprünglichen Titel „Gesetz über zwingende Arbeitsbedingungen bei grenzüberschreitenden Dienstleistungen (Arbeitnehmer-Entsendegesetz – AEntG)" könne der Durchschnittsbürger aber keine Relevanz des Gesetzes für den inländischen Arbeitgeber mit Beschäftigten im Inland entnehmen (BayObLG NStZ 2000, 148). Schon aufgrund des neuen Titels des Gesetzes dürfte diese Rechtsprechung nunmehr indes überholt sein (krit. bereits OLG Brandenburg IBR 2003, 510), so dass sich in Zukunft der Arbeitgeber nicht auf bloßer Unkenntnis des AEntG nicht auf die Unvermeidbarkeit seiner Fehlvorstellung berufen können wird. Generell wird den Arbeitgebern wegen der besonderen sozial- und arbeitsmarktpolitischen Bedeutung des SGB III und des AEntG eine sehr weitgehende Informationspflicht auferlegt; in der Regel ist ein etwaiger Verbotsirrtum daher schon dann vermeidbar, wenn eine gebotene Auskunft nicht eingeholt wurde (OLG Jena 1.11.2005 – Ss 222/05 Rn. 26; Erbs/Kohlhaas/*Ambs* Rn. 32).

B. Geldbuße

Die **Geldbuße** beträgt gem. § 23 Abs. 3 in den Fällen des Abs. 1 Nr. 1 sowie des Abs. 2, dh also bei **19** Nichtgewährung tarifvertraglicher Arbeitsbedingungen bzw. Nichtleistung von Beiträgen an die gemeinsame Einrichtung der Tarifvertragsparteien, bis zu 500.000 EUR, ansonsten, dh bei einer Verletzung der Duldungs- und Mitwirkungs-, Melde- oder Dokumentationspflichten des Abs. 1 Nr. 2–9 bis zu 30.000 EUR. Handelt der Täter fahrlässig, kann allenfalls das halbe Höchstmaß, also 250.000 bzw. 15.000 EUR verhängt werden (§ 17 Abs. 2 OWiG).

Die **Zumessung** der Geldbuße bestimmt sich gem. § 17 Abs. 3 S. 1 OWiG nach der Bedeutung der Ordnungs- **20** widrigkeit sowie nach dem Vorwurf, der den Täter trifft. Auch die wirtschaftlichen Verhältnisse des Täters sind zu berücksichtigen (§ 17 Abs. 3 S. 2 OWiG). Gem. § 17 Abs. 4 S. 1 OWiG soll zudem die Geldbuße den wirtschaftlichen Vorteil, den der Täter aus der Ordnungswidrigkeit gezogen hat, übersteigen. So setzt sich eine Geldbuße wegen Nichtgewährung des Mindestlohnes etwa idR aus dem wirtschaftlichen Vorteil, der sich seinerseits aus den Einsparungen der Mindestlohnunterschreitung und dem dadurch erzielten Marktvorteil ergibt, sowie einer individuellen Geldbuße zusammen (ErfK/*Schlachter* Rn. 4; s. dazu auch den Bußgeldbescheid bei BeckOK ArbR/*Gussen* Rn. 5.1). Dies kann im Einzelfall dazu führen, das gesetzliche Höchstmaß überschreiten zu müssen (s. § 17 Abs. 4 S. 2 OWiG). Allerdings darf kein Bußgeld verhängt werden, das die Summe aus dem gesetzlichen Höchstmaß und dem aus der Ordnungswidrigkeit gezogenen wirtschaftlichen Vorteil des Täters überschreitet (KK-OWiG/*Mitsch* OWiG § 17 Rn. 140).

Die **Vollstreckung** zugunsten der Behörden des Bundes und der unmittelbaren Körperschaften und **21** Anstalten des öffentlichen Rechts richtet sich nach dem VwVG, ebenso die Vollziehung des dinglichen Arrests nach § 46 Abs. 1 OWiG iVm § 111d StPO (§ 23 Abs. 5).

Rechtskräftige Bußgeldentscheidungen wegen einer Ordnungswidrigkeit nach § 23 sind unter den **22** Voraussetzungen des § 149 Abs. 2 Nr. 3 GewO in das **Gewerbezentralregister** einzutragen. Auskünfte aus dem Register dürfen gem. § 150a Abs. 1 S. 1 Nr. 1 lit. b GewO für die Verfolgung von Ordnungswidrigkeiten nach § 23 sowie für die Vorbereitung von vergaberechtlichen Entscheidungen (§ 150a Abs. 1 S. 1 Nr. 4 GewO; → Rn. 23) erteilt werden. Bei einer Ordnungswidrigkeit nach § 23 Abs. 1 Nr. 1 und Abs. 2, dh insbes. wegen unterlassener bzw. nicht rechtzeitiger Gewährung tarifvertraglicher Arbeitsbedingungen, sind zudem Daten in der **zentralen Prüfungs- und Ermittlungsdatenbank** des Arbeitsbereichs Finanzkontrolle **Schwarzarbeit** der Zollverwaltung zu speichern (§ 16 Abs. 2 SchwarzArbG).

Wer wegen Verstoßes nach § 23 mit einer Geldbuße von mindestens 2.500 EUR belegt wird, soll **23** gem. § 21 Abs. 1 S. 1 AEntG nach Anhörung (§ 21 Abs. 5) für eine angemessene Zeit bis zur nachgewiesenen Wiederherstellung seiner Zuverlässigkeit von der Teilnahme an einem **Vergabeverfahren** um einen Liefer-, Bau- oder Dienstleistungsauftrag der in §§ 99 und 100 GWB genannten **öffentlichen Auftraggeber ausgeschlossen** werden. In Bezug auf die Angemessenheit der Dauer des Ausschlusses liegt es nahe, sich an § 21 SchwArbG zu orientieren (ErfK/*Schlachter* § 21 Rn. 1), der in Abs. 1 S. 1 eine Dauer von drei Jahren vorsieht. Der Ausschluss gilt nach § 21 Abs. 1 S. 2 auch schon vor Durchführung eines Bußgeldverfahrens, wenn im Einzelfall angesichts der Beweislage kein vernünftiger Zweifel an einer schwerwiegenden Verfehlung nach § 23 besteht. Um die Umsetzung zu gewährleisten, dürfen einerseits die Verfolgungsbehörden nach §§ 23 Abs. 4, 16 öffentlichen Auftraggebern nach § 99 GWB sowie solchen Stellen, die von öffentlichen Auftraggebern zugelassene Präqualifikationsverzeichnisse oder Unternehmer- und Lieferantenverzeichnisse führen, auf Verlangen die erforderlichen Auskünfte geben (§ 21 Abs. 2). Andererseits bestimmt § 21 Abs. 3, dass die soeben genannten öffentlichen Auftraggeber im Rahmen ihrer Tätigkeit beim Gewerbezentralregister Auskünfte über rechtskräftige Bußgeldentscheidungen nach § 23 (zur Eintragungspflicht der zuständigen Behörden s. § 20 Abs. 3) an-

fordern oder von den Bewerbern und Bewerberinnen eine Erklärung verlangen, dass die Voraussetzungen für einen Ausschluss nach § 21 Abs. 1 nicht vorliegen. Im letztgenannten Fall kann der öffentliche Auftraggeber jederzeit zusätzlich Auskünfte des Gewerbezentralregisters nach § 150a GewO anfordern. Dies ist für den öffentlichen Auftraggeber gem. § 21 Abs. 4 Pflicht, wenn ein Bewerber oder
eine Bewerberin über einen Auftrag von mindestens 30.000 EUR den Zuschlag erhalten soll.

C. Konkurrenzen

24   Beschäftigt der Täter an einem Tag mehrere Arbeitnehmer unter Verstoß gegen das AEntG (zB bei
Nichtgewährung des Mindestlohns), liegt idR **Tateinheit** vor (BayObLG wistra 1999, 476; BeckOK
ArbR/*Gussen* Rn. 3; ErfK/*Schlachter* Rn. 3), so dass gem. § 19 Abs. 1 OWiG nur eine einzige Geldbuße
festzusetzen ist. Hingegen bleibt **Tatmehrheit** anzunehmen, wenn der Täter auf verschiedene Weise
gegen § 23 verstößt, zB den vorgeschriebenen Mindestlohn nicht zahlt, Urlaubsbedingungen nicht
gewährt, Anmeldungen nicht vornimmt und Beiträge nicht an die Sozialkasse leistet (BeckOK ArbR/
Gussen Rn. 3; ErfK/*Schlachter* Rn. 3); in diesem Fall wird für jede Ordnungswidrigkeit eine gesonderte
Geldbuße festgesetzt (§ 20 OWiG).

25   § 23 Abs. 1 Nr. 1 und § 266a StGB stehen in Tatmehrheit (BGH NStZ 2012, 461= BGH NZWiSt
2013, 218 mAnm *Schmidt*). Wird das Ermittlungsverfahren wegen § 266a StGB nach § 153a Abs. 1
StPO endgültig eingestellt, schließt dies die Verfolgung einer Ordnungswidrigkeit nach § 23 Abs. 1
Nr. 1 daher nicht aus (BGH NStZ 2012, 461 (462)).

D. Verjährung

26   Bei den Ordnungswidrigkeiten des Abs. 1 Nr. 1 und des Abs. 2 tritt die Verfolgungsverjährung nach
drei Jahren ein (§ 31 Abs. 2 Nr. 1 OWiG), ebenso bei den sonstigen Ordnungswidrigkeiten des § 23,
sofern sie vorsätzlich begangen werden. Ansonsten, dh im Falle einer fahrlässigen Begehung von § 23
Abs. 1 Nr. 2–9, beträgt die Verjährungsfrist infolge des halbierten Bußgeldhöchstmaßes zwei Jahre (§ 31
Abs. 2 OWiG).

27   Die **Verjährung beginnt** gem. § 31 Abs. 3 S. 1 OWiG, sobald die Handlung **beendet** ist. Bei einem
echten Unterlassungsdelikt wie § 23 Abs. 1 Nr. 1 ist nicht maßgeblich, wann die Handlungspflicht hätte
erfüllt werden müssen, sondern wann die Handlungspflicht weggefallen ist. Bei ausstehender Zahlung
des Mindestlohns beginnt die Verjährungsfrist daher erst mit dem Erlöschen der Zahlungspflicht, zB
durch nachträgliche Erfüllung der Zahlungspflicht oder bei zivilrechtlicher Verjährung des Anspruchs
des Arbeitnehmers, nicht hingegen bei Zahlungsunfähigkeit des Arbeitgebers (OLG Jena GewArch
2006, 210 (211)).

E. Verfolgungsbehörde

28   Für die Verfolgung von Ordnungswidrigkeiten nach § 23 sind gem. Abs. 4 iVm § 36 Abs. 1 Nr. 1
OWiG die in § 16 genannten Behörden der **Zollverwaltung** sachlich zuständig.

110. Verordnung über bestimmte alkoholhaltige Getränke (Alkoholhaltige Getränke-Verordnung – AGeV)

In der Fassung der Bekanntmachung vom 30. Juni 2003 (BGBl. I S. 1255) FNA 2125-5-8

Zuletzt geändert durch Art. 5 VO zur Änd. weinrechtl. Vorschriften, der Alkoholhaltige Getränke-VO und der AgrarmarktstrukturVO vom 18.6.2014 (BGBl. I S. 798)

– Auszug –

Vorbemerkung

Die AGeV dient der Durchführung und der Ergänzung (vgl. Art. 6 Abs. 1 VO (EG) Nr. 110/2008) **1** der unmittelbar geltenden Vorschriften der **VO (EG) Nr. 110/2008** des Europäischen Parlaments und des Rates v. 15.1.2008 zur Begriffsbestimmung, Bezeichnung, Aufmachung und Etikettierung von Spirituosen sowie zum Schutz geografischer Angaben für Spirituosen, die an Stelle der bisher insoweit maßgeblichen VO (EWG) Nr. 1576/89 des Rates v. 29.5.1989 zur Festlegung der allgemeinen Regeln für die Begriffsbestimmung, Bezeichnung und Aufmachung von Spirituosen trat. Die VO (EG) Nr. 110/2008 enthält **Regeln für die Begriffsbestimmung, Bezeichnung, Aufmachung und Etikettierung sowie zum Schutz geografischer Angaben für bestimmte Spirituosen** und dient insoweit einerseits dem **Schutz der Verbraucher vor Täuschung** und der Verhinderung betrügerischer Praktiken in diesem Bereich. Zudem soll sie zur Verwirklichung von **Markttransparenz und fairem Wettbewerb** beitragen. Insbes. soll durch die Regelungen der VO (EG) Nr. 110/2008 der gute Ruf geschützt werden, den Spirituosen aus der Gemeinschaft auf dem Binnenmarkt und dem Weltmarkt genießen. Dabei sollen technische Innovationen in den Kategorien, in denen sie zur Verbesserung der Qualität beitragen, ohne die traditionelle Eigenart der betreffenden Spirituose zu beeinträchtigen, ebenfalls berücksichtigt werden. In diesem Zusammenhang ist zu beachten, dass am 13.12.2014 die LMIV (→ Vorb. LFGB Rn. 12; → LFGB § 59 Rn. 14, 21 ff.) in Kraft trat. In Folge dessen soll nach Maßgabe von Art. 16 LMIV-AnpassungsVO (vgl. Anhang zur LMKV = Nr. 502 des Kommentars, → LMKV Anh. Rn. 5) **§ 11 an die neue Rechtslage angepasst** werden, was bei der Anwendung des § 12 zu beachten ist.

Die VO (EG) Nr. 110/2008 gilt für **alle in der Gemeinschaft vermarkteten Spirituosen, 2** unabhängig davon, ob sie in der Gemeinschaft oder in Drittländern hergestellt wurden, sowie für alle in der Gemeinschaft hergestellten Spirituosen, die für die Ausfuhr bestimmt sind (Art. 1 Abs. 2 VO (EG) Nr. 110/2008). Der auch für die Anwendung der AGeV maßgebliche Begriff der Spirituosen ist in **Art. 2 VO (EG) Nr. 110/2008 legaldefiniert.** Danach handelt es sich bei einer **Spirituose** um ein alkoholisches Getränk, das für den menschlichen Verzehr bestimmt ist, besondere sensorische Eigenschaften aufweist, über einen Alkoholgehalt von mindestens 15 % Vol. verfügt und nach einem in Art. 2 Abs. 1 Buchst. d VO (EG) Nr. 110/2008 genannten Verfahren – insbes. aber durch Destillation – gewonnen wird.

Die AGeV gliedert sich in **drei Abschnitte,** von denen Abschnitt 1 Vorschriften für Spirituosen und **3** Abschnitt 2 Vorschriften für wein-, perlwein- und schaumweinähnliche Getränke und hieraus weiterverarbeitete alkoholhaltige Getränke (zur Begriffsbestimmung → § 12 Rn. 3) enthält. Für beide Erzeugnisse werden in den jeweiligen Abschnitten verschiedene **Ver- und Gebote im Zusammenhang mit der Herstellung und dem Vertrieb der Erzeugnisse aufgestellt.** Hinsichtlich der Spirituosen finden sich zudem in den §§ 4–6 Vorschriften über die Gewährung und Nutzung einer amtlichen Prüfnummer. Abschn. 3 enthält die Straf- und Bußgeldtatbestände sowie Schlussbestimmungen.

Sämtliche Ver- und Gebote der §§ 1–3 und §§ 8–9a (betr. Spirituosen) und des § 11 (betr. wein- **4** ähnliche Getränke usw), die die Blanketttatbestände der §§ 12, 13 (→ Vorb. LFGB Rn. 19 ff.) ausfüllen, setzen ein gewerbsmäßiges Handeln voraus (→ Vorb. LFGB Rn. 30).

§ 12 Straftaten

Nach § 59 Abs. 1 Nr. 21 Buchstabe a des Lebensmittel- und Futtermittelgesetzbuches wird bestraft,

1. wer
   a) entgegen § 1 Abs. 3 Weinbrand oder Brandy
   b) entgegen § 2 Nr. 1 bis 6 oder 8 eine Spirituose unter der Verkehrsbezeichnung „Deutscher Weinbrand",

c) entgegen § 8 Abs. 3, § 9 Absatz 1 oder § 9a Abs. 1 Satz 1 oder Abs. 2 eine Spirituose oder

d) entgegen § 10 Abs. 8 oder § 11 Satz 1 ein dort genanntes Getränk gewerbsmäßig in den Verkehr bringt oder

2. wer entgegen § 3 Satz 1, auch in Verbindung mit § 3 Satz 2, Weinbrand, Brandy oder Deutschen Weinbrand mit Hinweisen auf das Alter gewerbsmäßig in den Verkehr bringt oder gewerbsmäßig mit solchen Hinweisen wirbt.

1   **1. Objektiver Tatbestand.** Mit der **Rückverweisung auf § 59 Abs. 1 Nr. 21 Buchst. a LFGB** (→ LFGB § 59 Rn. 58) in § 12 werden **vorsätzliche** (→ LFGB § 58 Rn. 47 ff.) Verstöße gegen die im Tatbestand näher konkretisierten, dem **Schutz des Verbrauchers vor Irreführung und Täuschung** (→ Vorb. LFGB Rn. 12 f.) dienenden, Verkehrs- und Verwendungsverbote der §§ 1, 2, 8–10 und 3 unter Strafe gestellt. Zur Tathandlung des Inverkehrbringens → Vorb. LFGB Rn. 45, zur Verantwortlichkeit im Lebensmittelstrafrecht → Vorb. LFGB Rn. 29 ff.

2   **§ 12 Nr. 1a** knüpft dabei an das in § 1 Abs. 3 statuierte **Verkehrsverbot** an, das für Weinbrand und Brandy (vgl. Anh. II der VO (EG) Nr. 110/2008) besteht, wenn er unter Verstoß gegen das Verbot in § 1 Abs. 1 Nr. 1 iVm Abs. 2 hergestellt (→ Vorb. LFGB Rn. 46 f.) wurde. Demnach ist nach der AGeV lediglich das Inverkehrbringen, nicht aber die Herstellung solchen Weinbrands oder Brandys unter Strafe gestellt. **§ 12 Nr. 1b** knüpft an das in § 2 statuierte **Verkehrsverbot** für Weinbrand oder Brandy unter der Verkehrsbezeichnung (vgl. § 4 LMKV) „Deutscher Weinbrand" an, das besteht, wenn die in § 2 Nr. 1–6 u. 8 aufgestellten Voraussetzungen nicht gegeben sind. Die in **§ 12 Nr. 1c** in Bezug genommenen **Verkehrsverbote** bestehen für Spirituosen, bei deren Herstellung entgegen § 8 Abs. 1 oder 2 eine unzulässige Zuckerung erfolgte **(§ 8 Abs. 3;** vgl. hierzu OLG Karlsruhe ZLR 2014, 342), die mit geografischen Angaben versehen sind, ohne dass die Voraussetzungen, die für diese in Anl. 4 aufgestellt werden, eingehalten wurden **(§ 9),** oder die mit den Verkehrsbezeichnungen „Korn oder Kornbrand" und ggf. weiteren Zusätzen versehen sind, ohne dass die Voraussetzungen des **§ 9a Abs. 1** eingehalten sind.

3   **§ 12 Nr. 1d** knüpft an den Verkehrsverboten an, die in § 10 Abs. 8 und § 11 S. 1 für **wein-, perlwein- und schaumweinähnliche Getränke** und hieraus weiterverarbeitete alkoholhaltige Getränke statuiert sind. Sie unterscheiden sich nach § 10 Abs. 1–3 von Wein und den sonstigen Erzeugnissen des Weinbaus (→ Vorb. WeinG Rn. 11 ff.), die bei der gewerbsmäßigen Herstellung von weinähnlichen Getränken nicht verwendet werden dürfen (§ 10 Abs. 5) (→ LFGB § 58 Rn. 31) dadurch, dass Ursprungserzeugnis der weinähnlichen Getränke usw anstelle der Weintraube Früchte, Fruchtsaft oder Fruchtmark, Rhabarberstängel, Malzauszüge oder Honig sind (vgl. § 10 Abs. 1). Hinsichtlich dieser Getränke besteht ein **Verkehrsverbot** nach **§ 10 Abs. 8** wenn entgegen § 10 Abs. 5 bei der Herstellung Erzeugnisse des Weinbaus verwendet wurden sowie **besondere Kennzeichnungsgebote nach Maßgabe von § 11.** Verstöße hiergegen sind in § 12 Nr. 1d erfasst.

3a   Zuletzt sind in **§ 12 Nr. 2** Verstöße gegen die Verbote des § 3 unter Strafe gestellt, wonach es verboten ist, Weinbrand (auch unter der Verkehrsbezeichnung „Deutscher Weinbrand") oder Brandy mit Hinweisen auf das Alter in den Verkehr zu bringen oder bei diesem Erzeugnis mit solchen Hinweisen zu werben, wenn das Erzeugnis oder das zu seiner Herstellung verwendete Destillat weniger als zwölf Monate in Eichenholzfässern gereift ist. Zum Begriff des Werbens im Lebensmittelrecht → LFGB § 59 Rn. 21.

4   **2. Rechtsfolgen.** § 59 Abs. 1 LFGB sieht zur Ahndung von Straftaten iSv § 12 **Geldstrafe oder Freiheitsstrafe bis zu einem Jahr** vor (→ LFGB § 59 Rn. 83 f.). Der Versuch ist eben so wenig wie fahrlässiges Handeln (soweit § 13) unter Strafe gestellt. Die Qualifikation des § 59 Abs. 4 LFGB (→ LFGB § 59 Rn. 74a) findet keine Anwendung. Zu den weiteren Rechtsfolgen → LFGB § 59 Rn. 83 f. Zu den Konkurrenzen → LFGB § 59 Rn. 85.

§ 13 Ordnungswidrigkeiten

Ordnungswidrig nach § 60 Abs. 1 des Lebensmittel- und Futtermittelgesetzbuches handelt, wer eine in § 12 bezeichnete Handlung fahrlässig begeht.

1   Mit der **Rückverweisung auf § 60 Abs. 1 LFGB** (→ LFGB § 60 Rn. 4 f.) in § 13 wird die **fahrlässige Begehung** (→ LFGB § 58 Rn. 60 ff.) der in § 12 bezeichneten Handlungen als Ordnungswidrigkeit definiert. Insoweit kann hinsichtlich der jeweils maßgeblichen objektiven Tatbestände auf die Kommentierung zu § 12 verwiesen werden.

2   Die Verordnung wurde bisher noch nicht an das abgestufte System in § 60 Abs. 1 u. 5 LFGB (vgl. insoweit → LFGB § 60 Rn. 31 f.) angepasst, das mit dem Gesetz zur Änderung des Lebensmittel- und Futtermittelgesetzbuchs sowie anderer Vorschriften v. 29.6.2009 (BGBl. I 1659), das am 4.7.2009 in Kraft getreten ist (→ LFGB Vor Rn. 6), eingeführt wurde. Da die in § 12 bezeichneten Handlungen Straftaten nach § 59 Abs. 1 Nr. 21 Buchst. a LFGB darstellen, wird der **Verweis in § 13 als solcher**

auf § 60 Abs. 1 Nr. 2 LFGB zu verstehen sein. Danach können Ordnungswidrigkeiten iSv § 13 nach der ab dem 4.8.2011 geltenden Fassung des § 60 Abs. 5 Nr. 2 LFGB (vgl. zur Änderung der Geldbußenrahmen in § 60 Abs. 5 LFGB → LFGB § 60 Rn. 32) mit Geldbuße iHv bis zu **50.000 EUR** geahndet werden. IÜ gelten für die Bemessung der Geldbuße die Vorgaben von § 17 Abs. 3 u. 4 OWiG. Zu den weiteren Rechtsfolgen → LFGB § 60 Rn. 33 f.

115. Aktiengesetz (AktG)

Vom 6. September 1965 (BGBl. I S. 1089) FNA 4121-1

Zuletzt geändert durch Art. 1 Aktienrechtsnovelle 2016 vom 22.12.2015 (BGBl. I S. 2565)

– Auszug –

Vorbemerkung

Literatur (Auswahl): *Achenbach,* Diskrepanzen im Recht der ahndenden Sanktionen gegen Unternehmen, FS Stree/Wessels, 1993, 545; *Altmeppen,* Änderungen der Kapitalersatz- und Insolventhaftung aus „deutsch-europäischer" Sicht, NJW 2005, 1911; *Fleischer,* Konzernuntreue zwischen Straf- und Gesellschaftsrecht: Das Bremer Vulkan-Urteil, NJW 2004, 2867; *Gramich,* Die Strafvorschriften des Bilanzrichtliniengesetzes, wistra 1987, 157; *Heine,* Die strafrechtliche Verantwortung von Unternehmen, 1995; *Hillenkamp,* Risikogeschäft und Untreue, NStZ 1981, 161; *Hopt,* Die Haftung von Vorstand und Aufsichtsrat, FS Mestmäcker, 1996, 909; *Meyer,* Die Strafvorschriften des neuen Aktiengesetzes, AG 1966, 109; *Schünemann,* Unternehmenskriminalität und Strafrecht, 1979; *Tiedemann,* Untreue bei Interessenkonflikten. Am Beispiel der Tätigkeit von Aufsichtsratmitgliedern, FS Tröndle, 1989, 319.

1 **1. Rechtsentwicklung.** Bereits durch die Aktienrechtsnovelle des Norddeutschen Bundes v. 11.6.1870 (BGBl. 375), mit der das Konzessionssystem (PrAktG v. 9.11.1943, PrGS 1843, 341) durch das noch heute geltende System der Normativbedingungen mit Registerzwang abgelöst wurde (MüKo-AktG/*Habersack* Einl. Rn. 17), ist in Art. 249, 249a ADHGB ein besonderes Aktienstrafrecht geschaffen worden, um durch Tatbestände des Gründungsschwindels, der Bilanzfälschung und der Nichtanzeige der Überschuldung dem mit der Abschaffung des Erfordernisses der staatlichen Genehmigung befürchteten „Aktienschwindel" entgegenzuwirken. Die in den Gründerjahren nach 1870 um sich greifenden Unregelmäßigkeiten, die auch als Periode des Aktienschwindels bezeichnet wurden, führten zu einer Verschärfung der aktienrechtlichen Strafbestimmungen, die durch Gesetz v. 18.7.1884 (RGBl. I 123) in Art. 249–249g ADHGB überführt wurden und nicht nur den Gründungs- und Kapitalerhöhungsschwindel unter Strafe stellten, sondern erstmals in Art. 249 ADHGB den Tatbestand der aktienrechtlichen Untreue enthielten. Mit der Einführung des BGB und des HGB fand das Aktienstrafrecht in §§ 312–319 HGB einen neuen Standort. Diese Bestimmungen des Aktienstrafrechts übernahm das AktG 1937 unverändert in §§ 294–304.

2 Das nunmehr geltende AktG 1965 regelt das Aktienstrafrecht in §§ 399–406, übernahm dabei eine Reihe von Straftatbeständen, strich jedoch im Hinblick auf den allgemeinen Untreuetatbestand in § 266 StGB den Tatbestand der aktienrechtlichen Untreue und stufte in § 405 eine Reihe von Straftatbeständen zu Ordnungswidrigkeiten herab. Die ursprüngliche Fassung des Aktienstrafrechts erfuhr nach der Einführung des Aktiengesetzes 1965 zunächst eine Anpassung an die Neufassung des StGB durch das EGStGB v. 2.3.1974; in der Folgezeit wurden verschiedene Straftatbestände des AktG durch zahlreiche Gesetze, ua durch das GmbHÄndG v. 4.7.1980 (BGBl. I 836), das BiRiLiG v. 19.12.1985 (BGBl. I 2355), das DeregG v. 2.8.1994 (BGBl. I 1961), das UmwBerG (BGBl. I 3210) das StückAG v. 25.3.1998 (BGBl. I 590), das 4. FFG (BGBl. I 2002), das TransPuG v. 19.7.2002 (BGBl. I 2681) sowie das BilReG v. 4.12.2004 (BGBl. I 3166) geändert. Zuletzt ist das Aktienrecht und die darin enthaltenen Straf- und Bußgeldbestimmungen durch das MoMiG v. 23.10.2008 (BGBl. I 2026) und schließlich das Gesetz zur Umsetzung der Aktionärsrechterichtlinie (ARUG) v. 30.7.2009 (BGBl. I 2479), das zugleich die Änderung der Kapitalrichtlinie (RL 2006/68/EG) in Teilbereichen umsetzte, hinsichtlich des Rechts der Sachgründung und der vereinfachten Kapitalerhöhung ua durch Streichung der §§ 71 Abs. 3 S. 3, 406 geändert worden. Die letzten Rechtsänderungen, insbes. durch das MoMiG, mit denen der Gesetzgeber – durch den „Inspire Art" des EuGH (BGH NJW 2003, 3331) unter angeblichen Zugzwang gesetzt- im Gewande „einer weitgehenden Modernisierung des Haftkapitalsystems" (so die amtliche Begründung, BT-Drs. 16/640) das deutsche Kapitalgesellschaftsrecht wettbewerbsfähig machen wollte, zeichnen sich durch eine betonte „Liberalisierung" bzw. Aufweichung des Haftungssystems (so etwa hinsichtlich des nunmehr in § 57 Abs. 1 S. 3 gesetzlich zugelassenen, von den Zivilsenaten des BGH zuvor noch bekämpften „cash-pooling", BGH NJW 2001, 3622; 2004, 1111; WM 2006, 325; hierzu auch *Altmeppen* NJW 2005, 1911; *ders.* ZIP 2009, 49; zur Untreue BGH NJW 2004, 2248) und der dem Gläubigerschutz dienenden Erhaltung gesellschaftlichen Grundkapitals aus und lassen umso mehr die Wirksamkeit entsprechender Strafvorschriften fraglich erscheinen.

3 **2. Systematik und Regelungszweck des Aktienstrafrechts.** Die Straf- und Bußgeldtatbestände des AktG bezwecken im Wesentlichen die Beachtung der vorrangig zugunsten der Aktionäre und Gläubiger, aber auch der rechtlich oder tatsächlich interessierten Allgemeinheit bestehenden aktienrechtlichen Schutzvorschriften. Diese Schutzbestimmungen des AktG, deren Einhaltung vorrangig von den Registergerichten überwacht wird, sollen den Risiken Rechnung tragen, die sich aus der bloßen

Haftung der Aktiengesellschaft als juristischer Person mit ihrem Gesellschaftsvermögen ergeben; soweit bestimmten Zuwiderhandlungen eine besondere Gefährlichkeit innewohnt, sind sie in § 399 ff. unter Strafe gestellt. Insoweit sind sie – vor allem §§ 399, 400 – **abstrakte Gefährdungsdelikte** (BGH wistra 2005, 68), in Bezug auf unrichtige Erklärungen **Äußerungsdelikte** (MüKoAktG/*Schaal* § 399 Rn. 6) und, da sich der Täterkreis bei den meisten Delikte auf Personen mit bestimmten Eigenschaften beschränkt, **echte Sonderdelikte** (Hopt/Wiedemann/*Otto* § 399 Rn. 7). Zusammenfassend lässt sich das Aktienstrafrecht im Wesentlichen in die Strafbarkeit des **Gründungs-** (§ 399 Abs. 1 Nr. 1–3), **Kapitalerhöhungs-** (§ 399 Abs. 1 Nr. 4) und **Abwicklungsschwindels** (§ 399 Abs. 1 Nr. 5) sowie verwandter Formen (§ 399 Abs. 1 Nr. 6 und Abs. 2) und der **Geschäftslagentäuschung** bzw. **-verschleierung** (§ 400) differenzieren; der Tatbestand der früher gem. § 401 Nr. 2 strafbaren **Insolvenzverschleppung** ist wie bei den anderen körperschaftlichen Gesellschaftsformen durch das MoMiG in das Insolvenzrecht (§ 15a InsO) verlagert worden. Hinzu treten Strafbestimmungen über das Vortäuschen von Stimmrechtsnachweisen nach § 402, falsche Prüfungstestate (§ 403) und den Geheimnisverrat nach § 404. Andere Verstöße gegen verschiedene grundlegende Handlungspflichten des Aktienrechts sind in § 405 als Ordnungswidrigkeiten ausgestaltet.

Das Aktienstrafrecht deckt nur einen Teil der im Zusammenhang mit der Errichtung, dem Betrieb 4 und der Abwicklung einer Aktiengesellschaft und einer Kommanditgesellschaft auf Aktien in Betracht kommenden Straftaten ab. Im Falle von Missbrauch bzw. Treubruch bei der Wahrnehmung ihrer Aufgaben kommt eine Strafbarkeit von Vorstandsmitgliedern, Abwicklern und Mitgliedern des Aufsichtsrats, etwa bei der Bewilligung vertraglich nicht geschuldeter Sonderzahlungen (BGH NJW 2006, 522), Gefährdung des Bestands von Tochtergesellschaften einer beherrschenden AG (BGHSt 49, 147), Sponsoring (BGHSt 47, 187) oder wirtschaftlich unvertretbaren Risikogeschäften (BGH NJW 1975, 1234; 1990, 3219) als **Untreue** gem. § 266 StGB in Betracht. Ferner kommt eine Strafbarkeit nach den **Insolvenzstraftatbeständen (§§ 283 ff. StGB)** in Betracht, allerdings nur soweit Vermögensbestandteile der Gesellschaft wenigstens auch in deren Interesse beiseite geschafft worden sind (BGHSt 34, 379). Schließlich gelten iRd Aktiengesellschaft auch die **bilanzrechtlichen Straf- und Bußgeldvorschriften** nach §§ 331–334 HGB, die teils aus dem AktG 1965 in das HGB überführt worden sind und teils – so § 332 HGB hinsichtlich § 400 aF – ersetzten, teils (so § 332 HGB) neben den aktienrechtlichen Strafbestimmungen (§ 403) anwendbar sind. Verwandte Strafvorschriften stellen die Straftatbestände der **§§ 313–315 UmwG** dar, die falsche Angaben oder Berichte bzw. die Verletzung von Geheimhaltungspflichten im Zusammenhang mit umwandlungsrechtlich relevanten Vorgängen unter Strafe stellen und teilweise Regelungen des AktG aF (etwa in § 399 Abs. 2) übernommen haben.

3. Geltungsbereich. Das AktG und damit auch das Aktienstrafrecht erstrecken sich nur auf inländi- 5 sche Aktiengesellschaften, dh auf Gesellschaften, die ihren Sitz im Inland haben und innerhalb dieses Gebietes in ein Handelsregister eingetragen worden sind (RGZ 117, 215 (217); 159, 33 (46); BGHZ 25, 134; 53, 181 (183); 78, 318 (334); 97, 269 (271); Hüffer/*Koch* § 1 Rn. 34 ff.), aufgrund der Verweisung in § 53 SEAG auch auf die „Societas Europeae" (MüKoStGB/*Kiethe* § 399 Rn. 7). Mit der Verlegung ihres Sitzes in das Ausland verliert eine inländische Aktiengesellschaft ihren Charakter als eine Gesellschaft nach deutschem Recht und gilt als aufgelöst (RGZ 107, 94 (97); MüKoAktG/*Schaal* Vor § 399 Rn. 17). Eine ausländische Aktiengesellschaft ändert durch die Errichtung einer Zweigniederlassung im Geltungsbereich dieses Gesetzes ihren Status als ausländische Gesellschaft nicht, sofern sie ihren ausländischen Hauptsitz nicht in das Bundesgebiet verlegt; auf sie finden die Straf- und Bußgeldtatbestände des AktG, die den Schutzvorschriften dieses Gesetzes Nachdruck verleihen sollen, grds. (Ausnahme → § 399 Rn. 47) keine Anwendung (vgl. RGSt 68, 210; RGZ 159, 33 (42); BGHSt 42, 243 (248); Hopt/Wiedemann/*Otto* Vor § 399 Rn. 8 ff. mwN; MüKoStGB/*Kiethe* § 399 Rn. 7). Dagegen sind die allgemeinen Straftatbestände, insbes. diejenigen, die – wie §§ 263, 266 StGB – Individualinteressen schützen, nach Maßgabe der §§ 3 ff. StGB anwendbar.

§ 399 Falsche Angaben

(1) Mit Freiheitsstrafe bis zu drei Jahren oder mit Geldstrafe wird bestraft, wer

1. als Gründer oder als Mitglied des Vorstands oder des Aufsichtsrats zum Zweck der Eintragung der Gesellschaft oder eines Vertrags nach § 52 Absatz 1 Satz 1 über die Übernahme der Aktien, die Einzahlung auf Aktien, die Verwendung eingezahlter Beträge, den Ausgabebetrag der Aktien, über Sondervorteile, Gründungsaufwand, Sacheinlagen und Sachübernahmen oder in der nach § 37a Absatz 2, auch in Verbindung mit § 52 Absatz 6 Satz 3, abzugebenden Versicherung,
2. als Gründer oder als Mitglied des Vorstands oder des Aufsichtsrats im Gründungsbericht, im Nachgründungsbericht oder im Prüfungsbericht,
3. in der öffentlichen Ankündigung nach § 47 Nr. 3,
4. als Mitglied des Vorstands oder des Aufsichtsrats zum Zweck der Eintragung einer Erhöhung des Grundkapitals (§§ 182 bis 206) über die Einbringung des bisherigen, die Zeichnung oder Einbringung des neuen Kapitals, den Ausgabebetrag der Aktien, die Ausgabe

der Bezugsaktien, über Sacheinlagen, in der Bekanntmachung nach § 183a Abs. 2 Satz 1 in Verbindung mit § 37a Abs. 2 oder in der nach § 184 Abs. 1 Satz 3 abzugebenden Versicherung,

5. als Abwickler zum Zweck der Eintragung der Fortsetzung der Gesellschaft in dem nach § 274 Abs. 3 zu führenden Nachweis oder

6. als Mitglied des Vorstands einer Aktiengesellschaft oder des Leitungsorgans einer ausländischen juristischen Person in der nach § 37 Abs. 2 Satz 1 oder § 81 Abs. 3 Satz 1 abzugebenden Versicherung oder als Abwickler in der nach § 266 Abs. 3 Satz 1 abzugebenden Versicherung

falsche Angaben macht oder erhebliche Umstände verschweigt.

(2) Ebenso wird bestraft, wer als Mitglied des Vorstands oder des Aufsichtsrats zum Zweck der Eintragung einer Erhöhung des Grundkapitals die in § 210 Abs. 1 Satz 2 vorgeschriebene Erklärung der Wahrheit zuwider abgibt.

Literatur (Auswahl): *Bergmann,* Die verschleierte Sacheinlage bei AG und GmbH, AG 1987, 57; *Dierlamm,* Der faktische Geschäftsführer im Strafrecht – ein Phantom?, NStZ 1996, 153; *Einsele,* Verdeckte Sacheinlage, Grundsatz der Kapitalaufbringung und Kapitalerhaltung, NJW 1996, 2681; *Fuhrmann,* Die Bedeutung des „faktischen Organs" in der strafrechtlichen Rechtsprechung des Bundesgerichtshofs, FS Tröndle, 1989, 139; *Henze,* Zur Problematik der verdeckten (verschleierten) Sacheinlage im Aktien- und GmbH-Recht, ZHR 154, 105; *Hommelhoff/Kleindiek,* Schuldrechtliche Verwendungspflichten und freie Verfügbarkeit bei der Barkapitalerhöhung, ZIP 1987, 477; *Kaligin,* Das neue GmbH-Strafrecht, NStZ 1981, 90; *Loos,* Zur verschleierten Sacheinlage bei der Aktiengesellschaft – eine systemwidrige Gesetzesinterpretation contra legem, AG 1989, 381; *Peter,* Die strafrechtliche Verantwortlichkeit von Kollegialorganmitgliedern der AG und der GmbH für das Nichteinschreiten bei Gründungsschwindelhandlungen anderer Kollegialorganmitglieder, 1990; *Schäfer,* Die Entwicklung der Rechtsprechung zum Konkursstrafrecht, wistra 1990, 81; *Stein,* Die Normadressaten der §§ 64, 84 GmbHG und die Verantwortlichkeit von Nichtgeschäftsführern wegen Konkursverschleppung, ZHR 1984, 207; *Steinmetz,* Die verschleierte Sacheinlage im Aktienrecht aus zivil- und strafrechtlicher Sicht, 1990; *Tiedemann,* Gründungs- und Sanierungsschwindel durch verschleierte Sacheinlagen, FS Lackner, 987, 737.

Übersicht

A. Entstehung und Regelungscharakter

I. Normentwicklung

Vorläufer des § 399 ist die dem § 313 HGB v. 10.5.1897 (RGBl. 219) nachgebildeteStrafvorschrift **1** des § 295 AktG 1937, die seit 1965 mehrfach geändert und ergänzt worden ist. Kern dieser Regelungen ist die Strafbarkeit des Gründungs- und Kapitalerhöhungsschwindels. Schon § 295 AktG 1937 stellte falsche Angaben im Gründungsbericht und im Prüfungsbericht unter Strafe. § 399 übernahm zudem in Abs. 2 die früheren Strafvorschriften des § 20 des Gesetzes über die Kapitalerhöhung aus Gesellschafts- mitteln und über die Gewinn- und Verlustrechnung v. 23.12.1959 (BGBl. I 789.) und sanktioniert wahrheitswidrige Erklärungen im Zusammenhang mit der Umwandlung einer Aktiengesellschaft in eine GmbH, ferner aufgrund des GmbHÄndG v. 4.7.1980 (BGBl. I 836) eingefügten Abs. 1 Nr. 6 falsche Angaben von Mitgliedern des Vorstandes oder des Aufsichtsrats bei der Abgabe bestimmter Versicherungen. Das MoMiG strich § 36 Abs. 2 S. 2, wonach bei einer Einmann-Aktiengesellschaft der Gründer zusätzlich für den Teil der Geldeinlage, der den eingeforderten Betrag übersteigt, eine Siche- rung zu bestellen hatte, und die damit korrespondierende Strafbestimmung in Abs. 1 Nr. 1, die falsche Angaben über diese Sicherung ahndete, ersatzlos mit der lapidaren Begründung, dass die besonderen Sicherungen bei der Gründung von Einpersonengesellschaften nach Auskunft der Praxis verzichtbar seien und nur eine unnötige Komplizierung der Gesellschaftsgründung bedeuteten (BT-Drs. 16/6140). Schließlich führte das ARUG die Möglichkeit einer Sacheinbringung ohne externe Werthaltigkeits- prüfung ein und ergänzte § 399 Abs. 1 Nr. 1 und 4 um eine Strafbestimmung, durch die die im Zusammenhang mit dieser erleichterten Gründung mit Sacheinlagen oder Sachübernahmen abzuge- benden besonderen Erklärungen und Versicherungen ebenfalls strafbewehrt sind.

II. Regelungscharakter und Schutzgut

Durch die Strafandrohung des § 399, dem in seiner Ausgestaltung und Schutzrichtung die entspre- **2** chenden Straftatbestände des ihm nachgebildeten **§ 82 GmbHG** gleichen, soll jede arglistige Täuschung der Öffentlichkeit über die wesentlichen Grundlagen des Unternehmens verhindet (vgl. zB RGSt 38, 128; GA 1959, 87 (88)) und sichergestellt werden, dass ggü. dem Registergericht oder in öffentlich Ankündigungen keine falschen Angaben über bestimmte, für das Vertrauen der Allgemeinheit in die Korrektheit der Handelsregistereintragungen besonders wesentliche Umstände gemacht werden. §§ 399 ff. finden auf die **Aktiengesellschaft** und die **Kommanditgesellschaft auf Aktien** (§ 408) gleichermaßen Anwendung. Die Regelung dient dem Schutz Dritter, die zu der Gesellschaft rechtliche und wirtschaftliche Beziehungen unterhalten oder solche begründen wollen, vor bestimmten Täuschun- gen durch die Organe der Gesellschaft. Mit dieser Strafvorschrift sollen die zivilrechtlichen Schutz- vorschriften eine Verstärkung erhalten, die die tatsächliche Aufbringung des Grundkapitals als Garan- tiekapital der Gesellschaft gewährleisten und verhindern, dass in Umlauf gesetzte Aktien nur Scheinwerte darstellen (BGHZ 105, 121; MüKoAktG/*Schaal* Rn. 4). Wie auch § 82 GmbHG verfolgt § 399 den Zweck, jede arglistige Täuschung der Öffentlichkeit über die wesentlichen Grundlagen des Unter- nehmens zu verhindern (RGSt 38, 195 (198); 40, 285 (286); 41, 293 (301); 43, 407 (415); 48, 153; 73, 232; GA 1959, 87). **Geschütztes Rechtsgut** ist daher das Vertrauen der Allgemeinheit in Gestalt der Gesellschaftsgläubiger und sonstiger interessierter Personen (interessierte Öffentlichkeit) in die Wahr- haftigkeit der Handelsregistereintragungen und deren Grundlagen sowie der Angaben in den öffent- lichen Ankündigungen (BGHZ 105, 121; Hopt/Wiedemann/*Otto* Rn. 4; diff. KölnKomm AktG/ *Altenhain* Rn. 11). Über diese Allgemeininteressen hinaus dient § 399 auch dem individuellen Schutz Dritter, die im Vertrauen auf die Handelsregistereintragungen oder die vom § 399 geschützten öffent- lichen Ankündigungen rechtliche oder wirtschaftliche Beziehungen unterhalten oder aufnehmen, und ist insoweit Schutzgesetz iSd § 823 Abs. 2 BGB (BGHZ 105, 121), wobei die auf einen Verstoß gegen § 399 gestützte zivilrechtliche Haftung sowohl eine über die Strafnorm hinausgehende Kenntnis der Geschädigten und ihr Vertrauen in die bei der Anmeldung zum Handelsregister gemachten Angaben über die Einbringung des Kapitals voraussetzt. Zu dem durch § 399 geschützten Personenkreis zählen die Aktionäre, die aufgrund der unwahren Angaben Aktien der Gesellschaft erworben haben, und die Gläubiger der Gesellschaft, die sich auf die Handelsregistereintragungen oder die öffentlichen Ankündi- gungen nach § 47 Nr. 3 verlassen haben (RGZ 157, 213); auch sind die Interessen der Aktiengesellschaft selbst durch § 399 geschützt (BGHZ 105, 121).

Die unrichtigen oder unvollständigen Angaben nach Abs. 1 müssen wie auch die wahrheitswidrigen **3** Erklärungen iSd Abs. 2 bei den Empfängern der Äußerungen nicht zu einer Täuschung und damit zu einer konkreten Gefahr für den geschützten Personenkreis geführt haben. § 399 ist ein **abstraktes Gefährdungsdelikt** (wistra 2005, 68 zum vergleichbaren § 82 Abs. 1 Nr. 1 GmbHG; vgl. auch Köln- Komm AktG/*Altenhain* Rn. 13). Alle Tathandlungen des § 399 Abs. 1 bestehen in falschen Angaben oder im Verschweigen erheblicher Umstände, so bei der Gründung zum Zwecke der Eintragung in das Handelsregister (Abs. 1 Nr. 1), im Gründungsbericht, im Nachgründungsbericht oder im Prüfungsbericht (Abs. 1 Nr. 2), in öffentlichen Ankündigungen bei der Einführung der Aktien (Abs. 1 Nr. 3), bei der Erhöhung des Grundkapitals zum Zwecke der Eintragung in das Handelsregister (Abs. 1 Nr. 4), bei der Fortsetzung einer in Liquidation befindlichen Gesellschaft in dem erforderlichen Nachweis zum Zwecke der Eintragung in das Handelsregister (Abs. 1 Nr. 5) oder bei der Abgabe bestimmter Versicherungen ggü. dem Registergericht (Abs. 1 Nr. 6); § 399 Abs. 2 betrifft die Abgabe wahrheitswidriger Erklärungen ggü. dem Registergericht zum Zwecke der Eintragung einer Erhöhung des Grundkapitals nach § 210. Insoweit handelt es sich bei § 399 um ein **Äußerungsdelikt** (MüKoAktG/*Schaal* Rn. 6). Da – mit Ausnahme des § 399 Abs. 2 Nr. 3 – die Tathandlung nur von einem bestimmten, mit Sondereigenschaften ausgestatteten Personenkreis ausgeführt werden kann, stellt die Strafnorm zugleich ein **echtes Sonderdelikt** dar (vgl. Achenbach/Ransiek/Rönnau/*Ransiek* WirtschaftsStR-HdB Teil 8 Kap. 3 Rn. 13), das nur von solchen Personen verwirklicht werden kann, die isd § 28 StGB über diese persönlichen Merkmale verfügen. Andere Personen können sich an der Verwirklichung dieser Straftatbestände weder als Mittäter noch als mittelbare Täter, sondern allenfalls als Anstifter nach § 26 StGB oder Gehilfen gem. § 27 StGB beteiligen. § 14 StGB findet auf den in § 399 bezeichneten Täterkreis keine Anwendung (MüKoAktG/*Schaal* Rn. 12 unter Berufung auf BGHSt 31, 118), sondern greift nur ein, soweit es um die Zurechnung der Tätereigenschaft einer juristischen Person, die als Gründer auftritt, geht.

4   § 399 nimmt bei der Beschreibung der einzelnen Tathandlungen auf andere Vorschriften des Aktienrechts Bezug oder verweist auf sie, wodurch die einzelnen Straftatbestände erst durch die in Bezug genommenen Begriffe des Aktienrechts ihre Bedeutung erlangen; insoweit stellt § 399 eine zumindest **blankettartige Norm** dar, von der aber anerkannt ist, dass ihre einzelnen Straftatbestände den Anforderungen der **Bestimmtheit** iSd Art. 103 Abs. 2 GG genügen, da in ihnen die gesetzlichen Tatbestandsmerkmale so konkret umschrieben werden, dass Tragweite und Anwendungsbereich des jeweiligen Straftatbestandes erkennbar sind und sich durch Auslegung ermitteln lassen (BVerfGE 47, 109; 73, 206; 75, 329); dies gilt auch hinsichtlich der in § 399 verwandten unbestimmten und wertausfüllungsbedürftigen Begriffen, da unter Berücksichtigung des Normzusammenhanges eine zuverlässige Grundlage für die Auslegung und Anwendung der Norm besteht und sich § 399 zudem an einen Täterkreis wendet, an den der Gesetzgeber mit Recht höhere Anforderungen stellen darf (BVerfGE 48, 48; BGH NZG 2005, 132 (136); MüKoAktG/*Schaal* Rn. 10).

B. Die Regelungen im Einzelnen

I. Gründungsschwindel durch unrichtige Anmeldung (§ 399 Abs. 1 Nr. 1)

5   **1. Täterkreis.** Nach § 399 Abs. 1 Nr. 1 macht sich der **Gründer** oder das **Mitglied des Vorstands oder des Aufsichtsrats** strafbar, wenn diese Person zum Zweck der Eintragung der Gesellschaft über die Übernahme der Aktien, die Einzahlung auf Aktien, die Verwendung eingezahlter Beträge, den Ausgabebetrag der Aktien, über Sondervorteile, Gründungsaufwand, Sacheinlagen und Sachübernahmen oder in der nach § 37a Abs. 2 abzugebenden Versicherung falsche Angaben macht oder erhebliche Umstände verschweigt. Damit ist der Täterkreis auf die Gründer, die Mitglieder des Vorstands und die Mitglieder des Aufsichtsrats beschränkt.

6   **Gründer** sind nach der Legaldefinition des § 28 die Aktionäre, die – als natürliche oder juristische Person gründerfähig – gem. § 23 Abs. 1 S. 1 die Satzung festgestellt haben; um Aktionär zu sein, muss die betreffende Person zumindest eine Aktie übernommen haben (Bürgers/Körber/*Pelz* Rn. 3). Satzung ist dabei der Gesellschaftsvertrag nach § 2, an dem mindestens fünf Personen beteiligt waren, welche die Aktien gegen Einlagen übernehmen wollen. Sie bleiben auch Gründer iSd § 399, wenn die Feststellung der Satzung und die Übernahme der Aktien nicht zu einer nach den §§ 2, 23, 28 und 29 wirksamen Errichtung oder Eintragung der Gesellschaft geführt hat. Die **Nachgründung** gem. § 52 fällt nicht unter § 399 Abs. 1 Nr. 1, sondern nur unter § 399 Abs. 1 Nr. 2, weil sie nicht zum Zweck der Eintragung der Gesellschaft erfolgt (Bürgers/Körber/Pelz Rn. 3; Achenbach/Ransiek/Rönnau WirtschaftsStR-HdB/ *Ransiek* Teil 8 Kap. 3 Rn. 21). Bei der offenen Stellvertretung nach § 23 Abs. 1 S. 2 ist der Vertretene Gründer, bei der verdeckten Vertretung ist dagegen der als Handelnde auftretende **Strohmann** aus §§ 23, 399 Abs. 1 Nr. 1 als Täter strafbar; Hintermänner, für deren Rechnung die Strohmänner auf eigenen Namen Aktien übernehmen, können nur Anstifter oder Gehilfen sein (allgM, vgl. RGSt 43, 407; KölnKomm AktG/*Altenhain* Rn. 20). Als Gründer gelten aufgrund Gleichstellungsklausel in § 408 auch die an der Gründung gem. § 280 Abs. 3 mitwirkenden Gesellschafter einer **KGaA.**

7   **Vorstandsmitglied** ist, wer durch den Aufsichtsrat nach § 84 oder in dringenden Fällen durch das Gericht nach § 85 zum Mitglied des Vorstandes bestellt worden ist. Den Vorstandsmitgliedern sind nach § 408 die persönlich haftenden Gesellschafter einer **KGaA** gleichgestellt. Vorstandsmitglied kann nach § 76 Abs. 3 nur eine natürliche, unbeschränkt geschäftsfähige Person sein. Zuständig für die Bestellung ist der gesamte Aufsichtsrat; die Übertragung auf einen besonderen Ausschuss ist unzulässig (BGHZ 65, 190). Ob die Aktiengesellschaft rechtswirksam errichtet worden ist, ist unbeachtlich (RGSt 43, 407). Der Bestellungsakt hängt nicht vom Bestehen eines Anstellungsverhältnisses, wohl aber von der Zustimmung des Bestellten ab (MüKoAktG/*Schaal* Rn. 20). Vorstandsmitglieder sind auch die **stellver-**

tretenden Vorstandsmitglieder. Sie stehen gem. § 94 nach außen den ordentlichen Mitgliedern gleich, wenn sie Vorstandsgeschäfte betreiben.

Darüber hinaus ist nach hM für die zivil- und strafrechtliche Verantwortlichkeit des Vorstandsmit- **8** gliedes überhaupt unerheblich, ob die Person durch einen wirksamen Bestellungsakt zum Vorstandsmitglied berufen worden ist. Selbst bei unwirksamem oder gänzlich fehlendem Bestellungsakt wird derjenige als ordentliches oder stellvertretendes Vorstandsmitglied angesehen, der eine dem Vorstandsmitglied eigene Geschäftsführungstätigkeit aufnimmt und ausübt. Mitglied des Vorstands ist daher iSd von der Rechtsprechung im Gesellschaftsrecht entwickelten **faktischen Organstellung,** wer, ohne förmlich dazu bestellt und im Handelsregister eingetragen zu sein, im Einverständnis oder mit Duldung des Aufsichtsrats als des maßgebenden Gesellschaftsorgans die tatsächliche Stellung eines Mitglieds des Vorstandes mit der diesem zukommenden Funktionen und Aufgaben einnimmt (RGSt 16, 269; 43, 407; 64, 81; 71, 112; BGHSt 3, 32; 6, 314; 21, 101; 28, 20; 31, 118; 34, 221; 46, 62). Die Lehre von der faktischen Organstellung ist zulässige Rechtsauslegung und verstößt weder gegen das Analogieverbot noch gegen den Bestimmtheitsgrundsatz (Bürgers/Körber/*Pelz* Rn. 3; MüKoAktG/*Schaal* Rn. 23 ff.; *Fleischer* AG 2004, 517; grds. abl. KölnKomm AktG/*Altenhain* 28 ff.; *Stein* ZHR 1984, 207; *Kaligin* BB 1983, 790; *Ransiek* ZGR 1992, 203; Lutter/Hommelhoff GmbHG § 82 Rn. 2; MüKoStGB/*Kiethe* § 399 Rn. 26). Erforderlich ist für die Annahme einer faktischen Organstellung eine **Gesamtschau** der in Betracht kommenden Tätigkeitsmerkmale, wobei festgestellt werden muss, dass die die Funktion eines Vorstandsmitgliedes tatsächlich ausübende Person in der Geschäftsleitung eine überragende Stellung (*Fuhrmann* FS Tröndle, 1989, 139 (145 ff.)) oder wenigstens ein Übergewicht hat (BGHSt 31, 118; BGH wistra 1990, 97; BGH NZG 2005, 816; *Schäfer* wistra 1990, 81 (82); *Dierlamm* NStZ 1996, 153) und nach dem Gesamterscheinungsbild ihres Auftretens die Geschicke der Gesellschaft – über die interne Einwirkung auf die satzungsmäßige Geschäftsführung hinaus – durch eigenes Handeln im Außenverhältnis maßgeblich in die Hand genommen hat (BGH NZG 2005, 755). Dies liegt jedenfalls dann vor, wenn der Betreffende sowohl nach innen als auch nach außen maßgebend die Unternehmensleitung bestimmt und alle wesentlichen wirtschaftlichen und kaufmännischen Entscheidungen trifft (BGH NJW 2000, 2285). Als Beweisanzeichen für eine faktische Geschäftstätigkeit spricht, wenn das faktische Organ schon im Gründungsstadium wie auch später Verhandlungen für die Gesellschaft führt, für sie Aufträge vergibt und Anweisungen an die Angestellten der Gesellschaft sowie an Unternehmen gibt, die Aufträge für die Gesellschaft ausführen, oder wenn ihm Verfügungsbefugnis über die Geschäftskonten zusteht (BGH NZG 2005, 816). Dass Vorstandsmitglieder rechtswirksam für dieses Amt bestellt worden sind und dieses Amt auch tatsächlich ausüben, schließt die Annahme einer tatsächlichen Ausübung der Vorstandstätigkeit durch eine weitere nicht rechtswirksam bestellte Person nicht aus, wobei dem rechtswirksam bestellten Vorstandsmitglied nicht nur Strohmannqualität zukommen muss (MüKoAktG/*Schaal* Rn. 24). Voraussetzung ist lediglich, dass der Täter seine Tätigkeit als Vorstandsmitglied mit Billigung des Aufsichtsrats tatsächlich aufgenommen und ausgeübt hat. Aufgrund dieser faktischen Betrachtungsweise endet damit auch die Tätigkeit eines förmlich und rechtswirksam bestellten Vorstandsmitglieds nicht mit der rechtlichen Beendigung der Bestellung, sondern erst mit der tatsächlichen Aufgabe des Amtes (MüKoAktG/*Schaal* Rn. 24; aA KölnKomm AktG/*Altenhain* Rn. 31).

Da nach § 76 Abs. 1 der gesamte Vorstand die Gesellschaft unter eigener Verantwortung zu leiten hat, **9** ist unerheblich, ob einzelnen Vorstandsmitgliedern durch eine Geschäftsverteilung bestimmte Aufgabengebiete zugewiesen sind. Alle Mitglieder des Vorstands tragen gemeinsam die Verantwortung für das Handeln der Aktiengesellschaft (BGHSt 31, 264; 37, 106). Eine **Geschäftsverteilung** kann allenfalls zu einer Verteilung des Verantwortungsgewichts – vor allem im Zusammenhang mit der inneren Tatseite –, nicht aber zu einer Verlagerung der Verantwortung auf das betreffende Vorstandsmitglied führen (BGHSt 31, 264; 37, 106). Insoweit trifft jedes für den jeweils betroffenen Geschäftsbereich nicht zuständige Vorstandsmitglied eine Überwachungspflicht, die die Pflicht zum Einschreiten einschließt, wenn Anhaltspunkte für eine nicht ordnungsgemäße Führung von Geschäften außerhalb seines Geschäftsbereichs bestehen; insbes. bei risikoreichen und das Gesellschaftskapital erheblich beanspruchenden Geschäften kann ein hierfür nicht zuständiges Vorstandsmitglied zu eigener Mitwirkung an den Entscheidungsprozessen innerhalb des Vorstands verpflichtet sein. Auch im Falle einer Majorisierung eines Vorstandsmitglieds durch die anderen Vorstandsmitglieder bei nur mehrheitlich zu fassenden Entscheidungen entfällt die Verantwortlichkeit nicht (BGHSt 9, 203); hier ist das überstimmte Vorstandsmitglied verpflichtet, alle rechtlichen Möglichkeiten bis hin zur Amtsniederlegung und Unterrichtung der zuständigen Behörden (nicht der Ermittlungsbehörden) auszuschöpfen, um eine strafbare Handlung zu verhindern (Hopt/Wiedemann/*Otto* Rn. 115; KölnKomm AktG/*Altenhain* Rn. 47).

Das **Mitglied des Aufsichtsrats** wird entweder zum der Gründung der Aktiengesellschaft von den **10** Gründern der Gesellschaft nach § 30 bestellt oder nach § 101 Abs. 2 von der Hauptversammlung der Aktionäre gewählt bzw. nach § 101 Abs. 1 von ihr oder von der Arbeitnehmerseite nach dem Mitbestimmungsgesetz entsandt; iÜ können unter bestimmten Voraussetzungen Aufsichtsratsmitglieder auch durch das Gericht nach § 104 bestellt werden. Der Begriff schließt den Aufsichtsrat einer **Kommanditgesellschaft auf Aktien** ein, § 408 S. 1. Die Bestellung selbst ist ein körperschaftsrechtlicher Akt, der der Annahme durch das gewählte oder entsandte Aufsichtsratsmitglied bedarf. Anzahl und Zusammenhang der Mitglieder des Aufsichtsrats sind in §§ 95, 96, die persönlichen Voraussetzungen jedes Mitgliedes in § 100 geregelt. Die Amtszeit des Aufsichtsratsmitglieds bestimmt sich nach §§ 102, 103. Stellvertretende Aufsichtsratsmitglieder sind nach der ausdrücklichen Regelung in § 101 Abs. 3 nicht vorgesehen. Ebenso wie bei der zivilrechtlichen Haftung und strafrechtlichen Verantwortung von Vorstandsmitgliedern kommt es bei allen Mitgliedern des Aufsichtsrats nicht darauf an, dass die Aktiengesellschaft rechtswirksam besteht oder dass sie selbst auf rechtswirksame Weise gewählt oder sonst bestellt worden sind (RGSt 43, 407); maßgebend ist allein, ob sie ihre Funktionen mit Billigung der übrigen Gesellschaftsorgane nach außen **tatsächlich ausüben.**

11 Gleichermaßen wie bei den Mitgliedern des Vorstands ist jedes Aufsichtsratsmitglied grds. für alle einstimmig oder nur mehrheitlich gefassten Beschlüsse strafrechtlich verantwortlich. Das an einem solchem Vorgang beteiligte einzelne Mitglied trifft nur dann keinen Schuldvorwurf, wenn es jedes rechtlich zulässige Mittel ergriffen hat, um das Zustandekommen eines solchen Beschlusses zu verhindern (BGHSt 9, 203). Allerdings wird die Gesamtverantwortung der Aufsichtsratsmitglieder dadurch verringert oder gar aufgehoben, dass der Aufsichtsrat nach § 107 Abs. 3 für bestimmte Aufgaben Ausschüsse bilden und so die Verantwortlichkeit für bestimmte Vorentscheidungen delegieren kann, was indes zu einer vollen Verantwortlichkeit der – ausschließlich vom Aufsichtsrat besetzten – Ausschüsse und ihrer Mitglieder führt (MüKoAktG/*Schaal* Rn. 50).

12 **2. Tathandlung.** Tathandlung des § 399 Abs. 1 Nr. 1 sind **falsche Angaben bei der Anmeldung einer neuen Aktiengesellschaft** zum Zweck der Eintragung der Gesellschaft in das Register. Angaben sind Tatsachenerklärungen, die innere oder äußere Geschehnisse der Vergangenheit oder Gegenwart betreffen und durch Beweismittel überprüfbar sind; hierzu gehören auch Schätzungen, Prognosen und Bewertungen, soweit sie auf einer Grundlage von Tatschen abgegeben werden und bei verständiger Würdigung unvertretbar sind (enger KölnKomm AktG/*Altenhain* Rn. 49; Hopt/Wiedemann/*Otto* Rn. 39); nur rein subjektive Meinungsäußerungen oder Werturteile sind hiervon zu trennen (dagegen MüKoStGB/*Kiethe* Rn. 35). Falsch sind diese Tatsachenerklärungen, wenn sie objektiv unwahr sind oder ihnen nach dem objektiven Empfängerhorizont ein anderer Erklärungswert zukommt. Diesen falschen Angaben ist in § 399 das **Verschweigen erheblicher Umstände** gleichgestellt; dies ist dann der Fall, wenn die Offenbarung des erheblichen Umstands den Gehalt der Aussage aus dem Empfängerhorizont unzutreffend macht. Die Grenzen sind hierbei fließend, etwa bei der Erklärung, eine Barzahlung auf Aktien sei geleistet, wenn tatsächlich eine Rückzahlung vereinbart ist; hier kann bereits vom Empfängerhorizont unter einer Bareinzahlung nur eine solche verstanden werden, die endgültig zur freien Verfügung des Vorstands bleibt. Darüber hinaus kann bei versehentlich falschen Angaben eine Garantenstellung gem. § 13 StGB aus vorangegangenem pflichtwidrigen Tun, iÜ aus der Eigenschaft als Überwachungsgarant ergeben, etwa bei der Verletzung der Verpflichtung aus § 36 Abs. 2, die eingebrachte Bar- und Sacheinlage nicht während des Eintragungsverfahrens zu verwenden, so dass der Tatbestand des § 399 Abs. 1 auch durch Unterlassen verwirklicht werden kann (KölnKomm AktG/*Altenhain* Rn. 62).

13 Die falschen Angaben müssen zum Zwecke der Eintragung der Errichtung der Aktiengesellschaft in das Handelsregister gemacht werden, was wiederum bedeutet, das sie **objektiv geeignet** sein müssen, die Eintragung der Gesellschaft in das Handelsregister zu bewirken. Setzt einerseits § 399 Abs. 1 voraus, dass sich die Angaben auf die in Abs. 1 Nr. 1 genanten Geschäftsvorgänge beziehen müssen, sollen nach hM auch über § 37 hinausgehenden freiwillige Angaben, die geeignet sind, die Eintragung zu fördern, als erheblich gelten (MüKoAktG/*Schaal* Rn. 64 mwN in Fn. 135). Richtig ist daran, dass etwa die wahrheitswidrige Vortäuschung einer besonderen Solidität der Gesellschaft durch bestimmte Angaben, die einen Geschäftsvorfall iSd Abs. 1 Nr. 1 betreffen, erheblich ist, auch wenn die Zulässigkeit der Eintragung bei richtigen Angaben nicht gefährdet wäre (RGSt 43, 323; BGH NJW 1955, 697; Achenbach/Ransiek/Rönnau WirtschaftsStR-HdB/*Ransiek* Teil 8 Kap. 3 Rn. 23 mwN).

14 **a) Angaben bezüglich der Übernahme der Aktien.** Bezugsgegenstand der Angaben können zunächst die Erklärungen zur **Übernahme der Aktien** sein. Die Übernahme der Aktien durch die Gründer, die in derselben Urkunde wie die Feststellung der Satzung zu beurkunden ist, ist für die Errichtung der Gesellschaft nach §§ 23 Abs. 2, 29 maßgebend; in der Urkunde sind die Gründer, der Nennbetrag, der Ausgabebetrag und die Gattung der Aktien, die jeder Gründer übernimmt, anzugeben. Falsch ist die Erklärung, wenn nicht existente oder an der Gründung nicht beteiligte Personen als Gründer angegeben werden oder wenn über Nennbetrag oder Gattung der Aktien getäuscht wird. Die Anführung eines sog Strohmanns oder Treuhänders ist dabei irrelevant, da es sich um einen zivilrechtlich verpflichteten Gründer handelt.

15 **b) Angaben bezüglich der Einzahlung auf Aktien.** Ferner können sich falsche Angaben auch auf die **Einzahlung auf Aktien** gem. §§ 36 Abs. 2, 37 Abs. 1, 54 Abs. 3 beziehen. Bei der Anmeldung der neuen Aktiengesellschaft zur Eintragung im Handelsregister ist nach § 37 Abs. 1 zu erklären, dass die Voraussetzungen des § 36 Abs. 2 erfüllt sind, dh dass auf jede Aktie, soweit nicht Sacheinlagen vereinbart sind, der eingeforderte Betrag ordnungsgemäß einbezahlt worden ist (§ 54 Abs. 3) und endgütig zur freien Verfügung des Vorstands steht. Unrichtig sind die Angaben dann, wenn eine Einzahlung vorgegeben wird, die überhaupt nicht, nicht in dem angegebenen Umfang oder nicht in der erklärten Art erfolgt ist, etwa wenn eine Einzahlung als Barzahlung bezeichnet wird, obwohl aufgerechnet wurde (RGSt 53, 149) oder nur ein Wechsel oder ein noch nicht eingelöster Scheck hingegeben wurde (RGSt 36, 185) oder wenn die Einzahlung nur zum Schein erfolgt und sofort wieder zurückgezahlt werden soll („Vorzeigegeld", vgl. BGH NZG 2005, 976). Gleiches gilt, wenn eine verdeckte Sacheinlage (→ Rn. 16) vorliegt (Hopt/Wiedemann/*Otto* Rn. 66), ebenso wenn die Einzahlung aus Mitteln erfolgt, die dem Einzahlenden zuvor aus Mitteln der Gesellschaft als Darlehen zur Verfügung gestellt worden ist (Achenbach/Ransiek/*Rönnau* WirtschaftsStR-HdB/*Ransiek* Teil 8 Kap. 3 Rn. 29) oder die Gesellschaft für einen dem Einzahlenden eingeräumten Kredit mithaftet.

c) Angaben bezüglich der Verwendung eingezahlter Beträge. Das Merkmal der Angaben über **16** die Verwendung eingezahlter Beträge bezieht sich auf die weitere Voraussetzung in §36 Abs. 2, dass die eingezahlten Beträge endgültig zur freien Verfügung des Vorstands stehen, sofern sie nicht bereits zur Bezahlung der bei der Gründung der Aktiengesellschaft angefallenen Steuern und Gebühren verwendet wurden. Nach §37 Abs. 1 S. 2 hat der Vorstand bei der Anmeldung dazulegen und darüber den Nachweis zu führen, in welcher Höhe und Art von den eingezahlten Beträgen Steuern und Gebühren bezahlt worden sind und in welchem Umfang und in welcher Art noch frei verfügbares Eigenkapital vorhanden ist (BGHZ 119, 177). In der zT uneinheitlichen Rechtsprechung ist jedenfalls eine freie Verfügbarkeit des Eigenkapitals verneint worden, wenn das Eigenkapital mit einer Rückforderung oder anderen schuldrechtlichen Verpflichtungen belastet ist (RGZ 157, 213; anders dagegen BGH NStZ 1996, 238 zum GmbH-Recht, wonach eine Abrede, die Mittel zu einem bestimmten Zweck zu verwenden, der Einzahlung dann nicht entgegensteht, wenn die Mittel nicht an den Einzahlenden zurückgeleistet werden sollen) oder wenn die Ansprüche aus einem Kontoguthaben zur Sicherung einer Darlehensforderung verpfändet worden sind (MüKoAktG/*Schaal* Rn. 79). In diesem Zusammenhang ist durchaus streitig, ob §37 Abs. 1 S. 2 lediglich den endgültigen Mittelzufluss oder auch die Möglichkeit freier Kapitalverwendung sichern soll (so OLG Koblenz ZIP 1986, 106; Geßler/*Fuhrmann* Rn. 30; MüKoAktG/*Schaal* Rn. 78; anders Achenbach/Ransiek/*Rönnau* WirtschaftsStR-HdB/*Ransiek* Teil 8 Kap. 3 Rn. 39, der indes unter Hinweis auf §27 Abs. 3 S. 1 von einer Täuschung über eine tatsächlich gewollte Sacheinlage ausgeht). Dieser Streit gewinnt insbes. dann Bedeutung, wenn eine durch Darlehen finanzierte Zahlung auf Aktien, insbes. die Tilgung einer „Vorfinanzierung" der Bareinlage durch die Aktiengesellschaft erfolgt (vgl. BGH NJW 1992, 2222; MüKoAktG/*Schaal* Rn. 79): Hier soll eine freie Verfügbarkeit des Eigenkapitals nicht vorliegen, wenn die Forderung auf Tilgung des Darlehens sogleich mit dem für die Zahlung auf die Aktien geschuldeten Betrag verrechnet wird oder die Gesellschaft den für die erfolgte Bareinzahlung gewährten Kredit abredegemäß tilgt; dabei spielt keine Rolle, ob die Aktiengesellschaft den zur „Vorfinanzierung" einer Bareinlage gezahlten Betrag dem Kreditgeber mit Mitteln zurückzahlt, die ihr als Darlehen von einem anderen Kreditinstitut zur Verfügung gestellt worden sind (BGHZ 119, 177). Allgemein geht es um die Frage, ob nach Aufgabe des vom RG entwickelten und vom BGH eingeschränkt vertretenen **„Vorbelastungsverbots"**, wonach eine Gesellschaft nur in solche vor ihrer Eintragung eingegangenen Verbindlichkeiten ohne weiteres eintritt, die in Gesetz und Satzung eine klare Grundlage haben (etwa bei Sachgründungen mit der Übernahme eines eingebrachten Gegenstandes, zB eines Handelsgeschäfts, notwendig zusammenhängen, so BGHZ 65, 378; 45, 338; anders nun BGHZ 80, 129), überhaupt noch Angaben über die Verwendung des eingezahlten Kapitals zu machen sind (so aber BGH NStZ 1993, 442; BGHZ 119, 177; dagegen Hopt/Wiedemann/*Otto* Rn. 72; ähnl. Achenbach/Ransiek/*Rönnau* WirtschaftsStR-HdB/*Ransiek* Teil 8 Kap. 3 Rn. 34: nur wenn den abgeflossenen Mitteln kein hinreichender Gegenwert gegenübersteht). Zwar soll nach der nunmehr im Zivilrecht herrschenden Meinung der Vorstand unter dem **Vorbehalt der wertgleichen Deckung** schon vor der Eintragung der Gesellschaft über Bareinlagen verfügen dürfen, soweit die Bareinlagen zum Zeitpunkt der Anmeldung noch wertmäßig vorhanden sind (BGHZ 105, 300; 119, 177); dies soll den Vorstand aber nicht davon entbinden, die Verwendung der Bareinlage vor dem Handelsregister bei der Anmeldung offenzulegen (BGHZ 119, 177; MüKoAktG/*Schaal* Rn. 81). Bedeutung gewinnen derartige Verwendungsbeschränkungen bei der Behandlung der **verdeckten** oder **verschleierten Sacheinlage,** bei der Bareinlagen von der Aktiengesellschaft vereinbarungsgemäß unmittelbar dazu verwendet werden, Vermögensgegenstände des Einlegenden zu erwerben und somit zurückfließen sollen. Da es sich nur um eine künstliche Aufspaltung eines wirtschaftlich einheitlichen Geschäftsvorgangs (Barzahlung und Kauf oder Tilgung einer Forderung) in zwei getrennte rechtliche Vorgänge handelt, liegen nicht nur aufgrund der auch im Strafrecht zulässigen wirtschaftlichen Betrachtungsweise, sondern vor allem wegen der Neuregelung in §27 Abs. 3 S. 1 bei dem Verschweigen einer verdeckten Sacheinlage falsche Angaben über eine tatsächlich nicht erfolgte Bareinlage vor (KölnKomm AktG/*Altenhain* Rn. 75; MüKoAktG/*Schaal* Rn. 84 ff.; ebenso iErg Hopt/Wiedemann/*Otto* Rn. 66; Achenbach/Ransiek/*Rönnau* WirtschaftsStR-HdB/*Ransiek* Teil 8 Kap. 3 Rn. 39; zur zivilrechtlichen Anwendung der Grundsätze über die verdeckte Sacheinlage iRd von §399 Abs. 1 Nr. 2 erfassten Nachgründung iSd §52 BGHZ 110, 47).

d) Angaben über den Ausgabebetrag der Aktien. Aktien dürfen nach §9 für einen geringeren **17** Betrag als den Nennbetrag oder den auf die einzelne Stückaktie entfallenden anteiligen Betrag nicht, wohl aber für einen höheren Betrag ausgegeben werden (Verbot der Unterpariemission). Die Einlage eines Gründers (und bei einer Kapitalerhöhung eines Aktienübernehmers) muss bei Nennbetragsaktien mindestens dem Nennwert der Aktie gleichkommen. Die Regelung des § 9 ist zwingend und soll der Gesellschaft den vollen Betrag des Grundkapitals sichern; die Strafbestimmung in § 399 Abs. 1 Nr. 1 soll darüber hinaus sicherstellen, dass der sich im wahren Ausgabewert widerspiegelnde Kurswert im Handelsregister erkennbar wird. Falsche Angaben liegen nicht nur dann vor, wenn trotz gegenteiliger Behauptung der tatsächliche Ausgabebetrag entgegen § 9 Abs. 1 nicht den Nennwert der Aktie erreicht, sondern auch dann, wenn der Ausgabebetrag über dem Nennwert liegt, aber nicht mit dem angegebenen Ausgabewert übereinstimmt (KölnKomm AktG/*Altenhain* Rn. 86; MüKoAktG/*Schaal* Rn. 88; Bürgers/Körber/*Pelz* Rn. 11), was indes voraussetzt, dass der Täter zum Zwecke der Eintragung handelt, woran die Tatbestandsverwirklichung scheitern kann (MüKoAktG/*Schaal* Rn. 88). Soweit Aktien durch Sacheinlagen übernommen werden, deren angegebener Wert nicht dem tatsächlichem entspricht, liegen falsche Angaben über Sacheinlagen vor (aA Bürgers/Körber/*Pelz* Rn. 11).

18   **e) Angaben über Sondervorteile und Gründungsaufwand.** Da mit der Anmeldung zum Handelsregister auch alle Verträge vorzulegen sind, die sich auf die Vorschriften über eine qualifizierte Gründung nach §§ 26, 27 beziehen, sind **Sondervorteile**, die einem Aktionär in der Satzung nach § 26 Abs. 1 eingeräumt werden, in der Anmeldung vollständig anzugeben. Bei diesen Sondervorteilen, die etwa in Vorrechten am Gewinn oder Abwicklungserlös, einer Umsatzprovision, einem besonderen Warenbezugsrecht, Lizenz- oder Nutzungsrechten bestehen können, handelt es sich um Ansprüche gegen die Gesellschaft, die – unabhängig von mitgliedschaftlichen Rechten iSd § 11 – auch nach dem Ausscheiden des Aktionärs erhalten bleiben (MüKoAktG/*Schaal* Rn. 90). Als in der Satzung auszuweisender **Gründungsaufwand** ist nach der Legaldefinition des § 26 Abs. 2 der Gesamtaufwand anzusehen, der zu Lasten der Gesellschaft an Aktionäre oder an andere Personen als Entschädigung oder als Belohnung für die Gründung oder ihre Vorbereitung gewährt wird. Auf die rechtliche Wirksamkeit der Verträge kommt es nicht an, sondern auf die zu erwartende faktische Durchführung (RGZ 73, 232; 69, 249; 157, 213; 167, 99; BGH NJW 1990, 982 (985)). **Falsche Angaben** über Sondervorteile und den Gründungsaufwand täuschen dann über den wirklichen Wert des Grundkapitals der Gesellschaft, wenn eine Gründungsvergütung für einen Aktionär verschleiert als überhöhte Sacheinlage ausgewiesen wird (RGZ 18, 105).

19   **f) Angaben über Sacheinlagen und Sachübernahmen.** Auch Sacheinlagen und Sachübernahmen sind – wie der Gründungsaufwand und Sondervorteile – Bestandteile einer qualifizierten Gründung, für die nach § 37 Abs. 4 Nr. 2 die entsprechenden Verträge bei der Anmeldung vorzulegen sind und die in der Satzung festgelegt werden müssen. **Sacheinlagen** sind nach der Legaldefinition des § 27 Abs. 2 nur Vermögensgegenstände, deren wirtschaftlicher Wert feststellbar ist, also übertragbare bewegliche und unbewegliche Sachen oder Rechte wie Erfinder-, Urheber- und Lizenzrechte, Herstellungsverfahren, Beteiligungen an fremden Unternehmen, übertragbare Konzessionen, übertragbare Alleinverkaufsrechte, dingliche Rechte und Forderungen. Wird für die Übernahme eines Vermögensgegenstands durch die Aktiengesellschaft eine Vergütung vereinbart, die auf die Einlage verrechnet werden soll, gilt sie als Sacheinlage (§ 27 Abs. 1 S. 2). **Sachübernahmen** sind dagegen eine bloße schuldrechtliche Verpflichtungen der Gründer für die künftige Gesellschaft in Form von Kauf, Tausch, Miet- oder Werkvertrag, ohne dass der Dritte, der auch ein Gründer sein kann, dafür keine Aktien als Entgelt erhält; dies zeichnet den **Unterschied** zwischen Sacheinlage und Sachübernahme aus, dass die Sachübernahme keine Leistung auf Aktien ist (KölnKomm AktG/*Kraft* § 27 Rn. 39) und nach heute hM nicht nur von Gründern, sondern auch durch die vom Vorstand vertretene Vorgesellschaft vereinbart werden kann (Hüffer/*Koch* § 27 Rn. 5a; MüKoAktG/*Pentz* § 27 Rn. 61). **Falsch** sind die Angaben, wenn die in der Satzung oder in den Verträgen angegebene Bewertung der Sacheinlage unzutreffend ist, dh wenn die Sacheinlage überbewertet wird (für die Anrechnung nicht bestehenden Inventars eines übernommenen Geschäfts oder anderer Vermögenswerte vgl. RGZ 40, 285; 49, 340); gleiches gilt für die verdeckte Sacheinlage in Form der verschleierten Rückzahlung eines für die Einlage gewährten Vorfinanzierungskredits (BGHZ 96, 231).

20   **g) Angaben in der nach § 37a Abs. 2 abzugebenden Versicherung.** Aufgrund der durch das ARUG eingefügten Ergänzung des Abs. 1 Nr. 1 sind die bei einer durch eine **Sacheinbringung ohne externe Werthaltigkeitsprüfung** erleichterten Gründung gem. § 37a Abs. 2 abzugebenden besonderen Erklärungen und Versicherungen ebenfalls strafbewehrt. Die Regelung bezieht sich auf § 37a Abs. 2, der wiederum auf § 33a Bezug nimmt, wonach von einer (externen) Prüfung durch Gründungsprüfer bei einer Gründung mit Sacheinlagen oder Sachübernahmen iSd § 33 Abs. 2 Nr. 4 abgesehen werden kann, soweit übertragbare Wertpapiere, mit einem bestimmten Durchschnittspreis bewertete Geldmarktinstrumente iSd § 2 Abs. 1 S. 1 und Abs. 1a WpHG oder auch andere Vermögensgegenstände eingebracht werden, die von unabhängigen, ausreichend vorgebildeten und erfahrenen Sachverständigen nach allgemein anerkannten Bewertungsgrundsätzen mit dem beizulegenden Zeitwert bewertet worden sind, sofern der Bewertungsstichtag nicht mehr als sechs Monate vor dem Tag der tatsächlichen Einbringung liegt. Nach § 37a Abs. 2 haben die Gründer in der Anmeldung zu versichern, dass ihnen außergewöhnliche Umstände, die den gewichteten Durchschnittspreis der einzubringenden Wertpapiere oder Geldmarktinstrumente iSv § 33a Abs. Nr. 1 während der letzten drei Monate vor dem Tag ihrer tatsächlichen Einbringung erheblich beeinflusst haben könnten, oder Umstände, die darauf hindeuten, dass der beizulegende Zeitwert der Vermögensgegenstände iSd § 33a Abs. 1 Nr. 2 am Tag ihrer tatsächlichen Einbringung aufgrund neuer oder neu bekannt gewordener Umstände erheblich niedriger ist als der von dem Sachverständigen angenommene Wert, nicht bekannt geworden sind. Allein auf diese Erklärung bezieht sich die neue Strafbestimmung; soweit die Gründer bei einer Sachgründung ohne externe Prüfung in der Anmeldung ohnehin Angaben zu jedem Gegenstand einer Sacheinlage, seinem Wert, der Quelle seiner Bewertung sowie der Bewertungsmethode zu machen haben (§ 37a Abs. 1), beziehen sich diese Angaben unmittelbar auf die Sacheinlagen und werden deshalb vom Tatbestandsmerkmal der Angaben „über Sacheinlagen" erfasst. Eine Ergänzung der Strafnorm erfuhr der Tatbestand in Abs. 1 Nr. 1 hinsichtlich der Versicherung der Anmeldenden, dass ihnen keine Umstände iSv § 37a Abs. 2 bekannt geworden sind, aus denen sich Anhaltungspunkte für die Unrichtigkeit der Bewertung der Einlagengegenstände ergeben könnten. Diese Erklärung geht über die bisher – auch in Fällen der Sacheinbringung – erforderlichen Angaben hinaus.

3. Berichtigungspflichten. Soweit sich nachträglich die Unrichtigkeit oder Unvollständigkeit der **21** bereits gemachten Angaben aufgrund einer Änderung der tatsächlichen Verhältnisse ergibt, ist streitig, ob – unabhängig von § 13 StGB – aufgrund des Wortlauts des § 399 Abs. 1 eine Berichtigungspflicht ebenso für den Fall bestehen kann, dass den Anmeldenden erst im Nachhinein bekannt wird, dass ihre Angaben von vornherein unzutreffend waren (vgl. Achenbach/Ransiek/Rönnau WirtschaftsStR-HdB/ *Ransiek* Teil 8 Kap. 3 Rn. 49 mwN). Eine derartige Veränderung der Sachlage kann insbes. dann entstehen, wenn der Wert einer Sacheinlage nach Anmeldung und vor Eintragung der Gesellschaft durch neue Ergebnisse erheblich sinkt. Nach der Rechtsprechung besteht jedenfalls eine Berichtigungspflicht dann, wenn anmeldungserhebliche Unterlagen nachgereicht werden (BGH NStZ 1993, 442).

4. Verschulden. Der Tatbestand des § 399 Abs. 1 Nr. 1 setzt Vorsatz iSd § 15 StGB voraus, wofür **21a** jede Vorsatzform, also auch bedingter Vorsatz genügt. Ein Tatbestandsirrtum liegt vor, wenn der Täter die tatsächlichen Umstände der normativen Tatbestandsmerkmale in der Blankettvorschrift des § 399 Bezug genommenen Vorschriften verkannt hat; lediglich ein Verbotsirrtum liegt vor, wenn der Täter den zutreffend erfassten Sachverhalt lediglich als nicht tatbestandlich ansieht (→ Rn. 58). Ferner muss der Täter die falschen Angaben zum Zweck der Eintragung gemacht haben. Nach hM bedeutet dies Absicht, dh es muss dem Täter bei Abgabe der Erklärungen darauf ankommen, durch seine Angaben die Eintragung in das Handelsregister zu bewirken (KölnKomm AktG/*Altenhain* Rn. 100; MüKoAktG/ *Schaal* Rn. 102). Tatsächlich soll durch das Merkmal des Eintragungszwecks nur klargestellt werden, dass es sich um die Angaben handelt, die ggü. dem Handelsregister für die Eintragung gemacht werden; daher genügt es, wenn die Angaben objektiv für die Eintragung geeignet sind und der Täter den auf der Unrichtigkeit der Angaben beruhenden Erfolg der Eintragung für möglich hält.

II. Gründungsschwindel durch unrichtige Berichte (§ 399 Abs. 1 Nr. 2)

1. Täterkreis. § 399 Abs. 1 Nr. 2 stellt falsche Angaben oder das Verschweigen erheblicher Umstän- **22** de im Gründungs-, Nachgründungs- und Prüfungsbericht durch Gründer sowie Mitglieder des Vorstands oder Aufsichtsrats unter Strafe. Die Bestimmung nennt als taugliche Täter die Gründer sowie die Mitglieder des Vorstands und des Aufsichtsrats und ist auch insoweit Sonderdelikt. Für den Gründungsbericht sind allerdings nach § 32 Abs. 1 nur die Gründer verantwortlich. Da die Mitglieder des Vorstands und des Aufsichtsrates zur Prüfung des Gründungsberichts verpflichtet sind und darüber einen selbstständigen Bericht fertigen müssen, §§ 34 Abs. 2, 38 Abs. 2, können sie hinsichtlich falscher Angaben im Gründungsbericht die Tatform der unvollständigen Angaben im Prüfungsbericht verwirklichen (so MüKoAktG/*Schaal* Rn. 115; Hopt/Wiedemann/*Otto* Rn. 124). Für die Fertigung des Nachgründungsberichts sind ausschließlich die Mitglieder des Aufsichtsrats verantwortlich, § 52 Abs. 3. Zwar wird dieser Bericht nach § 52 Abs. 6 von den Vorstandsmitgliedern bei der Anmeldung der Nachgründung zur Eintragung zum Handelsregister vorgelegt; auch wenn dieser Nachgründungsbericht ohne Widerspruch der Vorstandsmitglieder weitergegeben wird, wirken die Mitglieder des Vorstands an falschen oder unvollständigen Angaben des Aufsichtsrats nicht täterschaftlich mit. Den Prüfungsbericht über die Gründung der Gesellschaft gem. § 34 Abs. 2 haben die Mitglieder des Vorstands und des Aufsichtsrats zu erstellen; die Gründer können daran nur als Täter mitwirken, soweit sie zugleich Mitglieder entweder des Vorstands oder des Aufsichtsrats sind, iÜ nur als Anstifter. Die Gründungsprüfer sind von § 403 erfasst, daneben können sie an der Tat nach Abs. 1 Nr. 2 als Gehilfen mitwirken.

2. Tatobjekte. Die Tathandlung betrifft unrichtige Angaben in Berichten über die Gründung nach **23** § 32, die Nachgründung gem. § 52 oder die Prüfung der Gründungs- und Nachgründungsberichte iSd § 34 Abs. 2. Anders als bei den falschen Angaben iSd Abs. 1 Nr. 1 kommt es bei den Angaben nach Abs. 1 Nr. 2 nicht auf den Zweck der Eintragung an. Daher müssen die von Abs. 1 Nr. 2 erfassten Angaben auch nicht geeignet sein, die Eintragung zu bewirken; die Tat nach Abs. 1 Nr. 2 kann mithin auch durch Angaben begangen werden, die für die Eintragung unerheblich sind. Allerdings soll nach einer Auffassung Abs. 1 Nr. 2 einschränkend ausgelegt werden, dass die Angaben geeignet sein müssen, das Vertrauen der Gläubiger und interessierter Dritter in die Richtigkeit der Eintragung in das Handelsregister und ihrer Grundlagen zu erschüttern, wenn sie ihnen bekannt wären (MüKoAktG/*Schaal* Rn. 121; MüKoStGB/*Kiethe* Rn. 75; KölnKomm AktG/*Altenhain* Rn. 122), was sich aber weder im Gesetzeswortlaut noch im Normzweck niederschlägt.

24   Im **Gründungsbericht** sind nach § 32 Abs. 2 S. 2 Nr. 1 zunächst die Rechtsgeschäfte anzugeben, die auf den Erwerb durch die Gesellschaft hingezielt haben. Wie lange diese Geschäfte zurückliegen, ist dabei ebenso wenig von Belang wie die Art des Geschäfts (Kauf, Schenkung, oÄ) Erfasst werden vor allem Rechtsgeschäfte, durch die jemand einen Gegenstand von einem Dritten erworben hat, um ihn bei der Gründung als Sacheinlage oder im Zusammenhang mit einer Sachübernahme der Gesellschaft zu überlassen, ohne dass es sich um einen Gründer handeln muss. Maßgeblich ist, dass der Erwerb auf die Übertragung auf die Gesellschaft gezielt hat, also der **Zweck des Geschäfts die spätere Verwendung** des Gegenstands **bei der Gründung** ist. Dass der Einbringende bei diesem Geschäft einen Gewinn erzielt hat, ist dabei unschädlich, soweit sich dieser iRd Üblichen bewegt, der Wert der Gegenleistung also so auch jedem anderen Dritten gewährt worden wäre. Ist es zu solchen Zwischengeschäften nicht gekommen, muss auch dies im Gründungsbericht als ausdrückliche **Fehlanzeige** angegeben werden. Auch sind die wesentlichen Umstände darzulegen, von denen die Angemessenheit der Leistungen für Sacheinlagen oder Sachübernahmen abhängt. Ferner sind die vorausgegangenen Rechtsgeschäfte, die auf den Erwerb durch die Gesellschaft hingezielt haben, die Anschaffungs- und Herstellungskosten iSd § 255 HGB aus den letzten beiden Jahren und beim Übergang eines Unternehmens auf die Gesellschaft die Betriebserträge aus den letzten beiden Geschäftsjahren anzugeben; ist dabei ein Unternehmen oder ein Teil eines Unternehmens Gegenstand einer Sacheinlage oder Sachübernahme, müssen in den Gründungsbericht nach § 32 Abs. 2 Nr. 3 die Betriebserträge aus den letzten beiden Geschäftsjahren aufgenommen werden. Durch die mit dieser Vorschrift verbundene Offenlegung der Wertrelationen und damit eines etwaigen Gewinns des Einbringenden soll der Schutz gegen eine unzureichende Aufbringung des Grundkapitals verstärkt werden. Schließlich hat sich der Gründungsbericht auch zu Sondervorteilen, Gründungsentschädigung, und Gründerlohn gem. § 26 zu verhalten, soweit sie einem Vorstands- oder Aufsichtsratsmitglied gewährt wurden; dies dient der Aufdeckung von Interessenkollisionen, die eine externe Gründungsprüfung nach § 33 Abs. 2 Nr. 3 erforderlich machen.

25   Der **Nachgründungsbericht** wird gem. § 52 Abs. 3 vom Aufsichtsrat vor der Beschlussfassung der Hauptversammlung erstellt und gibt das Ergebnis der Prüfung des Vertrages nach § 52 Abs. 1 wieder; für den Nachgründungsbericht gelten die Bestimmungen über den Gründungsbericht in § 32 Abs. 2 und Abs. 3 sinngemäß. Entgegen ihrer irreführenden Bezeichnung bezieht sich die Nachgründung nicht auf die Gründung der Gesellschaft, sondern auf schuldrechtliche Geschäfte, die in engem zeitlichen Zusammenhang zur Gründung stehen und eine ähnliche Gefährdungslage aufweisen. Gemeint sind zwischen der Gesellschaft und Gründern oder Aktionären mit einer Mindestbeteiligung von 10 % am Grundkapital geschlossene Rechtsgeschäfte, welche den Erwerb von vorhandenen oder herzustellenden Anlagen oder anderer Vermögenswerte gegen eine 10 % des Grundkapitals übersteigende Vergütung durch die Gesellschaft zum Gegenstand haben. Die Art des Vertrages ist dabei unerheblich; als Vermögensgegenstände kommen bewegliche oder unbewegliche Sachen, dingliche und schuldrechtliche Rechte einschließlich der Beteiligung an bestehenden Gesellschaften, Immaterialgüterrechte sowie nach bestrittener Ansicht auch Dienstleistungen in Betracht. Nach bestrittener Auffassung wird § 52 analog auf die Kapitalerhöhung gegen Sacheinlagen (§ 183) angewendet, soweit sie innerhalb von zwei Jahren nach Eintragung erfolgt (vgl. MüKoAktG/*Pentz* § 52 Rn. 74; Hopt/Wiedemann/*Priester* § 52 Rn. 23). Ob diese Analogie auch für die strafrechtliche Bestimmung des Abs. 1 Nr. 2 gelten kann, ist mit Rücksicht auf das Bestimmtheitsgebot nicht unbedenklich, jedoch im Hinblick auf den Tatbestand nach Abs. 1 Nr. 4, der falsche Angaben zur Kapitalerhöhung ahndet, von keiner praktischen Bedeutung.

26   Der **Prüfungsbericht** ist nach § 34 Abs. 1 von den Mitgliedern des Vorstands und des Aufsichtsrats zu erstellen. Er hat sich insbes. dazu zu verhalten, ob die Angaben der Gründer über die Übernahme der Aktien, über die Einlagen auf das Grundkapital und über die Festsetzungen nach §§ 26 und 27 richtig und vollständig sind und der Wert der Sacheinlagen oder Sachübernahmen den geringsten Ausgabebetrag der dafür zu gewährenden Aktien oder den Wert der dafür zu gewährenden Leistungen erreicht, insbes. sind Sacheinlagen und Sachübernahmen betreffende Gegenstände hinsichtlich ihrer wertbestimmenden Faktoren zu beschreiben und die angewandten Bewertungsmethoden anzugeben (Hopt/Wiedemann/*Röhricht* § 34 Rn. 13). Die Gründungsprüfer haben jeweils eine Ausfertigung des Berichts dem Vorstand und dem Registergericht zuzuleiten.

27   **3. Tathandlungen.** Die falschen Angaben müssen sich auf die in den jeweiligen Vorschriften über den Inhalt der Berichte bezeichneten Tatsachen beziehen, ohne dass sie „zum Zweck der Eintragung" gemacht werden. Wegen des Verzichts auf dieses Merkmal wird die Strafvorschrift von einer abzulehnenden Auffassung (MüKoAktG/*Schaal* Rn. 121; KölnKomm AktG/*Altenhain* Rn. 1121) einschränkend ausgelegt, dass die Angaben im Zusammenhang mit der Statthaftigkeit der Gründung oder Nachgründung stehen und insoweit geeignet sein müssen, das Vertrauen der Gläubiger der Gesellschaft oder anderer interessierter Dritter in die Korrektheit der Handelsregistereintragungen und ihrer Grundlagen

zu erschüttern. Falsche Angaben liegen nicht nur bei einer unzutreffenden Darstellung der in den Berichten aufzuführenden Tatsachen vor, sondern schon dann, wenn die Mitwirkung an der Prüfung oder gar eine Prüfung wahrheitswidrig behauptet wird, obwohl sie nicht stattgefunden hat (einschränkend MüKoAktG/*Schaal* Rn. 123, wonach nicht strafbar ist, wer einen an sich richtigen Prüfungsbericht ohne eigene Prüfung, aber mit der Versicherung der eigenen Prüfung unterzeichnet). Es besteht eine Berichtigungspflicht, wenn die Unrichtigkeit der Angaben nachträglich erkannt wird, nicht aber, wenn sich die tatsächlichen Verhältnisse nach Weiterleitung des Berichts geändert haben (Bürgers/Körber/*Pelz* Rn. 15).

III. Schwindel bei der öffentlichen Ankündigung von Aktien (§ 399 Abs. 1 Nr. 3)

1. Tatobjekt. Diese Strafbestimmung knüpft an die Haftungsnorm des § 47 Nr. 3 an, wonach neben **28** den Gründern die Emittenten von Aktien auf Schadenersatz haften, die vor Eintragung der Gesellschaft in das Handelsregister oder in den ersten zwei Jahren nach der Eintragung die Aktien öffentlich ankündigen, um sie in den Verkehr einzuführen, wenn sie die Unrichtigkeit oder Unvollständigkeit der Angaben, die zum Zwecke der Gründung der Gesellschaft gemacht worden sind (§ 46 Abs. 1), oder die Schädigung der Gesellschaft durch Einlagen oder Sachübernahmen kannten oder bei Anwendung der Sorgfalt eines ordentlichen Geschäftsmannes kennen mussten. Die Tathandlung besteht in falschen oder unvollständigen Angaben in einer öffentlichen Ankündigung von Aktien vor der Eintragung der Gesellschaft in das Handelsregister oder im Zeitraum von zwei Jahren nach der Eintragung, wobei es sich um die Angaben handelt, die zum Zweck der Gründung gemacht worden sind oder die sich auf Einlagen oder Sachübernahmen beziehen, welche zu einer Schädigung der Gesellschaft geführt haben, mithin um die gleichen Angaben, die der Handelsregistereintragung zugrunde liegen. Voraussetzung ist ferner die Absicht, die Aktien in den Verkehr einzuführen. **Geschützt** werden deshalb von diesem Tatbestand in erster Linie die an dem Erwerb der Aktien interessierten Personen, die auf die Richtigkeit der Angaben in der öffentlichen Ankündigung vertrauen (MüKoAktG/*Schaal* Rn. 127).

2. Täterkreis. Im Gegensatz zu den übrigen Tatbeständen des § 399 Abs. 1 ist der Tatbestand des **29** § 399 Abs. 1 Nr. 3 kein Sonderdelikt, das nur von Personen mit besonderen Tätereigenschaften verwirklicht werden kann. Täter kann vielmehr jede Person sein, die für die öffentliche Ankündigung der Aktien verantwortlich ist und ursächlich bewirkt, dass die in der öffentlichen Ankündigung enthaltenen Angaben an die Öffentlichkeit gelangen. Täterschaft und Teilnahme beurteilen sich nach den allgemeinen Regeln und richten sich nach dem Tatbeitrag und dem Tatherrschaftswillen. Regelmäßig ist der Emittent Täter; aber auch ein Hintermann kommt als (Mit-)Täter in Betracht. Bei Gutgläubigkeit des Emittenten kommt eine Strafbarkeit des Urhebers der falschen oder unvollständigen Angaben in der öffentlichen Ankündigung nur in Betracht, wenn er als mittelbarer Täter die Erklärung der irrtümlich falschen Angaben mit Tatherrschaft bewirkt hat.

3. Tathandlung. Als Tathandlung wird vom Straftatbestand die **öffentliche Ankündigung** von **30** Aktien iSd § 47 Nr. 3 beschrieben. Hierbei handelt es sich um jede (schriftliche oder mündliche) Mitteilung, die sich an einen nicht enger begrenzten Personenkreis wendet und in der der Erwerb der von den Gründern übernommenen Aktien angeboten wird. Unter den Begriff der öffentlichen Ankündigung fallen auch **Mitteilungen,** die sich an einen bestimmten und begrenzten Teil der Öffentlichkeit richten, etwa an den Kundenkreis einer Bank oder eines Anlageberaters, soweit es sich bei ihnen nicht nur um einzelne Personen, sondern um eine größere Gruppe von Personen handelt (Hopt/Wiedemann/*Otto* Rn. 148). Die Ankündigung muss nach außen gerichtet und nicht lediglich in internen Mitteilungen der Gesellschaft enthalten sein, die für Außenstehende nicht bestimmt sind. Eine besondere Bewerbung der Aktien muss mit der Ankündigung nicht verbunden sein. Regelmäßig erfolgt diese Ankündigung durch die Veröffentlichungen in Zeitungen, Zeitschriften oder anderen Druckschriften oder durch Werbung für die Aktien in Prospekten, Postwurfsendungen oder in Werbebeiträgen in Funk und Fernsehen; sie muss aber von den Emittenten initiiert sein und nicht nur einer Presseberichterstattung über eine beabsichtigte Emission zu entnehmen sein. Bereits der Aushang in Schalterräumen, Büros oder Schaufenstern von Kreditinstituten genügt. Ferner unterfällt dem Begriff der Ankündigung die Mitteilung im Börsenzulassungsprospekt oder in einem Unternehmensbericht (MüKoAktG/*Schaal* Rn. 136).

Die öffentliche Ankündigung muss **zum Zwecke der Markteinführung** geschehen. Gegenstand **31** der Ankündigungen können daher nur Aktien der Gesellschaft sein, die bei ihrer Gründung geschaffen und Dritten erstmalig angeboten werden. Soweit nach einer im Zivilrecht herrschenden Auffassung im Schrifttum die Haftungsnorm des § 47 Nr. 3 auf **Wandelschuldverschreibungen** nach § 221 Abs. 1 S. 1 (dh auf Schuldverschreibungen iSd § 793 BGB, bei denen dem Gläubiger neben dem Rückzahlungsanspruch als besonderes Genussrecht die Befugnis eingeräumt wird, die Schuldverschreibung in Aktien umzutauschen oder neue Aktien zu beziehen und die typologisch bis zur Ausübung des Bezugs- oder Austauschrechtes Instrumente der Fremdkapitalbeschaffung sind, vgl. Hüffer/*Koch* § 221 Rn. 2) und auf **junge Aktien** aus einer Kapitalerhöhung mit der Maßgabe, dass die Zweijahresfrist mit der Eintragung der Kapitalerhöhung beginnt, **entsprechend angewendet** wird (Hüffer/*Koch* § 47 Rn. 12

mwN), kann dies wegen des Bestimmtheitsgrundsatzes für den Straftatbestand in § 399 Abs. 1 Nr. 4 nicht gelten (KölnKomm AktG/*Altenhain* Rn. 130; MüKoAktG/*Schaal* Rn. 137).

32 Um welche falschen oder unvollständigen Angaben es sich handeln muss, ergibt sich unter anderem aus der Verweisung des § 47 Nr. 3 auf § 46 Abs. 1. Dies bedeutet, dass es sich – wie im Gründungsbericht und im Prüfungsbericht zur Gründung- um die Angaben handeln muss, die zum Zweck der Gründung gemacht worden sind. Ferner ist in § 47 Nr. 3 auch die Schädigung der Gesellschaft durch Einlagen und Sachübernahmen gem. § 46 Abs. 2 genannt, die von den Gründern eingebracht worden sind (Bürgers/Körber/*Pelz* Rn. 16). Typische Fälle der Schädigung der Gesellschaft nach § 46 Abs. 2 stellen neben der Scheinzahlung die verdeckte Sacheinlage, die Überbewertung der Sacheinlage, überhöhte Gegenleistungen bei Sachübernahmen oder die Festsetzung eines überhöhten Gründungsaufwands dar. Soweit § 47 Nr. 3 voraussetzt, dass der Emittent die Schädigung gekannt haben muss oder hätte kennen müssen, ist zu beachten, dass unzutreffende Angaben über Sacheinlagen und -übernahmen bereits in § 46 Abs. 1 erfasst werden und § 46 Abs. 2 insoweit auch nicht subsidiär ist (Hüffer/*Koch* § 46 Rn. 11, KölnKomm AktG/*Kraft* § 46 Rn. 33). Der Emittent muss für die falschen Angaben nicht selbst verantwortlich sein; übernimmt er wissentlich falsche Angaben aus dem Gründungsbericht in der öffentlichen Ankündigung, macht er selbst falsche Angaben und verschweigt nicht lediglich erhebliche Umstände (so aber Achenbach/Ransiek/Rönnau WirtschaftsStR-HdB/*Ransiek* Teil 8 Kap. 3 Rn. 60). Die Zweijahresfrist ist Tatbestandsmerkmal und keine objektive Bedingung der Strafbarkeit (Hopt/Wiedemann/*Otto* Rn. 144; Bürgers/Körber/*Pelz* Rn. 18; aA MüKoAktG/*Schaal* Rn. 143). Der Tatbestand erfordert hinsichtlich der Verwirklichung der Tatbestandsmerkmale – anders als die zivilrechtliche Haftung – **vorsätzliches** Handeln, wozu bedingter Vorsatz genügt; soweit § 47 Nr. 3 die Absicht der Markteinführung verlangt, bezieht sich diese Absicht nicht auch auf die Unrichtigkeit der Angaben (aA wohl MüKoAktG/*Schaal* Rn. 146). Geschieht die öffentliche Ankündigung mit falschen oder unvollständigen Angaben in einem Prospekt oder einer Darstellung oder Übersicht über den Vermögensstand, kommt zugleich der Straftatbestand des § 264a StGB in Betracht; soweit hierfür nach § 264a Abs. 3 StGB der Strafaufhebungsgrund der tätigen Reue eingreifen kann, ist dieser auf den – einen bestimmten Täterkreis betreffenden – Straftatbestand des § 399 insgesamt nicht anwendbar (Hopt/Wiedemann/*Otto* Rn. 161).

IV. Kapitalerhöhungsschwindel (§ 399 Abs. 1 Nr. 4)

33 **1. Allgemeines.** Die Strafbarkeit des Kapitalerhöhungsschwindels nach § 399 Abs. 1 Nr. 4 idF des ARUG v. 30.7.2009 soll die Gewährleistung der effektiven Kapitalaufbringung strafrechtlich verstärken. Eine Kapitalerhöhung kann im Wege eines Dreiviertelmehrheitsbeschlusses der Aktionäre über die Aufstockung des Grundkapitals gegen Einlagen in der Form der Zeichnung neuer Aktien (**Kapitalerhöhung gegen Einlagen,** §§ 182, 185) oder durch eine satzungsmäßige Ermächtigung des Vorstands zur Ausgabe neuer Aktien (**genehmigtes Kapital,** § 202) erfolgen; als dritte Möglichkeit sieht § 192 eine Erhöhung des Grundkapitals durch die Einräumung von Umtausch- und Bezugsrechten auf neue Aktien zu eng begrenzten, in § 192 Abs. 2 bezeichneten Zwecken vor, welche durch die Hauptversammlung beschlossen werden muss (**bedingtes Kapital**). **Geschütztes Rechtsgut** ist auch bei diesem Tatbestand das Vertrauen der Allgemeinheit in Gestalt der Gesellschaftsgläubiger und interessierter Dritter in die Richtigkeit der der Handelsregistereintragung zugrundeliegenden wirtschaftlichen Umstände. Die Tat ist – wie auch die übrigen Tatbestände – abstraktes Gefährdungsdelikt und zugleich **Schutzgesetz** iSd § 823 Abs. 2 BGB.

34 **2. Täterkreis.** Taugliche Täter sind nur die in § 399 Abs. 1 Nr. 4 genannten **Mitglieder des Vorstands** und des Aufsichtsrats, so dass Nr. 4 auch Sonderdelikt ist. Der Vorstand ist für die Anmeldung der Kapitalerhöhung zuständig, denn gesellschaftsrechtlich erfolgt die Anmeldung der Kapitalerhöhung bei der Kapitalerhöhung gegen Einlagen, bei der bedingten Kapitalerhöhung und beim genehmigten Kapital aber nur durch den Vorstand und den Vorsitzenden des Aufsichtsrats bzw. dessen Stellvertreter (§§ 184 Abs. 1, 188 Abs. 1, 195 Abs. 1, 203 Abs. 1), die Anmeldung ausgegebener Bezugsaktien allein durch den Vorstand (§ 201). Von den Aufsichtsratsmitgliedern kommt nur der **Vorsitzende** oder sein **Stellvertreter,** aber nach § 107 Abs. 1 S. 3 nur, wenn er den Vorsitzenden im Verhinderungsfall vertritt, in Betracht, weil nur diese Personen bei der Anmeldung der Kapitalerhöhung durch Einlagen (§ 184 Abs. 1), der bedingten Kapitalerhöhung (§ 195 Abs. 1), der Anmeldung der Durchführung der Kapitalerhöhung durch Einlagen (§ 188 Abs. 1) oder der Anmeldung der Kapitalerhöhung mittels genehmigten Kapitals (§ 203 Abs. 1 iVm § 188 Abs. 1) mitwirken. Gleichwohl soll nach bestrittener Auffassung diese Zuständigkeitsregelung eine strafrechtliche Verantwortlichkeit anderer Mitglieder des Aufsichtsrats als des Vorsitzenden nicht ausschließen, auch wenn sie weder an der Anmeldung mitwirken noch ggü. dem Registergericht erhebliche Umstände verschweigen können; die übrigen Mitglieder des Aufsichtsrats sollen hiernach als Mittäter oder mittelbare Täter in Betracht kommen, wenn sie die eigentlichen Urheber der falschen oder unvollständigen Angaben sind, etwa indem sie durch Täuschung oder andere Einflussnahme den gutgläubigen Vorsitzenden des Aufsichtsrats zu diesen Angaben veranlasst haben (MüKoAktG/*Schaal* Rn. 158; KölnKomm AktG/*Altenhain* Rn. 141; anders Achenbach/Ransiek/Rön-

nau WirtschaftsStR-HdB/*Ransiek* Teil 8 Kap. 3 Rn. 65: nur Garantenstellung iSd § 13 StGB aufgrund der Pflicht zur Überwachung des Vorstands im Hinblick auf die Richtigkeit der Angaben zur Kapitalerhöhung; gänzlich abl. Hopt/Wiedemann/*Otto* Rn. 224; MüKoStGB/*Kiethe* Rn. 96).

3. Tathandlung. Das Mitglied des Vorstands oder des Aufsichtsrats muss falsche oder unvollständige **35** Angaben zum Zwecke der Eintragung einer Erhöhung des Grundkapitals gemacht haben; in der tatbestandlichen Struktur unterscheidet sich die Tathandlung des Kapitalerhöhungsschwindels in nichts vom Gründungsschwindel. Wegen der gemeinsamen Tatbestandsmerkmale, die alle übrigen Tatbestände des § 399 Abs. 1 benutzen, gelten die zum Gründungsschwindel ausgeführten Grundsätze entsprechend. Abweichend von Abs. 1 Nr. 1 beziehen sich die unrichtigen oder unvollständigen Angaben auf die Einbringung des bisherigen Kapitals oder die Einzahlung auf Aktien (§§ 182 Abs. 4, 203 Abs. 3), die Zeichnung (§§ 188 Abs. 1 und 3 Nr. 1, 203) bzw. die Einbringung neuen Kapitals (§§ 188 Abs. 1 und 2, 203 Abs. 2), den Ausgabebetrag der Aktien (§§ 188 Abs. 1 und 2, 203 Abs. 2, 37 Abs. 1) oder Angaben über Sacheinlagen (§§ 188 Abs. 3, 203 Abs. 1, 195 Abs. 1, 194). Im Einzelnen können Gegenstand der falschen oder unvollständigen Angaben bei der **Kapitalerhöhung gegen Einlagen** (§§ 182–191) und **beim genehmigten Kapital** (§§ 202–206) sein:

Angaben über die **Einbringung des bisherigen Kapitals** nach §§ 182 Abs. 4, 184 Abs. 2 und 203 **36** Abs. 3 haben sich dazu verhalten, welche Zahlungen noch nicht geleistet wurden und warum sie nicht erlangt werden konnten. Als Einbringung des Kapitals ist die Einzahlung auf Aktien zu verstehen (MüKoAktG/*Schaal* Rn. 162).

Die **Zeichnung des neuen Kapitals** nach §§ 185 Abs. 4, 188 Abs. 3 Nr. 1, 203 Abs. 1 entspricht **37** der Übernahme der Aktien bei der Gründung. Sie bedeutet die Verpflichtung zur Übernahme der neuen Aktien durch Ausstellung eines Zeichnungsscheins gem. § 185. Der Kapitalerhöhungsschwindel erfasst alle Umstände, die bei der Anmeldung dieses Vorgangs angegeben werden müssen. Unter diese Tathandlung fallen deshalb auch falsche Angaben über Einzahlungen, die im Zusammenhang mit der Zeichnung des neuen Kapitals gemacht worden sind, wobei Überschneidungen mit falschen oder unvollständigen Angaben über die Einbringung des neuen Kapitals denkbar sind.

Die **Einbringung des neuen Kapitals** nach §§ 188 Abs. 2, 36 Abs. 2, 36a Abs. 1, 37 Abs. 1 **38** entspricht dem Merkmal der bei der Gründung vorgeschriebenen Einzahlung auf die Aktien. Bei beiden Kapitalerhöhungsformen sollen die Angaben bei der Anmeldung offenlegen, ob und in welcher Höhe der Vorstand der Aktiengesellschaft über das Kapital frei verfügen kann. Da diese Angabe nicht die Erklärung einschließt, dass die Einzahlung auf die Aktien zum Zeitpunkt der Anmeldung zum Handelsregister noch fortdauert (BGHZ 150, 197; BGH NStZ 1996, 238; NZG 2005, 976), genügt für die Versicherung, dass der Betrag der Einzahlung zur freien Verfügung der Geschäftsleitung für die Zwecke der AG eingezahlt und auch in der Folge nicht an den Einleger zurückgezahlt worden ist; das für die Gründung geltende Gebot wertgleicher Deckung (→ Rn. 16) gilt insoweit nicht (KölnKomm AktG/*Altenhain* Rn. 148). Auch hier gilt, dass das eingebrachte neue Kapital nicht zur freien Verfügung des Vorstandes steht, wenn der eingeforderte Betrag für die neuen Aktien auf einem Bankkonto eingezahlt wird und die Ansprüche aus diesem Konto an einen Dritten zur Sicherung einer Darlehensforderung verpfändet sind (BGH GA 1977, 340). Ebenso liegt keine freie Verfügbarkeit vor, wenn die Einzahlung einer Bareinlage im Zusammenhang mit der Aufnahme oder Tilgung eines Darlehens steht, sei es, dass mit der Einzahlung der Bareinlage die Rückzahlung eines Vorfinanzierungskredits mit der Einlage vereinbart ist, wodurch tatsächlich eine Sacheinlage vereinbart ist (BGH NJW 1986, 837) oder der Tilgungsbetrag mit dem Einzahlungsbetrag verrechnet wird (BGH NJW 1990, 982), sei es, dass die Gesellschaft die Darlehensforderung zunächst tilgt und der Darlehensgläubiger und Aktionär alsdann seiner Bareinlagepflicht genügt (BGHZ 18, 83). Gleiches gilt, wenn Mittel der Gesellschaft zur Zahlung verwendet werden, die rechtsgrundlos als Gewinnausschüttung ausgezahlt worden sind (MüKoAktG/*Schaal* Rn. 162). Unerheblich ist wie bei der Gesellschaftsgründung die Herkunft des eingezahlten Betrages, soweit die Gesellschaft Eigentum an der Einlage erwirbt.

In der Anmeldung ist der **Ausgabebetrag der Aktien** gem. §§ 188 Abs. 1 und 2, 203 Abs. 2 jeweils **39** iVm § 37 Abs. 1 anzugeben. Aufgrund der in § 188 Abs. 2 enthaltenen Verweisung auf § 37 Abs. 1 ist der Betrag anzugeben, zu dem die Aktien ausgegeben worden sind. Der Ausgabebetrag ist der Betrag, zu dem der einzelne Anteil bezogen werden soll, also der Preis der Beteiligung. Er ist daher auch anzugeben, ob die Beteiligung durch eine Sacheinlage erworben wird.

Anders als bei der Gründungsanmeldung (dort: Sacheinlagen **und** -übernahmen) werden bei der **40** Anmeldung einer Kapitalerhöhung nur falsche Angaben über **Sacheinlagen** gem. §§ 184 Abs. 1 S. 2, 183, 188 Abs. 1, 36a Abs. 2, 203 erfasst. Insoweit gelten die Ausführungen zu der im Rahmen einer Gesellschaftsgründung erbrachten verdeckten Sacheinlage grds. entsprechend (→ Rn. 16). Aufgrund der Einfügung des § 183a iVm §§ 33a, 37a durch das ARUG v. 30.7.2009 besteht nunmehr auch die Möglichkeit einer Kapitalerhöhung gem. §§ 182–206 mit Sacheinlagen ohne externe Prüfung. Hierfür hat der Vorstand das Datum des Beschlusses über die Kapitalerhöhung sowie die Angaben nach § 37a Abs. 1 und 2 in den Gesellschaftsblättern bekannt zu machen (§ 183a Abs. 1). Dadurch werden die Aktionäre in die Lage versetzt, ihr Recht zur notfalls gerichtlichen Erzwingung einer Neubewertung (§ 183a Abs. 3) effektiv geltend zu machen. Sind die Angaben nach § 37a Abs. 2 auf diese Weise veröffentlicht worden, haben die zur Anmeldung Verpflichteten in der Anmeldung nur noch zu versichern, dass ihnen seitdem keine Umstände iSv § 37a Abs. 2 bekannt geworden sind (§ 184 Abs. 1 S. 2). Um eine nicht gewollte strafrechtliche Privilegierung ggü. der Kapitalerhöhung mit Sacheinlagen im Regelfall zu vermeiden, sind durch die Neufassung des § 399 Abs. 1 Nr. 4 falsche oder unvollständige Angaben in der Bekanntmachung nach § 183a Abs. 1 oder in der Versicherung nach § 184 Abs. 1 S. 2 durch die entsprechende Verweisung unter Strafe gestellt. Von dieser Verweisung werden auch die bei der Kapitalerhöhung durch genehmigtes Kapital (§ 205 Abs. 5 S. 2 und S. 3, Abs. 6, § 206 S. 2) in den entsprechenden Bekanntmachungen oder Versicherungen ggü. dem Registergericht zu machenden Angaben erfasst.

41   Hinsichtlich der **bedingten Kapitalerhöhung** schließlich gilt, dass der Vorstand zunächst den Beschluss über eine bedingte Kapitalerhöhung (§§ 192–201) gem. § 195 zur Eintragung in das Handelsregister anzumelden hat. Dabei sind Angaben über die Einbringung des bisherigen und die Zeichnung des neuen Kapitals gesellschaftsrechtlich nicht vorgesehen, vielmehr hat sich der Vorstand zu Sacheinlagen (§ 194) und den mit der Ausgabe der Bezugsaktien verbundenen Kosten zu erklären, § 195 Abs. 2 Nr. 1 u. 2. Innerhalb eines Monats nach Ablauf des Geschäftsjahres hat der Vorstand gem. § 201 zur Eintragung in das Handelsregister den Umfang der im abgelaufenen Geschäftsjahres erfolgten Ausgabe von Bezugsaktien anzumelden; dabei sind neben der Ausgabe der Aktien auch Angaben über die Einbringung des neuen Kapitals und über den Ausgabebetrag der Aktien zu machen. Auch bei der bedingten Kapitalerhöhung gegen Sacheinlagen ohne externe Prüfung gem. § 194 Abs. 5 iVm § 183a, § 195 Abs. 1 u. 2 werden durch die Ergänzung des § 399 Abs. 1 Nr. 4 die in der hierfür vorgesehenen Bekanntmachung nach § 37a und der Versicherung nach § 195 Abs. 1 S. 2 iVm § 184 Abs. 1 S. 2 gemachten Angaben strafrechtlich erfasst.

V. Abwicklungsschwindel (§ 399 Abs. 1 Nr. 5)

42   **1. Allgemeines.** Als Abwicklungsschwindel wird bezeichnet, wenn der Abwickler einer Aktiengesellschaft gem. § 399 Abs. 1 Nr. 5 zum Zwecke der Eintragung der Fortsetzung der an sich aufgelösten Aktiengesellschaft falsche oder unvollständige Angaben zu dem nach § 274 Abs. 3 S. 2 zu führenden Nachweis macht, dass mit der Verteilung des Gesellschaftsvermögens noch nicht begonnen worden ist. Insoweit hat die Norm blankettartigen Charakter. Sie soll durch die strafrechtliche Sanktion das in § 274 normierte Verbot unterstützen, eine nach § 262 aufgelöste Gesellschaft fortzusetzen, obwohl bereits mit der Verteilung des Gesellschaftsvermögens begonnen worden ist. Geschütztes Rechtsgut ist daher das Vertrauen der interessierten Allgemeinheit in die Richtigkeit der für die Handelsregistereintragung maßgeblichen Erklärungen. Die Regelung schützt daher sowohl die Gesellschaftsgläubiger als auch die Aktionäre (MüKoAktG/*Schaal* Rn. 178). Bemerkenswert ist hieran, dass weder ein Unterlassen der Anmeldung der Auflösung der Gesellschaft noch ein Unterbleiben der Anmeldung der Fortsetzung der aufgelösten Gesellschaft, zu der die Abwickler ggü. der Abwicklungsgesellschaft verpflichtet sind (Bürgers/Körber/*Füller* Rn. 8), strafbewehrt ist, sondern nur eine Regresspflicht auslöst; der Straftatbestand erweist sich hinsichtlich des Schutzzwecks der Norm als lückenhaft.

43   **2. Täterkreis.** Als tauglichen Täter bezeichnet § 399 Abs. 1 Nr. 5 den Abwickler und damit einen bestimmten Personenkreis, ist somit ebenfalls ein Sonderdelikt. Abwickler der gem. § 262 aufgelösten Aktiengesellschaft sind entweder die Vorstandsmitglieder nach § 265 Abs. 1 (als geborene Abwickler) oder die gem. § 265 Abs. 2 durch Satzung oder Beschluss der Hauptversammlung zu Abwicklern bestellten natürlichen oder juristischen Personen (als gekorene Abwickler), in den in § 265 Abs. 3 genannten Ausnahmefällen auch die auf Antrag des Aufsichtsrates oder einer Aktionärsminderheit vom Registergericht bestellten Abwickler (befohlene Abwickler). Nach einer teilweise im Schrifttum vertretenen Auffassung können auch Handelsgesellschaften wie eine oHG oder KG Abwickler sein (vgl. Hüffer/*Koch* § 265 Rn. 6); in diesem Fall sind die gem. § 14 StGB verantwortlichen Personen Täter. Auch bezüglich der Abwickler gilt, dass es auf eine wirksame Bestellung nicht ankommt, sondern dass die faktische Ausübung des Amts der Abwicklung ausreicht (MüKoAktG/*Schaal* Rn. 186).

44   **3. Tathandlung.** Tathandlung sind zunächst falsche oder unvollständige Angaben in dem Nachweis der in § 274 Abs. 1 maßgebenden Voraussetzung für die Fortsetzung einer aufgelösten Gesellschaft, dass mit der Verteilung des Gesellschaftsvermögens noch nicht begonnen worden ist. Gegenstand der strafbewehrten unzutreffenden Angaben ist nicht nur der Inhalt des Nachweises selbst, sondern sind auch Angaben, die im Zusammenhang mit der Anmeldung der Fortsetzung der aufgelösten Gesellschaft stehen, wie etwa Angaben, die ggü. dem Registergericht auf dessen Aufforderung abgegeben werden. Da nur solche Angaben tatbestandserheblich sind, die zum Zwecke der Eintragung der Fortsetzung der Gesellschaft gemacht werden, fallen solche Umstände strafrechtlich nicht ins Gewicht, deren wahrheitsgemäße Mitteilung für die Eintragung in das Register bedeutungslos sind. Erheblich sind hingegen solche Tatsachen, die die Darlegung der Voraussetzungen der Eintragung berühren, etwa die unterlassene Mitteilung der Gewährung von vermögenswerten Vorteilen an Aktionäre, die etwa darlehensweise gewährt worden sein sollen.

Der Tatbestand setzt vorsätzliches Handeln voraus, wobei bedingter Vorsatz sowohl hinsichtlich der 45
Unrichtigkeit oder Unvollständigkeit seiner Angaben als auch der Erheblichkeit dieser Angaben für die
Registereintragung genügt. Hinsichtlich des Merkmals zum Zweck der Eintragung in das Handelsregister nimmt die hM eine Absicht, mit den falschen Angaben die Eintragung in das Handelsregister zu
erreichen, an (KölnKomm AktG/*Altenhain* Rn. 172; MüKoAktG/*Schaal* Rn. 194; Achenbach/Ran-
siek/Rönnau WirtschaftsStR-HdB/*Ransiek* Teil 8 Kap. 3 Rn. 80); entsprechend zum inhaltsgleichen
Merkmal beim Gründungsschwindel nach § 399 Abs. 1 Nr. 1 genügt auch hier aber, dass die unzutreffenden Angaben für die Eintragung einer Erhöhung des Grundkapitals objektiv geeignet sind und der
Täter damit rechnet, dass die Angaben unzutreffend sind (→ Rn. 21a).

VI. Abgabe unrichtiger Versicherungen (§ 399 Abs. 1 Nr. 6)

1. Schutzzweck der Norm. Diese durch das GmbHÄndG v. 4.7.1980 in § 399 eingefügte Bestim- 46
mung bedroht bestimmte Erklärungen mit Strafe, die sich auf die persönliche Eignung der Mitglieder
des Vorstands oder der Abwickler zu den von ihnen ausgeübten Amt beziehen. Bei der Regelung
handelt es sich um eine blankettartige Norm, da sich die Tathandlung auf solche Angaben bezieht, zu
denen die Mitglieder des Vorstands oder die Abwickler im Zusammenhang mit der Tauglichkeit der
Vorstandsmitglieder oder des Abwicklers iSd § 76 Abs. 3 verpflichtet sind. Die Strafbewehrung soll zur
Einhaltung der verschärften Bestimmungen über die Eignung als Vorstandmitglied anhalten und damit
das Interesse der Allgemeinheit an der Richtigkeit der für die Handelsregistereintragungen maßgeblichen
tatsächlichen Grundlagen schützen. Abweichend von § 399 Abs. 1 Nr. 1, 4 und 5 setzt der Tatbestand
nicht voraus, dass die nach Abs. 1 Nr. 6 abgegebene unzutreffende Versicherung zum Zwecke der
Eintragung erklärt wird, so dass auch mit der iÜ zu Nr. 1, 4 und 5 vertretenen hM der Täter lediglich
die Unrichtigkeit oder Unvollständigkeit seiner Angaben kennen muss, ohne dass es ihm darauf
ankommen muss, durch die unzutreffenden Angaben die Eintragung zu erreichen (MüKoAktG/*Schaal*
Rn. 199).

2. Täterkreis. Als Täter werden in Nr. 6 Vorstandsmitglieder, Mitglieder des Leitungsorgans einer 47
ausländischen juristischen Person und Abwickler bezeichnet, da auch nur sie zur Abgabe der Versicherung verpflichtet sind. Zum Begriff des Vorstandsmitglieds → Rn. 7, zu dem des Abwicklers
→ Rn. 44. Die (durch das MoMiG vorgenommene) Aufnahme von Mitgliedern des Leitungsorgans
einer ausländischen juristischen Gesellschaft in Abs. 1 Nr. 6 beruht auf § 13f Abs. 2 HGB, wonach auch
in der Anmeldung der inländischen Zweigniederlassung einer ausländischen Aktiengesellschaft eine
Versicherung nach § 37 Abs. 2 über das Nichtvorliegen von Bestellungshindernissen abzugeben ist, was
entsprechend auch bei späteren Anmeldungen für die Versicherung nach § 81 Abs. 3 gilt. Daher ist der
Straftatbestand ein echtes Sonderdelikt (Hopt/Wiedemann/*Otto* Rn. 214; KölnKomm AktG/*Altenhain*
Rn. 175).

3. Tathandlung. Bezugsgegenstand sind die nach §§ 37 Abs. 2, 81 Abs. 3 (betr. den Vorstand oder 48
die Mitglieder des Leitungsorgans einer ausländischen juristischen Person) bzw. § 266 Abs. 3 iVm § 265
Abs. 2 S. 2 (betr. die Abwickler) abzugebenden Versicherungen. **Tathandlung** sind falsche oder unvoll-
ständige Angaben über solche Umstände, die einer Bestellung der Vorstandsmitglieder gem. § 76 Abs. 3
S. 2 Nr. 2 und 3 und S. 3 entgegenstehen, ferner die unrichtige Versicherung über die Tatsache, dass die
Vorstandsmitglieder über ihre unbeschränkte Auskunftspflicht ggü. dem Registergericht iSd § 53 Abs. 3
BZRG belehrt worden sind, wobei diese Belehrung schriftlich, auch durch einen Notar bzw. im Ausland
ua durch einen Konsularbeamten erfolgen kann. Die Versicherung muss so konkret sein, dass sich aus ihr
unzweifelhaft der Kenntnis des Versichernden bezüglich aller Bestellungshindernisse und der sorgfältigen
Prüfung aller maßgebenden Umstände ergibt; die pauschale Erklärung, dass keine Bestellungshindernisse
vorliegen, reicht als Versicherung iSd § 76 Abs. 3 Nr. 2 und 3, S. 3 nicht aus, kann aber bei –bedingtem
–Vorsatz den Tatbestand nach § 399 Abs. 1 Nr. 6 verwirklichen (KölnKomm AktG/*Altenhain* Rn. 180).
Die Regelung gilt nach § 81 Abs. 3 auch für neu eintretende Vorstandsmitglieder und entsprechend
nach § 266 Abs. 3 auch für die Abwickler. Strafbewehrt sind nur solche Umstände, auf die sich § 76
Abs. 3 S. 2 und 3 bezieht; weitere – überflüssige – Angaben werden von der Strafvorschrift nicht
erfasst (MüKoAktG/*Schaal* Rn. 205). Auch ist das schlichte Unterlassen der Versicherung, die ein
Eintragungshindernis darstellt, nach § 399 Abs. 1 Nr. 6 nicht strafbewehrt (Hopt/Wiedemann/*Otto*
Rn. 207).

Gem. der durch das MoMiG parallel zum GmbH-Recht neu gefassten Vorschrift des § 76 Abs. 3 S. 2 49
stellt es ein Hindernis für die Bestellung zum Vorstandsmitglied dar, wenn die betreffende Person als
Betreuter bei der Besorgung seiner Vermögensangelegenheiten ganz oder teilweise einem Einwilligungs-
vorbehalt (§ 1903 BGB) unterliegt (Nr. 1), aufgrund eines gerichtlichen Urteils oder einer vollziehbaren
Entscheidung einer Verwaltungsbehörde einen Beruf, einen Berufszweig, ein Gewerbe oder einen
Gewerbezweig nicht ausüben darf, sofern der Unternehmensgegenstand ganz oder teilweise mit dem
Gegenstand des Verbots übereinstimmt (Nr. 2) oder wegen einer oder mehrerer, im Einzelnen genauer
bestimmter, vorsätzlich begangener Straftaten – rechtskräftig – verurteilt worden ist (Nr. 3). Da sich der
Vorstand zur Frage einer Betreuung eines ihrer Mitglieder aus wenig nachvollziehbaren Gründen nicht

verhalten muss, geht es nur um ein Berufs- oder Gewerbeausübungsverbot iSd § 76 Abs. 3 S. 2 Nr. 2 oder um eine Verurteilung wegen einer der in § 76 Abs. 3 S. 2 Nr. 3 genannten Straftaten. Über die in § 76 Abs. 3 S. 2 AktG aF genannten Insolvenzstraftaten nach §§ 283–283d StGB hinaus hat das MoMiG ferner die Verurteilung wegen Insolvenzverschleppung in Form des Unterlassens der Stellung des Antrags auf Eröffnung des Insolvenzverfahrens, falscher Angaben nach § 399 oder § 82 GmbHG, der unrichtigen Darstellung nach § 400, § 331 HGB, § 313 UmwG oder § 17 PublG und schließlich wegen Straftaten nach §§ 263–264a, 265b–266a StGB, aber nur, wenn ihre Begehung mit einer Freiheitsstrafe von mindestens einem Jahr geahndet wurde, als Hinderungsgrund für die Bestellung zum Vorstands-mitglied eingefügt, wobei dies – wie auch die alte Fassung des § 76 Abs. 3 – mit einer Frist von fünf Jahren seit der Rechtskraft der Verurteilung verbunden ist. Mit dieser Ergänzung hat der Gesetzgeber der Kritik im Schrifttum an der Lückenhaftigkeit der Regelung Rechnung getragen, dass nämlich nach der Rechtsprechung des Bundesgerichtshofs typische Bankrottstraftaten eines Geschäftsführers dem § 266 StGB unterfallen, wenn dieser in eigenem Interesse gehandelt hat, was zur Aufnahme des Tatbestands der Untreue in § 76 Abs. 3 S. 2 führte. Auch sind in § 76 Abs. 3 eine strafrechtliche Verurteilung wegen Insolvenzverschleppung nach § 15a InsO sowie wegen Gründungs- und Kapitalerhöhungsschwindels nach § 399 AktG, § 82 GmbHG, ferner wegen unrichtiger Darstellung nach § 400 AktG, § 331 HGB, § 313 UmwG oder § 17 PublG als Ausschlussgründe ausgestaltet, da eine Person, die sich wegen betrügerischer Handlungen oder des Missbrauchs ihrer Befugnis, über fremdes Vermögen zu verfügen, oder wegen Verletzung der ihr obliegenden Vermögensbetreuungspflicht strafbar gemacht hat, generell ungeeignet ist, das Amt eines Vorstandsmitglieds zu bekleiden, welches grds. mit solchen Befugnissen und Pflichten einhergeht. Allerdings ist der Gesetzgeber mit der Begründung, dass der Anwendungs-bereich der in lit. e neu eingefügten Strafvorschriften so vielgestaltig sei, als nicht zwingend auf eine fehlende Eignung als Geschäftsführer geschlossen werden könne, einen fragwürdigen Kompromiss eingegangen, indem bei einem Kreditbetrug nach § 265b StGB, einer Untreue nach § 266 StGB, einem Vorenthalten und Veruntreuen von Arbeitsentgelt nach § 266a StGB eine Verurteilung zu einer Frei-heitsstrafe von mindestens einem Jahr erforderlich ist, wofür nach dem Wortlaut der Regelung („wegen einer oder mehrerer vorsätzlich begangener Straftaten") auch eine Gesamtfreiheitsstrafe als Ahndung mehrerer Katalogtaten genügt. Wesentlich ist, dass die Regelung nur vorsätzlich begangene Straftaten nach den genannten Strafvorschriften erfasst, so dass die fahrlässige Insolvenzverschleppung keinen Ausschlussgrund für die Bestellung zum Vorstandsmitglied darstellt; der Gesetzgeber hat mit dieser Beschränkung Zweifeln an der Verhältnismäßigkeit der bisherigen Vorschrift begegnen wollen. Abs. 3 S. 3 klärt eine alte Streitfrage, ob auch strafgerichtliche Verurteilungen ausländischer Gerichte als Urteile iSd Abs. 3 S. 2 anzusehen sind (bejahend OLG Naumburg ZIP 2000, 622; verneinend OLG Köln NJW-RR 1995, 53; MüKoAktG/*Schaal* Rn. 207 mwN), im positiven Sinne (einschr. KölnKomm AktG/*Altenhain* Rn. 183).

50   Berufsverbot ist jede Untersagung der Ausübung eines Berufs, eines Berufszweigs, eines Gewerbes oder eines Gewerbezweigs Die Untersagung der Berufs- oder Gewerbeausübung kann durch eine Verwaltungsbehörde oder durch ein Gericht ausgesprochen worden sein. Ehrengerichtliche Anordnun-gen und Verbote etwa der Anwalts- oder Ärztekammer gehören hierzu. Das Berufsverbot muss wirksam und vollziehbar sein; ein zur Bewährung ausgesetztes Berufsverbot gem. § 70a StGB gehört folglich nicht dazu, ebenso nicht ein vorläufiges Berufsverbot gem. § 132a StPO, da es durch gerichtlichen Beschluss und nicht durch Urteil angeordnet wird, und ohnehin nur vorläufiger verfahrensrechtlicher Natur ist und seine Berücksichtigung iRd § 76 Abs. 3 S. 2 gegen die Unschuldsvermutung verstoßen würde.

51   Lückenhaft ist die Regelung, soweit sie hinsichtlich der Untauglichkeit eines Vorstandsmitglieds auf Verfehlungen einer natürlichen Person abhebt, weil bei solchen einer Bestellung entgegenstehenden Gründen, die im Zusammenhang mit der Tätigkeit dieser Person innerhalb einer juristischen Person entstanden sind, wie etwa bei einer Gewerbeuntersagung nach § 35 GewO gegen eine Körperschaft, der Vorstand oder Geschäftsführer dieser juristischen Person nicht berührt wird (MüKoAktG/*Schaal* Rn. 209). Gleiches gilt für eine juristische Person als Abwickler; auch hier müssen Angaben zur persönlichen Tauglichkeit der diese juristische Person vertretenden Person nicht gemacht werden, da sich 266 Abs. 3 S. 1 nur auf den Abwickler und nicht auf dessen Organe bezieht (Achenbach/Ransiek/Rönnau WirtschaftsStR-HdB/*Ransiek* Teil 8 Kap. 3 Rn. 83).

VII. Schwindel bei Kapitalerhöhung aus Gesellschaftsmitteln gem. § 399 Abs. 2

52   **1. Rechtsnatur.** Die Regelung bezieht sich entsprechend dem Tatbestand des § 399 Abs. 1 Nr. 4 auf falsche oder unvollständige Angaben, die in Erklärungen zum Zwecke der **Eintragung einer Kapital-erhöhung aus Gesellschaftsmitteln** enthalten sind. Die Regelung bezieht sich mithin auf solche Vorgänge, die in §§ 207 ff. geregelt sind, ist mithin wie auch die Tatbestände in § 399 Abs. 1 blankett-artiger Natur. Zweck der Regelung ist die Richtigkeit der für eine Kapitalerhöhung maßgebenden Tatsachen; der Tatbestand schützt das Vertrauen der interessierten Allgemeinheit in die kontrollierte Richtigkeit der Registereintragung und ihrer Grundlagen (MüKoAktG/*Schaal* Rn. 217), was insbes. in den Fällen Bedeutung gewinnt, in denen mit einer Kapitalerhöhung aus Gesellschaftsmitteln ein

Börsengang vorbereitet wird. Die Bestimmung ist wie alle Tatbestände des § 399 Schutzgesetz iSd § 823 Abs. 2 BGB (Hopt/Wiedemann/*Otto* Rn. 5).

2. Vorgang der Kapitalerhöhung aus Gesellschaftsmitteln. Unter den Voraussetzungen des **53** § 207 kann das Grundkapital aus Gesellschaftsmitteln erhöht werden. Eine derartige Kapitalerhöhung aus Gesellschaftsmitteln ist eine Umwandlung einer Kapitalrücklage und bzw. oder von Gewinnrücklagen in Grundkapital. Sie dient also nicht, wie die Kapitalerhöhung gegen Einlagen oder das genehmigte Kapital, zur Kapitalbeschaffung, da nur vorhandenes Gesellschaftsvermögen in Grundkapital umgebucht wird (Bürgers/Körber/*Marsch-Barner* § 207 Rn. 1); es handelt sich gleichwohl um eine echte Kapitalerhöhung, da die Grundkapitalziffer erhöht wird. In der Regel geschieht diese Kapitalerhöhung durch Ausgabe neuer Aktien, wovon bei Gesellschaften mit Stückaktien auch abgesehen werden kann, § 207 Abs. 2 S. 2 (zu den verschiedenen wirtschaftlichen Hintergründen einer solchen Kapitalerhöhung vgl. Hopt/Wiedemann/*Hirte* § 207 Rn. 35 ff.). Diese Form der Kapitalerhöhung ist von der Hauptversammlung mit der in § 182 Abs. 1 bestimmten Dreiviertelmehrheit zu beschließen und gem. § 207 Abs. 2 S. 1 iVm § 184 Abs. 1 zur Eintragung in das Handelsregister anzumelden, wobei gem. § 210 Abs. 1 die der Kapitalerhöhung gem. § 209 zugrunde gelegte Bilanz mit Bestätigungsvermerk beizufügen und zu erklären ist, dass nach der Kenntnis der Anmeldenden seit dem Stichtag der zugrunde gelegten Bilanz bis zum Tage der Anmeldung keine Vermögensminderung eingetreten ist.

3. Täterkreis. Die Kapitalerhöhung aus Gesellschaftsmitteln ist vom Vorstand und vom Vorsitzenden **54** des Aufsichtsrats zur Eintragung in das Handelsregister anzumelden. Die Regelung ist daher ein echtes Sonderdelikt. Die Anmeldung hat durch den gesamten Vorstand zu erfolgen, während für den Aufsichtsrat ausschließlich der Vorsitzende tätig wird. Somit sind alle Mitglieder des Vorstands verantwortlich und damit taugliche Täter, während dieses für die Mitglieder des Aufsichtsrats -wie im Zusammenhang mit dem vergleichbaren Tatbestand in § 399 Abs. 1 Nr. 4 – wiederum streitig ist, da nur der Vorsitzende des Aufsichtsrats gem. § 184 Abs. 1 an der Anmeldung mitwirkt, § 399 Abs. 2 aber sämtliche Aufsichtsratsmitglieder in den Anwendungsbereich des Straftatbestands einschließt. Auch hier gilt, dass kein Grund für eine einschränkende Auslegung dahingehend ersichtlich ist, nicht auch das Mitglied des Aufsichtsrats, das den Vorstand und den Vorsitzenden des Aufsichtsrats durch Täuschung zur Angabe unzutreffender Angaben ggü. dem Registergericht veranlasst hat, als mittelbaren Täter eines Kapitalerhöhungsschwindels zu belangen (→ Rn. 35).

4. Tathandlung. Als Tathandlung wird in § 399 Abs. 2 die Abgabe einer wahrheitswidrigen Erklä- **55** rung zum Zweck der Eintragung einer Erhöhung des Grundkapitals bezeichnet. Nach hM sind damit die Erklärung falscher Angaben und das Verschweigen für die Eintragung erheblicher Umstände gleichzusetzen (MüKoAktG/*Schaal* Rn. 222; Hopt/Wiedemann/*Otto* Rn. 223), was wegen des von § 399 Abs. 1 abweichenden Wortlauts zweifelhaft ist; richtigerweise dürfte eine Rechtpflicht zur Offenbarung bestimmter Umstände nur insoweit bestehen, als ihr Verschweigen die erklärten Tatsachen in ihrem Gesamtzusammenhang unrichtig erscheinen lassen. Gegenstand der Anmeldung ist zunächst der Beschluss der Hauptversammlung und die Vorlage der zur Kapitalerhöhung zugrunde gelegten Bilanz mit dem nach § 209 vorgeschriebenen Bestätigungsvermerk des Abschlussprüfers; ob eine den Anmeldenden bekannte Bilanzfälschung (iSd § 331 HGB) unter diese Strafvorschrift fällt, ist zweifelhaft, da sich die Anmeldenden zur Richtigkeit der Bilanz nicht äußern müssen.

Wesentlich ist die weiterhin nach § 210 Abs. 1 S. 2 abzugebende Versicherung, dass nach der Kennt- **56** nis der Anmeldenden seit dem Stichtag der zugrunde gelegten Bilanz bis zum Tag der Anmeldung keine Vermögensminderung eingetreten ist, die der Kapitalerhöhung entgegenstünde. sie am Tage der Anmeldung beschlossen worden wäre. Dies bedeutet zum einen, dass die Wahrheitspflicht keine objektive, sondern durch das Merkmal der Kenntnis des Anmeldenden subjektiviert ist (Achenbach/ Ransiek/*Rönnau* WirtschaftsStR-HdB/*Ransiek* Teil 8 Kap. 3 Rn. 88), Maßstab für die Richtigkeit (und nach hM auch für die Vollständigkeit) der Angaben ist das subjektive Vorstellungsbild des Anmeldenden. Ferner relativiert die Bezugsnorm in § 210 Abs. 1 S. 2 diese Erklärungspflicht durch das Merkmal, dass die Verschlechterung der Vermögensverhältnisse der Gesellschaft einer Kapitalerhöhung entgegen gestanden haben muss, sowie eine Vermögensminderung dann unerheblich und auch nicht erklärungsbedürftig wäre, wenn sie sich auf die Höhe der nach § 208 Abs. 2 umzuwandelnden Gewinnrücklage nicht ausgewirkt hat, wobei dies auch noch nach der positiven Kenntnis der Anmeldenden zu beurteilen ist.

VIII. Gemeinsame Grundsätze zu allen Tatbeständen

1. Vorsatz und Irrtumsfragen. Alle Tatbestände des § 399 setzen als inneren Tatbestand Vorsatz **57** voraus; in Ermangelung einer ausdrücklichen Regelung ist fahrlässiges Handeln gem. § 15 StGB nicht mit Strafe bedroht. Für vorsätzliches Handeln bedarf es nicht der positiven Kenntnis bezüglich aller Merkmale des äußeren Tatbestands, es genügt bedingter Vorsatz, dh dass der Täter mit der Möglichkeit der Tatbestandsverwirklichung, insbes. mit der Unrichtigkeit bzw. Unvollständigkeit der von ihm gemachten Angaben rechnet und dies billigend in Kauf nimmt. Hierfür kann ausreichen, dass der Täter ohne ausreichende eigene Prüfung die Angaben eines anderen übernimmt und dabei Zweifel an der Richtigkeit der Angaben hat, sich gleichwohl unter den von ihm für möglich gehaltenen Umständen jedoch damit abfindet.

58   Nach einer – insbes. zu § 82 GmbHG vertretenen (Scholz/*Tiedemann* GmbHG § 82 Rn. 168; Baumbach/Hueck/*Haas* GmbHG § 82 Rn. 97) – verbreiteten Ansicht setzen die Tatbestände in § 399 Abs. 1 Nr. 1, 4 und 5 über die objektive Eignung der Angaben, die Eintragung in das Handelsregister zu bewirken, hinaus die Absicht des Täters voraus, mit den falschen Angaben die Eintragung zu erreichen (MükoAktG/*Schaal* Rn. 102; Achenbach/Ransiek/Rönnau WirtschaftsStR-HdB/*Ransiek* Teil 8 Kap. 3 Rn. 45, 76); dies entspricht indes nicht dem Wortlaut des Gesetzes, in dem von einer Absicht keine Rede ist. Vielmehr wird dieses Merkmal von der herrschenden Auffassung allein aufgrund des Tatbestandsmerkmals des Eintragungszwecks in den Tatbestand hineininterpretiert. Tatsächlich muss sich der (bedingte) Vorsatz auch darauf beziehen, dass die Angaben geeignet sind, die Eintragung in das Handelsregister positiv zu beeinflussen (→ Rn. 21a). Soweit darauf abgehoben wird, dass es dem Täter als Ziel der Angaben auf die Eintragung der Gesellschaft in das Handelsregister ankommt (so Müko-AktG/*Schaal* Rn. 102), besagt dies nichts darüber, dass sich der naturgemäße Zweck der Anmeldung mit einer entsprechenden Absicht bei der Abgabe der falschen Angaben deckt.

59   Auf einen Irrtum des Täters finden die allgemeinen Grundsätze über den Tatbestandsirrtum nach § 16 StGB und den Verbotsirrtum gem. § 17 StGB Anwendung. Ein Tatbestandsirrtum liegt vor, wenn der Täter über die ein gesetzliches Tatbestandsmerkmal begründenden Tatsachen irrt, ein Verbotsirrtum hingegen, wenn der Täter aufgrund eines Subsumtions- oder Bewertungsirrtums die Reichweite und den Bedeutungsgehalt eines Straftatbestands verkennt. Allerdings sind die Grenzen zwischen Tatbestands- und Verbotsirrtum in der Rspr. fließend, da bei den blankettartigen Tatbeständen des § 399 die Ausfüllungsvorschriften zum Tatbestand gehören, wobei auch hier gilt, dass sich der Tatbestandsirrtum auf Tatsachen beziehen muss (vgl. KölnKomm AktG/*Altenhain* Rn. 104 ff.; weitergehend MükoAktG/*Schaal* Rn. 105 ff.). So stellt es einen Tatbestandsirrtum dar, wenn der Täter darüber irrt, ob das eingezahlte Kapital endgültig zur freien Verfügung des Vorstands steht (BGH GA 1977, 340) oder eine Einzahlung tatsächlich noch nicht vollzogen ist oder wenn aufgrund falscher Berechnungen oder Missachtung wesentlicher tatsächlicher Umstände ein höherer als der tatsächlich eingezahlte Betrag oder der tatsächliche Wert von Sacheinlagen oder Sachübernahmen aufgrund tatsächlicher Irrtümer unzutreffend angegeben wird (KölnKomm AktG/*Altenhain* Rn. 107; MükoAktG/*Schaal* Rn. 108). Soweit eine verdeckte Sacheinlage vorliegt, kann den Anmeldenden nur entlasten, dass er über die hierfür strafrechtlich bedeutsamen Tatsachen geirrt hat (MükoAktG/*Schaal* Rn. 108).

60   **2. Tatvollendung.** Der Versuch einer der in § 399 beschriebenen Taten ist nicht strafbar, da es sich um Vergehen iSd § 12 Abs. 2 StGB handelt und es einer ausdrücklichen Regelung der Versuchsstrafbarkeit in § 399 ermangelt. Daher gewinnt die Frage der Tatvollendung besondere Bedeutung. Da es sich bei allen Straftatbeständen des § 399 um sog Äußerungsdelikte handelt (MükoAktG/*Schaal* Rn. 5), ist die Tat nicht schon mit der bloßen Erklärung vollendet, sondern für die Vollendung der jeweiligen Tat ist der Zeitpunkt maßgeblich, in dem die in der Erklärung enthaltenen falschen oder unvollständigen Angaben dem Adressaten zugegangen sind (MükoAktG/*Schaal* Rn. 236; KölnKomm AktG/*Altenhain* Rn. 109; Hopt/Wiedemann/*Otto* Rn. 103). Dabei ist bei den jeweiligen Erklärung in den Tatbeständen zu unterscheiden: Handelt es sich um **falsche Angaben in Erklärungen,** die ggü. dem Registergericht zum Zwecke der Eintragung gemacht werden (Abs. 1 Nr. 1, 4, 5 Abs. 2), so ist der ordnungsgemäße Zugang beim zuständigen Registergericht maßgeblich (RGZ 37, 25; 43, 323; MükoAktG/*Schaal* Rn. 236); auf eine Kenntnisnahme durch das Registergericht kommt es nicht an (Hopt/Wiedemann/*Otto* Rn. 103). Soweit die falschen Angaben – etwa auf Nachfrage des Registergerichts – mündlich abgegeben werden, müssen sie indes zur Kenntnis des zuständigen Sachbearbeiters des Registergerichts gelangen (Hopt/Wiedemann/*Otto* Rn. 103). Ebenso ist bei falschen **Versicherungen** nach Abs. 1 Nr. 1, 4 und 6 der Zugang beim Registergericht maßgebend. Etwas anderes gilt für den Gründungsschwindel durch falsche Angaben in **Gründungs-, Nachgründungs- und Prüfungsberichten** gem. Abs. 1 Nr. 2. Hier tritt Tatvollendung bereits ein, wenn der unrichtige Bericht einem mit der Berichterstattung nicht befassten Dritten zugeht (KölnKomm AktG/*Altenhain* Rn. 123; Hopt/Wiedemann/*Otto* Rn. 138). Das ist der Fall, wenn der Gründungsbericht einem anderen Vorstands- oder Aufsichtsratsmitglied iSd § 33 Abs. 1 iVm § 32 Abs. 1) oder einem Gründungsprüfer (§ 33 Abs. 2) bzw. der Nachgründungsbericht einem Vorstandsmitglied, einem Gründungsprüfer oder einem Teilnehmer der Hauptversammlung zugeht (HK-KapMStrafR/*Südbeck* Rn. 88). Hinsichtlich des Prüfungsberichts kommt es auf den Zugang bei den nach § 34 Abs. 3 dafür vorgesehenen Stellen an. Die Vollendung der falschen Angaben in einer Bekanntmachung nach § 183a Abs. 2 S. 1 iVm § 37a Abs. 2, wie sie neuerdings in Abs. 1 Nr. 4 unter Strafe gestellt ist, tritt erst mit der Veröffentlichung ein. Bei der Ankündigung von Aktien nach Abs. 1 Nr. 3 wird die Tat in dem Zeitpunkt vollendet, in dem die Ankündigung der Öffentlichkeit zugänglich gemacht wird, etwa durch Veröffentlichung in den Medien oder Verbreitung von Prospekten, soweit sie von Dritten wahrgenommen werden können.

61   Die für den Beginn der Verjährung maßgebende Beendigung der Tat liegt mit dem Eintritt des Tatserfolgs vor. Streitig ist, ob der Tatserfolg beim Gründungs- oder Kapitalerhöhungsschwindel schon

mit dem Eingang der Anmeldung beim Handelsregister (so BGH NJW 2000, 2285) oder erst mit der Eintragung in das Handelsregister eintritt (BGH wistra 1987, 212; Hopt/Wiedemann/*Otto* Rn. 106). Die Tathandlung nach Abs. 1 Nr. 2 ist beendet, wenn der Bericht beim Registergericht eingegangen ist (abw. MükoAktG/*Schaal* Rn. 241: erst dann, wenn der Bericht vom Registergericht bei seiner Entscheidung berücksichtigt worden ist). Bei der öffentlichen Ankündigung von Aktien ist die Tat beendet, sobald ein größerer Teil der Öffentlichkeit Gelegenheit zur Kenntnisnahme hatte.

3. Rechtswidrigkeit. Die Rechtswidrigkeit der in § 399 genannten Straftatbestände ist wie bei allen **62** Delikten indiziert und kann nur bei Bestehen eines Rechtfertigungsgrundes entfallen, wobei eine Einwilligung oder gar Weisung der Hauptversammlung unerheblich ist, da das Schutzgut aller Tatbestände des § 399 nicht zur Disposition der Hauptversammlung steht (Hopt/Wiedemann/*Otto* Rn. 90).

4. Konkurrenzen. Die Tatbestände des § 399 können mit den allgemeinen Delikten wie dem **63** Betrug, der Urkundenfälschung oder Untreue in Tateinheit stehen, soweit die den jeweiligen Tatbestand des § 399 begründende Handlung zugleich ein Tatbestandsmerkmal eines anderen Delikts verwirklicht, wobei hinsichtlich der Urkundenfälschung zu beachten ist, dass die Fälschung und die anschließende Verwendung einer Urkunde tatbestandlich zusammenfallen und damit alle weiteren bei der Verwendung der gefälschten Urkunde verwirklichten Straftatbestände verklammern. IÜ liegt bei den Straftatbeständen des § 399 wegen der zeitlich auseinander fallenden Tathandlungen regelmäßig Tatmehrheit vor, so bei dem Gründungsschwindel durch wahrheitswidrige Anmeldung nach Abs. 1 Nr. 1 und durch unrichtigen Sachgründungsbericht nach Abs. 1 Nr. 2. Der von einem Gründer erstellte Prüfungsbericht nach Abs. 1 Nr. 2 soll dagegen eine mitbestrafte Nachtat zu dem mitverfassten unzutreffenden Gründungsbericht sein (Hopt/Wiedemann/*Otto* Rn. 119; KölnKommm AktG/*Altenhain* Rn. 201).

5. Prozessuales. Die Straftatbestände des § 399 sind Offizialdelikte und werden von Amts wegen **64** verfolgt. In der Regel erstattet das Registergericht Anzeige, wenn es Kenntnis von Umständen erlangt, die den Verdacht auf eine Straftat nach § 399 begründen. Zum Klageerzwingungsverfahren nach § 172 StPO sind alle Personen berechtigt, die von den Tatbeständen des § 399 geschützt werden und aufgrund der jeweiligen Tathandlung einen Schaden erlitten haben (MükoAktG/*Schaal* Rn. 247).

§ 400 Unrichtige Darstellung

(1) Mit Freiheitsstrafe bis zu drei Jahren oder mit Geldstrafe wird bestraft, wer als Mitglied des Vorstands oder des Aufsichtsrats oder als Abwickler

1. **die Verhältnisse der Gesellschaft einschließlich ihrer Beziehungen zu verbundenen Unternehmen in Darstellungen oder Übersichten über den Vermögensstand, in Vorträgen oder Auskünften in der Hauptversammlung unrichtig wiedergibt oder verschleiert, wenn die Tat nicht in § 331 Nr. 1 oder 1a des Handelsgesetzbuchs mit Strafe bedroht ist, oder**
2. **in Aufklärungen oder Nachweisen, die nach den Vorschriften dieses Gesetzes einem Prüfer der Gesellschaft oder eines verbundenen Unternehmens zu geben sind, falsche Angaben macht oder die Verhältnisse der Gesellschaft unrichtig wiedergibt oder verschleiert, wenn die Tat nicht in § 331 Nr. 4 des Handelsgesetzbuchs mit Strafe bedroht ist.**

(2) Ebenso bestraft, wer als Gründer oder Aktionär in Aufklärungen oder Nachweisen, die nach den Vorschriften dieses Gesetzes einem Gründungsprüfer oder sonstigen Prüfer zu geben sind, falsche Angaben macht oder erhebliche Umstände verschweigt.

Literatur (Auswahl): *Arnhold*, Auslegungshilfen zur Bestimmung einer Geschäftslagetäuschung im Rahmen der §§ 331 Nr. 1 HGB, 400 Abs. 1 Nr. 1 AktG, 82 Abs. 2 Nr. 2 GmbHG, 1993; *Fleischer*, „Das Haffa-Urteil: Kapitalmarktstrafrecht auf dem Prüfstand" NJW 2003, 2584; *Klussmann*, Strafbarkeit sog. Geschäftslagetäuschungen nach § 400 AktG 65, AG 1973, 221; *Maul*, Geschäfts- und Konzerntäuschungen als Bilanzdelikte DB 1989, 185; *Ransiek*, Unrichtige Darstellung von Vermögensstand einer Aktiengesellschaft, JR 2005, 165; *Rützel*, Der aktuelle Stand der Rechtsprechung zur Haftung bei Ad-hoc-Mitteilungen, AG 2003, 69.

A. Allgemeines

I. Rechtsentwicklung

§ 400 hat in seiner originären, mit dem AktG 1965 eingeführten Fassung seinen Ursprung in § 296 **1** Abs. 1 Nr. 1 und 2 AktG 1937, wobei mehrere in § 296 Abs. 1 AktG 1937 enthaltene Strafvorschriften entfallen oder in Bußgeldtatbestände umgewandelt worden sind (§ 405 Abs. 1 Nr. 1–3). Diese Regelung ging auf § 314 HGB aF zurück, der wiederum in entsprechenden aktienstrafrechtlichen Bestimmungen des Art. 249 ADHGB idF v. 18.7.1884 einen Vorläufer hatte. Die Bestimmung ist durch das GmbHÄndG v. 4.7.1980 um Absatz 2 ergänzt worden. Durch das BiRiLiG v. 19.12.1985 ist der frühere Tatbestand der unrichtigen Wiedergabe oder Verschleierung von Konzernverhältnissen in Abs. 1 Nr. 2 in § 331 Nr. 2 und 3 HGB verschoben, der frühere Tatbestand der Nr. 4 (falsche Angaben in bestimmten Geschäftsberichten) zu einer Ordnungswidrigkeit herabgestuft worden, deren Ahndung nunmehr in

§ 334 Abs. 1 Nr. 1d und Nr. 2f HGB geregelt ist. Die Straftatbestände in § 400 sind aufgrund einer in Abs. 1 Nr. 1 und 2 aufgenommenen Verweisung auf § 331 Nr. 1, 1a und 4 HGB subsidiär ausgestaltet worden, weil die unrichtige Darstellung von Gesellschafts- und Konzernverhältnissen in Jahresabschlüssen und im Lagebericht sowie unrichtige Angaben in Nachweisen oder Aufklärungen ggü. Abschlussprüfern durch das BiRiLiG für alle Kapitalgesellschaften in § 331 HGB allgemein unter Strafe gestellt worden sind.

II. Regelungsinhalt und -zweck

2   **1. Regelungsinhalt.** Die einzelnen Straftatbestände des § 400 erfahren, ohne dass dies jedenfalls der Wortlaut des § 400 Abs. 1 Nr. 1 ohne weiteres erhellt, als blankettartige Normen erst durch andere Vorschriften des Aktienrechts ihren wahren Bedeutungsgehalt. Trotz des ausfüllungsbedürftigen Begriffs der „Verhältnisse der Gesellschaft" in § 400 Abs. 1 Nr. 1 genügen die Tatbestände des § 400 wegen der Auslegungsfähigkeit ihrer einzelnen Tatbestandsmerkmale den Anforderungen an die Bestimmtheit einer Strafnorm iSd Art. 103 GG (BVerfG ZIP 2006, 1096). Den Tatbeständen in § 400 Abs. 1 Nr. 1 und 2 kommt wegen ihrer Subsidiarität nur eine eingeschränkte Bedeutung zu; sie sind nur einschlägig, soweit die Tathandlungen nicht bereits durch § 331 Abs. 1 Nr. 1, 1a und 4 HGB erfasst werden. Diese den § 400 Abs. 1 Nr. 1 verdrängenden Straftatbestände in § 331 Abs. 1 Nr. 1 und 1a HGB erfassen bereits die unrichtige Darstellung oder Verschleierung der Verhältnisse von Kapitalgesellschaften in der Eröffnungsbilanz, dem Jahresabschluss, dem Lagebericht oder dem Zwischenabschluss nach § 340a HGB bzw. den Konzernabschluss, Konzernlagebericht oder Konzernzwischenabschluss nach § 340i Abs. 4 HGB sowie den Einzelabschluss nach § 315a Abs. 1 HGB. Gegenüber § 400 Abs. 1 Nr. 2 ist vorrangig die Regelung in § 331 Abs. 1 Nr. 4 HGB über Aufklärungen oder Nachweise, die nach § 320 HGB einem Abschlussprüfer der Kapitalgesellschaft, eines verbundenen Unternehmens oder des Konzerns zu geben sind. Neben diesen Regelungen in § 331 HGB soll § 400 den strafrechtlichen Schutz vor unzutreffenden Darstellungen über die Verhältnisse einer Aktiengesellschaft ergänzen sowie eine effektive Überwachung der Geschäftsführung und eine Kontrolle der Vermögens- und Ertragslage gewährleisten.

3   **2. Regelungszweck.** Die Tatbestände des § 400 schützen das Vertrauen in die Richtigkeit und Vollständigkeit bestimmter Angaben über die Gesellschaftsverhältnisse, wobei der geschützte Personenkreis sich nicht auf die Aktionäre und Gläubiger der Gesellschaft beschränkt, sondern alle Personen in den Schutzbereich einbezieht, die mit der Gesellschaft in rechtliche Beziehungen treten wollen (BGH NJW 2001, 3622; MükoAktG/*Schaal* Rn. 2).

III. Deliktsnatur

4   Da sämtliche Tatbestände vorbeugend ein schadensträchtiges und typischerweise gefährliches Verhalten der Organe einer Gesellschaft verhindern sollen, handelt es sich durchgängig – wie auch bei § 399 – um **abstrakte Gefährdungsdelikte** (KölnKomm AktG/*Altenhain* Rn. 9; Hopt/Wiedemann/*Otto* Rn. 5), die Schutzgesetze iSd § 823 Abs. 2 BGB sind (BGH NJW 2001, 3622; *Fleischer* NJW 2003, 2584). Zugleich sind die Tatbestände der unrichtigen Wiedergabe oder Verschleierung bestimmter Verhältnisse der Gesellschaft (Abs. 1 Nr. 1) oder aus falschen oder unvollständigen Angaben in Aufklärungen oder Nachweisen (Abs. 1 Nr. 2 und Abs. 2) als **Äußerungsdelikte** ausgestaltet. Da sie nur von einem bestimmten Personenkreis verübt werden können, stellen sie ferner **Sonderdelikte** dar, an denen sich andere Personen nur als Anstifter oder Gehilfen beteiligen können.

B. Die einzelnen Straftatbestände

I. Unrichtige Darstellung oder Verschleierung der Gesellschaftsverhältnisse
(§ 400 Abs. 1 Nr. 1)

5   **1. Täterkreis.** Täter können bei den Tatbeständen des Abs. 1 nur die Mitglieder des **Vorstandes** gem. §§ 84, 85 oder des **Aufsichtsrats** nach §§ 30, 101, 104 und die **Abwickler** (Liquidatoren, § 265), ferner deren berufene Stellvertreter, bei dem Tatbestand in Abs. 2 lediglich die Gründer (§ 28) oder Aktionäre sein. Hinsichtlich der in Abs. 1 und 2 genannten Organe gilt – auch hinsichtlich der faktischen Organstellung – das bereits zu § 399 Ausgeführte (→ § 399 Rn. 5–9, 44) mit der Besonderheit, dass bei den Mitgliedern des Aufsichtsrats nicht einer abzulehnenden Auffassung zu unterscheiden ist, in welcher Funktion sie die fraglichen Erklärungen abgegeben haben. Wenn das Vorstandsmitglied einer Bank, das gleichzeitig Aufsichtsratsmitglied der Aktiengesellschaft ist, eine unzutreffende Erklärung über das Vermögen und die Ertragslage der Gesellschaft abgibt, soll es nach einer abzulehnenden Auffassung darauf ankommen, ob diese Erklärung in der Hauptversammlung der Aktiengesellschaft ggü. den Aktionären abgegeben worden ist; nicht genügend sei es, wenn diese Erklärung in einem Schreiben mit dem Briefkopf seiner Bank als Vorstandsmitglied dieses Unternehmens abgegeben worden ist (so MükoAktG/*Schaal* Rn. 12; MüKoStGB/*Kiethe* Rn. 23; dagegen KölnKomm AktG/*Altenhain* Rn. 20).

2. Deliktsgegenstand. Die unrichtige Wiedergabe oder Verschleierung muss sich auf die Verhältnisse **6** der Gesellschaft einschließlich ihrer Beziehungen zu verbundenen Unternehmen in Darstellungen oder Übersichten über den Vermögensstand, in Vorträgen oder Auskünften in der Hauptversammlung beziehen. Verhältnisse der Gesellschaft sind alle Umstände, die für die Vermögensentwicklung der Gesellschaft oder für die Beurteilung ihrer Situation und ihrer Entwicklung in den wirtschaftlichen, politischen und sozialen Rahmenbedingungen von Bedeutung sind (Bürgers/Körber/*Pelz* Rn. 3; MükoAktG/*Schaal* Rn. 17). Dadurch, dass die Beziehung zu verbundenen Unternehmen nur beispielhaft aufgeführt sind, ist der Begriff weit gefasst und beschränkt sich bei der Tatvariante der falschen Erklärungen in Vorträgen und Auskünften in der Hauptversammlung seinem Wortlaut nach nicht auf rein wirtschaftliche Umstände. Entsprechend ist streitig, ob allgemein nur solche Umstände als tatbestandserheblich in Betracht zu ziehen sind, die für die Beurteilung der Geschäftslage der Gesellschaft von Bedeutung sind (so Achenbach/Ransiek/Rönnau WirtschaftsStR-HdB/*Ransiek* Teil 8 Kap. 1 Rn. 90; Bürgers/Körber/*Pelz* Rn. 3) oder auch politische oder soziale Faktoren einbezogen sind, soweit sie für die Entwicklung der Gesellschaft erheblich werden können (so RGSt 38, 195; 41, 293; MükoAktG/*Schaal* Rn. 17; KölnKomm AktG/*Altenhain* Rn. 32; Hopt/Wiedemann/*Otto* Rn. 28; *Gramich* wistra 1987, 159).

Tatobjekt sind **Darstellungen oder Übersichten über den Vermögensstand** bzw. **Vorträge 7 oder Auskünfte in der Hauptversammlung** über die so beschriebenen Verhältnisse der Gesellschaft; Schriftform ist weder bei der Darstellung noch bei der Übersicht erforderlich (MükoAktG/*Schaal* Rn. 19). Unter dem Begriff des Vermögensstands, der auch in anderen Strafgesetzen verwandt wird (§ 264a Abs. 1 StGB; § 283 Abs. 1 Nr. 5, 7a, 8 StGB; § 283b Abs. 1 Nr. 1, 2, 3a StGB; § 313 UmwG), sind sämtliche Umstände zu verstehen, die für die Vermögens- und Ertragslage von Bedeutung sind. Der Begriff beschränkt sich daher nicht etwa auf den aktuellen Vermögensstand, sondern schließt auch die Ertragslage der Gesellschaft (BGH NZG 2005, 132) sowie die Umstände ein, die für die Beurteilung der künftigen wirtschaftlichen Entwicklung der Gesellschaft von Bedeutung sind (Hopt/Wiedemann/*Otto* Rn. 36). Soweit unter dem Begriff der Übersichten die Eröffnungsbilanz nach § 242 Abs. 1 HGB sowie der Jahresabschluss mit Lagebericht und Anhang nach § 264 Abs. 1 HGB fallen, werden sie –wie auch der Konzernabschluss mit Lagebericht und Anhang gem. §§ 290 Abs. 1, 297 Abs. 1, 315 HGB – von der Strafvorschrift des § 331 Nr. 1 oder 1a und Nr. 2 HGB erfasst, so dass die insoweit subsidiäre Vorschrift des § 400 Abs. 1 Nr. 1 zurücktritt. Gleiches gilt für die Berichte in dem Anhang des Jahresabschlusses, der mit diesem nach § 264 Abs. 1 HGB eine Einheit bildet, den Lagebericht nach § 289 HGB und den Konzernlagebericht nach § 315 HGB, die ebenfalls § 331 Nr. 1 und 2 HGB unterfallen, so dass § 400 Abs. 1 Nr. 1 auch hier verdrängt wird.

Übersichten über den Vermögensstand sind Bilanzen oder andere Zusammenstellungen in Ta- **8** bellenform, soweit sie einen Gesamtüberblick über die Vermögens- und Ertragslage der Gesellschaft ermöglichen (BGH NZG 2004, 811; 2005, 132). Zu den Übersichten über den Vermögensstand zählen Gewinn- und Verlustrechnungen und im Laufe eines Geschäftsjahres aufgestellte Abschlüsse wie Liquiditäts-, Kredit-, Sanierungs-, Zwischen- und Liquidationsbilanzen sowie die Bilanzen bei Kapitalerhöhungen nach § 207 Abs. 4. Das Tatbestandsmerkmal der Übersicht ist bei jedem Status verwirklicht, der Aufschluss über den Vermögensstand gibt (Hopt/Wiedemann/*Otto* Rn. 33), wie etwa beim Entwurf eines Jahresabschlusses, den der Vorstand dem Aufsichtsrat vorweg zur Kenntnisnahme zuleitet.

Darstellungen über den Vermögensstand sind Wiedergaben in Berichtsform (BGH NJW 2005, **9** 445). Auch sie müssen so umfassend sein, dass sie ein Gesamtbild über die wirtschaftlichen Lage des Unternehmens wiedergeben (BGH NJW 2004, 2971; 2005, 445); eine Darstellung lediglich einzelner Aspekte der Vermögenslage reicht hierfür nicht aus (OLG München NJW 2003, 144), indes genügt eine zusammenfassende Darstellung über die wesentlichen Positionen eines Jahres- oder Zwischenabschlusses oder die Ergebnisse einer Gewinn- und Verlustrechnung. Zu den gesetzlich vorgeschriebenen Berichten gehören der Bericht des Vorstands ggü. dem Aufsichtsrat nach § 90 oder der Bericht des Aufsichtsrats an die Hauptversammlung gem. § 171 Abs. 2. Aber auch alle anderen Berichte des Vorstands oder des Aufsichtsrats (wie etwa eine Ad-hoc-Mitteilung, vgl. BGH NJW 2005, 445; MüKoStGB/*Kiethe* Rn. 42) unterfallen dem Begriff der Darstellung, wie etwa Geschäftsberichte oder Quartalsberichte über Umsatzerlöse und die Ertragslage.

Als Tatobjekte kommen weiterhin **Vorträge oder Auskünfte in der Hauptversammlung** in **10** Betracht. Nach dem maßgebenden Wortlaut des Gesetzes müssen diese Erklärungen nicht im Zusammenhang mit dem Vermögensstand der Gesellschaft stehen; sie müssen sich – unabhängig von einem wirtschaftlichen Bezug – auf die Verhältnisse der Gesellschaft beziehen (MükoAktG/*Schaal* Rn. 27). Als **Hauptversammlung** gilt die unter dieser Bezeichnung ordnungsgemäß einberufene und unter Beachtung der §§ 129 ff. durchgeführte Zusammenkunft der Aktionäre. Zum **Vortrag** ist der Vorstand gem. § 176 Abs. 1 S. 2 und 3 über seine Vorlagen iSd § 175 Abs. 2 sowie über einen Jahresfehlbetrag und einen das Jahresergebnis wesentlich beeinträchtigenden Verlust verpflichtet. Der Vorsitzende des Aufsichtsrats hat zu dem Prüfungsbericht des Aufsichtsrats gem. § 171 näher in der Hauptversammlung Stellung zu nehmen und die Lage und die Entwicklung der Gesellschaft aus der Sicht des Aufsichtsrats zu erläutern (Bürgers/Körber/*Reger* § 176 Rn. 6). Darüber hinaus sind als Vortrag in der Hauptversammlung alle schriftlichen oder mündlichen Äußerungen anzusehen, die von Mitgliedern des Vorstands, des

Aufsichtsrats oder von Abwicklern aufgrund ihrer Stellung als Organ der Gesellschaft (Hopt/Wiedemann/*Otto* Rn. 37) bei dieser Gelegenheit gemacht werden. Die Art des Vortrags ist unerheblich, insbes. muss es sich nicht um eine in sich geschlossene oder vorbereitete Rede handeln (MüKoAktG/*Schaal* Rn. 28; KölnKomm AktG/*Altenhain* Rn. 38). Hinsichtlich des Begriffs der **Auskunft** nimmt § 400 Abs. 1 Bezug auf § 131, wonach der Vorstand verpflichtet ist, jedem Aktionär Auskunft über die Angelegenheiten der Gesellschaft zu geben, wenn die Erteilung der Auskunft für die sachgemäße Beurteilung eines Tagesordnungspunktes erforderlich ist. Für bestimmte Unternehmensvorgänge bestehen nach §§ 293g Abs. 3, 295 Abs. 2 S. 3, 319 Abs. 3 S. 4, 320 Abs. 4 S. 3 und 326 weitere Auskunftspflichten ggü. den Aktionären in der Hauptversammlung. Darüber hinaus unterfallen dem Tatbestand des § 400 Abs. 1 Nr. 1 auch alle freiwilligen Auskünfte des Vorstands und des Aufsichtsrats, die über diese gesetzliche Auskunftsverpflichtung hinaus über die Verhältnisse der Gesellschaft erteilt werden. Unerheblich ist daher, ob der Vorstand oder der Aufsichtsrat zu der Auskunft verpflichtet ist oder ob er sie nach § 131 Abs. 3 hätte verweigern können.

11   **3. Tathandlung.** Tathandlung ist die unrichtige Wiedergabe oder Verschleierung der Verhältnisse der Gesellschaft. **Unrichtige Wiedergabe** bedeutet -in Übereinstimmung mit dem Merkmal der falschen Angaben in § 399 Abs. 1 – das Aufstellen von Behauptungen, die nicht der tatsächlichen Sachlage entsprechen, wobei sich die Übereinstimmung der in der Wiedergabe der Gesellschaftsverhältnisse enthaltenen Aussage mit der Wirklichkeit unter Berücksichtigung ihres Sinnes und ihres Zusammenhanges nach dem objektiven Empfängerhorizont beurteilt. Zu den von § 400 Abs. 1 Nr. 1 erfassten Erklärungen gehören nicht nur Tatsachenbehauptungen, sondern auch Schätzungen, Bewertungen und Prognosen, wenn sie entweder auf falscher Tatsachengrundlage beruhen oder die tatsächlichen oder rechtlichen Schlussfolgerungen objektiv falsch sind, dies aber nur dann, wenn die Schlussfolgerung oder Bewertung nach einhelliger wirtschaftlicher Betrachtung unvertretbar ist. Die Unrichtigkeit kann auch in einem Verschweigen wesentlicher Umstände liegen, wenn der Eindruck einer umfassenden und erschöpfenden Sachdarstellung vermittelt wird, die sich aufgrund des Verschweigens wesentlicher Umstände als unvollständig und daher unzutreffend erweist (MüKoAktG/*Schaal* Rn. 37; KölnKomm AktG/*Altenhain* Rn. 26; Hopt/Wiedemann/*Otto* Rn. 15).

12   **Verschleiert** werden die Verhältnisse einer Gesellschaft, wenn die Erklärung hierzu in ihrem tatsächlichen Kern zwar der Wahrheit entspricht, die Verhältnisse der Gesellschaft aber ihrem äußeren Anschein nach anders dargestellt werden. Hierfür ist erforderlich, dass die wahren Tatsachen undeutlich oder unkenntlich gemacht werden und diese Verfälschung des Gesamtbilds zu einer unrichtigen Beurteilung der Sachlage führt (RGSt 37, 433; 41, 293). Im Ergebnis besteht darin Übereinstimmung, dass die Grenzen zwischen dem Verschweigen wesentlicher Umstände und der Verschleierung fließend sind und eine klare Abgrenzung nicht erlauben (MüKoAktG/*Schaal* Rn. 40; KölnKomm AktG/*Altenhain* Rn. 31; Hopt/Wiedemann/*Otto* Rn. 18).

13   Über das sinnentstellende Verschweigen wesentlicher Umstände hinaus kann eine unrichtige Wiedergabe der Gesellschaftsverhältnisse auch durch ein **Unterlassen** iSd § 13 StGB verwirklicht werden. So ist ein Mitglied des Vorstandes oder des Aufsichtsrats verpflichtet, einer in seiner Gegenwart von einem anderen Mitglied seines Organs abgegebenen Darstellung der Gesellschaftsverhältnisse zu widersprechen, wenn dieser die gesellschaftlichen Verhältnisse unrichtig oder unvollständig wiedergibt oder sie verschleiert und der Handlungspflichtige mit der Unrichtigkeit oder Unvollständigkeit der Äußerung zumindest rechnet (RGSt 45, 210; 49, 239; BGH NJW 2001, 3622; MüKoAktG/*Schaal* Rn. 38; KölnKomm AktG/*Altenhain* Rn. 28; Hopt/Wiedemann/*Otto* Rn. 17). Dies gilt insbes. für Vorträge und Auskünfte in der Hauptversammlung, in der alle anwesenden Mitglieder des Vorstands und des Aufsichtsrats dafür verantwortlich sind, dass die von einem dieser Organe abgegebenen Erklärungen richtig und vollständig sind; hier sind die Organmitglieder verpflichtet, unverzüglich unzutreffende oder unvollständige Erklärungen richtigzustellen, sofern ihnen die Unrichtigkeit oder Unvollständigkeit der Erklärungen bekannt sind (RGSt 49, 239; Hopt/Wiedemann/*Otto* Rn. 17).

14   **Beispiele** für eine unrichtige Wiedergabe sind die Aufnahme nicht (mehr) existierender Wirtschaftsgüter in die Bilanz oder die Behandlung existierender Wirtschaftsgüter als stille Reserven (RGSt 62, 357), die überhöhte Bewertung von Wirtschaftsgütern oder Außenständen in der Bilanz (RGSt 14, 80), das Verschweigen von Verbindlichkeiten oder die Voraktivierung von Gewinnen (Bürgers/Körber/*Pelz* Rn. 4).

II. Falsche Angaben ggü. Prüfern (§ 400 Abs. 1 Nr. 2)

15   **1. Täterkreis.** Der Täterkreis des 400 Abs. 1 Nr. 2 entspricht dem des § 400 Abs. 1 Nr. 1. Täter können daher nur die **Mitglieder des Vorstands** oder **des Aufsichtsrats** bzw. deren berufene Vertreter und **Abwickler** sein. Es gilt daher hier das zu § 399 Abs. 1 Nr. 1 Ausgeführte (→ § 399 Rn. 5–9). Die Strafbarkeit eines Gründers durch Abgabe falscher Aufklärungen und Nachweise ggü. den Gründungsprüfern wird in Abs. 2 erfasst.

16   **2. Tathandlung.** § 400 Abs. 1 Nr. 2 stellt falsche Angaben in Aufklärungen oder Nachweisen, die einem Prüfer der Gesellschaft oder eines verbundenen Unternehmens zu geben sind, sowie eine

unrichtige Wiedergabe oder Verschleierung der Gesellschaftsverhältnisse unter Strafe. Die Tathandlung bezieht sich auf Aufklärungen und Nachweise, die nach aktienrechtlichen Vorschriften einem Prüfer der Gesellschaft oder eines verbundenen Unternehmens zu geben sind. **Tatgegenstand** ist, nachdem die früher in § 165 enthaltene Auskunftspflicht ggü. den **Abschlussprüfern** und den **Konzernabschlussprüfern** nunmehr für alle Kapitalgesellschaften einheitlich in § 320 HGB geregelt ist und falsche Angaben ggü. diesen Prüfern der insoweit vorrangigen Strafvorschrift in § 331 Abs. 1 Nr. 4 HGB unterfallen, nur noch die Sonderprüfung nach §§ 145, 258 (Hopt/Wiedemann/*Otto* Rn. 73; anders MüKoStGB/*Kiethe* Rn. 67: auch Prüfungen nach §§ 313, 293b, 320 Abs. 3, 327c). Auskunftspflichtig sind in diesem Zusammenhang nicht die Gesellschaftsorgane, sondern deren Mitglieder (MükoAktG/*Schaal* Rn. 56). Unter den Begriff der Nachweise fallen bereits die nach § 145 Abs. 1 den Prüfern zugänglich zu machenden **Unterlagen;** insbes. sind die gem. § 145 Abs. 2 von den Prüfern erforderten Aufklärungen und Nachweise tatbestandlich, soweit sie für eine sorgfältige Prüfung der Vorgänge notwendig sind. Dies setzt wiederum voraus, dass sich die Aufklärungen und Nachweise auf das Prüfungsthema beziehen müssen, was im Strafverfahren gesondert festzustellen ist (MükoAktG/*Schaal* Rn. 57).

Der Begriff der Aufklärungen und Nachweise ist weit auszulegen. Er umfasst alle mündlichen oder 17 schriftlichen Auskünfte, die zur umfassenden Unterrichtung der Prüfer und zur Erledigung ihrer Aufgaben benötigt werden.

Falsche Angaben sind zunächst nachprüfbare und ernst gemeinte Tatsachenerklärungen, die mit der 18 objektiven Sachlage nicht übereinstimmen. Der Begriff deckt sich mit dem des § 399 Abs. 1 und ist entsprechend auszulegen, so dass auch Schätzungen, Bewertungen und Prognosen darunter fallen, soweit sie entweder auf falscher Tatsachengrundlage beruhen oder die tatsächlichen oder rechtlichen Schlussfolgerungen objektiv unvertretbar sind. Der Begriff der unzutreffenden **Wiedergabe oder Verschleierung der Gesellschaftsverhältnisse** entspricht dem des § 400 Abs. 1 Nr. 1 mit der Besonderheit, dass diese nur ggü. den Prüfern erklärt wird; dabei dürfte dieser Begriff wegen des Zusammenhangs mit den Prüfungsaufträgen nach §§ 145, 258 inhaltlich mit den Aufklärungen und Nachweisen gleichbedeutend sein (so MükoAktG/*Schaal* Rn. 67).

Obwohl – abweichend von § 400 Abs. 2 – der Tatbestand des § 400 Abs. 1 Nr. 2 das **Verschweigen** 19 wesentlicher Umstände nicht besonders erwähnt, wird auch das Verschweigen wesentlicher Umstände als tatbestandlich angesehen, soweit sich die Aussage bei Kenntnis auch der verschwiegenen Umstände als unvollständig und damit unrichtig erweist (KölnKomm AktG/*Altenhain* Rn. 58; Hopt/Wiedemann/*Otto* Rn. 70). Nicht strafbar ist dagegen die schlichte Verweigerung von Auskünften, die die Prüfer erfordert haben, da hierdurch keine strafbewehrte Täuschung begangen wird (MükoAktG/*Schaal* Rn. 69).

III. Falsche Angaben ggü. Gründungsprüfern (§ 400 Abs. 2)

1. Täterkreis. Täter des durch das GmbHÄndG v. 4.7.1980 eingeführten Sonderdelikts nach § 400 20 Abs. 2 können nur Gründer oder Aktionäre sein. Gründer einer AG bzw. KGaA sind die Aktionäre bzw. Gesellschafter, welche die Satzung nach §§ 28 bzw. 280 Abs. 3 festgestellt haben. Anders als bei der Gründung einer AG sind dies bei der KGaA nicht nur die Aktionäre, sondern auch die persönlich haftenden Gesellschafter. Aktionär ist, wer mindestens eine Aktie übernommen hat.

2. Tathandlung. Die Tathandlung bezieht sich auf die Prüfung der Gründung gem. § 33 bzw. 21 gründungsähnliche Vorgänge wie die Nachgründung (§ 52 Abs. 4) und die Kapitalerhöhung mit Sacheinlagen (§ 183 Abs. 3) und besteht – wie in § 400 Abs. 1 Nr. 2 – in falschen Angaben oder dem Verschweigen erheblicher Umstände in Aufklärungen und Nachweisen, die einem Gründungsprüfer oder einem sonstigen Prüfer zu geben sind. Hinsichtlich der Einzelheiten wird auf die Ausführungen zu der insoweit inhaltsgleichen Strafvorschrift des § 400 Abs. 1 Nr. 2 verwiesen (→ Rn. 16–19).

IV. Gemeinsame Grundsätze

1. Innere Tatseite. Sämtliche Tatbestände des § 400 können – wie bei § 399 – nur durch vor- 22 sätzliches Handeln verwirklicht werden, wobei auch hier bedingter Vorsatz genügt. Daher ist nicht erforderlich, dass der Täter in Kenntnis der einzelnen Tatumstände handelt, es reicht aus, wenn der Täter die Unrichtigkeit oder den verschleiernden Charakter der Erklärungen nur für möglich hält, die Erklärungen aber gleichwohl auch unter diesen Umständen abgibt und sich ihren Inhalt auf diese Weise zu eigen macht. Unter welchen Umständen hiervon ausgegangen werden kann, ist Tatfrage. Wenn etwa Aufsichtsratsmitglieder vom Vorstand erstellte Berichte oder Bilanzen ungeprüft billigen, kann dies bereits bedingten Vorsatz darstellen (RG JW 1935, 2427). Ohne Zweifel handelt dasjenige Vorstands- oder Aufsichtsratsmitglied bedingt vorsätzlich, das zwar Bedenken gegen einen Bericht oder eine Bilanz hat, diese aber unterdrückt und die Unterlagen genehmigt.

2. Tatvollendung. Als Äußerungsdelikte sind die Tatbestände des § 400 in dem Zeitpunkt vollendet, 23 in dem die Erklärungen oder Angaben den Personen zugehen, für die sie bestimmt sind oder die sonst ein Recht auf sie haben. Dies können bei den Erklärungen nach Abs. 1 Nr. 1 die nicht mit der Sache befassten Vorstands- oder Aufsichtsratsmitglieder, Aktionäre oder außenstehende Personen sein, sofern ihnen die Erklärungen legal zugänglich gemacht worden ist (Hopt/Wiedemann/*Otto* Rn. 56). Mündliche Vorträge und Auskünfte in der Hauptversammlung müssen wenigstens von einem Teilnehmer der Hauptversammlung wahrgenommen worden (MükoAktG/*Schaal* Rn. 91), schriftliche Auskünfte ebenfalls wenigstens einem Teilnehmer der Hauptversammlung zugegangen sein. Die falschen Angaben in den Aufklärungen und Nachweisen iSd § 400 Abs. 1 Nr. 2 müssen in den Machtbereich des Prüfers gelangt sein. Wie auch bei § 399 ist nicht erforderlich, dass der Zugangsempfänger die Erklärungen inhaltlich zur Kenntnis genommen hat.

24   **3. Konkurrenzen.** Tateinheit ist je nach Fallgestaltung möglich mit Betrug nach § 263 StGB, etwa wenn Vorstandsmitglieder zur Erhöhung ihrer Tantiemen oder Vermeidung ihrer Kürzung unzutreffende Angaben machen, mit Kapitalanlagebetrug gem. § 264a StGB, wenn im Zuge einer umfassenden Vorstellung der Gesellschaft falsche Angaben gemacht werden, ferner mit Untreue nach § 266 StGB und Urkundenfälschung nach § 267 StGB. Hinsichtlich der durch das BiRiLiG eingefügten Subsidiaritätsklausel in § 400 Abs. 1 Nr. 1 und 2 wird auf die Ausführungen zu den jeweiligen Tatbeständen verwiesen (→ Rn. 7, 16). Im Verhältnis zu den einzelnen Tatbeständen des § 400 verdrängt die speziellere Regelung in § 400 Abs. 1 Nr. 2 den allgemeinen Tatbestand des § 400 Abs. 1 Nr. 1.

§ 401 Pflichtverletzung bei Verlust, Überschuldung oder Zahlungsunfähigkeit

(1) Mit Freiheitsstrafe bis zu drei Jahren oder mit Geldstrafe wird bestraft, wer es als Mitglied des Vorstands entgegen § 92 Abs. 1 unterläßt, bei einem Verlust in Höhe der Hälfte des Grundkapitals die Hauptversammlung einzuberufen und ihr dies anzuzeigen.

(2) Handelt der Täter fahrlässig, so ist die Strafe Freiheitsstrafe bis zu einem Jahr oder Geldstrafe.

Literatur (Auswahl): *Hirtz,* Die Vorstandspflichten bei Verlust, Zahlungsunfähigkeit und Überschuldung einer AG, 1966; *Martens,* Die Anzeigepflicht des Verlustes des Garantiekapitals nach dem AktG und dem GmbHG, ZGR 1972, 254; *Meyer-Cording,* Konkursverzögerung durch erfolglose Sanierungsversuche, NJW 1981, 1242; *Müller,* Der Verlust der Hälfte des Grund- oder Stammkapitals, ZGR 1985, 191; *Schlüchter,* Zur Bewertung der Aktiva für die Frage der Überschuldung, wistra 1984, 41.

A. Allgemeines

I. Rechtsentwicklung

1   Vorgänger des § 401 war der Straftatbestand des § 297 AktG 1937, der wiederum Nachfolgevorschrift des § 315 HGB war. Die Strafvorschrift enthielt idF des EGStGB v. 2.3.1974 neben dem in der Vorschrift verbliebenen Unterlassen der Verlustanzeige noch in Abs. 1 Nr. 2 den Tatbestand der Insolvenzverschleppung, wonach sich als Mitglied des Vorstands oder als Abwickler strafbar macht, wer entgegen § 92 Abs. 2 bzw. § 268 Abs. 2 S. 1 unterlässt, bei Zahlungsunfähigkeit oder Überschuldung die Eröffnung des Insolvenzverfahrens zu beantragen. Nachdem aufgrund der Insolvenzrechtsreform (EGInsO v. 5.10.994) mWz 1.1.1999 §§ 92, 401 die gesetzliche Insolvenzantragspflicht einschließlich der dazugehörigen Strafvorschrift im Aktienrecht an die Insolvenzordnung angepasst worden war, ist dieser Straftatbestand durch das MoMiG v. 23.10.2008 (BGBl. I 2026) in die Insolvenzordnung verschoben und die Insolvenzverschleppung in § 15a InsO für alle Körperschaften allgemein geregelt worden.

II. Regelungszweck und -inhalt

2   **1. Regelungscharakter.** Die Strafvorschrift des § 401 entspricht § 82 GmbHG. Sie bezieht sich nunmehr nur noch auf die für das Aktienrecht besonders bedeutsame Schutzvorschrift des § 92 Abs. 1 und soll den Gefahren begegnen, die mit der auf das Gesellschaftsvermögen beschränkten Haftung verbunden sind. Regelungsgegenstand ist nur noch die unterlassene Verlustanzeige nach § 92 Abs. 1; die unterlassene Beantragung des Insolvenzverfahrens nach § 92 Abs. 2 durch den Vorstand bzw. nach § 268 durch den Abwickler ist nicht mehr in § 401, sondern in § 15a InsO geregelt. Bei dem Tatbestand des § 401 handelt es sich um ein **echtes Unterlassungsdelikt,** das – wie die Insolvenzverschleppung gem. § 15a Abs. 5 InsO – auch fahrlässig begangen werden kann. Es handelt sich aufgrund seiner Verweisung auf § 92 Abs. 1 um einen blankettartigen Tatbestand, der seinen Sinn erst im Zusammenhang mit der Ausfüllungsnorm des § 92 Abs. 1 erhält. Wie auch §§ 399, 400 setzt § 401 nicht den Eintritt eines konkreten Schadens voraus und ist daher ein **abstraktes Gefährdungsdelikt.**

3   **2. Schutzzweck der Norm.** Der Tatbestand soll die Handlungspflichten des Vorstands in der durch § 92 Abs. 1 gekennzeichneten Krisensituation verstärken. Die Verpflichtung des Vorstands nach § 92 Abs. 1, die Hauptversammlung einzuberufen und Verlustanzeige zu erstatten, dient der **Information**

der Hauptversammlung über eine krisenhafte Zuspitzung und der Herstellung der **Handlungsfähigkeit der Aktionäre,** die nach § 118 Abs. 1 nicht tätig werden können, ohne zur Hauptversammlung zusammenzutreten. Während die Verpflichtung des Vorstands, gem. § 15a InsO einen Insolvenzantrag zu stellen, dem **öffentlichen Interesse,** insbes. dem Gläubigerinteresse an einer geordneten Verwertung des Unternehmens dient, ist die mit dem Verfahren nach § 92 Abs. 1 einhergehende Publizität demgegenüber nicht Regelungszweck, sondern lediglich eine gewollte Nebenfolge, so dass am Aktienmarkt interessierte Dritte, insbes. Anleger nicht unmittelbar geschützt sind (BGH NJW 1979, 1829; KölnKomm AktG/*Mertens* § 92 Rn. 10; *Müller* ZGR 1985, 191; aA *Martens* ZGR 1972, 254). Die Regelung schützt daher vorrangig die Anteilseigner der Gesellschaft und damit die Aktionäre. Nur insoweit (und nicht für die Gläubiger der Gesellschaft, BGH NJW 1979, 1829) ist der Tatbestand des § 401 **Schutzgesetz** iSd § 823 Abs. 2 BGB, wenn seine Merkmale objektiv und subjektiv erfüllt werden (MükoAktG/*Schaal* Rn. 7).

B. Voraussetzungen

I. Täterkreis

Täter des **Sonderdelikts** des § 401 können nur die Mitglieder des Vorstands sein. Zu diesem Begriff, **4** insbes. zur faktischen Organstellung gelten die zu § 399 ausgeführten Grundsätze (→ § 399 Rn. 7–9). Für die Einberufung der Hauptversammlung und die Verlustanzeige ist der gesamte Vorstand verantwortlich. Die Handlungspflicht nach § 92 Abs. 1 trifft daher jedes Vorstandsmitglied unabhängig von der im Vorstand bestehenden Geschäftsverteilung. Eine unterbliebene Unterrichtung einzelner, mit den Finanzen nicht befasster Vorstandsmitglieder kann sich nur auf die Frage des Verschuldens auswirken. Die Handlungspflicht trifft nur das Vorstandsmitglied, das zu dem in § 92 Abs. 1 maßgebenden Zeitpunkt noch als solches tätig war; nur dann, wenn es danach aus dem Amt ausscheidet, ist es für die Versäumung der Handlungspflicht nach § 92 Abs. 1 mitverantwortlich (Hopt/Wiedemann/*Otto* Rn. 13). Aufgrund der Gleichstellungsklausel in § 408 Abs. 2 stehen die persönlich haftenden Gesellschafter einer KGaA dem Vorstand einer AG gleich.

II. Tatgegenstand

Gegenstand der Tathandlung nach § 401 ist die Einberufungs- und Anzeigepflicht gem. § 92 Abs. 1. **5** Voraussetzung ist der Eintritt eines **Verlusts in Höhe der Hälfte des Grundkapitals.** Nach hM bedeutet dies, dass das Gesellschaftsvermögen nur noch die Hälfte des Nennkapitals deckt, womit sachlich gleichbedeutend ist, dass der Verlust dem gesamten offen ausgewiesenen Eigenkapital gegenüberzustellen ist (BGH AG 1958, 293; OLG Köln AG 1978, 17 (22); MükoAktG/*Spindler* § 91 Rn. 9; KölnKomm AktG/*Mertens* § 92 Rn. 12; *Müller* ZGR 1985, 191). Zum Eigenkapital gehören das Grundkapital, offene Rücklagen, der Bilanzgewinn, der Eigenkapitalanteil in den Sonderposten mit Rücklagenanteil, nicht jedoch die Rücklage für eigene Anteile (Bürgers/Körber/*Pelz* § 92 Rn. 5). Durch die Bezugnahme des § 92 Abs. 1 kann sich der Verlust zunächst aus der Aufstellung der Jahresbilanz gem. §§ 242, 264 Abs. 1 HGB oder einer Zwischenbilanz ergeben; darüber hinaus besteht die Anzeigepflicht aber auch dann, wenn nach pflichtgemäßem Ermessen die Entstehung eines Verlusts iSd § 92 anzunehmen ist, so dass unerheblich ist, wie der Verlust festgestellt wird oder werden kann und ob es sich um einen Einzelverlust oder um das Ergebnis fortschreitender Verluste handelt (Hüffer/*Koch* § 92 Rn. 2). Zwar ist der Vorstand nicht verpflichtet, ständig Zwischenbilanzen aufzustellen (MükoAktG/*Spindler* § 92 Rn. 8). Er ist aber verpflichtet, die wirtschaftliche Entwicklung des Unternehmens fortlaufend zu beobachten und bei entsprechenden Anzeichen für eine Krisensituation einen Zwischenabschluss aufzustellen.

Aus dem Hinweis auf die Jahresbilanz in § 92 Abs. 1 wird gefolgert, dass für den Ansatz und die **6** Bewertung eines Verlusts iSd § 92 Abs. 1 grds. die für die Jahresbilanz geltenden Regeln maßgeblich sind (hM, vgl. Hopt/Wiedemann/*Habersack* § 92 Rn. 18; KölnKomm AktG/*Mertens* § 92 Rn. 13; *Müller* ZGR 1985, 191; aA BGH WM 1958, 1416; OLG Köln AG 1978, 17; einschränkend auch MükoAktG/*Spindler* § 92 Rn. 10). Darlehen sind stets als Passivposten auszuweisen, auch wenn sie kapitalersetzend sind und ein Rangrücktritt vereinbart ist (Bürgers/Körber/*Pelz* § 92 Rn. 6). **Stille Reserven** dürfen zur Verlustdeckung nur aufgelöst werden, soweit dies auch im Rahmen eines Jahresabschlusses zulässig wäre (Hüffer/*Koch* § 92 Rn. 4; Bürgers/Körber/*Pelz* § 92 Rn. 6; MükoAktG/*Spindler* § 92 Rn. 10). Zuschreibungen nach § 280 HGB sind zulässig. Ebenso dürfen sog steuerrechtliche Abschreibungen iSd §§ 254, 279 Abs. 2 HGB, § 6 Abs. 2 EStG 2002 rückgängig gemacht werden. IÜ ist streitig, ob im Zusammenhang mit § 92 Abs. 1 Buchwerte nach dem Prinzip des **going concern** iSd § 252 Abs. 1 Nr. 2 HGB fortgeschrieben werden dürfen; nach hM soll dies nur bei einer positiven Fortbestehensprognose zulässig sein; im Falle einer negativen Fortbestehensprognose müssen Liquidationswerte an die Stelle der Buchwerte treten (MükoAktG/*Spindler* § 92 Rn. 10; Hüffer/*Koch* § 92 Rn. 4; KölnKomm AktG/*Mertens* § 92 Rn. 14; *Wiesner* in MHdB GesR IV § 25 Rn. 56; *Müller* ZGR 1985, 191).

III. Tathandlung

7   Tathandlung ist nach § 401 das Unterlassen der Einberufung der Hauptversammlung und der Verlustanzeige in der Hauptversammlung. Ist ein Verlust mindestens in Höhe der Hälfte des Grundkapitals eingetreten, hat der Vorstand, unverzüglich, dh ohne schuldhaftes Zögern die Hauptversammlung einzuberufen und ihr den Verlust anzuzeigen. Maßgebend für die Feststellung des Verlusts ist eine objektive Betrachtung bei der Bewertung der Vermögenslage der Gesellschaft nach betriebswirtschaftlichen Grundsätzen. Die Handlungspflicht des § 92 Abs. 1 ist weder von einer positiven oder auch nur bedingten Kenntnis des Vorstands von dem Vermögensverlust abhängig (MükoAktG/*Schaal* Rn. 23). Maßstab ist die in § 93 verlangte Sorgfalt eines ordentlichen und gewissenhaften Geschäftsleiters. Diese Sorgfalt ist auch bei der Bemessung der Zeitspanne zugrunde zu legen (MükoAktG/*Spindler* § 92 Rn. 11), so dass dem Vorstand eine angemessene Prüfungs- und Überlegungsfrist einzuräumen ist (Bürgers/Körber/*Pelz* § 92 Rn. 7). Auch können anderweitige Maßnahmen, etwa **Sanierungsverhandlungen** mit den Gläubigern einen stichhaltigen Grund dafür bieten, von einer Verlustanzeige ggü. der Hauptversammlung zunächst abzusehen, sofern sie einen zeitnahen Erfolg versprechen, den Bilanzverlust selbst beseitigen (Hopt/Wiedemann/*Habersack* § 92 Rn. 23; einschr. Hüffer/*Koch* § 92 Rn. 6). Die Ad-hoc-Publizitätspflicht nach § 15 WpHG besteht daneben fort; ggf. ist sowohl die danach vorgeschriebene Meldung zu erstatten als auch eine Einberufung vorzunehmen.

8   Die einzelnen Mitglieder des Vorstands werden dadurch nicht entlastet, wenn der Gesamtvorstand (nach § 121 Abs. 2 durch einfachen Mehrheitsbeschluss) die Einberufung der Hauptversammlung ablehnt. In diesem Falle kann je nach Lage des Falles ein **einzelnes Vorstandsmitglied** – unabhängig von der das Organ treffenden Berichtspflicht nach § 90 – verpflichtet sein, den Aufsichtsrat von einem Verlust der Gesellschaft in Kenntnis zu setzen (MükoAktG/*Spindler* § 92 Rn. 13; KölnKomm AktG/*Mertens* § 92 Rn. 22; Bürgers/Körber/*Pelz* Rn. 2), so dass der Aufsichtsrat seinerseits gem. § 111 Abs. 3 im Interesse des Wohls der Gesellschaft berechtigt ist, eine Hauptversammlung einzuberufen.

9   Wenn auch dem Vorstand für die Einberufung der Hauptversammlung eine angemessene Überlegungsfrist zusteht, ist der Hauptversammlungstermin so zu legen, dass keine unnötige Verzögerung eintritt (Hüffer/*Koch* § 92 Rn. 5), wobei §§ 121 ff. zu beachten sind. Der Vorstand hat die Verlustanzeige auf der Tagesordnung der zu diesem Zweck einberufenen Hauptversammlung unmissverständlich anzukündigen, § 124 Abs. 1, weil anderenfalls die Hauptversammlung dazu keine Beschlüsse fassen kann, § 124 Abs. 4. Ohne diese Ankündigung erfüllt der Vorstand seine Pflicht aus § 92 Abs. 1 nicht; wird diesen Anforderungen nicht genügt, muss die Hauptversammlung erneut unter Beachtung der Formalien einberufen werden, was nicht mehr unverzüglich wäre (Hüffer/*Koch* § 92 Rn. 5; KölnKomm AktG/*Mertens* § 92 Rn. 20). Die Tagesordnung muss sich nicht auf die Verlustanzeige beschränken. Der Vorstand ist aber auch nicht verpflichtet, bereits mit der Verlustanzeige Vorschläge zur Behebung der Krise zu unterbreiten, muss diese aber auf die Tagesordnung setzen, damit die Hauptversammlung nicht gem. § 124 Abs. 4 daran gehindert ist, darüber Beschlüsse zu fassen.

10   Die Pflicht zur Verlustanzeige entfällt, wenn zu der ordnungsgemäß einberufenen **Hauptversammlung** kein Aktionär erschienen ist (MükoAktG/*Schaal* Rn. 25; KölnKomm AktG/*Altenhain* Rn. 15). In diesem theoretischen Fall besteht auch keine Verpflichtung zur erneuten Einberufung der Hauptversammlung, selbst wenn sich der Verlust bei der nächsten Bilanz erneut ergibt. Fraglich ist, ob die Pflicht zur Einberufung der Hauptversammlung im Wege einer tatbestandsausschließenden Einwilligung entfallen kann, wenn allen Aktionären die Verlustsituation bekannt ist und diese auf die Einberufung der Hauptversammlung verzichten (so Bürgers/Körber/*Pelz* Rn. 2); dies dürfte mit Rücksicht auf die zwingende Regelung in § 92 Abs. 1 zu verneinen sein.

IV. Subjektiver Tatbestand

11   Für die Verwirklichung des inneren Tatbestands ist grds. Vorsatz erforderlich; nach Abs. 2 bei einem erheblich reduzierten Strafrahmen genügt auch Fahrlässigkeit. **Vorsätzlich** handelt nicht nur der Täter bei einem Unterlassungsdelikt, wenn er die Tatumstände kennt, die ihn zum Handeln verpflichten und gleichwohl davon absieht, dem gesetzlich bestimmten Gebot nachzukommen, sondern auch dann, wenn er den Eintritt eines Verlusts in Höhe der Hälfte des Grundkapitals für möglich hält und dennoch seiner Einberufungs- und Anzeigepflicht nicht nachkommt. **Fahrlässigkeit** liegt vor, wenn der Täter entweder unter Verletzung seiner Sorgfaltspflicht nicht erkennt oder voraussieht, dass er in der gebotenen Art und Weise zu handeln hat, oder zwar mit dieser Möglichkeit rechnet, aber – etwa aufgrund irriger Fehleinschätzung der Sachlage von anderweitigen Handlungsalternativen- eine Handlungspflicht verneint. Eine unbewusste Fahrlässigkeit liegt insbes. dann vor, wenn sich die verschlechterte Vermögenslage nicht aus einer Vermögensübersicht ergibt, sondern das Vorstandsmitglied den Vermögensverlust bei Ausübung seines pflichtgemäßen Ermessens aus Geschäftsunterlagen oder aufgrund anderer Umstände hätte ermitteln können. Dies gilt vor allem dann, wenn das Vorstandsmitglied nicht für Finanzangelegenheiten im Vorstand zuständig ist.

§ 402 Falsche Ausstellung von Berechtigungsnachweisen

(1) **Wer Bescheinigungen, die zum Nachweis des Stimmrechts in einer Hauptversammlung oder in einer gesonderten Versammlung dienen sollen, falsch ausstellt oder verfälscht, wird mit Freiheitsstrafe bis zu drei Jahren oder mit Geldstrafe bestraft, wenn die Tat nicht in anderen Vorschriften über Urkundenstraftaten mit schwererer Strafe bedroht ist.**

(2) **Ebenso wird bestraft, wer von einer falschen oder verfälschten Bescheinigung der in Absatz 1 bezeichneten Art zur Ausübung des Stimmrechts Gebrauch macht.**

(3) **Der Versuch ist strafbar.**

A. Allgemeines

I. Normentwicklung

Diese Strafvorschrift geht in ihrer Fassung des EGStGB v. 2.3.1974 auf § 298 AktG 1937 zurück, **1** dessen Vorgängerregelung § 316 HGB war. § 402 enthält im Vergleich zu den Vorgängerregelungen eine sprachlich überarbeitete und um eine Subsidiaritätsklausel ergänzte Fassung. Die ursprünglich in Abs. 1 enthaltenen Wörter „über die Hinterlegung von Aktien oder Berechtigungsnachweisen" sind durch das UMAG v. 22.9.2005 als Folgeänderung gestrichen worden.

II. Regelungszweck und -inhalt

1. Regelungsinhalt. Die Vorschrift betrifft das falsche Ausstellen (nicht: Fälschung) oder das Ver- **2** fälschen von Bescheinigungen, die zum Nachweis des Stimmrechts in einer Hauptversammlung gem. § 123 Abs. 3 oder in einer gesonderten Versammlung nach § 138 S. 2 dienen sollen. Derartige **Hinterlegungsscheine** kommen dann in Betracht, wenn nach ausdrücklicher Regelung in der Satzung die Ausübung des Stimmrechts in der Hauptversammlung oder in einer gesonderten Versammlung von einem schriftlichen Berechtigungsnachweis abhängig ist. Eine derartige Bestimmung in der Satzung kann – anders als § 123 Abs. 2 – nicht für **Namensaktien,** auf die § 67 Abs. 2 anzuwenden ist, sondern nur für **Inhaberaktien** gelten (MüKoStGB/*Kiethe* Rn. 18 ff.). Enthält die Satzung keine entsprechende Regelung, kann sich der Aktionär durch Vorlage der Inhaberaktie oder einer Bescheinigung des depotführenden Kreditinstituts legitimieren, und zwar auch dann, wenn die Satzung insoweit nichts enthält. Nach der Verkehrssitte tritt die Bescheinigung für Legitimationszwecke an die Stelle der etwa vorhandenen Einzelurkunde (hM, vgl. KölnKomm AktG/*Zöllner* § 123 Rn. 10; Hüffer/*Koch* § 123 Rn. 5). Auf diese Fälle ist § 402 nicht anwendbar; die Bestimmung findet nur Anwendung, wenn **die Satzung eine entsprechende Legitimation verlangt** (Hopt/Wiedemann/*Otto* Rn. 9; MükoAktG/ *Schaal* Rn. 3), wobei bei börsennotierten Gesellschaften die in § 123 Abs. 2 S. 2 umschriebene **Bankbescheinigung,** ggf. auch eine andere durch Satzung festgelegte Nachweisform genügt. Ferner unterfallen den Legitimationspapieren iSd § 402 Hinterlegungsbescheinigungen, mit denen der Nachweis erbracht wird, dass die Aktie von einem bestimmten Zeitpunkt vor und für die Zeit bis zum Schluss der Hauptversammlung hinterlegt worden ist, sowie Eintritts- und Stimmkarten, sofern mit ihnen satzungsmäßig ein Stimmrecht bescheinigt wird (KölnKomm AktG/*Altenhain* Rn. 9).

Streitig ist, ob die Eignung der Bescheinigung zum Nachweis der Stimmrechtsberechtigung Tat- **3** bestandsmerkmal (Hopt/Wiedemann/*Otto* Rn. 29; KölnKomm AktG/*Altenhain* Rn. 19; MüKoStGB/ *Kiethe* § 400 Rn. 30) oder **objektive Strafbarkeitsbedingung** (MükoAktG/*Schaal* Rn. 3, 28) ist, auf die sich nach letzterer Ansicht der Vorsatz des Täters nicht beziehen muss, ferner, ob die Bestimmung auch für die Fälle gilt, in denen die Satzung nicht nur die Ausübung des Stimmrechts, sondern auch die Teilnahme an einer Hauptversammlung gem. § 123 Abs. 2 von einer Hinterlegung bzw. Anmeldung abhängig macht (so Hopt/Wiedemann/*Otto* Rn. 11; aA KölnKomm AktG/*Altenhain* Rn. 7; Müko-AktG/*Schaal* Rn. 3).

2. Normzweck. Der strafrechtliche Legitimationsschutz des § 402 bezweckt den Schutz eines ord- **4** nungsgemäßen Ablaufs der Hauptversammlung und des unverfälschten Mehrheitsbeschlusses. Geschütztes **Rechtsgut** ist die Sicherheit und Zuverlässigkeit des Beweisverkehrs zugunsten der Gesellschaft und der Aktionäre und nur mittelbar gefährdete Drittinteressen. § 402 ist insoweit **Schutzgesetz** iSd § 823 Abs. 2 BGB (Hopt/Wiedemann/*Otto* Rn. 3).

B. Tatbestandsvoraussetzungen

I. Falsches Ausstellen oder Verfälschen von Bescheinigungen

1. Falsches Ausstellen. Falsch ausgestellt ist eine Bescheinigung, wenn sie den Anschein erweckt, sie **5** stamme von einem anderen als dem wirklichen Aussteller, oder wenn sie inhaltlich falsche Angaben (etwa zum Umfang des Stimmrechts durch falsche Bezeichnung von Anzahl oder Gattung der Aktien) enthält. Anders als § 267 StGB erfasst § 402 auch die **schriftliche Lüge,** indem eine falsch ausgestellte

Bescheinigung auch vorliegt, wenn die Bescheinigung inhaltlich nicht den Tatsachen entspricht, da durch die Strafvorschrift bekämpft werden soll, dass eine Person fälschlicherweise als Aktionär ausgewiesen oder ihm eine nicht zustehende Stimmberechtigung bescheinigt wird (MükoAktG/*Schaal* Rn. 15). Daher ändert auch ein Erwerb weiterer Aktien nach dem in § 123 Abs. 3 S. 3 genannten Stichtag, durch den die in der Bescheinigung ausgewiesene Anzahl der Aktien erreicht wird, an der inhaltlichen Wahrheitswidrigkeit der Bescheinigung nichts (MüKoStGB/*Kiethe* Rn. 35).

6   **2. Verfälschen.** Verfälscht ist eine Bescheinigung iSd § 123 Abs. 3, wenn sie zwar von dem in der Urkunde bezeichneten Aussteller herrührt, ihr Inhalt jedoch ohne Zustimmung des Ausstellers nachträglich verändert wird und hierdurch der Eindruck vermittelt wird, dass der Aussteller diese veränderte Erklärung abgegeben habe. Auch der Aussteller selbst kann einen Berechtigungsschein verfälschen, wenn hierdurch die Bescheinigung inhaltlich unrichtig wird (Bürgers/Körber/*Pelz* Rn. 5; einschränkend MükoAktG/*Schaal* Rn. 20: nur sofern dem Aussteller seine Verfügungs- und Abänderungsbefugnis entzogen worden ist). IÜ finden nach bestrittener Ansicht die Grundsätze über das wortgleiche Tatbestandsmerkmal des Verfälschens in § 267 Abs. 1 StGB sinngemäß Anwendung (so MükoAktG/*Schaal* Rn. 18; aA Hopt/Wiedemann/*Otto* Rn. 23; KölnKomm AktG/*Altenhain* Rn. 11).

II. Gebrauch einer falschen oder verfälschten Bescheinigung

7   Gebrauchmachen bedeutet wie bei § 267 StGB, dass die Bescheinigung dem zu Täuschenden mit der Möglichkeit der Wahrnehmung zugänglich gemacht wird (BGHSt 36, 64; BGH wistra 2008, 182; Hopt/Wiedemann/*Otto* Rn. 24; KölnKomm AktG/*Altenhain* Rn. 14); zu Täuschender ist die Person, die zur Prüfung der Legitimation des Täters zur Stimmrechtsausübung berufen ist. Eine tatsächliche Kenntnisnahme ist nicht erforderlich. Das Berufen auf eine im eigenen Besitz vorhandene Urkunde reicht genauso wenig aus, wie die erklärte Bereitschaft, die Urkunde vorzulegen (RGSt 16, 228; BGH NJW 1989, 1099). Nicht erforderlich ist, dass die falsche Bescheinigung bereits durch vorsätzliches Handeln entstanden ist; auch die Ausnutzung einer irrtümlichen Unrichtigkeit der Bescheinigung ist tatbestandlich (Hopt/Wiedemann/*Otto* Rn. 26). Das Gebrauchmachen der falschen oder verfälschten Bescheinigung muss zur Ausübung des Stimmrechts in der Hauptversammlung oder der gesonderten Versammlung erfolgen. Kein Gebrauchmachen von einer falschen oder gefälschten Urkunde vor, wenn der berechtigte Inhaber einer echten Bescheinigung diese einem nicht bevollmächtigten Dritten zur Ausübung des Stimmrechts übergibt; allerdings kann, wenn die Voraussetzungen des § 123 Abs. 3 nicht gegeben sind, eine Strafbarkeit nach § 271 StGB oder eine Ordnungswidrigkeit nach § 405 Abs. 2 oder Abs. 3 gegeben sein.

III. Innere Tatseite

8   Beide Tatbestände in § 402 Abs. 1 und 2 setzen Vorsatz voraus, wobei bedingter Vorsatz genügt. Hierfür ist erforderlich, dass der Täter zumindest mit der Möglichkeit rechnen muss, dass er die für den Nachweis des Stimmrechts bestimmte Bescheinigung falsch ausstellt oder verfälscht bzw. dass es sich um eine falsch ausgestellte oder verfälschte Bescheinigung handelt, die er der zur Prüfung der Bescheinigung berufenen Person zugänglich macht. Überdies setzt das Gebrauchmachen die Absicht des Täters voraus, das Stimmrecht auszuüben, was das vom Täter erstrebte Ziel sein muss, wobei es ausreicht, dass sich der Täter den Eintritt dieses erstrebten Ziels nur als möglich vorstellt (so MükoAktG/*Schaal* Rn. 27; aA KölnKomm AktG/*Altenhain* Rn. 19).

IV. Versuch

9   Bei allen drei Tatbeständen ist der Versuch gem. Abs. 3 strafbar. In das Versuchsstadium ist der Täter gem. § 22 StGB in den Fällen des Fälschens oder Verfälschens eingetreten, wenn er unmittelbar zur Herstellung der falschen Urkunde oder Manipulation der echten Urkunde ansetzt, beim Gebrauchmachen mit den Bemühungen, die falsch ausgestellte oder verfälschte Urkunde der zur Kontrolle zuständigen Person zugänglich zu machen, wozu das bloße Betreten des Versammlungsortes noch nicht genügt. Vollendet ist die Tat beim Herstellen einer falschen oder Verfälschung einer echten Urkunde, wenn die Bescheinigung nach der Tätervorstellung den Erklärungsinhalt und die Erscheinungsform erlangt hat, die sie zum Gebrauch geeignet erscheinen lässt. Das Gebrauchmachen ist vollendet, wenn der Kontrollperson die Möglichkeit der Wahrnehmung gegeben worden ist.

C. Konkurrenzen

10   Aufgrund der Subsidiaritätsklausel in Abs. 1 treten die Tatbestände des § 402 hinter allen Urkundsdelikten des allgemeinen Strafrechts gem. §§ 267, 271, 272 und 348 StGB zurück. Die Strafbestimmung des § 402 gewinnt also nur dort ihre Bedeutung, wo sich die falsche Bescheinigung als schriftliche Lüge darstellt, indem der in der Urkunde ausgewiesene Aussteller tatsächlich selbst unwahre Angaben in der

Bescheinigung macht oder wahre Angaben später im Nachhinein derart verändert, dass sie unzutreffend werden (vgl. MükoAktG/*Schaal* Rn. 37).

§ 403 Verletzung der Berichtspflicht

(1) Mit Freiheitsstrafe bis zu drei Jahren oder mit Geldstrafe wird bestraft, wer als Prüfer oder als Gehilfe eines Prüfers über das Ergebnis der Prüfung falsch berichtet oder erhebliche Umstände im Bericht verschweigt.

(2) Handelt der Täter gegen Entgelt oder in der Absicht, sich oder einen anderen zu bereichern oder einen anderen zu schädigen, so ist die Strafe Freiheitsstrafe bis zu fünf Jahren oder Geldstrafe.

A. Allgemeines

I. Historische Entwicklung

Vorläufer des § 403 war § 302 Ziff. 1 1937. Diese Bestimmung löste § 318 HGB ab, der eine die **1** Vollständigkeit von Prüfungsberichten sichernde Strafvorschrift enthielt. § 403 beruht in seiner jetzigen Fassung auf dem EGStGB v. 2.3.1974 und enthält im Gegensatz zu § 302 Ziff. 1 AktG 1937 in Abs. 2 einen Qualifikationstatbestand.

II. Regelungsinhalt und Normzweck

1. Normzweck. Die strafrechtliche Sanktion soll die Richtigkeit und Vollständigkeit der in dem **2** Prüfungsbericht enthaltenen Angaben durch unabhängige Kontrollorgane sicherstellen. **Geschütztes Rechtsgut** ist das **aktienrechtlich vorgeschriebene Prüfungssystem** und das Vertrauen in die zutreffende Darstellung der Prüfungsgegenstände. Durch das Delikt können – je nach dem Gegenstand der jeweiligen Prüfung und dem Zweck der sie regelnden Vorschriften- die Gesellschaft selbst, die Aktionäre und Gesellschaftsgläubiger sowie Dritte betroffen sein, die in rechtlichen oder wirtschaftlichen Beziehungen zur Gesellschaft stehen. So dient die Gründungsprüfung nach § 33 und der nach § 34 Abs. 2 S. 1 zu erstellende schriftliche Prüfungsbericht der ordnungsgemäßen Errichtung einer Aktiengesellschaft im Interesse der künftigen Gläubiger und Aktionäre, indem zugleich nach § 34 Abs. 3 S. 2 für die Öffentlichkeit ein Überblick über die Gründungsverhältnisse geschaffen und die gerichtliche Gründungsprüfung gem. § 38 Abs. 2 S. 2 vorbereitet wird. Demnach ist die Zielrichtung der einzelnen Prüfungen zwar unterschiedlich, das aktienrechtliche Prüfungssystem vereinigt als Rechtsgut sämtliche Prüfungsansätze (HK-KapMStrafR/*Janssen* Rn. 5). Im Verhältnis zum betroffenen Personenkreis ist die Strafvorschrift Schutzgesetz iSd § 823 Abs. 2 BGB (Hopt/Wiedemann/*Otto* Rn. 2).

2. Regelungsinhalt und Deliktsnatur. § 403 besteht aus zwei Tatbeständen, nämlich dem **fehler-** **3** **haften** und dem **unvollständigen Bericht.** § 403 tritt in seiner Bedeutung hinter § 332 HGB zurück, da der in der früheren Regelung in § 166 aF vorgeschriebene Jahresabschlussbericht nunmehr nach § 321 HGB zu erstatten ist, mithin diese Prüfungsvorgänge nicht mehr durch das Aktienrecht vorgeschrieben sind, und falsche Angaben der Prüfer im Jahresabschlussbericht nunmehr durch § 332 HGB mit Strafe bedroht sind. Daher fallen unter § 403 nur noch der **Gründungsbericht** nach § 33 Abs. 2 iVm § 34 Abs. 2 S. 1 und die Berichte über **Sonderprüfungen** gem. §§ 142ff., 258ff., 315. Nicht erfasst von § 403 ist schließlich auch die früher in §§ 336 iVm §§ 329–334 aF geregelte **Pflichtprüfung im Konzernverbund,** die durch das BiRiLiG v. 19.2.1985 jetzt in §§ 290ff. HGB geregelt ist. Im Gegensatz zu § 332 HGB ist die Erteilung eines unrichtigen Bestätigungsvermerks nicht in § 403 unter Strafe gestellt.

§ 403 ist ein **Äußerungsdelikt** und, da es weder den Eintritt noch die konkrete Gefahr eines Schaden **4** voraussetzt, ein **abstraktes Gefährdungsdelikt.** Da sich der Täterkreis auf die Prüfer oder ihre Gehilfen beschränkt, enthält § 403 zugleich ein **echtes Sonderdelikt** (MükoAktG/*Schaal* Rn. 4), das – wie die Tatbestände der §§ 399–402 – als **Offizialdelikt** von Amts wegen verfolgt wird.

B. Tatbestandsvoraussetzungen

I. Täterkreis

1. Prüfer. Nur Prüfer und Personen, die als Gehilfen eines Prüfers tätig werden, können taugliche **5** Täter des in § 403 normierten Tatbestands sein. Die Prüfereigenschaft muss dabei im Zusammenhang mit einer gesetzlich vorgeschriebenen Prüfung entstehen. Die gewillkürte, freiwillige und gesetzlich nicht verlangte Prüfung unterfällt nicht dem Schutzzweck des § 403 und wird daher nicht von der Strafvorschrift erfasst (MükoAktG/Schaal Rn. 15). Da das Aktienrecht eine gesetzliche Prüfungspflicht nur für die Gründungsprüfung und für die Sonderprüfungen nach §§ 142ff., 258ff., 315 vorschreibt, kommen als Täter zunächst die **Gründungsprüfer** gem. § 33, und zwar auch die Prüfer einer

Nachgründung (§ 52 Abs. 4), und die **Sonderprüfer** nach §§ 142, 258, 315 in Betracht. Gründungsprüfer ist, wer nach § 34 Abs. 2 S. 1 den der Anmeldung gem. § 37 Abs. 4 Nr. 4 beizufügenden schriftlichen Prüfungsbericht erstattet, Sonderprüfer, wer am. § 142 Abs. 1 S. 1 einen Vorgang bei der Gründung auf Unredlichkeiten oder grobe Verletzungen des Gesetzes oder der Satzung prüfen soll. Beide Arten der Prüfer werden durch das Registergericht nach §§ 33 Abs. 3 S. 2, 142 Abs. 2 und § 258 Abs. 1, in den Fällen der Sonderprüfung nach § 142 auch durch die Hauptversammlung mit einfachem Mehrheitsbeschluss bestellt. Je nach dem Prüfungsgegenstand stellt das Gesetz unterschiedliche Anforderungen an die Prüfer: Prüfer einer Sonderprüfung wegen unzulässiger Unterbewertung gem. § 258 können nach dessen Abs. 4 nur Wirtschaftsprüfer oder Wirtschaftsprüfungsgesellschaften sein, iÜ, also bei der Gründungsprüfung und den Sonderprüfungen nach §§ 142 und 315 „soll" (§§ 33 Abs. 4, 143 Abs. 1) es genügen, wenn der Prüfer in der Buchführung ausreichend vorgebildet und erfahren ist.

6   Auf diesen Prüferkreis beschränkt sich die Strafvorschrift des § 403 nicht. Auch der **Nachgründungsprüfer,** auf dessen Nachgründungsbericht gem. § 52 Abs. 3 und 4 die Vorschriften der §§ 33 Abs. 3–5, 34 und 35 sinngemäß Anwendung finden, wird von ihr erfasst, ferner der **Sacheinlagenprüfer,** der von Gesetzes wegen bei der Kapitalerhöhung mit Sacheinlagen (§ 183 Abs. 3) vom Gericht einzusetzen ist und dessen Bericht sich ebenfalls nach den Vorschriften über die Gründungsprüfung richtet. Gleiches gilt für die bedingte Kapitalerhöhung mit Sacheinlagen gem. § 194 Abs. 4 AktG, da auch hier nach § 205 Abs. 3 Prüfer zwingend einzusetzen sind, wenn Aktien gegen Sacheinlagen ausgegeben werden sollen. Der Sacheinlagenprüfer ist wie der Gründungsprüfer zu behandeln und tauglicher Täter des § 403. Ferner sieht § 293b Abs. 1 einen sog **Vertragsprüfer** bei sog Beherrschungs- oder Gewinnabführungsverträgen iSd § 291 (Unternehmensverträgen) vor, dessen Aufgabe die Prüfung der Angemessenheit von Abfindung und Ausgleich gem. §§ 293e Abs. 1, 304, 305 ist (KölnKomm AktG/*Koppensteiner* § 293b Rn. 17; Bürgers/Körber/*Schenk* § 293b Rn. 5); dieser Prüfer wird auf Antrag der Vorstände vom Landgericht, in dessen Bezirk sich der Sitz der Gesellschaft befindet, bestellt, § 293c. Als Vertragsprüfer nach § 293b kommen gem. § 293d iVm § 319 HGB nur Wirtschaftsprüfer und Wirtschaftsprüfungsgesellschaften in Betracht. Als mit dem Vertragsprüfer verwandte Erscheinungsform unterfällt dieser Strafvorschrift auch der sog **Eingliederungsprüfer** nach § 320 Abs. 3, der die Eingliederung der Gesellschaft in eine andere Aktiengesellschaft mit Sitz im Inland auf die Rechtmäßigkeit der Mehrheitseingliederung nach § 319 und die Angemessenheit der Abfindung zu prüfen hat und auf dessen Bestellung, Auswahl und Bericht die Vorschriften über den Vertragsprüfer sinngemäß anzuwenden sind, § 320 Abs. 3 S. 3. Auch wenn eine Prüfung durch den Vertragsprüfer und den Eingliederungsprüfer gem. § 293a Abs. 3 und die entsprechende Verweisungsnorm in § 320 Abs. 3 S. 3 bei öffentlich beglaubigter Verzichtserklärung sämtlicher Aktionäre der einzugliedernden Gesellschaft und der künftigen Hauptgesellschaft unterbleiben darf und damit beschränkt disponibel ist, handelt es sich grds. um eine gesetzlich vorgeschriebene Pflichtprüfung iSd § 403. Schließlich wird von § 403 auch der Prüfer erfasst, der nach **§ 327c** zur Prüfung der Angemessenheit der Barabfindung beim Ausschluss von Minderheitsaktionären bestellt wird und dessen Auswahl auf Antrag des Hauptaktionärs vom Gericht vorgenommen wird. Keine Prüfer iSd § 403 sind Abwickler einer Gesellschaft nach § 265, da für die bei der Abwicklung vorzulegende Eröffnungsbilanz gem. §§ 270 Abs. 2 S. 2 eine externe Prüfung durch Abschlussprüfer nach § 316 HGB vorgesehen ist.

7   Der Prüfer und sein Gehilfe sowie die bei der Prüfung mitwirkenden Vertreter einer Prüfungsgesellschaft sind zur **gewissenhaften und unparteiischen Prüfung,** ferner zur Verschwiegenheit verpflichtet. Dieser früher in § 168 Abs. 1 aF bestimmte Grundsatz ist nunmehr in § 323 HGB normiert und findet schon kraft der Verweisung in § 49 und den Gründungsprüfer ohne weiteres Anwendung; er gilt aber als allgemeiner Grundsatz auch für die Sonderprüfer (MüKoAktG/*Schaal* Rn. 9). Ausschließungsgründe für Sonderprüfer sind in § 143 Abs. 2 AktG iVm § 319 Abs. 2, 319a HGB bestimmt; diese gelten durch die Verweisung in § 33 Abs. 5 auch für Gründungsprüfer. Für die Sonderprüfung wegen unzulässiger Unterbewertung ist auch § 258 Abs. 4 S. 3 zu beachten. **Formale Mängel** in dieser Hinsicht berühren die Tätereigenschaft aber nicht (MüKoHGB/*Quedenfeld* HGB § 332 Rn. 6; Heymann/*Otto* HGB § 332 Rn. 9; Achenbach/Ransiek/Rönnau WirtschaftsStR-HdB/*Ransiek* Teil 8 Kap. 1 Rn. 115; HK-HGB/*Ruß* HGB § 332 Rn. 2; Krekeler StraFo 1999, 217), insbes. ist sowohl eine angemaßte Abschlussprüfereigenschaft als auch eine (erkennbar) fehlende Prüfungsqualifikation §§ 258 Abs. 4, 319 Abs. 2 (fehlende Eigenschaft als Wirtschaftsprüfer) unerheblich (aA HK-KapM-StrafR/*Janssen* HGB § 332 Rn. 23; Scholz/Tiedemann/*Rönnau* GmbHG Vor §§ 82 ff. Rn. 67; MüKoHGB/*Quedenfeld* HGB § 332 Rn. 7); auch kommt es auf einen wirksamen Bestellungsakt nicht an (Achenbach/Ransiek/Rönnau WirtschaftsStR-HdB/*Ransiek* Teil 8 Kap. 1 Rn. 115).

8   **2. Gehilfen der Prüfer.** Neben dem Prüfer ist gleichberechtigter Täter sein Gehilfe, der anderenfalls bei Gutgläubigkeit des Prüfers mangels der nach § 27 StGB erforderlichen Akzessorietät zu einem vorsätzlich rechtswidrig handelnden Haupttäter straflos wäre. Aufgrund dieses Zusammenhangs wird zT das Tatbestandsmerkmal des Gehilfen einschränkend dahingehend ausgelegt, dass der Gehilfe mit **prüfungsspezifischer Tätigkeit** betraut (Klussmann AG 1973, 221; MüKoHGB/*Quedenfeld* HGB § 332 Rn. 9; Hopt/Wiedemann/*Otto* Rn. 8; KölnKomm AktG/*Altenhain* Rn. 14; Heymann/*Otto*

§ 332 Rn. 7; HK-HGB/*Ruß* § 332 Rn. 2) oder für den Bericht oder Teile davon **inhaltlich verantwortlich** sein muss (Achenbach/Ransiek/Rönnau WirtschaftsStR-HdB/*Ransiek* Teil 8 Kap. 1 Rn. 115). Abgesehen davon, dass für den Prüfungsbericht nur der jeweils bestellte Prüfer durch seine Unterschrift unter dem Bericht die alleinige Verantwortung für den Prüfungsbericht übernimmt, und der Begriff einer „prüfungsspezifischen Tätigkeit" schwerlich von einer sonstigen Tätigkeit abzugrenzen ist, spricht der eindeutige Wortlaut und der Regelungszweck gegen eine Einschränkung des Anwendungsbereichs der Vorschrift auf einen sog „qualifizierten Gehilfen" (MüKoAktG/*Schaal* Rn. 14; HK-KapMStrafR/*Janssen* HGB § 332 Rn. 24). Es besteht auch kein Anlass, an dem Prüfungsbericht randständig Mitwirkende wie Schreibkräfte, Praktikanten oder Fachangestellte vom Anwendungsbereich des § 403 auszunehmen, da zur Tatbestandsverwirklichung ohnehin erforderlich ist, dass sie eine Verletzung der Berichtspflicht bewirkt haben müssen. Waren sie dazu aber fähig, das Prüfungssystem genauso zu unterlaufen wie die mit der sachlichen Prüfung beschäftigten Personen, besteht erst recht kein Grund, sie von der Strafbarkeit nach § 403 auszunehmen. **Gehilfe** ist daher jeder, dessen sich der Prüfer **zur Erledigung des Prüfungsauftrags bedient** (enger MüKoAkt/*Schaal* Rn. 14: der an der Erstellung des Prüfungsberichts mitwirkt). Die Frage, ob ein Angestellter einer Prüfungsgesellschaft in Ermangelung der Wirtschaftsprüfereigenschaft als Beauftragter nach § 14 Abs. 2 StGB oder als Gehilfe iSd § 403 anzusehen oder beides ist, ist akademischer Natur.

II. Tatgegenstand

Tatobjekt ist der Bericht über die Prüfungen, die vom Aktienrecht als solche bezeichnet und **9** vorgeschrieben sind. Darunter fallen die **Gründungsprüfung** (§§ 33, 34), die Prüfung des **Nachgründungs-** (§ 52 Abs. 4) und **Sacheinlageberichts** (§§ 183 Abs. 3, 195 Abs. 2 und 205 Abs. 3), die **Sonderprüfungsberichte** nach §§ 142, 258, 315 sowie die **Berichte über Prüfungen nach §§ 293b Abs. 1, § 320 Abs. 3 und 327c** (→ Rn. 6). Nicht vom Berichtsbegriff des § 403 sind die Berichte an den Aufsichtsrat gem. § 90 Abs. 3 erfasst, da sie keine Prüfung iSd Gesetzes darstellen, wie wie umgekehrt der Entlastungsbericht des Aufsichtsrates für die Hauptversammlung nach § 120 Abs. 3 keine Prüfung enthält.

Gegenstand der **Gründungsprüfung** gem. §§ 33, 34 Abs. 1 und 2 ist die Prüfung, ob die Angaben **10** der Gründer über die Übernahme der Aktien, über die Einlagen auf das Grundkapital und über die in den §§ 26 und 27 genannten Festsetzungen richtig und vollständig sind. Zum wesentlichen Inhalt der Gründungsprüfung gehört auch die Darlegung der näheren Umstände, dass der Wert der Sacheinlagen oder Sachübernahmen den Nennbetrag der dafür zu gewährenden Aktien oder den Wert der dafür zu gewährenden Leistungen erreicht. Der Gegenstand jeder Sacheinlage oder Sachübernahme ist unter Angabe der Bewertungsmethode bei der Ermittlung der Werte unter Mitteilung aller wertbestimmenden Faktoren darzulegen, wobei das Verfahren des Ansatzes, die Anschaffungs- oder Herstellungskosten sowie gegebenenfalls das Abschreibungsverfahren bezeichnet werden müssen. Die Gründungsprüfer haben nicht nur die Gründung und den Gründungsbericht, sondern auch den Prüfungsbericht des Vorstands und des Aufsichtsrats zu prüfen (MüKoAktG/*Schaal* Rn. 18). Die Grundsätze über die Bewertung von Sacheinlagen gelten auch für den **Nachgründungsbericht** gem. § 52 Abs. 3 S. 1 und den **Sacheinlagebericht** gem. § 183 Abs. 3 sowie für den **Bericht über die bedingte Kapitalerhöhung mit Sacheinlagen** gem. § 195 Abs. 2 und den **Bericht über die Ausgaben von Aktien gegen Sacheinlagen** gem. § 205 Abs. 3.

Der Bericht über eine **Sonderprüfung** ist nach § 145 Abs. 6 schriftlich zu verfassen, zu unterzeich- **11** nen und unverzüglich dem Vorstand und beim Handelsregister am Sitz der Gesellschaft einzureichen. Der Gegenstand der Sonderprüfung ergibt sich aus dem jeweiligen Beschluss der Hauptversammlung nach § 142 Abs. 1 oder der gerichtlichen Entscheidung nach § 145 Abs. 2. Darin müssen die **Vorgänge bei der Gründung oder der Geschäftsführung** näher bezeichnet werden, die aufgeklärt werden sollen. Soweit es sich um Vorgänge bei der Gründung handelt, sind hiervon sämtliche Umstände eingeschlossen, die im Zusammenhang mit der Gründung stehen, etwa die Werthaltigkeit von Sacheinlagen, der Umfang von Gesellschaftern eingeräumten Sonderrechten oder ein gewährter Gründerlohn. Unter Vorgängen der Geschäftsführung fallen alle Handlungen im Verantwortungsbereich des Vorstands, wobei sich die Sonderprüfung nicht nur auf das Handeln des Vorstands im Hinblick auf Auswahl von Überwachung von nachgeordneten Mitarbeitern, sondern auch auf die geschäftsführende Tätigkeit solcher Personen erstreckt, an die Geschäftsführungsaufgaben delegiert worden sind (Bürgers/Körber/*Holzborn* § 142 Rn. 6). Beispiele für derartige Vorgänge sind die Verletzung kapitalmarktrechtlicher Meldepflichten, Umstände der Nichtvorlage des Jahresabschlusses, Geschäfte mit weit überhöhten Risiken oder unzureichende Unterrichtung des Aufsichtsrats. Auch die Tätigkeit des Aufsichtsrats wird vom Begriff der Geschäftsführung iSd § 142 Abs. 1 erfasst (Hüffer/*Koch* § 142 Rn. 5), also die Bestellung und Überwachung des Vorstands, Kreditgewährung an Vorstandsmitglieder und die Feststellung des Jahresabschlusses. Wie sich aus der Hervorhebung in § 142 Abs. 1 ergibt, können auch Vorgänge bei der Kapitalbeschaffung oder -herabsetzung Gegenstand einer Sonderprüfung sein. Der Sonderprüfungsbericht hat durch eine genaue Darlegung des Prüfungsgegenstands die Aktionäre in die Lage zu versetzen, eine Entscheidung über weitere Maßnahmen, insbes. die Geltendmachung von Ersatzansprüchen gegen Mitglieder des Vorstands oder des Aufsichtsrats, zu treffen (zu den inhaltlichen Anforderungen des Sonderprüfungsberichts, insbes. zu der Anwendung des IDW Prüfungsstandards 450 vgl. Hopt/ *Wiedemann/Bezzenberger* § 145 Rn. 30). Aufgrund der gesetzlichen Klarstellung in § 145 Abs. 4 S. 2 haben die Sonderprüfer auch die Tatsachen in den Bericht aufnehmen, deren Bekanntwerden geeignet ist, der Gesellschaft oder einem verbundenen Unternehmen einen nicht unerheblichen Nachteil zuzufügen, wenn ihre Kenntnis zur Beurteilung des zu prüfenden Vorgangs durch die Hauptversammlung erforderlich ist. Ob hierdurch Zufallsfunde, die auf schwerwiegende Verfehlungen von Organmitgliedern hinweisen, aber außerhalb des Prüfungsauftrags liegen, von der Berichterstattungspflicht ausgenommen sind, ist zweifelhaft (verneinend *Bürgers/Körber/Holzborn* § 145 Rn. 10 unter Verweis auf BGHZ 16, 17). Eine besondere Art der Sonderprüfungen stellt die **Sonderprüfung wegen unzulässiger Unterbewertung nach § 259 Abs.** 1 dar, an deren Feststellungen § 259 Abs. 2 besondere Anforderungen stellt. Schließlich stellt die Prüfung nach § 315 einen Sonderfall der Sonderprüfung nach § 142 dar, die nur unter den formalisierten Voraussetzungen des § 315 Abs. 1 stattfindet und sich nach Maßgabe des vom Gericht beschlossenen Prüfauftrags zu den Beziehungen der abhängigen Gesellschaft zum herrschenden Unternehmen oder mit diesem verbundenen Unternehmen zu verhalten hat. Dabei sind Gegenstand der Sonderprüfung alle Vorgänge im Geschäftsjahr des Abhängigkeitsberichts, die als Verstoß gegen § 311 in Betracht kommen (MükoAktG/*Altmeppen* § 315 Rn. 28, 29); Prüfungsgegenstand ist damit auch die Vollständigkeit und Richtigkeit des Abhängigkeitsberichts (Bürgers/Körber/ *Holzborn* § 315 Rn. 11).

12   Unter § 403 fallen auch die Prüfungsberichte nach §§ 184 Abs. 1 S. 2, 195 Abs. 2 hinsichtlich der **(bedingten) Kapitalerhöhung mit Sacheinlagen** und der **Ausgabe von Aktien gegen Sacheinlagen** nach § 205 Abs. 3. Hier gelten die bereits zur Gründungsprüfung ausgeführten Grundsätze, soweit sie Sacheinlagen betreffen, entsprechend.

13   Als Prüfungsberichte iSd § 403 gelten auch der **Prüfungsbericht über den Unternehmensvertrag** gem. § 293e Abs. 1, der **Eingliederungsprüferbericht** nach § 320 Abs. 4 und der **Barabfindungsprüfungsbericht** nach § 327c Abs. 2. Für den am Bericht des Vorstands über den Unternehmensvertrag gem. § 293a orientierten Prüfungsbericht sieht § 293e neben einer Beschreibung des Unternehmensvertrages, dh der Vertragsbezeichnung und des wesentlichen Vertragsinhalts, die Prüfung und Bewertung der Angemessenheit des vom Vorstand in seinem Bericht vorgeschlagenen Ausgleichs und der vorgeschlagenen Abfindung vor, wobei auch Angaben über die Methoden gefordert werden, nach denen Ausgleich und Abfindung ermittelt worden sind (Abs. 1 S. 3 Nr. 1); soweit Aktionäre variablen Ausgleich (§ 304 Abs. 2 S. 2) oder Abfindung in Aktien (§ 305 Abs. 2 Nr. 1, 2) erhalten, muss angegeben werden, wie die **Wertrelationen** ermittelt worden sind. Wie im Verschmelzungsrecht ist auch hier streitig, ob der nur als Ergebnisbericht zu erstattende Bericht die Tatsachen darzulegen hat, die Grundlage der Angemessenheitsbewertung sind (vgl. Bürgers/Körber/*Schenk* § 293e Rn. 9 mwN); jedenfalls kann vom Bericht erwartet werden, dass er einem Außenstehenden ohne Beiziehung weiterer Unterlagen eine Plausibilitätskontrolle ermöglicht (so MükoAktG/*Altmeppen* § 293e Rn. 13). Auf den Eingliederungsprüferbericht nach § 320 Abs. 4 und den Barabfindungsprüfungsbericht nach § 327c Abs. 2 finden die vorstehenden Grundsätze der Vertragsprüfung wegen der Verweisungen in §§ 320 Abs. 3 S. 3 und 327c Abs. 2 S. 4 sinngemäß Anwendung.

III. Tathandlung

14   Die Tathandlung besteht in falschen Angaben oder dem Verschweigen erheblicher Umstände im jeweiligen Prüfungsbericht. Insoweit gleichen diese Tatbestandsmerkmale denen des § 399 Abs. 1 mit der Besonderheit, dass § 403 auf das **Ergebnis** der Prüfung abstellt. Damit soll nur unter Strafe gestellt werden, dass Prüfungsfeststellungen nicht ordnungsgemäß in den Bericht übernommen werden. Unerheblich ist daher, ob der Prüfungsbericht die Wirklichkeit richtig wiedergibt, denn § 403 schützt nicht die Richtigkeit der Prüfung, sondern die Richtigkeit der Berichterstattung der Prüfung (OLG Karlsruhe WM 1985, 940; MükoAktG/*Schaal* Rn. 24; Hopt/Wiedemann/*Otto* Rn. 18) bzw. des im Bericht mitgeteilten Wissens des Prüfers (KölnKomm AktG/*Altenhain* Rn. 22; HK-KapMStrafR/*Janssen* Rn. 30).

15   **1. Falscher Bericht.** Falsch ist der Bericht, wenn entweder die bei der Prüfung festgestellten tatsächlichen Umstände anders dargestellt werden oder die iRd Prüfung geschuldete Bewertung keinen hinreichenden Grund in den tatsächlichen Feststellungen hat (Hopt/Wiedemann/*Otto* Rn. 19). Im Hinblick auf das Ergebnis der Prüfung sind daher Umstände unbedeutungslos, die nicht ergebnisrelevant sind. Welche Umstände maßgebend sind, hängt vom Einzelfall des jeweiligen Prüfungsgegenstands ab und muss individuell für jede einzelne Berichtsform des Aktienrechts entschieden werden. Zu den Mindestanforderungen, die allgemein an aktienrechtliche Prüfungsberichte gestellt werden (→ Rn. 11), treten die in den zu den jeweiligen Prüfungsberichten gesetzlich aufgestellten Anforderungen an die einzelnen Prüfungsaufträge hinzu, so dass der Tatbestand des falschen Berichtens in § 403 enger ist als das unrichtige Berichten nach § 332 HGB, da die inhaltlichen Anforderungen an einen Abschlussbericht iSd § 332 HGB weitergehend sind.

Ein unrichtiger Bericht liegt nicht nur bei einer wahrheitswidriger Wiedergabe der bei der Prüfung **16** festgestellten Umstände vor, so dass auch ein objektiv richtiger, aber nicht mit unzutreffenden Prüfungs- feststellungen übereinstimmender Bericht tatbestandsmäßig ist (KölnKomm AktG/*Altenhain* Rn. 23 mwN), sondern auch dann, wenn der Prüfer eine Prüfung – auch bezüglich einzelner Teile des Prüf- auftrags – gar nicht vorgenommen, sondern die ihm gegebenen Informationen ohne sachliche Prüfung übernommen hat, selbst wenn diese zutreffend sind (Bürgers/Körber/*Pelz* Rn. 4). Streitig ist, ob nicht nur Fehler im schriftlichen Prüfungsbericht, sondern auch bei dessen mündlicher Erläuterung – etwa auf Fragen in der Hauptversammlung – unter § 403 fallen (so MüKoAktG/*Schaal* Rn. 28; Bürgers/Körber/ *Pelz* Rn. 4; aA Hopt/Wiedemann/*Otto* Rn. 21; KölnKomm AktG/*Altenhain* Rn. 17).

2. Verschweigen erheblicher Umstände. Ein Verschweigen erheblicher Umstände liegt bereits **17** dann vor, wenn bei der Prüfung festgestellte Tatsachen nicht erwähnt werden, auf die sich der Bericht nach den im Einzelnen gesetzlich vorgeschriebenen Mindestanforderungen beziehen muss (Hopt/ Wiedemann/*Otto* Rn. 25). Die Erheblichkeit der verschwiegenen Umstände in diesem Sinne beurteilt sich nicht nach dem Berichtsergebnis, sondern nach dem Berichtszweck (MüKoAktG/*Schaal* Rn. 29), wie er in dem gesetzlich vorgegebenen Prüfauftrag zum Ausdruck kommt.

Da es ausschließlich auf die bei der Prüfung getroffenen Feststellungen ankommt, ist ein Prüfungs- **18** bericht auch dann unrichtig, wenn ein bei der Prüfung festgestellter Mangel verschwiegen wird, der in Wirklichkeit nicht vorliegt. Hingegen ist der Bericht nicht falsch, wenn der Prüfer einen vorhandenen Mangel nicht erkennt (Hopt/Wiedemann/*Otto* Rn. 18).

IV. Innerer Tatbestand, Beteiligungsformen

Der Tatbestand des § 403 setzt Vorsatz voraus. Bedingter Vorsatz reicht aus, dh dass der Prüfer **19** aufgrund konkreter Anhaltspunkte damit rechnet und billigend in Kauf nimmt, dass der Bericht falsch oder unvollständig ist.

V. Qualifikation, Abs. 2

§ 403 Abs. 2 enthält eine Qualifikation für den Fall, dass der Prüfer gegen Entgelt oder in der Absicht **20** handelt, sich oder einen anderen zu bereichern oder einen anderen zu schädigen. Gegen Entgelt handelt der Täter, wenn er sich zu dem falschen oder unvollständigen Bericht von einer vermögenswerten Gegenleistung leiten lässt. Für den Begriff des Entgelts gilt die Legaldefinition des § 11 Abs. 2 Nr. 9 StGB; das angemessene Prüferhonorar fällt daher nicht unter den Begriff des Entgelts Es genügt die Vereinbarung der Gegenleistung, ihre tatsächliche Gewährung ist nicht erforderlich (MüKoAktG/*Schaal* Rn. 36). Bereicherungsabsicht ist das Ziel des Täters, sich oder einem anderen einen rechtswidrigen Vermögensvorteil zu verschaffen, Schädigungsabsicht besteht, wenn einer anderen Person ein Nachteil – nicht notwendig vermögensrechtlicher Art (KölnKomm AktG/*Altenhain* Rn. 36) – zugefügt werden soll.

VI. Konkurrenzen

Die verschiedenen Tatalternativen des unrichtigen und unvollständigen Berichts bilden eine einheitli- **21** che Verletzung der Berichtspflichten und stellen eine einheitliche Tatbestandsverwirklichung dar. Tat- einheit besteht zwischen dem Delikt nach § 403 und der mit dem falschen Bericht begangenen Beihilfe zum Gründungsschwindel von Gesellschaftsorganen durch unrichtige Berichte nach § 399 Abs. 1 Nr. 2, zu einem Betrug gem. § 263 StGB oder einer Untreue nach § 266 StGB bzw. zu Insolvenzstraftaten nach § 15a InsO oder §§ 283 ff. StGB. Zu einem falschen Jahresabschlussbericht, der nicht nach § 403 AktG, sondern nach § 332 HGB strafbar ist, besteht regelmäßig Tatmehrheit, sofern der Täter – soweit überhaupt möglich (§ 258 Abs. 4 S. 3) – sowohl mit der Prüfung des Jahresabschlusses als auch mit einer aktienrechtlich vorgesehenen Prüfung betraut worden ist. Hinter § 137 VAG, § 18 PublG, § 314 UmwG und § 150 GenG tritt § 403 im Wege der Gesetzeseinheit zurück (MüKoAktG/*Schaal* Rn. 47; aA HK-KapMStrafR/*Janssen* Rn. 36).

§ 404 Verletzung der Geheimhaltungspflicht

(1) Mit Freiheitsstrafe bis zu einem Jahr, bei börsennotierten Gesellschaften bis zu zwei Jahren, oder mit Geldstrafe wird bestraft, wer ein Geheimnis der Gesellschaft, namentlich ein Betriebs- oder Geschäftsgeheimnis, das ihm in seiner Eigenschaft als

1. Mitglied des Vorstands oder des Aufsichtsrats oder Abwickler,
2. Prüfer oder Gehilfe eines Prüfers

bekanntgeworden ist, unbefugt offenbart; im Falle der Nummer 2 jedoch nur, wenn die Tat nicht in § 333 des Handelsgesetzbuchs mit Strafe bedroht ist.

(2) [1]Handelt der Täter gegen Entgelt oder in der Absicht, sich oder einen anderen zu bereichern oder einen anderen zu schädigen, so ist die Strafe Freiheitsstrafe bis zu zwei Jahren, bei börsennotierten Gesellschaften bis zu drei Jahren, oder Geldstrafe. [2]Ebenso wird bestraft, wer ein Geheimnis der in Absatz 1 bezeichneten Art, namentlich ein Betriebs- oder Geschäftsgeheimnis, das ihm unter den Voraussetzungen des Absatzes 1 bekanntgeworden ist, unbefugt verwertet.

(3) [1]Die Tat wird nur auf Antrag der Gesellschaft verfolgt. [2]Hat ein Mitglied des Vorstands oder ein Abwickler die Tat begangen, so ist der Aufsichtsrat, hat ein Mitglied des Aufsichtsrats die Tat begangen, so sind der Vorstand oder die Abwickler antragsberechtigt.

Literatur (Auswahl): *Dannecker*, Der Schutz von Geschäfts- und Betriebsgeheimnissen, BB 1987, 1614; *Edenfeld/Neufang*, Die Haftung der Arbeitnehmervertreter im Aufsichtsrat, AG 1999, 49; *Fleischer*, Konkurrenzangebote und Due Diligence, ZIP 2002, 651; *Kiethe*, Vorstandshaftung aufgrund fehlerhafter Due Diligence beim Unternehmenskauf, NZG 1999, 976; *Körber*, Geschäftsleitung der Zielgesellschaft und due diligence bei Paketerwerb und Unternehmenskauf, NZG 2002, 263; *Lutter*, Due diligence des Erwerbers beim Kauf einer Beteiligung, ZIP 1997, 613; *Mertens*, Die Information des Erwerbers einer wesentlichen Unternehmensbeteiligung an einer Aktiengesellschaft durch deren Vorstand, AG 1997, 541; *Müller*, Gestattung der Due Diligence durch den Vorstand der Aktiengesellschaft, NJW 2000, 3452; *Otto*, Verrat von Betriebs- und Geschäftsgeheimnissen, § 17 UWG, wistra 1988, 125; *Rogall*, Die Verletzung von Privatgeheimnissen (§ 203 StGB) – Aktuelle Probleme und ungelöste Fragen, NStZ 1983, 1; *Roschmann/Frey*, Geheimhaltungspflichten der Vorstandsmitglieder von Aktiengesellschaften bei Unternehmenskäufen, AG 1996, 449; *v. Stebut*, Gesetzliche Vorschriften gegen den Mißbrauch von Insiderinformationen, DB 1974, 613; *Temming*, Der Geheimnisverrat eines Gesellschaftsorgans, FS Achenbach, 2011, 545–561; *Többens*, Wirtschaftsspionage und Konkurrenzausspähung in Deutschland, NStZ 2000, 505; *Ulsenheimer*, Zur Strafbarkeit des Mißbrauchs von Insider-Informationen, NJW 1975, 1999.

A. Allgemeines

I. Normenentwicklung

1   Der Regelungsgehalt des § 404 war bereits teilweise als § 302 Nr. 2 im AktG 1937 enthalten und wurde in das Aktiengesetz 1965 unter Einfügung des Strafantragserfordernisses und Reduzierung des Strafrahmens aufgenommen. Durch das BiRiLG wurde die Subsidiarität ggü. dem Straftatbestand des § 333 HGB, die Qualifikation für den Geheimnisverrat bei börsennotierten Gesellschaften in § 404 Abs. 1 Abs. 2 durch das TransPubG im Jahre 2002 eingeführt.

II. Praktische Bedeutung

2   Die durch § 404 strafbewehrte Pflicht zur Geheimniswahrung betrifft sowohl – neben §§ 14, 38 WpHG – den Insiderhandel (Achenbach/Ransiek/Rönnau WirtschaftsStR-HdB/*Ransiek* Teil 8 Kap. 2 Rn. 23) als auch die Wirtschaftsspionage (*Többens* NStZ 2000, 505) und ist daher für den Kapitalmarkt neben § 17 UWG, § 333 HGB von weitreichender Bedeutung, worauf auch Richtlinien wie der kapitalmarktrechtliche Corporate Governance Kodex (www.corporate-governance-code.de/ger/kodex/7.html) und andere international verwandte Informations- und Kontrollsysteme hinweisen, die sich mit dem Informationsfluss und der wechselseitigen Kontrolle in Kapitalgesellschaften befassen. Die Verletzung der Geheimhaltungspflicht durch Offenbaren eines Geheimnisses wird neben § 404 auch durch § 85 Abs. 1 GmbHG, § 151 GenG, § 333 HGB, § 17 UWG und § 315 UmwG unter Strafe gestellt; eine allgemeine Strafvorschrift für die unbefugte Offenbarung von Geheimnissen einer Kapitalgesellschaft durch Abschlussprüfer oder Beschäftigte eines Prüfstelle iSd § 324b Abs. 1 HGB ist in § 333 HGB enthalten.

III. Regelungszweck

3   Der Strafrechtsschutz des § 404 betrifft die von Organen und Prüfern der Gesellschaft zu wahrenden Geheimnisse, insbes. ihrer Geschäfts- und Betriebsgeheimnisse. Schutzzweck der Norm ist das Interesse der Gesellschaft, nach bestr. Ansicht auch der Aktionäre (MükoAktG/*Schaal* Rn. 3; aA *v. Stebut* DB 1974, 613; HK-KapMStrafR/*Janssen* Rn. 43), nicht aber der Gläubiger oder Arbeitnehmer der Gesellschaft (Hopt/Wiedemann/*Otto* Rn. 2; KölnKomm AktG/*Altenhain* Rn. 3) an der Wahrung der Geheimnisse der Gesellschaft. Für die durch den Geheimnisverrat unmittelbar betroffene Gesellschaft ist § 404 Schutzgesetz iSd § 823 Abs. 2 BGB.

IV. Rechtsnatur der Strafvorschrift

4   Da die Vorschrift nicht voraussetzt, dass durch den Geheimnisverrat ein Schaden eingetreten ist, handelt es sich um ein abstraktes Gefährdungsdelikt (MükoAktG/*Schaal* Rn. 6), das als Sonderdelikt nur von den in § 404 bezeichneten Gesellschaftsorganen und von Prüfern und ihren Gehilfen verwirklicht werden kann (Hopt/Wiedemann/*Otto* Rn. 5; *Rogall* NStZ 1983, 1). Das Delikt ist gem. Abs. 3 ferner

Antragsdelikt und enthält in Abs. 2 S. 1 einen echten Qualifikatiotatbestand, der an die Entgeltlichkeit des Geheimnisverrats bzw. eine Bereicherungs- oder Nachteilzufügungsabsicht anknüpft.

B. Tatbestandsvoraussetzungen

I. Täterkreis

Als Täter des Delikts nach § 404 kommen nach Abs. 1 Nr. 1 nur die **Mitglieder des Vorstands** oder 5 des **Aufsichtsrats, Abwickler** der Gesellschaft sowie nach Abs. 1 Nr. 2 **Prüfer** und deren **Gehilfen** in Betracht. Mitglied des **Vorstands** ist, wer durch den Aufsichtsrat gem. § 84 oder in dringenden Fällen durch das Registergericht bestellt worden ist; **Aufsichtsratsmitglied,** wer nach der Gründung der Gesellschaft von den Gründern nach § 30 bestellt, wer nach § 101 Abs. 1 von der Hauptversammlung der Aktionäre gewählt, nach § 101 Abs. 2 entsandt oder nach § 104 vom Registergericht bestellt worden ist. Abwickler sind die Vorstandsmitglieder einer nach § 262 aufgelösten Gesellschaft und die nach § 265 Abs. 2 oder 3 dazu bestellten Personen. Handelt es sich dabei nicht um eine natürliche, sondern um eine juristische Person, sind Täter des in § 404 normierten Geheimnisverrats die natürlichen Personen, die iSd § 14 Abs. 1 Nr. 1 StGB die vertretungsberechtigten Organe der juristischen Person sind. Auch bezüglich dieser Organe der Gesellschaft kommt es wie bei allen anderen Tatbeständen des Aktienstrafrechts, die an die Organstellung anknüpfen, nicht auf die rechtliche Wirksamkeit der Bestellung zum Organ an; auch hier gelten nach hM die Grundsätze über die faktische Organstellung, der zufolge die Tätereigenschaft nach den tatsächlich übertragenen und ausgeübten Aufgabenbereichen funktional zu beurteilen ist (vgl. MükoAktG/*Schaal* Rn. 14; abl. KölnKomm AktG/*Altenhain* Rn. 8). Der Begriff der Prüfer und deren Gehilfen entspricht dem des § 403; gemeint sind mithin die **Gründungs-** (§ 33) und **Sonderprüfer** (§§ 143, 258). Auch wenn bei Aktiengesellschaften Abschlussprüfer und Konzernabschlussprüfer iSd § 321 HGB bestellt werden, fallen diese nicht unter § 404, da es sich nicht um Prüfungsvorgänge handelt, die nach dem Aktienrecht vorgeschrieben sind (MüKoAktG/*Schaal* Rn. 10); für sie gilt allein § 333 HGB. Bei Prüfungsgesellschaften trifft die strafrechtliche Verantwortlichkeit die Mitglieder der vertretungsberechtigten Organe gem. § 14 Abs. 1 Nr. 1 StGB, iÜ aber auch den einzelnen Angestellten als sog Beauftragten gem. § 14 Abs. 2 StGB.

Voraussetzung ist ferner nach dem Wortlaut des § 404 Abs. 1 ein **Zusammenhang** zwischen dem 6 offenbarten Geheimnis und der Funktionsstellung des Täters dergestalt, dass dem Täter das Geheimnis in seiner Eigenschaft als Mitglied eines Organs der Gesellschaft oder als Prüfer bekannt geworden sein muss. Zivilrechtlich besteht eine Geheimhaltungspflicht für die Vorstandsmitglieder aus § 93 Abs. 1 S. 2, für die Aufsichtsratsmitglieder und Abwickler aus den entsprechenden Verweisungsnormen in §§ 116, 268 Abs. 2 S. 1. Bekannt geworden ist dem Täter das Geheimnis, wenn es ihm in dieser Eigenschaft zugänglich geworden ist, wobei Mitursächlichkeit der Funktionsstellung genügt (MükoAktG/*Schaal* Rn. 16). Daran kann es fehlen, wenn die geheim zu haltende Tatsache dem Organ bereits vor seiner Bestellung bekannt geworden ist, etwa dann, wenn ein Mitarbeiter aus dem Unternehmen in den Vorstand aufrückt und ihm die Tatsache bereits in seiner Mitarbeitereigenschaft bekannt war; daran ändert nichts, dass ihm die Informationen erneut zugänglich werden (Hopt/Wiedemann/*Otto* Rn. 8; KölnKomm AktG/*Altenhain* Rn. 18). Unerheblich ist dagegen, ob der Täter zum Zeitpunkt des Geheimnisverrats noch dem Organ der Gesellschaft angehörte (MükoAktG/*Schaal* Rn. 18; KölnKomm AktG/*Altenhain* Rn. 18). Schließlich soll es nach hM an dem erforderlichen Zusammenhang fehlen, wenn das Organmitglied oder der Prüfer die geheim zu haltende Tatsache **außerdienstlich,** insbes. im privaten Bereich erfahren hat (Hopt/Wiedemann/*Otto* Rn. 10; KölnKomm AktG/*Altenhain* Rn. 19; MüKoAktG/*Schaal* Rn. 19; ebenso das Schrifttum zu § 85 GmbHG, vgl. Scholz/*Tiedemann/Rönnau* GmbHG § 85 Rn. 5; Hachenburg/*Kohlmann*, Neuausgabe 1997, GmbHG § 85 Rn. 34; Baumbach/ Hueck/*Haas* GmbHG § 85 Rn. 12). In aller Regel dürften Erkenntnisse eines Organmitglieds im Zusammenhang mit seiner Funktionsstellung stehen (so auch MüKoAktG/*Schaal* Rn. 19), so dass kaum denkbar ist, dass Geschäftsgeheimnisse einer Aktiengesellschaft an ein Organmitglied während seiner Amtszeit außerhalb seiner Funktion herangetragen werden könnten; jedenfalls können derartige „private" Information spätestens mit Kenntnisnahme eines Organmitglieds nicht mehr privater Natur sein (vgl. *Edenfeld-Neufang* AG 1999, 51). Wenn das Organmitglied diese Kenntnis anderen Mitgliedern des Vorstands oder des Aufsichtsrats mitteilt, werden derartige Zufallserkenntnisse durch diese Formalisierung des Informationsflusses (so HK-KapMStrafR/*Janssen* Rn. 12, 52) spätestens in den Schutzbereich des § 404 einbezogen.

Hinsichtlich der in den Täterkreis des § 404 einbezogenen **Prüfer** ist zu beachten, dass eine Ver- 7 schwiegenheitspflicht der **Gründungsprüfer** schon nach § 49 AktG iVm § 323 HGB besteht; wegen der Verweisungsnormen in §§ 144, 258 Abs. 5 gilt dies auch für Sonderprüfer. **Gehilfen der Prüfer** sind die Personen, die den Prüfer bei einzelnen Prüfungshandlungen unterstützen, ohne dass dies – anders als nach einer zu § 403 vertretenen Auffassung – auf bestimmte Prüfungstätigkeiten beschränkt ist. Insbesondere untergeordnete Büro- und Schreibkräfte können durch ihre Tätigkeit Kenntnis von Geheimnissen erlangen, die von § 404 geschützt werden.

II. Tatgegenstand

8   Der Geheimnisverrat nach § 404 Abs. 1 wird durch die unbefugte Offenbarung eines **Geheimnisses der Gesellschaft** verwirklicht, das dem Täter in seiner durch § 404 Abs. 1 beschriebenen funktionalen Stellung bekannt geworden ist. Zur Bestimmung des Tatgegenstands hat die Rechtsprechung den Begriff des **Unternehmensgeheimnisses** herangezogen, den sie zu den in § 17 UWG verwandten Tatbestandsmerkmalen des Betriebs- und Geschäftsgeheimnisses entwickelt hat (RGZ 149, 329; BGHSt 41, 140). Als Geheimnis sind daher alle Tatsachen anzusehen, die in einem Zusammenhang mit dem Betrieb und den Geschäften der Gesellschaft stehen, nicht offenkundig sind und nach dem erklärten oder sich aus dem Interesse des Unternehmens ergebenden mutmaßlichen Willen des maßgeblichen Organs der Gesellschaft geheim gehalten werden sollen (BGHZ 64, 325; 135, 48).

9   Welche Tatsachen im Einzelnen dem Begriff des Unternehmensgeheimnisses unterfallen, ist insbes. wegen der besonderen Erwähnung des **Betriebs- und Geschäftsgeheimnisses** streitig. Während eine Ansicht die besondere Erwähnung des Betriebs- und Geschäftsgeheimnisses als tatbestandliche Begrenzung auffasst (so HK-KapMStrafR/*Janssen* HGB § 333 Rn. 14; Heymann/*Otto* HGB § 333 Rn. 5), wird dies nach zutreffender Auffassung nur als beispielhafte Aufzählung angesehen, so dass sich der Geheimnisbegriff auch auf immaterielle Interessen erstreckt (KölnKomm AktG/*Altenhain* Rn. 9; MüKoAktG/*Schaal* Rn. 22; Scholz/*Tiedemann/Rönnau* GmbHG § 85 Rn. 6).

10   Beispielhaft fallen unter den Geheimnisbegriff somit alle finanziellen und wirtschaftlichen Tatsachen wie Jahresabschlüsse, soweit sie noch nicht nach § 325 HGB offengelegt sind (RGSt 39, 426), Vertragsabschlüsse, Guthaben, Umsätze, Kredite und Preiskalkulationen, ferner Produktionsvorgänge sowie Vorgänge der Personal- und Geschäftsplanung und ihrer Umsetzung, schließlich auch Insiderinformationen (*Ulsenheimer* NJW 1975, 1999; *Heldmann* ZRP 1990, 393). Streitig ist, ob § 404 Abs. 1 auch die Unternehmensinteressen an **strafbaren, rechtswidrigen oder auch nur sittenwidrigen Vorgängen** schützt (bejahend Achenbach/Ransiek/*Rönnau* WirtschaftsStR-HdB/*Ransiek* Teil 8 Kap. 2 Rn. 14; MüKoStGB/*Kiethe* Rn. 30; KölnKomm AktG/*Altenhain* Rn. 13; verneinend NK-AktienKapMR/*Bernsmann* Rn. 3; Henssler/Strohn/*Raum* AktG Rn. 3); Gleiches gilt für rechtswidrig erlangte Informationen, wie etwa unter Verstoß gegen § 14 WpHG erlangtes Insiderwissen. Während bloße Rechts- oder Sittenwidrigkeit des Geheimnisbegriffs keine Rolle spielen kann, ist nach der hier vertretenen Ansicht eine Strafbarkeit des naturgemäß geheim gehaltenen Vorgangs wegen der Einheit der Rechtsordnung kein anerkennenswertes Geheimnis iSd § 404, zumal es auch an einem nach dem Maßstab einer ordnungsgemäßen Unternehmensführung zu beurteilenden Geheimhaltungsinteresse fehlt (→ Rn. 12).

11   Geheim sind nur Tatsachen, die lediglich einem eng begrenzten, vom Betriebsinhaber bestimmten Personenkreis bekannt und zugänglich sind. Ob eine Tatsache geheim ist, ist eine oft schwer abzugrenzende Tatfrage. Regelmäßig ist eine Tatsache erst dann **offenkundig**, wenn sie in einer Weise in die Öffentlichkeit gelangt ist, dass sie – etwa bei der Veröffentlichung in Fachzeitschriften – jedermann zugänglich ist (BGH GRUR 1958, 297; MüKoAktG/*Schaal* Rn. 23; *Otto* wistra 1988, 125; einschränkend RGSt 40, 407).

12   Weitere Voraussetzung ist ein **Geheimhaltungswille** des zuständigen Organs im Unternehmen. Darunter wird der Wille des Organmitglieds verstanden, die Tatsache nicht Kreisen außerhalb des Unternehmens bekannt zu geben. Ein bloß objektiv bestimmbares Geheimhaltungsinteresse genügt hierfür nicht und kann den Geheimhaltungswillen – wie auch bei § 17 UWG, § 85 GmbHG – nicht ersetzen (MüKoAktG/*Schaal* Rn. 27; Hopt/Wiedemann/*Otto* Rn. 14; aA KölnKomm AktG/*Altenhain* Rn. 15, wonach ein Geheimhaltungswille entbehrlich ist). Allerdings genügt auch ein bloßer – willkürlicher – Geheimhaltungswille des zuständigen Organs nicht, vielmehr muss dieser Geheimhaltungswille auf einem berechtigten wirtschaftlichen Interesse beruhen, wobei ein objektiver Maßstab anzulegen ist (RGZ 65, 333; 149, 329; BGH NJW 1960, 1999; Baumbach/Hueck/*Haas* GmbHG § 85 Rn. 10). Allerdings ist trotz der Herleitung des Geheimnisbegriffs aus dem Wettbewerbsrecht für die Annahme eines Geheimhaltungsinteresses nicht erforderlich, dass die Preisgabe der geheimen Informationen zu einer Beeinträchtigung des Unternehmens im Wettbewerb führen muss. Unproblematisch ist die Feststellung des Geheimhaltungswillens, wenn sich die Einstufung einer Tatsache als Geheimnis aus einer förmlichen Maßnahme der Geschäftsführung, dh aus einem entsprechenden **Beschluss** des Vorstands oder hinsichtlich der Gegenstände der Beratungen des Aufsichtsrats aus einer entsprechenden Erklärung dieses Organs ergibt (BGHZ 64, 325; MüKoAktG/*Schaal* Rn. 24). Einer formalen Bekundung des Geheimhaltungswillens bedarf es aber nicht; der Geheimhaltungswille kann aus einem bestehenden Geheimhaltungsinteresse und im Einzelfall festzustellenden Umständen geschlossen werden (BGH GRUR 1977, 539).

13   Die Eigenschaft einer Tatsache als **Geheimnis** kann durch einen entsprechenden **Offenbarungswillen** des zuständigen Organs der Gesellschaft **aufgehoben** werden, auch wenn damit, da sich die Strafvorschrift – anders als bei § 17 UWG, § 333 HGB – gerade auch gegen die Organe richtet, deren Wille erst die Tatsache zum Geheimnis macht, das Geheimnis und damit auch der Strafrechtsschutz des § 404 einen disponiblen Charakter erhält (so ausdrücklich zum GmbH-Recht Baumbach/Hueck/*Haas*

GmbHG § 85 Rn. 10). So soll ein genereller Offenbarungswille die Geheimhaltungseigenschaft und damit die Tatbestandsmäßigkeit beseitigen können (Baumbach/Hueck/*Haas* GmbHG § 85 Rn. 13; HK-KapMStrafR/*Janssen* HGB § 333 Rn. 16), wobei aber der Geheimnisbegriff nicht mit der Frage der befugten Offenbarung oder Verwertung vermengt werden darf (Achenbach/Ransiek/Rönnau WirtschaftsStR-HdB/*Ransiek* Teil 8 Kap. 2 Rn. 16). Streitig ist dabei zunächst, ob sich der Offenbarungswille in einem **förmlichen Beschluss des zuständigen Organs**, und zwar nicht nur des einzelnen Vorstands- oder Aufsichtsratsmitglieds, manifestieren muss (so Ulmer/*Dannecker*, HGB-Bilanzrecht, 2015, HGB § 333 Rn. 28; dagegen Achenbach/Ransiek/Rönnau WirtschaftsStR-HdB/*Ransiek* Teil 8 Kap. 2 Rn. 18). Im GmbH- Recht wird dies grds. verneint (Scholz/*Tiedemann* GmbHG § 85 Rn. 20; Baumbach/Hueck/*Haas* GmbHG § 85 Rn. 11), allerdings mit der Einschränkung, dass der Geschäftsführer einer GmbH bei Fragen eines existenziellen Geheimhaltungsinteresses der GmbH eine Entschließung der Gesellschafterversammlung einholen muss (Baumbach/Hueck/*Haas* GmbHG § 85 Rn. 11). Für den Vorstand einer AG dürfte danach zu differenzieren sein, ob es sich um eine iRd täglichen Geschäfte übliche Offenlegung von Geschäftsgeheimnissen oder um eine Offenbarung von Geschäftsgeheimnissen von erheblicher Tragweite handelt: Bei täglichen Geschäften muss auch das einzelne Vorstands- oder Aufsichtsratsmitglied über das Geheimnis disponieren dürfen, soweit dies den Grundsätzen ordnungsgemäßer Geschäftsführung entspricht (so auch Achenbach/Ransiek/Rönnau WirtschaftsStR-HdB/*Ransiek* Teil 8 Kap. 2 Rn. 18); iU bedarf es bei weitreichenden Offenlegungen eines förmlichen Beschlusses des gesmten Vorstands. Allein die Beachtung der Förmlichkeiten genügt für den Ausschluss der Tatbestandsmäßigkeit aber nicht; damit die Organmitglieder im kollusiven Zusammenwirken als Organ nicht selbst über die Strafbarkeit eines von ihnen begangenen Geheimnisverrats entscheiden können, kann die Eigenschaft einer Tatsache als Geheimnis nur dann aufgehoben werden, wenn der entsprechende Offenbarungswille des zuständigen Organs nach dessen pflichtgemäßem Ermessen im Unternehmensinteresse liegt (aA KölnKomm AktG/*Altenhain* Rn. 15; wie hier Achenbach/Ransiek/Rönnau WirtschaftsStR-HdB/*Ransiek* Teil 8 Kap. 2 Rn. 18: „Grundsätze ordnungsgemäßer Geschäftsführung"). Maßstab hierfür ist die **aktienrechtliche Treue- und Sorgfaltspflicht** nach § 93 Abs. 1. Nur wenn sich die strafrechtliche Wirksamkeit eines formell ordnungsgemäß beschlossenen Offenbarungswillens objektiv an seiner nach § 93 Abs. 1 zu beurteilenden Rechtmäßigkeit orientiert, ist die Aufhebung der Geheimniseigenschaft nicht mehr tatbestandlich.

III. Tathandlungen nach Abs. 1 und Abs. 2 S. 2

1. Unbefugte Offenbarung eines Geheimnisses der Gesellschaft, Abs. 1. Tathandlung ist das **14** vorsätzliche **Offenbaren** des Geheimnisses. Darunter ist die Mitteilung oder anderweitige Bekanntgabe des Geheimnisses an einen Außenstehenden oder sonst Unbefugten mit der Möglichkeit der Kenntnisnahme und der Ausnutzung des Geheimnisses zu verstehen. Damit ist die Weitergabe von Informationen an andere Mitglieder des Gesellschaftsorgans, aber auch die notwendige Information des Aufsichtsrats durch den Vorstand tatbestandlich keine Offenbarung iSd § 404 (aA MükoAktG/*Schaal* Rn. 36: nur „befugt"). Als Offenbarung kommt sowohl die mündliche als auch die schriftliche Bekanntgabe in Betracht; auch ein schlüssiges Handeln, etwa die Verschaffung der Möglichkeit einer Einsichtnahme in vertrauliche Dokumente reicht aus (*Többens* NStZ 2000, 505). Die Mitteilung des Geheimnisses muss an einen Unbefugten erfolgen. Hierbei kann es sich um einen Außenstehenden, aber auch um einen nicht befugten Unternehmensangehörigen handeln, so dass die Weitergabe geheimer Informationen an andere Mitglieder des Vorstands oder Aufsichtsrats innerhalb des Organs und auch die gesetzlich vorgeschriebenen Informationen des Aufsichtsrats durch den Vorstand sowie die gesetzlich vorgeschriebene Information der Prüfer durch die dazu Verpflichteten tatbestandlich ausscheiden. Maßgebend ist dabei, ob nach dem Willen des jeweils zuständigen Organs das Geheimnis dem Empfänger der Informationen in seiner Eigenschaft als Schweigepflichtiger zugänglich gemacht werden darf (MükoAktG/*Schaal* Rn. 32). Daher ist die Frage, ob die Weitergabe an andere Geheimhaltungspflichtige tatbestandsmäßig sein kann (allgemein bejahend BayObLG JR 1996, 476; grds. ablehnend Achenbach/Ransiek/Rönnau WirtschaftsStR-HdB/*Ransiek* Teil 8 Kap. 2 Rn. 20), differenziert danach zu beurteilen, ob der Empfänger nicht allgemein (wie etwa Rechtsanwälte oder Wirtschaftsprüfer), sondern hinsichtlich des konkreten Geheimnisses nach dem Willen des zuständigen Organs als Befugter anzusehen ist.

Das Offenbaren des Geheimnisses kann auch durch Unterlassen verwirklicht werden, indem eine **15** Weitergabe, etwa der Einblick in Unterlagen pflichtwidrig nicht verhindert wird (Hopt/Wiedemann/ *Otto* Rn. 26; KölnKomm AktG/*Altenhain* Rn. 24). Eine Garantenstellung obliegt dabei nur dem in § 404 Abs. 1 genannten Personenkreis; da es sich bei § 404 um ein Sonderdelikt handelt, kommen andere Personen − etwa aus dem Gesichtspunkt vorausgegangenen gefährdenden Handelns − als Täter nicht in Betracht.

2. Unbefugte Verwertung eines Geheimnisses der Gesellschaft, Abs. 2 S. 2. Eine weitere Tatmo- **16** dalität − verbunden mit einer erhöhten Strafandrohung − enthält Abs. 2 S. 2 hinsichtlich der **unbefugten Verwertung** eines Geheimnisses der Gesellschaft. Unter diesem auch in § 204 StGB, § 85 GmbHG verwandten Begriff wird jedwede **wirtschaftliche Ausnutzung zum Zwecke der Gewinn-**

erzielung verstanden (RGSt 63, 205; BayObLG NStZ 1984, 169; Hopt/Wiedemann/*Otto* Rn. 27), so etwa wenn der Täter Kundenadressen der Gesellschaft einem Konkurrenzunternehmen zuspielt, damit dieses Kunden der Gesellschaft abwerben kann (BGH NJW 1992, 1776) oder wenn ein Organmitglied unter Verwertung der Kundenkartei der Gesellschaft ein eigenes Unternehmen aufbaut (BGH NJW 2006, 3424; *Richter* GmbHR 1984, 113). Streitig ist dabei nicht nur, ob eine wirtschaftliche Schädigung der betroffenen Gesellschaft (so Schönke/Schröder/*Lenckner/Eisele* StGB § 204 Rn. 5/6; *Richter* GmbHR 1984, 113; Scholz/*Tiedemann/Rönnau* GmbHG § 85 Rn. 17; aA BayObLG NStZ 1984, 169; Hopt/Wiedemann/*Otto* Rn. 27; MüKoAktG/*Schaal* Rn. 50) oder wenigstens die konkrete Gefahr eines materiellen oder immateriellen Schadens für die Gesellschaft eingetreten sein muss (so Achenbach/Ransiek/Rönnau WirtschaftsStR-HdB/*Ransiek* Teil 8 Kap. 2 Rn. 22; ähnl. MüKoStGB/*Graf* StGB § 204 Rn. 11, wonach die Verwertungshandlung die Vermögensinteressen des Geheimnisberechtigten zumindest gefährden muss), sondern auch, ob der vom Täter erstrebte wirtschaftliche Vorteil schon eingetreten sein muss (so NK-StGB/*Kargl* StGB § 204 Rn. 2; aA hM, vgl. Fischer StGB § 204 Rn. 5; MüKoStGB/*Graf* StGB § 204 Rn. 10; MüKoAktG/*Schaal* Rn. 47; Hopt/Wiedemann/*Otto* Rn. 28). Ferner besteht auch Streit über das Merkmal der wirtschaftlichen Ausnutzung; sicher ist nur, dass die Ausnutzung des Geheimnisses zu rein politischen oder persönlichen Zwecken ausscheidet (MüKoStGB/*Graf* StGB § 204 Rn. 10; Schönke/Schröder/*Lenckner/Eisele* StGB § 204 Rn. 5/6; Fischer StGB § 204 Rn. 3; MüKoAktG/*Schaal* Rn. 48). Auf einen rein gewerblichen Zweck muss sich die Ausnutzung indes nicht beziehen (so noch RGSt 63, 205 zu § 17 UWG); vielmehr liegt auch eine Verwertung vor, wenn der Täter das Geheimnis zum Zweck einer Erpressung nutzt (aA MüKoAktG/*Schaal* Rn. 48 mwN), da es keinen Unterschied machen kann, ob der Täter die Daten über unversteuerte Schwarzgelder von Kunden eines Bankinstituts, statt sie den Finanzbehörden gegen Entgelt zu überlassen, dem Geldinstitut zum „Rückkauf" anbietet. Der Begriff der fehlenden Befugnis ist wie im Grundtatbestand des Abs. 1 zu verstehen (→ Rn. 16–19).

IV. Rechtswidrigkeit

17   Der Täter handelt **unbefugt,** wenn er das Geheimnis unberechtigt preisgibt oder verwertet. Nach hM stellt diese im Tatbestand hervorgehobene Befugnis zur Offenbarung oder Verwertung des Geheimnisses kein normatives Tatbestandsmerkmal, sondern ein allgemeines Deliktsmerkmal dar, das die Rechtswidrigkeit des Offenbarens nur dann entfallen lässt, wenn ein Rechtfertigungsgrund eingreift (Hopt/Wiedemann/*Otto* Rn. 37; KölnKomm AktG/*Altenhain* Rn. 32; MüKoAktG/*Schaal* AktG Rn. 33); allein die Entscheidung des zuständigen Gesellschaftsorgans, die Geheimniseigenschaft einer Tatsache aufzuheben (→ Rn. 13), kann zu einem Tatbestandsausschluss führen (MüKoAktG/*Schaal* Rn. 33; Hopt/Wiedemann/*Otto* Rn. 39; *ders.* wistra 1988, 125; KölnKomm AktG/*Altenhain* Rn. 15). Dies entspricht auch einer verbreiteten Ansicht zum gleichnamigen Merkmal in § 203 StGB, wonach jegliche Befugnis zur Offenbarung lediglich zu einem Ausschluss der Rechtswidrigkeit führt (OLG Schleswig NJW 1985, 1090; OLG Bremen MedR 1984, 112; OLG Köln NJW 2000, 3657; LK-StGB/*Schünemann* StGB § 203 Rn. 93; Lackner/Kühl/*Heger* StGB § 203 Rn. 18; *Rogall* NStZ 1983, 1). Nach der Gegenmeinung kommt dem Merkmal **unbefugt** in § 203 StGB aber eine doppelte Funktion zu: So soll die Zustimmung des Verfügungsberechtigten in die Offenbarung als Einverständnis tatbestandsausschließend wirken, während sich anderweitige Befugnisse rechtfertigend auswirken (OLG Köln NJW 1962, 686; Schönke/Schröder/*Lenckner/Eisele* StGB § 203 Rn. 21; Fischer StGB § 203 Rn. 31; MüKoStGB/*Cierniak/Pohlit* StGB § 203 Rn. 54; MSM StrafR BT I § 29 Rn. 45; SK-StGB/*Hoyer* StGB § 203 Rn. 67; NK-StGB/*Kargl* StGB § 203 Rn. 21; *Jakobs* JR 1982, 359; *Bohnert* NStZ 2004, 301). Eine Mindermeinung wendet diese Grundsätze auch auf das Merkmal „unbefugt" in § 404 an, so dass das Organmitglied oder der Prüfer nicht tatbestandsmäßig handelt, wenn er das Geheimnis mit **Zustimmung des maßgebenden Gesellschaftsorgans** offenbart (so auch zu § 85 GmbHG Scholz/*Tiedemann/Rönnau* GmbHG § 85 Rn. 20). Für diese Ansicht spricht, dass sie dem grundsätzlichen Unterschied zwischen § 203 StGB und § 404 Rechnung trägt: Während nach § 203 StGB stets ein Dritter Verfügungsberechtigter über das Geheimnis ist, kann Täter des Geheimnisverrats nach § 404 insbes. das Mitglied des Organs sein, dessen Wille eine Tatsache erst zu einem Geheimnis macht (→ Rn. 12) und das daher selbst in eingeschränkter Form über das Geheimnis verfügen kann, so dass umso weniger Grund dafür besteht, wegen der engen tatbestandlichen Einbindung der Begründung und Aufhebung des Geheimnisses den Täterkreis bei einer entsprechenden Entschließung des zuständigen Organs auf eine Rechtfertigung tatbestandlichen Handelns zu verweisen.

18   Diese tatbestandsausschließende Zustimmung kann sowohl ausdrücklich als auch **konkludent** erklärt werden. Hinsichtlich eines schlüssig erklärten Einverständnisses ist erforderlich, dass der zustimmende Wille des Geheimnisträgers in seinem Verhalten hinreichend deutlich zum Ausdruck kommt. Da konkludentes Einverständnis mehr verlangt als ein bloßes Geschehenlassen oder passives Dulden, reicht die bloße Kenntnis des zuständigen Gesellschaftsorgans von einer Offenbarung oder Verwertung des Geheimnisses nicht aus (BGH NJW 1992, 2348).

19   Unter eine tatbestandsausschließende Entschließung des zuständigen Gesellschaftsorgans fällt auch das Einverständnis des Vorstands hinsichtlich der Offenbarung an einzelne Personen im Falle einer sog **Due-**

Diligence-Prüfung, die in der Praxis beim Unternehmensverkauf vom Erwerbsinteressenten vor Abschluss des das Pflichtangebot auslösenden Aktienkauf- und Übertragungsvertrages durchgeführt wird. Die Zulässigkeit einer solchen Prüfung ist auch bei börsennotierten Aktiengesellschaften weitgehend anerkannt (MüKoAktG/*Schlitt* WpÜG § 35 Rn. 247; *Roschmann/Frey* AG 1996, 449; *Mertens* AG 1997, 541; *Fleischer* ZIP 2002, 651; OLG KölnKomm AktG/*v. Bülow* WpÜG § 35 Rn. 174; einschränkend *Ziemons* AG 1999, 492; *Kiethe* NZG 1999, 976; *Assmann* ZGR 2002, 697; aA *Lutter* ZIP 1997, 613; *Müller* NJW 2000, 3452; *Körber* NZG 2002, 263), die damit verbundene Offenlegung von Geschäftsgeheimnissen ist aber an der Treue- und Sorgfaltspflicht nach § 93 Abs. 1 zu messen und stellt daher an den Vorstand zur Vermeidung eines Geheimnisverrats besondere Anforderungen bezüglich der Einwilligung in die Informationsweitergabe. Die Entscheidung über die Gestattung einer Due-Diligence-Prüfung und ihren Umfang fällt in die Kompetenz des gesamten Vorstandes, der bei seiner Entscheidung das Interesse der Gesellschaft an einer Übernahme durch den Erwerbsinteressenten gegen das Geheimhaltungsinteresse abzuwägen hat, wobei sich der Vorstand der Ernsthaftigkeit des Erwerbsinteresses und der Vertraulichkeit des Erwerbsinteressenten zu versichern hat. Dies geschieht regelmäßig durch den Abschluss einer Vertraulichkeitserklärung und eines **letter of intent** (*Mertens* AG 1997, 541; *Fleischer* ZIP 2002, 651). In derartigen Fällen kann es im Unternehmensinteresse liegen, dem Erwerbsinteressenten einen gestuften, vom Fortgang der Transaktion abhängigen Zugang zu Unternehmensgeheimnissen zu gewähren. Hat sich der Vorstand nach pflichtgemäßem Ermessen dafür entschieden, dem Erwerbsinteressenten Informationen zur Verfügung zu stellen, erfolgt die Offenlegung von Unternehmensinformationen jedenfalls nicht tatbestandsmäßig, auch nicht unbefugt iSd § 14 Abs. 1 Nr. 2 WpHG.

IÜ ist in den Fällen, in denen die Offenbarung von Geheimnissen **gesetzlich geboten** ist, das 20 Handeln des Täters nach mM nur gerechtfertigt, etwa bei den gesetzlich vorgeschriebenen Informationen der Prüfer oder die Offenlegung des Jahresabschlusses nach § 325 HGB (MüKoAktG/*Schaal* Rn. 35; aA Achenbach/Ransiek/Rönnau WirtschaftsStR-HdB/*Ransiek* Teil 8 Kap. 2 Rn. 20). Weitere Offenbarungspflichten können sich im Falle einer Zeugenvernehmung ergeben, soweit dem betreffenden Gesellschaftsorgan, Abwickler oder Prüfer kein Zeugnisverweigerungsrecht nach §§ 53, 53a StPO, § 383 Abs. 1 Nr. 6 ZPO zusteht; auf andersartige Zeugnis- oder Auskunftsverweigerungsrechte (etwa nach §§ 52, 55 StPO) kommt es nicht an, da diese die amtsbezogene Geheimniswahrung nicht schützen (aA MüKoAktG/*Schaal* Rn. 35). Eine gesetzliche Offenbarungsbefugnis kann sich ferner aus §§ 394, 395 für Aufsichtsratmitglieder und Prüfer bei der Beteiligung einer Gebietskörperschaft an der Gesellschaft sowie für die Mitteilung von kursbeeinflussenden Insiderinformationen aufgrund der Pflicht zur ad-hoc-Publizität nach § 15 Abs. 1 WpHG ergeben. Ferner kommt eine Rechtfertigung aufgrund **allgemeiner Rechtfertigungsgründe,** insbes. des **rechtfertigenden Notstands** nach § 34 StGB in Betracht. Dieser Rechtfertigungsgrund setzt eine Interessen- und Güterabwägung voraus, wobei der Täter rechtlich schutzwürdige eigene Interessen ggü. der Gesellschaft verfolgen und die Offenbarung des Geheimnisses zur Wahrung seiner Interessen zwingend erforderlich sein muss. Arbeitnehmervertreter im Aufsichtsrat unterliegen im gleichen Maße wie Anteilseignervertreter der Verschwiegenheitspflicht, sind daher ohne entsprechende Zustimmung des zuständigen Organs nicht zur Offenbarung von Geheimnissen an Beschäftigte oder den Betriebsrat berechtigt und können sich auf bloße Arbeitnehmerinteressen nicht berufen (Bürgers/Körber/*Pelz* Rn. 5). Wenn nicht bereits durch § 138 StGB zur Offenbarung verpflichtet, besteht eine Berechtigung zur Offenbarung von Missständen und strafbaren Handlungen innerhalb der Gesellschaft an Behörden – ausgenommen bei schwerwiegenden Straftaten von Organmitgliedern – nur dann, wenn zuvor erfolglos auf Beseitigung gedrängt wurde (BAG NJW 2007, 2204; Hopt/Wiedemann/*Otto* Rn. 83). Dies gilt für Organmitglieder und Prüfer gleichermaßen; insbes. sind Prüfer bei strafbaren Handlungen von Organmitgliedern nicht auf die Niederlegung ihres Mandats beschränkt (so aber Bürgers/Körber/*Pelz* Rn. 5).

V. Innere Tatseite

Erforderlich ist in Ermangelung einer ausdrücklichen Regelung vorsätzliches Handeln, wobei be- 21 dingter Vorsatz genügt. Hierfür reicht aus, dass der Täter damit rechnet und billigend in Kauf nimmt, dass es sich um ein Geheimnis der Gesellschaft handelt, das er Unbefugten mitteilt oder verwertet.

VI. Qualifikationstatbestände, Abs. 2 S. 1

1. Entgeltliches Handeln. Abs. 2 S. 1 enthält zwei Qualifizierungen des Grundtatbestands in 22 Abs. 1, von denen der erste voraussetzt, dass der Täter entgeltlich gehandelt hat. Der Begriff des Entgelts ist identisch mit dem § 403 und nimmt Bezug auf die Legaldefinition in § 11 Abs. 2 Nr. 9 StGB (→ § 403 Rn. 20).

2. Bereicherungs- oder Schädigungsabsicht, Abs. 2 S. 1. Qualifiziert ist der Geheimnisverrat 23 nach Abs. 1 aufgrund des Abs. 2 S. 1, wenn der Täter in der Absicht handelt, sich oder einen anderen zu bereichern oder einen anderen zu schädigen. Auch die Begriffe der Bereicherungs- und Schädigungsabsicht sind mit denen des § 403 identisch, so dass auf die entsprechenden Ausführungen zu § 403 (→ Rn. 20) verwiesen werden kann.

24   **3. Strafrahmenerhöhung bei börsennotierte Gesellschaften.** Der Strafrahmen der Grundtatbestände nach Abs. 1 und Abs. 2 S. 2 und der Qualifikation nach Abs. 2 S. 1 ist auf eine Höchststrafe von zwei (Abs. 1) bzw. drei Jahren (Abs. 2) erhöht, wenn es sich um Geheimnisse einer börsennotierten Gesellschaft handelt. Die Legaldefinition des Begriffs der börsennotierten Gesellschaft findet sich in § 3 Abs. 2, wonach die Aktien der Gesellschaft zu einem Markt zugelassen sein müssen, der von staatlich anerkannten Stellen geregelt und überwacht wird, regelmäßig stattfindet und für das Publikum mittelbar oder unmittelbar zugänglich ist. Erfasst ist der Handel im regulierten Markt nach §§ 32 ff. BörsG in Abgrenzung zum Freiverkehr gem. § 48 BörsG. Es muss sich nicht um eine deutsche Börse handeln; eine vergleichbare Auslandsnotierung genügt (Hüffer/*Koch* § 3 Rn. 6).

C. Konkurrenzen

25   Aufgrund der in § 404 Abs. 1 ausdrücklich geregelten Subsidiarität geht § 333 HGB bei einem Geheimnisverrat von Abschlussprüfern und ihren Prüfungsgehilfen dem § 404 vor, was den Abschlussprüfer einer börsennotierten Gesellschaft ggü. den übrigen Prüfern einer börsennotierten Gesellschaft wegen der in § 333 HGB enthaltenen Strafdrohung von bis zu einem Jahr in unverständlicher Weise privilegiert (vgl. HK-KapMStrafR/*Janssen* Rn. 24). Nach hM verdrängen dagegen die Tatbestände in § 404 Abs. 1 und Abs. 2 S. 2 als Spezialtatbestände die allgemeinen Delikte nach §§ 203, 204 StGB (KölnKomm AktG/*Altenhain* Rn. 42; Hopt/Wiedemann/*Otto* Rn. 52; Scholz/*Tiedemann* GmbHG § 85 Rn. 36; abw. MüKoAktG/*Schaal* Rn. 64), während mit Delikten aus §§ 403, 17 UWG, § 38 Abs. 1 Nr. 2 WpHG, aber auch mit einer zugleich begangenen Untreue nach § 266 StGB Idealkonkurrenz bestehen kann (MüKoAktG/*Schaal* Rn. 64). Tateinheit ist ferner möglich zwischen den Tatbeständen der unbefugten Offenbarung nach Abs. 1 und der unbefugten Verwertung nach Abs. 2 S. 2, da die Verwertung nicht notwendigerweise eine Offenbarung voraussetzt und Abs. 2 S. 2 daher keine Qualifikation des Tatbestands nach Abs. 1 darstellt.

D. Verfahrensrechtliches

26   Die Taten nach Abs. 1 und Abs. 2 S. 2 sind Antragsdelikte, Abs. 3 S. 1. Antragsberechtigt ist ausschließlich die betroffene Kapitalgesellschaft, so dass grds. der zur Vertretung der Gesellschaft berufene Vorstand oder Abwickler den Antrag stellen muss. Besteht jedoch der Verdacht, dass nicht ein Prüfer oder Prüfergehilfe, sondern ein Vorstandsmitglied einen Geheimnisverrat begangen hat, sieht Abs. 3 S. 2 für diesen Fall der Interessenkonflikts vor, dass der Aufsichtsrat antragsbefugt ist. Für den Fall, dass ein Mitglied des Aufsichtsrats die Tat begangen hat, sind der Vorstand oder die Abwickler antragsberechtigt. Die Antragsfrist beträgt drei Monate, § 77b Abs. 2 StGB. Sie beginnt mit Kenntnis sämtlicher Mitglieder des antragsberechtigten Organs von Tat und Person des Täters.

§ 405 Ordnungswidrigkeiten

(1) Ordnungswidrig handelt, wer als Mitglied des Vorstands oder des Aufsichtsrats oder als Abwickler

1. Namensaktien ausgibt, in denen der Betrag der Teilleistung nicht angegeben ist, oder Inhaberaktien ausgibt, bevor auf sie der Ausgabebetrag voll geleistet ist,

2. Aktien oder Zwischenscheine ausgibt, bevor die Gesellschaft oder im Fall einer Kapitalerhöhung die Durchführung der Erhöhung des Grundkapitals oder im Fall einer bedingten Kapitalerhöhung oder einer Kapitalerhöhung aus Gesellschaftsmitteln der Beschluß über die bedingte Kapitalerhöhung oder die Kapitalerhöhung aus Gesellschaftsmitteln eingetragen ist,

3. Aktien oder Zwischenscheine ausgibt, die auf einen geringeren als den nach § 8 Abs. 1 Satz 1 zulässigen Mindestnennbetrag lauten oder auf die bei einer Gesellschaft mit Stückaktien ein geringerer anteiliger Betrag des Grundkapitals als der nach § 8 Abs. 3 Satz 3 zulässige Mindestbetrag entfällt, oder

4. a) entgegen § 71 Abs. 1 Nr. 1 bis 4 oder Abs. 2 eigene Aktien der Gesellschaft erwirbt oder, in Verbindung mit § 71e Abs. 1, als Pfand nimmt,

   b) zu veräußernde eigene Aktien (§ 71c Abs. 1 und 2) nicht anbietet oder

   c) die zur Vorbereitung der Beschlußfassung über die Einziehung eigener Aktien (§ 71c Abs. 3) erforderlichen Maßnahmen nicht trifft.

(2) Ordnungswidrig handelt auch, wer als Aktionär oder als Vertreter eines Aktionärs die nach § 129 in das Verzeichnis aufzunehmenden Angaben nicht oder nicht richtig macht.

(2a) Ordnungswidrig handelt, wer entgegen § 67 Abs. 4 Satz 2, auch in Verbindung mit Satz 3, eine Mitteilung nicht oder nicht richtig macht.

(3) Ordnungswidrig handelt ferner, wer

1. Aktien eines anderen, zu dessen Vertretung er nicht befugt ist, ohne dessen Einwilligung zur Ausübung von Rechten in der Hauptversammlung oder in einer gesonderten Versammlung benutzt,
2. zur Ausübung von Rechten in der Hauptversammlung oder in einer gesonderten Versammlung Aktien eines anderen benutzt, die er sich zu diesem Zweck durch Gewähren oder Versprechen besonderer Vorteile verschafft hat,
3. Aktien zu dem in Nummer 2 bezeichneten Zweck gegen Gewähren oder Versprechen besondere Vorteile einem anderen überläßt,
4. Aktien eines anderen, für die er oder der von ihm Vertretene das Stimmrecht nach § 135 nicht ausüben darf, zur Ausübung des Stimmrechts benutzt,
5. Aktien, für die er oder der von ihm Vertretene das Stimmrecht nach § 20 Abs. 7, § 21 Abs. 4, §§ 71b, 71d Satz 4, § 134 Abs. 1, §§ 135, 136, 142 Abs. 1 Satz 2, § 285 Abs. 1 nicht ausüben darf, einem anderen zum Zweck der Ausübung des Stimmrechts überläßt oder solche ihm überlassene Aktien zur Ausübung des Stimmrechts benutzt,
6. besondere Vorteile als Gegenleistung dafür fordert, sich versprechen läßt oder annimmt, daß er bei einer Abstimmung in der Hauptversammlung oder in einer gesonderten Versammlung nicht oder in einem bestimmten Sinne stimme oder
7. besondere Vorteile als Gegenleistung dafür anbietet, verspricht oder gewährt, daß jemand bei einer Abstimmung in der Hauptversammlung oder in einer gesonderten Versammlung nicht oder in einem bestimmten Sinne stimme.

(3a) Ordnungswidrig handelt, wer vorsätzlich oder leichtfertig

1. entgegen § 121 Abs. 4a Satz 1, auch in Verbindung mit § 124 Abs. 1 Satz 3, die Einberufung nicht, nicht richtig, nicht vollständig oder nicht rechtzeitig zuleitet oder
2. entgegen § 124a Angaben nicht, nicht richtig oder nicht vollständig zugänglich macht.

(4) Die Ordnungswidrigkeit kann mit einer Geldbuße bis zu fünfundzwanzigtausend Euro geahndet werden.

A. Allgemeines

I. Rechtsentwicklung

§ 405 sieht zum Teil Bußgeldtatbestände vor, die in ähnlicher Form als Straftatbestände in §§ 296, **1** 299 und 300 AktG 1937 enthalten waren und im AktG 1965 wegen des geringen Unrechtsgehalts zu Ordnungswidrigkeiten herabgestuft wurden; in den Abs. 3 (G v. 13.12.1978, BGBl. I 1959) und 3a (ARUG v. 30.7.2009, BGBl. I 2479) wurden einige neue Ordnungswidrigkeiten eingefügt. Die Ordnungswidrigkeit der Nichteinhaltung der Vorschriften über Form und Inhalt der Bekanntmachung des Jahresabschlusses und des Geschäftsberichts einer Aktiengesellschaft oder eines Konzerns nach Abs. 1 Nr. 5 ist durch das BiRiLiG v. 19.12.1985 (BGBl. I 2355) nach § 334 Abs. 1 Nr. 5 HGB verschoben worden.

II. Systematik und Rechtsnatur der Ordnungswidrigkeiten

Die Tatbestände des § 405 sind Blankettnormen und enthalten Verweisungen auf andere Normen **2** oder auf Begriffe, deren Bedeutung sich erst aus den zivilrechtlichen Bestimmungen des Aktienrechts erhellt. Die Einhaltung dieser zivilrechtlichen Vorschriften des Aktienrechts ist Schutzzweck der Normen, wobei das geschützte Rechtsgut jeweils aus der jeweiligen aktienrechtlichen Bezugsnorm abzuleiten ist. Die Tatbestände setzen mit Ausnahme der Ordnungswidrigkeiten nach Abs. 3a, die auch durch leichtfertiges Handeln verwirklicht werden können, Vorsatz voraus (§ 10 OWiG). In Ermangelung einer entsprechenden Regelung in § 405 kann der Versuch einer Ordnungswidrigkeit nach § 405 nicht geahndet werden, § 13 Abs. 2 OWiG.

§ 405 ist – überwiegend – nach Tätergruppen gegliedert. Bei Abs. 1 und 2 handelt es sich um echte **3** Sonderdelikte. Die Tathandlungen des Abs. 1 können nur von Mitgliedern des Vorstands (zum Begriff → § 399 Rn. 7–9) bzw. des Aufsichtsrats (→ § 399 Rn. 10) oder Abwicklern (→ § 399 Rn. 44) sowie deren – vorgesehenen (→ § 399 Rn. 7, 10) – Stellvertretern begangen werden. Hierbei gilt wie auch bei § 399, dass Täter auch Personen sein können, die zwar nicht rechtswirksam zu diesen Ämtern bestellt wurden, ihre Aufgaben aber faktisch wahrnehmen (→ § 399 Rn. 8). Hinsichtlich des Abs. 2 können nur Aktionäre oder ihre Vertreter taugliche Täter sein, während die Ordnungswidrigkeiten nach Abs. 3 von jedermann begangen werden können. Der Täterkreis der Ordnungswidrigkeiten nach Abs. 3a erschließt sich aus den Tatbeständen selbst nicht, sondern nur den entsprechenden Vorschriften, die die Zuständigkeit zur Einberufung der Hauptversammlung und der öffentlichen Bekanntmachung der Tagesordnung regeln. Sind mehrere Personen an einer Sonderordnungswidrigkeit beteiligt, so können sie nach dem zu § 14 Abs. 1 OWiG vertretenen Einheitstäterbegriff selbst bei dem Tatbestand des Abs. 3a, der Leichtfertigkeit als Schuldform genügen lässt, nur dann zur Verantwortung gezogen werden, sofern der Handelnde, der alle Tatbestandsmerkmale täterschaftlich verwirklicht, vorsätzlich gehandelt hat (BGHSt

31, 309; KK-OWiG/*Rengier* OWiG § 14 Rn. 5 ff. mwN). Soweit persönliche Merkmale einer Sonderordnungswidrigkeit auf eine juristische Person zutreffen, findet § 9 OWiG Anwendung, wobei nach § 30 OWiG auch eine Geldbuße gegen die juristische Person verhängt werden kann.

B. Vorschriftswidrige Ausgabe von Aktien, Erwerb eigener Aktien der Gesellschaft (Abs. 1 Nr. 1–4)

I. Täterkreis

4   Täter der Ordnungswidrigkeiten nach § 405 Abs. 1 Nr. 1–4 können nach dem Wortlaut der Vorschrift nur Mitglieder des Vorstands oder des Aufsichtsrats bzw. Abwickler sein. Hinsichtlich dieses Täterkreises ist zu beachten, dass die erstmalige Ausgabe von Aktien nach Gründung der Gesellschaft, die erst nach Eintragung der Gesellschaft rechtswirksam erfolgen kann (§ 41 Abs. 4), im Regelfall durch den Vorstand erfolgt (MüKoAktG/*Pentz* § 41 Rn. 169), der durch die von den Gründern bestellten Aufsichtsrat (§ 30 Abs. 1) eingesetzt wird, § 30 Abs. 4. Gleiches gilt grds. auch für die Ausgabe neuer Aktien (§§ 182, 183, 192, 193, 199, 202, 205), wobei der Aufsichtsrat beim genehmigten Kapital über die vom Vorstand beschlossenen Bedingungen der Aktienausgabe im Wege der erforderlichen Zustimmung (§ 204 Abs. 1 S. 2) mitwirkt. Abwickler, deren Geschäftskreis sich grds. in den Abwicklungszweck dienenden Rechtshandlungen erschöpft (§ 268 Abs. 1), können anstelle des Vorstands, dessen Aufgaben sie gem. § 268 Abs. 2 übernehmen, auch neue Aktien herausgeben, weil die Hauptversammlung auch nach Auflösung der Gesellschaft gem. § 119 Abs. 1 Nr. 6 Maßnahmen der Kapitalerhöhung, ausgenommen die Kapitalerhöhung aus Gesellschaftsmitteln (§§ 207 ff.), beschließen kann (Hüffer/*Koch* § 264 Rn. 29), so dass auch hier §§ 182, 192, 202 zum Zuge kommen können. Schließlich ist der Erwerb eigener Aktien durch die Gesellschaft als Tathandlung nach Abs. 1 Nr. 4 eine Rechtshandlung, die allein der Vorstand als vertretungsbefugtes Organ vornehmen kann.

II. Ausgabe von Namens- oder Inhaberaktien, Abs. 1 Nr. 1

5   **1. Schutzzweck der Norm.** Der Tatbestand des § 405 Abs. 1 Nr. 1 enthält zwei verschiedene Tatmodalitäten, nämlich zum einen die Ausgabe von Namensaktien, in denen der Betrag der Teilleistung nicht angegeben ist, und zum anderen die Ausgabe von Inhaberaktien, bevor auf sie der Ausgabebetrag voll geleistet ist. Die Bestimmung nimmt Bezug auf das Emissionsverbot nach § 10 Abs. 2 und bezweckt nicht nur das Interesse der Gesellschaft und der Aktionäre an der gesetzmäßigen Ausgabe der Aktien (MüKoAktG/*Schaal* Rn. 18; Hopt/Wiedemann/*Otto* Rn. 21), sondern auch das Interesse der Gesellschaft und etwaiger Gläubiger an der Einzahlung der Ausgabebeträge nach §§ 54 Abs. 3, 36 Abs. 2 und damit an der realen Kapitalaufbringung iSd § 9 (KölnKomm AktG/*Altenhain* Rn. 3; aA MüKoAktG/*Schaal* Rn. 19; Hopt/Wiedemann/*Otto* Rn. 21).

6   **2. Tathandlung.** Die Tathandlung liegt zum einen in der Ausgabe von Namensaktien, bei denen nur ein Teilbetrag des Nennbetrags oder des höheren Ausgabebetrags geleistet, dies aber entgegen § 10 Abs. 2 S. 2 nicht angegeben wurde, zum anderen in der Ausgabe von Inhaberaktien, bevor der Nennbetrag oder höhere Ausgabebetrag voll geleistet wurde. § 10 Abs. 2 S. 1 verbietet die Ausgabe von Inhaberaktien, wenn nicht der Ausgabebetrag voll geleistet wurde. Ausgabebetrag ist mindestens (Überpariemission, vgl. Hüffer/*Koch* § 9 Rn. 8) der Nennbetrag der Aktie (§ 9 iVm § 8 Abs. 2) oder bei Stückaktien der auf sie entfallende anteilige Betrag des Grundkapitals (§ 8 Abs. 3 S. 3), beides ggf. zzgl. Agio gem. § 9 (Hüffer/*Koch* § 9 Rn. 2; Bürgers/Körber/*Westermann* § 54 Rn. 4); die in § 36a Abs. 1 geregelte Leistung des Viertels des geringsten Ausgabebetrags ist lediglich eine Anforderung an die Anmeldung der Eintragung der Gesellschaft iSd § 36 Abs. 2 S. 1 (Bürgers/Körber/*Lohse* 36a Rn. 1). Die volle Leistung ist erst erbracht, wenn der nach Gesetz und Satzung zu entrichtende Ausgabebetrag vollständig geleistet worden ist und dem Vorstand zur Verfügung steht (§§ 36 Abs. 2, 54 Abs. 3 AktG). a). Hierzu gehören Bar- und Sachleistungen auf den Ausgabebetrag, also auch die Leistung von Sacheinlagen (MüKoAktG/*Schaal* Rn. 23; Hopt/Wiedemann/*Otto* Rn. 23), wobei nur die vollständige Leistung der Sacheinlage, nicht auch ihre richtige Bewertung maßgebend ist. Liegt nur eine Teilleistung auf die geschuldete Sacheinlage vor, so darf nur eine Namensaktie ausgegeben werden; eine Ordnungswidrigkeit stellt dabei dar, wenn jegliche Angabe des geleisteten Betrags der Teilleistung fehlt, nicht aber, wenn der Betrag falsch angegeben wird.

7   Eine Ausgabe iS einer Emission liegt vor, wenn die Aktie in den Rechtsverkehr gebracht worden ist (MüKoAktG/*Schaal* Rn. 25). Die Ausgabe der Aktie ist vollendet, wenn der Täter unter endgültiger Aufgabe seiner eigenen Verfügungsgewalt alles Erforderliche getan hat, um die Aktie in Umlauf zu bringen; ein Erwerb der Aktie ist tatbestandlich nicht erforderlich (KölnKomm AktG/*Altenhain* Rn. 5). Dies ist schon bei Abgabe der Aktie an eine Bank oder eine sonstige Stelle zum Zwecke der Ausgabe oder Emission der Fall, ohne dass es darauf ankommt, ob die Aktie von der Bank an den ersten Aktionär weitergegeben wurde (aA hM, vgl. MüKoAktG/*Schaal* Rn. 26; Hopt/Wiedemann/*Otto* Rn. 27; Bürgers/Körber/*Pelz* Rn. 4).

III. Ausgabe von Aktien oder Zwischenscheinen vor Eintragung, Abs. 1 Nr. 2

1. Schutzzweck der Norm. Die Regelung bezweckt die Sanktionierung des Verbots der Ausgabe 8 von Aktien vor Eintragung der Gesellschaft oder einer Kapitalerhöhung. Grds. führt die vorzeitige, dh vor der Eintragung der Gesellschaft erfolgte Ausgabe von Aktien gem. §§ 41 Abs. 4 S. 2, 191 S. 2 zur Nichtigkeit der Aktien. Die Bußgeldnorm schützt daher die Erwerber derartiger Aktien und Zwischenscheine, aber auch mögliche Aktienerwerber, deren Interesse durch eine vor dem Wirksamwerden der Gesellschaft vorgenommene Emission gefährdet sind, vor schwindelhaften Emissionen (BGH NJW-RR 1988, 803; MüKoAktG/*Schaal* Rn. 29). Abs. 1 Nr. 2 ist **Schutzgesetz** iSd § 823 Abs. 2 BGB und schützt auch nachfolgende Erwerber, nicht aber die Gesellschaft selbst oder ihre Aktionäre, wenn diese sich bei einer Kapitalerhöhung an dem Erwerb der verbotswidrig ausgegebenen Aktien beteiligen (KölnKomm AktG/*Altenhain* Rn. 6).

2. Tathandlung. Ordnungswidrig ist die Ausgabe von Aktien und oder Zwischenscheinen vor 9 Eintragung der Gesellschaft oder der Erhöhung des Grundkapitals. Verboten ist die Ausgabe von Aktien zunächst vor Eintragung der Gesellschaft in das Handelsregister gem. § 41 Abs. 4. Auch Zwischenscheine, die die Gesellschaft gem. §§ 8 Abs. 6, 10 Abs. 3 als Anteilscheine den Aktionären vor Ausgabe der Aktien ausstellt, sind von diesem Verbot in § 41 Abs. 4 S. 2 erfasst, denn Zwischenscheine dokumentieren das Mitgliedschaftsrecht und stellen eine vorläufige Aktie dar (Bürgers/Körber/*Westermann* § 8 Rn. 20).

Ferner ist wegen des Verbots in § 191 die Ausgabe neuer Aktien in den vier Fällen der Erhöhung des 10 Grundkapitals bußgeldbewehrt, und zwar vor der Eintragung der Durchführung der Erhöhung des Grundkapitals in das Handelsregister gem. § 191, bei einer bedingten Kapitalerhöhung vor der Eintragung des Beschlusses über die bedingte Kapitalerhöhung in das Handelsregister gem. § 197 bzw. bei einer bedingten Kapitalerhöhung mit genehmigtem Kapital vor Eintragung der Durchführung der Erhöhung des Grundkapitals in das Handelsregister nach § 203 Abs. 1 sowie bei einer Kapitalerhöhung aus Gesellschaftsmitteln vor Eintragung des Beschlusses über die Erhöhung des Grundkapitals in das Handelsregister gem. § 219. Eine Zuwiderhandlung liegt auch vor, wenn die Kapitalerhöhung auf einem unwirksamen Beschluss der HV beruht (RGSt 30, 354).

IV. Ausgabe von Aktien oder Zwischenscheinen, die den Nennbetrag nicht erreichen, Abs. 1 Nr. 3

1. Schutzzweck der Norm. Dieser Tatbestand in Abs. 1 Nr. 3 bezieht sich auf das Ausgabeverbot in 11 § 9 Abs. 1 iVm § 8 Abs. 2 und 3 und soll verhindern, dass entgegen diesen Bestimmungen Aktien oder Zwischenscheine ausgegeben werden, die den gesetzlich zulässigen Mindestbetrag nicht erreichen (zu der Absenkung dieses gesetzlich vorgeschriebenen Mindestbetrags im Aktienrecht von 1.000 RM gem. § 188 HGB 1897 über 100 DM nach § 8 Abs. 2 AktG 1965 bis zu 5 DM nach dem 2. Finanzmarktförderungsgesetz 1994, BGBl. I 1749, vgl. MüKoAktG/*Heider* § 8 Rn. 2 ff.). Nennbetragsaktien müssen seit dem EuroEG v. 9.6.1998 (BGBl. I 1242) nunmehr auf mindestens einen Euro lauten, § 8 Abs. 2 S. 1. Aufgrund der durch das StückAG (v. 25.3.1998 (BGBl. I 590) geschaffenen Regelung in § 9 iVm § 8 Abs. 3 S. 3 gilt dies auch für die unechte nennwertlose Stückaktie gem. § 8 Abs. 3 S. 1, deren rechnerischer Anteil am Grundkapital zur Verhinderung sog Penny-Stocks ebenfalls einen Euro nicht unterschreiten darf (Hüffer/*Koch* § 8 Rn. 21). Ein Verstoß gegen die Ausgabe von Nennbetrags- oder Stückaktien unter diesem gesetzlich vorgeschriebenen Ausgabewert führt zur Nichtigkeit der Aktie und damit des Anteilsrechts, § 8 Abs. 2 S. 2 und Abs. 3 S. 4. **Geschütztes Rechtsgut** ist daher das Interesse an einer ordnungsgemäß durchgeführten Emission. Der Tatbestand in Abs. 1 Nr. 3 ist Schutzgesetz iSd § 823 Abs. 2 BGB für die hierdurch geschädigten Aktionäre einschließlich der Zwischenerwerber der Aktien oder Zwischenscheine.

2. Tathandlung. Die Tathandlung besteht in der Ausgabe von Aktien oder Zwischenscheinen, die 12 auf einen Nennbetrag von weniger als 1 EUR (§ 8 Abs. 2) lauten oder auf die bei Stückaktien ein geringerer anteiliger Betrag des Grundkapitals als 1 EUR entfällt (§ 8 Abs. 3 S. 3). Der Begriff der Ausgabe entspricht dem des § 405 Abs. 1 Nr. 1, so dass auf die Ausführungen zu → Rn. 7 verwiesen wird.

V. Eigene Aktien der Gesellschaft, Abs. 1 Nr. 4

1. Schutzzweck und Systematik der Tatbestände. Diese Ordnungswidrigkeitentatbestände in 13 Abs. 1 Nr. 4 beruhen auf dem die 2. EG-Richtlinie zur Koordinierung des Gesellschaftsrechts umsetzenden Gesetz v. 13.12.1978 (BGBl. I 1959) und sollen Verstöße gegen die dadurch geschaffenen Schutzbestimmungen der §§ 71–71e sanktionieren. Diese Bestimmungen in §§ 71–71e betreffen das aus § 57 Abs. 1 S. 1 folgende (vgl. MüKoAktG/*Oechsler* § 71 Rn. 66) Verbot des Erwerbs eigener Aktien der Gesellschaft, das in erster Linie der Kapitalerhaltung und damit dem Gläubigerschutz dient (Bürgers/Körber/*Wieneke* § 71 Rn. 1); an diesem grundsätzlichen Verbot des Erwerbs eigener Aktien hat § 71

Abs. 1 Nr. 8, wonach die Hauptversammlung den Vorstand zum Erwerb eigener Aktien bis zu einem Anteil von höchstens 10% am Grundkapital ermächtigen kann, nichts geändert (Hüffer/*Koch* § 71 Rn. 3). § 71 Abs. 1 sieht hiervon in Nr. 1– 8 Ausnahmen vor, die teilweise, nämlich nur in Bezug auf Nr. 1–4 Gegenstand der Ordnungswidrigkeiten nach § 405 Abs. 1 Nr. 4a sind. Die Tatbestände in § 405 Abs. 1 Nr. 4b und Nr. 4c knüpfen an die Handlungsgebote in § 71c Abs. 1–3 an, wonach nach einem unzulässigen Erwerb eigener Aktien oder bei Überschreitung eines Anteils von 10% am Grundkapital zur Wiederherstellung des rechtmäßigen Zustands die Aktien in den Fristen des § 71c Abs. 1 bzw. 2 veräußert oder nach Fristablauf eingezogen werden müssen; insoweit handelt es sich um echte Unterlassungsdelikte. Sämtliche Tatbestände sollen den Gefahren der Kursmanipulation oder der Täuschung über die wirtschaftliche Situation entgegenwirken, die mit dem Besitz oder dem Erwerb eigener Aktien durch die Gesellschaft verbunden sind (Bürgers/Körber/*Pelz* Rn. 8). Insoweit können sie insbes. für die Gläubiger der Gesellschaft Schutzgesetz iSd § 823 Abs. 2 BGB sein (Hopt/Wiedemann/*Otto* Rn. 39; KölnKomm AktG/*Altenhain* Rn. 11; zw. MüKoAktG/*Schaal* Rn. 49).

14   **2. Tatgegenstand.** Tatgegenstand sind eigene Aktien der Gesellschaft iSd § 71 Abs. 1. Hierunter sollen alle Arten der Mitgliedschaft ohne Rücksicht auf ihre Verbriefung und nähere Ausgestaltung fallen (Inhaber-, Namens-, Stamm- oder Vorzugsaktien; Zwischenscheine; Miteigentum am Girosammelbestand nach §§ 5 ff. DepotG, vgl. MüKoAktG/*Oechsler* § 71 Rn. 92), mag dies der Wortlaut des § 71 auch nicht nahelegen und Zweifel an der Tatbestimmtheit des Bußgeldnorm aufkommen lassen. Wesentlich ist, dass das Mitgliedschaftsrecht von der Gesellschaft bereits einmal ausgegeben wurde, also zuvor ein fremdes Aktionärsrecht bestanden hat. Nicht vom Verbotstatbestand erfasst sind eigene Schuldverschreibungen, auch wenn sie Wandel- oder Gewinnobligationen gem. § 221 Abs. 1 sind (KölnKomm AktG/*Lutter* § 71 Rn. 15; MüKoAktG/*Oechsler* § 71 Rn. 88), Optionsscheine, Genußscheine gem. § 221 Abs. 3 oder Dividendenscheine, auch nicht mittelbare Bezugsrechte nach § 186 Abs. 5, weil der bloße Erwerb des Bezugsrechts noch keinen Anspruch auf Übereignung von Aktien begründet (Hüffer/*Koch* § 71 Rn. 5).

15   **3. Tathandlung nach Abs. 1 Nr. 4a.** Tathandlung nach Abs. 1 Nr. 4a ist der Erwerb eigener Aktien (zum wirtschaftlichen Hintergrund vgl. MüKoAktG/*Oechsler* § 71 Rn. 5 ff.) entgegen § 71 Abs. 1 Nr. 1–4 und Abs. 2. § 71 Abs. 1 Nr. 1 setzt voraus, dass der Erwerb notwendig ist, um einen schweren, unmittelbar bevorstehenden Schaden von der Gesellschaft abzuwenden. Es muss sich um die Gefahr einer Vermögenseinbuße, etwa um einen entgangenen Gewinn handeln, die nicht notwendig existenzgefährdend, jedoch unter Berücksichtigung von Größe und Finanzkraft der Gesellschaft jedenfalls beachtlich sein muss, etwa bei einem gegen die Gesellschaft gezielt geführten Baisse- Angriff oder einem Aufkauf durch einen Wettbewerber zwecks Schädigung (Hüffer/*Koch* § 71 Rn. 9). Ferner muss der Erwerb eigener Aktien zur Schadensabwehr notwendig, dh nicht zwingend das einzige Mittel, jedoch als Lösung ohne vernünftige Alternative sein (KölnKomm AktG/*Lutter* § 71 Rn. 28). Gem. § 71 Abs. 1 Nr. 2 ist der Erwerb eigener Aktien auch zulässig, wenn sie Arbeitnehmern der Gesellschaft oder eines verbundenen Unternehmens iSd § 15 zum Erwerb angeboten werden sollen, wobei gleichgültig ist, ob es sich um gegenwärtige oder frühere Arbeitsverhältnisse handelt, so dass Belegschaftsaktien auch Betriebsrentnern oder Ruheständlern angeboten werden dürfen. Ob der begünstigte Personenkreis entgegen dem Wortlaut der Regelung damit nicht abschließend genannt ist, (so Hüffer/*Koch* § 71 Rn. 12 unter Berufung auf die amtliche Begründung des Gesetzentwurfs), erscheint mehr als fraglich. Für die Zulässigkeit genügt die ernstliche **Absicht des Vorstands,** die Aktien dem in § 71 Abs. 1 Nr. 2 genannten Personenkreis anzubieten. § 71 Abs. 1 Nr. 3 erlaubt – an §§ 305 Abs. 2, 320b, §§ 29 Abs. 1, 125 S. 1, 207 Abs. 1 S. 1 UmwG anknüpfend – den Erwerb eigener Aktien zur Vorbereitung der Abfindung außenstehender bzw. ausgeschiedener Aktionäre; für diese Fälle soll § 71 Abs. 1 Nr. 3 den Erwerb der benötigten eigenen Aktien ermöglichen. Es genügt eine ernsthafte **Verwendungsabsicht** des Vorstands, wobei die Ernstlichkeit grds. voraussetzt, dass die notwendigen Zustimmungsbeschlüsse der beteiligten Hauptversammlungen (auf beiden Vertragsseiten) gefasst sind (vgl. Hüffer/*Koch* § 71 Rn. 14; KölnKomm AktG/*Lutter* § 71 Rn. 51). Schließlich ist nach § 71 Abs. 1 Nr. 4 der Erwerb eigener Aktien bei Unentgeltlichkeit, insbes. bei der Umwandlung von Vorzugsaktien in Stammaktien in geringerer Menge (nicht zwecks Sanierung, da hier § 71 Abs. 1 Nr. 6 eingreift, vgl. Hüffer/*Koch* § 71 Rn. 16), oder bei Ausführung einer Einkaufskommission durch ein Kreditinstitut statthaft; letzteres liegt vor, wenn eine Bank in der Rechtsform einer Aktiengesellschaft Kaufaufträge ihrer Kunden bezüglicher eigener Aktien durchführt und dabei regelmäßig im eigenen Namen (§ 383 HGB) auftritt. Voraussetzung für den Erwerb eigener Aktien nach § 71 Abs. 1 Nr. 1–3 ist gem. § 71 Abs. 2, dass der Anteil eigener Aktien 10% des Grundkapitals nicht erreichen darf und die Gesellschaft zur Bildung einer grundkapitalunabhängigen Rücklage für eigene Aktien iSd § 272 Abs. 4 HGB in der Lage ist.

16   Bußgeldbewehrt ist nach § 405 Abs. 1 Nr. 4a ferner die Inpfandnahme eigener Aktien gem. § 71e, sofern der Erwerb nach §§ 71 Abs. 1 und 2, 71d verboten wäre und eine Ausnahme nach § 71e Abs. 1 S. 2 nicht vorliegt. Die der Inpfandnahme wirtschaftlich gleichberechtigte Sicherungsübereignung unterfällt bereits dem Erwerbstatbestand (aA MüKoAktG/*Schaal* Rn. 58); ob die Legitimationsübertragung der Inpfandnahme gleichsteht (so MüKoAktG/*Schaal* Rn. 58), ist jedenfalls wegen der gebotenen Tatbestimmtheit für den Ordnungswidrigkeitentatbestand in § 405 Abs. 1 Nr. 4a zweifelhaft. Ob und in welchem Umfang **Umgehungsgeschäfte** von Abs. 1 Nr. 4a) erfasst werden, erscheint fraglich. Zwar erfasst Abs. 1 Nr. 4a aufgrund der Bezeichnung von § 71e Abs. 1, der wiederum auf § 71d Bezug nimmt, scheinbar auch Kommissionsgeschäfte Dritter, dies wiederum aber nur im Zusammenhang mit einer Inpfandnahme, so dass nur derartige Fälle (so Hopt/Wiedemann/*Otto* Rn. 42), nicht aber auch Fälle des Vollerwerbs durch Strohmänner erfasst werden. Erst recht werden echte Umgehungsgeschäfte, die eine Abnahmeverpflichtung der Gesellschaft begründen sollen und nach § 71a Abs. 2 AktG nichtig sind, nicht erfasst, da § 71d nur anwendbar ist, wenn das dem Erwerb der Aktien durch den Dritten für Rechnung der Gesellschaft zugrundeliegende Auftragsverhältnis nicht gem. § 71a Abs. 2 nichtig ist (hierzu und zu dem iÜ verfehlten Regelungsinhalt des § 71d vgl. MüKoAktG/*Oechsler* § 71d Rn. 2 f.).

4. Unterlassen des Angebots eigener Aktien nach Abs. 1 Nr. 4b. Nach § 71c Abs. 1 hat die **17** Gesellschaft eigene Aktien, die sie unter Verstoß gegen § 71 Abs. 1 und 2 erworben hat, binnen eines Jahres nach ihren Erwerb zu veräußern. Überschreitet der Anteil der zulässigerweise erworbenen Aktien 10 % des Grundkapitals, so sind die diesen Anteil übersteigenden Aktien innerhalb von drei Jahren zu veräußern. § 405 Abs. 1 Nr. 4b knüpft an dieses Handlungsgebot an und sanktioniert das Nichtanbieten der Aktien, der sich die Gesellschaft kraft Gesetzes zu entledigen hat. Die Regelung sanktioniert mithin das Unterlassen eines entsprechenden Angebots; in welcher Form dieses geschieht, ist unerheblich. Das Anbieten der Aktien braucht nicht zu einem Erfolg geführt zu haben, es genügt das ernsthafte Bemühen der Weitergabe der Aktien (Hopt/Wiedemann/*Otto* Rn. 44).

5. Unterlassene Vorbereitung der Einziehung eigener Aktien, Abs. 1 Nr. 4c. § 405 Abs. 1 **18** Nr. 4c knüpft an § 71c Abs. 3 an, wonach die Gesellschaft nach Ablauf der in § 71 Abs. 1 und 2 bezeichneten Fristen die Aktien entweder nach den Regeln der ordentlichen Kapitalherabsetzung (§ 273 Abs. 1 S. 1) oder im Wege des vereinfachten Einziehungsverfahrens (§ 237 Abs. 3) einzuziehen hat. Da die Einziehung nicht in der alleinigen Kompetenz des Vorstands liegt, beschränkt sich die Pflicht des Vorstands darauf, den Einziehungsbeschluss der Hauptversammlung vorzubereiten, dh der nächsten ordentlichen Hauptversammlung einen entsprechenden Einziehungsbeschluss vorzuschlagen (KölnKomm AktG/*Lutter* § 71c Rn. 33; MüKoAktG/*Oechsler* § 71c Rn. 22).

C. Unterlassene oder unrichtige Angaben zum Teilnehmerverzeichnis (Abs. 2)

I. Schutzzweck und Täterkreis

§ 405 Abs. 2 nimmt Bezug auf § 129 Abs. 1 S. 2. Der Ordnungswidrigkeitentatbestand schützt das **19** Interesse an dem ordnungsgemäßen Ablauf der Hauptversammlung, indem er die Echtheit der aktienrechtlichen Meinungsbildung in der Hauptversammlung sicherstellen soll (Hopt/Wiedemann/*Otto* Rn. 49). Angaben in einem Teilnehmerverzeichnis, das in einer gesonderten Versammlung nach § 138 wegen der Verweisung in § 138 Abs. 1 Abs. 1 S. 2 aufzustellen ist, werden durch § 405 Abs. 2 nicht erfasst (MüKoAktG/*Schaal* Rn. 67; KölnKomm AktG/*Altenhain* Rn. 24). **Täter** nach § 405 Abs. 2 können nur Aktionäre oder Aktionärsvertreter sein; Vertreter ist jeder, der vom Aktionär ermächtigt wurde, ihn bei der Wahrnehmung seiner Rechte zu vertreten, § 129 Abs. 3. Nur als Teilnehmer und nicht als Täter kommen der Notar, der das Teilnehmerverzeichnis aufstellt, und der Vorsitzende der Hauptversammlung, der nach § 129 Abs. 4 S. 2 das Verzeichnis unterzeichnet, in Betracht.

II. Tatbestandsvoraussetzungen

§ 129 Abs. 1 S. 2 und Abs. 3 bestimmen, dass in der Hauptversammlung ein Teilnehmerverzeichnis **20** aufzustellen ist, in dem die erschienenen Aktionäre bzw. ihre Vertreter mit Namen und Wohnort, Gattung der Aktien sowie Nennbetrag oder Stückzahl einzutragen sind. Ob die Pflicht zur Aufstellung des Teilnehmerverzeichnisses die Gesellschaft und damit den Vorstand als verantwortliches Organ oder den Versammlungsleiter trifft, ist streitig (vgl. Bürgers/Körber/*Reger* § 129 Rn. 17; differenzierend Hüffer/*Koch* § 129 Rn. 6, 7 mwN).

Auch wenn Aktionäre nach § 129 für die Erstellung des Teilnehmerverzeichnisses nicht verantwort- **21** lich sind, statuiert § 405 Abs. 2 eine Mitwirkungspflicht der Aktionäre, indem der Bußgeldtatbestand das Fehlen oder die Unrichtigkeit von Angaben des Aktionärs bzw. seines Vertreters sanktioniert. Die Fallgestaltung, dass der Aktionär bzw. sein Vertreter gar keine Angaben zum Teilnehmerverzeichnis macht, setzt voraus, dass er in dem vom Vorstand vorbereiteten (vgl. Hüffer/*Koch* § 129 Rn. 6) Teilnehmerverzeichnis überhaupt aufgeführt wird und er an der Hauptversammlung teilnimmt, ohne die erforderlichen Angaben im Teilnehmerverzeichnis gemacht zu haben, was aber bei ordnungsgemäßer Durchführung der Hauptversammlung nicht möglich ist. Unrichtige Angaben liegen nicht nur vor, wenn sie nicht den Tatsachen entsprechen, sondern auch, wenn die nach § 129 Abs. 1 S. 2 und Abs. 3 erforderlichen Angaben unvollständig sind (MüKoAktG/*Schaal* Rn. 68). Auf eine Täuschung der die Angaben entgegennehmenden Person kommt es nicht an; auch ein kollusives Zusammenwirken mit ihr wird von Abs. 2 erfasst (Hopt/Wiedemann/*Otto* Rn. 56; KölnKomm AktG/*Altenhain* Rn. 27). Ungeschriebenes Tatbestandsmerkmal ist die aktive Teilnahme an der Hauptversammlung; wer die Hauptversammlung nur verfolgen will, ohne von seinen Aktionärsrechten Gebrauch machen zu wollen, unterfällt dem Tatbestand nicht. Die Ordnungswidrigkeit fehlender oder unvollständiger Angaben ist spätestens vollendet, wenn die Aufstellung des Teilnehmerverzeichnisses vor Beginn der ersten Abstimmung abgeschlossen sein muss (aA Hopt/Wiedemann/*Otto* Rn. 52), bei fehlerhaften Angaben mit ihrer Aufnahme im Teilnehmerverzeichnis.

D. Unterlassene oder unrichtige Angaben zum Aktienregister, Abs. 2a

I. Schutzzweck und Täterkreis

21a   Der Ordnungswidrigkeitentatbestand in § 405 Abs. 2a ist durch das Risikobegrenzungsgesetz v. 12.8.2008 (BGBl. I 1666) eingefügt worden. Nach § 67 Abs. 1 und 7 ist eine AG, die Namensaktien oder Zwischenscheine iSd § 10 ausgibt, verpflichtet, ein Aktienregister zu führen, in dem die Aktionäre namentlich unter Angabe des Geburtsdatums und der Anschrift mit der Stückzahl der Aktien oder der Aktiennummer bzw. bei Nennbetragsaktien mit dem Betrag aufzuführen sind. Mit der Regelung soll die Transparenz des Aktienregisters durch eine entsprechende Bußgeldsanktion gesteigert und der „wahre" Aktionär offengelegt werden. Dies scheitert allerdings schon daran, dass anstelle des wirklichen Aktionärs auch ein Dritter, etwa ein Treuhänder, ein Legitimationsaktionär, eine Verwahrbank oder ein Zentralverwahrer im Aktienregister eingetragen werden kann (vgl. MüKoAktG/*Schaal* Rn. 72a). IÜ dient das Aktienregister nicht einer Transparenz auf dem Aktienmarkt, da sich sein Sinn darin erschöpft, vordringlich die Feststellung des Schuldners ausstehender Einlagen oder der Haftung nach § 65 sicherzustellen (Hüffer/*Koch* § 67 Rn. 1). Dementsprechend bezieht sich der Bußgeldtatbestand in Abs. 2a nur auf die nach § 67 Abs. 4 S. 2 zu gebenden Auskünfte und nicht auf das vom Vorstand zu führende Aktienregister als solches; daher schützt er auch nur die Richtigkeit des Aktienregisters vor falschen Auskünften und nicht vor falschen Angaben im Aktienregister selbst, denn bußgeldbewehrt sind nur die auf Verlangen des Vorstands zu gebenden Auskünfte, wobei es dem Vorstand überlassen ist, die Auskunft zu verlangen. Insoweit ist Abs. 2a nur Schutzgesetz iSd § 823 Abs. 2 BGB zugunsten der Gesellschaft, nicht jedoch eines einzelnen Aktionärs, der wegen § 67 Abs. 6 – abweichend von der früheren Rechtslage – ohnehin keinen Anspruch auf Einsichtnahme in das Aktienregister hat. Täter kann mithin nur derjenige sein, der zu den Auskünften iSd § 67 Abs. 4 S. 2 verpflichtet ist; die Regelung ist mithin kein Sonderdelikt, sondern erfasst jeden, der zu den entsprechenden Angaben verpflichtet ist.

II. Tatbestandsvoraussetzungen

21b   Gem. § 67 Abs. 4 S. 2 hat der im Aktienregister Eingetragene der Gesellschaft auf ihr Verlangen innerhalb einer angemessenen Frist mitzuteilen, inwieweit ihm die Aktien, als deren Inhaber er im Aktienregister eingetragen ist; auch gehören. Nach der gesetzgeberischen Intention soll sich dieser Auskunftsanspruch über die gesamte Verwahrkette bis zum eigentlichen Aktieninhaber fortsetzen, wobei sie beim treuhänderischen Vermögensverwalter endet (so *Noack* NZG 2008, 721; Hüffer/*Koch* § 67 Rn. 21a). Auskunft ist darüber zu geben, ob die Aktien dem Eingetragenen gehören und, wenn nicht, für wen sie gehalten werden, wobei die Angaben nach § 67 Abs. 1 geschuldet werden (Hüffer/*Koch* § 67 Rn. 21a). Maßgebend ist das Auskunftsverlangen der Gesellschaft; auf eine etwaige anschließende Gesetzes- oder Satzungspflicht zur Offenlegung des wahren Aktionärs kommt es nicht an (*Noack* NZG 2008, 271). Die Aktie gehört demjenigen, der für eigene oder fremde Rechnung Mitglied ist; damit scheidet eine Auskunftspflicht des Verwaltungstreuhänders bezüglich des Treugebers aus (Hüffer/*Koch* § 67 Rn. 21a; *Noack* NZG 2008, 721). Nach § 67 Abs. 4 S. 3 trifft diese Auskunftsverpflichtung auch denjenigen, dessen Identität durch eine Auskunft nach § 67 Abs. 4 S. 2 AktG bekannt wird (so MüKoAktG/*Schaal* Rn. 72d). Die Zuwiderhandlung wird dadurch verwirklicht, dass der Aktieninhaber trotz Aufforderung in angemessener Frist, dh regelmäßig binnen zwei Wochen (so die amtliche Begründung, BT-Drs. 16/7438, 14), die geschuldeten Angaben nicht (echtes Unterlassungsdelikt) oder unzutreffende Angaben über die in § 67 Abs. 1 S. 1 ausgeführten Tatsachen macht (Begehungsdelikt).

E. Aktien- und Stimmrechtsmissbrauch, Abs. 3

I. Schutzzweck und Täterkreis

22   Die Bußgeldtatbestände in § 405 Abs. 3 knüpfen – überwiegend – an die zivilrechtliche Ausgestaltung des Aktienstimmrechts an und sollen einer unbefugten Benutzung des Stimmrechts oder einer sonstigen unzulässigen Beeinflussung der Meinungs- und Willensbildung in der Hauptversammlung vorbeugen. Die Tatbestände können grds. von jeder beliebigen Person verwirklicht werden.

II. Die Tatbestände im Einzelnen

23   **1. Aktienmissbrauch ohne Vertretungsbefugnis und Einwilligung, Nr. 1.** Nach § 405 Abs. 3 Nr. 1 handelt derjenige ordnungswidrig, der die Aktien eines anderen ohne dessen Einwilligung und ohne Vertretungsbefugnis zur Ausübung von Rechten in der Hauptversammlung (§§ 118 ff.) oder in einer gesonderten Versammlung (§ 138) benutzt. Es muss sich um fremde Aktien handeln; Tatobjekt sind dabei nach allgM nicht nur Aktien, sondern auch Zwischenscheine oder Aktionärsrechte von Gesellschaften, die keine Aktien ausgegeben haben, da dies bereits gängige Auslegung der Vorgängerregelungen in § 318 HGB 1897 und § 300 AktG 1937 war (Hopt/Wiedemann/*Otto* Rn. 63; Köln-Komm AktG/*Altenhain* Rn. 35; MüKoAktG/*Schaal* Rn. 77).

Die Tathandlung besteht in der Benutzung von Aktien eines anderen ohne Vertretungsbefugnis oder **24** Einwilligung des Aktionärs. Eine solche Benutzung fremder Aktionärsrechte liegt nicht erst mit der Ausübung des Stimmrechts (§§ 133 ff.), des Auskunftsrechts (§ 131) oder von Minderheitenrechten (§§ 50, 93 Abs. 4, 116, 117 Abs. 4, 302 Abs. 3, 309 Abs. 3), sondern schon in der bloßen Wahrnehmung des Teilnahme- und Rederechts vor (Hopt/Wiedemann/*Otto* Rn. 67; KölnKomm AktG/ *Altenhain* Rn. 37; MüKoAktG/*Schaal* Rn. 84 mwN).

Die Benutzung muss ohne Vertretungsbefugnis und ohne ausdrückliche oder stillschweigende Einwil- **25** ligung erfolgen. Eine Vertretungsbefugnis kann auf allgemeiner Vollmacht, Sondervollmacht, Prokura, Handlungsvollmacht oder gesetzlicher Vertretungsbefugnis beruhen (zum Sonderfall der unwiderleglichen Legitimierungswirkung nach § 123 Abs. 3 S. 4 vgl. *Seibert* WM 2005, 157 (158)). Verwahrung, Pfandrecht oder Pfändungsrecht gewähren grds. kein Vertretungsrecht außer in den Fällen, in denen der Verwahrer oder Pfandnehmer nach § 700 Abs. 2 BGB, §§ 13, 15 DepotG das Recht zur Rückgabe anderer statt der hinterlegten oder gepfändeten Aktien hat (Bürgers/*Körber*/*Pelz* § 405 Rn. 11). Unabhängig von einer fehlenden Vertretungsbefugnis kann auch eine Einwilligung den Tatbestand des Aktienmissbrauchs nach § 405 Abs. 3 Nr. 1 entfallen lassen. Eine solche Einwilligung kann formlos, sogar stillschweigend erteilt werden und bedarf außer in den Fällen des § 135 Abs. 7 (vgl. dazu Bürgers/ *Körber*/*Holzborn* § 135 Rn. 14) auch keiner Dokumentation. Soweit bei interessewahrendem Verhalten sogar eine mutmaßliche Einwilligung für ausreichend erachtet wird (so Hopt/Wiedemann/*Otto* Rn. 76; MüKoAktG/*Schaal* Rn. 89), so kann diese nach den allgemeinen Grundsätzen nicht tatbestandsausschließend wirken, sondern nur einen Rechtfertigungsgrund darstellen (vgl. KK-OWiG/*Rengier* OWiG Vor §§ 15, 16 Rn. 14). Für die Wahrnehmung des Stimmrechts durch Banken geht § 405 Abs. 3 Nr. 4 als Spezialregelung diesem Bußgeldtatbestand vor.

2. Aktienbenutzung nach Gewähren oder Versprechen eines besonderen Vorteils, Nr. 2. Bei **26** der Ordnungswidrigkeit nach § 405 Abs. 3 Nr. 2 handelt es sich um einen zweiaktigen Tatbestand, der voraussetzt, dass sich der Täter zunächst Aktien durch Gewähren oder Versprechen besonderer Vorteile verschafft und diese sodann zur Ausübung von Rechten in der Hauptversammlung oder einer gesonderten Versammlung (→ Rn. 23) benutzt.

Unter der Gewährung oder des Versprechens besonderer **Vorteile** wird entsprechend dem in § 331 **27** StGB verwandten Vorteilsbegriff jede Leistung verstanden, auf die der Überlasser der Aktien keinen Anspruch hat und die ihn in **wirtschaftlicher** oder **immaterieller** Hinsicht besser stellt. **Gewähren** setzt die tatsächliche Zuwendung des Vorteils und dessen ausdrückliche oder stillschweigende Annahme voraus (RGSt 29, 431; BGHSt 15, 184). Hierfür genügen auch mittelbare Vorteile, etwa der Abschluss eines Vertrages, der den Anspruch auf die inkriminierte Gegenleistung begründet. **Versprechen** bedeutet die Zusage eines künftigen Vorteils, die als Erklärung dem Vorteilsnehmer zur Kenntnis gelangen muss. Voraussetzung ist ferner die **Übereinkunft** zwischen den Tatbeteiligten, dass dieser Vorteil die Gegenleistung für die Überlassung der tatsächlichen Verfügungsgewalt über das Aktienrecht darstellen soll; der Vorteil muss die Gegenleistung für die tatsächliche Übertragung der Rechte darstellen. Um einen **besonderen** Vorteil handelt es sich nur dann, wenn er nicht allen Aktionären der Gesellschaft mittelbar oder unmittelbar zugute kommt (Bsp.: Dividendengarantie) und er sich nicht aus der Ausübung der übertragenen Rechte selbst ergibt (RGZ 133, 90; 134, 90; Hopt/Wiedemann/*Otto* Rn. 82; MüKoAktG/*Schaal* Rn. 98). Soweit Aktien im Rahmen von Konsortial-, Pool- (vgl. *Simon*/*Rubner* NJW-RR 2005, 27) oder sonstigen Stimmrechtsvereinbarungen im Rahmen ihrer eingeschränkten Zulässigkeit (BGH NJW 1983, 1910; MüKoAktG/*Pentz* § 23 Rn. 195; Bürgers/*Körber*/*Holzborn* § 136 Rn. 23 f.) zum Zwecke einer einheitlichen Stimmrechtsausübung überlassen werden, liegt – wie auch im Zusammenhang mit den Bußgeldtatbeständen in Abs. 3 Nr. 3, 6 u. 7 – kein unzulässiger Vorteil vor (Hopt/Wiedemann/*Otto* Rn. 130).

Der Täter muss sich das Mitgliedschaftsrecht (→ Rn. 23) zu dem Zweck der späteren Ausübung **28** verschafft haben, womit nur die – leihweise – Erlangung der tatsächlichen Verfügungsgewalt über die Aktie oder ihr gleichstehende Mitgliedschaftsrechte gemeint sein kann, da der Tatbestand anderenfalls auch die rechtlich nicht zu beanstandenden Fälle erfassen würde, in denen es zu einem entgeltlichen – ggf. sogar überzahlten – Vollrechtserwerb an der Aktie kommt. Aus diesem Grunde scheidet eine Tatbestandsverwirklichung in den Fällen aus, in denen die Verschaffung von Aktien zum Zwecke des Erreichens einer 95 % Mehrheit beim Ausschluss von Minderheitsaktionären nach § 327a (**Squeeze-out**) durch ein Wertpapierdarlehen geschieht, da durch ein solches Sachdarlehen iSd § 607 BGB der Darlehensnehmer Volleigentum an den entliehenen Aktien erwirbt, während trotz der Eigentumsübertragung der gesamte wirtschaftliche Wert der Aktie beim Darlehensgeber bleibt (BGH NJW-RR 2009, 828 mwN; *Kort* DB 2006, 1546; *Schäfer*/*Dette* NZG 2009, 1; aA Bürgers/*Körber*/*Pelz* Rn. 12).

Wie die tatsächliche Verfügungsgewalt übertragen wird, ist dabei unerheblich; es genügt die Einräumung einer entsprechenden Stimmrechtsvollmacht gem. § 134 Abs. 3.

29   Der Täter muss schließlich als zweiten Akt der Tathandlung die Aktien zur Ausübung ihrer Rechte in der Hauptversammlung oder der gesonderten Versammlung benutzt haben. Hierzu gilt das zu § 405 Abs. 3 Nr. 1 Ausgeführte (→ Rn. 24).

30   **3. Aktienüberlassung nach Gewähren oder Versprechen eines besonderen Vorteils, Nr. 3.** Die Ordnungswidrigkeit nach § 405 Abs. 3 Nr. 3 sanktioniert die Überlassung von Aktien an einen anderen gegen Gewähren oder Versprechen eines Vorteils und bezieht sich – spiegelbildlich zum Tatbestand des Abs. 3 Nr. 2 – auf den Vorteilsnehmer, der sich einen Vorteil gewähren oder versprechen lässt und hierfür dem Vorteilsgeber die Aktien zur Benutzung überlässt. Im Gegensatz zu Abs. 3 Nr. 2 handelt es sich um einen einaktigen Tatbestand, weil der dem Vorteilsnehmer bekannte Zweck, dass die überlassenen Aktien benutzt werden, genügt.

31   Die Überlassung von Aktien stellt – als Gegenstück zum Begriff des Sichverschaffens iSd Abs. 3 Nr. 2 – die Übertragung der tatsächlichen Verfügungsgewalt dar (vgl. MüKoAktG/*Schaal* Rn. 111). Die Überlassung der Aktien muss zu dem Zweck geschehen, dass der Vorteilsgeber die Aktien zur Ausübung ihrer Rechte in der Hauptversammlung oder einer gesonderten Versammlung benutzen kann. Eine tatsächlich erfolgte Ausübung des Mitgliedschaftsrechts ist nicht Voraussetzung; deshalb hat der Täter als Vorteilsnehmer eine solche Möglichkeit nur in seinem Vorsatz aufzunehmen, ohne dass es ihm auf die missbräuchliche Ausübung des Mitgliedschaftsrechts ankommen muss (so wohl Hopt/Wiedemann/*Otto* Rn. 95; aA MüKoAktG/*Schaal* Rn. 112: Absicht).

32   **4. Aktienmissbrauch durch Ausübung des Stimmrechts, Nr. 4.** § 405 Abs. 3 Nr. 4 ist eine Spezialvorschrift ggü. § 405 Abs. 3 Nr. 1 und findet auf die Ausübung von Stimmrechten aus **fremden** Inhaber- oder Namensaktien durch **Kreditinstitute** Anwendung (§ 135 Abs. 1; zur allerdings str. Anwendung auch auf ausländische Kreditinstitute vgl. Hüffer/*Koch* § 135 Rn. 4; MüKoAktG/*Schröer* § 135 Rn. 29). Den Kreditinstituten sind nach § 135 Abs. 9 AktG deren Geschäftsleiter und Angestellte, Aktionärsvereinigungen und solche Personen, die sich geschäftsmäßig ggü. Aktionären zur Ausübung des Stimmrechts in der Hauptversammlung erbieten, gleichgestellt, ferner nach § 135 Abs. 12 iVm § 125 Abs. 5 auch Finanzdienstleistungsinstitute iSd §§ 1 Abs. 1a, 2 Abs. 6 KWG und Unternehmen iSd §§ 53 Abs. 1 S. 1, 53b Abs. 1 oder 7 KWG. Insoweit kommen auch nur diese juristischen oder natürlichen Personen als Täter in Betracht (aA MüKoAktG/*Schaal* Rn. 114: jedermann).

33   Ordnungswidrig ist die Benutzung fremder Aktien, für die das Kreditinstitut oder der von ihm Vertretene das Stimmrecht nach § 135 nicht ausüben darf. Denkbar wäre, den Schutzzweck der Norm an § 135 Abs. 6 auszurichten und nur solche Verstöße gegen § 135 für tatbestandsrelevant zu halten, die zur Unwirksamkeit der Stimmabgabe nach § 135 Abs. 6 führen; dies entspricht aber weder dem Wortlaut noch dem Zweck des Bußgeldtatbestands. Maßgebend ist vielmehr die Befugnis zur Ausübung des Stimmrechts. An einer derartigen **Befugnis** fehlt es zunächst, wenn bei Inhaberaktien keine **wirksame Vollmacht** zur Ausübung des Stimmrechts vorliegt, § 135 Abs. 1 S. 1. Soweit nach § 135 Abs. 2 S. 1 diese Vollmacht nur einem bestimmten Kreditinstitut erteilt werden darf, überdies die Vollmachtserklärung vollständig (§ 135 Abs. 2 S. 2) und nachprüfbar dokumentiert sein muss, ohne dass es – anders als nach § 134 Abs. 3 S. 2 bei sonstigen Bevollmächtigten – einer Schriftform bedarf (§ 135 Abs. 2; 4), berührt dies die Wirksamkeit der Vollmacht grds. nicht, wenn sich aus der Erklärung die wirksame Bevollmächtigung ergibt. Ein Fall fehlender Befugnis ist es auch, wenn bei einer eigenen Hauptversammlung des Kreditinstituts versäumt wurde, eine ausdrückliche **Weisung** des Aktionärs zu den einzelnen Tagesordnungspunkten der Hauptversammlung einzuholen (§ 135 Abs. 1 S. 2), da in einem derartigen Fall das bevollmächtigte Kreditinstitut das Stimmrecht nicht ausüben darf (Hopt/Wiedemann/*Otto* Rn. 99); allerdings kann sich das Kreditinstitut eine einzige abstrakte Weisung erteilen lassen, die alle Gegenstände der Tagesordnung umfasst (vgl. Bürgers/Körber/*Holzborn* § 135 Rn. 6). Gleiches gilt für die Beschränkung der Ausübung des Stimmrechts in Fällen der **Beteiligung des Kreditinstituts an der Gesellschaft** ab bestimmter Höhe nach § 135 Abs. 1 S. 3, die eine ausdrückliche Weisung des vertretenen Aktionärs verlangt, wobei die Wahlmöglichkeit des Kreditinstituts hinsichtlich des Verzichts auf die Ausübung der eigenen Stimmrechte für den Tatbestand des § 405 Abs. 3 Nr. 4 besondere Bedeutung gewinnt. Ein Fall fehlender Befugnis ist ferner die Unterbevollmächtigung ohne entsprechende Gestattung im Vollmacht nach § 135 Abs. 3 (MüKoAktG/*Schaal* Rn. 118). Wie bei Inhaberaktien eine Ermächtigung nicht genügt, reicht eine Vollmacht bei Namensaktien nach § 135 Abs. 7 nicht aus, sofern das Kreditinstitut als Inhaber der fremden Aktien in das Register eingetragen ist („Platzhalter", vgl. Hüffer/*Koch* § 135 Rn. 43); in derartigen Fällen ist eine **Ermächtigung** iSd einer Legitimationsübertragung erforderlich, die den Grundsätzen der Vollmachtserteilung nach § 135 Abs. 1–3 und 5 AktG folgt. Etwas anderes gilt, wenn das Kreditinstitut nicht als Inhaber eingetragen ist; dann werden gem. § 67 Abs. 2 Mitgliedschaft und Stimmberechtigung nur des Eingetragenen unwiderlegbar vermutet, so dass sich das Kreditinstitut nur durch Vollmacht unter Benennung des Aktionärs legitimieren kann. IÜ sind Verstöße gegen § 135, insbes. das **Abweichen von gem. § 128 Abs. 2**

mitgeteilten Vorschlägen oder **Verstöße gegen § 135 Abs. 4 S. 2, Abs. 8 oder Abs. 10** nicht geeignet, den Tatbestand des § 405 Abs. 3 Nr. 4 zu verwirklichen (KölnKomm AktG/*Zöller* § 135 Rn. 111; MüKoAktG/*Schröer* § 135 Rn. 149).

Benutzen zur Ausübung des Stimmrechts bedeutet die Ausübung des Stimmrechts. Die Ordnungs- **34** widrigkeit wird mit der ersten Stimmabgabe in der Hauptversammlung vollendet (Hopt/Wiedemann/ *Otto* Rn. 103).

5. Aktienmissbrauch durch Überlassen oder Benutzen bei bestehendem Stimmrechtsver- 35 bot, Nr. 5. Der Tatbestand in § 405 Abs. 3 Nr. 5 sanktioniert die Ausübung des Stimmrechts aus fremden Aktien, für die ein bestimmtes Stimmrechtsverbot besteht, oder die Überlassung solcher Aktien zum Zwecke der Ausübung des Stimmrechts an Dritte. Die Bestimmung soll den im Bußgeldtatbestand aufgeführten Stimmrechtsverboten Nachdruck verleihen (MüKoAktG/*Schaal* Rn. 125) und eine ordnungsgemäße Mehrheitsfindung in der Hauptversammlung sicherstellen, findet aber nicht schon Anwendung, wenn der Aktieninhaber selbst entgegen einem gesetzlichen Verbot von einem ihm im Einzelfall nicht zustehenden Stimmrecht Gebrauch macht, was in der Regel leicht nachprüfbar ist, sondern nur dann, wenn dies durch einen Dritten geschieht, dem die Aktien zum Zwecke der Ausübung des Stimmrechts überlassen worden sind. Wegen der mit einem Vollmachtsstimmrecht verbundenen Anonymität, die durch Übertragung der Aktien auf einen Treuhänder, Ermächtigung eines Legitimationsaktionärs zur Ausübung des Stimmrechts oder die Bevollmächtigung eines in §§ 134 Abs. 3 S. 3, 135 bezeichneten Stimmrechtsvertreters im Namen dessen, den es angeht, gewährleistet ist (vgl. MüKoAktG/*Schröer* 135 Rn. 6), kann ein Stimmrechtsverbot unterlaufen werden, was durch den Tatbestand des § 405 Abs. 3 Nr. 5 unterbunden werden soll.

Von § 405 Abs. 3 Nr. 5 erfasst sind die Stimmrechtsverbote aus den §§ 20 Abs. 7, 21 Abs. 4, 71b, 71d **36** S. 4, 134 Abs. 1, 135, 136, 142 Abs. 1 S. 2, 285 Abs. 1:

– Gem. § 20 Abs. 1 hat ein Unternehmen der Aktiengesellschaft mitzuteilen, dass ihm eine Sperrminorität in Form von mehr als einem Viertel der Aktien zusteht; erst recht gilt dies bei einer Mehrheitsbeteiligung gem. § 20 Abs. 4. Das Unterbleiben der Mitteilung führt zu einer Ausübungssperre (vgl. *Hägele* NZG 2000, 726) hinsichtlich der Rechte aus diesen Aktien nach § 20 Abs. 7 sowohl für das Unternehmen als auch für ein von ihm abhängiges Unternehmen und Dritte, die für Rechnung des Unternehmens oder eines von diesem abhängigen Unternehmens handeln.

– Gleiches gilt für den umgekehrten Fall der Beteiligung einer Aktiengesellschaft an einer anderen Kapitalgesellschaft nach § 21 Abs. 4, wobei für den Fall, dass es sich jeweils um eine Aktiengesellschaft handelt, § 20 als Spezialregelung vorgeht. Zu beachten ist ferner, dass § 21 nach dessen Abs. 5 iVm § 21 Abs. 2 WpHG auf börsennotierte Gesellschaften keine Anwendung findet.

– Gem. § 71b stehen der Gesellschaft aus ihren eigenen Aktien (→ Rn. 15) keine Rechte zu; dies gilt nach § 71d S. 4 auch für die Aktien, die ein Strohmann oder abhängige Unternehmer für die Gesellschaft erworben haben.

– § 134 Abs. 1 erlaubt bei nichtbörsennotierten Gesellschaften die Beschränkung des Stimmrechts aus mehreren Aktien; danach besteht ein – ggf. abgestuftes – Ausübungsverbot über das durch Satzung festgelegte Höchststimmrecht hinaus (vgl. *Baums* AG 1990, 221).

– Soweit § 405 Abs. 3 Nr. 5 auf § 135 Bezug nimmt, erfasst dieser Tatbestand nicht die verbotene Ausübung des Stimmrechts aus fremden Aktien durch den in § 135 bezeichneten Stimmrechtsvertreter selbst, was bereits von § 405 Abs. 3 Nr. 4 sanktioniert wird, sondern Umgehungsversuche, indem eine nicht bestehende Stimmrechtsvollmacht durch die in § 135 bezeichneten Institute oder Personen an Dritte weitergegeben bzw. von den Dritten ausgeübt wird. Eine solche Umgehung kommt etwa bei einer Selbstbenutzung nach § 135 Abs. 1 S. 2 oder 3 im Wege eines Treuhändermodells in Betracht *Schneider* AG 1990, 56).

– § 136 Abs. 1 schreibt einen Stimmrechtsausschluss für Aktien vor, wenn es um eine Entlastung des Aktionärs, seine Befreiung von einer Verbindlichkeit oder der Geltendmachung von Ansprüchen gegen ihn geht. Soweit § 136 Abs. 2 eine Ausnahme von generell zulässigen (BGH NJW 1983, 1910; 1987, 1890; MüKoAktG/*Schröer* § 136 Rn. 61) Stimmbindungsverträgen statuiert, steht diese Regelung nicht im Zusammenhang mit einem Stimmrechtsverbot und berührt daher die Tatbestandsmäßigkeit nach Abs. 3 Nr. 5 nicht, auch wenn der Wortlaut des Ordnungswidrigkeitentatbestands in Abs. 3 Nr. 5 durch die pauschale Bezeichnung des § 136 dessen Abs. 2 scheinbar in seinen Anwendungsbereich einbezieht (aA MüKoAktG/*Schaal* Rn. 133).

– Einen mit § 136 Abs. 1 vergleichbaren Interessenkonflikt betrifft § 142 Abs. 1 S. 2, der ein Stimmrechtsverbot für Mitglieder des Vorstandes oder des Aufsichtsrats in der Hauptversammlung bezüglich der Bestellung eines Sonderprüfers vorschreibt, wenn sich die Prüfung auf Vorgänge erstrecken soll, die mit der Entlastung eines Vorstands- oder Aufsichtsratsmitgliedes oder mit der Einleitung eines Rechtsstreits zwischen der Gesellschaft und einem Vorstands- oder Aufsichtsratsmitglied zusammenhängen.

– Bei der KGaA besteht ein Stimmrechtsverbot gem. § 285 Abs. 1 für persönlich haftende Gesellschafter der Gesellschaft in der Hauptversammlung, soweit es die Wahl und Abberufung des Aufsichtsrats, die Entlastung der persönlich haftenden Gesellschafter und der Mitglieder des Aufsichtsrats, die Bestellung von Sonderprüfern, die Geltendmachung von und den Verzicht auf Ersatzansprüche sowie die Wahl von Abschlussprüfern betrifft. Dies gilt auch für Bevollmächtigte, § 285 Abs. 1 S. 3.

37 Tathandlung ist sowohl die Ausübung des vom Aktienhaber oder einem Dritten überlassenen Stimmrechts trotz bestehenden Stimmrechtsverbots als auch die Überlassung solcher Aktien an einen anderen in der Absicht, dass das Stimmrecht ausgeübt werde (KölnKomm AktG/*Altenhain* Rn. 53); da in den Fällen der Vertretung desjenigen, den es angeht, der Aktionär nicht offengelegt werden muss, ist bereits die Überlassung der Aktien an den Bevollmächtigten mit einem hohen Gefährdungsgrad verbunden, so dass es nach dem Bußgeldtatbestand nicht mehr darauf ankommt, ob das Stimmrecht tatsächlich ausgeübt wurde.

38 **6. Stimmenverkauf, Nr. 6.** § 405 Abs. 3 Nr. 6 ist den Bestechungsdelikten in §§ 299 Abs. 1, 331, 332 StGB nachgebildet und sanktioniert das Fordern, Sichversprechenlassen oder Annehmen eines Vorteils als Gegenleistung für ein bestimmtes Abstimmungsverhalten. Während es in Abs. 3 Nr. 2 und 3 um die Überlassung der Aktien gegen einen unrechtmäßigen Vorteil geht, ist Gegenstand der Tathandlungen in Abs. 3 Nr. 6 und 7 die Vereinbarung, dass sich der Stimmrechtsinhaber bei der eigenen Ausübung seines Entschließungsfreiheit begibt. Täter können nur der Aktionär und sein bevollmächtigter Vertreter nach § 134 Abs. 3, 135 sein, letzterer aber nur, wenn er das Stimmrecht an einen Dritten „verkauft".

39 Tatobjekt sind **besondere Vorteile,** die der Abstimmende fordert, sich versprechen lässt oder annimmt. Der Vorteilsbegriff entspricht dem des Abs. 3 Nr. 2 (→ Rn. 27), erfasst mithin sowohl wirtschaftliche als auch immaterielle Vorteile (so MüKoAktG/*Schaal* Rn. 149; Hopt/Wiedemann/*Otto* Rn. 129; KölnKomm AktG/*Altenhain* Rn. 47, 56). Hinsichtlich der Tathandlungen gilt das gleiche wie bei den gleichlautenden Tatbestandsmerkmalen der Bestechlichkeitsdelikte; **Fordern** ist das ausdrückliche oder schlüssige, einseitige Verlangen („Verhandlungsstufe"), **Sichversprechenlassen** erfordert die ausdrückliche oder schlüssige Annahme eines auch nur bedingten Angebots der späteren Zuwendung („Vereinbarungsstufe"), während **Annehmen** die tatsächliche Entgegennahme des angebotenen oder geforderten Vorteils bedeutet („Leistungsstufe").

40 Die Tathandlung muss ein bestimmtes Abstimmungsverhalten zum Ziel haben, dh der Täter sich verpflichten, nicht oder in einem bestimmten Sinn abzustimmen **(Unrechtsvereinbarung).** Wie der Täter tatsächlich abstimmt, ist ebenso unerheblich wie seine Mentalreservation, sich seine Entschließungsfreiheit insgeheim vorzubehalten (aA MüKoAktG/*Schaal* Rn. 160). Das Abstimmungsverhalten im Rahmen zulässiger Stimmrechtsvereinbarungen wird in Abs. 3 Nr. 6 nicht erfasst (→ Rn. 27).

41 **7. Stimmenkauf, Nr. 7.** Durch § 405 Abs. 3 Nr. 7 wird spiegelbildlich zu § 405 Abs. 3 Nr. 6 das Anbieten, Versprechen und Gewähren besonderer Vorteile für ein bestimmtes Abstimmungsverhalten des Aktionärs oder seines Vertreters als Gegenleistung geahndet. Für diesen den Korrumpierenden betreffenden Bußgeldtatbestand gilt das zum Stimmenverkauf (→ Rn. 38–40) Ausgeführte.

F. Unterlassene Bekanntmachung und Veröffentlichung der Einberufung einer Hauptversammlung, Abs. 3a

I. Schutzzweck und Täterkreis

42 Dieser durch das ARUG v. 30.7.2009 (→ Vorb. Rn. 2) eingefügte Bußgeldtatbestand sanktioniert bei börsennotierten Gesellschaften Verstöße gegen die Pflicht zur Zuleitung der Einberufung bzw. der ergänzten Tagesordnung an Medien, bei denen von einer gemeinschaftsweiten Verbreitung ausgegangen werden kann. Der Gesetzgeber hat die ordnungswidrigkeitenrechtliche Verfolgung eines Verstoßes gegen die Verbreitungspflichten nach § 121 Abs. 4a, 124a an dieser Stelle geregelt, weil das WpHG die Pflicht zur Verbreitung der Einberufung über die genannten Medien nicht vorsieht.

II. Die Tatbestände im Einzelnen

43 **1. Täterkreis.** Die beiden Bußgeldtatbestände in § 405 Abs. 3a richten sich durch ihre Bezugnahme auf die Bekanntmachung der Einberufung zur Hauptversammlung einer börsennotierten Gesellschaft ggü. den Aktionären an die Personen, die zur Einberufung der Hauptversammlung und ihrer Bekanntmachung berechtigt und verpflichtet sind. Hierbei handelt es sich nach §§ 121 Abs. 2 S. 1, 175 grds. um den Vorstand, aber auch um den Aufsichtsrat, dem nach § 111 Abs. 3 S. 1 eine ergänzende Einberufungsbefugnis iSd § 121 Abs. 2 S. 3 zusteht, welche ihm durch Satzung weder entzogen noch von weiteren Voraussetzungen abhängig gemacht werden kann. Soweit nach § 122 Abs. 1 eine Einberufung zur Hauptversammlung auf Verlangen von Minderheitsaktionären zulässig ist, können diese Minderheitsaktionäre nur die Einberufung durch den Vorstand verlangen. Etwas anderes gilt indes für gerichtlich ermächtigte Aktionäre nach § 122 Abs. 3, die selbst zur Hauptversammlung einberufen; für die Einberufung und Vorbereitung der von der Minderheit kraft gerichtlicher Ermächtigung initiierten Hauptversammlung bzw. ergänzten Tagesordnung gelten die Vorschriften der §§ 121, 123 und 124 in gleicher

Weise wie bei einer verwaltungsseitig einberufenen Hauptversammlung, so dass in diesem Falle die Minderheitsaktionäre Normadressaten sind.

2. Unterlassene oder fehlerhafte Zuleitung der Einberufung zur Hauptversammlung. Nach 44 § 405 Abs. 3a Nr. 1 handelt ordnungswidrig, wer entgegen § 121 Abs. 4a S. 1, auch iVm § 124 Abs. 1 S. 3, die Einberufung nicht, nicht richtig, nicht vollständig oder nicht rechtzeitig zuleitet. Nach § 121 Abs. 4a, der auf Art. 5 Abs. 2 der Aktionärsrechterichtlinie zurückgeht, ist die Einberufung bei börsennotierten Gesellschaften, die nicht ausschließlich Namensaktien ausgegeben haben und die Einberufung den Aktionären nicht nur unmittelbar nach Abs. 4 S. 2 und 3 übersenden, sondern – über die Bekanntmachung in den Gesellschaftsblättern nach § 121 Abs. 3 hinaus – auch in europaweit erscheinenden Medien zu veröffentlichen; gleiches gilt für die Ergänzung der Tagesordnung aufgrund eines Minderheitsbegehrens nach § 122 Abs. 2. Tathandlung ist hier die unterlassene, fehlerhafte, unvollständige oder nicht rechtzeitige Veröffentlichung in den Medien. Maßgeblich ist dabei die Zuleitung an die Medien im Zeitraum bis zur Bekanntmachung nach § 121 Abs. 3. Zuleitung bedeutet nicht eigene Veröffentlichung, sondern lediglich Presseinformation.

3. Unterlassene oder fehlerhafte Veröffentlichung auf der Internetseite der Gesellschaft. Buß- 45 geldbewehrt ist schließlich nach § 405 Abs. 3a Nr. 2 auch, wenn entgegen § 124a Angaben nicht, nicht richtig oder nicht vollständig zugänglich gemacht werden. Nach jener – Art. 5 Abs. 4 der Aktionärsrechterichtlinie umsetzenden – Vorschrift haben börsennotierte Gesellschaften alsbald nach der Einberufung der Hauptversammlung über ihre Internetseite den Inhalt der Einberufung, die der Versammlung zugänglich zu machenden Unterlagen, die Gesamtzahl der Aktien und der Stimmrechte im Zeitpunkt der Einberufung und auch bestimmte Formulare zugänglich zu machen. Bußgeldbewehrt ist die unterlassene, fehlerhafte oder unvollständige Darstellung auf der Internetseite.

4. Schuldform. Abweichend von allen anderen Tatbeständen des § 405 genügt bei den Ordnungs- 46 widrigkeiten nach § 405 Abs. 3a Leichtfertigkeit. Bei diesem auch in anderen Straf- (§§ 178, 239a, 251 StGB) und Bußgeldtatbeständen (§§ 378–381 AO, § 56 Abs. 2 KWG, § 36 MOG) verwendeten Merkmal handelt es sich um eine graduell gesteigerte, dh **grobe Fahrlässigkeit** (BGHSt 14, 240; 20, 315; 43, 158), bei der die objektiven als auch die subjektiven Fahrlässigkeitselemente in intensivierter Form vorliegen müssen, ohne dass es eines Bewusstsein des Täters von der Tatbestandsverwirklichung bedarf. Leichtfertig handelt, wer aus besonderer Gleichgültigkeit oder grober Unachtsamkeit außer Acht lässt, dass bei seinem Handeln die Tatbestandsverwirklichung besonders nahe liegt und sich geradezu aufdrängt.

G. Verfahrensrechtliches

Die Verfolgung der bis zu 25.000 EUR ahndbaren Ordnungswidrigkeiten nach § 405 richtet sich 47 nach den Verfahrensregelungen des OWiG. Die Zuständigkeit liegt gem. § 36 Abs. 1 OWiG bei der fachlich zuständigen obersten Landesbehörde oder der nach § 36 Abs. 2 OWiG von der Landesregierung durch Rechtsverordnung bestimmten Verwaltungsbehörde.

§ 408 Strafbarkeit persönlich haftender Gesellschafter einer Kommanditgesellschaft auf Aktien

[1] **Die §§ 399 bis 407 gelten sinngemäß für die Kommanditgesellschaft auf Aktien.** [2] **Soweit sie Vorstandsmitglieder betreffen, gelten sie bei der Kommanditgesellschaft auf Aktien für die persönlich haftenden Gesellschafter.**

Bei § 408 S. 1 handelt es sich um eine **Gleichstellungsklausel**, die sämtliche Straf- und Bußgeldtat- 1 bestände, die nach §§ 399–405 bei einer Aktiengesellschaft verwirklicht werden können, auf eine KGaA überträgt. Entgegen ihrer auf der Fassung des § 304 AktG 1937 beruhenden – überholten – Überschrift erfasst die Bestimmung nicht nur Straftaten der persönlich haftenden Gesellschafter, sondern aufgrund der Verweisung in S. 1 das straf- und bußgeldbewehrte Handeln aller in §§ 399–405 erfassten Tätergruppen, also der Gründer, Mitglieder des Aufsichtsrats und Abwickler sowie von Prüfern oder ihren Gehilfen nach §§ 403, 404 oder von Dritten nach §§ 402, 405, soweit sie eine KGaA betreffen.

S. 2 stellt die **persönlich haftenden Gesellschafter** einer KGaA den Mitgliedern eines Vorstands 2 einer Aktiengesellschaft gleich. Dies folgt der Aufgabenstellung der persönlich haftenden Gesellschafter, die bei der KGaA nach §§ 282, 283 an die Stelle des Vorstands treten und ihre Rechten und Pflichten haben. Soweit persönlich haftender Gesellschafter eine juristische Person ist, findet auf Straftaten nach §§ 399–404, die als besonderes persönliches Tätermerkmal die Mitgliedschaft im Vorstand voraussetzen, § 14 Abs. 1 StGB, auf eben solche Ordnungswidrigkeiten nach § 405 die Vorschrift des § 9 OWiG Anwendung, so dass Adressat der Straf- oder Bußgeldnorm die dort genannten Vertreter sind (BGHSt 19, 174; MüKoAktG/*Schaal* Rn. 8).

120. Altersteilzeitgesetz (AltTZG)

Vom 23. Juli 1996 (BGBl. I S. 1078) FNA 810-36

Zuletzt geändert durch Art. 6 G zur Durchführung des Haager Übereinkommens vom 30. Juni 2005 über Gerichts-
standsvereinbarungen sowie zur Änd. des RechtspflegerG, des Gerichts- und NotarkostenG, des AltersteilzeitG und des
SGB III vom 10.12.2014 (BGBl. I S. 2082)

– Auszug –

Vorbemerkung

1 Das Altersteilzeitgesetz (AltTZG) wurde als Art. 1 des Gesetzes zur Förderung eines gleitenden Übergangs in den Ruhestand (RuStFöG) v. 23.7.1996 (BGBl. I 1078) erlassen und trat gem. Art. 10 S. 1 des RuStFöG am 1.8.1996 in Kraft. Hintergrund war die in vielen Großunternehmen zu beobachtende Praxis, ältere Arbeitnehmer weit vor Erreichen der Altersgrenze in den Ruhestand zu versetzen, um das Personal zu verkleinern oder zu verjüngen. Diese sog Frühverrentungspraxis belastete gesetzliche Renten- und Arbeitslosenversicherung mit Kosten, da die entlassenen Arbeitnehmer sich in der Regel zunächst arbeitslos meldeten und sodann zum frühestmöglichen Zeitpunkt eine Altersrente wegen Arbeitslosigkeit beantragten (BT-Drs. 13/4336, 14; zu den Hintergründen auch *Boecken* NJW 1996, 3386).

2 Die Altersteilzeitarbeit soll nach § 1 Abs. 1 älteren Arbeitnehmern hingegen einen **gleitenden Übergang** vom Erwerbsleben **in die Altersrente** ermöglichen. Zu diesem Zweck werden vornehmlich Arbeitnehmer, die das 55. Lebensjahr vollendet haben (zum begünstigten Personenkreis § 2), unter den Voraussetzungen des § 3 durch Leistungen der Bundesagentur für Arbeit nach § 4 gefördert. Erforderlich ist unter anderem, dass der freiwerdende Arbeitsplatz mit einem arbeitslosen Arbeitnehmer oder einem Auszubildenden besetzt wird. Die Förderung der Altersteilzeit dient dadurch zugleich der Entlastung des Arbeitsmarktes (BT-Drs. 13/4336, 18).

3 Gemäß § 1 Abs. 2 fördert die Bundesagentur für Arbeit die Teilzeitarbeit älterer Arbeitnehmer nur noch, wenn sie ihre Arbeitszeit spätestens ab dem **31.12.2009** vermindert haben. Dies schließt einen Beginn mit der Altersteilzeit ab dem 1.1.2010 oder später zwar nicht aus, allerdings deren Förderung durch die Bundesagentur.

4 Um über Berechtigung und Höhe der Leistungen zutreffend entscheiden zu können, werden dem leistungsempfangenden Arbeitnehmer durch § 11 **Mitwirkungspflichten** sowie Dritten über die Verweisungen in § 13 auf § 315 SGB III und § 319 SGB III **Auskunfts- und Prüfungspflichten** auferlegt. Eine Verletzung dieser Pflichten verwirklicht den Ordnungswidrigkeitentatbestand des § 14.

§ 14 Bußgeldvorschriften

(1) Ordnungswidrig handelt, wer vorsätzlich oder fahrlässig

1. entgegen § 11 Abs. 1 oder als Arbeitgeber entgegen § 60 Abs. 1 Nr. 2 des Ersten Buches Sozialgesetzbuch eine Mitteilung nicht, nicht richtig, nicht vollständig oder nicht rechtzeitig macht,
2. entgegen § 13 Satz 1 in Verbindung mit § 315 Abs. 1, 2 Satz 1, Abs. 3 oder 5 Satz 1 und 2 des Dritten Buches Sozialgesetzbuch eine Auskunft nicht, nicht richtig, nicht vollständig oder nicht rechtzeitig erteilt,
3. entgegen § 13 Satz 1 in Verbindung mit § 319 Abs. 1 Satz 1 des Dritten Buches Sozialgesetzbuch Einsicht oder Zutritt nicht gewährt oder
4. entgegen § 13 Satz 1 in Verbindung mit § 319 Abs. 2 Satz 1 des Dritten Buches Sozialgesetzbuch Daten nicht, nicht richtig, nicht vollständig, nicht in der vorgeschriebenen Weise oder nicht rechtzeitig zur Verfügung stellt.

(2) Die Ordnungswidrigkeit kann in den Fällen des Absatzes 1 Nr. 4 mit einer Geldbuße bis zu dreißigtausend Euro, in den übrigen Fällen mit einer Geldbuße bis zu tausend Euro geahndet werden.

(3) Verwaltungsbehörden im Sinne des § 36 Abs. 1 Nr. 1 des Gesetzes über Ordnungswidrigkeiten sind die Agenturen für Arbeit.

(4) ¹Die Geldbußen fließen in die Kasse der Bundesagentur. ²§ 66 des Zehnten Buches Sozialgesetzbuch gilt entsprechend.

(5) Die notwendigen Auslagen trägt abweichend von § 105 Abs. 2 des Gesetzes über Ordnungswidrigkeiten die Bundesagentur; diese ist auch ersatzpflichtig im Sinne des § 110 Abs. 4 des Gesetzes über Ordnungswidrigkeiten.

Valerius

A. Tatbestand

I. Die Bußgeldtatbestände im Einzelnen

1. Mitwirkungspflichten von Arbeitnehmer und Arbeitgeber. Den **Arbeitnehmer** treffen gem. **1**
§ 11 Abs. 1 insoweit **Mitwirkungspflichten,** als er Änderungen der ihn betreffenden Verhältnisse, die
für die Leistungen nach § 4 erheblich sind, unverzüglich, dh ohne schuldhaftes Zögern, mitzuteilen hat.
Adressat der Mitteilung ist der Arbeitgeber bzw. die Ausgleichskasse der Arbeitgeber oder die gemein-
same Einrichtung der Tarifvertragsparteien, sofern diese gem. § 9 die Leistungen erbringen. Den
Arbeitgeber trifft seinerseits die Pflicht gem. § 60 Abs. 1 S. 1 Nr. 2 SGB I, Änderungen in den
Verhältnissen unverzüglich mitzuteilen, sofern sie für die Leistung erheblich sind oder über sie im
Zusammenhang mit der Leistung Erklärungen abgegeben worden sind.

Wird die Mitteilung überhaupt nicht, nicht richtig oder nicht vollständig bzw. nicht rechtzeitig, dh **2**
nicht unverzüglich erklärt, begehen Arbeitnehmer bzw. Arbeitgeber eine Ordnungswidrigkeit nach § 14
Abs. 1 **Nr. 1.** Den Arbeitnehmer trifft darüber hinaus nach § 11 Abs. 2 S. 1 Nr. 2 eine Erstattungspflicht zu Unrecht erhaltener Leistungen ggü. der Bundesagentur für Arbeit, soweit ihm zumindest
grobe Fahrlässigkeit vorzuwerfen ist.

2. Auskunftspflichten Dritter. § 13 S. 1 verweist in Bezug auf notwendige Auskünfte und Prüfung **3**
unter anderem auf §§ 315 und 319 SGB III. Nach **§ 315 Abs. 1 SGB III** muss jeder, der einem
Antragsteller oder Empfänger laufender Geldleistungen, hier dem Arbeitnehmer in Altersteilzeitarbeit,
Leistungen erbringt, die geeignet sind, die laufende Geldleistung auszuschließen oder zu mindern, der
Agentur für Arbeit auf Verlangen hierüber **Auskunft** erteilen, soweit es zur Durchführung ihrer
Aufgaben nach dem SGB III erforderlich ist. Gleiches gilt gem. § 315 Abs. 2 S. 1 SGB III für Personen,
die ggü. dem Arbeitnehmer zu entsprechenden Leistungen verpflichtet sind oder die für ihn ein
Guthaben führen oder **Vermögensgegenstände verwahren.**

Weitere Auskunftspflichten treffen denjenigen, der den **Arbeitnehmer,** dessen Ehegatten oder **4**
Lebenspartner bzw. den Auskunftspflichtigen nach § 315 Abs. 2 SGB III **beschäftigt** in Bezug auf die
Beschäftigung, insbes. auf das Arbeitsentgelt (§ 315 Abs. 3 SGB III). Außerdem müssen nach § 315
Abs. 5 S. 1 SGB III Ehegatte, Lebenspartner oder Partner des Arbeitnehmers in einer eheähnlichen
Gemeinschaft, soweit im Rahmen einer **Bedürftigkeitsprüfung** ihr Einkommen oder Vermögen zu
berücksichtigen ist, Auskunft hierüber erteilen. Diese Pflicht trifft ebenso Dritte, die für diesen Ehegat-
ten, Lebenspartner oder Partner Guthaben führen oder Vermögensgegenstände verwahren (§ 315 Abs. 5
S. 2 SGB III).

Wer die nach § 315 SGB III erforderlichen Auskünfte nicht, nicht richtig oder nicht vollständig bzw. **5**
nicht rechtzeitig, dh insbes. nicht innerhalb der ihm von der Agentur für Arbeit hierfür gesetzten
angemessenen Frist, erteilt, verwirklicht den Ordnungswidrigkeitentatbestand des § 14 Abs. 1 **Nr. 2.**

Die von § 13 S. 1 ebenfalls zitierte Vorschrift des § 319 SGB III stellt in ihrem Abs. 1 S. 1 **6**
Duldungspflichten für Personen auf, die eine Leistung der Arbeitsförderung beantragen, bezogen
haben oder beziehen oder die jemanden, bei dem dies der Fall ist oder für den eine Leistung beantragt
wurde, beschäftigen oder mit Arbeiten beauftragen. Sie müssen der Bundesagentur, soweit dies zur
Durchführung ihrer Aufgaben erforderlich ist, zum einen **Einsicht** in Lohn-, Meldeunterlagen, Bücher
und andere Geschäftsunterlagen und Aufzeichnungen gestatten sowie während der Geschäftszeit **Zutritt**
zu ihren Grundstücken und Geschäftsräumen gewähren. Wer dem nicht nachkommt, begeht eine
Ordnungswidrigkeit nach § 14 Abs. 1 **Nr. 3.**

Schließlich legt § 319 Abs. 2 S. 1 SGB III dem Arbeitgeber auf, in automatisierten Dateien gespei- **7**
cherte Daten auf Verlangen (und auf Kosten) der Agenturen für Arbeit auszusondern und auf maschinenverwertbaren Datenträgern oder in Listen zur Verfügung zu stellen. Wer die betreffenden Daten nicht,
nicht richtig oder nicht vollständig, nicht in der vorgeschriebenen Weise, dh nicht ausgesondert bzw.
nicht auf einem maschinenverwertbaren Datenträger oder in Listen, bzw. nicht rechtzeitig zur Verfügung
stellt, verwirklicht die Bußgeldvorschrift des § 14 Abs. 1 **Nr. 4.**

II. Innerer Tatbestand

Die durch § 14 Abs. 1 bußgeldbewehrte Verletzung der Mitwirkungs- und Auskunftspflichten kann **8**
sowohl vorsätzlich als auch fahrlässig erfolgen.

B. Geldbuße

Vorsätzliche Ordnungswidrigkeiten nach den § 14 Abs. 1 **Nr. 1–3** können gem. § 14 Abs. 2 mit **9**
einer Geldbuße bis zu 1.000 EUR geahndet werden. Bei Fahrlässigkeit reduziert sich das Höchstmaß
wegen § 17 Abs. 2 OWiG auf 500 EUR. Wegen Verstößen des Arbeitgebers gegen die Mitwirkungspflicht aus § 319 Abs. 2 S. 1 SGB III (§ 14 Abs. 1 **Nr. 4**) kann hingegen eine Geldbuße bis zu 30.000

EUR (bei vorsätzlichem Handeln) bzw. bis zu 15.000 EUR (bei fahrlässigem Verhalten) verhängt werden.

10   Die Geldbußen fließen gem. § 14 Abs. 4 S. 1 in die Kasse der Bundesagentur für Arbeit. Für die Vollstreckung gilt nach § 14 Abs. 4 S. 2 iVm § 66 Abs. 1 S. 1 SGB X das VwVG.

C. Konkurrenzen

11   Einzelne Ordnungswidrigkeiten nach § 14 Abs. 1 stehen in der Regel in Tatmehrheit, so dass jeweils eine gesonderte Geldbuße festzusetzen ist (§ 20 OWiG).

D. Verjährung

12   Die Verfolgung von Ordnungswidrigkeiten nach § 14 Abs. 1 **Nr. 4** verjährt bei vorsätzlichem Handeln nach drei Jahren (§ 31 Abs. 2 Nr. 1 OWiG), bei Fahrlässigkeit nach zwei Jahren (§ 31 Abs. 2 Nr. 2 OWiG). Die übrigen Ordnungswidrigkeiten nach § 14 Abs. 1 **Nr. 1–3** verjähren jeweils – sowohl bei Vorsatz als auch bei Fahrlässigkeit – nach sechs Monaten (§ 31 Abs. 2 Nr. 4 OWiG).

E. Verfolgungsbehörde

13   Für die Verfolgung der Ordnungswidrigkeiten nach § 14 Abs. 1 sind die **Agenturen für Arbeit** die sachlich zuständigen Verwaltungsbehörden iSd § 36 Abs. 1 Nr. 1 OWiG (§ 14 Abs. 3).

14   Sofern in einem Verfahren die Staatskasse die notwendigen Auslagen zu tragen hat, werden sie abweichend von § 105 Abs. 2 OWiG der Bundesagentur für Arbeit auferlegt (§ 14 Abs. 5 Hs. 1). Ebenso ist die Bundesagentur iSd § 110 Abs. 4 OWiG ersatzpflichtig für Vermögensschäden, die durch eine Verfolgungsmaßnahme im Bußgeldverfahren verursacht wurden (§ 14 Abs. 5 Hs. 2).

125. Gesetz über den Verkehr mit Arzneimitteln
(Arzneimittelgesetz – AMG)

In der Fassung der Bekanntmachung vom 12. Dezember 2005 (BGBl. I S. 3394) FNA 2121-51-1–2

Zuletzt geändert durch Art. 3 G zur Umsetzung der RL über Tabakerzeugnisse und verwandte Erzeugnisse vom 4.4.2016 (BGBl. I S. 569)

– Auszug –

Vorbemerkung

A. Entstehung und Inhalt des Arzneimittelgesetzes

Das Arzneimittelgesetz, dessen Blankettstrafnormen und Bußgeldtatbestände in §§ 95 ff. zum Neben- **1** strafrecht gehören, hat zahlreiche Richtlinien der Europäischen Union umgesetzt. Obwohl das Arzneimittelwesen alt ist, hat das gesetzliche Arzneimittelrecht in Deutschland, von verstreuten Teilregelungen abgesehen, keine lange Historie. Bis zum Jahre 1961 war es überhaupt nicht spezialgesetzlich geregelt.

Mit dem am 1.8.1961 in Kraft getretenen Arzneimittelgesetz 1961, das den **Gesundheitsschutz 2 bezweckt,** war zunächst eine Registrierungspflicht für Arzneimittel eingeführt worden, um eine Grundlage für die Überwachung des Arzneimittelverkehrs zu schaffen. Die Registrierung war jedoch zur Herstellung von Arzneimittelsicherheit unzureichend. Sie hätte ein Unglück, wie es sich im Contergan-Fall (LG Aachen JZ 1971, 507 ff.) kurz vor Inkrafttreten des Arzneimittelgesetzes ereignet hatte, kaum verhindern können. Zur Umsetzung der Europäischen Richtlinie des Rates zur Angleichung der Rechts- und Verwaltungsvorschriften für Arzneimittel (RL 65/65/EWG, ABl. 1965 22, 369 ff.) wurde die gesetzliche Regelung bereits mit dem am 1.9.1976 in Kraft getretenen Arzneimittelneuordnungsgesetz (AMNOG) grdl. neu gestaltet (AMG 1976). An die Stelle der Registrierungspflicht trat eine Zulassungspflicht für Arzneimittel, um aufgrund eines besonderen Zulassungsverfahrens beim Bundesgesundheitsamt die Überprüfung der Qualität, Wirksamkeit und Unbedenklichkeit der Arzneimittel (§ 1) vor deren Inverkehrbringen zu ermöglichen. Zusätzlich wurden unter Ermächtigung des Bundesministers für Gesundheit zum Erlass von Rechtsverordnungen auch Regelungen zur Überwachung des Arzneimittelverkehrs getroffen, indem durch Beobachtung, Sammlung und Auswertung von Informationen aufgrund eines Stufenplans zur Zusammenarbeit der Behörden unter Einbeziehung der pharmazeutischen Unternehmen die Arzneimittelrisiken geprüft werden. Die pharmazeutischen Unternehmen unterliegen nun zivilrechtlich einer Gefährdungshaftung für die Verursachung von Schäden durch ihre Produkte, wofür sie Deckungsvorsorge zu treffen haben (§§ 84 ff.; Körner/Patzak/ Volkmer/*Volkmer* Vorb. AMG Rn. 179 ff.).

Weitere Änderungen des Arzneimittelgesetzes dienten vor allem der Präzisierung der Regeln über die **3** Überwachung von Arzneimitteln unter Umsetzung neuerer Gemeinschaftsrechts, das seinerseits danach strebt, die Zulassung und Überwachung internationalen Institutionen zu unterstellen. Damit wird auch das Prinzip der gegenseitigen Anerkennung der Arzneimittelzulassung in den Mitgliedstaaten der Europäischen Union ermöglicht. Zur Herstellung von Rechtseinheit wird in einem dezentralisierten Zulassungsverfahren entschieden, sofern die nationalen Behörden keine Einigkeit über die Zulassungsfähigkeit eines Arzneimittels erzielen. Dann entscheidet der Ministerrat aufgrund einer Empfehlung der Europäischen Arzneimittelagentur mit bindender Wirkung für die nationalen Behörden. Das Zulassungsverfahren bleibt ein Verfahren vor den nationalen Behörden, das allerdings von der Entscheidung des Ministerrats präjudiziert wird. Bei der Zulassung eines beschränkten Kreises von Arzneimitteln aus dem Bereich der Biotechnologie entscheidet der Ministerrat alleinverbindlich. Wesentliche Änderungen hat das Arzneimittelgesetz zuletzt durch das Zweite und Dritte Gesetz zur Änderung arzneimittelrechtlicher und anderer Vorschriften v. 19.10.2012 und 7.8.2013 (BGBl. 2012 I 2192; 2013 I 3108) erfahren. Dadurch wurden insbes. europäische Vorgaben für die Pharmakovigilanz, den **Schutz vor Arzneimittelfälschungen** und die Bekämpfung des Dopings im Sport umgesetzt. Zuletzt wurde durch das Gesetz zur **Bekämpfung von Doping** im Sport v. 10.12.2015 (BGBl. I 2210) (AntiDopG) der zwischenzeitlich durch Art. 2 des Gesetzes zur Verbesserung der Bekämpfung des Dopings im Sport v. 24.10.2007 (BGBl. I 2510) (BGBl. I 2510) eingeführte und durch das Dritte Gesetz zur Änderung arzneimittelrechtlicher und anderer Vorschriften erweiterte Straftatbestand (§ 95 Abs. 1 Nr. 2a und b iVm § 6a) in ein eigenes Gesetz zur Bekämpfung von Doping im Sport ausgegliedert (zur Historie BT-Drs. 18/4898, 17 f.; *Lehner* FS Rössner, 2015, 646 (648 ff.); zum AntiDopG *Jahn* SpuRt 2015, 149 ff.; *Parzeller/Prittwitz* StoffR 2015, 2 ff.; *Peukert* npoR 2015, 95 ff.), wobei aber auch ein Paradigmenwechsel beim geschützten Rechtsgut tendenziell eher vom (paternalistischen) Gesundheitsschutz wegführend zum Schutz des sportlichen Wettbewerbs vollzogen wurde (vgl. BT-Drs. 18/4898, 1). Der Straftatbestand des § 95 Abs. 1 Nr. 2a und Nr. 2b bleibt ggf. für Altfälle bedeutsam (§ 2 Abs. 1 und 3 StGB) und ist meist das mildere Gesetz.

B. Ziele und Regelungskonzeption

4   Die Zweckbestimmung des Arzneimittelgesetzes ist in § 1 definiert, wonach im Interesse einer ordnungsgemäßen Arzneimittelversorgung für Mensch und Tier für die Sicherheit im Verkehr mit Arzneimitteln, insbes. für Qualität, Wirksamkeit und Unbedenklichkeit, gesorgt werden soll. Das Arzneimittelstrafrecht und das Arzneimittelordnungswidrigkeitenrecht als Teilmaterie des Arzneimittelgesetzes dient dem Rechtsgüterschutz, indem bereits **abstrakte Gefahren für Leben und Gesundheit** der Bürger durch bedenkliche Arzneimittel ausgeschlossen werden sollen. Es geht insoweit um die **Volksgesundheit** als Universalrechtsgut, obwohl die Volksgesundheit eigentlich nichts anderes ist als die Summe der entsprechenden Individualrechtsgüter. Ein eigenverantwortliches Doping als Form der Selbstschädigung kann danach streng genommen nicht in legitimer Weise von einer Strafdrohung erfasst werden, weil Bürger über ihr Rechtsgut disponieren dürfen (*Freund* FS Rössner, 2015, 579 (591); aA *Schöch* FS Rössner, 2015, 669 (672)). Die Gesundheit ist ebenso wie die körperliche Unversehrtheit ein Rechtsgut, über das bis zur (diffusen) Grenze der Sittenwidrigkeit (§ 228 StGB) vom Rechtsgutsträger nach Art. 2 Abs. 1 GG verfügt werden kann (*Roxin* FS Samson, 2010, 445 (450 f.); *Schöch* FS Rössner, 2015, 669 (671)). Die Verletzung oder Gefährdung durch den Rechtsgutsträger selbst ist daher auf der Legitimationsebene straflos zu belassen (*Jahn* SpuRt 2015, 149 (150)) und die Mitwirkung daran im Kern nur eine straffreie Beteiligung an der eigenverantwortlichen Selbstschädigung oder Selbstgefährdung. Wann die Zurechnungsgrenze der **Eigenverantwortlichkeit** überschritten ist, bleibt zumindest ungeklärt. Strafrechtliche Verhaltensverbote können nur in legitimer Weise eingreifen, soweit keine eigenverantwortliche Selbstschädigung oder Selbstgefährdung vorliegt. Daher erweist sich die bisherige **Einordnung des Dopingstrafrechts,** das nach dem Prinzip der Eigenverantwortlichkeit im gesundheitlichen Bereich streng zur Vermeidung von nur den **sportlichen Wettbewerb** schützen kann (*Roxin* FS Samson, 2010, 445 (452 f.)), in das Arzneimittelgesetz als konzeptionell verfehlt. Dies wird durch das Gesetz zur Bekämpfung von Doping im Sport revidiert, aber durch Strafdrohung gegen Selbstdoping durch Spitzensportler partiell konterkariert. Soweit die Strafnormen gegen Doping im Sport im Arzneimittelrecht verankert waren, wurde aber auch die Auffassung vertreten, geschützt werde auch die „Arzneimittelsicherheit" (Kügel/Müller/Hofmann/*Raum* § 95 Rn. 17). Da Dopingmittel nach der nunmehr geltenden Definition mangels einer Bestimmung zur Herstellung oder Besserung der Gesundheit (→ Rn. 8) aber genau genommen gar keine Arzneimittel sind und die Normen zur Bekämpfung von Doping im Sport nun auch aus dem Arzneimittelgesetz ausgelagert worden sind, kann diese Begründung zumindest rückblickend nicht mehr tragfähig erscheinen. Nur Nebenzwecke des Arzneimittelrechts sind der **Schutz des Vermögens** und der Dispositionsfreiheit von Verbrauchern (MüKoStGB/*Freund* Vor §§ 95 ff. Rn. 11), jedenfalls aber nicht der sportliche Wettbewerb, der durch das Dopingstrafrecht geschützt werden soll. Soweit es um Tierarzneimittel geht, wird ein **Tierschutz** bezweckt, sowie mittelbar der Gesundheitsschutz für Menschen als Lebensmittelkonsumenten in der Nahrungskette. Dazu enthalten die straf- und bußgeldrechtlichen Blankettnormen eine Straf- oder Bußgeldbewehrung der sich aus dem Arzneimittelverwaltungsrecht ergebenden **Verhaltensregeln.** Das Straf- und Ordnungswidrigkeitenrecht ist hier **verwaltungsrechtsakzessorisch.** Es weist Parallelen zu den Regelungen im Betäubungsmittelgesetz (BtMG), im Lebensmittel-, Bedarfsgegenstände- und Futtermittelgesetzbuch (LFGB), im Vorläufigen Tabakgesetz (VTabakG) und im Medizinproduktegesetz (MPG) auf, die ebenfalls Sorgfaltspflichten im Umgang mit Produkten oder Stoffen aufstellen und vergleichbare Verhaltensweisen, wie das Abgeben, Anbieten, Erwerben, Herstellen oder Inverkehrbringen verbieten, wenn die abstrakt-generellen Bedingungen dafür nicht erfüllt sind. Praktisch ist das Arzneimittelstrafrecht trotz seiner breit angelegten Strafdrohungen bisher allerdings wenig effektiv (*Körner* ZRP 1986, 170 ff.).

C. Arzneimittel als Gegenstand der Regelungen

5   Zentralbegriff des Arzneimittelrechts ist der **Begriff** des Arzneimittels, der in § 2 definiert wird; die §§ 3, 4 ergänzen dies um weitere Definitionen zu Detailbegriffen und Erweiterungen des Arzneimittelbegriffs. Zentrales Beurteilungskriterium für die Eigenschaft als echtes Arzneimittel ist die Zweckbestimmung. Im Arzneimittelstrafrecht ist der Rahmen der gesetzlichen Definition des Arzneimittels nach dem **Gesetzlichkeitsprinzip** und dem Bestimmtheitsgebot des Art. 103 Abs. 2 GG bis zur Grenze des noch möglichen Wortsinns einzuhalten (BGHSt 43, 336 (343)). Der Arzneimittelbegriff selbst genügt dem Bestimmtheitsgebot (Körner/Patzak/Volkmer/*Volkmer* Vorb. AMG Rn. 40), er bedarf allerdings wegen der Weite der Fassung von § 2 Abs. 1 und Abs. 2 einer einschränkenden Auslegung (BVerfG NJW 2006, 2684 (2685); BGH PharmR 2010, 30 (33)).

6   **1. Arzneimittelkategorien. Echte Arzneimittel** (§ 2 Abs. 1) sind Stoffe oder Zubereitungen aus Stoffen, die dazu bestimmt sind, durch Anwendung am oder im lebendigen menschlichen oder

tierischen Körper eine der in § 2 Abs. 1 Nr. 1–5 aufgezählten Wirkungen zu erzielen. Ob sie dazu tatsächlich geeignet sind, ist für den objektiven Tatbestand unerheblich (BGHSt 43, 336 (339)). Auch **Anscheinsarzneimittel** (Placebos) können (Präsentations-) Arzneimittel sein (BGHSt 59, 16 (18)). Zu den für Arzneimittel charakteristischen Wirkungen, die Gegenstand der Zweckbestimmung sind, gehören das Heilen, Lindern, Verhüten oder Erkennen von Krankheiten, Leiden, Körperschäden oder krankhaften Beschwerden (§ 2 Abs. 1 Nr. 1), ferner das Erkennen der Beschaffenheit, des Zustands oder der Funktionen des Körpers oder seelischer Zustände (§ 2 Abs. 1 Nr. 2), die Wiederherstellung physiologischer Funktionen durch pharmakologische, immunologische oder metabolische Wirkung (§ 2 Abs. 1 Nr. 2a), die Ersetzung von Körperflüssigkeiten oder vom Körper erzeugten Wirkstoffen (§ 2 Abs. 1 Nr. 3), die Abwehr, das Beseitigen oder Unschädlichmachen von Krankheitserregern, Parasiten oder körperfremden Stoffen (§ 2 Abs. 1 Nr. 4) oder die Beeinflussung der Beschaffenheit, des Zustands oder der Funktionen des Körpers (§ 2 Abs. 1 Nr. 5; BGHSt 43, 336 (341)). Ob dies im Einzelfall bezweckt ist, beurteilt sich nach objektiven Kriterien aufgrund der **Verkehrsanschauung** (BGH NStZ 2011, 583 (584); Körner/Patzak/Volkmer/*Volkmer* Vorb. AMG Rn. 64), anders als noch nach dem AMG 1961 aber zunächst nicht nach dem Verständnis des Herstellers oder desjenigen, der den Stoff in den Verkehr bringt, soweit jedenfalls eine Verkehrsanschauung zum Zweck eines konkreten Mittels tatsächlich existiert (BGHSt 43, 336 (339); 46, 380 (383); BGH PharmR 2010, 30 (33)). Erst wenn eine überwiegende Zweckbestimmung nicht nach objektiven Kriterien festzustellen ist, entscheiden **subjektive Faktoren** (BGHSt 43, 336 (339 f.); BGH NStZ 2008, 530; BGH PharmR 2010, 30 (33)). Objektive Kriterien der Zweckbestimmung, wie sie sich für einen durchschnittlich informierten, aufmerksamen und verständigen Verbraucher darstellt, sind mit unterschiedlicher Indizbedeutung die stoffliche Zusammensetzung des Mittels, die Auffassung der medizinisch-pharmazeutischen Wissenschaft über seine Wirkung, Indikationshinweise und Gebrauchsanweisungen, die Darreichungsform, die Bezeichnung oder Aufmachung, die Dosierung, die Verbreitung des Produkts, der Grad seiner Bekanntheit und die Gefahren durch Risiken und Nebenwirkungen bei längerem Gebrauch (PharmR 2010, 30 (33)). Lässt sich auch nach Gesamtbewertung dieser Umstände (Körner/Patzak/Volkmer/*Volkmer* Vorb. AMG Rn. 66) keine klare Verkehrsauffassung feststellen, ist in der Regel die vom Hersteller angegebene Zweckbestimmung maßgeblich. Fehlt es auch daran, etwa weil es sich nicht um einen bereits im Verkehr befindlichen Stoff handelt, kann die subjektive Zweckbestimmung des Herstellers oder desjenigen, der ihn in Verkehr bringt, Bedeutung erlangen (BGH StV 1998, 136). Auch wenn Stoffe die in § 2 Abs. 1 Nr. 5 genannte Wirkung entfalten können, aber allgemein nicht zur Einflussnahme auf den menschlichen Körper bestimmt sind, kann die subjektive Zweckbestimmung durch den Hersteller dazu dienen, die weite Fassung des Tatbestands zu begrenzen (BGH PharmR 2010, 30 (33)). Sind bestimmte Stoffe als Arzneimittel zugelassen oder registriert oder aufgrund einer Rechtsverordnung davon befreit, wird nach § 2 Abs. 4 S. 1 unwiderleglich vermutet, dass es sich um Arzneimittel handelt. Heute werden nach diesen Vorgaben Präsentations- und Funktionsarzneimittel unterschieden (Körner/Patzak/Volkmer/ *Volkmer* Vorb. AMG Rn. 41). Deren Definition im deutschen Arzneimittelrecht ist jüngst zugunsten einer – engeren – europarechtskonformen Auslegung modifiziert worden, wonach die angestrebte Gesundheitsverbesserung als Charakteristikum von Arzneimitteln erforderlich ist (BGH 27.10.2015 – 3 StR 124/15).

Unter den Begriff des **Präsentationsarzneimittels** fallen Stoffe oder Zubereitungen aus Stoffen, die **7** zur Anwendung im oder am menschlichen Körper und als Mittel **mit Eigenschaften zur** Heilung, Linderung oder Verhütung menschlicher Krankheiten oder krankhafter Beschwerden bestimmt sind (§ 2 Abs. 1 Nr. 1); nach den europarechtlichen Vorgaben kommt es vor allem auf die Bezeichnung an. Ein Erzeugnis erfüllt die genannten Merkmale, wenn es entweder ausdrücklich als Mittel mit Eigenschaften zur Heilung, Linderung oder Verhütung von Krankheiten bezeichnet oder empfohlen wird oder wenn sonst bei einem durchschnittlich informierten Verbraucher gegebenenfalls auch nur schlüssig, jedoch mit Gewissheit der Eindruck entsteht, dass das Produkt in Anbetracht seiner Aufmachung solche Eigenschaften haben müsse. Auf die tatsächliche Geeignetheit des Mittels zur Erreichung des angegebenen medizinischen Zwecks kommt es nicht an (Körner/Patzak/Volkmer/*Volkmer* Vorb. AMG Rn. 52).

Zu den **Funktionsarzneimitteln** zählen – von Diagnosemitteln (§ 2 Abs. 1 Nr. 2b) abgesehen – alle **8** Stoffe und Stoffzubereitungen, die im oder am menschlichen Körper angewendet oder einem Menschen verabreicht werden können, um **die physiologischen Funktionen** durch eine pharmakologische, immunologische oder metabolische Wirkung **wieder herzustellen, zu korrigieren oder zu beeinflussen** (§ 2 Abs. 1 Nr. 2a). Dabei sind die Merkmale des Wiederherstellens und Korrigierens eindeutig auf eine **Gesundheitsverbesserung** gerichtet, während das Kriterium des Beeinflussens nach seinem Wortlaut zunächst davon unabhängig ist. Wäre allerdings jede positive oder negative Beeinflussung der physiologischen Funktionen ausreichend, die Arzneimitteleigenschaft zu begründen, so wären die anderen Merkmale überflüssig (*Weidig* Blutalkohol 50 (2013), 57 (66)). Dem Gesamtzusammenhang des Arzneimittelgesetzes ist zu entnehmen, dass jedenfalls ausschließlich **gesundheitlich nachteilige Wirkungen** gegen eine Arzneimitteleigenschaft eines Stoffs sprechen. Die Entscheidung, ob ein Erzeugnis unter die Definition des § 2 Abs. 1 Nr. 2a fällt, ist aufgrund der Umstände des jeweiligen Einzelfalls zu beurteilen. Dabei sind alle Merkmale des Produkts zu berücksichtigen. Das Produkt muss die Körperfunktionen nachweisbar und in nennenswerter Weise wiederherstellen, korrigieren oder beeinflussen können, wobei auf dessen **bestimmungsgemäßen, normalen Gebrauch** abzustellen ist. Keine Funktionsarzneimittel sind unter Berücksichtigung der Vorgaben des Europäischen Gerichtshof (EuGH NStZ 2014, 461 ff.). Stoffe oder Stoffzusammensetzungen, deren Wirkung sich auf eine schlichte Beeinflussung der physiologischen Funktionen beschränkt, ohne dass sie geeignet wären, der menschlichen Gesundheit unmittelbar oder mittelbar zuträglich zu sein (für elektrische Zigaretten BVerwG NVwZ 2015, 749 (750); BVerwG NVwZ-RR 2015, 420 (422); 2015, 425 (426)). Deshalb können Erzeugnisse, die nicht zu therapeutischen, sondern ausschließlich etwa **zu Genuss-, Entspannungs- oder Rauschzwecken** konsumiert werden und **gesundheitsschädlich** wirken, nicht als Arzneimittel eingestuft werden. Das gilt etwa für **„Legal Highs"** (BGH NStZ-RR 2014, 312 (313); medstra 2015, 166 (167); *Meinecke/ v. Harten* StraFo 2014, 9 ff.; *Nobis* NStZ 2012, 422 ff.; *Plaßmann* StoffR 2014, 157 ff.; *Weidig* Blutalkohol 50 (2013), 57 (66); aA noch LG Limburg PharmR 2013, 190 ff.; *Patzak/Volkmer* NStZ 2011, 498 ff.; Körner/Patzak/Volkmer/*Volkmer* Vorb. AMG Rn. 72a ff.), also synthetische Cannabinoide, die – noch – nicht unter das Betäubungsmittelgesetz fallen, weil sie in der dortigen Anlage nicht genannt sind (BGH PharmR 2016, 13). Ob sie als **den Tabakerzeugnissen ähnliche Waren** unter § 52 Abs. 1 VTabakG fallen (krit. Körner/Patzak/Volkmer/*Volkmer* Vorb. AMG Rn. 72e) oder unter § 58 Abs. 1 LFGB, weil **Lebensmittel** alle Stoffe oder Erzeugnisse sind, die dazu bestimmt sind oder von denen nach vernünftigem Ermessen erwartet werden kann, dass sie in verarbeitetem, teilweise verarbeitetem oder unverarbeitetem Zustand von Menschen aufgenommen werden (Art. 2 Abs. 1 VO (EG) Nr. 178/ 2002), ist nicht abschließend geklärt (für die tabakrechtliche Einordnung BGH PharmR 2015, 33; aA BGH PharmR 2015, 239). **Dopingmittel,** deren Anwendung keine medizinische Indikation zugrunde liegt (BT-Drs. 18/4898, 1), sind weder Präsentations- noch Funktionsarzneimittel, da das Verbot des Inverkehrbringens für sie gerade nur dann gelten sollte, wenn dies zu anderen Zwecken als der Behandlung von Krankheiten erfolgt (§ 6a Abs. 2 Nr. 1 aF). Sie wurden den Arzneimitteln für Zwecke der Dopingbekämpfung nach §§ 6a, 95 Abs. 1 Nr. 2a und b in der bis zum Inkrafttreten des aufgrund des Koalitionsvertrags von 2013 (*Zuck* A&R 2014, 73 (74)) geschaffenen Gesetzes zur Bekämpfung von Doping im Sport v. 10.12.2015 (BGBl. I 2210) geltenden Fassung gleichgestellt. Das gilt nun nicht mehr. **Nikotinhaltige Liquids in elektrischen Zigaretten** können allenfalls dann als Arzneimittel angesehen werden, wenn sie zur Raucherentwöhnung bestimmt sind; ohne dies sind sie eben keine Arzneimittel (BGH BeckRS 2016, 02553; Körner/Patzak/Volkmer/*Volkmer* Vorb. AMG Rn. 72 f.; *Schink* StoffR 2015, 72 (74)).

9 **2. Roh- und Grundstoffe für die Arzneimittelherstellung.** Keine Arzneimittel sind nach dem Gesetz die Roh- und Grundstoffe für die Arzneimittelherstellung, soweit sie nicht schon für sich genommen die Definition des Arzneimittels erfüllen (BGH NStZ 2008, 530 f. mAnm *Knauer* PharmR 2008, 199 (200 f.); Rehmann § 2 Rn. 7; Körner/Patzak/Volkmer/*Volkmer* Vorb. AMG Rn. 48). Andererseits können etwa auch Eigenblut- oder Eigenurinzubereitungen nach § 4 Abs. 2 als Arzneimittel betrachtet werden (BayObLG NJW 1998, 3430 ff.; *Hofmann* PharmR 2008, 11 (16); Rehmann § 4 Rn. 2; *Parzeller/Caldarelli/Heise/Centamore* StoffR 2008, 206 (215)), weil diese Körperflüssigkeiten oder Stoffwechselprodukte nach der Trennung vom menschlichen Körper kein Körperbestandteil mehr sind und als Zubereitung verwendet werden. Für die Auslegung des Arzneimittelbegriffs ist auch das **Gemeinschaftsrecht** (RL 2001/83/EG; RL 2004/27/EG) von Bedeutung, das den Rahmen der Strafdrohung nach deutschem innerstaatlichen Recht unter Beachtung des Art. 103 Abs. 2 GG allerdings nicht ohne weiteres ausdehnen kann (MüKoStGB/*Freund* § 2 Rn. 1) und weniger genau bestimmt erscheint als die Definition nach innerstaatlichem Recht. Das deutsche Recht soll bei der Umsetzung der gemeinschaftsrechtlichen Vorgaben, insbes. aus der durch das Arzneimittelneuordnungsgesetz transformierten RL 65/65 EWG, hinter dem europäischen Schutzstandard nicht zurückbleiben. Es kann der Schutz der Bürger durch die arzneimittelrechtlichen Vorschriften jedoch durch seine gesetzlichen Regeln über den Mindeststandard nach dem Gemeinschaftsrecht hinaus ausdehnen (BGHSt 46, 380 (385)). Nur wenn nicht lediglich die Erkennung, Linderung oder Heilung von Krankheiten oder Beschwerden als Wirkung von Arzneimitteln vorgesehen wäre, sondern auch weitere Beeinflussungen von Körperfunktionen oder Befindlichkeiten, könnten auch weitere Aufputsch-, Doping-, Rausch-, Schlankheits- oder Empfängnisverhütungsmittel vom Arzneimittelrecht erfasst werden. Die Einschränkung der europarechtskonformen Auslegung auf Gesundheitsverbesserungswirkungen schließt das hingegen aus.

10 **3. Fiktive Arzneimittel.** Bestimmte Gegenstände, Instrumente, Stoffe oder Stoffzubereitungen werden nach § 2 Abs. 2 den echten Arzneimitteln gleichgestellt (Rehmann § 2 Rn. 21). Das Gesetz fingiert damit die Arzneimitteleigenschaft weiterer Sachen, die mit ähnlicher Zweckbestimmung auf den Körper einwirken sollen, wie die echten Arzneimittel. Dazu zählen etwa Verbandsmittel, Pflaster mit Wirkstoffen, Pessare, Kunststoffmembranen (§ 2 Abs. 2 Nr. 1a) oder Implantate für Tiere (§ 2 Abs. 2 Nr. 2), Verbandsstoffe oder chirurgisches Nahtmaterial zur Verwendung in der Tiermedizin (§ 2 Abs. 2 Nr. 3) und Testsera, Testantigene, Untersuchungsreagenzien für die Anwendung an Tieren (§ 2 Abs. 2 Nr. 4). Soweit Gegenstände in der Humanmedizin verwendet werden, sind sie im Einzelfall von Medizinprodukten zu unterscheiden (Rehmann § 2 Rn. 18).

4. Abgrenzungen. § 2 Abs. 3 grenzt Arzneimittel von bestimmten anderen Stoffen ab. Dort nicht **11** erwähnt sind **Betäubungsmittel,** so dass sich die Begriffe Arznei- und Betäubungsmittel nicht von vornherein gegenseitig ausschließen (BGHSt 43, 336 (341) mit Bestätigung durch BVerfG NJW 2006, 2684 f.). Cannabisprodukte können etwa zugleich Betäubungsmittel und Arzneimittel sein (Mü-KoStGB/*Freund* § 2 Rn. 23). Ausdrücklich keine Arzneimittel sind, soweit nicht ausnahmsweise damit therapeutische Zwecke verfolgt werden, dagegen **Tabakerzeugnisse** (§ 3 VTabakG; BGH BeckRS 2016, 02553), **kosmetische Mittel** (§ 2 Abs. 5 LFGB) und Mittel zur Reinigung und Pflege von Tieren, ferner **Futtermittel. Menschliche Organe,** die für Transplantationszwecke bestimmt sind (§ 9 Abs. 1 TransplantationsG), werden nach dem Transplantationsgesetz und nicht nach dem Arzneimittelgesetz beurteilt (§ 2 Abs. 3 Nr. 8; *Rehmann* § 2 Rn. 35). Keine Arzneimittel sind **Gifte,** die eine Zerstörung der menschlichen Gesundheit bezwecken. Jedoch kann ein an sich schädlicher Stoff auch heilende Wirkung haben, wie etwa ein Gegengift, und dann aufgrund seiner Zweckbestimmung ein Arzneimittel sein.

Praktische Bedeutung im Nebenstrafrecht hat vor allem die **Unterscheidung von Arzneimitteln** **12** **und Lebensmitteln,** die keine Arzneimittel sind (§ 2 Abs. 3 Nr. 1; sa VO (EG) Nr. 178/2001; *Bruggmann* LMuR 2008, 53 ff.; *Rehmann* LMuR 2001, 66 ff.). Beide Begriffe schließen sich gegenseitig aus (BGHSt 46, 380 (383)). Unter Lebensmitteln versteht das deutsche Recht nach Transformation der VO EG 178/2002 alle Stoffe und Erzeugnisse, die dazu bestimmt sind oder von denen nach vernünftigem Ermessen erwartet werden kann, dass sie in verarbeitetem oder unverarbeitetem Zustand von Menschen aufgenommen werden. Vom Begriff des Lebensmittels wieder ausgenommen sind Arzneimittel, Futtermittel, kosmetische Mittel, ferner Betäubungsmittel und psychotrope Stoffe. Lebensmittel dienen überwiegend der Ernährung, also der Zufuhr von Nährstoffen, darunter Vitamine oder Mineralstoffe, und zur Deckung der energetischen oder stofflichen Bedürfnisse des menschlichen Organismus. **Nahrungsergänzungsmittel** (*Klein* NJW 1998, 791 ff.; Rehmann § 2 Rn. 5), wie Vitaminpräparate, sind daher Lebensmittel (*Delewski* LMuR 2010, 1 (4)), soweit sie nicht insbes. aufgrund ihrer Dosierung überwiegend therapeutischen Zwecken dienen (BGHSt 46, 380 (384) mAnm *Hecker* NStZ 2001, 549 ff., *Horst* ZLR 2001, 570 f. und *Hoffmann* ZLR 2001, 604 ff.; *München* PharmR 1996, 365). Für die Unterscheidung zwischen Arzneimitteln und Lebensmitteln ist auch sonst die überwiegende Zweckbestimmung von Bedeutung, die sich wiederum zuvörderst aus objektiven Kriterien ergibt. Nach den Maßstäben des Gemeinschaftsrechts hat der Begriff des Arzneimittels Vorrang vor demjenigen des Lebensmittels (*Doepner/Hüttelbräuker* ZLR 2001, 515 (535)). Nach innerstaatlichem Recht war bisher im Zweifel von einem Lebensmittel auszugehen, wenn sich eine überwiegende Zweckbestimmung als Arzneimittel nicht eindeutig feststellen ließ (BGHSt 46, 380 (383); KG ZLR 2003, 232 (237) mAnm *Krüger;* MüKoStGB/*Freund* § 2 Rn. 21). Infolge des Vorrangs des Gemeinschaftsrechts (*Delewski* LMuR 2010, 1 (4 ff.)) ist nunmehr umgekehrt **im Zweifel** von der Eigenschaft eines Stoffs als **Arzneimittel** auszugehen (AnwK-MedR/*Guttmann* § 2 Rn. 22). § 2 Abs. 3a hat das umgesetzt (*Rehmann* A&R 2009, 58 (64)).

Medizinprodukte nach § 3 Nr. 1 MPG sind ebenfalls keine Arzneimittel (§ 2 Abs. 3 Nr. 7). Für sie **13** gilt das Medizinproduktegesetz (MPG), das in seinen §§ 40 ff. funktional vergleichbare Straf- und Bußgeldbestimmungen enthält. Arzneimittel und Medizinprodukte unterscheiden sich **nach der bestimmungsgemäßen Hauptwirkung** im Sinne ihrer objektivierbaren Zweckbestimmung. Arzneimittel wirken in erster Linie pharmakologisch, immunologisch oder metabolisch, Medizinprodukte dagegen mechanisch, physikalisch oder physiko-chemisch.

§ 95 Strafvorschriften

(1) Mit Freiheitsstrafe bis zu drei Jahren oder mit Geldstrafe wird bestraft, wer

1. entgegen § 5 Absatz 1 ein Arzneimittel in den Verkehr bringt oder bei anderen anwendet,
2. eine Rechtsverordnung nach § 6, die das Inverkehrbringen von Arzneimitteln untersagt, zuwiderhandelt, soweit sie für einen bestimmten Tatbestand auf diese Strafvorschrift verweist,
3. entgegen § 7 Abs. 1 radioaktive Arzneimittel oder Arzneimittel, bei deren Herstellung ionisierende Strahlen verwendet worden sind, in den Verkehr bringt,
3a. entgegen § 8 Abs. 1 Nr. 1 oder Absatz 2, auch in Verbindung mit § 73 Abs. 4 oder § 73a, Arzneimittel oder Wirkstoffe herstellt, in den Verkehr bringt oder sonst mit ihnen Handel treibt,
4. entgegen § 43 Abs. 1 Satz 2, Abs. 2 oder 3 Satz 1 mit Arzneimitteln, die nur auf Verschreibung an Verbraucher abgegeben werden dürfen, Handel treibt oder diese Arzneimittel abgibt,
5. Arzneimittel, die nur auf Verschreibung an Verbraucher abgegeben werden dürfen, entgegen § 47 Abs. 1 an andere als dort bezeichnete Personen oder Stellen oder entgegen § 47 Abs. 1a abgibt oder entgegen § 47 Abs. 2 Satz 1 bezieht,
5a. entgegen § 47a Abs. 1 ein dort bezeichnetes Arzneimittel an andere als die dort bezeichneten Einrichtungen abgibt oder in den Verkehr bringt,

6. entgegen § 48 Abs. 1 Satz 1 in Verbindung mit einer Rechtsverordnung nach § 48 Abs. 2 Nr. 1 oder 2 Arzneimittel, die zur Anwendung bei Tieren bestimmt sind, die der Gewinnung von Lebensmitteln dienen, abgibt,

7. Fütterungsarzneimittel entgegen § 56 Abs. 1 ohne die erforderliche Verschreibung an Tierhalter abgibt,

8. entgegen § 56a Abs. 1 Satz 1, auch in Verbindung mit Satz 3, oder Satz 2 Arzneimittel verschreibt, abgibt oder anwendet, die zur Anwendung bei Tieren bestimmt sind, die der Gewinnung von Lebensmitteln dienen, und nur auf Verschreibung an Verbraucher abgegeben werden dürfen,

9. Arzneimittel, die nur auf Verschreibung an Verbraucher abgegeben werden dürfen, entgegen § 57 Abs. 1 erwirbt,

10. entgegen § 58 Abs. 1 Satz 1 Arzneimittel, die nur auf Verschreibung an Verbraucher abgegeben werden dürfen, bei Tieren anwendet, die der Gewinnung von Lebensmitteln dienen oder

11. entgegen § 59d Satz 1 Nummer 1 einen verbotenen Stoff einem dort genannten Tier verabreicht.

(2) Der Versuch ist strafbar.

(3) ¹In besonders schweren Fällen ist die Strafe Freiheitsstrafe von einem Jahr bis zu zehn Jahren. ²Ein besonders schwerer Fall liegt in der Regel vor, wenn der Täter

1. durch eine der in Absatz 1 bezeichneten Handlungen
   a) die Gesundheit einer großen Zahl von Menschen gefährdet,
   b) einen anderen der Gefahr des Todes oder einer schweren Schädigung an Körper oder Gesundheit aussetzt oder
   c) aus grobem Eigennutz für sich oder einen anderen Vermögensvorteile großen Ausmaßes erlangt oder

2. in den Fällen des Absatzes 1 Nr. 3a gefälschte Arzneimittel oder Wirkstoffe herstellt oder in den Verkehr bringt und dabei gewerbsmäßig oder als Mitglied einer Bande handelt, die sich zur fortgesetzten Begehung solcher Taten verbunden hat.

(4) Handelt der Täter in den Fällen des Absatzes 1 fahrlässig, so ist die Strafe Freiheitsstrafe bis zu einem Jahr oder Geldstrafe.

Übersicht

A. Regelungscharakter

In § 95 und den §§ 96, 97 trachtet das Arzneimittelgesetz nach einer möglichst vollständigen straf- **1**
oder bußgeldrechtlichen Erfassung aller Verhaltensanforderungen des Arzneimittelverwaltungsrechts,
lässt aber doch auch einzelne Sanktionierungslücken offen. Sie wirkt **unübersichtlich,** daher „für den
Laien nahezu unverständlich" (*Rehmann* Vor §§ 95–98a Rn. 2) und formalistisch (MüKoStGB/*Freund*
Rn. 73). Die Regelung erreicht jedenfalls den Grenzbereich dessen, was dem Normadressaten im
Hinblick auf die Zwecke des Bestimmtheitsgebotes aus Art. 103 Abs. 2 GG zugemutet werden kann.
Die vielfach mit Fiktionen arbeitende verfassungsgerichtliche Rspr. muss daher nicht zuletzt auf das
qualifizierte **Verständnis eines fachkundigen Normadressaten** verweisen, um die Vereinbarkeit mit
Art. 103 Abs. 2 GG noch zu begründen (BVerfG NStZ 2000, 595 (596)).

Die Vorschrift knüpft zur Vereinfachung der Gesamtregelung in prinzipiell zulässiger Weise (Mü- **2**
KoStGB/*Freund* Rn. 55) an **verwaltungsrechtliche Verhaltensgebote und Verhaltensverbote** an
und stellt **vorsätzliche Verstöße** dagegen nach Abs. 1 unter Strafe, droht durch Abs. 2 auch für den
Versuch solcher Vergehen eine Strafe an, erhöht den Strafrahmen in Abs. 3 für **besonders schwere
Fälle** mit Regelbeispielen und stellt schließlich auch **fahrlässige Verstöße** gemäß Abs. 4 unter eine
Strafdrohung mit reduziertem Strafrahmen. Insgesamt sieht das Gesetz die Verletzungen von Verhaltensregeln nach Verweisungen in dem Katalog des Abs. 1 als gravierende Verstöße an, während weniger
schwer wiegende Verhaltensweisen in § 96 mit einer minderen Strafdrohung belegt und nochmals
weniger gewichtige Regelverletzungen in § 97 als Ordnungswidrigkeiten eingeordnet werden. Die in
Bezug genommenen Verhaltensregeln dienen dem **Rechtsgüterschutz,** die Straf- und Bußgelddrohun-
gen sollen der **Normgeltung** zur Durchsetzung verhelfen und bezwecken als **abstrakte Gefährdungsdelikte** letztlich einen präventiven Rechtsgüterschutz.

Es erschiene im Hinblick auf Art. 3 Abs. 1 GG bedenklich, wenn der **Schutz der Gesundheit von** **3**
Menschen und Tieren durch Zusammenfassung in einer einheitlichen Strafnorm, die undifferenziert
an den Begriff der Arzneimittel, die zur Anwendung am oder im menschlichen oder tierischen Körper
bestimmt sind, **gleichbehandelt** würden (MüKoStGB/*Freund* Rn. 78). Jedoch dienen die Bestimmungen über den Umgang mit Tierarzneimitteln innerhalb der vorliegenden Vorschrift regelmäßig auch
mittelbar dem Schutz der menschlichen Gesundheit vor Arzneimittelrückständen beim Lebensmittel-
konsum. Gleichwohl finden sich innerhalb des umfangreichen Katalogs der Straftatbestände und Anknüpfungsnormen auch Verhaltensregeln von grds. unterschiedlichem Gewicht im Hinblick auf den
bezweckten Rechtsgüterschutz. Die rechtsstaatliche Legitimation der Strafdrohungen, die zum Schutze
von Universalrechtsgütern aufgestellt werden, kann von Fall zu Fall angezweifelt werden.

Ein anderes Regelungsproblem ergibt sich aus der für Bestimmungen des Nebenstrafrechts typischen **4**
Eigenschaft des Straftatbestands als **Blankettgesetz** (*Rehmann* Vor §§ 95–98a Rn. 2), das erst durch die
Hinzuziehung der in Bezug genommenen Verhaltensregeln komplettiert wird. Das ist im Hinblick auf
Art. 103 Abs. 2 GG zwar unbedenklich, soweit es um **Binnenverweisungen** auf andere Bestimmungen
des Arzneimittelgesetzes geht (MüKoStGB/*Freund* Rn. 46, 55). Es erweist sich aber als bedenklich,
wenn die Bezugsnorm eine **Rechtsverordnung** ist oder eine solche einschließt (Abs. 1 Nr. 2 und
Nr. 6) und letztlich der Verordnungsgeber, nämlich bei „qualifizierten Blankettstrafgesetzen" erst
durch eine in der Strafnorm vorausgesetzte **Rückverweisung** die Geltung und den Umfang der
Strafdrohung bestimmt (*Volkmann* ZRP 1995, 220 ff.). Insoweit liegt eine Verletzung der Regelungskompetenz des parlamentarischen Strafgesetzgebers für den Straftatbestand vor (MüKoStGB/*Freund* Vor
§§ 95 ff. Rn. 53 ff. und FS Rössner, 2015, 579 (581 f.); *Volkmann* ZRP 1995, 220 (222 ff.)), weil der
Verordnungsgeber durch Vornahme oder Unterlassung der Rückverweisung mit oder ohne Einschränkungen die Strafbarkeit aktivieren oder deaktivieren kann. Die Entscheidungsgewalt über die Frage der
Strafbarkeit ist dann streng genommen auf den Verordnungsgeber delegiert. Das ist mit dem **Parlamentsvorbehalt für das Strafrecht** aus Art. 103 Abs. 2 GG – mit besonderer Akzentuierung bei
Androhung von Freiheitsstrafen durch Art. 104 Abs. 1 GG – genau genommen unvereinbar. Die Rspr.
ist darüber regelmäßig hinweggegangen, auch diejenige des BVerfG (BVerfG NJW 1992, 2624; 1993,
1909 (1910)). Jüngst hat sie die Rückverweisungsklauseln im Einklang mit Stimmen in der Literatur aber
mit der Behauptung akzeptiert, dass die Bestimmungsgewalt nicht wesentlich auf den Verordnungsgeber

übertragen worden sei (BGH 23.12.2015 – 2 StR 535/13; Zipfel/Rathke LebensmittelR/*Dannecker* LFGB Vor §§ 58–62 Rn. 59; Kügel/Müller/Hofmann/*Raum* Vor §§ 95–98a Rn. 7; krit. *Oğlakcıoğlu* ZWH 2014, 104 (105)). Das bleibt im Hinblick auf die praktisch doch vorliegende Überlassung einer Entscheidungskompetenz auf den Verordnungsgeber oder internationale Gremien streitbar. Relativ unproblematisch sind nur einfache Blankettstrafgesetze mit **statischen Verweisungen** auf Verhaltensnormen, die sich aus Regelungen außerhalb des Gesetzes ergeben, einschließlich der statischen Bezugnahme auf bestimmte Rechtsakte des Gemeinschaftsrechts, solange diese Bezugnormen nicht geändert werden. Im Fall der Änderung der Bezugsnorm bei gleichbleibender Verweisung des Blankettstrafgesetzes auf die überholte Vorschrift wird die Verweisung gegenstandlos und die strafrechtliche Gesamtregelung inhaltsleer (vgl. Kügel/Müller/Hofmann/*Raum* Vor §§ 95–98a Rn. 9). Durch einen neuen Gesetzgebungsakt kann sie wegen des Rückwirkungsverbots aus Art. 103 Abs. 2 GG nicht wieder aktiviert werden. Problematisch sind auch **dynamische Verweisungen** auf fremde Rechtsakte in der jeweils geltenden Fassung (→ Rn. 17). Zurzeit des Gesetzgebungsakts ist nämlich nicht konkret absehbar, welche Bezugsnormen der außerparlamentarische Normgeber künftig schaffen wird. Ob dann noch der parlamentarische deutsche Strafgesetzgeber die „Bestimmungsgewalt" über die Voraussetzungen der Strafbarkeit (Art. 103 Abs. 2 GG) behält, erscheint zumindest fragwürdig. Die Rechtsprechung behilft sich mit Heilungsversuchen durch Hinweis auf nachfolgende Gesetzgebungsakte, mit denen der Gesetzgeber konstant vorhandene Teile der Bezugsregeln in seinen Willen aufgenommen habe (BGHSt 59, 11 (14); krit. *Oğlakcıoğlu* ZWH 2014, 104 (105); abl. *Freund* FS Rössner, 2015, 579 (588 ff.)). Indes ist der gesetzgeberische Wille nur bedingt feststellbar und die fallbezogen selektive **Heilung** von Einzelregeln behebt gegebenenfalls nicht das Defizit der Rechtsnorm im Ganzen. Der Gesetzgeber des Gesetzes zur Bekämpfung von Doping im Sport v. 10.12.2015, mit dem die Normen zur Bekämpfung von Doping aus dem Arzneimittelgesetz ein eigenständiges Gesetz übertragen worden, hat die Regelungstechnik übernommen, aber den supranationalen **Bezugspunkt ausgetauscht**. War nach § 6a Abs. 2 S. 1 aF noch auf den Anhang zu dem Europäischen Übereinkommen v. 16.11.1989 gegen Doping (Transformationsgesetz BGBl. 1994 II 334) verwiesen worden (zur Kritik daran *Parzeller* StoffR 2011, 26 (38 f.); *Parzeller/Prittwitz* StoffR 2013, 109 (112)), so bezieht sich die Verweisung nunmehr auf Anlage I des Internationalen Übereinkommens der UNESCO v. 19.10.2005 (Transformationsgesetz BGBl. 2007 II 354). Hervorgehoben wurde zur Begründung für die neue Verweisung darauf, dass infolge der Vertretung der Bundesrepublik in der Vertragsstaatenkonferenz durch das Bundesministerium des Innern und das Auswärtige Amt dieselben Entscheidungsträger beteiligt sein, die im Fall einer Verordnungsermächtigung als Verordnungsgeber tätig werden würden. Dies entfalte eine neue Rechtsqualität und werde dem Gesetzesvorbehalt aus Art. 103 Abs. 2 GG gerecht. Damit ist andererseits zugleich die Legitimation der bisherigen, für Altfälle weiter maßgeblichen Regelung mit ihrer Bezugnahme auf die von der Welt-Anti-Doping-Agentur als private Institution geschaffene Liste von Dopingmitteln und Dopingmethoden infrage gestellt (*Parzeller/Prittwitz* StoffR 2015, 2 (9 f.)). Welche sonstigen Folgen sich im Bereich des intertemporären Rechts (§ 2 Abs. 3 StGB) sich aus der Änderung des Bezugspunkt der Verweisungskette ergeben, ist kaum absehbar.

B. Die Regelungen im Einzelnen
I. Inverkehrbringen bedenklicher Arzneimittel (Abs. 1 Nr. 1)

5   Strafbar macht sich derjenige, der entgegen § 5 Abs. 1 ein gesundheitlich bedenkliches Arzneimittel in den Verkehr bringt oder bei anderen anwendet. Darauf, ob die Arzneimittel zugelassen sind oder nicht, kommt es hier nicht an (Rehmann § 5 Rn. 1). Die Bestimmung der Strafbarkeit des schuldhaften Inverkehrbringens oder Anwendens **bedenklicher Arzneimittel** ist gleichsam die **Grundnorm** des Arzneimittelstrafrechts (Rehmann Rn. 5). Sie dient dem **Schutz der Volksgesundheit** vor Gefahren durch das Inverkehrbringen bedenklicher Arzneimittel. Sie soll verhindern, dass solche Arzneimittel mit unkalkulierbaren Risiken und Nebenwirkungen in den Verkehr gelangen oder an anderen Personen angewendet werden. Bei der Gesundheit der Bevölkerung handelt es sich um ein wichtiges Gemeinschaftsgut (BVerfGE 78, 179 (192)). Nicht strafbar sind dagegen nach dem Prinzip der **Eigenverantwortlichkeit** der eigene Besitz solcher Arzneimittel oder die Anwendung am oder im eigenen Körper. Es geht bei dem Straftatbestand nur um **abstrakte Fremdgefährdungen**.

6   **1. Bedenkliche Arzneimittel.** Bedenklich sind Arzneimittel, wenn nach dem Stand der wissenschaftlichen Erkenntnisse der begründete Verdacht besteht, dass sie bei bestimmungsgemäßem Gebrauch schädliche Wirkungen haben, die über ein vertretbares Maß hinausgehen (§ 5 Abs. 2; Kügel/Müller/ Hofmann/*Raum* Rn. 13; Körner/Patzak/Volkmer/*Volkmer* Rn. 8). Schädliche Wirkungen sind dabei **die unerwünschten Nebenwirkungen der Medikation außerhalb des Therapieziels** (Erbs/Kohlhaas/*Pelchen/Anders* Rn. 2). Mit der Anknüpfung an den **Stand der wissenschaftlichen Erkenntnisse** nimmt die Norm den Wandel der Verhältnisse auf. Die Prüfung der Vertretbarkeit kann anhand von Richtlinien zur klinischen Beurteilung konkretisiert werden. Vor diesem Hintergrund genügt die Norm noch dem Bestimmtheitsgebot aus Art. 103 Abs. 2 GG (BVerfG NStZ 2000, 595 (596); BGHSt 43, 336 (342 ff.)). Dabei wird mit einem Hinweis des Bundesverfassungsgerichts auf die besondere Sachkenntnis der Normadressaten freilich darüber hinweggegangen, dass Adressaten nicht nur Ärzte und Apotheker sein können. Ob auch der medizinische Laie den Schädlichkeitsverdacht und die medizinische Vertretbarkeit einschätzen kann, erscheint fraglich. Der positive Nachweis der schädlichen Wirkungen muss zur Erfüllung des Tatbestands schließlich noch nicht erbracht sein (*Rehmann* § 5 Rn. 2). Ein **begründeter Verdacht schädlicher Wirkungen** ist erforderlich und ausreichend (*Körner/Patzak/Volkmer/ Volkmer* Rn. 25 ff.). Er liegt vor, wenn konkrete Tatsachen die Möglichkeit solcher Wirkungen nahelegen und eine wissenschaftliche Widerlegung eines wahrscheinlichen Ursachen- und Wirkungszusammenhangs noch nicht erfolgt ist. Eine bloße Vermutung ohne aussagekräftige Informationen genügt nicht (*Erbs/ Kohlhaas/Pelchen/Anders* Rn. 3). Andererseits können sich die Verdachtsgründe aus wissenschaftlichtheoretischen Überlegungen oder praktischen Erfahrungen ergeben (*Rehmann* § 5 Rn. 2). Die gesundheitliche Bedenklichkeit des Arzneimittels muss **bei bestimmungsgemäßem Gebrauch** vorliegen (*Kügel/Müller/Hofmann/Raum* Rn. 14; *Körner/Patzak/Volkmer/Volkmer* Rn. 10). Bei einer Überdosierung um ein Mehrfaches der angegebenen Menge liegt kein bestimmungsgemäßer Gebrauch mehr vor (OLG Karlsruhe MedR 2009, 474 (475)), so dass die Bedenklichkeit nicht dem Arzneimittel anhaftet, sondern aus dem unsachgemäßen Gebrauch folgt, der von den §§ 95 Abs. 1 Nr. 1, 5 Abs. 1 nicht angesprochen wird. Andererseits ist die Abgabe eines Stoffes in einer solchen Großmenge und Beschaffenheit, dass die zuverlässige Entnahme der angemessenen kleinen Dosis daraus kaum möglich ist, gleichbedeutend mit der Abgabe eines bedenklichen Arzneimittels. Im Übrigen kommen hinsichtlich ihrer Beschaffenheit bedenkliche Arzneimittel im kriminologisch relevanten Umfang vor allem in den Bereichen der **Designerdrogen** (BGHSt 43, 336 ff.), die nach neuerer Definition aber nicht unter die Arzneimittel fallen (→ Vorb. Rn. 8), der **Dopingmittel** (*Körner/Patzak/Volkmer/Volkmer* Vorb. AMG Rn. 19 ff.), soweit nicht inzwischen das Anti-Doping-Gesetz (AntiDopG) eingreift, der **Schlankheitsmittel** (BGH NStZ 1999, 625), der sexuellen **Stimulationsmittel** und der **Verhütungsmittel** in Betracht. Mit dem Kriterium des vertretbaren Maßes an schädlichen Wirkungen bei bestimmungsgemäßem Gebrauch wird auf medizinische Wertungen verwiesen. Sie hängen eigentlich von der individuellen Konstitution des Betroffenen, der Art und Dosierung des Mittels und dem individuellen Zweck ab und lassen sich oftmals nur in einem groben Rahmen abstrakt-generell bestimmen. Soll die Auslegung und Anwendung der Bestimmung noch den Geboten aus Art. 103 Abs. 2 GG genügen, kann nur die **Wahrscheinlichkeit einer eindeutig nach medizinischer Erfahrung unvertretbaren Wirkung** des in den Verkehr gebrachten Stoffes zur Anwendung des Straftatbestandes führen. Schließlich stehen der Grad der Gefährlichkeit und der Grad der Wahrscheinlichkeit eines Schadenseintritts als Verdachtskriterium im Hinblick auf die Frage der Vertretbarkeit in einer Wechselbeziehung. Je gefährlicher die potenziellen Wirkungen sind, umso geringer sind die Anforderungen an die Begründung eines konkreten Schädlichkeitsverdachts (*Rehmann* § 5 Rn. 2).

2. Inverkehrbringen. Tathandlungen des Inverkehrbringens sind das Vorrätighalten zum Verkauf **7** oder zur sonstigen Abgabe, das Feilhalten, das Feilbieten und die Abgabe an andere (§ 4 Abs. 17). Die Tathandlung ist damit weit gefasst; sie kann unter den weiteren Voraussetzungen des § 13 StGB grds. durch **Unterlassen** begangen werden (*MüKoStGB/Freund* § 4 Rn. 22, 35 ff.; *Erbs/Kohlhaas/Pelchen/ Anders* Rn. 4). **Mittelbare Täterschaft** durch „Inverkehrbringenlassen" scheidet möglicherweise wegen der Wortlautgrenze zur Auslegung aufgrund von Art. 103 Abs. 2 GG aus, soweit nicht über § 25 Abs. 1 S. 2 StGB auch insoweit die Variationsbreite der Handlungsmöglichkeiten vergrößert wird. Daher verbleiben Strafbarkeitslücken, wenn etwa ein externer Arzneimittelprüfer oder ein Saboteur, die nicht selbst bedenkliche Arzneimittel in den Verkehr bringen, nicht erfasst werden (*MüKoStGB/Freund* Rn. 75). Ein Arzneimittelexport ist derzeit von dem Straftatbestand nicht erfasst, weil eine frühere vorhandene Verweisung auf § 73 entfallen ist, während nur § 73 Abs. 4 heute noch auf die vorliegende Vorschrift verweist, was aber zu Strafbarkeitsbegründung iSv Art. 103 Abs. 2 GG nicht ausreicht (*Rehmann* Rn. 7).

Vorrätighalten zum Verkauf oder zur sonstigen Abgabe besteht in Gewahrsam oder Besitz, **8** einschließlich des mittelbaren Besitzes (BGH StV 1998, 663), zum Zweck der Abgabe im Inland, aber nicht zum Export (*Körner/Patzak/Volkmer/Volkmer* Rn. 47; vgl. *MüKoStGB/Freund* Rn. 26). Erforderlich ist die Aufnahme der Arzneimittel in ein **Lager** (BGHSt 59, 16 (19); BGH StV 1998, 663) in der **Absicht** des Verkaufs oder der sonstigen Abgabe (*Rehmann* § 4 Rn. 17). Ein Vorrätighalten zum Eigenkonsum reicht nicht aus. Ebenfalls ist das Vorrätighalten zur Vernichtung nicht vom Tatbestand erfasst. Der Zweck des Vorrätighaltens bedenklicher Arzneimittel ist also bei der Tathandlung des Inverkehrbringens begrenzt. Andererseits ist die Bestrafung des Vorrätighaltens zur Abgabe vor dem eigentlichen Inverkehrbringen ein Vorfeldtatbestand, da ein Kontakt mit einem Interessenten noch nicht bestehen muss (*Horn* NJW 1977, 2329 (2330)) und die Lagerung der Arzneimittel nicht vorausgesetzt werden. Die Absicht zum Verkauf oder zur sonstigen Abgabe muss in der Variante des Vorrätighaltens zum Verkauf nicht bereits nach außen erkennbar geworden sein. Eine solche Kriminalisierung im weiten Vorfeld eines abstrakten Gefährdungsdelikts ist nicht unbedenklich, zumal wenn zugleich im engeren Gefahrenbereich markante Schutzlücken verbleiben. Eine Beanstandung der Strafnorm im Hinblick auf den Schuldgrundsatz oder das Verhältnismäßigkeitsprinzip ist allerdings bisher nicht erfolgt.

9   Beim **Feilhalten** liegt ein Vorrätighalten in nach außen erkennbarer Verkaufsabsicht vor (Mü-KoStGB/*Freund* § 4 Rn. 27; Körner/Patzak/Volkmer/*Volkmer* Rn. 50). Durch Bereitstellung der Arzneimittel zur alsbaldigen Abgabe wird dabei für einen Interessenten erkennbar, dass sie zu erwerben sind. Konkrete Kontakte mit Kaufinteressenten werden aber auch hier noch nicht vorausgesetzt. Dies wird vielmehr durch die einen Verkauf anbahnende Handlungsmodalität des **Feilbietens** erfasst, bei der es um ein Ansprechen potentieller Erwerber oder ein Anpreisen der Arzneimittel geht. Auch ein Anbieten gehört hierher (Körner/Patzak/Volkmer/*Volkmer* Rn. 51). In diesem Fall ist andererseits im Unterschied zum Feilhalten die unmittelbare Verfügbarkeit der Ware nicht erforderlich, so dass auch der Verkauf aus einem an anderer Stelle gelagerten Vorrat angeboten werden kann. Feilbieten kann jedoch auch durch eine besondere Art der Präsentierung der Arzneimittel erfolgen. Zu einer Reaktion beim Kunden oder einem Verkaufsgespräch muss es noch nicht gekommen sein (MüKoStGB/*Freund* § 4 Rn. 30).

10   **Abgabe** ist das Einräumen der tatsächlichen Verfügungsgewalt an einen Dritten durch körperliche Überlassung, so dass der Dritte darüber wie ein Eigentümer verfügen kann (BGH NStZ 2015, 591; MüKoStGB/*Freund* § 4 Rn. 32; Körner/Patzak/Volkmer/*Volkmer* Rn. 52). Auf eine schuldrechtliche Vereinbarung oder eine Eigentumsübertragung kommt es nicht an. Auch ist es unerheblich, ob die Abgabe gegen Entgelt oder unentgeltlich erfolgt. Die Verschaffung mittelbaren Besitzes durch Abtretung eines Herausgabeanspruchs ggü. einem anderen kann zur Abgabe genügen. Eine ärztliche Verschreibung ist dagegen noch keine Abgabe. Das kann im Umkehrschluss aus Abs. 1 Nr. 2a, der die Verschreibung gesondert erwähnt, abgeleitet werden. Auch die Anwendung erfüllt nicht das Merkmal der Abgabe (BGH GesR 2015, 414 (416); Rehmann § 4 Rn. 19).

11   **3. Anwenden bei einem Anderen.** In der geltenden Fassung von Abs. 1 Nr. 1 steht es dem Inverkehrbringen gleich, wenn der Täter gesundheitlich bedenkliche Arzneimittel bei einem anderen anwendet (Körner/Patzak/Volkmer/*Volkmer* Rn. 54). Da der Arzneimittelbegriff zwischen der Anwendung **am oder im Körper** unterscheidet, kommt auch hier eine äußerliche oder innerliche Anwendung in Frage. Äußerlich wird ein Arzneimittel angewendet, wenn es aufgetragen, eingerieben, eingecremt oder aufgesprüht wird. Die Anwendung im Körper eines anderen kann durch Verabreichung zur oralen oder nasalen Aufnahme, durch Träufeln auf Schleimhäute oder in die Bindehäute, ferner durch Injektion oder Infusion erfolgen. Maßgebend ist die Anwendung am oder im **fremden Körper.** Eigengebrauch scheidet daher als Tathandlung aus.

II. Inverkehrbringen von Arzneimitteln entgegen einer dies untersagenden Rechtsverordnung (Abs. 1 Nr. 2)

12   Nach Abs. 1 Nr. 2 macht sich strafbar, wer einer Rechtsverordnung nach § 6, die das Inverkehrbringen von Arzneimitteln untersagt, **durch verordnungswidriges Inverkehrbringen** zuwiderhandelt, soweit die Rechtsverordnung des Bundesministers für Gesundheit für einen bestimmten Tatbestand auf die vorliegende Vorschrift zurückverweist. Für andere Tathandlungen als das Inverkehrbringen gilt § 96 Nr. 2 iVm § 6. Es geht im Fall des § 95 Abs. 1 Nr. 2 um eine **qualifizierte Blankettvorschrift,** die im Hinblick auf Art. 103 Abs. 2 GG Bedenken unterliegt (vgl. *Freund* FS Rössner, 2015, 579 (580 f.)), weil letztlich dem Verordnungsgeber die Entscheidung überlassen wird, ob und unter welchen Bedingungen er durch eine Rückverweisung auf die Blankettstrafnorm die darin enthaltene Strafdrohung aktiviert oder nicht. Das ist mit der ausschließlichen **Kompetenzzuweisung** im Bereich des Strafrechts an den Bundesgesetzgeber gemäß Art. 103 Abs. 2 GG streng genommen unvereinbar (*Volkmann* ZRP 1995, 220 (222)), wird aber von der Rspr. hingenommen (zu §§ 52 Abs. 2 Nr. 1, 21 VTabakG iVm § 6 TabV BGH 23.12.2015 – 2 StR 535/13). Mit der **Bezugnahme auf eine Rechtsverordnung und** mit dem **Rückverweisungsvorbehalt zugunsten des Verordnungsgebers** wird die Festlegung der Strafbarkeit und in diesem Fall auch der Inhalt der Strafdrohung im Ergebnis dem Verordnungsgeber überlassen. Die endgültige Entscheidungskompetenz des parlamentarischen Gesetzgebers für das Strafrecht (Art. 103 Abs. 2 GG), insbes. im Bereich der Freiheitsentziehung (Art. 104 Abs. 1 GG), wird durch §§ 6, 95 Abs. 1 Nr. 2 hier nicht letztverbindlich vom Gesetzgeber, sondern vom Verordnungsgeber auf der untergesetzlichen Bezugsnorm ausgeübt (→ Rn. 4). Das ist prinzipiell mit dem besonderen Gesetzesvorbehalt für das Strafrecht unvereinbar, zumal der wesentliche Inhalt der Strafdrohung auch erst durch die Ausführung des Verordnungsgebers festgelegt wird.

13   Durch § 6 wird der **Bundesminister für Gesundheit ermächtigt, mit Zustimmung des Bundesrates** die Verwendung bestimmter Stoffe, Zubereitungen oder Gegenstände bei der Herstellung von Arzneimitteln vorzuschreiben, zu beschränken oder zu verbieten und das Inverkehrbringen von Arzneimitteln, die nicht nach dieser Maßgabe hergestellt worden sind, zu untersagen, soweit dies geboten ist, um **Risikovorsorge** zu betreiben oder eine **Gefährdung der Gesundheit von Mensch oder Tier** zu **verhindern.** Damit sollen die §§ 5, 7 ergänzt werden. Praktische Relevanz der (verfassungswidrigen) Regelung ist kaum vorhanden, zumal in strafrechtlich relevanten Fällen meist ohnehin Abs. 1 Nr. 1 iVm § 5 Abs. 2 eingreift. Relevante Rechtsverordnungen sind bisher die Arzneimittelfarbstoffverordnung, die Arzneimittel-TSE-Verordnung, die Ethylenoxid-Verbotsverordnung und die Aflatoxin-Verbotsverordnung (Körner/Patzak/Volkmer/*Volkmer* Rn. 76 ff.).

III. Inverkehrbringen, Verschreiben oder Anwenden bestimmter Arzneimittel zu Dopingzwecken im Sport (Abs. 1 Nr. 2a aF)

Da die Bekämpfung des Dopings durch die Sportgerichtsbarkeiten zur Bekämpfung des Phänomens **14** nicht effektiv genug erschien, hat der Gesetzgeber zunächst das Arzneimittelrecht darauf erstreckt. Inzwischen hat er beschlossen, die Dopingverbote in einem eigenständiges Gesetz zur Bekämpfung von Doping im Sport v. 10.12.2015 (BGBl. I 2210) (AntiDopG) zu regeln, das einerseits die Strafnormen des § 95 Abs. 1 Nr. 2a und 2b im Wesentlichen übernimmt und andererseits die Strafdrohung erweitert, zugleich aber auch einen Paradigmenwechsel durchführt, in dem auch dopende Spitzensportler selbst einer Strafdrohung unterworfen werden (§§ 3, 4 Abs. 1 Nr. 4 und 5 AntiDopG), wenn sie das Doping im Wettwettkampfsport einsetzen, um dadurch einen Wettbewerbsvorteil zu erzielen. Im Hinblick darauf, dass Leistungssportler, die Höchstleistungen erbringen, oftmals als Vorbilder dienen, gelte es, klare Zeichen zu setzen (BT-Drs. 18/4898, 19). Was unter **Doping** (*Zuck* NJW 1999, 831 ff.) zu verstehen ist, wurde im Arzneimittelgesetz allerdings nicht definiert (Kügel/Müller/Hofmann/*Raum* Rn. 18). Auffällig ist, dass kein Wort der deutschen Sprache im Gesetz benutzt werden kann, um das beanstandete Phänomen zu bezeichnen. Das Europäische Übereinkommen gegen Doping enthält eine Definition, die ihrerseits nicht präzise ist (Rehmann § 6a Rn. 2, 4) und daher zur Bestimmtheit einer darauf bezogenen Strafnorm iSv Art. 103 Abs. 2 GG nicht ausreicht. Im Kern geht es um eine **unphysiologische Steigerung der körperlichen Leistungsfähigkeit durch Verwendung eines Dopingmittels oder einer Dopingmethode.** Es muss aber ein Katalog der verbotenen Dopingmittel und Dopingmethoden hinzukommen, damit klargestellt wird, worauf sich der Verbotstatbestand genau erstreckt. Das strafbewehrte Dopingverbot des § 95 Abs. 1 Nr. 2a aF unterschiede sich von den anderen arzneimittelrechtlichen Straftatbeständen dadurch, dass nur ein begrenzter Kreis von Personen als **Sportler** zu denjenigen gehört, die gesundheitlich gefährdet werden. Zudem handelt es sich dabei oftmals um solche Personen, die in die Gesundheitsschädigung oder Gesundheitsgefährdung **einwilligen.** Auf Wettkampfsport beschränkt war das Dopingstrafrecht des Arzneimittelgesetzes in seiner alten Fassung insoweit bringt erst das Gesetz zur Bekämpfung von Doping im Sport v. 10.12.2015 (BGBl. I 2210) eine Änderung, soweit es um das Selbstdoping hingeht. Für das alte Dopingstrafrecht des Arzneimittelgesetzes stellte sich die Frage nach dem geschützten Rechtsgut und der Legitimation der Strafdrohung in besonderer Weise (*Kargl* JZ 2002, 389 ff.; *Steiner* in Höfling (Hrsg.), Doping – warum nicht? 2010, 91 ff.). Es kann nicht ohne weiteres ebenso auf die Volksgesundheit als Schutzgut verwiesen werden, wie im sonstigen Arzneimittelstrafrecht (*Jahn* ZIS 2006, 57 (58)), weil Dopingmittel streng genommen gar keine Arzneimittel sind. Im Ganzen wirkte der Dopingstraftatbestand des Arzneimittelstrafrechts deplaziert. Zumindest die fehlerhafte Einordnung wird nun durch das Gesetz zur Bekämpfung von Doping im Sport korrigiert. Für Altfälle bleiben kaum unüberbrückbare Divergenzen.

1. Schutzgut. Die Strafnorm wurde durch das 8. Gesetz zur Änderung des AMG v. 7.9.1998 **15** (BGBl. I 2649; dazu BT-Drs. 13/9996; 13/11020) eingeführt. Die Tat war danach ein abstraktes Gefährdungsdelikt. § 95 Abs. 1 Nr. 2a iVm § 6a Abs. 1 AMG aF diente nach verbreiteter Ansicht in erster Linie dem **Schutz der Gesundheit des gedopten Sportlers** (vgl. BT-Drs. 13/9996, 13; *Cherkeh/Momsen* NJW 2001, 1745; *Heger* SpuRt 2001, 92 (93); aA *Jahn* SpuRt 2015, 149 (150)). Diese Einordnung war aber mit Blick auf das Prinzip der Eigenverantwortlichkeit im Bereich des Selbstbestimmungsrechts und die Gewährleistung der Handlungsfreiheit nach Art. 2 Abs. 1 GG zur Legitimation der Strafnorm ungeeignet (MüKoStGB/*Freund* § 6a Rn. 2 ff.; *Jahn* ZIS 2006, 57 (58 ff.); *Prittwitz* FS Schiller, 2014, 512 (521 ff.); *Roxin* FS Samson, 2010, 445 (449 f.)). Die körperliche Unversehrtheit ist, wie § 228 StGB zeigt, ein disponibles Rechtsgut. Kann sogar eine Verletzung jedenfalls bis zur diffusen Grenze der Sittenwidrigkeit (vgl. *Kargl* NStZ 2007, 489 (491); krit. *Jahn* ZIS 2006, 57 (60 f.)) aufgrund der Einwilligung des Verletzten straflos bleiben, muss dasselbe erst recht für eine bloße Gefährdung desselben Rechtsguts nach einer Risikoeinwilligung gelten. Als Schutzgüter des § 95 Abs. 1 Nr. 2a AMG aF wurden daher ergänzend auch die **Chancengleichheit,** das **Sportethos** (*Cherkeh/Momsen* NJW 2001, 1745 (1747 f.)) oder die **Fairness** im sportlichen Wettbewerb hervorgehoben (*Greco* GA 2010, 622 ff.; *Schild* FS Kargl, 2015, 507 (517 ff.)), wobei jedenfalls Fairness und Sportethos jedoch zu diffus erscheinen, um Legitimationsfunktionen erfüllen zu können (*Jahn* ZIS 2006, 57 (58); *Kargl* NStZ 2007, 489 (494 ff.)). Mit dem arzneimittelrechtlichen Regelungszusammenhang war das ohnehin unvereinbar. Die Konkurrenzfähigkeit der Sportler, die sich nicht einem Doping unterziehen, schwindet allerdings, wenn andere davor nicht Halt machen. Diejenigen, die eigentlich keine Dopingmittel anwenden wollen, werden durch die Handlungen der anderen dazu verleitet. Das wird allerdings nicht zum Wegfall der Eigenverantwortlichkeit beim Konsum von Dopingmitteln. Dennoch erschien der **Gesundheitsschutz** durch die arzneimittelrechtliche Strafnorm nicht ausschließlich paternalistisch und sollte die Strafdrohung **mittelbar** legitimieren (MüKoStGB/*Freund* § 6a Rn. 8; Körner/Patzak/Volkmer/*Volkmer* Rn. 83; zur Nachahmungsgefahr *Hauptmann/Rübenstahl* MedR 2007, 271 (277); *Hofmann* PharmR 2008, 11 (12)). Eine Rechtfertigung des Dopingtäters durch **Einwilligung** des Sportlers in dessen Gesundheitsgefährdung sollte ausgeschlossen sein (*Parzeller/Caldarelli/Heise/Centamore* StoffR 2008, 206 (219)), was jedoch nicht überzeugend wirkt (*Schöch* FS Rössner, 2015, 669 (675)).

16   **2. Arzneimittel iSd Verbotslisten.** Die zu Dopingzwecken begangenen Handlungen müssen sich nach § 95 Abs. 1 Nr. 2a aF auf **Arzneimittel zur Anwendung bei Menschen** beziehen. Tierdoping unterlag nicht jener Vorschrift, sondern § 3 Nr. 1b TierSchG. Die Abgrenzung von Lebens- und Nahrungsergänzungsmitteln einerseits und Dopingmitteln zur unphysiologischen Leistungssteigerung beim Menschen andererseits musste von Fall zu Fall genau vorgenommen werden. Als **Sportlernahrung** eingesetzte Lebensmittel (*Meyer/Grunert* LMuR 2005, 109) und sonstige nicht als Arzneimittel zu qualifizierenden **Nahrungsergänzungsmittel** (*Delewski* LMuR 2010, 1 (4)) schieden regelmäßig aus (MüKoStGB/*Freund* § 6a Rn. 29), soweit die Letzteren jedenfalls nicht mit anabol-androgenen Steroiden versetzt waren. Zudem wurden nur **bestimmte Kategorien von Arzneimitteln** vom Dopingtatbestand des § 95 Abs. 1 Nr. 2a aF erfasst (BGH NStZ 2010, 170 (171) mAnm *Winkler* A&R 2009, 235 f.). Bestraft wurde nach § 95 Abs. 1 Nr. 2a idF des Achten Gesetzes zur Änderung des AMG (*Lippert* NJW 1999, 837) nur derjenige, der **entgegen § 6a Abs. 1** Arzneimittel zu Dopingzwecken im Sport in den Verkehr bringt, verschreibt oder bei anderen anwendet.

17   Das Dopingverbot als Verhaltensvorschrift nach § 6a Abs. 1, auf die der Straftatbestand verweist, betraf gemäß (dem durch das Gesetz zur Bekämpfung von Doping im Sport aufgehobenen) **§ 6a Abs. 2 S. 1 aF** „nur" Arzneimittel, die Stoffe der in der jährlich von der Beobachtenden Begleitgruppe aktualisierten **Anlage I zum Europäischen Übereinkommen gegen Doping** (BGBl. 2000 II 1156; 2002 II 128; 2003 II 311; 2004 II 996; 2005 II 372; 2006 II 421; 2007 II 812; 2008 II 255; 2009 II 368; 2010 II 206; 2011 II 78; 2012 II 118; 2013 II 177; 2014 II 1356) aufgeführten Gruppen von verbotenen Wirkstoffen enthalten, oder die solche Stoffe enthalten, welche zur Verwendung bei den dort aufgeführten verbotenen Methoden bestimmt sind. Im europäischen Übereinkommen gegen Doping ist die Dynamisierung ausdrücklich vorgesehen. Ob damit die Bezugnahme des deutschen Gesetzes von vornherein eine dynamische Verweisung enthalten hat, ist nicht geklärt (offen gelassen von BGHSt 59, 11 (14)). Sie galt als unschädlich, solange nicht völlig neue Stoffe einbezogen werden sollten (Kügel/Müller/Hofmann/*Raum* Rn. 19). **Allgemein verbotene Wirkstoffe** sind dort „unter anderem" näher erläuterte anabole Wirkstoffe, Hormone und verwandte Wirkstoffe, Diuretika und andere Maskierungsmittel. **Verbotene Methoden** sind Blutdoping, Gendoping und näher bezeichnete chemische und physikalische Manipulationen. **Im Wettkampf verbotene Stoffe** sind näher bezeichnete Stimulanzien, Narkotika, Cannabinoide und Glucocordcoide. Nur **in bestimmten Sportarten verbotene Stoffe** sind Alkohol und Betablocker. Die Anknüpfung des Straftatbestands des § 95 Abs. 1 Nr. 2a iVm § 6a aF im Rahmen der **Kettenverweisung** auf die Liste begegnete bereits als solche Bedenken im Hinblick auf die Vereinbarkeit mit dem Bestimmtheitsgebot nach Art. 103 Abs. 2 GG (*Parzeller/Rüdiger* ZRP 2007, 137 (139 f.); *Schild*, Sportstrafrecht, 2002, 139 f.). Das gilt erst recht aber deshalb, weil es sich jedenfalls nach der nachträglich eingefügten Hervorhebung in § 6a aF um eine **dynamische Verweisung** handelte (Körner/Patzak/*Volkmer/Volkmer* Rn. 89 f.), bei welcher der abschließende Bezugspunkt, nämlich die Verbotslisten, jährlich durch einen Normgeber außerhalb des parlamentarischen Rechtssetzungsverfahrens geändert werden (*Parzeller/Prittwitz* StoffR 2009, 101 (102)). Der Wandel der Dopingpraxis sollte durch die laufenden **Anpassungen der Listen** aufgefangen werden; § 2 Abs. 1 AntiDopG hat diese Regelungstechnik ohne Rücksicht auf ihre Unbedenklichkeit übernommen. Der in § 6a Abs. 2 Nr. 1 aF in Bezug genommene Anhang zu dem Internationalen Übereinkommen gegen Doping im Sport ist also seinerseits nicht statisch festgelegt und die Bezugnahme unbeschadet der Mitteilung der Fundstelle der Veröffentlichung des Abkommens durch das Transformationsgesetz im Gesetzestext nicht starr auf deren erste Fassung bezogen (*Parzeller/Prittwitz* StoffR 2009, 101 (110)), sondern auf die laufenden und ihrerseits immer wieder erst nachträglich im Bundesgesetzblatt Teil II bekannt gemachten Nachbesserungen. Außerdem wird das **Enumerationsprinzip** innerhalb der Verbotslisten **durchbrochen**, indem dort zwar zunächst bestimmte Substanzen aufgelistet, danach aber **auch verwandte Substanzen** („… und andere Stoffe mit ähnlicher chemischer Struktur oder ähnlicher/n biologischer/n Wirkung(en)") als ebenso relevant bezeichnet werden (MüKoStGB/*Freund* § 6a Rn. 36). Eine derart salvatorische Regelungstechnik, die im Verwaltungsrecht und Sportrecht ihren Zweck erfüllen mag, genügt streng genommen wiederum nicht dem Bestimmtheitsgebot für Strafnormen aus Art. 103 Abs. 2 GG und für solche mit der Androhung einer Freiheitsentziehung gemäß Art. 104 Abs. 1 GG. Denn es gibt keinen allgemein konsertierten Begriff des Dopings, so dass die Blankettstrafnorm als solche den Tatbestand nicht derart vorgeformt hat (→ Rn. 4), dass der Verweisung auf die Verbotsliste nur der Charakter einer Abrundung zukäme. Dann ist vielmehr dynamische Verweisung auf die Verbotslisten konstitutiv für den Gesamttatbestand und dies wirft die Frage der Vereinbarkeit mit dem strengen Gesetzesvorbehalt für das Strafrecht auf. BGHSt 59, 11 (15 ff.) hat die Vereinbarkeit bejaht, weil der Strafgesetzgeber aus Anlass zwischenzeitlicher Gesetzesänderungen bei § 6a jedenfalls im Hinblick auf die konkret in Frage stehenden Dopingmittel die Strafdrohung in seinen Willen aufgenommen und sich die Bestimmungsgewalt erhalten habe. Das erscheint indes fragwürdig (*Freund* FS Rössner, 2015, 579 (587 ff.)). Der gesetzgeberische Wille (allgemein zu diesem einzuschränkenden Auslegungskriterium *Wischmeyer* JZ 2015, 957 ff.) kann kaum allein aus der Existenz und nachträglichen Veröffentlichung der Verbotslisten entnommen werden.

18   **§ 6a Abs. 2a aF** enthielt ein Besitzverbot, worauf sich die Strafnorm des § 95 Abs. 1 Nr. 2a aF nicht bezog. Dies betraf § 95 Abs. 1 Nr. 2b aF. Nun gilt insoweit mit §§ 2 Abs. 3, 4 Abs. 1 Nr. 3, 6 Abs. 1 S. 1 Nr. 3 AntiDopG eine vergleichbare Regelung an anderer Stelle.

Eine **Verordnungsermächtigung** zur Bestimmung weiterer Stoffe oder Zubereitungen durch das **19**
Bundesministerium für Gesundheit, auf die § 6 Abs. 1 aF Anwendung fand, soweit dies geboten ist, um
eine unmittelbare oder mittelbare Gefährdung der Gesundheit des Menschen durch Doping im Sport zu
verhüten, bestand in § 6a Abs. 3 aF. Eine Erstreckung der Verweisung des § 95 Abs. 1 Nr. 2a aF auf die
Stoffe und Zubereitungen nach § 6a Abs. 3 aF erscheint begrifflich möglich (*Hauptmann/Rübenstahl*
MedR 2007, 272). Andererseits irritierte die Fassung des § 6a Abs. 2 S. 1 aF, wonach „nur" die dort
genannten Arzneimittel dem Verhaltensverbot nach § 6a Abs. 1 aF unterliegen sollten. Zudem enthielt
§ 6a Abs. 3 aF eine Option der fakultativen Erweiterung des Kreises der betroffenen Arzneimittel durch
den Verordnungsgeber, soweit dies geboten ist, um eine unmittelbare oder mittelbare Gefährdung der
Gesundheit von Menschen durch Doping im Sport zu verhüten (nunmehr § 6 Abs. 2 AntiDopG). Die
Einräumung eines solchen Ermessensspielraums an den Verordnungsgeber verträgt sich jedoch wiederum kaum mit der ausschließlichen Entscheidungskompetenz des parlamentarischen Gesetzgebers für das
Strafrecht, soweit in den Blankettstrafnormen auf die Rechtsverordnungen verwiesen wurde. Die Verordnungsermächtigung ermöglichte zudem keine Einschränkung des sich schon aus § 6a Abs. 2 S. 1 aF
iVm der jeweiligen Anlage zu dem Übereinkommen gegen Doping ergebenden Tatbestands, so dass die
Verordnungsermächtigung beim Kampf gegen Doping im Sport ohne besondere Bedeutung war (*Par-
zeller/Prittwitz* StoffR 2009, 101 (109)).

3. Tathandlungen. Eine tatbestandsmäßige Handlung iSv § 95 Abs. 1 Nr. 2a aF liegt vor, wenn der **20**
Täter Arzneimittel zu Dopingzwecken im Sport **in den Verkehr bringt, verschreibt** oder **bei**
anderen anwendet. Nicht dadurch erfasst wurden die **Einfuhr** vor der Vorratshaltung (*Heger* SpuRt
2001, 92 (93)) und das **Handeltreiben** ohne eigenen Besitz. Auch **Selbstdoping** wurde noch **nicht**
erfasst (*Parzeller/Caldarelli/Heise/Centamore* StoffR 2008, 206 (215)). Es wird erst durch §§ 3, 4 Abs. 1
Nr. 4 und Nr. 5 AntiDopG mit der Beschränkung des § 4 Abs. 7 AntiDopG unter Strafe gestellt und
spielt für Altfälle wegen des Rückwirkungsverbots aus Art. 103 Abs. 2 GG keine Rolle.

a) Handlungsformen. Inverkehrbringen ist in § 4 Abs. 17 als Vorrätighalten zum Verkauf, Feilhal- **21**
ten, Feilbieten oder Abgabe an Andere (BGHSt 59, 16 (20)) definiert (→ Rn. 7 ff.). Hier gelten keine
Besonderheiten. Bloßer Besitz ist kein Inverkehrbringen, solange keine Verkaufsabsicht vorliegt oder
festgestellt werden kann (*Erbs/Kohlhaas/Pelchen/Anders* § 6a Rn. 3). Der Besitz in nicht geringer Menge
wurde durch § 95 Abs. 1 Nr. 2b aF gesondert erfasst. Auch Einfuhr oder Erwerb von Dopingmitteln
waren für sich genommen nicht von der Strafnorm erfasst, diese Handlungen konnten allenfalls einen
Versuch des Inverkehrbringens markieren.

Ein **Verschreiben** lag vor, wenn ein Rezept über das Arzneimittel ausgestellt wurde. Das konnte nach **22**
Äußerungen in der Literatur nur **durch einen Arzt** geschehen (*Erbs/Kohlhaas/Pelchen/Anders* § 6a
Rn. 4), zumal den Sportärzten erhebliche Verantwortung und auch besondere Kompetenz bei der
Beurteilung von Dopingmitteln sowie bei der Einschätzung ihrer Risiken und Nebenwirkungen zukam.
Schließlich wurde für die Annahme der hinreichenden Bestimmtheit verstärkt auf die
besonderen Kenntnisse qualifizierter Normadressaten hingewiesen (zu Abs. 1 Nr. 1 BVerfG NStZ 2000,
595 (596)). Daher erschien es andererseits zweifelhaft, ob § 95 Abs. 1 Nr. 2a aF auch den Nichtarzt bei
der **Rezeptfälschung** erfasste (*MüKoStGB/Freund* § 6a Rn. 25, 27). Der Wortlaut der Norm gestattete
jedoch auch eine solche Auslegung, die aber bei einer verfassungskonform engen Auslegung des ohnehin
bedenklichen Straftatbestands eher abzulehnen war.

Anwenden bei anderen nach dem alten Recht war die Verabreichung an den Sportler am oder im **23**
Körper (→ Rn. 11), insbes. durch Einnahme, Injektion oder Auftragen auf den Körper. Für die Strafbarkeit des Arztes kam nicht darauf an, ob dies mit **oder ohne Wissen des Sportlers** geschah (*Mü-
KoStGB/Freund* § 6a Rn. 25). Das **Einverständnis** oder die **Einwilligung** des Sportlers in die Anwendung durch den Täter schlossen nach herrschender Ansicht weder den Tatbestand noch die Rechtswidrigkeit der Handlung des Arztes aus (*Haas/Prokop* SpuRt 1997, 56 (59); *Heger* JA 2003, 76 (79)), weil
dabei eher eine einvernehmliche Fremdgefährdung als eine eigenverantwortliche Selbstgefährdung vorliegen sollte (krit. *Jahn* ZIS 2006, 57 (59 f.)). Die **Unkenntnis** des Sportlers von der Anwendung
spezifischer Dopingmittel konnte zur Strafbarkeit für den Arzt führen, der die Gesundheit des Sportlers heimlich gefährdete (*MüKoStGB/Freund* § 6a Rn. 26). Selbstdoping wurde aber durch § 95 Abs. 1
Nr. 2a iVm § 6a Abs. 1 aF noch nicht erfasst (*Körner/Patzak/Volkmer/Volkmer* Rn. 97). Es spielt erst
seit Inkrafttreten der §§ 3, 4 Abs. 1 Nr. 4 und Nr. 5 AntiDopG eine Rolle, die Altfälle nicht rückwirkend erfassen können.

b) Sportbezogener Dopingzweck. Die Tathandlung des § 95 Abs. 1 Nr. 2a aF musste „zu **24**
Dopingzwecken im Sport" begangen werden, also zur **unphysiologischen Steigerung des Leis-
tungsvermögens** im Sport (*Bruggmann/Grau* PharmR 2008, 101 (104); *MüKoStGB/Freund* § 6a
Rn. 30; *Körner/Patzak/Volkmer/Volkmer* Rn. 99). Dies betraf insbes. den Muskelaufbau und Fett-
abbau, ferner die Verbesserung des Sauerstofftransports im Blut, aber auch die Dämpfung von physischen oder psychischen Leistungshindernissen zur Ausschöpfung von letzten Energiereserven. Schließlich waren auch Maßnahmen zur Verhinderung von Dopingkontrollen oder zur Beeinflussung von
Untersuchungsergebnissen hierbei durch Maskierungsstoffe als Dopingzwecke anzusehen. **Medizi-**

nisch-therapeutische Zwecke ließen die Handlung dagegen straflos bleiben (*Hofmann* PharmR 2008, 11 (15); Körner/Patzak/Volkmer/*Volkmer* Rn. 103; zweifelnd *Parzeller/Caldarelli/Heise/Centamore* StoffR 2008, 206 (215 f.)). Das galt auch im Fall der **Behandlung von Sportverletzungen,** weil Arzneimittel, die zur Behandlung von Krankheiten eingesetzt werden, in § 6a Abs. 2 S. 1 aF vom Kreis der Dopingmittel im Sinne des Verbotstatbestands ausgeklammert wurden (MüKoStGB/*Freund* § 6a Rn. 37); im Dopingstrafrecht aufgrund des Gesetzes zur Bekämpfung von Doping im Sport dürften Arzneimittel und Dopingmittel sich schon begrifflich gegenseitig ausschließen. Darauf, ob das eingesetzte Mittel oder die angewandte Methode tatsächlich zur Leistungssteigerung geeignet war, kam es zur Annahme von Doping im Sport nach § 95 Abs. 1 Nr. 2a aF nicht an (MüKoStGB/*Freund* § 6a Rn. 15).

25   Sport nach § 95 Abs. 1 Nr. 2a aF war zunächst der Leistungs- und Wettkampfsport. Nach herrschender Ansicht fielen aber auch **Sportaktivitäten in der Freizeit** darunter (BT-Drs. 13/9996, 13; Kügel/Müller/Hofmann/*Raum* Rn. 20; Körner/Patzak/Volkmer/*Volkmer* Rn. 102). Ob das unter der Geltung des Gesetzes zur Bekämpfung von Doping im Sport angesichts des damit einhergehenden Paradigmenwechsels der Erfassung auch des Selbstdopings aufrecht zu erhalten ist, erscheint zumindest zweifelhaft (zu Bodybuildingwettkämpfen *Brill* SpuRt 2015, 153 ff.). Wenn das geschützte Rechtsgut nicht oder jedenfalls nicht in erster Linie die Gesundheit des Sportlers sein konnte (*Roxin* FS Samson, 2010, 445 (449 f.)), über die er eigenverantwortlich disponieren kann, sondern **der faire Wettbewerb** im Wettkampfsport geschützt werden soll, dann kann der Straftatbestand gegen Doping im Sport sich nur auf Handlungen im Wettkampfsport auswirken. Von dem Merkmal „im Sport" nach § 95 Abs. 1 Nr. 2a aF wurde aber nach der Vorstellung des Gesetzgebers der alten Dopingbekämpfungsregeln (BT-Drs. 13/9996, 13) etwa auch das **Bodybuilding** erfasst. Das hat die Rspr. unreflektiert übernommen (BGHSt 59, 11 (14)). Es sollte danach nicht darauf ankommen, ob die erstrebte Leistungssteigerung auf sportliche Aktivitäten im Wettkampf, im **Training** oder in der **Freizeit** gerichtet ist (BGH NStZ 2010, 170 (171); *Bruggmann/Grau* PharmR 2008, 101; *Hofmann* PharmR 2008, 11 (12); Erbs/Kohlhaas/*Pelchen/Anders* § 6a Rn. 2). Dabei wurde allerdings die Frage der **Legitimation der Strafdrohung** durch einen auf Kriminalunrecht bezogenen Zweck des Schutzes nur der Gesundheit Anderer, die nicht ausschließlich eigenverantwortlich handeln, übergangen. Ferner konnte die Unbestimmtheit der Strafnorm mit ihrer dynamischen Verweisung (→ Rn. 17) nicht mit dem Hinweis auf einen sachkundigen Kreis der Normadressaten dementiert werden (*Parzeller/Prittwitz* StoffR 2009, 119 (120 f.)), wenn auch Freizeitsportler erfasst wurden, die keine Sonderkenntnisse aufgrund von Wettkampfregeln haben mussten. Mittelbarer Gesundheitsschutz anderer als der sich freiwillig selbst gefährdenden oder schädigenden Sportler beim eigenverantwortlichen Selbstdoping, das nun von den §§ 3, 4 Abs. 1 Nr. 4 und Nr. 5, Abs. 7 AntiDopG erfasst werden soll, kam unter der Geltung von § 95 Abs. 1 Nr. 2a aF nur bei einer **Verletzung der Chancengleichheit im Wettkampfsport** als Legitimation in Frage (→ Rn. 14). Eine Strafdrohung ggü. Eigendoping erschien dagegen nicht gerechtfertigt (*Zuck* A&R 2014, 73 (76)). Die Bestrafung eines Inverkehrbringens, der Verschreibung oder Anwendung von Mitteln zur eigenverantwortlichen Leistungssteigerung bei Freizeitaktivitäten war deshalb schon unter die Geltung des früheren rechts mangels Legitimation der Bezeichnung als Kriminalunrecht eigentlich unangebracht (*Kargl* NStZ 2007, 489 (496)). Daher musste wenigstens ein entfernter **Wettkampfbezug** des Dopingzwecks vorausgesetzt werden (MüKoStGB/*Freund* § 6a Rn. 33). Das gilt nach dem Paradigmenwechsel durch das Gesetz zur Bekämpfung von Doping im Sport nun rückwirkend (§ 2 Abs. 3 StGB) erst recht. Auch das Europäische Übereinkommen gegen Doping im Sport ging schließlich davon aus, dass unter Doping die Verwendung bestimmter Wirkstoffe oder Methoden zur Leistungssteigerung **bei Sportlern** zu verstehen ist (Art. 2 Abs. 1 lit. a des Übereinkommens), wobei Sportler aus der Perspektive des Abkommens solche Personen sind, die regelmäßig an Sportveranstaltungen teilnehmen (Art. 2 Abs. 1 lit. c des Übereinkommens). Die Anwendung von Dopingmitteln oder Dopingmethoden im rein privaten oder (nicht sportlich ausgerichteten) beruflichen Bereich (etwa durch Minddoping) war deshalb nicht nach § 95 Abs. 1 Nr. 2a aF strafbar (Körner/Patzak/Volkmer/*Volkmer* Rn. 103). Ob nur die herkömmlichen Sportarten oder auch neue Formen und ferner Wettbewerbe im Bereich des „Denksports", etwa bei einem Schachturnier, zum Bereich des Sports im Sinne des Gesetzes zu zählen waren, blieb unter der Geltung der nunmehr überholten Fassung des AMG unklar. Der Wortlaut und Zweck der Norm gestattete dies zwar (MüKoStGB/*Freund* § 6a Rn. 35); eine restriktive Auslegung mit Blick auf Art. 103 Abs. 2 GG hätte aber zum gegenteiligen Resultat führen sollen. Der Paradigmenwechsel durch das Gesetz zur Bekämpfung von Doping im Sport macht eine erneute Überprüfung erforderlich, was mit Blick auf § 2 Abs. 3 StGB auch für Altfälle gilt.

26   **4. Vorsatz oder Fahrlässigkeit.** Da § 95 Abs. 1 Nr. 2a aF eine Handlung zu Dopingzwecken im Sport voraussetzte, war nach verbreiteter Ansicht **direkter Vorsatz** erforderlich; **bedingter Vorsatz** genügte nicht (*Bruggmann/Grau* PharmR 2008, 101 (104); *Hauptmann/Rübenstahl* MedR 2007, 271 (273); aA Rehmann § 6a Rn. 1). Andererseits gestattete § 95 Abs. 4 sogar eine Bestrafung bei **Fahrlässigkeit** (so nun auch § 4 Abs. 6 AntiDopG), so dass bei Ausschluss des bedingten Vorsatzes ein Wertungswiderspruch entstand. Entweder mussten bedingter Vorsatz und Fahrlässigkeit zugleich ausgeschlossen oder beide zugelassen werden. Indes erschien ein Handeln zu Dopingzwecken wenig

naheliegend, wenn die Eigenschaft eines Arzneimittels als Dopingmittel nur für möglich gehalten und der Verstoß gegen das Dopingverbot in Kauf genommen oder ersteres sogar nur aufgrund einer Fahrlässigkeit verkannt wurde. Auch mit Blick auf die Unbestimmtheit des Straftatbestands war dann, wenn die Norm nicht bereits im Ganzen wegen Art. 103 Abs. 2 GG verworfen werden sollte, eine restriktive Auslegung auch im Bereich der subjektiven Tatseite nahe liegend.

IV. Besitz oder Erwerb nicht geringer Mengen von Arzneimitteln zu Dopingzwecken im Sport (Abs. 1 Nr. 2b aF)

Seit dem Inkrafttreten des Gesetzes zur Verbesserung der Bekämpfung des Dopings im Sport am 1.11.2007 (BGBl. I 2510) machte sich gemäß § 95 Abs. 1 Nr. 2b aF bis zum Inkrafttreten des Gesetzes zur Bekämpfung von Doping im Sport (nun §§ 2 Abs. 3, 4 Abs. 1 Nr. 3 AntiDopG) strafbar, wer entgegen § 6a Abs. 2a aF Arzneimittel in nicht geringer Menge (krit. zu dieser Einschränkung Körner/ Patzak/Volkmer/*Volkmer* Rn. 117) zu Dopingzwecken im Sport besitzt (nun §§ 2 Abs. 3, 4 Abs. 1 Nr. 3 AntiDopG). Gemäß § 6a Abs. 2a S. 1 aF war es verboten, Arzneimittel und Wirkstoffe, die im Anhang zum Arzneimittelgesetz (nun Anhang zum AntiDopG) genannte Stoffe sind oder enthalten, in nicht geringer Menge zu Dopingzwecken im Sport zu besitzen. Der Bezugspunkt (anabole Stoffe, Peptidhormone, Wachstumsfaktoren und verwandte Stoffe, Hormone und Stoffwechsel-Modulatoren nach dem Anhang zum Arzneimittelgesetz) ist damit ein anderer als in § 95 Abs. 1 Nr. 2a iVm § 6a Abs. 2 S. 1 aF mit seinem Anhang zum Internationalen Übereinkommen über Doping (*Parzeller/ Prittwitz* StoffR 2009, 101 (110)). Der Vorteil der Binnenverweisung wurde mit dem Nachteil der geringeren Beweglichkeit der Regelung erkauft (Körner/Patzak/Volkmer/*Volkmer* Rn. 119). Das Bundesministerium für Gesundheit bestimmt im Einvernehmen mit dem Bundesministerium des Innern nach Anhörung von Sachverständigen durch Rechtsverordnung mit Zustimmung des Bundesrates die nicht geringe Menge (§ 6a Abs. 2a S. 2 aF; nun § 6 Abs. 1 S. 1 Nr. 1 AntiDopG); das ist eine zumindest eigenartige Regelungstechnik (Körner/Patzak/Volkmer/*Volkmer* Rn. 126). Danach wird eine **jährlich geänderte Dopingmittel-Mengenverordnung** (DmMV v. 22.11.2007, BGBl. I 2607, zuletzt v. 24.6.2013, BGBl. I 1687) erlassen. Darin werden Grenzwerte für die jeweils nicht geringe Menge einzelner Dopingmittel genannt. Auf welcher Methode der – besonders im Betäubungsmittelstrafrecht mit seiner abweichenden Schutzrichtung von der Rspr. (zur nicht geringen Menge bei „Legal Highs" BGHZ 60, 134 (136 ff.)) vorgenommenen – Bestimmung die Festlegung der Einzelmengen in der Rechtsverordnung beruht, ist ihrem Text nicht zu entnehmen. Ob die Art der dynamisch-fortgeschriebenen Festlegung von Umständen durch den Verordnungsgeber zur Bestimmung der Tatbestandsgrenzen des § 95 Abs. 1 Nr. 2b aF (nunmehr §§ 2 Abs. 3, 4 Abs. 1 Nr. 3, 6 Abs. 1 S. 1 Nr. 1 AntiDopG) mit Art. 103 Abs. 2 GG vereinbar ist, wurde noch nicht näher überprüft. Weil der **Besitz** von Dopingmitteln in nicht geringer Menge – mangels bisheriger Strafbarkeit des Selbstdopings (bis zum Inkrafttreten von §§ 3, 4 Abs. 1 Nr. 4 und 5, Abs. 7 AntiDopG) – nur ein abstraktes **Indiz für** ein mögliches **Inverkehrbringen** sein soll und weil Dopingmittel nicht generell gesundheitsschädlich wirken, bleiben die **Bestimmtheit** des Tatbestands des Besitzes von Dopingmitteln in nicht geringer Menge und die **Legitimation** der diesbezüglichen Strafdrohung zweifelhaft (*Prittwitz* FS Schiller, 2014, 512 (529)). Das Bundesministerium wurde weiterhin dazu ermächtigt, im Einvernehmen mit dem Bundesministerium des Innern nach Anhörung von Sachverständigen durch Rechtsverordnung mit Zustimmung des Bundesrates **weitere Stoffe** in den Anhang des Gesetzes aufzunehmen, die zu Dopingzwecken im Sport geeignet sind, hierfür in erheblichem Umfang angewendet werden und deren Anwendung bei nicht therapeutischer Bestimmung gefährlich ist, sowie die nicht geringe Menge dieser Stoffe zu bestimmen (§ 6a Abs. 2a S. 3 aF).

1. Schutzrichtung. Die doppelte Verordnungsermächtigung und **dynamische Verweisung auf die Dopingmittel-Mengen-Verordnung** in der jeweils aktuellen Fassung begegnet Bedenken im Hinblick auf den strikten Gesetzesvorbehalt und die Bestimmtheit der Strafnorm iSv Art. 103 Abs. 2 GG, soweit der Verordnungsgeber neben der Art der Dopingmittel auch die nicht geringe Menge des jeweiligen Dopingmittels bestimmen soll, ohne dass der Gesetzgeber Vorgaben dazu macht, nach welchem **Maßstab** dies geschehen soll. Insoweit ist die Unklarheit des geschützten Rechtsguts erneut ein erheblicher Unsicherheitsfaktor. Die **Gesundheitsschädlichkeit** ist eigentlich nicht relevant, weil Selbstdoping nach dem Prinzip der Eigenverantwortlichkeit keine Strafdrohung rechtfertigt und vor Inkrafttreten der §§ 3, 4 Abs. 1 Nr. 3 AntiDopG strafrechtlich keine Rolle spielte. Der Schutz der Volksgesundheit legitimierte die bisherige Strafnorm nicht (*Hofmann* PharmR 2008, 11 (14); *Jahn* ZIS 2006, 57 (61); *Roxin* FS Samson, 2010, 445 (449 f.); aA *Hauptmann/Rübenstahl* HRRS 2007, 143 (145)). Der Besitz nicht geringer Mengen von Dopingmitteln war vielmehr eine Regelung zur Bestrafung eines **vermuteten Inverkehrbringens** (*Hauptmann/Rübenstahl* MedR 2007, 271 (276); *Hofmann* PharmR 2008, 11 (14)). Dadurch sollten Beweisprobleme bezüglich des vom Besitzer beabsichtigten Verwendungszwecks umgangen werden. Die **nicht geringe Menge** ersetzte also ein Indiz dafür, dass nicht lediglich strafloser Eigenkonsum bezweckt wurde, durch eine unwiderlegliche gesetzliche Vermutung (*Parzeller/Caldarelli/Heise/Centamore* StoffR 2008, 206 (217)). Die Überschreitung der Menge, die noch für den Eigenverbrauch angemessen erscheinen konnte, sollte demnach den Maßstab für die Kategorie der nicht geringen Menge liefern. Indes wäre dabei zwischen Mitteln zu unterscheiden, die im Fall des Dopings in geringerer Menge als bei therapeutischer Anwendung verwendet zu werden pflegen und solchen, bei denen für Doping eine größere Menge benötigt wird als bei der therapeutischen Anwendung (*Hofmann* PharmR 2008, 11 (15)). Die **Überschreitung von Verbrauchsmengen für den therapeutischen Einsatz** eignete sich nicht als abstrakt-genereller Maßstab für die Festlegung einer nicht geringen Menge. Daher wurde alternierend nach Verbrauchsmengengrößen und im Hinblick auf die Gefährlichkeit einer nicht therapeutischen Anwendung die nicht geringe Menge vom Verordnungsgeber bestimmt. Wenn allerdings Doping mit bestimmten Mitteln in niedrigerer Dosierung als bei einer therapeutischen Anwendung betrieben wurde, entfiel die Indikatorfunktion des Besitzes der nicht geringen Menge für ein zu vermutendes Inverkehrbringen. Die Vereinbarkeit der Regelung mit der **Unschuldsvermutung** (Art. 6 Abs. 2 EMRK, Art. 20 Abs. 3 GG iVm dem Freiheitsrecht), die **Bestimmtheit** der Strafnorm (Art. 103 Abs. 2 GG) und ihre **Legitimation** (Art. 1 Abs. 1, 2 Abs. 1, 20 Abs. 3 GG) blieben zweifelhaft; ob sich nach dem Paradigmenwechsel mit dem Gesetz zur Bekämpfung von Doping im Sport daran etwas geändert hat, erscheint zumindest fragwürdig. Im alten Dopingstrafrecht musste jedenfalls im Einzelfall geprüft werden, ob eine medizinische Indikation beim Besitzer auszuschließen war.

29 **2. Dopingmittel in nicht geringer Menge.** Im **Anhang des Arzneimittelgesetzes** aF waren die **Stoffe bestimmt,** die dem Besitzverbot gemäß § 6a Abs. 2a S. 1 aF unterworfen wurden. Zunächst waren dies Stoffe, die zu den im Anhang des Übereinkommens gegen Doping aufgeführten Gruppen von anabolen Wirkstoffen, Hormonen und verwandten Verbindungen und Substanzen mit antiestrogener Wirkung gehören. Diese Verbotsliste der Beobachtenden Begleitgruppe wird laufend an den Stand der wissenschaftlichen Erkenntnisse angepasst. Im Anhang des Arzneimittelgesetzes wurden durch die **Dopingmittel-Mengen-Verordnung** (→ Rn. 27) des Bundesministeriums für Gesundheit neue Vertreter der genannten Stoffgruppen berücksichtigt (nun im Anhang zum AntiDopG). Zugleich wurden dort die jeweiligen **nicht geringen Mengen angegeben** (BR-Drs. 672/09), wobei in einer Reihe von Fällen der Monatsbedarf für die therapeutische Anwendung den Maßstab lieferte, bei gefährlicheren Stoffen aber auch eine geringere Dosis (BR-Drs. 677/07, 7; *Parzeller/Caldarelli/Heise/Centamore* StoffR 2008, 206 (217)). Die Rechtsanwendung wurde einerseits durch die genaue Bezeichnung der Stoffe und konkrete Festlegung der nicht geringen Mengen erleichtert, andererseits durch **jährliche Änderungen** der Verordnung erschwert und unübersichtlich, schließlich durch die Verordnungsermächtigung nicht iSd Parlamentsvorbehalts aus Art. 103 Abs. 2, 104 Abs. 1 S. 1 GG ausreichend legitimiert (→ Rn. 28), sofern der Straftatbestand des Dopingmittel-Besitzverbots in dem vom parlamentarischen Gesetzgeber erlassenen Teil der kombinierten Regelung (§§ 95 Abs. 1 Nr. 2b, 6a Abs. 2a aF) nicht hinreichend vorgeformt wurde (→ Rn. 17; bejahend *Hauptmann/Rübenstahl* HRRS 2007, 143).

30 **3. Besitz oder Erwerb als Tathandlungen.** Der Begriff des Besitzes wird in den verschiedenen Gesetzen, die ihn jeweils verwenden, nicht einheitlich verstanden. Zur Auslegung, was unter dem Begriff in § 95 Abs. 1 Nr. 2b aF zu verstehen war, musste auf den Sinn und Zweck der Bestimmung zurückgegriffen werden (zum Besitz iSd BtMG BGHSt 27, 380 (381)). Er bestand darin, eine **Vorstufe zum Inverkehrbringen** zu erfassen. Besitz im Sinne des bürgerlichen Rechts war dafür nicht erforderlich; vielmehr genügte ein **bewusstes tatsächliches Innehaben** mit der Möglichkeit ungehinderter Einwirkung auf die Sache (Körner/Patzak/Volkmer/*Volkmer* Rn. 131), ein tatsächliches Herrschaftsverhältnis, das etwa auch bei einem **Besitzdiener** im zivilrechtlichen Sinne gegeben sein konnte. Zudem war **mittelbarer Besitz** ausreichend (AnwK-MedR/*Guttmann* § 6a Rn. 28). Der zum Besitz erforderliche **Wille** (Körner/Patzak/Volkmer/*Volkmer* Rn. 134) iSv § 95 Abs. 1 Nr. 2b aF bestand allein darin, sich die Möglichkeit ungehinderter Einwirkung auf die Sache zu erhalten; die Motivlage war unbeachtlich. Jedoch genügte nicht bereits eine ganz **kurze Hilfstätigkeit,** die ohne Herrschaftswillen geleistet wurde (vgl. BGHSt 26, 117 f.). Dulden fremden Besitzes war weder eine täterschaftliche Handlung des Besitzes noch Beteiligung an der Tat eines anderen (Körner/Patzak/Volkmer/*Volkmer* Rn. 135). Ging der Täter irrtümlich davon aus, dass er die tatsächliche Herrschaft über eine nicht geringe Menge Doppelmittel inne habe, während die Menge tatsächlich gering war, so lag ein **Fall des versuchten Besitzes** vor, der nach § 95 Abs. 2 iVm § 95 Abs. 1 Nr. 2b aF strafbar war (Körner/Patzak/Volkmer/*Volkmer* Rn. 146). Ein **Erwerb** von Dopingmitteln war anzunehmen, wenn der Täter die tatsächliche Verfügungsgewalt über die Mittel in einvernehmlichem Zusammenwirken mit einem Vorbesitzer so erlangte, dass er darüber ungehindert verfügen konnte (Körner/Patzak/Volkmer/*Volkmer* Rn. 134a). Besondere Bedeutung hatte der Erwerb in den Fällen des Versuchs der Begehung der Tat. Für die Erfüllung des Tatbestandes genügte der tatsächliche Übergang der Verfügungsgewalt an den Dopingmitteln aufgrund willensmäßiger Übereinstimmung der Beteiligten. Nur **Versuch** war etwa dann anzunehmen, wenn eine Postsendung nicht in den Zugriffsbereich des Täters kam (Körner/Patzak/Volkmer/*Volkmer* Rn. 146a; zur versuchten Abgabe BGH NStZ 2015, 591), etwa weil sie von den Ermittlungsbehörden abgefangen wurde. Die erforderliche willensmäßige Übereinstimmung konnte auch aufgrund eines Verpflichtungsgeschäftes angenommen werden. Durch das Verpflichtungsgeschäft

wurde jedoch für sich allein noch nicht das Tatbestandsmerkmal des Erwerbs erfüllt. Da es auf die einvernehmliche Übertragung der tatsächlichen Verfügungsgewalt ankam, lag versuchter Erwerb nur vor, wenn der Täter nach seiner Vorstellung von der Tat unmittelbar zur Erlangung der tatsächlichen Verfügungsgewalt vom Vorbesitzer ansetzte. Ist ein Erwerbsvorgang bewiesen, so tritt die Handlungsvariante des Besitzes dahinter zurück (Körner/Patzak/Volkmer/ *Volkmer* Rn. 154).

4. Vorsatz oder Fahrlässigkeit. Der Besitz von Dopingmitteln in nicht geringer Menge gemäß § 95 **31** Abs. 1 Nr. 2b AMG aF setzte beim vorsätzlichen Handeln das Wissen oder zumindest Für-möglich-Halten der tatsächlichen Verfügungsgewalt über die Dopingmittel, ferner über die tatsächlich vorhandenen (nicht geringen) Mengen und den Willen zum Besitz voraus (Körner/Patzak/Volkmer/ *Volkmer* Rn. 137). Genaue Kenntnis der Menge war nicht erforderlich, soweit klar war, dass der Vorsatz auch eine nicht geringe Menge einschloss. Erforderlich war ferner die Zweckbestimmung des Erwerbs oder Besitzes zu Dopingzwecken im Sport. Eine Konkretisierung der Willensrichtung war nicht erforderlich, solange klar war, dass die Dopingmittel im Sport verwendet werden sollten (Körner/Patzak/Volkmer/ *Volkmer* Rn. 140). Gab der Täter diese Zweckbestimmung auf, so endete der Besitz des Dopingmittel in nicht geringer Menge zum Zwecke des Dopings im Sport. Auch der fahrlässige Besitz von Dopingmitteln nicht geringer Menge zu Dopingzwecken im Sport war strafbar (§ 95 Abs. 1 Nr. 2b, Abs. 4 aF). Nun gelten insoweit die §§ 2 Abs. 3, 4 Abs. 1 Nr. 3, Abs. 6 AntiDopG.

V. Inverkehrbringen radioaktiver Arzneimittel (Abs. 1 Nr. 3)

Wer entgegen § 7 Abs. 1 **radioaktive Arzneimittel** (§ 4 Abs. 8), etwa die in der Diagnostik einge- **32** setzten Radiopharmaka, oder Arzneimittel, **bei deren Herstellung ionisierende Strahlen verwendet worden sind,** in den Verkehr bringt, macht sich nach Abs. 1 Nr. 3 strafbar. § 7 Abs. 1 enthält ein **Verbot mit Erlaubnisvorbehalt** (MüKoStGB/ *Freund* § 4 Rn. 12) für das Inverkehrbringen radioaktiver oder mit ionisierenden Strahlen hergestellter Arzneimittel. Der Straftatbestand bezieht sich auf Arzneimittel, die + wegen ihrer Radioaktivität oder ihrer Herstellung mittels ionisierenden Strahlen in den Verkehr gebracht werden sollen; andernfalls handelt es sich regelmäßig um bedenkliche Arzneimittel.

Die **Erlaubnis** wird **durch eine Rechtsverordnung** nach § 7 Abs. 2 erteilt. Dies ist in der Ver- **33** ordnung über radioaktive oder mit ionisierenden Strahlen behandelte Arzneimittel (AMRadV v. 28.1.1987, neu gefasst durch VO v. 19.1.2007, BGBl. I 48), geregelt (Körner/Patzak/Volkmer/ *Volkmer* Rn. 164). Bei Arzneimitteln, die im Ausland hergestellt wurden, gilt für den Bereich der Europäischen Union eine Zulassung radioaktiver oder mit ionisierenden Strahlen hergestellter Arzneimittel aufgrund der VO (EWG) Nr. 2309/93. Keine radioaktiven Arzneimittel sind solche, die im Spurenbereich natürlich strahlende Stoffe in einem vertretbaren Umfang enthalten (Rehmann § 7 Rn. 1).

Der vorsätzliche Verstoß gegen § 7 Abs. 1 wird nach Abs. 1 Nr. 3 der vorliegenden Vorschrift **34** bestraft, **der fahrlässige Verstoß** nach Abs. 1 Nr. 3 und Abs. 4.

VI. Herstellen oder Inverkehrbringen qualitätsgeminderter oder falsch gekennzeichneter Arzneimittel (Abs. 1 Nr. 3a)

Wer entgegen § 8 Abs. 1 Nr. 1 oder 1a, auch iVm § 73 Abs. 4 oder § 73a, Arzneimittel oder **35** Wirkstoffe herstellt, in den Verkehr bringt oder sonst mit ihnen Handel treibt, macht sich nach Abs. 1 Nr. 3a strafbar, wenn er diesbezüglich vorsätzlich oder fahrlässig (Abs. 4) handelt. Vorher war auch diese Handlung in § 96 Nr. 2 mit einem niedrigeren Strafrahmen unter Strafdrohung gestellt gewesen; heute wird in § 96 Nr. 3 nur noch auf das Irreführungsverbot nach § 8 Abs. 1 Nr. 2 verwiesen. Die Vorschrift des Abs. 1 Nr. 3a iVm § 8 Abs. 1 Nr. 1 und Nr. 1a dient dem **Verbraucherschutz** vor Arzneimittelfälschungen in der Form der **Qualitätsminderung** bei der Herstellung (Körner/Patzak/ Volkmer/ *Volkmer* Rn. 168 ff.) oder der **falschen Kennzeichnung** hinsichtlich der Identität oder Herkunft der Arzneimittel (Rehmann § 8 Rn. 1). Dabei geht es um den Schutz der Gesundheit, des Vermögens und der Dispositionsfreiheit der Verbraucher beim Arzneimittelerwerb und Arzneimittelkonsum. Mittelbar geschützt werden zwar auch Ärzte, Apotheker und Händler im Wettbewerb. Jedoch kommt es für die Frage der Irreführung auf den Erwartungshorizont der Verbraucher an (MüKoStGB/ *Freund* § 8 Rn. 2).

Ein Verstoß gegen **§ 8 Abs. 1 Nr. 1** liegt vor, wenn Arzneimittel oder Wirkstoffe durch Abweichung **36** von den **anerkannten pharmazeutischen Regeln** in ihrer Qualität nicht unerheblich gemindert sind. Die maßgeblichen Regeln finden sich im Arzneibuch § 55 und in den **Richtlinien über Good Manufacturing Practises** (RL 89/341/EWG; 91/356/EWG; 1991/412/EWG; EU-GMP-Leitfaden für Human- und Tierarzneimittel; Körner/Patzak/Volkmer/ *Volkmer* Rn. 170). Die **Geringfügigkeitsschwelle** an der Untergrenze des objektiven Tatbestands zur unerheblichen Qualitätsminderung erscheint unklar. Jedenfalls ist es nach der **Verkehrsanschauung** zu beurteilen, ob eine Abweichung von den anerkannten pharmazeutischen Regeln **für den Verbraucher zumutbar** ist oder nicht. Insbesondere wenn der Therapieerfolg durch eine reduzierte Qualität des Arzneimittels nicht in Frage gestellt wird, liegt eine nur geringfügige Abweichung von den anerkannten pharmazeutischen Regeln nahe (Rehmann § 8 Rn. 2). Kriterien für die Bewertung als erhebliche oder unerhebliche Minderung der Qualität sind die reduzierte **Wirksamkeit** des Mittels, ein veränderter **Wirkstoffgehalt, Verunreinigungen** oder eine verminderte **Haltbarkeit.** Der letzte Punkt wird nach § 8 Abs. 2 dahin typisiert, dass nach Ablauf des Verfallsdatums generell von einer verminderten Qualität ausgegangen wird. Insoweit wird auch ein Verstoß gegen § 8 Abs. 2 mittelbar über § 8 Abs. 1 Nr. 1 von Abs. 1 Nr. 3a der vorliegenden Vorschrift erfasst. Auf eine konkrete Gefährdung der Gesundheit des Konsumenten kommt es nicht an; eine **abstrakte Gefahr** reicht aus (MüKoStGB/*Freund* § 8 Rn. 9; Rehmann § 8 Rn. 2). Auch rein subjektive Empfindlichkeiten sind unerheblich. Qualität gemindert Arzneimittel sind in der Regel aber auch bedenkliche Arzneimittel (Körner/Patzak/Volkmer/*Volkmer* Rn. 171).

37   **§ 8 Abs. 1 Nr. 1a** betrifft das Inverkehrbringen von Arzneimitteln oder Wirkstoffen, die hinsichtlich ihrer Identität oder Herkunft falsch gekennzeichnet sind und daher von Gesetz als **gefälschte Arzneimittel** oder Wirkstoffe bezeichnet werden (Körner/Patzak/Volkmer/*Volkmer* Rn. 173a). Eine Identitätsfälschung liegt in der falschen Angabe der stofflichen Zusammensetzung. Eine falsche Kennzeichnung der Herkunft ist insbes. bei einer aus der Sicht der Verbrauchererwartung irreführenden Angabe über die Identität des Herstellers anzunehmen (Rehmann § 8 Rn. 3). Erforderlich ist aber jedenfalls eine Täuschungseignung (BGH medstra 2015, 174 (179)).

38   Die Verweisung auf § 73 Abs. 4 führt dazu, dass auch das Verbringen nicht zugelassener oder nicht registrierter Arzneimittel durch ein ausländisches Staatsoberhaupt oder seine Begleitung oder durch Mitglieder einer diplomatischen Mission oder konsularischen Vertretung erfasst wird. Über § 73a werden ferner Exportfälle in den Bereich der tatbestandsrelevanten Handlungen einbezogen.

38a   Tathandlungen sind das **Herstellen, Inverkehrbringen** oder sonstige **Handeltreiben.** Die Tathandlungsform des Handeltreibens, die dem Handeltreiben mit Betäubungsmitteln entspricht, ist nachträglich durch das Zweite Gesetz zur Änderung arzneimittelrechtlicher und anderer Vorschriften v. 18.4.2012 (BT-Drs. 17/9341) in die Regelung aufgenommen worden und erklärt sich wesentlich damit, dass auch Erscheinungsformen des Vertriebs ohne eigenen Besitz erfasst werden sollen.

VII. Handeltreiben mit oder Abgeben von verschreibungspflichtigen Arzneimitteln außerhalb einer Apotheke (Abs. 1 Nr. 4)

39   Nach Abs. 1 Nr. 4 wird bestraft, wer entgegen § 43 Abs. 1 S. 2, Abs. 2 oder 3 S. 1 mit verschreibungspflichtigen Arzneimitteln Handel treibt oder diese Arzneimittel abgibt. § 43 Abs. 1 S. 2 stellt dazu eine **Apothekenpflicht** nur **für verschreibungspflichtige Arzneimittel** auf (BayObLG PharmR 1993, 216 f.; NJW 1998, 3430 (3433)). Grundsätzlich dürfen **Fertigarzneimittel** (§ 2 Abs. 1, Abs. 2 Nr. 1) nur in einer Apotheke abgegeben werden, sofern keine Ausnahme nach § 44 eingreift oder das Inverkehrbringen außerhalb einer Apotheke ausdrücklich durch Rechtsverordnung erlaubt wurde. Es ging nach der bis 1998 geltenden Gesetzesfassung bei der vorliegenden Vorschrift um das Inverkehrbringen **an Endverbraucher** (BGH StV 1998, 663 f.) **im Einzelhandel** (OLG Hamburg NStZ 1995, 598 (599)). Dadurch entstanden Strafbarkeitslücken bei der **Erfassung von Arzneimitteldealern in der Drogenszene.** Vor diesem Hintergrund wurde diese Einschränkung auf den Einzelhandel in der Bezugsnorm des § 43 gestrichen, so dass **auch der Zwischen- und Großhandel** erfasst wird. Heute geht es bei der Verbotsregelung um **das berufs- und gewerbsmäßige Handeln** unter Umgehung des Apothekenmonopols. Die entgeltliche Abgabe in einzelnen Fall oder die unentgeltliche Abgabe auch in einer Mehrzahl von Fällen erfüllt insoweit nicht den Tatbestand, weil dies nicht als berufs- oder gewerbsmäßig zu bezeichnen ist (MüKoStGB/*Freund* Rn. 46). Ziel der Strafdrohung gegen Handeltreiben mit verschreibungspflichtigen Arzneimitteln außerhalb einer Apotheke oder der dortigen Abgabe ist zuvörderst der **Gesundheitsschutz** dadurch, dass **der Apotheker in seiner Apotheke** die ordnungsgemäße Abgabe kontrolliert und dem Kunden beratend zur Verfügung stehen soll.

40   Zu den Apotheken gehören auch Zweig-, Not- und Krankenhausapotheken (§§ 14–17 ApoG), nicht aber ärztliche Hausapotheken (§ 30 ApoG). Im **Versandhandel** durch Internetapotheken dürfen apothekenpflichtige Arzneimittel im Inland nicht ohne besondere behördliche Erlaubnis in den Verkehr gebracht werden (KG MMR 2005, 246 ff.); § 11a ApoG hat das bisher generell geltende Versandhandelsverbot gelockert und ist dabei über das durch das Gemeinschaftsrecht der Europäischen Union Geforderte hinausgegangen (Erbs/Kohlhaas/*Senge* ApoG § 11a Rn. 1). Jenseits der Erlaubnisgrenzen ist der Versandhandel aber verboten (zum Internethandel mit Selbstmordwilligen LG Wuppertal BeckRS 2007, 08611). Das **Apothekenmonopol** für verschreibungspflichtige Arzneimittel (BGHSt 11, 304 (309 ff.)) ist mit dem deutschen Verfassungsrecht, insbes. mit Art. 12 Abs. 1 GG (BVerfGE 9, 73 ff.; *Koenig/Bache* PharmR 2009, 261 ff.), und dem Recht der Europäischen Gemeinschaft (zum Versandhandelsverbot EuGH NJW 2004, 131 ff. mAnm *Lenz;* NJW 2004, 332; und *Mand* ApoR 2004, 33) vereinbar (einschränkend für apothekenpflichtige Tierarzneimittel MMR 2010, 464 f.).

41   **Tathandlungen** sind das Handeltreiben und die Abgabe. Soweit in Abs. 1 Nr. 4 auch die „Abgabe" von Arzneimitteln angeführt ist, kann sich dies allerdings nur auf die Verbotsnormen des § 43 Abs. 2 oder Abs. 3 beziehen. Da in § 43 Abs. 1 S. 2 nur von **Handeltreiben** und nicht von Abgabe die Rede ist, setzt ein Verstoß gegen diese Verbotsnorm ein Handeltreiben voraus (BGH NStZ 2004, 457 (458)).

Das Tatbestandsmerkmal des Handeltreibens ist hier **ebenso zu verstehen wie im Betäubungsmittelrecht** (Körner/Patzak/Volkmer/*Volkmer* Rn. 201). Der Begriff des Handeltreibens umfasst demnach alle eigennützigen Bemühungen, die darauf gerichtet sind, den Umsatz mit Betäubungsmitteln zu ermöglichen oder zu fördern. Bloße Entgeltlichkeit reicht aber nicht aus. Vielmehr muss sich für den Täter bei objektiver Betrachtung ein eigener Nutzen aus dem Umsatzgeschäft ergeben. Ein Verkauf zum Selbstkostenpreis ist demnach kein Handeltreiben (BGH NStZ 2004, 457 (458) mAnm *Rotsch* JR 2004, 248 ff. und *Pauly* StoffR 2004, 90 ff.). Zum Begriff der **Abgabe** gelten die allgemeinen Regeln (→ Rn. 10). Die Applikation durch einen Arzt ist weder Abgabe noch Handeltreiben (LG Essen GesR 2015, 414 ff.). Der Tierarzt darf Tierarzneimittel an Halter der von ihm behandelten Tiere abgeben (§§ 43 Abs. 4, 56a Abs. 1 Nr. 1; einschränkend BayObLG AgrarR 1993, 126 f.).

VIII. Unerlaubte Abgabe durch Pharmaunternehmer oder Großhändler an Nichtberechtigte oder unerlaubter Bezug (Abs. 1 Nr. 5)

Die Tat ist ein Sonderdelikt (BGH 27.10.2015 – 3 StR 124/15). Nach Abs. 1 Nr. 5 wird bestraft, wer **42** Arzneimittel, die nur auf Verschreibung an Verbraucher abgegeben werden dürfen, entgegen § 47 Abs. 1 die eigener Verfügungsgewalt an andere als dort bezeichnete Personen oder Stellen oder entgegen § 47 Abs. 1a überträgt (Abgabe) oder entgegen § 47 Abs. 2 S. 1 solche Arzneimittel bezieht. Die vorliegende Vorschrift betrifft die unerlaubte Abgabe durch Hersteller oder den Großhandel, der die Arzneimittel nicht an Endverbraucher, sondern an Wiederverkäufer vertreibt. Dadurch sollen die **Vertriebswege** geschützt werden (MüKoStGB/*Freund* §§ 43–53 Rn. 7; Körner/Patzak/Volkmer/*Volkmer* Rn. 242). Durch die Ausdehnung von Abs. 1 Nr. 4 iVm § 43 über den Einzelhandel hinaus, sind Überschneidungen der Anwendungsbereiche dieser Tatbestände entstanden. Zweck der vorliegenden Norm ist aber ebenso der **Schutz der Gesundheit** (BGH NStZ 1987, 514 (515)) durch Bestrafung des Verlassens der gesetzlich gestatteten Abgabemöglichkeiten im Bereich des Groß- und Zwischenhandels unter Umgehung des Apothekenmonopols. Die Möglichkeiten zulässiger bedarfsabhängiger Direktbelieferung von Abnehmern außerhalb einer Apotheke sind in § 47 Abs. 1 und Abs. 2 genannt.

IX. Unerlaubte Abgabe oder unerlaubtes Inverkehrbringen von Arzneimitteln zum Schwangerschaftsabbruch (Abs. 1 Nr. 5a)

Wer entgegen § 47a Abs. 1 ein dort bezeichnetes Arzneimittel an andere als die dort bezeichneten **43** Einrichtungen abgibt oder in den Verkehr bringt, wird nach Abs. 1 Nr. 5a bestraft. Für Schwangerschaftsabbruchmittel besteht ein **Sondervertriebsweg** (*Deutsch* NJW 1999, 3393 ff.; *Hofmann/Nickel* DVBl 2000, 682 f.), der zu den speziellen Einrichtungen nach § 13 SchwKonflG führt. Dorthin dürfen nur auf Verschreibung eines dort behandelnden Arztes solche Arzneimittel abgegeben werden (§ 47a Abs. 1 S. 1). Der Vertriebsweg führt also vom pharmazeutischen Unternehmer oft direkt zum behandelnden Arzt, jedenfalls aber zu der innerhalb der Klinik für den Empfang zuständigen Person (Erbs/Kohlhaas/*Pelchen/Anders* Rn. 21). Das Inverkehrbringen über den allgemeinen Vertriebsweg für Arzneimittel (§ 47), auch über Apotheken (§ 43), ist verboten (MüKoStGB/*Freund* §§ 43–53 Rn. 10).

X. Unerlaubte Abgabe verschreibungspflichtiger Tierarzneimittel ohne Vorlage einer Verschreibung (Abs. 1 Nr. 6)

Wer entgegen § 48 Abs. 1 S. 1 iVm einer Rechtsverordnung nach § 48 Abs. 2 Nr. 1 oder 2 Arznei- **44** mittel, die zur **Anwendung bei Tieren** bestimmt sind, die üblicherweise der **Gewinnung von Lebensmitteln** dienen, abgibt, macht sich nach Abs. 1 Nr. 6 strafbar. Dadurch soll verhindert werden, dass Arzneimittelrückstände in Lebensmitteln für die Gesundheit der Konsumenten gefährlich werden können (Rehmann Rn. 16); letztlich geht es also um den **Schutz der menschlichen Gesundheit**. Der Rechtsgüterschutz ist hier freilich weit vorverlagert. Die Strafdrohung betrifft nach dem Wortlaut und Zweck der Norm nicht nur die Abgabe durch an sich befugte Personen, sondern ebenso durch Unbefugte (MüKoStGB/*Freund* Rn. 56, Rehmann Rn. 1). Der Vorwurf besteht allerdings in der Verletzung der Verschreibungspflicht. Für die Bestimmung der verschreibungspflichtigen Tierarzneimittel gilt die **Verordnung über die Verschreibungspflicht von Arzneimitteln** v. 21.12.2005 (BGBl. I 3632), die zuletzt durch die VO v. 18.12.2009 (BGBl. I 3947) geändert worden ist.

XI. Unerlaubte Abgabe von Fütterungsarzneimitteln ohne Vorlage einer Verschreibung (Abs. 1 Nr. 7)

Einen ähnlichen Schutzzweck wie Abs. 1 Nr. 6 verfolgt Abs. 1 Nr. 7. Danach macht sich strafbar, **45** wer Fütterungsarzneimittel (§ 4 Abs. 10), die aus Mischfuttermitteln und Arzneimittelvormischungen bestehen, entgegen § 56 Abs. 1 ohne die erforderliche Verschreibung an Tierhalter abgibt. Auch dadurch soll letztlich die **Gesundheit der Lebensmittelkonsumenten** vor Arzneimittelrückständen **geschützt** werden. Fütterungsarzneimittel sind verschreibungspflichtig, aber nicht apothekenpflichtig und können daher direkt vom Hersteller an den Tierhalter abgegeben werden (MüKoStGB/*Freund* §§ 56–61 Rn. 6), dies aber nur auf **Verschreibung eines Tierarztes, der die Tiere behandelt** (§ 56 Abs. 1 und Abs. 5). Tathandlung ist die **Abgabe ohne** entsprechendes tierärztliches **Rezept.** Täter kann der Hersteller der Fütterungsarzneimittel oder ein Großhändler sein, nicht aber der Tierarzt.

XII. Unerlaubte Abgabe, Verschreibung oder Anwendung von verschreibungspflichtigen Tierarzneimitteln (Abs. 1 Nr. 8)

46   Wer entgegen § 56a Abs. 1 S. 1, auch iVm S. 3, oder entgegen § 56a Abs. 1 S. 2 Arzneimittel verschreibt, abgibt oder anwendet, die zur Anwendung bei Tieren bestimmt sind, die der Gewinnung von Lebensmitteln dienen, und nur auf Verschreibung an Verbraucher abgegeben werden dürfen, erfüllt den Straftatbestand nach Abs. 1 Nr. 8. Auch dieser Tatbestand soll **die menschliche Gesundheit** davor schützen, dass Rückstände von Tierarzneimitteln in den Nahrungskreislauf gelangen. § 56a Abs. 1 stellt näher erläuterte **Verhaltensregeln für den Tierarzt** auf. Täter des Vergehens nach Abs. 1 Nr. 8 können demnach auch nur Tierärzte sein (aA Rehmann Rn. 18). Andere Personen werden nur durch den Bußgeldtatbestand des § 97 Abs. 2 Nr. 23 erfasst. Tierärzte dürfen nach § 56a Abs. 1 S. 1 Nr. 1 die verschreibungspflichtigen Tierarzneimittel nur an Halter der von ihm behandelten Tiere abgeben. Für die erneute Abgabe oder Verschreibung gelten nach § 56a Abs. 1 S. 2 bestimmte Fristen.

XIII. Unerlaubter Erwerb verschreibungspflichtiger Tierarzneimittel von Unberechtigten (Abs. 1 Nr. 9)

47   Wenn der **Tierhalter** Arzneimittel, die nur auf Verschreibung an Verbraucher abgegeben werden dürfen, entgegen § 57 Abs. 1 erwirbt, macht auch er sich nach Abs. 1 Nr. 9 strafbar. Dadurch soll die Überwachung des Arzneimittelverkehrs ermöglicht und die Entstehung eines schwarzen Marktes für verschreibungspflichtige Tierarzneimittel verhindert werden. Tierhalter dürfen verschreibungspflichtige Tierarzneimittel also gemäß § 57 Abs. 1 nur aus der Apotheke oder vom Tierarzt erwerben, Fütterungs-arzneimittel nach § 56 dagegen auch vom Hersteller. **Andere Personen** als Tierhalter, etwa Dealer oder Konsumenten aus der Drogenszene, werden von der Bezugsnorm des § 57 nicht angesprochen und werden daher auch von dem vorliegenden Straftatbestand nicht erfasst. Der **Erwerb** setzt die Erlangung einer eigenen Verfügungsmöglichkeit durch den Tierhalter voraus. Er liegt nicht vor, wenn ein Anderer ein Tier behandelt und diesem direkt ein verschreibungspflichtiges Tierarzneimittel verabreicht (Bay-ObLG NStZ 1987, 179).

XIV. Unerlaubte Anwendung verschreibungspflichtiger Tierarzneimittel bei Tieren, die der Gewinnung von Lebensmitteln dienen (Abs. 1 Nr. 10)

48   Die Strafdrohung in Abs. 1 Nr. 10 richtet sich gegen denjenigen, der entgegen § 58 Abs. 1 S. 1 verschreibungspflichtige Arzneimittel im Wege der Selbstmedikation bei Tieren anwendet, die der Gewinnung von Lebensmitteln dienen (Körner/Patzak/Volkmer/*Volkmer* Rn. 307). Dadurch soll die **Gesundheit** der Lebensmittelkonsumenten vor Medikamentenrückständen **geschützt** werden. Als Täter kommen **Tierhalter** oder **andere Personen** in Betracht (Rehmann Rn. 20); ausgenommen sind Tierärzte, für die Abs. 1 Nr. 8 gilt. Tathandlung ist die **unerlaubte Anwendung rezeptpflichtiger Tierarzneimittel** am oder im Körper des Tieres. Das Tier muss nach der **Verkehrsanschauung** üblicherweise der Gewinnung von Lebensmitteln dienen. Ausnahmsweise kann etwa bei fremdlän-dischen Nahrungsgewohnheiten die **subjektive Zweckbestimmung** durch den Tierhalter den Aus-schlag geben, wenn sich daraus die naheliegende Gefahr ergibt, dass das konkrete Tier der Lebensmittel-gewinnung dient (MüKoStGB/*Freund* §§ 56–61 Rn. 17).

XV. Verordnungswidrige Verabreichung eines bestimmten Stoffes an Tiere (Abs. 1 Nr. 11)

49   Ebenfalls dem Schutz der menschlichen Gesundheit vor Tierarzneimittelrückständen im Nahrungs-mittelkreislauf dient die aufgrund des Fünfzehnten Gesetzes zur Änderung des Arzneimittelgesetzes v. 20.5.2011 (BGBl. I 2011) neu gefassten Strafdrohung des Abs. 1 Nr. 11. Sie betrifft denjenigen, der entgegen § 59d Abs. 1 Nr. 1 einem verbotenen Stoff einem dort genannten Tier verabreicht. Die ver-botenen Stoffe ergeben sich aus Tab. 2 des Anhangs zu der VO (EU) Nr. 37/2010. **Verabreichen** als tatbestandsmäßige Handlung ist die Arzneimittelanwendung durch Einführen in den Körper durch Einflößen, Injektion, Inhalation, Infusion, Einreiben oder Einschieben (Körner/Patzak/Volkmer/*Volk-mer* Rn. 320). Hinsichtlich der Mittel liegt eine **dynamische Verweisung** vor, die mit Art. 103 Abs. 2 GG kaum vereinbar ist, weil die jeweils maßgebliche Liste der verbotenen Stoffe nicht aus der Bezugs-norm zu entnehmen ist.

C. Tatbegehung und Rechtsfolgen

I. Versuch (Abs. 2)

Nach Abs. 2 ist der Versuch des Vergehens strafbar (§ 23 Abs. 1 StGB). Konstruktiv gelten die **50** allgemeinen Regeln der §§ 22 ff. StGB. Mit der Anordnung der Versuchsstrafbarkeit wird das ohnehin weit gefasste abstrakte Gefährdungsdelikt nochmals vorverlagert (MüKoStGB/*Freund* Rn. 18). So ist schon das unmittelbare Ansetzen zum Vorrätighalten zum Verkauf ein Versuch des Inverkehrbringens, ebenso der Beginn der Arzneimittelherstellung (Rehmann Rn. 23). Diese weite Tatbestandsausdehnung akzentuiert die Frage nach der Legitimation der Strafdrohung. Sie wirft sodann aber auch praktische Probleme bei der Rechtsanwendung auf. Ist der Versuch bei Erfolgsdelikten eine konkrete Gefährdung des geschützten Rechtsguts, dann wird die Festlegung der Überschreitung der Schwelle von einer Vorbereitungshandlung zum Versuch bei dem weit gefassten abstrakten Gefährdungstatbestand diffus. Eine Strafrahmenmilderung gemäß §§ 23 Abs. 2, 49 Abs. 1 StGB liegt in Fällen des Versuchs eines der Gefährdungstatbestände regelmäßig besonders nahe.

II. Vorsatz und Fahrlässigkeit (Abs. 1 und 4)

Vergehen nach Abs. 1 setzen zunächst Vorsatz voraus, wobei aber **alle Vorsatzarten** bis hinab zum **51** bedingten Vorsatz in Frage kommen. Der Vorsatz, also das Wissen und Wollen oder zumindest das Für-Möglich-Halten und Inkaufnehmen, muss sich auf die allgemeine oder besondere Arzneimitteleigenschaft des Tatobjekts und die tatsächlichen Voraussetzungen der jeweils von der Strafnorm genannten Tathandlung beziehen. **Irrtümer** können den Vorsatz nach § 16 Abs. 1 StGB ausschließen, wenn sie die Tatsachenbasis betreffen; sie sind dagegen nach § 17 StGB zu bewerten, soweit es nur um die Rechtslage geht. Die komplexen arzneimittelrechtlichen Straftatbestände eröffnen vielfältige Mischfälle, bei denen die Abgrenzung von Tatbestandsirrtum und Verbotsirrtum schwer fällt.

Nach **Abs. 4** kann auch **Fahrlässigkeit** bestraft werden (§ 15 StGB), wofür das Gesetz einen niedrigeren **52** Strafrahmen vorsieht. Fahrlässigkeit besteht auch hier in der Verletzung einer **Sorgfaltspflicht** und der objektiven sowie individuellen **Vorhersehbarkeit** und **Vermeidbarkeit** der Tatbestandserfüllung (MüKoStGB/*Freund* Rn. 31 f.; Rehmann Rn. 27). Für die Sorgfaltsanforderungen gelten besondere berufsbezogene Regeln, wie die PharmBetrVO, oder arzneimittel- und apothekenrechtliche Sicherheitsvorschriften und ungeschriebene allgemeine Anforderungen an den Umgang mit Arzneimitteln.

III. Besonders schwere Fälle (Abs. 3)

Die **sukzessiv erweiterte Regelung** des Abs. 3 traf eine Regelung für besonders schwere Fälle mit **53** verschiedenen Regelbeispielen, die heute als veraltet und überholt gilt (BT-Drs. 18/4898, 30), so dass § 4 Abs. 4 AntiDopG nunmehr Qualifikationstatbestände verwendet. Die Bestimmung des Abs. 3 galt zunächst ausweislich der Systematik **nur für vorsätzlich begangene Vergehen**, nicht für die Fahrlässigkeitstaten nach Abs. 4. Sie bewirkte sodann, anders als eine Qualifikation, auch **keine Änderung des Deliktscharakters**, auch wenn der Strafrahmen demjenigen eines Verbrechens gleichkommt. Sie enthielt schließlich **Regelbeispiele**, die wiederum **verschiedene Fallgruppen** betrafen, aber nicht abschließend sein sollten. Das heißt, dass auch **unbenannte besonders schwere Fälle** vorkommen konnten (Körner/Patzak/Volkmer/*Volkmer* Rn. 330), während andererseits **trotz Erfüllung eines Regelbeispiels nicht notwendigerweise der Sonderstrafrahmen anzuwenden** war. Die Systematik wies wiederum darauf hin, dass **auch beim Versuch** des Vergehens (Abs. 2) ein besonders schwerer Fall (Abs. 3) in Frage kommen sollte. Es erscheint aber in der Sache fragwürdig, ob dies wegen der **Ferne zum geschützten Rechtsgut** der menschlichen Gesundheit noch gerechtfertigt war. Für § 4 Abs. 4 AntiDopG mit seiner Verbrechensqualifikation stellt sich diese Frage erneut und erst recht. Der Sonderstrafrahmen des § 95 Abs. 3 aF (Freiheitsstrafe von einem Jahr bis zu zehn Jahren) überschnitt sich zum Teil mit dem Normalstrafrahmen (Freiheitsstrafe bis zu drei Jahren oder Geldstrafe), er war andererseits in Ober- und Untergrenze deutlich ggü. dem Normalstrafrahmen erhöht. Sofern nicht von seiner **Unbestimmtheit** iSv Art. 103 Abs. 2 GG auszugehen war, erschien mit Blick auf die massive Anhebung des Strafniveaus jedenfalls eine restriktive Anwendung angezeigt. Die sukzessive Aufstockung der Regelbeispiele hatte zudem nicht zur besseren Bestimmtheit der Gesamtregelung beigetragen. **Gewerbsmäßige oder bandenmäßige Tatbegehung** waren für den Dopingtatbestand nach § 95 Abs. 1 Nr. 2a, Abs. 3 S. 2 Buchst. a aF und für die Arzneimittelfälschung nach Abs. 1 Nr. 3a (S. 2 Nr. 3) zu Regelbeispielen erhoben worden, während zumindest die Bandenmäßigkeit auch bei den anderen Fällen einen unbenannten besonders schweren Fall nahe legte, wohingegen die Gewerbsmäßigkeit wegen der Nähe der Arzneimittelstraftaten zur Berufsausübung eher als neutrales Element in Erscheinung trat. Im letzteren Punkt wäre eher auf die Größe des Tatgewinns oder des wirtschaftlichen Schadens für Verbraucher abzustellen gewesen. Die Praxis überging die Bestimmtheitsproblematik dadurch, dass sie Evidenzfälle betonte.

54 Der Wortlaut des § 95 Abs. 3 aF gestattete die Annahme, dass **unbenannte besonders schwere Fälle** in Betracht kommen. § 4 Abs. 4 AntiDopG hat diese unbenannte Erweiterungsmöglichkeit dadurch verhindert, dass er die Merkmale zu Qualifikationstatbeständen ausgebaut hat; hat aber weitere Fälle ergänzt. Aus der Praxis zum unbenannten besonders schweren Fall des Vergehens nach § 95 Abs. 1 Nr. 2a und Nr. 2b aF stammte der Vorschlag, nicht alleine auf eine diffuse Gesamtabwägung aller für und gegen den Angeklagten sprechenden Strafzumessungsaspekte abzustellen, sondern bestimmte Kriterien in den Vordergrund zu rücken, zu denen außerhalb der Regelbeispiele eine bandenmäßige Tatbegehung, der illegale Handel mit nicht geringen Mengen von Arzneimitteln, der bewaffnete illegale Arzneimittelhandel und der illegale Arzneimittelhandel mit gefährlichen Mitteln gehören sollen. Diese Fallgruppenhinweise erschienen praktisch hilfreich, sie wirkten aber – entsprechend den generellen Bedenken gegen die Regelbeispieltechnik (MüKoStGB/*Freund* Rn. 24 f.) – wie eine Verlängerung der gesetzgeberischen Überlegungen und eine Art von Ersatzgesetzgebung durch die Praxis. Erforderlich war im Übrigen bei der Strafrahmenbestimmung eine **Gesamtwürdigung von Tat und Täterpersönlichkeit.** Zu prüfen waren alle der Tat vorausgehenden, sie begleitenden oder ihr nachfolgenden Umstände, soweit sie für das Bild von Tat und Täter von Bedeutung sind (vgl. BGH 3.4.1996 – 2 StR 89/96). Soweit § 95 Abs. 1 Nr. 2a oder Nr. 2b iVm Abs. 3 aF ggü. § 4 Abs. 4 AntiDopG das mildere Recht iSv § 2 Abs. 3 StGB ist, gilt dies für Altfälle heute noch.

55 Mit der für alle Straftatbestände in Abs. 1 geltenden Regelung, dass im Fall der **Gefährdung der Gesundheit einer großen Zahl von Menschen** in der Regel ein besonders schwerer Fall vorliegen sollte (Abs. 3 S. 2 Nr. 1 Buchst. a aF), verwendete der Gesetzgeber einen unbestimmten Rechtsbegriff innerhalb ihrerseits als bloße Regelbeispiele relativ unbestimmten Strafzumessung. Unklar blieb zudem der Grad der Gefahr, da einerseits der Grundtatbestand ein abstraktes Gefährdungsdelikt, andererseits die konkrete Gefährdung iSv Abs. 3 S. 2 Nr. 1 Buchst. b auf die Nähe zum Tod oder einer schweren Schädigung an Körper oder Gesundheit bezogen war. Es genügte also grds. bei Abs. 3 S. 2 Nr. 1 Buchst. a aF auch eine abstrakte Gefährdung. Andererseits erschien die Größe der **Zahl** der gefährdeten Menschen nach dem zu § 306b Abs. 1 StGB entwickelten Rechtsprechungsmodell (BGHSt 44, 175 (177 f.)) **variabel und daher relativ unbestimmt, je nachdem wie konkret oder abstrakt ihre Gefährdung m. Einzelfall war** (Kügel/Müller/Hofmann/*Raum* Rn. 45). Da indes der Gesetzgeber hier im Gegensatz zum Fall des § 4 Abs. 4 AntiDopG erstens noch keine Qualifikationsnorm geschaffen und zweitens auch im Detail andere Begriffe und Anknüpfungspunkte verwendet hatte, wurde durch die Unklarheit des Regeltatbestands nur die Unbestimmtheit der Regelung unterstrichen. Eine zuverlässige Bestimmung der Größe der Zahl der gefährdeten Menschen könne im Grenzbereich kaum zu gelingen; jedenfalls sollten 20 Personen eine große Zahl von Menschen iSd Regelbeispiels sein (BGHR § 95 Gefährdung 2; Körner/Patzak/Volkmer/*Volkmer* Rn. 334). In der Literatur wurde zum Teil eine mindestens dreistellige Zahl postuliert (Erbs/Kohlhaas/*Pelchen*/*Anders* Rn. 47), was mit dem Maßstab zu § 306b Abs. 1 StGB nicht mehr korreliert und ebenso plausibel wie willkürlich erscheint.

56 Nur auf erste Sicht genauer bestimmt wirkte das Regelbeispiel der **Gefahr des Todes oder der schweren Schädigung an Körper oder Gesundheit** (Abs. 3 S. 2 Nr. 1 Buchst. b aF). Hier ist ebenfalls eine konkrete Gefahr vorauszusetzen (Kügel/Müller/Hofmann/*Raum* Rn. 46; Körner/Patzak/Volkmer/*Volkmer* Rn. 339), ohne dass es notwendigerweise auf die Zahl der gefährdeten Personen ankommt. Konkret ist die Gefahr, wenn es praktisch nur vom Zufall abhängt, ob die **schwere Folge** eintritt oder ausbleibt. Bei der schweren Schädigung kann § 226 StGB Orientierungspunkte liefern; er bildet aber keinen verbindlichen Maßstab, zumal die Schädigung an Körper oder Gesundheit sowohl die physische Unversehrtheit als auch die psychische Gesundheit einschließt. Schwer ist ein Körper- oder Gesundheitsschaden, wenn er eine Lebensführung nicht nur unerheblich beeinträchtigt und dauerhaft vorliegt oder bei vorübergehenden Erscheinungen besonders gravierende Auswirkungen auf die Befindlichkeit hat. Auf den tatsächlichen Eintritt der schweren Folge kommt es nicht an, wobei dieser aber gegebenenfalls erst recht als Regelfall des besonders schweren Falles eines Arzneimittelvergehens erscheint.

57 Nach Abs. 3 S. 2 Nr. 1 Buchst. c liegt in der Regel ein besonders schwerer Fall vor, wenn der Täter **aus grobem Eigennutz** für sich oder einen anderen **Vermögensvorteile großen Ausmaßes erlangt.** Auch hier bleibt im Einzelnen unklar, wann Vermögensvorteile ein großes Ausmaß erlangen. Grober Eigennutz soll vorliegen, wenn der Täter sich von dem Vorteilsstreben in einem besonders anstößigen Maß leiten lässt (Rehmann Rn. 25). Damit wird aber die Unbestimmtheit des Ausmaßfaktors nur um die Hinzufügung eines weiteren unbestimmten Begriffes vermehrt. Grober Eigennutz setzt ein weit über das noch vertretbar kaufmännische Maß hinausgehendes Gewinnstreben voraus, dass andererseits nicht den Grad einer regelrechten Gewinnsucht erreicht haben muss. Es soll genügen, wenn sich der Täter von seinem Vorteilsstreben in besonders anstößigen Beweises leiten lässt. Skrupellosigkeit wird nicht gefordert (Körner/Patzak/Volkmer/*Volkmer* Rn. 343). Insgesamt wirken die Kriterien höchst deutungsabhängig und unbestimmt. Die Möglichkeit zur Gewichtung erscheint zudem ambivalent. Wenn der Täter Gesundheitsgefahren für Arzneimittelkonsumenten wegen eines erheblichen Vermögensvorteils in Kauf nimmt, ist das eher nachvollziehbar als wenn er denselben Effekt bereits für geringen Gewinn herbeiführt. Eine plausible Korrelation zwischen der Größe des Vorteils und der Anstößigkeit des Strebens lässt sich in einer kommerzialisierten Welt kaum begründen. Im Vordergrund muss daher der numerische Umfang des Gewinns stehen. In der Rechtsprechung wird an anderer Stelle von einer Wertgrenze von 50.000 EUR ausgegangen (für Betrug BGH NJW 2004, 169 (170)); das dürfte – unbeschadet der Tatsache, dass es sich um eine gegriffene Zahl handelt – auch hier maßgeblich sein (Kügel/Müller/Hofmann/*Raum* Rn. 47; Körner/Patzak/Volkmer/*Volkmer* Rn. 341).

Bei Doping iSv § 95 Abs. 1 Nr. 2a aF lag ein Regelbeispiel für einen besonders schweren Fall vor, **58** wenn der Täter Arzneimittel zu Dopingzwecken im Sport an **Personen unter 18 Jahren** abgab oder bei diesen Personen anwendete. Diese Regelung wirkte besser bestimmt als die vorgenannten, allgemein geltenden Regelbeispiele. Problematisch war aber, dass der Grundtatbestand seinerseits bereits Bedenken im Hinblick auf Art. 103 Abs. 2 GG unterlag (→ Rn. 17). Auch dürfte die Abgabe gesundheitlich bedenklicher Arzneimittel (Abs. 1 Nr. 1) an Jugendliche nicht minder schwer wiegen als die Abgabe von Dopingmittel an Jugendliche. Die Wertung des Gesetzgebers wirkte insoweit unklar. Sie dürfte darauf bezogen sein, dass bei Jugendlichen, anders als bei Erwachsenen, noch Entwicklungsbeeinträchtigungen bei der Einnahme von Dopingmitteln drohen, die über allgemeine Gesundheitsgefahren beim Doping hinaus gehen. Nunmehr sieht § 4 Abs. 4 Nr. 2a AntiDopG sogar eine Qualifikation der Dopingstraftat aus neuem Recht zum Verbrechen vor.

In den Fällen des Dopingtatbestands nach § 95 Abs. 1 Nr. 2a aF (nunmehr Qualifikation gemäß § 4 **59** Abs. 4 Nr. 2b AntiDopG) und der Arzneimittelfälschung nach Abs. 1 Nr. 3a waren oder sind die **gewerbsmäßige oder bandenmäßige Tatbegehung** zum Regelbeispiel erhoben. Da es sich um Indikatoren für Organisierte Kriminalität handeln soll, wird man unbenannte besonders schwere Fälle auch bei gewerbs- oder bandenmäßiger Begehung anderer Arzneimitteldelikte annehmen können. Die Regelbeispiele verlieren dadurch an Bedeutung. **Gewerbsmäßig** handelt, wer sich durch wiederholte Tatbegehung eine nicht nur vorübergehende Einnahmequelle von einigem Umfang und einiger Dauer verschaffen will. Liegt diese Absicht vor, ist bereits die erste Tat als gewerbsmäßig begangen einzustufen, auch wenn es entgegen den ursprünglichen Intentionen des Täters zu weiteren Taten nicht kommt (allg. BGHSt 49, 177 (181)). Der Begriff der **Bande** setzt den Zusammenschluss von mindestens drei Personen voraus, die sich mit dem Willen verbunden haben, künftig für eine gewisse Dauer mehrere selbständige, im Einzelnen noch ungewisse Straftaten gleicher Art zu begehen. Ein gefestigter Bandenwille oder ein Tätigwerden in einem übergeordneten Bandeninteresse ist nicht mehr erforderlich (allg. BGHSt 46, 321 (326)).

IV. Konkurrenzen

Einheitliche Gegenstände einer Tathandlung bilden **Bewertungseinheiten** (BGH NStZ 2012, 218 **60** (219)). **Tateinheit** eines Vergehens nach § 95 ist möglich **mit Körperverletzungs- oder Tötungsdelikten** (Erbs/Kohlhaas/*Pelchen*/*Anders* Rn. 53), ferner mit **Vermögensdelikten.** Die Tatbestände der §§ 95, 96 schließen sich bei Überschneidungen oftmals gegenseitig aus, können aber bei verschiedener Angriffsrichtung auch idealiter konkurrieren. Gleiches gilt **bei verschiedenen Alternativen** nach Abs. 1 der vorliegenden Vorschrift. Abs. 1 Nr. 2a dürfte indes zB spezieller sein als Abs. 1 Nr. 1.

§ 96 Strafvorschriften

Mit Freiheitsstrafe bis zu einem Jahr oder mit Geldstrafe wird bestraft, wer

1. **entgegen § 4b Absatz 3 Satz 1 ein Arzneimittel abgibt,**
2. **einer Rechtsverordnung nach § 6, die die Verwendung bestimmter Stoffe, Zubereitungen aus Stoffen oder Gegenständen bei der Herstellung von Arzneimitteln vorschreibt, beschränkt oder verbietet, zuwiderhandelt, soweit sie für einen bestimmten Tatbestand auf diese Strafvorschrift verweist,**
3. **entgegen § 8 Abs. 1 Nr. 2, auch in Verbindung mit § 73a, Arzneimittel oder Wirkstoffe herstellt oder in den Verkehr bringt,**
4. **ohne Erlaubnis nach § 13 Absatz 1 Satz 1 oder § 72 Absatz 1 Satz 1 ein Arzneimittel, einen Wirkstoff oder einen dort genannten Stoff herstellt oder einführt,**
4a. **ohne Erlaubnis nach § 20b Abs. 1 Satz 1 oder Abs. 2 Satz 7 Gewebe gewinnt oder Laboruntersuchungen durchführt oder ohne Erlaubnis nach § 20c Abs. 1 Satz 1 Gewebe oder Gewebezubereitungen be- oder verarbeitet, konserviert, prüft, lagert oder in den Verkehr bringt,**
5. **entgegen § 21 Abs. 1 Fertigarzneimittel oder Arzneimittel, die zur Anwendung bei Tieren bestimmt sind, oder in einer Rechtsverordnung nach § 35 Abs. 1 Nr. 2 oder § 60 Abs. 3 bezeichnete Arzneimittel ohne Zulassung oder ohne Genehmigung der Europäischen Gemeinschaft oder der Europäischen Union in den Verkehr bringt,**
5a. **ohne Genehmigung nach § 21a Abs. 1 Satz 1 Gewebezubereitungen in den Verkehr bringt,**
5b. **ohne Bescheinigung nach § 21a Absatz 9 Satz 1 eine Gewebezubereitung erstmalig verbringt,**
6. **eine nach § 22 Abs. 1 Nr. 3, 5 bis 9, 11, 12, 14 oder 15, Abs. 3b oder 3c Satz 1 oder § 23 Abs. 2 Satz 2 oder 3 erforderliche Angabe nicht vollständig oder nicht richtig macht**

oder eine nach § 22 Abs. 2 oder 3, § 23 Abs. 1, Abs. 2 Satz 2 oder 3, Abs. 3, auch in Verbindung mit § 38 Abs. 2, erforderliche Unterlage oder durch vollziehbare Anordnung nach § 28 Absatz 3, 3a, 3b oder Absatz 3c Satz 1 Nummer 2 geforderte Unterlage nicht vollständig oder mit nicht richtigem Inhalt vorlegt,

7. entgegen § 30 Abs. 4 Satz 1 Nr. 1, auch in Verbindung mit einer Rechtsverordnung nach § 35 Abs. 1 Nr. 2, ein Arzneimittel in den Verkehr bringt,

8. entgegen § 32 Abs. 1 Satz 1, auch in Verbindung mit einer Rechtsverordnung nach § 35 Abs. 1 Nr. 3, eine Charge ohne Freigabe in den Verkehr bringt,

9. entgegen § 38 Abs. 1 Satz 1 oder § 39a Satz 1 Fertigarzneimittel als homöopathische oder als traditionelle pflanzliche Arzneimittel ohne Registrierung in den Verkehr bringt,

10. entgegen § 40 Abs. 1 Satz 3 Nr. 2, 2a Buchstabe a, Nr. 3, 4, 5, 6 oder 8, jeweils auch in Verbindung mit Abs. 4 oder § 41 eine klinische Prüfung eines Arzneimittels durchführt,

11. entgegen § 40 Abs. 1 Satz 2 die klinische Prüfung eines Arzneimittels beginnt,

12. entgegen § 47a Abs. 1 Satz 1 ein dort bezeichnetes Arzneimittel ohne Verschreibung abgibt, wenn die Tat nicht nach § 95 Abs. 1 Nr. 5a mit Strafe bedroht ist,

13. entgegen § 48 Abs. 1 Satz 1 Nr. 1 in Verbindung mit einer Rechtsverordnung nach § 48 Abs. 2 Nr. 1, 2 oder Nummer 7 Arzneimittel abgibt, wenn die Tat nicht in § 95 Abs. 1 Nr. 6 mit Strafe bedroht ist,

14. ohne Erlaubnis nach § 52a Abs. 1 Satz 1 Großhandel betreibt,

14a. entgegen § 52c Absatz 2 Satz 1 eine Tätigkeit als Arzneimittelvermittler aufnimmt,

15. entgegen § 56a Abs. 4 Arzneimittel verschreibt oder abgibt,

16. entgegen § 57 Abs. 1a Satz 1 in Verbindung mit einer Rechtsverordnung nach § 56a Abs. 3 Satz 1 Nr. 2 ein dort bezeichnetes Arzneimittel in Besitz hat,

17. entgegen § 59 Abs. 2 Satz 1 Lebensmittel gewinnt,

18. entgegen § 59a Abs. 1 oder 2 Stoffe oder Zubereitungen aus Stoffen erwirbt, anbietet, lagert, verpackt, mit sich führt oder in den Verkehr bringt,

18a. entgegen § 59d Satz 1 Nummer 2 einen Stoff einem dort genannten Tier verabreicht,

18b. entgegen § 72a Absatz 1 Satz 1, auch in Verbindung mit Absatz 1b oder Absatz 1d, oder entgegen § 72a Absatz 1c ein Arzneimittel, einen Wirkstoff oder einen in den genannten Absätzen anderen Stoff einführt,

18c. ohne Erlaubnis nach § 72b Abs. 1 Satz 1 Gewebe oder Gewebezubereitungen einführt,

18d. entgegen § 72b Abs. 2 Satz 1 Gewebe oder Gewebezubereitungen einführt,

18e. entgegen § 73 Absatz 1b Satz 1 ein gefälschtes Arzneimittel oder einen gefälschten Wirkstoff in den Geltungsbereich dieses Gesetzes verbringt,

19. ein zum Gebrauch bei Menschen bestimmtes Arzneimittel in den Verkehr bringt, obwohl die nach § 94 erforderliche Haftpflichtversicherung oder Freistellungs- oder Gewährleistungsverpflichtung nicht oder nicht mehr besteht oder

20. gegen die Verordnung (EG) Nr. 726/2004 des Europäischen Parlaments und des Rates vom 31. März 2004 zur Festlegung von Gemeinschaftsverfahren für die Genehmigung und Überwachung von Human- und Tierarzneimitteln und zur Errichtung einer Europäischen Arzneimittel-Agentur (ABl. L 136 vom 30.4.2004, S. 1), die zuletzt durch die Verordnung (EU) Nr. 1027/2012 (ABl. L 316 vom 14.11.2012, S. 38) geändert worden ist, verstößt, indem er

a) entgegen Artikel 6 Absatz 1 Satz 1 der Verordnung in Verbindung mit Artikel 8 Absatz 3 Unterabsatz 1 Buchstabe c bis e, h bis iaa oder Buchstabe ib der Richtlinie 2001/83/EG des Europäischen Parlaments und des Rates vom 6. November 2001 zur Schaffung eines Gemeinschaftskodexes für Humanarzneimittel (ABl. L 311 vom 28.11.2001, S. 67), die zuletzt durch die Richtlinie 2012/26/EU (ABl. L 299 vom 27.10.2012, S. 1) geändert worden ist, eine Angabe oder eine Unterlage nicht richtig oder nicht vollständig beifügt oder

b) entgegen Artikel 31 Abs. 1 Satz 1 der Verordnung in Verbindung mit Artikel 12 Abs. 3 Unterabsatz 1 Satz 2 Buchstabe c bis e, h bis j oder k der Richtlinie 2001/82/EG des Europäischen Parlaments und des Rates vom 6. November 2001 zur Schaffung eines Gemeinschaftskodexes für Tierarzneimittel (ABl. EG Nr. L 311 S. 1), geändert durch die Richtlinie 2004/28/EG des Europäischen Parlaments und des Rates vom 31. März 2004 (ABl. EU Nr. L 136 S. 58), eine Angabe nicht richtig oder nicht vollständig beifügt.

A. Regelungscharakter

1   Auch die vorliegende Vorschrift enthält, ebenso wie § 95, **Blankettstraftatbestände,** die auf Verhaltensnormen, vor allem aus dem verwaltungsrechtlichen Teil des Arzneimittelgesetzes, verweisen. Binnenverweisungen auf Anknüpfungsnormen innerhalb des Arzneimittelgesetzes und statische Verweisungen auf externe Regelungen erscheinen dabei prinzipiell unbedenklich. Problematisch sind **dynamische Verweisungen** und **Verweisungen auf Rechtsverordnungen** mit Rückverweisungsvorbehalt (Nr. 2). Erstere wirken zumindest im Einzelfall unbestimmt iSv § 103 Abs. 2 GG, bei letzteren begibt sich der parlamentarische Strafgesetzgeber partiell seiner Kompetenz zur Festlegung der Strafbar-

keit zugunsten des Verordnungsgebers, so dass der Parlamentsvorbehalt für Strafgesetze aus Art. 103 Abs. 2, 104 Abs. 1 GG in Frage gestellt ist (MüKoStGB/*Freund* Vor §§ 95 ff. Rn. 54; *Volkmann* ZRP 1995, 220 (222 ff.)). Die Rspr. geht bisher in anderem Zusammenhang jedoch davon aus, dass kein Verfassungsverstoß vorliegt, soweit der Gesetzgeber im Wesentlichen seine Bestimmungsgewalt behält und nur für einzelne Spezifizierungen Regelungsbefugnisse abgibt (BGH 23.12.2015 – 2 StR 535/13).

Der **Strafrahmen** der vorliegenden Strafnorm ist **niedriger** als derjenige nach § 95 Abs. 1, woraus **2** en Vorrang des § 95 abzuleiten ist. Vergehen sind hier ausschließlich **vorsätzliche Verstöße** gegen die Verhaltensnormen während fahrlässigem Handeln nur noch eine Ordnungswidrigkeit anzunehmen ist (§ 97 Abs. 1). Die **Versuchsstrafbarkeit** ist nicht gesondert angeordnet, so dass sie nach § 23 Abs. 1 StGB **entfällt.**

B. Die Regelungen im Einzelnen

I. Abgabe entgegen den Sondervorschriften über Arzneimittel für besondere Therapien (Nr. 1)

§ 4b wurde mWv 23.7.2009 durch Gesetz v. 17.7.2009 (BGBl. I 1990) eingeführt. Danach dürfen **3** Arzneimittel für **neuartige Therapien,** die im Inland als **individuelle Zubereitung** für einen einzelnen Patienten ärztlich verschrieben, nach spezifischen Qualitätsnormen **nicht routinemäßig hergestellt** und in einer spezialisierten Einrichtung der Krankenversorgung **unter der fachlichen Verantwortung eines Arztes angewendet** werden (§ 4b Abs. 1 S. 1) nur dann an andere abgegeben werden, wenn sie durch die zuständige Bundesoberbehörde **genehmigt** worden sind (§ 4b Abs. 3 S. 1). Es geht um Gentherapeutika, somatische Zelltherapeutika oder biotechnologisch bearbeitete Gewebeprodukte, deren Abgabe eine Genehmigung durch die zuständige Bundesoberbehörde voraussetzt. Die Abgabe entgegen dieser Einschränkung ist nach Abs. 1 Nr. 1 strafbar. **Abgabe** ist die Verschaffung der tatsächlichen Verfügungsgewalt. Auf ein bestimmtes Motiv der Handlung oder eine bestimmte Rechtswirkung, wie die rechtsgeschäftliche Wirksamkeit oder Eigentumsübertragung, kommt es nicht an. Die Rückgabe im Fall der Rückabwicklung eines Kaufvertrags ist keine Abgabe im Sinne dieser Vorschrift.

II. Herstellung von Arzneimitteln entgegen einer Beschränkung der dafür zugelassenen Stoffe, Zubereitungen oder Gegenstände (Nr. 2)

Nach Nr. 2 wird bestraft, wer **einer Rechtsverordnung nach § 6,** die die Verwendung bestimmter **4** Stoffe, Zubereitungen oder Gegenstände **bei der Herstellung** von Arzneimitteln vorschreibt, beschränkt oder verbietet, **zuwiderhandelt,** soweit sie für einen bestimmten Tatbestand auf diese Strafvorschrift verweist. Es besteht eine Kettenverweisung auf § 6 und die danach erlassene Rechtsverordnung, soweit diese auf den Straftatbestand zurückverweist. Gegen diese Regelungskonzeption sind mit Blick auf die **alleinige Kompetenz des parlamentarischen Gesetzgebers** für den Erlass von Strafnormen verfassungsrechtliche Bedenken (→ § 95 Rn. 12 f.; für Verfassungswidrigkeit MüKoStGB/ *Freund* Rn. 2).

Das Bundesministerium für Gesundheit ist nach § 6 Abs. 1 dazu ermächtigt, durch Rechtsverordnung **5** mit Zustimmung des Bundesrates die Verwendung bestimmter Stoffe, Zubereitungen aus Stoffen oder Gegenstände bei der Herstellung von Arzneimitteln vorzuschreiben, zu beschränken oder zu verbieten und das Inverkehrbringen und die Anwendung von Arzneimitteln, die nicht nach diesen Vorschriften hergestellt sind, zu untersagen, soweit es zur **Risikovorsorge oder** zur **Abwehr einer unmittelbaren oder mittelbaren Gefährdung der Gesundheit von Mensch oder Tier** durch Arzneimittel geboten ist. Streng genommen ist damit der wesentliche Inhalt der Strafdrohung auf den Verordnungsgeber delegiert worden, was mit Art. 103 Abs. 2 GG unvereinbar erscheint.

Das Inverkehrbringen unter Verwendung nicht zugelassener Stoffe, Zubereitungen oder Herstellungs- **6** mittel hergestellter Arzneimittel ist nach § 95 Abs. 1 Nr. 2 mit höherer Strafe bedroht, weil es dem geschützten Rechtsgut der menschlichen Gesundheit näher liegt und deshalb gefährlicher erscheint als das vorangehende Herstellen der Arzneimittel (Kügel/Müller/Hofmann/*Raum* Rn. 4). Die Bestrafung des Herstellens erfüllt insoweit eine Auffangfunktion. Das **Herstellen** (§ 4 Abs. 14) ist hier ein weit gefasster Begriff, der nicht nur das **Gewinnen, Anfertigen, Zubereiten, Bearbeiten und Verarbeiten** der Stoffe betrifft (BGHSt 57, 312 (316 f.); *Rehmann* § 4 Rn. 13), sondern auch das **Umfüllen** (AG Tiergarten LRE 20, 319 f.), **Abpacken und Kennzeichnen,** soweit es der Individualisierung des Arzneimittels dient, einschließt. Das Herstellen wird schon mit der **Anfertigung eines Vor- oder Zwischenprodukts** vollendet (BGH NStZ 1998, 258). Der Begriff des Herstellens umfasst alle Vorgänge, durch die ein Arzneimittel in einer zur Abgabe an den Verbraucher bestimmten Form entsteht (Erbs/Kohlhaas/*Pelchen/Anders* § 4 Rn. 16).

Tathandlung ist **das verordnungswidrige Herstellen.** Relevant sind hier die Verordnung zur **7** Änderung der Verordnung über Stoffe mit pharmakologischer Wirkung und der Verordnung über tierärztliche Hausapotheken sowie zur Aufhebung der Verordnung über das Verbot der Verwendung bestimmter Stoffe bei der Herstellung von Arzneimitteln zur Anwendung bei Tieren **(PharmStVua-**

ÄndV) v. 16.3.2009 (BGBl. I 510 (740)), die **Arzneimittelfarbstoffverordnung** v. 17.10.2005 (BGBl. I 3031), die zuletzt durch das Gesetz zur Änderung arzneimittelrechtlicher und anderer Vorschriften v. 17.7.2009 (BGBl. I 1990) geändert worden ist, die **Verordnung über ein Verbot der Verwendung von Ethylenoxid** bei Arzneimitteln idF v. 11.8.1988, zuletzt geändert durch das genannte Gesetz zur Änderung arzneimittelrechtlicher und anderer Vorschriften, die **Verordnung zum Verbot der Verwendung bestimmter Stoffe zur Vermeidung des Risikos der Übertragung transmissibler spongiformer Enzephalopathien** durch Arzneimittel idF v. 9.5.2001 (BGBl. I 856), zuletzt geändert durch das genannte Gesetz zur Änderung arzneimittelrechtlicher und anderer Vorschriften und die **Verordnung über das Verbot der Verwendung von mit Aflatoxinen kontaminierten Stoffen** bei der Herstellung von Arzneimitteln idF v. 19.7.2000, zuletzt geändert durch Gesetz zur Änderung arzneimittelrechtlicher und anderer Vorschriften. Die Verordnung über das Verbot der Verwendung bestimmter Stoffe zur Herstellung von Arzneimitteln (**Frischzellen-Verordnung**) v. 4.3.1997 (BGBl. I 432) ist wegen Verfassungswidrigkeit aufgehoben worden (BVerfGE 102, 21 ff.).

III. Herstellen oder Inverkehrbringen von Arzneimitteln mit irreführender Bezeichnung, Angabe oder Aufmachung (Nr. 3)

8   Nach Nr. 3 wird bestraft, wer entgegen § 8 Abs. 1 Nr. 2, auch in Verbindung mit § 73a, **Arzneimittel oder Wirkstoffe herstellt oder in den Verkehr bringt**. § 8 Abs. 1 Nr. 2 wiederum verbietet die Herstellung oder das Inverkehrbringen von Arzneimitteln oder Wirkstoffen, die in anderer Weise als nach § 8 Abs. 1 Nr. 1 und Nr. 1a (→ § 95 Rn. 35 ff.) **mit irreführender Bezeichnung, Angabe oder Aufmachung** versehen sind. § 96 Abs. 1 Nr. 3 iVm § 8 Abs. 1 Nr. 2 ist ggü. § 95 Abs. 3a iVm § 8 Abs. 1 Nr. 1 und Nr. 1a subsidiär. Eine Irreführung liegt nach § 8 Abs. 1 Nr. 2 S. 2 insbes. dann vor, wenn Arzneimitteln eine therapeutische Wirksamkeit oder Wirkungen eine Aktivität beigelegt werden, die sie nicht haben (zu angeblich wirksamen Krebsheilmitteln *Winkler* A&R 2009, 273 f.), ferner wenn fälschlich der Eindruck erweckt wird, dass ein Erfolg mit Sicherheit erwartet werden kann oder dass nach bestimmungsgemäßem oder längerem Gebrauch keine schädlichen Wirkungen eintreten oder zur Täuschung über die Qualität geeignete Bezeichnungen, Angaben oder Aufmachungen verwendet werden, die für die Bewertung des Arzneimittels oder Wirkstoffs mitbestimmend sind. Diese Irreführungsverbote dienen dem **Verbraucherschutz** vor Schäden an Gesundheit oder Vermögen sowie hinsichtlich ihrer Dispositionsfreiheit. Ob die Vorschrift auch den Zweck hat, die Überwachung des Arzneimittelhandels durch die Gesundheitsbehörden zu erleichtern und deren Irreführung zu verhindern, ist nicht geklärt (BGHZ 25, 1 (4)). Die Beispiele in § 8 Abs. 1 Nr. 2 S. 2 schließen andere Irreführungsfälle nicht aus, sind aber idealtypisch und decken die Mehrzahl der praktisch relevanten Fälle ab. Darauf, ob ein Verbraucher tatsächlich getäuscht (BGHSt 25, 1 (3)) oder geschädigt wird, kommt es nicht an. Ausreichend ist die **Geeignetheit** einer Bezeichnung, Angabe oder Aufmachung zur Irreführung; insoweit geht es um einen Gefährdungstatbestand (MüKoStGB/*Freund* § 8 Rn. 4). Dafür sind der allgemeine Sprachgebrauch und die **Verkehrsauffassung** maßgeblich (Erbs/Kohlhaas/*Pelchen/Anders* Rn. 5).

9   Bezeichnung ist der Name des Arzneimittels. Sie kann eine Gattungs-, Beschaffenheits-, Herkunftsbezeichnung oder auch ein Phantasiename sein (Erbs/Kohlhaas/*Pelchen/Anders* Rn. 6). Eine **irreführende Bezeichnung** liegt vor, wenn diese geeignet ist, bei den angesprochenen Verkehrskreisen unrichtige Vorstellungen über wesentliche Eigenschaften des Arzneimittels hervorzurufen (*Rehmann* § 8 Rn. 4). **Irreführende Angaben** sind Mitteilungen, etwa im Aufdruck auf der Verpackung oder in der Packungsbeilage, über Eigenschaften des Arzneimittels, wie Herkunft, Herstellungsart, Menge, Qualität, Wirkung und andere für die Beurteilung durch den Abnehmer wichtige Tatsachen (Erbs/Kohlhaas/*Pelchen/Anders* Rn. 7). Mit der **irreführenden Aufmachung** ist die Art der Gestaltung der Verpackung oder des Behältnisses, die Farbgebung oder die Anbringung von Abbildungen gemeint (*Rehmann* § 8 Rn. 4).

10   Eine **Irreführung über die therapeutische Wirksamkeit** liegt vor, wenn der Täter dem Arzneimittel oder Wirkstoff eine Wirksamkeit zuschreibt, die mit anerkannten Methoden und wissenschaftlichen Erfahrungen nicht feststellbar ist (MüKoStGB/*Freund* § 8 Rn. 11). Praktisch bedeutsamer ist die **Irreführung über eine Erfolgssicherheit oder das Fehlen von Risiken oder Nebenwirkungen.** Für letzteres reicht es aus, wenn in der Packungsbeilage bekannte Nebenwirkungen nicht genannt werden, obwohl sie dort anzugeben sind (§ 11 Abs. 1 Nr. 5). Breiter gefasst ist die Modalität der **Täuschung über die bewertungsrelevante Qualität** (§ 8 Abs. 1 Nr. 2 S. 2 Buchst. c), die insbes. bei einem in Wahrheit wirkungslosen „Wundermittel" vorliegt, auch wenn die Angaben über die Zusammensetzung zutreffend sind.

IV. Unerlaubte Herstellung oder unerlaubte Einfuhr von Arzneimitteln aus nicht der EG angehörigen Ländern (Nr. 4)

11   Nach Nr. 4 wird bestraft, wer ohne Erlaubnis nach § 13 Abs. 1 S. 1 oder § 72 Abs. 1 S. 1 ein Arzneimittel, einen Wirkstoff oder einen dort genannten Stoff herstellt oder einführt. Die missver-

ständlich formulierte Regelung enthält **zwei verschiedene Tatbestände,** nämlich die unerlaubte Herstellung von Arzneimitteln einerseits und den unerlaubten Import aus einem Drittstaat andererseits. Die Regelung gilt im Ganzen als **verfassungskonform,** obwohl das Bundesverfassungsgericht nach dem umfassenden Obersatz, Nr. 4 sei hinreichend bestimmt im Sinne von Art. 103 Abs. 2 GG praktisch doch nur die Anwendung von § 2 Abs. 1 Nr. 5 auf Designerdrogen (BGHSt 43, 336 ff.) geprüft, aber keine umfassende Normenkontrolle des Blankettstraftatbestands durchgeführt hat (BVerfG NJW 2006, 2684 (2685 f.)). Freilich bestehen auch im Übrigen letztlich keine durchgreifenden Bedenken.

Die **unerlaubte gewerbs- oder berufsmäßige Herstellung** (BGHSt 43, 336 (345)) bezieht sich **12** auf **Arzneimittel** nach § 2 Abs. 1 oder Abs. 2 Nr. 1, ferner auf **Testsera** (§ 4 Abs. 6) oder **Testantigene** (§ 4 Abs. 7), außerdem auf **Wirkstoffe,** die unmittelbar **menschlicher, tierischer oder mikrobieller Herkunft** sind oder **auf gentechnische Weise hergestellt** worden, schließlich auf andere zur Arzneimittelherstellung bestimmte Stoffe **menschlicher Herkunft** (§ 13 Abs. 1 S. 1). Dazu zählen unter anderem auch Blutzubereitungen (BayObLG NJW 1998, 3430), Impfstoffe oder Allergene. **Gewerbsmäßig** erfolgt die Herstellung, wenn sie auf unbestimmte Zeit eine fortlaufende Einnahmequelle darstellen soll (Körner/Patzak/Volkmer/*Volkmer* Rn. 47). **Berufsmäßig** geschieht sie dann, wenn sie durch Angehörige der freien Berufe, namentlich Pharmazeuten, Ärzte oder Apotheker, vorgenommen wird, auf Dauer ausgerichtet ist und dem Erwerb dient. Die nur **für die Abgabe an andere** (§ 13 Abs. 1 S. 3) **erforderliche Herstellungserlaubnis** ist ein begünstigender Verwaltungsakt, auf den der Antragsteller gegebenenfalls einen Anspruch hat, sofern kein Versagungsgrund im Sinne von § 14 eingreift. Für den Erlass des Verwaltungsakts ist die Behörde am Sitz der Betriebsstätte des Herstellers zuständig (§ 13 Abs. 4). **Ohne Erlaubnis** handelt derjenige, dem keine Erlaubnis in diesem Sinne für das hergestellte Arzneimittel erteilt wurde, soweit die Erlaubnispflicht reicht; Ausnahmetatbestände nach § 13 Abs. 2, 2a schließen auch den Straftatbestand aus. Die Herstellung von Roh- und Grundstoffen, die für sich genommen noch keine Arzneimittelqualität besitzen, unterliegt ebenfalls nicht der strafbewehrten Erlaubnispflicht. Dem Fehlen der Erlaubnis steht die Nichtigkeit einer erteilten Erlaubnis gleich, aber nicht die Rechtswidrigkeit, soweit und solange die Erlaubnis deshalb nicht wirksam und bestandskräftig widerrufen wurde.

Die zweite Alternative des Straftatbestands ist die **gewerbs- oder berufsmäßige Einfuhr von 13 Arzneimitteln aus Nicht-EU-Ländern.** Das Erfordernis der **Einfuhrerlaubnis** bezieht sich dabei wiederum auf Arzneimittel nach § 2 Abs. 1 oder Abs. 2 Nr. 1, Wirkstoffe, die menschlicher, tierischer oder mikrobieller Herkunft sind oder die auf gentechnischem Wege hergestellt werden, oder andere zur Arzneimittelherstellung bestimmte Stoffe menschlicher Herkunft (§ 72 Abs. 1). Erlaubnispflichtig ist auch hier das gewerbs- oder berufsmäßige Handeln, das namentlich bei einer Einfuhr zum Eigenkonsum nicht vorliegt. Bezugspunkt ist die **Einfuhr von Arzneimitteln, die in Drittländern,** die nicht Mitgliedstaaten der Europäischen Union oder andere Vertragsstaaten des Abkommens über den Europäischen Wirtschaftsraum sind, pharmazeutisch **hergestellt wurden.** Die bloße **Durchfuhr** von Arzneimitteln, die in einem EU-Land hergestellt wurden, durch einen Drittstaat soll aber nach dem Normzweck, der die Beachtung der standardisierten Arzneimittelkontrolle nach gemeinschaftsrechtlichen Vorgaben betrifft, nicht der Strafdrohung unterworfen sein (BayObLG NStZ 1998, 578 (579)).

V. Unerlaubte Gewebeentnahme, Laboruntersuchung oder Gewebebearbeitung, Verarbeitung, Konservierung, Lagerung oder unerlaubtes Inverkehrbringen (Nr. 4a)

Bestraft wird nach Nr. 4a idF des Gewebegesetzes v. 20.7.2007 (BGBl. I 1574), mit dem die EU- **14** Geweberichtlinie (RL 2004/23/EG) umgesetzt wurde, wer ohne Erlaubnis nach § 20b Abs. 1 S. 1 oder Abs. 2 S. 7 **zur Verwendung bei Menschen bestimmtes Gewebe menschlicher Herkunft gewinnt** oder **Laboruntersuchungen durchführt** oder ohne Erlaubnis nach § 20c Abs. 1 S. 1 **Gewebe oder Gewebezubereitungen be- oder verarbeitet, konserviert, lagert oder in den Verkehr bringt.** Der Handel mit Herzklappen, Gefäßen, Augenhornhäuten, Sehnen, Hautstücken und sonstigen Geweben floriert (*Roth* PharmR 2008, 108 ff.). Die vorliegende gesetzliche Regelung soll vor diesem Hintergrund dem **Schutz der Patienten** vor Gesundheitsgefahren durch arzneimittelrechtliche Regulierung und Kontrolle dieses Bereichs durch eine Erlaubnispflicht dienen. Auf ein berufs- oder gewerbsmäßiges Handeln kommt es bei der Erlaubnis für die Gewebeentnahme nach § 20b Abs. 1 S. 1, anders als bei der Herstellungserlaubnis nach § 13 Abs. 1, nicht an. Für die Gewebebearbeitung, Verarbeitung, Konservierung, Lagerung oder das Inverkehrbringen sieht § 20c besondere Erlaubnisregeln vor. Eine Strafbarkeitslücke im Bereich reinprüfende Tätigkeiten hat der Gesetzgeber mit dem zweiten Gesetz zur Änderung arzneimittelrechtliche und anderer Vorschriften (BGBl. 2012 I 2192) durch Einfügung des Wortes „prüft" in die Auflistung der tatbestandsmäßigen Handlung geschlossen.

VI. Inverkehrbringen von nicht zugelassenen Fertigarzneimitteln oder Tierarzneimitteln (Nr. 5)

15   Nach Nr. 5 wird bestraft, wer entgegen § 21 Abs. 1 Fertigarzneimittel (§ 4 Abs. 1) oder Arzneimittel, die zur Anwendung bei Tieren bestimmt sind, oder in einer Rechtsverordnung nach § 35 Abs. 1 Nr. 2 oder § 60 Abs. 3 bezeichnete Arzneimittel ohne Zulassung oder ohne Genehmigung der Kommission der Europäischen Gemeinschaften oder des Rates der Europäischen Union in den Verkehr bringt. Es geht um den strafrechtlichen Schutz der formalen Zulassungspflicht (BGHSt 57, 312 (323)), die erfüllt ist, wenn eine tatsächliche oder fiktive Zulassung vorliegt, gegebenenfalls auch im vereinfachten Zulassungsverfahren (§§ 21, 25, 105), und eine Zulassungs- oder Registrierungsnummer erteilt wurde. Die Zulassung hat die Wirkung eines negativen Tatbestandsmerkmals (*Mayer* MedR 2008, 595 ff.). Rezepturarzneimittel, die für den Einzelfall im normalen Apothekenbetrieb hergestellt werden, um sie an den Patienten abzugeben, für den sie individuell zubereitet wurden, unterliegen keiner Zulassungspflicht. Anders liegt es, sobald Arzneimittel, sei es auch auf ärztliche Rezeptur, auf Vorrat hergestellt werden, um sie später zu verkaufen. Sie werden dann zu Fertigarzneimitteln, für welche die Zulassungspflicht gilt (BGH NStZ 1999, 625). Auch nicht mehr zugelassene Arzneimittel dürfen nicht in den Verkehr gebracht werden. Gleiches gilt für die Einfuhr von Arzneimitteln, die im Inland nicht zugelassen sind, aus dem Ausland, auch wenn sie dort nur als Lebensmittel gelten (BGHSt 46, 380 (382 ff.) = BGH NStZ 2001, 549 ff. mAnm *Hecker*). Das gilt prinzipiell auch für den Arzneimittelversandhandel, insbes. im Internet. Mit dem Gesetz zur Modernisierung der gesetzlichen Krankenkassen (GKV-Modernisierungsgesetz v. 14.11.2003, BGBl. I 2190) ist das frühere Versandhandelsverbot gelockert worden. Der Inhaber einer Apothekenbetriebserlaubnis kann nunmehr auch die Erlaubnis zum Versand von apothekenpflichtigen Arzneimitteln erhalten, wenn der Versand aus einer öffentlichen Apotheke zusätzlich zum üblichen Apothekenbetrieb erfolgt, ferner wenn ein Qualitätssicherungssystem besteht, die Auslieferung innerhalb von zwei Arbeitstagen nach Eingang der Bestellung erfolgt, eine kostenfreie Zweitzustellung ermöglicht und ein System zur Sendungsverfolgung unterhalten wird (§ 11a S. 1 ApoG).

VII. Ungenehmigtes Inverkehrbringen von Gewebezubereitungen (Nr. 5a)

16   Strafbar ist nach der unsystematisch eingeordneten Nr. 5a idF des Gewebegesetzes v. 20.7.2007 (BGBl. I 1574) **das vorsätzliche Inverkehrbringen von Gewebezubereitungen ohne Genehmigung** nach § 21a Abs. 1 S. 1. Es geht dabei um eine Genehmigungspflicht für die Bearbeitung oder Verarbeitung von Gewebezubereitungen außerhalb industrieller Verfahren, die in der Geweberichtlinie (RL 2004/23/EG) allerdings nicht vorgesehen ist.

VIII. Erstmaliges Verbringen von Gewebezubereitungen (Nr. 5b)

16a   Gewebezubereitungen die in einem Mitgliedstaat der Europäischen Union oder einem anderen Vertragsstaat des Abkommens über den Europäischen Wirtschaftsraum in Verkehr gebracht werden dürfen, müssen bei ihrem erstmaligen Verbringen in den Geltungsbereich des Arzneimittelgesetzes zum Zweck ihrer Anwendung mit einer Bescheinigung des Paul-Ehrlich-Instituts versehen werden (§ 21a Abs. 9 S. 1). Das Verbringen ohne solche Bescheinigung ist bei Strafandrohung verboten, wogegen Bedenken im Hinblick auf die Warenverkehrsfreiheit anzumelden sind. Es bezieht sich nur auf Gewebezubereitungen, nicht auf Blutstammzellenzubereitungen. Das Bescheinigungsverfahren dient dazu, eine Überprüfung der Qualität der Herstellung zu gewährleisten.

IX. Falsche Angaben oder unrichtige Unterlagenvorlage im Zulassungsverfahren (Nr. 6)

17   Wer vorsätzlich eine nach § 22 Abs. 1 Nr. 3, 5–9, 11, 12, 14 oder 15, Abs. 3b oder 3c S. 1 oder § 23 Abs. 2 S. 2 oder 3 erforderliche **Angabe im Arzneimittelzulassungsverfahren nicht vollständig oder nicht richtig** macht oder eine nach § 22 Abs. 2 oder 3, § 23 Abs. 1, Abs. 2 S. 2 oder 3, Abs. 3, bezüglich homöopathischer Medikamente auch iVm § 38 Abs. 2, **erforderliche Zulassungsunterlage** oder durch vollziehbare Anordnung nach § 28 Abs. 3, 3a oder 3c S. 1 Nr. 2 geforderte Unterlage **nicht vollständig oder mit nicht richtigem Inhalt vorlegt,** wird nach Nr. 6 bestraft. Dies dient zunächst mittelbar dem **Schutz der menschlichen oder tierischen Gesundheit** im Rahmen des Arzneimittelzulassungsverfahrens, möglicherweise aber auch dem **Schutz der Zulassungsbehörden vor Täuschung** über die Zusammensetzung, Wirkungen, Anwendungsgebiete, Neben- und Wechselwirkungen sowie Gefährlichkeit des Arzneimittels.

X. Inverkehrbringen von Arzneimitteln nach Widerruf, Rücknahme oder Ruhen der Zulassung (Nr. 7)

Wer vorsätzlich entgegen § 30 Abs. 4 S. 1 Nr. 1, auch iVm einer Rechtsverordnung nach § 35 Abs. 1 **18** Nr. 2, ein Arzneimittel in den Verkehr bringt, macht sich nach Nr. 7 strafbar. § 30 enthält eine Spezialregelung ggü. §§ 48, 49 VwVfG. Unter den Voraussetzungen des § 30 Abs. 1 und Abs. 1a erfolgen gebundene Entscheidungen, während nach § 30 Abs. 2 ein Ermessen der Behörde besteht. Statt der sofortigen **Zurücknahme** oder des sofortigen **Widerrufs** kann auch ein **Ruhen der Zulassung** angeordnet werden. Alle diese Maßnahmen, die nach § 34 bekannt zu machen sind, führen aber dazu, dass das betroffene **Arzneimittel nicht mehr verkehrsfähig** ist und weder in den Verkehr gebracht noch aus dem Ausland eingeführt werden darf. Das Verbot richtet sich vor allem an pharmazeutische Unternehmen, Großhändler und Apotheker. **Das vorsätzliche Inverkehrbringen** der Arzneimittel, deren Zulassung widerrufen, zurückgenommen oder ins Ruhen gebracht wurde, erfüllt den Straftatbestand nach Nr. 7.

XI. Inverkehrbringen einer Charge eines Serums, Impfstoffs oder Allergens ohne Freigabe (Nr. 8)

Wer vorsätzlich entgegen § 32 Abs. 1 S. 1, auch iVm einer Rechtsverordnung nach § 35 Abs. 1 **19** Nr. 3, eine Charge ohne Freigabe in den Verkehr bringt, wird nach Nr. 8 bestraft. § 32 bezweckt die staatliche Prüfung einer Charge eines Serums, Impfstoffs oder Allergens. **Charge** ist dabei die jeweils aus derselben Ausgangsmenge in einem einheitlichen Herstellungsvorgang oder bei einem kontinuierlichen Herstellungsverfahren in einem bestimmten Zeitraum erzeugte Menge eines Arzneimittels (§ 4 Abs. 16). Die Chargenprüfung hat durch die Bundesoberbehörde zu erfolgen. Jedoch sind Chargenprüfungen in einem anderen EU-Mitgliedstaat gleichwertig und machen eine erneute Prüfung im Inland entbehrlich (Rehmann § 32 Rn. 1). Nach § 35 Abs. 1 Nr. 3 ist das Bundesministerium für Gesundheit ermächtigt, durch Rechtsverordnung mit Zustimmung des Bundesrats die Vorschriften über die Freigabe einer Charge auf andere Arzneimittel auszudehnen, die in ihrer Zusammensetzung oder in ihrem Wirkstoffgehalt Schwankungen unterworfen sind. Dabei handelt es sich um Rechtsverordnungen, wie die Verordnung zur Ausdehnung der Vorschriften über die Zulassung und staatliche Chargenprüfung auf Tests zur In-vitro-Diagnostik nach dem Arzneimittelgesetz v. 24.5.2000 (BGBl. 2001 I 746) oder die Verordnung über die Ausdehnung der Vorschriften über die Zulassung der Arzneimittel auf Therapieallergene, die für einzelne Personen aufgrund einer Rezeptur hergestellt werden, sowie über Verfahrensregelungen der staatlichen Chargenprüfung v. 7.11.2008 (BGBl. I 2177).

XII. Unerlaubtes Inverkehrbringen von Fertigarzneimitteln als homöopathische oder traditionelle Arzneimittel (Nr. 9)

Für **homöopathische Fertigarzneimittel,** die nicht verschreibungspflichtig sind, gilt nach § 38 **20** eine **Registrierungspflicht** beim Bundesamt für Arzneimittel (Körner/Patzak/Volkmer/*Volkmer* Rn. 162), aber keine Zulassungspflicht. Gleiches gilt nach § 39a für **traditionelle pflanzliche Fertigarzneimittel.** Die Registrierungspflicht bezieht sich freilich auf jede Darreichungsform gesondert. Erst die Registrierung führt zur Herstellung der Verkehrsfähigkeit. Wer vorsätzlich entgegen § 38 Abs. 1 S. 1 oder § 39a S. 1 Fertigarzneimittel als homöopathische oder als traditionelle pflanzliche Arzneimittel **ohne Registrierung in Verkehr bringt,** wird nach Nr. 9 bestraft.

XIII. Unerlaubtes Durchführen der klinischen Prüfung (Nr. 10)

Wer vorsätzlich entgegen § 40 Abs. 1 S. 3 Nr. 2, 2a Buchstabe a, Nr. 3, 4, 5, 6 oder 8, jeweils auch **21** iVm § 40 Abs. 4 oder § 41 die klinische Prüfung eines Arzneimittels durchführt, macht sich nach Nr. 10 strafbar. Die klinische Prüfung ist eine wesentliche Voraussetzung der Zulassung des Arzneimittels. Da sie **an Menschen durchgeführt** wird (§ 4 Abs. 23), unterliegt sie strengen Anforderungen, insbes. einer genauen Abwägung von Nutzen und Risiken für die Probanden, besonderen Anforderungen an die Qualifikation des Arztes, der die klinische Prüfung durchführt und besonderen Anforderungen an das Prüfungsverfahren. Vorsätzliche Verstöße gegen die gesetzlichen Regeln, auf die Nr. 10 verweist, stellen Vergehen dar. Das gilt bei Vorliegen eines unvertretbaren Risikos, bei zu erwartenden schädlichen Auswirkungen durch gentechnisch veränderte Organismen, bei Fehlen der erforderlichen Einwilligung der Probanden, bei klinischen Prüfungen an Untergebrachten, bei Durchführung in einer ungeeigneten Einrichtung oder durch einen nicht ausreichend qualifizierten Leiter, bei fehlender pharmakologisch-toxikologischer Prüfung oder bei Fehlen einer Probandenversicherung.

XIV. Unerlaubtes Beginnen der klinischen Prüfung (Nr. 11)

22   Die klinische Prüfung darf vom Sponsor nach § 40 Abs. 1 S. 2 nur begonnen werden, wenn die zuständige Ethik-Kommission diese nach Maßgabe von § 42 Abs. 1 zustimmend bewertet und die zuständige Bundesoberbehörde sie nach § 42 Abs. 2 genehmigt hat. Wer vorsätzlich entgegen diesen Regeln aus § 40 Abs. 1 S. 2 die klinische Prüfung eines Arzneimittels beginnt, erfüllt den Tatbestand nach Nr. 11. Dabei ist die Legitimation der Strafdrohung im Fall der Nichtbeachtung des Erfordernisses einer Zustimmung der Ethikkommission zweifelhaft (MüKoStGB/*Freund* §§ 40–42a Rn. 68).

XV. Abgabe von Arzneimitteln zum Schwangerschaftsabbruch ohne Verschreibung (Nr. 12)

23   § 47a sieht einen **Sondervertriebsweg** für **Arzneimittel** vor, die **zum Schwangerschaftsabbruch** dienen. § 95 Abs. 1 Nr. 5a erfasst den Fall der Abgabe an andere Einrichtungen als die Abbruchkliniken oder das Inverkehrbringen, also das Verlassen des Sondervertriebsweges. Wer ein Schwangerschaftsabbruchmittel dagegen ohne Verschreibung abgibt, macht sich nach Nr. 12 der vorliegenden Vorschrift strafbar, wenn die Tat nicht bereits nach § 95 Abs. 1 Nr. 5a mit Strafe bedroht ist. Dies betrifft die **Abgabe innerhalb des Sondervertriebsweges,** aber **ohne ärztliche Verschreibung.**

XVI. Abgabe von verschreibungspflichtigen Arzneimitteln ohne Verschreibung (Nr. 13)

24   Während in § 95 Abs. 1 Nr. 6 die Abgabe von Arzneimitteln, die zur Anwendung bei Tieren, die der Gewinnung von Lebensmitteln dienen, ohne Verschreibung als Vergehen bezeichnet wird, betrifft Nr. 13 der vorliegenden Vorschrift Human- und Tierarzneimittel, ohne dass es auf die Anwendung bei Tieren, die der Lebensmittelgewinnung dienen, ankommt. Strafbar macht sich hiernach, **wer vorsätzlich** als eine grds. zur Abgabe befugte Person (OLG Hamburg NStZ 1995, 598 (599)) iSv § 48 **verschreibungspflichtige Arzneimittel ohne** wirksame (OLG Celle NJW 1985, 2206) **Verschreibung abgibt** (vgl. zur Abgabe OLG Celle NJW 1985, 2206 (2207); zum Testkauf OLG Oldenburg NJW 1999, 2751 f.). Ohne Verschreibung dürfen verschreibungspflichtige Arzneimittel nur als Praxisbedarf, etwa bei „Ärztemustern", oder bei der Notfallversorgung (LG Berlin StV 1997, 309; *Körner/Patzak*/Volkmer/*Volkmer* Rn. 222) abgegeben werden. Im Übrigen erfolgt die Abgabe ohne Rezept unerlaubt, so etwa bei der Abgabe an Drogensüchtige. Das Vergehen ist formell subsidiär ggü. § 95 Abs. 1 Nr. 6. Die gesetzgeberische Abstufung zwischen § 95 Abs. 1 Nr. 6 und § 96 Nr. 13 ist kaum nachvollziehbar (Rehmann Rn. 17). Sie verstößt gegen Art. 3 Abs. 1 GG und den Schuldgrundsatz.

XVII. Betreiben eines Großhandels ohne Erlaubnis (Nr. 14)

25   Nr. 14 betrifft das **Betreiben eines Großhandels mit Humanarzneimitteln, Testsera oder Testantigenen ohne Erlaubnis** nach § 52a Abs. 1 S. 1. Die Erlaubnispflicht für den Großhandel mit Arzneimitteln entspricht den Vorgaben aus der RL 2001/83 EG und dient der Arzneimittelsicherheit. Betriebe, die Arzneimittelgroßhandel betreiben wollen, benötigen eine Erlaubnis, für deren Erteilung die Voraussetzungen nach § 52a Abs. 2 erfüllt sein müssen. Der Straftatbestand knüpft aber nur an die **Nichterteilung der Erlaubnis** an, also an die Nichtexistenz des Verwaltungsakts. Dem Fehlen der Erlaubnis steht die **Nichtigkeit** gleich, nicht aber die Rechtswidrigkeit.

XVIII. Auf nur eine Tätigkeit als Arzneimittelvermittler (Nr. 14a)

25a   Nr. 14a wurde durch das zweite Gesetz zur Änderung arzneimittelrechtlicher und anderer Vorschriften (BGBl. 2012 I 292) eingefügt. Danach macht sich strafbar, wer als Arzneimittelvermittler tätig wird (§ 4 Nr. 22a), ohne die Voraussetzungen durch Anzeige gemäß § 67 Abs. 1 S. 1 und Registrierung durch die zuständige Behörde zu erfüllen.

XIX. Unerlaubte Verschreibung oder Abgabe von Tierarzneimitteln, deren eigenhändige Anwendung durch den Tierarzt vorgeschrieben ist (Nr. 15)

26   Der Straftatbestand nach Nr. 15 ist erfüllt, wenn **Tierarzneimittel,** deren **eigenhändige Anwendung durch den Tierarzt** durch eine Rechtsverordnung nach § 56a Abs. 3 Nr. 2 **vorgeschrieben** ist, abweichend hiervon verschrieben oder abgegeben werden. § 95 Abs. 1 Nr. 8 ist spezieller, er betrifft aber nur Tierarzneimittel, die zur Anwendung bei Tieren bestimmt sind, welche der Gewinnung von Lebensmitteln dienen. Nr. 15 der vorliegenden Vorschrift sieht diese Einschränkung nicht vor. Während § 95 Abs. 1 Nr. 8 mittelbar dem Schutz der menschlichen Gesundheit vor dem Konsum von Arzneimittelrückständen innerhalb der Nahrungskette dient, bezweckt die vorliegende Vorschrift vor allem den **Schutz der Tiergesundheit.** Das Verhaltensgebot des § 56a Abs. 4 richtet sich an den **Tierarzt,**

woraus sich wiederum, wie bei § 95 Abs. 1 Nr. 8 (→ § 95 Rn. 46), die Frage ergibt, ob nur dieser (MüKoStGB/*Freund* Rn. 2) oder aber auch – erst recht – ein Nichttierarzt (Rehmann Rn. 19) die Tat begehen kann. Der sachlich-systematische Zusammenhang mit Nr. 16, der den Tierhalter betrifft, deutet darauf hin, dass Normadressat der Nr. 15 der Tierarzt ist.

XX. Unerlaubter Besitz von Tierarzneimitteln, deren eigenhändige Anwendung durch den Tierarzt vorgeschrieben ist (Nr. 16)

Die Strafnorm ergänzt Nr. 15 und verbietet unter Strafandrohung bereits den vorsätzlichen **Besitz** 27 (→ § 95 Rn. 30) von Tierarzneimitteln, deren eigenhändige Anwendung durch den Tierarzt vorgeschrieben ist. Der Blankettstraftatbestand verweist für den Besitz von Tierarzneimitteln durch **Tierhalter** auf § 57 Abs. 1a S. 1 iVm einer Rechtsverordnung nach § 56a Abs. 3 S. 1 Nr. 2. Die **Rechtsverordnung durch den Bundesminister** für Ernährung, Landwirtschaft und Verbraucherschutz erlegt dem Tierhalter Nachweispflichten in Bezug auf Erwerb, Aufbewahrung und Verbleib von Tierarzneimitteln aus. § 57 Abs. 1a wiederum knüpft an **EG- oder EWG-Richtlinien** an, woraus sich Bedenken im Hinblick auf die Vereinbarkeit der Strafnorm aus Art. 103 Abs. 2 GG ergeben.

XXI. Gewinnung von Lebensmitteln aus Tieren, bei denen klinische Prüfungen durchgeführt worden waren (Nr. 17)

Nach Nr. 17 wird bestraft, wer vorsätzlich entgegen § 59 Abs. 2 S. 1 **Lebensmittel gewinnt. Von** 28 **Tieren, bei denen klinische Prüfungen oder Rückstandsprüfungen** nach § 59 Abs. 1 **durchgeführt wurden,** dürfen Lebensmittel grds. nicht gewonnen werden (§ 59 Abs. 2 S. 1). Eine Ausnahme hiervon gilt nur dann, wenn die zuständige Behörde eine ausreichende **Wartezeit** festgelegt hat und die Wartezeit verstrichen ist (§ 59 Abs. 2 S. 2). Der vorsätzliche Verstoß gegen § 59 Abs. 2 S. 1 wird bestraft. Die Tatsache, dass der Blankettstraftatbestand die Ausnahmeregelung nach § 59 Abs. 2 S. 2 nicht in Bezug nimmt, steht deren Anwendung nicht entgegen; denn wenn das verwaltungsrechtliche Verbot wegen Eingreifens des Ausnahmetatbestands nicht eingreift, dann geht auch der daran anknüpfende Straftatbestand ins Leere.

XXII. Unerlaubter Umgang mit Stoffen, die bei der Herstellung oder Anwendung von Tierarzneimitteln verboten sind (Nr. 18)

Wer vorsätzlich entgegen § 59a Abs. 1 oder 2 Stoffe oder Zubereitungen aus Stoffen erwirbt, anbietet, 29 lagert, verpackt, mit sich führt oder in den Verkehr bringt, wird nach Nr. 18 bestraft. § 59a Abs. 1 S. 1 verweist auf eine **Rechtsverordnung** nach § 6 über **Stoffe oder Zubereitungen** aus Stoffen, **die bei der Herstellung von Arzneimitteln nicht angewendet werden dürfen.** Diese Stoffe oder Zubereitungen **dürfen nicht erworben, angeboten, gelagert, verpackt, mitgeführt oder in Verkehr gebracht werden.** Es besteht ein breit gefächerter Kanon verbotener Umgangsweisen. Das Verbot richtet sich an Personen, Betriebe und Einrichtungen nach § 47 Abs. 1 (§ 59a Abs. 1 S. 1) und mit einer Einschränkung für die Bestimmung zu einer nicht nach der Rechtsverordnung verbotenen Arzneimittelherstellung oder Anwendung auch für Tierhalter und andere Personen (§ 59a Abs. 1 S. 2). Mit der Strafnorm sollen schon **theoretische Gefährdungen** im weiten Vorfeld der Verletzung des Rechtsguts **der Tiergesundheit** verhindert werden (Rehmann Rn. 22). Ob dafür auch im Vergleich mit dem sonst bezweckten Schutz der menschlichen Gesundheit eine ausreichende **Legitimation** besteht, erscheint fragwürdig. Zu weiteren Bedenken im Hinblick auf die **Anknüpfung an eine Rechtsverordnung** gilt das zu § 95 Abs. 1 Nr. 2 Gesagte entsprechend (→ § 95 Rn. 12 f.).

XXIII. Verbotene Verabreichung pharmakologisch wirksamer Stoffe an Tiere, die der Lebensmittelgewinnung dienen (Nr. 18a)

Die Vorschrift ist zusammen mit der Bezugsnorm des § 59d durch das Fünfzehnte Gesetz zur 30 Änderung des Arzneimittelgesetzes (BGBl. 2011 I 946) eingefügt worden. Danach ist es verboten bestimmte pharmakologisch wirksame Stoffe an Tiere zu verabreichen, die der Lebensmittelgewinnung dienen. Der vorsätzliche Verstoß gegen dieses Verbot ist strafbar. Es geht hier nicht um die Verabreichung verbotener Stoffe nach Tabelle 2 des Anhangs der VO (EU) Nr. 37/2010 der Kommission v. 22.12.2009 über pharmakologisch wirksame Stoffe und ihre Einstufung hinsichtlich der Rückstandshöchstmengen in Lebensmitteln tierischen Ursprungs (ABl. 2010 L 15, 1), die zuletzt durch die DurchführungsVO (EU) Nr. 446/2015 (ABl. 2015 L 74, 18) geändert worden ist; diese werden von § 95 Abs. 1 Nr. 1 iVm § 59d S. 1 Nr. 1 erfasst. Hier wird nur auf § 59d S. 1 Nr. 2 verwiesen, der gerade die nicht im Anhang zur genannten EU-VO enthaltenen pharmakologisch wirksame Stoffe anspricht.

XXIV. Einfuhr nicht zertifizierter Arzneimittel und Stoffe (Nr. 18b)

31   Die Vorschrift war durch das Gesetz über Qualität und Sicherheit von menschlichen Geweben und Zellen v. 20.7.2007 (BGBl. I 1574) eingeführt worden. Durch das Gesetz zur Änderung arzneimittelrechtlicher und anderer Vorschriften v. 17.7.2009 (BGBl. I 1990) ist die Strafnorm versehentlich entfallen. Dies ist durch das Gesetz zur Neuordnung des Arzneimittelmarktes in der gesetzlichen Krankenversicherung v. 22.12.2010 (BGBl. I 2262) wieder korrigiert worden (BT-Drs. 17/2413). Durch das Fünfzehnte Gesetz zur Änderung des Arzneimittelgesetzes ist die Bezifferung geändert worden. Gemäß § 72a Abs. 1a S. 1 dürfen bestimmte Arzneimittel oder Wirkstoffe nur eingeführt werden, wenn die zuständige Behörde des Herstellerlandes durch Zertifikat bestätigt hat, dass sie anerkannten Grundregeln für die Herstellung und Sicherung ihrer Qualität iSd Gemeinschaftsrechts hergestellt werden, die Herstellungsstätte regelmäßig überwacht wird, die Überwachung durch ausreichende Maßnahmen erfolgt und im Fall wesentlicher Abweichung von anerkannten Grundregeln die zuständige Behörde informiert wird, und solche Zertifikate für Arzneimittel, die zur Anwendung bei Menschen bestimmt sind, oder Wirkstoffe, die menschlicher, tierischer oder mikrobieller Herkunft sind oder auf gentechnischem Wege hergestellt wurden, gegenseitig anerkannt sind, oder die zuständige Behörde bescheinigt hat, dass die Einfuhr im öffentlichen Interesse liegt. Ohne Bescheinigung dürfen die genannten Arzneimittel und Wirkstoffe nicht eingeführt werden. Der vorsätzliche Verstoß hiergegen ist strafbar.

XXV. Unerlaubter Einfuhr von Geweben und bestimmten Gewebezubereitungen (Nr. 18c und 18d)

32   Werden Gewebe oder Gewebezubereitungen iSv § 20c gewerbsmäßig oder berufsmäßig zum Zweck der Abgabe an andere oder zur Bearbeitung oder Verarbeitung eingeführt, so bedarf dies gemäß § 72b Abs. 1 S. 1 der Erlaubnis. Außerdem ist die Einfuhr nur zulässig, wenn die Behörde des Herkunftslands durch ein Zertifikat bestätigt hat, dass die Gewinnung, Laboruntersuchung, Bearbeitung, Verarbeitung, Konservierung, Lagerung oder Prüfung nach Standards durchgeführt wurden, die der guten fachlichen Praxis im Sinne des Gemeinschaftsrechts entsprechen und solche Zertifikate gegenseitig anerkannt sind, oder wenn die für den Einführenden zuständige Behörde bescheinigt hat, dass die Einhaltung dieser Standards nach Durchführung einer Kontrolle gewährleistet ist, oder diese Behörde bei Nichtvorliegen eines Zertifikats nach § 72b Abs. 2 S. 1 Nr. 1 bescheinigt hat, dass die Einfuhr im öffentlichen Interesse liegt. Die vorsätzliche Einfuhr ohne die genannte Erlaubnis oder die genannte Zertifizierung ist strafbar.

XXVI. Verbringen gefälschte Arzneimittel oder Wirkstoffe (Nr. 18e)

33   § 73 Abs. 1b erweitert das Verbot, Arzneimittel oder Wirkstoffe herzustellen oder in den Verkehr zu bringen, die hinsichtlich ihrer Identität oder Herkunft falsch gekennzeichnet sind (§ 8 Abs. 1 Nr. 1a), um ein umfassendes Verbot der Verbringung in den Geltungsbereich des Arzneimittelgesetzes nach einer Zulassungsentscheidung der zuständigen Behörde. Verbringen ist gemäß § 4 Abs. 32 S. 1 an sich jede Beförderung in den, durch den oder aus dem Geltungsbereich, also die Ein-, Aus- und Durchfuhr. Der Wortlaut von § 96 Nr. 18e betrifft allerdings nur die Einfuhr. Das Verbringungsverbot gilt nicht, wenn die gefälschten Arzneimittel oder Wirkstoffe nur zur Untersuchung, zur Strafverfolgung oder zur Vernichtung durch die zuständigen Stellen ins Inland verbracht werden (BT-Drs. 16/12256, 55).

XXVII. Inverkehrbringen von Humanarzneimitteln ohne Haftpflichtversicherung (Nr. 19)

34   Den pharmazeutische Unternehmer, der Arzneimittel in Verkehr bringt, trifft nach § 84 eine **Gefährdungshaftung** für Schäden, die durch Anwendung eines zum Gebrauch bei Menschen bestimmten Arzneimittels entstehen, indem ein Mensch getötet oder der Körper oder die Gesundheit eines Menschen nicht unerheblich verletzt wird. Der Unternehmer hat daher nach § 94 im Rahmen der Höchstbeträge gemäß § 88 Deckungsvorsorge zu treffen, die nur durch eine **Haftpflichtversicherung** oder eine **Freistellungs- oder Gewährleistungsverpflichtung eines Kreditinstituts** erbracht werden kann. **Ohne** derartige **Deckungsvorsorge** darf das betreffende **Arzneimittel nicht in den Verkehr gebracht** werden. Vorsätzliche Verstöße dagegen ahndet § 96 Nr. 19 als Vergehen.

XXVIII. Unrichtige oder unvollständige Angaben oder Unterlagen beim Antrag auf Genehmigung für das Inverkehrbringen von Arzneimitteln (Nr. 20)

35   Nr. 20 betrifft den Verstoß gegen die VO (EG) Nr. 726/2004 (ABl. 2004 L 136, 1) im Genehmigungsverfahren bei der Europäischen Arzneimittelagentur. Angesprochen wird zunächst der Verstoß gegen Art. 6 Abs. 1 S. 1 der VO (EG) Nr. 726/2004 iVm Art. 8 Abs. 3 UAbs. Buchst. c–e, h–ia oder ib RL 2001/83/EG (ABl. 2001 L 311, 67), zuletzt geändert durch die RL 2004/27/EG (ABl. 2004 L 136,

34) dadurch, dass eine Angabe oder eine Unterlage nicht richtig oder nicht vollständig beifügt wird. Sodann wird auch der Fall genannt, dass entgegen Art. 31 Abs. 1 S. 1 VO (EG) Nr. 726/2004 iVm Art. 12 Abs. 3 UAbs. 1 S. 2 Buchst. c–e, h–j oder k RL 2001/82/EG, geändert durch RL 2004/28/EG (ABl. 2004 L 136, 58), eine Angabe nicht richtig oder nicht vollständig beifügt wird. Die Regelung ist komplex und die Strafbarkeit entfällt, sobald die in Bezug genommene Verordnung oder Richtlinie geändert wird. Der praktische Nutzen der Norm ist gering.

C. Tatbegehung und Rechtsfolgen

Versuch und Fahrlässigkeit spielen keine Rolle. Es kommen **nur vorsätzliche und vollendete** 36 **Vergehen** nach der vorliegenden Vorschrift in Frage. **Täterschaft und Teilnahme** richten sich nach allgemeinen Regeln, soweit das Gesetz nicht bestimmte Personen (pharmazeutische Unternehmer, Tierärzte oder Tierhalter) als Täter bezeichnet. Dann liegt Mittäterschaft anderer Personen regelmäßig nicht vor, während Teilnahme möglich bleibt.

Mit **Körperverletzungs- und Tötungsdelikten** kann **Tateinheit** bestehen (Körner/Patzak/Volk- 37 mer/*Volkmer* Rn. 355). Gegenüber § 95 ist § 96 zum Teil formell subsidiär; im Übrigen kann Tateinheit in Frage kommen.

Der **Strafrahmen** beträgt nur Freiheitsstrafe bis zu einem Jahr oder Geldstrafe. Unter den Voraus- 38 setzungen des § 70 StGB kommt daneben auch ein Berufsverbot als Maßregel in Frage, wobei aber der Grundsatz der Verhältnismäßigkeit besonders zu beachten ist. Die Frist für die **Verjährung** der Strafverfolgung beläuft sich auf drei Jahre (§ 78 Abs. 3 Nr. 5 StGB).

§ 97 Bußgeldvorschriften

(1) Ordnungswidrig handelt, wer eine in
1. § 96 Nummer 1 bis 5b, 7 bis 18e oder Nummer 19 oder
2. § 96 Nummer 6 oder Nummer 20

bezeichnete Handlung fahrlässig begeht.

(2) Ordnungswidrig handelt auch, wer vorsätzlich oder fahrlässig
1. entgegen § 8 Absatz 3 ein Arzneimittel in den Verkehr bringt,
2. entgegen § 9 Abs. 1 Arzneimittel, die nicht den Namen oder die Firma des pharmazeutischen Unternehmers tragen, in den Verkehr bringt,
3. entgegen § 9 Abs. 2 Satz 1 Arzneimittel in den Verkehr bringt, ohne seinen Sitz im Geltungsbereich dieses Gesetzes oder in einem anderen Mitgliedstaat der Europäischen Union oder in einem anderen Vertragsstaat des Abkommens über den Europäischen Wirtschaftsraum zu haben,
4. entgegen § 10, auch in Verbindung mit § 109 Abs. 1 Satz 1 oder einer Rechtsverordnung nach § 12 Abs. 1 Nr. 1, Arzneimittel ohne die vorgeschriebene Kennzeichnung in den Verkehr bringt,
5. entgegen § 11 Abs. 1 Satz 1, auch in Verbindung mit Abs. 2a bis 3b oder 4, jeweils auch in Verbindung mit einer Rechtsverordnung nach § 12 Abs. 1 Nr. 1, Arzneimittel ohne die vorgeschriebene Packungsbeilage in den Verkehr bringt,
5a. entgegen § 11 Abs. 7 Satz 1 eine Teilmenge abgibt,
6. einer vollziehbaren Anordnung nach § 18 Abs. 2 zuwiderhandelt,
7. entgegen
   a) den §§ 20, 20b Absatz 5, § 20c Absatz 6, auch in Verbindung mit § 72b Absatz 1 Satz 2, entgegen § 62a Absatz 8, § 67 Absatz 8 Satz 1 oder § 73 Absatz 3a Satz 4,
   b) § 21a Absatz 7 Satz 1, § 29 Absatz 1 Satz 1, auch in Verbindung mit § 72b Absatz 1 Satz 2, entgegen § 29 Absatz 1c Satz 1, § 63c Absatz 2, § 63b Absatz 2, § 63i Absatz 2 Satz 1 oder
   c) § 67 Absatz 1 Satz 1, auch in Verbindung mit Satz 2, jeweils auch in Verbindung mit § 69a, entgegen § 67 Absatz 5 Satz 1 oder Absatz 6 Satz 1
   eine Anzeige nicht, nicht richtig, nicht vollständig oder nicht rechtzeitig erstattet,
7a. entgegen § 29 Abs. 1a Satz 1, Abs. 1b oder 1d eine Mitteilung nicht, nicht richtig, nicht vollständig oder nicht rechtzeitig macht,
8. entgegen § 30 Abs. 4 Satz 1 Nr. 2 oder § 73 Abs. 1 oder 1a Arzneimittel in den Geltungsbereich dieses Gesetzes verbringt,
9. entgegen § 40 Abs. 1 Satz 3 Nr. 7 die klinische Prüfung eines Arzneimittels durchführt,
9a. ohne einen Stellvertreter nach § 40 Absatz 1a Satz 3 benannt zu haben, eine klinische Prüfung durchführt,
9b. entgegen § 42b Absatz 1 oder Absatz 2 die Berichte nicht, nicht richtig, nicht vollständig oder nicht rechtzeitig zur Verfügung stellt,
10. entgegen § 43 Abs. 1, 2 oder 3 Satz 1 Arzneimittel berufs- oder gewerbsmäßig in den Verkehr bringt oder mit Arzneimitteln, die ohne Verschreibung an Verbraucher abgegeben werden dürfen, Handel treibt oder diese Arzneimittel abgibt,

11. entgegen § 43 Abs. 5 Satz 1 zur Anwendung bei Tieren bestimmte Arzneimittel, die für den Verkehr außerhalb der Apotheken nicht freigegeben sind, in nicht vorschriftsmäßiger Weise abgibt,

12. Arzneimittel, die ohne Verschreibung an Verbraucher abgegeben werden dürfen, entgegen § 47 Abs. 1 an andere als dort bezeichnete Personen oder Stellen oder entgegen § 47 Abs. 1a abgibt oder entgegen § 47 Abs. 2 Satz 1 bezieht,

12a. entgegen § 47 Abs. 4 Satz 1 Muster ohne schriftliche Anforderung, in einer anderen als der kleinsten Packungsgröße oder über die zulässige Menge hinaus abgibt oder abgeben lässt,

13. die in § 47 Abs. 1b oder Abs. 4 Satz 3 oder in § 47a Abs. 2 Satz 2 vorgeschriebenen Nachweise nicht oder nicht richtig führt, oder der zuständigen Behörde auf Verlangen nicht vorlegt,

13a. entgegen § 47a Abs. 2 Satz 1 ein dort bezeichnetes Arzneimittel ohne die vorgeschriebene Kennzeichnung abgibt,

14. entgegen § 50 Abs. 1 Einzelhandel mit Arzneimitteln betreibt,

15. entgegen § 51 Abs. 1 Arzneimittel im Reisegewerbe feilbietet oder Bestellungen darauf aufsucht,

16. entgegen § 52 Abs. 1 Arzneimittel im Wege der Selbstbedienung in den Verkehr bringt,

17. entgegen § 55 Absatz 8 Satz 1 auch in Verbindung mit Satz 2, einen Stoff, ein Behältnis oder eine Umhüllung verwendet oder eine Darreichungsform anfertigt,

17a. entgegen § 56 Abs. 1 Satz 2 eine Kopie einer Verschreibung nicht oder nicht rechtzeitig übersendet,

18. entgegen § 56 Abs. 2 Satz 1, Abs. 3 oder 4 Satz 1 oder 2 Fütterungsarzneimittel herstellt,

19. entgegen § 56 Absatz 4 Satz 2 eine verfütterungsfertige Mischung nicht, nicht richtig, nicht vollständig, nicht in der vorgeschriebenen Weise oder nicht rechtzeitig kennzeichnet,

20. entgegen § 56 Abs. 5 Satz 1 ein Fütterungsarzneimittel verschreibt,

21. entgegen § 56a Abs. 1 Satz 1 Nr. 1, 2, 3 oder 4, jeweils auch in Verbindung mit Satz 3, Arzneimittel

   a) die zur Anwendung bei Tieren bestimmt sind, die nicht der Gewinnung von Lebensmitteln dienen, und nur auf Verschreibung an Verbraucher abgegeben werden dürfen,
   b) die ohne Verschreibung an Verbraucher abgegeben werden dürfen,
   verschreibt, abgibt oder anwendet,

21a. entgegen § 56a Abs. 1 Satz 4 Arzneimittel-Vormischungen verschreibt oder abgibt,

22. Arzneimittel, die ohne Verschreibung an Verbraucher abgegeben werden dürfen, entgegen § 57 Abs. 1 erwirbt,

22a. entgegen § 57a Arzneimittel anwendet,

23. entgegen § 58 Abs. 1 Satz 2 oder 3 Arzneimittel bei Tieren anwendet, die der Gewinnung von Lebensmitteln dienen,

23a. entgegen § 58a Absatz 1 Satz 1 oder 2 oder Absatz 3, Absatz 4 Satz 1, Satz 2 oder Satz 3 oder § 58b Absatz 1 Satz 1, 2 oder 3 oder Absatz 2 Satz 2 oder Satz 3 oder § 58b Absatz 1 Satz 1, 2 oder 3 oder Absatz 2 Satz 2 Nummer 2 oder Absatz 3 eine Mitteilung nicht

23b. entgegen § 58d Absatz 1 Nummer 2 eine dort genannte Feststellung nicht, nicht richtig oder nicht rechtzeitig aufzeichnet,

23c. entgegen § 58d Absatz 2 Satz 1 Nummer 2 einen dort genannten Plan nicht, nicht richtig, nicht vollständig oder nicht in der vorgeschriebenen Weise oder nicht rechtzeitig erstellt,

23d. einer vollziehbaren Anordnung nach § 58d Absatz 3 oder Absatz 4 Satz 1 zuwiderhandelt,

24. einer Aufzeichnungs- oder Vorlagepflicht nach § 59 Abs. 4 zuwiderhandelt,

24a. entgegen § 59b Satz 1 Stoffe nicht, nicht richtig oder nicht rechtzeitig überlässt,

24b. entgegen § 59c Abs. 1, auch in Verbindung mit Satz 2, einen dort bezeichneten Nachweis nicht, nicht richtig oder nicht vollständig führt, nicht oder nicht mindestens drei Jahre aufbewahrt oder nicht oder nicht rechtzeitig vorlegt,

24c. entgegen § 63a Abs. 1 Satz 1 einen Stufenplanbeauftragten nicht beauftragt oder entgegen § 63a Abs. 3 eine Mitteilung nicht, nicht vollständig oder nicht rechtzeitig erstattet,

24d. entgegen § 63a Abs. 1 Satz 6 eine Tätigkeit als Stufenplanbeauftragter ausübt,

24e. entgegen § 63c Abs. 3 Satz 1 eine Meldung nicht oder nicht rechtzeitig macht,

24f. entgegen § 63c Abs. 4 einen Bericht nicht oder nicht rechtzeitig vorlegt,

24g. entgegen § 63b Absatz 2 Nummer 3 eine Pharmakovigilanz-Stammdokumentation nicht, nicht richtig oder nicht vollständig führt oder nicht, nicht richtig, nicht vollständig oder nicht rechtzeitig zur Verfügung stellt,

24h. entgegen § 63b Absatz 2 Nummer 4 ein Risikomanagement-System für jedes einzelne Arzneimittel nicht, nicht richtig oder nicht vollständig betreibt,

24i. entgegen § 63b Absatz 3 Satz 1 eine dort genannte Information ohne die dort genannte vorherige oder gleichzeitige Mitteilung veröffentlicht,

24j. entgegen § 63d Absatz 1, auch in Verbindung mit Absatz 3 Satz 1 oder Absatz 3 Satz 4, einen Unbedenklichkeitsbericht nicht, nicht richtig, nicht vollständig oder nicht rechtzeitig vorlegt,

24k. entgegen § 63f Absatz 1 Satz 3 einen Abschlussbericht nicht oder nicht rechtzeitig übermittelt,

24l. entgegen § 63g Absatz 2 Satz 1 einen Entwurf des Prüfungsprotokolls nicht, nicht richtig oder nicht rechtzeitig vorlegt,

24m. entgegen § 63g Absatz 2 Satz 1 mit einer Unbedenklichkeitsprüfung beginnt,

24n. entgegen § 63g Absatz 4 einen Prüfungsbericht nicht, nicht richtig, nicht vollständig oder nicht rechtzeitig vorlegt,

24o. entgegen § 63h Absatz 5 Satz 1, 2 oder Satz 3 einen Bericht nicht, nicht richtig, nicht vollständig oder nicht rechtzeitig vorlegt,

24p. entgegen § 63j Absatz 3 Satz 1 eine Meldung nicht, nicht richtig oder nicht rechtzeitig macht,

24q. entgegen § 63i Absatz 4 Satz 1 einen Bericht nicht, nicht richtig oder nicht rechtzeitig vorlegt,

25. einer vollziehbaren Anordnung nach § 64 Abs. 4 Nr. 4, auch in Verbindung mit § 69a, zuwiderhandelt,

26. einer Duldungs- oder Mitwirkungspflicht nach § 66, auch in Verbindung mit § 69a, zuwiderhandelt,

27. entgegen einer vollziehbaren Anordnung nach § 74 Abs. 1 Satz 2 Nr. 3 eine Sendung nicht vorführt,

27a. entgegen § 74a Abs. 1 Satz 1 einen Informationsbeauftragten nicht beauftragt oder entgegen § 74a Abs. 3 eine Mitteilung nicht, nicht vollständig oder nicht rechtzeitig erstattet,

27b. entgegen § 74a Abs. 1 Satz 4 eine Tätigkeit als Informationsbeauftragter ausübt,

28. entgegen § 75 Abs. 1 Satz 1 eine Person als Pharmaberater beauftragt,

29. entgegen § 75 Abs. 1 Satz 3 eine Tätigkeit als Pharmaberater ausübt,

30. einer Aufzeichnungs-, Mitteilungs- oder Nachweispflicht nach § 76 Abs. 1 Satz 2 oder Abs. 2 zuwiderhandelt,

30a. *[aufgehoben]*,

31. einer Rechtsverordnung nach § 7 Abs. 2 Satz 2, § 12 Abs. 1 Nr. 3 Buchstabe a, § 12 Abs. 1b, § 42 Abs. 3, § 54 Abs. 1, § 56a Abs. 3, § 57 Abs. 2, § 58 Abs. 2 oder § 74 Abs. 2 zuwiderhandelt, soweit sie für einen bestimmten Tatbestand auf diese Bußgeldvorschrift verweist,

32. bis 36. *[aufgehoben]*.

(2a) Ordnungswidrig handelt, wer vorsätzlich oder fahrlässig gegen Art. 1 der Verordnung (EG) Nr. 540/95 der Kommission vom 10. März 1995 zur Festlegung der Bestimmungen für die Mitteilung von vermuteten unerwarteten, nicht schwerwiegenden Nebenwirkungen, die innerhalb oder außerhalb der Gemeinschaft an gemäß der Verordnung (EWG) Nr. 2309/93 zugelassenen Human- oder Tierarzneimitteln festgestellt werden (ABl. I 55 vom 11.3.1995, S. 5), in Verbindung mit § 63h Absatz 7 Satz 2 verstößt, in dem er nicht sicherstellt, dass der Europäischen Arzneimittel-Agentur und der zuständigen Bundesoberbehörde einer dort bezeichneten Nebenwirkung mitgeteilt wird.

(2b) Ordnungswidrig handelt, wer gegen die Verordnung (EG) Nr. 726/2004 verstößt, indem er vorsätzlich oder fahrlässig

1. entgegen Art. 16 Abs. 2 Satz 1 oder Satz 2 in Verbindung mit Art. 8 Absatz 3 Unterabsatz 1c bis e, h bis iaa oder Buchstabe ib der Richtlinie 2001/83/EG oder entgegen Art. 41 Absatz 4 Satz 1 oder 2 in Verbindung mit Artikel 12 Absatz 3 Unterabsatz 1 Satz 2c bis e, h bis j oder Buchstabe k der Richtlinie 2001/82/EG, jeweils in Verbindung mit § 29 Absatz 4 Satz 2, der Europäischen Arzneimittel-Agentur oder der zuständigen Bundesoberbehörde eine dort genannte Mitteilung nicht, nicht richtig, nicht vollständig oder nicht rechtzeitig macht,

2. entgegen Artikel 28 Absatz 1 in Verbindung mit Artikel 107 Absatz 1 Unterabsatz 2 der Richtlinie 2001/83/EG nicht dafür sorgt, dass eine Meldung an einer dort genannten Stelle verfügbar ist,

3. entgegen Artikel 49 Absatz 1 Satz 1 oder Abs. 2 Satz 1, jeweils in Verbindung mit § 29 Absatz 4 Satz 2, nicht sicherstellt, dass der zuständigen Bundesoberbehörde oder der Europäischen Arzneimittel-Agentur eine dort bezeichneten Nebenwirkung mitgeteilt wird,

4. entgegen Artikel 49 Absatz 3 Satz 1 einer dort bezeichnete Unterlage nicht, nicht richtig oder nicht vollständig führt.

(2c) Ordnungswidrig handelt, wer gegen die Verordnung (EG) Nr. 1901/2006 des europäischen Parlaments und des Rates vom 12. Dezember 2006 über Kinderarzneimittel und zur

Änderung der Verordnung (EWG) Nr. 1768/92, der Richtlinie 2001/20/G und 2001/3/EG sowie der Verordnung (EG) Nr. 726/2004 (ABl. L 378 vom 27.12.2006, S. 1) verstößt, indem er vorsätzlich oder fahrlässig

1. entgegen Art. 33 Satz 1 ein dort genanntes Arzneimittel nicht, nicht richtig oder nicht rechtzeitig in den Verkehr bringt,
2. eine vollziehbaren Anordnung nach Art. 34 Abs. 2 Satz 4 zuwiderhandelt,
3. entgegen Art. 34 Abs. 4 Satz 1 den dort genannten Bericht nicht oder nicht rechtzeitig vorlegt,
4. entgegen Art. 35 Satz 1 die Genehmigung für das Inverkehrbringen nicht oder nicht rechtzeitig auf einen dort genannten Dritten überträgt und diesem einen Rückgriff auf die dort genannten Unterlagen nicht oder nicht rechtzeitig gestattet,
5. entgegen Art. 35 Satz 2 eine Unterrichtung nicht, nicht richtig oder nicht rechtzeitig vornimmt, oder
6. entgegen Art. 41 Abs. 2 Satz 2 ein Ergebnis der dort genannten Prüfung nicht, nicht richtig oder nicht rechtzeitig vorlegt.

(3) Die Ordnungswidrigkeit kann mit einer Geldbuße bis zu 25 000 Euro geahndet werden.

(4) Verwaltungsbehörde im Sinne des § 36 Absatz 1 Nummer 1 des Gesetzes über Ordnungswidrigkeiten ist in den Fällen

1. des Absatzes 1 Nummer 2, des Absatz 2 Nummer 7 Buchstabe b, Nummer 7a, 9b und 24e bis 24q, der Absätze 2a bis 2c und
2. des Absatzes 2 Nummer 7 Buchstabe c, soweit die Tat gegenüber der zuständigen Bohr Bundesoberbehörde begangen wird,

die nach § 77 zuständige Bundesoberbehörde.

A. Regelungscharakter

1 Die Vorschrift **ergänzt die strafrechtlichen Bestimmungen** der §§ 95, 96 um **Bußgeldtatbestände als mindere Form der Sanktionierung** von Verstößen gegen arzneimittelverwaltungsrechtliche Verhaltensnormen. Ob diese zahlreichen Drohungen erforderlich sind, erscheint zweifelhaft (Kügel/Müller/Hofmann/*Raum* Rn. 2). Die **Unübersichtlichkeit** der Norm mit ihren besonders zahlreichen Ziffern und darin außerdem auch noch enthaltenen Verweisungen auf wiederum komplexe Bezugsnormen überschreitet die Grenze dessen, was für Rechtsanwender und Normunterworfene zumutbar ist. Dadurch ist es auch nahezu ausgeschlossen, einen systematischen Überblick zu gewinnen. Die **Bestimmtheit** der Regelung iSv Art. 103 Abs. 2 GG und ihre **Legitimation** erscheint an vielen Stellen fragwürdig. Eine **Ordnungswidrigkeit** liegt vor, wenn eine der in § 96 genannten Handlungen fahrlässig begangen wird (Abs. 1) oder einer der in Abs. 2 genannten Tatbestände **vorsätzlich oder fahrlässig** erfüllt wird. Der Bußgeldtatbestand bezweckt prinzipiell in gleicher Weise wie die Straftatbestände den **Rechtsgüterschutz,** wenngleich an die Verletzung der Verhaltensnormen nur eine mindere Sanktionsform angeknüpft wird. Ordnungswidrigkeiten im Sinne der vorliegenden Vorschriften kann nur eine **natürliche Person** begehen. Dieser können aber besondere persönliche Merkmale, die nur **bei einer juristischen Person** vorliegen, nach § 9 OWiG zugerechnet werden. Ein Bußgeld kann nach § 30 OWiG gegen eine juristische Person verhängt werden, wenn zu deren Gunsten gehandelt und die juristische Person bereichert wurde.

B. Die Regelungen im Einzelnen

I. Fahrlässige Verstöße gegen die in § 96 genannten Verhaltensnormen gemäß Abs. 1

2 Der ohne substantielle Änderung nur redaktionell neu gefasste (BT-Drs. 17/13083, 7) Abs. 1 erklärt fahrlässige Verstöße gegen die in § 96 genannten Verhaltensnormen zu Ordnungswidrigkeiten. Die Unterteilung in zwei Nummern liefert nur Anknüpfungspunkte für verschiedene Behördenzuständigkeiten nach Abs. 4. Vorsätzliche Handlungen sind dort als Vergehen klassifiziert. Damit wird Fahrlässigkeit als **mindere Form des Verschuldens** gekennzeichnet, während sie genau genommen eine andere Schuldform darstellt, deren minderes Gewicht, etwa bei Leichtfertigkeit, allerdings nicht stets zwingend erscheint. Die Unterscheidung zwischen vorsätzlich begangenen Vergehen und fahrlässig begangenen Ordnungswidrigkeiten liegt gleichwohl noch im Rahmen des gesetzgeberischen Beurteilungsspielraums. Wichtig ist auch hier im Grenzbereich zwischen Vorsatz und Fahrlässigkeit die **Unterscheidung zwischen bedingtem Vorsatz und bewusster Fahrlässigkeit.** Nach der Rspr. handelt der Täter in diesem Bereich noch vorsätzlich, wenn er den Eintritt des tatbestandlichen Erfolges als möglich und nicht ganz fernliegend erkennt und damit in der Weise einverstanden ist, dass er die Tatbestandsverwirklichung billigend in Kauf nimmt oder sich um des erstrebten Zieles willen wenigstens mit ihr abfindet, mag ihm auch der Erfolgseintritt an sich unerwünscht sein. Bewusste Fahrlässigkeit liegt hingegen dann

vor, wenn der Täter mit der als möglich erkannten Tatbestandsverwirklichung nicht einverstanden ist und ernsthaft – nicht nur vage – darauf vertraut, der tatbestandliche Erfolg werde nicht eintreten (BGHSt 36, 1 (9 f.) mwN). Das ist auch bei der Unterscheidung zwischen Vergehen nach § 96 und Ordnungswidrigkeiten nach § 97 Abs. 1 zu beachten.

II. Vorsätzliche oder fahrlässige Verstöße gegen Verhaltensnormen nach Abs. 2

Nachdem Abs. 1 bereits den Katalog der Verhaltensnormen des § 96 unter dem Blickwinkel der **3** fahrlässig begangenen Ordnungswidrigkeiten einbezogen hat, nennt Abs. 2 einen weiteren Katalog möglicher Arten von Verhaltensnormverstößen, die hier aber nur als Ordnungswidrigkeiten gelten. Diese sind als **Blankettatbestände** ausgestaltet, die teils auf Verhaltensnormen innerhalb des Arzneimittelgesetzes, teils auf Verordnungen aus dem Gemeinschaftsrecht verweisen. Die Regelungsdichte bewirkt eine kaum noch zu überbietende **Unübersichtlichkeit** des Normenbestandes. Die Regelung ist dann zwar bestimmt, aber in Teilbereichen kaum noch handhabbar und insoweit unverhältnismäßig. Sobald eine in Bezug genommene EG-VO geändert wird und die neue Regelung in der Bezugnahme der vorliegenden Vorschrift nicht mehr benannt ist, entfällt im Übrigen der Bußgeldtatbestand.

Nach **Abs. 2 Nr. 1** handelt ordnungswidrig, wer Arzneimittel in den Verkehr bringt, deren Verfalls- **4** datum abgelaufen ist. Diese einleuchtende Regelung dient dem Schutz der Gesundheit, ist aber auch anwendbar, wenn die Arzneimittel noch nach Ablauf des Verfallsdatums ohne konkrete Gesundheitsgefahr angewendet werden können. Für das Inverkehrbringen gilt die allgemeine Definition des § 4 Abs. 17 (OLG Düsseldorf ZLR 1990, 150 ff.). **Abs. 2 Nr. 2** bestimmt, dass derjenige eine Ordnungswidrigkeit begeht, der Arzneimittel in den Verkehr bringt, die nicht den Namen oder die Firma des pharmazeutischen Unternehmens tragen. Die Ordnungswidrigkeit begeht nicht nur der pharmazeutische Unternehmer selbst, sondern auch der Händler, der die Arzneimittel ohne die Angabe in den Verkehr bringt. Bei großen Firmen genügt die übliche Abkürzung (Erbs/Kohlhaas/*Pelchen/Anders* Rn. 5). **Abs. 2 Nr. 3** betrifft das Inverkehrbringen von Arzneimitteln im Inland durch denjenigen, der nicht seinen gewerblichen Sitz im Inland, in einem Mitgliedstaat der Europäischen Union oder einem anderen Vertragsstaat des Abkommens über den Europäischen Wirtschaftsraum hat. Ordnungswidrig handelt nach **Abs. 2 Nr. 4**, wer Fertigarzneimittel im Sinne des § 10 Abs. 1 S. 1 ohne die vorgeschriebene Kennzeichnung der Behältnisse und Umhüllungen mit Zulassungsnummer, Darreichungsform, Stärke, Inhalt, Anwendungsart, Indikationen und anderes in den Verkehr bringt. **Abs. 2 Nr. 5** verbietet das Inverkehrbringen von Arzneimitteln ohne die erforderliche Packungsbeilage, die insbes. als wichtige Gebrauchsinformation für den Arzneimittelkonsumenten dient. **Abs. 2 Nr. 5a** betrifft die Abgabe einer Teilmenge eines Fertigarzneimittels ohne Packungsbeilage. Nach **Abs. 2 Nr. 6** liegt eine Ordnungswidrigkeit vor, wenn Arzneimittel nach einer vorläufigen Einstellung der Herstellungserlaubnis wegen fehlender Nachweise für die Prüfung hergestellt werden. **Abs. 2 Nr. 7** regelt in redaktionell überarbeiteter Form (BT-Drs. 17/13083, 7) eine Ordnungswidrigkeit des Antragstellers oder Inhabers einer Erlaubnis, Zulassung oder Registrierung, eines Stufenplanbeauftragten oder pharmazeutischen Betriebes oder einer Einrichtung durch Unterlassen einer unverzüglichen Anzeige von Veränderungen, Verdachtsmomenten, Zwischenfällen oder Gegenanzeigen. Ordnungswidrig handelt nach **Abs. 1 Nr. 7a** der Inhaber einer Zulassung durch Verstoß gegen Mitteilungspflichten über den Zeitpunkt des ersten Inverkehrbringens, ferner über Verbote oder Beschränkungen, die im Ausland ausgesprochen wurden und über Angaben, die auf behördliche Aufforderung zu machen wären. **Abs. 2 Nr. 8** erfasst die unerlaubte Einfuhr von Arzneimitteln oder Fütterungsarzneimitteln ohne Zulassung oder nach Widerruf oder Rücknahme der erteilten Zulassung aus einem Mitgliedstaat der EU in den Geltungsbereich des Arzneimittelgesetzes; gemeint ist der Arzneimittelschmuggel, nicht der Reisebedarf (Körner/Patzak/Volkmer/*Volkmer* Rn. 31). Nach **Abs. 2 Nr. 9** begeht der Prüfer eine Ordnungswidrigkeit, wenn er die klinische Prüfung durchführt, ohne zuvor über die Ergebnisse von Vorprüfungen unterrichtet worden zu sein. **Abs. 2 Nr. 9a** stellt sicher, dass die mit der Durchführung einer klinischen Prüfung beim Menschen betraute Person ein verantwortlicher Arzt oder eine andere vergleichbare qualifizierte Person ist, der ein entsprechend qualifizierter Stellvertreter zur Seite steht. **Abs. 2 Nr. 9b** regelt den Verstoß gegen Berichtspflichten im Zusammenhang mit konfirmatorischen klinischen Prüfungen hinsichtlich der Wirksamkeit und Unbedenklichkeit der Arzneimittel. **Abs. 2 Nr. 10** betrifft das berufs- oder gewerbsmäßige Inverkehrbringen von oder das Handeltreiben mit Arzneimitteln unter Verstoß gegen die Apothekenpflicht, **Abs. 2 Nr. 11** die Abgabe von Tierarzneimitteln ohne Beachtung der Apothekenpflicht. Nach **Abs. 2 Nr. 12** handelt ordnungswidrig, wer den vorgeschriebenen Vertriebsweg über eine Apotheke verlässt. **Abs. 2 Nr. 12a** erfasst die unzulässige Abgabe von Fertigarzneimitteln als (Ärzte-)Muster. Die Alternative „abgeben lassen" gilt namentlich für die Abgabe über den Pharmaberater. Nach **Abs. 2 Nr. 13** ist die Verletzung der Aufzeichnungspflichten von pharmazeutischen Unternehmern bei der Abgabe von Tierarzneimitteln, die für Tiere bestimmt sind, welche zur Gewinnung von Lebensmitteln dienen, ferner bei der Abgabe von Mustern von Fertigarzneimitteln, schließlich bei der Abgabe von Schwangerschaftsabbruchmitteln mit Bußgeld bedroht. **Abs. 2 Nr. 13a** erklärt die

Abgabe von Schwangerschaftsabbruchmitteln ohne die erforderliche fortlaufende Nummerierung zur Ordnungswidrigkeit. **Abs. 2 Nr. 14** betrifft den Arzneimitteleinzelhandel von frei verkäuflichen Arzneimitteln ohne ausreichende Sachkenntnis, **Abs. 2 Nr. 15** den Handel im Reisegewerbe, **Abs. 2 Nr. 16** den Selbstbedienungshandel (OLG Düsseldorf NStZ 1984, 369 f.; OLG Köln NJW 1984, 2642 f.). Nach **Abs. 2 Nr. 17** ist die Abgabe von Arzneimitteln ohne Beachtung der anerkannten pharmazeutischen Regeln nach dem Arzneibuch ein Bußgeldtatbestand. **Abs. 2 Nr. 17a, Abs. 2 Nr. 18, Abs. 2 Nr. 19** und **Abs. 2 Nr. 20** betreffen den Umgang mit Fütterungsarzneimitteln. **Abs. 2 Nr. 21** regelt eine Ordnungswidrigkeit von Tierärzten beim Umgang mit Tierarzneimitteln ohne mittelbare Gesundheitsgefahren für Menschen. **Abs. 2 Nr. 21a** regelt die Verletzung des Verbots der Verschreibung oder Abgabe von Arzneimittel-Vormischungen. Nach **Abs. 2 Nr. 22** handelt der Tierhalter ordnungswidrig, wenn er Tierarzneimittel außerhalb der zugelassenen Vertriebswege erwirbt. **Abs. 2 Nr. 22a** betrifft die unzulässige Anwendung verschreibungspflichtiger Tierarzneimittel durch Tierhalter oder anderer Personen ohne Bezug auf die Lebensmittelgewinnung. **Abs. 2 Nr. 23** sanktioniert die eigenmächtige Verabreichung von Tierarzneimitteln durch Nichttierärzte an Tiere, die zur Gewinnung von Lebensmitteln bestimmt sind, wenn dadurch Arzneimittelrückstände in den Nahrungskreislauf gelangen können. **Abs. 2 Nr. 23a–23d,** der durch das 16. Gesetz zur Änderung des Arzneimittelgesetzes eingeführt wurde, dient dem Zweck, den Einsatz von Antibiotika in der Tierhaltung zu begrenzen und den sorgfältigen Umgang damit zu fördern, um die Wirksamkeit vorhandener Antibiotika zu erhalten. **Abs. 2 Nr. 24** sanktioniert den Verstoß gegen Aufzeichnungs- und Vorlagepflichten bei klinischen Prüfungen an Tieren, die der Lebensmittelgewinnung dienen. Verletzt der pharmazeutische Unternehmer die Pflicht zur Überlassung von Rückstellproben an die zuständige Behörde bei Tieren, die der Lebensmittelgewinnung dienen, so handelt er nach **Abs. 2 Nr. 24a** ordnungswidrig. **Abs. 2 Nr. 24b** bewehrt die Nachweis-, Aufbewahrungs- und Vorlagepflichten von Unternehmen hinsichtlich solcher Stoffe, die für Tierarzneimittel verwendet werden können, mit einer Bußgelddrohung. **Abs. 2 Nr. 24c** regelt Verstöße die Pflicht zur Bestellung eines Stufenplanbeauftragten und zur Mitteilung jedes Wechsels an die zuständige Behörde. **Abs. 2 Nr. 24d** soll die Tätigkeit als Stufenplanbeauftrager durch eine Person, die nicht hinreichend sachkundig und zuverlässig ist, mit Bußgeld belegen; die Verweisung auf § 63a Abs. 1 S. 5 geht aber nach einer Änderung der Bezugsnorm fehl (Rehmann Rn. 29). **Abs. 2 Nr. 24e–24o** betreffen Anzeige-, Dokumentations-, Übermittlungs- und sonstige Pflichten im Zusammenhang mit der Errichtung und dem Betrieb eines Pharmacovigilanz-Systems. In **Abs. 2 Nr. 24p und Nr. 24q** sind Melde- und Berichtspflichten im Zusammenhang mit Blut- und Gewebezubereitungen bußgeldbewehrt. **Abs. 2 Nr. 25** bestimmt, dass eine Ordnungswidrigkeit vorliegt, wenn eine vorläufige Anordnung über die Schließung eines Betriebes missachtet wird, in dem Arzneimittel oder Tierarzneimittel beziehungsweise Vorprodukte dazu hergestellt, verpackt, gelagert oder in den Verkehr gebracht werden; **Abs. 2 Nr. 26** betrifft Verstöße gegen die Duldungs- und Mitwirkungspflichten bei Überwachungsmaßnahmen hinsichtlich solcher Anordnungen. **Abs. 2 Nr. 27** erfasst das Unterlassen einer Vorführung trotz deren Anordnung durch die Zollbehörde bei der Ein- oder Ausfuhr von Arzneimitteln. **Abs. 2 Nr. 27a** erklärt die Verletzung der Pflicht zur Bestellung eines Informationsbeauftragten durch pharmazeutische Unternehmer, die Fertigarzneimittel in den Verkehr bringen, zur Ordnungswidrigkeit, **Abs. 2 Nr. 27b** die Tätigkeit einer nicht ausreichend sachkundigen oder zuverlässigen Person als Informationsbeauftragter. **Abs. 2 Nr. 28** und **Abs. 2 Nr. 29** betreffen die Bestellung eines Pharmaberaters durch pharmazeutische Unternehmer und die Tätigkeit einer nicht ausreichend sachkundigen und zuverlässigen Person als Pharmaberater, **Abs. 2 Nr. 30** Pflichtverletzungen des Pharmaberaters bei der Information der zuständigen Behörde über Nebenwirkungen, Gegenanzeigen oder sonstigen Risiken und bei der Abgabe von Mustern von Fertigarzneimitteln. **Abs. 2 Nr. 30a** erfasst Verstöße gegen Hinweispflichten bei Arzneimitteln, die sich seit dem 1.1.1978 im Verkehr befinden. **Abs. 2 Nr. 31** betrifft Zuwiderhandlungen gegen Rechtsverordnungen oder darauf beruhenden vollziehbaren Anordnung. Unter anderem geht es um die Verordnung über radioaktive oder mit ionisierenden Strahlen behandelte Arzneimittel (BGBl. 2007 I 48), die Verordnung über die Anwendung der Guten Klinischen Praxis bei der Durchführung von klinischen Prüfungen mit Arzneimitteln zur Anwendung am Menschen (BGBl. 2004 I 2081), die Verordnung zum Verbot der Verwendung bestimmter Stoffe zur Vermeidung des Risikos der Übertragung transmissibler spangiformer Enzephalopathien durch Arzneimittel (BGBl. 2001 I 856), die Verordnung über die Anwendung der Guten Herstellungspraxis bei der Herstellung von Arzneimitteln und Wirkstoffen und über die Anwendung der guten fachlichen Praxis bei der Herstellung von Produkten menschlicher Herkunft (BGBl. 2006 I 2523), die Verordnung über den Großhandel und die Arzneimittelvermittlung (BGBl. 1987 I 2370) und die Verordnung über tierärztliche Hausapotheken (BGBl. 2009 I 1760).

5   Bußgeldbewehrt sind auch **Verstöße gegen Gemeinschaftsrecht** im Hinblick auf die Mitteilungspflicht ggü. der Europäischen Arzneimittelagentur im Hinblick auf vermutete unerwartete, nicht schwerwiegende Nebenwirkungen die an zugelassenen Arzneimitteln festgestellt werden nach der VO (EG) Nr. 540/95 **(Abs. 2a),** die Mitteilungs- und Aufzeichnungspflichten nach der VO (EG) Nr. 726/2004 **(Abs. 2b)** und die Pflichten aus der VO (EG) Nr. 1901/2006 über Kinderarzneimittel **(Abs. 2c).** Diese Regelungen wirken unbestimmt iSv Art. 103 Abs. 2 GG, der auf Bußgeldtatbestände ebenfalls anwendbar ist.

C. Begehung der Ordnungswidrigkeit und Rechtsfolgen

Die Ordnungswidrigkeit nach Abs. 1 wird **fahrlässig** begangen, diejenige nach Abs. 2 **vorsätzlich** 6 **oder fahrlässig** (§ 10 OWiG). Ein **Irrtum** über die tatsächlichen Voraussetzungen der Tatbestandsmerkmale, zu denen auch Merkmale der blankettausfüllenden Verhaltensregeln gehören, führt zu einem den Vorsatz ausschließenden Tatbestandsirrtum, der aber die Möglichkeit einer Fahrlässigkeit unberührt lässt (§ 11 OWiG). Rechtsunkenntnis kann einen Verbotsirrtum begründen (§ 11 Abs. 2 OWiG), wobei es darauf ankommt, ob er vermeidbar war oder nicht. Im ersteren Fall entfällt der Tatbestand der Ordnungswidrigkeit, im letzteren Fall kann nur die Geldbuße gemildert werden. Den **Versuch** einer Ordnungswidrigkeit nach Abs. 2 gibt es nicht. Für die **Beteiligung mehrerer** an einer Ordnungswidrigkeit ist der Einheitstäterbegriff nach § 14 OWiG zu beachten.

Die vorsätzlich begangene Ordnungswidrigkeit kann mit einer Geldbuße von 5 bis zu 25.000 EUR 7 geahndet werden (Abs. 3). Bei fahrlässigen Ordnungswidrigkeiten reicht der Bußgeldrahmen bis zu 12.500 EUR (§ 17 Abs. 2 OWiG). Eine Überschreitung der Höchstgrenze ist nach Maßgabe von § 17 Abs. 4 OWiG möglich, wenn der nach dem Bruttoprinzip ermittelte Vorteil durch die Ordnungswidrigkeit höher ist als der Bußgeldhöchstbetrag. Eine Einziehung nach § 98 ist auch bei Ordnungswidrigkeiten möglich.

Die **Verfolgungsverjährung** tritt nach drei Jahren ein (§ 31 Abs. 2 Nr. 1 OWiG). 8

§ 98 Einziehung

[1] **Gegenstände, auf die sich eine Straftat nach § 95 oder § 96 oder eine Ordnungswidrigkeit nach § 97 bezieht, können eingezogen werden.** [2] **§ 74a des Strafgesetzbuches und § 23 des Gesetzes über Ordnungswidrigkeiten sind anzuwenden.**

Die Vorschrift stellt klar, dass **sowohl bei Straftaten als auch bei Ordnungswidrigkeiten** nach 1 dem Arzneimittelrecht die **Einziehung der Beziehungsgegenstände** möglich ist, also der Arzneimittel, Stoffe oder Zubereitungen, auf die sich das arzneimittelrechtliche Vergehen bezieht. Ohne diese Klarstellung ergäbe sich die Nebenfolge im Ansatz aus § 74 Abs. 1 StGB oder § 22 OWiG ohnehin; jedoch erweitert die vorliegende Vorschrift den Umfang der Einziehung auch auf Fahrlässigkeitsdelikte und erstreckt sie als besondere Vorschrift (§ 74 Abs. 4 StGB) auf Beziehungsgegenstände der Tat; im Bußgeldrecht ist nur die Einziehung von Beziehungsgegenständen zulässig (Klügel/Müller/Hofmann/ *Raum* Rn. 7). Die Einziehung gemäß § 98 hat nach dem Gesetzeszweck des Verbraucherschutzes vor Gefahren beim Umgang mit Arzneimitteln vor allem **Sicherungscharakter,** zum Teil aber auch **Sanktionscharakter** (Klügel/Müller/Hofmann/*Raum* Rn. 2) und ist deshalb auch bei dem Rechtsfolgenauspruch im Übrigen bei der Gewichtung des Gesamtsanktionsübels zu berücksichtigen.

Voraussetzung der Einziehung ist das **Vorliegen einer vorsätzlichen oder fahrlässigen Straftat** 2 **oder Ordnungswidrigkeit** nach §§ 95, 96, 97, in den Fällen des § 95 auch bei ein versuchtes Vergehen (Erbs/Kohlhaas/*Pelchen/Anders* Rn. 1). Bei einer nicht schuldhaft begangen rechtswidrigen Handlung kommt eine **Sicherungseinziehung** in Frage (§ 74 Abs. 3 StGB, § 22 OWiG; Erbs/Kohlhaas/ *Pelchen/Anders* Rn. 1). Nach S. 1 müssen die Einziehungsgegenstände dem Täter oder Teilnehmer gehören oder zustehen. S. 2 ermöglicht darüber hinaus auch die **Einziehung bei einem an der Tat nicht Beteiligten,** sofern die Voraussetzungen der § 74a StGB oder § 23 OWiG vorliegen (Mü-KoStGB/*Freund* Rn. 4; Klügel/Müller/Hofmann/*Raum* Rn. 10 f.).

Einziehungsgegenstände sind vor allem Arzneimittel, gegebenenfalls einschließlich der Verpackung 3 (BGHSt 7, 18 (20 f.); Erbs/Kohlhaas/*Pelchen/Anders* Rn. 2) und der Packungsbeilage. Das aus der arzneimittelbezogenen Tat erlangte Geld ist gegebenenfalls kein Einziehungsgegenstand, nur Bargeld, das für weitere illegale Arzneimittelgeschäfte bestimmt ist, kann als Tatmittel sein und als solches der Einziehung unterliegen. Tatgewinne unterliegen gegebenenfalls dem Verfall (Klügel/Müller/Hofmann/ *Raum* Rn. 18).

Das Gericht „kann" die Einziehung anordnen. Diese steht also in seinem Ermessen. Bei der Ent- 4 scheidung ist vor allem der Grundsatz der **Verhältnismäßigkeit** (Art. 20 Abs. 3 GG, § 74b StGB) zu beachten (MüKoStGB/*Freund* Rn. 2; Erbs/Kohlhaas/*Pelchen/Anders* Rn. 3; Körner/Patzak/Volkmer/ *Volkmer* Rn. 11), der bei der Einziehung mit Strafcharakter durch Abwägung mit dem Unrechts- und Schuldgehalt des Vergehens größeres Gewicht hat als bei der Einziehung mit Sicherungscharakter, bei welcher der Sicherungszweck tendenziell eher das Interesse des Betroffenen am Behaltendürfen des Gegenstands überwiegt.

§ 98a Erweiterter Verfall

In den Fällen der Herstellung und des Inverkehrbringens gefälschter Arzneimittel nach § 95 Abs. 1 Nr. 3a in Verbindung mit § 8 Absatz 2 ist § 73d des Strafgesetzbuches anzuwenden,

wenn der Täter gewerbsmäßig oder als Mitglied einer Bande, die sich zur fortgesetzten Begehung solcher Taten verbunden hat, handelt.

1   Der erweiterte Verfall ist durch das Gesetz zur Verbesserung der Bekämpfung des Dopings im Sport v. 24.10.2007 im Arzneimittelgesetz eingeführt worden, womit auch verdeutlicht wird, dass die Dopingstrafbarkeit einen besonderen Charakter hat. Inzwischen ist die Regelung der strafrechtlichen Dopingbekämpfung in das Gesetz zur Bekämpfung von Doping im Sport aus dem Arzneimittelgesetz herausgenommen worden. Für den erweiterten Verfall gilt nun insoweit § 5 Abs. 1 AntiDopG. In den verbleibenden Fällen der **Herstellung und des Inverkehrbringens gefälschter Arzneimittel** „ist" nach der vorliegenden Vorschrift § 73d StGB anzuwenden, wenn der Täter gewerbsmäßig oder als Mitglied einer Bande, die sich zur fortgesetzten Begehung solcher Taten verbunden hat, handelt. Dem Richter bleibt auf der Rechtsfolgenseite also **kein Ermessen.**

2   Mit dem erweiterten Verfall werden Gegenstände oder deren Wertersatz erfasst, die der Täter **durch die abzuurteilende Tat erlangt** hat, ferner Gegenstände, die **für andere rechtswidrige Taten oder aus ihnen erlangt worden** sind. Die andere Tat, auf die der erweiterte Verfall Bezug nimmt, muss nicht zu einer Verurteilung geführt haben, jedoch ist die Überzeugung des Tatgerichts davon erforderlich, dass der Verfallsgegenstand aus einer Straftat iSd Arzneimittelgesetzes herrührt; die bloße Wahrscheinlichkeit genügt nicht. Bei **verfassungskonformer Auslegung** der Vorschrift über den erweiterten Verfall muss der Tatrichter aber die **Überzeugung** gewinnen, dass eine rechtswidrige Tat begangenen wurde; außerdem muss er annehmen, dass die Verfallsgegenstände aus dieser Tat stammen oder für sie verwendet wurden.

126. Gesetz gegen Doping im Sport
(Anti-Doping-Gesetz – AntiDopG)

Vom 10. Dezember 2015 (BGBl. I S. 2210) FNA 212-4

– Auszug –

Vorbemerkung

1. Entstehung. Eigene deutsche Anstrengungen zur strafrechtlichen Dopingbekämpfung gab es über **1** lange Zeit hinweg zunächst nicht (*Lehner* FS Rössner, 2015, 646 (649)). Der Gesetzgeber überließ es der verbandsrechtlichen Kompetenz gegen Doping einzuschreiten. Die im internationalen Vergleich erst spät einsetzenden Aktivitäten des deutschen Strafgesetzgebers beruhen auf Vorgaben aus dem Übereinkommen des Europarates v. 16.11.1989 (Europäisches Übereinkommen v. 16.11.1989 gegen Doping, Zustimmungsgesetz BGBl. 1994 II 334) und der UNESCO-Konvention von 2005 (Gesetz zum Internationalen Übereinkommen v. 19.10.2005 gegen Doping im Sport v. 26.3.2007, BGBl. II 354). Aufgrund dieser internationalen Verpflichtungen wurde im Jahr 1998 eine erste strafrechtliche Regelung gegen Doping in § 95 Abs. 1 Nr. 2a iVm § 6a AMG aF eingeführt, die unter anderem auf den Anhang zu dem Europäischen Übereinkommen gegen Doping verweist. Diese wurde durch das Gesetz zur Verbesserung der Bekämpfung des Dopings im Sport v. 24.10.2007 dahin ergänzt, dass auch ein Straftatbestand des Besitzes einer nicht geringen Menge bestimmter Dopingmittel geschaffen wurde (§ 95 **Abs. 1 Nr. 2b AMG aF).** Danach wurde Doping allgemein im Sport, insbes. auch im Breitensport, verboten, aber das Selbstdoping noch nicht unter Strafe gestellt. Diese Regelung ist nun durch ein neues eigenständiges Bekämpfungsgesetz überholt. Das **Gesetz zur Bekämpfung von Doping im Sport,** das **am 18.12.2015 in Kraft getreten** ist, ersetzt die bisher im Arzneimittelgesetz enthaltene Regelung der strafrechtlichen Dopingbekämpfung aus § 95 Abs. 1 Nr. 2a und Nr. 2b AMG aF, die jedoch für **Altfälle** von Bedeutung bleibt (§ 2 Abs. 3 StGB). Diese Regelungen wurden als nicht ausreichend effektiv angesehen, vor allem, weil Sportler (hier und im Folgenden synonym auch für Sportlerinnen), die selbst zur Erlangung von Vorteilen im sportlichen Wettbewerb Dopingmittel bei sich anwenden oder anwenden lassen, von der bisherigen Strafdrohung nicht erfasst wurden. Deshalb hat der Gesetzgeber in dem neuen Gesetz zur Bekämpfung von Doping im Sport – beschränkt auf Spitzensportler – auch das **Selbstdoping** mit einer das **Vorfeld** bei **Erwerb und Besitz von Dopingmitteln,** gegebenenfalls auch in geringen Mengen, in Verwendungsabsicht (§ 3 Abs. 4) und die eigentliche **Anwendung von Dopingmitteln oder Dopingmethoden im sportlichen Wettbewerb** (§ 3 Abs. 1) mit Strafdrohung versehen (§ 4 Abs. 1 Nr. 4, Abs. 2, Abs. 7). Bezugspunkt der Verweisungen für verbotene Dopingmittel und Dopingmethoden ist im Anti-Doping-Gesetz nunmehr unter anderem der **Anhang zu dem UNESCO-Übereinkommen,** nicht mehr, wie nach § 6a AMG aF, der Anhang des Europaratsübereinkommens (krit. *Parzeller/Prittwitz* StoffR 2015, 2 (9)).

Im Kern nicht verändert wurde – von der genannten Auswechslung des Bezugspunkts abgesehen – **2** die problematische Regelungsstruktur des Blankettstraftatbestands mit seinen Verweisungen auf den Anhang zu dem UNESCO-Übereinkommen und auf Rechtsverordnungen sowie einen eigenen Anhang zum Anti-Doping-Gesetz, den der Verordnungsgeber nach der gesetzlichen Ermächtigung verändern kann. Hier kommen **Binnenverweisungen und Außenverweisungen** alternativ oder kumulativ zum Zuge. Besonders die **dynamische Verweisung auf Verbotslisten** im Anhang zum UNESCO-Übereinkommen in der vom Bundesministerium des Innern im Bundesgesetzblatt Teil II **jährlich neu bekannt gemachten Fassung** bleibt im Hinblick auf den strengen Gesetzesvorbehalt für das Strafrecht aus Art. 103 Abs. 2 GG fragwürdig. Ferner bestehen Verordnungermächtigungen für das Bundesministerium für Gesundheit, das weitere Stoffe in einer Anlage zum Gesetz zur Bekämpfung von Doping im Sport aufführen kann, womit ebenfalls ein Teil der gesetzgeberischen **Kompetenz vom Parlament auf den Verordnungsgeber delegiert** wird. Ob Art. 80 Abs. 1 GG im Rahmen der besonders strengen Gesetzesvorbehalte aus Art. 103 Abs. 2 GG für das Strafrecht und aus Art. 104 Abs. 1 S. 1 GG für Freiheitsentziehungen dies ausreichend rechtfertigt, erscheint problematisch. Der Gesetzgeber hat die Frage der Zulässigkeit solcher Verweisungen unter dem Gesichtspunkt des besonderen Gesetzesvorbehalts nur andeutungsweise, aber abschließend überprüft, obwohl sich die Rechtsprechung zu § 95 Abs. 1 Nr. 2a iVm § 6a AMG aF damit hinsichtlich der überkommenen Regelungen erst jüngst schwer getan hat (BGHSt 59, 11 (14 ff.) m. abl. Anm. *Freund* JZ 2015, 362 ff.; näher zur Kritik *Freund* FS Rössner, 2015, 579 ff.). Neben der Frage der gesetzlichen **Bestimmtheit** der Strafdrohung ist auch die Frage ihrer **Legitimation** im Hinblick auf das geschützte Rechtsgut nicht unproblematisch (*Jahn* SpuRt 2015, 149 (150 ff.)). Dies gilt insbes. auch mit Blick darauf, dass das geschützte Rechtsgut im Einzelnen – unbeschadet der kumulativen oder alternativ bedeutsamen Zielvorstellungen nach § 1 – nicht abschließend geklärt ist. Diese Fragen werden auch bei der Anwendung der neuen Regelung für die behördliche und gerichtliche Praxis weitere Probleme aufwerfen. Insbesondere die Einführung einer **Strafbarkeit von Erwerb und Besitz von Dopingmitteln auch bei geringer Menge,** sofern mit diesen Mitteln ein Selbstdoping auch nur beabsichtigt ist, wird besondere Fragen der Sachverhaltsfeststellung und der Legitimation der Strafdrohung aufwerfen.

3   **2. Ziele.** Mit dem eigenständigen Anti-Doping-Gesetz soll **Doping im Sport effektiver bekämpft** werden (BT-Drs. 18/4898, 17). Soweit das materielle Recht erweitert wird, um auch in weiterem Umfang strafprozessualen Eingriffsermächtigung zur Anwendung zu bringen, stellt das Gesetz die Reihenfolge der Funktionen von Prozessrecht und materiellem Recht auf den Kopf. Das Prozessrecht soll der Anwendung des materiellen Rechts dienen, nicht umgekehrt. Das Anti-Doping-Gesetz bündelt die Rechtsvorschriften zur Dopingbekämpfung und schließt **neue Straftatbestände** ein. Das Gesetz dient nach der Zielvorgabe des § 1 der Bekämpfung des Einsatzes von Dopingmitteln und Dopingmethoden im Sport, um die **Gesundheit** der Sportler zu schützen, die **Fairness** und **Chancengleichheit bei Sportwettbewerben** zu sichern und so zur Erhaltung der **Integrität des Sports** beizutragen (§ 1). Damit sind allerdings entgegen den gesetzgeberischen Vorstellungen (vgl. auch BT-Drs. 18/6677, 8) keine konkreten Rechtsgüter im herkömmlichen Sinn umschrieben, deren Schutzbedürfnis die Legitimation der strafrechtlichen Regelung ergeben könnte (*Jahn* SpuRt 2015, 149 (150 ff.)). Eine klare **Rangfolge** unter den genannten Zielen lässt das Gesetz nicht erkennen. In den einzelnen Straftatbeständen liegen die Gewichte unterschiedlich. Auch wird, worauf in der Literatur und bei der Sachverständigenanhörung vorab hingewiesen worden war, durch die **Aufzählung verschiedener Regelungsziele** die Rechtsgutsfrage eher kaschiert als beantwortet (*Jahn* SpuRt 2015, 149 (151); *Norouzi/ Summerer* SpuRt 2015, 63 (64); *Parzeller/Prittwitz* StoffR 2015, 2 (3)). Wäre paternalistischer Gesundheitsschutz zum Wohle von Menschen bei sportlichen Aktivitäten allgemein schutzwürdig und schutzbedürftig, so dürfte er hinsichtlich des Selbstdoping nicht auf Spitzensportler (§ 7) beschränkt bleiben. Tatsächlich ist er aber wegen der Handlungsfreiheit aus Art. 2 Abs. 1 GG und des daraus für das Strafrecht abzuleitenden Prinzips der Eigenverantwortlichkeit im Kern überhaupt kein legitimer Schutzzweck für die Anwendung der ultima ratio des Staates (*Jahn* SpuRt 2015, 149 (150); früher auch schon *Kreuzer* ZRP 2013, 181 (183); *Roxin* FS Samson, 2010, 445 (449 ff.)). Während das Arzneimittelrecht auf dem Weg der Verbesserung der Arzneimittelsicherheit die „Volksgesundheit" als Rechtsgut schützen will, hat praktisch jeder Verbraucher als potentieller Arzneimittelkunde betroffen sein kann, ist im Bereich des speziellen Dopingstrafrechts gerade nicht die Gesamtheit der Bevölkerung betroffen, bei den Straftatbeständen gegen Selbstdoping sogar nur die relativ kleine Gruppe der Spitzensportler. Insoweit kann das Rechtsgut nicht in der sogenannten Volksgesundheit gesehen werden. Mit den **ethischen Grundlagen des Sports** wird kein konkretes Rechtsgut genannt, sondern eine sonst im Strafrecht – auch wegen Unbestimmtheit – nicht als Rechtsgut herangezogene **Ethik** (vgl. *Prittwitz* FS Schiller, 2014, 512 (517 ff.)). Als halbwegs praktikables und nachvollziehbares Rechtsgut der Dopingstraftatbestände verbleibt nur die **Chancengleichheit im sportlichen Wettbewerb,** in dem es neben Ruhm und Ehre heute auch um erhebliche Geldbeträge geht. Ob dem allerdings noch eine mit den Mitteln des Strafrechts zu schützende sittenbildende Kraft innewohnt, obwohl angesichts enormer Sponsorenzahlungen und Werbeeinnahmen längst auch exorbitante Dotierungen der Leistungen von Spitzensportlern erfolgen, welche die Einkünfte der Normalbevölkerung um Dimensionen übersteigen, erscheint fragwürdig. Andererseits ist der Gelderwerb durch Berufssportler nicht per se zu kriminalisieren.

4   Der Gesetzgeber hat problematische Details der Straftatbestände, die sich bisher aus den weit reichenden Verweisungen ergaben, nicht geklärt, sondern nur versucht, die strafrechtliche Dopingbekämpfung effektiver zu gestalten, indem er den **Bezugspunkt der Außenverweisung ausgetauscht, neue Tathandlungsweisen** eingeführt, das strafbewehrte **Verbot des Selbstdopings geschaffen,** die bisherigen besonders schweren Fälle als **Qualifikationen** zu Verbrechenstatbeständen ausgebaut und **Begleitregelungen** über den Datenaustausch mit der Nationalen Anti-Doping-Agentur (NADA) und die Ermöglichung einer Konzentration der Strafgerichte für Dopingfälle durch die Länder geregelt hat. **Für den Breitensport soll alles beim Alten bleiben,** obwohl das Rechtsgut der Chancengleichheit im Wettbewerb hier eine geringe oder gar keine Rolle spielt; für den Spitzensport gelten dagegen nun auch strafrechtliche Verbote des Selbstdoping und diesbezügliche Vorfeldstraftatbestände. Nicht geregelt wurde eine Abstimmung zwischen den Maßnahmen der Strafgerichtsbarkeit und der Sportverbandsgerichtsbarkeit (krit. *Lehner* FS Rössner, 2015, 646 (666)).

5   **3. Dopingmittel und Dopingmethoden als Gegenstand der Regelungen.** Das Gesetz unterscheidet verbotene Wirkstoffe sowie Wirkstoffe, die bestimmten Einschränkungen unterliegen. Ferner werden Dopingmethoden verboten, die im Sport zur Leistungssteigerung angewendet werden.

6   Zu den verbotenen **Wirkstoffen** gehören in den Verbotslisten im einzelnen benannte Stimulanzien, Narkotika, Anabolika, Diuretika sowie Peptidhormone und Glykoproteinhormone. Als Dopingmittel verboten sind ferner Stoffe, die in ihrer Wirkung oder chemischen Struktur den genannten Stoffen verwandt sind. Inwieweit diesbezügliche Öffnungsklauseln in den Verbotslisten selbst dem Gebot der gesetzlichen Bestimmtheit der Strafdrohung entsprechen, ist noch nicht untersucht worden. Erweiterun-

gen der Dopinglisten können sich beziehen auf Antipsychotika, Anxiolytika, Hypnotika, Sedativa und Antidepressiva. Wirkungen der verbotenen Mittel können die Verbesserung des Sauerstofftransports im Blut, die Wachstumsbeschleunigung, der Muskelaufbau, die Reduzierung von Regenerationszeiten, die Entzündungshemmung, die Erhöhung der Schmerzgrenze, eine Verbesserung der Konzentrationsfähigkeit, die Erhöhung der Risikobereitschaft und anderes mehr sein. Dopingmittel liegen damit in einem unklaren Grenzbereich zwischen Lebensmitteln, Genussmitteln, Arzneimitteln und Betäubungsmitteln.

Verbotenen **Dopingmethoden** sind Blutdoping, Gendoping sowie die Verwendung von gesondert **7** in den Verbotslisten aufgeführten Wirkstoffen, die bestimmten Einschränkungen unterliegen. Beim Blutdoping werden dem Körper des Sportlers Eigenblut, das ihm zum Beispiel nach einem Höhentraining zur Steigerung des Anteils der roten Blutkörperchen entnommen und später wieder zugeführt wird, oder Fremdblut oder aber Zubereitungen, die rote Blutkörperchen enthalten, zugeführt. Dadurch wird der Sauerstofftransport erhöht. Gendoping ist eine künstliche Veränderung von Zellstrukturen zur Erhöhung der sportlichen Leistungsfähigkeit. Nur für bestimmte Sportarten und bezogen auf einen bestimmten Wettbewerbs ist die Einnahme von bestimmten Wirkstoffen nach den Verbotslisten verboten, etwa von Alkohol, Koffein, Cannabis oder Betablockern.

§ 4 Strafvorschriften

(1) Mit Freiheitsstrafe bis zu drei Jahren oder mit Geldstrafe wird bestraft, wer

1. entgegen § 2 Absatz 1, auch in Verbindung mit einer Rechtsverordnung nach § 6 Absatz 2, ein Dopingmittel herstellt, mit ihm Handel treibt, es, ohne mit ihm Handel zu treiben, veräußert, abgibt, sonst in den Verkehr bringt oder verschreibt,
2. entgegen § 2 Absatz 2 in Verbindung mit einer Rechtsverordnung nach § 6 Absatz 2, ein Dopingmittel oder eine Dopingmethode bei einer anderen Person anwendet,
3. entgegen § 2 Absatz 3, auch in Verbindung mit einer Rechtsverordnung nach § 6 Absatz 1 Satz 1 Nummer 1, jeweils auch in Verbindung mit einer Rechtsverordnung nach § 6 Absatz 1 Satz 1 Nummer 2 oder Satz 2, ein Dopingmittel erwirbt, besitzt oder verbringt,
4. entgegen § 3 Ansatz 1 Satz 1 ein Dopingmittel oder eine Dopingmethode bei sich anwendet oder anwenden lässt oder
5. entgegen § 3 Absatz 2 an einem Wettbewerb des organisierten Sports teilnimmt.

(2) Mit Freiheitsstrafe bis zu zwei Jahren oder Geldstrafe wird bestraft, wer entgegen § 3 Absatz 4 ein Dopingmittel erwirbt oder besitzt.

(3) Der Versuch ist in den Fällen des Absatzes 1 strafbar.

(4) Mit Freiheitsstrafe von einem Jahr bis zu zehn Jahren wird bestraft, wer

1. durch eine der in Absatz 1 Nummer 1, 2 oder Nummer 3 bezeichneten Handlungen
   a) die Gesundheit einer großen Zahl von Menschen gefährdet,
   b) einen anderen der Gefahr des Todes oder einer schweren Schädigung an Körper oder Gesundheit aussetzt oder
   c) aus grobem Eigennutz für sich oder einen anderen Vermögenswerte großen Ausmaßes erlangt oder
2. in den Fällen des Absatzes 1 Nummer 1 oder Nummer 2
   a) ein Dopingmittel an eine Person unter 18 Jahren veräußert oder abgibt, einer solchen Person verschreibt oder ein Dopingmittel oder eine Dopingmethode bei einer solchen Person anwendet oder
   b) gewerbsmäßig oder als Mitglied einer Bande handelt, die sich zur fortgesetzten Begehung solcher Taten verbunden hat,
3. aus grobem Eigennutz für sich oder einen anderen Vermögensvorteile großen Ausmaßes erlangt.

(5) In minder schweren Fällen des Absatzes 4 ist die Strafe Freiheitsstrafe von drei Monaten bis zu fünf Jahren.

(6) Handelt der Täter in den Fällen des Absatzes 1 Nummer 1, 2 oder Nummer 3 fahrlässig, so ist die Strafe Freiheitsstrafe bis zu einem Jahr oder Geldstrafe.

(7) Nach Absatz 1 Nummer 4, 5 und Absatz 2 wird nur bestraft, wer

1. Spitzensportlern oder Spitzensportler des organisierten Sports ist; als Spitzensportlern oder Spitzensportler des organisierten Sports im Sinne dieses Gesetzes gilt, wer als Mitglied eines Testpools im Rahmen des Dopingkontrollsystems Trainingskontrollen unterliegt, oder
2. aus der sportlichen Betätigung unmittelbar oder mittelbar Einnahmen von erheblichem Umfang erzielt.

(8) Nach Absatz 2 wird nicht bestraft, wer freiwillig die tatsächliche Verfügungsgewalt über das Dopingmittel aufgibt, bevor er es anwendet oder anwenden lässt.

A. Regelungscharakter

1   Die Regelung besteht aus **Blankettstrafnormen,** die durch **Verhaltensregeln** in § 2 und 3 ausgefüllt werden (Binnenverweisung), aber auch durch eine **Rechtsverordnung** und die dynamische Verweisung auf den Anhang zum UNESCO-Übereinkommen gegen Doping im Sport (Außenverweisung). Gegen die **Bestimmtheit** der Blankettstrafnorm mit ihren Bezugsregelungen im Sinne von Art. 103 Abs. 2 GG bestehen zum Teil Bedenken. Der Bestimmtheitsgrundsatz verbietet es dem Gesetzgeber zwar grundsätzlich nicht, Generalklauseln und unbestimmte Rechtsbegriffe zu verwenden. An die tatbestandliche Fixierung dürfen dabei keine nach der konkreten Sachlage unerfüllbaren Anforderungen gestellt werden. In der Rechtsprechung wird angenommen, dass zur näheren Bestimmung von Inhalt, Zweck und Ausmaß der erteilten Ermächtigung auch Rechtsakte außerhalb der eigentlichen Verordnungsermächtigung, insbes. auch Rechtsakte anderer Normgeber, herangezogen werden können. Der Gesetzgeber kann in einer Ermächtigung zum Erlass von Rechtsverordnungen grundsätzlich auch auf Normen und Begriffe des internationalen Rechts verweisen. Dies sind zwar verschiedene Rechtsordnungen. Die Rechtsordnungen stehen jedoch nicht unverbunden nebeneinander, greifen vielmehr auf mannigfache Weise ineinander. Grenzen der Gestaltungsfreiheit des Gesetzgebers können sich aus den allgemeinen rechtsstaatlichen Anforderungen an den Einsatz von Verweisungen ergeben. **Verweisungen** sind als vielfach notwendige gesetzestechnische Methode anerkannt, sofern die Verweisungsnorm hinreichend klar erkennen lässt, welche Vorschriften im Einzelnen gelten sollen und wenn die in Bezug genommenen Vorschriften dem Normadressaten durch eine frühere ordnungsgemäße Veröffentlichung zugänglich sind. Auch **dynamische Verweisungen** sind nicht schlechthin ausgeschlossen, wenngleich ein besonders strenger Prüfungsmaßstab im Einzelfall geboten ist. Bei fehlender Identität der Gesetzgeber bedeutet eine dynamische Verweisung mehr als eine bloße gesetzestechnische Vereinfachung; sie führt zur versteckten Verlagerung von Gesetzgebungsbefugnissen und kann daher Bedenken unter rechtsstaatlichen und demokratischen Gesichtspunkten ausgesetzt sein (vgl. BVerfG wistra 2010, 396 (400)). Nach diesem Maßstab sind die einzelnen Regelungen des komplexen Gesetzes von Fall zu Fall zu überprüfen. Nach einer in der Literatur vertretenen Auffassung ist die strafrechtliche Regelung schließlich unverhältnismäßig (*Jahn* SpuRt 2015, 149 (151 ff.); *Peukert* npoR 2015, 95 (101)).

2   Geschütztes **Rechtsgut** ist insbes. **der sportliche Wettbewerb,** bei dem Chancengleichheit und Fairness herrschen sollen. Der Begriff der Fairness ist allerdings zu vage, um als Gegenstand der Rechtsgutsbestimmung tauglich zu erscheinen. Im Zentrum steht die Freiheit des Wettkampfsports von illegitimen Wettbewerbsverzerrungen durch Einsatz unlauterer Mittel (vgl. zum institutionellen Schutz *Schild* FS Kargl, 2015, 507 (511 ff.)). Die Bekämpfung von **Gesundheitsgefahren** wird in § 1 ergänzend erwähnt (BT-Drs. 18/4898, 22), ohne dass allerdings klar wäre, inwieweit die Gesundheit des Einzelnen als Sportler oder die Volksgesundheit bei der strafrechtlichen Regelung und nicht nur bei der öffentlich-rechtlichen Verhaltensnorm eine legitimierende Rolle spielen soll. Auch ist eine Rangordnung unter den in § 1 genannten Regelungszielen nicht erkennbar (*Peukert* npoR 2015, 95 (97)). Soweit es um bloße Selbstgefährdungen oder Selbstverletzungen geht, ist nach dem Prinzip der Eigenverantwortlichkeit ein strafrechtlicher Schutz auszuschließen. Dies gilt auch, soweit der **Jugendschutz** Erwähnung findet (BT-Drs. 18/4898, 17); denn Jugendliche, die an sportlichen Wettkämpfen teilnehmen, sind regelmäßig einwilligungsfähig und deshalb auch dazu berechtigt über ihr Rechtsgut der eigenen Gesundheit zu disponieren. Bei der Gesundheit der Sportler handelt es sich jeweils nach dem **Prinzip der Eigenverantwortlichkeit** nicht um besonders durch Strafrecht geschützte Rechtsgüter. Wettbewerbsdruck allein hebt die Fähigkeit zur Selbstbestimmung auch nicht auf.

B. Die Regelungen im Einzelnen

I. Verbot des Herstellens, Handeltreibens, Veräußerns, Abgebens, Inverkehrbringens oder der Verschreibung von Dopingmitteln (Abs. 1 Nr. 1)

3   Abs. 1 Nr. 1 betrifft die Übertragung von Dopingmitteln auf einen anderen oder darauf gerichtete Vorbereitungshandlungen, die zur Schließung von Strafbarkeitslücken zu selbstständigen strafbaren Handlungen erklärt werden (*Peukert* npoR 2015, 95 (98)). Die Bezugsnorm des § 2 Abs. 1 als allgemeine Verhaltensregeln betrifft ebenfalls die „Abgabeseite" (BT-Drs. 18/4898, 23).

4   **1. Handlungsformen.** Die im Dopingstrafrecht zum Teil neuen Tathandlungsweisen orientieren sich an den Formulierungen im Katalog des § 29 Abs. 1 Nr. 1 BtMG. Der Gesetzgeber meint, hier bestehe eine strukturelle Vergleichbarkeit mit dem Betäubungsmittelrecht. Es gelte daher, die Mechanismen des illegalen Marktes, insbes. die Vertriebsstrukturen, zu erfassen.

5   Die **Herstellung von Dopingmitteln** zu Dopingzwecken im Sport trägt dazu bei, dass diese Mittel tatsächlich auch im Sport angewendet werden. Deshalb besteht nach Ansicht des Gesetzgebers ein besonderes Bedürfnis dafür, schon die Herstellung von Dopingmitteln bei Strafe zu verbieten. In der Praxis ist eine zunehmende Produktion von Dopingmittel in Untergrundlaboren erkennbar geworden. Das betrifft vor allem anabole Steroide, die nach den – nicht näher erläuterten – gesetzgeberischen

Feststellungen häufig verunreinigt und dadurch besonders gesundheitsgefährlich sind (BT-Drs. 18/4898, 23).

Neu in das nebenstrafrechtliche Spektrum der Dopingbekämpfung aufgenommen wurde die **Tat-** 6 **handlung des Handeltreibens** mit Dopingmitteln, da diese auf Umsatz gerichtete Tätigkeit große praktische Bedeutung hat. Der Begriff des Handeltreibens lehnt sich an den entsprechenden Begriff des Betäubungsmittelrechts an. Nach der dazu bestehenden Rspr. ist Handeltreiben jede eigennützige auf den Umsatz von Betäubungsmitteln gerichtete Tätigkeit (vgl. BGHSt 50, 252 (256)), auch schon der Verbalkontrakt, bei dem der Gegenstand des Geschäfts noch gar nicht vorhanden ist. Handeltreiben kann demnach auch unabhängig vom Nachweis eines Besitzes festgestellt werden (BT-Drs. 18/4898, 24). In der Praxis werden mit dem Dopingmittelhandel auf den verschiedenen Handelsstufen zum Teil erhebliche Gewinnspannen erzielt. Dem soll mit dem strafbewehrten Verbot des Handeltreibens entgegengewirkt werden (BT-Drs. 18/4898, 24).

Mit der Tatbestandsvariante der **Veräußerung** werden alle Fälle erfasst, in denen der Täter uneigen- 7 nützig Dopingmittel abgibt (BT-Drs. 18/4898, 24). Die eigennützige Weitergabe ist dagegen vom vorgreiflichen Begriff des Handeltreibens erfasst.

Abgabe als weitere Tathandlungsform ist die Übertragung der Verfügungsgewalt, ohne dass es auf 8 eine rechtsgeschäftliche Grundlage der Handlung oder eine Gegenleistung ankommt.

Mit dem sonstigen **Inverkehrbringen** wird ein Auffangtatbestand genannt, um verbleibende Rege- 9 lungslücken bei den Tathandlungen zu schließen (BT-Drs. 18/4898, 24). Im Arzneimittelrecht ist nach der Legaldefinition des § 4 Abs. 17 AMG ein Inverkehrbringen das Vorrätighalten zum Verkauf oder zu sonstiger Abgabe, das Feilhalten oder Feilbieten und die Abgabe an andere (vgl. BGHSt 59, 16 (19)). Letzteres ist hier allerdings schon als spezieller Fall gesondert genannt, im Übrigen können die Handlungsweisen des Inverkehrbringens nach der Legaldefinition des Arzneimittelrechts auch hier angenommen werden.

2. Bezugspunkt. Die Tathandlung muss sich darauf beziehen, dass Dopingmittel **zum Zweck des** 10 **Dopings im Sport** in Verkehr gebracht werden. Die Abgabe von Arzneimitteln zu therapeutischen Zwecken wird nicht erfasst.

Die **Dopingmittel** ergeben sich aus **Anlage I des Internationalen Übereinkommens der** 11 **UNESCO** gegen Doping im Sport v. 19.10.2005 in der vom Bundesministerium des Innern im Bundesgesetzblatt Teil II jeweils bekannt gemachten Fassung (zuletzt BGBl. 2014 II 484). Diese beruht wiederum auf einer Übernahme der WADA-Listen (letztere in BGBl. 2000 II 1156; 2002 II 128; 2003 II 311; 2004 II 996; 2005 II 372; 2006 II 421; 2007 II 812; 2008 II 255; 2009 II 368; 2010 II 206; 2011 II 78; 2012 II 118, 2013 II 177, 2014 II 1356), die den Anhang zum Europäischen Übereinkommen gegen Doping im Sport entspricht, welches bisher der Bezugspunkt der arzneimittelrechtlichen Dopingstrafnormen war. Mit der neuen Verweisung bleibt es nach der gesetzgeberischen Vorstellung einer innerstaatlichen deutschen Entscheidung vorbehalten, inwieweit auch künftige Änderungen der Anlage I nach deutschem Recht strafrechtliche Relevanz haben (BT-Drs. 18/4898, 24). Die Bundesrepublik wird nämlich **in der Vertragsstaatenkonferenz durch das Bundesministerium des Inneren und das Auswärtige Amt vertreten.** Damit liegt die Entscheidungsbefugnis über Änderungen der Anlage I auf derselben exekutiven Ebene, als wenn im Anti-Doping-Gesetz selbst eine Verordnungsermächtigung für die Bundesregierung oder für das zuständige Bundesministerium geschaffen worden wäre. Dies gilt natürlich nur, wenn tatsächlich eine Entscheidung über die Annahme oder Nichtannahme von Änderungen ergangen ist. Dies soll durch die Formulierung des Gesetzes sichergestellt werden, wonach die **Bekanntmachung** im Bundesgesetzblatt Teil II **konstitutive Wirkung** haben soll. Der Gesetzgeber meint, dass damit dem speziellen Gesetzesvorbehalt und dem Bestimmtheitsgrundsatz aus Art. 103 Abs. 2 GG Genüge getan sei (BT-Drs. 18/4989, 24). Seine komplexen Überlegungen, die auch ein wenig an der Frage der Ressortzuständigkeit des Bundesministeriums des Inneren anstelle des für den Gesundheitsschutz sachnäheren Bundesministeriums für Gesundheit vorbeigehen (*Parzeller/Prittwitz* StoffR 2015, 2 (10)), verdeutlichen andererseits, dass **der parlamentarische Gesetzgeber** hier einen Teil seiner Kompetenz jedenfalls auf die innerstaatliche **Exekutive** übertragen hat, wenngleich nicht die supranationale Normgeber alleine entscheidet. Ob dies dem speziellen Gesetzesvorbehalt für das Strafrecht (Art. 103 Abs. 2 GG) entspricht, der schließlich prinzipiell ein Parlamentsvorbehalt ist (*Volkmann* ZRP 1995, 220 (222)), bleibt auch danach weiter fragwürdig. Der Begriff des Dopings ist im Gesetz nicht definiert, die **Beschreibung der verbotenen Dopingmittel und Dopingmethoden** ist deshalb für die Frage der Strafbarkeit **von zentraler Bedeutung.** Deshalb handelt es sich möglicherweise bei den Ausführungen in der Anlage I zum UNESCO-Übereinkommen nicht lediglich um eine nach dem Parlamentsvorbehalt alleine delegierbare **Spezifizierung des Straftatbestands,** sondern um wesentliche Konkretisierungen, die über die Voraussetzungen der Strafbarkeit entscheiden.

Die Konkretisierung des Tatmittels wird alternativ auch durch **Verweisung auf eine Rechtsord-** 12 **nung** nach § 6 Abs. 2 vorgenommen. Nach dieser Ermächtigungsnorm ist das Bundesministerium für Gesundheit dazu ermächtigt, im Einvernehmen mit dem Bundesministerium des Inneren durch Rechtsverordnung mit Zustimmung des Bundesrats **weitere Stoffe oder Dopingmethoden** zu bestimmen, auf die § 2 Abs. 1 und damit letztlich auch § 4 Abs. 1 Nr. 1 Anwendung findet, soweit es geboten ist, um eine unmittelbare oder mittelbare **Gefährdung der Gesundheit** des Menschen durch Doping im Sport zu verhüten.

II. Anwendung eines Dopingmittels oder einer Dopingmethode bei einer anderen Person (Abs. 1 Nr. 2)

13   Nach § 2 Abs. 2 ist es verboten, ein Dopingmittel oder einer Dopingmethode nach Anlage I des Internationalen Übereinkommens gegen Doping zum Zwecke des Dopings im Sport bei einer anderen Person anzuwenden. Anwendung ist die **Verabreichung an den Sportler** (*Peukert* npoR 2015, 95 (99)). Die Strafnorm des § 4 Abs. 1 Nr. 2 verweist auf diese Verbotsvorschrift so wie im Wege der Außenverweisung an die Dopingmittel und Dopingmethoden im Sinne der Anlage I des UNESCO-Übereinkommens an. Mit der ausdrücklichen Erfassung von Dopingmethoden sollen ggü. dem bisherigen arzneimittelrechtlichen Straftatbestand bestehende Schutzlücken geschlossen werden. Dopingmethoden können nach Ansicht des Gesetzgebers in gleicher Weise wie Dopingmittel die **Gesundheit von Sportlern gefährden.** Hat ein Sportler nicht in eine gesundheitsgefährdende Anwendung von Dopingmitteln eingewilligt, ist deren **Einbringung** in seinen Körper durch die Handlung eines anderen freilich schon als Körperverletzung strafbar. Hat der Sportler dagegen eingewilligt, liegt eine eigenverantwortliche Gesundheitsschädigung vor, die nicht strafbar sein sollte; erst recht ist eine bloße Gesundheitsgefährdung – unter Umständen als versuchte Körperverletzung – bei wirksamer Einwilligung nicht rechtswidrig. Die **Legitimation** der Strafnorm des § 4 Abs. 1 Nr. 2 ist jedenfalls fragwürdig.

14   Soweit der Gesetzgeber zusätzlich zur Anwendung von Dopingmitteln auch die Anwendung von **Dopingmethoden** hervorhebt, beruht dies darauf, dass solche Methoden zum Teil auch ohne Anwendung bestimmter Stoffe auskommen können, so dass sie nicht bereits über die Bezeichnung des Dopingmittels vom Verhaltensverbot und der darauf Bezug nehmenden Strafnorm erfasst sind. Angesprochen werden soll damit insbes. das **Gendoping.**

III. Erwerb, Besitz oder Verbringen von Dopingmitteln in nicht geringer Menge zum Zweck des Dopings im Sport (Abs. 1 Nr. 3)

15   § 2 Abs. 3 (vorher § 6a Abs. 2a S. 1 AMG aF) verbietet es, ein Dopingmittel nach Anlage I des Internationalen Übereinkommens gegen Doping in nicht geringer Menge zu erwerben, zu besitzen oder in oder durch den Geltungsbereich des Gesetzes zu verbringen, wenn dies zum Zwecke des Dopings im Sport geschieht. Daran knüpft die Blankettstrafnorm des § 4 Abs. 1 Nr. 3 an. Die Strafdrohung richtet sich gegen die abstrakte Gefahr der Verbreitung von gefährlichen Dopingmitteln und stellt eine **extreme Vorverlagerung der Strafbarkeit** der (*Peukert* npoR 2015, 95 (99)).

16   **1. Bedeutung der nicht geringen Menge von Dopingmitteln.** Das Gesetz sieht vor, dass die **Bestimmung der nicht geringen Menge** aufgrund der Verordnungsermächtigung des § 6 Abs. 1 S. 1 Nr. 1 in einer Rechtsverordnung festgelegt wird, was bereits nach § 6a AMG aF durch die Dopingmittel-Mengen-Verordnung (DmMV) v. 24.6.2013 (BGBl. I 1687) geschieht. Die Gesetzesnovelle hat mit ihrem Paradigmenwechsel und der Unklarheit des geschützten Rechtsguts allerdings auch eine Unsicherheit darüber erbracht, an welchem **Maßstab** sich die Bestimmung einer nicht geringen Menge orientieren soll. Dopingmittel sind nicht prinzipiell gesundheitsschädlich, so dass die nicht geringe Menge – anders als im Betäubungsmittelrecht – nicht am Grad der Gesundheitsschädlichkeit oder gar einer letalen Wirkung orientieren kann. Der Gesetzgeber hat keine konkreten Vorgaben dazu gemacht, anhand welches Maßstabs der Verordnungsgeber die tatbestandsrelevante Größe der nicht geringen Menge bemessen soll. Der Dopingmittel-Mengen-Verordnung selbst ist gleichfalls nicht zu entnehmen, anhand welchen Maßstabs diese Menge vom Verordnungsgeber tatsächlich bestimmt wurde. Weil die nicht geringe Menge als objektives Merkmal zum gesetzlichen Straftatbestand gehört, herrscht hier wiederum eine zumindest relative Unbestimmtheit, die Bedenken im Hinblick auf die Einhaltung des Art. 103 Abs. 2 GG weckt.

17   Das Merkmal der nicht geringen Menge hat für den Straftatbestand im Ganzen konstitutive Bedeutung. Ist die Grenze zur nicht geringen Menge nicht erreicht, kann generell nicht ausgeschlossen werden, dass das Dopingmittel lediglich zum **Eigengebrauch** verwendet werden soll und eine **Weitergabe nicht beabsichtigt** ist. Die Allgemeinheit soll und darf mit dem Mittel des Strafrechts allerdings vor Gesundheitsgefahren, die aus der Weitergabe als Form der Fremdgefährdung resultieren, geschützt werden; die Selbstschädigung oder Selbstgefährdung des Konsumenten ist nach dem Prinzip der Eigenverantwortlichkeit nicht relevant (vgl. BT-Drs. 18/4898, 26). Auch eine bloße Beteiligung an der Selbstgefährdung durch Weitergabe von Dopingmitteln an eine Person, die informiert und einwilligungsfähig ist, erscheint nicht strafrechtswürdig. Wird die Grenze zur nicht geringen Menge erreicht oder überschritten, so wird die Absicht der Weitergabe vom Gesetz unwiderleglich vermutet und – unausgesprochen – eine eigenverantwortliche Selbstschädigung oder Selbstgefährdung ausgeschlossen. Damit wird der Rechtsgüterschutz sehr weit ausgedehnt.

Nach § 4 Abs. 1 Nr. 3 kann eine **Rechtsverordnung** iSv § 6 Abs. 1 S. 1 Nr. 2 den Tatbestand **18** ergänzen, welche weitere Stoffe in die Anlage zu diesem Gesetz aufnimmt, die zu Dopingzwecken im Sport geeignet sind und deren Anwendung bei nicht therapeutischer Bestimmung gefährlich ist.

2. Handlungsformen. Die Tathandlung des Erwerbens, Besitzens oder Verbringens von Doping- **19** mitteln in nicht geringer Menge ist nach Ansicht des Gesetzgebers regelmäßig eine **Vorstufe zum Handeltreiben.** Deshalb soll schon die Schaffung der Gefahr einer Weitergabe effektiv verhindert werden. **Besitz** ist die Ausübung der tatsächlichen Sachherrschaft. Mit der **Alternative des Erwerbs** wird auf die Erlangung der Verfügungsgewalt auf abgeleitetem Wege durch Rechtsgeschäft erfasst. Gegenüber § 95 Abs. 1 Nr. 2b iVm § 6a Abs. 2a AMG aF neu aufgenommen ist das **Verbot des Verbringens in den Geltungsbereich des Gesetzes.** Damit soll insbes. auch schon eine Sicherstellung an der Grenze ermöglicht werden. Tendenziell wird hier das materielle Recht ausgedehnt, um das Prozessrecht besser zur Anwendung zu bringen; das widerspricht der grundsätzlichen Hierarchie, wonach das Prozessrecht der Anwendung des materiellen Rechts dienen soll. Der **Täter des Verbringens** muss nicht selbst den Besitz ausüben, sondern kann den Tatbestand **auch durch einen anderen** erfüllen (BT-Drs. 18/4898, 25). Mit einem Verbringen in den oder durch den Geltungsbereich dieses Gesetzes sind Einfuhr und Durchfuhr erfasst, nach dem Wortlaut des § 2 Abs. 3 aber nicht die Ausfuhr.

3. Dopingmittel. Die gesundheitsgefährdenden Dopingmittel werden **in der Anlage zum Anti- 20 Doping-Gesetz** genannt. Tatbestandsvoraussetzungen des § 4 Abs. 1 Nr. 3 ist, dass das Dopingmittel ein in der Anlage aufgeführter Stoff ist oder einen solchen enthält. Die Liste in der Anlage beruht auf Vorschlägen von Sachverständigen. Sie kann aufgrund der Verordnungsermächtigung des § 6 Abs. 1 S. 1 Nr. 2 durch Rechtsverordnung ergänzt werden.

4. Zweckbestimmung. Strafbar sind die Handlungen in Bezug auf Dopingmittel nur, wenn sie auch **21 zu Zwecken des Dopings bei Menschen im Sport** erfolgen, denn bei den angesprochenen Mitteln handelt es sich regelmäßig um solche, die auch zu anderen Zwecken verwendet werden können und die Teilnahme am Sport ist für den Einzelnen disponibel. Konkret festzustellen ist deswegen im Einzelfall eine **Verwendungsabsicht**, die sich auf Doping bei Menschen im Sport bezieht. Diese Feststellung ist in der Praxis nicht unproblematisch (*Peukert* npoR 2015, 95 (99)). Der Zweck des Tierdopings ist nicht tatbestandsmäßig.

IV. Selbstdoping (Abs. 1 Nr. 4)

Gemäß § 3 Abs. 1 S. 1 Nr. 1 ist es nunmehr auch verboten, ein Dopingmittel nach Anlage I des **22** Internationalen Übereinkommens gegen Doping, sofern der Stoff nicht nur in bestimmten Sportarten verboten ist, **ohne medizinische Indikation** bei sich in der **Absicht, sich in einem Wettbewerb** des organisierten Sports **einen Vorteil zu verschaffen, anzuwenden oder anwenden zu lassen.** § 4 Abs. 1 Nr. 4 verweist auf dieses Verbot und stellt eine Zuwiderhandlung unter Strafe. Die Regelung **dient nicht dem Gesundheitsschutz,** denn dieser ist nach dem Prinzip der Eigenverantwortlichkeit nicht strafschutzwürdig (*Peukert* npoR 2015, 95 (99)). Die Strafnorm dient daher nur dem **Schutz der Integrität des Sports** (krit. *Peukert* npoR 2015, 95 (100)). Insoweit enthält die Regelung den **Kern der Neuausrichtung** der strafrechtlichen Dopingbekämpfung (BT-Drs. 18/4898, 26). Der Gesetzgeber bezieht das Verhaltensverbot und die daran anknüpfende Strafnorm auf die **Chancengleichheit im Wettbewerb** mit den zugehörigen **wirtschaftlichen Auswirkungen** (krit. *Parzeller/Prittwitz* StoffR 2015, 2 (11)). Diese Rechtsgutsbestimmung wirkt allerdings diffus (*Peukert* npoR 2015, 95 (98)).

Die Regelung erfasst nach der formulierungstechnisch nicht besonders gut geglückten Regelung des **23** Abs. 7 **nur Spitzensportler** (hier synonym auch für Spitzensportlerin) **des organisierten Sports** (BT-Drs. 18/4898, 31; krit. *Lehner* causa sport 2015, 130 (131)). Als Spitzensportler gilt, wer als Mitglied eines Testpools der Nationalen Anti-Doping-Agentur – NADA – (BT-Drs. 18/4898, 32) im Rahmen des Dopingkontrollsystems Trainingskontrollen unterliegt oder aus der sportlichen Betätigung unmittelbar oder mittelbar Einnahmen von erheblichem Umfang erzielt. Der Begriff des erheblichen Umfangs der Einnahmen ist dabei ein ausgesprochen unbestimmter Rechtsbegriff.

Bei Strafe verboten ist die Anwendung von Dopingmitteln und Dopingmethoden im Sinne von **24** Anlage I des Internationalen Übereinkommens gegen Doping am Körper des Sportlers ohne medizinische Indikation in der Absicht, sich in einem Wettbewerb des organisierten Sports einen Vorteil zu verschaffen. **Tathandlung** ist dabei das Anwenden und das Anwendenlassen. Bei Vorliegen einer medizinischen Indikation für die Anwendung eines Stoffs liegt hingegen kein Unrecht vor. Die Anwendung eines Stoffs zu medizinischen Zwecken ist nach der gesetzgeberischen Vorstellung sozialadäquat und nicht sozialschädlich, auch wenn als Nebeneffekt eine Steigerung der sportlichen Leistungsfähigkeit entsteht. Damit wird das „Rechtsgut" der Chancengleichheit allerdings nicht konsequent geschützt.

Der Straftatbestand setzt subjektiv voraus, dass der Sportler in der **Absicht** handelt, **sich in einem 25 Wettbewerb des organisierten Sports einen Vorteil zu verschaffen.** Ein unmittelbarer zeitlicher Zusammenhang mit einem Wettbewerb wird nach dem Wortlaut des Gesetzes nicht vorausgesetzt.

Ausgeschlossen sind nur Sportveranstaltungen im privaten Umfeld (BT-Drs. 18/4898, 28; *Parzeller/ Prittwitz* StoffR 2015, 2 (10)). Verboten ist andererseits auch Selbstdoping des Spitzensportlers in einer Ruhephase oder Trainingsphase, soweit sein Vorsatz darauf gerichtet ist, eine leistungssteigernde Wirkung für einen späteren sportlichen Wettbewerb des organisierten Sports im Sinne von § 2 Abs. 2 zu erreichen. Mit dem **organisierten Sport** sind insbes. olympische Spiele, Weltspiele, Meisterschaften, Spiele einer Liga, Pokalwettbewerbe oder internationale Freundschaftsspiele gemeint (BT-Drs. 18/4898, 28). Das inkriminierte Ziel ist die **Erlangung eines Vorteils durch bessere sportliche Ergebnisse** aufgrund erhöhter Leistungsfähigkeit (BT-Drs. 18/4898, 27).

V. Selbstdoping bei Teilnahme an einem Wettbewerb (Abs. 1 Nr. 5)

26   § 3 Abs. 2 verbietet – flankierend zu Abs. 1 Nr. 4 – die Teilnahme an einem Wettbewerb des organisierten Sports unter **Anwendung eines Dopingmittels oder einer Dopingmethode** nach Anlage I des Internationalen Übereinkommens gegen Doping. Damit soll einem möglichen Selbstdoping im Ausland und anschließender Wettbewerbsteilnahme im Inland als Umgehungshandlung ggü. Abs. 1 Nr. 4 entgegengewirkt werden (BT-Drs. 18/6677, 11). § 4 Abs. 1 Nr. 5 knüpft deshalb an die Teilnahme eines gedruckten Sportlers an einem Wettbewerb gesondert eine Strafdrohung an. Sie bezieht sich gemäß § 7 auch nur auf **Spitzensportler.** Über den Fall des Abs. 1 Nr. 4 hinaus wird hier auch eine Dopingmethode, die nicht notwendigerweise die Anwendung eines Dopingmittels voraussetzt, im Wettbewerb unter Strafe gestellt.

VI. Erwerb und Besitz von Dopingmitteln zum künftigen Selbstdoping (Abs. 2)

27   In Abs. 2 ist ein **Vorfeldtatbestand** zum Selbstdoping geregelt. Dopingmittel (nur) im Sinne der Anlage I des Internationalen Übereinkommens gegen Doping darf ein Spitzensportler (§ 7) schon **nicht erwerben oder besitzen,** um sie ohne medizinische Indikation bei sich anzuwenden oder anwenden zu lassen und sich dadurch in einem Wettbewerb des organisierten Sports einen Vorteil zu verschaffen (§ 3 Abs. 4 S. 1). Das gilt nur dann nicht, wenn das Dopingmittel außerhalb des Wettbewerbs des organisierten Sports angewendet wird und ein Stoff ist oder einen solchen enthält, der nur im Wettbewerb verboten ist (§ 3 Abs. 1 S. 2, Abs. 4 S. 2). Besitz ist auch hier die Ausübung der tatsächlichen Gewalt (*Peukert* npoR 2015, 95 (99)), Erwerb die Erlangung der Verfügungsgewalt auch im Sinne eines abgeleiteten Erwerbs.

28   Abs. 2 legt bei einem Verstoß gegen das Verhaltensverbot nach § 3 Abs. 4 S. 1 eine Strafdrohung einen geringeren Strafrahmen als in den Fällen der Abs. 1 zugrunde, weil das Vorfelddelikt weniger schwer wiegt als die eigentliche Ausführungshandlung. Indes wäre schon unter Verhältnismäßigkeitsgesichtspunkten genau zu prüfen, ob eine Legitimation für eine Strafdrohung im derart weit vorgelagerten Vorfeld der eigentlichen Rechtsgutsgefährdung besteht. Mit der Strafnorm soll schon eine **Vorbereitungshandlung vor der Durchführung des Selbstdoping** erfasst werden, das seinerseits wiederum den fairen Wettbewerb gefährdet. Schon Erwerb und Besitz des Dopingmittels sollen dafür angeblich eine erhebliche Gefährdung darstellen (BT-Drs. 18/4898, 28). Die gesetzgeberische Behauptung wird allerdings nicht näher begründet und mit empirischen Erkenntnissen belegt (krit. dazu *Jahn* SpuRt 2015, 149 (152)).

29   Anders als im Fall des Abs. 1 Nr. 3 wird **keine Beschränkung** des Tatbestands **auf Fälle** des Erwerbs und Besitzes von Dopingmitteln in **nicht geringer Menge** vorgenommen. Auch Erwerb und Besitz von geringen Mengen eines Dopingmittels sind daher strafbar. Ob auch dies mit dem Grundsatz der Verhältnismäßigkeit vereinbar ist, wie es der Gesetzgeber ohne nähere Erläuterung annimmt (BT-Drs. 18/4898, 29), wird in der Literatur nicht ohne Grund bezweifelt (*Parzeller/Prittwitz* StoffR 2015, 2 (11)). Die Strafdrohung betrifft wiederum nur **Spitzensportler** (Abs. 7).

30   Die Tat kann nur vorsätzlich, nicht fahrlässig (Abs. 6) begangen werden. Erforderlich ist schließlich auch die **Absicht, das Dopingmittel bei sich anzuwenden oder anwenden zu lassen,** um sich dadurch **in einem Wettbewerb des organisierten Sports einen Vorteil zu verschaffen.** Allein aus der Feststellung eines äußeren Geschehensablaufs kann nicht ohne weiteres auf die Absicht der künftigen Verwendung zum Selbstdoping geschlossen werden, um sich dadurch einen illegitimen Wettbewerbsvorteil zu verschaffen. Die gesetzliche Regelung mit einer weitreichenden überschießenden Innentendenz versagt dem Täter allerdings auch die Möglichkeit eines strafbefreienden Rücktritts vom Versuch, etwa durch Nichtteilnahme am Wettbewerb. Die Regelung einer tätigen Reue durch freiwillige Aufgabe der Verfügungsgewalt über das Dopingmittel (Abs. 8) schließt diese Lücke nicht ausreichend. Die Praxis wird sich – ohne Bindung an verbandsrechtliche Vorgaben oder sportgerichtliche Präjudizien – vor allem mit dem subjektiven Tatbestand auseinandersetzen müssen, der nicht leicht nachzuweisen ist (*Jahn* SpuRt 2015, 149 (152)).

31   Handlungen nach Abs. 1 Nr. 3 und Abs. 2 können nach Ansicht des Gesetzgebers tateinheitlich begangen werden (BT-Drs. 18/4898, 30; krit. *Parzeller/Prittwitz* StoffR 2015, 2 (13 f.)).

32   Nach Abs. 2 wird nicht bestraft, wer dadurch **tätige Reue** leistet, dass er freiwillig die tatsächliche Verfügungsgewalt über das Dopingmittel aufgibt, bevor er es anwendet oder an sich anwenden lässt

(Abs. 8). Straffreiheit nach dieser Regel setzt voraus, dass der Sportler noch vor Anwendung des Dopingmittels die Verfügungsgewalt darüber aufgibt. Dafür muss er eine nach außen sichtbare Handlung vornehmen, die dazu führt dass er nicht mehr über das Dopingmittel verfügen kann. Das kann etwa durch Entsorgung oder Abgabe an eine Behörde geschehen. Nicht ausreichend ist es, wenn das Dopingmittel einem anderen in Verwahrung gegeben wird. Schließlich muss die Aufgabe der Verfügungsgewalt freiwillig, also aus einem autonomen Entschluss, erfolgen (BT-Drs. 18/6677, 12).

C. Tatbegehung und Rechtsfolgen

I. Versuch (Abs. 3)

Der Versuch soll in allen Fällen der Abs. 1 strafbar sein, weil dies zur Gewährleistung eines effektiven **33** Rechtsgüterschutzes erforderlich sei (BT-Drs. 18/4898, 30). Dabei ist allerdings die Rechtsgutsfrage selbst und die Notwendigkeit und Effektivität des strafrechtlichen Schutzes vom Gesetzgeber nicht abschließend geklärt worden. Die Tathandlungen nach Abs. 2 unterliegen nicht der Versuchsstrafbarkeit nach Abs. 3, weil der Versuch des Erwerbs von Dopingmitteln als eine zu weitgehende Vorverlagerung der Strafbarkeit anzusehen wäre (BT-Drs. 18/6677, 12). Besitz ist als versuchtes Delikt ohnehin kaum konstruierbar.

II. Fahrlässigkeit (Abs. 6)

In den Fällen des Abs. 1 Nr. 1, 2 und Nr. 3, die **keine besondere Absicht** der Verwendung von **34** Dopingmitteln oder Dopingmethoden im sportlichen Wettbewerb voraussetzen, sondern nur eine allgemeine Zweckbestimmung (zum Zwecke des Dopings für Menschen im Sport), kann die Tat auch fahrlässig begangen werden. Fahrlässigkeit ist die Außerachtlassung der im Verkehr erforderlichen Sorgfalt. Da es nur um abstrakte Gefährdungsdelikte geht ist es nicht um Erfolgsdelikte, spielt die Vorhersehbarkeit eines Erfolgseintritts hier keine Rolle. Auch wegen der relativen Unbestimmtheit des Rechtsguts bleibt danach vor allem die Frage problematisch, wie die **Sorgfaltspflicht** bestimmt werden soll, deren Verletzung bereits für sich genommen den Fahrlässigkeitsvorwurf ergeben soll. Hier ist jedenfalls zwischen verschiedenen Dopingmitteln oder Dopingmethoden sowie unterschiedlichen Sportarten zu differenzieren. Nach der gesetzgeberischen Überlegung soll der Fahrlässigkeitstatbestand insbes. dann zur Anwendung kommen, wenn der Täter des sorgfaltswidriges Verhalten verkennt, dass es sich bei der jeweiligen Substanz um ein Dopingmittel iSd Gesetzes handelt (BT-Drs. 18/4898, 31; krit. *Parzeller/ Prittwitz* StoffR 2015, 2 (15 f.)).

III. Verbrechensqualifikationen (Abs. 4)

Durch Abs. 4 werden besonders verwerfliche und sozial schädliche Verhaltensweisen unter erhöhte **35** Strafdrohung gestellt. Die Erschwerungsgründe entsprechenden Regelbeispielen für besonders schwere Fälle in bisherigen § 95 Abs. 3 Nr. 1 und 2 AMG aF, jedoch wurden sie im Anti-Doping-Gesetz zu Qualifikationstatbeständen abgeändert und um die neuen Modalitäten der Veräußerung von Dopingmitteln an eine Person unter 18 Jahren, der Verschreibung von Dopingmitteln an eine solche Person oder der Anwendung von Dopingmitteln bei einer solchen Person erweitert. Die Regelbeispielstechnik gilt als veraltet (BT-Drs. 18/4898, 30). Ob das allerdings als Grund für die Heraufstufung der genannten Fälle zu Verbrechenstatbeständen ausreicht, erscheint fragwürdig. Der Gesetzgeber verweist auf ähnliche Qualifikationstatbestände an anderen Normen und den in den qualifizierten Fällen erhöhten Unrechtsgehalt (BT-Drs. 18/4898, 30). Dabei lässt er allerdings außer Betracht, dass das geschützte Rechtsgut in anderen Regelungsbereichen präziser bestimmt und hier relativ unklar ist. Auch ist der Unrechtsgehalt von Dopingstraftaten, anders etwa als im Betäubungsmittelrecht mit seiner entsprechenden Qualifikation (§ 30 Abs. 1 Nr. 1 und 2 BtMG), bei Raubdelikten (§ 250 Abs. 1 Nr. 1c, Abs. 2 Nr. 3c StGB) oder bei gemeingefährlichen Taten (§§ 306b Abs. 2 Nr. 1, 330 Abs. 2 Nr. 1 StGB), auf die der Gesetzgeber verweist, schon im Ansatz grundlegend anders zu bewerten. Als Verbrechen sind die Taten nach § 4 Abs. 4 taugliche Vortaten einer späteren Geldwäsche (§ 261 Abs. 1 S. 2 Nr. 1 StGB). Das stellt allerdings nur eine Nebenfolge dar und liefert keine Legitimation der Verbrechensqualifikation.

Der Regierungsentwurf war noch davon ausgegangen, dass **minder schwere Fälle** des Abs. 4 kaum **36** denkbar seien, weshalb von der Regelung eines Sonderstrafrahmens abzusehen sei (BT-Drs. 18/4898, 30). Jedoch erscheint diese Vorstellung ihrerseits kaum nachvollziehbar. Der Gesetzgeber hat deshalb zu Recht auf Vorschlag des Bundesrats (BT-Drs. 18/4898, 50) und Sportausschusses (BT-Drs. 18/6677, 12) in Abs. 5 einen Sonderstrafrahmen geschaffen (BT-Drs. 18/4898, 53), der für minder schwere Fälle des Abs. 4 als Strafe eine Freiheitsstrafe von drei Monaten bis zu fünf Jahren vorsieht.

Mit der für die Fälle des Abs. 1 Nr. 1, 2 und Nr. 3 geltenden Regelung, dass im Fall der **Gefährdung 37 der Gesundheit einer großen Zahl von Menschen** in der Regel ein besonders schwerer Fall vorliegen soll (Abs. 4 Nr. 1a), verwendet der Gesetzgeber einen unbestimmten Rechtsbegriff. Unklar bleibt der Grad der Gefahr, da einerseits der Grundtatbestand ein weit von einer tatsächlichen Gesundheitsschädigung entferntes Gefährdungsdelikt, andererseits die als gleich schwer wiegend bewertete konkrete Gefährdung iSv Abs. 4 Nr. 1b oder die Nähe zum Tod oder einer schweren Schädigung an Körper oder Gesundheit bezogen ist. Es genügt also grundsätzlich bei Abs. 4 Nr. 1a eine abstrakte Gesundheitsgefährdung. Da Dopingmittel andererseits nicht generell gesundheitsschädlich sind, darf eine Gesundheitsgefahr auf nicht gänzlich ausgeschlossen sein. Andererseits erscheint die Größe der **Zahl** der gefährdeten Menschen nach dem zu § 306b Abs. 1 StGB entwickelten Rechtsprechungsmodell (BGHSt 44, 175 (177 f.)) **variabel, je nachdem wie konkret oder abstrakt ihre Gefährdung im Einzelfall ist.** Eine zuverlässige Bestimmung der Größe der Zahl der gefährdeten Menschen vermag im Grenzbereich nicht zu gelingen. Der Qualifikationstatbestand wirkt im Ganzen relativ unbestimmt.

38   Kaum genauer bestimmt ist das Qualifikationsmerkmal der **Gefahr des Todes oder der schweren Schädigung an Körper oder Gesundheit** (Abs. 3 S. 2 Nr. 1). Hier ist eine **konkrete Gefahr** vorauszusetzen, ohne dass es notwendigerweise auf die Zahl der gefährdeten Personen ankommt. Durch Erwerb, Besitz oder Verbringen von Dopingmitteln (Abs. 1 Nr. 3) allein kann eine solche konkrete Gefahr bei einer anderen Person kaum jemals verursacht werden; eine Selbstgefährdung oder Selbstschädigung spielt strafrechtlich hier wiederum keine Rolle. Ähnlich fern liegt der Zusammenhang zwischen Herstellung, Handeltreiben, Veräußerung, Abgabe, sonstigem Inverkehrbringen oder Verschreibung (Abs. 1 Nr. 1) und der Wirkung, dass der Täter einen anderen der Gefahr des Todes oder einer schweren Schädigung an Körper oder Gesundheit „aussetzt". **Konkret** ist die Gefahr nämlich erst, wenn es praktisch nur noch vom Zufall abhängt, ob die **schwere Folge** eintritt oder ausbleibt. Bis zum Eintritt der Gefahr müssen seit der tatbestandsmäßigen Handlung also weitere Umstände hinzugekommen sein, welche der Prüfung darauf bedürfen, ob dem Täter die Gefahrverursachung noch **zuzurechnen** ist. Die Gefahrerfolgsqualifikation kommt vor allem dann in Betracht, wenn ein Dopingmittel oder eine Dopingmethode angewendet wird (Abs. 1 Nr. 2). Unklar erscheint auch dann aber immer noch, inwieweit die prinzipielle **Gefährlichkeit der Sportart**, bei der sich der gedopte Sportler betätigt, im Hinblick auf die besondere Gefahrenverursachung durch die Handlung nach Abs. 1 Nr. 2 eine Rolle spielen kann. **Schwer** ist ein Körper- oder Gesundheitsschaden, wenn er die Lebensführung nicht nur unerheblich beeinträchtigt und dauerhaft vorliegt oder bei vorübergehenden Erscheinungen besonders gravierende Auswirkungen auf die Befindlichkeit hat. Auf den tatsächlichen Eintritt der schweren Folge kommt es nicht an, wobei dieser aber gegebenenfalls erst recht als Qualifikationsfall zu bewerten ist.

39   Nach Abs. 4 Nr. 1c liegt eine Qualifikation vor, wenn der Täter **aus grobem Eigennutz** für sich oder einen anderen **Vermögensvorteile großen Ausmaßes erlangt.** Hier bleibt im Einzelnen unklar, wann Vermögensvorteile ein großes Ausmaß erlangen. Grober Eigennutz soll vorliegen, wenn der Täter sich von dem Vorteilsstreben in einem besonders anstößigen Maß leiten lässt. Damit wird aber die Unbestimmtheit des Ausmaßfaktors nur um die Hinzufügung eines weiteren unbestimmten Begriffes vermehrt. Die Möglichkeit zur Gewichtung erscheint zudem ambivalent. Wenn der Täter Gesundheitsgefahren für Abnehmer von Dopingmitteln wegen eines erheblichen Vermögensvorteils in Kauf nimmt, ist das eher nachvollziehbar als wenn er denselben Effekt bereits für geringen Gewinn herbeiführt. Eine plausible Korrelation zwischen der Größe des Vorteils und der Anstößigkeit des Strebens lässt sich kaum begründen. Im Vordergrund muss daher der numerische Umfang des Gewinns stehen.

40   Die Abgabetatbestände des Abs. 1 Nr. 1 und Vergehen der Anwendung von Dopingmitteln nach Abs. 1 Nr. 2 können gemäß Abs. 4 Nr. 2 in zwei Varianten weiter qualifiziert sein. Dies gilt zum einen wenn sich die Tat auf eine **Person unter 18 Jahren** bezieht, an die Dopingmittel veräußert oder abgegeben, der sie verschrieben oder bei der sie angewendet werden. Der Gesetzgeber geht davon aus, dass eine solche Handlung ggü. Minderjährigen, deren körperliche Entwicklung noch nicht abgeschlossen ist und die in besonderer Weise beeinflusst werden können, eine besondere Gefahrenlage herbeiführt (BT-Drs. 18/4898, 31). Eine Beschränkung auf Täter mit einem Mindestalter von 21 Jahren, wie vom Bundesrat vorgeschlagen (BT-Drs. 18/4898, 49), hat der Gesetzgeber nicht vorgenommen. Zum anderen werden **gewerbsmäßiges oder bandenmäßiges Handeln** als Qualifikationen angesehen, weil der Gesetzgeber daran typischerweise einen Hinweis auf organisierte Kriminalität sieht (BT-Drs. 18/4898, 30, 31).

41   Die Qualifikationstatbestände müssen jeweils vorsätzlich erfüllt sein. § 18 StGB spielt hier keine Rolle (BT-Drs. 18/4898, 30 f.).

IV. Konkurrenzen

42   **Verschiedene Modalitäten** des Straftatbestandes können idealiter konkurrieren, soweit sie verschiedene Rechtsgüter unterschiedliche Handlungsformen mit verschiedenem Gefährdungspotenzial betreffen. Die Rechtsprechung wird dazu allerdings von Fall zu Fall die Rechtsgutsfrage genauer (→ Vorb. Rn. 3) zu klären haben.

43   Mit vorsätzlichen **Körperverletzungs- und Tötungsdelikten** ist Tateinheit möglich, ebenso mit fahrlässiger Körperverletzung oder fahrlässiger Tötung. Eine Körperverletzung kann auch durch pflichtwidriges **Unterlassen** der Abwehr einer Gefährdung durch ein bedenkliches Dopingmittel begangen werden.

§ 5 Erweiterter Verfall und Einziehung

(1) In den Fällen des § 4 Absatz 4 Nummer 2 Buchstabe b ist § 73d des Strafgesetzbuchs anzuwenden.

(2) Gegenstände, auf die sich eine Straftat nach § 4 bezieht, können eingezogen werden. § 74a des Strafgesetzbuchs ist anzuwenden.

Abs. 1 sieht die Anordnung des erweiterten Verfalls gemäß § 73d StGB vor, um eine effektive **1** Gewinnabschöpfung bei qualifizierten Straftaten nach § 4 Abs. 4 Nr. 2b sicherzustellen. Das betrifft die Fälle, in denen der Täter gewerbsmäßig oder als Mitglied einer Bande gehandelt hat. Die Regelung entspricht derjenigen in § 98a AMG aF.

Nach Abs. 2 S. 1 können **Beziehungsgegenstände** der Tat eingezogen werden (*Parzeller/Prittwitz* **2** StoffR 2015, 2 (17); *Peukert* npoR 2015, 95 (100)). Tatwerkzeuge oder Tatprodukte unterliegen schon gemäß § 74 StGB der Einziehung. S. 2 erklärt ergänzend aber auch die Regelung des § 74a StGB für anwendbar, wodurch Dopingmittel auch dann eingezogen werden können, wenn sie nicht eine an der Tat beteiligten Person gehören.

128. Verordnung zur arbeitsmedizinischen Vorsorge (ArbMedVV)

Vom 18. Dezember 2008
(BGBl. I S. 2768) FNA 805-3-11

Zuletzt geändert durch Art. 1 Erste VO zur Änderung der VO zur arbeitsmedizinischen Vorsorge vom 23.10.2013
(BGBl. I S. 3882)

– Auszug –

Vorbemerkung

1 **1. Entstehung der Verordnung.** Die Verordnung zur arbeitsmedizinischen Vorsorge (ArbMedVV) wurde von der Bundesregierung am 18.12.2008 als Art. 1 der Verordnung zur Rechtsvereinfachung und Stärkung der arbeitsmedizinischen Vorsorge (BGBl. I 2768) erlassen und trat am 24.12.2008 in Kraft. Sie beruht auf der Ermächtigung in §§ 18, 19 des Arbeitsschutzgesetzes (ArbSchG) sowie § 30 Abs. 2 Nr. 9 des Gentechnikgesetzes (GenTG) und ersetzt entsprechende Regelungen ua in der Gefahrstoffverordnung, der Biostoffverordnung, der Gentechnik-Sicherheitsverordnung, der Lärm- und Vibrations-Arbeitsschutzverordnung, der Druckluftverordnung sowie der Bildschirmarbeitsverordnung.

2 **2. Ziele und Zweck der Verordnung.** Der Verordnungsgeber verfolgte mit der Verordnung zur Rechtsvereinfachung und Stärkung der arbeitsmedizinischen Vorsorge, insbes. mit ihrem Kernstück der ArbMedVV, zum einen das Ziel, verschiedene Regelungen, die bislang in den jeweiligen staatlichen Fachverordnungen sowie im Unfallverhütungsrecht verstreut waren, zusammenzufassen und durch rechtlich einwandfreie, systematische und transparente Rechtsgrundlagen zur arbeitsmedizinischen Vorsorge das geltende **Recht zu vereinfachen** (BR-Drs. 643/08, 1). Zum anderen soll die Verordnung durch Maßnahmen der arbeitsmedizinischen Vorsorge arbeitsbedingte (zB Muskel-Skelett-)Erkrankungen und Berufskrankheiten frühzeitig erkennen und verhüten sowie den individuellen Gesundheitsschutz der Beschäftigten stärken, um zugleich einen Beitrag zum Erhalt der Beschäftigungsfähigkeit und zur Fortentwicklung des betrieblichen Gesundheitsschutzes zu leisten (BR-Drs. 643/08, 1 f.; vgl. auch § 1 Abs. 1).

3 **3. Inhalt der Verordnung.** Die ArbMedVV gilt für die arbeitsmedizinische Vorsorge im Geltungsbereich des ArbSchG (§ 1 Abs. 2). Die **arbeitsmedizinische Vorsorge** sieht die Verordnung nach der Legaldefinition in § 2 Abs. 1 als Teil der arbeitsmedizinischen Präventionsmaßnahmen im Betrieb an. Sie dient ua der Beurteilung der individuellen Wechselwirkungen von Arbeit und (physischer wie psychischer) Gesundheit, beinhaltet ein ärztliches Beratungsgespräch einschließlich für die individuelle Aufklärung und Beratung erforderlicher einverständlich vorgenommener Untersuchungen und umfasst die Nutzung von Erkenntnissen aus dieser Vorsorge für die Gefährdungsbeurteilung und für sonstige Maßnahmen des Arbeitsschutzes. Der **Arbeitgeber** ist gem. § 3 Abs. 1 dazu **verpflichtet,** auf Grundlage der Gefährdungsbeurteilung für eine angemessene arbeitsmedizinische Vorsorge zu sorgen. Als Orientierung dienen ihm neben der Verordnung einschließlich ihres Anhangs auch die Regeln und Erkenntnisse, die der Ausschuss für Arbeitsmedizin gem. § 9 ermittelt und die das Bundesministerium für Arbeit und Soziales bekannt gibt. Zur Durchführung der arbeitsmedizinischen Vorsorge hat der Arbeitgeber in erster Linie – soweit gem. § 2 des Gesetzes über Betriebsärzte, Sicherheitsingenieure und andere Fachkräfte für Arbeitssicherheit (ASiG) bestellt – einen Betriebsarzt bzw. eine Betriebsärztin, ansonsten einen Arzt oder eine Ärztin für Arbeits- oder Betriebsmedizin nach § 7 zu beauftragen (§ 3 Abs. 2).

4 **Arbeitsmedizinische Vorsorge** soll während der Arbeitszeit stattfinden (§ 3 Abs. 3 S. 1) und umfasst Pflicht-, Angebots- und Wunschvorsorge (s. hierzu § 2 Abs. 2–4). Pflichtvorsorge hat der Arbeitgeber bei bestimmten besonders gefährdenden Tätigkeiten zu veranlassen (§ 4 Abs. 1 S. 1), die im Anhang zur ArbMedVV im Einzelnen aufgelistet sind und ua Tätigkeiten mit Gefahrstoffen, mit biologischen Arbeitsstoffen sowie mit physikalischen Einwirkungen umfassen. Eine solche Pflichtvorsorge muss vor Aufnahme der betreffenden Tätigkeit sowie anschließend in regelmäßigen Abständen erfolgen (§ 4 Abs. 1 S. 2). Ähnliches gilt für die Angebotsvorsorge, die bei bestimmten gefährdenden Tätigkeiten nach Maßgabe des Anhangs zur ArbMedVV seitens des Arbeitgebers jedoch nicht zwingend zu veranlassen, aber vor Aufnahme der Tätigkeit sowie anschließend in regelmäßigen Abständen anzubieten sind (§ 5 Abs. 1). Hierzu zählt etwa das Angebot, sich bei Tätigkeiten an Bildschirmgeräten Augen und Sehvermögen angemessen untersuchen zu lassen und ggf. eine erforderliche augenärztliche Untersuchung zu ermöglichen (s. Teil 4 Abs. 2 Nr. 1 des Anhangs zur ArbMedVV). Bei Tätigkeiten,

bei denen ein Gesundheitsschaden nicht ausgeschlossen werden kann, findet eine Wunschvorsorge hingegen nur auf das Verlangen der Beschäftigten statt (§ 5a iVm § 11 ArbSchG).

§ 10 Abs. 1 sanktioniert zum einen als Ordnungswidrigkeit, vorsätzlich oder fahrlässig eine **Pflicht-** 5 **vorsorge** nicht oder nicht rechtzeitig zu veranlassen (Nr. 1), ggf. sogar eine Tätigkeit ohne Pflichtvorsorge ausüben zu lassen (Nr. 2), bzw. eine Angebotsvorsorge nicht oder nicht rechtzeitig anzubieten (Nr. 4). Darüber hinaus sind Verstöße gegen die Aufbewahrungspflichten nach § 3 Abs. 4 S. 1 Hs. 1 mit einer Geldbuße bewehrt (Nr. 3). Führt eine vorsätzliche Handlung nach § 10 Abs. 1 zur Gefährdung von Leben oder Gesundheit eines oder einer Beschäftigten, stellt dies gem. § 10 Abs. 2 eine Straftat nach § 26 Nr. 2 ArbSchG dar.

§ 10 Ordnungswidrigkeiten und Straftaten

(1) Ordnungswidrig im Sinne des § 25 Abs. 1 Nr. 1 des Arbeitsschutzgesetzes handelt, wer vorsätzlich oder fahrlässig
1. entgegen § 4 Abs. 1 eine Pflichtvorsorge nicht oder nicht rechtzeitig veranlasst,
2. entgegen § 4 Abs. 2 eine Tätigkeit ausüben lässt,
3. entgegen § 3 Absatz 4 Satz 1 Halbsatz 1 eine Vorsorgekartei nicht, nicht richtig oder nicht vollständig führt oder
4. entgegen § 5 Abs. 1 Satz 1 nicht eine Angebotsvorsorge oder nicht rechtzeitig anbietet.

(2) Wer durch eine in Absatz 1 bezeichnete vorsätzliche Handlung Leben oder Gesundheit eines oder einer Beschäftigten gefährdet, ist nach § 26 Nr. 2 des Arbeitsschutzgesetzes strafbar.

A. Ordnungswidrigkeit nach § 10 Abs. 1

I. Tatbestand

1. Täter. Die Bußgeldtatbestände des § 10 Abs. 1 ahnden bestimmte Verstöße des **Arbeitgebers** 1 gegen seine Pflichten im Zusammenhang mit der arbeitsmedizinischen Vorsorge, insbes. mit der Pflicht- und Angebotsvorsorge nach §§ 4, 5.

2. Die Bußgeldtatbestände im Einzelnen. Gem. § 4 Abs. 1 muss der Arbeitgeber **Pflichtvorsor-** 2 **ge** vor der Aufnahme bestimmter besonders gefährdender Tätigkeiten sowie anschließend in regelmäßigen Abständen veranlassen. Für welche Tätigkeiten Pflichtvorsorge durchzuführen ist, ergibt sich aus dem Anhang des ArbMedVV über „Arbeitsmedizinische Pflicht- und Angebotsvorsorge". Veranlasst der Arbeitgeber die Pflichtvorsorge überhaupt **nicht bzw. nicht rechtzeitig,** begeht er eine Ordnungswidrigkeit nach § 10 Abs. 1 **Nr. 1.**

Eine Ordnungswidrigkeit nach § 10 Abs. 1 **Nr. 2** stellt dar, wenn der Arbeitgeber entgegen § 4 3 Abs. 2 eine **Tätigkeit ausüben lässt,** obwohl der oder die jeweilige Beschäftigte nicht an der Pflichtvorsorge teilgenommen hat. Die Durchführung der jeweiligen Pflichtvorsorge ist demnach Beschäftigungsvoraussetzung. Da die Gesundheit der Beschäftigten nur bei tatsächlicher Aufnahme der Arbeit gefährdet wird, ist der Bußgeldtatbestand nicht schon mit Abschluss des Arbeitsvertrages, sondern erst mit Aufnahme der jeweiligen Tätigkeit verwirklicht. Dies entspricht nicht zuletzt dem Wortlaut der Vorschrift, wonach der Arbeitgeber die Tätigkeit „ausüben" lassen muss.

Gem. § 3 Abs. 4 S. 1 Hs. 1 ist der Arbeitgeber verpflichtet, eine **Vorsorgekartei** mit Angaben über 4 Durchführung, Zeitpunkt und Anlass jeder arbeitsmedizinischen Vorsorge zu führen. Die Kartei hat den Sinn und Zweck, zu einem späteren Zeitpunkt ausgewertet zu werden (vgl. BR-Drs. 643/08, 35 zu § 4 Abs. 3 S. 1 Hs. 1 ArbMedVV aF). Führt der Arbeitgeber die Vorsorgekartei nicht bzw. nicht richtig oder nicht vollständig und verstößt er somit gegen seine Dokumentationspflichten, ist der Tatbestand des § 10 Abs. 1 **Nr. 3** gegeben.

§ 10 Abs. 1 **Nr. 4** schließlich ahndet mit Geldbuße, wenn der Arbeitgeber die bei bestimmten 5 gefährdenden Tätigkeiten nach § 5 Abs. 1 S. 1 notwendige Angebotsvorsorge nicht oder nicht rechtzeitig seinen Beschäftigten anbietet. Bei welcher Tätigkeit Angebotsvorsorge erforderlich ist, ergibt sich wiederum aus dem Anhang zur ArbMedVV.

3. Innerer Tatbestand. Die Ordnungswidrigkeiten des § 10 Abs. 1 kann der Arbeitgeber **vorsätz-** 6 **lich oder fahrlässig** begehen.

II. Geldbuße

Die Geldbuße bestimmt sich nach § 25 Abs. 1 Nr. 1, Abs. 2 ArbSchG und kann bei vorsätzlichem 7 Handeln bis zu 5.000 EUR betragen, bei fahrlässigem Handeln wegen § 17 Abs. 2 OWiG bis zu 2.500 EUR.

III. Konkurrenzen

8　　Die einzelnen Ordnungswidrigkeiten stehen idR in Tatmehrheit, so dass jeweils eine gesonderte Geldbuße festzusetzen bleibt (§ 20 OWiG).

IV. Verjährung

9　　Die Verfolgungsverjährung tritt bei den Ordnungswidrigkeiten des § 10 Abs. 1 im Falle vorsätzlicher Begehung nach zwei Jahren (§ 31 Abs. 2 Nr. 2 OWiG), bei fahrlässiger Begehung wegen des halbierten Bußgeldhöchstmaßes nach einem Jahr ein (§ 31 Abs. 2 Nr. 3 OWiG).

V. Verfolgungsbehörde

10　　Die Verfolgung der Ordnungswidrigkeiten nach § 10 Abs. 1 obliegt der gem. § 21 Abs. 1 ArbSchG zuständigen Behörde. Dies ist in den Betrieben und Verwaltungen des Bundes die Zentralstelle für Arbeitsschutz beim Bundesministerium des Innern (§ 21 Abs. 5 ArbSchG). In den einzelnen Bundesländern sind zumeist die Gewerbeaufsichtsämter für die Überwachung des Arbeitsschutzes zuständig (s. iE die Übersicht bei Erbs/Kohlhaas/*Ambs* ArbSchG § 21 Rn. 2).

B. Straftat nach § 10 Abs. 2

I. Tatbestand

11　　**1. Objektiver Tatbestand.** Wer eine Handlung nach Abs. 1 (→ Rn. 2 ff.) vorsätzlich begeht und dadurch **Leben oder Gesundheit** eines oder einer Beschäftigten **gefährdet**, erfüllt den Straftatbestand des § 10 Abs. 2. Erforderlich ist eine konkrete Gefährdung, für deren Verwirklichung nach den Umständen des Einzelfalls eine begründete Wahrscheinlichkeit besteht. Ob sich die Gefahr realisiert, ist unerheblich (→ ArbSchG § 26 Rn. 6).

12　　**2. Subjektiver Tatbestand.** § 10 Abs. 2 ist ein reines Vorsatzdelikt, das nicht nur Vorsatz bzgl. der Handlung nach Abs. 1 erfordert, sondern auch in Bezug auf die Gefährdung von Leben oder Gesundheit eines oder einer Beschäftigten. Von dem notwendigen **Gefährdungsvorsatz** ist auszugehen, wenn der Täter die Umstände kennt und billigt, welche die konkrete Gefahr begründen. Auf die ausbleibende Realisierung der Gefahr zu vertrauen, schließt den Gefährdungsvorsatz nicht aus (auch → ArbSchG § 26 Rn. 8).

II. Rechtsfolge

13　　Der Strafrahmen des § 10 Abs. 2 ist § 26 Nr. 2 ArbSchG zu entnehmen und beträgt bis zu einem Jahr Freiheitsstrafe oder Geldstrafe.

III. Konkurrenzen

14　　Treffen eine **Ordnungswidrigkeit** nach Abs. 1 und eine Straftat nach Abs. 2 in Tateinheit (KK-OWiG/*Mitsch* OWiG § 21 Rn. 2) zusammen, **verdrängt** die Straftat die Ordnungswidrigkeit (§ 21 Abs. 1 S. 1 OWiG).

IV. Verjährung

15　　Die Verjährungsfrist für Straftaten nach Abs. 2 beträgt drei Jahre (§ 78 Abs. 3 Nr. 5 StGB).

130. Gesetz über die Durchführung von Maßnahmen des Arbeitsschutzes zur Verbesserung der Sicherheit und des Gesundheitsschutzes der Beschäftigten bei der Arbeit (Arbeitsschutzgesetz – ArbSchG)

Vom 7. August 1996 (BGBl. I S. 1246) FNA 805-3

Zuletzt geändert durch Art. 427 Zehnte ZuständigkeitsanpassungsVO vom 31.8.2015
(BGBl. I S. 1474)

– Auszug –

Vorbemerkung

1. Überblick. Das Gesetz über die Durchführung von Maßnahmen des Arbeitsschutzes zur Verbes- **1** serung der Sicherheit und des Gesundheitsschutzes der Beschäftigten bei der Arbeit (Arbeitsschutzgesetz – ArbSchG) wurde am 7.8.1996 (BGBl. I 1246) als Art. 1 des Gesetzes zur Umsetzung der EG-Rahmenrichtlinie Arbeitsschutz und weiterer Arbeitsschutz-Richtlinien verabschiedet und trat größtenteils am 21.8.1996 in Kraft. Es diente der Umsetzung der RL 89/391/EWG des Rates v. 12.6.1989 über die Durchführung von Maßnahmen zur Verbesserung der Sicherheit und des Gesundheitsschutzes der Arbeitnehmer bei der Arbeit (ABl. 2002 L 183, 1) sowie der RL 91/383/EWG des Rates v. 25.6.1991 zur Ergänzung der Maßnahmen zur Verbesserung der Sicherheit und des Gesundheitsschutzes von Arbeitnehmern mit befristetem Arbeitsverhältnis oder Leiharbeitsverhältnis (ABl. 1991 L 206, 19) und verdeutlicht die zunehmende **Europäisierung des Arbeitsrechts** und somit den mittelbaren Einfluss europäischer Rechtsakte auch auf strafrechtliche Normen (allg. zum Arbeitsschutzgesetz *Vogl* NJW 1996, 2753; *Wlotzke* NZA 1996, 1017).

2. Ziele und Anwendungsbereich des ArbSchG. Nach seinem § 1 Abs. 1 dient das ArbSchG **2** dazu, **Sicherheit und Gesundheitsschutz der Beschäftigten** bei der Arbeit durch Arbeitsschutzmaßnahmen zu sichern und zu verbessern. Maßnahmen des Arbeitsschutzes in diesem Sinne sind nach der Legaldefinition in § 2 Abs. 1 Maßnahmen zur Verhütung von Unfällen bei der Arbeit und arbeitsbedingten Gesundheitsgefahren einschließlich Maßnahmen der menschengerechten Gestaltung der Arbeit (s. dazu Kollmer/Klindt/*Kohte* § 2 Rn. 12 ff.).

Das ArbSchG gilt für sämtliche Tätigkeitsbereiche (§ 1 Abs. 1 S. 2). Ausdrücklich ausgenommen ist **3** lediglich der Arbeitsschutz von Hausangestellten in privaten Haushalten sowie zum Teil von Beschäftigten auf Seeschiffen und in Betrieben (§ 1 Abs. 2); insoweit gelten die Vorschriften des Heimarbeitsgesetzes (HAG) sowie des Bundesbergesetzes (BBergG). Sonstige Regelungen, die Arbeitgeber oder andere Personen zu Arbeitsschutzmaßnahmen verpflichten, bleiben gem. § 1 Abs. 3 unberührt; dazu zählen Gesetze wie das Produktsicherheitsgesetz (ProdSG), das Arbeitszeitgesetz (ArbZG), das Mutterschutzgesetz (MuSchG) und das Jugendarbeitsschutzgesetz (JArbSchG), die auf dem ArbSchG beruhenden Verordnungen (→ Rn. 8; → § 25 Rn. 2) sowie die Unfallverhütungsvorschriften der Unfallversicherungsträger im Rahmen ihrer autonomen Rechtsetzungsbefugnis (Erbs/Kohlhaas/*Ambs* § 1 Rn. 9; Kollmer/Klindt/*Kollmer* § 1 Rn. 62 f.). Hierin kommt zum Ausdruck, dass sich das ArbSchG als **Allgemeiner Teil des Arbeitsschutzrechts** versteht, den weitere Vorschriften ergänzen und konkretisieren (Erbs/Kohlhaas/*Ambs* Vorb. ArbSchG Rn. 1; Kollmer/Klindt/*Kollmer* § 1 Rn. 7).

3. Inhalt des ArbSchG. § 3 Abs. 1 **verpflichtet** den **Arbeitgeber** (und andere verantwortliche **4** Personen nach § 13; zum weiteren Verantwortlichenkreis bei Ordnungswidrigkeiten- und Straftatbeständen außerhalb des ArbSchG *Wilrich* DB 2008, 182 (183 f.)), die erforderlichen Arbeitsschutzmaßnahmen unter Beachtung der allgemeinen Grundsätze des § 4 zu treffen, sie auf ihre Wirksamkeit zu überprüfen und ggf. anzupassen. Anzustreben ist dabei die Verbesserung von Sicherheit und Gesundheitsschutz der Beschäftigten. Welche Maßnahmen iE erforderlich sind, ergibt sich aus der vom Arbeitgeber gem. § 5 durchzuführenden Beurteilung von Arbeitsplätzen und Tätigkeiten; demnach kann sich eine Gefährdung für die Beschäftigten ua ergeben aus der Gestaltung und Einrichtung des Arbeitsplatzes, aus physikalischen, chemischen und biologischen Einwirkungen, aus der Gestaltung von Arbeitsmitteln wie Arbeitsstoffen und Maschinen bzw. von Arbeitsverfahren und -abläufen, aus der unzureichenden Qualifikation und Unterweisung der Beschäftigten sowie aus psychischen Belastungen bei der Arbeit (§ 5 Abs. 3).

Um die notwendigen Maßnahmen zu planen und durchzuführen, muss der Arbeitgeber gem. § 3 **5** Abs. 2 für eine geeignete **Organisation** sorgen und die erforderlichen Mittel bereitstellen sowie **Vor-**

kehrungen treffen, welche die Beachtung der Maßnahmen garantieren und den Beschäftigten ermöglichen, ihrerseits ihren Mitwirkungspflichten nachzukommen (vgl. §§ 15 f.). Die Kosten für Arbeitsschutzmaßnahmen darf der Arbeitgeber nicht den Beschäftigten auferlegen (§ 3 Abs. 3).

6   Die weiteren Regelungen der §§ 6–14 bestimmen unter anderem die erforderlichen Maßnahmen bei besonders gefährlichen Arbeitsbereichen (§ 9) bzw. bei Notfallmaßnahmen (§ 10). § 6 erlegt dem Arbeitgeber Dokumentationspflichten, § 12 Unterweisungspflichten auf, § 11 regelt das Angebot arbeitsmedizinischer Vorsorge für die Beschäftigten.

7   Die allgemeinen Regelungen der §§ 3 ff. können durch **Rechtsverordnungen** nach §§ 18 f. **konkretisiert** werden. Demnach kann die Bundesregierung mit Zustimmung des Bundesrates vorschreiben, welche Maßnahmen Arbeitgeber zu treffen und wie sich die Beschäftigten zu verhalten haben, um ihre Pflichten nach dem ArbSchG zu erfüllen (§ 18 Abs. 1 S. 1). Gem. § 19 können Rechtsverordnungen nach § 18 auch erlassen werden, soweit dies zur Durchführung von Rechtsakten der Europäischen Gemeinschaften oder von Beschlüssen internationaler Organisationen oder von zwischenstaatlichen Vereinbarungen erforderlich ist. Zur Durchführung der Rechtsverordnungen kann das Bundesministerium für Arbeit und Soziales mit Zustimmung des Bundesrates allgemeine Verwaltungsvorschriften erlassen (§ 24 S. 1 Nr. 1).

8   Was die Rechtsverordnungen **iE** vorgeben können, bestimmt sich nach § 18 Abs. 2, dessen Aufzählung allerdings nicht abschließend („insbesondere") ist. Zu den möglichen Bestimmungen zählen Regelungen über Dauer oder Lage der Beschäftigung sowie die Höchstzahl der Beschäftigten (Nr. 1), den Einsatz bestimmter Arbeitsmittel oder -verfahren mit besonderen Gefahren für die Beschäftigten (Nr. 2), die fachkundige Überprüfung von besonders gefährlichen Betriebsanlagen einschließlich der Arbeits- und Fertigungsverfahren (Nr. 3), die arbeitsmedizinische Untersuchung von Beschäftigten vor, während oder nach einer bestimmten gefährdenden Tätigkeit (Nr. 4) sowie die Bildung von Ausschüssen, die Regeln und Erkenntnisse ermitteln, wie die in den Rechtsverordnungen gestellten Anforderungen erfüllt werden können (Nr. 5). Auf die Ermächtigungsgrundlage in §§ 18 f. wurden neben den in → § 25 Rn. 2 genannten Rechtsverordnungen, die allesamt einen Verweis auf die Bußgeldbestimmung des § 25 Abs. 1 Nr. 1 enthalten, die Verordnung über Sicherheit und Gesundheitsschutz bei der Benutzung persönlicher Schutzausrüstungen bei der Arbeit (PSA-Benutzungsverordnung – PSA-BV) v. 4.12.1996 (BGBl. I 1841) und die Verordnung über Sicherheit und Gesundheitsschutz bei der manuellen Handhabung von Lasten bei der Arbeit (Lastenhandhabungsverordnung – LasthandhabV) v. 4.12.1996 (BGBl. I 1842) gestützt. Verstöße hiergegen können unter den Voraussetzungen des § 25 Abs. 1 Nr. 2 als Ordnungswidrigkeit (bzw. unter den weiteren Anforderungen des § 26 sogar als Straftat) verfolgt werden (vgl. hierzu Erbs/Kohlhaas/*Ambs* § 18 Rn. 2).

9   Die Überwachung der Einhaltung des ArbSchG sowie der aufgrund des ArbSchG erlassenen Rechtsverordnungen ist eine staatliche Aufgabe (§ 21 Abs. 1), welche die zuständige Behörde (s. hierzu § 21 Abs. 5) in enger Zusammenarbeit mit den Trägern der gesetzlichen Unfallversicherung (vgl. § 21 Abs. 2–4) wahrnimmt. Sie hat die Möglichkeit, gem. § 22 Abs. 1 Auskünfte oder die Überlassung entsprechender Unterlagen zu verlangen, und hat unter den Voraussetzungen des § 22 Abs. 2 ein Betretungsrecht für Betriebsstätten, Geschäfts- und Betriebsräume zu den Betriebs- und Arbeitszeiten. Darüber hinaus kann die zuständige Behörde gem. § 22 Abs. 3 **Anordnungen** treffen und dadurch im Einzelfall bestimmen, welche Maßnahmen der Arbeitgeber oder die verantwortlichen Personen oder die Beschäftigten zur Erfüllung ihrer Pflichten aus dem ArbSchG oder einer hierauf beruhenden Rechtsverordnung bzw. die Verantwortlichen zur Abwendung einer besonderen Gefahr für Leben und Gesundheit der Beschäftigten zu treffen haben.

10   Die Sanktionsvorschriften der §§ 25, 26 dienen der Einhaltung der Vorgaben aus den Rechtsverordnungen nach §§ 18 f. sowie der Beachtung der Anordnungen nach § 22 Abs. 3. Gem. der **Bußgeldvorschrift des § 25** sind Zuwiderhandlungen gegen vollziehbare Anordnungen eine Ordnungswidrigkeit (Abs. 1 Nr. 2). Gleiches gilt für Zuwiderhandlungen gegen Rechtsverordnungen, soweit diese für einen bestimmten Tatbestand auf § 25 verweisen (Abs. 1 Nr. 1). Die **Strafvorschrift des § 26** knüpft an den Ordnungswidrigkeitentatbestand des § 25 an und ahndet Zuwiderhandlungen von Arbeitgebern oder verantwortlichen Personen gegen vollziehbare Anordnungen (vgl. § 25 Abs. 1 Nr. 2a) mit Freiheitsstrafe bis zu einem Jahr oder mit Geldstrafe, sofern sie beharrlich wiederholt erfolgen (Nr. 1) oder bei vorsätzlicher Handlung Leben oder Gesundheit eines Beschäftigten gefährden (Nr. 2). Unter den letztgenannten Voraussetzungen stellt auch die Zuwiderhandlung einer Rechtsverordnung iSd § 25 Abs. 1 Nr. 1 eine Straftat dar.

§ 25 Bußgeldvorschriften

(1) Ordnungswidrig handelt, wer vorsätzlich oder fahrlässig

1. einer Rechtsverordnung nach § 18 Abs. 1 oder § 19 zuwiderhandelt, soweit sie für einen bestimmten Tatbestand auf diese Bußgeldvorschrift verweist, oder

2. a) als Arbeitgeber oder als verantwortliche Person einer vollziehbaren Anordnung nach § 22 Abs. 3 oder

b) als Beschäftigter einer vollziehbaren Anordnung nach § 22 Abs. 3 Satz 1 Nr. 1 zuwiderhandelt.

(2) Die Ordnungswidrigkeit kann in den Fällen des Absatzes 1 Nr. 1 und 2 Buchstabe b mit einer Geldbuße bis zu fünftausend Euro, in den Fällen des Absatzes 1 Nr. 2 Buchstabe a mit einer Geldbuße bis zu fünfundzwanzigtausend Euro geahndet werden.

A. Tatbestand

I. Bußgeldtatbestand des Abs. 1 Nr. 1

Die Blankettvorschrift des § 25 Abs. 1 Nr. 1 ahndet Zuwiderhandlungen gegen **Rechtsverordnun- 1 gen** der Bundesregierung nach § 18 Abs. 1 bzw. § 19 als Ordnungswidrigkeit, soweit sie für einen bestimmten Tatbestand auf die Bußgeldvorschrift des § 25 Abs. 1 Nr. 1 verweisen. Aufgrund dieser Rückverweisung bestimmen sich die Voraussetzungen der verweisenden Ordnungswidrigkeitentatbestände, insbes. Täter und Tathandlungen, nach den Vorschriften der jeweiligen Rechtsverordnung, die Höhe der Geldbuße hingegen nach § 25 Abs. 2. Diese Gesetzgebungstechnik hat zwar den Vorteil, für vergleichbare Missachtungen von Verpflichtungen zu – im Einzelfall und je nach Tätigkeitsbereich vielgestaltigen – Arbeitsschutzmaßnahmen einen einheitlichen Bußgeldrahmen festzulegen, auf den auch für erst künftige Arbeitsschutzmaßnahmen zurückgegriffen werden kann. Als nachteilig erweist sich hingegen die damit einhergehende Verweisungskette, die in aller Regel mindestens drei Vorschriften aus verschiedenen Gesetzen umfasst, namentlich neben § 25 Abs. 1 Nr. 1 noch den Bußgeldtatbestand sowie die pflichtenbegründende Vorschrift aus der jeweiligen Rechtsverordnung.

Eine Verweisung („ordnungswidrig iSd § 25 Abs. 1 Nr. 1 des Arbeitsschutzgesetzes handelt") enthalten **§ 20 Abs. 1 2 BioStoffV** (Verordnung über Sicherheit und Gesundheitsschutz bei Tätigkeiten mit Biologischen Arbeitsstoffen – Biostoffverordnung), **§ 22 Abs. 1 DruckLV** (Verordnung über Arbeiten in Druckluft – Druckluftverordnung), **§ 16 Abs. 1 LärmVibrationsArbSchV** (Verordnung zum Schutz der Beschäftigten vor Gefährdungen durch Lärm und Vibrationen – Lärm- und Vibrations-Arbeitsschutzverordnung), **§ 10 Abs. 1 ArbMedVV** (Verordnung zur arbeitsmedizinischen Vorsorge), **§ 22 Abs. 1 BetrSichV** (Verordnung über Sicherheit und Gesundheitsschutz bei der Verwendung von Arbeitsmitteln – Betriebssicherheitsverordnung), **§ 7 Abs. 1 BaustellV** (Verordnung über Sicherheit und Gesundheitsschutz auf Baustellen – Baustellenverordnung; zu einem Verstoß gegen § 2 Abs. 3 S. 1 iVm § 4 BaustellV s. OLG Celle BeckRS 2013, 18896), **§ 6 Abs. 1 MuSchArbV** (Verordnung zum Schutze der Mütter am Arbeitsplatz), **§ 11 Abs. 1 OStrV** (Verordnung zum Schutz der Beschäftigten vor Gefährdungen durch künstliche optische Strahlung – Arbeitsschutzverordnung zu künstlicher optischer Strahlung) sowie **§ 9 Abs. 1 ArbStättV** (Verordnung über Arbeitsstätten – Arbeitsstättenverordnung).

Die Tathandlung des § 25 Abs. 1 Nr. 1 ist das **Zuwiderhandeln.** Allerdings hat das Merkmal keine 3 eigenständige Bedeutung, da sich die einzelnen Voraussetzungen der Ordnungswidrigkeit aus dem jeweiligen Bußgeldtatbestand ergeben, der auf § 25 Abs. 1 Nr. 1 verweist (→ Rn. 1). Die Zuwiderhandlung erweist sich somit als bloßer Sammelbegriff für mögliche Verstöße gegen die in den Spezialverordnungen normierten Pflichten. Die Einwilligung des betroffenen Beschäftigten in die Zuwiderhandlung des Arbeitgebers bleibt unbeachtlich, da die Einhaltung der Arbeitsschutzbestimmungen nicht zur Disposition des Beschäftigten steht (Erbs/Kohlhaas/*Ambs* Rn. 5).

II. Bußgeldtatbestand des Abs. 1 Nr. 2

Einen selbstständigen Bußgeldtatbestand enthält § 25 Abs. 1 Nr. 2, der einen Verstoß gegen eine 4 vollziehbare **Anordnung nach § 22 Abs. 3** voraussetzt. Die Differenzierung zwischen Zuwiderhandlungen des Arbeitgebers oder einer verantwortlichen Person (vgl. § 13) gegen eine vollziehbare Anordnung nach § 22 Abs. 3 (Nr. 2a) und Zuwiderhandlungen eines Beschäftigten gegen eine vollziehbare Anordnung nach § 22 Abs. 3 S. 1 Nr. 1 (Nr. 2b) hat keine eigene Bedeutung, sondern hebt lediglich den unterschiedlichen Adressatenkreis von Anordnungen nach § 22 Abs. 3 S. 1 Nr. 1 und 2 noch einmal hervor. Hierbei handelt es sich um besondere persönliche Merkmale iSd § 14 OWiG bzw. § 28 StGB (Erbs/Kohlhaas/*Ambs* Rn. 3).

Anordnungen, die lediglich deklaratorisch auf Pflichten verweisen, deren Verletzung bereits buß- 5 geldbewehrt ist, und die sich somit in einem Hinweis auf die bestehende Rechtslage erschöpfen, sind nicht erfasst (BayObLG NStZ-RR 2001, 248 (249)). Die Anordnung muss **vollziehbar,** dh bestandskräftig oder nach § 80 Abs. 2 S. 1 Nr. 4 VwGO für sofort vollziehbar erklärt worden sein (Kollmer/Klindt/*Pelz* Rn. 87). Bestandskraft tritt ein, wenn die Anordnung nicht mehr mit Rechtsbehelfen angefochten werden kann (Kollmer/Klindt/*Pelz* Rn. 87). Die **Rechtswidrigkeit** der Anordnung lässt sie nicht unbeachtlich werden, solange sich dies nicht auf ihre Vollziehbarkeit auswirkt. Auch rechtswidrige Anordnungen bilden somit den Anknüpfungspunkt für eine Ordnungswidrigkeit oder eine Straftat. Da allein die Verhältnisse zum Zeitpunkt der Begehung der Tat entscheiden, steht der Verhängung eines Bußgeldes bzw. einer Strafe nicht entgegen, wenn die rechtswidrige Anordnung später aufgehoben werden sollte (Erbs/Kohlhaas/*Ambs* Rn. 7). Nicht befolgt werden müssen hingegen nichtige Verwaltungsakte (Erbs/Kohlhaas/*Ambs* Rn. 6).

Anordnungen nach § 22 Abs. 3 S. 1 Nr. 1 können ua die Umorganisation bestimmter Arbeitsabläufe, die Durch- 6 führung einer Gefährdungsanalyse oder -beurteilung, das Zurverfügungstellen von Schutzausrüstung für Beschäftigte, die Verwendung von Schutzmitteln durch die Beschäftigte bzw. deren Unterweisung in die Verwendung von Geräten und Werkzeugen, die Rauchfreiheit von Arbeitsplätzen, notwendige Hygienemaßnahmen oder die Erstellung einer Dokumentation betreffen (Bsp. bei HK-ArbSchG/*Aufhauser* § 22 Rn. 13; Kollmer/Klindt/*Kunz* § 22 Rn. 77; Brüssow/Petri ArbeitsStrafR Rn. 279). Gegenstand einer Anordnung nach § 22 Abs. 3 S. 1 Nr. 2 kann die Einstellung der Arbeit an bestimmten Maschinen oder Werkzeugen, das Verbot der Verwendung bestimmter gesundheitsgefährdender oder der Verarbeitung krebserregender Stoffe bzw. der Benutzung asbestverseuchter Räume sein (Bsp. bei HK-ArbSchG/*Aufhauser* § 22 Rn. 13; Brüssow/Petri ArbeitsStrafR Rn. 280).

III. Innerer Tatbestand

7   Die Bußgeldvorschrift des § 25 Abs. 1 kann **vorsätzlich oder fahrlässig** begangen werden. Für Abs. 1 Nr. 1 hat diese Bestimmung allerdings keine eigenständige Relevanz. Zum einen enthalten alle auf § 25 Abs. 1 Nr. 1 verweisende Verordnungsbußgeldvorschriften selbst ausdrücklich eine solche Normierung, zum anderen ergibt sich die Haftung auch für Fahrlässigkeit ohnehin stets nur aus dem spezielleren Bußgeldtatbestand, nämlich „soweit" dieser auf § 25 Abs. 1 Nr. 1 verweist.

B. Geldbuße

8   Die Geldbuße beträgt für Ordnungswidrigkeiten nach § 25 Abs. 1 Nr. 1 und Nr. 2b bei vorsätzlichem Handeln bis zu 5.000 EUR **(§ 25 Abs. 2),** bei fahrlässigem Handeln wegen § 17 Abs. 2 OWiG 2.500 EUR. Zuwiderhandlungen des Arbeitgebers oder verantwortlicher Personen gegen vollziehbare Anordnungen iSd § 25 Abs. 1 Nr. 2a können hingegen mit einer Geldbuße bis zu 25.000 EUR bei vorsätzlichem Handeln bzw. bis zu 12.500 EUR (vgl. § 17 Abs. 2 OWiG) bei fahrlässigem Handeln geahndet werden. Die hohe Obergrenze trägt der Gefahren Rechnung, die mit einer Verwirklichung der Ordnungswidrigkeitentatbestände einhergehen können (BT-Drs. 13/3540, 21). Die unterschiedlichen Bußgeldrahmen sind nicht zuletzt der in der Regel größeren finanziellen Leistungsfähigkeit der Arbeitgeber geschuldet (Kollmer/Klindt/*Pelz* Rn. 97).

C. Konkurrenzen

9   Die Ordnungswidrigkeiten nach § 25 Abs. 1 Nr. 1 iVm den Bußgeldtatbeständen der nach §§ 18 Abs. 1, 19 erlassenen Rechtsvorschriften können mit Ordnungswidrigkeiten des § 25 Abs. 1 Nr. 2 zusammentreffen. Hinter die Straftat nach § 26 tritt die jeweilige, tateinheitlich begangene Ordnungswidrigkeit nach § 21 Abs. 1 S. 1 OWiG zurück.

D. Verjährung

10   Ordnungswidrigkeiten nach § 25 Abs. 1 Nr. 1 und Nr. 2b verjähren im Falle vorsätzlicher Begehung nach zwei Jahren (§ 31 Abs. 2 Nr. 2 OWiG), bei fahrlässiger Begehung wegen des halbierten Bußgeldhöchstmaßes nach einem Jahr (§ 31 Abs. 2 Nr. 3 OWiG). Für Ordnungswidrigkeiten nach § 25 Abs. 1 Nr. 2a tritt die Verfolgungsverjährung bei vorsätzlichem Handeln nach drei Jahren (§ 31 Abs. 2 Nr. 1 OWiG), bei fahrlässigem Handeln nach zwei Jahren (§ 31 Abs. 2 Nr. 2 OWiG).

E. Verfolgungsbehörde

11   Die für die Verfolgung der Ordnungswidrigkeiten zuständige Behörde ist in den Betrieben und Verwaltungen des Bundes die Zentralstelle für Arbeitsschutz beim Bundesministerium des Innern (§ 21 Abs. 5). In den Bundesländern sind zumeist die Gewerbeaufsichtsämter für die Überwachung des Arbeitsschutzes zuständig (s. die Übersicht bei Erbs/Kohlhaas/*Ambs* § 21 Rn. 2).

§ 26 Strafvorschriften

Mit Freiheitsstrafe bis zu einem Jahr oder mit Geldstrafe wird bestraft, wer

1. eine in § 25 Abs. 1 Nr. 2 Buchstabe a bezeichnete Handlung beharrlich wiederholt oder
2. durch eine in § 25 Abs. 1 Nr. 1 oder Nr. 2 Buchstabe a bezeichnete vorsätzliche Handlung Leben oder Gesundheit eines Beschäftigten gefährdet.

A. Tatbestand

I. Objektiver Tatbestand

1   **1. Straftat nach Nr. 1.** Der Straftatbestand des § 26 Nr. 1 knüpft an eine **Handlung iSd § 25 Abs. 1 Nr. 2a,** dh an die Zuwiderhandlung (→ § 25 Rn. 3) eines Arbeitgebers oder einer verantwortlichen Person (vgl. § 13) gegen eine vollziehbare Anordnung nach § 22 Abs. 3 an. Auch hier bleibt ohne

Bedeutung, ob die Anordnung rechtmäßig war oder nicht, sofern sie nicht infolge Nichtigkeit überhaupt keine Wirkung entfaltet (→ § 25 Rn. 5). Keine Strafbarkeit ist für die Zuwiderhandlung des Beschäftigten gegen an ihn gerichtete vollziehbare Anordnungen nach § 25 Abs. 1 Nr. 2b vorgesehen.

Darüber hinaus muss der Täter die Tathandlung beharrlich wiederholen. Für ein **Wiederholen** als **2** solches genügt, zuvor schon mindestens einmal gegen das Verbot verstoßen zu haben, also ein zweites Mal einer vollziehbaren Anordnung zuwider zu handeln (Erbs/Kohlhaas/*Ambs* Rn. 3; Brüssow/Petri ArbeitsStrafR Rn. 282). Wie lange der erste Verstoß zurückliegt, ob eine deswegen verhängte Strafe oder Geldbuße erledigt ist oder ob der Täter abgemahnt wurde, ist unerheblich (Erbs/Kohlhaas/*Ambs* Rn. 3).

Eine Einschränkung erfolgt allerdings über das Merkmal **beharrlich**. Zum einen folgt daraus, dass bei **3** der Bewertung nur vorsätzliche Wiederholungen zu berücksichtigen sind, frühere fahrlässige Zuwiderhandlungen gegen Anordnungen also außer Betracht bleiben (Erbs/Kohlhaas/*Ambs* Rn. 4). Zum anderen impliziert das Merkmal eine bestimmte subjektive Einstellung des Täters zu seiner Tat; es handelt sich hierbei um ein besonderes persönliches Merkmal iSd § 28 Abs. 1 StGB (vgl. Ignor/Rixen ArbStrafR-HdB/*Rixen* § 10 Rn. 34). Beharrlich handelt, wer der vollziehbaren Anordnung aus Missachtung oder Gleichgültigkeit immer wieder nicht nachkommt und ihr auch nicht nachzukommen bereit ist (Kollmer/Klindt/*Pelz* Rn. 8; Brüssow/Petri ArbeitsStrafR Rn. 282). Der Täter muss also durch sein Verhalten eine rechtsfeindliche Einstellung ggü. den arbeitsschutzrechtlichen Vorschriften erkennen lassen. Dies ist in der Regel anzunehmen, wenn er trotz zwischenzeitlicher Ahndung (zB bereits ergangener Bußgeldbescheide der Arbeitsschutzbehörden), Abmahnung oder sonstiger hemmenden Erfahrungen und Erkenntnissen an seiner Zuwiderhandlung festhält (Erbs/Kohlhaas/*Ambs* Rn. 3; Kollmer/Klindt/*Pelz* Rn. 8; Ignor/Rixen ArbStrafR-HdB/*Rixen* § 10 Rn. 34).

Erforderlich ist stets eine **Gesamtwürdigung** (Kollmer/Klindt/*Pelz* Rn. 8), bei der unter anderem **4** der zeitliche Abstand und die jeweiligen Umstände früherer Zuwiderhandlungen, ihre Schwere sowie ihr innerer Zusammenhang zu berücksichtigen sind. Die Beharrlichkeit dürfte nicht zwingend ausgeschlossen sein, wenn der Täter verschiedenen vollziehbaren Anordnungen zuwiderhandelt (**aA** wohl Erbs/Kohlhaas/*Ambs* Rn. 4). Insbes. wenn die Anordnungen ähnliche Schutzmaßnahmen betreffen, kann hier vielmehr eine Motivationslage zu erblicken sein, die durch eine generelle Ablehnung der Vorgaben des ArbSchG und weiterer Vorschriften zum Arbeitsschutz geprägt ist und somit auf die notwendige Hartnäckigkeit und Unbelehrbarkeit des Täters schließen lässt.

2. Straftat nach Nr. 2. § 26 Nr. 2 setzt zunächst eine – vorsätzlich begangene – **Handlung nach** **5** **§ 25 Abs. 1 Nr. 1 oder Nr. 2a** voraus. Zwar richtet sich die Bußgeldvorschrift des § 25 Abs. 1 Nr. 2a nur an Arbeitgeber und sonstige verantwortliche Personen. Da die über § 25 Abs. 1 Nr. 1 in Bezug genommenen Rechtsverordnungen nach § 18 Abs. 1 (→ § 25 Rn. 2) aber auch Beschäftigten bußgeldbewehrte Verhaltenspflichten auferlegen können, kommen hier grds. Beschäftigte als **Täter** ebenso in Betracht. Allerdings sehen die existierenden Rechtsverordnungen derzeit keine bußgeldbewehrten Pflichten für Beschäftigte vor (Kollmer/Klindt/*Pelz* Rn. 15).

Die Handlung nach § 25 Abs. 1 Nr. 1 oder Nr. 2a muss eine (konkrete) **Gefährdung von Leben** **6** **oder Gesundheit** (zumindest) eines Beschäftigten verursachen. Gefährdungen des Arbeitgebers genügen ebenso wenig wie für Außenstehende hervorgerufene Risiken (Kollmer/Klindt/*Pelz* Rn. 11). § 26 Nr. 2 stellt somit ein konkretes Gefährdungsdelikt dar (vgl. Ignor/Rixen ArbStrafR-HdB/*Rixen* § 10 Rn. 35). Zu seiner Verwirklichung bedarf es einer derart intensiven Gefahr, dass für deren Realisierung nach den Umständen des Einzelfalls eine begründete Wahrscheinlichkeit besteht (Erbs/Kohlhaas/*Ambs* Rn. 6; Kollmer/Klindt/*Pelz* Rn. 14; Ignor/Rixen ArbStrafR-HdB/*Rixen* § 10 Rn. 35). Dass die Gefahr sich realisiert, ist nicht erforderlich. **Gesundheit** umfasst den körperlich sowie geistig und seelisch unversehrten Zustand eines Menschen (Erbs/Kohlhaas/*Ambs* Rn. 5; Ignor/Rixen ArbStrafR-HdB/*Rixen* § 10 Rn. 36). Zu dessen Gefährdung reicht bereits eine erhebliche Übermüdung des Arbeitnehmers aus, die nicht auf dessen außerbetriebliches Verhalten zurückzuführen ist (Erbs/Kohlhaas/*Ambs* Rn. 6; Brüssow/Petri ArbeitsStrafR Rn. 283). Demgegenüber genügen leichte Kopfschmerzen infolge übermäßiger Lärmentwicklung am Arbeitsplatz nicht (Erbs/Kohlhaas/ *Ambs* Rn. 5).

II. Subjektiver Tatbestand

Erforderlich ist zumindest **bedingter Vorsatz**. Bezüglich des Merkmals „beharrlich" in § 26 **Nr. 1** **7** genügt es, dass der Täter die Umstände kennt, aus denen seine Beharrlichkeit folgt. Eine auf dieser Grundlage abweichende Bewertung seines Verhaltens als nicht beharrlich stellt einen unbeachtlichen Subsumtionsirrtum dar.

In § 26 **Nr. 2** muss sich der Vorsatz auch auf die Gefährdung (nicht notwendigerweise die Beein- **8** trächtigung) von Leben oder Gesundheit eines Beschäftigten erstrecken. Der Täter muss somit die Umstände kennen und billigen, aus denen die konkrete Gefahr erwächst. Darauf zu vertrauen, dass sich die Gefahr nicht realisiert, ein Schaden also ausbleibt, schließt zwar den Verletzungs-, nicht aber den für § 26 Nr. 2 ausreichenden **Gefährdungsvorsatz** aus (Erbs/Kohlhaas/*Ambs* Rn. 8).

B. Rechtsfolge

9 Der Strafrahmen des § 26 beträgt bis zu einem Jahr Freiheitsstrafe oder Geldstrafe.

C. Konkurrenzen

10 Ordnungswidrigkeiten nach § 25 werden durch tateinheitlich begangene Straftaten nach § 26 verdrängt (§ 21 Abs. 1 S. 1 OWiG).

D. Verjährung

11 Straftaten nach § 26 verjähren gem. § 78 Abs. 3 Nr. 5 StGB nach drei Jahren.

135. Arbeitszeitgesetz (ArbZG)

Vom 6. Juni 1994 (BGBl. I S. 1170) FNA 8050-21

Zuletzt geändert durch Art. 3 Abs. 6 G zur Umsetzung des Seearbeitsübereinkommens 2006 der Internationalen Arbeitsorganisation vom 20.4.2013 (BGBl. I S. 868)

– Auszug –

Vorbemerkung

1. Überblick. Das Arbeitszeitgesetz (ArbZG) wurde als Art. 1 des Gesetzes zur Vereinheitlichung **1** und Flexibilisierung des Arbeitszeitrechts (**Arbeitszeitrechtsgesetz;** ArbZRG) am 6.6.1994 (BGBl. I 1170) verabschiedet und trat gem. Art. 21 S. 2 ArbZRG am 1.7.1994 in Kraft. Es dient der Umsetzung der **RL 93/104/EG des Rates v. 23.11.1993 über bestimmte Aspekte der Arbeitszeitgestaltung** (ABl. 1993 L 307, 18). Auch die letzten umfangreicheren Änderungen des Arbeitszeitrechts zum 1.1.2004 durch das Gesetz zu Reformen am Arbeitsmarkt (ArbMRefG) v. 24.12.2003 (BGBl. I 3002) basieren auf dieser Richtlinie. Die Entstehungsgeschichte des ArbZG belegt, dass sich europäische Rechtsakte zunehmend zumindest mittelbar auf die nationalen Strafrechtsnormen wie hier des § 23 führen.

2. Ziele und Anwendungsbereich des ArbZG. Zweck des ArbZG ist gem. § 1, **Sicherheit und** **2** **Gesundheitsschutz** der Arbeitnehmer bei der Gestaltung der Arbeitszeit zu gewährleisten und die Rahmenbedingungen für flexible Arbeitszeiten (zu deren wirtschaftspolitischer Bedeutung Ignor/Rixen ArbStrafR-HdB/*Schlottfeldt* § 9 Rn. 6) zu verbessern (Nr. 1) sowie Sonntage und staatlich anerkannte Feiertage als Tage der Arbeitsruhe und der seelischen Erhebung der Arbeitnehmer zu schützen (Nr. 2). Dementsprechend enthalten die §§ 3 ff. Regelungen über die Arbeitszeit und arbeitsfreie Zeiten an Werktagen, die §§ 9 ff. über die Sonn- und Feiertagsbeschäftigung bzw. Sonn- und Feiertagsruhe. Von diesen Vorgaben kann in außergewöhnlichen Fällen unter den Voraussetzungen der §§ 14 f. abgewichen werden. Die §§ 16 f. regeln die Durchführung des Gesetzes und begründen ua. Informations-, Dokumentations-, Auskunfts- und Vorlagepflichten des Arbeitgebers.

Anders als die Arbeit an Sonn- und Feiertagen sind Nacht- und Schichtarbeit grds. zulässig und unterliegen nur den **3** Beschränkungen des § 6 Abs. 2. Auf arbeitsmedizinische Erkenntnisse im Hinblick auf die Gesundheit der Arbeitnehmer lässt sich diese Differenzierung kaum stützen (krit. daher Ignor/Rixen ArbStrafR-HdB/*Schlottfeldt* § 9 Rn. 9). Die Privilegierung der Sonn- und Feiertage bleibt vielmehr ihrem verfassungsrechtlichen Schutz in Art. 140 GG iVm Art. 139 WRV geschuldet, wie der hieraus wortwörtlich in § 1 Nr. 2 übernommene Passus „Sonntag und die staatlich anerkannten Feiertage (…) als Tage der Arbeitsruhe und der seelischen Erhebung" verdeutlicht.

Das ArbZG gilt grds. für alle **Arbeitnehmer,** dh nach der Legaldefinition in § 2 Abs. 2 für Arbeiter **4** und Angestellte sowie die zu ihrer Berufsbildung Beschäftigten. Auf Personen in einem besonderen öffentlich-rechtlichen Dienst- und Treueverhältnis (zB Beamte, Richter und Soldaten) ist das ArbZG hingegen nicht anwendbar (Baeck/Deutsch § 2 Rn. 88; Brüssow/Petri ArbeitsStrafR Rn. 284; Ignor/ Rixen ArbStrafR-HdB/*Schlottfeldt* § 9 Rn. 11). Ausgenommen von diesem Anwendungsbereich enthält § 18, nach dessen Abs. 2 etwa für Personen unter 18 Jahren das Jugendarbeitsschutzgesetz (JArbSchG) vorrangig ist. Ebenso wenig gilt das ArbZG für leitende Angestellte iSd § 5 Abs. 3 BetrVG (§ 18 Abs. 1 Nr. 1). Weitere Sonderregeln sind für Beschäftigungen nach den §§ 19 ff. zu berücksichtigen, namentlich im öffentlichen Dienst, in der Luft- und Binnenschifffahrt sowie im Straßentransport.

Bestimmte **Pflichtverletzungen des Arbeitgebers** gegen das ArbZG begründen eine **Ordnungs-** **5** **widrigkeit** nach § 22 Abs. 1. Dazu zählen Beschäftigungen unter Missachtung der Arbeitszeit- und Ruhezeitregelungen (Nr. 1–3, 5 u. 6), Zuwiderhandlungen gegen Rechtsverordnungen der Bundesregierung oder vollziehbare Anordnungen der Aufsichtsbehörde (Nr. 4 u. 7) sowie Verstöße gegen Informations-, Dokumentations-, Auskunfts- und Vorlagepflichten (Nr. 8–10). Führen Handlungen nach den § 22 Abs. 1 Nr. 1–3, 5–7 zu einer Gefährdung der Gesundheit oder Arbeitskraft eines Arbeitnehmers oder werden sie vom Arbeitgeber beharrlich wiederholt, liegt darüber hinaus eine **Straftat** nach § 23 vor.

§ 22 Bußgeldvorschriften

(1) Ordnungswidrig handelt, wer als Arbeitgeber vorsätzlich oder fahrlässig
1. entgegen §§ 3, 6 Abs. 2 oder § 21a Abs. 4, jeweils auch in Verbindung mit § 11 Abs. 2, einen Arbeitnehmer über die Grenzen der Arbeitszeit hinaus beschäftigt,

2. entgegen § 4 Ruhepausen nicht, nicht mit der vorgeschriebenen Mindestdauer oder nicht rechtzeitig gewährt,
3. entgegen § 5 Abs. 1 die Mindestruhezeit nicht gewährt oder entgegen § 5 Abs. 2 die Verkürzung der Ruhezeit durch Verlängerung einer anderen Ruhezeit nicht oder nicht rechtzeitig ausgleicht,
4. einer Rechtsverordnung nach § 8 Satz 1, § 13 Abs. 1 oder 2, § 15 Absatz 2a Nummer 2 oder § 24 zuwiderhandelt, soweit sie für einen bestimmten Tatbestand auf diese Bußgeldvorschrift verweist,
5. entgegen § 9 Abs. 1 einen Arbeitnehmer an Sonn- oder Feiertagen beschäftigt,
6. entgegen § 11 Abs. 1 einen Arbeitnehmer an allen Sonntagen beschäftigt oder entgegen § 11 Abs. 3 einen Ersatzruhetag nicht oder nicht rechtzeitig gewährt,
7. einer vollziehbaren Anordnung nach § 13 Abs. 3 Nr. 2 zuwiderhandelt,
8. entgegen § 16 Abs. 1 die dort bezeichnete Auslage oder den dort bezeichneten Aushang nicht vornimmt,
9. entgegen § 16 Abs. 2 oder § 21a Abs. 7 Aufzeichnungen nicht oder nicht richtig erstellt oder nicht für die vorgeschriebene Dauer aufbewahrt oder
10. entgegen § 17 Abs. 4 eine Auskunft nicht, nicht richtig oder nicht vollständig erteilt, Unterlagen nicht oder nicht vollständig vorlegt oder nicht einsendet oder entgegen § 17 Abs. 5 Satz 2 eine Maßnahme nicht gestattet.

(2) Die Ordnungswidrigkeit kann in den Fällen des Absatzes 1 Nr. 1 bis 7, 9 und 10 mit einer Geldbuße bis zu fünfzehntausend Euro, in den Fällen des Absatzes 1 Nr. 8 mit einer Geldbuße bis zu zweitausendfünfhundert Euro geahndet werden.

A. Tatbestand

I. Täter

1   Die Ordnungswidrigkeitentatbestände des § 22 Abs. 1 kann nur ein **Arbeitgeber** (besonders persönliches Merkmal iSd § 28 Abs. 2 StGB, § 14 Abs. 1 OWiG; Erbs/Kohlhaas/*Ambs* Rn. 4) verwirklichen. Allerdings darf er seine Pflichten delegieren. In diesem Fall hat gem. § 9 Abs. 2 OWiG der Beauftragte für die Pflichtverletzungen einzustehen. Den Arbeitgeber treffen dann aber Aufsichts- und Überwachungspflichten, deren Verletzung eine Ordnungswidrigkeit nach § 130 OWiG bedeuten kann.

II. Die Bußgeldtatbestände im Einzelnen

2   **1. Verstöße gegen Arbeitszeit- und Ruhezeitregelungen (Nr. 1–3, 5 und 6). a) § 22 Abs. 1 Nr. 1: Beschäftigung über die Grenzen der Arbeitszeit hinaus.** § 22 Abs. 1 Nr. 1–3 sowie Nr. 5 und Nr. 6 zählen bußgeldbewehrte Verstöße gegen die Arbeitszeit- und Ruhezeitregelungen auf. Nr. 1 ahndet als Ordnungswidrigkeit, einen Arbeitnehmer über die Grenzen der Arbeitszeit hinaus zu beschäftigen. **Arbeitnehmer** sind nach der Legaldefinition in § 2 Abs. 2 Arbeiter und Angestellte sowie die zu ihrer Berufsbildung Beschäftigten (zum Anwendungsbereich schon → Vorb. Rn. 4). Ein wirksames Arbeitsverhältnis ist für die Beschäftigung nicht erforderlich. Die **Arbeitszeit** ergibt sich nach der Begriffsbestimmung in § 2 Abs. 1 S. 1 aus der Zeit vom Beginn bis zum Ende der Arbeit, jedoch – mit Ausnahme des Bergbaus (§ 2 Abs. 1 S. 2) – abzüglich der Ruhepausen (vgl. dazu § 4). Trotz dieser Vorgaben bleibt die Arbeitszeit mitunter schwer zu bestimmen. Als Arbeitszeit gelten etwa Bereitschaftsdienst und Arbeitsbereitschaft (BAG NZA 2007, 155 (158); BeckOK ArbR/*Kock* § 2 Rn. 2; vgl. auch § 7 Abs. 1 Nr. 1a; zum Bereitschaftsdienst EuGH NZA 2000, 1227 (1230); 2003, 1019 (1020 ff.)), nicht hingegen Rufbereitschaft (BAG NZA 2007, 155 (158); Erbs/Kohlhaas/*Ambs* § 2 Rn. 4a; BeckOK ArbR/*Kock* § 2 Rn. 2; ErfK/*Wank* § 2 Rn. 30; vgl. auch § 7 Abs. 2 Nr. 1), in der Regel ebenso wenig die Wegezeit des Arbeitnehmers von der Wohnung zur Arbeitsstelle (Erbs/Kohlhaas/*Ambs* § 2 Rn. 4; BeckOK ArbR/*Kock* § 2 Rn. 15; ErfK/*Wank* § 2 Rn. 16; Brüssow/Petri ArbeitsStrafR Rn. 288; vgl. auch BAG NZA 2007, 155 (158)). Sonderbußgeldvorschriften für Mütter und Jugendliche finden sich in § 21 Abs. 1 Nr. 3 (→ MuSchG § 21 Rn. 5) iVm § 8 Abs. 1, 2 MuSchG sowie § 58 Abs. 1 Nr. 5, 6 und 12 iVm §§ 8 Abs. 1, 9 Abs. 1 bzw. 15 JArbSchG.

3   Die **Grenzen** der Arbeitszeit iSd § 22 Abs. 1 Nr. 1 ergeben sich aus §§ 3, 6 Abs. 2 sowie § 21a Abs. 4, jeweils auch in Verbindung mit § 11 Abs. 2. § 3 S. 1 und § 6 Abs. 2 S. 1 bestimmen, dass die **werktägliche Arbeitszeit** der Arbeitnehmer grds. acht Stunden nicht überschreiten darf. Als Werktag ist jeder Tag außer Sonn- und Feiertagen anzusehen, also auch der Samstag (BeckOK ArbR/*Kock* § 3 Rn. 1; ErfK/*Wank* § 3 Rn. 2; Ignor/Rixen ArbStrafR-HdB/*Schlottfeldt* § 9 Rn. 23). Allerdings ist eine Verlängerung der Arbeitszeit ohne besonderen Grund auf bis zu zehn Stunden gestattet, wenn die Arbeitszeit innerhalb eines bestimmten Ausgleichszeitraums im Durchschnitt acht Stunden werktäglich nicht überschreitet. Dieser Zeitraum beträgt gewöhnlich sechs Kalendermonate oder 24 Wochen (§ 3 S. 2), bei Nachtarbeitnehmern, die auch zur Nachtarbeit herangezogen werden (vgl. § 6 Abs. 2 S. 3), hingegen ein Kalendermonat oder vier Wochen (§ 6 Abs. 2 S. 2). Bei der **Beschäftigung im Straßentransport** darf die Arbeitszeit (s. hierzu § 21a Abs. 3) wöchentlich 48 Stunden nicht überschreiten. Eine

Verlängerung auf bis zu 60 Stunden ist erlaubt, wenn innerhalb von vier Kalendermonaten oder 16 Wochen im Durchschnitt 48 Stunden wöchentlich nicht überschritten werden (§ 21a Abs. 4; abweichende Regelungen in einem Tarifvertrag oder in einer Betriebs- oder Dienstvereinbarung ermöglicht die Öffnungsklausel in § 21a Abs. 6 S. 1 Nr. 2). Entsprechendes gilt nach § 11 Abs. 2 für die **Beschäftigung an Sonn- und Feiertagen** (zur Möglichkeit abweichender Regelungen in vollkontinuierlichen Schichtbetrieben s. § 12 S. 1 Nr. 4), wobei durch die an diesen Tagen geleistete Arbeitszeit die vorstehenden Höchstarbeitszeiten und Ausgleichszeiträume nicht überschritten werden dürfen.

Nachtarbeitnehmer iSd ArbZG sind gem. § 2 Abs. 5 Arbeitnehmer, die Nachtarbeit entweder aufgrund ihrer 4 Arbeitszeitgestaltung normalerweise in Wechselschicht zu leisten haben (Nr. 1) oder an mindestens 48 Tagen im Kalenderjahr tatsächlich (Baeck/*Deutsch* § 2 Rn. 113; **aA** ErfK/*Wank* § 2 Rn. 19: es genügt die sichere Erwartung einer Nachtarbeit in diesem Umfang; vgl. auch Landmann/Rohmer/*Neumann* § 2 Rn. 25: bereits die vertragliche Verpflichtung genügt) erbringen (Nr. 2). Nachtarbeit bedeutet, dass die Arbeit mehr als zwei Stunden der Nachtzeit umfasst (§ 2 Abs. 4). Die Nachtzeit iSd ArbZG dauert gem. § 2 Abs. 3 von 23 bis 6 Uhr, in Bäckereien und Konditoreien von 22 bis 5 Uhr.

b) § 22 Abs. 1 Nr. 2: Nichtgewährung gesetzlicher Mindestruhepausen. Eine Ordnungswid- 5 rigkeit nach § 22 Abs. 1 Nr. 2 begeht der Arbeitgeber, der die von § 4 vorgeschriebenen **Ruhepausen** überhaupt nicht, nicht mit der vorgeschriebenen Mindestdauer oder nicht rechtzeitig gewährt. Ruhepausen sind Unterbrechungen der Arbeitszeit, in denen der Arbeitnehmer weder Arbeit zu leisten noch sich dafür bereitzuhalten hat, sondern frei darüber entscheiden kann, wo – dh auch außerhalb des Arbeitsplatzes, nicht aber zwingend außerhalb des Betriebs – und wie er diese Zeit verbringt (BAG NZA 1993, 752 (753); Erbs/Kohlhaas/*Ambs* § 4 Rn. 1; BeckOK ArbR/*Kock* § 4 Rn. 1; Ignor/Rixen ArbStrafR-HdB/*Schlottfeldt* § 9 Rn. 53). Lage und Dauer der Ruhepausen sind – zumindest in einem zeitlichen Rahmen – im Voraus festzulegen, damit sich der Arbeitnehmer darauf einstellen und die Pausen zur Erholung nutzen kann (BAG NZA 2003, 1212 (1214); 2004, 507 (511); BeckOK ArbR/ *Kock* § 4 Rn. 4; vgl. auch BT-Drs. 12/5888, 24). Eine Ordnungswidrigkeit liegt auch dann vor, wenn der Arbeitgeber freiwillig geleistete Pausenarbeit annimmt (Erbs/Kohlhaas/*Ambs* § 4 Rn. 9). Die **Mindest**(gesamt)**dauer** der Ruhepausen beträgt bei einer Arbeitszeit von mehr als sechs bis zu neun Stunden insgesamt 30 Minuten, bei einer Arbeitszeit von mehr als neun Stunden insgesamt 45 Minuten (§ 4 S. 1). Bei der Ermittlung der Arbeitszeit zählen die Ruhepausen – außer im Bergbau unter Tage – nicht hinzu (§ 2 Abs. 1). Eine Aufteilung der Ruhepausen ist möglich; jeder einzelne Zeitabschnitt muss aber mindestens 15 Minuten umfassen (§ 4 S. 2). Eine **nicht rechtzeitige Gewährung** der Ruhepause liegt bei einem Verstoß gegen § 4 S. 3 vor, wonach Arbeitnehmer nicht länger als sechs Stunden hintereinander ohne Ruhepause beschäftigt werden dürfen. Einen Sonderbußgeldtatbestand bei der Nichtgewährung von Ruhepausen bei Jugendlichen enthält § 58 Abs. 1 Nr. 8 iVm § 11 Abs. 1 und 2 JArbSchG.

c) § 22 Abs. 1 Nr. 3: Nichtgewährung gesetzlicher Mindestruhezeiten. § 22 Abs. 1 Nr. 3 6 sanktioniert Missachtungen des § 5, der die **Ruhezeiten** für Arbeitnehmer bestimmt. Ruhezeit ist die Zeit zwischen dem Ende eines Arbeitstages und dem Beginn des nächsten (individuellen, dh nicht notwendigerweise kalendarischen) Arbeitstages. Während dieser Zeit darf der Arbeitnehmer weder zu Vollarbeit noch zu Arbeitsbereitschaft oder Bereitschaftsdienst herangezogen werden (Erbs/Kohlhaas/ *Ambs* § 5 Rn. 1; BeckOK ArbR/*Kock* § 5 Rn. 1 f.; Brüssow/Petri ArbeitsStrafR Rn. 290; Ignor/Rixen ArbStrafR-HdB/*Schlottfeldt* § 9 Rn. 59). Rufbereitschaft lässt sich mit der Ruhezeit zwar vereinbaren (Baeck/*Deutsch* § 5 Rn. 7; BeckOK ArbR/*Kock* § 5 Rn. 4; ErfK/*Wank* § 5 Rn. 3; Ignor/Rixen ArbStrafR-HdB/*Schlottfeldt* § 9 Rn. 59). Allerdings ist auch hier die Ruhezeit ununterbrochen zu gewähren, so dass bei einem Abruf aus der Rufbereitschaft ggf. eine bereits begonnene Ruhezeit vollständig neu gewährt werden muss (BeckOK ArbR/*Kock* § 5 Rn. 7; ErfK/*Wank* § 5 Rn. 4; Ignor/ Rixen ArbStrafR-HdB/*Schlottfeldt* § 9 Rn. 60).

Nach § 5 Abs. 1 muss Arbeitnehmern nach Beendigung der täglichen Arbeitszeit eine **ununterbro-** 7 **chene Ruhezeit von mindestens elf Stunden** gewährt werden; zu Ausnahmen bei Rufbereitschaft in Krankenhäusern und anderen Einrichtungen zur Behandlung, Pflege und Betreuung von Personen s. § 5 Abs. 3. Darf hiervon unter den Voraussetzungen des § 5 Abs. 2 in den dort beschriebenen Tätigkeitsbereichen (zB Krankenhäuser, Gaststätten, Verkehrsbetriebe, Rundfunk, Landwirtschaft und Tierhaltung) abgewichen und die Ruhezeit um bis zu eine Stunde verkürzt werden, ist jede Verkürzung der Ruhezeit innerhalb eines Kalendermonats oder innerhalb von vier Wochen durch Verlängerung einer anderen Ruhezeit auf mindestens zwölf Stunden auszugleichen. Wird entgegen diesen Regelungen die Mindestruhezeit nicht gewährt oder deren Verkürzung nicht oder nicht rechtzeitig, dh nicht innerhalb des Ausgleichszeitraums, durch Verlängerung einer anderen Ruhezeit ausgeglichen, ist eine Ordnungswidrigkeit nach § 22 Abs. 1 Nr. 3 gegeben. Für die Beschäftigung werdender oder stillender Mütter gelten die Sonderregelungen in § 8 Abs. 4 iVm § 21 Abs. 1 Nr. 3 MuSchG (→ MuSchG § 21 Rn. 5), für Jugendliche §§ 13, 14 iVm § 58 Abs. 1 Nr. 10 und 11 JArbSchG.

§ 5 Abs. 3 wird nicht von § 22 Abs. 1 Nr. 3 erwähnt. Der darin vorgeschriebene Ausgleich einer verkürzten 8 Ruhezeit bei Arbeitnehmern, die während ihrer Rufbereitschaft in Krankenhäusern und anderen Einrichtungen zur

Behandlung, Pflege und Betreuung von Personen in Anspruch genommen werden, muss gleichwohl und ohne ausdrückliche Regelung innerhalb angemessener Zeit geschehen (Baeck/Deutsch § 5 Rn. 46; BeckOK ArbR/*Kock* § 5 Rn. 15).

9   **d) § 22 Abs. 1 Nr. 5: Allgemeines Beschäftigungsverbot an Sonn- und Feiertagen.** Eine Ordnungswidrigkeit gem. § 22 Abs. 1 Nr. 5 stellt es dar, entgegen § 9 Abs. 1 einen Arbeitnehmer an Sonn- und gesetzlichen Feiertagen zu beschäftigen; Sonderregelungen für werdende und stillende Mütter enthalten § 8 Abs. 1 iVm § 21 Abs. 1 Nr. 3 MuSchG (→ MuSchG § 21 Rn. 5), für Jugendliche §§ 16–18 iVm § 58 Abs. 1 Nr. 13–15 JArbSchG. Welche Tage als Feiertage anzusehen sind, richtet sich – abgesehen von dem in Art. 2 Abs. 2 Einigungsvertrag zum bundeseinheitlichen Feiertag bestimmten Tag der Deutschen Einheit – nach den Feiertagsgesetzen der Länder. § 9 Abs. 2 und 3 enthalten Ausnahmen, die **24-stündige Sonn- und Feiertagsruhe** um bis zu sechs Stunden bei mehrschichtigen Betrieben mit regelmäßiger Tag- und Nachtschicht **vor- oder zurückzuverlegen** (Abs. 2) bzw. um bis zu zwei Stunden bei Kraft- und Beifahrer vorzuverlegen (Abs. 3). Sofern die Arbeiten nicht an Werktagen vorgenommen werden können, gestattet § 10 Abs. 1 für einen Katalog an Tätigkeiten (ua Rettungsdienste, Krankenhäuser, Gaststätten, Fremdenverkehr, Rundfunk, Verkehrsbetriebe, Energie- und Wasserversorgungsbetriebe; ausf. hierzu Ignor/Rixen ArbStrafR-HdB/*Schlottfeldt* § 9 Rn. 81 ff.) eine Beschäftigung von Arbeitnehmern auch an Sonn- und Feiertagen. Weitere Abweichungen vom Beschäftigungsverbot finden sich in § 10 Abs. 2–4. Gem. § 13 Abs. 1 und 2 können Bundesregierung und Landesregierungen in gewissen Bereichen durch Rechtsverordnung die Ausnahmen von dem Sonn- und Feiertagsbeschäftigungsverbot konkretisieren bzw. ausweiten.

10   **e) § 22 Abs. 1 Nr. 6: Beschäftigung an Sonntagen und Nichtgewährung von Ersatzruhetagen.** Sofern gem. §§ 9, 10 eine Sonn- und Feiertagsbeschäftigung von Arbeitnehmern zulässig ist, sind die Grenzen des § 11 zu beachten. Nach dessen Abs. 1 müssen **mindestens 15 Sonntage** (nicht aber Feiertage) **im Jahr beschäftigungsfrei** bleiben. Unerheblich ist der Grund für die Beschäftigungsfreiheit, so dass auch Urlaubs-, Kranken- und sonstige arbeitsfreie Tage berücksichtigt werden dürfen (Erbs/Kohlhaas/*Ambs* § 11 Rn. 1; BeckOK ArbR/*Kock* § 11 Rn. 4; ErfK/*Wank* § 11 Rn. 1). Zudem ist gem. § 11 Abs. 3 Arbeitnehmern ein **Ersatzruhetag** zu gewähren. Dies muss bei Beschäftigung an einem Sonntag innerhalb eines den Beschäftigungstag einschließenden Zeitraums von zwei Wochen geschehen (§ 11 Abs. 3 S. 1), bei Beschäftigung an einem auf einen Werktag fallenden Feiertag innerhalb eines den Beschäftigungstag einschließenden Zeitraums von acht Wochen (§ 11 Abs. 3 S. 2). Eine Missachtung der Beschäftigungsfreiheit gem. § 11 Abs. 1 (zur Möglichkeit abweichender Regelungen in Tarifverträgen bzw. Betriebs- oder Dienstvereinbarungen s. § 12 S. 1 Nr. 1 und 3) oder der unterbliebene oder nicht rechtzeitige Gewährung des Ersatzruhetags gem. § 11 Abs. 3 (zu möglichen Ausnahmen s. § 12 S. 1 Nr. 2 u. 3) verwirklicht den Ordnungswidrigkeitentatbestand des § 22 Abs. 1 Nr. 6.

11   **2. Verstöße gegen Rechtsverordnungen und vollziehbare Anordnungen (Nr. 4 und 7).** **a) § 22 Abs. 1 Nr. 4: Zuwiderhandlung gegen Rechtsverordnungen.** Die **Bundesregierung** kann in näher bestimmten Fällen mit Zustimmung des Bundesrates **Rechtsverordnungen** erlassen. Dies betrifft die Umsetzung von zwischenstaatlichen Vereinbarungen und Rechtsakten der Europäischen Gemeinschaften (§ 24), Regelungen über die werktägliche Arbeitszeit und arbeitsfreie Zeiten bei einzelnen besonders gefährlichen Beschäftigungsbereichen (§ 8 S. 1), sowie die Bedingungen der Sonn- und Feiertagsruhe für Arbeitnehmer, die Offshore-Tätigkeiten durchführen (§ 15 Abs. 2a Nr. 2), sowie in den Konstellationen des § 13 Abs. 1 zur Vermeidung erheblicher Schäden. Im letztgenannten Fall dürfen unter den Voraussetzungen des § 13 Abs. 2 auch die Landesregierungen durch Rechtsverordnungen entsprechende Bestimmungen erlassen. Eine **Zuwiderhandlung** gegen diese Regelungen stellt eine Ordnungswidrigkeit nach **§ 22 Abs. 1 Nr. 4** dar, soweit die Rechtsverordnungen auf diese Bußgeldvorschrift verweisen.

12   Eine solche Verweisung enthalten – soweit ersichtlich – nur § 23 der Verordnung über Arbeiten in Druckluft (**Druckluftverordnung;** DruckLV) und § 18 der Verordnung über die Arbeitszeit bei Offshore-Tätigkeiten (**Off-shore-Arbeitszeitverordnung;** Offshore-ArbZV).

13   **b) § 22 Abs. 1 Nr. 7: Zuwiderhandlung gegen eine vollziehbare Anordnung.** Nach § 13 Abs. 3 Nr. 2 kann (bzw. soll oder muss; s. § 13 Abs. 4 u. 5) die Aufsichtsbehörde abweichend von § 9 zu bestimmten Zwecken die Beschäftigung von Arbeitnehmern an Sonn- und Feiertagen bewilligen, wobei sie jedoch gem. § 13 Abs. 3 aE Anordnungen über die Beschäftigungszeit unter Berücksichtigung der für den öffentlichen Gottesdienst bestimmten Zeit treffen kann. Sind diese **Anordnungen vollziehbar,** dh bestandskräftig oder nach § 80 Abs. 2 S. 1 Nr. 4 VwGO für sofort vollziehbar erklärt (Anzinger/Koberski § 13 Rn. 142; Erbs/Kohlhaas/*Ambs* Rn. 15), stellen **Zuwiderhandlungen** des Arbeitgebers eine Ordnungswidrigkeit nach Abs. 1 Nr. 7 dar. Dies gilt auch für rechtswidrige, nicht hingegen für nichtige Anordnungen (Erbs/Kohlhaas/*Ambs* Rn. 15).

3. Verstöße gegen Informations-, Dokumentations-, Auskunfts- und Vorlagepflichten 14
(Nr. 8–10). a) § 22 Abs. 1 Nr. 8: Fehlende Auslage oder fehlender Aushang des ArbZG. § 22
Abs. 1 Nr. 8 ahndet eine Missachtung der Informationspflicht nach § 16 Abs. 1. Danach ist der Arbeitgeber verpflichtet, einen **Abdruck des ArbZG** sowie der aufgrund des ArbZG erlassenen, für den
Betrieb geltenden Rechtsverordnungen sowie der für den Betrieb geltenden Tarifverträge und Betriebs-
oder Dienstvereinbarungen iSd §§ 7 Abs. 1–3, 12 und 21a Abs. 6 an geeigneter Stelle im Betrieb zur
Einsichtnahme **auszulegen oder auszuhängen.** Geeignet ist eine Stelle zur Einsichtnahme dann, wenn
der Arbeitnehmer während seiner Anwesenheit im Betrieb unkompliziert, ungestört (ungeeignet ist
etwa ein Aushang im Personalbüro oder im Büro des Vorgesetzten; Erbs/Kohlhaas/*Ambs* § 16 Rn. 3;
BeckOK ArbR/*Kock* § 16 Rn. 1.1; ErfK/*Wank* § 16 Rn. 1; **aA** Baeck/Deutsch § 16 Rn. 18) und ohne
die Inanspruchnahme Dritter die Normtexte einsehen kann, ohne durch die Einsichtnahme Nachteile
befürchten zu müssen (Erbs/Kohlhaas/*Ambs* § 16 Rn. 3; BeckOK ArbR/*Kock* § 16 Rn. 1; Ignor/
Rixen ArbStrafR-HdB/*Schlottfeldt* § 9 Rn. 135). Nimmt der Arbeitgeber die Auslage oder den Aushang
nicht vor, verwirklicht er den Ordnungswidrigkeitentatbestand des § 22 Abs. 1 Nr. 8. Sonderbuß-
geldtatbestände finden sich in § 18 Abs. 1 iVm § 21 Abs. 1 Nr. 8 MuSchG (→ MuSchG § 21 Rn. 11)
sowie in § 47 iVm § 59 Abs. 1 Nr. 7 JArbSchG.

b) § 22 Abs. 1 Nr. 9: Unzureichende Dokumentation von Arbeitszeiten. Um die Überprü- 15
fung der Einhaltung der Arbeitszeit zu ermöglichen, treffen den Arbeitgeber Dokumentationspflichten.
So muss er gem. § 16 Abs. 2 S. 1 die über die werktägliche Arbeitszeit des § 3 S. 1 hinausgehende
Arbeitszeit der Arbeitnehmer **aufzeichnen,** bei einer Beschäftigung im Straßentransport die gesamte
Arbeitszeit (§ 21a Abs. 7 S. 1). Die Aufzeichnungspflicht erstreckt sich nach hL auch auf sämtliche
Arbeitszeiten der Arbeitnehmer an Sonn- und Feiertagen (Erbs/Kohlhaas/*Ambs* § 16 Rn. 4; Baeck/
Deutsch § 16 Rn. 23; BeckOK ArbR/*Kock* § 16 Rn. 3; ErfK/*Wank* § 16 Rn. 4; Ignor/Rixen Arb-
StrafR-HdB/*Schlottfeldt* § 9 Rn. 137) sowie nach umstrittener Ansicht auf die Ausgleichszeiten (Erbs/
Kohlhaas/*Ambs* § 16 Rn. 4; BeckOK ArbR/*Kock* § 16 Rn. 4; **aA** Baeck/Deutsch § 16 Rn. 24; ErfK/
Wank § 16 Rn. 4; Ignor/Rixen ArbStrafR-HdB/*Schlottfeldt* § 9 Rn. 139). Außerdem muss der Arbeit-
geber ein Verzeichnis derjenigen Arbeitnehmer führen, die in eine Verlängerung der Arbeitszeit gem.
§ 7 Abs. 7 eingewilligt haben. Erstellt der Arbeitgeber die vorstehenden Aufzeichnungen nicht oder
nicht richtig, liegt eine Ordnungswidrigkeit gem. § 22 Abs. 1 Nr. 9 vor. Gleiches gilt, wenn er die
Aufzeichnungen nicht für die vorgeschriebene Dauer, dh für mindestens zwei Jahre (§ 16 Abs. 2 S. 2
und § 21a Abs. 7 S. 2) **aufbewahrt.**

c) § 22 Abs. 1 Nr. 10: Verstoß gegen Auskunfts-, Vorlage- und Duldungspflichten. § 22 16
Abs. 1 Nr. 10 betrifft Auskunfts- und Vorlagepflichten ggü. der Aufsichtsbehörde. Nach § 17 Abs. 4
kann die Aufsichtsbehörde vom Arbeitgeber sich zum einen diejenigen **Auskünfte** geben lassen, die für
die Durchführung des ArbZG und der hierauf erlassenen Rechtsverordnungen erforderlich sind (S. 1).
Das Auskunftsverlangen muss sich hierbei auf einen bestimmten Sachverhalt beziehen, kann also keine
generellen Mitteilungs- oder Dokumentationspflichten begründen (Baeck/Deutsch § 17 Rn. 25;
Ignor/Rixen ArbStrafR-HdB/*Schlottfeldt* § 9 Rn. 144). Setzt der Arbeitgeber durch die Beantwortung
der Fragen sich selbst oder einen der in § 383 Abs. 1 Nr. 1–3 ZPO bezeichneten Angehörigen der
Gefahr strafgerichtlicher Verfolgung oder eines Verfahrens nach dem Gesetz über Ordnungswidrigkeiten
aus, steht ihm gem. § 17 Abs. 6 ein Auskunftsverweigerungsrecht zu. Zum anderen kann die Aufsichts-
behörde gem. § 17 Abs. 4 S. 2 vom Arbeitgeber verlangen, die Arbeitszeitnachweise und Tarifverträge
oder Betriebs- oder Dienstvereinbarungen iSd §§ 7 Abs. 1–3, 12 und 21a Abs. 6 **vorzulegen** oder **zur
Einsicht einzusenden.** Insoweit besteht kein Vorlageverweigerungsrecht (Baeck/Deutsch § 17
Rn. 39; BeckOK ArbR/*Kock* § 17 Rn. 9; ErfK/*Wank* § 17 Rn. 7; Ignor/Rixen ArbStrafR-HdB/
Schlottfeldt § 9 Rn. 145; **aA** Erbs/Kohlhaas/*Ambs* § 17 Rn. 6). Erteilt der Arbeitgeber die notwendigen
Auskünfte nicht bzw. nicht richtig oder nicht vollständig oder legt er die angeforderten Unterlagen nicht
oder nicht vollständig vor bzw. sendet er sie nicht ein, liegt eine Ordnungswidrigkeit nach § 22 Abs. 1
Nr. 10 vor. Der Nichtvorlage steht die Verzögerung über eine angemessene Frist hinaus gleich (Erbs/
Kohlhaas/*Ambs* Rn. 19). Sondervorschriften enthalten § 19 Abs. 1 iVm § 21 Abs. 1 Nr. 8 MuSchG
(→ MuSchG § 21 Rn. 12) sowie § 50 Abs. 1 iVm § 59 Abs. 1 Nr. 10 JArbSchG.

Um wirksame Kontrollen zu ermöglichen, sind die Beauftragten der Aufsichtsbehörde in Einschrän- 17
kung des Grundrechts der Unverletzlichkeit der Wohnung aus Art. 13 Abs. 1 GG berechtigt, die
Arbeitsstätten zu betreten und zu besichtigen. Als Arbeitsstätten sind sämtliche Stellen des Betriebs
anzusehen, an denen Arbeitnehmer tätig sind (Erbs/Kohlhaas/*Ambs* § 17 Rn. 12; Ignor/Rixen Arb-
StrafR-HdB/*Schlottfeldt* § 9 Rn. 146). Während der Betriebs- und Arbeitszeit gilt dieses Recht uneingeschränkt, außerhalb dieser Zeit oder wenn sich die Arbeitsstätten in einer Wohnung befinden, dürfen sie
ohne Einverständnis des Inhabers nur zur Verhütung von dringenden Gefahren für die öffentliche
Sicherheit und Ordnung betreten und besichtigt werden (§ 17 Abs. 5 S. 1). Der Arbeitgeber ist gem.
§ 17 Abs. 5 S. 2 verpflichtet, das Betreten und Besichtigen der Arbeitsstätten zu gestatten; das Auskunftsverweigerungsrecht nach § 17 Abs. 6 steht dem nicht entgegen (Erbs/Kohlhaas/*Ambs* Rn. 18).
Kommt er der **Duldungspflicht** nicht nach, stellt dies ebenso eine Ordnungswidrigkeit nach Abs. 1

Nr. 10 dar. Ein Sonderbußgeldtatbestand findet sich in § 51 Abs. 2 S. 2 iVm § 59 Abs. 1 Nr. 11 JArbSchG.

III. Innerer Tatbestand

18   Die Ordnungswidrigkeiten des § 22 kann der Arbeitgeber jeweils **vorsätzlich oder fahrlässig** begehen. Fehlvorstellungen über tatsächliche Umstände der Verstöße gegen das ArbZG einschließlich der Merkmale der von Abs. 1 Nr. 4 in Bezug genommenen Rechtsverordnungen stellen einen vorsatzausschließenden Tatumstandsirrtum dar (Erbs/Kohlhaas/*Ambs* Rn. 21).

B. Geldbuße

19   Nach **§ 22 Abs. 2** können Ordnungswidrigkeiten des Abs. 1 Nr. 8 bei vorsätzlichem Handeln mit einer Geldbuße bis zu 2.500 EUR geahndet werden, alle übrigen Ordnungswidrigkeiten des Abs. 1 mit einer Geldbuße bis zu 15.000 EUR. Bei Fahrlässigkeit reduzieren sich die Höchstbeträge wegen § 17 Abs. 2 OWiG auf 1.250 EUR bzw. 7.500 EUR.

C. Konkurrenzen

20   Die Ordnungswidrigkeiten der § 22 Abs. 1 Nr. 1–3, 5–7 treten hinter die auf ihrer Verwirklichung beruhende Straftat gem. § 23 Abs. 1 zurück (§ 21 Abs. 1 S. 1 OWiG).

D. Verjährung

21   Bei der Ordnungswidrigkeit nach § 22 Abs. 1 Nr. 8 tritt die Verfolgungsverjährung sowohl bei vorsätzlicher als auch bei fahrlässiger Begehung nach einem Jahr ein (§ 31 Abs. 2 Nr. 3 OWiG), bei den übrigen (vorsätzlich oder fahrlässig begangenen) Ordnungswidrigkeiten des § 22 Abs. 1 nach zwei Jahren (§ 31 Abs. 2 Nr. 2 OWiG).

E. Verfolgungsbehörde

22   Die Überwachung der Einhaltung des ArbZG sowie der hierauf erlassenen Rechtsverordnungen obliegt der Aufsichtsbehörde nach § 17 Abs. 1, die sich nach Landesrecht bestimmt. Häufig sind die Gewerbeaufsichtsämter bzw. die Ämter für Arbeitsschutz die zuständigen Behörden (s. die Übersicht bei BeckOK ArbR/*Kock* § 17 Rn. 1.1). Die Aufsichtsbehörde ist auch für die Verfolgung der Ordnungswidrigkeiten nach § 22 zuständig (Erbs/Kohlhaas/*Ambs* § 17 Rn. 2).

§ 23 Strafvorschriften

(1) Wer eine der in § 22 Abs. 1 Nr. 1 bis 3, 5 bis 7 bezeichneten Handlungen
1. vorsätzlich begeht und dadurch Gesundheit oder Arbeitskraft eines Arbeitnehmers gefährdet oder
2. beharrlich wiederholt,
wird mit Freiheitsstrafe bis zu einem Jahr oder mit Geldstrafe bestraft.

(2) Wer in den Fällen des Absatzes 1 Nr. 1 die Gefahr fahrlässig verursacht, wird mit Freiheitsstrafe bis zu sechs Monaten oder mit Geldstrafe bis zu 180 Tagessätzen bestraft.

1   **1. Tatbestand. a) Objektiver Tatbestand. aa) Handlung nach § 22 Abs. 1 Nr. 1–3, Nr. 5–7.** Gemeinsame Voraussetzung der beiden Straftatbestände des § 23 ist eine Handlung nach § 22 Abs. 1 Nr. 1–3, Nr. 5–7. Anknüpfungspunkt für eine Strafbarkeit können demnach nur die dort bezeichneten Verstöße gegen Arbeitszeit- und Ruhezeitregelungen sowie Zuwiderhandlungen gegen eine vollziehbare Anordnung der Aufsichtsbehörde sein.

2   **bb) Straftat nach § 23 Abs. 1 Nr. 1.** Bei dem konkreten Gefährdungsdelikt des § 23 Abs. 1 Nr. 1 muss der Arbeitgeber durch die Handlung nach § 22 Abs. 1 Nr. 1–3, Nr. 5–7 Gesundheit oder Arbeitskraft eines Arbeitnehmers (s. hierzu § 2 Abs. 2; → Vorb. Rn. 4) gefährdet haben. **Gesundheit** bedeutet den unversehrten körperlichen, geistigen und seelischen Zustand des Arbeitnehmers (Anzinger/Koberski Rn. 5; Baeck/Deutsch Rn. 7; BeckOK ArbR/*Kock* Rn. 1; ErfK/*Wank* Rn. 2; BeckOK ArbR-StrafR-HdB/*Schlottfeldt* § 9 Rn. 151). **Arbeitskraft** ist die geistige und körperliche Fähigkeit, Arbeit zu leisten, unabhängig davon, ob die Fähigkeit von Natur aus vorhanden oder durch Ausbildung oder Übung erworben wird (Anzinger/Koberski Rn. 5; Baeck/Deutsch Rn. 8; BeckOK ArbR/*Kock* Rn. 1; ErfK/*Wank* Rn. 2). Eine selbstständige Bedeutung kommt dem Merkmal indes kaum zu. Wessen Arbeitskraft beeinträchtigt zu werden droht, wird in der Regel auch in seiner Gesundheit gefährdet sein (Erbs/Kohlhaas/*Ambs* Rn. 6).

Die notwendige **konkrete Gefahr** liegt vor, wenn deren Realisierung nach der Lebenserfahrung 3
alsbald wahrscheinlich wird (Erbs/Kohlhaas/*Ambs* Rn. 4; Brüssow/Petri ArbeitsStrafR Rn. 303). Einer
Verwirklichung der Gefahr bedarf es ebenso wenig wie einer besonders schweren Gefährdung. Für die
Gefährdung der Gesundheit genügt etwa bereits eine deutliche Übermüdung des Arbeitnehmers, die
sich nicht auf dessen außerbetriebliches Verhalten zurückführen lässt (Erbs/Kohlhaas/*Ambs* Rn. 4).
Wesentliche Umstände für das Vorliegen einer Gefahr sind der Grad der Beanspruchung des Arbeitneh-
mers, die übermäßige Dauer der Beschäftigung und die Nichteinhaltung von Ruhezeiten und Pausen
(Neumann/Biebl Rn. 2); vgl. iÜ → ArbSchG § 26 Rn. 6.

cc) Straftat nach § 23 Abs. 1 Nr. 2. Eine Straftat nach § 23 Abs. 1 Nr. 2 begeht, wer die Anknüp- 4
fungshandlungen in § 22 Abs. 1 Nr. 1–3, 5–7 **beharrlich wiederholt.** Dies setzt voraus, dass der
Arbeitgeber seine Pflichten aus dem ArbZG schon mindestens einmal vorsätzlich verletzt hat und
insoweit durch seinen erneuten Verstoß Missachtung oder Gleichgültigkeit offenbart (Erbs/Kohlhaas/
Ambs Rn. 7). Eine solche rechtsfeindliche Einstellung ggü. den Arbeitszeitgrenzen ist in der Regel
anzunehmen, wenn der Täter trotz zwischenzeitlicher Ahndung, Abmahnung oder sonstiger hemmenden Erfahrungen und Erkenntnisse an seinem Verhalten festhält (Erbs/Kohlhaas/*Ambs* Rn. 7; BeckOK
ArbR/*Kock* Rn. 3). In diesem Fall erscheint eine Geldbuße nicht mehr als ausreichend, um den Arbeitgeber zur Einhaltung des ArbZG zu motivieren (Baeck/Deutsch Rn. 14; ErfK/*Wank* Rn. 3; Brüssow/
Petri ArbeitsStrafR Rn. 304; Ignor/Rixen ArbStrafR-HdB/*Schlottfeldt* § 9 Rn. 150). Erforderlich ist
eine **Gesamtwürdigung** der einzelnen Fehlverhalten des Arbeitgebers (Erbs/Kohlhaas/*Ambs* Rn. 9).
Vgl. iÜ → ArbSchG § 26 Rn. 2 ff.

b) Subjektiver Tatbestand. § 23 Abs. 1 erfordert zumindest **bedingten Vorsatz.** Auch wenn § 23 5
Abs. 1 Nr. 2 dies nicht ausdrücklich festhält, müssen nach allgemeinen Grundsätzen dort die Handlungen nach § 22 Abs. 1 Nr. 1–3, 5–7 ebenso vorsätzlich begangen werden. Darüber hinaus muss sich
der Vorsatz bei § 23 Abs. 1 Nr. 1 auf die verursachte konkrete Gefährdung (nicht hingegen die Beeinträchtigung) von Gesundheit bzw. Arbeitskraft erstrecken. Dass der Täter darauf vertraute, die Verwirklichung der Gefahr werde ausbleiben, steht dem **Gefährdungsvorsatz** nicht entgegen (Erbs/Kohlhaas/
Ambs Rn. 15).

Bei § 23 Abs. 1 Nr. 2 muss sich der Vorsatz vor allem auf die beharrliche Wiederholung beziehen. 6
Irrtümer über die Beharrlichkeit eines Verhaltens sind nur dann tatbestandsrelevant, wenn sie die tatsäch-
lichen Umstände betreffen, welche die Wiederholung als beharrlich erscheinen lassen. Diesbezügliche
Wertungsirrtümer sind hingegen unbeachtliche Subsumtionsirrtümer.

§ 23 Abs. 2 enthält eine **Vorsatz-Fahrlässigkeits-Kombination** für § 23 Abs. 1 Nr. 1. Demnach 7
genügt, wenn die dort bezeichnete Gefahr für Gesundheit oder Arbeitskraft eines Arbeitnehmers fahrlässig verursacht wird.

2. Rechtsfolge. Der Strafrahmen des § 23 Abs. 1 von bis zu einem Jahr Freiheitsstrafe oder Geldstrafe 8
wird für die Vorsatz-Fahrlässigkeits-Kombination des Abs. 2 auf Freiheitsstrafe bis zu sechs Monaten
oder Geldstrafe bis zu 180 Tagessätzen halbiert.

3. Konkurrenzen. Tateinheitlich begangene Ordnungswidrigkeiten nach § 22 Abs. 1 Nr. 1–3, 5–7 9
ArbZG werden von der Straftat nach § 23 verdrängt (§ 21 Abs. 1 S. 1 OWiG).

4. Verjährung. Die Verjährungsfrist für Straftaten nach § 23 beträgt drei Jahre (§ 78 Abs. 3 Nr. 5 10
StGB).

140. Aromenverordnung (AromenV)

In der Fassung der Bekanntmachung vom 2.5.2006 (BGBl. I S. 1127) FNA 2125-40-27

Zuletzt geändert durch Art. 1 Zweite VO zur Änd. der AromenVO und anderer lebensmittelrechtlicher VO vom 29.9.2011 (BGBl. I S. 1996)

– Auszug –

Vorbemerkung

1   Mit der AromenV werden verschiedene **gemeinschaftsrechtliche Richtlinien umgesetzt,** insbes. die **RL 88/388 EWG** des Rates zur Angleichung der Rechtsvorschriften der Mitgliedstaaten über Aromen zur Verwendung in Lebensmitteln und über Ausgangsstoffe für ihre Herstellung. Daneben traten die **VO (EG) Nr. 2232/96** des Europäischen Parlaments und des Rates v. 28.10.1996 zur Festlegung eines Gemeinschaftsverfahrens für Aromastoffe, die in oder auf Lebensmitteln verwendet werden oder verwendet werden sollen, die **VO (EG) Nr. 2065/2003** des Europäischen Parlaments und des Rates v. 10.11.2003 über Raucharomen zur tatsächlichen oder beabsichtigten Verwendung in oder auf Lebensmitteln und **die VO (EG) Nr. 627/2006** der Kommission v. 21.4.2006 zur Durchführung der VO (EG) Nr. 2065/2003. Zwischenzeitlich wurde die **VO (EG) Nr. 1334/2008** des Europäischen Parlaments und des Rates v. 16.12.2008 über Aromen und bestimmte Lebensmittelzutaten mit Aromaeigenschaften zur Verwendung in und auf Lebensmitteln sowie zur Änderung der VO (EWG) Nr. 1601/91 des Rates, der Verordnungen (EG) Nr. 2232/96 und (EG) Nr. 110/2008 und der RL 2000/13/EG erlassen, die insbes. vorsieht, dass **die RL 88/388/ EWG mWz 20.1.2011** und darüber hinaus die **VO (EG) Nr. 2232/96 aufgehoben wird** (vgl. Art. 24 VO (EG) Nr. 1334/2008).

2   Den gemeinschaftsrechtlichen Vorschriften und insoweit auch der AromenV ist gemeinsam, dass sie einerseits dem **Gesundheitsschutz der Verbraucher** (→ Vorb. LFGB Rn. 10 f.) dienen sollen. Insoweit werden bestimmte Kriterien festgesetzt, denen die Aromen entsprechen müssen. Darüber hinaus dienen die Vorschriften des Aromenrechts auch dem **Schutz des Verbrauchers vor Irreführung und Täuschung** (→ Vorb. LFGB Rn. 12 f.). Insbes. sollen Aromen nicht in einer Weise verwendet werden, dass sie den Verbraucher über Fragen betreffend die Beschaffenheit, Frische und Qualität der verwendeten Zutaten, die Naturbelassenheit eines Erzeugnisses, die Natürlichkeit des Herstellungsverfahrens oder die ernährungsphysiologische Qualität des Erzeugnisses irreführen können. Das Vorhandensein von Aromen in Lebensmitteln soll daher stets angemessen **gekennzeichnet** werden. In diesem Zusammenhang ist zu beachten, dass am 13.12.2014 die LMIV (vgl. insoweit → Vorb. LFGB Rn. 12; → LFGB § 59 Rn. 14, 21 ff.) in Kraft trat. In Folge dessen soll nach Maßgabe von Art. 4 LMIV-AnpassungsVO (vgl. Anhang zur LMKV = Nr. 502 des Kommentars, → LMKV Anh. Rn. 5) **§ 5 an die neue Rechtslage angepasst** werden, was bei der Anwendung des § 6 zu beachten ist.

3   **Der Begriff des Aromas wird nach Maßgabe von § 1** nunmehr (zur Rechtslage bis zum 13.10.2011 vgl. Voraufl.) durch Verweis auf **Art. 3 Abs. 2 Buchst. a der VO (EG) Nr. 1334/2008 bestimmt. Aromen** iSd VO (EG) Nr. 1334/2008 sind demnach Erzeugnisse, die selbst nicht zum Verzehr bestimmt sind, sondern Lebensmittel einen besonderen Geruch und/oder Geschmack zu verleihen (vgl. Zipfel/Rathke LebensmittelR/*Rathke* § 1 Rn. 4 ff.; sa OLG München LRE 42, 109; OLG Hamburg LRE 26, 230). Neben den Begriffsbestimmungen in § 1 ist nunmehr (zur Rechtslage bis zum 13.10.2011 vgl. Voraufl.) **in § 2 ein Verkehrsverbot** für chininhaltige Lebensmittel (→ Vorb. LFGB Rn. 37 ff.) statuiert, die bestimmte Höchstmengen zum Zwecke des vorbeugenden Gesundheitsschutzes statuiert. Die **§§ 4–5** enthalten Vorschriften zur **Kennzeichnung** im Verkehr mit Aromen und diesbezügliche Verkehrsverbote. In **§ 5a** ist eine Vorschrift betreffend das **Verwaltungsverfahren** enthalten. Daran schließen sich die Straf- und Bußgeldtatbestände des § 6 an. Bei Anwendung des § 6 ist mit Blick auf **§ 2 StGB, § 4 OWiG** zu beachten, dass durch Art. 1 der Zweiten Verordnung zur Änderung der AromenV eine Vielzahl von Änderungen der die Blankette des § 6 ausfüllenden Vorschriften erfolgten (→ Vorb. LFGB Rn. 25).

§ 6 Straftaten und Ordnungswidrigkeiten

(1) Nach § 58 Abs. 1 Nr. 18, Abs. 4 bis 6 des Lebensmittel- und Futtermittelgesetzbuches wird bestraft, wer vorsätzlich oder fahrlässig

1. *[aufgehoben]*
2. entgegen § 2 dort genannte Lebensmittel in den Verkehr bringt.

(2) Nach § 59 Abs. 1 Nr. 21 Buchstabe a des Lebensmittel- und Futtermittelgesetzbuches wird bestraft, wer bei dem gewerbsmäßigen Herstellen von Lebensmitteln, die dazu bestimmt sind, in den Verkehr gebracht zu werden, Zusatzstoffe über die durch § 3 Abs. 2 festgesetzten Höchstmengen hinaus verwendet.

(3) Nach § 59 Abs. 1 Nr. 21 Buchstabe a des Lebensmittel- und Futtermittelgesetzbuches wird bestraft, wer

1. entgegen § 4 dort genannte Aromen in den Verkehr bringt oder
2. entgegen § 5 dort genannte Erzeugnisse in den Verkehr bringt.

(3a) Nach § 59 Absatz 3 Nummer 2 Buchstabe a des Lebensmittel- und Futtermittelgesetzbuches wird bestraft, wer entgegen Artikel 14 Absatz 1 Satz 1 in Verbindung mit Artikel 16 der Verordnung (EG) Nr. 1334/2008 des Europäischen Parlaments und des Rates vom 16. Dezember 2008 über Aromen und bestimmte Lebensmittelzutaten mit Aromaeigenschaften zur Verwendung in und auf Lebensmitteln sowie zur Änderung der Verordnung (EWG) Nr. 1601/91 des Rates, der Verordnungen (EG) Nr. 2232/96 und (EG) Nr. 110/2008 und der Richtlinie 2000/13/EG (ABl. L 354 vom 31.12.2008, S. 34) Aromen in den Verkehr bringt, in deren Verkehrsbezeichnung der Begriff „natürlich" nicht richtig verwendet wird.

(4) Nach § 59 Abs. 3 Nr. 1 des Lebensmittel- und Futtermittelgesetzbuches wird bestraft, wer entgegen Artikel 4 Abs. 2 der Verordnung (EG) Nr. 2065/2003 des Europäischen Parlaments und des Rates vom 10. November 2003 über Raucharomen zur tatsächlichen oder beabsichtigten Verwendung in oder auf Lebensmitteln (ABl. EU Nr. L 309 S. 1) ein Raucharoma oder ein Lebensmittel, in oder auf dem ein Raucharoma vorhanden ist, in den Verkehr bringt.

(5) Wer eine in Absatz 2, 3, 3a oder Absatz 4 bezeichnete Handlung fahrlässig begeht, handelt nach § 60 Abs. 1 des Lebensmittel- und Futtermittelgesetzbuches ordnungswidrig.

(6) Ordnungswidrig im Sinne des § 60 Absatz 4 Nummer 2 Buchstabe a des Lebensmittel- und Futtermittelgesetzbuches handelt, wer vorsätzlich oder fahrlässig entgegen Artikel 14 Absatz 1 Satz 1 in Verbindung mit Artikel 15 Absatz 1 oder entgegen Artikel 17 Absatz 1 der Verordnung (EG) Nr. 1334/2008 Aromen in den Verkehr bringt, die nicht oder nicht in der vorgeschriebenen Weise gekennzeichnet sind.

(7) *[aufgehoben]*

1. **Straftaten nach § 6 Abs. 1.** Mit der **Rückverweisung auf § 58 Abs. 1 Nr. 18 LFGB** (→ LFGB 1 § 58 Rn. 37) in **§ 6 Abs. 1** werden – nunmehr (→ Vorb. Rn. 3) – lediglich **vorsätzliche** (→ LFGB § 58 Rn. 47 ff.) und **fahrlässige** (→ LFGB § 58 Rn. 60 ff.) **Verstöße gegen** das **Verkehrsverbot des § 2** (→ Vorb. Rn. 3) unter Strafe gestellt. Zur Tathandlung des Inverkehrbringens → Vorb. LFGB § 58 Rn. 45. Zur Tathandlung des Verwendens → LFGB § 58 Rn. 31. Zur Verantwortlichkeit im Lebensmittelstrafrecht → Vorb. LFGB Rn. 29 ff.

Demnach können **vorsätzliche Verstöße** mit **Geldstrafe oder mit Freiheitsstrafe bis zu drei** 2 **Jahren** geahndet werden (→ LFGB § 58 Rn. 54 f.), wobei auch der **Versuch** strafbar ist (→ LFGB § 58 Abs. 4; → LFGB § 58 Rn. 53). In **besonders schweren Fällen** (→ LFGB § 58 Abs. 5) sieht das Gesetz **Freiheitsstrafe von sechs Monaten bis fünf Jahre** vor (hierzu → LFGB § 58 Rn. 56 ff.). Nach § 6 Abs. 1 iVm § 58 Abs. 6 LFGB ist **fahrlässiges Handeln** strafbar, das mit **Geldstrafe oder Freiheitsstrafe bis zu einem Jahr** geahndet (→ LFGB § 58 Rn. 60) werden kann. Zu den Konkurrenzen → LFGB § 58 Rn. 82 ff. Zu beachten ist, dass mit dem 2. ÄndG-LFGB (→ Vorb. LFGB Rn. 6) in § 58 Abs. 2a Nr. 1 Verstöße gegen die VO (EG) Nr. 1334/2008 unmittelbar unter Strafe gestellt wurden.

2. **Straftaten nach § 6 Abs. 2.** Mit der Rückverweisung auf **§ 59 Abs. 1 Nr. 21 Buchst. a LFGB** 3 (→ LFGB § 59 Rn. 58) in **§ 6 Abs. 2** wird das **vorsätzliche** (→ LFGB § 58 Rn. 47 ff.) **Verwenden** (→ LFGB § 58 Rn. 31) **von Zusatzstoffen über die in § 3 Abs. 2 festgesetzten Höchstwerte** (→ Vorb. Rn. 3) hinaus beim gewerbsmäßigen (→ Vorb. LFGB Rn. 30) Herstellen (→ Vorb. LFGB Rn. 46 ff.) von Lebensmitteln (→ Vorb. LFGB Rn. 37 ff.), die in den Verkehr gebracht werden sollen (→ Vorb. LFGB Rn. 45), unter Strafe gestellt. Das Gesetz sieht insoweit **Freiheitsstrafe bis zu einem Jahr oder Geldstrafe** vor. Der Versuch ist ebenso wenig wie fahrlässiges Handeln (→ Rn. 6) unter Strafe gestellt. Die Qualifikation des § 59 Abs. 4 LFGB (→ LFGB § 59 Rn. 74a) findet keine Anwendung. Zu den weiteren Rechtsfolgen → LFGB § 59 Rn. 83 f. Zu den Konkurrenzen → LFGB § 59 Rn. 85.

3. **Straftaten nach § 6 Abs. 3.** Mit der **Rückverweisung auf § 59 Abs. 1 Nr. 21a LFGB** 4 (→ LFGB § 59 Rn. 58) in **§ 6 Abs. 3** werden **vorsätzliche** (→ LFGB § 58 Rn. 47 ff.) **Verstöße** gegen die im Tatbestand näher konkretisierten, dem **Täuschungsschutz** dienenden **Verkehrs- und Verwendungsverbote** aus **§ 4 und § 5** unter Strafe gestellt. Zur Tathandlung des Inverkehrbringens → Vorb. LFGB § 58 Rn. 45. Zur Tathandlung des Verwendens → LFGB § 58 Rn. 31. Das Gesetz sieht insoweit **Freiheitsstrafe bis zu einem Jahr oder Geldstrafe** vor. Der Versuch ist ebenso wenig wie fahrlässiges Handeln (→ Rn. 6) unter Strafe gestellt. Die Qualifikation des § 59 Abs. 4 LFGB (→ LFGB

§ 59 Rn. 74a) findet keine Anwendung. Zu den weiteren Rechtsfolgen → LFGB § 59 Rn. 83 f. Zu den Konkurrenzen → LFGB § 59 Rn. 85.

4a   **4. Straftaten nach § 6 Abs. 3a.** Mit der – mit Wirkung ab dem 14.10.2011 (→ Vorb. Rn. 3) eingefügten – **Rückverweisung auf § 59 Abs. 3 Nr. 2 Buchst. a LFGB** (→ LFGB § 59 Rn. 71) in **§ 6 Abs. 3a** werden **vorsätzliche** (→ LFGB § 58 Rn. 47 ff.) **Verstöße** gegen das im Tatbestand näher konkretisierte Verkehrsverbot für Aromen, bei denen nach Maßgabe von Art. 16 VO (EG) Nr. 1334/2008 der Begriff „natürlich" nicht richtig verwendet wurde, unter Strafe gestellt. Zur Tathandlung des Inverkehrbringens → Vorb. LFGB § 58 Rn. 45. Zu beachten ist, dass das maßgebliche Verkehrsverbot lediglich für den Verkauf der Aromen an andere Personen als den Endverbraucher besteht. Das Gesetz sieht insoweit **Freiheitsstrafe bis zu einem Jahr oder Geldstrafe** vor. Der Versuch ist ebenso wenig wie fahrlässiges Handeln (→ Rn. 6) unter Strafe gestellt. Die Qualifikation des § 59 Abs. 4 LFGB (→ LFGB § 59 Rn. 74a) findet keine Anwendung. Zu den weiteren Rechtsfolgen → LFGB § 59 Rn. 83 f. Zu den Konkurrenzen → LFGB § 59 Rn. 85.

5   **5. Straftaten nach § 6 Abs. 4.** Mit **Rückverweisung auf § 59 Abs. 3 Nr. 1 LFGB** (→ LFGB § 59 Rn. 80) werden vorsätzliche Verstöße gegen das unmittelbar geltende **Verkehrsverbot des Art. 4 Abs. 2 VO (EG) Nr. 2065/2003** (→ Vorb. Rn. 2) unter Strafe gestellt. Danach darf niemand ein Raucharoma oder irgendein Lebensmittel, in oder auf dem ein solches Raucharoma vorhanden ist, in den Verkehr bringen (→ Vorb. LFGB § 58 Rn. 45), wenn es sich bei dem Raucharoma nicht um ein gem. Art. 6 VO (EG) Nr. 2065/2003 zugelassenes Primärprodukt oder ein daraus hergestelltes Raucharoma handelt und wenn die in der Zulassung festgelegten Verwendungsbedingungen nicht erfüllt sind. Das Gesetz sieht insoweit **Freiheitsstrafe bis zu einem Jahr oder Geldstrafe** vor. Fahrlässiges Handeln ist nicht strafbar, sondern nach § 6 Abs. 5 als Ordnungswidrigkeit zu ahnden (→ Rn. 6).

6   **6. Ordnungswidrigkeiten nach § 6 Abs. 5 und 6.** Handelt der Täter in den Fällen des **§ 6 Abs. 2, 3, 3a oder Abs. 4 fahrlässig** (→ LFGB § 58 Rn. 60 ff.), verwirklicht er den Bußgeldtatbestand des § 6 Abs. 5. Die Verordnung wurde bisher noch nicht an das abgestufte System in § 60 Abs. 1 und 5 LFGB (→ LFGB § 60 Rn. 31 f.) angepasst, das mit dem Gesetz zur Änderung des Lebensmittel- und Futtermittelgesetzbuchs sowie anderer Vorschriften vom 29.6.2009 (BGBl. I 1659), das am 4.7.2009 in Kraft getreten ist (→ Vorb. LFGB Rn. 6), eingeführt wurde. Da die in § 6 Abs. 2 und Abs. 3 bezeichneten Handlungen Straftaten nach § 59 Abs. 1 Nr. 21 Buchst. a LFGB darstellen, wird der **Verweis in § 6 Abs. 5 als solcher auf § 60 Abs. 1 Nr. 2 LFGB zu verstehen sein.** Nämliches gilt sinngemäß für den Verweis in § 6 Abs. 5 bei fahrlässiger Begehung einer Tathandlung iSv § 6 Abs. 3a und Abs. 4. Danach können Ordnungswidrigkeiten iSv § 6 Abs. 5 nach der ab dem 4.8.2011 geltenden Fassung des § 60 Abs. 5 Nr. 2 LFGB (zur Änderung der Geldbußenrahmen in § 60 Abs. 5 LFGB → LFGB § 60 Rn. 32) mit Geldbuße iHv bis zu **50.000 EUR** geahndet werden. Im Übrigen gelten für die Bemessung der Geldbuße die Vorgaben von § 17 Abs. 3 und 4 OWiG. Zu den weiteren Rechtsfolgen → LFGB § 60 Rn. 33 f.

7   Mit **Rückverweisung auf § 60 Abs. 4 Nr. 2 Buchst. a LFGB** (→ LFGB § 60 Rn. 30) in § 6 Abs. 6 werden **vorsätzliche** (→ LFGB § 58 Rn. 47 ff.) und fahrlässige (→ LFGB § 58 Rn. 60 ff.) Verstöße gegen die im Tatbestand näher konkretisierten **Verkehrsverbote nach Art. 14 Abs. 1 und Art. 17. Abs. 1 VO (EG) Nr. 1334/2008,** die aus Verstößen gegen Kennzeichnungspflichten resultieren, als Ordnungswidrigkeiten definiert. Zur Tathandlung des Inverkehrbringens → Vorb. LFGB Rn. 45.

8   Demnach können **vorsätzliche Verstöße iSv § 6 Abs. 6** nach der ab dem 4.8.2011 geltenden Fassung des § 60 Abs. 5 Nr. 2 LFGB (vgl. zur Änderung der Geldbußenrahmen in § 60 Abs. 5 LFGB → LFGB § 60 Rn. 32) mit **Geldbuße bis zu 50.000 EUR** geahndet werden; handelt der Betroffene **fahrlässig** sieht das Gesetz **Geldbuße bis zu 25.000 EUR** (§ 17 Abs. 2 OWiG) vor. Zu den weiteren Rechtsfolgen → LFGB § 60 Rn. 33 f.

143. Asylbewerberleistungsgesetz (AsylbLG)

In der Fassung der Bekanntmachung vom 5.8.1997 (BGBl. I 2022) FNA 2178-1

Zuletzt geändert durch Art. 3 G zur Einführung beschleunigter Asylverfahren vom 11.3.2016 (BGBl. I S. 390)

– Auszug –

Vorbemerkung

Das AsylbLG regelt abschließend die **materiellen Leistungen,** also Art und Weise sowie Umfang **1**
der Leistungen, **für die in § 1 Abs. 1 genannten Leistungsberechtigten** (Asylbewerber, geduldete
Ausländer, Kriegs- bzw. Bürgerkriegsflüchtlinge) zur Sicherstellung des Existenzminimums während
ihres Aufenthalts in Deutschland.

§ 13 Bußgeldvorschrift

**(1) Ordnungswidrig handelt, wer vorsätzlich oder fahrlässig entgegen § 8a eine Meldung
nicht, nicht richtig, nicht vollständig oder nicht rechtzeitig erstattet.**

**(2) Die Ordnungswidrigkeit kann mit einer Geldbuße bis zu fünftausend Euro geahndet
werden.**

Literatur: Bieritz-Harder/Conradis/Thie, LPK-SGB XII Sozialhilfe, 10. Aufl. 2015 (zitiert LPK-SGB XII/*Bearbeiter*); *Birk,* Das neue Asylbewerberleistungsgesetz, infoalso 2015, 51; *Dietz,* Leistungseinschränkungen nach § 1a
AsylbLG für Asylbewerber aus sicheren Herkunftsstaaten, DÖV 2015, 727; *Grube/Wahrendorf,* SGB XII, 5. Aufl. 2014
(zitiert Grube/Wahrendorf); *Hohm* (Hrsg.), Kommentar zum Asylbewerberleistungsgesetz (AsylbLG), Loseblatt, Stand
Dezember 2015 (zitiert Hohm); *Hohm,* Novellierung des Asylbewerberleistungsgesetzes, NVwZ 1997, 659; *Janda,* Quo
vadis, AsylbLG? Möglichkeiten der Neugestaltung der existenzsichernden Leistungen für Personen mit vorübergehendem Aufenthalt nach dem Urteil des BVerfG, ZAR 2013, 175; *Mergler/Zink,* Handbuch der Grundsicherung und
Sozialhilfe, Teil II: SGB XII, Stand 28. EL 2015; *Raschka,* Anspruch von Unionsbürgern auf Zugang zu Sozialleistungen nach der jüngsten Rechtsprechung des EuGH, ZAR 2015, 331; *Streit/Hübschmann,* Das Zweite Gesetz zur
Änderung des Asylbewerberleistungsgesetzes, ZAR 1998, 266.

1. Entstehung und Normzweck des Gesetzes. a) Entstehung des AsylbLG. Das AsylbLG ist **1**
eine Folge des Asylkompromisses (Einführung des Art. 16a GG anstelle des Art. 16 Abs. 2 GG) und der
damit einhergehenden Einschränkungen des Asylgrundrechts. Mit Inkrafttreten des AsylbLG am
1.11.1993 (BGBl. I 1074) wurden die Leistungen für Asylbewerber aus dem BSHG herausgenommen,
wo sie bereits zuvor in einem eigenen Abschnitt 10a geregelt worden waren (zum Gesetzgebungsverfahren *Hohm* NVwZ 1997, 659; *Streit/Hübschmann* ZAR 1998, 266). Das Gesetz ist seitdem mehrfach
geändert worden, § 13 in Abs. 2 zuletzt mWv 1.1.2005 durch G v. 30.7.2004 (BGBl. I 1950). Das
BVerfG hat mit Urt. v. 18.7.2012, BVerfG BeckRS 2012, 71078, die Leistungssätze in § 3 für evident
unzureichend erklärt. In der Folge sind zum 1.3.2015 durch Art. 1 ÄndG AsylbLG und Art. 3 RechtSt-
VerbG umfangreiche und wesentliche Änderungen für Asylbewerber, geduldete Ausländer und Kriegs-
bzw. Bürgerkriegsflüchtlinge im AsylbLG in Kraft getreten (dazu *Birk* infoalso 2015, 51). Die letzte
grundlegende Änderung erfolgte als Reaktion auf die in 2015 exponentiell gestiegene Zahl von Bürger-
kriegsflüchtlingen und Asylbewerbern mWv 24.10.2015 durch das AsylverfahrensbeschleunigungsG
vom 20.10.2015 (BGBl. I 1722).

b) Normzweck des AsylbLG. Ziel des Gesetzes war die Neustrukturierung und Kürzung der **2**
Sozialhilfe für bestimmte Asylbewerbergruppen (vgl. zur Vorläufer-Regelung im BSHG Begr. BT-Drs.
12/3686, 1). Mittel hierzu war die Einsparung von Sozialausgaben für Asylbewerber durch Erfassung
aller Gruppen asylsuchender Ausländer und Kürzung der Leistungsbemessung unter den Sozialhilfesatz.
Ferner sollte hierdurch die Attraktivität des Standorts Deutschland für Flüchtlinge gemindert werden
(vgl. BT-Drs. 12/3686, 4). Weiteres Ziel war eine Entlastung von Städten und Gemeinden (*Hohm*
NVwZ 1997, 659; *Streit/Hübschmann* ZAR 1998, 267). Die gesetzgeberischen Zwecke sind vom
BVerfG zunächst unbeanstandet geblieben (Beschl. v. 11.7.2006, 1 BvR 293/05), zumal dem Gesetzgeber bei der Bemessung von Leistungsvorschriften ein weiter Spielraum zukommt (BVerfGE 43, 19;
70, 288).

Ziel von § 13 ist die Verhinderung missbräuchlicher Inanspruchnahme von Sozialleistungen durch **3**
die nach § 1 Leistungsberechtigten. Leistungsberechtigte Ausländer in einer Erstaufnahmeeinrichtung
im Bundesgebiet unterliegen zunächst einem Arbeitsverbot für Asylbewerber (§ 61 Abs. 1 AsylG). Nach
dessen Ablauf kann eine Arbeitsaufnahme in Abweichung von § 4 Abs. 3 AufenthG nach § 61 Abs. 2
AsylG gestattet werden. Erzieltes Erwerbseinkommen wird dann allerdings gem. § 7 auf in Anspruch

genommene Sozialleistungen angerechnet. § 13 iVm § 8a soll sicherstellen, dass die Behörden rechtzeitig von auf diesem Wege erzieltem anzurechnendem Arbeitsentgelt erfahren.

4   **2. Zur Regelung des § 13.** Nach § 8a haben Leistungsberechtigte der zuständigen Behörde **spätestens am dritten Tag** die **Aufnahme einer unselbstständigen oder selbstständigen Erwerbstätigkeit** zu melden.

5   **Verpflichtet** zur Meldung iSd Vorschrift sind alle nach AsylbLG **Leistungsberechtigten,** also der Personenkreis des § 1.

Hierzu gehören **Ausländer,** die sich zum einen tatsächlich im Bundesgebiet aufhalten und zum anderen entweder eine **Aufenthaltsgestattung** nach dem Asylgesetz besitzen oder über einen Flughafen einreisen wollen und denen die Einreise nicht oder noch nicht gestattet ist oder die eine **Aufenthaltserlaubnis** besitzen wegen Krieges in ihrem Heimatland nach § 23 Abs. 1, § 24 AufenthG, wegen § 25 Abs. 4 S. 1 AufenthG oder § 25 Abs. 5 AufenthG, sofern die Entscheidung über die Aussetzung ihrer Abschiebung nicht 18 Monate zurückliegt, oder die eine **Duldung** nach § 60a AufenthG besitzen oder die **vollziehbar ausreisepflichtig** sind, auch wenn eine Abschiebungsandrohung noch nicht oder nicht mehr vollziehbar ist, oder wenn sie Ehegatten, Lebenspartner oder minderjährige Kinder der genannten Personen sind, ohne dass sie selbst die dort genannten Voraussetzungen erfüllen, oder die einen **Folgeantrag** nach § 71 AsylG oder einen **Zweitantrag** nach § 71a AsylG stellen. **Nicht leistungsberechtigt** und damit auch nicht zur Meldung verpflichtet sind die genannten Ausländer für die Zeit, für die ihnen ein anderer Aufenthaltstitel als die oben bezeichnete Aufenthaltserlaubnis mit einer Gesamtgeltungsdauer von mehr als sechs Monaten erteilt worden ist.

Die **Leistungsberechtigung endet** mit der Ausreise oder mit Ablauf des Monats, in dem die Leistungsvoraussetzung entfällt oder das Bundesamt für Migration und Flüchtlinge den Ausländer als Asylberechtigten anerkannt oder ein Gericht das Bundesamt zur Anerkennung verpflichtet hat, auch wenn die Entscheidung noch nicht unanfechtbar ist. Für minderjährige Kinder, die eine Aufenthaltserlaubnis nach § 25 Abs. 5 AufenthG besitzen und die mit ihren Eltern in einer Haushaltsgemeinschaft leben, endet die Leistungsberechtigung auch dann, wenn die Leistungsberechtigung eines Elternteils, der eine Aufenthaltserlaubnis nach § 25 Abs. 5 AufenthG besitzt, entfallen.

Da der Begriff der **Erwerbstätigkeit** im AsylbLG nicht definiert ist, wird für die Auslegung entweder der 2004 außer Kraft getretene § 12 DVAuslG oder § 2 Abs. 2 AufenthG herangezogen. Nach § 2 Abs. 2 AufenthG ist Erwerbstätigkeit die selbstständige Tätigkeit und die Beschäftigung iSv § 7 SGB IV, also die nichtselbstständige Arbeit, insbesondere in einem Arbeitsverhältnis. Anhaltspunkte für eine Beschäftigung sind eine Tätigkeit nach Weisungen und eine Eingliederung in die Arbeitsorganisation des Weisungsgebers. Nach dem alten § 12 DVAuslG umfasst Erwerbstätigkeit jede selbstständige und unselbstständige Tätigkeit, die auf die Erzielung von Gewinn gerichtet oder für die ein Entgelt vereinbart oder üblich ist oder für die eine Genehmigung für die Beschäftigung als Arbeitnehmer oder eine Berufsausübungserlaubnis erforderlich ist. Als Erwerbstätigkeit iSv § 8a gelten nur selbst gefundene Erwerbstätigkeiten. Arbeitsgelegenheiten iSv § 5 Abs. 1, Abs. 5 sind daher **keine** Erwerbstätigkeiten iSv § 8a (allgM, Grube/Wahrendorf § 8a Rn. 2; LPK-SGB XII/*Birk* § 8a Rn. 2).

6   **Meldungsadressat** ist die zuständige Behörde. Diese richtet sich nach der Delegationsnorm des § 10. Danach bestimmen die einzelnen Bundesländer die für die Leistungsabwicklung zuständigen Behörden und Kostenträger.

7   **Beginn** der Meldepflicht ist der Zeitpunkt der Zusage bzw. Kenntnis von der aufzunehmenden Erwerbstätigkeit. Fristanlauf für die Drei-Tages-Frist ist der erste Tag der Erwerbstätigkeit. Die Meldung ist nach dem insoweit klaren Wortlaut **nicht rechtzeitig** erstattet, wenn sie nicht spätestens drei Tage nach Beginn der Erwerbstätigkeit erfolgt ist. Dem Täter aus dem Sinn und Zweck der Vorschrift eine Nachholung bis zu dem Zeitpunkt straflos zu ermöglichen, in dem die Behörde eine (dann zu hohe) Sozialleistung anweist, dürfte vor dem eindeutigen Wortlaut mit dann unklarem Vollendungszeitpunkt nicht möglich sein. **Nicht vollständig** ist die Mitteilung, wenn sie nicht alle für eine Leistungsanrechnung nach § 7 relevanten Tatsachen enthält, zumindest aber die Information, dass, ab wann und bei wem eine Arbeit aufgenommen wurde, so dass die Behörde ggf. weitere Erkundigungen einziehen kann. Im Hinblick auf das Bestimmtheitsgebot des Art. 103 Abs. 1 GG wird restriktiv vertreten, dass der Tatbestand nicht vollständiger Meldung nur erfüllt sei, wenn die Behörde den Leistungsberechtigten vom Umfang der Meldepflicht hinreichend in Kenntnis gesetzt habe (Hohm § 13 Rn. 9; Grube/Wahrendorf § 8a Rn. 2). Die Meldung ist **nicht richtig,** wenn die mitgeteilten Tatsachen **objektiv** nicht der Wahrheit entsprechen. Bis zum dritten Tag nach Aufnahme der Erwerbstätigkeit kann eine Mitteilung mit folgenlos **korrigiert** werden. Es genügt, wenn die notwendigen Informationen bei Ablauf der Drei-Tages-Frist vorliegen. **Nicht erstattet** ist die Mitteilung, wenn sie bis zum Zeitpunkt der Entdeckung noch gar nicht abgegeben ist. Eine bestimmte **Form** für die Meldung ist nicht vorgeschrieben.

8   Das **Ende** der Meldepflicht ist nach dem gesetzlichen Wortlaut nach Ablauf der ersten drei Tage Erwerbstätigkeit („spätestens") erreicht. Richtig dürfte vor dem Hintergrund des gesetzgeberischen Ziels aber sein, dass die Meldepflicht besteht, solange der Leistungsberechtigte eine Erwerbstätigkeit ausübt, die für § 7 relevant ist (**aA** Grube/Wahrendorf § 8a Rn. 2: Ende mit Beginn des Leistungsbezugs). Eine andere Frage ist diejenige nach der ordnungswidrigkeitenrechtlichen Bewertung, also der Tatbestandsvollendung und -beendigung (dazu → Rn. 10).

3. Innere Tatseite. Die Ordnungswidrigkeit kann sowohl **vorsätzlich** (mind. dolus eventualis) als auch **fahrlässig** begangen werden (vgl. zur inneren Tatseite bei Ordnungswidrigkeiten KK-OWiG/ *Rengier* OWiG § 10; Bohnert/Krenberger/Krumm OWiG § 10). 9

4. Tatvollendung und -beendigung. Tatvollendung tritt ein, wenn der Täter bis zum Ablauf der 10 Drei-Tages-Frist eine Meldung nicht, nicht richtig oder nicht vollständig erstattet hat. Bei dem zugrunde liegenden Vorwurf handelt es sich im Kern um ein Unterlassen. **Tatbeendigung** tritt daher erst dann ein, wenn die Handlungs-, also Meldepflicht, sinnlos geworden oder entfallen ist, dh entweder mit Entdeckung der Tat oder mit dem Ende der die Meldepflicht auslösenden Erwerbstätigkeit.

5. Konkurrenzen, Strafverfolgung und Verjährung. Führt die fehlerhafte oder fehlende Mitteilung zu einem Schaden und hat der Leistungsberechtigte dies beabsichtigt, kommt Tateinheit mit Betrug (§ 263 StGB) in Betracht. Bei einem Verstoß gegen die Meldepflicht kann eine Geldbuße bis zu 5.000 EUR verhängt werden. 11

Der Lauf der **Verfolgungsverjährung** beginnt ab dem Zeitpunkt der Beendigung (→ Rn. 10). 12

145. Asylgesetz (AsylG)

In der Fassung der Bekanntmachung vom 2. September 2008 (BGBl. I, 1798) FNA 26-7

Zuletzt geändert durch Art. 2 G zur erleichterten Ausweisung von straffälligen Ausländern und zum erweiterten Ausschluss der Flüchtlingsanerkennung bei straffälligen Asylbewerbern vom 11.3.2016 (BGBl. I S. 394)

– Auszug –

§ 85 Sonstige Straftaten

Mit Freiheitsstrafe bis zu einem Jahr oder mit Geldstrafe wird bestraft, wer
1. **entgegen § 50 Abs. 6, auch in Verbindung mit § 71a Abs. 2 Satz 1, sich nicht unverzüglich zu der angegebenen Stelle begibt,**
2. **wiederholt einer Aufenthaltsbeschränkung nach § 56 oder § 59b Absatz 1, jeweils auch in Verbindung mit § 71a Abs. 3, zuwiderhandelt,**
3. **einer vollziehbaren Anordnung nach § 60 Abs. 2 Satz 1, auch in Verbindung mit § 71a Abs. 3, nicht rechtzeitig nachkommt oder**
4. **entgegen § 61 Abs. 1, auch in Verbindung mit § 71a Abs. 3, eine Erwerbstätigkeit ausübt.**

1   **1. Allgemeines.** Asylbewerber unterliegen bis zu ihrer Anerkennung als Asylberechtigte weiterreichenden **Einschränkungen** in Bezug auf die Möglichkeit der Aufnahme einer **Erwerbstätigkeit** als andere Ausländer. Von Gesetzes wegen dürfen sie nach § 61 Abs. 1 keine Erwerbstätigkeit aufnehmen, solange sie verpflichtet sind, in einer Aufnahmeeinrichtung zu wohnen. Der Verstoß hiergegen ist nach § 85 Nr. 4 strafbar. Bis zum 31.12.2014 konnte die Ausländerbehörde durch besondere Auflagen die Ausübung einer Erwerbstätigkeit verbieten oder beschränken, was durch § 85 Nr. 3 AsylVfG aF strafbewehrt war. Seit den zum 1.1.2015 in Kraft getretenen Änderungen durch das Gesetz zur Verbesserung der Rechtsstellung von asylsuchenden und geduldeten Ausländern (v. 23.12.2014, BGBl. I 2439) ist die Strafbarkeit nach dem früheren § 85 Nr. 3 bei Zuwiderhandlungen gegen erwerbstätigkeitsbeschränkende Auflagen weggefallen. Altfälle sind insoweit aufgrund des Wegfalls der Strafnorm nach § 2 Abs. 3 StGB straffrei. Eine Strafbarkeit bei Erwerbstätigkeit kommt auch in Betracht, wenn sich der Asylbewerber außerhalb eines ihm zugewiesenen räumlichen Bereichs aufhält, etwa weil er an anderem Ort erwerbstätig ist. Wer einen **Asylbewerber beschäftigt,** kann sich wegen Beteiligung an diesen Straftaten strafbar machen.

2   Gemäß § 1 Abs. 1 **gilt das Asylgesetz** für alle Ausländer, die Schutz als politisch Verfolgte nach Art. 16a Abs. 1 GG oder Schutz vor Abschiebung oder einer sonstigen Rückführung in einen Staat beantragen, in dem ihnen die in § 60 Abs. 1 AufenthG bezeichneten Gefahren drohen. Ausgenommen hiervon sind gemäß § 1 Abs. 2 heimatlose Ausländer. Damit ist der Anwendungsbereich des § 85 abschließend bestimmt. Im Verhältnis zu § 95 AufenthG handelt es sich bei § 85 um die spezielleren Vorschrift.

3   **2. Wiederholter Verstoß gegen Aufenthaltsbeschränkungen (Nr. 2).** Die Straftat setzt die mindestens zweimalige Begehung einer OWi nach § § 86 Abs. 1 voraus. Wegen der Tatbegehung wird auf die dortige Kommentierung verwiesen (→ § 86 Rn. 1). Voraussetzung für einen wiederholten Verstoß gegen die gesetzlichen Aufenthaltsbeschränkungen, denen Asylbewerber unterliegen, ist – wie bei § 95 Abs. 1 Nr. 7 AufenthG – nicht, dass die Vortat als Ordnungswidrigkeit verfolgt oder geahndet wurde (OLG Hamm StRR 2007, 114; Hailbronner AuslR Rn. 9; krit. *Marx,* Kommentar zum Asylverfahrensrecht, 8. Aufl. 20014, AsylVfG § 85 Rn. 20 ff. mwN). Sie muss aber zumindest verfolgbar gewesen sein, prozessordnungsgemäß festgestellt werden und zur Überzeugung des Gerichts feststehen. Eine **Wiederholung** liegt bei der zweiten Zuwiderhandlung und jeder weiteren vor. In zeitlicher Hinsicht ist aufgrund des erheblichen Unterschieds der Rechtsfolgen in § 85 Nr. 2 und § 86 zu fordern, dass die Vortat, an die zur Feststellung der Wiederholung angeknüpft wird, weder nach § 31 OWiG noch nach § 79 StGB verjährt ist bzw. im Falle rechtskräftiger Verurteilung wegen einer Straftat nach § 51 BZRG noch Berücksichtigung finden kann (vgl. auch OLG Hamm NStZ 2015, 528).

4   Bei der **Teilnahme** an der Straftat eines Asylbewerbers nach Nr. 2 kommt es für die Strafbarkeit des Teilnehmers darauf an, ob das strafbegründende persönliche Merkmal der Wiederholung (vgl. Schönke/Schröder/*Heine/Weißer* StGB § 28 Rn. 14 zum früheren Merkmal der Rückfälligkeit; ebenso für das Merkmal der „Beharrlichkeit" Schönke/Schröder/*Eisele* StGB § 184e Rn. 7) bei ihm vorliegt oder nicht. Dies ergibt sich insbes. aus § 14 Abs. 4 OWiG. Bestimmt danach das Gesetz, dass eine Handlung, die sonst eine Ordnungswidrigkeit wäre, bei besonderen persönlichen Merkmalen des Täters eine Straftat ist, so gilt dies nur für den Beteiligten, bei dem sie vorliegen. Weist also nur ein Beteiligter die

besonderen persönlichen Merkmale auf, die eine Ordnungswidrigkeit zur Straftat werden lassen, so ist nur er als Täter oder Teilnehmer einer Straftat anzusehen, je nachdem wie seine Beteiligung nach dem StGB einzuordnen ist (Göhler/*Gürtler* OWiG § 14 Rn. 19; Lemke/Mosbacher OWiG § 14 Rn. 12). Er kann auch dann Teilnehmer einer Straftat sein, wenn ein „Haupttäter" der Straftat fehlt, weil dieser mangels Vorliegens der besonderen persönlichen Merkmals nur den Bußgeldtatbestand verwirklicht (BayObLG NJW 1985, 1566; Schönke/Schröder/*Eisele* StGB § 184e Rn. 7; Göhler/*Gürtler* OWiG § 14 Rn. 19). Danach kann sich ein Gehilfe etwa nach § 184f (früher § 184e) StGB wegen Beihilfe zur Ausübung der verbotenen Prostitution strafbar machen, wenn nur er beharrlich iSd § 184f StGB handelt, die Prostituierte mangels Beharrlichkeit aber nur den Bußgeldtatbestand des § 120 OWiG erfüllt (BayObLG NJW 1985, 1566; Lemke/Mosbacher OWiG § 14 Rn. 12).

Gleiches gilt für den **Arbeitgeber,** wenn er im Falle der illegalen Beschäftigung Teilnehmer an einem 5 Verstoß gegen räumliche Beschränkungen durch seinen asylsuchenden Arbeitnehmer ist: Handelt nur der Arbeitgeber wiederholt, weil er etwa schon zuvor als Beteiligter den Bußgeldtatbestand des § 86 Abs. 1 erfüllt hat, und verstößt der betreffende Asylbewerber zum ersten Mal gegen die räumliche Beschränkung, macht sich der Arbeitgeber im Falle der Beihilfe zu dem Verstoß nach § 85 Nr. 2, § 27 StGB strafbar, während der Asylbewerber lediglich eine Ordnungswidrigkeit gemäß § 86 Abs. 1 begeht. Umgekehrt kann sich für den Asylbewerber, der wiederholt der räumlichen Beschränkung zuwiderhandelt, die Tat als Straftat nach § 85 Nr. 2 darstellen, während der Arbeitgeber wegen einer für ihn erstmaligen Beteiligung an der nach § 21 OWiG verdrängten Ordnungswidrigkeit des Asylbewerbers nur der Bußgelddrohung des § 86 Abs. 1 unterfällt (vgl. Göhler/*Gürtler* OWiG § 14 Rn. 20; Lemke/Mosbacher OWiG § 14 Rn. 13).

3. Verstoß gegen das gesetzliche Verbot der Erwerbstätigkeit (Nr. 5). § 61 Abs. 1 sieht ein 6 **ausnahmsloses Verbot jeder Erwerbstätigkeit** während der Verpflichtung zum Wohnen in einer **Aufnahmeeinrichtung** vor. Diese Verpflichtung besteht gemäß § 47 Abs. 1 zum einen nur für einen bestimmten Personenkreis, zum anderen nur für eine bestimmte Zeit. Der betroffene **Personenkreis** ergibt sich aus § 14. Es sind diejenigen Asylbewerber, die den Asylantrag bei einer Außenstelle des Bundesamtes für die Anerkennung ausländischer Flüchtlinge (Bundesamt) und nicht bei der Zentrale des Bundesamts zu stellen haben. Grds. sind nach § 14 Abs. 1 Asylanträge bei den jeweiligen Außenstellen des Bundesamts zu stellen. Ausnahmen gelten gemäß § 14 Abs. 2 S. 1 für Ausländer, die einen Aufenthaltstitel mit einer Gesamtgeltungsdauer von mehr als sechs Monaten besitzen (Nr. 1), sich in Haft oder sonstigem öffentlichen Gewahrsam, in einem Krankenhaus, einer Heil- oder Pflegeanstalt oder in einer Jugendhilfeeinrichtung befinden (Nr. 2) oder noch nicht das 16. Lebensjahr vollendet haben und ihr gesetzlicher Vertreter nicht verpflichtet ist, in einer Aufnahmeeinrichtung zu wohnen (Nr. 3). In den Fällen des § 14 Abs. 2 S. 1 Nr. 2 entsteht die Wohnpflicht in einer Aufnahmeeinrichtung gemäß § 47 Abs. 1 S. 2, wenn die Voraussetzungen dieser Vorschrift vor der Entscheidung des Bundesamts entfallen.

Zeitlich endet die Verpflichtung, in einer Aufnahmeeinrichtung zu wohnen, automatisch spätes- 7 tens mit dem Ablauf von sechs (bis 24.10.2015 drei) Monaten (Hailbronner AuslR § 47 Rn. 6, § 8 Rn. 8). Dies ergibt sich aus der ausdrücklichen Befristung der Pflicht in § 47 Abs. 1 S. 1 („längstens jedoch bis zu sechs Monaten") und im Umkehrschluss aus § 48 („Die Verpflichtung … endet vor Ablauf von sechs Monaten, wenn …"). Nach Ablauf der Sechsmonatsfrist entfällt daher das gesetzliche Erwerbstätigkeitsverbot, so dass eine Strafbarkeit nach diesem Zeitpunkt ausscheidet (*Marx*, Kommentar zum Asylverfahrensrecht, 8. Aufl. 20014, AsylVfG § 85 Rn. 25). Weitere gesetzliche Beendigungsgründe sind in § 48 Nr. 1–3 genannt. Dazu gehören die Begründung einer anderweitigen Wohnverpflichtung etwa im Rahmen des landesinternen Verteilungsverfahrens (Nr. 1), die unanfechtbare Anerkennung als Asylbewerber (Nr. 2) und die Erlangung eines Anspruchs auf Erteilung eines Aufenthaltstitels infolge Eheschließung (Nr. 3). Im Übrigen ist vor Ablauf des Sechsmonatszeitraums für die Beendigung der Wohnpflicht eine Entscheidung der Verwaltung notwendig. Im Regelfall soll der Aufenthalt in der Aufnahmeeinrichtung nach § 47 Abs. 1 S. 1 sechs Wochen nicht überschreiten, ein durchsetzbarer Rechtsanspruch auf die Einhaltung dieser kürzeren Frist besteht jedoch nicht. Entsprechend gelten für die Zeit des Vorprüfungsverfahrens die Vorschriften über das Arbeitsverbot nach § 61 Abs. 1 und die Wohnpflicht in einer Aufnahmeeinrichtung für Zweitantragsteller gemäß § 71a Abs. 2 und 3. Auch diese können sich nach dem ausdrücklichen Verweis in § 85 Nr. 4 auf § 71a Abs. 3 wegen Verstoßes gegen das gesetzliche Erwerbstätigkeitsverbot strafbar machen.

Eine **Zuwiderhandlung** gegen das Verbot der Erwerbstätigkeit liegt nur dann vor, wenn tatsächlich 8 eine Erwerbstätigkeit ausgeübt wird, wofür die Arbeitssuche oder auch ein Vertragsschluss noch nicht ausreichen. Für die Auslegung des Begriffs der Erwerbstätigkeit kann auf § 2 Abs. 2 AufenthG verwiesen werden. Fraglich ist dabei, ob in diesem Zusammenhang auch die Ausnahmeregelung des § 30 BeschV gilt, wonach bestimmte kurzfristig ausgeübte Tätigkeiten nicht als Beschäftigung im Sinne des Aufenthaltsgesetzes gelten. Dies wird man wohl – wie beim früheren Recht – annehmen können. Bei der Abgrenzung zwischen einer Erwerbstätigkeit und einer bloßen Gefälligkeit oder einem Handeln aus unterhaltsrechtlicher oder sittlicher familiärer Verpflichtung im familiären Rahmen, sind für die notwendige Gesamtbetrachtung alle Umstände des Einzelfalls wie etwa der Umfang der Tätigkeit, die Höhe der gewährten Leistungen oder eine nach ausländischem Recht bestehende Arbeitspflicht oder Unterhaltsberechtigung heranzuziehen (OLG Düsseldorf NStZ 1994, 290).

9   Der vom Erwerbstätigkeitsverbot betroffene Ausländer muss **vorsätzlich** handeln. Dies erfordert die Kenntnis des Erwerbstätigkeitsverbots, auf das von den Ausländerbehörden bei der Ausstellung der Aufenthaltsgestattung deklaratorisch hingewiesen werden kann (Hailbronner AuslR Rn. 14). Eine **Teilnahme** an dem Verstoß gegen das Erwerbstätigkeitsverbot ist jedermann möglich (Hailbronner AuslR Rn. 14), also insbes. auch einem deutschen **Arbeitgeber,** der den Asylbewerber beschäftigt und ihm erst hierdurch Gelegenheit gibt, gegen das Erwerbstätigkeitsverbot zu verstoßen. Als Rechtsfolge kommt Geldstrafe oder Freiheitsstrafe bis zu einem Jahr in Betracht. Eine Kostenhaftung des Arbeitgebers für Ab- und Zurückschiebungskosten sieht § 66 Abs. 4 S. 1 AufenthG im Falle der Beschäftigung von Asylbewerbern allein aufgrund eines Verstoßes gegen die Vorschriften des AsylG nicht vor, da in § 66 Abs. 4 S. 1 AufenthG nur darauf abgestellt wird, ob dem betreffenden Ausländer die Ausübung nach den Vorschriften des Aufenthaltsgesetzes nicht erlaubt war.

§ 86 Bußgeldvorschriften

    (1) Ordnungswidrig handelt ein Ausländer, der einer Aufenthaltsbeschränkung nach § 56 oder § 59b Absatz 1, jeweils auch in Verbindung mit § 71a Abs. 3, zuwiderhandelt.

    (2) Die Ordnungswidrigkeit kann mit einer Geldbuße bis zu zweitausendfünfhundert Euro geahndet werden.

1   Nach Abs. 1 ist der **Erstverstoß** eines Asylbewerbers gegen die nach § 56 oder § 59b Abs. 1 bestehende **Beschränkung des Aufenthalts** auf den Bezirk einer bestimmten Ausländerbehörde bußgeldbewehrt. Ordnungswidrig ist nur der vorsätzliche, nicht der fahrlässige Verstoß (vgl. § 10 OWiG). Ordnungswidrig in diesem Sinne kann nur ein Asylbewerber handeln. Ist der Asylantrag rechtskräftig abgelehnt und hält sich der Ausländer weiter stillschweigend geduldet im Bundesgebiet auf, kommt die Erfüllung des Bußgeldtatbestandes nach Abs. 1 nicht mehr in Betracht (OLG Oldenburg StV 1995, 139 (140)). Ebenso verhält es sich, wenn die asylverfahrensrechtliche Aufenthaltsgestattung aus anderen Gründen wie etwa nach § 67 Abs. 1 Nr. 4 erloschen ist, weil § 56 ausdrücklich nur die räumliche Beschränkung der Aufenthaltsgestattung anordnet und deshalb alleine an den aufenthaltsrechtlichen Status der Aufenthaltsgestattung anknüpft (OLG Stuttgart StV 1999, 97 ff.).

2   Die Aufenthaltsgestattung ist **kraft Gesetzes** für Asylbewerber nach § 56 Abs. 1 **räumlich auf den Bezirk der Ausländerbehörde beschränkt,** in dem die für die Aufnahme des Ausländers zuständige Aufnahmeeinrichtung liegt. Wird der Ausländer etwa nach § 60 Abs. 2 Nr. 2 oder 3 verpflichtet, in dem Bezirk einer anderen Ausländerbehörde Aufenthalt zu nehmen, ist gemäß § 56 Abs. 2 die Aufenthaltsgestattung räumlich auf deren Bezirk beschränkt. Die räumlichen Beschränkungen gelten auch für Zweitantragsteller nach § 71a Abs. 3. Die räumliche Beschränkung nach § 56 erlischt, wenn sich der Ausländer seit drei Monaten ununterbrochen erlaubt, geduldet oder gestattet im Bundesgebiet aufhält, es sei denn, seine Pflicht zum Wohnen in der Aufnahmeeinrichtung besteht fort (§ 59a Abs. 1).

3   Auch wenn die Aufenthaltsbeschränkung kraft Gesetzes eigentlich erloschen ist, kann die Ausländerbehörde seit dem 1.1.2015 nach § 59b Abs. 1 **im Einzelfall** eine räumliche Beschränkung **anordnen,** wenn der Ausländer wegen einer nicht ausländerspezifischen Straftat rechtskräftig verurteilt wurde, er eines Verstoßes gegen das Betäubungsmittelgesetz hinreichend verdächtig ist oder konkrete Maßnahmen zur Aufenthaltsbeendigung bevorstehen. Die Anordnung ist sofort vollziehbar (vgl. §§ 11, 75). Eine **rechtswidrig erteilte Anordnung** ist nicht nichtig, sondern muss gemäß § 48 VwVfG mit Wirkung ex tunc zurückgenommen werden. Die Rechtswidrigkeit des Verwaltungsakts beseitigt zwar die Strafbarkeit im Falle des Auflagenverstoßes nicht (vgl. BGHSt 23, 91; 31, 315; OLG Frankfurt a. M. StV 1988, 301 (302)). Im Falle der späteren Aufhebung der Auflage kommt aber ein ungeschriebener Strafaufhebungsgrund in Betracht, weil sich der Verstoß dann nur als verwaltungsrechtlicher Ungehorsam darstellt (OLG Frankfurt a. M. StV 1988, 301 (303), m. abl. Anm. *Wolf*; Schönke/Schröder/ *Lenckner/Sternberg-Lieben* StGB Vor §§ 32 ff. Rn. 130 mwN). Dieser Strafaufhebungsgrund betrifft aber lediglich den Täter selbst und ist nach dem Grundsatz der limitierten Akzessorietät für die Strafbarkeit eines Teilnehmers unerheblich. Ordnet das Verwaltungsgericht gemäß § 80 Abs. 5 S. 1 VwGO auf Antrag des Betroffenen die aufschiebende Wirkung an, tritt die aufschiebende Wirkung rückwirkend auf den Zeitpunkt des Erlasses des Verwaltungsakts ein. Dies beseitigt jedoch eine zwischendurch verwirkte Strafbarkeit nicht, weil es hierfür nur auf die Verhältnisse im Tatzeitpunkt ankommt. In diesem Fall ist aber ebenso ein ungeschriebener Strafaufhebungsgrund in Betracht zu ziehen.

4   Ein **Verstoß** gegen die Aufenthaltsbeschränkung liegt bei jedem, auch nur kurzfristigen Verlassen des zugewiesenen Aufenthaltsbereichs vor, sofern keine Ausnahme nach § 57, 58 in Frage kommt (Hailbronner AuslR Rn. 3; *Marx,* Kommentar zum Asylverfahrensrecht, 8. Aufl. 20014, AsylVfG § 86 Rn. 5). Derartige Ausnahmen bestehen etwa für die Wahrnehmung von Behörden- oder Gerichtsterminen (§ 58 Abs. 3), bei allgemein erteilter Erlaubnis oder Gestattung durch entsprechende Rechtsverordnung (§ 58 Abs. 5 und 6). Eine wichtige Ausnahme ist für den betroffenen Asylbewerber, seinen

Ehegatten und seine minderjährigen Kinder die Vorschrift des § 58 Abs. 4 S. 1. Danach kann der Asylbewerber den Geltungsbereich seiner Aufenthaltsgestattung vorübergehend verlassen, sofern er als Asylberechtigter anerkannt oder das Bundesamt zur Anerkennung verpflichtet wurde, das Bundesamt bzw. ein Gericht die Flüchtlingseigenschaft anerkannt hat oder Abschiebungsschutz nach § 60 Abs. 5 oder 7 AufenthG gewährt hat. Bis zur Gesetzesänderung zum 28.8.2007 galt dies auch, wenn die Abschiebung aus sonstigen rechtlichen oder tatsächlichen Gründen auf Dauer ausgeschlossen war (vgl. BVerfG StV 2003, 225; OLG Stuttgart NStZ-RR 2002, 221; OLG Karlsruhe StV 2005, 27; LG Potsdam StV 2005, 29; vgl. zu Wiederaufnahmemöglichkeiten in Fällen, in denen dies übersehen wurde: *Wingerter* StV 2006, 496).

Die **Beteiligung** Dritter und also etwa auch eines deutschen **Arbeitgebers** an einer Ordnungs- 5 widrigkeit nach Abs. 1 ist nach allgemeiner Auffassung jedermann möglich (Hailbronner AuslR Rn. 4; *Marx*, Kommentar zum Asylverfahrensrecht, 8. Aufl. 20014, AsylVfG § 86 Rn. 5). Voraussetzung ist die vorsätzliche Beteiligung an einem vorsätzlichen Verstoß gegen die räumliche Beschränkung (Göhler/ *Gürtler* OWiG § 14 Rn. 3 ff.). Im Gegensatz zu räumlichen Beschränkungen, die entweder Einzelfall-entscheidungen darstellen oder an einen besonderen Verwaltungsakt anknüpfen, ist bei Asylbewerbern der Aufenthalt stets im Rahmen der gesetzlichen Aufenthaltsgestattung räumlich beschränkt. Die Kennt-nis der Beschränkung ist für die Erfüllung des subjektiven Tatbestandes daher weder beim Asylbewerber noch bei einem Beteiligten notwendig. Bei Unkenntnis der Norm und deshalb fehlenden Unrechts-bewusstseins kommt es nach § 11 Abs. 2 OWiG allein auf die Vermeidbarkeit des Irrtums an.

Die Ordnungswidrigkeit kann nach Abs. 2 mit **Geldbuße** bis zu 2.500 EUR geahndet werden. Die 6 Verlassenspflicht kann nach § 59 Abs. 1 durch Androhung oder Anwendung unmittelbaren Zwangs durchgesetzt werden. Ist die freiwillige Erfüllung der Verlassenspflicht nicht gesichert und würde deren Durchsetzung anderenfalls wesentlich erschwert oder gefährdet, kommen nach § 59 Abs. 2 Festnahme und Haft in Betracht.

150. Gesetz über den Aufenthalt, die Erwerbstätigkeit und die Integration von Ausländern im Bundesgebiet (Aufenthaltsgesetz – AufenthG)

In der Fassung der Bekanntmachung vom 25. Februar 2008 (BGBl. I, 162) FNA 26-12

Zuletzt geändert durch Art. 1 G zur erleichterten Ausweisung von straffälligen Ausländern und zum erweiterten Ausschluss der Flüchtlingsanerkennung bei straffälligen Asylbewerbern vom 11.3.2016 (BGBl. I S. 394)

– Auszug –

Vorbemerkung

Literatur: *Aumhammer,* Spezielles Ausländerstrafrecht, Berlin, 1996; *Basse/Burbaum/Richard,* Das „zweite Richtlinienumsetzungsgesetz" im Überblick, ZAR 2011, 361; *Bast,* Illegaler Aufenthalt und europarechtliche Gesetzgebung, ZAR 2012, 1; *Bergmann,* Zeitweilige Straf- und Ahndungslosigkeit im AufenthG, InfAnStR 2015, 470; *Böse,* Das Einschleusen von Ausländern – Teilnahme am Bagatellunrecht oder in hohem Maße sozialschädliches Verhalten?, ZStW 116 (2004), 680; *Brocke,* Wechselseitige Auswirkungen von Strafprozessen und ausländerrechtlichen Verfahren, ZAR 2009, 56; *Brocke,* Aktuelle Entwicklungen des Ausländerstrafrechts, NStZ 2009, 546; *Bundesministerium des Innern,* Allgemeine Verwaltungsvorschrift zum Aufenthaltsgesetz vom 26.10.2009, GMBL 2009, 878; *Bundesregierung,* Zwölfter Bericht der Bundesregierung über die Auswirkungen des Gesetzes zur Bekämpfung der illegalen Beschäftigung, BT-Drs. 17/14800 (27.9.2013); *Cantzler,* Das Schleusen von Ausländern und seine Strafbarkeit, Berlin, 2003; *Cannawurf,* Die Beteiligung im Ausländerstrafrecht, 2007; *Gericke,* Aus der neueren Rechtsprechung zum Ausländerstrafrecht, insbesondere zum Aufenthaltsgesetz, NStZ-RR 2008, 265, 2009, 265, 302, 2010, 297, 331, 2014, 297; *Heinrich,* Grundzüge und aktuelle Probleme des deutschen Ausländerstrafrechts, ZAR 2003, 166; *ders,* Verwaltungsakzessorietät des Ausländerstrafrechts und Schleuserkriminalität, ZAR 2005, 309; *Hörich/Bergmann,* Das Ende der Strafbarkeit des illegalen Aufenthalts?, NJW 2012, 3339; *Jung,* Die Bedeutung des Zuwanderungsgesetzes für die Strafverteidigung, StV 2005, 53; *ders.,* Die Strafverteidigung eines Ausländers nach seiner Abschiebung und einige Hinweise zum geltenden Ausweisungsrecht, StV 2007, 106; *Karl,* Die Strafbarkeit des Arbeitgebers bei illegaler Beschäftigung ausländischer Arbeitnehmer, StV 2003, 696; *Kluth/Hund/Maaßen* (Hrsg.), Zuwanderungsrecht, 2008 (zitiert Kluth/Hund/Maaßen Zuwanderungsrecht); *König,* Kann einem omnimodo facturus Beihilfe geleistet werden?, NJW 2002, 1623; *Kretschmer,* Rechtsprechungsübersicht zum Ausländerstrafrecht, NStZ 2013, 570; *Kretschmer,* Die Straflosigkeit humanitären Handelns, ZAR 2013, 278; *Kretschmer,* Ausländerstrafrecht, 2012; *Kretschmer,* Der europäische Grundsatz „ne bis in idem" und die europaweite Schleuserkriminalität (§ 96 IV AufenthG), ZAR 2011, 384; *Lam,* Die Strafbarkeit des unrechtmäßigen Aufenthalts nach § 95 Abs. 1 Nr. 2 3. Alt. AufenthG – zugleich Anmerkung zu BGH 1 StR 76/05 (StV 2005, S. 24), StV 2005, 464; *Leopold/Vallone,* Zur Strafbarkeit nach § 95 Abs. 1 Nr. 1 des Aufenthaltsgesetzes, ZAR 2005, 66; *Lorenz,* Die Schreibtisch-Schleusung – eine Einführung in das Ausländerstrafrecht, NStZ 2002, 640; *Lutz,* Praktische Probleme des Ausländerstrafrechts, InfAuslR 1997, 384; *Mosbacher,* Die strafrechtlichen Auswirkungen des Regierungsentwurfs zum Zuwanderungsgesetz, BT-Innenausschuss-Drs. 14/675T, 2002; *Mosbacher,* Anmerkung zu BVerfG, Beschl. v. 6.3.2003 – 2 BvR 397/02, NStZ 2003, 489; *Mosbacher,* Straffreie illegale Ausländerbeschäftigung (und andere Überraschungen zum neuen Jahr), wistra 2005, 54; *Mosbacher,* Die Bußgeldtatbestände des Aufenthaltsgesetzes, ZAR 2008, 329; *Mosbacher,* Anmerkung zu BGH, Beschl. v. 2.9.2009 – 5 StR 266/09, NStZ 2010, 457; *Mosbacher,* Keine Straffreiheit für Altfälle unerlaubter Beschäftigung von Unionsbürgern, NStZ 2015, 255; *von Pollern,* Das spezielle Strafrecht für Ausländer, Asylbewerber und EU-Ausländer im Ausländergesetz, Asylverfahrensgesetz und EWG-Aufenthaltsgesetz, ZAR 1996, 175; *Schmidt,* Verteidigung von Ausländern, 3. Aufl. 2012; *Schnabel,* Folgen der neuesten Rechtsprechung des Bundesgerichtshofs zum Ausländergesetz bzw. Aufenthaltsgesetz, wistra 2005, 446; *Schott,* Keine unerlaubte Einreise nach Visaerschleichung – Konsequenzen aus dem BGH-Urteil vom April 2005, Kriminalistik 2005, 554; *Schott,* Die Schleusertatbestände §§ 96, 97 AufenthG, StV 2007, 156; *Schott,* Einschleusen von Ausländern, 2. Aufl. 2011; *Schott-Mehrings,* Das Einschleusen Asylsuchender über Griechenland, ZAR 2014, 142; *Schwedler,* Anmerkung zu OLG Schleswig – 1 Ss 87/04, NStZ 2005, 409; *Storr/Wenger/Eberle/Albrecht/Harms,* Kommentar zum Zuwanderungsrecht, 2. Aufl. 2008 (zitiert Storr/*Bearbeiter*); *Thüngenthal/Geißler,* Zur seltsamen Vernachlässigung der Rechtsfolgen des § 2 Abs. 3 StGB im Rahmen der Entwicklung der Arbeitnehmerfreizügigkeit im EU-Recht, NZWiSt 2014, 412; *Thuengenthal/Rothenhöfer,* Die Strafbarkeit von Altfällen illegaler Beschäftigung von Rumänen und Bulgaren im Lichte des Europarechts, wistra 2014, 417; *Thum/Selzer,* Die Strafbarkeit des Arbeitgebers bei illegaler Beschäftigung im Lichte der neuen Rechtsprechung des BGH, wistra 2011, 290; *Trurnit,* Konsequenzen der wichtigsten Wechselwirkungen zwischen dem Straf- und Ausländerrecht, StraFo 2006, 226; *Westphal/Stoppa,* Ausländerrecht für die Polizei, 3. Aufl. 2007; *Westphal/Stoppa,* Straftaten im Zusammenhang mit der unerlaubten Einreise und dem unerlaubten Aufenthalt von Ausländern nach dem Ausländergesetz, NJW 1999, 2137; *Wiehe/Schmuck,* Straf- und haftungsrechtliche Konsequenzen der verkannten Arbeitnehmereigenschaft bei Sportlern, NJW 2010, 481; *Wingerter,* Möglichkeiten des Betreibens von Wiederaufnahmeverfahren gegen zu Unrecht erfolgte Verurteilungen in Strafverfahren wegen Verstoßes gegen das Asylverfahrensgesetz, StV 2006, 496; *Zühlke,* Der wiederholte Verstoß gegen eine räumliche Beschränkung – nur eine Ordnungswidrigkeit? ZAR 2007, 99.

1   Die §§ 95–98 enthalten sämtliche Straf- und Bußgeldtatbestände des AufenthG (vgl. zum Folgenden insbes. Kluth/Hund/Maaßen Zuwanderungsrecht/*Mosbacher* § 10 Rn. 1 ff.; GK-AufenthG/*Mosbacher* §§ 95 ff. Rn. 1 ff.; *Mosbacher* ZAR 2008, 329). Sie bilden den umfangreichsten Teil des **Ausländerstraf-**

rechts, zu dem etwa auch §§ 84 ff. AsylG und § 9 FreizügG/EU zählen. Die zentrale Norm des Ausländerstrafrechts ist § 95. Schon Abs. 1 enthält neun einzelne Tatbestände, die sich teilweise in eine Vielzahl von Varianten untergliedern. An die in § 95 Abs. 1 Nr. 1–3, Abs. 1a und Abs. 2 enthaltenen Grundtatbestände knüpfen die Schleuservorschriften in §§ 96, 97 an. Dabei handelt es sich um Fälle qualifizierter Teilnahme an Straftaten nach § 95, bei denen der Teilnehmer unter bestimmten Voraussetzungen höher als der Täter bestraft wird.

Ein zentraler **Schutzzweck** der Straf- und Bußgeldbestimmungen des Ausländerrechts ist die **Eindämmung illegaler Beschäftigung** zum Schutz des deutschen Arbeitsmarktes, der Finanzkraft der Sozialversicherung und des Steueraufkommens (*Aurnhammer,* Spezielles Ausländerstrafrecht, 1996, 81 f.). Dem dienen insbesondere die Straf- und Bußgeldbestimmungen in § 95 Abs. 1a, § 98 Abs. 3 Nr. 1 und § 85 Nr. 4 AsylG, die an den Verstoß gegen eine gesetzliche oder durch Verwaltungsakt auferlegte Einschränkung der Erwerbsmöglichkeit für Ausländer anknüpfen. Aber auch die Straf- und Bußgeldvorschriften, die den illegalen Aufenthalt von Ausländern und eine Beteiligung daran ahnden, dienen mittelbar dem Zweck des Arbeitsmarktschutzes durch Zuzugskontrolle (*Aurnhammer,* Spezielles Ausländerstrafrecht, Berlin, 1996, 82). Dies wird durch die Verschränkung des Aufenthaltsrechts mit dem Arbeitsgenehmigungsrecht durch § 4 Abs. 2 S. 2 besonders deutlich, weil danach jeder Aufenthaltstitel erkennen lassen muss, ob die Ausübung einer Erwerbstätigkeit erlaubt ist. Ein **Arbeitgeber,** der Ausländer beschäftigt, die sich illegal in der Bundesrepublik aufhalten oder deren legaler Aufenthalt eine Einschränkung der Erwerbsmöglichkeiten mit sich bringt, kann hierdurch eine Straftat oder Ordnungswidrigkeit begehen, wenn er sich an der Tat des Ausländers als Anstifter oder Gehilfe beteiligt (vgl. zur Teilnahme die Kommentierung zu → § 96 Rn. 4 ff.). Systematisch ist daher zunächst zu untersuchen, in welchen Fällen der ausländische Arbeitnehmer einen rechtswidrigen Gesetzesverstoß begeht, bevor die mögliche Mitverantwortlichkeit des Arbeitgebers geprüft werden kann. Neben der Beteiligung am illegalen Aufenthalt und dem Verstoß gegen Beschränkungen der Erwerbsmöglichkeit spielen in der Praxis im Rahmen illegaler Ausländerbeschäftigung sonstige Verstöße gegen das Ausländerrecht eine nebengeordnete Rolle. Die **wichtigsten ausländerstrafrechtlichen Normen mit Bezügen ins Wirtschaftsstrafrecht** werden nachfolgend aufgeführt.

Ähnlich wie beim Arbeitsgenehmigungsrecht gilt auch im Einreise- und Aufenthaltsrecht für Ausländer der Grundsatz der Genehmigungspflicht in Form eines präventiven Verbots mit Erlaubnisvorbehalt (OLG Bamberg BeckRS 2006, 03342). Nach § 4 Abs. 1 S. 1 bedürfen Ausländer für die Einreise und den Aufenthalt im Bundesgebiet grds. eines Aufenthaltstitels. **Ausländer** iSd Aufenthaltsgesetzes ist nach § 2 Abs. 1 jeder, der nicht Deutscher iSd Art. 116 Abs. 1 GG ist. Deutscher ist jeder, der die deutsche Staatsangehörigkeit besitzt, unabhängig davon, ob er noch weitere Staatsangehörigkeiten innehat. Die Erwerbsgründe für die deutsche Staatsangehörigkeit ergeben sich aus § 3 StAG. Jenseits dieser Erwerbsgründe kann ein Ausländer nicht etwa die deutsche Staatsangehörigkeit durch bloße Aushändigung eines deutschen Reisepasses erlangen (vgl. OLG Hamburg BeckRS 2009, 08983). Unter den Begriff des Deutschen in § 2 Abs. 1 fallen auch die sog **Statusdeutschen,** dh diejenigen deutschen Volksangehörigen, die als Flüchtlinge oder Vertriebene Aufnahme in Deutschland gefunden oder diesen Status durch Abstammung bzw. Eheschließung erworben haben. **Staatenlose** sind aufgrund der Negativformulierung in § 2 Abs. 1 ebenfalls als Ausländer iSd Gesetzes anzusehen.

Die Vorschrift des § 1 Abs. 2 sieht eine **Reihe von Ausnahmen für den Anwendungsbereich des Aufenthaltsgesetzes** und damit auch für die einschlägigen Straf- und Bußgeldbestimmungen vor. Keine Anwendung findet das Ausländergesetz danach auf Ausländer, deren Rechtsstellung von dem FreizügG/EU geregelt ist, sofern durch Gesetz nichts anderes bestimmt ist (§ 1 Abs. 2 Nr. 1), auf Ausländer, die nach Maßgabe der §§ 18–20 GVG nicht der deutschen Gerichtsbarkeit unterliegen (§ 1 Abs. 2 Nr. 2), und auf Ausländer, die nach Maßgabe völkerrechtlicher Verträge für den diplomatischen und konsularischen Verkehr und für die Tätigkeit internationaler Organisationen und Einrichtungen von Einwanderungsbeschränkungen, der Ausländermeldepflicht und dem Erfordernis der Aufenthaltsgenehmigung befreit sind. Da die **Bürger der EU und des EWR** nach europäischem Gemeinschaftsrecht weitgehende Freizügigkeit genießen, ist deren Aufenthalt grds. nicht nach den Bestimmungen des Aufenthaltsgesetzes genehmigungspflichtig. Deshalb sind sie nach der gesetzlichen Systematik gemäß § 1 Abs. 2 Nr. 1 grds. vom Anwendungsbereich des AufenthG ausgenommen. Eine Einschränkung der Freizügigkeit galt allerdings bei Arbeitnehmern aus den neu beigetretenen osteuropäischen Staaten (näher hierzu *Westphal/Stoppa* InfAuslR 2004, 133; *Fehrenbacher* ZAR 2004, 22 (23); *Mosbacher* NStZ 2015, 255; → SGB III § 404 Rn. 25 ff. mwN). **Türkische Arbeitnehmer** nehmen aufgrund der Rspr. des EuGH zur Auslegung und Anwendung des Assoziationsratsbeschlusses Nr. 1/80 (ARB 1/80) vom 19.9.1980 unter bestimmten Voraussetzungen an der europarechtlichen Freizügigkeit teil (vgl. auch die Kommentierung bei → SGB III § 404 Rn. 27 ff. mwN).

In der Praxis spielen dann die **Befreiungen vom dem Erfordernis einer Aufenthaltsgenehmigung** nach der EUVisaVO iVm der AufenthV und § 20 SDÜ eine wichtige Rolle. Die wichtigste Ausnahme besteht nach Art. 1 Abs. 2 EUVisaVO iVm § 20 Abs. 1 SDÜ, wonach Angehörige bestimmter in der Anlage II einzeln aufgeführter Staaten (sog **„Positivstaatsangehörige"**) für Kurzaufenthalte bis zu drei Monaten von der Visumspflicht befreit sind. Die Befreiung von der Genehmigungspflicht entfällt allerdings aufgrund der Ausnahmeregelung in Art. 4 Abs. 3 EUVisaVO iVm § 17 Abs. 1 AufenthV automatisch, sobald der betreffende Ausländer im Inland eine Erwerbstätigkeit aufnimmt. Für das Entfallen der Genehmigungspflicht kommt es – wie im früheren Recht – aufgrund der objektiven Fassung des § 17 AufenthV alleine auf die tatsächliche Ausübung der Erwerbstätigkeit an, nicht jedoch auf subjektive Absichten des Ausländers vor der Einreise. Der Begriff der Erwerbstätigkeit ergibt sich aus § 2 Abs. 2. Danach ist Erwerbstätigkeit jede selbstständige Tätigkeit und die Beschäftigung iSv § 7 SGB IV. Eine Rückausnahme gilt wiederum nach § 17 Abs. 2 S. 1 AufenthV: Die Visumsfreiheit für Kurzaufenthalte bis zu drei Monate entfällt trotz Erwerbstätigkeitausübung nicht, wenn die Erwerbstätigkeit gemäß der BeschV nicht als Beschäftigung iSd AufenthG gilt und – außer im grenzüberschreitenden Güter- oder Personenverkehr – lediglich bis zu drei Monate innerhalb eines Jahreszeitraums ausgeübt wird. Eine (selbstständige) Erwerbstätigkeit, die zum Entfallen der Visumsbefreiung und damit zur Illegalität des Aufenthalts führt, kann insbesondere auch bei dem zu geschäftlichen Zwecken vorgenommenen Ankauf von Waren wie etwa Kraftfahrzeugen vorliegen, wenn die Waren ins Ausland transportiert und dort gewinnbringend veräußert werden sollen (vgl. OVG Lüneburg InfAuslR 2004, 441; aA Rundschreiben BMI v. 7.5.1999 – BGS II 2 2–645347/1). Prostitution ist je nach den Umständen des Einzelfalls selbstständige oder unselbstständige Erwerbstätigkeit (vgl. BGH NStZ 2005, 407; NJW 1990, 2207; OLG Düsseldorf StV 2000, 369; OLG Karlsruhe NStZ-RR 1998, 61). Auch Zigarettenschmuggel kann als Erwerbstätigkeit die Befreiung vom Erfordernis eines Aufenthaltstitels entfallen lassen (OLG Brandenburg NStZ-RR 2004, 280). Ob die Teilnahme am „Hütchenspiel" eine Erwerbstätigkeit darstellt, soll von den Umständen des Einzelfalls abhängen (KG NStZ 2006, 530).

§ 95 Strafvorschriften

(1) Mit Freiheitsstrafe bis zu einem Jahr oder mit Geldstrafe wird bestraft, wer

1. entgegen § 3 Abs. 1 in Verbindung mit § 48 Abs. 2 sich im Bundesgebiet aufhält,
2. ohne erforderlichen Aufenthaltstitel nach § 4 Absatz 1 Satz 1 sich im Bundesgebiet aufhält, wenn
   a) er vollziehbar ausreisepflichtig ist,
   b) ihm eine Ausreisefrist nicht gewährt wurde oder diese abgelaufen ist und
   c) dessen Abschiebung nicht ausgesetzt ist,
3. entgegen § 14 Abs. 1 Nr. 1 oder 2 in das Bundesgebiet einreist,
4. einer vollziehbaren Anordnung nach § 46 Abs. 2 Satz 1 oder 2 oder § 47 Abs. 1 Satz 2 oder Abs. 2 zuwiderhandelt,
5. entgegen § 49 Abs. 2 eine Angabe nicht, nicht richtig oder nicht vollständig macht, sofern die Tat nicht in Absatz 2 Nr. 2 mit Strafe bedroht ist,
6. entgegen § 49 Abs. 10 eine dort genannte Maßnahme nicht duldet,
6a. entgegen § 56 wiederholt einer Meldepflicht nicht nachkommt, wiederholt gegen räumliche Beschränkungen des Aufenthalts oder sonstige Auflagen verstößt oder trotz wiederholten Hinweises auf die rechtlichen Folgen einer Weigerung der Verpflichtung zur Wohnsitznahme nicht nachkommt oder entgegen § 56 Abs. 4 bestimmte Kommunikationsmittel nutzt oder bestimmte Kontaktverbote nicht beachtet,
7. wiederholt einer räumlichen Beschränkung nach § 61 Abs. 1 oder Absatz 1c zuwiderhandelt oder
8. im Bundesgebiet einer überwiegend aus Ausländern bestehenden Vereinigung oder Gruppe angehört, deren Bestehen, Zielsetzung oder Tätigkeit vor den Behörden geheim gehalten wird, um ihr Verbot abzuwenden.

(1a) Ebenso wird bestraft, wer vorsätzlich eine in § 404 Abs. 2 Nr. 4 des Dritten Buches Sozialgesetzbuch oder in § 98 Abs. 3 Nr. 1 bezeichnete Handlung begeht, für den Aufenthalt im Bundesgebiet nach § 4 Abs. 1 Satz 1 eines Aufenthaltstitels bedarf und als Aufenthaltstitel nur ein Schengen-Visum nach § 6 Abs. 1 Nummer 1 besitzt.

(2) Mit Freiheitsstrafe bis zu drei Jahren oder mit Geldstrafe wird bestraft, wer

1. entgegen § 11 Absatz 1 oder in Zuwiderhandlung einer vollziehbaren Anordnung nach § 11 Absatz 6 Satz 1 oder Absatz 7 Satz 1
   a) in das Bundesgebiet einreist oder
   b) sich darin aufhält oder
2. unrichtige oder unvollständige Angaben macht oder benutzt, um für sich oder einen anderen einen Aufenthaltstitel oder eine Duldung zu beschaffen oder das nachträgliche Erlöschen oder die nachträgliche Beschränkung des Aufenthaltstitels oder der Duldung abzuwenden oder eine so beschaffte Urkunde wissentlich zur Täuschung im Rechtsverkehr gebraucht.

(3) In den Fällen des Absatzes 1 Nr. 3 und der Absätze 1a und 2 Nr. 1 Buchstabe a ist der Versuch strafbar.

(4) Gegenstände, auf die sich eine Straftat nach Absatz 2 Nr. 2 bezieht, können eingezogen werden.

(5) Artikel 31 Abs. 1 des Abkommens über die Rechtsstellung der Flüchtlinge bleibt unberührt.

(6) In den Fällen des Absatzes 1 Nr. 2 und 3 steht einem Handeln ohne erforderlichen Aufenthaltstitel ein Handeln auf Grund eines durch Drohung, Bestechung oder Kollusion erwirkten oder durch unrichtige oder unvollständige Angaben erschlichenen Aufenthaltstitels gleich.

A. Der passlose Aufenthalt (Abs. 1 Nr. 1)

Den Verstoß gegen die Passpflicht sanktioniert § 95 Abs. 1 Nr. 1, der dem früheren § 92 Abs. 1 Nr. 2 **1** AuslG entspricht. Mit Freiheitsstrafe bis zu einem Jahr oder Geldstrafe wird danach bestraft, wer sich entgegen § 3 Abs. 1 iVm § 48 Abs. 2 im Bundesgebiet aufhält. Danach darf sich ein Ausländer nur im Bundesgebiet aufhalten, wenn er einen anerkannten und gültigen Pass oder Passersatz besitzt, es sei denn, er ist von der Passpflicht durch Rechtsverordnung (vgl. etwa § 14 AufenthV) befreit. „Besitz" in diesem Sinne meint wie bei § 95 Abs. 1 Nr. 2 nicht das ständige Mitsichführen, sondern das Verfügen über einen real vorhandenen Ausweis (vgl. Hailbronner AuslR Rn. 8 mwN). Auch durch den Besitz eines Ausweisersatzes (vgl. § 48 Abs. 2) kann der Ausländer seine Passpflicht erfüllen, wie § 3 Abs. 1 S. 2 nunmehr ausdrücklich klarstellt.

Die Einreise ohne erforderlichen Pass ist eine Straftat nach § 95 Abs. 1 Nr. 3. Die Nichtmitwirkung **2** an der Beschaffung eines Identitätspapiers stellt eine Ordnungswidrigkeit dar, wenn der Ausländer keinen gültigen Pass oder Passersatz besitzt (§ 98 Abs. 2 Nr. 3 iVm § 48 Abs. 3 S. 1). Gleiches gilt für den Verstoß gegen die sonstigen ausweisrechtlichen Pflichten zur rechtzeitigen Stellung eines Verlängerungsantrags vor Ablauf der Gültigkeitsdauer, zur unverzüglichen Neubeantragung eines Passes bei Ungültigkeit aus anderen Gründen sowie zur unverzüglichen Beantragung eines Ausweisersatzes, wenn kein gültiger Pass besessen wird und auch nicht in zumutbarer Weise erlangt werden kann. Auch diese Verstöße werden ausdrücklich als Ordnungswidrigkeiten mit Bußgeldern sanktioniert (§ 77 Nr. 1 AufenthV iVm § 56 Abs. 1 AufenthV). Weil das Ausländerrecht bei Passlosigkeit nicht nur die Ausreise gebietet, sondern gerade auch umfangreiche **Mitwirkungspflichten bei der Passbeschaffung** normiert, kann dem Ausländer bei Abs. 1 Nr. 1 neben dem Unterlassen der Ausreise auch das Unterlassen der Bemühung um eine Legalisierung des Aufenthalts durch zumutbare (vgl. KG BeckRS 2013, 15050 mwN) Mitwirkung bei der Passbeschaffung vorgeworfen werden (vgl. auch BGH StV 2005, 24). Die Bußgeldtatbestände haben deshalb wohl kaum einen eigenständigen Anwendungsbereich, weil derartige Verstöße ganz regelmäßig zum strafbaren passlosen Aufenthalt führen. Die Anwendbarkeit der Strafnorm scheidet dann aus, wenn der Ausländer einen **Anspruch** auf die Erteilung eines Passes oder Ausweisersatzes – etwa in Form der mit einem Lichtbild versehenen Bescheinigung über die Aussetzung der Abschiebung (§ 48 Abs. 2) – hat und seinerseits allen Mitwirkungspflichten nachgekommen ist (*Leopold/Vallone* ZAR 2005, 66; Hailbronner AuslR Rn. 9). Denn ansonsten hätte die Verwaltung den passlosen Aufenthalt zu vertreten. Bei Fahrlässigkeit kann die Tat als Ordnungswidrigkeit mit einer Geldbuße bis zu 3.000 EUR geahndet werden (§ 98 Abs. 1, 5).

Im Rahmen **illegaler Ausländerbeschäftigung** spielt die Teilnahme am passlosen Aufenthalt etwa **3** dann eine Rolle, wenn der inländische Arbeitgeber bei Schwarzarbeit auch Ausländer beschäftigt, von denen er weiß oder annimmt, dass sie keinen gültigen Pass besitzen. Durch die Beschäftigung kann der passlose Aufenthalt gefördert werden (vgl. zur Teilnahme → § 96 Rn. 4 ff.).

B. Der Grundtatbestand des unerlaubten Aufenthalts (Abs. 1 Nr. 2)

I. Allgemeines

Bei illegaler Beschäftigung von Ausländern kommt häufig eine **Teilnahme des Arbeitgebers am** **4** **illegalen Aufenthalt** von Ausländern in Betracht (vgl. zur Teilnahme → § 96 Rn. 4 ff.). Nach Abs. 1 Nr. 2 wird mit Freiheitsstrafe bis zu einem Jahr oder Geldstrafe bestraft, wer sich ohne erforderlichen Aufenthaltstitel nach § 4 Abs. 1 S. 1 im Bundesgebiet aufhält, vollziehbar ausreisepflichtig ist, keine Ausreisefrist mehr hat und dessen Abschiebung nicht ausgesetzt ist. Entscheidend ist zunächst, ob der Aufenthalt gerade dieses Ausländers der Genehmigung bedarf, wovon grds. auszugehen ist, indes auch zahlreiche Ausnahmen bestehen (ausf. hierzu Ignor/Mosbacher ArbStrafR-HdB/*Mosbacher* § 4 Rn. 166 ff.). Nach seiner dogmatischen Struktur stellt der illegale Aufenthalt ein **Dauerdelikt** dar, weil es sich um eine Straftat handelt, bei der der Täter einen andauernden rechtswidrigen Zustand herbeiführt oder pflichtwidrig nicht beseitigt (BayObLG NStZ 1999, 627). Zudem handelt es sich um ein echtes **Unterlassungsdelikt** (BGH StV 2005, 24). Die Strafbarkeit wegen illegalen Aufenthalts tritt nur dann ein, wenn der Ausländer pflichtwidrig den rechtswidrigen Zustand seines illegalen Aufenthalts nicht beseitigt. Dem entspricht die Systematik des Ausländerrechts, wonach das Fehlen einer erforderlichen Genehmigung die Ausreisepflicht des Ausländers auslöst (§ 50 Abs. 1) und hiervon grds. nur abgesehen werden soll, wenn die Ausländerbehörde zeitlich befristet auf die zwangsweise Durchsetzung der vollziehbaren Ausreisepflicht verzichtet (Duldung, § 60a). Ob bei § 95 Abs. 1 Nr. 2 neben dem Unterlassen der rechtlich gebotenen Ausreise auch allein das Unterlassen der Bemühung um eine Legalisierung des Aufenthalts den Tatbestand erfüllt (so BGH StV 2005, 24), erscheint zweifelhaft (zutreffend kritisch *Lam* StV 2005, 464 (465); ausf. hierzu Ignor/Mosbacher ArbStrafR-HdB/*Mosbacher* § 4 Rn. 235 f.).

II. Voraussetzungen im Einzelnen

5   ISd § 95 Abs. 1 Nr. 2 **besitzt** einen Aufenthaltstitel, wer über ein Visum, eine Aufenthaltserlaubnis, eine Niederlassungserlaubnis eine Blaue Karte EU oder eine Erlaubnis zum Daueraufenthalt-EU verfügt. Die nach Art. 21 Abs. 1 und 2 SDÜ zum Aufenthalt in einem Schengen-Staat berechtigten Ausländer sind denjenigen Ausländern gleichgestellt, die eine erforderliche Aufenthaltsgenehmigung besitzen. Ein Rechtsanspruch auf die Erteilung eines Aufenthaltstitels schließt nach allgemeinen dogmatischen Grundsätzen eine Strafbarkeit nach § 95 Abs. 1 Nr. 2 nicht aus (KG StV 1999, 95 (96); OLG Frankfurt a. M. NStZ-RR 2001, 57). Dieser Gesichtspunkt kann aber für die Frage der Strafzumessung von Bedeutung sein. Kein illegaler Aufenthalt liegt vor, wenn ein Aufenthaltstitel vorhanden ist, der Ausländer aber inhaltlichen Beschränkungen zuwiderhandelt, etwa indem er entgegen § 4 Abs. 3 erwerbstätig ist (vgl. BGHSt 50, 105 ff.; aA *Cannawurf,* Die Beteiligung im Ausländerstrafrecht, 2007, 157 f. mwN). Seit dem Inkrafttreten des Gesetzes zur Umsetzung aufenthalts- und asylrechtlicher Richtlinien der Europäischen Union zum 28.8.2007 (Gesetz v. 19.8.2007 (BGBl. I 1970) steht nach § 95 Abs. 6 (ähnlich wie bei § 330d Nr. 5 StGB) in Fällen illegalen Aufenthalts einem Handeln ohne erforderlichen Aufenthaltstitel ein Handeln aufgrund eines durch Drohung, Bestechung oder Kollusion erwirkten oder durch unrichtige oder unvollständige Angaben erschlichenen Aufenthaltstitels gleich (vgl. auch EuGH NStZ 2012, 642). Dies gilt indes gemäß § 2 Abs. 3 StGB nicht für Altfälle und nach dem insoweit eindeutigen Wortlaut auch nicht für Fälle der Erschleichung einer Aussetzung der Abschiebung (Duldung).

6   Der Ausländer muss vollziehbar zur Ausreise verpflichtet sein. Dies galt auch schon – ohne ausdrücklich im Tatbestand genannt zu sein – nach früherem Recht (*Westphal/Stoppa* NJW 1999, 2137 (2141); *Aurnhammer,* Spezielles Ausländerstrafrecht, Berlin, 1996, 129). Die Ausreispflicht entsteht nach § 50 Abs. 1, wenn der Ausländer einen erforderlichen Aufenthaltstitel oder nicht mehr besitzt bzw. eine Befreiung von der Genehmigungsfreiheit entfallen ist (vgl. zum Entfallen der Genehmigungsfreiheit durch Aufnahme einer Erwerbstätigkeit bei „Positivstaatern" → Vorb. Rn. 5) und kein Aufenthaltsrecht nach dem Assoziationsratsabkommen EWG/Türkei besteht. Die **Vollziehbarkeit** der Ausreisepflicht bestimmt sich nach § 58 Abs. 2. Nicht strafbar ist der Aufenthalt eines vollziehbar ausreisepflichtigen Ausländers ohne erforderlichen Aufenthaltstitel, wenn seine Abschiebung ausgesetzt ist. Das Fehlen der Aussetzung der Abschiebung **(Duldung)** stellt ein (negatives) Tatbestandsmerkmal dar, das die Tatbestandsmäßigkeit des Verhaltens eingrenzt (OLG Frankfurt a. M. NStZ-RR 2005, 184 (185); KG StV 1999, 95 (96)). Dies wird gerade bei den Konsequenzen für die Teilnehmer deutlich (OLG Frankfurt a. M. NStZ-RR 2005, 184 (185); vgl. auch OLG Schleswig NStZ 2005, 408). Die gesetzliche Duldungsfiktion nach § 81 Abs. 3 S. 2 steht der nach § 60a ausdrücklich erteilten Duldung insoweit gleich (vgl. *Westphal/Stoppa* NJW 1999, 2137 (2141)). Dies gilt auch für die vorübergehende Aussetzung der Abschiebung gemäß § 43 Abs. 3 AsylVfG (BayObLG MDR 1986, 1050). Bis zum Ablauf einer Ausreisefrist kommt mangels Vollziehbarkeit der Ausreisepflicht (§ 58 Abs. 2 S. 1) eine Strafbarkeit gemäß § 95 Abs. 1 Nr. 2 nicht in Betracht, wie der Gesetzestext nunmehr ausdrücklich klarstellt (vgl. auch Hailbronner AuslR Rn. 17 mwN).

III. Straflosigkeit bei Duldungsanspruch, Unmöglichkeit und Unzumutbarkeit

7   Liegen die Voraussetzungen des § 60a Abs. 2 vor, muss die Ausländerbehörde dem Ausländer die **Duldung von Amts wegen** erteilen. Dies gilt jedoch nur in denjenigen Fällen, in denen die Ausländerbehörde Kenntnis vom Aufenthalt des Ausländers hat (BGH StV 2005, 24). Eine Strafbarkeit wegen illegalen Aufenthalts scheidet in diesen Fällen aus (BVerfG NStZ 2003, 488 mAnm *Mosbacher* StV 2005, 24). Der Tatrichter hat bei einer Verurteilung nach § 95 Abs. 1 Nr. 2 deshalb nicht nur zu prüfen, ob die Ausländerbehörde tatsächlich eine Duldung erteilt hat, sondern auch, ob sie eine solche von Amts wegen hätte erteilen müssen, weil die Voraussetzungen dafür vorgelegen haben (OLG Frankfurt a. M. NStZ-RR 2006, 246). Dies gilt nicht nur bei einer Verurteilung des betreffenden Ausländers selbst, sondern auch bei der Verurteilung eines Teilnehmers (etwa Arbeitgebers) am illegalen Aufenthalt (OLG Schleswig NStZ 2005, 408 (409)). Ein vom Gericht (vor der Rechtsprechungsänderung durch das BVerfG) übersehener Duldungsanspruch kann als neue Tatsache einen Wiederaufnahmegrund iSv § 359 Nr. 5 StPO bei Verurteilung wegen illegalen Aufenthalts darstellen (LG Berlin InfAuslR 2004, 367 f.). In den Fällen, in denen der illegale Aufenthalt des Ausländers der Ausländerbehörde unbekannt bleibt, weil der Ausländer sich im Bundesgebiet von vornherein verborgen hält oder untergetaucht ist, ist die hypothetische Prüfung eines Duldungsanspruchs nicht veranlasst (BGH StV 2005, 24; *Mosbacher* NStZ 2003, 489 (490); *Schwedler* NStZ 2005, 409 (410); aA OLG Schleswig NStZ 2005, 408). Die sog **Rückführungsrichtlinie** hindert eine Strafbarkeit wegen illegalen Aufenthalts im beschriebenen Rahmen grds. nicht (ausf. hierzu Ignor/Mosbacher ArbStrafR-HdB/*Mosbacher* § 4 Rn. 238; Hailbronner

AuslR AufenthG Rn. 15a ff.; MüKoStGB/*Gericke* Rn. 30; OLG Hamburg NStZ-RR 2012, 219; KG NStZ-RR 2012, 347; OLG Frankfurt a. M. InfAuslR 2014, 79; aA *Hörich/Bergmann* NJW 2012, 3339).

Eine Strafbarkeit des vollziehbar ausreisepflichtigen Ausländers kann auch dann ausscheiden, wenn er **8** keine Duldung besitzt und ihm kein Duldungsanspruch zusteht, ihm die gebotene Ausreise aber tatsächlich unmöglich ist (offen gelassen von BGHSt 54, 140). Dies ergibt sich aus dem Charakter des § 95 Abs. 1 Nr. 2 als echtes Unterlassungsdelikt. Dogmatisch erfordert die Strafbarkeit wegen eines Unterlassens, dass die rechtlich gebotene Handlung dem Pflichtigen möglich ist, weil von der Rechtsordnung Unmögliches nicht verlangt wird (BGHSt 47, 318 (320)). Eine tatsächliche **Unmöglichkeit** kann sich etwa aus einer Reiseunfähigkeit im Krankheitsfall, aus dem Fehlen der notwendigen Papiere oder aus einer Unterbrechung der Verkehrswege ergeben. Entfällt deshalb bereits der Tatbestand des § 95 Abs. 1 Nr. 2, kommt auch eine strafbare Beteiligung anderer am illegalen Aufenthalt nicht in Frage. Sinnlose Anstrengungen dürfen dabei vom Handlungspflichtigen nicht verlangt werden (KG StV 1999, 95 (96)). Eine Strafbarkeit kommt insoweit nur wegen Vorverschuldens (omissio libera in causa) in Betracht, wenn der Handlungspflichtige dafür verantwortlich ist, dass er im entscheidenden Zeitpunkt nicht in der Lage ist, das Erforderliche zu tun (BGHSt 54, 140; OLG Frankfurt a. M. NStZ-RR 2001, 57 (59)). Dies kann etwa der Fall sein, wenn der Ausländer seinen Pass oder die für eine Ausreise erforderlichen Papiere vernichtet oder sich bewusst reiseunfähig macht (vgl. OLG Frankfurt a. M. NStZ-RR 2001, 57 (59)) oder sonstige der Ausreise entgegenstehenden tatsächlichen oder rechtlichen Hindernisse vorliegen, die mit der illegalen Einreise typischerweise verbunden sind wie etwa Passlosigkeit oder Nichtaufnahme durch einen anderen Staat wegen ungeklärter Identität (BGHSt 54, 140).

Eine Strafbarkeit wegen illegalen Aufenthalts scheidet nach den dogmatischen Grundsätzen zum **9** Unterlassungsdelikt auch dann aus, wenn die rechtlich gebotene Handlung nicht zumutbar ist, weil ein unzumutbares Handeln rechtlich ebenso wenig geboten ist wie eine sinnlose Tätigkeit (vgl. Fischer StGB § 13 Rn. 80 f.). Die **Unzumutbarkeit** schließt nach zutreffender Ansicht bereits die Tatbestandsmäßigkeit aus, weil ungeschriebene Tatbestandsvoraussetzung des echten Unterlassungsdelikts ist, dass dem Handlungspflichtigen die Erfüllung seiner gesetzlichen Pflicht möglich und zumutbar ist (BGHSt 47, 318 (320); OLG Hamburg StV 1996, 437); diese dogmatische Einordnung ist insbesondere für die Teilnahme von Bedeutung. Ist die freiwillige Ausreise in diesem Sinne unmöglich oder unzumutbar, kommt eine Strafbarkeit wegen illegalen Aufenthalts nicht in Betracht (OLG Karlsruhe Die Justiz 1986, 469; OLG Frankfurt a. M. StV 1988, 301 (302); KG StV 1999, 95 (96); vgl. auch RGSt 75, 357 f. zu einer ähnlichen Konstellation).

Wer als **Flüchtling** iSd Abkommens über die Rechtsstellung der Flüchtlinge (Genfer Flüchtlings- **10** konvention, GK; v. 28.7.1951, BGBl. 1953 II 559) unter den Voraussetzungen des Art. 31 Abs. 1 GK ohne Aufenthaltsgenehmigung ins Bundesgebiet einreist und sich dort aufhält, kann gemäß § 95 Abs. 5 AufenthG iVm Art. 31 Abs. 1 GK dann nicht wegen illegaler Einreise oder illegalen Aufenthalts bestraft werden, wenn er sich unverzüglich bei den Behörden meldet und Gründe darlegt, die seine unrechtmäßige Einreise oder seinen unrechtmäßigen Aufenthalt rechtfertigen (näher AG Krehl BeckRS 2016, 07863). Die unverzügliche Meldung lässt ggü. dem Flüchtling das Strafbedürfnis entfallen; die Strafbarkeit von Tatbeteiligten wie etwa Arbeitgebern in Fällen illegaler Beschäftigung bleibt unberührt (BGH NStZ 1999, 409). Aufgrund der Notwendigkeit zur unverzüglichen Meldung ist dieser Strafausschließungsgrund vor allem für die illegale Einreise, weniger aber für den illegalen Aufenthalt von Bedeutung. Ein Strafaufhebungsgrund kommt in Betracht, wenn ein Verwaltungsgericht entweder nachträglich die Rechtswidrigkeit eines die Ausreisepflicht begründenden Verwaltungsakts feststellt oder die aufschiebende Wirkung eines Widerspruchs oder einer Klage gegen eine solche Entscheidung der Ausländerbehörde im Wege einstweiligen Rechtsschutzes anordnet (OLG Frankfurt a. M. StV 1988, 301 (302 f.)).

C. Die einfache unerlaubte Einreise (Abs. 1 Nr. 3)

Wer im Ausland **ausländische Arbeitnehmer anwirbt**, kann sich wegen Anstiftung oder Beihilfe **11** zur illegalen Einreise des Ausländers strafbar machen (vgl. zur Teilnahme → § 96 Rn. 4 ff.). Der Grundtatbestand der unerlaubten Einreise in Abs. 1 Nr. 3 entspricht dem früheren § 92 Abs. 1 Nr. 6 AuslG (vgl. BT-Drs. 15/420, 98). Mit Freiheitsstrafe bis zu einem Jahr oder Geldstrafe wird danach bestraft, wer entgegen § 14 Abs. 1 Nr. 1 oder 2 in das Bundesgebiet einreist (zum Begriff der Einreise BGH NStZ 2015, 402). Gemäß § 14 Abs. 1 Nr. 1 und 2 ist die Einreise eines Ausländers in das Bundesgebiet unerlaubt, wenn er einen erforderlichen Pass bzw. Passersatz (Nr. 1) oder einen erforderlichen Aufenthaltstitel (Nr. 2) nicht besitzt. Der Versuch ist strafbar (§ 95 Abs. 3). Seit dem Inkrafttreten des Gesetzes zur Umsetzung aufenthalts- und asylrechtlicher Richtlinien der Europäischen Union am 28.8.2007 (v. 19.8.2007, BGBl. I 1970) steht nach § 95 Abs. 6 (ähnlich wie bei § 330d Nr. 5 StGB) einem Handeln ohne erforderlichen Aufenthaltstitel ein Handeln aufgrund eines durch Drohung, Bestechung oder Kollusion erwirkten oder durch unrichtige oder unvollständige Angaben erschlichenen Aufenthaltstitels gleich. Diese Regelung gilt jedoch nicht für den in gleicher Weise erschlichenen Pass; nach seinem eindeutigen Wortlaut bezieht sich § 95 Abs. 6 nur auf Aufenthaltstitel. Auch Altfälle sind nach § 2 Abs. 3 StGB insoweit ausgenommen.

12   Benötigt der Ausländer für die Einreise keinen Aufenthaltstitel (→ Vorb. Rn. 5), scheidet eine Strafbarkeit aus. Dies galt auch für die noch nicht ganz freizügigkeitsberechtigten Staatsangehörigen der neu beigetretenen osteuropäischen Unionsstaaten. Sie können sich nicht wegen illegaler Einreise strafbar machen, weil ihre Einreise stets vom Freizügigkeitsrecht erfasst ist, auch wenn sie die Aufnahme einer Erwerbstätigkeit im Bundesgebiet beabsichtigen. Besonderheiten gelten für **Asylbewerber:** Sind diese als Flüchtlinge iSd Genfer Flüchtlingskonvention (GK) anzusehen, ist die Einreise unter den Voraussetzungen des Art. 31 Abs. 1 GK straffrei (vgl. § 95 Abs. 5; vgl. auch BVerfG NVwZ 2015, 361; hierzu ausf. auch BGH NStZ 2015, 402: dies gilt nicht für Schleuser). In allen anderen Fällen kann nur Art. 16a GG die Straflosigkeit der Einreise aus einem unsicheren Herkunftsland (etwa auf dem Luftweg, vgl. hierzu auch BGH NJW 2015, 2276; BGH NStZ 2015, 402) herbeiführen; die durch Asylantragsstellung kraft Gesetzes eintretende Aufenthaltsgestattung nach § 55 Abs. 1 AsylG macht die vorangegangene unerlaubte Einreise hingegen nicht straffrei (näher Hailbronner AuslR Rn. 35).

D. Wiederholter Verstoß gegen räumliche Beschränkung bei ausreisepflichtigen Ausländern (Abs. 1 Nr. 7)

13   Der Aufenthalt vollziehbar ausreisepflichtiger Ausländer ist gemäß § 61 Abs. 1 S. 1 **räumlich** auf das Gebiet eines Landes **beschränkt.** Dadurch soll ein Untertauchen erschwert und die Erfüllung der Ausreisepflicht besser überwacht werden; zudem sollen vollziehbar Ausreisepflichtige mit Asylbewerbern gleichbehandelt werden (BT-Drs. 15/420, 92). Die Norm ähnelt § 56 Abs. 3 S. 1 AuslG aF, wonach eine Duldung ebenfalls räumlich auf das Gebiet eines Landes beschränkt war. Wie der Verstoß gegen dieses Gebot bei Duldungen zuvor (vgl. § 93 Abs. 3 Nr. 1 AuslG aF) stellt nunmehr auch der einfache Verstoß gegen die neue gesetzliche Aufenthaltsbeschränkung eine Ordnungswidrigkeit dar (§ 98 Abs. 3 Nr. 2). Erfasst werden von der Strafvorschrift nunmehr auch Verstöße gegen die besondere Anordnung einer räumlichen Beschränkung bei einem vollziehbar ausreisepflichtigen Ausländer nach § 61 Abs. 1c. Nicht strafbar, da vom Gesetzeswortlaut nicht erfasst, sind hingegen Zuwiderhandlungen gegen räumliche Beschränkungen gemäß § 61 Abs. 1a und Abs. 1b. sowie Verstöße gegen Auflagen nach § 61 Abs. 1 S. 2 aF (BGH NStZ 2009, 339; aA *Zühlcke* ZAR 2007, 99). Arbeitet der Ausländer etwa außerhalb des räumlichen Gebiets eines Landes, kommt bei Wiederholung ein Vergehen nach § 95 Abs. 1 Nr. 7 in Betracht. Eine strafbare Teilnahme kommt bei illegaler Ausländerbeschäftigung außerhalb des räumlichen Bereichs in Frage.

14   Jede **Wiederholung** eines solchen Verstoßes ist nunmehr – ähnlich wie bei § 85 Nr. 2 AsylVfG – strafbar. Voraussetzung ist allerdings, dass bereits der (ordnungswidrige) Erstverstoß nach dem Inkrafttreten der neuen Strafnorm, also nach dem 1.1.2005, begangen wurde (OLG Brandenburg NStZ 2008, 531). Für die Frage der Wiederholung müssen tilgungsreife Vorfälle außer Betracht bleiben (OLG Hamm NStZ 2015, 528). Weil sich aus § 61 Abs. 1 S. 1 nicht ergibt, auf das Gebiet welchen Landes der Aufenthalt beschränkt ist, ist zweifelhaft, ob die Strafnorm hinreichend bestimmt ist. Reist etwa ein Ausländer im Bundesgebiet mit einem Touristenvisum umher und bleibt auch nach dessen Ablauf ohne Beantragung eines Aufenthaltstitels im Land, ist er nach §§ 50 Abs. 1, 58 Abs. 2 S. 1 Nr. 2 sofort vollziehbar zur Ausreise verpflichtet. Damit ist automatisch sein Aufenthalt nach § 61 Abs. 1 S. 1 räumlich „auf das Gebiet des Landes" beschränkt und der wiederholte Verstoß gegen die Beschränkung strafbar. Welches Land dabei gemeint ist, erschließt sich in einem solchen Fall nicht ohne Weiteres. Zwar lässt sich objektiv das entsprechende Land als dasjenige bestimmen, in dem er sich im Entstehen der Ausreisepflicht aufgehalten hat. Wie in einem solchen Fall jedoch Vorsatz und Verbotskenntnis festgestellt werden können, ist schwer vorstellbar.

E. Illegale Erwerbstätigkeit bei Inhabern eines Schengen-Visums (Abs. 1a)

15   Seit dem Inkrafttreten des Gesetzes zur Umsetzung aufenthalts- und asylrechtlicher Richtlinien der Europäischen Union (v. 19.8.2007, BGBl. I 1970) am 28.8.2007 ist dem illegalen Aufenthalt die unerlaubte Erwerbstätigkeit des **Inhabers eines Schengenvisums** überwiegend gleichgestellt. Nach § 95 Abs. 1a wird mit Freiheitsstrafe bis zu einem Jahr oder Geldstrafe bestraft, wer vorsätzlich eine in § 404 Abs. 2 Nr. 4 SGB III oder eine in § 98 Abs. 3 Nr. 1 bezeichnete Handlung begeht (→ SGB III § 404 Rn. 20; → § 98 Rn. 8), für den Aufenthalt im Bundes-gebiet nach § 4 Abs. 1 S. 1 eines Aufenthaltstitels bedarf und als Aufenthaltstitel nur ein Schengen-Visum nach § 6 Abs. 1 Nr. 1 besitzt. Im Kern geht es dem Gesetzgeber darum, Inhaber eines Schengen-Visums ebenso wie die vom Erfordernis eines Aufenthaltstitels für Kurzaufenthalte nach der EUVisaVO befreiten Positivstaatsangehörigen (→ Vorb. Rn. 5) zu behandeln. Bei letzteren führt die Aufnahme einer genehmigungspflichtigen Erwerbstätigkeit zum Entfallen der Genehmigungsfreiheit und damit zur Illegalität des Aufenthalts (vgl. BGH NStZ 2005, 408; → Vorb. Rn. 5). Wer hingegen Inhaber eines Schengen-Visums ist, hält sich auch dann nicht illegal im Bundesgebiet auf, wenn er unerlaubt eine Erwerbstätigkeit aufnimmt, weil dem Visum aufgrund der Fassung von § 95 Abs. 1 Nr. 2 Tatbestandswirkung zukommt (BGHSt 50, 105).

Notwendig ist für die **Tatbestandserfüllung** dreierlei: die Genehmigungspflicht des Aufenthalts, das 16
Vorliegen eines Schengen-Visums und eine vorsätzliche Handlung iSv § 404 Abs. 2 Nr. 3 SGB III oder
iSv § 98 Abs. 3 Nr. 1 AufenthG (→ SGB III § 404 Rn. 20; → § 98 Rn. 8). Damit wird jede unerlaubte
Ausübung einer Erwerbstätigkeit, nämlich der selbstständigen wie der unselbstständigen (vgl. § 2
Abs. 2), vom Tatbestand des § 95 Abs. 1a erfasst. Nicht erfüllt ist der Tatbestand (vgl. § 4 Abs. 3 S. 3),
wenn der betreffende Ausländer aufgrund seines ausländerrechtlichen Status oder der Art der ausgeübten
Tätigkeit von der Genehmigungspflicht befreit ist (→ SGB III § 404 Rn. 23 ff. sowie ausf. Ignor/
Mosbacher ArbStrafR-HdB/*Mosbacher* § 4 Rn. 31 ff.). Bleibt unklar, ob eine selbstständige oder un-
selbstständige Erwerbstätigkeit vorliegt (wie häufig in Fällen der Prostitutionsausübung), ist ein Verstoß
gegen § 95 Abs. 1a im Wege ungleichartiger Wahlfeststellung anzunehmen. Der Versuch zu § 95
Abs. 1a ist strafbar (§ 95 Abs. 3); die eigennützige Teilnahme an einer solchen Tat – etwa durch den
Arbeitgeber – wird (wie beim illegalen Aufenthalt) als Einschleusen von Ausländern nach § 96 Abs. 1
Nr. 2 verfolgt (vgl. zur Teilnahme → § 96 Rn. 4 ff.).

F. Unerlaubte Einreise und unerlaubter Aufenthalt nach Abschiebung, Zurückschiebung oder Ausweisung (Abs. 2 Nr. 1)

Einen **qualifizierten Fall** der illegalen Einreise und des illegalen Aufenthalts behandelt § 95 Abs. 2 17
Nr. 1, wonach mit Freiheitsstrafe bis zu drei Jahren oder Geldstrafe bestraft wird, wer entgegen § 11
Abs. 1 S. 1 oder in Zuwiderhandlung einer vollziehbaren Anordnung nach § 11 Abs. 6 oder Abs. 7 S. 1
unerlaubt in das Bundesgebiet einreist oder sich darin aufhält. Die Vorschrift des § 11 Abs. 1 S. 1
bestimmt, dass ein Ausländer, der ausgewiesen, zurückgeschoben oder abgeschoben worden ist, nicht
erneut ins Bundesgebiet einreisen und sich darin aufhalten darf; dieses Verbot ist zu befristen (§ 11
Abs. 2). Nach § 11 Abs. 6 kann ein befristetes Einreiseverbot gegen einen Ausländer verhängt werden,
der schuldhaft und in erheblichem Umfang seiner Ausreiseverpflichtung nicht nachgekommen ist.
Gleiches ermöglicht § 11 Abs. 7 S. 1 bei Antragstellern, deren Asylantrag als offensichtlich unbegründet
abgelehnt wurde, oder die erfolglos wiederholt einen Asylantrag gestellt haben. Für Taten, die bis zum
31.7.2015 begangen wurden ist zu beachten, dass aufgrund zuvor unzureichender Umsetzung der
Rückführungsrichtlinie eine Strafbarkeit aus dem Qualifikationstatbestand bei unbefristeten Ausweisun-
gen ausscheidet, es aber insoweit bei der „einfachen" Strafbarkeit nach § 95 Abs. 1 Nr. 1, 3 verbleibt
(vgl. EuGH NJW 2014, 527; hierzu näher *Hecker* ZIS 2014, 47; *Marx* ZAR 2014, 278; Ignor/
Mosbacher ArbStrafR-HdB/*Mosbacher* § 4 Rn. 266). Ein formell gültiges Visum hindert auch dann die
Erfüllung des Qualifikationstatbestandes gemäß § 95 Abs. 2 Nr. 1, wenn es durch Falschangaben
erschlichen wurde (BGH BeckRS 2006, 06385). Der neue § 95 Abs. 6 (Gleichstellung von erschlichenen mit fehlenden Aufenthaltstiteln) bezieht sich nach seinem insoweit eindeutigen Wortlaut nur auf
§ 95 Abs. 1 Nr. 2 und 3, nicht auf § 95 Abs. 2. Für **Unionsbürger** gilt diese Strafnorm auch dann
nicht, wenn sie vor Inkrafttreten des FreizügG/EU aus dem Bundesgebiet ausgewiesen worden sind,
denn § 95 Abs. 2 Nr. 1 ist prinzipiell auf Unionsbürger nicht anwendbar (vgl. § 2 Abs. 1 Nr. 1 AufenthG iVm § 11 FreizügG/EU; OLG Hamburg StV 2006, 137). Dem Gesetzgeber war diese Strafbarkeitslücke durchaus bewusst (vgl. *Mosbacher* BT-Innenausschuss-Drs. 14/675T, 18). Ein Duldungsanspruch lässt auch in diesen Fällen den Tatbestand des illegalen Aufenthalts entfallen (vgl. OLG Frankfurt a. M. NStZ-RR 2003, 307 (308); 2006, 246).

Aus dem Begriff „**erneut**", der durch die Verweisung auf § 11 Abs. 1 S. 1 zum Tatbestandsmerkmal 18
des § 95 Abs. 2 Nr. 1 wird, ergab sich bis zum 1.8.2015, dass die bloße Nichtbeachtung einer vollziehbaren Ausweisung bzw. Abschiebungsandrohung nach Ablauf der Ausreisefrist durch Verbleib im
Bundesgebiet nicht den Qualifikationstatbestand erfüllte, sondern es zu einer Wiedereinreise in das
Bundesgebiet kommen musste. Das Wort „erneut" bezieht sich ab 1.8.2015 nur noch auf die Einreise. In
Neufällen kann nunmehr auch der Verbleib im Bundesgebiet nachvollziehbarer Ausweisung der erhöhten Strafdrohung unterfallen. Gemäß § 95 Abs. 3 ist der Versuch in den Fällen des § 95 Abs. 2 Nr. 1 nur
bei der illegalen Einreise, nicht aber beim illegalen Aufenthalt nach Ausweisung, Zurückschiebung oder
Abschiebung strafbar.

§ 96 Einschleusen von Ausländern

(1) Mit Freiheitsstrafe von drei Monaten bis zu fünf Jahren, in minder schweren Fällen mit
Freiheitsstrafe bis zu fünf Jahren oder mit Geldstrafe wird bestraft, wer einen anderen anstiftet
oder ihm dazu Hilfe leistet, eine Handlung
1. nach § 95 Abs. 1 Nr. 3 oder Abs. 2 Nr. 1 Buchstabe a zu begehen und
    a) dafür einen Vorteil erhält oder sich versprechen lässt oder
    b) wiederholt oder zugunsten von mehreren Ausländern handelt oder
2. nach § 95 Abs. 1 Nr. 1 oder Nr. 2, Abs. 1a oder Abs. 2 Nr. 1 Buchstabe b oder Nr. 2 zu
begehen und dafür einen Vermögensvorteil erhält oder sich versprechen lässt.

(2) Mit Freiheitsstrafe von sechs Monaten bis zu zehn Jahren wird bestraft, wer in den Fällen des Absatzes 1

1. gewerbsmäßig handelt,
2. als Mitglied einer Bande, die sich zur fortgesetzten Begehung solcher Taten verbunden hat, handelt,
3. eine Schusswaffe bei sich führt, wenn sich die Tat auf eine Handlung nach § 95 Abs. 1 Nr. 3 oder Abs. 2 Nr. 1 Buchstabe a bezieht,
4. eine andere Waffe bei sich führt, um diese bei der Tat zu verwenden, wenn sich die Tat auf eine Handlung nach § 95 Abs. 1 Nr. 3 oder Abs. 2 Nr. 1 Buchstabe a bezieht, oder
5. den Geschleusten einer das Leben gefährdenden, unmenschlichen oder erniedrigenden Behandlung oder der Gefahr einer schweren Gesundheitsschädigung aussetzt.

(3) Der Versuch ist strafbar.

(4) Absatz 1 Nr. 1 Buchstabe a, Nr. 2, Absatz 2 Nr. 1, 2 und 5 sind auf Zuwiderhandlungen gegen Rechtsvorschriften über die Einreise und den Aufenthalt von Ausländern in das Hoheitsgebiet der Mitgliedstaaten der Europäischen Union oder eines Schengen-Staates anzuwenden, wenn

1. sie den in § 95 Abs. 1 Nr. 2 oder 3 oder Abs. 2 Nr. 1 bezeichneten Handlungen entsprechen und
2. der Täter einen Ausländer unterstützt, der nicht die Staatsangehörigkeit eines Mitgliedstaates der Europäischen Union oder eines anderen Vertragsstaates des Abkommens über den Europäischen Wirtschaftsraum besitzt.

(5) ¹§ 74a des Strafgesetzbuchs ist anzuwenden. ²In den Fällen des Absatzes 2 Nr. 1, auch in Verbindung mit Absatz 4, und des Absatzes 2 Nr. 2 bis 5 ist § 73d des Strafgesetzbuches anzuwenden.

A. Allgemeines

1 Eigennutz, wiederholtes Handeln oder ein Handeln zugunsten von mehreren Ausländern qualifizieren die Teilnahme an bestimmten Straftaten nach § 95 (Abs. 1 Nr. 1, 2 oder 3, Abs. 1a, Abs. 2) zum Einschleusen von Ausländern nach § 96 Abs. 1. Es handelt sich dabei um einen Fall der **zur Täterschaft erhobenen Beteiligung** (BGH NStZ 1999, 409; 2004, 45). Täter kann wie bei der Beteiligung an einer Straftat gemäß § 95 Abs. 1 Nr. 2 jedermann sein (Hailbronner AuslR Rn. 2). Weil es sich bei § 96 um einen selbstständigen Tatbestand handelt, der nach dem Willen des Gesetzgebers bestimmte Teilnahmehandlungen höher als täterschaftliche Handlungen bestraft, kommt die Anwendung einer Strafrahmenverschiebung nach § 27 Abs. 2 StGB insoweit nicht in Betracht (BGH NStZ 2004, 45). Durch das AsylverfahrensbeschleunigungsG v. 20.10.2015 (BGBl. I 1722) wurde mWz 24.10.2015 die Strafdrohung dahingehend geändert, dass die Mindeststrafe nunmehr drei Monate Freiheitsstrafe beträgt; zudem wurde die Möglichkeit eines minder schweren Falls geschaffen. Für Altfälle (Tatbeendigung bis 23.10.2015) gilt regelmäßig das mildere Tatzeitrecht.

2 Nicht als Einschleuser nach § 96 Abs. 1 Nr. 2 soll sich der **Mittäter** einer illegalen Einreise strafbar machen können, weil die Täterschaft die Bestrafung wegen Beihilfe ausschließe (BGH BeckRS 2008, 00696, insoweit in BGH NStZ 2008, 276 nicht abgedruckt). Dieser vom BGH ohne nähere Begründung aufgestellte Rechtssatz erscheint angesichts der gesetzlichen Konstruktion des § 96 (höhere Bestrafung des Teilnehmers) rechtsdogmatisch zweifelhaft und der gesetzgeberischen Intention zu widersprechen. Er führt zu dem absurden Ergebnis, dass derjenige Schleuser, der selbst auch eine illegale Einreise durch Mitwirkung am Einschleusungsvorgang verwirklicht, ggü. demjenigen ganz erheblich privilegiert wird, der dies nicht tut. In einer neueren Entscheidung hat der BGH deshalb zutreffend darauf abgestellt, es liege gänzlich fern, dass der Gesetzgeber solche **„doppelgesichtigen"** Handlungen aus den Schleusungsdelikten ausgrenzen wollte, weshalb der Täter einer Straftat nach § 95 Abs. 2 Nr. 2 auch gleichzeitig als Teilnehmer an einer entsprechenden Tat eines anderen als Einschleuser von Ausländern nach § 96 Abs. 1 Nr. 2 bestraft werden könne (BGHSt 58, 262 (266)).

3 Seit dem Inkrafttreten des Gesetzes zur Umsetzung aufenthalts- und asylrechtlicher Richtlinien der Europäischen Union am 28.8.2007 (Gesetz v. 19.8.2007, BGBl. I 1970) ist § 96 **Abs. 1 neu gestaltet.** Während früher die Anstiftung oder Beihilfe zu allen in § 95 Abs. 1 Nr. 1–3 oder Abs. 2 bezeichneten Handlungen gleichermaßen bei wiederholtem Handeln oder dem Handeln zu Gunsten mehrerer Ausländer zum Einschleusen von Ausländern qualifiziert wurde, ist dies nunmehr nur noch bei der illegalen Einreise (§ 95 Abs. 1 Nr. 3, Abs. 2 Nr. 1 Buchst. a) der Fall. Für alle anderen Alt-Fällen, etwa die wiederholte Beihilfe zum illegalen Aufenthalt, kommt nach § 2 Abs. 3 StGB nur noch eine einfache Beihilfe zum illegalen oder passlosen Aufenthalt in Betracht. Der Gesetzgeber wollte damit Forderungen von Kirchen und humanitären Verbänden nachkommen und **altruistisch motivierte Unterstützungshandlungen** von der Schleuserstrafbarkeit ausnehmen (vgl. BT-Drs. 16/5065, 380). Aus den Gesetzesmaterialien ergibt sich indes nicht, dass der Gesetzgeber damit auch die „normale" Strafbarkeit wegen einfacher Anstiftung oder Beihilfe zum unerlaubten Aufenthalt aus altruistischen Gründen straffrei stellen wollte (aA insoweit *Möller* StV 2010, 249 f.; richtig ist lediglich eine Einschränkung,

soweit durch die Beihilfe eine menschenunwürdige Existenz verhindert wird, → Rn. 6 f.). Humanitäre Motive können für die Strafzumessung und die Bewährungsentscheidung wichtig sein (BGH NJW 2015, 2276 (2277)). Ob die Änderung der Schleuservorschriften sinnvoll ist, kann bezweifelt werden; denn häufig ist die Feststellung eines Vermögensvorteils schwieriger als die Feststellung des Handelns zugunsten mehrerer Ausländer oder eines wiederholten Handelns. Lediglich das eigennützige Einschleusen ist wie bislang strafbar. Hier wurde die Strafbarkeit sogar für den Teilbereich der illegalen Einreise verschärft, indem dort nunmehr (wie bei §§ 331 ff. StGB) auch andere Vorteile wie etwa die Duldung sexueller Handlungen als Gegenleistung für das Einschleusen erfasst sind (vgl. BT-Drs. 16/5065, 379).

B. Grundtatbestand des Einschleusens von Ausländern (Abs. 1)

I. Allgemeines

Der Qualifikationstatbestand setzt zunächst die Feststellung einer Anstiftung oder Beihilfe zu einem **4** der in § 95 Abs. 1 Nr. 1–3, Abs. 1a oder Abs. 2 genannten Delikte voraus. Zu Straftaten nach § 95 ist nach den allgemeinen dogmatischen Grundsätzen (§§ 26, 27 StGB) die Teilnahme in den Formen der **Anstiftung oder Beihilfe** möglich; es ist nicht erforderlich, dass zusätzlich die qualifizierten Voraussetzungen der §§ 96, 97 vorliegen (BGH NStZ 1999, 409). Eine Anstiftung oder Beihilfe zu einem der genannten Delikte liegt aufgrund der jeweiligen Definitionen der Teilnahmehandlungen in §§ 26, 27 Abs. 1 StGB nur vor, wenn die jeweilige Haupttat vorsätzlich und rechtswidrig begangen wurde (*Aurnhammer*, Spezielles Ausländerstrafrecht, 1996, 157). Hinzukommen muss, dass der Täter dafür in Fällen der Teilnahme an der illegalen Einreise einen Vorteil erhält oder sich versprechen lässt (§ 96 Abs. 1 Nr. 1 Buchst. a) oder wiederholt oder zugunsten von mehreren Ausländern gehandelt hat (§ 96 Abs. 1 Nr. 1 Buchst. b) oder in den sonstigen Fällen für seine Teilnahme am unerlaubten Aufenthalt einen Vermögensvorteil erhält oder sich versprechen lässt (§ 96 Abs. 1 Nr. 2).

II. Anstiftung zum unerlaubten Aufenthalt

Bei der **Anstiftung** ist nach § 26 StGB eine Einwirkung auf den Ausländer notwendig, die zumindest **5** mitursächlich für seinen Tatentschluss sein muss. Damit scheidet eine Anstiftung in denjenigen Fällen aus, in denen der betreffende Ausländer bereits fest zum illegalen Aufenthalt entschlossen ist (sog omnimodo facturus). Bestimmt der Anstifter den Haupttäter aufgrund eines einheitlichen Vorsatzes wiederholt zur Tatbegehung, liegt nur eine Anstiftung vor. Idealkonkurrenz ist anzunehmen, wenn Anstiftungen zu mehreren Straftaten eines oder mehrerer Täter durch eine Handlung vorgenommen worden sind (Schönke/Schröder/*Heine/Weißer* StGB § 26 Rn. 14). Der notwendige **doppelte Anstiftervorsatz** muss sich zum einen auf das Hervorrufen des Tatentschlusses und zum anderen auf den Aufenthalt des Ausländers ohne erforderlichen Aufenthaltstitel und ohne Duldung beziehen. Wer etwa denkt, der Ausländer sei im Besitz eines Aufenthaltstitels oder es handele sich um einen Unionsbürger, der keines Aufenthaltstitels bedarf, handelt gemäß § 16 Abs. 1 StGB nicht vorsätzlich, weil er einem tatbestandsausschließenden Irrtum erliegt. Deuten die Umstände etwa aufgrund heimlichen Vorgehens darauf hin, dass den Beteiligten die Illegalität bewusst war, wird oftmals die Annahme bedingten Vorsatzes bezüglich der Illegalität des Aufenthalts nahe liegen. Allerdings kann aus der Tatsache alleine, dass etwa ein Arbeitgeber nicht die Aufenthaltspapiere des bei ihm beschäftigten Ausländers kontrolliert hat, nicht zwingend auf einen Eventualvorsatz bezüglich der Anstiftung zu einem illegalen Aufenthalt geschlossen werden. Eine grob fahrlässige Unkenntnis etwa von einem fehlenden Aufenthaltstitel steht dem Vorsatz nicht gleich. Einem vorsatzausschließenden Tatbestandsirrtum unterliegt auch, wer davon überzeugt ist, dass der Ausländer sich sowieso illegal in Deutschland aufhält und fest zur Fortsetzung seines illegalen Aufenthalts entschlossen ist, weil es in diesem Fall am Vorsatz bezüglich des Bestimmens zur Haupttat mangelt.

III. Beihilfe zum unerlaubten Aufenthalt

Als **Beihilfe** kommen physische und psychische Beihilfe in Betracht. Die psychische Beihilfe kann in **6** der Erteilung von Ratschlägen oder in der Bestärkung des Tatentschlusses bestehen (näher Schönke/Schröder/*Heine/Weißer* StGB § 27 Rn. 12). Physische Beihilfe wird etwa anzunehmen sein, wenn dem ausreisepflichtigen Ausländer Umstände geboten werden, die seinen weiteren illegalen Verbleib im Bundesgebiet erst ermöglichen. Auch Beihilfe durch Unterlassen ist grds. möglich; allerdings haben Privatpersonen in aller Regel keine Rechtspflicht zu verhindern, dass sich illegal im Bundesgebiet befindliche Ausländer in ihren Räumen aufhalten (OLG Oldenburg StV 2005, 26 f.). Handlungen von entsprechend instruierten Mitarbeitern muss sich ein Arbeitgeber eventuell nach § 25 Abs. 2 StGB zurechnen lassen (vgl. BGH NStZ 2007, 289 (290)). Als Beihilfehandlungen in diesem Sinne kommen etwa in Betracht die Unterstützung beim unerlaubten Grenzübertritt, die Beschaffung von Unterkünften, das Zusammenführen mit Personen, die sich des illegal aufhältlichen Ausländers annehmen, Übersetzungsdienste zum Verdecken der Illegalität, das Verstecken oder die Beschäftigung von Ausländern (vgl. *von Pollern* ZAR 1996, 175 (178); *Westphal/Stoppa* NJW 1999, 2137 (2143); BGH wistra 2000, 386 (387); BGHSt 54, 140).

7   **Keine Ausnahme** gilt für den Fall, dass der Ausländer unter allen Umständen **entschlossen** ist, seinen illegalen Aufenthalt im Bundesgebiet fortzusetzen und damit seiner vollziehbaren Ausreisepflicht zuwiderzuhandeln; denn der Annahme einer Beihilfe zum unerlaubten Aufenthalt durch tätige Hilfeleistung steht nach der allgemeinen Beihilfedogmatik nicht entgegen, dass der Haupttäter auch ungeachtet der Hilfeleistung zur Fortsetzung des unerlaubten Aufenthalts entschlossen ist (BGHSt 54, 140; aA BayObLG NStZ 1999, 627 f.; NJW 2002, 1663; OLG Düsseldorf StV 2002, 312; KG NStZ 2006, 530 f.). Dies gilt grds. unabhängig vom Motiv der Hilfeleistung. Eine Einschränkung ist indes für Fälle **humanitärer Hilfe** zu erwägen (weitergehend *Möller* StV 2010, 249 f.). Ausgehend von der Tatsache, dass sich jeder Mensch irgendwo aufhalten muss und dabei menschenwürdige Bedingungen benötigt, hat der BGH bereits 1990 entschieden, dass das Gewähren von Wohnung an einen illegal aufhältlichen Ausländer für sich alleine keine Beihilfe zu einer Straftat nach § 95 Abs. 1 Nr. 2 (bzw. der Vorgängernorm) sein soll, wenn der Ausländer auf jeden Fall entschlossen ist, seiner Ausreisepflicht zuwiderzuhandeln, und sich die Wohnungsgewährung darauf beschränkt, dem Ausländer eine Unterbringung in „menschenunwürdigen Verhältnissen" zu ersparen (BGH NStZ 1990, 443). Dies ist auch richtig (vgl. GK-AufenthG/*Mosbacher* Rn. 17 mwN): Keine strafbare Beihilfe zum unerlaubten Aufenthalt begeht, wer lediglich aus humanitären Erwägungen Ausländern, die sich ohnehin im Bundesgebiet aufhalten und zum Hierbleiben entschlossen sind, durch die Gabe von Essen, Kleidung oder Wohnung zu einer menschenwürdigen Existenz verhilft (vgl. auch OLG Hamm BeckRS 2010, 16651 zum „Kirchenasyl"). Denn derartige, aus Mitmenschlichkeit gebotene Hilfeleistungen dienen nicht der Vertiefung des ohnehin unerlaubten Aufenthalts, sondern der Verhinderung menschenunwürdiger Existenz. Nur wenn deutlich wird, dass Ausländer gerade wegen dieser Hilfsangebote unerlaubt ins Bundesgebiet einreisen und hier bleiben, kann die Grenze zur strafbaren Beihilfe überschritten sein. Die Hilfeleistungen müssen sich im Rahmen wirklicher Notbehebung bewegen. Strafbar bleibt etwa das Verbergen des Ausländers, um ihn behördlichen Maßnahmen der Aufenthaltsbeendigung zu entziehen. Bei berufstypischem Verhalten oder neutralem Alltagsverhalten wie etwa Mitnahme von Ausländern in Grenznähe mit dem Taxi, Verkaufen von Zelten zwecks Übernachtung, Gabe kleiner Geldspenden etc kommt es darauf an, ob der Teilnehmer damit gezielt den illegalen Aufenthalt oder die illegale Einreise des Ausländers unterstützen will (vgl. GK-AufenthG/*Mosbacher* Rn. 19 f. mwN).

IV. Beihilfe durch illegale Beschäftigung

8   Auch durch **Beschäftigung** kann der illegale Verbleib im Bundesgebiet gefördert werden, wenn dadurch dem Ausländer die Möglichkeit gewährt wird, seinen Lebensunterhalt im Bundesgebiet zu bestreiten (ausf. OLG Frankfurt a. M. NStZ-RR 2005, 184 (185 f.); vgl. auch OLG Köln DB 1974, 784; OLG Zweibrücken MDR 1992, 894; BGH wistra 2000, 386 (387); hierzu auch eingehend *König* NJW 2002, 1623). Sieht sich der Ausländer durch die Beschäftigungsmöglichkeit zu einer Fortsetzung seines illegalen Aufenthalts veranlasst oder in seinem noch nicht gefestigten Entschluss hierzu bestärkt, kann ebenfalls eine objektive Beihilfehandlung des Arbeitgebers vorliegen (vgl. auch RGSt 27, 157 zur Bestärkung eines im Urlaub befindlichen Soldaten in dem Entschluss, nicht rechtzeitig zur Truppe zurückzukehren).

9   Eine Sonderstellung nimmt die (in der Praxis häufige) **Beschäftigung eines Positivstaatsangehörigen** iSv Art. 1 Abs. 2 EUVisaVO iVm § 17 AufenthV ein, soweit sich dieser zunächst aufgrund der Befreiung von der Genehmigungspflicht legal ohne Aufenthaltsgenehmigung im Bundesgebiet aufhält, durch die Aufnahme einer Erwerbstätigkeit aber vollziehbar ausreisepflichtig wird (→ Vorb. §§ 95 ff. Rn. 5). Da hier die Beschäftigung des Ausländers die Illegalität seines Aufenthalts und das Entstehen der vollziehbaren Ausreisepflicht erst begründet, wird man in diesen Fällen regelmäßig von einer objektiven Beihilfehandlung des Arbeitgebers ausgehen müssen (BGH NStZ 2005, 407 f.; BayObLG AuAS 2005, 90), sofern nicht sogar eine Anstiftung in Betracht kommt. Durch die Beschäftigung wird der ausländische Arbeitnehmer zum einen in dem Entschluss bestärkt werden, der infolge der Aufnahme der Erwerbstätigkeit entstandenen vollziehbaren Ausreisepflicht für den Zeitraum der Beschäftigung nicht nachzukommen, zum anderen wird ihm durch die Beschäftigung erst die tatsächliche Möglichkeit geboten, die Illegalität des Aufenthalts und die daraus folgende Ausreisepflicht durch Wegfall der Genehmigungsfreiheit herbeizuführen (BGH NStZ 2005, 407). Erst durch die Aufnahme der durch den Arbeitgeber als Gehilfen bereitgestellten entgeltlichen Beschäftigung wird der legale Aufenthalt zum illegalen (BayObLG AuAS 2005, 90 (92)). Zudem genügt auch die Unterstützung bei einer vorbereitenden Handlung, die unmittelbar der Aufnahme der Erwerbstätigkeit eines Positivstaatsangehörigen dient (BGHSt 50, 105 (120)).

10   Die Beihilfe zum Dauerdelikt des illegalen Aufenthalts kann solange geleistet werden, wie der Haupttäter den rechtswidrigen Zustand nicht beendet hat (BGH NStZ 2004, 44 (45)). Für den **Vorsatz** ist es nicht erforderlich, dass der Teilnehmer Rechtskenntnis von der Regelungstechnik des Ausländerrechts hat, etwa hinsichtlich des Entfallens der Genehmigungsfreiheit durch Aufnahme der Beschäftigung bei „Positivstaatsangehörigen" (inzident BGH StraFo 2005, 82; NStZ 2005, 408; BGHSt 50, 105 (120 f.);

ausdrücklich BGH StV 2007, 227; aA OLG Celle BeckRS 2003, 30314955). Bei einer Beihilfe zum illegalen Aufenthalt und zur illegalen Einreise ist im subjektiven Bereich notwendig, dass der Gehilfe von der Illegalität **weiß** und gerade den illegalen Aufenthalt oder die illegale Einreise auch durch seinen Tatbeitrag unterstützen will (vgl. OLG Zweibrücken MDR 1992, 894; BayObLG NStZ 1999, 627). Hierfür reicht es hinsichtlich des illegalen Aufenthalts nicht aus, dass der Gehilfe etwa in der Absicht, billige Arbeitskräfte zu gewinnen, nur die Beschäftigung ausländischer Arbeitnehmer ohne Arbeitserlaubnis fördern will, sondern er muss auch gerade deren illegalen Aufenthalt fördern wollen (OLG Zweibrücken MDR 1992, 894; BayObLG NStZ 1999, 627). Da sich dieser Vorsatz regelmäßig nicht ohne weiteres aus der bloßen Schilderung des äußeren Sachverhalts ergibt, sind die inneren Tatsachen, die den notwendigen Vorsatz ausmachen, in den Urteilsgründen festzustellen (BayObLG NStZ 1999, 627). Fördert ein Arbeitgeber durch eine Handlung mehrere Taten des illegalen Aufenthalts oder durch mehrere Einzelakte im Vorfeld gleichsam global die Begehung nachfolgender Haupttaten, liegt **konkurrenzrechtlich** nur eine Beihilfe vor (vgl. BGH wistra 2006, 104 f.).

V. Qualifikationsmerkmale des Einschleusens

Der Begriff des **Vorteils** in § 96 Abs. 1 Nr. 1 Buchst. a entspricht demjenigen in §§ 331 ff. StGB **11** (vgl. BT-Drs. 16/5065, 379). Danach ist Vorteil jede Leistung des Zuwendenden, die den Empfänger materiell oder immateriell in seiner wirtschaftlichen, rechtlichen oder auch nur persönlichen Lage objektiv besser stellt und auf die er keinen rechtlich begründeten Anspruch hat (vgl. Fischer StGB § 331 Rn. 11). Der Begriff des **Vermögensvorteils** in § 96 Abs. 1 Nr. 2 entspricht dem Begriff in § 263 Abs. 1 StGB. Danach ist Vermögensvorteil jede günstigere Gestaltung der Vermögenslage, jede Erhöhung des Vermögenswerts, wozu nur wirtschaftliche Vorteile zählen (OLG Köln MDR 1989, 90 (91); BGH NJW 1989, 1435 (1436); Schönke/Schröder/*Perron* StGB § 263 Rn. 167 mwN). In synallagmatischen Leistungsbeziehungen ist eine Saldierung der wirtschaftlichen Vor- und Nachteile nach objektivwirtschaftlichen Kriterien vorzunehmen. Demnach liegt kein Vermögensvorteil vor, wenn der Vermögenszuwachs durch eine gleichzeitig hierdurch verursachte Vermögensminderung wirtschaftlich ausgeglichen wird (Schönke/Schröder/*Perron* StGB § 263 Rn. 106 ff. mwN). Besteht die Beihilfehandlung etwa in einer Beschäftigung nebst Entlohnung, ist für die Feststellung eines **Vermögensvorteils des Arbeitgebers** zu prüfen, ob die Arbeitsleistung des ausländischen Arbeitnehmers wirtschaftlich dem ausgezahlten Lohn (nebst Zusatzleistungen wie etwa Kost und Logis) entspricht oder ob im Endeffekt dem Arbeitgeber durch die Beschäftigung ein Vermögenszuwachs verbleibt. Die Feststellung alleine, dass ausländische Arbeitnehmer zu „Hungerlöhnen" beschäftigt werden, reicht für die Annahme einer günstigeren Gestaltung der Vermögenslage des Arbeitgebers nicht aus (OLG Zweibrücken MDR 1992, 894; aA *Westphal/Stoppa* NJW 1999, 2137 (2143)).

Zwischen der Förderung des illegalen Verhaltens und dem Erhalten oder Sichversprechenlassen des **12** (Vermögens-)Vorteils muss ein **kausaler und finaler Zusammenhang** bestehen, wobei es ausreicht, dass die Einschleusung des Ausländers als Mittel zur Erlangung des Vermögensvorteils dienen soll (BGH StV 2000, 357 (360); 2007, 227). Nicht hinreichend für den Erhalt eines Vermögensvorteils dürfte die **Nichtentrichtung von Steuern und Sozialversicherungsbeiträgen** im Rahmen der illegalen Beschäftigung sein, weil der Arbeitgeber solche Vermögensvorteile in Form ersparter Aufwendungen nicht „für" die Teilnahme am illegalen Aufenthalt iSd notwendigen kausalen und finalen Zusammenhangs erhält, sondern insoweit nur gelegentlich der Teilnahmehandlung weitere Straftaten begeht (Steuer- und Beitragshinterziehung gemäß § 370 AO, § 266a StGB), die erst den wirtschaftlichen Vorteil herbeiführen, wofür er aber auch gesondert bestraft werden kann (aA *Westphal/Stoppa* NJW 1999, 2137 (2143)). Von wem der Täter den (Vermögens-)Vorteil erhält, ist unerheblich (BGH StV 2000, 357 (360)). Einen Vorteil lässt sich versprechen, wer das Angebot von noch zu erbringenden Vorteilen annimmt (Schönke/Schröder/*Heine/Eisele* StGB § 331 Rn. 23). Eine bestimmte Form ist hierfür nicht notwendig, so dass auch konkludentes Handeln für das Versprechen und dessen Annahme genügt. Das Handeln aus Eigennutz iSd § 96 Abs. 1 Nr. 1 stellt ein tatbezogenes Unrechtsmerkmal dar, das nicht zur Anwendung des § 28 StGB führt, sondern einem Mittäter, der dieses Merkmal selbst nicht verwirklicht, bei Kenntnis und Billigung zugerechnet werden kann (BayObLG StV 1999, 255 (256), m. abl. Anm. *Klesczewski* StV 1999, 257). Der Versuch ist gemäß § 96 Abs. 3 strafbar. Hierfür gelten dieselben Grundsätze wie bei § 30 StGB (BGH NStZ 2015, 399; 1999, 409 f.).

Nach § 96 Abs. 1 Nr. 1 Buchst. b wird mit Freiheitsstrafe bis zu fünf Jahren oder Geldstrafe bestraft, **13** wer in den Fällen der Teilnahme an Taten nach § 95 Abs. 1 Nr. 3 oder Abs. 2 Nr. 1 Buchst. a, also in Fällen illegaler Einreise, wiederholt oder zugunsten von mehreren Ausländern handelt. Ein **wiederholtes** Handeln liegt vor, wenn der Täter mehr als einmal zur illegalen Einreise anstiftet oder Hilfe leistet (BGH StV 2000, 361 (362)). Die Vortat muss prozessordnungsgemäß festgestellt werden und zur Überzeugung des Gerichts feststehen. Dass sie verfolgt oder bestraft wurde, ist nach dem Wortlaut nicht Voraussetzung für die Erfüllung des Qualifikationstatbestandes (BGH StV 2000, 361 (362)). Zu fordern ist allerdings, dass die Vortat rechtswidrig und schuldhaft begangen wurde, also prinzipiell strafrechtlich verfolgbar gewesen sein muss, weil nur in diesem Fall ein erhöhter Schuldvorwurf die erhebliche Erhöhung des Strafrahmens von Freiheitsstrafe bis zu neun Monaten (§ 95 Abs. 1, §§ 27, 49 Abs. 1

Nr. 2 StGB) auf Freiheitsstrafe bis zu fünf Jahren rechtfertigt. Zudem ist zu erwägen, dass für die Frage der Wiederholung tilgungsreife Vorfälle außer Betracht bleiben (vgl. auch OLG Hamm NStZ 2015, 528). Bei dem Merkmal der wiederholten Tatbegehung handelt es sich um ein strafmodifizierendes täterbezogenes besonderes persönliches Merkmal iSd § 28 Abs. 2 StGB (vgl. Schönke/Schröder/*Heine/ Weißer* StGB § 28 Rn. 14 zum früheren Merkmal der Rückfälligkeit), so dass eine Strafbarkeit wegen des Qualifikatitatbestandes nur für denjenigen Teilnehmer in Betracht kommt, der selbst wiederholt handelt.

14   Ein **Handeln zugunsten mehrerer Ausländer** liegt vor, wenn zugunsten von mindestens zwei Ausländern gehandelt wird (BGH NStZ 1999, 409 (410); 2004, 45). Zwar ist es nach dem Wortlaut der Norm nicht notwendig, dass eine strafbare Teilnahme bezüglich mindestens zweier Ausländer vorliegt. Gleichwohl reicht es nach der Systematik des § 96 Abs. 1 wohl nicht aus, dass (wie etwa bei der Teilnahme zugunsten einer ausländischen Mutter mit einem Kleinkind) nur bei einem der Ausländer eine vorsätzliche und rechtswidrige Haupttat anzunehmen ist (*Aurnhammer,* Spezielles Ausländerstraf- recht, Berlin, 1996, 158 f. unter Bezugnahme auf ein gegenteiliges unveröffentlichtes Urteil des OLG Dresden).

15   Die **Teilnahme an der unerlaubten Erwerbstätigkeit bei Inhabern eines Schengen–Visums** (§ 95 Abs. 1a AufenthG iVm §§ 26, 27 StGB) ist nunmehr in Hinblick auf die Entscheidung des BGH zur Tatbestandswirkung einer Aufenthaltsgenehmigung (BGHSt 50, 105 ff.) der Teilnahme am illegalen Aufenthalt bei „Positivstaatsangehörigen" gleichgestellt (vgl. BT–Drs. 16/5065, 376 f.). Dies hat eine ganz erhebliche **Ausweitung der Strafbarkeit von Arbeit- oder Auftraggebern** zur Folge. Bis zum Inkrafttreten des Gesetzes zur Umsetzung aufenthalts- und asylrechtlicher Richtlinien der Europäischen Union am 28.8.2007 (G v. 19.8.2007, BGBl. I 1970) verwirklichte ein Arbeitgeber, der einen mit einem Schengen-Visum im Bundesgebiet aufhältlichen Ausländer während der Dauer des Visums beschäftigte, lediglich den Bußgeldtatbestand des § 404 Abs. 2 Nr. 3 SGB III und nur unter bestimmten qualifizie- renden Bedingungen die Straftatbestände in §§ 10, 11 SchwarzArbG. Nunmehr macht sich ein solcher Arbeitgeber regelmäßig wegen Beihilfe oder Anstiftung zu einer Straftat des Ausländers nach § 95 Abs. 1a strafbar und muss, wenn die Teilnahme – wie meist – um des eigenen finanziellen Vorteils wegen erfolgt, als Einschleuser von Ausländern mit ganz erheblichen Freiheitsstrafen rechnen.

C. Qualifikationstatbestand des Abs. 2

16   Straftaten nach § 96 Abs. 1 werden gemäß § 96 Abs. 2 mit Freiheitsstrafe von sechs Monaten bis zu zehn Jahren bestraft, wenn sie gewerbs- oder bandenmäßig begangen werden (Nr. 1 und 2), wenn im Zusammenhang mit der illegalen Einschleusung eine Waffe mitgeführt wird (Nr. 3 und 4) oder der Geschleuste in bestimmter Weise behandelt wird (Nr. 5). **Gewerbsmäßigkeit** liegt vor, wenn der Täter in der Absicht handelt, sich durch wiederholte Tatbegehungen eine fortlaufende Einnahmequelle von einiger Dauer und einigem Umfang zu verschaffen. Liegt ein solches Gewinnstreben vor, ist schon der erste der ins Auge gefassten Tathandlungen als gewerbsmäßig zu werten (BGH StV 2000, 357 (360)). Die Gewerbsmäßigkeit stellt ein täterbezogenes besonderes persönliches Merkmal iSd § 28 Abs. 2 StGB dar und gilt daher strafschärfend nur für denjenigen, bei dem dieses Merkmal vorliegt (BGH wistra 2003, 351). Beim gewerbsmäßigen Handeln kommt die Anordnung des erweiterten Verfalls gemäß § 96 Abs. 5 S. 2 iVm § 73d StGB in Betracht. Das Vergehen nach § 96 Abs. 1 in der Qualifikation nach § 96 Abs. 2 Nr. 1 ist auch im Schuldspruch als gewerbsmäßiges Einschleusen von Ausländern zu bezeichnen (BGH BeckRS 2007, 12820).

17   Eine **Bande** iSd § 96 Abs. 2 Nr. 2 liegt vor, wenn sich mindestens drei Personen zumindest für eine gewisse Dauer zur fortgesetzten Begehung mehrerer selbstständiger, in einzelnen noch ungewisser Taten nach § 96 Abs. 1 verbunden haben (BGH StV 2001, 399; wistra 2001, 431). Ist ein solcher Zusammen- schluss mit einem entsprechenden über bloße Mittäterschaft hinausgehenden Gesamtwillen vorhanden, genügt die Begehung einer Straftat nach § 96 Abs. 1 (Schönke/Schröder/*Eser/Bosch* StGB § 244 Rn. 24 f. mwN). Im Gegensatz zu §§ 244 Abs. 1 Nr. 4, 250 Abs. 1 Nr. 2 StGB verlangt § 96 Abs. 2 Nr. 2 nicht die Beteiligung mehrerer Bandenmitglieder an der Tat nach § 96 Abs. 1, sodass die Tätigkeit eines Bandenmitglieds im Rahmen der bandenmäßigen Verbindung und Planung ausreicht. Der An- nahme einer Bande iSd § 96 Abs. 1 Nr. 2 steht nicht entgegen, dass einem Bandenmitglied nach der Bandenabrede lediglich Aufgaben zufallen, die sich bei wertender Betrachtungsweise in Bezug auf das Einschleusen lediglich als Gehilfentätigkeit darstellen (BGH NStZ 2002, 318). Andere Bandenmitglieder wie etwa der Bandenchef kommen nach den allgemeinen Grundsätzen der Täterschaft uU als Mittäter in Betracht (vgl. BGH NStZ 2000, 255). Die Bandenmitgliedschaft ist strafschärfendes besonderes persönliches Merkmal iSv § 28 Abs. 2 StGB und führt nur bei demjenigen Beteiligten zur Strafschär- fung, der das Merkmal selbst verwirklicht (BGH wistra 2003, 351). Beim bandenmäßigem Handeln kommt die Anordnung des erweiterten Verfalls gemäß § 96 Abs. 5 S. 1 AufenthG iVm § 73d StGB in Betracht.

18   Beisichführen einer **Waffe** bei Einschleusung (§ 96 Abs. 2 Nr. 3 und 4): Die neue Qualifikation berücksichtigt Art. 6 Abs. 3 des Zusatzprotokolls Schleusung zum VN-Abkommen zur Bekämpfung der grenzüberschreitenden Kriminalität. Sie bezieht sich – im Gegensatz zum Ursprungsentwurf – lediglich

auf Teilnahmehandlungen am grenzüberschreitenden Einschleusungsvorgang, also der Teilnahme an der illegalen Einreise iSv § 95 Abs. 1 Nr. 3 und Abs. 2 Nr. 1 Buchst. a (vgl. *Mosbacher* BT-Innenausschuss-Drs. 14/675T, 21 f.).

Besonders verwerfliche Behandlung des Geschleusten (§ 96 Abs. 2 Nr. 5): Nach § 96 Abs. 2   **19** Nr. 5 wird mit Freiheitsstrafe von sechs Monaten bis zu zehn Jahren bestraft, wer den Geschleusten einer das Leben gefährdenden, unmenschlichen oder erniedrigenden Behandlung oder der Gefahr einer schweren Gesundheitsschädigung aussetzt. Auch diese Regelung geht auf Art. 6 Abs. 3 des Zusatzprotokolls Schleusung zum VN-Abkommen zur Bekämpfung der grenzüberschreitenden Kriminalität zurück (vgl. BT-Drs. 15/420, 98). Für das Kriterium der lebensgefährdenden Behandlung (vgl. hierzu AG München BeckRS 2016, 06549) kann auf die Rspr. zu § 224 Abs. 1 Nr. 5 StGB zurückgegriffen werden. Danach braucht die Behandlung das Leben nicht konkret zu gefährden, sondern muss lediglich nach den Umständen des Einzelfalls generell dazu geeignet sein (BGH NStZ 2005, 156 (157)). Das Qualifikationsmerkmal der Gefahr einer schweren Gesundheitsschädigung liegt vor, wenn entweder die Gefahr der Verursachung einer der in § 226 Abs. 1 StGB genannten schweren Folgen besteht oder einer der solchen Schädigungen ähnlichen Folge (Fischer StGB § 225 Rn. 18 mwN). Ob bereits die Gefahr ausreicht, dass das Opfer in eine ernste langwierige Krankheit verfällt oder in seiner Arbeitskraft erheblich beeinträchtigt wird, erscheint zweifelhaft (Fischer StGB § 225 Rn. 18 mwN).

Für eine **unmenschliche oder erniedrigende Behandlung** ist ein Verhalten von ähnlichem   **20** Gewicht notwendig wie bei den eben genannten Qualifikationen (Storr/*Eberle* Rn. 18; vgl. zu „unmenschlich" auch die Kommentierungen zu § 131 Abs. 1 StGB, etwa Fischer StGB § 131 Rn. 7 mwN). Unmenschlich ist ein Verhalten, das dem Geschleusten über das mit Schleusungen üblicher Weise verbundene Maß hinaus Schmerzen und Qualen körperlicher oder seelischer Art von erheblichem Gewicht zufügt. Erniedrigend ist eine Behandlung, die in massiver Herabwürdigung oder Demütigung besteht und im Opfer Gefühle der Angst, Ohnmacht oder Minderwertigkeit erzeugt (vgl. Hailbronner AuslR Rn. 29; vgl. auch die Rechtsprechung zum Begriff der Erniedrigung in § 177 Abs. 1 Nr. 1 StGB: Fischer StGB § 177 Rn. 67 f. mwN). Ob diese Qualifikationsmerkmale auch in Fällen **illegaler Beschäftigung** denkbar sind, etwa bei Ausbeutung in Formen ähnlich der Sklaverei, Leibeigenschaft oder Schuldknechtschaft (vgl. § 233 Abs. 1 StGB) oder bei einer Tätigkeit unter unmenschlichen Arbeitsbedingungen, ist fraglich. Denn der Begriff des „Geschleusten" bezieht sich – wie bei § 97 Abs. 1 – wohl nur auf Fälle des „Einschleusens" im umgangssprachlichen Sinne, also die illegale Einreise ins Bundesgebiet. Andere Delikte iSd § 96 Abs. 1 wie etwa die Beihilfe zu Falschangaben zur Erlangung eines Aufenthaltstitels werden von dem Wortsinn „den Geschleusten" nicht erfasst. Diese Auslegung wird durch das Gesetzgebungsverfahren unterstützt (vgl. hierzu *Mosbacher* BT-Innenausschuss-Drs. 14/675T, 21 f.).

D. Entsprechende Anwendung im Falle von Taten zum Nachteil anderer Unions- und Schengenstaaten

Nach dem Rahmenbeschluss 2002/946/JI v. 28.11.2002 und der RL 2002/90/EG sind die Mit-   **21** gliedsstaaten der EU nicht nur verpflichtet, die unerlaubte Ein- bzw. Durchreise sowie den illegalen Aufenthalt in ihrem Hoheitsgebiet, sondern auch im **Hoheitsgebiet der anderen Mitgliedsstaaten** zu sanktionieren. Durch das Gesetz zur Umsetzung aufenthalts- und asylrechtlicher Richtlinien der Europäischen Union (v. 19.8.2007, BGBl. I 1970) wurde deshalb mWz 28.8.2007 § 96 Abs. 4 entsprechend angepasst, der bislang in Umsetzung von Art. 27 SDÜ bereits die Einbeziehung von Auslandstaten im europäischen Hoheitsgebiet der Vertragsstaaten des SDÜ anordnete (vgl. auch BT-Drs. 16/5065, 380). Mit Wirkung ab 26.11.2011 (G v. 22.11.2011, BGBl. I 2258) wurde auch die Versuchsstrafbarkeit nach § 96 Abs. 3 in § 96 Abs. 4 einbezogen. Da die Rechtsakte eine Weiterentwicklung des Schengenbesitzstandes darstellen, sind sie auch auf Norwegen und Island anwendbar. Abweichend von dem Grundsatz, dass der illegale Aufenthalt und die illegale Einreise von Ausländern nur in Bezug auf das Bundesgebiet von den Straf- und Bußgeldnormen des Ausländergesetzes erfasst werden, erweitert § 96 Abs. 4 die Sanktionsmöglichkeiten auf eine Reihe von Taten, die nur das Hoheitsgebiet anderer Unionsstaaten betreffen. Gemäß § 96 Abs. 4 sind die Vorschriften über das eigennützige, das gewerbsmäßige, das bandenmäßige und das misshandelnde Einschleusen von Ausländern (§ 96 Abs. 1 Nr. 1 Buchst. a, Nr. 2, Abs. 2 Nr. 1, 2 und 5 und Abs. 3) entsprechend auf Zuwiderhandlungen gegen Einreise- und Aufenthaltsvorschriften anderer Unionsstaaten anwendbar, wenn sie den in § 95 Abs. 1 Nr. 2 oder 3 oder Abs. 2 Nr. 1 bezeichneten Handlungen entsprechen und hierdurch ein Drittstaatsangehöriger (weder EU- noch EWR-Bürger) unterstützt wird (vgl. hierzu näher BGH NStZ 2015, 399 (401)). Auf diese Erweiterung der Strafbarkeit nimmt auch § 97 Abs. 2 Bezug. MWz 24.10.2015 wurde § 96 Abs. 5 S. 1 eingefügt (G v. 20.10.2015, BGBl. I 1722), wonach die erweiterte Voraussetzung der Einziehung nach § 74a StGB Anwendung findet. Wie bei allen Gesetzesverschärfungen gilt auch diese nur für ab Inkrafttreten des Gesetzes beendete Taten (§ 2 Abs. 3 StGB).

§ 97 Einschleusen mit Todesfolge; gewerbs- und bandenmäßiges Einschleusen

(1) Mit Freiheitsstrafe nicht unter drei Jahren wird bestraft, wer in den Fällen des § 96 Abs. 1, auch in Verbindung mit § 96 Abs. 4, den Tod des Geschleusten verursacht.

(2) Mit Freiheitsstrafe von einem Jahr bis zu zehn Jahren wird bestraft, wer in den Fällen des § 96 Abs. 1, auch in Verbindung mit § 96 Abs. 4, als Mitglied einer Bande, die sich zur fortgesetzten Begehung solcher Taten verbunden hat, gewerbsmäßig handelt.

(3) In minder schweren Fällen des Absatzes 1 ist die Strafe Freiheitsstrafe von einem Jahr bis zu zehn Jahren, in minder schweren Fällen des Absatzes 2 Freiheitsstrafe von sechs Monaten bis zu zehn Jahren.

(4) Die §§ 73d und 74a des Strafgesetzbuches sind anzuwenden.

1   **Einschleusen mit Todesfolge** wird nach § 97 Abs. 1 mit Freiheitsstrafe nicht unter drei Jahren bestraft. Voraussetzung ist die vorsätzliche Verwirklichung des § 96 Abs. 1, auch iVm § 96 Abs. 4, und die zumindest fahrlässige (§ 18 StGB) Verursachung der Todesfolge sowie ein spezifischer Unmittelbarkeitszusammenhang zwischen dem Einschleusen und der Todesfolge (Storr/*Eberle* Rn. 5). Dieser spezifische Zusammenhang ist regelmäßig nur in Fällen des „Einschleusens" im umgangssprachlichen Sinne – also der Teilnahme an der illegalen Einreise des Ausländers – denkbar, allenfalls noch beim Verbergen im Bundesgebiet zum Schutz vor Entdeckung des illegalen Aufenthalts. Der Gesetzgeber hat dies durch die Umformulierung des Qualifikationstatbestandes mittels Einfügen der Worte „Tod des Geschleusten" im Vergleich zur ersten Entwurfsfassung deutlich gemacht (vgl. hierzu *Mosbacher* BT-Innenausschuss-Drs. 14/675T, 22 f.). Kaum denkbar ist dagegen die Todesverursachung etwa bei der Hilfe zu Falschangaben im Visumverfahren (§ 96 Abs. 1 iVm § 95 Abs. 2 Nr. 2).

2   Die **gewerbs- und bandenmäßige Begehung** von Taten nach § 96 Abs. 1 wird nach § 97 Abs. 2 als Verbrechen mit Freiheitsstrafe von einem bis zu zehn Jahren bestraft. Die bandenmäßige Begehung schließt regelmäßig Gewerbsmäßigkeit ein (vgl. Schönke/Schröder/*Perron* StGB § 263 Rn. 188a). Konsequenz des Verbrechenscharakters ist die Anwendung des § 30 StGB, wonach ua bereits die Verbrechensverabredung strafbar ist. Die Möglichkeit der Strafmilderung sieht § 97 Abs. 3 für minder schwere Fälle vor. Nach § 97 Abs. 4 findet der erweiterte Verfall nach § 73d StGB Anwendung, seit dem 24.10 2015 gilt auch § 74a StGB (vgl. G v. 20.10.2015, BGBl. I 1722).

§ 98 Bußgeldvorschriften

(1) Ordnungswidrig handelt, wer eine in § 95 Abs. 1 Nr. 1 oder 2 oder Abs. 2 Nr. 1 Buchstabe b bezeichnete Handlung fahrlässig begeht.

(2) Ordnungswidrig handelt, wer

1. entgegen § 4 Abs. 5 Satz 1 einen Nachweis nicht führt,
2. entgegen § 13 Abs. 1 Satz 2 sich der polizeilichen Kontrolle des grenzüberschreitenden Verkehrs nicht unterzieht,
3. entgegen § 48 Abs. 1 oder 3 Satz 1 eine dort genannte Urkunde oder Unterlage oder einen dort genannten Datenträger nicht oder nicht rechtzeitig vorlegt, nicht oder nicht rechtzeitig aushändigt oder nicht oder nicht rechtzeitig überlässt oder
4. einer vollziehbaren Anordnung nach § 44a Abs. 1 Satz 1 Nr. 3, Satz 2 oder 3 zuwiderhandelt.

(2a) Ordnungswidrig handelt, wer vorsätzlich oder leichtfertig entgegen § 4 Abs. 3 Satz 2 einen Ausländer zu einer nachhaltigen entgeltlichen Dienst- oder Werkleistung beauftragt, die der Ausländer auf Gewinnerzielung gerichtet ausübt.

(3) Ordnungswidrig handelt, wer vorsätzlich oder fahrlässig

1. entgegen § 4 Abs. 3 Satz 1 eine selbständige Tätigkeit ausübt,
2. einer vollziehbaren Auflage nach § 12 Abs. 2 Satz 2 oder Abs. 4 oder einer räumlichen Beschränkung nach § 56 Absatz 2 oder § 61 Abs. 1 Satz 1 oder Absatz 1c zuwiderhandelt,
3. entgegen § 13 Abs. 1 außerhalb einer zugelassenen Grenzübergangsstelle oder außerhalb der festgesetzten Verkehrsstunden einreist oder ausreist oder einen Pass oder Passersatz nicht mitführt,
4. einer vollziehbaren Anordnung nach § 46 Abs. 1, § 56 Absatz 1 Satz 2 oder Abs. 3 oder § 61 Absatz 1e zuwiderhandelt,
5. entgegen § 56 Absatz 1 Satz 1 eine Meldung nicht, nicht richtig oder nicht rechtzeitig macht,
6. entgegen § 80 Abs. 4 einen der dort genannten Anträge nicht stellt oder
7. einer Rechtsverordnung nach § 99 Absatz 1 Nummer 3a Buchstabe d, Nummer 7, 10 oder 13a Satz 1 Buchstabe j zuwiderhandelt, soweit sie für einen bestimmten Tatbestand auf diese Bußgeldvorschrift verweist.

(4) In den Fällen des Absatzes 2 Nr. 2 und des Absatzes 3 Nr. 3 kann der Versuch der Ordnungswidrigkeit geahndet werden.

(5) Die Ordnungswidrigkeit kann in den Fällen des Absatzes 2a mit einer Geldbuße bis zu fünfhunderttausend Euro, in den Fällen des Absatzes 2 Nr. 2 und des Absatzes 3 Nr. 1 mit einer Geldbuße bis zu fünftausend Euro, in den Fällen der Absätze 1 und 2 Nr. 1 und 3 und des Absatzes 3 Nr. 3 mit einer Geldbuße bis zu dreitausend Euro und in den übrigen Fällen mit einer Geldbuße bis zu tausend Euro geahndet werden.

(6) Artikel 31 Abs. 1 des Abkommens über die Rechtsstellung der Flüchtlinge bleibt unberührt.

1. Allgemeines. Die Vorschrift enthält **sämtliche Bußgeldtatbestände des Aufenthaltsgesetzes.**   **1** Sie entspricht im Wesentlichen der Vorgängervorschrift des § 93 AuslG. Die Norm wurde allerdings in Anlehnung an die Empfehlungen von Straf- und Bußgeldvorschriften im Nebenstrafrecht (BAnz. 1999 Nr. 178a) redaktionell so umgestaltet, dass die Bußgeldvorschriften entsprechend der Paragraphenfolge der verwaltungsrechtlichen Bezugsnormen geordnet wurden (vgl. BT-Drs. 15/420, 99). Auf freizügigkeitsberechtigte Unions- und EWR-Staatsbürger und ihre freizügigkeitsberechtigten Familienangehörigen finden nach § 1 Abs. 2 AufenthG iVm § 11 Abs. 1 FreizügG/EU die Bußgeldvorschriften in § 98 Abs. 2 Nr. 2, Abs. 2a, 3 Nr. 3, Abs. 4 und 5 Anwendung. Dies gilt für diesen Personenkreis allerdings nicht für Alttaten, die vor dem Inkrafttreten des Gesetzes zur Umsetzung aufenthalts- und asylrechtlicher Richtlinien der Europäischen Union am 28.8.2007 (G v. 19.8.2007, BGBl. I 1970) begangen wurden; insoweit bestand eine Ahndungslücke, die zur Ahndungsfreiheit gemäß § 4 Abs. 3 OWiG für Altfälle führt (vgl. auch *Mosbacher* wistra 2005, 54). Die Ordnungswidrigkeiten werden nach § 98 Abs. 5 mit Geldbuße zwischen 1.000 und 500.000 EUR geahndet.

Gilt die Geldbuße gleichermaßen für vorsätzliches wie fahrlässiges Verhalten, kann fahrlässiges Ver-   **2** halten nur mit der Hälfte des Höchstmaßes geahndet werden (§ 17 Abs. 2 OWiG). Die **Zuständigkeit** für die **Verfolgung** richtet sich nach den entsprechenden landesrechtlichen Verordnungen; lediglich § 78 AufenthV sieht eine Zuständigkeit der Bundespolizei für bei der Ein- oder Ausreise begangene Ordnungswidrigkeiten nach § 98 Abs. 2, Abs. 3 Nr. 3 vor.

Nach dem **Einheitstäterbegriff** des § 14 Abs. 1 OWiG handelt jeder ordnungswidrig, der sich an   **3** einer Ordnungswidrigkeit beteiligt. In erster Linie können diejenigen Ausländer Beteiligte sein, die von den in den Bußgeldtatbeständen in Bezug genommenen einzelnen Pflichten betroffen sind; insoweit enthält lediglich § 98 Abs. 3 Nr. 6 (Verstoß gegen die Antragspflicht als gesetzlicher Vertreter eines minderjährigen Ausländers) Pflichten, die „jedermann" treffen können, während die sonstigen Pflichten ausländerspezifisch sind (vgl. auch Hailbronner AuslR Rn. 4). Eine Verwirklichung der Bußgeldtatbestände des § 98 im Rahmen der Beteiligung iSd § 14 Abs. 1 OWiG soll nach überwiegender Ansicht nur durch den insoweit sonderpflichtigen Ausländer, nicht aber etwa durch einen Deutschen in Betracht kommen, weil sich die den Bußgeldvorschriften zugrunde liegende Ordnungsvorschrift nur an Ausländer richte (Hailbronner AuslR Rn. 4). Dies ist jedoch nicht ganz einsichtig, soweit es um eine vorsätzliche Beteiligung eines Deutschen an einer vorsätzlichen Ordnungswidrigkeit des Ausländers geht. Anerkanntermaßen ist auch bei den im Bußgeldrecht häufig vorkommenden Sondertatbeständen eine Beteiligung nicht sonderpflichtiger Personen dann möglich, wenn die Beteiligung vorsätzlich erfolgt und der Sonderpflichtige vorsätzlich handelt (Göhler/*Gürtler* OWiG § 14 Rn. 3 ff., insbes. → Rn. 5b f.; Lemke/Mosbacher OWiG § 14 Rn. 11). Lediglich bei denjenigen Ordnungswidrigkeiten, die von Ausländern nur fahrlässig begangen werden können (also insbes. § 98 Abs. 1), kommt nur eine Verwirklichung des Bußgeldtatbestandes durch den insoweit sonderpflichtigen Ausländer, nicht aber etwa durch einen Deutschen in Betracht. Eine fahrlässige Beteiligung scheidet aus, weil die Beteiligung an der Ordnungswidrigkeit eines anderen einen vorsätzlichen Tatbeitrag voraussetzt (Göhler/*Gürtler* OWiG § 14 Rn. 3). Aber auch die vorsätzliche Beteiligung an einem fahrlässig begangenen illegalen Aufenthalt eines Ausländers unterfällt nicht der Bußgelddrohung. Die Beteiligung an der Ordnungswidrigkeit eines anderen setzt zumindest bei derartigen Sonderdelikten ein vorsätzliches Handeln des anderen voraus (Göhler/*Gürtler* OWiG § 14 Rn. 5b).

2. Überblick über die einzelnen Bußgeldtatbestände (Auswahl). a) Der fahrlässige passlose   **4** **oder illegale Aufenthalt im Bundesgebiet (Abs. 1).** Die Bußgeldtatbestände des § 98 Abs. 1 betreffen den **Aufenthalt** im Bundesgebiet ohne Pass bzw. ohne erforderlichen Aufenthaltstitel oder nach einem Aufenthaltsverbot infolge Ausweisung, Zurückschiebung oder Abschiebung und ermöglichen damit die Ahndung von fahrlässig begangenen Taten nach § 95 Abs. 1 Nr. 1 und 2, Abs. 2 Nr. 1 Buchst. b. Die fahrlässige Einreise ohne Pass wird hingegen von § 98 Abs. 1 nicht erfasst. Fahrlässig handelt, wer einen Tatbestand rechtswidrig und vorwerfbar verwirklicht, ohne die Verwirklichung zu erkennen oder zu wollen (Fischer StGB § 15 Rn. 12 mwN).

b) Beauftragung eines Ausländers mit nachhaltigen Werk- oder Dienstleistungen (Abs. 2a).   **5** Durch das Gesetz zur Umsetzung aufenthalts- und asylrechtlicher Richtlinien der Europäischen Union (v. 19.8.2007, BGBl. I 1970) wurde als **neuer Bußgeldtatbestand** § 98 Abs. 2a eingeführt, wonach seit dem 28.8.2007 ordnungswidrig handelt, wer vorsätzlich oder leichtfertig entgegen § 4 Abs. 3 S. 2 einen Ausländer zu einer nachhaltigen entgeltlichen Dienst- oder Werkleistung beauftragt, die der Ausländer auf Gewinnerzielung gerichtet ausübt. **Beauftragung** meint den Abschluss eines Dienstvertrages iSv §§ 611 ff. BGB oder Werkvertrages iSv §§ 631 ff. BGB durch übereinstimmende Willenserklärungen, nicht den einseitigen „Auftrag". Andere Vertragsarten wie etwa Maklerverträge oder Geschäftsbesorgungsverträge werden vom Wortlaut der Norm nicht erfasst.

6   Erfasst wird nur die Beauftragung mit **nachhaltigen entgeltlichen Dienst- oder Werkleistungen.** Nachhaltigkeit scheidet nach Ansicht des Gesetzgebers aus bei gelegentlichen Hilfeleistungen, Beauftragungen im Rahmen von Kontakten in Ladengeschäften oder in ähnlich flüchtigen Situationen, bei Gefälligkeiten gegen kein oder geringes Entgelt oder im Rahmen der Nachbarschaftshilfe (BT-Drs. 16/5065, 273). Der Ausländer muss die Tätigkeit zudem auf Gewinnerzielung gerichtet ausüben. Damit scheiden entgeltlose Tätigkeiten zu karitativen Zwecken und – ähnlich wie beim Merkmal der Nachhaltigkeit – im Rahmen von Verwandtschafts- oder Nachbarschaftshilfe aus.

7   Der **Vorsatz** muss im Zeitpunkt der Tathandlung, also der „Beauftragung", vorliegen. Erkennt der Auftraggeber erst später, dass er entgegen § 4 Abs. 3 S. 2 einen Ausländer beauftragt hat, führt dies nicht zur Vorsatztat. Da ein Vorsatznachweis nicht immer zu führen ist, wird auch ein leichtfertiges Nichterkennen der fehlenden Erlaubnis sanktioniert. Leichtfertigkeit liegt jedenfalls dann nicht vor, wenn die Prüfungspflicht des § 4 Abs. 3 S. 4 nicht eingreift oder erfüllt wurde (vgl. BT-Drs. 16/5065, 381). Die Ordnungswidrigkeit kann nach § 98 Abs. 5 mit einer Geldbuße bis zu 500.000 EUR geahndet werden. Die beharrliche Wiederholung eines Verstoßes gegen § 98 Abs. 2a wird nach § 11 Abs. 1 Nr. 2 Buchst. c SchwarzArbG mit Freiheitsstrafe bis zu einem Jahr oder mit Geldstrafe bestraft. Ebenso wird bestraft, wer gleichzeitig mehr als fünf Ausländer mit derartigen Dienst- oder Werkleistungen beauftragt (§ 11 Abs. 1 Nr. 1 SchwarzArbG).

8   **c) Ausübung einer selbstständigen Erwerbstätigkeit ohne Genehmigung (Abs. 3 Nr. 1).** Das Gegenstück zu § 98 Abs. 2a ist die durch das Gesetz zur Umsetzung aufenthalts- und asylrechtlicher Richtlinien der Europäischen Union (v. 19.8.2007, BGBl. I 1970) mit Wirkung ab 28.8.2007 eingeführte neue Bußgeldvorschrift in § 98 Abs. 3 Nr. 1. Danach handelt ordnungswidrig, wer entgegen § 4 Abs. 3 S. 1 eine selbstständige Tätigkeit ausübt. § 4 Abs. 3 S. 1 bestimmt, dass Ausländer eine Erwerbstätigkeit nur ausüben dürfen, wenn der Aufenthaltstitel sie dazu berechtigt. Diese Änderung dient der Wiederherstellung der Sanktionierung einer unerlaubten Ausübung einer selbstständigen Erwerbstätigkeit; die Möglichkeit einer Sanktionierung war mit Inkrafttreten des entfallen (vgl. BT-Drs. 16/5065, 381). Altfälle vor Inkrafttreten des Gesetzes zur Umsetzung aufenthalts- und asylrechtlicher Richtlinien der Europäischen Union können nach § 4 Abs. 3 OWiG deshalb nicht geahndet werden. Die Ordnungswidrigkeit wird nach § 98 Abs. 5 mit Geldbuße bis zu 5.000 EUR geahndet.

9   **d) Verstoß gegen vollziehbare Auflagen (Abs. 3 Nr. 2 Var. 1 u. 2).** Es handelt sich bei diesem Bußgeldtatbestand um die hauptsächliche Ahndungsmöglichkeit von einfachen **Auflagenverstößen** (vgl. bei Wiederholungen § 95 Abs. 1 Nr. 6a). Nach dem früheren § 92 Abs. 1 Nr. 3 Alt. 1 AuslG war die Zuwiderhandlung gegen eine vollziehbare Auflage nach § 14 Abs. 2 S. 2 AuslG oder § 56 Abs. 3 S. 3 AuslG, jeweils auch iVm § 44 Abs. 6 AuslG strafbewehrt. Hauptanwendungsfälle dieser Strafnorm waren das Verbot oder Beschränkungen der Aufnahme einer Erwerbstätigkeit (zum alten Recht ausf. Ignor/Rixen ArbStrafR-HdB/*Mosbacher*, 1. Aufl. 2002, Rn. 459 ff.). Eine vergleichbare Strafnorm existiert nicht mehr, weil es nach der Neukonzeption des keine speziellen, die Erwerbstätigkeit beschränkenden Auflagen mehr gibt; nunmehr muss jeder Aufenthaltstitel erkennen lassen, ob die Ausübung einer Erwerbstätigkeit erlaubt ist (§ 4 Abs. 2 S. 2). Infolge der Abschaffung der bisherigen Strafnorm sind Altfälle von derartigen Auflagenverstößen gemäß § 2 Abs. 3 StGB straffrei (BGHSt 50, 105 (117)). Auflagen nach dem bisherigen AuslG gelten zwar nach § 102 Abs. 1 weiter. Ein Verstoß gegen derartige Altauflagen ist jedoch nicht mehr sanktionsbewehrt, weil § 98 Abs. 1 Nr. 3 Var. 1 und 2 lediglich auf Auflagen nach § 12 Abs. 2 S. 2 oder Abs. 4, nicht aber auf solche iSv § 102 Abs. 1 iVm dem AuslG verweist. Ein Verstoß gegen vollziehbare Auflagen nach dem AufenthG kann allenfalls als Ordnungswidrigkeit nach § 98 Abs. 3 Nr. 1 Var. 1 u. 2 geahndet werden (BGHSt 50, 105 (117)).

10   **e) Verstoß gegen eine kraft Gesetzes bestehende räumliche Beschränkung (Abs. 3 Nr. 2 Var. 3 u. 4).** Der vorsätzliche oder fahrlässige Verstoß gegen gesetzlich vorgesehene **räumliche Beschränkungen** kann nach § 98 Abs. 3 Nr. 1 Var. 3 u. 4 als Ordnungswidrigkeit geahndet werden. Von Gesetzes wegen auf das Gebiet des jeweiligen Bundeslandes beschränkt ist der Aufenthalt eines vollziehbar ausreisepflichtigen Ausländers gemäß § 61 Abs. 1 S. 1. Darüber hinaus kann eine räumliche Beschränkung des Aufenthalts eines vollziehbar ausreisepflichtigen Ausländers nach § 61 Abs. 1c gesondert angeordnet werden. Der Verstoß gegen derartige räumliche Beschränkungen stellt keinen illegalen Aufenthalt iSd § 95 Abs. 1 Nr. 2 dar (vgl. zum alten Recht BGHSt 42, 291 (293)); dies ergibt sich nunmehr eindeutig im Umkehrschluss aus § 98 Abs. 3 Nr. 1). Der wiederholte Verstoß gegen eine räumliche Beschränkung bei ausreisepflichtigen Ausländern ist gemäß § 95 Abs. 1 Nr. 7 strafbar.

155. Gesetz zur Regelung der gewerbsmäßigen Arbeitnehmerüberlassung (Arbeitnehmerüberlassungsgesetz – AÜG)

In der Fassung der Bekanntmachung vom 3. Februar 1995 (BGBl. I, 158) FNA 810-31

Zuletzt geändert durch Art. 7 TarifautonomiestärkungsG vom 11.8.2014 (BGBl. I S. 1348)

– Auszug –

§ 15 Ausländische Leiharbeitnehmer ohne Genehmigung

(1) Wer als Verleiher einen Ausländer, der einen erforderlichen Aufenthaltstitel nach § 4 Abs. 3 des Aufenthaltsgesetzes, eine Aufenthaltsgestattung oder eine Duldung, die zur Ausübung der Beschäftigung berechtigen, oder eine Genehmigung nach § 284 Abs. 1 des Dritten Buches Sozialgesetzbuch nicht besitzt, entgegen § 1 einem Dritten ohne Erlaubnis überläßt, wird mit Freiheitsstrafe bis zu drei Jahren oder mit Geldstrafe bestraft.

(2) ¹In besonders schweren Fällen ist die Strafe Freiheitsstrafe von sechs Monaten bis zu fünf Jahren. ²Ein besonders schwerer Fall liegt in der Regel vor, wenn der Täter gewerbsmäßig oder aus grobem Eigennutz handelt.

Literaturhinweise: *Bauer/Heimann,* Leiharbeit und Werkvertrag – Achse des Bösen?, NJW 2013, 3287; *Becker,* Abgrenzung der Arbeitnehmerüberlassung gegenüber Werk- und Dienstverträgen, DB 1988, 2561; *Behrend,* Neues zum Scheinwerkvertrag: Die vermutete Arbeitsvermittlung im AÜG, BB 2001, 2641; *Beseler,* Leiharbeit, 2008; *Bilsdorfer,* Straffreiheit für illegale Arbeitnehmerverleiher?, BB 1982, 1866; *Boemke/Lembke,* Arbeitnehmerüberlassungsgesetz, Kommentar, 3. Aufl. 2013; *Boemke,* EU-Osterweiterung und grenzüberschreitende Arbeitnehmerüberlassung, BB 2005, 266; *Brauneisen/Ibes,* Der Tatbestand der Arbeitnehmerüberlassung. Zur Abgrenzung verschiedener Formen des Fremdpersonaleinsatzes in Unternehmen, RdA 2014, 213; *Bückle,* Beschäftigung von Leiharbeitnehmern ohne Arbeitsgenehmigung, BB 1981, 1529; *Call,* Sittenwidrige Tarifverträge zur Leiharbeit?, NJ 2010, 89; *Deich,* Arbeitnehmerüberlassung oder Werkvertrag?, AuA 2009, 412; *Eckardt,* Einführung in das Recht der Arbeitnehmerüberlassung, JA 1989, 393; *Fabritius/Nießen,* Was ist vorübergehende Arbeitnehmerüberlassung – Das Rätsel weiter ungelöst?, NJW 2014, 263; *Franzheim,* Das strafrechtliche Instrumentarium zur Bekämpfung der illegalen Arbeitnehmerüberlassung, JR 1982, 889; *Franzheim,* Das strafrechtliche Instrumentarium zur Bekämpfung der Entleiher von illegal verliehenen Leiharbeitnehmern, ZRP 1984, 303; *Franzheim,* Probleme des Beitragsbetrugs im Bereich der illegalen Arbeitnehmerüberlassung, wistra 1987, 313; *Hamann,* Erkennungsmerkmale der illegalen Arbeitnehmerüberlassung in Form von Scheindienst- und Scheinwerkverträgen, Diss. Münster 1995; *Hamann,* Gewerbsmäßige Arbeitnehmerüberlassung, JURA 2003, 361; *Hamann,* Fremdpersonal im Unternehmen, 2008; *Hamann,* Die Reform des AÜG im Jahre 2011, RdA 2011, 321; *Hamann,* Umsetzung der Vorgabe „vorübergehend" in der Leiharbeitsrichtlinie, NZA 2015, 904; *Hamann/Rudnik,* Scheinwerkvertrag mit Überlassungserlaubnis – Ein probates Mittel zur Vermeidung illegaler Arbeitnehmerüberlassung?, NZA 2015, 449; *Hennecke/Thuengerthal,* Werkvertrag: Fiktion, Vermutung und Verfassung, BB 2015, 1269; *Ivens,* Zur Abgrenzung des Dienst- und Werkvertrages vom Arbeitsverhältnis und Arbeitnehmerüberlassung, WiB 1995, 694; *Jofer/Weiß,* Risiken und Grenzen der Strafbarkeit beim Einsatz ausländischer Arbeitskräfte im Rahmen von Werkverträgen mit Subunternehmern, StraFo 2007, 277; *Jörs,* Illegale Überlassung und Vermittlung von Arbeitnehmer, 1987; *Kania,* Überlassung von Maschinen mit Bedienungspersonal, NZA 1994, 871; *Karl,* Die Strafbarkeit des Arbeitgebers bei illegaler Beschäftigung ausländischer Arbeitnehmer, StV 2003, 696; *Köhler,* Dauerbrenner Scheinselbständigkeit und verdeckte Arbeitnehmerüberlassung, GWR 2014, 28; *Kort,* Die Bedeutung der europarechtlichen Grundfreiheiten für die Arbeitnehmerentsendung und die Arbeitnehmerüberlassung, NZA 2002, 1248; *Leitner,* Arbeitnehmerüberlassung in der Grauzone zwischen Legalität und Illegalität, 1990; *Leitner,* Abgrenzung zwischen Werkvertrag und Arbeitnehmerüberlassung, NZA 1991, 293; *Lembke,* Der Einsatz von Fremdpersonal im Rahmen von freier Mitarbeit, Werkverträgen und Leiharbeit, NZA 2013, 1326; *Marschall,* Die Abgrenzung zwischen Werkvertrag und Arbeitnehmerüberlassung, ZfA 1984, 150; *Marschner,* Die Abgrenzung der Arbeitnehmerüberlassung von anderen Formen des Personaleinsatzes, NZA 1995, 668; *Maschmann,* Fremdpersonaleinsatz im Unternehmen und die Flucht in den Werkvertrag, NZA 2013, 1305; *Mastmann/Offer,* Ausgewählte Probleme der Leiharbeit, AuA 2005, 330; *Millich/Schäfer,* Zur Problematik ordnungswidriger Arbeitnehmerüberlassung nach dem Arbeitnehmerüberlassung (AÜG), wistra 1986, 205; *Müller,* Zur Frage des Strafklageverbrauchs bei dem Verleih, der Vermittlung oder der Beschäftigung illegaler Arbeitnehmer, NStZ 1985, 397; *Noack,* Die Straf- und Ordnungswidrigkeitenbestimmungen des Arbeitnehmerüberlassungsgesetzes, BB 1973, 1313; *Reinsch,* Das Rechtsverhältnis zwischen Entleiher und Leiharbeitnehmer, 2009; *Richter,* Illegale Arbeitnehmerüberlassung: Der Nachweis von Vorsatz und Fahrlässigkeit bei Scheinwerkverträgen, BB 1992, 421; *Sandmann/Marschall/Schneider,* Kommentar zum AÜG, Loseblatt; *Schüren,* Der Scheinwerkvertrag – Rechtsfolgen und Identifikation verdeckter, illegaler Arbeitnehmerüberlassung, WiVerw 2001, 173; *Schüren* (Hrsg.), Arbeitnehmerüberlassungsgesetz, Kommentar, 4. Aufl. 2010; *Schüren/Wank,* Die neue Leiharbeitsrichtlinie und ihre Umsetzung ins deutsche Recht, RdA 2011, 1; *Südbeck,* Anm. zu LG Oldenburg v. 8.7.2004 – 2 KLs 65/04, wistra 2005, 119; *Thüsing;* Dauerhafte Arbeitnehmerüberlassung: Neues vom BAG, vom EuGH und auch vom Gesetzgeber, NZA 2014, 10; *Ulber/Ulber,* Arbeitnehmerüberlassungsgesetz, 2. Aufl. 2014; *Urban-Crell/Germakowsi,* AÜG, Kommentar zum Arbeitnehmerüberlassungsgesetz, 2. Aufl. 2013; *Zimmermann,* Folgen illegaler grenzüberschreitender

Arbeitnehmerüberlassung aus Sicht des Entleihers, 2009; *Zimmermann*, Tatbestandsrätsel „vorübergehend" – weiter ungelöst, NZA 2015, 528.

Vgl. auch Schrifttum zu § 404 SGB III und §§ 95 ff. AufenthG.

A. Einleitung

1   Die Strafnormen des Arbeitnehmerüberlassungsgesetzes (§§ 15, 15a) ergänzen die Straf- und Buß-geldvorschriften, die einer Verhinderung illegaler Beschäftigung von Ausländern dienen, für den Bereich der Arbeitnehmerüberlassung. In beiden Fällen geht es um den **Schutz des inländischen Arbeits-marktes** vor den negativen Folgen einer unkontrollierten Zuwanderung auf den Arbeitsmarkt. Zudem soll den nichtdeutschen Arbeitnehmern ohne Arbeitserlaubnis besonderer Schutz zuteilwerden, weil sie in erhöhtem Maße gefährdet sind, ausgebeutet zu werden (vgl. BT-Drs. 6/2303, 9 f.).

2   § 15 Abs. 1 **kombiniert zwei Ordnungswidrigkeiten** zu einer Straftat. Ordnungswidrig handelt, wer einen Ausländer ohne eine erforderliche Genehmigung beschäftigt (§ 404 Abs. 2 Nr. 3 SGB III) und wer entgegen § 1 einen Leiharbeitnehmer einem Dritten ohne Erlaubnis überlässt (§ 16 Abs. 1 Nr. 1). Werden beide Ordnungswidrigkeiten gleichzeitig erfüllt, liegt eine Straftat nach § 15 Abs. 1 vor. In besonders schweren Fällen sieht die Strafzumessungsregel des § 15 Abs. 2 einer Erhöhung des Strafrahmens vor. Regelbeispiele des besonders schweren Falls sind nach § 15 Abs. 2 S. 2 Gewerbs-mäßigkeit und Handeln aus grobem Eigennutz. Die legale Arbeitnehmerüberlassung hat nach dem Zwölften Bericht der Bundesregierung über Erfahrungen bei der Anwendung des AÜG (v. 26.2.2014, BT-Drs. 18/673; vgl. auch den elften Bericht v. 18.1.2010, BT-Drs. 17/464 und den zehnten Bericht in BT-Drs. 15/6008) eine erhebliche wirtschaftliche Bedeutung. Auf europäischer Ebene ist die Leiharbeit in der Leiharbeitsrichtlinie (RL 2008/104/EG des Europäischen Parlaments und des Rates v. 19.11.2008 über Leiharbeit, ABl. 2008 L 327, 9) geregelt (hierzu *Schüren/Wank* RdA 2011, 1).

B. Objektiver Tatbestand
I. Arbeitnehmerüberlassung, Erlaubnispflicht

3   Eine Straftat nach § 15 kann nur der **Verleiher** iSd AÜG begehen; die Strafbarkeit des Entleihers richtet sich nach § 15a. Arbeitnehmerüberlassung liegt vor, wenn ein Arbeitgeber (Verleiher) einen bei ihm beschäftigten Arbeitnehmer (Leiharbeitnehmer) einem Dritten (Entleiher) vorübergehend zur Ver-fügung stellt und dieser Dritte den Arbeitnehmer in seinem Betrieb nach eigenen Vorstellungen einsetzen kann (BAG NJW 2001, 1516 (1517) mwN; ausf. hierzu Ignor/Mosbacher ArbStrafR-HdB/ *Paetzold* § 3 Rn. 22 ff. mwN). Um eine einheitliche Handhabung durch die verschiedenen Arbeitsämter bei der Abgrenzung und damit der Anwendung des AÜG sicherzustellen, hat der Präsident der Bundes-agentur für Arbeit Verwaltungsvorschriften in Form einer Geschäftsanweisung zum AÜG erlassen (vgl. www.arbeitsagentur.de). Diese bindet als Verwaltungsvorschrift zwar allein die Dienststellen der Bundes-agentur und ist für Gerichte und andere Behörden ist nicht verbindlich. Da die Verfolgung von Ver-stößen gegen die Vorschriften des AÜG jedoch vielfach in Händen der Bundesagentur liegt (vgl. § 18), ist für Ermittlungsverfahren davon auszugehen, dass die Verfolgungsbehörden sich den dort vertretenen Rechtsauffassungen anschließen (Ignor/Mosbacher ArbStrafR-HdB/*Paetzold* § 3 Rn. 20). Bei § 15 handelt es sich um ein Sonderdelikt, bei dem eine Begehung in Mittäterschaft oder mittelbarer Täterschaft durch einen nicht Sonderpflichtigen ausscheidet.

4   Der Verleiher muss durch die Überlassung des Ausländers an einen Dritten gegen § 1 verstoßen. § 1 Abs. 1 S. 1 normiert eine **Erlaubnispflicht** für die gewerbsmäßige Arbeitnehmerüberlassung. Hierzu gelten folgende Ausnahmen: Nicht als Arbeitnehmerüberlassung gilt die Abordnung von Arbeitnehmern unter den Voraussetzungen des § 1 Abs. 1 S. 2, 3 und 4. Keine Anwendung finden die Strafnormen des §§ 15, 15a nach § 1 Abs. 3 zudem auf eine Arbeitnehmerüberlassung in den vier genannten Ausnahme-fällen der tarifvertraglich erlaubten Überlassung zur Vermeidung von Kurzarbeit und Entlassungen, der vorübergehenden Arbeitnehmerüberlassung zwischen Konzernunternehmen und der gelegentlichen Überlassung zwischen Arbeitgebern, sofern jeweils die Einstellung und Beschäftigung nicht zum Zweck der Überlassung erfolgt, und der Überlassung in das Ausland an ein auf der Grundlage zwischen-staatlicher Vereinbarungen begründetes deutsch-ausländisches Gemeinschaftsunternehmen, an dem der Verleiher beteiligt ist.

5   **Abzugrenzen** ist die Arbeitnehmerüberlassung insbes. von **Werkverträgen** (hierzu näher: *Becker* DB 1988, 2561; *Behrend* BB 2001, 2641; *Deich* AuA 2009, 412; *Hamann* Erkennungsmerkmale, 1 ff.; *Ivens* WiB 1995, 694; *Leitner* NZA 1991, 293; *Marschall* ZfA 1984, 150; *Marschner* NZA 1995, 668; *Mastmann/Offer* AuA 2005, 330; Ignor/Mosbacher ArbStrafR-HdB/*Paetzold* § 3 Rn. 31 ff.; *Richter* BB 1992, 421; *Schüren* WiVerw 2001, 173; *Hennecke/Thuengerthal* BB 2015, 1269; *Braueisen/Ibes* RdA 2014, 213; *Köhler* GWR 2014, 28). Nach den zur Abgrenzung entwickelten Grundsätzen der höchstrichterlichen Rspr. ist ein Indiz für das Vorliegen einer Arbeitnehmerüberlassung, wenn die jeweiligen Arbeitnehmer in dem Betrieb des Auftraggebers eingegliedert sind. Dies gilt insbes., soweit die Gruppe der für den Auftraggeber tätigen Arbeitnehmer nicht ihrerseits hierarchisch strukturiert sind. Weiterhin kann maßgeblich sein, welche Risikoverteilung der Vertrag vorsieht. Das lässt sich daran

erkennen, wer das Risiko eines zufälligen Untergangs der Leistung und von Gewährleistungspflichten trägt. Schließlich kann auch die Beschreibung der vertraglichen Leistung einen Anhalt bieten. Soweit die bloße Tätigkeit im Vordergrund steht, die letztlich nur durch eine Anzahl von Arbeitskräften erfüllt werden kann, über die der Auftraggeber selbst nicht verfügt, mag das für eine Arbeitnehmerüberlassung sprechen. Umgekehrt wird eine möglichst genaue Festlegung des Arbeitsergebnisses das Vorliegen eines Werkvertrages nahe legen (BGH NStZ 2003, 552). Maßgeblich kommt es jedoch auch auf den Willen der Vertragsparteien an. Soll der Auftragnehmer einen bestimmten in einem Werk verkörperten Erfolg erbringen, liegt ein Werkvertrag vor. Ist dagegen lediglich eine durch Arbeitskraft zu erbringende Tätigkeit geschuldet, wird von einer Arbeitnehmerüberlassung auszugehen sein (BGH NStZ 2003, 552).

Erlaubnispflichtig ist die **Arbeitnehmerüberlassung** iRd wirtschaftlichen Tätigkeit eines Arbeit- **6** gebers. § 1 Abs. 1 S. 2 stellt klar, dass die Überlassung von Arbeitnehmern an Entleiher vorübergehend erfolgt. An dieses Merkmal knüpfen sich zahlreiche Rechtsfragen (vgl. *Zimmermann* NZA 2015, 528; *Hamann* NZA 2015, 904). Bis 1.12.2011 betraf die Erlaubnispflicht die gewerbsmäßige Arbeitnehmerüberlassung; für Altfälle ist von der alten Rechtslage auszugehen. Für die Bestimmung der Gewerbsmäßigkeit galt insoweit nicht der strafrechtliche, sondern der gewerberechtliche Begriff. In diesem Sinne war unter Gewerbsmäßigkeit jede nicht nur gelegentliche, sondern auf eine gewisse Dauer angelegte und auf die Erzielung unmittelbarer oder mittelbarer wirtschaftlicher Vorteile gerichtete selbstständige Tätigkeit zu verstehen (KG EzAÜG § 611 BGB Abgrenzung Nr. 7). Es genügte auch der auf längere Zeit erfolgte Verleih einer Arbeitskraft in Gewinnerzielungsabsicht (vgl. auch BGH NStZ 1981, 303). Mit der Gesetzesänderung bezweckte der Gesetzgeber eine Erweiterung des Anwendungsbereichs des AÜG in Anpassung an die Vorgaben der Leiharbeitsrichtlinie (→ Rn. 2; vgl. BT-Drs. 17/4804, 8). Erfasst von der Erlaubnispflicht werden nunmehr insbes. auch konzerninterne Personalservicegesellschaften, die anderen Konzernunternehmen Leiharbeiter zum Selbstkostenpreis überlassen (BT-Drs. 17/4804, 8).

II. Besitz einer Erlaubnis

Handelt es sich um eine erlaubnispflichtige Arbeitnehmerüberlassung in diesem Sinne, muss der **7** Verleiher im Besitz einer **gültigen Erlaubnis** iSv § 2 sein. Die Erlaubnis darf weder abgelaufen, widerrufen noch erloschen sein. Ob die Erlaubnis durch arglistige Täuschung, Drohung, eine strafbare Handlung wie etwa Bestechung oder durch falsche Angaben erwirkt wurde, ist für den Tatbestandsausschluss grds. unerheblich. Dies ergibt sich nicht nur im Umkehrschluss aus § 4, wonach eine derart rechtswidrig erlangte Erlaubnis zurückgenommen werden kann (was voraussetzt, dass sie ansonsten Gültigkeit behält), sondern auch aus allgemeinen verwaltungsakzessorischen Grundsätzen: Danach schließt eine wirksame Genehmigung stets den Tatbestand aus, wenn zum objektiven Tatbestand ein Handeln ohne Genehmigung gehört und keine Sondernorm wie etwa § 330d Nr. 5 StGB ein Handeln aufgrund einer rechtswidrig erlangten Genehmigung einem Handeln ohne Genehmigung gleichstellt (vgl. auch BGHSt 50, 105). Werden ausländische Werkvertragsarbeitnehmer für werkvertragsfremde Arbeiten herangezogen, die sich nicht mehr iRd erteilten Erlaubnis halten, handelt es sich insoweit um illegale Arbeitnehmerüberlassung gemäß § 15 (LG Oldenburg wistra 2005, 117 mAnm *Südbeck*).

III. Befreiung von der Erlaubnispflicht

Grds. erlaubnispflichtig ist die Überlassung von Arbeitnehmern auch in den Fällen des § 1a Abs. 1, **8** der eine **Befreiung** von der Erlaubnispflicht unter bestimmten Voraussetzungen vorsieht. Nach § 1a Abs. 1 bedarf ein Arbeitgeber mit weniger als 50 Beschäftigten, der zur Vermeidung von Kurzarbeit und Entlassungen an einen Arbeitgeber einen Arbeitnehmer bis zur Dauer von zwölf Monaten überlässt, keiner Erlaubnis, wenn er die Überlassung vorher schriftlich der Agentur für Arbeit angezeigt hat. Wird eine derartige Anzeige nicht richtig, nicht vollständig oder nicht rechtzeitig erstattet, stellt dies eine Ordnungswidrigkeit nach § 16 Abs. 1 Nr. 2a dar, die mit Geldbuße bis zu 2.500 EUR geahndet werden kann. Daraus folgern manche, dass derartige Fälle nicht strafbar seien, weil der Gesetzgeber Fälle einer fehlenden Anzeige denen einer fehlenden Genehmigung offensichtlich nicht habe gleichstellen wollen und zudem in § 15 Abs. 1 nur auf § 1 verwiesen werde (*Thüsing* AÜG/ *Kudlich* Rn. 10).

Dagegen spricht, dass die in § 1a Abs. 1 geregelte Befreiung von der grundsätzlichen Erlaubnispflicht **9** des § 1 Abs. 1 S. 1 an **bestimmte Bedingungen** geknüpft ist. Hierzu zählt insbes. die schriftliche Anzeige an die Bundesagentur für Arbeit vor der Überlassung. Sind diese Bedingungen nicht erfüllt, bleibt es bei der Erlaubnispflicht aus § 1 Abs. 1 S. 1. Wird gegen diese Erlaubnispflicht verstoßen und gleichzeitig ein Ausländer ohne erforderliche Genehmigung beschäftigt, ist der Tatbestand des § 15 erfüllt (vgl. *Thüsing* AÜG/ *Waas* § 1a Rn. 35). In seiner Struktur ist diese Befreiung von der Genehmigungspflicht mit der an bestimmte Bedingungen geknüpften ausländerrechtlichen Befreiung von der Genehmigungspflicht für Kurzaufenthalte von Ausländern im Bundesgebiet zu vergleichen (hierzu näher GK-AufenthG/ *Mosbacher* § 95 Rn. 60; BGH NStZ 2005, 407).

IV. Verstoß gegen Genehmigungspflicht der Ausländerbeschäftigung

10   Zu dem Verstoß gegen § 1 muss hinzukommen, dass der entliehene Ausländer nicht über die erforderliche Genehmigung zur Ausübung einer Beschäftigung verfügt. Zunächst muss die betreffende Tätigkeit für den konkreten Ausländer nach § 4 Abs. 3 AufenthG oder § 284 Abs. 1 SGB III **genehmigungsbedürftig** sein (vgl. hierzu ausf. → SGB III § 404 Rn. 22 ff.). Ist eine Genehmigung erforderlich, kann sie entweder als Aufenthaltstitel nach § 4 Abs. 3 AufenthG oder als Arbeitsgenehmigung-EU nach § 284 Abs. 1 SGB III erteilt worden sein. Ausreichend sind jedoch nach dem Gesetzestext auch eine Aufenthaltsgestattung (§ 55 AsylVfG) oder eine Duldung (§ 60a AufenthG), wenn diese ausdrücklich zur Ausübung der Beschäftigung berechtigen. Entscheidend für Strafbarkeit ist auch, wo der Ausländer tätig werden soll (vgl. Thüsing AÜG/*Kudlich* Rn. 16 mwN). Die Genehmigungspflicht betrifft nur eine Beschäftigung im Inland, weil die §§ 284 ff. SGB III und § 4 Abs. 3 AufenthG allein den Schutz des inländischen Arbeitsmarkts bezwecken.

V. Tathandlung

11   Tathandlung ist das **Überlassen** des Ausländers, der keine erforderliche Genehmigung besitzt, an den Entleiher unter Verstoß gegen § 1. Überlassen meint die tatsächliche (auch konkludente) Weisung an den Leiharbeitnehmer, für den Entleiher mit dessen Einverständnis tätig zu werden (vgl. Thüsing AÜG/*Kudlich* Rn. 18 mwN). Noch nicht strafbewehrt ist mangels Versuchsstrafbarkeit der bloße Vertragsschluss zwischen Entleiher und Verleiher (Thüsing AÜG/*Kudlich* Rn. 18). Keine Überlassung ist auch die bloße Arbeitsvermittlung, für die Sonderregeln gelten (zur Abgrenzung OLG Oldenburg wistra 1995, 198) und die Tätigkeit im Rahmen eines Werkvertrags (→ Rn. 5). Nach dem durch das ZuWG zum 1.1.2005 geänderten Wortlaut reicht jedenfalls die Überlassung **eines Ausländers** zur Tatbestandserfüllung aus.

12   Das Überlassen muss an einen Dritten stattfinden. **Dritter** ist jeder, der nicht selbst der Verleiher ist. Wirtschaftliche Identität ist grds. unerheblich, wenn Verleiher und Entleiher verschiedene juristische Personen sind. Auch eine Arbeitnehmerüberlassung im Konzern ist demnach grds. erlaubnispflichtig, ansonsten wäre die diesbezügliche Ausnahmeregelung in § 1 Abs. 3 überflüssig. Weil die Genehmigungspflicht der Ausländerbeschäftigung nach §§ 284 ff. SGB III und § 4 Abs. 3 AufenthG allein den Schutz des inländischen Arbeitsmarkts bezweckt, ist für die Strafbarkeit nach § 15 erforderlich, dass der Arbeitnehmer für eine **Tätigkeit im Bundesgebiet** dem Entleiher überlassen wird (näher Thüsing AÜG/*Kudlich* Rn. 16 f. mwN).

13   **Täter** kann nur ein Arbeitgeber sein, der gewerbsmäßig Dritten Arbeitnehmer zur Arbeitsleistung überlässt (Verleiher). Bei § 15 handelt es sich um ein Sonderdelikt; mittelbare Täterschaft oder Mittäterschaft eines nicht Sonderpflichtigen ist demnach nicht möglich (unklar: Thüsing AÜG/*Kudlich* Vor Rn. 22). Wenn als Verleiher eine juristische Person oder Personenhandelsgesellschaft auftritt, gilt nach § 14 Abs. 1 StGB derjenige als Verleiher, der als vertretungsberechtigtes Organ der juristischen Person, als Mitglied eines solchen Organs, als vertretungsberechtigter Gesellschafter einer rechtsfähigen Personengesellschaft oder als gesetzlicher Vertreter gehandelt hat. Gemäß § 14 Abs. 2 StGB gilt Gleiches für bestimmte Beauftragte in Betrieben und Unternehmen, wenn diese aufgrund ihres Auftrags tatbestandsmäßig iSv § 15 handeln. Verleiht etwa eine GmbH ausländische Arbeitnehmer, ist der Geschäftsführer Verleiher iSv § 15.

14   Bei der **Teilnahme** ist zu unterscheiden: Grds. kommt jeder – sei er sonderpflichtig oder außenstehend – als tauglicher Teilnehmer in Betracht. Eine Ausnahme muss allerdings unter dem Gesichtspunkt der notwendigen Teilnahme für den ausländischen Arbeitnehmer gelten: Die nach der Tatbestandsfassung notwendigerweise in das Tatgeschehen einbezogenen Personen (notwendige Beteiligte) sind nicht wegen Teilnahme strafbar, sofern sich ihr Handeln auf das bloße Mitwirken an der vorausgesetzten Tatbestandsverwirklichung beschränkt (vgl. näher MüKoStGB/*Joecks* StGB Vor §§ 26, 27 Rn. 29 ff.; Thüsing AÜG/*Kudlich* Vor Rn. 8). Der ausländische Arbeitnehmer kann also grds. nicht wegen der Beteiligung an einer Straftat nach § 15 zur Verantwortung gezogen werden, sondern allenfalls wegen seiner eigenen nach § 11 Abs. 1 Nr. 2 Buchst. a SchwarzArbG, wenn sich seine Beteiligung auf das Beschäftigtwerden beschränkt. Geht die Beteiligung hingegen über das hinaus, was der Tatbestand notwendig voraussetzt, ist auch der ausländische Arbeitnehmer tauglicher Teilnehmer. Dies wird stets bei Anstiftung der Fall sein. Die Strafe für den Teilnehmer ist gemäß § 28 Abs. 1 StGB nach § 49 Abs. 1 StGB zu mildern, wenn der Teilnehmer nicht selbst Verleiher ist und ihm deshalb das strafbegründende besondere persönliche Merkmal „Verleiher" fehlt (Thüsing AÜG/*Kudlich* Vor Rn. 26). Der Versuch ist mangels ausdrücklicher Anordnung nicht strafbar.

VI. Subjektiver Tatbestand

15   Strafbar ist nur vorsätzliches Handeln. Der **Vorsatz** des Arbeitgebers muss sich neben den Tatsachen, die das gewerbsmäßige Arbeitnehmerüberlassungsverhältnis iSv § 1 begründen, nicht nur auf die Ausländereigenschaft und die eine Beschäftigung begründenden Tatsachen beziehen, sondern auch auf die

Beschäftigung „ohne erforderliche Arbeitsgenehmigung" bzw. „ohne einen erforderlichen Aufenthalts-titel" (vgl. OLG Koblenz wistra 1999, 198). Schwierig kann insbes. die Abgrenzung des Vorsatzes zur Fahrlässigkeit sein, etwa in Fällen von Scheinwerkverträgen. Ein **Irrtum über die Arbeitgebereigen-schaft** – etwa in Fällen der Scheinselbstständigkeit – soll nach der Rspr. des BGH bei Tatsachenkenntnis regelmäßig ein bloßer Verbotsirrtum sein (BGH wistra 2010, 29; → SGB III § 404 Rn. 36 ff.).

In den Fällen des **Irrtums** über das Genehmigungserfordernis ist nach der Rspr. des BGH differenzie- 16 rend nach den jeweils in Betracht kommenden Tatbeständen zu entscheiden. Dabei kommt es darauf an, ob die Genehmigung nur der Kontrolle eines im allgemeinen sozialadäquaten Verhaltens dienen soll und die Tat ihren Unwert erst aus dem Fehlen der Genehmigung herleitet (Tatbestandsirrtum) oder ob es sich um ein grds. wertwidriges Verhalten handelt, das im Einzelfall aufgrund der Genehmigung erlaubt ist (Verbotsirrtum; BGH NStZ 1993, 594 (595); BGH NStZ-RR 2003, 55). Die Genehmigungspflicht im Arbeitnehmerüberlassungsrecht stellt ein präventives Verbot mit Erlaubnisvorbehalt, kein repressives Verbot mit Befreiungsvorbehalt dar (Thüsing AÜG/*Waas* § 1 Rn. 2). Die gewerbsmäßige Arbeitneh-merüberlassung ist bei ausländischen Beschäftigten kein grds. wertwidriges Verhalten, sondern leitet ihren Unwert erst aus dem Fehlen der erforderlichen Genehmigungen her. Ein Irrtum über das Genehmigungserfordernis ist deshalb Tatbestandsirrtum.

VII. Konkurrenzen

Der Verleiher kann nicht zugleich eine Straftat nach §§ 10 ff. SchwarzArbG begehen, weil nicht er, 17 sondern der Entleiher gemäß § 9 Nr. 1, § 10 Abs. 1 als Arbeitgeber des illegal beschäftigten Ausländers gilt. Mit einer etwa verwirklichten Beihilfe zum illegalen Aufenthalt des Ausländers mittels Beschäfti-gung (§ 95 Abs. 1 Nr. 3 AufenthG iVm § 27 StGB bzw. in qualifizierten Fällen § 96 Abs. 1 AufenthG) oder sonstigen ausländerrechtlichen Verstößen (hierzu näher Ignor/Mosbacher ArbStrafR-HdB/*Mosba-cher* § 4 Rn. 178 ff.) besteht regelmäßig **Tateinheit**.

VIII. Besonders schwere Fälle

Ein besonders schwerer Fall liegt nach § 15 Abs. 2 in der Regel vor, wenn der Täter gewerbsmäßig 18 oder aus grobem Eigennutz handelt. Liegen die Voraussetzungen der **Regelbeispiele** vor, so ist die Strafe in der Regel dem erhöhten Strafrahmen von sechs Monaten bis zu fünf Jahren zu entnehmen. Diese indizielle Regelwirkung kann jedoch durch andere Strafzumessungsfaktoren kompensiert werden, sodass auf den normalen Strafrahmen zurückzugreifen ist (Schönke/Schröder/*Stree/Kinzig* StGB Vor §§ 38 ff. Rn. 48 mwN). Dies ist der Fall, wenn die Faktoren jeweils für sich oder in ihrer Gesamtheit so gewichtig sind, dass sie bei der Gesamtabwägung die Regelwirkung entkräften (Schönke/Schröder/ *Stree/Kinzig* StGB Vor §§ 38 ff. Rn. 48 mwN).

Auch ohne das Vorliegen der Regelbeispiele kann aufgrund der besonderen Umstände des Einzelfalls 19 ein **unbenannter besonders schwerer Fall** vorliegen, wenn die Tat in ihrem Unrechtsgehalt den benannten Regelbeispielen gleichwertig ist. Da Normzweck auch der Schutz des illegal beschäftigten Ausländers ist, kommt ein besonders schwerer Fall etwa in Betracht, wenn die Arbeitsbedingungen nicht nur ungünstig, sondern aufgrund akut gesundheitsgefährdender Umstände oder unzumutbarer hygie-nischer Bedingungen geradezu menschenunwürdig sind und der Arbeitgeber dies mit zu verantworten hat. Gleiches kann gelten bei einer menschenverachtenden oder erniedrigenden Behandlung des Aus-länders unter Ausnutzung der Tatsache, dass sich dieser aufgrund der Illegalität seines Aufenthalts nicht traut, staatliche Hilfe in Anspruch zu nehmen (vgl. hierzu auch § 233 StGB; dazu näher → StGB § 233 Rn. 1 ff.).

Gewerbsmäßig handelt, wer sich aus wiederholter Tatbegehung eine nicht nur vorübergehende 20 Einnahmequelle von einigem Umfang verschaffen möchte (vgl. Fischer StGB Vor § 52 Rn. 61, Schön-ke/Schröder/*Sternberg-Lieben/Bosch* StGB Vor §§ 52 ff. Rn. 95 mwN). Die Gewerbsmäßigkeit ist be-sonderes persönliches Merkmal iSd § 28 StGB (Schönke/Schröder/*Sternberg-Lieben/Bosch* StGB Vor §§ 52 ff. Rn. 95), weshalb gemäß § 28 Abs. 2 StGB ausschließlich derjenige Beteiligte aus dem Straf-rahmen des § 15 Abs. 2 zu bestrafen ist, der selbst gewerbsmäßig handelt. Voraussetzung der Gewerbs-mäßigkeit ist nicht, dass der gesamte Geschäftsbetrieb auf rechtswidrige Gewinnerzielung ausgerichtet ist, sondern es reicht hierfür die Absicht, im Rahmen einer normalen kaufmännischen Tätigkeit bei sich wiederholt bietenden Gelegenheiten durch Taten gemäß § 15 Abs. 1 einen nicht unerheblichen Gewinn zu erzielen.

Hier gilt folgende **Besonderheit:** Der Gesetzgeber hat bei Einführung des benannten besonders 21 schweren Falls der Gewerbsmäßigkeit nicht hinreichend bedacht, dass sich das Arbeitnehmerüberlas-sungsgesetz insgesamt, also auch § 15 Abs. 1, jedenfalls bis zum 1.12.2011 nur mit gewerbsmäßigem Handeln befasste (vgl. § 1 Abs. 1 S. 1 aF). Dem Merkmal der Gewerbsmäßigkeit in § 15 Abs. 2 kam demnach die Eignung, den gewöhnlichen Fall der (gewerbsmäßigen) unerlaubten Überlassung auslän-discher Arbeitnehmer (§ 15 Abs. 1) vom besonders schweren Fall dieses Delikts (§ 15 Abs. 2) zu unterscheiden, nicht in gleichem Maße zu wie in anderen Bestimmungen, deren Grundtatbestand dieses Merkmal nicht enthält. Deshalb ist nach Auffassung des BGH zum Rechtszustand vor dem 1.12.2011 bei gewerbsmäßigem Handeln iSv § 15 Abs. 2 ein besonders schwerer Fall nur anzunehmen, wenn die Tat sich insgesamt als besonders strafwürdig erweist, insbes., wenn die nichtdeutschen Arbeitnehmer ausgebeutet oder sonst erheblich benachteiligt werden (BGH NStZ 1981, 303 mwN). Diese noch zum früheren Rechtszustand ergangene Rechtsprechung dürfte auch hinsichtlich der ab 1.12.2011 geltenden Fassung von § 1 Abs. 1 S. 1 Anwendung finden. Zwar taucht das Wort „gewerbsmäßig" nicht mehr ausdrücklich im Gesetzestext auf, inhaltlich meint die Formulierung „im Rahmen ihrer wirtschaftlichen Tätigkeit" aber nichts anderes; durch die Änderung sollten lediglich gemäß den Vorgaben der Leiharbeitsrichtlinie (→ § 16 Rn. 2) von der Erlaubnispflicht auch konzerninterne Personalservicegesellschaften erfasst werden, die anderen Konzernunternehmen Leiharbeiter zum Selbstkostenpreis überlassen (BT-Drs. 17/4804, 8).

22   Aus **grobem Eigennutz** handelt, wer sich bei seinem Verhalten vom Streben nach eigenem Vorteil in einem besonders anstößigen Maße leiten lässt, was etwa der Fall ist, wenn der Täter skrupellos nur auf seinen Gewinn bedacht ist (Schönke/Schröder/*Perron* StGB § 264 Rn. 75 mwN). Das Gewinnstreben muss deutlich über dem üblichen kaufmännischen Maß liegen, aber den Grad der Gewinnsucht noch nicht erreichen (Fischer StGB § 264 Rn. 46 mwN). Zu denken ist etwa an die Beschäftigung illegal aufhältiger Ausländer zu unmenschlichen oder unwürdigen Arbeitsbedingungen zwecks maximaler Profiterzielung. Das bloße Nichtabführen von Sozialversicherungsbeiträgen reicht hierfür nicht (Achenbach/Ransiek/Rönnau WirtschaftsStR-HdB/*Mosbacher* Teil 12 Kap. 4 Rn. 39 mwN). Auch bei dem Merkmal des groben Eigennutzes handelt es sich um ein besonderes persönliches Merkmal iSd § 28 StGB (Fischer StGB § 28 Rn. 6).

IX. Rechtsfolgen, Prozessuales

23   Die einfache genehmigungslose Überlassung ausländischer Arbeitnehmer, die nicht über die erforderliche Genehmigung zur Ausübung einer Beschäftigung verfügen, wird mit Geldstrafe oder Freiheitsstrafe bis zu drei Jahren bestraft. Weitere Rechtsfolge ist nach § 149 Abs. 2 S. 1 Nr. 4 GewO der **Eintrag in das Gewerbezentralregister** bei einer Verurteilung wegen einer Straftat nach §§ 15, 15a zu Freiheitsstrafe von mehr als drei Monaten oder Geldstrafe von mehr als 90 Tagessätzen, was in der Folge auch zum Ausschluss von öffentlichen Aufträgen führen kann (vgl. § 21 Abs. 1 S. 1 Nr. 3 SchwarzArbG). Zudem kann eine derartige Straftat erweisen, dass der Täter unzuverlässig und ihm deshalb eine Überlassungserlaubnis nach § 3 Abs. 1 Nr. 1 zu versagen ist (vgl. Thüsing AÜG/*Kudlich* Rn. 38).

24   Die Verjährungsfrist beträgt nach § 78 Abs. 3 Nr. 4 StGB fünf Jahre. **Tenoriert** wird im Verurteilungsfall in Anlehnung an die gesetzliche Überschrift (vgl. § 260 Abs. 4 S. 2 StPO) als „Überlassung ausländischer Leiharbeitnehmer ohne Genehmigung".

§ 15a Entleih von Ausländern ohne Genehmigung

(1) ¹Wer als Entleiher einen ihm überlassenen Ausländer, der einen erforderlichen Aufenthaltstitel nach § 4 Abs. 3 des Aufenthaltsgesetzes, eine Aufenthaltsgestattung oder eine Duldung, die zur Ausübung der Beschäftigung berechtigen, oder eine Genehmigung nach § 284 Abs. 1 des Dritten Buches Sozialgesetzbuch nicht besitzt, zu Arbeitsbedingungen des Leiharbeitsverhältnisses tätig werden läßt, die in einem auffälligen Mißverhältnis zu den Arbeitsbedingungen deutscher Leiharbeitnehmer stehen, die die gleiche oder eine vergleichbare Tätigkeit ausüben, wird mit Freiheitsstrafe bis zu drei Jahren oder mit Geldstrafe bestraft. ²In besonders schweren Fällen ist die Strafe Freiheitsstrafe von sechs Monaten bis zu fünf Jahren; ein besonders schwerer Fall liegt in der Regel vor, wenn der Täter gewerbsmäßig oder aus grobem Eigennutz handelt.**

(2) ¹Wer als Entleiher**

1. gleichzeitig mehr als fünf Ausländer, die einen erforderlichen Aufenthaltstitel nach § 4 Abs. 3 des Aufenthaltsgesetzes, eine Aufenthaltsgestattung oder eine Duldung, die zur Ausübung der Beschäftigung berechtigen, oder eine Genehmigung nach § 284 Abs. 1 des Dritten Buches Sozialgesetzbuch nicht besitzen, tätig werden läßt oder

2. eine in § 16 Abs. 1 Nr. 2 bezeichnete vorsätzliche Zuwiderhandlung beharrlich wiederholt,

wird mit Freiheitsstrafe bis zu einem Jahr oder mit Geldstrafe bestraft. ²Handelt der Täter aus grobem Eigennutz, ist die Strafe Freiheitsstrafe bis zu drei Jahren oder Geldstrafe.

A. Grundsätzliches

1   Die Strafnorm erweitert die Strafbarkeit von Tathandlungen nach den §§ 10 ff. SchwarzArbG auf den **Entleiher** ausländischer Arbeitnehmer iRd Arbeitnehmerüberlassung. Zusammen mit § 16 Abs. 1 Nr. 2 handelt es sich um einen unechten Mischtatbestand. Die Vorschrift des § 15a Abs. 1 entspricht § 10 SchwarzArbG, § 15a Abs. 2 entspricht § 11 SchwarzArbG mit Ausnahme von § 11 Abs. 1 Nr. 2

Buchst. b SchwarzArbG (Strafbarkeit des ausländischen Arbeitnehmers). Einziger Unterschied zu den §§ 10, 11 SchwarzArbG ist, dass Täter des § 15a nur der Entleiher sein kann, was ein wirksames Arbeitnehmerüberlassungsverhältnis voraussetzt; bei unwirksamer Überlassung wäre der „Entleiher" bereits Arbeitgeber iSv §§ 10, 11 SchwarzArbG (→ § 15 Rn. 7). Wahlfeststellung zwischen beiden Formen der Täterschaft ist angesichts des ansonsten identischen Normprogramms möglich.

B. Tathandlungen

I. Ausbeuterische Beschäftigung (Abs. 1)

Tathandlung ist die Beschäftigung (Tätigwerdenlassen) zu ungünstigen Bedingungen. Der auslän- **2** dische Arbeitnehmer muss seine Arbeit also schon aufgenommen haben, der bloße Vertragsschluss reicht hierfür nicht. Die **ungünstigen Arbeitsbedingungen,** zu denen der Ausländer nicht beschäftigt werden darf, sind in der Norm nicht festgelegt, sondern ergeben sich erst aus einem Vergleich. Vergleichsgruppe sind deutsche Leiharbeitnehmer, die die gleiche oder eine vergleichbare Tätigkeit ausüben. Für die Frage, was eine vergleichbare Tätigkeit darstellt, kommt es auf den Inhalt der jeweiligen Tätigkeit an, wobei die für die entsprechenden Branchen geltenden Tarifverträge wesentliche Anhaltspunkte liefern können. Bei Ermittlung der Vergleichsgruppe sind zunächst die deutschen Leiharbeitnehmer in dem betreffenden Betrieb, sodann vergleichbare Betriebe heranzuziehen (vgl. auch Ignor/Mosbacher ArbStrafR-HdB/*Mosbacher* § 4 Rn. 138 ff.). Soweit in der entsprechenden Vergleichsgruppe eine tarifvertragliche Festlegung der wichtigsten Lohn- und Arbeitsbedingungen vorliegt und die überwiegende Mehrzahl der entsprechenden deutschen Arbeitnehmer nach Tarif beschäftigt und entlohnt wird, kann auch auf die tarifvertraglichen Regelungen direkt zurückgegriffen werden.

Das entscheidende **Vergleichsmerkmal** sind die jeweiligen Arbeitsbedingungen. Hierzu zählen alle **3** tatsächlichen Umstände, Rechte und Pflichten, die das konkrete Arbeitsverhältnis ausgestalten, insbes. das Arbeitsentgelt und die Arbeitszeiten, aber auch die Art der ausgeübten Tätigkeit, Einsatzorte, Urlaubsansprüche und sonstige Sachbezüge (OLG Frankfurt a. M. NStZ-RR 2005, 184 ff.). Auch Kündigungsregelungen und die Arbeitsplatzgestaltung sind in die Gesamtbetrachtung einzustellen. Im Vordergrund steht zumeist die Höhe des umgerechnet pro Arbeitsstunde gezahlten Entgelts. Der **Vergleichsmaßstab** ist ein auffälliges Missverhältnis zwischen den Arbeitsbedingungen des ausländischen Leiharbeitnehmers und denen der als Vergleichsgruppe ermittelten deutschen Leiharbeitnehmer. Wann ein auffälliges Missverhältnis vorliegt, kann nur aufgrund einer Gesamtschau aller wesentlichen Merkmale beurteilt werden (OLG Frankfurt a. M. NStZ-RR 2005, 184 ff.). Schon aus der Gesetzesfassung folgt, dass es nicht genügt, wenn lediglich hinsichtlich einer einzigen Arbeitsbedingung ein auffälliges Missverhältnis vorliegt (OLG Frankfurt a. M. NStZ-RR 2005, 184 ff.).

Ob ein **Missverhältnis** vorliegt, ergibt sich aus dem für den jeweiligen Einzelfall vorzunehmenden **4** Vergleich des Wertes der Leistung mit dem der Gegenleistung (BGHSt 43, 53 (59)). Ein Missverhältnis ist anzunehmen, wenn die Arbeitsbedingungen des ausländischen Arbeitnehmers nicht nur unerheblich negativ von denjenigen der Vergleichsgruppe abweichen. Auffällig ist dieses Missverhältnis, sobald die Abweichung eine bestimmte Größenordnung erreicht. Dies ist der Fall, wenn das Missverhältnis einem Kundigen, sei es auch erst nach Aufklärung des oft verschleierten Sachverhalts, ohne weiteres ins Auge springt (BGHSt 43, 53 (60)). Dies kann nur bei schwerwiegenden Ungleichbehandlungen angenommen werden, geringe Abweichungen reichen nicht aus (OLG Frankfurt a. M. NStZ-RR 2005, 184 ff.). Das für einen Straftatbestand bedenklich unbestimmte quantitative Merkmal (vgl. zu entsprechenden verfassungsrechtlichen Bedenken gegen das ähnlich unbestimmte Merkmal „in großem Ausmaß" bei § 370a AO aF: BGH NJW 2004, 2990) dürfte – entsprechend der Rechtsprechung der Straf-, Arbeits- und Sozialgerichte zur Auslegung desselben Terminus iRd Lohnwuchers – regelmäßig erst bei einer negativen **Abweichung von mehr als einem Drittel** erfüllt sein (im Ergebnis ebenso SG Berlin ArbuR 2003, 120; LAG Bln ArbuR 1998, 468; Abweichung von 20% genügt nach *Thüsing* AÜG/*Kudlich* Rn. 24; Sandmann/Marschall/Schneider Rn. 4; Ulber/Ulber Rn. 9; ähnlich wohl OLG Celle BeckRS 2003, 30314955). Das BAG hat ausdrücklich ausgeführt, dass jedenfalls ein auffälliges Missverhältnis im Sinne eines deutlichen Unterschreitens der üblichen Entgelthöhe oberhalb der Zwei-Drittel-Grenze nicht angenommen werden könne (BAG ArbuR 2001, 509 (510)).

Wird dem illegal beschäftigten ausländischen Leiharbeitnehmer etwa bei gleicher Arbeitszeit und sonst **5** vergleichbaren Arbeitsbedingungen ein **mehr als ein Drittel niedrigerer Lohn** für vergleichbare Leiharbeit gezahlt, ist der objektive Tatbestand in aller Regel erfüllt. Ein auffälliges Missverhältnis kann auch dann vorliegen, wenn etwa mangels Anmeldung keine Sozialversicherungsbeiträge für den ausländischen Arbeitnehmer abgeführt werden, weil der Arbeitnehmer in diesem Fall aus tatsächlichen und rechtlichen Gründen regelmäßig keine Ansprüche gegen die Sozialversicherungen durchsetzen wird und daher eine entsprechend quantifizierbare Schlechterbehandlung vorliegt (vgl. auch AG Kehl wistra 1988, 159). Ob dieser Umstand allein die Strafbarkeit begründen kann, erscheint allerdings zweifelhaft (vgl. OLG Frankfurt a. M. NStZ-RR 2005, 184 ff.), weil die Nichtanmeldung zur Sozialversicherung und die Nichtabführung von Sozialversicherungsbeiträgen nicht nur gemäß § 266a StGB ein selbstständig ahndbares Unrecht darstellt, sondern bei der illegalen Ausländerbeschäftigung auch derart selbstverständlich ist, dass der Gesetzgeber diesen Umstand eigentlich mitbedacht haben müsste.

II. Besonders schwere Fälle der ausbeuterischen Beschäftigung

6   Der Strafrahmen für eine Beschäftigung von Ausländern als Leiharbeitnehmer zu ungünstigen Bedingungen ist § 15a Abs. 1 S. 2 zu entnehmen, wenn ein **besonders schwerer Fall** vorliegt. Hierfür sieht § 15a Abs. 2 S. 1 eine Freiheitsstrafe von sechs Monaten bis zu fünf Jahren vor. Ein besonders schwerer Fall liegt nach § 15a Abs. 2 S. 1 idR vor, wenn der Täter gewerbsmäßig oder aus grobem Eigennutz handelt (→ § 15 Rn. 8 ff.).

III. Illegale Beschäftigung entliehener Ausländer im größeren Umfang (Abs. 2 Nr. 1)

7   Die Tathandlung besteht bei § 15a Abs. 2 Nr. 1 in dem Tätigwerdenlassen (iSd Beschäftigung als Leiharbeitnehmer) von gleichzeitig mindestens sechs Ausländern als Leiharbeitnehmer, die nicht über eine erforderliche Genehmigung verfügen. Die Zahl der gleichzeitig unerlaubt als Leiharbeitnehmer ohne Arbeitsgenehmigung tätigen Ausländer muss **mehr als fünf** betragen. Bei Altfällen ist Folgendes zu beachten: Bis zum Inkrafttreten des Gesetzes zur Erleichterung der Bekämpfung von illegaler Beschäftigung und Schwarzarbeit (v. 23.7.2002, BGBl. I 2787) am 1.8.2002 war weiteres Tatbestandsmerkmal die Beschäftigung über mindestens 30 Kalendertage. Da dieser Tatbestand bis zum 1.8.2002 enger gefasst war, ist die Altfassung für bis zum 31.7.2002 beendete Taten in aller Regel als milderes Gesetz iSd § 2 Abs. 3 StGB anzusehen.

IV. Beharrliche Wiederholung der illegalen Ausländerleiharbeit (Abs. 2 Nr. 2)

8   Tathandlung ist zunächst das vorsätzliche Tätigwerdenlassen eines ausländischen Leiharbeitnehmers ohne erforderliche Genehmigung. Diese vorsätzliche Tat muss beharrlich wiederholt werden. **Beharrlich** bezeichnet eine in der Tatbegehung zum Ausdruck kommende besondere Hartnäckigkeit und damit die gesteigerte Gleichgültigkeit des Täters ggü. dem gesetzlichen Verbot, die zugleich die Gefahr weiterer Begehung indiziert (Schönke/Schröder/*Eisele* StGB § 184e Rn. 5 mwN). Für die Beharrlichkeit ist eine wiederholte Begehung zwar immer Voraussetzung, aber für sich alleine nicht genügend, sondern es muss sich aus der Tat ein Mehr an Widersetzlichkeit ggü. der normalen Gesetzesübertretung ergeben (Schönke/Schröder/*Eisele* StGB § 184e Rn. 5 mwN). Zwar ist es grds. gleichgültig, wie viele Gesetzesverstöße vorausgegangen sind und ob sie verfolgt wurden oder nicht (Fischer StGB § 184e Rn. 5 mwN). An einem beharrlichen Wiederholen kann es aber fehlen, wenn zwischen früheren Vorfällen und der neuen Tat ein längerer Zeitraum liegt (Schönke/Schröder/*Eisele* StGB § 184e Rn. 5 mwN). Entscheidend kommt es auf eine Gesamtwürdigung der jeweiligen Umstände des Einzelfalls an (Schönke/Schröder/*Eisele* StGB § 184e Rn. 5 mwN).

9   Nach der **Gesetzesbegründung** soll Beharrlichkeit vorliegen, wenn der Arbeitgeber trotz Abmahnung, Ahndung oder sonst hemmend wirkender Erfahrungen oder Erkenntnisse die Verstöße gegen das Verbot der illegalen Beschäftigung fortsetzt (BT-Drs. 10/2102, 32). Entgegen der sonst zur Beharrlichkeit teilweise vertretenen Auffassung (Fischer StGB § 184e Rn. 5 mwN) ist deshalb eine vorherige Ahndung, Abmahnung oder sonstige staatliche Reaktion auf den Gesetzesverstoß im Regelfall notwendig, um Beharrlichkeit feststellen zu können. Allerdings dürfte nicht schon jeder vorsätzliche Zweitverstoß nach vorheriger Ahndung oder Abmahnung ohne weiteres eine beharrliche Wiederholung darstellen. Weil der Unrechtsgehalt des Abs. 2 S. 1 Nr. 2 aufgrund des gleichen Strafrahmens in etwa dem des Abs. 2 S. 1 Nr. 1 entsprechen muss und zudem neben der Beharrlichkeit im Gegensatz etwa zu § 184e StGB auch die Wiederholung Tatbestandsmerkmal ist, dürfte eine beharrliche Wiederholung schon beim vorsätzlichen Zweitverstoß nur bei einiger Erheblichkeit des Verstoßes in Frage kommen (Ignor/Mosbacher ArbStrafR-HdB/*Mosbacher* § 4 Rn. 157).

V. Qualifikation beim Handeln aus grobem Eigennutz (Abs. 2 S. 2)

10   Nach § 15a Abs. 2 S. 2 werden Straftaten iSv Abs. 2 S. 1 Nr. 1 und Nr. 2 bei grobem Eigennutz qualifiziert. Liegt grober Eigennutz in dem bei § 15 Abs. 2 erläuterten Sinne vor (→ § 15 Rn. 22), ist der Täter ohne Abwägungsmöglichkeit nach dem Qualifikationstatbestand mit Freiheitsstrafe bis zu drei Jahren oder mit Geldstrafe zu bestrafen. Der grobe Eigennutz kann sich alleine weder aus der gleichzeitigen Beschäftigung von mehr als fünf Ausländern noch aus einer beharrlichen Wiederholung der unerlaubten Ausländerbeschäftigung ergeben, weil dies die Voraussetzungen des Grundtatbestandes sind. Ebenso wenig reicht für die Annahme groben Eigennutzes die Nichtabführung von Sozialversicherungsbeiträgen aus, weil die Nichtanmeldung zur Sozialversicherung auch alleine der Verschleierung der unerlaubten Ausländerbeschäftigung dienen kann.

C. Subjektiver Tatbestand, Versuch, Rechtsfolgen

Strafbar ist nur **vorsätzliches** Handeln. Bei fahrlässigem Handeln kommt lediglich eine Ordnungs- **11** widrigkeit nach § 16 Abs. 1 Nr. 2 in Betracht. Der Vorsatz muss sich sowohl auf die Ausländereigenschaft, das Tätigwerdenlassen als Leiharbeitnehmer und das Fehlen der erforderlichen Arbeitsgenehmigung beziehen wie auch auf die sonstigen Merkmale, die das ordnungswidrige Handeln zum strafbaren qualifizieren. Wer etwa denkt, es würden nur fünf ausländische Leiharbeitnehmer gleichzeitig für ihn arbeiten, unterfällt einem vorsatzausschließenden Tatbestandsirrtum gemäß § 16 Abs. 1 StGB. Auch diejenigen Umstände, die das auffällige Missverhältnis begründen, müssen vom Vorsatz erfasst werden. Insbes. muss dem Täter bewusst sein, dass deutsche Leiharbeitnehmer eine vergleichbare Arbeit in der Regel unter erheblich besseren Arbeitsbedingungen ausüben. Hat der Täter hiervon keine oder nur unzutreffende Vorstellungen, nach denen ein auffälliges Missverhältnis nicht vorläge, kommt ein vorsatzausschließender Tatbestandsirrtum nach § 16 Abs. 1 StGB in Betracht. Ein Irrtum über die Arbeitgebereigenschaft, also wohl auch über die Eigenschaft als Entleiher soll nach der Rspr. des BGH bei Tatsachenkenntnis regelmäßig ein bloßer Verbotsirrtum sein (BGH wistra 2010, 29; vgl. auch → SGB III § 404 Rn. 36 ff.).

Der **Versuch** ist nicht strafbar, da es sich um ein Vergehen handelt (§ 23 Abs. 1 StGB iVm § 12 **12** Abs. 2 StGB) und die Versuchsstrafbarkeit nicht ausdrücklich angeordnet ist. In Frage kommt in derartigen Fällen allenfalls eine Versuchsstrafbarkeit nach § 233 Abs. 2 StGB (vgl. die Kommentierung bei → § 233 StGB). Der einfache Verstoß gegen die Genehmigungspflicht beim Tätigwerdenlassen von Ausländern als Leiharbeitnehmer wird als Ordnungswidrigkeit nach § 16 Abs. 1 Nr. 2 mit Geldbuße bis zu 500.000 EUR geahndet.

Die Beschäftigung von Ausländern als Leiharbeitnehmer ohne Genehmigung und zu ungünstigen **13** Arbeitsbedingungen wird nach § 15a Abs. 1 S. 1 mit Freiheitsstrafe bis zu drei Jahren oder mit Geldstrafe bestraft. Was bei dieser Beschäftigung an wirtschaftlichen Werten erlangt wird, unterliegt dem **Verfall** gemäß §§ 73 ff. StGB. Zur Sicherstellung des Verfalls kann gemäß § 111d Abs. 1 StPO der dingliche Arrest in das Vermögen angeordnet werden, etwa in die Werklohnforderungen ggü. dem Bauherrn beim unerlaubten Einsatz ausländischer Arbeitnehmer auf der Baustelle (LG Aachen 19.12.1995 – 63 Qs 301/95).

Weitere Rechtsfolge ist nach Maßgabe des § 21 Abs. 1 S. 1 Nr. 3 SchwarzArbG der regelmäßige **14** **Ausschluss von öffentlichen Aufträgen** bei einer Verurteilung zu Freiheitsstrafe von mehr als drei Monaten oder zu Geldstrafe von mehr als 90 Tagessätzen. Das Gleiche gilt, wenn der Arbeitgeber wegen einer Ordnungswidrigkeit nach § 16 Abs. 1 Nr. 1, 1b oder 2 mit einer Geldbuße von mindestens 2.500 EUR belegt worden ist.

D. Konkurrenzen, Prozessuales

Die bei einer Straftat mitverwirklichte Ordnungswidrigkeit nach § 16 tritt gemäß § 21 Abs. 1 OWiG **15** stets zurück. Eine Ausnahme hiervon gilt nach § 21 Abs. 2 OWiG, wenn Strafe nicht verhängt wird. Aus welchem Grund Strafe nicht verhängt wird, ist unerheblich; neben dem Fehlen von Tatbestandsmerkmalen kann auch das Vorliegen von Strafausschließungsgründen oder Verfolgungshindernissen wie etwa Immunität die Straflosigkeit begründen (Lemke/Mosbacher OWiG § 21 Rn. 15 ff.). Die **Verjährungsfrist** beträgt nach § 78 Abs. 3 Nr. 4 StGB im Fall von Taten nach Abs. 1 und Abs. 2 S. 2 fünf Jahre, bei Taten nach Abs. 2 S. 1 gemäß § 78 Abs. 3 Nr. 5 StGB drei Jahre. Tenoriert wird im Verurteilungsfall gemäß der gesetzlichen Überschrift (vgl. § 260 Abs. 4 S. 2 StPO) als „Entleih von Ausländern ohne Genehmigung".

§ 16 Ordnungswidrigkeiten

(1) Ordnungswidrig handelt, wer vorsätzlich oder fahrlässig

1. entgegen § 1 einen Leiharbeitnehmer einem Dritten ohne Erlaubnis überläßt,
1a. einen ihm von einem Verleiher ohne Erlaubnis überlassenen Leiharbeitnehmer tätig werden läßt,
1b. entgegen § 1b Satz 1 Arbeitnehmer überläßt oder tätig werden läßt,
2. einen ihm überlassenen ausländischen Leiharbeitnehmer, der einen erforderlichen Aufenthaltstitel nach § 4 Abs. 3 des Aufenthaltsgesetzes, eine Aufenthaltsgestattung oder eine Duldung, die zur Ausübung der Beschäftigung berechtigen, oder eine Genehmigung nach § 284 Abs. 1 des Dritten Buches Sozialgesetzbuch nicht besitzt, tätig werden läßt,
2a. eine Anzeige nach § 1a nicht richtig, nicht vollständig oder nicht rechtzeitig erstattet,
3. einer Auflage nach § 2 Abs. 2 nicht, nicht vollständig oder nicht rechtzeitig nachkommt,
4. eine Anzeige nach § 7 Abs. 1 nicht, nicht richtig, nicht vollständig oder nicht rechtzeitig erstattet,

5. eine Auskunft nach § 7 Abs. 2 Satz 1 nicht, nicht richtig, nicht vollständig oder nicht rechtzeitig erteilt,

6. seiner Aufbewahrungspflicht nach § 7 Abs. 2 Satz 4 nicht nachkommt,

6a. entgegen § 7 Abs. 3 Satz 2 eine dort genannte Maßnahme nicht duldet,

7. eine statistische Meldung nach § 8 Abs. 1 nicht, nicht richtig, nicht vollständig oder nicht rechtzeitig erteilt,

7a. entgegen § 10 Absatz 4 eine Arbeitsbedingung nicht gewährt,

7b. entgegen § 10 Absatz 5 in Verbindung mit einer Rechtsverordnung nach § 3a Absatz 2 Satz 1 das dort genannte Mindeststundengeld nicht oder nicht rechtzeitig zahlt,

8. einer Pflicht nach § 11 Abs. 1 oder Absatz 2 nicht nachkommt,

9. entgegen § 13a Satz 1 den Leiharbeitnehmer nicht, nicht richtig oder nicht vollständig informiert,

10. entgegen § 13b Satz 1 Zugang nicht gewährt,

11. entgegen § 17a in Verbindung mit § 5 Absatz 1 Satz 1 des Schwarzarbeitsbekämpfungsgesetzes eine Prüfung nicht duldet oder bei dieser Prüfung nicht mitwirkt,

12. entgegen § 17a in Verbindung mit § 5 Absatz 1 Satz 2 des Schwarzarbeitsbekämpfungsgesetzes das Betreten eines Grundstücks oder Geschäftsraums nicht duldet,

13. entgegen § 17a in Verbindung mit § 5 Absatz 3 Satz 1 des Schwarzarbeitsbekämpfungsgesetzes Daten nicht, nicht richtig, nicht vollständig, nicht in der vorgeschriebenen Weise oder nicht rechtzeitig übermittelt,

14. entgegen § 17b Absatz 1 Satz 1 eine Anmeldung nicht, nicht richtig, nicht vollständig, nicht in der vorgeschriebenen Weise oder nicht rechtzeitig zuleitet,

15. entgegen § 17b Absatz 1 Satz 2 eine Änderungsmeldung nicht, nicht richtig, nicht vollständig, nicht in der vorgeschriebenen Weise oder nicht rechtzeitig macht,

16. entgegen § 17b Absatz 2 eine Versicherung nicht beifügt,

17. entgegen § 17c Absatz 1 eine Aufzeichnung nicht, nicht richtig, nicht vollständig oder nicht rechtzeitig erstellt oder nicht oder nicht mindestens zwei Jahre aufbewahrt oder

18. entgegen § 17c Absatz 2 eine Unterlage nicht, nicht richtig, nicht vollständig oder nicht in der vorgeschriebenen Weise bereithält.

(2) Die Ordnungswidrigkeit nach Absatz 1 Nummer 1 bis 1b, 6 und 11 bis 18 kann mit einer Geldbuße bis zu dreißigtausend Euro, die Ordnungswidrigkeit nach Absatz 1 Nummer 2, 7a uns 7b mit einer Geldbuße bis zu fünfhunderttausend Euro, die Ordnungswidrigkeit nach Absatz 1 Nummer 2a, 3, 9 und 10 mit einer Geldbuße bis zu zweitausendfünfhundert Euro, die Ordnungswidrigkeit nach Absatz 1 Nummer 4, 5, 6a, 7 und 8 mit einer Geldbuße bis zu tausend Euro geahndet werden.

(3) Verwaltungsbehörden im Sinne des § 36 Abs. 1 Nr. 1 des Gesetzes über Ordnungswidrigkeiten sind für die Ordnungswidrigkeiten nach Absatz 1 Nummer 1 bis 2a, 7b sowie 11 bis 18 die Behörden der Zoll-verwaltung, für die Ordnungswidrigkeiten nach Absatz 1 Nummer 3 bis 7a sowie 8 bis 10 die Bundesagentur für Arbeit.

(4) § 66 des Zehnten Buches Sozialgesetzbuch gilt entsprechend.

(5) ¹Die Geldbußen fließen in die Kasse der zuständigen Verwaltungsbehörde. ²Sie trägt abweichend von § 105 Abs. 2 des Gesetzes über Ordnungswidrigkeiten die notwendigen Auslagen und ist auch ersatzpflichtig im Sinne des § 110 Abs. 4 des Gesetzes über Ordnungswidrigkeiten.

A. Allgemeines

1   Die Norm enthält sämtliche **Bußgeldvorschriften des AÜG.** Seit der Vorauflage gab es zahlreiche Änderungen und Erweiterungen der Bußgeldtatbestände, auch um den Vorgaben der Leiharbeitsrichtlinie (→ Rn. 2) gerecht zu werden, die fordert, dass Verstöße gegen einzelstaatliche Vorschriften zu ihrer Umsetzung wirksam, angemessen und abschreckend sanktioniert werden müssen (vgl. BT-Drs. 17/4804, 10). Durch das 1. G zur Änderung des AÜG (v. 28.4.2011, BGBl. I 642) wurden mit Wirkung zum 1.12.2011 neue Bußgeldtatbestände eingeführt und alte angepasst; dies betraf § 16 Abs. 1 Nr. 1b, 7a, 9 und 10 sowie Anpassungen in § 16 Abs. 2 und 3. Durch das G zur Änderung des AÜG und des SchwarzArbG (v. 20.7.2011, BGBl. I 1506) wurden mit Wirkung zum 30.7.2011 die Bußgeldtatbestände in § 16 Abs. 1 Nr. 7b und Nr. 11–18 neu eingeführt, zudem Folgeänderungen in § 16 Abs. 2 und 3 vorgenommen. Die letzten Änderungen gab es durch das G zur Stärkung der Tarifautonomie (v. 11.8.2014, BGBl. I 1348) mit Wirkung zum 16.8.2014 in § 16 Abs. 1 Nr. 7b und 17. **Zuständig** für die Verfolgung der Ordnungswidrigkeiten iSv § 36 Abs. 1 Nr. 1 OWiG sind gem. § 16 Abs. 3 in den Fällen von § 16 Abs. 1 Nr. 1–2a, 7b und 11–18 die Behörden der Zollverwaltung, im Übrigen (§ 16 Abs. 1 Nr. 3–7a, 8–10) die Bundesagentur für Arbeit. Diesen Behörden fließen auch die erlangten Geldbußen zu, im Gegenzug tragen sie auch jeweils die notwendigen Auslagen und Ersatzansprüche nach § 110 Abs. 4 OWiG. Für die Vollstreckung gilt nach § 16 Abs. 4 die Regelung in § 66 SGB X entsprechend.

B. Die einzelnen Vorschriften

I. Verstoß gegen die Erlaubnispflicht durch Verleiher (Abs. 1 Nr. 1)

Der **einfache Verstoß gegen die Erlaubnispflicht** bei Arbeitnehmerüberlassung wird für den 2
Verleiher bei Vorsatz mit Bußgeld bis 25.000 EUR, bei Fahrlässigkeit mit Bußgeld bis 12.500 EUR
geahndet. Wegen der Tathandlung im Einzelnen wird auf die Kommentierung zu § 15 verwiesen
(→ § 15 Rn. 3 ff.). Ist Vorsatz nicht nachweisbar, ist in aller Regel beim Verstoß gegen die Erlaubnispflicht ein Fahrlässigkeitsvorwurf begründet. Auch bei einer längeren Zusammenarbeit mit einem
Entleiher handelt es sich nicht um ein Dauerdelikt (vgl. OLG Düsseldorf JMBlNW 1979, 64).

Täter einer solchen Ordnungswidrigkeit kann nach dem Einheitstäterbegriff des § 14 OWiG jeder 3
sein, der sich an der Ordnungswidrigkeit beteiligt, sofern es zu einer rechtswidrigen Verwirklichung des
Tatbestandes kommt. Wer also den Verleiher zu einer illegalen Arbeitnehmerüberlassung anstiftet oder
ihm dabei behilflich ist, kann ebenfalls als Täter einer Ordnungswidrigkeit nach § 16 Abs. 1 Nr. 1 mit
einer Geldbuße belegt werden. Erforderlich ist hierfür, dass eine für die Verwirklichung des Bußgeldtatbestandes ursächliche oder zumindest förderliche Beteiligung vorsätzlich begangen wurde und auch eine
vorsätzliche Verletzung des Tatbestandes durch den Verleiher vorliegt (BGHSt 31, 309; Lemke/Mosba-
cher OWiG § 14 Rn. 4; BayObLG wistra 2001, 189 f.). Bei einem bloß fahrlässigen Tatbeitrag oder
einer nur fahrlässigen Verwirklichung des Tatbestandes durch den Verleiher kommt lediglich eine
fahrlässige Nebentäterschaft in Betracht (Göhler/*Gürtler* OWiG § 14 Rn. 7 mwN). Eine Beteiligung an
einer von einem anderen betriebenen unerlaubten Arbeitnehmerüberlassung neben der Vermittlung und
deren Ahndung sind rechtlich nicht ausgeschlossen (OLG Oldenburg NStZ-RR 1996, 46).

Die nach der Tatbestandsfassung notwendigerweise in das Tatgeschehen einbezogenen Personen 4
(notwendige Beteiligte) sind nicht nach § 14 OWiG verantwortlich, sofern sich ihr Handeln auf das
bloße Mitwirken an der vorausgesetzten Tatbestandsverwirklichung beschränkt (Göhler/*Gürtler* OWiG
§ 14 Rn. 8). Der Leiharbeitnehmer kann also grds. nicht wegen der Beteiligung an einem Verstoß gegen
§ 16 Abs. 1 Nr. 1 zur Verantwortung gezogen werden.

Wenn ein Arbeitgeber unter Verstoß gegen § 1 Leiharbeitnehmer an verschiedene Unternehmen zur 5
Arbeitsleistung überlässt, liegt keine einheitliche Handlung im strafprozessualen Sinne vor. Demnach
tritt auch **kein Verbrauch der Strafklage** wegen weiterer zunächst nicht bekannt gewordener Arbeitnehmerüberlassungen an andere Firmen ein, wenn die Arbeitnehmerüberlassung an nur eine Firma
rechtskräftig als Ordnungswidrigkeit geahndet worden ist (OLG Düsseldorf GewArch 1980, 143 f.).

II. Verstoß gegen Erlaubnispflicht durch Entleiher (Abs. 1 Nr. 1a)

Nach § 16 Abs. 1 Nr. 1a wird der Entleih von Arbeitnehmern ohne erforderliche Erlaubnis als 6
Ordnungswidrigkeit geahndet. Der Entleiher von Arbeitnehmern gilt gemäß § 10 Abs. 1 als **Arbeit-
geber,** wenn der Verleiher nicht die nach § 1 erforderliche Erlaubnis hat, weil dann nach § 9 Nr. 1 der
Vertrag zwischen Verleiher und Leiharbeitnehmer unwirksam ist und nach § 10 Abs. 1 ein Arbeitsverhältnis zwischen dem Entleiher und dem Arbeitnehmer als zustande gekommen gilt (vgl. zur
Abgrenzung der unerlaubten Arbeitnehmerüberlassung zu einem Werkvertrag die Leitsatzentscheidung
BGH NJW 2003, 1821). Fehlt die notwendige Erlaubnis im Fall eines ausländischen Arbeitnehmers,
kommt für den Entleiher eine Ordnungswidrigkeit nach § 16 Abs. 1 Nr. 1a in Tateinheit mit einer Tat
nach § 404 Abs. 2 Nr. 3 SGB III und nicht nach § 16 Abs. 1 Nr. 2 in Betracht (vgl. BGH wistra 1988,
27; BayObLG wistra 1995, 278).

Tätig werden lässt iSd Bestimmung den Leiharbeitnehmer nur der Entleiher (vgl. dazu auch BT-Drs. 7
9/847, 9; 6/2303, 15), der in Fällen illegalen Verleihs der hier gegebenen Art zum Arbeitgeber des
Leiharbeitnehmers wird (§ 10 Abs. 1 S. 1). **Entleiher** iSd § 16 Abs. 1 Nr. 1a ist deswegen nur, wer auch
Arbeitgeber ist. Entleiher sind dagegen nicht im entleihenden Betrieb tätige Personen, die nicht mit
dem Entleihen des Arbeitnehmers entscheidungskompetent befasst sind, sondern nur seinen konkreten
Arbeitseinsatz planen oder regeln. Denn während der Entleiher entscheidet, ob er einen Leiharbeitnehmer iSv § 16 Abs. 1 Nr. 1a tätig werden lässt, nimmt der damit nicht befasste Betriebsangehörige nur
auf die Art und Weise der Tätigkeit des Leiharbeitnehmers Einfluss. Dies hat zur Konsequenz, dass
Personen, die weder der Arbeitgeber bzw. der Entleiher des Leiharbeitnehmers sind noch zum Personenkreis des § 9 Abs. 1 oder Abs. 2 OWiG gehören, nur dann gegen § 16 Abs. 1 Nr. 1a verstoßen, wenn
sie sich an einer solchen – vorsätzlich begangenen – Tat iSd § 14 Abs. 1 OWiG vorsätzlich beteiligen.
(BayObLG wistra 2001, 189 f.).

Der Entleiher verwirklicht den Tatbestand des § 16 Abs. 1 Nr. 1a, wenn er einen ihm unerlaubt 8
überlassenen Leiharbeitnehmer **„tätig werden lässt".** Anknüpfungspunkt der Sanktion ist spiegelbildlich zum jeweiligen Akt des Überlassens durch den Verleiher die Beschäftigung des Leiharbeitnehmers
durch den Entleiher. Auch bei einer längeren Zusammenarbeit mit einem Verleiher handelt es sich
hierbei nicht um ein Dauerdelikt. Vielmehr ist für die Beurteilung von Tatmehrheit und Tateinheit auf
den Entschluss des Entleihers abzustellen, der dem Einsatz der Leiharbeitnehmer jeweils zugrunde liegt

(vgl. BayObLG wistra 1999, 476). Danach stellt etwa jeder Einsatz von Leiharbeitnehmern beim Aufbau bzw. Abbau der Gerüste bei einem einzelnen Bauobjekt eine selbstständige Tat iSd § 16 Abs. 1 Nr. 1a dar. Dauern die Gerüstbauarbeiten bei demselben Bauobjekt über mehrere Tage an, kommt insoweit ein einheitliches Tätigwerdenlassen durch dieselbe Handlung (§ 19 Abs. 1 OWiG) in Betracht. Gleiches gilt, wenn durch den Entleiher an einem Tag mehrere Kolonnen desselben Verleihers an verschiedenen Baustellen beschäftigt werden. Ansonsten ist bei jedem Einsatz von Leiharbeitnehmern tages- und bauobjektbezogen von einer selbstständigen Tat (§ 20 OWiG) auszugehen, sofern nicht bestimmte sonstige Anhaltspunkte einen umfassenderen Entschluss des Entleihers erkennen lassen. Jedenfalls ist der lediglich eine Vorbereitungshandlung darstellende Rahmenvertrag nicht geeignet, sämtliche der Betroffenen in der Folgezeit zur Last gelegten Verstöße zu einer natürlichen Handlungseinheit zu verbinden (vgl. BayObLG wistra 1999, 476).

9   Um die Verstöße gegen § 16 Abs. 1 Nr. 1a konkret zu umschreiben, ist es nicht unbedingt erforderlich, die Namen der Leiharbeitnehmer und die Zeiträume, in denen sie beim Entleiher tätig waren, zu bezeichnen (vgl. OLG Düsseldorf EzAÜG § 1 AÜG Gewerbsmäßige Arbeitnehmerüberlassung Nr. 8). Eine solche **Konkretisierung** ist in der Regel auch nicht möglich, wenn die Arbeitnehmerüberlassung bei der Rechnungslegung durch Pauschalvergütungen oder Einheitspreise verschleiert wird. Es reicht zur Erfüllung der Abgrenzungs- und Informationsfunktion des Bußgeldbescheides aus, die Einzelakte nach Zeit, Ort, Bauobjekt und berechneter Vergütung zu konkretisieren. In dieser Weise müssen ggf. die zahlreiche Einzelakte dargestellt werden, um den Anforderungen des § 66 Abs. 1 Nr. 3 OWiG Rechnung zu tragen (OLG Düsseldorf NStZ 2007, 291).

III. Verstoß gegen Einschränkungen im Baugewerbe (Abs. 1 Nr. 1b)

10   Nach § 1b S. 1 ist die Arbeitnehmerüberlassung in Betriebe des Baugewerbes für Arbeiten, die üblicherweise von Arbeitern verrichtet werden, unzulässig. Als **Betriebe des Baugewerbes** iSd Vorschrift sind nur Betriebe des Bauhauptgewerbes nach der BaubetriebeVO zu verstehen (vgl. BGH NJW 2000, 1557 (1559)). Nach § 1 Abs. 1 BaubetriebeVO handelt es sich hierbei um Betriebe und Betriebsabteilungen, die gewerblich überwiegend Bauleistungen (§ 101 Abs. 2 SGB III) erbringen (vgl. hierzu auch KG EzAÜG § 611 BGB Abgrenzung Nr. 7). Vorsätzliche oder fahrlässige Verstöße gegen das Verbot der Arbeitnehmerüberlassung im Baugewerbe werden sowohl beim Entleiher wie beim Verleiher mit Bußgeld bis zu 30.000 EUR geahndet.

11   **Ausnahmsweise** ist die gewerbsmäßige Arbeitnehmerüberlassung **gestattet** zwischen Betrieben des Baugewerbes und anderen Betrieben, wenn diese Betriebe erfassende, für allgemeinverbindlich erklärte Tarifverträge dies bestimmen (§ 1b S. 2 Buchst. a), zwischen Betrieben des Baugewerbes, wenn der verleihende Betrieb nachweislich seit mindestens drei Jahren von denselben Rahmen- und Sozialkassentarifverträgen oder von deren Allgemeinverbindlichkeit erfasst wird (§ 1b S. 2 Buchst. b). Abweichend von § 1b S. 2 ist für Betriebe des Baugewerbes mit Geschäftssitz in einem anderen Mitgliedstaat des Europäischen Wirtschaftsraumes gewerbsmäßige Arbeitnehmerüberlassung auch gestattet, wenn die ausländischen Betriebe nicht von deutschen Rahmen- und Sozialkassentarifverträgen oder für allgemeinverbindlich erklärten Tarifverträgen erfasst werden, sie aber nachweislich seit mindestens drei Jahren überwiegend Tätigkeiten ausüben, die unter den Geltungsbereich derselben Rahmen- und Sozialkassentarifverträge fallen, von denen der Betrieb des Entleihers erfasst wird. Betriebe mit dem Sitz im Ausland werden vom betrieblichen Geltungsbereich eines Tarifvertrages nicht erfasst (vgl. hierzu auch KG EzAÜG § 611 BGB Abgrenzung Nr. 7).

12   Im Vergleich zur sonstigen unerlaubten Arbeitnehmerüberlassung gilt folgende **Besonderheit:** Während bei gewerbsmäßiger Arbeitnehmerüberlassung zwischen Entleiher und Leiharbeitnehmer nach § 10 Abs. 1 S. 1, § 9 Nr. 1 ein Arbeitsverhältnis als zustande gekommen gilt, wenn der Verleiher nicht die nach § 1 Abs. 1 S. 1 erforderliche Erlaubnis zur Arbeitnehmerüberlassung hat, führt eine nach § 1b S. 1 unzulässige Arbeitnehmerüberlassung in Betriebe des Baugewerbes nicht zu einem Arbeitsverhältnis zwischen Entleiher und Leiharbeitnehmer. Einer analogen Anwendung von § 10 Abs. 1 S. 1, § 9 Nr. 1 steht entgegen, dass keine unbewusste, planwidrige Regelungslücke vorliegt. Die Vorschrift in § 1b Abs. 1 Nr. 1b spricht dafür, dass der Gesetzgeber es für ausreichend und angemessen gehalten hat, den Gesetzesverstoß als Ordnungswidrigkeit zu ahnden und ihn bei der Beurteilung der für die Ausübung der gewerbsmäßigen Arbeitnehmerüberlassung erforderlichen Zuverlässigkeit des Verleihers (§ 3 Abs. 1 Nr. 1, § 5 Abs. 1 Nr. 3) zu berücksichtigen (BAGE 120, 352).

IV. Einfacher Verstoß gegen Genehmigungspflicht bei ausländischen Leiharbeitnehmern (Abs. 1 Nr. 2)

13   Bei der Beschäftigung von Ausländern im Bundesgebiet kommt zur Erlaubnispflicht der Arbeitnehmerüberlassung hinzu, dass deren Tätigkeit im Bundesgebiet regelmäßig der **Genehmigung** bedarf (vgl. § 4 AufenthG). Nicht nur die Beschäftigung eines Ausländers ist bei Fehlen der erforderlichen Genehmigung bußgeldbewehrt (vgl. § 404 Abs. 2 Nr. 3 SGB III), sondern auch das Tätigwerdenlassen (zu diesem Begriff → Rn. 8) im Rahmen erlaubter (Thüsing AÜG/*Kudlich* Rn. 24 mwN) Arbeitnehmer-

überlassung. Damit wird dem Umstand Rechnung getragen, dass bei legaler Arbeitnehmerüberlassung der Verleiher Arbeitgeber bleibt und mit dem Entleiher kein Beschäftigungsverhältnis begründet wird. Bei Arbeitnehmerüberlassung ohne die erforderliche Erlaubnis kommt für den Entleiher, der nunmehr als Arbeitgeber gilt, hingegen eine Ordnungswidrigkeit nach § 16 Abs. 1 Nr. 1a in Tateinheit mit einer Tat nach § 404 Abs. 2 Nr. 3 SGB III und nicht nach § 16 Abs. 1 Nr. 2 in Betracht (vgl. BGH wistra 1988, 27; BayObLG wistra 1995, 278). Wegen der Einzelheiten der ungenehmigten Ausländerbeschäftigung wird auf die Kommentierung bei § 404 SGB III verwiesen (→ SGB III § 404 Rn. 20 ff.).

V. Verstoß gegen die Anzeigepflicht nach § 1a (Abs. 1 Nr. 2a)

Ordnungswidrig handelt derjenige, der eine **Anzeige** nach § 1a nicht richtig, nicht vollständig oder **14** nicht rechtzeitig erstattet. Gemäß § 1a bedarf ein Arbeitgeber mit weniger als 50 Beschäftigten, der zur Vermeidung von Kurzarbeit oder Entlassungen an einen Arbeitgeber einen Arbeitnehmer bis zur Dauer von zwölf Monaten überlässt, keiner Erlaubnis, wenn er die Überlassung vorher schriftlich der Bundesagentur für Arbeit angezeigt hat. In dieser Anzeige hat er folgende Angaben zu machen (§ 1a Abs. 2): Vor- und Familiennamen, Wohnort und Wohnung, Tag und Ort der Geburt des Leiharbeitnehmers (Nr. 1), Art der vom Leiharbeitnehmer zu leistenden Tätigkeit und etwaige Pflicht zur auswärtigen Leistung (Nr. 2), Beginn und Dauer der Überlassung (Nr. 3), Firma und Anschrift des Entleihers (Nr. 4). Der Gesetzgeber hielt diese ergänzende Regelung aus Gründen der Rechtssicherheit für notwendig (vgl. BT-Drs. 11/4952, 12).

Wird die **Anzeige unterlassen,** tritt die Befreiung von der Erlaubnispflicht nach der Gesetzes- **15** systematik nicht ein, so dass Ordnungswidrigkeiten nach § 16 Abs. 1 Nr. 1 in Betracht kommen (aA Thüsing AÜG/*Kudlich* Rn. 28). Ist die Anzeige unrichtig, unvollständig oder verspätet, begeht der Anzeigepflichtige hingegen eine Ordnungswidrigkeit nach § 16 Abs. 1 Nr. 2a. Unvollständig ist die Anzeige, wenn eine der in § 1b Abs. 2 genannten Angaben fehlt, unrichtig ist sie, wenn eine der Angaben nicht der Wirklichkeit entspricht. Verspätet ist die Anzeige, wenn sie nicht mindestens einen Werktag vor der Überlassung bei der Arbeitsagentur eingeht (OLG Hamm NStZ-RR 2000, 55 zu § 3 Abs. 1 S. 1 AEntG), wobei Faxeingang ausreicht.

VI. Verstoß gegen Auflagen nach § 2 (Abs. 1 Nr. 3)

Gemäß § 2 Abs. 2 kann die **Erlaubnis zur Arbeitnehmerüberlassung mit Auflagen verbunden** **16** werden, um sicherzustellen, dass keine Tatsachen eintreten, die nach § 3 die Versagung der Erlaubnis rechtfertigen. Die Aufnahme, Änderung oder Ergänzung von Auflagen sind auch nach Erteilung der Erlaubnis zulässig (§ 2 Abs. 2 S. 2). Nach § 3 Abs. 1 ist eine Erlaubnis etwa zu versagen, wenn Tatsachen die Annahme rechtfertigen, dass der Antragsteller die für die Ausübung der Tätigkeit nach § 1 erforderliche Zuverlässigkeit nicht besitzt, insbes. weil er die Vorschriften des Sozialversicherungsrechts, über die Einbehaltung und Abführung der Lohnsteuer, über die Arbeitsvermittlung, über die Anwerbung im Ausland oder über die Ausländerbeschäftigung, die Vorschriften des Arbeitsschutzrechts oder die arbeitsrechtlichen Pflichten nicht einhält, dass er nach der Gestaltung seiner Betriebsorganisation nicht in der Lage ist, die üblichen Arbeitgeberpflichten ordnungsgemäß zu erfüllen, dass er dem Leiharbeitnehmer für die Zeit der Überlassung an einen Entleiher die im Betrieb dieses Entleihers für einen vergleichbaren Arbeitnehmer des Entleihers geltenden wesentlichen Arbeitsbedingungen einschließlich des Arbeitsentgelts nicht gewährt, es sei denn, der Verleiher gewährt dem zuvor arbeitslosen Leiharbeitnehmer für die Überlassung an einen Entleiher für die Dauer von insgesamt höchstens sechs Wochen mindestens ein Nettoarbeitsentgelt in Höhe des Betrages, den der Leiharbeitnehmer zuletzt als Arbeitslosengeld erhalten hat; Letzteres gilt nicht, wenn mit demselben Verleiher bereits ein Leiharbeitsverhältnis bestanden hat.

Die Ahndbarkeit setzt voraus, dass es sich bei der Auflage um eine „echte" im verwaltungsrechtlichen **17** Sinne handelt (Ignor/Mosbacher ArbStrafR-HdB/*Paetzold* § 3 Rn. 164). Eine **Auflage** iSd § 36 Abs. 2 Nr. 4 VwVfG liegt etwa dann nicht vor, wenn sich die Bestimmung im Hinweis auf bestehende gesetzliche Einschränkungen oder Regelungen erschöpft und daneben keinen eigenständigen Regelungsgehalt aufweist (vgl. BayObLG NStZ 1998, 306). Enthält die „Auflage" etwa lediglich den Hinweis auf bestehende Arbeitsschutzbestimmungen, handelt es sich mangels eigenständigen Regelungsgehalts nicht um eine Auflage im eigentlichen Sinne. Wird gegen eine den Genehmigungsinhalt beschränkende sog „modifizierende Auflage" verstoßen, führt die Missachtung zu einer Überschreitung des Genehmigungsumfangs, also zu einem Handeln ohne erforderliche Erlaubnis (vgl. Ignor/Mosbacher ArbStrafR-HdB/*Paetzold* § 3 Rn. 164).

Die ordnungs- und strafrechtliche Ahndung wegen Zuwiderhandlung gegen einen belastenden Ver- **18** waltungsakt, also auch eine selbstständige Auflage, setzt nach allgemeinen dogmatischen Regeln voraus, dass der Verwaltungsakt **formell vollziehbar** ist, denn es soll dem Bürger nicht zugemutet werden, zunächst mögliche Rechtsmittel gegen den belastenden Verwaltungsakt einzulegen (vgl. grdl. BGHSt 23, 86 (91 f.)). Eine Übelfolge als Gegenwirkung gegen eine Zuwiderhandlung gebührt billiger Weise nur demjenigen, der den Vollzug des gegen ihn gerichteten Verwaltungsakts ohne die Möglichkeit hemmender Rechtsbehelfe zunächst hinnehmen muss, dessen Zuwiderhandlung sich also als Ungehorsam gegen eine vollziehbare Verwaltungsanordnung darstellt. Die Zuwiderhandlung gegen eine Anordnung für den Einzelfall kann deshalb erst und nur dann geahndet werden, wenn sie ohne Rücksicht auf die Einlegung eines Rechtsmittels vollziehbar ist (BGHSt 23, 86 (91 f.)). Vollziehbar iSd Möglichkeit zwangsweiser Durchsetzung ist ein Verwaltungsakt, wenn er bestands- oder rechtskräftig (unanfechtbar) wird, die Verwaltungsbehörde die sofortige Vollziehung gemäß § 80 Abs. 2 S. 1 Nr. 4 VwGO anordnet oder die Wirkung des § 80b Abs. 1 VwGO eintritt. Soweit die Einlegung eines Rechtsbehelfs mit aufschiebender Wirkung gegen den Verwaltungsakt möglich ist, ist dieser noch nicht in diesem Sinne vollziehbar. Generell haben statthafte Rechtsbehelfe (Widerspruch, Anfechtungsklage) gegen belastende Verwaltungsakte nach § 80 Abs. 1 VwGO einen solchen Suspensiveffekt (vgl. auch § 86a SGG). Soweit nicht kraft Gesetzes ein Suspensiveffekt ausgeschlossen ist, tritt die Vollziehbarkeit frühestens mit Ablauf der Widerspruchsfrist ein, die gemäß § 70 VwGO einen Monat ab Bekanntgabe des Verwaltungsakts beträgt. Fehlt es dagegen an der erforderlichen Rechtsmittelbelehrung, kommt eine Vollziehbarkeit erst nach Ablauf der Jahresfrist gemäß § 58 Abs. 2 VwGO in Betracht.

19 Die **Auflagenerteilung** kann aus verschiedenen Gründen **rechtswidrig** sein. Grds. ist die rechtswidrig erteilte Auflage nicht nichtig, sondern muss gemäß § 48 VwVfG mit Wirkung ex-tunc zurückgenommen werden. Diese Rechtswidrigkeit eines Verwaltungsakts beseitigt zwar grds. die Ahndbarkeit im Falle eines Verstoßes dagegen nicht (vgl. BGH EZAR 355 Nr. 5 S. 5; BVerfG BeckRS 1990, 07008; allgemein zur Problematik: BGHSt 23, 91; 31, 315; OLG Frankfurt a. M. StV 1988, 301 (302)). Im Falle der späteren Aufhebung der Auflage kommt aber ein ungeschriebener Ahndungsaufhebungsgrund in Betracht (OLG Frankfurt a. M. StV 1988, 301 (303)).

VII. Verstöße gegen Anzeige, Auskunfts- und Duldungspflichten aus § 7 (Abs. 1 Nr. 4–6a)

20 Verstöße gegen Anzeige-, Auskunfts- und Duldungspflichten nach § 7 können mit Geldbuße bis 1.000 EUR geahndet werden. Gemäß **§ 7 Abs. 1** hat der **Verleiher** der Erlaubnisbehörde nach Erteilung der Erlaubnis unaufgefordert die Verlegung, Schließung und Errichtung von Betrieben, Betriebsteilen oder Nebenbetrieben vorher **anzuzeigen**, soweit diese die Ausübung der Arbeitnehmerüberlassung zum Gegenstand haben (vgl. hierzu näher Ignor/Mosbacher ArbStrafR-HdB/*Paetzold* § 3 Rn. 176 ff. mwN). Wenn die Erlaubnis Personengesamtheiten, Personengesellschaften oder juristischen Personen erteilt ist und nach ihrer Erteilung eine andere Person zur Geschäftsführung oder Vertretung nach Gesetz, Satzung oder Gesellschaftsvertrag berufen wird, ist auch dies unaufgefordert anzuzeigen.

21 Nach **§ 7 Abs. 2 S. 1** treffen den Verleiher bestimmte **Auskunftspflichten:** Der Verleiher hat der Erlaubnisbehörde auf Verlangen die Auskünfte zu erteilen, die zur Durchführung des Gesetzes erforderlich sind. Die Auskünfte sind nach § 7 Abs. 2 S. 2 wahrheitsgemäß, vollständig, fristgemäß und unentgeltlich zu erteilen. Die Auskunftspflicht ist von einem vorherigen Verlangen der Erlaubnisbehörde abhängig, das die begehrten Auskünfte exakt angeben muss. Eine Ordnungswidrigkeit nach § 16 Abs. 1 Nr. 4 begeht, wer die Auskunft nicht, nicht richtig, nicht vollständig oder nicht rechtzeitig erteilt. Zu beachten sind die Einschränkungen in § 7 Abs. 5: Danach kann der Verleiher die Auskunft auf solche Fragen verweigern, deren Beantwortung ihn selbst oder einen der in § 383 Abs. 1 Nr. 1–3 ZPO bezeichneten Angehörigen der Gefahr strafgerichtlicher Verfolgung oder eines Verfahrens nach dem Gesetz über Ordnungswidrigkeiten aussetzen würde. Dies wird häufig der Fall sein, weil die Auskünfte zumeist auf die Aufdeckung straf- oder bußgeldbewehrter Verstöße gerichtet sind (vgl. Ignor/Mosbacher ArbStrafR-HdB/*Paetzold* § 3 Rn. 170, auch zur Formulierung in entsprechenden Fällen).

22 Besonders sanktioniert wird gemäß § 16 Abs. 1 Nr. 6 der Verstoß gegen **Aufbewahrungspflichten:** Auf Verlangen der Erlaubnisbehörde hat der Verleiher gemäß § 7 Abs. 2 S. 3 die geschäftlichen Unterlagen vorzulegen, aus denen sich die Richtigkeit seiner Angaben ergibt, oder seine Angaben auf sonstige Weise glaubhaft zu machen. Der Verleiher hat seine Geschäftsunterlagen hierfür nach § 7 Abs. 2 S. 3 drei Jahre lang aufzubewahren. Die Bußgeldvorschrift betrifft nur die Aufbewahrung; ein Verstoß gegen die Vorlagepflicht in § 7 ist nach dem insoweit eindeutigen Wortlaut der Bußgeldvorschrift nicht ahndbar. Die Dreijahresfrist beginnt mit der Entstehung der Geschäftsunterlagen (vgl. Ignor/Mosbacher ArbStrafR-HdB/*Paetzold* § 3 Rn. 174 mwN).

23 Ordnungswidrig ist nach § 16 Abs. 1 Nr. 6a der **Verstoß gegen** die **Duldungspflichten** in § 7 Abs. 3 S. 2. Nach § 7 Abs. 3 S. 1 sind die von der Erlaubnisbehörde beauftragten Personen in begründeten Einzelfällen befugt, Grundstücke und Geschäftsräume des Verleihers zu betreten und dort Prüfungen vorzunehmen. Der Verleiher hat diese Maßnahmen gemäß § 7 Abs. 3 S. 2 zu dulden; das Grundrecht der Unverletzlichkeit der Wohnung (Art. 13 GG) wird insoweit eingeschränkt. Die Bußgeldnorm sichert das Zutrittsrecht der Angehörigen der Bundesagentur für Arbeit. Sondervorschriften gelten für Durchsuchungen. Diese dürfen gemäß § 7 Abs. 4 nur auf Anordnung des Richters bei dem Amtsgericht, in dessen Bezirk die Durchsuchung erfolgen soll, vorgenommen werden. Auf die Anfechtung dieser Anordnung finden die §§ 304–310 StPO entsprechende Anwendung. Bei Gefahr im Verzug können die von der Erlaubnisbehörde beauftragten Personen während der Geschäftszeit die erforderlichen Durchsuchungen ohne richterliche Anordnung vornehmen. An Ort und Stelle ist eine Niederschrift über die Durchsuchung und ihr wesentliches Ergebnis aufzunehmen, aus der sich, falls keine richterliche Anordnung ergangen ist, auch die Tatsachen ergeben, die zur Annahme einer Gefahr im Verzug geführt haben.

Ordnungswidrig ist das „**Nichtdulden**". Dies setzt zunächst eine Aktivität der hierfür zuständigen 24 Behörden voraus, die versuchen, ihr Betretungs- und Prüfungsrecht durchzusetzen. Die Duldungspflicht ist in diesem Sinne grds. die Kehrseite eines korrespondierenden Eingriffsrechts (vgl. BGH NJW 1989, 2479). Dulden meint dabei das (widerstandsfreie) Geschehenlassen des Verhaltens eines anderen. Die Duldung ist eine Unterart des Unterlassens, nämlich das Unterlassen der Gegenwehr gegen die Handlung eines anderen im Sinne eines Geschehenlassens (vgl. RGSt 60, 426 (429); Fischer StGB § 240 Rn. 55). Gegenüber den sonstigen Fällen des Unterlassens zeichnet sich die Duldung dadurch aus, dass sie auf einem Müssen, nicht auf einem Wollen beruht. Wer duldet, tut zunächst dem Wortsinne nach nichts, sondern lässt nur zu, dass ein anderer etwas tut. Ein Nichtdulden kann demnach nur dann vorliegen, wenn eine Aktivität ggü. dem Handeln eines anderen entfaltet wird. Aufgrund dieser Beschreibung der Tathandlung kann die Ordnungswidrigkeit nur durch **aktives Tun**, nicht aber durch Unterlassen begangen werden. Dies folgt auch aus der Fassung von § 7 Abs. 3 S. 2, der dem Betroffenen nur Duldungs- und Unterlassungspflichten auferlegt, aber keine Handlungspflichten. Da das Dulden sich gerade durch das Unterlassen eines aktiven Widerstandes definiert, ist ein Nichtdulden schon bei jeder einigermaßen erheblichen Widerstandshandlung gegeben, sei sie erfolgreich oder nicht. Eine nicht bloß kurze Verhinderung der Maßnahme reicht für die Tatbestandserfüllung aus, ohne dass dies allerdings ein vom Tatbestand notwendig vorausgesetzter Erfolg wäre. Dagegen reicht ein bloß passives Verhalten nicht, wie etwa Nichtöffnen der Tür, Sitzenbleiben, Unterlassen der Entfernung eines (bissigen) Hundes, sich tot stellen (vgl. GK-AufenthG/*Mosbacher* § 95 Rn. 170 f. mwN). In Hinblick auf die gebotene Auslegung zeigt sich, dass sich der Anwendungsbereich der Bußgeldnorm weitestgehend mit § 113 Abs. 1 StGB (Widerstand gegen Vollstreckungsbeamte) deckt, so dass die Ordnungswidrigkeit gemäß § 21 OWiG regelmäßig von der Strafnorm verdrängt werden dürfte.

VIII. Verstoß gegen die Meldepflicht aus § 8 Abs. 1 (Abs. 1 Nr. 7)

Ordnungswidrig handelt nach § 16 Abs. 1 Nr. 7 derjenige Verleiher, der eine **statistische Meldung** 25 nach § 8 Abs. 1 nicht, nicht richtig, nicht vollständig oder nicht rechtzeitig erteilt. Gemäß § 8 Abs. 1 S. 1 hat der Verleiher der Erlaubnisbehörde halbjährlich statistische Meldungen über die Zahl der überlassenen Leiharbeitnehmer getrennt nach Geschlecht, nach der Staatsangehörigkeit, nach Berufsgruppen und nach der Art der vor der Begründung des Vertragsverhältnisses zum Verleiher ausgeübten Beschäftigung (Nr. 1), die Zahl der Überlassungsfälle, gegliedert nach Wirtschaftsgruppen (Nr. 2), die Zahl der Entleiher, denen er Leiharbeitnehmer überlassen hat, gegliedert nach Wirtschaftsgruppen (Nr. 3), die Zahl und die Dauer der Arbeitsverhältnisse, die er mit jedem überlassenen Leiharbeitnehmer eingegangen ist (Nr. 4) und die Zahl der Beschäftigungstage jedes überlassenen Leiharbeitnehmers, gegliedert nach Überlassungsfällen (Nr. 5), zu erstatten. Die Erlaubnisbehörde kann diese Meldepflicht einschränken.

Wann die statistischen Meldungen zu erstatten sind, regelt § 8 Abs. 2. Danach sind die Meldungen 26 für das erste Kalenderhalbjahr bis zum 1.9. des laufenden Jahres, für das zweite Kalenderhalbjahr bis zum 1.3. des folgenden Jahres zu erstatten. Gemäß § 8 Abs. 3 gibt die Erlaubnisbehörde zur Durchführung der Meldepflicht Erhebungsvordrucke aus. Die Meldungen sind auf diesen Vordrucken zu erstatten. Die Richtigkeit der Angaben ist durch Unterschrift zu bestätigen. § 8 Abs. 4 regelt Geheimhaltungspflichten: Einzelangaben nach § 8 Abs. 1 sind von der Erlaubnisbehörde geheimzuhalten. Die §§ 93, § 97, § 105 Abs. 1, § 111 Abs. 5 AO iVm § 105 Abs. 1 AO sowie § 116 Abs. 1 der AO gelten nicht. Eine Ausnahme hiervon besteht, soweit die Finanzbehörden die Kenntnisse für die Durchführung eines Verfahrens wegen einer Steuerstraftat sowie eines damit zusammenhängenden Besteuerungsverfahrens benötigen, an deren Verfolgung ein zwingendes öffentliches Interesse besteht, oder soweit es sich um vorsätzlich falsche Angaben des Auskunftspflichtigen oder der für ihn tätigen Personen handelt. Veröffentlichungen von Ergebnissen aufgrund von Meldungen nach § 8 Abs. 1 dürfen keine Einzelangaben enthalten. Eine Zusammenfassung von Angaben mehrerer Auskunftspflichtiger ist keine Einzelangabe im Sinne dieses Absatzes.

IX. Nichtgewährung einer Arbeitsbedingung nach § 10 Abs. 4 (Abs. 1 Nr. 7a)

Nach dem mit Wirkung zum 1.12.2011 eingeführten § 16 Abs. 1 Nr. 7a wird mit Bußgeld bis zu 26a 500.000 EUR belegt, wer entgegen § 10 Abs. 4 eine **Arbeitsbedingung** nicht gewährt. Gemäß § 10 Abs. 4 ist der Verleiher verpflichtet, dem Leiharbeitnehmer für die Zeit der Überlassung an den Entleiher die im Betrieb des Entleihers geltenden wesentlichen Arbeitsbedingungen einschließlich des Arbeitsentgelts zu gewähren. Soweit ein Tarifvertrag hiervon abweichende Bestimmungen trifft, sind diese einzuhalten; lediglich bei einer Unterschreitung der Lohnuntergrenze nach § 3a durch den Tarifvertrag ist dann vergleichbares Entgelt zu zahlen. All dies gilt auch bei der Unwirksamkeit des Leiharbeitsverhältnisses nach § 9 Abs. 2. Durch den in § 10 Abs. 4 enthaltenen Gleichstellungsgrundsatz werden Vorgaben der Leiharbeitnehmerrichtlinie umgesetzt, die eine Schlechterstellung von Leiharbeitnehmern verhindern sollen (vgl. näher Ignor/Mosbacher ArbStrafR-HdB/*Paetzold* § 3 Rn. 138). Täter kann nur der Verleiher sein, weil sich der Normbefehl des § 10 Abs. 4 nur an ihn richtet. Für die Auslegung des Begriff des wesentlichen Arbeitsbedingungen kann auf Art. 3 Abs. 1 Buchst. f der Leiharbeitsrichtlinie zurückgegriffen werden (näher Ignor/Mosbacher ArbStrafR-HdB/*Paetzold* § 3 Rn. 138). Hierzu zählen insbes. die Regelungen, die sich auf Arbeitsentgelt, Urlaubszeit, Ruhezeiten, Überstundenregelung, Nachtarbeit, arbeitsfreie Tage beziehen. Diese Pflicht bezieht sich nur auf die Zeit der Überlassung. Der Verleiher muss für einen vorsätzlichen Verstoß Kenntnis von diesen Arbeitsbedingungen haben, anderenfalls er gleichwertige Bedingungen nicht gewähren kann (vgl. Ignor/Mosbacher ArbStrafR-HdB/*Paetzold* § 3 Rn. 139); bei Unkenntnis liegt allerdings Fahrlässigkeit nahe. Durch Tarifvertrag kann unter bestimmten Bedingungen von dem Gleichstellungsgrundsatz abgewichen werden (hierzu näher Ignor/Mosbacher ArbStrafR-HdB/*Paetzold* § 3 Rn. 141).

X. Nichtzahlung des Mindeststundenentgelts (Abs. 1 Nr. 7b)

26b   Nach dem mit Wirkung zum 30.7.2011 eingeführten § 16 Abs. 1 Nr. 7b (zuletzt geändert durch G v. 11.8.2014, BGBl. I 1348 mWz 16.8.2014) hat Bußgeld bis zu 500.000 EUR verwirkt, wer entgegen § 10 Abs. 5 iVm einer RechtsVO nach § 3a Abs. 2 das dort genannte Mindeststundenentgelt nicht oder nicht rechtzeitig zahlt. Gemäß § 10 Abs. 5 ist der Verleiher verpflichtet, dem Leiharbeitnehmer mindestens das in der RechtsVO nach § 3a Abs. 2 für die Zeiten der Überlassung und für Zeiten ohne Überlassung festgelegte **Mindeststundenentgelt** zu zahlen (vgl. zum Verhältnis dieser Regelungen zum Mindestlohn näher Ignor/Mosbacher ArbStrafR-HdB/*Paetzold* § 3 Rn. 152). Die Verordnungsermächtigung in § 3a Abs. 2 besagt, dass das Bundesministerium für Arbeit und Soziales von Gewerkschaften und Arbeitgeberverbänden gemeinsam vorgeschlagene Mindeststundenentgelte als bundesweite Lohnuntergrenzen für Leiharbeit durch RechtsVO verbindlich machen kann. Hierbei sind Differenzierungen nach dem Beschäftigungsort möglich und für Zeiten mit oder ohne Überlassung regelmäßig geboten. Die Einzelheiten des Verordnungsverfahrens regelt § 3a Abs. 3–6. Derzeit ist laut VO eine (ansteigende) Lohnuntergrenze von 8,50 EUR (West) bzw. 7,86 EUR (Ost) verbindlich (näher hierzu Ignor/Mosbacher ArbStrafR-HdB/*Paetzold* § 3 Rn. 153). Täter kann lediglich der Verleiher sein, denn an ihn richten sich die Pflichten aus § 10 Abs. 5.

XI. Verstoß gegen Pflichten aus § 11 Abs. 1 und Abs. 2 (Abs. 1 Nr. 8)

27   Gemäß § 16 Abs. 1 Nr. 8 ist der Verstoß gegen Pflichten aus § 11 Abs. 1 und Abs. 2 mit Bußgeld bis zu 1.000 EUR bedroht. Gemäß § 11 Abs. 1 richtet sich der **Nachweis der wesentlichen Vertragsbedingungen** des Leiharbeitsverhältnisses nach den Bestimmungen des Nachweisgesetzes. Zusätzlich zu den in § 2 Abs. 1 des Nachweisgesetzes genannten Angaben sind in die Niederschrift aufzunehmen: Firma und Anschrift des Verleihers, die Erlaubnisbehörde sowie Ort und Datum der Erteilung der Erlaubnis nach § 1 (Nr. 1), Art und Höhe der Leistungen für Zeiten, in denen der Leiharbeitnehmer nicht verliehen ist (Nr. 2). Nimmt der Verleiher die im Nachweisgesetz und zusätzlich in § 11 Abs. 1 genannten Angaben nicht oder nicht vollständig in eine von ihm zu unterzeichnende Urkunde auf, handelt er ordnungswidrig.

28   Der Verleiher ist ferner gemäß § 11 Abs. 2 verpflichtet, dem Leiharbeitnehmer bei Vertragsschluss ein **Merkblatt** der Erlaubnisbehörde über den wesentlichen Inhalt dieses Gesetzes auszuhändigen. Nichtdeutsche Leiharbeitnehmer erhalten das Merkblatt und den Nachweis nach § 11 Abs. 1 auf Verlangen in ihrer Muttersprache. Die Kosten des Merkblatts trägt der Verleiher. Ordnungswidrig handelt demnach der Verleiher, der überhaupt kein Merkblatt aushändigt, dieses und den Nachweis gemäß § 11 Abs. 1 nicht auf Verlangen einem ausländischen Leiharbeitnehmer in seiner Muttersprache überlässt oder sich von dem Leiharbeitnehmer die Kosten hierfür erstatten lässt. Bei nichtdeutschen Leiharbeitnehmern ist – nach Sinn und Zweck des Normbefehls in teleologischer Reduktion des Anwendungsbereichs der Norm – eine Übersetzung nur notwendig, wenn sie der deutschen Sprache nicht hinreichend mächtig sind. Zudem ist bei entlegenen Muttersprachen die Übersetzung in eine der offiziellen Amtssprachen des Herkunftslandes oder in eine dem ausländischen Leiharbeitnehmer sonst geläufige Sprache ausreichend.

XII. Mangelhafte Information des Leiharbeitnehmers (Abs. 1 Nr. 9)

29   Der Bußgeldtatbestand wurde mit Wirkung zum 1.7.2011 neu eingeführt (vgl. zur Gesetzesbegründung BT-Drs. 17/4804). Gemäß § 16 Abs. 1 Nr. 9 ist der Verstoß gegen die **Informationspflichten** aus § 13a S. 1 mit Bußgeld bis zu 2.500 EUR bedroht. Nach der zum 1.7.2011 neu eingeführten Vorschrift des § 13a S. 1 hat der Entleiher den Leiharbeitnehmer über Arbeitsplätze des Entleihers, die besetzt werden sollen, zu informieren. Diese Information kann, wie sich § 13a S. 2 entnehmen lässt, durch allgemeine Bekanntgabe an geeigneter, dem Leiharbeitnehmer zugänglicher Stelle im Betrieb oder Unternehmen des Entleihers erfolgen. Eine Bekanntgabe am „Schwarzen Brett" (auch auf der allgemein zugänglichen Firmen-Website bzw. im Intranet) oder per E-Mail reicht demnach aus. Die Informationspflicht dient der Umsetzung von Art. 6 Abs. 1 der Leiharbeitsrichtlinie und soll gewährleisten, dass Leiharbeitnehmer die gleichen Chancen auf einen Arbeitsplatz bei dem Unternehmen haben wie dessen Arbeitnehmer (näher Ignor/Mosbacher ArbStrafR-HdB/*Paetzold* § 3 Rn. 146). Täter kann nur der Entleiher sein, denn nur an ihn richtet sich die Pflicht aus § 13a. Die Information muss richtig und vollständig sein, demnach den Inhalt haben, mit dem der Entleiher einen anderen Mitarbeiter seines Unternehmens oder einen Außenstehenden über den freien Arbeitsplatz informieren würde (vgl. auch Ignor/Mosbacher ArbStrafR-HdB/*Paetzold* § 3 Rn. 146).

XIII. Nichtgewährung des Zugangs (Abs. 1 Nr. 10)

Der Bußgeldtatbestand wurde mit Wirkung zum 1.7.2011 neu eingeführt (vgl. zur Gesetzesbegrün- **30** dung BT-Drs. 17/4804). Gemäß § 16 Abs. 1 Nr. 10 ist der Verstoß gegen die **Pflicht** zur **Zugangsgewährung** aus § 13b mit Bußgeld bis zu 2.500 EUR bedroht. Nach § 13b, der ebenfalls der Ungleichbehandlung von Leiharbeitnehmern entgegenwirken will, muss der Entleiher dem Leiharbeitnehmer Zugang zu den Gemeinschaftseinrichtungen oder -diensten im Unternehmen unter den gleichen Bedingungen gewähren wie vergleichbaren Arbeitnehmern in dem Betrieb, in dem der Leiharbeitnehmer seine Arbeitsleistung erbringt, es sei denn, eine unterschiedliche Behandlung ist aus sachlichen Gründen gerechtfertigt. Gemeinschaftseinrichtungen oder -dienste in diesem Sinne sind insbes. Kinderbetreuungseinrichtungen, Gemeinschaftsverpflegung und Beförderungsmittel (näher hierzu insbes. Ignor/Mosbacher ArbStrafR-HdB/*Paetzold* § 3 Rn. 150). Der Normbefehl richtet sich lediglich an den Entleiher, so dass auch nur dieser Täter sein kann.

XIV. Verstoß gegen Mitwirkungs- und Duldungspflichten bei Prüfungen (Abs. 1 Nr. 11–13)

Gemäß dem mit Wirkung zum 1.7.2011 eingeführten § 17a sind bezüglich der Befugnisse der **31** Behörden der Zollverwaltung die §§ 2, 3–6 und 14–20, 22, 23 SchwarzArbG entsprechend anwendbar mit der Maßgabe, dass die dort genannten Behörden (**Finanzkontrolle Schwarzarbeit,** FKS) auch Einsicht in Arbeitsverträge, Niederschriften nach § 2 des Nachweisgesetzes und andere Geschäftsunterlagen nehmen können, die mittelbar oder unmittelbar Auskunft über die Einhaltung der Arbeitsbedingungen nach § 10 Abs. 5 geben. Nach § 17 Abs. 1 SGB führt zwar grds. die Bundesagentur für Arbeit das AÜG nach den fachlichen Weisungen des Bundesministeriums für Arbeit und Soziales durch. Die Prüfung von Arbeitsbedingungen nach § 10 Abs. 5 obliegt aber gem. § 17 Abs. 2 auch den Behörden der Zollverwaltung (FKS) nach Maßgabe der §§ 17a–18a. Der Durchsetzung der bei den Prüfungen der FKS zu beachtenden Mitwirkungs- und Duldungspflichten dienen die ebenfalls zum 1.7.2011 eingeführten Bußgeldvorschriften in § 16 Abs. 1 Nr. 11–13. Da diese Bußgeldvorschriften denjenigen in § 8 Abs. 2 Nr. 3 und 5 SchwarzArbG entsprechen, kann auf die dortige Kommentierung verwiesen werden (→ SchwarzArbG § 8 Rn. 27 ff.). Verstöße werden mit Bußgeldern bis zu 30.000 EUR geahndet.

XV. Verstoß gegen Melde- und Beifügepflichten aus § 17b (Abs. 1 Nr. 14–16)

Gemäß dem mit Wirkung zum 1.7.2011 eingeführten § 17b gelten für **Verleiher** mit **Sitz** im **32** **Ausland** uU **besondere** Anmelde- und andere **Pflichten.** Der Durchsetzung dieser besonderen Pflichten dienen die ebenfalls zum 1.7.2011 eingeführten Bußgeldvorschriften in § 16 Abs. 1 Nr. 14–16. Im Einzelnen: Überlässt ein Verleiher mit Sitz im Ausland einen Leiharbeitnehmer zur Arbeitsleistung einem Entleiher, hat der Entleiher gem. § 17b Abs. 1 S. 1, sofern eine RechtsVO nach § 3a auf das Arbeitsverhältnis Anwendung findet, vor Beginn jeder Überlassung der zuständigen Behörde der Zollverwaltung eine schriftliche **Anmeldung** in deutscher Sprache mit folgenden Angaben zuzuleiten: 1. Familienname, Vornamen und Geburtsdatum des überlassenen Leiharbeitnehmers, 2. Beginn und Dauer der Überlassung, 3. Ort der Beschäftigung, 4. Ort im Inland, an dem die nach § 17c erforderlichen Unterlagen bereitgehalten werden, 5. Familienname, Vornamen und Anschrift in Deutschland eines oder einer Zustellungsbevollmächtigten des Verleihers, 6. Branche, in die der Leiharbeitnehmer überlassen werden sollen, und 7. Familienname, Vornamen oder Firma sowie Anschrift des Verleihers. Ein Verstoß gegen diese Meldepflicht ist nach § 16 Abs. 1 Nr. 14 mit Bußgeld bis zu 30.000 EUR bedroht. Gleiches gilt gem. § 16 Abs. 1 Nr. 15 für denjenigen Verleiher mit Sitz im Ausland, der entgegen § 17b Abs. 1 S. 2 **Änderungen** bezüglich der genannten Angaben nicht unverzüglich (also ohne schuldhaftes Zögern) meldet. Um die Einhaltung der Arbeitsbedingungen nach § 10 Abs. 5 auch im Verkehr mit ausländischen Akteuren sicherzustellen, muss der Entleiher gem. § 17b Abs. 2 seiner Anmeldung eine **Versicherung** des Verleihers **beifügen,** dass dieser seine Verpflichtungen nach § 10 Abs. 5 einhält. Geschieht dies nicht, liegt nach § 16 Abs. 1 Nr. 16 eine mit Bußgeld bis zu 30.000 EUR zu ahndende Ordnungswidrigkeit vor. Die genannten Pflichten treffen lediglich den Entleiher.

XVI. Verstoß gegen Erstellungs-, Aufbewahrungs- und Bereithaltepflichten aus § 17c (Abs. 1 Nr. 17, 18)

33   Um die **Einhaltung** der **Lohnuntergrenze** nach § 3a sicherzustellen, sieht mit Wirkung ab 30.7.2011 § 17c eine ganze Reihe bußgeldbewehrte Pflichten vor: Sofern eine Rechtsverordnung nach § 3a auf ein Arbeitsverhältnis Anwendung findet, ist der Entleiher nach § 17c Abs. 1 verpflichtet, Beginn, Ende und Dauer der täglichen Arbeitszeit des Leiharbeitnehmers spätestens bis zum Ablauf des siebten auf den Tag der Arbeitsleistung folgenden Kalendertages aufzuzeichnen und diese Aufzeichnungen mindestens zwei Jahre beginnend ab dem für die Aufzeichnung maßgeblichen Zeitpunkt aufzubewahren. Zudem ist nach § 17c Abs. 2 jeder Verleiher verpflichtet, die für die Kontrolle der Einhaltung einer Rechtsverordnung nach § 3a erforderlichen Unterlagen im Inland für die gesamte Dauer der tatsächlichen Beschäftigung des Leiharbeitnehmers im Geltungsbereich dieses Gesetzes, insgesamt jedoch nicht länger als zwei Jahre, in deutscher Sprache bereitzuhalten. Auf Verlangen der Prüfbehörde sind die Unterlagen auch am Ort der Beschäftigung bereitzuhalten. Verstöße werden mit Bußgeldern bis zu 30.000 EUR geahndet. Mit Wirkung ab 16.8.2014 wurde die Aufzeichnungs- und Aufbewahrungspflicht in § 17c Abs. 1 hinreichend konkretisiert. Bis dahin war nicht klar, bis wann die Aufzeichnung zu erfolgen hatte und bis wann sie genau aufbewahrt werden musste. Erst seit dieser Änderung ist auch die nicht rechtzeitige Aufzeichnung gem. § 16 Abs. 1 Nr. 17 bußgeldbewehrt. In Altfällen kann insbes. der Beginn des Zweijahreszeitraums iSv § 16 Abs. 1 Nr. 17 Probleme bereiten, da ein Anfangsdatum schwer feststellbar sein dürfte.

160. Außenwirtschaftsgesetz (AWG)

Vom 6. Juni 2013 (BGBl. I S. 1482) FNA 7400-4

Zuletzt geändert durch Art. 6 G zur Neuorganisation der Zollverwaltung vom 3.12.2015 (BGBl. I S. 2178)

– Auszug –

Vorbemerkung

Neuere Literatur (Auswahl): *Ahlbrecht,* § 34 Abs 4 – vom Verbrechenstatbestand zum Vergehen, auch rückwirkend, wistra 2007, 85; *Alexander/Winkelbauer,* Die AWG-Novelle 2013 aus straf- und ordnungswidrigkeitenrechtlicher Sicht, ZWH 2013, 341; *Bachmann,* Die novellierte EG-Dual-Use-Verordnung und ihre Auswirkungen auf die deutsche Exportkontrolle, AW-Prax 2000, 252 (312, 358); *Bachmann,* Ausfuhrbeschränkungen für Dual-Use-Güter, AW-Prax 2003, 115 (154); *Bachmann,* Außenwirtschaftliche Beschränkung der Ausfuhr, AW-Prax 2007, 81 (126); *Bender,* Der wirtschaftliche Vorteil (§ 13 Abs 4 OWiG), insbesondere bei der Bardepotverkürzung, ZfZ 1974, 140; *Bieneck,* System des Außenwirtschaftsstrafrechts, wistra 1994, 173; *Bieneck,* Gewinnabschöpfung bei Außenwirtschaftsverstößen, AW-Prax 1999, 336; *Bieneck,* Zur Strafbarkeit der ungenehmigten Warenverbringung nach § 34 Abs 1 AWG, wistra 2000, 213; *Bieneck,* Gegenwärtige Lage und aktuelle Rechtsprobleme im Außenwirtschaftsstrafrecht, wistra 2000, 441; *Bieneck,* Die Genehmigungspflicht der technischen Unterstützung, AW-Prax 2001, 53; *Bieneck,* Kriegswaffenkontrollstrafrecht weiter entwickelt, AW-Prax 2001, 349; *Bieneck,* 1 Jahrzehnt Exportkontrollstrafrecht, AW-Prax 2002, 121; *Bieneck,* Terrorismusbekämpfung im Außenwirtschaftsstrafrecht, AW-Prax 2002, 253 (348); *Bieneck,* Irrtum über Embargobeschränkungen, AW-Prax 2003, 233; *Bieneck,* Die Außenwirtschaftsstrafrechts-Novelle, NStZ 2006, 608; *Bieneck,* Kein Richter für Herrn Ahmed Ali Yusuf und seine Al Barakaat International Foundation, AW-Prax 2006, 113; *Bieneck,* Catch-All im Strafrecht, wistra 2008, 208; *Bieneck,* Rüstungsgüter im Außenwirtschaftsstrafrecht – Versuch einer Begriffsdefinition, wistra 2008, 451; *Bieneck,* Die militärische Konstruktion im Außenwirtschaftsrecht, wistra 2010, 10; Bieneck AußenwirtschaftsR-HdB/*Schelzig/Müller/Meine,* Reform der Strafen im Außenwirtschaftsrecht, Praktikeranhörung des BMWi, AW-Prax 1999 (292, 329, 370, 414); *v. Bogdandy,* Die außenwirtschaftsrechtliche Genehmigung: Rechtsnatur und Rechtsfolgen, VerwArch 1992, 53; *Cornelius,* Verweisungsbedingte Akzessorietät zu Straftatbeständen, 2016; *Dahlhoff,* Der neue § 34 AWG, NJW 1991, 208; *Dahme,* Terrorismusbekämpfung durch das Sperren finanzieller Ressourcen, AW-Prax 2005, 474; *Dannecker/Freitag,* Zur neueren europäischen und deutschen Strafgesetzgebung im Recht der Außenwirtschaft und der Finanzsanktionen, ZStW 116 (2004), 797; *Dannecker,* Die Dynamik des materiellen Strafrechts unter dem Einfluss europäischer und internationaler Entwicklungen, ZStW 117 (2005), 697 ff.; *Deiters,* Inlandsgeschäfte als außenwirtschaftsstrafrechtliches Risiko, ZIS 2009, 306; *Dietmeier,* Blankettstrafrecht: ein Beitrag zur Lehre vom Tatbestand, 2002; *Enderle,* Blankettstrafgesetze, 2000; *Fehn,* Die erschlichene Ausfuhrgenehmigung, AW-Prax 1998, 16; *Friedrich,* Der neue § 5c der Außenwirtschaftsverordnung, ZfZ 1991, 247; *Gusy,* Vorbeugende Verbrechensbekämpfung nach dem Außenwirtschaftsgesetz, StV 1992, 484; *Hahn,* Quo Vadis europäische Exportkontrolle?, AW-Prax 1999, 321; *Hantke,* Reform des Außenwirtschaftsrechts und der Ausfuhrkontrollen, ZfZ 1990, 216; *Hantke,* Die Verschärfung des Außenwirtschaftsrechts, NJW 1992, 2123; *Heine,* Das Urteil des EuGH in der Rechtssache Kadi und seine Auswirkungen auf die Strafbarkeit nach § 34 IV Nr 2 AWG, NStZ 2009, 428; *Herkert,* Die Entschlüsselung der „Technischen Unterstützung" für den Hausgebrauch, AW-Prax 2001, 253; *Herzog,* Politische Opportunität und Bestimmtheitsdefizite im Außenwirtschaftsstrafrecht am Beispiel des § 34 Abs. 2 AWG, wistra 2000, 41; *Hohmann,* Die Neufassung der Dual-Use-Verordnung für die Exportkontrolle, NJW 2000, 3765; *Hohmann,* Gedanken zur Akzessorietät des Strafrechts, ZIS 2007, 38 ff.; *Hölscher,* Außenwirtschaftsrecht und Terrorbekämpfung, ZfZ 2003, 218; *Hölscher,* Rechtsschutz bei Antiterror-Maßnahmen, AW-Prax 2006, 146; *Holthausen,* Die Strafbarkeit der Ausfuhr von Kriegswaffen und sonstigen Rüstungsgütern – 1. Teil, NStZ 1988, 206; *Holthausen,* Die Strafbarkeit der Ausfuhr von Kriegswaffen und sonstigen Rüstungsgütern – 2. Teil, NStZ 1988, 257; *Holthausen,* Entgegnung zum Beitrag von Pottmeyer – Die Strafbarkeit von Auslandstaten nach dem Kriegswaffenkontroll- und dem Außenwirtschaftsrecht –, NStZ 1992, 268; *Holthausen,* Täterschaft und Teilnahme bei Verstößen gegen Genehmigungspflichten des KWKG und AWG, NStZ 1993, 568; *Holthausen,* Der Verfassungsauftrag des Art. 26 II GG und die Ausfuhr von Kriegswaffen, JZ 1995, 284; *Holthausen,* Anmerkung zu BGHSt 41, 348, NStZ 1996, 284; *Holthausen,* Enumerative Listen im Kriegswaffenkontrollrecht und ihre Umgehung mittels technischer Manipulationen, wistra 1997, 129; *Holthausen,* Nochmals: „Rose"-Urteil des LG Stuttgart, AW-Prax 1998, 97; *Holthausen/Hucko,* Das Kriegswaffenkontrollgesetz und das Außenwirtschaftsrecht in der Rechtsprechung, NStZ-RR 1998, 225; *Huber,* Effektiver Grundrechtsschutz mit Verfallsdatum, NJW 2005, 2260; *Hucko,* Was die Richter leider falsch beurteilt haben, AW-Prax 1997, 172; *Krach,* Die Europäisierung des nationalen Außenwirtschaftsstrafrechts, 2005; *Kassebohm,* Die auswärtigen Beziehungen der Bundesrepublik Deutschland im Außenwirtschaftsstrafrecht, FS Mehle, 2009, 307; *Karpenstein,* Die neue Dual-use-Verordnung, EuZW 2000, 677; *Klengel/Raschke,* Die Selbstanzeige im Außenwirtschaftsrecht, ZWH 2014, 369; *Kohlhaas,* Die Straf- und Bußgeldvorschriften des Außenwirtschaftsgesetzes, NJW 1961, 2294; *Krause,* Die Novellierung des Außenwirtschaftsgesetzes und ihre Auswirkungen auf M&A-Transaktionen mit ausländischen Investoren, BB 2009, 1082; *Krause/Prieß,* Die bußgeldbefreiende Selbstanzeige bei fahrlässigen Verstößen im neuen Außenwirtschaftsrecht (§ 22 IV AWG nF), NStZ 2013, 688; *Kreuzer,* Nukleargüter nach Pakistan, AW-Prax 1999, 300; *Kreuzer,* Irakische Dinare – Güter oder Zahlungsmittel, AW-Prax 2001, 33; *Kreuzer,* Verurteilung wegen Bruch des Irak-Embargos, AW-Prax 2003, 29; *Lange,* Der Übergang vom Prüfungs- zum Ermittlungsverfahren im Außenwirtschaftsrecht, ZfZ 1970, 45; *Laumann,* Neue Vorschriften im Außenwirtschaftsstrafrecht, ZfZ 1976, 198; *Lütke,* Erneut – Zur Straflosigkeit von Verletzungen des Serbien-Embargos, wistra 1997, 207; *Mätzke,* Strafrechtliche Konsequenzen für Handel und deutsche Exportindustrie bei der Ausfuhr sensitiver Güter in EU-Mitgliedstaaten, NStZ 1999, 541; *Meine,* Zur Strafbarkeit von Embargoverstößen nach § 34 Abs 4 AWG, wistra 1996, 41; *Meyer/Macke,* Rechtliche Auswirkungen der Terrorlisten im deutschen Recht, HRRS 2007, 445; *Michalke,* Die strafrechtlichen und verfahrensrechtlichen Änderungen des Außenwirtschaftsgesetzes, StV 1993, 262; *Möhrenschlager,* Bericht aus der Gesetzgebung, wistra 2009, V; *Monreal,* Rechtsprobleme der Ausfuhrliste, AW-Prax 2001, 154 (234, 354, 473); *Moll,* Europäisches Strafrecht durch nationale Blankettgesetzgebung?, 1998; *Morweiser,* „Hättest du geschwiegen.", AW-Prax 2003, 111; *Morweiser,* Unternehmerrisiken im Außenwirtschaftsstrafrecht, AW-Prax 2004, 175; *Muhler,* Was der Gesetzgeber leider nicht bedacht hat, ZRP 1998, 4; *Müller/Hempel,* Änderungen des Außenwirtschaftsrechts zur Kontrolle ausländischer Investoren, NJW 2009, 1638; *Niehaus,* Blankettnormen und Bestimmtheitsgebot vor dem Hintergrund zunehmender europäischer Rechtsetzung, wistra 2004, 206; *Niestedt/Trennt,* Das neue Außenwirtschaftsrecht, BB 2013, 2115; *Oehmichen,* Die Modernisierung des Außenwirtschaftsstrafrechts, NZWiSt 2013, 339; *Oeter,* Neue Wege der Exportkontrolle im Bereich der Rüstungsgüter, ZRP 1992, 49; *Pietsch,* Die Bekämpfung illegaler Rüstungsexporte, KJ 1991, 475; *Otto,* Die Auslegung von Blankettstraftatbeständen, JURA 2005, 538 f.; *Pelz/Hofschneider,* Die Selbstanzeige im neuen Außenwirtschaftsrecht – Chance oder Risiko, wistra 2014, 1; *v. Poser und Groß Naedlitz,* Stückwerk mit gravierenden Konsequenzen, AW-Prax 2000, 217; *Pottmeyer,* Die Strafbarkeit von Auslandstaten nach dem Kriegswaffenkontroll- und dem Außenwirtschaftsrecht, wistra 1996, 121; *Pottmeyer,* Die Bausatztheorie im Kriegswaffenkontrollrecht, wistra 1996, 121; *Pottmeyer,* Panzerteile in den Iran, AW-Prax 1999, 378; *Pottmeyer,* Das neue Außenwirtschaftsstrafrecht, AW-Prax 2006, 145; *Rengier,* Die öffentlich-rechtliche Genehmigung im Strafrecht, ZStW 101 (1989), 874; *Reuter,* Exportkontrolle bei Gütern mit doppeltem Verwendungszweck: Die neue Dual-Use-Verordnung der EU, NJW 1995, 2190; *Ricke,* Anmerkung zu BGH, Beschluss v. 9.5.2006, ZfZ 2007, 139; *Ricke,* Novellierung des Zollfahndungsdienstgesetzes (ZFdG), AW-Prax 2007, 288; *Ritthaler,* Die Straf- und Bußgeldvorschriften des Außenwirtschaftsgesetzes, wistra 1989, 173; *Safferling,* Die Gefährdung der „auswärtigen Beziehungen" der Bundesrepublik Deutschland als strafwürdiges Verhalten im Außenwirtschaftsverkehr – Zu BGHSt 53, 128, NStZ 2009, 604; *Samson/Gustafsson,* Zur Straflosigkeit von Verletzungen des Serbien-Embargos, wistra 1996, 201; *Satzger,* Die Europäisierung des Strafrechts, 2001; *Schlarmann/Spiegel,* Terror und kein Ende – Konsequenzen der EG-Verordnungen zur Bekämpfung des internationalen Terrorismus für in Deutschland tätige Unternehmen, NJW 2007, 870; *Schmidt/Wolff,* Anmerkung zu BGH, Beschluß v. 14.7.2005 – StB 9/05, NStZ 2006, 161; *Schüler,* Zum Fahrlässigkeitsbegriff im Außenwirtschaftsrecht, ZfZ 1981, 205; *Schulz,* Apokryphe Kriminalisierung und das Milderungsgebot, FS Szwarc, 2009, 405; *Schuster,* Verhältnis von Strafnormen und Bezugsnormen, 2012; *Simonsen,* Die novellierte EG-Dual-Use-Verordnung und ihre Auswirkungen auf die deutsche Exportkontrolle, AW-Prax 2000, 252 (312, 358); *Thietz-Bartram,* Ausfuhrbeschränkungen und ihre Strafsanktionen im Lichte des Gemeinschaftsrechts, wistra 1993, 201; *Tiedemann,* Europäisches Gemeinschaftsrecht und Strafrecht, 1993; *Trouet,* Strafandrohung als Mittel zur Durchsetzung außenwirtschaftsrechtlicher Zielsetzung, FS Krause, 1990, 407; *Voland,* Wellnesskur für das Außenwirtschaftsrecht, GWR 2013, 264; *Volkmann,* Qualifizierte Blankettnormen, ZRP 1995, 220; *Walter,* Das neue Außenwirtschaftsgesetz 2013, RIW 2013, 205; *Werner,* Das neue Außenwirtschaftsrecht, StBW 2013, 996; *Wessels,* Die neuen Politischen Grundsätze, AW-Prax 2000, 181; *Zöller,* Terrorismusstrafrecht, 2009.

Übersicht

A. Historische Entwicklung des Außenwirtschaftsrechts

Das Außenwirtschaftsgesetz (AWG) trat am 1.9.1961 in Kraft (BGBl. I 481). Es löste die alliierten **1** Devisenbewirtschaftungsgesetze ab, die den grenzüberschreitenden Wirtschaftsverkehr Deutschlands nach 1949 eingeschränkt hatten, indem sie ein grundsätzliches Ausfuhrverbot statuierten. In den vielfachen Änderungen, die das AWG sowie insbes. auch die Außenwirtschaftsverordnung (AWV) als die das AWG häufig ausfüllende Rechtsverordnung seit ihrem Inkrafttreten bereits erfahren haben, spiegelt sich die Notwendigkeit der ständigen Anpassung des Außenwirtschaftsrechts an die aktuellen außen- und sicherheitspolitischen Belange wider. Standen im sicherheitspolitischen Bereich bis Ende der 1980er Jahre durch den „Kalten Krieg" bestimmte, strategische Überlegungen im Vordergrund, gewann danach aufgrund steigender Nachfrage seitens sog Drittweltstaaten nach Massenvernichtungswaffen zunehmend die Eindämmung der Proliferation (Verbreitung vor allem von Massenvernichtungs-, aber auch sonstigen Kriegswaffen) an Bedeutung. Mit der Schaffung des europäischen Binnenmarktes am 1.1.1993 und dem Inkrafttreten der Dual-Use-Verordnung (VO (EG) Nr. 3381/94 des Rates v. 19.12.1994 über die Gemeinschaftsregelung der Ausfuhrkontrolle von Gütern mit doppeltem Verwendungszweck, ABl. 1994 L 367, 1) endete die allein nationalstaatliche Regelung des Exportkontrollrechtes. Die Ausfuhr von Gütern, die sowohl zivilen als auch militärischen Zwecken dienen können, wurde nun für alle Mitgliedstaaten verbindlich und inhaltlich gleichlautend geregelt. (vgl. zur Entwicklung des Außenwirtschaftsrechts seit Inkrafttreten des AWG Wabnitz/Janovsky WirtschaftsStR-HdB/*Harder* Kap. 23 Rn. 13 ff.).

Am 1.9.2013 sind das Gesetz zur Modernisierung des Außenwirtschaftsrechts v. 6.6.2013 (**AWG-** **2** **Novelle** – BR-Drs. 519/12; BT-Drs. 17/11127; BGBl. 2013 I 1482) und die neu gefasste Außenwirtschaftsverordnung (AWV-Novelle – BGBl. 2013 I 2865; Erläuterungen dazu im Runderlass Außenwirtschaft Nr. 5/2013 v. 2.8.2013, BAnz. AT 5.8.2013 B1) in Kraft getreten (vgl. *Alexander/Winkelbauer* ZWH 2013, 341; *Niestedt/Trennt* BB 2013, 2115; *Oehmichen* NZWiSt 2013, 339; *Voland* GWR 2013, 264; *Walter* RIW 2013, 205; *Werner* StBW 2013, 996). Dadurch wurden insbes. die Straf- und Bußgeldvorschriften neu gestaltet und erheblich vereinfacht, womit auch verfassungsrechtlichen Bedenken begegnet wurde (BT-Drs. 17/11127, 25; BVerfG 110, 33 (67) = BVerfG NJW 2004, 2213 (2219)). Strafbar sind nur noch vorsätzliche Verstöße gegen Verbote und Genehmigungsvorbehalte (§§ 17, 18). Fahrlässige Verstöße, die vor der Novelle noch strafbewehrt waren (§ 34 Abs. 7 AWG-alt), sind grds. nur noch bußgeldbewehrt (§ 19 AWG-Novelle). Neu eingefügt wurde die Möglichkeit der Selbstanzeige bei fahrlässiger Begehung von Verstößen im Sinne des § 19 Abs. 2–5, die unter den in § 22 Abs. 4 AWG-Novelle genannten Bedingungen nicht mehr als Ordnungswidrigkeit verfolgt werden.

Die erheblichen Änderungen ergeben sich aus der nachfolgenden Tabelle und verdeutlichen, dass sich die Struktur des Außenwirtschaftsrechts so erheblich geändert hat, dass einerseits eine fast vollständige Neukommentierung erfolgt, andererseits aber die Rechtslage (und damit auch die dazugehörige Kommentierung der Vorauflage) bis zum 1.9.2013 wegen des *lex-mitior*-Grundsatzes nach wie vor von Relevanz ist.

AWG nF	AWG aF
§ 17 Abs. 1: Verstoß gegen Waffenembargo Strafmaß: ein Jahr bis zu zehn Jahren	§ 34 Abs. 4 Nr. 1 (iVm Abs. 6 Nr. 1 oder Nr. 3) alt: Verstoß gegen Waffenembargo Strafmaß: sechs Monate bis zu fünf Jahren (nicht unter zwei Jahren)
§ 17 Abs. 2 Nr. 1: Abs. 1 und Handeln für den Geheimdienst einer fremden Macht Strafmaß: nicht unter einem Jahr	—
§ 17 Abs. 2 Nr. 2: Abs. 1 und gewerbs- oder bandenmäßiges Handeln Strafmaß: nicht unter einem Jahr	§ 34 Abs. 6 Nr. 2: Strafmaß: nicht unter zwei Jahren
§ 17 Abs. 3: Abs. 1 und gewerbs- oder bandenmäßiges Handeln Strafmaß: nicht unter zwei Jahren	—

AWG nF	AWG aF
§ 17 Abs. 4: Minder schwerer Fall des Abs. 1 Strafmaß: drei Monate bis zu fünf Jahren	—
§ 17 Abs. 5: Leichtfertiges Handeln in Fall des Abs. 1 Strafmaß: bis zu drei Jahren oder Geldstrafe	§ 34 Abs. 7: Fahrlässiges Handeln in den Fällen des Abs. 1, 2 oder 4 Strafmaß: bis zu drei Jahren oder Geldstrafe
§ 17 Abs. 6: Handeln aufgrund einer durch Drohung, Bestechung oder Kollusion erwirkten oder durch unrichtige oder unvollständige Angaben erschlichenen Genehmigung	§ 34 Abs. 8:
§ 17 Abs. 7: Auslandstaten Deutscher für Abs. 1–6	§ 35: Auslandstaten Deutscher für § 34
§ 18 Abs. 1: Verstoß gegen Sanktionsmaßnahmen der EU Strafmaß: drei Monate bis zu fünf Jahren	§ 34 Abs. 4 Nr. 2 und 3: (im Wesentlichen – beachte aber auch Abs. 6) Strafmaß: sechs Monate bis zu fünf Jahren (ggf. Strafmaß: nicht unter zwei Jahren)
§ 18 Abs. 2 Nr. 1 Alt. 1: Ungenehmigte Ausfuhr von Gütern nach Teil I Abschnitt A AL (§ 8 Abs. 1 Nr. 1 AWV) Strafmaß: drei Monate bis zu fünf Jahren	§ 34 Abs. 1 S. 1 Nr. 1: Strafmaß: bis zu fünf Jahren oder Geldstrafe
§ 18 Abs. 2 Nr. 1 Alt. 1: Ungenehmigte Ausfuhr von Gütern nach Teil 1 Abschnitt B AL (§ 8 Abs. 1 Nr. 2 AWV) Strafmaß: drei Monate bis zu fünf Jahren	§§ 34 Abs. 2 iVm 33 Abs. 1: OWi nach § 70 Abs. 1 Nr. 2 AWV alt Strafmaß: bis zu fünf Jahren oder Geldstrafe
§ 18 Abs. 2 Nr. 1 Alt. 2: Ungenehmigte Ausfuhr von Gütern nach Teil 1 Abschnitt B AL (§ 9 Abs. 1 AWV) Strafmaß: drei Monate bis zu fünf Jahren	§§ 34 Abs. 2 iVm 33 Abs. 1: OWi nach § 70 Abs. 1 Nr. 2 Alt. 2 AWV alt Strafmaß: bis zu fünf Jahren oder Geldstrafe
§ 18 Abs. 2 Nr. 1 Alt. 3: Verstoß gegen § 78 AWV Strafmaß: drei Monate bis zu fünf Jahren	§ 34 Abs. 4- iVm § 70a AWV alt: Strafmaß: sechs Monate bis zu fünf Jahren
§ 18 Abs. 2 Nr. 2: Verstoß gegen § 9 Abs. 2 AWV Strafmaß: drei Monate bis zu fünf Jahren	§§ 34 Abs. 2 iVm 33 Abs. l: OWi nach § 70 Abs. l Nr. 3 Alt. 1 AWV alt: Strafmaß: bis zu fünf Jahren oder Geldstrafe
§ 18 Abs. 2 Nr. 3: Ungenehmigte Verbringung von Gütern nach Teil I Abschnitt A AL (§ 11 Abs. 1 AWV) Strafmaß: drei Monate bis zu fünf Jahren	§ 34 Abs. 1 S. 1 Nr. 1: Strafmaß: bis zu fünf Jahren oder Geldstrafe
§ 18 Abs. 2 Nr. 4 und 5: Ungenehmigte Handels- und Vermittlungsgeschäfte: drei Monate bis zu fünf Jahren	§§ 34 Abs. 2 iVm 33 Abs. 1: OWi nach § 70 Abs. 1 Nr. 6–6b AWV alt Strafmaß: bis zu fünf Jahren oder Geldstrafe
§ 18 Abs. 2 Nr. 6 und 7: Ungenehmigte technische Unterstützung Strafmaß: drei Monate bis zu fünf Jahren	§ 34 Abs. 2 iVm § 33 Abs. 1: OWi nach § 70 Abs. 1 Nr. 6c–8 AWV alt Strafmaß: bis zu fünf Jahren oder Geldstrafe
§ 18 Abs. 3: Verstoß gegen Kimberley-Verordnung Strafmaß: drei Monate bis zu fünf Jahren	§§ 34 Abs. 2 iVm 33 Abs. 1: OWi nach § 70 Abs. 5j AWV alt Strafmaß: bis zu fünf Jahren oder Geldstrafe

AWG nF	AWG aF
§ 18 Abs. 4: Verstoß gegen Anti-Folter-Verordnung Strafmaß: drei Monate bis zu fünf Jahren	**§§ 34 Abs. 2 iVm 33 Abs. 1:** OWi nach § 70 Abs. 5q AWV alt Strafmaß: bis zu fünf Jahren oder Geldstrafe
§ 18 Abs. 5: Verstoß gegen verschiedene Vorschriften der Dual-Use-Verordnung Nr. 1: ungenehmigte Ausfuhr gelisteter Güter bzw. Verstoß gegen Catch-All-Vorschrift Nr. 2: Verstoß gegen Catch-All-Vorschrift – Aus- fuhr von Gütern Nr. 3: ungenehmigte Vermittlungstätigkeit Nr. 4: Verstoß gegen Catch-All-Vorschrift zur Vermittlungstätigkeit Strafmaß: drei Monate bis zu fünf Jahren	**§ 34 Abs. 1 Nr. 2:** Strafmaß: bis zu fünf Jahren oder Geldstrafe oder – abhängig von den Gütern – **§§ 34 Abs. 2 iVm 33 Abs. 1 alt:** OWi nach § 70 Abs. 5a Nr. 1–5 AWV alt: Strafmaß: bis zu fünf Jahren oder Geldstrafe
§ 18 Abs. 6: Strafbarkeit des Versuchs	**§ 34 Abs. 5:**
§ 18 Abs. 7 Nr. 1: Abs. 1 und Handeln für den Geheimdienst einer fremden Macht Strafmaß: nicht unter einem Jahr	
§ 18 Abs. 7 Nr. 2: Abs. 1–5 und gewerbs- oder bandenmäßiges Han- deln Strafmaß: nicht unter einem Jahr	**§ 34 Abs. 6 Nr. 2:** Strafmaß: nicht unter einem Jahr
§ 18 Abs. 7 Nr. 3: Abs. 1 und Handlung bezieht sich auf die Entwicklung, Herstellung, Wartung oder Lagerung von Flugkörpern für ABC-Waffen Strafmaß: nicht unter einem Jahr	
§ 18 Abs., 8: Abs. 1 und gewerbs- und bandenmäßiges Handeln Strafmaß: nicht unter zwei Jahren	—
§ 18 Abs. 9: Handeln aufgrund einer durch Drohung, Beste- chung oder Kollusion erwirkten oder durch un- richtige oder unvollständige Angaben erschliche- nen Genehmigung	**§ 34 Abs. 8:**
§ 18 Abs. 10: Auslandstaten Deutscher für Abs. 1–9	**§ 35:** Auslandstaten Deutscher für § 34
§ 18 Abs. 11: Persönlicher Strafausschließungsgrund	
§ 19 Abs. 2:	**§ 33 Abs. 5 Nr. 1:** Abgabe unrichtiger Angaben
§ 19 Abs. 3 Nr. 1: Verstoß gegen bestimmte vollziehbare Anordnun- gen oder bestimmte Pflichten aus Rechtsverord- nungen nach §§ 4, 11	**§ 33 Abs. 1 iVm § 70 Abs. 1 AWV** **§ 33 Abs. 3** Zuwiderhandlung gegen AWV **§ 33 Abs. 5 Nr. 2 ua** Verstoß gegen AWV – Mel- de- und Aufbewahrungspflichten **§ 33 Abs. 5 Nr. 3** Bestimmte Verstöße gegen die Auskunfts- und Darlegungspflicht
§ 19 Abs. 3 Nr. 2 Verstoß gegen vollziehbare Anordnungen nach § 7 Verstoß gegen vollziehbare Anordnungen nach § 23	**33 Abs. 2 Nr. 1:** Verstoß gegen Einzeleingriff **33 Abs. 5 Nr. 3:** Verstoß gegen Auskunftsverlan- gen

AWG nF	AWG aF
§ 19 Abs. 4 ua Verstöße gegen EU-VOen im Außenwirt- schaftsverkehr	§ 33 Abs. 4
§ 19 Abs. 5 ua Verstöße gegen Melde- und Unterrichtungs- pflichten in Embargoverordnungen	§ 70 Abs. 5g, 5h, 5i, 5k, 5l, 5m, 5n, 5p, 5r Nr. 1, Abs. 5s, 5t Nr. 1 und 2 sowie Nr. 4 und 5, Abs. 5u S. 1 Nr. 2, Nr. 5, Nr. 11 und Nr. 13, Abs. 5v, 5w, 5x, 5y, 5z, Abs. 7 Nr. 2, Abs. 8, Abs. 9 Nr. 4 und Abs. 10 AWV
§ 19 Abs. 6 Höhe der Geldbuße	§ 33 Abs. 6 Höhe der Geldbuße
§ 20 Einziehung und Verfall	§ 36 Einziehung und Verfall

3   In die AWV überführt wurden § 33 Abs. 2 Nr. 1a aF (Ungenehmigte Einfuhr) und § 33 Abs. 2 Nr. 2, 3 aF (Verstöße gegen Verwendungsbeschränkung). Ohne eine Neuregelung gestrichen wurden § 33 Abs. 2 Nr. 4 aF (Verstoß gegen Nebenbestimmungen), § 33 Abs. 7 aF (Versuch einer Ordnungswidrigkeit), § 34 Abs. 3 aF (verselbstständigte Beihilfehandlungen) und der § 34 Abs. 6 Nr. 1 aF (Qualifikationstatbestand im Hinblick auf die Gefährdung bestimmter Schutzgüter). Aufgehoben wurden § 34 Abs. 2 aF iVm § 33 Abs. 1 und 4 aF, wobei bestimmte vorsätzlich begangene OWis, die von § 34 Abs. 2 aF als Straftaten erfasst waren, jetzt Straftaten nach § 18 AWG sind. Die Vorschrift des § 33 Abs. 5 Nr. 4 aF (Buchführungspflichten) entfällt.

B. Struktur des Außenwirtschaftsrechts

I. Nationales Recht

4   Die maßgeblichen nationalen Vorschriften zur Reglementierung des Außenwirtschaftsverkehrs sind das AWG, die AWV sowie die Einfuhrliste als Anlage zum AWG und die Ausfuhrliste als Anlage zur AWV.

Die Grundstruktur des Außenwirtschaftsstraf- und Ordnungswidrigkeitenrechts ist äußerst komplex. Ausgangspunkt ist das AWG. Von dort gibt es sowohl Verweise auf die AWV, die wiederum teilweise auf nationale oder EG-Listen bzw. auf EG-Verordnungen weiterverweist, als auch direkte Verweise auf EG-Verordnungen mit dann folgenden Weiterverweisungen auf EG-Listen. Außerdem wird zu einem geringen Teil direkt auf die Einfuhrliste als Anlage zum AWG (nationale Liste) verwiesen. Bei (geänderten) Verordnungen/Listen nach dem Inkrafttreten des Vertrages von Lissabon am 1.12.2009 handelt es sich nicht mehr um solche der EG, sondern um EU-Verordnungen/Listen (→ Rn. 92).

5   **1. Außenwirtschaftsgesetz (AWG).** Das AWG selbst enthält zum Großteil keine unmittelbar wirkenden Beschränkungen des Außenwirtschaftsverkehrs, sondern vielmehr Blankettvorschriften, die auf Ausfüllungsnormen mit den nach Inhalt, Zweck und Ausmaß konkretisierten Beschränkungen verweisen. Es ist ein Ermächtigungsgesetz, auf dessen Grundlage der Verordnungsgeber tätig wird. Der teilweise verwandte Begriff eines Rahmengesetzes ist unzutreffend, da dogmatisch darunter regelmäßig ein Gesetz verstanden wird, welches der legislativen Ausführung durch den Landesgesetzgeber bedarf (so zutr. *v. Bogdandy* VerwArch 1992, 53 (59)). Die Einzelnen auf dem AWG beruhenden Verordnungen müssen den verfassungsrechtlichen Vorgaben des Art. 80 Abs. 1 GG genügen.

6   **2. Außenwirtschaftsverordnung (AWV).** Die eigentlichen, konkreten Beschränkungen ergeben sich aus der AWV idF der Bekanntmachung v. 2.8.2013 (BGBl. I 2865), die zuletzt durch Artikel 1 der Verordnung v. 13.10.2015 (BAnz. 2015 AT 16.10.2015 V1) geändert worden ist. Die Einzelheiten der Verbotsnormen für die Straftaten nach § 17 Abs. 1–5 ergeben sich aus § 80 AWV iVm §§ 74, 75 und 77 AWV. In § 81 AWV sind Ordnungswidrigkeiten definiert für Zuwiderhandlungen gegen die Verordnung selbst. Die Vorschrift des § 82 AWV regelt die Ordnungswidrigkeiten für Verstöße gegen Rechtsakte der EU.

7   Da die Rechtslage vor der AWG-Novelle noch für Altfälle für einige Zeit relevant bleiben wird, sei noch auf die 86. Verordnung zur Änderung der AWV v. 24.8.2009 (BAnz. 2009 Nr. 126, 2944) hingewiesen. Mit dieser bedeutsamen Änderungsverordnung wurde die AWV an die neue Dual-Use-Verordnung (→ Rn. 17 ff.) angepasst. Dadurch wurden zusätzliche nationale Genehmigungsvorbehalte für Handels- und Vermittlungsgeschäfte, die Dual-Use-Güter betreffen (§§ 41 ff.), sowie für Durchfuhren von Dual-Use-Gütern (§ 38) eingeführt.

8   **3. Einfuhrliste.** Die Einfuhrliste, welche als Anlage zum AWG dessen Bestandteil ist, legt die Güter fest, deren Einfuhr genehmigungspflichtig ist. Die einzelnen Güter sind nach der Systematik des Ver-

zeichnisses für die Außenhandelsstatistik aufgeführt und dahingehend gekennzeichnet, ob ihre Einfuhr von einer Genehmigung abhängig ist. Die derzeit aktuelle Fassung wurde veröffentlicht im BAnz. 2010 Nr. 200a ausgegeben am 31.12.2010.

4. Ausfuhrliste. In der Ausfuhrliste, welche als Anlage zur AWV deren Bestandteil ist, sind die Güter 9 aufgeführt, für die ein Genehmigungsvorbehalt nach den Vorschriften der AWV besteht. Die Ausfuhrliste besteht im Teil I A aus Regelungen zu Waffen, Munition und Rüstungsmaterial. Der bisherige Teil I Abschnitt C wurde im Zuge der AWG-Novelle zu Teil I Abschnitt B und enthält neben Abschnitt A zusätzlich national erfasste Güter. Der Teil II führt die Waren auf, welche den Beschränkungen nach § 10 AWV unterliegen.

5. Weitere nationale Gesetze. Dennoch wird der Außenwirtschaftsverkehr nicht allein durch das 10 AWG und die AWV, sondern auch durch weitere nationale Gesetze geregelt. Diese Bestimmungen gelten nach § 1 Abs. 2 AWG neben den AWG-Normen. Als weitere Straftatbestände des Außenwirtschaftsrechts sind zu beachten: Ein- und Ausfuhr von Propagandamitteln verfassungsfeindlicher Organisationen (§ 86 StGB) sowie von verbotenen pornografischen Schriften, Einfuhr pornografischer bzw. jugendgefährdender Schriften im Wege des Versandhandels, Ausfuhr zur Straftatbegehung im Ausland (§ 184 Abs. 1 Nr. 4, Nr. 9; Abs. 2 Nr. 3 StGB; §§ 21 Abs. 1 Nr. 6 iVm § 4 Abs. 3 GjS); Ein- und Ausfuhr falscher amtlicher Ausweise oder zur Herstellung derselben dienender Fälschungsmittel (§§ 275 Abs. 1, 276 Abs. 1 Nr. 1 StGB); Ein- und Ausfuhr von Kernbrennstoffen ohne die erforderliche Genehmigung (§ 328 Abs. 1 StGB).

Insbes. bei der Aus-, Ein-, Durchfuhr und Verbringung von Atom-, Bio- oder Chemiewaffen (§§ 19, 11 20 KWKG) sowie bei der Aus-, Ein- und Durchfuhr bestimmter toxischer Chemikalien (§§ 16, 17 CWÜAG iVm §§ 1, 13 CWÜV) ergeben sich Überschneidungen zum AWG.

6. Verhältnis zum KWKG. Das KWKG ist das Ausführungsgesetz zu dem in Art. 26 Abs. 2 GG 12 verankerten verfassungsrechtlichen Gebot einer staatlichen Kontrolle des Waffenhandels. Nach § 1 Abs. 1 KWKG unterfallen ihm nur die unmittelbar zur Kriegsführung bestimmten Waffen. Welche Gegenstände, Stoffe und Organismen dies sind, ergibt sich aus der Kriegswaffenliste (Anlage zum KWKG). Dies betrifft in erster Linie die in Teil A näher bezeichneten ABC-Waffen, aber auch sonstige Kriegswaffen nach Teil B wie etwa Kampfflugzeuge und -fahrzeuge, Kriegsschiffe, Rohrwaffen, Torpedos, Minen, Bomben usw.

Die durch das KWKG beschriebenen Verhaltensweisen sind verwaltungsrechtlich prinzipiell verboten. 13 Nur nach Abwägung aller kollidierenden Interessen können diese Verbote im Einzelfall mit Rücksicht auf höherrangige Interessen aufgehoben werden. Damit handelt es sich um repressive Verbote mit Befreiungsvorbehalt, da sich der spezifische Unrechtsgehalt des Tatbestandes nicht am Handeln gerade ohne Genehmigung festmacht, sondern schon an der beschriebenen Handlung als solcher. Das Handeln ohne erforderliche Genehmigung im jeweiligen Tatbestand ist kein negatives Tatbestandsmerkmal, sondern lediglich als Hinweis auf die Möglichkeit einer Rechtfertigung durch eine behördliche Genehmigung aufzufassen (vgl. *Rengier* ZStW 101 (1989), 874 (884)). Das KWKG enthält in den §§ 19 ff. KWKG zahlreiche Strafvorschriften, von denen nur § 22a KWKG genehmigungsabhängig ist.

Die Vorschriften des KWKG bleiben nach § 1 Abs. 2 unberührt. In Konsistenz damit legt § 6 Abs. 4 14 KWKG fest, dass die Genehmigung nach dem KWKG keine nach anderen Gesetzen erforderliche Genehmigung ersetzt. So ist zB für die Ausfuhr von Raketen sowohl eine Genehmigung nach dem AWG (§ 5 AWV iVm Teil I A Nr. 4a der Ausfuhrliste) als auch nach dem KWKG (§ 3 iVm Teil B I Nr. 8 der Kriegswaffenliste) notwendig. Damit können – wenn Waren ohne die erforderlichen Genehmigungen nach AWG bzw. KWKG ausgeführt werden – mehrere Straftatbestände tateinheitlich verwirklicht sein (BGH NStZ 1996, 137 (139); Erbs/Kohlhaas/*Diemer* § 34 Rn. 36 zur aF; *Mätzke* NStZ 1999, 541; aA OLG München NStZ 1993, 243).

7. Verhältnis zum CWÜAG. Wie das KWKG gilt auch das CWÜAG neben den Vorschriften 15 anderer Gesetze und damit sowohl neben denen des AWG als auch neben denen des KWKG (§ 1 Abs. 2 AWG, § 6 Abs. 4 KWKG, § 2 Abs. 1 S. 4 CWÜAG). Dies bedeutet, dass für Chemiewaffen, die sowohl dem CWÜAG, als auch dem KWKG und dem AWG unterfallen, die Beschränkungen dieser Gesetze nebeneinander Geltung beanspruchen (Wabnitz/Janovsky WirtschaftsStR-HdB/*Harder* Kap. 23 Rn. 4 f.). Es ist also ggf. sowohl nach dem AWG als auch nach dem KWKG sowie dem CWÜAG eine Genehmigung erforderlich.

II. Internationales Recht

Überlagert wird das nationale Außenwirtschaftsrecht jedoch in immer größerem Umfang durch das 16 vorrangige Unionsrecht, sodass den nationalen Reglementierungen in einigen Bereichen nur noch der Status ergänzender Bestimmungen zukommt. Die in der → Rn. 4 aufgezeigte Verweisungsstruktur im Außenwirtschaftsstrafrecht macht bereits deutlich, dass das nationale Recht zu einem großen Teil **unionsrechtsakzessorisch** ist. Dabei wird entweder auf europäisches Recht umsetzende nationale Vorgaben (wie in §§ 17 Abs. 1 Nr. 2) oder direkt auf unmittelbar geltende europäische Normen (wie in

§§ 18 Abs. 1, 19 Abs. 5) verwiesen. Die besondere Verquickung mit der Unionsrechtsordnung wird auch daran deutlich, dass nach der Neuregelung durch das Gesetz zur Modernisierung des Außenwirtschaftsrechts (BGBl. 2013 I 1482 ff.) im Bereich der GASP bereits die Bekanntgabe im Amtsblatt der Europäischen Union ausreichend ist (§§ 18 Abs. 1, 19 Abs. 5 nF), während bis zum 1.9.2013 nach § 34 Abs. 4 Nr. 2, 3 aF die Bekanntgabe im Bundesanzeiger erforderlich war. Eigenständig beschränkt bspw. die EG-Dual-Use-Verordnung (näheres ab → Rn. 17) den Wirtschaftsverkehr der EU-Mitgliedstaaten (einschließlich den der Bundesrepublik Deutschland) mit Drittländern hinsichtlich solcher Waren und Technologien, die sowohl einer zivilen als auch einer militärischen Nutzung zugeführt werden können. Die Grundlage eines Embargos ist häufig ein Beschluss des Sicherheitsrates der Vereinten Nationen (VN), der für die Mitgliedstaaten der EU regelmäßig in Form von Gemeinsamen Standpunkten auf dem Gebiet der Gemeinsamen Außen- und Sicherheitspolitik nach Art. 29 EUV (GASP) umgesetzt wird (→ Rn. 22 ff.).

17   **1. Dual-Use-Verordnung (EG).** Seit 1995 liegt mit der VO (EG) Nr. 3381/94 des Rates v. 19.12.1994 über die Gemeinschaftsregelung der Ausfuhrkontrolle von Gütern mit doppeltem Verwendungszweck (ABl. 1994 L 367, 1) eine gemeinschaftsweit einheitliche Maßnahme vor. Mit der VO (EG) Nr. 1334/2000 des Rates v. 22.6.2000 über eine Gemeinschaftsregelung für die Kontrolle der Ausfuhr von Gütern und Technologien mit doppeltem Verwendungszweck (ABl. 2000 L 159, 1) erfolgte eine völlige Neufassung, die jedoch wiederum durch die VO (EG) Nr. 428/2009 des Rates v. 5.5.2009 über eine Gemeinschaftsregelung für die Kontrolle der Ausfuhr, der Verbringung, der Vermittlung und der Durchfuhr von Gütern mit doppeltem Verwendungszweck (ABl. 2009 L 134, 1), welche seit dem 27.8.2009 in Kraft ist, ersetzt wurde. Gemäß Art. 27 der neuen Dual-Use-Verordnung gelten Verweisungen auf die aufgehobene Verordnung Nr. 1334/2000 als Verweise auf die neue Verordnung.

18   Mit Hilfe dieser Verordnung werden Exporte von Gütern mit doppeltem Verwendungszweck (einschließlich Software und Technologie) – sog „Dual-Use-Güter" – einer Kontrolle unterworfen. Sie gilt in allen 27 Mitgliedstaaten der EU. Die Anhänge I und IV der Verordnung enthalten die Listen der Güter, für deren Ausfuhr, Verbringung, Vermittlung oder Durchfuhr die EG-Dual-Use-VO Genehmigungspflichten vorsieht. Mit der letzten Änderung der Dual-Use-Verordnung wurde deren Anwendungsbereich auf die Kontrolle von bestimmten Vermittlungstätigkeiten („Brokering"), die sich auf Güter mit doppeltem Verwendungszweck beziehen, ausgeweitet.

19   Anhang I der EG-Dual-Use-VO Nr. 428/2009 (ABl. 2009 L 134, 12) legt für alle Mitgliedstaaten der EU eine einheitliche Güterliste fest, die diejenigen Güter sammelt, für deren Ausfuhr aus dem Gemeinschaftsgebiet eine Genehmigungspflicht besteht, und fasst die international vereinbarten Kontrollen für Dual-Use-Güter aus den Exportkontrollregimen zusammen. Dies betrifft kerntechnische Materialien, Anlagen und Ausrüstung (Kategorie 0), besondere Werkstoffe und Materialien und zugehörige Ausrüstung (Kategorie 1), Werkstoffbearbeitung (Kategorie 2), allgemeine Elektronik (Kategorie 3), Rechner (Kategorie 4), Telekommunikation und „Informationssicherheit" (Kategorie 5), Sensoren und Laser (Kategorie 6), Luftfahrtelektronik und Navigation (Kategorie 7), Meeres- und Schiffstechnik (Kategorie 8) sowie Raumfahrzeuge und Antriebssysteme (Kategorie 9). Unberücksichtigt bleiben dabei nationale Kontrollen, die über die auf den Regimen basierenden Kontrollen hinausgehen.

20   In Anhang IV (ABl. 2009 L 134, 260) sind die Güter benannt, bzgl. denen selbst bei einer innergemeinschaftlichen Verbringung Genehmigungspflichten bestehen. Dies betrifft in Teil 1 Güter der Tarn (Stealth)-Technologie, Güter der gemeinschaftlichen strategischen Überwachung (einschließlich Kryptotechnik), Güter mit MTCR-Technologie (MTCR steht für Missile Technology Control Regime) sowie in Teil 2 Güter des Chemiewaffenübereinkommens und für Güter der NSG-Technologie (NSG steht für Nuclear Suppliers Group). Für die in Teil 1 aufgeführten Güter besteht die Möglichkeit einer nationalen Allgemeingenehmigung für den innergemeinschaftlichen Handel, während dies für die Güter in Teil 2 ausgeschlossen ist.

21   **2. Embargos.** Embargos werden aus außen- oder sicherheitspolitischen Gründen angeordnet. Sie beschränken die Freiheit im Außenwirtschaftsverkehr ggü. bestimmten Ländern oder im Bereich der Terrorismusbekämpfung ggü. einzelnen Personen, Einrichtungen oder Organisationen.

22   Grundlage eines Embargos ist häufig ein Beschluss des Sicherheitsrates der VN. Die Umsetzung dieser Resolutionen erfolgt für die Mitgliedstaaten der EU regelmäßig in Form von Gemeinsamen Standpunkten auf dem Gebiet der Gemeinsamen Außen- und Sicherheitspolitik nach Art. 29 (Ex-Art. 15) EUV (GASP). IRd GASP hat der Rat der Europäischen Union die Möglichkeit, auch eigene – von einer VN-Resolution unabhängige – Embargomaßnahmen zu verhängen. Die Beschlüsse des Rates iRd GASP sind völkerrechtlich für die Mitgliedstaaten verbindlich. Damit die Vorgaben der GASP-Beschlüsse unmittelbar ggü. dem Bürger geltendes Recht werden, bedürfen diese einer weiteren Konkretisierung und Umsetzung durch unmittelbar geltende EU-(bis zum Inkrafttreten des Vertrages von Lissabon am 1.12.2009: EG-)Verordnungen oder durch nationale Rechtsakte.

23   In den Bereichen, die von der Zuständigkeit der EU ausgenommen sind wie der Handel mit Waffen und Rüstungsgütern, sind nationalstaatliche Regelungen erforderlich. In Deutschland werden Embargos in diesen Bereichen grds. durch die §§ 74 ff. AWV umgesetzt und durch den Verweis von § 17 mit Strafe bewehrt.

a) Länderbezogene Embargos. In Abhängigkeit vom Umfang der Beschränkungen kann es sich 24
bei länderbezogenen Embargos um Totalembargos oder Teilembargos handeln. Totalembargos untersagen jeglichen Handel mit dem oder zugunsten des Adressaten. Derzeit (Stand 30.11.2015) existiert kein Totalembargo. Ein Beispiel für ein Totalembargo war das umfassende Handelsembargo gegen den Irak auf der Grundlage der VO (EG) Nr. 2465/96 des Rates v. 17.12.1996 (ABl. 1996 L 337, 5), das im Jahre 2003 aufgehoben und durch ein Teilembargo ersetzt wurde.

Teilembargos können eine unterschiedliche Tragweite haben. Es können sowohl Beschränkungen des 25
Kapital- und Zahlungsverkehrs einschließlich eines Verbots der Bereitstellung von wirtschaftlichen Ressourcen angeordnet werden, als auch darüber hinaus gehende Maßnahmen wie zB Beschränkungen des Reiseverkehrs oder Einschränkungen des Handels mit bestimmten Gütern.

Ferner können die Embargomaßnahmen nach den betroffenen Wirtschaftsbereichen bzw. Tätigkeiten 26
unterschieden werden. Es kommen ein Waffenembargo (Verbot der Ausfuhr von Rüstungsgütern in einen bestimmten Staat), sonstige Güterembargos (Verbote bzw. Beschränkungen der Ausfuhr und ggf. Vermittlung bestimmter Güter wie bspw. Ausrüstungsgegenstände, die von dem sanktionierten Staat zur internen Repression gegen die eigene Bevölkerung eingesetzt werden können), das Verbot technischer und finanzieller Hilfe, Einfuhrverbote sowie Erfüllungsverbote in Betracht (vgl. Merkblatt des BAFA zum Außenwirtschaftsverkehr mit Embargo-Ländern S. 5 ff., http://www.ausfuhrkontrolle.info/ausfuhrkontrolle/de/arbeitshilfen/merkblaetter/merkblatt_embargo.pdf).

b) Personenbezogene Embargos zur Terrorismusbekämpfung. Die gegen einzelne Personen, 27
Einrichtungen oder Organisationen gerichteten Restriktionen sind unabhängig vom Aufenthaltsort der betroffenen Personen. Sie haben meist Finanzsanktionen, mit denen das Vermögen der Betroffenen eingefroren wird, verbunden mit dem Verbot der Zurverfügungstellung von Geldern oder anderen wirtschaftlichen Ressourcen zum Gegenstand. Ferner können Reisebeschränkungen enthalten sein, die eine Ein- und ggf. auch Durchreise verwehren (→ § 18 Rn. 38).

aa) Verordnungen gegen Al-Qaida und die Taliban. Maßnahmen gegen bestimmte Personen 28
und Organisationen, die mit dem Al-Qaida-Netzwerk in Verbindung stehen, beruhen auf der VO (EG) Nr. 881/2002 v. 27.5.2002 (ABl. 2002 L 139, 9) mit zahlreichen Änderungen. Diese setzte ihrerseits die Resolution 1390 (2002) des Sicherheitsrates der VN v. 16.1.2002 um. Darin ist die Anordnung bestimmter Maßnahmen zur Bekämpfung des Terrorismus vorgesehen. Sie richtet sich gegen Personen, Organisationen und Vereinigungen, die in der Namensliste des Sanktionsausschusses der Vereinten Nationen enthalten sind (abrufbar unter https://www.un.org/sc/suborg/en/sanctions/un-sc-consolidated-list). Diese Liste unterscheidet nach Einzelpersonen („individuals") auf der einen und Organisationen, Unternehmen und Einrichtungen (sog „entities") auf der anderen Seite. Die Namen, welche als Anhang I Bestandteil der VO (EG) Nr. 881/2002 sind, finden sich auch auf dieser Liste.

Nach dieser Verordnung sind Gelder und wirtschaftliche Ressourcen der in der Namensliste genann- 29
ten Personen, Organisationen, Vereinigungen und Unternehmen einzufrieren und dürfen den betroffenen Personen auch nicht zur Verfügung gestellt werden. Ferner verpflichtet Art. 2 des Gemeinsamen Standpunktes des Rates der Europäischen Union v. 27.5.2002 (2002/402/GASP; ABl. 2002 L 139, 4) die Mitgliedstaaten, den Verkauf, die Lieferung, den Verkauf und die Weitergabe von Rüstungsgütern, sonstigem Wehrmaterial und hiermit in Zusammenhang stehende technische Beratung, Hilfe und Ausbildung auf unmittelbarem oder mittelbarem Weg zu verbieten. Deshalb sieht § 74 Abs. 2 Nr. 3 AWV ein Waffenembargo gegen die in Anhang I zur VO (EG) Nr. 881/2002 genannten Personen, Vereinigungen und Organisationen vor. Ein Verstoß gegen dieses Waffenembargo ist gem. § 80 Nr. 1 AWV iVm § 17 AWG strafbar. Darüber hinaus ist nach Art. 5 VO 881/2002 jedermann verpflichtet, den zuständigen Behörden alle Informationen zu geben, die die Einhaltung der Verordnung erleichtern (→ § 17 Rn. 18; → § 18 Rn. 39 ff.).

bb) Verordnung gegen sonstige terrorverdächtige Personen und Organisationen. Dagegen 30
beruhen die Maßnahmen gegen sonstige terrorverdächtige Personen und Organisationen auf der VO (EG) Nr. 2580/2001 v. 27.12.2001 (ABl. 2001 L 344, 70) mit mehreren Änderungen 2002 (→ § 17 Rn. 18; → § 18 Rn. 50 ff.). Mit dieser Verordnung wurde die Resolution 1373 (2001) des Sicherheitsrates der VN umgesetzt. Sie enthält Embargomaßnahmen gegen Personen und Organisationen, die terroristische Handlungen begehen, zu begehen versuchen, an diesen beteiligt sind, diese fördern oder erleichtern und nicht mit dem Al-Qaida-Netzwerk oder den Taliban in Verbindung stehen (und somit nicht in der Namensliste der VO (EG) Nr. 881/2002 aufgeführt werden).

Ansonsten ist sie inhaltlich weitgehend identisch mit der VO (EG) Nr. 881/2002. Die (eigenständige) 31
Namensliste dieser Verordnung wird im Gegensatz zu den Namenslisten der VO (EG) Nr. 881/2002 bei jeder Änderung durch Beschluss völlig neu gefasst und veröffentlicht.

c) Ausnahmen. Für die auf den Embargomaßnahmen beruhenden Verbote bestehen regelmäßig 32
Ausnahmetatbestände, die für bestimmte, in den Rechtsakten einzeln aufgeführte Sachverhalte die Möglichkeit der Erteilung einer Ausnahmegenehmigung eröffnen.

33   **d) Sanktionierung von Verstößen.** Für die Ahndung von Verstößen gegen die Embargomaßnahmen sind die Strafvorschriften der §§ 17, 18 sowie §§ 74 ff. AWV maßgeblich. Dabei gilt für die Strafbewehrung der Verbote aus EU-Embargoverordnungen an §§ 18 Abs. 1, 19 Abs. 5 nicht mehr die noch nach § 34 Abs. 4 Nr. 2 bzw. nach § 34 Abs. 6 Nr. 3 aF angeordnete Veröffentlichungspflicht im Bundesanzeiger (→ Rn. 16). Die Verletzung von bestimmten Erfüllungsverboten und Mitteilungspflichten kann nach § 19 als Ordnungswidrigkeit geahndet werden.

C. Gesetzeszweck und Grundsätze des AWG

34   Während die Devisenbewirtschaftungsgesetze der Alliierten vom Prinzip des Verbots mit Erlaubnisvorbehalt ausgingen, wurde mit dem sie ablösenden AWG eine Rechtsgrundlage für den deutschen Außenhandel geschaffen, die vom Grundsatz der Freiheit des Außenwirtschaftsverkehrs ausgeht: Nach § 1 Abs. 1 S. 1 ist der Waren-, Dienstleistungs-, Kapital-, Zahlungs- und sonstige Wirtschaftsverkehr mit fremden Wirtschaftsgebieten sowie der Verkehr mit Auslandswerten und Gold zwischen Gebietsansässigen (Außenwirtschaftsverkehr) grds. frei. Aus § 1 Abs. 1 S. 2 ergibt sich indessen die Möglichkeit zu Ausnahmen von diesem Grundsatz – also zu Einschränkungen des Außenhandels zugunsten übergeordneter Interessen des Gemeinwohls. Die Ermächtigungsgrundlagen für die Beschränkungsmöglichkeiten des Außenwirtschaftsverkehrs finden sich in den §§ 5 ff.

35   Nach § 4 Abs. 1 können Rechtsgeschäfte und Handlungen im Außenwirtschaftsverkehr nur beschränkt werden, um 1. die wesentlichen Sicherheitsinteressen der Bundesrepublik Deutschland zu gewährleisten, 2. eine Störung des friedlichen Zusammenlebens der Völker zu verhüten, 3. eine erhebliche Störung der auswärtigen Beziehungen der Bundesrepublik Deutschland zu verhüten, 4. die öffentliche Ordnung oder Sicherheit der Bundesrepublik Deutschland iSd Art. 36, 52 Abs. 1 und des Art. 65 Abs. 1 des Vertrags über die Arbeitsweise der Europäischen Union zu gewährleisten oder 5. einer Gefährdung der Deckung des lebenswichtigen Bedarfs im Inland oder in Teilen des Inlands entgegenzuwirken und dadurch im Einklang mit Artikel 36 des AEUV die Gesundheit und das Leben von Menschen zu schützen. Außerdem können nach § 4 Abs. 2 Rechtsgeschäfte und Handlungen beschränkt oder Handlungspflichten angeordnet werden, um 1. Beschlüsse des Rates der Europäischen Union über wirtschaftliche Sanktionsmaßnahmen im Bereich der Gemeinsamen Außen- und Sicherheitspolitik (GASP) umzusetzen, 2. Verpflichtungen der Mitgliedstaaten der EU durchzuführen, die in unmittelbar geltenden Rechtsakten der EU zur Durchführung wirtschaftlicher Sanktionsmaßnahmen im Bereich der GASP vorgesehen sind, 3. Resolutionen des Sicherheitsrates der Vereinten Nationen umzusetzen oder 4. zwischenstaatliche Vereinbarungen umzusetzen, denen die gesetzgebenden Körperschaften in der Form eines Bundesgesetzes zugestimmt haben.

36   Das AWG dient damit zugleich dem Staatsinteresse am Bestand und der Erhaltung der Wirtschaftsordnung und der Position im Bündnissystem und bildet mithin einen Teil des Schutzes der freiheitlich verfassten BRD nach außen (BVerfG NJW 1999, 3325). Die in § 4 Abs. 1 Nr. 1–3 aufgezählten Kernrechtsgüter der wesentlichen Sicherheitsinteressen der BRD, des friedlichen Zusammenlebens der Völker und des Schutzes der auswärtigen Beziehungen der BRD werden nachfolgend näher erläutert.

37   **1. Wesentliche Sicherheitsinteressen.** Von dem Kernrechtsgut der wesentlichen Sicherheitsinteressen Deutschlands wird auch die Fähigkeit der BRD erfasst, sich gegen Eingriffe und Störungen von außen effektiv zur Wehr setzen zu können, also die Verteidigungsfähigkeit (BGH NStZ 1988, 215). Die Verteidigungsfähigkeit wird dabei nicht nur durch die Stärkung eines potentiellen Konfliktgegners oder eine unmittelbare Schwächung der BRD gefährdet. Auch mögliche mittelbare Negativauswirkungen auf die Verteidigungsfähigkeit sind zu berücksichtigen (Fischer StGB § 93 Rn. 7; Erbs/Kohlhaas/*Diemer* § 34 Rn. 15 zur aF).

38   So kann sich zB auch ein Wirtschaftsembargo negativ auf die Verteidigungsfähigkeit auswirken. Zudem wird die Verteidigungsfähigkeit Deutschlands auch durch das Maß der Einbindung in internationale Bündnissysteme und deren „Schlagkraft" (mit-)determiniert. Daher wirken sich auch erhebliche Verschiebungen der Machtpositionen innerhalb der internationalen Bündnissysteme zuungunsten Deutschlands sowie die Schwächung eines Bündnispartners bzw. die Stärkung eines Gegners eines Bündnispartners negativ auf die Verteidigungsfähigkeit Deutschlands aus.

   Nach der Rechtslage vor der AWG-Novelle war für eine Strafbarkeit die Feststellung der Gefährdung der äußeren Sicherheit notwendig, § 34 Abs. 2 Nr. 1 aF. Das bezog sich auf das Rechtsgut der wesentlichen Sicherheitsinteressen Deutschlands (BT-Drs. 16/33, 12), wobei die jeweils im Zeitpunkt der Vornahme der Tathandlung aktuelle sicherheitspolitischen Lage zu beachten war, die einem stetigen Wandel unterliegt (Wabnitz/Janovsky WirtschaftsStR-HdB/*Harder* Kap. 23 Rn. 31).

39   **2. Friedliches Zusammenleben der Völker.** Das Rechtsgut des friedlichen Zusammenlebens der Völker gemäß § 4 Abs. 1 Nr. 2 ist in Art. 26 Abs. 1 GG verankert und hat somit Verfassungsrang. Danach ist eine Störung des Völkerfriedens insbes. in einem Angriffskrieg zu sehen. Alle Maßnahmen, die auf einen solchen gerichtet sind bzw. die Gefahr auf einen solchen hinauszulaufen mit sich bringen, wie zB Kriegsdrohungen, massive Aufrüstung, vereinzelte Gefechte und Überfälle, sind geeignet, das friedliche Zusammenleben der Völker zu gefährden.

Zudem knüpft auch die Charta der Vereinten Nationen am Begriff des Völkerfriedens an, so dass auch **40**
deren Satzung zur Auslegung des Begriffs des Völkerfriedens herangezogen werden kann. Dementsprechend ist eine Störung bzw. Gefährdung des Völkerfriedens regelmäßig anzunehmen, wenn die Voraussetzungen des Einschreitens des Sicherheitsrates der Vereinten Nationen nach Art. 39 der Satzung der Vereinten Nationen erfüllt sind: Bedrohung des Friedens, Verletzung des Friedens oder Angriffshandlung (*Dahlhoff* NJW 1991, 209).

Ungerechtfertigte zwischenstaatliche wirtschaftliche Sanktionen, mit denen ein bestimmtes Verhalten **41**
erzwungen werden soll, stellen nur dann eine Gefährdung des Völkerfriedens dar, wenn sie in den Kontext einer Aggression einzuordnen sind, die die Gefahr in sich birgt, auf eine kriegerische Auseinandersetzung hinauszulaufen. Denn der Schutz des Völkerfriedens soll verhindern, dass Konflikte zwischen Völkern mit kriegerischen Mitteln – also mit Gewalt – ausgetragen werden; diese Einschränkung nicht herausstellend Erbs/Kohlhaas/*Diemer* § 34 Rn. 17 zur aF).

Daraus, dass § 4 Abs. 1 Nr. 2 und Art. 26 Abs. 1 GG am Begriff des Volkes und nicht des Staates **42**
anknüpfen, ergibt sich, dass nicht nur kriegerische Auseinandersetzungen zwischen Staaten erfasst werden, sondern auch zwischen unterschiedlichen ethnischen Volksgruppen. Staatsinterne kriegerische Konflikte stellen daher (nur) dann eine Störung des Völkerfriedens dar, wenn es sich um ethnische Konflikte handelt. Die BRD braucht selbst nicht durch den Konflikt bedroht zu sein (*Dahlhoff* NJW 1991, 209).

Nach § 34 Abs. 2 Nr. 2 aF musste für eine Strafbarkeit die Handlung geeignet sein, das friedliche Zusammenleben der Völker zu gefährden. Das ist bei Handlungen der Fall, durch die die Gefahr eines Angriffskrieges oder einer kriegerischen Auseinandersetzung zwischen Staaten oder unterschiedlichen ethnischen Volksgruppen geschaffen oder erhöht wird (Erbs/Kohlhaas/*Diemer* § 34 Rn. 17 zur aF).

3. Erhebliche Störung der auswärtigen Beziehungen. Das Merkmal der auswärtigen Beziehun- **43**
gen umfasst diejenigen Sachverhalte, die für das Verhältnis der BRD zu anderen Staaten oder zwischenstaatlichen Einrichtungen, insbes. für die Gestaltung der Außenpolitik, Bedeutung haben. Nach allgemeinem sprachlichem Verständnis können hierzu im konkreten Regelungszusammenhang auch Kontakte politischer, wirtschaftlicher und kultureller Art gehören.

Trotz der damit gegebenen Konzentration auf die staatliche Ebene erstreckte sich das Merkmal iRd **44**
§ 34 Abs. 2 Nr. 3 aF daher auf eine praktisch nicht überschaubare Vielfalt von Beziehungen (BVerfGE 110, 33 (67)). Den sich insbes. bei diesem Merkmal ergebenden Bedenken im Hinblick auf die Vereinbarkeit mit dem Bestimmtheitsgebot des Art. 103 Abs. 2 GG begegnete der Gesetzgeber durch die Aufhebung des § 34 Abs. 2 aF iRd AWG-Novelle.

Für die bis zum 1.9.2013 begangenen Taten ist bei der iRd *lex-mitior*-Grundsatzes notwendigen Feststellung der Rechtslage (BGH BeckRS 2014, 00528, Rn. 19) dieser Weite des Tatbestandsmerkmals (BGHSt 53, 128 (132); Erbs/Kohlhaas/*Diemer* § 34 Rn. 18 zur aF) durch eine restriktive Auslegung dahingehend zu begegnen, dass nicht jede denkbare negative Reaktion irgendeines fremden Staates, sondern nur eine mögliche schwerwiegende Beeinträchtigung der eigenen Interessen der BRD eine erhebliche Gefährdung der auswärtigen Beziehungen darstellen kann (BVerfG NJW 1993, 1909 (1910); BGHSt 53, 128 (132); BGH NStZ 2009, 640; OLG Koblenz NStZ 2009, 645).

Es kommt also zunächst entscheidend darauf an, ob die BRD ein besonderes außenpolitisches **45**
Interesse an den Beziehungen zu den jeweiligen Staaten hat, die durch die Tat gestört werden können. Dies ist bspw. bei den Beziehungen zu allen Bündnispartnern iRd NATO und der EU der Fall, da diese die äußere Sicherheit Deutschlands (mit-)garantieren.

Eine erhebliche Gefährdung dieser Beziehungen ist anzunehmen, wenn aufgrund konkreter Umstän- **46**
de festzustellen ist, dass die BRD durch die Tat in eine Lage gebracht werden kann, die es ihr unmöglich macht oder ernsthaft erschwert, ihren Interessen an gedeihlichen Beziehungen zu diesen Staaten gerecht zu werden (BGHSt 53, 128 (134); BGH NStZ 2009, 640; OLG Koblenz NStZ 2009, 645).

Beispielsweise werden illegale Ausfuhren von Waren, die aufgrund internationaler Abkommen Aus- **47**
fuhrbeschränkungen unterliegen, der BRD als Vollzugsdefizit angelastet und daher das Vertrauen der Partnerstaaten in die Zuverlässigkeit Deutschlands als Partner internationaler Absprachen unterminieren, also den Bemühungen Deutschlands um eine fruchtbare Zusammenarbeit zuwiderlaufen (Wabnitz/Janovsky WirtschaftsStR-HdB/*Harder* Kap. 23 Rn. 33).

Von einer erheblichen Gefährdung der auswärtigen Beziehungen der BRD ist ferner auszugehen, **48**
wenn als Folge der Tat mit starker diplomatischer Missbilligung durch das betreffende Land auf Regierungsebene gerechnet werden muss (eine bloße Demarche reicht also nicht aus), wenn die Tat zu einer feindseligen Kampagne der führenden Medien des betreffenden Landes führen kann oder wenn aufgrund der Tat eine Verurteilung der BRD in inter- bzw. supranationalen Gremien ernstlich zu befürchten ist (BGHSt 53, 128 (135)).

Für die nach der Rechtslage vor der AWG-Novelle notwendige Einschätzung der Frage, ob die Tat **49**
eine erhebliche Gefährdung der auswärtigen Beziehungen herbeiführen kann, ist eine Gesamtschau der konkreten Einzelfallumstände vorzunehmen (BGHSt 53, 128 (135)).

Ein wichtiges Indiz hierbei ist, ob staatlichen deutschen Stellen ein Vorwurf bezüglich des Verstoßes **50**
gegen die außenwirtschaftsrechtlichen Bestimmungen gemacht werden kann (BGHSt 53, 128 (135); aA

wohl Bieneck AußenwirtschaftsR-HdB/*Bieneck* § 29 Rn. 26). In diesen Fällen liegen negative Reaktionen anderer Staaten oder internationaler Organisationen deutlich näher als bei den Fällen, in denen den staatlichen Organen kein Fehlverhalten anzulasten ist. Erst recht dürfte dies gelten, wenn diese durch ihr Eingreifen eine verbotene oder ohne die erforderliche Genehmigung geplante Lieferung eines Wirtschaftsgutes sogar verhindert haben.

51   Daneben werden sowohl die sonstigen Umstände wie Art und Menge der Ware, deren Verwendungsmöglichkeit und -zweck, das konkrete Empfängerland als auch der Umfang und das Gewicht der konkreten außenpolitischen Interessen der BRD, die durch die Tat gefährdet werden können, zu berücksichtigen sein (BGHSt 53, 128 (135)).

D. Systematik des AWG

52   Das AWG regelt nicht jede Art von Warentransfers. Zum Auffinden der entscheidenden Normen ist insbes. zwischen „Einfuhr" (→ Rn. 53 f.) und „Ausfuhr" bzw. „Verbringung" (→ Rn. 55 ff.) von Waren zu unterscheiden. Eine weitere Besonderheit stellen die so genannten Catch-All-Klauseln (→ Rn. 61 f.) dar.

I. Einfuhr

53   Die Einfuhr von Waren in das Wirtschaftsgebiet meint aus nationaler Perspektive auch die Einfuhr aus anderen Mitgliedstaaten der EU. Auch der Wirtschaftsverkehr mit diesen Ländern ist Außenwirtschaftsverkehr iSd nationalen AWG (vgl. hierzu § 2 Abs. 11, → § 17 Rn. 22). Mit der Einfuhrliste (→ Rn. 8) wird festgelegt, welche Waren für die Einfuhr eine Genehmigung benötigen.

54   Die zuständige Behörde für die Erteilung einer entsprechenden Genehmigung ergibt sich aus § 13. Nach § 13 Abs. 1 ist für den größten Teil der Genehmigungen das BAFA in Eschborn zuständig.

II. Die Ausfuhr und Verbringung

55   Die Ausfuhr hingegen bestimmt sich nach dem AWG einerseits und nach der EG-Verordnung über eine Gemeinschaftsregelung für die Kontrolle der Ausfuhr von Gütern und Technologien mit doppeltem Verwendungszweck (Dual-Use-Verordnung) andererseits.

56   Der nationale Gesetzgeber hat in § 2 Abs. 3 den Begriff der Ausfuhr als „die Lieferung von Waren aus dem Inland in ein Drittland und die Übertragung von Software und Technologie aus dem Inland in ein Drittland einschließlich ihrer Bereitstellung auf elektronischem Weg für natürliche und juristische Personen in Drittländern" definiert (zum Ausfuhrbegriff vor der AWG-Novelle NJW 2007, 1893 (1895); → § 17 Rn. 15).

57   Die Lieferung von Waren einschließlich Software und Technologie aus dem Inland in andere Mitgliedstaaten der EU und aus diesen in das Inland wird in Anlehnung an die Dual-Use-Verordnung als „Verbringung" bezeichnet, § 2 Abs. 21. Nach der Definition in Art. 2b Dual-Use-Verordnung ist Ausfuhr das Verbringen von Dual-Use-Gütern in Gebiete außerhalb der Gemeinschaft. Das Verbringen von Gütern in anderen Mitgliedstaaten ist nach Art. 21 Dual-Use-Verordnung „innergemeinschaftliche Verbringung."

58   Die „Ausfuhr" bezeichnet demnach grds. einen Export aus dem Zollgebiet der EU, wohingegen mit „Verbringen" eine Ausfuhr in einen anderen Mitgliedstaat der EU bezeichnet wird.

59   Die Ausfuhrkontrolle nach der Dual-Use-Verordnung knüpft an die objektiven technischen Eigenschaften eines Gutes an, in dem die Güter, die einer Ausfuhrkontrolle unterworfen werden sollen, aufgelistet und anhand technischer Parametern beschrieben werden.

60   Art. 3 der Dual-Use-Verordnung sieht eine Genehmigungspflicht der in Anhang 1 der Verordnung gelisteten Dual-Use-Güter vor. Diese gemeinsame Güterliste in Anhang 1 der Dual-Use-Verordnung ist vollständig in Teil I Abschn. B der nationalen Ausfuhrliste enthalten.

Ebenso wie im nationalen Recht enthält die Dual-Use-Verordnung eine catch-all Klausel für nicht gelistete Dual-Use-Güter, Art. 4 Dual-Use-VO. Diese ist von der Systematik her gleich aufgebaut wie die nationalen catch-all Klauseln der AWV.

III. Catch-All-Klauseln

61   Sowohl die AWV (§§ 9, 11, 78) als auch die Dual-Use-Verordnung (insbes. Art. 4, 5) bedienen sich der so genannten Catch-All-Klauseln. Deren Charakteristikum ist, dass die Genehmigungsbedürftigkeit eines Handelns im Außenwirtschaftsverkehr von der Kenntnis oder Unterrichtung von einem gewissen Bestimmungszweck und/oder Bestimmungsland abhängig gemacht wird (*Bieneck* wistra 2008, 208 (209) f.; MüKoStGB/*Wagner* Vor §§ 17 ff. Rn. 51). Das Bestimmungsland ist nach der Legaldefinition des § 2 Abs. 7 das Land, in dem die Güter gebraucht oder verbraucht, bearbeitet oder verarbeitet werden sollen oder, wenn dieses Land nicht bekannt ist, das letzte bekannte Land, in das die Güter geliefert werden sollen.

Die Catch-All-Klauseln sind Sonderdelikte. Dies ergibt sich daraus, dass jeweils explizit der Ausführer, **62** Einführer, Anmelder, Vermittler, Frachtführer, Transithändler usw bezeichnet ist (MüKoStGB/*Wagner* Vor §§ 17 ff. Rn. 51). Bei Sonderdelikten ist grds. die mittelbare Täterschaft ausgeschlossen. Allerdings sieht § 18 Abs. 5 S. 3 bei Verstößen gegen die Art. 4 Abs. 4 Dual-Use-VO explizit vor, dass dem Ausführer eine Person gleichsteht, die die Ausfuhr durch einen anderen begeht, wenn der Person bekannt ist, dass die Güter mit doppeltem Verwendungszweck zumindest teilweise für eine Verwendung als chemische, biologische oder als Kernwaffe bestimmt sind. Die von den Catch-All-Klauseln geforderte Kenntnis von einer sensitiven Verwendungsbestimmung setzt positives Wissen und damit einen direkten Vorsatz voraus (*Bieneck* wistra 2008, 208 (213)).

E. Anforderungen an die Verfassungsmäßigkeit bei Blankettvorschriften

Die Straf- und Ordnungswidrigkeitenvorschriften des AWG (§§ 17 ff.) enthalten selbst keine abschlie- **63** ßende Beschreibung des zu sanktionierenden Verhaltens, sondern sind als Verweisungsnormen ausgestaltet. Trotz der Verweisungen selbst auf inter- und supranationale Rechtsnormen (wie Resolutionen der VN und Verordnungen der EU), handelt es sich um nationalstaatliches – deutsches – Straf- bzw. Ordnungswidrigkeitenrecht, so dass die deutschen Grundsätze anzuwenden sind.

Da die Verweisungsnormen als ein- bzw. auch mehrstufige Blankettvorschriften ausgestaltet sind, sind **64** die spezifischen Anforderungen an die Verfassungsgemäßheit von Blankettvorschriften zu beachten. Dabei versteht die Rechtsprechung unter einem Blankettstraftatbestand ein offenes Strafgesetze, bei dem die Ergänzung des zugehörigen Tatbestands nicht vom Strafgesetzgeber, sondern von anderer Stelle und zu einer anderen Zeit selbstständig vorgenommen wird (BGHSt 5, 90 (91); 6, 30 (40 f.)). Wenn der Tatbestand dagegen eine vollständige Strafnorm enthalte, die nur anhand anderer Gesetze ausgelegt werden müsse, handele es sich um ein normatives Tatbestandsmerkmal (BGHSt 34, 272). Im Einzelnen ist diese Abgrenzung vielfach schwierig, wird bisweilen eher intuitiv gehandhabt und ist dogmatisch hoch umstritten (s. *Enderle,* Blankettstrafgesetze, 2000, 79 ff.).

I. Grundsätze

1. Gesetzlichkeitsprinzip. Nach deutschem Verständnis garantiert das Gesetzlichkeitsprinzip den **65** Schutz der Bürger vor willkürlicher Ausdehnung und Ausübung staatlicher Strafgewalt. Es ist ein elementarer Bestandteil eines rechtsstaatlichen Strafrechts. Eine positivrechtliche Ausformung hat das Gesetzlichkeitsprinzip in Art. 103 Abs. 2 GG, §§ 1 StGB, 152 Abs. 2 StPO, 1 GVG sowie für Ordnungswidrigkeiten in § 3 OWiG gefunden. Es umfasst das Rückwirkungsverbot *(lex praevia),* das Verbot von Gewohnheitsrecht *(lex scripta),* das Analogieverbot *(lex stricta)* und das Bestimmtheitsgebot *(lex certa).* Dabei dient das Gesetzlichkeitsprinzip einem **doppelten Zweck** (BVerfGE 126, 170 (194 f.); *Appel,* Verfassung und Strafe, 1998, 117 ff.). Einerseits soll mit einem strengen Gesetzesvorbehalt in Form des an den Gesetzgeber gerichteten Parlamentsvorbehalts sichergestellt werden, dass nur der demokratisch legitimierte Gesetzgeber abstrakt-generell über die Strafbarkeit entscheidet (legitimierende und kompetenzwahrende Funktion des Gesetzesvorbehalts). Andererseits erfüllt die Verpflichtung zur konkreten Umschreibung der tatbestandlichen Voraussetzungen eine auf eine rechtsstaatliche Wurzel zurückzuführende freiheitsgewährleistende Funktion (*Gärditz* Staat 49 (2010), 331 (339)), denn jeder soll nach diesem Gebot der Normenklarheit vorhersehen können, welches Verhalten verboten und mit Strafe bedroht ist.

Damit dem **Parlamentsvorbehalt** genügt werden kann, bedarf es grds. eines formellen Gesetzes **66** durch den parlamentarischen Gesetzgeber. Um jedoch dem Anspruch an das staatliche Sanktionssystem, kurzfristig und flexibel auf Veränderungen reagieren zu können, gerecht zu werden, kann durch Ermächtigungsnormen im formellen Gesetz die Rechtssetzungsbefugnis auf den Verordnungsgeber übertragen werden. In diesem Fall muss der parlamentarische Gesetzgeber im formellen Gesetz eine nach Inhalt, Zweck und Ausmaß bestimmte Ermächtigung darüber statuiert haben (Art. 80 Abs. 1 GG), was durch Rechtsverordnung geregelt werden kann. Das **Gebot der Normenklarheit** mit seiner Verpflichtung an den Gesetzgeber, die tatbestandlichen Voraussetzungen genau zu umschreiben, wird ergänzt durch den Grundsatz der Auslegungsbestimmtheit, der die Richter verpflichtet, verbleibende Unklarheiten über den Anwendungsbereich einer Norm durch Präzisierung und Konkretisierung im Wege der Auslegung nach Möglichkeit auszuräumen (BVerfGE 126, 170 (198)).

2. Statische oder dynamische Verweisung. Die jeweiligen Verweisungen sind entweder statisch **67** oder dynamisch aufgebaut. Kennzeichnend für eine statische Verweisung ist es, dass der Verweis auf Normen in einer zum Zeitpunkt des Erlasses des Verweisungsgesetzes bestimmten feststehenden Fassung gerichtet ist (*Hohmann* ZIS 2007, 38 (40)). Damit hat eine nachträgliche Änderung des Verweisungsobjekts keinen Einfluss auf den Inhalt der Verweisungsnorm, sondern „bedeutet rechtlich lediglich den Verzicht, den Text der in Bezug genommenen Vorschriften in vollem Umfang in die Verweisungsnorm aufzunehmen" (BVerfGE 47, 285 (312)).

Charakteristisch für die dynamischen Verweisungen ist dagegen, dass sich die Verweisung auf die **68** jeweils gültige Fassung des Verweisungsobjekts bezieht (*Hohmann* ZIS 2007, 38 (40)). Damit führen nachfolgende Änderungen des Verweisungsobjektes automatisch zu einer Änderung des Gesetzesinhaltes der Verweisungsnorm (BVerfGE 47, 285 (312)). Die dynamische Verweisung beteiligt den Schöpfer des Verweisungsobjektes an der Gesetzgebung des Verweisungsgesetzes. Dabei wird in dem Verweisungsgesetz nicht immer explizit ausgesprochen, dass „die jeweils gültige Fassung" gelten soll, sondern teilweise wird auf eine bestimmte Regelung ohne Angabe des Erscheinungszeitpunktes verwiesen. Vor allem bei der Inbezugnahme von sich häufig ändernden Vorschriften wird es sich um eine dynamische Verweisung handeln, da in diesem Fall der Gesetzgeber regelmäßig die Verweisungsnorm an die sich ändernden Inhalte anpassen möchte, ohne das Verweisungsgesetz selbst ändern zu müssen.

II. Besonderheiten bei Blankettvorschriften

69   **1. Gesetzlichkeitsprinzip.** Das BVerfG geht von einer Zulässigkeit sowohl von Strafgesetzen, die auf Unionsrechtsnormen verweisen (BVerfGE 29, 198 (210)), als auch von solchen, die auf nationale Normen verweisen (BVerfGE 75, 329 (342)), aus. Um dem Gesetzlichkeitsprinzip in seiner Ausformung des Parlamentsvorbehalts zu genügen, muss der Gesetzgeber selbst die wesentliche Grundentscheidung treffen und darf nur die Ausgestaltung des Inhalts iE delegieren (*Dannecker* ZStW 117 (2005); 697 (737), → Rn. 66).

70   Das mit einem „Bedarf an Vagheit" (NK-StGB/*Hassemer*/*Kargl* StGB § 1 Rn. 17) ausgestattete Gebot der Normenklarheit (→ Rn. 66) wird verletzt, wenn ein Blanketttatbestand entweder nicht hinreichend deutlich auf einen blankettausfüllenden Tatbestand verweist oder aber die blankettausfüllende Norm ihrerseits nicht hinreichend bestimmt ist (SK-StGB/*Rudolphi* StGB § 1 Rn. 11 ff.; MüKoStGB/*Schmitz* StGB § 1 Rn. 49 ff.). Die Vereinbarkeit mit dem Bestimmtheitsgebot hängt also auch davon ab, ob die Blankettausfüllung selbst hinreichend bestimmt ist (MüKoStGB/*Schmitz* StGB § 1 Rn. 49 ff.). Dies bedeutet aber nicht, dass das Bestimmtheitsgebot „Präzision um jeden Preis" (NK-StGB/*Hassemer*/*Kargl* StGB § 1 Rn. 19; → StGB § 1 Rn. 39) fordert.

71   Die Rspr. von BGH und BVerfG lässt es ausreichen, wenn sich die Bedeutung eines Tatbestandsmerkmals im Wege der Auslegung verlässlich ermitteln lässt und für den Einzelnen Normadressaten noch erkennbar ist (BGHSt 11, 365 (377); BVerfGE 48, 48 (56); 80, 244 (256 f.); vgl. *Rotsch* ZIS 2006, 17 (27)). So verlangt das BVerfG auch nur ausnahmsweise, dass eine Vorschrift dem Einzelnen „die Grenze des straffreien Raums klar vor Augen" führt (BVerfGE 25, 269 (285); 32, 346 (362)) und lässt es grds. genügen, wenn der Normadressat das Risiko einer Bestrafung erkennen kann oder er den durch die Strafnorm geschützten Wert und das Verbot bestimmter Verhaltensweisen erkennen und eine staatliche Sanktionierung voraussehen können muss (BVerfGE 92, 1 (12)).

72   Die Anforderungen an das Bestimmtheitsgebot sind zum einen umso höher, je schärfer die angedrohte Sanktion ist (zB ist bei Freiheitsentziehungen neben Art. 103 Abs. 2 GG auch noch Art. 104 Abs. 1 S. 1 GG zu beachten). Zum anderen hängt das zu fordernde Maß der Bestimmtheit auch maßgeblich von der Fachkompetenz des Adressatenkreises der Strafnorm ab. So stellt das BVerfG bspw. im Außenwirtschaftsstrafrecht geringere Anforderungen, da es davon ausgeht, dass es sich regelmäßig um einen fachkundigen Adressatenkreis handelt (BVerfG NJW 1993, 1909 (1910)).

73   Demnach muss ein Blanketttatbestand in seiner Gesamtheit den aus Art. 103 Abs. 2 GG folgenden Anforderungen an die Bestimmtheit genügen. Dies betrifft sowohl die Verweisungsnorm als auch die ausfüllende Norm. Blankettstrafgesetze sind damit unter verfassungsrechtlichen Aspekten nicht grds. unzulässig, können jedoch aufgrund der genannten verfassungsrechtlichen Garantien problematisch sein (vgl. *Tiedemann* FS Schroeder, 2006, 641 (643 f.)).

74   Bei normativen Tatbestandsmerkmalen (zur Unterscheidung von Blankettmerkmalen und normativen Tatbestandsmerkmalen → Rn. 64) soll dagegen der Bestimmtheitsgrundsatz nicht für die Vorfeldnorm gelten. Diese müsse nur dem allgemeinen rechtsstaatlichen Bestimmtheitsgebot genügen (*Enderle,* Blankettstrafgesetze, 2000, 128; LK-StGB/*Dannecker* StGB § 1 Rn. 149; vgl. aber → StGB § 1 Rn. 34).

75   Das Analogieverbot gilt bei Blankettstrafgesetzen auch für die ausfüllende Norm, die den eigentlichen Tatbestand darstellt (BVerfGE 48, 48 (57 ff.); LK-StGB/*Dannecker* StGB § 1 Rn. 257). Wenn dagegen, wie dies bei den normativen Tatbestandsmerkmalen der Fall ist, die Begriffsbildung anderer Rechtsgebiete zugrunde gelegt wird, dann soll das Analogieverbot nicht für diese Begriffsbildung gelten (Roxin StrafR AT I § 5 Rn. 40; str. s. *Lüderssen* FS Schröder, 2006, 574 ff.; *Grattop,* Bilanzdelikte, 2009, 179).

76   **2. Dynamische Verweisungen.** Problematisch ist die Vereinbarkeit der dynamischen Blankette mit dem Demokratieprinzip und dem Bestimmtheitsgrundsatz (*Enderle,* Blankettstrafgesetze, 2000, 180 ff.; *Moll,* Europäisches Strafrecht durch nationale Blankettgesetzgebung?, 1998, 270 ff.; *Satzger,* Die Europäisierung des Strafrechts, 2001, 263 f.; *Dannecker* ZStW 117 (2005), 697 (738)). Dynamische Verweisungen berühren in besonderer Weise das Gesetzlichkeitsprinzip, da die Gefahr begründet wird, dass der Gesetzgeber sich seiner Aufgabe entzieht, selbst die Voraussetzungen der Strafbarkeit zu bestimmen (vgl. BayObLGSt 92, 121 (123)), und stattdessen eine Delegation auf den Normgeber der ausfüllenden Norm vornimmt (*Niehaus* wistra 2004, 206 (208); *Pollähne* StV 2003, 563 (564); Fischer StGB § 1 Rn. 5a; MüKoStGB/*Schmitz* StGB § 1 Rn. 51; *Hohmann* ZIS 2007, 38 (45)). So sieht die fachgerichtliche Rspr. einen Widerspruch zu Art. 103 Abs. 2 GG, wenn Blankettvorschriften dynamisch auf eine jeweils in

Kraft befindliche europäische Vorschrift verweisen (OLG Koblenz NStZ 1989, 188; OLG Stuttgart NJW 1990, 657; s. auch BGHSt 27, 181 (182)). Dem Normadressaten wird es durch die dynamische Verweisung erschwert, die gültige Vorschrift aufzufinden (*Niehaus* wistra 2004, 206 (208)). Dies gilt nicht nur für die supranationale Gesetzgebung, sondern auch für die nationale Normsetzung im Bereich des Außenwirtschaftsrechts.

Indes hat das BVerfG zu § 21 StVG und zu § 327 StGB entschieden, dass auch dynamische Bezug- **77** nahmen bei Blankettgesetzen nicht generell unzulässig sind (BVerfGE 14, 245 (252 ff.); 75, 329 (345 ff.)). Denn wenn wechselnde und mannigfaltige Einzelregelungen erforderlich seien, müsse es dem Verordnungsgeber überlassen sein, gewisse Spezialisierungen zu treffen (BVerfGE 14, 245 (251); 75, 329 (342)). Dass die Präzisierung im Rahmen von Rechtsverordnungen und nicht in einem förmlichen Gesetz erfolge, unterliege im Hinblick auf Art. 103 Abs. 2 GG keinen durchgreifenden Bedenken. Diese Rechtsprechung hat die 2. Kammer des 2. Senats des BVerfG in Bezug auf §§ 12, 1 Abs. 2 MOG fortgeführt (2 BvR 871/04; 2 BvR 414/08). Sie hat die Regelungen des § 1 Abs. 2 Nr. 1 und 3 MOG, die dynamisch EG-Verordnungen in Bezug nehmen, im Hinblick auf die Anwendung des § 370 Abs. 1 AO iVm § 12 MOG auf die Milchabgabenquote als verfassungsgemäß angesehen.

Allerdings sei hierzu einschränkend darauf hingewiesen, dass das BVerfG in seiner Entscheidung **78** andeutet, dass die betreffenden Merkmale der „steuerlich erheblichen Tatsachen" und der „Steuerverkürzung" des § 370 Abs. 1 Nr. 1 AO ggf. nicht als Blankettmerkmale, sondern als normative Tatbestandsmerkmale gesehen werden können (Nr. 64 der Entscheidungsgründe), wobei es dies ausdrücklich als nicht entscheidungsrelevant dahinstehen lässt. Ferner greift es für die Erkennbarkeit der Einbeziehung der Milchabgabenquote in den Steuerhinterziehungstatbestand selbst auf die Gesetzesbegründung des Bundesgesetzgebers zurück, welche die Milchabgabenregelung nennt (Nr. 63 der Entscheidungsgründe). IÜ hat das OLG Frankfurt a. M. in seiner Entscheidung, die diesem Verfassungsbeschwerdeverfahren zugrunde lag, explizit dargetan, dass die Entscheidung OLG Koblenz NStZ 1989, 188 (→ Rn. 76) einen Fall betraf, der mit dem vorliegenden Fall nicht vergleichbar sei (OLG Frankfurt a. M. NStZ 2004, 275 (278)).

3. Unionsrechtliche Verweisungsobjekte. Die Verquickung mit der Unionsrechtsordnung wurde **79** durch die Modernisierung des Außenwirtschaftsrechts so weit getrieben, dass nun direkte Bezugnahmen auf unmittelbar geltendes Unionsrecht erfolgen und selbst das Erfordernis einer Veröffentlichung im Bundesanzeiger entfällt. Dynamische Verweisungen auf Verordnungen der EU werden skeptisch gesehen (abl. OLG Koblenz NStZ 1989, 188 f.; zurückhaltend *Satzger*, Die Europäisierung des Strafrechts, 2001, 262 f.; *Satzger/Langheld* HRRS 2011, 460 (463): „grundsätzlich unzulässig"). Allerdings muss der Gesetzgeber auf die zunehmende Komplexität und Dynamik des Wirtschaftslebens reagieren können.

Parlamentsvorbehalt. Bei unionsrechtlichen Verweisungsobjekten sind die Vorgaben des Par- **80** lamentsvorbehaltes (→ Rn. 66) an die Verweisungsnorm unionsspezifisch anzupassen. Das bedeutet, dass bei der Außenverweisung auf europäische Normen, die unter Einhaltung der nach dem Vertrag von Lissabon eingeräumten Kompetenzen und einer entsprechend restriktiven Auslegung geschaffen wurden, der parlamentarische nationale Gesetzgeber der Verweisungsnorm die Art und das Maß der zu verhängenden Sanktion abschließend bestimmen muss. Außerdem ist zumindest die Gruppe der zu pönalisierenden Verhaltensvorgaben dahingehend zu bezeichnen, dass sie einen genau bezeichneten Aufgabenbereich der EU betreffen und das durch die strafrechtliche Verweisungsnorm geschützte Rechtsgut erkennbar ist (zur Herleitung dieser Anforderungen vgl. *Cornelius*, Verweisungsbedingte Akzessorietät bei Straftatbeständen, 2016, 495).

Normentheoretisch ausgedrückt hat also auch bei der Verweisung auf Vorschriften der EU der **81** parlamentarische Gesetzgeber die Voraussetzungen der Sanktionsnorm abschließend zu beschreiben. Die Beschreibung der Verhaltensnorm kann er dagegen dem europäischen Verordnungsgeber überlassen, soweit er den Aufgabenbereich genau bezeichnet, aus dem er europäische Verhaltensnormen mit Strafe bewehren möchte und das Schutzgut erkennbar ist.

Gebot der Normenklarheit. Die Verquickung zweier Rechtsordnungen (nationale und unions- **82** rechtliche) birgt insbes. bei den Verweisungskaskaden des Außenwirtschaftsrechts vielfältige Probleme. Für das Gebot der Normenklarheit (→ Rn. 66, 71 ff.) ist es jedoch unerheblich, von welchem Urheber das Verweisungsobjekt stammt. Denn normativ ist die Zumutbarkeit der Kenntnisnahme der Rechtsnorm durch den Rechtsanwender entscheidend. Dabei sind die gewachsenen informationstechnischen Möglichkeiten zu berücksichtigen, die den Zugang zu den geltenden Vorschriften erheblich erleichtern. Gerade für die europäischen Vorschriften ist der Zugang zum Amtsblatt der EU nicht nur elektronisch möglich, sondern auch verbindlich, VO (EU) Nr. 216/2013 des Rates v. 7.3.2013 über die elektronische Veröffentlichung des Amtsblatts der Europäischen Union, ABl. 2013 L 69, 1. Damit ist die jetzt durch den Gesetzgeber vorgenommene dynamische Bezugnahme auf die Veröffentlichung der europäischen Verbote im Amtsblatt der EU mit dem Gebot der Normenklarheit vereinbar (ausf. *Cornelius*, Verweisungsbedingte Akzessorietät bei Straftatbeständen, 2016, 437 ff.).

Auslegung. Bei der Auslegung einer unionsrechtlichen Vorschrift – auch wenn sie durch eine **83** nationale Sanktionsvorschrift in Bezug genommen wird – kann nicht auf das Gesetzlichkeitsprinzip nach deutscher Lesart zurückgegriffen werden, sondern es gelten nur die (verfassungsrechtlichen) Schranken des Unionsrechts, wie sie ihre Ausprägung in der Rspr. des EuGH gefunden haben (*Dannecker* ZStW 2005 (117), 697, 739; LK-StGB/*Dannecker* StGB § 1 Rn. 37).

84   Für eine das Unionsrecht in Bezug nehmende nationale Blankettverweisung hat der zwischen dem unionsrechtlichen und dem nationalstaatlichen Gesetzlichkeitsprinzip bestehende Unterschied (*Cornelius*, Verweisungsbedingte Akzessorietät bei Straftatbeständen, 2016, 468 ff.) folgende Konsequenz: Eine EU-Verordnung, die Verweisungsobjekt einer nationalen Blankettstrafnorm ist, muss gemäß den unionsrechtlichen Grundsätzen behandelt werden. Das heißt, dass die Wortlautgrenze – entsprechend der Rechtsprechung des EuGH – *nicht* gilt. Es liegt keine Verletzung des unionsrechtlichen Gesetzlichkeitsprinzips vor, wenn eine Erkennbarkeit des gebotenen Verhaltens über die Wortlautgrenze hinaus angenommen wird.

85   Das führt aber dazu, dass dieses Verweisungsobjekt nicht tauglich ist, um die deutsche Blankettnorm auszufüllen, dh eine entsprechende nationalstaatliche Sanktion kann auf ein solches – nach deutschen Maßstäben unbestimmtes – in Bezug genommenes Verweisungsobjekt nicht gestützt werden. Diese Nichtanwendbarkeit im Rahmen eines deutschen Strafverfahrens wirkt sich nicht auf die unionsrechtliche Wirksamkeit aus (Hecker Europäisches StrafR § 7 Rn. 80; Satzger Int. und Europ. StrafR § 9 Rn. 66). Das aus der EU-Verordnung folgende Verbot bleibt also nach wie vor rechtswirksam. Es ist nur nicht nach der deutschen Verweisungsnorm sanktionierbar. Damit kommt es nicht zu einer echten Kollision zwischen Unionsrecht und nationalem Recht, so dass sich die Frage einer Neutralisierung aufgrund des Anwendungsvorrangs nicht stellt (*Cornelius*, Verweisungsbedingte Akzessorietät bei Straftatbeständen, 2016, 482 f. (148 ff.)).

86   **4. Änderung der Ausfüllungsnormen.** Die Unterscheidung zwischen Blankett und normativem Tatbestandsmerkmal (→ Rn. 64) ist nach der Rspr. des BVerfG auch entscheidend für die Frage, wie sich Änderungen der Ausfüllungsnormen auf die zeitliche Geltung des Strafrechts nach § 2 StGB auswirken (str., → StGB § 2 Rn. 39 ff.). Wenn es sich um ein **normatives Tatbestandsmerkmal** handelt, sollen spätere Änderungen der Vorfeldnorm irrelevant und nur die Rechtslage zum Zeitpunkt der Tatbegehung entscheidend sein (BVerfGE 78, 374 (381 ff.)). Etwas anderes soll dagegen gelten, wenn sich die Vorfeldnorm eines normativen Tatbestandsmerkmals nicht nur ändert, sondern komplett verschwindet, damit ihren Bezugspunkt verliert und tatsächlich gegenstandslos wird, was bei § 2 Abs. 3 StGB zu berücksichtigen wäre. Es lässt sich festhalten, dass danach eine Änderung der Vorfeldnormen bei normativen Tatbestandsmerkmalen nur ausnahmsweise zu einer *lex mitior* führt.

87   Bei **Blanketten** hingegen sind die Änderungen der Vorfeldnormen sowohl für § 2 Abs. 2 StGB als auch für § 2 Abs. 3 StGB beachtlich (LK-StGB/*Dannecker* StGB § 1 Rn. 65, 116 ff.). Wenn ein nationaler Straftatbestand auf eine bestimmte Verordnung verweist und diese Verordnung durch eine andere, inhaltlich weitgehend identische Verordnung ersetzt wird, kommt eine Strafbarkeit mit Rücksicht auf Art. 103 Abs. 2 GG, der einen eindeutig bestimmten Straftatbestand fordert, nicht in Betracht (BGHSt 27, 181 (182); LK-StGB/*Dannecker* StGB § 1 Rn. 146). Selbst wenn man dynamische Verweisungen als zulässig ansieht, ist zumindest die Rechtsvorschrift, auf die verwiesen wird, exakt zu bezeichnen, so dass eine Änderung der Bezeichnung der Ausfüllungsnorm zu einem Verweis ins Leere durch die Blankettnorm führt.

88   **5. Lex-mitior-Grundsatz.** Sobald der Verweis einer Blankettvorschrift ins Leere geht und nach Gesetzesänderungen (wie der AWG-Novelle), stellt sich sogleich die Frage der Anwendbarkeit des in §§ 2 Abs. 3 StGB, 4 Abs. 3 OWiG niedergelegten *lex-mitior*-Grundsatzes (vgl. nur BGHSt 27, 181 (182)). Wenn bis zum Eintritt der Rechtskraft einer Gerichtsentscheidung Rechtsänderungen eintreten, so ist das mildeste Gesetz anzuwenden (BGH NStZ-RR 2011, 91 zur Berücksichtigung auch bei Verjährungsvorschriften; LK-StGB/*Dannecker* StGB § 1 Rn. 369). Nach dem Grundsatz der strikten Alternativität gilt entweder das eine oder das andere Gesetz in seiner Gesamtheit (BGH NJW 1997, 951). Dabei ist eine Vergleichsbetrachtung des konkreten Einzelfalls geboten und dann das mildere Gesetz in seiner Gesamtheit anzuwenden (BGH wistra 2015, 148 (150)), wobei das Konkurrenzverhältnis zwischen den einzelnen Verstößen maßgebend ist (BGH NJW 2014, 3047 (3048), → § 17 Rn. 2).

89   Allerdings ist die Anwendung des *lex-mitior*-Grundsatzes ausgeschlossen, wenn es sich bei den die Sanktionen anordnenden Tatbeständen um Zeitgesetze handelt, §§ 2 Abs. 4 StGB, 4 Abs. 4 OWiG. Bei einem Zeitgesetz ist entweder das Außerkrafttreten kalendermäßig bestimmt bzw. es ist auf ein bestimmtes künftiges Ereignis festgelegt (Zeitgesetz im engeren Sinne) oder es ist (als Zeitgesetz im weiteren Sinne) erkennbar nur als vorübergehende Regelung für bestimmte temporäre sich schnell ändernde (wirtschaftliche) Verhältnisse gedacht (Fischer StGB § 2 Rn. 13; *Dannecker*, Das intertemporale Strafrecht, 1993, 442 f. → StGB § 2 Rn. 62 ff.).

90   So liegt es insbes. bei den Embargotatbeständen nahe, dass diese als Zeitgesetze iwS einzuordnen sind (zB BGH StV 1999, 26 zum Serbien-Embargo nach § 34 aF iVm § 69k AWV; BGH NStZ 2007, 644 zum Irak-Embargo nach § 34 aF iVm § 69e Abs. 2 lit. c AWV).

91   Ob der jeweiligen Ausfüllungsnorm (wie Ausfuhrliste, Einfuhrliste, Länderliste, Vorschrift in der AWV oder VO der EG bzw. jetzt EU) der Charakter eines Zeitgesetzes im weiteren Sinne zuzusprechen ist (ein Zeitgesetz im engeren Sinne existiert derzeit nicht im Bereich des Außenwirtschaftsrechts – MüKoStGB/*Wagner* Vor §§ 17 ff. Rn. 80), kann nur im Einzelfall entschieden und nicht pauschal

beantwortet werden. Es ist immer zu prüfen, ob der Normgeber auf eine aktuelle und als vorübergehend eingeschätzte Situation reagiert, da nur in diesem Fall von einem Zeitgesetz auszugehen ist (so auch MüKoStGB/*Wagner* Vor § 17 ff. Rn. 80). Dagegen erfüllen Vorschriften, mit denen der Normgeber auf auftretende Probleme reagiert, deren Dauer jedoch ungewiss ist, nicht die Voraussetzungen eines Zeitgesetzes (*Dannecker*, Das intertemporale Strafrecht, 1993, 450).

6. Ahndungslücke nach Überleitung der EG in die EU durch den Vertrag von Lissabon. Bis **92** zum Vertrag von Lissabon basierte das politische System der EU auf den sog „drei Säulen": den Europäischen Gemeinschaften (Euratom und EG), der Gemeinsamen Außen- und Sicherheitspolitik (GASP) und der polizeilichen und justiziellen Zusammenarbeit in Strafsachen (PJZS). Als Rechtspersönlichkeit konnten allein die Europäischen Gemeinschaften, nicht aber die Europäische Union handeln. Dies bewirkte, dass die EG im Rahmen ihrer Kompetenzen allgemein verbindliche Beschlüsse fassen konnte, während die EU lediglich als „Dachorganisation" tätig war. Insbes. in der GASP konnte die EU nicht als eigenständige Institution auftreten, sondern immer nur in Gestalt ihrer einzelnen Mitgliedstaaten. Durch den am 1.12.2009 in Kraft getretenen Vertrag von Lissabon wurden die „drei Säulen" aufgelöst, die EG als supranationale Organisation ging in der EU auf, so dass die EU ihrerseits zur supranationalen Organisation wurde, die EG ersetzte und deren Rechtspersönlichkeit übernahm (*Weber* EuZW 2008, 7; *Heger* ZIS 2007, 406 (407)).

Mit Blick auf den *lex-mitior*-Grundsatz ist es nach wie vor von Relevanz, dass sowohl § 33 Abs. 4 **93** AWG aF als auch § 34 Abs. 4 Nr. 2 u. 3 aF bis zum 11.11.2010 auf unmittelbar geltende „Rechtsakte der Europäischen Gemeinschaften" verwiesen. Diese existieren seit dem 1.12.2009 nicht mehr. Soweit entsprechende unmittelbar wirkende Rechtsakte der EG-Verordnungen noch ohne eine Änderungen in Kraft sind, ist dies unproblematisch. Bei jeder Änderung einer EG-Verordnung nach dem 1.12.2009 ist diese in der Folge jedoch kein Rechtsakt der Europäischen Gemeinschaft mehr, sondern ein Rechtsakt der Europäischen Union. Auch wenn unionsrechtlich mit Artikel 2 des Vertrages von Lissabon lediglich eine Überleitung des EGV in den Vertrag über die Arbeitsweise der Europäischen Union (AEUV) stattfindet, hat dies keine Implikationen auf das nationalstaatliche Strafrecht.

Allein der deutsche Gesetzgeber kann im Bereich des Außenwirtschaftsrechts bestimmen, inwieweit **94** eine Ordnungswidrigkeit oder Strafbarkeit durch Verweisung auf europäische Normen angeordnet wird. In §§ 33 Abs. 4, 34 Abs. 4 Nr. 2 u. 3 aF hatte er sich idF bis zum 11.11.2010 auf „Rechtsakte der Europäischen Gemeinschaften" festgelegt. Erst mit Art. 7 des Gesetzes v. 4.11.2010 (BGBl. I 1480 (1482)) wurden den Wörtern „Rechtsakten der Europäischen Gemeinschaften" die Wörter „oder der Europäischen Union" eingefügt. Damit sind bis zum 11.11.2010 keine Rechtsakten der Europäischen Union erfasst; die Verweisung geht also bis dahin bzgl. Rechtsakten der Europäischen Union ins Leere. Insoweit handelt es sich um die gleiche Konstellation, wie sie in → Rn. 87 beschrieben wurde. Mit Rücksicht auf Art. 103 Abs. 2 GG kommt deshalb eine Strafbarkeit nicht in Betracht, wenn eine VO der EG durch die EU geändert wurde (also kein Rechtsakt der EG mehr ist), solange der Gesetzgeber nicht von seiner Kompetenz Gebrauch gemacht hatte, und §§ 33 Abs. 4, 34 Abs. 4 Nr. 2 u. 3 aF dahingehend abgeändert hatte, dass auch Rechtakte der Europäischen Union erfasst sind (→ StGB § 2 Rn. 53).

7. Redaktionsversehen. Von solchen ins Leere gehenden Fehlverweisungen sind die reinen Redak- **95** tionsversehen des Gesetzgebers bei der Abfassung der Verweisungsnorm selbst abzugrenzen. Denn bei solchen Redaktionsversehen wird vertreten, dass »es die Erfordernisse einer funktionsfähigen Gesetzgebung (… rechtfertigen – *d. Verf.*) enthaltene Druckfehler und andere offenbare Unrichtigkeiten ohne nochmalige Einschaltung der gesetzgebenden Körperschaften berichtigen zu können« (BVerfGE 105, 313 (334)) wobei der dabei anzulegende Maßstab die „offensichtliche Unrichtigkeit" (BVerfGE 105, 313 (335)) des Gesetzes sein soll. Diese Möglichkeit wird auch dem Richter zugestanden (BGH wistra 2001, 263 (264)) da es sich dabei nicht um eine Frage der Auslegung, sondern der objektiven Vorhersehbarkeit der Strafbarkeit für den Normadressaten handele (LK-StGB/*Dannecker* StGB § 1 Rn. 168). Danach sind solche offensichtlichen Redaktionsversehen, welche dem Gesetzgeber bei dem Verweis von § 18 Abs. 2 Nr. 2 auf § 9 Abs. 2 S. 2 AWV anstatt auf § 9 Abs. 2 S. 3 AWV (→ § 18 Rn. 61 f.) und bei der Einbeziehung des § 19 Abs. 2 in die Möglichkeit der Selbstanzeige nach § 20 Abs. 4 (→ § 19 Rn. 66) unterliefen, unschädlich. Mit Blick auf die Wortlautgrenze ist dies jedoch kritisch und deshalb aus dem Blickwinkel des Gebotes der Normenklarheit nur bei absolut offensichtlichen Unrichtigkeiten anzuerkennen.

Selbst wenn man diese Möglichkeit in einem eng begrenzen Umfang bei einer falschen Redaktion **96** der Verweisungsnorm anerkennen mag, dürfte diese *offensichtliche* Unrichtigkeit bei einer Änderung des Verweisungsobjektes (→ Rn. 86 f.) regelmäßig nicht vorliegen. Denn wenn sich bei der Verweisungsnorm selbst ein redaktioneller Fehler im Normsetzungsprozess einschleicht, ist dies nicht mit der Konstellation vergleichbar, dass ein Verweisungsobjekt – zumal wenn wie bei einer Außenverweisung noch hierfür ein anderer Normsetzer verantwortlich ist – geändert wird, ohne dass die Verweisungsnorm durch den für diese zuständigen Gesetzgeber angepasst wird. Denn dann hat unter Umständen nicht einmal ein Normanpassungsprozess bezüglich der Verweisungsnorm stattgefunden, so dass diesbezüglich kein rein redaktioneller Fehler vorliegen kann (*Cornelius,* Verweisungsbedingte Akzessorietät bei Straftatbeständen, 2016, 425 ff.).

97 **8. Irrtumsproblematik.** Insbes. bei Wirtschaftsstrafverfahren spielen Irrtümer eine große Rolle. Unbestrittener Ausgangspunkt ist, dass sich ein Tatbestandsirrtum (§ 16 Abs. 1 StGB) auf einen vom Täter irrig angenommenen Umstand bezieht, der „zum gesetzlichen Tatbestand gehört" (MüKoStGB/*Joecks* StGB § 16 Rn. 37 ff.; NK-StGB/*Puppe* StGB § 16 Rn. 6 ff.). Dagegen ist ein Irrtum über die Rechtswidrigkeit (das „Unrecht") als Verbotsirrtum nach § 17 S. 1 StGB zu behandeln (MüKoStGB/*Joecks* StGB § 17 Rn. 8 ff.; NK-StGB/*Neumann* StGB § 17 Rn. 9 ff.).

98 Neben dem Streit, welcher Kategorie ein Tatbestand bzw. ein Tatbestandsmerkmal zuzuordnen ist, dreht sich die Auseinandersetzung gerade auch bei Blankettatbeständen um die Frage, was zum „gesetzlichen Tatbestand" gehört und wie dieser Tatbestand zu bilden ist (Schönke/Schröder/*Sternberg-Lieben/Schuster* StGB § 15 Rn. 99). Nach wohl herrschender Meinung sind die Blankettatbestand und die dort in Bezug genommen Normen zusammenzulesen, unabhängig von dem Charakter der Ausfüllungsnorm (förmliches Gesetz, Rechtsverordnung oder Einzelakt der Verwaltung); der Tatbestand der blankettausfüllenden Norm enthält also die Tatsachen, die iSd § 16 StGB zum gesetzlichen Tatbestand gehören (vgl. NK-StGB/*Puppe* StGB § 16 Rn. 18 mwN).

99 Wenn ein Merkmal als normatives Tatbestandsmerkmal (→ Rn. 50) eingestuft wird, muss es vom Vorsatz umfasst sein, dh der Täter und/oder Teilnehmer muss in laienhafter Form die außerstrafrechtliche Wertung nachvollziehen (sog Parallelwertung in der Laiensphäre) oder zumindest das rechtlich richtige Ergebnis erfassen (*Hohmann* ZIS 2007, 38 (41); → StGB § 16 Rn. 20).

100 Bei einem Blankettstrafgesetz ist nach hL die Kenntnis der Ausfüllungsnorm Gegenstand des Unrechtsbewusstseins und nicht des Vorsatzes (Roxin StrafR AT I § 12 Rn. 111; → StGB § 10 Rn. 22; → § 34 Rn. 116). Ein Irrtum ist dann nach § 17 StGB zu behandeln (BGHSt 3, 400 (403); zur aA, die mit gewichtigen Argumenten die Gültigkeit der blankettausfüllenden Normen als Tatbestandsmerkmale ansieht NK-StGB/*Puppe* StGB § 16 Rn. 64 ff.). Wenn das Blankett durch eine konkrete Einzelanordnung ausgefüllt wird, dann ist deren Unkenntnis dagegen grds. ein Tatbestandsirrtum (Schönke/Schröder/*Heine/Hecker* StGB § 327 Rn. 20; SK-StGB/*Horn* StGB § 327 Rn. 5; NK-StGB/*Puppe* StGB § 16 Rn. 62; vgl. aber zur Differenzierung beim Handeln ohne erforderliche Genehmigung → § 17 Rn. 34 ff.).

101 **9. Auslegung.** Die Einordnung als normatives Tatbestandsmerkmal oder Blankettatbestand (→ Rn. 64) entscheidet nach hM auch über die Auslegung (→ Rn. 83). Handelt es sich um ein normatives Tatbestandsmerkmal, ist die Dogmatik der in Bezug genommenen Vorschrift auch für die strafrechtliche Bewertung maßgeblich; handelt es sich dagegen um ein Blankett, ist eine selbstständige strafrechtliche Einordnung möglich und wegen des Analogie- und Bestimmtheitsgebotes uU auch zwingend (*Hohmann* ZIS 2007, 38 (42)).

102 Dabei stellt sich jedoch die Frage, ob die zivil- oder öffentlich-rechtlichen Verhaltensnormen iRd Grundsätze des Art. 103 Abs. 2 GG auszulegen sind, wenn sie gleichzeitig zur Ausfüllung einer strafrechtlichen Sanktionsnorm herangezogen werden, oder ob die zivil- bzw. öffentlich-rechtliche Auslegung als konkreter Bezugspunkt für die strafrechtliche Sanktionsnorm herangezogen werden kann (*Otto* JURA 2005, 538 (539)). Diese Frage ist dahingehend zu beantworten, dass die außerstrafrechtliche Norm nicht nach ihrem außerstrafrechtlichen Verständnis zum Bezugsobjekt der Sanktionsnorm gemacht werden kann (*Otto* JURA 2005, 538 (539)). Daher kann bei einer weiten zivil- oder öffentlich-rechtlichen Auslegung eine Normspaltung erforderlich sein, wenn es ansonsten zu einer Verletzung des Art. 103 Abs. 2 GG kommen würde. Diese Normspaltung tritt dann nicht auf, wenn die restriktive strafrechtliche Auslegung auf die außerstrafrechtliche Norm übertragen wird (vgl. zur Normspaltung bzw. Normambivalenz → StGB § 1 Rn. 78; → GWB § 81 Rn. 4 f.; → AO § 370 Rn. 388, 390).

103 **10. Rückverweisungen.** Art. 321 EGStGB stellte den Grundsatz auf, dass am Ende von nach dem 1.1.1975 erlassenen Rechtsverordnungen, die Verweisungsobjekte sind, jeweils die sachlich-rechtlichen Vorschriften zusammenzufassen sind, auf die das Straf- oder Bußgeldblankett verweist. Diese Übergangsvorschrift ist mit Wirkung vom 15.12.2010 aufgrund des Gesetzes v. 8.12.2010 (BGBl. I 1864) außer Kraft getreten. Dennoch finden sich auch nach der AWG-Novelle noch Rückverweisungen in § 19 Abs. 3 Nr. 1, Abs. 4, denen jeweils in §§ 81 f. AWV entsprochen wird. Das Erfordernis der Rückverweisung macht die Anwendung von Blankettvorschriften davon abhängig, dass die ausfüllende Rechtsvorschrift für einen bestimmten Tatbestand auf die Straf- oder Bußgeldvorschrift (rück-)verweist (Rückverweisungsklausel). Durch die vorgeschriebene Rückverweisung soll dem Bestimmtheitsgrundsatz entsprochen werden und die mit Strafe und Geldbuße bedrohten Gebote klarer überschaubar sein. Außerdem verfolgt der Gesetzgeber damit das Ziel, ein zeitaufwändiges Gesetzgebungsverfahren zu verhindern, welches sonst bei jeder Änderung des Unionsrechts notwendig wäre (Zipfel/Rathke LebensmittelR/*Dannecker* LFGB Vor § 58 Rn. 56).

104 Teilweise wird die Verwendung von Rückverweisungsklauseln als verfassungswidrig angesehen. Da es letztlich dem Verordnungsgeber obliege, eine entsprechende Rückverweisungsklausel aufzunehmen, entscheide im Endeffekt dieser und nicht der parlamentarische Gesetzgeber über das „Ob" der Strafbar-

keit. (*Dietmeier,* Blankettstrafrecht: ein Beitrag zur Lehre vom Tatbestand, 2002, 129 (132); MüKoStGB/ *Freund* AMG Vor §§ 95 ff. Rn. 49). Dies sei insbes. bei Verweisen auf Unionsrecht problematisch, da der Gesetzgeber bereits im Voraus jegliches Verhalten des Verordnungsgebers akzeptiere: Wenn dieser zur Ausfüllung des Blanketts tätig werde, ergebe sich eine Strafbarkeit, bei Untätigkeit seien bestimmte Verhaltensweisen dagegen straflos (*Satzger,* Die Europäisierung des Strafrechts, 2001, 259; *Volkmann* ZRP 1995, 220 (224)). Die damit zum Ausdruck gebrachte „Neutralität" des Gesetzgebers sei nicht mit der grundsätzlichen Natur der Strafe als Ausdruck öffentlicher Missbilligung einer erheblichen Rechtsverletzung vereinbar (*Moll,* Europäisches Strafrecht durch nationale Blankettgesetzgebung?, 1998, 176; *Satzger,* Die Europäisierung des Strafrechts, 2001, 259).

Dieser Kritik an der generellen Unzulässigkeit von Rückverweisungsklauseln kann nicht zugestimmt **105** werden. Jede dynamische Verweisung ist in die Zukunft gerichtet. Das ist also kein besonderes Kriterium der qualifizierten Blankettvorschriften, sondern ein Merkmal jeder Blankettvorschrift. Letztlich weiß zu dem Zeitpunkt des Erlasses dieser Vorschrift der Gesetzgeber nicht, ob überhaupt und inwieweit der Verordnungsgeber entsprechende Rechtsverordnungen erlässt. Dabei handelt es sich um ein *strukturelles* Problem von Verweisungen und nicht um eine Besonderheit der Verwendung von Rückverweisungsklauseln (*Enderle,* Blankettstrafgesetze, 2000, 187; LK-StGB/*Dannecker* StGB § 1 Rn. 162; *Schuster,* Verhältnis von Strafnormen und Bezugsnormen, 2012, 278). So ist § 184e StGB – ohne das Erfordernis einer Rückverweisungsklausel – nur dann anwendbar, wenn eine entsprechende Sperrbezirksordnung existiert. Außerdem tritt die parallele Problematik auch bei Ermächtigungen auf, wenn der ermächtigte Normgeber von seiner Ermächtigung keinen Gebrauch macht.

Als weiteres Erfordernis ist zu beachten, ob eine dem Parlamentsvorbehalt entsprechende ausreichende **106** inhaltliche Spezifizierung der Sanktionsnorm bei der Verwendung von Rückverweisungsklauseln erfolgt (hierzu ausf. *Cornelius,* Verweisungsbedingte Akzessorietät bei Straftatbeständen, 2016, 306 ff. (405 ff.)). Nur wenn sich die Verwendung einer Rückverweisungsklausel als konstitutiv darstellt, weil der Gesetzgeber tatsächlich nicht über das „Ob" der Strafbarkeit entschieden hat (wie bei § 49 Abs. 6 WeinG), dann liegt ein Verstoß gegen Art. 103 Abs. 2 GG vor. Dies folgt aber nicht aus der Verwendung einer Rückverweisungsklausel, sondern aus der fehlenden Entscheidung des parlamentarischen Gesetzgebers über das „Ob" der Strafbarkeit.

Die Ermächtigung an den Verordnungsgeber für eine ausfüllende Rechtsverordnung nach § 4 Abs. 1, **107** an welche § 19 Abs. 3 Nr. 1a anknüpft, ist aber daran gebunden, dass die Anforderungen für eine Beschränkung des Außenwirtschaftsverkehrs (nämlich vornehmlich die Gewährleistung der wesentlichen Sicherheitsinteressen der Bundesrepublik Deutschland nach § 4 Abs. 1 Nr. 1 oder die Verhütung einer Störung des friedlichen Zusammenlebens der Völker nach § 4 Abs. 1 Nr. 2) eine Beschränkung notwendig (§ 4 Abs. 4) erfordern. Der Gesetzgeber genügt damit den Anforderungen an den Parlamentsvorbehalt: Er hat sowohl definiert, was beschränkt werden kann (Rechtsgeschäft und Handlungen im Außenwirtschaftsverkehr, insbes. Einfuhr, Ausfuhr und Durchfuhr bestimmter in § 5 Abs. 1 aufgezählter Gegenstände) als auch welches Ziel damit erreicht werden soll (wie der Schutz der Sicherheit und der auswärtigen Interessen; vgl. *Cornelius,* Verweisungsbedingte Akzessorietät bei Straftatbeständen, 2016, 406 f.).

11. Entsprechungsklauseln. Durch die AWG-Novelle wurde mit § 19 Abs. 4 eine Entsprechungs- **108** klausel neu aufgenommen, wonach ein Verstoß gegen unmittelbar geltende europäische Rechtsvorschriften nur dann eine Ordnungswidrigkeit ist, wenn die europäischen Regelungen den über § 19 Abs. 3 Nr. 1 in Bezug genommenen Regelungen entsprechen und durch den Verordnungsgeber eine Rückverweisung auf diese Bußgeldvorschrift vorgenommen hat. Auch solche Entsprechungsklauseln werden mit Blick auf *nullum crimen sine lege* kritisch gesehen. So wird davon ausgegangen, dass deren Verwendung regelmäßig keine andere verfassungsrechtliche Bewertung erlaubt, als die Rückverweisungstechnik auf Unionsrecht, was ein Verstoß gegen die kompetenzwahrende Funktion des Art. 103 Abs. 2 GG sei (*Satzger,* Die Europäisierung des Strafrechts, 2001, 282 f.; krit. zur Verwendung von Entsprechungsklauseln auch Zipfel/*Rathke* LebensmittelR/*Dannecker* LFGB Vor § 58 Rn. 57; *Enderle,* Blankettstrafgesetze, 2000, 265 ff.).

Dieses in seiner Gesamtheit ablehnende Ergebnis überzeugt nicht. Auszugehen ist von dem Grund- **109** satz, dass der Gesetzgeber die Art und das Maß der Sanktion vollständig zu beschreiben und darüber hinaus auch das zu schützende Gut und zumindest die Grundstruktur des ver- oder gebotenen Verhaltens zu bestimmen hat (*Cornelius,* Verweisungsbedingte Akzessorietät bei Straftatbeständen, 2016, 403). Dies orientiert sich an einem unionsrechtlich modifizierten Parlamentsvorbehalt (*Cornelius,* Verweisungsbedingte Akzessorietät bei Straftatbeständen, 2016, 492). Dass der Gesetzgeber diese Vorgaben bei der Rückverweisungsklausel des § 19 Abs. 3 eingehalten hat (an welche die Entsprechungsklausel des § 19 Abs. 4 anknüpft) wurde bereits herausgearbeitet (→ Vorb. Rn. 103 ff.).

Damit hat der formelle Gesetzgeber die Vorgaben gemacht, welches Gut zu schützen ist und wie das **110** inkriminierte Verhalten beschaffen sein muss, so dass dem Verordnungsgeber allein die Einschätzung überlassen wird, welche unmittelbar geltenden europäischen Vorschriften den Regelungen des § 19 Abs. 3 Nr. 1 entsprechen. Dieses ihm dabei zugestandene Auswahlermessen ist zwar weitgehend und tatsächlich grenzwertig, bewegt sich aber noch iRd durch den Parlamentsvorbehalt gezogenen Grenzen.

Dem Verordnungsgeber wurde nur eine *Anpassungskompetenz* verliehen, aber keine Entscheidungskompetenz über das „Ob" der Strafbarkeit.

111   Außerdem ist zu beachten, dass das Merkmal der „Entsprechung" selbst ein Tatbestandsmerkmal und gerichtlich überprüfbar ist. Insbesondere greift nicht das Argument, dass die Entsprechungsklauseln schon deshalb unzulässig sind, weil für die bezeichneten europäischen Vorschriften anders als bei nationalen Rechtsverordnungsvorschriften keine inzidente Prüfungs- und Verwerfungskompetenz des Richters besteht (*Enderle,* Blankettstrafgesetze, 2000, 268). Zwar ist es zutreffend, dass die nationalen Gerichte keine Verwerfungskompetenz für die europarechtlichen Normen haben. Allerdings können sie sehr wohl judizieren, ob die „Entsprechung" zwischen den alten und den neuen europarechtlichen Normen gegeben ist und damit (nur) über die Frage der Strafbewehrung (nicht aber die unionsrechtliche Wirksamkeit) entscheiden.

§ 17 Strafvorschriften

(1) Mit Freiheitsstrafe von einem Jahr bis zu zehn Jahren wird bestraft, wer einer Rechtsverordnung nach § 4 Absatz 1, die der Durchführung

1. einer vom Sicherheitsrat der Vereinten Nationen nach Kapitel VII der Charta der Vereinten Nationen oder
2. einer vom Rat der Europäischen Union im Bereich der Gemeinsamen Außen- und Sicherheitspolitik

beschlossenen wirtschaftlichen Sanktionsmaßnahme dient, oder einer vollziehbaren Anordnung auf Grund einer solchen Rechtsverordnung zuwiderhandelt, soweit die Rechtsverordnung sich auf Güter des Teils I Abschnitt A der Ausfuhrliste bezieht und für einen bestimmten Tatbestand auf diese Strafvorschrift verweist.

(2) Mit Freiheitsstrafe nicht unter einem Jahr wird bestraft, wer in den Fällen des Absatzes 1

1. für den Geheimdienst einer fremden Macht handelt oder
2. gewerbsmäßig oder als Mitglied einer Bande handelt, die sich zur fortgesetzten Begehung solcher Taten verbunden hat.

(3) Mit Freiheitsstrafe nicht unter zwei Jahren wird bestraft, wer in den Fällen des Absatzes 1 als Mitglied einer Bande, die sich zur fortgesetzten Begehung solcher Taten verbunden hat, gewerbsmäßig handelt.

(4) In minder schweren Fällen des Absatzes 1 ist die Strafe Freiheitsstrafe von drei Monaten bis zu fünf Jahren.

(5) Handelt der Täter in den Fällen des Absatzes 1 leichtfertig, so ist die Strafe Freiheitsstrafe bis zu drei Jahren oder Geldstrafe.

(6) In den Fällen des Absatzes 1 steht einem Handeln ohne Genehmigung ein Handeln auf Grund einer durch Drohung, Bestechung oder Kollusion erwirkten oder durch unrichtige oder unvollständige Angaben erschlichenen Genehmigung gleich.

(7) Die Absätze 1 bis 6 gelten, unabhängig vom Recht des Tatorts, auch für Taten, die im Ausland begangen werden, wenn der Täter Deutscher ist.

Übersicht

A. Allgemeines

Durch § 17 werden Verstöße gegen Kriegswaffenembargos unter Strafe gestellt, die vom Sicherheitsrat **1** der Vereinten Nationen oder vom Rat der Europäischen Union im Bereich der Gemeinsamen Außen- und Sicherheitspolitik (GASP) beschlossen worden sind. Im Gegensatz zu § 18 Abs. 1 knüpft § 17 Abs. 1 nicht an unmittelbar geltende Rechtsakte, sondern an eine nationale Rechtsverordnung (die AWV) an. Ein guter Überblick über die jeweils aktuellen Embargos und weiterführende Informationen zu diesen finden sich auf der Webseite des BAFA (www.ausfuhrkontrolle.info/ausfuhrkontrolle/de/embargos/index.html).

Die vor der AWG-Novelle vorgenommene Differenzierung zwischen Verstößen gegen Ausfuhrver- **2** bote (§ 34 Abs. 6 Nr. 3 aF) und Verstöße gegen andere Verbotstatbestände (§ 34 Abs. 4 aF) wurde aufgegeben und ein einheitlicher Strafrahmen geschaffen. Dies bedeutet, dass die Mindeststrafandrohung für Ausfuhrverbote von zuvor zwei Jahren auf ein Jahr abgesenkt wurde, § 17 Abs. 1 insoweit also das mildere Gesetz darstellt. Dagegen wurde der Strafrahmen für die vormals nur als Vergehen verfolgbaren sonstige Verstöße auf ein Jahr Mindeststrafe erhöht, so dass diesbezüglich genau zu prüfen ist, ob ein jetzt nach § 17 Abs. 1 strafbares aber bereits vor dem Inkrafttreten der AWG-Novelle am 1.9.2013 vorgenommenes Handeln der des § 34 Abs. 4 Nr. 1 aF mit dem geringeren Strafrahmen unterfiel und welches nach dem *lex-mitior*-Grundsatz (→ Vorb. Rn. 88) das mildere Gesetz ist (BGH NJW 2014, 3047; MüKoStGB/*Wagner* Rn. 5; *Oehmichen* NZWiSt 2013, 339 (342)). Allerdings kommt es bezüglich der Embargovorschrift allein darauf an, dass diese zum Tatzeitpunkt bestand. Ein Wegfallen der Embargo-vorschrift bis zur rechtskräftigen Aburteilung wird wegen § 2 Abs. 4 StGB (Zeitgesetz) regelmäßig unbeachtlich sein (→ Vorb. Rn. 89 ff.).

I. Normstruktur

Die Struktur der Blankettvorschrift des § 17 Abs. 1 orientiert sich an § 34 Abs. 4 Nr. 1 und Abs. 6 **3** Nr. 3 aF. Diese Strafvorschrift wird durch § 80 AWV iVm §§ 74 ff. AWV ausgefüllt, die dann nochmals die Ausfuhrliste sowie verschiedene EG-Listen (wie zB den Anhang 1 der VO (EG) Nr. 881/2002 in § 74 Abs. 2 Nr. 3 AWV) in Bezug nehmen.

Die Abs. 2 und 3 stellen Qualifikationstatbestände zu Abs. 1 dar und beinhalten daher auch deren **4** Verweisungen. Der § 17 Abs. 4 sieht einen abgesenkten Strafrahmen für einen minder schweren Fall vor und durch Abs. 5 werden auch leichtfertige Verstöße mit Strafe bewehrt. Über § 17 Abs. 6 wird das Handeln ohne Genehmigung einem Handeln aufgrund einer durch Drohung, Bestechung oder Kollusi-on erwirkten oder durch unrichtige oder unvollständige Angaben erschlichenen Genehmigung gleich-gestellt. Der § 17 Abs. 7 ist eine spezielle Strafanwendungsvorschrift für Auslandsstraftaten Deutscher und entspricht dem Wortlaut des § 35 aF.

II. Geschütztes Rechtsgut

Soweit der Verkehr und Handel mit Rüstungsgütern im Interesse der äußeren Sicherheit der BRD **5** und ihrer auswärtigen Beziehungen mit Strafe bewehrt sind, werden damit die Interessen des Staats-schutzes (BGHSt 41, 348 ff. (358)) insbes. am Bestand der Wirtschaftsordnung und der Positionierung der BRD im Bündnissystem betroffen (BVerfG NJW 1999, 3325). Vorrangig sind die in § 4 Abs. 1 Nr. 1–3 aufgezählten Kernrechtsgüter zu nennen, deren Schutz das AWG im Ganzen verfolgt: die wesentlichen Sicherheitsinteressen der BRD, das friedliche Zusammenleben der Völker und die aus-wärtigen Beziehungen der BRD (→ Vorb. Rn. 37 ff.).

B. Die einzelnen Straftatbestände

I. Die Straftaten des Abs. 1

1. Allgemeines. Embargo-Beschlüsse des Sicherheitsrates richten sich nach Kapitel VII der Charta **6** der VN, Embargo-Beschlüsse des Rates der EU im Bereich der GASP nach Titel V des EU-Vertrages. Dabei handelt es sich um völkerrechtliche Maßnahmen, die dementsprechend lediglich für die Mitglied-staaten, nicht aber für deren Bürger unmittelbare Rechtswirkungen entfalten (BGHSt 41, 127 (129)).

Für eine innerstaatliche Geltung müssen diese Waffenembargos noch umgesetzt werden, was durch **7** die §§ 80, 74 f. AWV iVm dem § 17 AWG geschieht (Achenbach/Ransiek/Rönnau WirtschaftsStR-

HdB/Junck/Kirch-Heim Teil 4 Kap. 3 Rn. 13). Indessen ist die Frage der (Völker-)Rechtmäßigkeit dieser Embargo-Beschlüsse iRd § 17 Abs. 1 irrelevant, so dass deren Voraussetzungen nicht zu prüfen sind. Entscheidend ist nicht, was der Sicherheitsrat oder der Rat der EU im Bereich der GASP hätte beschließen dürfen, sondern was er beschlossen hat (BGHSt 41, 127 (130); *Meine* wistra 1996, 41).

8   **2. Resolutions- und GASP-Vorbehalt.** Die Rechtsverordnung, die die entsprechenden Embargo-beschlüsse in deutsches Recht umsetzt (§ 17 Abs. 1), muss der Durchführung der VN-Resolution oder des GASP-Beschlusses dienen. Ein durch die Rechtsverordnung – namentlich die AWV – statuiertes und durch § 17 Abs. 1 strafbewehrtes Verbot hat daher im strikten Regelungsbezug zu der jeweils beschlossenen Sanktionsmaßnahme zu stehen (BGHSt 41, 127 (130)).

9   Das bedeutet, dass der Regelungsgehalt der Rechtsverordnung nicht über die in dem Embargo-Beschluss verhängten Maßnahmen hinausgehen darf (BGHSt 41, 127 (130); Erbs/Kohlhaas/*Diemer* § 34 Rn. 25 zur aF; Stein/*Thomas,* Außenwirtschaftsgesetz, 2014, AWG § 17 Rn. 19). Eine zugrundeliegende Resolution der VN wirkt daher (ggf.) strafbeschränkend (vgl. BGH wistra 1998, 306). Deshalb wird auch von einem **Resolutionsvorbehalt** (*Bieneck* NStZ 2006, 608 (612)) bzw. in Parallele dazu von einem GASP-Vorbehalt gesprochen (*Bieneck* NStZ 2006, 608 (613); (MüKoStGB/ *Wagner* Rn. 7).

10   Folglich ist bei dem Merkmal, ob die Rechtsverordnung nach § 4 Abs. 1 der Durchführung einer vom Sicherheitsrat der VN oder dem Rat der EU beschlossenen wirtschaftlichen Sanktionsmaßnahme dient auch immer zu prüfen, ob das in Rede stehende Verhalten nicht nur gegen das durch die Rechts-verordnung (die AWV) statuierte Verbot, sondern auch gegen den zugrundeliegenden Embargobeschluss verstößt (BGHSt 41, 127 (130)).

11   Hingegen wirkt der zugrundeliegende Embargo-Beschluss nicht strafbegründend (BGH wistra 1998, 306). Das heißt, dass Verhaltensweisen, die zwar gegen eine die VN-Resolution oder den GASP-Beschluss verstoßen, nicht aber gegen die der Durchführung der Resolution dienende Rechtsverord-nung, weil letztere enger gefasst ist, nicht gemäß § 17 Abs. 1 Nr. 1 oder Nr. 2 strafbar sind (Achenbach/ Ransiek/Rönnau WirtschaftsStR-HdB/*Junck/Kirch-Heim* Teil 4 Kap. 3 Rn. 25 f.).

12   **3. Verkaufs-, Ausfuhr-, Durchfuhr- und Beförderungsverbote.** Nach § 80 Nr. 1 AWV iVm § 74 AWV gelten Verkaufs-, Ausfuhr-, Durchfuhr-, und Beförderungsverbote für Rüstungsgüter (wel-che in Teil I Abschnitt A der Ausfuhrliste erfasst sind). Durch § 2 Abs. 1 wird klargestellt, dass die Begriffsbestimmungen im AWG und der AWV gleichlaufend sind. Daraus ergibt sich, dass die **Legalde-finitionen** des § 2 anwendbar sind (Achenbach/Ransiek/Rönnau WirtschaftsStR-HdB/*Junck/Kirch-Heim* Teil 4 Kap. 3 Rn. 18).

13   **Güter** sind gemäß der Legaldefinition des § 2 Abs. 13 Waren, Software und Technologie; Technolo-gie erfasst dabei auch Unterlagen zur Fertigung von Waren einschließlich solcher Unterlagen, die nur die Fertigung von Teilen dieser Waren ermöglichen. Der Güterbegriff ist im Sinne eines Oberbegriffs weit gefasst und umfasst demnach sowohl körperliche als auch unkörperliche Gegenstände (vgl. zum Güter-begriff Stein/*Thomas,* Außenwirtschaftsgesetz, 2014, AWG § 17). **Waren** sind nach § 2 Abs. 22 beweg-liche Sachen, die Gegenstand des Handelsverkehrs sein können, und Elektrizität; ausgenommen Wert-papiere und Zahlungsmittel. Nach der zum KWKG entwickelten und auch im Außenwirtschaftsrecht angewandten so genannten **Bausatztheorie** des BGH sind unter Gütern nicht nur die fertig zusammen-gesetzten Waren, sondern auch die in Einzelteile oder Bausätze zerlegten Güter zu verstehen, solange die Ware aus diesen Teilen mit allgemein gebräuchlichen Werkzeugen ohne großen Aufwand zusammenge-setzt werden kann (BGHSt 41, 348; Achenbach/Ransiek/Rönnau WirtschaftsStR-HdB/*Junck/Kirch-Heim* Teil 4 Kap. 3 Rn. 22). Bei Dual-Use-Gütern ist entscheidend, ob diese **besonders für militäri-sche Zwecke konstruiert** wurden. Dabei kommt es nicht allein auf die subjektive Vorstellung des Herstellers an, sondern darauf, ob die Ware objektive militärische Konstruktionsmerkmale aufweist, die neben einem entsprechenden subjektiven Verwendungszweck treten (BGH NJW 2010, 2365; Stein/ *Thomas,* Außenwirtschaftsgesetz, 2014, AWG § 17 Rn. 16 f.).

14   **Verkauf.** Für den Verkauf existiert keine Legaldefinition. Nach dem Sinn und Zweck der außen-wirtschaftsrechtlichen Verbotsvorschriften ist davon auszugehen, dass damit bereits der **Abschluss** eines schuldrechtlichen Vertrages (vgl. auch § 2 Abs. 14) über die Lieferung von Waffen in ein Embargoland gegen Erbringung einer Gegenleistung durch den Lieferungsempfänger gemeint ist (Achenbach/ Ransiek/Rönnau WirtschaftsStR-HdB/*Junck/Kirch-Heim* Teil 4 Kap. 3 Rn. 13). Unter den Wortlaut des Verkaufs lässt sich jedenfalls eine Schenkung als einseitige Leistungserbringung nicht mehr sub-sumieren (MüKoStGB/*Wagner* Rn. 17). Eine über den Wortlaut der Vorschrift hinausgehende Analo-gie würde jedoch gegen den für Strafvorschriften geltenden Bestimmtheitsgrundsatz verstoßen und ist deshalb abzulehnen (dennoch kann es zu einer Einbeziehung auch solcher Verträge in die Verbots-vorschrift des § 74 AWV im Wege der Normspaltung kommen, ohne dass daran strafrechtliche Folgen anknüpfen – → Vorb. Rn. 102). Problematisch ist dies ebenfalls bei Miet-, Leih- und Darle-hensverträgen (vgl. Achenbach/Ransiek/Rönnau WirtschaftsStR-HdB/*Junck/Kirch-Heim* Teil 4 Kap. 3 Rn. 13).

15   Die **Ausfuhr** ist die Lieferung von Waren aus dem Inland in ein Drittland (§ 2 Abs. 3 Nr. 1) und die Übertragung von Software und Technologie aus dem Inland in ein Drittland einschließlich ihrer Bereit-

stellung auf elektronischem Weg für natürliche und juristische Personen in Drittländern (§ 2 Abs. 3 Nr. 2, → Vorb. Rn. 55 ff.). Nach § 2 Abs. 2 ist der Ausführer diejenige natürliche oder juristische Person, die zum Zeitpunkt der Ausfuhr Vertragspartner des Empfängers in einem Drittland ist und über die Lieferung von Waren aus dem Inland in ein Drittland bestimmt oder im Fall von Software oder Technologie über deren Übertragung aus dem Inland in ein Drittland einschließlich ihrer Bereitstellung auf elektronischem Weg in einem Drittland bestimmt. Dabei modifiziert § 2 Abs. 2 S. 2 den S. 1 dahingehend, dass bei vertraglichen Verfügungsrechten zugunsten eines Ausländers den Inländer als Ausführer gilt. Nach diesem Wortlaut könnte § 17 Abs. 1 iVm §§ 80 Nr. 1, 74 AWV als ein Sonderdelikt des Ausführers mit der Folge der Anwendbarkeit des § 14 StGB angesehen werden (LK-StGB/*Schünemann* StGB § 14 Rn. 21). Der BGH (NJW 1992, 3114 f.) hat dies unter Aufgabe seiner früheren Rspr. aber ausdrücklich abgelehnt und geht bei der Ausfuhr von einem tatsächlichen Vorgang aus mit der Folge der Bestimmung der Täterschaft und Teilnahme nach den allgemeinen Regeln der §§ 25 ff. StGB (so auch BGH NJW 2007, 1893 (1895)). Auch wenn eine entsprechende Steuerung des tatsächlich Handelnden regelmäßig aufgrund einer entsprechenden vertraglichen Vereinbarung (Speditionsvertrag) erfolge, komme es nach der Geschäftsherrentheorie mit der normativen Bestimmung des Ausführerbegriffs entscheidend darauf an, wer den exportrechtlich relevanten Vorgang beherrscht (BGH NJW 2007, 1893 (1895); *Bieneck* wistra 2000, 441 (445); vgl. zur Relevanz der tatsächlichen Bestimmungsmacht auch § 2 Abs. 2 S. 3).

Die **Durchfuhr** ist die Beförderung von Waren aus dem Ausland durch das Inland, ohne dass die   **16** Waren im Inland in den zollrechtlich freien Verkehr gelangen (§ 2 Abs. 9 Nr. 1) und die Beförderung von Waren des zollrechtlich freien Verkehrs aus einem anderen Mitgliedstaat der Europäischen Union durch das Inland (§ 2 Abs. 9 Nr. 2). Unter Berücksichtigung von § 74 Abs. 1 AWV wird unter **Beförderung** der Transport von Gütern in die Embargoländer unter Benutzung eines Schiffes oder Luftfahrzeugs, das berechtigt ist, die Bundesflagge oder das Staatszugehörigkeitszeichen der Bundesrepublik Deutschland zu führen, verstanden (MüKoStGB/*Wagner* Rn. 20).

Die Verkaufs-, Ausfuhr-, Durchfuhr-, und Beförderungsverbote beziehen sich auf die **Länder** Bela-   **17** rus, Birma/Myanmar, Côte d'Ivoire, Demokratische Republik Kongo, Demokratische Volksrepublik Korea (zum Nordkorea-Embargo ausf. → § 18 Rn. 30 ff.; → § 19 Rn. 41), Eritrea, Irak, Iran (zum Iran-Embargo ausf. → § 18 Rn. 26 ff.), Libanon, Liberia, Libyen, Russland, Simbabwe, Somalia, Sudan, Südsudan, Syrien und die Zentralafrikanische Republik (§ 74 Abs. 1 AWV).

Darüber hinaus bestehen entsprechende Verbote nicht nur gegen Länder, sondern gegen natürliche   **18** oder juristische **Personen, Gruppen, Organisationen** oder Einrichtungen, die aufgeführt sind in § 74 Abs. 2 AWV. Dies betrifft Personen, Gruppen, Organisationen oder Einrichtungen gem. **§ 74 Abs. 2 Nr. 1 AWV** in der jeweils geltenden Fassung der Liste nach Art. 2 Abs. 3 der VO (EG) Nr. 2580/2001 (zur verfassungsrechtlichen Zulässigkeit solcher Verweisungen → Vorb. Rn. 76 ff.) über spezifische, gegen bestimmte Personen und Organisationen gerichtete restriktive Maßnahmen zur Bekämpfung des **Terrorismus** (ABl. 2001 L 344, 70; → Vorb. Rn. 27, → § 18 Rn. 50 ff.); gem. **§ 74 Abs. 2 Nr. 2 AWV** in der jeweils geltenden Fassung des Anhangs des Beschlusses 2011/486/GASP des Rates v. 1.8.2011 über restriktive Maßnahmen gegen bestimmte Personen, Gruppen, Unternehmen und Einrichtungen angesichts der Lage in **Afghanistan** (ABl. 2011 L 199, 57, → § 18 Rn. 40); gem. **§ 74 Abs. 2 Nr. 3 AWV** in der jeweils geltenden Fassung des Anhangs I der VO (EG) Nr. 881/2002 des Rates v. 27.5.2002 über die Anwendung bestimmter spezifischer restriktiver Maßnahmen gegen bestimmte Personen und Organisationen, die mit dem Al-Qaida-Netzwerk in Verbindung stehen (ABl. 2002 L 139, 9, → Vorb. Rn. 28 f., → § 18 Rn. 39 ff.); gem. **§ 74 Abs. 2 Nr. 4 AWV** in der jeweils geltenden Fassung des Anhangs I der VO (EU) Nr. 356/2010 des Rates v. 26.4.2010 über die Anwendung bestimmter spezifischer restriktiver Maßnahmen gegen bestimmte natürliche oder juristische Personen, Organisationen oder Einrichtungen aufgrund der Lage in **Somalia** (ABl. 2010 L 105, 1); gem. **§ 74 Abs. 2 Nr. 5 AWV** in der jeweils geltenden Fassung des Anhangs des Beschlusses 2014/932/ GASP des Rates v. 18.12.2014 über restriktive Maßnahmen angesichts der Lage in **Jemen** (ABl. 2014 L 365, 147), der zuletzt durch den Beschluss (GASP) 2015/882 des Rates v. 8.6.2015 (ABl. 2015 L 143, 11) geändert worden ist.

4. Verbote von Handels- und Vermittlungsgeschäften. Der § 80 Nr. 2 AWV iVm § 75 AWV   **19** normiert Verbote von Handels- und Vermittlungsgeschäften von Rüstungsgütern (die in Teil I Abschnitt A der Ausfuhrliste erfassten Güter). Nach der Legaldefinition des § 2 Abs. 14 (zur Anwendbarkeit auf die AWV → Rn. 12) ist darunter das Vermitteln eines Vertrags über den Erwerb oder das Überlassen von Gütern (§ 2 Abs. 14 Nr. 1 AWV), der Nachweis einer Gelegenheit zum Abschluss eines solchen Vertrags (§ 2 Abs. 14 Nr. 2 AWV) oder der Abschluss eines Vertrags über das Überlassen von Gütern (§ 2 Abs. 14 Nr. 3 AWV) zu verstehen, solange es sich nicht um eine Hilfeleistung (§ 2 Abs. 14 S. 2) handelt.

Diese Verbote beziehen sich auf Güter, die unmittelbar oder mittelbar für Personen, Organisationen   **20** oder Einrichtungen in den **Ländern** Belarus, Birma/Myanmar, Côte d'Ivoire, Demokratische Republik Kongo, Demokratische Volksrepublik Korea (zum Nordkorea-Embargo ausf. → § 18 Rn. 30 ff.), Iran (zum Iran-Embargo ausf. → § 18 Rn. 26 ff.), Libanon, Libyen, Russland, Simbabwe, Sudan, Südsudan, Syrien und der Zentralafrikanische Republik bestimmt sind (§ 75 Abs. 1 AWV). Mit Ausnahme der

Länder Birma/Myanmar und Côte d'Ivoire gelten die genannten Verbot gem. § 75 Abs. 2 AWV auch dann, wenn die Güter zur Verwendung in den Embargo–Ländern bestimmt sind.

21   **5. Einfuhr-, Erwerbs- und Beförderungsverbote.** Nach § 80 Nr. 3 AWV iVm § 77 AWV gelten Einfuhr-, Erwerbs- und Beförderungsverbote (zum Begriff der Beförderung → Rn. 16) für Rüstungsgüter (die in Teil I Abschn. A der Ausfuhrliste erfassten Güter) aus der Demokratischen Volksrepublik Korea (zum Nordkorea-Embargo ausf. → § 18 Rn. 30 ff.), Eritrea, Iran (zum Iran-Embargo ausf. → § 18 Rn. 26 ff.), Libyen, Syrien und Russland.

22   Unter der **Einfuhr** ist nach der Legaldefinition des § 2 Abs. 11 (zur Anwendbarkeit auf die AWV → Rn. 12) die Lieferung von Waren aus Drittländern in das Inland (§ 2 Abs. 11 S. 1 Nr. 1) und die Übertragung von Software oder Technologie einschließlich ihrer Bereitstellung auf elektronischem Weg für natürliche und juristische Personen im Inland (§ 2 Abs. 11 S. 1 Nr. 2) zu verstehen (→ Vorb. Rn. 53 f.). Für den Fall, dass Waren aus Drittländern in eine Freizone geliefert oder in ein Nichterhebungsverfahren überführt werden, liegt eine Einfuhr jedoch erst dann vor, wenn die Waren in der Freizone gebraucht, verbraucht, bearbeitet oder verarbeitet (§ 2 Abs. 11 S. 2 Nr. 1) oder in den zollrechtlich freien Verkehr überführt (§ 2 Abs. 11 S. 2 Nr. 2) werden.

23   Der **Erwerb** ist selbst nicht legal definiert. Auch hier ist (wie beim Verkauf – → Rn. 14) auf den Abschluss des schuldrechtlichen Vertrages abzustellen. Da ein Erwerb allein auf den Erhalt des jeweiligen Vertragsgegenstands abstellt, ohne dass das Erbringen einer irgendwie gearteten Gegenleistung notwendig ist, kommt es nicht darauf an, wie der zugrunde liegende Vertrag typologisch einzuordnen ist, so dass auch Miete, Leihe, Schenkung usw erfasst sind (MüKoStGB/*Wagner* Rn. 30).

24   **6. Ausnahmen.** Der § 76 AWV normiert Ausnahmen für die Verbote der §§ 74 Abs. 1, 75 AWV. Danach besteht eine Genehmigungsfähigkeit für den Verkauf, die Ausfuhr oder Durchfuhr und die Vornahme von Handlungs- und Vermittlungsgeschäften, wenn die für jedes Embargoland in den Abs. 2–18 genau spezifizierten Voraussetzungen gegeben sind. Für die Verbote gegen natürliche oder juristische Personen, Gruppen, Organisationen oder Einrichtungen des § 74 Abs. 2 AWV gilt diese Befreiungsmöglichkeit nicht.

II. Die Qualifikationstatbestände

25   **1. § 17 Abs. 2 Nr. 1.** Das Handeln für den Geheimdienst einer fremden Macht qualifiziert die Vorschrift des § 17 Abs. 1. Die Voraussetzungen des § 17 Abs. 2 Nr. 1 wurden mit der AWG-Novelle vollkommen neu aufgenommen. Damit soll der erhöhten Gefährlichkeit von durch Geheimdiensten gesteuerten Beschaffungsaktivitäten Rechnung getragen werden (MüKoStGB/*Wagner* Rn. 35). Bei der Bestimmung der einzelnen Tatbestandsmerkmale kann an § 99 StGB angeknüpft werden (Müller-Gugenberger WirtschaftsStR/*Alexander/Winkelbauer* § 62 Rn. 49).

26   Danach ist unter einem **Geheimdienst** einer fremden Macht eine ständige Einrichtung im staatlichen Bereich zu verstehen, die Nachrichten systematisch und unter Ausnutzung konspirativer Methoden sammelt, um die politische Lage sowie das militärische und wirtschaftliche Potential abzuklären (Fischer StGB § 99 Rn. 6). Ob die Geheimdienste als staatliche Einrichtungen erkennbar sind oder nicht, ist unerheblich. Entscheidend ist nach funktionaler Betrachtungsweise, ob die Organisation staatlichen Zwecken dient (Stein/*Thomas*, Außenwirtschaftsgesetz, Kommentar, 2014, AWG § 17 Rn. 26). Mit Blick auf § 17 geht es nicht um den Aufgabenbereich der Nachrichtensammlung durch den Geheimdienst, sondern die Mitwirkung an der Beschaffung der vom Embargo betroffenen Güter (MüKoStGB/*Wagner* Rn. 39).

27   Die Tätigkeit muss für den Geheimdienst ausgeübt werden, wofür ein **zielgerichtetes Handeln** zur Leistung von Diensten erforderlich ist (Fischer StGB § 99 Rn. 7). Im Gegensatz zu § 99 StGB geht es bei § 17 Abs. 2 nicht um den Geheimnisschutz, sondern um eine durch das Handeln des Täters bedingte zusätzliche Gefährdung der durch § 17 geschützten Rechtsgüter, bspw. durch Eingliederung in die geheimdienstliche Beschaffungsstruktur (MüKoStGB/*Wagner* Rn. 40; Stein/*Thomas*, Außenwirtschaftsgesetz, 2014, AWG § 17 Rn. 27).

28   **2. § 17 Abs. 2 Nr. 2.** Diese Vorschrift ersetzt (iVm Abs. 3) den § 34 Abs. 6 Nr. 2 aF und qualifiziert Taten nach § 17 Abs. 1 im Falle einer gewerbsmäßigen oder bandenmäßigen Tatbegehung. Ob eine gewerbsmäßige oder bandenmäßige Tatbegehung vorliegt, ist nach den allgemeinen Auslegungsgrundsätzen, die die Rspr. zu diesen Rechtsbegriffen entwickelt hat, zu beurteilen (Erbs/Kohlhaas/*Diemer* § 34 Rn. 33 f. zur aF; Wabnitz/Janovsky WirtschaftsStR-HdB/*Harder* Kap. 23 Rn. 41).

29   **Gewerbsmäßig** handelt danach, wer sich aus der wiederholten Tatbegehung eine fortlaufende Einnahmequelle von einigem Umfang und einer gewissen Dauer verschaffen will (BGHSt 1, 383; BGH wistra 2003, 460 (461)). Sofern eine entsprechende Absicht vorliegt, ist eine gewerbsmäßige Begehung auch schon bei der ersten Tat gegeben (BGHSt 19, 63 (76); 49, 177 (181)). Bei der angestrebten Einnahmequelle muss es sich nicht um die Haupteinnahmequelle des Täters handeln, sofern sie zumindest von einigem Umfang und einer gewissen Dauer sein soll (Erbs/Kohlhaas/*Diemer* § 34 Rn. 33 zur aF).

Der Begriff der **Bande** setzt den Zusammenschluss von mindestens drei Personen voraus, die sich mit   30
dem Willen verbunden haben, künftig für eine gewisse Dauer mehrere selbstständige, iE noch ungewisse
Straftaten des im Gesetz genannten Deliktstyps zu begehen (vgl. grundlegend zur bandenmäßigen
Begehung BGHSt 46, 321, zuletzt: BGHR BtMG § 30 Abs. 1 Nr. 1 Bande 9). Ein „gefestigter
Bandenwille" oder ein „Tätigwerden in einem übergeordneten Bandeninteresse" ist nicht erforderlich
(BGHSt 46, 321). Straftaten des im Gesetz genannten Deliktstyps sind hier Straftaten nach § 17 Abs. 1.

Mitglied einer Bande kann auch derjenige sein, dem nach der Bandenabrede nur Aufgaben zufallen,   31
die sich bei wertender Betrachtung als Gehilfentätigkeit darstellen, da auch dann das spezifische Gefähr-
lichkeitspotential einer Bande seinen Niederschlag findet (BGHSt 47, 214). Die Eigenschaft als Mitglied
einer Bande stellt ein strafschärfendes besonderes persönliches Merkmal iSd § 28 Abs. 2 StGB dar (BGH
NStZ 2008, 575).

Eine Begehung der Bandentat „unter Mitwirkung eines anderen Bandenmitglieds" liegt bereits vor,   32
wenn ein Bandenmitglied als Täter und ein anderes Bandenmitglied bei der Tat in irgendeiner Weise
zusammenwirken (BGHSt 46, 321). Insbes. bedarf es keines mittäterschaftlichen Zusammenwirkens
(BGHSt 47, 214).

3. § 17 Abs. 3. Bei einem banden- und gewerbsmäßigen Handeln greift die Qualifikation des § 17   33
Abs. 3 mit einer Mindeststrafandrohung von zwei Jahren. Dessen Voraussetzungen sind gegeben, wenn
die Merkmale des § 17 Abs. 2 Nr. 2 kumulativ vorliegen und der Täter als Mitglied einer Bande, die
sich zur fortgesetzten Begehung von Außenwirtschaftsstraftaten verbunden hat, gewerbsmäßig handelt.

C. Rechtsmissbräuchliches Verhalten

Die Vorschrift des § 17 Abs. 6 greift die Regelung des § 34 Abs. 8 aF auf und entspricht nun mit der   34
Neuformulierung der üblichen Terminologie des Nebenstrafrechts (MüKoStGB/*Wagner* Rn. 46), ohne
dass dies zu einer Änderung des rechtlichen Gehalts ggü. § 34 Abs. 8 aF führt (BT-Drs. 17/11127, 26).
Danach steht einem Handeln ohne Genehmigung ein Handeln aufgrund einer durch Drohung, Beste-
chung oder Kollusion erwirkten oder durch unrichtige oder unvollständige Angaben erschlichenen
Genehmigung gleich.

Nach § 76 AWV können abweichend von §§ 74 Abs. 1, 75 AWV der Verkauf, die Ausfuhr, die   35
Durchfuhr oder Handels- und Vermittlungsgeschäfte (→ Rn. 19) unter bestimmten Voraussetzungen
genehmigt werden (→ Rn. 24). Eine im Zeitpunkt der Vornahme des Außenwirtschaftsgeschäfts wirksame Genehmigung führt damit grds. zum Strafbarkeitsausschluss (sog Verwaltungsaktsakzessorietät). Auf
die Rechtmäßigkeit der Genehmigung bzw. die Genehmigungsfähigkeit kommt es diesbezüglich nicht
an. Vor dem Hintergrund der Entscheidungen des BGH (wistra 2003, 65 und NStZ 2007, 644), in
denen er das Verbot des Zahlungsverkehrs mit dem Irak als repressives Verbot mit Befreiungsvorbehalt
gewertet hat, ist bei den umfassenden Embargos wie den in § 17 strafbewehrten Waffenembargos
regelmäßig von repressiven Verboten mit Befreiungsvorbehalt auszugehen (iErg auch BGH wistra 1995,
306 zum damaligen Serbien-Embargo; MüKoStGB/*Wagner* Vor §§ 17 ff. Rn. 63) mit der Folge, dass
eine vorliegende Genehmigung rechtfertigend und nicht tatbestandsausschließend wirkt (→ Vorb.
Rn. 13, → § 18 Rn. 10).

Die Regelung des § 17 Abs. 6 führt zu einer Durchbrechung der ansonsten gegebenen „strengen   36
Verwaltungsaktakzessorietät". Nur wenn der Gesetzgeber davon ausgeht, dass eine durch Drohung,
Bestechung, kollusives Zusammenwirken mit einem Amtsträger sowie eine durch unrichtige oder
unvollständige Angaben erschlichene Genehmigung grds. wirksam (also nicht nach § 44 VwVfG
nichtig) ist, ergibt die Aufnahme des § 17 Abs. 6 mit der damit verbundenen „eingeschränkten" Verwaltungsakt-Akzessorietät einen Sinn (→ § 18 Rn. 11 ff.).

Der mit § 17 verfolgte Schutz der wesentlichen Sicherheitsinteressen, des friedlichen Zusammen-   37
lebens der Völker und der auswärtigen Beziehungen Deutschlands (→ Rn. 5) erfordert als zusätzliches –
nicht vom Wortlaut des § 17 Abs. 6 erfassten – Merkmal, dass die durch das rechtsmissbräuchliche
Verhalten erlangte Genehmigung **rechtswidrig** ist, also das Geschäft nicht genehmigungsfähig war.
Denn es macht aus teleologischer Sicht keine Sinn, allein dass in § 17 Abs. 6 beschriebene Verhalten
ohne Rückwirkungen auf die außenwirtschaftsrechtliche Relevanz zu bestrafen (Stein/*Thomas*, Außenwirtschaftsgesetz, 2014, AWG § 17 Rn. 43). Denn es geht bei § 17 Abs. 6 nicht um die Strafbarkeit
dieses zu einer Genehmigung führenden Verhaltens, sondern nur um die Durchbrechung der „strengen
Verwaltungsaktsakzessorietät" (MüKoStGB/*Wagner* Rn. 49). In den übrigen Fällen der Drohung, Bestechung und des kollusiven Zusammenwirkens kann dem Sanktionsbedürfnis über die Vorschriften der
§§ 240, 331 ff. StGB (vgl. *Rengier* ZStW 101 (1989), 874 (898)) und der fehlerhaften Angaben über § 19
Abs. 2 genügt werden.

D. Vorsatz und Fahrlässigkeit

Gemäß § 15 StGB iVm Art. 1 EGStGB ist nur vorsätzliches Handeln strafbar, wenn nicht das Gesetz   38
auch fahrlässiges Handeln ausdrücklich mit Strafe bedroht. Während § 34 Abs. 7 aF die Strafbarkeit auch
bei einer fahrlässigen Tatbestandsverwirklichung in den Fällen der Abs. 1, 2 und 4 anordnete, sind nach

der AWG-Novelle fahrlässige Verstöße gegen Außenwirtschaftsbestimmungen grds. nur noch bußgeld-bewehrt. Dementsprechend ist nur die vorsätzliche Tatbestandsverwirklichung strafbar.

39   Einzige nach der AWG-Novelle verbliebene Ausnahme sind leichtfertige Verstöße gegen ein Waffen-embargo. Diese sind nach § 17 Abs. 5 strafbar, wobei der Strafrahmen niedriger ist als bei vorsätzlichem Verhalten. Leichtfertigkeit beschreibt dabei einen erhöhten Grad an Fahrlässigkeit. Fahrlässigkeit ist gegeben, wenn der Täter einen Tatbestand rechtswidrig verwirklicht, indem er objektiv gegen eine Sorgfaltspflicht verstößt, die gerade dem Schutz des beeinträchtigten Rechtsguts dient, und wenn dieser Pflichtverstoß unmittelbar oder mittelbar eine Rechtsgutverletzung zur Folge hat, die der Täter nach seinen subjektiven Kenntnissen und Fähigkeiten vorhersehen und vermeiden konnte (zu den Grund-sätzen der Fahrlässigkeit Fischer StGB § 15 Rn. 12 ff.). Diese steigert sich dann zur Leichtfertigkeit, wenn der Täter die sich aufdrängende Möglichkeit der Tatbestandsverwirklichung entweder aus beson-derem Leichtsinn oder aus einer erhöhten Gleichgültigkeit unbeachtet lässt, obwohl er die entsprechen-den Kenntnisse und Fähigkeiten besitzt (BGHSt 33, 66 (67); vgl. MüKoStGB/*Duttge* StGB § 15 Rn. 192 mwN).

40   Im Hinblick auf die Anforderungen an den Vorsatz bzw. dessen unterschiedliche Ausprägungen gelten zunächst die allgemeinen Grundsätze (teilweise ergeben sich diese aus § 16 Abs. 1 StGB; vgl. zu den allgemeinen Grundsätzen Fischer StGB § 15 Rn. 2 ff.). Demnach reicht Eventualvorsatz (bedingter Vorsatz) grds. aus (BGHSt 41, 348 (352); Erbs/Kohlhaas/*Diemer* § 34 Rn. 27 zur aF). Dieser liegt vor, wenn der Täter es für möglich hält und sich damit abfindet, dass sein Verhalten zur Verwirklichung des gesetzlichen Tatbestandes führt (zu den Voraussetzungen des Eventualvorsatzes iE vgl. Fischer StGB § 15 Rn. 9 ff.). Erhöhte Anforderungen stellt die Rspr. indessen an den Gehilfenvorsatz bei unterstützenden berufstypischen Verhaltensweisen (vgl. BGH wistra 1999, 459; BGHSt 46, 107).

41   Der Vorsatz muss sich einerseits auf alle objektiven Merkmale des Tatbestandes – im Falle einer Qualifikation also auch die Merkmale des qualifizierenden Tatbestandes – beziehen. Andererseits muss der Vorsatz auch alle objektiven Tatbestandsmerkmale erfassen, die sich erst aus etwaigen Ausfüllnormen ergeben, auf die § 17 verweist, da bei Blankettverweisungen der ausfüllende Tatbestand in die Blankett-norm hineinzulesen ist.

42   Der Irrtum über die Existenz oder Wirksamkeit einer Ausfüllnorm ist kein Tatumstandsirrtum nach § 16 Abs. 1 StGB, sondern ein (regelmäßig durch das Einholen von qualifiziertem Rechtsrat vermeid-barer) **Verbotsirrtum** nach § 17 StGB, der erst iRd Schuld Bedeutung erlangt (BGH wistra 2013, 153; OLG Düsseldorf BeckRS 2014, 08969; Schönke/Schröder/*Sternberg-Lieben/Schuster* StGB § 15 Rn. 99 mwN; *Enderle,* Blankettstrafgesetze, 2000, 79; → Vorb. Rn. 97 ff.).

43   Das Erschleichen oder Erwirken einer Genehmigung aufgrund rechtsmissbräuchlichen Verhaltens nach § 17 Abs. 6 erfordert ein zielgerichtetes Handeln, so dass bloße Kenntnis oder Eventualvorsatz nicht ausreichend sind (MüKoStGB/*Wagner* Rn. 54).

E. Versuchsstrafbarkeit

44   Der Versuch ist in allen Fällen von § 17 Abs. 1–3 aufgrund des durch den Mindeststrafrahmen von ein Jahr Freiheitsstrafe umfassend vorliegenden Verbrechenscharakter strafbar (§§ 23 Abs. 1, 12 Abs. 1 StGB).

45   Die Grenze zum Versuch (§ 22 StGB) wird bei der Ausfuhr mit dem Aufladen der Waren auf das zum Grenzübertritt vorgesehene Transportmittel überschritten, wenn sich dieses nach dem Plan des Täters alsbald zur Hoheitsgrenze in Bewegung setzen soll (BGHSt 20, 150 (152); BGH NJW 2007, 1893 (1895)). Ob der Täter nach der Beladung unmittelbar zur Grenze fahren oder noch einen Umweg machen oder einen Zwischenaufenthalt nehmen will, ist dabei irrelevant (BGHSt 20, 150 (152)).

46   Bei der **Einfuhr** (zur Begriffsbedeutung → Rn. 22) wird die Grenze zum Versuch (§ 22 StGB) dagegen regelmäßig erst mit der Annäherung an die Hoheitsgrenze überschritten (BGHSt 20, 150 (151); 36, 249). Ein früheres Überschreiten der Versuchsgrenze ist ausnahmsweise zB im Fall der (bloßen) Veranlassung des Transports per Flugzeug, Schiff oder Bahn durch den Täter möglich.

47   Da die Einfuhr das (tatsächliche) Befördern bzw. Befördern lassen der Waren über die Hoheitsgrenze in das Wirtschaftsgebiet voraussetzt, ist die Verletzung einer zollrechtlichen Gestellungspflicht unerheb-lich. Daraus folgt unmittelbar, dass die Frage nach einer räumlich-zeitlichen Nähe zur zollamtlichen Abfertigung für den Beginn des Einfuhrversuchs irrelevant ist.

48   Dem steht auch nicht die Entscheidung BGH wistra 2003, 389 zum gewerbsmäßigen Schmuggel entgegen, in welcher der BGH den Versuchsbeginn für eine beabsichtigte Steuerverkürzung mit der Vorlage wahrheitswidriger Zollanmeldungen annahm. Diese Entscheidung betraf ein steuerrechtliches Erklärungsdelikt. Eine Gefährdung des durch den Steuerstraftatbestand geschützten Rechtsguts – näm-lich das öffentliche Interesse am vollständigen Aufkommen der einzelnen Steuern – tritt nicht schon im Zeitpunkt des Beförderns der Waren über die Hoheitsgrenze in das Wirtschaftsgebiet ein, sondern erst im Zeitpunkt der nicht ordnungsgemäßen Gestellung. Die durch die außenwirtschaftsrechtlichen Einfuhrverbote geschützten Rechtsgüter – nämlich außen- und sicherheitspolitische Gemeinwohlinte-ressen – werden dagegen durch das rein tatsächliche Hineingelangen bestimmter Waren in das Wirt-schaftsgebiet gefährdet. Die zollamtliche Abfertigung spielt insofern keine Rolle.

Die differierende Bewertung im Hinblick auf die Frage, ob die Nähe zur Hoheitsgrenze für den **49** Versuchsbeginn eine Rolle spielt, begründet sich in der unterschiedlichen Gefahrenlage für das geschützte Rechtsgut bei der Einfuhr einerseits und der Ausfuhr andererseits (BGHSt 20, 150 ff.; Erbs/Kohlhaas/ *Diemer* § 33 Rn. 12 zur aF; die Frage, ob nicht auch bei der Ausfuhr eine Annäherung an die Grenze zu verlangen ist, hat offen gelassen BGH NJW 1992, 3114 (3115)). S. zum Ganzen auch die Kommentierung zu § 22 StGB.

F. Auslandstaten Deutscher

1. Allgemeines. Die jetzige Regelung zu § 17 Abs. 7 entspricht dem Wortlaut des § 35 aF (vor der **50** AWG-Novelle). Dieser ist 1992 durch das 7. AWGÄndG in das AWG eingefügt worden. Er folgt inhaltlich dem § 21 KWKG, der bereits 1990 normiert worden ist, und ist wie dieser lex specialis zu § 7 Abs. 2 Nr. 1 StGB, da er die Anwendbarkeit des § 17 über die Grundsatzregelung des § 7 Abs. 2 Nr. 1 StGB hinaus auch auf Auslandstaten Deutscher **unabhängig vom Recht des Tatorts** erstreckt. Erweitert wird durch § 17 Abs. 7 nur der Anwendungsbereich des § 17, nicht dagegen der des §§ 19 (vgl. aber die gleichlaufende Regelung für den Anwendungsbereich des § 18 in § 18 Abs. 10). Hintergrund der Einführung dieser speziellen Regelung für die Auslandstaten Deutscher war die ansonsten bestehende Gefahr von unerwünschten Strafbarkeitslücken, die daraus resultiert, dass die Taten nach § 17 in den Empfängerländern naturgemäß vielfach nicht unter Strafe gestellt sind (MüKoStGB/*Wagner* Rn. 57).

In prozessualer Hinsicht ist im Zusammenhang mit § 17 Abs. 7 der § 153c StPO zu beachten, da **51** nach dessen Abs. 1 Nr. 1 bei Auslandstaten ein Absehen von der Verfolgung aus Opportunitätsgründen in Betracht kommt. Insoweit wird das in § 152 Abs. 2 StPO verankerte Legalitätsprinzip eingeschränkt. Auch ein Absehen von der Verfolgung nach § 153c Abs. 2 StPO für den Fall, dass wegen der Tat im Ausland schon eine Strafe gegen den Betreffenden vollstreckt worden ist oder dieser wegen der Tat im Ausland bereits rechtskräftig freigesprochen worden ist, kommt insbes. bei Auslandstaten in Betracht.

2. Verfassungsmäßigkeit. § 17 Abs. 7 verstößt nicht gegen Art. 25 GG (aA *Pottmeyer* NStZ 1992, **52** 57). Zwar gehören das Prinzip der territorialen Souveränität und das völkerrechtliche Interventionsverbot, aus denen sich ergibt, dass es jedem Staat grds. untersagt ist, sich in Angelegenheiten einzumischen, die der inneren Jurisdiktion eines anderen Staates unterliegen, zu den allgemeinen Regeln des Völkerrechtes iSd Art. 25 GG und beide Prinzipien scheinen der Regelung des § 17 Abs. 7 zunächst entgegen zu stehen. Diesen Grundsätze stehen aber wiederum das aktive Personalitätsprinzip und das Staatsschutzprinzip ggü., die gleichermaßen völkerrechtlich anerkannt sind und für die Vereinbarkeit des § 17 mit den allgemeinen Regeln des Völkerrechts sprechen.

Das Spannungsverhältnis zwischen den sich gegenüberstehenden Prinzipien ist in der Weise zu lösen, **53** dass bei der Erstreckung der Strafbarkeit auf Auslandssachverhalte ein legitimierender – also hinreichend substantiierter – Anknüpfungspunkt iSd aktiven Personalitätsprinzips und des Staatsschutzprinzips vorliegen muss. Ein solcher ergibt sich für § 17 Abs. 7 daraus, dass er den Anwendungsbereich von § 17 nur für Deutsche über die territorialen Grenzen hinaus erstreckt und dem Schutz der äußeren Sicherheit und der auswärtigen Beziehungen der Bundesrepublik Deutschland dient (wie hier BGHSt 53, 238 (253 f.); Erbs/Kohlhaas/*Diemer* § 35 Rn. 2 zur aF; MüKoStGB/*Wagner* Rn. 58).

3. Erläuterungen im Einzelnen. a) Auslandstat. Tat iSd § 17 Abs. 7 ist nur die täterschaftlich **54** begangene Tat („Täter"). Ausland ist jedes nicht zum deutschen Inland gehörige Gebiet, also auch solches, das gar nicht unter Staatshoheit steht (Fischer StGB Vor §§ 3–7 Rn. 20; s. zum Begriff des Inlands Fischer StGB Vor §§ 3–7 Rn. 12 ff.).

Für die Frage, ob eine Auslandstat oder eine Inlandstat vorliegt, ist § 9 Abs. 1 StGB entscheidend. **55** Nach diesem ist eine Tat an jedem Ort begangen, an dem der Täter gehandelt hat oder im Falle des Unterlassens hätte handeln müssen oder an dem der zum Tatbestand gehörende Erfolg eingetreten ist oder nach der Vorstellung des Täters eintreten sollte. Sobald ein Tatort iSv § 9 Abs. 1 StGB im Inland liegt, handelt es sich um eine Inlandstat und § 17 Abs. 7 kommt nicht zur Anwendung – wobei das deutsche Strafrecht in diesem Fall ohnehin bereits gem. § 3 StGB Anwendung findet. Besondere Erwähnung verdient in diesem Zusammenhang, dass mit der Zurechnung der Handlung eines anderen gem. § 25 Abs. 1 Var. 2 StGB oder § 25 Abs. 2 StGB nach der Rspr. auch der Handlungsort zugerechnet wird (BGHSt 39, 88 (91); BGH wistra 1991, 135). S. iÜ zu § 9 Abs. 1 StGB die Erläuterungen bei Fischer StGB § 9 Rn. 2 ff.

b) Deutscher. Deutscher ist gem. Art. 116 Abs. 1 GG, wer die deutsche Staatsangehörigkeit besitzt **56** oder als Flüchtling oder Vertriebener deutscher Volkszugehörigkeit oder als dessen Ehegatte oder Abkömmling in dem Gebiete des Deutschen Reiches nach dem Stande v. 31.12.1937 Aufnahme gefunden hat. Der Erwerb und der Verlust der deutschen Staatsangehörigkeit richten sich nach dem Staatsangehörigkeitsgesetz (StAG).

57   Ausweislich des Wortlauts des § 17 Abs. 7 muss der Täter zur Zeit der Tat (§ 8 StGB) Deutscher gewesen sein. Es genügt also nicht – wie bei § 7 Abs. 2 Nr. 1 StGB –, wenn der Täter nach der Tat Deutscher geworden ist (so auch MüKoStGB/*Wagner* Rn. 66; aA Erbs/Kohlhaas/*Diemer* § 35 Rn. 1 zur aF), wobei in diesem Fall die allgemeine Vorschrift des § 7 Abs. 2 Nr. 1 StGB zur Anwendung kommen kann, sofern deren weitere Voraussetzung, dass die Tat am Tatort mit Strafe bedroht ist oder der Tatort keiner Strafgewalt unterliegt, gegeben ist.

58   **c) Unabhängigkeit vom Recht des Tatorts.** Die Vorschrift des § 17 ist gem. § 17 Abs. 7 auf Auslandstaten Deutscher auch unabhängig vom Recht des Tatorts anwendbar. Der entscheidende Unterschied zur generellen Regelung des § 7 Abs. 2 Nr. 1 StGB liegt darin, dass diese zusätzlich zu den bisher genannten Voraussetzungen verlangt, dass die Tat am Tatort mit Strafe bedroht ist oder der Tatort keiner Strafgewalt unterliegt. Insofern hat die Formulierung „unabhängig vom Recht des Tatorts" nur klarstellende Funktion.

G. Konkurrenzen

59   Das Verhältnis der Straftatbestände der §§ 17, 18 zu Ordnungswidrigkeitentatbeständen (insbes. zu den Ordnungswidrigkeitentatbeständen gem. § 19, aber auch zu solchen anderer Gesetze) wird durch § 21 OWiG bestimmt: Ist eine Handlung gleichzeitig Straftat und Ordnungswidrigkeit, so wird nach § 21 Abs. 1 S. 1 OWiG nur das Strafgesetz angewendet (→ § 19 Rn. 76 f.).

60   Zu beachten ist dabei allerdings, dass § 21 Abs. 1 S. 1 OWiG voraussetzt, dass *eine Handlung* (vgl. zum Begriff der Handlung Göhler/*Gürtler* OWiG § 21 Rn. 23 ff.) gleichzeitig Straftat und Ordnungswidrigkeit ist. Werden der Straftatbestand und der Ordnungswidrigkeitentatbestand dagegen durch unterschiedliche Handlungen verletzt (Handlungsmehrheit), greift § 21 Abs. 1 S. 1 OWiG nicht ein. So liegt bspw. im Fall des Erschleichens einer Genehmigung gemäß § 19 Abs. 2 AWG mit später folgendem gemäß §§ 17, 18 strafbaren Handeln ohne Genehmigung (wenn die Genehmigung die Ausfuhr, Einfuhr oder Durchfuhr nicht deckt) oder Handeln mit erschlichener Genehmigung (§ 17 Abs. 6 oder § 18 Abs. 9) Handlungsmehrheit vor, so dass die Voraussetzungen des § 21 Abs. 1 S. 1 OWiG nicht erfüllt sind (Bieneck AußenwirtschaftsR-HdB/*Bieneck* § 29 Rn. 90; Erbs/Kohlhaas/*Diemer* § 34 Rn. 36 und § 33 Rn. 36 jeweils zur aF).

61   Zwischen den unterschiedlichen Straftatbeständen der §§ 17, 18 kommt Tateinheit (§ 52 StGB) entsprechend den allgemeinen Grundsätzen in Betracht (Erbs/Kohlhaas/*Diemer* § 34 Rn. 34 zur aF). Entscheidend ist für den Fall, dass dieselbe Handlung (Handlungseinheit) verschiedene Straftatbestände der §§ 17, 18 erfüllt, ob zwischen den erfüllten Tatbeständen Gesetzeskonkurrenz besteht oder nicht (nur in letzterem Fall liegt Tateinheit gemäß § 52 StGB vor; vgl. zum Ganzen Fischer StGB Vor § 52 Rn. 1 ff.).

62   Demgemäß stehen der nach § 17 Abs. 1 iVm §§ 80, 74 AWV strafbare Verkauf und die ebenso strafbare Ausfuhr von Gütern zueinander in Idealkonkurrenz (BGH NJW 2014, 3047 (3048)). Dagegen ist das Verkaufsverbot nach § 17 Abs. 1 iVm § 80, 74 AWV ggü. dem Verbot der Durchführung eines Handels- und Vermittlungsgeschäfts nach § 17 Abs. 1 iVm §§ 80, 75 AWV lex specialis. Der Verstoß gegen das Verbot der Durchführung eines Handels- und Vermittlungsgeschäfts tritt deshalb hinter denjenigen gegen das Verkaufsverbot zurück (BGH NJW 2014, 3047 (3048)).

63   Bei einem Warentransport über die Hoheitsgrenze in einem LKW-Konvoi hat der BGH eine (natürliche) Handlungseinheit angenommen, da alle Waren an denselben Empfänger gerichtet waren und der gesamte Konvoi unter einer einheitlichen Registriernummer erfasst wurde, BGH NJW 1996, 602 (604 f.). Dagegen soll Tatmehrheit vorliegen, wenn die Auslieferungen zwar in einem Transport durchgeführt werden, aber an verschiedene Empfänger gerichtet sind (Erbs/Kohlhaas/*Diemer* § 34 Rn. 36 zur aF).

64   Bei einer Deliktsserie, die durch mehrere Personen begangen wird, prüft der BGH die Frage der Handlungseinheit oder -mehrheit für jeden Beteiligten gesondert, BGH NStZ-RR 2004, 342. Wenn ein Mittäter einen mehrere Einzeldelikte fördernden Tatbeitrag bereits im Vorfeld erbracht hat und sich an der weiteren Ausführung der Taten nicht mehr beteiligt, so hat er den Straftatbestand nicht nur einmal verletzt, sondern es werden ihm die einzelnen Taten der anderen Mittäter als gem. § 52 Abs. 1 Alt. 2 StGB tateinheitlich begangen zugerechnet.

65   Im Verhältnis der Straftatbestände der §§ 17, 18 zu denen anderer Gesetze kommt Tateinheit insbes. in Betracht mit den Strafvorschriften des KWKG (§§ 19, 20, 20a, 22a KWKG; BGHSt 41, 348 (356); *Holthausen* NStZ 1988, 256 (261)) und des CWÜAG (§§ 16, 17 CWÜAG; vgl. § 2 Abs. 1 S. 4 CWÜAG) sowie mit § 99 StGB (vgl. BGH NStZ-RR 2005, 305) und § 80 StGB. Zwischen dem Bannbruch des § 372 AO und den Straftatbeständen des AWG besteht dagegen aufgrund der in § 372 AO verankerten Subsidiaritätsklausel Gesetzeskonkurrenz, Tateinheit scheidet also aus. Dagegen ist mit § 267 StGB und § 370 AO Idealkonkurrenz zwar insofern auch möglich, als dass keine Gesetzeskonkurrenz besteht. Allerdings liegt hier Handlungs- und damit Tatmehrheit näher. S. zum Ganzen auch die Kommentierungen zu den §§ 52, 53, 54 StGB.

H. Rechtsfolgen

Im Hinblick auf die Strafzumessung, die sich im Grundsatz nach den Kriterien des § 46 StGB richtet, **66** ist im Bereich des Außenwirtschaftsstrafrechts (auch) insbes. folgenden beiden Aspekten Beachtung zu schenken: **Strafmildernd** ist es zu berücksichtigen, wenn dem Verhalten des Täters humanitäre Zwecke zugrunde liegen (BGH NStZ 2007, 644 f.) oder, wenn im Falle einer Ausfuhr ohne Genehmigung diese genehmigungsfähig war, so dass sich der Unrechtsgehalt des Verhaltens des Täters im Handeln ohne die erforderliche Genehmigung erschöpft (BGH wistra 2003, 65 (67); BGH NStZ-RR 2004, 342 (343)). Der § 17 Abs. 4 senkt für einen unbenannten **minder schweren Fall** den Strafrahmen auf die Androhung von Freiheitsstrafe von drei Monaten bis zu fünf Jahren ab. Dies gilt allerdings ausschließlich für nicht nach § 17 Abs. 2, 3 qualifizierte Taten des § 17 Abs. 1.

Besondere Erwähnung verdient im Bereich des Außenwirtschaftsstrafrechts auch § 41 StGB, der die **67** Verhängung einer Geldstrafe neben einer Freiheitsstrafe ermöglicht, für den Fall, dass sich der Täter durch die Tat bereichert oder zu bereichern versucht hat, da das Verhalten des Täters des Öfteren auf die Erlangung eines Vermögensvorteils gerichtet ist (zu den Voraussetzungen Fischer StGB § 41 Rn. 2 ff.).

Gegenstände, die durch die Straftat hervorgebracht oder zu ihrer Begehung oder Vorbereitung **68** gebraucht worden oder bestimmt gewesen sind (insbes. die Tatmittel, zB Transportlastwagen), unterliegen unter den Voraussetzungen des § 74 StGB der Einziehung. § 20 Abs. 1 erweitert diese Möglichkeiten (→ § 20 Rn. 1 ff.).

Da Außenwirtschaftsstraftaten nicht selten im Kontext der Ausübung des Berufs oder Gewerbes **69** begangen werden, kommt auch ein Berufsverbot nach § 70 Abs. 1 StGB in Betracht. In der Praxis wird ein Berufsverbot aber idR nicht verhängt, weil die Gefahr der Begehung weiterer erheblicher Außenwirtschaftsrechtsverstöße durch den einmal verurteilten Täter meist gering erscheint (Bieneck AußenwirtschaftsR-HdB/*Bieneck* § 26 Rn. 36).

§ 18 Strafvorschriften

(1) **Mit Freiheitsstrafe von drei Monaten bis zu fünf Jahren wird bestraft, wer**
1. **einem**
   a) **Ausfuhr-, Einfuhr-, Durchfuhr-, Verbringungs-, Verkaufs-, Erwerbs-, Liefer-, Bereitstellungs-, Weitergabe-, Dienstleistungs- oder Investitionsverbot oder**
   b) **Verfügungsverbot über eingefrorene Gelder und wirtschaftliche Ressourcen**
   eines im Amtsblatt der Europäischen Gemeinschaften oder der Europäischen Union veröffentlichten unmittelbar geltenden Rechtsaktes der Europäischen Gemeinschaften oder der Europäischen Union zuwiderhandelt, der der Durchführung einer vom Rat der Europäischen Union im Bereich der Gemeinsamen Außen- und Sicherheitspolitik beschlossenen wirtschaftlichen Sanktionsmaßnahme dient oder
2. **gegen eine Genehmigungspflicht für**
   a) **die Ausfuhr, Einfuhr, Durchfuhr, Verbringung, einen Verkauf, einen Erwerb, eine Lieferung, Bereitstellung, Weitergabe, Dienstleistung oder Investition oder**
   b) **die Verfügung über eingefrorene Gelder oder wirtschaftliche Ressourcen**
   eines im Amtsblatt der Europäischen Gemeinschaften oder der Europäischen Union veröffentlichten unmittelbar geltenden Rechtsaktes der Europäischen Gemeinschaften oder der Europäischen Union verstößt, der der Durchführung einer vom Rat der Europäischen Union im Bereich der Gemeinsamen Außen- und Sicherheitspolitik beschlossenen wirtschaftlichen Sanktionsmaßnahme dient.

(2) **Mit Freiheitsstrafe bis zu fünf Jahren oder mit Geldstrafe wird bestraft, wer gegen die Außenwirtschaftsverordnung verstößt, indem er**
1. **ohne Genehmigung nach § 8 Absatz 1, § 9 Absatz 1 oder § 78 dort genannte Güter ausführt,**
2. **entgegen § 9 Absatz 2 Satz 2 dort genannte Güter ausführt,**
3. **ohne Genehmigung nach § 11 Absatz 1 Satz 1 dort genannte Güter verbringt,**
4. **ohne Genehmigung nach § 46 Absatz 1, auch in Verbindung mit § 47 Absatz 1, oder ohne Genehmigung nach § 47 Absatz 2 ein Handels- und Vermittlungsgeschäft vornimmt,**
5. **entgegen § 47 Absatz 3 Satz 3 ein Handels- und Vermittlungsgeschäft vornimmt,**
6. **ohne Genehmigung nach § 49 Absatz 1, § 50 Absatz 1, § 51 Absatz 1 oder Absatz 2 oder § 52 Absatz 1 technische Unterstützung erbringt oder**
7. **entgegen § 49 Absatz 2 Satz 3, § 50 Absatz 2 Satz 3, § 51 Absatz 3 Satz 3 oder § 52 Absatz 2 Satz 3 technische Unterstützung erbringt.**

(3) **Ebenso wird bestraft, wer gegen die Verordnung (EG) Nr 2368/2002 des Rates vom 20. Dezember 2002 zur Umsetzung des Zertifikationssystems des Kimberley-Prozesses für den internationalen Handel mit Rohdiamanten (ABl. L 358 vom 31.12.2002, S 28), die zuletzt**

durch die Verordnung (EG) Nr 1268/2008 (ABl. L 338 vom 17.12.2008, S 39) geändert worden ist, verstößt, indem er

1. entgegen Artikel 3 Rohdiamanten einführt oder
2. entgegen Artikel 11 Rohdiamanten ausführt.

(4) [1] Ebenso wird bestraft, wer gegen die Verordnung (EG) Nr 1236/2005 des Rates vom 27. Juni 2005 betreffend den Handel mit bestimmten Gütern, die zur Vollstreckung der Todesstrafe, zu Folter oder zu anderer grausamer, unmenschlicher oder erniedrigender Behandlung oder Strafe verwendet werden könnten (ABl. L 200 vom 30.7.2005, S 1, L 79 vom 16.3.2006, S 32), die zuletzt durch die Verordnung (EU) Nr 1352/2011 (ABl. L 338 vom 21.12.2011, S 31) geändert worden ist, verstößt, indem er

1. entgegen Artikel 3 Absatz 1 Satz 1 dort genannte Güter ausführt,
2. entgegen Artikel 3 Absatz 1 Satz 2 technische Hilfe im Zusammenhang mit dort genannten Gütern leistet,
3. entgegen Artikel 4 Absatz 1 Satz 1 dort genannte Güter einführt,
4. entgegen Artikel 4 Absatz 1 Satz 2 technische Hilfe im Zusammenhang mit dort genannten Gütern annimmt oder
5. ohne Genehmigung nach Artikel 5 dort genannte Güter ausführt.

[2] Soweit die in Satz 1 genannten Vorschriften auf Anhang II oder Anhang III der Verordnung (EG) Nr 1236/2005 verweisen, finden diese Anhänge in der jeweils geltenden Fassung Anwendung.

(5) [1] Ebenso wird bestraft, wer gegen die Verordnung (EG) Nr 428/2009 des Rates vom 5. Mai 2009 über eine Gemeinschaftsregelung für die Kontrolle der Ausfuhr, der Verbringung, der Vermittlung und der Durchfuhr von Gütern mit doppeltem Verwendungszweck (ABl. L 134 vom 29.5.2009, S 1, L 224 vom 27.8.2009, S 21) verstößt, indem er

1. ohne Genehmigung nach Artikel 3 Absatz 1 oder Artikel 4 Absatz 1, 2 Satz 1 oder Absatz 3 Güter mit doppeltem Verwendungszweck ausführt,
2. entgegen Artikel 4 Absatz 4 zweiter Halbsatz Güter ohne Entscheidung der zuständigen Behörde über die Genehmigungspflicht oder ohne Genehmigung der zuständigen Behörde ausführt,
3. ohne Genehmigung nach Artikel 5 Absatz 1 Satz 1 eine Vermittlungstätigkeit erbringt oder
4. entgegen Artikel 5 Absatz 1 Satz 2 zweiter Halbsatz eine Vermittlungstätigkeit ohne Entscheidung der zuständigen Behörde über die Genehmigungspflicht oder ohne Genehmigung der zuständigen Behörde erbringt.

[2] Soweit die in Satz 1 genannten Vorschriften auf Anhang I der Verordnung (EG) Nr 428/2009 verweisen, findet dieser Anhang in der jeweils geltenden Fassung Anwendung. In den Fällen des Satzes 1 Nummer 2 steht dem Ausführer eine Person gleich, die die Ausfuhr durch einen anderen begeht, wenn der Person bekannt ist, dass die Güter mit doppeltem Verwendungszweck ganz oder teilweise für eine Verwendung im Sinne des Artikels 4 Absatz 1 der Verordnung (EG) Nr 428/2009 bestimmt sind.

(6) Der Versuch ist strafbar.

(7) Mit Freiheitsstrafe nicht unter einem Jahr wird bestraft, wer

1. in den Fällen des Absatzes 1 für den Geheimdienst einer fremden Macht handelt,
2. in den Fällen der Absätze 1 bis 4 oder des Absatzes 5 gewerbsmäßig oder als Mitglied einer Bande handelt, die sich zur fortgesetzten Begehung solcher Taten verbunden hat, oder
3. eine in Absatz 1 bezeichnete Handlung begeht, die sich auf die Entwicklung, Herstellung, Wartung oder Lagerung von Flugkörpern für chemische, biologische oder Atomwaffen bezieht.

(8) Mit Freiheitsstrafe nicht unter zwei Jahren wird bestraft, wer in den Fällen der Absätze 1 bis 4 oder des Absatzes 5 als Mitglied einer Bande, die sich zur fortgesetzten Begehung solcher Taten verbunden hat, gewerbsmäßig handelt.

(9) In den Fällen des Absatzes 1 Nummer 2, des Absatzes 2 Nummer 1, 3, 4 oder Nummer 6, des Absatzes 4 Satz 1 Nummer 5 oder des Absatzes 5 Satz 1 steht einem Handeln ohne Genehmigung ein Handeln auf Grund einer durch Drohung, Bestechung oder Kollusion erwirkten oder durch unrichtige oder unvollständige Angaben erschlichenen Genehmigung gleich.

(10) Die Absätze 1 bis 9 gelten, unabhängig vom Recht des Tatorts, auch für Taten, die im Ausland begangen werden, wenn der Täter Deutscher ist.

(11) Nach Absatz 1, jeweils auch in Verbindung mit Absatz 6, 7, 8 oder Absatz 10, wird nicht bestraft, wer

1. bis zum Ablauf des zweiten Werktages handelt, der auf die Veröffentlichung des Rechtsaktes im Amtsblatt der Europäischen Union folgt, und
2. von einem Verbot oder von einem Genehmigungserfordernis, das in dem Rechtsakt nach Nummer 1 angeordnet wird, zum Zeitpunkt der Tat keine Kenntnis hat.

Übersicht

A. Allgemeines

Der § 18 ist nach der AWG-Novelle die Strafvorschrift, welche alle vorsätzlichen Verstöße gegen das **1** Außenwirtschaftsrecht bis auf die von § 17 geregelten Verstöße gegen Waffenembargos erfasst. Ein Fahrlässigkeitstatbestand existiert nicht.

I. Normstruktur

Der § 18 enthält in den Abs. 1–5 diverse Grundtatbestände. Dabei erfasst Abs. 1 Verstöße gegen auch **2** ohne eine Umsetzung unmittelbar wirksame Verbotsnormen der EU, während Abs. 2 Verstöße gegen Genehmigungserfordernisse einer nationalen Rechtsverordnung (der AWV) regelt. Abs. 3 bezieht sich auf Verbote der Kimberley-VO (Rohdiamantenhandel), Abs. 4 auf Verstöße gegen die Anti-Folter-Verordnung und schließlich – von besonderer Praxisrelevanz – Abs. 5, der Verstöße gegen die Dual-Use-Verordnung mit Strafe bewehrt.

Sämtliche Grundtatbestände sind Vergehen, für die jedoch gem. Abs. 6 eine Versuchsstrafbarkeit **3** angeordnet ist. Die Abs. 7 und 8 sind Qualifikationen zu den Grundtatbeständen der Abs. 1–5. Eine dem § 17 Abs. 6 entsprechende Regelung findet sich in § 18 Abs. 9, die in bestimmten Fällen das Handeln ohne Genehmigung einem dem Handeln aufgrund einer durch Drohung, Bestechung oder Kollusion erwirkten oder durch unrichtige oder unvollständige Angaben erschlichenen Genehmigung gleichstellt. Der Abs. 10 ist – wie § 17 Abs. 7 – eine Sondervorschrift für Auslandstaten Deutscher. Schließlich enthält der Abs. 11 noch einen persönlichen Strafausschließungsgrund.

II. Geschütztes Rechtsgut

Die Strafvorschrift des § 18 verfolgt einerseits den Schutz der in § 4 Abs. 1 Nr. 1–3 aufgezählten **4** Kernrechtsgüter: die wesentlichen Sicherheitsinteressen der BRD, das friedliche Zusammenleben der Völker und die auswärtigen Beziehungen der BRD (→ § 17 Rn. 5, → Vorb. Rn. 37 ff.). Die weiteren durch den Genehmigungsvorbehalt im Außenwirtschaftsverkehr geschaffenen strafbewehrten Beschränkungsmöglichkeiten des grds. freien Wirtschaftsverkehrs mit dem Ausland dienen den übergeordneten Interessen des Gemeinwohls und damit dem Schutz des Allgemeinwohls (Erbs/Kohlhaas/*Diemer* § 34

Rn. 5 zur aF). Ferner wird die Funktionstüchtigkeit der staatlichen Außenwirtschaftskontrolle als solche geschützt.

B. Grundstruktur der Tathandlungen

5 Als Tathandlungen kommen das Handeln wider ein Verbot/Gebot (→ Rn. 6) sowie das Handeln ohne eine erforderliche Genehmigung in Betracht (→ Rn. 7 ff.).

I. Handeln entgegen einem Verbot/Gebot

6 Tathandlung ist jeder Verstoß gegen ein Verbot bzw. Gebot, das durch einen europäischen Rechtsakt (vgl. § 18 Abs. 1 Nr. 1) oder durch die AWV (vgl. § 18 Abs. 2 Nr. 2, 5, 7) normiert ist.

II. Handeln ohne erforderliche Genehmigung

7 Davon zu unterscheiden ist das Handeln ohne eine erforderliche Genehmigung. Das betrifft einen Verstoß gegen ein Verbot bzw. Gebot, das durch einen europäischen Rechtsakt (vgl. § 18 Abs. 1 Nr. 2) oder durch die AWV (vgl. § 18 Abs. 2 Nr. 1, 3, 4, 6) normiert ist. Diese Tathandlung kommt nur in Betracht, wenn ein Genehmigungsvorbehalt für das getätigte Geschäft besteht. Dann handelt ohne Genehmigung, wer sie nicht eingeholt hat, wem diese versagt worden ist, wessen Handlung über die erteilte Genehmigung hinausgeht (zur str. Frage der Bedeutung des Endverbleibs: *Holthausen* NStZ 1988, 257 (258 ff.); OLG Düsseldorf NStZ 1987, 565 (566)), wessen Genehmigung rechtswirksam zurückgenommen oder widerrufen worden ist und wessen Genehmigung von einer nicht eingetretenen Bedingung oder bereits abgelaufenen bzw. noch nicht abgelaufenen Frist abhängig gemacht worden ist (Erbs/Kohlhaas/*Diemer* § 33 Rn. 5 zur aF).

8 Dem Export/Import als solchem ist grds. kein Unrechtsgehalt zu eigen. Deshalb ist der Genehmigungsvorbehalt seiner Natur nach ein präventives Verbot mit Erlaubnisvorbehalt (*Rengier* ZStW 101 (1989), 874 (880)). Damit ist eine fehlende Genehmigung in den Straftatbeständen des § 18 Abs. 2–5 ein Tatbestandsmerkmal (MüKoStGB/*Wagner* Vor §§ 17 ff. Rn. 63) mit der Folge, dass eine Genehmigung tatbestandsausschließend wirkt (Erbs/Kohlhaas/*Diemer* § 33 Rn. 5 zur aF). Allerdings ist bei einer Verallgemeinerung Vorsicht geboten. So wird bei einem umfassenden Wirtschaftsembargo regelmäßig von einem repressiven Verbot mit Befreiungsvorbehalt auszugehen sein, so dass einer Genehmigung nur rechtfertigender Charakter zukommt (→ Vorb. Rn. 13). Hiervon ist regelmäßig bei den über § 18 Abs. 1 in Bezug genommenen Embargo-Beschlüssen der VN und den GASP-Beschlüssen auszugehen, zumindest soweit sie strikte Handlungsverbote mit allein für Einzelfälle geltenden Ausnahmen machen (MüKoStGB/*Wagner* Vor §§ 17 ff. Rn. 63, → § 17 Rn. 35).

9 Entscheidend ist allein, ob im Tatzeitpunkt nach Verwaltungsrecht eine wirksame Genehmigung vorliegt oder nicht (sog Verwaltungsaktakzessorietät; *v. Bogdandy* VerwArch 1992, 53 (94); *Rengier* ZStW 101 (1989), 874 (890 ff.)). Daraus folgt, das nicht nur eine rechtmäßige, sondern auch eine rechtswidrige Genehmigung bei präventiven Verboten mit Erlaubnisvorbehalt den Tatbestand ausschließt. Lediglich eine nichtige Genehmigung (§ 44 VwVfG) führt zu einem Handeln ohne Genehmigung.

10 Erst nach Rücknahme bzw. Widerruf der Genehmigung liegt (wieder) ein Handeln ohne Genehmigung vor (vgl. Erbs/Kohlhaas/*Diemer* § 33 Rn. 5a zur aF). Dabei ist zu beachten, dass diese Verwaltungsakte in Abweichung von § 80 Abs. 1 VwGO gemäß § 80 Abs. 2 S. 1 Nr. 3 VwGO iVm § 14 Abs. 2 sofort vollziehbar sind.

11 Bei einer Rücknahme der Genehmigung mit ex-tunc-Wirkung greift diese nicht auf das Strafrecht durch. Derjenige, der im Zeitpunkt der Tathandlung eine Genehmigung hatte, handelt also nicht strafbar, auch wenn die Genehmigung später mit Wirkung für die Vergangenheit zurückgenommen wird (*Rengier* ZStW 101 (1989), 874 (891)). Anderes wäre im Bereich des Straf- und Ordnungswidrigkeitenrechts mit dem Rechtsstaatsprinzip nicht zu vereinbaren: Gerade hier muss der Täter aufgrund der angedrohten Sanktionen vor der Tat bzw. im Tatzeitpunkt klar erkennen können, welche Verhaltensanforderungen an ihn gestellt werden. Ob ein Verhalten ordnungswidrig bzw. strafbar ist, muss im Zeitpunkt der Vornahme der Tathandlung bestimmt sein (Bestimmtheitsgebot – Art. 103 Abs. 2 GG, § 3 OWiG, § 1 StGB).

12 Andererseits reicht die bloße Genehmigungsfähigkeit des Geschäfts (unabhängig davon ob eine Genehmigung gar nicht beantragt wurde oder die Behörde die Genehmigung zu Unrecht versagt hat) sowie die nachträgliche Genehmigung des Geschäfts zum Ausschluss des Tatbestandes nicht aus. Gleiches gilt für eine spätere Aufhebung einer Rücknahme bzw. eines Widerrufs durch die Widerspruchsbehörde oder die Verwaltungsgerichte (BGH NJW 1969, 2023; OLG Stuttgart NJW 1989, 1870; Erbs/Kohlhaas/*Diemer* § 33 Rn. 5a zur aF mwN).

13 Auch die durch unrichtige oder unvollständige Angaben erschlichene oder durch Drohung, Bestechung oder Kollusion erwirkte Genehmigung führt bei den präventiven Verboten mit Erlaubnisvorbehalt zum Tatbestandsausschluss. Allerdings führt die Regelung des § 18 Abs. 9 zu einer Einschränkung dieser Verwaltungsaktakzessorietät (→ § 17 Rn. 36). Eine vergleichbare Regelung wurde im Bereich des

Ordnungswidrigkeitenrechts (vgl. lediglich § 19 Abs. 2 als direkt an die nicht korrekte Mitteilung oder Benutzung von Angaben als Ordnungswidrigkeit) gerade nicht geschaffen – deshalb ist auch eine Übertragung des Rechtsgedankens des § 18 Abs. 9 auf das Ordnungswidrigkeitenrecht ausgeschlossen.

C. Die einzelnen Straftatbestände

I. Die Straftaten des Abs. 1

1. Allgemeines. Von § 18 Abs. 1 werden Zuwiderhandlungen gegen Verbote von unmittelbar **14** geltenden EG/EU-Sanktionsverordnungen erfasst, die keine Rüstungsgüter nach Teil 1 Abschnitt A der Ausfuhrliste betreffen (insoweit greift § 17, → § 17 Rn. 1). Diese Vorschrift tritt an die Stelle von § 34 Abs. 4 Nr. 2 und 3 aF. Im Gegensatz zur Rechtslage vor der AWG-Novelle hat der Gesetzgeber darauf verzichtet, dass die jeweiligen Verstöße zuvor im Bundesanzeiger veröffentlicht werden müssen. Ebenso wie in § 19 Abs. 5 verweist der Gesetzgeber vielmehr direkt auf die Veröffentlichung der jeweiligen Sanktionsverordnung im Amtsblatt (vgl. Müller-Gugenberger WirtschaftsStR/*Alexander/Winkelbauer* § 62 Rn. 116). Dies ist mit dem Gebot der Normenklarheit vereinbar (→ Vorb. Rn. 82).

Auch im Falle der Strafbewehrung eines im Amtsblatt der EU veröffentlichten EU-Embargos durch **15** nationales Recht, wie dies bei § 18 Abs. 1 der Fall ist, muss die EU-Verordnung der Durchführung der Embargos dienen. Folglich gilt auch hier ein **GASP-Vorbehalt** (Achenbach/Ransiek/Rönnau WirtschaftsStR-HdB/*Junck/Kirch-Heim* Teil 4 Kap. 3 Rn. 33, → § 17 Rn. 8 ff.): Es genügt nicht, dass das in Rede stehende Verhalten gegen das durch die EU-Verordnung statuierte Verbot (§ 18 Abs. 1 Nr. 1) bzw. die durch die EG/EU-VO statuierte Genehmigungspflicht (§ 18 Abs. 1 Nr. 2) verstößt. Es muss darüber hinaus auch gegen das zugrundeliegende Unionsembargo verstoßen.

2. Parlamentsvorbehalt. Problematisch bei solchen dynamischen Verweisungen auf nicht von dem **16** Sanktionsgesetzgeber normierte Rechtsakte der EU ist die Einhaltung der Vorgaben des Parlamentsvorbehalts. Diesen wird dann genügt, wenn der nationalstaatliche parlamentarische Gesetzgeber der Verweisungsnorm die Art und das Maß der zu verhängenden Sanktion (also die vollständige Sanktionsnorm) und die Gruppe der zu pönalisierenden Verhaltensvorgaben (also einen Teil der Verhaltensnorm) aus einem bestimmten Aufgabenbereich der EU bezeichnet hat (→ Vorb. Rn. 80 f.).

Das ist bei § 18 Abs. 1 der Fall. Die Sanktionsnorm ist einschließlich der Höhe der verhängbaren **17** Freiheitsstrafe vollständig. Die Verhaltensvorgaben sind in § 18 Abs. 1 Nr. 1 mit zu sanktionierenden Verstößen gegen Ausfuhrverbote etc (nachfolgend → Rn. 19) bzw. Verstößen gegen entsprechend auferlegte Genehmigungspflichten nach § 18 Abs. 1 Nr. 2 genau beschrieben. Ebenso ist der Aufgabenbereich in § 18 Abs. 1 bezeichnet (Durchführung einer vom Rat der Europäischen Union im Bereich der Gemeinsamen Außen- und Sicherheitspolitik beschlossenen wirtschaftlichen Sanktionsmaßnahme).

3. § 18 Abs. 1 Nr. 1. Die Tathandlungen (vgl. zur Grundstruktur → Rn. 5 ff.) bestehen bei § 18 **18** Abs. 1 Nr. 1 in Handlungen gegen ein Verbot/Gebot (→ Rn. 6). Das sind bei der Nr. 1a) Verstößen gegen Verbote zur **Ausfuhr** (zum Begriff → Vorb. Rn. 55 f., → § 17 Rn. 15), **Einfuhr** (zum Begriff → Vorb. Rn. 53 f., → § 17 Rn. 22), **Durchfuhr** (zum Begriff → § 17 Rn. 16), **Verbringung** (zum Begriff → Vorb. Rn. 57 f.), **Verkauf** (zum Begriff → § 17 Rn. 14), **Erwerb** (zum Begriff → § 17 Rn. 23), Lieferung, Bereitstellung, Weitergabe, Dienstleistung oder Investition oder bei Nr. 1b) in Verstößen gegen Verfügungsverbote über eingefrorene Gelder und wirtschaftliche Ressourcen. Bei § 18 Abs. 1 Nr. 2 geht es um Verstöße gegen Genehmigungspflichten für die Ausfuhr, Einfuhr, Durchfuhr Verbringung, einen Verkauf, einen Erwerb, eine Lieferung, Bereitstellung, Weitergabe, Dienstleistung, Investition oder die Verfügung über eingefrorene Gelder oder wirtschaftliche Ressourcen. Zu beachten ist, dass bei der Auslegung des jeweiligen Tatbestandsmerkmals auch der jeweils zugrunde liegende Embargo-Beschluss heranzuziehen ist, aber für die Frage der Strafbarkeit der strafrechtliche Bestimmtheitsgrundsatz zu beachten ist (→ Rn. 83 ff.; MüKoStGB/*Wagner* Rn. 13).

Lieferverbot. Gegen ein Lieferverbot wird dann verstoßen, wenn jemand Waren in ein Embargoland **19** bringt, ohne dass diese ausgeführt (also aus der EU verbracht) wurden. Ein Beispiel ist die Beauftragung eines sich außerhalb des Zollgebiets der EU befindenden Dritten, dort lagernde Embargowaren in ein Embargoland zu senden, wenn der Dritte dieser Beauftragung nachkommt (MüKoStGB/*Wagner* Rn. 19).

Bereitstellungsverbot. Die Bereitstellung wird weder im AWG noch in der AWV definiert. Dieser **20** Begriff wird jedoch häufig in EU-Embargo-Verordnungen verwendet und hat so Eingang in das AWG gefunden. Dabei geht es regelmäßig um die Zur-Verfügung-Stellung von Geldern oder wirtschaftlichen Ressourcen (vgl. Art. 2b der VO (EG) Nr. 234/2003 ABl. 2006 L 7, 32). Unerheblich ist, wie die Gelder und Ressourcen zur Verfügung gestellt werden. Entscheidend ist allein, dass das mit einem Embargo belegte Ziel (Land, Person, Organisation) in der Lage ist, die Verfügungsgewalt über die jeweilige Ressource zu erlangen (EuGH BeckRS 2011, 81942 zum gleichfalls vom Bereitstellen erfassten Zurverfügungstellen; MüKoStGB/*Wagner* Rn. 20).

21   Das **Weitergabeverbot** erfasst im Sinne eines Auffangtatbestandes die Teilnahme einer Person, welche selber zwar kein Verkäufer, Lieferant oder Ausführer ist, an einer (zwischengeschalteten) Übertragung von Embargogütern in Kenntnis der Endbestimmung der Güter (MüKoStGB/*Wagner* Rn. 20).

22   Gegen das **Dienstleistungsverbot** wird dann verstoßen, wenn entgegen den jeweiligen Embargobestimmungen Dienstleistungen gleich welcher Art im oder für das Embargoland erbracht werden. Insbesondere bei diesem Verbot ist auf den jeweiligen Zweck des Embargos abzustellen. Unerheblich ist, ob die jeweilige Leistung nach deutscher Vertragstypologie einem Dienstleistungs- oder Werkvertrag zuzuordnen ist (MüKoStGB/*Wagner* Rn. 26).

23   Das **Investitionsverbot** umfasst das Verbot, in/bei dem mit einem Embargo belegten Ziel Gelder zu investieren. Dieser Begriff schließt damit Zahlungen aus, die ohne den Aufbau einer dauerhaften wirtschaftlichen Verbindung erbracht werden (MüKoStGB/*Wagner* Rn. 27).

24   **4. § 18 Abs. 1 Nr. 2.** Bei § 18 Abs. 1 Nr. 2 geht es um Verstöße gegen Genehmigungspflichten für die Ausfuhr, Einfuhr, Durchfuhr Verbringung, einen Verkauf, einen Erwerb, eine Lieferung, Bereitstellung, Weitergabe, Dienstleistung, Investition oder die Verfügung über eingefrorene Gelder oder wirtschaftliche Ressourcen. Zu beachten ist, dass bei der Auslegung des jeweiligen Tatbestandsmerkmals auch der jeweils zugrunde liegende Embargo-Beschluss heranzuziehen ist, aber für die Frage der Strafbarkeit der strafrechtliche Bestimmtheitsgrundsatz zu beachten ist (→ Vorb. Rn. 83 ff.; MüKoStGB/*Wagner* Rn. 13). Ohne Genehmigung handelt der Täter, wenn die Ausfuhr genehmigungspflichtig ist, er im Zeitpunkt der Ausfuhr aber keine wirksame Genehmigung hat (sog Verwaltungsaktsakzessorietät). Auf die Rechtmäßigkeit der Genehmigung bzw. die Genehmigungsfähigkeit kommt es nicht an. Es gilt das zu in → Rn. 7 ff. Geschriebene.

25   **5. Einzelne besonders praxisrelevante Embargos.** Ein guter Überblick über die jeweils aktuellen Embargos und weiterführende Informationen zu diesen finden sich unter www.ausfuhrkontrolle.info/ausfuhrkontrolle/de/embargos/index.html (Webseite des BAFA). Nachfolgend werden wegen der besonderen Praxisrelevanz das Iran-Embargo (→ Rn. 26 ff.), das Nordkorea-Embargo (→ Rn. 30 ff.) sowie Embargos zur Bekämpfung des Terrorismus (→ Rn. 38) näher erläutert.

26   **a) Das Iran-Embargo.** Vor dem Hintergrund des Konflikts um die Anreicherung von Uran durch den Iran hat der Sicherheitsrat der UN mit den Resolutionen 1737 (2006) v. 23.12.2006, 1747 (2007) v. 24.3.2007, 1803 (2008) v. 3.3.2008 und 1835 (2008) v. 27.9.2008 Wirtschaftssanktionen gegen den Iran beschlossen. Schließlich wurde mit der Resolution 1929 (2010) v. 9.6.2010 ein überarbeitetes Waffenembargo festgelegt und Sanktionen im Finanzbereich ausgeweitet. Diese Resolutionen wurden durch die Gemeinsamen Standpunkte 2007/140/GASP des Rates v. 27.2.2007 über restriktive Maßnahmen gegen Iran und 2008/652/GASP des Rates v. 7.8.2008 zur Änderung des Gemeinsamen Standpunkts 2007/140/GASP über restriktive Maßnahmen gegen Iran sowie mit dem Beschluss 2012/35/GASP v. 23.1.2012 übernommen.

27   Nach der Einigung mit dem Iran über den Rückbau von Anlagen, die für ein Nuklearprogramm verwendet werden können, verabschiedete der Sicherheitsrat der Vereinten Nationen am 20.7.2015 die Resolution 2231 (2015). Es ist angestrebt, die gegen den Iran sowohl auf Ebene der Vereinten Nationen als auch der EU verhängten Sanktionen schrittweise abzubauen. Die Voraussetzung hierfür ist, dass die Internationale Atomenergie-Organisation (IAEO) die Umsetzung von ersten grundlegenden technischen Schritten zum Rückbau im Nuklearbereich durch den Iran bestätigt. Der genaue Zeitplan ergibt sich aus dem Annex V der VN-Resolution 2231 (2015). Danach ist diese Bestätigung durch die IAEO für das 1. Quartal 2016 vorgesehen. Ein Kernbestand an Sanktionen (Waffen, Personen- und Unternehmenslistungen aus dem Nuklearbereich) wird beibehalten. Dieser ergibt sich aus Ziffer 7 der VN-Resolution 2231 (2015) iVm mit deren Annex B. Dagegen werden nicht unmittelbar proliferationsbezogene Wirtschafts- und Finanzsanktionen aufgehoben und insbes. im Energie- und Finanzsektor Unternehmen und Personen entlistet. Spätestens nach acht Jahren oder nach der Bestätigung durch die IAEO, dass Iran eine ausschließlich friedliche Nutzung des Nuklearmaterials vornimmt, kommt es zur Aufhebung der verbliebenen proliferationsbezogenen Sanktionen am Transition Day.

28   Der Umsetzung in unmittelbar geltendes Recht diente die VO (EG) Nr. 423/2007 v. 19.4.2007. Diese wurde durch die VO (EU) Nr. 961/2010 ersetzt, welche wiederrum durch die VO (EU) Nr. 267/2012 abgelöst und inhaltlich erweitert wurde. Diese Regelungen wurden durch die VO (EU) Nr. 1263/2012 nochmals ergänzt und verschärft. Im Zuge des bereits geschilderten angestrebten Abbauprozesses der Sanktionen gegen den Iran wurden durch die VO (EU) Nr. 42/2014 auf der Grundlage des GASP-Beschlusses 2014/21/GASP einige Verbote der VO (EU) Nr. 267/2012 ausgesetzt. Außerdem ist noch die VO (EU) Nr. 359/2011 nebst Änderungsverordnungen zu beachten. Die Sanktionsmaßnahmen sehen Verkaufs-, Ausfuhr-, Lieferungs- und Weitergabeverbote für Güter nach Anhang I der Dual-Use-VO (EG) Nr. 428/2009 und für Güter zur Entwicklung von Kernwaffen an bestimmte iranische Personen und Organisationen vor (Art. 2 Abs. 1 iVm Anhang I, II). Nach Art. III Abs. 1 iVm Anhang III sind Genehmigungsvorbehalte für Verkauf, Ausfuhr, Lieferung und Weitergabe weiterer Güter aus dem Bereich der Öl-, Gas- und petrochemischen Industrie vorgesehen (Art. 8 iVm Anhänge VI und VIa). Schließlich wurden Gelder und wirtschaftliche Ressourcen bestimmter Personen und Organisationen

eingefroren, ein entsprechendes Bereitstellungsverbot normiert (Art. 23 iVm den Anhängen VIII und IX) und Beschränkungen für Geldtransfers und Finanzdienstleistungen angeordnet (Art. 30 ff.).

Die Strafbarkeit einer Zuwiderhandlung gegen das Iran-Embargo ergab sich nach der Rechtslage vor **29** der AWG-Novelle aus § 34 Abs. 4 Nr. 1 aF iVm §§ 70a Abs. 1 Nr. 2, 3, Abs. 2 Nr. 1–4 und 8–11, 69o AWV für Rüstungsgüter bzw. aus § 34 Abs. 4 Nr. 2, 3 aF iVm der VO (EG) Nr. 423/2007 für andere Güter. Die damals noch notwendige Veröffentlichung der VO (EG) Nr. 423/2007 im Bundesanzeiger erfolgte im BAnz. 2007 Nr. 85, 4721. Nach der AWG-Novelle knüpft § 18 Abs. 1 AWG direkt an die jeweiligen unmittelbar geltenden Verordnungen der EG/EU an. Die Strafbarkeit für Verstöße gegen das Rüstungsembargo ergibt sich dagegen aus §§ 74 Abs. 1 Nr. 8, 75, 76 Abs. 1 und Abs. 9 AWV iVm Teil I Abschnitt A der Ausfuhrliste sowie im Hinblick auf die Einfuhr-, Erwerb- und Beförderungsverbote aus § 77 AWV iVm § 17 AWG, § 80 AWV (→ § 17 Rn. 17 ff., 21 ff.; zur Sanktionierung von Ordnungswidrigkeiten → § 19 Rn. 43; zum Iran-Embargo vgl. auch Achenbach/Ransiek/Rönnau WirtschaftsStR-HdB/*Junck/Kirch-Heim* Teil 4 Kap. 3 Rn. 37 ff.).

b) Das Nordkorea-Embargo. Infolge des Tests ballistischer Flugkörper v. 5.7.2006, des Atomwaf- **30** fentests v. 9.10.2006 und des weiteren Atomwaffentests v. 25.5.2009 durch Nordkorea hat der Sicherheitsrat der VN iRd Resolutionen 1695 (2006) v. 15.7.2006, 1718 (2006) v. 14.10.2006 und 1874 (2009) v. 12.6.2009 verschiedene Sanktionsmaßnahmen gegen Nordkorea verhängt.

Diese Resolutionen wurden von der EU durch die gemeinsamen Standpunkte 2006/795/GASP v. **31** 20.11.2006 über restriktive Maßnahmen gegen die Demokratische Volksrepublik Korea und 2009/573/ GASP v. 27.7.2009 zur Änderung des Gemeinsamen Standpunkts 2006/795/GASP über restriktive Maßnahmen gegen die Demokratische Volksrepublik Korea inhaltlich übernommen.

Zur Umsetzung des Nordkorea-Embargos in unmittelbar geltendes Recht wurde die VO (EG) **32** Nr. 329/2007 erlassen. Mit der Änderungsverordnung (EU) Nr. 1283/2009 v. 22.12.2009 wurde der Anhang Ia eingeführt und der Anhang I neu gefasst und damit die Fassung des Anhangs I der Verordnung (EG) Nr. 117/2008 ersetzt. Der Anhang I enthält seitdem alle Güter des Anhangs I der Dual-Use-VO (EG) Nr. 428/2009.

Inhaltlich liegt zwar kein Totalembargo, aber ein recht weitgehendes Teilembargo gegen Nordkorea **33** vor. Im Hinblick auf Waffen und sonstige Rüstungsgüter ist das Embargo umfassend. Art. 2 und 3 der (konsolidierten) VO (EG) Nr. 329/2007 setzen ein Ausfuhrverbot, Einfuhrverbot sowie ein Verbot des Transfers der entsprechenden Technologie für die in Anhang I der VO (EG) Nr. 329/2007 genannten Dual-Use-Güter fest. Auch die Bereitstellung von finanzieller Unterstützung im Zusammenhang mit diesen Gütern sowie die Teilnahme an Aktivitäten, die die Umgehung der besagten Verbote bezwecken, ist untersagt.

Art. 4 VO (EG) Nr. 329/2007 statuiert ein Ausfuhrverbot für die in Anhang III genannten Luxusgü- **34** ter nach Nordkorea. Den Bedenken, die sich im Hinblick auf das Bestimmtheitsgebot (Art. 103 Abs. 2 GG) aus der Verwendung von wenig trennscharfen Begriffen wie „der oberen Preisklasse" oder „qualitativ hochwertig" in Anhang III ergeben (Achenbach/Ransiek/Rönnau WirtschaftsStR-HdB/ *Junck/Kirch-Heim* Teil 4 Kap. 3 Rn. 42), ist durch eine restriktive Auslegung dieser Begriffe Rechnung zu tragen. Für eine enge Auslegung spricht auch, dass es sich bei den in Anhang III aufgeführten Waren um eine (abschließende) Aufzählung der von Art. 4 erfassten Luxuswaren handelt. Von einer Luxusware – also einer Ware die der Verschwendung und Prunksucht dient – wird man aber nicht schon deshalb sprechen können, weil ihr Preis oder ihre Qualität über dem durchschnittlichen Preis oder der durchschnittlichen Qualität für Waren derselben Gattung liegt. Vielmehr muss sich die in Rede stehende Ware im Preis bzw. in ihrer Qualität deutlich vom durchschnittlichen Preis- bzw. Qualitätsniveau für Waren derselben Gattung abheben.

Nach Art. 5 VO (EG) Nr. 329/2007 kann indessen auf einen entsprechenden Antrag beim BAFA hin **35** in einem gestuften Genehmigungsverfahren im Einzelfall eine Ausnahmegenehmigung für grds. gem. Art. 2 Abs. 1 lit. a, Art. 3 Abs. 1 lit. a oder b oder Art. 4 lit. a VO (EG) Nr. 329/2007 verbotene Verhaltensweisen erteilt werden.

Zudem werden die Gelder und wirtschaftlichen Ressourcen der Personen, Organisationen und **36** Einrichtungen, die in Anhang IV der VO (EG) Nr. 329/2007 aufgelistet sind, gem. Art. 6 VO (EG) Nr. 329/2007 eingefroren. Hintergrund ist die Beteiligung der dort genannten Personen, Organisationen und Einrichtungen an den nordkoreanischen Rüstungsprogrammen zur Entwicklung von Massenvernichtungswaffen. Diesen in Anhang IV aufgeführten Personen, Organisationen und Einrichtungen dürfen weder Gelder noch sonstige Wirtschaftsressourcen zur Verfügung gestellt werden. Darüber hinaus statuiert § 78 AWV eine Genehmigungspflicht für die Ausfuhr von Ausrüstung für die Herstellung von Banknoten, Wertzeichen, Banknoten- oder Wertzeichenspezialpapieren, wenn Käufer- oder Bestimmungsland (zur Definition → Vorb. Rn. 61) Nordkorea ist.

Die Strafbarkeit einer Zuwiderhandlung gegen das Nordkorea-Embargo ergab sich vor der AWG- **37** Novelle aus § 34 Abs. 4 Nr. 1 aF iVm §§ 70a Abs. 2 Nr. 1–4 und 10a, 69n AWV bzw. aus § 34 Abs. 4 Nr. 2, 3 aF iVm der VO (EG) Nr. 329/2007. Die damals noch notwendige Veröffentlichung der VO (EG) Nr. 329/2007 im Bundesanzeiger erfolgte im BAnz. 2007 Nr. 70, 3820. Nach der AWG-Novelle sind die §§ 74 Abs. 1 Nr. 5, 75, 76 Abs. 1 und Abs. 6, 77 AWV für Rüstungsgüter relevant. Die entsprechende Strafbewehrung erfolgt über § 17, § 80 AWV (→ § 17 Rn. 17 ff., 21 ff.), für Verstöße gegen die VO (EG) Nr. 329/2007 über § 18 Abs. 1 sowie für Verstöße gegen § 78 AWV über § 18 Abs. 2 Nr. 1 (zur Sanktionierung von Ordnungswidrigkeiten → § 19 Rn. 41; zum Nordkorea-Embargo vgl. auch Achenbach/Ransiek/Rönnau WirtschaftsStR-HdB/*Junck/Kirch-Heim* Teil 4 Kap. 3 Rn. 40 ff.).

38   **c) Embargos zur Bekämpfung des Terrorismus.** Einen Überblick über die Embargos zur Bekämpfung des Terrorismus gibt das Merkblatt des Bundesamts für Wirtschaft und Ausfuhrkontrolle zu den länderunabhängigen Embargomaßnahmen zur Terrorismusbekämpfung (abrufbar unter www.ausfuhrkontrolle.info/ausfuhrkontrolle/de/arbeitshilfen/merkblaetter/merkblatt_ebt.pdf). Nachfolgend wird wegen der besonderen Praxisrelevanz auf die Embargomaßnahmen gegen das Al-Qaida-Netzwerk und die Taliban (→ Rn. 39 ff.) sowie Embargomaßnahmen gegen sonstige terrorverdächtige Personen und Organisationen (→ Rn. 50 ff.) eingegangen.

39   **aa) Embargomaßnahmen gegen das Al-Qaida-Netzwerk und die Taliban.** Grundlage der Embargomaßnahmen gegen das Al-Qaida-Netzwerk und die Taliban ist die Resolution 1390 (2002) des Sicherheitsrates der VN v. 16.1.2002 (→ Vorb. Rn. 28 f., → § 17 Rn. 18). Diese Resolution wurde von der EU durch den Gemeinsamen Standpunkt 2002/402/GASP v. 27.5.2002 betreffend restriktive Maßnahmen gegen Osama bin Laden, Mitglieder der Al-Qaida-Organisation und die Taliban sowie andere mit ihnen verbündete Personen, Gruppen, Unternehmen und Einrichtungen und zur Aufhebung der Gemeinsamen Standpunkte 96/746/GASP, 1999/727/GASP, 2001/154/GASP und 2001/771/GASP inhaltlich übernommen. Die Integration des Embargos in die deutsche Rechtsordnung ist im Hinblick auf den Handel mit Rüstungsgütern durch § 74 Abs. 2 Nr. 3 AWV erfolgt, iÜ durch die VO (EG) Nr. 881/2002 v. 27.5.2002.

40   Die VO (EG) Nr. 881/2002 hat seit ihrem Inkrafttreten zahlreiche Änderungen erfahren. So enthielt sie zu Beginn auch restriktive Maßnahmen gegen Personen und Organisationen, die mit den Taliban in Verbindung stehen. Diese sind nun in der VO (EU) Nr. 753/2011 über restriktive Maßnahmen gegen bestimmte Personen, Gruppen, Unternehmen und Einrichtungen angesichts der Lage in Afghanistan enthalten, die damit die VN-Resolution 1988/2011 und den Beschluss 2011/486/GASP umsetzt. Die natürlichen oder juristischen Personen, Gruppen, Organisationen oder Einrichtungen, die von diesen Verboten betroffen sind, werden durch § 74 Abs. 2 Nr. 2 AWV iVm der jeweils geltenden Fassung des Anhangs des Beschlusses 2011/486/GASP des Rates v. 1.8.2011 über restriktive Maßnahmen gegen bestimmte Personen, Gruppen, Unternehmen und Einrichtungen angesichts der Lage in Afghanistan (ABl. 2011 L 199, 57), erfasst (→ § 17 Rn. 18; zur verfassungsrechtlichen Zulässigkeit solcher dynamischer Verweisungen → Vorb. Rn. 76 ff.).

41   Die Strafbarkeit einer Zuwiderhandlung gegen diese Embargos ergeben sich aus § 17 iVm §§ 80 Nr. 1, 74 Abs. 2 Nr. 2, 3 AWV bzw. aus § 18 Abs. 1 iVm der VO (EG) Nr. 881/2002.

42   Aufgrund des Al-Qaida-Embargos sind der Verkauf und die Ausfuhr von Waffen und sonstigen Rüstungsgütern an die in Anhang I der VO (EG) Nr. 881/2002 genannten Personen, Vereinigungen und Organisationen verboten (vgl. § 74 Abs. 2 Nr. 3 AWV). Anhang I der VO (EG) Nr. 881/2002 folgt dabei seinem Inhalt nach der Listung bestimmter des Terrorismus verdächtiger Personen durch den gem. der Resolution 1267/1999 des Sicherheitsrates eingesetzten Sanktionsausschuss. Diese Liste wird durch den Sanktionsausschuss fortlaufend aktualisiert und daher auch der Anhang I der VO (EG) Nr. 881/2002 fortlaufend angepasst.

43   Ferner werden jegliche Gelder und wirtschaftliche Ressourcen der in Anhang I der VO (EG) Nr. 881/2002 genannten Personen, Vereinigungen und Organisationen eingefroren und den in Anhang I Genannten dürfen auch keine Gelder noch sonstige wirtschaftliche Ressourcen weder direkt noch indirekt zu Verfügung gestellt werden (vgl. Art. 2 VO (EG) Nr. 881/2002).

44   Zudem ist die Beteiligung an Aktivitäten, die zu einer Umgehung des Einfrierens von Geldern und wirtschaftlichen Ressourcen oder des Verbots der Zurverfügungstellung von Geldern oder wirtschaftlichen Ressourcen (Art. 2 VO (EG) Nr. 881/2002) führen, verboten (Art. 4 VO (EG) Nr. 881/2002).

45   Unter bestimmten Voraussetzungen besteht allerdings für das BAFA bzw. die Deutsche Bundesbank die Möglichkeit eine Ausnahme von den in Art. 2 VO (EG) Nr. 881/2002 normierten Verboten zu genehmigen (Art. 2a VO (EG) Nr. 881/2002).

46   Klagen der von der Listung Betroffenen gegen ihre Aufnahme in den Anhang I der VO (EG) Nr. 881/2002 hatte das Gericht 1. Instanz der Europäischen Union (EuG, vor dem Vertrag von Lissabon Gericht erster Instanz der EG) mit der Begründung des Vorrangs des Völker- vor dem Gemeinschaftsrecht abgewiesen (vgl. zB EuG BeckEuRS 2005, 412272). Inzwischen hat der EuGH mit Urteil v. 3.9.2008 die Entscheidung des EuG in den verbundenen Rechtssachen C-402/05 P und C-415/05 P (Yassin Abdullah Kadi und Al Barakaat International Foundation/Rat der EU und Kommission der EG) aufgehoben und den zugrundeliegenden Nichtigkeitsklagen stattgegeben, weil er die Kläger, die sich auch in diesem Fall gegen ihre Listung in Anhang I der VO (EG) Nr. 881/2002 wandten, insbes. wegen des Verstoßes gegen ihren Anspruch auf rechtliches Gehör sowie ihr Recht auf effektive gerichtliche Kontrolle in ihren Grundrechten verletzt sah (EuGH DVBl 2009, 175). Der EuGH hat die VO (EG) Nr. 881/2002 allerdings nur insoweit für nichtig erklärt, als sie Herrn Kadi und die Al Barakaat International Foundation betrifft. Zudem hat er die Wirkungen der Verordnung, soweit sie die Rechtsmittelführer betrifft, für einen Zeitraum von drei Monaten ab dem Tag der Urteilsverkündung aufrechterhalten, um eine Heilung der festgestellten Verstöße zu ermöglichen.

Für die Strafbarkeit aus (zum Zeitpunkt der Entscheidung noch nach) § 34 Abs. 4 Nr. 2 aF iVm der **47** VO (EG) Nr. 881/2002 resultiert daraus Folgendes: Bezogen auf die Rechtsmittelführer war die VO (EG) Nr. 881/2002 bis zum 3.12.2008 aufgrund der Dreimonatsfrist rechtswirksam. Die Rechtsmittelführer betreffende Verstöße gegen die VO (EG) Nr. 881/2002, die bis zu diesem Tag erfolgt sind, sind daher nach § 34 Abs. 4 Nr. 2 aF strafbar. Mit der VO (EG) Nr. 1190/2008 v. 28.11.2008 sind die Kläger zudem noch vor Ablauf der vom EuGH gesetzten Frist unter Berücksichtigung der Vorgaben des EuGH erneut gelistet worden, so dass die entsprechenden sich aus der VO (EG) Nr. 881/2002 ergebenden Verbote bzgl. Herrn Kadi und die Al Barakaat International Foundation unterbrechungslos nach wie vor gelten. Allerdings ist die VO (EG) Nr. 1190/2008 (entsprechend der zum damaligen Zeitpunkt noch geltenden Veröffentlichungspflicht) erst am 12.12.2008 im Bundesanzeiger bekannt gemacht worden (BAnz. 2008 Nr. 190, 4451). Verstöße gegen die VO (EG) Nr. 881/2002 betreffend Herrn Kadi und die Al Barakaat International Foundation sind daher im Zeitraum v. 4.12.2008 bis zum 12.12.2008 nicht nach § 34 Abs. 4 Nr. 2 strafbar (so auch *Heine* NStZ 2009, 428 (432)).

Die Listungen der Übrigen in Anhang I der VO (EG) Nr. 881/2002 genannten Personen, Organisa- **48** tionen, Vereinigungen und Unternehmen sind rechtswirksam und dahingehende Verstöße gegen die VO (EG) Nr. 881/2002 sind damit nach § 34 Abs. 4 Nr. 2 bzw. jetzt § 18 Abs. 1 strafbar: Zwar leiden die Listungen in Anhang I der VO (EG) Nr. 881/2002, die vor besagtem EuGH-Urteil erfolgt sind, unter denselben Rechtsfehlern wie die Listung von Herrn Kadi und der Al Barakaat International Foundation, der EuGH hat die VO (EG) Nr. 881/2002 aber explizit nur insoweit für nichtig erklärt, als sie Herrn Kadi und die Al Barakaat International Foundation betrifft. Vor dem Hintergrund des Verwerfungsmonopols des Gerichtshofs (stRspr; vgl. zB 6.12.2005 BeckRS 2005, 70935) bleibt die VO (EG) Nr. 881/2002 iÜ daher auch insoweit rechtswirksam, als sie rechtsfehlerhaft ist (aA wohl *Heine* NStZ 2009, 428 (432)). Die rechtsfehlerhaft Gelisteten können aber eine Nichtigerklärung ihrer Listung im Rahmen einer Nichtigkeitsklage vor dem EuG erreichen (vgl. EuG EuZW 2009, 662). Wobei ein solches Vorgehen idR nur zu einer Neulistung unter Berücksichtigung der Vorgaben des EuGH führen dürfte – und dies aufgrund der in Art. 60 Abs. 2 iVm 56 Abs. 1 der Satzung des Gerichtshof vorgesehenen Rechtsmittelfrist sogar Verbotslücken- und – sofern eine rechtzeitige Bekanntmachung im Bundesanzeiger erfolgt – auch strafbarkeitslückenfrei (vgl. den Fall von Herrn Omar Mohammed Othman, der infolge des Urteils des EuG abgedruckt in EuZW 2009, 662 durch die VO (EG) Nr. 732/2009 unter Berücksichtigung der EuGH-Vorgaben erneut gelistet worden ist; die Veröffentlichung im Bundesanzeiger erfolgte im BAnz. 2009 Nr. 131, 3072, woraus sich allerdings eine Strafbarkeitslücke v. 22.8.2009 bis zum 3.9.2009 ergab). Da nach der AWG-Novelle die Veröffentlichungspflicht im Bundesanzeiger entfällt, hat sich die damit verbundene Problematik der Strafbarkeitslücken für Verstöße seit dem 1.9.2013 erledigt.

Erwägenswert ist, dass nur Verstöße gegen die Embargomaßnahmen zugunsten von zu Recht Geliste- **49** ten strafbar sind. Mittlerweile hat der EuGH festgestellt, dass auch Umsetzungsmaßnahmen der Europäischen Union, die auf Sanktionsbeschlüssen der VN beruhen, einer umfassenden gerichtlichen Kontrolle am Maßstab der Gemeinschaftsgrundrechte unterliegen (EuGH NJW 2008, 3697). Damit ist es an sich nicht erforderlich, dass die Strafgerichte selbst umfassend nachprüfen, ob der Gelistete auch zu Recht gelistet wurde. Dies stimmt dann auch überein mit der Rspr. des BGH, der in BGHSt 41, 127 festgehalten hat, dass nur der Sicherheitsrat der VN die Kompetenz besitzt, Art und Umfang der zulässigen und gebotenen Embargo-Maßnahmen zu bestimmen, dass derartige Beschlüsse des Sicherheitsrats gemäß Art. 41 der UN-Charta konstitutiv sind und strikte Bindungswirkung ggü. den Mitgliedstaaten entfalten. Allerdings sollte das zur Entscheidung berufene Strafgericht zumindest dann, wenn das bisherige Verhalten objektiv erkennbar keinen Bezug zum Phänomen des internationalen Terrorismus aufweist (zB das Vorhandensein eines Namens auf der Liste ist auf einen – gerade bei arabischen Namen häufig auftretenden – Schreib- oder Übersetzungsfehler zurückzuführen) von einer Bestrafung absehen (*Zöller* Terrorismusstrafrecht S. 635 f.).

bb) Embargomaßnahmen gegen sonstige terrorverdächtige Personen und Organisationen. **50**

Mit den Gemeinsamen Standpunkten 2001/930/GASP betreffend die Bekämpfung des Terrorismus und 2001/931/GASP betreffend die Anwendung besonderer Maßnahmen zur Bekämpfung des Terrorismus (beide) v. 27.12.2001 ist die EG den sich aus der infolge der Terroranschläge v. 11.9.2001 beschlossenen Resolution 1373 (2001) des Sicherheitsrates der VN ergebenden Verpflichtungen für die VN-Mitgliedstaaten nachgekommen (→ Vorb. Rn. 30, → § 17 Rn. 18). In nationales Recht werden die aus diesen Gemeinsamen Standpunkten resultierenden Embargomaßnahmen durch § 74 Abs. 2 Nr. 1 AWV und die VO (EG) Nr. 2580/2001 v. 27.12.2001 umgesetzt. Die VO (EG) Nr. 2580/2001 wurde im BAnz. 2002 Nr. 22, 1817 veröffentlicht.

Die Strafbarkeit einer Zuwiderhandlung gegen das sonstige terrorverdächtige Personen betreffende **51** Embargo ergibt sich dementsprechend aus § 17 iVm §§ 80 Nr. 1 AWV bzw. aus § 18 Abs. 1 iVm der VO (EG) Nr. 2580/2001.

52   Inhaltlich unterscheidet sich das Embargo gegen sonstige terrorverdächtige Personen und Organisationen von dem Al-Qaida-Embargo (→ Rn. 28 ff.) vor allem dadurch, dass es sich gegen Personen und Organisationen richtet, die zwar in Verbindung zum Terrorismus, nicht aber zum Al-Qaida-Netzwerk oder den Taliban stehen und daher nicht in Anhang I der VO (EG) Nr. 881/2002 oder im Anhang des Beschlusses 2011/486/GASP des Rates v. 1.8.2011 aufgeführt werden. Die Listung erfolgt auch nicht durch einen Sanktionsausschuss der VN (dessen Liste dann von der EG-VO übernommen wird), sondern durch den Rat der EU: Gem. Art. 2 Abs. 3 VO (EG) Nr. 2580/2001 erstellt, überprüft und ändert der Rat der EU einstimmig und im Einklang mit Art. 1 Abs. 4–6 des Gemeinsamen Standpunkts 2001/931/GASP die Liste der der VO (EG) Nr. 2580/2001 unterfallenden Personen, Vereinigungen oder Körperschaften.

53   IÜ sind die Embargomaßnahmen gegen sonstige terrorverdächtige Personen und Organisationen inhaltlich denen gegen das Al-Qaida-Netzwerk und die Taliban ähnlich: Der Verkauf und die Ausfuhr von Waffen und sonstigen Rüstungsgütern an die gelisteten Personen, Vereinigungen und Körperschaften ist verboten (vgl. § 74 Abs. 2 Nr. 1 AWV). Zudem werden jegliche Gelder und wirtschaftliche Ressourcen der gelisteten Personen, Vereinigungen und Organisationen eingefroren und diesen dürfen auch weder Gelder noch sonstige wirtschaftliche Ressourcen noch Finanzdienstleistungen weder direkt noch indirekt zu Verfügung gestellt werden (vgl. Art. 2 Abs. 1 und 2 VO (EG) Nr. 2580/2001).

54   Ebenso ist die wissentliche und beabsichtigte Beteiligung an Maßnahmen untersagt, deren Ziel oder Folge direkt oder indirekt die Umgehung der im vorangegangen Satz genannten Verbote ist (Art. 3 VO (EG) Nr. 2580/2001). Art. 5 und 6 VO (EG) Nr. 2580/2001 normieren Ausnahmen von den genannten Verboten bzw. eröffnen die Möglichkeit zur Erlangung einer Ausnahmegenehmigung unter bestimmten (engen) Voraussetzungen.

55   Das Gericht der Europäischen Union (EuG) hatte in der Vergangenheit mehreren Nichtigkeitsklagen von in die Liste Aufgenommenen stattgegeben und die Listung der Kläger für nichtig erklärt, insbes. weil es deren Anspruch auf rechtliches Gehör sowie ihr Recht auf effektive gerichtliche Kontrolle verletzt sah (vgl. zB EuG BeckRS 2006, 70995).

56   In der Folge hat der Rat der EG die (gesamte) Liste mit dem Beschluss 2007/445/EG v. 28.6.2007 (ABl. 2007 L 169, 58) unter Berücksichtigung der gerichtlichen Vorgaben aktualisiert – wobei sich aus dieser Überarbeitung allerdings keine wesentlichen inhaltlichen Änderungen der Liste ergaben.

II. Die Straftaten des Abs. 2

57   Die Vorschrift des Abs. 2 bewehrt Verstöße gegen nationale Genehmigungserfordernisse mit Strafe. Dabei ersetzt Abs. 2 Nr. 1 die bisherigen Regelungen von § 34 Abs. 1, Abs. 2 aF sowie § 33 Abs. 1 aF iVm § 70 Abs. 1 Nr. 2 erste und dritte Alt. AWV aF. Da der ursprüngliche § 5c AWV aF im Zuge der AWG-Novelle aufgehoben wurde, entfällt als Folgeänderung die daran anknüpfenden Sanktionierungsandrohungen nach § 34 Abs. 2, § 33 Abs. 1 aF iVm § 70 Abs. 1 Nr. 2 AWV aF.

58   **1. § 18 Abs. 2 Nr. 1.** Diese Vorschrift knüpft eine Strafe an die Ausfuhr von Gütern (zur Definition → Vorb. Rn. 55 f.; → § 17 Rn. 15) ohne Genehmigung nach § 8 Abs. 1 oder § 9 Abs. 1 AWV. Der gleichfalls genannte § 78 AWV betrifft allein Genehmigungspflichten für die Ausfuhr von Ausrüstung für die Herstellung von Banknoten etc an Nordkorea (→ Rn. 37).

59   Der § 8 Abs. 1 AWV betrifft Genehmigungserfordernisse für die Ausfuhr von Güter nach Ausfuhrliste I der AWV, also national gelistete Rüstungsgüter. Bestimmte Ausnahmen bestehen nach § 8 Abs. 2 AWV für den Export von Rüstungsgütern in die Schweiz, nach Liechtenstein, Norwegen und Island, solang dem Ausführer nicht bekannt ist, dass das endgültige Bestimmungsziel der Güter außerhalb der in Satz 1 genannten Staaten und außerhalb des Zollgebiets der Europäischen Union liegt. Nach § 8 Abs. 3 AWV ist eine Genehmigung für die in Teil I Abschnitt B der Ausfuhrliste genannten Güter dann nicht erforderlich, wenn nach dem der Ausfuhr zugrunde liegenden Vertrag der Wert der zu liefernden Güter nicht mehr als 5.000 Euro beträgt. Eine Rückausnahme besteht für die Ausfuhr von Software und Technologie, welche stets genehmigungspflichtig ist.

60   Die Genehmigungserfordernisse nach **§ 9 Abs. 1 AWV** gelten für Güter, die weder in der Ausfuhrliste noch in Anhang I der Dual-Use-VO enthalten sind, wenn der Ausführer (§ 2 Abs. 2 AWG) vom BAFA darüber unterrichtet worden ist, dass diese Güter ganz oder teilweise für die Errichtung oder den Betrieb einer Anlage für **kerntechnische Zwecke** im Sinne der Kategorie 0 des Anhangs I der Dual-Use-VO oder zum Einbau in eine solche Anlage bestimmt sind oder bestimmt sein können und das Bestimmungsland (zur Definition → Vorb. Rn. 61) ein namentlich genanntes Land mit Streben nach atomarer Waffentechnologie ist, was derzeit für Algerien, Irak, Iran, Israel, Jordanien, Libyen, die Demokratische Volksrepublik Korea, Pakistan und Syrien gilt.

61   **2. § 18 Abs. 2 Nr. 2.** Die Strafbarkeit nach dieser Vorschrift knüpft an § 9 Abs. 2 AWV an und ergänzt insoweit die Strafandrohung nach § 18 Abs. 2 Nr. 1 iVm § 9 Abs. 1 AWV (→ Rn. 60). Danach ist die Unterrichtung durch die BAFA über die Genehmigungspflicht nicht notwendig, wenn dem Ausführer bereits positiv bekannt ist, dass die entsprechenden Güter für kerntechnische Zwecke in einem der Länder mit kernwaffentechnischen Ambitionen bestimmt sind oder bestimmt sein können.

Der Gesetzestext verlangt einen Verstoß gegen die Genehmigungspflicht nach § 9 Abs. 2 S. 2 AWV. **62** Dort geht es allerdings nur darum, dass das BAFA über die Genehmigungspflicht entscheidet. Die eigentliche Verbotsnorm findet sich in § 9 Abs. 2 S. 3 AWV, wonach die entsprechenden Güter erst ausgeführt werden dürfen, wenn das BAFA die Ausfuhr genehmigt hat oder entschieden hat, dass es keiner Genehmigung bedarf. Damit geht die Verweisung des § 18 Abs. 2 Nr. 2 AWG nach ihrem Wortlaut ins Leere, was wegen der Offensichtlichkeit des **Redaktionsversehens** von Seiten des Gesetzgebers jedoch unschädlich ist (→ Vorb. Rn. 95 f.).

Bezüglich der Strafbewehrung für die Genehmigungserfordernisse nach § 9 AWV ist zu beachten, **63** dass der Anwendungsbereich nach § 9 Abs. 3 AWV eingeschränkt ist. So gelten diese nicht im Regelungsbereich des Art. 4 der Dual-Use-VO und auch nicht in Fällen, in denen nach dem der Ausfuhr zugrunde liegenden Vertrag derartige Güter im Wert von nicht mehr als 5.000 EUR geliefert werden sollen. Jedoch ist die Ausfuhr von Software und Technologie unabhängig von ihrem Wert stets genehmigungspflichtig.

3. § 18 Abs. 2 Nr. 3. Diese Strafbewehrung knüpft an das Genehmigungserfordernis nach § 11 **64** Abs. 1 S. 1 AWV von in Teil I Abschnitt A der Ausfuhrliste genannten Gütern (Waffen, Munition und sonstiges Rüstungsmaterial) an. Die Tathandlung ist das Verbringen (→ Vorb. Rn. 57 f.) dieser Güter.

4. § 18 Abs. 2 Nr. 4. Diese Vorschrift betrifft die ungenehmigte Vornahme von Handels- und **65** Vermittlungsgeschäften (zur Definition → § 17 Rn. 19). Während für eine Strafbarkeit nach § 34 Abs. 2 AWG aF noch zusätzlich die Gefährdung der äußeren Sicherheit der BRD, des friedlichen Zusammenlebens der Völker oder eine erhebliche Gefährdung der auswärtigen Beziehungen der BRD erforderlich waren, verzichtet § 18 Abs. 2 Nr. 4 auf dieses Erfordernis. Es ist ausreichend, dass ein Handels- und Vermittlungsgeschäft vorgenommen wird, ohne das eine erforderliche Genehmigung nach §§ 46, 47 AWV vorliegt. Eine solche Genehmigung ist erforderlich bei dem Vermitteln eines Vertrags über den Erwerb oder das Überlassen von in Teil I Abschnitt A der Ausfuhrliste aufgeführten Rüstungsgütern, beim Nachweis einer Gelegenheit zum Abschluss eines solchen Vertrags oder beim Abschluss eines Vertrags über das Überlassen von solchen Gütern, solange es sich nicht um eine Hilfeleistung (vgl. § 2 Abs. 14 S. 2) handelt und die Güter sich in einem Drittland oder im Inland befinden und noch nicht einfuhrrechtlich abgefertigt sind und die Güter in ein anderes Drittland geliefert werden sollen.

Die außenwirtschaftliche Genehmigungspflicht ist nach § 46 Abs. 2 AWV in den Fällen aufgehoben, **66** in denen das Handels- und Vermittlungsgeschäft bereits nach § 4a des KWKG genehmigungspflichtig ist. Dies betrifft Kriegswaffen nach der Kriegswaffenliste (Anlage zu § 1 Abs. 1 KWKG), die sich außerhalb des Inlandes befinden.

Allerdings gilt die Genehmigungspflicht des § 46 AWV nach § 47 Abs. 1 AWV auch für Handels- **67** und Vermittlungsgeschäfte, die in einem Drittland durch Deutsche mit Wohnsitz oder gewöhnlichem Aufenthalt im Inland vorgenommen werden, wenn sich dieses auf Kriegswaffen nach Teil B I. Nummer 7–11, V. Nummer 29, 30 oder 32, VI. Nummer 37 oder 38, VIII. Nummer 50 oder 51 der Anlage zu § 1 Abs. 1 der Kriegswaffenliste; Rohre oder Verschlüsse für Kriegswaffen nach Teil B V. Nummer 29 oder 32 der Kriegswaffenliste; Munition oder Geschosse oder Treibladungen für Munition für Kriegswaffen nach Teil B V. Nummer 32 oder VI. Nummer 37 der Kriegswaffenliste; Mörser mit einem Kaliber von unter 100 Millimetern oder Rohre, Verschlüsse, Munition oder Geschosse oder Treibladungen für Munition für Mörser mit einem Kaliber unter 100 Millimetern bezieht.

Ferner ist nach § 18 Abs. 2 Nr. 4 AWG ein Verstoß gegen die Genehmigungspflicht nach § 47 Abs. 2 **68** AWV strafbewehrt. Danach bedürfen Handlungs- und Vermittlungsgeschäfte für die in Anhang I der Dual-Use-VO aufgeführten Güter einer Genehmigung, wenn sich die Güter a) in einem Drittland befinden oder b) im Inland befinden und noch nicht einfuhrrechtlich abgefertigt sind, die Güter in ein anderes Drittland geliefert werden sollen und der Deutsche, der das Handels- und Vermittlungsgeschäft in einem Drittland vornehmen will, vom BAFA darüber unterrichtet worden ist, dass diese Güter ganz oder teilweise für einen der Verwendungszwecke des Artikels 4 Abs. 1 der Dual-Use-VO (ABC-Waffen- und Trägertechnologierelevanz) bestimmt sind oder sein können.

5. § 18 Abs. 2 Nr. 5. Für den Fall, dass einem gebietsansässigem Deutschen, der ein solches Handels- **69** und Vermittlungsgeschäft vornimmt, bereits bekannt ist, dass die betreffenden Güter eine entsprechende ABC-Waffen- und Trägertechnologierelevanz haben, hat er selbst das BAFA zu unterrichten und darf das Geschäft nicht vornehmen, ohne dass das BAFA das Handels- und Vermittlungsgeschäft genehmigt hat oder entschieden hat, dass es keiner Genehmigung bedarf. Ohne eine solche Unterrichtung des BAFA und ein Zuwarten auf die Entscheidung greift die Strafandrohung des **§ 18 Abs. 2 Nr. 5** iVm § 47 Abs. 3 S. 3 AWV.

6. § 18 Abs. 2 Nr. 6, 7. Diese Vorschriften betreffen die Strafbewehrung für die Erbringung von **70** technischer Unterstützung im Zusammenhang mit chemischen und biologischen Waffen oder Kernwaffen. Dabei wird an die Verbotsvorschriften der §§ 49–52 AWV (vor der AWG-Novelle §§ 45–45d AWV aF) angeknüpft.

Was unter **technischer Unterstützung** zu verstehen ist, hat der Gesetzgeber in § 2 Abs. 16 legal **71** definiert. Danach ist technische Unterstützung jede technische Hilfe in Verbindung mit der Reparatur, der Entwicklung, der Herstellung, der Montage, der Erprobung, der Wartung oder jeder anderen technischen Dienstleistung. Sie kann in Form von Unterweisung, Ausbildung, Weitergabe von praktischen Kenntnissen oder in Form von Beratungsleistungen erfolgen und umfasst auch mündliche, fernmündliche und elektronische Formen der Unterstützung.

72 Nach § 18 Abs. 2 Nr. 6 iVm § 49 Abs. 1 AWV ist die in Drittländern durch einen Deutschen oder einen Inländer ungenehmigt erbrachte technische Unterstützung strafbar, wenn der Täter durch das BAFA darüber unterrichtet worden ist, dass die technische Unterstützung bestimmt ist zur Verwendung im Zusammenhang mit der Entwicklung, der Herstellung, der Handhabung, dem Betrieb, der Wartung, der Lagerung, der Ortung, der Identifizierung oder der Verbreitung von **chemischen oder biologischen Waffen** oder **Kernwaffen** oder der Entwicklung, der Herstellung, der Wartung oder der Lagerung von Flugkörpern, die für die Ausbringung derartiger Waffen geeignet sind.

73 Wenn dem Täter, der die technische Unterstützung erbringt, bereits bekannt ist, dass die betreffenden Güter für die Zwecke des § 49 Abs. 1 AWV bestimmt sind, hat er selbst das BAFA zu unterrichten und darf die technische Unterstützung nicht erbringen, ohne dass das BAFA diese genehmigt hat oder entschieden hat, dass es keiner Genehmigung bedarf. Ohne eine solche Unterrichtung des BAFA und ein Zuwarten auf die Entscheidung greift die Strafandrohung des § 18 Abs. 2 Nr. 7 iVm § 49 Abs. 2 S. 3 AWV.

74 Für den Fall, dass eine entsprechende technische Unterstützung nicht von § 49 Abs. 1 AWV erfasst ist, aber im Zusammenhang mit einer militärischen Endverwendung steht und in einem Waffenembargoland erbracht wird, ergibt sich die Strafbarkeit bei einem Verstoß gegen die Genehmigungserfordernisse aus § 18 Abs. 2 Nr. 6 iVm § 50 Abs. 1 AWV bei einer Unterrichtung des Täters durch das BAFA bzw. aus § 18 Abs. 2 Nr. 7 iVm § 50 Abs. 2 AWV, wenn der Täter bereits eine entsprechende Kenntnis hat und er seinen Unterrichtungs- und Zuwartepflichten nicht nachkommt.

75 Nach § 18 Abs. 2 Nr. 6 iVm § 51 Abs. 1 AWV ist die im Inland durch einen Inländer ohne Genehmigung erbrachte technische Unterstützung mit Strafe bedroht, wenn eine Unterrichtung durch das BAFA erfolgte, dass die technische Unterstützung bestimmt ist zur Verwendung im Zusammenhang mit der Entwicklung, der Herstellung, der Handhabung, dem Betrieb, der Wartung, der Lagerung, der Ortung, der Identifizierung oder der Verbreitung von chemischen oder biologischen Waffen, Kernwaffen oder sonstigen Kernsprengkörpern oder im Zusammenhang mit der Entwicklung, der Herstellung, der Wartung oder der Lagerung von Flugkörpern, die für die Ausbringung derartiger Waffen geeignet sind, und ggü. Ausländern erbracht wird, die nicht in einem Land ansässig sind, das in Anhang IIa Teil 2 der VO (EG) Nr. 428/2009 genannt ist (Australien, Japan, Kanada, Neuseeland, Norwegen, Schweiz, Liechtenstein, USA) oder Mitglied der Europäischen Union ist.

76 Wenn eine entsprechende technische Unterstützung nicht von § 51 Abs. 1 AWV erfasst ist, aber im Zusammenhang mit einer militärischen Endverwendung steht und in einem Waffenembargoland erbracht wird, ergibt sich die Strafbarkeit bei einem Verstoß gegen die Genehmigungserfordernisse aus § 18 Abs. 2 Nr. 6 iVm § 51 Abs. 2 AWV bei einer Unterrichtung des Täters durch das BAFA bzw. aus § 18 Abs. 2 Nr. 7 iVm § 51 Abs. 3 S. 3 AWV, wenn der Täter bereits eine entsprechende Kenntnis hat und er seinen Unterrichtungs- und Zuwartepflichten nicht nachkommt.

77 Nach § 18 Abs. 2 Nr. 6, 7 iVm § 52 Abs. 1, 2 AWV werden Verstöße gegen Genehmigungserfordernisse für technische Unterstützung im Zusammenhang mit der Errichtung oder dem Betrieb **kerntechnischer Anlagen** mit Strafe bedroht. Die durch einen Deutschen oder einen Inländer erbrachte technische Unterstützung bedarf dann der Genehmigung, wenn der Deutsche oder der Inländer vom BAFA darüber unterrichtet wurde, dass die technische Unterstützung im Zusammenhang mit der Errichtung oder dem Betrieb von Anlagen für kerntechnische Zwecke in Algerien, Irak, Iran, Israel, Jordanien, Libyen, die Demokratische Volksrepublik Korea, Pakistan oder Syrien steht. Ein Verstoß hiergegen ist nach § 18 Abs. 2 Nr. 6 iVm § 52 Abs. 1 AWV mit Strafe bedroht.

78 Falls dem Täter, der die technische Unterstützung erbringt, bereits bekannt ist, dass die betreffenden Güter für die Zwecke des § 52 Abs. 1 AWV bestimmt sind, hat er selbst das BAFA zu unterrichten und darf die technische Unterstützung nicht erbringen, ohne dass das BAFA diese genehmigt hat oder entschieden hat, dass es keiner Genehmigung bedarf. Ohne eine solche Unterrichtung des BAFA und ein Zuwarten auf die Entscheidung greift die Strafandrohung des § 18 Abs. 2 Nr. 7 iVm § 52 Abs. 2 S. 3 AWV.

79 **7. Ausnahmen.** Für alle drei kritischen Verwendungszwecke hat der Gesetzgeber Ausnahmen vorgesehen. So besteht nach § 49 Abs. 3 AWV keine Genehmigungspflicht, wenn die technische Unterstützung im Zusammenhang mit chemischen oder biologischen Waffen oder Kernwaffen in 1. Australien, Japan, Kanada, Neuseeland, Norwegen, Schweiz, Liechtenstein, USA erbracht wird, oder 2. durch die Weitergabe von Informationen erfolgt, die im Sinne der Allgemeinen Technologie-Anmerkung zu Teil I der Ausfuhrliste oder zu Anhang I der Dual-Use-VO allgemein zugänglich oder Teil der Grundlagenforschung sind oder 3. mündlich erfolgt und keine Technologie betrifft, die in Teil I Abschnitt A Nummer 0022 oder Teil I Abschnitt B Nummern der Gattung E der Ausfuhrliste oder Nummern der Gattung E des Anhangs I der Dual-Use-VO genannt ist. Vergleichbare Ausnahmeregelungen zu den Ziff. 2 und 3 ergeben sich aus §§ 50 Abs. 3, 51 Abs. 4 und 52 Abs. 3 AWV.

III. Verstöße gegen die Anti-Blutdiamanten-VO

Nach § 18 Abs. 3 wird bestraft, wer gegen Ein- und Ausfuhrbestimmungen der VO (EG) Nr. 2368/ **80** 2002 des Rates v. 20.12.2002 zur Umsetzung des Zertifikationssystems des Kimberley-Prozesses für den internationalen Handel mit Rohdiamanten (ABl. 2002 L 358, 28), die zuletzt durch die VO (EG) Nr. 1268/2008 (ABl. 2008 L 338, 39) geändert worden ist (Anti-Blutdiamanten-Verordnung), verstößt.

Tatobjekte sind Rohdiamanten. Darunter werden nach der Legaldefinition des Art. 2 lit. i der Anti- **81** Blutdiamanten-Verordnung solche Diamanten verstanden, die nicht bearbeitet oder lediglich gesägt, gespalten oder rau geschliffen sind und unter die Positionen 7102 10, 7102 21 und 7102 31 des Harmonisierten Systems zur Bezeichnung und Kodierung der Waren fallen.

Ein nach § 18 Abs. 3 Nr. 1 strafbarer Verstoß liegt vor, wenn die Einfuhrvoraussetzungen nach **82** Art. 3 Anti-Blutdiamanten-VO nicht erfüllt sind. Diese erlauben die Einfuhr von Rohdiamanten in das Gebiet der EU oder nach Grönland nur dann, wenn diese von einem Zertifikat begleitet werden, dessen Gültigkeit von der zuständigen Behörde eines Teilnehmers bestätigt wurde, sie sich in gegen Eingriffe geschützten Behältnissen befinden, und die bei der Ausfuhr von diesem Teilnehmer angebrachten Siegel nicht erbrochen worden sind sowie das Zertifikat die Sendung, zu der es gehört, eindeutig ausweist.

Spiegelbildlich ist auch ein Verstoß gegen die Ausfuhrvoraussetzungen des Art. 11 der Anti-Blut- **83** diamanten-Verordnung strafbar, § 18 Abs. 3 Nr. 2. Ein solcher liegt bei der Ausfuhr von Rohdiamanten aus dem Unionsgebiet oder Grönland vor, wenn die Rohdiamanten nicht von einem entsprechenden Gemeinschaftszertifikat begleitet werden, das von einer Gemeinschaftsbehörde ausgestellt und bestätigt wurde und sich diese nicht in gegen Eingriffe geschützten Behältnissen befinden.

Ein solches Gemeinschaftszertifikat wird nach Art. 12 der Anti-Blutdiamanten-Verordnung nur dann **84** ausgestellt, wenn der Ausführer schlüssige Nachweise erbracht hat, dass die auszuführenden Rohdiamanten rechtmäßig eingeführt wurden oder in Grönland geschürft oder abgebaut wurden, wenn die Rohdiamanten bisher noch nicht in das Gebiet eines anderen Teilnehmers als der Union ausgeführt worden sind. Außerdem ist nachzuweisen, dass die übrigen vorgeschriebenen Informationen auf dem Zertifikat richtig sind, dass die Rohdiamanten tatsächlich in das Gebiet eines Teilnehmers verbracht werden sollen und dass die Rohdiamanten in einem gegen Eingriffe geschützten Behältnis transportiert werden sollen.

Die Gültigkeit eines Gemeinschaftszertifikats wird durch die Behörde erst dann bestätigt, nachdem sie **85** geprüft hat, dass der Inhalt des Behältnisses mit den Angaben auf dem dazugehörigen Zertifikat übereinstimmt und dass das gegen Eingriffe geschützte Behältnis mit den Rohdiamanten danach unter Aufsicht dieser Behörde versiegelt worden ist.

IV. Verstöße gegen die Anti-Folter-VO

Die Vorschrift des § 18 Abs. 4 bewehrt Verstöße gegen die Verbote der Art. 3 und 4 sowie den **86** Genehmigungsvorbehalt des Art. 5 der VO (EG) Nr. 1236/2005 des Rates v. 27.6.2005 betreffend den Handel mit bestimmten Gütern, die zur Vollstreckung der Todesstrafe, zu Folter oder zu anderer grausamer, unmenschlicher oder erniedrigender Behandlung oder Strafe verwendet werden könnten (ABl. 2005 L 200, 1; 2006 L 79, 32), die zuletzt durch die VO (EU) Nr. 1352/2011 (ABl. 2011 L 338, 31) geändert worden ist (Anti-Folter-VO) mit Strafe.

Nach Art. 3 S. 1 der Anti-Folter-VO ist jede Ausfuhr von Güter, die außer zur Vollstreckung der **87** Todesstrafe oder zum Zweck der Folter und anderer grausamer, unmenschlicher oder erniedrigender Behandlung oder Strafe keine praktische Verwendung haben, unabhängig von ihrer Herkunft verboten. Diese Güter sind im Anhang II der Anti-Folter-VO aufgeführt. Wer gegen dieses Ausfuhrverbot verstößt, macht sich nach § 18 Abs. 4 S. 1 Nr. 1 strafbar und wer bezüglich dieser Güter technische Hilfe leistet, unterliegt der Strafandrohung des § 18 Abs. 4 S. 1 Nr. 2.

Der Art. 4 der Anti-Folter-VO verbietet nach S. 1 die Einfuhr der entsprechenden Güter. Nach **88** Art. 4 S. 2 Anti-Folter-VO ist es Personen, Organisationen oder Einrichtungen im Unionsgebiet untersagt, technische Hilfe im Zusammenhang mit den entsprechenden Gütern anzunehmen, die von einem Drittland aus, ob gegen Entgelt oder kostenfrei, von Personen, Organisationen oder Einrichtungen geleistet wird. Verstöße dagegen werden nach § 18 Abs. 4 Nr. 3 und 4 geahndet.

Art. 5 der Anti-Folter-VO sieht unabhängig von der Herkunft einen Genehmigungsvorbehalt für jede **89** Ausfuhr von Gütern vor, die zum Zwecke der Folter und anderer grausamer, unmenschlicher oder erniedrigender Behandlung oder Strafe verwendet werden könnten. Die Güter sind iE in Anhang III der VO aufgeführt. Dieser Genehmigungsvorbehalt gilt nicht für Güter, die lediglich durch das Unionsgebiet durchgeführt werden. Verstöße gegen diesen Genehmigungsvorbehalt sind nach § 18 Abs. 4 Nr. 5 strafbewehrt.

Nach § 18 Abs. 4 S. 2 gelten die Verweise auf die Anhänge II und III als Verweise auf die Anhänge in **90** der jeweils geltenden Fassung (zur verfassungsrechtlichen Zulässigkeit solcher Verweisungen → Vorb. Rn. 76 ff.).

V. Verstöße gegen die Dual-Use-VO

91   Die Vorschrift des § 18 Abs. 5 bewehrt Verstöße gegen die VO (EG) Nr. 428/2009 mit Strafe und ersetzt die vormaligen Ordnungswidrigkeiten- und Straftatbestände nach §§ 33 Abs. 6, 34 Abs. 2 AWG aF. So wird nach **§ 18 Abs. 5 S. 1 Nr. 1** bestraft, wer unter Missachtung des Genehmigungsvorbehaltes nach Art. 3 Abs. 1 oder Art. 4 Abs. 1, 2 S. 1 oder Abs. 3 Güter mit einem doppelten Verwendungszweck ausführt. Dies betrifft die ungenehmigte Ausfuhr der in Anhang I der Dual-Use-VO aufgeführten Güter mit doppeltem Verwendungszweck (Art. 3 Abs. 1).

92   Der Verweis auf Art. 4 Abs. 1 der Dual-Use-VO bezieht sich auf die ungenehmigte Ausfuhr von Gütern mit doppeltem Verwendungszweck, die zwar nicht in Anhang I aufgeführt sind, aber bei denen der Ausführer von den zuständigen Behörden des Mitgliedstaats, in dem er niedergelassen ist, davon unterrichtet worden ist, dass diese Güter ganz oder teilweise bestimmt sind oder bestimmt sein können zur Verwendung im Zusammenhang mit der Entwicklung, der Herstellung, der Handhabung, dem Betrieb, der Wartung, der Lagerung, der Ortung, der Identifizierung oder der Verbreitung von chemischen, biologischen oder Kernwaffen.

93   Der Art. 4 Abs. 2 S. 1 Dual-Use-VO bezieht sich auf die militärische Endverwendung solcher Güter für ein mit einem Waffenembargo belegtes Land. Dabei gilt nach Art. 4 Abs. 2 S. 2 Dual-Use-VO als militärische Endverwendung der Einbau in militärische Güter, die in der Militärliste der Mitgliedstaaten aufgeführt sind; die Verwendung von Herstellungs-, Test- oder Analyseausrüstung sowie Bestandteilen hierfür für die Entwicklung, die Herstellung oder die Wartung von militärischen Gütern, die in der Militärliste aufgeführt sind; die Verwendung von unfertigen Erzeugnissen in einer Anlage für die Herstellung von militärischen Gütern, die in der Militärliste aufgeführt sind.

94   Die Bezugnahme auf Art. 4 Abs. 3 Dual-Use-VO führt zur Strafbarkeit der ungenehmigten Ausfuhr von Gütern mit doppeltem Verwendungszweck, wenn der Ausführer von den zuständigen Behörden davon unterrichtet worden ist, dass diese Güter ganz oder teilweise für die Verwendung als Bestandteile von militärischen Gütern bestimmt sind oder bestimmt sein können, die in der nationalen Militärliste aufgeführt sind und aus dem Hoheitsgebiet dieses Mitgliedstaats ohne Genehmigung oder unter Verstoß gegen eine aufgrund innerstaatlicher Rechtsvorschriften dieses Mitgliedstaats erteilte Genehmigung ausgeführt wurden.

95   Nach **§ 18 Abs. 5 S. 1 Nr. 2** wird bestraft, wer entgegen Art. 4 Abs. 4 zweiter Halbsatz Dual-Use-VO Güter ohne Entscheidung der zuständigen Behörde über die Genehmigungspflicht oder ohne Genehmigung der zuständigen Behörde ausführt, obwohl der Ausführer positive Kenntnis davon hat, dass die Güter mit doppeltem Verwendungszweck für einen der Zwecke des Art. 4 Abs. 1–3 der Dual-Use-VO verwendet werden sollen.

96   Dabei ist zu beachten, dass der § 18 Abs. 5 S. 3 eine Sonderregelung zur mittelbaren Täterschaft bei Verstößen gegen § 18 Abs. 5 S. 1 Nr. 2 iVm Art. 4 Abs. 4 Dual-Use-VO enthält. Diese sieht explizit vor, dass dem Ausführer eine Person gleichsteht, die die Ausfuhr durch einen anderen begeht, wenn der Person bekannt ist, dass die Güter mit doppeltem Verwendungszweck zumindest teilweise für eine Verwendung als chemische, biologische oder als Kernwaffe bestimmt sind.

97   Diesen Ausfuhrverboten entsprechende Vermittlungsverbote nach Art. 5 Abs. 1 S. 1, 2 Dual-Use-VO werden über **§ 18 Abs. 5 Nr. 3, 4** mit Strafe bewehrt.

VI. Die Qualifikationstatbestände

98   **1. § 18 Abs. 7 Nr. 1.** Das Handeln für den Geheimdienst einer fremden Macht qualifiziert die Vorschrift des § 18 Abs. 1. Der Wortlaut ist gleichlautend mit § 17 Abs. 2 Nr. 1, so dass auf die dortige Kommentierung (→ § 17 Rn. 25 ff.) verwiesen wird.

99   **2. § 18 Abs. 7 Nr. 2.** Diese Vorschrift qualifiziert Taten nach § 18 Abs. 1–5 im Falle einer gewerbsmäßigen oder bandenmäßigen Tatbegehung. Wegen der identischen Voraussetzungen kann auf die Kommentierung zu § 17 Abs. 2 Nr. 2 (→ Rn. 28 ff.) verwiesen werden.

       3. § 18 Abs. 7 Nr. 3. qualifiziert Taten nach § 18 Abs. 1 für den Fall, dass sich die Tathandlung auf die Entwicklung, Herstellung, Wartung oder Lagerung von Flugkörpern für chemische, biologische oder Atomwaffen bezieht.

100   **4. § 18 Abs. 8.** Bei einem banden- und gewerbsmäßigen Handeln greift die Qualifikation des § 18 Abs. 8 mit einer Mindeststrafandrohung von zwei Jahren. Dessen Voraussetzungen sind gegeben, wenn die Merkmale des § 18 Abs. 7 Nr. 2 kumulativ vorliegen und der Täter als Mitglied einer Bande, die sich zur fortgesetzten Begehung von Außenwirtschaftsstraftaten verbunden hat, gewerbsmäßig handelt (vgl. zu den gleichen Voraussetzungen bei → § 17 Rn. 33).

D. Vorsatz

Bezüglich der grundsätzlichen Fragen zum Vorsatz wird auf die Kommentierung zu § 17 **101** (→ Rn. 38 ff.) verwiesen. Eine Besonderheit ergibt sich im Bereich der Listenblankette. Während generell davon ausgegangen wird, dass ein Irrtum über die Existenz oder Wirksamkeit einer Ausfüllnorm kein Tatumstandsirrtum nach § 16 Abs. 1 StGB, sondern ein Verbotsirrtum nach § 17 StGB ist (→ § 17 Rn. 42), wird teilweise bei personenbezogenen Embargos (vgl. §§ 18 Abs. 1 Nr. 1a nF, 34 Abs. 4 Nr. 2 aF) für einen Tatbestandsirrtum nach § 16 StGB mit dem Argument plädiert, dass ein äußerlich neutrales, sozialadäquates Verhalten pönalisiert werde, welches erst in Bezug auf die Listung einer konkreten Person Unrechtscharakter annehme (*Meyer/Macke* HRRS 2007, 445 (461); aA OLG Düsseldorf BeckRS 2014, 08969).

Besondere Sorgfalt ist zudem bei der Beantwortung der Frage geboten, ob ein Irrtum des Täters über **102** das Genehmigungserfordernis (Handeln ohne erforderliche Genehmigung) einen den Vorsatz ausschließenden Tatbestandsirrtum gemäß § 16 Abs. 1 StGB darstellt oder lediglich einen Verbotsirrtum gemäß § 17 StGB. Diese Frage ist differenzierend nach dem jeweilig in Betracht kommenden gesetzlichen Tatbestand zu entscheiden (BGH NStZ 1993, 594 (595) zum KWKG).

Es kommt darauf an, ob das Handeln ohne erforderliche Genehmigung im jeweiligen Tatbestand als **103** negatives Tatbestandsmerkmal oder lediglich als Hinweis auf die Möglichkeit einer Rechtfertigung durch eine behördliche Genehmigung aufzufassen ist (*Rengier* ZStW 101 (1989), 874 (884)). Ersteres ist der Fall, wenn der jeweilige Tatbestand ein präventives Verbot mit Erlaubnisvorbehalt enthält, da sich dann der spezifische Unrechtsgehalt erst aus dem Handeln gerade ohne Genehmigung ergibt. Zweiteres ist der Fall, wenn der jeweilige Tatbestand ein repressives Verbot mit Befreiungsvorbehalt darstellt, da sich der spezifische Unrechtsgehalt des Tatbestandes dann nicht am Handeln gerade ohne Genehmigung festmacht, sondern schon an der beschriebenen Handlung als solcher (→ Vorb. Rn. 13).

Ist das Handeln ohne erforderliche Genehmigung negatives Tatbestandsmerkmal, muss sich der Vor- **104** satz auch auf dieses – wie auf jedes objektive Tatbestandsmerkmal – beziehen. War dem Täter das Genehmigungserfordernis also nicht bewusst, handelt er im Tatumstandsirrtum gemäß § 16 Abs. 1 StGB und somit vorsatzlos. Ist die Genehmigung dagegen nur Rechtfertigungsgrund, handelt der Täter, dem das Genehmigungserfordernis nicht bewusst ist, lediglich im (direkten oder indirekten) Verbotsirrtum gemäß § 17 StGB, der aber durch das Einholen von qualifiziertem Rechtsrat regelmäßig vermeidbar ist (zu den hohen Anforderungen, die die Rspr. an die Unvermeidbarkeit des Verbotsirrtums gerade im Bereich der Außenwirtschaft stellt, vgl. Bieneck AußenwirtschaftsR–HdB/*Bieneck* § 24 Rn. 58).

Vor dem Hintergrund der Entscheidungen des BGH (wistra 2003, 65; und NStZ 2007, 644), in denen **105** er das Verbot des Zahlungsverkehrs mit dem Irak als repressives Verbot mit Befreiungsvorbehalt gewertet hat, ist bei den umfassenden Embargos regelmäßig von repressiven Verboten mit Befreiungsvorbehalt auszugehen (iErg auch BGH wistra 1995, 306 zum damaligen Serbien-Embargo, → Vorb. Rn. 13).

E. Versuchsstrafbarkeit

Der Versuch ist bei den Qualifikationstatbeständen der § 18 Abs. 7–8 aufgrund des Verbrechens- **106** charakter strafbar (§§ 23 Abs. 1, 12 Abs. 1 StGB). Für die Fälle des Abs. 1–5 des § 18 ist die Versuchsstrafbarkeit in § 18 Abs. 6 explizit angeordnet (§§ 23 Abs. 1, 12 Abs. 2 StGB). Im Übrigen wird auf die Kommentierung zur Versuchsstrafbarkeit unter → § 17 Rn. 44 verwiesen.

F. Auslandstaten Deutscher

Die Vorschrift des § 18 Abs. 10 entspricht dem Wortlaut des § 35 aF und erweitert den Anwendungs- **107** bereich des § 18 auf Auslandstaten unabhängig vom Recht des Tatortes, wenn der Täter Deutscher ist. Bei Taten mit einem Genehmigungserfordernis beruht die Anwendbarkeit deutschen Strafrechts nicht auf der Regelung des § 18 Abs. 10, da das Erfordernis einer im Inland zu beantragenden Genehmigung immer zu einem Inlandsbezug führt (MüKoStGB/*Wagner* Rn. 138). Die Vorschrift entspricht § 17 Abs. 7, weshalb auf die Ausführungen dazu verwiesen wird, → § 17 Rn. 50 ff.

G. Strafausschließungsgrund

Der persönliche Strafausschließungsgrund des § 18 Abs. 11 wurde durch die AWG-Novelle neu **108** eingeführt. Danach ist eine Handlung gem. Abs. 1 (auch iVm Abs. 6, 7, 8 oder 10) nicht strafbar, wenn sie in Unkenntnis von einem Verbot oder Genehmigungserfordernis innerhalb von zwei Werktagen nach der Veröffentlichung des Rechtsaktes im Amtsblatt der EU erfolgt. Der Hintergrund dieser neuartigen Regelung ist, dass nach der AWG-Novelle auf die zuvor notwendige Veröffentlichung im Bundesanzeiger verzichtet wird, und eine Strafbewehrung damit unmittelbar mit dem Wirksamwerden der europäischen Norm im Amtsblatt der EU eintritt. Diese unmittelbare Verknüpfung ist einerseits zu begrüßen, weil so Strafbarkeitslücken vermieden werden. Andererseits ist die Frist für die Umsetzung der normativen Vorgaben damit verkürzt worden. Dem soll durch diesen

Strafausschließungsgrund Rechnung getragen werden (BT-Drs. 17/12101, 7 f.; MüKoStGB/*Wagner* Rn. 140).

H. Konkurrenzen und Rechtsfolgen

109 Das Verhältnis der Straftatbestände der §§ 17, 18 zu Ordnungswidrigkeitentatbeständen (insbes. zu den Ordnungswidrigkeitentatbeständen gem. § 19, aber auch zu solchen anderer Gesetze) wurde bereits bei § 17 beschrieben, so dass auf die dortige Kommentierung verwiesen (→ Rn. 59 ff.) wird.

110 Die Vorschrift des § 18 Abs. 1 sieht eine Mindeststrafe von drei Monaten bis zu fünf Jahren vor, während die Abs. 2–5 neben einer Freiheitsstrafe bis zu fünf Jahren (ohne Mindeststrafe) auch die Möglichkeit zur Verhängung einer Geldstrafe eröffnen. Die Qualifikationen sehen eine Mindeststrafe von einem Jahr (Abs. 7) bzw. zwei Jahren (Abs. 8) vor, so dass es sich bei Verstößen nach diesen Vorschriften um Verbrechen handelt. Hinsichtlich der Strafzumessung wird auf die Kommentierung zu den Rechtsfolgen bei § 17 verwiesen (→ Rn. 66 ff.).

§ 19 Bußgeldvorschriften

(1) Ordnungswidrig handelt, wer eine in § 18 Absatz 1 bis 4 oder Absatz 5 bezeichnete Handlung fahrlässig begeht.

(2) Ordnungswidrig handelt, wer entgegen § 8 Absatz 5, auch in Verbindung mit § 9 Satz 2, eine Angabe nicht richtig oder nicht vollständig macht oder nicht richtig oder nicht vollständig benutzt.

(3) Ordnungswidrig handelt, wer vorsätzlich oder fahrlässig

1. einer Rechtsverordnung nach
   a) § 4 Absatz 1 oder
   b) § 11 Absatz 1 bis 3 oder Absatz 4 oder
   einer vollziehbaren Anordnung auf Grund einer solchen Rechtsverordnung zuwiderhandelt, soweit die Rechtsverordnung für einen bestimmten Tatbestand auf diese Bußgeldvorschrift verweist und die Tat nicht in § 17 Absatz 1 bis 4 oder Absatz 5 oder § 18 Absatz 2 mit Strafe bedroht ist,
2. einer vollziehbaren Anordnung nach § 7 Absatz 1, 3 oder Absatz 4 oder § 23 Absatz 1 oder Absatz 2 Satz 2 zuwiderhandelt,
3. entgegen § 27 Absatz 1 Satz 1 Waren nicht, nicht richtig, nicht vollständig oder nicht rechtzeitig vorzeigt,
4. entgegen § 27 Absatz 3 eine Erklärung nicht, nicht richtig, nicht vollständig oder nicht rechtzeitig abgibt oder
5. entgegen § 27 Absatz 4 Satz 1 eine Sendung nicht, nicht richtig, nicht vollständig oder nicht rechtzeitig gestellt.

(4) ¹Ordnungswidrig handelt, wer vorsätzlich oder fahrlässig einer unmittelbar geltenden Vorschrift in Rechtsakten der Europäischen Gemeinschaften oder der Europäischen Union über die Beschränkung des Außenwirtschaftsverkehrs zuwiderhandelt, die inhaltlich einer Regelung entspricht, zu der die in

1. Absatz 3 Nummer 1 Buchstabe a oder
2. Absatz 3 Nummer 1 Buchstabe b

genannten Vorschriften ermächtigen, soweit eine Rechtsverordnung nach Satz 2 für einen bestimmten Tatbestand auf diese Bußgeldvorschrift verweist und die Tat in § 18 Absatz 1, 3 bis 5, 7 oder Absatz 8 mit Strafe bedroht ist. ²Das Bundesministerium für Wirtschaft und Energie wird ermächtigt, soweit dies zur Durchführung der Rechtsakte der Europäischen Gemeinschaften oder der Europäischen Union erforderlich ist, durch Rechtsverordnung ohne Zustimmung des Bundesrates die Tatbestände zu bezeichnen, die als Ordnungswidrigkeit nach Satz 1 geahndet werden können.

(5) Ordnungswidrig handelt, wer vorsätzlich oder fahrlässig einem im Amtsblatt der Europäischen Gemeinschaften oder der Europäischen Union veröffentlichten unmittelbar geltenden Rechtsakt der Europäischen Gemeinschaften oder der Europäischen Union, der der Durchführung einer vom Rat der Europäischen Union im Bereich der Gemeinsamen Außen- und Sicherheitspolitik beschlossenen wirtschaftlichen Sanktionsmaßnahme dient, zuwiderhandelt, indem er

1. eine Information nicht, nicht richtig, nicht vollständig oder nicht rechtzeitig übermittelt,
2. eine Vorabanmeldung nicht, nicht richtig, nicht vollständig, nicht in der vorgeschriebenen Weise oder nicht rechtzeitig abgibt,
3. eine Aufzeichnung von Transaktionen nicht oder nicht für die vorgeschriebene Dauer aufbewahrt oder nicht oder nicht rechtzeitig zur Verfügung stellt oder
4. eine zuständige Stelle oder Behörde nicht oder nicht rechtzeitig unterrichtet.

(6) Die Ordnungswidrigkeit kann in den Fällen der Absätze 1, 3 Nummer 1 Buchstabe a und des Absatzes 4 Satz 1 Nummer 1 mit einer Geldbuße bis zu fünfhunderttausend Euro, in den übrigen Fällen mit einer Geldbuße bis zu dreißigtausend Euro geahndet werden.

Übersicht

A. Allgemeines

I. Historie und Struktur

Die Ordnungswidrigkeiten gegen das Außenwirtschaftsrecht wurden seit dem 3. ÄndG des AWG **1** (BGBl. 1976 I 869) in § 33 aF konzentriert. In § 33 Abs. 4 S. 1 u. 2 aF wurden durch Gesetz v. 4.11.2010 mWv 12.11.2010 nach den Wörtern „in Rechtsakten der Europäischen Gemeinschaften" die Wörter „oder der Europäischen Union" eingefügt (BGBl. I 1480 (1482); zu den Konsequenzen → Vorb. Rn. 92 ff.). Seit dem 1.9.2013 wurden durch das Gesetz zur Modernisierung des Außenwirtschaftsrechts v. 6.6.2013 (AWG-Novelle) die Ordnungswidrigkeiten in § 19 überführt (→ Vorb. Rn. 2 ff.).

Dabei wurden die wesentlichen Regelungen des § 33 aF übernommen. Zusätzlich wurden zuvor nur **2** in der AWV aufgeführte bußgeldbewehrte Verstöße in die Vorschrift aufgenommen (BT-Drs. 17/11127, 29). Im Gegenzug wurden die deklaratorischen Vorschriften zu Beschränkungen der Wareneinfuhr (vgl. § 33 Abs. 2 Nr. 1a aF) aufgehoben und ansonsten in die gleichfalls novellierte AWV überführt.

Wie bereits die Vorschrift des § 33 aF enthält auch § 19 nF Verweisungen in mehreren Ebenen und ist **3** deshalb nur schwer zu überblicken. Der § 19 Abs. 2 verweist nur auf Vorschriften innerhalb des AWG oder über die die Inbezugnahme des § 8 auf die AWV. Abs. 3 Nr. 1 verweist auf die AWV, die selbst wiederrum auf die Ausfuhrliste als Anlage zur AWV und den Anhang II zur VO (EG) Nr. 428/2009 verweist. Die weiteren Varianten des Abs. 3 verweisen dagegen auf andere innergesetzliche Vorschriften des AWG. Der § 19 Abs. 4 enthält dagegen selbst keine Verweisung, sondern sanktioniert Zuwiderhandlungen gegen unmittelbar geltendes europäisches Recht, soweit eine Rechtsverordnung auf diesen Bußgeldtatbestand Bezug nimmt. Ähnlich ahndet § 19 Abs. 5 Verstöße gegen unmittelbar geltendes europäisches Recht, wobei es insbes. um die Verletzung von Informationspflichten geht. Hinzuweisen ist auf die neu eingeführte Möglichkeit der Selbstanzeige, die bei einem fahrlässigen Verstoß die Verfolgung als Ordnungswidrigkeit ausschließt, § 22 Abs. 4.

II. Geschütztes Rechtsgut

Das AWG dient dem Schutz von Gemeinwohlinteressen insbes. im außen- und sicherheitspolitischen **4** Bereich, die dem Interesse an einem freien Außenhandel übergeordnet sind (→ Vorb. Rn. 35 ff.). § 19 bewehrt die staatlichen Maßnahmen, die den Außenwirtschaftsverkehr im Gemeinwohlinteresse beschränken, mit Bußgeld und soll so eine effektive Durchsetzung dieser Maßnahmen ermöglichen. Daher werden durch § 19 zunächst die allgemein durch das AWG geschützten Rechtsgüter einbezogen. Zudem wird aber – im Interesse eines *effektiven* Schutzes der durch das AWG geschützten Rechtsgüter – auch bereits die Funktionsfähigkeit der staatlichen Außenwirtschaftskontrolle als solche geschützt (*Ritthaler* wistra 1989, 173; Bieneck AußenwirtschaftsR-HdB/*Bieneck* § 23 Rn. 4; Erbs/Kohlhaas/*Diemer* § 33 Rn. 2 zur aF; OLG Düsseldorf NStZ 1987, 565 (566)).

B. Merkmale der einzelnen Ordnungswidrigkeitentatbestände

I. § 19 Abs. 1

5   § 19 Abs. 1 stellt kein Blankettnorm ieS dar, weil er nur auf andere Vorschriften innerhalb des AWG (also desselben Gesetzes) verweist. Dadurch werden die fahrlässigen Verstöße gegen das Außenwirtschaftsrecht erfasst, die bei vorsätzlicher Begehung eine Straftat nach § 18 Abs. 1–5 darstellen (insoweit → § 18 Rn. 14 ff.). Der verunglückten gesetzlichen Formulierung („§ 18 Absatz 1 bis 4 oder Absatz 5") kommt keine besondere Bedeutung zu (Müller-Gugenberger WirtschaftsStR/*Alexander*/*Winkelbauer* § 62 Rn. 101).

II. § 19 Abs. 2

6   **1. Allgemeines.** § 19 Abs. 2 enthält einen voll ausgestalteten Ordnungswidrigkeitentatbestand, der Falschangaben als Verstöße gegen Verfahrensvorschriften ahndet. Er lehnt sich an die Regelung zu § 33 Abs. 5 Nr. 1 aF an, verzichtet aber auf die überschießende Innentendenz der Erschleichungsabsicht. Es ist dennoch nicht erforderlich, dass es aufgrund dieser fehlerhaften Angaben tatsächlich zur Erteilung einer Genehmigung kommt oder diese benutzt wird. Falls dies doch der Fall ist, erfolgt bei vorsätzlichem Handeln keine Ahndung als Ordnungswidrigkeit, sondern als Straftat, wobei nach §§ 17 Abs. 6, 18 Abs. 9 eine fehlende Genehmigung einer durch falsche oder unvollständige Angaben erschlichenen Genehmigung gleichsteht.

7   **2. Tathandlungen.** Die Tathandlungen sind das Machen oder Benutzen unrichtiger oder unvollständiger Angaben. Unrichtige Angaben macht, wer einen Sachverhalt objektiv falsch darstellt. Unvollständig sind Angaben dann, wenn Umstände verschwiegen werden, zu deren Offenbarung eine Verpflichtung besteht (Erbs/Kohlhaas/*Diemer* § 33 Rn. 24 zur aF). Die unrichtigen oder unvollständigen Angaben müssen nicht ausdrücklich, sondern können auch konkludent gemacht werden. Es handelt sich nicht um ein eigenhändiges Delikt, weshalb die (unrichtigen oder unvollständigen) Angaben auch durch einen anderen (Mittäter oder Tatmittler) gemacht werden können.

8   Benutzen von unrichtigen oder unvollständigen Angaben meint die ausdrückliche oder konkludente Bezugnahme auf unrichtige oder unvollständige Angaben, die der Genehmigungsbehörde bereits bekannt sind. Die Angaben können der Behörde insbes. dadurch, dass ein anderer diese ihr ggü. gemacht hat, bereits bekannt sein. Aber auch eine Bezugnahme auf selbst gemachte Angaben stellt ein Benutzen dieser Angaben dar (vgl. zu § 33 Abs. 5 Nr. 1 aF Bieneck AußenwirtschaftsR-HdB/*Bieneck* § 29 Rn. 88). Dem kommt allerdings nur dann eigenständige Bedeutung zu, wenn die Angaben in dem Zeitpunkt, in dem sie gemacht worden sind noch richtig und vollständig waren, sich die Sachlage aber, nachdem die Angaben gemacht worden sind, geändert hat, so dass sie zwischenzeitlich unrichtig bzw. unvollständig geworden sind. Dem späteren Benutzen von selbst bereits unrichtig oder unvollständig gemachten Angaben kommt dagegen keine eigenständige ordnungswidrigkeitenrechtliche Bedeutung zu.

9   Weitere objektive Voraussetzungen fordert § 19 Abs. 2 nicht (es handelt sich also um ein Tätigkeitsdelikt). Es ist daher weder erforderlich, dass die Behörde zur Erteilung der Genehmigung/Bescheinigung veranlasst (BGH NStZ 1985, 367) noch irregeführt worden ist (Bieneck AußenwirtschaftsR-HdB/*Bieneck* § 29 Rn. 87) oder überhaupt Kenntnis von den ihr ggü. gemachten oder benutzten Angaben genommen hat (Erbs/Kohlhaas/*Diemer* § 33 Rn. 24, aF). Da der Tatbestand mit dem Machen oder Benutzen unrichtiger oder unvollständiger Angaben bereits vollendet ist, handelt es sich um das Vorfelddelikt zum Handeln aufgrund einer erschlichenen Genehmigung gemäß §§ 17 Abs. 6, 18 Abs. 9.

10   Bescheinigungen, die nach dem AWG oder der AWV erforderlich sind, müssen nicht immer durch nationale, sondern können auch durch Behörden anderer Mitgliedstaaten der Europäischen Union erteilt werden, weswegen auch ein entsprechendes Verhalten ggü. ausländischen Behörden tatbestandsmäßig sein kann (Bieneck AußenwirtschaftsR-HdB/*Bieneck* § 29 Rn. 89). Bezüglich der Tathandlung bedarf es – wie grds. für den Tatbestandsvorsatz – lediglich eines dolus eventualis (Erbs/Kohlhaas/*Diemer* § 33 Rn. 25 zur aF).

III. § 19 Abs. 3

11   **1. Allgemeines.** Nach § 19 Abs. 3 sind Verstöße gegen bestimmte vollziehbare Anordnungen oder bestimmte Pflichten aus Rechtsverordnungen nach §§ 4, 11 Ordnungswidrigkeiten. Es ist sowohl vorsätzliches als auch fahrlässiges Handeln sanktionierbar. Im Gegensatz zu den materialen Verstößen des

§ 19 Abs. 3 Nr. 1a werden durch die Nr. 1b nur formale Verstöße erfasst, die sich im Vorfeld der eigentlichen Ausfuhrhandlungen bewegen, was sich auch in der entsprechenden Bußgeldandrohung niederschlägt (Müller-Gugenberger WirtschaftsStR/*Alexander/Winkelbauer* § 62 Rn. 122). Während für Verstöße gegen Nr. 1a eine Geldbuße bis zu 500.000 EUR verhängt werden kann, beträgt die Grenze bei Nr. 1b 30.000 EUR (§ 19 Abs. 6).

2. § 19 Abs. 3 Nr. 1a. Die von § 19 Abs. 3 Nr. 1a in Bezug genommenen Ordnungswidrigkeiten **12** sind Zuwiderhandlungen gegen eine Rechtsverordnung nach § 4 Abs. 1 oder gegen eine vollziehbare Anordnung aufgrund einer solchen Rechtsverordnung, soweit diese für einen bestimmten Tatbestand auf § 19 verweist und die Handlung selbst nicht als Straftat nach §§ 17 Abs. 1–5, 18 Abs. 2 sanktionierbar ist. Die Ausfüllung dieses Blankettatbestandes erfolgt durch § 81 Abs. 1 AWV, der die sanktionsbewehrte Verstöße nennt und die Rückverweisung (zur verfassungsrechtlichen Problematik → Vorb. Rn. 103 ff.) auf § 19 Abs. 3 Nr. 1a vornimmt (Müller-Gugenberger WirtschaftsStR/*Alexander/Winkelbauer* § 62 Rn. 107). Dies sind iE:

§ 81 Abs. 1 Nr. 1 AWV: die Abgabe einer Erklärung entgegen § 7 AWV, durch die sich ein **13** Gebietsansässiger an einem Boykott gegen einen anderen Staat beteiligt (Boykott-Erklärung),

§ 81 Abs. 1 Nr. 2 AWV: entsprechend § 10 S. 1 AWV die Ausfuhr von Gütern, die in Teil II Spalte **14** 3 der Ausfuhrliste mit „G" gekennzeichnet sind, ohne Einhaltung der entsprechenden Genehmigungserfordernisse,

§ 81 Abs. 1 Nr. 3 AWV: entsprechend § 11 Abs. 2 AWV die Ausfuhr von in Teil I Abschnitt B der **15** Ausfuhrliste genannten Gütern ohne Genehmigung, wenn dem Verbringer bekannt ist, dass das endgültige Bestimmungsziel der Güter außerhalb des Zollgebiets der EU liegt,

§ 81 Abs. 1 Nr. 4 AWV: die Verbringung von Gütern ohne eine Genehmigung oder einer Ent- **16** scheidung, dass es keiner Genehmigung bedarf, die nicht in der Ausfuhrliste oder in Anhang I der VO (EG) Nr. 428/2009 genannt sind. Dabei muss dem Verbringer bekannt sein, dass diese Güter ganz oder teilweise für die Errichtung, den Betrieb oder zum Einbau in eine Anlage für kerntechnische Zwecke bestimmt sind oder bestimmt sein können und das Bestimmungsland (zur Def → Vorb. §§ 17–20 Rn. 61) Algerien, Irak, Iran, Israel, Jordanien, Libyen, die Demokratische Volksrepublik Korea, Pakistan oder Syrien ist,

§ 81 Abs. 1 Nr. 5 AWV: die Verwendung einer Ware entgegen bestimmter einschränkender Zu- **17** lassungsvoraussetzungen oder Auflagen,

§ 81 Abs. 1 Nr. 6 AWV: ahndet die Zuwiderhandlungen gegen eine vollziehbare Anordnung des **18** BAFA nach § 44 Abs. 3 AWV, die für die Herstellung von ABC-Waffen Bedeutung haben können oder gegen solche vollziehbaren Anordnungen, die die Beteiligung eines Unionsfremden an einem inländischen Unternehmen betrifft (§§ 59, 62 AWV);

§ 81 Abs. 1 Nr. 7 und 8 AWV: betreffen die Erbringung technischer Unterstützung ohne Ent- **19** scheidung über die Genehmigungspflicht oder ohne Genehmigung im Zusammenhang mit bestimmten in Anhang I der VO (EG) Nr. 428/2009 gelisteten Gütern der Kommunikationsüberwachung (vgl. § 52a AWV) oder im Zusammenhang mit bestimmten in Teil I Abschnitt B der Ausfuhrliste gelisteten Gütern der Kommunikationsüberwachung (§ 52b AWV).

§ 81 Abs. 1 Nr. 9 AWV: betrifft die Bewirkung verbotener Zahlungen oder sonstiger Leistungen im **20** Zusammenhang mit dem Abkommens v. 27.2.1953 über deutsche Auslandsschulden (BGBl. 1953 II 331), wenn diese Schuld nicht geregelt ist.

3. § 19 Abs. 3 Nr. 1b. Die von § 19 Abs. 3 Nr. 1b in Bezug genommenen Ordnungswidrigkeiten **21** sind Zuwiderhandlungen gegen eine Rechtsverordnung nach § 11 Abs. 1–4 oder gegen eine vollziehbare Anordnung aufgrund einer solchen Rechtsverordnung, soweit diese für einen bestimmten Tatbestand auf § 19 verweist und die Handlung selbst nicht als Straftat nach §§ 17 Abs. 1–5, 18 Abs. 2 sanktionierbar ist. Die Ausfüllung dieses Blankettatbestandes erfolgt durch § 81 Abs. 2 AWV, der die sanktionsbewehrte Verstöße nennt und die Rückverweisung auf § 19 Abs. 3 Nr. 1b vornimmt (zur verfassungsrechtlichen Problematik der Rückverweisungsklauseln → Vorb. Rn. 103 ff.).

Danach handelt durch den Rückverweis auf § 19 Abs. 3 Nr. 1b ordnungswidrig, wer entgegen § 5 **22** Abs. 1 S. 1 AWV eine Urkunde nicht oder nicht rechtzeitig zurückgibt (**§ 81 Abs. 2 Nr. 1 AWV**); entgegen § 6 Abs. 1 AWV eine Urkunde nicht oder nicht mindestens fünf Jahre aufbewahrt (**§ 81 Abs. 2 Nr. 2 AWV**); entgegen § 12 Abs. 1 AWV, auch iVm § 20 AWV, eine Ausfuhrsendung nicht, nicht richtig oder nicht rechtzeitig gestellt (**§ 81 Abs. 2 Nr. 3 AWV**); entgegen § 13 Abs. 1 AWV ein Ladungsverzeichnis nicht, nicht richtig oder nicht rechtzeitig einreicht (**§ 81 Abs. 2 Nr. 4 AWV**); entgegen § 13 Abs. 5 AWV eine Erklärung nicht, nicht richtig, nicht in der vorgeschriebenen Weise oder nicht rechtzeitig abgibt (**§ 81 Abs. 2 Nr. 5 AWV**); entgegen § 14 Abs. 3 oder 4 AWV, jeweils auch iVm § 20 AWV, eine Ware entfernt, entfernen lässt, verlädt oder verladen lässt (**§ 81 Abs. 2 Nr. 6 AWV**); entgegen § 15 Abs. 1 oder § 17 Abs. 4 AWV, auch iVm § 20 AWV, eine dort genannte Angabe nicht, nicht richtig, nicht vollständig oder nicht rechtzeitig macht (**§ 81 Abs. 2 Nr. 7 AWV**); entgegen § 17 Abs. 5 S. 1 AWV, auch iVm § 20 AWV, eine dort genannte Ausfuhranmeldung nicht, nicht richtig, nicht vollständig oder nicht rechtzeitig abgibt (**§ 81 Abs. 2 Nr. 8 AWV**); entgegen § 22 Abs. 1 AWV den Empfänger nicht, nicht richtig, nicht vollständig oder nicht rechtzeitig informiert (**§ 81 Abs. 2**

Nr. 9 AWV); entgegen § 22 Abs. 2 S. 1 AWV oder § 26 Abs. 1 S. 1 AWV ein Register oder eine Aufzeichnung nicht, nicht richtig oder nicht vollständig führt **(§ 81 Abs. 2 Nr. 10 AWV)**; entgegen § 23 Abs. 1 S. 2 AWV nicht sicherstellt, dass die Ausfuhrgenehmigung vorhanden ist **(§ 81 Abs. 2 Nr. 11 AWV)**; entgegen § 23 Abs. 1 S. 3 AWV die Ausfuhrgenehmigung nicht oder nicht rechtzeitig übermittelt **(§ 81 Abs. 2 Nr. 12 AWV)**; entgegen § 23 Abs. 5 S. 2 AWV oder § 25 Abs. 1 AWV die Ausfuhrgenehmigung oder ein dort genanntes Dokument nicht oder nicht rechtzeitig vorlegt **(§ 81 Abs. 2 Nr. 13 AWV)**; entgegen § 29 S. 1 AWV eine Mitteilung nicht, nicht richtig, nicht vollständig oder nicht rechtzeitig macht **(§ 81 Abs. 2 Nr. 14 AWV)**; entgegen § 30 Abs. 3 S. 1 AWV, auch iVm § 48 S. 2 AWV, einen Nachweis nicht, nicht richtig, nicht vollständig oder nicht rechtzeitig erbringt **(§ 81 Abs. 2 Nr. 15 AWV)**; entgegen § 30 Abs. 3 S. 2 AWV, auch iVm § 48 S. 2 AWV entweder a) eine Anzeige nicht, nicht richtig, nicht vollständig oder nicht rechtzeitig erstattet oder b) eine Bescheinigung nicht oder nicht rechtzeitig zurückgibt und eine Mitteilung nicht, nicht richtig, nicht vollständig oder nicht rechtzeitig macht **(§ 81 Abs. 2 Nr. 16 AWV)**; entgegen § 32 Abs. 1 S. 1 AWV nicht sicherstellt, dass ein dort genanntes Dokument vorhanden ist **(§ 81 Abs. 2 Nr. 17 AWV)**; entgegen § 32 Abs. 3 AWV ein dort genanntes Dokument nicht, nicht richtig oder nicht rechtzeitig vorlegt **(§ 81 Abs. 2 Nr. 18 AWV)**; entgegen § 64 Abs. 1 AWV, § 65 Abs. 1 AWV, § 66 Abs. 1 oder Abs. 4 S. 1 AWV, § 67 Abs. 1 AWV, auch iVm § 68 Abs. 1 AWV, entgegen § 69 AWV oder § 70 Abs. 1 AWV eine Meldung nicht, nicht richtig, nicht vollständig oder nicht rechtzeitig macht **(§ 81 Abs. 2 Nr. 19 AWV)** oder entgegen § 68 Abs. 2 eine Anzeige nicht, nicht richtig, nicht vollständig oder nicht rechtzeitig erstattet **(§ 81 Abs. 2 Nr. 20 AWV)**.

23 **4. § 19 Abs. 3 Nr. 2.** Von dieser Vorschrift werden Zuwiderhandlungen gegen eine vollziehbare Anordnung nach § 7 Abs. 1, 3 oder Abs. 4 (dies betrifft Einzeleingriffe im Seeverkehr außerhalb des deutschen Küstenmeeres) oder § 23 Abs. 1 oder Abs. 4 S. 2 (bei Nichterfüllung von vollziehbarer Auskunftsverlangen der zuständigen Behörden) erfasst. Gemäß § 23 Abs. 5 ist auskunftspflichtig, wer unmittelbar oder mittelbar am Außenwirtschaftsverkehr teilnimmt. Es genügt daher jede auch entfernte Mitwirkung am Außenwirtschaftsverkehr (Bieneck AußenwirtschaftsR-HdB/*Haug/Häge* § 12 Rn. 107). Mittelbar nehmen zB auch Banken, die das Geschäft finanzieren, Vorlieferanten oder selbst die Endabnehmer in einer längeren Kette von Abnehmern teil.

24 Zu beachten ist aber, dass die Auskunftpflichten der Beteiligten nur bestehen, soweit die Maßnahmen erforderlich sind, um die Einhaltung der aus dem AWG, der AWV oder aus Rechtsakten des Rates bzw. der Kommission der EU im Bereich des Außenwirtschaftsrechts resultierenden Pflichten zu überwachen (§ 23 Abs. 1 S. 1). Es darf also weder an anderer Zweck verfolgt werden, noch darf ein milderes aber gleichermaßen aufschlussreiches Mittel zur Verfügung stehen. Auch bestehen die Auskunftpflichten ausschließlich ggü. den jeweils genannten Behörden, also dem Hauptzollamt, der Deutschen Bundesbank, dem BAFA und der Bundesanstalt für Landwirtschaft und Ernährung.

25 Nicht außer Acht gelassen werden darf das Auskunftsverweigerungsrecht gemäß § 23 Abs. 6, das entsprechend § 55 StPO – Ausfluss des im Rechtsstaatsprinzip verankerten Grundsatzes des fairen Verfahrens ist (BVerfGE 38, 105 (113); 56, 37 (44 f.)). Der prinzipiell zur Auskunft Verpflichtete hat danach das Recht, die Auskunft auf solche Fragen zu verweigern, deren Beantwortung ihn selbst oder einen der in § 383 Abs. 1 Nr. 1–3 ZPO bezeichneten Angehörigen der Gefahr strafgerichtlicher Verfolgung oder eines Verfahrens nach dem Gesetz über Ordnungswidrigkeiten aussetzen würden.

26 Das Auskunftsverweigerungsrecht gilt allerdings ausschließlich im Hinblick auf die Auskunftspflicht (§ 23 Abs. 1 S. 1), nicht hingegen im Hinblick auf die Vorlage- und Duldungspflichten (§ 23 Abs. 1 S. 2, Abs. 2). Das folgt zum einen bereits aus dem Wortlaut des § 23 Abs. 6 („kann die Auskunft auf solche Fragen verweigern"). Zum anderen daraus, dass das rechtsstaatlich verankerte und auch der Achtung der Menschenwürde geschuldete Auskunftsverweigerungsrecht lediglich davor schützen soll, sich selbst oder seine Angehörigen bezichtigen zu müssen. Daraus folgt indes nicht, dass auch andere Erkenntnismöglichkeiten, die den Bereich der Aussagefreiheit nicht berühren, von den Betroffenen unter Hinweis auf diese Freiheit eingeschränkt oder behindert werden dürfen (BVerfGE 55, 144 (150 f.)). Dabei ist zu berücksichtigen, dass der Gesetzgeber vor allem deshalb Anlass gehabt hätte, eine beabsichtigte Ausdehnung der Verweigerungsbefugnis auf die Herausgabeverpflichtung unmissverständlich zum Ausdruck zu bringen, weil im Wirtschaftsverwaltungsrecht die Behördenpraxis dahin geht, in vergleichbaren Fällen der zu überwachenden Person nur die Verweigerung der Auskunft, nicht aber die Verweigerung der Herausgabe von Unterlagen zu gestatten (BVerwG NVwZ 1986, 376 (377) mwN). In anderen Gesetzen hat der Gesetzgeber ein auch die Vorlage von Unterlagen oder Gegenständen umfassendes Verweigerungsrecht ausdrücklich in den Gesetzestext aufgenommen (vgl. § 10 Abs. 2 S. 4 letzter Hs. BSeuchG).

27 Allerdings steht dem Betreffenden auch ein Auskunftsverweigerungsrecht zu, sofern von ihm bei Gelegenheit einer Prüfung oder Vorlage nach § 23 Auskünfte verlangt werden und die Voraussetzungen von § 23 Abs. 6 vorliegen.

28 Berufsgeheimnisträger können sich nicht auf ein Zeugnisverweigerungsrecht nach § 383 Abs. 1 Nr. 6 ZPO oder nach § 53 StPO berufen. Sobald bspw. Rechtsanwälte, Steuerberater, Notare oder Wirtschaftsprüfer durch eine Betreuung von Beteiligten am Außenwirtschaftsverkehr selbst mittelbar an

diesem teilnehmen, sind sie zur Auskunft verpflichtet. Die allgemeine Verschwiegenheitspflicht nach § 203 StGB wird durch die spezialgesetzliche Auskunftsverpflichtung nach § 23 AWG durchbrochen (Bieneck AußenwirtschaftsR-HdB/*Haug/Häge* § 12 Rn. 110).

5. § 19 Abs. 3 Nr. 3. Nach dieser Norm handelt ordnungswidrig, wer entgegen einem nach § 27 **29** Abs. 1 S. 1 AWG geäußerten Verlangen zur Überwachung des Fracht-, Post- und Reiseverkehrs Waren nicht, nicht richtig, nicht vollständig oder nicht rechtzeitig vorzeigt. Ein etwaig bestehendes Auskunftsverweigerungsrecht nach § 23 Abs. 6 berührt nicht die Vorzeigepflicht.

6. § 19 Abs. 3 Nr. 4. Wenn entgegen § 27 Abs. 3 eine Erklärung nicht, nicht richtig, nicht voll- **30** ständig oder nicht rechtzeitig abgegeben wird, liegt eine Ordnungswidrigkeit nach § 19 Abs. 3 Nr. 4 vor. Dies betrifft auf Verlangen der Zollbehörden abzugebende Erklärungen über das Mitführen von Waren bei der Ein- oder Ausreise.

7. § 19 Abs. 3 Nr. 5. Hiernach stellt das entgegen § 27 Abs. 4 S. 1 nicht, nicht richtige, nicht **31** vollständige oder nicht rechtzeitige Gestellen von auszuführenden Waren ggü. den Zollbehörden eine Ordnungswidrigkeit dar.

IV. § 19 Abs. 4

1. Allgemeines. § 19 Abs. 4 wird als Blankettnorm durch in der AWV bezeichnete Tatbestände in **32** unmittelbar geltenden Rechtsakten der EG/EU – hier Verordnungen (Art. 249 des früheren EGV) – ausgefüllt. Zu beachten ist, dass diese Verweisung bis zur Gesetzesänderung mit Wirkung zum 12.11.2010 (→ Rn. 1) nicht für Rechtsakte der Europäischen Union gilt, auch wenn diese mit dem Inkrafttreten des Vertrages von Lissabon am 1.12.2009 die Rechtsnachfolgerin der EG wurde (zur Ahndungslücke → Vorb. Rn. 92 ff.).

Erst aus den in der AWV bestimmten Vorschriften der EG/EU-Verordnungen ergeben sich die **33** Handlungspflichten iE, die § 19 Abs. 4 mit Bußgeld bewehrt. Als weiteres einschränkendes Erfordernis verlangt § 19 Abs. 3, dass die unmittelbar geltenden europäischen Regelungen inhaltlich einer Regelung entsprechen müssen, die nach § 19 Abs. 3 Nr. 1a und b einen Bußgeldtatbestand bilden. Man muss daher § 19 Abs. 4 AWG, § 82 AWV und die EG/EU-Verordnungsnormen, auf die die § 82 AWV weiter verweisen, zusammen lesen, um die Tatbestandsvoraussetzungen zu ermitteln.

Trotz des dem Verordnungsgeber eingeräumten weiten Auswahlermessens, welche unmittelbar gel- **34** tenden europäischen Vorschriften den Regelungen des § 19 Abs. 3 entsprechen, verstößt dieses nicht gegen *nullum crimen sine lege* (zur verfassungsrechtlichen Problematik der Entsprechungsklauseln → Vorb. Rn. 108 ff.).

2. § 19 Abs. 4 S. 1 Nr. 1. Nach § 19 Abs. 4 Nr. 1 iVm § 82 Abs. 1 Nr. 1–12 AWV handelt **35** ordnungswidrig, wer trotz eines bestehenden Embargos vorsätzlich oder fahrlässig Ansprüche erfüllt oder Forderungen stattgibt.

    Irak-Embargo (§ 82 Abs. 1 Nr. 1 AWV): Verstöße gegen Art. 2 Abs. 1 der VO (EWG) **36** Nr. 3541/92 des Rates v. 7.12.1992 zum Verbot der Erfüllung irakischer Ansprüche in Bezug auf Verträge und Geschäfte, deren Durchführung durch die Resolution 661 (1990) des Sicherheitsrates der Vereinten Nationen und mit ihr in Verbindung stehende Resolutionen berührt wurde (ABl. 1992 L 361, 1).

    Libyen-Embargo **(§ 82 Abs. 1 Nr. 2 AWV):** Verstöße gegen Art. 2 Abs. 1 der VO (EG) Nr. 3275/ **37** 93 des Rates v. 29.11.1993 zum Verbot der Erfüllung von Ansprüchen im Zusammenhang mit Verträgen und Geschäften, deren Durchführung durch die Resolution 883 (1993) des Sicherheitsrates der Vereinten Nationen und mit ihr in Verbindung stehende Resolutionen berührt wurde (ABl. 1993 L 295, 4).

    Haiti-Embargo (§ 82 Abs. 1 Nr. 3 AWV): Verstöße gegen Art. 2 Abs. 1 der VO (EG) Nr. 1264/ **38** 94 des Rates v. 30.5.1994 über das Verbot der Erfüllung von Ansprüchen der haitischen Behörden im Zusammenhang mit Verträgen und Geschäften, deren Durchführung durch die Maßnahmen aufgrund der Resolutionen 917 (1994), 841 (1993), 873 (1993) und 875 (1993) des Sicherheitsrates der Vereinten Nationen berührt wurde (ABl. 1994 L 139, 4).

    Ex-Jugoslawien-Embargo (§ 82 Abs. 1 Nr. 4 AWV): Verstöße gegen Art. 2 Abs. 1 der VO (EG) **39** Nr. 1733/94 des Rates v. 11.7.1994 zum Verbot der Erfüllung von Ansprüchen im Zusammenhang mit Verträgen und Geschäften, deren Durchführung durch die Resolution 757 (1992) des Sicherheitsrates der Vereinten Nationen und mit ihr in Verbindung stehende Resolutionen berührt wurde (ABl. 1994 L 182, 1).

    Kongo-Embargo (§ 82 Abs. 1 Nr. 4a AWV): Verstöße gegen Art. 7a Abs. 1 der VO (EG) **40** Nr. 1183/2005 des Rates v. 18.7.2005 über die Anwendung spezifischer restriktiver Maßnahmen gegen Personen, die gegen das Waffenembargo betreffend die Demokratische Republik Kongo verstoßen (ABl. 2005 L 193, 1), die zuletzt durch die Verordnung (EU) 2015/613 (ABl. 2015 L 102, 3) geändert worden ist.

    Nordkorea-Embargo (§ 82 Abs. 1 Nr. 4b AWV): Verstöße gegen Art. 9b Abs. 1 der VO (EG) **41** Nr. 329/2007 des Rates v. 27.3.2007 über restriktive Maßnahmen gegen die Demokratische Volksrepublik Korea (ABl. 2007 L 88, 1; 2008 L 239, 59), die zuletzt durch die Durchführung-VO (EU) Nr. 386/2014 (ABl. 2014 L 111, 46) geändert worden ist. Außerdem werden weitere Verstöße gegen das Nordkorea-Embargo über die Rückverweisung **des § 82 Abs. 7 Nr. 1–8 AWV** erfasst. Danach handelt auch derjenige ordnungswidrig, der vorsätzlich oder fahrlässig gegen die VO (EG) Nr. 329/2007 verstößt, indem er (Nr. 1) entgegen Art. 5a Abs. 1 Buchst. a ein neues Bankkonto eröffnet; (Nr. 2) entgegen Art. 5a Abs. 1 Buchst. b eine neue Korrespondenzbankbeziehung aufnimmt; (Nr. 3) entgegen Art. 5a Abs. 1 Buchst. c eine neue Repräsentanz eröffnet oder eine neue Zweigniederlassung oder Tochtergesellschaft gründet; (Nr. 4) entgegen Art. 5a Abs. 1 Buchst. d ein neues Gemeinschafts-unternehmen gründet; (Nr. 5) entgegen Art. 5a Abs. 1 Buchst. e eine Korrespondenzbankbeziehung aufrechterhält; (Nr. 6) entgegen Art. 5a Abs. 2 Buchst. b eine Vereinbarung schließt, die die Eröffnung einer Repräsentanz oder die Gründung einer Zweigniederlassung oder Tochtergesellschaft betrifft; (Nr. 7) entgegen Art. 9a Buchst. a oder Buchst. b eine staatliche oder staatlich garantierte Anleihe kauft oder Vermittlungsdienste im Zusammenhang mit dem Kauf einer staatlichen oder staatlich garantierten Anleihe erbringt oder (Nr. 8) entgegen Art. 11a Abs. 1 Buchst. b die Ausführung einer Transaktion nicht ablehnt (zur Strafbarkeit für Verstöße gegen das Nordkorea-Embargo ausf. → § 18 Rn. 30 ff.).

42   **Syrien-Embargo (§ 82 Abs. 1 Nr. 4c AWV):** Verstöße gegen Art. 27 Abs. 1 der VO (EU) Nr. 36/2012 des Rates v. 18.1.2012 über restriktive Maßnahmen angesichts der Lage in Syrien und zur Aufhebung der VO (EU) Nr. 442/2011 (ABl. 2012 L 16, 1; 2012 L 259, 7), die zuletzt durch die VO (EU) Nr. 1323/2014 (ABl. 2014 L 358, 1) geändert worden ist. Außerdem werden weitere Verstöße gegen das Syrien-Embargo über die Rückverweisung **des § 82 Abs. 10 AWV** erfasst. Danach handelt auch derjenige ordnungswidrig, der vorsätzlich oder fahrlässig gegen die VO (EU) Nr. 36/2012 verstößt, indem er (Nr. 1) entgegen Art. 24 Buchst. a oder Buchst. b eine staatliche oder staatlich garantierte Anleihe kauft oder Vermittlungsdienste im Zusammenhang mit dem Kauf einer staatlichen oder staatlich garantierten Anleihe erbringt; (Nr. 2) entgegen Art. 25 Abs. 1 ein neues Konto eröffnet, eine Korrespondenzbankbeziehung aufnimmt, eine neue Repräsentanz eröffnet oder eine Zweigniederlassung, Tochtergesellschaft oder ein neues Joint Venture gründet oder (Nr. 3) entgegen Art. 25 Abs. 2 Buchst. b eine Vereinbarung schließt, die die Eröffnung einer Repräsentanz oder die Gründung einer Zweig-niederlassung oder Tochtergesellschaft betrifft.

43   **Iran-Embargo (§ 82 Abs. 1 Nr. 5 AWV):** Verstöße gegen Art. 38 Abs. 1 der VO (EU) Nr. 267/2012 des Rates v. 23.3.2012 über restriktive Maßnahmen gegen Iran und zur Aufhebung der VO (EU) Nr. 961/2010 (ABl. 2012 L 88, 1; 2012 L 332, 31), die zuletzt durch die VO (EU) Nr. 971/2013 (ABl. 2013 L 272, 1) geändert worden ist. Außerdem werden weitere Verstöße gegen das Iran-Embargo über die Rückverweisung **des § 82 Abs. 11 AWV** erfasst. Danach handelt auch derjenige ordnungswidrig, der vorsätzlich oder fahrlässig gegen die VO (EU) Nr. 267/2012 verstößt, indem er (Nr. 1) entgegen Art. 22 die Gewährung eines Darlehens oder eines Kredits, eine Beteiligung oder ein Joint Venture akzeptiert oder genehmigt; (Nr. 2) entgegen Art. 30 Abs. 3 Buchst. a S. 2 oder Abs. 6 Buchst. d S. 1, Art. 30a Abs. 1 Buchst. a S. 2 oder Buchst. b S. 2 oder Art. 31 Abs. 1 eine Meldung nicht, nicht richtig, nicht vollständig, nicht in der vorgeschriebenen Weise oder nicht rechtzeitig macht; (Nr. 3) ohne Genehmigung nach Art. 30 Abs. 3 Buchst. b S. 1 oder Buchst. c S. 1 oder Art. 30a Abs. 1 Buchst. c einen Geldtransfer durchführt; (Nr. 4) entgegen Art. 30 Abs. 6 Buchst. b die Durchführung einer Transaktion nicht ablehnt; (Nr. 5) entgegen Art. 33 Abs. 1 Buchst. a ein neues Bankkonto eröffnet; (Nr. 6) entgegen Art. 33 Abs. 1 Buchst. b eine Korrespondenzbankbeziehung aufnimmt; (Nr. 7) ent-gegen Art. 33 Abs. 1 Buchst. c eine neue Repräsentanz eröffnet oder eine Zweigniederlassung oder eine Tochtergesellschaft gründet; (Nr. 8) entgegen Art. 33 Abs. 2 Buchst. b eine Vereinbarung schließt, die die Eröffnung einer Repräsentanz oder die Gründung einer Zweigniederlassung oder Tochtergesellschaft betrifft oder (Nr. 9) entgegen Art. 34 Buchst. a oder Buchst. b eine staatliche oder staatlich garantierte Anleihe kauft oder Vermittlungsdienste im Zusammenhang mit dem Kauf einer staatlichen oder staatlich garantierten Anleihe erbringt. Beim Iran-Embargo sind noch die dynamischen Verweisungen von § 82 Abs. 1 S. 2 AWV auf die Anhänge VIII und IX und von § 82 Abs. 11 AWV auf die Anhänge I bis VIIb der VO (EU) Nr. 267/2012 in der jeweils geltenden Fassung (zur verfassungsrechtlichen Zulässigkeit solcher Verweisungen → Vorb. Rn. 76 ff.) zu beachten (zur Strafbarkeit für Verstöße gegen das Iran-Embargo ausf. → § 18 Rn. 26).

44   **Embargo gegen die Zentralafrikanische Republik (§ 82 Abs. 1 Nr. 6 AWV):** Verstöße gegen Art. 14 Abs. 1 der VO (EU) Nr. 224/2014 des Rates v. 10.3.2014 über restriktive Maßnahmen angesichts der Lage in der Zentralafrikanischen Republik (ABl. 2014 L 70, 1).

45   **Krim/Sewastopol-Embargo (§ 82 Abs. 1 Nr. 7 AWV):** Verstöße gegen Art. 6 Abs. 1 der VO (EU) Nr. 692/2014 des Rates v. 23.6.2014 über restriktive Maßnahmen als Reaktion auf die rechts-widrige Eingliederung der Krim und Sewastopols durch Annexion (ABl. 2014 L 183, 9), die zuletzt durch die VO (EU) Nr. 1351/2014 (ABl. 2014 L 365, 46; 2015 L 37, 24) geändert worden ist. Außerdem werden weitere Verstöße gegen das Krim/Sewastopol-Embargo über die Rückverweisung **des § 82 Abs. 12 AWV** erfasst. Danach handelt auch derjenige ordnungswidrig, der vorsätzlich oder fahrlässig gegen die VO (EU) Nr. 692/2014 verstößt, indem er (Nr. 1) entgegen Art. 2a Abs. 1 Buchst. a oder b eine Beteiligung erwirbt oder ausweitet; (Nr. 2) entgegen Art. 2a Abs. 1 Buchst. c eine dort

genannte Vereinbarung trifft; (Nr. 3) entgegen Art. 2a Abs. 1 Buchst. d ein Gemeinschaftsunternehmen gründet oder (Nr. 4) entgegen Art. 2a Abs. 1 Buchst. e eine Wertpapierdienstleistung erbringt.

Sudan-Embargo (§ 82 Abs. 1 Nr. 8 AWV): Verstöße gegen Art. 12 Abs. 1 der VO (EU)   **46** Nr. 747/2014 des Rates v. 10.7.2014 über restriktive Maßnahmen angesichts der Lage in Sudan und zur Aufhebung der VOen (EG) Nr. 131/2004 und (EG) Nr. 1184/2005 (ABl. 2014 L 203, 1).

Russland-Embargo (§ 82 Abs. 1 Nr. 10 AWV): Verstöße gegen Art. 11 Abs. 1 der VO (EU)   **47** Nr. 833/2014 des Rates v. 31.7.2014 über restriktive Maßnahmen angesichts der Handlungen Russlands, die die Lage in der Ukraine destabilisieren (ABl. 2014 L 229, 1), die zuletzt durch die VO (EU) Nr. 1290/2014 (ABl. 2014 L 349, 20) geändert worden ist. Außerdem werden weitere Verstöße gegen das Russland-Embargo über die Rückverweisung des § 82 Abs. 13 AWV erfasst. Danach handelt auch derjenige ordnungswidrig, der vorsätzlich oder fahrlässig gegen die VO (EU) Nr. 883/2014 verstößt, indem er (Nr. 1) entgegen Art. 5 Abs. 1 oder Abs. 2 ein dort genanntes Wertpapier oder ein dort genanntes Geldmarktinstrument kauft oder (Nr. 2) entgegen Art. 5 Abs. 3 S. 1 eine dort genannte Vereinbarung trifft.

Jemen-Embargo (§ 82 Abs. 1 Nr. 11 AWV): Verstöße gegen Art. 12 Abs. 1 der VO (EU)   **48** Nr. 1352/2014 des Rates v. 18.12.2014 über restriktive Maßnahmen angesichts der Lage in Jemen (ABl. 2014 L 365, 60), die zuletzt durch die VO (EU) Nr. 2015/878 (ABl. 2014 L 143, 1) geändert worden ist.

Südsudan-Embargo (§ 82 Abs. 1 Nr. 12 AWV): Verstöße gegen Art. 17 Abs. 1 der VO (EU)   **49** Nr. 2015/735 des Rates v. 7.5.2015 über restriktive Maßnahmen angesichts der Lage in Südsudan und zur Aufhebung der Verordnung (EU) Nr. 748/2014 (ABl. 2015 L 117, 1).

Embargo gegen die Elfenbeinküste (§ 82 Abs. 6 AWV): Der Erwerb, die Vermittlung oder die   **50** Ausgabe von Wertpapieren entgegen Art. 9a Buchstabe a S. 1 der VO (EG) Nr. 560/2005 des Rates v. 12.4.2005 über die Anwendung spezifischer restriktiver Maßnahmen gegen bestimmte Personen und Organisationen angesichts der Lage in der Republik Côte d'Ivoire (ABl. 2005 L 95, 1), die zuletzt durch die VO (EU) Nr. 193/2012 (ABl. 2012 L 71, 5) geändert worden ist.

Schutz des freien Kapitalverkehrs. Nach § 19 Abs. 4 Nr. 1 AWG iVm **§ 82 Abs. 4 AWV** handelt   **51** ordnungswidrig, wer vorsätzlich oder fahrlässig gegen Art. 5 Abs. 1 der VO (EG) Nr. 2271/96 des Rates v. 22.11.1996 zum Schutz vor den Auswirkungen der extraterritorialen Anwendung von einem Drittland erlassener Rechtsakte sowie von darauf beruhenden oder sich daraus ergebenden Maßnahmen (ABl. 1996 L 309, 1; 1997 L 179, 10), die durch die VO (EG) Nr. 807/2003 (ABl. 2003 L 122, 36) geändert worden ist, verstößt, indem er Forderungen oder Verbot von Drittstaaten nachkommt, die den freien Kapitalverkehr beeinträchtigen. Außerdem ist noch die dynamische Verweisung von § 82 Abs. 4 S. 2 AWV auf den Anhang der VO (EG) Nr. 227/86 in der jeweils geltenden Fassung (zur verfassungsrechtlichen Zulässigkeit solcher Verweisungen → Vorb. Rn. 76 ff.) zu beachten.

Dual-Use-VO. Nach § 19 Abs. 4 Nr. 1 iVm **§ 82 Abs. 9 AWV** handelt ordnungswidrig, wer   **52** vorsätzlich oder fahrlässig gegen die VO (EG) Nr. 428/2009 des Rates v. 5.5.2009 über eine Gemeinschaftsregelung für die Kontrolle der Ausfuhr, der Verbringung, der Vermittlung und der Durchfuhr von Gütern mit doppeltem Verwendungszweck (ABl. 2009 L 134, 1; 2009 L 224, 21), die zuletzt durch die VO (EU) Nr. 388/2012 (ABl. 2012 L 129, 12) geändert worden ist, verstößt, indem er (Nr. 1) einer vollziehbaren Anordnung nach Art. 6 Abs. 1 S. 1 zuwiderhandelt oder (Nr. 2) ohne Genehmigung nach Art. 22 Abs. 1 S. 1 Güter mit doppeltem Verwendungszweck innergemeinschaftlich verbringt. Außerdem ist noch die dynamische Verweisung von § 82 Abs. 9 S. 2 AWV auf den Anhang I oder Anhang IV der VO (EG) Nr. 428/2009 in der jeweils geltenden Fassung (zur verfassungsrechtlichen Zulässigkeit solcher Verweisungen → Vorb. Rn. 76 ff.) zu beachten.

3. § 19 Abs. 4 S. 1 Nr. 2. An die Bußgeldvorschrift des § 19 Abs. 4 Nr. 2 wird durch Rückver-   **53** weisungen in § 82 Abs. 2, 3, 5 und 8 AWV angeknüpft. Dies betrifft bestimmte formale Verstöße gegen den **Zollkodex** (§ 82 Abs. 2 AWV), gegen Genehmigungspflichten im Hinblick auf die Einfuhr von **Textilwaren** (§ 82 Abs. 3 AWV), gegen den Handel mit **Blutdiamanten** (§ 82 Abs. 5 AWV) und im Zusammenhang mit dem Stahlhandel mit der Republik **Kasachstan** (§ 82 Abs. 8 AWV).

Zollkodex. Nach § 19 Abs. 4 Nr. 2 iVm **§ 82 Abs. 2 AWV** handelt ordnungswidrig, wer vor-   **54** sätzlich oder fahrlässig gegen die VO (EWG) Nr. 2454/93 der Kommission v. 2.7.1993 mit Durchführungsvorschriften zu der VO (EWG) Nr. 2913/92 des Rates zur Festlegung des Zollkodex der Gemeinschaften (ABl. 1993 L 253, 1) die zuletzt durch die Verordnung (EU) Nr. 1063/2010 (ABl. 2010 L 307, 1) geändert worden ist, verstößt, indem er (Nr. 1) einer mit einer Bewilligung nach Art. 282 Abs. 1 iVm Art. 262 Abs. 1 S. 2 verbundenen vollziehbaren Auflage über den Inhalt oder die Frist der ergänzenden Zollanmeldung zuwiderhandelt; (Nr. 2) einer mit einer Bewilligung nach Art. 283 S. 1 iVm Art. 287 Abs. 1 S. 1 Buchst. d verbundenen vollziehbaren Auflage über den Inhalt eines Begleitdokuments zuwiderhandelt; (Nr. 3) einer mit einer Bewilligung nach Art. 283 S. 1 in Verbindung mit Art. 287 Abs. 1 S. 1 Buchst. e verbundenen vollziehbaren Auflage über die Vorlage der ergänzenden Zollanmeldung oder die Frist für ihre Abgabe zuwiderhandelt; (Nr. 4) entgegen Art. 285 Abs. 1 Buchst. a die Ausfuhrzollstelle nicht, nicht richtig, nicht vollständig oder nicht rechtzeitig benachrichtigt; (Nr. 5) entgegen Art. 792a Abs. 1 S. 1 die Ausfuhrzollstelle nicht, nicht richtig oder nicht rechtzeitig unterrichtet; (Nr. 6) ohne Zustimmung nach Art. 792a Abs. 2 S. 1 den geänderten Beförderungsvertrag erfüllt; (Nr. 7) einer mit einer Befreiung nach Art. 285a Abs. 1 S. 2 Buchst. a verbundenen vollziehbaren Auflage über die Benachrichtigung von einem Warenabgang zuwiderhandelt; (Nr. 8) einer mit einer Befreiung nach Art. 285a Abs. 1 S. 2 Buchst. c verbundenen vollziehbaren Auflage über das Anschreiben von Waren in seiner Buchführung vor Abgang an den in Art. 253 Abs. 3 oder Art. 283 S. 1 genannten Orten zuwiderhandelt oder (Nr. 9) als Anmelder vor dem Ausgang der Waren aus dem Zollgebiet der EU entgegen Art. 793 Abs. 1, auch iVm Art. 841 Abs. 1, das Exemplar Nr. 3 des Einheitspapiers oder das Ausfuhrbegleitdokument der Ausgangszollstelle nicht vorlegt oder die zur Ausfuhr überlassenen Waren dieser Zollstelle nicht oder nicht richtig gestellt.

55 Einfuhr von **Textilwaren.** Nach § 19 Abs. 4 Nr. 2 iVm **§ 82 Abs. 3 AWV** begeht eine Ordnungswidrigkeit, wer vorsätzlich oder fahrlässig gegen Art. 3 Abs. 2 S. 1 der VO (EG) Nr. 517/94 des Rates v. 7.3.1994 über die gemeinsame Regelung der Einfuhren von Textilwaren aus bestimmten Drittländern, die nicht unter bilaterale Abkommen, Protokolle, andere Vereinbarungen oder eine spezifische gemeinschaftliche Einfuhrregelung fallen (ABl. 1994 L 67, 1), die zuletzt durch die Verordnung (EU) Nr. 1165/2012 (ABl. 2012 L 336, 55) geändert worden ist, verstößt, indem er ohne die erforderliche Genehmigung Textilwaren in den freien Verkehr der Gemeinschaft überführt.

56 **Blutdiamanten.** Nach § 19 Abs. 4 Nr. 2 iVm **§ 82 Abs. 5 AWV** handelt ordnungswidrig, wer vorsätzlich oder fahrlässig gegen die VO (EG) Nr. 2368/2002 des Rates v. 20.12.2002 zur Umsetzung des Zertifikationssystems des Kimberley-Prozesses für den internationalen Handel mit Rohdiamanten (ABl. 2002 L 358, 28), die zuletzt durch die VO (EG) Nr. 1268/2008 (ABl. 2008 L 338, 39) geändert worden ist, verstößt, indem er entgegen Art. 4 Abs. 1 ein Behältnis oder ein dazu gehöriges Zertifikat nicht oder nicht rechtzeitig einer zuständigen Behörde zur Prüfung vorlegt.

57 Stahlhandel mit **Kasachstan.** Nach § 19 Abs. 4 Nr. 2 iVm **§ 82 Abs. 8 AWV** begeht eine Ordnungswidrigkeit, wer vorsätzlich oder fahrlässig eine Einfuhrgenehmigung nicht oder nicht rechtzeitig vorlegt und damit gegen Art. 2 Abs. 1 S. 2 der VO (EG) Nr. 1340/2008 des Rates v. 8.12.2008 über den Handel mit bestimmten Stahlerzeugnissen zwischen der Europäischen Gemeinschaft und der Republik Kasachstan (ABl. 2008 L 348, 1) verstößt.

V. § 19 Abs. 5

58 **1. Allgemeines.** Von § 19 Abs. 5 werden Zuwiderhandlungen gegen Informations-, Anmelde- und Aufzeichnungspflichten von unmittelbar geltenden EG/EU-Sanktionsverordnungen erfasst. Im Gegensatz zur Rechtslage vor der AWG-Novelle hat der Gesetzgeber darauf verzichtet, die jeweiligen Verstöße enumerativ in der AWV zu erfassen und durch Verweisung in § 19 Abs. 5 inzubeziehen. Ebenso wie in § 18 Abs. 1 verweist der Gesetzgeber vielmehr direkt auf die Veröffentlichung der jeweiligen Sanktionsverordnung im Amtsblatt (vgl. *Müller-Gugenberger* WirtschaftsStR/*Alexander/Winkelbauer* § 62 Rn. 116). Dies ist mit dem Gebot der Normenklarheit vereinbar (→ Vorb. Rn. 82, → § 17 Rn. 14).

59 **2. Parlamentsvorbehalt.** Problematisch bei solchen dynamischen Verweisungen auf nicht von dem Sanktionsgesetzgeber normierte Rechtsakte der EU ist die Einhaltung der Vorgaben des Parlamentsvorbehalts (→ Vorb. Rn. 80 f., → § 17 Rn. 16). Diesen Anforderungen genügt § 19 Abs. 5. Die Sanktionsnorm ist (einschließlich der Höhe der verhängbaren Geldbuße nach § 19 Abs. 6) vollständig. Zumindest die Gruppe der Verhaltensvorgaben ist mit einer Zuwiderhandlung gegen Informations-, Anmelde- und Aufzeichnungspflichten nach § 19 Abs. 5 Nr. 1–4 beschrieben und auch der Aufgabenbereich ist in § 19 Abs. 5 S. 1 bezeichnet (Durchführung einer vom Rat der Europäischen Union im Bereich der Gemeinsamen Außen- und Sicherheitspolitik beschlossenen wirtschaftlichen Sanktionsmaßnahme).

C. Vorsatz und Fahrlässigkeit

60 Nach § 10 OWiG kann als Ordnungswidrigkeit nur vorsätzliches Handeln geahndet werden, es sei denn, das Gesetz sieht bei fahrlässigem Handeln ausdrücklich eine Geldbuße vor. Lediglich § 19 Abs. 2 bedroht fahrlässiges Handeln nicht ausdrücklich mit Bußgeld, verlangt also Vorsatz. Alle anderen Tatbestände des § 19 lassen fahrlässiges Verhalten (ausdrücklich) genügen.

61 Im Hinblick auf die Anforderungen an den Tatvorsatz bzw. dessen unterschiedliche Ausprägungen gelten die allgemeinen Grundsätze (teilweise ergeben sich diese aus § 11 Abs. 1 OWiG). Insbes. reicht Eventualvorsatz aus.

62 Wer Tatsachenkenntnis besitzt, handelt nicht im **Tatumstandsirrtum** (§ 11 Abs. 1 OWiG). Er handelt also vorsätzlich. Ist dem Täter bei voller Kenntnis der Tatsachenlage nicht klar, dass er gegen außenwirtschaftsrechtliche Verhaltenspflichten verstößt, handelt er im **Verbotsirrtum** (§ 11 Abs. 2 OWiG), der aber grds. durch Erkundigungen bei den kompetenten Stellen (zB den zuständigen Behörden) vermeidbar und damit unbeachtlich ist. Dies gilt allerdings ausnahmsweise dann nicht, wenn sich der Irrtum auf ein normatives Tatbestandsmerkmal bezieht. Hier muss der Täter über die Tatsachenkenntnis hinaus auch eine im Grunde korrekte rechtliche Bewertung der Situation (sog **Parallelwertung** in der Laiensphäre) vornehmen, um vorsätzlich zu handeln.

Zur Frage, ob ein Irrtum des Täters über das **Genehmigungserfordernis** (Handeln ohne erforderli- 63
che Genehmigung) einen den Vorsatz ausschließenden Tatumstandsirrtum (§ 11 Abs. 1 OWiG) darstellt
oder lediglich einen Verbotsirrtum (§ 11 Abs. 2 OWiG) s. die Erläuterungen zu → § 18 Rn. 102 ff.

Sofern die Tatbestände lediglich Fahrlässigkeit verlangen, genügt jede Form der Fahrlässigkeit, also 64
auch leicht fahrlässiges Handeln. Eines besonders groben Sorgfaltspflichtverstoßes iSv Leichtfertigkeit
bedarf es *de lege lata* nicht (so aber *Schüler* ZfZ 1981, 205 (207)), da der aus vielen anderen Gesetzen (zB
OWiG, StGB, AO, AktG) geläufige Begriff der Leichtfertigkeit in § 19 AWG (im Gegensatz zu § 17
Abs. 5) gerade nicht verwandt wird. Zudem kann unbilligen Härten durch das Opportunitätsprinzip
(§ 47 Abs. 1 OWiG) hinreichend Rechnung getragen werden (Erbs/Kohlhaas/*Diemer* § 33 Rn. 33 zur
aF).

Zu beachten ist, dass die Sorgfaltsanforderungen an Personen, die regelmäßig grenzüberschreitenden 65
Handel betreiben, besonders hoch sind.

D. Selbstanzeige

Völlig neu ist die Möglichkeit, über eine Selbstanzeige eine Verfolgung als Ordnungswidrigkeit zu 66
verhindern, § 22 Abs. 4. Sie ist den entsprechenden Vorschriften zur Selbstanzeige im Strafrecht (§ 261
Abs. 9 StGB), Steuerrecht (§ 371 AO) und im Sozialversicherungsrecht (§ 266a Abs. 6 StGB) nach-
gebildet (Müller-Gugenberger WirtschaftsStR/*Alexander*/*Winkelbauer* § 62 Rn. 128). Die Bußgeldbefreiung gilt ausschließlich für **fahrlässig** begangene Ordnungswidrigkeiten der § 19 Abs. 3–5 (eine
Einschränkung auf allein formale Verstöße durch gesetzliche ein redaktionelles Versehen beseitigende
Korrekturmaßnahmen erwartend *Klengel*/*Raschke* ZWH 2014, 369 (370 f.)). Die Einbeziehung des § 19
Abs. 2 ist ein offensichtlicher redaktioneller Fehler des Gesetzgebers, da dieser keine Ordnungswidrigkeit für fahrlässiges Handeln vorsieht, so dass nach § 10 OWiG ausschließlich vorsätzliches Handeln
bußgeldbewehrt ist (Müller-Gugenberger WirtschaftsStR/*Alexander*/*Winkelbauer* § 62 Rn. 130; zur
Behandlung von Redaktionsfehlern → Vorb. Rn. 75 f.). Die Möglichkeit der Selbstanzeige ist ausgeschlossen bei fahrlässigen Verstößen gegen § 19 Abs. 1, vorsätzlichen Verstößen gegen § 19 Abs. 2–5
sowie den Straftatbeständen nach §§ 17, 18 einschließlich § 17 Abs. 5, der eine Strafbarkeit für
leichtfertiges Handeln vorsieht. Neben einer Anzeige bei der zuständigen Behörde für im Wege der
Eigenkontrolle aufgedeckte Verstöße sind angemessene Maßnahmen zur Verhinderung eines Verstoßes
aus gleichem Grund zu treffen.

Die Selbstanzeige hat keine **Breitenwirkung** (vorsichtiger *Krause*/*Prieß* NStZ 2013, 688 (691)), so 67
dass von jedem Beteiligten zu verlangen ist, dass er eine eigenverantwortliche Berichtigungserklärung
abgibt. Diese lässt dann auch eine Unternehmensgeldbuße nach § 30 OWiG und eine Buße ggü. dem
Aufsichtspflichtigen nach § 130 OWiG entfallen (*Klengel*/*Raschke* ZWH 2014, 369 (372 f.); *Krause*/*Prieß*
NStZ 2013, 688 (691 f.)).

Ausreichend für das weit zu verstehende (vgl. *Krause*/*Prieß* NStZ 2013, 688 (690)) Merkmal der 68
Eigenkontrolle ist, dass der entdeckte Verstoß auf der Grundlage eines unternehmensinternen Entscheidungsprozesses zur Anzeige gebracht wurde (Erlass des BMF v. 12.2.2014 S. 2). Ob dann der
Aufdeckung durch unternehmensinterne oder -externe Personen erfolgte, ist unerheblich (*Pelz*/*Hofschneider* wistra 2014, 1 (3)).

Ferner sind angemessene **Maßnahmen** zu treffen, die Verstöße gegen denselben Bußgeldtatbestand 69
bei gleichartiger oder vergleichbarer Begehungsweise verhindern. Hierfür ist es ausreichend, dass diese
nach vorausschauender Prognose (die eine Abstimmung mit der zuständigen Behörde erforderlich
machen) bis zur rechtskräftigen Entscheidung ergriffen werden (Müller-Gugenberger WirtschaftsStR/
Alexander/*Winkelbauer* § 62 Rn. 139; *Pelz*/*Hofschneider* wistra 2014, 1 (4)). Die Angemessenheit der
Maßnahmen richtet sich nach Art und Umfang der Verstöße und dem daraus ableitbaren Wieder-
holungsrisiko (Erlass des BMF v. 12.2.2014 S. 3).

Nach § 22 Abs. 4 S. 2 gilt die Anzeige dann als **freiwillig**, wenn die zuständige Behörde hinsichtlich 70
des Verstoßes noch keine Ermittlungen aufgenommen hat. Dies bedeutet, dass unerheblich ist, ob das
Kriterium der Freiwilligkeit aus anderen Gründen (zB Drohung eines Dritten, die Tat aufzudecken)
zweifelhaft ist. Umgekehrt ist (entgegen strafrechtlichen Grundsätzen) nach dem Gesetzeswortlaut die
Freiwilligkeit dann nicht gegeben, wenn der Betroffene anzeigt und von eingeleiteten Ermittlungen
noch nichts weiß, obwohl er autonom handelt (deshalb für diesen Fall auch eine Freiwilligkeit annehmend *Krause*/*Prieß* NStZ 2013, 688 (691)). Es kommt allein darauf an, ob die zuständige Behörde bereits
Ermittlungen wegen des konkreten Verstoßes eingeleitet hat oder nicht (Müller-Gugenberger Wirt-
schaftsStR/*Alexander*/*Winkelbauer* § 62 Rn. 136). Jedoch ist eine solche fehlgeschlagene Selbstanzeige
iRd Opportunitätsprinzips des § 47 OWiG zu berücksichtigen (*Pelz*/*Hofschneider* wistra 2014, 1 (5)).

Die **zuständige** Verwaltungsbehörde ist nach § 22 Abs. 3 das Hauptzollamt, so dass dort auch die 71
Selbstanzeige erstattet werden kann. Da § 22 Abs. 4 aber von der zuständigen Behörde spricht und keine
Einschränkung auf die Verwaltungsbehörde vornimmt, ist eine Anzeigeerstattung auch bei den Zoll-
fahndungsämtern möglich (Müller-Gugenberger WirtschaftsStR/*Alexander*/*Winkelbauer* § 62 Rn. 133;
Pelz/*Hofschneider* wistra 2014, 1 (3)). Die örtliche Zuständigkeit richtet sich nach dem Unternehmens-
sitz, dem Wohnsitz des Betroffenen oder dem Handlungsort (Erlass des BMF v. 12.2.2014 S. 3).

72   Die Regelung zur Selbstanzeige ist mit der AWG-Novelle am 1.9.2013 in Kraft getreten. Da sie nach richtigem Verständnis ein Verfahrenshindernis darstellt, gilt zwar nicht der sich auf das materielle Recht beziehende Meistbegünstigungsgrundsatz nach § 4 Abs. 3 OWiG (aA Müller-Gugenberger WirtschaftsStR/*Alexander/Winkelbauer* § 62 Rn. 142; *Krause/Prieß* NStZ 2013, 688 (689)), so dass es auch nicht auf eine die Anwendbarkeit dieses Grundsatzes ausschließende Einordnung von Embargobestimmungen als Zeitgesetze (vgl. § 4 Abs. 4 S. 1 OWiG) ankommt. Bereits aus dem Charakter einer Verfahrensvorschrift folgt jedoch, dass die Vorschrift auch auf **Altfälle** angewendet werden kann (*Klengel/Raschke* ZWH 2014, 369 (372 f.); *Pelz/Hofschneider* wistra 2014, 1 (6)).

E. Versuch einer Ordnungswidrigkeit

73   Gemäß § 13 Abs. 2 OWiG kann der Versuch einer Ordnungswidrigkeit nur geahndet werden, wenn es das Gesetz ausdrücklich bestimmt. Der § 33 Abs. 7 aF bestimmte noch, dass der Versuch einer Ordnungswidrigkeit in bestimmten Fällen geahndet werden konnte. Diese Vorschrift wurde mit der AWG-Novelle ersatzlos gestrichen, so dass der Versuch folglich nicht mehr ordnungswidrig ist.

F. Konkurrenzen

74   Ein auf die Erschleichung einer Genehmigung gerichtetes nach § 19 Abs. 2 ordnungswidriges Verhalten steht zu dem im Falle der erfolgreichen Täuschung der Behörde evtl. später folgenden ordnungswidrigen bzw. strafbaren Handelns ohne Genehmigung (wenn die Genehmigung die Ausfuhr, Einfuhr oder Durchfuhr nicht deckt) oder Handeln mit erschlichener Genehmigung (§ 18 Abs. 9) in Tatmehrheit (Bieneck AußenwirtschaftsR-HdB/*Bieneck* § 29 Rn. 90; Erbs/Kohlhaas/*Diemer* § 33 Rn. 36 zur aF).

75   IÜ kommt zwischen den verschiedenen Ordnungswidrigkeitentatbeständen des § 19 sowie zwischen solchen anderer Gesetze Tateinheit (§ 19 OWiG) in Betracht.

76   Das Verhältnis der Ordnungswidrigkeitentatbestände des § 19 zu Straftaten (sowohl zu Straftaten nach §§ 17, 18, als auch zu Straftaten nach anderen Gesetzen) wird allgemein bereits durch § 21 OWiG bestimmt: Ist eine Handlung (vgl. zum Begriff der Handlung Göhler/*Gürtler* OWiG § 21 Rn. 23 ff.) gleichzeitig Straftat und Ordnungswidrigkeit, so wird nach § 21 Abs. 1 S. 1 OWiG nur das Strafgesetz angewendet. IÜ wird diese bereits durch § 21 OWiG ausgedrückte formelle Subsidiarität noch einmal explizit in § 19 Abs. 3 Nr. 1 sowie Abs. 4 ausgedrückt (→ § 17 Rn. 59 ff.).

77   Allerdings kann die Handlung noch als Ordnungswidrigkeit geahndet werden, wenn eine Strafe nicht verhängt wird (§ 21 Abs. 2 OWiG). Dabei stellt auch die Einstellung des Strafverfahrens aus Opportunitätsgründen durch die Staatsanwaltschaft gemäß § 154 Abs. 1 StPO eine Nichtverhängung der Strafe idS dar (BGHSt 41, 385; vgl. außerdem zu der Frage, wann eine Nichtverhängung der Strafe idS vorliegt Göhler/*Gürtler* OWiG § 21 Rn. 26 ff.).

G. Rechtsfolgen

78   Gemäß § 19 Abs. 6 kann eine Ordnungswidrigkeit nach § 19 Abs. 1, 3 Nr. 1a und Abs. 4 S. 1 Nr. 1 AWG mit einer Geldbuße bis zu 500.000 EUR, eine Ordnungswidrigkeit in den übrigen Fällen des § 19 AWG mit einer Geldbuße bis zu 30.000 EUR geahndet werden. Es gilt demnach („kann") – wie üblicherweise im Ordnungswidrigkeitenrecht – das Opportunitätsprinzip. Die zuständige Behörde verfolgt die Ordnungswidrigkeiten also (lediglich) nach pflichtgemäßem Ermessen. Wenn die Ordnungswidrigkeit fahrlässig begangen wird, kann gemäß § 17 Abs. 2 OWiG im Höchstfalle nur mit der Hälfte des angedrohten Höchstbetrages der Geldbuße – also mit 250.000 EUR bzw. 15.000 EUR – geahndet werden.

79   Die Bemessung der Geldbuße richtet sich grds. nach § 17 Abs. 3 OWiG (s. auch die dortige Kommentierung, → Rn. 6 ff.): Grundlage für die Zumessung sind die Bedeutung der Ordnungswidrigkeit und der Vorwurf, den der Täter trifft. Aber auch den wirtschaftlichen Verhältnissen des Täters ist Rechnung zu tragen, wobei diese aber bei geringfügigen Ordnungswidrigkeiten in der Regel unberücksichtigt zu bleiben haben. Von geringfügigen Ordnungswidrigkeiten wird man in den Fällen des § 19 AWG indessen kaum ausgehen können. Dies ergibt sich schon aus der immensen Erhöhung der Bußgeldobergrenze von grds. 1.000 EUR (§ 17 Abs. 1 OWiG) auf bis zu 500.000 EUR (§ 19 Abs. 6).

80   Zudem ist § 17 Abs. 4 OWiG zu beachten. Nach diesem ist der wirtschaftliche Vorteil, den der Täter aus dem ordnungswidrigen Verhalten gezogen hat, insofern zu berücksichtigen, als dass die Höhe des Bußgelds den wirtschaftlichen Vorteil übersteigen soll. Zu diesem Zweck kann sogar das gesetzliche Höchstmaß überschritten werden (s. auch die Kommentierung zu § 17 Abs. 4 OWiG, → Rn. 10 ff.).

81   Als Nebenfolge einer Ordnungswidrigkeit nach § 19 kann die (auch erweiterte) Einziehung von Gegenständen (§§ 22, 23 OWiG, § 20 Abs. 1, 2 AWG, → § 20 Rn. 2 f.) sowie der Verfall nach § 29a OWiG angeordnet werden.

82   Eine Geldbuße kann gegen ein Unternehmen – genauer: eine juristische Person, einen nicht rechtsfähigen Verein oder eine rechtsfähige Personengesellschaft – festgesetzt werden, wenn eine der in § 30

Abs. 1 OWiG aufgezählten Personen eine Straftat oder Ordnungswidrigkeit im Kontext ihrer Tätigkeit für das Unternehmen begangen hat. Die Verfahren gegen das Unternehmen und die handelnde Person bzw. die handelnden Personen sind aus prozessökonomischen Gründen, wegen des Grundsatzes „ne bis in idem" (Art. 103 Abs. 3 GG) sowie zur Verhinderung widersprüchlicher Entscheidungen verklammert. Dies ergibt sich aus einem Umkehrschluss aus § 30 Abs. 4 OWiG, der die selbstständige Festsetzung einer Geldbuße gegen das Unternehmen nur ausnahmsweise zulässt, wenn wegen der Straftat oder Ordnungswidrigkeit ein Straf- oder Bußgeldverfahren gegen die handelnde Person nicht eingeleitet, es eingestellt oder von Strafe abgesehen wird (vgl. iE zur Geldbuße gegen Unternehmen die Kommentierung zu § 30 OWiG sowie Bieneck AußenwirtschaftsR-HdB/*Bieneck* § 24 Rn. 33 ff.; → § 31 Rn. 26 ff.).

§ 20 Einziehung und Erweiterter Verfall

(1) Ist eine Straftat nach § 17 oder § 18 oder eine Ordnungswidrigkeit nach § 19 begangen worden, so können folgende Gegenstände eingezogen werden:
1. Gegenstände, auf die sich die Straftat oder die Ordnungswidrigkeit bezieht, und
2. Gegenstände, die zu ihrer Begehung oder Vorbereitung gebraucht worden oder bestimmt gewesen sind.

(2) § 74a des Strafgesetzbuches und § 23 des Gesetzes über Ordnungswidrigkeiten sind anzuwenden.

(3) In den Fällen des § 17 Absatz 2 Nummer 2 oder Absatz 3, jeweils auch in Verbindung mit Absatz 7, und des § 18 Absatz 7 Nummer 2 oder Absatz 8, jeweils auch in Verbindung mit Absatz 10, ist § 73d des Strafgesetzbuches anzuwenden.

1. Die Einziehung. Gegenstände, die durch die Straftat hervorgebracht oder zu ihrer Begehung oder **1** Vorbereitung gebraucht worden oder bestimmt gewesen sind (insbes. die Tatmittel, zB Transportlastwagen), unterliegen unter den Voraussetzungen des § 74 StGB der Einziehung (s. zu den Voraussetzungen die dortige Kommentierung sowie Fischer StGB § 74 Rn. 3 ff.). Die Regelung des § 20 knüpft an die Vorgängerregelung des § 39 aF an. Die durch die Neustrukturierung der Strafvorschriften im AWG notwendigen Anpassungen in § 20 sind allein sprachliche Anpassungen und sollen keine materiellrechtlichen Änderungen zur Vorgängervorschrift bewirken (BT-Drs. 17/11127, 29; MüKoStGB/*Wagner* Rn. 1).

§ 20 Abs. 1 erweitert die Einziehung auf sog Beziehungsgegenstände, also Gegenstände, die nicht **2** Werkzeuge für die oder Produkte der Tat sind, sondern notwendige Gegenstände der Tat selbst (Fischer StGB § 74 Rn. 10). Dies sind bspw. die nach §§ 17, 18 strafbar importierten Güter.

Nach § 20 Abs. 2 kann das Gericht auch die erweiterte Einziehung gemäß § 74a StGB anordnen. **3** Dies bedeutet, dass die Einziehung auch bei einem Tatunbeteiligten möglich ist, wenn dieser zur Zeit der Entscheidung über die Einziehung Inhaber eines Rechts an einem Gegenstand ist und dieser der Einziehung unterläge, wenn ein Tatbeteiligter der Berechtigte wäre (zu den Einzelheiten Fischer StGB § 74a Rn. 2). Durch § 75 StGB wird die Einziehung auch bei dem Unternehmen ermöglicht, für das der Täter gehandelt hat.

2. Der Verfall. Das Gericht ordnet nach § 73 Abs. 1 StGB (obligatorisch) den Verfall des für die Tat **4** oder aus ihr Erlangten bzw. gemäß § 73a StGB den Verfall des Wertersatzes an (s. zu den §§ 73, 73a StGB auch die dortigen Kommentierungen). Um Vorteile „für die Tat" handelt es sich, wenn Vermögenswerte dem Täter als Gegenleistung für sein rechtswidriges Handeln, also für die Begehung der Straftat, gewährt werden, etwa wenn ein Lohn für die Tatbegehung gezahlt wird. Aus der Tat sind alle Vermögenswerte erlangt, die dem Täter unmittelbar aus der Verwirklichung des Tatbestandes selbst in irgendeiner Phase des Tatablaufs zufließen, zB die Beute des Betrügers.

Für die Abschöpfung gilt das Bruttoprinzip. Demnach ist es ohne Bedeutung, ob der Täter etwa bei **5** der Planung und Vorbereitung der Tat „Aufwendungen" hatte, die das durch die Tat Erlangte mindern oder gar insgesamt aufwiegen. Dies soll zur Verhinderung gewinnorientierter Straftaten beitragen. Deshalb sind Kosten des Täters (zB Kaufpreis) ebenso unbeachtlich wie etwa der Umstand, dass ein übergebener Kaufpreis an die Hintermänner weitergeleitet wurde (BGHSt 47, 369 (372); Fischer StGB § 73 Rn. 3, 7).

Das Erlangte muss unmittelbar aus der Tat fließen. Es ist also stets nach dem wirtschaftlichen Ergebnis **6** der konkreten Pflichtwidrigkeit zu fragen. Ist bei Austauschgeschäften das Geschäft als solches verboten, ist der gesamte Erlös erlangt iSd § 73 StGB. Bei Embargofällen wird deshalb unter Hinweis auf das Bruttoprinzip der gesamte Erlös ohne Abzug des Aufwandes für verfallen erklärt.

Nach der Härtevorschrift des § 73c StGB sind bestandskräftig festgesetzte Steuern zur Vermeidung **7** einer Doppelbelastung zu berücksichtigen (BGH NJW 2002, 2257 (2259)). Ebenso können nach der Rspr. für verfallen erklärte Gegenstände steuermindernd geltend gemacht werden (BGHSt 47, 260 (265 ff.); 51, 65 (67)).

8   Nach § 73 Abs. 3 StGB richtet sich die Anordnung des Verfalls für den Fall, dass der Täter oder Teilnehmer für einen anderen gehandelt und dieser dadurch etwas erlangt hat, gegen den anderen. Handeln für einen anderen idS liegt nicht nur in den Fällen des § 14 StGB und der offenen Stellvertretung vor, sondern auch dann, wenn – nach außen nicht erkennbar – rein faktisch für den anderen und in dessen Interesse gehandelt wird (Fischer StGB § 73 Rn. 30). Als anderer idS kommt insbes. das Unternehmen (selbst bei gutgläubiger Unternehmensleitung) in Betracht (bei einer Ordnungswidrigkeit über § 29a OWiG) zu dessen Gunsten der bei diesem angestellte Täter oder Teilnehmer gehandelt hat (BGH wistra 2004, 465). Dadurch sollen die Unternehmen dazu angehalten werden, wirksame Kontrollmechanismen zur Verhinderung von Wirtschaftsstraftaten durch ihre Angestellten zu schaffen (BGHSt 47, 369 (374 f.)).

9   Der Möglichkeit, bei Unternehmen das durch strafbares Verhalten ihrer Organe oder sonstiger für sie handelnder Mitarbeiter Erlangte abzuschöpfen, kommt in der Praxis zunehmend Bedeutung zu. Zwar gibt es in Deutschland kein Unternehmensstrafrecht, die Rechtsnatur des Verfalls als Maßnahme eigener Art setze aber nach Ansicht der Rspr. (BGHSt 51, 65 (67); BGH NStZ-RR 2004, 214 (215)) als präventiv-ordnende Reaktion ohne Strafcharakter keine Schuld voraus. Dieser Ansicht hat sich das BVerfG angeschlossen (BGH NJW 2004, 2073 (2074 ff.)). Nach dieser Ansicht kann der Verfall deshalb ohne Verstoß gegen das Schuldprinzip auch gegen Unternehmen angeordnet werden.

Indessen ist auch beim Handeln des Täters oder Teilnehmers für einen anderen die Härtevorschrift des § 73c StGB zu beachten. Eine unbillige Härte kommt vor allem in Betracht, wenn das Unternehmen nur einen ganz geringen Gewinn aus der Tat erlangt hat oder die Organe des Unternehmens gutgläubig waren und Kontrollmechanismen zur Unterbindung entsprechender Straftaten geschaffen hatten (BGH wistra 2004, 465 (466); BGHSt 47, 369 (376 f.)).

10   § 20 Abs. 3 verweist für bestimmte Straftaten nach § 17 Abs. 2 Nr. 2, Abs. 3 sowie § 18 Abs. 7 Nr. 2, Abs. 8 auf § 73d StGB. Diese Vorschrift ist dann einschlägig, wenn der Täter gewerbsmäßig und/oder als Mitglied einer Bande gehandelt hat, die sich zur fortgesetzten Begehung solcher Straftaten verbunden hat (zu diesen Merkmalen → § 17 Rn. 28 ff.). Damit wird die Möglichkeit des erweiterten Verfalls eröffnet. Auch wenn nach Sachlage die Anordnung des Verfalls gemäß § 73 StGB nicht möglich ist, weil die Zuordnung von Vermögenswerten zu der angeklagten Tat nicht nachgewiesen werden kann, muss der Verfall von Gegenständen (das sind Rechte und Sachen, Fischer StGB § 73d Rn. 11) auch dann angeordnet werden, wenn Umstände die Annahme rechtfertigen, dass diese Gegenstände für rechtswidrige (also nicht notwendig auch schuldhafte) Taten verwendet oder aus ihnen erlangt worden sind. Diese Taten sind nicht mit denen identisch, die Gegenstand des Verfahrens sind, es ist nicht einmal erforderlich, dass sie zu den Delikten gehören, die auf § 73d StGB verweisen.

11   Nach dem Wortlaut des Gesetzes genügt an sich für den Nachweis der Herkunft dieser Gegenstände eine hohe Wahrscheinlichkeit. Den hiergegen erhobenen verfassungsrechtlichen Einwendungen wegen Verletzung der Eigentumsgarantie sowie wegen des strafähnlichen Charakters (Schönke/Schröder/*Eser* StGB § 73d Rn. 2 mwN) ist der BGH nicht gefolgt. Im Wege verfassungskonformer Auslegung der Vorschrift sei eine auf erschöpfender Beweiserhebung und -würdigung beruhende uneingeschränkte tatrichterliche Überzeugung von der deliktischen Herkunft der Gegenstände ausreichend, aber auch notwendig für den Verfall (stRspr seit BGHSt 40, 373). Zu den weiteren Voraussetzungen des erweiterten Verfalls s. die Kommentierung zu § 73d StGB, Fischer StGB § 73d Rn. 3 ff. sowie *Schmidt,* Gewinnabschöpfung im Straf- und Bußgeldverfahren, 2006.

165. Außenwirtschaftsverordnung (AWV)

Vom 2. August 2013 (BGBl. I S. 2865)

FNA 7400-4-1

Zuletzt geändert durch Art. 1 Sechste ÄndVO vom 14.3.2016 (BAnz AT 18.3.2016 V1)

– Auszug –

Vorbemerkung

Die Entwicklung der Außenwirtschaftsverordnung ist durch unzählige Änderungen gekennzeichnet. **1** Ursache hierfür sind nicht nur die außenwirtschaftlichen, sondern vor allem auch die gravierenden außen- und sicherheitspolitischen Veränderungen der letzten Jahrzehnte. Die zahlreichen Änderungen trugen nicht zur Übersichtlichkeit der Verordnung und insbes. der Sanktionsnormen bei. Mit der Neufassung der Außenwirtschaftsverordnung (AWV) v. 2.8.2013 (BGBl. I 2865), die sich an die Novellierung des AWG anschloss, verfolgte der Gesetzgeber im Wesentlichen das Ziel, das Außenwirtschaftsrecht zu entschlacken und zu vereinfachen. Neben redaktionellen Änderungen zur Verbesserung der Lesbarkeit der Vorschriften wurden die Beschränkungs und Verfahrens- und Meldevorschriften für die Einfuhr überarbeitet, um die Einfuhrregeln an die Systematik der Ausfuhrregeln anzugleichen (Wegfall der Einfuhrliste). Die Meldevorschriften des Kapital- und Zahlungsverkehrs wurden an internationale Anforderungen angepasst, insbes. an die Vorgaben der Europäischen Zentralbank (EZB/2011/23, ABl. 2012 L 65, 1) und der EU-Kommission (ABl. 2012 L 166, 22). Die früher in Kap. 7 AWV aF enthaltenen Vorschriften, die der Umsetzung von Embargomaßnahmen der Vereinten Nationen (VN) bzw. entsprechender EU-Rechtsakte oder der Umsetzung von (autonomen) Embargomaßnahmen der EU dienten, werden mit der Neufassung nunmehr in Kap. 8 zusammengefasst (vgl. BT-Drs. 17/14624). Die Straf- und Bußgeldtatbeständen, die bislang in Kap. 8 AWV aF geregelt waren, finden sich in Kap. 9. Mit der Neuregelung des Außenwirtschaftsrechts entfielen einige der früheren Tatbestände mangels Praxisrelevanz bzw. infolge redaktioneller Änderungen. Ausgestaltet sind die in der AWV aufgeführten Bußgeld- und Straftatbestände als Ausfüllungsvorschrift für die in §§ 17, 18 und 19 AWG enthaltenen Blankettgesetze (vgl. BVerfG NJW 1992, 2624 zur Bestimmtheit solcher Gesetze; krit. zur Regelungstechnik im Außenwirtschaftsstrafrecht *Müller-Gugenberger* WirtschaftsStR/*Alexander/Winkelbauer* § 62 Rn. 13 f.). Die Straftatbestände zur Ausfüllung des § 17 AWG finden sich nach der Neuregelung in § 80. Zudem wird durch § 19 Abs. 3 Nr. 1 und Abs. 4 AWG die Möglichkeit eröffnet, Verstöße gegen Rechtsverordnungen nach § 4 Abs. 1 bzw. § 11 Abs. 1–4 AWG oder gegen Rechtsakte der EU bzw. der EG, die zur Beschränkung des Außenwirtschaftsverkehrs erlassen wurden, als Ordnungswidrigkeiten zu ahnden, soweit diese nicht bereits von den §§ 17 und 18 AWG als Straftatbestände erfasst sind. Die Bußgeldtatbestände zur Konkretisierung der Blankettvorschriften finden sich in §§ 81 und 82, die zahlreiche Verstöße gegen die nationalen und europarechtlichen Bestimmungen mit einem Bußgeld belegen.

§ 80 Straftaten

Nach § 17 Absatz 1, Absatz 2 bis 5 des Außenwirtschaftsgesetzes wird bestraft, wer vorsätzlich oder leichtfertig

1. entgegen § 74, auch in Verbindung mit § 79, dort genannte Güter verkauft, ausführt, durchführt oder befördert,
2. entgegen § 75 Absatz 1, auch in Verbindung mit § 75 Absatz 2, jeweils auch in Verbindung mit § 79, ein Handels- oder Vermittlungsgeschäft vornimmt oder
3. entgegen § 77 Absatz 1, auch in Verbindung mit § 77 Absatz 2, jeweils auch in Verbindung mit § 79, dort genannte Güter einführt, erwirbt oder befördert.

1. Tathandlung. Bei § 80 handelt es sich um eine Ausfüllungsvorschrift zum Blankett-Straftatbestand **1** in § 17 AWG. Sie ersetzt § 70a aF. Mit § 80 werden Verstöße gegen die **Waffen-Embargobestimmungen** der §§ 74 ff. mit Strafe bewehrt. Objektive Tathandlung nach 17 AWG ist der Verstoß gegen eine Rechtsverordnung nach § 4 Abs. 1 AWG, die der Durchführung von Embargos des Sicherheitsrates der UN oder des Rates der EU dient, oder gegen einen auf einer solchen Rechtsverordnung beruhenden vollziehbaren Verwaltungsakt, wenn sich die Verordnung auf Kriegswaffen (Teil I Abschn. A der Ausfuhrliste) bezieht. Die entsprechenden Regelungen durch Rechtsverordnungen werden in den §§ 74 ff. getroffen, die der weiteren Konkretisierung des Blankett-Straftatbestandes dienen. Dabei geht es überwiegend um Ausfuhrverbote für Kriegswaffen in bestimmte Embargoländer (§ 74), sowie um das Verbot von Handels- und Vermittlungsgeschäften für Kriegswaffen, die für diese Länder bestimmt sind (§ 75) und um Erwerbs- und Einfuhrverbote (§ 77). Die Begriffe der Einfuhr, Ausfuhr, Durchfuhr, Güter sowie des Handels- und Vermittlungsgeschäfts sind in § 2 AWG gesetzlich definiert. Der in § 17 Abs. 1 AWG verwandte Begriff einer wirtschaftlichen Sanktionsmaßnahme ist weitgehend synonym mit dem Begriff des Embargos und dem bei EU-Maßnahmen gebrauchten Begriff der „restriktiven Maßnahme" (Müller-Gugenberger WirtschaftsStR / *Alexander/Winkelbauer* § 62 Rn. 41).

2   § 17 Abs. 7 AWG sieht die Strafbarkeit für **Auslandstaten** unabhängig vom Recht des Tatorts vor, wenn der Täter Deutscher ist (aktives Personalitätsprinzip). Die Frage nach dem Personalitätsprinzip stellt sich jedoch erst dann, wenn sich die Anwendung des deutschen Strafrechts nicht bereits aus dem Territorialitätsgrundsatz (§ 3 StGB) oder durch sonstige Sonderregelungen (§§ 5 u. 6 StGB) ergibt. Da § 17 Abs. 7 AWG nur bei einer Täterschaft Anwendung findet, kommt eine Teilnahme an einer Auslandstat nur in Betracht, wenn die Beihilfehandlung gem. § 9 Abs. 1 StGB im Inland begangen wurde (eingehend hierzu Müller-Gugenberger WirtschaftsStR / *Alexander/Winkelbauer* § 62 Rn. 37 f.).

3   **2. Begehungsform und Versuch.** In subjektiver Hinsicht erfordert der Straftatbestand eine (bedingt) vorsätzliche (§ 17 Abs. 1 AWG) oder eine leichtfertige (also bewusst fahrlässige) Begehungsweise (§ 17 Abs. 5 AWG; zum Begriff der Leichtfertigkeit vgl. BeckOK StGB/ *Kudlich* StGB § 15 Rn. 32). Einfach fahrlässig begangene Verstöße sind dagegen nicht strafbar (und können mangels entsprechender Regelung nicht einmal als Ordnungswidrigkeit verfolgt werden vgl. *Oehmichen* NZWiSt 2013, 339 (342); Müller-Gugenberger WirtschaftsStR / *Alexander/Winkelbauer* § 62 Rn. 42). Der Versuch ist bei vorsätzlicher Begehungsweise strafbar, da es sich bei den Embargoverstößen jeweils um Verbrechen iSd § 12 Abs. 1 StGB handelt. Bei Ausfuhrdelikten beginnt der Versuch, wenn der Täter die Ware nach seinem Transportplan endgültig auf den Weg gebracht hat (BGH BeckRS 2014, 16099).

4   **3. Rechtsfolgen.** Der Strafrahmen sieht bei vorsätzlich begangenen Straftaten nach § 80 iVm § 17 Abs. 1 AWG eine Freiheitsstrafe von mindestens einem Jahr bis zu zehn Jahren vor. Liegt eine Qualifikation nach § 17 Abs. 2 AWG vor, beträgt die Strafandrohung im Höchstmaß sogar 15 Jahre (§ 38 Abs. 2 StGB). Das Qualifikationsmerkmal in Abs. 2 Nr. 1 („für den Geheimdienst einer fremden Macht") entspricht dem in § 99 StGB verwendeten Begriff (vgl. BeckOK StGB/ *Ellbogen* StGB § 99 Rn. 2). § 17 Abs. 2 Nr. 2 AWG setzt Gewerbsmäßigkeit oder das Handeln als Mitglied einer Bande voraus (zu den Begriffen vgl. BeckOK StGB/ *Beukelmann* StGB § 263 Rn. 101 f.). Die Qualifikation in § 17 Abs. 3 AWG ist erfüllt, wenn banden- und gewerbsmäßiges Handeln kumulativ vorliegen (Müller-Gugenberger WirtschaftsStR / *Alexander/Winkelbauer* § 62 Rn. 49). Die Mindestfreiheitsstrafe liegt in diesen Fällen bei zwei Jahren. In minder schweren Fällen sieht § 17 Abs. 4 AWG (zum Begriff des minder schweren Falles vgl. BeckOK StGB/ *v. Heintschel-Heinegg* StGB § 46 Rn. 13 f.) einen Strafrahmen von drei Monaten bis zu fünf Jahren vor. Bei leichtfertigem Handeln droht § 17 Abs. 5 AWG eine Freiheitsstrafe bis zu drei Jahren oder eine Geldstrafe an.

Die die Straf- und Bußgeldtatbestände ausfüllenden Normen und Rechtsakte sind regelmäßig als Zeitgesetze zu qualifizieren mit der Folge, dass § 2 Abs. 4 StGB Anwendung findet. Für Taten, die nach Inkrafttreten der AWG-Novelle beendet wurden, gilt nach den allgemeinen Grundsätzen (vgl. § 2 Abs. 2 StGB) das AWG in seiner neuen Fassung. Waren die Taten hingegen bereits vor dem Inkrafttreten des novellierten AWG beendet, ist gem. § 2 Abs. 3 StGB das mildeste Gesetz anzuwenden. Nachdem durch die AWG-Novelle die Straf- und Bußgeldvorschriften im Vergleich zur alten Rechtslage teilweise verschärft, teilweise aber auch gemildert wurden, bleibt das alte Recht weiterhin – jedenfalls in Teilen als das mildere Gesetz – für vor der AWG-Novelle beendete Taten anwendbar. Maßgeblich ist eine Vergleichsbetrachtung im konkreten Einzelfall (vgl. BGH BeckRS 2014, 16099; 2015, 00456; Müller-Gugenberger WirtschaftsStR / *Alexander/Winkelbauer* § 62 Rn. 32 f.).

5   Bei Einziehung und Verfall ist § 20 AWG zu berücksichtigen. Nach § 20 Abs. 1 AWG können bei Straftaten nach § 17 AWG iVm § 80 AWV nicht nur die sog producta und instrumenta sceleris (Abs. 1 Nr. 2; zum Begriff vgl. BeckOK StGB/ *Heuchemer* StGB § 74 Rn. 9 f.), sondern auch die Gegenstände eingezogen werden, auf die sich die Straftat bezieht (Abs. 1 Nr. 1). Der Einziehung unterliegen danach auch Waren oder Güter, die Gegenstand eines verbotenen Exportgeschäfts waren (Müller-Gugenberger WirtschaftsStR / *Alexander/Winkelbauer* § 62 Rn. 30). Die Einziehung bei Dritten ist gem. § 20 Abs. 2 AWG iVm § 74a StGB zulässig (zu den Voraussetzungen vgl. BeckOK StGB/ *Heuchemer* StGB § 74a). Die Einziehung ist in das tatrichterliche Ermessen gestellt. Ebenso besteht bei einer gewerbs- und/oder bandenmäßigen Begehung (§ 17 Abs. 2 Nr. 1 bzw. Abs. 3 AWG) die Möglichkeit den erweiterten Verfall anzuordnen (§ 20 Abs. 3 AWG iVm § 73d StGB; zu den Voraussetzungen vgl. BeckOK StGB/ *Heuchemer* StGB § 73d). Bei Anordnung des (erweiterten) Verfalls ist die Härtefallregelung des § 73c StGB zu berücksichtigen.

6   **4. Konkurrenzen.** Während zwischen den Verkaufs- und Ausfuhrverboten des § 74 Idealkonkurrenz (§ 52 StGB) besteht, tritt das Handels-und Vermittlungsverbot des § 75 hinter dem spezielleren Verkaufsverbot des § 74 zurück (BGH BeckRS 2014, 16099).

§ 81 Ordnungswidrigkeiten – Verstöße gegen Bestimmungen der Außenwirtschaftsverordnung

(1) Ordnungswidrig im Sinne des § 19 Absatz 3 Nummer 1 Buchstabe a des Außenwirtschaftsgesetzes handelt, wer vorsätzlich oder fahrlässig

1. entgegen § 7 eine Boykott-Erklärung abgibt,
2. ohne Genehmigung nach § 10 Satz 1 eine dort genannte Ware ausführt,
3. ohne Genehmigung nach § 11 Absatz 2 dort genannte Güter verbringt,
4. entgegen § 11 Absatz 4 Satz 3 dort genannte Güter verbringt,
5. entgegen § 29 Satz 2 eine Ware verwendet,
6. einer vollziehbaren Anordnung nach § 44 Absatz 3, § 59 Absatz 1 Satz 1 oder Absatz 2 Nummer 1 oder § 62 zuwiderhandelt,
7. ohne Genehmigung nach § 52a Absatz 1 oder § 52b Absatz 1 technische Unterstützung erbringt,
8. entgegen § 52a Absatz 2 Satz 3 oder § 52b Absatz 2 Satz 3 technische Unterstützung erbringt oder
9. entgegen § 54 Absatz 1 eine Zahlung oder eine sonstige Leistung bewirkt.

(2) Ordnungswidrig im Sinne des § 19 Absatz 3 Nummer 1 Buchstabe b des Außenwirtschaftsgesetzes handelt, wer vorsätzlich oder fahrlässig

1. entgegen § 5 Absatz 1 Satz 1 eine Urkunde nicht oder nicht rechtzeitig zurückgibt,
2. entgegen § 6 Absatz 1 eine Urkunde nicht oder nicht mindestens fünf Jahre aufbewahrt,
3. entgegen § 12 Absatz 1, auch in Verbindung mit § 20, eine Ausfuhrsendung nicht, nicht richtig oder nicht rechtzeitig gestellt,
4. entgegen § 13 Absatz 1 ein Ladungsverzeichnis nicht, nicht richtig oder nicht rechtzeitig einreicht,
5. entgegen § 13 Absatz 5 eine Erklärung nicht, nicht richtig, nicht in der vorgeschriebenen Weise oder nicht rechtzeitig abgibt,
6. entgegen § 14 Absatz 3 oder Absatz 4, jeweils auch in Verbindung mit § 20, eine Ware entfernt, entfernen lässt, verlädt oder verladen lässt,
7. entgegen § 15 Absatz 1 oder § 17 Absatz 4, auch in Verbindung mit § 20, eine dort genannte Angabe nicht, nicht richtig, nicht vollständig oder nicht rechtzeitig macht,
8. entgegen § 17 Absatz 5 Satz 1, auch in Verbindung mit § 20, eine dort genannte Ausfuhranmeldung nicht, nicht richtig, nicht vollständig oder nicht rechtzeitig abgibt,
9. entgegen § 22 Absatz 1 den Empfänger nicht, nicht richtig, nicht vollständig oder nicht rechtzeitig informiert,
10. entgegen § 22 Absatz 2 Satz 1 oder § 26 Absatz 1 Satz 1 ein Register oder eine Aufzeichnung nicht, nicht richtig oder nicht vollständig führt,
11. entgegen § 23 Absatz 1 Satz 2 nicht sicherstellt, dass die Ausfuhrgenehmigung vorhanden ist,
12. entgegen § 23 Absatz 1 Satz 3 die Ausfuhrgenehmigung nicht oder nicht rechtzeitig übermittelt,
13. entgegen § 23 Absatz 5 Satz 2 oder § 25 Absatz 1 die Ausfuhrgenehmigung oder ein dort genanntes Dokument nicht oder nicht rechtzeitig vorlegt,
14. entgegen § 29 Satz 1 eine Mitteilung nicht, nicht richtig, nicht vollständig oder nicht rechtzeitig macht,
15. entgegen § 30 Absatz 3 Satz 1, auch in Verbindung mit § 48 Satz 2, einen Nachweis nicht, nicht richtig, nicht vollständig oder nicht rechtzeitig erbringt,
16. entgegen § 30 Absatz 3 Satz 2, auch in Verbindung mit § 48 Satz 2,
    a) eine Anzeige nicht, nicht richtig, nicht vollständig oder nicht rechtzeitig erstattet oder
    b) eine Bescheinigung nicht oder nicht rechtzeitig zurückgibt und eine Mitteilung nicht, nicht richtig, nicht vollständig oder nicht rechtzeitig macht,
17. entgegen § 32 Absatz 1 Satz 1 nicht sicherstellt, dass ein dort genanntes Dokument vorhanden ist,
18. entgegen § 32 Absatz 3 ein dort genanntes Dokument nicht, nicht richtig oder nicht rechtzeitig vorlegt,
19. entgegen § 64 Absatz 1, § 65 Absatz 1, § 66 Absatz 1 oder Absatz 4 Satz 1, § 67 Absatz 1, auch in Verbindung mit § 68 Absatz 1, entgegen § 69 oder § 70 Absatz 1 eine Meldung nicht, nicht richtig, nicht vollständig oder nicht rechtzeitig macht oder
20. entgegen § 68 Absatz 2 eine Anzeige nicht, nicht richtig, nicht vollständig oder nicht rechtzeitig erstattet.

1. Tathandlungen. Bei § 81 handelt es sich um eine Ausfüllungsvorschrift zu § 19 Abs. 3 Nr. 1 **1** AWG. Die von **Abs. 1** erfassten Tatbestände betreffen Verstöße gegen in der AWV geregelte Beschränkungen des Außenwirtschaftsverkehrs, die auf der Grundlage des § 4 Abs. 1 AWG ergangen sind, bzw. gegen vollziehbare Anordnungen, die auf einer solchen Rechtsverordnung beruhen. Inhaltlich geht es hierbei um die Abgabe einer Boykotterklärung unter Verstoß gegen § 7 (Nr. 1), um die Ausfuhr bzw.

Verbringung bestimmter Güter bzw. Waren ohne Genehmigung (Nr. 2, 3, 4), um das Verwenden einer Ware durch den Einführer oder Erwerber in einer anderen als der vorgeschriebenen Weise (Nr. 5), um Zuwiderhandlungen gegen einstweilige Anordnungen insbes. des BAFA (Nr. 6) und – insoweit allenfalls von historischer Bedeutung (Müller-Gugenberger WirtschaftsStR/*Alexander/Winkelbauer* § 62 Rn. 120) – gegen Verbote über Zahlungen oder sonstiger Leistungen im Zusammenhang mit dem Abkommen über deutsche Auslandsschulden aus dem Jahr 1953 (Nr. 7). **Abs. 2** umfasst formale Zuwiderhandlungen gegen in der AWV enthaltene Melde- und Verfahrensvorschriften, die aufgrund der Ermächtigung des § 11 Abs. 1–4 AWG erlassen worden sind. Diese Handlungen werden in der Regel im Vorfeld der eigentlichen Ausfuhren liegen (Müller-Gugenberger WirtschaftsStR/*Winkelbauer* § 62 Rn. 121 mwN). Die nach Abs. 1 und 2 tatbestandsmäßigen Handlungen sind jedoch nur insoweit mit einem Bußgeld bewehrt, als diese nicht schon nach den §§ 17 und 18 AWG mit Strafe bedroht sind (§ 19 Abs. 3 AWG).

2   **2. Begehungsform und Versuch.** Die Ordnungswidrigkeiten nach Abs. 1 und 2 können jeweils **vorsätzlich** oder **fahrlässig** begangen werden. Der **Versuch** kann – mangels gesetzlicher Regelung – nicht geahndet werden (§ 13 Abs. 2 OWiG).

3   **3. Bemessung des Bußgeldes.** Die **Höhe des angedrohten Bußgeldes** beträgt nach § 19 Abs. 6 AWG bei Verstößen gegen § 81 Abs. 1 bis zu 500.000 EUR und bei Zuwiderhandlungen gegen § 81 Abs. 2 bis zu 30.000 EUR. Die unterschiedliche Höhe der Bußgeldandrohung belegt die gesetzgeberische Wertung, dass Abs. 2 „lediglich" formale Verstöße betrifft. Im Falle **fahrlässigen Handelns** reduziert sich das Höchstmaß der Geldbuße auf die Höhe des angedrohten Höchstbetrages (§ 17 Abs. 2 OWiG). Die Bemessung des Bußgeldes richtet sich nach den allgemeinen Regeln (§ 17 Abs. 3 OWiG; vgl. KK-OWiG/*Mitsch* OWiG § 17 Rn. 30 f.). Das angedrohte Höchstmaß kann überschritten werden, wenn die aus der Ordnungswidrigkeit gezogenen wirtschaftlichen Vorteile die Geldbuße übersteigen (§ 17 Abs. 4 OWiG; vgl. auch KK-OWiG/*Mitsch* OWiG § 17 Rn. 140). Bei Geldbußen gegen juristische Personen ist § 30 OWiG zu beachten (vgl. hierzu KK-OWiG/*Rogall* OWiG § 30).

4   **4. Selbstanzeige.** Nach § 22 Abs. 4 AWG besteht die Möglichkeit zur **Selbstanzeige.** Danach unterbleibt die Verfolgung eines fahrlässig begangenen Verstoßes als Ordnungswidrigkeit, wenn der Verstoß im Wege der Eigenkontrolle freiwillig aufgedeckt und der zuständigen Behörde (Hauptzollamt bzw. Zollfahndungsamt am Sitz des Täters oder am Handlungsort) angezeigt wurde sowie angemessene Maßnahmen zur Verhinderung eines (erneuten) Verstoßes aus gleichem Grund getroffen werden. Freiwilligkeit liegt nur dann vor, wenn die zuständige Behörde (Hauptzollamt bzw. Staatsanwaltschaft) hinsichtlich des Verstoßes noch keine Ermittlungen aufgenommen hat (§ 22 Abs. 4 S. 2 AWG). Die Aufdeckung im Wege der Eigenkontrolle kann auch durch einen Dritten (zB Wirtschaftsprüfer) erfolgen, soweit dieser vom Täter im Hinblick auf die konkrete Ordnungswidrigkeit entsprechend beauftragt wurde (vgl. Müller-Gugenberger WirtschaftsStR/*Alexander/Winkelbauer* § 62 Rn. 132 mwN; vgl. auch Erbs/Kohlhaas/*Hadamitzky/Senge* AO § 371 Rn. 7). Angemessene Maßnahmen zur Verhinderung weiterer Verstöße aus gleichem Grund (etwa durch Anpassungen im Vertriebsablauf) können bis zum rechtskräftigen Abschluss des Bußgeldverfahrens vorgenommen werden (Müller-Gugenberger WirtschaftsStR/*Alexander/Winkelbauer* § 62 Rn. 139 mwN). Die wirksame Selbstanzeige stellt ein **Verfolgungshindernis** dar. Im Hinblick auf das **Meistbegünstigungsprinzip** (§ 4 Abs. 3 OWiG) steht die Selbstanzeige auch dann einer Ahndung der Ordnungswidrigkeit entgegen, wenn die Zuwiderhandlung, die inhaltlich den in § 19 Abs. 3 u. 4 OWiG geregelten Bußgeldtatbeständen entspricht, vor dem Inkrafttreten der AWG Novelle am 1.9.2013 begangen worden ist (Müller-Gugenberger WirtschaftsStR/*Alexander/Winkelbauer* § 62 Rn. 142 mwN). Erfolgt die Selbstanzeige nicht rechtzeitig, weil dem Täter die Tatentdeckung durch die Behörden unbekannt ist, kommt eine Einstellung nach § 47 OWiG etwa dann in Betracht, wenn sich der Täter an der Aufklärung beteiligt und Maßnahmen zur Verhinderung weiterer Verstöße unternommen hat. Eine entsprechende Verweisung auf die Einstellungsvorschrift findet sich in § 22 Abs. 4 S. 3 AWG.

§ 82 Ordnungswidrigkeiten – Verstöße gegen Rechtsakte der Europäischen Union

(1) [1]Ordnungswidrig im Sinne des § 19 Absatz 4 Satz 1 Nummer 1 des Außenwirtschaftsgesetzes handelt, wer vorsätzlich oder fahrlässig entgegen

1. Artikel 2 Absatz 1 der Verordnung (EWG) Nr. 3541/92 des Rates vom 7. Dezember 1992 zum Verbot der Erfüllung irakischer Ansprüche in Bezug auf Verträge und Geschäfte, deren Durchführung durch die Resolution 661 (1990) des Sicherheitsrates der Vereinten Nationen und mit ihr in Verbindung stehende Resolutionen berührt wurde (ABl. L 361 vom 10.12.1992, S. 1),

2. Artikel 2 Absatz 1 der Verordnung (EG) Nr. 3275/93 des Rates vom 29. November 1993 zum Verbot der Erfüllung von Ansprüchen im Zusammenhang mit Verträgen und Geschäften, deren Durchführung durch die Resolution 883 (1993) des Sicherheitsrates der Vereinten Nationen und mit ihr in Verbindung stehende Resolutionen berührt wurde (ABl. L 295 vom 30.11.1993, S. 4),

3. Artikel 2 Absatz 1 der Verordnung (EG) Nr. 1264/94 des Rates vom 30. Mai 1994 über das Verbot der Erfüllung von Ansprüchen der haitischen Behörden im Zusammenhang mit Verträgen und Geschäften, deren Durchführung durch die Maßnahmen auf Grund der Resolutionen 917 (1994), 841 (1993), 873 (1993) und 875 (1993) des Sicherheitsrates der Vereinten Nationen berührt wurde (ABl. L 139 vom 2.6.1994, S. 4),
4. Artikel 2 Absatz 1 der Verordnung (EG) Nr. 1733/94 des Rates vom 11. Juli 1994 zum Verbot der Erfüllung von Ansprüchen im Zusammenhang mit Verträgen und Geschäften, deren Durchführung durch die Resolution 757 (1992) des Sicherheitsrates der Vereinten Nationen und mit ihr in Verbindung stehende Resolutionen berührt wurde (ABl. L 182 vom 16.7.1994, S. 1),
4a. Artikel 7a Absatz 1 der Verordnung (EG) Nr. 1183/2005 des Rates vom 18. Juli 2005 über die Anwendung spezifischer restriktiver Maßnahmen gegen Personen, die gegen das Waffenembargo betreffend die Demokratische Republik Kongo verstoßen (ABl. L 193 vom 23.7.2005, S. 1), die zuletzt durch die Verordnung (EU) 2015/613 (ABl. L 102 vom 21.4.2015, S. 3) geändert worden ist,
4b. Artikel 9b Absatz 1 der Verordnung (EG) Nr. 329/2007 des Rates vom 27. März 2007 über restriktive Maßnahmen gegen die Demokratische Volksrepublik Korea (ABl. L 88 vom 29.3.2007, S. 1, L 239 vom 6.9.2008, S. 59), die zuletzt durch die Durchführungsverordnung (EU) Nr. 386/2014 (ABl. L 111 vom 15.4.2014, S. 46) geändert worden ist,
4c. Artikel 27 Absatz 1 der Verordnung (EU) Nr. 36/2012 des Rates vom 18. Januar 2012 über restriktive Maßnahmen angesichts der Lage in Syrien und zur Aufhebung der Verordnung (EU) Nr. 442/2011 (ABl. L 16 vom 19.1.2012, S. 1, L 259 vom 27.9.2012, S. 7), die zuletzt durch die Verordnung (EU) Nr. 1323/2014 (ABl. L 358 vom 13.12.2014, S. 1) geändert worden ist,
5. Artikel 38 Absatz 1 der Verordnung (EU) Nr. 267/2012 des Rates vom 23. März 2012 über restriktive Maßnahmen gegen Iran und zur Aufhebung der Verordnung (EU) Nr. 961/2010 (ABl. L 88 vom 24.3.2012, S. 1, L 332 vom 4.12.2012, S. 31), die zuletzt durch die Durchführungsverordnung (EU) 2016/74 (ABl. L 16 vom 23.1.2016, S. 6) geändert worden ist,
6. Artikel 14 Absatz 1 der Verordnung (EU) Nr. 224/2014 des Rates vom 10. März 2014 über restriktive Maßnahmen angesichts der Lage in der Zentralafrikanischen Republik (ABl. L 70 vom 11.3.2014, S. 1),
7. Artikel 6 Absatz 1 der Verordnung (EU) Nr. 692/2014 des Rates vom 23. Juni 2014 über restriktive Maßnahmen als Reaktion auf die rechtswidrige Eingliederung der Krim und Sewastopols durch Annexion (ABl. L 183 vom 24.6.2014, S. 9), die zuletzt durch die Verordnung (EU) Nr. 1351/2014 (ABl. L 365 vom 19.12.2014, S. 46, L 37 vom 13.2.2015, S. 24) geändert worden ist,
8. Artikel 12 Absatz 1 der Verordnung (EU) Nr. 747/2014 des Rates vom 10. Juli 2014 über restriktive Maßnahmen angesichts der Lage in Sudan und zur Aufhebung der Verordnungen (EG) Nr. 131/2004 und (EG) Nr. 1184/2005 (ABl. L 203 vom 11.7.2014, S. 1),
9. *[aufgehoben]*
10. Artikel 11 Absatz 1 der Verordnung (EU) Nr. 833/2014 des Rates vom 31. Juli 2014 über restriktive Maßnahmen angesichts der Handlungen Russlands, die die Lage in der Ukraine destabilisieren (ABl. L 229 vom 31.7.2014, S. 1), die zuletzt durch die Verordnung (EU) Nr. 1290/2014 (ABl. L 349 vom 5.12.2014, S. 20) geändert worden ist,
11. Artikel 12 Absatz 1 der Verordnung (EU) Nr. 1352/2014 des Rates vom 18. Dezember 2014 über restriktive Maßnahmen angesichts der Lage in Jemen (ABl. L 365 vom 19.12.2014, S. 60), die zuletzt durch die Verordnung (EU) 2015/878 (ABl. L 143 vom 9.6.2014, S. 1) geändert worden ist, oder
12. Artikel 17 Absatz 1 der Verordnung (EU) 2015/735 des Rates vom 7. Mai 2015 über restriktive Maßnahmen angesichts der Lage in Südsudan und zur Aufhebung der Verordnung (EU) Nr. 748/2014 (ABl. L 117 vom 8.5.2015, S. 13)

einen dort genannten Anspruch erfüllt oder einer dort genannten Forderung stattgibt. ²Soweit die in Satz 1 Nummer 5 genannte Vorschrift auf die Anhänge VIII und IX der Verordnung (EU) Nr. 267/2012 verweist, finden diese Anhänge in der jeweils geltenden Fassung Anwendung.

(2) Ordnungswidrig im Sinne des § 19 Absatz 4 Satz 1 Nummer 2 des Außenwirtschaftsgesetzes handelt, wer gegen die Verordnung (EWG) Nr. 2454/93 der Kommission vom 2. Juli 1993 mit Durchführungsvorschriften zu der Verordnung (EWG) Nr. 2913/92 des Rates zur Festlegung des Zollkodex der Gemeinschaften (ABl. Nr. L 253 vom 11.10.1993, S. 1), die zuletzt durch die Verordnung (EU) Nr. 1063/2010 (ABl. L 307 vom 23.11.2010, S. 1) geändert worden ist, verstößt, in dem er vorsätzlich oder fahrlässig

1. einer mit einer Bewilligung nach Artikel 282 Absatz 1 in Verbindung mit Artikel 262 Absatz 1 Satz 2 verbundenen vollziehbaren Auflage über den Inhalt oder die Frist der ergänzenden Zollanmeldung zuwiderhandelt,

2. einer mit einer Bewilligung nach Artikel 283 Satz 1 in Verbindung mit Artikel 287 Absatz 1 Satz 1 Buchstabe d verbundenen vollziehbaren Auflage über den Inhalt eines Begleitdokuments zuwiderhandelt,

3. einer mit einer Bewilligung nach Artikel 283 Satz 1 in Verbindung mit Artikel 287 Absatz 1 Satz 1 Buchstabe e verbundenen vollziehbaren Auflage über die Vorlage der ergänzenden Zollanmeldung oder die Frist für ihre Abgabe zuwiderhandelt,

4. entgegen Artikel 285 Absatz 1 Buchstabe a die Ausfuhrzollstelle nicht, nicht richtig, nicht vollständig oder nicht rechtzeitig benachrichtigt,

5. entgegen Artikel 792a Absatz 1 Satz 1 die Ausfuhrzollstelle nicht, nicht richtig oder nicht rechtzeitig unterrichtet,

6. ohne Zustimmung nach Artikel 792a Absatz 2 Satz 1 den geänderten Beförderungsvertrag erfüllt,

7. einer mit einer Befreiung nach Artikel 285a Absatz 1 Satz 2 Buchstabe a verbundenen vollziehbaren Auflage über die Benachrichtigung von einem Warenabgang zuwiderhandelt,

8. einer mit einer Befreiung nach Artikel 285a Absatz 1 Satz 2 Buchstabe c verbundenen vollziehbaren Auflage über das Anschreiben von Waren in seiner Buchführung vor Abgang aus den in Artikel 253 Absatz 3 oder Artikel 283 Satz 1 genannten Orten zuwiderhandelt oder

9. als Anmelder vor dem Ausgang der Waren aus dem Zollgebiet der Europäischen Union entgegen Artikel 793 Absatz 1, auch in Verbindung mit Artikel 841 Absatz 1, das Exemplar Nummer 3 des Einheitspapiers oder das Ausfuhrbegleitdokument der Ausgangszollstelle nicht vorlegt oder die zur Ausfuhr überlassenen Waren dieser Zollstelle nicht oder nicht richtig gestellt.

(3) [1]Ordnungswidrig im Sinne des § 19 Absatz 4 Satz 1 Nummer 1 des Außenwirtschaftsgesetzes handelt, wer vorsätzlich oder fahrlässig entgegen Artikel 5 Absatz 1 der Verordnung (EG) Nr. 2271/96 des Rates vom 22. November 1996 zum Schutz vor den Auswirkungen der extraterritorialen Anwendung von einem Drittland erlassener Rechtsakte sowie von darauf beruhenden oder sich daraus ergebenden Maßnahmen (ABl. L 309 vom 29.11.1996, S. 1, L 179 vom 8.7.1997, S. 10), die durch die Verordnung (EG) Nr. 807/2003 (ABl. L 122 vom 16.5.2003, S. 36) geändert worden ist, einer dort genannten Forderung oder einem dort genannten Verbot nachkommt. [2]Soweit die in Satz 1 genannten Vorschriften auf den Anhang der Verordnung (EG) Nr. 2271/96 verweisen, findet dieser Anhang in der jeweils geltenden Fassung Anwendung.

(4) Ordnungswidrig im Sinne des § 19 Absatz 4 Satz 1 Nummer 2 des Außenwirtschaftsgesetzes handelt, wer vorsätzlich oder fahrlässig entgegen Artikel 4 Absatz 1 der Verordnung (EG) Nr. 2368/2002 des Rates vom 20. Dezember 2002 zur Umsetzung des Zertifikationssystems des Kimberley-Prozesses für den internationalen Handel mit Rohdiamanten (ABl. L 358 vom 31.12.2002, S. 28), die zuletzt durch die Verordnung (EG) Nr. 1268/2008 (ABl. L 338 vom 17.12.2008, S. 39) geändert worden ist, ein Behältnis oder ein dazu gehöriges Zertifikat nicht oder nicht rechtzeitig einer Gemeinschaftsbehörde zur Prüfung vorlegt.

(5) Ordnungswidrig im Sinne des § 19 Absatz 4 Satz 1 Nummer 1 des Außenwirtschaftsgesetzes handelt, wer vorsätzlich oder fahrlässig entgegen Artikel 9a Buchstabe a Satz 1 der Verordnung (EG) Nr. 560/2005 des Rates vom 12. April 2005 über die Anwendung spezifischer restriktiver Maßnahmen gegen bestimmte Personen und Organisationen angesichts der Lage in der Republik Côte d'Ivoire (ABl. L 95 vom 14.4.2005, S. 1), die zuletzt durch die Verordnung (EU) Nr. 193/2012 (ABl. L 71 vom 9.3.2012, S. 5) geändert worden ist, eine Schuldverschreibung oder ein Wertpapier erwirbt, vermittelt oder an der Ausgabe mitwirkt.

(6) Ordnungswidrig im Sinne des § 19 Absatz 4 Satz 1 Nummer 1 des Außenwirtschaftsgesetzes handelt, wer gegen die Verordnung (EG) Nr. 329/2007 des Rates vom 27. März 2007 über restriktive Maßnahmen gegen die Demokratische Volksrepublik Korea (ABl. L 88 vom 29.3.2007, S. 1), die zuletzt durch die Verordnung (EU) Nr. 696/2013 (ABl. L 198 vom 23.7.2013, S. 22) geändert worden ist, verstößt, indem er vorsätzlich oder fahrlässig

1. entgegen Artikel 5a Absatz 1 Buchstabe a ein neues Bankkonto eröffnet,

2. entgegen Artikel 5a Absatz 1 Buchstabe b eine neue Korrespondenzbankbeziehung aufnimmt,

3. entgegen Artikel 5a Absatz 1 Buchstabe c eine neue Repräsentanz eröffnet oder eine neue Zweigniederlassung oder Tochtergesellschaft gründet,

4. entgegen Artikel 5a Absatz 1 Buchstabe d ein neues Gemeinschaftsunternehmen gründet,

5. entgegen Artikel 5a Absatz 1 Buchstabe e eine Korrespondenzbankbeziehung aufrechterhält,

6. entgegen Artikel 5a Absatz 2 Buchstabe b eine Vereinbarung schließt, die die Eröffnung einer Repräsentanz oder die Gründung einer Zweigniederlassung oder Tochtergesellschaft betrifft,

7. entgegen Artikel 9a Buchstabe a oder Buchstabe b eine staatliche oder staatlich garantierte Anleihe kauft oder Vermittlungsdienste im Zusammenhang mit dem Kauf einer staatlichen oder staatlich garantierten Anleihe erbringt oder
8. entgegen Artikel 11a Absatz 1 Buchstabe b die Ausführung einer Transaktion nicht ablehnt.

(7) ¹Ordnungswidrig im Sinne des § 19 Absatz 4 Satz 1 Nummer 1 des Außenwirtschaftsgesetzes handelt, wer gegen die Verordnung (EG) Nr. 428/2009 des Rates vom 5. Mai 2009 über eine Gemeinschaftsregelung für die Kontrolle der Ausfuhr, der Verbringung, der Vermittlung und der Durchfuhr von Gütern mit doppeltem Verwendungszweck (ABl. L 134 vom 29.5.2009, S. 1, L 224 vom 27.8.2009, S. 21), die zuletzt durch die Verordnung (EU) Nr. 388/2012 (ABl. L 129 vom 16.5.2012, S. 12) geändert worden ist, verstößt, indem er vorsätzlich oder fahrlässig
1. einer vollziehbaren Anordnung nach Artikel 6 Absatz 1 Satz 1 zuwiderhandelt oder
2. ohne Genehmigung nach Artikel 22 Absatz 1 Satz 1 Güter mit doppeltem Verwendungszweck innergemeinschaftlich verbringt.
²Soweit die in Satz 1 genannten Vorschriften auf Anhang I oder Anhang IV der Verordnung (EG) Nr. 428/2009 verweisen, finden diese Anhänge in der jeweils geltenden Fassung Anwendung.

(8) Ordnungswidrig im Sinne des § 19 Absatz 4 Satz 1 Nummer 1 des Außenwirtschaftsgesetzes handelt, wer gegen die Verordnung (EU) Nr. 36/2012 verstößt, indem er vorsätzlich oder fahrlässig
1. entgegen Artikel 24 Buchstabe a oder Buchstabe b eine staatliche oder staatlich garantierte Anleihe kauft oder Vermittlungsdienste im Zusammenhang mit dem Kauf einer staatlichen oder staatlich garantierten Anleihe erbringt,
2. entgegen Artikel 25 Absatz 1 ein neues Konto eröffnet, eine Korrespondenzbankbeziehung aufnimmt, eine neue Repräsentanz eröffnet oder eine Zweigniederlassung, Tochtergesellschaft oder ein neues Joint Venture gründet oder
3. entgegen Artikel 25 Absatz 2 Buchstabe b eine Vereinbarung schließt, die die Eröffnung einer Repräsentanz oder die Gründung einer Zweigniederlassung oder Tochtergesellschaft betrifft.

(9) Ordnungswidrig im Sinne des § 19 Absatz 4 Satz 1 Nummer 1 des Außenwirtschaftsgesetzes handelt, wer gegen die Verordnung (EU) Nr. 267/2012 verstößt, indem er vorsätzlich oder fahrlässig
1. ohne Genehmigung nach Artikel 2a Absatz 1 Buchstabe d Satzteil vor Satz 2 Ziffer i, auch in Verbindung mit Satz 2, oder Artikel 3a Absatz 1 Buchstabe d eine dort genannte Vereinbarung abschließt oder
2. entgegen Artikel 4b Buchstabe c eine dort genannte Vereinbarung schließt.

(10) Ordnungswidrig im Sinne des § 19 Absatz 4 Satz 1 Nummer 1 des Außenwirtschaftsgesetzes handelt, wer gegen die Verordnung (EU) Nr. 692/2014 verstößt, indem er vorsätzlich oder fahrlässig
1. entgegen Artikel 2a Absatz 1 Buchstabe a oder b eine Beteiligung erwirbt oder ausweitet,
2. entgegen Artikel 2a Absatz 1 Buchstabe c eine dort genannte Vereinbarung trifft,
3. entgegen Artikel 2a Absatz 1 Buchstabe d ein Gemeinschaftsunternehmen gründet oder
4. entgegen Artikel 2a Absatz 1 Buchstabe e eine Wertpapierdienstleistung erbringt.

(11) Ordnungswidrig im Sinne des § 19 Absatz 4 Satz 1 Nummer 1 des Außenwirtschaftsgesetzes handelt, wer gegen die Verordnung (EU) Nr. 833/2014 verstößt, indem er vorsätzlich oder fahrlässig
1. entgegen Artikel 5 Absatz 1 oder Absatz 2 ein dort genanntes Wertpapier oder ein dort genanntes Geldmarktinstrument kauft oder
2. entgegen Artikel 5 Absatz 3 Satz 1 eine dort genannte Vereinbarung trifft.

(12) Ordnungswidrig im Sinne des § 19 Absatz 4 Satz 1 Nummer 2 des Außenwirtschaftsgesetzes handelt, wer vorsätzlich oder fahrlässig ohne Genehmigung nach Artikel 3 Absatz 2 Satz 1 der Verordnung (EU) 2015/936 des Europäischen Parlaments und des Rates vom 9. Juni 2015 über die gemeinsame Regelung der Einfuhren von Textilwaren aus bestimmten Drittländern, die nicht unter bilaterale Abkommen, Protokolle, andere Vereinbarungen oder eine spezifische Einfuhrregelung der Union fallen (ABl. L 160 vom 25.6.2015, S. 1), eine dort genannte Einfuhr in den freien Verkehr der Union überführt.

1. Tathandlungen. Bei § 82 handelt es sich um eine Ausfüllungsvorschrift zu § 19 Abs. 4 AWG. **1** Bußgeldbewehrt sind danach Zuwiderhandlungen gegen Rechtsakte der EU bzw. der EG. Darunter fallen Embargoverstöße (Abs. 1, 3–6 u. 8–12) und sonstige Verstöße gegen zentrale Außenhandelsbestimmungen der EU, wie zB die Dual-Use-VO (Abs. 2 u. 7). Die Handlungen sind jedoch nur insoweit mit einem Bußgeld bewehrt, als sie nicht bereits nach § 18 AWG mit Strafe bedroht sind (§ 19 Abs. 4 S. 1 AWG).

2   **2. Begehungsform und Versuch.** Die in § 82 aufgeführten Bußgeldtatbestände können jeweils **vorsätzlich** oder **fahrlässig** begangen werden. Der **Versuch** kann – mangels gesetzlicher Regelung – nicht geahndet werden (§ 13 Abs. 2 OWiG).

3   **3. Bemessung des Bußgeldes.** Die **Höhe des angedrohten Bußgeldes** beträgt nach § 19 Abs. 6 AWG bei Verstößen gegen § 82 Abs. 1, 3 u. 5–11 bis zu 500.000 EUR und iÜ (Abs. 2, 4 u. 12) bis zu 30.000 EUR. Im Falle **fahrlässigen Handelns** reduziert sich das Höchstmaß der Geldbuße auf die Höhe des angedrohten Höchstbetrages (§ 17 Abs. 2 OWiG). Die Bemessung des Bußgeldes richtet sich auch hier nach den allgemeinen Regeln (§ 17 Abs. 3 OWiG; vgl. KK-OWiG/*Mitsch* OWiG § 17 Rn. 30 f.). Das angedrohte Höchstmaß kann überschritten werden, wenn die aus der Ordnungswidrigkeit gezogenen wirtschaftlichen Vorteile die Geldbuße übersteigen (§ 17 Abs. 4 OWiG; vgl. auch KK-OWiG/*Mitsch* OWiG § 17 Rn. 140). Bei Geldbußen gegen juristische Personen ist § 30 OWiG zu beachten (vgl. hierzu KK-OWiG/*Rogall* OWiG § 30).

4   **4. Selbstanzeige.** Nach § 22 Abs. 4 AWG besteht auch bei Verstößen nach § 82 die Möglichkeit zur **Selbstanzeige.** Insoweit wird auf die entsprechenden Ausführungen bei § 81 (→ Rn. 4) Bezug genommen.

170. Bundes-Apothekerordnung (BApO)

In der Fassung der Bekanntmachung vom 19. Juli 1989 (BGBl. I S. 1478, ber. S. 1842)

FNA 2121-1

Zuletzt geändert durch Art. 1 G zur Umsetzung der RL 2013/55/EU vom 18.4.2016 (BGBl. I S. 886)

– Auszug –

§ 13 [Straftaten]

Wer den Apothekerberuf ausübt, solange durch vollziehbare Verfügung das Ruhen der Approbation angeordnet ist, wird mit Freiheitsstrafe bis zu einem Jahr oder mit Geldstrafe bestraft.

A. Allgemeines

Die Bundes-Apothekerordnung trat am 1.10.1968 (BGBl. I 601) in Kraft und löste die Reichsapo- **1** thekerordnung (RGBl. I 1937, 457) ab. Sie wurde insbes. durch Art. 40 EGStGB (BGBl. 1974 I 469 (548)), durch Art. 1 des Gesetzes zur Umsetzung der Apotheker-Richtlinien der EG (85/432/EWG und 85/433/EWG) in deutsches Recht v. 23.7.1988 (BGBl. I 1077) und durch Art. 1 des Dritten Gesetzes zur Änderung der Bundes-Apothekerordnung v. 19.6.1989 (BGBl. I 1106) geändert. Die BApO regelt die Grundsätze der Aufgaben, die Ausbildung sowie die Voraussetzungen der Berufsausübung von Apothekern in der Bundesrepublik Deutschland. Danach bedarf die Ausübung des Apothekerberufs grds. der deutschen Approbation als Apotheker, § 2 Abs. 1. Dementsprechend darf gem. § 8 Abs. 3 ein Apotheker, dessen Approbation ruht, den Apothekerberuf nicht ausüben. Die **Strafvorschrift** des § 13 soll sicherstellen, dass dem Folge geleistet wird.

Bei der Vorschrift des § 13 handelt es sich um eine **blankettartige Norm** (zum Begriff der Blankett- **2** norm BGHSt 28, 213 (215) mwN), da sie bei der Tatbestandsbeschreibung auf andere Vorschriften der BApO verweist und Begriffe verwendet, die ihre wahre Bedeutung erst aufgrund anderer Normen der BApO gewinnen. Ihr Tatbestand ergibt sich damit erst aus einer Gesamtschau mit den entsprechenden ausfüllenden Vorschriften der BApO. § 13 wird dabei dem Bestimmtheitsgebot des Art. 103 Abs. 2 GG (BVerfGE 37, 201 (208 f.); BGH NStZ 1982, 206) gerecht, da durch die Verweisung auf die in Betracht kommenden Ausfüllungsvorschriften die Voraussetzungen der Strafbarkeit hinreichend deutlich gemacht werden.

B. Tatbestand

Die Vorschrift des § 13 stellt die Ausübung des Apothekerberufs für den Fall unter Strafe, dass durch **3** vollziehbare Verfügung das Ruhen der Approbation angeordnet ist.

I. Ruhen der Approbation

Das Ruhen der Approbation regelt § 8. Es kann ausschließlich unter den abschließend aufgezählten **4** Voraussetzungen des § 8 Abs. 1 Nr. 1–4 angeordnet werden.

1. § 8 Abs. 1 Nr. 1. Nach § 8 Abs. 1 **Nr. 1** kann das Ruhen der Approbation angeordnet werden, **5** wenn gegen den Apotheker wegen des Verdachts einer Straftat, aus der sich seine **Unwürdigkeit** oder seine **Unzuverlässigkeit** zur Ausübung des Apothekerberufs ergeben kann, ein **Strafverfahren** eingeleitet ist. Demnach müssen sich die Unwürdigkeit bzw. die Unzuverlässigkeit zur Berufsausübung aus der Straftat herleiten lassen. In Betracht kommen hier insbes. solche Straftaten, die den Apotheker als Mitglied seines Berufsstandes, der öffentliche Aufgaben wahrzunehmen hat (vgl. dazu Erbs/Kohlhaas/ *Senge* ApoG § 1 Rn. 1), disqualifizieren. Dies sind bspw. Eigentumsdelikte, Betrug, Urkundenfälschung und allgemein solche, bei denen die Anordnung eines Berufsverbots nach § 70 StGB möglich ist. Hingegen begründen etwa Verkehrsdelikte nicht per se eine Unwürdigkeit oder Unzuverlässigkeit iSd § 8 Abs. 1 Nr. 1. Der Apotheker muss einer solchen Straftat hinreichend verdächtig sein (vgl. Erbs/ Kohlhaas/*Senge* § 8 Rn. 1).

Ein gegen einen Apotheker eingeleitetes **Ordnungswidrigkeitenverfahren** ist indes nicht geeignet **6** dessen Unwürdigkeit oder Unzuverlässigkeit iSv § 8 Abs. 1 Nr. 1 zu indizieren, da der Wortlaut der Vorschrift ausdrücklich nur auf Straftaten abstellt. Dies gilt selbst für Ordnungswidrigkeiten nach § 36 ApBetrO, die jedenfalls dann, wenn sie wiederholt begangen werden, auf die Unwürdigkeit oder Unzuverlässigkeit hindeuten können (vgl. Erbs/Kohlhaas/*Senge* § 8 Rn. 1).

7   2. **§ 8 Abs. 1 Nr. 2.** Das Ruhen der Approbation kann gem. § 8 Abs. 1 **Nr. 2** iVm § 4 Abs. 1 S. 1 Nr. 3 angeordnet werden, wenn ein Apotheker in **gesundheitlicher** Hinsicht nicht mehr zur Ausübung des Berufs geeignet ist. Die fehlende gesundheitliche Eignung muss hierbei positiv festgestellt sein.

8   3. **§ 8 Abs. 1 Nr. 3.** Nach § 8 Abs. 1 **Nr. 3** iVm § 4 Abs. 1 S. 1 Nr. 3 kann das Ruhen der Approbation jedoch auch angeordnet werden, wenn bloße Zweifel an der gesundheitlichen Eignung des Apothekers zur Ausübung seines Berufes bestehen und er sich weigert, sich einer von der zuständigen Behörde angeordneten amts- oder fachärztlichen Untersuchung zu unterziehen.

9   4. **§ 8 Abs. 1 Nr. 4.** Schließlich ermöglicht § 8 Abs. 1 **Nr. 4** das Anordnen des Ruhens der Approbation, wenn bekannt wird, dass der Apotheker nicht über die Kenntnisse der **deutschen Sprache** verfügt, die für die Ausübung des Apothekerberufs in Deutschland erforderlich sind.

II. Vollziehbare Verfügung

10   Das Ruhen der Approbation muss durch **vollziehbare Verfügung** angeordnet worden sein. Bei § 13 handelt es sich damit um ein **verwaltungsakzessorisches** Delikt, da die Strafbarkeit von einem Verwaltungshandeln abhängig ist. Eine Ruhensverfügung ist **vollziehbar,** wenn sie – jedenfalls vorläufig – für den Betroffenen verbindlich ist, dh der Verwaltungsakt nicht mehr anfechtbar ist, der Suspensiveffekt einer Anfechtung (§ 80 Abs. 1 VwGO) nicht (mehr) besteht oder die aufschiebende Wirkung nach § 80 Abs. 2 VwGO entfällt (vgl. Erbs/Kohlhaas/*Senge* Rn. 2). Vollziehbar iSd § 80 VwGO bedeutet, dass die Behörde, das Gericht und jeder Bürger berechtigt und verpflichtet sind, alle Folgerungen tatsächlicher und rechtlicher Art aus dem Verwaltungsakt zu ziehen, die sich aus dessen Bestand ergeben.

III. Tathandlung

11   Übt ein Apotheker trotz des Bestehens einer solchen vollziehbaren Verfügung im Geltungsbereich dieses Gesetzes den Apothekerberuf aus, so verwirklicht er den Straftatbestand des § 13.

12   Die Straftat des § 13 ist **vollendet,** sobald eine Tätigkeit entfaltet wird, die auf die Ausübung des Apothekerberufs gerichtet ist. Die Tat ist ein Dauerdelikt, kein Zustandsdelikt, und wird deshalb solange begangen, wie die Ruhensverfügung rechtswirksam ist bzw. der Täter den Beruf ausübt (vgl. Erbs/Kohlhaas/*Senge* Rn. 4).

13   Der **Versuch** ist nicht strafbar, § 23 Abs. 1 StGB iVm § 12 Abs. 1 StGB.

IV. Subjektiver Tatbestand

14   Der Straftatbestand des § 13 setzt **vorsätzliches** Handeln voraus, wobei **bedingter** Vorsatz ausreicht. Vorsätzlich handelt der Täter, wenn er weiß oder mit der Möglichkeit rechnet, dass er den Apothekerberuf ausübt, obwohl durch vollziehbare Verfügung das Ruhen der Approbation angeordnet ist.

15   Im Falle eines **Irrtums** des Täters kommen die allgemeinen Grundsätze der §§ 16, 17 StGB zur Anwendung.

C. Rechtsfolgen

16   Die Straftat des § 13 ist ein **Vergehen,** § 12 Abs. 2 StGB. Sie wird mit Geldstrafe (§ 40 StGB) oder mit Freiheitsstrafe bis zu einem Jahr (§§ 38, 39 StGB) geahndet. Neben Freiheitsstrafe kann nach § 41 StGB auf eine Geldstrafe erkannt werden, wenn sich der Täter bereichert oder zumindest versucht hat, dies zu tun. Außerdem finden die allgemeinen Vorschriften über Einziehung und Verfall gem. §§ 73 ff. StGB Anwendung. Nach § 70 StGB kommt ferner die Verhängung eines Berufsverbots in Betracht.

17   Die Straftat nach § 13 wird **von Amts wegen** verfolgt.

18   **Verfolgungsverjährung** tritt in der Regel in drei Jahren ein, § 78 Abs. 3 Nr. 5 StGB. Dabei beginnt die Verjährungsfrist mit Beendigung der Tat (→ Rn. 12). IÜ finden die allgemeinen Verjährungsvorschriften der §§ 78 ff. StGB Anwendung.

175. Gesetz über das Inverkehrbringen, die Rücknahme und die umweltverträgliche Entsorgung von Batterien und Akkumulatoren (Batteriegesetz – BattG)

Vom 25. Juni 2009 (BGBl. I S. 1582) FNA 2129-53

Zuletzt geändert durch Art. 1 Erstes G zur Änd. des BatterieG4 5 und des KreislaufwirtschaftsG vom 20.11.2015 (BGBl. I S. 2071)

– Auszug –

§ 22 Bußgeldvorschriften

(1) Ordnungswidrig handelt, wer vorsätzlich oder fahrlässig

1. entgegen § 3 Absatz 1 Satz 1 oder Absatz 2 Satz 1 Batterien in den Verkehr bringt,
2. entgegen § 3 Absatz 3 Batterien in den Verkehr bringt,
3. entgegen § 3 Absatz 4 Satz 1 Batterien anbietet,
3a. entgegen § 3 Absatz 4 Satz 2 Batterien anbietet,
4. entgegen § 4 Absatz 1 Satz 1 in Verbindung mit einer Rechtsverordnung nach § 20 Nummer 1 eine Anzeige nicht, nicht richtig, nicht vollständig oder nicht rechtzeitig erstattet,
5. entgegen § 4 Absatz 1 Satz 2 in Verbindung mit einer Rechtsverordnung nach § 20 Nummer 1 eine Mitteilung nicht, nicht richtig, nicht vollständig oder nicht rechtzeitig macht,
6. entgegen § 5 Absatz 1 Satz 1 in Verbindung mit § 14 Absatz 1 Satz 1 oder Satz 2 in Verbindung mit einer Rechtsverordnung nach § 20 Nummer 2, jeweils auch in Verbindung mit § 5 Absatz 2, dort genannte Altbatterien nicht, nicht richtig oder nicht vollständig verwertet,
7. entgegen § 5 Absatz 1 Satz 2 in Verbindung mit § 14 Absatz 1 Satz 3, jeweils auch in Verbindung mit § 5 Absatz 2, dort genannte Altbatterien nicht, nicht richtig oder nicht vollständig beseitigt,
8. entgegen § 6 Absatz 1 Satz 2 eine Information nicht, nicht richtig, nicht vollständig, oder nicht rechtzeitig bereitstellt,
9. entgegen § 6 Absatz 1 Satz 3 eine Anzeige nicht, nicht richtig, nicht vollständig oder nicht rechtzeitig erstattet,
10. entgegen § 9 Absatz 2 Satz 1 oder § 12 Absatz 1 oder Absatz 2 Geräte-Altbatterien dem Gemeinsamen Rücknahmesystem nicht zur Abholung bereitstellt,
11. entgegen § 9 Absatz 4 die dort genannten Kosten getrennt ausweist,
12. entgegen § 10 Absatz 1 Satz 1, 2 oder Satz 5 ein Pfand nicht erhebt oder nicht erstattet,
13. entgegen § 14 Absatz 2 Satz 1 Fahrzeug- oder Industrie-Altbatterien durch Verbrennung oder Deponierung beseitigt,
14. entgegen § 15 Absatz 1 Satz 1 Nummer 1 bis 6, jeweils auch in Verbindung mit Absatz 2 oder Absatz 3 Satz 1 oder Satz 3, oder entgegen § 15 Absatz 1 Satz 1 Nummer 7 eine Dokumentation nicht, nicht richtig, nicht vollständig oder nicht rechtzeitig vorlegt,
15. entgegen § 17 Absatz 1 Satz 1 oder Absatz 3 Satz 1 eine Batterie nicht, nicht richtig oder nicht rechtzeitig kennzeichnet,
16. entgegen § 17 Absatz 6 in Verbindung mit einer Rechtsverordnung nach § 20 Nummer 4 eine Fahrzeug- oder Gerätebatterie nicht, nicht richtig, nicht vollständig oder nicht rechtzeitig mit einer Kapazitätsangabe versieht oder
17. entgegen § 18 Absatz 1 Satz 1 oder Satz 2 einen Hinweis nicht, nicht richtig, nicht vollständig oder nicht in der vorgeschriebenen Weise gibt oder einer Warensendung nicht beifügt.

(2) Die Ordnungswidrigkeit kann in den Fällen des Absatzes 1 Nummer 1 bis 7, 10, 13 und 14 mit einer Geldbuße bis zu hunderttausend Euro, in den übrigen Fällen mit einer Geldbuße bis zu zehntausend Euro geahndet werden.

(3) Verwaltungsbehörde im Sinne des § 36 Absatz 1 Nummer 1 des Gesetzes über Ordnungswidrigkeiten ist in den Fällen des Absatzes 1 Nummer 2, 3a bis 5, 8 und 14 das Umweltbundesamt.

(4) In den Fällen des Absatzes 3 fließen auch die im gerichtlichen Verfahren angeordneten Geldbußen und die Geldbeträge, deren Verfall gerichtlich angeordnet wurde, der Bundeskasse zu, die auch die der Staatskasse auferlegten Kosten trägt.

A. Allgemeines

1   Das Gesetz über das Inverkehrbringen, die Rücknahme und die umweltverträgliche Entsorgung von Batterien und Akkumulatoren (Batteriegesetz – BattG) v. 25.6.2009 (BGBl. I 1582) dient der Umsetzung der RL 2006/66/EG des Europäischen Parlaments und des Rates v. 6.9.2006 über Batterien und Akkumulatoren und zur Aufhebung der RL 91/157/EWG (ABl. 2010 L 266, 1) in nationales Recht. Von den Regelungen der RL 91/157/EWG wurde nur ein Teil der derzeit in Verkehr gebrachten Batterien erfasst, da sich die Richtlinie auf Batterien mit einem hohen Gehalt an Schwermetallen (Quecksilber, Cadmium, Blei), so genannte schadstoffhaltige Batterien beschränkte. Im Gegensatz dazu ist die RL 2006/66/EG darauf ausgerichtet, die durch Altbatterien insgesamt verursachten Umweltbelastungen auf ein Mindestmaß zu beschränken und so zur Erhaltung der Qualität der Umwelt und zum Schutz der menschlichen Gesundheit beizutragen. Um dieses Ziel zu erreichen, sollen nunmehr möglichst alle Arten von Altbatterien getrennt gesammelt und stofflich verwertet werden. Mit dem BattG strebt der Gesetzgeber eine 1:1-Umsetzung dieser Richtlinie an unter weitgehender Beibehaltung der auf Basis der bis dahin geltenden Batterieverordnung (vgl. BGBl. 1998 I (658)) bereits bestehenden und in der Praxis bewährten Rücknahmestrukturen (vgl. BT-Drs. 16/12227, 16). Neuerungen enthält das Gesetz insbes. im Hinblick auf die Anzeigepflicht für alle Batteriehersteller sowie die zusätzliche Kennzeichnungspflichten für Batterien; zudem wurden die bereits von der Batterieverordnung vorgesehenen Stoffverbote ausgeweitet.

2   Die jüngsten Änderungen erfuhr das BattG in Umsetzung der RL 2008/98/EG des Europäischen Parlaments und des Rates v. 19.11.2008 über Abfälle und zur Aufhebung bestimmter Richtlinien (ABl. 2008 L 312, 3; 2009 L 127, 24) durch das Gesetz zur Neuordnung des Kreislaufwirtschafts- und Abfallrechts v. 24.2.2012 (BGBl. I (1474)), das den Zweck verfolgt, die Kreislaufwirtschaft zur Schonung der natürlichen Ressourcen zu fördern und den Schutz von Mensch und Umwelt bei der Erzeugung und Bewirtschaftung von Abfällen sicherzustellen (BGBl. I 212 (213)), sowie durch das Erste Gesetz zur Änderung des Batteriegesetzes und des Kreislaufwirtschaftsgesetzes v. 20.11.2015 (BGBl. I 2071 ff.).

3   § 22 enthält mehrere **Ordnungswidrigkeitentatbestände,** die sicherstellen sollen, dass die Ge- und Verbote dieses Gesetzes auch eingehalten werden. Anders als der überwiegende Teil des BattG trat diese Bußgeldvorschrift erst am 1.3.2010 in Kraft, Art. 3 Abs. 2 des Gesetzes zur Neuregelung der abfallrechtlichen Produktverantwortung für Batterien und Akkumulatoren v. 25.6.2009 (BGBl. I 1582 (1591) – und nicht bereits am 1.12.2009, vgl. Art. 3 Abs. 1 des Gesetzes zur Neuregelung der abfallrechtlichen Produktverantwortung für Batterien und Akkumulatoren v. 25.6.2009 – BGBl. I 1582 (1591)). Geändert wurde auch diese Regelung zuletzt mit dem Ersten Gesetz zur Änderung des Batteriegesetzes und des Kreislaufwirtschaftsgesetzes v. 20.11.2015 (BGBl. I 2071 (2072); → Rn. 2). § 22 bestimmt, in welchen Fällen ein Verstoß gegen die Regelungen des BattG eine Ordnungswidrigkeit darstellt. Bei dieser Vorschrift handelt es sich um eine **blankettartige Norm** (zum Begriff der Blankettnorm BGHSt 28, 213 (215) mwN), da sie bei der Tatbestandsbeschreibung auf andere Vorschriften des BattG verweist und sich ihr Tatbestand somit erst aus einer Gesamtschau mit den entsprechenden ausfüllenden Vorschriften ergibt. § 22 wird dabei dem Bestimmtheitsgebot des Art. 103 Abs. 2 GG (BVerfGE 37, 201 (208 f.); BGH NStZ 1982, 206) gerecht, da durch die Verweisung auf die in Betracht kommenden Ausfüllungsvorschriften die Voraussetzungen der Bußgeldbewehrung hinreichend deutlich gemacht werden.

B. Die Ordnungswidrigkeiten des § 22 Abs. 1

4   Die Vorschrift des § 22 Abs. 1 regelt, welche Pflichtverstöße gegen die Vorgaben des BattG eine Ordnungswidrigkeit darstellen.

I. Objektiver Tatbestand

5   **1. Verstoß gegen die Verkehrsverbote der §§ 3 Abs. 1 u. 2–22 Abs. 1 Nr. 1.** Der Ordnungswidrigkeitentatbestand des § 22 Abs. 1 **Nr. 1** ahndet vorsätzliche oder fahrlässige Verstöße gegen die **Verkehrsverbote** des **§ 3 Abs. 1 S. 1** und Abs. 2 S. 1. Diese Vorschrift enthält in Abs. 1 ein Verkehrsverbot für Batterien mit einem **Quecksilberanteil** von mehr als 0,0005 Gewichtsprozent sowie eine Ausnahme für Knopfzellen; Abs. 2 regelt ein Verkehrsverbot für Geräte-Batterien mit einem **Cadmiumanteil** von mehr als 0,002 Gewichtsprozent sowie eine Ausnahme für bestimmte Gerätebatterien und Geräteakkumulatoren, die für den Einsatz in Not- und Alarmsystemen, Notbeleuchtungen, medizinischer Ausrüstung oder schnurlose Elektrowerkzeugen iSv § 2 Abs. 8 bestimmt sind. Maßgeblich ist dabei jeweils der tatsächliche Schwermetallgehalt, also die Summe aus dem in den Ausgangsstoffen bereits enthaltenen und dem aus technischen Gründen zusätzlich beigefügten Quecksilber bzw. Cadmium (BT-Drs. 16/12227, 25).

2. Verstoß gegen das Verkehrsverbot der §§ 3 Abs. 3–22 Abs. 1 Nr. 2. Nach § 22 Abs. 1 **Nr. 2** **6** handelt ordnungswidrig, wer entgegen **§ 3 Abs. 3** Batterien in Verkehr bringt. § 3 Abs. 3 beschränkt den Zugang zum deutschen Markt auf Hersteller, die ihr beabsichtigtes Inverkehrbringen von Batterien ggü. der zuständigen Behörde ordnungsgemäß angezeigt (§ 4 Abs. 1 S. 1) und Vorkehrungen für die Rücknahme von Altbatterien getroffen haben (§ 5). Für die Hersteller von Gerätebatterien bedeutet Letzteres die Teilnahme am Gemeinsamen (§ 6) oder die Einrichtung eines herstellereigenen (§ 7) Rücknahmesystems, für die Hersteller von Fahrzeug- oder Industriebatterien das Angebot einer konkreten Rückgabemöglichkeit (§ 8 – vgl. BT-Drs. 16/12227, 25). Erst wenn diese Anforderungen des § 3 Abs. 3 erfüllt sind, ist das Inverkehrbringen von Batterien gestattet.

3. Unzulässiges Anbieten, § 22 Abs. 1 Nr. 3 und 3a. Nach § 22 Abs. 1 **Nr. 3 und 3a** handelt **7** ordnungswidrig, wer entgegen **§ 3 Abs. 4** Batterien **anbietet.** § 22 Abs. 1 Nr. 3 sanktioniert das Anbieten von Batterien ohne Schaffung einer Rückgabemöglichkeit für Altbatterien, § 3 Abs. 4 S. 1. § 3 Abs. 4 S. 2 untersagt es den Vertreibern, Batterien anzubieten, die von ihren jeweiligen Herstellern entgegen § 4 Abs. 1 S. 1 nicht oder nicht ordnungsgemäß angezeigt wurden. Bislang konnten nach § 4 Abs. 1 S. 1 iVm § 2 Abs. 15 S. 2 BattG aF Vertreiber, die Batterien nicht oder nicht ordnungsgemäß angezeigter Hersteller weitervertrieben, nur bei konkretem Nachweis des Inverkehrbringens dieser Batterien – also bei der tatsächlich erfolgten Abgabe an Dritte – nach § 22 Abs. 1 Nr. 2 zur Verantwortung gezogen werden. Ein entsprechender Nachweis konnte durch die zuständige Vollzugsbehörde aber regelmäßig nur mit unverhältnismäßigem Aufwand (etwa durch Testkäufe) geführt werden. Diese Gesetzeslücke wurde durch die Neufassung des § 22 Abs. 1 Nr. 3 insoweit geschlossen als nunmehr der Nachweis des Anbietens solcher Batterien für eine Verfolgung ausreicht (BR-Drs. 216/11, 259 (260)).

4. Verstoß gegen die Anzeigepflicht der §§ 4 Abs. 1 S. 1–22 Abs. 1 Nr. 4. Der mit dem Gesetz **8** zur Neuordnung des Kreislaufwirtschafts- und Abfallrechts v. 24.2.2012 (BGBl. I 1474; → Rn. 2 f.) neu eingeführte Bußgeldtatbestand des § 22 Abs. 1 **Nr. 4** ergänzt den Katalog der im BattG bußgeldbewehrten Tatbestände um Verstöße gegen § 4 Abs. 1 S. 1 (BR-Drs. 216/11, 260). Nach § 22 Abs. 1 Nr. 4 stellt die vorsätzliche oder fahrlässige Verletzung der dem Hersteller gem. § 4 Abs. 1 S. 1 obliegenden Anzeigepflicht eine Ordnungswidrigkeit dar. **§ 4 Abs. 1 S. 1** verpflichtet jeden Hersteller, seine Marktteilnahme auf dem Gebiet der Bundesrepublik Deutschland ggü. dem Umweltbundesamt unter Angabe der durch Rechtsverordnung nach § 20 Nr. 1 festgelegten Daten anzuzeigen, bevor er Batterien in Verkehr bringt. Die Anzeige hat elektronisch über die Internetseite des Umweltbundesamtes zu erfolgen (§ 4 Abs. 1 S. 3); die Papierform ist grds. nicht zugelassen. Zur Erfüllung dieser Anzeigepflicht können sich die Hersteller der Dienste Dritter bedienen (§ 19).

Das Umweltbundesamt nimmt die Anzeige entgegen, speichert sie und übermittelt dem anzeigenden **9** Hersteller eine Bestätigung über den erfolgten Zugang. Die gespeicherten Angaben sind in die Bestätigung aufzunehmen. Der Bestätigung kommt im Hinblick auf den Marktzugang keine eigenständige rechtliche Bedeutung zu; **maßgeblich ist allein die Anzeige des Herstellers** (vgl. BT-Drs. 16/12227, 26).

Die **Tathandlung** des § 22 Abs. 1 Nr. 4 besteht in der nicht, nicht richtigen, nicht vollständigen **10** oder nicht rechtzeitigen Anzeige iSv § 4 Abs. 1 S. 1. **Nicht angezeigt** ist die Marktteilnahme, wenn sie dem Umweltbundesamt nicht zugeht. Bei dieser Tatform handelt es sich um ein echtes **Unterlassungsdelikt. Unrichtig** ist die Anzeige, wenn sie ihrem Inhalt nach nicht mit der Wirklichkeit übereinstimmt. **Unvollständigkeit** liegt vor, wenn die Anzeige nicht alle Tatsachen enthält, die das Gesetz oder eine auf ihm beruhende Rechtsverordnung verlangen. An der **Rechtzeitigkeit** fehlt es, wenn der Hersteller die erforderliche Anzeige nicht unverzüglich, also mit schuldhaftem Zögern macht.

5. Verstoß gegen die Mitteilungspflicht der §§ 4 Abs. 1 S. 2–22 Abs. 1 Nr. 5. Der Bußgeldtat- **11** bestand des § 22 Abs. 1 **Nr. 5** ahndet die vorsätzliche oder fahrlässige **Verletzung** der dem **Hersteller** gem. **§ 4 Abs. 1 S. 2** obliegenden **Mitteilungspflicht.** Danach ist jeder Hersteller verpflichtet, Änderungen der Daten, die er nach § 4 Abs. 1 S. 1 vor dem Inverkehrbringen von Batterien in der Bundesrepublik Deutschland angezeigt hat (→ Rn. 8, 9), sowie die dauerhafte Aufgabe des Inverkehrbringens dem Umweltbundesamt unverzüglich mitzuteilen. Die Mitteilung hat elektronisch über die Internetseite des Umweltbundesamtes zu erfolgen (§ 4 Abs. 1 S. 3); die Papierform ist grds. nicht zugelassen. Zur Erfüllung dieser Mitteilungspflicht können sich die Hersteller der Dienste Dritter bedienen (§ 19).

Die **Tathandlung** des § 22 Abs. 1 Nr. 5 besteht in der nicht, nicht richtigen, nicht vollständigen **12** oder nicht rechtzeitigen Mitteilung iSv § 4 Abs. 1 S. 2. **Nicht mitgeteilt** sind die erforderlichen Informationen, wenn sie dem Umweltbundesamt nicht zugehen. Bei dieser Tatform handelt es sich um ein echtes **Unterlassungsdelikt. Unrichtig** ist die Mitteilung, wenn sie ihrem Inhalt nach nicht mit der Wirklichkeit übereinstimmt. **Unvollständigkeit** liegt vor, wenn die Mitteilung nicht alle Tatsachen enthält, die das Gesetz oder eine auf ihm beruhende Rechtsverordnung verlangen. An der **Rechtzeitigkeit** fehlt es, wenn der Hersteller die erforderliche Mitteilung nicht unverzüglich, also mit schuldhaftem Zögern macht.

13   **6. Verstoß gegen die Verwertungsverpflichtung der §§ 5–22 Abs. 1 Nr. 6.** Nach § 22 Abs. 1 **Nr. 6** begeht eine Ordnungswidrigkeit, wer vorsätzlich oder fahrlässig entgegen § 5 Abs. 1 iVm § 14 Abs. 1 S. 1 oder S. 2 – jeweils auch iVm § 5 Abs. 2 – dort genannten Altbatterien **nicht, nicht richtig oder nicht vollständig verwertet.** § 5 Abs. 1 regelt die Grundpflicht der **Hersteller** zur Rücknahme und zur ordnungsgemäßen Verwertung der bei den Vertreibern zurückgenommenen Altbatterien und der von öffentlich-rechtlichen Entsorgungsträgern gesammelten Geräte-Altbatterien. Während die Rücknahmepflicht über § 3 Abs. 3 bußgeldbewehrt ist (→ Rn. 6), wird die Verwertungspflicht eigenständig gem. § 22 Abs. 1 Nr. 6 geahndet. Die Anforderungen an die ordnungsgemäße, gemeinwohlverträgliche Verwertung von Altbatterien werden dabei von § 14 Abs. 1 geregelt. Maßgeblich ist hierbei der Stand der Technik im Sinne der besten, in der Praxis im industriellen Maßstab verfügbaren Verfahren. Insbes. sind die durch Rechtsverordnung nach § 20 Nr. 2 festgelegten Mindestanforderungen an die Verwertung sowie die dort vorgegebenen Verwertungseffizienzen zu beachten (vgl. dazu BT-Drs. 16/12227, 30 mit näheren Ausführungen).

14   § 5 Abs. 2 erstreckt diese Verpflichtung der Hersteller auf Altbatterien, die bei der Behandlung von Altgeräten nach dem ElektroG oder bei der Behandlung von Altfahrzeugen nach der AltfahrzeugV in den dafür jeweils vorgesehenen Behandlungsanlagen anfallen. Diese Vorschrift regelt mithin die Schnittstelle zwischen den Rücknahmesystemen für Altgeräte bzw. Altfahrzeuge und den Rücknahmesystemen für Altbatterien. Die in Altgeräten und Altfahrzeugen eingebauten Altbatterien unterliegen bis zum Ausbau in der Behandlungseinrichtung der Produktverantwortung der Geräte- und Fahrzeughersteller und gehen mit dem Ausbau in die Produktverantwortung der Batteriehersteller über (vgl. BT-Drs. 16/12227, 27).

15   **7. Verstoß gegen die Beseitigungspflicht, § 22 Abs. 1 Nr. 7.** § 22 Abs. 1 **Nr. 7** bewehrt die **Beseitigungspflicht** des § 5 Abs. 1 S. 2 – auch iVm § 5 Abs. 2 – mit einem Bußgeld. Nach § 5 Abs. 1 S. 2 sind die Hersteller zur ordnungsgemäßen Beseitigung (§ 14) nicht verwertbarer Altbatterien verpflichtet. Ebenso wie bei der Verwertungsverpflichtung (→ Rn. 13 f.) erstreckt § 5 Abs. 2 diese Beseitigungsverpflichtung der Hersteller auf Altbatterien, die bei der Behandlung von Altgeräten nach dem ElektroG oder bei der Behandlung von Altfahrzeugen nach der AltfahrzeugV in den dafür jeweils vorgesehenen Behandlungsanlagen anfallen.

16   **8. Verstoß gegen die Pflicht zur Bereitstellung von Informationen, § 22 Abs. 1 Nr. 8.** § 22 Abs. 1 **Nr. 8** ahndet diejenigen am Gemeinsamen Rücknahmesystem (§ 6) für Geräte-Altbatterien teilnehmenden Hersteller, die ihrer Pflicht zur **Bereitstellung der Informationen,** die das Gemeinsame Rücknahmesystem für die Erfüllung der im Rahmen der Erfolgskontrolle bestehenden Berichtspflichten nach § 15 Abs. 1 benötigt, nicht, nicht richtig, nicht vollständig oder nicht rechtzeitig nachkommen. Die Hersteller haben diese Informationen **auf Verlangen** zur Verfügung zu stellen, § 6 **Abs. 1 S. 2.** Der Bußgeldtatbestand des § 22 Abs. 1 Nr. 8 setzt damit voraus, dass das Gemeinsame Rücknahmesystem das jeweilige Verlangen ggü. dem teilnehmenden Hersteller geltend gemacht hat. Dieses Handeln stellt keinen Verwaltungsakt dar und muss deshalb nicht vollziehbar sein. Eine unrichtige, unvollständige oder nicht rechtzeitige Auskunft, die ohne entsprechendes Verlangen des Gemeinsamen Rücknahmesystems erteilt wurde, ist demnach nicht tatbestandsmäßig.

17   **Nicht bereitgestellt** sind diese Informationen, wenn sie dem Gemeinsamen Rücknahmesystem nicht zugehen. Bei dieser Tatform handelt es sich um ein echtes **Unterlassungsdelikt. Unrichtig** sind die bereitgestellten Informationen, wenn sie ihrem Inhalt nach nicht mit der Wirklichkeit übereinstimmen. **Unvollständigkeit** liegt vor, wenn die zur Verfügung gestellten Informationen nicht alle Tatsachen enthalten, die das Gesetz oder eine auf ihm beruhende Rechtsverordnung verlangt.

18   **9. Zuwiderhandlungen gegen die Anzeigepflicht der §§ 6 Abs. 1 S. 3–22 Abs. 1 Nr. 9.** Ordnungswidrig iSd § 22 Abs. 1 **Nr. 9** handelt, wer der **Anzeigepflicht** des § 6 Abs. 1 S. 3 nicht, nicht richtig, nicht vollständig oder nicht rechtzeitig nachkommt. § 6 Abs. 1 S. 3 verpflichtet Hersteller, die aus dem Gemeinsamen Rücknahmesystem austreten, dies der für die Genehmigung herstellereigener Rücknahmesysteme zuständigen Landesbehörde (§ 7 Abs. 1) unverzüglich, sprich ohne schuldhaftes Zögern, anzuzeigen. Dies muss schriftlich erfolgen (vgl. BT-Drs. 16/12227, 27).

19   **10. Verstoß gegen die Pflicht zur Bereitstellung von Geräte-Altbatterien, § 22 Abs. 1 Nr. 10.** Der Bußgeldtatbestand des § 22 Abs. 1 **Nr. 10** erfasst Zuwiderhandlungen gegen die Pflicht zur Bereitstellung von Geräte-Altbatterien. Zum einen verpflichtet § 9 Abs. 2 S. 1 die Vertreiber, nach § 9 Abs. 1 zurückgenommene Geräte-Altbatterien dem Gemeinsamen Rücknahmesystem (§ 6) **zur Abholung bereitzustellen.** Zum anderen enthält **§ 12 Abs. 1 und 2** für die Betreiber der dort genannten Behandlungseinrichtungen die Pflicht, anfallende Geräte-Altbatterien dem Gemeinsamen Rücknahmesystem zur Abholung bereitzustellen. Eine Bereitstellungs- oder Überlassungspflicht für Fahrzeug- oder Industrie-Altbatterien besteht hingegen nicht (BT-Drs. 16/12227, 28 (29)).

20   **11. Verbotene Kostenausweisung, § 22 Abs. 1 Nr. 11.** Eine Ordnungswidrigkeit nach § 22 Abs. 1 **Nr. 11** begeht, wer beim Vertrieb neuer Gerätebatterien entgegen § 9 Abs. 4 ggü. dem Endnutzer die dort genannten **Kosten getrennt ausweist.** § 9 Abs. 4 untersagt insofern die getrennte Ausweisung der Kosten für die Rücknahme, Sortierung, Verwertung oder Beseitigung von Geräte-Altbatterien.

12. Zuwiderhandlung gegen die Pfandpflicht für Fahrzeugbatterien, § 22 Abs. 1 Nr. 12. 21
§ 22 Abs. 1 **Nr. 12** qualifiziert Zuwiderhandlungen gegen die **Pfandpflicht für Fahrzeugbatterien** gem. § 10 Abs. 1 S. 1, 2 oder S. 5 zu Ordnungswidrigkeiten. § 10 Abs. 1 beinhaltet unverändert die aus der Batterieverordnung bereits bekannte und bewährte Pfandregelung für Fahrzeugbatterien (BT-Drs. 16/12227, 29). Danach sind Vertreiber, die Fahrzeugbatterien an Endnutzer abgeben, verpflichtet, je Fahrzeugbatterie ein Pfand iHv 7,50 EUR einschließlich Umsatzsteuer zu erheben, wenn der Endnutzer zum Zeitpunkt des Kaufs einer neuen Fahrzeugbatterie keine Fahrzeug-Altbatterie zurückgibt. Bei Rückgabe einer Fahrzeug-Altbatterie ist das Pfand zu erstatten.

13. Verbotene Beseitigung von Fahrzeug- oder Industrie-Altbatterien, § 22 Abs. 1 Nr. 13. 22
Gem. § 22 Abs. 1 **Nr. 13** ist die Zuwiderhandlung gegen das Beseitigungsverbot des § 14 Abs. 2 S. 1 bußgeldbewehrt. Danach ist die Beseitigung von Fahrzeug- und Industrie-Altbatterien durch Verbrennung oder Deponierung untersagt.

14. Verstoß gegen die Dokumentationsvorlagepflicht, § 22 Abs. 1 Nr. 14. § 22 Abs. 1 **Nr. 14** 23
belegt Verstöße gegen die Pflicht zur **Vorlage der Dokumentation** im Rahmen der Rücknahmesysteme für Altbatterien mit einem Bußgeld. Die Erfolgskontrolle des **Gemeinsamen Rücknahmesystems für Geräte-Altbatterien** (§ 6) ist dabei in § 15 Abs. 1 geregelt. Danach hat das Gemeinsame Rücknahmesystem für Geräte-Altbatterien dem Umweltbundesamt, das mit der Erstellung des Gesamtberichts der Bundesrepublik Deutschland an die Europäische Kommission beauftragt ist, jährlich bis zum 30.4. eine Dokumentation vorzulegen, die Auskunft über die in § 15 Abs. 1 S. 1 Nr. 1–7 aufgezählten Umstände gibt. Daran anknüpfend (mit Ausnahme von § 15 Abs. 1 S. 1 Nr. 7 – auf einen Berichtsteil über die für Rücknahme, Sortierung, Verwertung und Beseitigung jeweils gezahlten Preise wurde hier verzichtet) regelt § 15 **Abs. 2** die Erfolgskontrolle der **herstellereigenen Rücknahmesysteme** für Geräte-Altbatterien (§ 7). Die Erfolgskontrolle für die Rücknahme von **Fahrzeug- und Industrie-Altbatterien** (§ 8) ist schließlich in § 15 **Abs. 3** festgelegt. Wird einer dieser Pflichten zur Vorlage der jeweiligen Dokumentation nicht, nicht richtig, nicht vollständig oder nicht rechtzeitig nachgekommen, so liegt eine Ordnungswidrigkeit iSd § 22 Abs. 1 Nr. 14 vor.

15. Verstoß gegen Kennzeichnungspflichten, § 22 Abs. 1 Nr. 15. Ordnungswidrig iSd § 22 24
Abs. 1 **Nr. 15** handelt derjenige Hersteller, der entgegen § 17 **Abs. 1 S. 1** oder **Abs. 3 S. 1** eine Batterie **nicht, nicht richtig oder nicht rechtzeitig kennzeichnet.** § 17 Abs. 1 sieht die Kennzeichnung von Batterien mit dem Symbol der durchgestrichenen Mülltonne (vgl. Anlage zum BattG) vor, welches den Endnutzer darauf hinweist, dass die Altbatterie einer getrennten Erfassung zuzuführen ist. § 17 Abs. 3 trifft Bestimmungen über die Kennzeichnung von Batterien mit den chemischen Zeichen der Schwermetalle Quecksilber (Hg), Cadmium (Cd) und Blei (Pb), bei denen die jeweilige Batterie bestimmte Grenzwerte überschreitet. Die gebotene Kennzeichnung hat der Hersteller jeweils **vor dem ersten Inverkehrbringen** vorzunehmen. Die **Art und Weise** der Kennzeichnung hat sich dabei nach den Vorgaben des § 17 Abs. 4 u. 5 zu richten bzw. bei § 17 Abs. 3 S. 1 zusätzlich nach denjenigen in § 17 Abs. 3 S. 2 u. 3. Bei dem Verweis in § 22 Abs. 1 Nr. 15 auf § 17 Abs. 1 S. 1 handelt es sich offensichtlich um ein redaktionelles Versehen, nachdem Art. 17 Abs. 1 ausschließlich aus einem Satz besteht.

16. Verstoß gegen die Pflicht zur Kapazitätsangabe, § 22 Abs. 1 Nr. 16. Den Bußgeldtat- 25
bestand des § 22 Abs. 1 **Nr. 16** erfüllt der Hersteller, wenn er entgegen § 17 Abs. 6 eine Fahrzeug- oder Gerätebatterie nicht, nicht richtig, nicht vollständig oder nicht rechtzeitig mit einer **Kapazitätsangabe** versieht. § 17 **Abs. 6** verlangt auch hier, dass diese Kennzeichnung **vor dem ersten Inverkehrbringen** angebracht wird. Die Kapazitätsangabe muss sichtbar, lesbar und unauslöschlich sein. Bezüglich der Bestimmung der Kapazität und der Gestaltung der Kapazitätsangabe sind die durch Rechtsverordnung nach § 20 Nr. 4 festgelegten Vorgaben zu beachten.

17. Verstoß gegen die Hinweispflicht der §§ 18 Abs. 1–22 Abs. 1 Nr. 17. Die Bußgeldvor- 26
schrift des § 22 Abs. 1 **Nr. 17** sanktioniert Verstöße der Vertreiber gegen die ihnen ggü. ihren Kunden bzw. ggü. der Allgemeinheit obliegenden **Hinweispflichten** (vgl. BT-Drs. 16/12227, 31). Geregelt sind diese Hinweispflichten der Vertreiber ggü. ihren Kunden in § 18 **Abs. 1.** Danach sind die Kunden durch gut sicht- und lesbare, im unmittelbaren Sichtbereich des Hauptkundenstroms platzierte Schrift- oder Bildtafeln auf die dort aufgeführten Rückgabe- und Entsorgungsmodalitäten der Batterien hinzuweisen, § 18 Abs. 1 S. 1. Der Verlauf des **Hauptkundenstroms** im Sinne dieser Regelung bestimmt sich durch Bereiche, die der Kunde in der Regel unabhängig von seinen konkreten Einkäufen passieren muss; hierzu zählen insbes. der Eingang, der Kassenbereich und der Ausgang (BT-Drs. 16/12227, 31). § 18 Abs. 1 S. 2 modifiziert diese Vorgaben hinsichtlich der besonderen Situation des **Versandhandels.** Danach muss der Vertreiber bei Abgabe von Batterien an den Endnutzer im Versandhandel die erforderlichen Hinweise entweder in dem vom ihm verwendeten Darstellungsmedium geben oder er hat sie der Warensendung schriftlich beizufügen.

II. Subjektiver Tatbestand

27   Die Ordnungswidrigkeitentatbestände des § 22 Abs. 1 können jeweils vorsätzlich – wobei bedingter Vorsatz genügt – oder fahrlässig begangen werden. **Vorsätzlich** handelt der Täter, wenn er die Tatumstände des jeweiligen Ordnungswidrigkeitentatbestandes – und damit auch der die blankettartige Norm ausfüllenden Vorschrift – im Einzelnen kennt und die Tat unter diesen Umständen begehen will (vgl. Fischer StGB § 15 Rn. 4). Mit **dolus eventualis** handelt, wer lediglich mit der Möglichkeit einer Tatbestandsverwirklichung rechnet, dies aber gleichwohl billigend in Kauf nimmt (vgl. Fischer StGB § 15 Rn. 9 ff.). **Fahrlässigkeit liegt vor,** wenn der Täter die ihm nach den Umständen und seinen persönlichen Fähigkeiten obliegende Sorgfaltspflicht außer Acht lässt und deshalb nicht erkennt oder voraussieht, dass er einzelne Merkmale des jeweiligen objektiven Tatbestandes erfüllt (unbewusste Fahrlässigkeit) oder er zwar mit dieser Möglichkeit rechnet, entgegen dieser Einsicht jedoch pflichtwidrig darauf vertraut, dass es dazu nicht kommen werde (bewusste Fahrlässigkeit).

28   Im Falle eines **Irrtums** des Täters kommt § 11 OWiG zur Anwendung, wonach Tatbestands- und Verbotsirrtum auch im Ordnungswidrigkeitenrecht nach den im Strafrecht entwickelten Grundsätzen zu behandeln sind.

C. Rechtsfolgen

29   Die Ordnungswidrigkeitentatbestände des § 22 Abs. 1 unterliegen den allgemeinen Vorschriften des Gesetzes über Ordnungswidrigkeiten. Ordnungswidrigkeiten werden **von Amts wegen** verfolgt. Sachlich zuständig hierfür ist nach § 36 OWiG grds. die fachlich zuständige oberste Landesbehörde oder die von der Landesregierung durch Rechtsverordnung bestimmte Verwaltungsbehörde. In den Fällen des § 22 Abs. 1 Nr. 2, 3a–5, 8 und 14 ist Verwaltungsbehörde iSd § 36 Abs. 1 Nr. 1 OWiG das Umweltbundesamt, **§ 22 Abs. 3.** Hierbei handelt es sich um Bußgeldtatbestände im Zusammenhang mit der ggü. dem Umweltbundesamt anzuzeigenden Marktteilnahme sowie um Tatbestände, die bestimmte Grundpflichten der Herstellerproduktverantwortung absichern. Im Hinblick auf die Einheitlichkeit des Wirtschaftsraumes Deutschland ist hier ein bundeseinheitlicher Vollzug erforderlich (BT-Drs. 16/12227, 32).

30   Ob die zuständige Behörde eine Ordnungswidrigkeit verfolgt oder nicht, liegt in ihrem pflichtgemäßen **Ermessen,** § 47 Abs. 1 S. 1 OWiG. Aufgrund des geltenden **Opportunitätsprinzips** kann sie sowohl die Ordnungswidrigkeit verfolgen, als auch das Verfahren einstellen. Zu beachten sind dabei jedoch die allgemeinen Grenzen der Ermessensausübung, der Verhältnismäßigkeitsgrundsatz und der Gleichbehandlungsgrundsatz. Dementsprechend ist ein Bußgeldverfahren nur dann anzustreben, wenn eine Gesamtbetrachtung aller Umstände ergibt, dass eine Ahndung des Verwaltungsunrechts wegen des Gewichts der festgestellten Zuwiderhandlung unter Beachtung des Verhältnismäßigkeitsgrundsatzes erforderlich ist. Die zuständige Behörde hat dabei in die gebotene Gesamtabwägung einzustellen, ob die Durchsetzung der durch die Ordnungswidrigkeitsvorschrift geschützten Rechtsordnung nicht einfacher auf andere Art und Weise – etwa durch Zwangsmittel – erreicht werden kann, ob die Aufklärung des Sachverhalts zum äußeren und inneren Tatbestand einen erheblichen Aufwand erfordert oder ob bei einer unklaren Rechtslage die Durchführung eines Bußgeldverfahrens sinnvoll ist. Ermessensfehlerhaft ist beispielsweise, das weitere Betreiben eines Bußgeldverfahrens, wenn feststeht, dass die Tat wegen einer im Gesetzgebungsverfahren befindlichen Gesetzesänderung in absehbarer Zeit nicht mehr als Ordnungswidrigkeit verfolgbar ist oder der Bußgeldtatbestand aufgrund einer EG-RL zugunsten des Betroffenen zu ändern ist.

31   Erlangt die zuständige Behörde im Rahmen des Bußgeldverfahrens Anhaltspunkte für das Vorliegen einer Straftat, so hat sie die Sache gem. § 41 OWiG an die **Staatsanwaltschaft** abzugeben. Verfolgt die Staatsanwaltschaft eine Straftat, die mit einer Ordnungswidrigkeit zusammenhängt, so kann sie ihrerseits die Ordnungswidrigkeit verfolgen. Ist das Ordnungswidrigkeitenverfahren bereits bei Gericht anhängig, so kann es nach pflichtgemäßem Ermessen mit Zustimmung der Staatsanwaltschaft gem. § 47 Abs. 2 OWiG eingestellt werden, wenn die Ahndung der Tat nicht geboten erscheint.

32   Der **Versuch** der Bußgeldtatbestände des § 22 Abs. 1 unterliegt gem. § 13 Abs. 2 OWiG **nicht** der Ahndung.

33   Die **Höhe** des Bußgeldes bestimmt vorliegend **§ 22 Abs. 2.** Danach kann eine Ordnungswidrigkeit nach § 22 Abs. 1 Nr. 1–7, 10, 13 u. 14 mit einem Bußgeld bis zu 100.000 EUR belegt werden (§ 22 Abs. 2 Hs. 1); in den übrigen Fällen des § 22 Abs. 1 ist ein solches iHv bis zu 10.000 EUR vorgesehen (§ 22 Abs. 2 Hs. 2). Der Gesetzgeber hat hier für Verstöße gegen elementare Grundpflichten im Zusammenhang mit der Wahrnehmung der abfallwirtschaftlichen Produktverantwortung durch die jeweils Verpflichteten tendenziell höhere Bußgelder als für Verstöße gegen Kennzeichnungs-, Informations- und sonstige Pflichten vorgesehen (BT-Drs. 16/12227, 32). Grundlage für die Zumessung der Geldbuße sind nach § 17 Abs. 3 OWiG die Bedeutung der Ordnungswidrigkeit und der Vorwurf, der den Täter trifft. Ebenso kommen die wirtschaftlichen Verhältnisse des Täters in Betracht; bei geringfügigen Ordnungswidrigkeiten bleiben sie jedoch in der Regel unberücksichtigt. Außerdem soll nach § 17 Abs. 4 S. 1 OWiG die Geldbuße den wirtschaftlichen Vorteil übersteigen, den der Täter aus der

Ordnungswidrigkeit gezogen hat. In Fällen, in denen das gesetzliche Höchstmaß hierzu nicht ausreicht, kann es gem. § 17 Abs. 4 S. 2 OWiG überschritten werden.

§ 22 Abs. 4 weist die in den Tatbeständen nach § 22 Abs. 3 im gerichtlichen Verfahren verwirkten **34** Bußgelder sowie die Geldbeträge, deren Verfall das Gericht angeordnet hat, der **Bundeskasse** zu. Angesichts des wesentlich beim Umweltbundesamt anfallenden Sach- und Personalaufwandes im Zusammenhang mit der Verfolgung der Ordnungswidrigkeiten nach § 22 Abs. 3 und der regelmäßig in ganz besonderer Weise auf die vorbereitende Sacharbeit des Umweltbundesamtes aufbauenden Entscheidungsfindung des zuständigen Gerichts ist es sachgerecht, dass die Geldbuße – unabhängig von einer behördlichen oder gerichtlichen Festsetzung – und die Geldbeträge, deren Verfall das Gericht angeordnet hat, in diesen Fällen der Bundeskasse zufließen. Entsprechend trägt die Bundeskasse auch etwaige vom Gericht der Behördenseite auferlegte Kosten (BT-Drs. 16/12227, 32).

Für die **Verfolgungsverjährung** gelten die Vorschriften der §§ 31 ff. OWiG.   **35**

180. Gesetz über die Sicherung der Bauforderungen (Bauforderungssicherungsgesetz – BauFordSiG)

Vom 1. Juni 1909 (RGBl. I S. 449) BGBl. III/FNA 213-2

Zuletzt geändert durch Art. 1 ÄndG vom 29.7.2009 (BGBl. I S. 2436)

§ 1 [Verwendung von Baugeld; Begriff des Baugeldes]

(1) [1]Der Empfänger von Baugeld ist verpflichtet, das Baugeld zur Befriedigung solcher Personen, die an der Herstellung oder dem Umbau des Baues auf Grund eines Werk-, Dienst- oder Kaufvertrags beteiligt sind, zu verwenden. [2]Eine anderweitige Verwendung des Baugeldes ist bis zu dem Betrag statthaft, in welchem der Empfänger aus anderen Mitteln Gläubiger der bezeichneten Art bereits befriedigt hat. [3]Die Verpflichtung nach Satz 1 hat auch zu erfüllen, wer als Baubetreuer bei der Betreuung des Bauvorhabens zur Verfügung über die Finanzierungsmittel des Bestellers ermächtigt ist.

(2) Ist der Empfänger selbst an der Herstellung oder dem Umbau beteiligt, so darf er das Baugeld in Höhe des angemessenen Wertes der von ihm erbrachten Leistungen für sich behalten.

(3) [1]Baugeld sind Geldbeträge,

1. die zum Zweck der Bestreitung der Kosten eines Baues oder Umbaues in der Weise gewährt werden, dass zur Sicherung der Ansprüche des Geldgebers eine Hypothek oder Grundschuld an dem zu bebauenden Grundstück dient oder die Übertragung eines Eigentums an dem Grundstück erst nach gänzlicher oder teilweiser Herstellung des Baues oder Umbaues erfolgen soll, oder
2. die der Empfänger von einem Dritten für eine im Zusammenhang mit der Herstellung des Baues oder Umbaues stehende Leistung, die der Empfänger dem Dritten versprochen hat, erhalten hat, wenn an dieser Leistung andere Unternehmer (§ 14 des Bürgerlichen Gesetzbuchs) auf Grund eines Werk-, Dienst- oder Kaufvertrags beteiligt waren.

[2]Beträge, die zum Zweck der Bestreitung der Kosten eines Baues oder Umbaues gewährt werden, sind insbesondere Abschlagszahlungen und solche, deren Auszahlung ohne nähere Bestimmung des Zweckes der Verwendung nach Maßgabe des Fortschrittes des Baues oder Umbaues erfolgen soll.

(4) Ist die Baugeldeigenschaft oder die Verwendung des Baugeldes streitig, so trifft die Beweislast den Empfänger.

§ 2 [Strafvorschriften]

Baugeldempfänger, welche ihre Zahlungen eingestellt haben oder über deren Vermögen das Insolvenzverfahren eröffnet worden ist und deren in § 1 Abs. 1 bezeichnete Gläubiger zur Zeit der Zahlungseinstellung oder der Eröffnung des Insolvenzverfahrens benachteiligt sind, werden mit Freiheitsstrafe bis zu fünf Jahren oder Geldstrafe bestraft, wenn sie zum Nachteil der bezeichneten Gläubiger den Vorschriften des § 1 zuwidergehandelt haben.

A. Allgemeines

1   § 2 ist die inhaltsgleiche Nachfolgeregelung zu § 5 GSB, die mit dem Forderungssicherungsgesetz v. 23.10.2008 geschaffen wurde und zum 1.1.2009 in Kraft trat; das Änderungsgesetz v. 29.7.2009, in Kraft getreten am 4.8.2009, enthielt zwar lediglich Modifikationen des § 1, betraf damit aber mittelbar auch die Blankettvorschrift des § 2, die bei der Bestimmung der tatbestandsmäßigen Pflichtwidrigkeit in vollem Umfang auf die Vorgaben des § 1 verweist. Wie schon § 5 GSB, mit dem zusammen er auf eine einhundertjährige Geltungsdauer zurückblicken kann, führt auch § 2 in der Praxis der Strafverfolgung ein Schattendasein (MüKoStGB/*Wegner* Rn. 5); er findet sein Anwendungsfeld überwiegend in Zivilprozessen, in denen er iVm § 823 Abs. 2 BGB dem klagenden Bauhandwerker eine Anspruchsgrundlage für den Ersatz entgangener Vergütung bietet (*Schulze-Hagen* NJW 1986, 2403; *Wegner* HRRS 2009, 37).

2   Das GSB (heute abgekürzt als BauFordSiG bezeichnet) war ursprünglich eine Reaktion des Gesetzgebers auf die unsoliden wirtschaftlichen Verhältnisse im Baugewerbe des sog Gründerzeit des ausgehenden 19. Jahrhunderts (*Schulze-Hagen* NJW 1986, 2403), die besonders den Bauhandwerker hart trafen. Denn dieser war zwar einerseits vorleistungspflichtig, konnte sich andererseits aber weder auf ein gesetzliches Pfandrecht berufen noch das Sicherungsmittel des Eigentumsvorbehalts einsetzen, da er das

Eigentum an den Baumaterialien aufgrund ihrer Verbindung mit dem Grundstück verlor (s. § 946 BGB), so dass es ihm häufig unmöglich war, seine Werklohnforderungen durchzusetzen. Dem sollte jedenfalls in solchen Fällen ein strafbewehrter Riegel vorgeschoben werden, in denen dem Auftraggeber die notwendigen Mittel zur Bezahlung der Bauhandwerker ursprünglich zur Verfügung gestanden hatten, in der Folgezeit aber zweckwidrig verwendet worden waren. Angesichts dieser Intention des historischen Gesetzgebers ist das Rechtsgut des § 2 im Schutz des Gläubigers des Baugeldempfängers vor Beeinträchtigungen durch zweckwidrige Mittelverwendung zu sehen und damit demjenigen der Insolvenzdelikte der §§ 283 ff. StGB (→ Vorb. StGB §§ 283–283d Rn. 1) sehr ähnlich. Hier wie dort beschränkt es sich auf die individuellen Vermögensinteressen der betroffenen Gläubiger und besteht nicht auch in Allgemeininteressen wie etwa dem Funktionieren der Bauwirtschaft (für das ein im Vergleich zu anderen Wirtschaftszweigen erhöhtes strafrechtliches Schutzbedürfnis auch gar nicht ersichtlich ist) oder des Warenkreditsystems als solchem (in → Vorb. StGB §§ 283–283d Rn. 1 geäußerte Kritik an einem Schutz der Kreditwirtschaft gilt sinngemäß auch hier). Die Verwandtschaft der Rechtsgüter erklärt auch die – letztlich wieder verworfenen – Pläne des Reformgesetzgebers, die Strafvorschrift des § 5 GSB nF als § 283e StGB in den 24. Abschnitt des StGB zu integrieren (*Wegner* HRRS 2009, 37).

§ 2 statuiert ein echtes Sonderdelikt, als dessen Täter nur der Baugeldempfänger in Betracht kommt **3** (MüKoStGB/*Wegner* Rn. 8 u. 40). Soweit es sich bei diesem nicht um eine natürliche Person handelt und er daher nicht selbst strafrechtlich verantwortlich sein kann, ermöglicht § 14 StGB die Zurechnung seiner Sonderqualität auf die für ihn tätigen Organe, Vertreter und Beauftragten. Diese Zurechnung folgt denselben Regeln wie diejenige der Schuldnerstellung bei den §§ 283 ff. StGB, weshalb bzgl. der Einzelfragen, einschließlich der Behandlung faktischer Organe, Strohleute und Hintermänner, auf die Erläuterungen → Vorb. StGB §§ 283–283d Rn. 12–18 verwiesen werden kann.

Nach wohl einhelliger und zutreffender Auffassung enthält der Relativsatz im Tatbestand des § 2 („... **4** welche ... benachteiligt sind") sog objektive Bedingungen der Strafbarkeit, die nicht vom Vorsatz des Täters umfasst zu sein brauchen (MüKoStGB/*Wegner* Rn. 34; Stammkötter Einl. Rn. 27 ff.). Der Eintritt eines aktuellen Nachteils bei den Baugeldgläubigern ist nicht nur objektive Strafbarkeitsbedingung, sondern daneben auch echtes Tatbestandsmerkmal (→ Rn. 17), weshalb es sich bei § 2 um ein Erfolgsdelikt handelt.

B. Objektiver Tatbestand

I. Baugeldempfänger

1. Baugeld. Der für § 2 maßgebliche Begriff des Baugeldes ist in § 1 Abs. 3 S. 1 Nr. 1 u. 2 legalde- **5** finiert. Gem. § 1 Abs. 3 S. 1 Nr. 1 liegt Baugeld vor, wenn Geldbeträge zur Bestreitung der Kosten eines Baues oder Umbaues darlehensweise gewährt werden und deren Rückzahlung dabei durch ein Grundpfandrecht an dem zu bebauenden Grundstück oder eine auf die gänzliche oder teilweise Herstellung des Bauwerks aufschiebend bedingte Übereignung dieses Grundstücks gesichert ist. § 1 Abs. 3 S. 1 Nr. 2 bezieht auch solche Geldbeträge in den Baugeldbegriff ein, die der Empfänger für eine von ihm versprochene Leistung im Zusammenhang mit der Herstellung eines Baues oder Umbaues von einem Dritten erhalten hat, sofern an der versprochenen Leistung auch andere Unternehmer aufgrund eines Werk-, Dienst- oder Kaufvertrages beteiligt waren. Es handelt sich damit aus der Sicht des Baugeldempfängers stets um Fremdmittel (missverständlich MüKoStGB/*Wegner* Rn. 25, der von Eigenmitteln spricht, dabei aber wohl solche des Bauherrn, nicht des Baugeldempfängers meint); eigene Gelder des Baugeldempfängers fallen nicht unter § 1 Abs. 3 S. 1 und damit auch nicht unter den Tatbestand des § 2. Die gem. § 1 Abs. 3 S. 1 Nr. 1 u. 2 erforderliche Zweckvereinbarung („... zum Zweck der Bestreitung der Kosten ..." bzw. „für ... eine Leistung ...") kann ausdrücklich oder konkludent (MüKoStGB/*Wegner* Rn. 26) getroffen werden und muss spätestens im Zeitpunkt der Geldverwendung durch den Empfänger, jedoch nicht zwingend auch schon beim Abschluss des Darlehensvertrages oder dem Erhalt des Geldes vorliegen; eine nachträgliche Zweckabrede ist unbeachtlich. Zu beachten ist hingegen eine einseitige Zweckbestimmung durch den Darlehensgeber, soweit diese zivilrechtlich wirksam ist, sowie auch die gesetzliche Zweckvermutung für Abschlagszahlungen und Zahlungen nach Baufortschritt gem. § 1 Abs. 3 S. 2 (aA für letztere MüKoStGB/*Wegner* Rn. 29: strafrechtlich unbedeutend). Die Darlehensgewährung dient nicht der Bestreitung der Baukosten, soweit damit baufremde Leistungen wie zB Notar- oder Verwaltungsgebühren, Steuern, Maklercourtage (MüKoStGB/*Wegner* Rn. 26), rein grundstücksbezogene Tätigkeiten wie Tiefbau- oder Kanalisationsarbeiten (BGH NJW 2001, 3187; MüKoStGB/*Wegner* Rn. 27; *Lemme* wistra 1998, 41) oder Betriebsmittel des Darlehensempfängers (BGH NZBau 2001, 445; BGH BauR 1990, 630) finanziert werden sollen. Den Parteien des Darlehensvertrages steht es im Rahmen ihrer Privatautonomie frei, eine gemischte Zweckvereinbarung zu schließen, die nur einen Teil der gewährten Gelder zu Baugeld macht. In diesen Fällen bezieht sich die Strafdrohung des § 2 nur auf die Verwendung des Baugeldanteils; im Strafverfahren ist sowohl diese Verwendung wie auch die Baugeldeigenschaft selbst von Amts wegen zu ermitteln. Die Beweislastregel des § 1 Abs. 4 gilt nicht (MüKoStGB/*Wegner* Rn. 26). Gelder aus

Bausparverträgen (*Schmidt* BauR 2001, 150) und öffentliche Fördermittel, die in Form verlorener Zuschüsse gewährt werden (BGH BauR 2000, 1505; MüKoStGB/*Wegner* Rn. 27; Stammkötter § 1 Rn. 10; aA *Bruns* BauR 2000, 1814), sind keine Baugelder.

6   Ebenso wie die Zweckabrede muss auch das Grundpfandrecht spätestens bei Verwendung der Gelder durch den Empfänger wirksam bestellt, also auch im Grundbuch eingetragen sein; eine frühere Bestellung ist nicht zwingend erforderlich (einschränkend BGH BauR 1991, 237; OLG Dresden BauR 2002, 486; *Hartmann* NWB 2000, 3511: mindestens schuldrechtliche Sicherungsabrede bei Darlehensauszahlung), eine spätere ist unbeachtlich. Ausreichend ist auch ein Grundpfandrecht an einem Erbbaurecht am zu bebauenden Grundstück (BGH BauR 1990, 241).

7   Nach den Definitionen des § 1 Abs. 3 S. 1 Nr. 1 u. 2 ist für das Entstehen der Baugeldeigenschaft nicht nur die Zweckabrede (§ 1 Abs. 3 S. 1 Nr. 1 u. 2) und Grundpfandrechtsbestellung (§ 1 Abs. 3 S. 1 Nr. 1), sondern darüber hinaus auch der Realakt der Ausreichung der Gelder („gewährt werden …" bzw. „erhalten hat …") erforderlich (aA die hM; MüKoStGB/*Wegner* Rn. 30; Stammkötter GSB § 1 Rn. 209). Fehlt es an letzterem, liegt schon kein Baugeld vor (aA die eben zitierte hM, die aber in diesen Fällen den Empfang von Baugeld verneint und daher letztlich zu denselben Ergebnissen gelangt), das zweckwidrig verwendet werden könnte; daher macht sich nicht gem. § 2 strafbar, wer zB lediglich Zahlungsansprüche an Dritte abtritt und dabei die Verwendungspflichten des § 1 missachtet. Fallen Zweckabrede, Grundpfandrechtsbestellung und Ausreichung der Gelder zeitlich auseinander, entsteht die Baugeldeigenschaft erst mit dem letzten der jeweils erforderlichen Teilakte; ist die Zweckabrede und/oder die Grundpfandrechtsbestellung nichtig, entsteht die Baugeldeigenschaft niemals (MüKoStGB/*Wegner* Rn. 31; *Lemme* wistra 1998, 44; aA Stammkötter GSB § 1 Rn. 224); bei bloßer Anfechtbarkeit entfällt sie erst mit der wirksamen Anfechtungserklärung und auch dann nur ex-nunc (Greeve/Leipold BaustrafR-HdB/*Busch* § 49 Rn. 40; aA MüKoStGB/*Wegner* Rn. 31: ex-tunc), da ein rückwirkender Wegfall zunächst erfüllter Tatbestandsvoraussetzungen im Strafrecht stets unbeachtlich ist. Ebenfalls ex nunc entfällt die Baugeldeigenschaft bei Abänderung oder Aufhebung der Zweckabrede oder der Grundpfandrechtsbestellung, beim endgültigen Scheitern des Bauvorhabens (Greeve/Leipold BaustrafR-HdB/*Busch* § 49 Rn. 39), bei der Vereinigung von Geldgeber und -empfänger (zB durch Erbschaft oder Fusion), bei der Entstehung von Gegenansprüchen (zB auf Gewährleistung oder Schadensersatz) des Baugeldempfängers gegen den Baugeldgläubiger (*Lemme* wistra 1998, 41) sowie schließlich auch mit der vollständigen Befriedigung sämtliche Baugeldgläubiger (zum Ganzen auch MüKoStGB/*Wegner* Rn. 31).

8   **2. Empfänger von Baugeld.** Baugeldempfänger iSd § 2 ist jeder, der die tatsächliche und rechtliche Verfügungsgewalt (MüKoStGB/*Wegner* Rn. 30) über die in § 1 Abs. 3 S. 1 Nr. 1 u. 2 genannten Gelder erhält, die uU auch in der Möglichkeit des Ausnutzens eines Kontokorrentrahmens bestehen kann (BGH BauR 1990, 244; einschränkend MüKoStGB/*Wegner* Rn. 16: nur wenn weiteres Geld zu erwarten ist, mit dem das Debet ausgeglichen werden soll). Dies kann neben dem Bauherrn selbst auch eine andere Person sein, die in die Herstellung des Baues oder Umbaues eingebunden ist und entweder selbst Baugeld erhält oder treuhänderisch über solches verfügen kann (BGHZ 143, 301; MüKoStGB/*Wegner* Rn. 9; Greeve/Leipold BauStrafR-HdB/*Busch* § 49 Rn. 42 ff.). In Betracht kommen hierfür insbes. Bauträger (BGH NZBau 2000, 129; OLG Bamberg NJW-RR 2003, 960), Generalunternehmer (BGH BauR 1991, 237; OLG Celle BauR 2002, 1869; OLG Hamburg BauR 2003, 1058), Generalübernehmer, sofern sie die volle Verfügungsgewalt über das Baugeld zur Finanzierung der Handwerkerleistungen haben (BGH BauR 1991, 96; BGH wistra 2003, 301; *Schulze-Hagen* NJW 1986, 2403) sowie nach der klarstellenden Regelung des § 1 Abs. 1 S. 2 auch Baubetreuer. Keine Baugeldempfänger sind regelmäßig Nachunternehmer (BGHZ 143, 301; OLG München NJW-RR 2013, 212 m. zust. Anm. *Hochstadt* NJW 2013, 1712; *Hartmann* NWB 2000, 3511) sowie Rechtsanwälte und Notare (MüKoStGB/*Wegner* Rn. 9), es sei denn, sie könnten im Rahmen ihrer Tätigkeit eigenverantwortlich über die Auszahlung von Baugeld entscheiden. Ebenfalls kein Baugeldempfänger ist auch der Zedent eines auf die Zahlung von Baugeld gerichteten Anspruchs (*Wolff* NJW 2014, 1712; aA OLG Hamm NJW 2014, 1742). Angesichts des weiten Kreises von Personen, die als Baugeldempfänger in Betracht kommen, können bei einem Bauvorhaben im Rahmen bestehender Vertragsketten mehrere Baugeldempfänger vorhanden sein. Ist dies der Fall, hat jeder von ihnen nur auf seiner eigenen Ebene für die korrekte Verwendung der Mittel zu sorgen, ggf. durch sorgfältige Auswahl und Überwachung der Personen, auf die er seine eigenen Verwendungspflichten delegiert hat. Für die korrekte Mittelverwendung auf den übrigen Ebenen haftet er in strafrechtlicher Hinsicht regelmäßig schon deshalb nicht, weil er faktisch und rechtlich gar nicht über die erforderlichen Einwirkungsmöglichkeiten verfügt, um ein rechtskonformes Verhalten seiner Vertragspartner durchzusetzen (iErg auch MüKoStGB/*Wegner* Rn. 17).

II. Verstoß gegen die Verwendungsvorschriften des § 1

9   Mit seiner Verweisung auf die „Vorschriften des § 1" in ihrer Gesamtheit macht § 2 deutlich, dass von seinem Tatbestand zwei unterschiedliche Pflichtwidrigkeiten erfasst sein sollen, nämlich zum einen die Verwendung von Baugeld für andere Zwecke als die Befriedigung der Baugeldgläubiger (§ 1 Abs. 1

S. 1–2), zum zweiten aber auch der Eigenbehalt von Baugeld durch dessen Empfänger über die Grenze des § 1 Abs. 2 hinaus.

1. Zweckwidrige Verwendung von Baugeld gem. § 1 Abs. 1 S. 1 und 2. § 1 Abs. 1 S. 1   **10** statuiert die Verpflichtung des Empfängers von Baugeld, dieses ausschließlich zur Befriedigung der Baugeldgläubiger, also solcher Personen einzusetzen, die an der Herstellung oder dem Umbau des Baues aufgrund eines Werk-, Dienst- oder Kaufvertrags beteiligt sind. An der Herstellung oder dem Umbau ist beteiligt, wer durch seine Leistung in einer gewissen Nähebeziehung zu dem Bau steht und mit ihr dazu beiträgt, den Wert des zu bebauenden Grundstücks zu erhöhen (OLG Hamburg BauR 1994, 123; OLG Dresden BauR 2002, 485; MüKoStGB/*Wegner* Rn. 11). Hierunter fallen alle Bauhandwerker, sofern sich ihre Arbeiten nicht ausschließlich auf das Grundstück beziehen (wie etwa solche an Wegen, Gärten und Außenanlagen; s. *Lemme* wistra 1998, 44), aber auch Architekten (BGH BauR 1991, 237), Bauleiter (MüKoStGB/*Wegner* Rn. 11), Generalunter- oder –übernehmer (BGH NZBau 2000, 129) und Subunternehmer (BGH NJW 1982, 1037), nicht aber Baubetreuer (MüKoStGB/*Wegner* Rn. 11). Der in § 1 Abs. 1 S. 1 enthaltene numerus clausus der Vertragsbeziehungen, aufgrund deren die Baugeldgläubiger am Bau beteiligt sein können, schließt öffentlich-rechtliche Gläubiger, deren Ansprüche nicht durch Vertrag, sondern in aller Regel durch Hoheitsakt begründet werden, ebenso aus dem Kreis möglicher Baugeldgläubiger aus (aA MüKoStGB/*Wegner* Rn. 12) wie die Vermieter von Maschinen oder Bauzubehör (MüKoStGB/*Wegner* Rn. 13). Arbeitnehmer des Baugeldempfängers oder am Bau beteiligter Dritter sind hingegen Baugeldgläubiger, da sie über ihren Arbeitsvertrag, der einen Dienstvertrag iSd §§ 611 ff. BGB darstellt, mit der Herstellung des Baues oder Umbaues verbunden sind (MüKoStGB/*Wegner* Rn. 13).

Die Eigenschaft eines Baugeldgläubigers erwirbt nur, wer unmittelbar durch einen wirksamen Vertrag   **11** mit dem Baugeldempfänger verbunden oder als Sub-, Subsub- oder sonstiger nachgeordneter Unternehmer Teil einer ununterbrochenen Kette wirksamer Verträge ist, die bis zum Baugeldempfänger reicht (*Hagenloch,* Handbuch zum Gesetz über die Sicherung von Bauforderungen, 1991, Rn. 250); in derartigen Vertragsketten kann es Baugeldgläubiger auf unterschiedlichen Ebenen geben, die auch gleichzeitig Baugeldempfänger sein können (MüKoStGB/*Wegner* Rn. 14; *Lemme* wistra 1998, 44).

Der Baugeldempfänger verstößt gegen seine Verwendungspflicht, wenn er das erhaltene Baugeld nicht   **12** der Gesamtheit der Baugläubiger zukommen lässt, sondern es ganz oder teilweise zu anderen Zwecken einsetzt, zB zur Bestreitung allgemeiner Kosten (wie Gehältern, Mieten, Steuern, uÄ) oder zur Befriedigung von Baugläubigern aus anderen Bauvorhaben (hM; MüKoStGB/*Wegner* Rn. 16; *Schmidt* BauR 2001, 150). Keine zweckwidrige Verwendung liegt in dem unfreiwilligen Verlust der Gelder, zB aufgrund von Zwangsvollstreckungsmaßnahmen Dritter (BGH NJW 1985, 134). Aus dem Umstand der nicht vollständigen Befriedigung sämtlicher Baugläubiger folgt noch nicht zwingend ein Verstoß gegen die Verwendungspflicht; er kann vielmehr auch bedeuten, dass schlicht zuwenig Baugeld vorhanden war. Ist dies der Fall, folgt aus § 1 Abs. 1 weder eine Befriedigungsrangfolge noch eine Verpflichtung zur quotenmäßigen Befriedigung aller Baugeldgläubiger (BGH BauR 1989, 758); dementsprechend ist der Baugeldempfänger nicht schon deshalb (möglicherweise aber gem. § 2) strafbar, weil er etwa einen einzigen Gläubiger befriedigt und die übrigen leer ausgehen lässt.

Die Verwendungspflicht des § 1 Abs. 1 S. 1 erlischt, soweit die Baugeldgläubiger bereits befriedigt   **13** wurden, dh Leistungen als Erfüllung (§ 362 Abs. 1 BGB) oder an Erfüllungs statt (§ 364 Abs. 1 BGB) entgegengenommen haben, wobei nach dem Wortlaut des § 1 Abs. 1 S. 2 erforderlich ist, dass die Befriedigung unter Einsatz von anderen Mitteln (also aus Eigenmitteln des Baugeldempfängers oder aus solchen Fremdmitteln, die nicht unter die Definition des § 1 Abs. 3 fallen) und durch den Baugeldempfänger selbst erfolgt. Die erste dieser Voraussetzungen resultiert aus dem Grundprinzip des BauFordSiG, das die korrekte Verwendung zweckgebundener Fremdmittel, nicht aber die vollständige Befriedigung aller Gläubiger als solche sicherstellen möchte. Dieser Schutzrichtung entsprechend soll der Baugeldempfänger schon dann von seiner Verwendungspflicht frei werden, wenn und soweit er anstatt des Baugeldes andere Mittel einsetzt, ohne damit aber die Forderungen der Baugeldgläubiger vollständig zu erfüllen (letzterenfalls entfällt die Verwendungspflicht gem. § 1 Abs. 1 S. 1 ohnehin schon deshalb, weil dann keine offenen Forderungen im Sinne dieser Vorschrift mehr vorhanden sind). Bezahlt etwa ein Baugeldempfänger, gegen den Forderungen von Baugeldgläubigern iHv 100.000 EUR bestehen und der zu deren Erfüllung Baugeld iHv 50.000 EUR zur Verfügung hat, 25.000 EUR aus eigenen Mitteln, wird damit Baugeld in gleicher Höhe frei, das er nunmehr anderweitig einsetzen kann. Die anders lautende Rspr., wonach das frei gewordene Baugeld erst dann anders verwendet werden darf, wenn sichergestellt ist, dass mit dem danach noch verbleibenden Baugeldrest alle Baugeldgläubiger vollständig befriedigt werden können (OLG Dresden BauR 2000, 585; OLG Düsseldorf NJW-RR 1996, 1363), steht im Widerspruch zum Wortlaut des § 1 Abs. 1 S. 2, da sie der Wendung „aus anderen Mitteln …" jede eigenständige Bedeutung nimmt und die Baugeldverwendungspflicht im Ergebnis nur dann entfallen lässt, wenn die Gläubiger befriedigt sind; damit aber ist eine zivilrechtliche Selbstverständlichkeit formuliert, die keiner gesonderten Erwähnung bedurft hätte (MüKoStGB/*Wegner* Rn. 19; *Schmidt* BauR 2001, 150). Werden die Forderungen der Baugeldgläubiger nicht durch den Baugeldempfänger selbst, sondern durch einen Dritten erfüllt, bleibt die Verwendungspflicht des § 1 Abs. 1 S. 1 nur dann bestehen, wenn der Dritte aufgrund seines Eintretens keine Ersatzansprüche gegen den Baugeldempfänger erwirbt (etwa weil er diesem eine schenkungsweise Zuwendung machen will). Der Wortlaut des § 1 Abs. 1 S. 2, der diese Differenzierung nicht zum Ausdruck bringt, ist insoweit einschränkend auszulegen, da es für den Baugeldempfänger bei wirtschaftlicher Betrachtungsweise keinen Unterschied macht, ob er eigene Anstrengungen aus anderen Mitteln unternimmt oder ob er nunmehr dafür sorgen muss, seine Verpflichtungen einem Dritten ggü. zu erfüllen (iErg wie hier MüKoStGB/*Wegner* Rn. 18; Stammkötter GSB § 1 Rn. 74 u. 79). Unabhängig davon, ob der Baugeldempfänger selbst andere Mittel einsetzt oder ein Dritter für ihn eintritt, entfällt die Verwendungspflicht des § 1 Abs. 1 S. 1 jedoch dann nicht, wenn nicht fällige oder aus anderen Gründen nicht durchsetzbare Forderungen von Baugläubigern erfüllt werden, da es sich dann letztlich um freiwillige Zahlungen handelt, die der Zahlende wirtschaftlich allein zu verantworten hat (Stammkötter GSB § 1 Rn. 72). Jenseits des Anwendungsbereichs des § 1 Abs. 1 S. 2 entfällt die Verwendungspflicht nach allgemeinen Grundsätzen auch mit der Eröffnung des Insolvenzverfahrens, in dem die Baugeldgläubiger nicht privilegiert sind (OLG Hamm ZIP 2007, 240).

14   Eine strafbare Verwendung von Baugeldern durch Verstoß gegen § 1 Abs. 1 S. 1 kann ohne weiteres auch durch Unterlassen begangen werden, etwa indem der Verwendungspflichtige gegen das gesetzwidrige Handeln Dritter nicht einschreitet, da das BauFordSiG dem Baugeldempfänger gerade eine Sonderpflicht ggü. den Baugeldgläubigern auferlegt, die ihn insoweit zum Beschützergaranten macht.

15   **2. Überhöhter Eigenbehalt durch den Baugeldempfänger gem. § 1 Abs. 2.** § 1 Abs. 2 gestattet es dem Baugeldempfänger, der selbst an der Herstellung oder dem Umbau beteiligt ist, das Baugeld in Höhe des angemessenen Wertes der von ihm erbrachten Leistung für sich selbst zu behalten; überschreitet er den zulässigen Einbehalt (worin im Regelfall nicht lediglich ein Unterlassen der Weiterleitung, sondern ein aktives Tun zu sehen ist), macht er sich gem. § 2 strafbar. Mit der seit dem 4.8.2009 geltenden Fassung des § 1 Abs. 2 wurde die Behaltensregel erheblich ausgeweitet, da sie zuvor auf die Höhe der Hälfte des angemessenen Wertes nur solcher Leistungen beschränkt war, die der Baugeldempfänger in den Bau verwendet hatte oder noch verwenden wollte. Weil die Neufassung damit zu einer Milderung der Strafdrohung führt, ist sie gem. § 2 Abs. 3 StGB auch für Altfälle aus der Zeit vor der Gesetzesänderung maßgeblich.

16   Auch der zum Eigenbehalt berechtigte Baugeldempfänger muss an der Herstellung des Baus oder Umbaus beteiligt sein; hierzu gelten dieselben Grundsätze wie für die Beteiligung des Baugeldgläubigers; → Rn. 10. Rein unternehmerische Tätigkeiten, die den Wert des Grundstücks nicht erhöhen, wie zB die Auswahl der Handwerker, die Bestellung und Kontrolle des Materials oder die Verwaltung der Baustelle begründen noch keine Beteiligung an der Herstellung des Baues oder Umbaus (MüKoStGB/*Wegner* Rn. 21). Da mit der Reform des § 1 Abs. 2 das Erfordernis einer „in den Bau" verwendeten Leistung entfallen ist, kann der am Bau beteiligte Baugeldempfänger den Einbehalt auch vornehmen, um damit allgemeine Kosten (wie zB Löhne und Gehälter, Lohnnebenkosten, Steuern, Gebühren, Finanzierungs- oder allgemeine Geschäftskosten) zu bestreiten (BT-Drs. 16/13159, 6). Der zulässige Einbehalt ist aber auf den angemessenen Wert seiner Leistung beschränkt, der inhaltlich mit der üblichen Vergütung gem. § 632 Abs. 2 BGB identisch ist (MüKoStGB/*Wegner* Rn. 22); zu seiner – objektiv zu bestimmenden – Höhe sind daher die dort entwickelten Grundsätze heranzuziehen (BGH NJW 2001, 151). Wird Baugeld in Raten oder aus mehreren Quellen zur Verfügung gestellt, darf der Empfänger dieses Geld solange einbehalten, bis der Wert seiner Leistung abgedeckt ist; der früher entgegenstehenden Rspr., wonach er von jeder Rate oder Tranche nur 50 % des anteiligen Werts seiner Leistung einhalten durfte (BGH BauR 1991, 237; OLG Dresden BauR 2002, 486), ist mit der Streichung der Einbehaltsdeckelung auf die Hälfte des angemessenen Wertes der Boden entzogen.

III. Nachteil der Baugeldgläubiger

17   **1. Allgemeines.** In § 2 ist das Merkmal der Gläubigerbenachteiligung zweimal enthalten: Zum einen als objektive Strafbarkeitsbedingung, zum anderen aber auch als echtes Tatbestandsmerkmal. Dies darf aber ebenso wenig wie die im Sinne einer bloßen Zweckrichtung („... zum Nachteil der bezeichneten Gläubiger ...") interpretierbare Formulierung das Tatbestandsmerkmals dazu verleiten, in dem zweitgenannten Nachteilserfordernis eine lediglich subjektive Voraussetzung zu sehen, die auf Seiten des Täters vorliegen müsste. Vielmehr ist der Eintritt eines Nachteils sowohl bei der Strafbarkeitsbedingung wie auch im eigentlichen Tatbestand bereits objektiv erforderlich. Der Unterschied der beiden Nachteilsbegriffe besteht lediglich in ihrer zeitlichen Komponente: Während das Tatbestandsmerkmal der Gläubigerbenachteiligung als unmittelbare und sofortige Folge der zweckwidrigen Mittelverwendung eintreten muss, stellt die objektive Strafbarkeitsbedingung klar, dass diese Benachteiligung dann irrelevant ist, wenn sie vor der Zahlungseinstellung bzw. Insolvenzverfahrenseröffnung wieder beseitigt wurde. Das Tatbestandsmerkmal des Nachteils bezeichnet somit ein punktuelles Ereignis, die Strafbarkeitsbedingung des Nachteils hingegen ein zeitliches Kontinuum, das die Tathandlung mit dem Eintritt der übrigen erforderlichen Strafbarkeitsbedingungen verknüpft.

2. Nachteilsbegriff. Ein Nachteil iSd § 2 liegt dann vor, wenn die Befriedigung der Ansprüche der **18**
Baugeldgläubiger durch den Verstoß gegen die Vorschriften des § 1 entweder vereitelt oder erschwert
wird (Greeve/Leipold BauStrafR-HdB/*Busch* § 49 Rn. 30; einschränkend MüKoStGB/*Wegner* Rn. 32:
nicht jede Erschwerung der Anspruchsdurchsetzung ist ausreichend). Dies folgt aus der Überlegung, dass
das Bestehen dieser Ansprüche als solches durch die gesetzeswidrige Mittelverwendung naturgemäß
nicht tangiert wird und die Benachteiligung daher nur in einer wirtschaftlichen Entwertung der
Ansprüche bestehen kann. Es ist kein Grund ersichtlich, weshalb diese nur dann tatbestandsmäßig sein
sollte, wenn sie zur vollständigen Wertlosigkeit der Ansprüche führt. In Anlehnung an die neuere Rspr.
zum Untreueschaden wird eine Benachteiligung iSd § 2 allerdings nur dann angenommen werden
können, wenn das Verhalten des Baugeldempfängers für den Baugeldgläubiger nach Bilanzierungsgrund-
sätzen einen Wertberichtungsbedarf hinsichtlich seiner Forderung auslöst. Hieran fehlt es etwa, wenn
nach der pflichtwidrigen Baugeldverwendung nur eine kurze Zahlungsverzögerung eintritt (Mü-
KoStGB/*Wegner* Rn. 32) oder der Baugeldgläubiger auf valide Sicherheiten zurückgreifen kann sowie
auch dann, wenn die pflichtgemäße Verwendung insolvenzrechtlich anfechtbar gewesen wäre (BGH
NJW 2013, 2514).

C. Subjektiver Tatbestand

§ 2 verlangt Vorsatz in Bezug auf sämtliche objektiven Tatbestandsmerkmale, wobei durchgehend **19**
dolus eventualis genügt (aA OLG Jena BauR 1999, 1465: dolus eventualis reicht nicht). Dieser muss
neben der pflichtwidrigen Geldverwendung und der daraus resultierenden Benachteiligung mindestens
eines Gläubigers auch die eigene Sonderqualität des Täters als Baugeldempfänger und damit die
Tatsachen umfassen, welche die empfangenen Gelder zu Baugeld iSd § 1 Abs. 3 machen; nicht
erforderlich ist hingegen ein eigennütziges Handeln des Täters (MüKoStGB/*Wegner* Rn. 33). Im vorsatzausschließenden Tatbestandsirrtum gem. § 16 StGB befindet sich, wer Umstände nicht kennt,
welche die Baugeldeigenschaft, seine Stellung als Empfänger von Baugeld, die Gesetzwidrigkeit der
Mittelverwendung oder die Benachteiligung eines oder mehrerer Gläubiger begründen, daneben aber
auch, wer irrtümlich Tatsachen annimmt, die seine Verwendungspflicht entfallen lassen oder seine
Befugnis zum Einbehalt von Baugeldern begründen. Einem Verbotsirrtum iSd § 17 StGB unterliegt
hingegen, wer bei Kenntnis der Tatsachen lediglich die Verwendungspflicht des § 1 Abs. 1 S. 1 nicht
kennt (BGH BauR 1991, 96, OLG Celle BauR 2002, 1869; MüKoStGB/*Wegner* Rn. 33) oder irrtümlich glaubt, von dieser befreit zu sein (etwa, weil er glaubt, er gehöre als Geschäftsführer des
Baugeldempfängers nicht zum Kreis der Pflichtigen, oder meint, für seine Leistungen iSd § 1 Abs. 2 sei
ein höherer Wert angemessen). Die Zivilrechtsprechung, die dem Baugeldempfänger den Vorsatz
bisweilen aufgrund äußerer Umstände schlicht unterstellt (OLG Schleswig BauR 2009, 1322 nimmt
etwa an, der Geschäftsführer eines in der Baubranche tätigen Unternehmens rechne bei größeren
Bauvorhaben mit einer dinglich abgesicherten Fremdfinanzierung; weitere Rechtsprechungsnachweise
bei MüKoStGB/*Wegner* Rn. 33) darf wegen des in-dubio-Grundsatzes nicht ins Strafrecht übertragen
werden.

D. Objektive Strafbarkeitsbedingungen

Die zweckwidrige Verwendung von Baugeldern ist nur strafbar, wenn kumulativ zwei objektive **20**
Bedingungen der Strafbarkeit eintreten: Der Baugeldempfänger muss entweder seine Zahlungen eingestellt haben (iE → Vorb. StGB §§ 283 ff. Rn. 27–30) oder es muss über sein Vermögen das Insolvenzverfahren eröffnet worden sein (→ Vorb. StGB §§ 283–283d Rn. 31) und es muss zugleich im jeweiligen
Zeitpunkt der Zahlungseinstellung oder der Insolvenzverfahrenseröffnung eine Benachteiligung mindestens eines Gläubigers vorliegen (→ Rn. 17). An einer fortdauernden Benachteiligung fehlt es insbes.
dann, wenn die Gläubiger zwischenzeitlich aus anderen Mitteln befriedigt wurden oder valide Sicherheiten erhalten haben. Die objektive Bedingung der Abweisung des Insolvenzeröffnungsantrags mangels
Masse kennt § 2 nicht. Die objektiven Strafbarkeitsbedingungen brauchen nicht vom Vorsatz des Täters
umfasst zu sein. Die Tat ist schon vor dem Eintritt dieser Bedingungen vollendet, da die Verwendungspflicht mit der Eröffnung des Insolvenzverfahrens entfällt (→ Rn. 13) und eine Verwendung nach
Zahlungseinstellung im Regelfall gerade dazu führt, dass nicht mehr von Zahlungseinstellung gesprochen werden kann; die Verfolgungsverjährung beginnt dagegen erst mit dem Bedingungseintritt (Mü-
KoStGB/*Wegner* Rn. 45).

E. Vollendung und Versuch

§ 2 ist nicht schon mit der Vornahme der Verwendungshandlung, sondern erst mit dem Eintritt eines **21**
Nachteils bei mindestens einem Baugeldgläubiger vollendet; auf den Eintritt einer objektiven Strafbar-
keitsbedingung kommt es nicht an. Der Versuch des Vergehens des § 2 ist mangels ausdrücklicher
Regelung nicht strafbar.

F. Täterschaft und Teilnahme

22   § 2 ist ein echtes Sonderdelikt, dessen tauglicher Täter nur der Baugeldempfänger sein kann (→ Rn. 3). Wer diese Sonderqualität nicht aufweist, kann daher nur Teilnehmer sein, wofür die allgemeinen Grundsätze gelten. Teilnahme kommt dabei auch in Betracht, wenn jemand auf Geheiß des Baugeldempfängers oder mit dessen Einverständnis für ihn die pflichtwidrige Verwendung vornimmt. Für den Teilnehmer, dem die Eigenschaft eines Baugeldempfängers fehlt, ist die Strafe gem. § 28 Abs. 1 StGB zu mildern, da es sich hierbei um ein strafbarkeitsbegründendes besonderes persönliches Merkmal handelt (MüKoStGB/*Wegner* Rn. 41).

23   Der Empfänger der zweckwidrig verwendeten Baugelder bleibt nach den Gesichtspunkten der sog notwendigen Teilnahme straffrei, solange sich sein Tatbeitrag auf die Entgegennahme oder die Mitwirkung an dem dieser zugrunde liegenden zivilrechtlichen Verpflichtungsgeschäft beschränkt (MüKoStGB/*Wegner* Rn. 41). Entfaltet er aber darüber hinaus gehende Aktivitäten, ist er hierfür wie jeder andere Teilnehmer zu bestrafen; insbes. kommt für ihn Anstiftung gem. § 26 StGB in Betracht, wenn die Initiative zur pflichtwidrigen Baugeldverwendung von ihm ausgeht (OLG Karlsruhe BauR 1990, 630; OLG München BauR 1991, 482; MüKoStGB/*Wegner* Rn. 41).

G. Konkurrenzen

24   Mehrere pflichtwidrige Baugeldverwendungen gem. § 2 stehen wegen der Notwendigkeit jeweils eigener Willensentschlüsse in Tatmehrheit zueinander; sie werden auch nicht durch den Eintritt der objektiven Strafbarkeitsbedingungen zur Tateinheit verbunden (MüKoStGB/*Wegner* Rn. 43).

25   Tateinheit kann bestehen mit § 283c StGB (→ StGB § 283c Rn. 26). Stellt die pflichtwidrige Baugeldverwendung zugleich eine Bankrotthandlung gem. § 283 Abs. 1 Nr. 1 oder Nr. 8 StGB dar, verdrängt der speziellere § 2 den allgemeiner gefassten § 283 StGB (MüKoStGB/*Wegner* Rn. 43; aA Müller-Gugenberger WirtschaftsStR/*Richter* § 84 Rn. 100: Tateinheit). Gleiches gilt im Verhältnis des § 2 zu § 266 StGB (OLG Brandenburg OLG NL 1999, 241; MüKoStGB/*Wegner* Rn. 43; *Brand* wistra 2012, 92).

185. Verordnung über Sicherheit und Gesundheitsschutz auf Baustellen (Baustellenverordnung – BaustellV)

Vom 10. Juni 1998 (BGBl. I S. 1283) FNA 805-3-5

Zuletzt geändert durch Art. 15 GefahrstoffVO-AnpassungsVO vom 23.12.2004 (BGBl. I S. 3758)

– Auszug –

§ 7 Ordnungswidrigkeiten und Strafvorschriften

(1) Ordnungswidrig im Sinne des § 25 Abs. 1 Nr. 1 des Arbeitsschutzgesetzes handelt, wer vorsätzlich oder fahrlässig

1. entgegen § 2 Abs. 2 Satz 1 in Verbindung mit § 4 der zuständigen Behörde eine Vorankündigung nicht, nicht richtig, nicht vollständig oder nicht rechtzeitig übermittelt oder,
2. entgegen § 2 Abs. 3 Satz 1 in Verbindung mit § 4 nicht dafür sorgt, daß vor Einrichtung der Baustelle ein Sicherheits- und Gesundheitsschutzplan erstellt wird.

(2) Wer durch eine im Absatz 1 bezeichnete vorsätzliche Handlung Leben oder Gesundheit eines Beschäftigten gefährdet, ist nach § 26 Nr. 2 des Arbeitsschutzgesetzes strafbar.

A. Allgemeines

Mit der Verordnung über Sicherheit und Gesundheitsschutz auf Baustellen (Baustellenverordnung – **1** BaustellV) v. 10.6.1998 (BGBl. I 1283) wurde die EG RL 92/57/EWG des Rates v. 24.6.1992 über die auf zeitlich begrenzte oder ortsveränderliche Baustellen anzuwenden Mindestvorschriften für die Sicherheit und den Gesundheitsschutz (ABl. 1992 L 245, 6), die sog Baustellenrichtlinie, in nationales Recht umgewandelt. Baustellenrichtlinie und Baustellenverordnung haben das Ziel, durch besondere Maßnahmen zu einer wesentlichen Verbesserung von Sicherheit und Gesundheitsschutz der Beschäftigten auf der Baustelle beizutragen. Diese sind – so die amtliche Begründung – im Vergleich zu anderen Wirtschaftszweigen einem besonders hohen Unfall- und Gesundheitsrisiko ausgesetzt. So liegt die Unfallquote (Unfälle pro 1.000 Vollbeschäftigte) sowohl bei den gemeldeten als auch bei den besonders schweren Arbeitsunfällen im Bausektor mehr als doppelt so hoch wie im Durchschnitt der gewerblichen Wirtschaft (BR-Drs. 306/98, 7). Nach Einschätzung des Verordnungsgebers liegt das besonders hohe Gefahrenpotential im Baubereich darin begründet, dass auf Baustellen Arbeiten von Beschäftigten verschiedener Arbeitgeber oft neben- oder nacheinander ausgeführt werden, so dass es hier zu erheblichen Abstimmungsschwierigkeiten hinsichtlich der zu treffenden Schutzmaßnahmen kommen kann. Eine weitere gewichtige Rolle spielen zudem die Witterungseinflüsse und auch Verständigungsprobleme zwischen den Beschäftigten unterschiedlicher Nationalität (BR-Drs. 306/98, 7 f.). Um diesen Gefahrenquellen vorzubeugen, sieht die Verordnung folgende Maßnahmen vor: (a) Bestellung eines Koordinators, wenn mehrere Arbeitgeber auf der Baustelle tätig werden; (b) Erarbeitung eines Sicherheits- und Gesundheitsschutzplans bei größeren Baustellen und bei besonders gefährlichen Arbeiten (vgl. Anhang II zur Baustellenverordnung; zB Tunnelarbeiten); (c) Ankündigung des Vorhabens der Behörde bei größeren Baustellen (nicht Einfamilienhaus). Durch die Vorschrift des § 2 werden dem Bauherrn damit erstmals originäre Verpflichtungen des Arbeitsschutzrechts auferlegt (Kollmer/Klindt/*Blachnitzky* § 2 Rn. 1). Er ist somit dafür verantwortlich, dass die Belange der Sicherheit und des Gesundheitsschutzes bereits in der Planungsphase einbezogen sind und während der Baumaßnahme koordiniert werden. Die von den jeweiligen auf der Baustelle tätigen Unternehmern/Arbeitgebern zu beachtenden Bestimmungen des Arbeitsschutzes bleiben davon unberührt und stehen neben den sich aus der Baustellenverordnung ergebenden Pflichten des Bauherrn (OLG Hamm BeckRS 2008, 05501). Verstöße gegen die Vorankündigungspflicht und die Pflicht zur Erstellung eines Sicherheits- und Gesundheitsschutzplanes (SiGe-Plan) können nach § 7 entweder als Ordnungswidrigkeit (Abs. 1) oder – bei einer Gefährdung des Lebens oder der Gesundheit eines Beschäftigten – als Straftat (Abs. 2) verfolgt werden.

B. Ordnungswidrigkeiten

I. Abs. 1 Nr. 1

Nach § 7 Abs. 1 Nr. 1 stellt der Verstoß gegen die Vorankündigungspflicht eine Ordnungswidrigkeit **2** dar. Nach § 2 Abs. 2 S. 1 ist für jede Baustelle, bei der die voraussichtliche Dauer der Arbeiten mehr als 30 Arbeitstage beträgt und auf der mehr als 20 Beschäftigte gleichzeitig tätig werden (Nr. 1) oder der Umfang der Arbeiten voraussichtlich 500 Personentage überschreitet (Nr. 2), der zuständigen Behörde spätestens zwei Wochen vor Einrichtung der Baustelle eine Vorankündigung zu übermitteln. Die Vorankündigung muss folgende Angaben enthalten: Ort der Baustelle, Name und Anschrift des Bauherrn, Art des Bauvorhabens, Name und Anschrift des anstelle des Bauherrn verantwortlichen Dritten, Name und Anschrift des Koordinators, voraussichtlicher Beginn und voraussichtliche Dauer der Arbeiten, voraussichtliche Höchstzahl der Beschäftigten auf der Baustelle, Zahl der Arbeitgeber und Unternehmer ohne Beschäftigte, die voraussichtlich auf der Baustelle tätig werden, Angabe der bereits ausgewählten Arbeitgeber und Unternehmer ohne Beschäftigte (vgl. Anh. I zur BaustellV). Ob eine Vorankündigung erforderlich ist, richtet sich allein nach der voraussichtlichen Größenordnung der Baustelle; nachträgliche Entwicklungen sind unbeachtlich (OLG Zweibrücken NStZ-RR 2002, 91).

3   Normadressat ist nach § 4 grds. der Bauherr; es sei denn, er hat einen Dritten damit beauftragt, die Maßnahme in eigener Verantwortung durchzuführen. Der Begriff des Bauherrn im Rahmen der Baustellenverordnung ist dabei im Sinne des jeweils geltenden Bauordnungsrechtes zu sehen. Bauherr im ordnungsrechtlichen Sinne ist diejenige natürliche oder juristische Person, für deren Rechnung, auf deren Veranlassung und in deren Verantwortung eine Baumaßnahme vorbereitet und durchgeführt wird (vgl. OLG Celle BeckRS 2013, 18896 mwN). Es ist idR derjenige, der eine Baugenehmigung beantragt und erhalten hat. Der Bauherr ist somit der Gesamtverantwortliche für das Vorhaben und kann damit nahezu unbegrenzt als Adressat öffentlich-rechtlicher Maßnahmen herangezogen werden. Er ist insbes. auch verantwortlich für die Einhaltung des formellen und materiellen Baurechts, der Erbringung von Anträgen, Anzeigen und Nachweisen, der Sicherheit der Baustelle und Abwicklung der Baumaßnahme sowie der Bestellung geeigneter Personen (OLG Hamm BeckRS 2008, 05501 mwN). Besitzt ein Bauherr nicht die nach der Baustellenverordnung erforderliche Sachkunde, so muss er zur Vorbereitung, Überwachung und Ausführung eines genehmigungsbedürftigen Vorhabens weitere Personen mit besonderen Kenntnissen bestellen (dies können auch Betriebsangehörige sein). Diese Möglichkeit wird ihm durch § 4 ausdrücklich eingeräumt. In diesem Fall ist aber ausdrücklich klarzustellen, dass ausschließlich dieser Dritte die Verantwortung trägt und die Entscheidungskompetenz besitzt (OLG Hamm BeckRS 2008, 05501 mwN).

4   Wird die Vorankündigung von dem zur Anzeige verpflichteten Bauherrn oder dem von ihm mit dieser Aufgabe Beauftragten der zuständigen Behörde nicht, nicht richtig, nicht vollständig oder nicht rechtzeitig übermittelt, ist der Tatbestand der Ordnungswidrigkeit erfüllt (zur Kritik an dem Tatbestandsmerkmal „nicht vollständig" vgl. Kollmer/Klindt/*Blachnitzky* Rn. 1).

II. Abs. 1 Nr. 2

5   Als weitere Ordnungswidrigkeit wird in § 7 Abs. 1 Nr. 2 die Nichterstellung eines Sicherheits- und Gesundheitsschutzplanes (SiGe-Plan) vor Errichtung der Baustelle durch den Bauherren oder eines von ihm hierfür beauftragten Dritten aufgeführt. Die Pflicht zur Erstellung eines solchen SiGe-Plans folgt aus § 2 Abs. 3 S. 1. Nach dieser Vorschrift ist für eine Baustelle, auf der Beschäftigte mehrerer Arbeitgeber tätig werden und auf der besonders gefährliche Arbeiten nach Anhang II der BaustellV ausgeführt werden, dafür zu sorgen, dass vor Einrichtung der Baustelle ein Sicherheits- und Gesundheitsschutzplan erstellt wird. Der Begriff der Baustelle ist in § 1 Abs. 3 gesetzlich definiert. Ob mehrere Arbeitgeber tätig sind, richtet sich nach den Umständen des Einzelfalles. Dass Beschäftigte verschiedener Unternehmen nicht gleichzeitig, sondern nacheinander tätig sind, ändert nichts an der Verpflichtung zur Aufstellung eines Sicherheits- und Gesundheitsschutzplanes (OLG Celle BeckRS 2013, 18896). Tritt auf der Baustelle aber nur ein Generalunternehmer auf, der alle anfallenden Arbeiten von eigenem Personal ausführen lässt, ist die Erstellung eines SiGe-Plans nicht erforderlich, da nur ein Arbeitgeber vorhanden ist. Werden sich Beschäftigte nur kurzzeitig auf einer Baustelle aufhalten, zB zur Anlieferung von Material oder zur Montage von Arbeitsgeräten, sind diese bei der Frage, ob die Erstellung eines SiGe-Planes erforderlich ist, nicht zu berücksichtigen (Kollmer/Klindt/*Blachnitzky* § 2 Rn. 10). Hinsichtlich des Inhaltes eines SiGe-Plans enthält die BaustellV nur wenige Angaben. In § 2 Abs. 3 S. 2 heißt es lediglich, dass der Plan die für die betreffende Baustelle anzuwendenden Arbeitsschutzbestimmungen erkennen lassen und besondere Maßnahmen für die besonders gefährlichen Arbeiten nach Anhang II enthalten muss. Um den vom Verordnungsgeber beabsichtigte präventive Wirkung erreichen zu können, werden in dem SiGe-Plan mindestens Angaben zu den erwarteten Gefährdungen bei den Arbeitshandlungen und den hierfür erforderlichen Abhilfemaßnahmen enthalten sein müssen (zu den inhaltlichen Anforderungen vgl. auch die RAB 31). Genügt der SiGe-Plan diesen inhaltlichen Anforderungen nicht, stellt dies – ebenso wenig wie die spätere Nichteinhaltung des SiGe-Plans – keine Ordnungswidrigkeit dar, da nach der Verordnung nur die Nichterstellung eines SiGe-Plans mit einem Bußgeld bewehrt ist.

III. Schuldform

6   Die Ordnungswidrigkeitentatbestände nach § 7 Abs. 1 setzen jeweils vorsätzliches oder fahrlässiges Handeln voraus. Für die Annahme einer Fahrlässigkeit reicht es aus, wenn der Betroffene die jeweiligen Verpflichtungen nach der BaustellV hätte erkennen können (OLG Zweibrücken NStZ-RR 2002, 91).

IV. Höhe der Geldbuße

Gem. § 7 Abs. 1 iVm § 25 Abs. 1 Nr. 1, Abs. 2 ArbSchG kann die Ordnungswidrigkeit mit einer **7** Geldbuße bis zu 5.000 EUR geahndet werden. Bei fahrlässig begangenen Verstößen ist § 17 Abs. 2 OWiG zu beachten. Bei der konkreten Bemessung des Bußgeldes kann auch die berufliche Stellung des Betroffenen zu berücksichtigen sein, insbes. wenn dieser im OWi-Verfahren keine Angaben zu seinen wirtschaftlichen Verhältnissen macht (OLG Zweibrücken NStZ-RR 2002, 91).

C. Straftat (Abs. 2)

§ 7 Abs. 2 stellt ein konkretes Gefährdungsdelikt dar. Kommt es infolge einer der in Abs. 1 bezeich- **8** neten Tathandlungen – Verstoß gegen die Vorankündigungspflicht (Nr. 1; → Rn. 2) oder Nichterstellung eines SiGe-Plans (Nr. 2; → Rn. 5) – zu einer akuten Gefahr für das Leben oder die Gesundheit eines Beschäftigten, so kann dies als Straftat verfolgt werden. Die Tatbestandsmäßigkeit erfordert in subjektiver Hinsicht ein vorsätzliches Handeln; Fahrlässigkeit reicht im Gegensatz zu den beiden Ordnungswidrigkeitentatbeständen nicht aus. Der Strafrahmen ergibt sich aus § 26 ArbSchG. Danach kann eine Tat mit Freiheitsstrafe bis zu einem Jahr oder mit Geldstrafe bestraft werden.

190. Gesetz über die Deutsche Bundesbank (BBankG)

In der Fassung der Bekanntmachung vom 22. Oktober 1992 (BGBl. I S. 1782) FNA 7620-1

Zuletzt geändert durch Art. 23 AIFM-Umsetzungsgesetz vom 4.7.2013 (BGBl. I S. 1981)

– Auszug –

Vorbemerkung

1   **1. Entstehung des Gesetzes.** Das Bundesbankgesetz (BBankG) wurde am 26.7.1957 (BGBl. I 745) erlassen; es wurde am 22.10.1992 mWz 1.11.1992 (BGBl. I 1782) neu verkündet. Das Gesetz wurde zuletzt geändert durch Art. 23 des AIFM-Umsetzungsgesetzes v. 4.7.2013 (BGBl. I 1981).

2   **2. Ziel und Zweck des Gesetzes.** Ziel und Zweck des BBankG ist die Regelung von Aufbau, Rechten und Aufgaben der Bundesbank als bundesunmittelbarer juristischer Person des öffentlichen Rechts (§ 2 S. 1). Durch die mit der Einführung des Euro verbundene Errichtung des Europäischen Systems der Zentralbanken und der Gründung der Europäischen Zentralbank (EZB) wurde eine Neuordnung der Rechte und Aufgaben der Bundesbank notwendig. Insbes. ist die Entscheidungskompetenz in der Währungs- und Geldmengenpolitik auf die EZB übergegangen (Wabnitz/Janovsky WirtschaftsStR-HdB/*Knierim* Kap. 10 Rn. 39).

3   **3. Gegenstand des Gesetzes.** Das BBankG regelt Rechtsform, Aufgaben und Organisation der Bundesbank (§§ 1–11). Hervorzuheben ist, dass die Bundesbank als Zentralbank der Bundesrepublik Deutschland integraler Bestandteil des Europäischen Systems der Zentralbanken ist, § 3 S. 1, und an diesem System insbes. zur Gewährleistung der Preisstabilität mitwirkt. Außerdem hält und verwaltet die Bundesbank die Währungsreserven der Bundesrepublik Deutschland, sorgt für die bankmäßige Abwicklung des Zahlungsverkehrs im Inland und mit dem Ausland und trägt zur Stabilität der Zahlungs- und Verrechnungssysteme bei, § 3 S. 2. Die Bundesbank hat weiterhin das ausschließliche Recht, Banknoten auf dem Gebiet der Bundesrepublik Deutschland auszugeben, § 14 Abs. 1 S. 1. Die EZB hat dagegen das ausschließliche Recht, die Ausgabe von Banknoten innerhalb der Gemeinschaft zu genehmigen, Art. 128 Art. 1 S. 1 AEUV.

Daneben regelt das BBankG ua noch das Verhältnis der Bundesbank zur Bundesregierung (§§ 12 f.) und legt fest, welche Geschäfte die Bundesbank, auch im Verhältnis zu den Geschäftsbefugnissen der EZB, tätigen darf (§§ 19 ff.).

Zuletzt enthält das BBankG in den **§§ 35–36 Straf- und Ordnungswidrigkeitenvorschriften.**

§ 35 Unbefugte Ausgabe und Verwendung von Geldzeichen

(1) **Mit Freiheitsstrafe bis zu fünf Jahren oder mit Geldstrafe wird bestraft,**

1. **wer unbefugt Geldzeichen (Marken, Münzen, Scheine oder andere Urkunden, die geeignet sind, im Zahlungsverkehr an Stelle der gesetzlich zugelassenen Münzen oder Banknoten verwendet zu werden) oder unverzinsliche Inhaberschuldverschreibungen ausgibt, auch wenn ihre Wertbezeichnung nicht auf Euro lautet;**
2. **wer unbefugt ausgegebene Gegenstände der in Nummer 1 genannten Art zu Zahlungen verwendet.**

(2) **Der Versuch ist strafbar.**

(3) **Handelt der Täter in den Fällen des Absatzes 1 Nr. 2 fahrlässig, so ist die Strafe Freiheitsstrafe bis zu sechs Monaten oder Geldstrafe bis zu einhundertachtzig Tagessätzen.**

1   **1. Allgemeines.** Die Strafvorschrift des § 35 ist va im Zusammenhang mit den Strafvorschriften über Geldfälschung gem. **§§ 146 ff. StGB,** daneben mit den Vorschriften des Ordnungswidrigkeitenrechts nach **§§ 127, 128 OWiG** (Herstellung oder Verwendung von Sachen, die zur Geld- oder Urkundenfälschung benutzt werden können; Herstellung oder Verbreitung von papiergeldähnlichen Drucksachen und Abbildungen) sowie mit **§ 11a MünzG** zu sehen (Gramlich Rn. 2). Geschütztes Rechtsgut des § 35 ist damit wie bei den §§ 146 ff. StGB das **Allgemeininteresse an der Sicherheit und Funktionsfähigkeit des Geld- oder Wertpapierverkehrs sowie das diesbezügliche Vertrauen der Allgemeinheit** (zu § 146 StGB: RGSt 67, 297; BGH NJW 1995, 1844 (1845); SSW StGB/*Wittig* StGB § 146 Rn. 1 mwN; zu § 127 OWiG: BeckOK OWiG/*Weiner* OWiG § 127 Rn. 1; KK-OWiG/ *Mitsch* OWiG § 127 Rn. 1, ohne jeweils ergänzend auf das Vertrauen der Allgemeinheit abzustellen).

     Ibold

Während die §§ 146 ff. StGB die Geld- und Wertzeichen*fälschung* unter Strafe stellen und damit 2
Gegenstände betreffen, die den Anschein der Echtheit erlangen oder erlangen sollen (Falschgeld), bestraft
§ 35 die unbefugte Ausgabe und Verwendung von Geldzeichen und unverzinslichen Inhaberschuldverschreibungen, dh die **Anmaßung** der Geldfunktion (*Spindler/Becker/Starke*, Die Deutsche Bundesbank, 1957, 565). Es soll verhindert werden, dass **Nebengeld** oder **Ersatzgeld** in den Umlauf gerät und
das Notenausgaberecht der Bundesbank verletzt wird (vgl. BT-Drs. 2/2781, 43).

§ 35 **Abs. 1 Nr. 1** bestraft die unbefugte Ausgabe von Geldzeichen und unverzinslichen Inhaber- 3
schuldverschreibungen, § 35 **Abs. 1 Nr. 2** deren unbefugte Verwendung zu Zahlungen. § 35 **Abs. 2**
stellt den Versuch unter Strafe, § 35 **Abs. 3** ordnet eine Fahrlässigkeitsstrafbarkeit an.

2. Tatbestandsvoraussetzungen. a) Unbefugte Ausgabe von Geldzeichen und Inhaber- 4
schuldverschreibungen (§ 35 Abs. 1 Nr. 1). Gegenstand der Tathandlung des § 35 Abs. 1 Nr. 1 sind
Geldzeichen oder **unverzinsliche Inhaberschuldverschreibungen.**

Geldzeichen sind die in § 35 Abs. 1 Nr. 1 beispielhaft und damit nicht abschließend aufgezählten 5
„Urkunden", wie etwa Marken, Münzen und Scheine. Entscheidend für ihre Qualifizierung als Geldzei-
chen ist – auch in Abgrenzung zu Falschgeld iSd §§ 146 ff. StGB – ihre Funktion und Eignung, **im**
Zahlungsverkehr an Stelle der gesetzlich zugelassenen Münzen oder Banknoten verwendet zu
werden (Gramlich Rn. 4, 6). Eine solche Eignung ist dann gegeben, wenn die genannten Urkunden vom
Publikum „wie Geld" behandelt werden würden; Geld ist dabei jedes vom Staat oder von einer durch ihn
ermächtigten Stelle als Wertträger beglaubigtes und zum Umlauf im öffentlichen Verkehr bestimmtes
Zahlungsmittel ohne Rücksicht auf einen allgemeinen Annahmezwang (BGHSt 12, 344 (345); Lackner/
Kühl/*Heger* StGB § 146 Rn. 2; SSW StGB/*Wittig* StGB § 146 Rn. 6). Entscheidend für die Eignung
einer Urkunde als Geldersatz ist also ihre Eignung als allgemeines Tausch- und Zahlungsmittel (Gramlich
Rn. 6). Nicht geeignet sind Wertscheine und Zahlungsmittel für private Zwecke, wie Bonds, Spiel- oder
Biermarken; es fehlt hier die allgemeine Verwertbarkeit und ihre Benutzungsmöglichkeit in einem unbestimmten Kreis (*Spindler/Becker/Starke,* Die Deutsche Bundesbank, 1957, 568; Gramlich Rn. 6). Geeignet als allgemeines Tausch- und Zahlungsmittel sind hingegen sog Regionalwährungen. Hierbei
handelt es sich um Mittel, die in einer bestimmten Region insbes. als Zahlungsmittel zwischen Verbrauchern und Anbietern akzeptiert werden (weitergehend *Ensenbach* JA 2011, 341 (342)). Unschädlich
erscheint dabei die regionale Begrenztheit der Regionalwährung, solange diese in einem nicht bestimmten, abgrenzbaren Kreis eingesetzt werden kann (vgl. *Ensenbach* JA 2011, 341 (342)). Unerheblich für die
Qualifikation als Geldzeichen ist die Bezeichnung der Urkunde oder ihr Material (Papier, Metall)
(Gramlich Rn. 4; s. auch SSW StGB/*Wittig* StGB 146 Rn. 7); ebenso wenig ist nach § 35 Abs. 1 Nr. 1
von Einfluss, ob eine in oder auf der Urkunde enthaltene Wertbezeichnung auf Euro lautet.

Nicht vom Begriff des Geldzeichens umfasst sind sog **Bitcoins.** Diese sind eine Art virtuelle 5a
„Währung", die an Online-Börsen oder mit Privatpersonen gehandelt und insbes. gegen „reale"
Währungen, wie Euro oder Dollar, getauscht werden können, wobei sich der Wert durch Angebot und
Nachfrage ergibt (*Engelhardt/Klein* MMR 2014, 355). Zudem akzeptieren vermehrt Online-Händler
sowie teilweise sogar der reale Einzelhandel Bitcoins als Zahlungsmittel (*Boehm/Pesch* MMR 2014, 75).
Aufgrund dieser Eignung und Funktion als Zahlungsmittel würde es naheliegen, Bitcoins als Geldzeichen zu behandeln mit der Folge, dass das „Ausgeben" von Bitcoins bzw. ihr „Verwenden" strafbar wäre.
Letztlich scheitert jedoch eine Subsumtion von Bitcoins unter den Tatbestand des § 35 an der Wortlautgrenze: Geldzeichen sind nämlich nach der Legaldefinition des § 35 Abs. 1 Nr. 1 nur Urkunden,
worunter nach der ganz hM zum Urkundenbegriff insbes. bei den § 267 ff. StGB nur *verkörperte,* also mit
einer Sache fest verbundene Gedankenerklärungen zu verstehen sind (s. nur BGHSt 5, 75 (79); 34, 375
(376) jeweils zu § 267 StGB; MüKoStGB/*Erb* StGB § 267 Rn. 20 ff., 25). Dass der allgemeine Urkundenbegriff auch iRd § 35 Anwendung findet, bestätigen die im Tatbestand enumerativ aufgezählten
Geldzeichen – Marken, Münzen, Scheine: hierbei handelt es sich sämtlich um verkörperte Gedankenerklärungen. Bitcoins, die lediglich digital dargestellt werden, können damit mangels Urkundeneigen-
schaft nicht unter den Begriff des Geldzeichens subsumiert werden.

Inhaberschuldverschreibungen sind Wertpapiere, konkret Urkunden, in denen der Aussteller dem 6
Inhaber der Urkunde eine Leistung verspricht (vgl. die Legaldefinition in § 793 Abs. 1 S. 1 BGB).
Urkunden sind dabei nicht solche im strafrechtlichen Sinne, sondern die nach dem Beweisrecht der
ZPO anerkannten Urkunden, dh durch Niederschrift verkörperte Gedankenerklärungen (MüKoBGB/
Habersack BGB § 793 Rn. 5). Inhaberschuldverschreibungen sind **unverzinslich,** wenn sie keinen
Zinsanspruch gewähren; verbreitete Inhaberschuldverschreibungen wie Bankschuldverschreibungen (va
Pfandbriefe) oder Industrieobligationen (vgl. zu einer Übersicht BeckOK BGB/Staudinger/*Marburger*
BGB § 793 Rn. 11; BeckOK BGB/*Gehrlein* BGB § 793 Rn. 9) sind daher nicht erfasst, da sie regel-
mäßig einen Zinsanspruch gewähren. Unerheblich ist, ob die Wertbezeichnung in der Inhaberschuld-
verschreibung auf Euro lautet, § 35 Abs. 1 Nr. 1.

Tathandlung des § 35 Abs. 1 Nr. 1 ist das **unbefugte Ausgeben** von Geldzeichen oder unverzins- 7
lichen Inhaberschuldverschreibungen.

Der Begriff des **Ausgebens** ist ähnlich zu bestimmen wie der Begriff des „Inverkehrbringens" iSd 8
§ 146 StGB (Gramlich Rn. 10). Danach ist ein Ausgeben zu bejahen, wenn der Täter das Geldzeichen

oder die unverzinsliche Inhaberschuldverschreibung derart aus seinem Gewahrsam oder seiner sonstigen Verfügungsgewalt entlässt, dass ein anderer tatsächlich in die Lage versetzt wird, sich diesem bzw. dieser zu bemächtigen und damit nach eigenem Belieben umzugehen, es insbes. weiterzuleiten (Schönke/Schröder/*Sternberg-Lieben* StGB § 146 Rn. 21; Fischer StGB § 146 Rn. 17; MüKoStGB/*Erb* StGB § 146 Rn. 45 jeweils mwN). Das Lagern, Sammeln oder Mitsichführen von Geldzeichen und Inhaberschuldverschreibungen ist demnach noch nicht tatbestandsmäßig, wenn nicht im Einzelfall schon die Schwelle zum strafbaren Versuch überschritten ist (Spindler/Becker/Starke, Die Deutsche Bundesbank, 1957, 572; zum Versuch → Rn. 14).

9   Das Ausgeben von **Geldzeichen** ist **unbefugt,** wenn die Ausgabe nicht von der zuständigen Stelle vorgenommen wird (vgl. Gramlich Rn. 11). Gem. § 14 Abs. 1 hat die Deutsche Bundesbank das ausschließliche Recht, Banknoten innerhalb der Bundesrepublik Deutschland auszugeben (vgl. *Kümpel/Wittig,* Bank- und Kapitalmarktrecht, 2011, 5.476 f.), daneben gibt sie gem. § 7 Abs. 1 S. 1 MünzG die deutschen Euro-Münzen und die deutschen Euro-Gedenkmünzen in den Verkehr. Die Befugnis zur Ausgabe von Sammlermünzen liegt gem. § 7 Abs. 2 MünzG beim Bund. Dieses Tatbestandsmerkmal ist in Bezug auf Geldzeichen praktisch immer zu bejahen, da die Befugnis zur Geldausgabe durch die Bundesbank bzw. den Bund nicht delegierbar ist (*Spindler/Becker/Starke,* Die Deutsche Bundesbank, 1957, 570).

10   Die Ausgabe von **Inhaberschuldverschreibungen** war bis zum 31.1.1990 gem. § 795 BGB aF genehmigungspflichtig und die Ausgabe von unverzinslichen Inhaberschuldverschreibungen demgemäß **unbefugt,** wenn die erforderliche staatliche Genehmigung nicht vorlag (Gramlich Rn. 8; *Spindler/Becker/Starke,* Die Deutsche Bundesbank, 1957, 570). Mit Gesetz v. 17.12.1990 wurde jedoch mWz 1.1.1991 diese Genehmigungspflicht aufgehoben (BGBl. I 2839), so dass Inhaberschuldverschreibungen keiner staatlichen Genehmigung mehr bedürfen. Mangels Genehmigungspflicht ist daher die Tatbestandsalternative des § 35 Abs. 1 Nr. 1 Alt. 2 obsolet und hätte vom Gesetzgeber aufgehoben werden können. Diese Tatbestandsalternative ist auch nicht auf den Sonderfall der Ausgabe von Pfandbriefen, die gem. § 2 PfandBG ausnahmsweise genehmigungspflichtig ist, anzuwenden, da Pfandbriefe verzinsliche Inhaberschuldverschreibungen sind.

11   **b) Verwendung von unbefugt ausgegebenen Geldzeichen und Inhaberschuldverschreibungen (§ 35 Abs. 1 Nr. 2).** Gegenstand der Tathandlung des § 35 Abs. 1 Nr. 2 sind **unbefugt ausgegebene Geldzeichen** oder **unverzinsliche Inhaberschuldverschreibungen** (→ Rn. 5 ff.).

12   **Tathandlung** des § 35 Abs. 1 Nr. 2 ist das **Verwenden** unbefugt ausgegebener Geldzeichen oder unverzinslicher Inhaberschuldverschreibungen **zur Zahlung.** Entscheidend ist, ob das Geldzeichen (zum unbefugten Ausgeben unverzinslicher Inhaberschuldverschreibungen → Rn. 10) wie ein gesetzliches Zahlungsmittel eingesetzt wird (Gramlich Rn. 12). Zu bejahen ist dies etwa beim Einsatz zur Erfüllung einer Geldverbindlichkeit oder zum Umtausch in echte Geldzeichen; eine Anmaßung der Geldfunktion ist dagegen nicht zu bejahen, wenn Geldzeichen unter Sammlern getauscht oder sie verschenkt werden (Spindler/Becker/Starke, Die Deutsche Bundesbank, 1957, 573 Anm. 3).

13   **3. Tatbegehung und Rechtsfolgen.** Der subjektive Tatbestand erfordert bzgl. **§ 35 Abs. 1 Nr. 1** zumindest bedingt **vorsätzliches Handeln.** Gem. § 35 Abs. 3 genügt in den Fällen des **§ 35 Abs. 1 Nr. 2** auch **fahrlässiges Handeln.**

14   Gem. § 35 **Abs. 2** ist sowohl der **Versuch** des unbefugten Ausgebens von Geldzeichen und Inhaberschuldverschreibungen wie auch der Versuch von deren Verwendung unter Strafe gestellt. Ein Versuch des Ausgebens ist anzunehmen, wenn der Täter zur Übergabe unmittelbar ansetzt und diese (nach seiner subjektiven Vorstellung) auch unmittelbar bewerkstelligen kann (vgl. für § 146 Abs. 1 Nr. 3 StGB: SSW StGB/*Wittig* StGB § 146 Rn. 31; Fischer StGB § 146 Rn. 28).

§ 36 Anhalten von Falschgeld sowie unbefugt ausgegebener Geldzeichen

(1) ¹Die Deutsche Bundesbank sowie die Stellen und deren Beschäftigte, die in Artikel 6 Absatz 1 der Verordnung (EG) Nr. 1338/2001 des Rates vom 28. Juni 2001 zur Festlegung von zum Schutz des Euro gegen Geldfälschung erforderlichen Maßnahmen (ABl. L 181 vom 4.7.2001, S. 6) in der jeweils geltenden Fassung genannt sind, sind verpflichtet, nachgemachte oder verfälschte Banknoten oder Münzen (Falschgeld), als Falschgeld verdächtige Banknoten oder Münzen sowie unbefugt ausgegebene Gegenstände im Sinne des § 35 unverzüglich anzuhalten. ²Dem Betroffenen ist eine Empfangsbescheinigung zu erteilen.

(2) Falschgeld oder Gegenstände der in § 35 genannten Art sind von den Verpflichteten mit einem beigefügten Bericht unverzüglich der zuständigen Polizeibehörde zu übermitteln.

(3) ¹Als Falschgeld verdächtige Banknoten oder Münzen sind von den Verpflichteten mit einem beigefügten Bericht unverzüglich der Deutschen Bundesbank zu übermitteln. ²Stellt diese die Unechtheit der Banknoten oder Münzen fest, so übermittelt sie der zuständigen Polizeibehörde ein Gutachten und benachrichtigt die übermittelnde Stelle.

(4) Ordnungswidrig handelt, wer vorsätzlich oder fahrlässig

1. entgegen Absatz 1 Satz 1 Falschgeld oder einen dort genannten Gegenstand nicht anhält,
2. entgegen Absatz 2 oder Absatz 3 Satz 1, jeweils auch in Verbindung mit einer Rechtsverordnung nach § 36a Satz 1, Falschgeld oder einen dort genannten Gegenstand nicht oder nicht rechtzeitig übermittelt,
3. entgegen § 37a Absatz 1 Satz 1 eine Auskunft nicht, nicht richtig, nicht vollständig oder nicht rechtzeitig erteilt,
4. entgegen § 37a Absatz 2 Satz 2 eine dort genannte Maßnahme nicht duldet oder
5. einer vollziehbaren Anordnung nach § 37a Absatz 3 zuwiderhandelt.

(4a) Ordnungswidrig handelt, wer entgegen Artikel 6 Absatz 1 der Verordnung (EG) Nr. 1338/2001 des Rates vom 28. Juni 2001 zur Festlegung von zum Schutz des Euro gegen Geldfälschung erforderlichen Maßnahmen (ABl. L 181 vom 4.7.2001, S. 6), die durch die Verordnung (EG) Nr. 44/2009 (ABl. L 17 vom 22.1.2009, S. 1) geändert worden ist, nicht sicherstellt, dass die dort genannten Euro-Banknoten und Euro-Münzen auf Echtheit geprüft werden, oder nicht dafür Sorge trägt, dass Fälschungen aufgedeckt werden.

(5) Die Ordnungswidrigkeit kann mit einer Geldbuße bis zu einhunderttausend Euro geahndet werden.

(6) Verwaltungsbehörde im Sinne des § 36 Abs. 1 Nr. 1 des Gesetzes über Ordnungswidrigkeiten ist die Deutsche Bundesbank.

1. Allgemeines. § 36 wurde mit Gesetz v. 23.3.2002, in Kraft getreten am 30.4.2002 (BGBl. I 1159), **1** umfassend neu gefasst. Es wurden insbes. die Abs. 4, 5 und 6 angefügt, die das Nichtanhalten von Falschgeld sowie unbefugt ausgegebenen Geldzeichen und Schuldverschreibungen als Ordnungswidrigkeit ahnden. Erneute umfassende Änderungen erfuhr die Norm durch Gesetz vom 22.12.2011 (BGBl. I 2959); insbes. wurde § 36 Abs. 4a angefügt.

Zweck des § 36 ist die Sicherung des funktionierenden Umlaufs von Bargeld und Inhaberschuldverschreibungen, indem besonders dafür geeignete Stellen dazu berechtigt und verpflichtet werden, diese Gegenstände anzuhalten, sofern die in § 36 Abs. 1 genannten Voraussetzungen vorliegen (BT-Drs. II/2781, 43; Gramlich Rn. 2).

§ 36 Abs. 1 regelt die Voraussetzungen, unter denen eine Pflicht zum Anhalten von Geldzeichen und **2** Inhaberschuldverschreibungen besteht. § 36 Abs. 2 statuiert eine Pflicht zur Übersendung von Falschgeld und Gegenständen der in § 35 genannten Art an die Polizei. § 36 Abs. 3 verpflichtet zur Vorlage von als Falschgeld verdächtigen Banknoten und Münzen gegenüber der Bundesbank. § 37a, der von § 36 Abs. 4 Nr. 3–5 in Bezug genommen wird, regelt Auskunfts- und Duldungspflichten der Verpflichteten nach § 36 sowie die Befugnis der Bundesbank zum Erlass bestimmter Maßnahmen.

§ 36 Abs. 4 enthält Bußgeldvorschriften bei Zuwiderhandlung gegen die Pflichten aus § 36 Abs. 1–3 und § 37a, § 36 Abs. 4a eine Ordnungswidrigkeit bei Zuwiderhandlung gegen Art. 6 Abs. 2 der VO (EG) Nr. 1338/2001. § 36 Abs. 5 bestimmt die maximale Bußgeldhöhe und § 36 Abs. 6 die zuständige Verwaltungsbehörde iSd § 36 Abs. 1 Nr. 1 OWiG.

Adressat der Pflichten aus § 36 Abs. 1–3 sind die **Bundesbank** (sowie deren Filialen, § 10, Gramlich **3** Rn. 5) sowie die Stellen und deren Beschäftigte iSv Art. 6 Abs. 1 der VO (EG) Nr. 1338/2001 v. 28.6.2001. Solche Stellen sind Kreditinstitute und alle anderen Institute, zu deren Aufgaben der Umgang und die Ausgabe von Banknoten und Münzen gehört, einschließlich der Institute, deren Tätigkeit im Umtausch von Banknoten oder Münzen verschiedener Devisen besteht, zB Wechselstuben.

Täter des § 36 Abs. 4 bzw. Abs. 4a können nur natürliche Personen sein, so dass als Täter üblicherweise nur die Mitarbeiter der genannten Pflichtadressaten in Frage kommen, insbes. da Kreditinstitute regelmäßig als juristische Personen verfasst sind. Aus dem Sinn und Zweck der Vorschrift ist einschränkend zu verlangen, dass als Mitarbeiter iSd § 36 Abs. 1 nur solche Personen in Frage kommen, die nach dem ihnen zugewiesenen Aufgabengebiet auch mit Geldscheinen, Münzen, Geldzeichen und Inhaberschuldverschreibungen befasst sind. Aus dem Kreis tauglicher Täter fallen damit Personen, denen bloße Hilfstätigkeiten zukommen, wie Reinigungs- oder Schreibkräfte.

Die in § 36 Abs. 1–3 sowie in § 37a Abs. 1 statuierten Pflichten beziehen sich auf folgende **Gegen- 4 stände:** verfälschte Banknoten oder Münzen (Falschgeld), als Falschgeld verdächtige Banknoten und Münzen sowie unbefugt ausgegebene Gegenstände der in § 35 genannten Art (Neben- oder Ersatzgeld, § 35 → Rn. 2).

Zur Definition des **Geld**begriffs → § 35 Rn. 5. Geld, dh Banknoten oder Münzen (vgl. Schönke/Schröder/*Sternberg-Lieben* StGB § 146 Rn. 2), ist **falsch,** wenn dieses nicht die Erklärung derjenigen Stelle verkörpert, die es nach seinem Erscheinungsbild zu verkörpern vorgibt (MüKoStGB/*Erb* StGB § 146 Rn. 12) bzw. wenn das Geld nicht oder nicht in der vorhandenen Art und Weise von demjenigen stammt, der aus ihm als Aussteller hervorgeht (BGHSt 27, 255; BeckOK StGB/*Weidemann* StGB § 146 Rn. 8; Lackner/Kühl StGB § 146 Rn. 3; Schönke/Schröder/*Sternberg-Lieben* StGB § 146 Rn. 14). Banknoten und Münzen sind **als Falschgeld verdächtig,** wenn ein Anfangsverdacht iSd §§ 152 Abs. 2, 160 Abs. 1 StPO besteht (Gramlich Rn. 3). Der Anfangsverdacht muss sich auf konkrete Tatsachen stützen, die dafür sprechen, dass es sich bei den vorliegenden Münzen oder

Geldscheinen um Falschgeld handelt. Bloße, nicht durch konkrete Umstände belegte Vermutungen oder reine denktheoretische Möglichkeiten reichen nicht aus (BGH NStZ 1994, 499; Meyer-Goßner/Schmitt/*Schmitt* StPO § 152 Rn. 4; BeckOK StPO/*Beukelmann* StPO § 152 Rn. 4). Zu den unbefugt ausgegebenen Gegenständen der in § 35 genannten Art **(Neben- oder Ersatzgeld)** → § 35 Rn. 5 ff.

5   **2. Die Regelungen im Einzelnen. a) § 36 Abs. 4 Nr. 1 Alt. 1.** Gem. § 36 Abs. 4 Nr. 1 Alt. 1 handelt ordnungswidrig, wer entgegen § 36 Abs. 1 S. 1 Falschgeld oder einen dort genannten Gegenstand nicht oder nicht rechtzeitig anhält.

6   **Gegenstand** der Tathandlung ist die Pflicht aus § 36 Abs. 1 S. 1. Zum Pflichtadressaten und zur Tätertauglichkeit → Rn. 3, zu den erfassten Gegenständen → Rn. 4. Die Pflicht zum **Anhalten** erfordert die Einziehung der betroffenen Gegenstände von deren Besitzern bzw. Eigentümern und deren Einbehaltung. Nicht von § 36 Abs. 1 erfasst ist die Pflicht zur Anhaltung der Besitzer und Eigentümer der betroffenen Gegenstände zwecks Identitätsfeststellung (Gramlich Rn. 4); eine solche kann sich uU aus § 138 Abs. 1 Nr. 4, Abs. 3 iVm §§ 146, 152 StGB ergeben. Die betroffenen Gegenstände sind **unverzüglich** anzuhalten, dh ohne schuldhaftes Zögern iSd § 121 Abs. 1 S. 1 BGB.

7   **Tathandlung** des § 36 Abs. 4 Nr. 1 Alt. 1 ist das Nicht-Anhalten. Die betroffenen Gegenstände sind nicht angehalten, wenn ihre Einziehung und Einbehaltung vollständig unterbleibt (echtes Unterlassungsdelikt) oder nicht rechtzeitig erfolgt.

8   **b) § 36 Abs. 4 Nr. 2.** Gem. § 36 Abs. 4 Nr. 2 handelt ordnungswidrig, wer entgegen § 36 Abs. 2 Falschgeld oder einen dort genannten Gegenstand bzw. entgegen § 36 Abs. 3 als Falschgeld verdächtige Münzen oder Banknoten nicht übermittelt.

9   **Gegenstand** der Tathandlung ist die Pflicht aus § 36 Abs. 2 bzw. aus § 36 Abs. 3. Zum Pflichtadressaten und zur Tätertauglichkeit → Rn. 3, zu den erfassten Gegenständen grds. → Rn. 4; es ist dabei zu beachten, dass § 36 Abs. 2 sich nur auf Falschgeld und Gegenstände der in § 35 genannten Art bezieht, § 36 Abs. 3 sich auf als Falschgeld verdächtige Münzen und Scheine. Die Pflicht zur Übersendung erfordert die Übermittlung der betroffenen Gegenstände an die Polizei bzw. gem. § 36 Abs. 3 an die Bundesbank. Die Übersendung hat **unverzüglich** zu geschehen, dh ohne schuldhaftes Zögern iSd § 121 Abs. 1 S. 1 BGB.

10   **Tathandlung** des § 36 Abs. 4 Nr. 1 Alt. 2 ist das Nicht-Übermitteln. Die betroffenen Gegenstände sind nicht übermittelt, wenn ihre Übermittlung vollständig unterbleibt (echtes Unterlassungsdelikt) oder nicht rechtzeitig erfolgt.

11   **c) § 36 Abs. 4 Nr. 3–5.** Die Ordnungswidrigkeiten des § 36 Abs. 4 Nr. 3–5 beziehen sich auf die Vorschrift des § 37a: Gem. § 36 Abs. 4 Nr. 3 iVm § 37a Abs. 1 S. 1 handelt ordnungswidrig, wer eine Auskunft (vollständig) nicht, nicht richtig (dh falsch), nicht vollständig oder nicht rechtzeitig erteilt. Gem. § 37a Abs. 1 S. 1 müssen die nach § 36 Abs. 1 Verpflichteten (→ Rn. 3), die betroffene Banknoten wieder in Umlauf geben wollen, der Bundesbank auf Verlangen Auskünfte über die Herkunft der Banknoten, deren Bearbeitung sowie die verwendeten Banknotenbearbeitungsgeräte erteilen und Unterlagen vorlegen. § 37a Abs. 1 S. 1 sieht für die Auskunftserteilung keine Frist vor, so dass die Tathandlung der nicht rechtzeitigen Auskunftserteilung wohl ins Leere läuft.

12   Gem. § 36 Abs. 4 Nr. 4 iVm § 37a Abs. 2 S. 2 handelt ordnungswidrig, wer eine Maßnahme der Bundesbank nach § 37a Abs. 2 S. 1 nicht duldet. Gem. § 37a Abs. 2 S. 1 kann die Bundesbank bei den Verpflichteten nach § 36 Abs. 1 Prüfungen vornehmen und die Geschäftsräume innerhalb der üblichen Betriebs- und Geschäftszeiten betreten.

13   Gem. § 36 Abs. 4 Nr. 5 iVm § 37 Abs. 3 handelt ordnungswidrig, wer einer vollziehbaren Anordnung der Bundesbank zuwiderhandelt. Gem. § 37 Abs. 3 kann die Bundesbank einem Verpflichteten nach § 36 Abs. 1, der gegen die nach dem Beschluss EZB/2010/14 der Europäischen Zentralbank v. 16. September 2010 über die Prüfung der Echtheit und Umlauffähigkeit und über die Wiederausgabe von Euro-Banknoten (ABl. L 267 v. 9.10.2010, 1) zu erfüllenden Prüfpflichten verstößt, untersagen, Banknoten oder bestimmte Banknotenstückelungen wieder in den Umlauf zu geben oder mittels bestimmter Systeme zur Banknotenbearbeitung zu prüfen.

13a   **d) § 36 Abs. 4a.** Ordnungswidrig handelt schließlich gem. § 36 Abs. 4a, wer entgegen Art. 6 Abs. 1 der VO (EG) Nr. 1338/2001 des Rates v. 28.6.2001 zur Festlegung von zum Schutz des Euro gegen Geldfälschung erforderlichen Maßnahmen nicht sicherstellt, dass die dort genannten Euro-Banknoten und Euro-Münzen auf Echtheit geprüft werden, oder nicht dafür Sorge trägt, dass Fälschungen aufgedeckt werden.

14   **3. Tatbegehung und Rechtsfolgen.** Die Ordnungswidrigkeitentatbestände des § 36 Abs. 4 und Abs. 4a müssen **vorsätzlich oder fahrlässig** verwirklicht werden. Es genügt also bspw. wenn der Täter fahrlässig nicht erkennt, dass es sich um einen Gegenstand iSd § 36 Abs. 1 S. 1 handelt und deswegen ein Anhalten oder Übermitteln des Gegenstandes unterlässt. Ein Versuch ist nicht möglich, da die Versuchsstrafbarkeit nicht ausdrücklich angeordnet ist, § 13 Abs. 2 OWiG.

Die **Höhe** der zu verhängenden **Geldbuße** beträgt mindestens fünf Euro (§ 17 Abs. 1 OWiG) sowie gem. § 36 Abs. 5 maximal 100.000 EUR

Die für die Verfolgung der Ordnungswidrigkeiten **zuständige Behörde** iSd § 36 Abs. 1 Nr. 1 OWiG ist gem. § 36 Abs. 6 die Bundesbank.

195. Bundesdatenschutzgesetz (BDSG)

In der Fassung der Bekanntmachung vom 14. Januar 2003 (BGBl. I S. 66) FNA 204-3

Zuletzt geändert durch Art. 1 Gesetz zur Änderung datenschutzrechtlicher Vorschriften vom 25.2.2015
(BGBl. I S. 162)

– Auszug –

Vorbemerkung

1   **1. Zweck und Anwendungsbereich des Gesetzes.** Das Bundesdatenschutzgesetz (BDSG) v. 20.12.1990 idF v. 14.1.2003 (BGBl. I 1966) verfolgt den Zweck, den Bürger vor einer Beeinträchtigung seines Persönlichkeitsrechts beim Umgang mit seinen personenbezogenen Daten zu schützen (§ 1 Abs. 1). Es ist zunächst – und iSd rechtsstaatlichen Verteilungsprinzips (vgl. in diesem Zusammenhang *Masing* NJW 2012, 2305 (2306)) „klassisch" – Ausdruck der von Verfassungs wegen gebotenen (Art. 1 Abs. 1, Art. 2 Abs. 1 GG; grdl. BVerfGE 65, 1 ff.; ferner Roßnagel Datenschutzrecht-HdB/*Trute,* 2003, Abschn. 2.5) „informationellen Selbstbeschränkung" des Staates (Roßnagel Datenschutzrecht-HdB/ *Trute,* 2003, Einl. Rn. 16), der für die Erfüllung vieler öffentlichen Aufgaben auf personenbezogene Daten angewiesen ist: Das BDSG gilt für die Erhebung, Verarbeitung und Nutzung personenbezogener Daten durch öffentliche Stellen des Bundes (§§ 1 Abs. 2 Nr. 1, 2 Abs. 1, Abs. 3 S. 1, Abs. 4 S. 2) und – allerdings unter einschränkenden Voraussetzungen (näher NK-BDSG/*Dammann* § 1 Rn. 125 ff.) – auch der Länder (§§ 1 Abs. 2 Nr. 2, 2 Abs. 2, Abs. 3 S. 2, Abs. 4 S. 2).

2   Das BDSG gilt aber auch für nicht-öffentliche Stellen (§ 2 Abs. 4 S. 1), soweit diese Daten unter Einsatz von Datenverarbeitungsanlagen oder in oder aus nicht automatisierten Dateien verarbeiten, nutzen oder dafür erheben und solange dies nicht ausschließlich für persönliche oder familiäre Tätig-keiten erfolgt (§ 1 Abs. 2 Nr. 3). Darin liegt – in Umkehrung des rechtsstaatlichen Verteilungsprinzips (vgl. *Masing* NJW 2012, 2305 (2307)) – eine Beschränkung der allgemeinen Handlungsfreiheit, mit den Daten anderer nach Belieben „umzugehen", zum Schutz des Persönlichkeitsrechts dieser anderen; das BDSG zielt insoweit auf einer objektiv-rechtlichen Grundrechtsebene auf einen Ausgleich von Freiheits-sphären (vgl. *Masing* NJW 2012, 2305 (2307)).

3   In sachlicher Hinsicht wird der Anwendungsbereich des BDSG allerdings durch die Subsidiaritäts-klausel des § 1 Abs. 3 begrenzt: Danach sind bereichsspezifische Regelungen des Datenschutzes vor-rangig, wenn diese inhaltlich deckungsgleich – „tatbestandskonkruent" (vgl. Däubler/Klebe/Wedde/ *Weichert* § 1 Rn. 13; NK-BDSG/*Dix* § 1 Rn. 170) – sind (näher NK-BDSG/*Dix* § 1 Rn. 170 ff.). Umgekehrt bestimmt § 1 Abs. 4 einen Vorrang des BDSG ggü. den Verwaltungsverfahrensgesetzen, der – mit Blick auf § 1 Abs. 1 und Abs. 2 S. 1 VwVfG und einzelne Regelungen der Länder (etwa Art. 2 Abs. 8 BayDSG) – nicht nur für die Phase der Ermittlung des Sachverhalts, sondern – über den Norm-text hinaus – auch im weiteren Verwaltungsverfahren gilt (näher NK-BDSG/*Dix* § 1 Rn. 191 ff.). Schließlich enthält § 1 Abs. 5 zwei Kollisionsregelungen für grenzüberschreitende, nämlich vom Aus-land ins Inland wirkende Sachverhalte (näher NK-BDSG/*Dammann* § 1 Rn. 197 ff.).

4   **2. Bedeutung der Bußgeld- und Strafvorschriften.** Die Bußgeld- und Strafvorschriften des BDSG spiegeln die Bedeutung, welche die moderne Gesellschaft dem Schutz der personenbezogenen Daten beimisst. Im Unterschied zu den verwaltungsrechtlichen Vorschriften des BDSG haben sie jedoch eine abweichende Aufgabe. Geht es dort um den „richtigen" Umgang mit personenbezogenen Daten, steht hier die staatliche Sanktion eines „falschen" Umgangs mit solchen Daten im Vordergrund. Von der Zielsetzung des BDSG her betrachtet, stehen die Bußgeld- und Strafvorschriften, die als Annex zu seinen verwaltungsrechtlichen Vorschriften ausgestaltet sind, damit zwar ebenfalls im Dienst des Datenschutzes; dem mit ihnen verwirklichten Modell eines nebenstrafrechtlichen Datenschutzes kommt jedoch ledig-lich eine flankierende und ergänzende Funktion zu (vgl. allg. NK-StGB/*Hassemer/Neumann* StGB Vor § 1 Rn. 208).

5   **3. Regelungstypik.** Sowohl bei den Bußgeldvorschriften als auch bei den Strafvorschriften des BDSG handelt es sich um Blankettbestimmungen, weil die mit Bußgeld belegte oder mit Strafe bedrohte Handlung nicht stets unmittelbar und abschließend in den jeweiligen Vorschriften umschrieben ist (zum Begriff BGHSt 6, 30 (40); Jescheck/Weigend StrafR AT § 12 III 2; vgl. auch Roßnagel DatenschutzR-HdB/*Bär,* 2003, Abschn. 5.7 Rn. 6 f.). Die Tatbestände der Bußgeld- und Strafvorschriften werden folglich erst durch das Zusammenwirken der Sanktionsnormen mit den Ausfüllungsnormen, die das nach dem BDSG gebotene oder verbotene Verhalten umschreiben, vollständig gebildet (BGHSt 20, 177 (181); Jescheck/Weigend StrafR AT § 12 III 2; LK-StGB/*Dannecker* StGB § 1 Rn. 148, 152). Bei allen

Glaser

Verweisungen im BDSG handelt es sich um sog Binnenverweisungen, weil Ausgangspunkte und Endpunkte einer Verweisung demselben Gesetz angehören (unechtes Blankettgesetz; zu den unterschiedlichen Verweisungstechniken näher LK-StGB/*Dannecker* StGB § 1 Rn. 150 ff.).

Obwohl die Regelungstechnik, datenschutzrechtliche Vorschriften mit sanktionsrechtlichen Vor- **6** schriften zu verknüpfen, ein Erfassen und ein Verständnis der Bußgeld- und Strafvorschriften des BDSG erschwert, begegnet sie vor dem Hintergrund des in Art. 103 Abs. 2 GG verfassungsrechtlich gewährleisteten **Bestimmtheitsgebot**s keinen Bedenken (vgl. Roßnagel Datenschutzrecht-HdB/*Bär*, 2003, Abschn. 5.7 Rn. 7; ferner LK-StGB/*Dannecker* StGB § 1 Rn. 150). Mit Blick auf das ebenfalls in Art. 103 Abs. 2 GG verfassungsrechtlich verankerte **Analogieverbot** (näher LK-StGB/*Dannecker* § 1 Rn. 238 ff.; NK-StGB/*Hassemer/Kargl* StGB § 1 Rn. 70 ff.; Roxin StrafR AT I § 5 Rn. 26 ff.) ist allerdings daran zu erinnern, dass ausschließlich die in den Sanktionsnormen benannten Verstöße gegen die Vorschriften des BDSG mit Bußgeld belegt oder strafbewehrt sind. Andere Zuwiderhandlungen, selbst wenn sie in ihrem Unwertgehalt als vergleichbar empfunden werden, dürfen weder bußgeld- noch strafbegründend einbezogen werden.

4. Irrtumsprobleme. Die gewählte Regelungstechnik führt dazu, dass die datenschutzrechtlichen **7** Normen in den Tatbestand der Sanktionsvorschriften inkorporiert werden. Das macht diese anfällig für Irrtümer. Eine Fehlvorstellung über Tatumstände, die in den Merkmalen der datenschutzrechtlichen Normen vertypt sind, ist Tatumstandsirrtum iSd § 16 Abs. 1 S. 1 StGB (Jescheck/Weigend StrafR AT § 29 V 3; nach der Art der Blankettbestimmung – „echt" oder „unecht" – diff. LK-StGB/*Vogel* StGB § 16 Rn. 37, 40). Damit entfällt der Vorsatz; die Strafbarkeit wegen fahrlässiger Begehung (§ 16 Abs. 1 S. 2 StGB) hängt davon ab, ob insoweit eine Strafandrohung besteht (§ 15 StGB). Der Irrtum über die Existenz, die Reichweite oder die Anwendbarkeit der über die Verweisungen in Bezug genommenen datenschutzrechtlichen Vorschriften stellt demgegenüber nur einen (direkten) Verbotsirrtum dar (Jescheck/Weigend StrafR AT § 29 V 3; abw. NK-StGB/*Puppe* StGB § 16 Rn. 60 ff., 149; NK-StGB/*Neumann* StGB § 17 Rn. 95). Dieser führt, wenn er unvermeidbar ist, zum Schuldausschluss (§ 17 S. 1 StGB). Regelmäßig wird er vermeidbar sein (näher NK-StGB/*Neumann* StGB § 17 Rn. 53 ff.; LK-StGB/*Vogel* StGB § 17 Rn. 33 ff.; Roxin StrafR AT I § 21 Rn. 35 ff.), so dass lediglich eine fakultative (erweiternd – regelmäßig – die hM; vgl. LK-StGB/*Vogel* StGB § 17 Rn. 92; NK-StGB/*Neumann* StGB § 17 Rn. 83 ff., 85; Jescheck/Weigend StrafR AT § 41 II 2e; Roxin StrafR AT I § 21 Rn. 71) Strafrahmenverschiebung nach § 49 Abs. 1 StGB in Betracht kommt (§ 17 S. 2 StGB; zum Anwendungsbereich des § 17 StGB im Nebenstrafrecht instruktiv NK-StGB/*Neumann* StGB § 17 Rn. 90 ff.).

§ 43 Bußgeldvorschriften

(1) Ordnungswidrig handelt, wer vorsätzlich oder fahrlässig

1. entgegen § 4d Abs. 1, auch in Verbindung mit § 4e Satz 2, eine Meldung nicht, nicht richtig, nicht vollständig oder nicht rechtzeitig macht,
2. entgegen § 4f Abs. 1 Satz 1 oder 2, jeweils auch in Verbindung mit Satz 3 und 6, einen Beauftragten für den Datenschutz nicht, nicht in der vorgesehenen Weise oder nicht rechtzeitig bestellt,
2a. entgegen § 10 Absatz 4 Satz 3 nicht gewährleistet, dass die Datenübermittlung festgestellt und überprüft werden kann,
2b. entgegen § 11 Absatz 2 Satz 2 einen Auftrag nicht richtig, nicht vollständig oder nicht in der vorgeschriebenen Weise erteilt oder entgegen § 11 Absatz 2 Satz 4 sich nicht vor Beginn der Datenverarbeitung von der Einhaltung der beim Auftragnehmer getroffenen technischen und organisatorischen Maßnahmen überzeugt,
3. entgegen § 28 Abs. 4 Satz 2 nicht, nicht richtig oder nicht rechtzeitig unterrichtet oder nicht sicherstellt, dass der Betroffene Kenntnis erhalten kann,
3a. entgegen § 28 Absatz 4 Satz 4 eine strengere Form verlangt,
4. entgegen § 28 Abs. 5 Satz 2 personenbezogene Daten übermittelt oder nutzt,
4a. entgegen § 28a Abs. 3 Satz 1 eine Mitteilung nicht, nicht richtig, nicht vollständig oder nicht rechtzeitig macht,
5. entgegen § 29 Abs. 2 Satz 3 oder 4 die dort bezeichneten Gründe oder die Art. und Weise ihrer glaubhaften Darlegung nicht aufzeichnet,
6. entgegen § 29 Abs. 3 Satz 1 personenbezogene Daten in elektronische oder gedruckte Adress-, Rufnummern-, Branchen- oder vergleichbare Verzeichnisse aufnimmt,
7. entgegen § 29 Abs. 3 Satz 2 die Übernahme von Kennzeichnungen nicht sicherstellt,
7a. entgegen § 29 Abs. 6 ein Auskunftsverlangen nicht richtig behandelt,
7b. entgegen § 29 Abs. 7 Satz 1 einen Verbraucher nicht, nicht richtig, nicht vollständig oder nicht rechtzeitig unterrichtet,
8. entgegen § 33 Abs. 1 den Betroffenen nicht, nicht richtig oder nicht vollständig benachrichtigt,
8a. entgegen § 34 Absatz 1 Satz 1, auch in Verbindung mit Satz 3, entgegen § 34 Absatz 1a, entgegen § 34 Absatz 2 Satz 1, auch in Verbindung mit Satz 2, oder entgegen § 34 Ab-

satz 2 Satz 5, Absatz 3 Satz 1 oder Satz 2 oder Absatz 4 Satz 1, auch in Verbindung mit Satz 2, eine Auskunft nicht, nicht richtig, nicht vollständig oder nicht rechtzeitig erteilt oder entgegen § 34 Absatz 1a Daten nicht speichert,

8b. entgegen § 34 Abs. 2 Satz 3 Angaben nicht, nicht richtig, nicht vollständig oder nicht rechtzeitig übermittelt,

8c. entgegen § 34 Abs. 2 Satz 4 den Betroffenen nicht oder nicht rechtzeitig an die andere Stelle verweist,

9. entgegen § 35 Abs. 6 Satz 3 Daten ohne Gegendarstellung übermittelt,

10. entgegen § 38 Abs. 3 Satz 1 oder Abs. 4 Satz 1 eine Auskunft nicht, nicht richtig, nicht vollständig oder nicht rechtzeitig erteilt oder eine Maßnahme nicht duldet oder

11. einer vollziehbaren Anordnung nach § 38 Abs. 5 Satz 1 zuwiderhandelt.

(2) Ordnungswidrig handelt, wer vorsätzlich oder fahrlässig

1. unbefugt personenbezogene Daten, die nicht allgemein zugänglich sind, erhebt oder verarbeitet,

2. unbefugt personenbezogene Daten, die nicht allgemein zugänglich sind, zum Abruf mittels automatisierten Verfahrens bereithält,

3. unbefugt personenbezogene Daten, die nicht allgemein zugänglich sind, abruft oder sich oder einem anderen aus automatisierten Verarbeitungen oder nicht automatisierten Dateien verschafft,

4. die Übermittlung von personenbezogenen Daten, die nicht allgemein zugänglich sind, durch unrichtige Angaben erschleicht,

5. entgegen § 16 Abs. 4 Satz 1, § 28 Abs. 5 Satz 1, auch in Verbindung mit § 29 Abs. 4, § 39 Abs. 1 Satz 1 oder § 40 Abs. 1, die übermittelten Daten für andere Zwecke nutzt,

5a. entgegen § 28 Absatz 3b den Abschluss eines Vertrages von der Einwilligung des Betroffenen abhängig macht,

5b. entgegen § 28 Absatz 4 Satz 1 Daten für Zwecke der Werbung oder der Markt- oder Meinungsforschung verarbeitet oder nutzt,

6. entgegen § 30 Absatz 1 Satz 2, § 30a Absatz 3 Satz 3 oder § 40 Absatz 2 Satz 3 ein dort genanntes Merkmal mit einer Einzelangabe zusammenführt oder

7. entgegen § 42a Satz 1 eine Mitteilung nicht, nicht richtig, nicht vollständig oder nicht rechtzeitig macht.

(3) ^{1}Die Ordnungswidrigkeit kann im Fall des Absatzes 1 mit einer Geldbuße bis zu fünfzigtausend Euro, in den Fällen des Absatzes 2 mit einer Geldbuße bis zu dreihunderttausend Euro geahndet werden. ^{2}Die Geldbuße soll den wirtschaftlichen Vorteil, den der Täter aus der Ordnungswidrigkeit gezogen hat, übersteigen. ^{3}Reichen die in Satz 1 genannten Beträge hierfür nicht aus, so können sie überschritten werden.

A. Regelungssystematik

1   Der Gesetzgeber hat im Bereich der Bußgeldtatbestände zwei Vorschriftenkomplexe gebildet, die – historisch bedingt, aber mittlerweile nicht mehr friktionslos (vgl. auch NK-BDSG/*Ehmann* Rn. 44) – nach der Art und Weise des Verstoßes gegen Vorschriften des BDSG unterscheiden: Abs. 1 sanktioniert ausnahmslos Verstöße gegen formelle Vorschriften des BDSG. Abs. 2 sanktioniert demgegenüber zunächst in den ersten vier Nummern materielle Verstöße gegen Vorschriften des BDSG; ihnen gleichgestellt werden in den darauf folgenden Nummern Verstöße gegen formelle Vorschriften, die „eigentlich" dem Abs. 1 zuzuordnen wären. Abs. 3 enthält Regelungen zu den Rechtsfolgen.

B. Die Regelungen im Einzelnen

I. Ordnungswidrigkeiten nach Abs. 1

2   **1. Nr. 1: Verstoß gegen die Meldepflicht des § 4d Abs. 1.** Die Vorschrift sanktioniert den Verstoß gegen eine nach § 4d Abs. 1 bestehende Meldepflicht. Erfasst werden ausschließlich Verfahren automatisierter Verarbeitungen (§ 3 Abs. 2 S. 1), die vor ihrer Inbetriebnahme durch nicht-öffentlich verantwortliche Stellen der zuständigen Aufsichtsbehörde oder vor ihrer Inbetriebnahme durch öffentlich verantwortliche Stellen des Bundes oder durch Post- und Telekommunikationsunternehmen dem Bundesbeauftragten für den Datenschutz und die Informationssicherheit zu melden sind. Ausnahmen von der Meldepflicht enthalten § 4d Abs. 2 und Abs. 3, die ihrerseits durch § 4d Abs. 4 eingeschränkt werden. Liegen diese Ausnahmen vor, fehlt es an einer anknüpfungsfähigen Ausfüllungsvorschrift, so dass der Tatbestand der Nr. 1 entfällt.

3   Ziel der Meldepflicht ist – wie sich aus § 38 Abs. 2 S. 1 ergibt – die Eintragung des gemeldeten Verfahrens in ein Register, ohne dass damit allerdings eine materielle Rechtmäßigkeitskontrolle verbunden wäre (vgl. NK-BDSG/*Petri* § 4d Rn. 29 ff.). Das Register dient der Aufsichtsbehörde als eine erste Grundlage für die Kontrolltätigkeit; ggü. dem einsichtsberechtigten Bürger (§ 38 Abs. 2 S. 2) stellt es die erforderliche Transparenz her und dient so zur Vorbereitung einer Geltendmachung von Datenschutzrechten (vgl. NK-BDSG/*Petri* § 38 Rn. 52).

Inhaltlich wird die Meldepflicht durch die § 4e S. 1 bestimmten Angaben ausgestaltet. Ihnen werden **4** durch den Verweis auf § 4e S. 2 Veränderungen bei den Angaben oder bei den Zeitpunkten der Aufnahme oder der Beendigung einer meldepflichtigen Tätigkeit gleichgestellt. Daraus folgt, dass auch diese Veränderungen überhaupt, inhaltlich richtig, vollständig und rechtzeitig mitzuteilen sind. § 4e S. 2 berücksichtigt zudem die Gegenausnahme zu § 4d Abs. 2 und Abs. 3 in § 4d Abs. 4: Gelten die Ausnahmen in § 4d Abs. 2 und Abs. 3 nicht, so gilt dies folgerichtig auch dann, wenn es sich um eine Veränderung der mitteilungspflichtigen Angaben oder Zeitpunkte handelt.

2. Nr. 2: Verstoß gegen die Pflicht zur Bestellung eines Datenschutzbeauftragten nach § 4f 5 Abs. 1 S. 1, S. 2. Die Vorschrift sanktioniert den Verstoß gegen die Verpflichtung zur Bestellung eines Beauftragten für den Datenschutz. Diese hängt von drei Kriterien ab, die in ihrem Zusammenwirken die Regelung weithin unübersichtlich machen (vgl. NK-BDSG/*Simitis* § 4f Rn. 12 ff.). Im Einzelnen gilt: **Öffentliche Stellen** haben einen Beauftragten schriftlich zu bestellen, wenn dort personenbezogene Daten automatisiert verarbeitet werden (§ 4f Abs. 1 S. 1). Dies gilt auch, wenn personenbezogene Daten auf andere Weise – also nicht automatisiert – erhoben, verarbeitet und dabei mindestens 20 Personen beschäftigt werden (§ 4f Abs. 1 S. 3). **Nicht-öffentliche Stellen** haben einen Beauftragten schriftlich und innerhalb einer Frist von einem Monat nach Aufnahme ihrer Tätigkeit (§ 4f Abs. 1 S. 2) zu bestellen, wenn dort personenbezogene Daten automatisiert verarbeitet werden (§ 4f Abs. 1 S. 1). Dies gilt auch, wenn personenbezogene Daten auf andere Weise – also nicht automatisiert – erhoben, verarbeitet oder genutzt und dabei mindestens 20 Personen beschäftigt werden (§ 4f Abs. 1 S. 3). Die Pflicht zur Bestellung entfällt allerdings, wenn maximal neun Personen mit der automatisierten Datenverarbeitung beschäftigt sind (§ 4f Abs. 1 S. 4). Nehmen die nicht-öffentlichen Stellen automatische Datenverarbeitungen vor, die einer Vorabkontrolle unterliegen, oder werden durch sie personenbezogene Daten geschäftsmäßig zum Zweck der Übermittlung, der anonymisierten Übermittlung oder für Zwecke der Markt- und Meinungsforschung automatisiert verarbeitet, so ist der Beauftragte ohne Rücksicht auf die Zahl der hierbei beschäftigten Personen zu bestellen (§ 4f Abs. 1 S. 5).

Nicht erfasst ist – wie sich bereits aus der Beschränkung der Verweisung auf § 4f Abs. 1 ergibt – der **6** Fall, dass ein Beauftragter für den Datenschutz zwar bestellt ist, dieser jedoch nicht die erforderliche Qualifikation oder Zuverlässigkeit (§ 4f Abs. 2) aufweist; ebenso wenig erfüllt den Tatbestand, wer einen Beauftragten bestellt, der allerdings untätig bleibt (aA Gola/Schomerus Rn. 6; NK-BDSG/*Simitis* § 4f Rn. 111). Die fehlende Qualifikation oder die Untätigkeit des Datenschutzbeauftragten können mit Blick auf das aus Art. 103 Abs. 3 GG folgende Analogieverbot nicht der Bestellung in einer nicht vorgeschriebenen Weise (§ 43 Abs. 1 Nr. 2 Alt. 2) gleichgestellt werden.

3. Nr. 2a: Verstoß gegen die Gewährleistungspflicht des § 10 Abs. 4 S. 3. Die Vorschrift **7** sanktioniert den Verstoß gegen die Gewährleistungspflicht des § 10 Abs. 4 S. 3. Danach hat, wer ein automatisiertes Verfahren für den Abruf personenbezogener Daten einrichtet (§ 10 Abs. 1), zu gewährleisten, dass die Übermittlung jedenfalls stichprobenartig festgestellt und überprüft werden kann. Diese Verpflichtung gilt nur dann nicht, wenn es sich um allgemein zugängliche Daten (§ 10 Abs. 5 S. 2) handelt (§ 10 Abs. 5 S. 1).

4. Nr. 2b: Verstoß gegen Form- (§ 11 Abs. 2 S. 2) und Sorgfaltspflichten (§ 11 Abs. 2 S. 4) 8 beim Umgang mit personenbezogenen Daten im Auftrag. Die Vorschrift sanktioniert den Verstoß gegen eine Formvorschrift und eine Vorschrift zu Sorgfaltspflichten beim Umgang mit personenbezogenen Daten im Auftrag. Wer als Auftraggeber durch einen anderen personenbezogene Daten erheben, verarbeiten oder nutzen lässt, ist für die Einhaltung der datenschutzrechtlichen Vorschriften verantwortlich (§ 11 Abs. 1 S. 1). Dazu muss der Auftragnehmer nicht nur unter besonderer Berücksichtigung der Eignung der von ihm getroffenen technischen und organisatorischen Maßnahmen zur Einhaltung des Datenschutzes sorgfältig ausgewählt werden (§ 11 Abs. 2 S. 1), der Auftraggeber hat den Auftrag auch schriftlich und mit einem gesetzlich vorgegebenen Inhalt zu erteilen (§ 11 Abs. 2 S. 2), der sich am Ziel des § 11 Abs. 1 S. 1 orientiert, also umfassende Vorgaben enthält, die den Datenschutz gewährleisten sollen. Dazu gehört schließlich auch, dass sich der Auftraggeber vor dem Beginn der Datenverarbeitung und in der Folgezeit regelmäßig über die Einhaltung der getroffenen technischen und organisatorischen Maßnahmen (vgl. bereits § 11 Abs. 2 S. 1) zu überzeugen hat (§ 11 Abs. 2 S. 4).

5. Nr. 3: Verstoß gegen die Unterrichtungspflicht des § 28 Abs. 4 S. 2. Die Vorschrift sanktio- **9** niert den Verstoß gegen die Unterrichtungspflicht nach § 28 Abs. 4 S. 2. Nicht-öffentliche Stellen (§ 27 Abs. 1 S. 1 Nr. 1), öffentliche Stellen des Bundes, soweit sie als öffentlich-rechtliche Unternehmen am Wettbewerb teilnehmen (§ 27 Abs. 1 S. 1 Nr. 2a), und öffentliche Stellen der Länder, die als öffentlich-rechtliche Unternehmen am Wettbewerb teilnehmen, Bundesrecht ausführen und dabei keinen landesrechtlichen Vorschriften zum Datenschutz unterliegen (§ 27 Abs. 1 S. 1 Nr. 2b), dürfen personenbezogene Daten, die mit Hilfe von Datenverarbeitungsanlagen verarbeitet, genutzt oder dafür erhoben werden, oder Daten aus nicht automatisierten Dateien verarbeitet, genutzt oder dafür erhoben werden, für die Erfüllung eigener Geschäftszwecke erheben, speichern, verändern, übermitteln oder nutzen (§ 28 Abs. 1 S. 1). Eine Verarbeitung oder Nutzung personenbezogener Daten zu Zwecken der Werbung oder

der Markt- und Meinungsforschung ist jedoch unzulässig, wenn der Betroffene bei der verantwortlichen Stelle widerspricht (§ 28 Abs. 4 S. 1).

Das Widerrufsrecht, das andere Rechte des Betroffenen weder verdrängt noch ersetzt (vgl. NK-BDSG/*Simitis* § 28 Rn. 252) soll dem Betroffenen die Möglichkeit geben, eine rechtlich zulässige Verwendung seiner Daten zu verhindern (vgl. NK-BDSG/*Simitis* § 28 Rn. 248). Das setzt freilich eine rechtzeitige und inhaltlich zutreffende Unterrichtung voraus: Er ist bereits bei der Ansprache zum Zweck der Werbung oder der Markt- und Meinungsforschung und auch dann über die verantwortliche Stelle und dieses Widerspruchsrecht zu unterrichten (§ 28 Abs. 4 S. 2 Hs. 1), wenn es sich um die Begründung eines rechtsgeschäftlichen oder rechtsgeschäftsähnlichen Schuldverhältnisses iSd § 28 Abs. 1 S. 1 Nr. 1 handelt. Werden bei der Ansprache personenbezogene Daten genutzt, die bei einer dem Ansprechenden nicht bekannten Stelle gespeichert sind, ist außerdem sicherzustellen, dass der Betroffene Kenntnis über die Herkunft der Daten erhalten kann (§ 28 Abs. 4 S. 2 Hs. 2).

10   **6. Nr. 3a: Verstoß gegen das Formgebot des § 28 Abs. 4 S. 4.** Die Vorschrift sanktioniert den Verstoß gegen das Formgebot des § 28 Abs. 4 S. 4. Danach darf in den Fällen des § 28 Abs. 1 S. 1 Nr. 1 für den Widerspruch (§ 28 Abs. 4 S. 1) keine strengere Form als für die Begründung des rechtsgeschäftlichen oder rechtsgeschäftsähnlichen Schuldverhältnisses verlangt werden.

11   **7. Nr. 4: Verstoß gegen die Zweckbindung des § 28 Abs. 5 S. 2.** Die Vorschrift sanktioniert den Verstoß gegen die Zweckbindung des § 28 Abs. 5 S. 2. Dritte, die personenbezogene Daten zu einem bestimmten Zweck erhalten haben, dürfen diese grds. nur zu diesem Zweck verarbeiten oder nutzen (§ 28 Abs. 5 S. 1). Nicht-öffentliche Stellen dürfen die erhaltenen Daten jedoch unter den Voraussetzungen des § 28 Abs. 2 u. 3, öffentliche Stellen unter den Voraussetzungen des § 14 Abs. 2 auch zu anderen Zwecken verarbeiten oder nutzen (§ 28 Abs. 5 S. 2).

12   **8. Nr. 4a: Verstoß gegen die Mitteilungspflicht des § 28a Abs. 3 S. 1.** Die Vorschrift sanktioniert den Verstoß gegen die Mitteilungspflicht des § 28a Abs. 3 S. 1. Ergeben sich zu den Tatsachen, die Grundlagen einer Übermittlung von personenbezogenen Daten nach § 28a Abs. 1 oder Abs. 2 an eine Auskunftei sind, nachträgliche Änderungen, so hat die verantwortliche Stelle nach § 28a Abs. 3 S. 1 diese Änderungen der Auskunftei binnen eines Monats nach Kenntniserlangung mitzuteilen.

13   **9. Nr. 5: Verstoß gegen die Aufzeichnungspflicht nach § 29 Abs. 2 S. 3, S. 4.** Die Vorschrift sanktioniert den Verstoß gegen die Protokollierungspflichten nach § 29 Abs. 2 S. 3 und S. 4. Die Übermittlung geschäftsmäßig erhobener, gespeicherter oder veränderter personenbezogener Daten ist zulässig, wenn der empfangende Dritte ein berechtigtes Interesse an ihrer Kenntnis glaubhaft dargelegt hat (§ 29 Abs. 2 S. 1 Nr. 1) und der Betroffene kein schutzwürdiges Interesse am Ausschluss der Übermittlung hat (§ 29 Abs. 2 S. 1 Nr. 2). Die übermittelnde Stelle hat allerdings die Gründe für das Vorliegen des Interesses nach § 29 Abs. 2 S. 1 Nr. 1 und die Art und Weise deren glaubhafter Darlegung aufzuzeichnen (§ 29 Abs. 2 S. 3).

Diese Protokollierungspflicht nach § 29 Abs. 2 S. 3 soll nicht nur eine Prüfung der Übermittlungsvoraussetzungen durch die übermittelnde Stelle, sondern – letztlich – auch bewirken, dass hierzu wahrheitsgemäße Angaben gemacht werden (vgl. NK-BDSG/*Ehmann* § 29 Rn. 228 ff.). Unterschiede ergeben sich nur hinsichtlich des Normadressaten: Erfolgt die Übermittlung in einem automatisierten Abrufverfahren nach § 10, ist der Abrufende selbst für die Protokollierung verantwortlich (§ 29 Abs. 2 S. 4), denn nur er verfügt über die erforderlichen Informationen (vgl. NK-BDSG/*Ehmann* § 29 Rn. 231). In allen anderen Fällen trifft die Protokollierungspflicht die übermittelnde Stelle (§ 29 Abs. 2 S. 3).

14   **10. Nr. 6 und 7: Verstöße bei der Aufnahme personenbezogener Daten in elektronische oder gedruckte Verzeichnisse nach § 29 Abs. 3.** Personenbezogene Daten dürfen nach § 29 Abs. 3 S. 2 nicht in elektronische oder gedruckte Verzeichnisse aufgenommen werden, wenn der entgegenstehende Wille des Betroffenen aus dem entsprechenden Verzeichnis oder dem Register ersichtlich ist. Der Empfänger der Daten muss nach § 29 Abs. 3 S. 2 sicherstellen, dass Kennzeichnungen aus den elektronischen Verzeichnissen oder Registern übernommen werden. Damit ist durch den Gesetzgeber eine Lücke geschlossen worden, die entstanden war, weil sich § 104 TKG nur auf den Regelungsbereich des TKG erstreckt (vgl. NK-BDSG/*Ehmann* § 29 Rn. 240 ff.).

15   **11. Nr. 7a: Verstoß gegen die Pflicht zur Gleichbehandlung bei der Auskunft über Daten zur Beurteilung der Kreditwürdigkeit des § 29 Abs. 6.** § 29 Abs. 6, der keinen datenschutzrechtlichen Regelungsgehalt aufweist (vgl. NK-BDSG/*Ehmann* § 29 Rn. 244), dient der Umsetzung von Art. 9 Abs. 1 der Verbraucherkreditrichtlinie. Dieser bestimmt, dass alle Darlehensgeber aus den Mitgliedstaaten der Europäischen Union oder aus den Vertragsstaaten des Abkommens über den Europäischen Wirtschaftsraum gleich zu behandeln sind. Ihnen ist daher vor dem Stellen, wer geschäftsmäßig personenbezogene Daten, welche für die Bewertung der Kreditwürdigkeit eines Darlehensnehmers erforderlich sind, erhebt, speichert oder verändert, ein „diskriminierungsfreier Zugang" zu diesen Daten zu gewähren (BT-Drs. 16/11643, 140). Auf diese Weise sollen – wie sich aus Erwägungsgrund 28 der Richtlinie ergibt – Wettbewerbsverzerrungen im Binnenmarkt verhindert werden.

§ 43 Abs. 1 Nr. 7a sanktioniert einen Verstoß gegen diese Gleichbehandlungspflicht.

12. Nr. 7b: Verstoß gegen die Informationspflicht des § 29 Abs. 7. Auch § 29 Abs. 7 weist **16** keinen datenschutzrechtlichen Regelungsgehalt auf (vgl. NK-BDSG/*Ehmann* § 29 Rn. 245) und dient – letztlich – nur der Umsetzung von Art. 9 Abs. 2 der Verbraucherkreditrichtlinie. Die Vorschrift gewährt in S. 1 jedem Verbraucher einen Anspruch auf Unterrichtung, wenn der Abschluss eines Verbraucherdarlehensvertrages oder eines Vertrages über eine entgeltliche Finanzierungshilfe aufgrund einer Auskunft nach § 29 Abs. 6 abgelehnt wurde. Gegenstand der Unterrichtung ist nicht nur der Umstand, dass die Ablehnung auf dieser Auskunft beruht, sondern auch, welchen Inhalt diese Auskunft hatte. Nach S. 2 muss diese Unterrichtung unterbleiben, wenn sie die öffentliche Sicherheit oder Ordnung gefährden würde. § 43 Abs. 1 Nr. 7b sanktioniert einen Verstoß gegen diese Unterrichtungspflicht.

13. Nr. 8: Verstoß gegen die Benachrichtigungspflicht des § 33 Abs. 1. Die Vorschrift sanktio- **17** niert den Verstoß gegen die Benachrichtigungspflicht des § 33 Abs. 1. Danach ist der Betroffene von dem Umstand der Speicherung (§ 3 Abs. 4 Nr. 1), der Art. der Daten, der Zweckbestimmung der Erhebung, Verarbeitung oder Nutzung und von der Identität der verarbeitenden Stelle (§ 27 Abs. 1) zu benachrichtigen, wenn personenbezogene Daten erstmals für eigene Zwecke und ohne Kenntnis des Betroffenen gespeichert werden (§ 33 Abs. 1 S. 1). Aus dem Anwendungsbereich werden jedoch nach § 27 Abs. 2 von vornherein die Verbreitung und Nutzung solcher Daten außerhalb von nicht automatisierten Dateien ausgenommen, es sei denn die Dateien wurden ihrerseits aus einer automatisierten Verarbeitung entnommen (näher NK-BDSG/*Dix* § 33 Rn. 5 ff.). Handelt es sich um Daten, die geschäftsmäßig zum Zweck der Übermittlung ohne Kenntnis des Betroffenen gespeichert werden, ist dieser von der erstmaligen Übermittlung der Daten und deren Art. zu benachrichtigen (§ 33 Abs. 1 S. 2). Die Verpflichtung erstreckt sich in beiden Fällen (S. 1 und 2) auch auf die Kategorie der Empfänger, wenn der Betroffene nicht mit einer Übermittlung an diese rechnen muss (§ 33 Abs. 1 S. 3).Die Benachrichtigungspflichten – und mit ihnen die Bußgeldbewehrung – entfallen jedoch, wenn ein Ausnahmetatbestand des § 33 Abs. 2 S. 1 gegeben ist.

14. Nr. 8a: Verstoß gegen datenschutzrechtliche Auskunftspflichten nach § 34 Abs. 1, Abs. 1a, Abs. 2 S. 1, 2 und 5, Abs. 3 und Abs. 4 sowie gegen die Speicherpflicht des Abs. 1a. Die Vorschrift sanktioniert Verstöße gegen datenschutzrechtliche Auskunftspflichten nach § 34. Ordnungswidrig handelt, wer einer Auskunftspflicht überhaupt nicht, nicht richtig, nicht vollständig oder nicht rechtzeitig nachkommt. Ordnungswidrig handelt auch, wer der Speicherpflicht nach § 34 Abs. 1a zuwiderhandelt

Nach § 34 Abs. 1 S. 1 hat die verantwortliche Stelle dem Betroffenen über bestimmte personenbe- **18** zogene Daten Auskunft zu erteilen. Dies gilt nach S. 3 hinsichtlich der Herkunft und den Empfänger auch dann, wenn zwar die personenbezogenen Daten geschäftsmäßig zum Zweck der Übermittlung, nicht aber die Angaben zu Herkunft und Empfänger gespeichert sind.

Nach § 34 Abs. 1a S. 1 hat die übermittelnde Stelle im Fall des § 28 Abs. 3 S. 4 die Herkunft der **19** Daten und den Empfänger für die Dauer von zwei Jahren nach der Übermittlung zu speichern. Sie hat dem Betroffenen nach S. 1 Auskunft über die Herkunft und den Empfänger sowie dem Empfänger nach S. 2 „entsprechend", also über die Herkunft Auskunft zu erteilen.

Handelt es sich um einen Fall des Scorings nach § 28b bestimmt sich die Auskunftspflicht nach **§ 34 20 Abs. 2 S. 1.** Scoring ist ein mathematisch-statistisches Verfahren, mit welchem die Wahrscheinlichkeit – angegeben im sog Scorewert – berechnet werden kann, mit der eine Person ein bestimmtes Verhalten zeigen wird (vgl. BT-Drs. 16/10529, 9). Auskunft zu erteilen ist über erhobene oder erstmalig gespeicherte „Wahrscheinlichkeitswerte" (Scorewerte) und die zu deren Berechnung verwendeten Datenarten. Darüber hinaus muss zwar nicht die Formel zur Berechnung des Scorewerts offengelegt, jedoch müssen dem Betroffenen zumindest die zugrunde liegenden Sachverhalte nachvollziehbar in verständlicher Form dargelegt werden (vgl. auch *Roßnagel* NJW 2009, 2716 (2719)). Die Vorschrift trägt der Beobachtung Rechnung, dass die Betroffenen zwar regelmäßig im Wege der Selbstauskunft über die zu ihrer Person gespeicherten Daten Auskunft erlangen, diese aber nicht nachvollziehen können. Die Auskunftspflicht soll daher die Transparenz der Verfahren verbessern und dem Betroffenen die Möglichkeit geben, seine Rechte „effektiver" wahrzunehmen (BT-Drs. 16/10529, 9). S. 2 erstreckt die Auskunftspflicht auf solche Fälle, in denen die zur Berechnung des Scorewerts verwendeten Daten zwar ohne Personenbezug gespeichert werden, dieser aber bei der Berechnung hergestellt wird, oder in denen bei einer anderen Stelle gespeicherte Daten benutzt werden.

Hat eine andere als die für die Entscheidung verantwortliche Stelle den Scorewert berechnet (§ 34 **21** Abs. 2 S. 3 Nr. 1), so muss diese nach § 34 Abs. 2 S. 5 die Auskunftsansprüche nach S. 1 oder S. 2 unentgeltlich erfüllen.

Werden personenbezogene Daten geschäftsmäßig zum Zweck der Übermittlung gespeichert, hat die **22** speichernde Stelle dem Betroffenen nach § 34 Abs. 3 S. 1 auch dann Auskunft zu erteilen, wenn die Daten weder automatisiert verarbeitet werden noch in einer automatisierten Datei gespeichert sind. S. 2 dehnt diese Auskunftspflicht auf Daten, die noch keinen Personenbezug aufweisen, dieser aber im Zusammenhang mit der Auskunftserteilung hergestellt werden soll, oder auf Daten aus, die zwar nicht gespeichert, aber genutzt werden.

23   Ein Auskunftsanspruch besteht nach § 34 Abs. 4 S. 1 schließlich dann, wenn Stellen geschäftsmäßig personenbezogene Daten zum Zweck der Übermittlung erheben, speichern oder verändern. Nach **S. 2** werden von der Auskunftspflicht auch solche Daten erfasst, bei denen noch kein Personenbezug besteht, dieser aber bei der Berechnung des Scorewerts hergestellt werden soll, oder die bei einer anderen Stelle gespeichert sind.

24   **15. Nr. 8b: Verstoß gegen die Übermittlungspflicht des § 34 Abs. 2 S. 3.** Die Vorschrift sanktioniert den Verstoß gegen die Übermittlungspflicht des § 34 Abs. 2 S. 3. Hat eine andere als die für die Entscheidung verantwortliche Stelle den Scorewert oder einen Bestandteil dieses Werts berechnet, ist sie nach § 34 Abs. 2 S. 3 verpflichtet, die zur Erfüllung der in Abs. 2 S. 1 oder S. 2 bestimmten Auskunftspflicht erforderlichen Angaben an die für die Entscheidung verantwortliche Stelle zu übermitteln.

25   **16. Nr. 8c: Verstoß gegen die Verweisungspflicht des § 34 Abs. 2 S. 4.** Die Vorschrift sanktioniert den Verstoß gegen die Verweisungspflicht des § 34 Abs. 2 S. 4. Werden im Fall des § 28b der Scorewert durch eine andere als die iSd § 34 Abs. 2 verantwortliche Stelle berechnet, muss die für die Entscheidung verantwortliche Stelle den Betroffenen – unter Nennung von deren Name und Anschrift – an die andere Stelle verweisen, damit er dort seinen Auskunftsanspruch geltend machen kann.

26   **17. Nr. 9: Verstoß gegen das Übermittlungsverbot des § 35 Abs. 6 S. 3.** Die Vorschrift sanktioniert den Verstoß gegen das Übermittlungsverbot des § 35 Abs. 6 S. 3. Personenbezogene Daten sind in bestimmten Fällen zu berichtigen (§ 35 Abs. 1), zu löschen (§ 35 Abs. 2 S. 2) oder zu sperren (§ 35 Abs. 3, 4). Diese Rechte des Betroffenen dienen einer Verwirklichung des informationellen Selbstbestimmungsrechts, weil der Betroffene mit ihnen gegebenenfalls eine rechtswidrige Verbreitung seiner Daten verhindern kann (vgl. NK-BDSG/*Dix* § 35 Rn. 2). Hiervon macht § 35 Abs. 6 S. 1 eine Ausnahme, wenn personenbezogene Daten, die unrichtig sind oder deren Richtigkeit bestritten wird, bei der geschäftsmäßigen Datenspeicherung aus allgemein zugänglichen Quellen entnommen und lediglich zu Dokumentationszwecken gespeichert sind. Diese Ausnahme gilt wiederum nicht, wenn es sich um Daten nach § 35 Abs. 2 S. 2 Nr. 2 handelt; diese müssen auch dann gelöscht werden. Den nach § 35 Abs. 6 S. 1 bestimmten Daten ist auf Verlangen des Betroffenen eine Gegendarstellung beizufügen, solange sie gespeichert werden (§ 35 Abs. 6 S. 2). Sie dürfen in diesem Fall auch nur mit der Gegendarstellung zusammen übermittelt werden (§ 35 Abs. 6 S. 3).

27   **18. Nr. 10: Verstoß gegen die Auskunfts- und Duldungspflichten nach § 38 Abs. 3 S. 1, Abs. 4 S. 1.** Die Vorschrift sanktioniert den Verstoß gegen die Auskunfts- und Duldungspflichten nach § 38 Abs. 3 S. 1 und § 38 Abs. 4 S. 1. Die der Kontrolle durch die Aufsichtsbehörde unterliegenden Stellen einschließlich der mit ihrer Leitung beauftragten Personen haben der Aufsichtsbehörde auf Verlangen unverzüglich Auskunft zu erteilen (§ 38 Abs. 3 S. 1). Die Auskunft muss überhaupt, inhaltlich richtig und vollständig sowie rechtzeitig erfolgen. Soweit die mit der Kontrolle durch die Aufsichtsbehörde beauftragten Personen zur Erfüllung ihrer Aufgaben während der Betriebs- oder Geschäftszeiten Grundstücke und Geschäftsräume der Stelle zu betreten und dort Prüfungen oder Besichtigungen vorzunehmen haben (§ 38 Abs. 4 S. 1), müssen diese geduldet werden (§ 38 Abs. 4 S. 3).

28   **19. Nr. 11: Verstoß gegen eine vollziehbare Anordnung nach § 38 Abs. 5 S. 1.** Werden durch die Aufsichtsbehörde Verstöße bei der Erhebung, Verarbeitung oder Nutzung personenbezogener Daten oder technische oder organisatorische Mängel festgestellt, kann sie Maßnahmen zu deren Beseitigung anordnen (§ 38 Abs. 5 S. 1). Die Anordnung muss vollziehbar sein. Das setzt die Bestandskraft des dem Beseitigungsgebot zugrunde liegenden Verwaltungsakts oder die Anordnung seiner sofortigen Vollziehbarkeit voraus.

29   Für die Frage, wie sich Rechtsfehler auf die Bußgeldbewehrung auswirken, ergibt sich aus der Akzessorietät zum Datenschutzrecht: Soweit der zugrunde liegende Verwaltungsakt **nichtig** ist, entfaltet er auch im Strafrecht (von Anfang an) keine Rechtswirkung (§ 43 Abs. 3 VwVfG). Ist der Verwaltungsakt demgegenüber nur **rechtswidrig** (aber vollziehbar; BGHSt 23, 86 (92)), kommt seine Tatbestandswirkung zum Tragen: Die mit dem Verwaltungsakt getroffene Regelung ist (ohne inhaltliche Prüfung) der sanktionsrechtlichen Entscheidung zugrunde zu legen. Bei belastenden Verwaltungsakten führt die Akzessorietät daher zu einer *zusätzlichen* Belastung des Betroffenen: Er muss sich im Wege des verwaltungsprozessualen Rechtsschutzes gegen den Verwaltungsakt wenden, um den Eintritt der Bestandskraft zu verhindern; andernfalls erwächst sein Handeln in tatbestandliches Unrecht. In diesem Fall wie auch dann, wenn eine rechtswidrige Anordnung nachträglich beseitigt wird, mutet es „ungerecht" an, wenn bloßer und zudem materiell berechtigter Verwaltungsrechtsungehorsam bestraft werden soll. Doch wird hier ggü. anderen Lösungen (Tatbestandsausschluss oder Strafaufhebungsgrund; krit. etwa im Umweltstrafrecht LK-StGB/*Steindorf* StGB Vor § 324 Rn. 40; NK-StGB/*Ransiek* StGB § 324 Rn. 17 f.) eine Korrektur über § 153 StPO oder § 153a StPO vorzuziehen sein (vgl. LK-StGB/*Steindorf* StGB Vor § 324 Rn. 40).

II. Ordnungswidrigkeiten nach Abs. 2

1. Nr. 1–3: Unbefugter Umgang mit personenbezogenen Daten, die nicht allgemein zu- 30
gänglich sind. Die Ordnungswidrigkeiten des § 43 Abs. 2 Nr. 1–3 erfassen den unbefugten Umgang mit personenbezogenen Daten, die nicht allgemein zugänglich sind. Mit Geldbuße geahndet werden unter **Nr. 1** die unbefugte Erhebung und die unbefugte Verarbeitung, unter **Nr. 2** das unbefugte Bereithalten zum Abruf mittels automatisierten Verfahrens sowie unter **Nr. 3** der unbefugte Abruf und das unbefugte Verschaffen für sich oder einen anderen.

Allgemein zugänglich sind – in Anlehnung an § 10 Abs. 5 (vgl. BT-Drs. 14/5793, 67) – Daten, über die sich eine unbeschränkte Anzahl von Personen ohne besondere Sachkunde und ohne besondere Anstrengung, etwa durch Benutzung allgemein zugänglicher und zuverlässiger Quellen, sicher unterrichten kann (vgl. Roßnagel Datenschutzrecht-HdB/*Bär*, 2003, Abschn. 5.7 Rn. 25; NK-BDSG/*Dammann* Rn. 49; Gola/Schomerus/*Gola*/*Körffer*/*Klug* Rn. 18). Dabei sind „nicht allgemein zugängliche" Daten nicht mit solchen Daten gleichzusetzen, die – etwa iSd § 203 StGB – geheim zu halten sind. Daten, die in nicht jedermann und beliebig zugänglichen Registern, etwa im Bundeszentralregister oder im Verkehrszentralregister, gespeichert werden, sind hingegen „nicht allgemein zugänglich" (vgl. Roßnagel Datenschutzrecht-HdB/*Bär*, 2003, Abschn. 5.7 Rn. 26; NK-BDSG/*Ehmann* Rn. 49).

Zur **Erhebung** s. § 3 Abs. 3 (näher Roßnagel Datenschutzrecht-HdB/*Bär*, 2003, Abschn. 5.7 Rn. 45; NK-BDSG/ 31
Ehmann Rn. 57; NK-BDSG/*Dammann* § 3 Rn. 100 ff.); zur **Verarbeitung** s. § 3 Abs. 4 (näher Roßnagel Datenschutzrecht-HdB/*Bär*, 2003, Abschn. 5.7 Rn. 46 ff.; NK-BDSG/*Ehmann* Rn. 57; NK-BDSG/*Dammann* § 3 Rn. 111 ff.).

Das **Bereithalten zum Abruf** stellt – wie sich aus § 3 Abs. 4 Nr. 3b erschließen lässt – eine technische Vor- 32
bereitungshandlung für einen späteren Abruf oder eine spätere Einsichtnahme dar. Vorausgesetzt wird damit ein automatisiertes Abrufverfahren iSd § 10 Abs. 1; die Daten bereithaltende Stelle muss also alles Erforderliche getan haben, um eine Kenntnisnahme zu ermöglichen. Das ist erst dann der Fall, wenn diese nur noch von einem Verhalten des Dritten abhängt, das letztlich die Kenntnisnahme selbst bewirkt (vgl. Roßnagel Datenschutzrecht-HdB/*Bär*, 2003, Abschn. 5.7 Rn. 52; NK-BDSG/*Ehmann* Rn. 59).

Anders als Nr. 2 zielt die Sanktionierung des Abrufs und des Verschaffens in Nr. 3 auf denjenigen ab, der auf die 33
tatbestandlich beschriebene Weise tatsächlich von den Daten Kenntnis erhält. Der **Abruf** ist in diesem Sinne als besondere Form der Kenntnisnahme zu verstehen, bei welcher der Täter – ohne dass es auf eine bestimmte Form oder Art. und Weise ankäme – die Daten für sich unmittelbar wahrnehmbar macht oder sie so in seine Verfügungsgewalt bringt, dass ihm dies zu einem späteren Zeitpunkt möglich ist (vgl. Roßnagel Datenschutzrecht-HdB/*Bär*, 2003, Abschn. 5.7 Rn. 53; NK-BDSG/*Ehmann* Rn. 61 f.; NK-BDSG/*Dammann* § 3 Rn. 152 f.; Gola/Schomerus/*Gola*/ *Körffer*/*Klug* Rn. 22). Demgegenüber ist das Merkmal des **Verschaffens** weiter gefasst. Es bezieht sich auf alle denkbaren Arten des Zugriffs auf personenbezogene Daten. Erforderlich ist, dass der Täter die Daten zur Kenntnis genommen oder die Möglichkeit geschaffen hat, dies zu einem späteren Zeitpunkt zu tun (vgl. Roßnagel Datenschutzrecht-HdB/*Bär*, 2003, Abschn. 5.7 Rn. 54; NK-BDSG/*Ehmann* Rn. 63; Gola/Schomerus/*Gola*/*Körffer*/*Klug* Rn. 22). Der Zugriff kann – wie sich aus dem Normtext ergibt – sowohl im eigenem als auch im fremden Interesse erfolgen. Abweichend etwa von § 202a Abs. 1 StGB müssen die Daten nicht gegen einen fremden Zugriff besonders gesichert sein.

Nach der Systematik des BDSG unterliegt der Umgang mit personenbezogenen Daten im Interesse eines umfassen- 34
den Grundrechtsschutzes einem **(präventiven) Verbot mit Erlaubnisvorbehalt** (mit Blick auf die Unterscheidung zwischen öffentlichem und privatem Datenschutz krit. *Masing* NJW 2012, 2305 (2306); NK-BDSG/*Scholz*/*Sokol* § 4 Rn. 3): Nach § 4 Abs. 1 ist für die Erhebung, die Verarbeitung und die Nutzung solcher Daten eine Gestattung durch Rechtsvorschrift oder eine Einwilligung (§ 4a Abs. 1) des Betroffenen erforderlich. **Unbefugt** handelt demnach, wer sich nicht auf einen entsprechenden gesetzlichen Erlaubnistatbestand oder eine Einwilligung des Betroffenen stützen kann (vgl. auch § 5 S. 1). Dem Merkmal kommt daher mit der hM auf der Ebene des Tatbestands keine Bedeutung zu; es ist – wie bei § 203 StGB (vgl. Fischer StGB § 203 Rn. 31; LK-StGB/*Schünemann* § 203 Rn. 119; NK-StGB/*Kargl* § 203 Rn. 50; abw. MüKoStGB/*Cierniak*/*Pohlit* StGB § 203 Rn. 54, 82; SK-StGB/*Hoyer* § 203 Rn. 67; Schönke/ Schröder/*Lenckner*/*Eisele* StGB § 203 Rn. 21) – als allgemeiner Hinweis auf die Rechtswidrigkeit eines entsprechenden Umgangs mit personenbezogenen Daten zu verstehen (vgl. Roßnagel Datenschutzrecht-HdB/*Bär*, 2003, Abschn. 5.7 Rn. 28; NK-BDSG/*Ehmann* Rn. 66; Gola/Schomerus/*Gola*/*Körffer*/*Klug* Rn. 23).

2. Nr. 4: Erschleichen der Übermittlung von personenbezogenen Daten, die nicht all- 35
gemein zugänglich sind. Ordnungswidrig handelt auch, wer die Übermittlung von personenbezogenen, nicht allgemein zugänglichen Daten erschleicht. Die Gesetzesfassung hat hier auf das Merkmal „unbefugt" verzichtet, weil es sich bereits aus dem Merkmal des „Erschleichens" erschließen lässt (vgl. NK-BDSG/*Ehmann* Rn. 67). Darunter ist ein unberechtigtes Veranlassen der Datenübermittlung durch ein unbefugtes und täuschendes Verhalten zu verstehen, das auch in einer manipulativen Umgehung von Kontroll- oder Zugangssperren liegen kann (vgl. Roßnagel Datenschutzrecht-HdB/*Bär*, 2003, Abschn. 5.7 Rn. 56; NK-BDSG/*Ehmann* Rn. 67; Gola/Schomerus Rn. 23).

3. Nr. 5: Verstoß gegen die Zweckbindungen des § 16 Abs. 4 S. 1 und § 28 Abs. 5 S. 1. Die 36
Vorschrift sanktioniert den Verstoß gegen gesetzlich vorgegebene Zweckbindungen. § 16 Abs. 4 S. 1 und § 28 Abs. 5 S. 1 enthalten eine nahezu gleichlautende Zweckbindung: Personenbezogene Daten, die einem Dritten zu einem bestimmten Zweck übermittelt werden, dürfen durch diesen auch nur zu diesem Zweck verarbeitet oder genutzt werden. Dabei regelt § 16 Abs. 4 S. 1 die Übermittlung von öffentlichen Stellen an nicht-öffentliche Stellen, während § 28 Abs. 5 S. 1 im Rahmen der Datenverarbeitung nicht-öffentlicher Stellen und öffentlicher Wettbewerbsunternehmen für eigene Geschäfts-

zwecke gilt. Soweit der Geschäftszweck in einer Übermittlung der personenbezogenen Daten besteht, gilt die Zweckbindung des § 28 Abs. 5 S. 1 über die Verweisung in § 29 Abs. 4. Für personenbezogene Daten, die einem Berufs- oder Amtsgeheimnis unterliegen, besteht eine besondere Zweckbindung nach § 39 Abs. 1 S. 1; für personenbezogene Daten, die für Zwecke der wissenschaftlichen Forschung erhoben oder gespeichert wurden, folgt die besondere Zweckbindung aus § 40 Abs. 1 S. 1.

37   **4. Nr. 5a: Verstoß gegen das Koppelungsverbot des § 28 Abs. 3b.** Die Vorschrift sanktioniert – über § 134 BGB hinaus – einen Verstoß gegen das Koppelungsverbot des § 28 Abs. 3b. Danach darf die verantwortliche Stelle den Abschluss eines Vertrags nicht davon abhängig machen, dass der Betroffene in die Verarbeitung oder Nutzung seiner Daten iSd § 28 Abs. 3 einwilligt, wenn ihm ein anderer Zugang zu gleichwertigen vertraglichen Leistungen ohne eine solche Einwilligung nicht oder nicht in zumutbarer Weise möglich ist.

38   **5. Nr. 5b: Verstoß gegen das Verarbeitungsverbot des § 28 Abs. 4 S. 1.** Die Vorschrift sanktioniert einen Verstoß gegen das Verarbeitungsverbot des § 28 Abs. 4 S. 1. Danach dürfen die verantwortlichen Stellen personenbezogene Daten nicht für Zwecke der Werbung oder der Markt- und Meinungsforschung verarbeiten oder nutzen, wenn der Betroffene dem zuvor widersprochen hat.

39   **6. Nr. 6: Verstoß gegen Deanonymisierungsverbote (§ 30 Abs. 1 S. 2, § 30a Abs. 3 S. 3, § 40 Abs. 2 S. 3).** Die Vorschrift sanktioniert einen Verstoß gegen die Deanonymisierungsverbote des § 30 Abs. 1 S. 2, § 30a Abs. 3 S. 3 oder § 40 Abs. 2 S. 3. Danach dürfen die Merkmale, mit denen Einzelangaben über persönliche oder sachliche Verhältnisse einer (bestimmten oder bestimmbaren) Person zugeordnet werden können, mit den Einzelmerkmalen nur insoweit zusammengeführt werden, als dies durch den Zweck, zu dem die Daten verwendet werden sollen, gerechtfertigt ist.

40   **7. Nr. 7: Verstoß gegen die Mitteilungspflicht des § 42a S. 1.** Die Vorschrift sanktioniert einen Verstoß gegen die Mitteilungspflicht des § 42a S. 1. Danach müssen nicht-öffentliche Stellen und öffentliche Stellen iSd § 27 Abs. 1 S. 1 Nr. 2 der jeweils zuständigen Aufsichtsbehörde unverzüglich mitteilen, wenn bestimmte Daten unrechtmäßig übermittelt oder dritten auf sonstige Weise bekannt geworden sind und schwerwiegende Beeinträchtigungen für die Rechte oder für schutzwürdige Interessen des Betroffenen drohen. Die Mitteilung muss überhaupt, inhaltlich richtig und vollständig sowie rechtzeitig erfolgen.

III. Rechtsfolgen (Abs. 3)

41   **Abs. 3 S. 1** bestimmt die Bußgeldrahmen, deren Untergrenze durch § 17 Abs. 1 OWiG festgelegt wird. Das Datenschutzänderungsgesetz (vgl. Voraufl. Vorb. Rn. 5) hat den Bußgeldrahmen für vorsätzlich begangene Ordnungswidrigkeiten des § 43 Abs. 1 von 25.000 EUR auf 50.000 EUR und den Bußgeldrahmen für vorsätzlich begangene Ordnungswidrigkeiten des § 43 Abs. 2 von 250.000 EUR auf 300.000 EUR erhöht. Für eine fahrlässige Begehung gilt § 17 Abs. 2 OWiG. Der Gesetzgeber will mit der „moderat(en)" Erhöhung (BT-Drs. 16/12011, 35) der weiten Verbreitung der Informationstechnik auch in wirtschaftlich relevante Bereiche hinein, der daraus erwachsenen wirtschaftlichen Bedeutung personenbezogener Daten und dem zugleich gestiegenen Missbrauchspotenzial, das mittlerweile geschäftsmäßig genutzt werde, Rechnung tragen (BT-Drs. 16/12011, 35). Der Abschreckungseffekt der bisherigen Bußgeldrahmen sei „erodiert", was sich unter anderem in einer gestiegenen Zahl öffentlich bekannt gewordener Verstöße niederschlage. Die gestiegene wirtschaftliche Bedeutung des Datenschutzrechts spiegele sich nicht mehr ausreichend in den Bußgeldrahmen wider, die hinter vergleichbaren Regelungen im „bereichsspezifischen Datenschutzrecht" (vgl. etwa § 149 Abs. 2 TKG, § 26 Abs. 2 GenDG) zurückblieben (BT-Drs. 16/12011, 35). Schließlich soll mit der Erhöhung auch die „relativ gestiegene Bedeutung der Verfahrensvorschriften" berücksichtigt werden (BT-Drs. 16/12011, 36).

42   Anhaltspunkte für die **Bemessung** der Geldbuße enthält zunächst § 17 Abs. 3 S. 1 OWiG: Danach sind als Grundlage die (anhand der Einstufung durch den Gesetzgeber zu beurteilende) „Bedeutung" der Ordnungswidrigkeit und der (spezifisch individuelle, also den Täter aus seinen persönlichen Fähigkeiten in der konkreten Situation treffende) „Vorwurf" heranzuziehen (näher KK-OWiG/*Mitsch* OWiG § 17 Rn. 35 ff., 51 ff.). Die wirtschaftlichen Verhältnisse sind nach § 17 Abs. 3 S. 2 OWiG regelmäßig nur dann zu berücksichtigen, wenn es sich nicht um eine nur geringfügige Ordnungswidrigkeit handelt (dazu KK-OWiG/*Mitsch* OWiG § 17 Rn. 84 ff.).

43   **Abs. 3 S. 2** enthält – textgleich mit § 17 Abs. 4 S. 1 OWiG – einen bei der Bemessung des Bußgelds (besonders) zu berücksichtigenden Gesichtspunkt: Die Geldbuße soll den wirtschaftlichen Vorteil, den der Täter aus einem Verstoß gegen Vorschriften des BDSG gezogen hat, übersteigen. Die Vorschrift verfolgt damit das Ziel, unlauteres Gewinnstreben beim Umgang mit personenbezogenen Daten unattraktiv zu machen: Sie soll den Anreiz nehmen, sich durch Begehung entsprechender Ordnungswidrigkeiten wirtschaftliche Vorteile zu verschaffen (BT-Drs. 16/12011, 36; vgl. auch Göhler/*Gürtler* OWiG § 17 Rn. 37; KK-OWiG/*Mitsch* OWiG § 17 Rn. 112). Damit wird der Geldbuße neben ihrer gleichermaßen repressiven wie präventiven Funktion nunmehr auch eine „vorteilsabschöpfende" Funktion

zugeschrieben, die ihrerseits freilich wieder spezial- wie generalpräventive Züge trägt (vgl. Göhler/ *Gürtler* OWiG § 17 Rn. 37a; KK-OWiG/*Mitsch* OWiG § 17 Rn. 112). Die Vorschrift stellt auf diese Weise sicher, dass die Geldbuße in einem angemessenen Verhältnis zum Gewicht der Ordnungswidrigkeit steht, das auch durch die Höhe der erlangten wirtschaftlichen Vorteile bestimmt wird.

Der Begriff des wirtschaftlichen Vorteils ist – wie bei § 17 Abs. 4 OWiG – als tatsächlich einge- **44** tretener, dem Täter selbst verbleibender Habensaldo zu verstehen. Seine Bestimmung, für welche der Zeitpunkt der Entscheidung über die Festsetzung der Geldbuße maßgeblich ist (vgl. KK-OWiG/*Mitsch* OWiG § 17 Rn. 116), erfolgt anhand eines individuellen Maßstabs im Wege einer Saldierung der wirtschaftlichen Positionen vor und nach Begehung der Tat; es gilt folglich das Nettoprinzip (vgl. Göhler/*Gürtler* OWiG § 17 Rn. 37a; KK-OWiG/*Mitsch* OWiG § 17 Rn. 117 ff.). Der wirtschaftliche Vorteil ist grds. zu berechnen. Obwohl sich dies aus dem Normtext nicht ergibt, offenbar aber einer seit jeher geübten Praxis entsprechen und vom Gesetzgeber – trotz ausdrücklicher Regelungen in anderen Bereichen – deswegen hingenommen worden sein soll (darauf verweist KK-OWiG/*Mitsch* OWiG § 17 Rn. 116 aE), wird auch eine Schätzung des wirtschaftlichen Vorteils für zulässig erachtet (vgl. Göhler/ *Gürtler* OWiG § 17 Rn. 45; KK-OWiG/*Mitsch* OWiG § 17 Rn. 116 aE, 123). Die Vorschrift liefert immerhin für die Berechnung einen Anhaltspunkt: Die Höhe des wirtschaftlichen Vorteils bildet die Untergrenze für die Höhe der Geldbuße.

Abs. 3 S. 3 erlaubt zur Verwirklichung des in S. 2 bestimmten Ziels die Überschreitung der gesetzli- **45** chen Bußgeldobergrenze in den Fällen, in welchen der Täter aus der Ordnungswidrigkeit einen wirtschaftlichen Vorteil erlangt hat, der allein mit einem Bußgeld innerhalb des gesetzlich vorgegebenen Rahmens nicht abgeschöpft werden kann. Sie wird jedoch, um eine „Verträglichkeit" mit dem verfassungsrechtlichen Bestimmtheitsgrundsatz herzustellen, nach hM dahin gehend „ausgelegt" (s. etwa *Achenbach* DB 2000, 1116 (1119); *Achenbach* WuW 2002, 1154 (1161)), dass die Höhe des erlangten wirtschaftlichen Vorteils als „Sockelbetrag" anzusehen und zu diesem die „eigentliche" Geldbuße innerhalb des gesetzlich vorgegebenen Rahmens zu addieren sei (vgl. Göhler/*Gürtler* OWiG § 17 Rn. 50; KK-OWiG/*Mitsch* OWiG § 17 Rn. 140).

§ 44 Strafvorschriften

(1) Wer eine in § 43 Abs. 2 bezeichnete vorsätzliche Handlung gegen Entgelt oder in der Absicht, sich oder einen anderen zu bereichern oder einen anderen zu schädigen, begeht, wird mit Freiheitsstrafe bis zu zwei Jahren oder mit Geldstrafe bestraft.

(2) ¹Die Tat wird nur auf Antrag verfolgt. ²Antragsberechtigt sind der Betroffene, die verantwortliche Stelle, die oder der Bundesbeauftragte für den Datenschutz und die Informationsfreiheit und die Aufsichtsbehörde.

1. Regelungssystematik. Der Gesetzgeber hat im Bereich der Strafvorschriften auf die Aufnahme **1** einzelner Tatbestände in das Gesetz verzichtet. Er verweist stattdessen auf die (vorsätzlich verwirklichten) Tatbestände des § 43 Abs. 2 und ergänzt sie durch ein zusätzliches objektives Merkmal und zwei zusätzliche subjektive Merkmale zu Straftatbeständen. Regelungstechnisch handelt es sich daher um sog unechte Mischtatbestände (vgl. BT-Drs. 14/5793, 66; ferner: Gola/Schomerus/*Körffer/Klug/Gola* § 43 Rn. 1; Roßnagel Datenschutzrecht-HdB/*Bär*, 2003, Abschn. 5.7 Rn. 11, 69; allg. Göhler/*Gürtler* OWiG Vor § 1 Rn. 33 ff., 36). Die mit Strafe bedrohten Handlungen stellen ausweislich des Strafrahmens Vergehen dar (§ 12 Abs. 2 StGB). Strafbar ist lediglich vorsätzliches Handeln (§ 15 StGB); der Versuch ist nicht mit Strafe bedroht (§ 23 Abs. 1, § 12 Abs. 2 StGB).

2. Die Regelungen im Einzelnen. a) Straftaten nach Abs. 1. aa) Strafbegründender objektiver oder subjektiver Tatbestand

Gemeinsam ist allen Tatbeständen, die sich aus der Verweisung auf § 43 Abs. 2 bilden lassen, dass der Täter – wie in **2** § 203 Abs. 5 StGB – entweder gegen Entgelt (Alt. 1) oder in der Absicht, sich oder einen anderen zu bereichern (Alt. 2), oder in der Absicht, einen anderen zu schädigen (Alt. 3), handeln muss.

Der Täter handelt **„gegen Entgelt"** (§ 11 Abs. 1 Nr. 9 StGB), wenn der Verstoß gegen die daten- **3** schutzrechtlichen Bestimmungen von der Zuwendung eines Vermögensvorteil abhängig gemacht wird. Erfasst werden – mit Blick auf die Eingrenzungsfunktion des § 11 Abs. 1 Nr. 9 StGB (näher NK-StGB/ *Saliger* StGB § 11 Rn. 68) – ausnahmslos Fälle, in denen dem Täter geldwerte, also marktmäßig kommerzialisierte Vorteile zufließen (sollen) und diese in einem synallagmatischen Verhältnis zur Tat stehen (vgl. Fischer StGB § 11 Rn. 31; NK-StGB/*Saliger* StGB § 11 Rn. 69). Hierauf muss sich der Vorsatz des Täters (§ 15 StGB) beziehen. Dabei ist weder erforderlich, dass die zugrunde liegende Vereinbarung rechtlich wirksam ist (§ 138 BGB), noch dass der geldwerte Vorteil dem Täter tatsächlich zufließt. Es genügt vielmehr, dass er einen solchen auf der Grundlage der Vereinbarung erhalten soll (vgl. Fischer StGB § 11 Rn. 31; NK-StGB/*Saliger* StGB § 11 Rn. 69; sa Roßnagel Datenschutzrecht-HdB/ *Bär*, 2003, Abschn. 5.7 Rn. 72; LK-StGB/*Schünemann* StGB § 203 Rn. 162). Ob das Entgelt für den Täter (etwa nach Abzug eigener Aufwendungen) zugleich eine Bereicherung bedeutet, ist unerheblich.

4   Der Täter handelt „in der **Absicht, sich oder einen anderen zu bereichern**", wenn die Tat subjektiv auf die Erlangung eines Vermögensvorteils gerichtet ist. Dieser muss – wie sich aus dem Normtext ergibt – nicht rechtswidrig sein (abw. Roßnagel Datenschutzrecht-HdB/*Bär*, 2003, Abschn. 5.7 Rn. 73; zu § 203 StGB Schönke/Schröder/*Lenckner*/*Eisele* StGB § 203 Rn. 74), so dass sich auch derjenige strafbar macht, der den Verstoß gegen die Regelungen des § 43 Abs. 2 begeht, um eine bestehende Forderung zu begleichen (vgl. zu § 203 StGB etwa BGH NStZ 1993, 538; Fischer StGB § 203 Rn. 50; LK-StGB/*Schünemann* StGB § 203 Rn. 163; MüKoStGB/*Cierniak*/*Pohlit* StGB § 203 Rn. 127; NK-StGB/*Kargl* StGB § 203 Rn. 83). Ob der Täter den angestrebten Vermögensvorteil tatsächlich auch erreicht, ist unerheblich. Anders als bei Alt. 1 ist auch keine Vereinbarung mit der anderen Person erforderlich.

5   Der Täter handelt „in der **Absicht, einen anderen zu schädigen**", wenn er – nicht notwendigerweise dem Berechtigten – einen weiteren, über den datenschutzrechtlichen Verstoß hinaus gehenden selbstständigen Nachteil zufügen will. Es muss sich dabei nicht um einen materiellen Schaden handeln; ein immaterieller Schaden genügt (vgl. zu § 203 StGB Fischer StGB § 203 Rn. 50; LK-StGB/*Schünemann* StGB § 203 Rn. 164; Schönke/Schröder/*Lenckner*/*Eisele* StGB § 203 Rn. 74; abw. NK-StGB/*Kargl* StGB § 203 Rn. 84).

6   **bb) Täterschaft und Teilnahme.** Die Verwirklichung des objektiven Tatbestandsmerkmals oder eines der beiden subjektiven Tatbestandsmerkmale begründet die Strafbarkeit. Bei § 203 Abs. 5 StGB, wo diese Merkmale lediglich strafschärfend wirken, wird von der überwiegenden Meinung angenommen, es handele sich bei ihnen um besondere persönliche Merkmale iSd § 28 Abs. 2 StGB, weil sie sich nicht auf die Verletzung des im 15. Abschnitt des StGB maßgeblichen Rechtsguts beziehen würden (vgl. NK-StGB/*Kargl* StGB § 203 Rn. 87; ferner LK-StGB/*Schünemann* StGB § 203 Rn. 165; MüKo-StGB/*Cierniak*/*Pohlit* StGB § 203 Rn. 127; diff. – nur für die beiden Absichtsmerkmale – SK-StGB/*Hoyer* StGB § 203 Rn. 65; wohl auch *Herzberg* GA 1991, 145 (179); insges. abl. Schönke/Schröder/*Lenckner*/*Eisele* StGB § 203 Rn. 75). Für das objektive Merkmal des Handelns gegen Entgelt wird dieses Ergebnis zudem mit der Überlegung begründet, dass auch in diesem Fall das Handeln vorrangig von der Absicht des Täters zur Gewinnerzielung geleitet sei (vgl. LK-StGB/*Schünemann* StGB § 203 Rn. 165; MüKoStGB/*Cierniak*/*Pohlit* StGB § 203 Rn. 127; abl. insoweit SK-StGB/*Hoyer* StGB § 203 Rn. 65). Teilt man diese Auffassung, wird man auch hier annehmen können, dass es sich um besondere persönliche Merkmale, freilich iSd **§ 28 Abs. 1 StGB** handelt. Daraus folgt zugleich: Personen, welche diese Merkmale nicht verwirklichen, können nur Teilnehmer – Anstifter (§ 26 StGB) oder Gehilfen (§ 27 StGB) – sein. Als Folge der limitierten Akzessorietät sind sie aus dem (zwingend) nach § 49 Abs. 1 StGB gemilderten Strafrahmen zu bestrafen (§ 28 Abs. 1 StGB).

7   Das Gesetz sieht in § 27 Abs. 2 S. 2 StGB für den Gehilfen eine zweite (zwingende) Verschiebung des Strafrahmens nach § 49 Abs. 1 StGB vor. Die Besonderheit besteht nach hM jedoch darin, dass der Grund für die Bewertung des Verhaltens als Teilnahme auf dem Fehlen des besonderen persönlichen Merkmals beruht (anders – Fehlen eines besonderen Schuldmerkmals (Folge: § 28 Abs. 1 StGB) und Fehlen eines besonderen Unrechtsmerkmals (Folge: § 27 Abs. 2 S. 2 StGB) – NK-StGB/*Puppe* StGB §§ 28, 29 Rn. 8 ff.). Die hM verneint in solchen Fällen eine doppelte Strafrahmenverschiebung. Diese sei nur anzuerkennen, wenn jeder der strafrahmenbildenden Milderungsgründe eine selbstständige sachliche Grundlage habe (BGHSt 26, 53 (54); BGHR StGB § 28 Abs. 1 Merkmal 2; NStZ-RR 2009, 102 f.; ferner Fischer StGB § 27 Rn. 30, § 28 Rn. 7; LK-StGB/*Schünemann* StGB § 27 Rn. 63, 80 und § 28 Rn. 83; MüKoStGB/*Joecks* StGB § 28 Rn. 54; SK-StGB/*Hoyer* StGB § 27 Rn. 39 und § 28 Rn. 45; Schönke/Schröder/*Stree*/*Kinzig* StGB § 49 Rn. 6; Jescheck/Weigend StrafR AT § 61 VII 4d, § 64 III 4). Eine doppelte Milderung ist daher immer dann möglich und geboten, wenn sich die Gehilfenschaft – neben dem Fehlen eines besonderen persönlichen Merkmals – auch aus anderen Tatsachen, etwa aus dem nur mit Gehilfenwillen geleisteten geringen Tatbeitrag ergibt, anderenfalls würde das Stufenverhältnis zur Anstiftung verfehlt (konsequent anders – stets doppelte Milderung – NK-StGB/*Puppe* §§ 28, 29 Rn. 77 ff., 79; anders auch LK-StGB/*Roxin*, StGB, 11. Aufl. 1994, § 28 Rn. 88; Roxin StrafR AT II § 27 Rn. 83).

8   Der **BGH** geht – abweichend von der Einordnung in → Rn. 6 – bei § 235 Abs. 4 Nr. 2 StGB für die Tatbestandsmerkmale der Begehung gegen Entgelt und der Bereicherungsabsicht von tatbezogenen Merkmalen aus (BGHSt 55, 229 Rn. 6, 7). Er sieht – mit Blick auf eine entsprechende Einordnung bei § 271 Abs. 3 StGB (BGHSt 55, 229 Rn. 8; dazu bereits BGHSt 53, 34 Rn. 22) und den Schutzzweck des § 235 Abs. 4 Nr. 2 StGB (BGHSt 55, 229 Rn. 9) – in der Tatbegehung gegen Entgelt „einen die Tat beschreibenden Umstand" und leitet für die Bereicherungsabsicht aus der Deliktsstruktur eine „funktionell sachliche Natur" ab: Da § 235 Abs. 4 Nr. 2 StGB in der zweiten Alternative ein erfolgskupiertes Delikt sei, erscheine die Bereicherungsabsicht anstelle eines äußeren Merkmals im Tatbestand und stelle damit ein verkapptes Element des äußeren Tatgeschehens dar. Die Vorverlagerung des Vollendungszeitpunkts soll daran nichts ändern können (BGHSt 55, 229 Rn. 7). Schließt man sich dieser Auffassung an (vgl. zu § 271 Abs. 3 StGB etwa LK-StGB/*Zieschang* StGB § 271 Rn. 108; NK-StGB/*Puppe* StGB § 271 Rn. 66; abw. SK-StGB/*Hoyer* StGB § 271 Rn. 36), die dann auch für die Schädigungsabsicht zu gelten hat, bleibt § 28 Abs. 1 StGB unangewendet.

cc) Konkurrenzen. Das BDSG enthält in § 1 Abs. 3 S. 1 eine allgemeine formelle Subsidiaritäts- **9**
klausel: Soweit andere Rechtsvorschriften auf personenbezogene Daten einschließlich deren Veröffentlichung anzuwenden sind, gehen sie den Vorschriften des BDSG vor. Dies schließt andere Strafvorschriften mit ein, setzt dabei allerdings voraus, dass diese nur verschiedene Stadien oder verschieden
intensive Arten des Angriffs auf *dasselbe Rechtsgut* erfassen (vgl. allg. LK-StGB/*Rissing-van Saan* StGB Vor
§ 52 Rn. 126, 129; zu § 202a StGB etwa LK-StGB/*Hilgendorf* StGB § 202a Rn. 43; MüKoStGB/*Graf*
StGB § 202a Rn. 84; NK-StGB/*Kargl* StGB § 202a Rn. 18; zu § 203 StGB etwa LK-StGB/*Schünemann* StGB § 203 Rn. 166; MüKoStGB/*Cierniak/Pohlit* StGB § 203 Rn. 135; NK-StGB-StGB/*Kargl*
StGB § 203 Rn. 89). In den anderen Fällen wird regelmäßig Tateinheit (§ 52 StGB) anzunehmen sein.

b) Strafantrag (Abs. 2). Die Verfolgung der in Abs. 1 beschriebenen Vergehen erfolgt nach **Abs. 2** **10**
S. 1 ausschließlich auf Antrag; er ist Strafverfolgungsvoraussetzung, sein Fehlen (absolutes) Strafverfolgungshindernis. Das Antragserfordernis entfällt daher selbst dann nicht, wenn die Umstände des Falles
die Annahme eines „besonderen öffentlichen Interesses" nahe legen. Die Regelung im BDSG weicht
insoweit von derjenigen im Kernstrafrecht ab, wo für § 202a und § 202b StGB gem. § 205 Abs. 1 S. 2
StGB ein Einschreiten der Strafverfolgungsbehörden von Amts wegen möglich ist. Liegt ein Strafantrag
vor, besteht nicht die Möglichkeit, den Antragsteller mangels öffentlichen Interesses an der Strafverfolgung (§ 376 StPO) auf den Privatklageweg zu verweisen; § 44 Abs. 1 ist im – insoweit abschließenden
– Katalog des § 374 Abs. 1 StPO nicht enthalten.

Antragsberechtigt sind nach **Abs. 2 S. 2** der Betroffene, die verantwortliche Stelle (§ 3 Abs. 7), der **11**
Bundesbeauftragte für den Datenschutz und die Informationsfreiheit (vgl. § 23 Abs. 5 S. 7) sowie die
Aufsichtsbehörde (vgl. § 38 Abs. 1 S. 6). Der Strafantrag, der die ausdrückliche oder durch Auslegung
zu ermittelnde Erklärung enthalten muss, dass eine Strafverfolgung erwünscht sei, muss innerhalb von
drei Monaten (§ 77b Abs. 1 S. 1 StGB) nach Kenntniserlangung (§ 77b Abs. 2 S. 1 StGB) gestellt
werden; die Frist läuft für und gegen jeden der unterschiedlichen Antragsberechtigten oder Tatbeteiligten gesondert (§ 77b Abs. 3 StGB). Wird der Strafantrag zurückgenommen (§ 77d Abs. 1 S. 1
StGB), verliert der jeweilige Antragsberechtigte das Recht, ihn erneut zu stellen (§ 77d Abs. 1 S. 3
StGB).

200. Bedarfsgegenständeverordnung (BedGgstV)

In der Fassung der Bekanntmachung vom 23. Dezember 1997 (BGBl. 1998 I S. 5) FNA 2125-40-46

Zuletzt geändert durch Art. 2 Abs. 1 G zur Durchführung der VO (EU) Nr. 1007/2011 und zur Ablösung des TextilkennzeichnungsG vom 15.2.2016 (BGBl. I S. 198)

– Auszug –

Vorbemerkung

1   Die Vorschriften der BedGgstV, mit denen verschiedene **gemeinschaftsrechtliche Richtlinien** (vgl. insoweit die Amtl. Anm. zur BedGgstV) in nationales Recht umgesetzt werden, treten neben die §§ 30–33 LFGB (Zipfel/Rathke LebensmittelR/*Delewski* LFGB § 30 Rn. 55), die den Verkehr mit sonstigen Bedarfsgegenständen (zum Begriff vgl. → Vorb. LFGB Rn. 44, sa die Begriffsbestimmungen in § 2) zum Gegenstand haben. Sie dient – wie § 30 LFGB – dem Schutz vor Gefahren, die von Bedarfsgegenständen insbes. für die **Gesundheit des Verbrauchers** ausgehen (Zipfel/Rathke LebensmittelR/*Delewski* LFGB § 30 Rn. 55). Zu diesem Zweck statuiert **§ 3 iVm Anl. 1** ein **Verwendungsverbot** für bestimmte Stoffe beim Herstellen oder Behandeln von bestimmten Bedarfsgegenständen. **§ 4 Abs. 2** und **§ 6 Nr. 2** benennen iVm **Anl. 3** die für die Herstellung von Lebensmittelbedarfsgegenständen aus Kunststoff zugelassenen Ausgangsstoffe sowie Additive. **§ 4 iVm Anl. 2** bestimmt die für die Herstellung von Zellglasfolien zugelassenen Stoffe mit den in **§ 6 festgesetzten Höchstmengen. § 5 iVm Anl. 4** zählt die **Verfahren** auf, die beim Herstellen von Beruhigungs- und Flaschensaugern aus Elastomeren oder Gummi nicht angewendet werden dürfen. **§ 6 Nr. 3 iVm Anl. 5** zählt die Bedarfsgegenstände auf, die bestimmte Stoffe nur bis zu einer festgesetzten **Höchstmenge** enthalten dürfen. **§ 7** statuiert für Lebensmittelbedarfsgegenstände, die den Anforderungen der §§ 4–6 nicht entsprechen, ein **Verwendungsverbot** für das gewerbsmäßige Herstellen und Behandeln von Lebensmitteln. **§ 8 iVm Anl. 3** trifft Regelungen über die **Höchstmengen** des zulässigen Übergangs von Stoffen auf Lebensmittel. **§ 9 iVm Anl. 7** statuiert ein Verkehrsverbot, wenn bei Bedarfsgegenständen dort vorgeschriebene **Warnhinweise** fehlen. Weitere **Kennzeichnungs- und Nachweispflichten** regeln die **§§ 10, 10a.** Zuletzt regelt **§ 11 iVm Anl. 10** vorgeschriebene **Untersuchungsverfahren.**

2   Neben die Bedarfsgegenstände betreffenden Vorschriften des LFGB und der BedGgstV treten die – vorrangigen – Regelungen der **VO (EG) Nr. 1935/2004** des Europäischen Parlaments und des Rates v. 27.10.2004 über Materialien und Gegenstände, die dazu bestimmt sind, mit Lebensmitteln in Berührung zu kommen und zur Aufhebung der RL 80/590/EWG und 89/109/EWG, die ebenfalls primär dem **Schutz vor Gefahren von Bedarfsgegenständen für die menschliche Gesundheit** dienen. Nach den Vorgaben der VO (EG) Nr. 1935/2004 müssen Materialien oder Gegenstände, die dazu bestimmt sind, mit Lebensmitteln unmittelbar oder mittelbar in Berührung zu kommen, ausreichend inert (reaktionsträge) sein, damit ausgeschlossen wird, dass Stoffe in Mengen in Lebensmittel übergehen, die genügen, die menschliche Gesundheit zu gefährden oder eine unvertretbare Veränderung der Zusammensetzung von Lebensmitteln oder eine Beeinträchtigung ihrer organoleptischen Eigenschaften herbeizuführen. Neben die VO (EG) Nr. 1935/2004 treten **weitere gemeinschaftsrechtliche Vorschriften**, die bei der Anwendung der Vorschriften der BedGgstV zu beachten sind (vgl. insoweit die Nachw. in der Beck´schen Textsammlung „Lebensmittelrecht" – Bedarfsgegenstände und verwandte Vorschriften).

§ 12 Straftaten und Ordnungswidrigkeiten

(1) Nach § 58 Abs. 1 Nr. 18, Abs. 4 bis 6 des Lebensmittel- und Futtermittelgesetzbuches wird bestraft, wer vorsätzlich oder fahrlässig entgegen § 7 Bedarfsgegenstände verwendet.

(2) Nach § 58 Abs. 1 Nr. 18, Abs. 4 bis 6 des Lebensmittel- und Futtermittelgesetzbuches wird bestraft, wer vorsätzlich oder fahrlässig

1. entgegen § 3 bei dem Herstellen oder Behandeln der in Anlage 1 aufgeführten Bedarfsgegenstände dort genannte Stoffe verwendet,
2. entgegen § 4 Abs. 1 Satz 1 oder Abs. 1a Satz 1 bei dem Herstellen von Lebensmittelbedarfsgegenständen aus Zellglasfolie
    a) andere als in der Anlage 2 aufgeführte Stoffe oder
    b) in Anlage 2 aufgeführte Stoffe unter Nichteinhaltung der dort genannten Verwendungsbeschränkungen
    verwendet,

3. entgegen § 4 Absatz 2 Satz 1 einen Stoff verwendet oder
4. entgegen § 5 bei dem Herstellen der in Anlage 4 aufgeführten Bedarfsgegenstände dort genannte Verfahren anwendet.

(2a) Nach § 58 Absatz 3 Nummer 2, Absatz 4 bis 6 des Lebensmittel- und Futtermittelgesetzbuches wird bestraft, wer

1. gegen die Verordnung (EG) Nr. 1895/2005 der Kommission vom 18. November 2005 über die Beschränkung der Verwendung bestimmter Epoxyderivate in Materialien und Gegenständen, die dazu bestimmt sind, mit Lebensmitteln in Berührung zu kommen (ABl. L 302 vom 19.11.2005, S. 28), verstößt, indem er vorsätzlich oder fahrlässig
   a) entgegen Artikel 3 bei der Herstellung der dort genannten Materialien oder Gegenstände BFDGE verwendet oder
   b) entgegen Artikel 4 bei der Herstellung der dort genannten Materialien oder Gegenstände NOGE verwendet oder
2. gegen die Verordnung (EG) Nr. 450/2009 der Kommission vom 29. Mai 2009 über aktive und intelligente Materialien und Gegenstände, die dazu bestimmt sind, mit Lebensmitteln in Berührung zu kommen (ABl. L 135 vom 30.5.2009, S. 3), verstößt, indem er vorsätzlich oder fahrlässig entgegen Artikel 5 Absatz 1 in Verbindung mit Absatz 2 Buchstabe c Ziffer i oder ii einen der dort genannten Stoffe benutzt.

(3) Nach § 59 Abs. 1 Nr. 21 des Lebensmittel- und Futtermittelgesetzbuches wird bestraft, wer entgegen § 6 Satz 1 Bedarfsgegenstände in den Verkehr bringt, wenn sie dort genannte Stoffe über die festgesetzten Höchstmengen oder Restgehalte hinaus enthalten oder freisetzen.

(3a) Nach § 59 Absatz 3 Nummer 1 des Lebensmittel- und Futtermittelgesetzbuches wird bestraft, wer entgegen Artikel 4 Buchstabe e in Verbindung mit Artikel 10 Absatz 1 der Verordnung (EG) Nr. 450/2009 Materialien und Gegenstände in Verkehr bringt.

(4) Wer eine in Absatz 3 oder 3a bezeichnete Handlung fahrlässig begeht, handelt nach § 60 Abs. 1 des Lebensmittel- und Futtermittelgesetzbuches ordnungswidrig.

(5) Ordnungswidrig im Sinne des § 60 Abs. 2 Nr. 26 Buchstabe a des Lebensmittel- und Futtermittelgesetzbuches handelt, wer vorsätzlich oder fahrlässig entgegen § 9 Bedarfsgegenstände in den Verkehr bringt, die nicht oder nicht in der vorgeschriebenen Weise mit Warnhinweisen versehen sind.

(6) Ordnungswidrig im Sinne des § 60 Absatz 2 Nummer 26 Buchstabe a des Lebensmittel- und Futtermittelgesetzbuches handelt, wer vorsätzlich oder fahrlässig

1. entgegen § 10 Absatz 1a Satz 1, auch in Verbindung mit Absatz 2, oder Absatz 2a Satz 1 einen Lebensmittelbedarfsgegenstand gewerbsmäßig in den Verkehr bringt,
2. [aufgehoben]
3. entgegen § 10 Absatz 2 Satz 3 und 4 Nachweise nicht, nicht richtig oder nicht vollständig vorhält,
4. entgegen § 10 Absatz 3 einen Bedarfsgegenstand abgibt,
5. entgegen § 10 Absatz 4 eine Angabe nicht in deutscher Sprache anbringt oder
6. entgegen § 10a Absatz 1 Satz 1 oder 2 ein Schuherzeugnis nicht mit den vorgeschriebenen Angaben versieht oder entgegen § 10a Absatz 1 Satz 3 die Anbringung der vorgeschriebenen Kennzeichnung nicht sicherstellt.

(7) Ordnungswidrig im Sinne des § 60 Absatz 4 Nummer 2 Buchstabe a des Lebensmittel- und Futtermittelgesetzbuches handelt, wer vorsätzlich oder fahrlässig

1. gegen die Verordnung (EG) Nr. 1935/2004 des Europäischen Parlaments und des Rates vom 27. Oktober 2004 über Materialien und Gegenstände, die dazu bestimmt sind, mit Lebensmittel in Berührung zu kommen und zur Aufhebung der Richtlinien 80/590/EWG und 89/109/EWG (ABl. L 338 vom 13.11.2004, S. 4) verstößt, indem er
   a) entgegen Artikel 15 Absatz 1 in Verbindung mit Absatz 3 Materialien oder Gegenstände nicht, nicht richtig, nicht vollständig, nicht in der vorgeschriebenen Weise oder nicht rechtzeitig kennzeichnet,
   b) entgegen Artikel 17 Absatz 2 Satz 1 nicht über ein System oder Verfahren verfügt oder
   c) als Unternehmer entgegen Artikel 17 Absatz 2 Satz 2 eine Angabe nicht, nicht richtig, nicht vollständig oder nicht rechtzeitig zur Verfügung stellt,
2. gegen die Verordnung (EG) Nr. 2023/2006 der Kommission vom 22. Dezember 2006 über gute Herstellungspraxis für Materialien und Gegenstände, die dazu bestimmt sind, mit Lebensmitteln in Berührung zu kommen (ABl. L 384 vom 29.12.2006, S. 75), die durch die Verordnung (EG) Nr. 282/2008 (ABl. L 86 vom 28.3.2008, S. 9) geändert worden ist, verstößt, indem er
   a) entgegen Artikel 4 Buchstabe b in Verbindung mit Anhang Buchstabe A nicht sicherstellt, dass die Fertigungsverfahren für die in Artikel 1 genannten Materialien und Gegenstände in Übereinstimmung mit den dort genannten ausführlichen Regeln für die gute Herstellungspraxis durchgeführt werden,

    b) entgegen Artikel 7 Absatz 1 oder Absatz 2 eine dort genannte Unterlage nicht, nicht richtig oder nicht vollständig führt oder

    c) entgegen Artikel 7 Absatz 3 die Dokumentation den zuständigen Behörden nicht oder nicht rechtzeitig zugänglich macht oder

3. gegen die Verordnung (EG) Nr. 450/2009 verstößt, indem er

    a) entgegen Artikel 4 Buchstabe f in Verbindung mit Artikel 12 Absatz 1 und 2 Materialien und Gegenstände in Verkehr bringt oder

    b) entgegen Artikel 13 eine Unterlage nicht, nicht richtig, nicht vollständig oder nicht rechtzeitig zur Verfügung stellt.

1   **1. Allgemeines.** Mit den **Rückverweisungen** auf §§ 58 Abs. 1 Nr. 18, Abs. 3 Nr. 2, Abs. 4–6, 59 Abs. 1 Nr. 21 und § 60 Abs. 2 Nr. 26, Abs. 4 Nr. 2 LFGB (→ LFGB § 58 Rn. 37, 41 ff.; → LFGB § 59 Rn. 58; → LFGB § 60 Rn. 20, 30) in § 12 werden unterschiedliche Verstöße gegen die im jeweiligen Tatbestand näher konkretisierten, insbes. dem **Schutz der Gesundheit** (→ Vorb. LFGB Rn. 10 f.) dienenden **Herstellungs- und Verwendungsverbote** (→ Vorb. Rn. 1) sowie **Verkehrsverbote** unter Strafe gestellt bzw. mit Geldbuße bedroht. Bei sämtlichen Tatbeständen handelt es sich um **abstrakte Gefährdungsdelikte** (→ Vorb. LFGB Rn. 27). Sämtliche, die Blankettstraf- und bußgeldtatbestände (→ Vorb. LFGB Rn. 19 ff.) des § 12 ausfüllenden Ver- und Gebote der BedGgstV setzen ein gewerbsmäßiges Handeln voraus (→ Vorb. LFGB Rn. 30). Zu den einzelnen Tathandlungen der Tatbestände des § 12 (Verwenden, Herstellen, Behandeln, Inverkehrbringen) vgl. die Erläuterung zu den Vorschriften des LFGB (→ LFGB § 58 Rn. 31; → Vorb. LFGB Rn. 46 ff., 48 und → Rn. 45). Zur Verantwortlichkeit im Lebensmittelstrafrecht → Vorb. LFGB Rn. 29 ff.; → LFGB § 58 Rn. 60 ff. Neben den Straftaten des § 12 Abs. 1–3 sind die Tatbestände des § 58 Abs. 1 Nr. 14–16 LFGB (→ LFGB § 58 Rn. 27 ff.), des § 59 Abs. 1 Nr. 15–18 LFGB (→ LFGB § 59 Rn. 45 ff.), neben den Ordnungswidrigkeiten nach § 12 Abs. 4–7 ist der Bußgeldtatbestand des § 60 Abs. 2 Nr. 18 LFGB (→ LFGB § 60 Rn. 13) zu beachten. Zu den **Konkurrenzen** vgl. → LFGB § 58 Rn. 82 ff.; → LFGB § 59 Rn. 85; → LFGB § 60 Rn. 35).

1a   § 12 wurde durch Art. 1 Nr. 7 der VO zur Änderung der BedGgstV v. 26.6.2013 (BGBl. I 1682 (1683)) mWz 29.6.2013 neugefasst. Insbes. entfielen die bisherigen Tatbestände in § 12 Abs. 2 Nr. 4–6, in Folge dessen wurde der bisherige § 12 Abs. 2 Nr. 7 aF nunmehr § 12 Abs. 2 Nr. 4 nF. § 12 Abs. 2 Nr. 3 Abs. 6 Nr. 1 wurden neugefasst, § 12 Abs. 6 Nr. 2 entfiel und § 12 Abs. 7 Nr. 1 Buchst. c wurde eingefügt.

2   **2. Straftaten nach § 58 LFGB (§ 12 Abs. 1, 2 und 2a).** Die Straftaten nach § 12 Abs. 1–2a können bei **vorsätzlichem Handeln** (→ LFGB § 58 Rn. 47 ff.) nach § 58 Abs. 1 LFGB mit **Freiheitsstrafe bis zu 3 Jahren oder mit Geldstrafe** (→ LFGB § 58 Rn. 54) geahndet werden. Soweit die Voraussetzungen eines **besonders schweren Falles** iSv § 58 Abs. 5 LFGB gegeben sind (→ LFGB § 58 Rn. 56 ff.), sieht das Gesetz Freiheitsstrafe nicht unter sechs Monaten bis zu fünf Jahren vor. Handelt der Täter **fahrlässig** (→ LFGB § 58 Rn. 60 ff.) kann nach § 58 Abs. 6 LFGB Geldstrafe oder Freiheitsstrafe bis zu einem Jahr verhängt werden (→ LFGB § 58 Rn. 60). Nach § 58 Abs. 4 LFGB ist auch der **Versuch** der Vergehen iSv § 12 Abs. 1–2a strafbar (→ LFGB § 58 Rn. 53). Zu den weiteren Rechtsfolgen → LFGB § 58 Rn. 55. Hinsichtlich der Anwendung des mit der Vierzehnte Verordnung zur Änderung der Bedarfsgegenständeverordnung v. 11.2.2008 (BGBl. I 154) mWv **15.2.2008 neu eingefügten Straftatbestands des § 12 Abs. 2a,** der seit dem 22.10.2010 auch Verstöße gegen die VO 450/2009 der Kommission erfasst (vgl. BGBl. 2010 I 1393 f.) namentlich im Hinblick auf die **Entsprechungsklausel** des § 58 Abs. 3 LFGB, s. → LFGB § 58 Rn. 41 ff.

3   **3. Straftaten nach § 59 LFGB (§ 12 Abs. 3).** Nach § 59 Abs. 1 Nr. 21 LFGB wird gem. § 12 Abs. 3 bestraft, wer **vorsätzlich** (→ LFGB § 58 Rn. 47 ff.) gegen das **Verkehrsverbot** in **§ 6 S. 1** (→ Vorb. Rn. 1) verstößt. Das Gesetz sieht insoweit Freiheitsstrafe bis zu einem Jahr oder Geldstrafe vor. Die Qualifikation des § 59 Abs. 4 LFGB (→ LFGB § 59 Rn. 74a) findet keine Anwendung. Auch eine Versuchsstrafbarkeit besteht insoweit nicht. Zu den weiteren Rechtsfolgen → LFGB § 59 Rn. 83 f.

4   Nach dem mit der 19. Verordnung zur Änderung der Bedarfsgegenständeverordnung v. 11.10.2010 (BGBl. I 1393) mWz 22.10.2010 neu eingefügten **§ 12 Abs. 3a** wird nach § 59 Abs. 3 Nr. 1 LFGB (→ LFGB § 59 Rn. 80) bestraft, wer gegen das Verkehrsverbot des Art. 4 Buchst. e iVm Art. 10 Abs. 1 der VO (EG) Nr. 450/2009 der Kommission v. 29.5.2009 über aktive und intelligente Materialien und Gegenstände, die dazu bestimmt sind, mit Lebensmitteln in Berührung zu kommen verstößt. Dieses Verkehrsverbot knüpft an Verstöße gegen die Vorgaben der Art. 5–10 der VO (EG) Nr. 450/2009 an. Daneben tritt bei Verstößen gegen das Verwendungsverbot des Art. 5 Abs. 1 der VO (EG) Nr. 450/2009 der ebenfalls mWv 22.10.2010 neu eingefügte § 12 Abs. 2a Nr. 2 (→ Rn. 3).

5   **4. Ordnungswidrigkeiten nach § 60 LFGB (§ 12 Abs. 4–7).** Mit der **Rückverweisung auf § 60 Abs. 1 LFGB** (→ LFGB § 60 Rn. 4 f.) in **§ 12 Abs. 4** wird die **fahrlässige Begehung** (→ LFGB § 58 Rn. 60 ff.) der in § 12 Abs. 3 und Abs. 3a bezeichneten Handlungen als Ordnungswidrigkeit definiert. Die Verordnung wurde bisher noch nicht an das mit dem Gesetz zur Änderung des Lebensmittel- und Futtermittelgesetzbuchs sowie anderer Vorschriften v. 29.6.2009 (BGBl. I 1659), das am 4.7.2009 in

Kraft getreten ist, neu eingeführte **abgestufte System in § 60 Abs. 1 und 5 LFGB angepasst** (→ LFGB § 60 Rn. 31 f.). Da die die in § 12 Abs. 3 bezeichneten Handlungen Straftaten nach § 59 Abs. 1 Nr. 21 LFGB darstellen, wird der **Verweis in § 12 Abs. 4 als solcher auf § 60 Abs. 1 Nr. 2 LFGB zu verstehen sein.** Danach können Ordnungswidrigkeiten iSv § 12 Abs. 4 nach der ab dem 4.8.2011 geltenden Fassung des § 60 Abs. 5 Nr. 2 LFGB (vgl. zur Änderung der Geldbußenrahmen in § 60 Abs. 5 LFGB → LFGB § 60 Rn. 32) mit Geldbuße iHv bis zu **50.000 EUR** geahndet werden. Zu den weiteren Rechtsfolgen → LFGB § 60 Rn. 34.

§ 12 Abs. 5 und 6 rückverweisen auf § 60 Abs. 2 Nr. 26 Buchst. a LFGB (→ LFGB § 60 Rn. 20) **6** und definieren **sowohl vorsätzlich als auch fahrlässige Verstöße** gegen die aus §§ 9–10a folgenden Kennzeichnungs- und Nachweispflichten sowie mWv 22.10.2010 gegen das Verkehrsverbot des § 10 Abs. 1 S. 1 als Ordnungswidrigkeiten. Soweit der Täter **vorsätzlich** handelt, kann die Ordnungswidrigkeit nach der ab dem 4.8.2011 geltenden Fassung des § 60 Abs. 5 Nr. 2 LFGB (vgl. zur Änderung der Geldbußenrahmen in § 60 Abs. 5 LFGB → LFGB § 60 Rn. 32) mit **Geldbuße bis zu 50.000 EUR** geahndet werden; handelt der Betroffene fahrlässig sieht das Gesetz **Geldbuße bis zu 25.000 EUR** (§ 17 Abs. 2 OWiG) vor. Zu den weiteren Rechtsfolgen → LFGB § 60 Rn. 34.

Hinsichtlich der Anwendung des zuletzt durch Art. 1 Nr. 7 der VO zur Änderung der BedGgstV v. **7** 26.6.2013 (BGBl. I 1682 (1683)) mWz 29.6.2013. **neu gefassten Bußgeldtatbestands des § 12 Abs. 7** (→ Rn. 1a), namentlich im Hinblick auf die Entsprechungsklausel des § 60 Abs. 4 LFGB, → LFGB § 60 Rn. 30. Ordnungswidrigkeiten nach § 12 Abs. 7 können ebenfalls nach der ab dem 4.8.2011 geltenden Fassung des § 60 Abs. 5 Nr. 2 LFGB (vgl. zur Änderung der Geldbußenrahmen in § 60 Abs. 5 LFGB → LFGB § 60 Rn. 32) mit Geldbuße iHv bis zu **50.000 EUR** geahndet werden.

205. Verordnung über Sicherheit und Gesundheitsschutz bei der Verwendung von Arbeitsmitteln (Betriebssicherheitsverordnung – BetrSichV)

Vom 3. Februar 2015 (BGBl. I S. 49) FNA 805-3-14

Zuletzt geändert durch Art. 1 Erste ÄnderungsVO vom 13.7.2015 (BGBl. I S. 1187)

– Auszug –

Vorbemerkung

1   **1. Entstehungsgeschichte der VO.** Die VO über Sicherheit und Gesundheitsschutz bei der Verwendung von Arbeitsmitteln (Betriebssicherheitsverordnung – BetrSichV) wurde als Art. 1 der VO zur Neuregelung der Anforderungen an den Arbeitsschutz bei der Verwendung von Arbeitsmitteln und Gefahrstoffen vom 3.2.2015 (BGBl. I 49) erlassen und trat am 1.6.2015 in Kraft (allg. zur BetrSichV *Schucht* NZA 2015, 333; *Wiebauer* ArbRAktuell 2015, 198 und 243; *Wilrich* DB 2015, 981). Gleichzeitig trat die nur im Kurztitel gleichnamige frühere Verordnung über Sicherheit und Gesundheitsschutz bei der Bereitstellung von Arbeitsmitteln und deren Benutzung bei der Arbeit, über Sicherheit beim Betrieb überwachungsbedürftiger Anlagen und über die Organisation des betrieblichen Arbeitsschutzes (Betriebssicherheitsverordnung – BetrSichV) v. 27.9.2002 (BGBl. I 3777) außer Kraft. Mit der Rechts- und Strukturreform der BetrSichV wollte der Verordnungsgeber unter anderem erhebliche rechtliche und fachliche Mängel der früheren VO beseitigen, EU-Recht systematisch besser umsetzen, Schnittstellen zu anderen Rechtsvorschriften, vor allem zum neuen Produktsicherheitsgesetz (ProdSG) aus dem Jahr 2011 und den darauf gestützten Rechtsverordnungen, besser anpassen und die Anwendbarkeit durch Arbeitgeber und Anlagenbetreiber erleichtern (BR-Drs. 400/14, 67). Nach wie vor dient die Verordnung der Umsetzung von EU-Recht, insbes. der vollständigen Umsetzung der Richtlinie 2009/104/EG des Europäischen Parlaments und des Rates vom 16.9.2009 über Mindestvorschriften für Sicherheit und Gesundheitsschutz bei Benutzung von Arbeitsmitteln durch Arbeitnehmer bei der Arbeit (Zweite Einzelrichtlinie iSd Art. 16 Abs. 1 der Richtlinie 89/391/EWG).

2   **2. Anwendungsbereich und Inhalt der VO.** Nach § 1 Abs. 1 S. 2 sowie bereits ausweislich ihres Titels verfolgt die BetrSichV das Ziel, die Sicherheit und den Schutz der Gesundheit von Beschäftigten bei der Verwendung von Arbeitsmitteln zu gewährleisten. **Arbeitsmittel** sind nach der Legaldefinition in § 2 Abs. 1 Werkzeuge, Geräte, Maschinen oder Anlagen, die für die Arbeit verwendet werden, sowie überwachungsbedürftige Anlagen. **Verwendung** ist nach der Begriffsbestimmung in § 2 Abs. 2 S. 1 weit als jegliche Tätigkeit mit Arbeitsmitteln zu verstehen. § 2 Abs. 2 S. 2 nennt insoweit als Beispiele in einer nicht abschließenden Aufzählung unter anderem das Montieren und Installieren, Bedienen, Gebrauchen und Betreiben, Instandhalten und Reinigen, Prüfen, Transportieren und Überwachen.

3   Ausgangspunkt für die Pflichten des Arbeitgebers (zum Arbeitgeberbegriff § 2 Abs. 3) ist die **Gefährdungsbeurteilung** nach § 3, aus der notwendige und geeignete **Schutzmaßnahmen** abzuleiten sind. Arbeitsmittel dürfen gemäß § 4 Abs. 1 erst verwendet werden, wenn der Arbeitgeber eine Gefährdungsbeurteilung durchgeführt, die dabei ermittelten Schutzmaßnahmen nach dem Stand der Technik (s. hierzu § 2 Abs. 10) getroffen sowie festgestellt hat, dass die Verwendung der Arbeitsmittel nach dem Stand der Technik sicher ist. Sollten vorrangig zu ergreifende technische Schutzmaßnahmen nach dem Stand der Technik Gefährdungen nicht oder nur unzureichend vermeiden können, hat der Arbeitgeber gemäß § 4 Abs. 2 S. 1 und 2 zunächst geeignete organisatorische bzw. nachrangig geeignete personenbezogene Schutzmaßnahmen zu treffen. Des Weiteren hat der Arbeitgeber unter anderem die Anforderungen des § 5 an die zur Verfügung gestellten Arbeitsmittel zu beachten sowie grundlegende (§ 6) und weitere (§§ 8, 9) Schutzmaßnahmen bei der Verwendung von Arbeitsmitteln zu ergreifen. **Unterweisungspflichten** ggü. den Beschäftigten bestehen nach § 12.

4   Unter den Voraussetzungen des § 14 muss der Arbeitgeber Arbeitsmittel durch hierzu befähigte Personen (s. dazu die Begriffsbestimmung in § 2 Abs. 6) **prüfen** lassen. Die Ergebnisse dieser Prüfung sind nach § 14 Abs. 7 aufzuzeichnen.

5   Für **überwachungsbedürftige Anlagen** als Unterfall der Arbeitsmittel (→ Rn. 2) enthalten die §§ 15 ff. zusätzliche Vorschriften. Zu den überwachungsbedürftigen Anlagen zählen gemäß § 2 Abs. 13 Anlagen iSd § 2 Nr. 30 ProdSG, soweit sie im Anhang 2 der BetrSichV genannt sind (unter anderem Aufzugs- und Druckanlagen). Insoweit bestehen **Prüfungspflichten** vor der erstmaligen Inbetriebnahme sowie vor der Wiederinbetriebnahme nach prüfpflichtigen Änderungen (§ 15). Darüber hinaus sind überwachungsbedürftige Anlagen wiederkehrend auf ihren sicheren Zustand hinsichtlich des Be-

triebs zu prüfen (§ 16). Pflichten im Hinblick auf Prüfaufzeichnungen und -bescheinigungen ergeben sich aus § 17. Bei bestimmten Anlagen stehen Errichtung und Betrieb sowie Änderungen der Bauart oder der Betriebsweise, welche die Sicherheit der Anlage beeinflussen, gemäß § 18 unter **Erlaubnisvorbehalt.**

Bei Arbeitsmitteln nach den Anhängen 2 und 3 entsteht für den Arbeitgeber zum einen bei Unfällen, **6** bei denen ein Mensch getötet oder erheblich verletzt worden ist, sowie zum anderen bei Schadensfällen, bei denen Bauteile oder sicherheitstechnische Einrichtungen versagt haben, eine unverzügliche **Mitteilungspflicht** (§ 19 Abs. 1).

§ 22 Ordnungswidrigkeiten

(1) Ordnungswidrig im Sinne des § 25 Absatz 1 Nummer 1 des Arbeitsschutzgesetzes handelt, wer vorsätzlich oder fahrlässig

1. entgegen § 3 Absatz 1 Satz 1 die auftretenden Gefährdungen nicht oder nicht richtig beurteilt,
2. entgegen § 3 Absatz 3 Satz 3 eine Gefährdungsbeurteilung durchführt,
3. entgegen § 3 Absatz 6 Satz 1 die Art und den Umfang von erforderlichen Prüfungen nicht ermittelt und festlegt,
4. entgegen § 3 Absatz 6 Satz 1 die Fristen von wiederkehrenden Prüfungen nach den §§ 14 und 16 nicht ermittelt und festlegt,
5. entgegen § 3 Absatz 7 Satz 4 eine Gefährdungsbeurteilung nicht oder nicht rechtzeitig aktualisiert,
6. entgegen § 3 Absatz 8 Satz 1 ein dort genanntes Ergebnis nicht oder nicht rechtzeitig dokumentiert,
7. entgegen § 4 Absatz 1 ein Arbeitsmittel verwendet,
8. entgegen § 4 Absatz 4 nicht dafür sorgt, dass Arbeitsmittel, für die in § 14 oder in Abschnitt 3 dieser Verordnung Prüfungen vorgeschrieben sind, nur verwendet werden, wenn diese Prüfungen durchgeführt und dokumentiert wurden,
9. entgegen § 5 Absatz 2 ein Arbeitsmittel verwenden lässt,
10. entgegen § 5 Absatz 4 nicht dafür sorgt, dass ein Arbeitnehmer nur ein dort genanntes Arbeitsmittel verwendet,
11. entgegen § 6 Absatz 1 Satz 2 in Verbindung mit Anhang 1 Nummer 1.3 Satz 1 nicht dafür sorgt, dass ein Beschäftigter nur auf einem dort genannten Platz mitfährt,
12. entgegen § 6 Absatz 1 Satz 2 in Verbindung mit Anhang 1 Nummer 1.4 Satz 1 nicht dafür sorgt, dass eine dort genannte Einrichtung vorhanden ist,
13. entgegen § 6 Absatz 1 Satz 2 in Verbindung mit Anhang 1 Nummer 1.5 eine dort genannte Maßnahme nicht oder nicht rechtzeitig trifft,
14. entgegen § 6 Absatz 1 Satz 2 in Verbindung mit Anhang 1 Nummer 1.7 Satz 1 nicht dafür sorgt, dass die dort genannte Geschwindigkeit angepasst werden kann,
15. entgegen § 6 Absatz 1 Satz 2 in Verbindung mit Anhang 1 Nummer 1.8 Satz 1 Buchstabe a nicht dafür sorgt, dass eine Verbindungseinrichtung gesichert ist,
16. entgegen § 6 Absatz 1 Satz 2 in Verbindung mit Anhang 1 Nummer 2.1 Satz 1 nicht dafür sorgt, dass die Standsicherheit oder die Festigkeit eines dort genannten Arbeitsmittels sichergestellt ist,
17. entgegen § 6 Absatz 1 Satz 2 in Verbindung mit Anhang 1 Nummer 2.1 Satz 5 ein dort genanntes Arbeitsmittel nicht richtig aufstellt oder nicht richtig verwendet,
18. entgegen § 6 Absatz 1 Satz 2 in Verbindung mit Anhang 1 Nummer 2.2 Satz 1 nicht dafür sorgt, dass ein Arbeitsmittel mit einem dort genannten Hinweis versehen ist,
19. entgegen § 6 Absatz 1 Satz 2 in Verbindung mit Anhang 1 Nummer 2.3.2 nicht dafür sorgt, dass ein dort genanntes Arbeitsmittel abgebremst und eine ungewollte Bewegung verhindert werden kann,
20. entgegen § 6 Absatz 1 Satz 2 in Verbindung mit Anhang 1 Nummer 2.4 Satz 2 nicht dafür sorgt, dass das Heben eines Beschäftigten nur mit einem dort genannten Arbeitsmittel oder einer dort genannten Zusatzausrüstung erfolgt,
21. entgegen § 6 Absatz 1 Satz 2 in Verbindung mit Anhang 1 Nummer 2.5 Buchstabe b oder Buchstabe c nicht dafür sorgt, dass Lasten sicher angeschlagen werden oder Lasten oder Lastaufnahme- oder Anschlagmittel sich nicht unbeabsichtigt lösen oder verschieben können,
22. entgegen § 6 Absatz 1 Satz 2 in Verbindung mit Anhang 1 Nummer 3.2.3 Satz 2 nicht dafür sorgt, dass ein dort genanntes Gerüst verankert wird,
23. entgegen § 6 Absatz 1 Satz 2 in Verbindung mit Anhang 1 Nummer 3.2.6 Satz 1 nicht dafür sorgt, dass ein Gerüst nur in der dort genannten Weise auf-, ab- oder umgebaut wird,
24. entgegen § 6 Absatz 2 Satz 1 nicht dafür sorgt, dass eine Schutzeinrichtung verwendet wird,
25. entgegen § 12 Absatz 1 Satz 1 eine Information nicht, nicht richtig, nicht vollständig oder nicht rechtzeitig zur Verfügung stellt,

26. entgegen § 12 Absatz 1 Satz 2 einen Beschäftigten nicht, nicht richtig, nicht vollständig oder nicht rechtzeitig unterweist,

27. entgegen § 12 Absatz 2 Satz 1 eine Betriebsanweisung nicht, nicht richtig, nicht vollständig oder nicht rechtzeitig zur Verfügung stellt,

28. entgegen § 14 Absatz 1 Satz 1 oder Absatz 4 Satz 1 ein Arbeitsmittel nicht oder nicht rechtzeitig prüfen lässt,

29. entgegen § 14 Absatz 3 Satz 1 ein Arbeitsmittel einer außerordentlichen Überprüfung nicht oder nicht rechtzeitig unterziehen lässt,

30. entgegen § 14 Absatz 7 Satz 1 nicht dafür sorgt, dass ein Ergebnis aufgezeichnet und aufbewahrt wird,

31. entgegen § 14 Absatz 7 Satz 2 nicht dafür sorgt, dass eine Aufzeichnung eine dort genannte Auskunft gibt, oder

32. entgegen § 19 Absatz 3 eine Dokumentation, eine Information, einen Nachweis oder eine Angabe nicht, nicht richtig, nicht vollständig oder nicht rechtzeitig übermittelt.

(2) Ordnungswidrig im Sinne des § 39 Absatz 1 Nummer 7 Buchstabe a des Produktsicherheitsgesetzes handelt, wer vorsätzlich oder fahrlässig

1. entgegen § 6 Absatz 1 Satz 2 in Verbindung mit Anhang 1 Nummer 4.1 Satz 1 nicht dafür sorgt, dass ein Kommunikationssystem installiert und wirksam ist,

2. entgegen § 6 Absatz 1 Satz 2 in Verbindung mit Anhang 1 Nummer 4.1 Satz 2 den Notfallplan nicht oder nicht rechtzeitig dem Notdienst zur Verfügung stellt,

3. entgegen § 6 Absatz 1 Satz 2 in Verbindung mit Anhang 1 Nummer 4.1 Satz 3 eine dort genannte Einrichtung nicht oder nicht rechtzeitig bereitstellt,

4. entgegen § 6 Absatz 1 Satz 2 in Verbindung mit Anhang 1 Nummer 4.2 Instandhaltungsmaßnahmen nach § 10 nicht durchführt,

5. entgegen § 6 Absatz 1 Satz 2 in Verbindung mit Anhang 1 Nummer 4.4 Satz 1 nicht dafür sorgt, dass ein Personenumlaufaufzug nur von Beschäftigten verwendet wird,

5a. entgegen § 6 Absatz 1 Satz 2 in Verbindung mit Anhang 1 Nummer 4.4 Satz 2 einen Personenumlaufaufzug durch eine andere Person verwenden lässt,

6. entgegen § 15 Absatz 1 Satz 1 nicht sicherstellt, dass eine überwachungsbedürftige Anlage geprüft wird,

7. entgegen § 16 Absatz 1 in Verbindung mit Anhang 2 eine überwachungsbedürftige Anlage oder ein Anlagenteil nicht oder nicht rechtzeitig prüfen lässt,

8. ohne Erlaubnis nach § 18 Absatz 1 Satz 1 eine dort genannte Anlage errichtet oder betreibt,

9. einer vollziehbaren Anordnung nach § 19 Absatz 5 Satz 1 zuwiderhandelt oder

10. eine in Absatz 1 Nummer 5 oder Nummer 20 bezeichnete Handlung in Bezug auf eine überwachungsbedürftige Anlage nach § 2 Nummer 30 des Produktsicherheitsgesetzes begeht.

A. Tatbestand

I. Die Bußgeldtatbestände im Einzelnen

1 **1. Ordnungswidrigkeiten nach § 22 Abs. 1.** § 22 Abs. 1 bewehrt verschiedene Verstöße des Arbeitgebers gegen die Vorgaben der BetrSichV mit einem Bußgeld. So handelt nach **Nr. 1–6** ordnungswidrig, wer bestimmte Pflichten im Zusammenhang mit der nach § 3 erforderlichen **Gefährdungsbeurteilung** verletzt. Hierzu zählen im Einzelnen die nicht oder nicht richtig vorgenommene Gefährdungsbeurteilung nach § 3 Abs. 1 S. 1 (Nr. 1), deren Durchführung entgegen § 3 Abs. 3 S. 3 durch nicht fachkundige Personen (Nr. 2), die entgegen § 3 Abs. 6 S. 1 fehlende Ermittlung oder Festlegung von Art und Umfang erforderlicher Prüfungen von Arbeitsmitteln (Nr. 3) bzw. von Fristen bei wiederkehrenden Prüfungen nach § 14 und § 16 (Nr. 4), die trotz Vorliegens der Voraussetzungen des § 3 Abs. 7 S. 4 nicht oder nicht unverzüglich durchgeführte Aktualisierung der Gefährdungsbeurteilung (Nr. 5) sowie die entgegen § 3 Abs. 8 S. 1 nicht oder nicht rechtzeitig, dh nicht vor der erstmaligen Verwendung der Arbeitsmittel vorgenommene Dokumentation des Ergebnisses der Gefährdungsbeurteilung (Nr. 6).

2 Verstöße des Arbeitgebers gegen seine **Grundpflichten** aus § 4 ziehen eine Ordnungswidrigkeit nach sich, wenn Arbeitsmittel vor Erfüllung der Voraussetzungen des § 4 Abs. 1 (→ Vorb. BetrSichV Rn. 3) verwendet werden **(Nr. 7).** Gleiches gilt für die Verwendung bestimmter Arbeitsmittel, für welche entgegen § 4 Abs. 4 die in § 14 bzw. in §§ 15 ff. vorgeschriebenen Prüfungen nicht durchgeführt oder dokumentiert werden **(Nr. 8).** Des Weiteren stellt es eine Ordnungswidrigkeit dar, wenn bestimmte **Anforderungen** des § 5 **an die zur Verfügung gestellten Arbeitsmittel** missachtet werden, namentlich der Arbeitgeber entgegen § 5 Abs. 2 Arbeitsmittel verwenden lässt, die Mängel aufweisen, welche die sichere Verwendung beeinträchtigen **(Nr. 9),** oder er entgegen § 5 Abs. 4 nicht dafür sorgt, dass ein Arbeitnehmer nur ein von ihm zur Verfügung gestelltes oder zur Verwendung ausdrücklich gestattetes Arbeitsmittel verwendet **(Nr. 10).**

Die Nr. 11 bis 24 enthalten Bußgeldtatbestände für die Missachtung der von § 6 geforderten **grund-** 3 **legenden Schutzmaßnahmen** bei der Verwendung von Arbeitsmitteln. Nach § 6 Abs. 1 S. 1 hat der Arbeitgeber dafür zu sorgen, dass die **Arbeitsmittel sicher verwendet** und dabei die Grundsätze der Ergonomie beachtet werden. Der Anhang 1 zur BetrSichV enthält hierzu besondere Vorschriften für bestimmte Arbeitsmittel, insbesondere für mobile, selbstfahrende oder nicht selbstfahrende, Arbeitsmittel (Anhang 1 Nr. 1), für Arbeitsmittel zum Heben von Lasten (Anhang 1 Nr. 2) sowie für Arbeitsmittel bei zeitweiligem Arbeiten auf hoch gelegenen Arbeitsplätzen (Anhang 1 Nr. 3). Bestimmte Verstöße gegen diese Vorschriften sind nach **Nr. 11–23** mit einem Bußgeld bewehrt. Außerdem verwirklicht den Ordnungswidrigkeitentatbestand der **Nr. 24,** wer entgegen § 6 Abs. 2 S. 1 nicht dafür sorgt, dass **vorhandene Schutzeinrichtungen verwendet** werden.

Nr. 25–27 betreffen verschiedene Verstöße gegen die **Unterweisungspflichten** des § 12. Im Einzel- 4 nen begeht der Arbeitgeber eine Ordnungswidrigkeit, wenn er entgegen § 12 Abs. 1 S. 1 den Beschäftigten Informationen anhand der Gefährdungsbeurteilung nicht, nicht richtig, nicht vollständig oder nicht rechtzeitig, dh nicht vor der erstmaligen Verwendung von Arbeitsmitteln, zur Verfügung stellt (Nr. 25), wenn er entgegen § 12 Abs. 1 S. 2 einen Beschäftigten nicht, nicht richtig, nicht vollständig oder nicht rechtzeitig, dh vor der Aufnahme der Verwendung von Arbeitsmitteln, tätigkeitsbezogen anhand dieser Informationen unterweist (Nr. 26) oder wenn er entgegen § 12 Abs. 2 S. 1 eine schriftliche Betriebsanweisung nicht, nicht richtig, nicht vollständig oder nicht rechtzeitig vor der erstmaligen Verwendung von Arbeitsmitteln zur Verfügung stellt (Nr. 27).

Die Beachtung der dem Arbeitgeber obliegenden **Prüfungspflichten** des § 14 versuchen die Buß- 5 geldtatbestände der **Nr. 28–31** zu gewährleisten. Danach handelt ordnungswidrig, wer entgegen § 14 Abs. 1 S. 1 ein Arbeitsmittel, deren Sicherheit von den Montagebedingungen abhängt, bzw. entgegen § 14 Abs. 4 S. 1 ein im Anhang 3 genanntes Arbeitsmittel, namentlich bestimmte Krane (Anhang 3 Abschnitt 1), Flüssiggasanlagen (Anhang 3 Abschnitt 2) und maschinentechnische Arbeitsmittel der Veranstaltungstechnik (Anhang 3 Abschnitt 3), nicht oder nicht rechtzeitig prüfen lässt (Nr. 28), wer entgegen § 14 Abs. 3 S. 1 Arbeitsmittel, die von Änderungen oder außergewöhnlichen Ereignissen betroffen sind, die schädigende Auswirkungen auf ihre Sicherheit haben können, durch die Beschäftigte gefährdet werden können, nicht oder nicht rechtzeitig, dh nicht unverzüglich, einer außerordentlichen Überprüfung unterziehen lässt (Nr. 29), wer entgegen § 14 Abs. 7 S. 1 nicht dafür sorgt, dass ein Ergebnis der Prüfung nach § 14 Abs. 1–4 aufgezeichnet und mindestens bis zur nächsten Prüfung aufbewahrt wird (Nr. 30) bzw. wer entgegen § 14 Abs. 7 S. 2 nicht dafür sorgt, dass die Aufzeichnungen der Prüfung zumindest über deren Art, Umfang und Ergebnis Auskunft geben (Nr. 31).

Eine Ordnungswidrigkeit nach **Nr. 32** begeht schließlich der Arbeitgeber, der entgegen seiner **Mit-** 6 **teilungspflicht** nach § 19 Abs. 3 der dort genannte Dokumentation einer Gefährdungsbeurteilung nach § 3 Abs. 8 oder die ihr zugrunde liegenden Informationen bzw. den geforderten Nachweis oder die verlangten Angaben nicht, nicht richtig, nicht vollständig oder nicht rechtzeitig übermittelt.

2. Ordnungswidrigkeiten nach § 22 Abs. 2. Weitere Pflichtverletzungen des Arbeitgebers ahndet 7 § 22 Abs. 2 mit einem Bußgeld. Hierzu zählen wiederum Verletzungen einzelner besonderer Vorschriften in § 6 Abs. 1 S. 2 iVm Anhang 1 (→ Rn. 3), der für bestimmte Arbeitsmittel **grundlegende Schutzmaßnahmen** nennt. Die **Nr. 1–5a** beziehen sich hierbei ausschließlich auf Vorgaben für Aufzugsanlagen in Anhang 1 Nr. 4.

Die Bußgeldtatbestände der **Nr. 6–9** betreffen allesamt Pflichten des Arbeitgebers bei **über-** 8 **wachungsbedürftigen Anlagen.** Ordnungswidrig handelt demnach, wer entgegen § 15 Abs. 1 S. 1 nicht sicherstellt, dass eine überwachungsbedürftige Anlage vor erstmaliger Inbetriebnahme oder vor Wiederinbetriebnahme nach prüfpflichtigen Änderungen geprüft wird (Nr. 6), wer entgegen § 16 Abs. 1 iVm Anhang 2 eine überwachungsbedürftige Anlage oder ein Anlagenteil nicht oder nicht rechtzeitig der wiederkehrenden Prüfung unterzieht (Nr. 7), wer ohne Erlaubnis nach § 18 Abs. 1 S. 1 eine dort genannte Anlage errichtet oder betreibt (Nr. 8) oder wer einer vollziehbaren Anordnung nach § 19 Abs. 5 S. 1, wonach die zuständige Behörde bei besonderem Anlass wie insbesondere dem Eintritt eines Schadensfalls im Einzelfall eine außerordentliche Prüfung einer überwachungsbedürftigen Anlage anordnen kann, zuwiderhandelt (Nr. 9).

Die Ordnungswidrigkeit nach **Nr. 10** begeht, wer die in Abs. 1 Nr. 5 (→ Rn. 1) oder Abs. 1 Nr. 20 9 (→ Rn. 3) mit Bußgeld bewehrten Handlungen in Bezug auf eine überwachungsbedürftige Anlage nach § 2 Nr. 30 ProdSG begeht.

II. Innerer Tatbestand

Sämtliche Ordnungswidrigkeiten des § 22 Abs. 1 und 2 kann der Arbeitgeber sowohl **vorsätzlich** als 10 auch **fahrlässig** begehen.

B. Geldbuße

Die Geldbuße beträgt für Ordnungswidrigkeiten nach § 22 Abs. 1 **iVm § 25 Abs. 1 Nr. 1, 2** 11 **ArbSchG** bei vorsätzlichem Handeln bis zu 5.000 EUR, bei Fahrlässigkeit wegen § 17 Abs. 2 OWiG bis zu 2.500 EUR. Ordnungswidrigkeiten nach § 22 Abs. 2 **iVm § 39 Abs. 1 Nr. 7 lit. a, Abs. 2 GPSG** können mit einer Geldbuße bis zu 100.000 EUR (bzw. bei fahrlässigem Handeln 50.000 EUR) geahndet werden.

C. Konkurrenzen

12   Die Ordnungswidrigkeiten des § 22 Abs. 1 treten hinter den Straftaten nach § 23 Abs. 1 iVm § 26 Nr. 2 ArbSchG zurück (§ 21 Abs. 1 S. 1 OWiG). Gleiches gilt für § 22 Abs. 2 ggü. § 23 Abs. 2 iVm § 40 ProdSG.

D. Verjährung

13   Vorsätzlich und fahrlässig begangene Ordnungswidrigkeiten nach § 22 Abs. 2 verjähren nach drei Jahren (§ 31 Abs. 2 Nr. 1 OWiG), vorsätzliche Ordnungswidrigkeiten nach § 22 Abs. 1 nach zwei Jahren (§ 31 Abs. 2 Nr. 2 OWiG), fahrlässige Ordnungswidrigkeiten nach § 22 Abs. 1 nach einem Jahr (§ 31 Abs. 2 Nr. 3 OWiG).

§ 23 Straftaten

(1) **Wer durch eine in § 22 Absatz 1 bezeichnete vorsätzliche Handlung Leben oder Gesundheit eines Beschäftigten gefährdet, ist nach § 26 Nummer 2 des Arbeitsschutzgesetzes strafbar.**

(2) **Wer eine in § 22 Absatz 2 bezeichnete vorsätzliche Handlung beharrlich wiederholt oder durch eine solche vorsätzliche Handlung Leben oder Gesundheit eines anderen oder fremde Sachen von bedeutendem Wert gefährdet, ist nach § 40 des Produktsicherheitsgesetzes strafbar.**

1   **1. Tatbestand. a) Objektiver Tatbestand des § 23 Abs. 1.** Wer einen durch § 22 Abs. 1 bußgeldbewehrten Verstoß (→ § 22 Rn. 1 ff.) vorsätzlich begeht und dadurch **Leben oder Gesundheit** eines Beschäftigten **gefährdet,** verwirklicht den Straftatbestand des § 26 Abs. 1 iVm § 26 Nr. 2 ArbSchG. Es bedarf hierbei einer konkreten Gefährdung, für deren Realisierung nach den Umständen des Einzelfalls eine begründete Wahrscheinlichkeit besteht. Ob sich die Gefahr realisiert, ist unerheblich (→ ArbSchG § 26 Rn. 6).

2   **b) Objektiver Tatbestand des § 23 Abs. 2.** Anknüpfungspunkt für eine Strafbarkeit nach § 23 Abs. 2 iVm § 40 ProdSG ist eine Ordnungswidrigkeit nach § 22 Abs. 2 (→ § 22 Rn. 7 ff.). Strafbar ist, wer die dort bezeichneten, vorsätzlich begangenen Handlungen entweder beharrlich wiederholt oder durch eine (ggf. auch nur einzige) solche vorsätzliche Handlung Leben oder Gesundheit eines anderen oder fremde Sachen von bedeutendem Wert gefährdet. Als **beharrlich** kann eine **Wiederholung** erst dann angesehen werden, wenn der Täter seine Pflichten aus der BetrSichV schon mindestens einmal vorsätzlich verletzt hat und insoweit durch seinen erneuten Verstoß Missachtung oder Gleichgültigkeit offenbart. Eine solche rechtsfeindliche Einstellung bleibt in der Regel anzunehmen, wenn der Täter trotz zwischenzeitlicher Ahndung, Abmahnung oder sonstiger hemmender Erfahrungen und Erkenntnisse an seinem Verhalten festhält. Erforderlich ist eine Gesamtwürdigung der einzelnen Fehlverhalten des Täters (→ ArbSchG § 26 Rn. 2 ff.).

3   Zur konkreten **Gefährdung von Leben oder Gesundheit** → Rn. 1; anders als bei § 23 Abs. 1 muss nicht das Leben eines Beschäftigten, sondern kann auch eine beliebige Person gefährdet werden. Darüber hinaus genügt ebenso die Gefährdung fremder Sachen von bedeutendem Wert.

4   **c) Subjektiver Tatbestand.** Für die Begehung der Straftaten nach § 23 Abs. 1 und Abs. 2 ist jeweils zumindest **bedingter Vorsatz** erforderlich. Er muss sich unter anderem auf die durch die Handlung nach § 23 Abs. 1 oder Abs. 2 hervorgerufene Gefährdung für Leben oder Gesundheit bzw. fremde Sachen von bedeutendem Wert erstrecken. Dies setzt voraus, dass der Täter die Umstände kennt und billigt, welche die konkrete Gefahr begründen. Auf die ausbleibende Realisierung der Gefahr zu vertrauen, steht dem Gefährdungsvorsatz nicht entgegen (→ ArbSchG § 26 Rn. 8).

5   **2. Rechtsfolge.** Straftaten nach § 23 Abs. 1 werden nach § 26 Nr. 2 ArbSchG mit Freiheitsstrafe bis zu einem Jahr oder mit Geldstrafe bestraft. Gleiches gilt gemäß § 40 ProdSG für Straftaten nach § 23 Abs. 2.

6   **3. Konkurrenzen.** Die Straftaten nach § 23 Abs. 1 verdrängen die damit zusammentreffenden Ordnungswidrigkeiten nach § 22 Abs. 1 ebenso wie Straftaten nach § 23 Abs. 2 die Ordnungswidrigkeiten nach § 22 Abs. 2 (§ 21 Abs. 1 S. 1 OWiG).

7   **4. Verjährung.** Die Verjährungsfrist für Straftaten nach § 23 Abs. 1 und Abs. 2 beträgt jeweils drei Jahre (§ 78 Abs. 3 Nr. 5 StGB).

210. Betriebsverfassungsgesetz (BetrVG)

In der Fassung der Bekanntmachung vom 25. September 2001 (BGBl. I S. 2518) FNA 801-7

Zuletzt geändert durch Art. 3 Abs. 4 G zur Umsetzung des Seearbeitsübereinkommens 2006 der Internationalen
Arbeitsorganisation vom 20.4.2013 (BGBl. I S. 868)

– Auszug –

§ 119 Straftaten gegen Betriebsverfassungsorgane und ihre Mitglieder

(1) Mit Freiheitsstrafe bis zu einem Jahr oder mit Geldstrafe wird bestraft, wer

1. **eine Wahl des Betriebsrats, der Jugend- und Auszubildendenvertretung, der Bordvertretung, des Seebetriebsrats oder der in § 3 Abs. 1 Nr. 1 bis 3 oder 5 bezeichneten Vertretungen der Arbeitnehmer behindert oder durch Zufügung oder Androhung von Nachteilen oder durch Gewährung oder Versprechen von Vorteilen beeinflusst,**
2. **die Tätigkeit des Betriebsrats, des Gesamtbetriebsrats, des Konzernbetriebsrats, der Jugend- und Auszubildendenvertretung, der Gesamt-Jugend- und Auszubildendenvertretung, der Konzern-Jugend- und Auszubildendenvertretung, der Bordvertretung, des Seebetriebsrats, der in § 3 Abs. 1 bezeichneten Vertretungen der Arbeitnehmer, der Einigungsstelle, der in § 76 Abs. 8 bezeichneten tariflichen Schlichtungsstelle, der in § 86 bezeichneten betrieblichen Beschwerdestelle oder des Wirtschaftsausschusses behindert oder stört oder**
3. **ein Mitglied oder ein Ersatzmitglied des Betriebsrats, des Gesamtbetriebsrats, des Konzernbetriebsrats, der Jugend- und Auszubildendenvertretung, der Gesamt-Jugend- und Auszubildendenvertretung, der Konzern-Jugend- und Auszubildendenvertretung, der Bordvertretung, des Seebetriebsrats, der in § 3 Abs. 1 bezeichneten Vertretungen der Arbeitnehmer, der Einigungsstelle, der in § 76 Abs. 8 bezeichneten Schlichtungsstelle, der in § 86 bezeichneten betrieblichen Beschwerdestelle oder des Wirtschaftsausschusses um seiner Tätigkeit willen benachteiligt oder begünstigt.**

(2) Die Tat wird nur auf Antrag des Betriebsrats, des Gesamtbetriebsrats, des Konzernbetriebsrats, der Bordvertretung, des Seebetriebsrats, einer der in § 3 Abs. 1 bezeichneten Vertretungen der Arbeitnehmer, des Wahlvorstands, des Unternehmers oder einer im Betrieb vertretenen Gewerkschaft verfolgt.

A. Allgemeines

Die Norm schützt die Beteiligungsrechte der Arbeitnehmer in einer trotz betrieblicher Mitbestim- **1**
mung weitgehend fremdbestimmten Arbeitsorganisation (BGHSt 54, 148 (165 f.); MüKoStGB/*Joecks*
Rn. 2; *Eisele* in Rotsch, Criminal Compliance, 2015, § 22 Rn. 65; *Dannecker* FS Gitter, 1995, 167;
Pasewaldt ZIS 2007, 75 (76)). Ob dieses Schutzkonzept durch einen Tatbestand sachgerecht umgesetzt
wird, der eine Reihe konturenloser Merkmale auflistet (*„Versprechen von Vorteilen", stört", „beeinflusst",
„benachteiligt", „begünstigt"*), nötigende und korruptive Verhaltensweisen über denselben Leisten schlägt
und sich offensichtlich unreflektiert verschiedener Versatzstücke aus dem politischen Strafrecht der
§§ 107–108b StGB bedient, darf allerdings füglich bezweifelt werden. Wenig hilfreich erscheint auch die
Ausgestaltung als absolutes Antragsdelikt sowie insbesondere die Auswahl der Antragsberechtigten in
Abs. 2 (→ Rn. 18).

§ 119 findet ein Pendant in der inhaltsgleichen Strafnorm des § 34 SprAuG (→ SprAuG § 34 Rn. 1), **2**
die Wahl und Tätigkeit des Sprecherausschusses als Vertretungsorgan der leitenden Angestellten schützt.
Auf die Kommentierung zu dieser Vorschrift sei ergänzend verwiesen.

B. Tatbestand

I. Objektiver Tatbestand

In § 119 Abs. 1 Nr. 1–3 finden sich jeweils abschließende Kataloge der geschützten Organe bzw. **3**
Organmitglieder. Die Divergenz der Kataloge in Abs. 1 Nr. 1 und Nr. 2 bzw. Nr. 3 erklärt sich mit
einer Ausnahme daraus, dass die Mitglieder der nur in Nr. 2 und Nr. 3 genannten Organe nicht gewählt,
sondern entsandt (so §§ 47 Abs. 2 S 1 für den Gesamtbetriebsrat, 55 Abs. 1 für den Konzernbetriebsrat,
72 Abs. 2 für die Gesamt-Jugend- und Auszubildendenvertretung, 73a Abs. 2 S 1 für die Konzern-
Jugend- und Auszubildendenvertretung), bestellt (s. § 76 Abs. 2 für die Einigungsstelle; für die tarifliche
Schlichtungsstelle gem. § 76 Abs. 8 ergibt sich dies regelmäßig aus dem zugrundeliegenden Tarifvertrag,

für die betriebliche Beschwerdestelle iSd § 86 S. 2 aus der zu ihrer Einrichtung getroffenen Betriebsvereinbarung) oder bestimmt (so § 107 Abs. 2 S 1 für den Wirtschaftsausschuss) werden. Die Entsendungs-, Bestellungs- und Bestimmungsakte gehören zur Tätigkeit der in Abs. 1 Nr. 2 genannten Gremien und genießen über diese Vorschrift auch strafrechtlichen Schutz. Gleiches gilt für die in Abs. 1 Nr. 1 nicht erwähnten, aber stattfindenden (ErfK/*Koch* § 3 Rn. 7; DKKW/*Trümner* § 3 Rn. 89) Wahlen zu den Arbeitsgemeinschaften iSd § 3 Abs. 1 Nr. 4. Wahl und Tätigkeit der Sprecherausschüsse sowie deren Mitglieder werden durch § 34 SprAuG geschützt.

4   **§ 119 Abs. 1 Nr. 1** pönalisiert die bereits durch § 20 Abs. 1 (Behinderung) und Abs. 2 (Beeinflussung mittels Zufügung oder Androhung von Nachteilen sowie Gewährung oder Versprechen von Vorteilen) verbotenen Einwirkungen auf die Wahl des Betriebsrats etc. Der Begriff der **Wahl** umfasst hier neben der eigentlichen Stimmabgabe (MüKoStGB/*Joecks* Rn. 7) und der Feststellung des Wahlergebnisses (LG Braunschweig NStZ-RR 2000, 93) auch alle notwendigen Wahlvorbereitungsakte (wie zB die Bestellung des Wahlvorstandes oder die Einreichung eines Wahlvorschlags; s. dazu BayObLG AP BetrVG 1972 § 119 Nr. 1).

5   Eine **Behinderung,** die sich stets auf die Handlungsfreiheit der Wahlbeteiligten, nicht lediglich auf deren freie Willensentschließung beziehen muss (MüKoStGB/*Joecks* Rn. 11), liegt vor, wenn die Wahl im ganzen oder einer ihrer notwendigen Teilakte objektiv erschwert oder mehr als nur völlig unerheblich verzögert wird (BeckOK ArbR/*Werner* Rn. 2); Verhinderung (etwa des Zugangs zum Wahllokal; s. dazu MüKoStGB/*Joecks* Rn. 11) ist die intensivste Form der Behinderung. Begehung durch Unterlassen (zB durch Nichtaufschließen des Wahllokals) ist möglich (Richardi/*Annuß* Rn. 14; Wlotzke/Preis/Kreft/*Preis* Rn. 15; BeckOK ArbR/*Werner* Rn. 1), nicht jedoch durch bloße Stimmenthaltung (auch in Form gezielten Wahlboykotts); es besteht keine Wahlpflicht (Richardi/*Annuß* Rn. 14; ErfK/*Kania* Rn. 2).

6   Die **Beeinflussung** einer Wahl (auch einer Betriebsratswahl etc.) ist nicht per se unlauter oder gar strafwürdig. Vielmehr ermöglicht erst ein freier Wahlkampf der Kandidaten, ihrer Organisationen und Unterstützer dem Wähler eine ebenso freie Wahlwillensbildung wie aufgeklärte Wahlentscheidung. Wahlkampf aber beeinflusst Wähler und Wahlergebnisse. Dies ist bei Betriebsratswahlen etc nicht anders als im Kernbereich der politischen Volkswillensbildung und es ist hier wie dort das Kennzeichen dafür, dass es sich um freie Wahlen handelt, die diese Bezeichnung verdienen. Dementsprechend bestimmen die grundlegenden Funktionsbedingungen eines freien innerbetrieblichen Wahlkampfes auch die Auslegung des § 119 Abs. 1 Nr. 1 Alt. 2, der die Freiheit der Betriebsratswahl etc gerade gewährleisten, nicht jedoch einschränken soll. Zu diesen Funktionsbedingungen gehört primär eine entindividualisierte Kommunikation mit den Wahlbeteiligten, in der diese als Gruppe (der Wähler, der Kandidaten etc), nicht aber als Einzelpersonen angesprochen werden. Unlauter ist es daher regelmäßig, diesen Kommunikationsmodus zu verlassen und einzelnen Wählern oder sonstigen Wahlbeteiligten individuelle Vorteile zu gewähren oder Nachteile zuzufügen. Dies ist etwa beim klassischen Stimmenkauf der Fall, bei dem mit einzelnen Wählern eine Unrechtsvereinbarung über den Inhalt ihrer Wahlentscheidung getroffen wird. Gleiches gilt für Drohungen mit Nachteilen, die der Steuerung wahlbezogener Entscheidungen einzelner Wahlbeteiligter dienen sollen (etwa: „Wenn Sie den X wählen, werde ich Sie mobben"), sowie erst recht für aktuelle Nachteilszufügungen im Vorfeld der Wahl (zB „Weil Sie für den Betriebsrat kandidieren, mache ich hiermit Ihre Arbeit im Betrieb unmöglich"). Handlungen und Ankündigungen des Arbeitgebers, die dessen Verpflichtung zu strikter Neutralität bei betrieblichen Wahlen (wohl einhellige Meinung im Arbeitsrecht; s. statt aller BeckOK ArbR/*Werner* Rn. 3) verletzen und Vor- oder Nachteile zum Inhalt haben, erfüllen zudem stets den Tatbestand des § 119 Abs. 1 Nr. 1. Zulässig bleibt dagegen eine Wahlwerbung, mit der den Wählern für den Fall eines bestimmten Wahlausgangs Vor- oder Nachteile in Aussicht gestellt werden, die aus der Politik der Gewählten resultieren; solches gehört zum Wesen jeden modernen Wahlkampfes. Daher muss § 119 Abs. 1 Nr. 1 Alt. 2 Raum für einen „robusteren Sprachgebrauch" im Wahlkampf (so BVerfGE 69, 270 für den Europawahlkampf) lassen, dem der Angesprochene nicht mit Strafanträgen, sondern mit „besonnener Selbstbehauptung" (so BGHSt 31, 195 (201) für die Drohung mit einem empfindlichen Übel iSd § 240 StGB) zu begegnen hat. Erst jenseits dieser hohen Eintrittsschwelle ist die Willensfreiheit der Wähler oder anderer Wahlbeteiligter so weit beeinträchtigt, dass der ultima-ratio-Gedanke das Eingreifen des staatlichen Strafrechts rechtfertigt.

7   Bei beiden Alternativen des § 119 Abs. 1 Nr. 1 handelt es sich um Erfolgsdelikte, die jeweils erst dann verwirklicht sind, wenn die Wahl tatsächlich behindert oder beeinflusst wurde (s. statt aller zB BeckOK ArbR/*Werner* Rn. 1). Da sowohl für die Wahlbehinderung wie auch für die Wahlbeeinflussung ein weiter Wahlbegriff gilt (→ Rn. 4), ist hierfür aber nicht zwingend auch eine verändernde Einwirkung auf das konkrete Wahlergebnis oder dessen Feststellung erforderlich. Vielmehr reicht eine Veränderung eines dem eigentlichen Wahlakt vorgelagerten Geschehens jedenfalls dann aus, wenn die Einwirkung objektiv und subjektiv gerade auf dieses Geschehen auch abzielt. Wer etwa einen anderen durch Nachteilszufügung oder Vorteilsversprechen dazu bewegt, von einer Kandidatur für den Betriebsrat Abstand zu nehmen, verwirklicht deshalb ebenso den Tatbestand des § 119 Abs. 1 Nr. 1 wie derjenige, der durch Geldzuwendungen bewirkt, dass ein bestimmter Wahlvorschlag überhaupt eingereicht wird (iErg zuzustimmen ist daher der Entscheidung BGHSt 55, 288, in der die dauerhafte Finanzierung einer

gewerkschaftsähnlichen Organisation durch den Arbeitgeber (Fall Siemens – AUB) als Wahlbeeinflussung iSd § 119 Abs. 1 Nr. 1 angesehen wird; ebenfalls zustimmend *Brand/Lotz* RdA 2012, 73; *Pasewaldt* BLJ 2011, 106; krit. dagegen MüKoStGB/*Joecks* Rn. 16 ff.; *Kraatz* wistra 2011, 447). Nicht ausreichend ist hingegen eine Tätigkeit, die lediglich objektiv dazu geeignet und/oder subjektiv darauf gerichtet ist, die Wahl selbst oder einen Wahlvorbereitungsakt zu beeinflussen oder zu behindern, eine solche Wirkung aber objektiv nicht entfaltet (MüKoStGB/*Joecks* Rn. 12; GK-BetrVG/*Oetker* Rn. 13; Beck-OK ArbR/*Werner* Rn. 1; aA DKKW/*Trümner* Rn. 2). Schon nach dem Wortlaut des § 119 Abs. 1 Nr. 1 genügt die Androhung von Nachteilen bzw. das Versprechen von Vorteilen; einer aktuellen Nachteilszufügung oder Vorteilsgewährung bedarf es nicht.

Gem. § 119 Abs. 1 Nr. 2 wird bestraft, wer die **Tätigkeit** des Betriebsrats etc **behindert oder stört.** **8** Die wenig konturierten Tatvarianten des Behinderns und Störens unterscheiden sich im wesentlich nur durch die mit ihnen verbundene Eingriffsintensität: Eine Behinderung iSd Tatbestands liegt vor, wenn die Tätigkeit des Organs vorübergehend oder dauerhaft unmöglich gemacht wird, eine Störung dann, wenn sie mehr als nur unerheblich erschwert wird (MüKoStGB/*Joecks* Rn. 23). Eingewirkt werden kann dabei sowohl auf das betroffene Organ selbst (zB indem dessen Zusammenkunft verhindert wird) wie auch auf Dritte (insbesondere Rat oder Unterstützung suchende Arbeitnehmer), indem etwa deren Kontaktaufnahme zu dem jeweiligen Gremium erschwert oder unmöglich gemacht wird; auch schlichte Obstruktion des Arbeitgebers in der Zusammenarbeit mit dem Betriebsrat etc. kann unter § 119 Abs. 1 Nr. 2 fallen. Die Mitglieder der in § 119 Abs. 1 Nr. 2 genannten Organe werden nicht nach dieser Vorschrift bestraft, da das Strafrecht andernfalls in die akute Gefahr geriete, als Disziplinierungsmittel gegen eine unliebsame Gremienminderheit missbraucht zu werden (str. wie hier ErfK/*Kania* Rn. 3; DKKW/*Trümner* Rn. 16; BeckOK ArbR/*Werner* Rn. 5; aA MüKoStGB/*Joecks* Rn. 26; *Dannecker* FS Gitter, 1995, 167 (172); *Pasewaldt* ZIS 2007, 75 (79)). Ebenso wie bei § 119 Abs. 1 Nr. 1 handelt es sich auch bei Abs. 1 Nr. 2 um ein Erfolgsdelikt (s. statt aller BeckOK ArbR/*Werner* Rn. 5).

§ 119 Abs. 1 Nr. 3 stellt Verstöße gegen das Benachteiligungs- und Begünstigungsverbot des § 78 **9** S. 2 unter Strafe und dient damit dem Schutz aktiver und ehemaliger (Wlotzke/Preis/Kreft/*Preis* Rn. 28; aA BeckOK ArbR/*Werner* Rn. 7) **Mitglieder und Ersatzmitglieder** des Betriebsrats etc.

Betriebsratsmitglieder etc. sind **benachteiligt, wenn** sie ohne sachlichen Grund (MüKoStGB/*Joecks* **10** Rn. 29; ErfK/*Kania* § 78 Rn 7) wirtschaftlich, persönlich oder tatsächlich schlechter gestellt werden, als vergleichbare Arbeitnehmer (MüKoStGB/*Joecks* Rn. 29; DKKW/*Trümner* Rn. 18; *Schemmel/Slowinski* BB 2009, 830 (831)), etwa indem sie (Änderungs-)Kündigungen erhalten, bei Beförderungen übergangen, an entfernte Einsatzorte versetzt oder zu unangenehmer Arbeit eingeteilt werden oder mit einem ungünstigeren Arbeitsplatz (s. LAG Köln NZA-RR 2010, 641: Umsetzung in ein Großraumbüro anlässlich der Wahl zum Betriebsrat) vorlieb nehmen müssen.

Die Tatbestandsalternative der Begünstigung von Betriebsratsmitgliedern etc. in § 119 Abs. 1 Nr. 3 **11** erfordert keine Unrechtsvereinbarung zwischen dem Zuwendenden und dem Begünstigten (MüKoStGB/*Joecks* Rn. 31) und lässt den letzteren zudem straflos. Sie enthält daher entgegen dem ersten Anschein kein Korruptionsdelikt, sondern dient ebenso wie die Benachteiligungsvariante dem Ausgleich strukturell angelegter Unfreiheit in der innerbetrieblichen Willensbildung: Betriebsratsmitglieder etc sollen in dieser Funktion so weit wie irgend möglich aus ihrer Rolle als abhängig beschäftigte Arbeitnehmer heraustreten können und weder durch die Peitsche der Benachteiligung noch durch das Zuckerbrot der Begünstigung dorthin zurückgezwungen werden. Komplementär zur Benachteiligung ist die Begünstigung iSd § 119 Abs. 1 Nr. 3 dementsprechend als wirtschaftliche, persönliche oder tatsächliche Besserstellung ohne sachlichen Grund zu definieren (BeckOK ArbR/*Werner* Rn. 8), die zB in einer überobligatorischen Freistellung oder unbegründeten tariflichen Höhergruppierung des Betriebsratsmitglieds etc. (ErfK/*Kania* § 78 Rn 9), überhöhten Auslagen- oder Reisekostenerstattungen (MüKoStGB/*Joecks* Rn. 32; *Pasewaldt* ZIS 2007, 75 (80)), einer höheren Sozialplanabfindung für Betriebsratsmitglied (ArbG Nürnberg BB 1997, 2165), der Verleihung einer unangemessen schmeichelhaften Tätigkeitsbezeichnung (SächsLAG BeckRS 2008, 57448), der Anstellung der Lebensgefährtin eines Betriebsrats ohne betriebliche Veranlassung (LG Braunschweig BeckRS 2009, 29834), aber auch in der Finanzierung von Lustreisen für Betriebsratsmitglieder (MüKoStGB/*Joecks* Rn. 32) bestehen können. Überobligatorische Zuwendungen durch den Arbeitgeber sind angesichts dieses Normzwecks niemals sozialadäquat, entsprechende Zuwendungen Dritter sind es nur in wenigen Ausnahmefällen (aA MüKoStGB/*Joecks* BetrVG § 119 Rn. 32, der offenbar einen weiten Bereich des Sozialadäquanz anerkennen will).

Die Betriebsratsmitglieder etc. müssen gerade (auch) **um ihrer Tätigkeit willen** benachteiligt oder **12** begünstigt werden, was lediglich eine Kausalbeziehung zwischen der Mitgliedschaft des Begünstigten oder Benachteiligten im Betriebsrat erfordert, nicht hingegen eine sog überschießende Innentendenz in Form von Begünstigungs- oder Benachteiligungsabsicht auf Seiten des Handelnden (MüKoStGB/*Joecks* Rn. 36; *Pasewaldt* ZIS 2007, 75 (80)). Das Vorliegen des erforderlichen Ursachenzusammenhangs ist im Einzelfall vom Strafgericht positiv festzustellen; bloße Beweisvermutungen reichen hierfür nicht aus (aA BeckOK ArbR/*Werner* Rn. 8).

Anders als bei § 119 Abs. 1 Nr. 2 (→ Rn. 8) können bei § 119 Abs. 1 Nr. 3 auch andere Mitglieder **13** des Betriebsrats etc wegen der Benachteiligung oder Begünstigung ihrer Kollegen (nach dem eindeutigen Wortlaut der Vorschrift aber nicht wegen der Annahme einer Begünstigung; → Rn. 11) strafbar sein (aA für die korrespondierende Norm des § 34 Abs. 1 Nr. 3 SprAuG → SprAuG § 34 Rn. 6), da sie auch durch die zugrundeliegende Verbotsnorm des § 78 S. 2 BetrVG gebunden sind (wohl einh. M. im Arbeitsrecht; s. zB ErfK/*Kania* § 78 Rn. 6). Allerdings überschreitet ihr Verhalten erst dann die Strafbarkeitsschwelle, wenn es eindeutig nicht mehr mit den Methoden eines – auch hart geführten – politischen Meinungskampfes – in Einklang steht (etwa wenn Mehrheiten innerhalb des Betriebsrats mit Geld erkauft werden).

14   Wie alle übrigen Varianten des § 119 Abs. 1 stellt auch dessen Nr. 3 ein Erfolgsdelikt dar, das erst mit dem tatsächlichen Eintritt einer Benachteiligung oder Begünstigung verwirklicht ist (wohl einhM; s. statt aller ErfK/*Kania* Rn. 4).

15   Der Wortlaut des § 119 Abs. 1 („... wird bestraft, wer...") stellt klar, dass die in ihm normierten Straftaten von jedermann begangen werden können. Als Täter kommen daher neben dem Arbeitgeber und Personen aus seinem Umfeld zB auch leitende Angestellte, Arbeitnehmer, Gewerkschafter, Angehörige der Arbeitgeberorganisationen oder gänzlich außenstehende Dritte in Betracht (einhM; s. statt aller ErfK/*Kania* Rn. 1). Eine punktuelle Einschränkung gilt lediglich für die Mitglieder des Betriebsrats etc. selbst, die sich nicht gem. § 119 Abs. 1 Nr. 2 strafbar machen können (→ Rn. 8).

II. Subjektiver Tatbestand

16   § 119 Abs. 1 erfordert Vorsatz, wobei durchgehend **bedingter Vorsatz** genügt. Die Auffassung zu § 119 Abs, 1 Nr. 2, wonach die Nichtbeteiligung des Betriebsrats an mitbestimmungspflichtigen Entscheidungen nur dann strafbar sein könne, wenn sie bewusst (= mit dolus directus) erfolgt (wohl hM im Arbeitsrecht; s. zB ErfK/*Kania* Rn. 3), findet im Wortlaut des § 119 Abs. 1 keine Stütze (MüKoStGB/*Joecks* Rn. 25; *Dannecker* FS Gitter, 1995, 167 (182); *Pasewaldt* ZIS 2007, 75 (79)). Die Formulierung „... um ihrer Tätigkeit" willen..." in § 119 Abs. 1 Nr. 3 ist nicht als Erfordernis einer überschießenden Innentendenz zu verstehen (→ Rn. 12).

C. Konkurrenzen

17   Da Vorteile und Nachteile einander ebenso begrifflich ausschließlich wie Benachteiligungen und Begünstigungen, können diese gegensätzlichen Varianten der § 119 Abs. 1 Nr. 1 und Nr. 3 nur durch jeweils eigenständige Willensentschlüsse verwirklicht werden; sie stehen daher zueinander in Tatmehrheit. Hingegen können die Alternativen des Behinderns und des Störens in § 119 Abs. 1 Nr. 2 auch tateinheitlich verwirklicht werden. Im Rahmen des § 119 Abs. 1 Nr. 1 ist Wahlfeststellung sowohl zwischen der Androhung und der Zufügung von Nachteilen als auch dem Versprechen und der Gewährung von Vorteilen zulässig. Ob Handlungen, die unter verschiedene Nummern des § 119 Abs. 1 fallen, in Tateinheit oder Tatmehrheit zueinander stehen, ist Tatfrage. Zwischen § 119 Abs. 1 und § 240 StGB besteht Tateinheit (s. Wlotzke/Preis/Kreft/*Preis* Rn. 38).

D. Strafantrag

18   Die in § 119 Abs. 1 normierten Taten werden gem. § 119 Abs. 2 nur auf Antrag verfolgt; es handelt sich somit um **absolute Antragsdelikte**. Antragsberechtigt sind neben dem Unternehmer nur die in § 119 Abs. 2 abschließend genannten Gremien und Organisationen (= Betriebsrat, Gesamtbetriebsrat, Konzernbetriebsrat, Bordvertretung, Seebetriebsrat, in § 3 Abs. 1 genannte Arbeitnehmervertretungen, Wahlvorstand und im Betrieb vertretene Gewerkschaften). Nicht antragsberechtigt sind hingegen die einzelnen Mitglieder der betroffenen Gremien, und zwar auch dann nicht, wenn sie selbst gem. § 119 Abs. 1 Nr. 3 BetrVG benachteiligt wurden. Die Antragsberechtigung des Unternehmers liegt nach der Rspr. ausschließlich bei diesem selbst (bzw. beim vertretungsberechtigten Organ, sofern es sich beim Unternehmer um eine juristische Person handelt) und ist nicht auf Prokuristen, Handlungsbevollmächtigte uÄ übertragbar (BGH wistra 2009, 469). Es liegt auf der Hand, dass diese Einschränkung des Kreises der Antragsberechtigten durch das Gesetz und die Rechtsprechung erheblich zur praktischen Bedeutungslosigkeit des § 119 beiträgt.

§ 120 Verletzung von Geheimnissen

(1) **Wer unbefugt ein fremdes Betriebs- oder Geschäftsgeheimnis offenbart, das ihm in seiner Eigenschaft als**

1. **Mitglied oder Ersatzmitglied des Betriebsrats oder einer der in § 79 Abs. 2 bezeichneten Stellen,**
2. **Vertreter einer Gewerkschaft oder Arbeitgebervereinigung,**
3. **Sachverständiger, der vom Betriebsrat nach § 80 Abs. 3 hinzugezogen oder von der Einigungsstelle nach § 109 Satz 3 angehört worden ist,**
3a. **Berater, der vom Betriebsrat nach § 111 Satz 2 hinzugezogen worden ist,**

3b. Auskunftsperson, die dem Betriebsrat nach § 80 Abs. 2 Satz 3 zur Verfügung gestellt worden ist, oder

4. Arbeitnehmer, der vom Betriebsrat nach § 107 Abs. 3 Satz 3 oder vom Wirtschaftsausschuss nach § 108 Abs. 2 Satz 2 hinzugezogen worden ist,

bekanntgeworden und das vom Arbeitgeber ausdrücklich als geheimhaltungsbedürftig bezeichnet worden ist, wird mit Freiheitsstrafe bis zu einem Jahr oder mit Geldstrafe bestraft.

(2) Ebenso wird bestraft, wer unbefugt ein fremdes Geheimnis eines Arbeitnehmers, namentlich ein zu dessen persönlichen Lebensbereich gehörendes Geheimnis, offenbart, das ihm in seiner Eigenschaft als Mitglied oder Ersatzmitglied des Betriebsrats oder einer der in § 79 Abs. 2 bezeichneten Stellen bekanntgeworden ist und über das nach den Vorschriften dieses Gesetzes Stillschweigen zu bewahren ist.

(3) ¹Handelt der Täter gegen Entgelt oder in der Absicht, sich oder einen anderen zu bereichern oder einen anderen zu schädigen, so ist die Strafe Freiheitsstrafe bis zu zwei Jahren oder Geldstrafe. ²Ebenso wird bestraft, wer unbefugt ein fremdes Geheimnis, namentlich ein Betriebs- oder Geschäftsgeheimnis, zu dessen Geheimhaltung er nach den Absätzen 1 oder 2 verpflichtet ist, verwertet.

(4) Die Absätze 1 bis 3 sind auch anzuwenden, wenn der Täter das fremde Geheimnis nach dem Tode des Betroffenen unbefugt offenbart oder verwertet.

(5) ¹Die Tat wird nur auf Antrag des Verletzten verfolgt. ²Stirbt der Verletzte, so geht das Antragsrecht nach § 77 Abs. 2 des Strafgesetzbuches auf die Angehörigen über, wenn das Geheimnis zum persönlichen Lebensbereich des Verletzten gehört; in anderen Fällen geht es auf die Erben über. ³Offenbart der Täter das Geheimnis nach dem Tode des Betroffenen, so gilt Satz 2 sinngemäß.

§ 120 enthält für die in Abs. 1 Nr. 1–4 abschließend bezeichneten Personen ein Sonderdelikt des **1** Geheimnisverrats; für Mitglieder des Sprecherausschusses gilt der inhaltsgleiche § 35 SprAuG, auf dessen Kommentierung weitgehend verwiesen werden kann. Schutzgut ist das Interesse des Betroffenen an der Geheimhaltung bestimmter ihn betreffender Tatsachen (ErfK/*Kania* Rn. 1).

Tatobjekt des § 120 Abs. 1 ist ein fremdes Betriebs- oder Geschäftsgeheimnis, das hier in gleicher **2** Weise zu definieren ist, wie in § 17 UWG (→ UWG § 17 Rn. 4–22). Dieses Geheimnis muss dem Täter gerade in seiner Eigenschaft **als Mitglied** eines der in Abs. 1 Nr. 1–4 genannten Gremien bekannt geworden sein. Nicht ausreichend ist die Kenntnis aufgrund des zugrunde liegenden Arbeitsverhältnisses. Der Arbeitgeber muss die betreffenden Tatsachen oder Umstände **ausdrücklich als geheimhaltungsbedürftig bezeichnet** haben; diese Bezeichnung bedarf keiner Form, jedoch genügen konkludente Erklärungen nicht.

§ 120 Abs. 2 erweitert den strafrechtlichen Schutz auf **(Privat-)Geheimnisse anderer Arbeitneh- 3 mer** (auch Bewerbern; s. BeckOK ArbR/*Werner* Rn. 7), die dem Täter in seiner Eigenschaft als Mitglied eines der in Abs. 2 genannten Gremien bekannt geworden sind. Geheimnisse iSd Vorschrift sind Tatsachen oder Umstände, die nur einem beschränkten Personenkreis bekannt sind und die nach dem objektiven Interesse und dem Willen des Berechtigten geheimgehalten werden sollen (wie zB Familienverhältnisse, Vorstrafen, Krankheiten, Beurteilungen sowie Einkommens- und Vermögensverhältnisse; s. ErfK/*Kania* Rn. 4). Solche Geheimnisse genießen allerdings nur dann den Schutz des § 120 Abs. 2, wenn das BetrVG den Täter hierüber ausdrücklich zum Stillschweigen verpflichtet (s. §§ 82 Abs. 2 S. 3, 83 Abs. 1 S. 3 und 99 Abs. 1 S. 3, auch iVm 102, Abs. 2 S. 5).

Tathandlung sowohl des § 120 Abs. 1 wie auch des Abs. 2 ist das **Offenbaren des Geheimnisses, 4** worunter jede mündliche, schriftliche oder elektronische Mitteilung an einen außenstehenden, keinem der in Abs. 1 oder Abs. 2 genannten Gremien angehörenden Dritten (auch wenn dieser seinerseits zur Geheimhaltung verpflichtet ist; s. dazu BeckOK ArbR/*Werner* Rn. 6) zu verstehen ist (ErfK/*Kania* Rn. 3); daneben liegt ein Offenbaren auch dann vor, wenn Außenstehenden Einsicht in Unterlagen gewährt wird, aus denen das Geheimnis zu ersehen ist (BeckOK ArbR/*Werner* Rn. 5). Kennt der Mitteilungsempfänger das Geheimnis bereits, liegt nur ein strafloser Versuch vor (ErfK/*Kania* Rn. 3).

§ 120 Abs. 3 enthält den Qualifikationstatbestand der **Geheimnisverwertung gegen Entgelt oder 5 in Bereicherungs- bzw. Schädigungsabsicht.** Verwertet ist das Geheimnis dann, wenn es zum Zwecke der Gewinnerzielung auf andere Weise als durch Offenbaren ausgenutzt wird (ganz hM; s. zB BeckOK ArbR/*Werner* Rn. 5).

Offenbart oder verwertet werden kann ein Geheimnis durch den Täter auch dann noch, wenn seine **6** Mitgliedschaft in einem der genannten Gremien bereits beendet ist, sofern nur seine Kenntnis des Geheimnisses aus dieser Mitgliedschaft resultiert (→ Rn. 2).

Der Täter muss **unbefugt,** dh ohne Erlaubnis des Betroffenen oder Eingreifen eines besonderen **7** Erlaubnissatzes, handeln.

§ 120 erfordert **Vorsatz,** wobei bedingter Vorsatz durchgehend ausreicht. Abs. 3 nennt zudem als **8** mögliches Qualifikationsmerkmal die **Absicht** des Täters, sich oder einen anderen zu bereichern oder einen anderen zu schädigen.

9   Mit § 17 UWG und mit §§ 203, 204 StGB besteht Tateinheit. § 44 BDSG ist gegenüber § 120 subsidiär.

10   Gem. § 120 Abs. 5 wird die Tat nur auf Antrag des Verletzten verfolgt (**absolutes Antragsdelikt**).

§ 121 Bußgeldvorschriften

(1) Ordnungswidrig handelt, wer eine der in § 90 Abs. 1, 2 Satz 1, § 92 Abs. 1 Satz 1 auch in Verbindung mit Abs. 3, § 99 Abs. 1, § 106 Abs. 2, § 108 Abs. 5, § 110 oder § 111 bezeichneten Aufklärungs- oder Auskunftspflichten nicht, wahrheitswidrig, unvollständig oder verspätet erfüllt.

(2) Die Ordnungswidrigkeit kann mit einer Geldbuße bis zu 10 000 Euro geahndet werden.

1   Die Bußgeldvorschrift des § 121 ahndet die abschließend aufgezählten Verstöße gegen die ebenfalls abschließend genannten **Aufklärungs- und Auskunftspflichten.**

2   Ordnungswidrig handeln können nur der **Arbeitgeber** selbst und dessen **Beauftragte** iSd § 9 Abs. 2 OWiG, da nur sie aufklärungs- bzw. auskunftspflichtig sind. Als konkrete Pflichtverstöße kommen zB in Betracht: Nicht rechtzeitige Information des Betriebsrats über die Planung von Betriebsgebäuden, Arbeitsverfahren, Arbeitsabläufen oder Arbeitsplätzen (OLG Düsseldorf, BB 1982, 1113) sowie über Personalplanung und -entwicklung (OLG Hamm DB 1978, 748), Unterlassen der Unterrichtung des Betriebsrats über Einstellungen, Eingruppierungen oder Versetzungen (OLG Stuttgart DB 1978, 592), Nichtinformation der Arbeitnehmer über die wirtschaftliche Lage und Entwicklung des Unternehmens oder über geplante Betriebsänderungen (OLG Hamburg BB 1986, 1014).

3   Der Verstoß gegen die genannten Aufklärungs- oder Auskunftspflichten kann darin bestehen, dass überhaupt nicht, wahrheitswidrig, unvollständig oder verspätet unterrichtet wird. **Wahrheitswidrig** ist eine Auskunft dann, wenn der Arbeitgeber entweder aktuell falsche Tatsachen mitteilt oder Prognosen abgibt, die von den bekannten Prognosetatsachen nicht mehr gedeckt sind. **Unvollständig** ist die Unterrichtung, wenn Umstände unerwähnt bleiben, die den Inhalt der Information wesentlich verändern (BeckOK ArbR/*Werner* Rn. 2). **Verspätet** erfolgt eine Mitteilung schließlich dann, wenn der Empfänger aufgrund des späten Mitteilungszeitpunkts nicht mehr in der Lage ist, sein gesetzliches Recht uneingeschränkt und sinnvoll wahrzunehmen (BeckOK ArbR/*Werner* Rn. 3).

4   § 121 erfordert mindestens **bedingten Vorsatz.**

5   Zwar kann die Ordnungswidrigkeit gem. § 121 von jedermann angezeigt werden, jedoch kann eine solche Anzeige durch einen einzelnen Arbeitnehmer arbeitsrechtliche Sanktionen gegen diesen rechtfertigen (BAG AP HGB § 70 Nr. 2: außerordentliche Kündigung). Es dürfte daher sinnvoll sein, sich wegen einer Anzeige an die im Unternehmen vertretene Gewerkschaft oder den Betriebsrat zu wenden (ErfK/*Kania* Rn. 6).

215. Bierverordnung (BierV)

Vom 2. Juli 1990 (BGBl. I S. 1332) FNA 2125-40-40

Zuletzt geändert durch Art. 5 VO zur Änd. der Alkoholhaltige GetränkeVO sowie and. Vorschriften vom 8.5.2008
(BGBl. I S. 797)

– Auszug –

Vorbemerkung

In **Reaktion auf das Urteil des EuGH** zum deutschen Reinheitsgebot (EuGH LMRR 1987, 16), **1** nach dem in der Bundesrepublik das Inverkehrbringen von in einem anderen Mitgliedstaat rechtmäßig hergestelltem und in den Verkehr gebrachten Bier grds. nicht untersagt werden kann, wurde die Bierverordnung erlassen. Diese soll die ausreichende **Information der Verbraucher** gewährleisten. Sie dient daher dem Täuschungsschutz (→ Vorb. LFGB Rn. 12 f.).

In **§ 1 Abs. 1** werden zum Schutz der Bezeichnung „Bier" die **Voraussetzungen** aufgezeigt, die **2** erfüllt sein müssen, damit ein Getränk unter dieser Bezeichnung in den Verkehr gebracht werden darf. Danach muss das Getränk den Vorschriften des **§ 9 Abs. 1, 2 und 4–6 des Vorl. BierG** und den §§ 16–19, 20 Abs. 1 S. 2 und §§ 21 und 22 Abs. 1 der Verordnung zur Durchführung des Vorl. BierG entsprechen. Das Vorl. BierG wurde durch das NeuordnungsG (→ Vorb. LFGB Rn. 4) mit Wirkung vom 7.9.2005 aufgehoben, gem. § 1 Abs. 1 Nr. 2 ÜbergangsG (→ Vorb. LFGB Rn. 4) sind die §§ 9, 11 und § 18 des Vorl. BierG soweit dies zur Vermeidung von Strafbarkeitslücken und Lücken in der Bußgeldbewehrung erforderlich ist, in der bis zum 6.9.2005 geltenden Fassung weiter anzuwenden. Unter Bezeichnung iSv § 1 Abs. 1 ist dabei die Verkehrsbezeichnung (Zipfel/Rathke LebensmittelR/ *Gerstenberg* § 1 Rn. 11) zu verstehen. **§ 1 Abs. 2** sieht insoweit die – gemeinschaftsrechtlich gebotene – **Ausnahme von dem Verkehrsverbot des § 1 Abs. 1** für im Ausland hergestellte Getränk vor, wenn es sich auch hierbei um ein gegorenes Getränk (vgl. Zipfel/Rathke LebensmittelR/ *Gerstenberg* § 1 Rn. 18) handelt und dieses im Herstellungsland unter der Bezeichnung „Bier" verkehrsfähig war (s. BVerwGE 123, 82). In Bezug zum jeweiligen Stammwürzegehalt sieht **§ 3 Bezeichnungen der Biergattungen** vor, unter denen das jeweilige Bier in den Verkehr gebracht werden darf (vgl. BayObLG NStZ 1993, 347; OLG Frankfurt a. M. LRE 34, 386; AG Hannover LRE 54, 388, zu den nicht in der BierV geregelten Bezeichnungen vgl. Zipfel/Rathke LebensmittelR/ *Gerstenberg* BierV Vorb. Rn. 3 ff.).

Sowohl § 1 als auch § 3, die die Blanketttatbestände (→ Vorb. LFGB Rn. 19 ff.) des § 5 ausfüllen, **3** setzen ein gewerbsmäßiges Handeln voraus (→ Vorb. LFGB Rn. 30).

§ 5 Straftaten und Ordnungswidrigkeiten

(1) Nach § 59 Abs. 1 Nr. 21 Buchstabe a des Lebensmittel- und Futtermittelgesetzbuches wird bestraft, wer

1. entgegen § 1 Abs. 1 oder § 3 Abs. 2 ein Getränk unter einer dort genannten Bezeichnung oder

2. entgegen § 3 Abs. 1 Bier mit einem dort genannten Stammwürzegehalt nicht unter der vorgeschriebenen Bezeichnung

gewerbsmäßig in den Verkehr bringt.

(2) Wer eine in Absatz 1 bezeichnete Handlung fahrlässig begeht, handelt nach § 60 Abs. 1 des Lebensmittel- und Futtermittelgesetzbuches ordnungswidrig.

1. Straftaten nach der Bierverordnung. a) Straftaten nach § 5 Abs. 1 Nr. 1. Mit der Rück- **1** verweisung auf **§ 59 Abs. 1 Nr. 21 Buchst. a LFGB** (→ LFGB § 59 Rn. 58) in § 5 Abs. 1 Nr. 1 werden **vorsätzliche Verstöße** (→ LFGB § 58 Rn. 47 ff.) gegen die im Tatbestand näher konkretisierten, dem Täuschungsschutz dienenden **Verkehrsverbote aus § 1 Abs. 1** (→ Vorb. Rn. 2) und § 3 Abs. 2 (Verbot der irreführenden Bezeichnung als stark eingebrautes Bier bei Stammwürzegehalt von weniger als 16 %) unter Strafe gestellt. Zur Tathandlung des Inverkehrbringens → Vorb. LFGB Rn. 45. Zur Verantwortlichkeit im Lebensmittelstrafrecht → Vorb. LFGB Rn. 29 ff.

b) Straftaten nach § 5 Abs. 1 Nr. 2. Mit der Rückverweisung auf **§ 59 Abs. 1 Nr. 21 Buchst. a** **2** **LFGB** (→ LFGB § 59 Rn. 58) in § 5 Abs. 1 Nr. 1 werden **vorsätzliche Verstöße** (→ LFGB § 58 Rn. 47 ff.) gegen die **Verkehrsverbote aus § 3 Abs. 1** (→ Vorb. Rn. 2) unter Strafe gestellt, die daraus resultieren, dass bestimmte Bezeichnungen gewählt werden, ohne dass die Voraussetzungen dafür gegeben sind („Schankbier" = 7 bis 11 % Stammwürzegehalt; „Bier mit niedrigem Stammwürzegehalt" = weniger als 7 % Stammwürzegehalt).

3   **c) Rechtsfolgen.** Nach § 59 Abs. 1 LFGB können die Straftaten nach § 5 Abs. 1 mit **Freiheitsstrafe bis zu einem Jahr oder mit Geldstrafe** geahndet werden. Der Versuch ist ebenso wenig wie fahrlässiges Handeln unter Strafe gestellt. Die Qualifikation des § 59 Abs. 4 LFGB (→ LFGB § 59 Rn. 74a) findet keine Anwendung. Neben der Verhängung von Geld- oder Freiheitsstrafe kommen als weitere Rechtsfolgen die **Einziehung** der Tatgegenstände (vgl. hierzu die Kommentierung zu § 61 LFGB), der **Verfall des Täterlöses** (§§ 73 ff. StGB) und die **Anordnung eines Berufsverbotes** (§§ 70 ff. StGB; vgl. BGH LMRR 2007, 84), bei juristischen Personen und Personenvereinigungen zudem eine Verbandsgeldbuße nach § 30 OWiG in Betracht. Zu den Konkurrenzen → LFGB § 59 Rn. 85.

4   **2. Ordnungswidrigkeiten nach § 5 Abs. 2.** Handelt der Täter in den Fällen des § 5 Abs. 1 **fahrlässig** (→ LFGB § 58 Rn. 60 ff.), verwirklicht er den Bußgeldtatbestand des § 5 Abs. 2 iVm § 60 Abs. 1 LFGB (→ LFGB § 60 Rn. 4 f.). Insoweit kann hinsichtlich der jeweils maßgeblichen objektiven Tatbestände auf die Kommentierung zu § 5 Abs. 1 (→ Rn. 1, 2) verwiesen werden.

5   Die Verordnung wurde bisher noch nicht an das abgestufte System in § 60 Abs. 1 u. 5 LFGB (→ LFGB § 60 Rn. 31 f.) angepasst, das mit dem Gesetz zur Änderung des Lebensmittel- und Futtermittelgesetzbuchs sowie anderer Vorschriften v. 29.6.2009 (BGBl. I 1659), das am 4.7.2009 in Kraft getreten ist (→ Vorb. LFGB Rn. 6), eingeführt wurde. Da die in § 5 Abs. 1 bezeichneten Handlungen Straftaten nach § 59 Abs. 1 Nr. 21 Buchst. a LFGB darstellen, wird der **Verweis in § 5 Abs. 2 als solcher auf § 60 Abs. 1 Nr. 2 LFGB zu verstehen sein.** Danach können Ordnungswidrigkeiten iSv § 5 Abs. 2 nach der ab dem 4.8.2011 geltenden Fassung des § 60 Abs. 5 Nr. 2 LFGB (vgl. zur Änderung der Geldbußenrahmen in § 60 Abs. 5 LFGB → LFGB § 60 Rn. 32) mit **Geldbuße bis zu 50.000 EUR** geahndet werden. IÜ gelten für die Bemessung der Geldbuße die Vorgaben von § 17 Abs. 3 und 4 OWiG. Zu den weiteren Rechtsfolgen → LFGB § 60 Rn. 33 f.

225. Verordnung über Sicherheit und Gesundheitsschutz bei Tätigkeiten mit Biologischen Arbeitsstoffen (Biostoffverordnung – BioStoffV)

Vom 15. Juli 2013 (BGBl. I S. 2514) FNA 805-3-13

– Auszug –

Vorbemerkung

1. Entstehung der VO. Die VO über Sicherheit und Gesundheitsschutz bei Tätigkeiten mit Biologi- **1** schen Arbeitsstoffen (Biostoffverordnung – BioStoffV) wurde als Art. 1 der Verordnung zur Neufassung der Verordnung über Sicherheit und Gesundheitsschutz bei Tätigkeiten mit Biologischen Arbeitsstoffen und zur Änderung der Gefahrstoffverordnung v. 15.7.2013 (BGBl. I 2514), in Kraft getreten am 23.7.2013, verkündet. Sie diente der Umsetzung der von HOSPEEM und EGÖD geschlossenen Rahmenvereinbarung zur Vermeidung von Verletzungen durch scharfe/spitze Instrumente im Krankenhaus- und Gesundheitssektor (ABl. 2004 L 134, 66). Ihre Ermächtigungsgrundlage findet sie in §§ 18, 19 ArbSchG, §§ 19 Abs. 1 iVm Abs. 3, 17, 20b ChemG, § 53 Abs. 1 Nr. 1 und Nr. 2 IfSG, § 13 HAG sowie § 25 Nr. 1, 2, 3 und Nr. 4 iVm § 39 Abs. 2, 6 Abs. 1 Nr. 3 iVm § 39 Abs. 1 S. 1 SprengG. Die zuvor bestehende Biostoffverordnung v. 27.1.1999 wurde durch Art. 3 S. 2 der genannten VO v. 15.7.2013 aufgehoben.

2. Anwendungsbereich der VO. Die BioStoffV regelt nicht zuletzt Maßnahmen, um die Sicherheit **2** und Gesundheit der Beschäftigten vor Gefährdungen durch Tätigkeiten mit Biologischen Arbeitsstoffen (Biostoffen) zu schützen (§ 1 Abs. 1 S. 1 und S. 2). Darüber hinaus werden Maßnahmen zum Schutz anderer Personen normiert, soweit diese aufgrund des Verwendens von Biostoffen durch Beschäftigte oder durch Unternehmer ohne Beschäftigte gefährdet werden können (§ 1 Abs. 1 S. 3).

Biostoffe sind nach der Legaldefinition in § 2 Abs. 1 sowohl Mikroorganismen (s. § 2 Abs. 3), **3** Zellkulturen (hierzu § 2 Abs. 4) und Endoparasiten einschließlich ihrer gentechnisch veränderten Formen als auch mit Transmissibler Spongiformer Enzephalopathie (TSE) assoziierte Agenzien, die den Menschen jeweils durch Infektionen, übertragbare Krankheiten, Toxinbildung (zu Toxinen siehe § 2 Abs. 5), sensibilisierende oder sonstige, die Gesundheit schädigende Wirkungen gefährden können. Gleichgestellt sind den Biostoffen gem. § 2 Abs. 2 zum einen Ektoparasiten, die beim Menschen eigenständige Erkrankungen verursachen oder sensibilisierende oder toxische Wirkungen hervorrufen können, sowie zum anderen technisch hergestellte biologische Einheiten mit neuen Eigenschaften, die den Menschen in gleicher Weise gefährden können wie Biostoffe.

Der Begriff der **Tätigkeit** ist weit zu verstehen. § 2 Abs. 7 zählt hierzu sowohl die Verwendung von **4** Biostoffen selbst – als Beispiele werden hierfür das Isolieren, Erzeugen und Vermehren, das Aufschließen, das Ge- und Verbrauchen, das Be- und Verarbeiten, das Ab- und Umfüllen, das Mischen und Abtrennen sowie das innerbetriebliche Befördern, das Aufbewahren einschließlich des Lagerns, das Inaktivieren und das Entsorgen genannt – als auch die berufliche Arbeit mit Menschen, Tieren, Pflanzen, Produkten, Gegenständen oder Materialien, wenn aufgrund dieser Arbeiten Biostoffe auftreten oder freigesetzt werden und Beschäftigte damit in Kontakt kommen können. Für Tätigkeiten, die dem Gentechnikrecht unterliegen, gilt die BioStoffV nicht, soweit dort gleichwertige oder strengere Regelungen bestehen (§ 1 Abs. 2).

3. Inhalt der VO. Die BioStoffV ordnet biologische Arbeitsstoffe nach den Gefahren der Krankheits- **5** verursachung, Verbreitung sowie Vorbeugung und Behandlung vier verschiedenen Risikogruppen zu (§ 3 Abs. 1). Die Einstufung in die **Risikogruppen** 2 bis 4 richtet sich gem. § 3 Abs. 2 nach Anh. III der RL 2000/54/EG des Europäischen Parlaments und des Rates v. 18.9.2000 (ABl. 2000 262, 21). Entsprechend diesen Risikogruppen werden vier **Schutzstufen** für die einzelnen Tätigkeiten gebildet (§ 2 Abs. 13 S. 2).

Nach §§ 4 ff. ist der Arbeitgeber zu einer **Gefährdungsbeurteilung** verpflichtet, in deren Rahmen **6** ihm auch **Dokumentations- und Aufzeichnungspflichten** (§ 7) auferlegt werden. Dem Arbeitgeber stehen nach § 2 Abs. 10 S. 2 der Unternehmer ohne Beschäftigte sowie der Auftraggeber und Zwischenmeister iSd HAG gleich. Zudem treffen den Arbeitgeber neben diversen **Grundpflichten** (§ 8) allgemeine sowie bei bestimmten Tätigkeiten zusätzliche **Schutzmaßnahmen** (§§ 9–13) und **Unterweisungspflichten** (§ 14) sowie **Erlaubnis-, Anzeige- und Unterrichtungspflichten** ggü. der zuständigen Behörde (§§ 15–17).

7   § 20 ahndet bestimmte Verstöße gegen die vorstehenden Pflichten als **Ordnungswidrigkeit.** Sofern dadurch Gesundheit oder Leben bzw. Arbeitskraft des Beschäftigten konkret gefährdet werden, liegt eine **Straftat** nach § 21 vor. § 20 Abs. 1 und § 21 Abs. 1 verweisen hierbei auf § 25 Abs. 1 Nr. 1 und § 26 Nr. 2 ArbSchG, § 20 Abs. 2 und § 21 Abs. 2 auf § 32 Abs. 1 Nr. 1 und Abs. 3, Abs. 4 HAG.

§ 20 Ordnungswidrigkeiten

(1) Ordnungswidrig im Sinne des § 25 Absatz 1 Nummer 1 des Arbeitsschutzgesetzes handelt, wer vorsätzlich oder fahrlässig

1. entgegen § 4 Absatz 1 Satz 1 die Gefährdung der Beschäftigten nicht, nicht richtig, nicht vollständig oder nicht rechtzeitig beurteilt,
2. entgegen § 4 Absatz 2 Satz 1 eine Gefährdungsbeurteilung nicht oder nicht rechtzeitig aktualisiert,
3. entgegen § 4 Absatz 2 Satz 2 eine Gefährdungsbeurteilung nicht oder nicht rechtzeitig überprüft,
4. entgegen § 7 Absatz 1 Satz 1 eine Gefährdungsbeurteilung nicht, nicht richtig, nicht vollständig oder nicht rechtzeitig dokumentiert,
5. entgegen § 7 Absatz 3 Satz 1 ein dort genanntes Verzeichnis nicht, nicht richtig oder nicht vollständig führt,
6. entgegen § 7 Absatz 3 Satz 3 ein dort genanntes Verzeichnis nicht oder nicht mindestens zehn Jahre aufbewahrt,
7. entgegen § 8 Absatz 4 Nummer 4 erster Halbsatz persönliche Schutzausrüstung nicht oder nicht rechtzeitig zur Verfügung stellt,
8. entgegen § 9 Absatz 1 Satz 2 Nummer 3 nicht dafür sorgt, dass eine Waschgelegenheit zur Verfügung steht,
9. entgegen § 9 Absatz 1 Satz 2 Nummer 4 erster Halbsatz nicht dafür sorgt, dass eine Umkleidemöglichkeit vorhanden ist,
10. entgegen § 9 Absatz 3 Satz 2 Nummer 5 erster Halbsatz zur Verfügung gestellte persönliche Schutzausrüstung nicht instand hält,
11. entgegen § 9 Absatz 3 Satz 2 Nummer 7 zweiter Halbsatz dort genannte Bereiche nicht oder nicht rechtzeitig einrichtet,
12. entgegen § 9 Absatz 4 Satz 2 nicht sicherstellt, dass nur dort genannte Behälter verwendet werden,
13. entgegen § 10 Absatz 1 Nummer 1 Buchstabe a oder § 11 Absatz 7 Nummer 1 einen Schutzstufenbereich nicht oder nicht rechtzeitig festlegt oder nicht, nicht richtig oder nicht rechtzeitig kennzeichnet,
14. entgegen § 10 Absatz 2 Satz 1 oder § 11 Absatz 7 Nummer 3 eine Person nicht oder nicht rechtzeitig benennt,
15. entgegen § 11 Absatz 1 Nummer 1 ein dort genanntes Verfahren nicht oder nicht rechtzeitig festlegt,
16. entgegen § 11 Absatz 2 ein dort genanntes Instrument nicht oder nicht rechtzeitig ersetzt,
17. entgegen § 11 Absatz 3 Satz 1 nicht sicherstellt, dass eine gebrauchte Kanüle nicht in die Schutzkappe zurückgesteckt wird,
18. entgegen § 11 Absatz 4 Satz 1, auch in Verbindung mit Satz 4, ein dort genanntes Instrument nicht oder nicht rechtzeitig entsorgt,
19. entgegen § 13 Absatz 1 Satz 2 Nummer 1, 2 oder 3 eine dort genannte Maßnahme nicht oder nicht rechtzeitig festlegt,
20. entgegen § 13 Absatz 3 Satz 3 einen innerbetrieblichen Plan nicht, nicht richtig, nicht vollständig oder nicht rechtzeitig erstellt,
21. entgegen § 13 Absatz 5 Satz 1 ein Verfahren für Unfallmeldungen und -untersuchungen nicht oder nicht rechtzeitig festlegt,
22. entgegen § 14 Absatz 1 Satz 1 eine schriftliche Betriebsanweisung nicht, nicht richtig, nicht vollständig oder nicht rechtzeitig erstellt,
23. entgegen § 14 Absatz 2 Satz 1 nicht sicherstellt, dass ein Beschäftigter unterwiesen wird,
24. ohne Erlaubnis nach § 15 Absatz 1 Satz 1 eine dort genannte Tätigkeit aufnimmt,
25. entgegen § 16 Absatz 1 eine Anzeige nicht, nicht richtig, nicht vollständig oder nicht rechtzeitig erstattet oder
26. entgegen § 17 Absatz 1 die zuständige Behörde nicht, nicht richtig, nicht vollständig oder nicht rechtzeitig unterrichtet.

(2) Ordnungswidrig im Sinne des § 32 Absatz 1 Nummer 1 des Heimarbeitsgesetzes handelt, wer vorsätzlich oder fahrlässig entgegen § 8 Absatz 7 eine dort genannte Tätigkeit ausüben lässt.

A. Tatbestand

I. Die Bußgeldtatbestände im Einzelnen

1. Ordnungswidrigkeiten nach Abs. 1. a) Gefährdungsbeurteilung. Die Ordnungswidrigkei- 1
ten des Abs. 1 Nr. 1–3 knüpfen an Pflichtverstöße bei der erforderlichen Gefährdungsbeurteilung an.
Wer die Gefährdung der Beschäftigten durch die Tätigkeiten mit Biostoffen nicht richtig oder nicht
vollständig, nicht rechtzeitig, dh nicht vor Aufnahme der Tätigkeit, oder auch überhaupt nicht **beurteilt,** begeht eine Ordnungswidrigkeit nach **Nr. 1.**

Nach § 4 Abs. 2 S. 1 ist die Gefährdungsbeurteilung unverzüglich, dh ohne schuldhaftes Zögern, zu 2
aktualisieren, wenn maßgebliche Veränderungen der Arbeitsbedingungen oder neue Informationen,
zB Unfallberichte oder Erkenntnisse aus arbeitsmedizinischen Vorsorgeuntersuchungen, dies erfordern
oder die Prüfung von Funktion und Wirksamkeit der Schutzmaßnahmen ergeben hat, dass die festgelegten Schutzmaßnahmen nicht wirksam sind. Unterbleibt diese Aktualisierung bzw. wird sie nicht
rechtzeitig, dh nicht unverzüglich, vorgenommen, ist der Ordnungswidrigkeitentatbestand des **Nr. 2**
verwirklicht.

Gem. § 4 Abs. 2 S. 2 muss der Arbeitgeber die Gefährdungsbeurteilung mindestens jedes zweite Jahr 3
überprüfen und bei Bedarf aktualisieren. Nimmt er diese Überprüfung überhaupt nicht oder nicht
rechtzeitig vor, liegt eine Ordnungswidrigkeit nach **Nr. 3** vor. Sollte der Arbeitgeber die Gefährdungsbeurteilung trotz ermittelten Bedarfs nicht aktualisieren, ist Nr. 2 einschlägig, da die Erkenntnisse der
Überprüfung als neue Informationen iSd § 4 Abs. 2 S. 1 Nr. 1 anzusehen sind.

b) Dokumentations- und Aufzeichnungspflichten. Die **Gefährdungsbeurteilung** (→ Rn. 1 ff.) 4
nach §§ 4 ff. hat der Arbeitgeber unabhängig von der Zahl der Beschäftigten zu dokumentieren. Diese
Dokumentationspflicht trifft ihn sowohl vor Aufnahme der Tätigkeit (§ 4 Abs. 1 S. 1) als auch bei jeder
Aktualisierung (§ 4 Abs. 2 S. 1 und § 2). In die Dokumentation sind zumindest („insbesondere") die
Angaben nach § 7 Abs. 1 S. 2 aufzunehmen, ua die Art der Tätigkeit, die festgelegte Schutzstufe und die
zu ergreifenden Schutzmaßnahmen; einschränkende Anforderungen ergeben sich nach § 7 Abs. 4, wenn
ausschließlich Tätigkeiten mit Biostoffen der Risikogruppe 1 ohne sensibilisierende oder toxische
Wirkungen durchgeführt werden. Wer die Gefährdungsbeurteilung nicht, nicht richtig, nicht voll-
ständig, zB nicht mit sämtlichen Angaben nach § 7 Abs. 1 S. 2, oder nicht rechtzeitig, zB nicht bei jeder
Aktualisierung, dokumentiert, begeht eine Ordnungswidrigkeit nach **Nr. 4.**

Nach § 7 Abs. 3 S. 1 muss der Arbeitgeber ein **Verzeichnis** über diejenigen Beschäftigten führen, die 5
Tätigkeiten der **Schutzstufen 3 oder 4** ausüben. Hierin sind die Art der Tätigkeiten und die vor-
kommenden Biostoffe sowie aufgetretene Unfälle und Betriebsstörungen anzugeben (§ 7 Abs. 3 S. 2).
Dieses Verzeichnis überhaupt nicht, nicht richtig oder nicht vollständig zu führen, bedeutet eine
Ordnungswidrigkeit nach **Nr. 5.**

Das vorstehende Verzeichnis ist personenbezogen für den Zeitraum von mindestens zehn Jahren nach 6
Beendigung der Tätigkeit **aufzubewahren.** Wer dieser Pflicht überhaupt nicht oder nicht zumindest für
den vorgesehenen Zeitraum nachkommt, verwirklicht den Ordnungswidrigkeitentatbestand des **Nr. 6.**

c) Grundpflichten und Schutzmaßnahmen. Zu den **Grundpflichten** des Arbeitgebers gem. § 8 7
zählt ua, den Beschäftigten vor Aufnahme ihrer Tätigkeit **persönliche Schutzausrüstung** (zB persönliche Schutzkleidung, Atem-, Hand- und Gesichtsschutz, Kollmer/Klindt/*Kossens* § 11 aF Rn. 1)
zur Verfügung zu stellen, wenn die Maßnahmen nach § 8 Abs. 4 Nr. 1–3 die Gefährdung nicht ausschließen oder ausreichend verringern können (§ 8 Abs. 4 Nr. 4 Hs. 1). Geschieht dies nicht oder nicht
rechtzeitig, dh nicht vor Aufnahme der Tätigkeit, ist eine Ordnungswidrigkeit nach **Nr. 7** gegeben. Zur
bußgeldbewehrten Instandhaltungspflicht → Rn. 9.

Zu den **allgemeinen Schutzmaßnahmen,** die nach § 9 Abs. 1 bei sämtlichen Tätigkeiten mit 8
Biostoffen einzuhalten sind, gehören ua allgemeine Hygienemaßnahmen. Insbes. hat der Arbeitgeber
Waschgelegenheiten zur Verfügung zu stellen (§ 9 Abs. 1 S. 2 Nr. 3) sowie für vom Arbeitsplatz
getrennte **Umkleidemöglichkeiten** zu sorgen, sofern Arbeitskleidung erforderlich ist (§ 9 Abs. 1 S. 2
Nr. 4 Hs. 1). Verstöße gegen diese Pflichten stellen eine Ordnungswidrigkeit nach **Nr. 8** bzw. **Nr. 9**
dar.

Gem. § 9 Abs. 3 hat der Arbeitgeber **weitergehende Schutzmaßnahmen** zu ergreifen, wenn nicht 9
ausschließlich Tätigkeiten mit Biostoffen der Risikogruppe 1 ohne sensibilisierende und toxische
Wirkungen ausgeübt werden. Ua muss der Arbeitgeber die **persönliche Schutzausrüstung,** die er
nach § 8 Abs. 4 Nr. 4 Hs. 1 zur Verfügung zu stellen hat (→ Rn. 7), nach § 9 Abs. 3 S. 2 Nr. 5 Hs. 1
einschließlich der Schutzkleidung auch reinigen, warten, **instand halten** und sachgerecht entsorgen.
Eine fehlende Instandhaltung führt zu einer Ordnungswidrigkeit nach **Nr. 10.**

Darüber hinaus muss der Arbeitgeber nach § 9 Abs. 3 S. 2 Nr. 7 sicherstellen, dass die Beschäftigten 10
in Arbeitsbereichen, in denen Biostoffe auftreten können, keine Nahrungs- und Genussmittel zu sich
nehmen. Zu diesem Zweck hat er vor Aufnahme der entsprechenden Tätigkeiten **gesonderte Bereiche**
einzurichten, die nicht mit persönlicher Schutzausrüstung einschließlich Schutzkleidung betreten wer-

den dürfen. Wer diese Bereiche nicht bzw. nicht rechtzeitig, dh nicht vor Aufnahme der Tätigkeiten, einrichtet, verwirklicht den Ordnungswidrigkeitentatbestand des **Nr. 11.**

11   Schließlich ist der Arbeitgeber nach § 9 Abs. 4 S. 1 ua dazu verpflichtet, Biostoffe sicher zu lagern und innerbetrieblich sicher zu befördern. Hierfür dürfen nach den Vorgaben des § 9 Abs. 4 S. 2 nur **Behälter** verwendet werden, die zum einen hinsichtlich ihrer Beschaffenheit geeignet sind, den Inhalt sicher zu umschließen, zum anderen so gekennzeichnet sind, dass die davon ausgehenden Gefahren in geeigneter Weise deutlich erkennbar sind, und außerdem hinsichtlich Form und Kennzeichnung so gestaltet sind, dass der Inhalt nicht mit Lebensmitteln verwechselt werden kann. Wer nicht sicherstellt, dass ausschließlich solche Behälter verwendet werden, begeht eine Ordnungswidrigkeit nach **Nr. 12.**

12   Weitere zusätzliche Schutzmaßnahmen sind bei Tätigkeiten der Schutzstufen 2 bis 4 **in bestimmten Bereichen** zu treffen, namentlich in Laboratorien, in der Versuchstierhaltung sowie in der Biotechnologie (§ 10) und in Einrichtungen des Gesundheitsdienstes (§ 11). Ua hat der Arbeitgeber vor Aufnahme der Tätigkeiten entsprechend der Schutzstufenzuordnung geeignete räumliche Schutzstufenbereiche **festzulegen** und mit der Schutzstufenbezeichnung sowie mit dem Symbol für Biogefährdung nach Anhang I zu **kennzeichnen** (§ 10 Abs. 1 Nr. 1 Buchst. a und § 11 Abs. 7 Nr. 1). Den Schutzstufenbereich nicht oder nicht rechtzeitig, dh nicht vor Aufnahme der Tätigkeiten, festzulegen bzw. ihn überhaupt nicht, nicht richtig, dh zB nicht mit dem entsprechenden Symbol für Biogefährdung, oder nicht rechtzeitig zu kennzeichnen, stellt eine Ordnungswidrigkeit nach **Nr. 13** dar.

13   Außerdem muss der Arbeitgeber vor der Aufnahme von Tätigkeiten der Schutzstufen 3 oder 4 in Laboratorien, in der Versuchstierhaltung sowie in der Biotechnologie eine zuverlässige **Person** mit der erforderlichen Fachkunde **benennen,** die der hohen Gefährdung entspricht. Sie soll den Arbeitgeber ua bei der Gefährdungsbeurteilung beraten, ihn nicht zuletzt bei der Kontrolle der Wirksamkeit der Schutzmaßnahmen unterstützen und deren Einhaltung überprüfen (§ 10 Abs. 2 S. 2). Gleiches gilt für Tätigkeiten der Schutzstufe 4 in Einrichtungen des Gesundheitsdienstes (§ 11 Abs. 7 S. 3). Wird diese Person überhaupt nicht oder nicht rechtzeitig benannt, ist eine Ordnungswidrigkeit nach **Nr. 14** gegeben.

14   Weitere Anforderungen sind bei Tätigkeiten der Schutzstufen 2 bis 4 in **Einrichtungen des Gesundheitsdienstes** zu beachten. Hier trifft den Arbeitgeber ua – wiederum vor Aufnahme der Tätigkeiten – die Pflicht, in Abhängigkeit von der Gefährdungsbeurteilung wirksame **Desinfektions- und Inaktivierungsverfahren** festzulegen (§ 11 Abs. 1 Nr. 1). Nach § 11 Abs. 2 hat der Arbeitgeber zudem **spitze und scharfe medizinische Instrumente** vor Aufnahme der Tätigkeit durch solche zu ersetzen, bei denen keine oder eine geringere Gefahr von Stich- und Schnittverletzungen besteht, soweit dies technisch möglich und zur Vermeidung einer Infektionsgefährdung erforderlich ist. Dadurch soll die Exposition der Beschäftigten ggü. Biostoffen und die Gefahr durch Stich- und Schnittverletzungen verhindert oder minimiert werden (vgl. § 9 Abs. 3 S. 2 Nr. 1). Diese Pflichten nicht bzw. nicht rechtzeitig vor Aufnahme der Tätigkeit zu erfüllen, bedeutet eine Ordnungswidrigkeit nach **Nr. 15** bzw. **Nr. 16.**

15   **Kanülen** müssen nach ihrem Gebrauch in die Schutzkappen **zurückgesteckt** werden. Stellt der Arbeitgeber dies entgegen § 11 Abs. 3 S. 1 nicht sicher, begeht er eine Ordnungswidrigkeit nach **Nr. 17.**

16   Spitze und scharfe **medizinische Instrumente** sind gem. § 11 Abs. 4 S. 1 nach Gebrauch sicher zu **entsorgen.** Zu diesem Zweck muss der Arbeitgeber vor Aufnahme der Tätigkeiten (nach den Vorgaben des § 11 Abs. 4 S. 3 eindeutig erkennbare) Abfallbehältnisse bereitstellen, die stich- und bruchfest sind und den Abfall sicher umschließen. Gleiches gilt nach § 11 Abs. 4 S. 4 für gebrauchte medizinische Instrumente mit Schutzeinrichtungen gegen Stich- und Schnittverletzungen. Entsorgt der Arbeitgeber die genannten Instrumente nicht bzw. nicht rechtzeitig, verwirklicht er den Ordnungswidrigkeitentatbestand des **Nr. 18.**

17   Gem. § 13 Abs. 1 S. 1 hat der Arbeitgeber vor Aufnahme einer Tätigkeit der Schutzstufen 2 bis 4 die erforderlichen **Maßnahmen** festzulegen, die **bei Betriebsstörungen oder Unfällen** notwendig sind, um die Auswirkungen auf die Sicherheit und Gesundheit der Beschäftigten und anderer Personen zu minimieren und den normalen Betriebsablauf wiederherzustellen. Insbes. hat er in Abhängigkeit von der Art möglicher Ereignisse und verwendeter oder vorkommender Biostoffe Maßnahmen zur Ersten Hilfe und weitergehende Hilfsmaßnahmen für Beschäftigte bei unfallbedingter Übertragung von Biostoffen einschließlich der Möglichkeit zur postexpositionellen Prophylaxe, Maßnahmen zur Verhinderung einer Verschleppung von Biostoffen sowie Desinfektions-, Inaktivierungs- und Dekontaminationsmaßnahmen festzulegen (§ 13 Abs. 1 S. 2 Nr. 1–3). Legt der Arbeitgeber diese Maßnahmen nicht oder nicht rechtzeitig, dh vor Aufnahme der Tätigkeit, fest, liegt eine Ordnungswidrigkeit nach **Nr. 19** vor.

18   Ergänzend zu den vorstehenden Festlegungen muss der Arbeitgeber nach § 13 Abs. 3 S. 1 vor Aufnahme von Tätigkeiten der Schutzstufe 3 oder 4 in Laboratorien, in der Versuchstierhaltung, in der Biotechnologie sowie vor Aufnahme von Tätigkeiten der Schutzstufe 4 in Einrichtungen des Gesundheitsdienstes einen **innerbetrieblichen Plan erstellen,** die beim Versagen einer Einschließungsmaßnahme durch eine Freisetzung von Biostoffen auftreten können. Dies gilt nicht für Tätigkeiten mit Biostoffen der Risikogruppe 3, die mit (**) gekennzeichnet sind (§ 13 Abs. 3 S. 4).

In dem – nach § 13 Abs. 3 S. 3 regelmäßig zu aktualisierenden – Plan sind nach § 13 Abs. 3 S. 2 die spezifischen Gefahren und die Namen der für die innerbetrieblichen Rettungsmaßnahmen zuständigen Personen festzulegen. Wer diesen Plan nicht richtig oder nicht vollständig, nicht rechtzeitig oder überhaupt nicht erstellt, begeht eine Ordnungswidrigkeit nach **Nr. 20**.

Außerdem trifft den Arbeitgeber die Pflicht, vor Aufnahme der Tätigkeiten ein **Verfahren für 19 Unfallmeldungen und -untersuchungen festzulegen** (§ 13 Abs. 5 S. 1). Das Verfahren ist nach § 13 Abs. 5 S. 2 so zu gestalten, dass bei schweren Unfällen sowie bei Nadelstichverletzungen mögliche organisatorische und technische Unfallursachen erkannt werden können und individuelle Schuldzuweisungen vermieden werden. Eine völlig fehlende oder nicht rechtzeitige Festlegung dieses Verfahrens bedeutet eine Ordnungswidrigkeit nach **Nr. 21**.

d) Unterweisungspflichten. Sofern nicht ausschließlich Tätigkeiten mit Biostoffen der Risikogrup- **20** pe 1 ohne sensibilisierende oder toxische Wirkungen ausgeübt werden (§ 14 Abs. 1 S. 2), hat der Arbeitgeber gem. § 14 Abs. 1 S. 1 auf der Grundlage der Gefährdungsbeurteilung nach § 4 vor Aufnahme der Tätigkeit eine schriftliche **Betriebsanweisung** arbeitsbereichs- und biostoffbezogen zu **erstellen.** In dieser Betriebsanweisung sind die Beschäftigten ua auf die mit den vorgesehenen Tätigkeiten verbundenen Gefahren hinzuweisen, Informationen über Schutzmaßnahmen und Verhaltensregeln zum eigenen Schutz sowie zum Schutz anderer Beschäftigter am Arbeitsplatz zu geben, Anweisungen zum Verhalten und zu Maßnahmen bei Verletzungen, bei Unfällen und Betriebsstörungen sowie zu deren innerbetrieblicher Meldung und zur Ersten Hilfe festzulegen und Informationen zur sachgerechten Inaktivierung oder Entsorgung von Biostoffen und kontaminierten Gegenständen, Materialien oder Arbeitsmitteln zu gewähren (§ 14 Abs. 1 S. 4). Erstellt der Arbeitgeber die schriftliche Betriebsanweisung nicht, nicht richtig, nicht vollständig oder nicht rechtzeitig, dh nicht vor Aufnahme der Tätigkeit, liegt eine Ordnungswidrigkeit nach **Nr. 22** vor.

Gem. § 14 Abs. 2 S. 1 sind Beschäftigte auf der Grundlage der jeweils aktuellen Betriebsanweisung **21** (→ Rn. 20) über alle auftretenden Gefährdungen und erforderlichen Schutzmaßnahmen mündlich zu unterweisen. Die Unterweisung ist nach § 14 Abs. 2 S. 2 so durchzuführen, dass bei den Beschäftigten ein Sicherheitsbewusstsein geschaffen wird. Außerdem ist im Rahmen der Unterweisung eine allgemeine arbeitsmedizinische Beratung durchzuführen, wobei Hinweise zu besonderen Gefährdungen zB bei verminderter Immunabwehr zu geben sind (§ 14 Abs. 2 S. 4). Stellt der Arbeitgeber die Unterweisung nicht sicher, verwirklicht er den Ordnungswidrigkeitentatbestand der **Nr. 23**.

e) Erlaubnis-, Anzeige- und Unterrichtungspflichten. Nach § 15 Abs. 1 S. 1 bedarf der Arbeit- **22** geber der **Erlaubnis der zuständigen Behörde,** bevor Tätigkeiten der Schutzstufe 3 oder 4 in Laboratorien, in der Versuchstierhaltung oder in der Biotechnologie erstmals aufgenommen werden. Gleiches gilt für Einrichtungen des Gesundheitsdienstes, die für Tätigkeiten der Schutzstufe 4 vorgesehen sind (§ 15 Abs. 1 S. 3). Lediglich für Tätigkeiten mit Biostoffen der Risikogruppe 3, die mit (**) gekennzeichnet sind, ist keine Erlaubnis erforderlich (§ 15 Abs. 1 S. 4). Die jeweilige Tätigkeit ohne die notwendige Erlaubnis aufzunehmen, führt zu einer Ordnungswidrigkeit nach **Nr. 24**.

Den Arbeitgeber trifft zudem gem. § 16 Abs. 1 eine **Anzeigepflicht** ggü. der zuständigen Behörde, **23** die ua die erstmalige Aufnahme bestimmter Tätigkeiten in Laboratorien, in der Versuchstierhaltung und in der Biotechnologie (Nr. 1), jede Änderung erlaubter oder angezeigter Tätigkeiten (Nr. 2) und das Einstellen einer nach § 15 erlaubnispflichten Tätigkeit (Nr. 4) umfasst. Die vorstehenden Anzeigen müssen gem. § 16 Abs. 3 spätestens 30 Tage vor Aufnahme oder Einstellung der Tätigkeit erfolgen. Der Inhalt der Anzeige ergibt sich aus § 16 Abs. 2. Wer die Anzeige überhaupt nicht, nicht richtig oder nicht vollständig bzw. nicht rechtzeitig erstattet, verwirklicht den Ordnungswidrigkeitentatbestand der **Nr. 25**.

Gem. § 17 Abs. 1 hat der Arbeitgeber die zuständige Behörde unverzüglich, dh ohne schuldhaftes **24** Zögern, zu unterrichten über jeden Unfall und jede Betriebsstörung bei Tätigkeiten mit Biostoffen der Risikogruppe 3 oder 4, die zu einer Gesundheitsgefahr der Beschäftigten führen können, sowie über Krankheits- und Todesfälle Beschäftigter, die auf Tätigkeiten mit Biostoffen zurückzuführen sind, unter genauer Angabe der Tätigkeit. Wer diese **Unterrichtungspflicht** nicht, nicht richtig oder nicht vollständig bzw. nicht rechtzeitig erfüllt, begeht eine Ordnungswidrigkeit nach **Nr. 26**.

2. Ordnungswidrigkeiten nach Abs. 2. Nach § 8 Abs. 7 darf der Arbeitgeber in Heimarbeit nur **25** Tätigkeiten mit Biostoffen der Risikogruppe 1 ohne sensibilisierende oder toxische Wirkung ausüben lassen. Wer diese Vorgaben missachtet, insbes. Tätigkeiten mit biologischen Arbeitsstoffen anderer Risikogruppen oder mit Stoffen der Risikogruppe 1 mit sensibilisierenden oder toxischen Wirkungen ausüben lässt, unterfällt dem Ordnungswidrigkeitentatbestand des § 20 Abs. 2.

II. Innerer Tatbestand

Die Ordnungswidrigkeiten nach § 20 Abs. 1 u. 2 können **vorsätzlich und fahrlässig** begangen **26** werden.

B. Geldbuße

27   Ordnungswidrigkeiten nach Abs. 1 sind gem. § 25 Abs. 1 Nr. 1, Abs. 2 ArbSchG bei vorsätzlichem Handeln mit einer Geldbuße bis zu 5.000 EUR bedroht, bei Fahrlässigkeit wegen § 17 Abs. 2 OWiG bis zu 2.500 EUR. Bei einer Ordnungswidrigkeit nach Abs. 2 beträgt die Geldbuße bei vorsätzlichem Handeln gem. § 32 Abs. 1 Nr. 1, Abs. 2 HAG bis zu 10.000 EUR, bei fahrlässigem Handeln bis zu 5.000 EUR (§ 17 Abs. 2 OWiG).

C. Verjährung

28   Die Verfolgung der Ordnungswidrigkeiten nach Abs. 1 verjährt im Falle vorsätzlichen Handelns nach zwei Jahren (§ 31 Abs. 2 Nr. 2 OWiG), bei fahrlässiger Begehung nach einem Jahr (§ 31 Abs. 2 Nr. 3 OWiG). Bei Abs. 2 tritt die Verfolgungsverjährung nach § 31 Abs. 2 Nr. 2 OWiG jeweils nach zwei Jahren ein.

§ 21 Straftaten

(1) Wer durch eine in § 20 Absatz 1 bezeichnete vorsätzliche Handlung Leben oder Gesundheit eines Beschäftigten gefährdet, ist nach § 26 Nummer 2 des Arbeitsschutzgesetzes strafbar.

(2) Wer durch eine in § 20 Absatz 2 bezeichnete vorsätzliche Handlung in Heimarbeit Beschäftigte in ihrer Arbeitskraft oder Gesundheit gefährdet, ist nach § 32 Absatz 3 oder Absatz 4 des Heimarbeitsgesetzes strafbar.

I. Straftat nach Abs. 1

1   **1. Objektiver Tatbestand.** Wird durch eine vorsätzliche Handlung nach § 20 Abs. 1 (→ § 20 Rn. 1 ff.) **Leben oder Gesundheit** eines Beschäftigten **gefährdet,** stellt dies einen Straftatbestand nach § 21 Abs. 1 iVm § 26 Nr. 2 ArbSchG dar. **Gesundheit** umfasst den unversehrten körperlichen, geistigen und seelischen Zustand des Beschäftigten. Erforderlich ist eine konkrete Gefährdung, deren Realisierung nach den Umständen des Einzelfalls alsbald wahrscheinlich wird. Zu einer Verwirklichung der Gefahr muss es indes nicht kommen (→ ArbSchG § 26 Rn. 6).

2   **2. Subjektiver Tatbestand.** Neben der vorsätzlich begangenen Handlung nach § 20 Abs. 1 ist ebenso zumindest **bedingter Vorsatz** in Bezug auf die Gefährdung von Leben oder Gesundheit eines Beschäftigten erforderlich. Der **Gefährdungsvorsatz** liegt vor, wenn der Täter die gefahrbegründenden Umstände kennt und billigt. Auf die ausbleibende Realisierung der Gefahr zu vertrauen, steht zwar dem Verletzungs-, nicht aber dem Gefährdungsvorsatz entgegen (→ ArbSchG § 26 Rn. 8).

3   **3. Rechtsfolge.** Der Strafrahmen des Abs. 1 beträgt nach § 26 Nr. 2 ArbSchG bis zu einem Jahr Freiheitsstrafe oder Geldstrafe.

4   **4. Konkurrenzen.** Straftaten nach Abs. 1 verdrängen die damit zusammentreffenden Ordnungswidrigkeiten nach § 20 Abs. 1 (§ 21 Abs. 1 S. 1 OWiG).

5   **5. Verjährung.** Die Verjährungsfrist für Straftaten nach Abs. 1 beträgt drei Jahre (§ 78 Abs. 3 Nr. 5 StGB).

II. Straftat nach Abs. 2

6   **1. Objektiver Tatbestand.** Wer durch eine vorsätzliche Handlung nach § 20 Abs. 2 in Heimarbeit Beschäftigte in ihrer Arbeitskraft oder Gesundheit gefährdet, verwirklicht den Straftatbestand des § 21 Abs. 2. Unter **Arbeitskraft** ist die geistige und körperliche Fähigkeit des Arbeitnehmers zu verstehen, in einem bestimmten Umfang Arbeit zu leisten. Unerheblich ist, ob der Arbeitnehmer seine Fähigkeiten von vornherein aufweist oder erst durch Ausbildung oder Übung erhalten hat (vgl. Ignor/Rixen Arbeits-StrafR-HdB/*Rixen* § 10 Rn. 36; → ArbZG § 23 Rn. 2). Zum Begriff der Gefährdung → Rn. 1.

7   **2. Subjektiver Tatbestand.** Erforderlich ist zumindest **bedingter Vorsatz,** der sich insbes. auf die durch die vorsätzliche Handlung nach § 20 Abs. 2 verursachte Gefährdung von Arbeitskraft oder Gesundheit eines in Heimarbeit Beschäftigten erstrecken muss.

8   Wegen der Verweisung auf § 32 Abs. 4 HAG kann Abs. 2 auch als **Vorsatz-Fahrlässigkeits-Kombination** begangen werden. Demnach genügt, wenn die Gefahr für Arbeitskraft oder Gesundheit eines in Heimarbeit Beschäftigten fahrlässig verursacht wird.

3. Rechtsfolge. Der Strafrahmen beträgt nach § 32 Abs. 3 HAG bis zu einem Jahr Freiheitsstrafe **9** oder Geldstrafe. Für die Vorsatz-Fahrlässigkeits-Kombination nach Abs. 2 iVm § 32 Abs. 4 HAG wird der Strafrahmen auf Freiheitsstrafe bis zu sechs Monaten oder Geldstrafe bis zu 180 Tagessätzen halbiert.

4. Konkurrenzen. Ordnungswidrigkeiten nach § 20 Abs. 2 werden vom zugleich verwirklichten **10** Straftatbestand nach Abs. 2 verdrängt (§ 21 Abs. 1 S. 1 OWiG).

5. Verjährung. Die Verjährungsfrist für Straftaten nach Abs. 2 beträgt drei Jahre (§ 78 Abs. 3 Nr. 5 **11** StGB).

230. Gesetz über Naturschutz und Landschaftspflege (Bundesnaturschutzgesetz – BNatSchG)

Vom 29. Juli 2009 (BGBl. I S. 2542) FNA 791-9

Zuletzt geändert durch Art. 421 Zehnte ZuständigkeitsanpassungsVO vom 31.8.2015 (BGBl. I S. 1474)

– Auszug –

Vorbemerkung

Literatur (Auswahl): *Gassner/Bendomir-Kahlo/Schmidt-Räntsch,* BNatSchG, 2. Aufl. 2003; *Lütkes/Ewer,* BNatSchG, 2011; *Lorz/Konrad/Mühlbauer/Müller-Walter/Stöckel,* Naturschutzrecht, 3. Aufl. 2013; *Marzik/Wilrich,* BNatSchG, 2004.

1   **1. Neuregelung zum 1.3.2010.** Das BNatSchG v. 29.7.2009 (BGBl. I 2542) ist nach Art. 27 des Gesetzes zur Neuregelung des Rechts des Naturschutzes und der Landschaftspflege v. 29.7.2009 (BGBl. I 2542 (2578)) **am 1.3.2010 in Kraft** getreten und ersetzt das bis dahin geltende BNatSchG v. 25.3.2002 (BGBl. I 1193) – nachfolgend aF. Die Neuregelung (hierzu *Louis* NuR 2010, 77) wurde erforderlich, weil durch die Föderalismusreform die bis dahin gegebene Rahmengesetzgebung des Bundes durch eine umfassende Regelungskompetenz ersetzt wurde (BT-Drs. 16/12274, 39). Bei den Bußgeld- und Strafvorschriften wurden im Wesentlichen die bis dahin geltenden Regelungen übernommen (BT-Drs. 16/12274, 77), im Bereich der Ordnungswidrigkeiten wurden allerdings zahlreiche weitere Tatbestände eingefügt (vgl. insbes. § 69 Abs. 1 u. Abs. 3). Mit Blick auf § 4 Abs. 1 OWiG bzw. § 2 Abs. 1 StGB bedarf es jeweils einzelfallbezogener Prüfung, ob die betreffende Zuwiderhandlung bereits zur Zeit ihrer Begehung (ggf. aufgrund landesrechtlicher Bestimmungen) geahndet werden konnte. Die vorerst letzte maßgebliche Änderung der artenschutzrechtlichen Straftatbestände erfolgte aufgrund der RL 2008/99/EG über den strafrechtlichen Schutz der Umwelt – **Umwelt-RL** (ABl. 2008 L 328, 28) durch das **45. StraÄndG** zur Umsetzung der Richtlinie des Europäischen Parlaments und des Rates über den strafrechtlichen Schutz der Umwelt v. 6.12.2011 (BGBl. I 2557, hierzu BR-Drs. 58/11, 28–30), durch das mWz **13.6.2012** insbes. der ursprüngliche Tatbestand des § 71 in zwei Normen aufgegliedert (§§ 71, 71a) und erweitert sowie Verweisungen in das Europarecht angepasst wurden (Näheres s. MüKoStGB/*Pfohl* § 71 Rn. 16).

2   **2. Ziel, Zweck und Gegenstand der gesetzlichen Regelungen.** Grundlegendes Ziel der gesetzlichen Regelungen ist die **dauerhafte Sicherung der natürlichen Lebensgrundlagen,** namentlich der biologischen Vielfalt, der Leistungs- und Funktionsfähigkeit des Naturhaushaltes und der Vielfalt, Eigenart und Schönheit sowie des Erholungswerts von Natur und Landschaft (§ 1 Abs. 1; sa BT-Drs. 16/12274, 39). Die **Bußgeldvorschriften betreffen** im Wesentlichen Verstöße gegen artenschutzrechtliche Bestimmungen und haben den Schutz **wild lebender Tiere** (Legaldefinition in § 7 Abs. 2 Nr. 1) **und wild lebender Pflanzen** (Legaldefinition in § 7 Abs. 2 Nr. 2) sowie ihrer Lebensräume zum Zweck der **Erhaltung ihrer Art** zum Gegenstand; das Individuum wird demgegenüber vorrangig durch das TierSchG und das PflSchG geschützt (Marzik/Wilrich § 39 Rn. 9). Vom Schutzbereich grds. nicht erfasst sind in Gefangenschaft gehaltene oder gezüchtete Tiere und durch Anbau gewonnene Pflanzen, es sei denn, es handelt sich um verwilderte Exemplare. Bei **kommerziellem Umgang** mit Tieren und Pflanzen s. insbes. § 69 Abs. 3 Nr. 21 (→ § 69 Rn. 29). Die **Straftatbestände** der §§ 71, 71a dienen insbes. dem Schutz von Tieren und Pflanzen streng geschützter Arten und sollen den Gefahren entgegen wirken, die von dem **weltweiten illegalen Handel** mit Exemplaren geschützter Arten für das Rechtsgut der Artenvielfalt ausgehen (BT-Drs. 10/5064, 36). Soweit allerdings jagdrechtliche Vorschriften eine **Jagdausübung** betreffend der konkreten Art erlauben, gehen diese den Artenschutzbestimmungen des BNatSchG vor (§ 37 Abs. 2), es sind dann aber §§ 38, 39 BJagdG zu prüfen (weiterführend zu den anderen Rechtsgebieten Erbs/Kohlhaas *Stöckel/Müller-Walter* Vorb. Rn. 28 ff.; MüKoStGB/*Pfohl* § 71 Rn. 150 ff.). Eingriffe in den Schutzbereich von **Naturschutzgebieten** (§ 23), **Nationalparke** (§ 24) oder **Natura-2000-Gebiete** werden zudem von **§§ 329 Abs. 3 und Abs. 4, 330 StGB** (→ StGB § 329 Rn. 18 ff.; LK-StGB/*Steindorf* StGB § 329 Rn. 34 ff.; Fischer StGB § 329 Rn. 10 ff.) erfasst, das Verunreinigen eines Gewässers von **§ 324 StGB.**

3   **3. Schutzklassen.** Die Straf- und Bußgeldtatbestände differenzieren entsprechend den artenschutzrechtlichen Vorschriften zwischen **drei Schutzbereichen:** Unter einem **allgemeinen Artenschutz** (§§ 39–43) stehen sämtliche wild lebenden Tier- und Pflanzenarten. Die darin enthaltene Teilmenge der **besonders geschützten Arten** erfährt einen stärkeren Schutz (§§ 44–47). Sie umfasst nach der Legaldefinition des § 7 Abs. 2 Nr. 13a und b die in Anh. A oder B der VO Nr. 338/97/EG (**EG-**

ArtenschutzVO; hierzu Gassner/Bendomir-Kahlo/Schmidt-Räntsch Vor § 39 Rn. 37), die in Anh. IV der RL 92/43/EWG (**Fauna-Flora-Habitat-RL;** hierzu Gassner/Bendomir-Kahlo/Schmidt-Räntsch § 10 Rn. 50) sowie die in einer VO nach § 54 Abs. 1 (§ 1 S. 1 **BArtSchV** v. 16.2.2005 (BGBl. I 258 (896)), zul. geänd. 21.1.2013 (BGBl. I 95); hierzu Erbs/Kohlhaas/*Stöckel/Müller* BArtSchV) aufgeführten Tier- und Pflanzenarten und die europäischen Vogelarten (RL 2009/147/EG (**EG-Vogelschutz-RL**)), soweit sie nicht dem Jagdrecht unterliegen (MüKoStGB/*Alt* StGB § 329 Rn. 36). Zur höchsten Schutzklasse gehören die **streng geschützten Arten.** Dies sind nach § 7 Abs. 2 Nr. 14 diejenigen der besonders geschützten Arten, die in Anh. A der VO Nr. 338/97/EG, in Anh. IV der RL 92/43/EWG oder in einer VO nach § 54 Abs. 2 aufgeführt sind.

4. Auslandsbezug. Die Bußgeld- und Strafvorschriften gelten nur für Inlandstaten iSd §§ 3, 9 StGB, **4** also solche, bei denen der Täter im Geltungsbereich des Gesetzes gehandelt hat oder der Taterfolg dort eingetreten ist oder hätte eintreten sollen (→ StGB § 3 Rn. 5), sowie für Taten iSd § 7 Abs. 2 StGB (vgl. BT-Drs. 10/5064, 36); beachte für Umweltstraftaten § 5 Nr. 11 StGB.

§ 69 Bußgeldvorschriften

(1) Ordnungswidrig handelt, wer **wissentlich entgegen § 39 Absatz 1 Nummer 1 ein wild lebendes Tier beunruhigt.**

(2) Ordnungswidrig handelt, wer

1. entgegen § 44 Absatz 1 Nummer 1 einem wild lebenden Tier nachstellt, es fängt, verletzt oder tötet oder seine Entwicklungsformen aus der Natur entnimmt, beschädigt oder zerstört,
2. entgegen § 44 Absatz 1 Nummer 2 ein wild lebendes Tier erheblich stört,
3. entgegen § 44 Absatz 1 Nummer 3 eine Fortpflanzungs- oder Ruhestätte aus der Natur entnimmt, beschädigt oder zerstört oder
4. entgegen § 44 Absatz 1 Nummer 4 eine wild lebende Pflanze oder ihre Entwicklungsformen aus der Natur entnimmt oder sie oder ihren Standort beschädigt oder zerstört.

(3) Ordnungswidrig handelt, wer vorsätzlich oder fahrlässig

1. ohne Genehmigung nach § 17 Absatz 3 Satz 1 einen Eingriff in Natur und Landschaft vornimmt,
2. einer vollziehbaren Anordnung nach § 17 Absatz 8 Satz 1 oder Satz 2, § 34 Absatz 6 Satz 4 oder Satz 5, § 42 Absatz 7 oder Absatz 8 Satz 1 oder Satz 2, auch in Verbindung mit § 43 Absatz 3 Satz 4, oder § 43 Absatz 3 Satz 2 oder Satz 3 zuwiderhandelt,
3. entgegen § 22 Absatz 3 Satz 3 eine dort genannte Handlung oder Maßnahme vornimmt,
4. entgegen § 23 Absatz 2 Satz 1 in Verbindung mit einer Rechtsverordnung nach § 57 Absatz 2 eine dort genannte Handlung oder Maßnahme in einem Meeresgebiet vornimmt, das als Naturschutzgebiet geschützt wird,
5. entgegen § 30 Absatz 2 Satz 1 ein dort genanntes Biotop zerstört oder sonst erheblich beeinträchtigt,
6. entgegen § 33 Absatz 1 Satz 1, auch in Verbindung mit Absatz 2 Satz 1, eine Veränderung oder Störung vornimmt,
7. entgegen § 39 Absatz 1 Nummer 1 ein wild lebendes Tier ohne vernünftigen Grund fängt, verletzt oder tötet,
8. entgegen § 39 Absatz 1 Nummer 2 eine wild lebende Pflanze ohne vernünftigen Grund entnimmt, nutzt oder ihre Bestände niederschlägt oder auf sonstige Weise verwüstet,
9. entgegen § 39 Absatz 1 Nummer 3 eine Lebensstätte wild lebender Tiere oder Pflanzen ohne vernünftigen Grund erheblich beeinträchtigt oder zerstört,
10. entgegen § 39 Absatz 2 Satz 1 ein wild lebendes Tier oder eine wild lebende Pflanze aus der Natur entnimmt,
11. ohne Genehmigung nach § 39 Absatz 4 Satz 1 eine wild lebende Pflanze gewerbsmäßig entnimmt oder be- oder verarbeitet,
12. entgegen § 39 Absatz 5 Satz 1 Nummer 1 die Bodendecke abbrennt oder eine dort genannte Fläche behandelt,
13. entgegen § 39 Absatz 5 Satz 1 Nummer 2 einen Baum, eine Hecke, einen lebenden Zaun, ein Gebüsch oder ein anderes Gehölz abschneidet oder auf den Stock setzt,
14. entgegen § 39 Absatz 5 Satz 1 Nummer 3 ein Röhricht zurückschneidet,
15. entgegen § 39 Absatz 5 Satz 1 Nummer 4 einen dort genannten Graben räumt,
16. entgegen § 39 Absatz 6 eine Höhle, einen Stollen, einen Erdkeller oder einen ähnlichen Raum aufsucht,
17. ohne Genehmigung nach § 40 Absatz 4 Satz 1 eine Pflanze einer gebietsfremden Art oder ein Tier ausbringt,
18. ohne Genehmigung nach § 42 Absatz 2 Satz 1 einen Zoo errichtet, erweitert, wesentlich ändert oder betreibt,

19. entgegen § 43 Absatz 3 Satz 1 eine Anzeige nicht, nicht richtig, nicht vollständig oder nicht rechtzeitig erstattet,

20. entgegen § 44 Absatz 2 Satz 1 Nummer 1, auch in Verbindung mit § 44 Absatz 3 Nummer 1 oder Nummer 2, diese in Verbindung mit einer Rechtsverordnung nach § 54 Absatz 4, ein Tier, eine Pflanze oder eine Ware in Besitz oder Gewahrsam nimmt, in Besitz oder Gewahrsam hat oder be- oder verarbeitet,

21. entgegen § 44 Absatz 2 Satz 1 Nummer 2, auch in Verbindung mit § 44 Absatz 3 Nummer 1 oder Nummer 2, diese in Verbindung mit einer Rechtsverordnung nach § 54 Absatz 4, ein Tier, eine Pflanze oder eine Ware verkauft, kauft, zum Verkauf oder Kauf anbietet, zum Verkauf vorrätig hält oder befördert, tauscht oder entgeltlich zum Gebrauch oder zur Nutzung überlässt, zu kommerziellen Zwecken erwirbt, zur Schau stellt oder auf andere Weise verwendet,

22. entgegen § 50 Absatz 1 Satz 1 ein Tier oder eine Pflanze nicht, nicht richtig oder nicht rechtzeitig zur Ein- oder Ausfuhr anmeldet oder nicht oder nicht rechtzeitig vorführt,

23. entgegen § 50 Absatz 2 eine Mitteilung nicht, nicht richtig, nicht vollständig oder nicht rechtzeitig macht,

24. entgegen § 52 Absatz 1 eine Auskunft nicht, nicht richtig, nicht vollständig oder nicht rechtzeitig erteilt,

25. entgegen § 52 Absatz 2 Satz 2 eine beauftragte Person nicht unterstützt oder eine geschäftliche Unterlage nicht, nicht richtig, nicht vollständig oder nicht rechtzeitig vorlegt,

26. entgegen § 61 Absatz 1 Satz 1 oder Satz 2 an einem Gewässer eine bauliche Anlage errichtet oder wesentlich ändert oder

27. einer Rechtsverordnung nach

a) § 49 Absatz 2,

b) § 54 Absatz 5,

c) § 54 Absatz 6 Satz 1, Absatz 7 oder Absatz 8

oder einer vollziehbaren Anordnung auf Grund einer solchen Rechtsverordnung zuwiderhandelt, soweit die Rechtsverordnung für einen bestimmten Tatbestand auf diese Bußgeldvorschrift verweist.

(4) Ordnungswidrig handelt, wer gegen die Verordnung (EG) Nr. 338/97 des Rates vom 9. Dezember 1996 über den Schutz von Exemplaren wildlebender Tier- und Pflanzenarten durch Überwachung des Handels (ABl. L 61 vom 3.3.1997, S. 1, L 100 vom 17.4.1997, S. 72, L 298 vom 1.11.1997, S. 70, L 113 vom 27.4.2006, S. 26), die zuletzt durch die Verordnung (EG) Nr. 318/2008 (ABl. L 95 vom 8.4.2008, S. 3) geändert worden ist, verstößt, indem er vorsätzlich oder fahrlässig

1. entgegen Artikel 4 Absatz 1 Satz 1 oder Absatz 2 Satz 1 oder Artikel 5 Absatz 1 oder Absatz 4 Satz 1 eine Einfuhrgenehmigung, eine Ausfuhrgenehmigung oder eine Wiederausfuhrbescheinigung nicht, nicht richtig, nicht vollständig oder nicht rechtzeitig vorlegt,

2. entgegen Artikel 4 Absatz 3 Halbsatz 1 oder Absatz 4 eine Einfuhrmeldung nicht, nicht richtig, nicht vollständig oder nicht rechtzeitig vorlegt,

3. entgegen Artikel 8 Absatz 1, auch in Verbindung mit Absatz 5, ein Exemplar einer dort genannten Art kauft, zum Kauf anbietet, zu kommerziellen Zwecken erwirbt, zur Schau stellt oder verwendet oder ein Exemplar verkauft oder zu Verkaufszwecken vorrätig hält, anbietet oder befördert oder

4. einer vollziehbaren Auflage nach Artikel 11 Absatz 3 Satz 1 zuwiderhandelt.

(5) Ordnungswidrig handelt, wer gegen die Verordnung (EWG) Nr. 3254/91 des Rates vom 4. November 1991 zum Verbot von Tellereisen in der Gemeinschaft und der Einfuhr von Pelzen und Waren von bestimmten Wildtierarten aus Ländern, die Tellereisen oder den internationalen humanen Fangnormen nicht entsprechende Fangmethoden anwenden (ABl. L 308 vom 9.11.1991, S. 1), verstößt, indem er vorsätzlich oder fahrlässig

1. entgegen Artikel 2 ein Tellereisen verwendet oder

2. entgegen Artikel 3 Satz 1 einen Pelz einer dort genannten Tierart oder eine dort genannte Ware in die Gemeinschaft verbringt.

(6) Die Ordnungswidrigkeit kann in den Fällen der Absatz 1 und 2, des Absatzes 3 Nummer 1 bis 6, 18, 20, 21, 26 und 27 Buchstabe b, des Absatzes 4 Nummer 1 und 3 und des Absatzes 5 mit einer Geldbuße bis zu fünfzigtausend Euro, in den übrigen Fällen mit einer Geldbuße bis zu zehntausend Euro geahndet werden.

(7) Die Länder können gesetzlich bestimmen, dass weitere rechtswidrige und vorwerfbare Handlungen, die gegen Vorschriften dieses Gesetzes oder Rechtsvorschriften verstoßen, die auf Grund dieses Gesetzes erlassen worden sind oder fortgelten, als Ordnungswidrigkeiten geahndet werden können.

A. Regelungscharakter

1   Die Vorschrift enthält eine Vielzahl von Blanketten (hierzu: *Bülte*, Blankette und normative Tatbestandsmerkmale, JuS 2015, 769), die erst zusammen mit der jeweils in Bezug genommenen, ausfüllen-

den Norm den Tatbestand der jeweiligen Bußgeldvorschrift ergeben. Diese ausfüllenden Normen finden sich zum Teil unmittelbar im Gesetz selbst, zum Teil ergeben sie sich aber auch aus Rechtsverordnungen, die auf seiner Grundlage erlassen wurden, oder europarechtlichen Normen (zum Bestimmtheitsgebot s. MüKoStGB/*Pfohl* § 71 Rn. 35 f.). Die materielle und formelle Wirksamkeit der in Bezug genommenen Vorschrift ist jeweils konkret zu prüfen. Daneben kann auch ein Zuwiderhandeln gegen eine wirksame und vollziehbare behördliche Anordnung bußgeldbewehrt sein.

Ergänzend sind die Vorschriften des **OWiG** heranzuziehen, insbes. die Regelungen zur Beteiligung (§ 14 OWiG) und zu den Konkurrenzen (§§ 19–21 OWiG). Bei Vorliegen von **Irrtümern** greift § 11 OWiG ein (Einzelheiten Lütkes/Ewer/*Kraft* Rn. 7; Sack A 20 Rn. 25 ff.; → § 71 Rn. 4). Insbes. der Gewerbetreibende unterliegt einer Rechtspflicht, sich mit den jeweiligen artenschutzrechtlichen Bestimmungen vertraut zu machen (KG NuR 2001, 176 Rn. 24; so auch Lorz/Konrad/Mühlbauer/ Müller-Walter/*Stöckel* Rn. 6). Der **Versuch** einer Ordnungswidrigkeit wird mangels ausdrücklicher Bestimmung nicht geahndet (§ 13 Abs. 2 OWiG). Sofern fahrlässiges Verhalten nicht ausdrücklich benannt ist, ist die Feststellung von Vorsatz erforderlich.

B. Die Regelungen im Einzelnen

I. Beunruhigen eines Tieres (Abs. 1 iVm § 39 Abs. 1 Nr. 1) – allgemeiner Artenschutz

Die Vorschrift betrifft das **wissentliche Beunruhigen** eines **wild lebenden Tieres.** Aus der Bezug- 2 nahme auf § 39 Abs. 1 Nr. 1 geht hervor, dass zur Erfüllung der voluntativen Komponente zudem **Mutwilligkeit** vorliegen muss. Diese ist gegeben, wenn der Täter ohne nachvollziehbaren vernünftigen Grund bewusst aus einer Laune oder Stimmung heraus das Tier beunruhigen will (Lorz/Konrad/ Mühlbauer/Müller-Walter/*Stöckel* § 39 Rn. 4) und dabei ohne vernünftigen Grund handelt (Erbs/ Kohlhaas/*Stöckel/Müller-Walter* § 39 Rn. 4). Eine Beunruhigung ist bei jeder konkreten Störung des normalen und artgerechten Verhaltens eines Tieres (Gassner/Bendomir-Kahlo/Schmidt-Räntsch § 41 Rn. 5), das keiner der besonders geschützten Arten angehören muss, anzunehmen. Der Begriff des Beunruhigens reicht weiter als die in Abs. 2 Nr. 1–3 benannten Tatbestände und erfasst zB das Aufspüren zum Fotografieren, bei dem es im Regelfall aber an der Mutwilligkeit fehlen wird. Die Vorschrift tritt hinter den spezielleren Regelungen des Abs. 2 Nr. 1–3 zurück.

II. Verstöße gegen Zugriffsverbote (Abs. 2 iVm § 44 Abs. 1 Nr. 1–4) – besonderer Artenschutz

Die Vorschrift ist inhaltsgleich zu § 65 Abs. 1 Nr. 1–4 iVm § 42 Abs. 1 aF Sie sanktioniert Verstöße 3 gegen die **Zugriffsverbote** des **§ 44 Abs. 1 Nr. 1–4** und bezweckt den Schutz wild lebender Tiere (§ 7 Abs. 2 Nr. 1) und Pflanzen (§ 7 Abs. 2 Nr. 2) vor den im Einzelnen aufgeführten Beeinträchtigungen. Die Zugriffsverbote gelten grds. auch im besiedelten Bereich (vgl. § 1 Abs. 1), selbst dann, wenn sich wild lebende Tiere oder Pflanzen im unmittelbaren Einwirkungsbereich des Menschen (zB Dächer, Dachstuhl, Loggien, Garagen) befinden (Lorz/Konrad/Mühlbauer/Müller-Walter/*Stöckel* § 44 Rn. 2; sa BGH NJW 1993, 925; zweifelnd Gassner/Bendomir-Kahlo/Schmidt-Räntsch § 42 Rn. 6a), ebenso für herrenlos gewordene Tiere, wenn diese wild leben (Gassner/Bendomir-Kahlo/Schmidt-Räntsch § 41 Rn. 4), nicht jedoch für in Gefangenschaft gehaltene und gezüchtete Tiere sowie angebaute Pflanzen. Aus der Verweisung auf § 44 Abs. 1 geht hervor, dass sowohl das wild lebende Tier in Abs. 2 Nr. 1–3 als auch die wild lebende Pflanze in Abs. 2 Nr. 4 (zumindest) einer **besonders geschützten Art** (→ Vorb. Rn. 3) angehören muss (§ 44 Abs. 1 Nr. 2 streng geschützte Art, → Vorb. Rn. 3). Zu beachten sind die **Ausnahmeregelungen** in § 44 Abs. 4–6 und § 45 sowie § 67. In subjektiver Hinsicht setzt die Vorschrift **Vorsatz** voraus.

1. Abs. 2 Nr. 1 iVm § 44 Abs. 1 Nr. 1. Die Vorschrift sanktioniert einen Verstoß gegen das 4 individuenbezogene **Zugriffsverbot** für Wildtiere der besonders geschützten Arten (MüKoStGB/*Pfohl* § 71 Rn. 53). Mit Bußgeld bedroht ist das **Nachstellen, Fangen, Verletzen oder Töten** eines wild lebenden **Tieres** einer besonders geschützten Art sowie das Entnehmen, Beschädigen oder Zerstören seiner Entwicklungsformen. **Nachstellen** ist jede Handlung, die das Fangen, Verletzen oder Töten eines Tieres vorbereitet (MüKoStGB/*Pfohl* § 71 Rn. 54; Lorz/Konrad/Mühlbauer/Müller-Walter/*Stöckel* § 44 Rn. 9), etwa das Aufstellen von Fallen. **Fangen** bedeutet jede physische Beschränkung der Bewegungsfreiheit eines lebenden Tieres von einiger Dauer, ohne dass eine Aneignung des Tieres erforderlich ist (MüKoStGB/*Pfohl* § 71 Rn. 55; Gassner/Bendomir-Kahlo/Schmidt-Räntsch § 41 Rn. 6). **Verletzen** meint entsprechend § 223 StGB eine Beeinträchtigung der körperlichen Integrität oder der Gesundheit des Tieres. **Entwicklungsformen** sind insbes. Eier, Larven und Puppen (vgl. § 7 Abs. 2 Nr. 1b; Einzelheiten bei Erbs/Kohlhaas/*Stöckel/Müller-Walter* § 44 Rn. 14). Anders als bei Abs. 3 Nr. 7 iVm § 39 Abs. 1 Nr. 1 kommt es nicht auf die Motive des Täters an; zur Erforderlichkeit eine Tatbestandsreduktion, wenn der Tatbestand unbeabsichtigte Nebenfolgen einer erlaubten Handlung ist

Erbs/Kohlhaas/*Stöckel/Müller-Walter* § 44 Rn. 11; Lorz/Konrad/Mühlbauer/Müller-Walter/*Stöckel* § 44 Rn. 11).

5   **2. Abs. 2 Nr. 2 iVm § 44 Abs. 1 Nr. 2.** Die Vorschrift sanktioniert das **erhebliche Stören** eines wild lebenden **Tieres** während der Fortpflanzungs-, Aufzucht-, Mauser-, Überwinterungs- und Wanderzeiten. Störung meint jede negative Beeinträchtigung der psychischen Verfassung eines Tieres (Lorz/ Konrad/Mühlbauer/Müller-Walter/*Stöckel* § 44 Rn. 15). Die Störung muss so gravierend sein, dass sie zu einer Verschlechterung des Erhaltungszustandes der lokalen Population der betreffenden Art führt (§ 44 Abs. 1 Nr. 2 aE). Anders als in den übrigen Fällen des § 44 Abs. 1 muss das Tier einer **streng geschützten Art** (→ Vorb. Rn. 3) **oder einer europäischen Vogelart** (RL 2009/147/EG) angehören. Soweit sich die Tat auf ein Tier einer streng geschützten Art bezieht, wird die Vorschrift vom insoweit gleichlautenden Vergehenstatbestand des § 71 Abs. 1 Nr. 1 verdrängt. Verkennt der Täter fahrlässig, dass es sich um eine streng geschützte Art handelt, und handelt er ansonsten vorsätzlich, greift § 71 Abs. 4 (→ § 71 Rn. 4) ein.

6   **3. Abs. 2 Nr. 3 iVm § 44 Abs. 1 Nr. 3.** Der OWi-Tatbestand setzt das Entnehmen aus der Natur, Beschädigen oder Zerstören einer **Fortpflanzungs- oder Ruhestätte** eines wild lebenden **Tiers** einer besonders geschützten Art voraus.

7   **4. Abs. 2 Nr. 4 iVm § 44 Abs. 1 Nr. 4.** Die Vorschrift sanktioniert Verstöße gegen das Verbot, wild lebende **Pflanzen** der besonders geschützten Arten oder ihre Entwicklungsformen aus ihrem natürlichen Standort zu **entnehmen** sowie sie oder ihre Standorte zu **beschädigen** oder zu **zerstören**. Eine Entnahme liegt bei vollständiger Entfernung aus der Natur, aber auch bei einer Umsetzung des Aufenthaltsorts außerhalb der Natur vor (Gassner/Bendomir-Kahlo/Schmidt-Räntsch § 42 Rn. 7). **Ausnahmen** enthält § 2 BArtSchV. Beschädigen meint die nicht völlig unerhebliche Verletzung von Substanz oder äußerer Erscheinung der Pflanze (MüKoStGB/*Pfohl* § 71 Rn. 71).

III. Sonstige Zuwiderhandlungen (Abs. 3)

8   Die in Abs. 3 Nr. 1–27 aufgeführten Bußgeldtatbestände kleiden Verstöße gegen die jeweils in Bezug genommenen Vorschriften als Ordnungswidrigkeiten aus. Nur zusammen mit den in Bezug genommenen Vorschriften kann der jeweilige Bußgeldtatbestand näher bestimmt werden. Deren Regelungsgehalt kann aus Kapazitätsgründen im Rahmen dieser Kommentierung nur in aller Kürze beschrieben werden:

9   **1. Abs. 3 Nr. 1 iVm § 17 Abs. 3 S. 1.** Vornahme eines **Eingriffs ohne Genehmigung** der zuständigen Behörde. Ob es sich bei der betreffenden Maßnahme um einen Eingriff handelt, bemisst sich nach § 14. Hiernach sind Eingriffe Veränderungen der Gestalt oder Nutzung von Grundflächen oder Veränderungen des mit der belebten Bodenschicht in Verbindung stehenden Grundwasserspiegels, die geeignet sind, die Leistungs- und Funktionsfähigkeit des Naturhaushalts oder das Landschaftsbild erheblich zu beeinträchtigen.

10   **2. Abs. 3 Nr. 2 iVm einer vollziehbaren behördlichen Anordnung.** Verstoß gegen **vollziehbare Anordnung** der Verwaltungsbehörde. In Betracht kommen Untersagungs- oder Wiederherstellungsverfügungen bei einem **rechtswidrigen Eingriff** (§ 17 Abs. 8 S. 1 oder S. 2), eine vorläufige Einstellungsverfügung oder Untersagungsverfügung bei **unzulässigen Projekten** (§ 34 Abs. 6 S. 4 oder S. 5), Verfügungen bei fehlender Genehmigung eines Zoos (→ Rn. 26) sowie Schließungs-, Unterbringungs- oder Beseitigungsverfügungen gegen einen **Zoo** (§ 42 Abs. 7 bzw. Abs. 8 S. 1 oder S. 2).

11   **3. Abs. 3 Nr. 3 iVm § 22 Abs. 3 S. 3.** Verstoß gegen die Maßgaben einer **Sicherstellungserklärung**, die zur einstweiligen Sicherstellung eines Teils von Natur und Landschaft (§ 22 Abs. 1) ergangen ist.

12   **4. Abs. 3 Nr. 4 iVm § 23 Abs. 2 S. 1 iVm VO nach § 57 Abs. 2.** Verbotene Maßnahmen in einem als Naturschutzgebiet geschützten **Meeresgebiet**.

13   **5. Abs. 3 Nr. 5 iVm § 30 Abs. 2 S. 1.** Zerstörung oder sonstige erhebliche Beeinträchtigung der in § 30 Abs. 2 S. 1 Nr. 1–6 benannten **Biotope**.

14   **6. Abs. 3 Nr. 6 iVm § 33 Abs. 1 S. 1 u. Abs. 2 S. 1.** Erhebliche Beeinträchtigung maßgeblicher Bestandteile eines **Natura 2000-Gebiets** oder eines Gebiets iSd Art. 5 Abs. 1 der **RL 92/43/EWG** während der Konzertierungsphase. Beachte die insoweit vorrangige Strafrechtsnorm des § 329 Abs. 4 StGB.

15   **7. Abs. 3 Nr. 7 iVm § 39 Abs. 1 Nr. 1.** Grundloses **Fangen, Verletzen oder Töten** eines wild lebenden **Tieres,** das – anders als bei Abs. 2 Nr. 1 iVm § 44 Abs. 1 Nr. 1 – nicht einer besonders geschützten Art angehören muss.

8. Abs. 3 Nr. 8 iVm § 39 Abs. 1 Nr. 2. Grundloses **Entnehmen oder Verwüsten** einer wild 16
lebenden **Pflanze,** die – anders als bei Abs. 2 Nr. 4 iVm § 44 Abs. 1 Nr. 4 – nicht einer besonders
geschützten Art angehören muss.

9. Abs. 3 Nr. 9 iVm § 39 Abs. 1 Nr. 3. Grundloses Beeinträchtigen oder Zerstören einer **Lebens-** 17
stätte (Legaldefinition § 7 Abs. 2 Nr. 5) wild lebender Tiere oder Pflanzen, die – anders als bei Abs. 2
Nr. 3 iVm § 44 Abs. 3 – nicht einer besonders geschützten Art angehören müssen.

10. Abs. 3 Nr. 10 iVm § 39 Abs. 2 S. 1. Entnahme wild lebender Tiere oder Pflanzen einer 18
der in **Anh. V der RL 92/43/EWG** aufgeführten Arten, soweit diese nicht durch jagd- und fischerei-
rechtliche Bestimmungen erlaubt ist (Ausnahmen durch Länderregelungen sind möglich, § 39 Abs. 2
S. 2; sa BT-Drs.16/12274, 43).

11. Abs. 3 Nr. 11 iVm § 39 Abs. 4 S. 1. Gewerbsmäßiges (→ § 71 Rn. 3) **Entnehmen, Be-** 19
oder Verarbeiten einer wild lebenden **Pflanze,** die keiner besonders geschützten Art angehören muss,
ohne behördliche Genehmigung.

12. Abs. 3 Nr. 12 iVm § 39 Abs. 5 S. 1 Nr. 1. Abbrennen von Bodendecken auf Wiesen, Feld- 20
rainen, Hochrainen und ungenutzten Grundflächen sowie an Hecken oder Hängen; erhebliche Beeinträchtigung der Tier- und Pflanzenwelt durch **Behandlung** von nicht land- oder forst- oder fischerei-
wirtschaftlich genutzter **Flächen;** Ausnahmen des § 39 Abs. 5 S. 2 sind zu beachten.

13. Abs. 3 Nr. 13 iVm § 39 Abs. 5 S. 1 Nr. 2. Abschneiden oder **auf den Stock setzen** eines 21
Baums, der außerhalb von Kurzumtriebsplantagen oder gärtnerisch genutzten Grundflächen steht, einer
Hecke, eines lebenden Zauns, eines Gebüschs oder eines anderen Gehölzes in der Zeit vom 1.3. bis zum
30.9. mit Ausnahme von schonenden Form- und Pflegeschnitten; Ausnahmen des § 39 Abs. 5 S. 2 sind
zu beachten. Nicht erfasst wird die vollständige Entfernen aus dem Erdreich mitsamt den Wurzeln
(Erbs/Kohlhaas/ *Stöckel/Müller-Walter* § 39 Rn. 26; OLG Stuttgart BeckRS 2015, 01003 auch zur
Gegenansicht). Zum Verhältnis zur Verkehrssicherungspflicht vgl. OLG Düsseldorf NuR 2014, 813.

14. Abs. 3 Nr. 14 iVm § 39 Abs. 5 S. 1 Nr. 3. Zurückschneiden eines **Röhrichts** in der Zeit 22
vom 1.3. bis zum 30.9. sowie nicht abschnittsweise vorgenommenes Zurückschneiden eines Röhrichts;
Ausnahmen des § 39 Abs. 5 S. 2 sind zu beachten.

15. Abs. 3 Nr. 15 iVm § 39 Abs. 5 S. 1 Nr. 4. Erhebliche Beeinträchtigung des Naturhaushaltes 23
durch Räumen eines **ständig wasserführenden Grabens** unter Einsatz von **Grabenfräsen.**

16. Abs. 3 Nr. 16 iVm § 39 Abs. 6. Aufsuchen einer Höhle, eines Stollens, eines Erdkellers oder 24
eines ähnlichen Raums der als **Winterquartier von Fledermäusen** dient in der Zeit vom 1.10. bis
zum 31.3.; Ausnahmen gelten für unaufschiebbare oder nur geringfügig störende Handlungen und für
touristisch erschlossene oder stark genutzte Bereiche (§ 39 Abs. 6 Hs. 2).

17. Abs. 3 Nr. 17 iVm § 40 Abs. 4 S. 1. Ausbringen einer **Pflanze** einer **gebietsfremden Art** 25
in die freie Natur oder Ausbringen eines **Tieres** ohne Genehmigung der zuständigen Behörde; Ausnahmen von der Genehmigungspflicht: § 40 Abs. 4 S. 4.

18. Abs. 3 Nr. 18 iVm § 42 Abs. 2 S. 1. Errichten, Erweitern oder Betreiben eines **Zoos** ohne 26
Genehmigung der zuständigen Behörde. Ein Zoo ist eine dauerhafte Einrichtung, in der lebende Tiere
wild lebender Arten zum Zweck der Zurschaustellung während eines Zeitraums von mind. sieben Tagen
im Jahr gehalten werden (§ 42 Abs. 1 S. 1).

19. Abs. 3 Nr. 19 iVm § 43 Abs. 3 S. 1. Fehlerhafte oder unterlassene Anzeige über Errichtung, 27
Erweiterung oder wesentliche Änderung eines Tiergeheges. **Tiergehege** sind dauerhafte Einrichtungen,
in denen Tiere wild lebender Arten außerhalb von Wohn- und Geschäftsgebäuden während eines
Zeitraums von mind. 7 Tagen im Jahr gehalten werden, ohne dass die Voraussetzungen eines Zoos
(→ Rn. 26) vorliegen (§ 43 Abs. 1 S. 1). Ausnahmen durch Länderbestimmung sind möglich (§ 43
Abs. 4).

20. Abs. 3 Nr. 20 iVm § 44 Abs. 2 S. 1 Nr. 2 ggf. iVm § 44 Abs. 3 Nr. 1 oder 2 iVm VO 28
nach § 54 Abs. 4. Verstoß gegen **Besitzverbot** bzgl. Tieren oder Pflanzen besonders geschützter Arten
und bzgl. Waren iSd Anhangs der RL 83/129/EWG sowie bzgl. Tieren und Pflanzen nicht geschützter
Arten, die durch VO nach § 54 Abs. 4 bestimmt sind (Einzelheiten bei Lorz/Konrad/Mühlbauer/
Müller-Walter/*Stöckel* § 44 Rn. 29; Gassner/Bendomir-Kahlo/Schmidt-Räntsch § 42 Rn. 16 ff.). Ausnahmevorschriften § 44 Abs. 4–6, § 45 iVm § 2 BArtSchV, § 67.

21. Abs. 3 Nr. 21 iVm § 44 Abs. 2 S. 1 Nr. 2 ggf. iVm § 44 Abs. 3 Nr. 1 oder 2 iVm VO 29
nach § 54 Abs. 4. Verstoß gegen **Vermarktungsverbote** (Einzelheiten Lorz/Konrad/Mühlbauer/
Müller-Walter/*Stöckel* § 44 Rn. 30; Gassner/Bendomir-Kahlo/Schmidt-Räntsch § 42 Rn. 21 ff.). Die
Vermarktungsverbote gelten **nicht** bzgl. der in Anh. A oder B der VO 338/97/EG aufgeführten Tiere
oder Pflanzen. Sie finden ausschließlich **Anwendung** auf Arten, die in Anh. IV der RL 92/43/EWG,

nicht aber (zugleich) in Anh. A und B der VO 338/39/EG aufgeführt sind, sowie auf die europäischen Vogelarten (§ 7 Abs. 2 Nr. 13b) und die in der BArtSchV aufgeführten Arten (§ 7 Abs. 2 Nr. 13c), ferner auf Waren iSd Anh. zur RL 83/129/EWG (Jungrobben-RL), die entgegen den Art. 1 u. 3 dieser RL nach dem 30.9.1983 in die EU gelangt sind (§ 44 Abs. 3) und auf Tiere und Pflanzen, die durch eine VO nach § 54 Abs. 4 (insbes. bzgl. Flora- und Faunaverfälscher) bestimmt sind. Beachte die **Ausnahmeregelungen** nach § 44 Abs. 4 u. 5, § 45 iVm § 2 BArtSchV, § 67.

30   **Tathandlungen** sind der Kauf und Verkauf, daneben das Anbieten zum Verkauf oder Kauf, das Vorrätighalten oder Befördern zum Verkauf, das Tauschen sowie die entgeltliche Nutzungs- oder Gebrauchsüberlassung (§ 44 Abs. 2 Nr. 2a). Anbieten bedeutet nach § 7 Abs. 2 Nr. 17 die Erklärung der Bereitschaft zu verkaufen oder zu kaufen und ähnliche Handlungen, einschließlich der Werbung, der Veranlassung zur Werbung oder die Aufforderung zu Verkaufs- oder Kaufverhandlungen. Der Anbietende muss sich zum Zeitpunkt des Angebots noch nicht im Besitz des Exemplars befinden (BayObLG NuR 1987, 376). Ebenfalls verboten ist der Erwerb, das zur Schau stellen oder auf andere Weise verwenden, wenn dies zu kommerziellen Zwecken erfolgt (§ 44 Abs. 2 Nr. 2b). Das Merkmal der kommerziellen Verwendung in § 44 Abs. 2 Nr. 2b) ist erforderlich, weil den dort aufgeführten Tathandlungen – anders als in den Fällen des § 44 Abs. 2 Nr. 2a) – der **kommerzielle Zweck** nicht immanent ist (Gassner/Bendomir-Kahlo/Schmidt-Räntsch § 42 Rn. 23). Dieser ist gegeben, wenn ein wirtschaftlicher Vorteil oder Nutzen angestrebt wird. Ein unentgeltlicher Erwerb zu nicht kommerziellen Zwecken ist demnach erlaubt. Ein kommerzielles zur Schau stellen ist jedoch nicht nur beim Feilhalten zum Verkauf, sondern auch beim Ausstellen zu sonstigen Erwerbs- oder Werbezwecken (zB im Zirkus oder bei einer Werbeaktion eines Gewerbetreibenden) gegeben (Sack B 20 Rn. 12).

31   **22. Abs. 3 Nr. 22 iVm § 50 Abs. 1 S. 1.** Unterlassene, fehlerhafte oder verspätete **Anmeldung** bei der nach § 49 Abs. 3 bekannt gegebenen zuständigen **Zollstelle bei Ein- oder Ausfuhr** von Tieren oder Pflanzen, die einer Ein- oder Ausfuhrregelung der EG unterliegen oder deren Ein- oder Ausfuhr ausnahmebedürftig ist; unterlassene oder verspätete **Vorführung** solcher Tiere und Pflanzen trotz entsprechenden Verlangens der Zollstelle.

32   **23. Abs. 3 Nr. 23 iVm § 50 Abs. 2.** Unterlassene, fehlerhafte, unvollständige oder verspätete **Mitteilung** der **voraussichtlichen Ankunftszeit** von lebenden Tieren bei der abfertigender **Zollstelle** durch die ein-, durch- oder ausführende Person.

33   **24. Abs. 3 Nr. 24 iVm § 52 Abs. 1.** Unterlassene, fehlerhafte, unvollständige oder verspätete Mitteilung **erforderlicher Auskünfte** an die zuständigen oder nach § 49 mitwirkenden Behörden trotz entsprechender Aufforderung. Es besteht ein Auskunftsverweigerungsrecht entspr. § 55 StPO (§ 52 Abs. 3).

34   **25. Abs. 3 Nr. 25 iVm § 52 Abs. 2 S. 2.** Fehlende **Unterstützung** einer von der zuständigen oder nach § 49 mitwirkenden Behörde beauftragten Person; unterlassene, fehlerhafte, unvollständige oder verspätete Vorlage von **geschäftlichen Unterlagen.** Es gilt ein Auskunftsverweigerungsrecht entspr. § 55 StPO (§ 52 Abs. 3).

35   **26. Abs. 3 Nr. 26 iVm § 61 Abs. 1 S. 1 oder 2.** Errichten oder wesentliche Änderung einer **baulichen Anlage,** die im Außenbereich an einer Bundeswasserstraße oder einem Gewässer erster Ordnung oder einem stehenden **Gewässer,** das größer als 1 ha ist, liegt und sich näher als 50 Meter (bei Küstengewässern 150 Meter) zur Uferlinie befindet. **Ausnahmeregelungen** nach § 61 Abs. 2 u. Abs. 3.

36   **27. Abs. 3 Nr. 27 iVm VO.** Zuwiderhandeln gegen eine **Rechtsverordnung** nach § 49 Abs. 2, § 54 Abs. 5, 6 S. 1, 7 oder 8 oder eine hierauf gestützte vollziehbare Anordnung, soweit die VO ausdrücklich auf Abs. 3 Nr. 27 verweist. Solche Rückverweisungsnormen finden sich in § 16 BArtSchV. Die Vorschriften entsprechen den bis zum 28.2.2010 geltenden Regelungen, weshalb von einer lückenlosen Verweisungskette ausgegangen werden kann.

IV. Verstöße gegen VO (EG) Nr. 338/97 (Abs. 4)

37   Die Vorschrift zieht als blankettausfüllende Normen die VO 338/97/EG heran (zur Verfassungsmäßigkeit einer Verweisung auf EU-Recht BGHSt 42, 219). Diese betrifft den **Schutz wildlebender Tier- und Pflanzenarten durch Überwachung des Handels.** Sie entspricht im Wesentlichen § 65 Abs. 3 BNatSchG aF und erfasst vorsätzliches und fahrlässiges Handeln.

38   **1. Abs. 4 Nr. 1.** Unterlassene, fehlerhafte, unvollständige oder verspätete **Vorlage** der erforderlichen **Genehmigung bzw. Bescheinigung** bei **Einfuhr, Ausfuhr oder Wiederausfuhr** von Exemplaren der Arten des **Anh. A bzw. B** der VO 338/97/EG in bzw. aus der Gemeinschaft. Der Wortlaut wurde im Vergleich zu § 65 Abs. 3 Nr. 1 aF dahingehend geändert, dass Anknüpfungspunkt nicht mehr der Vorgang der Ein- bzw. Ausfuhr selbst ist, sondern auf die nicht ordnungsgemäße Vorlage der nach den

§§ 4 u. 5 der VO 338/97/EG erforderlichen Genehmigung bzw. Bescheinigung abgestellt wird. Eine wesentliche inhaltliche Änderung dürfte damit nicht verbunden sein.

2. Abs. 4 Nr. 2. Unterlassene, fehlerhafte, unvollständige oder verspätete Vorlage einer **Meldung**   **39**
bei Einfuhr von Exemplaren von Arten des **Anh. C** der VO 338/97/EG.

3. Abs. 4 Nr. 3. Verstoß gegen das nach Art. 8 der VO 338/97/EG bestehende **Verbot des Handels**   **40**
bzw. kommerziellen Umgangs mit Exemplaren der besonders geschützten Arten der **Anh. A u. B**
der VO. Der vorsätzliche Verstoß gegen das europarechtliche Vermarktungsverbot von Exemplaren des
Anh. A wurde durch das 45. StraÄndG (→ Vorb. Rn. 1) als Vergehenstatbestand ausgebildet (§ 71
Abs. 2) bzgl. der Arten des Anh. B gilt die Einschränkung des Art. 8 Abs. 5 der VO.

4. Abs. 4 Nr. 4. Verstoß gegen eine von der ausstellenden Behörde im Rahmen einer Genehmigung   **41**
oder Bescheinigung nach Art. 11. Abs. 3 S. 1 der VO 338/97/EG erteilte **vollziehbare Auflage** (zu
Bedenken im Hinblick auf das Bestimmtheitsgebot Gassner/Bendomir-Kahlo/Schmidt-Räntsch,
BNatSchG, 2. Aufl. 2003, § 65 Rn. 17).

V. Verstöße gegen die VO 3254/91/EWG (Abs. 5)

Die Vorschrift zieht als blankettausfüllende Norm die TellereisenVO (VO 3254/91/EWG) heran (zur   **42**
Verfassungsgemäßheit einer Verweisung auf EU-Recht → Rn. 37). Die TellereisenVO verbietet die
Verwendung von Tellereisen und die Einfuhr von Pelzen und Waren bestimmter Wildtierarten aus
Ländern, welche den Einsatz von Tellereisen oder sonstigen, den internationalen humanen Fangnormen
nicht entsprechenden Fangmethoden nicht verboten haben (weiterführend Gassner/Bendomir-Kahlo/
Schmidt-Räntsch Vor § 39 Rn. 138). Abs. 5 entspricht § 65 Abs. 4 aF und erfasst vorsätzliches und
fahrlässiges Handeln. Tatbestandsmäßig ist das **Verwenden eines Tellereisens** (Nr. 1 iVm Art. 2 der
TellereisenVO). Ferner erfasst ist das **Verbringen eines Pelzes** der in Anh. I zur TellereisenVO
genannten Tiere **oder** einer der in Anh. II zur TellereisenVO bezeichneten **Waren** in die Gemeinschaft
(Nr. 2 iVm Art. 3 Abs. 1 S. 1 TellereisenVO), soweit die Kommission nicht festgestellt hat, dass im
Ursprungsland entweder das Verwendungsverbot von Tellereisen gilt oder die dort angewendeten Fang-
methoden den international vereinbarten humanen Fangnormen entsprechen.

C. Rechtsfolgen (Abs. 6), Verjährung, Konkurrenzen

In den Fällen der Abs. 1 und Abs. 2 kann eine **Geldbuße** von 50.000 EUR verhängt werden.   **43**
Gleiches gilt bei vorsätzlicher Begehung der OWi-Tatbestände des Abs. 3 Nr. 1–6, 18, 20, 21, 26 u. 27b,
des Abs. 4 Nr. 1 u. Nr. 3 sowie des Abs. 5. Bei Fahrlässigkeit beträgt die Geldbuße höchstens 25.000
EUR (§ 17 Abs. 2 OWiG). Die **Verfolgungsverjährung** beträgt jeweils drei Jahre (§ 31 Abs. 2 Nr. 1
OWiG). In den übrigen Fällen des Abs. 3 sowie bei Abs. 4 Nr. 2 u. 4 beträgt die Geldbuße bei
vorsätzlicher Begehung bis zu 10.000 EUR und bei Fahrlässigkeit bis zu 5.000 EUR (§ 17 Abs. 2
OWiG). Die Verfolgungsverjährung beträgt in diesen Fällen zwei Jahre (§ 31 Abs. 2 Nr. 2 OWiG). Beim
Zusammentreffen mit einem Straftatbestand (insbes. § 71 Abs. 2 oder § 329 Abs. 3 u. 4 StGB, hierzu
→ StGB § 329 Rn. 18 ff.) werden nach § 21 OWiG die Bußgeldtatbestände verdrängt, Ausnahme § 372
AO. **Tateinheit** mit anderen Bußgeldvorschriften (insbes. § 18 TierSchG und § 68 PflSchG) ist
möglich.

D. Öffnungsklausel (Abs. 7)

Die Vorschrift eröffnet den Ländern die Möglichkeit, weitere OWi-Tatbestände zu bestimmen (vgl.   **44**
§ 38 BremNatSchG v. 27.4.2010 (BremGBl. 315), § 29 HmbBNatSchAG v. 11.5.2010 (HmbGVBl.
350), § 43 NatSchAG M-V v. 23.2.2010 (GVOBl. M-V 66), § 57 LNatSchG SchlH v. 24.2.2010
(GVOBl. 301)).

§ 71 Strafvorschriften

(1) Mit Freiheitsstrafe bis zu fünf Jahren oder mit Geldstrafe wird bestraft, wer eine in
1. § 69 Absatz 2 oder
2. § 69 Absatz 3 Nummer 21, Absatz 4 Nummer 1 oder Absatz 5
bezeichnete vorsätzliche Handlung begeht, die sich auf ein Tier oder eine Pflanze einer streng
geschützten Art bezieht.

(2) Ebenso wird bestraft, wer entgegen Artikel 8 Absatz 1 der Verordnung (EG) Nr. 338/97
des Rates vom 9. Dezember 1996 über den Schutz von Exemplaren wildlebender Tier- und
Pflanzenarten durch Überwachung des Handels (ABl. L 61 vom 3.3.1997, S. 1), die zuletzt
durch die Verordnung (EG) Nr. 398/2009 (ABl. L 126 vom 21.5.2009, S. 5) geändert worden
ist, ein Exemplar einer in Anhang A genannten Art

1. **verkauft, kauft, zum Verkauf oder Kauf anbietet oder zu Verkaufszwecken vorrätig hält oder befördert oder**

2. **zu kommerziellen Zwecken erwirbt, zur Schau stellt oder verwendet.**

(3) Wer in den Fällen der Absätze 1 oder 2 die Tat gewerbs- oder gewohnheitsmäßig begeht, wird mit Freiheitsstrafe von drei Monaten bis zu fünf Jahren bestraft.

(4) Erkennt der Täter in den Fällen der Absätze 1 oder 2 fahrlässig nicht, dass sich die Handlung auf ein Tier oder eine Pflanze einer dort genannten Art bezieht, so ist die Strafe Freiheitsstrafe bis zu einem Jahr oder Geldstrafe.

1   **1. Vorbemerkung.** Die Vorschrift ersetzt § 71 Abs. 1 idF bis 30.6.2012, setzt gewerbs- oder gewohnheitsmäßiges Handeln jedoch nicht länger voraus. Sie erhebt die in § 69 Abs. 2 (Verstoß gegen **Zugriffsverbote;** → § 69 Rn. 3), Abs. 3 Nr. 21 (Verstoß gegen **Vermarktungsverbote;** → § 69 Rn. 29), Abs. 4. Nr. 1 und Nr. 3 (Verstoß gegen Bestimmungen der **VO Nr. 338/97/EG** bei der Aus- oder Wiederausfuhr sowie bei kommerzieller Verwendung; → § 69 Rn. 38, 40) und Abs. 5 (Verstoß gegen **TellereisenVO;** → § 69 Rn. 42) benannten **Zuwiderhandlungen gegen den besonderen Artenschutz** bei Hinzutreten **zusätzlich erschwerender Umstände** objektiver und subjektiver Art zu Vergehen.

Der **Versuch** ist in allen Varianten der Vorschrift **nicht** strafbar. Der Täter muss **Vorsatz** hinsichtlich sämtlicher Tatbestandsmerkmale (BGHSt 42, 200) einschließlich des Schutzgrades des jeweiligen Tatobjekts sowie der in Bezug genommenen Schutzvorschriften haben. Dieser wird ausgeschlossen, wenn der Täter einem **Irrtum** über konkrete Umstände unterliegt, § 16 StGB (→ StGB § 16 Rn. 5 ff.; MüKoStGB/*Pfohl* Rn. 137 ff.; Sack A 20 Rn. 25). Fehlt es dem Täter am Unrechtsbewusstsein, bestimmt sich die Strafbarkeit nach § 17 StGB (→ StGB § 17 Rn. 5 ff.; zur Vermeidbarkeit eines Irrtums über die naturschutzrechtlichen Bestimmungen beim Gewerbetreibenden KG NuR 2001, 176 Rn. 24). Bei juristischen Personen, rechtsfähigen Personengesellschaften oder gesetzlicher Vertretung insofern sich die Verantwortlichkeit nach § 14 StGB (→ StGB § 14 Rn. 7 ff.; bzgl. § 324 StGB: Sack A 1.16 Rn. 195 ff.). **Fahrlässiges Verhalten** genügt nur unter den Voraussetzungen des Abs. 4 (→ Rn. 4).

2   **2. Tatbestände. a) Abs. 1.** Die Vorschrift entspricht weitgehend dem Abs. 2 idF bis 30.6.2012. Der Tatbestand setzt auf objektiver Seite voraus, dass sich die in Bezug genommene Zuwiderhandlung auf ein Tier oder eine Pflanze einer **streng geschützten Art** (→ Vorb. Rn. 3) bezieht. Dies führt insoweit zu einer vollständigen Verdrängung der Bußgeldvorschrift des § 69 Abs. 2 Nr. 2. Zu den Voraussetzungen der in Bezug genommenen Alternativen des § 69 wird auf die dortige Kommentierung verwiesen (→ § 69 Rn. 4–7, 29, 38, 42).

b) Abs. 2. Die Vorschrift ersetzt § 71 Abs. 1 iVm § 69 Abs. 4 Nr. 3 idF bis 30.6.2012 und erfasst Verstöße gegen europarechtliche innergemeinschaftliche **Vermarktungsverbote** (→ § 69 Rn. 40), allerdings allein bezogen auf Exemplare der in Anhang A der VO genannten Arten. Die **Einschränkungen und Ausnahmen** des Art. 8 Abs. 3–6 der in Bezug genommenen VO sind zu beachten. **Nr. 1** betrifft mit **Kauf- und Verkauf** in Zusammenhang stehende Handlungen. Dem gleichgestellt sind Vermietung, Tausch- oder Austauschgeschäfte (Art. 2p der in Bezug genommenen VO). Der Begriff des Verkaufsangebots ist weit zu fassen und erfasst auch Werbung oder deren Veranlassung (Art. 2i der in Bezug genommenen VO). **Nr. 2** erfasst Varianten des Erwerbs, zur Schaustellens und Verwendens zu kommerziellen Zwecken.

c) Rechtsfolgen. Der Strafrahmen für vorsätzliches Handeln beträgt Geldstrafe oder Freiheitsstrafe bis zu fünf Jahren.

3   **3. Abs. 3. Gewerbsmäßigkeit, Gewohnheitsmäßigkeit.** Der Qualifikationstatbestand setzt bei gewerbsmäßigem oder gewohnheitsmäßigem Handeln die Strafuntergrenze der Abs. 1 und 2 auf drei Monate herauf. Der Täter handelt **gewerbsmäßig,** wenn er sich aus wiederholter Tatbegehung eine nicht nur unerhebliche Einnahmequelle von einigem Umfang verschaffen will, wobei objektiv eine nur einmalige Tatbegehung genügen kann (OLG Düsseldorf NStZ-RR 1997, 284; Fischer StGB Vor § 52 Rn. 62 f.). Ein Handeln aus Sammelleidenschaft steht insoweit nicht entgegen, erforderlich ist aber, dass der Täter aus dem Verkauf einzelner Objekte fortlaufend nicht nur unerheblichen Gewinn erzielen will (BGHSt 42, 219). **Gewohnheitsmäßig** handelt derjenige, der mindestens zwei Taten begeht und dabei einem durch Übung erworbenen Hang zu wiederholter Tatbegehung nachgibt. Bei beiden Merkmalen handelt es sich um besondere persönliche Merkmale iSd § 28 StGB (→ StGB § 28 Rn. 7). **Teilnahme** an der Straftat setzt deshalb voraus, dass der Teilnehmer ebenfalls gewerbs- oder gewohnheitsmäßig handelt; fehlen beim Anstifter bzw. Gehilfen diese besonderen persönlichen Eigenschaften verbleibt es für ihn bei dem jew. Grundtatbestand (vgl. OLG Düsseldorf NStZ-RR 1997, 284).

4   **4. Fahrlässiges Handeln.** Fahrlässiges Handeln ist nur unter den Voraussetzungen des **Abs. 4** strafbar. Der gemilderte Strafrahmen beträgt dann Geldstrafe oder Freiheitsstrafe bis zu einem Jahr. Der Fahrlässigkeitsvorwurf darf sich jedoch allein auf die Kenntnis des Täters über die Zugehörigkeit des Tatobjekts zu einer der in Abs. 1 oder 2 genannten Arten. erstrecken. Abs. 4 kommt nach der

Neufassung (zur Vorgängervorschrift vgl. die Vorauflage) somit allein in Betracht, wenn der Täter einem **Irrtum** über den Schutzstatus des Objektes unterliegt (so auch MüKoStGB/*Pfohl* Rn. 133). Hinsichtlich der übrigen objektiven Tatbestandselemente muss demgegenüber Vorsatz gegeben sein (sog Vorsatz-Fahrlässigkeits-Kombination; vgl. BGHSt 42, 200), ansonsten kann fahrlässiges Verhalten allenfalls als OWi nach § 69 sanktioniert werden.

5. Verjährung. Taten nach den Abs. 1–3 verjähren nach fünf Jahren (§ 78 Abs. 3 Nr. 4 StGB), solche **5** nach Abs. 4 nach drei Jahren (§ 78 Abs. 3 Nr. 5 StGB) jeweils ab Tatbeendigung (§ 78a StGB).

6. Konkurrenzen. Tateinheit mit §§ 292, 293, 306, 306f Abs. 1 Nr. 3 StGB (Lorz/Konrad/Mühl- **6** bauer/Müller-Walter/*Stöckel* Rn. 3), §§ 324, 329 Abs. 3 Nr. 4, 6 u. 7 StGB ist im Hinblick auf die unterschiedlichen Schutzziele (vgl. BT-Drs. 12/192, 26) möglich, ebenso mit § 17 TierSchG, § 39 PflSchG. Bei Einfuhr kommt Tateinheit mit § 370 Abs. 1 u. Abs. 2 AO (Gassner/Bendomir-Kahlo/ Schmidt-Räntsch § 66 Rn. 11 mwN; *Pfohl* wistra 1999, 161) in Betracht. § 372 AO tritt wegen der Subsidiaritätsklausel des § 372 Abs. 2 AO zurück.

§ 71a Strafvorschriften

(1) Mit Freiheitsstrafe bis zu drei Jahren oder mit Geldstrafe wird bestraft, wer

1. entgegen § 44 Absatz 1 Nummer 1 ein wildlebendes Tier einer besonders geschützten Art, die in Artikel 4 Absatz 2 oder Anhang I der Richtlinie 2009/147/EG des Europäischen Parlaments und des Rates vom 30. November 2009 über die Erhaltung der wildlebenden Vogelarten (ABl. L 20 vom 26.1.2010, S. 7) aufgeführt ist, tötet oder seine Entwicklungsformen aus der Natur entnimmt oder zerstört,

2. entgegen § 44 Absatz 2 Satz 1 Nummer 1 ein Tier oder eine Pflanze in Besitz oder Gewahrsam nimmt, in Besitz oder Gewahrsam hat oder be- oder verarbeitet, das oder die

   a) einer streng geschützten Art angehört, die in Anhang IV der Richtlinie 92/43/EWG des Rates vom 21. Mai 1992 zur Erhaltung der natürlichen Lebensräume sowie der wildlebenden Tiere und Pflanzen (ABl. L 206 vom 22.7.1992, S. 7), die zuletzt durch die Richtlinie 2006/105/EG (ABl. L 363 vom 20.12.2006, S. 368) geändert worden ist, aufgeführt ist oder

   b) einer besonders geschützten Art angehört, die in Artikel 4 Absatz 2 oder Anhang I der Richtlinie 2009/147/EG aufgeführt ist, oder

3. eine in § 69 Absatz 2, 3 Nummer 21, Absatz 4 Nummer 1 oder Absatz 5 bezeichnete vorsätzliche Handlung gewerbs- oder gewohnheitsmäßig begeht.

(2) Ebenso wird bestraft, wer entgegen Artikel 8 Absatz 5 in Verbindung mit Absatz 1 der Verordnung (EG) Nr. 338/97 ein Exemplar einer in Anhang B genannten Art

1. verkauft, kauft, zum Verkauf oder Kauf anbietet oder zu Verkaufszwecken vorrätig hält oder befördert oder

2. zu kommerziellen Zwecken erwirbt, zur Schau stellt oder verwendet.

(3) Erkennt der Täter in den Fällen des Absatzes 1 Nummer 1 oder Nummer 2 oder des Absatzes 2 leichtfertig nicht, dass sich die Handlung auf ein Tier oder eine Pflanze einer dort genannten Art bezieht, so ist die Strafe Freiheitsstrafe bis zu einem Jahr oder Geldstrafe.

(4) Die Tat ist nicht nach Absatz 1 Nummer 1 oder Nummer 2, Absatz 2 oder Absatz 3 strafbar, wenn die Handlung eine unerhebliche Menge der Exemplare betrifft und unerhebliche Auswirkungen auf den Erhaltungszustand der Art hat.

1. Vorbemerkung. Die durch das 45. StRÄndG (→ Vorb. Rn. 1) neu geschaffene Vorschrift bezweckt **1** in Ergänzung zu § 71 den unmittelbaren (Abs. 1 Nr. 1–3) sowie mittelbaren (Abs. 1 Nr. 3, Abs. 2) Schutz der Artenvielfalt. Abs. 1 übernimmt im Wesentlichen den Tatbestand des § 71 Abs. 1 aF (MüKoStGB/*Pfohl* Rn. 6), Abs. 2 bezieht sich auf Vermarktungsverbote bestimmter Arten. Abs. 3 stellt leichtfertiges Handeln unter Strafe. Abs. 4 beinhaltet eine Strafausschlussklausel.

2. Tatbestände. a) Abs. 1 Nr. 1. Verstoß gegen das **Zugriffsverbot der EG-Vogelschutz-RL 2** Die Vorschrift stellt über die Bußgeldnorm des § 69 Abs. 2 Nr. 1 (→ § 69 Rn. 4) hinaus (s. BR-Drs. 58/11, 29) das **Töten** eines Tieres einer wildlebenden europäischen Vogelart (iSd § 7 Abs. 2 Nr. 12, Nr. 13b) bb)) oder die **Entnahme** oder die **Zerstörung** ihrer **Entwicklungsformen** aus der Natur (zu diesen Zuwiderhandlungen → § 71 Rn. 2) unter Strafe. Weitere Voraussetzung ist, dass es sich dabei um eine der in Art. 4 Abs. 2 oder Anh. I EG-Vogelschutz-RL aufgeführte Art handelt. Die Vorschrift erweitert und ergänzt damit für wildlebende Tiere den Anwendungsrahmen des § 71 Abs. 1 iVm § 69 Abs. 2 Nr. 1. Wie im Anwendungsbereich des § 71 ergibt sich auch aus einer schweren Verletzung oder Erkrankung eines hiervon erfassten Tieres grds. kein Rechtfertigungsgrund für dessen Tötung (OLG Celle NuR 2012, 367 m. abl. Anm. *Guber* NuR 2012, 623).

3   **b) Abs. 1 Nr. 2.** Verstoß gegen das **Besitzverbot** der **FFH-Richtlinie** oder die **EG-Vogelschutz-RL**

Die Vorschrift stuft erstmals nach bisherigem Recht nur als Ordnungswidrigkeit (§ 69 Abs. 4 Nr. 20; → § 69 Rn. 28) sanktionierbare Verstöße gegen das Besitzverbot unter Strafe, soweit es sich um Tiere oder Pflanzen einer nach Anh. IV der FFH-Richtlinie streng geschützten bzw. einer nach der EG-Vogelschutz-RL besonders geschützten Art handelt. Der Begriff des „Besitzes" knüpft an die zivilrechtlichen Regelungen an und erfasst sowohl Eigen- als auch Fremdbesitz (MüKoStGB/*Pfohl* Rn. 13). Gewahrsam entspricht der tatsächlichen Verfügungsgewalt (Erbs/Kohlhaas/*Stöckel/Müller-Walter* § 44 Rn. 29). Verarbeiten bewirkt im Gegensatz zum Bearbeiten eine Umgestaltung der Sache (MüKoStGB/*Pfohl* Rn. 13).

4   **c) Abs. 1 Nr. 3. Gewerbs- oder gewohnheitsmäßige Zuwiderhandlung gegen besondere Vorschriften des Artenschutzes.** Die Vorschrift erfasst im Wesentlichen die in § 71 Abs. 1 aF (BR-Drs. 58/11, 30; vgl. hierzu auch die Voraufl.) erfassten Tathandlungen. Der Tatbestand setzt auf objektiver Seite **gewerbsmäßiges** oder **gewohnheitsmäßiges** Handeln (→ § 71 Rn. 3) und auf subjektiver Seite hinsichtlich sämtlicher Tatbestandsmerkmale (BGHSt 42, 200), also auch bzgl. des Schutzgrades des jeweiligen Tatobjekts sowie der Voraussetzungen der in Bezug genommenen Schutzvorschriften (Sack A 20 Rn. 21), **Vorsatz** voraus. **Teilnahme** an der Straftat setzt nach § 14 Abs. 4 OWiG voraus, dass der Teilnehmer ebenfalls gewerbs- oder gewohnheitsmäßig handelt; fehlen beim Anstifter bzw. Gehilfen diese besonderen persönlichen Eigenschaften verbleibt es für ihn bei dem jeweils Bußgeldtatbestand (OLG Düsseldorf NStZ-RR 1997, 284). Soweit in der Vorschrift ursprünglich auf § 69 Abs. 3 Nr. 20 (statt Nr. 21) Bezug genommen war, ist dieses Versehen (hierzu: MüKoStGB/*Pfohl* Rn. 15) mWv 29.1.2013 (vgl. G v. 21.1.2013, BGBl. I 95) behoben worden. Hinsichtlich der sanktionierten Zuwiderhandlungen wird auf die Erläuterungen zu den jeweils in Bezug genommenen Tatbeständen des § 69 (→ § 69 Rn. 3–7, 29, 38, 42) verwiesen.

5   **d) Abs. 2. Verstoß gegen Vermarktungsverbote.** Die Vorschrift stuft nach bisherigem Recht lediglich als Ordnungswidrigkeiten geschützte Verstöße gegen Vermarktungsverbote (vgl. BR-Drs. 58/11, 30) bezüglich der in Anh. B der EG-ArtenschutzVO nunmehr als Vergehen ein. Insoweit erweitert die Norm den Schutzbereich des § 71 Abs. 2. Hinsichtlich der sanktionierten Tathandlungen wird auf die dortigen Erläuterungen verwiesen (→ § 71 Rn. 2). Die Ausnahmevorschrift des Art. 8 Abs. 5 der EG-ArtenschutzVO (Nachweis des Einklangs mit den Rechtsvorschriften über die Erhaltung der wildlebenden Tier- und Pflanzenarten) ist zu beachten.

6   **e) Vorsatz/Leichtfertige Handlungen.** Die in **Abs. 1 und 2** bezeichneten Vergehenstatbestände setzen **Vorsatz** voraus, bedingt vorsätzliches Verhalten genügt. Bei lediglich einfach fahrlässigem Verhalten greift der ggf. in Bezug genommene Ordnungswidrigkeitstatbestand ein. **Abs. 3** sanktioniert **leichtfertiges,** also grob fahrlässiges (vgl. MüKoStGB/*Pfohl* Rn. 27) **Verhalten,** soweit sich die Fehlvorstellung des Täters entweder auf das Tatobjekt oder auf dessen Schutzstatus bezieht. Die Regelung geht auf Art. 3 der Umwelt-RL (→ Vorb. Rn. 1.) zurück (BR-Drs. 58/11, 30).

7   **3. Bagatellklausel (Abs. 4).** Die Vorschrift enthält in Anlehnung an § 326 Abs. 6 StGB einen Strafausschließungsgrund (MüKoStGB/*Pfohl* Rn. 29). Hiervon nicht erfasst wird gewerbs- oder gewohnheitsmäßiges Verhalten des Abs. 2 Nr. 3. Ansonsten ist die Strafbarkeit ausgeschlossen, wenn die Handlung lediglich eine unerhebliche Menge betrifft und nur unerhebliche Auswirkungen auf den Erhaltungszustand der Art hat. Wann von einer Unerheblichkeit idS ausgegangen werden kann, ist unklar und wird im Einzelnen wohl nur mit Hilfe von Sachverständigen aufzuklären sein (so auch MüKoStGB/*Pfohl* Rn. 29).

8   **4. Rechtsfolgen.** Vorsätzlich begangene Handlungen nach Abs. 1 und 2 sind mit Freiheitsstrafe bis zu 3 Jahren oder Geldstrafe, leichtfertiges Verhalten nach Abs. 3 mit Freiheitsstrafe bis zu 1 Jahr oder Geldstrafe bedroht.

9   **5. Verjährung.** Vorsatztaten nach den Abs. 1 und 2 verjähren nach fünf Jahren (§ 78 Abs. 3 Nr. 4 StGB), solche nach Abs. 3 nach drei Jahren (§ 78 Abs. 3 Nr. 5 StGB) jeweils ab Tatbeendigung (§ 78a StGB).

10   **6. Konkurrenzen.** Tatbestände des § 71a treten als weniger gewichtig hinter solchen des § 71 zurück. Tatbestände des § 69 werden ggf. verdrängt (§ 21 Abs. 1 OWiG).

§ 72 Einziehung

¹**Ist eine Ordnungswidrigkeit nach § 69 Absatz 1 bis 5 oder eine Straftat nach § 71 oder § 71a begangen worden, so können**

1. Gegenstände, auf die sich die Straftat oder die Ordnungswidrigkeit bezieht, und
2. Gegenstände, die zu ihrer Begehung oder Vorbereitung gebraucht worden oder bestimmt gewesen sind,

eingezogen werden. ²**§ 23 des Gesetzes über Ordnungswidrigkeiten und § 74a des Strafgesetzbuches sind anzuwenden.**

Die Vorschriften der §§ 22–29 OWiG und §§ 74 ff. StGB gelten ergänzend. Ermöglicht wird die **1** Einziehung von sog **Beziehungsgegenständen** (→ StGB § 74 Rn. 21; Fischer StGB § 74 Rn. 10), insbes. der tatgegenständlichen Tiere und Pflanzen bzw. ihrer Teile sowie von Tatwerkzeugen. Soweit der Anknüpfungstatbestand fahrlässiges Verhalten genügen lässt, reicht auch für die Einziehung fahrlässiges Handeln aus. Zur Berücksichtigung bei der Strafzumessung OLG Frankfurt a. M. BeckRS 2015, 13563. Der Verweis in S. 2 ermöglicht unter den dort bezeichneten Voraussetzungen die Einziehung **beim Dritten.**

Daneben kommt eine Einziehung durch die Verwaltungsbehörden nach § 47 in Betracht. **2**

§ 73 Befugnisse der Zollbehörden

¹**Die zuständigen Verwaltungsbehörden und die Staatsanwaltschaft können im Rahmen ihrer Zuständigkeit zur Aufklärung von Straftaten oder Ordnungswidrigkeiten nach diesem Gesetz Ermittlungen auch durch die Hauptzollämter oder die Behörden des Zollfahndungsdienstes und deren Beamte vornehmen lassen.** ²**§ 21 Absatz 2 bis 4 des Außenwirtschaftsgesetzes gilt entsprechend.**

Die Vorschrift eröffnet den zuständigen Ermittlungsbehörden die Möglichkeit, die Durchführung der **1** Ermittlungen den Hauptzollämtern und Behörden des Zollfahndungsdienstes zu übertragen.

Wegen des Verweises auf § 21 Abs. 2–4 AWG haben die Hauptzollämter und Zollfahndungsämter **2** aber auch ohne Vorliegen eines entsprechenden Ersuchens Straftaten und Ordnungswidrigkeiten nach dem BNatSchG zu erforschen und zu verfolgen, und zwar soweit es um das Verbringen von Gegenständen, also die Ausfuhr in ein anderes Mitgliedsland der EU, geht oder wenn Gefahr in Verzug gegeben ist. Sie nehmen dann die Rolle von Ermittlungspersonen der Staatsanwaltschaft ein und können in diesem Umfang auch Eingriffsmaßnahmen vornehmen.

235. Börsengesetz (BörsG)

Vom 16. Juli 2007 (BGBl. I S. 1330) FNA 4110-10

Zuletzt geändert durch Art. 2 G zur Umsetzung der TransparenzRL-ÄndRL vom 20.11.2015 (BGBl. I S. 2029)

– Auszug –

Vorbemerkung

Literatur: *Achenbach,* Das zweite Gesetz zur Bekämpfung der Wirtschaftskriminalität, NJW 1986, 1835; *Achilles-Baumgärtel,* Über die Notwendigkeit zur Einschränkung der Auslegung der Tatbestandsmerkmale des § 89 I BörsG, NStZ 1998, 603; *Birnbaum,* Stichwort „Churning", wistra 1991, 253; *Bröker,* Strafrechtliche Probleme bei Warentermin- und Optionsgeschäften, 1989; *Bröker,* § 89 BörsG in der neueren Rechtsprechung – ein Überblick, wistra 1993, 161; *Bröker,* Neue Strafvorschriften im deutschen Börsenrecht, wistra 1995, 130; *Erbs/Kohlhaas/Wehowsky,* BörsG, B 155, Stand April 2010; *Fichtner,* Die börsen- und depotrechtlichen Strafvorschriften und ihr Verhältnis zu den Eigentums- und Vermögensdelikten des StGB, Diss. Tübingen, 1993; *Gehrmann/Zacharias,* Die Auslegung des Tatbestandsmerkmals der „Unerfahrenheit" in §§ 26, 49 BörsG im Lichte des WpHG, WiJ 2012, 89; *Hagemann,* „Grauer Kapitalmarkt" und Strafrecht, 2005; *Hildner,* Aspekte des Anlagebetruges im staatsanwaltschaftlichen Ermittlungsverfahren, WM 2004, 1068; *v. Hippel,* Zur Bekämpfung der Spielsucht, ZRP 2001, 558; *Joecks,* Anleger- und Verbraucherschutz durch das 2. WiKG, wistra 1986, 142; *Knauth,* Kapitalanlagebetrug und Börsendelikte im zweiten Gesetz zur Bekämpfung der Wirtschaftskriminalität, NJW 1987, 28; *König,* Finanzkriminalität, 2003; *Kümpel,* Börsengesetznovelle 1989, WM 1989, 1313, 1485; *Martin,* Aktuelle Probleme bei der Bekämpfung der Kapitalanlagegeschwindels, wistra 1994, 127; *Möhrenschlager,* Der Regierungsentwurf eines Zweiten Gesetzes zur Bekämpfung der Wirtschaftskriminalität, 2. Teil: Sonstige Straftatbestände, wistra 1983, 17; *Obst/Hintner,* Geld-, Bank- und Börsenwesen, 40. Aufl. 2000; *Otto,* Bankentätigkeit und Strafrecht, 1983; *Otto,* Strafrechtliche Aspekte der Anlageberatung, WM 1988, 729; *Otto,* Kapitalmarktstrafrechtliche Neuerungen des Vierten Finanzmarktförderungsgesetzes, BB 2003, 1513; *Otto,* Schwerpunktbereich – Einführung in das Kapitalmarktstrafrecht (Teil 2), JuS 2007, 712; *Otto,* Anm. zu BGH, Urt. v. 22.8.2001, 3 StR 191/01, wistra 2002, 107; *Park,* Börsenstrafrechtliche Risiken für Vorstandsmitglieder von börsennotierten Aktiengesellschaften, BB 2001, 2069; *Rochus,* Betrügerischer Handel mit Rohstoffoptionen, NJW 1981, 736; *Rössner/Worms* Warenterminschwindel und § 89 BörsG, wistra 1987, 319; *Samtleben,* Das Börsentermingeschäft ist tot – es lebe das Finanztermingeschäft?, ZBB 2003, 69; *Schlüchter,* Zweites Gesetz zur Bekämpfung der Wirtschaftskriminalität, 1987; *Schmitz,* Der strafrechtliche Schutz des Kapitalmarktes in Europa, ZStW 115 (2003), 501; *Schröder,* Aktienhandel und Strafrecht, 1994; *Schröder,* Die Komplexität synthetischer Finanzprodukte als Ursache für Vertrauensverluste und kriminogenes Verhalten am Kapitalmarkt, ZBB 2010, 280; *Schwark,* Die Börsentermingeschäfte, JURA 1985, 403; *Schwark/Zimmer,* Kapitalmarktrechts-Kommentar, 4. Aufl. 2010; *Spindler,* Kapitalmarktreform in Permanenz – Das Anlegerschutzverbesserungsgesetz, NJW 2004, 3449; *Stöcklein,* Verleitung zu Börsenspekulationsgeschäften und Strafvermeidung durch Corporate Compliance, 2014; *Trüg,* Ist der Leerverkauf von Wertpapieren strafbar?, NJW 2009, 3202; *Waßmer,* Untreue bei Risikogeschäften, 1997; *Weber,* Zweites Gesetz zur Bekämpfung der Wirtschaftskriminalität, Die Bank, 1986, 413; *Weber,* Die Entwicklung des Kapitalmarkrechts im Jahre 2004, NJW 2004, 3674; *Worms,* Anlegerschutz durch Strafrecht, 1987; *Ziouvas,* Anm. zu BGH, Urt. v. 22.8.2001 – 3 StR 191/01, EWiR 2002, 477.

1   **1. Börsengesetz.** Das Börsengesetz (BörsG) v. 16.7.2007 (BGBl. I 1330 (1351)) regelt das **Börsenwesen,** insbes. die **Organisation** der Börsen. Es enthält **Vorschriften** zu den Börsen und ihren Organen (§§ 1–22), Börsenhandel und -preisfeststellung (§§ 23–26), Skontroführung und Transparenzanforderungen an Wertpapierbörsen (§§ 27–31), Zulassung von Wertpapieren zum Börsenhandel (§§ 32–47), Freiverkehr (§ 48), Straf- und Bußgeldvorschriften (§§ 49–50a) sowie Schlussvorschriften (§§ 51, 52).

2   **Ausgangspunkt** der Regelung des Börsenwesens bildet das BörsG v. 22.6.1896 **(BörsG 1896).** **Anlass** für die Schaffung gaben damals neben hohen Kapitalverlusten unkundiger Kleinanleger auch Vorwürfe der Agrarwirtschaft, dass der Börsenterminhandel Preisschwankungen und Preisniedergang verstärke, sowie der Zusammenbruch einiger Banken (Erbs/Kohlhaas/*Wehowsky* Vorb. BörsG Rn. 1). Das BörsG wurde **häufig geändert** und **mehrfach neu bekannt** gemacht. Diese Modifikationen waren im 20. Jahrhundert vor allem auf Wirtschaftskrisen zurückzuführen. Im 21. Jahrhundert ist die Entwicklung darüber hinaus von der Globalisierung, der Ausgestaltung des europäischen Kapitalmarktes und der Stärkung des Finanzplatzes Deutschland geprägt.

3   **Erhebliche Änderungen** bewirkte in neuerer Zeit das Vierte Finanzmarktförderungsgesetz **(4. FFG)** v. 21.6.2002 (BGBl. I 2010), das die Deregulierung und weitere Anpassung des Börsen- und Wertpapierrechts an internationale Standards bezweckte und umfangreiche Änderungen bei Preisfeststellung, Börsenorganisation, Maklerrecht und Börsentermingeschäften zur Folge hatte. Das Transparenzrichtlinie-Umsetzungsgesetz **(TUG)** v. 5.1.2007 (BGBl. 2010 I) transferierte die Vorschriften des BörsG zu Informations- und Publikationspflichten in das WpHG. Eine **grundlegende Reform** des BörsG erfolgte durch das Finanzmarktrichtlinie-Umsetzungsgesetz **(FRUG)** v. 16.7.2007 (BGBl. I 1330), das den amtlichen und geregelten Markt durch ein einziges neues Börsensegment, den regulierten Markt, ersetzte und erweiterte Verhaltenspflichten von Wertpapierdienstleistungsunternehmen (§§ 31 ff. WpHG) begründete. Das EMIR-Ausführungsgesetz (**EMIR-AG**) v. 13.2.2013 (BGBl. I 374) führte als Reaktion auf die **Finanzmarktkrise** (→ § 50 Rn. 73a) mWv 16.2.2013 zu einer verschärften Regulierung des außerbörslichen Derivatehandels. Eingefügt wurde die Ordnungswidrigkeit des § 50 Abs. 2a sowie die Vorschrift des § 50a zur Bekanntmachung von Bußgeldentscheidungen.

2. Börsenstrafrecht. Das Börsenstrafrecht wird heute nur noch durch die **Strafvorschrift des § 49** **4** (Verleitung zu Börsenspekulationsgeschäften) und die **Bußgeldvorschrift des § 50** gebildet. Bereits das BörsG 1896 enthielt Strafvorschriften, die das EGStGB v. 2.3.1974 (BGBl. I 469) durch die Straf- und Bußgeldvorschriften der **§§ 88–90 aF** ersetzte. Das 2. WiKG v. 15.5.1986 (BGBl. I 721) führte zu Änderungen bei der Verleitung zu Börsenspekulationsgeschäften (**§ 89 aF**) (hierzu → § 49 Rn. 2). Das 4. FFG v. 21.6.2002 transferierte den früheren Kursbetrug (**§ 88 aF**) mit erheblichen Modifikationen in das WpHG und spaltete ihn auf; die Bußgeldvorschrift des § 39 Abs. 1 Nr. 1, 2, Abs. 2 Nr. 11 WpHG – ein abstraktes Gefährdungsdelikt – gestattet nunmehr grds. die Ahndung aller Verstöße gegen das Verbot der Marktmanipulation, während die Strafvorschrift des § 38 Abs. 2 WpHG – ein Erfolgsdelikt – erst dann Anwendung findet, wenn die Manipulation eine Preiseinwirkung bewirkt hat (vgl. *Fuchs/ Waßmer* § 38 Rn. 91).

3. Börsenkriminalität. Die **praktische Bedeutung** des Börsenstrafrechts ist **gegenwärtig gering.** **5** Die **Polizeiliche Kriminalstatistik** erfasst die „Straftaten nach dem BörsG", dh § 49, mittlerweile gesondert (Schlüssel 714020). In den Jahren 2014 und 2015 wurden jedoch – anders als in den Vorjahren – keine Fälle mehr registriert (vgl. PKS 2014 und 2015, jeweils Tabellenanhang Tab. 01). Der „Betrug bei Börsenspekulationen" (Schlüssel 513300), der häufig mit der Verleitung zu Börsenspekulationsgeschäfte einhergeht (→ § 49 Rn. 4, 77), wurde in den Jahren 2014 und 2015 selten registriert, nämlich in 8 bzw. 15 Fällen. Die **Strafverfolgungsstatistik** weist für das Jahr 2014 keine Verurteilung nach § 49 aus.

Die Strafverfolgungsbehörden werden vor allem durch **Anzeigen enttäuschter Kunden** auf Strafta- **6** ten nach § 49 aufmerksam (Wabnitz/Janovsky WirtschaftsStR-HdB/*Benner,* 3. Aufl. 2007, Kap. 9 Rn. 232). Das **Dunkelfeld** dürfte groß sein, da häufig „Schwarzgeld" eingesetzt wird, wodurch die Anzeigebereitschaft geprellter Kunden stark gehemmt ist. Auch die **Schäden** dürften relativ hoch sein, da im Jahre 2015 allein bei den 15 registrierten Fällen des „Betrugs bei Börsenspekulationen" der Gesamtschaden rund 615.000 EUR betrug (vgl. PKS 2015, Tabellenanhang Tab. 07).

§ 26 Verleitung zu Börsenspekulationsgeschäften

(1) Es ist verboten, gewerbsmäßig andere unter Ausnutzung ihrer Unerfahrenheit in Börsenspekulationsgeschäften zu solchen Geschäften oder zur unmittelbaren oder mittelbaren Beteiligung an solchen Geschäften zu verleiten.

(2) Börsenspekulationsgeschäfte im Sinne des Absatzes 1 sind insbesondere

1. An- oder Verkaufsgeschäfte mit aufgeschobener Lieferzeit, auch wenn sie außerhalb einer inländischen oder ausländischen Börse abgeschlossen werden, und

2. Optionen auf solche Geschäfte.

die darauf gerichtet sind, aus dem Unterschied zwischen dem für die Lieferzeit festgelegten Preis und dem zur Lieferzeit vorhandenen Börsen- oder Marktpreis einen Gewinn zu erzielen.

§ 49 Strafvorschriften

Mit Freiheitsstrafe bis zu drei Jahren oder mit Geldstrafe wird bestraft, wer entgegen § 26 Abs. 1 andere zu Börsenspekulationsgeschäften oder zu einer Beteiligung an einem solchen Geschäft verleitet.

Übersicht

A. Allgemeines

I. Gegenstand

1   Die Strafvorschrift des § 49 erfasst die durch § 26 verbotene **Verleitung zu Börsenspekulationsgeschäften.** Bei diesen Geschäften geht es weder um (langfristige) Kapitalanlage noch (umsichtige) kaufmännische Vorsorge, sondern um (kurzfristige) **Spekulation** (Tiedemann WirtschaftsStR BT Rn. 363). Der **Unrechtskern** besteht nicht in der Täuschung der Anleger, sondern in der Ausnutzung der Unerfahrenheit (Assmann/Schütze KapitalanlageR-HdB/*Worms* § 9 Rn. 4; *Fichtner,* Die börsen- und depotrechtlichen Strafvorschriften und ihr Verhältnis zu den Eigentums- und Vermögensdelikten des StGB, 1993, 162; Momsen/Grützner WirtschaftsStR/*Schröder* Kap. 5 Teil A Rn. 217; *Otto* WM 1988, 729 (736)). Zur Strafvermeidung durch **Corporate Compliance** ausf. *Stöcklein,* Verleitung, 2014, 203 ff.

II. Gesetzeshistorie

2   Bereits das **BörsG 1896** hatte die Verleitung zu Börsenspekulationsgeschäften unter Strafe gestellt. Das **2. WiKG** v. 15.5.1986 gestaltete die damals in **§ 89 (aF)** enthaltene Strafvorschrift „wirksamer" (BT-Drs. 10/318, 46) aus. So wurde nicht nur auf ein gewohnheitsmäßiges Handeln, die Ausbeutung der Unerfahrenheit bzw. des Leichtsinns des Anlegers und eine gewinnsüchtige Absicht verzichtet, sondern vor allem der Schutzbereich durch die Definition des Börsenspekulationsgeschäfts auf in- und ausländische Börsen sowie außerbörsliche Geschäfte erstreckt. Dies bedeutete eine erhebliche Verschärfung (*Weber,* Die Bank, 1986, 413 (417)). Anlass hierfür war, dass BGHSt 29, 152 (158 f.) die Anwendung der Strafvorschrift auf Spekulationsgeschäfte an (inländischen) Börsen beschränkt hatte, so dass die Extension zur Bekämpfung der damals beträchtlichen Missstände bei außerbörslichen Spekulationsgeschäften notwendig wurde (*Rössner/Worms* wistra 1987, 319 (320); *Möhrenschlager* wistra 1983, 17 (19 f.)). Das **4. FFG** v. 21.6.2002 bewirkte auf Beschlussempfehlung des Finanzausschusses (BT-Drs. 14/8600, 31 (48)) die Aufspaltung in eine kapitalmarktrechtliche Verbotsnorm **(§ 23 aF)** und eine gesonderte Strafnorm **(§ 61 aF),** ohne dass damit materielle Änderungen verbunden waren, um zu verdeutlichen, dass sich Sanktionsvorschriften des Nebenstrafrechts auf verwaltungsrechtliche Gebote oder Verbote beziehen (BT-Drs. 14/8601, 13 (17); krit. *Park* BB 2003, 1513 (1517)). Das **FRUG** v. 16.7.2007 änderte lediglich die Paragrafenzählung **(§§ 26; 49).**

III. Schutzgut

3   § 49 schützt nach hM ausschließlich das **Vermögen** von Anlegern, die in Börsenspekulationsgeschäften unerfahren sind (Achenbach/Ransiek/Rönnau WirtschaftsStR-HdB/*Schröder* Teil 10 Kap. 2 Rn. 225; Erbs/Kohlhaas/*Wehowsky* Rn. 2; *Gehrmann/Zacharias* WiJ 2012, 89; MüKoStGB/*Bröker* § 26 Rn. 2; HK-KapMStrafR/*Park* Rn. 318; *Stöcklein,* Verleitung, 2014, 12; *Trüg* NJW 2009, 3202 (3206); zu § 89 aF BGHSt 29, 152 (159)). Die Anleger sollen vor Geschäften bewahrt werden, die ein besonders hohes Verlustrisiko bergen. Der hierdurch zugleich gewährte **Schutz des Börsenwesens** ist bloßer Reflex (aA *Schlüchter,* Zweites Gesetz zur Bekämpfung der Wirtschaftskriminalität, 1987, 150). § 49 ist **Schutzgesetz** iSd § 823 Abs. 2 BGB (vgl. zu § 89 aF OLG Düsseldorf WM 1989, 175 (179); *Birnbaum* wistra 1991, 253 (255); *Bröker* wistra 1993, 161 (163); ebenso zu § 61 aF bzw. § 49 Assmann/Schütze KapitalanlageR-HdB/*Worms* § 9 Rn. 40; *Samtleben* ZBB 2003, 69 (75); Schwark/Zimmer/*Schwark* § 26 Rn. 8; aA – wegen der gesetzestechnischen Aufspaltung in Strafnorm und Verbotsnorm – MüKoStGB/ *Bröker* § 26 Rn. 7).

IV. Deliktsnatur

§ 49 ist ein **unechtes Blankettdelikt**, das ein **schlichtes Tätigkeitsdelikt** regelt. In Bezug auf das **4** Schutzgut geht es um ein **abstraktes Gefährdungsdelikt** (Achenbach/Ransiek/Rönnau Wirt-schaftsStR-HdB/*Schröder* Teil 10 Kap. 2 Rn. 225; *Gehrmann/Zacharias* WiJ 2012, 89; MüKoStGB/*Bröker* § 26 Rn. 2; HK-KapMStrafR/*Park* Rn. 320; *Trüg* NJW 2009, 3202 (3206)), da der Tatbestand weder einen Vermögensschaden noch eine konkrete Vermögensgefährdung voraussetzt und selbst dann vorliegt, wenn ein Gewinn erzielt wird. Hierdurch wird der strafrechtliche Schutz **weit in das Vorfeld** geschoben, um der Ausnutzung der Unerfahrenheit von Anlegern schon im Ansatz entgegenzutreten (Achenbach/Ransiek/Rönnau WirtschaftsStR-HdB/*Schröder* Teil 10 Kap. 2 Rn. 225; HK-KapM-StrafR/*Park* Rn. 320). Zudem fungiert § 49 in (potentiellen) Fällen des Betrugs und Kapitalanlagebe-trugs als **„Auffangtatbestand"**, sofern der Schadensnachweis nicht gelingt bzw. die Anwendung aufgrund spezifischer Besonderheiten des Tatbestands scheitert (*Hildner* WM 2004, 1068 (1073)). Infolgedessen besteht kein Bedürfnis zur Kriminalisierung des Versuchs (MüKoStGB/*Bröker* § 26 Rn. 27; HK-KapMStrafR/*Park* Rn. 320). IÜ ist § 49 ein **Allgemeindelikt** (→ § 49 Rn. 9).

V. Bedeutung

Der Straftatbestand der Verleitung zu Börsenspekulationsgeschäften hat **gegenwärtig allenfalls 5 geringe gerichtspraktische Bedeutung** (Assmann/Schütze KapitalanlageR-HdB/*Worms* § 9 Rn. 2; MüKoStGB/*Bröker* § 26 Rn. 3; HK-KapMStrafR/*Park* Rn. 321; Schwark/Zimmer/*Schwark* § 26 Rn. 1), nachdem noch in den **1990er Jahren** zahlreiche Verurteilungen festzustellen waren (vgl. *Bröker* wistra 1993, 161 (165 f.); *Martin* wistra 1994, 127 (129)). Der Grund hierfür ist insbes. darin zu erblicken, dass sich mittlerweile die meisten Täter nach der Übersendung umfangreichen Prospektmaterials schriftlich durch die Opfer bestätigen lassen, eine **vollumfängliche Aufklärung** über die Risiken von Börsenspekulationsgeschäften habe stattgefunden; der praktische Nachweis, dass diese Aufklärung nur vorgetäuscht war, ist schwierig, und wenn er gelingt, liegt idR zugleich § 263 StGB vor (vgl. *Park* JuS 2007, 712 (713); MAH WirtschaftsStR/*Rübenstahl/Tsambikakis* § 23 Rn. 135). Allerdings schien die Bedeutung des Straftatbestandes zwischenzeitlich **wieder leicht** zuzunehmen, was neuere Gerichts-entscheidungen (BGH NStZ 2000, 36; BGH NStZ-RR 2002, 84; BGH NStZ 2008, 96) und Angaben von Praktikern (vgl. HK-KapMStrafR/*Park* Rn. 321; MAH WirtschaftsStR/*Rübenstahl/Tsambikakis* § 23 Rn. 129) nahe legten (vgl. aber auch Wabnitz/Janovsky WirtschaftsStR-HdB/*Benner*, 3. Aufl. 2007, Kap. 9 Rn. 231: bedeutungslos; MüKoStGB/*Bröker* § 26 Rn. 3: praktisch überholt).

Typischerweise werden strafbare Börsenspekulationsgeschäfte von unseriösen Vermittlungsfirmen **6** telefonisch angebahnt (Assmann/Schütze KapitalanlageR-HdB/*Worms* § 9 Rn. 1, 5; *Fichtner*, Die bör-sen- und depotrechtlichen Strafvorschriften und ihr Verhältnis zu den Eigentums- und Vermögens-delikten des StGB, 1993, 131 ff.; HK-KapMStrafR/*Park* Rn. 322; *Rochus* NJW 1981, 736; *Worms*, Anlegerschutz durch Strafrecht, 1987, 95 ff.). IdR überreden psychologisch geschulte Mitarbeiter un-erfahrene Privatanleger zu **(Waren-)Terminoptionsgeschäften** im Ausland; hierbei werden die enor-men Gewinnchancen herausgestellt, jedoch die gravierenden Verlustrisiken heruntergespielt oder ver-schwiegen; nachdem die Vermittler zT Anfangsgewinne vortäuschen, droht – auch wegen der hohen Aufschläge von zT mehr als 50 % und aufgrund von Schneeballsystemen – der Totalverlust. Diese Begehungsform hat allerdings mittlerweile stark an Bedeutung verloren, da Privatanleger Termingeschäf-te seit 1990 auch in Deutschland tätigen können und die Regulierung des Wertpapierhandels erheblich verschärft wurde (Schröder KapMarktStrafR-HdB/*Park* Rn. 861). Dessen ungeachtet ist die Verleitung zu Börsenspekulationsgeschäften weiterhin ein typisches Betätigungsfeld des sog **Grauen Kapitalmarkts.** Dieser wurde jedoch mit dem Gesetz zur Novellierung des Finanzanlagenvermittler- und Vermögens-anlagenrechts (VermAnlGEG) v. 6.12.2011 (BGBl. I 2481) ebenfalls einer verstärkten Regulierung und Beaufsichtigung unterworfen, so dass auch in diesem Bereich ein Wandel zu erwarten ist.

VI. Notwendigkeit und Verfassungsmäßigkeit

Die **kriminalpolitische Notwendigkeit** einer Vorschrift, die die Verleitung unerfahrener Anleger **7** zu Börsenspekulationsgeschäften unter Strafe stellt, ist wegen des begrenzten Schutzes, den zivilrecht-liche Sanktionen bieten (Schwark/Zimmer/*Schwark* § 26 Rn. 1), und des Umstandes, dass auch heute noch andere Strafvorschriften die Ausnutzung der Unerfahrenheit von Anlegern nur begrenzt erfassen können, zu bejahen (aA – Schutz durch die Wohlverhaltensregeln der §§ 31, 32 WpHG sowie durch die Strafvorschrift des § 54 KWG ausreichend – MüKoStGB/*Bröker* § 26 Rn. 3, 5). So hat der Gesetzgeber des 2. WiKG die Strafvorschrift trotz Einführung des § 264a StGB (Kapitalanlagebetrug) beibehalten, da Börsenspekulationsgeschäfte nicht der Kapitalanlage dienen und damit schon begrifflich nicht unter den Tatbestand fallen (BT-Drs. 10/318, 46). § 263 StGB gewährt nur Schutz, wenn eine Täuschung vorliegt und ein Vermögensschaden des Anlegers eingetreten ist. Gerade ggü. unseriösen Vermittlern entfaltet § 49 **generalpräventive Wirkung** (Assmann/Schütze KapitalanlageR-HdB/*Worms* § 9 Rn. 1, 38;

Fichtner, Die börsen- und depotrechtlichen Strafvorschriften und ihr Verhältnis zu den Eigentums- und Vermögensdelikten des StGB, 1993, 158 (184)).

8   § 49 ist **verfassungsgemäß** (krit. MüKoStGB/*Bröker* § 26 Rn. 4, 8), da die Vorschrift weder überflüssig bzw. unzeitgemäß (→ Rn. 7) noch zu unbestimmt (→ Rn. 11) ist. **Kritisch** ist allerdings anzumerken, dass die Verleitung zu Börsenspekulationsgeschäften nach ihrer Regelungsmaterie dem **WpHG** zuzuordnen ist (*Samtleben* ZBB 2003, 69 (75); Wabnitz/Janovsky WirtschaftsStR-HdB/*Benner,* 3. Aufl. 2007, Kap. 9 Rn. 222, 236), da es nicht um eine börsenrechtliche Problematik, sondern um den Wertpapierhandel geht. Daher ist es konsequent, dass der Gesetzgeber des 4. FFG v. 21.6.2002 den Kursbetrug (§ 88 aF) in das WpHG transferiert hat.

B. Objektiver Tatbestand
I. Täterkreis

9   § 49 ist ein **Allgemeindelikt** (vgl. MüKoStGB/*Bröker* § 26 Rn. 27; aA Erbs/Kohlhaas/*Wehowsky* Rn. 14), da dem Täter keine (außerstrafrechtlichen) Sonderpflichten obliegen. Täter kann vielmehr **jede natürliche Person** sein, die gewerbsmäßig – dh mit einer besonderen Absicht (→ § 49 Rn. 66) – handelt. Personen, die sich lediglich an der Tat eines gewerbsmäßig Handelnden beteiligen, können als Teilnehmer bestraft werden. IdR handelt es sich bei den Tätern um Personen, die sich **beruflich** mit Bank- und Kapitalmarktgeschäften, Finanzdienstleistungen, Anlageberatung und Anlagevermittlung befassen (Assmann/Schütze KapitalanlageR-HdB/*Worms* § 9 Rn. 36; *Fichtner,* Die börsen- und depotrechtlichen Strafvorschriften und ihr Verhältnis zu den Eigentums- und Vermögensdelikten des StGB, 1993, 126 f.; HK-KapMStrafR/*Park* Rn. 358; Schröder KapMarktStrafR-HdB Rn. 855; Schwark/Zimmer/*Schwark* § 26 Rn. 1), insbes. um Bankberater, Finanzdienstleister, Anlageberater, Wertpapierhändler oder Telefonverkäufer.

II. Börsenspekulationsgeschäfte

10   § 49 erfasst zum einen **(eigene) Börsenspekulationsgeschäfte** des Anlegers, die er selbst und für eigene Rechnung abschließt, zum anderen die **Beteiligung an solchen Geschäften.**

11   **1. (Eigene) Börsenspekulationsgeschäfte. a) Gesetzliche Definition.** Das **2. WiKG** hatte den zuvor unbestimmten Begriff „Börsenspekulationsgeschäft" in § 89 aF **gesetzlich definiert** (→ Rn. 12). Das Festhalten an dem Terminus war jedoch verfehlt (vgl. auch *Achenbach* NJW 1986, 1835 (1839)), da seitdem gerade nicht mehr vorausgesetzt wird, dass die Geschäfte an einer Börse abgeschlossen werden. Nach § 26 Abs. 2 handelt es sich **„insbesondere"** um **An- oder Verkaufsgeschäfte mit aufgeschobener Lieferzeit,** auch wenn sie außerhalb einer in- oder ausländischen Börse abgeschlossen werden (Nr. 1), und **Optionen auf solche Geschäfte** (Nr. 2), die darauf gerichtet sind, aus dem Unterschied zwischen dem für die Lieferzeit festgelegten Preis und dem zur Lieferzeit vorhandenen Börsen- oder Marktpreis einen Gewinn zu erzielen. Herausgehoben sind mit den **Termin- und Optionsgeschäften** die damals am häufigsten angebotenen Börsenspekulationsgeschäfte (vgl. BT-Drs. 10/318, 47). Die **nicht abschließende Begriffsbestimmung** soll auch nicht gebräuchliche und neue Formen erfassen können sowie Umgehungen entgegentreten. Sie ist **hinreichend bestimmt,** da § 26 Abs. 2 den Typus der erfassten Geschäfte (→ Rn. 13 ff.) erkennen lässt (krit. MüKoStGB/*Bröker* § 26 Rn. 4; *Weber,* Die Bank, 1986, 413 (417)).

12   Die Definition des Börsenspekulationsgeschäfts, die der Gesetzgeber des 2. WiKG v. 15.5.1986 an das in **§ 764 BGB aF** geregelte **Differenzgeschäft** anlehnte (vgl. BT-Drs. 10/318, 47), wirkt heute als ein **„Relikt"** (*Samtleben* ZBB 2003, 69 (75); vgl. auch MüKoStGB/*Bröker* § 26 Rn. 9), da sich das Börsenrecht mittlerweile grdl. geändert hat. Differenzgeschäfte mit privaten Personen waren bis zur Börsengesetznovelle 1989 – soweit sie keine „offiziellen" Börsentermingeschäfte zwischen börsentermingeschäftsfähigen Parteien waren – idR als **„Spiel"** anzusehen und begründeten keine Verbindlichkeit (vgl. *Kümpel* WM 1989, 1485 (1494 f.)). Die Novelle erleichterte Privatanlegern den Zugang zu Termingeschäften, um den Rückstand des Finanzplatzes Deutschland ggü. den ausländischen Terminbörsen aufzuholen (krit. *von Hippel* ZRP 2001, 558 (561)). § 764 BGB aF, der unerfahrene Anleger schützen sollte, wurde dann im Zuge der Neuregelung der Termingeschäfte durch das 4. FFG v. 21.7.2002 aufgehoben (BT-Drs. 14/8017, 64). Ebenso wurde der Begriff Börsentermingeschäft gestrichen und der neue Oberbegriff **„Finanztermingeschäft"** (§ 2 Abs. 2a WpHG aF, heute **§ 37e S. 2 WpHG**) eingeführt; der zivilrechtliche Schutz unerfahrener Anleger sollte nunmehr durch **§ 37d WpHG aF** sichergestellt werden, der besondere Informationspflichten nebst Schadensersatzpflichten bei Verstößen statuierte (näher *Samtleben* ZBB 2003, 69 (73 f.)). Mittlerweile strich jedoch das FRUG v. 16.7.2007 auch diese Spezialregelung, da der Anlegerschutz bereits durch die erweiterten Informationspflichten der §§ 31 ff. WpHG hinreichend gewahrt sei (vgl. BT-Drs. 16/4028, 78).

13   **b) Das Börsenspekulationsgeschäft als Typus.** Bei den **„Börsenspekulationsgeschäften"** geht es im Kern um Geschäfte, die darauf gerichtet sind, ohne Güteraustausch aus intertemporären Preisunterschieden einen Gewinn zu erzielen, der durch ein Gegengeschäft realisiert werden soll (vgl. BT-Drs. 10/318, 47; Assmann/Schütze KapitalanlageR-HdB/*Worms* § 9 Rn. 6 ff.; *Möhrenschlager* wistra 1983, 17 (19); HK-KapMStrafR/*Park* Rn. 324; Schwark/Zimmer/*Schwark* § 26 Rn. 2). Nicht erfasst sind andere riskante Geschäfte (wie der Aktienkauf), selbst wenn diese verbreitet als spekulativ bewertet werden. **Anhaltspunkte** dafür, ob ein Börsenspekulationsgeschäft vorliegt, geben die typischen Geschäftsarten entsprechender Geschäfte, der Spekulationscharakter und die mit diesen Geschäften typischerweise verbundenen besonders hohen Verlustrisiken (Achenbach/Ransiek/Rönnau WirtschaftsStR-HdB/*Schröder* Teil 10 Kap. 2 Rn. 235 ff.). Maßgebend ist eine **typologische Gesamtbetrachtung** (so auch zum Termingeschäft des WpHG BT-Drs. 14/8017, 85), die einerseits dem Umstand Rechnung trägt, dass die heute angebotenen Produkte vielfach sehr komplex sind, und andererseits berücksichtigen kann, dass ständig neue Produkte („Finanzinnovationen") kreiert werden.

aa) Typische Geschäftsarten. Für die typischen **Geschäftsarten** von Börsenspekulationsgeschäften **14** kann an den heutigen Oberbegriff **„Finanztermingeschäft"** angeknüpft werden (vgl. Hellmann/Beckemper WirtschaftsStR Rn. 105), bei dem es sich nach § 37e S. 2 WpHG um „Derivate" iSv § 2 Abs. 2 WpHG und „Optionsscheine" handelt. Allerdings gilt auch diese gesetzliche Definition als „unglücklich" (Fuchs/*Jung* WpHG Vor §§ 37e und 37g Rn. 9; *Samtleben* ZBB 2003, 69 (71)), da Optionsscheine an sich kein Geschäft sind, sondern nur Gegenstand eines Geschäfts sein können. Derivate sind nach § 2 Abs. 2 WpHG vor allem **Termingeschäfte**, dh als Kauf, Tausch oder anderweitig ausgestaltete Festgeschäfte oder Optionsgeschäfte, die zeitlich verzögert zu erfüllen sind und deren Wert sich unmittelbar oder mittelbar vom Preis oder Maß eines Basiswertes ableitet. Die möglichen Basiswerte sind sehr vielfältig, und können zB Wertpapiere, Geldmarktinstrumente, Devisen, Waren, Frachtsätze, Lagerkapazitäten, Emissionsberechtigungen, Telekommunikations-Bandbreiten und Indizes sein (vgl. § 2 Abs. 2 Nr. 1, 2, 5 WpHG). Einbezogen sind aber auch finanzielle Differenzgeschäfte und Kreditderivate, dh Geschäfte, die zeitlich verzögert zu erfüllen sind und dem Transfer von Kreditrisiken dienen (vgl. § 2 Abs. 2 Nr. 3, 4 WpHG).

bb) Spekulationscharakter. Um ein Börsenspekulationsgeschäft iSv § 49 handelt es sich nur dann, **15** wenn beim Abschluss des Geschäfts die **Absicht besteht, ein Gegengeschäft zu tätigen,** um ohne Güteraustausch aus intertemporären Preisunterschieden **Gewinn zu erzielen** (vgl. BT-Drs. 10/318, 46; *Fichtner*, Die börsen- und depotrechtlichen Strafvorschriften und ihr Verhältnis zu den Eigentums- und Vermögensdelikten des StGB, 1993, 114; MüKoStGB/*Bröker* § 26 Rn. 10). Hierbei genügt es, dass nur eine Partei die Spekulation bezweckt, während die andere Partei Sicherungszwecke verfolgt. Das **spekulative Element** besteht darin, dass die zukünftige Preisentwicklung ungewiss ist, so dass Gewinnchancen, aber auch entsprechende Verlustrisiken bestehen.

cc) Besonders hohe Verlustrisiken. Die Verlustrisiken sind bei Börsenspekulationsgeschäften typi- **16** scherweise **besonders hoch,** so dass die Spekulation einer „Wette" bzw. einem „Spiel" (→ Rn. 12) ähnelt. So erzielen zB im **Warentermin- und Optionshandel** erfahrungsgemäß nur 20 % der Anleger Gewinne, während 80 % ihr Kapital ganz oder teilweise verlieren; bei wiederholten Geschäften ist der Eintritt eines Verlustes wesentlich wahrscheinlicher als der eines Gewinnes (BGH NStZ 2008, 96 (97)). Vor allem bei den hohen Aufschlägen sind die Anleger „praktisch chancenlos" (BGH BKR 2002, 36), es besteht das Risiko des **Totalverlustes. Anhaltspunkte** für die maßgebenden Risiken liefert § 37d WpHG aF (→ Rn. 12), der bei sehr hohen Risiken Informationspflichten zugunsten der Anleger statuierte (Schröder KapMarktStrafR-HdB Rn. 806 f.): Risiko des Verfalls oder der Wertminderung befristeter Rechte; nicht bestimmbares Verlustrisiko; Verlustrisiko über geleistete Sicherheiten hinaus; Risiko, dass Sicherungsgeschäfte nicht oder nur verlustbringend getätigt werden; erhöhtes Verlustrisiko bei Inanspruchnahme von Kredit oder bei Geschäften, die auf ausländische Währungen oder Rechnungseinheiten lauten.

c) Anforderungen. Die Börsenspekulationsgeschäfte können sowohl an einer **Börse** als auch **außer- 17 halb einer Börse** (OTC-Handel) abgeschlossen werden, wie seit dem 2. WiKG die gesetzliche Begriffsbestimmung klarstellt (BT-Drs. 10/318, 47; MüKoStGB/*Bröker* § 26 Rn. 12). Die Geschäfte müssen nicht einmal mit einem Terminmarkt an einer Börse in Verbindung stehen (Achenbach/Ransiek/Rönnau WirtschaftsStR-HdB/*Schröder* Teil 10 Kap. 2 Rn. 231). Erfasst ist damit nicht nur der sog Telefonhandel, sondern auch die Herausgabe von Privatoptionen (MüKoStGB/*Bröker* § 26 Rn. 12).

Gleichgültig ist, ob es um ein Geschäft an einer **in- oder ausländischen** Börse bzw. einem Markt **18** geht. **Deutsche Terminbörsen** sind neben der **EUREX** (European Exchange) in Frankfurt a. M., an der vor allem Futures und Optionen auf Aktien, Aktienindizes und Anleihen gehandelt werden, die **EEX** (European Energy Exchange) in Leipzig (Strom, Erdgas, Emissionsberechtigungen, Kohle, Öl, Windenergie). Die **RMX** (Risk Management Exchange) in Hannover (Schweine, Ferkel, Kartoffeln, Weizen, Braugerste) hat zum 1.9.2009 den Betrieb eingestellt. Wichtige **ausländische Terminbörsen** sind außer dem Chicago Board of Trade **(CBoT)** und der Chicago Mercantile Exchange **(CME)** die London International Financial Futures Exchange **(LIFFE)** und die Pariser European Power Exchange **(EPEX SPOT),** in die der Spotmarkt der EEX im Jahr 2009 eingebracht wurde.

19   Die Börsenspekulationsgeschäfte können **echt,** aber auch nur **vorgetäuscht** sein, da sie nur darauf „gerichtet" sein müssen, aus einer Preisdifferenz einen Gewinn zu erzielen (BT-Drs. 10/318, 47 f.). Ausreichend ist die bloße Vereinbarung des Geschäfts; ob es weitergeleitet, ausgeführt oder von Rücktrittsrechten Gebrauch gemacht wird, ist irrelevant (HK-KapMStrafR/*Park* Rn. 339; Schwark/Zimmer/*Schwark* § 26 Rn. 2, 3).

20   Die Börsenspekulationsgeschäfte können entweder auf einen **von vornherein bestimmten Zeitpunkt** oder aber auch für einen **gewissen Zeitraum abgeschlossen** werden, was die Formulierung „für die Lieferzeit festgelegten Preis" verdeutlichen soll (BT-Drs. 10/318, 48).

21   Ob der **Gewinn** durch ein Gegengeschäft **realisiert** oder als Differenzgewinn **ausgezahlt** werden soll, ist ohne Bedeutung (Assmann/Schütze KapitalanlageR-HdB/*Worms* § 9 Rn. 8; Schwark/Zimmer/*Schwark* § 26 Rn. 2). Ebenso spielt es keine Rolle, ob das Börsenspekulationsgeschäft tatsächlich zu einem Gewinn führt (Schwark/Zimmer/*Schwark* § 26 Rn. 3).

22   Maßgebend ist eine **objektive Betrachtung,** dh es kommt darauf an, ob es sich tatsächlich um ein Börsenspekulationsgeschäft handelt. Dass der Anleger aufgrund Unerfahrenheit oder Täuschung annimmt, es handele sich um eine (solide) Kapitalanlage, ist ohne Bedeutung (Assmann/Schütze KapitalanlageR-HdB/*Worms* § 9 Rn. 14).

23   Bei **Mischgeschäften,** die sowohl der Spekulation als auch der Sicherung bzw. Kapitalanlage dienen, ist entscheidend, ob das spekulative Element das Geschäft insgesamt prägt (HK-KapMStrafR/*Park* Rn. 339).

24   **d) Formen. aa) Termingeschäfte (§ 26 Abs. 2 Nr. 1).** Ein **Termingeschäft** ist ein Geschäft über einen Basiswert (insbes. ein Wertpapier, eine Devise oder eine vertretbare Sache) zu standardisierten Vertragsbedingungen, das eine **zukünftige Verpflichtung zum Kauf oder Verkauf** begründet und eine Beziehung zu einem Terminmarkt hat, der es ermöglicht, jederzeit ein Gegengeschäft abzuschließen (BGHZ 92, 317 (320); OLG Düsseldorf BB 1990, 584 f.; *Fichtner,* Die börsen- und depotrechtlichen Strafvorschriften und ihr Verhältnis zu den Eigentums- und Vermögensdelikten des StGB, 1993, 107; Hellmann/Beckemper WirtschaftsStR Rn. 105; Schröder KapMarktStrafR-HdB Rn. 801). Das Termingeschäft ist ein **unbedingtes Geschäft,** da es von Käufer und Verkäufer stets erfüllt werden muss. Der **Erfüllungstermin** reicht über die Fristen am Kassamarkt hinaus (zu Kassageschäften → Rn. 30 ff.).

25   Einbezogen sind grds. **alle Termingeschäfte,** gleich ob standardisiert und börsengehandelt **(Future)** oder nicht **(Forward).** Forwards sind flexibler als Futures, aber wegen der fehlenden Börsennotiz idR auch weniger liquide. **Warentermingeschäfte** (Commodity Futures/Forwards) betreffen Terminkontrakte über Produkte (zB Baumwolle, Getreide, Kakao, Kaffee, Weizen, Zucker, Öl, Gold, Silber, Kupfer). **Wertpapiertermingeschäfte** (Financial Futures/Forwards) haben idR Terminkontrakte über Aktien und Anleihen sowie Aktienindizes (zB DAX-/MDAX-Future) und Zinsderivate (zB Euro-Bobl-/Euro-Bund-Future/Forward) zum Gegenstand. Bei **Devisentermingeschäften** (Foreign Exchange/Currency/FX Futures/Forwards) geht es um Terminkontrakte über Devisen (zB Dollar, Euro, Yen).

26   Allerdings sind nicht alle Termingeschäfte als Börsenspekulationsgeschäfte anzusehen, da sie auch zur Sicherung abgeschlossen werden können (→ Rn. 38). Das Termingeschäft ist nur dann ein **Börsenspekulationsgeschäft,** wenn es in der Absicht geschlossen wird, ohne Güteraustausch aus intertemporären Preisunterschieden einen Gewinn zu erzielen, der durch ein Gegengeschäft realisiert werden soll. Mit der Neutralisation des Geschäfts durch ein Gegengeschäft (Glattstellen) entsteht unter dem Strich eine Forderung (Gewinn) bzw. eine Verbindlichkeit (Verlust). Hierbei besteht das Risiko des Totalverlustes der zu erbringenden Sicherheitsleistung (Margin), die idR gering ist (zB 10 %), oder – falls der Verlust die Sicherheitsleistung übersteigt – des Nachschusses (Bsp. bei Schröder KapMarktStrafR-HdB Rn. 782, 785 f.). **Termingeschäfte von Privatanlegern** sind idR Börsenspekulationsgeschäfte, da an einem Güteraustausch kein Interesse besteht (Achenbach/Ransiek/Rönnau WirtschaftsStR-HdB/*Schröder* Teil 10 Kap. 2 Rn. 242). Um Devisentermingeschäfte eines Privatanlegers, aus denen eine enorme Steuerschuld resultierte, ging es im Fall Hoeneß (vgl. http://www.zeit.de/wirtschaft/2014-03/hoeness-steuerschuld-herkunft).

27   **bb) Optionsgeschäfte (§ 26 Abs. 2 Nr. 2).** Ein **Optionsgeschäft** ist das gegen die sofortige Zahlung des Optionspreises **erworbene Recht,** von dem sog Stillhalter eine standardisierte Menge eines Basiswertes (einer Ware, eines Wertpapiers oder anderen handelbaren Rechts) innerhalb einer vereinbarten Laufzeit (amerikanische Option) oder am Ende der Laufzeit zum Ausübungstermin (europäische Option) zu einem festgelegten Preis zu kaufen **(Call-Option)** oder zu verkaufen **(Put-Option)** (Erbs/Kohlhaas/*Wehowsky* Rn. 4; *Fichtner,* Die börsen- und depotrechtlichen Strafvorschriften und ihr Verhältnis zu den Eigentums- und Vermögensdelikten des StGB, 1993, 108 ff.; Hellmann/Beckemper WirtschaftsStR Rn. 106; HK-KapMStrafR/*Park* Rn. 329; eingehend *Stöcklein,* Verleitung, 2014, 56 ff.). Das Optionsgeschäft ist ein **bedingtes Geschäft,** da das Recht nicht ausgeübt werden muss. Für das Recht zahlt der Inhaber der Option bei Abschluss dem Stillhalter eine **Optionsprämie,** die „verloren" ist, da sie nicht auf den Kauf- oder Verkaufspreis angerechnet wird. Nach hM handelt es sich bei Optionsgeschäften um **Termingeschäfte** (Hellmann/Beckemper WirtschaftsStR Rn. 107; HK-KapMStrafR/*Park* Rn. 329; *Schwark* JURA 1985, 403 (406)), dh Geschäfte mit aufgeschobener Erfüllung,

obwohl die beiderseitigen Leistungen – Einräumung des Optionsrechts; Zahlung der Optionsprämie – sofort fällig sind, da der Stillhalter nach den bereits bei Abschluss des Geschäfts fixierten Vertragsbedingungen seine Hauptleistung erst nach Ausübung der Option und damit zu einem späteren Zeitpunkt zu erbringen hat.

Einbezogen sind grds. **alle Optionsgeschäfte,** gleich ob börsengehandelt oder nicht. **Warenopti-** **28** **onsgeschäfte** (Commodity Options) beziehen sich auf Rechte zum Kauf/Verkauf von Waren, **Wertpapieroptionsgeschäfte** (Financial Options) zB auf Rechte zum Kauf/Verkauf von Aktienindizes und **Devisenoptionsgeschäfte** (Foreign Exchange/Currency/FX Options) auf Rechte zum Kauf/Verkauf von Devisen.

Jedoch sind nicht alle Optionsgeschäfte Börsenspekulationsgeschäfte, da auch sie die Sicherung **29** bezwecken können (→ Rn. 38). Das Optionsgeschäft ist nur dann ein **Börsenspekulationsgeschäft,** wenn es abgeschlossen wird, um ohne Güteraustausch aus intertemporären Preisunterschieden einen Gewinn zu erzielen, der durch ein Gegengeschäft realisiert werden soll. **Gewinnbringend,** „im Geld", ist eine **Call-Option** wegen der Optionsprämie erst dann, wenn der Inhaber den Basiswert im Zeitpunkt der Ausübung zu einem Preis verkaufen kann, der nach Abzug von Spesen und Aufschlägen mindestens um den Betrag der Optionsprämie höher ist als der in dem Optionsgeschäft vereinbarte Preis. Sonst ist die Option „aus dem Geld". Entsprechend muss bei einer **Put-Option** der Preis mindestens um den Betrag der Optionsprämie niedriger sein. Bei Optionsgeschäften besteht idR eine höhere Gewinnchance als bei Termingeschäften, dafür sind aber auch die **Verlustrisiken** – zB bei leer verkauften Call-Optionen – entsprechend höher (Bsp. bei Schröder KapMarktStrafR-HdB Rn. 790, 795, 810). Auch bei Optionsgeschäften von **Privatanlegern** handelt es sich idR um Börsenspekulationsgeschäfte (Achenbach/Ransiek/Rönnau WirtschaftsStR-HdB/*Schröder* Teil 10 Kap. 2 Rn. 242), da kein Interesse an einem Güteraustausch besteht.

cc) Kassageschäfte. Auch **Kassageschäfte,** dh Verträge über den Kauf oder Verkauf von Waren, **30** Wertpapieren, anderen Finanzinstrumenten oder Devisen, die anders als Termingeschäfte unmittelbar – dh idR bis zwei Geschäftstage nach Abschluss – erfüllt werden müssen, können im Einzelfall Börsenspekulationsgeschäfte sein (Erbs/Kohlhaas/*Wehowsky* Rn. 4; MüKoStGB/*Bröker* § 26 Rn. 11; HK-KapMStrafR/*Park* Rn. 330; *Schröder* ZBB 2010, 280 (284)).

(1) Verdeckte Differenzgeschäfte. Um ein Börsenspekulationsgeschäft handelt es sich beim Kassa- **31** geschäft vor allem dann, wenn es als **verdecktes Differenzgeschäft** betrieben wird (MüKoStGB/*Bröker* § 26 Rn. 11; *Möhrenschlager* wistra 1983, 17 (20); Schröder KapMarktStrafR-HdB Rn. 835). Dies ist der Fall, wenn die Parteien das Kassageschäft zum einen in der (unausgesprochenen) Absicht vornehmen, am Erfüllungstag überhaupt nicht zu liefern, sondern auf den Gewinn der Kursdifferenz durch Abschluss eines Gegengeschäfts spekulieren, und zum anderen zugleich ein **besonders hohes Verlustrisiko** besteht. Dies ist insbes. bei besonders starken Kursschwankungen denkbar (*Fichtner,* Die börsen- und depotrechtlichen Strafvorschriften und ihr Verhältnis zu den Eigentums- und Vermögensdelikten des StGB, 1993, 112).

(2) Handel mit Optionsscheinen. Ein Kassageschäft ist insbes. der **Handel mit Optionsscheinen** **32** (hierzu Schröder KapMarktStrafR-HdB Rn. 814 ff.), dh mit verbrieften Optionsrechten, bei dem Leistung und Gegenleistung sofort ausgetauscht werden. **Klassische Optionsscheine** (Warrants) geben das Recht, in einem bestimmten Zeitraum zu einem bestimmten Bezugskurs Aktien der emittierenden Gesellschaft zu kaufen. Daneben existieren heute zahllose **Optionsscheinvarianten** in der Kauf- und Verkaufsvariante, die die Terminoptionsmärkte widerspiegeln: zB Covered/Naked Warrants, deren Emittent nicht die veroptionierte AG ist; Basket Warrants (für mehrere Aktien einer Branche); Index Warrants (für Indizes); Commodity Warrants (für Rohstoffe); Currency Warrants (für Währungen). In neuer Zeit wurden überdies **exotische Optionsscheinvarianten** kreiert, die von den Terminoptionsmärkten gelöst und hochspekulativ sind: zB Turbo Warrants, die sich auf Optionsscheine beziehen; Knock-Out Warrants, die bei Über- bzw. Unterschreitung bestimmter Preise verfallen.

Auch der Handel mit Optionsscheinen kann Sicherungszwecken dienen. Um ein **Börsenspekulati-** **33** **onsgeschäft** handelt es sich nur dann, wenn ein **besonders hohes Verlustrisiko** besteht (vgl. Assmann/Schütze KapitalanlageR-HdB/*Worms* § 9 Rn. 10 f.; Hellmann/Beckemper WirtschaftsStR Rn. 109; Schröder KapMarktStrafR-HdB Rn. 828 ff.). Dies ist der Fall, wenn eine große Differenz zwischen dem gegenwärtigen Preis und dem Bezugspreis des Basiswertes vorhanden ist und der Optionsschein nur noch eine kurze Restlaufzeit hat. In diesen Fällen ist ein **Totalverlust** sehr wahrscheinlich. Hingegen liegt kein Börsenspekulationsgeschäft vor, wenn besondere Optionsbedingungen die Risiken abmildern, so dass ein hohes Verlustrisiko nicht besteht (Schröder KapMarktStrafR-HdB Rn. 830).

(3) Handel mit Zertifikaten. Der **Handel mit Zertifikaten** kann ebenfalls ein Börsenspekulati- **34** **onsgeschäft** sein (MüKoStGB/*Bröker* § 26 Rn. 11; HK-KapMStrafR/*Park* Rn. 334; Schröder KapMarktStrafR-HdB Rn. 835 ff.; *Stöcklein,* Verleitung, 2014, 82 ff.). Zertifikate sind **Schuldverschreibungen,** die keine feste Verzinsung haben, sondern die Teilhabe an der Kursentwicklung von Wertpapieren und anderen Finanzprodukten gestatten. Zertifikate sollen es gerade Privatanlegern ermöglichen, komplizierte Strategien nachzubilden bzw. in sonst schwer zugängliche Anlagen zu investieren. Zertifikate, die in sehr großer Zahl angeboten werden, können sehr unterschiedliche Gewinn- und Verlustrisiken aufweisen. In den letzten Jahren ist das Volumen des Zertifikatemarktes insgesamt rückläufig (http://www.handelsblatt.com/finanzen/zertifikate/nachrichten/derivate-volumen-am-deutschen-zertifikatemarkt-schrumpft-erneut-/8619666.html).

35   Um **Börsenspekulationsgeschäfte** handelt es sich beim Handel mit Zertifikaten wiederum nur dann, wenn ein **besonders hohes Verlustrisiko** besteht. Dies ist der Fall bei **hochspekulativen Zertifikaten,** vor allem den **Hebel-Zertifikaten** (Turbo-/Knock-out-Zertifikate), da bei Über- bzw. Unterschreiten des „Strikes" das Zertifikat verfällt. Entsprechendes gilt für **Sport-Zertifikate,** bei denen auf den Ausgang von Sportereignissen (zB Meisterschaften) „gewettet" wird. Keine Börsenspekulationsgeschäfte liegen vor, wenn die Zertifikate (wie Airbag- oder Garantie-Zertifikate) der Kapitalanlage bzw. der Absicherung dienen.

36   **(4) Sonstige Kassageschäfte.** Auch sonstige Kassageschäfte können einbezogen sein, sofern sie in der Absicht geschlossen werden, aus intertemporären Preisänderungen Gewinn zu erzielen, und im Einzelfall ein **besonders hohes Verlustrisiko** besteht. Dies ist zB der Fall beim **Kauf von Bezugsrechten ohne Bezugsabsicht** (HK-KapMStrafR/*Park* Rn. 332; Schröder KapMarktStrafR-HdB Rn. 831), der allein Spekulationszwecken dient, beim **Leerverkauf** (Short Sale) (Erbs/Kohlhaas/ *Wehowsky* Rn. 4; *Fichtner,* Die börsen- und depotrechtlichen Strafvorschriften und ihr Verhältnis zu den Eigentums- und Vermögensdelikten des StGB, 1993, 112 f.; MüKoStGB/*Bröker* § 26 Rn. 11; HK-KapMStrafR/*Park* Rn. 333; Schröder KapMarktStrafR-HdB Rn. 832 f.; Schwark/Zimmer/*Schwark* § 26 Rn. 2; *Trüg* NJW 2009, 3202 (3206); MAH WirtschaftsStR/*Rübenstahl/Tsambikakis* § 23 Rn. 133), bei dem – auch in Kombination mit einer Wertpapierleihe – auf (stark) fallende Preise spekuliert wird (Schröder KapMarktStrafR-HdB Rn. 834).

37   **dd) Keine Börsenspekulationsgeschäfte.** Keine Börsenspekulationsgeschäfte iSd § 49 sind Geschäfte, die **nicht die Spekulation bezwecken.** Dies gilt zunächst für **alle Geschäfte, die der Kapitalanlage dienen,** selbst wenn diese nur kurzfristig sein sollte (BT-Drs. 10/318, 46; Assmann/ Schütze KapitalanlageR-HdB/*Worms* § 9 Rn. 11; Erbs/Kohlhaas/*Wehowsky* Rn. 4; HK-KapMStrafR/ *Park* Rn. 338). Diese Geschäfte sind zwar ebenfalls „spekulativ", werden aber nicht geschlossen, um aus einer intertemporären Preisdifferenz einen Gewinn zu erzielen, der durch ein Gegengeschäft realisiert werden soll, sondern der angestrebte Gewinn besteht in einem Kursgewinn.

38   Keine Börsenspekulationsgeschäfte sind insbes. **Hedgegeschäfte,** soweit sie **zur Absicherung gegen Risiken** (to hedge = absichern) eingegangen werden (zB Veränderungen von Rohstoff- und Warenpreisen, Aktienkursen, Wechselkursen, Zinsen) und Verluste vermeiden bzw. begrenzen sollen (vgl. BT-Drs. 10/318, 47; Assmann/Schütze KapitalanlageR-HdB/*Worms* § 9 Rn. 12; Erbs/Kohlhaas/ *Wehowsky* Rn. 4; Groß KapMR § 26 Rn. 2; *Kümpel* WM 1989, 1485 (1494); Momsen/Grützner WirtschaftsStR/*Schröder* Kap. 5 Teil A Rn. 219; HK-KapMStrafR/*Park* Rn. 337; Schröder KapMarkt-StrafR-HdB Rn. 808 ff.; iErg ebenso MüKoStGB/*Bröker* § 26 Rn. 11). Hedgegeschäfte ermöglichen **gewerblichen Kontraktparteien** (zB Rohstoffproduzenten, Industriebetrieben) eine feste Kalkulationsbasis für den Verkauf bzw. Einkauf. Dieser Sicherungszweck, der Ausdruck kaufmännischer Vorsicht ist, bildete die ursprüngliche Funktion von Termin- und Optionsmärkten (Schröder KapMarktStrafR-HdB Rn. 774, 778). Auch **Privatanlegern** gestatten Hedgegeschäfte den Schutz ihres Wertpapierbestandes (Schröder KapMarktStrafR-HdB Rn. 802, 812). Allerdings werden heute die meisten Geschäfte an den Terminbörsen nicht mehr zur Absicherung, sondern zu **Spekulationszwecken** getätigt. **Nicht verwechselt** werden dürfen Hedgegeschäfte mit der Beteiligung an riskanten **Hedgefonds** (→ Rn. 43).

39   Nicht erfasst sind auch **Optionsscheine,** bei denen die **Gefahr des Totalverlustes nicht besteht,** wie bei **Wandelschuldverschreibungen** (§ 221 AktG), die als Ausgleich für eine Verzinsung unterhalb des Marktzinses Umtausch- oder Bezugsrechte auf Aktien gewähren, dh das Recht geben, zu einem bestimmten Zeitpunkt Aktien zu einem zuvor festgelegten Preis zu beziehen; Entsprechendes gilt für **Optionsschuldverschreibungen,** bei denen der Optionsschein nicht separat verkauft ist (Hellmann/ Beckemper WirtschaftsStR Rn. 108).

40   **2. Beteiligung an Börsenspekulationsgeschäften. a) Allgemeines.** § 49 Abs. 1 bezieht nicht nur den (eigenen) Abschluss von Börsenspekulationsgeschäften, sondern auch die Beteiligung an solchen Geschäften ein. Damit soll insbes. **das fondsmäßig betriebene (Waren-)Termingeschäft** erfasst werden, bei dem der Anleger nicht unmittelbar für sich einen Kontrakt bzw. eine Option erwirbt, sondern sich an einem Sammelkonto beteiligt, das von einem Unternehmen treuhänderisch gehalten wird (BT-Drs. 10/318, 49). Durch die Zwischenschaltung sind die Geschäfte noch undurchschaubarer und können ein noch größeres Risiko haben, so dass der Anleger **besonderen Schutzes** bedarf, zumal § 264a Abs. 2 StGB nur die Sammlung von Kapital bei unlauteren Vertriebsmaßnahmen erfassen kann. Um Umgehungen auszuschließen, ist sowohl die **unmittelbare** als auch die **mittelbare** Beteiligung erfasst. Die **Bedeutung** dieser Alt. des § 49 Abs. 1 ist heute **nur noch gering,** da der Gesetzgeber mittlerweile nicht nur die entsprechenden Kollektivanlagen in Finanzinstrumenten, sondern auch deren

Vertrieb durch KWG und WpHG bzw. KAGB (früher: InvG) streng reguliert hat (vgl. MüKoStGB/ *Bröker* § 26 Rn. 15).

b) Beteiligung an einem Sammelkonto. Die an einem Sammelkonto beteiligten **Anleger** können   **41** das Börsenspekulationsgeschäft entweder selbst abschließen **(unmittelbare Beteiligung)** oder der **Pool-Manager** kann im eigenen Namen und für Rechnung der Anleger, die einen Anspruch auf die Beteiligung am Ergebnis haben **(mittelbare Beteiligung),** den Abschluss tätigen (vgl. BT-Drs. 10/318, 49; MüKoStGB/*Bröker* § 26 Rn. 15). Es ist ohne Bedeutung, ob der Pool überwiegend aus erfahrenen Anlegern besteht und ob er professionell gemanagt ist (Schröder KapMarktStrafR-HdB Rn. 837).

c) Erwerb von Fondsanteilen. Der Erwerb von Fondsanteilen stellt eine **mittelbare Beteiligung**   **42** dar. Erfasst sind Fonds, deren **Anlageziel** in der Teilnahme an bereits fest umrissenen oder noch unbestimmten (BT-Drs. 10/318, 49) Börsenspekulationsgeschäften besteht, die das Fondsmanagement vornimmt. Es genügt, dass überwiegend Börsenspekulationsgeschäfte getätigt werden sollen, der Fonds hierin seinen **Anlageschwerpunkt** hat (Schröder KapMarktStrafR-HdB Rn. 839).

Von Bedeutung sind heute vor allem **Hedgefonds** (MüKoStGB/*Bröker* § 26 Rn. 11; HK-KapM-   **43** StrafR/*Park* Rn. 335), die in der Theorie das Fondsvermögen vor Risiken durch Hedging (zu Hedge- geschäften → Rn. 38) schützen sollen, aber in der heutigen internationalen Praxis wenig mit Absiche- rung zu tun haben. Vielmehr handelt es sich um Fonds, die idR durch **hochspekulative Anlagestrate- gien** gekennzeichnet sind und damit sehr hohe Gewinne, umgekehrt aber auch hohe Verluste generieren können. Typisch für diese Fonds, die idR sehr viel höhere Risiken als „konventionelle" Investmentfonds aufweisen, ist nicht nur der Einsatz von Derivaten und die Tätigung von Leerverkäufen, sondern auch die Absicht, durch Kreditaufnahme eine höhere Rendite zu erwirtschaften (Hebel-/ Leverage-Effekt). Die meisten Hedgefonds haben ihren Sitz an schwach regulierten Offshore-Finanz- plätzen (zB den Cayman Islands). Die **enormen Gefahren,** die von diesen Fonds ausgehen können, hat im Jahre 1998 die Krise des Long-Term Capital Management (LTCM) Hedge Fonds verdeutlicht, die beinahe zum Kollaps des internationalen Finanzsystems führte. In **Deutschland** waren Hedgefonds lange Zeit nicht zum öffentlichen Vertrieb zugelassen. Seit dem 1.1.2004 ist der Vertrieb von Dach- Hedgefonds, sofern sie strenge Auflagen erfüllen, an Privatanleger erlaubt; es handelt sich hierbei aber eher um „konventionelle" Investmentfonds mit größeren Freiheiten als um „echte" Hedgefonds.

Nicht erfasst ist der Erwerb von Anteilen an **„konventionellen" Investmentfonds,** die lediglich   **44** zur Kurssicherung Hedgegeschäfte betreiben (Achenbach/Ransiek/Rönnau WirtschaftsStR-HdB/ *Schröder* Teil 10 Kap. 2 Rn. 232), ihren Anlageschwerpunkt nicht auf den Termin- oder Optionsmärkten haben oder nur moderate Risiken aufweisen (Schröder KapMarktStrafR-HdB Rn. 839).

3. Unerfahrenheit in Börsenspekulationsgeschäften. a) Begriff. Nach der hM, die sich an der   **45** Gesetzesbegründung des 2. WiKG (BT-Drs. 10/318, 47) orientiert, ist ein Anleger „unerfahren", wenn er im Einzelfall **infolge fehlender geschäftlicher Einsicht die Tragweite** des konkreten Börsen- spekulationsgeschäfts in seiner ganzen Bedeutung **nicht genügend übersehen kann** (BGH NStZ-RR 2002, 84; OLG Düsseldorf wistra 1989, 115; ZIP 1994, 1765; OLG Bremen wistra 1990, 163; Achenbach/Ransiek/Rönnau WirtschaftsStR-HdB/*Schröder* Teil 10 Kap. 2 Rn. 274; Erbs/Kohlhaas/ *Wehowsky* Rn. 7; *Gehrmann/Zacharias* WiJ 2012, 89 (93 f.); Groß KapMR § 26 Rn. 4; *Kümpel* WM 1989, 1485 (1494); MüKoStGB/*Bröker* § 26 Rn. 18; *Möhrenschlager* wistra 1983, 17 (20); *Samtleben* ZBB 2003, 69 (75); Schröder KapMarktStrafR-HdB Rn. 841; Schwark/Zimmer/*Schwark* § 26 Rn. 6; MAH WirtschaftsStR/*Rübenstahl/Tsambikakis* § 23 Rn. 134; *Stöcklein,* Verleitung, 2014, 125; *Ziouvas* EWiR 2002, 477 (478)). Damit wird im Interesse des Anlegerschutzes der besonderen Unübersichtlichkeit und Undurchschaubarkeit von Börsenspekulationsgeschäften Rechnung getragen. Soweit angeführt wird, dass es nicht auf die Kenntnisse des Anlegers, sondern auf den **Mangel an eigenen Erlebnissen und Erfahrungen,** dh die fehlende Übung, ankommen soll (Hellmann/Beckemper WirtschaftsStR Rn. 113; *Park* wistra 2002, 107; *Park* BB 2003, 1513 (1517); HK-KapMStrafR/*Park* Rn. 341), so kann sich diese restriktive Auffassung zwar auf den „nicht glücklichen" (*Schröder* Rn. 840), weil missverständ- lichen Wortlaut berufen, widerspricht aber der Auslegung des Gesetzgebers, der an die Rspr. des RG (JW 1913, 1049 f.) anknüpfte. Es sollten gerade diejenigen Anleger geschützt werden, denen die geschäftliche Einsicht fehlt und die daher die **Risiken des jeweiligen Geschäfts nicht verstanden haben.** IÜ wird durch die Auslegung der hM nicht die Wortlautgrenze überschritten, da nach all- gemeinem Sprachgebrauch auch derjenige als „unerfahren" gilt, der Tätigkeiten zwar bereits durch- geführt hat, sie aber dennoch nicht beherrscht (Erbs/Kohlhaas/*Wehowsky* Rn. 7). Dass die praktische Erfahrung nicht maßgebend sein kann, zeigt sich auch daran, dass sonst bei Erstgeschäften stets Un- erfahrenheit zu folgern wäre, was einem Verbot der Werbung neuer Kunden gleichkäme (Assmann/ Schütze KapitalanlageR-HdB/*Worms* § 9 Rn. 18).

Angesichts des intendierten starken Anlegerschutzes ist das Merkmal „unerfahren" **weit auszulegen.**   **46** Es reicht aus, dass der Anleger lediglich **in Börsenspekulationsgeschäften,** dh **partiell unerfahren** ist. Im Gegensatz zum Wuchertatbestand (§ 291 StGB) bedarf es daher keines allgemeinen Mangels an Geschäftskenntnis und Lebenserfahrung. Maßgebend ist die **objektive Sachlage,** dh entscheidend ist, dass der Anleger die **Risiken des konkreten Börsenspekulationsgeschäfts tatsächlich nicht ver-**

standen hat. Liegt die erforderliche geschäftliche Einsicht hingegen vor, fehlt es selbst dann an der Unerfahrenheit, wenn der Anleger eine unvernünftige oder leichtsinnige Investitionsentscheidung trifft (vgl. *Gehrmann/Zacharias* WiJ 2012, 89 (94); Schwark/Zimmer/*Schwark* § 26 Rn. 6).

47   **b) Fallgruppen. Unerfahrenheit** liegt zunächst dann vor, wenn der Anleger **überhaupt noch keinen Kontakt mit Börsenspekulationsgeschäften** hatte (BGH NStZ 2000, 36 (37)). Darüber hinaus ist wegen der besonderen Undurchschaubarkeit von Börsenspekulationsgeschäften und der daraus folgenden Aufklärungsbedürftigkeit solange von Unerfahrenheit auszugehen, wie der Anleger das Geschäft noch nicht genügend übersehen kann (vgl. BT-Drs. 10/318, 48). Unerfahren ist daher auch ein Anleger, der zwar bereits rudimentäre, aber **noch keine verlässlichen Kenntnisse** über die Risiken des konkreten Geschäfts hat (Assmann/Schütze KapitalanlageR-HdB/*Worms* § 9 Rn. 21; abw. Mü-KoStGB/*Bröker* § 26 Rn. 19: bei jedem mündigen Bürger sei das „Grundwissen" vorauszusetzen, dass Spekulationsgeschäfte mit einem Verlustrisiko bis hin zum Totalverlust verbunden sind). Selbst **durchschnittliche Geschäftskenntnisse und Lebenserfahrungen** genügen nicht, sofern die Tragweite des konkreten Geschäfts nicht überblickt wird (BT-Drs. 10/318, 48; Assmann/Schütze KapitalanlageR-HdB/*Worms* § 9 Rn. 15; HK-KapMStrafR/*Park* Rn. 342; Schröder KapMarktStrafR-HdB Rn. 842).

48   Ein Anleger, der bei Börsenspekulationsgeschäften **zuvor Verluste erlitten** hat, kann nach hM weiterhin „unerfahren" sein (BGH NStZ-RR 2002, 84; Assmann/Schütze KapitalanlageR-HdB/*Worms* § 9 Rn. 18; Erbs/Kohlhaas/*Wehowsky* Rn. 7; Hellmann/Beckemper WirtschaftsStR Rn. 113; *Rössner/Worms* wistra 1987, 319 (321); Schröder KapMarktStrafR-HdB Rn. 844; Schwark/Zimmer/*Schwark* § 26 Rn. 6; MAH WirtschaftsStR/*Rübenstahl/Tsambikakis* § 23 Rn. 134; *Ziouvas* EWiR 2002, 477 (478); aA *Achilles-Baumgärtel* NStZ 1998, 603 (605); *Bröker* wistra 1993, 161 (163); *Martin* wistra 1994, 127 (129); MüKoStGB/*Bröker* § 26 Rn. 21; HK-KapMStrafR/*Park* Rn. 344), da daraus nicht ohne Weiteres auf die geschäftliche Einsicht in die Risiken geschlossen werden kann. Vielmehr kann es als **Indiz für die anhaltende Unerfahrenheit** gewertet werden, wenn der Anleger trotz (Total-)Verlustes erneut Börsenspekulationsgeschäfte mit unrealistischen Gewinnchancen abschließt (BGH NStZ-RR 2002, 84; Achenbach/Ransiek/Rönnau WirtschaftsStR-HdB/*Schröder* Teil 10 Kap. 2 Rn. 277; Assmann/Schütze KapitalanlageR-HdB/*Worms* § 9 Rn. 19; Erbs/Kohlhaas/*Wehowsky* Rn. 7; *Hildner* WM 2004, 1068 (1073); *Ziouvas* EWiR 2002, 477 (478); aA *Park* wistra 2002, 107 (108); MüKoStGB/*Bröker* § 26 Rn. 21). So ist denn auch in der Praxis zu beobachten, dass sich Anleger oft zum Abschluss von weiteren Geschäften bewegen lassen, da langfristig angeblich ein Gewinn wesentlich wahrscheinlicher als ein Verlust sein soll (BGH NStZ 2008, 96 (97)).

49   Auch der Umstand, dass ein Anleger **Kaufmann** ist bzw. **nicht als Verbraucher gilt,** führt nicht ohne weiteres dazu, dass er als „erfahren" gilt (OLG Düsseldorf WM 1989, 175 (179); Assmann/Schütze KapitalanlageR-HdB/*Worms* § 9 Rn. 19; NK-AktienKapMR/*Willamowski* § 49 Rn. 2; HK-KapMStrafR/*Park* Rn. 342; krit. *Joecks* wistra 1986, 142 (149)). Daher kann selbst derjenige „unerfahren" sein, dessen Gewerbebetrieb Börsenspekulationsgeschäfte mit sich bringt. Diese Sichtweise entspricht dem Willen des Gesetzgebers des 2. WiKG, der die vorherige tatbestandliche Beschränkung auf Börsenspekulationsgeschäfte, die nicht zum Gewerbebetrieb des Opfers gehören, im Interesse eines starken Anlegerschutzes strich, da sonst in diesen Fällen generell Erfahrenheit im Börsenverkehr unterstellt würde, selbst wenn sie im Einzelfall nicht vorhanden sei, was dem Schutzzweck der Norm zuwiderliefe (BT-Drs. 10/318, 48). Dagegen sind sog **„professionelle Kunden"** iSd § 31a Abs. 2 WpHG (zB Wertpapierdienstleistungsunternehmen, Börsenhändler; vgl. iE den Katalog des § 31 Abs. 2 S. 2) und diejenigen Privatkunden, die auf Antrag als professionelle Kunden gem. § 31a Abs. 7 WpHG eingestuft werden, stets als „erfahren" anzusehen (*Gehrmann/Zacharias* WiJ 2012, 89 (99)).

50   **c) Aufklärung/Information.** Der Anleger muss die **Risiken des konkreten Börsenspekulationsgeschäfts verlässlich überblicken** können (vgl. Groß KapMR § 26 Rn. 4; NK-AktienKapMR/*Willamowski* § 49 Rn. 2; Momsen/Grützner WirtschaftsStR/*Schröder* Kap. 5 Teil A Rn. 221; Schwark/Zimmer/*Schwark* § 26 Rn. 6; HK-KapMStrafR/*Park* Rn. 342; *Trüg* NJW 2009, 3202 (3206); MAH WirtschaftsStR/*Rübenstahl/Tsambikakis* § 23 Rn. 134), also **im Grundsatz verstanden** haben (vgl. Wabnitz/Janovsky WirtschaftsStR-HdB/*Benner,* 3. Aufl. 2007, Kap. 9 Rn. 226, 230; *Ziouvas* EWiR 2002, 477 (478); vgl. auch MüKoStGB/*Bröker* § 26 Rn. 21; aA *Gehrmann/Zacharias* WiJ 2012, 89 (99)), da erst die „geschäftliche Einsicht" in die Tragweite des konkreten Geschäfts die „Unerfahrenheit" ausschließt (→ § 49 Rn. 45 f.). Vorausgesetzt wird daher nicht nur die Aufklärung des Anlegers – iSe (Papier-)Information – über die Risiken, sondern auch deren grundsätzliches Verständnis.

51   An der Unerfahrenheit fehlt es nicht bereits dann, wenn eine **allg. Information** über die typischen Risiken von Börsenspekulationsgeschäften stattgefunden hat. Daher genügt die **Übersendung von Informationsbroschüren** (zB „Basisinformationen über Vermögensanlagen in Wertpapieren"; „Basisinformationen über Termingeschäfte"), die allg. informieren, noch nicht weiteres zur Beseitigung der Unerfahrenheit (Assmann/Schütze KapitalanlageR-HdB/*Worms* § 9 Rn. 16, 17; *Fichtner,* Die börsen- und depotrechtlichen Strafvorschriften und ihr Verhältnis zu den Eigentums- und Vermögensdelikten des StGB, 1993, 130 f.; Hellmann/Beckemper WirtschaftsStR Rn. 113; Momsen/Grützner WirtschaftsStR/*Schröder* Kap. 5 Teil A Rn. 222; Schröder KapMarktStrafR-HdB Rn. 843; *Stöcklein,* Verleitung, 2014, 141; Tiedemann WirtschaftsStR BT Rn. 364; Wabnitz/Janovsky WirtschaftsStR-HdB/

Benner, 3. Aufl. 2007, Kap. 9 Rn. 223). Diese **„Papieraufklärung"** (*Rössner/Worms* wistra 1987, 319 (321)) hat nicht zur Folge, dass die Broschüren gelesen und die Risiken verstanden werden.

Auch die **ordnungsgemäße Erfüllung der Informationspflichten nach dem WpHG** beseitigt **52** zwar idR, nicht aber immer die Unerfahrenheit iSd § 49 (vgl. auch Achenbach/Ransiek/Rönnau WirtschaftsStR-HdB/*Schröder* Teil 10 Kap. 2 Rn. 276; Assmann/Schütze KapitalanlageR-HdB/*Worms* § 9 Rn. 15, 27; Erbs/Kohlhaas/*Wehowsky* Rn. 9; Momsen/Grützner/*Schröder* Kap. 5 Teil A Rn. 222; Schwark/Zimmer/*Schwark* § 26 Rn. 6; MAH WirtschaftsStR WirtschaftsStR/*Benner* § 22 Rn. 662; Wabnitz/Janovsky WirtschaftsStR-HdB/*Benner*, 3. Aufl. 2007, Kap. 9 Rn. 228; abw. *Gehrmann/Zacharias* WiJ 2012, 89 (99), 101; MüKoStGB/*Bröker* § 26 Rn. 20). Nach dem WpHG obliegen Wertpapierdienstleistungsunternehmen **erweiterte Verhaltenspflichten (§§ 31 ff. WpHG),** die den Anleger in die Lage versetzen sollen, Tragweite und Folgen eines Geschäfts zu verstehen. So sind den Kunden „rechtzeitig und in verständlicher Form Informationen zur Verfügung zu stellen, die angemessen sind, damit die Kunden nach vernünftigem Ermessen die Art und die Risiken der ihnen angebotenen oder von ihnen nachgefragten Arten von Finanzinstrumenten oder Wertpapierdienstleistungen verstehen und auf dieser Grundlage ihre Anlageentscheidung treffen können"; diese Informationen können auch „in standardisierter Form" zur Verfügung gestellt werden (§ 31 Abs. 3 S. 1, 2 WpHG). Im Fall der Anlageberatung ist rechtzeitig vor dem Abschluss „ein kurzes und leicht verständliches Informationsblatt" über jedes Finanzinstrument zur Verfügung zu stellen (§ 31 Abs. 3a). Alle Informationen über die Kenntnisse und Erfahrungen der Kunden in Bezug auf Geschäfte mit bestimmten Arten von Finanzinstrumenten oder Wertpapierdienstleistungen müssen eingeholt werden, um ihnen ein für sie geeignetes Finanzinstrument oder eine für sie geeignete Wertpapierdienstleistung empfehlen (§ 31 Abs. 4 S. 1 WpHG) bzw. die Angemessenheit beurteilen zu können (§ 31 Abs. 5 S. 1 WpHG). Diese erweiterten Verhaltenspflichten sollen allerdings vor allem im Interesse eines leistungsstarken und international wettbewerbsfähigen deutschen Terminmarktes die **zivilrechtliche Verbindlichkeit der Geschäfte** sicherstellen (Assmann/Schütze KapitalanlageR-HdB/*Worms* § 9 Rn. 16; *Fichtner*, Die börsen- und depotrechtlichen Strafvorschriften und ihr Verhältnis zu den Eigentums- und Vermögensdelikten des StGB, 1993, 122), nicht aber von weitergehenden Pflichten, Schadensersatz oder gar der Strafbarkeit aus § 49 freistellen (vgl. zur Termingeschäftsfähigkeit kraft Information *Kümpel* WM 1989, 1485 (1492 f.)). Für die Schutzzwecke des Strafrechts ist daher weiterhin maßgebend, ob der Anleger die Risiken **tatsächlich verstanden** hat.

In der **Praxis** ist dem Täter jedoch dann, wenn der Anleger **trotz ordnungsgemäßer Erfüllung** der **53** Informationspflichten keine Einsicht gewonnen hatte, regelmäßig ein **Tatbestandsirrtum** (→ Rn. 69) zuzubilligen (MüKoStGB/*Bröker* § 26 Rn. 25), da er dann – sofern er keine gegenteiligen Anhaltspunkte hatte (zum dolus eventualis → Rn. 65) – „nach vernünftigem Ermessen" davon ausgehen durfte, dass der Anleger infolge der gegebenen Informationen die Risiken auch verstanden hat und damit „erfahren" ist.

Welche **Informationen erforderlich** sind, damit der Anleger die konkreten Risiken versteht, ist eine **54** Frage des Einzelfalls, wobei sich Leitlinien aufstellen lassen (vgl. iE Assmann/Schütze KapitalanlageR-HdB/*Worms* § 9 Rn. 22 ff.; *Rössner/Worms* wistra 1987, 319 (321); vgl. heute auch § 31 Abs. 3a WpHG). So ist grds. nur über die **Risiken des jeweiligen Geschäftstypus** durch die Vermittlung von Grundkenntnissen und Grundstrukturen in der Weise aufzuklären, dass der Anleger Gewinn- und Verlustrisiko des konkreten Geschäfts selbst abschätzen kann. Das **Spekulationsrisiko** muss transparent werden, dh es muss deutlich sein, dass es sich bei Börsenspekulationsgeschäften um spekulative Geschäfte handelt, die nicht mit Kapitalanlagen vergleichbar sind. **Verlustrisiken** müssen unmissverständlich, ohne Beschönigung dargelegt werden. Insbes. dürfen schriftliche Risikohinweise anschließend nicht durch mündliche Beschwichtigungen völlig entwertet werden. Sofern das Risiko des **Totalverlustes** besteht, ist hierüber aufzuklären. Entsprechendes gilt für **Nachschusspflichten.** Keinesfalls darf der Eindruck entstehen, dass der Anbieter bzw. Vermittler mittels des Einsatzes technischer Verfahren oder wegen seiner besonderen Sachkunde in der Lage ist, die Risiken zu beseitigen oder zu verringern (Assmann/Schütze KapitalanlageR-HdB/*Worms* § 9 Rn. 26). Auch über die **Höhe der Aufschläge** ist besonders zu informieren (BGH NStZ-RR 2002, 84; Assmann/Schütze KapitalanlageR-HdB/*Worms* § 9 Rn. 27; Erbs/Kohlhaas/*Wehowsky* Rn. 8; *Kümpel* WM 1989, 1485 (1491)).

Bei **Erstgeschäften** ist zwar ein Anleger häufig (weitergehend – „grds." – Assmann/Schütze Kapital- **55** anlageR-HdB/*Worms* § 9 Rn. 34), nicht aber stets unerfahren (*Achilles-Baumgärtel* NStZ 1998, 603 (605); Schwark/Zimmer/*Schwark* § 26 Rn. 6), da er die Risiken des konkreten Börsenspekulationsgeschäftes durch die ihm gegebenen Informationen, insbes. mittels des Studiums der ihm übersandten Informationsbroschüren, verstanden haben kann.

Liegt eine **schriftliche Bestätigung** des Anlegers vor, dass er umfassend aufgeklärt bzw. informiert **56** wurde und infolgedessen die Risiken des konkreten Börsenspekulationsgeschäfts verstanden hat, ist grds. von seiner „Erfahrenheit" auszugehen. Diese schriftliche Bestätigung – die in der Praxis fast immer vorliegt – ist aber unbeachtlich, wenn die Aufklärung **lediglich vorgetäuscht war oder erschlichen wurde** (Assmann/Schütze KapitalanlageR-HdB/*Worms* § 9 Rn. 35; *Fichtner,* Die börsen- und depotrechtlichen Strafvorschriften und ihr Verhältnis zu den Eigentums- und Vermögensdelikten des StGB, 1993, 130; *Hildner* WM 2004, 1068 (1073); HK-KapMStrafR/*Park* Rn. 349; *Schröder* KapMarktStrafR-HdB Rn. 843; Wabnitz/Janovsky WirtschaftsStR-HdB/*Benner*, 3. Aufl. 2007, Kap. 9 Rn. 223).

Denn maßgebend ist nicht, was der Anleger formularmäßig – durch Unterzeichnung eines vorformulierten Schriftstücks – bestätigt, sondern die objektive Sachlage, zu deren Feststellung die konkreten Umstände der Geschäftsanbahnung umfassend aufzuklären sind. Der **praktische Nachweis** einer vorgetäuschten Aufklärung ist allerdings schwierig (→ Rn. 5).

57   **4. Ausnutzen.** Ein Ausnutzen liegt vor, wenn der Täter **sich die Unerfahrenheit des Anlegers zu Nutze macht.** Hierfür genügt es, dass die **Unerfahrenheit zumindest mitursächlich** für den Abschluss des Geschäfts ist (BGH NStZ-RR 2002, 84; OLG Düsseldorf WM 1989, 175 (180); Assmann/Schütze KapitalanlageR-HdB/*Worms* § 9 Rn. 30; *Bröker* wistra 1993, 161 (164); Erbs/Kohlhaas/ *Wehowsky* Rn. 11; *Fichtner,* Die börsen- und depotrechtlichen Strafvorschriften und ihr Verhältnis zu den Eigentums- und Vermögensdelikten des StGB, 1993, 151; MüKoStGB/*Bröker* § 26 Rn. 22; *Rössner/ Worms* wistra 1987, 317 (320); Schwark/Zimmer/*Schwark* § 26 Rn. 6). Denn der Gesetzgeber des 2. WiKG (vgl. BT-Drs. 10/318, 48) hat das in § 89 aF enthaltene Merkmal der „Ausbeutung" der Unerfahrenheit, das ein besonders missbräuchliches, gesteigertes Ausnutzen voraussetzte, bewusst ersetzt, um bereits das „reine Ausnutzen" erfassen zu können. Für die Annahme von Mitursächlichkeit genügt es, dass der Täter die **Unerfahrenheit erkennt** und – ohne den Anleger entsprechend aufzuklären – den **Geschäftsabschluss herbeiführt** (*Bröker* wistra 1993, 161 (164)).

58   **Nicht erforderlich** ist daher nach heute hM ein vorangegangenes **unlauteres Verhalten,** das die mangelnde Erfahrung des Anlegers bewusst ins Kalkül zieht und diese als Mittel für den Abschluss nutzt (vgl. nur HK-KapMStrafR/*Park* Rn. 348 mwN; aA *Hagemann,* „Grauer Kapitalmarkt" und Strafrecht, 2005, 403 f.; Hellmann/Beckemper WirtschaftsStR Rn. 114; *Schlüchter,* Zweites Gesetz zur Bekämpfung der Wirtschaftskriminalität, 1987, 153 f.; Schröder KapMarktStrafR-HdB Rn. 851; Tiedemann WirtschaftsStR BT Rn. 364). Dem Anleger muss daher zB nicht zuvor suggeriert worden sein, ein hoher Gewinn sei die Regel oder aufgrund von besonderen Kenntnissen sei ein Gewinn sicher (vgl. die Bsp. bei Schröder KapMarktStrafR-HdB Rn. 853). Ein derartiges Erfordernis, das den Anlegerschutz erheblich verkürzen würde, liefe der Intention des Gesetzgebers zuwider, der bereits das „reine Ausnutzen" (→ Rn. 47) erfassen wollte. Der Täter muss auch keine **besonders verwerfliche Einstellung** haben, insbes. muss ihm nicht die Wahrscheinlichkeit, dass das Geschäft einen Verlust bewirkt, erheblich größer erscheinen als die Gewinnchance (aA *Schlüchter,* Zweites Gesetz zur Bekämpfung der Wirtschaftskriminalität, 1987, 154).

59   An einem **Ausnutzen fehlt es,** wenn der **Täter selbst „unerfahren"** war, dh die Risiken des konkreten Börsenspekulationsgeschäftes selbst nicht verstanden hatte, und daher auch die Unerfahrenheit des Anlegers nicht erkennen konnte, oder der **Anleger sich als „erfahren" zu erkennen gab** und einen entsprechenden Aufklärungsversuch zurückwies (Momsen/Grützner WirtschaftsStR/*Schröder* Kap. 5 Teil A Rn. 224; Schröder KapMarktStrafR-HdB Rn. 852). Auch bei einer **ordnungsgemäßen Erfüllung der Informationspflichten nach dem WpHG** fehlt es iErg an einem Ausnutzen der Unerfahrenheit (vgl. MüKoStGB/*Bröker* § 26 Rn. 23), da der Täter dann den Anleger grds. als „erfahren" ansehen darf (→ Rn. 52 f.).

60   **5. Verleiten.** Unter „Verleiten", einem Merkmal, das sich auch in anderen Strafvorschriften (zB §§ 120, 160, 323b, 357 StGB) findet, ist das **Bestimmen eines anderen durch Willensbeeinflussung iSd Anstiftung** (§ 26 StGB) zu verstehen (RG JW 1913, 1049; BGH NStZ-RR 2002, 84; OLG Düsseldorf WM 1989, 175 (180); ZIP 1994, 1765; Assmann/Schütze KapitalanlageR-HdB/*Worms* § 9 Rn. 31; Erbs/Kohlhaas/*Wehowsky* Rn. 6; *Kümpel* WM 1989, 1485 (1494); Momsen/Grützner WirtschaftsStR/*Schröder* Kap. 5 Teil A Rn. 220; HK-KapMStrafR/*Park* Rn. 350; Schröder KapMarktStrafR-HdB Rn. 846; Schwark/Zimmer/*Schwark* § 26 Rn. 4). Da es bei § 49 keine strafbare Haupttat des Anlegers gibt, ist die Anstiftung zur Täterschaft verselbstständigt. Vorausgesetzt wird das **Hervorrufen des Spekulationsentschlusses,** wobei Mitursächlichkeit genügt (BGH NStZ-RR 2002, 84). Welche **Mittel** eingesetzt werden, ist ohne Bedeutung. Ein Verleiten kann zB beim direkten Kontakt per Telefon (Groß KapMR § 26 Rn. 3), Internet oder Email vorliegen. Einschlägig sind insbes. Beratungsgespräche. **Nicht ausreichend** ist allerdings die allg. (abstrakte) Werbung für bzw. Information über Börsenspekulationsgeschäfte (MüKoStGB/*Bröker* § 26 Rn. 14; Schröder KapMarktStrafR-HdB Rn. 847). Andererseits genügt es, dass ein konkretes Geschäft als einmalige Chance angepriesen wird (MüKoStGB/*Bröker* § 26 Rn. 14; Schröder KapMarktStrafR-HdB Rn. 848).

61   **Nicht erforderlich** ist ein **Element der unlauteren Willensbeeinflussung,** wie ein unzulässiger telefonischer Erstkontakt (Cold Calling), der Einsatz psychologischer Tricks, die Täuschung oder das Geben unzureichender Informationen (OLG Düsseldorf WM 1989, 175 (180); Erbs/Kohlhaas/*Wehowsky* Rn. 6; NK-AktienKapMR/*Willamowski* § 49 Rn. 2; *Kümpel* WM 1989, 1485 (1494); *Stöcklein,* Verleitung, 2014, 158; aA OLG Bremen wistra 1993, 36 (37); LG Düsseldorf WM 1988, 1557; *Achilles-Baumgärtel* NStZ 1998, 603 (604); *Bröker* wistra 1993, 161 (164); *Fichtner,* Die börsen- und depotrechtlichen Strafvorschriften und ihr Verhältnis zu den Eigentums- und Vermögensdelikten des StGB, 1993, 128; MüKoStGB/*Bröker* § 26 Rn. 13; Schwark/Zimmer/*Schwark* § 26 Rn. 4). Auch in Bezug auf das Verleiten (zum Ausnutzen vgl. bereits → Rn. 58) legen weder Wortlaut noch Entstehungsgeschichte des Tatbestandes ein derartiges Erfordernis nahe, das den Anlegerschutz erheblich verkürzen würde.

Ein **Verleiten** liegt auch dann vor, wenn die Anlageentscheidung durch **Täuschung über den** 62
Charakter des Geschäfts als Börsenspekulationsgeschäft hervorgerufen wird (aA Hellmann/Beck-
emper WirtschaftsStR Rn. 111), da einem getäuschten Anleger die Risiken des Börsenspekulations-
geschäfts, zu denen er konkret bestimmt wird, nicht bewusst sind, so dass er diesbezüglich als unerfahrener
Anleger anzusehen ist. Dies gilt selbst dann, wenn der getäuschte Anleger mit den Risiken von
Börsenspekulationsgeschäften allg. vertraut ist.

Am **Verleiten fehlt es,** wenn der Anleger unabhängig von der Einflussnahme bereits zum Geschäfts- 63
abschluss **fest entschlossen** war (*Achilles-Baumgärtel* NStZ 1998, 603 (604); Assmann/Schütze Kapital-
anlageR-HdB/*Worms* § 9 Rn. 32; MüKoStGB/*Bröker* § 26 Rn. 14; HK-KapMStrafR/*Park* Rn. 351;
Schröder KapMarktStrafR-HdB Rn. 846; Schwark/Zimmer/*Schwark* § 26 Rn. 4), dh als „omnimodo
facturus" gilt. An einem Verleiten fehlt es auch dann, wenn Anlegern **lediglich der eigenständige**
Abschluss von Geschäften ermöglicht wird, wie dies beim Execution-Only-Business von Wertpapierdienstleistungsunternehmen (insbes. Discount-Brokern) der Fall ist (Assmann/Schütze Kapital-
anlageR-HdB/*Worms* § 9 Rn. 32; Schröder KapMarktStrafR-HdB Rn. 847).

C. Subjektiver Tatbestand

I. Vorsatz

§ 49 erfasst nur **vorsätzliches** Handeln. **Bedingter Vorsatz** genügt (OLG Düsseldorf WM 1989, 64
175 (180); Achenbach/Ransiek/Rönnau WirtschaftsStR-HdB/*Schröder* Teil 10 Kap. 2 Rn. 281; Ass-
mann/Schütze KapitalanlageR-HdB/*Worms* § 9 Rn. 34; *Bröker* wistra 1993, 161 (165); Erbs/Kohlhaas/
Wehowsky Rn. 13; NK-AktienKapMR/*Willamowski* Rn. 3; *Hildner* WM 2004, 1068 (1073); HK-
KapMStrafR/*Park* Rn. 353; MüKoStGB/*Bröker* § 26 Rn. 24; Schwark/Zimmer/*Schwark* § 26 Rn. 7;
krit. *Martin* wistra 1994, 127 (129)). Der Vorsatz muss sich auf alle Tatbestandsmerkmale der Verbotsnorm des § 26 erstrecken, auch auf die Unerfahrenheit des Anlegers und das Ausnutzen.

Dolus eventualis liegt nicht bereits dann vor, wenn der Täter die Möglichkeit erkennt, dass der 65
Anleger unerfahren ist und trotzdem handelt, sondern er muss sich auch mit der Tatbestandsverwirklichung abgefunden bzw. diese gebilligt haben. Davon ist idR auszugehen, wenn der Täter ein **sehr**
hohes Risiko der Tatbestandsverwirklichung eingeht, also zB ein Telefonverkäufer einen Anleger zum
Abschluss bewegt, obwohl er ihm zur Aufklärung lediglich eine Informationsbroschüre übersandt und
sich danach nicht vergewissert hat, dass der Anleger die Risiken des Geschäftes zuvor tatsächlich verstanden hat (vgl. OLG Bremen wistra 1993, 36 (38); krit. – unzulässige Beweislastumkehr – *Bröker* wistra
1993, 161 (165); *Martin* wistra 1994, 127 (129)).

II. Gewerbsmäßigkeit

Gewerbsmäßigkeit liegt vor, wenn der Täter die **Absicht** hat, sich durch das wiederholte Verleiten 66
eine **fortlaufende Einnahmequelle von einigem Umfang und einiger Dauer** zu verschaffen (BT-
Drs. 10/318, 48; OLG Bremen wistra 1993, 36; OLG Hamburg wistra 1993, 34; Assmann/Schütze
KapitalanlageR-HdB/*Worms* § 9 Rn. 33; Erbs/Kohlhaas/*Wehowsky* Rn. 12; NK-AktienKapMR/*Wil-
lamowski* § 49 Rn. 3; MüKoStGB/*Bröker* § 26 Rn. 16; HK-KapMStrafR/*Park* Rn. 356; Schröder
KapMarktStrafR-HdB Rn. 854). Die Gewerbsmäßigkeit ist als eine besondere Absicht ein **subjektives**
Tatbestandsmerkmal (Hellmann/Beckemper WirtschaftsStR Rn. 116; HK-KapMStrafR/*Park*
Rn. 356; Schröder KapMarktStrafR-HdB Rn. 854; diff. MüKoStGB/*Bröker* § 26 Rn. 25) und **beson-**
deres persönliches Merkmal iSd § 28 Abs. 1 StGB (Erbs/Kohlhaas/*Wehowsky* Rn. 14; *Fichtner,* Die
börsen- und depotrechtlichen Strafvorschriften und ihr Verhältnis zu den Eigentums- und Vermögens-
delikten des StGB, 1993, 158; MüKoStGB/*Bröker* § 26 Rn. 27; Momsen/Grützner WirtschaftsStR/
Schröder Kap. 5 Teil A Rn. 227; HK-KapMStrafR/*Park* Rn. 359; Schwark/Zimmer/*Schwark* § 26
Rn. 5).

Für die Gewerbsmäßigkeit ist es ohne Bedeutung, ob der Täter die fortlaufenden Einnahmen **für sich** 67
oder andere anstrebt (BT-Drs. 10/318, 48), sie den **Haupt- oder Nebenerwerb** bilden, **regelmäßig**
oder **unregelmäßig** sind (MüKoStGB/*Bröker* § 26 Rn. 17; HK-KapMStrafR/*Park* Rn. 356). Die
Begehung einer **einzigen Tat** genügt, wenn sie den Willen erkennen lässt, die Begehung gleichartiger
Taten zu einem wiederkehrenden Bestandteil der Beschäftigung iS einer fortlaufenden Einnahmequelle
zu machen (BT-Drs. 10/318, 48; MüKoStGB/*Bröker* § 26 Rn. 16). Da es um die fortlaufende Gewinnerzielung geht, ist auch ein Handeln in **gewinnsüchtiger Absicht** erfasst (BT-Drs. 10/318, 48; OLG
Bremen wistra 1993, 34). **Nicht erforderlich** ist, dass ein aus wiederholter Begehung resultierender Hang
zur Tatverwirklichung, wie er vor WiKG keine gewohnheitsmäßige Begehung mehr gefordert wird.

Die **Ausübung eines Gewerbes** wird nicht vorausgesetzt. Bei Anlageberatern, Telefonverkäufern 68
und Vermittlern, die im Rahmen ihrer Berufsausübung handeln, liegt stets Gewerbsmäßigkeit vor
(Assmann/Schütze KapitalanlageR-HdB/*Worms* § 9 Rn. 33; Schröder KapMarktStrafR-HdB Rn. 854;
Stöcklein, Verleitung, 2014, 162 ff.), da es ihnen auf die Erzielung von fortlaufenden Einnahmen
ankommt. Ob die Einnahmen unmittelbar aus einer Erfolgsprovision stammen oder mittelbar aus einem

Festgehalt, das aus vereinnahmten Provisionen bestritten wird, spielt keine Rolle (aA – Gewerbsmäßigkeit bei Festgehalt verneinend – *Bröker* wistra 1993, 161 (164 f.); Erbs/Kohlhaas/*Wehowsky* Rn. 12; MüKoStGB/*Bröker* § 26 Rn. 17).

III. Irrtum

69　　Ein vorsatzausschließender **Tatbestandsirrtum** (vgl. § 16 Abs. 1 StGB) liegt vor, wenn der Täter sich über den zugrunde liegenden **tatsächlichen Sachverhalt irrt.** Zu denken ist insbes. an einen Irrtum über die **Unerfahrenheit** eines Anlegers, der umfassend aufgeklärt wurde, aber die Risiken des konkreten Börsenspekulationsgeschäftes in Wahrheit dennoch nicht verstanden hat (→ Rn. 53). Allerdings scheidet die Berufung auf einen Tatbestandsirrtum dann aus, wenn der Täter – trotz der Information des Anlegers – Anhaltspunkte dafür hatte, dass der Anleger die Risiken nicht verstanden hat. Um einen Tatbestandsirrtum handelt es sich auch dann, wenn der Täter erst nach Abschluss des Geschäfts erkennt, dass der Anleger unerfahren ist (Assmann/Schütze KapitalanlageR-HdB/*Worms* § 9 Rn. 35).

70　　Ein **Verbotsirrtum,** der nur im Falle der Unvermeidbarkeit die Schuld ausschließt und im Falle der Vermeidbarkeit lediglich die Möglichkeit der Strafmilderung nach § 49 Abs. 1 StGB eröffnet (vgl. § 17 S. 1, 2 StGB), liegt zB vor, wenn der Täter sich bei voller Sachverhaltskenntnis **in Verkennung der Rechtslage** über das Vorliegen eines Börsenspekulationsgeschäftes (Achenbach/Ransiek/Rönnau WirtschaftsStR-HdB/*Schröder* Teil 10 Kap. 2 Rn. 281) oder über den Umfang der erforderlichen Aufklärung irrte (Assmann/Schütze KapitalanlageR-HdB/*Worms* § 9 Rn. 35; MüKoStGB/*Bröker* § 26 Rn. 26; Schwark/Zimmer/*Schwark* § 26 Rn. 7). An die **Unvermeidbarkeit** stellt die Rspr. allerdings **hohe Ansprüche** (vgl. allg. BGHSt 2, 194 (201); 21, 18 (20)): der Täter muss bei der ihm nach den Umständen sowie seinem Lebens- und Berufskreis zuzumutenden Gewissensanspannung sowie bei Ausschöpfung der zur Verfügung stehenden Erkenntnismittel nicht in der Lage gewesen sein, das Unrecht einzusehen. Für das Allgemeindelikt (→ Rn. 9) des § 49 gilt zwar grds. kein besonders strenger Maßstab, da aber idR Personen, die sich beruflich mit Wertpapierdienstleistungen befassen, Täter sind, scheidet die erfolgreiche Berufung auf einen Verbotsirrtum regelmäßig aus (vgl. Schwark/Zimmer/*Schwark* § 26 Rn. 7; aA MüKoStGB/*Bröker* § 26 Rn. 26).

D. Versuch, Vollendung und Beendigung

71　　§ 49 ist ein **Vergehen.** Der **Versuch** ist mangels ausdrücklicher Bestimmung (vgl. § 26 Abs. 1) **nicht strafbar.** Daher kommt eine Strafbarkeit nach § 49 nicht in Betracht, wenn es nicht zum Abschluss des Börsenspekulationsgeschäftes durch den Anleger kommt.

72　　Die Tat ist **vollendet,** wenn der Anleger das Börsenspekulationsgeschäft abgeschlossen hat (HK-KapMStrafR/*Park* Rn. 352; Erbs/Kohlhaas/*Wehowsky* Rn. 16). Zugleich ist damit die Tat **beendet,** da bei einem abstrakten Gefährdungsdelikt (→ Rn. 4) die Tat mit Abschluss der Ausführungshandlung beendet ist.

E. Täterschaft und Teilnahme

73　　Täterschaft und Teilnahme richten sich nach den allgemeinen Vorschriften (§§ 25 ff. StGB). Täter des § 49 kann **jede natürliche Person** sein, die gewerbsmäßig handelt (→ Rn. 9). Für die **Abgrenzung** von Mittäterschaft und Beihilfe sind der objektiv geleistete Tatbeitrag und die subjektive Interessenlage maßgebend. Im Falle der **Mittäterschaft** muss jeder Mittäter gewerbsmäßig handeln.

74　　Personen, die der **Geschäftsleitung** angehören, können gem. der Rechtsfigur der Täterschaft kraft Organisationsherrschaft **mittelbare Täter** („Täter hinter dem Täter") sein, wenn untergeordnete Mitarbeiter Taten nach § 49 begehen, die von der Geschäftsleitung oder einer nachgeordneten Leitungsebene mittels vorgefasster Konzepte „gelenkt" werden, und zwar auch dann, wenn sie von der einzelnen Tat keine Kenntnis haben (BGHSt 40, 218 ff.; 48, 331 (342); HK-KapMStrafR/*Park* Rn. 359; Schröder KapMarktStrafR-HdB Rn. 857). Hingegen ist ausschließlich der **Mitarbeiter Täter,** wenn die Geschäftsleitung die Taten weder initiiert noch von ihnen Kenntnis hat. Hatte die Geschäftsleitung Kenntnis von der Tat des Mitarbeiters, ist eine **Unterlassungstäterschaft** möglich, da gem. den Grundsätzen der strafrechtlichen Geschäftsherrenhaftung Mitgliedern der Leitungsebene die Pflicht obliegt, betriebsbezogene Straftaten von nachgeordneten Mitarbeitern zu verhindern (vgl. Schröder KapMarktStrafR-HdB Rn. 353 mwN). Der Nachweis der Beteiligung der Geschäftsleitung bereitet jedoch in der Praxis erhebliche Schwierigkeiten, so dass idR auf **§ 130 OWiG** zurückgegriffen werden muss.

75　　Auf **Teilnehmer** findet § 28 Abs. 1 StGB Anwendung (→ Rn. 66), so dass die Strafe nach § 49 Abs. 1 StGB (erneut) zu mildern ist, wenn der Anstifter oder Gehilfe **nicht selbst gewerbsmäßig** handelt.

F. Konkurrenzen

76　　**Mehrere Taten** nach § 49 werden durch die Gewerbsmäßigkeit nicht zu einer Handlungseinheit verknüpft (Momsen/Grützner WirtschaftsStR/*Schröder* Kap. 5 Teil A Rn. 228; HK-KapMStrafR/*Park*

Rn. 357; Schwark/Zimmer/*Schwark* § 26 Rn. 5), da es sich um ein Tatbestandsmerkmal handelt, das bei jeder Tat vorhanden sein muss. Eine **einzige Tat** liegt allerdings für einen Geschäftsleiter aufgrund organisatorischer Verzahnung vor, wenn er die für ihn tätigen Telefonverkäufer zu zahlreichen Geschäftsabschlüssen veranlasst (BGH StraFo 1997, 274; Erbs/Kohlhaas/*Wehowsky* Rn. 17).

Tateinheit kann mit zahlreichen Delikten bestehen. Zu denken ist vor allem an **Betrug** (§ 263 StGB) **77** (RG JW 1913, 1049 (1050); BGH StraFo 1997, 274; BGH NStZ 2000, 36 (37); BGH NStZ-RR 2002, 84; BGH NStZ 2008, 96 (97)), wenn in Bereicherungsabsicht getäuscht wird – zB das Börsenspekulationsgeschäft als „sichere Kapitalanlage" ausgegeben oder vorgegeben wird, über „besondere Fähigkeiten" zu verfügen, die die Erzielung von Gewinnen überwiegend wahrscheinlich machen – und dem Anleger ein Vermögensschaden (hierzu BGH NStZ 2008, 96 (98 f.)) entsteht. Einschlägig ist insbes. die betrügerische Vermittlung von Warentermin- und Optionsgeschäften (*Fichtner,* Die börsen- und depotrechtlichen Strafvorschriften und ihr Verhältnis zu den Eigentums- und Vermögensdelikten des StGB, 1993, 173 ff.; Schröder KapMarktStrafR-HdB Rn. 860 ff.). IdR liegt sogar ein **besonders schwerer Fall** (§ 263 Abs. 3 StGB) vor, da nicht nur ein gewerbsmäßiges Handeln vorliegt, sondern zT ein Vermögensverlust großen Ausmaßes herbeigeführt bzw. in der Absicht gehandelt wird, eine große Zahl von Menschen in die Gefahr des Verlustes von Vermögenswerten zu bringen. Werden die Börsenspekulationsgeschäfte ohne Erlaubnis vermittelt, liegt zudem ein **unerlaubtes Erbringen von Finanzdienstleistungen** (§ 54 Abs. 1 Nr. 2 Alt. 2 KWG) vor (Schröder KapMarktStrafR-HdB Rn. 874). Sind die verlangten Aufschläge extrem hoch und wird hierdurch ein Anleger, dem es allg. an Geschäftskenntnis und Lebenserfahrung mangelt oder der an einer Spielsucht leidet, ausgebeutet, kann auf ein **besonders schwerer Fall des Wuchers** (§ 291 Abs. 1 Nr. 4, Abs. 2 StGB) vorliegen (*Fichtner,* Die börsen- und depotrechtlichen Strafvorschriften und ihr Verhältnis zu den Eigentums- und Vermögensdelikten des StGB, 1993, 143 ff. (161)). Wird der Anleger mittels irreführender Werbung verleitet, ist Tateinheit mit **strafbarer Werbung** (§ 16 Abs. 1 UWG) möglich (Achenbach/Ransiek/Rönnau WirtschaftsStR-HdB/*Schröder* Kapitel 10 Teil 2 Rn. 283; HK-KapMStrafR/*Park* Rn. 360).

Mit **Kapitalanlagebetrug** (§ 264a StGB) ist Tateinheit möglich, wenn man Börsenspekulations- **78** geschäfte, die gerade nicht die Kapitalanlage bezwecken (→ Rn. 7, 37), in den Schutzbereich des § 264a StGB einbezieht (hierfür Erbs/Kohlhaas/*Wehowsky* Rn. 17; *Hildner* WM 2004, 1068 (1073); *Knauth* NJW 1987, 28 (33); MüKoStGB/*Bröker* § 26 Rn. 28; dagegen *Fichtner,* Die börsen- und depotrechtlichen Strafvorschriften und ihr Verhältnis zu den Eigentums- und Vermögensdelikten des StGB, 1993, 168; *Möhrenschlager* wistra 1983, 17 (19); Schwark/Zimmer/*Schwark* § 26 Rn. 9). Zu denken ist darüber hinaus an den Vertrieb rein zu Spekulationszwecken gegründeter Fonds mittels Prospekten zur Zeichnung (Schröder KapMarktStrafR-HdB Rn. 875). IÜ ist Tateinheit möglich, wenn Börsenspekulationsgeschäfte und zugleich Kapitalanlagen offeriert werden.

Mit **Bankrott** (§ 283 Abs. 1 Nr. 2 StGB) ist Tateinheit möglich, wenn bei Überschuldung oder **79** drohender oder eingetretener Zahlungsunfähigkeit in einer den Anforderungen einer ordnungsgemäßen Wirtschaft widersprechenden Weise Börsenspekulationsgeschäfte eingegangen werden, mit **Untreue** (§ 266 StGB), wenn dem Täter ausnahmsweise eine Vermögensbetreuungspflicht obliegt, die er durch das Verleiten verletzt, und dem Anleger ein Nachteil entsteht (vgl. OLG Düsseldorf NJW 1989, 175 (180); *Fichtner,* Die börsen- und depotrechtlichen Strafvorschriften und ihr Verhältnis zu den Eigentums- und Vermögensdelikten des StGB, 1993, 179 ff.). Schließt der Täter die Geschäfte hingegen aufgrund einer Vollmacht ab, die den Abschluss von hochspekulativen Geschäften deckt, scheidet § 266 StGB aus (vgl. Schröder KapMarktStrafR-HdB Rn. 876; *Waßmer,* Untreue bei Risikogeschäften, 1997, 51 ff.).

Denkbar ist auch Tateinheit mit **strafbarem Insiderhandel** (§ 38 Abs. 1 WpHG) und mit **strafba- 80 rer Marktmanipulation** (§ 38 Abs. 2 WpHG) (vgl. Assmann/Schütze KapitalanlageR-HdB/*Worms* § 9 Rn. 38; Erbs/Kohlhaas/*Wehowsky* Rn. 17; MüKoStGB/*Bröker* § 26 Rn. 28; HK-KapMStrafR/*Park* Rn. 360; Schwark/Zimmer/*Schwark* § 26 Rn. 9; Wabnitz/Janovsky WirtschaftsStR-HdB/*Benner,* 3. Aufl. 2007, Kap. 9 Rn. 223), wenn der Anleger gerade durch unrichtige oder irreführende Angaben oder sonstige Täuschungshandlungen zum Abschluss von Börsenspekulationsgeschäften verleitet wurde und eine Preiseinwirkung vorliegt. Ebenso kann das Verleiten zum **strafbaren Betreiben verbotener Geschäfte** bzw. **Handeln ohne Erlaubnis** (§ 54 KWG) in Tateinheit stehen (MüKoStGB/*Bröker* § 26 Rn. 28).

G. Strafverfahren

Als **Offizialdelikte** werden Taten nach § 49 **von Amts wegen** verfolgt. Die **Wirtschaftsstrafkam- 81 mer** ist im ersten Rechtszug zuständig, wenn der Fall einen besonderen Umfang oder eine besondere Bedeutung aufweist (vgl. § 74c Abs. 1 Nr. 2 GVG iVm §§ 74 Abs. 1, 24 Abs. 1 Nr. 3 GVG).

H. Strafe und weitere Rechtsfolgen

Für den **Täter** des § 49 beträgt die **Freiheitsstrafe** von einem Monat (vgl. § 38 Abs. 2 StGB) bis zu **82 drei Jahren.** Mit diesem Strafrahmen folgte der Gesetzgeber des 2. WiKG der Empfehlung der Sachverständigenkommission zur Bekämpfung der Wirtschaftskriminalität (BT-Drs. 10/318, 49); § 89 aF hatte eine Freiheitsstrafe von bis zu fünf Jahren vorgesehen. Die **Geldstrafe** reicht von fünf bis zu 360 Tagessätzen, die Höhe eines Tagessatzes beträgt höchstens 30.000 EUR (§ 40 Abs. 2 S. 3 StGB). **Beide Strafen** können gemeinsam verhängt werden, wenn sich der Täter durch die Tat bereichert oder zu bereichern versucht hat (§ 41 StGB), was wegen des Erfordernisses der Gewerbsmäßigkeit idR der Fall ist.

83   Der **Anstifter** wird gleich dem Täter bestraft (§ 26 StGB). Die Strafe des **Gehilfen** ist nach § 49 Abs. 1 StGB zu mildern (§ 27 Abs. 2 S. 2 StGB). Zählt der Teilnehmer nicht zum Täterkreis des § 49, ist wegen der Anwendung von § 28 Abs. 1 StGB (→ § 49 Rn. 66) die Strafe (erneut) zu mildern.

84   Grundlage der **Strafzumessung** bildet die Schuld, wobei die Wirkungen, die von der Strafe für das künftige Leben in der Gesellschaft zu erwarten sind, zu berücksichtigen sind (§ 46 Abs. 1 S. 1, 2 StGB). Bei den nach § 46 Abs. 2 StGB **abzuwägenden Umständen** sind für § 49 von besonderer Bedeutung: Gesinnung, die aus der Tat spricht; bei der Tat aufgewendeter Wille (Hartnäckigkeit; Drängen); Maß der Pflichtwidrigkeit (unterlassene Aufklärung; gezielte Täuschung); verschuldete Auswirkungen (Vermögensgefährdung; Schaden beim Anleger); Vorleben (ungetilgte einschlägige Vorstrafen); persönliche und wirtschaftliche Verhältnisse (Bindung an enge Vorgaben der Geschäftsleitung; herausgehobene Stellung); Nachtatverhalten (Schadenswiedergutmachung; Geständnis und Reue; Uneinsichtigkeit).

85   Die Vorschriften zu **Verfall** (§§ 73 ff. StGB) und **Einziehung** (§§ 74 ff. StGB) finden Anwendung. Der Verfall ist anzuordnen, wenn der Täter durch die Begehung einer Tat etwas erlangt hat, insbes. eine Provision. Nach dem **Bruttoprinzip** wird auf die Gesamtheit des Erlangten zugegriffen (vgl. *Fischer* StGB § 73 Rn. 3 mwN). Bei zwischenzeitlicher Wiederanlage ordnet das Gericht den Verfall eines Geldbetrages an, der dem Wert des Erlangten entspricht (§ 73a StGB). Die Schätzung ist zulässig (§ 73b StGB). Der Verfall wird nicht angeordnet, wenn er eine unbillige Härte wäre, und kann unterbleiben, wenn der Wert des Erlangten in dem Vermögen nicht mehr vorhanden ist oder das Erlangte nur geringen Wert hat (§ 73c Abs. 1 S. 1, 2 StGB).

86   Wurde eine Tat nach § 49 durch Organe oder bestimmte Vertreter (vgl. zum Täterkreis iE § 30 Abs. 1 Nr. 1–5 OWiG) einer **juristischen Person** oder **Personenvereinigung** begangen, kann gegen diese eine **Verbandsgeldbuße nach § 30 OWiG** verhängt werden. Grds. wird in einem einheitlichen Verfahren über Strafe und Verbandsgeldbuße kumulativ entschieden, allerdings kann auch isoliert eine Verbandsgeldbuße festgesetzt werden, wenn wegen der Straftat ein Verfahren ggü. dem Organ bzw. Vertreter nicht eingeleitet oder es eingestellt oder von Strafe abgesehen wird (vgl. § 30 Abs. 4 OWiG). Bei einer vorsätzlichen Straftat nach § 49 beträgt das **Höchstmaß** der Verbandsgeldbuße 1 Mio. EUR (vgl. § 30 Abs. 2 S. 1 Nr. 1 OWiG). Dieses Höchstmaß kann jedoch überschritten werden, da die Verbandsgeldbuße den wirtschaftlichen Vorteil übersteigen soll, den der Verband gezogen hat (vgl. § 30 Abs. 3 iVm § 17 Abs. 4 OWiG; Vorteilsabschöpfung).

I. Verjährung

87   Die **Verfolgungsverjährung** beträgt **fünf Jahre** (vgl. § 78 Abs. 3 Nr. 4 StGB). Sie beginnt, sobald die Tat beendet (→ § 49 Rn. 72) ist. Sie ruht, solange nach dem Gesetz die Verfolgung nicht begonnen oder nicht fortgesetzt werden kann (§ 78b Abs. 1 Nr. 2 StGB). Unterbrochen wird sie durch die in § 78c Abs. 1 StGB aufgeführten Verfahrenshandlungen. Die **absolute** Verfolgungsverjährung beträgt **zehn Jahre** (vgl. § 78c Abs. 3 S. 2 StGB).

88   Die **Vollstreckungsverjährung** richtet sich nach der rechtskräftig verhängten **Strafe** und kann **drei, fünf** oder **zehn Jahre** betragen (vgl. § 79 Abs. 3 Nr. 3–5 StGB). Sie beginnt mit Rechtskraft (§ 79 Abs. 6 StGB) und ruht, solange nach dem Gesetz die Vollstreckung nicht begonnen oder fortgesetzt werden kann, Aufschub, Unterbrechung, Aussetzung zur Bewährung bzw. Zahlungserleichterung bewilligt ist (§ 79a Nr. 1–3 StGB).

§ 50 Bußgeldvorschriften

(1) Ordnungswidrig handelt, wer vorsätzlich oder leichtfertig

1. entgegen § 3 Abs. 11 eine Person in Kenntnis setzt,
2. entgegen § 4 Abs. 7 einen Wechsel bei einer dort genannten Person nicht, nicht richtig, nicht vollständig oder nicht rechtzeitig anzeigt,
3. entgegen
   a) § 6 Abs. 1 Satz 1, 5 oder 6 oder
   b) § 6 Abs. 5 Satz 1 oder 4 oder Abs. 6 Satz 1,
   jeweils auch in Verbindung mit einer Rechtsverordnung nach Abs. 7 Satz 1, eine Anzeige nicht, nicht richtig, nicht vollständig oder nicht rechtzeitig erstattet,
4. einer vollziehbaren Anordnung nach § 6 Abs. 1 Satz 7 zuwiderhandelt,
5. entgegen § 6 Abs. 6 Satz 2 eine Veröffentlichung nicht oder nicht rechtzeitig vornimmt oder
6. entgegen § 41 Abs. 1 eine Auskunft nicht, nicht richtig oder nicht vollständig erteilt.

(2) Ordnungswidrig handelt, wer vorsätzlich oder fahrlässig

1. einer vollziehbaren Anordnung nach
   a) § 3 Abs. 4 Satz 1 oder Satz 4 Nr. 1, jeweils auch in Verbindung mit § 7 Abs. 3, oder
   b) § 6 Abs. 2 Satz 1 oder Abs. 4 Satz 1
   zuwiderhandelt oder
2. entgegen § 3 Abs. 4 Satz 5 oder 6, jeweils auch in Verbindung mit Satz 8, ein Betreten nicht gestattet oder nicht duldet.

(2a) Ordnungswidrig handelt, wer gegen die Verordnung (EU) Nr. 648/2012 des Europäischen Parlaments und des Rates vom 4. Juli 2012 über OTC-Derivate, zentrale Gegenparteien und Transaktionsregister (ABl. L 201 vom 27.7.2012, S. 1) verstößt, indem er vorsätzlich oder fahrlässig als Betreiber eines Freiverkehrs im Sinne des § 48 entgegen Artikel 8 Absatz 1 in Verbindung mit Absatz 4 Unterabsatz 1 Handelsdaten nicht, nicht richtig, nicht vollständig, nicht in der vorgeschriebenen Weise oder nicht rechtzeitig zur Verfügung stellt.

(3) Die Ordnungswidrigkeit kann in den Fällen des Absatzes 2 Nr. 1 Buchstabe b mit einer Geldbuße bis zu fünfhunderttausend Euro, in den Fällen des Absatzes 1 Nr. 3 Buchstabe a, Nr. 4 und 6 und des Absatzes 2a mit einer Geldbuße bis zu hunderttausend Euro, in den übrigen Fällen mit einer Geldbuße bis zu fünfzigtausend Euro geahndet werden.

Übersicht

A. Allgemeines

I. Gegenstand

Die Bußgeldvorschrift des § 50 ahndet **Verstöße gegen Verhaltenspflichten nach dem BörsG 1** und **gegen Anordnungen der Börsenaufsichtsbehörden.** Hierbei handelt es sich um schwerwiegende Ordnungsverstöße, deren Ahndung der Gesetzgeber im Interesse eines geordneten Börsenwesens für erforderlich erachtet (vgl. Erbs/Kohlhaas/*Wehowsky* Rn. 2). **§ 50 Abs. 1, 2 und 2a** enthalten die Bußgeldtatbestände, **§ 50 Abs. 3** legt einen gestaffelten Bußgeldrahmen fest.

II. Gesetzeshistorie

2   Ursprünglich ahndete **§ 90 idF v. 2.3.1974** bei der öffentlichen Zeichnung von Wertpapieren die pflichtwidrige Veröffentlichung und Verbreitung von Kurszetteln vor Zuteilung mit einem Bußgeld von 10.000 DM. Mit Schaffung des Börsenzulassungs-Gesetzes (**BörsZulG**) v. 16.12.1986 (BGBl. I 2478) kamen ua Verstöße gegen Veröffentlichungs- und Auskunftspflichten hinzu. Das **4. FFG** v. 21.6.2002 fasste den nunmehr in **§ 61 BörsG aF** enthaltenen Katalog neu und nahm Verstöße der Inhaber bedeutender Beteiligungen gegen Anzeigepflichten auf. Das **Prospektrichtlinie-Umsetzungsgesetz** v. 22.6.2005 (BGBl. I 1698) beseitigte die sog doppelte Prospektpflicht, womit auch die korrespondierende Ordnungswidrigkeit entfiel (vgl. BT-Drs. 15/4999, 41 (42)). Auch das **TUG** v. 5.1.2007 reduzierte den Katalog, da die Vorschriften zur ordnungsgemäßen Veröffentlichung von Finanzberichten und der Bestimmung von Zahl- und Hinterlegungsstellen nebst korrespondierenden Ordnungswidrigkeiten in das WpHG transferiert wurden (vgl. BT-Drs. 16/2498, 53). Die umfangreichen Änderungen des **FRUG** v. 16.7.2007 hatten ebenfalls den Transfer weiterer Regelungen in das WpHG zur Folge, womit in der – jetzt in **§ 50** enthaltenen – Bußgeldvorschrift Folgeänderungen notwendig wurden. Andererseits wurde auch eine weitere Ordnungswidrigkeit aufgenommen (§ 50 Abs. 1 Nr. 3), um sicherzustellen, dass die Missachtung von Auskunftspflichten geahndet werden kann (BT-Drs. 16/4028, 89). Das **EMIR-AG** v. 13.2.2013 (BGBl. I 374) fügte § 50 Abs. 2a ein (→ Rn. 73a ff.).

III. Schutzgut

3   § 50 sichert die Kontrollmöglichkeiten der Börsenaufsichtsbehörden, Börsengeschäftsführungen und Handelsüberwachungsstellen sowie die Durchsetzung ihrer Anordnungen. Die Bußgeldvorschrift dient damit dem **Schutz des Börsenwesens** (Kollektivschutz) (vgl. auch Erbs/Kohlhaas/*Wehowsky* Rn. 2: Schutz des Anlegerpublikums). Zugleich wird zT **Persönlichkeitsschutz** (Individualschutz) gewährt (→ Rn. 8).

IV. Deliktsnatur

4   § 50 ist ein **unechtes Blankettdelikt** (Erbs/Kohlhaas/*Wehowsky* Rn. 2), das sowohl **schlichte Tätigkeitsdelikte** als auch **echte Unterlassungsdelikte** enthält. In Bezug auf das Schutzgut sind die Ordnungswidrigkeiten des § 50 überwiegend **abstrakte Gefährdungsdelikte,** da das Börsenwesen nicht beeinträchtigt sein muss. Die Vorschrift enthält iÜ **echte Sonderdelikte** (→ Rn. 84).

V. Bedeutung

5   Die Ordnungswidrigkeiten des BörsG haben traditionell nur **geringe praktische Bedeutung** (*Bröker* wistra 1995, 130 (133); *Otto,* Bankentätigkeit und Strafrecht, 1983, 38). Der **Grund** hierfür dürfte insbes. darin zu erblicken sein, dass die deutschen Börsen und der Börsenhandel sowohl auf Bundesebene (BaFin) als auch auf Landesebene (Börsenaufsichtsbehörden) sowie durch die Börsen selbst (Handelsüberwachungsstellen) intensiv überwacht werden.

VI. Notwendigkeit

6   Die Bußgeldvorschrift des § 50 ist notwendig, um die Einhaltung börsenrechtlicher Verhaltenspflichten und damit den Schutz des Börsenwesens **effektiv durchzusetzen.** Die Vorschrift ist **verfassungskonform,** insbes. ist sie im Hinblick auf den Bestimmtheitsgrundsatz (Art. 103 Abs. 2 GG), der auch im Ordnungswidrigkeitenrecht gilt (vgl. § 3 OWiG), hinreichend bestimmt (Erbs/Kohlhaas/*Wehowsky* Rn. 2).

B. Bußgeldtatbestände des § 50 Abs. 1

7   § 50 Abs. 1 erfasst vorsätzliche und leichtfertige Verstöße gegen **Verschwiegenheitspflichten** (Nr. 1), gegen **Anzeigepflichten** für die Personen der Geschäftsleitung (Nr. 2) und für bedeutende Beteiligungen (Nr. 3), gegen **vollziehbare Anordnungen** der Börsenaufsichtsbehörden in Bezug auf Auskünfte und Unterlagen (Nr. 4), gegen **Veröffentlichungspflichten** (Nr. 5) und gegen **Auskunftspflichten** im Hinblick auf die Zulassung und Einführung von Wertpapieren (Nr. 6).

I. Verstöße gegen die Pflicht zur Verschwiegenheit über Aufsichts- und Ermittlungsverfahren (Nr. 1)

8   § 50 Abs. 1 Nr. 1 bezweckt, dass Personen, die des Verstoßes gegen bedeutende handels- und börsenrechtliche Verbote verdächtig sind, sowie unbefugte Personen von Aufsichts- und Ermittlungsverfahren keine Kenntnis erlangen. Hierdurch werden nicht nur im Interesse einer ungestörten Untersuchung (Erbs/Kohlhaas/*Wehowsky* Rn. 8) **Verdunklungsmaßnahmen** und die **Flucht** verhindert

sowie der **Schutz des Börsenwesens** gewährleistet, sondern es wird auch der **Persönlichkeitsschutz** der Betroffenen gewahrt.

Nach **§ 50 Abs. 1 Nr. 1 iVm § 3 Abs. 11** handelt ordnungswidrig, wer als Adressat von Maß- **9** nahmen nach § 3 Abs. 4, die von einer Börsenaufsichtsbehörde wegen eines möglichen Verstoßes gegen das Verbot der Verleitung zu Börsenspekulationsgeschäften (§ 26), gegen das Verbot von Insidergeschäften (§ 14 WpHG) oder gegen das Verbot der Marktmanipulation (§ 20a WpHG) vorgenommen werden, andere Personen als staatliche Stellen und solche, die aufgrund ihres Berufs einer gesetzlichen Verschwiegenheitspflicht unterliegen, von diesen Maßnahmen oder von einem daraufhin eingeleiteten Ermittlungsverfahren vorsätzlich oder leichtfertig in Kenntnis setzt.

Der **Täterkreis** ist weit. Im Verdachtsfall kann die Börsenaufsichtsbehörde (→ Rn. 16) nicht nur ggü. **10** der **Börse,** den **Börsenträgern,** den **Handelsteilnehmern** (nach § 19 zur Teilnahme am Börsenhandel zugelassene Unternehmen, Börsenhändler, Skontroführer und skontroführende Personen) sowie den **Emittenten** der zum regulierten Markt zugelassenen Wertpapiere (vgl. § 3 Abs. 4 S. 1), sondern (vgl. § 3 Abs. 4 S. 3) – soweit erforderlich – ggü. **jedermann** Maßnahmen treffen (Verlangen nach Auskunft, der Vorlage von Unterlagen und Überlassung von Kopien; Ladung und Vernehmung). Daher kommen bei der Anordnung dieser Maßnahmen alle Personen, denen die korrespondierende Verschwiegenheitspflicht des § 3 Abs. 11 entweder selbst obliegt oder die für Adressaten, denen diese Pflicht obliegt, gem. § 9 OWiG handeln (→ Rn. 85; zur Beteiligung → Rn. 87), als Täter in Betracht.

Inkenntnissetzen bedeutet, jemandem Kenntnis von den Maßnahmen nach § 3 Abs. 4 oder einem **11** daraufhin eingeleiteten Ermittlungsverfahren, di einem Bußgeld- oder Strafverfahren, zu verschaffen. § 50 Abs. 1 Nr. 1 ist in dieser Hinsicht ein **Erfolgsdelikt.** Ob das Inkenntnissetzen durch ein Tun oder pflichtwidriges Unterlassen (§ 8 OWiG) erfolgt, spielt keine Rolle. **Nicht tatbestandsmäßig** ist das Inkenntnissetzen von staatlichen Stellen und von Berufsgeheimnisträgern (vgl. § 3 Abs. 11 aE). Erfasst ist sowohl **vorsätzliches** (→ Rn. 76) als auch **leichtfertiges** (→ Rn. 81 f.) Handeln.

Die **Geldbuße** beträgt bei Vorsatz bis zu 50.000 EUR (§ 50 Abs. 3), bei Leichtfertigkeit bis zu 25.000 **12** EUR (vgl. § 17 Abs. 2 OWiG).

II. Verstöße gegen die Pflicht zur Anzeige des Wechsels bei den Personen der Geschäftsleitung (Nr. 2)

§ 50 Abs. 1 Nr. 2 soll **gewährleisten,** dass die Börsenaufsichtsbehörde prüfen kann, ob die neuen **13** Geschäftsleiter eines Börsenträgers zuverlässig und fachlich geeignet sind (vgl. § 4 Abs. 2 S. 2 Nr. 2, Abs. 3 S. 2 Nr. 2) und damit die **Voraussetzungen für den Betrieb der Börse** weiterhin vorliegen (vgl. § 4 Abs. 5 S. 1 Nr. 2).

Ordnungswidrig handelt nach **§ 50 Abs. 1 Nr. 2 iVm § 4 Abs. 7** ein Börsenträger, der einer **14** Börsenaufsichtsbehörde einen Wechsel bei den Personen der Geschäftsleitung vorsätzlich oder leichtfertig nicht, nicht richtig, nicht vollständig oder nicht rechtzeitig, dh nicht unverzüglich, anzeigt.

Täter kann nur der **Börsenträger** sein, dem die Pflicht zur unverzüglichen Anzeige selbst obliegt, **15** oder eine Person, die für einen Börsenträger, dem diese Pflicht obliegt, gem. § 9 OWiG (→ Rn. 85; zur Beteiligung → Rn. 87) handelt. Börsenträger ist derjenige, der nach Erteilung der entsprechenden Erlaubnis zu Errichtung und Betrieb einer Börse berechtigt und verpflichtet ist (vgl. § 5 Abs. 1 S. 1). Als Börsenträger kommen insbes. Kapitalgesellschaften, Industrie- und Handelskammern sowie Vereine in Betracht.

Die **Anzeige** ist ggü. der Börsenaufsichtsbehörde zu erstatten und hat nach § 4 Abs. 2 S. 2 Nr. 2 die **16** Namen der ausscheidenden und der neuen Geschäftsleiter sowie die Angaben, die für die Beurteilung der Zuverlässigkeit und der fachlichen Eignung der neuen Geschäftsleiter erforderlich sind, zu enthalten. **Börsenaufsichtsbehörden** sind die jeweils zuständigen obersten Landesbehörden (§ 3 Abs. 1 S. 1), dh die Wirtschafts- oder Finanzministerien bzw. die entsprechenden Senatsverwaltungen der Länder.

Die Anzeige ist **nicht gemacht,** wenn sie unterlassen wird, **nicht richtig,** wenn sie inhaltlich falsch **17** ist, dh die enthaltenen Angaben nicht mit der Wirklichkeit übereinstimmen, **nicht vollständig,** wenn erforderliche Angaben teilweise weggelassen werden, und **nicht rechtzeitig,** wenn sie nicht unverzüglich, dh erst nach schuldhaftem Zögern (vgl. § 121 Abs. 1 S. 1 BGB), erfolgt. Sowohl **vorsätzliches** (→ Rn. 76) als auch **leichtfertiges** (→ Rn. 81 f.) Handeln ist tatbestandsmäßig.

Das Höchstmaß der **Geldbuße** beträgt bei Vorsatz 50.000 EUR (§ 50 Abs. 3), bei Leichtfertigkeit **18** 25.000 EUR (vgl. § 17 Abs. 2 OWiG).

III. Verstöße gegen die Pflicht zur Anzeige von bedeutenden Beteiligungen (Nr. 3 lit. a)

§ 50 Abs. 1 Nr. 3 lit. a dient der **Kontrolle der Anteilseigner** eines Börsenträgers. Zweck der **19** Anzeigepflichten des § 6 Abs. 1 ist es, die Börsenaufsichtsbehörde über jede relevante Veränderung der Inhaberstruktur von Börsenträgern zu informieren. Damit soll die Börsenaufsichtsbehörde insbes. die Möglichkeit haben, der Übernahme von bedeutenden Beteiligungen durch Personen aus der **Organisierten Kriminalität** entgegenzuwirken; weiteres Ziel ist es, die **Funktionsfähigkeit der Börse** vor allem im Hinblick auf die Durchführung und angemessene Fortentwicklung des Börsenbetriebs zu sichern (BT-Drs. 14/8017, 72 f.).

20 Ordnungswidrig handelt nach **§ 50 Abs. 1 Nr. 3 lit. a iVm § 6 Abs. 1 S. 1** (Alt. 1), wer der Börsenaufsichtsbehörde die Absicht, eine bedeutende Beteiligung iSd § 1 Abs. 9 KWG an einem Börsenträger zu erwerben, vorsätzlich oder leichtfertig nicht, nicht richtig, nicht vollständig oder nicht rechtzeitig (unverzüglich) anzeigt. Darüber hinaus handelt nach **§ 50 Abs. 1 Nr. 3 lit. a iVm § 6 Abs. 1 S. 5** (Alt. 2) der Inhaber einer bedeutenden Beteiligung ordnungswidrig, der einen neu bestellten gesetzlichen oder satzungsmäßigen Vertreter oder neuen persönlich haftenden Gesellschafter mit den für die Beurteilung der Zuverlässigkeit wesentlichen Tatsachen vorsätzlich oder leichtfertig nicht, nicht richtig, nicht vollständig oder nicht rechtzeitig (unverzüglich) anzeigt. Dies gilt nach **§ 50 Abs. 1 Nr. 3 lit. a iVm § 6 Abs. 1 S. 6** (Alt. 3) auch für die Absicht des Inhabers, seine bedeutende Beteiligung so zu erhöhen, dass die Schwellen von 20, 33 oder 50 % der Stimmrechte oder des Kapitals erreicht oder überschritten werden oder der Börsenträger unter seine Kontrolle iSd § 1 Abs. 8 KWG kommt.

21 **Täter** kann nur sein, wer die **Absicht zum Erwerb** einer bedeutenden Beteiligung hat (Alt. 1) bzw. bereits **Inhaber** einer bedeutenden Beteiligung ist (Alt. 2, 3) und dem damit die Anzeigepflichten entweder selbst obliegen oder für eine Person, der diese obliegen, gem. § 9 OWiG (→ Rn. 85; zur Beteiligung → Rn. 87) handelt.

22 Eine **bedeutende Beteiligung** iSd § 1 Abs. 9 KWG liegt vor, wenn unmittelbar oder mittelbar über ein oder mehrere Tochterunternehmen oder ein gleichartiges Verhältnis oder im Zusammenwirken mit anderen Personen oder Unternehmen mindestens 10 % des Kapitals oder der Stimmrechte eines Börsenträgers im Eigen- oder Fremdinteresse gehalten werden oder auf die Geschäftsführung ein maßgeblicher Einfluss ausgeübt werden kann. Unter **Tochterunternehmen** sind nach § 1 Abs. 7 KWG Unternehmen zu verstehen, die als Tochterunternehmen iSd § 290 HGB gelten oder auf die ein beherrschender Einfluss ausgeübt werden kann, ohne dass es auf Rechtsform und Sitz ankommt. Die Einbeziehung der **gleichartigen Verhältnisse** bzw. des **Zusammenwirkens** mit anderen soll einem Unterlaufen der Vorschrift durch Strohmannverhältnisse oder durch die formale Aufteilung der Anteile entgegenwirken (Erbs/Kohlhaas/*Wehowsky* § 6 Rn. 2).

23 Für die **Anzeigepflicht nach § 6 Abs. 1 S. 1** muss die **Erwerbsabsicht** bereits hinreichend konkretisiert sein. Dies setzt im einen verbindlichen Beschluss des potentiellen Erwerbers bzw. seiner Geschäftsführung und, soweit gesellschaftsrechtlich erforderlich, seines Aufsichtsrates voraus (Erbs/Kohlhaas/*Wehowsky* § 6 Rn. 3; Groß KapMR § 6 Rn. 8); bloße Überlegungen oder eine vorbereitende Prüfung genügen nicht. **Inhalt der Anzeige** ist: die Höhe der Beteiligung; ggf. die für Begründung des maßgeblichen Einflusses wesentlichen Tatsachen; die für die Beurteilung der Zuverlässigkeit und die Prüfung der weiteren Untersagungsgründe nach § 6 Abs. 2 S. 1 wesentlichen Tatsachen und Unterlagen; die Personen und Unternehmen, von denen die Anteile erworben werden sollen (§ 6 Abs. 1 S. 2); ist der Anzeigepflichtige eine juristische Person oder Personenhandelsgesellschaft, hat er auch die für die Beurteilung der Zuverlässigkeit seiner gesetzlichen oder satzungsmäßigen Vertreter oder persönlich haftenden Gesellschafter wesentlichen Tatsachen anzugeben (§ 6 Abs. 1 S. 4). IÜ sind die Bestimmungen der durch die Landesregierungen nach § 6 Abs. 7 S. 1 erlassenen Rechtsverordnungen zu beachten, die Art, Umfang und Zeitpunkt der Anzeigen konkretisieren können.

24 Die **Anzeigepflicht nach § 6 Abs. 1 S. 5** setzt die **Bestellung** eines neuen gesetzlichen oder satzungsmäßigen Vertreters oder den **Eintritt** eines neuen persönlich haftenden Gesellschafters voraus. Der **Inhalt der Anzeige** erstreckt sich neben der Angabe der Person auch auf die für die Beurteilung der Zuverlässigkeit der Person wesentlichen Tatsachen.

25 Für die **Anzeigepflicht nach § 6 Abs. 1 S. 6** muss sich die **Erhöhungsabsicht** ebenfalls (vgl. Erwerbsabsicht → Rn. 23) schon in einem Beschluss konkretisiert haben. Maßgebend sind die Schwellenwerte von 20, 33 und 50 % der Stimmrechte oder des Kapitals. Eine Kontrolle iSd § 1 Abs. 8 besteht, wenn der Inhaber der bedeutenden Beteiligung als Mutterunternehmen des Börsenträgers gilt bzw. zwischen Inhaber und Börsenträger ein gleichartiges Verhältnis besteht. **Mutterunternehmen** sind nach § 1 Abs. 6 KWG Unternehmen, die als Mutterunternehmen iSv § 290 HGB gelten oder die einen beherrschenden Einfluss ausüben können, ohne dass es auf die Rechtsform und den Sitz ankommt. Ein gleichartiges Verhältnis wird auch durch Stimmrechtsmehrheiten, Organbesetzungsrechte und Beherrschungsverträge begründet (Erbs/Kohlhaas/*Wehowsky* § 6 Rn. 5). Der **Inhalt der Anzeige** erstreckt sich lediglich auf die Absicht der Erhöhung sowie die Angabe, welche Schwelle erreicht bzw. überschritten wird (Erbs/Kohlhaas/*Wehowsky* § 6 Rn. 6).

26 Die **Anzeige ist nicht gemacht,** wenn sie unterlassen wird, **nicht richtig,** wenn sie inhaltlich falsch ist, dh die Angaben nicht mit der Wirklichkeit übereinstimmen, **nicht vollständig,** wenn erforderliche Angaben (→ Rn. 23, 24, 25) teilweise weggelassen werden, so dass der Sachverhalt von der Behörde nicht sachgerecht beurteilt werden kann (Erbs/Kohlhaas/*Wehowsky* Rn. 10), und **nicht rechtzeitig,** wenn sie nicht unverzüglich, dh nicht nach schuldhaftem Zögern (vgl. § 121 Abs. 1 S. 1 BGB), erfolgt. Tatbestandsmäßig ist sowohl **vorsätzliches** (→ Rn. 76) als auch **leichtfertiges** (→ Rn. 81 f.) Handeln.

27 Die **Geldbuße** beträgt bei Vorsatz bis zu 100.000 EUR (§ 50 Abs. 3), bei Leichtfertigkeit bis zu 50.000 EUR (vgl. § 17 Abs. 2 OWiG).

IV. Verstöße gegen Anzeigepflichten in Zusammenhang mit einer bedeutenden Beteiligung (Nr. 3 lit. b)

§ 50 Abs. 1 Nr. 3 lit. b dient – wie § 50 Abs. 1 Nr. 3 lit. a (→ Rn. 19) – der **Kontrolle der** 28 **Anteilseigner** eines Börsenträgers. Die Anzeigepflicht des Börsenträgers nach § 6 Abs. 6 S. 1 zu den Inhabern bedeutender Beteiligungen bildet für die Börsenaufsichtsbehörde die Grundlage zur Überwachung, ob die Gesellschafter ihren Anzeigepflichten nach § 6 Abs. 1 und 5 nachgekommen sind (BT-Drs. 14/8017, 73), und stellt damit eine zweite Informationsquelle zur Kontrolle der Anzeigepflichten zur Verfügung (Erbs/Kohlhaas/*Wehowsky* Rn. 10).

Ordnungswidrig handelt nach **§ 50 Abs. 1 Nr. 3 lit. b iVm § 6 Abs. 5 S. 1** (Alt. 1) der Inhaber 29 einer bedeutenden Beteiligung an einem Börsenträger, der der Börsenaufsichtsbehörde die Absicht, seine Beteiligung aufzugeben oder unter die Schwellen von 20, 33 oder 50 % der Stimmrechte oder des Kapitals abzusenken oder so zu verändern, dass der Börsenträger nicht mehr kontrolliertes Unternehmen ist, vorsätzlich oder leichtfertig nicht, nicht richtig, nicht vollständig oder nicht rechtzeitig anzeigt. Nach **§ 50 Abs. 1 Nr. 3 lit. b iVm § 6 Abs. 5 S. 4** (Alt. 2) handelt die anzeigende Person oder Personenhandelsgesellschaft ordnungswidrig, die nach Ablauf einer durch die Börsenaufsichtsbehörde gesetzten Frist den Vollzug oder Nichtvollzug der beabsichtigten Absenkung oder Veränderung vorsätzlich oder leichtfertig nicht, nicht richtig, nicht vollständig oder nicht rechtzeitig anzeigt. Darüber hinaus handelt nach **§ 50 Abs. 1 Nr. 3 lit. b iVm § 6 Abs. 6 S. 1** (Alt. 3) auch der Börsenträger ordnungswidrig, der den Erwerb oder die Aufgabe einer bedeutenden Beteiligung, das Erreichen, das Über- oder das Unterschreiten der Beteiligungsschwellen von 20, 33 oder 50 % sowie die Tatsache, dass der Träger Tochterunternehmen eines anderen Unternehmens wird oder nicht mehr ist, vorsätzlich oder leichtfertig nicht, nicht richtig, nicht vollständig oder nicht rechtzeitig anzeigt.

Täter kann nur der **Inhaber einer bedeutenden Beteiligung** (Alt. 1), die **anzeigende Person** 30 **oder Personenhandelsgesellschaft** (Alt. 2) bzw. der **Börsenträger** (Alt. 3) sein, dem bzw. der die Anzeigepflicht selbst obliegt, oder für eine Person, der sie obliegt, gem. § 9 OWiG (→ Rn. 85; zur Beteiligung → Rn. 87) handelt.

Für die **Anzeigepflicht nach § 6 Abs. 5 S. 1** muss die **Aufgabe** bzw. **Absenkungsabsicht** bereits 31 hinreichend konkretisiert sein (zur Konkretisierung → Rn. 23).

Die **Anzeigepflicht nach § 6 Abs. 5 S. 4** erfordert eine **Fristsetzung** durch die Börsenaufsichts- 32 behörde.

Für die **Anzeigepflicht nach § 6 Abs. 6 S. 1** ist die **Kenntniserlangung** erforderlich. 33

Die **Anzeige ist nicht gemacht,** wenn sie unterlassen wird, **nicht richtig,** wenn sie inhaltlich falsch 34 ist, dh die Angaben nicht mit der Wirklichkeit übereinstimmen, **nicht vollständig,** wenn erforderliche Angaben weggelassen werden. Für den Umfang der Angaben sind ergänzend die Bestimmungen der durch die Landesregierungen nach § 6 Abs. 7 S. 1 erlassenen Rechtsverordnungen zu beachten, die Art, Umfang und Zeitpunkt der Anzeigen konkretisieren können. **Nicht rechtzeitig** ist die Anzeige, wenn sie in den Fällen der Alt. 1 und 3 nicht unverzüglich, dh erst nach schuldhaftem Zögern (vgl. § 121 Abs. 1 S. 1 BGB) erfolgt, und in den Fällen der Alt. 2, wenn sie erst nach Ablauf der durch die Börsenaufsichtsbehörde gesetzten Frist gemacht wird. Es ist sowohl **vorsätzliches** (→ Rn. 76) als auch **leichtfertiges** (→ Rn. 81 f.) Handeln erfasst.

Das Höchstmaß der **Geldbuße** beträgt bei Vorsatz 50.000 EUR (§ 50 Abs. 3), bei Leichtfertigkeit 35 25.000 EUR (vgl. § 17 Abs. 2 OWiG).

V. Verstöße gegen vollziehbare Anordnungen betreffend Auskunft oder Vorlage von Unterlagen (Nr. 4)

§ 50 Abs. 1 Nr. 4 soll – wie § 50 Abs. 1 Nr. 3 lit. a und lit. b (→ Rn. 19, 28) – die **Kontrolle der** 36 **Anteilseigner** eines Börsenträgers gewährleisten. Sichergestellt wird, dass die jeweilige Börsenaufsichtsbehörde ggü. dem Inhaber einer Beteiligung, der im Verdacht steht, eine bedeutende Beteiligung an einem Börsenträger inne und die entsprechenden Anzeigepflichten nicht erfüllt zu haben, die Erteilung von Auskünften und die Vorlage von Unterlagen durchsetzen kann, um den Sachverhalt zu prüfen (vgl. Erbs/Kohlhaas/*Wehowsky* Rn. 11). Durch die Anknüpfung an einen Verwaltungsakt ist der Tatbestand **verwaltungsakzessorisch.**

Nach **§ 50 Abs. 1 Nr. 4 iVm § 6 Abs. 1 S. 7** handelt der Inhaber der Beteiligung an einem 37 Börsenträger ordnungswidrig, der dem vollziehbaren Verlangen einer Börsenaufsichtsbehörde nach Auskunft oder der Vorlage von Unterlagen vorsätzlich oder leichtfertig zuwiderhandelt.

Täter kann nur sein, wer **Adressat einer Anordnung nach § 6 Abs. 1 S. 7** ist und dem damit ggü. 38 der Börsenaufsichtsbehörde die Auskunfts- oder Vorlagepflicht selbst obliegt, oder für eine Person, der diese Pflicht obliegt, gem. § 9 OWiG (→ Rn. 85; zur Beteiligung → Rn. 87) handelt.

Das **Auskunfts- bzw. Vorlageverlangen** ist ein Verwaltungsakt. Er ist **rechtmäßig,** wenn Tatsa- 39 chen die Annahme einer bedeutenden Beteiligung rechtfertigen, und **vollziehbar,** wenn er unanfechtbar ist. Dies ist der Fall, wenn kein Widerspruch eingelegt oder nach Erlass des Widerspruchsbescheids innerhalb der Klagefrist keine Klage erhoben oder eine gerichtliche Klageabweisung rechtskräftig wurde. Vollziehbarkeit liegt insbes. aber auch dann vor, wenn die Börsenaufsichtsbehörde die sofortige Vollziehung gem. § 80 Abs. 2 Nr. 4 VwGO im öffentlichen Interesse besonders angeordnet hat und die aufschiebende Wirkung nicht im Wege des einstweiligen Rechtsschutzes nach § 80 Abs. 5 VwGO wiederhergestellt worden ist.

40 Eine **Zuwiderhandlung** liegt bezüglich eines **Auskunftsverlangens** vor, wenn die geforderte Auskunft nicht, nicht richtig, nicht vollständig oder nicht rechtzeitig erfolgt, und bezüglich eines **Vorlageverlangens,** wenn die angeforderten Unterlagen nicht oder nicht rechtzeitig vorgelegt werden bzw. nicht richtig (gefälscht; verfälscht) oder nicht vollständig sind. Eine **Verspätung** ist allerdings nur dann tatbestandsmäßig, wenn die Börsenaufsichtsbehörde dem Adressaten eine Frist gesetzt hatte. Eine tatbestandsmäßige Zuwiderhandlung liegt auch dann vor, wenn die **Anordnung rechtswidrig** war (→ Rn. 74). Erfasst ist sowohl **vorsätzliches** (→ Rn. 76) als auch **leichtfertiges** (→ Rn. 81 f.) Handeln.

41 Die **Geldbuße** beträgt bei Vorsatz bis zu 100.000 EUR (§ 50 Abs. 3), bei Leichtfertigkeit bis zu 50.000 EUR (vgl. § 17 Abs. 2 OWiG).

VI. Verstöße gegen die Pflicht zur Veröffentlichung von wesentlichen Änderungen der Beteiligungsverhältnisse an einem Börsenträger (Nr. 5)

42 § 50 Abs. 1 Nr. 5 soll bei einer wesentlichen Änderung der Beteiligungsverhältnisse am Börsenträger die **rasche Information der Öffentlichkeit** sicherstellen.

43 Nach **§ 50 Abs. 1 Nr. 4 iVm § 6 Abs. 6 S. 2** handelt ein Börsenträger ordnungswidrig, der nach § 6 Abs. 1 anzeigepflichtige Tatsachen vorsätzlich oder leichtfertig nicht oder nicht rechtzeitig auf seiner Internetseite veröffentlicht.

44 **Täter** kann nur der **Börsenträger** (→ Rn. 15) sein, dem die Veröffentlichungspflicht selbst obliegt, oder eine Person, die für einen Börsenträger, dem diese Pflicht obliegt, gem. § 9 OWiG (→ Rn. 85; zur Beteiligung → Rn. 87) handelt.

45 Nach § 6 Abs. 6 S. 1 **anzeigepflichtige Tatsachen** sind: der Erwerb und die Aufgabe einer bedeutenden Beteiligung an einem Börsenträger; das Erreichen, Über- oder Unterschreiten der Beteiligungsschwellen von 20, 33 und 50 % der Stimmrechte oder des Kapitals; die Tatsache, dass der Börsenträger Tochterunternehmen eines anderen Unternehmens wird oder nicht mehr ist.

46 Die erforderliche Veröffentlichung auf der Internetseite des Börsenträgers ist **nicht gemacht,** wenn sie unterlassen wird, und **nicht rechtzeitig,** wenn sie nicht unverzüglich, dh nach schuldhaftem Zögern (vgl. § 121 Abs. 1 S. 1 BGB), erfolgt. Die Veröffentlichungspflicht entsteht erst mit der **Kenntniserlangung** von der Änderung der Beteiligungsverhältnisse durch den Börsenträger (vgl. § 6 Abs. 6 S. 1 aE). Erfasst ist **vorsätzliches** (→ Rn. 76) und **leichtfertiges** (→ Rn. 81 f.) Handeln.

47 Das Höchstmaß der **Geldbuße** beträgt bei Vorsatz 50.000 EUR (§ 50 Abs. 3), bei Leichtfertigkeit 25.000 EUR (vgl. § 17 Abs. 2 OWiG).

VII. Verstöße gegen Auskunftspflichten über zugelassene Wertpapiere (Nr. 6)

48 § 50 Abs. 1 Nr. 6 soll sicherstellen, dass die **Börsengeschäftsführungen** im Hinblick auf die **Zulassung und Einführung von Wertpapieren** ihren Aufgaben nachkommen können. Wertpapiere, die im regulierten Markt einer Börse gehandelt werden sollen, bedürfen der Zulassung (vgl. § 32 Abs. 1).

49 Ordnungswidrig handeln nach **§ 50 Abs. 1 Nr. 6 iVm § 41 Abs. 1** sowohl der Emittent zugelassener Wertpapiere als auch das Institut oder Unternehmen, das die Zulassung der Wertpapiere nach § 32 Abs. 2 zusammen mit dem Emittenten beantragt hat, sofern sie der Börsengeschäftsführung Auskünfte aus ihrem Bereich, die zur ordnungsgemäßen Erfüllung von Aufgaben im Hinblick auf die Zulassung und die Einführung der Wertpapiere erforderlich sind, vorsätzlich oder leichtfertig nicht, nicht richtig oder nicht vollständig erteilen.

50 Als **Täter** kommen die Personen in Betracht, die für den Emittenten und das die Zulassung mitbeantragende Institut oder Unternehmen gem. § 9 OWiG (→ Rn. 85; zur Beteiligung → Rn. 87) handeln. Einbezogene Institute und Unternehmen sind nach § 32 Abs. 2 S. 1 Kredit- oder Finanzdienstleistungsinstitute sowie Unternehmen mit Sitz im Ausland, die eine Zweigstelle im Inland unterhalten, die Bankgeschäfte betreibt oder Finanzdienstleistungen erbringt (§ 53 Abs. 1 S. 1 KWG), bzw. Einlagenkreditinstitute oder Wertpapierhandelsunternehmen mit Sitz in einem anderen EWR-Staat, die im Inland Bankgeschäfte betreiben oder Finanzdienstleistungen erbringen (§ 53b Abs. 1 S. 1 KWG).

51 Die **Auskunftspflicht** erstreckt sich nur auf Auskünfte aus dem **jeweiligen Geschäftsbereich** des Emittenten, Instituts und Unternehmens. Die Auskunftspflicht setzt ein vorangegangenes **Auskunftsverlangen** der Börsengeschäftsführung voraus, das hinreichend konkret sein muss. Da insoweit Aufgaben der öffentlichen Verwaltung wahrgenommen werden und damit eine Behörde im verfahrensrechtlichen Sinne tätig wird (vgl. § 1 Abs. 4 VwVfG), ist das Auskunftsverlangen ein Verwaltungsakt, der **vollziehbar** (→ Rn. 39) sein muss.

Die **Auskunft ist nicht erteilt,** wenn sie unterlassen wird, **nicht richtig erteilt,** wenn sie inhaltlich 52
falsch ist, dh die gemachten Angaben nicht mit der Wirklichkeit übereinstimmen, und **nicht vollständig,** wenn Angaben verschwiegen werden, die für die Erreichung des Zwecks der Auskunftsverpflichtung wesentlich sind (Erbs/Kohlhaas/*Wehowsky* § 50 Rn. 13). Eine tatbestandsmäßige Zuwiderhandlung liegt auch dann vor, wenn die Anordnung **rechtswidrig** war (aA Erbs/Kohlhaas/*Wehowsky*
§ 50 Rn. 13). Erfasst ist sowohl **vorsätzliches** (→ Rn. 76) als auch **leichtfertiges** (→ Rn. 81 f.) Handeln.

Die **Geldbuße** beträgt bei Vorsatz bis zu 100.000 EUR (§ 50 Abs. 3), bei Leichtfertigkeit bis zu 53
50.000 EUR (vgl. § 17 Abs. 2 OWiG).

C. Bußgeldtatbestände des § 50 Abs. 2

§ 50 Abs. 2 betrifft vorsätzliche und fahrlässige **Verstöße gegen vollziehbare Anordnungen** der 54
Börsenaufsichtsbehörden und Handelsüberwachungsstellen (Nr. 1) sowie vorsätzliche und fahrlässige
Verstöße gegen die Pflicht zur Duldung des Betretens von Grundstücken und Geschäftsräumen
(Nr. 2). Gegenüber den Bußgeldtatbeständen des § 50 Abs. 1 sind die Anforderungen reduziert, da jede
Form der Fahrlässigkeit genügt. Durch die Anknüpfung an Verwaltungsakte sind die Tatbestände **ver-
waltungsakzessorisch.**

I. Verstöße gegen vollziehbare Anordnungen nach Auskunft und der Vorlage von Unterlagen (Nr. 1 lit. a)

§ 50 Abs. 2 Nr. 1 lit. a soll gewährleisten, dass nicht nur die **Börsenaufsichtsbehörden,** sondern 55
auch die **Handelsüberwachungsstellen,** die durch den Verweis auf § 7 Abs. 3 ausdrücklich einbezogen sind, die **Marktaufsicht** wahrnehmen können. Eine Handelsüberwachungsstelle ist bei jeder Börse
einzurichten und ein Organ der Börse, das die Börsenaufsichtsbehörde zu unterstützen hat (vgl. § 3
Abs. 2 S. 2); sie muss Daten über den Börsenhandel und die Börsengeschäftsabwicklung systematisch
und lückenlos erfassen und auswerten sowie die notwendigen Ermittlungen durchführen (§ 7 Abs. 1
S. 1, 2); sie ist eine Behörde im verwaltungsrechtlichen Sinne, die Verwaltungsakte erlassen kann (Erbs/
Kohlhaas/*Wehowsky* § 7 Rn. 1).

Ordnungswidrig handelt nach **§ 50 Abs. 2 Nr. 1 lit. a iVm § 3 Abs. 4 S. 1** (Alt. 1) eine Börse, ein 56
Börsenträger, ein Handelsteilnehmer oder der Emittent eines zum regulierten Markt zugelassenen Wert-
papiers, der dem vollziehbaren Verlangen einer Börsenaufsichtsbehörde oder Handelsüberwachungsstelle
nach Auskunft oder der Vorlage von Unterlagen vorsätzlich oder fahrlässig zuwiderhandelt. Nach **§ 50
Abs. 2 Nr. 1 lit. a iVm § 3 Abs. 4 S. 4 Nr. 1** (Alt. 2) handelt ein Handelsteilnehmer ordnungswidrig,
der dem Verlangen einer Börsenaufsichtsbehörde oder Handelsüberwachungsstelle nach Angabe der
Identität der Auftraggeber und der aus den getätigten Geschäften berechtigten oder verpflichteten
Personen sowie der Veränderungen der Bestände in an der Börse gehandelten Finanzinstrumenten
vorsätzlich oder fahrlässig zuwiderhandelt.

Täter können nur **Adressaten von Anordnungen** nach § 3 Abs. 4 S. 1 bzw. § 3 Abs. 4 S. 4 Nr. 1 57
sein, die jeweiligen Pflichten selbst obliegen, oder Personen, die für Adressaten, denen diese
obliegen, gem. § 9 OWiG handeln (→ Rn. 85; zur Beteiligung → Rn. 87). Adressaten sind Börsen,
Börsenträger (→ Rn. 15), Handelsteilnehmer (→ Rn. 10) sowie Emittenten, deren Wertpapiere zum
regulierten Markt zugelassen sind.

Auskunft und Vorlage von Unterlagen nach § 3 Abs. 4 S. 1 können auch ohne besonderen 58
Anlass angeordnet werden, soweit dies zur Durchführung der Marktaufsicht erforderlich ist. Hingegen
setzt die Anordnung der **Auskunft nach § 3 Abs. 4 S. 4 Nr. 1** Anhaltspunkte voraus, die die Annahme
rechtfertigen, dass börsenrechtliche Vorschriften oder Anordnungen verletzt werden oder sonstige Missstände vorliegen. Alle Anordnungen der Börsenaufsichtsbehörde nach § 3 Abs. 4 sind **sofort vollziehbar,** da Widerspruch und Anfechtungsklage gegen diese Maßnahmen keine aufschiebende Wirkung
haben (§ 3 Abs. 9); dies gilt auch für die entsprechenden Maßnahmen der Handelsüberwachungsstelle
(vgl. § 7 Abs. 3).

Der zur Erteilung einer Auskunft Verpflichtete hat nach § 3 Abs. 4 S. 9 sowohl ein **Auskunfts-** 59
verweigerungsrecht ggü. der Börsenaufsichtsbehörde als auch (vgl. § 7 Abs. 3) ggü. der Handelsüberwachungsstelle, worüber er nach § 3 Abs. 4 S. 10 zu belehren ist. Danach kann er die Auskunft auf
Fragen verweigern, deren Beantwortung ihn selbst oder einen der in § 383 Abs. 1 Nr. 1–3 ZPO
bezeichneten Angehörigen (zB Ehegatte; Verlobte) der Gefahr eines Straf- oder Bußgeldverfahrens
aussetzen würde. **Unterblieb die Belehrung,** besteht in einem anschließenden Straf- oder Bußgeldverfahren, das sich gegen den Verpflichteten richtet, ein Verwertungsverbot.

Eine **Zuwiderhandlung** liegt bezüglich eines **Auskunftsverlangens** vor, wenn die Auskunft ver- 60
weigert wird, ohne dass ein Auskunftsverweigerungsrecht nach § 3 Abs. 4 S. 9 besteht, oder sie nicht
richtig, nicht vollständig oder nicht rechtzeitig erfolgt. In Bezug auf ein **Vorlageverlangen** liegt eine
Zuwiderhandlung vor, wenn die Unterlagen nicht oder nicht rechtzeitig vorgelegt werden bzw. nicht
richtig (gefälscht, verfälscht) oder nicht vollständig sind. Eine **verspätete** Auskunft bzw. Vorlage ist

allerdings nur dann tatbestandsmäßig, wenn zuvor eine angemessene Fristsetzung erfolgte. War das Verlangen **rechtswidrig,** ist die Zuwiderhandlung dennoch tatbestandsmäßig (→ Rn. 74) (aA Erbs/ Kohlhaas/*Wehowsky* Rn. 15, 16). Erfasst ist sowohl **vorsätzliches** (→ Rn. 76) als auch **fahrlässiges** (→ Rn. 79 ff.) Handeln.

61 Das Höchstmaß der **Geldbuße** beträgt bei Vorsatz 100.000 EUR (§ 50 Abs. 3), bei Fahrlässigkeit 50.000 EUR (vgl. § 17 Abs. 2 OWiG).

II. Verstöße gegen vollziehbare Anordnungen, die den Erwerb oder die Erhöhung einer bedeutenden Beteiligung oder die Verfügung ohne Zustimmung untersagen (Nr. 1 lit. b)

62 § 50 Abs. 2 Nr. 1 lit. b soll sicherstellen, dass ein von einer Börsenaufsichtsbehörde **untersagter Erwerb der Beteiligung** an einem Börsenträger verhindert werden kann, um der **Organisierten Kriminalität** entgegenzuwirken und die **Funktionsfähigkeit der Börse** zu sichern (→ Rn. 19).

63 Nach **§ 50 Abs. 2 Nr. 1 lit. b iVm § 6 Abs. 2 S. 1** (Alt. 1) handelt ordnungswidrig, wer einer vollziehbaren Anordnung der Börsenaufsichtsbehörde, die den beabsichtigten Erwerb einer bedeutenden Beteiligung an einem Börsenträger oder ihre Erhöhung untersagt, vorsätzlich oder fahrlässig zuwiderhandelt. Nach **§ 50 Abs. 2 Nr. 1 lit. b iVm § 6 Abs. 4 S. 1** (Alt. 2) handelt ordnungswidrig, wer als Inhaber einer bedeutenden Beteiligung oder als ein von ihm kontrolliertes Unternehmen einer vollziehbaren Anordnung der Börsenaufsichtsbehörde, die die Ausübung der Stimmrechte untersagt und anordnet, dass über die Anteile nur mit ihrer Zustimmung verfügt werden darf, vorsätzlich oder fahrlässig zuwiderhandelt.

64 **Täter** können nur **Adressaten der Anordnungen** sein, denen die Unterlassungspflicht selbst obliegt, oder Personen, die für Adressaten, denen sie obliegt, gem. § 9 OWiG handeln (→ Rn. 85; zur Beteiligung → Rn. 87). Adressat des § 6 Abs. 2 S. 1 (Alt. 1) kann jeder sein, der den untersagten Erwerb anstrebt, bzw. jeder Inhaber einer bedeutenden Beteiligung (→ Rn. 22), der die untersagte Erhöhung beabsichtigt. Adressat des § 6 Abs. 4 S. 1 (Alt. 2) können sowohl der Inhaber einer bedeutenden Beteiligung als auch ein von ihm kontrolliertes Unternehmen sein.

65 Die **Anordnung nach § 6 Abs. 2 S. 1** (Alt. 1) setzt voraus, dass Tatsachen den Schluss auf die Unzuverlässigkeit oder auf eine Beeinträchtigung der Durchführung und angemessenen Fortentwicklung des Börsenbetriebs rechtfertigen (vgl. iE § 6 Abs. 2 S. 1 Nr. 1, 2). Die **Anordnung nach § 6 Abs. 4 S. 1** (Alt. 2) erfordert, dass die Voraussetzungen für eine Untersagungsverfügung nach § 6 Abs. 2 S. 1 vorliegen, der Pflicht zur vorherigen Unterrichtung der Börsenaufsichtsbehörde nach § 6 Abs. 1 nicht nachgekommen oder die Beteiligung entgegen einer vollziehbaren Untersagung nach § 6 Abs. 2 S. 1 erworben oder erhöht wurde (vgl. § 6 Abs. 4 S. 1 Nr. 1–3). Die jeweilige Anordnung muss **vollziehbar** (→ Rn. 39) sein.

66 Eine **Zuwiderhandlung** liegt hinsichtlich der Anordnung nach § 6 Abs. 2 S. 1 vor, wenn der **Erwerb der Anteile** stattfindet, und hinsichtlich der Anordnung nach § 6 Abs. 4 S. 1, wenn **das Stimmrecht ausgeübt** oder **ohne Zustimmung verfügt** wird. Eine tatbestandsmäßige Zuwiderhandlung liegt auch im Falle einer **rechtswidrigen** Anordnung vor (→ Rn. 74) (aA Erbs/Kohlhaas/ *Wehowsky* Rn. 17). Sowohl **vorsätzliches** (→ Rn. 76) als auch **fahrlässiges** (→ Rn. 79 ff.) Handeln ist tatbestandsmäßig.

67 Die **Geldbuße** beträgt bei Vorsatz bis zu 500.000 EUR (§ 50 Abs. 3), bei Fahrlässigkeit bis zu 250.000 EUR (vgl. § 17 Abs. 2 OWiG).

III. Verstöße gegen die Pflicht, den Zutritt zu gestatten bzw. zu dulden (Nr. 2)

68 § 50 Abs. 2 Nr. 2 soll gewährleisten, dass die **Börsenaufsichtsbehörden** die **Marktaufsicht** wahrnehmen können. Die Befugnis zum Betreten von Grundstücken und Geschäftsräumen nach § 3 Abs. 4 Nr. 5 und Nr. 6 soll die Einsichtnahme in Unterlagen vor Ort ermöglichen. Das Grundrecht der **Unverletzlichkeit der Wohnung** (Art. 13 GG) ist insoweit ausdrücklich eingeschränkt (§ 3 Abs. 4 S. 5). Den Handelsüberwachungsstellen steht die Befugnis des § 3 Abs. 4 S. 5 nach § 7 Abs. 3 Hs. 1 zwar ebenfalls zu, der Verstoß gegen ein entsprechendes Betretensverlangen ist aber mangels Verweises des § 50 Abs. 2 Nr. 2 auf § 7 Abs. 3 nicht sanktioniert (Erbs/Kohlhaas/*Wehowsky* Rn. 18).

69 Ordnungswidrig handelt nach **§ 50 Abs. 2 Nr. 2 iVm § 3 Abs. 4 S. 5** (Alt. 1) ein Auskunftspflichtiger, der den Bediensteten der Börsenaufsichtsbehörde während der üblichen Arbeitszeit das Betreten seiner Grundstücke und Geschäftsräume vorsätzlich oder fahrlässig nicht gestattet. Darüber hinaus handelt der Auskunftspflichtige nach **§ 50 Abs. 2 Nr. 2 iVm § 3 Abs. 4 S. 6** (Alt. 2) aber auch dann ordnungswidrig, wenn er das Betreten der Geschäftsräume durch die Bediensteten der Börsenaufsichtsbehörde außerhalb dieser Zeit oder von Geschäftsräumen, die sich in einer Wohnung befinden, vorsätzlich oder fahrlässig nicht duldet.

70 **Täter** können nur **Auskunftspflichtige** sein, die **Adressaten eines Betretensverlangens** (→ Rn. 71) sind, oder Personen, die für einen Adressaten gem. § 9 OWiG (→ Rn. 85; zur Beteiligung → Rn. 87) handeln. Auskunftspflichtig kann grds. jedermann sein (vgl. § 3 Abs. 4 S. 3).

Die Gestattungs- bzw. Duldungspflicht setzt ein **Betretensverlangen** (Erbs/Kohlhaas/*Wehowsky* **71**
Rn. 18) von Bediensteten der Börsenaufsichtsbehörde oder (vgl. § 3 Abs. 4 S. 8) beauftragter Personen
und Einrichtungen voraus. **Rechtmäßig** ist das Verlangen **§ 3 Abs. 4 S. 5,** wenn das Betreten der
Grundstücke und der Geschäftsräume während der üblichen Arbeitszeit zur Wahrnehmung der Aufgaben der Börsenaufsichtsbehörde erforderlich ist. Für das Betreten der Geschäftsräume außerhalb dieser
Zeit oder von Geschäftsräumen in einer Wohnung fordert **§ 3 Abs. 4 S. 6** weitergehend, dass das
Betreten zur Verhütung von dringenden Gefahren für die öffentliche Sicherheit und Ordnung erforderlich ist. Das Betretensverlangen ist stets **sofort vollziehbar,** da Widerspruch und Anfechtungsklage
gegen Maßnahmen nach § 3 Abs. 4 keine aufschiebende Wirkung haben (§ 3 Abs. 9).

Die **Zuwiderhandlung** besteht darin, dass das Betreten nicht gestattet bzw. nicht geduldet wird; **72**
entscheidend ist, dass die Bediensteten bzw. die beauftragten Personen und Einrichtungen **am Betreten
gehindert** sind. Dies ist der Fall, wenn der Adressat das Betreten verweigert oder verschlossene Räume
nicht aufschließt; zudem darf der Adressat nach dem Betreten die Personen nicht der Räumlichkeiten
oder Grundstücke verweisen oder sie hierzu nötigen. Eine tatbestandsmäßige Zuwiderhandlung liegt
auch dann vor, wenn das Betretensverlangen **rechtswidrig** ist (→ Rn. 74) (aA Erbs/Kohlhaas/*Wehowsky*
§ 50 Rn. 18). Erfasst ist **vorsätzliches** (→ Rn. 76) und **fahrlässiges** (→ Rn. 79 ff.) Handeln.

Das Höchstmaß der **Geldbuße** beträgt bei Vorsatz 50.000 EUR (§ 50 Abs. 3), bei Fahrlässigkeit **73**
25.000 EUR (vgl. § 17 Abs. 2 OWiG).

D. Bußgeldtatbestand des § 50 Abs. 2a

§ 50 Abs. 2a wurde durch das **EMIR-AG** mWv 16.2.2013 eingefügt, um die von Art. 12 Abs. 1 **73a**
geforderten Sanktionen zu schaffen, soweit es um Verstöße gegen Art. 8 der VO (EU) Nr. 648/2012
(European Market Infrastructure Regulation – **EMIR**) geht, die von Betreibern von Freiverkehren, die
nicht der Aufsicht der BaFin unterliegen, begangen werden (BT-Drs. 17/11289, 26). Für die Betreiber
von multilateralen Handelssystemen, die von der BaFin beaufsichtigt werden, wurde § 39 Abs. 2e Nr. 2
WpHG geschaffen (hierzu Fuchs/*Waßmer* § 39 Rn. 245 ff.). Die Sanktionen müssen zumindest **Geldbußen** umfassen. Anlass für die Schaffung der Vorschriften war, dass die Transparenz außerbörslich
gehandelter Derivate **(OTC-Derivate)** sich während der **Finanzmarktkrise** des Jahres 2008 als
unzureichend herausgestellt hatte, da Informationen zu den Derivaten idR nur den Vertragsparteien
vorlagen, womit der Ausfall eines Akteurs für große Unsicherheit und Kettenreaktionen am OTC-
Derivatemarkt sorgen und die Finanzmarktstabilität gefährden konnte. Um die Transparenz zu verbessern und die Risiken zu vermindern, sollten daher künftig standardisierte OTC-Derivate über zentrale
Gegenparteien (central counterparties – CCPs) abgewickelt (Clearingpflicht) und OTC-Derivate an
Transaktionsregister gemeldet werden (vgl. BT-Drs. 17/11289, 16). Die **Bekanntmachung** von unanfechtbar gewordenen Bußgeldentscheidungen verfügt der ebenfalls neu geschaffene § 50a.

Nach **Art. 8 Abs. 1** der VO (EU) Nr. 648/2012 muss ein Handelsplatz zentralen Gegenparteien **73b**
Handelsdaten diskriminierungsfrei und auf transparente Weise zur Verfügung zu stellen. Hier-
durch sollen **Wettbewerbsverzerrungen** auf dem Markt für OTC-Derivate vermieden werden (vgl.
Erwägungsgrund Nr. 34 der VO (EU) Nr. 648/2012). Voraussetzung ist, dass die zentrale Gegenpartei
einen förmlichen Antrag auf Zugang zu dem Handelsplatz gestellt hat. Nach **Art. 8 Abs. 4 UAbs. 1**
der VO (EU) Nr. 648/2012 muss der Betreiber auf entsprechenden Antrag den Zugang binnen drei
Monaten nach einem positiven Bescheid ermöglichen, unbeschadet der Entscheidung der zuständigen
Behörden des Handelsplatzes und der zentralen Gegenpartei.

Täter können nur die Betreiber eines Freiverkehrs iSd § 48 sein. Für multilaterale Handelssysteme, **73c**
die der Aufsicht der BaFin unterliegen, ist § 39 Abs. 2e Nr. 2 WpHG anzuwenden.

Ein **Verstoß** liegt vor, wenn die **Handelsdaten** vorsätzlich oder fahrlässig **nicht, nicht richtig, 73d**
nicht vollständig, nicht in der vorgeschriebenen Weise (dh nicht diskriminierungsfrei; nicht transparent) oder **nicht rechtzeitig** zur Verfügung gestellt werden.

Das Höchstmaß der **Geldbuße** beträgt bei Vorsatz 100.000 EUR (§ 50 Abs. 3), bei Fahrlässigkeit **73e**
50.000 EUR (vgl. § 17 Abs. 2 OWiG).

E. Verstoß gegen rechtswidrige Anordnungen

Soweit die Tatbestände des § 50 Abs. 1, 2 verwaltungsakzessorisch sind, ist der **Tatbestand auch 74**
dann erfüllt, wenn gegen eine rechtswidrige Anordnung verstoßen wird (aA Erbs/Kohlhaas/*Wehowsky*
Rn. 19). Entscheidend ist allein, ob ein **formell wirksamer und vollziehbarer Verwaltungsakt**
vorliegt, der zum Zeitpunkt der Tat die Befolgung fordert, während die materielle Rechtmäßigkeit ohne
Bedeutung ist (BGHSt 23, 86 (91, 93); Fischer StGB Vor § 324 Rn. 7; KK-OWiG/*Rengier* OWiG Vor
§§ 15, 16 Rn. 24; *Mitsch*, Recht der Ordnungswidrigkeiten, 2005, § 7 Rn. 39). Zur Begründung für
diese strikte Abhängigkeit des Ordnungswidrigkeitenrechts von den verwaltungsrechtlichen Vorgaben
lassen sich nicht nur allg. Aspekte der Rechtssicherheit und Rechtsklarheit anführen, sondern in Bezug
auf das Börsenwesen ist auch speziell darauf hinzuweisen, dass es um wesentliche Anordnungen geht,

ohne deren effektive Durchsetzung die Börsenaufsichtsbehörden bzw. Handelsüberwachungsstellen ihren Aufgaben nicht nachkommen können.

75 Allerdings ist in den Fällen, in denen gegen eine formell wirksame und sofort vollziehbare Anordnung verstoßen wird, die sich später als rechtswidrig herausstellt, die **Ahndung des Verstoßes nicht geboten** (so iErg auch Erbs/Kohlhaas/*Wehowsky* Rn. 19). Hierfür lässt sich zum einen auf die Tendenz der Rspr. des BVerfG hinweisen, Zuwiderhandlungen gegen rechtswidrige Anordnungen nur dann zu sanktionieren, wenn der Gesetzgeber deren Ahndung klar angeordnet hat (BVerfG NStZ 1993, 190 (191); BVerfG NJW 1995, 3110 (3111)). Zum anderen bestehen rechtsstaatliche Bedenken, jemanden selbst dann noch zu sanktionieren, wenn das Verwaltungsverfahren zu seinen Gunsten ausgegangen ist (vgl. Rengier StrafR BT II § 30 Rn. 24). Daher ist idR die **Verfahrenseinstellung** (→ Rn. 101) angezeigt.

F. Vorsatz und Irrtum, Fahrlässigkeit und Leichtfertigkeit

76 **Vorsatz** setzt das Wissen und Wollen der Verwirklichung der Tatbestandsmerkmale voraus. Dies gilt auch für die Merkmale der Ausfüllungsnormen. **Dolus eventualis** genügt (Groß KapMR Rn. 2; Schwark/Zimmer/*Schwark* Rn. 2). Da iRd § 50 Abs. 1 Leichtfertigkeit und iRd § 50 Abs. 2 und 2a sogar jede Fahrlässigkeit geahndet werden kann, hat die schwierige Abgrenzung zur bewussten Fahrlässigkeit (→ Rn. 79) nur geringe praktische Bedeutung, da bei Beweisschwierigkeiten idR an ein fahrlässiges Verhalten angeknüpft wird.

77 Ein **Tatbestandsirrtum,** der den Vorsatz ausschließt (vgl. § 11 Abs. 1 S. 1 OWiG), liegt vor, wenn der Täter sich über den tatsächlichen Sachverhalt irrt, also zB annimmt, es fehle in den Fällen des § 50 Abs. 1 Nr. 4 oder § 50 Abs. 2 Nr. 1 an einer Anordnung der Börsenaufsichtsbehörde; unberührt bleibt jedoch die Ahndung wegen Fahrlässigkeit (§ 11 Abs. 1 S. 2 OWiG) bzw. Leichtfertigkeit als der (→ Rn. 81) gesteigerten Form.

78 Ein **Verbotsirrtum** liegt insbes. dann vor, wenn dem Täter die nach dem BörsG bestehenden Verhaltenspflichten unbekannt sind (Schwark/Zimmer/*Schwark* Rn. 2). So liegt zB in Bezug auf § 50 Abs. 1 Nr. 3 lit. a ein Verbotsirrtum vor, wenn der Täter die nach § 6 Abs. 1 S. 1 bestehende Pflicht, die Absicht des Erwerbs einer bedeutenden Beteiligung anzuzeigen, nicht kennt. Ist der Verbotsirrtum **unvermeidbar,** handelt der Täter nicht vorwerfbar (§ 11 Abs. 2 OWiG). Angesichts der strengen Anforderungen an die Unvermeidbarkeit, die bei Personen, die von Berufs wegen im Börsenwesen tätig sind, bestehen, scheidet iRd § 50 regelmäßig die erfolgreiche Berufung auf einen Verbotsirrtum aus. Für den **vermeidbaren** Verbotsirrtum fehlt eine gesetzliche Regelung im OWiG, nach allgM (vgl. nur Göhler/*Gürtler* OWiG § 11 Rn. 29; KK-OWiG/*Rengier* OWiG § 11 Rn. 125) kann aber die Geldbuße in analoger Anwendung von § 17 S. 2 StGB gemildert werden.

79 **Fahrlässigkeit** bedeutet die unbewusste oder ungewollte, aber pflichtwidrige Verwirklichung des Tatbestands (vgl. nur KK-OWiG/*Rengier* OWiG § 10 Rn. 15 ff. mwN). Hierbei kann nach dem **Schweregrad** (leichte Fahrlässigkeit bis Leichtfertigkeit) und der **Kenntnis** (bewusste und unbewusste Fahrlässigkeit) differenziert werden. Unbewusste Fahrlässigkeit liegt vor, wenn der Täter die gebotene Sorgfalt außer Acht lässt und den Tatbestand verwirklicht, ohne dies zu erkennen, bewusste Fahrlässigkeit, wenn er die Tatbestandsverwirklichung für möglich hält, jedoch pflichtwidrig darauf vertraut, dass er ihn nicht verwirklicht (Erbs/Kohlhaas/*Wehowsky* Rn. 22; Schwark/Zimmer/*Schwark* Rn. 2). Hat der Täter sich hingegen mit der Tatbestandsverwirklichung abgefunden bzw. diese gebilligt, liegt Eventualvorsatz (→ Rn. 76) vor. Da § 50 Abs. 2 und 2a **alle Formen** der Fahrlässigkeit einbeziehen, ist die Unterscheidung nur für die Zumessung der Geldbuße (→ Rn. 93) von Bedeutung.

80 Für die **Feststellung** der Fahrlässigkeit sind Sorgfaltspflichtverletzung und Voraussehbarkeit mittels einer **Doppelprüfung** objektiv und subjektiv zu prüfen. Der Täter muss nicht nur objektiv, sondern auch nach seinen persönlichen Fähigkeiten und dem Maß seines individuellen Könnens imstande gewesen sein, die Sorgfaltspflicht zu erkennen und die sich daraus ergebenden Sorgfaltsanforderungen zu erfüllen.

81 **Leichtfertigkeit** ist ein in objektiver und subjektiver Hinsicht **besonders gesteigerter Grad der Fahrlässigkeit,** der in etwa der **groben Fahrlässigkeit** des Zivilrechts entspricht (vgl. RGSt 71, 174 (176); BGHSt 14, 240 (255); 33, 66 (67); Erbs/Kohlhaas/*Wehowsky* Rn. 22; Groß KapMR Rn. 2; Schwark/Zimmer/*Schwark* Rn. 2). Leichtfertig handelt der Täter, wenn er die gebotene Sorgfalt in ungewöhnlich hohem Maße verletzt (qualifizierte Pflichtwidrigkeit), entweder aus besonderer Unachtsamkeit die Möglichkeit der Tatbestandsverwirklichung nicht erkennt (unbewusste Leichtfertigkeit) oder in Kenntnis dieser Möglichkeit aus besonderer Gleichgültigkeit darauf vertraut, dass sie ausbleibt (bewusste Leichtfertigkeit), und damit außer Acht lässt, dass sich die Tatbestandsverwirklichung aufdrängt (qualifizierte Voraussehbarkeit).

82 **Leichtfertigkeit** liegt vor, wenn der Täter gerade das unberücksichtigt lässt, was jedem anderen an seiner Stelle offensichtlich eingeleuchtet hätte (Groß KapMR Rn. 2). Dies ist der Fall bei Nichtanstellen einfachster Überlegungen, Nichtbeachtung allseits bekannter Umstände, rücksichtslosem Hinwegsetzen über die klar erkannte Möglichkeit der Tatbestandsverwirklichung oder der Verletzung besonders ernst zu nehmender Pflichten (vgl. Schönke/Schröder/*Sternberg-Lieben/Schuster* StGB § 15 Rn. 205 mwN).

Da die von § 50 Abs. 1 geschützten Verhaltenspflichten besonders wichtig sind, liegt die Annahme leichtfertigen Verhaltens häufig nahe.

G. Versuch

Der **Versuch** einer Ordnungswidrigkeit des § 50 kann mangels ausdrücklicher Bestimmung (vgl. § 10 **83** Abs. 1 OWiG) **nicht geahndet** werden.

H. Täterschaft und Beteiligung

§ 50 Abs. 1, 2 enthält trotz seiner offenen Formulierung („wer") **echte Sonderdelikte** (vgl. Erbs/ **84** Kohlhaas/*Wehowsky* Rn. 4), da dem Täter jeweils eine spezifische Verhaltenspflicht nach dem BörsG obliegen muss, so dass eine **besondere Täterqualifikation** vorausgesetzt wird. Andere Personen, denen die besondere Täterqualifikation fehlt und die sich an einer Tat beteiligen, können allerdings als Beteiligte (→ Rn. 87) Täter sein, da das Ordnungswidrigkeitenrecht dem **Einheitstäterprinzip** folgt (vgl. § 14 Abs. 1 S. 1 OWiG).

Täter des § 50 können nur **natürliche Personen** sein. Hierbei kann der natürlichen Person **85** entweder die Verhaltenspflicht nach dem BörsG selbst obliegen, so dass sie die besondere Täterqualifikation selbst aufweist, oder sie kann – sofern Adressat der Verhaltenspflicht eine juristische Person oder Personenvereinigung ist – gem. der Organ- und Vertreterhaftung des § 9 OWiG als **Vertreter** in die Pflichtenstellung des Vertretenen eingetreten sein (Erbs/Kohlhaas/*Wehowsky* Rn. 4). Täter ist danach zunächst derjenige, der die besondere Täterqualifikation selbst aufweist und die Tat begeht. Auch vorsätzlich handelnde Mittäter, die die besondere Täterqualifikation selbst aufweisen, sind idS Täter.

Die **Beteiligung** setzt einen vorsätzlichen Tatbeitrag zu der vorsätzlichen und rechtswidrigen Tat **86** eines anderen (Bezugstat) voraus (BGHSt 31, 309 (311); Erbs/Kohlhaas/*Wehowsky* Rn. 21; *Göhler*/ *Gürtler* OWiG § 14 Rn. 5b); ein lediglich fahrlässiger Tatbeitrag bzw. eine fahrlässige Bezugstat genügen nicht. Diese restriktive Auslegung der Beteiligung verhindert eine Überdehnung im Vergleich zum Strafrecht. Der **Täter der Bezugstat** muss vorsätzlich und rechtswidrig eine Tat nach § 50 begehen; Vorwerfbarkeit ist nicht erforderlich (§ 14 Abs. 3 S. 1 OWiG, limitierte Akzessorietät). Der **Tatbeitrag** muss diese Bezugstat zumindest physisch oder psychisch vorsätzlich fördern (vgl. KK-OWiG/*Rengier* OWiG § 14 Rn. 22 f.).

Falls dem Beteiligten die **besondere Täterqualifikation fehlt**, genügt es, dass eine Person, die einen **87** vorsätzlichen Tatbeitrag leistet, sie besitzt. Denn nach § 14 Abs. 1 S. 2 OWiG müssen besondere persönliche Merkmale iSd § 9 Abs. 1 OWiG, die die Möglichkeit der Ahndung begründen, nur bei einem Beteiligten vorliegen („Täterschaft ohne Täterqualität"; „fiktive Täterschaft"). Dabei muss es sich nach hM (*Göhler*/*Gürtler* OWiG § 14 Rn. 12a; KK-OWiG/*Rengier* OWiG § 14 Rn. 41 ff.) nicht einmal um den „Hauptbeteiligten" handeln. Daher können iRd § 50 auch **untergeordnete Unternehmensangehörige** und **Externe** (Beteiligungs-)Täter sein.

I. Konkurrenzen

Tateinheit (§ 19 OWiG) liegt vor, wenn dieselbe Handlung mehrmals einen Tatbestand des § 50 **88** verletzt. In diesem Fall wird nur eine einzige Geldbuße festgesetzt. Demgegenüber ist im Falle der **Tatmehrheit** (§ 20 OWiG) gem. dem Kumulationsprinzip jede Geldbuße gesondert festzusetzen.

Ist die Tat nach § 50 gleichzeitig eine **Straftat,** gelangt allein das Strafgesetz zur Anwendung (vgl. **89** § 21 Abs. 1 S. 1 OWiG). Zu denken ist zB bei Verstößen gegen Verschwiegenheits-, Anzeige- und Veröffentlichungspflichten an eine Strafbarkeit aus § 38 Abs. 1 WpHG **(strafbarer Insiderhandel)** bzw. § 38 Abs. 2 WpHG **(strafbare Marktmanipulation)** (Schwark/Zimmer/*Schwark* § 50 Rn. 3).

Wird **keine Strafe verhängt,** kann eine Tat nach § 50 als Ordnungswidrigkeit verfolgt werden (vgl. **90** § 21 Abs. 2 OWiG). Dies ist der Fall, wenn eine **Einstellung** nach §§ 170 Abs. 2 oder §§ 153, 153b oder § 154 StPO (BGHSt 41, 385 (390 f.); *Göhler*/*Gürtler* OWiG § 21 Rn. 27; aA KK-OWiG/*Mitsch* OWiG § 21 Rn. 31) erfolgt. Hingegen scheidet bei einer Einstellung nach § 153a StPO die weitere Verfolgung aus, da eine Entscheidung über die Sache vorliegt (KK-OWiG/*Mitsch* OWiG § 21 Rn. 32 mwN). Dies gilt auch bei **rechtskräftigem Freispruch** (vgl. § 84 Abs. 1 OWiG), da das Strafgericht die angeklagte Tat zugleich unter dem rechtlichen Gesichtspunkt einer Ordnungswidrigkeit beurteilt (vgl. § 82 Abs. 1 OWiG).

J. Geldbuße

Der **Mindestbetrag** der Geldbuße beträgt fünf EUR (§ 17 Abs. 1 OWiG). § 50 Abs. 3 sieht in **91** Abänderung des Regelbußgeldrahmens (1.000 EUR, vgl. § 17 Abs. 1 OWiG) einen gestaffelten Bußgeldrahmen vor. Der **Höchstbetrag** beträgt bei Ordnungswidrigkeiten nach § 50 Abs. 2 Nr. 1 lit. b 500.000 EUR, nach § 50 Abs. 1 Nr. 3 lit. a, 4 und 6 sowie Abs. 2a 100.000 EUR und in den übrigen Fällen 50.000 EUR. Dies gilt allerdings nur bei vorsätzlichem Handeln, bei fahrlässigem Handeln, zu dem auch das leichtfertige Handeln zählt (→ Rn. 81), beträgt der Höchstbetrag jeweils die Hälfte (vgl. § 17 Abs. 2 OWiG).

92   In der **Staffelung** des Bußgeldrahmens gelangt die unterschiedliche Bedeutung der Taten zum Ausdruck. Die vergleichsweise **hohen Höchstbeträge** reflektieren die Bedeutung, die dem Börsenwesen zugemessen wird, und tragen dem Umstand Rechnung, dass manche Personen nur durch Androhung empfindlicher Geldbußen zur Erfüllung ihrer Pflichten anzuhalten sind.

93   Grundlage der **Zumessung** bilden die Bedeutung der Ordnungswidrigkeit und der Vorwurf, der den Täter trifft (§ 17 Abs. 3 S. 1 OWiG). Die Bedeutung der Ordnungswidrigkeit richtet sich nach sachlichem Gehalt und Umfang der Tat (vgl. Göhler/*Gürtler* OWiG § 17 Rn. 16). Der Vorwurf, der den Täter trifft, bemisst sich vorrangig nach der Bedeutung der Ordnungswidrigkeit. Besondere Umstände (zB einschlägige Vortaten, besonders verwerfliche Motive) sind einzubeziehen. Auch die wirtschaftlichen Verhältnisse des Täters dürfen berücksichtigt werden (vgl. § 17 Abs. 3 S. 2 OWiG), wobei Einkommen und Vermögen zum Zeitpunkt der Festsetzung maßgebend sind (KK-OWiG/*Mitsch* OWiG § 17 Rn. 87). Weitere Umstände (zB Nachtatverhalten, Berufswechsel) können nachrangig berücksichtigt werden (Göhler/*Gürtler* OWiG § 17 Rn. 15, 26 ff.).

94   Die Geldbuße soll den wirtschaftlichen Vorteil übersteigen, den der Täter gezogen hat (§ 17 Abs. 4 S. 1 OWiG, **Vorteilsabschöpfung**). Reicht das gesetzliche Höchstmaß nicht aus, kann es überschritten werden (§ 17 Abs. 4 S. 2 OWiG). Unter **wirtschaftlichem Vorteil,** der nicht unmittelbar aus der Ordnungswidrigkeit gezogen worden sein muss (Göhler/*Gürtler* OWiG § 17 Rn. 39b), ist nicht nur ein monetärer Gewinn, sondern sind auch sonstige Vorteile wirtschaftlicher Art zu verstehen (Göhler/*Gürtler* OWiG § 17 Rn. 40). Maßgebend ist der Vergleich der Vermögenslage vor und nach der Tat, wobei die hM (KK-OWiG/*Mitsch* OWiG § 17 Rn. 119 mwN) das Nettoprinzip anwendet, dh Kosten und Aufwendungen abzieht. Um Widersprüche zum Verfall zu vermeiden, wendet die vordringende Auffassung (Göhler/*Gürtler* OWiG § 17 Rn. 38a; Hellmann/Beckemper WirtschaftsStR Rn. 1000) konsequent das Bruttoprinzip an.

95   Bei Anwendung des Kumulationsprinzips (→ Rn. 88) können sich bei § 50 **erhebliche Summierungseffekte** ergeben. Unbilligen Härten ist durch die Begrenzung der Einzelgeldbußen zu begegnen.

96   Gegen den Verband kann eine **Verbandsgeldbuße nach § 30 OWiG** (→ § 49 Rn. 86) verhängt werden, wenn eine Tat nach § 50 durch Organe oder bestimmte Vertreter einer juristischen Person oder Personenvereinigung begangen wurde (Erbs/Kohlhaas/*Wehowsky* Rn. 6). Das Höchstmaß richtet sich nach dem in § 50 Abs. 3 angedrohten Höchstmaß, beträgt also bei einer vorsätzlichen Tat 500.000 EUR, 100.000 EUR oder 50.000 EUR, bei einer fahrlässigen Tat jeweils die Hälfte. Es kann im Einzelfall überschritten werden, da auch die Verbandsgeldbuße den wirtschaftlichen Vorteil übersteigen soll, den der Verband gezogen hat.

K. Verjährung

97   Die **Verfolgungsverjährung** beträgt **drei Jahre** (vgl. § 31 Abs. 2 Nr. 1 OWiG). Sie beginnt, sobald die Handlung beendet ist (§ 31 Abs. 3 OWiG), ruht, solange nach dem Gesetz die Verfolgung nicht begonnen oder nicht fortgesetzt werden kann (vgl. § 32 Abs. 1 OWiG), und wird unterbrochen durch die in § 33 Abs. 1 OWiG genannten Verfahrenshandlungen. Die Grenze der absoluten Verjährung beträgt sechs Jahre (vgl. § 33 Abs. 3 S. 2 OWiG).

98   Die **Vollstreckungsverjährung** richtet sich nach der rechtskräftig festgesetzten **Geldbuße.** Sie beträgt bei Geldbußen von mehr als 1.000 EUR **fünf Jahre,** bei Geldbußen bis zu 1.000 EUR **drei Jahre** (§ 34 Abs. 2 Nr. 1, 2 OWiG). Sie beginnt mit Rechtskraft (§ 34 Abs. 3 OWiG) und ruht, solange die Vollstreckung nicht begonnen oder nicht fortgesetzt werden kann, die Vollstreckung ausgesetzt oder Zahlungserleichterung bewilligt ist (vgl. § 34 Abs. 4 Nr. 1–3 OWiG).

L. Bußgeldverfahren

99   Taten nach **§ 50** werden im Bußgeldverfahren **von Amts wegen** verfolgt. Es gelten die **Verfahrensvorschriften des OWiG** (§§ 35–110e OWiG).

100   Für das Bußgeldverfahren **primär zuständig** ist mangels ausdrücklicher Bestimmung nach § 36 Abs. 2 Nr. 2a OWiG die **fachlich zuständige oberste Landesbehörde.** Dies ist zB in Baden-Württemberg nach § 3 Abs. 3 Nr. 1 OWiZuVO (Verordnung der Landesregierung über Zuständigkeiten nach dem Gesetz über Ordnungswidrigkeiten v. 2.2.1990, GBl. 75) das Wirtschaftsministerium. In bestimmten Fällen kann auch die StA zuständig sein (vgl. iE §§ 40–42 OWiG). Die **Befugnis zur Verfolgung** (§ 35 Abs. 1 OWiG) gestattet es der Bußgeldbehörde, selbstständig und eigenverantwortlich zu ermitteln. Die **Befugnis zur Ahndung** (§ 35 Abs. 2 OWiG) erlaubt es, über die Tat selbstständig zu entscheiden und Geldbußen einschließlich Nebenfolgen festzusetzen.

101   Im gesamten Bußgeldverfahren gilt das **Opportunitätsprinzip,** dh die Verfolgung liegt im pflichtgemäßen Ermessen (§ 47 Abs. 1 S. 1 OWiG). Dies gilt nicht nur für die Verfahrenseinleitung, den Umfang der Verfolgung und den Einsatz von Aufklärungsmitteln, sondern auch für die Verfahrenseinstellung (vgl. § 47 Abs. 1 S. 2 OWiG). Bei der **Ermessensausübung** (hierzu Göhler/*Seitz* OWiG

§ 47 Rn. 7 ff.) ist abzuwägen, ob bei Berücksichtigung der Bedeutung der Ordnungswidrigkeit, des Vorwurfs, der den Täter trifft, und der erstrebten Zielrichtung die Verfolgung angebracht ist. Leitgedanken bilden Gleichheits- und Verhältnismäßigkeitsgrundsatz. Alle wesentlichen Umstände sind einzubeziehen, vor allem Auswirkungen der Tat, Einstellung zur Rechtsordnung, Wiederholungsgefahr, Nachtatverhalten und Schadenswiedergutmachung.

§ 50a Bekanntmachung von Maßnahmen

Die Börsenaufsichtsbehörde hat jede unanfechtbar gewordene Bußgeldentscheidung nach § 50 Absatz 2a unverzüglich auf ihrer Internetseite öffentlich bekannt zu machen, es sei denn, diese Veröffentlichung würde die Finanzmärkte erheblich gefährden oder zu einem unverhältnismäßigen Schaden bei den Beteiligten führen. Die Bekanntmachung darf keine personenbezogenen Daten enthalten.

Die Vorschrift wurde in Ergänzung zu § 50 Abs. 2a (→ Rn. 73a ff.) durch das **EMIR-AG** mWv **1** 16.2.2013 geschaffen, um Art. 12 Abs. 2 und Art. 88 Abs. 2 der VO (EU) Nr. 648/2012 (EMIR) umzusetzen (BT-Drs. 17/11289, 25). Danach haben die Mitgliedstaaten die **öffentliche Bekanntgabe von Sanktionen** auf der Website der zuständigen Behörden sicherzustellen, sofern diese nicht die Stabilität der Finanzmärkte gefährden oder zu einem unverhältnismäßig hohen Schaden bei den Beteiligten führen würde. Hierbei sind aufgrund von Art. 12 Abs. 2 der VO personenbezogene Daten nicht zu veröffentlichen. Im **Wertpapierhandelsrecht** wurde die parallele Vorschrift des § 40b Abs. 4 WpHG eingefügt (hierzu Fuchs/*Waßmer* § 40b Rn. 35 ff.).

Das sog **„naming and shaming"** ist im angloamerikanischen Rechtskreis weit verbreitet. Eine **2** „Prangerwirkung" ist jedoch durch § 50a – wie auch durch § 40b Abs. 3 WpHG – nicht intendiert, da personenbezogene Daten nicht zu veröffentlichen sind. Es handelt sich deshalb um **keine Sanktion,** sondern um eine Maßnahme zur **Gefahrenabwehr** durch Information der Marktteilnehmer (vgl. Fuchs/*Waßmer* § 40b Rn. 3 ff.).

Voraussetzung ist, dass eine **unanfechtbar** gewordene, dh rechtskräftige Bußgeldentscheidung nach **3** § 50 Abs. 2a vorliegt und die Veröffentlichung die Finanzmärkte weder erheblich gefährden oder zu einem unverhältnismäßigen Schaden bei den Beteiligten führen würde. Bei Vorliegen dieser Voraussetzungen steht der jeweiligen Börsenaufsichtsbehörde bezüglich der Entscheidung über die Bekanntgabe **kein Ermessen** zu.

Die **Bekanntgabe** hat **unverzüglich,** dh ohne schuldhaftes Zögern (vgl. § 121 Abs. 1 S. 1 BGB), **4** auf der Internetseite der jeweiligen Börsenaufsichtsbehörde zu erfolgen. Die Bußgeldentscheidung ist so zu veröffentlichen, wie sie ergangen ist, darf aber **keine personenbezogenen Daten** enthalten. Darunter sind personenbezogene Daten iSd Art. 2 lit. a der RL 95/46/EG (Datenschutzrichtlinie) zu verstehen (vgl. Art. 12 Abs. 2 der VO (EU) Nr. 648/2012). Daher sind alle Informationen über eine bestimmte oder bestimmbare **natürliche Person** zu **anonymisieren.** Die Anonymisierungspflicht gilt dagegen nicht für juristische Personen, bei denen aber aufgrund eines drohenden unverhältnismäßigen Schadens die Anonymisierung notwendig sein kann.

238. Verordnung über Butter und andere Milchstreichfette (Butterverordnung – ButterV)

Vom 3. Februar 1997 (BGBl. I S. 144) FNA 7842-13

Zuletzt geändert durch Art. 20 G. zur Neuregelung des gesetzlichen Messwesens vom 25.7.2013 (BGBl. I S. 2722)

– Auszug –

Vorbemerkung

1   Nach § 1 gelten die Vorschriften der ButterV für Butter, Dreiviertelfettbutter, Halbfettbutter und Milchstreichfette im Sinne des Teils A der Anlage zu Anhang XV der **VO (EG) Nr. 1234/2007.** Insoweit **ergänzt** die ButterV die **gemeinschaftsrechtlichen Vorschriften.** Die VO (EG) Nr. 1234/ 2007 wurde zwar mWz 1.1.2014 durch Art. 230 Abs. 1 VO (EU) Nr. 1308/2013 aufgehoben. Insoweit dient die Bezugnahme indes lediglich der Konkretisierung des Begriffes, so dass der Bestimmtheitsgrundsatz – unbeschadet der Entsprechungsklausel in Art. 230 Abs. 2 VO (EU) Nr. 1308/2013 – durch den Wegfall der bisher in Bezug genommenen Verordnung nicht verletzt ist (vgl. BGH NStZ 2014, 329; → Vorb. LFGB Rn. 25).

2   Bis zur Änderung des § 17 Abs. 1 durch die VO zur Anpassung lebensmittelhygiene- und tierseuchenrechtlicher Vorschriften an den Lissabon-Vertrag v. 14.7.2010 (BGBl. I 929) erwies sich zwischen dem 25.3.2009 und dem 22.7.2010 zudem die **Rückverweisung in § 17 Abs. 1 aF** auf § 14 Abs. 2 Nr. 2 MilchMargG im Hinblick auf den verfassungsrechtlichen Bestimmtheitsgrundsatz als problematisch. Der in dieser Zeit von § 17 Abs. 1 aF in Bezug genommene § 14 Abs. 2 nF MilchMargG stellte keinen Bußgeldtatbestand mit Rückverweisungsklausel dar. Der maßgebliche Tatbestand findet sich nach redaktioneller Änderungen des MilchMargG durch Art. 13 des Dritten Mittelstandsentlastungsgesetz v. 17.3.2009 (BGBl. I 550 (553); → Vorb. MilchMargG Rn. 2) vielmehr in **§ 9 Abs. 2 Nr. 2 MilchMargG,** auf den nunmehr in Folge der Anpassung verwiesen wird (→ MilchMargG § 9 Rn. 5 mwN).

3   In materieller Hinsicht verfolgt die ButterV einerseits die **Förderung der Erzeugung, der Qualität und des Absatzes** der erfassten Erzeugnisse, andererseits dient sie auch **originär lebensmittelrechtlichen Zwecken,** dem Schutz der Gesundheit des Verbrauchers und dessen Schutz vor Täuschung und Irreführung (→ Vorb. LFGB Rn. 8 ff.). Die ButterV gliedert sich in Vorschriften betreffend **Butter** (§§ 2 u. 3), **Butter der Handelsklassen** (§§ 4–13) und **Dreiviertelfettbutter, Halbfettbutter und Milchstreichfette** (§ 14 f.). Hinsichtlich der einzelnen Erzeugnisse enthalten die diesbezüglichen Abschnitte jeweils ergänzende **Vorschriften zur Herstellung und Kennzeichnung.** Im Abschnitt 3, der die Regelungen hinsichtlich der Butter der Handelsklassen trifft, finden sich weitere Vorschriften, die die diesbezüglichen Qualitätsanforderungen und die Prüfung der Handelsklassen betreffen. Butter der Handelsklassen („Deutsche Markenbutter" und „Deutsche Molkereibutter"; vgl. § 4 S. 2) muss nach Maßgabe des § 5 hergestellt sein und den Qualitätsanforderungen des § 6 entsprechen. Bei **Missachtung der Herstellungs- und Kennzeichnungsvorschriften** besteht jeweils ein **Verkehrsverbot** für das betroffene Erzeugnis. Unter der **Bezeichnung Markenbutter** darf nach § 12 Abs. 1 **Butter aus anderen Mitgliedstaaten der EU** nur eingeführt werden, wenn die Butter den **Anforderungen an Herstellung und Qualität** nach den §§ 5 und 6 Abs. 1 Nr. 2 sowie an **Kennzeichnung und Verpackung** nach § 12 Abs. 2 **entspricht.**

3a   Soweit in den vorgenannten Vorschriften Regelungen hinsichtlich der Kennzeichnung der erfassten Erzeugnisse enthalten sind, ist zu beachten, dass am 13.12.2014 die **LMIV** (vgl. insoweit → Vorb. LFGB Rn. 12; → LFGB § 59 Rn. 14, 21 ff.) in Kraft trat. In diesem Zusammenhang soll nach Maßgabe von Art. 20 LMIV-AnpassungsVO (vgl. Anhang zur LMKV = Nr. 502 des Kommentars, → LMKV Anh. Rn. 5) **§ 17a eingefügt** werden, der den Vorrang der LMIV statuiert.

§ 17 Ordnungswidrigkeiten

(1) Ordnungswidrig im Sinne des § 9 Absatz 2 Nummer 2 des Milch- und Margarinegesetzes handelt, wer vorsätzlich oder fahrlässig

1. entgegen § 2 Abs. 1 oder § 4 Satz 1 Butter in den Verkehr bringt,
2. entgegen § 10 Abs. 2 Buttereinwickler verwendet,
3. entgegen § 11 Butter der Handelsklassen in den Verkehr bringt, die nicht oder nicht in der vorgeschriebenen Weise gekennzeichnet ist, oder
4. entgegen § 12 Abs. 1 Butter aus einem anderen Mitgliedstaat der Europäischen Union in den Verkehr bringt.

(2) Ordnungswidrig im Sinne des § 30 Abs. 1 Nr. 9 des Milch- und Fettgesetzes handelt, wer vorsätzlich oder fahrlässig entgegen § 13 Abs. 2 das Gütezeichen führt.

(3) Ordnungswidrig im Sinne des § 60 Abs. 2 Nr. 26 Buchstabe a des Lebensmittel- und Futtermittelgesetzbuches handelt, wer vorsätzlich oder fahrlässig entgegen § 3 Abs. 1 oder § 15 Abs. 1 ein dort genanntes Erzeugnis in den Verkehr bringt, das nicht oder nicht in der vorgeschriebenen Weise gekennzeichnet ist.

1. Ordnungswidrigkeiten nach § 17 Abs. 1. Mit **Rückverweisung auf § 9 Abs. 2 Nr. 2 Milch- 1 MargG** (→ Vorb. Rn. 2; → MilchMargG § 9 Rn. 5) in **§ 17 Abs. 1** werden zunächst **vorsätzliche** (→ LFGB § 58 Rn. 47 ff.) und **fahrlässige** (→ LFGB § 58 Rn. 60 ff.) **Verstöße gegen die Verkehrs- verbote,** die aus der Missachtung der speziellen Herstellungsvorschriften für Butter und Butter der Handelsklassen resultieren (→ Vorb. Rn. 3), als Ordnungswidrigkeit definiert (§ 17 Abs. 1 Nr. 1). Zudem werden in den Tatbeständen in **§ 17 Abs. 1 Nr. 2–3** vorsätzliche und fahrlässige **Verstöße gegen die speziellen Kennzeichnungsvorschriften** (→ Vorb. Rn. 3) bezüglich **Butter der Han- delsklassen** (→ Vorb. Rn. 3a) und in **§ 17 Abs. 1 Nr. 4** Verstöße gegen das **innergemeinschaftliche Verbringungsverbot** in § 12 Abs. 1 (→ Vorb. Rn. 3) als Ordnungswidrigkeit definiert.

Vorsätzliche Ordnungswidrigkeiten iSv § 17 Abs. 1 können nach § 9 Abs. 3 MilchMargG mit 2 **Geldbuße bis zu 10.000 EUR** geahndet werden; **fahrlässige** mit Geldbuße **bis 5.000 EUR** (§ 17 Abs. 2 OWiG; → MilchMargG § 9 Rn. 9). Daneben kommt die **Einziehung** nach § 11 MilchMargG in Betracht.

2. Ordnungswidrigkeit nach § 17 Abs. 2. Mit **Rückverweisung auf § 30 Abs. 1 Nr. 9 Milch- 3 FettG** (→ MilchFettG § 30 Rn. 1) in **§ 17 Abs. 2** werden weitere Verstöße gegen besondere **Kenn- zeichnungspflichten** bei Butter der Handelsklassen als Ordnungswidrigkeit definiert, nämlich das rechtswidrige, dh ohne entsprechende Markenberechtigung nach § 8 erfolgende Führen des Gütezei- chens. Nach **§ 30 Abs. 2 MilchFettG** können Ordnungswidrigkeiten iSv § 17 Abs. 2 bei **vorsätzli- chem** (→ LFGB § 58 Rn. 47 ff.) **Handeln mit Geldbußen bis zu 25.000 EUR** sowie bei **fahr- lässiger** (→ LFGB § 58 Rn. 60 ff.) **Zuwiderhandlungen mit Geldbußen bis zu 12.500 EUR** geahndet werden (§ 17 Abs. 2 OWiG). Zu den weiteren Rechtsfolgen → MilchFettG § 30 Rn. 3.

3. Ordnungswidrigkeiten nach § 17 Abs. 3. Mit Rückverweisung auf § 60 Abs. 2 Nr. 26a LFGB 4 (→ LFGB § 60 Rn. 20) in § 17 Abs. 3 werden **vorsätzliche und fahrlässige Verstöße** gegen die **Verkehrsverbote,** die aus **Missachtung der Kennzeichnungsvorschriften** folgen (→ Vorb. Rn. 3, 3a), als Ordnungswidrigkeiten definiert.

Demnach können **vorsätzliche** (→ LFGB § 58 Rn. 47 ff.) **Verstöße** iSv § 17 Abs. 3 nach der ab 5 dem 4.8.2011 geltenden Fassung des § 60 Abs. 5 Nr. 2 LFGB (vgl. zur Änderung der Geldbußenrahmen in § 60 Abs. 5 LFGB → LFGB § 60 Rn. 32) mit **Geldbuße bis zu 50.000 EUR** geahndet werden; handelt der Betroffene fahrlässig sieht das Gesetz **Geldbuße bis 25.000 EUR** (§ 17 Abs. 2 OWiG) vor.

240. Gesetz zum Schutz vor gefährlichen Stoffen
(Chemikaliengesetz – ChemG)

In der Fassung der Bekanntmachung vom 28. August 2013 (BGBl. I S. 3498, 3991)

Zuletzt geändert durch Art. 7 G zur Umsetzung der RL über Tabakerzeugnisse und verwandte Erzeugnisse vom 4.4.2016 (BGBl. I S. 569)

– Auszug –

Vorbemerkung

1   **1. Zweck des Gesetzes.** Das „Gesetz zum Schutz vor gefährlichen Stoffen (Chemikaliengesetz – ChemG)" v. 16.9.1980 idF v. 28.8.2013 (BGBl. I 3498 (3991)) und die über seine zahlreichen Verweisungen in Bezug genommenen Rechtsvorschriften sind als Teil des sog Stoffrechts (dazu GK-BImSchG/*Pache* § 12 Rn. 1, 216; *Busse* DVBl 2009, 1289 ff.) im Wesentlichen dem Umweltrecht zuzuordnen (diff. Kloepfer UmweltR § 19 Rn. 30). Dessen Regelungen stehen im Dienst des Umweltschutzes, der die Umwelt als natürliche Lebensgrundlage für den Menschen im Blick hat. Ihnen fällt die Aufgabe zu, einen normativen Rahmen für die Bewältigung der Umweltprobleme zu schaffen und dabei die kollidierenden ökonomischen und ökologischen Interessen zum Ausgleich zu bringen (dazu Kloepfer UmweltR § 1 Rn. 24 ff.; GK-BImSchG/*Ramsauer* § 1 Rn. 1 ff., 15 f.; *Saliger,* Umweltstrafrecht, 2012, Rn. 5). Das ChemG konkretisiert diesen Ansatz und gibt zu erkennen, dass Umweltschutz ganz überwiegend *Schutz* der natürlichen Lebensgrundlage *vor Stoffen* bedeutet. Regelungszweck des ChemG ist folglich der Schutz des Menschen und der Umwelt vor den schädlichen Einwirkungen, die von gefährlichen Stoffen und Zubereitungen ausgehen können; sie sollen erkennbar gemacht, abgewendet und ihrem Entstehen soll vorgebeugt werden (§ 1).

2   **2. Bedeutung der Bußgeld- und Strafvorschriften.** Neben „organisatorisch-planerischen" und „präventiv-kontrollierenden" Maßnahmen des Umweltverwaltungsrechts wird seit jeher auch das Strafrecht als unverzichtbares Mittel des Umweltschutzes angesehen (vgl. bereits BT-Drs. 8/2382, 9; LK-StGB/*Steindorf* StGB Vor § 324 Rn. 10; *Saliger,* Umweltstrafrecht, 2012, Rn. 5). Allerdings fällt dem „Umweltstrafrecht" (zu seiner Entwicklung *Saliger,* Umweltstrafrecht, 2012, Rn. 18 ff.; zu seiner Kritik *Saliger,* Umweltstrafrecht, 2012, Rn. 60 ff.; zu rechtstatsächlichen Gesichtspunkten Kloepfer/Heger UmweltStrafR Rn. 426 ff.) eine gegenüber dem Umweltverwaltungsrecht abweichende Aufgabe zu; dessen Schutzauftrag können das Ordnungswidrigkeiten- und das Strafrecht nicht umsetzen: Geht es dort – letztlich – um eine Verbesserung, steht hier der Schutz vor einer weiteren Verschlechterung des Zustandes der Umwelt im Vordergrund (vgl. etwa LK-StGB/*Steindorf* StGB Vor § 324 Rn. 10; Kloepfer UmweltR § 7 Rn. 1; *Saliger,* Umweltstrafrecht, 2012, Rn. 7). Dies gilt auch dann, wenn man berücksichtigt, dass das Strafrecht wegen der Verschränkung der klassischen Strafzwecke (dazu Jescheck/Weigend StrafR AT § 8 V) mit dem präventiven Element seinerseits eine Ausrichtung in die Zukunft aufweist (vgl. *Saliger,* Umweltstrafrecht, 2012, Rn. 8). Von der Zielsetzung des ChemG her betrachtet, stehen die Bußgeld- und Strafvorschriften, die als Annex zu dessen umweltverwaltungsrechtlichen Vorschriften ausgestaltet sind, damit zwar ebenfalls im Dienste des Umweltschutzes; dem mit ihnen verwirklichten Modell eines nebenstrafrechtlichen Umweltschutzes kommt jedoch lediglich eine flankierende und ergänzende Funktion zu (vgl. Kloepfer UmweltR § 7 Rn. 1; *Saliger,* Umweltstrafrecht, 2012, Rn. 6; allg. NK-StGB/*Hassemer/Neumann* StGB Vor § 1 Rn. 208).

3   **3. Aufgabe der Strafvorschriften.** Die Inanspruchnahme des Strafrechts für umweltverwaltungsrechtliche Zwecke kann jedoch nicht zur Folge haben, dass – im Sinne einer „effektiven" Ausgestaltung dieses „Flankenschutzes" – jedes Verhalten, das umweltverwaltungsrechtlichen Vorschriften zuwiderläuft, sanktioniert wird („eindrucksvoll" aber etwa § 22 Abs. 1 GefStoffV sowie §§ 5, 6 und § 8 ChemSanktionsV). Der Gesetzgeber hat vielmehr von Verfassungs wegen unter den Gesichtspunkten der Strafwürdigkeit und der Strafbedürftigkeit zu entscheiden, welches Verhalten er mit Strafe bedrohen will (näher NK-StGB/*Hassemer/Neumann* StGB Vor § 1 Rn. 49 ff.). Der subsidiäre und der fragmentarische Charakter des Strafrechts verlangen nach einer Auswahl bei der Bewertung einzelner Verhaltensweisen (krit. daher zum Umweltstrafrecht im StGB Fischer StGB Vor § 324 Rn. 5, 5a). Nur dort, wo es die als Rechtsgüter verstandenen besonders herausragenden Interessen des Einzelnen oder der Allgemeinheit erfordern, hat das Strafrecht seine Berechtigung (näher NK-StGB/*Hassemer/Neumann* StGB Vor § 1 Rn. 108 ff.; Roxin StrafR AT I § 2 Rn. 97 ff.).

4   Das ChemG bezweckt den Schutz des Menschen und der Umwelt vor schädlichen Einwirkungen durch Stoffe. Der Schutz der Umwelt erfolgt wiederum nicht um ihrer selbst willen, sondern zur

Erhaltung der natürlichen Lebensgrundlagen für den Menschen. Er ist – insoweit in Übereinstimmung mit der Staatszielbestimmung des Art. 20a GG (zu den begrifflichen Unterschieden Fischer StGB Vor § 324 Rn. 3) – auf den Menschen ausgerichtet. Dem ChemG liegt damit – wie auch den umweltstrafrechtlichen Vorschriften des StGB (vgl. Fischer StGB Vor § 324 Rn. 3a; LK-StGB/*Steindorf* StGB Vor § 324 Rn. 12 ff.; MüKoStGB/*Schmitz* StGB Vor §§ 324 ff. Rn. 18 ff.; SK-StGB/*Schall* StGB Vor § 324 Rn. 12 ff.; ferner Kloepfer/Heger UmweltStrafR Rn. 35 ff.; *Saliger,* Umweltstrafrecht, 2012, Rn. 24 ff.) – ein anthropo-physiozentrischer Ansatz zugrunde. In diesem Sinne lassen sich die Gesundheit des Menschen und die Umwelt als geschützte Rechtsgüter der Straftatbestände des ChemG ansehen. Bei genauerer Betrachtung ergibt sich allerdings, dass sie nicht stets im Vordergrund stehen (vgl. §§ 27a, 27c). Das verbietet auch für das ChemG (diff. für das Umweltstrafrecht des StGB bereits MüKoStGB/*Schmitz* StGB Vor §§ 324 ff. Rn. 25 f.; SK-StGB/*Schall* StGB Vor § 324 Rn. 18 ff.) die Annahme stets gleicher Rechtsgüter.

4. Regelungstypik. Sowohl bei den Bußgeldvorschriften als auch bei den Strafvorschriften des **5** ChemG handelt es sich um Blankettbestimmungen (BGHSt 6, 30 (40); Jescheck/Weigend StrafR AT § 12 III 2), weil die mit Bußgeld belegte oder mit Strafe bedrohte Handlung nicht stets unmittelbar und abschließend in den jeweiligen Vorschriften umschrieben ist. Die Tatbestände der Bußgeld- und Strafvorschriften werden folglich erst durch das Zusammenwirken der Sanktionsnormen mit den Ausfüllungsnormen, die das nach dem ChemG umweltverwaltungsrechtlich gebotene oder verbotene Verhalten umschreiben, vollständig gebildet (BGHSt 20, 177 (181); Jescheck/Weigend StrafR AT § 12 III 2; LK-StGB/*Dannecker* StGB § 1 Rn. 148, 152). Der Gesetzgeber hat hier sowohl von der Möglichkeit Gebrauch gemacht (vgl. § 26 Abs. 1 Nr. 4, 9, 10; § 27 Abs. 1 Nr. 2 (auch iVm Abs. 2, 4); § 27a), auf Vorschriften des ChemG zu verweisen (sog Binnenverweisung; unechtes Blankettgesetz), als auch von der Möglichkeit (vgl. § 26 Abs. 1 Nr. 6, 6a, 7, 8, 10a; § 27 Abs. 1 Nr. 1 (auch iVm Abs. 2, 4); § 27b; § 27c), auf Vorschriften außerhalb des ChemG zu verweisen (echtes Blankettgesetz). Anzutreffen sind zudem Verweisungsketten (vgl. § 26 Abs. 1 Nr. 5, 11; § 27 Abs. 1 Nr. 3 (auch iVm Abs. 2, 4)), bei denen zunächst auf eine Vorschrift des ChemG verwiesen wird, die ihrerseits auf außerhalb des Gesetzes bestehende Vorschriften verweist (sog extensionale Verweisungstechnik; zu den unterschiedlichen Verweisungstechniken näher LK-StGB/*Dannecker* StGB § 1 Rn. 150 ff.).

Die Regelungstechnik, umweltverwaltungsrechtliche Vorschriften nationaler wie europäischer Her- **6** kunft mit sanktionsrechtlichen Vorschriften zu verknüpfen, macht die Bußgeld- und Strafvorschriften des ChemG kompliziert und teilweise undurchsichtig. Das Bild, das hier entsteht, spiegelt die gegenwärtige Entwicklung wider: Die Verflechtung nationaler und supranationaler Rechtsordnungen führt zu einer Normenflut (zur Europäisierung des Umweltstrafrechts Kloepfer/Heger UmweltStrafR Rn. 31 ff., 88 ff.; *Saliger,* Umweltstrafrecht, 2012, Rn. 22 ff.), die nicht mehr ausschließlich vom nationalen Gesetzgeber zu verantworten und nur noch bedingt mit den Vorgaben des nationalen Strafrechtssystems – Subsidiarität, fragmentarischer Charakter, Gesetzlichkeitsprinzip – in Einklang zu bringen ist.

Das **Bestimmtheitsgebot** verpflichtet den Gesetzgeber, die Voraussetzungen der Strafbarkeit so **7** genau zu umschreiben, dass Tragweite und Anwendungsbereich der Straftatbestände für den Normadressaten zu erkennen sind und sich durch Auslegung bestimmen lassen (BVerfGE 75, 329 (341); 81, 228 (237)). Diese Verpflichtung verfolgt einen doppelten Zweck: Jedermann soll vorhersehen können, welches Verhalten verboten und mit Strafe bedroht ist – darin entfaltet sich die freiheitssichernde Funktion des Gesetzlichkeitsprinzips (BVerfGE 75, 329 (341); näher LK-StGB/*Dannecker* StGB § 1 Rn. 56 ff., 179). Zugleich soll sichergestellt werden, dass der Gesetzgeber selbst (abstrakt und generell) über die Strafbarkeit entscheidet – damit wird dem Demokratieprinzip Rechnung getragen und das Willkürverbot verwirklicht (BVerfGE 64, 389 (394); 73, 206 (234 ff.); 78, 374 (382)). Dieser strenge Gesetzesvorbehalt gilt auch dann, wenn der Gesetzgeber regelungstechnisch auf Blankettbestimmungen zurückgreift. Gegenüber den Anforderungen des Art. 103 Abs. 2 GG werden allerdings durch das BVerfG Relativierungen zugelassen, die zum einen an der Schwere der angedrohten Strafe, zum anderen am Normadressaten ansetzen: Das BVerfG verlangt einerseits eine umso präzisere Bestimmung der Strafbarkeitsvoraussetzungen, je höher die angedrohte Strafe ist (BVerfGE 75, 329 (342); abl. LK-StGB/*Dannecker* StGB § 1 Rn. 186), und berücksichtigt andererseits das besondere Fachwissen des Normadressaten (BVerfGE 14, 245 (252); 75, 329 (342); 78, 374 (382 f.); BGHSt 37, 266 (272); Jescheck/Weigend StrafR AT § 41 II 2c; krit. LK-StGB/*Dannecker* StGB § 1 Rn. 187, 211; MüKoStGB/*Schmitz* StGB § 1 Rn. 53 ff.). Beide Gesichtspunkte führen zu einer „Kompensation" gesetzestechnischer Defizite, die auch und gerade auf den zunehmenden Einfluss des EU-Rechts (übersichtlich betreffend das Stoffrecht GK-BImSchG/*Pache* § 12 Rn. 27 ff.) und das daraus erwachsende Erfordernis vielfältiger und wechselnder („flexibler") Einzelregelungen zurückzuführen sind. Vor diesem Hintergrund begegnen zwar „schlichte" Binnenverweisungen keinen verfassungsrechtlichen Bedenken (vgl. LK-StGB/*Dannecker* StGB § 1 Rn. 150). Soweit es sich jedoch um echte Blankettgesetze und Verweisungsketten handelt, macht die Rspr. des BVerfG deutlich, dass im ChemG zum Teil ein Rechtszustand geboten wird, der sich an der Grenze dessen bewegt, was dem Normadressaten unter dem Gesichtspunkt der Normklarheit und der Normbestimmtheit noch zugemutet werden kann (in diesem Sinne krit. zu § 27 Abs. 1 Nr. 1, jedoch ohne Bedenken gegenüber § 27 Abs. 1 Nr. 3 Kloepfer/Heger UmweltStrafR Rn. 97).

8 Mit Blick auf das ebenfalls in Art. 103 Abs. 2 GG verfassungsrechtlich verankerte **Analogieverbot** (näher LK-StGB/*Dannecker* StGB § 1 Rn. 238 ff.; NK-StGB/*Hassemer/Kargl* StGB § 1 Rn. 70 ff.; Roxin StrafR AT I § 5 Rn. 26 ff.) ist schließlich zu erinnern, dass ausschließlich die in den Sanktionsnormen benannten Verstöße gegen die Vorschriften des ChemG mit Bußgeld belegt oder strafbewehrt sind. Andere Zuwiderhandlungen, selbst wenn sie in ihrem Unwertgehalt als vergleichbar empfunden werden, dürfen weder bußgeld- noch strafbegründend einbezogen werden.

9 **5. Tatbestandstypik (Deliktsnatur).** Das Regelungskonzept, das den umweltverwaltungsrechtlichen Vorschriften zugrunde liegt, schlägt sich auch in den Strafvorschriften nieder: Soweit über die Blankettverweisungen umweltverwaltungsrechtliche Regelungen in Bezug genommen werden, die Schutz lediglich im Wege der Vorsorge („Prävention") versprechen, handelt es sich bei den entsprechenden Strafvorschriften in weiten Teilen (s. aber §§ 27 Abs. 2, 27a, 27b Abs. 3) um abstrakte Gefährdungsdelikte (vgl. auch MüKoStGB/*Schmitz* StGB Vor §§ 324 ff. Rn. 27; NK-StGB/*Ransiek* StGB §§ 324 ff. Rn. 14): Der Eintritt einer (konkreten) Gefahr für die geschützten Rechtsgüter ist für die Erfüllung des Tatbestands ebenso wenig Voraussetzung wie der Eintritt eines Schadens. Der Gegenbeweis, dass das (abstrakt) gefährliche Verhalten im konkreten Fall ungefährlich war, ist ausgeschlossen. Seit jeher sind abstrakte Gefährdungsdelikte daher der Kritik ausgesetzt (vgl. SK-StGB/*Wolters/Horn* StGB Vor § 306 Rn. 16 ff.; Kloepfer/Heger UmweltStrafR Rn. 56 ff.) und dem Bemühen unterworfen (zurückhaltend die Rspr.; BGHSt 23, 308 (311); 23, 313 (355 ff.); 26, 122 (124)), solche Handlungen, die zwar (formal) den Straftatbestand erfüllen, aber (materiell) unter keinen Umständen zu einer Rechtsgutsbeeinträchtigung führen können, straflos zu stellen (näher SK-StGB/*Wolters/Horn* StGB Vor § 306 Rn. 16 ff.). Dass dies auch nach Ansicht des Gesetzgebers nicht unmöglich sein soll, zeigt die sog *Minimaklausel* des § 326 Abs. 6 StGB. Die Vorschrift, die ihrerseits der Kritik ausgesetzt ist (etwa LK-StGB/*Steindorf* StGB Vor § 324 Rn. 9a und § 326 Rn. 145 ff.; NK-StGB/*Ransiek* StGB § 326 Rn. 69; Schönke/Schröder/*Lenckner/Heine* StGB § 326 Rn. 17), kann indessen als Ausnahmevorschrift nicht verallgemeinert werden (vgl. LK-StGB/*Steindorf* StGB § 326 Rn. 149; Wessels/Hettinger StrafR BT I Rn. 1089). Entsprechende Fälle sind daher über § 153 StPO oder § 153a StPO zu lösen.

10 **6. Akzessorietät der Bußgeld- und Straftatbestände zum Umweltverwaltungsrecht.** Die Verweisungen der Bußgeld- und der Straftatbestände auf die umweltverwaltungsrechtlichen Normen zu einer Akzessorietät des Strafrechts zum Umweltverwaltungsrecht (ausführlich LK-StGB/*Steindorf* StGB Vor § 324 Rn. 22 ff.; MüKoStGB/*Schmitz* StGB Vor §§ 324 ff. Rn. 41 ff.; Kloepfer UmweltR § 7 Rn. 12 ff.; Kloepfer/Heger UmweltStrafR Rn. 76 ff.; *Saliger*, Umweltstrafrecht, 2012, Rn. 63 ff.). Ihre Berechtigung findet die Akzessorietät weniger in der Praktikabilität der Rechtsanwendung als vielmehr in dem übergeordneten Gesichtspunkt der Einheit und Widerspruchsfreiheit der Rechtsordnung als Gebote der Gerechtigkeit (vgl. LK-StGB/*Steindorf* StGB Vor § 324 Rn. 23; *Saliger*, Umweltstrafrecht, 2012, Rn. 134). Für die Frage, wie sich – ggf. unter Berücksichtigung des EU-Rechts (§ 23 Abs. 2 S. 4; zur „Europarechtsakzessorietät" etwa Kloepfer/Heger UmweltStrafR Rn. 88 ff.) – rechtsfehlerhafte Verwaltungsakte auf die Bußgeldbewehrung (§ 26 Abs. 1 Nr. 4, 10) oder die Strafbarkeit (§ 27 Abs. 1 Nr. 2 (auch iVm Abs. 2, 4)) auswirken, ergibt sich nach hM aus der Akzessorietät: Soweit der zugrunde liegende **Verwaltungsakt nichtig** ist, entfaltet er auch im Strafrecht (von Anfang an) keine Rechtswirkung (§ 43 Abs. 3 VwVfG). Ist der Verwaltungsakt demgegenüber nur **rechtswidrig** (aber vollziehbar; BGHSt 23, 86 (92)), kommt seine Tatbestandswirkung zum Tragen (vgl. LK-StGB/ *Steindorf* StGB Vor § 324 Rn. 31): Die mit dem Verwaltungsakt getroffene Regelung ist (ohne inhaltliche Prüfung) der strafrechtlichen Entscheidung zugrunde zu legen. Bei – wie hier (vgl. § 23 Abs. 1, Abs. 2 S. 1, Abs. 2 S. 3) – belastenden Verwaltungsakten führt die Akzessorietät daher zu einer *zusätzlichen* Belastung des Betroffenen: Er muss sich im Weg des verwaltungsprozessualen Rechtsschutzes (zu dessen Bedeutung ausführlich MüKoStGB/*Schmitz* StGB Vor §§ 324 ff. Rn. 70 ff.) gegen den Verwaltungsakt wenden, um den Eintritt der Bestandskraft zu verhindern; andernfalls erwächst sein Handeln in tatbestandliches Unrecht. Im Vordringen ist allerdings eine Ansicht (vgl. etwa MüKoStGB/*Schmitz* StGB Vor §§ 324 ff. Rn. 86 ff.; *Saliger*, Umweltstrafrecht, 2012, Rn. 117 mwN), die jedenfalls dann, wenn der belastende Verwaltungsakte nicht nur formell, sondern auch materiell rechtswidrig ist, dessen strafrechtliche Beachtlichkeit in Frage stellt. In diesem Fall wie auch dann, wenn eine rechtswidrige Anordnung nachträglich beseitigt wird, mutet es „ungerecht" an, wenn bloßer und zudem materiell berechtigter Verwaltungsrechtsungehorsam bestraft werden soll. Doch auch hier wird gegenüber anderen Lösungen (Tatbestandsausschluss oder Strafaufhebungsgrund; krit. LK-StGB/*Steindorf* StGB Vor § 324 Rn. 40; *Saliger,* Umweltstrafrecht, 2012, Rn. 133 ff.) eine Korrektur über § 153 StPO oder § 153a StPO vorzuziehen sein (vgl. LK-StGB/*Steindorf* Vor § 324 Rn. 40).

11 **7. Irrtumsprobleme.** Die gewählte Regelungstechnik führt dazu, dass die umweltverwaltungsrechtlichen Normen in den Tatbestand der Sanktionsvorschriften inkorporiert werden. Die Unübersichtlichkeit und schwere Verständlichkeit der Bußgeld- und Strafbestimmungen macht diese anfällig für Irrtümer. Eine Fehlvorstellung über Tatumstände, die in den Merkmalen der umweltverwaltungsrechtlichen Normen vertypt sind, ist Tatumstandsirrtum iSd § 16 Abs. 1 S. 1 StGB (Jescheck/Weigend StrafR AT § 29 V 3; nach der Art der Blankettbestimmung – „echt" oder „unecht" – diff. LK-StGB/

Vogel StGB § 16 Rn. 37, 40). Damit entfällt der Vorsatz; die Strafbarkeit wegen fahrlässiger Begehung (§ 16 Abs. 1 S. 2 StGB) hängt davon ab, ob eine entsprechende Strafandrohung besteht (§ 15 StGB). Der Irrtum über die Existenz, die Reichweite oder die Anwendbarkeit der über die Verweisungen in Bezug genommenen umweltverwaltungsrechtlichen Vorschriften stellt demgegenüber nur einen (direkten) Verbotsirrtum dar (Jescheck/Weigend StrafR AT § 29 V 3; abw. NK-StGB/*Puppe* StGB § 16 Rn. 60 ff.; NK-StGB/*Neumann* StGB § 17 Rn. 95). Dieser führt, wenn er unvermeidbar ist, zum Schuldausschluss (§ 17 S. 1 StGB). Regelmäßig wird er vermeidbar sein (näher NK-StGB/*Neumann* StGB § 17 Rn. 53 ff.; LK-StGB/*Vogel* StGB § 17 Rn. 33 ff.; Roxin StrafR AT I § 21 Rn. 35 ff.), so dass lediglich eine fakultative (erweiternd – regelmäßig – die hM; vgl. Jescheck/Weigend StrafR AT § 41 II 2e; Roxin StrafR AT I § 21 Rn. 71; LK-StGB/*Vogel* StGB § 17 Rn. 92; NK-StGB/*Neumann* StGB § 17 Rn. 83 ff., 85) Strafrahmenverschiebung nach § 49 Abs. 1 StGB in Betracht kommt (§ 17 S. 2 StGB; zum Anwendungsbereich des § 17 StGB im Nebenstrafrecht instruktiv NK-StGB/*Neumann* StGB § 17 Rn. 90 ff.).

§ 26 Bußgeldvorschriften

(1) Ordnungswidrig handelt, wer vorsätzlich oder fahrlässig

1. (weggefallen)
1a. (weggefallen)
1b. (weggefallen)
2. (weggefallen)
3. (weggefallen)
4. einer vollziehbaren Anordnung nach § 12g Absatz 1 Satz 1 zuwiderhandelt,
5. a) entgegen § 13 Absatz 2 in Verbindung mit einer Rechtsverordnung nach § 14 Absatz 1 Nummer 1, 2 oder Nummer 3 Buchstabe c, jeweils auch in Verbindung mit § 14 Absatz 3, einen Stoff oder ein Gemisch nicht, nicht richtig, nicht vollständig, nicht in der vorgeschriebenen Weise oder nicht rechtzeitig einstuft,
   b) entgegen § 13 Absatz 3 Satz 1 in Verbindung mit einer Rechtsverordnung nach § 14 Absatz 1 Nummer 3 Buchstabe a, d oder Buchstabe e, jeweils auch in Verbindung mit § 14 Absatz 3, einen Stoff oder ein Gemisch nicht, nicht richtig, nicht vollständig, nicht in der vorgeschriebenen Weise oder nicht rechtzeitig kennzeichnet oder nicht, nicht richtig, nicht vollständig, nicht in der vorgeschriebenen Weise oder nicht rechtzeitig verpackt oder
   c) einer Rechtsverordnung nach § 14 Absatz 1 Nummer 3 Buchstabe a, b, d, e oder Buchstabe f oder Absatz 2 Satz 2 zuwiderhandelt, soweit sie für einen bestimmten Tatbestand auf diese Bußgeldvorschrift verweist,
5a. (weggefallen)
6. einer Rechtsverordnung nach § 16d zuwiderhandelt, soweit sie für einen bestimmten Tatbestand auf diese Bußgeldvorschrift verweist,
6a. entgegen § 16e Absatz 1 Satz 1 oder Satz 3, jeweils auch in Verbindung mit einer Rechtsverordnung nach Absatz 5 Nummer 2 oder Nummer 3, eine Mitteilung nicht, nicht richtig, nicht vollständig oder nicht rechtzeitig macht,
6b. (weggefallen)
7. einer Rechtsverordnung nach
   a) § 17 Absatz 1 Nummer 1 Buchstabe b oder Nummer 2 Buchstabe a, c oder d, jeweils auch in Verbindung mit Absatz 3 Satz 1,
   b) § 17 Absatz 1 Nummer 1 Buchstabe c, auch in Verbindung mit Absatz 3 Satz 1, oder
   c) § 17 Absatz 5
   zuwiderhandelt, soweit sie für einen bestimmten Tatbestand auf diese Bußgeldvorschrift verweist,
8. einer Rechtsverordnung nach
   a) § 18 Absatz 1 über giftige Tiere und Pflanzen,
   b) § 19 Absatz 1 in Verbindung mit Absatz 3 über Maßnahmen zum Schutz von Beschäftigten
   zuwiderhandelt, soweit sie für einen bestimmten Tatbestand auf diese Bußgeldvorschrift verweist,
8a. (weggefallen)
9. entgegen § 21 Absatz 3 eine Auskunft trotz Anmahnung nicht erteilt, entgegen § 21 Absatz 4 Satz 1 Nummer 2 Unterlagen nicht vorlegt oder einer Pflicht nach § 21 Absatz 4 Satz 3 nicht nachkommt,
10. einer vollziehbaren Anordnung
    a) nach § 23 Absatz 1 oder
    b) nach § 23 Absatz 2 Satz 3 in Verbindung mit Satz 1 über das Herstellen, das Inverkehrbringen oder das Verwenden von Stoffen, Gemischen oder Erzeugnissen
    zuwiderhandelt,

10a. einer Rechtsverordnung nach § 28 Absatz 11 über Zulassungs- oder Meldepflichten für bestimmte Biozid-Produkte zuwiderhandelt, soweit sie für einen bestimmten Tatbestand auf diese Bußgeldvorschrift verweist, oder

11. einer unmittelbar geltenden Vorschrift in Rechtsakten der Europäischen Gemeinschaften oder der Europäischen Union zuwiderhandelt, die Sachbereiche dieses Gesetzes betrifft, soweit eine Rechtsverordnung nach Satz 2 für einen bestimmten Tatbestand auf diese Bußgeldvorschrift verweist und die Zuwiderhandlung nicht nach § 27 Absatz 1 Nummer 3 oder Absatz 2 als Straftat geahndet werden kann. Die Bundesregierung wird ermächtigt, durch Rechtsverordnung[2] mit Zustimmung des Bundesrates die einzelnen Tatbestände der Rechtsakte, die nach Satz 1 als Ordnungswidrigkeiten mit Geldbuße geahndet werden können, zu bezeichnen, soweit dies zur Durchführung der Rechtsakte erforderlich ist.

(2) Die Ordnungswidrigkeit kann in den Fällen des Absatzes 1 Nr. 7 Buchstabe b mit einer Geldbuße bis zu zweihunderttausend Euro, in den Fällen des Absatzes 1 Nummer 4, 5, 6, 7 Buchstabe a, Nummer 8 Buchstabe b, Nummer 10 und 11 mit einer Geldbuße bis zu fünfzigtausend Euro und in den übrigen Fällen mit einer Geldbuße bis zu zehntausend Euro geahndet werden.

(3) Verwaltungsbehörde im Sinne des § 36 Absatz 1 Nummer 1 des Gesetzes über Ordnungswidrigkeiten ist

1. in den Fällen des Absatzes 1 Nr. 9 in Verbindung mit § 21 Absatz 3 Satz 2
   a) die Bundesstelle für Chemikalien für ihren Geschäftsbereich gemäß § 21 Absatz 2 Satz 2 oder
   b) die in der Rechtsverordnung nach § 21 Absatz 2a bezeichnete Bundesbehörde, soweit ihr die in § 21 Absatz 3 Satz 1 bezeichneten Befugnisse zustehen,
2. (weggefallen)
3. im Übrigen die nach Landesrecht zuständige Behörde.

A. Regelungssystematik

1   Die Vorschrift enthält ausnahmslos Bußgeldtatbestände, die Verstöße gegen näher bezeichnete Verfahrensvorschriften des ChemG sanktionieren und dabei an das umweltverwaltungsrechtliche Instrumentarium der direkten Verhaltenssteuerung (dazu Kloepfer UmweltR § 5 Rn. 40 ff.) anknüpfen, das im ChemG zur Verwirklichung des Ziels (§ 1) vorgesehen ist. Die Tatbestände beziehen sich auf vollziehbare Anordnungen der Bundesstelle für Chemikalien (Nr. 4), die Einstufungs-, Verpackungs- und Kennzeichnungspflichten für gefährliche Stoffe und gefährliche Gemische (Nr. 5), bestimmte Mitteilungspflichten (Nr. 6, 6a), Verbote und Beschränkungen des Herstellens, Inverkehrbringens und Verwendens von gefährlichen Stoffen, Zubereitungen und Erzeugnissen oder Bioziden (Nr. 7, 8), Nachweispflichten (Nr. 9), vollziehbare Anordnungen der Landesbehörden (Nr. 10) sowie einzelne Zulassungs- und Meldepflichten bei Biozidprodukten (Nr. 10a) oder auf Einzelbestimmungen des EU-Rechts (Nr. 11).

B. Die Regelungen im Einzelnen

I. Ordnungswidrigkeiten nach § 26 Abs. 1

2   **1. Verstöße nach Nr. 4.** Die durch Art. 1 Nr. 15 des „Gesetz[es] zur Durchführung der Verordnung (EU) 528/2012" v. 23.7.2013 (BGBl. I 2565) neu eingeführte Vorschrift ersetzt die bisher geltenden Vorschriften der Nr. 4a–4c und führt damit die materiell-rechtliche Anpassung der umweltverwaltungsrechtlichen Vorschriften des ChemG an die VO (EU) Nr. 528/2012 des Europäischen Parlaments und des Rates v. 22.5.2012 über die Bereitstellung auf dem Markt und die Verwendung von Biozidprodukten (sog „Biozid-Verordnung"; ABl. 2012 L 167, 1) mit einer Sanktionsbewehrung weiter. Die VO hat mWz 1.9.2013 die auf der Grundlage der RL 98/8/EG des Europäischen Parlaments und des Rates v. 16.2.1998 über das Inverkehrbringen von Biozidprodukten (sog „Biozid-Richtlinie"; ABl. 1998 L 123, 1) harmonisierten nationalen Vorschriften ersetzt. Sie enthält unmittelbar geltende Vorschriften (Art. 288 Abs. 2 S. 2 AEUV) über die Zulassung, Kennzeichnung und Verwendung von Biozidprodukten, die deren besonderem Gefährdungspotential für Mensch und Umwelt Rechnung tragen sollen (vgl. BT-Drs. 17/12955, 12).

3   Der neu gefasste Abschnitt IIa des ChemG beinhaltet nunmehr die „grundlegenden Vorschriften" zur Durchführung der VO. Zu diesen Durchführungsvorschriften zählt auch § 12g, welcher der Bundesstelle für Chemikalien (§ 4 Abs. 1 Nr. 1) Anordnungsbefugnisse in Notfallsituationen gewährt (§ 12 Abs. 1 S. 1). Die Vorschrift beruht auf Art. 88 Abs. 1 VO, der die Mitgliedstaaten ermächtigt, vorläufige Maßnahmen zu erlassen, wenn und soweit dies zum Schutz der menschlichen Gesundheit, der Tiergesundheit oder der Umwelt erforderlich erscheint. Das Gesetz präzisiert dabei den – iÜ eng gefassten (vgl. BT-Drs. 17/12955, 17) – Anwendungsbereich gegenüber dem Normtext der VO, indem es mit dem Begriff der „Tatsachen" vorschreibt, dass nicht lediglich eine abweichende Bewertung bereits

bekannter, sondern nur das Auftreten neuer „tatsächlicher Begebenheiten" (etwa neue wissenschaftliche Erkenntnisse) eine entsprechende vorläufige Maßnahme rechtfertigen kann. Deren Vollstreckung wird den entsprechenden Überwachungsbehörden der Länder überlassen (§ 12g Abs. 1 S. 3), die ihrerseits in den Fällen des § 23 Abs. 2 vorläufige Maßnahmen anordnen können (§ 12g Abs. 1 S. 4). Die Kompetenz zum Erlass einer endgültigen Entscheidung über eine vorläufige Maßnahme liegt – das ist konsequent – bei der Kommission. Um sie treffen zu können, bedarf es einer hinreichenden Tatsachengrundlage; § 12g Abs. 2, der auf § 10 verweist, sieht daher eine Verpflichtung der Bundesstelle zu unverzüglicher Information der Kommission und der anderen Mitgliedstaaten vor.

§ 26 Abs. 1 Nr. 4 sanktioniert den Verstoß gegen eine vorläufige Maßnahme (zum Problem ihrer **4** Rechtswidrigkeit → Vorb. Rn. 10) nach § 12g Abs. 1 S. 1.

2. Verstöße nach Nr. 5a. Die Neufassung der Vorschriften der Nr. 5 durch Art. 1 Nr. 45 des **5** „Gesetz[es] zur Durchführung der Verordnung (EG) Nr. 1272/2008 und zur Anpassung des Chemikaliengesetzes und anderer Gesetze im Hinblick auf den Vertrag von Lissabon" v. 2.11.2011 (BGBl. I 2162) ist eine Folge der materiell-rechtlichen Änderungen im ChemG durch die VO (EG) Nr. 1272/2008 des Europäischen Parlaments und des Rates v. 16.12.2008 über die Einstufung, Kennzeichnung und Verpackung von Stoffen und Gemischen, zur Änderung und Aufhebung der RL 67/548/EWG und 1999/45/EG und zur Änderung der VO (EG) Nr. 1907/2006 (ABl. 2008 L 353, 1, ABl. 2011 L 16, 1; sog „CLP-Verordnung"; näher GK-BImSchG/*Pache* § 12 Rn. 132 ff.), zuletzt geändert durch VO (EU) Nr. 618/2012 (ABl. 2012 L 179, 3).

Der neu strukturierte Abschnitt III stellt in § 13 Abs. 1 mit Blick auf die „Komplexität" (BT-Drs. 17/ **6** 6054, 21 (22)) der durch die Übergangsvorschrift des Art. 61 VO geschaffenen Rechtslage klar, dass grds. die Vorschriften der VO anzuwenden sind. Demgegenüber betreffen § 13 Abs. 2 und Abs. 3 zum einen die Fälle, in denen aufgrund Art. 61 VO das bisher geltende Recht anzuwenden ist (§ 13 Abs. 2 Nr. 1, Abs. 3 S. 1 Nr. 1); zum anderen werden die Fälle erfasst, für welche das ChemG Regelungen trifft, die zu den Anforderungen der VO hinzutreten (§ 13 Abs. 2 Nr. 2, Abs. 3 S. 1 Nr. 2). Der nur redaktionell geänderte § 14 enthält eine Verordnungsermächtigung, die beide Fallgestaltungen erfasst.

Nach **§ 13 Abs. 2** haben **Hersteller** (§ 3 S. 1 Nr. 7) und **Einführer** (§ 3 S. 1 Nr. 8), die Stoffe oder **7** Gemische in den Verkehr bringen, die Pflicht, diese entsprechend den Vorgaben der in § 14 genannten VO einzustufen. Die Vorschrift greift Art. 4 Abs. 1 der VO (EG) Nr. 1272/2008 auf. Da die Begriffsbestimmung des § 3 S. 1 Nr. 7 – anders als Art. 2 Nr. 15 der VO (EG) Nr. 1272/2008 – bereits den Hersteller eines Gemisches erfasst, bedurfte es für den in Art. 4 Abs. 1 der VO (EG) Nr. 1272/2008 genannten „nachgeschalteten Anwender" iSd Art. 2 Nr. 19 der VO (EG) Nr. 1272/2008, mit dem jener beschrieben ist, keiner eigenständigen Regelung mehr (vgl. BT-Drs. 17/6054, 22). Erfasst werden über § 14 Abs. 3 auch Biozid-Produkte (§ 3 S. 1 Nr. 11) und Biozid-Wirkstoffe (§ 3 S. 1 Nr. 12), die nicht iSd § 3a gefährlich sind, sowie Gefahrstoffe nach § 19 Abs. 2.

§ 26 Abs. 1 Nr. 5a sanktioniert den Verstoß gegen diese Pflicht zur Einstufung.

3. Verstöße nach Nr. 5b. Nach **§ 13 Abs. 3 S. 1** haben **Lieferanten** (Art. 2 Nr. 26 der VO (EG) **8** Nr. 1272/2008), also Hersteller (§ 3 S. 1 Nr. 7), Einführer (§ 3 S. 1 Nr. 8) und – iSd § 15 ChemG aF – Vertreiber, die Stoffe oder Gemische in den Verkehr bringen, die Pflicht, diese entsprechend den Vorgaben der in § 14 genannten VO zu kennzeichnen und zu verpacken. Lieferanten, die selbst nicht nach § 13 Abs. 2 zu einer Einstufung verpflichtet sind, dürfen nach **§ 13 Abs. 3 S. 2** die Einstufung durch einen Hersteller oder Einführer zugrunde legen, sofern sie nicht von deren Unrichtigkeit Kenntnis haben. Erfasst werden über § 14 Abs. 3 abermals Biozid-Produkte (§ 3 S. 1 Nr. 11) und Biozid-Wirkstoffe (§ 3 S. 1 Nr. 12), die nicht iSd § 3a gefährlich sind, sowie Gefahrstoffe nach § 19 Abs. 2.

§ 26 Abs. 1 Nr. 5b sanktioniert den Verstoß gegen diese Pflichten zur Kennzeichnung und Verpackung.

4. Verstöße nach Nr. 5c. Die Vorschrift enthält für die Begründung der Ordnungswidrigkeit eine **9** Verweisung auf die Ermächtigungstatbestände des § 14 Abs. 1 Nr. 3. Dazu sind ergangen
– die „Chemikalienrechtliche Verordnung zur Begrenzung der Emissionen flüchtiger organischer Verbindungen (VOC) durch Beschränkung des Inverkehrbringens lösemittelhaltiger Farben und Lacke (Lösemittelhaltige Farben- und Lack-Verordnung – ChemVOCFarbV)" v. 16.12.2004 (BGBl. I 3508), zuletzt geändert durch Art. 1 VO v. 10.4.2013 (BGBl. I 775), mit dem als Ordnungswidrigkeit ausgestalteten Tatbestand des § 6 ChemVOCFarbV,
– die „Verordnung zum Schutz des Klimas vor Veränderungen durch den Eintrag bestimmter fluorierter Treibhausgase (Chemikalien-Klimaschutzverordnung – ChemKlimaschutzV)" v. 2.7.2008 (BGBl. I 1139), zuletzt geändert durch Art. 5 Abs. 42 Gesetz v. 24.2.2012 (BGBl. I 212), mit dem als Ordnungswidrigkeit ausgestalteten Tatbestand des § 8 Abs. 1 ChemKlimaschutzV.

5. Verstöße nach Nr. 6. Die Vorschrift enthält für die Begründung der Ordnungswidrigkeit eine **10** Verweisung auf den Ermächtigungstatbestand des § 16d Abs. 1. Dieser ermöglicht es, den Hersteller, Einführer oder Verwender von bestimmten Gemischen zu verpflichten, der Bundesstelle für Chemikalien mitzuteilen, wenn Anhaltspunkte dafür vorliegen, dass von den Gemischen schädliche Einwirkungen auf den Menschen oder die Umwelt ausgehen. Hiervon hat der Verordnungsgeber jedoch keinen Gebrauch gemacht.

11   **6. Verstöße nach Nr. 6a.** Die Vorschrift des § 16e Abs. 1 S. 1 verpflichtet Hersteller, Einführer und Personen, die unter Verwendung eines eigenen Handelsnamens, ein gefährliches Gemisch (§ 3a Abs. 1, Abs. 3) oder ein Biozid-Produkt (§ 3 S. 1 Nr. 11), in den Verkehr bringen, dem Bundesinstitut für Risikobewertung bestimmt Angaben und deren spätere Veränderung vor dem erstmaligen Inverkehrbringen oder vor dem Eintritt der Veränderung (§ 16e Abs. 1 S. 3) mitzuteilen. Der Gesetzgeber hat hier durch das G zur Durchführung der VO (EG) Nr. 1272/2008 (→ Rn. 5) die Rechtslage an Art. 45 Abs. 1 der VO angeglichen, der – anders als § 16e Abs. 1 S. 1 ChemG aF – eine Beschränkung auf Gemische, die ein in § 3a Abs. 1 bestimmtes Gefährlichkeitsmerkmal aufweisen und für Verbraucher bestimmt sind, nicht enthält.

Der Bußgeldtatbestand verweist für die Begründung der Ordnungswidrigkeit auch auf die Ermächtigungstatbestände des § 16e Abs. 5 Nr. 2 und Nr. 3. Von diesen Verordnungsermächtigungen hat der Verordnungsgeber jedoch keinen Gebrauch gemacht.

12   **7. Verstöße nach Nr. 7.** Die Vorschrift enthält für die Begründung der Ordnungswidrigkeit eine Verweisung auf die Ermächtigungstatbestände des § 17 Abs. 1. Dazu sind ergangen

– die „Verordnung über Verbote und Beschränkungen des Inverkehrbringens gefährlicher Stoffe, Zubereitungen und Erzeugnisse nach dem Chemikaliengesetz (Chemikalien-Verbotsverordnung – ChemVerbotsV)" v. 19.7.1996 (BGBl. I 1151) idF der Bekanntmachung v. 13.6.2003 (BGBl. I 867), zuletzt geändert durch Art. 5 Abs. 40 Gesetz v. 24.2.2012 (BGBl. I 212), mit dem als Ordnungswidrigkeit iSd Nr. 7a ausgestalteten Tatbestand des § 7 Abs. 1 ChemVerbotsV, dem als Ordnungswidrigkeit iSd Nr. 7b ausgestalteten Tatbestand des § 7 Abs. 2 ChemVerbotsV und dem als Ordnungswidrigkeit iSd Nr. 7c ausgestalteten Tatbestand des § 7 Abs. 3 ChemVerbotsV;
– die „Verordnung zum Schutz vor Gefahrstoffen (Gefahrstoffverordnung – GefStoffV)" v. 26.11.2010 (BGBl. I 1643), zuletzt geändert durch Art. 2 VO v. 15.7.2013 (BGBl. I 2514), mit dem als Ordnungswidrigkeit iSd Nr. 7a ausgestalteten Tatbestand des § 24 Abs. 1 GefStoffV;
– die „Verordnung über Stoffe, die die Ozonschicht schädigen (Chemikalien-Ozonschichtverordnung – ChemOzonSchichtV)" v. 13.11.2006 (BGBl. I 2638), zuletzt geändert durch Art. 3 VO v. 24.4.2013 (BGBl. I 944), mit dem als Ordnungswidrigkeit iSd Nr. 7a ausgestalteten Tatbestand des § 6 Abs. 1 ChemOzonSchichtV und dem als Ordnungswidrigkeit iSd Nr. 7c ausgestalteten Tatbestand des § 7 Abs. 2 ChemOzonSchichtV;
– die ChemKlimaschutzV mit dem als Ordnungswidrigkeit iSd Nr. 7a ausgestalteten Tatbestand des § 8 Abs. 2 ChemKlimaschutzV.

13   **8. Verstöße nach Nr. 8.** Die Vorschrift enthält für die Begründung der Ordnungswidrigkeit eine Verweisung auf die Ermächtigungstatbestände des § 18 Abs. 1 (Nr. 8a) und § 19 Abs. 1 (Nr. 8b). Von der Verordnungsermächtigung des § 18 Abs. 1 hat der Verordnungsgeber keinen Gebrauch gemacht; § 26 Abs. 1 Nr. 8a läuft insoweit leer. Zu § 19 Abs. 1 ist die GefStoffV mit den als Ordnungswidrigkeiten ausgestalteten Tatbeständen der §§ 21 und 22 Abs. 1 GefStoffV ergangen.

14   **9. Verstöße nach Nr. 9.** Um die Einhaltung der Vorschriften des ChemG überwachen zu können, steht der hierfür nach § 21 Abs. 1 zuständigen Landesbehörde oder den in § 21 Abs. 2 S. 2 und § 21 Abs. 2a näher bezeichneten Behörden ein Auskunftsrecht zu (§ 21 Abs. 3), dem – umgekehrt – eine Auskunftspflicht entspricht. Diese wird allerdings durch ein Auskunftsverweigerungsrecht beschränkt (§ 21 Abs. 5). Ferner stehen den mit der Überwachung beauftragten Personen weitere, in § 21 Abs. 4 S. 1 benannte Befugnisse zu; insbes. dürfen sie verlangen, dass bestimmte Unterlagen vorgelegt werden (Nr. 2). Zur Verhütung dringender Gefahren können Maßnahmen nach S. 1 Nr. 1, 3 und Nr. 4 auch zur Nachtzeit getroffen werden (S. 2). Der Auskunftspflichtige hat diese jeweils zu dulden und die mit der Überwachung betrauten Personen bei deren Durchführung zu unterstützen (S. 3). Den Verstoß gegen die Auskunftspflicht des § 21 Abs. 3 sowie die Pflichten des § 21 Abs. 4 S. 1 Nr. 2 und des § 21 Abs. 4 S. 3 sanktioniert § 26 Abs. 1 Nr. 9.

15   **10. Verstöße nach Nr. 10.** Stellt die Behörde im Rahmen ihrer Überwachungstätigkeit (→ Rn. 14) einen Rechtsverstoß fest, kann sie – im Vorfeld von Verboten und Beschränkungen nach den §§ 17 ff. – eine Anordnung nach § 23 Abs. 1 treffen, die – reaktiv – auf die Beseitigung des Rechtsverstoßes oder – prospektiv – auf die Verhütung zukünftiger Rechtsverstöße gerichtet ist. Den Verstoß gegen eine solche vollziehbare (§ 23 Abs. 3) Anordnung (zum Problem ihrer Rechtswidrigkeit → Vorb. Rn. 10) sanktioniert § 26 Abs. 1 Nr. 10a.

16   Ergeben sich iRd Überwachungstätigkeit Anhaltspunkte dafür, dass ein Stoff oder ein Gemisch gefährlich ist, kann die Landesbehörde anordnen, dass diese für die Dauer von drei Monaten nicht, nur unter bestimmten Voraussetzungen, nur in einer bestimmten Beschaffenheit oder nur für bestimmte Zwecke hergestellt, in den Verkehr gebracht oder verwendet werden dürfen (§ 23 Abs. 2 S. 3 iVm S. 1). Den Verstoß gegen eine solche vollziehbare (§ 23 Abs. 3) Anordnung (zum Problem ihrer Rechtswidrigkeit → Vorb. Rn. 10) sanktioniert § 26 Abs. 1 Nr. 10b. Soweit der Bußgeldtatbestand allerdings auch (gefährliche) Erzeugnisse erfassen will, läuft er leer, weil § 23 Abs. 2 S. 3 – im Unterschied zu S. 1 – diese selbst nicht erfasst. Der Verweis auf § 23 Abs. 2 S. 1 kann ohne Verstoß gegen das Analogieverbot (§ 3 OWiG; → Vorb. Rn. 8) auch nicht in diesem Sinne „ausgelegt" werden.

11. Verstöße nach Nr. 10a. Die Vorschrift enthält für die Begründung der Ordnungswidrigkeit eine 17
Verweisung auf den Ermächtigungstatbestand des § 28 Abs. 11. Von dieser Verordnungsermächtigung hat der Verordnungsgeber jedoch keinen Gebrauch gemacht. § 26 Abs. 1 Nr. 10a läuft insoweit leer.

12. Verstöße nach Nr. 11. Die Vorschrift enthält für die Begründung der Ordnungswidrigkeit in 18
S. 2 eine eigene Ermächtigung zum Erlass von Rechtsverordnungen, in denen diejenigen Zuwiderhandlungen gegen unmittelbar geltende Vorschriften in Rechtsakten der Europäischen Union benannt werden, die als Ordnungswidrigkeiten anzusehen sind, soweit nicht eine Strafbarkeit nach § 27 Abs. 1 Nr. 3 oder § 27 Abs. 2 in Betracht kommt.

Auf dieser Grundlage sind in der „Verordnung zur Sanktionsbewehrung gemeinschafts- oder unions- 19
rechtlicher Verordnungen auf dem Gebiet der Chemikaliensicherheit (Chemikalien-Sanktionsverordnung – ChemSanktionsV)" v. 24.4.2013 (BGBl. I 944), zuletzt geändert durch Art. 6 Gesetz v. 23.7.2013 (BGBl. I 2565), Vorschriften über Ordnungswidrigkeiten erlassen worden, die

- in § 2 Verstöße gegen Bestimmungen der VO (EG) Nr. 850/2004 des Europäischen Parlaments und des Rates v. 29.4.2004 über persistente organische Schadstoffe und zur Änderung der RL 79/117/EWG (ABl. 2004 L 158, 7, ABl. 2004 L 229, 5, ABl. 2007 L 204, 28), zuletzt geändert durch VO (EU) Nr. 519/2012 (ABl. 2012 L 159, 1),
- in § 4 Verstöße gegen Bestimmungen der VO (EG) Nr. 842/2006 des Europäischen Parlaments und des Rates v. 17.5.2006 über bestimmte fluorierte Treibhausgase (ABl. 2006 L 161, 1), zuletzt geändert durch VO (EG) Nr. 1137/2008 (ABl. 2008 L 311, 1), und auf ihrer Grundlage erlassener Kommissionsverordnungen,
- in § 6 Verstöße gegen Bestimmungen der VO (EG) Nr. 1907/2006 des Europäischen Parlaments und des Rates v. 18.12.2006 zur Registrierung, Bewertung, Zulassung und Beschränkung chemischer Stoffe (REACH), zur Schaffung einer Europäischen Chemikalienagentur, zur Änderung der RL 1999/45/EG und zur Aufhebung der Verordnung (EWG) Nr. 793/93 des Rates, der Verordnung (EG) 1488/94 der Kommission, der RL 76/769/EWG des Rates sowie der RL 91/155/EWG, 93/67/EWG, 93/105/EG und 2000/21/EG der Kommission (ABl. 2006 L 396, 1, ABl. 2007 L 136, 3, ABl. 2008 L 141, 22, ABl. L 2009 36, 84, ABl. 2010 L 260, 22, ABl. 2011 L 49, 52; 2011 L 136, 105), zuletzt geändert durch VO (EU) Nr. 848/2012 (ABl. 2012 L 253, 5),
- in § 8 Verstöße gegen Bestimmungen der VO (EG) 689/2008 des Europäischen Parlaments und des Rates v. 17.6.2008 über die Aus- und Einfuhr gefährlicher Chemikalien (ABl. 2008 L 204, 1), zuletzt geändert durch VO (EU) Nr. 71/2012 (ABl. 2012 L 26, 23),
- in § 10 Verstöße gegen Bestimmungen der VO (EG) Nr. 1102/2008 des Europäischen Parlaments und des Rates v. 22.10.2008 über das Verbot der Ausfuhr von metallischem Quecksilber und bestimmten Quecksilberverbindungen und -gemischen und die sichere Lagerung von metallischem Quecksilber (ABl. 2008 L 304, 75),
- in § 11 Verstöße gegen Bestimmungen der VO (EG) Nr. 1272/2008 (→ Rn. 5), und
- in § 13 Verstöße gegen Bestimmungen der VO (EG) Nr. 1005/2009 des Europäischen Parlaments und des Rates v. 16.9.2009 über Stoffe, die zum Abbau der Ozonschicht führen (ABl. 2009 L 286, 1), zuletzt geändert durch VO (EU) Nr. 744/2010 (ABl. 2010 L 218, 2), sanktionieren.

II. Rechtfolgen

Der Bußgeldrahmen, dessen Untergrenze durch § 17 Abs. 1 OWiG festgelegt ist, wird für **vor-** 20
sätzlich begangene Verstöße hinsichtlich der Obergrenze durch Abs. 2 bestimmt. Soweit lediglich **fahrlässiges** Handeln vorliegt, halbiert sich die jeweils vorgegebene Bußgeldobergrenze (§ 17 Abs. 2 OWiG). Zur Anwendung des § 17 Abs. 4 OWiG → § 27b Rn. 15.

III. Zuständigkeit

Die Vorschrift des Abs. 3 enthält eine Bestimmung zur sachlichen Zuständigkeit der für die Ver- 21
folgung der Ordnungswidrigkeiten berufenen (§ 35 Abs. 1 OWiG) Verwaltungsbehörde; sie füllt damit die Ermächtigung des § 36 Abs. 1 Nr. 1 OWiG aus. Von den Fällen des Abs. 1 Nr. 9 iVm § 21 Abs. 3 abgesehen, wird auf die nach Landesrecht zuständigen Behörden verwiesen.

§ 27 Strafvorschriften

(1) Mit Freiheitsstrafe bis zu zwei Jahren oder mit Geldstrafe wird bestraft, wer

1. einer Rechtsverordnung nach § 17 Absatz 1 Nummer 1 Buchstabe a, Nummer 2 Buchstabe b oder Nummer 3, jeweils auch in Verbindung mit Absatz 2, 3 Satz 1, Absatz 4 oder 6 über das Herstellen, das Inverkehrbringen oder das Verwenden dort bezeichneter Stoffe,

Gemische, Erzeugnisse, Biozid-Wirkstoffe oder Biozid-Produkte zuwiderhandelt, soweit sie für einen bestimmten Tatbestand auf diese Strafvorschrift verweist.

2. einer vollziehbaren Anordnung nach § 23 Absatz 2 Satz 1 über das Herstellen, das Inverkehrbringen oder das Verwenden gefährlicher Stoffe, Gemische oder Erzeugnisse zuwiderhandelt oder

3. einer unmittelbar geltenden Vorschrift in Rechtsakten der Europäischen Gemeinschaften oder der Europäischen Union zuwiderhandelt, die inhaltlich einer Regelung entspricht, zu der die in Nummer 1 genannten Vorschriften ermächtigen, soweit eine Rechtsverordnung nach Satz 2 für einen bestimmten Tatbestand auf diese Strafvorschrift verweist. Die Bundesregierung wird ermächtigt, soweit dies zur Durchsetzung der Rechtsakte der Europäischen Gemeinschaften oder der Europäischen Union erforderlich ist, durch Rechtsverordnung[1] mit Zustimmung des Bundesrates die Tatbestände zu bezeichnen, die als Straftat nach Satz 1 zu ahnden sind.

(1a) Mit Freiheitsstrafe bis zu drei Jahren oder mit Geldstrafe wird bestraft, wer eine in Absatz 1 Nummer 3 Satzteil vor Satz 2 bezeichnete Handlung dadurch begeht, dass er einen Bedarfsgegenstand im Sinne des § 2 Absatz 6 des Lebensmittel- und Futtermittelgesetzbuches herstellt oder in Verkehr bringt.

(2) Mit Freiheitsstrafe bis zu fünf Jahren oder mit Geldstrafe wird bestraft, wer durch eine in Absatz 1 oder Absatz 1a oder eine in § 26 Absatz 1 Nummer 4, 5, 7 Buchstabe b, Nummer 8 Buchstabe b, Nummer 10 oder Nummer 11 bezeichnete vorsätzliche Handlung das Leben oder die Gesundheit eines anderen oder fremde Sachen von bedeutendem Wert gefährdet.

(3) Der Versuch ist strafbar.

(4) Handelt der Täter fahrlässig, so ist die Strafe

1. in den Fällen des Absatzes 1 oder Absatzes 1a Freiheitsstrafe bis zu einem Jahr oder Geldstrafe,

2. in den Fällen des Absatzes 2 Freiheitsstrafe bis zu zwei Jahren oder Geldstrafe.

5) [1]Das Gericht kann von Strafe nach Absatz 2 absehen, wenn der Täter freiwillig die Gefahr abwendet, bevor ein erheblicher Schaden entsteht. [2]Unter denselben Voraussetzungen wird der Täter nicht nach Absatz 4 Nr. 2 bestraft. [3]Wird ohne zutun des Täters die Gefahr abgewendet, so genügt sein freiwilliges und ernsthaftes Bemühen, dieses Ziel zu erreichen.

(6) Die Absätze 1 bis 5 gelten nicht, wenn die Tat nach den §§ 328, 330 oder 330a des Strafgesetzbuches mit gleicher oder schwererer Strafe bedroht ist.

A. Regelungssystematik

1   Die Vorschrift gestaltet in Abs. 1 einzelne Verstöße gegen Verbote oder Beschränkungen, vollziehbare Anordnungen oder EU-Rechtsakte als Straftaten aus. Verstöße gegen EU-Rechtsakte nach Abs. 1 Nr. 3 werden in Abs. 1a einem erhöhten Strafrahmen unterworfen, sofern sie Bedarfsgegenstände iSd Lebensmittel- und Futtermittelgesetzbuchs betreffen. Straftaten nach Abs. 1 und Abs. 1a sowie herausgehobene Ordnungswidrigkeiten aus § 26 Abs. 1 werden in Abs. 2 einem abermals erhöhten Strafrahmen unterworfen, sofern es zu einer Gefährdung von Leben, Gesundheit oder Sachen bedeutenden Werts kommt. Der Gesetzgeber hat hier neben einem Qualifikationstatbestand auch einen sog unechten Mischtatbestand (zum Begriff Göhler/Gürtler OWiG Vor § 1 Rn. 33 ff., 36) geschaffen.

B. Die Regelungen im Einzelnen

I. Straftaten nach Abs. 1

2   **1. Verstöße gegen eine Rechtsverordnung nach § 17 Abs. 1 (Nr. 1).** Die Vorschrift enthält zur Begründung der Strafbarkeit eine Verweisung auf die Ermächtigungstatbestände des § 17 Abs. 1. Dazu sind ergangen

– die ChemVerbotsV mit dem als Straftat iSd Nr. 1 ausgestalteten Tatbestand des § 8 Abs. 1 ChemVerbotsV;

– die GefStoffV mit dem als Straftat iSd Nr. 1 ausgestalteten Tatbestand des § 24 Abs. 2 GefStoffV;

– die ChemVOCFarbV mit dem als Straftat iSd Nr. 1 ausgestalteten Tatbestand des § 7 ChemVOCFarbV;

– die FCKW-Halon-Verbots-Verordnung mit dem als Straftat iSd Nr. 1 ausgestalteten Tatbestand des § 9 Abs. 1 FCKW-Halon-Verbots-Verordnung;

– die ChemOzonSchichtV mit dem als Straftat iSd Nr. 1 ausgestalteten Tatbestand des § 7 Abs. 1 ChemOzonSchichtV.

3   **2. Verstöße gegen eine vollziehbare Anordnung nach § 23 Abs. 2 S. 1 (Nr. 2).** Ergeben sich iRd Überwachungstätigkeit (→ Rn. 14) Anhaltspunkte dafür, dass von einem gefährlichen Stoff, einer

gefährlichen Zubereitung oder einem Erzeugnis, das entsprechende Stoffe oder Zubereitungen freisetzen kann oder enthält, eine erhebliche Gefahr für das Leben oder die Gesundheit des Menschen oder die Umwelt ausgeht, kann die Landesbehörde anordnen, dass diese für die Dauer von drei Monaten nicht, nur unter bestimmten Voraussetzungen, nur in einer bestimmten Beschaffenheit oder nur für bestimmte Zwecke hergestellt, in den Verkehr gebracht oder verwendet werden dürfen (§ 23 Abs. 2 S. 1). Der Verstoß gegen eine solche vollziehbare (§ 21 Abs. 3) Anordnung (zum Problem ihrer Rechtswidrigkeit → Vorb. Rn. 10) stellt – im Unterschied zu dem von § 26 Abs. 1 Nr. 10b erfassten Verstoß – wegen des erhöhten Gefahrenpotentials eine Straftat dar.

3. Verstöße gegen eine EU-Recht umsetzende Rechtsverordnung (Nr. 3). Die Vorschrift **4** enthält für die Begründung der Strafbarkeit in S. 2 eine Ermächtigung zum Erlass von Rechtsverordnungen, in denen diejenigen Handlungen gegen unmittelbar geltende Vorschriften in Rechtsakten der Europäischen Union benannt werden, die als Straftaten anzusehen sind. Auf dieser Grundlage sind in der ChemSanktionsV Strafvorschriften erlassen worden, die

– in § 1 Verstöße gegen Bestimmungen der VO (EG) Nr. 850/2004,
– in § 3 Verstöße gegen Bestimmungen der VO (EG) Nr. 842/2006,
– in § 5 Verstöße gegen Bestimmungen der VO (EG) Nr. 1907/2006,
– in § 7 Verstöße gegen Bestimmungen der VO (EG) Nr. 689/2008,
– in § 9 Verstöße gegen Bestimmungen der VO (EG) Nr. 1102/2008 und
– in § 12 Verstöße gegen Bestimmungen der VO (EG) Nr. 1005/2009 sanktionieren.

II. Straftaten nach Abs. 1a

Abs. 1a enthält für Straftaten nach Abs. 1 Nr. 3 einen Qualifikationstatbestand, soweit diese inhaltlich **4a** Bedarfsgegenstände iSd Lebensmittel- und Futtermittelgesetzbuchs (LFGB; zu Gegenstand und Stellung des Lebensmittelstrafrechts näher → Vorb. LFGB §§ 58–61 Rn. 1 ff.) betreffen. Mit der neuen Vorschrift erfolgt eine Angleichung an die auf solche Gegenstände bezogenen Strafrahmen des LFGB (§ 58 LFGB). Es soll so eine Absenkung des Strafniveaus in den Fällen vermieden werden, in denen Verbotsregelungen, die bisher in der Bedarfsgegenständeverordnung auf der Grundlage des LFGB getroffen worden waren, mittlerweile durch entsprechende Regelungen im Anhang XVII der VO (EG) Nr. 1907/2006 abgelöst sind und nunmehr chemikalienrechtlichen Sanktionsvorschriften unterfallen (vgl. BT-Drs. 17/12955, 12 ff. (22)). Zugleich will der Gesetzgeber dem grds. erhöhten Gefährdungsniveau dieser Fälle Rechnung tragen, welches sich aus dem für den Begriff des Bedarfsgegenstands prägend wirkenden unmittelbaren Kontakt mit dem menschlichen Körper oder Lebensmitteln ergebe (vgl. BT-Drs. 17/12955, 22).

Was als **Bedarfsgegenstand** in Betracht kommt, wird in **§ 2 Abs. 6 LFGB** näher bestimmt. Danach **4b** ist zwischen Lebensmittelbedarfsgegenständen (§ 2 Abs. 6 S. 1 Nr. 1 LFGB) und sonstigen Bedarfsgegenständen (§ 2 Abs. 6 S. 1 Nr. 2–9 LFGB) zu unterscheiden. Hinsichtlich der Lebensmittelbedarfsgegenstände wird auf die Begriffsbestimmung in Art. 1 Abs. 2 der VO (EG) Nr. 1935/2004 des Europäischen Parlaments und des Rates v. 27.10.2004 über Materialien und Gegenstände, die dazu bestimmt sind, mit Lebensmitteln in Berührung zu kommen und zur Aufhebung der RL 80/590/EWG und 89/109/EWG (ABl. 2004 L 338, 4) Bezug genommen. Dort sind sie definiert als Materialien und Gegenstände, die als Fertigerzeugnis dazu bestimmt sind, mit Lebensmitteln in Berührung zu kommen, oder bereits mit Lebensmitteln in Berührung sind und dazu bestimmt sind oder vernünftigerweise vorhersehen lassen, dass sie bei normaler oder vorhersehbarer Verwendung mit Lebensmitteln in Berührung kommen oder ihre Bestandteile an Lebensmittel abgeben. Demgegenüber ist die Begriffsbestimmung der sonstigen Bedarfsgegenstände weiter; sie stellt auf die aus der Zweckbestimmung folgende Eignung, unmittelbar oder mittelbar auf den menschlichen Körper einwirken zu können, ab (→ Vorb. LFGB §§ 58–61 Rn. 44).

Das **Herstellen** erfasst nach § 3 Nr. 2 LFGB das Gewinnen, einschließlich des Schlachtens oder **4c** Erlegens lebender Tiere, deren Fleisch als Lebensmittel zu dienen bestimmt ist, das Herstellen, das Zubereiten, das Be- und Verarbeiten und das Mischen (näher → Vorb. LFGB §§ 58–61 Rn. 46 f.).

Zur Bestimmung des Begriffs **„In-Verkehr-Bringen"** greift § 3 Nr. 1 LFGB zunächst auf die **4d** Definition in Art. 3 Nr. 8 der VO (EG) Nr. 178/2002 des Europäischen Parlaments und des Rates v. 28.1.2002 zur Festlegung der allgemeinen Grundsätze und Anforderungen des Lebensmittelrechts, zur Errichtung der Europäischen Behörde für Lebensmittelsicherheit und zur Festlegung von Verfahren zur Lebensmittelsicherheit (ABl. 2002 L 31, 1) zurück und erstreckt diese sodann auf kosmetische Mittel, Bedarfsgegenstände und mit Lebensmitteln verwechselbare Produkte. Erfasst ist damit in allen bedeutsamen Fällen das Bereithalten von Bedarfsgegenständen für Verkaufszwecke einschließlich des Anbietens zum Verkauf oder jeder anderen Form der Weitergabe, gleichgültig, ob unentgeltlich oder nicht, sowie der Verkauf, der Vertrieb oder andere Formen der Weitergabe selbst (→ Vorb. LFGB §§ 58–61 Rn. 45).

III. Straftaten nach Abs. 2

Abs. 2 enthält für Straftaten nach Abs. 1 und Abs. 1a einen Qualifikationstatbestand; für bestimmte, **5** vorsätzlich begangene Ordnungswidrigkeiten aus dem Katalog des § 26 Abs. 1 begründen die besonderen Voraussetzungen des Abs. 2 hingegen erst die Strafbarkeit. Soweit über Abs. 2 Vorschriften in Bezug genommen werden, die ihrerseits Verweisungen auf Ermächtigungstatbestände für den Erlass von Rechtsverordnungen enthalten (Abs. 1 Nr. 1, Abs. 1 Nr. 3, Abs. 1a, § 26 Abs. 1 Nr. 5c, Nr. 7b, Nr. 8b, Nr. 11) kommt eine Strafbarkeit nur in Betracht, wenn in diesen Rechtsverordnungen wiederum eine Rückverweisung auf Abs. 2 enthalten ist.

6   Die Taten nach Abs. 2 sind konkrete Gefährdungsdelikte: Als Folge der tatbestandlichen Handlungen muss eine **konkrete Gefahr** für die Schutzobjekte (Leben, Gesundheit, Sachen von besonderem Wert) eintreten. Gemeinhin wird – über eine normative Begriffsbestimmung – darunter ein Zustand verstanden, in dem nach den konkreten Umständen der Eintritt eines Schadens nahe liegt, weil die Tathandlung über die ihr innewohnende (abstrakte) Gefährlichkeit hinaus zu einer kritischen Situation geführt hat, in der es nur noch vom Zufall abhängt, ob das Schutzobjekt verletzt wird oder nicht (vgl. LK-StGB/*König* StGB § 315 Rn. 51 ff.). Die Beurteilung hat anhand einer objektiv-nachträglichen Prognose aus der Sicht ex ante zu erfolgen (näher Fischer StGB § 315c Rn. 15a ff.; LK-StGB/*König* StGB § 315 Rn. 53 ff.).

7   Die **Schutzobjekte** dürfen nicht dem Täter selbst zuzuordnen sein; für die Frage der Fremdheit der gefährdeten Sache gilt der zivilrechtliche Eigentumsbegriff. Das Gesetz enthält keine Vorgaben zur Bestimmung des „besonderen Werts"; er wird aber unter Berücksichtigung ökonomischer wie ökologischer Gesichtspunkte zu ermitteln sein (vgl. Fischer StGB § 324a Rn. 8, § 325a Rn. 8; LK-StGB/*Steindorf* StGB § 325a Rn. 24; SK-StGB/*Schall* StGB § 325 Rn. 37 ff.; abw. Schönke/Schröder/*Heine*/*Hecker* StGB § 325a Rn. 10). Auch hier (vgl. zu § 315 StGB LK-StGB/*König* StGB § 315 Rn. 82) darf als Regelungsgrund angenommen werden, dass es unangemessen wäre, jeden unbedeutenden Sachwert dem Leben oder der Gesundheit gleichzustellen. Daraus folgt, dass die Wertgrenze nicht zu niedrig angesetzt werden darf. Sie sollte – in Anlehnung an die Bemessung bei den §§ 315, 315c, 324a, 325, 325a StGB (BGH NStZ 2011, 215; Fischer StGB § 315c Rn. 15) – jenseits der 750 EUR liegen; eine Angleichung an die Wertgrenze des § 69 Abs. 2 Nr. 3 StGB (1300 EUR; vgl. Fischer StGB § 69 Rn. 29) ist auch hier (abl. bereits zu § 315 StGB Fischer StGB § 315 Rn. 16a; LK-StGB/*König* StGB § 315 Rn. 95) nicht geboten. Abweichend vom Normtext, dem zufolge auch die Gefahr einer nur geringen Beschädigung der (wertvollen) Sache genügen würde, kommt es nach hM – zur Vermeidung von Wertungswidersprüchen – nicht allein auf den Wert der Sache, sondern zusätzlich darauf an, ob dieser ein bedeutender Schaden droht (vgl. Fischer StGB § 315 Rn. 16a, StGB § 324a Rn. 8; LK-StGB/*König* StGB § 315 Rn. 82, 82a; NK-StGB/*Zieschang* StGB § 315 Rn. 46; NK-StGB/*Ransiek* StGB § 324a Rn. 8; § 325a Rn. 8; Schönke/Schröder/*Heine*/*Hecker* StGB § 325a Rn. 10).

8   Für die **subjektive Tatseite** ist Gefährdungsvorsatz erforderlich. Dieser ist jedenfalls dann anzunehmen, wenn der Täter die Schädigung des Schutzobjekts in seine Vorstellung aufgenommen hat (vgl. LK-StGB/*Vogel* StGB § 15 Rn. 129). Andererseits genügt es nicht, wenn ihm lediglich bewusst ist, dass er eine abstrakte Gefahr verursacht. Notwendig, aber – iSe „bedingten" Vorsatzes (näher LK-StGB/*Vogel* StGB § 15 Rn. 96 ff.) – hinreichend ist vielmehr, dass er die Umstände kennt und billigt, aus denen sich die Möglichkeit eines konkreten Schadenseintritts ergibt (vgl. LK-StGB/*Vogel* StGB § 15 Rn. 130; LK-StGB/*König* StGB § 315c Rn. 191). Die innere Ablehnung der Gefährdung steht dabei deren Billigung ebenso wenig entgegen wie die Hoffnung oder der Wunsch, eine solche Gefährdung werde nicht eintreten. Dies gilt auch, soweit der Täter darum bemüht ist, selbst nicht verletzt zu werden. Demgegenüber liegt nur bewusste Fahrlässigkeit (dann Abs. 4) vor, wenn der Täter ernsthaft (und nicht nur vage) auf das Ausbleiben der Gefährdung vertraut (zur Abgrenzung vgl. LK-StGB/*Vogel* StGB § 15 Rn. 287 ff., 291; Roxin StrafR AT I § 24 Rn. 72; abw. NK-StGB/*Puppe* StGB § 15 Rn. 64 ff.).

IV. Strafbarkeit des Versuchs (Abs. 3)

9   Die in Abs. 1, Abs. 1a und Abs. 2 beschriebenen Straftaten stellen ausweislich der Untergrenze des jeweils vorgesehenen Strafrahmens Vergehen dar (§ 12 Abs. 2 StGB). Abs. 3 trägt daher § 23 Abs. 1 Hs. 2 StGB Rechnung und bestimmt die Strafbarkeit des Versuchs für die in Abs. 1, Abs. 1a und Abs. 2 bezeichneten Straftaten. Gemäß § 23 Abs. 2 StGB kann der Versuch in den Grenzen des § 49 Abs. 1 StGB milder bestraft werden.

V. Straftaten nach Abs. 4

10   Die Vorschrift trägt § 15 StGB Rechnung und bestimmt die Strafbarkeit der fahrlässigen Begehungsweise der in Abs. 1, Abs. 1a und Abs. 2 beschriebenen Straftaten. Der Normtext weicht mit Blick auf Abs. 2 von der Fassung vergleichbarer Gefahrerfolgsqualifikationen des StGB (etwa § 315 Abs. 5, Abs. 6, § 315a Abs. 3, § 315b Abs. 4, Abs. 5, § 315c Abs. 3 StGB) ab. Dass freilich in der Sache kein Unterschied gewollt ist, ergibt sich aus der Entstehungsgeschichte: Hatte die Entwurfsfassung (BT-Drs. 8/3319, 13) noch zwischen der lediglich fahrlässigen Herbeiführung der Gefahr (Vorsatz-Fahrlässigkeits-Kombination) und der fahrlässigen Herbeiführung sowohl des Grunddeliktserfolgs wie auch der Gefahr (Fahrlässigkeits-Fahrlässigkeits-Kombination) unterschieden, ist der Gesetzgeber schließlich der Anregung des Bundesrats gefolgt, im Interesse einer „wesentliche(n) Vereinfachung der Vorschrift" (BT-

Drs. 8/3319, 41) die jetzt geltende Fassung in das Gesetz zu übernehmen. Bis heute fehlt – abermals im Unterschied zu den bereits genannten Vorschriften des StGB – eine Differenzierung im angedrohten Strafmaß. Wegen § 11 Abs. 2 StGB ist eine Teilnahme an der Vorsatz-Fahrlässigkeits-Kombination möglich; der ebenfalls grds. mögliche Versuch wird allerdings von dem vorangestellten Abs. 3 nicht (mehr) erfasst.

VI. Tätige Reue (Abs. 5)

Abs. 5 ermöglicht in **S. 1** fakultativ ein Absehen von Strafe: Der Täter wird zwar schuldig gesprochen, **11** in den Urteilstenor ist aber aufzunehmen, dass von Strafe abgesehen wurde. Die Kostenfolge ergibt sich aus § 465 Abs. 1 S. 2 StPO. Für das Strafbefehlsverfahren gilt § 407 Abs. 2 S. 1 Nr. 3 StPO. Anstelle eines Urteils oder eines Strafbefehls sind auch das Absehen von der Erhebung einer öffentlichen Klage (§ 153b Abs. 1 StPO) oder die Einstellung des Verfahrens denkbar (§ 153b Abs. 2 StPO). Die Anordnung der Einziehung bleibt trotz Absehen von Strafe möglich (§ 76a Abs. 3 StGB).

In **S. 2** enthält die Vorschrift einen obligatorischen persönlichen Strafaufhebungsgrund mit der Folge **12** eines Freispruchs. Die Anordnung der Einziehung bleibt in bestimmten Fällen gleichwohl möglich (§ 76a Abs. 2 Nr. 2 StGB).

Gemeinsame Voraussetzung ist die Freiwilligkeit des Handelns (dazu die Kommentierungen zu **13** § 24 StGB), das bei vollendeter Tat – andernfalls gelten die Bestimmungen über den Rücktritt vom Versuch, § 24 StGB – die jeweils tatbestandsspezifische Gefahr abwendet und damit den Eintritt des aus der Verwirklichung der (konkreten) Gefahr drohenden (erheblichen) Schadens verhindert. Zur Bestimmung der Erheblichkeit enthält das Gesetz keine Anhaltspunkte. Eine Tätige Reue wird allerdings ausscheiden, wenn eine Sache von bedeutendem Wert (→ Rn. 7) zerstört wurde.

S. 3 setzt voraus, dass die Abwendung der Gefahr ohne Zutun des Täters erfolgte. Insoweit ist **14** unerheblich, ob der Täter davon wusste oder nicht. Er muss sich lediglich ernsthaft bemüht haben (dazu die Kommentierungen zu § 24 StGB), die Gefahr abzuwenden.

VII. Subsidiaritätsklausel (Abs. 6)

Abs. 6 enthält eine sog spezielle Subsidiaritätsklausel (vgl. LK-StGB/*Rissing-van Saan* StGB Vor § 52 **15** Rn. 126; NK-StGB/*Puppe* StGB Vor § 52 Rn. 22). Sie soll sicherstellen, dass der Tatbestand nicht auch Fälle mit Strafe belegt, die ohnehin schon unter einen anderen Tatbestand fallen (vgl. BT-Drs. 12/192, 36). Das verdrängte Delikt bleibt daher im Schuldspruch unberücksichtigt (unstr.). Für den Rechtsfolgenausspruch ließe sich – im Sinne einer Parallelität von Konkurrenz- und Rechtsfolgenzurechnung (vgl. MüKoStGB/*v. Heintschel-Heinegg* StGB Vor §§ 52 ff. Rn. 81) – annehmen, dass der Umstand der „Mitverwirklichung" des verdrängten Tatbestands strafzumessungsneutral zu behandeln sei (vgl. MüKoStGB/ *v. Heintschel-Heinegg* StGB Vor §§ 52 Rn. 77 ff., 79; NK-StGB/*Puppe* StGB Vor § 52 Rn. 24; Schönke/Schröder/*Sternberg-Lieben/Bosch* StGB Vor §§ 52 ff. Rn. 141, 144). Demgegenüber sieht die hM in Abkehr von dem darin zum Ausdruck kommenden Grundsatz der vollständigen Deliktsabsorption nicht generell, sondern – wegen § 46 Abs. 3 StGB – nur dann von einer Berücksichtigung iRd Strafzumessung ab, wenn und soweit die Umstände, welche die erhöhte Schuld begründen sollen, bereits zu den Merkmalen des vorrangigen Tatbestands gehören (BGHSt 1, 152 (155); 6, 25 (27); 8, 46 (52); 19, 188 (189); 33, 142 (147); ferner Fischer StGB Vor § 52 Rn. 45; LK-StGB/*Rissing-van Saan* StGB Vor § 52 Rn. 95, 139; Jescheck/Weigend StrafR AT § 69 III 3; Roxin StrafR AT II § 33 Rn. 240 ff.).

§ 27a Unwahre GLP-Erklärungen, Erschleichen der GLP-Bescheinigung

(1) Wer zur Täuschung im Rechtsverkehr die Erklärung nach § 19a Absatz 2 Satz 2 Nummer 2 der Wahrheit zuwider abgibt oder eine unwahre Erklärung gebraucht, wird mit Freiheitsstrafe bis zu fünf Jahren oder mit Geldstrafe bestraft.

(2) Ein Amtsträger, der innerhalb seiner Zuständigkeit eine unwahre Bescheinigung nach § 19b Absatz 1 oder eine unwahre Bestätigung nach § 19b Absatz 2 Nummer 3 erteilt, wird mit Freiheitsstrafe bis zu fünf Jahren oder mit Geldstrafe bestraft.

(3) Wer bewirkt, dass eine unwahre Bescheinigung oder Bestätigung nach § 19b erteilt wird, oder wer eine solche Bescheinigung oder Bestätigung zur Täuschung im Rechtsverkehr gebraucht, wird mit Freiheitsstrafe bis zu einem Jahr oder mit Geldstrafe bestraft.

(4) Der Versuch ist strafbar.

A. Regelungssystematik

I. Umweltverwaltungsrechtlicher Regelungszusammenhang

Die Vorschriften des sechsten Abschnitts des ChemG dienen der Umsetzung der beiden europäischen **1** RL 87/18/EWG v. 28.12.1986 (ABl. 1987 L 15, 29) und 88/320/EWG v. 7.6.1988 (ABl. 1988 L 145,

35; berichtigt in ABl. 2011 L 174, 55) über die Grundsätze der sog „Guten Laborpraxis" (GLP). Diese verfolgen den Zweck, über das bis dahin geltende Anmelde- und Mitteilungsverfahren des Chemikalienrechts hinaus bei behördlichen Verfahren, in denen es auf die Beurteilung der Gefährlichkeit von Chemikalien ankommt, die Qualität der vorgelegten Prüfergebnisse umfassend sicherzustellen (vgl. BT-Drs. 11/4550, 32). Sie beruhen auf der Erkenntnis, dass die von chemischen Stoffen für den Menschen und die Umwelt ausgehenden Risiken nur zuverlässig ermittelt werden können, wenn die Stoffe zuvor einer verlässlichen Laborprüfung unterzogen werden. Die Grundsätze über die GLP stellen daher einen formellen Rahmen für die Durchführung von Sicherheitsprüfungen an chemischen Produkten bereit. Sie befassen sich mit der organisatorischen Struktur, den Verantwortlichkeiten und den Bedingungen in Laboratorien und legen den organisatorischen Ablauf und die Bedingungen fest, zu denen Laborprüfungen geplant, durchgeführt, überwacht und dokumentiert werden sollen. Die Grundsätze sind folglich – im Sinne eines Qualitätssicherungssystems – ein Instrument des Labormanagements (vgl. BT-Drs. 11/4550, 61). Die Grundsätze über die GLP finden sich im Anhang 1 zur Fassung des ChemG v. 28.8.2013 (BGBl. I 3521) veröffentlicht.

2   Die beiden europäischen RL 87/18/EWG und 88/320/EWG sind hinsichtlich ihres Ziels für den deutschen Gesetzgeber verbindlich; sie überlassen ihm aber die Wahl der Form und der Mittel zur Umsetzung des vorgegebenen Ziels im nationalen Recht (vgl. Art. 288 Abs. 3 AEUV). Der Gesetzgeber hat sich insoweit für eine zentrale Regelung des Rechtsbereichs mit Wirkung für alle betroffenen Rechtsgebiete (mit Ausnahme des Arznei- und Pflanzenschutzrechts) im ChemG als allgemeinem Stoffgesetz entschieden (vgl. BT-Drs. 11/4550, 33).

3   Die § 19a und § 19b enthalten die materiellen Regelungen über die Verpflichtung zur Einhaltung der Grundsätze über die GLP, eine Aufbewahrungspflicht für die Unterlagen, aus denen sich deren Anwendung ergibt, und gewähren einen Anspruch auf Ausstellung einer GLP-Bescheinigung. § 19c regelt die Berichterstattung des Bundes an die Europäische Kommission sowie die Befugnis zur Veröffentlichung von Inspektionsergebnissen. § 19d enthält Aufgabenübertragungen an das Bundesinstitut für Risikobewertung als zentrale GLP-Stelle des Bundes sowie Regelungen zum Erlass von Verordnungen und allgemeinen Verwaltungsvorschriften zur Anwendung und Überwachung der Grundsätze über die GLP.

II. Regelungssystematik, Rechtsgut und Schutzrichtung

4   Die Strafvorschrift des § 27a knüpft an die materiellen Regelungen der § 19a und § 19b an. Den in § 19a Abs. 2 S. 2 genannten Urkunden (GLP-Bescheinigung und GLP-Erklärung) misst der Gesetzgeber im Hinblick auf die Regelung des § 19a Abs. 2 S. 3 eine erhebliche rechtliche und wirtschaftliche Bedeutung zu: Werden die Urkunden nicht vorgelegt, ist der Nachweise der Einhaltung der Grundsätze über die GLP nicht erbracht; die Prüfergebnisse gelten als nicht vorgelegt. Die Strafvorschriften, die sich in ihrer Normstruktur wie im Strafmaß in Abs. 1 an § 267 Abs. 1 Alt. 1 und Alt. 3 StGB, in Abs. 2 an § 348 Abs. 1 StGB und in Abs. 3 an § 271 Abs. 1 StGB anlehnen, sollen sicherstellen, dass den genannten Urkunden um ihrer Bedeutung in der Praxis willen auch der entsprechende Wahrheitsgehalt zukommt. Zugleich soll der naheliegenden Gefahr eines Missbrauchs entgegengewirkt werden (BT-Drs. 11/4550, 71).

5   Geschütztes **Rechtsgut** ist im Interesse des Schutzes von Mensch und Umwelt vor Gefahren, die von Stoffen ausgehen können, die Sicherheit und Zuverlässigkeit des Rechtsverkehrs im Umgang mit den in § 19a Abs. 2 S. 2 genannten Urkunden. Die Strafvorschriften des § 27a weisen dabei eine einheitliche **Schutzrichtung** auf: Sie schützen den Rechtsverkehr – anders als § 267 StGB – nicht vor unechten Urkunden, sondern – ähnlich den §§ 271, 348 StGB – vor echten, mit dem besonderen Beweiswert des § 19a Abs. 2 S. 3 ausgestatteten, jedoch inhaltlich unwahren Urkunden. Diejenigen Personen, die in einem Zulassungs-, Erlaubnis-, Registrierungs-, Anmelde- oder Mitteilungsverfahren Urkunden iSd § 19a Abs. 2 S. 2 vorgelegt werden, sollen also iSe „Wahrheitsschutzes" darauf vertrauen dürfen, dass deren Inhalt auch den tatsächlichen Gegebenheiten entspricht (vgl. zu § 271 StGB Fischer StGB § 271 Rn. 2; NK-StGB/*Puppe* § 271 Rn. 3; Wessels/Hettinger StrafR BT I Rn. 902).

B. Die Regelungen im Einzelnen

I. Abgabe und Gebrauch wahrheitswidriger GLP-Erklärungen (Abs. 1)

6   **1. Umweltverwaltungsrechtlicher Regelungsgehalt.** In § 19a Abs. 1 ist die Pflicht niedergelegt, die gesundheitsrelevanten und umweltrelevanten Prüfungen von Stoffen oder Zubereitungen unter Beachtung der Grundsätze über die GLP durchzuführen. Der einschränkende Relativsatz macht dabei deutlich, dass die Grundsätze über die GLP nur in solchen Verfahren anzuwenden sind, die der Bewertung möglicher Gefahren einer Chemikalie für den Menschen oder die Umwelt zum Ziel haben; Fragen der Wirksamkeit der Chemikalien selbst sind damit nicht erfasst (BT-Drs. 11/4550, 61). Wer als Antragsteller, Anmelde- oder Mitteilungspflichtiger in einem Zulassungs-, Erlaubnis-, Registrierungs-, Anmelde- oder Mitteilungsverfahren Prüfergebnisse über die Gefährlichkeit entsprechender Chemikalien vorlegt, hat nachzuweisen, dass bei den zugrunde liegenden Prüfungen die Grundsätze über die

GLP eingehalten wurden (§ 19a Abs. 2 S. 1). Dieser Nachweis erfolgt durch die Vorlage zweier Urkunden: die Bescheinigung (GLP-Bescheinigung) der zuständigen Behörde (§ 19a Abs. 2 S. 2 Nr. 1) und die schriftliche Erklärung (GLP-Erklärung) des Prüfleiters (§ 19a Abs. 2 S. 2 Nr. 2). Der gesetzliche Ausschluss anderer Beweismittel – etwa von Zeugen oder Sachverständigen – dient der Rechtssicherheit, weil er die Verfahren von langwierigen Zwischenstreitigkeiten zu der Frage, ob die Grundsätze über die GLP beachtet wurden, frei hält (BT-Drs. 11/4550, 62). Auf dieser Linie liegt auch die gesetzliche Fiktion des § 19a Abs. 2 S. 3: Wird der Nachweis nicht erbracht, gelten die Prüfergebnisse als nicht vorgelegt, und es ist davon auszugehen, dass die Grundsätze über die GLP nicht beachtet wurden. Der Gesetzgeber wollte mit dieser Regelung einen Anreiz schaffen, im eigenen Interesse auf die Einhaltung der Grundsätze über die GLP und deren Nachweis zu achten (BT-Drs. 11/4550, 62).

2. Deliktsnatur. Nach Abs. 1 macht sich strafbar, wer eine unwahre GLP-Erklärung abgibt oder eine **7** solche unwahre GLP-Erklärung gebraucht. Täter können nur diejenigen sein, die eine entsprechende Erklärung abgeben oder gebrauchen dürfen. Das ist zum einen der Prüfleiter iSd § 19a Abs. 2 S. 2 Nr. 2 als der Verantwortliche der Prüfeinrichtung (vgl. Abschn. II Nr. 1.2 Abs. 1 der GLP), zum anderen der Antragsteller, der Anmelde- oder Mitteilungspflichtige in einem der in § 19a Abs. 1 in Bezug genommenen Zulassungs-, Erlaubnis-, Registrierungs-, Anmelde- oder Mitteilungsverfahren. Beide Tatbestandsalternativen erweisen sich damit als echte Sonderdelikte.

3. Objektiver Tatbestand. Eine GLP-Erklärung ist **unwahr** iSd Abs. 1, wenn ihr Inhalt nicht den **8** tatsächlichen Gegebenheiten entspricht, die nach den Grundsätzen über die GLP (dort Abschnitt II) vorausgesetzt werden.

Eine GLP-Erklärung wird **abgegeben,** wenn sie – über die bloße Herstellung als Dokument (Ur- **9** kunde) hinaus – in die Verfügungsmacht des Erklärungsgegners übergegangen ist und dieser von ihrem Inhalt Kenntnis nehmen kann.

Eine GLP-Erklärung wird **gebraucht** (vgl. zu § 267 Abs. 1 StGB näher Fischer StGB § 267 Rn. 36; **10** LK-StGB/*Zieschang* StGB § 267 Rn. 220 ff.; NK-StGB/*Puppe* StGB § 267 Rn. 94; Wessels/Hettinger StrafR BT I Rn. 851), wenn sie selbst dem zu Täuschenden in einer Weise zugänglich gemacht wird, dass dieser die Möglichkeit der sinnlichen Wahrnehmung hat. Sie muss so in den Machtbereich des zu Täuschenden gelangen, dass dieser ohne Weiteres von ihrem Inhalt Kenntnis nehmen kann; auf die tatsächliche Kenntnisnahme kommt es indessen nicht an. Der BGH, der Abschriften und Ablichtungen regelmäßig nicht als Urkunden anerkennt (BGHSt 5, 291 (293); 20, 17 (18 f.); 24, 140 (141); vgl. auch Fischer StGB § 267 Rn. 19; LK-StGB/*Zieschang* StGB § 267 Rn. 111 ff.; Wessels/Hettinger StrafR BT I Rn. 811; anders NK-StGB/*Puppe* StGB § 267 Rn. 20 ff., 23, 49 f.;), lässt für eine Strafbarkeit nach § 267 Abs. 1 Alt. 3 StGB genügen (RGSt 69, 228 (231); BGHSt 5, 291 (293); BGH NJW 1965, 642; 1978, 2042 (2043); BGH StV 2004, 624 (625)), dass dem zu Täuschenden eine Abschrift oder Ablichtung, zu denen es ein Original desselben Inhalts gibt, vorgelegt wird: Der zu Täuschende nehme durch den Anblick einer Abschrift oder einer Ablichtung auch das Original wahr, so dass deren Vorlage ein mittelbares Gebrauchmachen des Originals darstelle (abl. – auch unter Hinweis auf den Normtext – NK-StGB/*Puppe* StGB § 267 Rn. 95 f.; LK-StGB/*Zieschang* StGB § 267 Rn. 217; MüKoStGB/*Erb* StGB § 267 Rn. 198; Wessels/Hettinger StrafR BT I Rn. 852). Danach wird man auch bei § 27a Abs. 1 ein mittelbares Gebrauchmachen annehmen können.

4. Subjektiver Tatbestand. In subjektiver Hinsicht wird vorausgesetzt, dass Abgabe und Gebrauch **11** einer unwahren GLP-Erklärung vorsätzlich (§ 15 StGB) und zur Täuschung im Rechtsverkehr erfolgt sind. Es handelt sich also jeweils um ein Delikt mit überschießender Innentendenz.

Zum **Vorsatz** (vgl. zu § 267 Abs. 1 StGB näher BGHSt 13, 235 (239 ff.); 38, 345 (348 ff.); LK-StGB/ **12** *Zieschang* StGB § 267 Rn. 251; Wessels/Hettinger StrafR BT I Rn. 836) gehört das Wissen, dass es sich bei der Erklärung um eine solche iSd § 19a Abs. 2 S. 2 Nr. 2 handelt und in ihr Tatsachen wiedergegeben werden, die mit der Prüfwirklichkeit nicht übereinstimmen. Umstände, die sich nicht auf die Einhaltung der Grundsätze über die GLP beziehen, sind für die Verwirklichung des Tatbestands daher irrelevant.

Für das daneben erforderliche besondere subjektive Merkmal „**zur Täuschung im Rechtsverkehr**" **13** (vgl. zu § 267 Abs. 1 StGB näher BGHSt 5, 149 (151 f.); 33, 105 (109); LK-StGB/*Zieschang* StGB § 267 Rn. 252 ff.; NK-StGB/*Puppe* StGB § 267 Rn. 99 ff.) wird der Wille vorausgesetzt, mit der Erklärung den Eindruck zu erwecken, dass die Grundsätze über die GLP eingehalten wurden. Der Täter muss es – über die so gewollte Täuschung hinaus – als sichere Folge seines Handelns voraussehen, dass der Adressat der Täuschung aufgrund des mit ihr einhergehenden Irrtums zu einem rechtserheblichen Verhalten veranlasst wird. Insoweit genügt es nicht, nur über die inhaltliche Richtigkeit der Erklärung täuschen zu wollen; relevant sind vielmehr nur solche Vorstellungen, die mit einer Einflussnahme auf das Rechtsleben, nämlich die in § 19a Abs. 1 bezeichneten Zulassungs-, Erlaubnis-, Registrierungs-, Anmelde- oder Mitteilungsverfahren einhergehen. Nicht erforderlich ist freilich, dass der Täter bereits bei Abgabe der Erklärung den konkreten Adressaten der Erklärung kennt; es genügt, dass er überhaupt den Gedanken verfolgt, mit der inhaltlich falschen Urkunde auf den Rechtsverkehr einzuwirken. Jedoch muss er den Täuschungswillen bei Abgabe der Erklärung bereits gefasst haben. Das ist nicht der Fall, wenn der Täter noch unentschlossen ist, ob er die Erklärung in den Rechtsverkehr gelangen lassen will.

14 **5. Täterschaft und Teilnahme.** Die „Eigenschaft", Prüfleiter, Antragsteller, Anmelde- oder Mitteilungspflichtiger zu sein, ist jedenfalls ein persönliches Merkmal (zum Begriff etwa LK-StGB/*Schünemann* StGB § 28 Rn. 52; SK-StGB/*Hoyer* StGB § 28 Rn. 17). Ob es sich zudem um ein „besonderes" persönliches Merkmal iSd § 28 Abs. 1 StGB handelt, hängt – trotz Unterschieden in den Einzelheiten – nach hM (abw. LK-StGB/*Schünemann* StGB § 28 Rn. 8 ff.; NK-StGB/*Puppe* StGB §§ 28, 29 Rn. 6 ff.; SK-StGB/*Hoyer* StGB § 28 Rn. 18 ff.; Roxin StrafR AT II § 27 Rn. 32) davon ab, ob das Merkmal bei wertender Betrachtung überwiegend die Tat oder überwiegend den Täter kennzeichnet (BGHSt 17, 215 (217); 39, 326 (328); 41, 1 (2); ferner Fischer StGB § 28 Rn. 3; MüKoStGB/*Joecks* StGB § 28 Rn. 24 ff.; Schönke/Schröder/*Heine/Schuster* StGB § 28 Rn. 15 ff.; Jescheck/Weigend StrafR AT § 61 VII 4a).

Hier gilt: Der besondere Beweiswert der GLP-Bescheinigung wie der GLP-Erklärung (§ 19a Abs. 2 S. 3) ist Folge des besonderen Vertrauens, das der Rechtsverkehr diesen Urkunden hinsichtlich ihrer inhaltlichen Richtigkeit entgegenbringt. Die Beschränkung der Strafbarkeit auf den genannten Personenkreis ist daher nicht als bloße Zuordnung der tatbestandlichen Handlung zu einem bestimmten Lebensbereich zu verstehen, sondern folgt aus der besonderen Verantwortlichkeit des Personenkreises für die inhaltliche Richtigkeit der GLP-Erklärung oder für den Umgang mit dieser, bringt also ein den Täter spezifisch kennzeichnendes Unrecht zum Ausdruck. Die genannten Eigenschaften sind demnach täterbezogene, strafbegründende) „besondere" persönliche Merkmale. Das bedeutet zugleich: Personen, denen diese Eigenschaft fehlt (sog Extranei), können nur Teilnehmer – Anstifter (§ 26 StGB) oder Gehilfen (§ 27 StGB) – sein und sind als Folge der limitierten Akzessorietät aus dem (zwingend) nach § 49 Abs. 1 StGB gemilderten Strafrahmen zu bestrafen (§ 28 Abs. 1 StGB). Mittäter (§ 25 Abs. 2 StGB) des Prüfleiters kann nur sein, wer selbst Prüfleiter ist.

15 Das Gesetz sieht in § 27 Abs. 2 S. 2 StGB für den Gehilfen eine zweite (zwingende) Verschiebung des Strafrahmens nach § 49 Abs. 1 StGB vor. Die Besonderheit besteht nach hM allerdings darin, dass der Grund für die Bewertung des Verhaltens als bloße Teilnahme auf dem Fehlen des besonderen persönlichen Merkmals beruht (anders – Fehlen eines besonderen Schuldmerkmals (Folge: § 28 Abs. 1 StGB) und Fehlen eines besonderen Unrechtsmerkmals (Folge: § 27 Abs. 2 S. 2 StGB) – NK-StGB/*Puppe* StGB §§ 28, 29 Rn. 8 ff.). Die hM verneint in solchen Fällen eine doppelte Strafrahmenverschiebung. Diese sei nur anzuerkennen, wenn jeder der strafrahmenbildenden Milderungsgründe eine selbstständige sachliche Grundlage habe (BGHSt 26, 53 (54); BGHR StGB § 28 Abs. 1 Merkmal 2; BGH NStZ-RR 2009, 102 f.; ferner Fischer StGB § 27 Rn. 30, § 28 Rn. 7; LK-StGB/*Schünemann* StGB § 27 Rn. 63, 80 und § 28 Rn. 83; MüKoStGB/*Joecks* StGB § 28 Rn. 54; SK-StGB/*Hoyer* StGB § 27 Rn. 39 und § 28 Rn. 45; Schönke/Schröder/*Stree/Kinzig* StGB § 49 Rn. 6; Jescheck/Weigend StrafR AT § 61 VII 4d, § 64 III 4). Eine doppelte Milderung ist daher immer dann möglich und geboten, wenn sich die Gehilfenschaft – neben dem Fehlen eines besonderen persönlichen Merkmals – auch aus anderen Tatsachen, etwa aus dem nur mit Gehilfenwillen geleisteten geringen Tatbeitrag ergibt, anderenfalls würde das Stufenverhältnis zur Anstiftung verfehlt (konsequent anders – stets doppelte Milderung – NK-StGB/*Puppe* StGB §§ 28, 29 Rn. 77 ff., 79; anders auch LK-StGB/*Roxin,* 11. Aufl. 1994, StGB § 28 Rn. 88; Roxin StrafR AT II § 27 Rn. 83).

16 **6. Konkurrenzen.** Eine Konkurrenz zwischen den täterschaftlichen Begehungsformen der beiden Tatbestandsalternativen ist wegen des unterschiedlichen Täterkreises – einerseits Prüfleiter (Alt. 1), andererseits Antragsteller (Alt. 2) – ausgeschlossen. Der Täter der ersten Tatbestandsalternative kann allenfalls Teilnehmer an einer Tat nach der zweiten Alternative sein; umgekehrt gilt dies ebenso. In solchen Fällen geht die Teilnahmestrafbarkeit in der Täterstrafbarkeit auf.

17 Im Verhältnis zu § 267 StGB ist zu beachten: Ein Täter des Abs. 1 Alt. 1 kann nicht auch Täter des § 267 Abs. 1 StGB sein: die von ihm – inhaltlich falsch – abgegebene Erklärung ist echt. Diese Exklusivität gilt auch für einen Täter des Abs. 1 Alt. 2, weil hier eine echte Urkunde vorausgesetzt wird. Damit kann umgekehrt ein Täter des § 267 Abs. 1 Alt. 1 StGB weder Täter des Abs. 1 Alt. 1 noch Täter oder Teilnehmer des Abs. 1 Alt. 2 sein: Weil Abs. 1 Alt. 1 ein Sonderdelikt ist, kommt als Täter nur derjenige in Betracht, der die vom Gesetz vorausgesetzte Eigenschaft aufweist; für Abs. 1 Alt. 2 wird wiederum vorausgesetzt, dass die GLP-Erklärung echt ist.

II. Erteilung wahrheitswidriger Bescheinigungen oder Bestätigungen (Abs. 2)

18 **1. Umweltverwaltungsrechtlicher Regelungsgehalt.** Wer Prüfungen nach § 19a Abs. 1 durchführt, kann beantragen, dass ihm eine Bescheinigung darüber ausgestellt wird, dass seine Prüfeinrichtung oder sein Prüfstandort und die von ihm durchgeführten Prüfungen oder Phasen von Prüfungen den Grundsätzen über die GLP entsprechen. Ist dies der Fall, hat er einen Anspruch auf Erteilung der Bescheinigung (§ 19b Abs. 1 S. 1). Antragsberechtigt ist auch, wer – ohne selbst zur Durchführung von Prüfungen nach § 19a Abs. 1 verpflichtet zu sein – ein berechtigtes Interesse an der Bescheinigung glaubhaft machen kann (§ 19b Abs. 1 S. 2). Das Gesetz stellt dieser GLP-Bescheinigung in Abs. 2 Nr. 1

eine GLP-Bescheinigung anderer Mitgliedstaaten der Europäischen Union oder von Vertragsstaaten des Abkommens über den Europäischen Wirtschaftsraum aufgrund der RL 88/320/EWG des Rates v. 7.6.1988 über die Inspektion und Überprüfung der Guten Laborpraxis (ABl. 1988 L 145, 35), in Abs. 2 Nr. 2 eine GLP-Bescheinigung von Nichtmitgliedstaaten, wenn die gegenseitige Anerkennung gewährleistet ist, und in Abs. 2 Nr. 3 eine Bestätigung des Bundesinstituts für Risikobewertung gleich. Dem strafrechtlichen Schutz unterfallen demgegenüber nach dem Normtext nur die Bescheinigung iSd § 19b Abs. 1 und die Erklärung nach § 19b Abs. 2 Nr. 3.

2. Deliktsnatur. Nach Abs. 2 macht sich strafbar, wer als Amtsträger innerhalb seiner Zuständigkeit **19** eine unwahre Bescheinigung oder Bestätigung abgibt. Täter kann nur ein Amtsträger sein; die Vorschrift stellt daher ein (echtes) Amtsdelikt dar.

Der Straftatbestand ist neben § 348 StGB erforderlich, weil die Abgabe einer inhaltlich falschen **20** Erklärung durch einen Amtsträger innerhalb seiner Zuständigkeit dann nicht strafbar ist, wenn die Urkunde nur für Zwecke des inneren Dienstes oder – wie in den Fällen des § 19 Abs. 1 S. 1 (vgl. BT-Drs. 11/4550, 71) – im Wege einer Amtshilfe für Zwecke eines von einer anderen Dienststelle sachlich abzuschließenden Verfahrens (§ 19a Abs. 1) hergestellt wurde (sog schlicht-amtliche Urkunden; vgl. NK-StGB/*Puppe* StGB § 348 Rn. 16 ff.; Wessels/Hettinger StrafR BT I Rn. 908).

3. Objektiver und subjektiver Tatbestand. Der Begriff des **Amtsträgers** ist in § 11 Abs. 1 Nr. 2 **21** StGB abschließend definiert (NK-StGB/*Saliger* StGB § 11 Rn. 15). Erfasst werden ausschließlich solche Amtsträger, die nach deutschem Recht zu ihren Aufgaben bestellt worden sind (BT-Drs. 7/550, 210). Zu den Einzelheiten siehe die dazu vorliegenden Kommentierungen.

Die tatbestandsmäßige Handlung besteht in der **Erteilung** einer unwahren Bescheinigung oder **22** Bestätigung. Sie ist – wie die Abgabe nach Abs. 1 – erfolgt, wenn die Bescheinigung oder Bestätigung – über die bloße Herstellung als Dokument (Urkunden) hinaus – in die Verfügungsmacht des Erklärungsgegners übergegangen sind und dieser von ihrem Inhalt Kenntnis nehmen kann.

Für den subjektiven Tatbestand ist **Vorsatz** (§ 15 StGB) erforderlich. Dazu gehört das Wissen um die **23** Amtsstellung sowie darum, dass es sich bei der zu erteilenden Bescheinigung oder Bestätigung um eine solche iSd § 19b Abs. 1 oder des § 19b Abs. 2 Nr. 3 handelt und deren Inhalt falsch ist.

4. Täterschaft und Teilnahme. Täter kann nur der Amtsträger sein. Dabei handelt es sich um ein **24** die Strafbarkeit begründendes, täterbezogenes besonderes persönliches Merkmal iSd § 28 Abs. 1 StGB (unstr.; BGHSt 6, 308 (310); 22, 372 (377); LK-StGB/*Schünemann* StGB § 28 Rn. 54; NK-StGB/*Puppe* StGB §§ 28, 29 Rn. 57; SK-StGB/*Hoyer* StGB § 28 Rn. 38). Andere Personen (sog Extranei) können nur Teilnehmer – Anstifter (§ 26 StGB) oder Gehilfen (§ 27 StGB) – sein. Sie sind aus dem (zwingend) nach § 49 Abs. 1 StGB gemilderten Strafrahmen zu bestrafen (§ 28 Abs. 1 StGB). Zur Möglichkeit einer doppelten Milderung (§ 27 Abs. 2 S. 2 StGB) → Rn. 15; vgl. zu § 348 StGB abl. LK-StGB/*Zieschang* StGB § 348 Rn. 35; bejahend NK-StGB/*Puppe* StGB § 348 Rn. 40.

III. Straftaten nach Abs. 3

1. Tatbestandsfassung und Deliktsnatur. Abweichend von Abs. 2 enthält Abs. 3 – im Sinne eines **25** umfassenden Schutzes (vgl. BT-Drs. 11/4550, 71) – für beide Alternativen eine Verweisung auf § 19b. Damit werden alle Bescheinigungen und Bestätigungen des § 19b Abs. 2, also insbes. auch die in Abs. 2 Nr. 1 genannte GLP-Bescheinigung anderer Mitgliedstaaten der Europäischen Union oder von Vertragsstaaten des Abkommens über den Europäischen Wirtschaftsraum und die in Abs. 2 Nr. 2 genannte GLP-Bescheinigung von Nichtmitgliedstaaten erfasst. Diese kann ein deutscher Amtsträger (befugt) nicht herstellen, so dass eine Erstreckung des Abs. 2 auf sie nicht möglich war. Sie sind daher nur für Abs. 3 Alt. 2 von Bedeutung.

Nach Abs. 3 **Alt. 1** macht sich strafbar, wer bewirkt, dass eine unwahre Bescheinigung oder **26** Bestätigung erteilt wird, wer folglich als *mittelbarer Täter* die Erteilung einer (inhaltlich unwahren) Bescheinigung oder Bestätigung hervorruft (dazu LK-StGB/*Zieschang* StGB § 271 Rn. 1; NK-StGB/*Puppe* StGB § 271 Rn. 2 m. Hinw. auf den (eindeutigen) Normtext des § 307 Abs. 2 im StGB-Entwurf von 1962; Schönke/Schröder/*Heine*/*Schuster* StGB § 271 Rn. 2) – als gutgläubiges (andernfalls Abs. 2 iVm § 26 StGB; → Rn. 29 ff.) Werkzeug benutzt. Der Tatbestand dient der Schließung von Strafbarkeitslücken, die sich aus der Deliktsnatur des Abs. 2 ergeben, weil der den Amtsträger täuschende Hintermann als Extraneus nicht Täter, also auch nicht mittelbarer Täter sein kann. Abs. 3 Alt. 1 ergänzt damit das Amtsdelikt des Abs. 2, der seinerseits dazu dient, Strafbarkeitslücken zu schließen (→ Rn. 20). Dem Täter wird im Interesse des Rechtsverkehrs (→ Rn. 5) eine strafrechtlich bewehrte Wahrheitspflicht auferlegt (zu § 271 Abs. 1 StGB näher NK-StGB/*Puppe* StGB § 271 Rn. 2, 3).

Nach Abs. 3 **Alt. 2** macht sich strafbar, wer eine (inhaltlich unwahre) Bescheinigung oder Bestätigung **27** zur Täuschung im Rechtsverkehr gebraucht. Damit ist die Rechtsgutverletzung umschrieben, um die es bei den Straftatbeständen zum Schutz der genannten Urkunden geht: der Missbrauch der umweltverwaltungsrechtlich, im Interesse des Vertrauensschutzes (→ Rn. 5) bestimmten Form der Ausstellung (nämlich durch einen Amtsträger) einer entsprechenden Urkunde. Demgegenüber stellt Alt. 1 materiell lediglich eine Vorbereitungshandlung dar (vgl. zu § 271 Abs. 2 StGB NK-StGB/*Puppe* StGB § 271 Rn. 45).

28   **2. Objektiver Tatbestand.** Die tatbestandsmäßige Handlung in Abs. 3 **Alt. 1** muss – wie bei § 271 Abs. 1 StGB (vgl. dazu NK-StGB/*Puppe* StGB § 271 Rn. 29 ff.) – in einem Einwirken auf den Amtsträger des Abs. 2 bestehen: Eine vom Täter selbst hergestellte Urkunde ist keine echte, sondern eine unechte Urkunde (§ 267 Abs. 1 Alt. 1 StGB). Das Einwirken wird regelmäßig in einer Täuschung des Amtsträgers oder in der Ausnutzung eines bereits bestehenden Irrtums liegen. In Betracht kommt jedoch auch ein nötigendes Verhalten (vgl. NK-StGB/*Puppe* StGB § 271 Rn. 30).

29   Aus der Aufgabe des Abs. 3 Alt. 1, Rechtsschutzlücken zu schließen (→ Rn. 27), ließe sich folgern, dass jede Verursachung genüge, in deren Folge der Amtsträger die betreffende Urkunde ausstellt und diese – sei es auch nur fahrlässig – für richtig hält (so zu § 271 Abs. 1 StGB etwa Fischer StGB § 271 Rn. 15; MüKoStGB/*Freund* StGB § 271 Rn. 17; Schönke/Schröder/*Heine*/*Schuster* StGB § 271 Rn. 25; SK-StGB/*Hoyer* StGB § 271 Rn. 22). Damit wäre auch ein Verhalten erfasst, das sich als Anstiftung zu einer Tat nach Abs. 2 oder als (hier freilich nicht strafbarer; vgl. § 30 Abs. 1 StGB) Anstiftungsversuch darstellt; der Teilnehmer einer Tat des Abs. 2 wäre zugleich Täter einer Tat nach Abs. 3 Alt. 1. Dementsprechend müsste in Abs. 3 Alt. 1 der Grundtatbestand und in Abs. 2 eine Qualifikation mit der Folge gesehen werden (vgl. zu § 271 StGB MüKoStGB/*Freund* StGB § 271 Rn. 9, 55; SK-StGB/*Hoyer* StGB § 271 Rn. 6, 22; wohl auch Schönke/Schröder/*Heine*/*Schuster* StGB § 271 Rn. 25; abl. LK-StGB/*Zieschang* StGB § 271 Rn. 74, 75; NK-StGB/*Puppe* StGB § 271 Rn. 31), dass die abschließende Bestimmung ihres Verhältnisses zueinander der Anwendung der konkurrenzrechtlichen Regeln überlassen bliebe: Abs. 3 Alt. 1 würde von Abs. 2 (iVm § 26 StGB) verdrängt (so zu § 271 StGB LK-StGB/*Gribbohm,* 11. Aufl. 2001, StGB § 271 Rn. 110; MüKoStGB/*Freund* StGB § 271 Rn. 9, 55; SK-StGB/*Hoyer* StGB § 271 Rn. 6, 22).

30   Die Annahme einer solchen, täter- wie teilnehmerschaftliche Begehungsformen einschließenden „Urheberschaft" (zur Herkunft LK-StGB/*Schünemann* StGB Vor § 25 Rn. 1) steht jedoch nicht nur im Widerspruch zur Beteiligungslehre (vgl. *Gallas* FS Engisch, 1969, 600 (605); NK-StGB/*Puppe* StGB § 271 Rn. 31, 41; zur Ablehnung des Einheitstäterbegriffs näher LK-StGB/*Schünemann* StGB Vor § 25 Rn. 5 ff.), sondern lässt auch den Strafrahmen des Abs. 3 unberücksichtigt. Dieser ist gegenüber demjenigen des Abs. 2 deutlich nach unten abgesetzt: Die mittelbare Ausstellung einer inhaltlich falschen Urkunde wird hier mit nur einem Jahr Höchststrafe erheblich milder bestraft als die Ausstellung durch den Amtsträger selbst. Die sich bei der Einordnung des Abs. 3 Alt. 1 als Grundtatbestand ergebende Folge bei der Strafzumessung – der Anstifter würde wegen § 28 Abs. 2 StGB aus dem Strafrahmen des Abs. 3 bestraft – ließe sich mit Blick auf den Unrechtsgehalt nicht rechtfertigen: Dem Anstiftenden fehlt zwar auch (formell) die Sonderstellung als Amtsträger, indes fehlt es (materiell) nicht an dessen personalem Unrecht. Das fehlende Unrecht des Amtsträgers dürfte aber auch hier (vgl. zu § 160 Abs. 1 StGB etwa LK-StGB/*Ruß* StGB § 160 Rn. 1; *Gallas* FS Engisch, 1969, 600 (607)) entscheidend für die Wahl des Strafrahmens gewesen sein. Hätte der Gesetzgeber den Unrechtsgehalt anders beurteilt, hätte die Einführung eines entsprechenden, die Gleichstellung täter- wie teilnehmerschaftlicher Begehungsformen ausdrücklich vertypenden Tatbestands nahe gelegen (vgl. NK-StGB/*Puppe* StGB § 271 Rn. 31 m. Hinw. auf § 125 Abs. 1 StGB; LK-StGB/*Ruß* StGB § 160 Rn. 1). Daher sind Fälle einer (gelungenen wie versuchten) Anstiftung des Amtsträgers von vornherein aus dem Normbereich des Abs. 3 Alt. 1 auszuscheiden (insoweit auch LK-StGB/*Gribbohm,* 11. Aufl. 2001, StGB § 271 Rn. 74, 75, der aber iÜ in Rn. 110 eine Lösung über die Konkurrenzen anstrebt); sie werden ausschließlich von Abs. 2 (iVm § 26, § 28 Abs. 1 StGB) erfasst. Hier wird vielmehr die Gutgläubigkeit des Amtsträgers (oder eine sonst die mittelbare Täterschaft begründende Situation) vorausgesetzt.

31   Zum Merkmal **„Gebrauchmachen"** (Abs. 3 **Alt. 2**) s. die Ausführungen zu Abs. 1 (→ Rn. 10).

32   **3. Subjektiver Tatbestand.** Für Abs. 3 **Alt. 1** ist subjektiv. lediglich Vorsatz erforderlich (§ 15 StGB). Dieser muss sich darauf beziehen, dass der Amtsträger eine inhaltlich falsche Urkunde herstellt, vor allem aber auf dessen Gutgläubigkeit (oder eine sonst die mittelbare Täterschaft begründende Situation). Insoweit sind zwei **Irrtumskonstellationen** denkbar:

33   Ist der Amtsträger selbst bösgläubig, nimmt der Einwirkende aber fälschlicherweise dessen Gutgläubigkeit an, kann keine Vollendung des Abs. 3 Alt. 1, sondern nur dessen Versuch (Abs. 4) vorliegen: Die Vorstellung des Einwirkenden läuft (objektiv) leer, weil der Amtsträger aus eigenem, freien Entschluss die inhaltlich falsche Bescheinigung erteilt. Dieser hat die Tatherrschaft und damit dem Einwirkenden den „Erfolg" aus der Hand genommen (vgl. zu § 271 StGB LK-StGB/*Zieschang* StGB § 271 Rn. 87; NK-StGB/*Puppe* StGB § 271 Rn. 41; ferner zu § 160 StGB LK-StGB/*Ruß* StGB § 160 Rn. 2; Wessels/Hettinger StafR BT I Rn. 783; *Gallas* FS Engisch, 1969, 600 (619)). Zu einer Strafbarkeit wegen vollendeter Begehung kann – wie bei § 271 Abs. 1 StGB (vgl. Fischer StGB § 271 Rn. 16; MüKoStGB/*Freund* StGB § 271 Rn. 9, 36; SK-StGB/*Hoyer* StGB § 271 Rn. 24) – nur kommen, wer in Abs. 3 Alt. 1 den Grundtatbestand zu Abs. 2 sieht, also das Merkmal des Bewirkens weiter fasst (→ Rn. 30), oder annimmt, die vorsätzliche Handlung des Amtsträgers schließe (als ein „Mehr") die vom Einwirkenden gewollte unvorsätzliche Handlung (als ein „Weniger") ein (vgl. zu § 271 StGB LK-

StGB/*Gribbohm,* 11. Aufl. 2001, StGB § 271 Rn. 87; Schönke/Schröder/*Cramer*/*Heine* StGB § 271 Rn. 30; ferner zu § 160 Abs. 1 StGB BGHSt 21, 116 (117 f.)).

Ist der Amtsträger hingegen gutgläubig, nimmt der Einwirkende aber fälschlicherweise dessen Bösgläubigkeit an, fehlt es an dem für eine Strafbarkeit nach Abs. 3 Alt. 1 erforderlichen Vorsatz (§ 16 Abs. 1 S. 1 StGB). Der Anstiftungsvorsatz läuft seinerseits leer, weil es an der für eine Anstiftung erforderlichen (vorsätzlichen) Haupttat nach Abs. 2 fehlt. Da Abs. 2 ausweislich der Strafrahmenuntergrenze kein Verbrechen darstellt (§ 12 Abs. 1 StGB), kommt auch § 30 Abs. 1 StGB nicht zur Anwendung. Der Täter bleibt straflos (vgl. zu § 271 Abs. 1 StGB etwa LK-StGB/*Zieschang* StGB § 271 Rn. 88; NK-StGB/*Puppe* StGB § 271 Rn. 42; Schönke/Schröder/*Heine*/*Schuster* StGB § 271 Rn. 30). Ein anderes Ergebnis kann – wie bei § 271 Abs. 1 StGB (vgl. Fischer StGB § 271 Rn. 16; LK-StGB/*Gribbohm,* 11. Aufl. 2001, StGB § 271 Rn. 88; MüKoStGB/*Freund* StGB § 271 Rn. 9, 36; SK-StGB/*Hoyer* StGB § 271 Rn. 24) – wiederum nur annehmen, wer abermals in Abs. 3 Alt. 1 den Grundtatbestand zu Abs. 2 sieht, also das Merkmal des Bewirkens weiter fasst (→ Rn. 30). Dem ist freilich entgegen zu halten, dass der Gesetzgeber offenbar bewusst keine dem § 159 StGB entsprechende Vorschrift aufgenommen hat (weder zu den §§ 271, 348 StGB noch hier; vgl. auch Schönke/Schröder/*Heine*/*Schuster* StGB § 271 Rn. 30). Hat er also kein Bedürfnis gesehen, die versuchte Anstiftung ausdrücklich unter Strafe zu stellen, wird man einen nur vermeintlichen Bedarf nicht reklamieren können und davon Abstand nehmen müssen, an der gesetzgeberischen Entscheidung vorbei über den Umweg des Abs. 3 Alt. 1 doch eine Strafbarkeit zu begründen.

In Abs. 3 **Alt. 2** muss neben dem Vorsatz (§ 15 StGB; → Rn. 12) auch das besondere subjektive **35** Merkmal „zur Täuschung im Rechtsverkehr" (→ Rn. 13) vorliegen. Es handelt sich auch hier um ein Delikt mit überschießender Innentendenz.

4. Konkurrenzen. Eine Tat nach Abs. 3 Alt. 1 und ein zur Täuschung begangenes Urkundendelikt **36** (etwa § 267 Abs. 1 Alt. 3 StGB) stehen zueinander in Tateinheit (§ 52 Abs. 1 StGB).

Gebraucht der Täter, wie von vornherein beabsichtigt, die von ihm veranlasste Falschbeurkundung, **37** liegt – wie bei § 267 Abs. 1 StGB (vgl. LK-StGB/*Zieschang* StGB § 267 Rn. 287; NK-StGB/*Puppe* StGB § 271 Rn. 55) – eine Tat vor (§ 52 Abs. 1 StGB): Die Rechtsgutsverletzung ist in diesem Fall erst mit dem Gebrauch beendet. Beruht der spätere Gebrauch auf einem eigenständigen Entschluss oder ging der Tatplan dahin, erst bei sich bietender Gelegenheit von der Falschbeurkundung Gebrauch zu machen, liegen mehrere Taten vor (§ 53 Abs. 1 StGB).

IV. Strafbarkeit des Versuchs (Abs. 4)

Die in Abs. 1–3 beschriebenen Straftaten stellen ausweislich der Untergrenze der jeweils vorgesehe- **38** nen Strafrahmen Vergehen dar (§ 12 Abs. 2 StGB). Abs. 4 trägt daher § 23 Abs. 1 Hs. 2 StGB Rechnung und bestimmt die Strafbarkeit des Versuchs für die in Abs. 1–3 bezeichneten Straftaten. Gemäß § 23 Abs. 2 StGB kann der Versuch in den Grenzen des § 49 Abs. 1 StGB milder bestraft werden.

§ 27b Zuwiderhandlungen gegen die Verordnung (EG) Nr. 1907/2006

(1) Mit Freiheitsstrafe bis zu zwei Jahren oder mit Geldstrafe wird bestraft, wer gegen die Verordnung (EG) Nr. 1907/2006 des Europäischen Parlaments und des Rates vom 18. Dezember 2006 zur Registrierung, Bewertung, Zulassung und Beschränkung chemischer Stoffe (REACH), zur Schaffung einer Europäischen Chemikalienagentur, zur Änderung der Richtlinie 1999/45/EG und zur Aufhebung der Verordnung (EWG) Nr. 793/93 des Rates, der Verordnung (EG) Nr. 1488/94 der Kommission, der Richtlinie 76/769/EWG des Rates sowie der Richtlinien 91/155/EWG, 93/67/EWG, 93/105/EG und 2000/21/EG der Kommission (ABl. EU Nr. L 396 S. 1, 2007 Nr. L 136 S. 3) verstößt, indem er

1. entgegen Artikel 5 einen Stoff als solchen, in einem Gemisch oder in einem Erzeugnis herstellt oder in Verkehr bringt,

2. in einem Registrierungsdossier nach Artikel 6 Absatz 1 oder Absatz 3 oder Artikel 7 Absatz 1 Satz 1 oder Absatz 5 Satz 1 oder in einem Zulassungsantrag nach Artikel 62 Absatz 1 in Verbindung mit Absatz 4 eine Angabe nicht richtig oder nicht vollständig macht,

3. entgegen Artikel 37 Absatz 4 in Verbindung mit Artikel 39 Absatz 1 einen Stoffsicherheitsbericht nicht, nicht richtig, nicht vollständig oder nicht rechtzeitig erstellt oder

4. entgegen Artikel 56 Absatz 1 einen dort genannten Stoff zur Verwendung in Verkehr bringt oder selbst verwendet.

(2) Der Versuch ist strafbar.

(3) Mit Freiheitsstrafe bis zu fünf Jahren oder mit Geldstrafe wird bestraft, wer durch eine in Absatz 1 bezeichnete Handlung das Leben oder die Gesundheit eines anderen oder fremde Sachen von bedeutendem Wert gefährdet.

(4) Handelt der Täter in den Fällen des Absatzes 1 Nr. 4 fahrlässig, so ist die Strafe Freiheitsstrafe bis zu einem Jahr oder Geldstrafe.

(5) ¹Ordnungswidrig handelt, wer eine in Absatz 1 Nr. 1, 2 oder Nr. 3 bezeichnete Handlung fahrlässig begeht. ²Die Ordnungswidrigkeit kann mit einer Geldbuße bis zu hunderttausend Euro geahndet werden.

A. Umweltverwaltungsrechtlicher Regelungsgehalt und Regelungssystematik

1 Die VO (EG) Nr. 1907/2006 v. 18.12.2006 (sog „REACH-Verordnung"; → § 26 Rn. 19) ist eine VO zur Registrierung (**R**egistration), Bewertung (**E**valuation) sowie Zulassung und Beschränkung chemikalischer Stoffe (**A**uthorization and Restriction of **Ch**emicals) (näher GK-BImSchG/*Pache* § 12 Rn. 43 ff.; *Fischer* DVBl 2007, 853 ff.; *Führ* ZUR 2014, 270 ff. (329 ff.)). Sie greift das Problem des Chemikalienrechts auf, dass es eine Vielzahl von Stoffen gibt, deren Auswirkungen für Mensch und Umwelt noch nicht hinreichend erforscht sind. Ihr Ziel ist es daher, diese Wissenslücken zu schließen, indem alternative Beurteilungsmethoden für die von solchen Stoffen ausgehenden Gefahren gefördert, dadurch diese Gefahren beherrschbar gemacht und so ein hohes Schutzniveau für die menschliche Gesundheit und die Umwelt sichergestellt werden. Darüber hinaus sollen der freie Verkehr von Stoffen im Binnenmarkt gewährleistet und Wettbewerbsfähigkeit wie Innovation verbessert werden (Art. 1 Abs. 1 VO).

2 Dieser Zielsetzung entsprechend ist der sachliche Anwendungsbereich der VO (EG) Nr. 1907/2006 auf „Stoffe" und „Zubereitungen" begrenzt (Art. 1 Abs. 2 S. 1 VO); die Bestimmungen der VO (EG) Nr. 1907/2006 gelten zudem nur für die Herstellung, das Inverkehrbringen und die Verwendung von Stoffen als solchen, in Zubereitungen oder Erzeugnissen sowie für das Inverkehrbringen von Zubereitungen (Art. 1 Abs. 2 S. 2 VO). Durch die VO (EG) Nr. 1272/2008 v. 16.12.2008 (sog „CLP-Verordnung"; → § 26 Rn. 5) und die sog „Downstream legislation" (RL 2008/112/EG v. 16.12.2008 (ABl. 2008 345, 68) und Verordnung (EG) Nr. 1336/2008 v. 16.12.2008 (ABl. 2008 L 354, 60)) ist mittlerweile – allerdings ohne Änderung des Inhalts – der Begriff „Zubereitung" durch den Begriff „Gemisch" (§ 3 S. 1 Nr. 4) ersetzt worden. Die Anpassung des ChemG erfolgte durch das „Gesetz zur Durchführung der Verordnung (EG) Nr. 1272/2008 und zur Anpassung des Chemikaliengesetzes und anderer Gesetze im Hinblick auf den Vertrag von Lissabon" v. 2.11.2011 (BGBl. I 2162).

2a Der personelle Anwendungsbereich der VO (EG) Nr. 1907/2006 ist auf Hersteller, Importeure und sog nachgeschaltete Anwender (Art. 3 Nr. 13 VO; → § 26 Rn. 7) beschränkt. Die VO legt ihnen die Verpflichtung auf, sicherzustellen, dass die von ihnen hergestellten, in Verkehr gebrachten oder verwendeten Stoffe nicht die menschliche Gesundheit oder die Umwelt nachteilig beeinflussen (Art. 1 Abs. 3 S. 1 VO), und bestimmt zur Verwirklichung der in Abs. 1 ausgewiesenen Ziele das Vorsorgeprinzip (näher Kloepfer UmweltR § 4 Rn. 8 ff.) als grundlegendes Prinzip (Art. 1 Abs. 3 S. 2 VO).

3 Als unmittelbar geltendes Recht bedarf die VO (EG) Nr. 1907/2006 hinsichtlich ihrer materiellen Regelungen keiner Umsetzung in das deutsche Recht (Art. 288 Abs. 2 S. 2 AEUV). Der deutsche Gesetzgeber muss allerdings die rechtlichen Voraussetzungen für einen „effektiven" Vollzug dieser unmittelbar geltenden materiellen Regelungen schaffen. Für den Bereich des Ordnungswidrigkeiten- und Strafrechts bestimmt Art. 126 S. 2 VO, dass die Mitgliedstaaten für Verstöße gegen die Bestimmungen der VO Sanktionen, die „wirksam, angemessen und abschreckend" zu sein haben, festzulegen und alle für deren Anwendung erforderlichen Maßnahmen zu treffen haben. Dieser Verpflichtung trägt § 27b Rechnung. Ihm liegt folgendes Wertungsmodell zugrunde (vgl. BT-Drs. 16/8307, 15): Verstöße gegen Registrierungspflichten und Stoffsicherheitsberichte werden, soweit sie vorsätzlich erfolgen, als Straftaten, soweit sie fahrlässig erfolgen, als Ordnungswidrigkeiten eingestuft. Verstöße gegen Zulassungsbestimmungen für besonders besorgniserregende Stoffe werden – in Anlehnung an das bis dahin geltende Recht – ausnahmslos als Straftaten eingestuft. Für die verbleibenden Verstöße gegen die VO ist – entsprechend der bisherigen Reglungspraxis bei der Sanktionsbewehrung chemikalienrechtlicher VO – eine Ergänzung der über § 26 Abs. 1 Nr. 11 in Bezug genommenen ChemSanktionsV vorgesehen.

B. Die Regelungen im Einzelnen

I. Straftaten nach Abs. 1

4 **1. Herstellen oder Inverkehrbringen von Stoffen entgegen Art. 5 VO (EG) Nr. 1907/2006.**
Unter der Überschrift „Ohne Daten kein Markt" bestimmt Art. 5 VO, dass „Stoffe als solche" (Art. 3 Nr. 1 VO) in Gemischen (→ Rn. 2) (Art. 3 Nr. 2 VO) oder Erzeugnissen (Art. 3 Nr. 3 VO) nur dann in der Gemeinschaft hergestellt oder in Verkehr gebracht werden dürfen, wenn sie registriert werden. Diese Registrierungspflicht ist Kernstück der materiellen Regelungen der VO (EG) Nr. 1907/2006. Sie dient der Beschaffung der für die Beurteilung der Gefährlichkeit von Stoffen erforderlichen Informationen, die wiederum Grundlage für die nachfolgende Zulassungsentscheidung sind. Mit dem Registrierungssystem ist – abweichend von den Anmelde- und Zulassungspflichten des bisher geltenden Chemikalienrechts – zugleich eine Zuordnung der Verantwortung für die sichere Verwendbarkeit der Stoffe an den Hersteller oder Einführer verbunden. Dies soll es rechtfertigen, das vorsätzliche Unterlassen der Registrierung als strafbares Unrecht zu qualifizieren (vgl. BT-Drs. 16/8307, 23 (24)).

**2. Verstoß gegen bestimmte Mitteilungspflichten nach Art. 6, 7 und 62 VO (EG) Nr. 1907/   5
2006.** Art. 6, 7 und 62 VO konkretisieren die allgemeine Registrierungspflicht des Art. 5 VO. Die Verlässlichkeit der in Registrierungsdossiers und Zulassungsanträgen gemachten Angaben ist für alle Abnehmer und Anwender der beschriebenen Stoffe, Gemische oder Erzeugnisse von entscheidender Bedeutung. Da eine behördliche Kontrolle iRd Dossier- und Stoffevaluierung nur in wenigen Fällen stattfinden wird, kann dem Missbrauch nur dadurch wirksam entgegen getreten werden, dass eine vorsätzliche Falschangabe als strafbares Unrecht qualifiziert wird (vgl. BT-Drs. 16/8307, 24).

Nach **Art. 6** Abs. 1 VO haben Hersteller und Importeure von *Stoffen* oder *Gemischen* bei der   6
Europäischen Agentur für chemische Stoffe (Art. 75 Abs. 1 VO) ein Registrierungsdossier einzureichen, wenn die hergestellte oder importierte Masse eine Tonne im Jahr erreicht. Nach Art. 6 Abs. 3 haben Hersteller und Importeure eines Polymers (Art. 3 Nr. 5 VO) für die Monomerstoffe (vgl. Art. 3 Nr. 6 VO) oder die anderen Stoffe, die noch nicht von einem vorgeschalteten Akteur der Lieferkette registriert wurden, ebenfalls ein Registrierungsdossier einzureichen, wenn das Polymer bestimmte Eigenschaften aufweist (Art. 6 Abs. 3a VO) *und* die Gesamtmenge der Monomerstoffe oder der anderen Stoffe die Masse von einer Tonne im Jahr erreicht (Art. 6 Abs. 3b VO). Die nachgeschalteten Anwender unterliegen keiner Registrierungspflicht. Keine Registrierungspflicht besteht ferner, soweit der betreffende Stoff für eine bestimmte Verwendung bereits registriert ist (Art. 6 Abs. 6 VO).

Handelt es sich um ein *Erzeugnis,* das hergestellt oder importiert werden soll, müssen Hersteller und   7
Importeur des Erzeugnisses für die darin enthaltenen Stoffe ein Registrierungsdossier einreichen, wenn der Stoff (je Hersteller oder Importeur) in diesem Erzeugnis mit einer Masse von mehr als einer Tonne im Jahr enthalten (**Art. 7** Abs. 1 S. 1a VO) *und* der Stoff unter normalen oder vernünftigerweise vorhersehbaren Verwendungsbedingungen freigesetzt werden soll (Art. 7 Abs. 1 S. 1b VO). Für Stoffe, für die nicht bereits nach Art. 7 Abs. 1 S. 1 VO eine Registrierungspflicht besteht (vgl. Art. 7 Abs. 5 S. 1cVO), kann die Agentur entscheiden, dass ein entsprechendes Registrierungsdossier eingereicht werden muss, wenn – darüber hinaus – der Stoff (je Hersteller oder Importeur) in dem betreffenden Erzeugnis mit einer Masse von mehr als einer Tonne im Jahr enthalten ist (Art. 7 Abs. 5 S. 1a VO) *und* Gründe für die Annahme bestehen, dass der Stoff aus dem Erzeugnis freigesetzt werden wird und die Freisetzung ein Risiko für die menschliche Gesundheit oder die Umwelt darstellt (Art. 7 Abs. 1 S. 5b VO).

Der siebte Titel der VO (EG) Nr. 1907/2006 regelt die Zulassung von besonders besorgniserregenden   8
Stoffen, die im Anhang XIV zur VO (EG) Nr. 1907/2006 aufgenommen sind. Um die von solchen Stoffen ausgehenden Risiken ausreichend zu beherrschen und sicherzustellen, dass sie schrittweise durch geeignete Alternativstoffe oder Alternativtechnologien ersetzt werden (Art. 55 VO), unterstellt die VO (EG) Nr. 1907/2006 das Inverkehrbringen oder die Verwendung solcher Stoffe regelmäßig einem präventiven Verbot mit Erlaubnisvorbehalt (Art. 56 Abs. 1 VO). Die danach erforderliche Zulassung bezieht sich stets nur auf eine bestimmte Verwendung (eines bestimmten Stoffes) und wirkt auch zugunsten des nachgeschalteten Anwenders (Art. 56 Abs. 2 VO; umgekehrt: Art. 56 Abs. 1e). Der Antrag auf Zulassung ist nach **Art. 62** Abs. 1 VO bei der Agentur für chemische Stoffe (Art. 75 Abs. 1 VO) zu stellen und hat die in Art. 62 Abs. 4 VO genannten Mindestangaben zu enthalten.

3. Verstoß gegen bestimmte Berichtspflichten nach Art. 37 und 39 VO (EG) Nr. 1907/2006.   9
Nachgeschaltete Anwender unterliegen nicht der allgemeinen Registrierungspflicht nach Art. 6 Abs. 1 VO. Sie haben jedoch einen eigenen Stoffsicherheitsbericht nach Maßgabe des Anhangs XII der VO zu erstellen (Art. 37 Abs. 4 S. 1 Alt. 1 VO), wenn die Verwendung eines Stoffes von den Bedingungen abweicht, die sich in einer Beschreibung zu einem Expositionsszenario (Art. 3 Abs. 1 Nr. 37 VO) oder zu einer Verwendungs- oder Expositionskategorie finden, die ihm in einem Sicherheitsdatenblatt übermittelt wurden. Gleiches gilt, wenn es sich um eine Verwendung handelt, von welcher der Lieferant des nachgeschalteten Anwenders abgeraten hatte (Art. 37 Abs. 4 S. 1 Alt. 2 VO). Die Pflicht zur Erstellung eines solchen Stoffsicherheitsberichts, die spätestens zwölf Monate nach Erhalt der mit dem Sicherheitsdatenblatt des Lieferanten zu übermittelnden Registriernummer zu erfüllen ist (Art. 39 Abs. 1 VO), entfällt in den in Art. 37 Abs. 4 S. 2 VO benannten Fällen.

4. Inverkehrbringen oder Verwenden von Stoffen entgegen Art. 56 VO (EG) Nr. 1907/2006.   10
Die Vorschrift sanktioniert – im Unterschied zu Nr. 2 (→ Rn. 8) – Verstöße gegen die Zulassungspflicht des Art. 56 Abs. 1 VO, weil von ihnen erhebliche Risiken für die menschliche Gesundheit und die Umwelt ausgehen können (BT-Drs. 16/8307, 24).

II. Strafbarkeit des Versuchs (Abs. 2)

Die in Abs. 1 beschriebenen Straftaten stellen ausweislich der Untergrenze der jeweils vorgesehenen   11
Strafrahmen Vergehen dar (§ 12 Abs. 2 StGB). Abs. 2 trägt daher § 23 Abs. 1 Hs. 2 StGB Rechnung und bestimmt die Strafbarkeit des Versuchs für die in Abs. 1 bezeichneten Straftaten. Gemäß § 23 Abs. 2 StGB kann der Versuch in den Grenzen des § 49 Abs. 1 StGB milder bestraft werden.

III. Straftaten nach Abs. 3

12   Werden durch die in Abs. 1 bezeichneten Handlungen das Leben oder die Gesundheit einer anderen Person oder fremde Sachen von bedeutendem Wert gefährdet, erhöht sich die Obergrenze des Strafrahmens aus Abs. 1 auf eine Freiheitsstrafe von fünf Jahren. Die Vorschrift stellt in Gestalt eines konkreten Gefährdungsdelikts eine Qualifikation zu Abs. 1 dar, die § 27 Abs. 2 (→ Rn. 5 ff.) nachgebildet ist (BT-Drs. 16/8307, 24). Anders als dort (und abw. von § 27a) bleibt hier wegen der systematischen Stellung des Abs. 2 ein Versuch des Abs. 3 straflos (§ 23 Abs. 1 Hs. 2 StGB). Das führt zu einem Wertungswiderspruch, der sich jedoch anhand der Gesetzesmaterialien nicht aufklären lässt.

IV. Straftaten nach Abs. 4

13   Abs. 4 trägt § 15 StGB Rechnung und erweitert den Bereich strafbaren Unrechts ausschließlich für die in Abs. 1 Nr. 4 bezeichneten Handlungen. Die Obergrenze des Strafrahmens ist im Vergleich zu Abs. 1 auf die Hälfte (1 Jahr) herabgesetzt. Dem liegt die Wertung zugrunde, Verstöße gegen bestimmte Zulassungsvorschriften für besonders besorgniserregende Stoffe nach der VO (EG) Nr. 1907/2006 auf eine Stufe mit Verstößen gegen bestehende Verbots- und Beschränkungsvorschriften des Chemikalienrechts zu stellen (BT-Drs. 16/8307, 24). Die fahrlässige Begehung oder die fahrlässige Herbeiführung einer (konkreten) Gefahr des Abs. 3 sind nicht strafbewehrt.

V. Ordnungswidrigkeiten nach Abs. 5

14   Abs. 5 **S. 1** gestaltet fahrlässige Verstöße gegen die in Abs. 1 Nr. 1–3 bezeichneten Handlungen – abweichend von Abs. 4 – lediglich als Ordnungswidrigkeiten aus. Mit dieser Differenzierung soll zum einen dem hervorgehobenen Unrechtsgehalt, der Verstößen gegen die Kernpflichten der VO innewohnt, Rechnung getragen werden. Zum anderen soll die Kriminalisierung von Personen vermieden werden, die aufgrund von Unsicherheiten bei der Auslegung und Anwendung der Vorschriften fahrlässig dort bezeichnete Pflichten verletzen (BT-Drs. 16/8307, 24).

15   Für den Bußgeldrahmen, dessen Untergrenze zu § 17 Abs. 1 OWiG bestimmt wird, sieht Abs. 5 **S. 2** eine Obergrenze von 100.000 EUR vor; § 17 Abs. 2 OWiG gilt nicht. Die Obergrenze wird als erforderlich angesehen, um im Einzelfall eine dem Gewicht des Verstoßes entsprechende Sanktionierung zu ermöglichen (BT-Drs. 16/8307, 24). Der Gesetzgeber will dabei ausdrücklich von der Abschöpfungsmöglichkeit des § 17 Abs. 4 OWiG Gebrauch gemacht wissen (vgl. BT-Drs. 16/8307, 24). Diese Vorschrift soll verhindern, dass sich die Begehung von Ordnungswidrigkeiten lohnt (vgl. Göhler/*Gürtler* OWiG § 17 Rn. 37; KK–OWiG/*Mitsch* OWiG § 17 Rn. 113). Sie gestattet daher nach ihrem Satz 2 das Überschreiten einer bestimmten Bußgeldobergrenze in den Fällen, in welchen der Täter aus der Ordnungswidrigkeit einen wirtschaftlichen Vorteil erlangt hat, der allein mit einem Bußgeld innerhalb des gesetzlich vorgegebenen Rahmens nicht abgeschöpft werden kann. Sie wird jedoch, um eine „Verträglichkeit" mit dem verfassungsrechtlichen Bestimmtheitsgrundsatz herzustellen, nach hM dahin gehend „ausgelegt", dass die Höhe des erlangten wirtschaftlichen Vorteils als „Sockelbetrag" anzusehen und zu diesem die „eigentliche" Geldbuße innerhalb des gesetzlich vorgegebenen Rahmens zu addieren sei (vgl. Göhler/*Gürtler* OWiG § 17 Rn. 50; KK–OWiG/*Mitsch* OWiG § 17 Rn. 140).

§ 27c Zuwiderhandlungen gegen Abgabevorschriften

(1) Mit Freiheitsstrafe bis zu zwei Jahren oder mit Geldstrafe wird bestraft, wer eine in § 26 Absatz 1 Nummer 7 Buchstabe b bezeichnete vorsätzliche Handlung begeht, obwohl er weiß, dass der gefährliche Stoff, das gefährliche Gemisch oder das Erzeugnis für eine rechtswidrige Tat, die den Tatbestand eines Strafgesetzes verwirklicht, verwendet werden soll.

(2) Erkennt der Täter in den Fällen des Absatzes 1 leichtfertig nicht, dass der gefährliche Stoff, das gefährliche Gemisch oder das Erzeugnis für eine rechtswidrige Tat, die den Tatbestand eines Strafgesetzes verwirklicht, verwendet werden soll, so ist die Strafe Freiheitsstrafe bis zu einem Jahr oder Geldstrafe.

1   **1. Regelungssystematik.** Die Vorschrift, die erst während des Gesetzgebungsverfahrens zum RE-ACH-Anpassungsgesetz (→ § 26 Rn. 9; zum Entwurf BT-Drs. 16/8307) eingefügt wurde, erweist sich im Normensystem des ChemG als Fremdkörper. Sie soll der Bedeutung der Abgabevorschriften der ChemVerbotsV (→ § 26 Rn. 7), die den Zugang zu bestimmten gefährlichen (auch für Straftaten verwendbaren) Stoffen (wie Giften und bestimmten Sprengstoffgrundstoffen) regeln, für die „Bekämpfung" von Gefahren durch den Terrorismus Rechnung tragen (BT-Drs. 16/8523, 13). Dabei werden – unter dem Eindruck Realität gewordener terroristischer Szenarien (vgl. BT-Drs. 16/8523, 14) – Verstöße gegen diese Vorschriften als strafwürdig erachtet, wenn und weil der Handelnde um die Bestimmung des gefährlichen Stoffs zur Verwendung für eine zukünftige Straftat weiß oder diese Bestimmung leichtfertig nicht erkennt. Erfasst wird so ein Verhalten, das jenseits der Strafbarkeit als Beihilfe (§ 27 StGB) liegt. Ist noch ungewiss, ob ein Stoff tatsächlich bei der zukünftigen Tat verwendet werden wird, kommt es mithin auf eine konkrete Verantwortung für die Verwirklichung einer konkreten (zukünftigen) Straftat nicht an, wird die Strafbarkeit in deren Vorbereitungsstadium verlagert. Dem trägt der geringe Strafrahmen Rechnung. Dieser Vorfeldschutz ist Gefahrenabwehr; beide Strafvorschriften sind abstrakte Gefährdungsdelikte.

Die Vorverlagerung macht die Bestimmung des geschützten **Rechtsguts** schwierig. Die einer Abgabe **2** entsprechender Stoffe innewohnende Gefährlichkeit bezieht sich zunächst auf die in den Tatbeständen der zukünftigen Tat (§§ 223, 212 StGB) geschützten Individualrechtsgüter. Im Vordergrund steht freilich wegen der mit der Vorverlagerung einhergehenden Abstrahierung der Schutz der öffentlichen, dh allgemeinen Sicherheit. Es geht folglich nicht mehr um Umweltschutz, sondern – letztlich – um Staatsschutz.

Regelungstechnisch knüpfen die Vorschriften für die Strafbarkeit an die vorsätzliche Verwirklichung **3** des Bußgeldtatbestands des § 26 Abs. 1 Nr. 7b an, stellen aber subjektiv zusätzliche Anforderungen. Es handelt sich daher in beiden Fällen um einen sog unechten Mischtatbestand (→ Rn. 1).

2. Die Regelungen im Einzelnen. a) Straftaten nach Abs. 1. Der Täter muss positiv. wissen, dass **4** der gefährliche Stoff, die gefährliche Zubereitung oder das Erzeugnis für eine rechtswidrige Tat verwendet werden soll. Die Tatbestandsfassung, die sich insoweit an die Legaldefinition des § 11 Abs. 1 Nr. 5 StGB anlehnt, stellt damit klar, dass lediglich die Verwendung für eine (weitere) *Straftat* erfasst wird (zu dieser Abgrenzungsfunktion des § 11 Abs. 1 Nr. 5 StGB vgl. NK-StGB/*Saliger* StGB § 11 Rn. 54); Ordnungswidrigkeiten scheiden folglich aus.

Nach der Tatbestandsfassung handelt es sich strukturell um eine um das „Erfolgsunrecht" reduzierte **5** Beihilfe zu einer zukünftigen Straftat. Deshalb werden an deren **Konkretisierung** in der Vorstellung des Täters keine höheren Anforderungen als bei der „erfolgreichen" Beihilfe gestellt werden dürfen: Wie dort (BGHSt 42, 135 (138); LK-StGB/*Schünemann* StGB § 27 Rn. 56; NK-StGB/*Schild* StGB § 27 Rn. 13 ff.; Roxin StrafR AT II § 26 Rn. 272) wird auch hier der Täter die Konzeption der geplanten Tat bereits vorfinden, ohne ihr weitere Konturen verleihen zu müssen oder zu können. Der Täter des Abs. 1 muss daher die zukünftige Tat nur in ihren wesentlichen Merkmalen erfasst haben. Kann strafbare Beihilfe nach hM auch leisten, wer den genauen Hergang, Ort, Zeit, Täter und Opfer der Tat nicht kennt (BGHSt 11, 66 f.; 51, 144 Rn. 47 ff.; Fischer StGB § 27 Rn. 22 ff.; LK-StGB/*Schünemann* StGB § 27 Rn. 57; Schönke/Schröder/*Heine/Weißer* StGB § 27 Rn. 29; SK-StGB/*Hoyer* StGB § 27 Rn. 34; abw. NK-StGB/*Schild* StGB § 27 Rn. 14), so gilt dies erst recht, wenn es nicht darauf ankommt, ob die tatbestandliche Handlung in der zukünftigen Tat einen konkreten Niederschlag gefunden hat. Damit genügt die Kenntnis deren Unrechts- und Angriffsrichtung; ein besonderes Interesse an der Tat (dann kommt eine täterschaftliche Beteiligung in Betracht) oder Vorstellungen zur Unrechtsdimension sind nicht erforderlich (BGHSt 51, 144 Rn. 47 ff.).

Die Tatbestandsfassung hat zur Folge, dass die Umstände, welche die Tatbestandsmäßigkeit oder die **6** Rechtswidrigkeit – sie ist normatives Tatbestandsmerkmal (zum Begriff Roxin StrafR AT I § 10 Rn. 57 ff.; krit. NK-StGB/*Hassemer/Kargl* StGB § 1 Rn. 33 f.; NK-StGB/*Puppe* StGB § 16 Rn. 41 ff.) – der antizipierten Straftat begründen, als „Tatumstände" in der Vorstellung des Täters wiederkehren. Eine diesbezügliche Fehlvorstellung ist daher ein Tatumstandsirrtum iSd § 16 Abs. 1 S. 1 StGB (näher Roxin StrafR AT I § 12 Rn. 100 ff.), der zum Ausschluss des Vorsatzes führt.

Kommt die antizipierte Straftat zur Ausführung und wirkt dort der bislang im Vorfeld erbrachte **7** Beitrag des Täters noch fort, kann dieser nach den Grundsätzen über die Beihilfe zu dieser Tat (§ 27 StGB) zu bestrafen sein. Die Verwirklichung des in § 27c vertypten Unrechts wird dann nicht mehr gesondert erfasst, sondern als mitbestrafte Vortat im Wege der Gesetzeskonkurrenz ausgeschieden (näher LK-StGB/*Rissing-van Saan* StGB Vor § 52 Rn. 149 ff.; diff. NK-StGB/*Puppe* StGB Vor § 52 Rn. 36 f.).

b) Straftaten nach Abs. 2. Abs. 2 dient dazu, im Bereich der Fahrlässigkeit – jedenfalls teilweise – **8** Strafbarkeitslücken zu schließen, und trägt damit § 16 Abs. 2 S. 2 StGB Rechnung: Um den Täter nicht vollständig straffrei zu stellen (§ 15 StGB), bedroht das Gesetz eine vorsätzliche Handlung nach § 26 Abs. 1 Nr. 7b auch mit Strafe, wenn dabei (in einem bestimmten Maße) fahrlässig nicht erkannt wurde, dass die gefährlichen Stoffe, die gefährlichen Zubereitungen oder die Erzeugnisse für eine weitere Straftat verwendet werden sollen.

Die in Abs. 2 vorausgesetzte **Leichtfertigkeit** bezeichnet einen hohen Grad an Fahrlässigkeit; sie **9** meint ein Verhalten, welches die Möglichkeit, dass die abgegebenen Materialien zur Begehung einer rechtswidrigen Tat verwendet werden, aus besonderem Leichtsinn, besonderer Unachtsamkeit oder besonderer Gleichgültigkeit außer Acht lässt (vgl. LK-StGB/*Vogel* StGB § 15 Rn. 292 ff., 294, 297; Roxin StrafR AT I § 24 Rn. 81 ff.). Erforderlich ist damit *objektiv* eine aus der Sicht eines verständigen Beobachters (unter Berücksichtigung von Sonderwissen des Täters) nahe liegende Gefahr der zukünftigen Verwendung und *subjektiv* eine gesteigerte Verantwortungslosigkeit des Täters gegenüber der ihm insoweit auferlegten Sorgfaltspflicht.

Kommt die antizipierte Straftat zur Ausführung und wirkt dort der bislang im Vorfeld erbrachte **10** Beitrag des Täters noch fort, bleibt dieser – anders als bei Abs. 1 – insoweit straffrei: Das Gesetz kennt nur die vorsätzliche Teilnahme an einer Straftat (§§ 26, 27 StGB). Es bleibt bei einer Strafbarkeit nur nach Abs. 2.

§ 27d Einziehung

[1] **Gegenstände, auf die sich eine Straftat nach den §§ 27, 27b Absatz 1 bis 4 oder § 27c oder eine Ordnungswidrigkeit nach § 26 Absatz 1 Nummer 4, 5, 7 Buchstabe a oder Buchstabe b, Nummer 10 oder Nummer 11 oder § 27b Absatz 5 Satz 1 bezieht, können eingezogen werden.** [2] **§ 74a des Strafgesetzbuches und § 23 des Gesetzes über Ordnungswidrigkeiten sind anzuwenden.**

1   **1. Regelungssystematik.** Die Vorschrift enthält ergänzende Regelungen (vgl. § 74 Abs. 4 StGB) zur Einziehung im Bußgeld- und Strafverfahren. Die Einziehung zählt zu den Maßnahmen iSd § 11 Abs. 1 Nr. 8 StGB und betrifft – wie sich aus ihrer gesetzlichen Wirkung (§ 74e Abs. 1 StGB) ergibt – anders als die gegen die persönliche Freiheit des Täters gerichteten Maßregeln der Besserung und Sicherung, aber ähnlich dem Verfall (§ 73e Abs. 1 S. 1 StGB), das Eigentum des Täters. Sie weist keine einheitliche Rechtsnatur auf; diese wechselt vielmehr nach dem mit der Maßnahme verbundenen Zweck (vgl. NK-StGB/*Saliger* StGB Vor §§ 73 ff. Rn. 6; LK-StGB/*Schmidt* StGB § 74 Rn. 2 ff.).

2   **2. Die Regelungen im Einzelnen. a) Einziehung von Beziehungsgegenständen (S. 1).** Die Vorschrift enthält in **S. 1** für bestimmte Bußgeld- und für bestimmte Straftatbestände eine die allgemeinen Vorschriften des OWiG und des StGB (§ 22 OWiG, § 74 StGB) ergänzende Anordnung zur Einziehung (§ 74 Abs. 4 StGB): Neben Gegenständen, die durch die Ordnungswidrigkeit oder die Straftat hervorgebracht wurden (§ 74 Abs. 1 Alt. 1 StGB – sog *producta sceleris;* näher NK-StGB/*Herzog/ Saliger* StGB § 74 Rn. 7; LK-StGB/*Schmidt* StGB § 74 Rn. 14 f.), oder Gegenständen, die zu deren Begehung oder Vorbereitung gebraucht worden oder bestimmt gewesen sind (§ 74 Abs. 1 Alt. 2 StGB – sog *instrumenta sceleris;* näher NK-StGB/*Herzog/Saliger* StGB § 74 Rn. 8 ff.; LK-StGB/*Schmidt* StGB § 74 Rn. 16 ff.), dürfen auch sog *Beziehungsgegenstände* eingezogen werden. Das sind solche Gegenstände, die im Zusammenhang mit der Tat stehen, ohne als Mittel zu deren Begehung eingesetzt oder bestimmt worden zu sein (zu dieser nur negativ möglichen Begriffsbestimmung näher NK-StGB/ *Herzog/Saliger* StGB § 74 Rn. 11; LK-StGB/*Schmidt* StGB § 74 Rn. 19, 62).

3   Eine zusätzliche Erweiterung erfahren die allgemeinen Regelungen zur Einziehung durch die Einbeziehung auch von Fahrlässigkeitsdelikten (§§ 27 Abs. 4, 27b Abs. 4, 27c Abs. 2).

4   Es gelten jedoch nach § 74 Abs. 4 StGB auch in dem durch § 27d S. 1 eröffneten Anwendungsbereich die besonderen Einziehungsvoraussetzungen des § 74 Abs. 2 u. 3 StGB (zu diesen NK-StGB/ *Herzog/Saliger* StGB § 74 Rn. 17 ff., 36; LK-StGB/*Schmidt* StGB § 74 Rn. 23 ff., 52 ff., 60). Die Einziehung erhält so entweder den Charakter einer Strafeinziehung (§ 74 Abs. 2 Nr. 1 StGB) oder einer Sicherungseinziehung (§ 74 Abs. 2 Nr. 2, Abs. 3 StGB).

5   **b) Erweiterte Einziehung (S. 2).** Die Verweisung in **S. 2** auf § 23 OWiG und § 74a StGB ermöglicht zunächst eine Einziehung der von S. 1 erfassten Beziehungsgegenstände auch dann, wenn sie einem Dritten gehören (sog Dritteinziehung). Nach dem Normtext, der sich nicht ausdrücklich auf S. 1 beschränkt, und zur Vermeidung von Wertungswidersprüchen sind die Vorschriften über die erweiterte Einziehung auch für die Fälle der Einziehung nach § 74 StGB anwendbar.

245. Verordnung über Stoffe, die die Ozonschicht schädigen (Chemikalien-Ozonschichtverordnung – ChemOzonSchichtV)

Vom 15. Februar 2012 (BGBl. I S. 409) FNA 8053-6-32

Zuletzt geändert durch Artikel 5 Abs. 5 G. zur Neuordnung des Rechts über das Inverkehrbringen, die Rücknahme und die umweltverträgliche Entsorgung von Elektro- und Elektronikgeräten v. 20.10.2015 (BGBl. I S. 1739)

– Auszug –

Vorbemerkung

1. Entstehung der VO. Die Chemikalien-Ozonschichtverordnung v. 13.11.2006 (BGBl. I 2638) **1** ergänzt die unmittelbar geltende VO (EG) Nr. 2037/2000 des Europäischen Parlaments und des Rates v. 29.6.2000 über Stoffe, die zum Abbau der Ozonschicht führen (ABl. 2000 L 244, 1) und löste zugleich die bisherige deutsche FCKW-Halon-Verbots-VO v. 6.5.1991 (BGBl. I 1090) ab. Rechtsgrundlage der Regelungen sind in erster Linie die §§ 17, 26 und § 27 ChemG, teilweise auch §§ 24 Abs. 1, 57 S. 1 KrW-/AbfG. Aufgrund der VO v. 18.5.2011 (BGBl. I 892) wurde die VO idF v. 21.5.2011 am 15.2.2012 neu bekanntgemacht (BGBl. I 409). Die Bußgeldvorschriften des § 6 wurden sodann geändert durch das Gesetz zur Neuordnung des Kreislaufwirtschafts- und Abfallrechts v. 24.2.2012 (BGBl. I 212, ber. 1474) sowie durch Art. 3 VO zur Neuordnung der Straf- und Bußgeldvorschriften bei Zuwiderhandlungen gegen EG- oder EU-VO auf dem Gebiet der Chemikaliensicherheit v. 24.4.2013 (BGBl. I 944).

2. Ziele und Zweck der VO. Mit seiner FCKW-Halon-Verbots-VO hatte Deutschland 1991 welt- **2** weit eine Vorreiterrolle bei den Bemühungen zum Schutz der Ozonschicht übernommen. Die dabei entwickelten Konzepte und Regelungen haben sowohl den internationalen Ausstiegsprozess, als auch die zunächst auf die Umsetzung der internationalen Verpflichtungen zielenden, inzwischen aber ihrerseits weit darüber hinausgehenden, unmittelbar geltenden Regelungen der EU stark beeinflusst. Durch das Inkrafttreten der VO (EG) Nr. 2037/2000, die im Wesentlichen dem Schutzniveau der deutschen FCKW-Halon-Verbots-VO entspricht, kam es in Deutschland jedoch zu weitreichenden Überschneidungen zwischen nationalem Recht und unmittelbar geltendem EG-Recht, die im Hinblick auf den Anwendungsvorrang des EG-Rechts und seine Abstützung auf den weitergehende nationale Regelungen zulassenden Artikel 175 EGV zwar rechtlich unbedenklich, aber vollzugsunfreundlich sind. Ziel der durch die vorliegende VO geschaffenen Neuregelung der nationalen Regelungskomponente war es, die nationalen Vorschriften auf diejenigen Regelungen zu beschränken, die über den Inhalt der EG-VO hinaus erforderlich sind, um das bisherige deutsche Schutzniveau aufrecht zu erhalten. Damit wird zugleich klargestellt, welche Regelungen sich aus unmittelbar geltendem EG-Recht und welche aus nationalem Recht ergeben, was zur Erleichterung von Rechtsanwendung und Vollzug beiträgt. Zu diesem Zweck wurden auch die Begrifflichkeiten der nationalen VO der EG-VO angeglichen. Dies gilt zB für die Verwendung der auch in der EG-VO gebrauchten Begriffe Einrichtung und Produkt (Art. 16 und Art. 17 der EG-VO, §§ 3–5), die beide vom chemikalienrechtlichen Erzeugnisbegriff (§ 3 Nr. 5 ChemG) erfasst werden.

Gegenüber dem Rechtszustand vor Einführung dieser VO wurden die Vorschriften zu Rückgewin- **3** nung und Rücknahme geregelter Stoffe sowie zur Dichtigkeitsprüfung bestimmter Einrichtungen und Produkte ausgebaut. Die VO trägt damit den Konkretisierungsaufträgen in den Art. 16 und Art. 17 der VO (EG) Nr. 2037/2000 Rechnung, die diese Regelungen zwar dem Grunde nach enthalten, die nähere Ausgestaltung bestimmter Aspekte, insbes. die Bestimmung der Verantwortlichkeiten und die Eignung des mit bestimmten Tätigkeiten betrauten Personals, jedoch den Mitgliedstaaten übertragen haben.

3. Gegenstand der VO. Zu den in dieser VO angesprochenen ozonschichtschädigenden Stoffen **4** zählen die vollhalogenierten Fluorchlorkohlenwasserstoffe (FCKW), die teilhalogenierten Fluorchlorkohlenwasserstoffe (HFCKW), Halone, Tetrachlormethan (Tetrachlorkohlenstoff) und 1,1,1-Trichlorethan (Methylchloroform). Diese Stoffe wurden aufgrund ihrer technischen Eigenschaften sowie ihrer Unbrennbarkeit in der Vergangenheit in vielen Anwendungsbereichen, zB als Kältemittel, als Treibgas in Druckgaspackungen und als Treibmittel in Schaumstoffen, in großem Umfang eingesetzt. Aufgrund ihres Beitrags zum globalen Umweltproblem des Abbaus der stratosphärischen Ozonschicht unterliegen sie jedoch seit Ende der 1980er Jahre einem weltweiten Ausstiegsprozess iRd Wiener Übereinkommens zum Schutz der Ozonschicht und des Montrealer Protokolls über Stoffe, die zum Abbau der Ozonschicht führen. In Deutschland war die Stoffgruppe ursprünglich durch die nationale FCKW-Halon-

Verbots-VO und die unmittelbar geltende VO (EG) Nr. 2037/2000 über Stoffe, die zum Abbau der Ozonschicht führen, geregelt. Ihre Produktion und Verwendung ist heute bis auf wenige Ausnahmen verboten.

§ 6 Ordnungswidrigkeiten

(1) Ordnungswidrig im Sinne des § 26 Abs. 1 Nr. 7 Buchstabe a des Chemikaliengesetzes handelt, wer vorsätzlich oder fahrlässig

1. entgegen § 2 eine Anzeige nicht, nicht richtig, nicht vollständig, nicht in der vorgeschriebenen Weise oder nicht rechtzeitig erstattet,
2. entgegen § 4 Abs. 1 Satz 1 ein Austreten eines dort genannten Stoffes nicht verhindert,
3. entgegen § 4 Abs. 1 Satz 2 ein Austreten eines dort genannten Stoffes nicht reduziert,
4. entgegen § 4 Abs. 2 Satz 1 nicht dafür sorgt, dass eine Einrichtung oder ein Produkt inspiziert und gewartet wird,
5. entgegen § 4 Abs. 2 Satz 3 nicht sicherstellt, dass eine Einrichtung oder ein Produkt überprüft und eine Undichtigkeit repariert wird oder
6. entgegen § 5 Abs. 1 Satz 1 Nr. 1 eine dort genannte Tätigkeit durchführt.

(2) Ordnungswidrig im Sinne des § 26 Abs. 1 Nr. 7 Buchstabe c des Chemikaliengesetzes handelt, wer vorsätzlich oder fahrlässig entgegen § 4 Abs. 3 Satz 1 nicht sicherstellt, dass eine dort genannte Aufzeichnung geführt, vorgelegt und aufbewahrt wird.

(3) Ordnungswidrig im Sinne des § 69 Abs. 1 Nr. 8 des Kreislaufwirtschaftsgesetzes handelt, wer vorsätzlich oder fahrlässig entgegen § 3 Abs. 2 Satz 1 einen dort genannten Stoff nicht zurücknimmt und die Rücknahme durch einen Dritten nicht sicherstellt.

(4) [nicht belegt]

(5) Ordnungswidrig im Sinne des § 69 Abs. 2 Nr. 15 des Kreislaufwirtschaftsgesetzes handelt, wer vorsätzlich oder fahrlässig entgegen § 3 Abs. 3 Satz 1 oder Satz 2 eine dort genannte Aufzeichnung nicht, nicht richtig oder nicht vollständig führt, nicht oder nicht mindestens drei Jahre aufbewahrt oder nicht oder nicht rechtzeitig vorlegt.

A. Regelungscharakter

1   Die Blankettvorschrift des § 6 umfasst vorliegend nicht nur verschiedene unterschiedliche Ordnungswidrigkeiten in Verbindung mit einer gesetzlichen Ermächtigungsnorm, sondern zusätzlich beziehen sich die einzelnen Absätze auch teilweise auf Ermächtigungen unterschiedlicher Rechtsnormen des Bundesgesetzgebers wie auch des europäischen Verordnungsgebers.

B. Die Regelungen im Einzelnen

I. Ordnungswidrigkeiten iSd § 26 Abs. 1 Nr. 7a ChemG

2   **1. Unterlassene oder fehlerhafte Anzeige (§ 6 Abs. 1 Nr. 1).** Bezugspunkt ist die ausnahmsweise Verwendung von Halon in Fällen, in denen diese Substanz bei der Brandbekämpfung zum Schutz von Leben und Gesundheit von Menschen zwingend erforderlich ist, was bei der Verwendung von Halonen in Flugzeugen als gegeben angenommen wird. Erfolgt die in solchen Fällen vorgeschriebene Anzeige nicht rechtzeitig oder vollständig, nicht in der vorgeschriebenen Form oder überhaupt nicht, ist der Tatbestand der OWi gegeben. Die Handlungsformen umfassen Vorsatz und Fahrlässigkeit. Die festzusetzende Geldbuße kann bis 50.000 EUR betragen (§ 26 Abs. 1 Nr. 7a, Abs. 2 ChemG iVm § 17 Abs. 1 Nr. 2a ChemG).

3   **2. Unterlassene Verhinderung des Austritts bestimmter Stoffe in die Atmosphäre (§ 6 Abs. 1 Nr. 2).** Sind von der VO erfasste Stoffe (→ Vorb. Rn. 4) in Produkten oder Einrichtungen enthalten, ist bei einer Wartung, Stilllegung oder Entsorgung darauf zu achten, dass möglichst kein Stoff in die Atmosphäre entweicht und unvermeidliche Emissionen auf das nach dem Stand der Technik mögliche Minimum begrenzt werden. Die Handlungsformen eines solchen Verstoßes gegen die allgemeine Grundpflicht zur Verhinderung des Austritts der geregelten Stoffe in die Atmosphäre umfassen Vorsatz und Fahrlässigkeit. Die festzusetzende Geldbuße kann bis 50.000 EUR betragen (§ 26 Abs. 1 Nr. 7a, Abs. 2 ChemG iVm § 17 Abs. 1 Nr. 2a ChemG).

4   **3. Unterlassene Reduzierung des Austritts bestimmter Stoffe in die Atmosphäre (§ 6 Abs. 1 Nr. 3).** Die Vorschrift betrifft ebenfalls die unter Nr. 2 geregelten Tathandlungen und bewehrt mit Bußgeld ein Verhalten, bei dem nicht darauf geachtet wird, dass unvermeidliche Emissionen bei einer Wartung, Stilllegung oder Entsorgung auf das nach dem Stand der Technik mögliche Minimum begrenzt werden. Wird der Verpflichtung vorsätzlich oder fahrlässig nicht nachgekommen, ist der Tatbestand der

OWi gegeben. Die festzusetzende Geldbuße kann bis 50.000 EUR betragen (§ 26 Abs. 1 Nr. 7a, Abs. 2 ChemG iVm § 17 Abs. 1 Nr. 2a ChemG).

4. Unterlassene Wartung von Anlagen (§ 6 Abs. 1 Nr. 3). Für Einrichtungen oder Produkte, die 5 mehr als drei kg eines erfassten Stoffes als Kältemittel enthalten, sind in § 4 Abs. 2 konkretisierende Mindestanforderungen zur Gewährleistung der Verhinderung eines Austritts solcher Stoffe in die Atmosphäre enthalten. Zu diesen Mindestanforderungen rechnen insbes. eine regelmäßige Wartung von Einrichtungen und Produkten (§ 4 Abs. 2 S. 1 u. 2). Wird letztgenannter Verpflichtung vorsätzlich oder fahrlässig nicht nachgekommen, ist der Tatbestand der OWi gegeben. Die festzusetzende Geldbuße kann bis 50.000 EUR betragen (§ 26 Abs. 1 Nr. 7a, Abs. 2 ChemG iVm § 17 Abs. 1 Nr. 2a ChemG).

5. Nicht gesicherte Überprüfung einer Einrichtung oder eines Produkts und Unterlassen 6 **der Reparatur einer Undichtigkeit (§ 6 Abs. 1 Nr. 5).** Die rechtzeitige Durchführung von Überprüfungen kann zu Fehlerfeststellungen führen. Zur Erzielung des Verordnungszwecks reicht dies jedoch nicht aus. Vielmehr müssen dabei festgestellte Undichtigkeiten der Anlage sofort beseitigt werden. Unterbleibt dies vorsätzlich oder fahrlässig, liegt eine OWi vor, welche mit einer Geldbuße bis zu 50.000 EUR geahndet werden kann.

6. Fehlender Nachweis der Sachkunde bei bestimmten Arbeiten (§ 6 Abs. 1 Nr. 6). Ange- 7 sichts der Komplexität der betreffenden Tätigkeiten können die in den §§ 3 u. 4 normierten Anforderungen an Wartung, Inspektion, Rückgewinnung und Rücknahme der geregelten Stoffe ihr Ziel – Vermeidung eines Austritts der Stoffe in die Atmosphäre – nur dann effektiv erreichen, wenn die betreffenden Arbeiten von qualifiziertem Personal durchgeführt werden. § 5 enthält daher Vorschriften über persönliche Voraussetzungen, insbes. Zuverlässigkeit und Sachkunde, für bestimmte Tätigkeiten. Werden solche Tätigkeiten durchgeführt, obgleich die erforderliche Sachkunde entsprechend § 5 Abs. 1 S. 1 Nr. 1 nicht nachgewiesen ist, liegt eine vorsätzlich oder fahrlässig begehbare OWi vor, welche mit einer Geldbuße bis zu 50.000 EUR geahndet werden kann.

II. Ordnungswidrigkeiten iSd § 26 Abs. 1 Nr. 7c ChemG

Um Durchführung, Umfang und Ergebnis von Wartungen nachprüfen zu können, sind darüber 8 **Aufzeichnungen** zu führen und diese mindestens fünf Jahre lang aufzubewahren. Außerdem sind die Aufzeichnungen auf entsprechendes Verlangen der zuständigen Behörde dieser vorzuzeigen (§ 4 Abs. 3 S. 1). Wird gegen diese Verpflichtung vorsätzlich oder fahrlässig verstoßen, kann diese OWi mit einer Geldbuße bis zu 10.000 EUR geahndet werden (§ 26 Abs. 1 Nr. 7c, Abs. 2 ChemG iVm § 17 Abs. 1 Nr. 2c ChemG).

III. Ordnungswidrigkeiten iSd § 69 Abs. 1 Nr. 8 KrWG

Hersteller und Vertreiber der in § 3 Abs. 1 näher bezeichneten Stoffe, insbes. von Fluorkohlenwasser- 9 stoffen, sind zu deren Rücknahme nach Gebrauch oder zur Rücknahme durch einen von ihnen bestimmten Dritten verpflichtet (§ 3 Abs. 2). Die Übertragung der Verpflichtung auf Dritte kann bereits deshalb sinnvoll ist, weil der Besitzer vielmals nicht die Voraussetzungen für eine ordnungsgemäße Rückgewinnung (§ 5 Abs. 1) aufweist. Kommt der danach Verpflichtete seiner auf Besitz beruhenden oder ihm übertragenen Rückgewinnungsverpflichtung vorsätzlich oder fahrlässig nicht nach, ist eine OWi gegeben, welche mit einem Bußgeld bis 50.000 EUR geahndet werden kann werden (§ 26 Abs. 1 Nr. 11, Abs. 2 ChemG).

IV. Ordnungswidrigkeiten iSd § 69 Abs. 2 Nr. 15 KrWG

Verstöße gegen Aufzeichnungsverpflichtungen (§ 6 Abs. 5). § 3 Abs. 3 normiert Aufzeich- 10 nungpflichten bei der Rücknahme oder Entsorgung, womit die Überwachung dieser Vorgänge durch die zuständigen Behörden erleichtert und zugleich die Grundlage für die Erfüllung der Berichtspflicht nach Art. 16 Abs. 6 der VO (EG) Nr. 2037/2000 bilden werden soll. Erfasst werden nur die Rücknahme und Entsorgung der betreffenden Stoffe und Zubereitungen als solche, also zB nicht etwa die Rücknahme/ Entsorgung von Geräteteilen oder -resten mit Anhaftungen von FCKW. Soweit es sich bei den entsorgten Stoffen und Zubereitungen um besonders überwachungsbedürftige Abfälle handelt (§ 41 Abs. 1 und 3 Nr. 1 KrWG/AbfG), wird zur Vermeidung von Doppelregelungen auf die Nachweispflichten des Kreislaufwirtschafts- und Abfallgesetzes iVm der Nachweisverordnung verwiesen. Die letztgenannten Nachweispflichten sind allerdings nicht Gegenstand der hier geregelten Ordnungswidrigkeit. Diese betrifft eine nicht erfolgte, unrichtige oder unvollständige Aufzeichnung über die Rücknahme, Entsorgung oder den Verbleib der in dieser VO näher bezeichneten Stoffe oder Zubereitungen. Außerdem betrifft sie fehlende oder nicht mindestens die drei Jahre während Aufbewahrung solcher Aufzeichnungen. Eine OWi liegt auch vor, sofern die Aufzeichnung nicht rechtzeitig der zuständigen Behörde auf deren Verlangen vorgelegt wird. Die Begehungsform kann vorsätzlich, aber auch fahrlässig sein. Die festzusetzende Geldbuße kann bis zu 100.000 EUR betragen (§ 69 Abs. 1 Nr. 8 KrWG iVm § 69 Abs. 3 KrWG).

250. Verordnung zur Sanktionsbewehrung gemeinschafts- oder unionsrechtlicher Verordnungen auf dem Gebiet der Chemikaliensicherheit (Chemikalien-Sanktionsverordnung – ChemSanktionsV)

In der Fassung der Bekanntmachung vom 10. Mai 2016
(BGBl. I S. 1175) FNA 8053-6-36

Vorbemerkung

1 **1. Entstehung der VO.** Der Vorläufer der heutigen VO, die Chemikalien Straf- und Bußgeldverordnung v. 25.4.1996 (BGBl. I 662) trat am 8.5.1996 in Kraft. Mit der VO wurde die aus der VO (EG) Nr. 3093/94 des Rates v. 15.12.1994 (über Stoffe, die zum Abbau der Ozonschicht führen) sich ergebende Verpflichtung der Mitgliedstaaten für Deutschland erfüllt, Sanktionen für Verstöße gegen diese EG-VO festzulegen. Außerdem wurden mit der VO Verstöße gegen weitere EG-Verordnungen mit Ahndungen sanktioniert, welche bis dahin in der Chemikalien-Bußgeldverordnung erfasst waren und die durch die vorliegende VO abgelöst wurde. Rechtsgrundlage der Regelungen der VO sind die §§ 17 Abs. 1, 26 Abs. 1 Nr. 11 S. 2 ChemG und § 27 Abs. 1 Nr. 3 S. 2 ChemG.

2 In der Folge wurde die Vorschrift mehrfach geändert und ergänzt, durch die **Erste VO zur Änderung der Chemikalien Straf- und Bußgeldverordnung** (ChemStrOWiVÄndV 1) v. 25.1.2005 (BGBl. I 154); sodann am 30.9.2005 wurde die **Zweite VO zur Änderung der Chemikalien Straf- und Bußgeldverordnung** (ChemStrOWiVÄndV 2), schließlich durch die **Dritte VO zur Änderung der Chemikalien Straf- und Bußgeldverordnung** (ChemStrOWiVÄndV 3) v. 17.7.2007 (BGBl. I 1417).

3 Zum **1.5.2013** wurde die ChemStrOWiV durch die neu benannte und neu gefasste **VO zur Sanktionsbewehrung gemeinschafts- oder unionsrechtlicher Verordnungen auf dem Gebiet der Chemikaliensicherheit** (Chemikalien-Sanktionsverordnung) ersetzt. Dabei wurden die Inhalte der ChemStrOWiV in aktualisierter Form in die aus Gründen der Anwenderfreundlichkeit nunmehr nach den jeweiligen EG- und EU-Verordnungen gegliederte neue Chemikalien-Sanktionsverordnung übernommen. Mit Bekanntmachung v. 10.5.2016 wurde die VO in der nun ab dem 23.4.2016 gültigen Fassung veröffentlicht.

4 **2. Bisherige Ziele und Zwecke der ChemStrOWiV.** Die bis zum 30.4.2013 geltende ChemStrOWiV bezeichnete diejenigen Tatbestände in den EG/EWG-Verordnungen auf dem Gebiet des Chemikalienrechts, deren Verletzung als Ordnungswidrigkeit mit Geldbuße geahndet werden konnte oder als Straftat zu verfolgen war. Die dort aufgeführten Tatbestände ergänzten die Blankettnormen des § 26 Abs. 1 Nr. 11 S. 1 ChemG und des § 27 Abs. 1 Nr. 3 S. 1 ChemG. Weiterhin ergänzte § 1 ChemStrOWiV aF mit einer Reihe von Tatbeständen der EG-FCKW-V die Blankettnorm des § 27 Abs. 1 Nr. 3 S. 1 ChemG: Herstellungs-, Verwendungs- und Verkehrsverbote sowie Verkehrsbeschränkungen, zu denen die in § 27 Abs. 1 Nr. 1 ChemG genannten Vorschriften ermächtigen. Der Sanktionierung weiterer Verkehrsverbote der EG-FCKW-V diente § 2 ChemStrOWiV mit den Verboten, die das Strafblankett des § 27 Abs. 1 Nr. 1 ChemG ergänzen sollten.

5 **3. Ziele und Zwecke der (neuen) ChemSanktionsV.** Die neu geschaffene **VO zur Sanktionsbewehrung gemeinschafts- oder unionsrechtlicher Verordnungen auf dem Gebiet der Chemikaliensicherheit** dient vor allem der Schaffung neuer Straf- und Bußgeldtatbestände für bisher noch nicht unmittelbar straf- und bußgeldbewehrte Zuwiderhandlungen gegen verschiedene gemeinschaftsrechtliche Verordnungen auf dem **Gebiet der Chemikaliensicherheit:**

– VO (EG) Nr. 1907/2006 des Europäischen Parlaments und des Rates v. 18.12.2006 zur Registrierung, Bewertung, Zulassung und Beschränkung chemischer Stoffe (REACH),

– VO (EG) Nr. 1102/2008 des Europäischen Parlaments und des Rates v. 22.10.2008 über das Verbot der Ausfuhr von metallischem Quecksilber und bestimmten Quecksilberverbindungen und -gemischen und die sichere Lagerung von metallischem Quecksilber,

– VO (EG) Nr. 1272/2008 des Europäischen Parlaments und des Rates v. 16.12.2008 über die Einstufung, Kennzeichnung und Verpackung von Stoffen und Gemischen.

6 **4. Gegenstand der VO.** Mit Hilfe der die Blankettnormen des § 26 Abs. 1 Nr. 11 S. 1 ChemG und des § 27 Abs. 1 Nr. 3 S. 1 ChemG ausfüllenden neuen Straf- und Bußgeldtatbestände für diese Verordnungen können entsprechende Zuwiderhandlungen zusätzlich zu dem allgemeinen, über den Erlass und die Durchsetzung behördlicher Anordnungen mittelbar wirkenden chemikalien-rechtlichen Sankti-

onssystem nach den §§ 23 und 26 Abs. 1 Nr. 10 ChemG auch unmittelbar als Straftat verfolgt oder als Ordnungswidrigkeit mit Geldbuße geahndet werden. Die Umsetzung dieses Regelungsbedarfs erfolgt in der neuen Chemikalien-Sanktionsverordnung (vgl. Art. 1 der Mantelverordnung).

Letztlich sollen mit der Chemikalien-Sanktionsverordnung die Verstöße gegen Chemikalienverord-   **7** nungen der EU, die in Deutschland unmittelbar gelten, mit Strafen oder Bußgeldern geahndet werden können.

5. Weitere Zwecke der Ablöseverordnung. Mit der Ablösung der ChemStrOWiV soll auch die   **8** **unmittelbare Ahndung von Verstößen gegen chemikalienrechtliche EG-Verordnungen** aktualisiert und in anwenderfreundlicher Weise neu geordnet. Aktualisierungsbedarf besteht insoweit aufgrund von Fortentwicklungen bei einigen der von der (bisherigen) VO bereits sanktionsbewehrten EG-Vorschriften, insbes. – der Konkretisierung der Bestimmungen der VO (EG) Nr. 842/2006 des Europäischen Parlaments und des Rates v. 17.5.2006 über bestimmte fluorierte Treibhausgase (ABl. 2006 L 161, 1 – im Folgenden nur „EG-F-Gase-Verordnung"), die zuletzt durch VO (EG) Nr. 1137/2008 (ABl. 2008 L 311, 1) geändert worden war; zu Dichtheitsprüfungen, Sachkundeanforderungen, Kennzeichnung und Unternehmenszertifizierungen durch Kommissionsverordnungen, – der Ablösung der EG-PIC-VO Nr. 304/2003 v. 26.1.2003 (ABl. 2003 L 63, 1) durch eine Neufassung auf anderer Rechtsgrundlage (VO (EG) Nr. 689/2008 des Europäischen Parlaments und des Rates v. 17.6.2008 über die Aus- und Einfuhr gefährlicher Chemikalien (ABl. 2008 L 204, 1), die zuletzt durch die VO (EU) Nr. 71/2012 (ABl. 2012 L 26, 23) geändert worden war, und – der Neufassung der EG-Ozonschichtverordnung Nr. 2037/2000 v. 29.6.2000 (ABl. 2000 L 244, 1) durch die seit 1.1.2010 geltende VO (EG) Nr. 1005/2009 des Europäischen Parlaments und des Rates v. 16.9.2009 über Stoffe, die zum Abbau der Ozonschicht führen (ABl. 2009 L 286, 1), die durch die VO (EU) Nr. 744/2010 (ABl. 2010 L 218, 2) geändert worden war (vgl. insoweit BR-Drs. 809/12, 27 f.).

Zur **Verbesserung der Anwenderfreundlichkeit** wurde darüber hinaus die Regelung in Ab-   **9** schnitte aufgliedert, die die Straf- und Bußgeldbewehrungen zu jeweils einer EG-VO enthalten. Die ohne Unterabschnitte nach der Unterscheidung zwischen Straftaten und Ordnungswidrigkeiten gegliederte bisherige (abgelöste) VO war zuletzt durch Einbeziehung zahlreicher neuer EG-Verordnungen unübersichtlich geworden. Wegen der strukturellen Änderungen erfolgt die Neuregelung durch eine Ablösungsverordnung (Art. 1) mit neuem, den Verordnungsinhalt zutreffender bezeichnenden Titel. Die vorliegende VO ist in Bezug auf die Bußgeldvorschriften auf die Ermächtigungsnorm des § 26 Abs. 1 Nr. 11 S. 2 ChemG und in Bezug auf die Strafvorschriften auf § 27 Abs. 1 Nr. 3 S. 2 ChemG gestützt.

Die sanktionsbewehrten, stoffbezogenen EG- und EU-Verordnungen sind ungeachtet teilweise be-   **10** stehender inhaltlicher Bezüge zu anderen Rechtsgebieten, insbes. des Immissionsschutz- und des Abfallrechts, insgesamt als Sachbereiche des Chemikaliengesetzes betreffend zu qualifizieren (vgl. zur ChemStrOWiV hierzu bereits BR-Drs. 360/07). Sie sind damit gem. § 21 Abs. 2 ChemG auf chemikalienrechtlicher Grundlage zu vollziehen und unterliegen hinsichtlich ihrer Straf- und Bußgeldbewehrung den Blankettnormen des § 26 Abs. 1 Nr. 11 S. 1 ChemG und des § 27 Abs. 1 Nr. 3 S. 1 ChemG. Die Zuordnung zum Bereich des Chemikaliengesetzes betrifft allerdings lediglich die rechtlichen Grundlagen des Vollzuges. Sie berührt nicht die durch Landesrecht iE festzulegenden Zuständigkeiten der Landesbehörden für den Vollzug der betreffenden EG- und EU-Vorschriften und der ChemSanktionsV.

§ 1 Straftaten nach der Verordnung (EG) Nr. 850/2004

Nach § 27 Absatz 1 Nummer 3 Satzteil vor Satz 2, Absatz 1a bis 4 des Chemikaliengesetzes wird bestraft, wer vorsätzlich oder fahrlässig entgegen Artikel 3 Absatz 1 der Verordnung (EG) Nr. 850/2004 des Europäischen Parlaments und des Rates vom 29. April 2004 über persistente organische Schadstoffe und zur Änderung der Richtlinie 79/117/EWG (ABl. L 158 vom 30.4.2004, S. 7, L 229 vom 29.6.2004, S. 5, L 204 vom 4.8.2007, S. 28), die zuletzt durch die Verordnung (EU) 2015/2030 (ABl. L 298 vom 14.11.2015, S. 1) geändert worden ist, einen dort genannten Stoff herstellt, in Verkehr bringt oder verwendet.

A. Regelungscharakter

Die Vorschrift ergänzt die Blankettnorm des § 27 Abs. 1 Nr. 3 S. 1 und Abs. 1a–4 ChemG, indem   **1** Verstöße gegen in Art. 3 Abs. 1 der VO (EG) Nr. 850/2004 (entsprechend der in der Vorschrift genannten späteren Änderungen und Ergänzungen) enthaltene Herstellungs-, Verwendungs- und Inverkehrbringensverbote sanktioniert werden. Die Vorschrift entspricht § 2a ChemStrOWiV.

B. Die Regelungen im Einzelnen

Verbotene Herstellung, Inverkehrbringen oder Verwendung von persistierenden organischen Schadstoffen

2   Die Vorschrift sanktioniert Verstöße gegen in Art. 3 Abs. 1 der VO (EG) Nr. 850/2004 enthaltene Herstellungs-, Verwendungs- und Inverkehrbringensverbote von in Anhang I der VO (EG) Nr. 850/2004 aufgelisteten Stoffen (zB Aldrin, Chlordan, Dieldrin). Die Verbote betreffen die Stoffe selbst, ihr Vorkommen in Zubereitungen und als Bestandteile von Arten.

C. Vorgesehene Sanktionen

3   Die Sanktionsfolgen eines vorsätzlichen oder fahrlässigen Verstoßes gegen den Verbotstatbestand ergeben sich aus § 27 ChemG. Nach § 27 Abs. 1 Nr. 3 S. 1 u. 2 ChemG lautet die Strafandrohung grds. auf **Freiheitsstrafe bis zu zwei Jahren oder Geldstrafe.** Sofern allerdings eine vorsätzliche Handlung gegeben ist, welche zugleich das Leben oder die Gesundheit eines anderen oder fremde Sachen von bedeutendem Wert gefährdet, beträgt die Strafdrohung **Freiheitsstrafe bis zu fünf Jahren** oder wiederum Geldstrafe (§ 27 Abs. 2 ChemG).

4   Handelt der Täter nur fahrlässig, mindern sich gem. § 27 Abs. 4 ChemG die festgelegten Strafrahmen auf Freiheitsstrafe bis zu einem Jahr oder Geldstrafe bzw. Freiheitsstrafe bis zu zwei Jahren oder Geldstrafe in den Fällen des § 27 Abs. 2 ChemG. Auch nur eine versuchte Tatbegehung ist mit Strafe bedroht (§ 27 Abs. 3 ChemG).

5   Eine Straftat nach dieser Vorschrift ist nicht gegeben, wenn die maßgebliche Tat nach den §§ 328, 330 oder 330a StGB mit gleicher oder schwererer Strafe bedroht ist (§ 27 Abs. 6 ChemG).

6   Die **Verfolgungsverjährung** beträgt fünf Jahre bei Straftaten, welche mit Freiheitsstrafe von mehr als einem Jahr bedroht sind (§ 78 Abs. 3 Nr. 4 StGB); soweit Straftaten, nur mit Freiheitsstrafe bis zu einem Jahr bedroht sind, dauert die Verjährung drei Jahre (§ 78 Abs. 3 Nr. 5 StGB).

§ 2 Ordnungswidrigkeiten nach der Verordnung (EG) Nr. 850/2004

Ordnungswidrig im Sinne des § 26 Absatz 1 Nummer 11 Satzteil vor Satz 2 des Chemikaliengesetzes handelt, wer gegen die Verordnung (EG) Nr. 850/2004 verstößt, indem er vorsätzlich oder fahrlässig

1. entgegen Artikel 5 Absatz 2 Unterabsatz 1 eine Unterrichtung nicht, nicht richtig, nicht vollständig oder nicht rechtzeitig vornimmt oder

2. als Hersteller oder Besitzer entgegen Artikel 7 Absatz 2 Unterabsatz 1 dort genannte Abfälle nicht, nicht richtig, nicht vollständig oder nicht rechtzeitig beseitigt und nicht, nicht richtig, nicht vollständig oder nicht rechtzeitig verwertet.

1   **1. Regelungscharakter.** Die Vorschrift des § 2, welche der bisherigen Regelung in § 6 ChemStrOWiV entspricht, füllt die Blankettnorm des § 26 Abs. 1 Nr. 11 S. 1 ChemG aus, indem Verstöße gegen Unterrichtungsverpflichtungen der VO (EG) Nr. 850/2004 des Europäischen Parlaments und des Rates v. 29.4.2004 über persistente organische Schadstoffe und zur Änderung der RL 79/117/EWG (ABl. EU L 158, 7, ABl. 2004 L 229, 5) als Ordnungswidrigkeit mit Geldbuße geahndet werden können.

2   **2. Die Regelungen im Einzelnen. a) Verstöße gegen Unterrichtungsverpflichtungen.** Die VO (EG) Nr. 850/2004 verfolgt das Ziel, die menschliche Gesundheit und die Umwelt vor persistenten organischen Schadstoffen (sog POPS „Persistent Organic Pollutants") wie beispielsweise Dioxin und DDT zu schützen, indem deren Herstellung, Verwendung und Inverkehrbringen verboten oder beschränkt wird. Die in der VO (EG) Nr. 850/2004 geregelten zwölf Stoffe werden wegen ihrer Eigenschaften (umweltgefährlich, zT giftig bzw. sehr giftig) als das sog „schmutzige Dutzend" bezeichnet und sind zudem schwer abbaubar. Hinzu kommt, dass sie nicht an ihrem Einsatzort bleiben, sondern als flüchtige Substanzen riesige Entfernungen über Wasser oder die Luft zurücklegen – vor allem in Richtung der Erdpole. Besonders betroffen sind deshalb arktische Gegenden. Dort analysierte Lebensmittel weisen deutlich erhöhte Konzentrationen dieser Stoffe auf.

3   § 2 bezeichnet die Verletzung einer in Art. 5 Abs. 2 UAbs. 1 der VO (EG) Nr. 850/2004 enthaltenen Unterrichtungspflicht und deren mögliche Ahndung als Ordnungswidrigkeit. Danach haben Besitzer von Lagerbeständen von über 50 kg persistenter organischer Schadstoffe, deren Verwendung noch nicht verboten ist, die zuständige Behörde des Mitgliedstaats, in dem die Lagerbestände vorhanden sind, über deren Beschaffenheit und Größe, innerhalb bestimmter Fristen zu unterrichten.

4   **b) Verstöße gegen Abfallbeseitigungsvorschriften ua.** Die mit der Bekanntmachung von 2016 neu eingeführte Sanktionsregelung der Nr. 2 betrifft die nicht vorgenommene Beseitigung von Abfällen, ebenso wenn eine solche nicht rechtzeitig, richtig oder nicht vollständig vorgenommen worden ist,

welche von Art. 7 Abs. 2 UAbs. 1 der VO (EG) Nr. 850/2004 erfasst werden; dies gilt ebenso bei nicht richtiger, vollständiger, nicht rechtzeitiger oder überhaupt nicht vorgenommer Verwertung der vorbezeichneten Schadstoffe.

3. Vorgesehene Sanktionen, Sonstiges. Ein Verstoß gegen die Regelungen dieser Vorschrift kann **5** mit einer Geldbuße bis zu 50.000 EUR geahndet werden.

Für die Berechnung der **Verfolgungsverjährung** gelten die Vorschriften der §§ 31 ff. OWiG. **6**

§ 3 *Straftaten nach der Verordnung (EG) Nr. 842/2006 (aK seit 22.4.2016)*

Nach § 27 Absatz 1 Nummer 3 Satzteil vor Satz 2, Absatz 1a bis 4 des Chemikaliengesetzes wird bestraft, wer gegen die Verordnung (EG) Nr. 842/2006 des Europäischen Parlaments und des Rates vom 17. Mai 2006 über bestimmte fluorierte Treibhausgase (ABl. L 161 vom 14.6.2006, S. 1), die durch die Verordnung (EG) Nr. 1137/2008 (ABl. L 311 vom 21.11.2008, S. 1) geändert worden ist, verstößt, indem er vorsätzlich oder fahrlässig

1. entgegen Artikel 8 einen dort genannten Stoff oder eine dort genannte Zubereitung zu einem dort genannten Zweck verwendet oder
2. entgegen Artikel 9 Abs. 1 ein dort genanntes Erzeugnis oder eine dort genannte Einrichtung, die ein dort genanntes Treibhausgas enthalten oder benötigen, in den Verkehr bringt.

1. Regelungscharakter. Die Vorschrift ersetzt die bisherige Regelung in § 2b ChemStrOWi; sie **1** füllt die Blankettnormen des § 26 Abs. 1 Nr. 11 S. 1 ChemG und des § 27 Abs. 1 Nr. 3 S. 1 und Abs. 2–4 ChemG aus, indem auf diese Weise Verstöße gegen die EG-F-Gase-VO (VO (EG) Nr. 842/ 2006 des Europäischen Parlaments und des Rates v. 17.5.2006 über bestimmte fluorierte Treibhausgase (ABl. EU L 161, 1)) sanktioniert werden.

2. Die Regelungen iE. a) Verbotene Verwendung von Schwefelhexafluorid oder von Zu- **2** **bereitungen mit diesem Stoff (§ 3 Nr. 1).** § 3 Nr. 1 sanktioniert Verstöße gegen Verwendungsverbote des Art. 8 der VO (EG) Nr. 842/2006, wonach die Verwendung von Schwefelhexafluorid oder von Zubereitungen mit diesem Stoff für den Magnesiumdruckguss ab dem 1.1.2008 und zum Füllen von Fahrzeugreifen ab dem 4.7.2007 grds. untersagt ist.

b) Verbotenes Inverkehrbringen von bestimmten Erzeugnissen und Einrichtungen, welche **3** **fluorierende Treibhausgase enthalten oder zum Funktionieren benötigen (§ 3 Nr. 2).** § 3 Nr. 2 stellt das nach Art. 9 Abs. 1 der VO (EG) Nr. 842/2006 verbotene Inverkehrbringen von bestimmten in Anhang II der VO (EG) Nr. 842/2006 aufgeführten Erzeugnissen und Einrichtungen, wie zB Fahrzeugreifen, Fenster, geschlossene Direktverdampfungssysteme, Brandschutzsysteme, die fluorierte Treibhausgase enthalten oder zu ihrem Funktionieren benötigen unter Strafe. Das Inkrafttreten der Inverkehrbringensverbote für die einzelnen Erzeugnisse, und Einrichtungen ist in Anhang II der VO (EG) Nr. 842/2006 festgelegt.

3. Vorgesehene Sanktionen. Die Sanktionsfolgen eines vorsätzlichen oder fahrlässigen Verstoßes **4** gegen die Verbotstatbestände ergeben sich aus § 27 ChemG. Nach § 27 Abs. 1 Nr. 3 S. 1 und 2 ChemG lautet die Strafandrohung grds. auf **Freiheitsstrafe bis zu zwei Jahren oder Geldstrafe.** Sofern allerdings eine vorsätzliche Handlung gegeben ist, welche zugleich das Leben oder die Gesundheit eines anderen oder fremde Sachen von bedeutendem Wert gefährdet, beträgt die Strafdrohung **Freiheitsstrafe bis zu fünf Jahren** oder wiederum Geldstrafe (§ 27 Abs. 2 ChemG).

Handelt der Täter nur fahrlässig, mindern sich gem. § 27 Abs. 4 ChemG die festgelegten Strafrahmen **5** auf Freiheitsstrafe bis zu einem Jahr oder Geldstrafe bzw. Freiheitsstrafe bis zu zwei Jahren oder Geldstrafe in den Fällen des § 27 Abs. 2 ChemG. Auch nur eine versuchte Tatbegehung ist mit Strafe bedroht (§ 27 Abs. 3 ChemG).

Eine Straftat nach dieser Vorschrift ist nicht gegeben, wenn die maßgebliche Tat nach den §§ 328, 330 **6** oder 330a StGB mit gleicher oder schwererer Strafe bedroht ist (§ 27 Abs. 6 ChemG).

Die **Verfolgungsverjährung** beträgt fünf Jahre bei Straftaten, welche mit Freiheitsstrafe von mehr als **7** einem Jahr bedroht sind (§ 78 Abs. 3 Nr. 4 StGB), bei den Straftaten, bedroht nur mit Freiheitsstrafe bis zu einem Jahr, dauert die Verjährung drei Jahre (§ 78 Abs. 3 Nr. 5 StGB).

§ 4 *Ordnungswidrigkeiten nach der Verordnung (EG) Nr. 842/2006 und auf ihrer Grundlage* *erlassener Kommissionsverordnungen (aK seit 22.4.2016)*

(1) Ordnungswidrig im Sinne des § 26 Absatz 1 Nr. 11 Satzteil vor Satz 2 des Chemikaliengesetzes handelt, wer gegen die Verordnung (EG) Nr. 842/2006 verstößt, indem er vorsätzlich oder fahrlässig

1. entgegen Artikel 3 Abs. 2 Unterabsatz 1 in Verbindung mit
   a) Artikel 4 Abs. 1 der Verordnung (EG) Nr. 303/2008 der Kommission vom 2. April 2008 zur Festlegung – gem. der Verordnung (EG) Nr. 842/2006 des Europäischen Parlaments und des Rates

– der Mindestanforderungen für die Zertifizierung von Unternehmen und Personal in Bezug auf bestimmte fluorierte Treibhausgase enthaltende ortsfeste Kälteanlagen, Klimaanlagen und Wärmepumpen sowie der Bedingungen für die gegenseitige Anerkennung der diesbezüglichen Zertifikate (ABl. L 92 vom 3.4.2008, S. 3) oder

    b) Artikel 4 Absatz 1 der Verordnung (EG) Nr. 304/2008 der Kommission vom 2. April 2008 zur Festlegung – gem. der Verordnung (EG) Nr. 842/2006 des Europäischen Parlaments und des Rates – der Mindestanforderungen für die Zertifizierung von Unternehmen und Personal in Bezug auf bestimmte fluorierte Treibhausgase enthaltende ortsfeste Brandschutzsysteme und Feuerlöscher sowie der Bedingungen für die gegenseitige Anerkennung der diesbezüglichen Zertifikate (ABl. L 92 vom 3.4.2008, S. 12)

nicht dafür sorgt, dass eine dort genannte Anwendung von dort genanntem zertifizierten Personal nach den dort genannten Vorgaben auf Dichtheit kontrolliert wird,

2. als Betreiber entgegen Artikel 3 Abs. 2 Unterabsatz 2 eine Anwendung nicht oder nicht rechtzeitig auf Dichtheit kontrolliert,

3. entgegen Artikel 3 Abs. 3 Satz 1 in Verbindung mit Satz 3 für Brandschutzsysteme ein Leckage-Erkennungssystem nicht oder nicht rechtzeitig installiert,

4. als Betreiber entgegen Artikel 3 Abs. 3 Satz 2 in Verbindung mit Abs. 1 ein Leckage-Erkennungssystem nicht oder nicht rechtzeitig kontrolliert,

5. entgegen Artikel 3 Abs. 6 in Verbindung mit
    a) Artikel 2 Abs. 1 oder Abs. 2 der Verordnung (EG) Nr. 1497/2007 der Kommission vom 18. Dezember 2007 zur Festlegung der Standardanforderungen an die Kontrolle auf Dichtheit ortsfester Brandschutzsysteme, die bestimmte fluorierte Treibhausgase enthalten, gem. der Verordnung (EG) Nr. 842/2006 des Europäischen Parlaments und des Rates (ABl. L 333 vom 19.12.2007, S. 4) oder
    b) Artikel 2 Abs. 1 oder Abs. 2 der Verordnung (EG) Nr. 1516/2007 der Kommission vom 19. Dezember 2007 zur Festlegung der Standardanforderungen an die Kontrolle auf Dichtheit von ortsfesten Kälte- und Klimaanlagen sowie von Wärmepumpen, die bestimmte fluorierte Treibhausgase enthalten, gem. der Verordnung (EG) Nr. 842/2006 des Europäischen Parlaments und des Rates (ABl. L 335 vom 20.12.2007, S. 10)

eine dort genannte Aufzeichnung nicht, nicht richtig oder nicht vollständig führt oder der zuständigen Behörde nicht oder nicht rechtzeitig zur Verfügung stellt,

6. entgegen Artikel 4 Abs. 1 in Verbindung mit Absatz 4, in Verbindung mit
    a) Artikel 4 Absatz 1 der Verordnung (EG) Nr. 303/2008,
    b) Artikel 4 Absatz 1 der Verordnung (EG) Nr. 304/2008,
    c) Artikel 3 Absatz 1 der Verordnung (EG) Nr. 305/2008 der Kommission vom 2. April 2008 zur Festlegung – gem. der Verordnung (EG) Nr. 842/2006 des Europäischen Parlaments und des Rates – der Mindestanforderungen für die Zertifizierung von Personal, das Tätigkeiten im Zusammenhang mit der Rückgewinnung bestimmter fluorierter Treibhausgase aus Hochspannungsschaltanlagen ausübt, sowie der Bedingungen für die gegenseitige Anerkennung der diesbezüglichen Zertifikate (ABl. L 92 vom 3.4.2008, S. 17) oder
    d) Artikel 2 Absatz 1 der Verordnung (EG) Nr. 306/2008 der Kommission vom 2. April 2008 zur Festlegung – gem. der Verordnung (EG) Nr. 842/2006 des Europäischen Parlaments und des Rates – der Mindestanforderungen für die Zertifizierung von Personal, das bestimmte fluorierte Treibhausgase enthaltende Lösungsmittel aus Ausrüstungen rückgewinnt, sowie der Bedingungen für die gegenseitige Anerkennung der diesbezüglichen Zertifikate (ABl. L 92 vom 3.4.2008, S. 21, L 280 vom 23.10.2008, S. 38)

eine Vorkehrung für das Zurückgewinnen fluorierter Treibhausgase durch dort genanntes zertifiziertes Personal nicht oder nicht rechtzeitig trifft,

7. entgegen Artikel 4 Absatz 2 in Verbindung mit Absatz 4 eine Vorkehrung für eine ordnungsgemäße Rückgewinnung eines dort genannten Restgases nicht oder nicht rechtzeitig trifft,

8. entgegen Artikel 5 Absatz 3 in Verbindung mit Artikel 4 Absatz 1 der Verordnung (EG) Nr. 303/ 2008 oder Artikel 4 Absatz 1 der Verordnung (EG) Nr. 304/2008 nicht dafür sorgt, dass das dort genannte Personal ein Personalzertifikat erworben hat,

9. entgegen Artikel 6 Absatz 1 eine dort genannte Angabe nicht, nicht richtig, nicht vollständig, nicht in der vorgeschriebenen Weise oder nicht rechtzeitig übermittelt oder nicht, nicht richtig, nicht vollständig, nicht in der vorgeschriebenen Weise oder nicht rechtzeitig zuleitet oder

10. entgegen Artikel 7 Absatz 1 Unterabsatz 1 Satz 1 in Verbindung mit Satz 2 oder Satz 3 der Verordnung (EG) Nr. 842/2006 oder Artikel 2 Absatz 1, 2 oder Absatz 3, Artikel 3 oder Artikel 4 Absatz 2 der Verordnung (EG) Nr. 1494/2007 der Kommission vom 17. Dezember 2007 zur Festlegung der Form der Kennzeichen und der zusätzlichen Anforderungen an die Kennzeichnung von Erzeugnissen und Einrichtungen, die bestimmte fluorierte Treibhausgase enthalten, gem. Verordnung (EG) Nr. 842/2006 des Europäischen Parlaments und des Rates (ABl. L 332 vom 18.12.2007, S. 25), ein dort genanntes Erzeugnis oder eine dort genannte Einrichtung, die ein dort genanntes Treibhausgas enthält, in Verkehr bringt.

(2) Ordnungswidrig im Sinne des § 26 Absatz 1 Nummer 11 Satzteil vor Satz 2 des Chemikaliengesetzes handelt, wer gegen die Verordnung (EG) Nr. 1497/2007 verstößt, indem er vorsätzlich oder fahrlässig

1. *entgegen Artikel 5 Absatz 1 in Verbindung mit Artikel 4 Absatz 1 der Verordnung (EG) Nr. 304/ 2008 nicht dafür sorgt, dass eine Reparatur oder ein Austausch von dort genanntem zertifizierten Personal vorgenommen wird,*
2. *entgegen Artikel 5 Absatz 2 nicht dafür sorgt, dass vor dem Auffüllen eine Dichtheitskontrolle durchgeführt wird oder*
3. *als Betreiber entgegen Artikel 7 ein neu installiertes System nicht oder nicht rechtzeitig auf Dichtheit kontrolliert.*

(3) Ordnungswidrig im Sinne des § 26 Absatz 1 Nr. 11 Satzteil vor Satz 2 des Chemikaliengesetzes handelt, wer gegen die Verordnung (EG) Nr. 1516/2007 verstößt, indem er vorsätzlich oder fahrlässig
1. *entgegen Artikel 8 Absatz 1 Satz 1 in Verbindung mit Artikel 4 Absatz 1 der Verordnung (EG) Nr. 303/2008 nicht dafür sorgt, dass eine Reparatur oder ein Austausch von dort genanntem zertifizierten Personal vorgenommen wird oder*
2. *als Betreiber entgegen Artikel 10 ein neu installiertes System nicht oder nicht rechtzeitig auf Dichtheit kontrolliert.*

(4) Ordnungswidrig im Sinne des § 26 Absatz 1 Nr. 11 Satzteil vor Satz 2 des Chemikaliengesetzes handelt, wer gegen die Verordnung (EG) Nr. 303/2008 verstößt, indem er vorsätzlich oder fahrlässig entgegen Artikel 7 Absatz 1 nicht im Besitz eines dort genannten Zertifikats ist.

(5) Ordnungswidrig im Sinne des § 26 Absatz 1 Nr. 11 Satzteil vor Satz 2 des Chemikaliengesetzes handelt, wer gegen die Verordnung (EG) Nr. 304/2008 verstößt, indem er vorsätzlich oder fahrlässig entgegen Artikel 7 Absatz 1 nicht im Besitz eines dort genannten Zertifikats ist.

1. Regelungscharakter. Die Vorschrift beruht auf der Umsetzung von Tatbeständen der VO (EG) **1** Nr. 842/2006 des Europäischen Parlaments und des Rates v. 17.5.2006 über bestimmte fluorierte Treibhausgase (ABl. EU L 161, 1), deren Verletzung als Ordnungswidrigkeit mit Geldbuße geahndet werden kann. Sie füllt die Blankettnorm des § 26 Abs. 1 Nr. 11 S. 1 ChemG aus.

§ 4 bezeichnet **Tatbestände der EG-F-Gase-VO,** deren Verletzung als Ordnungswidrigkeit geahn- **2** det werden kann, und entspricht in Bezug auf die Tatbestände des Abs. 1 Nr. 5, 6 und Nr. 8 den bisherigen Regelungen des § 6a Nr. 1, 2 und Nr. 3 ChemStrOWiV. Die übrigen (neugeregelten) Tatbestände stellen Ergänzungen in Bezug auf Pflichten im Bereich der Dichtheitskontrolle und der Anforderungen an das eingesetzte Personal, des Führens von Aufzeichnungen sowie der Kennzeichnung und Unternehmenszertifizierung aufgrund der VO (EG) Nr. 1494, 1497 und VO (EG) Nr. 1516/ 2007 sowie VO (EG) Nr. 303, 304, 305 und VO (EG) Nr. 306/2008) dar.

2. Die Regelungen iE zu § 4 Abs. 1. a) Unterlassen vorgeschriebener Dichtheitskontrollen 3 (§ 4 Abs. 1 Nr. 1). Mit der Vorschrift werden Verstöße des Betreibers einer ortsfesten Anwendung in Form von Kälte- und Klimaanlagen sowie Wärmepumpen und Brandschutzsystemen sanktioniert, der nicht dafür sorgt, dass die vorgeschriebenen Dichtheitskontrollen dieser Anlagen durch zertifiziertes Personal nach den vorgegebenen Prüfungsintervallen durchgeführt werden (Art. 3 Abs. 2 UAbs. 1 iVm Art. 4 Abs. 1 der VO (EG) Nr. 303/2008 oder Art. 4 Abs. 1 der VO (EG) Nr. 304/2008).

b) Unterlassen von Dichtheitskontrollen nach Reparatur eines Lecks (§ 4 Abs. 1 Nr. 2). Die **4** Regelung ahndet Verstöße gegen die Pflicht des Betreibers zur Dichtheitskontrolle nach der Reparatur eines Lecks.

c) Unterlassene Installation von Leckage-Erkennungssystemen (§ 4 Abs. 1 Nr. 3). Die Vor- **5** schrift bewehrt Verstöße des Betreibers für den Fall, dass für Brandschutzsysteme, die vor dem 4.7.2007 installiert wurden, die für diese Systeme vorgeschriebene Installation von Leckage-Erkennungssystemen nicht oder nicht rechtzeitig bis spätestens 4.7.2010 erfolgt.

d) Fehlende oder nicht rechtzeitige Kontrolle eines Leckage-Erkennungssystems (§ 4 Abs. 1 6 Nr. 4). Mit der Regelung werden Verstöße eines Betreibers gegen die Kontrollhäufigkeit bei Leckage-Erkennungssystemen geahndet.

e) Verstöße gegen Unterrichtungsverpflichtungen (§ 4 Abs. 1 Nr. 5). Die Vorschrift entspricht **7** der bisherigen Regelung in § 6a Nr. 1 ChemStrOWiV. Hiermit werden Verstöße des Betreibers gegen Aufzeichnungs- und Informationspflichten nach Art. 3 Abs. 6 der VO (EG) Nr. 842/2006. Danach hat der Betreiber ua Aufzeichnungen über Menge und Typ der verwendeten fluorierten Treibhausgase sowie über nachgefüllte Mengen und die bei Wartung, Instandhaltung und endgültiger Entsorgung rückgewonnenen Mengen zu führen und diese auf Verlangen der zuständigen Behörde und der Kommission zur Verfügung zu stellen. Zusätzlich wurde die bisherige Regelung ergänzt durch Konkretisierungen aufgrund der VO (EG) Nr. 1497/2007 und VO (EG) Nr. 1516/2007 (dort jeweils Art. 2 Abs. 1 und Abs. 2).

f) Zuwiderhandlungen gegen eine bestehende Verpflichtung, Vorkehrungen zur rechtzeiti- 8 gen Rückgewinnung fluorierter Treibhausgase aus bestimmten Einrichtungen zu treffen (§ 4 Abs. 1 Nr. 6). Die Regelung bewehrt Zuwiderhandlungen des Betreibers bestimmter stationärer Einrichtungen (ua Kälte- und Klimaanlagen, Wärmepumpen) gegen die Pflicht, Vorkehrungen zur rechtzeitigen Rückgewinnung fluorierter Treibhausgase aus derartigen Einrichtungen durch zertifizertes Personal gem. den VO (EG) Nr. 303 bis 306/2008 zu treffen (Art. 4 Abs. 1 iVm Abs. 4). Die VO (EG) Nr. 307/2008 mit den dort geregelten Anforderungen an Ausbildungsbescheinigungen betreffend Kfz-Klimaanlagen wurde nicht in Bezug genommen, da diese keine stationären Einrichtungen iSv Art. 4 Abs. 1 darstellen. Unabhängig davon sind Verstöße des die Rückgewinnung durchführenden Personals gegen die Zertifizierungspflicht, die in § 5 Abs. 1 Chemikalien-Klimaschutzverordnung konkretisiert wird, durch § 8 Abs. 2 Nr. 6 Chemikalien-Klimaschutzverordnung sanktioniert.

9   **g) Verstöße gegen Unterrichtungsverpflichtungen (§ 4 Abs. 1 Nr. 7).** Die Vorschrift entspricht inhaltlich § 6a Nr. 2 ChemStrOWiV und sanktioniert einen Verstoß gegen Art. 4 Abs. 2 der VO (EG) Nr. 842/2006. Danach sind für einen Behälter für fluorierte Treibhausgase, dessen Produkt-Lebensdauer erreicht ist, Vorkehrungen für die ordnungsgemäße Rückgewinnung fluorierter Treibhausgase für deren Recycling, Aufarbeitung oder Zerstörung zu treffen.

10   **h) Verpflichtung zur Vorhaltung qualifiziert ausgebildeten Personals (§ 4 Abs. 1 Nr. 8).** Die Regelung soll die Pflicht des Betreibers einer Anwendung nach Art. 3 Abs. 1 dahingehend mit durchsetzen, dass das für die Installation, Wartung oder Instandhaltung der Anwendungen verantwortliche Personal die für diese Tätigkeiten erforderlichen Personalzertifikate gem. Art. 4 Abs. 1 der VO (EG) Nr. 303/2008 und Art. 4 Abs. 1 der VO (EG) Nr. 304/2008 erworben hat (Art. 5 Abs. 3).

11   **i) Verstöße gegen Unterrichtungsverpflichtungen (§ 4 Abs. 1 Nr. 9). Die Vorschrift** entspricht § 6a Nr. 3 ChemStrOWiV und sanktioniert Verstöße des Herstellers, Importeurs und Exporteurs fluorierter Treibhausgase gegen bestimmte Berichterstattungspflichten (zB Mitteilung von Gesamtproduktionsmengen, Einfuhr- und Ausfuhrmengen sowie Mengen jedes Inverkehrgebrachten, recycelten, aufgearbeiteten oder zerstörten fluorierten Treibhausgases) gegenüber der Kommission oder der zuständigen Behörde des Mitgliedstaats (Art. 6 Abs. 1 der VO (EG) Nr. 842/2006).

12   **j) Verstöße gegen Kennzeichnungspflichten (§ 4 Abs. 1 Nr. 10).** Die Regelung sanktioniert Verstöße gegen bestimmte Kennzeichnungspflichten beim Inverkehrbringen von Erzeugnissen und Einrichtungen, die fluorierte Treibhausgase enthalten. Nach Art. 7 Abs. 1 UAbs. 1 S. 1 müssen beim Inverkehrbringen die chemischen Bezeichnungen dieser fluorierten Treibhausgase unter Verwendung der Industrienomenklatur als Kennzeichnung angebracht sein. Ferner enthält die deutlich lesbar und unverwischbar anzubringende Kennzeichnung den Hinweis, dass das Erzeugnis oder die Einrichtung vom Kyoto-Protokoll erfasste fluorierte Treibhausgase enthält sowie deren Menge. Eine Konkretisierung der Form der zu verwendenden Kennzeichnung (Art. 7 Abs. 3) enthalten Art. 2–4 der VO (EG) Nr. 1494/2007 der Kommission v. 17.12.2007. Unter der nach Art. 7 Abs. 1 UAbs. 1 S. 1 der VO (EG) Nr. 842/2006 und Art. 2 Abs. 1 der VO (EG) Nr. 1494/2007 zu verwendenden „anerkannten Industrienomenklatur" sind insbes. die zur Bezeichnung der fluorierten Treibhausgase (Kältemittel) verwendeten Kurzzeichen (zB R-134a, R-744) nach dem ISO-Standard R817 (Deutsche Fassung: DIN 8962 „Kältemittel, Begriffe, Kurzzeichen") zu verstehen.

13   **3. Die Regelungen iE zu § 4 Abs. 2.** § 4 Abs. 2 konstituiert Bußgeldtatbestände in Bezug auf die die **EG-F-Gase-VO** konkretisierende und auf Art. 3 Abs. 7 der EG-F-Gase-VO gestützte VO (EG) Nr. 1497/2007 der Kommission v. 18.12.2007 zur Festlegung der Standardanforderungen an die **Kontrolle auf Dichtheit ortsfester Brandschutzsysteme,** die bestimmte fluorierte Treibhausgase enthalten, gem. der VO (EG) Nr. 842/2006 des Europäischen Parlaments und des Rates (ABl. 2007 L 333, 4).

14   **a) Reparaturen durch nicht zertifiziertes Personal (§ 4 Abs. 2 Nr. 1).** Der Bußgeldtatbestand sanktioniert Verstöße gegen die Pflicht des Betreibers, die Reparatur eines Lecks bei Brandschutzsystemen von dafür zertifiziertem Personal durchführen zu lassen (Art. 5 Abs. 1 der VO (EG) Nr. 304/2008 iVm Art. 4 Abs. 1 der VO (EG) Nr. 304/2008).

15   **b) Unterlassen einer Dichtheitskontrolle nach Leckreparatur (§ 4 Abs. 2 Nr. 2).** Die Vorschrift bewehrt Verstöße gegen die Pflicht, nach Art. 5 Abs. 2 der VO (EG) Nr. 1497/2007 im Anschluss an die Reparatur eines Lecks vor dem Auffüllen, also ggf. auch vor Ablauf der Monatsfrist nach Art. 3 Abs. 2 UAbs. 2 der VO (EG) Nr. 842/2006, eine Dichtheitskontrolle durchzuführen.

16   **c) Unterlassen einer Dichtheitskontrolle nach Neuinstallation (§ 4 Abs. 2 Nr. 3).** Die Regelung ahndet Verstöße gegen die Betreiberpflicht, nach Art. 7 der VO (EG) Nr. 1497/2007 neu installierte Systeme unmittelbar nach ihrer Inbetriebnahme auf Dichtheit zu kontrollieren.

17   **4. Die Regelungen iE zu § 4 Abs. 3.** § 4 Abs. 3 enthält Bußgeldtatbestände in Bezug auf die die **EG-F-Gase-VO** konkretisierende und ebenfalls auf Art. 3 Abs. 7 der EG-F-Gase-VO gestützte VO (EG) Nr. 1516/2007 der Kommission v. 19.12.2007 zur Festlegung der Standardanforderungen an die **Kontrolle auf Dichtheit von ortsfesten Kälte- und Klimaanlagen** sowie von Wärmepumpen, die bestimmte fluorierte Treibhausgase enthalten, gem. der VO (EG) Nr. 842/2006 des Europäischen Parlaments und des Rates (ABl. 2007 L 335, 10).

a) Reparaturen durch nicht zertifiziertes Personal (§ 4 Abs. 3 Nr. 1). Der Bußgeldtatbestand 18 sanktioniert Verstöße gegen die Pflicht des Betreibers, die Reparatur eines Lecks bei ortsfesten Kälte- und Klimaanlagen und Wärmepumpen von dafür zertifiziertem Personal durchführen zu lassen (Art. 8 Abs. 1).

b) Unterlassen einer Dichtheitskontrolle nach Neuinstallation (§ 4 Abs. 3 Nr. 2). Nr. 2 19 ahndet Verstöße gegen die Betreiberpflicht, nach Art. 10 der VO (EG) Nr. 1516/2007 neu installierte Systeme unmittelbar nach ihrer Inbetriebnahme auf Dichtheit zu kontrollieren.

5. Die weiteren Regelungen gem. § 4 Abs. 4 und 5 betreffend Verpflichtungen zur Unter- 20 **nehmenszertifizierung.** § 4 Abs. 4 und 5 enthalten in Bezug auf die die EG-F-Gase-VO konkretisie- renden VO (EG) Nr. 303/2008 und VO (EG) Nr. 304/2008 jeweils einen Bußgeldtatbestand zur Ahndung von Zuwiderhandlungen gegen die jeweils in Art. 7 Abs. 1 der beiden EG-Verordnungen enthaltene **Pflicht zur Unternehmenszertifizierung.**

6. Vorgesehene Sanktionen. Ein Verstoß gegen die Regelungen dieser Vorschrift kann mit einer 21 Geldbuße bis zu 50.000 EUR geahndet werden (§ 26 Abs. 2 ChemG).

Für die **Verfolgungsverjährung** gelten die Vorschriften der §§ 31 ff. OWiG. 22

§ 5 Straftaten nach Artikel 67 in Verbindung mit Anhang XVII der Verordnung (EG) Nr. 1907/2006

Nach § 27 Absatz 1 Nummer 3 Satzteil vor Satz 2, Absatz 1a bis 4 des Chemikaliengesetzes wird bestraft, wer gegen Artikel 67 Absatz 1 Satz 1 in Verbindung mit Anhang XVII der Verordnung (EG) Nr. 1907/2006 des Europäischen Parlaments und des Rates vom 18. De- zember 2006 zur Registrierung, Bewertung, Zulassung und Beschränkung chemischer Stoffe (REACH), zur Schaffung einer Europäischen Chemikalienagentur, zur Änderung der Richt- linie 1999/45/EG und zur Aufhebung der Verordnung (EWG) Nr. 793/93 des Rates, der Verordnung (EWG) Nr. 1488/94 der Kommission, der Richtlinie 76/769/EWG des Rates sowie der Richtlinien 91/155/EWG, 93/67/EWG, 93/105/EG und 2000/21/EG der Kommission (ABl. L 396 vom 30.12.2006, S. 1, L 136 vom 29.5.2007, S. 3, L 141 vom 31.5.2008, S. 22, L 36 vom 5.2.2009, S. 84, L 260 vom 2.10.2010, S. 22, L 49 vom 24.2.2011, S. 52, L 136 vom 24.5.2011, S. 105, L 185 vom 4.7.2013, S. 18), die zuletzt durch die Verordnung (EU) 2016/ 217 (ABl. L 40 vom 17.2.2016, S. 5) geändert worden ist, verstößt, indem er vorsätzlich oder fahrlässig

1. entgegen Nummer 1 der Spalte 1 des Anhangs XVII in Verbindung mit der zugehörigen Spalte 2 Polychloriertes Terphenyl in Verkehr bringt oder verwendet,
2. entgegen Nummer 2 der Spalte 1 des Anhangs XVII in Verbindung mit der zugehörigen Spalte 2 Chlorethen verwendet oder eine dort genannte Aerosolpackung in Verkehr bringt,
3. entgegen Nummer 3 der Spalte 1 des Anhangs XVII in Verbindung mit Absatz 1, 2, 3 oder Absatz 4 der zugehörigen Spalte 2 einen dort genannten Stoff oder ein dort genanntes Gemisch verwendet oder in Verkehr bringt oder ein Erzeugnis in Verkehr bringt,
4. entgegen Nummer 4, 7 oder Nummer 8 der Spalte 1 des Anhangs XVII, jeweils in Verbindung mit Absatz 1 oder Absatz 2 der zugehörigen Spalte 2, Tri-(2,3-Dibrom- propyl)-Phosphat, Tris-(aziridinyl)-phosphinoxid, Polybrombiphenyl oder polybro- miertes Biphenyl verwendet oder ein dort genanntes Erzeugnis in Verkehr bringt,
5. entgegen Nummer 5 der Spalte 1 des Anhangs XVII in Verbindung mit Absatz 1, 2 oder Absatz 3 der zugehörigen Spalte 2 Benzol verwendet oder in Verkehr bringt oder Spielwaren oder Teile von Spielwaren in Verkehr bringt,
6. entgegen Nummer 6 der Spalte 1 des Anhangs XVII in Verbindung mit Absatz 1 Unter- absatz 1 der zugehörigen Spalte 2 Asbestfasern, ein dort genanntes Erzeugnis oder ein dort genanntes Gemisch herstellt, in Verkehr bringt oder verwendet,
7. entgegen Nummer 9, 10 oder Nummer 11 der Spalte 1 des Anhangs XVII, jeweils in Verbindung mit Absatz 1 oder Absatz 2 der zugehörigen Spalte 2, einen dort genannten Stoff oder eine dort genannte Stoffgruppe verwendet oder einen dort genannten Scherz- artikel, ein dort genanntes Gemisch oder ein dort genanntes Erzeugnis in Verkehr bringt,
8. entgegen Nummer 12, 13, 14 oder Nummer 15 der Spalte 1 des Anhangs XVII, jeweils in Verbindung mit der zugehörigen Spalte 2, einen dort genannten Stoff oder ein dort genanntes Salz in Verkehr bringt oder verwendet,
9. entgegen Nummer 16 oder Nummer 17 der Spalte 1 des Anhangs XVII, jeweils in Verbindung mit Satz 1 der zugehörigen Spalte 2, ein dort genanntes Bleicarbonat oder ein dort genanntes Bleisulfat in Verkehr bringt oder verwendet,
10. entgegen Nummer 18 der Spalte 1 des Anhangs XVII in Verbindung mit der zugehöri- gen Spalte 2 eine Quecksilberverbindung in Verkehr bringt oder verwendet,

11. entgegen Nummer 18a der Spalte 1 des Anhangs XVII in Verbindung mit Absatz 1, 5 oder Absatz 7 der zugehörigen Spalte 2 dort genanntes Quecksilber oder ein dort genanntes Messinstrument in Verkehr bringt,

12. entgegen Nummer 19 der Spalte 1 des Anhangs XVII in Verbindung mit Absatz 1, 2, 3 oder Absatz 4 Buchstabe d der zugehörigen Spalte 2 eine Arsenverbindung oder behandeltes Holz in Verkehr bringt oder verwendet,

13. entgegen Nummer 20 der Spalte 1 des Anhangs XVII in Verbindung mit Absatz 1, 2, 3, 4, 5 Buchstabe a oder b erster Halbsatz oder Absatz 6 der zugehörigen Spalte 2 eine dort genannte zinnorganische Verbindung, eine Dibutylzinnverbindung oder ein dort genanntes Erzeugnis verwendet oder in Verkehr bringt,

14. entgegen Nummer 21 der Spalte 1 des Anhangs XVII in Verbindung mit Satz 1 der zugehörigen Spalte 2 Di-µ-oxo-di-n-butylstanniohydroxyboran oder Dibutylzinnhydrogenborat in Verkehr bringt oder verwendet,

15. entgegen Nummer 22 der Spalte 1 des Anhangs XVII in Verbindung mit der zugehörigen Spalte 2 Pentachlorphenol oder seine Salze oder Ester in Verkehr bringt oder verwendet,

16. entgegen Nummer 23 der Spalte 1 des Anhangs XVII in Verbindung mit
   a) Absatz 1 Unterabsatz 1, Absatz 2 Unterabsatz 1, Absatz 5 Unterabsatz 2, Absatz 6, Absatz 8 Unterabsatz 1 oder Absatz 10 der zugehörigen Spalte 2 Cadmium oder eine seiner Verbindungen in einem Gemisch, einem Erzeugnis, in einem Bestandteil eines Erzeugnisses oder in einem gewerblichen Erzeugnis verwendet oder
   b) Absatz 1 Unterabsatz 2, Absatz 2 Unterabsatz 1 oder 3, Absatz 5 Unterabsatz 3, Absatz 6, Absatz 8 Unterabsatz 2 oder Absatz 10 der zugehörigen Spalte 2 ein Gemisch, ein Erzeugnis, einen Bestandteil eines Erzeugnisses oder ein gewerbliches Erzeugnis in Verkehr bringt,

17. entgegen Nummer 24 der Spalte 1 des Anhangs XVII in Verbindung mit Absatz 1 der zugehörigen Spalte 2 Monomethyl-tetrachlordiphenylmethan in Verkehr bringt oder verwendet oder ein dort genanntes Erzeugnis in Verkehr bringt,

18. entgegen Nummer 25 oder Nummer 26 der Spalte 1 des Anhangs XVII, jeweils in Verbindung mit der zugehörigen Spalte 2, einen dort genannten Stoff in Verkehr bringt oder verwendet oder ein dort genanntes Erzeugnis in Verkehr bringt,

19. entgegen Nummer 27 der Spalte 1 des Anhangs XVII in Verbindung mit Absatz 1 oder Absatz 2 der zugehörigen Spalte 2 Nickel oder eine seiner Verbindungen verwendet oder ein Erzeugnis in Verkehr bringt,

20. entgegen Nummer 28, 29 oder Nummer 30 der Spalte 1 des Anhangs XVII, jeweils in Verbindung mit Absatz 1 Unterabsatz 1 der zugehörigen Spalte 2, einen dort genannten Stoff in Verkehr bringt oder verwendet,

21. entgegen Nummer 31 der Spalte 1 des Anhangs XVII in Verbindung mit Absatz 1 oder Absatz 3 der zugehörigen Spalte 2 einen dort genannten Stoff oder dort genanntes behandeltes Holz in Verkehr bringt oder verwendet,

22. entgegen Nummer 32, 34, 35, 36, 37 oder Nummer 38 der Spalte 1 des Anhangs XVII, jeweils in Verbindung mit Absatz 1 der zugehörigen Spalte 2, einen dort genannten Stoff in Verkehr bringt oder verwendet,

23. entgegen Nummer 40 der Spalte 1 des Anhangs XVII in Verbindung mit Absatz 1 oder Absatz 4 in Verbindung mit Absatz 1 der zugehörigen Spalte 2 einen dort genannten Stoff verwendet oder eine dort genannte Aerosolpackung in Verkehr bringt,

24. entgegen Nummer 41 der Spalte 1 des Anhangs XVII in Verbindung mit der zugehörigen Spalte 2 Hexachlorethan in Verkehr bringt oder verwendet,

25. *(aufgehoben)*

26. entgegen Nummer 43 der Spalte 1 des Anhangs XVII in Verbindung mit Absatz 1, 2 oder Absatz 3 der zugehörigen Spalte 2 einen dort genannten Azofarbstoff verwendet oder in Verkehr bringt oder ein dort genanntes Textil- oder Ledererzeugnis in Verkehr bringt,

27. entgegen Nummer 45 der Spalte 1 des Anhangs XVII in Verbindung mit Absatz 1 oder Absatz 2 der zugehörigen Spalte 2 Diphenylether-Octabromderivat in Verkehr bringt oder verwendet oder ein Erzeugnis in Verkehr bringt,

28. entgegen Nummer 46 der Spalte 1 des Anhangs XVII in Verbindung mit der zugehörigen Spalte 2 Nonylphenol oder Nonylphenolethoxylat in Verkehr bringt oder verwendet,

29. entgegen Nummer 47 der Spalte 1 des Anhangs XVII in Verbindung mit Absatz 1 der zugehörigen Spalte 2 Zement oder ein zementhaltiges Gemisch verwendet oder in Verkehr bringt,

29a. entgegen Nummer 47 der Spalte 1 des Anhangs XVII in Verbindung mit Absatz 5 oder Absatz 6 der zugehörigen Spalte 2 ein dort genanntes Ledererzeugnis oder ein dort genanntes Erzeugnis, das dort genannte Lederanteile enthält, in Verkehr bringt,

30. entgegen Nummer 48 der Spalte 1 des Anhangs XVII in Verbindung mit der zugehörigen Spalte 2 Toluol in Verkehr bringt oder verwendet,

31. entgegen Nummer 49 der Spalte 1 des Anhangs XVII in Verbindung mit der zugehörigen Spalte 2 Trichlorbenzol in Verkehr bringt oder verwendet,

32. entgegen Nummer 50 der Spalte 1 des Anhangs XVII in Verbindung mit Absatz 1 Satz 1 oder Absatz 2 Unterabsatz 1 der zugehörigen Spalte 2 ein Weichmacheröl in Verkehr bringt oder verwendet oder einen dort genannten Reifen oder ein dort genanntes Profil in Verkehr bringt,

32a. entgegen Nummer 50 der Spalte 1 des Anhangs XVII in Verbindung mit Absatz 5 Unterabsatz 1 oder Absatz 6 der zugehörigen Spalte 2 ein dort genanntes Erzeugnis, ein dort genanntes Spielzeug oder einen dort genannten Artikel in Verkehr bringt,

33. entgegen Nummer 51 oder Nummer 52 der Spalte 1 des Anhangs XVII, jeweils in Verbindung mit Absatz 1 oder Absatz 2 der zugehörigen Spalte 2, ein dort genanntes Phthalat verwendet oder ein Phthalat enthaltendes Spielzeug oder einen Phthalat enthaltenden Babyartikel in Verkehr bringt,

34. entgegen Nummer 54 der Spalte 1 des Anhangs XVII in Verbindung mit der zugehörigen Spalte 2 2-(2-Methoxyethoxy)ethanol in Verkehr bringt,

35. entgegen Nummer 55 der Spalte 1 des Anhangs XVII in Verbindung mit Absatz 1 oder Absatz 2 der zugehörigen Spalte 2 2-(2-Butoxyethoxy)ethanol erstmalig in Verkehr bringt oder eine dort genannte Spritzfarbe oder ein dort genanntes Reinigungsspray in Verkehr bringt,

36. entgegen Nummer 56 der Spalte 1 des Anhangs XVII in Verbindung mit Absatz 1 erster Halbsatz der zugehörigen Spalte 2 Methylendiphenyl-Diisocyanat oder ein dort genanntes Isomer in Verkehr bringt,

37. entgegen Nummer 57 der Spalte 1 des Anhangs XVII in Verbindung mit Absatz 1 oder Absatz 2 der zugehörigen Spalte 2 Cyclohexan erstmalig in Verkehr bringt oder einen dort genannten Kontaktklebstoff in Verkehr bringt,

38. entgegen Nummer 58 der Spalte 1 des Anhangs XVII in Verbindung mit Absatz 1 oder Absatz 2 der zugehörigen Spalte 2 Ammoniumnitrat zur Verwendung als festen Ein- oder Mehrstoffdünger erstmalig in Verkehr bringt oder als Stoff oder in einem Gemisch in Verkehr bringt,

39. entgegen Nummer 59 der Spalte 1 des Anhangs XVII in Verbindung mit Absatz 1 Unterabsatz 1 oder Absatz 4 der zugehörigen Spalte 2 einen dort genannten Dichlormethan enthaltenden Farbabbeizer in Verkehr bringt, benutzt oder verwendet,

40. entgegen Nummer 60 der Spalte 1 des Anhangs XVII in Verbindung mit der zugehörigen Spalte 2 Acrylamid in Verkehr bringt oder verwendet,

41. entgegen Nummer 61 der Spalte 1 des Anhangs XVII in Verbindung mit der zugehörigen Spalte 2 Dimethylfumarat verwendet oder ein dort genanntes Erzeugnis oder einen seiner Bestandteile in den Verkehr bringt,

42. entgegen Nummer 62 der Spalte 1 des Anhangs XVII in Verbindung mit Absatz 1 oder Absatz 2 der zugehörigen Spalte 2 Phenylquecksilberacetat, -propionat, - -2-ethylhexanoat, -octanoat oder Phenylquecksilberneodecanoat als Stoff oder in einem Gemisch herstellt, in Verkehr bringt oder verwendet oder ein dort genanntes Erzeugnis oder einen seiner Bestandteile in Verkehr bringt,

43. entgegen Nummer 63 der Spalte 1 des Anhangs XVII in Verbindung mit Absatz 1, auch in Verbindung mit Absatz 3 oder Absatz 7 Unterabsatz 1 der zugehörigen Spalte 2, Blei oder eine seiner Verbindungen in Verkehr bringt oder verwendet oder

44. entgegen Nummer 64 der Spalte 1 des Anhangs XVII in Verbindung mit der zugehörigen Spalte 2 1,4-Dichlorbenzol in Verkehr bringt oder verwendet.

I. Regelungscharakter und Zweck der Regelung

Diese Vorschrift enthält Tatbestände der **REACH-Verordnung,** deren Verletzung als Straftat zu **1** verfolgen ist.

Die VO (EG) Nr. 1907/2006 (REACH-VO) ist die **EU-Chemikalienverordnung,** die seit **2** 1.6.2007 in Kraft ist. Zweck dieser VO ist es, ein hohes Schutzniveau für die menschliche Gesundheit und die Umwelt sicherzustellen. Gleichzeitig soll der freie Verkehr von Chemikalien auf dem Binnenmarkt gewährleistet sowie Wettbewerbsfähigkeit und Innovation gefördert werden. Danach sollen Hersteller, Importeure und nachgeschaltete Anwender die Verantwortung für ihre Chemikalien übernehmen, indem sie sicherstellen müssen, dass Chemikalien, die sie herstellen und in Verkehr bringen, sicher verwendet werden.

Das **Kürzel „REACH"** leitet sich aus dem englischen Titel der VO ab: Regulation concerning **3** the **R**egistration, **E**valuation, **A**uthorisation and Restriction of **CH**emicals. Die REACH-VO hat als EU-VO gleichermaßen und unmittelbar in allen Mitgliedstaaten Gültigkeit.

II. Die Regelungen des § 5

Die einzelnen Vorschriften betreffen verschiedene **Herstellungs-, Verwendungs- und Inverkehr- 4 bringensverbote,** die aufgrund der Systematik der Blankettnorm des § 27 Abs. 1 Nr. 3 S. 1 ChemG inhaltlich solchen Regelungen entsprechen, die nach § 27 Abs. 1 Nr. 1 ChemG als Straftat zu verfolgen wären.

5   Die in § 5 aufgelisteten **Straftatbestände** beziehen sich auf einen Stoff als solchen, in einem Gemisch oder in einem Erzeugnis, für den gem. Art. 67 Abs. 1 REACH-VO eine Herstellungs-, Verwendungs- oder Inverkehrbringensbeschränkung nach Anhang XVII der REACH-VO gilt. Die in Anhang XVII aufgeführten Stoffe, Stoffgruppen oder Gemische sowie die zugehörigen Beschränkungsbedingungen entsprechen im Wesentlichen den früher in der RL 76/769/EWG enthaltenen Vorschriften über die Beschränkung der Herstellung, des Inverkehrbringens und der Verwendung bestimmter gefährlicher Stoffe und Zubereitungen und der hierzu erfolgten Umsetzung in den Mitgliedstaaten. Die nationale Umsetzung der RL 76/769/EWG, die seit ihrem Inkrafttreten durch den Erlass zahlreicher Änderungsrichtlinien um weitere Stoffe und zugehörige Beschränkungstatbestände ergänzt wurde, erfolgte in Deutschland in der Gefahrstoffverordnung (in Bezug auf Herstellungs- und Verwendungsverbote), der Chemikalien-Verbotsverordnung (in Bezug auf Inverkehrbringensverbote) und der Bedarfsgegenständeverordnung (in Bezug auf bestimmte Verbote, die ausschließlich Bedarfsgegenstände betrafen). Der Anhang XVII der REACH-VO ist seit 1. Juni 2009 anwendbar; wurde jedoch zwischenzeitlich durch die am 27. Juni 2009 in Kraft getretene VO (EG) Nr. 552/2009 umfassend geändert und durch weitere Beschränkungsregelungen ergänzt (BR-Drs. 809/12, 37).

6   Die in Nr. 1–43 geregelten einzelnen Straftatbestände betreffen vor allem das Inverkehrbringen, vielfach auch die Verwendung und die Benutzung der dort aufgeführten **spezifischen Stoffe und Chemikalien,** ggf. auch in Verwendung mit der Nennung in Anhang XVII der VO (EG) Nr. 1907/2006 des Europäischen Parlaments und des Rates v. 18.12.2006 zur Registrierung, Bewertung, Zulassung und Beschränkung chemischer Stoffe (REACH).

III. Sanktionen

7   Entsprechend der jeweils konkreten Tathandlung reichen die Strafandrohungen gem. § 27 Abs. 1–2 ChemG **bis zu fünf Jahren Freiheitsstrafe oder Geldstrafe.**

8   Bei **fahrlässiger Begehung** können die Straftaten mit Freiheitsstrafen bis zu zwei Jahren oder Geldstrafe sanktioniert werden.

9   Gem. § 27 Abs. 3 ChemG ist der **Versuch strafbar.**

§ 6 Ordnungswidrigkeiten nach der Verordnung (EG) Nr. 1907/2006

(1) Ordnungswidrig im Sinne des § 26 Absatz 1 Nummer 11 Satzteil vor Satz 2 des Chemikaliengesetzes handelt, wer gegen die Verordnung (EG) Nr. 1907/2006 verstößt, indem er vorsätzlich oder fahrlässig

1. entgegen Artikel 7 Absatz 2 eine Unterrichtung nicht, nicht richtig, nicht vollständig oder nicht rechtzeitig vornimmt,
2. entgegen Artikel 8 Absatz 2 Satz 2 eine dort genannte Information nicht, nicht richtig oder nicht vollständig bereithält oder nicht, nicht richtig, nicht vollständig oder nicht unverzüglich aktualisiert,
3. entgegen Artikel 9 Absatz 5 einen Stoff oder ein Erzeugnis herstellt oder einführt,
4. einer vollziehbaren Auflage nach Artikel 9 Absatz 4 Unterabsatz 1 zuwiderhandelt,
5. entgegen Artikel 14 Absatz 1 Unterabsatz 1 in Verbindung mit Absatz 3 oder Absatz 4, jeweils in Verbindung mit Artikel 37 Absatz 3 Unterabsatz 1 oder Unterabsatz 2, eine Stoffsicherheitsbeurteilung nicht, nicht richtig, nicht vollständig oder nicht rechtzeitig durchführt oder einen Stoffsicherheitsbericht nicht, nicht richtig, nicht vollständig oder nicht rechtzeitig erstellt,
6. entgegen Artikel 14 Absatz 7 einen Stoffsicherheitsbericht nicht, nicht richtig oder nicht vollständig zur Verfügung hält oder nicht oder nicht vollständig auf dem neuesten Stand hält,
7. entgegen Artikel 17 Absatz 1 oder Artikel 18 Absatz 1, auch in Verbindung mit Absatz 3, ein Registrierungsdossier nicht, nicht richtig, nicht vollständig oder nicht unverzüglich nach Überschreitung der dort genannten Mengenschwellen einreicht,
8. entgegen Artikel 22 Absatz 1 Unterabsatz 1 eine Registrierung nicht, nicht richtig, nicht vollständig oder nicht rechtzeitig aktualisiert oder nicht, nicht richtig, nicht vollständig oder nicht rechtzeitig übermittelt,
9. entgegen Artikel 22 Absatz 2 Satz 1 eine Aktualisierung des Registrierungsdossiers der Agentur nicht, nicht richtig, nicht vollständig oder nicht rechtzeitig unterbreitet,
10. entgegen Artikel 24 Absatz 2 als Hersteller oder Importeur eine dort genannte Information nicht, nicht richtig, nicht vollständig oder nicht rechtzeitig einreicht,
11. entgegen Artikel 26 Absatz 1 Satz 1 sich bei der Agentur vor einer Registrierung nicht erkundigt,

12. entgegen Artikel 31 Absatz 1 oder Absatz 3, jeweils in Verbindung mit Absatz 5, 6 oder Absatz 8, ein Sicherheitsdatenblatt nicht, nicht richtig, nicht vollständig, nicht in der vorgeschriebenen Weise oder nicht rechtzeitig zur Verfügung stellt,

13. entgegen Artikel 31 Absatz 2 Satz 1 nicht dafür sorgt, dass die Informationen im Sicherheitsdatenblatt mit den Angaben in der Stoffsicherheitsbeurteilung übereinstimmen,

14. entgegen Artikel 31 Absatz 7 ein Expositionsszenario zu einer identifizierten Verwendung nicht, nicht richtig, nicht vollständig oder nicht rechtzeitig beifügt, nicht, nicht richtig, nicht vollständig oder nicht rechtzeitig einbezieht oder nicht, nicht richtig, nicht vollständig oder nicht rechtzeitig weitergibt,

15. entgegen Artikel 31 Absatz 9 das Sicherheitsdatenblatt nicht, nicht richtig, nicht vollständig oder nicht rechtzeitig aktualisiert oder den früheren Abnehmern nicht oder nicht rechtzeitig zur Verfügung stellt,

16. entgegen Artikel 32 eine dort genannte Information nicht, nicht richtig, nicht vollständig, nicht in der vorgeschriebenen Weise oder nicht rechtzeitig zur Verfügung stellt oder nicht, nicht in der vorgeschriebenen Weise oder nicht rechtzeitig übermittelt oder nicht, nicht richtig, nicht vollständig oder nicht rechtzeitig aktualisiert,

17. entgegen Artikel 33 eine dort genannte Information nicht, nicht richtig, nicht vollständig, nicht in der vorgeschriebenen Weise oder nicht rechtzeitig zur Verfügung stellt,

18. entgegen Artikel 34 Satz 1 oder Satz 2 eine dort genannte Information nicht, nicht richtig, nicht vollständig oder nicht unverzüglich zur Verfügung stellt oder nicht, nicht richtig, nicht vollständig oder nicht unverzüglich weiterleitet,

19. entgegen Artikel 35 einen Zugang nicht gewährt,

20. entgegen Artikel 36 Absatz 1 Satz 1, auch in Verbindung mit Absatz 2, eine dort genannte Information nicht oder nicht mindestens zehn Jahre zur Verfügung hält,

21. entgegen Artikel 36 Absatz 1 Satz 2, auch in Verbindung mit Absatz 2, eine dort genannte Information nicht, nicht richtig, nicht vollständig oder nicht rechtzeitig vorlegt oder nicht, nicht richtig, nicht vollständig oder nicht rechtzeitig zugänglich macht,

22. entgegen Artikel 37 Absatz 3 Unterabsatz 3 Satz 1 eine Unterrichtung nicht, nicht richtig, nicht vollständig, nicht in der vorgeschriebenen Weise oder nicht rechtzeitig vornimmt oder einem nachgeschalteten Anwender einen Stoff liefert,

23. entgegen Artikel 37 Absatz 7 einen Stoffsicherheitsbericht nicht, nicht richtig oder nicht vollständig zur Verfügung hält oder nicht oder nicht vollständig auf dem neuesten Stand hält,

24. entgegen Artikel 38 Absatz 1 oder Absatz 3 eine dort genannte Information nicht, nicht richtig, nicht vollständig oder nicht rechtzeitig mitteilt oder nicht, nicht richtig, nicht vollständig oder nicht rechtzeitig aktualisiert,

25. entgegen Artikel 38 Absatz 4 eine Einstufung nicht, nicht richtig, nicht vollständig oder nicht unverzüglich mitteilt,

26. entgegen Artikel 40 Absatz 4, Artikel 41 Absatz 4, Artikel 46 Absatz 2, auch in Verbindung mit Artikel 50 Absatz 4, Artikel 50 Absatz 2 Satz 1 oder Absatz 3 Satz 2 eine dort genannte Information nicht, nicht richtig, nicht vollständig oder nicht rechtzeitig übermittelt oder eine dort genannte Mitteilung nicht, nicht richtig, nicht vollständig oder nicht rechtzeitig macht,

27. entgegen Artikel 65 Satz 1, auch in Verbindung mit Satz 2, eine Zulassungsnummer nicht, nicht richtig oder nicht rechtzeitig in das Etikett aufnimmt oder

28. entgegen Artikel 66 Absatz 1 eine Mitteilung nicht, nicht richtig, nicht vollständig oder nicht rechtzeitig macht.

(2) Ordnungswidrig im Sinne des § 26 Absatz 1 Nummer 11 Satzteil vor Satz 2 des Chemikaliengesetzes handelt, wer gegen Artikel 67 Absatz 1 Satz 1 in Verbindung mit Anhang XVII der Verordnung (EG) Nr. 1907/2006 verstößt, indem er vorsätzlich oder fahrlässig

1. entgegen Nummer 3 der Spalte 1 des Anhangs XVII in Verbindung mit Absatz 5 der zugehörigen Spalte 2 nicht sicherstellt, dass die dort genannten Anforderungen erfüllt sind,

2. entgegen Nummer 3 der Spalte 1 des Anhangs XVII in Verbindung mit Absatz 7 Satz 1 der zugehörigen Spalte 2 die dort genannten Daten über Alternativen nicht oder nicht rechtzeitig übermittelt,

3. entgegen Nummer 6 der Spalte 1 des Anhangs XVII in Verbindung mit Absatz 3 der zugehörigen Spalte 2 ein dort genanntes Erzeugnis ohne das dort genannte Etikett in Verkehr bringt,

4. entgegen Nummer 19 der Spalte 1 des Anhangs XVII in Verbindung mit Absatz 4 Buchstabe c der zugehörigen Spalte 2 nicht gewährleistet, dass behandeltes Holz einzeln oder ein in einem Paket in Verkehr gebrachtes Holz mit der jeweils dort genannten Aufschrift versehen ist,

5. entgegen Nummer 23 der Spalte 1 des Anhangs XVII in Verbindung mit Absatz 4 Unterabsatz 2 der zugehörigen Spalte 2 nicht gewährleistet, dass ein dort genanntes Gemisch oder ein dort genanntes Erzeugnis mit der dort genannten Aufschrift oder dem dort genannten Piktogramm versehen ist,

6. entgegen Nummer 28, 29 oder Nummer 30 der Spalte 1 des Anhangs XVII, jeweils in Verbindung mit Absatz 1 Unterabsatz 2 der zugehörigen Spalte 2, nicht gewährleistet, dass eine dort genannte Verpackung mit der dort genannten Aufschrift versehen ist,

7. entgegen Nummer 31 der Spalte 1 des Anhangs XVII in Verbindung mit Absatz 2 Buchstabe a Unterabsatz 2 der zugehörigen Spalte 2 nicht gewährleistet, dass eine dort genannte Verpackung mit der dort genannten Aufschrift versehen ist,

8. entgegen Nummer 32, 34, 35, 36, 37 oder Nummer 38 der Spalte 1 des Anhangs XVII, jeweils in Verbindung mit Absatz 2 Unterabsatz 1 der zugehörigen Spalte 2, nicht gewährleistet, dass eine dort genannte Verpackung mit der dort genannten Aufschrift versehen ist,

9. entgegen Nummer 40 der Spalte 1 des Anhangs XVII in Verbindung mit Absatz 2 der zugehörigen Spalte 2 nicht gewährleistet, dass eine dort genannte Verpackung mit der dort genannten Aufschrift versehen ist,

10. entgegen Nummer 47 der Spalte 1 des Anhangs XVII in Verbindung mit Absatz 2 der zugehörigen Spalte 2 nicht gewährleistet, dass auf einer dort genannten Verpackung die dort genannten Informationen angegeben sind,

11. entgegen Nummer 55 der Spalte 1 des Anhangs XVII in Verbindung mit Absatz 3 der zugehörigen Spalte 2 nicht gewährleistet, dass eine dort genannte Farbe mit der dort genannten Aufschrift versehen ist,

12. entgegen Nummer 57 der Spalte 1 des Anhangs XVII in Verbindung mit Absatz 3 der zugehörigen Spalte 2 nicht gewährleistet, dass ein dort genannter Kontaktklebstoff mit der dort genannten Aufschrift versehen ist oder

13. entgegen Nummer 59 der Spalte 1 des Anhangs XVII in Verbindung mit Absatz 5 der zugehörigen Spalte 2 als Lieferant einen dort genannten Farbabbeizer nicht mit der dort genannten Aufschrift versieht.

I. Regelungscharakter und Zweck der Regelung

1   In § 6 sind Tatbestände der REACH-VO (vgl. hierzu iE → § 5 Rn. 2 f.) aufgeführt, deren Verletzung als Ordnungswidrigkeit verfolgt werden kann.

2   Es handelt sich insbes. um bewehrungsfähige Zuwiderhandlungen gegen Informations- Mitteilungs- und Unterrichtungspflichten (Abs. 1) sowie gegen spezielle Kennzeichnungsbestimmungen in Anhang XVII der REACH-VO beim Inverkehrbringen bestimmter gefährlicher Stoffe, Gemische und Erzeugnisse (Abs. 2).

II. Die Regelungen im Einzelnen

3   **1. Tatbestände des § 6 Abs. 1. a) Meldepflicht von bestimmten Stoffen in Erzeugnissen (§ 6 Abs. 1 Nr. 1).** Die Vorschrift sanktioniert den Verstoß gegen die Meldepflicht von Stoffen in Erzeugnissen, die besonders gefährliche Eigenschaften besitzen und in der Kandidatenliste zur Aufnahme in den Anhang XIV für zulassungspflichtige Stoffe gelistet (CMR-, PBT- und vPvB-Eigenschaften) und in Mengen über 0,1 % in dem Erzeugnis enthalten sind sowie eine Jahresmenge von einer Tonne überschreiten (Art. 7 Abs. 2 REACH-VO).

4   **b) Pflichtverletzungen im Hinblick auf bereitzuhaltende Informationen (§ 6 Abs. 1 Nr. 2).** Die Regelung sanktioniert Zuwiderhandlungen des Alleinvertreters (eine in der EU niedergelassene natürliche oder juristische Person) eines nicht in der Gemeinschaft ansässigen Herstellers gegen Pflichten in Bezug auf die Bereithaltung und Aktualisierung von Informationen über die eingeführten Mengen und belieferten Kunden sowie die Erstellung des Stoffsicherheitsberichts und des Sicherheitsdatenblatts. Der Alleinvertreter vertritt den Hersteller des Stoffes innerhalb der EU mit allen damit verbundenen Verpflichtungen (Art. 8 Abs. 2 S. 2).

5   **c) Nicht erfüllte Informationspflicht vor Herstellung oder Einfuhr (§ 6 Abs. 1 Nr. 3).** Der Bußgeldtatbestand betrifft den Verstoß eines Herstellers, Importeurs oder Produzenten gegen die mindestens zwei Wochen (s. Art. 9 Abs. 5) vor Beginn der geplanten Herstellung oder Einfuhr eines entsprechenden Stoffes zu erfüllende Pflicht zur Mitteilung von Informationen nach Art. 9 Abs. 2 gegenüber der Europäischen Chemikalienagentur (im Folgenden nur „ECHA"), um von der Ausnahmeregelung für die produkt- und verfahrensorientierte Forschung und Entwicklung Gebrauch machen zu können.

6   **d) Nichterfüllung erteilter ECHA-Auflagen (§ 6 Abs. 1 Nr. 4).** Die Vorschrift bedroht die Nichterfüllung der von der ECHA nach Art. 9 Abs. 4 iRd Gewährung einer Ausnahmeregelung für die produkt- und verfahrensorientierte Forschung und Entwicklung erteilten vollziehbaren Auflagen mit Bußgeld.

7   **e) Verstoß gegen Stoffsicherheitsbeurteilungspflicht (§ 6 Abs. 1 Nr. 5).** Die Regelung sanktioniert den Verstoß des Herstellers, Importeurs oder nachgeschalteten Anwenders gegen die Pflicht, bei registrierten Stoffen und bei Phase-in-Stoffen auf das Ersuchen des nachgeschalteten Anwenders (Art. 37

Abs. 2) gem. Art. 14 eine Stoffsicherheitsbeurteilung durchzuführen und den Stoffsicherheitsbericht entsprechend anzupassen (Art. 14 iVm Art. 37 Abs. 3 UAbs. 1 und 2). Sofern nach Art. 37 Abs. 3 UAbs. 1 hierfür die zB im Falle komplexer Lieferketten knapp bemessene Monatsfrist gilt und die Einhaltung dieser Frist im Einzelfall objektiv unmöglich war, kann dieser Umstandes bei der nach dem geltenden Opportunitätsprinzip im pflichtgemäßen Ermessen der Behörde liegenden Entscheidung über die Verfolgung als Ordnungswidrigkeit regelmäßig zu berücksichtigen sein.

f) Verstoß gegen Pflicht zur Bereithaltung eines Stoffsicherheitsberichts (§ 6 Abs. 1 Nr. 6).   **8**
Die Vorschrift bewehrt einen Verstoß gegen die Pflicht des Registranten, der eine Stoffsicherheitsbeurteilung durchführen muss, einen Stoffsicherheitsbericht aktualisiert zur Verfügung zu halten. Der Stoffsicherheitsbericht dokumentiert die Stoffsicherheitsbeurteilung für den betreffenden Stoff. IRd Stoffsicherheitsbeurteilung sind die von dem Stoff während der Herstellung und Verwendung ausgehenden Gefährdungen für die menschliche Gesundheit und die Umwelt unter besonderer Berücksichtigung der tatsächlichen und vorhersehbaren Stoffexpositionen zu ermitteln (Art. 14 Abs. 7).

g) Verstoß gegen Pflicht zur Bereithaltung eines Stoffsicherheitsberichts (§ 6 Abs. 1 Nr. 7).   **9**
Der Bußgeldtatbestand regelt Verstöße des Herstellers von standortinternen bzw. des Herstellers oder Importeurs von transportierten isolierten Zwischenprodukten gegen die Pflicht zur Einreichung eines Registrierungsdossiers bei der ECHA für den Fall, dass derartige Zwischenprodukte in einer Jahresmenge von einer Tonne oder mehr hergestellt bzw. hergestellt oder importiert werden (Art. 17 Abs. 1 und Art. 18 Abs. 1). Beträgt die hergestellte oder importierte Jahresmenge eines transportierten isolierten Zwischenprodukts mehr als 1.000 Tonnen, sind nach Art. 18 Abs. 3 weitere Informationen einzureichen.
Eine Zuwiderhandlung ist nicht durch § 27b Abs. 1 Nr. 1 ChemG als Verstoß gegen Art. 5 RE-   **10**
ACH-VO (vgl. hierzu → § 5 Rn. 2 f.) bewehrt, da standortinterne und transportierte isolierte Zwischenprodukte nach Art. 2 Abs. 8a REACH-VO von Titel II Kapitel 1 und damit auch von Art. 5 ausgenommen sind. Die Qualifizierung einer Zuwiderhandlung als Ordnungs-widrigkeit sowie ihre Verortung in der Chemikalien-Sanktionsverordnung und nicht als Straftat in § 27b ChemG erfolgt vor dem Hintergrund, dass sich standortinterne oder transportierte isolierte Zwischenprodukte während ihres gesamten Lebenszyklus in einem geschlossenen System befinden und dadurch im Gegensatz zu den sonstigen registrierungspflichtigen Stoffen eine Exposition von Mensch und Umwelt grds. vermieden wird. Dies spiegelt sich auch in den weitaus geringeren Datenanforderungen bei der Registrierung isolierter Zwischenprodukte wider.

h) Keine rechtzeitige Aktualisierung von Registrierungen (§ 6 Abs. 1 Nr. 8 und 9). Die   **11**
Regelungen Nr. 8 und Nr. 9 sanktionieren den Verstoß eines Registranten gegen dessen Pflicht, nach erfolgter Registrierung seine Registrierung im Falle neuer Informationen (zB Änderung der Zusammensetzung, Einstufung oder Kennzeichnung des Stoffes) zu aktualisieren und dies der ECHA zusammen mit der Aktualisierung seines Registrierungsdossiers mitzuteilen (Art. 22 Abs. 1 UAbs. 1 und Abs. 2 S. 1).

i) Zuwiderhandlungen gegen Informationspflicht (§ 6 Abs. 1 Nr. 10). Die Vorschrift sanktio-   **12**
niert die Zuwiderhandlung gegen eine Informationspflicht in Bezug auf hergestellte oder eingeführte angemeldete Stoffe, deren Menge die nächsthöhere Mengenschwelle nach Art. 12 erreicht (Art. 24 Abs. 2).

j) Verletzung der Voranfragepflicht (§ 6 Abs. 1 Nr. 11). Der Tatbestand ahndet den Verstoß   **13**
eines potenziellen Registranten gegen die Pflicht zur Voranfrage bei der Agentur nach Art. 26 Abs. 1 S. 1. Die Voranfragepflicht dient insbes. dem Zweck, vor der Registrierung bei der Agentur in Erfahrung zu bringen, ob bestimmte Studien mit Wirbeltierversuchen bereits vorliegen, um unnötige Mehrfachdurchführungen von Wirbeltierversuchen zu vermeiden. Der Tatbestand ist dann erfüllt, wenn ein Registrierungsdossier ohne vorherige Anfrage bei der Agentur eingereicht wird.

k) Verstöße gegen die VO (EG) Nr. 1907/2006. Die nachstehenden Regelungen waren ursprüng-   **14**
lich in § 23 der GefahrstoffV der Nr. 12–16 entsprechen dem Regelungsinhalt des § 23 der Gefahrstoffverordnung, dort bereits im Jahr 2007 eingefügt iRd 11. VO zur Änderung chemikalienrechtlicher Verordnungen (BR-Drs. 359/07) zur Festlegung von Sanktionsregelungen für den Fall der Zuwiderhandlung gegen die Bestimmungen der REACH-VO zum Sicherheitsdatenblatt (Art. 31, 32). Diese Sanktionsbestimmungen wurden aus rechtssystematischen Gründen in die neugestaltete Chemikalien-Sanktionsverordnung integriert.

Sicherheitsdatenblatt nicht ordnungsgemäß zur Verfügung gestellt (§ 6 Abs. 1 Nr. 12),   **15**
ehemals § 23 Nr. 1 GefahrstoffV.
Nicht mit der Stoffsicherheitsbeurteilung übereinstimmende Angaben im Sicherheits-   **16**
datenblatt (§ 6 Abs. 1 Nr. 13), ehemals § 23 Nr. 2 GefahrstoffV.
Nicht ordnungsgemäße Verwendung, Einbeziehung oder Weitergabe eines Expositions-   **17**
szenarios (§ 6 Abs. 1 Nr. 14), ehemals § 23 Nr. 3 GefahrstoffV.

18   **Keine ordnungsgemäße Aktualisierung des Sicherheitsdatenblatts (§ 6 Abs. 1 Nr. 15),** ehemals § 23 Nr. 4 GefahrstoffV.

19   **Keine ordnungsgemäße Übermittlung, Aktualisierung oder Zurverfügungstellung bestimmter Informationen (§ 6 Abs. 1 Nr. 16),** ehemals § 23 Nr. 5 GefahrstoffV.

20   **l) Verstoß eines Lieferanten gegen die Auskunftspflicht (§ 6 Abs. 1 Nr. 17).** Die Vorschrift sanktioniert einen Verstoß des Lieferanten eines Erzeugnisses gegen die Auskunftspflicht gegenüber einem gewerblichen Abnehmer oder eines Verbrauchers in Bezug auf Stoffe der Zulassungskandidatenliste nach Art. 59 (zB CMR-, PBT-, vPvB-Stoffe). Der Inhalt der kostenlos zu erteilenden Auskunft hat sich auf die dem Lieferanten vorliegenden Informationen zur sicheren Verwendung sowie mindestens auf den Namen des Stoffes (Art. 33) zu erstrecken.

21   **m) Verstöße gegen Informationspflichten in einer Lieferkette (§ 6 Abs. 1 Nr. 18).** Die Regelung ahndet Verstöße gegen unverzüglich zu erfüllende Informationspflichten innerhalb der Lieferkette (Art. 34).

22   **n) Kein Zugang zu Stoffinformationen für Arbeitnehmer und deren Vertreter (§ 6 Abs. 1 Nr. 19).** Der Tatbestand bewehrt den Verstoß des Arbeitgebers gegen die Pflicht, den Arbeitnehmern und ihren Vertretern Zugang zu den Stoffinformationen der Sicherheitsdatenblätter nach Art. 31 sowie zu Informationen bei Stoffen, für die nach Art. 32 kein Sicherheitsdatenblatt erforderlich ist, zu gewähren (Art. 35).

23   **o) Verstöße gegen Aufbewahrungsverpflichtungen (§ 6 Abs. 1 Nr. 20 und 21).** Die Regelungen Nr. 20 und Nr. 21 betreffen die Ahndung von Zuwiderhandlungen von Herstellern, Importeuren, nachgeschalteten Anwendern und Händlern gegen die Pflicht, sämtliche relevante Informationen für die Dauer von mindestens zehn Jahren aufzubewahren, um sie auf Verlangen der zuständigen Behörde des Mitgliedstaats oder der ECHA vorzulegen (Art. 36 Abs. 1). Zu beachten ist in diesem Zusammenhang, dass die Pflicht im Falle der Geschäftsübertragung oder -aufgabe auf den Rechtsnachfolger oder Konkursverwalter übergeht (Art. 36 Abs. 2).

24   **p) Nichteinhaltung der Unterrichtungsverpflichtung als Hersteller, Importeuer oder Lieferant (§ 6 Abs. 1 Nr. 22).** Die Vorschrift sanktioniert den Verstoß eines Herstellers, Importeurs oder nachgeschalteten Anwenders (Lieferant) gegen die Pflicht, die ECHA und den nachgeschalteten Anwender über die Ablehnung einer bisher nicht berücksichtigten Verwendung als identifizierte Verwendung zu unterrichten sowie bei einer weiteren Auslieferung dieses Stoffes im Sicherheitsdatenblatt beizufügen, das ausdrücklich auf den Ausschluss dieser Verwendung hinweist (Art. 37 Abs. 3 UAbs. 3 S. 1).

25   **q) Verstöße gegen Aktualisierungspflichten gegenüber Stoffsicherheitsbericht (§ 6 Abs. 1 Nr. 23).** Die Regelung ahndet den Verstoß eines nachgeschalteten Anwenders gegen die Pflicht, seinen Stoffsicherheitsbericht (Art. 14) auf aktuellem Stand und zur Verfügung zu halten (Art. 37 Abs. 7).

26   **r) Nicht unverzügliche Information (§ 6 Abs. 1 Nr. 24 und 25).** Die Tatbestände Nr. 24 und Nr. 25 betreffen die Ahndung von Zuwiderhandlungen gegen unverzügliche Informationspflichten des nachgeschalteten Anwenders gegenüber der ECHA bzw. Aktualisierungspflichten in den Fällen des Art. 37 Abs. 4 (Abweichende Verwendung oder abratende Empfehlung einer Verwendung im Stoffsicherheitsbericht) oder bei einer vom Lieferanten abweichenden Einstufung (Art. 38).

27   **s) Verstöße gegen Informationspflichten des Registranten gegenüber der ECHA (§ 6 Abs. 1 Nr. 26).** Die Regelung bewehrt Verstöße gegen eine Vielzahl von Informationspflichten des Registranten gegenüber der ECHA iRd Dossier- und Stoffbewertung (Art. 40 Abs. 4, Art. 41 Abs. 4, Art. 46 Abs. 2, Art. 50 Abs. 2 S. 1 und Abs. 3 S. 2).

28   **t) Veröffentlichung der Zulassungsnummer auf dem Etikett (§ 6 Abs. 1 Nr. 27).** Die Vorschrift betrifft die Ahndung eines Verstoßes gegen die Pflicht des Zulassungsinhabers, vor dem Inverkehrbringen eines Stoffes bzw. unverzüglich, sobald die Zulassungsnummer nach Art. 64 Abs. 9 öffentlich zugänglich gemacht worden ist, für eine zugelassene Verwendung auf dem Etikett die Zulassungsnummer aufzubringen (Art. 65).

29   **u) Verstöße gegen Informationspflicht eines Anwenders gegenüber ECHA (§ 6 Abs. 1 Nr. 28).** Der Tatbestand erfasst den Verstoß gegen eine Mitteilungspflicht eines nachgeschalteten Anwenders gegenüber der ECHA, falls dieser einen Stoff verwendet, der die Zulässigkeitskriterien nach Art. 56 Abs. 1 erfüllt und dessen Verwendung den Bedingungen entspricht, nach denen einem vorgeschalteten Akteur der Lieferkette eine Zulassung für diese Verwendung erteilt wurde (Art. 66 Abs. 1).

30   **2. Tatbestände des § 6 Abs. 2.** Die in Abs. 2 enthaltenen Tatbestände betreffen im Wesentlichen das Anbringen von Aufschriften mit Warnhinweisen auf Verpackungen bestimmter gefährlicher Stoffe, Gemische und Erzeugnisse des Anhangs XVII der REACH-VO vor ihrem Inverkehrbringen durch den Lieferanten.

§ 7 *Straftaten nach der Verordnung (EG) Nr. 689/2008 (aK seit 22.4.2016)*

Nach § 27 Absatz 1 Nr. 3 Satzteil vor Satz 2, Absatz 1a bis 4 des Chemikaliengesetzes wird bestraft, wer gegen die Verordnung (EG) Nr. 689/2008 des Europäischen Parlaments und des Rates vom 17. Juni 2008 über die Aus- und Einfuhr gefährlicher Chemikalien (ABl. L 204 vom 31.7.2008, S. 1), die zuletzt durch die Verordnung (EU) Nr. 71/2012 (ABl. L 26 vom 28.1.2012, S. 23) geändert worden ist, verstößt, indem er vorsätzlich oder fahrlässig

1. *ohne Zustimmung nach Artikel 13 Absatz 6 Unterabsatz 1 Buchstabe a einen dort genannten Stoff oder eine dort genannte Zubereitung ausführt oder*
2. *entgegen Artikel 14 Absatz 2 eine Chemikalie oder einen Artikel ausführt.*

I. Regelungscharakter und Zweck der Regelung

Die Vorschrift übernimmt die bisherigen Regelungen in § 4 Abs. 1 Nr. 3 und 6 ChemStrOWiV, **1** allerdings als Strafnormen, während die ehemaligen Regelungen in der ChemStrOWiV noch als Ordnungswidrigkeiten eingestuft waren. Die aufgrund der VO (EG) Nr. 689/2008 hier zu verfolgenden Straftaten betreffen Tatbestände der Ausfuhr bestimmter oder besonders gefährlicher Chemikalien.

Die VO wurde, wie aus dem Wortlaut der Vorschrift ersichtlich, durch die VO (EU) Nr. 71/2012 der **2** Kommission v. 27.1.2012 noch geändert. Jedoch gilt ab 1.3.2014 die VO (EU) Nr. 649/2012 (ABl. 2012 L 201, 60), nachdem die VO (EG) Nr. 689/2008 gleichzeitig aufgehoben wurde. Diese Strafbestimmungen haben jedoch weiterhin Geltung.

II. Die Regelungen im Einzelnen

1. Ausfuhr bestimmter Chemikalien ohne erforderliche ausdrückliche Zustimmung (§ 7 3 Nr. 1). § 7 Nr. 1 bezeichnet eine Verletzung von Art. 13 Abs. 6a der VO (EG) Nr. 689/2008, der eine unerwünschte Ausfuhr von dem internationalen PIC-Verfahren unterliegenden Chemikalien (Anhang I Teil 2 der VO (EG) Nr. 689/2008) verhindern soll, weil ein einführendes Land es beispielsweise versäumt hat, eine Einfuhrentscheidung zu treffen oder auf Ausfuhrnotifikationen zu reagieren. Unabhängig davon, ob es sich bei dem Land um eine Vertragspartei des Übereinkommens handelt oder nicht, ist eine Ausfuhr dieser Chemikalien nur mit ausdrücklicher Zustimmung des einführenden Landes zulässig. Die Regelung, auf welche die Vorschrift Bezug nimmt, findet sich in der **jetzt geltenden VO (EU) Nr. 649/2012 in Art. 14 Abs. 6.**

2. Verbotene Ausfuhr bestimmter Chemikalien oder solche Chemikalien enthaltender End- 4 produkte (§ 7 Nr. 2). § 7 Nr. 2 regelt einen Verstoß gegen Art. 14 Abs. 2 der VO (EG) Nr. 304/2003, wonach in Anhang V der VO (EG) Nr. 304/2003 aufgeführte Chemikalien (zB persistente organische Schadstoffe) und Art. (Endprodukte), die dort genannte Chemikalien enthalten, die zwar nicht unter das Rotterdamer Übereinkommen fallen, aber besonderen Anlass zu Bedenken geben, überhaupt nicht ausgeführt werden dürfen. jetzt geltenden VO (EU) Nr. 649/2012 in Art. 15 Abs. 2.

III. Sanktionen

Entsprechend der jeweils konkreten Tathandlung reichen die Strafandrohungen gem. § 27 Abs. 1–2 **5** ChemG **bis zu fünf Jahren Freiheitsstrafe oder Geldstrafe.**

Bei **fahrlässiger Begehung** können die Straftaten mit Freiheitsstrafen bis zu zwei Jahren oder Geld- **6** strafe sanktioniert werden.

Gem. § 27 Abs. 3 ChemG ist der **Versuch strafbar.** **7**

Eine Straftat nach dieser Vorschrift ist nicht gegeben, wenn die maßgebliche Tat nach den §§ 328, 330 **8** oder 330a StGB mit gleicher oder schwererer Strafe bedroht ist (§ 27 Abs. 6 ChemG).

§ 8 *Ordnungswidrigkeiten nach der Verordnung (EG) Nr. 689/2008 (aK seit 22.4.2016)*

Ordnungswidrig im Sinne des § 26 Absatz 1 Nr. 11 Satzteil vor Satz 2 des Chemikaliengesetzes handelt, wer gegen die Verordnung (EG) Nr. 689/2008 verstößt, indem er vorsätzlich oder fahrlässig

1. *entgegen Artikel 7 Absatz 2 Unterabsatz 1 Satz 1 oder Satz 2, jeweils in Verbindung mit Satz 3, jeweils auch in Verbindung mit Artikel 7 Absatz 4 Satz 1 oder Satz 2 oder Artikel 14 Absatz 1, die bezeichnete nationale Behörde über die Ausfuhr einer Chemikalie oder eines Artikels nicht, nicht richtig, nicht vollständig oder nicht rechtzeitig unterrichtet,*
2. *entgegen Artikel 9 Absatz 1 Satz 1 erster, zweiter oder dritter Gedankenstrich, jeweils in Verbindung mit Satz 2, 3 oder Satz 4, eine Information über einen dort genannten Stoff, eine dort genannte Zubereitung oder einen dort genannten Artikel nicht, nicht richtig, nicht vollständig oder nicht rechtzeitig gibt,*

3. *entgegen Artikel 9 Absatz 2 oder Artikel 10 Absatz 4 Unterabsatz 2 eine dort genannte Information nicht, nicht richtig, nicht vollständig oder nicht rechtzeitig zur Verfügung stellt,*
4. *entgegen Artikel 13 Absatz 4 einer dort genannten Entscheidung nicht, nicht richtig, nicht vollständig oder nicht rechtzeitig nachkommt,*
5. *entgegen Artikel 13 Absatz 10 Satz 1 eine Chemikalie später als sechs Monate vor dem Verfallsdatum ausführt,*
6. *entgegen Artikel 13 Absatz 11 Satz 1 bei der Ausfuhr von Pestiziden nicht sicherstellt, dass das Etikett die dort genannten Informationen enthält,*
7. *entgegen Artikel 15 Absatz 2 eine dort genannte Information nicht, nicht richtig, nicht vollständig oder nicht rechtzeitig übermittelt,*
8. *entgegen Artikel 16 Absatz 2 ein Verfallsdatum oder ein Herstellungsdatum nicht angibt,*
9. *als Ausführer bei der Ausfuhr entgegen Artikel 16 Absatz 3 Satz 1 oder Satz 2, jeweils in Verbindung mit Artikel 31 Absatz 1 der Verordnung (EG) Nr. 1907/2006, ein Sicherheitsdatenblatt nicht, nicht richtig, nicht vollständig oder nicht rechtzeitig beifügt oder nicht, nicht richtig, nicht vollständig oder nicht rechtzeitig übermittelt,*
10. *als Ausführer entgegen Artikel 16 Absatz 4 eine dort genannte Information in einer oder den dort genannten Amtssprachen oder Hauptsprachen des Bestimmungslandes nicht, nicht richtig, nicht vollständig oder nicht rechtzeitig vor der Ausfuhr abfasst oder*
11. *entgegen Artikel 17 Absatz 2 in einer Ausfuhranmeldung eine Kennnummer nicht, nicht richtig, nicht vollständig oder nicht rechtzeitig angibt.*

I. Regelungscharakter und Zweck der Regelung

1   Die Vorschrift übernimmt die bisherigen Regelungen in § 4 Abs. 1 Nr. 1, 2, 4.5 und 8 ChemStrOWiV, ebenfalls als Ordnungswidrigkeiten zu ahnden. Neu aufgenommen wurden die unter Nr. 4, 7, 10 und 11 geregelten Ordnungswidrigkeitentatbestände.

2   Die VO (EG) Nr. 689/2008 wurde allerdings inzwischen ab 1.3.2014 durch die VO (EU) Nr. 649/2012 (ABl. 2012 L 201, 60) ersetzt. Diese Ordnungswidrigkeitenregelungen haben jedoch weiterhin Geltung.

II. Die Regelungen im Einzelnen

3   **1. Unterlassene, unrichtige, nicht vollständige oder nicht rechtzeitige Mitteilung (§ 8 Nr. 1).** § 8 Nr. 1 bezeichnet die Verletzung der dem Exporteur nach Art. 7 Abs. 1 der VO (EG) Nr. 689/2008 obliegenden Pflicht, die zuständige Behörde des Mitgliedstaats über die Ausfuhr einer notifizierungspflichtigen Chemikalie bis spätestens 30 Tage vor der Ausfuhr und danach über die erste Ausfuhr der Chemikalie eines jeden Kalenderjahres bis spätestens 15 Tage vor der Ausfuhr aus der Gemeinschaft zu unterrichten. Sachlich richtige und rechtzeitige Unterrichtungen bilden die Grundlage für das Funktionieren des Notifizierungsverfahrens, das der Aufklärung der Drittländer über die Risiken der von ihnen aus der Gemeinschaft importierten Chemikalien dient. Die Ausfuhrnotifikationsbestimmungen sollen ferner auch für solche Art (Endprodukte) gelten, bei denen unter entsprechenden Verwendungs- oder Entsorgungsbedingungen die in ihnen enthaltenen Chemikalien freigesetzt werden können und die in der Gemeinschaft in einer oder mehreren der im Rotterdamer Übereinkommen festgelegten Verwendungskategorien verboten sind oder strengen Beschränkungen unterliegen oder unter das internationale PIC-Verfahren fallen.

4   **2. Unterlassene, unrichtige, nicht vollständige oder nicht rechtzeitige Mitteilung von erforderlichen Informationen (§ 8 Nr. 2).** § 8 Nr. 2 sanktioniert Verstöße gegen die in Art. 9 der VO (EG) Nr. 689/2008 dort iE näher aufgeführten Informationsverpflichtungen bei Aus- und Einfuhren bestimmter Stoffe, Zubereitungen und Chemikalien.

5   **3. Unterlassene, unrichtige, nicht vollständige oder nicht rechtzeitige Mitteilung von erforderlichen Informationen (§ 8 Nr. 3).** § 8 Nr. 3 sanktioniert Verstöße gegen die in Art. 9 Abs. 2 und 10 Abs. 4 der VO (EG) Nr. 689/2008 dort iE näher aufgeführten Informationsverpflichtungen bei Aus- und Einfuhren bestimmter gefährlicherer Chemikalien (im Anhang jeweils bezeichnet) und der damit verbundenen Risiken.

6   **4. Nichtbefolgung der Entscheidungen der Kommission entsprechend Art. 13 der VO (EG) Nr. 689/2008 (§ 8 Nr. 4).** § 8 Nr. 4 sanktioniert das Verhalten eines Ausführers, der entgegen Art. 13 Abs. 4 einer dort genannten Entscheidung nach Ablauf von sechs Monaten nicht, nicht richtig, nicht vollständig oder nicht rechtzeitig nachkommt,

7   **5. Ausfuhr von Chemikalien kurz vor Ablauf des Verfallsdatums (§ 8 Nr. 5).** Wer entgegen Art. 13 Abs. 10 S. 1 der VO (EG) Nr. 689/2008 eine Chemikalie später als sechs Monate vor dem Verfallsdatum ausführt, erfüllt den Tatbestand der Ordnungswidrigkeit gem. § 8 Nr. 5. Den Exporteuren wird auf diese Weise die Pflicht auferlegt, die zum Export vorgesehenen Chemikalien bis spätestens sechs Monate vor dem Verfallsdatum auszuführen. Dadurch soll eine sichere und wirksame Verwendung der Chemikalien (insbes. bei der Ausfuhr von Pestiziden in Entwicklungsländer) sichergestellt werden.

6. Unzutreffende Informationen auf Etikett von Pestiziden bei Ausfuhr (§ 8 Nr. 6). Der **8** Tatbestand des § 8 Nr. 6 ist gegeben, sofern bei der Ausfuhr von Pestiziden vom Ausführer nicht sichergestellt wird, dass das Etikett die dort genannten Informationen über Lagerbedingungen und Lagerstabilität nicht enthält. Dadurch sollen Lagerbedingungen und Lagerstabilität unter den klimatischen Bedingungen des einführenden Landes Rechnung getragen werden. Der Schutzzweck der Vorschrift ist auf eine sichere und wirksame Verwendung von Pestiziden gerichtet.

7. Unterlassene oder unvollständige Informationen über bestimmte Chemikalien vor **9 Durchfuhr (§ 8 Nr. 7).** Der Ordnungswidrigkeitentatbestand betrifft entgegen der aus Art. 15 Abs. 2 VO (EG) Nr. 689/2008 bestehenden Verpflichtung unterlassene oder nicht vollständige Informationen an die nationale Behörde des Mitgliedstaates des Ausführers.

8. Unterlassene Angabe eines Verfallsdatums und eines Herstellungsdatums (§ 8 Nr. 8). Der **10** Tatbestand des § 8 Nr. 8 ist gegeben, sofern entgegen Art. 16 Abs. 2 der VO (EG) Nr. 689/2008 kein Verfallsdatum oder kein Herstellungsdatum bei bestimmten Chemikalien angegeben ist.

9. Unterlassene Beifügung eines Sicherheitsdatenblattes (§ 8 Nr. 9). Wer als Ausführer bei der **11** Ausfuhr entgegen Art. 16 Abs. 3 S. 1 oder S. 2, jeweils iVm Art. 31 Abs. 1 der VO (EG) Nr. 1907/2006, ein Sicherheitsdatenblatt nicht, nicht richtig, nicht vollständig oder nicht rechtzeitig beifügt oder nicht, nicht richtig, nicht vollständig oder nicht rechtzeitig übermittelt, erfüllt diesen Ordnungswidrigkeitentatbestand.

10. Unterlassene, unrichtige, nicht vollständige Informationen auf Etikett und Sicherheits- **12** **datenblatt (§ 8 Nr. 10).** Die Sanktionen des § 8 Nr. 10 drohen dem Ausführer, der entgegen Art. 16 Abs. 4 der VO (EG) Nr. 689/2008 auf Etikett und Sicherheitsdatenblatt nicht eine der dort genannten erforderlichen Informationen in einer oder den dort genannten Amtssprachen oder Hauptsprachen des Bestimmungslandes nicht, nicht richtig, nicht vollständig oder nicht rechtzeitig vor der Ausfuhr abfasst hat.

11. Unterlassene, unrichtige, nicht vollständige oder nicht rechtzeitige Mitteilung von **13** **Kennnummer in Ausfuhranmeldung (§ 8 Nr. 11).** § 8 Nr. 11 sanktioniert eine entgegen Art. 17 Abs. 2 der VO (EG) Nr. 689/2008 in einer Ausfuhranmeldung die nicht, nicht richtig, nicht vollständig oder nicht rechtzeitig angegebene Kennnummer.

III. Vorgesehene Sanktionen, Sonstiges

Ein Verstoß gegen die Regelungen dieser Vorschrift kann mit einer Geldbuße bis zu 50.000 EUR **14** geahndet werden.

Für die **Verfolgungsverjährung** gelten die Vorschriften der §§ 31 ff. OWiG. **15**

§ 9 Straftaten nach der Verordnung (EG) Nr. 1102/2008

Nach § 27 Absatz 1 Nummer 3 Satzteil vor Satz 2, Absatz 1a bis 4 des Chemikaliengesetzes wird bestraft, wer gegen die Verordnung (EG) Nr. 1102/2008 des Europäischen Parlaments und des Rates vom 22. Oktober 2008 über das Verbot der Ausfuhr von metallischem Quecksilber und bestimmten Quecksilberverbindungen und -gemischen und die sichere Lagerung von metallischem Quecksilber (ABl. L 304 vom 14.11.2008, S. 75) verstößt, indem er vorsätzlich oder fahrlässig

1. entgegen Artikel 1 Absatz 1 dort genanntes metallisches Quecksilber, Zinnobererz, Quecksilber-(I)-Chlorid, Quecksilber-(II)-Oxid, ein dort genanntes Gemisch oder eine Quecksilberlegierung, mit einer Quecksilberkonzentration von mindestens 95 Massenprozent, aus der Gemeinschaft ausführt oder
2. entgegen Artikel 1 Absatz 3 ein dort genanntes Gemisch zum Zweck des Exports herstellt.

1. Regelungscharakter. Die Vorschrift enthält Straftatbestände in Bezug auf das Ausfuhr- und **1** Herstellungsverbot von metallischem Quecksilber sowie einer nicht sicheren Lagerung von metallischem Quecksilber.

2. Die Regelung im Einzelnen. § 9 Nr. 1 betrifft die unerlaubte Ausfuhr von metallischem Queck- **2** silber und bestimmten Quecksilberlegierungen oder Gemischen.

§ 9 Nr. 2 ergänzt die vorgenannte Strafbestimmung durch die Sanktion auch bereits der Herstellung **3** eines entsprechenden Gemisches zum Zweck des Exports.

3. Vorgesehene Sanktionen, Sonstiges. Die Tat ist grds. mit Freiheitsstrafe bis zu zwei Jahren oder **4** Geldstrafe bedroht. Allerdings kommen bei Erfüllung der weiteren Voraussetzungen auch die erhöhten Strafrahmen nach § 27 Abs. 1a und Abs. 2 ChemG in Betracht.

5   Bei fahrlässiger Begehung beträgt die Strafandrohung bis zu einem Jahr Freiheitsstrafe oder Geldstrafe (§ 27 Abs. 4 Nr. 1 ChemG) und bei Gefährdung von Gesundheit oder Leben bis zu zwei Jahre Freiheitsstrafe oder Geldstrafe (§ 27 Abs. 4 Nr. 1 ChemG).

6   Der Versuch ist strafbar (§ 27 Abs. 3 ChemG).

7   Eine Straftat nach dieser Vorschrift ist nicht gegeben, wenn die maßgebliche Tat nach den §§ 328, 330 oder 330a StGB mit gleicher oder schwererer Strafe bedroht ist (§ 27 Abs. 6 ChemG).

§ 10 Ordnungswidrigkeiten nach der Verordnung (EG) Nr. 1102/2008

Ordnungswidrig im Sinne des § 26 Absatz 1 Nummer 11 Satzteil vor Satz 2 des Chemikaliengesetzes handelt, wer vorsätzlich oder fahrlässig entgegen Artikel 6 Absatz 1 oder Absatz 2, jeweils in Verbindung mit Absatz 3 der Verordnung (EG) Nr. 1102/2008, dort genannte Daten der Kommission oder der zuständigen Behörde nicht, nicht richtig, nicht vollständig oder nicht rechtzeitig übermittelt.

1   Die Ordnungswidrigkeitenregelung des § 10 ergänzt die Straftatbestände des § 9 bezüglich eines Ausfuhr- und Herstellungsverbotes von metallischen Quecksilber. Erfasst werden die nicht erfolgte, die nicht richtige, nicht rechtzeitige oder nicht vollständige Übermittlung von Daten an die Kommission oder zuständige Behörde.

§ 11 Ordnungswidrigkeiten nach der Verordnung (EG) Nr. 1272/2008

Ordnungswidrig im Sinne des § 26 Absatz 1 Nummer 11 Satzteil vor Satz 2 des Chemikaliengesetzes handelt, wer gegen die Verordnung (EG) Nr. 1272/2008 des Europäischen Parlaments und des Rates vom 16. Dezember 2008 über die Einstufung, Kennzeichnung und Verpackung von Stoffen und Gemischen, zur Änderung und Aufhebung der Richtlinien 67/548/EWG und 1999/45/EG und zur Änderung der Verordnung (EG) Nr. 1907/2006 (ABl. L 353 vom 31.12.2008, S. 1, L 16 vom 20.1.2011, S. 1), die zuletzt durch die Verordnung (EU) 2015/1221 (ABl. L 197 vom 25.7.2015, S. 10) geändert worden ist, verstößt, indem er vorsätzlich oder fahrlässig

1. **entgegen Artikel 4 Absatz 1, Absatz 2 oder Absatz 3 Unterabsatz 1 erster Halbsatz einen dort genannten Stoff oder ein Gemisch nicht, nicht richtig, nicht vollständig oder nicht rechtzeitig einstuft,**
2. **entgegen Artikel 4 Absatz 3 Unterabsatz 2 die Einstufung eines dort genannten Stoffes nicht, nicht richtig, nicht vollständig oder nicht rechtzeitig vornimmt,**
3. **entgegen Artikel 4 Absatz 4 nicht gewährleistet, dass ein als gefährlich eingestufter Stoff oder ein als gefährlich eingestuftes Gemisch vor seinem Inverkehrbringen in der vorgeschriebenen Weise gekennzeichnet oder verpackt wird,**
4. **entgegen Artikel 4 Absatz 7 ein Gemisch in Verkehr bringt,**
5. **entgegen Artikel 4 Absatz 8 ein Erzeugnis als Hersteller, Importeur oder nachgeschalteter Anwender nicht, nicht richtig, nicht vollständig oder nicht rechtzeitig einstuft oder als Lieferant nicht, nicht richtig, nicht vollständig oder nicht rechtzeitig kennzeichnet oder nicht, nicht richtig, nicht vollständig oder nicht rechtzeitig verpackt,**
6. **entgegen Artikel 7 Absatz 2 einen Versuch an einem nichtmenschlichen Primaten durchführt,**
7. **entgegen Artikel 8 Absatz 3 oder Absatz 5 eine Prüfung nicht richtig durchführt,**
8. **entgegen Artikel 30 Absatz 1 Satz 1 oder Absatz 2 nicht dafür sorgt, dass das Kennzeichnungsetikett rechtzeitig aktualisiert wird,**
9. **entgegen Artikel 40 Absatz 1 Unterabsatz 1, auch in Verbindung mit Absatz 3 Unterabsatz 1, eine dort genannte Information nicht, nicht richtig, nicht vollständig oder nicht rechtzeitig mitteilt oder nicht, nicht richtig, nicht vollständig oder nicht rechtzeitig meldet,**
10. **entgegen Artikel 40 Absatz 1 Unterabsatz 2 Satz 2 eine dort genannte Information nicht in dem dort genannten Format vorlegt,**
11. **entgegen Artikel 40 Absatz 2 im Anschluss an die Entscheidung, die Einstufung und Kennzeichnung eines Stoffes zu ändern, eine dort genannte Information nicht, nicht richtig, nicht vollständig oder nicht rechtzeitig aktualisiert oder nicht, nicht richtig, nicht vollständig oder nicht rechtzeitig der Agentur meldet,**
12. **entgegen Artikel 48 Absatz 1 für einen dort genannten Stoff wirbt,**
13. **entgegen Artikel 48 Absatz 2 Unterabsatz 1 für ein dort genanntes Gemisch wirbt,**
14. **entgegen Artikel 49 Absatz 1 Unterabsatz 1, auch in Verbindung mit Unterabsatz 2 oder Absatz 2, eine dort genannte Information nicht, nicht vollständig oder nicht oder nicht mindestens zehn Jahre zur Verfügung hält oder**
15. **einer vollziehbaren Anordnung nach Artikel 49 Absatz 3 Unterabsatz 1 zuwiderhandelt.**

I. Regelungscharakter und Zweck der Regelung

Die Vorschrift normiert Bußgeldtatbestände zur Ahndung von Zuwiderhandlungen gegen Einstu- **1**
fungs-, Kennzeichnungs- und Verpackungsbestimmungen nach der VO (EG) Nr. 1272/2008.

II. Die Regelungen im Einzelnen

Die einzelnen Regelungen ergeben sich aus der näheren Bezeichnung der Tatbestände in der Vor- **2**
schrift unter Bezugnahme auf die verschiedenen Verordnungsartikel der in Bezug genommenen VO
(EG) Nr. 1272/2008 des Europäischen Parlaments und des Rates v. 16.12.2008 über die Einstufung,
Kennzeichnung und Verpackung von Stoffen und Gemischen.

Besonderer Erwähnung bedarf die Verbotsvorschrift des § 11 Nr. 6 iVm Art. 7 Abs. 2 (VO (EG) **3**
Nr. 1272/2008) über Versuche an nichtmenschlichen Primaten. Wegen einer fehlenden Bewehrung im
Tierschutzgesetz wurde diese in der vorliegenden Chemikalien-Sanktionsverordnung sanktionsrechtlich
erfasst.

III. Vorgesehene Sanktionen, Sonstiges

Ein Verstoß gegen die Regelungen dieser Vorschrift kann mit einer Geldbuße bis zu 50.000 EUR **4**
geahndet werden.

Für die **Verfolgungsverjährung** gelten die Vorschriften der §§ 31 ff. OWiG. **5**

§ 12 Straftaten nach der Verordnung (EG) Nr. 1005/2009

[1]Nach § 27 Absatz 1 Nummer 3 Satzteil vor Satz 2, Absatz 1a bis 4 des Chemikaliengesetzes wird bestraft, wer gegen die Verordnung (EG) Nr. 1005/2009 des Europäischen Parlaments und des Rates vom 16. September 2009 über Stoffe, die zum Abbau der Ozonschicht
führen (ABl. L 286 vom 31.10.2009, S. 1), die durch die Verordnung (EU) Nr. 744/2010 (ABl.
L 218 vom 19.8.2010, S. 2) geändert worden ist, verstößt, indem er vorsätzlich oder fahrlässig
1. entgegen Artikel 4 einen geregelten Stoff produziert,
2. entgegen Artikel 5 Absatz 1 einen geregelten Stoff in den Verkehr bringt oder verwendet,
3. entgegen Artikel 5 Absatz 2 einen geregelten Stoff in einem Einwegbehälter in den Verkehr
bringt,
4. entgegen Artikel 6 Absatz 1 erster Halbsatz ein dort genanntes Produkt oder eine dort
genannte Einrichtung in den Verkehr bringt,
5. entgegen Artikel 6 Absatz 2 eine Brandschutzeinrichtung oder einen Feuerlöscher mit
Halonen einsetzt,
6. entgegen Artikel 15 Absatz 1 einen geregelten Stoff, ein dort genanntes Produkt oder eine
dort genannte Einrichtung einführt,
7. entgegen Artikel 17 Absatz 1 einen geregelten Stoff, ein dort genanntes Produkt oder eine
dort genannte Einrichtung ausführt,
8. entgegen Artikel 20 Absatz 1 einen geregelten Stoff, ein dort genanntes Produkt oder eine
dort genannte Einrichtung aus einem Nichtvertragsstaat einführt oder in einen Nichtvertragsstaat ausführt oder
9. entgegen Artikel 24 Absatz 1 Satz 1 einen dort genannten neuen Stoff produziert, einführt, in den Verkehr bringt, verwendet oder ausführt.
[2]Nach Satz 1 Nummer 6 wird nicht bestraft, wer ein Fertigarzneimittel im Sinne des § 4
Absatz 1 des Arzneimittelgesetzes einführt, sofern die Voraussetzungen des § 73 Absatz 3
Satz 1 Nummer 1 bis 3 und Satz 2 sowie Absatz 3a Satz 1 bis 3 des Arzneimittelgesetzes
erfüllt sind, das Arzneimittel im Einzelfall der Behandlung einer lebensbedrohlichen Erkrankung dient und ein gleichwertiges, nach dem Arzneimittelgesetz zugelassenes oder als zugelassen geltendes Arzneimittel nicht verfügbar ist.

A. Regelungscharakter

Die Vorschrift ersetzt die bisherige Regelung in § 1 ChemStrOWiV und entspricht ihr inhaltlich. Sie **1**
ergänzt die Blankettnorm des § 27 Abs. 1 Nr. 3 S. 1 und Abs. 2–4 ChemG, wonach das Zuwiderhandeln gegen unmittelbar geltende Vorschriften in Rechtsakten der Europäischen Gemeinschaften,
soweit durch Rechtsverordnung für einen bestimmten Tatbestand auf diese Strafvorschrift verwiesen
wird, mit Freiheitsstrafe bis zu zwei Jahren oder mit Geldstrafe bestraft wird. Werden fremde Sachen von
bedeutendem Wert gefährdet, kann in solchen Fällen der Verstoß mit Freiheitsstrafe bis zu fünf Jahren
oder Geldstrafe sanktioniert werden (§ 27 Abs. 2 ChemG). Daneben ist auch der Versuch (§ 27 Abs. 3
ChemG) wie auch die fahrlässige Begehung (§ 27 Abs. 4 ChemG) strafbar.

B. Die Regelungen im Einzelnen

I. Produktion eines Stoffes entgegen Art. 4 der VO (EG) Nr. 1005/2009 des Europäischen Parlaments und des Rates vom 16.9.2009 (§ 12 Abs. 1 Nr. 1)

2   § 12 Abs. 1 Nr. 1 dieser VO sanktioniert Verstöße gegen Produktionsverbote des Art. 4 der VO (EG) Nr. 1005/2009 von „geregelten" Stoffen. Nach Nr. 4 der Begriffsbestimmungen des Art. 3 der VO sind „geregelte" Stoffe die in Anhang I der VO (EG) Nr. 1005/2009 aufgeführten Stoffe, einschließlich ihrer Isomere, entweder in Reinform oder in einem Gemisch, ungebraucht, nach Rückgewinnung, Recycling oder Aufarbeitung (im Wesentlichen Fluorchlorkohlenwasserstoffe, andere vollhalogenierte Fluorchlorkohlenwasserstoffe, Halone, Tetrachlorkohlenstoff, 1, 1,1-Trichlorethan, Methylbromid, teilhalogenierte Fluorbromkohlenwasserstoffe, teilhalogenierte Fluorchlorkohlenwasserstoffe und Chlorbrommethan, Trichlorfluormethan, Chlortrifluormethan, Bromchlordifluormethan, Tetrachlormethan (Tetrachlorkohlenstoff), Chlorbrommethan und zahlreiche weitere).

II. Inverkehrbringen oder Verwendung eines geregelten Stoffes entgegen Art. 5 Abs. 1 (§ 12 Nr. 2)

3   § 12 Nr. 2 stellt das Inverkehrbringen oder die Verwendung eines „geregelten" Stoffes (vgl. hierzu → Rn. 2) zur Durchsetzung von Art. 5 Abs. 1 der VO (EG) Nr. 1005/2009 unter Strafe.

III. Inverkehrbringen eines geregelten Stoffes in einem Einwegbehälter (§ 12 Nr. 3)

4   § 12 Nr. 3 bezieht sich auf das Inverkehrbringensverbot des Art. 5 Abs. 2 der VO (EG) Nr. 1005/2009, wonach geregelte Stoffe nicht in Einwegbehältern in den Verkehr gebracht werden dürfen, es sei denn zu Labor- und Analysezwecken gem. Art. 10 und Art. 11 Abs. 2 der VO (EG) Nr. 1005/2009.

IV. Unerlaubtes Inverkehrbringen von Produkten und Einrichtungen, die geregelte Stoffe enthalten (§ 12 Nr. 4)

5   § 12 Nr. 4 bezieht sich auf die Regelung in Art. 6 Abs. 1 der VO (EG) Nr. 1005/2009, welche das Inverkehrbringensverbot des Art. 5 der VO auch auf Produkte und Einrichtungen erweitert, welche geregelte Stoffe enthalten oder benötigen.

V. Unerlaubter Einsatz von Brandschutzeinrichtungen oder Feuerlöschern mit Halonen (§ 12 Nr. 5)

6   Entsprechend Art. 6 Abs. 2 der VO (EG) Nr. 1005/2009 ist der Einsatz von Brandschutzeinrichtungen und Feuerlöschern mit Halonen verboten und wird eingestellt. Durch § 12 Nr. 5 wird ein Verstoß gegen diese Verordnungsbestimmung unter Strafe gestellt.

VI. Unerlaubte Einfuhr von geregelten Stoffen, bestimmten Produkten oder Einrichtungen, die solche Stoffe enthalten (§ 12 Nr. 6)

7   Nach Art. 15 Abs. 1 der VO (EG) Nr. 1005/2009 sind Einfuhren von geregelten Stoffen oder von Produkten und Einrichtungen, die diese Stoffe enthalten oder benötigen, verboten, sofern es sich nicht um persönliche Effekten handelt. Durch § 12 Nr. 6 wird ein Verstoß gegen diese Verordnungsbestimmung unter Strafe gestellt.

8   Eine Ausnahme von der Strafbarkeit ist gem. § 12 Abs. 2 gegeben, wenn ein Fertigarzneimittel iSd § 4 Abs. 1 des Arzneimittelgesetzes eingeführt wird und sofern die Voraussetzungen des § 73 Abs. 3 S. 1 Nr. 1–3 und S. 2 sowie Abs. 3a S. 1–3 des Arzneimittelgesetzes erfüllt sind, indem das Arzneimittel im Einzelfall der Behandlung einer lebensbedrohlichen Erkrankung dient und ein gleichwertiges, nach dem Arzneimittelgesetz zugelassenes oder als zugelassen geltendes Arzneimittel nicht verfügbar ist. Die Ausnahme von der Strafbarkeit trägt dem Umstand Rechnung, dass nicht ausgeschlossen werden kann, dass in Ausnahmesituationen die Einfuhr eines bestimmten Arzneimittels aus medizinischer Sicht erforderlich sein kann, weil ein gleichwertiges, nach dem Arzneimittelgesetz zugelassenes oder als zugelassen geltendes Arzneimittel in Deutschland nicht verfügbar ist. Soll in derartigen Fällen mit dem Arzneimittel eine lebensbedrohliche Erkrankung behandelt werden (zB Schwellung der Atemwege nach Insektenstichen bei Allergikern), ist tatbestandlich kein strafwürdiges Unrecht gegeben.

VII. Unerlaubte Ausfuhr von geregelten Stoffen, bestimmten Produkten oder Einrichtungen, die solche Stoffe enthalten (§ 12 Nr. 7)

Nach Art. 17 Abs. 1 der VO (EG) Nr. 1005/2009 sind auch Ausfuhren von geregelten Stoffen oder **9** von Produkten und Einrichtungen, die diese Stoffe enthalten oder benötigen, verboten, sofern es sich nicht um persönliche Effekten handelt. Durch § 12 Nr. 7 wird ein Verstoß gegen diese Verordnungs-bestimmung unter Strafe gestellt.

VIII. Unerlaubte Ein- oder Ausfuhr von geregelten Stoffen, bestimmten Produkten oder Einrichtungen, die solche Stoffe enthalten, in einen oder aus einem Nichtvertragsstaat (§ 12 Nr. 8)

Nach Art. 20 Abs. 1 der VO (EG) Nr. 1005/2009 werden die Ein- und Ausfuhrverbote der Art. 15 **10** Abs. 1 und 17 Abs. 1 auch auf den Warenaustausch mit Nichtvertragsstaaten erweitert. Durch § 12 Nr. 8 werden Verstöße gegen diese Verordnungsbestimmung unter Strafe gestellt.

IX. Produktion, Ein- oder Ausfuhr, Inverkehrbringen oder Verwenden von neuen Stoffen (§ 12 Nr. 9)

Nach Art. 24 Abs. 1 S. 1 der VO (EG) Nr. 1005/2009 werden die Produktion, das Inverkehrbringen, **11** die Ein- und Ausfuhr und das Verwenden neuer Stoffe des Anhangs II der vorgenannten VO grds. untersagt. Es handelt sich hierbei um den Stoff Dibromdifluormethan (Halon-1202).

Durch § 12 Nr. 9 werden Verstöße gegen diese Verordnungsbestimmung unter Strafe gestellt. **12**

C. Vorgesehene Sanktionen

Wie ein Verstoß gegen die vorstehenden Regelungen zu sanktionieren ist, ergibt sich aus § 27 **13** ChemG. Nach § 27 Abs. 1 Nr. 3 S. 1 u. 2 ChemG lautet die Strafandrohung grds. auf **Freiheitsstrafe bis zu zwei Jahren oder Geldstrafe**. Sofern allerdings vorsätzliche Handlungen gegeben sind, welche zugleich das Leben oder die Gesundheit eines anderen oder fremde Sachen von bedeutendem Wert gefährden, beträgt die Strafdrohung **Freiheitsstrafe bis zu fünf Jahren** oder wiederum Geldstrafe (§ 27 Abs. 2 ChemG).

Handelt der Täter nur fahrlässig, mindern sich gem. § 27 Abs. 4 ChemG die festgelegten Strafrahmen **14** auf Freiheitsstrafe bis zu einem Jahr oder Geldstrafe bzw. Freiheitsstrafe bis zu zwei Jahren oder Geldstrafe in den Fällen des § 27 Abs. 2 ChemG. Auch nur eine versuchte Tatbegehung ist mit Strafe bedroht (§ 27 Abs. 3 ChemG).

Eine Straftat nach dieser Vorschrift ist nicht gegeben, wenn die maßgebliche Tat nach den §§ 328, 330 **15** oder 330a StGB mit gleicher oder schwererer Strafe bedroht ist (§ 27 Abs. 6 ChemG).

Die **Verfolgungsverjährung** beträgt fünf Jahre bei Straftaten, welche mit Freiheitsstrafe von mehr als **16** einem Jahr bedroht sind (§ 78 Abs. 3 Nr. 4 StGB), bei den Fahrlässigkeitstaten, bedroht mit Freiheits-strafe bis zu einem Jahr, dauert die Verjährung drei Jahre (§ 78 Abs. 3 Nr. 5 StGB).

§ 13 Ordnungswidrigkeiten nach der Verordnung (EG) Nr. 1005/2009

Ordnungswidrig im Sinne des § 26 Absatz 1 Nummer 11 Satzteil vor Satz 2 des Chemikali-engesetzes handelt, wer gegen die Verordnung (EG) Nr. 1005/2009 verstößt, indem er vor-sätzlich oder fahrlässig

1. als Hersteller oder Einführer entgegen Artikel 7 Absatz 2 Unterabsatz 1 Satz 2, Artikel 8 Absatz 3 Unterabsatz 1 Satz 2 oder Artikel 10 Absatz 3 Unterabsatz 1 Satz 2, auch in Verbindung mit Artikel 11 Absatz 2 Unterabsatz 2, einen dort genannten Behälter nicht, nicht richtig, nicht vollständig oder nicht rechtzeitig mit der dort genannten Kennzeich-nung versieht,
2. als Hersteller oder Einführer entgegen Artikel 7 Absatz 2 Unterabsatz 1 Satz 3, Artikel 8 Absatz 3 Unterabsatz 1 Satz 3 oder Artikel 10 Absatz 3 Unterabsatz 1 Satz 3, auch in Verbindung mit Artikel 11 Absatz 2 Unterabsatz 2, einen dort genannten Hinweis nicht, nicht richtig, nicht vollständig oder nicht rechtzeitig in den dort genannten Abschnitt für ergänzende Informationen zur der Kennzeichnung aufnimmt,
3. entgegen Artikel 10 Absatz 3 Unterabsatz 3 Satz 1, auch in Verbindung mit Arti-kel 11 Absatz 2 Unterabsatz 2, einen dort genannten Stoff in Verkehr bringt oder weitergibt,
4. entgegen Artikel 10 Absatz 5, auch in Verbindung mit Artikel 11 Absatz 2 Unterabsatz 2, den geschätzten Bedarf nicht, nicht richtig, nicht vollständig oder nicht rechtzeitig meldet,

5. entgegen Artikel 11 Absatz 6 eine dort genannte Kälte- oder Klimaanlage oder eine Wärmepumpe nicht, nicht richtig, nicht vollständig oder nicht rechtzeitig mit einer dort genannten Kennzeichnung versieht,

6. entgegen Artikel 11 Absatz 7 Unterabsatz 1 oder Unterabsatz 2 eine dort genannte Aufzeichnung nicht, nicht richtig oder nicht vollständig führt,

7. entgegen Artikel 12 Absatz 1 Unterabsatz 2 Methylbromid verwendet,

8. entgegen Artikel 12 Absatz 2 Unterabsatz 2 nicht sicherstellt, dass der berechnete Umfang des dort genannten Methylbromids den dort genannten Durchschnitt nicht übersteigt,

9. als Unternehmen entgegen Artikel 13 Absatz 3 ein dort genanntes Brandschutzsystem oder einen dort genannten Feuerlöscher nicht oder nicht rechtzeitig außer Betrieb nimmt,

10. als Hersteller oder Einführer entgegen Artikel 14 Absatz 1 Satz 2 die Übertragung des dort genannten Rechts der Kommission nicht, nicht richtig, nicht vollständig oder nicht rechtzeitig mitteilt,

11. als Betreiber, Besitzer oder Dritter, dem vom Betreiber oder Besitzer die Erfüllung ihrer Verpflichtungen übertragen wurde, entgegen Artikel 22 Absatz 1 oder Absatz 4 einen dort genannten geregelten Stoff nicht, nicht in der vorgeschriebenen Weise oder nicht rechtzeitig zurückgewinnt,

12. entgegen Artikel 22 Absatz 2 einen in Anhang VII genannten geregelten Stoff oder ein in Anhang VII genanntes Produkt nicht mit Hilfe einer in Anhang VII zugelassenen Technologie zerstört,

13. entgegen Artikel 23 Absatz 2 Unterabsatz 1 nicht gewährleistet, dass eine ortsfeste Anlage oder ein System rechtzeitig auf Undichtigkeit überprüft oder eine entdeckte Undichtigkeit rechtzeitig repariert wird,

14. entgegen Artikel 23 Absatz 2 Unterabsatz 2 eine Einrichtung oder eine Vorrichtung nach der Reparatur einer Undichtigkeit nicht oder nicht rechtzeitig auf eine erneute Undichtigkeit überprüft,

15. entgegen Artikel 23 Absatz 3 eine dort genannte Aufzeichnung nicht, nicht richtig oder nicht vollständig führt oder nicht, nicht richtig, nicht vollständig oder nicht rechtzeitig der zuständigen Behörde oder der Kommission zur Verfügung stellt,

16. entgegen Artikel 27 Absatz 1 dort genannte Daten nicht, nicht richtig, nicht vollständig, nicht in der vorgeschriebenen Weise oder nicht rechtzeitig übermittelt oder

17. entgegen Artikel 27 Absatz 7 über die Art der Verwendung, die verbrauchte, gelagerte, rezyklierte, aufgearbeitete oder zerstörte Menge oder die dort genannte Menge an Produkten und Einrichtungen nicht, nicht richtig, nicht vollständig, nicht in der vorgeschriebenen Weise oder nicht rechtzeitig berichtet.

I. Regelungscharakter

1   In § 13 sind diejenigen Tatbestände der VO (EG) Nr. 1005/2009 aufgeführt, deren Verletzung als Ordnungswidrigkeit verfolgt werden kann.

2   Die Vorschrift enthält in den Nr. 10 und 12–17 Bußgeldtatbestände, die den ehemaligen Regelungen des § 3 ChemStrOWiV entsprechen. Die Vorschrift wird ergänzt durch die Sanktionierung von Verstößen gegen Kennzeichnungs- Mitteilungs- und Aufzeichnungspflichten, welche im Wesentlichen die Ozonschichtverordnung betreffen.

II. Die Regelung im Einzelnen

3   **1. Allgemeines.** Die Nr. 1–9 der Vorschrift sanktionieren Verstöße gegen Kennzeichnungs-, Mitteilungs- und Aufzeichnungspflichten, die bei der Inanspruchnahme von Ausnahmen nach Art. 7–11 der EG-Ozonschichtverordnung zu beachten sind.

4   **2. Unterlassene, unrichtige, nicht vollständige oder nicht rechtzeitige Mitteilung gegenüber der Kommission (§ 13 Nr. 10).** § 13 Nr. 10 regelt die Folgen der Verletzung der Mitteilungspflicht von Herstellern und Einführern gegenüber der Kommission bei der Übertragung des Rechts des Inverkehrbringens oder der eigenen Verwendung von geregelten Stoffen auf andere Hersteller und Einführer. Die Rechteübertragung kann durch diejenigen auf andere Mitglieder dieser Gruppe erfolgen, die jeweils berechtigt sind, die in der EG-VO genannten geregelten Stoffe in den Verkehr zu bringen oder selbst zu verwenden. Bei den angeführten Stoffen handelt es sich im Wesentlichen um teilhalogenierte Fluorchlorkohlenwasserstoffe.

5   **3. Unterlassene oder nicht rechtzeitige Zurückgewinnung von geregelten Stoffen (§ 13 Nr. 11).** § 13 Nr. 11 betrifft Handlungsadressaten der Rückgewinnungspflichten in Art. 22 Abs. 1 und 4 der EG-Ozonschichtverordnung, soweit diese als Betreiber, Besitzer oder Dritter, dem vom Betreiber oder Besitzer die Erfüllung ihrer Verpflichtungen übertragen wurde, entgegen

Art. 22 Abs. 1 oder Abs. 4 einen dort genannten geregelten Stoff nicht, nicht in der vorgeschriebenen Weise oder nicht rechtzeitig zurückgewinnen.

4. Zerstörung mittels nicht zugelassener Technologie (§ 13 Nr. 12). Art. 22 Abs. 2 der VO **6** (EG) Nr. 1005/2009 sieht vor, dass geregelte Stoffe und Produkte, die diese Stoffe enthalten, nur mit Hilfe der in Anhang VII aufgeführten zugelassenen Technologien oder im Falle von nicht in diesem Anhang genannten geregelten Stoffen mit Hilfe der umweltverträglichsten Zerstörungstechnologien, die keine übermäßigen Kosten verursachen, zu zerstören sind. Sofern geregelte Stoffe oder im Anhang VII genannte Produkt nicht mit Hilfe zugelassenen Technologie zerstört werden, liegt eine Ordnungswidrigkeit nach dieser Regelung vor.,

5. Keine rechtzeitige Überprüfung auf Undichtigkeit oder rechtzeitige Reparatur einer 7 Undichtigkeit (§ 13 Nr. 13). Art. 23 Abs. 2 sieht vor, dass eine ortsfeste Kälte- und Klimaanlagen, Wärmepumpen oder Brandschutzsysteme rechtzeitig auf Undichtigkeit überprüft oder eine entdeckte Undichtigkeit rechtzeitig repariert wird, Wird dieser Verpflichtung nicht nachgekommen, stellt ein solches Verhalten eine Ordnungswidrigkeit nach § 13 Nr. 13 dar.

6. Keine erneute rechtzeitige Überprüfung auf Undichtigkeit nach Reparatur (§ 13 Nr. 14). 8 Eine Ordnungswidrigkeit nach § 13 Nr. 14 stellt es dar, wenn nach der durchgeführten Reparatur einer Undichtigkeit iSv § 13 Nr. 13 keine rechtzeitige erneute Überprüfung stattfindet.

7. Verletzung von Aufzeichnungspflichten (§ 13 Nr. 15). Unternehmen, die Kälte- und Klima- **9** anlagen, Wärmepumpen oder Brandschutzsysteme – einschließlich deren Kreisläufe – betreiben, die geregelte Stoffe enthalten, haben gem. Art. 23 Abs. 3 der VO (EG) Nr. 1005/2009 Aufzeichnungen über Menge und Typ der nachgefüllten geregelten Stoffe und über die bei der Instandhaltung, Wartung und endgültigen Entsorgung der in Abs. 2 genannten Einrichtungen oder Vorrichtungen zurückgewonnenen Mengen zu führen. Werden diese Aufzeichnungen nicht, nicht richtig oder nicht vollständig geführt oder nicht, nicht richtig, nicht vollständig oder nicht rechtzeitig der zuständigen Behörde oder der Kommission zur Verfügung gestellt, ist eine Ordnungswidrigkeit gem. § 13 Nr. 15 gegeben,

8. Nicht ordnungsgemäße Übermittlung von Daten (§ 13 Nr. 16). Hinsichtlich Produktion, **10** Verwendung, Lagerung etc von geregelten Stoffen sind entsprechend der Regelung des Art. 27 Abs. 1 der VO (EG) Nr. 1005/2009 von den Unternehmen jährliche Berichte an die Kommission abzugeben. Werden diese Daten nicht, nicht richtig, nicht vollständig, nicht in der vorgeschriebenen Weise oder nicht rechtzeitig übermittelt, liegt eine Ordnungswidrigkeit gem. § 13 Nr. 16 vor.

9. Unzureichende Berichterstattung über Stoffe, für welche eine Lizenz erteilt wurde (§ 13 11 Nr. 17). Gem. Art. 27 Abs. 7 trifft Hersteller und Einführer eine Berichtspflicht über den Umgang mit Stoffen, für welche ihnen nach Art. 10 Abs. 6 der VO (EG) Nr. 1005/2009 eine Lizenz erteilt ist. Wird über die Art der Verwendung, die verbrauchte, gelagerte, rezyklierte, aufgearbeitete oder zerstörte Menge oder die dort genannte Menge an Produkten und Einrichtungen nicht, nicht richtig, nicht vollständig, nicht in der vorgeschriebenen Weise oder nicht rechtzeitig berichtet, verwirklicht dies den Ordnungswidrigkeitentatbestand § 13 Nr. 7.

III. Vorgesehene Sanktionen

Ein Verstoß gegen die Regelungen des § 13 dieser VO kann mit einer Geldbuße bis zu 50.000 EUR **12** geahndet werden.

Für die **Verfolgungsverjährung** gelten die Vorschriften der §§ 31 ff. OWiG. **13**

§ 14 Ordnungswidrigkeiten nach der Verordnung (EU) Nr. 528/2012

Ordnungswidrig im Sinne des § 26 Absatz 1 Nummer 11 Satzteil vor Satz 2 des Chemikaliengesetzes handelt, wer gegen die Verordnung (EU) Nr. 528/2012 des Europäischen Parlaments und des Rates vom 22. Mai 2012 über die Bereitstellung auf dem Markt und die Verwendung von Biozidprodukten (ABl. L 167 vom 27.6.2012, S. 1, L 303 vom 20.11.2015, S. 109), die zuletzt durch die Verordnung (EU) Nr. 334/2014 (ABl. L 103 vom 5.4.2014, S. 22, L 305 vom 21.11.2015, S. 55) geändert worden ist, verstößt, indem er vorsätzlich oder fahrlässig

1. **entgegen Artikel 17 Absatz 1 ein nicht zugelassenes Biozidprodukt auf dem Markt bereitstellt oder verwendet,**
2. **einer vollziehbaren Auflage nach Artikel 17 Absatz 5 Unterabsatz 1 in Verbindung mit Artikel 22 Absatz 1 zuwiderhandelt,**
3. **entgegen Artikel 17 Absatz 6 Satz 1 in Verbindung mit Satz 2, jeweils auch in Verbindung mit Satz 3, eine Meldung nicht, nicht richtig, nicht vollständig oder nicht rechtzeitig macht,**

4. entgegen Artikel 27 Absatz 1 Satz 2 den betreffenden Mitgliedstaat nicht, nicht richtig oder nicht rechtzeitig unterrichtet,

5. entgegen Artikel 47 Absatz 1 Satz 1, auch in Verbindung mit Artikel 53 Absatz 7, oder entgegen Artikel 59 Absatz 3 eine Mitteilung nicht, nicht richtig, nicht vollständig oder nicht rechtzeitig macht,

6. entgegen Artikel 56 Absatz 1 Unterabsatz 1 ein dort genanntes Experiment oder einen dort genannten Versuch durchführt,

7. entgegen Artikel 58 Absatz 2 eine behandelte Ware in den Verkehr bringt, ohne dass die in der Ware enthaltenen Wirkstoffe genehmigt oder zugelassen sind,

8. entgegen Artikel 58 Absatz 3 Unterabsatz 1 in Verbindung mit Absatz 6 Satz 1 oder Satz 2 nicht sicherstellt, dass das Etikett die dort genannten Informationen umfasst,

9. entgegen Artikel 58 Absatz 4 in Verbindung mit Absatz 6 Satz 1 oder Satz 2 eine behandelte Ware nicht, nicht richtig, nicht vollständig oder nicht rechtzeitig kennzeichnet,

10. entgegen Artikel 58 Absatz 5 eine dort genannte Information nicht, nicht richtig, nicht vollständig, nicht in der vorgeschriebenen Weise oder nicht rechtzeitig zur Verfügung stellt,

11. entgegen Artikel 65 Absatz 2 Unterabsatz 2 Satz 1 in Verbindung mit Satz 2, jeweils auch in Verbindung mit Artikel 53 Absatz 7, eine Dokumentation nicht, nicht richtig, nicht vollständig oder nicht in der vorgeschriebenen Weise gewährleistet,

12. entgegen Artikel 68 Absatz 1 Satz 1, auch in Verbindung mit Artikel 53 Absatz 7, eine dort genannte Aufzeichnung nicht oder nicht mindestens zehn Jahre aufbewahrt,

13. entgegen Artikel 68 Absatz 1 Satz 2, auch in Verbindung mit Artikel 53 Absatz 7, eine dort genannte Information nicht, nicht richtig, nicht vollständig oder nicht rechtzeitig zur Verfügung stellt,

14. entgegen Artikel 69 Absatz 1 Unterabsatz 1, auch in Verbindung mit Artikel 53 Absatz 7, nicht sicherstellt, dass ein Biozidprodukt in Einklang mit der genehmigten Zusammenfassung eingestuft, verpackt und gekennzeichnet wird,

15. entgegen Artikel 69 Absatz 1 Unterabsatz 1 in Verbindung mit Unterabsatz 2 Satz 2, jeweils auch in Verbindung mit Artikel 53 Absatz 7, nicht sicherstellt, dass ein dort genanntes Biozidprodukt einen dort genannten Bestandteil enthält,

16. als Zulassungsinhaber entgegen Artikel 69 Absatz 1 Unterabsatz 2 Satz 1, auch in Verbindung mit Artikel 53 Absatz 7, ein dort genanntes Produkt nicht richtig verpackt,

17. entgegen Artikel 69 Absatz 2 Unterabsatz 1 Satz 1, auch in Verbindung mit Artikel 53 Absatz 7, nicht sicherstellt, dass das Etikett nicht irreführend ist oder die dort genannten Angaben oder Hinweise nicht enthält,

18. entgegen Artikel 69 Absatz 2 Unterabsatz 1 Satz 1 in Verbindung mit Satz 2 Buchstabe a bis n, jeweils auch in Verbindung mit Artikel 53 Absatz 7, nicht sicherstellt, dass das Etikett die dort genannten Angaben enthält,

19. als für die Werbung verantwortliche Person entgegen Artikel 72 Absatz 1, auch in Verbindung mit Artikel 53 Absatz 7, einen dort genannten Hinweis nicht, nicht richtig oder nicht vollständig hinzufügt,

20. entgegen Artikel 72 Absatz 3 Satz 1 in Verbindung mit Satz 2, jeweils auch in Verbindung mit Artikel 53 Absatz 7, ein Biozidprodukt in der Werbung darstellt oder

21. entgegen Artikel 95 Absatz 2 in Verbindung mit der Liste nach Artikel 95 Absatz 11 ein dort genanntes Biozidprodukt auf dem Markt bereitstellt.

I. Regelungscharakter

1   In § 14 sind diejenigen Tatbestände der VO (EG) Nr. 528/2012 aufgeführt, deren Verletzung als Ordnungswidrigkeit verfolgt werden kann.

2   Die Vorschrift sanktioniert Verstöße gegen Verwendungsregelungen, Informationsverpflichtungen und weitere Verpflichtungen, welche Biozidprodukte betreffen und die in der VO (EU) Nr. 528/2012 des Europäischen Parlaments und des Rates v. 22. Mai 2012 geregelt sind.

II. Die Regelung im Einzelnen

3   **1. Nr. 1 iVm Art. 17 Abs. 1 VO.** Bereitstellung oder Verwendung eines nicht zugelassenen Biozidproduktes auf dem Markt.

4   **2. Nr. 2 iVm Art. 17 Abs. 5 UAbs. 1 iVm Art. 22 Abs. 1 VO.** Handeln entgegen einer vollziehbaren Auflage nach Art. 17 Abs. 5 UAbs. 1 iVm Art. 22 Abs. 1.

5   **3. Nr. 3 iVm Art. 17 Abs. 6 S. 1 iVm S. 2 u. 3 VO.** Keine zureichende oder rechtzeitige Meldung entgegen Artikel 17 Absatz 6 Satz 1 in Verbindung mit Satz 2.

6   **4. Nr. 4 iVm Art. 27 Abs. 1 S. 2 VO.** Keine zureichende oder rechtzeitige Unterrichtung des betreffenden Mitgliedstaates entgegen Art. 27 Abs. 1 S. 2.

5. Nr. 5 iVm Art. 47 Abs. 1 S. 1 VO. Keine richtige oder rechtzeitige Mitteilung entgegen Art. 47   **7** Abs. 1 S. 1.

6. Nr. 6 iVm Art. 56 Abs. 1 UAbs. 1 VO. Durchführung eines in Art. 56 Abs. 11 Unterabsatz 1   **8** genannten Experiments oder einen dort genannten Versuch durchführt,

7. Nr. 7 iVm Art. 58 Abs. 2 VO. In den Verkehr bringen einer behandelten Ware, ohne dass die in   **9** der Ware enthaltenen Wirkstoffe genehmigt oder zugelassen sind,

8. Nr. 8 iVm Art. 58 Abs. 3 UAbs. 1 iVm Abs. 6 VO. Keine korrekten Angaben auf Etikett der   **10** Ware, welche Biozid-Produkte enthält.,

9. Nr. 9 iVm Art. 58 Abs. 4 iVm Abs. 6 VO. Keine ausreichende oder rechtzeitige Kennzeich-   **11** nung einer behandelten Ware,

10. Nr. 10 iVm Art. 58 Abs. 5 VO. Keine zureichende oder rechtzeitige Information des Ver-   **12** brauchers über Behandlung der Ware binnen 45 Tagen.,

11. Nr. 11 iVm Art. 65 Abs. 2 VO. Keine zureichende Dokumentation des Herstellungsprozesses   **13** in Bezug auf Qualität und Sicherheit des in Verkehr zu bringen Biozidprodukts.

12. Nr. 12 iVm Art. 68 Abs. 1 S. 2 VO. Keine Aufbewahrung über mindestens zehn Jahre der in   **14** Art. 68 Abs. 1 genannten Aufzeichnungen über Bierziehprodukte,

13. Nr. 13 iVm Art. 68 Abs. 1 S. 2 VO. Keine oder nicht rechtzeitige oder unzureichende zur   **15** Verfügung Stellung der Informationen nach Art. 68 Abs. 1,

14. Nr. 14 iVm Art. 69 Abs. 1 UAbs. 1, auch iVm Art. 53 Abs. 7 VO. Keine Sicherstellung,   **16** dass ein Biozidprodukt in Einklang mit der genehmigten Zusammenfassung eingestuft, verpackt und gekennzeichnet wird.

15. Nr. 15 iVm Art. 69 Abs. 1 UAbs. 1 iVm mit UAbs. 2 S. 2, jeweils auch iVm Art. 53   **17** **Abs. 7 VO.** Keine Sicherstellung, dass ein benanntes Biozidprodukt einen genannten Bestandteil enthält.

16. Nr. 16 iVm Art. 69 Abs. 1 UAbs. 2 S. 1, auch iVm Art. 53 Abs. 7 VO. Keine richtige   **18** Verpackung eines genannten Produkts.

17. Nr. 17 iVm Art. 69 Abs. 2 UAbs. 1 S. 1, auch iVm Art. 53 Abs. 7 VO. Keine Sicher-   **19** stellung, dass das verwendete Etikett nicht irreführend ist oder die dort genannten Angaben oder Hinweise enthält,

18. Nr. 18 iVm Art. 69 Abs. 2 UAbs. 1 S. 1 iVm S. 2 Buchst. a–n VO. Keine Sicherstellung,   **20** dass das Etikett die genannten Angaben enthält,

19. Nr. 19. Kein zutreffender, richtiger oder vollständiger Hinweis entgegen Art. 72 Abs. 1,   **21** auch iVm Art. 53 Abs. 7, durch die für die Werbung verantwortliche Person.

20. Nr. 20. Unzureichende oder unzutreffende Darstellung eines Biozidproduktes in der   **22** **Werbung** entgegen Art. 72 Abs. 3 S. 1 iVm S. 2, jeweils auch iVm Art. 53 Abs. 7.

21. Nr. 21. Bereitstellung eines entgegen Art. 95 Abs. 2 iVm der Liste nach Art. 95 Abs. 11   **23** genannten Biozidproduktes auf dem Markt.

III. Vorgesehene Sanktionen

Ein Verstoß gegen die Regelungen des § 14 dieser VO kann mit einer Geldbuße bis zu 50.000 EUR   **24** gemäß § 26 Abs. 2 iVm Abs. 1 Nr. 11 ChemG geahndet werden.

Für die **Verfolgungsverjährung** gelten die Vorschriften der §§ 31 ff. OWiG.   **25**

§ 15 Straftaten nach der Verordnung (EU) Nr. 649/2012

Nach § 27 Absatz 1 Nummer 3 Satzteil vor Satz 2, Absatz 1a bis 4 des Chemikaliengesetzes wird bestraft, wer gegen die Verordnung (EU) Nr. 649/2012 des Europäischen Parlaments und des Rates vom 4. Juli 2012 über die Aus- und Einfuhr gefährlicher Chemikalien (ABl. L 201 vom 27.7.2012, S. 60), die durch die delegierte Verordnung (EU) 2015/2229 (ABl. L 317 vom 3.12.2015, S. 13) geändert worden ist, verstößt, indem er vorsätzlich oder fahrlässig

1. ohne Zustimmung nach Artikel 14 Absatz 6 Unterabsatz 1 Buchstabe a einen dort genannten Stoff oder ein dort genanntes Gemisch ausführt oder

2. entgegen Artikel 15 Absatz 2 eine Chemikalie oder einen Artikel ausführt.

I. Regelungscharakter

1   Die Vorschrift § 15 regelt, dass die Ausfuhr bestimmter Stoffe oder Gemische sowie bestimmter Chemikalien oder Artikel strafbar ist, wenn diese gegen die VO (EU) Nr. 649/2012 verstößt.

II. Die Regelungen im Einzelnen

2   **1. Unerlaubte Ausfuhr von Stoffen oder Gemischen (Nr. 1).** Gemäß Art. 14 Abs. 6 der VO (EU) Nr. 649/2012 dürfen die im Anhang 1 Teil 2 aufgeführten Stoffe oder Gemische nur bei vorhandener Zustimmung durch bestimmte nationale Behörden oder Vertragsparteien ausgeführt werden, ansonsten ist der Ausführende strafbar nach dieser Vorschrift.

3   **2. Unterlassene Ausfuhr bestimmter Chemikalien oder Artikel (Nr. 2).** Gemäß Art. 14 Abs. 6 der VO (EU) Nr. 649/2012 dürfen die im Anhang 5 der VO aufgeführten Chemikalien und Artikel, deren Verwendung in der Union zum Schutz der menschlichen Gesundheit oder Umwelt verboten ist, nicht ausgeführt werden. Bei einer dennoch erfolgten Ausfuhr ist der Ausführende strafbar nach dieser Vorschrift.

III. Vorgesehene Sanktionen, Fahrlässige Begehung, Versuch, Verjährung

4   Straftaten nach dieser Vorschrift können mit Freiheitsstrafe bis zu zwei Jahren oder Geldstrafe geahndet werden (§ 27 Abs. 1 ChemG). Werden mit der Tat das Leben oder Gesundheit eines anderen oder fremde Sachen von bedeutendem Wert gefährdet, beträgt die Strafandrohung Freiheitsstrafe bis zu fünf Jahren oder Geldstrafe.

5   Die Taten sind auch **fahrlässig** begehbar. In diesem Fall beträgt die Strafandrohung Freiheitsstrafe bis zu einem Jahr oder Geldstrafe (§ 27 Abs. 4 Nr. 1 ChemG).

6   Gemäß § 27 Abs. 3 ChemG ist auch der **Versuch** der Ausfuhr in diesen Fällen strafbar.

7   Die **Verjährung** regelt sich nach § 78 Abs. 1 Nr. 4 StPO, so dass die Verjährungsfrist bei vorsätzlicher Tatbegehung fünf Jahre beträgt.

§ 16 Ordnungswidrigkeiten nach der Verordnung (EU) Nr. 649/2012

Ordnungswidrig im Sinne des § 26 Absatz 1 Nummer 11 Satzteil vor Satz 2 des Chemikaliengesetzes handelt, wer gegen die Verordnung (EU) Nr. 649/2012 verstößt, indem er vorsätzlich oder fahrlässig

1. **entgegen Artikel 8 Absatz 2 Unterabsatz 1 Satz 1 oder Satz 2, jeweils in Verbindung mit Satz 3, jeweils auch in Verbindung mit Artikel 8 Absatz 4 oder Artikel 15 Absatz 1, die bezeichnete nationale Behörde über die Ausfuhr einer Chemikalie oder eines Artikels nicht, nicht richtig, nicht vollständig oder nicht rechtzeitig unterrichtet,**
2. **entgegen Artikel 10 Absatz 1 Satz 1 in Verbindung mit Satz 2 oder Satz 3, jeweils auch in Verbindung mit Satz 4, eine dort genannte Information nicht, nicht richtig, nicht vollständig oder nicht rechtzeitig gibt,**
3. **entgegen Artikel 10 Absatz 2 oder Artikel 11 Absatz 4 Unterabsatz 2 eine dort genannte Information nicht, nicht richtig, nicht vollständig oder nicht rechtzeitig zur Verfügung stellt,**
4. **entgegen Artikel 14 Absatz 4 einer dort genannten Entscheidung nicht, nicht richtig, nicht vollständig oder nicht rechtzeitig nachkommt,**
5. **entgegen Artikel 14 Absatz 10 Satz 1 eine Chemikalie später als sechs Monate vor dem Verfallsdatum ausführt,**
6. **entgegen Artikel 14 Absatz 11 Satz 1 bei der Ausfuhr von Pestiziden nicht sicherstellt, dass das Etikett die dort genannten Informationen enthält,**
7. **entgegen Artikel 16 Absatz 2 eine dort genannte Information nicht, nicht richtig, nicht vollständig oder nicht rechtzeitig übermittelt,**
8. **entgegen Artikel 17 Absatz 3 in Verbindung mit Artikel 31 Absatz 1 der Verordnung (EG) Nr. 1907/2006 ein Sicherheitsdatenblatt nicht, nicht richtig, nicht vollständig oder nicht rechtzeitig beifügt oder nicht, nicht richtig, nicht vollständig oder nicht rechtzeitig übermittelt,**
9. **entgegen Artikel 19 Absatz 1 oder Absatz 2 eine Kennnummer nicht, nicht richtig, nicht vollständig oder nicht rechtzeitig angibt oder**
10. **einer vollziehbaren Anordnung nach Artikel 19 Absatz 3 zuwiderhandelt.**

I. Regelungscharakter

1   Während § 15 die schwereren Verstöße gegen die Regelungen der VO (EU) Nr. 649/2012 als Straftaten einstuft und mit entsprechenden Sanktionen belegt, erfasst § 16 weitere Zuwiderhandlungen

gegen die Verordnung als Ordnungswidrigkeiten, welche aber ebenfalls sowohl vorsätzlich als auch fahrlässig begehbar sind.

II. Die Regelungen im Einzelnen

Die Ordnungswidrigkeitentatbestände ergeben sich deutlich und aussagekräftig aus den Bestimmun- **2** gen der Vorschrift zu Nr. 1–10 iVm der zugrunde liegenden VO, so dass es hier keiner weiteren Ausführungen bedarf.

III. Vorgesehene Sanktionen

Ein Verstoß gegen die Regelungen des § 16 dieser VO kann mit einer Geldbuße bis zu 50.000 EUR **3** geahndet werden.

Für die **Verfolgungsverjährung** gelten die Vorschriften der §§ 31 ff. OWiG. **4**

§ 17 Straftaten nach der Verordnung (EU) Nr. 517/2014

Nach § 27 Absatz 1 Nummer 3 Satzteil vor Satz 2, Absatz 1a bis 4 des Chemikaliengesetzes wird bestraft, wer gegen die Verordnung (EU) Nr. 517/2014 des Europäischen Parlaments und des Rates vom 16. April 2014 über fluorierte Treibhausgase und zur Aufhebung der Verordnung (EG) Nr. 842/2006 (ABl. L 150 vom 20.5.2014, S. 195) verstößt, indem er vorsätzlich oder fahrlässig

1. entgegen Artikel 7 Absatz 2 Unterabsatz 1 ein dort genanntes fluoriertes Treibhausgas oder ein dort genanntes Gas in Verkehr bringt,
2. entgegen Artikel 11 Absatz 1 ein dort genanntes Erzeugnis oder eine dort genannte Einrichtung in Verkehr bringt,
3. entgegen Artikel 13 Absatz 1 Unterabsatz 1, Absatz 2 oder Absatz 3 Unterabsatz 1 Schwefelhexafluorid oder ein dort genanntes Treibhausgas verwendet oder
4. entgegen Artikel 14 Absatz 1 eine dort genannte Kälteanlage, Klimaanlage oder Wärmepumpe in Verkehr bringt.

I. Regelungscharakter

Die Vorschrift § 17 regelt, dass die unerlaubte Verwendung fluorierter Treibhausgase in den auf- **1** geführten Fällen Nr. 1–4 (jeweils Verstöße gegen die VO (EU) Nr. 517/2014) sowohl bei vorsätzlich als auch bei fahrlässiger Begehung strafbar ist.

II. Die Regelung im Einzelnen

1. Unerlaubtes Inverkehrbringen von fluorierten Treibhausgasen sowie bestimmten wei- 2 teren Gasen (Nr. 1). Gemäß Art. 7 Abs. 2 der VO (EU) Nr. 517/2014 ist es grundsätzlich untersagt, flourierte Treibhausgase und Gase, welche im Anhang II der Verordnung aufgeführt sind, in den Verkehr zu bringen. Nur beim Nachweis, dass erzeugtes Trifluormethan bestmöglich zerstört oder zurückgewonnen wird, gelten Ausnahmeregelungen. Soweit gegen diese Vorschrift verstoßen wird, ist derjenige, welcher die Gase in den Verkehr bringt, strafbar nach dieser Vorschrift.

2. Inverkehrbringen bestimmter Erzeugnisse oder Einrichtungen (Nr. 2). Durch Art. 11 **3** Abs. 1 wird das Inverkehrbringen den der in Anhang III der EU-VO aufgeführten Erzeugnisse und Einrichtungen, soweit es sich nicht um Militärausrüstung handelt, grundsätzlich untersagt. Soweit keine Ausnahmen nach den weiteren Regelungen dieser Vorschrift gegeben sind, liebt bei Erfüllung des Tatbestandes eine Straftat vor.

3. Verwendung von Schwefelhexafluorid oder bestimmten weiteren Treibhausgasen 4 (Nr. 3). Durch Art. 13 der genannten EU-VO ist die Verwendung von Schwefelhexafluorid für den Magnesiumdruckguss und beim Recycling von Magnesiumdruckguss-Legierungen untersagt. Für die Verwendung beim Magnesiumdruckguss gilt bei geringeren Mengen bis 850 kg jährlich eine Übergangszeit bis zum 1.1.2018, so das für diese Fallgestaltungen das Verbot erst dann in Kraft tritt. In allen weiteren Fällen liegt bei Verwendung dieser Treibhausgase eine Straftat vor.

4. Inverkehrbringen bestimmter Kälteanlagen, Klimaanlagen oder Wärmepumpen (Nr. 4). 5 Ab dem 1.1.2017 dürfen Kälteanlagen, Klimaanlagen und Wärmepumpen, die mit teilfluorierten Kohlenwasserstoffen befüllt sind, nur dann in Verkehr gebracht werden, wenn die in die Einrichtungen gefüllten teilfluorierten Kohlenwasserstoffe im Rahmen des Quotensystems gemäß Kapitel IV berücksichtigt sind (Ab dem 1. Januar 2017 dürfen Kälteanlagen, Klimaanlagen und Wärmepumpen, die mit teilfluorierten Kohlenwasserstoffen befüllt sind, nur dann in Verkehr gebracht werden, wenn die in die

Einrichtungen gefüllten teilfluorierten Kohlenwasserstoffe im Rahmen des Quotensystems gemäß Kapitel IV berücksichtigt sind. (Art. 14 Abs. 1 VO (EU) Nr. 517/2014. Der künftige Verstoß gegen diese Vorschrift ist nach Nr. 4 strafbar.

III. Vorgesehene Sanktionen, Fahrlässige Begehung, Versuch, Verjährung

6 Straftaten nach dieser Vorschrift können mit Freiheitsstrafe bis zu zwei Jahren oder Geldstrafe geahndet werden (§ 27 Abs. 1 ChemG). Werden mit der Tat das Leben oder Gesundheit eines anderen oder fremde Sachen von bedeutendem Wert gefährdet, beträgt die Strafandrohung Freiheitsstrafe bis zu fünf Jahren oder Geldstrafe.

7 Die Taten sind auch **fahrlässig** begehbar. In diesem Fall beträgt die Strafandrohung Freiheitsstrafe bis zu einem Jahr oder Geldstrafe (§ 27 Abs. 4 Nr. 1 ChemG).

8 Gemäß § 27 Abs. 3 ChemG ist auch der **Versuch** der Ausfuhr in diesen Fällen strafbar.

9 Die **Verjährung** regelt sich nach § 78 Abs. 1 Nr. 4 StPO, so dass die Verjährungsfrist bei vorsätzlicher Tatbegehung fünf Jahre beträgt.

§ 18 Ordnungswidrigkeiten nach der Verordnung (EU) Nr. 517/2014 und den auf ihrer Grundlage fortgeltenden Kommissionsverordnungen (EG) Nr. 1497/2007 und Nr. 1516/2007

(1) Ordnungswidrig im Sinne des § 26 Absatz 1 Nummer 11 Satzteil vor Satz 2 des Chemikaliengesetzes handelt, wer gegen die Verordnung (EU) Nr. 517/2014 verstößt, indem er vorsätzlich oder fahrlässig

1. entgegen Artikel 3 Absatz 3 Unterabsatz 1 nicht sicherstellt, dass eine dort genannte Einrichtung repariert wird,
2. entgegen Artikel 3 Absatz 3 Unterabsatz 2 nicht gewährleistet, dass eine dort genannte Einrichtung von einer zertifizierten natürlichen Person geprüft wird,
3. entgegen Artikel 4 Absatz 1 Unterabsatz 1, jeweils in Verbindung mit Absatz 2 Unterabsatz 1 oder Absatz 3, nicht sicherstellt, dass eine dort genannte Einrichtung kontrolliert wird,
4. entgegen Artikel 5 Absatz 1 oder Absatz 2 nicht sicherstellt, dass eine dort genannte Einrichtung mit einem dort genannten Leckage-Erkennungssystem versehen ist,
5. entgegen Artikel 5 Absatz 3 oder Absatz 4 nicht sicherstellt, dass ein dort genanntes Leckage-Erkennungssystem kontrolliert wird,
6. entgegen Artikel 6 Absatz 1 oder Absatz 3 Unterabsatz 1 eine dort genannte Aufzeichnung nicht, nicht richtig oder nicht vollständig führt,
7. entgegen Artikel 6 Absatz 2 Unterabsatz 1 Buchstabe a oder Buchstabe b oder Absatz 3 Unterabsatz 2 eine dort genannte Aufzeichnung oder Kopie nicht oder nicht mindestens fünf Jahre ab dem Zeitpunkt der Erstellung der Aufzeichnung oder nach Erhalt der Kopie aufbewahrt,
8. entgegen Artikel 6 Absatz 2 Unterabsatz 2 Satz 1 oder Absatz 3 Unterabsatz 3 eine dort genannte Aufzeichnung nicht, nicht richtig, nicht vollständig oder nicht rechtzeitig zur Verfügung stellt,
9. entgegen Artikel 8 Absatz 1 die Rückgewinnung dort genannter Gase nicht sicherstellt,
10. entgegen Artikel 8 Absatz 2 für die Rückgewinnung dort genannter Gasreste nicht sorgt,
11. entgegen Artikel 12 Absatz 1, auch in Verbindung mit Absatz 2, 7, 8, 9, 10, 11 oder Absatz 12, jeweils in Verbindung mit Absatz 3, 4 oder Absatz 13, jeweils in Verbindung mit Artikel 2 der Durchführungsverordnung (EU) 2015/2068 der Kommission vom 17. November 2015 zur Festlegung – gemäß der Verordnung (EU) Nr. 517/2014 des Europäischen Parlaments und des Rates – der Form der Kennzeichnung von Erzeugnissen und Einrichtungen, die fluorierte Treibhausgase enthalten (ABl. L 301 vom 18.11.2015, S. 39), ein dort genanntes Erzeugnis oder eine dort genannte Einrichtung in Verkehr bringt,
12. entgegen Artikel 12 Absatz 5 Satz 1
    a) in Verbindung mit Absatz 5 Satz 2 in Verbindung mit Absatz 4 Unterabsatz 1 Buchstabe b oder Unterabsatz 2 oder Absatz 13 oder
    b) in Verbindung mit Absatz 5 Satz 3 in Verbindung mit Absatz 4 Unterabsatz 2 oder Absatz 13,
    jeweils in Verbindung mit Artikel 2 Absatz 6 der Durchführungsverordnung (EU) 2015/2068, einen dort genannten Schaum, ein dort genanntes Polyol-Vorgemisch oder eine Schaumplatte in Verkehr bringt,
13. entgegen Artikel 14 Absatz 2 Unterabsatz 1 die dort genannte Dokumentation nicht gewährleistet oder die dort genannte Konformitätserklärung nicht oder nicht rechtzeitig ausstellt,

14. entgegen Artikel 14 Absatz 2 Unterabsatz 2 Satz 1 nicht sicherstellt, dass die Richtigkeit der dort genannten Dokumentation oder der dort genannten Konformitätserklärung bestätigt wird,
15. entgegen Artikel 14 Absatz 2 Unterabsatz 3 Satz 1 eine dort genannte Unterlage nicht oder nicht mindestens fünf Jahre aufbewahrt,
16. entgegen Artikel 14 Absatz 2 Unterabsatz 3 Satz 2 nicht sicherstellt, dass er erfasst wird,
17. entgegen Artikel 15 Absatz 1 Unterabsatz 2, auch in Verbindung mit Absatz 3, nicht gewährleistet, dass die dort genannte berechnete Menge an teilfluorierten Kohlenwasserstoffen die dort genannte zugewiesene oder übertragene Quote nicht überschreitet,
18. entgegen Artikel 17 Absatz 1 Unterabsatz 2 sich nicht oder nicht rechtzeitig registriert,
19. entgegen Artikel 18 Absatz 2 Unterabsatz 2, auch in Verbindung mit Artikel 15 Absatz 3, einem anderen Unternehmen erlaubt, die dort genannte Quote zu nutzen,
20. einer vollziehbaren Anordnung nach Artikel 18 Absatz 2 Unterabsatz 3 Satz 2, auch in Verbindung mit Artikel 15 Absatz 3, zuwiderhandelt,
21. entgegen Artikel 19 Absatz 1 Satz 1, auch in Verbindung mit Artikel 19 Absatz 1 Satz 2, jeweils auch in Verbindung mit Artikel 15 Absatz 3, eine dort genannte Angabe nicht, nicht richtig, nicht vollständig oder nicht rechtzeitig übermittelt,
22. entgegen Artikel 19 Absatz 2, 3 oder Absatz 4, jeweils auch in Verbindung mit Artikel 15 Absatz 3, eine dort genannte Angabe nicht, nicht richtig, nicht vollständig oder nicht rechtzeitig übermittelt,
23. entgegen Artikel 19 Absatz 5, auch in Verbindung mit Artikel 15 Absatz 3, das dort genannte Prüfdokument nicht, nicht richtig, nicht vollständig oder nicht rechtzeitig übermittelt,
24. entgegen Artikel 19 Absatz 6 Unterabsatz 1, auch in Verbindung mit Artikel 15 Absatz 3, nicht gewährleistet, dass die Richtigkeit der dort genannten Daten bestätigt wird,
25. entgegen Artikel 19 Absatz 6 Unterabsatz 2 Satz 1, auch in Verbindung mit Artikel 15 Absatz 3, den dort genannten Prüfbericht nicht oder nicht mindestens fünf Jahre nach dessen Eingang beim Unternehmen aufbewahrt oder
26. einer vollziehbaren Anordnung nach Artikel 19 Absatz 6 Unterabsatz 2 Satz 2, auch in Verbindung mit Artikel 15 Absatz 3, zuwiderhandelt.

(2) Ordnungswidrig im Sinne des § 26 Absatz 1 Nummer 11 Satzteil vor Satz 2 des Chemikaliengesetzes handelt, wer vorsätzlich oder fahrlässig als Betreiber entgegen Artikel 7 der Verordnung (EG) Nr. 1497/2007 der Kommission vom 18. Dezember 2007 zur Festlegung der Standardanforderungen an die Kontrolle auf Dichtheit ortsfester Brandschutzsysteme, die bestimmte fluorierte Treibhausgase enthalten, gemäß der Verordnung (EG) Nr. 842/2006 des Europäischen Parlaments und des Rates (ABl. L 333 vom 19.12.2007, S. 4) ein neu installiertes System nicht oder nicht rechtzeitig auf Dichtheit kontrolliert.

(3) Ordnungswidrig im Sinne des § 26 Absatz 1 Nummer 11 Satzteil vor Satz 2 des Chemikaliengesetzes handelt, wer vorsätzlich oder fahrlässig als Betreiber entgegen Artikel 10 der Verordnung (EG) Nr. 1516/2007 der Kommission vom 19. Dezember 2007 zur Festlegung der Standardanforderungen an die Kontrolle auf Dichtheit von ortsfesten Kälte- und Klimaanlagen sowie von Wärmepumpen, die bestimmte fluorierte Treibhausgase enthalten, gemäß der Verordnung (EG) Nr. 842/2006 des Europäischen Parlaments und des Rates (ABl. L 335 vom 20.12.2007, S. 10) ein neu installiertes System nicht oder nicht rechtzeitig auf Dichtheit kontrolliert.

I. Regelungscharakter

Während § 17 die schwereren Verstöße gegen die Regelungen der VO (EU) Nr. 517/2014 als 1 Straftaten einstuft und mit entsprechenden Sanktionen belegt, erfasst § 18 weitere Zuwiderhandlungen gegen diese VO sowie die weiterhin geltenden VO (EU) Nr. 1497/2007 und VO (EU) Nr. 1516/2007 als Ordnungswidrigkeiten, welche aber sowohl vorsätzlich als auch fahrlässig begehbar sind.

II. Die Regelungen im Einzelnen

Die Ordnungswidrigkeitentatbestände ergeben sich deutlich und aussagekräftig aus den Bestimmun- 2 gen der Vorschrift zu Nr. 1–26 iVm der jeweils zugrunde liegenden VO, ebenso die Tatbestände in Abs. 2 und 3, so dass es hier keiner weiteren Ausführungen bedarf.

III. Vorgesehene Sanktionen

Ein Verstoß gegen die Regelungen des § 18 dieser VO kann mit einer Geldbuße bis zu 50.000 EUR 3 geahndet werden.

Für die **Verfolgungsverjährung** gelten die Vorschriften der §§ 31 ff. OWiG. 4

255. Verordnung über Verbote und Beschränkungen des Inverkehrbringens gefährlicher Stoffe, Zubereitungen und Erzeugnisse nach dem Chemikaliengesetz (Chemikalien-Verbotsverordnung – ChemVerbotsV)

In der Fassung der Bekanntmachung vom 13. Juni 2003 (BGBl. I S. 867) FNA 8053-6-20

Zuletzt geändert durch Art. 5 Abs. 40 G zur Neuordnung des Kreislaufwirtschafts- und Abfallrechts vom 24.2.2012 (BGBl. I S. 212)

– Auszug –

Vorbemerkung

1   **1. Entstehung der VO.** Die Chemikalien-Verbotsverordnung v. 14.10.1993 (BGBl. I 1720) trat am 1.11.1993 in Kraft. Rechtsgrundlage der Regelungen der VO sind die §§ 17 Abs. 1, 26 Abs. 1 Nr. 11 S. 2 und 27 Abs. 1 Nr. 3 S. 2 ChemG.

2   Durch verschiedene Änderungsverordnungen, beispielsweise im Jahr 1994 (BGBl. I 1493) und 1996 (BGBl. I 818) wurde die VO jeweils um weitere gefährliche Stoffe erweitert. Aus Anlass der **Sechsten VO zur Änderung chemikalienrechtlicher Vorschriften** v. 19.5.2003 (BGBl. I 712) wurde die Chemikalien-Verbotsverordnung zugleich neu gefasst (BGBl. I 867). Inzwischen wurde die Verbotsverordnung durch weitere Änderungsverordnungen um Regelungen für zahlreiche weitere gefährliche Stoffe ergänzt, zuletzt durch die Änderungsverordnung v. 21.7.2008 (BGBl. I 1328), die Neuordnung zur Neufassung der GefahrstoffV und zur Änderung sprengstoffrechtlicher Verordnungen v. 26.11.2010 (BGBl. I 1643) und das Gesetz zur Neuordnung des Kreislaufwirtschafts- und Abfallrechts v. 24.2.2012 (BGBl. I 212).

3   Mit der Chemikalien-Verbotsverordnung wurden **zahlreiche EG-Richtlinien in deutsches Recht umgesetzt,** beispielsweise die RL 2003/2/EG der Kommission v. 6.1.2003 über Beschränkungen des Inverkehrbringens und der Verwendung von Arsen (ABl. 2014 L 4, 9), die RL 2003/3/EG der Kommission v. 6.1.2003 über Beschränkungen des Inverkehrbringens und der Verwendung des „blauen Farbstoffes" (ABl. 2014 L 4, 12), die RL 2003/11/EG des Europäischen Parlaments und des Rates v. 6.2.2003 zur 24. Änderung der RL 76/769/EWG des Rates zur Angleichung der Rechts- und Verwaltungsvorschriften der Mitgliedstaaten für Beschränkungen des Inverkehrbringens und der Verwendung gewisser gefährlicher Stoffe und Zubereitungen (Pentabromdiphenylether, Octabromdiphenylether) (ABl. EU Nr. L 42, 45) und die RL 2003/53/EG des Europäischen Parlaments und des Rates v. 18.6.2003 zur 26. Änderung der RL 76/769/EWG (ABl. 2000 L 178, 24), durch welche die Verwendung von Nonylphenol, Nonylphenolethoxylat und chromalhaltigen Zementen beschränkt wurde.

4   **2. Ziele und Zweck der VO.** Durch die Chemikalien-Verbotsverordnung erfolgte 1993 eine Neuordnung und Zusammenfassung verschiedener ursprünglich in Einzelverordnungen nach § 17 ChemG geregelter Verbots- und Beschränkungsregelungen. Die **Verbote des Inverkehrbringens gefährlicher Stoffe,** von Zubereitungen und Erzeugnissen, also alle Vorgänge, die mit der Abgabe eines gefährlichen Stoffes und seiner Zubereitungen und Erzeugnisse zusammenhängen, wurden in der neuen Chemikalien-Verbotsverordnung als einem einheitlichen Regelwerk zusammengefasst. Die Verbote des Herstellens und Verwendens von Stoffen, Zubereitungen und Erzeugnissen, die insbes. Bedeutung hinsichtlich des Schutzes der Gesundheit der Beschäftigten an ihren Arbeitsplätzen besitzen, wurden demgegenüber in der Gefahrstoffverordnung (vgl. hierzu die Kommentierung unter Nr. 330) zusammengefasst.

5   **3. Gegenstand der VO.** Die Chemikalien-Verbotsverordnung regelt allgemein die **Verbote und Beschränkungen des Inverkehrbringens von gefährlichen Stoffen.** Daneben gibt es spezielle Regelungen zu besonders gefährlichen Stoffen, wie Formaldehyd, chlorierte Dioxine und Furane, Benzol, aromatische Amine, Arsen-, Quecksilber- und Cadmiumverbindungen, polychlorierte Biphenyle und Terphenyle, Pentachlorphenole und andere. Sofern diese zu Fertigarzneimitteln verarbeitet sind, gilt die Chemikalien-Verbotsordnung allerdings nicht für einige Gefahrstoffe, wie zB Atropin, Ephedrin, Ethanol, Koffein, Ether oder Isopropylalkohol.

6   Den **Inverkehrbringenden** werden zugleich eine Reihe von **Pflichten** auferlegt, so beispielsweise behördliche Erlaubnispflichten, Anzeigepflichten, Aufzeichnungspflichten oder auch Nachweise besonderer Sachkunde. Ein Sachkundenachweis muss jedoch nicht erbracht werden von Apothekern, Apothekerassistenten und anderen Berufsgruppen, welche in Apotheken als pharmazeutisches Personal

beschäftigt werden, ebenso auch nicht von Pharmazieingenieuren und pharmazeutisch-technischen Assistenten (vgl. *Gebler-Diedrich*, Gifte und gefährliche Stoffe – praxisnah, 3. Aufl. 2008, 19).

§ 7 Ordnungswidrigkeiten

(1) Ordnungswidrig im Sinne des § 26 Abs. 1 Nr. 7 Buchstabe a des Chemikaliengesetzes handelt, wer vorsätzlich oder fahrlässig entgegen § 2 Abs. 6 eine Anzeige nicht, nicht richtig, nicht vollständig oder nicht rechtzeitig erstattet.

(2) Ordnungswidrig im Sinne des § 26 Abs. 1 Nr. 7 Buchstabe b des Chemikaliengesetzes handelt, wer vorsätzlich oder fahrlässig

1. entgegen § 3 Abs. 1 Satz 1 Nr. 1, auch in Verbindung mit Satz 2 oder Satz 4, entgegen § 3 Abs. 1 Satz 1 Nr. 2 oder Nr. 3, jeweils auch in Verbindung mit Satz 2, oder entgegen § 3 Abs. 1 Satz 1 Nr. 4 einen Stoff oder eine Zubereitung abgibt,
2. entgegen § 3 Abs. 2 Satz 1 in Verbindung mit § 2 Abs. 2 Nr. 1 oder Nr. 3 einen in § 3 Abs. 1 Satz 1 bezeichneten Stoff oder eine dort bezeichnete Zubereitung abgibt oder abgeben lässt,
3. entgegen § 4 Abs. 1 Satz 1 einen Stoff oder eine Zubereitung im Einzelhandel durch Automaten oder durch andere Formen der Selbstbedienung in den Verkehr bringt oder
4. entgegen § 4 Abs. 2 einen Stoff oder eine Zubereitung im Versandhandel abgibt.

(3) Ordnungswidrig im Sinne des § 26 Abs. 1 Nr. 7 Buchstabe c des Chemikaliengesetzes handelt, wer vorsätzlich oder fahrlässig entgegen § 3 Abs. 3 Satz 1 oder Satz 3 das Abgabebuch nicht, nicht richtig oder nicht vollständig führt oder das Abgabebuch oder einen Empfangsschein nicht oder nicht mindestens fünf Jahre aufbewahrt.

1. Regelungscharakter. Die Vorschrift ergänzt die Blankettnorm des § 26 Abs. 1 Nr. 7 ChemG, **1** wonach das Zuwiderhandeln gegen die Vorschriften einer Rechtsverordnung nach § 17 ChemG als Ordnungswidrigkeit geahndet werden kann. Diese Möglichkeit wird von § 7 hinsichtlich Verstößen gegen §§ 2–4 ausgeschöpft. Die Tatbestände können **vorsätzlich,** aber auch **fahrlässig** begangen werden.

2. Die Regelungen im Einzelnen. a) Unterlassene, nicht richtige, rechtzeitige oder voll- **2** **ständige Erstattung einer Anzeige nach § 2 Abs. 6 (§ 7 Abs. 1).** Grds. sind Hersteller, Einführer und Großhändler von giftigen oder sehr giftigen Stoffen oder Zubereitungen (§ 2 Abs. 1) von der Erlaubnispflicht des § 2 Abs. 4 befreit, jedoch zur Erstattung einer Anzeige an die zuständige Behörde verpflichtet, wenn sie erstmals diese Stoffe oder Zubereitungen in den Verkehr bringen (§ 5 Abs. 6). Kommen sie dieser Verpflichtung nicht umfassend nach, liegt eine Ordnungswidrigkeit vor. Dabei sollen aber sogar Nebenerwerbslandwirte bereits als gewerbliche Verbraucher iSv § 2 Abs. 5 anzusehen sein, so dass auch diese keiner Erlaubnis bedürfen (AG Burgwedel NuR 2000, 64).

b) Nichteinhaltung von Verpflichtungen bei der Abgabe (§ 7 Abs. 2 Nr. 1). Bei sehr giftigen, **3** giftigen, brandfördernden, hochentzündlichen oder gesundheitsschädlichen Stoffen oder Zubereitungen darf eine Abgabe nur unter den in § 3 Abs. 1 S. 1 Nr. 1–5 näher aufgeführten Verpflichtungen erfolgen. Dabei handelt es sich um die Feststellung der Identität des Erwerbers und ggf. Abholenden (Nr. 1), Feststellungen zur Verwendungsabsicht (Nr. 2), die Volljährigkeit des Erwerbers (Nr. 3), bei Begasungs-mitteln zusätzlich Feststellungen zur Erlaubnis zum Erwerb oder Besitz eines Befähigungsschein (Nr. 4) sowie Unterrichtungsverpflichtungen über Gefahren (Nr. 5).

c) Verstöße gegen die Verpflichtung zur Führung von Aufzeichnungen bei der Abgabe (§ 7 **4** **Abs. 2 Nr. 2).** Gem. § 3 Abs. 2 S. 1 dieser VO ist über die Abgabe von Stoffen und Zubereitungen nach den dort näher geregelten Bestimmungen ein Abgabebuch zu führen, das unter anderem Name und Anschrift des Erwerbers, Angaben über Art und Menge der abgegebenen Stoffe und Zubereitungen sowie den Namen des Abgebenden enthält. Kommt der Abgebende oder der die Abgabe Veranlassende dem nicht nach, erfüllt dies den Tatbestand einer Ordnungswidrigkeit nach dieser Regelung.

d) Verstöße gegen das Verbot des Inverkehrbringens mittels Automaten (§ 7 Abs. 2 Nr. 3). **5** Bestimmte, besonders giftige oder in anderer Weise gefährliche Stoffe oder Zubereitungen nach § 3 Abs. 1 S. 1, S. 2 u. 5 der VO dürfen im Einzelhandel nicht durch Automaten oder andere Formen der Selbstbedienung in den Verkehr gebracht werden. Ein Verstoß gegen dieses Verbot kann als Ordnungswidrigkeit geahndet werden.

e) Verbotene Abgabe im Versandhandel an Endverbraucher (§ 7 Abs. 2 Nr. 4). Die Abgabe **6** von giftigen sowie sehr giftigen Stoffen und weiteren näher aufgeführten Gefahrstoffen ist im Versandhandel an Endverbraucher verboten. Dies gilt jedoch nicht für den Versandhandel mit Wiederverkäufern, berufsmäßigen Verwendern oder öffentliche Forschungs-, Untersuchungs- oder Lehranstalten (§ 4 Abs. 2).

7   f) Unterlassene, nicht richtige oder vollständige Führung des Abgabebuchs bzw. dessen Aufbewahrung (§ 7 Abs. 3). Die vollständige Führung eines Abgabebuchs nach § 3 Abs. 3 der VO durch den Abgebenden sowie dessen Aufbewahrung für mindestens fünf Jahre stellt eine gesonderte Ordnungswidrigkeit dar. Die angedrohte Geldbuße beträgt für diesen Verstoß allerdings nur bis zu 10.000 EUR (§ 26 Abs. 2 letzte Alt. ChemG).

8   3. Vorgesehene Sanktionen, Sonstiges. Ein Verstoß gegen die Regelungen des § 7 dieser VO kann mit einer Geldbuße bis zu fünfzigtausend Euro geahndet werden (§ 26 Abs. 2 ChemG); allein Verstöße nach § 7 Abs. 3 sind nur mit Geldbuße bis zu 10.000 EUR bedroht.

9   Für die **Verfolgungsverjährung** gelten die Vorschriften der §§ 31 ff. OWiG.

§ 8 Straftaten

(1) Nach § 27 Abs. 1 Nr. 1 und Abs. 2 bis 4 des Chemikaliengesetzes wird bestraft, wer vorsätzlich oder fahrlässig

1. entgegen § 1 in Verbindung mit dem Anhang die dort aufgeführten Stoffe, Zubereitungen oder Erzeugnisse in den Verkehr bringt oder
2. entgegen § 2 Abs. 1 Stoffe oder Zubereitungen ohne Erlaubnis in den Verkehr bringt.

(2) Nach § 27 Abs. 2 bis 4 des Chemikaliengesetzes ist strafbar, wer durch eine in § 7 Abs. 2 bezeichnete vorsätzliche Handlung das Leben oder die Gesundheit eines anderen oder fremde Sachen von bedeutendem Wert gefährdet.

(3) Nach § 27c Abs. 1 des Chemikaliengesetzes ist strafbar, wer eine in § 7 Abs. 2 bezeichnete vorsätzliche Handlung begeht, obwohl er weiß, dass der Stoff oder die Zubereitung für eine rechtswidrige Tat, die den Tatbestand eines Strafgesetzes verwirklicht, verwendet werden soll.

(4) Erkennt der Täter in den Fällen des Absatzes 3 leichtfertig nicht, dass der Stoff oder die Zubereitung für eine rechtswidrige Tat, die den Tatbestand eines Strafgesetzes verwirklicht, verwendet werden soll, ist er nach § 27c Abs. 2 des Chemikaliengesetzes strafbar.

1   1. Regelungscharakter. Die Vorschrift ergänzt die Blankettnorm des § 27 Abs. 1 Nr. 1 und Abs. 2–4 ChemG, wonach das Zuwiderhandeln gegen Rechtsverordnungen, soweit durch eine Rechtsverordnung für einen bestimmten Tatbestand auf diese Strafvorschrift verwiesen wird, mit Freiheitsstrafe bis zu zwei Jahren oder mit Geldstrafe bestraft wird. Werden fremde Sachen von bedeutendem Wert gefährdet, kann in solchen Fällen der Verstoß mit Freiheitsstrafe bis zu fünf Jahren oder Geldstrafe sanktioniert werden (§ 27 Abs. 2 ChemG). Daneben ist auch der Versuch (§ 27 Abs. 3 ChemG) wie auch die fahrlässige Begehung (§ 27 Abs. 4 ChemG) strafbar.

2   2. Die Regelungen im Einzelnen. a) Verbotenes Inverkehrbringen von bestimmten chemischen Stoffen und Zubereitungen (§ 8 Abs. 1 Nr. 1). Das in § 1 Abs. 1 geregelte **Verbot** eines Inverkehrbringens bestimmter Stoffe und Zubereitungen ist als **Generalklausel** formuliert, welche durch die nähere Bezeichnung der Stoffe im Anhang der VO konkretisiert wird. Wird ohne Vorliegen einer Ausnahme gegen das Verbot verstoßen, liegt der Tatbestand der Straftat vor.

3   Vom Verbot des Inverkehrbringens ausgenommen sind Tabakerzeugnisse, kosmetische Mittel iSd Lebensmittel- und Futtermittelgesetzbuches (§ 2 Abs. 1 Nr. 1 ChemG), Arzneimittel (§ 2 Abs. 1 Nr. 2 ChemG) und Medizinprodukte (§ 2 Abs. 1 Nr. 2a ChemG), Abfälle (§ 2 Abs. 1 Nr. 3 ChemG) und radioaktive Abfälle (§ 2 Abs. 1 Nr. 4 ChemG).

4   b) Verbotenes Inverkehrbringen von Stoffen und Zubereitungen (§ 8 Abs. 1 Nr. 2). Das Inverkehrbringen von bestimmten gefährlichen Stoffen oder Zubereitungen, gekennzeichnet als giftig oder sehr giftig, bedarf der Erlaubnis der zuständigen Behörde (§ 2 Abs. 1). Liegt diese Erlaubnis beim Vorrätighalten, Anbieten oder Abgeben nicht vor, ist der Tatbestand der Strafbarkeitsregelung erfüllt.

5   c) Vorsätzliche Gefährdung des Lebens oder der Gesundheit eines anderen oder fremde Sachen von bedeutendem Wert (§ 8 Abs. 2). In § 7 Abs. 2 (→ § 7 Rn. 3 ff.) aufgeführte Verhaltensweisen begründen den erheblichen Verdacht einer Ordnungswidrigkeit. Werden durch das jeweilige Verhalten jedoch vorsätzlich Leben oder Gesundheit eines anderen oder fremde Sachen von bedeutendem Wert gefährdet, ist das Verhalten als Straftat zu ahnden, welche zudem eine höheren Strafandrohung unterfällt (§ 27 Abs. 2 ChemG; → Rn. 7 f.).

6   d) Verstöße nach § 7 Abs. 2 in Kenntnis des Umstandes, dass der abgegebene gefährliche Stoff für eine rechtwidrige und nach dem Strafgesetzbuch strafbare Tat verwendet werden soll (§ 8 Abs. 3). Weiß der Abgebende eines gefährlichen Stoffes oder einer gefährlichen Zubereitung oder Erzeugnis, dass die Substanz zur Begehung einer Straftat Verwendung finden soll, liegt nicht mehr nur eine Ordnungswidrigkeit nach § 7 Abs. 2 vor, vielmehr ist der Täter dann nach § 27c Abs. 1

ChemG iVm § 8 Abs. 3 strafbar. Die Strafandrohung beträgt Geldstrafe oder Freiheitsstrafe bis zu zwei Jahren.

Erkennt der Täter in diesen Fällen nur **leichtfertig** nicht, dass die abgegebene Substanz für eine **7** rechtswidrige Straftat Verwendung finden soll, beträgt die Strafandrohung Geldstrafe oder Freiheitsstrafe bis zu einem Jahr (§ 8 Abs. 4).

3. Vorgesehene Sanktionen, Sonstiges. Die Sanktionsfolgen eines vorsätzlichen oder fahrlässigen **8** Verstoßes gegen die Verbotstatbestände nach Abs. 1 oder Abs. 2 ergeben sich aus § 27 ChemG. Nach § 27 Abs. 1 Nr. 1 ChemG lautet die Strafandrohung grds. auf **Freiheitsstrafe bis zu zwei Jahren oder Geldstrafe.** Sofern allerdings vorsätzliche Handlungen gegeben sind, welche zugleich das Leben oder die Gesundheit eines anderen oder fremde Sachen von bedeutendem Wert gefährden, beträgt die Strafdrohung **Freiheitsstrafe bis zu fünf Jahren** oder wiederum Geldstrafe (§ 27 Abs. 2 ChemG).

Handelt der Täter nur **fahrlässig**, mindern sich gem. § 27 Abs. 4 ChemG die festgelegten Straf- **9** rahmen auf 1 Freiheitsstrafe bis zu einem Jahr oder Geldstrafe bzw. Freiheitsstrafe bis zu zwei Jahren Jahr oder Geldstrafe in den Fällen des § 27 Abs. 2 ChemG. Auch nur eine **versuchte** Tatbegehung ist mit Strafe bedroht (§ 27 Abs. 3 ChemG).

Eine Straftat nach dieser Vorschrift ist nicht gegeben, wenn die maßgebliche Tat nach den §§ 328, 330 **10** oder 330a StGB mit gleicher oder schwererer Strafe bedroht ist (§ 27 Abs. 6 ChemG).

Die **Verfolgungsverjährung** beträgt fünf Jahre, soweit die angedrohte Höchststrafe mehr als ein Jahr **11** Freiheitsstrafe beträgt (§ 78 Abs. 3 Nr. 4 StGB), die anderen hier angesprochenen Straftaten, welche mit Freiheitsstrafe bis zu einem Jahr bedroht sind, verjähren in drei Jahren (§ 78 Abs. 3 Nr. 5 StGB).

260. Chemikalienrechtliche Verordnung zur Begrenzung der Emissionen flüchtiger organischer Verbindungen (VOC) durch Beschränkung des Inverkehrbringens lösemittelhaltiger Farben und Lacke (Lösemittelhaltige Farben- und Lack-Verordnung – ChemVOCFarbV)

Vom 16.12.2004(BGBl. I S. 3508) FNA 8053-6-30

Zuletzt geändert durch Artikel 432 VO v. 31.8.2015 (BGBl. I S. 1474)

– Auszug –

Vorbemerkung

1   **1. Entstehung der VO.** Die „Chemikalienrechtliche Verordnung zur Begrenzung der Emissionen flüchtiger organischer Verbindungen (VOC) durch Beschränkung des Inverkehrbringens lösemittelhaltiger Farben und Lacke (Lösemittelhaltige Farben- und Lack-Verordnung – ChemVOCFarbV)" wurde am 16.12.2004 (BGBl. I 3508) veröffentlicht. Zwischenzeitliche Änderungen oder Ergänzungen, zuletzt geändert durch Art. 432 (VO v. 31.8.2015, BGBl. I 1474), haben an den Bestimmungen zu Straftaten (§ 7) und Ordnungswidrigkeiten (§ 6) nichts geändert.

2   **2. Ziele und Zweck der VO.** Die VO dient der Umsetzung der RL 2004/42/EG des Europäischen Parlaments und des Rates v. 21.4.2004 über die Begrenzung der Emissionen flüchtiger organischer Verbindungen (VOC) aufgrund der Verwendung organischer Lösemittel in bestimmten Farben und Lacken und in Produkten der Fahrzeugreparaturlackierung sowie zur Änderung der RL 1999/13/EG (ABl. 2004 L 143, 87) in deutsches Recht.

3   **Ziel der VO** ist die **Minimierung von VOC**-Emissionen, um die daraus resultierende Bildung des umwelt- und gesundheitsschädlichen troposphärischen Ozons (Sommersmog) zu vermindern. Hierzu wird der Gehalt an den Lösemitteln in Bautenanstrichen sowie in Produkten der Fahrzeugreparaturlackierung durch Festlegung von Höchstwerten begrenzt.

4   VOC-Emissionen sind ua auf die Anwendung von lösemittelhaltigen Farben und Lacken zur Beschichtung von Gebäuden, ihren Bauteilen und dekorativen Bauelementen sowie von Produkten der Fahrzeugreparaturlackierung zurückzuführen. Da hier das größte Einsparpotential gesehen wird, sind verbindliche Reduzierungsmaßnahmen zunächst in diesen Bereichen vorgesehen. Der VOC-Gehalt in diesen Produkten soll soweit technisch machbar verringert werden.

5   **3. Gegenstand der VO.** Die VO legt Inverkehrbringensverbote für Produkte fest, deren Gehalt an flüchtigen organischen Verbindungen bestimmte festgelegte Grenzwerte übersteigen (§ 3 Abs. 1). Außerdem ist festgelegt, dass bestimmte gebrauchsfertige Produkte vor dem Inverkehrbringen mit einem Etikett zu versehen, auf dem die Produktkategorie des gebrauchsfertigen Produktes und die entsprechenden Grenzwerte für flüchtige organische Verbindungen sowie der maximale Gehalt an flüchtigen organischen Verbindungen des gebrauchsfertigen Produktes in g/l bezeichnet ist (§ 4). Die Nichteinhaltung dieser Bestimmungen kann im Fall des § 3 als Straftat verfolgt bzw. bezüglich der Etikettierungsverpflichtung als Ordnungswidrigkeit geahndet werden kann.

§ 6 Ordnungswidrigkeiten

Ordnungswidrig im Sinne des § 26 Abs. 1 Nr. 5 Buchstabe c des Chemikaliengesetzes handelt, wer vorsätzlich oder fahrlässig entgegen § 4 ein Produkt nicht, nicht richtig, nicht vollständig oder nicht rechtzeitig mit einem Etikett versieht.

1   **1. Regelungscharakter.** Die Vorschrift ergänzt die Blankettnorm des § 26 Abs. 1 Nr. 5c ChemG und ermöglicht eine Ahndung des näher bezeichneten Verhaltens als vorsätzliche oder fahrlässige Ordnungswidrigkeit.

2   **2. Die Regelung im Einzelnen.** Eine Ordnungswidrigkeit ist gegeben, sofern ein Verpflichteter vorsätzlich oder fahrlässig entgegen § 4 ein Produkt nicht, nicht richtig, nicht vollständig oder nicht rechtzeitig mit einem Etikett versieht.

3   Der nähere Tatbestand ergibt sich danach aus § 4 der VO:

§ 4 Kennzeichnung

Der Hersteller oder Einführer hat die in Anhang I aufgeführten gebrauchsfertigen Produkte vor dem Inverkehrbringen, unbeschadet anderer Kennzeichnungsvorschriften, mit einem Etikett zu versehen, auf dem folgende Angaben waagerecht und deutlich lesbar anzubringen sind:

a) die Produktkategorie des gebrauchsfertigen Produktes und die entsprechenden Grenzwerte für flüchtige organische Verbindungen in g/l gem. Anhang II;

b) der maximale Gehalt an flüchtigen organischen Verbindungen des gebrauchsfertigen Produktes in g/l.

3. Vorgesehene Sanktion, Sonstiges. Ein Verstoß gegen die Regelungen des § 4 dieser VO kann **4** mit einer Geldbuße bis zu 50.000 EUR geahndet werden (§ 26 Abs. 2 ChemG).

Für die **Verfolgungsverjährung** gelten die Vorschriften der §§ 31 ff. OWiG. **5**

§ 7 Straftaten

Nach § 27 Abs. 1 Nr. 1, Abs. 2 bis 4 des Chemikaliengesetzes wird bestraft, wer entgegen § 3 Abs. 1 eine Farbe, einen Lack oder ein Produkt in den Verkehr bringt.

1. Regelungscharakter. Die Vorschrift ergänzt die Blankettnorm des § 27 Abs. 1 Nr. 1 und **1** Abs. 2–4 ChemG iVm RL 2004/42/EG des Europäischen Parlaments und des Rates v. 21.4.2004, indem Verstöße gegen die Inverkehrbringensverbote des § 3 sanktioniert werden.

2. Die Regelung im Einzelnen. Eine Straftat nach § 7 ist gegeben, sofern entgegen den Bestim- **2** mungen des § 3 dieser VO Farbe, Lacke oder Produkte in den Verkehr gebracht werden.

Der nähere Tatbestand ergibt sich danach aus § 3 der VO: **3**

§ 3 Verbote

(1) [1] In Anhang I aufgeführte

a) Farben und Lacke zur Beschichtung von Gebäuden, ihren Bauteilen und dekorativen Bauelementen sowie

b) Produkte für die Fahrzeugreparaturlackierung

mit einem Gehalt an flüchtigen organischen Verbindungen des gebrauchsfertigen Produkts oberhalb der in Anhang II festgelegten Grenzwerte dürfen ab den in Anhang II genannten Zeitpunkten nicht in den Verkehr gebracht werden. [2] Satz 1 gilt nicht für den Export in Staaten außerhalb der Europäischen Union.

(2) Zur Überprüfung der Einhaltung der in Anhang II festgelegten Grenzwerte für den Gehalt an flüchtigen organischen Verbindungen sind die in Anhang III genannten Analysemethoden zu verwenden.

(3) Abweichend von Absatz 1 dürfen gebrauchsfertige Produkte, die die Grenzwerte des Anhangs II für flüchtige organische Verbindungen nicht einhalten, in den Verkehr gebracht werden zum Zwecke der

a) ausschließlichen Verwendung im Rahmen einer von der Verordnung zur Begrenzung der Emissionen flüchtiger organischer Verbindungen bei der Verwendung organischer Lösemittel in bestimmten Anlagen erfassten Tätigkeit, soweit diese in einer nach § 5 Abs. 2 dieser Verordnung angezeigten Anlage oder in einer nach § 4 des Bundes-Immissionsschutzgesetzes genehmigten Anlage durchgeführt wird, und

b) Restaurierung und Unterhaltung von Gebäuden, ihren Bauteilen und dekorativen Bauelementen sowie von Oldtimer-Fahrzeugen, die als historisch und kulturell besonders wertvoll eingestuft sind. Der Kauf und Verkauf von streng begrenzten Mengen dieser Stoffe und Zubereitungen bedarf im Einzelfall der Erlaubnis der zuständigen Behörde.

(4) Stoffe und Gemische, die vor den in Anhang II festgelegten Zeitpunkten hergestellt wurden und die Anforderungen des Absatzes 1 nicht erfüllen, dürfen bis zu zwölf Monate nach dem Inkrafttreten der für die betreffenden Stoffe und Gemische geltenden Anforderung in den Verkehr gebracht werden.

3. Vorgesehene Sanktionen, Sonstiges. Die Sanktionsfolgen eines vorsätzlichen oder fahrlässigen **4** Verstoßes gegen die Verbotstatbestände nach Abs. 1 oder Abs. 2 ergeben sich aus § 27 ChemG. Nach § 27 Abs. 1 Nr. 1 ChemG lautet die Strafandrohung grds. auf **Freiheitsstrafe bis zu zwei Jahren oder Geldstrafe.** Sofern allerdings vorsätzliche Handlungen gegeben sind, welche zugleich das Leben oder die Gesundheit eines anderen oder fremde Sachen von bedeutendem Wert gefährden, beträgt die Strafdrohung **Freiheitsstrafe bis zu fünf Jahren** oder wiederum Geldstrafe (§ 27 Abs. 2 ChemG).

Handelt der Täter nur fahrlässig, mindern sich gem. § 27 Abs. 4 ChemG die festgelegten Strafrahmen **5** auf Freiheitsstrafe bis zu einem Jahr oder Geldstrafe bzw. Freiheitsstrafe bis zu zwei Jahren oder Geldstrafe in den Fällen des § 27 Abs. 2 ChemG. Auch nur eine versuchte Tatbegehung ist mit Strafe bedroht (§ 27 Abs. 3 ChemG).

Eine Straftat nach dieser Vorschrift ist nicht gegeben, wenn die maßgebliche Tat nach den §§ 328, 330 **6** oder 330a StGB mit gleicher oder schwererer Strafe bedroht ist (§ 27 Abs. 6 ChemG).

Die **Verfolgungsverjährung** beträgt fünf Jahre, soweit die angedrohte Höchststrafe mehr als ein Jahr **7** Freiheitsstrafe beträgt (§ 78 Abs. 3 Nr. 4 StGB), die anderen hier angesprochenen Straftaten, welche mit Freiheitsstrafe bis zu einem Jahr bedroht sind, verjähren in drei Jahren (§ 78 Abs. 3 Nr. 5 StGB).

265. Gesetz über die Verwahrung und Anschaffung von Wertpapieren (Depotgesetz – DepotG)

In der Fassung der Bekanntmachung v. 11.1.1995 (BGBl. I S. 34) FNA 4130-1

Zuletzt geändert durch Art. 199 Zehnte ZuständigkeitsanpassungsVO vom 31.8.2015 (BGBl. I S. 1474)

– Auszug –

Vorbemerkung

Schrifttum: *Alsberg,* Strafbare Verfügungen des Bankiers über eigene, dem Kunden verhaftete Effekten, LZ 1914 Sp. 524; *Böttcher,* DepotG, 2012; *Fichtner,* Die börsen- und depotrechtlichen Strafvorschriften und ihr Verhältnis zu den Eigentums- und Vermögensdelikten des StGB, Diss. Tübingen, 1993; Erbs/Kohlhaas/*Wehowsky,* DepotG, D 30, Stand November 2010; *Heinsius/Horn/Than,* Depotgesetz, 1975; *Miletzki,* 100 Jahre Depotrecht, WM 1996, 1849; *Opitz,* Depotgesetz, 2. Aufl. 1955; *Otto,* Bankentätigkeit und Strafrecht, 1983; *Quassowski/G. Schröder,* Bankdepotgesetz, 1937; *Scherer* (Hrsg.), DepotG, 2012; *Ulsenheimer,* Depotgesetz, in: Handwörterbuch des Wirtschafts- und Steuerstrafrechts, 1. EL August 1986 (zit. Ulsenheimer DepotG); *v. Ungern-Sternberg,* Wirtschaftskriminalität beim Handel mit ausländischen Aktien, ZStW 88 (1976), 653.

1   **1. Depotgesetz.** Das „Gesetz über die Verwahrung und Anschaffung von Wertpapieren" **(DepotG)** v. 4.2.1937 (RGBl. I 171) enthält neben allgemeinen Vorschriften (§ 1) nicht nur besondere Vorschriften zur Verwahrung (§§ 2–17a), zu Einkaufskommission und Eigengeschäft (§§ 18–31) sowie zum Vorrang im Insolvenzverfahren (§§ 32, 33), sondern auch Straf- (§§ 34–37) und Schlussbestimmungen (§§ 41–43). Es regelt die ordnungsgemäßen Verwahrung und Verbuchung von Wertpapieren für andere **(Depotgeschäft,** § 1 Abs. 1 S. 2 Nr. 5 KWG) sowie der Anschaffung und Veräußerung von Finanzinstrumenten im eigenen Namen für fremde Rechnung **(Finanzkommissionsgeschäft,** § 1 Abs. 1 S. 2 Nr. 4 KWG) **typische Bankgeschäfte,** die von Kreditinstituten betrieben werden. Das DepotG wurde mehrfach geändert, ua durch das Handelsrechtsreformgesetz **(HRef)** v. 22.6.1998 (BGBl. I 1474) und das Gesetz zur Neuregelung der Rechtsverhältnisse bei Schuldverschreibungen aus Gesamtemissionen und zur verbesserten Durchsetzbarkeit von Ansprüchen von Anlegern aus Falschberatung **(SchVGEG)** v. 31.7.2009 (BGBl. I 2512).

2   **Vorgänger** war das „Gesetz betreffend die Pflichten der Kaufleute bei der Aufbewahrung fremder Wertpapiere" v. 5.7.1896 **(DepotG 1896).** Anlass für dessen Schaffung gaben die **Zusammenbrüche mehrerer bedeutender Banken** im Herbst 1891, die ua zur Aufdeckung von umfangreichen Depotunterschlagungen führten und *bewirkten,* dass die Vorschriften zum Depotgeschäft auf straf- und zivilrechtlichem Gebiet als ergänzungsbedürftig angesehen wurden (*Fichtner,* Die börsen- und depotrechtlichen Strafvorschriften und ihr Verhältnis zu den Eigentums- und Vermögensdelikten des StGB, 1993, 11 ff.). Entscheidend war die Erwägung, dass Personen, die das Depotgeschäft betreiben, eine **besondere Vertrauensstellung** innehaben, deren Missbrauch besonders verwerflich ist und im Falle des Konkurses sogar das **Wirtschaftsleben lähmen** kann (vgl. *Opitz,* Depotgesetz, 2. Aufl. 1955, 462 (485 f.)). Der Kapitalanleger, der mit seiner Anlage ein Gläubiger- oder Teilhaberwagnis eingeht, sollte nicht auch noch mit einem depotrechtlichen Wagnis belastet sein (*Opitz,* Depotgesetz, 2. Aufl. 1955, III).

3   **2. Depotstrafrecht.** Die Strafvorschriften des DepotG beschränken sich heute auf die Erfassung besonders schwerwiegender Verstöße (*Heinsius/Horn/Than,* Depotgesetz, 1975, Rn. 1). **§ 34** stellt die „Depotunterschlagung" unter Strafe, **§ 35** „unwahre Angaben über das Eigentum". **§ 36** verlangt bei Taten ggü. Angehörigen einen „Strafantrag". **§ 37** betrifft die „Strafbarkeit im Falle der Zahlungseinstellung oder des Insolvenzverfahrens". Bereits das **DepotG 1896** enthielt entsprechende Strafvorschriften, zusätzlich aber auch noch weitere Strafvorschriften (§§ 38–40 aF), wobei die „schwere Depotunterschlagung" (§ 38 aF) sogar als Verbrechen ausgestaltet war. Bis auf die §§ 34–37 wurden alle Strafvorschriften in den 1960/70er Jahren aufgehoben (näher *Fichtner,* Die börsen- und depotrechtlichen Strafvorschriften und ihr Verhältnis zu den Eigentums- und Vermögensdelikten des StGB, 1993, 14 f.). Das **HRef** strich mWv 1.7.1998 bei §§ 34, 35, 37 DepotG das Erfordernis der Kaufmannseigenschaft. Das **SchVGEG** bezog mWv 5.8.2009 auch auf den Namen einer Wertpapiersammelbank ausgestellte Namensschuldverschreibungen ein.

4   **3. Depotkriminalität.** Die **praktische Bedeutung** des Depotstrafrechts ist **sehr gering.** Die **Polizeiliche Kriminalstatistik** weist die Straftaten nach dem DepotG nunmehr gesondert aus (Schlüssel 714050). Jedoch wurden weder im Jahr 2014 noch im Jahr 2015 Fälle registriert (vgl. PKS 2014 und 2015, jeweils Tabellenanhang Tab. 01). Auch die **Strafverfolgungsstatistik** führt für die Jahre 2013 und 2014 keine Verurteilungen nach dem DepotG an. Das **Dunkelfeld** dürfte angesichts dessen, dass den Kunden die einschlägigen Straftaten spätestens bei der Kontrolle des Depotauszugs auffallen würden, und aufgrund der Überwachung des Depotgeschäfts durch die BaFin nicht hoch sein. Freilich tendieren betroffene Kreditinstitute aus Gründen der Diskretion und aus Furcht vor einem Imageverlust dazu, Schäden intern zu beseitigen (vgl. *Fichtner,* Die börsen- und depotrechtlichen Strafvorschriften und ihr Verhältnis zu den Eigentums- und Vermögensdelikten des StGB, 1993, 21).

§ 34 Depotunterschlagung

(1) Wer, abgesehen von den Fällen der §§ 246 und 266 des Strafgesetzbuchs, eigenen oder fremden Vorteils wegen

1. über ein Wertpapier der in § 1 Abs. 1 bezeichneten Art, das ihm als Verwahrer oder Pfandgläubiger anvertraut worden ist oder das er als Kommissionär für den Kommittenten im Besitz hat oder das er im Falle des § 31 für den Kunden im Besitz hat, rechtswidrig verfügt,
2. einen Sammelbestand solcher Wertpapiere oder den Anteil an einem solchen Bestand dem § 6 Abs. 2 zuwider verringert oder darüber rechtswidrig verfügt,

wird mit Freiheitsstrafe bis zu fünf Jahren oder mit Geldstrafe bestraft.

(2) (weggefallen)

Übersicht

A. Allgemeines

I. Gegenstand

§ 34 ist entgegen der irreführenden Bezeichnung in der amtlichen Überschrift („Depotunterschla- **1** gung") nicht nur ein **Spezialtatbestand der Unterschlagung** (§ 246 StGB) (*Fichtner,* Die börsen- und depotrechtlichen Strafvorschriften und ihr Verhältnis zu den Eigentums- und Vermögensdelikten des StGB, 1993, 214 ff.; MüKoStGB/*Hohmann* StGB § 266 Rn. 64), sondern vor allem zugleich der letzte im geltenden Recht noch vorhandene **Spezialtatbestand der Untreue** (§ 266 StGB) (Achenbach/Ransiek/*Rönnau* WirtschaftsStR-HdB/*Seier* Teil 5 Kap. 2 Rn. 2; HK-KapMStrafR/*Zieschang* Rn. 91; LK-StGB/*Schünemann* StGB § 266 Rn. 179). Allerdings ist § 34 ausdrücklich subsidiär zu §§ 246, 266 StGB und dient lediglich dem **Lückenschluss** (→ Rn. 5), so dass die Vorschrift iErg nur in den (seltenen) Fällen Anwendung findet, in denen sowohl der Unterschlagungs- als auch der Untreuetatbestand keinen ausreichenden Schutz bieten.

II. Schutzgut

§ 34 schützt ausschließlich **Eigentum** (*Fichtner,* Die börsen- und depotrechtlichen Strafvorschriften **2** und ihr Verhältnis zu den Eigentums- und Vermögensdelikten des StGB, 1993, 213) und **Vermögen**

(*Fichtner,* Die börsen- und depotrechtlichen Strafvorschriften und ihr Verhältnis zu den Eigentums- und Vermögensdelikten des StGB, 1993, 222; *Heinsius/Horn/Than,* Depotgesetz, 1975, Rn. 1; *Miletzki* WM 1996, 1849; Tiedemann WirtschaftsStR BT Rn. 20) der Depotkunden. Dies ergibt sich daraus, dass es sich um einen Spezialtatbestand von Unterschlagung und Untreue handelt, der im Vorfeld angesiedelt ist, und wird dadurch bestätigt, dass eine ggü. Angehörigen begangene Tat nur auf Antrag verfolgt wird (vgl. § 36). Der Schutz des **Vertrauens in die ordnungsgemäße Verwahrung und Verbuchung,** dh der Schutz des Depotwesens, ist bloßer Reflex. § 34 ist **Schutzgesetz** iSd § 823 Abs. 2 BGB (OLG Frankfurt a. M. (23. Zivilsenat) BeckRS 2008, 08331).

III. Deliktsnatur

3   § 34 ist ein **unechtes Blankettdelikt,** das als Verweisungsnorm für die Beschreibung des sanktionierten Verhaltens auf andere Vorschriften des DepotG als Ausfüllungsnormen Bezug nimmt. § 34 enthält **schlichte Tätigkeitsdelikte,** die mit der Vornahme der Tathandlung vollendet sind. In Bezug auf das Schutzgut ist die Depotunterschlagung ein **abstraktes Gefährdungsdelikt** (*Fichtner,* Die börsen- und depotrechtlichen Strafvorschriften und ihr Verhältnis zu den Eigentums- und Vermögensdelikten des StGB, 1993, 227; Ulsenheimer DepotG 2), da ein Vorteil nicht eintreten muss. IÜ ist § 34 ein **echtes Sonderdelikt** (→ Rn. 6).

IV. Bedeutung

4   § 34 hat heute allenfalls **geringe praktische Bedeutung** (MüKoStGB/*Bröker* § 34 Rn. 2; HK-KapMStrafR/*Zieschang* Rn. 92; Wabnitz/Janovsky WirtschaftsStR-HdB/*Knierim* Kap. 10 Rn. 337). Abgesehen davon, dass sich das RG mit der Depotunterschlagung in mehreren Entscheidungen befasst hatte (vgl. nur RGSt 46, 144; 66, 155), sind nur sehr wenige neuere (zivilrechtliche) Gerichtsentscheidungen bekannt (zum Schutzgesetzcharakter OLG Frankfurt a. M. (23. Zivilsenat) BeckRS 2008, 08331; zur Zuständigkeit für Ansprüche aus unerlaubter Handlung OLG München (15. Zivilsenat) RIW 1989, 901). Beim (seltenen) **Zusammenbruch von Kreditinstituten** ist der Tatbestand gelegentlich erfüllt, da die Depotunterschlagung zur Verdeckung des (drohenden) Zusammenbruchs genutzt werden kann (vgl. Otto DepotG 29 f., der in Fn. 40 vier Fälle aus den 1950/60er Jahren anführt). **Typische Begehungsformen** sind die unbefugte Umbuchung von Wertpapieren sowie die unbefugte Verwertung durch Verkauf oder Verpfändung (*Heinsius/Horn/Than,* Depotgesetz, 1975, Rn. 3, 11; HK-KapMStrafR/*Zieschang* Rn. 93; *v. Ungern-Sternberg* ZStW 88 (1976), 653 (698)). Der **Grund** für die fehlende Bedeutung ist darin zu erblicken, dass idR die §§ 246, 266 StGB eingreifen, so dass wegen der Subsidiaritätsklausel für die Anwendung der Vorschrift kein Raum ist (MüKoStGB/*Bröker* § 34 Rn. 2). So kann zB die Verpfändung von Wertpapieren häufig als Zueignung bewertet werden. Zudem wurde der Untreuetatbestand im Jahre 1933 durch den Gesetzgeber und die nachfolgende Rspr. erheblich ausgeweitet. Und schließlich gilt das Depotgeschäft als seriös und verlässlich (Achenbach/Ransiek/Rönnau WirtschaftsStR-HdB/*Schröder* Teil 10 Kap. 3 Rn. 141), zumal die Einhaltung der Vorschriften von der BaFin überwacht wird, die bei Missständen umgehend eingreift (Wabnitz/Janovsky WirtschaftsStR-HdB/*Knierim* Kap. 10 Rn. 337).

V. Notwendigkeit

5   § 34 wird verbreitet (Otto DepotG 29 f.; HK-KapMStrafR/*Zieschang* Rn. 93; Ulsenheimer DepotG 1) aufgrund seiner Subsidiarität als überflüssig angesehen und damit die **kriminalpolitische Notwendigkeit** in Frage gestellt; der Gesetzgeber des EGStGB v. 2.3.1974 (BGBl. I 469 (571)) habe aus unberechtigter Furcht an der Vorschrift festgehalten. Ignoriert wird damit aber, dass die Depotunterschlagung einen eigenständigen Anwendungsbereich hat und dem **Lückenschluss** dient. So verlangt § 34 – im Gegensatz zu § 266 StGB – nicht den Eintritt eines Nachteils, sondern lässt Vorteilsabsicht genügen und bietet damit bereits im Vorfeld einer Untreue Schutz (Achenbach/Ransiek/Rönnau WirtschaftsStR-HdB/*Seier* Teil 5 Kap. 2 Rn. 2; LK-StGB/*Schünemann* StGB § 266 Rn. 179). Zum anderen schützt § 34 den Kommittenten auch vor rechtswidrigen Verfügungen über Papiere, die auf seine Rechnung gekauft wurden und auf die er lediglich einen Anspruch auf Eigentumsübertragung hat (Achenbach/Ransiek/Rönnau WirtschaftsStR-HdB/*Schröder* Teil 10 Kap. 3 Rn. 151; *Fichtner,* Die börsen- und depotrechtlichen Strafvorschriften und ihr Verhältnis zu den Eigentums- und Vermögensdelikten des StGB, 1993, 217 (252); krit. HK-KapMStrafR/*Zieschang* Rn. 92 in Fn. 4 aE), sowie bei der rechtswidrigen Bestellung von Sicherheiten, sofern die Verpfändung nicht von §§ 246, 266 StGB erfasst ist (Achenbach/Ransiek/Rönnau WirtschaftsStR-HdB/*Schröder* Teil 10 Kap. 3 Rn. 156; *v. Ungern-Sternberg* ZStW 88 (1976), 653 (698)). IÜ hat die Vorschrift ggü. dem potentiellen Täterkreis eine **Appell-, Warn- und Abschreckungsfunktion.**

B. Objektiver Tatbestand

I. Täterkreis

Trotz Streichung des Tatbestandserfordernisses der Kaufmannseigenschaft durch das HRef (→ Vorb. **6** Rn. 3) ist § 34 ein **echtes Sonderdelikt. Täter des § 34 Abs. 1 Nr. 1** können ausschließlich die in der Vorschrift genannten Personen sein: Verwahrer, Pfandgläubiger, Kommissionäre, Eigenhändler und selbsteintretende Kommissionäre. Diese Personen bilden auch den **Täterkreis des § 34 Abs. 1 Nr. 2** (*Heinsius/Horn/Than,* Depotgesetz, 1975, Rn. 12; HK-KapMStrafR/*Zieschang* Rn. 94; *Quassowski/G. Schröder,* Bankdepotgesetz, 1937, § 34 Rn. 4; Wabnitz/Janovsky WirtschaftsStR-HdB/*Knierim* Kap. 10 Rn. 297; aA ("Jedermannstraftat") Achenbach/Ransiek/Rönnau WirtschaftsStR-HdB/*Schröder* Teil 10 Kap. 3 Rn. 152; Erbs/Kohlhaas/*Wehowsky* Rn. 12; Hellmann/Beckemper WirtschaftsStR Rn. 129; MüKoStGB/*Bröker* § 34 Rn. 11), selbst wenn sie in dieser Alt. nicht erneut genannt werden, da nur das Tatobjekt abweicht, statt an Einzel- an Sammelbestände von Wertpapieren angeknüpft wird.

Verwahrer ist, wem im Betrieb seines Gewerbes Wertpapiere unverschlossen zur Verwahrung anver- **7** traut werden (vgl. § 1 Abs. 2). Hierzu zählt auch der **Zwischenverwahrer** (Achenbach/Ransiek/Rönnau WirtschaftsStR-HdB/*Schröder* Teil 10 Kap. 3 Rn. 148, 150; *Heinsius/Horn/Than,* Depotgesetz, 1975, Rn. 9; *Opitz,* Depotgesetz, 2. Aufl. 1955, § 34 Anm. 4a; HK-KapMStrafR/*Zieschang* Rn. 96; *v. Ungern-Sternberg* ZStW 88 (1976), 653 (698)), der die Papiere seinerseits von einem anderen Verwahrer verwahren lässt (§ 3 Abs. 2 S. 1) und nur mittelbaren Besitz hat. Ohne Bedeutung ist, ob die Verwahrpflichten aus Vertrag oder aus gesetzlichen Regelungen resultieren (HK-KapMStrafR/*Zieschang* Rn. 96; *Quassowski/G. Schröder,* Bankdepotgesetz, 1937, § 34 Rn. 3). Als Verwahrer sind **auch Kommissionäre, Eigenhändler** und **selbsteintretende Kommissionäre** anzusehen, sofern die Wertpapiere in das (Mit-)Eigentum des Kommittenten bzw. Käufers übergegangen sind (vgl. §§ 29, 31), da ihnen dann die Pflichten und Befugnisse eines Verwahrers obliegen (Achenbach/Ransiek/Rönnau WirtschaftsStR-HdB /*Schröder* Teil 10 Kap. 3 Rn. 151; *Opitz,* Depotgesetz, 2. Aufl. 1955, § 34 Anm. 4a; HK-KapM-StrafR/*Zieschang* Rn. 6).

Pfandgläubiger ist, wem im Betrieb seines Gewerbes Wertpapiere unverschlossen als Pfand anver- **8** traut werden; ihm obliegen ebenfalls die Pflichten und Befugnisse eines Verwahrers (vgl. § 17).

Kommissionär ist, wer es gewerbsmäßig übernimmt, Wertpapiere für Rechnung eines anderen (des **9** Kommittenten) in eigenem Namen zu kaufen oder zu verkaufen (vgl. § 18 Abs. 1 S. 1 DepotG iVm § 383 HGB).

Eigenhändler ist, wer in eigenem Namen und auf eigene Rechnung Wertpapiere verkauft oder **10** umtauscht (vgl. § 31 Alt. 1).

Selbsteintretender Kommissionär ist, wer einen Auftrag zum Einkauf oder zum Umtausch von **11** Wertpapieren im Wege des Selbsteintritts ausführt (vgl. § 31 Alt. 2).

Da das Depot- und Finanzkommissionsgeschäft von **Unternehmen** betrieben wird, die durchweg in **12** der Rechtsform einer juristischen Person (vor allem AG) oder Personenvereinigung organisiert sind, kommen idR als Täter gem. der Regelung der Organ- und Vertreterhaftung des § 14 StGB nur die **organschaftlichen** (zB Vorstände, Geschäftsführer), **gesetzlichen** und **bestimmte gewillkürte Vertreter** (Achenbach/Ransiek/Rönnau WirtschaftsStR-HdB/*Schröder* Teil 10 Kap. 3 Rn. 153; *Fichtner,* Die börsen- und depotrechtlichen Strafvorschriften und ihr Verhältnis zu den Eigentums- und Vermögensdelikten des StGB, 1993, 204 f.) in Betracht. Bei den gewillkürten Vertretern (vgl. § 14 Abs. 2 StGB) handelt es sich insbes. um die Leiter von Niederlassungen, Filialen und Wertpapierabteilungen, aber auch um Angestellte, die ausdrücklich mit der eigenverantwortlichen Erfüllung von Aufgaben, die dem Unternehmen obliegen, beauftragt sind (vgl. *Heinsius/Horn/Than,* Depotgesetz, 1975, Rn. 6; MüKoStGB/*Bröker* § 34 Rn. 4).

Bei den heute seltenen **Privatbankiers** ist hingegen der Bankier als natürliche Person selbst strafrecht- **13** lich verantwortlich. Darüber hinaus können aber auch die für ihn handelnden gewillkürten Vertreter (vgl. § 14 Abs. 2 StGB) bestraft werden. Auch als Pfandgläubiger und Kommissionär (zB als Freimakler) sind zT natürliche Personen tätig (Achenbach/Ransiek/Rönnau WirtschaftsStR-HdB/*Schröder* Teil 10 Kap. 3 Rn. 153).

II. Tatobjekt

Tatobjekt sind **Wertpapiere,** die als Einzel- (§ 34 Abs. 1 Nr. 1) oder Sammelbestand (§ 34 Abs. 1 **14** Nr. 2) **zur Verwahrung anvertraut** (Verwahrgeschäft) sind oder **besessen** (Kommissionsgeschäft) werden.

1. Wertpapiere. Geschützt sind ausschließlich **Wertpapiere iSd § 1 Abs. 1 S. 1,** dh Aktien, Kuxe, **15** Zwischenscheine, Zins-, Gewinnanteils- und Erneuerungsscheine, auf den Inhaber lautende oder durch Indossament übertragbare Schuldverschreibungen sowie – mit Ausnahme von Banknoten und Papiergeld – andere vertretbare Wertpapiere. Geschützt sind Inhaber-, Order- und Namenspapiere (*Fichtner,* Die börsen- und depotrechtlichen Strafvorschriften und ihr Verhältnis zu den Eigentums- und Vermögensdelikten des StGB, 1993, 191; *Heinsius/Horn/Than,* Depotgesetz, 1975, Rn. 3; MüKoStGB/*Bröker* § 34 Rn. 5). Ohne Bedeutung ist, ob es sich um in- oder ausländische Wertpapiere handelt. **Kuxe** gibt es seit der Umwandlung aller bergrechtlichen Gewerkschaften in andere Rechtsformen im Jahre 1985 nicht mehr. **Schuldverschreibungen** sind ua Sparbriefe (Baumbach/Hopt/*Kumpan* § 1 Rn. 1) und Zertifikate. **Andere vertretbare** (fungible) **Wertpapiere** sind zB Anleihen, Pfandbriefe, Bundeswertpapiere und Anteile an Investmentfonds.

16   Seit dem SchVGEG v. 31.7.2009 (→ Vorb. Rn. 3) bezieht **§ 1 Abs. 1 S. 2** ausdrücklich **Namensschuldverschreibungen** ein, soweit sie auf den Namen einer Wertpapiersammelbank ausgestellt wurden. Hierdurch wird klargestellt, dass das DepotG auch sog **global bonds** schützt (RegE BT-Drs. 16/12814, 28). Hierbei gibt es um Anleihen deutscher oder US-amerikanischer Schuldner, die sowohl in Deutschland als auch den USA zum Handel zugelassen sind und als Namensschuldverschreibungen ausgestaltet werden. Ohne die Klarstellung könnte man annehmen, dass der in den USA verbriefte Teil nach deutschem Recht als Forderung übertragbar wäre. Vorausgesetzt wird, dass eine inländische Wertpapiersammelbank (→ Rn. 19) im Register des Schuldners als Inhaber des Rechts eingetragen ist.

17   **Nicht geschützt** sind ua Ausweisurkunden (zB Sparbücher), HGB-Traditionspapiere (Ladeschein, Orderlagerschein, Konnossement), Wechsel, Schecks, Versicherungsscheine, Hypotheken- und Grundschuldbriefe (Baumbach/Hopt/*Kumpan* § 1 Rn. 1) sowie Derivate (Wabnitz WirtschaftsStR-HdB/Janovsky/*Knierim* Kap. 10 Rn. 296).

18   **2. Zur Verwahrung anvertraut.** Geschützt sind nur Wertpapiere, die dem Verwahrer im Betrieb seines Gewerbes **unverschlossen zur Verwahrung anvertraut** werden (vgl. § 1 Abs. 2). Vorausgesetzt wird damit, dass er Kenntnis von den Wertpapieren hat (sog **offenes Depot).** Die Wertpapiere müssen nicht zwangsläufig im Eigentum des Depotkunden stehen (*Fichtner,* Die börsen- und depotrechtlichen Strafvorschriften und ihr Verhältnis zu den Eigentums- und Vermögensdelikten des StGB, 1993, 192). Erfasst sind **alle Verwahrarten des DepotG.**

19   Bei der **Sonderverwahrung** (§ 2), die heute selten ist, werden die Wertpapiere durch den Verwahrer unter äußerlich erkennbarer Bezeichnung jedes Hinterlegers – idR durch eine individuell ausgezeichnete Papierschleife **(Streifbandverwahrung)** (*Fichtner,* Die börsen- und depotrechtlichen Strafvorschriften und ihr Verhältnis zu den Eigentums- und Vermögensdelikten des StGB, 1993, 199) – gesondert von eigenen Beständen und von den Beständen Dritter aufbewahrt. Die Sonderverwahrung, die aufwendig und teuer ist, erfolgt nur auf **ausdrücklichen Auftrag** (§ 2 S. 1).

20   Die **Sammelverwahrung** (§ 5) stellt heute die Regelverwahrung für vertretbare Wertpapiere, die zur Sammelverwahrung zugelassen sind, dar (MüKoStGB/*Bröker* § 34 Rn. 8, 11). Sie erfolgt grds. in Form der einfachen und kostengünstigen **Girosammelverwahrung** bei einer Wertpapiersammelbank iSv § 1 Abs. 3. **Wertpapiersammelbank** ist gegenwärtig für Deutschland nur noch die Clearstream Banking Frankfurt AG, eine Tochter der Deutsche Börse AG, bei der die Banken Girosammelverwahrkonten unterhalten, auf denen die Anteile an Sammelbeständen gebucht bzw. von Konto zu Konto umgebucht werden; die Banken führen Depotkundenkonten, in denen sie entsprechende Gegenbuchungen tätigen. Wertpapiere können aber auch **ausländischen Wertpapiersammelbanken** anvertraut werden (§ 5 Abs. 4; vgl. auch MüKoStGB/*Bröker* § 34 Rn. 8). Bei ausdrücklicher schriftlicher Ermächtigung kann die Verwahrung ausnahmsweise in Form der **Haussammelverwahrung** durch den Verwahrer selbst erfolgen. Werden Wertpapiere in Sammelverwahrung genommen, entsteht mit dem Zeitpunkt des Eingangs beim Sammelverwahrer für die bisherigen Eigentümer Miteigentum nach Bruchteilen an den zum Sammelbestand gehörenden Wertpapieren derselben Art (§ 6 Abs. 1 S. 1), dh das Alleineigentum geht verloren.

21   Sehr häufig werden heute nicht mehr einzelne Anteilsscheine ausgegeben und verwahrt, sondern es wird nur noch ein einziges Wertpapier in Form einer **Sammelurkunde** (§ 9a) ausgegeben und bei einer Wertpapiersammelbank verwahrt. Für diesen Fall gelten die Vorschriften des DepotG über Sammelverwahrung und Sammelbestandanteile sinngemäß (§ 9a Abs. 2), dh die Aktionäre erhalten Bruchteilseigentum.

22   **Weitere Verwahrarten** sind: die **Drittverwahrung,** bei welcher der Verwahrer die Wertpapiere unter seinem Namen einem anderen zur Verwahrung (§ 3) bzw. zur Sammelverwahrung (§ 5 Abs. 1 S. 2, Abs. 3) anvertraut; die **Tauschverwahrung** (§ 10), bei welcher der Verwahrer ermächtigt ist, an Stelle der anvertrauten Wertpapiere solche derselben Art zurück zu gewähren; die **Pfandverwahrung** (§ 17), bei der Wertpapiere dem Pfandgläubiger unverschlossen als Pfand anvertraut werden; die **Verwahrung durch Kommissionär** (§ 29), **Eigenhändler** und **selbsteintretenden Kommissionär** (§ 31), nach dem Übergang der Wertpapiere in das (Mit-)Eigentum des Kommittenten bzw. Käufers.

23   **Nicht geschützt** ist die heute seltene **Eigenverwahrung** von Wertpapieren in einem Schrank-, Schließ- oder Tresorfach der Bank im Sinne eines **geschlossenen Depot** (Achenbach/Ransiek/Rönnau WirtschaftsStR-HdB/*Schröder* Teil 10 Kap. 3 Rn. 142; *Opitz,* Depotgesetz, 2. Aufl. 1955, § 34 Anm. 4; Wabnitz/Janovsky WirtschaftsStR-HdB /*Knierim* Kap. 10 Rn. 296). Hierbei hat die Bank idR keine Kenntnis vom Depotinhalt. Diese Verwahrart, der ein Mietvertrag zugrunde liegt, war früher vor allem bei (anonymen) **Tafelgeschäften** üblich, bei denen Wertpapiere am Bankschalter („Tafel") gekauft und vom Käufer in einer idR nur von ihm verschließbaren Kassette verwahrt werden. Der Käufer ist hier für

die Einlösung der Kupons selbst verantwortlich, die vom Tafelpapier abgeschnitten und bei einer Bank oder Zahlstelle eingelöst werden können. Tafelgeschäfte wurden früher vielfach zur Steuerhinterziehung genutzt; Einkünfte aus Tafelgeschäften unterlagen einer erhöhten, aber mit Blick auf den Spitzensteuersatz vergleichsweise niedrigen Abgeltungssteuer von 35 %. Gem. dem Unternehmensteuerreformgesetz 2008 (BGBl. 2007 I 1912) unterliegen nunmehr auch Einkünfte aus Tafelgeschäften seit dem 1.1.2009 der einheitlichen Abgeltungssteuer.

Nicht geschützt ist auch die **unregelmäßige Verwahrung** (§ 15 Abs. 1) (*Fichtner*, Die börsen- und **24** depotrechtlichen Strafvorschriften und ihr Verhältnis zu den Eigentums- und Vermögensdelikten des StGB, 1993, 193; HK-KapMStrafR/*Zieschang* Rn. 96; *Quassowski/G. Schröder*, Bankdepotgesetz, 1937, § 34 Rn. 3), bei der das Eigentum an den Wertpapieren sofort auf den Verwahrer oder einen Dritten übergeht, der nur verpflichtet ist, Papiere derselben Art zurück zu gewähren, sowie das ihr gleichgestellte **Wertpapierdarlehen,** § 15 Abs. 3, bei dem der Entleiher ebenfalls zum Eigentümer der Wertpapiere wird und nicht die ursprünglich entliehenen, sondern nur Papiere derselben Art zurückgeben muss. Gleichfalls nicht geschützt ist die **Verwahrung mit Ermächtigung zur Verfügung über das Eigentum** (§ 13) (*Fichtner,* Die börsen- und depotrechtlichen Strafvorschriften und ihr Verhältnis zu den Eigentums- und Vermögensdelikten des StGB, 1993, 193), bei der der Verwahrer die anvertrauten Wertpapiere sich aneignen oder an einen Dritten übereignen darf und nur die Rückgabe von Papieren derselben Art schuldet; macht er hiervon Gebrauch, geht das Eigentum über (vgl. § 13 Abs. 2).

Anvertraut bedeutet **Verwahrung im üblichen Geschäftsgang** (Achenbach/Ransiek/Rönnau **25** WirtschaftsStR-HdB/*Schröder* Teil 10 Kap. 3 Rn. 150); ein gesteigertes Vertrauen – wie bei § 246 Abs. 2 StGB – wird nicht vorausgesetzt. Ausreichend ist, dass die Wertpapiere in den Gewahrsam des Täters mit der Verpflichtung gelangen, sie zurückzugeben bzw. zweckbestimmt zu verwenden (HK-KapMStrafR/*Zieschang* Rn. 96). Ob das zugrunde liegende Geschäft nichtig ist, spielt infolge des Schutzzwecks des DepotG keine Rolle (Baumbach/Hopt/*Kumpan* § 1 Rn. 4; *Fichtner,* Die börsen- und depotrechtlichen Strafvorschriften und ihr Verhältnis zu den Eigentums- und Vermögensdelikten des StGB, 1993, 192).

3. In Besitz haben. § 34 bezieht auch das **Kommissions- und Eigengeschäft** ein. Geschützt sind **26** Wertpapiere, die auftragsgemäß angeschafft wurden und sich zivilrechtlich im **Besitz** eines Kommissionärs, Eigenhändlers oder selbsteintretenden Kommissionärs befinden, aber dem Kommittenten bzw. Käufer **noch nicht übereignet** wurden (Achenbach/Ransiek/Rönnau WirtschaftsStR-HdB/*Schröder* Teil 10 Kap. 3 Rn. 146; MüKoStGB/*Bröker* § 34 Rn. 7). Der Täter kann demnach auch dann strafbar sein, wenn er über eigene Wertpapiere verfügt (→ Rn. 30). Vorausgesetzt wird, dass **mindestens mittelbarer Besitz** besteht (MüKoStGB/*Bröker* § 34 Rn. 7) und **kein Eigentumsübergang** stattgefunden hat. Sind die Wertpapiere hingegen in das (Mit-)Eigentum des Kommittenten bzw. Käufers übergegangen, befinden sie sich aber noch im Besitz des Kommissionärs, Eigenhändlers oder selbsteintretenden Kommissionärs, hat dieser die Rechte und Pflichten eines Verwahrers (→ Rn. 7).

III. Tathandlungen

Als Tathandlungen stellen sowohl **§ 34 Abs. 1 Nr. 1** als auch **§ 34 Abs. 1 Nr. 2** auf eine rechts- **27** widrige Verfügung durch den Verwahrer oder Pfandgläubiger (Alt. 1), Kommissionär (Alt. 2) oder Eigenhändler bzw. selbsteintretenden Kommissionär (Alt. 3) ab. Darüber hinaus erfasst **§ 34 Abs. 1 Nr. 2** die Verringerung eines Sammelbestands von Wertpapieren oder eines Anteils an einem solchen Bestand. Hierbei sind im Falle der **Girosammelverwahrung** sowohl die Anteile der Bank an dem Wertpapiersammelbestand, die im Girosammelverwahrkonto bei der Wertpapiersammelbank gehalten werden, als auch die Anteile des Depotkunden an dem Girosammelverwahrkonto geschützt (Hellmann/ Beckemper WirtschaftsStR Rn. 130).

1. Rechtswidrige Verfügung (§ 34 Abs. 1 Nr. 1). Der Begriff **Verfügung** ist weit auszulegen und **28** schließt **jede Maßnahme** ein, die das Verhältnis des Eigentümers zum Wertpapier in irgendeiner Weise verändert (RGSt 46, 144 (148 f.); Achenbach/Ransiek/Rönnau WirtschaftsStR-HdB/*Schröder* Teil 10 Kap. 3 Rn. 155; *Alsberg* LZ 1914, 524 (525); Baumbach/Hopt/*Kumpan* § 34 Rn. 1; Erbs/Kohlhaas/ *Wehowsky* Rn. 6; *Fichtner,* Die börsen- und depotrechtlichen Strafvorschriften und ihr Verhältnis zu den Eigentums- und Vermögensdelikten des StGB, 1993, 207 f.; MüKoStGB/*Bröker* § 34 Rn. 10), dh Eigentum oder Eigentumsverschaffungsanspruch beeinträchtigt.

Erfasst sind vor allem **Verfügungsgeschäfte,** die eine Übertragung, Belastung, Aufhebung oder **29** Änderung bewirken (Achenbach/Ransiek/Rönnau WirtschaftsStR-HdB/*Schröder* Teil 10 Kap. 3 Rn. 155; HK-KapMStrafR/*Zieschang* Rn. 10, 12), insbes. die eigenmächtige **Übereignung** und die **Verpfändung** (§§ 12, 12a) (Achenbach/Ransiek/Rönnau WirtschaftsStR-HdB/*Schröder* Teil 10 Kap. 3 Rn. 156; *Fichtner,* Die börsen- und depotrechtlichen Strafvorschriften und ihr Verhältnis zu den Eigentums- und Vermögensdelikten des StGB, 1993, 207; Hellmann/Beckemper WirtschaftsStR Rn. 128; MüKoStGB/*Bröker* § 34 Rn. 10; vgl. auch OLG Frankfurt a. M. (23. Zivilsenat) BeckRS 2008, 08331). Einbezogen ist – im Gegensatz zu § 246 StGB, der eine Zueignung verlangt – auch die bloße **Gebrauchsanmaßung** (vgl. nur *Böttcher,* DepotG, 2012, § 34 Rn. 4), da sie die Eigentümerrechte, wenn auch nur vorübergehend, beeinträchtigt. Erfasst ist zudem die eigenmächtige **Begebung von Optionen** oder **gedeckten Optionsscheinen** (Achenbach/Ransiek/Rönnau WirtschaftsStR-HdB/ *Schröder* Teil 10 Kap. 3 Rn. 157; Hellmann/Beckemper WirtschaftsStR Rn. 128; HK-KapMStrafR/ *Zieschang* Rn. 102), die das Recht geben, das verwahrte Wertpapier zu einem späteren Zeitpunkt zu einem vereinbarten Preis zu kaufen (Call-Optionsscheine). IÜ ist selbst das **Beschädigen** oder **Zerstören** des Wertpapiers einbezogen (vgl. nur HK-KapMStrafR/ *Zieschang* Rn. 100).

30   Bei der **Sammelverwahrung** sind Verfügungen durch die **Entnahme von Stücken** bzw. bei der Girosammelverwahrung durch **eigenmächtige Buchungsvorgänge** möglich, die eine Übereignung oder Verpfändung von Stücken bzw. Anteilen zur Folge haben (Achenbach/Ransiek/Rönnau WirtschaftsStR-HdB/ *Schröder* Teil 10 Kap. 3 Rn. 159).

31   **Kommissionäre, Eigenhändler** und **selbsteintretende Kommissionäre** können im Rahmen des § 34 Abs. 1 Nr. 1 Alt. 2 auch über Wertpapiere, die sich **noch in ihrem Eigentum** befinden, rechtswidrig verfügen (RGSt 61, 336 (337 ff.); 66, 405 (406); *Alsberg* LZ 1914, 524 (525); *Fichtner*, Die börsen- und depotrechtlichen Strafvorschriften und ihr Verhältnis zu den Eigentums- und Vermögensdelikten des StGB, 1993, 193 ff.; *Heinsius/Horn/Than*, Depotgesetz, 1975, Rn. 10; *Opitz*, Depotgesetz, 2. Aufl. 1955, § 34 Anm. 4b; *Quassowski/G. Schröder*, Bankdepotgesetz, 1937, § 34 Rn. 3; HK-KapMStrafR/ *Zieschang* Rn. 97; aA noch RGSt 47, 38 (43)). Der strafrechtliche Schutz setzt nämlich bereits dann ein, wenn der Kommissionär, Eigenhändler oder selbsteintretende Kommissionär auftragsgemäß Besitz an den Wertpapieren erlangt und der Kommittent bzw. Käufer einen schuldrechtlichen Anspruch auf Übereignung hat (→ Rn. 26).

32   **Nicht tatbestandsmäßig** ist die **unbefugte Ausübung des Stimmrechts** in der Hauptversammlung einer AG oder **anderer Aktionärsrechte** (*Heinsius/Horn/Than*, Depotgesetz, 1975, Rn. 11; MüKoStGB/ *Bröker* § 34 Rn. 10; *Opitz*, Depotgesetz, 2. Aufl. 1955, § 34 Anm. 5a), da sie das Eigentum bzw. den Eigentumsverschaffungsanspruch grds. nicht beeinträchtigt. Die rechtswidrige Ausübung dieser Rechte ahnden die Ordnungswidrigkeiten des § 405 Abs. 3 AktG.

33   Das Merkmal „**rechtswidrig**" ist kein normatives Tatbestandsmerkmal, sondern nach hM (Achenbach/Ransiek/Rönnau WirtschaftsStR-HdB/ *Schröder* Teil 10 Kap. 3 Rn. 158; *Heinsius/Horn/Than*, Depotgesetz, 1975, Rn. 14; MüKoStGB/ *Bröker* § 34 Rn. 15; Ulsenheimer DepotG 3; aA Erbs/Kohlhaas/ *Wehowsky* Rn. 7; *Fichtner*, Die börsen- und depotrechtlichen Strafvorschriften und ihr Verhältnis zu den Eigentums- und Vermögensdelikten des StGB, 1993, 219; *Opitz*, Depotgesetz, 2. Aufl. 1955, § 34 Anm. 6; HK-KapMStrafR/ *Zieschang* Rn. 101) ein bloßer **Hinweis auf das allg. Verbrechensmerkmal**. Zwar ist der Verfügungsbegriff weit zu verstehen (→ Rn. 28), dennoch ist eine Restriktion bereits auf der Tatbestandsebene nicht angezeigt, da der herausgehobene Täterkreis in Irrtumsfällen keines besonderen Schutzes bedarf, der – umgekehrt – den Schutz der Depotkunden verkürzen würde. Rechtswidrig sind Verfügungen, die **durch Gesetz, Vertrag oder (mutmaßliche) Einwilligung nicht gestattet** sind (*Fichtner*, Die börsen- und depotrechtlichen Strafvorschriften und ihr Verhältnis zu den Eigentums- und Vermögensdelikten des StGB, 1993, 208; *Heinsius/Horn/Than*, Depotgesetz, 1975, Rn. 14 ff.; MüKoStGB/ *Bröker* § 34 Rn. 15; Ulsenheimer DepotG 3).

34   **Nicht rechtswidrig** sind Maßnahmen, die der bloßen Verwaltung dienen, aber auch Verfügungen, die in Ausübung eines bestehenden Rechts erfolgen (zB Befriedigung aus einem zur Verwertung berechtigenden Zurückbehaltungsrecht (§§ 369, 371 HGB); Befriedigung durch Verkauf des Faustpfands (§ 1228 BGB) bzw. des Kommissionsgutes (§ 398 HGB)) (*Heinsius/Horn/Than*, Depotgesetz, 1975, Rn. 16; MüKoStGB/ *Bröker* § 34 Rn. 15; *Opitz*, Depotgesetz, 2. Aufl. 1955, § 34 Anm. 5b).

35   **2. Verringerung entgegen § 6 Abs. 2 (§ 34 Abs. 1 Nr. 2).** Unter **Verringerung** ist jede Maßnahme zu verstehen, die eine – wenn auch nur vorübergehende – **Minderung des materiellen Miteigentumsbestandes** zur Folge hat (Achenbach/Ransiek/Rönnau WirtschaftsStR-HdB/ *Schröder* Teil 10 Kap. 3 Rn. 159; *Heinsius/Horn/Than*, Depotgesetz, 1975, Rn. 12; Hellmann/Beckemper WirtschaftsStR Rn. 129; HK-KapMStrafR/ *Zieschang* Rn. 103). Nach § 6 Abs. 2 darf der Sammelverwahrer ohne Zustimmung der übrigen Beteiligten aus dem Sammelbestand jedem Hinterleger lediglich die diesem gebührende Menge ausliefern oder der ihm selbst gebührende Menge entnehmen. Erfasst ist insbes. die **unberechtigte** – dh gegen oder ohne den Willen des Depotkunden erfolgende – **Entnahme einzelner Wertpapiere.** Einbezogen ist auch die **Vernichtung** einzelner Wertpapiere (HK-KapMStrafR/ *Zieschang* Rn. 103; *Quassowski/G. Schröder*, Bankdepotgesetz, 1937, § 34 Rn. 4). Hingegen stellt es eine Verfügung dar (→ Rn. 29), wenn bei der Girosammelverwahrung durch **eigenmächtige Buchungsvorgänge** Wertpapieranteile auf ein anderes Konto übertragen werden (Hellmann/Beckemper WirtschaftsStR Rn. 129).

36   Dass der Täter **zum Ausgleich** – durch Geld oder eigene Bestände – **jederzeit willens und in der Lage** ist, ist ohne Bedeutung (Achenbach/Ransiek/Rönnau WirtschaftsStR-HdB/ *Schröder* Teil 10 Kap. 3 Rn. 159; HK-KapMStrafR/ *Zieschang* Rn. 104), da § 34 – anders als § 266 StGB – nicht auf einen Nachteil abstellt, sondern bereits eine Gefährdung ausreichen lässt.

37   **Nicht tatbestandsmäßig** sind Maßnahmen, die der bloßen Verwaltung des Bestandes dienen (zB Bezugsrechtsausübung; Einlösung; Kuponinkasso) (*Fichtner*, Die börsen- und depotrechtlichen Strafvor-

schriften und ihr Verhältnis zu den Eigentums- und Vermögensdelikten des StGB, 1993, 208 f.; *Heinsius/ Horn/Than,* Depotgesetz, 1975, Rn. 12). Dies gilt auch für Maßnahmen, die eine Ersetzungshandlung iSv § 9a darstellen, da der Aussteller sie nach § 9a Abs. 1 S. 2 Nr. 1, 2 jederzeit und ohne Zustimmung der übrigen Beteiligten vornehmen darf.

C. Subjektiver Tatbestand und Irrtum

I. Vorsatz

§ 34 Abs. 1 verlangt **vorsätzliches** Handeln. **Bedingter Vorsatz** genügt (vgl. nur MüKoStGB/ 38 *Bröker* § 34 Rn. 12 mwN). Er liegt nicht bereits vor, wenn der Täter eine rechtswidrige Verfügung bzw. Verringerung für möglich hält und trotzdem handelt, sondern er muss sich auch damit abgefunden bzw. dies gebilligt haben. Das ist insbes. der Fall, wenn der Täter ein **sehr hohes Risiko** der Tatbestandsverwirklichung eingeht.

II. Vorteilsabsicht

Stets muss der Täter **des eigenen oder fremden Vorteils wegen** handeln. Es handelt sich bei der 39 vorausgesetzten **Vorteilsabsicht** um eine **besondere Absicht**, eine „überschießende Innentendenz", die kein besonderes Schuldmerkmal, sondern ein subjektives Tatbestandsmerkmal ist. Sie bewirkt eine Vorverlagerung der Strafbarkeit, da der Vorteil nicht objektiv eingetreten sein muss (vgl. nur HK-KapMStrafR/*Zieschang* Rn. 106). § 34 ist damit ein **kupiertes Delikt.** Eine weitergehende Bereicherungs- oder Schädigungsabsicht ist nicht erforderlich.

Der **Vorteil** kann in jeder Besserstellung des Täters bestehen, da ein **materieller Vermögensvorteil** 40 nicht vorausgesetzt wird, sondern nach hM (Achenbach/Ransiek/Rönnau WirtschaftsStR–HdB/*Schröder* Teil 10 Kap. 3 Rn. 160; Erbs/Kohlhaas/*Wehowksy* Rn. 9; *Fichtner,* Die börsen- und depotrechtlichen Strafvorschriften und ihr Verhältnis zu den Eigentums- und Vermögensdelikten des StGB, 1993, 209; *Heinsius/Horn/Than,* Depotgesetz, 1975, Rn. 18; MüKoStGB/*Bröker* § 34 Rn. 14; *Opitz,* Depotgesetz, 2. Aufl. 1955, § 34 Anm. 5c; HK-KapMStrafR/*Zieschang* Rn. 106; Ulsenheimer DepotG 2; aA *Opitz,* Bankdepotgesetz, 1937, § 34 Rn. 5) auch ein **immaterieller Vorteil** genügt. Vorteilsabsicht liegt zB dann vor, wenn der Täter absprachewidrig eine technisch einfachere Verwahrart wählt, also zB Sammel- statt Sonderverwahrung (vgl. nur MüKoStGB/*Bröker* § 34 Rn. 14). **Nicht ausreichend** ist es hingegen, dass die Tat lediglich aus Bequemlichkeit erfolgt (RGSt 65, 214 (221)).

Absicht ist iSv **dolus directus 1. Grades** zu verstehen, dh dem Täter muss es auf den Vorteil als 41 Haupt- oder Nebenzweck „ankommen". Es genügt, dass er den Vorteil als notwendiges Zwischenziel „erstrebt".

III. Irrtum

Ein **Tatbestandsirrtum,** der den Vorsatz ausschließt (§ 16 Abs. 1 StGB), liegt vor, wenn der Täter 42 sich über den tatsächlichen Sachverhalt irrt, der die Verfügung bzw. Verringerung begründet. Das Merkmal **rechtswidrig** ist nur Hinweis auf das allg. Verbrechensmerkmal (→ Rn. 33). Daher begründet der Irrtum über die tatsächlichen Voraussetzungen einer (mutmaßlichen) Einwilligung nur einen **Erlaubnistatbestandsirrtum,** der aber nach hM (vgl. Rengier StrafR AT § 30 Rn. 19 f. mwN) dem Tatbestandsirrtum – jedenfalls in den Rechtsfolgen – gleichgestellt ist (iErg ebenso – Vorsatz entfällt – *Fichtner,* Die börsen- und depotrechtlichen Strafvorschriften und ihr Verhältnis zu den Eigentums- und Vermögensdelikten des StGB, 1993, 209 f.; Ulsenheimer DepotG 3 f.).

Ein **Verbotsirrtum** liegt vor, wenn dem Täter bei Begehung der Tat die Einsicht fehlte, Unrecht 43 zu tun. Konnte er den Irrtum nicht vermeiden, handelte er ohne Schuld, konnte er ihn vermeiden, kann die Strafe nach § 49 Abs. 1 StGB gemildert werden (§ 17 S. 1, 2 StGB). Ein Verbotsirrtum liegt zB dann vor, wenn der Täter bei voller Sachverhaltskenntnis in Verkennung der Rechtslage annahm, zur Verfügung über anvertraute Wertpapiere berechtigt zu sein (*Fichtner,* Die börsen- und depotrechtlichen Strafvorschriften und ihr Verhältnis zu den Eigentums- und Vermögensdelikten des StGB, 1993, 210; Ulsenheimer DepotG 4). An die **Unvermeidbarkeit** stellt die Rspr. (vgl. nur BGHSt 2, 194 (201); 21, 18 (20)) hohe Ansprüche: der Täter muss bei der ihm nach den Umständen sowie seinem Lebens- und Berufskreis zuzumutenden Gewissensanspannung sowie bei Ausschöpfung der verfügbaren Erkenntnismittel nicht in der Lage gewesen sein, das Unrecht einzusehen. Für den herausgehobenen Täterkreis der Depotunterschlagung gilt damit ein **strenger Maßstab** (vgl. bereits *Alsberg* LZ 1914, 524 (532): keine Berufung des Bankiers auf Rechtsunkenntnis; weniger streng – hohe tatsächliche und rechtliche Komplexität – MüKoStGB/*Bröker* § 34 Rn. 16). Verwahrer, Pfandgläubiger, Kommissionäre und Eigenhändler müssen sich mit den rechtlichen Grenzen ihrer Berufstätigkeit eingehend vertraut machen.

D. Versuch, Vollendung und Beendigung

44 § 34 ist ein **Vergehen.** Im Gegensatz zur Unterschlagung (§ 246 Abs. 3 StGB) ist der **Versuch** mangels ausdrücklicher Bestimmung **nicht strafbar** (vgl. § 23 Abs. 1 StGB).

45 Die Tat nach § 34 Abs. 1 ist **vollendet** und zugleich **beendet,** wenn die rechtswidrige Verfügung über ein Wertpapier bzw. Verringerung des Sammelbestandes stattgefunden hat.

E. Täterschaft und Teilnahme

46 Bei § 34 handelt es sich um ein **echtes Sonderdelikt** (→ Rn. 6). Als **Täter** kommen nur die in § 34 Abs. 1 aufgeführten Personen (→ Rn. 7 ff.) in Frage. Bei **Mittäterschaft** muss jeder Mittäter die besondere Täterqualifikation aufweisen (MüKoStGB/*Bröker* § 34 Rn. 17). Auf **Teilnehmer** – zB auf einfache Angestellte, die § 14 StGB nicht erfasst – findet § 28 Abs. 1 StGB Anwendung (*Heinsius/Horn/Than,* Depotgesetz, 1975, Rn. 19; Ulsenheimer DepotG 2), so dass die Strafe nach § 49 Abs. 1 StGB zu mildern ist, wenn der Anstifter bzw. die Gehilfen die besondere Täterqualifikation nicht selbst aufweisen.

F. Konkurrenzen

47 Aufgrund der in § 34 Abs. 1 enthaltenen **Subsidiaritätsklausel** ist die Depotunterschlagung **subsidiär zu §§ 246, 266 StGB** (Gesetzeskonkurrenz) (Achenbach/Ransiek/Rönnau WirtschaftsStR-HdB/*Schröder* Teil 10 Kap. 3 Rn. 162; *Fichtner,* Die börsen- und depotrechtlichen Strafvorschriften und ihr Verhältnis zu den Eigentums- und Vermögensdelikten des StGB, 1993, 213; *Heinsius/Horn/Than,* Depotgesetz, 1975, Rn. 3, 21; MüKoStGB/*Bröker* § 34 Rn. 17; HK-KapMStrafR/*Zieschang* Rn. 108; *v. Ungern-Sternberg* ZStW 88 (1976), 653 (698); Wabnitz/Janovsky WirtschaftsStR-HdB/*Knierim* Kap. 10 Rn. 337; abw. Hellmann/Beckemper WirtschaftsstrafR Rn. 134: tatbestandliche Exklusivität); der Unrechtsgehalt der Tat wird von der Bestrafung nach §§ 246 oder 266 StGB miterfasst (*Fichtner,* Die börsen- und depotrechtlichen Strafvorschriften und ihr Verhältnis zu den Eigentums- und Vermögensdelikten des StGB, 1993, 214 ff. (222 ff.)). Dies gilt auch dann, wenn § 246 StGB aufgrund der im Unterschlagungstatbestand vorgesehenen Subsidiaritätsklausel hinter ein weiteres Delikt, das mit schwererer Strafe bedroht ist, zurücktritt (HK-KapMStrafR/*Zieschang* Rn. 108).

G. Strafverfahren und Strafantrag

48 Straftaten nach § 34 sind grds. **Offizialdelikte** und werden **von Amts wegen** verfolgt. Dagegen wird die Tat nur **auf Antrag** verfolgt, wenn ein Angehöriger iSd § 11 Abs. 1 Nr. 1 StGB verletzt wurde (§ 36). Die **Wirtschaftsstrafkammer** ist im ersten Rechtszug zuständig, sofern der Fall einen besonderen Umfang oder eine besondere Bedeutung hat (vgl. § 74c Abs. 1 Nr. 2 GVG iVm §§ 74 Abs. 1, 24 Abs. 1 Nr. 3 GVG). Die Strafverfolgungsbehörden sind gem. § 60a KWG zu **Mitteilungen an die BaFin** verpflichtet.

H. Strafe

49 Für den **Täter** beträgt die **Freiheitsstrafe** von einem Monat (§ 38 Abs. 2 StGB) bis zu fünf Jahren. Die **Geldstrafe** reicht von fünf bis zu 360 Tagessätzen, die Höhe eines Tagessatzes beträgt mindestens 1 EUR und höchstens 30.000 EUR (§ 40 Abs. 2 S. 3 StGB). Freiheits- und Geldstrafe können **gemeinsam** verhängt werden, wenn sich der Täter durch die Tat bereichert oder zu bereichern versucht hat (vgl. § 41 StGB). Diesbezüglich ist zu beachten, dass die Bereicherungsabsicht über die von § 34 geforderte Vorteilsabsicht (→ Rn. 39 ff.) deutlich hinausgeht (MüKoStGB/*Bröker* § 34 Rn. 19).

50 Der **Anstifter** wird gleich dem Täter bestraft (§ 26 StGB). Die Strafe des **Gehilfen** ist nach § 49 Abs. 1 StGB zu mildern (§ 27 Abs. 2 S. 2 StGB). Zählt der Teilnehmer nicht zum Täterkreis des § 34, ist mittels § 28 Abs. 1 StGB (→ Rn. 46) die Strafe (erneut) zu mildern.

I. Verjährung

51 Die **Verfolgungsverjährung** beträgt **fünf Jahre** (vgl. § 78 Abs. 3 Nr. 4 StGB). Sie **beginnt,** sobald die Tat beendet (→ Rn. 44) ist. Sie **ruht,** solange nach dem Gesetz die Verfolgung nicht begonnen oder nicht fortgesetzt werden kann (§ 78b Abs. 1 Nr. 2 StGB). **Unterbrochen** wird sie durch die in § 78c Abs. 1 StGB aufgeführten Verfahrenshandlungen. Die **absolute** Verfolgungsverjährung beträgt **zehn Jahre** (vgl. § 78c Abs. 3 S. 2 StGB).

52 Die **Vollstreckungsverjährung** richtet sich nach der rechtskräftig verhängten Strafe und kann **drei, fünf** oder **zehn Jahre** betragen (vgl. § 79 Abs. 3 Nr. 3–5 StGB). Sie **beginnt** mit Rechtskraft (§ 79 Abs. 6 StGB) und **ruht,** solange nach dem Gesetz die Vollstreckung nicht begonnen oder fortgesetzt werden kann, Aufschub, Unterbrechung, Aussetzung zur Bewährung bzw. Zahlungserleichterung bewilligt ist (§ 79a Nr. 1–3 StGB).

§ 35 Unwahre Angaben über das Eigentum

Wer eigenen oder fremden Vorteils wegen eine Erklärung nach § 4 Abs. 2 wahrheitswidrig abgibt oder eine ihm nach § 4 Abs. 3 obliegende Mitteilung unterläßt, wird, wenn die Tat nicht nach anderen Vorschriften mit schwererer Strafe bedroht ist, mit Freiheitsstrafe bis zu einem Jahr oder mit Geldstrafe bestraft.

A. Allgemeines

I. Gegenstand

§ 35 bestraft als „unwahre Angaben über das Eigentum" sowohl die **wahrheitswidrige Eigen- 1 anzeige** (§ 4 Abs. 2) als auch die **unterlassene Fremdanzeige** (§ 4 Abs. 3). Geschützt werden damit Wertpapiere, die bei einem Dritten verwahrt sind, vor gutgläubigem Eigentumserwerb (*Fichtner*, Die börsen- und depotrechtlichen Strafvorschriften und ihr Verhältnis zu den Eigentums- und Vermögensdelikten des StGB, 1993, 196) sowie vor der gutgläubigen Geltendmachung von Pfand- und Zurückbehaltungsrechten (MüKoStGB/*Bröker* § 35 Rn. 1). § 35 ist **subsidiär** zu anderen, mit schwerer Strafe bedrohten Vorschriften und dient damit – wie § 34 – dem **Lückenschluss** (*Heinsius/Horn/Than*, Depotgesetz, 1975, Rn. 1) im Vorfeld der Eigentums- und Vermögensdelikte (→ Rn. 5).

II. Schutzgut

§ 35 schützt **Eigentum** und **Vermögen** (*Fichtner*, Die börsen- und depotrechtlichen Strafvorschriften 2 und ihr Verhältnis zu den Eigentums- und Vermögensdelikten des StGB, 1993, 213 (222 mwN)). Dies wird wie bei § 34 (→ § 34 Rn. 2) dadurch bestätigt, dass eine ggü. Angehörigen begangene Tat nur auf Antrag verfolgt wird. Auch hier ist das **Vertrauen in die ordnungsgemäße Verwahrung und Verbuchung** nur als Reflex mitgeschützt. § 35 ist **Schutzgesetz** iSd § 823 Abs. 2 BGB (*Böttcher*, DepotG, 2012, § 34 Rn. 2).

III. Deliktsnatur

§ 35 ist ein **unechtes Blankettdelikt**. Alt. 1 ist als **schlichtes Tätigkeitsdelikt,** Alt. 2 als **echtes 3 Unterlassungsdelikt** ausgestaltet (*Fichtner*, Die börsen- und depotrechtlichen Strafvorschriften und ihr Verhältnis zu den Eigentums- und Vermögensdelikten des StGB, 1993, 210). Im Hinblick auf das Schutzgut ist die Vorschrift ein **abstraktes Gefährdungsdelikt** (HK-KapMStrafR/*Südbeck* Rn. 433), da es auf den Eintritt des Vorteils nicht ankommt. IÜ ist auch § 35 ein **echtes Sonderdelikt** (→ Rn. 6).

IV. Bedeutung

§ 35 hat ebenfalls nur **geringe praktische Bedeutung** (*Otto*, Bankentätigkeit und Strafrecht, 1983, 4 30). IdR bleibt wegen der **Subsidiaritätsklausel** (→ Rn. 23) für die Anwendung kein Raum, da die wahrheitswidrige Eigenanzeige eine Verfügung iSd § 34 darstellt (Achenbach/Ransiek/Rönnau WirtschaftsStR-HdB/*Schröder* Teil 10 Kap. 3 Rn. 169). **Typische Begehungsform** ist die unterlassene Fremdanzeige (HK-KapMStrafR/*Südbeck* Rn. 436 mwN).

V. Notwendigkeit

Die **kriminalpolitische Notwendigkeit** des § 35 ist zu bejahen (aA *Otto*, Bankentätigkeit und 5 Strafrecht, 1983, 30). Die Vorschrift hat einen eigenständigen Anwendungsbereich, da sie durch den Verzicht auf den Eintritt eines Vermögensvorteils im Vorfeld der Eigentums- und Vermögensdelikte des StGB angesiedelt ist und den **Lückenschluss** bezweckt. IÜ hat sie eine **Appell-, Warn-** und **Abschreckungsfunktion** (→ § 34 Rn. 5).

B. Objektiver Tatbestand

I. Täterkreis

Das HRef strich auch bei § 35 das Erfordernis der Kaufmannseigenschaft (→ Vorb. Rn. 3). Dennoch 6 handelt es sich nach hM um ein **echtes Sonderdelikt** (Erbs/Kohlhaas/*Wehowsky* Rn. 2; *Heinsius/Horn/ Than*, Depotgesetz, 1975, Rn. 3; MüKoStGB/*Bröker* § 35 Rn. 2; HK-KapMStrafR/*Südbeck* Rn. 433; aA Achenbach/Ransiek/Rönnau WirtschaftsStR-HdB/*Schröder* Teil 10 Kap. 3 Rn. 167; Ulsenheimer DepotG 2), da die Begrenzung des Täterkreises aus den Ausfüllungsnormen resultiert.

Nur **Verwahrer** können Eigen- oder Fremdanzeigen iSv § 4 Abs. 2, Abs. 3 abgeben bzw. Wertpapiere 7 unter dem eigenen Namen einem anderen Verwahrer (Drittverwahrung, § 3) anvertrauen (§§ 5, 9). Auch **Pfandgläubigern** obliegen die Pflichten und Befugnisse eines Verwahrers (vgl. § 17). Dies gilt ebenso für **Kommissionäre, Eigenhändler** und **selbsteintretende Kommis-**

sionäre (vgl. nur MüKoStGB/*Bröker* § 35 Rn. 2), sofern die in ihrem Besitz befindlichen Wertpapiere in das (Mit-)Eigentum des Kommittenten bzw. Käufers übergegangen sind (§§ 29, 31). Andere Personen können nur Teilnehmer sein.

8 Da **Unternehmen** das Verwahrgeschäft betreiben, die im Allgemeinen in der Rechtsform einer juristischen Person oder Personenvereinigung organisiert sind, kommen idR als Täter gem. der Regelung der Organ- und Vertreterhaftung des § 14 StGB nur **organschaftliche, gesetzliche** und **bestimmte gewillkürte Vertreter** in Betracht (→ § 34 Rn. 12), insbes. leitende Angestellte von Kreditinstituten (*Heinsius/Horn/Than*, Depotgesetz, 1975, Rn. 2). IÜ können zB auch ein **Privatbankier** und die für ihn handelnden gewillkürten Vertreter (§ 14 Abs. 2 StGB) Täter sein (→ § 34 Rn. 13).

II. Tatobjekt

9 Tatobjekte des § 35 sind ausschließlich **Wertpapiere iSd § 1 Abs. 1** (→ 34 Rn. 15 ff.), die bei einem **Dritten verwahrt** bzw. **sammelverwahrt** (vgl. § 9 iVm § 4) sind. **Nicht geschützt** ist die unregelmäßige Verwahrung (§ 15) (→ § 34 Rn. 24) sowie die Verwahrung bei Ermächtigung zur Verfügung über das Eigentum (§ 13) (→ Rn. 14).

III. Tathandlungen

10 § 35 erfasst sowohl die **wahrheitswidrige Eigenanzeige** (§ 4 Abs. 2) als auch die **unterlassene Fremdanzeige** (§ 4 Abs. 3); in beiden Fällen liegen **unwahre Angaben** vor.

11 **1. Wahrheitswidrige Eigenanzeige (§ 35 Alt. 1).** Hat ein **Verwahrer, der Bankgeschäfte betreibt,** Wertpapiere einem Dritten zur Verwahrung oder Sammelverwahrung (→ Rn. 9) anvertraut, gilt dem Dritten nach § 4 Abs. 1 S. 1 als bekannt, dass die Wertpapiere dem anzeigenden Verwahrer nicht gehören. Diese **gesetzliche Fiktion** hat zur Folge, dass der Drittverwahrer Pfand- oder Zurückbehaltungsrechte nur eingeschränkt geltend machen kann (vgl. § 4 Abs. 1 S. 2) und ein gutgläubiger Eigentumserwerb ausscheidet. Gibt der Verwahrer jedoch eine **Eigenanzeige nach § 4 Abs. 2** ab, dh teilt er dem Dritten für ein Geschäft **ausdrücklich** und **schriftlich** mit, er sei Eigentümer, **gilt die gesetzliche Fiktion nicht.** Diese Eigenanzeige ist **wahrheitswidrig,** wenn der Verwahrer **nicht Eigentümer** ist (*Heinsius/Horn/Than*, Depotgesetz, 1975, Rn. 4; HK-KapMStrafR/*Südbeck* Rn. 439).

12 **Nicht tatbestandsmäßig** sind wegen formungültige Eigenanzeigen oder Behauptungen des Täters (zB mündliche Erklärungen), da sie die gesetzliche Fiktion nicht beseitigen können (*Heinsius/Horn/Than*, Depotgesetz, 1975, Rn. 4; MüKoStGB/*Bröker* § 35 Rn. 3). Ebenso fehlt es am Tatbestand, wenn eine Ermächtigung zur Verfügung über das Eigentum (§ 13) vorliegt, da der Verwahrer dann zur Eigenanzeige, die die Aneignung der Wertpapiere bewirkt, berechtigt ist (*Heinsius/Horn/Than*, Depotgesetz, 1975, Rn. 4; MüKoStGB/*Bröker* § 35 Rn. 3). Nicht erfasst ist das Unterlassen einer Eigenanzeige, da § 4 Abs. 2 an die Abgabe einer ausdrücklichen Erklärung anknüpft (MüKoStGB/*Bröker* § 35 Rn. 4).

13 **2. Unterlassene Fremdanzeige (§ 35 Alt. 2).** Hat ein **Verwahrer, der nicht Bankgeschäfte betreibt,** Wertpapiere einem Dritten zur Verwahrung oder Sammelverwahrung (→ Rn. 9) anvertraut, gilt die **gesetzliche Fiktion** des § 4 Abs. 1 **nicht** (vgl. § 4 Abs. 3 S. 1), da der Drittverwahrer dann nicht mit fremdem Eigentum rechnen muss (Baumbach/Hopt/*Kumpan* § 4 Rn. 5; krit. *Fichtner*, Die börsen- und depotrechtlichen Strafvorschriften und ihr Verhältnis zu den Eigentums- und Vermögensdelikten des StGB, 1993, 198). Der Drittverwahrer könnte daher weitergehende Pfand- oder Zurückbehaltungsrechte geltend machen, auch ein gutgläubiger Eigentumserwerb wäre möglich. Aus diesem Grund muss der Verwahrer eine **Fremdanzeige** abgeben, dh dem Dritten mitteilen, dass er nicht der Eigentümer der Wertpapiere ist (vgl. § 4 Abs. 3 S. 2). Diese Mitteilung hat zum Schutz des Depotkunden zusammen mit der Abgabe der Wertpapiere zu erfolgen, da die Wertpapiere ohne die Fremdanzeige der Gefahr der gutgläubigen Geltendmachung von Pfand- und Zurückbehaltungsrechten ausgesetzt sind (*Heinsius/Horn/Than*, Depotgesetz, 1975, Rn. 5; MüKoStGB/*Bröker* § 35 Rn. 1, 5; HK-KapMStrafR/*Südbeck* Rn. 440). **Unterlässt** der Verwahrer die Fremdanzeige, liegt § 35 Alt. 2 vor. Eine verspätete Fremdanzeige kann die bereits eingetretene Vollendung nicht aufheben.

14 **Nicht tatbestandsmäßig** ist das Unterlassen, wenn eine Ermächtigung zur Verfügung über das Eigentum (§ 13) vorliegt, da dann die Abgabe ohne Fremdanzeige als Aneignung der Wertpapiere zu bewerten ist (*Opitz*, Depotgesetz, 2. Aufl. 1955, § 35 Anm. 5).

C. Subjektiver Tatbestand und Irrtum

I. Vorsatz

15 § 35 setzt **vorsätzliches** Handeln voraus. **Bedingter Vorsatz** genügt (vgl. nur HK-KapMStrafR/*Südbeck* Rn. 441). Fahrlässiges Handeln (Eigenanzeige) bzw. Unterlassen (Fremdanzeige) ist nicht unter Strafe gestellt.

II. Vorteilsabsicht

Der Täter muss **Vorteilsabsicht** aufweisen, des eigenen oder fremden Vorteils wegen handeln. Es **16** handelt sich wie bei § 34 (→ § 34 Rn. 39) um eine **besondere Absicht,** die zur Vorverlagerung der Strafbarkeit führt, so dass es auf den Vorteilseintritt bzw. Schadenseintritt beim Kunden nicht ankommt (kupiertes Delikt) (*Heinsius/Horn/Than,* Depotgesetz, 1975, Rn. 8; MüKoStGB/*Bröker* § 35 Rn. 7). Auch hier (→ § 34 Rn. 40) sind **Vermögensvorteile** und **immaterielle Vorteile** erfasst (MüKoStGB/ *Bröker* § 35 Rn. 7). Zum Begriff der **Absicht** → § 34 Rn. 41. Eine weitergehende Bereicherungs- oder Schädigungsabsicht ist nicht vorausgesetzt.

III. Irrtum

Ein vorsatzausschließender **Tatbestandsirrtum** (→ § 34 Rn. 42) liegt zB vor, wenn der Täter auf- **17** grund Verkennens der Sachlage irrtümlich annimmt, dass das Wertpapier in seinem Eigentum steht (*Heinsius/Horn/Than,* Depotgesetz, 1975, Rn. 7; HK-KapMStrafR/*Südbeck* Rn. 443). Irrt er über Tatsachen, welche das Unterlassen der Fremdanzeige rechtfertigen würden, liegt hingegen ein **Erlaubnistatbestandsirrtum** vor, der in den Rechtsfolgen (→ § 34 Rn. 42) dem Tatbestandsirrtum gleichgestellt ist.

Ein **Verbotsirrtum** (→ § 34 Rn. 43) ist gegeben, wenn dem Täter die **Einsicht fehlte, Unrecht zu** **18** **tun,** ihm also zB die Regelung des § 4 unbekannt war (*Heinsius/Horn/Than,* Depotgesetz, 1975, Rn. 7; *Ulsenheimer* DepotG 4; diff. *Fichtner,* Die börsen- und depotrechtlichen Strafvorschriften und ihr Verhältnis zu den Eigentums- und Vermögensdelikten des StGB, 1993, 211 in Fn. 657). Die erfolgreiche Berufung auf einen unvermeidbaren Verbotsirrtum ist aufgrund des **strengen Maßstabs,** der für den herausgehobenen Täterkreis gilt (→ § 34 Rn. 43), idR ausgeschlossen (vgl. auch HK-KapMStrafR/ *Südbeck* Rn. 443; MüKoStGB/*Bröker* § 35 Rn. 6).

D. Versuch, Vollendung und Beendigung

§ 35 ist ein **Vergehen.** Mangels ausdrücklicher Bestimmung ist der **Versuch straflos** (vgl. § 23 **19** Abs. 1 StGB). Auch die Teilnahme an einem Versuch ist straflos.

Im Falle des **§ 35 Alt. 1** ist die Tat **vollendet,** wenn die wahrheitswidrige Eigenanzeige dem Dritten **20** **zugegangen** ist. Eine tatsächliche Kenntnisnahme ist nicht erforderlich. **Beendet** ist die Tat allerdings erst dann, wenn der Dritte hiervon Kenntnis genommen hat.

Hingegen ist im Falle des **§ 35 Alt. 2** die Tat **vollendet,** wenn die Mitteilung an den Dritten nicht **21** zusammen mit der Abgabe erfolgt (→ Rn. 13). **Beendet** ist die Tat jedoch erst, wenn die Fremdanzeige ordnungsgemäß abgegeben wird oder sich erledigt hat, da erst dann die Gefahr des gutgläubigen Eigentumserwerbs bzw. der gutgläubigen Geltendmachung von Rechten entfällt.

E. Täterschaft und Teilnahme

§ 35 ist ein **echtes Sonderdelikt** (→ Rn. 6). Als Mittäter kommt nur derjenige in Betracht **22** (→ Rn. 7 f.), der die Eigen- oder Fremdanzeige abgeben kann (MüKoStGB/*Bröker* § 35 Rn. 9). Für **Teilnehmer** (Anstifter, Gehilfen) gilt § 28 Abs. 1 StGB.

F. Konkurrenzen

Aufgrund der in § 35 enthaltenen **Subsidiaritätsklausel** ist die Vorschrift subsidiär zu anderen **23** Vorschriften, die die Tat mit schwererer Strafe bedrohen (Gesetzeskonkurrenz). Entscheidend ist der abstrakte Strafrahmen, nicht der Strafausspruch (MüKoStGB/*Bröker* § 35 Rn. 9). Subsidiarität besteht zur **Depotunterschlagung** (§ 34) sowie zu **Betrug** (§ 263 StGB), **Untreue** (§ 266 StGB), **Unterschlagung** (§ 246 StGB) und (MüKoStGB/*Bröker* § 35 Rn. 1) zur **Urkundenfälschung** (§ 267 StGB).

G. Strafverfahren und Strafantrag

Taten nach § 35 sind grds. **Offizialdelikte,** die **von Amts wegen** verfolgt werden. Auch hier wird **24** die Tat nur **auf Antrag** verfolgt, wenn ein Angehöriger iSd § 11 Abs. 1 Nr. 1 StGB verletzt wurde (§ 36). Zur Zuständigkeit der **Wirtschaftsstrafkammer** und zu **Mitteilungen an die BaFin** → 34 Rn. 48.

H. Strafe

Für den **Täter** beträgt die **Freiheitsstrafe** von einem Monat (vgl. § 38 Abs. 2 StGB) bis zu einem **25** Jahr. Die **Geldstrafe** reicht von fünf bis zu 360 Tagessätzen (→ § 34 Rn. 49). Beide Strafen können **gemeinsam** verhängt werden, wenn der Täter sich durch die Tat bereichert oder zu bereichern versucht hat (§ 41 StGB). Zur Strafe des **Teilnehmers** → § 34 Rn. 50. Zählt der Anstifter bzw. Gehilfe nicht zum Täterkreis, ist wegen § 28 Abs. 1 StGB (→ Rn. 22) die Strafe (erneut) zu mildern.

I. Verjährung

26   Die **Verfolgungsverjährung** beträgt bei § 35 **drei Jahre** (vgl. § 78 Abs. 3 Nr. 5 StGB), die **absolute** Verfolgungsverjährung **sechs Jahre** (vgl. § 78c Abs. 3 S. 2 StGB).

27   Die **Vollstreckungsverjährung** richtet sich nach der rechtskräftig verhängten Strafe und kann in Bezug auf § 35 **drei** oder **fünf Jahre** betragen (vgl. § 79 Abs. 3 Nr. 4, 5 StGB).

§ 36 Strafantrag

Ist in den Fällen der §§ 34 und 35 durch die Tat ein Angehöriger (§ 11 Abs. 1 Nr. 1 des Strafgesetzbuchs) verletzt, so wird sie nur auf Antrag verfolgt.

A. Allgemeines

I. Gegenstand

1   § 36 trifft für die Vergehen nach §§ 34, 35 eine **Ausnahmeregelung zur Strafverfolgung**. Grds. handelt es sich um Offizialdelikte, die **von Amts wegen** verfolgt werden. Nach § 36 liegt aber ein **absolutes Antragsdelikt** vor, wenn durch die Tat ein Angehöriger verletzt wurde, so dass selbst bei einem besonderen öffentlichen Interesse an der Strafverfolgung ein Einschreiten der Strafverfolgungsbehörde ausscheidet.

II. Gesetzeszweck

2   § 36 soll innerhalb persönlicher Näheverhältnisse eine **interne Konfliktregelung** ermöglichen und den **Frieden wahren** (vgl. zu § 247 StGB BGHSt 10, 400 (403); 18, 123 (126); 29, 54 (56); Fischer StGB § 247 Rn. 1a). Aufgestellt wird lediglich eine **Verfahrensvoraussetzung**, der Unrechts- und Schuldgehalt der Taten wird nicht gemindert. Als Vorbild fungierte § 247 StGB (*Opitz*, Depotgesetz, 2. Aufl. 1955, § 36 Anm. 1), der bei Eigentums- und Vermögensdelikten ggü. Angehörigen (und weiteren Personen) ein Strafantragserfordernis aufstellt.

B. Die Regelung im Einzelnen

I. Strafantrag

3   Der Strafantrag (§§ 77 ff. StGB) ist **Strafverfolgungsvoraussetzung** (→ Rn. 1). Bei **mehreren Beteiligten** (Tätern; Teilnehmern) besteht das Strafantragserfordernis nur in Bezug auf diejenigen Beteiligten, die zu dem Verletzten in einem Angehörigenverhältnis stehen (*Opitz*, Depotgesetz, 2. Aufl. 1955, § 36 Anm. 4). Der **Irrtum** eines Beteiligten über das Vorliegen der Voraussetzungen des § 36 ist irrelevant, da die Vorschrift allein die objektiven Anforderungen der Strafverfolgung regelt (vgl. zu § 247 StGB BGHSt 18, 123 (125 ff.)).

II. Berechtigung

4   Zur Stellung des Strafantrags berechtigt ist ausschließlich der durch die Tat **verletzte Angehörige**.

5   Der Begriff des **Angehörigen** ist **legaldefiniert** in § 11 Abs. 1 Nr. 1 StGB. Hierzu zählen: Verwandte und Verschwägerte gerader Linie; Ehegatten; Verlobte; Lebenspartner (iSd LPartG); Geschwister; Ehegatten oder Lebenspartner der Geschwister; Geschwister der Ehegatten oder Lebenspartner; dies gilt auch dann, wenn die Ehe oder Lebenspartnerschaft nicht mehr besteht bzw. die Verwandtschaft oder Schwägerschaft erloschen ist (§ 11 Abs. 1 Nr. 1a StGB); darüber hinaus Pflegeeltern und Pflegekinder (§ 11 Abs. 1 Nr. 1b StGB).

6   Das **Angehörigenverhältnis** muss **zum Tatzeitpunkt** bestehen. Eine spätere Auflösung ist ohne Bedeutung (zu § 247 StGB BGHSt 29, 54 (56); OLG Celle NJW 1986, 733; MüKoStGB/*Hohmann* StGB § 247 Rn. 3). Ist **nicht aufklärbar**, ob das Angehörigenverhältnis besteht, findet der Grundsatz „in dubio pro reo" Anwendung (vgl. Schönke/Schröder/*Eser/Bosch* StGB § 247 Rn. 14 mwN), so dass die Tat nach § 36 nur auf Antrag des verletzten Angehörigen verfolgbar ist.

7   **Verletzt** ist der Angehörige, dessen Wertpapier bzw. Anteil am Sammelbestand durch eine Tat nach §§ 34, 35 gefährdet wurde (Baumbach/Hopt/*Kumpan* § 36 Rn. 1; MüKoStGB/*Bröker* § 36 Rn. 2). Sind **mehrere Angehörige** verletzt, ist jeder zur Strafantragstellung berechtigt (vgl. Schönke/Schröder/*Eser/Bosch* StGB § 247 Rn. 12).

Stirbt der Angehörige, kann kein Strafantrag mehr gestellt werden, da die für den Übergang des **8** Strafantragsrechts gem. § 77 Abs. 2 StGB erforderliche gesetzliche Bestimmung nicht vorhanden ist.

III. Frist und Form

Die **Frist** für den Strafantrag beträgt **drei Monate** (§ 77b Abs. 1 StGB) und beginnt mit Ablauf des **9** Tages, an dem der Angehörige von der Tat und der Person des Täters Kenntnis erlangt hat (§ 77b Abs. 2 S. 1 StGB). Für die **Form** gilt, dass der Strafantrag bei einem Gericht oder der Staatsanwaltschaft schriftlich oder zu Protokoll angebracht werden kann, während er bei einer anderen Behörde schriftlich zu stellen ist (vgl. § 158 Abs. 2 StPO).

IV. Zurücknahme

Die **Zurücknahme** des Strafantrags kann **bis zum rechtskräftigen Abschluss** des Strafverfahrens **10** erklärt werden (§ 77d Abs. 1 S. 2 StGB). Nach der Zurücknahme, die weder widerrufbar noch anfechtbar ist (Schönke/Schröder/*Sternberg-Lieben/Bosch* StGB § 77b Rn. 8), kann der Strafantrag **nicht erneut gestellt** werden (§ 77d Abs. 1 S. 3 StGB). Zudem hat der Antragsteller dann grds. die **Verfahrenskosten** und die dem Beschuldigten erwachsenen notwendigen **Auslagen** zu tragen (vgl. § 470 S. 1 StPO).

V. Verzicht

Der **Verzicht** auf die Stellung eines Strafantrages kann nur ggü. einer nach § 158 Abs. 2 StPO zur **11** Entgegennahme zuständigen Stelle erklärt werden; ein ggü. dem Täter erklärter Verzicht ist unbeachtlich.

§ 37 Strafbarkeit im Falle der Zahlungseinstellung oder des Insolvenzverfahrens

Wer einer Vorschrift der §§ 2 und 14 oder einer sich aus den §§ 18 bis 24, 26 ergebenden Pflicht zuwiderhandelt, wird mit Freiheitsstrafe bis zu zwei Jahren oder mit Geldstrafe bestraft, wenn er seine Zahlungen eingestellt hat oder über sein Vermögen das Insolvenzverfahren eröffnet worden ist und wenn durch die Zuwiderhandlung ein Anspruch des Berechtigten auf Aussonderung der Wertpapiere vereitelt oder die Durchführung eines solchen Anspruchs erschwert wird.

A. Allgemeines

I. Gegenstand

§ 37 ist ein **spezielles Insolvenzdelikt** (*Heinsius/Horn/Than*, Depotgesetz, 1975, Rn. 1; *Hellmann/* **1** *Beckemper* WirtschaftsStR Rn. 136), das die vorsätzliche Verletzung depotrechtlicher Pflichten im Fall der Zahlungseinstellung oder der Eröffnung des Insolvenzverfahrens unter Strafe stellt. Geschützt werden ausschließlich **aussonderungsberechtigte Depotkunden** (MüKoStGB/*Bröker* § 37 Rn. 1).

II. Schutzgut

§ 37 dient der Erhaltung und Verschaffung von Wertpapiereigentum und damit der Sicherung von **2** Aussonderungsrechten. Geschützt werden **Eigentum** (*Fichtner*, Die börsen- und depotrechtlichen Strafvorschriften und ihr Verhältnis zu den Eigentums- und Vermögensdelikten des StGB, 1993, 213 (234); *Heinsius/Horn/Than*, Depotgesetz, 1975, Rn. 1; *Opitz*, Depotgesetz, 2. Aufl. 1955, § 37 Anm. 1) und **Vermögen** (*Fichtner*, Die börsen- und depotrechtlichen Strafvorschriften und ihr Verhältnis zu den Eigentums- und Vermögensdelikten des StGB, 1993, 222) der Hinterleger. Daneben wird aber auch – anders als bei §§ 34, 35 – das **Vertrauen in die ordnungsgemäße Verwahrung und Verbuchung,** dh das **Depotwesen** geschützt (aA *Fichtner*, Die börsen- und depotrechtlichen Strafvorschriften und ihr Verhältnis zu den Eigentums- und Vermögensdelikten des StGB, 1993, 233 f.). Dies folgt daraus, dass § 37 ein spezielles Insolvenzdelikt ist, das gemeinschädliche Verhaltensweisen erfasst, und zeigt sich auch daran, dass es bei einer Tat ggü. Angehörigen keines Strafantrags bedarf. Die Vorschrift ist **Schutzgesetz** iSd § 823 Abs. 2 BGB.

III. Deliktsnatur

§ 37 ist ein **unechtes Blankettdelikt,** das ein **echtes Unterlassungsdelikt** (*Fichtner*, Die börsen- **3** und depotrechtlichen Strafvorschriften und ihr Verhältnis zu den Eigentums- und Vermögensdelikten des StGB, 1993, 211) beschreibt. Mit Blick auf das Schutzgut handelt es sich sowohl um ein **Verletzungs-** (*Fichtner*, Die börsen- und depotrechtlichen Strafvorschriften und ihr Verhältnis zu den

Eigentums- und Vermögensdelikten des StGB, 1993, 236) als auch **konkretes Gefährdungsdelikt,** da ein Anspruch auf Aussonderung vereitelt bzw. die Durchführung eines Anspruchs erschwert worden sein muss. Darüber hinaus ist § 37 ein **echtes Sonderdelikt** (→ Rn. 6).

IV. Bedeutung

4   § 37 hat gegenwärtig **keine praktische Bedeutung.** Zwar werden die geschützten depotrechtlichen Pflichten gelegentlich verletzt – **typische Begehungsform** ist insoweit die vorsätzliche unrichtige Führung des Verwahrungsbuchs (vgl. *Otto,* Bankentätigkeit und Strafrecht, 1983, 31, der zwei Fälle aus den 1950/60er Jahren anführt) –, allerdings fanden diese Pflichtverletzungen bislang nicht in Zusammenhang mit der Zahlungseinstellung bzw. der Eröffnung eines Insolvenzverfahrens über ein Kreditinstitut statt.

V. Notwendigkeit

5   Die **kriminalpolitische Notwendigkeit** des § 37 ist zu bejahen, da die Vorschrift den notwendigen Schutz von aussonderungsberechtigten Depotkunden gewährleistet und damit als spezielles Insolvenzdelikt einen **eigenständigen Anwendungsbereich hat.** Nicht zu unterschätzen ist iÜ die **Appell-, Warn-** und **Abschreckungsfunktion.**

B. Objektiver Tatbestand

I. Täterkreis

6   Obwohl das HRef auch bei § 37 das Erfordernis der Kaufmannseigenschaft strich (→ Vorb. DepotG Rn. 3), handelt es sich um ein **echtes Sonderdelikt** (Erbs/Kohlhaas/*Wehowsky* Rn. 2; *Heinsius/Horn/ Than,* Depotgesetz, 1975, Rn. 2; MüKoStGB/*Bröker* § 37 Rn. 2). Der Täterkreis ergibt sich wiederum aus den Ausfüllungsnormen. Die **Vorschriften der §§ 2, 14** betreffen nicht nur den Verwahrer, sondern auch den ihm hinsichtlich Pflichten und Befugnissen gleichstehenden Pfandgläubiger (vgl. § 17). Als Verwahrer gelten zudem Kommissionäre, Eigenhändler und selbsteintretende Kommissionäre, falls die in ihrem Besitz befindlichen Wertpapiere in das (Mit-)Eigentum des Kommittenten bzw. Käufers übergegangen sind (vgl. §§ 29, 31). Die **Pflichten der §§ 18–24, 26** obliegen Kommissionären, aber auch Eigenhändlern und selbsteintretenden Kommissionären (vgl. § 31) (*Opitz,* Depotgesetz, 2. Aufl. 1955, § 37 Anm. 4c). Andere Personen können nur Teilnehmer sein.

7   Da das Verwahrgeschäft **Unternehmen** betreiben, die für gewöhnlich in der Rechtsform einer juristischen Person oder Personenvereinigung organisiert sind, kommen als Täter des § 35 idR nur **organschaftliche, gesetzliche** und **bestimmte gewillkürte Vertreter** in Betracht (→ § 34 Rn. 12) (*Heinsius/Horn/Than,* Depotgesetz, 1975, Rn. 2). Auch hier können aber zB ein **Privatbankier** und die für ihn handelnden gewillkürten Vertreter Täter sein (→ § 34 Rn. 13).

II. Tatobjekt

8   Tatobjekte des § 37 sind ausschließlich **Wertpapiere iSd § 1 Abs. 1** (→ 34 Rn. 15 ff.), die **verwahrt** bzw. **sammelverwahrt** sind.

9   **Nicht geschützt** ist die unregelmäßige Verwahrung (§ 15), da der Hinterleger hierbei das Eigentum an den Wertpapieren verliert und ihm damit im Insolvenzverfahren kein Aussonderungsrecht zusteht (→ § 34 Rn. 24). Dies gilt ebenso für die Verwahrung bei Ermächtigung zur Verfügung über das Eigentum (§ 13), falls der Verwahrer von der Ermächtigung Gebrauch gemacht hat.

III. Tatalternativen

10   § 37 enthält **zwei gleichwertige Tatalternativen.**

11   **1. Verstöße des Verwahrers (§ 37 Alt. 1). a) Fehlende ordnungsgemäße Sonderverwahrung (§ 2).** Die **Sonderverwahrung** ist heute nur noch von geringer Bedeutung. Tatbestandsmäßig ist es, dass der Verwahrer Wertpapiere, die nicht zur Sammelverwahrung zugelassen sind oder für die der Hinterleger die gesonderte Aufbewahrung verlangt, **nicht gesondert** von eigenen Beständen und von denen Dritter **unter äußerlich erkennbarer Bezeichnung** jedes Hinterlegers aufbewahrt (*Heinsius/ Horn/Than,* Depotgesetz, 1975, Rn. 4). Auch ein ohne wirksame Ermächtigung vorgenommener Tausch ist tatbestandsmäßig (*Opitz,* Depotgesetz, 2. Aufl. 1955, § 37 Anm. 6).

12   **b) Fehlendes ordnungsgemäßes Verwahrungsbuch (§ 14).** Das **Verwahrungsbuch,** das heute idR elektronisch geführt wird, ist ein **Handelsbuch** iSd §§ 238 ff. HGB, das dem Hinterleger zum Beweis seiner Eigentumsrechte, dem Verwahrer zur Verwaltung sowie der BaFin und den Prüfern zur Überwachung und Prüfung des Depotgeschäfts dient (Baumbach/Hopt/*Kumpan* § 14 Rn. 1). § 37 schützt ausschließlich das **persönliche Depotbuch** iSd § 14, das nach Hinterlegern geordnet ist, nicht

jedoch das sachliche Depotbuch, das die Wertpapiere nach Wertpapierarten gliedert (*Heinsius/Horn/Than,* Depotgesetz, 1975, Rn. 5; MüKoStGB/*Bröker* §37 Rn. 4). Tatbestandsmäßig ist es, dass der Verwahrer das Verwahrungsbuch, in das jeder Hinterleger sowie Art, Nennbetrag oder Stückzahl, Nummern oder sonstige Bezeichnungsmerkmale der für ihn verwahrten Wertpapiere einzutragen sind (vgl. §14 Abs. 1 S. 1; Ausnahmen in §14 Abs. 1 S. 2, Abs. 2), **nicht oder nicht richtig führt.** Dies gilt entsprechend für die Sammelverwahrung (vgl. §14 Abs. 3). Tatbestandsmäßig ist es auch, dass der Verwahrer die Wertpapiere einem Dritten anvertraut und im Verwahrungsbuch **den Ort der Niederlassung und uU den Namen des Dritten nicht oder nicht richtig angibt** (vgl. §14 Abs. 4 S. 1, 2) bzw. im Falle der Ermächtigung zur Sammelverwahrung, zur Tauschverwahrung, zur Verpfändung oder zur Verfügung über das Eigentum die **Ermächtigung nicht kenntlich macht** (vgl. §14 Abs. 4 S. 3). Schließlich ist es tatbestandsmäßig, wenn es der **Drittverwahrer im Verwahrungsbuch nicht kenntlich macht,** dass ihm der Verwahrer mitgeteilt hat, er sei nicht Eigentümer der anvertrauten Wertpapiere (vgl. §14 Abs. 5).

2. Verstöße des Einkaufskommissionärs (§37 Alt. 2). Beim Einkauf von Wertpapieren erhält der **13** Auftraggeber nicht per se Eigentum, sondern nur einen schuldrechtlichen Anspruch auf Verschaffung. Den **Schutz des Kommittenten** gewährleistet das DepotG durch **zwei zusätzliche subsidiäre Möglichkeiten des Eigentumserwerbs,** nämlich den Eigentumserwerb durch Absendung des Stückeverzeichnisses (§18 Abs. 3) und den Erwerb von Miteigentum an einem Sammelbestand durch Eintragung des Übertragungsvermerks im Verwahrungsbuch (§24 Abs. 2 S. 1).

a) Nichtübersendung eines ordnungsgemäßen Stückeverzeichnisses (§§18–23). Tatbestands- **14** mäßig ist es, dass der Kommissionär einen Auftrag zum Einkauf ausführt und dem Kommittenten ein Verzeichnis der gekauften Stücke **nicht unverzüglich, spätestens binnen einer Woche übersendet** bzw. die Wertpapiere nach Gattung, Nennbetrag, Nummern oder sonstigen Bezeichnungsmerkmalen **nicht bezeichnet** (vgl. §18 Abs. 1 S. 1, 2). Das Stückeverzeichnis ist selbst dann fristgerecht zu versenden, wenn der Kommittent bereits Eigentümer der Wertpapiere geworden ist (Baumbach/Hopt/*Kumpan* §18 Rn. 2; *Fichtner,* Die börsen- und depotrechtlichen Strafvorschriften und ihr Verhältnis zu den Eigentums- und Vermögensdelikten des StGB, 1993, 200 f.). Zu beachten sind die Regelungen zum **Fristbeginn** (§18 Abs. 2) und die zahlreichen **Ausnahmen:** Aussetzung der Übersendung bei nicht befriedigten Forderungen (§19); vorbehaltene Übersendung erst auf Verlangen im Kontokorrentverkehr (§20); Aussetzung bei nicht befriedigten Forderungen und gleichzeitig vorbehaltener Übersendung erst auf Verlangen (§21); Übersendung erst auf Verlangen bei Anschaffung und Aufbewahrung im Ausland (§22); Befreiung von der Übersendung bei fristgemäßer Auslieferung oder Wiederveräußerung (§23).

Will der Kommissionär die **Übersendung aussetzen,** obliegen ihm **Mitteilungspflichten:** Im Falle **15** des §19 muss er dem Kommittenten nach Erstattung der Ausführungsanzeige binnen einer Woche gesondert, ausdrücklich und schriftlich erklären, dass er die Übersendung und damit die Übertragung des Eigentums an den Papieren bis zur Befriedigung aussetzen wird; im Falle von §20 muss er bei Erstattung der Ausführungsanzeige mitteilen, dass er die Übertragung des Eigentums erst auf Verlangen ausführt; im Falle des §21 muss er schriftlich mitteilen, dass er die Übersendung und damit die Übertragung des Eigentums erst auf Verlangen, frühestens nach Befriedigung ausführt. **Verletzt er diese Mitteilungspflichten,** kann er von dem Aussetzungsrecht keinen Gebrauch machen (vgl. §§19 Abs. 2 S. 1, 20 Abs. 2). Er bleibt daher zur Übersendung verpflichtet, so dass auch in diesen Fällen die **nicht fristgerechte Übersendung eines ordnungsgemäßen Stückeverzeichnisses** bestraft wird (*Fichtner,* Die börsen- und depotrechtlichen Strafvorschriften und ihr Verhältnis zu den Eigentums- und Vermögensdelikten des StGB, 1993, 201).

b) Nichtmitteilung der Verschaffung des Miteigentums am Sammelbestand (§24). Die **16** Regelung des §24 zum Eigentumserwerb ist für den **stückelosen Effektengiroverkehr,** bei dem kein Stückeverzeichnis existiert, das übersandt werden könnte, von grdl. Bedeutung (Baumbach/Hopt/*Kumpan* §24 Rn. 1). Tatbestandsmäßig ist es, dass der Kommissionär bei der Übertragung von Miteigentum am Sammelbestand dem Kommittenten die **Verschaffung des Miteigentums nicht unverzüglich mitteilt** (vgl. §24 Abs. 2 S. 2) (näher *Heinsius/Horn/Than,* Depotgesetz, 1975, Rn. 6; krit. *Fichtner,* Die börsen- und depotrechtlichen Strafvorschriften und ihr Verhältnis zu den Eigentums- und Vermögensdelikten des StGB, 1993, 203). Im Fall des **Wertpapiersparens** genügt die Mitteilung **innerhalb von 13 Monaten** (vgl. §24 Abs. 3).

c) Nichtübersendung in Bezug auf Umtausch und Bezugsrecht (§26). Tatbestandsmäßig ist, **17** dass der Kommissionär einen **Auftrag zum Umtausch** von Wertpapieren oder Sammelbestandanteilen oder **zur Geltendmachung eines Bezugsrechts** ausführt, und **nicht** binnen zwei Wochen nach dem Empfang der neuen Stücke dem Kommittenten **ein Stückeverzeichnis übersendet** bzw. die Wertpapiere nach Gattung, Nennbetrag, Nummern oder sonstigen Bezeichnungsmerkmalen **nicht bezeichnet** (§26 S. 1, 2). Zu beachten sind auch hier die §§18–24 (§26 S. 3), die Regelungen zum **Fristbeginn** und zu **Ausnahmen** enthalten.

IV. Weitere Voraussetzungen

18   Der Verstoß gegen die depotrechtlichen Pflichten ist nach § 37 nur dann strafbar, wenn **kumulativ zwei weitere Voraussetzungen** vorliegen.

19   **1. Zahlungseinstellung oder Insolvenzverfahrenseröffnung.** Zum einen muss der Täter („er") seine **Zahlungen tatsächlich eingestellt** haben oder über sein Vermögen das **Insolvenzverfahren eröffnet** worden sein. Es handelt sich um eine **objektive Bedingung der Strafbarkeit** (Achenbach/Ransiek/Rönnau WirtschaftsStR-HdB/*Schröder* Teil 10 Kap. 3 Rn. 172; *Fichtner,* Die börsen- und depotrechtlichen Strafvorschriften und ihr Verhältnis zu den Eigentums- und Vermögensdelikten des StGB, 1993, 212; *Heinsius/Horn/Than,* Depotgesetz, 1975, Rn. 9; MüKoStGB/*Bröker* § 37 Rn. 9; Ulsenheimer DepotG 4), die inhaltlich § 283 Abs. 6 StGB entspricht. Irrelevant ist, ob die Zahlungseinstellung bzw. Insolvenzverfahrenseröffnung dem Verstoß vorausgeht oder nachfolgt (vgl. zu § 283 StGB BGHSt 1, 186 (191)). Eine Zahlungseinstellung liegt auch dann vor, wenn der Täter zahlungsunwillig ist oder sich für zahlungsunfähig hält und deshalb keine weiteren Zahlungen leistet (MüKoStGB/*Bröker* § 37 Rn. 10). Eine vorübergehende Zahlungsstockung reicht jedoch nicht aus (MüKoStGB/*Bröker* § 37 Rn. 10). Bei Kreditinstituten kann nur die BaFin den Antrag auf Eröffnung des Insolvenzverfahrens stellen (§ 46b Abs. 1 S. 4 KWG). Für die Insolvenzverfahrenseröffnung ist die Rechtskraft des Eröffnungsbeschlusses maßgebend; ob das Insolvenzverfahren später mangels Masse nach § 207 InsO eingestellt wird, ist ohne Belang (MüKoStGB/*Bröker* § 37 Rn. 11). Sofern – wie idR – ein Vertreter gehandelt hat, ist auch im Rahmen des § 37 eine **berichtigende Auslegung** geboten, so dass mit dem Täter der Schuldner gemeint ist (*Fichtner,* Die börsen- und depotrechtlichen Strafvorschriften und ihr Verhältnis zu den Eigentums- und Vermögensdelikten des StGB, 1993, 206 f.; vgl. auch Schönke/Schröder/*Heine*/*Schuster* StGB § 283 Rn. 59a).

20   Wird die **Krise nachträglich überwunden,** ist der Täter nach hM (vgl. *Fichtner,* Die börsen- und depotrechtlichen Strafvorschriften und ihr Verhältnis zu den Eigentums- und Vermögensdelikten des StGB, 1993, 243; Schönke/Schröder/*Heine*/*Schuster* StGB § 283 Rn. 59) straflos, da dann das Strafbedürfnis entfallen ist.

21   **2. Vereitelung oder Erschwerung eines Aussonderungsanspruchs.** Zum anderen muss durch die Zuwiderhandlung ein **Anspruch** auf Aussonderung der Wertpapiere **vereitelt** oder zumindest die **Durchführung** eines solchen Anspruchs **erschwert** worden sein. Auch hierbei handelt es sich um eine **objektive Bedingung der Strafbarkeit** (*Fichtner,* Die börsen- und depotrechtlichen Strafvorschriften und ihr Verhältnis zu den Eigentums- und Vermögensdelikten des StGB, 1993, 212 (236); Hellmann/Beckemper WirtschaftsStR Rn. 380; MüKoStGB/*Bröker* § 37 Rn. 9). Im Falle der Insolvenz bleibt der Hinterleger Eigentümer der im Depot befindlichen Wertpapiere, so dass ihm im Insolvenzverfahren ein **Aussonderungsanspruch nach § 47 InsO** zusteht. **Nicht erfasst** sind die Fälle des § 32, in denen der Hinterleger noch kein Eigentum und somit auch kein Aussonderungsrecht hat, aber alle Verpflichtungen erfüllt hat und daher im Insolvenzverfahren vorrangige Befriedigung aus den in der Insolvenzmasse befindlichen Wertpapieren bzw. aus Ansprüchen auf Lieferung verlangen kann.

22   **Vereitelt** wird die Durchführung des Aussonderungsanspruchs idR durch die Verletzung der §§ 2, 14 bzw. der §§ 18–24, 26 (MüKoStGB/*Bröker* § 37 Rn. 12). An die **Erschwerung** der Durchführung des Aussonderungsanspruchs werden keine hohen Anforderungen gestellt, es genügt, dass der Verstoß eine nachteilige Lage herbeiführt (Achenbach/Ransiek/Rönnau WirtschaftsStR-HdB/*Schröder* Teil 10 Kap. 3 Rn. 171; MüKoStGB/*Bröker* § 37 Rn. 13). Dies ist auch dann der Fall, wenn der Berechtigte erst einen Rechtsstreit führen muss (*Heinsius/Horn/Than,* Depotgesetz, 1975, Rn. 13; MüKoStGB/*Bröker* § 37 Rn. 13). **Nicht ausreichend** sind dagegen geringfügige Beeinträchtigungen, wie ein notwendig gewordener Schriftwechsel (*Opitz,* Depotgesetz, 2. Aufl. 1955, § 37 Anm. 6).

23   Vorausgesetzt wird stets, dass der Verstoß **kausal** (*Fichtner,* Die börsen- und depotrechtlichen Strafvorschriften und ihr Verhältnis zu den Eigentums- und Vermögensdelikten des StGB, 1993, 236; MüKoStGB/*Bröker* § 37 Rn. 12) für die Vereitelung bzw. Erschwerung des Aussonderungsanspruchs war. **Nicht zurechenbar** sind verzögernde Maßnahmen anderer Gläubiger oder der BaFin (Achenbach/Ransiek/Rönnau WirtschaftsStR-HdB/*Schröder* Teil 10 Kap. 3 Rn. 171).

C. Subjektiver Tatbestand und Irrtum

I. Vorsatz

24   § 37 fordert **vorsätzliches** Handeln. **Bedingter Vorsatz** genügt (MüKoStGB/*Bröker* § 37 Rn. 6). Besondere Absichten werden – anders als bei §§ 34, 35 – nicht vorausgesetzt. Auf die objektiven Bedingungen der Strafbarkeit (→ Rn. 18 ff.) muss sich der Vorsatz nicht erstrecken (Achenbach/Ransiek/Rönnau WirtschaftsStR-HdB/*Schröder* Teil 10 Kap. 3 Rn. 173; *Heinsius/Horn/Than,* Depotgesetz, 1975, Rn. 8, 9; MüKoStGB/*Bröker* § 37 Rn. 6).

II. Irrtum

Ein vorsatzausschließender **Tatbestandsirrtum** (→ § 34 Rn. 42) liegt zB vor, wenn der Täter die 25 **Sachlage verkennt** und annimmt, dass der Hinterleger eine gesonderte Aufbewahrung nicht verlangt hat (*Heinsius/Horn/Than*, Depotgesetz, 1975, Rn. 8; *Ulsenheimer* DepotG 4) und deshalb keine Sonderverwahrung durchführt, oder von einer nicht befriedigten Forderung ausgeht und die Übersendung des Stückeverzeichnisses aussetzt.

Hingegen ist ein nur bei Unvermeidbarkeit die Schuld ausschließender **Verbotsirrtum** (→ § 34 26 Rn. 43) gegeben, wenn dem Täter die depotrechtlichen Pflichten unbekannt sind (aA *Fichtner*, Die börsen- und depotrechtlichen Strafvorschriften und ihr Verhältnis zu den Eigentums- und Vermögensdelikten des StGB, 1993, 212) oder in Verkennung der Rechtslage angenommen wird, die Sonderverwahrung in einer anderen als der gesetzlich geregelten Form durchführen zu dürfen (*Heinsius/Horn/Than*, Depotgesetz, 1975, Rn. 8; *Ulsenheimer* DepotG 4). Auch hier scheidet idR die Berufung auf einen unvermeidbaren Verbotsirrtum angesichts des **strengen Maßstabs** aus.

D. Versuch, Vollendung und Beendigung

Bei § 37 handelt es sich um ein **Vergehen.** Mangels ausdrücklicher Bestimmung ist der **Versuch** 27 **nicht strafbar** (vgl. § 23 Abs. 1 StGB).

In den Fällen des § 37 ist die Tat **vollendet,** wenn der Handlungspflicht nicht fristgerecht ent- 28 sprochen wurde. **Beendet** ist die Tat erst dann, wenn die Pflicht erfüllt wurde oder sich erledigt hat.

E. Täterschaft und Teilnahme

§ 37 ist ein **echtes Sonderdelikt** (→ Rn. 6). Bei **Teilnehmern** ist § 28 Abs. 1 StGB anzuwenden. 29

F. Konkurrenzen

§ 37 ist **kein subsidiäres Delikt.** Die Vorschrift kann daher insbes. zu **Betrug** (§ 263 StGB), 30 **Untreue** (§ 266 StGB), **Unterschlagung** (§ 246 StGB) und zur **Depotunterschlagung** (§ 34) in Tateinheit stehen (vgl. *Fichtner,* Die börsen- und depotrechtlichen Strafvorschriften und ihr Verhältnis zu den Eigentums- und Vermögensdelikten des StGB, 1993, 228 ff.; *Heinsius/Horn/Than,* Depotgesetz, 1975, Rn. 14; MüKoStGB/*Bröker* § 37 Rn. 14). Tateinheit ist darüber hinaus auch zu **Buchführungs- und Insolvenzdelikten** (§§ 283, 283b StGB) möglich (vgl. RGSt 48, 117 (118); Achenbach/Ransiek/ Rönnau WirtschaftsStR-HdB/*Schröder* Teil 10 Kap. 3 Rn. 174; Erbs/Kohlhaas/*Wehowsky* Rn. 8; *Fichtner,* Die börsen- und depotrechtlichen Strafvorschriften und ihr Verhältnis zu den Eigentums- und Vermögensdelikten des StGB, 1993, 251 f.; *Heinsius/Horn/Than,* Depotgesetz, 1975, Rn. 14; LK-StGB/*Tiedemann* StGB § 283 Rn. 241; Schönke/Schröder/*Heine/Schuster* StGB § 283 Rn. 67; Ulsenheimer DepotG 4; aA – § 37 lex specialis – Fischer StGB § 283 Rn. 43), da § 37 Aussonderungsrechte sichert, die nicht zur Insolvenzmasse gehören, und damit einzelne Gläubiger und nicht die Gesamtheit der Insolvenzgläubiger schützt.

G. Strafverfahren und Strafantrag

Taten nach § 37 sind **Offizialdelikte,** die **von Amts wegen** verfolgt werden. Zur Zuständigkeit der 31 **Wirtschaftsstrafkammer** und zu **Mitteilungen an die BaFin** → § 34 Rn. 48.

H. Strafe

Für den **Täter** beträgt die **Freiheitsstrafe** von einem Monat (vgl. § 38 Abs. 2 StGB) bis zu zwei 32 Jahren. Die **Geldstrafe** reicht von fünf bis zu 360 Tagessätzen (→ § 34 Rn. 49). Beide Strafen können **gemeinsam** verhängt werden, wenn sich der Täter durch die Tat bereichert oder zu bereichern versucht hat (vgl. § 41 StGB). Zur Strafe des **Teilnehmers** vgl. → § 34 Rn. 50. Zählt der Anstifter bzw. Gehilfe nicht zum tauglichen Täterkreis, ist wegen § 28 Abs. 1 StGB (→ Rn. 29) die Strafe (erneut) zu mildern.

I. Verjährung

Die **Verfolgungsverjährung** (→ § 34 Rn. 51) beträgt bei § 37 **fünf Jahre** (vgl. § 78 Abs. 3 Nr. 4 33 StGB), die **absolute** Verfolgungsverjährung **zehn Jahre** (vgl. § 78c Abs. 3 S. 2 StGB).

Die **Vollstreckungsverjährung** richtet sich nach der rechtskräftig verhängten Strafe und kann bei 34 § 37 **drei, fünf** oder **zehn Jahre** betragen (vgl. § 79 Abs. 3 Nr. 3–5 StGB).

267. Gesetz über den rechtlichen Schutz von Design – Designgesetz (DesignG)

Vom 24.2.2014 (BGBl. I S. 122) FNA 442-5

Zuletzt geändert durch Art. 1 G zur Änd. des DesignG und weiterer Vorschriften des gewerblichen Rechtsschutzes vom 4.4.2016 (BGBl. I S. 558)

– Auszug –

§ 51 Strafvorschriften

(1) Wer entgegen § 38 Absatz 1 Satz 1 ein eingetragenes Design benutzt, obwohl der Rechtsinhaber nicht zugestimmt hat, wird mit Freiheitsstrafe bis zu drei Jahren oder mit Geldstrafe bestraft.

(2) Handelt der Täter gewerbsmäßig, so ist die Strafe Freiheitsstrafe bis zu fünf Jahren oder Geldstrafe.

(3) Der Versuch ist strafbar.

(4) In den Fällen des Absatzes 1 wird die Tat nur auf Antrag verfolgt, es sei denn, dass die Strafverfolgungsbehörde wegen des besonderen öffentlichen Interesses an der Strafverfolgung ein Einschreiten von Amts wegen für geboten hält.

(5) [1] Gegenstände, auf die sich die Straftat bezieht, können eingezogen werden. [2] § 74a des Strafgesetzbuchs ist anzuwenden. [3] Soweit den in § 43 bezeichneten Ansprüchen im Verfahren nach den Vorschriften der Strafprozessordnung über die Entschädigung des Verletzten (§§ 403 bis 406c) stattgegeben wird, sind die Vorschriften über die Einziehung nicht anzuwenden.

(6) [1] Wird auf Strafe erkannt, so ist, wenn der Rechtsinhaber es beantragt und ein berechtigtes Interesse daran dartut, anzuordnen, dass die Verurteilung auf Verlangen öffentlich bekannt gemacht wird. [2] Die Art der Bekanntmachung ist im Urteil zu bestimmen.

A. Allgemeines

1   Der Schutzgegenstand des Designrechts (das bis zum Jahr 2013 Geschmacksmusterrecht hieß) liegt im Gegensatz zum Patent- und Gebrauchsmusterschutz nicht im Gebiet der Technik, sondern dem der Ästhetik. Entsprechend den allgemeinen Zielen gewerblicher Schutzrechte sichert auch das DesignG die wirtschaftlichen Verwertungsinteressen des Rechteinhabers und will damit gleichzeitig Ansporn zu weiteren Leistungen sein. Geschützt wird letztlich das zwei- oder dreidimensionale Design, auch wenn der Gesetzgeber diesen etwas zu unscharfen Begriff vermeiden wollte. Umfasst wird oftmals der Bereich der angewandten Kunst (zB Möbel, Parfumflacons), wobei in Abgrenzung zum Urheberrecht (insbes. § 2 Abs. 1 Nr. 4 UrhG) für das Bestehen eines Schutzes hier keine Schöpfungshöhe, sondern allein designrechtliche Eigenart erforderlich ist.

B. Designschutz

I. Designanmeldung

2   Die Designanmeldung (zuvor: Musteranmeldung) erfolgt gemäß den Vorgaben der §§ 11 ff. beim Deutschen Patent- und Markenamt. Hierbei werden die Formalia der Anmeldung festgestellt. Eine Prüfung der sachlichen Schutzvoraussetzungen – Neuheit und Eigenart – wird vom Amt nicht durchgeführt. Die Registrierung hat insoweit also nur deklaratorischen Charakter. Die Anmeldung wird bekanntgemacht, wobei der Zeitpunkt um 2,5 Jahre hinausgeschoben werden kann (§ 21).

II. Schutzdauer

3   Der Schutz entsteht mit der Eintragung in das Register (§ 27 Abs. 1). Die Schutzdauer des eingetragenen Designs beträgt bis zu 25 Jahre, gerechnet ab dem Anmeldetag (§ 27 Abs. 2), setzt aber die Zahlung der Aufrechterhaltungsgebühren alle fünf Jahre nach § 28 voraus. Wird diese nicht bezahlt, endet die Schutzdauer.

4   Der Designschutz endet gleichermaßen durch Verzicht sowie bei Einwilligung in die Löschung (§ 36). Bei Nichtigkeit entfällt der Schutz ex-tunc mit Vorliegen eines rechtskräftigen Urteils (§§ 33, 36).

C. Strafbare Benutzung eines fremden eingetragenen Designs

§ 51 Abs. 1 verbietet es, entgegen § 38 Abs. 1 S. 1 ein eingetragenes Design zu benutzen, obwohl der **5** Rechtsinhaber nicht zugestimmt hat. Der Tatbestand setzt einen Eingriff in den Schutzumfang eines – deutschen oder mit deutschem Schutz international hinterlegten – eingetragenen Designs voraus, das sämtliche Schutzvoraussetzungen erfüllt (Eichmann/v. Falckenstein/Kühne/*Eichmann* Rn. 4). Zu prüfen ist daher, ob eine Handlung in die Rechte des Inhabers eines eingetragenen Designs eingreift, aber auch, ob – da bei der Eintragung eines Designs diese Voraussetzungen nicht überprüft werden – das in Rede stehende Design überhaupt eintragungsfähig ist.

I. Rechte aus dem eingetragenen Design und Schutzumfang (§ 38)

Die Verletzung der in § 38 bezeichneten Rechte führt zivilrechtlich zu Ansprüchen auf Beseitigung, **6** Unterlassung, Schadensersatz, Auskunft/Rechnungslegung und Vernichtung/Überlassung (§§ 42 ff.). Gleichzeitig ist sie Voraussetzung der Strafbarkeit nach § 51.

1. Verletzungshandlungen. Das eingetragene Design gewährt seinem Rechtsinhaber das ausschließ- **7** liche Recht, es zu benutzen und Dritten zu verbieten, es ohne seine Zustimmung zu benutzen. Erfasst Verletzungshandlungen sind also insbesondere:
– Herstellung;
– Anbieten;
– Inverkehrbringen;
– Ein- oder Ausfuhr;
– Gebrauch;
  eines Erzeugnisses, in das das eingetragene Design aufgenommen oder bei dem es verwendet wird, und der
– Besitz eines solchen Erzeugnisses zu den genannten Zwecken.

2. Reichweite des Schutzes. Der Schutz wird für diejenigen Merkmale der Erscheinungsform eines **8** eingetragenen Designs begründet, die in der Anmeldung sichtbar wiedergegeben sind (§ 37 Abs. 1). Der Schutz aus einem eingetragenen Design erstreckt sich auf jedes Design, das beim informierten Benutzer keinen anderen Gesamteindruck erweckt, wobei bei der Beurteilung des Schutzumfangs der Grad der Gestaltungsfreiheit des Entwerfers bei der Entwicklung seines Designs berücksichtigt wird (§ 38 Abs. 2). Der Schutzbereich wächst mit der Eigenart: Große Eigenart bedingt einen großen, kleine Eigenart einen kleinen Schutzbereich (BGH GRUR 1980, 235 – Play-family).

3. Aufschiebung der Bekanntmachung. Schiebt der Anmelder den Zeitpunkt der Bekannt- **9** machung hinaus (§ 21 Abs. 1 S. 1), setzt der Designschutz zudem voraus, dass das Design das Ergebnis einer Nachahmung des eingetragenen Designs ist (§ 38 Abs. 3). Der Verletzer muss also (auf anderem Wege) Kenntnis vom Gegenstand des eingetragenen Designs erhalten haben.

II. Beschränkungen der Rechte aus dem eingetragenen Design

1. Allgemeine Beschränkungen (§ 40). Rechte aus einem eingetragenen Design können nicht **10** geltend gemacht werden ggü.
– Handlungen, die im privaten Bereich zu nichtgewerblichen Zwecken vorgenommen werden (§ 40 Nr. 1);
– Handlungen zu Versuchszwecken (§ 40 Nr. 2);
– Wiedergaben zum Zwecke der Zitierung oder der Lehre, vorausgesetzt, solche Wiedergaben sind mit den Gepflogenheiten des redlichen Geschäftsverkehrs vereinbar, beeinträchtigen die normale Verwertung des eingetragenen Designs nicht über Gebühr und geben die Quelle an (§ 40 Nr. 3);
– Einrichtungen in Schiffen und Luftfahrzeugen, die im Ausland zugelassen sind und nur vorübergehend in das Inland gelangen sowie der Einfuhr von Ersatzteilen und von Zubehör für die Reparatur sowie für die Durchführung von Reparaturen an Schiffen und Luftfahrzeugen in diesem Sinne (§ 40 Nr. 4 u. 5).

2. Vorbenutzungsrecht (§ 41). Rechte nach § 38 können ggü. einem Dritten, der vor dem **11** Anmeldetag im Inland ein identisches Design, das unabhängig von einem eingetragenen Design entwickelt wurde, gutgläubig in Benutzung genommen oder wirkliche und ernsthafte Anstalten dazu getroffen hat, nicht geltend gemacht werden. Der Dritte ist berechtigt, das Design zu verwerten, wenn auch nicht dazu, Lizenzen zu vergeben oder das Recht zu übertragen, es sei denn, er betreibt ein Unternehmen und die Übertragung erfolgt zusammen mit dem Unternehmensteil, in dessen Rahmen die Benutzung erfolgte oder die Anstalten getroffen wurden (§ 41).

III. Rechtsgültigkeit des verletzten eingetragenen Designs

12   Zugunsten des Rechtsinhabers wird vermutet, dass die an die Rechtsgültigkeit eines eingetragenen Designs zu stellenden Anforderungen erfüllt sind (§ 39). Gleichwohl ist der Designschutz ex tunc nicht entstanden, wenn das Design schutzunfähig oder der Anmelder nicht anmeldeberechtigt war **(Unwirksamkeitsgründe beim Designschutz).**

13   **1. Nichtigkeit wegen fehlender Schutzfähigkeit (§ 33). a) Nichtigkeitsgründe.** Ein eingetragenen Design ist nichtig, wenn eine der folgenden Bedingungen erfüllt ist (§ 33 Abs. 1):
     – Das Erzeugnis ist kein Design.

     Im Sinne des DesignG ist ein Design die zweidimensionale oder dreidimensionale Erscheinungsform eines ganzen Erzeugnisses oder eines Teils davon, die sich insbesondere aus den Merkmalen der Linien, Konturen, Farben, der Gestalt, Oberflächenstruktur oder der Werkstoffe des Erzeugnisses selbst oder seiner Verzierung ergibt (§ 1 Nr. 1). Dabei ist ein Erzeugnis jeder industrielle oder handwerkliche Gegenstand, einschließlich Verpackung, Ausstattung, grafischer Symbole und typografischer Schriftzeichen sowie von Einzelteilen, die zu einem komplexen Erzeugnis zusammengebaut werden sollen; ein Computerprogramm gilt nicht als Erzeugnis (§ 1 Nr. 2).

14   **– Das Design ist nicht neu.**

     Ein Design gilt als neu, wenn vor dem Anmeldetag kein identisches Design offenbart worden ist (kein vorbekannter Formschatz). Designs gelten als identisch, wenn sich ihre Merkmale nur in unwesentlichen Einzelheiten unterscheiden (§ 2 Abs. 2). Ein Design, das bei einem Erzeugnis, das Bauelement eines komplexen Erzeugnisses (§ 1 Nr. 3) ist, benutzt oder in dieses Erzeugnis eingefügt wird, gilt nur dann als neu, wenn das Bauelement, das in ein komplexes Erzeugnis eingefügt ist, bei dessen bestimmungsgemäßer Verwendung sichtbar bleibt und diese sichtbaren Merkmale des Bauelements selbst die Voraussetzungen der Neuheit und Eigenart erfüllen (§ 4).

15   Ein Design ist offenbart, wenn es bekannt gemacht, ausgestellt, im Verkehr verwendet oder auf sonstige Weise der Öffentlichkeit zugänglich gemacht wurde, es sei denn, dass dies den in der Gemeinschaft tätigen Fachkreisen des betreffenden Sektors im normalen Geschäftsverlauf vor dem Anmeldetag des Designs nicht bekannt sein konnte (§ 5 S. 1; relativ-objektiver Neuheitsbegriff). Die Neuheit kann somit nicht daran scheitern, dass eine Gestaltung an versteckter Stelle vorveröffentlicht wurde. Ein Design gilt ferner nicht als offenbart, wenn es einem Dritten lediglich unter der ausdrücklichen oder stillschweigenden Bedingung der Vertraulichkeit bekannt gemacht wurde (§ 5 S. 2).

16   Eine Offenbarung bleibt bei der Anwendung des § 2 Abs. 2 und 3 unberücksichtigt, wenn ein Design während der zwölf Monate vor dem Anmeldetag durch den Entwerfer oder seinen Rechtsnachfolger oder durch einen Dritten als Folge von Informationen oder Handlungen des Entwerfers oder seines Rechtsnachfolgers der Öffentlichkeit zugänglich gemacht wurde (Neuheitsschonfrist, § 6 S. 1). Dasselbe gilt, wenn das Design als Folge einer missbräuchlichen Handlung gegen den Entwerfer oder seinen Rechtsnachfolger offenbart wurde (§ 6 S. 2; zB Diebstahl oder Untreue eines Arbeitnehmers; Eichmann/v. Falckenstein/*Kühne* § 6 Rn. 6).

17   **– Das Design hat keine Eigenart.**

     Ein Design hat Eigenart, wenn sich der Gesamteindruck, den es beim informierten Benutzer hervorruft, von dem Gesamteindruck unterscheidet, den ein anderes Design bei diesem Benutzer hervorruft, das vor dem Anmeldetag offenbart worden ist. Bei der Beurteilung der Eigenart wird der Grad der Gestaltungsfreiheit des Entwerfers bei der Entwicklung des Designs berücksichtigt (§ 2 Abs. 3). Diese Eigenart ist geringer anzusetzen als die urheberrechtliche Schöpfungshöhe, so dass das Designrecht insofern ein „Unterbau" zum § 2 Abs. 1 Nr. 4 UrhG ist. Erforderlich ist aber, dass sich der Gesamteindruck des Designs vom vorbekannten Formenschatz unterscheidet. Der Grad der Eigenart ergibt sich dann aus dem Grad der Unterschiedlichkeit (Eichmann/v. Falckenstein/Kühne/*Eichmann* § 2 Rn. 15). EG 14 der VO Nr. 6/2002 über das Gemeinschaftsgeschmacksmuster (ABl. 2002 L 3, 1) schreibt hierzu „Ob ein Geschmacksmuster Eigenart besitzt, sollte danach beurteilt werden, inwieweit sich der Gesamteindruck, den der Anblick des Geschmacksmusters beim informierten Benutzer hervorruft, deutlich von dem unterscheidet, den der vorbestehende Formenschatz bei ihm hervorruft, und zwar unter Berücksichtigung der Art des Erzeugnisses, bei dem das Geschmacksmuster benutzt wird oder in das es aufgenommen wird, und insbesondere des jeweiligen Industriezweigs und des Grades der Gestaltungsfreiheit des Entwerfers bei der Entwicklung des Geschmacksmusters". Der Begriff des informierten Benutzers ist dabei als Bezeichnung eines Benutzers zu verstehen, dem keine durchschnittliche Aufmerksamkeit, sondern eine besondere Wachsamkeit eigen ist, sei es wegen seiner persönlichen Erfahrung oder seiner umfangreichen Kenntnisse in dem betreffenden Bereich (EuGH GRUR 2013, 178 Rn. 53 – Sitzende Figur).

18   Ein Design, das bei einem Erzeugnis, das Bauelement eines komplexen Erzeugnisses (§ 1 Nr. 3) ist, benutzt oder in dieses Erzeugnis eingefügt wird, hat nur dann Eigenart, wenn das Bauelement, das in ein komplexes Erzeugnis eingefügt ist, bei dessen bestimmungsgemäßer Verwendung sichtbar bleibt und diese sichtbaren Merkmale des Bauelements selbst die Voraussetzungen der Neuheit und Eigenart erfüllen (§ 4).

– Das Design ist vom Designschutz ausgeschlossen (§ 3).   19

Vom Designschutz ausgeschlossen sind Erscheinungsmerkmale von Erzeugnissen, die ausschließlich durch deren technische Funktion bedingt sind (Technische Bedingtheit; Nr. 1); Erscheinungsmerkmale von Erzeugnissen, die zwangsläufig in ihrer genauen Form und ihren genauen Abmessungen nachgebildet werden müssen, damit das Erzeugnis, in welches das Design aufgenommen oder bei dem es verwendet wird, mit einem anderen Erzeugnis mechanisch zusammengebaut oder verbunden oder in diesem, an diesem oder um dieses herum angebracht werden kann, so dass beide Erzeugnisse ihre Funktion erfüllen (Verbindungselemente; Nr. 2); Designs, die gegen die öffentliche Ordnung oder gegen die guten Sitten verstoßen (Nr. 3) und Designs, die eine missbräuchliche Benutzung eines der in Artikel 6ter der Pariser Verbandsübereinkunft zum Schutz des gewerblichen Eigentums aufgeführten Zeichen oder von sonstigen Abzeichen, Emblemen und Wappen von öffentlichem Interesse darstellen (Nr. 4). Erscheinungsmerkmale iSd Nr. 2 sind vom Designschutz nicht ausgeschlossen, wenn sie dem Zweck dienen, den Zusammenbau oder die Verbindung einer Vielzahl von untereinander austauschbaren Teilen innerhalb eines Bauteilesystems zu ermöglichen („Lego-Klausel"). Sehr umstritten und von großer wirtschaftlicher Bedeutung ist dabei die Ersatzteilproblematik, weil der Schutz von „must-match-" oder „must-fit-Teilen" zu einem vollständigen Ausschluss von Wettbewerbern aus dem Anschlussmarkt führen kann.

b) Feststellung der Nichtigkeit. Die Feststellung der Nichtigkeit erfolgt grds. durch Urteil, wobei   20
Popularklage zulässig ist (§ 33 Abs. 2). Die Feststellung der Nichtigkeit kann auch noch nach der Beendigung der Schutzdauer oder nach einem Verzicht auf das eingetragene Design erfolgen (§ 33 Abs. 4). Die Schutzwirkungen der Eintragung eines eingetragenen Designs gelten mit Eintritt der Rechtskraft des Urteils, mit dem die Nichtigkeit des eingetragenen Designs festgestellt wird, als von Anfang an nicht eingetreten (§ 33 Abs. 3 S. 1).

Im **Strafverfahren** ist die Schutzfähigkeit des eingetragenen Designs jedoch unabhängig davon zu   21
prüfen, ob jemand formell gegen die Eintragung vorgegangen ist. Es ist auch nicht dem Beschuldigten zuzumuten, zusätzlich zum Verteidigungseinwand der Schutzunfähigkeit diesen Nachweis durch ein Nichtigkeitsverfahren auf seine Kosten prüfen zu lassen. Zwar wird durch § 39 die Rechtsgültigkeit des eingetragenen Designs vermutet, doch kann diese Vermutung durch den begründeten Einwand des Beschuldigten erschüttert werden. Stellt sich im Strafverfahren heraus, dass einer der genannten Nichtigkeitsgründe greift, ist das Vorliegen des objektiven Tatbestands unabhängig vom Fortbestand der formellen Eintragung zu verneinen.

2. Nichtigkeit wegen fehlender Anmeldeberechtigung. a) Recht auf das eingetragene De-   22
sign (§ 7). Das Recht auf das eingetragene Design steht dem **Entwerfer** oder seinem Rechtsnachfolger zu. Haben mehrere Personen gemeinsam ein Design entworfen, so steht ihnen das Recht auf das eingetragene Design gemeinschaftlich zu.

Wird ein Design von einem Arbeitnehmer in Ausübung seiner Aufgaben oder nach den Weisungen   23
seines Arbeitgebers entworfen, so steht das Recht an dem eingetragenen Design dem **Arbeitgeber** zu, sofern vertraglich nichts anderes vereinbart wurde. Der Arbeitgeber besitzt daher ein originäres, nicht abgeleitetes Recht auf das eingetragene Design. Allein bei freien Entwürfen (Freizeitentwicklungen), für deren Vorliegen der Arbeitnehmer beweispflichtig ist, gilt anderes (Eichmann/v. Falckenstein/Kühne/ *Kühne* § 7 Rn. 21 f.).

b) Ansprüche gegenüber dem eingetragenen Nichtberechtigten (§ 9). Ist ein eingetragenes   24
Design auf den Namen eines nicht nach § 7 Berechtigten eingetragen – dessen Berechtigung dann in § 8 fingiert wird –, kann der Berechtigte unbeschadet anderer Ansprüche die Übertragung des eingetragenen Designs oder die Einwilligung in dessen Löschung verlangen (§ 9 Abs. 1 S. 1). Wer von mehreren Berechtigten nicht als Rechtsinhaber eingetragen ist, kann die Einräumung seiner Mitinhaberschaft verlangen (§ 9 Abs. 1 S. 2).

Bei einem vollständigen Wechsel der Rechtsinhaberschaft nach § 9 Abs. 1 S. 1 erlöschen mit der   25
Eintragung des Berechtigten in das Register Lizenzen und sonstige Rechte, doch kann der – gutgläubige – frühere Rechtsinhaber oder ein Lizenznehmer eine bereits begonnene Verwertung fortsetzen, wenn er bei dem neuen Rechtsinhaber innerhalb einer Frist von einem Monat nach dessen Eintragung eine einfache Lizenz beantragt, die für einen angemessenen Zeitraum zu angemessenen Bedingungen zu gewähren ist (§ 9 Abs. 3).

Die Ansprüche ggü. dem Nichtberechtigten nach § 9 Abs. 1 können nur innerhalb einer **Aus-**   26
schlussfrist von drei Jahren ab Bekanntmachung des eingetragenen Designs durch Klage geltend gemacht werden, sofern der Rechtsinhaber bei der Anmeldung oder bei einer Übertragung des eingetragenen Designs gutgläubig war (§ 9 Abs. 2).

Macht der Berechtigte diese Ansprüche nicht oder nicht rechtzeitig ggü. dem eingetragenen Nicht-   27
berechtigten geltend, bleibt es bei der Vermutung der §§ 1 Nr. 5, 8 mit der Folge, dass der Eingetragene

als Rechteinhaber strafantragsberechtigt ist. Allein wenn der Täter selbst eigentlich Berechtigter ist, wird er sich insoweit auf § 41 berufen können.

IV. Einwilligung

28   Die Zustimmung des Rechteinhabers schließt die Strafbarkeit aus, da ihr Fehlen Tatbestandsmerkmal ist. Zu beachten ist, dass das eingetragene Design übertragbar (§ 29), belastbar und pfändbar (§ 30) sowie lizenzierbar (§ 31) ist. Wurde vom Berechtigten eine wirksame Lizenz ausgesprochen, kommt eine Strafbarkeit nicht in Frage.

D. Vorsatz

29   In subjektiver Hinsicht ist Vorsatz (§ 15 StGB) erforderlich. Dies setzt die Kenntnis aller Tatumstände voraus, also auch das Fehlen der Einwilligung des Berechtigten. Ein ausdrückliches Verbot des Rechteinhabers muss hingegen nicht ausgesprochen worden sein (Eichmann/v. Falckenstein/Kühne/*Eichmann* Rn. 4). Während einer eventuellen Dauer der Aufschiebung der Bekanntmachung (§ 21 Abs. 1 S. 1) setzen Schutz und damit auch Strafbarkeit voraus, dass das Design das Ergebnis einer Nachahmung des eingetragenen Designs ist (§ 38 Abs. 3); der Täter muss also die Gestaltung gekannt haben.

E. Gewerbsmäßiges Handeln

30   Bei § 51 Abs. 2 handelt es sich nicht um einen selbstständigen Straftatbestand, sondern lediglich um eine **Strafverschärfung,** die bei das Strafmaß des § 51 Abs. 1 bei gewerbsmäßigen Handeln empfindlich erhöht. und die Tat zugleich zu einem Offizialdelikt macht. Die Gewerbsmäßigkeit ist dabei ein persönliches strafschärfendes Merkmal iSd § 28 Abs. 2 StGB. Ein Teilnehmer ist mithin nur dann nach § 51 Abs. 2 strafbar, wenn auch er gewerbsmäßig gehandelt hat.

31   Der Begriff Gewerbsmäßigkeit ist im Designrecht ebenso zu bestimmen wie in anderen Strafvorschriften (BGH NJW 2004, 1674 (1679) – CD-Export). Gewerbsmäßiges Handeln iSd Norm liegt dann vor, wenn der Täter die Tat begeht, um sich durch wiederholte, ggf. auch fortgesetzte Begehung eine fortlaufende Einnahmequelle von einiger Dauer und einigem Umfang zu verschaffen (BGHSt 1, 383). Handeln im Rahmen eines Gewerbebetriebs ist hierfür nicht erforderlich (Eichmann/v. Falckenstein/Kühne/*Eichmann* Rn. 5).

F. Versuchsstrafbarkeit und Strafverfolgung

32   Nur im **Inland** begangene Handlungen werden erfasst (BGH GRUR 2004, 421 (423)). Das Inverkehrbringen im Inland ist auch dann strafbar, wenn die Herstellung an einem Ort erfolgt, wo kein Designschutz bestand (Eichmann/v. Falckenstein/Kühne/*Eichmann* Rn. 4).

33   Der Versuch der Tatbegehung ist strafbar (§ 51 Abs. 3). Die Tat wird nur auf **Antrag** verfolgt, soweit nicht besonderes öffentliches Interesse zu bejahen ist; allein in den Fällen gewerbsmäßigen Handelns liegt ein Offizialdelikt vor (§ 51 Abs. 4). Nebenklage ist möglich (§ 395 Abs. 2 Nr. 3 StPO). Antragsberechtigt ist der Verletzte (§ 77 StGB) resp. sein Inlandsvertreter (§ 58 Abs. 1). Nicht berechtigt ist der einfache Lizenznehmer, wohl aber der Inhaber einer ausschließlichen Lizenz, wenn er den Rechteinhaber zuvor vergeblich zur Verfolgung aufgefordert hat (§ 31 Abs. 3).

34   Die **Verjährung** beträgt für Grunddelikt wie auch für die Qualifikation fünf Jahre (§ 78 Abs. 1 Nr. 4 StGB), beginnend mit Beendigung der strafbaren Handlung (§ 78a S. 1 StGB).

G. Strafbare Verletzung eines Gemeinschaftsgeschmacksmusters

35   Eine weitere Strafnorm findet sich in § 65. Diese bestimmt, dass wer entgegen Art. 19 Abs. 1 der Verordnung (EG) Nr. 6/2002 ein **Gemeinschaftsgeschmacksmuster** benutzt, obwohl der Inhaber nicht zugestimmt hat, mit Freiheitsstrafe bis zu drei Jahren oder mit Geldstrafe bestraft wird. IÜ gelten § 51 Abs. 2–6 entsprechend.

36   Die Gemeinschaftsgeschmacksmusterverordnung (GGV) hat für den Bereich des Designschutzes ein gemeinschaftsweit gültiges Schutzrecht geschaffen. Hervorzuhebende Besonderheit ist, dass diese nicht nur eingetragene Geschmacksmuster kennt, sondern – anders als das deutsche Recht – darüber hinaus auch ein **nicht eingetragenes Gemeinschaftsgeschmacksmuster** schützt, das ohne jegliche Eintragungsformalitäten mit der ersten öffentlichen Zugänglichmachung entsteht, allerdings auch nur für drei Jahre besteht (Art. 11 Abs. 1 GGV). Dieses gilt der Öffentlichkeit innerhalb der Gemeinschaft zugänglich gemacht, wenn es in solcher Weise offenbart wurde, dass es den in der Gemeinschaft tätigen Fachkreisen des betreffenden Wirtschaftszweigs im normalen Geschäftsverkehr bekannt sein konnte (Art. 1 Abs. 2 S. 1 GGV). Allerdings ist zu beachten, dass die Partei, die Rechte aus einem nicht eingetragenen Gemeinschaftsgeschmacksmuster ableitet, die Darlegungs- und Beweislast dafür trägt, dass sie Inhaberin des Rechts ist; zu ihren Gunsten streitet keine Vermutung für die Inhaberschaft, wenn sie

das nicht eingetragene Gemeinschaftsgeschmacksmuster erstmalig der Öffentlichkeit innerhalb der Union iSd Art. 11 GGV zugänglich gemacht hat (BGH GRUR 2013, 830 – Bolerojäckchen).

Der Strafrechtsschutz des § 65 bezieht sich nicht auf nicht eingetragene Designs (Eichmann/v. Falckenstein/Kühne/*Eichmann* § 65 Rn. 1). Erfasst werden ferner nur Benutzungshandlungen, die im Inland stattfinden (Eichmann/v. Falckenstein/Kühne/*Eichmann* § 65 Rn. 1). **37**

270. Verordnung über diätetische Lebensmittel (Diätverordnung – DiätV)

Vom 28. April 2005 (BGBl. I S. 1161) FNA 2125-4-41

Zuletzt geändert durch Art. 60 Zehnte ZuständigkeitsanpassungsVO vom 31.8.2015 (BGBl. I S. 1474)

– Auszug –

Vorbemerkung

A. Allgemeines

I. Gemeinschaftsrechtliche Vorgaben

1   Die DiätV diente in ihrer Gesamtheit zunächst der Umsetzung der **RL 89/398/EWG** v. 3.5.1989 zur Angleichung der Rechtsvorschriften über Lebensmittel, die für eine besondere Ernährung bestimmt sind. Daneben enthält sie Vorschriften, die auf spezielle Einzelrichtlinien zurückgehen. So setzen die Vorschriften betreffend Säuglingsanfangs- und Folgenahrung (zB § 7 Abs. 1 S. 1 Nr. 3, §§ 14c, 22a) zunächst die **RL 91/321/EWG** v. 14.5.1991 um, die zwischenzeitlich durch die **RL 2006/141/EG** v. 22.12.2006 ersetzt wurde. Vorschriften über Bei- und Getreidebeikost (zB §§ 14d; 22b) gehen auf die **RL 96/5/EG** v. 16.2.1996 zurück. An deren Stelle trat die **RL 2006/125/EG** v. 5.12.2006. Weiter werden mit einzelnen Vorschriften der DiätV (zB §§ 14a, 21a) die **RL 96/8/EG** v. 26.2.1996 über Lebensmittel für kalorienarme Ernährung zur Gewichtsverringerung, die **RL 1999/21/EG** v. 25.3.1999 über diätetische Lebensmittel für besondere medizinische Zwecke und die **RL 2001/15/EG** der Kommission v. 15.2.2001 über Stoffe, die Lebensmitteln, die für eine besondere Ernährung bestimmt sind, zu besonderen Ernährungszwecken zugesetzt werden dürfen, umgesetzt. MWz **9.6.2009** trat die „Richtlinie 2009/39/EG des Europäischen Parlaments und des Rates v. 6.5.2009 über Lebensmittel, die für eine besondere Ernährung bestimmt sind" in Kraft, die die RL 89/398/EWG neu fasste. Auf Grundlage dieser Richtlinie erging nunmehr die **VO (EG) Nr. 953/2009** der Kommission v. 13.10.2009 über Stoffe, die Lebensmitteln für eine besondere Ernährung zu besonderen Ernährungszwecken zugefügt werden dürfen, durch die insbes. die RL 2001/15/EG aufgehoben wurde. Die dortigen Regelungen finden sich nunmehr in der VO (EG) Nr. 953/2009. Zu beachten wird sein, dass mit Art. 20 Abs. 1 der VO (EU) Nr. 609/2013 mit Wirkung zum 21.7.2016 die RL 2009/39/EG aufgehoben wurde. Mit Art. 20 Abs. 4 wurden zudem auch die RL 96/8/EG, 1999/21/EG und 2006/125/EG (sowie RL 2006/141/EG) aufgehoben. Das Außerkrafttreten ist insoweit aber noch nicht bestimmt.

2   Ausgehend von den jeweiligen Erwägungsgründen der vorgenannten Richtlinien werden durch die Vorschriften der DiätV im Interesse des **spezifischen Gesundheitsschutzes** (→ Vorb. LFGB Rn. 10 f.) in dem sensiblen Bereich der besonderen Ernährungsbedürfnisse verbindliche Qualitätsstandards festgelegt, die durch eine wirksame **Überwachung der diätetischen Lebensmittel** sichergestellt werden sollen. Hinzu treten unter dem Aspekt des vorbeugenden Gesundheitsschutzes besondere Vorschriften über **Zusatzstoffe.** Daneben wird die **Information des Verbrauchers,** der in diesem Bereich besondere Bedeutung zukommt, durch spezielle Kennzeichnungsvorschriften gewährleistet. Dies dient auch dem Schutz des Verbrauchers vor Täuschungen (→ Vorb. LFGB Rn. 12 f.). Diese speziellen Informationsvorschriften werden durch die Vorschriften der am 13.12.2014 in Kraft getretenen LMIV (→ Vorb. LFGB Rn. 12; → LFGB § 59 Rn. 14, 21 ff.) nicht berührt (vgl. Art. 29 Abs. 2 LMIV; vgl. auch Voit/Grube LMIV/*Grube* Art. 29 Rn. 19).

II. Aufbau der DiätV

3   In Orientierung an den vorgenannten Aufgaben und Zwecken gliedert sich die DiätV in einen Abschnitt mit allgemeinen Vorschriften, in dem zunächst die Begriffsbestimmungen, Vorschriften zur Bezeichnung und Verpackung enthalten sind. Daneben enthält dieser Abschnitt eine Regelung um die Überwachung diätetischer Lebensmittel sicherzustellen. Im zweiten Abschnitt der DiätV finden sich Vorschriften über die Zusatzstoffe und andere Stoffe, die diätetischen Lebensmitteln zugesetzt werden dürfen. Der dritte Abschnitt enthält Sondervorschriften für die unterschiedlichen Arten der Lebensmittel, die für eine besondere Ernährung bestimmt sind; die Vorschriften des vierten Abschnitts regeln die Kennzeichnung und Werbung.

III. Gesetzgebungsgeschichte

Die DiätV war aufgrund der stetigen Umsetzung von gemeinschaftsrechtlichen Vorgaben in diesem **4** speziellen lebensmittelrechtlichen Bereich Gegenstand einer Vielzahl von Änderungsverordnungen. Im Hinblick auf § 2 Abs. 3 StGB und § 4 OWiG bedarf es daher einer sorgfältigen Prüfung, welche Rechtslage zur Tatzeit gegeben war (zur Gesetzgebungsgeschichte vgl. Zipfel/Rathke LebensmittelR/ *Rathke* Vorb. Rn. 1 ff.). Aufgrund der Verordnung v. 9.9.2004 wurde die DiätV am 5.5.2005 (BGBl. I 1161) in einer **Neufassung v. 28.5.2005** bekannt gemacht. Seitdem ergingen drei Änderungsverordnungen, die teilweise erhebliche Änderungen mit sich brachten. Hierbei handelt es sich um **13. ÄndV v. 15.11.2006** (BGBl. I 2654), die **14. ÄndV** v. 11.9.2007 (BGBl. I 2291) und die **15. ÄndV v. 20.12.2007** (BGBl. I 3263). Daneben wurde die DiätV in einzelnen Punkten durch Art. 5 der 2. VO zur Änderung der ZZulV und anderer lebensmittelrechtlicher Verordnungen vom 30.1.2008 (BGBl. I 132), durch Art. 2 der VO zur Begrenzung von Kontaminanten und zur Änderung und Aufhebung anderer lebensmittelrechtlicher Verordnungen vom 19.3.2010 (BGBl. I 286), durch die 16. Verordnung zur Änderung der DiätV vom 1.10.2010 mWv 9.10.2010 (BGBl. I 1306), durch Art. 3 der Dritten VO zur Änderung der FruchtsaftV v. 23.10.2013 (BGBl. I 3889) und zuletzt durch Art. 1 der VO zur Änderung der DiätV und der LMKV vom 25.2.2014 (BGBl. I 218) relevant geändert.

IV. Geltung allgemeiner lebensmittelrechtlicher Vorschriften

Nach § 27 bleiben zunächst die Vorschriften **anderer Rechtsverordnungen** über die Herstellung **5** und das Inverkehrbringen von Lebensmitteln unberührt, soweit nicht die Vorschriften der DiätV entgegenstehen. Die Anwendung allgemeiner lebensmittelrechtlicher Verordnungen ist im Hinblick auf diätetische Lebensmittel durch die spezifischen Schutzzwecke, die in der DiätV Niederschlag gefunden haben, eingeschränkt (Zipfel/Rathke LebensmittelR/*Rathke* DiätV Vorb. Rn. 27).

Neben den Vorschriften der DiätV gelten die Vorschriften der VO (EG) Nr. 178/2002 zur Festlegung der allgemeinen Grundsätze und Anforderungen des Lebensmittelrechts, zur Errichtung der Europäischen Behörde für Lebensmittelsicherheit und zur Festlegung von Verfahren zur Lebensmittelsicherheit (nachfolgend BasisVO; → Vorb. LFGB Rn. 1 ff.) und des LFGB auch für diätetische Lebensmittel. § 3 regelt in diesem Zusammenhang jedoch, dass abweichend von § 12 Abs. 2 S. 2 LFGB die Verbote hinsichtlich gesundheitsbezogener Werbung nach § 12 Abs. 1 Nr. 1–7 LFGB (→ LFGB § 60 Rn. 6 ff.) auch für diätetische Lebensmittel gelten, soweit nicht nach § 3 Abs. 2 zulässige Aussagen verwendet werden (vgl. Zipfel/Rathke LebensmittelR/*Rathke* § 3 Rn. 12 ff.). Nach dem Inkrafttreten der LMIV (→ Rn. 2) und dem damit einhergehenden Wegfall von § 12 LFGB ist diese Vorschrift aber obsolet.

B. Begriffsbestimmungen

I. Diätetische Lebensmittel

Der Begriff des diätetischen Lebensmittels ist in **§ 1 Abs. 1 und Abs. 2** definiert. Danach handelt es **6** sich bei diesen um Lebensmittel (→ Vorb. LFGB Rn. 37 ff.), die für eine besondere Ernährung bestimmt sind (§ 1 Abs. 1). Dies ist nach § 1 Abs. 2 gegeben, wenn bei einem Lebensmittel **drei Voraussetzungen** kumulativ erfüllt sind:

Zunächst ist erforderlich, dass das Lebensmittel den **besonderen Ernährungserfordernissen** be- **7** stimmter Verbrauchergruppen entspricht (§ 1 Abs. 2 Nr. 1). Bei diesen handelt es sich um Personen deren Verdauungs- oder Resorptionsprozess oder Stoffwechsel gestört ist, Personen in besonderen physiologischen Umständen und zuletzt um gesunde Säuglinge und Kleinkinder (vgl. ua BGH LMRR 2008, 66; 2008, 27; 2008, 17; OVG Lüneburg LMuR 2014, 258; OLG Düsseldorf ZLR 2010, 87; VGH München LRE 56, 1; BayObLG LMRR 1992, 97; OLG Koblenz LMRR 1990, 5). Die insoweit erforderliche Zweckbestimmung obliegt dem, der das Lebensmittel in den Verkehr bringt (BVerwG LMRR 1991, 41). Dies muss jedoch anhand objektiver Kriterien erkennbar sein (Zipfel/Rathke LebensmittelR/*Rathke* § 1 Rn. 11c).

Weiter muss sich das Lebensmittel nach § 1 Abs. 2 Nr. 2 **für den angegebenen Ernährungszweck** **8** **eignen,** was der Fall ist, wenn das Lebensmittel aufgrund seiner Zusammensetzung oder aufgrund seines Herstellungsverfahrens den besonderen Ernährungserfordernissen, dem das Lebensmittel entsprechen soll, tatsächlich entspricht (Zipfel/Rathke LebensmittelR/*Rathke* § 1 Rn. 28; BGH LMuR 2012, 252; OLG München LRE 52, 368; KG Magazindienst 2010, 284; OLG Düsseldorf LMuR 2010, 83; OVG Lüneburg LMuR 2012, 293). Ob dies der Fall ist, bestimmt sich anhand **objektiver Gesichtspunkte** nach **ernährungsphysiologischer oder medizinischer** Sicht. Daneben muss ein entsprechender Hinweis auf den fraglichen Ernährungszweck vorhanden sein (VG München LMRR 2004, 66; KG LMRR 2003, 15). Fehlt dieser, ist ein solcher nicht gegeben (KG LMRR 2003, 15; Zipfel/Rathke LebensmittelR/*Rathke* § 1 Rn. 28a).

9   Zuletzt ist nach **§ 1 Abs. 2 Nr. 3** erforderlich, dass sich das Lebensmittel aufgrund seiner besonderen Zusammensetzung oder des besonderen Verfahrens seiner Herstellung deutlich **von den Lebensmitteln des allgemeinen Verkehrs unterscheidet.** Dies kann sowohl in qualitativer als auch in quantitativer Hinsicht der Fall sein und bestimmt sich in Bezug auf den jeweiligen besonderen Ernährungszweck (Zipfel/Rathke LebensmittelR/*Rathke* Rn. 29 ff.; vgl. auch BGH LMuR 2010, 54; VGH München LRE 56, 1; OLG Hamburg LMuR 2014, 19). Nach **§ 1 Abs. 5** ist auch Kochsalzersatz ein diätetisches Lebensmittel.

II. Weitere Begriffe der DiätV

10   In **§ 1 Abs. 3–7** sind weitere spezielle Begriffe der DiätV definiert. Daneben findet sich in § 1 Abs. 8 für weitere Begriffe ein Verweis auf die Begriffsbestimmungen in Art. 2 Abs. 2 Nr. 4, 5 und der VO (EG) Nr. 1942/2006 v. 20.12.2006 über nährwert- und gesundheitsbezogene Angaben über Lebensmittel (sog Health-ClaimsVO; → LFGB § 59 Rn. 67 ff.).

Nach **§ 1 Abs. 3** ist **Beikost** jedes Lebensmittel (→ Vorb. LFGB Rn. 37 ff.) außer Milch, das den **besonderen Ernährungsanforderungen gesunder Säuglinge** (§ 1 Abs. 6 Nr. 1) oder Kleinkindern (§ 1 Abs. 6 Nr. 2) entspricht und während der Entwöhnungsperiode bzw. während der allmählichen Umstellung auf normale Kost, dh sobald die Muttermilch teilweise durch andere Nahrung ersetzt wird (Zipfel/Rathke LebensmittelR/*Rathke* § 1 Rn. 62a), bestimmt ist. **Getreidebeikost** ist Beikost im vorgenannten Sinne aus Getreide, Teigwaren, Zwiebacken oder Kekse nach näherer Maßgabe von § 1 Abs. 3 Nr. 2.

11   **Lebensmittel für kalorienarme Ernährung zur Gewichtsverringerung** sind nach § 1 Abs. 4 Erzeugnisse, die ihrer Zweckbestimmung dadurch entsprechen, dass sie einen **begrenzten Energiegehalt** und eine **besondere Zusammensetzung** aufweisen. Zudem müssen sie als Ersatz für eine ganze Tagesration oder für eine oder mehrere Mahlzeiten im Rahmen der Tagesration bestimmt sein, was sich nach der **Verkehrsauffassung** (→ LFGB § 59 Rn. 16 ff.) anhand objektiver Kriterien bestimmt (Zipfel/Rathke LebensmittelR/*Rathke* § 1 Rn. 75). Insoweit ist zu beachten, dass es sich bei diesen Lebensmittel nicht zwangsläufig um diätetische Lebensmittel iSv § 1 Abs. 2 handeln muss (Zipfel/Rathke LebensmittelR/*Rathke* § 1 Rn. 72).

12   **Lebensmittel für besondere medizinische Zwecke (bilanzierte Diäten)** sind Lebensmittel, die auf besondere Weise verarbeitet oder formuliert, für die **diätetische Behandlung von Patienten** gedacht und unter ärztlicher Aufsicht zu verwenden (vgl. § 14b Abs. 1 S. 3) sind. Ihr Zweck ist die ausschließliche (**vollständig bilanzierte Diät**, § 1 Abs. 4a S. 3 Nr. 1) oder teilweise Ernährung (**ergänzende bilanzierte Diät;** § 1 Abs. 4a S. 3 Nr. 2; sa OLG Bamberg LMuR 2014, 94) von Patienten in § 1 Abs. 4a S. 2 näher beschriebenen Krankheiten oder Bedürfnissen. Im Hinblick auf diese Erzeugnisse kann sich im Einzelfall die Abgrenzung als problematisch erweisen, ob es sich um ein – nicht der DiätV unterfallendes – Arzneimittel oder ein Lebensmittel handelt (vgl. hierzu BGH LMRR 2008, 66; 2008, 27; 2008, 17; VGH München LRE 56, 1; OLG Frankfurt a. M. LMRR 2008, 35; OLG Celle LMuR 2007, 116; OLG Hamburg LMRR 2005, 3; → Vorb. LFGB Rn. 41).

§ 26 [Straftaten und Ordnungswidrigkeiten]

(1) Nach **§ 58 Abs. 1 Nr. 18, Abs. 4 bis 6 des Lebensmittel- und Futtermittelgesetzbuches wird bestraft, wer vorsätzlich oder fahrlässig**

1. **entgegen § 7a oder § 7b Abs. 1 Satz 1 einen Stoff verwendet oder zusetzt,**
2.
   a) *[aufgehoben]*
   b) *[aufgehoben]*
   c) **entgegen § 13 Abs. 1 Satz 1 diätetische Lebensmittel für Natriumempfindliche,**
   d) **diätetische Lebensmittel für Säuglinge oder Kleinkinder, die den in § 14 Abs. 2 bezeichneten Anforderungen nicht entsprechen,**
   e) **entgegen § 14a Abs. 1 oder 2 Lebensmittel für kalorienarme Ernährung zur Gewichtsverringerung,**
   f) **entgegen § 14b Abs. 2 oder 3 bilanzierte Diäten,**
   g) **entgegen § 14c Abs. 1, 2 Satz 1 oder Abs. 3 Satz 1 Säuglingsanfangsnahrung,**
   h) **entgegen § 14c Abs. 1, 4 Satz 1 oder Abs. 5 Satz 1 Folgenahrung oder**
   i) **entgegen § 14d Abs. 2, 3, 4 oder 5 Beikost**
   gewerbsmäßig herstellt oder in den Verkehr bringt,
3. **Lebensmittel des allgemeinen Verzehrs, die den Anforderungen des § 14 Abs. 2 in Verbindung mit § 2 Abs. 2 Satz 2 nicht entsprechen, mit einem Hinweis darauf, dass sie für Säuglinge oder Kleinkinder geeignet sind, gewerbsmäßig in den Verkehr bringt oder**

3a. *[aufgehoben]*

4. **entgegen § 22b Abs. 1 Nr. 2 Beikost gewerbsmäßig in den Verkehr bringt.**

(2) Nach § 59 Abs. 1 Nr. 21 Buchstabe a des Lebensmittel- und Futtermittelgesetzbuches wird bestraft, wer

1. eine Anzeige nach § 4a Abs. 1 Satz 1 nicht, nicht richtig oder nicht rechtzeitig erstattet,
2. einer vollziehbaren Anordnung nach § 4a Abs. 6 zuwiderhandelt,
3. jodierten Kochsalzersatz, andere diätetische Lebensmittel mit einem Zusatz von Jodverbindungen oder diätetische Lebensmittel, die zur Verwendung als bilanzierte Diät bestimmt sind, ohne Genehmigung nach § 11 Abs. 1 Satz 1 herstellt oder
4. Lebensmittel ohne den nach
   a) *(weggefallen)*
   b) *[aufgehoben]*
   c) *[aufgehoben]*
   d) *(weggefallen)*
   e) § 21a Abs. 3 Nr. 3 oder Abs. 5 Nr. 2,
   f) § 22 Abs. 1 Satz 2, Abs. 2 Nr. 2 oder 3 oder Abs. 3, auch in Verbindung mit § 2 Abs. 2 Satz 2,
   g) § 22a Abs. 2 Nr. 1 Buchstabe d oder Nr. 3 Buchstabe a,
   h) § 23 Abs. 3 Satz 2 Nr. 2 oder
   i) § 24 Nr. 2

vorgeschriebenen Warnhinweis gewerbsmäßig in den Verkehr bringt.

(3) Nach § 59 Abs. 1 Nr. 21 Buchstabe a des Lebensmittel- und Futtermittelgesetzbuches wird bestraft, wer bei dem gewerbsmäßigen Herstellen von Lebensmitteln, die dazu bestimmt sind, in den Verkehr gebracht zu werden, Zusatzstoffe über die in § 6 Satz 3, § 7 Abs. 1 Satz 3 in Verbindung mit Anlage 2 oder § 9 Abs. 1 Satz 2, Abs. 2 Satz 2 oder Abs. 3 Satz 2 festgesetzten Höchstmengen hinaus verwendet.

(4) Nach § 59 Abs. 1 Nr. 21 Buchstabe a des Lebensmittel- und Futtermittelgesetzbuches wird bestraft, wer diätetische Lebensmittel gewerbsmäßig in den Verkehr bringt, bei denen ein Gehalt an Zusatzstoffen oder anderen Stoffen zu ernährungsphysiologischen oder diätetischen Zwecken entgegen § 17 Abs. 1 Satz 1 oder Abs. 2, § 18 Satz 1 oder § 25 nicht oder nicht in der vorgeschriebenen Weise kenntlich gemacht ist.

(5) Nach § 59 Abs. 1 Nr. 21 Buchstabe a des Lebensmittel- und Futtermittelgesetzbuches wird bestraft, wer

1. entgegen § 2 Abs. 1 im Verkehr mit oder in der Werbung für Lebensmittel des allgemeinen Verzehrs unzulässige Bezeichnungen, Angaben oder Aufmachungen verwendet,
2.
   a) entgegen § 2 Abs. 4 dort bezeichnete alkoholische Getränke als diätetische Lebensmittel oder mit einem Hinweis auf einen besonderen Ernährungszweck,
   b) entgegen § 7 Abs. 2 Lebensmittel mit einem Zusatz an Zusatzstoffen der Anlage 2 unterhalb der dort angegebenen Mindestmengen,
   c) *(weggefallen)*
   d) Lebensmittel, die nicht den Anforderungen des § 13 Abs. 1 Satz 2 oder Abs. 2 entsprechen, mit der dort genannten Kennzeichnung,
   e) Lebensmittel, die entgegen § 13 Abs. 3 oder § 14b Abs. 5 Satz 2, jeweils auch in Verbindung mit § 25, nicht oder nicht in der vorgeschriebenen Weise gekennzeichnet sind,
   f) entgegen § 21 Abs. 2 bilanzierte Diäten ohne die vorgeschriebenen Angaben in den Verkehr bringt,
   g) entgegen § 21a Abs. 1, 2 oder 6 Nr. 2 oder Abs. 7 Satz 1 Lebensmittel für kalorienarme Ernährung zur Gewichtsverringerung oder
   h) entgegen § 22a Abs. 1, 2 Nr. 2, 3 Buchstabe b oder Abs. 3 ein diätetisches Lebensmittel gewerbsmäßig in den Verkehr bringt oder
3. entgegen § 21a Abs. 7 Satz 2 Werbung betreibt.
3. a) *[aufgehoben]*

(6) Wer in den in den Absätzen 2 bis 5 bezeichnete Handlung fahrlässig begeht, handelt nach § 60 Abs. 1 des Lebensmittel- und Futtermittelgesetzbuches ordnungswidrig.

(7) Ordnungswidrig im Sinne des § 60 Abs. 2 Nr. 26 Buchstabe a des Lebensmittel- und Futtermittelgesetzbuches handelt, wer vorsätzlich oder fahrlässig

1. entgegen
   a) § 19 Abs. 1,
   b) § 21 Abs. 3 Satz 1 oder Abs. 4,
   c) § 21a Abs. 3 Nr. 1 oder 2, Abs. 4, 5 Nr. 1 oder Abs. 6 Nr. 1,
   d) § 22a Abs. 2 Nr. 1 Buchstabe a, b, e oder f oder
   e) § 22b Abs. 1 Nr. 1 oder 3 oder Abs. 2
   ein diätetisches Lebensmittel gewerbsmäßig in den Verkehr bringt oder
2. entgegen § 22b Abs. 3 oder 4 Beikost gewerbsmäßig in den Verkehr bringt,

3. entgegen § 25a Abs. 2 Nr. 1 oder 2 Werbung betreibt,

4. entgegen § 25a Abs. 2 Nr. 3, Abs. 3, 4, 5 oder 6 Satz 1 einen Gegenstand oder Material verteilt.

(8) Ordnungswidrig im Sinne des § 60 Abs. 2 Nr. 26 Buchstabe b des Lebensmittel- und Futtermittelgesetzbuches handelt, wer vorsätzlich oder fahrlässig entgegen § 4 Abs. 1, § 14a Abs. 3 oder 22a Abs. 2 Nr. 1 Buchstabe c ein dort genanntes Lebensmittel gewerbsmäßig in den Verkehr bringt.

A. Straftaten nach Abs. 1

I. Allgemeines

1   Mit der Rückverweisung **auf § 58 Abs. 1 Nr. 18 LFGB** (→ LFGB § 58 Rn. 37) in § 26 Abs. 1 werden **vorsätzliche** (→ LFGB § 58 Rn. 47 ff.) und **fahrlässige** (→ LFGB § 59 Rn. 60 ff.) Verstöße gegen die im Tatbestand näher konkretisierten, dem **Gesundheitsschutz dienenden Verbote** unter Strafe gestellt.

2   Zur Tathandlung des „Verwendens" → § 58 Rn. 31, zum „Inverkehrbringen" → Vorb. LFGB Rn. 45, zum „Herstellen" → Vorb. LFGB Rn. 46 ff. Das „Zusetzen" ist ein Unterfall des Verwendens. Es umfasst nicht nur den unmittelbaren Zusatz, sondern auch den mittelbaren Zusatz, sofern dies bewusst und mit gleicher Zweckrichtung geschieht (Zipfel/Rathke LebensmittelR/*Rathke* § 5 Rn. 10; Zipfel/Rathke LebensmittelR/*Rathke* § 2 Rn. 43). Zur Verantwortlichkeit im Lebensmittelstrafrecht → Vorb. LFGB Rn. 29 ff.

3   Nach § 58 Abs. 1 LFGB können vorsätzliche Verstöße **mit Geldstrafe oder mit Freiheitsstrafe bis zu drei Jahren** geahndet werden (→ LFGB § 58 Rn. 54 f.), wobei auch der Versuch strafbar ist (→ LFGB § 58 Abs. 4; → LFGB § 58 Rn. 53). In besonders schweren Fällen (→ LFGB § 58 Abs. 5) sieht das Gesetz Freiheitsstrafe von sechs Monaten bis fünf Jahre vor (→ LFGB § 58 Rn. 56 ff.). Nach § 26 Abs. 1 iVm § 58 Abs. 6 LFGB kann **fahrlässiges Handeln mit Geldstrafe oder Freiheitsstrafe bis zu einem Jahr** geahndet werden kann. Zu den Konkurrenzen → LFGB § 58 Rn. 82 ff.

II. Die einzelnen Tatbestände

4   **1. Verstöße gegen Vorschriften betreffend Stoffe, die zu ernährungsphysiologischen oder diätetischen Zwecken zugesetzt sind.** Nach § 7a ist es verboten bei der Herstellung diätetischer Lebensmittel, die keine Säuglingsanfangsnahrung, Folgenahrung oder Beikost sind, andere Stoffe, die keine Zusatzstoffe iSd § 2 Abs. 3 LFGB (→ LFGB § 59 Rn. 3) sind, zu ernährungsphysiologischen oder diätetischen Zwecken zu verwenden, soweit sie nicht in der Anlage 2 Kategorie 1 bis 6 genannt und gekennzeichnet sind, mithin nicht grds. nach **§ 7 zugelassen** sind. Der Wortlaut der Vorschrift ist zu weit geraten, sie steht mit der RL 2001/15/EG resp. der VO (EG) Nr. 953/2009 (→ Vorb. Rn. 1) nicht in Einklang (OLG Braunschweig LMRR 2006, 59), weshalb sie einschränkend auszulegen ist (vgl. Zipfel/Rathke LebensmittelR/*Rathke* § 7a Rn. 6 ff.). Nach **§ 26 Abs. 1 Nr. 1 Alt. 1** macht sich strafbar, wer gegen diese **Verwendungsverbot** verstößt.

5   Gleiches gilt, wer entgegen § 7b Abs. 1 S. 1 einen Stoff zusetzt (→ Rn. 2). § 7b Abs. 1 S. 1 gebietet, dass die in Anlage 2 und 9 aufgeführten Stoffe nach Art und Menge nur so zugesetzt (→ Rn. 2) werden dürfen, dass sie den besonderen Ernährungserfordernissen der Personengruppe entsprechen, für die sie bestimmt sind.

6   **2. Verstöße gegen Vorschriften betreffend diätetische Lebensmittel für Natriumempfindliche.** § 13 bestimmt die Anforderungen, die an diätetische Lebensmittel für Natriumempfindliche zu stellen sind. Die Vorschrift unterscheidet zwischen **„natriumarmen"** (§ 13 Abs. 1 S. 1) und **„streng natriumarmen"** (§ 13 Abs. 1 S. 2) Lebensmitteln. Hinsichtlich der „streng natriumarmen" Lebensmittel sieht **§ 13 Abs. 1 S. 2** indes lediglich – ergänzende – **Vorschriften für die Kennzeichnung,** aber kein **Herstellungs- und Verkehrsverbot bei Überschreitung der Grenzwerte** (40 Milligramm pro 100 Gramm des verzehrfertigen Lebensmittels) vor. Die zulässigen Natriumgehalte sind in § 13 Abs. 1 S. 1 für natriumarme Lebensmittel, mit Ausnahme von Getränken auf 120 Milligramm pro 100 Gramm des verzehrfertigen Lebensmittels und für Getränke, mit Ausnahme von natürlichem Mineralwasser, für das in § 9 Abs. 3 iVm Anlage 6 der MinTafWV (= Nr. 545 des Kommentars) eine Sonderregelung enthalten ist, auf 2 Milligramm pro 100 Milliliter des verzehrfertigen Lebensmittels festgesetzt.

7   Werden die nach § 13 Abs. 1 S. 1 zulässigen Natriumgehalte überschritten, darf das jeweilige Lebensmittel als diätetisches Lebensmittel für Natriumempfindliche gewerbsmäßig (→ Vorb. LFGB Rn. 30) weder hergestellt (→ Rn. 2) noch in den Verkehr gebracht (→ Rn. 2) werden. **Vorsätzliche und fahrlässige Verstöße** gegen das **Herstellungs- und Verkehrsverbot** erfüllen den Tatbestand des **§ 26 Abs. 1 Nr. 2c.** Überschreitet ein als „streng natriumarm" gekennzeichnetes Lebensmittel die Grenzwerte des § 13 Abs. 1 S. 2 ist dies nur bei vorsätzlichem Inverkehrbringen nach § 26 Abs. 5 Nr. 2d strafbar (→ Rn. 32).

3. Verstöße gegen Vorschriften betreffend diätetische Lebensmittel für Säuglinge und Klein- 8 kinder. Die Anforderungen an diätetische Lebensmittel für Säuglinge (vgl. § 1 Abs. Nr. 1) und Kleinkinder (vgl. § 1 Abs. 1 Nr. 2) sind in § 14 geregelt. **§ 14 Abs. 1 definiert Höchstwerte bzw. Verbote für die dort näher genannten Mittel und Stoffe.** Ermächtigungsgrundlage dieser Vorschrift ist § 9 Abs. 2 Nr. 1 LFGB. Demgegenüber beruhen die in **§ 14 Abs. 2 und Abs. 3** statuierten **Anforderungen und Verbote im Verkehr** mit diätetische Lebensmittel für Säuglinge und Kleinkinder auf der Grundlage des 13 Abs. 1 Nr. 2 LFGB. Werden Lebensmittel des allgemeinen Verkehrs, also solche, bei denen es sich nicht um diätetische Lebensmittel iSv § 1 Abs. 1 und Abs. 2 (→ Vorb. Rn. 6 ff.) handelt, mit dem Hinweis darauf, dass sie für Säuglinge und Kleinkinder geeignet sind, in den Verkehr gebracht, was nach § 2 Abs. 2 Nr. 2 zulässig ist, gelten die Anforderungen des § 14 auch für diese Lebensmittel (§ 2 Abs. 2 S. 2).

Nach **§ 26 Abs. 1 Nr. 2d** ist das gewerbsmäßige (→ Vorb. LFGB Rn. 30) Herstellen (→ Rn. 2) und 9 Inverkehrbringen (→ Rn. 2) von diätetische Lebensmittel für Säuglinge und Kleinkinder, die den **Anforderungen des § 14 Abs. 2** nicht entsprechen, strafbar. Werden **Lebensmittel des allgemeinen Verkehrs** mit dem Hinweis darauf, dass sie für Säuglinge und Kleinkinder geeignet sind, gewerbsmäßig in den Verkehr gebracht, ohne das den Anforderungen des § 14 Abs. 2 entsprochen wird, ist dies nach **§ 26 Abs. 1 Nr. 3** strafbar. Der Tatbestand des **§ 26 Abs. 1 Nr. 3a** wurde mit Wirkung v. 27.3.2010 aufgehoben (→ Vorb. Rn. 4). Bisher war der Tatbestand erfüllt, wenn entgegen **§ 14 Abs. 3 aF** (der ebenfalls mit Wirkung v. 27.3.2010 aufgehoben wurde) die dort genannten **Erzeugnisse bei der Herstellung** von diätetischen Lebensmitteln für Säuglinge und Kleinkinder oder von Lebensmitteln des allgemeinen Verkehrs, die mit dem Hinweis darauf, dass sie für Säuglinge und Kleinkinder geeignet sind, in den Verkehr gebracht werden (vgl. § 2 Abs. 2 S. 2), verwendet (→ Rn. 2) werden. Entsprechende Tathandlungen sind nunmehr nach § 6 Abs. 1 Nr. 1 KmV (= Nr. 440 des Kommentars) strafbar.

Im Hinblick auf **Verstöße gegen § 14 Abs. 1** enthält die DiätV demgegenüber **keinen Straftat- 10 bestand** (vgl. Zipfel/Rathke LebensmittelR/*Rathke* § 14 Rn. 35 f.). Bei Verstößen gegen die Anforderungen des **§ 14 Abs. 1 Nr. 1 u. 2** ist bei vorsätzlichem Handeln der Straftatbestand des § 59 Abs. 1 Nr. 6 LFGB (→ LFGB § 59 Rn. 10 f.) und bei fahrlässigem Handeln der Bußgeldtatbestand des § 60 Abs. 1 Nr. 2 LFGB (→ LFGB § 60 Rn. 4) verwirklicht. Verstöße gegen **§ 14 Abs. 1 Nr. 3** erfüllen den Tatbestand des § 58 Abs. 1 Nr. 4 LFGB (→ LFGB § 58 Rn. 9 ff.) bzw. den des § 58 Abs. 6 LFGB (→ LFGB § 58 Rn. 60 ff.).

4. Verstöße gegen Vorschriften betreffend die Zusammensetzung bestimmter Lebens- 11 mittel. Nach **§ 26 Abs. 1 Nr. 2e–i** (→ Vorb. LFGB Rn. 30) herstellt (→ Rn. 2) oder in den Verkehr bringt (→ Rn. 2), obwohl die das jeweilige Lebensmittel betreffenden **besonderen Anforderungen**, die durch Bezugnahme auf die jeweiligen Sondervorschriften in den einzelnen Straftatbeständen näher konkretisiert werden, **nicht erfüllt sind.** Die einzelnen Tathandlungen ergeben sich im Wesentlichen aus den in den Tatbeständen in Bezug genommenen, blankettausfüllenden Ge- und Verboten. Im Übrigen wird auf die diesbezüglichen Kommentierungen bei Zipfel/Rathke LebensmittelR/*Rathke* DiätV verwiesen.

5. Verstöße gegen § 22b Abs. 1 Nr. 2. Nach **§ 22b Abs. 1 Nr. 2** muss Beikost (→ Vorb. Rn. 10), 12 die für unter sechs Monate alte Säuglinge bestimmt ist, in der Kennzeichnung nach Maßgabe des § 25 Abs. 1 Nr. 1 **Angaben über den Glutengehalt oder die Glutenfreiheit** enthalten. Fehlen diese, darf die Beikost nicht gewerbsmäßig (→ Vorb. LFGB Rn. 30) in den Verkehr gebracht werden (→ Rn. 2). Verstöße gegen dieses **Verkehrsverbot** sind nach **§ 26 Abs. 1 Nr. 4** strafbar.

B. Straftaten nach Abs. 2

I. Allgemeines

Mit der Rückverweisung auf **§ 59 Abs. 1 Nr. 21a LFGB** (→ LFGB § 59 Rn. 58) in § 26 Abs. 2 13 DiätV werden vorsätzliche (→ LFGB § 58 Rn. 47 ff.) Verstöße gegen **Verfahrensvorschriften nach § 4a** (§ 26 Abs. 2 Nr. 1 u. 2) **und § 11** (§ 26 Abs. 2 Nr. 3) sowie Verstöße gegen die aus verschiedenen Vorschriften folgenden Verpflichtungen, **Warnhinweise** am Lebensmittel anzubringen, unter Strafe gestellt.

Zur Tathandlung des „Inverkehrbringens" → Vorb. LFGB Rn. 45, zum „Herstellen" → Vorb. LFGB 14 Rn. 46 ff. Zur Verantwortlichkeit im Lebensmittelstrafrecht → Vorb. LFGB Rn. 29 ff., namentlich im Hinblick auf das in § 26 Abs. 2 Nr. 4 geforderte „gewerbsmäßige" Handeln.

Das Gesetz sieht insoweit **Freiheitsstrafe bis zu einem Jahr oder Geldstrafe** (→ LFGB § 59 15 Rn. 83 f.) vor. Fahrlässiges Handeln ist nicht strafbar, sondern nach § 26 Abs. 6 als Ordnungswidrigkeit zu ahnden (→ Rn. 35). Die Qualifikation des § 59 Abs. 4 LFGB (→ LFGB § 59 Rn. 74a) findet keine Anwendung. Auch eine Versuchsstrafbarkeit besteht nicht. Zu den Konkurrenzen → LFGB § 59 Rn. 85.

II. Die einzelnen Tatbestände

16   **1. Verstöße gegen § 4a. Bilanzierte Diäten** (→ Vorb. Rn. 12), **Säuglingsanfangsnahrung** (§ 1 Abs. 6 Nr. 3) und alle **diätetischen Lebensmittel** (**Ausnahmen:** Folgenahrung, sonstige Lebensmittel für Säuglinge und Kleinkinder, Lebensmittel mit niedrigem oder reduziertem Brennwert zur Gewichtsüberwachung, natriumarme Lebensmittel einschließlich Diätsalze, die einen niedrigen Natriumgehalt aufweisen oder natriumfrei sind, glutenfreie Lebensmittel, Lebensmittel für intensive Muskelanstrengungen, vor allem für Sportler und Lebensmittel für Diabetiker) sind nach § 4a Abs. 1 vom Hersteller (→ Rn. 16) oder dem, der das Erzeugnis einführt (sprich aus einem Drittland in die Europäische Gemeinschaft verbringt), dem Bundesamt für Verbraucherschutz und Lebensmittelsicherheit spätestens beim ersten Inverkehrbringen unter **Vorlage eines für das Erzeugnis verwendeten Etiketts anzuzeigen.** Hinsichtlich der Fälle, in denen das Erzeugnis bereits in einem Mitgliedstaat in den Verkehr gebracht worden war, bei dem mithin kein Einführen iSv § 4a Abs. 1 gegeben ist, vgl. § 4a Abs. 2.

17   Das Bundesamt überprüft das Erzeugnis nach Maßgabe des § 4a Abs. 4 insbes. darauf, ob die Voraussetzungen des § 1 Abs. 2 (→ Vorb. Rn. 6 ff.) bei dem fraglichen Erzeugnis eingehalten sind. Nicht von der Überprüfung erfasst werden die nach § 4a Abs. 1 anzuzeigenden bilanzierten Diäten und die anzuzeigende Säuglingsanfangsnahrung, soweit das so bezeichnete Erzeugnis die diesbezüglichen Voraussetzungen erfüllt (Zipfel/Rathke LebensmittelR/*Rathke* § 4a Rn. 26b). Liegen die Voraussetzungen des § 1 Abs. 2 für das als diätetische Lebensmittel bezeichnete Erzeugnis nicht vor, kann das Bundesamt das Inverkehrbringen des Erzeugnisses untersagen oder mit Auflagen versehen (§ 4a Abs. 6).

18   **Verstöße gegen die Anzeigepflicht** erfüllen bei vorsätzlichem Handeln den Tatbestand des **§ 26 Abs. 2 Nr. 1.** Wurde nach § 4a Abs. 6e eine Anordnung getroffen, sind **Verstöße gegen die vollziehbare Anordnung** ist (→ LFGB § 58 Rn. 34 ff.), nach **§ 26 Abs. 2 Nr. 2** strafbar.

19   **2. Verstoß gegen § 11 Abs. 1 S. 1.** Zum Schutz der Gesundheit der Verbraucher sieht § 11 Abs. 1 S. 1, dessen Ermächtigungsgrundlage § 34 S. 1 Nr. 3 LFGB ist, vor, dass jodierter Kochsalzersatz, andere diätetische Lebensmittel mit einem Zusatz von Jodverbindungen oder diätetische Lebensmittel, die zur Verwendung als bilanzierte Diät bestimmt sind, nur hergestellt werden dürfen, wenn dem **Hersteller hierfür eine Genehmigung** erteilt wurde. **Fehlt es an der Genehmigung,** ist bei vorsätzlichem Handeln der Tatbestand des **§ 26 Abs. 2 Nr. 3** erfüllt. Zum Irrtum über das Genehmigungserfordernis vgl. BGH NStZ-RR 2003, 55.

20   **3. Verstöße gegen die Pflicht zur Anbringung von Warnhinweisen.** Die DiätV sieht an verschiedenen Stellen und für verschiedene Erzeugnisse **Warnhinweise zum Schutz der Gesundheit der Verbraucher** vor. Nach **§ 26 Abs. 2 Nr. 4 macht sich strafbar,** wer Lebensmittel für kalorienarme Ernährung zur Gewichtsverringerung, diätetische Lebensmittel für Säuglinge oder Kleinkinder bzw. zur Verwendung als Säuglingsanfangs- oder Folgenahrung, Kochsalzersatz und diätetische Lebensmittel für Natriumempfindliche **ohne die jeweils vorgesehenen Warnhinweise** gewerbsmäßig (→ Rn. 16) in den Verkehr bringt (→ Rn. 16).

C. Straftaten nach Abs. 3

21   Mit der **Rückverweisung auf § 59 Abs. 1 Nr. 21a LFGB** (→ LFGB § 59 Rn. 58) in § 26 Abs. 3 wird das vorsätzliche (→ LFGB § 58 Rn. 47 ff.) **Verwenden** (→ LFGB § 58 Rn. 31) **von Zusatzstoffen über die Höchstwerte hinaus,** die sich aus den im Tatbestand benannten Vorschriften ergeben, unter Strafe gestellt, wenn die Verwendung im Zusammenhang mit dem gewerbsmäßigen (→ Vorb. LFGB Rn. 30) Herstellen (→ Vorb. LFGB Rn. 46) von Lebensmitteln, die in den Verkehr gebracht werden sollen (→ Vorb. LFGB Rn. 45).

22   Das Gesetz sieht insoweit **Freiheitsstrafe bis zu einem Jahr oder Geldstrafe** (→ LFGB § 59 Rn. 83 f.) vor. Fahrlässiges Handeln ist nicht strafbar, sondern nach § 26 Abs. 6 als Ordnungswidrigkeit zu ahnden (→ Rn. 35). Die Qualifikation des § 59 Abs. 4 LFGB (→ LFGB § 59 Rn. 74a) findet keine Anwendung. Auch eine Versuchsstrafbarkeit besteht nicht. Zu den Konkurrenzen → LFGB § 59 Rn. 85.

D. Straftaten nach Abs. 4

23   Mit der **Rückverweisung auf § 59 Abs. 1 Nr. 21a LFGB** (→ LFGB § 59 Rn. 58) in **§ 26 Abs. 4** werden **vorsätzliche Verstöße** (→ LFGB § 58 Rn. 47 ff.) **gegen die Vorschriften über die Kennzeichnung von Erzeugnissen, denen Zusatzstoffe oder andere Stoffe (insbes. Kochsalzersatz) zugesetzt** (→ Rn. 2) wurden, unter Strafe gestellt. Tatbestandsmäßig ist zunächst das **Unterlassen der Kennzeichnung nach § 17 Abs. 1 oder Abs. 2** bzw. nach **§ 18 S. 1.** Darüber hinaus sind für die jeweilige Kennzeichnung **in § 25 bestimmte Anforderungen an die Form** normiert, deren Missachtung ebenfalls tatbestandsmäßig iSv **§ 26 Abs. 4** ist ("nicht richtig"). Hinzukommen muss bei beiden Alternativen, dass das diätetische Lebensmittel (→ Vorb. Rn. 6 ff.) ohne oder mit der nach § 25 fehlerhaften Kennzeichnung gewerbsmäßig (→ Vorb. LFGB Rn. 30) in den Verkehr gebracht (→ Vorb. LFGB Rn. 45) wird.

Das Gesetz sieht insoweit **Freiheitsstrafe bis zu einem Jahr oder Geldstrafe** (→ LFGB § 59 **24** Rn. 83 f.) vor. Fahrlässiges Handeln ist nicht strafbar, sondern nach § 26 Abs. 6 als Ordnungswidrigkeit zu ahnden (→ Rn. 35). Die Qualifikation des § 59 Abs. 4 LFGB (→ LFGB § 59 Rn. 74a) findet keine Anwendung. Auch eine Versuchsstrafbarkeit besteht nicht. Zu den Konkurrenzen → LFGB § 59 Rn. 85.

E. Straftaten nach Abs. 5

I. Allgemeines

Mit der **Rückverweisung auf § 59 Abs. 1 Nr. 21a LFGB** (→ LFGB § 59 Rn. 58) in § 26 Abs. 5 **25** werden unterschiedliche **Verstöße gegen Vorschriften, die die Beschaffenheit, die Bezeichnung und die Kennzeichnung von Lebensmittel betreffen** (vgl. BGH LMuR 2010, 54; OLG Düsseldorf LMuR 2010, 85) unter Strafe gestellt. Im Vordergrund dieser Straftatbestände steht der Schutz des Verbrauchers vor Irreführung und Täuschung. Wie bei Verstößen gegen § 11 LFGB (→ LFGB § 59 Rn. 14 ff.) wird insoweit die Dispositionsfreiheit der Abnehmer von Lebensmittel geschützt, deren Vermögen in diesem Zusammenhang aber allenfalls mittelbar. Angesichts der Bedeutung diätetischer Lebensmittel für die Gesundheit des Verbrauchers besteht der Täuschungsschutz hier aber vornehmlich im Interesse des Gesundheitsschutzes. Zur Anwendbarkeit der am 13.12.2014 in Kraft getretenen LMIV → Vorb. Rn. 2.

Das Gesetz sieht für Taten nach § 26 Abs. 5 **Freiheitsstrafe bis zu einem Jahr oder Geldstrafe 26** (→ LFGB § 59 Rn. 83 f.) vor. Fahrlässiges Handeln ist nicht strafbar, sondern nach § 26 Abs. 5 als Ordnungswidrigkeit zu ahnden (→ Rn. 35). Die Qualifikation des § 59 Abs. 4 LFGB (→ LFGB § 59 Rn. 74a) findet keine Anwendung. Auch eine Versuchsstrafbarkeit besteht nicht. Zu den Konkurrenzen → LFGB § 59 Rn. 85.

II. Die einzelnen Tatbestände

1. Verstöße gegen § 2. § 2 verbietet es im Verkehr mit oder in der Werbung (→ LFGB § 59 Rn. 21) **27** für **Lebensmittel des allgemeinen Verkehrs,** sprich solche, die nicht die Eigenschaften des § 1 Abs. 1 (→ Vorb. Rn. 6 ff.) erfüllen, **den Eindruck zu erwecken,** dass es sich um **diätetische Lebensmittel** handelt. Insoweit ist einerseits untersagt, das Wort „diätetisch" zu verwenden (§ 2 Abs. 1 Nr. 1). Weiter sind alle Bezeichnungen, sonstige Angaben und Aufmachungen (→ LFGB § 59 Rn. 21 ff.) untersagt, die den Eindruck erwecken könnten, dass es sich um diätetische Lebensmittel handeln könnte (§ 2 Abs. 1 Nr. 2). Ob dies der Fall ist, bestimmt sich nach der **Verkehrsauffassung des angesprochenen Verkehrskreis** (→ LFGB § 59 Rn. 16 ff.). **§ 2 Abs. 3** bestimmt, dass die dort vorgesehenen Angaben nicht irreführend iSv § 2 Abs. 1 Nr. 2 sind, **Ausnahmen** dieses qualifizierten Verkehrsverbots aus § 2 Abs. 1 sind in **§ 2 Abs. 2** vorgesehen. **§ 2 Abs. 4** verbietet das Inverkehrbringen von Spirituosen und entsprechend hergestellten Getränken mit einem Alkoholgehalt von weniger als 15 % als diätetische Lebensmittel oder mit einem Hinweis auf einen besonderen Ernährungszweck.

Gewerbsmäßiges Handeln (→ Vorb. LFGB Rn. 30) ist lediglich für das Entstehen des Verbots in **28** § 2 Abs. 4 vorausgesetzt. Lediglich Verstöße gegen § 2 Abs. 4 sind nach **§ 26 Abs. 5 Nr. 2a** bei gewerbsmäßigem Inverkehrbringen (→ Vorb. LFGB Rn. 45) strafbar.

2. Verstöße gegen § 7 Abs. 2. § 7 Abs. 2 sieht ein **Verkehrsverbot für diätetische Lebensmittel 29** (→ Vorb. Rn. 6 ff.) sowie Säuglingsanfang- und Folgenahrung (§ 1 Abs. 6 Nr. 3 u. 4) vor, wenn für **Zusatzstoffe,** die diesen Erzeugnissen nach § 7 Abs. 1 zugesetzt werden dürfen, Mindestmengen vorgeschrieben sind und die Erzeugnisse diese **Mindestmengen nicht enthalten.** Werden sie gleichwohl gewerbsmäßig (→ Vorb. LFGB Rn. 30) in den Verkehr gebracht (→ Vorb. LFGB Rn. 45), erfüllt dies den Tatbestand des **§ 26 Abs. 5 Nr. 2b.**

3. Verstöße gegen § 13 Abs. 1 S. 2 und 2. § 13 betrifft diätetische Lebensmittel für Natrium- **30** empfindliche. Im Hinblick auf die Bezeichnung „Streng natriumarm" vgl. insoweit zunächst → Rn. 8 f. Daneben verbietet § 13 Abs. 2 die Kennzeichnung von Stoffen als Kochsalzersatz, wenn sie Natrium enthalten. Verstöße gegen die daraus resultierenden **Verkehrsverbote** für gewerbsmäßiges (→ Vorb. LFGB Rn. 30) Handeln sind nach § 26 Abs. 5 Nr. 2d strafbar, soweit der Täter vorsätzlich handelt.

4. Verstöße gegen Kennzeichnungsvorschriften. In § 26 Abs. 5e–h werden vorsätzliche Verstöße **31** gegen die **speziellen Vorschriften über die Kennzeichnung von diätetischen Lebensmitteln** unter Strafe gestellt. Tatbestandsmäßig ist zunächst das **Unterlassen der jeweiligen Kennzeichnung,** die in den blankettausfüllenden Vorschriften vorgeschrieben ist. Im den Fällen des § 26 Abs. 5e sind auch Verstöße gegen die **in § 25 bestimmten Anforderungen an die Form,** die dort für die Kennzeichnungen nach § 13 Abs. 3 oder § 14 Abs. 5 S. 2 normiert sind, tatbestandsmäßig („nicht richtig"). Hinzukommen muss bei allen Tatbeständen, dass das jeweilige Erzeugnis ohne oder mit der nach § 25 fehlerhaften Kennzeichnung gewerbsmäßig (→ Vorb. LFGB Rn. 30) in den Verkehr gebracht wird (→ Vorb. LFGB Rn. 45).

32   **5. Verstoß gegen § 21a Abs. 7 S. 2.** Nach § 21a Abs. **7** S. 2 ist die gewerbsmäßige (→ Vorb. LFGB Rn. 30) **Werbung für Lebensmittel für kalorienarme Ernährung zur Gewichtsabnahme** mit Angaben über die erforderliche Zeit für eine mögliche Gewichtsabnahme sowie über deren Höhe verboten. Vorsätzliche Verstöße gegen dieses **Werbeverbot** sind nach **§ 26 Abs. 5 Nr. 3** strafbar.

F. Ordnungswidrigkeiten

33   Nach **§ 26 Abs. 6** ist zunächst die fahrlässige Begehung der in § 26 Abs. 2–5 angeführten Tatbestände als Ordnungswidrigkeit zu ahnden. Insoweit kann hinsichtlich der jeweils maßgeblichen objektiven Tatbestände auf die → Rn. 15 ff. verwiesen werden. Die Verordnung wurde bisher noch nicht an das abgestufte System in § 60 Abs. 1 und Abs. 5 LFGB (→ LFGB § 60 Rn. 31 f.) angepasst, das mit dem Gesetz zur Änderung des Lebensmittel- und Futtermittelgesetzbuchs sowie anderer Vorschriften v. 29.6.2009 (BGBl. I 1659), das am 4.7.2009 in Kraft getreten ist (→ Vorb. LFGB Rn. 6), eingeführt wurde. Da die in § 26 Abs. 2–5 bezeichneten Handlungen Straftaten nach § 59 Abs. 1 Nr. 21a LFGB darstellen, wird der **Verweis in § 26 Abs. 6 als solcher auf § 60 Abs. 1 Nr. 2 LFGB zu verstehen sein.** Danach können Ordnungswidrigkeiten iSv § 26 Abs. 6 nach der ab dem 4.8.2011 geltenden Fassung des § 60 Abs. 5 Nr. 2 LFGB (vgl. zur Änderung der Geldbußenrahmen in → LFGB § 60 Abs. 5 § 60 Rn. 32) mit Geldbuße in Höhe von bis zu **50.000 EUR** geahndet werden. Im Übrigen gelten für die Bemessung der Geldbuße die Vorgaben von § 17 Abs. 3 und Abs. 4 OWiG. Zu den weiteren Rechtsfolgen → LFGB § 60 Rn. 33 f.

34   Mit der **Rückverweisung auf § 60 Abs. 2 Nr. 26a LFGB** (→ LFGB § 60 Rn. 20) in **§ 26 Abs. 7** werden vorsätzliche (→ LFGB § 58 Rn. 47 ff.) und fahrlässige (→ LFGB § 58 Rn. 60 ff.) Verstöße gegen die im Tatbestand näher konkretisierten **Verkehrs- und Werbeverbote** als Ordnungswidrigkeiten definiert. Den Verkehrsverboten in § 26 Abs. 7 Nr. 1 und 2, die für gewerbsmäßiges (→ Vorb. LFGB Rn. 30) Handeln bestehen, ist dabei gemeinsam, dass sie **aus Verstößen gegen Kennzeichnungsvorschriften der DiätV** resultieren. Soweit der Täter bei Verwirklichung der Tatbestände **vorsätzlich** handelt, kann die Ordnungswidrigkeit nach der ab dem 4.8.2011 geltenden Fassung des § 60 Abs. 5 Nr. 2 LFGB (vgl. zur Änderung der Geldbußenrahmen in § 60 Abs. 5 LFGB → LFGB § 60 Rn. 32) mit **Geldbuße bis zu 50.000 EUR** geahndet werden; handelt der Betroffene **fahrlässig** sieht das Gesetz **Geldbuße bis zu 25.000 EUR** (§ 17 Abs. 2 OWiG) vor. Zu den weiteren Rechtsfolgen → LFGB § 60 Rn. 33 f.

35   Mit der **Rückverweisung auf § 60 Abs. 2 Nr. 26b LFGB** (→ LFGB § 60 Rn. 20) in **§ 26 Abs. 8** werden **vorsätzliche** (→ LFGB § 58 Rn. 47 ff.) und **fahrlässige** (→ LFGB § 58 Rn. 60 ff.) **Verstöße gegen** die im Tatbestand näher konkretisierten **Verkehrsverbote**, die für **gewerbsmäßiges Handeln** (→ Vorb. LFGB Rn. 30) bestehen, als Ordnungswidrigkeiten definiert. Gegen **§ 4 Abs. 1 und § 14a Abs. 3** verstößt, wer die die dort genannten Lebensmittel nicht in den **vorgeschriebenen Fertigpackungen** in den Verkehr bringt (→ Vorb. LFGB Rn. 45). **§ 22a Abs. 2 Nr. 1** ordnet **Angaben über die Lagerung** von diätetische Lebensmittel zur Verwendung als Säuglingsanfangs- und Folgenahrung an. Ordnungswidrigkeiten nach diesen Tatbeständen können nach der ab dem 4.8.2011 geltenden Fassung des § 60 Abs. 5 Nr. 3 LFGB (vgl. zur Änderung der Geldbußenrahmen in § 60 Abs. 5 LFGB → LFGB § 60 Rn. 32) mit **Geldbuße bis zu 20.000 EUR** geahndet werden; handelt der Betroffene fahrlässig sieht das Gesetz **Geldbuße bis zu 10.000 EUR** (§ 17 Abs. 2 OWiG) vor. Zu den weiteren Rechtsfolgen → LFGB § 60 Rn. 33 f.

272. Verordnung über Vermarktungsnormen für Eier (EierVermNV)

In der Fassung der Bekanntmachung vom 18. Januar 1995 (BGBl. I S. 46) BGBl. III/FNA 7849-2-4-1

Zuletzt geändert durch Art. 5 VO zur Änderung eier- und fleischhandelsrechtlicher Verordnungen vom 17.6.2014 (BGBl. I S. 793)

– Auszug –

Vorbemerkung

Die Vorschriften der EierVermNV gelten für die **Durchführung der Rechtsakte** des Rates und der **1** Kommission **der Europäischen Gemeinschaften** über Vermarktungsnormen, die im Rahmen der Gemeinsamen Marktorganisation für Eier erlassen sind (§ 1). Hierbei handelte es sich bis zum 30.6.2007 im Wesentlichen um die **VO (EWG) Nr. 1907/90** des Rates v. 26.6.1990 über bestimmte Vermarktungsnormen für Eier sowie die **VO (EG) Nr. 2295/2003** der Kommission v. 23.12.2003 mit Durchführungsbestimmungen zur Verordnung (EWG) Nr. 1907/90 des Rates über bestimmte Vermarktungsnormen für Eier, die in § 7, dem Bußgeldtatbestand der Eier-VermNV, aktuell noch zitiert werden (→ § 7 Rn. 1). Zwischenzeitlich waren mit Wirkung ab dem 1.7.2007 an Stelle der VO (EWG) Nr. 1907/90 die **VO (EG) Nr. 1028/2006** des Rates v. 19.6.2006 mit Vermarktungsnormen für Eier und anstelle der VO (EG) Nr. 2295/2003 die **VO (EG) Nr. 557/2007** der Kommission v. 23.5.2007 mit Durchführungsbestimmungen zur VO (EG) Nr. 1028/2006 des Rates mit Vermarktungsnormen für Eier getreten. Beide Verordnungen wurden indes ihrerseits bereits wieder mWz 1.7.2008 aufgehoben. Nunmehr finden sich die maßgeblichen Vermarktungsnormen für Eier in der **VO (EG) Nr. 1234/2007** des Rates v. 22.10.2007 über eine gemeinsame Organisation der Agrarmärkte und mit Sondervorschriften für bestimmte landwirtschaftliche Erzeugnisse (Verordnung über die einheitliche GMO) sowie in der **VO (EG) Nr. 589/2008** der Kommission v. 23.6.2008 mit Durchführungsbestimmungen zur VO (EG) Nr. 1234/2007 des Rates hinsichtlich der Vermarktungsnormen für Eier. Zwar wurde die VO (EG) Nr. 1234/2007 zwischenzeitlich mWz 1.1.2014 aufgehoben (Art. 230 Abs. 1 S. 1 VO (EU) Nr. 1308/2013. Indes gelten die Vermarktungsnormen im Sektor Eier (Art. 116 VO (EG) Nr. 1234/2007) nach Maßgabe von Art. 230 Abs. 1 S. 2 Buchst. c VO (EU) Nr. 1308/2013 bis auf weiteres fort. Dies gilt indes nicht für die bisher in Anhang XIV Teil A) zu Art. 116 VO (EG) Nr. 1234/2007 geregelten Güteklassen von Eiern, die nunmehr in Anhang VII Teil VI zu Art. 78 VO (EU) Nr. 1308/2013 geregelt sind.

Die gemeinschaftsrechtlichen Vermarktungsnormen für Eier sollen im Interesse der Erzeuger, Händler **2** und Verbraucher dazu beitragen, die **Qualität der Eier** zu verbessern und damit ihren **Absatz erleichtern.** Insbes. den Verbrauchern soll durch die Vermarktungsnormen ermöglicht werden, zwischen Eiern verschiedener Güte- und Gewichtsklassen zu unterscheiden und die Haltungsform der die Eier produzierenden Hühner zu identifizieren, um so über die wesentlichen **für ihre Kaufentscheidung maßgeblichen Umstände informiert** zu sein. Demgemäß sehen die Vermarktungsnormen bestimmte Anforderung für die **Kennzeichnung** der Eier und deren Verpackungen vor. In diesem Zusammenhang ist zu beachten, dass am 13.12.2014 die LMIV (vgl. insoweit → Vorb. LFGB Rn. 12; → LFGB § 59 Rn. 14, 21 ff.) in Kraft trat. Bei den Vermarktungsnormen im Sektor Eier handelt es sich dabei um solche, die den Vorschriften der LMIV nach Maßgabe von Art. 1 Abs. 4 LMIV im Grundsatz als speziellere Vorschriften vorgehen (vgl. Voit/Grube LMIV/*Grube* Art. 1 Rn. 67 f.). Um betrügerische Praktiken im Bereich der Kennzeichnung zu verhindern, sollen die Eier **so bald wie möglich nach dem Legen gekennzeichnet werden,** zudem soll mit den Vermarktungsnormen im Interesse der Erzeuger und Verbraucher sichergestellt werden, dass die aus **Drittländern eingeführten Eier den gemeinschaftlichen Normen entsprechen.** Um die Einhaltung der Vermarktungsnormen sicherzustellen, sehen die gemeinschaftsrechtlichen Vorschriften zudem die Einrichtung entsprechender **Kontrolldienste** vor.

Entsprechend diesen gemeinschaftsrechtlichen Vorgaben sieht § 2 vor, dass in Eier betreffenden **3** Rechnungen, Lieferscheinen und sonstigen **Transportbegleitpapieren die Güte- und Gewichtsklassen anzugeben sind,** unter denen die Eier jeweils geliefert, verkauft oder sonst in den Verkehr gebracht worden sind. Nach § 3 darf in öffentlichen Bekanntmachungen und in Mitteilungen, die für einen größeren Kreis von Personen bestimmt sind, für Eier **nicht ohne Angabe der Güte- und Gewichtsklassen geworben werden,** sofern dabei Preise angegeben werden, die sich unmittelbar auf eine Gewichtseinheit beziehen. § 4 verpflichtet Börsen, Verwaltungen öffentlicher Märkte oder sonstige Stellen, die amtliche oder für gesetzlich vorgesehene Zwecke bestimmte Preisnotierungen oder Preisfeststellungen für Eier vornehmen, ihren **Notierungen oder Feststellungen die Güte- und Gewichtsklassen** zugrunde zu legen. § 6 sieht vor, dass die Einhaltung der maßgeblichen Rechtsakte der EG durch die Bundesanstalt für Landwirtschaft und Ernährung überwacht wird. Die Bußgeldbewehrung von Verstößen gegen Vorschriften unmittelbar geltender Rechtsakte der Gemeinschaft dient deren nachhaltigen Durchsetzung, wobei insbes. der **Schutz des Verbrauchers vor Täuschung** (→ Vorb. LFGB Rn. 12 f.) maßgeblicher Zweck der Bußgeldtatbestände ist.

§ 7 Ordnungswidrigkeiten

(1) Ordnungswidrig handelt, wer gegen die Verordnung (EG) Nr. 589/2008 der Kommission vom 23. Juni 2008 mit Durchführungsbestimmungen zur Verordnung (EG) Nr. 1234/2007 des Rates hinsichtlich der Vermarktungsnormen für Eier (ABl. L 163 vom 24.6.2008, S. 6), die zuletzt durch die Verordnung (EU) Nr. 557/2010 (ABl. L 159 vom 25.6.2010, S. 13) geändert worden ist, verstößt, indem er vorsätzlich oder fahrlässig

1. entgegen Artikel 7 Absatz 2 Satz 1 Informationen nicht auf den Begleitpapieren vermerkt,
2. entgegen Artikel 16 eine Angabe nicht, nicht richtig oder nicht vollständig macht,
3. entgegen Artikel 19 Satz 1 verpackte Eier der Klasse A umpackt,
4. entgegen Artikel 20 Absatz 1 oder Absatz 2, jeweils auch in Verbindung mit Absatz 3, oder Artikel 22 Absatz 2 nicht, nicht richtig oder nicht vollständig Buch führt,
5. entgegen Artikel 21 Absatz 1 oder Artikel 22 Absatz 1 Satz 1 eine Aufzeichnung nicht, nicht richtig, nicht vollständig oder nicht rechtzeitig fertigt,
6. entgegen Artikel 22 Absatz 1 Satz 2 die Bestandsbuchführung nicht, nicht richtig, nicht vollständig oder nicht rechtzeitig aktualisiert,
7. entgegen Artikel 23 Aufzeichnungen oder Unterlagen nicht aufbewahrt oder
8. entgegen Artikel 24 Absatz 5 Satz 2 eine Aufzeichnung nicht oder nicht rechtzeitig zur Verfügung stellt.

(2) Die Ordnungswidrigkeit kann nach § 1 Abs. 3 Satz 1 Nr. 2 des Handelsklassengesetzes mit einer Geldbuße bis zu zehntausend Euro geahndet werden.

(3) Ordnungswidrig im Sinne des § 7 Abs. 1 Nr. 3 des Handelsklassengesetzes handelt ferner, wer

1. entgegen § 1b Eier zum Verkauf vorrätig hält, anbietet, feilhält, liefert, verkauft oder sonst in den Verkehr bringt,
2. entgegen § 2 in Rechnungen, Lieferscheinen oder sonstigen Transportbegleitpapieren nicht die jeweilige Güte- und Gewichtsklasse angibt,
3. entgegen § 3 für Eier ohne Angabe der jeweiligen Güte- und Gewichtsklasse wirbt,
4. entgegen § 4 Preisnotierungen oder Preisfeststellungen für Eier nicht die vorgeschriebene Güte- und Gewichtsklasse zugrunde legt oder
5. entgegen § 6 Absatz 2 Satz 1 eine Anzeige nicht, nicht vollständig oder nicht rechtzeitig macht.

1   **1. Ordnungswidrigkeiten nach § 7 Abs. 1.** In **§ 7 Abs. 1** sind – mit Wirkung ab dem 5.8.2011 (vgl. BGBl. I 1685); zur vorhergehenden Rechtslage vgl. Vorauflage) – **vorsätzliche** (→ LFGB § 58 Rn. 47 ff.) und **fahrlässige** (→ LFGB § 58 Rn. 60 ff.) **Verstöße gegen Vorschriften der VO (EG) Nr. 589/2008** (→ Vorb. Rn. 1) als Ordnungswidrigkeiten definiert. Bei den im Tatbestand genannten Regelungen der VO (EG) Nr. 589/2008 handelt es sich vornehmlich um formelle Pflichten, namentlich um solche im Zusammenhang mit der Erstellung von Informationsdokumenten und dem Führen von Registern. Insoweit ergeben sich die jeweiligen Tathandlungen im Wesentlichen aus den in Bezug genommenen, blankettausfüllenden Vorschriften.

2–3   *(einstweilen frei)*

4   **2. Ordnungswidrigkeiten nach § 7 Abs. 3.** Mit der **Rückverweisung auf § 7 Abs. 1 Nr. 3 HKG** werden lediglich vorsätzliche (→ Rn. 1) **Verstöße gegen** unmittelbar aus der EierVermNV folgende **Ge- und Verbote in § 2–4** (→ Vorb. Rn. 3) und – mit Wirkung ab dem 5.8.2011 (vgl. BGBl. I 1685) – das Verkehrsverbot in § 1b sowie die Anzeigepflicht nach § 6 (→ Vorb. Rn. 3) als Ordnungswidrigkeit definiert. Auch hier ergeben sich die einzelnen Tathandlungen im Wesentlichen aus den in den Tatbeständen in Bezug genommenen, blankettausfüllenden Ge- und Verboten. Zu beachten ist allerdings, dass die die Blanketttatbestände § 7 Abs. 3 Nr. 1 und § 7 Abs. 3 Nr. 5 ausfüllenden Vorschriften der §§ 1b, 6 mit Wirkung ab dem 27.6.2014 nochmals geändert wurden (BGBl. I 793; → Vorb. LFGB Rn. 25).

5   **3. Rechtsfolgen. Vorsätzliche** Ordnungswidrigkeiten nach **§ 7 Abs. 1** können nach § 7 Abs. 2 mit **Geldbuße bis zu 10.000 EUR** geahndet werden. Handelt der Betroffene fahrlässig, kann die Ordnungswidrigkeit mit Geldbuße bis zu 5.000 EUR geahndet werden (§ 17 Abs. 2 OWiG). Ordnungswidrigkeiten nach **§ 7 Abs. 3** können nach § 7 Abs. 1 Nr. 3, Abs. 2 HKG ebenfalls mit Geldbuße bis zu 10.000 EUR geahndet werden. Vgl. weiter → LFGB § 60 Rn. 31 ff. Für keinen Bußgeldtatbestand der EierVermNV ist die Einziehung vorgesehen.

275. Gesetz zur Durchführung der Verordnungen der Europäischen Gemeinschaft auf dem Gebiet der Gentechnik und über die Kennzeichnung ohne Anwendung gentechnischer Verfahren hergestellter Lebensmittel (EG-Gentechnik-Durchführungsgesetz – EGGenTDurchfG)

Vom 22. Juni 2004 (BGBl. I S. 1244) FNA 2121-62

Zuletzt geändert durch Art. 58 Zehnte ZuständigkeitsanpassungsVO vom 31.8.2015 (BGBl. I S. 1474)

– Auszug –

Vorbemerkung

Das EGGenTDurchfG v. 22.6.2004 (BGBl. I 1244) geht auf den Erlass dreier Verordnungen der **1** Europäischen Gemeinschaft zurück, die die Zulassung von genetisch veränderter Lebens- und Futtermitteln, die Rückverfolgbarkeit und die Kennzeichnung genetisch veränderter Organismen und hieraus hergestellter Lebens- und Futtermittel und ferner die grenzüberschreitende Verbringung von genetisch veränderten Organismen regeln (vgl. BT-Drs. 15/2397, 1). Es handelt sich hierbei um

a) die **VO (EG) Nr. 1829/2003** des Europäischen Parlaments und des Rates v. 22.9.2003 über genetisch veränderte Lebensmittel und Futtermittel (ABl. 2003 L 268, 1), die Vorschriften über die Zulassung, Sicherheitsbewertung und Kennzeichnung von Lebensmitteln, Zutaten und Zusatzstoffen sowie Futtermitteln und Futtermittelzusatzstoffen enthält,

b) die **VO (EG) Nr. 1830/2003** des Europäischen Parlaments und des Rates v. 22.9.2003 über die Rückverfolgbarkeit und Kennzeichnung von genetisch veränderten Organismen und über die Rückverfolgbarkeit von aus genetisch veränderten Organismen hergestellten Lebensmitteln und Futtermitteln sowie zur Änderung der RL 2001/18/EG (ABl. 2003 L 268, 24), deren Regelungen die Transparenz für den Verbraucher erhöhen, den Rückruf von Produkten in Fällen unvorhergesehener Effekte erleichtern, die gezielte Beobachtung von Auswirkungen auf die menschliche Gesundheit und/oder die Umwelt gewährleisten und Kontrollen erleichtern sollen und

c) die **VO (EG) Nr. 1946/2003** des Europäischen Parlaments und des Rates v. 15.7.2003 über grenzüberschreitende Verbringungen genetisch veränderter Organismen (ABl. 2003 L 287, 1), die sich zur Umsetzung des Protokolls von Cartagena (Protokoll von Cartagena über die biologische Sicherheit zum Übereinkommen über die biologische Vielfalt v. 29.1.2000; vgl. BGBl. 2003 II 1506 f. (1508 ff.); zur Zuständigkeit zum Abschluss des Protokolls von Cartagena vgl. Gutachten des EuGH NVwZ 2002, 1221 ff.) der Ausfuhr genetisch veränderter Organismen aus der Europäischen Gemeinschaft, der unbeabsichtigten grenzüberschreitenden Verbringung solcher Organismen sowie der Erfüllung von Informationspflichten ggü. der Informationsstelle für biologische Sicherheit widmet.

Die genannten Verordnungen verpflichten die Mitgliedstaaten zur Bestimmung der zur Ausführung zuständigen Behörden und im Falle von Zuwiderhandlungen geltenden Sanktionen (Art. 45 VO (EG) Nr. 1829/2003; Art. 11 VO (EG) Nr. 1830/2003; Art. 18 VO (EG) Nr. 1946/2003). Die Erfüllung dieser Verpflichtungen ist Anliegen des EGGenTDurchfG.

Insbes. die **Straf- und Bußgeldvorschriften** waren bereits im Gesetzgebungsverfahren erheblichen **2** Einwänden ausgesetzt. Der Entwurf der Bundesregierung (BT-Drs. 15/2397; 15/2520) stand insbes. im Hinblick auf Aspekte der **Bestimmtheit und der Normenklarheit** in der Kritik. Vor allem die Tatbestandsmerkmale **„Bestandteile des Naturhaushalts"** und **„von erheblicher ökologischer Bedeutung"** in § 6 Abs. 3 wurden als zu unbestimmt kritisiert, zumal eine § 2 Nr. 6 PflSchG entsprechende Vorschrift zur Begriffsbestimmung nicht vorgesehen sei (→ Rn. 19). Darüber hinaus wurde Harmonisierungsbedarf mit den **Sanktionsvorschriften des Lebensmittelrechts** gesehen. Im Hinblick auf den Grundstrafrahmen sowie die Erfassung qualifizierter Fälle und fahrlässiger Verhaltensweisen nach §§ 51 f. und §§ 56 f. LMBG (Lebensmittel- und Bedarfsgegenständegesetz) bestünden Wertungswidersprüche, deren Vermeidung nicht der strafrechtlichen Praxis überlassen bleiben dürfe (vgl. Stellungnahme des Bundesrates, Anl. 2 zur BT-Drs. 15/2520, 6 ff., 8). Dennoch ist das Gesetz, wie von der Bundesregierung vorgeschlagen, mit der Mehrheit der Koalitionsfraktionen verabschiedet worden (vgl. zur Begründung die Beschlussempfehlung und den Bericht des Ausschusses für Verbraucherschutz, Ernährung und Landwirtschaft BT-Drs. 15/2669, 5). Die auf den Strafrahmen bezogenen Einwände haben sich auch mit der Ablösung des LMBG durch das **Lebensmittel-, Bedarfsgegenstände- und Futtermittelgesetzbuch** v. 1.9.2005 (LFGB; BGBl. I 2618; neugefasst durch Bekanntmachung v.

24.7.2009 – BGBl. I 2205; → Vorb. LFGB §§ 58–61 Rn. 4) nicht erledigt (vgl. §§ 58 f. LFGB). Während § 58 LFGB für Zuwiderhandlungen nach Abs. 1–3 eine Maximalstrafdrohung von bis zu drei Jahren Freiheitsstrafe, für besonders schwere Fälle (Abs. 5) einen Strafrahmen von 6 Monaten bis zu fünf Jahren und für fahrlässige Zuwiderhandlungen der in Abs. 1–3 bezeichneten Art (Abs. 6) eine Freiheitsstrafe von bis zu einem Jahr vorsieht (iE → LFGB § 58 Rn. 54 ff., 60), ist der Strafrahmen des § 6 und der Bußgeldrahmen des § 7 an die Vorschriften der § 38 und § 39 GenTG angelehnt (BT-Drs. 15/2397, 9).

§ 6 Strafvorschriften

(1) Mit Freiheitsstrafe bis zu drei Jahren oder mit Geldstrafe wird bestraft, wer gegen die Verordnung (EG) Nr. 1829/2003 verstößt, indem er

1. entgegen Artikel 4 Abs. 2 einen dort genannten genetisch veränderten Organismus oder ein dort genanntes Lebensmittel in den Verkehr bringt oder
2. entgegen Artikel 16 Abs. 2 ein dort genanntes Erzeugnis in den Verkehr bringt, verwendet oder verarbeitet.

(2) Mit Freiheitsstrafe bis zu drei Jahren oder mit Geldstrafe wird bestraft, wer gegen die Verordnung (EG) Nr. 1946/2003 verstößt, indem er

1. ohne Zustimmung nach Artikel 5 Abs. 1 Satz 2 einen genetisch veränderten Organismus grenzüberschreitend verbringt oder
2. entgegen Artikel 10 Abs. 3 Satz 2 einen genetisch veränderten Organismus ausführt.

(3) Mit Freiheitsstrafe von drei Monaten bis zu fünf Jahren wird bestraft, wer durch eine

1. in Absatz 1 oder Absatz 2 Nr. 2 oder
2. in Absatz 2 Nr. 1

bezeichnete Handlung Leib oder Leben eines anderen, fremde Sachen von bedeutendem Wert oder Bestandteile des Naturhaushalts von erheblicher ökologischer Bedeutung gefährdet.

(3a) Mit Freiheitsstrafe bis zu einem Jahr oder mit Geldstrafe wird bestraft, wer entgegen § 3a Abs. 1 Satz 1 ein Lebensmittel in den Verkehr bringt oder für ein Lebensmittel wirbt.

(4) In den Fällen der Absätze 1 bis 3 ist der Versuch strafbar.

(5) Wer in den Fällen des Absatzes 1 oder des Absatzes 2 Nr. 2 fahrlässig handelt, wird mit Freiheitsstrafe bis zu einem Jahr oder mit Geldstrafe bestraft.

(6) Wer in den Fällen des Absatzes 3 die Gefahr fahrlässig verursacht, wird mit Freiheitsstrafe bis zu fünf Jahren oder mit Geldstrafe bestraft.

(7) Wer in den Fällen des Absatzes 3 Nr. 1 fahrlässig handelt und die Gefahr fahrlässig verursacht, wird mit Freiheitsstrafe bis zu drei Jahren oder mit Geldstrafe bestraft.

(8) Das Gericht kann die Strafe nach seinem Ermessen mildern (§ 49 Abs. 2 des Strafgesetzbuches) oder von Strafe absehen, wenn der Täter nicht zu erwerbswirtschaftlichen Zwecken handelt.

A. Tatbestände nach Abs. 1–3

1   Die Tatbestände der Abs. 1 u. 2 sind **abstrakte Gefährdungsdelikte.** Grundlage der Strafbarkeit ist die Erkenntnis, dass die beschriebenen Handlungen typischerweise leicht (oder gar regelmäßig) eine konkrete Gefahr oder gar eine Schädigung geschützter Rechtsgüter (s. Abs. 3) bewirken können (vgl. zur abstrakten Gefahr des Mitsichführens einer Schusswaffe BGH NStZ 1997, 344 (345)). Ein Gefährdungserfolg ist zur Tatbestandsverwirklichung nicht erforderlich (zur teleologischen Reduktion der Norm durch Ausschluss von Handlungen, denen nach menschlichem Erfahrungswissen jede Schädigungseignung abzusprechen ist, → GenTG § 39 Rn. 2, 4). Ist die Verwirklichung einer **konkreten Gefahr** für Leib und Leben eines anderen, für fremde Sachen von bedeutendem Wert oder für Bestandteile des Naturhaushalts von erheblicher ökologischer Bedeutung (zur Kritik an diesen Begriffen in Bezug auf ihre Bestimmtheit → Vorb. Rn. 2) festzustellen, kommt eine Strafbarkeit nach Abs. 3 (→ Rn. 18) in Betracht.

2   Der Wortlaut der Strafvorschriften („wer gegen die Verordnung (…) verstößt, indem er") stellt klar, dass ein Verhalten nur dann sanktioniert werden kann, wenn es nach den Bestimmungen der genannten EG-Verordnungen rechtswidrig ist (vgl. BT-Drs. 15/2397, 9). Es sind daher im Einzelfall sowohl die Tatbestände und Ausnahmeregelungen der einschlägigen Verordnungen als auch diejenigen des EG-GenTDurchfG zu beachten.

I. Verstöße gegen die VO (EG) Nr. 1829/2003 (Abs. 1)

3   **1. Allgemeines. Ziel der VO (EG) Nr. 1829/2003** (→ Vorb. Rn. 1) ist es, die Grundlage für ein hohes Schutzniveau für Leben und Gesundheit des Menschen, Gesundheit und Wohlergehen der Tiere, die Belange der Umwelt und die Verbraucherinteressen im Zusammenhang mit genetisch veränderten

Lebens- und Futtermitteln sicherzustellen und ein reibungsloses Funktionieren des Binnenmarktes zu gewährleisten, gemeinschaftliche Verfahren für die Zulassung und Überwachung sowie Bestimmungen für die Kennzeichnung genetisch veränderter Lebens- und Futtermittel festzulegen (Art. 1 VO (EG) Nr. 1829/2003). Sie basiert dabei auf der **VO (EG) Nr. 178/2002** zur Festlegung der allgemeinen Grundsätze und Anforderungen des Lebensmittelrechts, zur Errichtung der Europäischen Behörde für Lebensmittelsicherheit und zur Festlegung von Verfahren zur Lebensmittelsicherheit (ABl. 2002 L 31, 1), die insbes. die Rahmenbedingungen für die Risikobewertung in Fragen der Lebensmittelsicherheit festschreiben.

Art. 2 der VO (EG) Nr. 1829/2003 enthält zahlreiche **Begriffsbestimmungen** und nimmt dabei zT **4** auf weitere Rechtsvorschriften Bezug. Für Zuwiderhandlungen nach Abs. 1 sind dabei vor allem die folgenden Begriffe von Interesse:

Lebensmittel werden unter Rückgriff auf Art. 2 der VO (EG) Nr. 178/2002 (→ Rn. 3) definiert **5** und erfassen alle Stoffe oder Erzeugnisse, die dazu bestimmt sind oder von denen nach vernünftigem Ermessen erwartet werden kann, dass sie in verarbeitetem, teilweise verarbeitetem oder unverarbeitetem Zustand von Menschen aufgenommen werden. Zu den Lebensmitteln zählen danach auch Getränke, Kaugummi und alle Stoffe (einschließlich Wasser), die dem Lebensmittel bei seiner Herstellung oder Ver- oder Bearbeitung absichtlich zugesetzt werden. Nicht zu den Lebensmitteln in diesem Sinne gehören **Futtermittel,** lebende Tiere, soweit sie nicht für das Inverkehrbringen zum menschlichen Verzehr hergerichtet worden sind, **Pflanzen** vor dem Ernten, **Arzneimittel** iSd RL 65/65/EWG und 92/73/EWG (dazu Körner, BtMG, 7. Aufl. 2012, Vorb. AMG Rn. 37 ff.), **kosmetische Mittel** iSd RL 76/768/EWG, **Tabak** und Tabakerzeugnisse iSd RL 89/622/EWG, **Betäubungsmittel** und psychotrope Stoffe iSd Einheitsübereinkommens der Vereinten Nationen über Suchtstoffe (1961) und des Übereinkommens der Vereinten Nationen über psychotrope Stoffe (1971) sowie **Rückstände** und Kontaminanten. Für die **Abgrenzung zwischen Lebens- und Arzneimitteln** war bis zum Inkrafttreten des Lebensmittel-, Bedarfsgegenstände- und Futtermittelgesetzbuches (LFGB; → Vorb. Rn. 2) entscheidend, ob die arzneiliche Zweckbestimmung iSd § 2 AMG ggü. dem Ernährungszweck überwog, wobei das Produkt im Zweifel als Lebensmittel zu behandeln war (vgl. VGH München NJW 1998, 845). Nach der VO (EG) Nr. 178/2002 kommt es heute auf eine überwiegende Zweckbestimmung **nicht** mehr an; im Zweifelsfall gilt das strengere Arzneimittelrecht (EuGH LMRR 2005, 2).

Futtermittel (iSd VO (EG) Nr. 178/2002) sind Stoffe oder Erzeugnisse, auch Zusatzstoffe, ver- **6** arbeitet, teilweise verarbeitet oder unverarbeitet, die zur oralen Tierfütterung bestimmt sind. Zur Abgrenzung von Futtermitteln und Arzneimitteln gelten die unter → Rn. 5 dargestellten Grundsätze entsprechend. Für **Fütterungsarzneimittel** gelten Sondervorschriften des Arzneimittelrechts. Es handelt sich hierbei um Arzneimittel in verfütterungsfertiger Form, die aus Arzneimittel-Vormischungen und Mischfuttermitteln hergestellt werden und dazu bestimmt sind, zur Anwendung bei Tieren in den Verkehr gebracht zu werden, § 4 Abs. 10 AMG. Zur Verschreibungspflicht vgl. § 56 AMG.

Genetisch veränderte Organismen (GVO) sind nach der RL 2001/18/EG solche Organismen – **7** mit Ausnahme von Menschen –, deren genetisches Material so verändert worden ist, wie es auf natürliche Weise durch Kreuzen und/oder natürliche Rekombination nicht möglich ist. Ausgenommen sind solche Organismen, bei denen die genetische Veränderung auf dem Einsatz der in Anh. 1 B der Richtlinie aufgeführten Verfahren beruht. Zur Frage, ob in Honig eingetragene Maispollen genetisch veränderte Organismen iSd Verordnung sind, wenn der Gesamtpollenanteil weit unterhalb des für die Kennzeichnung maßgeblichen Schwellenwertes liegt, vgl. OVG Berlin LMRR 2007, 14.

Zur Verwendung als Lebensmittel/in Lebensmitteln bestimmte GVO (→ Rn. 7) sind solche, **8** die als Lebensmittel oder als Ausgangsmaterial für die Herstellung von Lebensmitteln verwendet werden können (Art. 2 Nr. 8 VO (EG) Nr. 1829/2003).

Zur Verwendung als Futtermittel/in Futtermitteln bestimmte GVO sind genetisch veränderte **9** Organismen, die als Futtermittel oder als Ausgangsmaterial für die Herstellung von Futtermitteln verwendet werden können (Art. 2 Nr. 9 VO (EG) Nr. 1829/2003).

Lebens- und Futtermittel oder ihre Zutaten sind **aus genetisch veränderten Organismen her- 10 gestellt,** wenn sie vollständig oder teilweise aus GVO abgeleitet sind, selbst aber keine genetisch veränderten Organismen enthalten oder daraus bestehen (Art. 2 Nr. 10 VO (EG) Nr. 1829/2003).

Inverkehrbringen erfasst nach Art. 2 Nr. 14 VO (EG) Nr. 1829/2003 das Bereithalten für Zwecke **11** des Verkaufs, einschließlich des Anbietens zum Verkauf, oder jeder anderen Form der Weitergabe, gleichgültig, ob unentgeltlich oder nicht, sowie den Verkauf, den Vertrieb oder andere Formen der Weitergabe.

2. Verstoß gegen Art. 4 Abs. 2 VO (EG) Nr. 1829/2003 (Abs. 1 Nr. 1). Nach Art. 4 Abs. 2 VO **12** (EG) Nr. 1829/2003 ist es untersagt, einen zur Verwendung als Lebensmittel bzw. in Lebensmitteln bestimmten (→ Rn. 8) genetisch veränderten Organismus (→ Rn. 7) in Verkehr zu bringen (→ Rn. 11), wenn für den Organismus keine **Zulassung nach Kap. II Abschn. 1** vorliegt. Entsprechendes gilt für das Inverkehrbringen eines in Art. 3 Abs. 1 genannten Lebensmittels. Dies betrifft einerseits Lebensmittel (→ Rn. 5), die genetisch veränderte Organismen enthalten oder aus solchen bestehen (Art. 3 Abs. 1 Buchst. b VO (EG) Nr. 1829/2003) und andererseits Lebensmittel, die aus genetisch veränderten

Organismen hergestellt werden oder Zutaten enthalten, die aus genetisch veränderten Organismen hergestellt werden (Art. 3 Abs. 1 Buchst. c VO (EG) Nr. 1829/2003). Die **Zulassung setzt den Nachweis voraus,** dass die betreffenden Organismen oder Lebensmittel keine nachteiligen Auswirkungen auf die Gesundheit von Mensch und Tier oder die Umwelt haben, sich von Lebensmitteln, die sie ersetzen sollen, nicht so stark unterscheiden, dass ihr normaler Verzehr Ernährungsmängel für den Verbraucher mit sich brächte und iÜ eine Irreführung der Verbraucher ausgeschlossen ist. **Ausnahmen** gelten nach Art. 8 Abs. 1 der Verordnung für Erzeugnisse, die bereits vor dem Geltungsbeginn der Verordnung rechtmäßig in der Gemeinschaft in Verkehr gebracht wurden, sofern die dort beschriebenen Formalerfordernisse erfüllt sind (→ § 7 Rn. 2). Zur befristeten Ausnahmevorschrift bei zufälligen oder technisch nicht zu vermeidenden Vorhandensein von genetisch verändertem Material (Schwellenwert für den Anteil von GVO: **0,5 %**) vgl. Art. 47. **Antragstellung und Zulassungsverfahren** sind Gegenstand der Art. 5 ff. VO (EG) Nr. 1829/2003. Die Zulassung gilt in der gesamten Gemeinschaft für die Dauer von zehn Jahren, Art. 7 Abs. 5 VO (EG) Nr. 1829/2003. **Erneuerung, Änderung, Aussetzung** und **Widerruf** der Zulassung sind nach Maßgabe der Art. 10 u. 11 VO (EG) Nr. 1829/2003 möglich. Die Erteilung der Zulassung schließt die allgemeine zivil- und strafrechtliche Haftung der Lebensmittelunternehmer nicht aus, Art. 7 Abs. 7 VO (EG) Nr. 1829/2003. Neben der Zulassung setzt ein verordnungskonformes Inverkehrbringen zusätzlich (vgl. Art. 4 Abs. 2 VO (EG) Nr. 1829/2003 „und") voraus, dass der betreffende Organismus oder das Lebensmittel die Zulassungsvoraussetzungen auch materiell erfüllt. Deshalb liegt ein Verstoß gegen Art. 4 Abs. 2 VO (EG) Nr. 1829/2003 auch dann vor, wenn nur eine der Voraussetzungen des Art. 4 Abs. 2 erfüllt ist, also wenn beispielsweise der Organismus die Zulassungsvoraussetzungen erfüllt, aber bislang keine Zulassung für diesen Organismus erteilt wurde oder zwar die Zulassung erteilt wurde, der Organismus aber nicht über die Zulassungsvoraussetzungen verfügt. Weil sich der Vorsatz auf sämtliche objektive Tatbestandsmerkmale beziehen muss, sind **Tatbestandsirrtümer** insbes. in den Fällen denkbar, in denen eine Zulassung erteilt wurde, obwohl die Voraussetzungen hierfür nicht vorlagen.

13   **3. Verstoß gegen Art. 16 Abs. 2 VO (EG) Nr. 1829/2003 (Abs. 1 Nr. 2).** Art. 16 Abs. 2 stellt die Parallelvorschrift zu Art. 4 Abs. 2, der Regelungen für das Inverkehrbringen von Lebensmitteln trifft, für Futtermittel dar. Kap. III Abschn. 1 der Verordnung, in dem sich Art. 16 Abs. 2 findet, enthält Vorschriften zur Zulassung und Überwachung von Erzeugnissen nach Art. 15 Abs. 1. Die Regelungen finden Anwendung auf zur Verwendung als **Futtermittel**/in Futtermitteln bestimmte genetisch veränderte Organismen (→ Rn. 9), Futtermittel, die genetisch veränderte Organismen enthalten oder aus solchen bestehen und aus solchen Organismen hergestellte Futtermittel, Art. 15 Abs. 1. In Anlehnung an die Regelung des Art. 4 Abs. 1, 2 der Verordnung (→ Rn. 12) dürfen auch Futtermittel keine nachteiligen Auswirkungen auf die Gesundheit von Mensch und Tier oder die Umwelt haben, die Anwender nicht irreführen, die Verbraucher nicht dadurch schädigen oder irreführen, dass die spezifischen Merkmale der tierischen Erzeugnisse beeinträchtigt werden oder sich von den Futtermitteln, die sie ersetzen sollen, nicht so stark unterscheiden, dass ihr normaler Verzehr Ernährungsmängel für Mensch oder Tier mit sich brächte (Art. 16 Abs. 1, 2 VO (EG) Nr. 1829/2003). Anderenfalls darf eine Zulassung nicht erteilt werden. Ein Verstoß gegen Art. 16 Abs. 2 liegt vor, wenn ein in Art. 15 Abs. 1 genanntes Erzeugnis in Verkehr gebracht wird, das nicht über die erforderliche Zulassung verfügt und die Zulassungsvoraussetzungen erfüllt. Gleiches gilt für die **Verwendung** und **Verarbeitung** der genannten Erzeugnisse. IÜ gelten die Ausführungen unter → Rn. 12 entsprechend. Die befristete Ausnahmeregelung nach Art. 47 der Verordnung (zufälliges oder technisch nicht zu vermeidendes Vorhandensein von genetisch verändertem Material, → Rn. 12) gilt auch im Kontext des Art. 16 Abs. 2.

II. Verstöße gegen die VO (EG) Nr. 1946/2003 (Abs. 2)

14   Die VO (EG) Nr. 1946/2003 v. 15.7.2003 über grenzüberschreitende Verbringung genetisch veränderter Organismen (ABl. 2003 L 287, 1) dient – in Umsetzung des Cartagena-Protokolls (→ Vorb. Rn. 1) – dem Schutz der biologischen Vielfalt und der Vorsorge gegen Risiken für die menschliche Gesundheit, Art. 2 Abs. 1. Ausgehend hiervon ist Regelungsgegenstand insbes. die Überwachung und Kontrolle grenzüberschreitender Verbringungen genetisch veränderter Organismen. Ziel ist es dabei, einen gemeinsamen Rechtsrahmen für grenzüberschreitende Verbringungen genetisch veränderter Organismen zu schaffen. **Humanarzneimittel,** für die andere internationale Übereinkünfte gelten oder andere internationale Organisationen zuständig sind, sind vom Anwendungsbereich der Verordnung ausdrücklich ausgenommen, Art. 2 Abs. 2. Um eine **grenzüberschreitende Verbringung** im hier maßgeblichen Sinne handelt es sich nach Art. 3 Nr. 14 der Verordnung allerdings nur bei der absichtlichen oder unabsichtlichen Verbringung eines genetisch veränderten Organismus aus dem Gebiet einer Vertragspartei oder Nichtvertragspartei (des Cartagena-Protokolls) in das einer anderen Vertragspartei oder Nichtvertragspartei. **Ausgenommen** sind **absichtliche** Verbringungen zwischen den Gebieten von **Vertragsparteien innerhalb der Gemeinschaft (Art. 3 Nr. 14).**

15   **1. Grenzüberschreitende Verbringung (Abs. 2 Nr. 1).** Die in Bezug genommene Regelung des Art. 5 Abs. 1 S. 2 der VO (EG) Nr. 1946/2003 betrifft die Ausfuhr genetisch veränderter Organismen,

die zur **absichtlichen Freisetzung** (iSv Art. 2 Nr. 3 der RL 2001/18/EG – ABl. 2001 L 106, 1) in die Umwelt bestimmt sind. **Nicht erfasst** werden nach Art. 8 Abs. 1 der Verordnung solche Organismen, die in einer Konferenz der Vertragsparteien des Cartagena-Protokolls als Organismen eingestuft wurden, die **„wahrscheinlich keine nachteiligen Auswirkungen"** auf die Erhaltung und nachhaltige Nutzung der biologischen Vielfalt haben. Organismen, die **zur unmittelbaren Verwendung als Lebens- oder Futtermittel oder zur Verarbeitung** bestimmt sind, werden gleichfalls nicht erfasst, Art. 8 Abs. 2 der Verordnung (→ Rn. 17). Dies gilt gem. Art. 11 Abs. 1 der Verordnung auch für Organismen, die für die Anwendung in **geschlossenen Systemen** bestimmt sind, sofern die grenzüberschreitende Verbringung den Normen der Partei der Einfuhr gemäß erfolgt.

Nach Art. 4 der Verordnung hat der Exporteur solcher Organismen die beabsichtigte grenzüber-　**16** schreitende Verbringung **vor der ersten** entsprechenden Betätigung schriftlich bei der zuständigen Behörde der **Partei der Einfuhr** anzumelden. **Exporteur** ist dabei jede natürliche oder juristische Person, die zum Zeitpunkt der Übermittlung der Anmeldung Vertragspartner des Empfängers im Drittland ist und dem die Entscheidungsbefugnis über die Verbringung aus dem Zollgebiet der Gemeinschaft obliegt, Art. 3 Nr. 12. Ohne die **ausdrückliche vorherige Zustimmung** der Partei der Einfuhr darf keine erste absichtliche grenzüberschreitende Verbringung erfolgen, Art. 5 Abs. 1 S. 2. Zu beachten ist, dass es nicht als Zustimmung gilt, wenn es die Partei der Einfuhr versäumt, den Eingang der Anmeldung zu bestätigen oder ihre Entscheidung mitzuteilen. Vielmehr ist für solche Fälle nach Art. 5 Abs. 2 ein ausgefeiltes **„Erinnerungsverfahren"** vorgesehen. Eine Anmeldung ist nach Art. 5 Abs. 4 der Verordnung entbehrlich, soweit bilaterale, regionale oder multilaterale Übereinkünfte oder Abmachungen nach Art. 13 und 14 des Cartagena-Protokolls vereinfachte Verfahren vorsehen oder der Informationsstelle für biologische Sicherheit im Voraus mitgeteilt worden ist, dass derartige Einfuhren vom Zustimmungsverfahren ausgenommen sind, Art. 8 Abs. 3 der Verordnung.

2. Ausfuhr genetisch veränderter Organismen (Abs. 2 Nr. 2). Die Regelung des Art. 10 der　**17** Verordnung gilt für genetisch veränderte Organismen, bei denen grenzüberschreitende Verbringungen (→ Rn. 15) zur **unmittelbaren Verwendung als Lebens- oder Futtermittel oder zur Verarbeitung** ohne die Beschränkungen der Art. 4 ff. der Verordnung möglich sind. Solche Organismen dürfen nach Art. 10 Abs. 3 S. 2 der Verordnung allerdings nicht ausgeführt werden, wenn sie nicht innerhalb der Gemeinschaft zugelassen sind oder die zuständige Behörde eines Drittstaates der Einfuhr nicht ausdrücklich zugestimmt hat. Zum Begriff der Ausfuhr vgl. Art. 3 Nr. 10 der Verordnung. Weder die **Zustimmung** zur Einfuhr noch ihre **Verweigerung** werden fingiert, wenn die Bestätigung des Eingangs der Anmeldung oder die Mitteilung der Entscheidung über die Einfuhr versäumt werden, Art. 10 Abs. 3 S. 1.

III. Konkrete Gefährdung (Abs. 3)

Schlägt die abstrakte Gefährlichkeit der den Abs. 1 u. 2 unterfallenden Handlungen in eine konkrete　**18** Gefahr für die in Abs. 3 bezeichneten Rechtsgüter um, werden Zuwiderhandlungen im Mindestmaß mit einer Freiheitsstrafe von drei Monaten bestraft. Die Vorschrift enthält **konkrete Gefährdungsdelikte** und ist damit der Regelung des § 39 Abs. 3 GenTG nachempfunden. Erforderlich ist stets, dass eine konkrete Gefahr für die genannten Rechtsgüter eintritt. **Konkrete Gefahr** ist dabei ein Zustand, bei dem die nicht fernliegende Möglichkeit der Verletzung des Schutzgutes im Einzelfall besteht. Ein Schadenseintritt ist jedoch nicht erforderlich.

Leib oder Leben eines anderen ist danach in Gefahr, wenn der Eintritt einer nicht unerheblichen　**19** Körperverletzung droht. Dabei werden vom Schutzbereich der Norm auch Personen erfasst, die dem Lager des Pflichtigen zuzurechnen sind, wie etwa die Arbeitnehmer des Exporteurs in den Fällen des Abs. 2. Als **fremde Sachen von bedeutendem Wert** kommen all jene Gegenstände in Betracht, die weder im Eigentum des Täters stehen, noch herrenlos sind, sofern ihr Wert die Erheblichkeitsschwelle, die etwa bei 1.300 EUR liegen dürfte, überschreitet. Werden mehrere Sachen gefährdet, sind die Beträge zu addieren. Zu den **Bestandteilen des Naturhaushaltes** zählen die Naturgüter Boden, Wasser, Luft, Klima, Tiere und Pflanzen sowie das Wirkgefüge zwischen ihnen (§ 7 Abs. 1 Nr. 2 BNatSchG). Bedenken im Hinblick auf die Bestimmtheit der Norm ergeben sich hier vor allem deshalb, weil kaum konkretisierbar ist, wann den genannten Gütern eine erhebliche ökologische Bedeutung zugesprochen werden kann (vgl. MüKoStGB/*Alt* GenTG § 39 Rn. 15 mwN).

B. Tatbestände nach Abs. 3a

Nach § 3a Abs. 1 S. 1 darf ein Lebensmittel mit einer Angabe, die auf die Herstellung des Lebens-　**20** mittels ohne Anwendung gentechnischer Verfahren hindeutet, nur in Verkehr gebracht oder beworben werden, wenn die Anforderungen nach § 3a Abs. 2–5 eingehalten sind. Danach dürfen insbes. keine Lebensmittel und Lebensmittelzutaten verwendet worden sein, die nach Art. 12 und 13 der Verordnung (EG) Nr. 1829/2003 (→ § 7 Rn. 6 f.) oder nach Art. 4 oder 5 der VO (EG) Nr. 1830/2003 (→ § 7 Rn. 9 ff.) gekennzeichnet sind oder, soweit sie in den Verkehr gebracht würden, zu kennzeichnen wären. Daneben gelten Beschränkungen für die Verwendung von Lebensmitteln und Lebensmittelzutaten, die in den Anwendungsbereich der VO (EG) Nr. 1829/2003 fallen, für die Verabreichung von Futtermitteln bei der Gewinnung von Lebensmitteln und Lebensmittelzutaten tierischer Herkunft sowie für die Verwendung von Lebensmitteln, Lebensmittelzutaten, Verarbeitungshilfsstoffen und Stoffen iSd § 5 Abs. 2 der Lebensmittel-Kennzeichnungsverordnung v. 15.12.1999 (BGBl. I 2464). Die Strafbarkeit bezieht sich auf das Ob entsprechender Hinweise, da § 6 Abs. 3a nur auf § 3a Abs. 1 S. 1 Bezug nimmt, nicht hingegen auf § 3a Abs. 1 S. 2. Ein Verstoß gegen § 3a Abs. 1 S. 2 wird gem. § 7 Abs. 6 Nr. 1 als Ordnungswidrigkeit geahndet (→ Rn. 21; → § 7 Rn. 20). Ein fahrlässiger Verstoß gegen § 3a Abs. 1 S. 1 stellt eine Ordnungswidrigkeit gem. § 7 Abs. 1 dar (→ § 7 Rn. 1).

21   Das Wie – also die Art des Hinweises – regelt § 3a Abs. 1 S. 2 (→ Rn. 20). Auch wenn sämtliche Vorgaben eingehalten sind, darf gem. § 3a Abs. 1 S. 2 nur die Angabe **„ohne Gentechnik"** verwendet werden. Zuwiderhandlungen sind keine Straftaten gem. § 6 Abs. 3a (→ Rn. 20), sondern werden nach § 7 Abs. 6 Nr. 1 als Ordnungswidrigkeit geahndet. Zur Nachweisführung → § 7 Rn. 21 f.

C. Fahrlässigkeit (Abs. 5–7)

22   Die Abs. 5–7 enthalten Bestimmungen zur Ahndung fahrlässiger Rechtsverstöße. Nach Abs. 5 sind dabei die von Abs. 1 erfassten Zuwiderhandlungen gegen die VO (EG) Nr. 1829/2003 (→ Rn. 3 ff.) sowie die in Abs. 2 Nr. 2 thematisierte Ausfuhr genetisch veränderter Organismen unter Verstoß gegen die VO (EG) Nr. 1946/2003 (→ Rn. 17) auch im Falle fahrlässigen Handelns strafbar. Wird in diesen Fällen eine Gefahr nach Abs. 3 (→ Rn. 18 f.) fahrlässig verursacht, ist Abs. 7 einschlägig. Handelt der Täter in den Fällen des Abs. 3 vorsätzlich und verursacht lediglich die Gefahr fahrlässig, greift Abs. 6. Die fahrlässige Verwirklichung von Abs. 2 Nr. 1 ist hingegen nicht strafbar, da Abs. 2 Nr. 1 in den Abs. 5–7 nicht genannt ist. Da unter Inverkehrbringen nach Art. 2 Nr. 14 EG (VO) Nr. 1829/2003 aber das Bereithalten für Zwecke des Verkaufs sowie der Verkauf, der Vertrieb oder andere Formen der Weitergabe zu verstehen ist, ist ein fahrlässiges Inverkehrbringen ohnehin kaum denkbar.

D. Strafmilderung (Abs. 8)

23   Einfallstor für eine Strafmilderung nach § 49 Abs. 2 StGB oder das Absehen von Strafe ist nach Abs. 8, dass der Täter **nicht zu erwerbswirtschaftlichen Zwecken**, dh ohne Gewinnerzielungsabsicht handelt. In diesen Fällen steht dem Tatrichter „nach seinem Ermessen" ein Strafrahmen zur Verfügung, der von Straflosigkeit bis zur gesetzlich vorgesehenen Höchststrafe reicht (vgl. Fischer StGB § 49 Rn. 5 mwN). Allerdings dürfte die Verhängung der Höchststrafe schon deshalb nicht in Betracht kommen, weil hierbei außer Betracht bliebe, dass die Voraussetzungen der Milderungsmöglichkeit vorliegen, also das Gesetz die Tat ihrem Schweregrad nach nicht am oberen Ende der Skala siedelt. IÜ hat der Tatrichter alle wesentlichen tat- und täterbezogenen Umstände im Rahmen einer umfassenden Gesamtwürdigung zu berücksichtigen.

§ 7 Bußgeldvorschriften

(1) Ordnungswidrig handelt, wer eine der in § 6 Abs. 3a bezeichneten Handlungen fahrlässig begeht.

(2) Ordnungswidrig handelt, wer gegen die Verordnung (EG) Nr. 1829/2003 verstößt, indem er vorsätzlich oder fahrlässig

1. entgegen Artikel 8 Abs. 1 Buchstabe a oder b, jeweils in Verbindung mit Abs. 2 Satz 1, oder Artikel 20 Abs. 1 Buchstabe a oder b, jeweils in Verbindung mit Abs. 2 Satz 1, für ein dort genanntes Erzeugnis die erforderliche Meldung nicht, nicht richtig, nicht vollständig oder nicht rechtzeitig macht,
2. entgegen Artikel 9 Abs. 1 Satz 2 oder Artikel 21 Abs. 1 Satz 2 nicht sicherstellt, dass eine Beobachtung durchgeführt wird, oder einen Bericht nicht, nicht richtig oder nicht rechtzeitig vorlegt,
3. entgegen Artikel 9 Abs. 3 Satz 1 oder Artikel 21 Abs. 3 Satz 1 eine dort genannte Information nicht, nicht richtig, nicht vollständig oder nicht rechtzeitig übermittelt,
4. ein in Artikel 12 Abs. 1 genanntes Lebensmittel, bei dem eine Kennzeichnungsanforderung nach Artikel 13 Abs. 1 oder Abs. 2 Buchstabe a nicht erfüllt ist, in Verkehr bringt oder
5. entgegen Artikel 25 Abs. 2 Satz 1 in Verbindung mit Satz 2 Buchstabe a, b oder c ein dort genanntes Futtermittel in Verkehr bringt.

(3) Ordnungswidrig handelt, wer gegen die Verordnung (EG) Nr. 1830/2003 verstößt, indem er vorsätzlich oder fahrlässig

1. entgegen Artikel 4 Abs. 1 oder Abs. 2 oder Artikel 5 Abs. 1 nicht gewährleistet, dass dem Beteiligten, der das Produkt bezieht, die dort genannten Angaben übermittelt werden,
2. entgegen Artikel 4 Abs. 4 oder Artikel 5 Abs. 2 nicht über ein dort genanntes System oder Verfahren verfügt oder

3. entgegen Artikel 4 Abs. 6 Satz 1 nicht sicherstellt, dass eine dort genannte Angabe auf dem Etikett, dem Behältnis oder im Zusammenhang mit der Darbietung des Produkts erscheint.

(4) Ordnungswidrig handelt, wer gegen die Verordnung (EG) Nr. 1946/2003 verstößt, indem er vorsätzlich oder fahrlässig

1. entgegen Artikel 6 Satz 1 eine dort genannte Unterlage nicht oder nicht mindestens fünf Jahre aufbewahrt oder eine Kopie der dort genannten Unterlagen nicht oder nicht unverzüglich nach Eingang der Entscheidung des Einfuhrstaats dem Bundesamt für Verbraucherschutz und Lebensmittelsicherheit oder der Europäischen Kommission übermittelt oder

2. entgegen Artikel 12 Abs. 1 in Verbindung mit Abs. 2 Satz 1, Abs. 3 oder Abs. 4 nicht sicherstellt, dass die dort genannten Informationen und Erklärungen in den Begleitpapieren enthalten sind und dem Importeur übermittelt werden.

(5) Ordnungswidrig handelt, wer einer Rechtsverordnung nach § 5a Abs. 1 oder einer vollziehbaren Anordnung auf Grund einer solchen Rechtsverordnung zuwiderhandelt, soweit die Rechtsverordnung für einen bestimmten Tatbestand auf diese Bußgeldvorschrift verweist.

(6) Ordnungswidrig handelt, wer vorsätzlich oder fahrlässig

1. entgegen § 3a Abs. 1 Satz 2 eine Angabe verwendet,
2. entgegen § 3b Satz 1 einen dort genannten Nachweis nicht, nicht richtig oder nicht vollständig führt oder
3. entgegen § 3b Satz 3 ein Lebensmittel kennzeichnet.

(7) Die Ordnungswidrigkeit kann in den Fällen der Absätze 1 und 6 Nr. 2 und 3 mit einer Geldbuße bis zu zwanzigtausend Euro, in den übrigen Fällen mit einer Geldbuße bis zu fünfzigtausend Euro geahndet werden.

A. Ordnungswidrigkeiten nach Abs. 1

Nach § 6 Abs. 3a wird mit Freiheitsstrafe bis zu einem Jahr oder mit Geldstrafe bestraft, wer entgegen **1** § 3a Abs. 1 S. 1 ein Lebensmittel in Verkehr bringt oder für ein Lebensmittel wirbt und dabei Angaben macht, die auf die Herstellung ohne Anwendung gentechnischer Verfahren hindeuten, obgleich die hierfür erforderlichen Voraussetzungen nicht vorliegen (→ § 6 Rn. 20 f.). Handelt der Täter fahrlässig, liegt eine Ordnungswidrigkeit nach Abs. 1 vor. Die Verwendung nicht zugelassener und insbes. irreführender Angaben und Hinweise (→ § 6 Rn. 21, 20) ist eine Ordnungswidrigkeit nach Abs. 6 Nr. 1 (→ Rn. 20).

B. Verstöße gegen VO (EG) Nr. 1829/2003 (Abs. 2)

I. Meldungen nach Art. 8 Abs. 1 Buchst. a oder b sowie nach Art. 20 Abs. 1 Buchst. a oder b (Abs. 2 Nr. 1)

Nach Art. 4 Abs. 2 VO (EG) Nr. 1829/2003 dürfen zur Verwendung als **Lebensmittel** bzw. in **2** Lebensmitteln bestimmte (→ § 6 Rn. 8) genetisch veränderte Organismen (→ § 6 Rn. 7) sowie die in Art. 3 Abs. 1 genannten Lebensmittel (→ § 6 Rn. 12) nur dann in Verkehr gebracht (→ § 6 Rn. 11) werden, wenn eine **Zulassung nach Kapitel II Abschnitt 1** vorliegt und die Zulassungsvoraussetzungen erfüllt sind. Eine entsprechende Regelung für das Inverkehrbringen, die Verwendung und die Verarbeitung von Erzeugnissen nach Art. 15 Abs. 1 (zur Verwendung als **Futtermittel**/in Futtermitteln bestimmte genetisch veränderte Organismen, Futtermittel, die aus solchen Organismen bestehen oder hieraus hergestellt sind) enthält Art. 16 Abs. 2. Abweichend hiervon können solche Erzeugnisse, die vor dem Geltungsbeginn dieser Verordnung (18.4.2004; vgl. Art. 49 UnterAbs. 2) rechtmäßig in der Gemeinschaft in Verkehr gebracht wurden, weiterhin in Verkehr gebracht, verwendet und verarbeitet werden (Art. 8 Abs. 1, Art. 20 Abs. 1). Dies setzt voraus, dass die für das Inverkehrbringen der betreffenden Erzeugnisse verantwortlichen Unternehmer der Kommission **innerhalb von 6 Monaten** nach dem Geltungsbeginn der Verordnung melden, dass die Erzeugnisse vor dem Geltungsbeginn der Verordnung in der Gemeinschaft in Verkehr gebracht wurden. In den Fällen der Art. 8 Abs. 1 Buchst. a und Art. 20 Abs. 1 Buchst. a ist zudem das Datum des erstmaligen Inverkehrbringens zu melden.

Ordnungswidrig handelt, wer die Meldung vorsätzlich oder fahrlässig nicht, nicht richtig, nicht **3** rechtzeitig oder nicht vollständig macht. Eine vollständige Meldung setzt voraus, dass die nach Art. 8 Abs. 2 bzw. Art. 20 Abs. 2 der Verordnung genannten Unterlagen beigefügt werden. Dies betrifft insbes. Beschreibungen des Herstellungs- und Gewinnungsverfahrens, Kopien der durchgeführten Studien und Unterlagen zu Nachweisverfahren und zur Probenahme.

II. Marktbegleitende Beobachtung nach Art. 9 Abs. 1 S. 2 sowie nach Art. 21 Abs. 1 S. 2 (Abs. 2 Nr. 2)

4   Mit Erteilung der Zulassung können dem Zulassungsinhaber Bedingungen oder Einschränkungen, insbes. eine **marktbegleitende Beobachtung** auferlegt werden. In diesem Fall hat der **Zulassungsinhaber** die Durchführung der Beobachtung gem. Art. 9 Abs. 2, 21 Abs. 1 sicherzustellen und der Kommission nach Maßgabe der Zulassung zu berichten.

III. Neue wissenschaftliche oder technische Informationen (Abs. 2 Nr. 3)

5   Nach Art. 9 Abs. 3 S. 1 und Art. 21 Abs. 3 S. 1 ist der **Zulassungsinhaber** verpflichtet, alle **neuen wissenschaftlichen oder technischen Informationen,** die die Bewertung der Sicherheit bei der Verwendung des Lebens- oder Futtermittels beeinflussen könnten, der Kommission **unverzüglich** zu übermitteln. Obwohl der Wortlaut des Abs. 3 S. 2 („*Insbesondere* informiert er die Kommission unverzüglich...") der genannten Vorschriften suggeriert, es handele sich um einen Spezialfall des Abs. 3 S. 1, unterfällt die dort verankerte Verpflichtung zur Übermittlung von Informationen über **Verbote oder Einschränkungen,** die von der zuständigen Behörde eines Drittlandes ausgesprochen werden, nicht der Bußgeldnorm, da Abs. 2 Nr. 3 nur auf Art. 9 Abs. 3 S. 1 und Art. 21 Abs. 3 S. 1, nicht aber auf Art. 9 Abs. 3 S. 2 und Art. 21 Abs. 3 S. 2 verweist. Hinzu kommt, dass derartige Verbote oder Einschränkungen weder wissenschaftliche noch technische Informationen iSd Abs. 3 S. 1 sind. Allenfalls die der jeweiligen Verbots- oder Beschränkungsanordnung zugrunde liegenden Tatsachen sind solche Informationen, die aber als solche bereits von Abs. 3 S. 1 erfasst werden. Zur Beurteilung der Frage, ob es sich bei einer Information um eine **neue** handelt, ist nicht etwa auf das Datum der Zulassungsentscheidung, sondern – im Interesse eines lückenlosen Rechtsgüterschutzes – auf den Zeitpunkt der Antragstellung abzustellen.

IV. Verstoß gegen Kennzeichnungsanforderungen – Lebensmittel (Abs. 2 Nr. 4)

6   Die Vorschrift des Art. 13 der VO (EG) Nr. 1829/2003 enthält Anforderungen an die **Kennzeichnung** von Lebensmitteln und ergänzt damit (vgl. Abs. 1 „unbeschadet") das Lebensmittelkennzeichnungsrecht, soweit es sich um Lebensmittel handelt, die als solche an den Endverbraucher oder an Anbieter von Gemeinschaftsverpflegung innerhalb der Gemeinschaft geliefert werden sollen und die genetisch veränderte Organismen enthalten, daraus bestehen oder hergestellt werden oder Zutaten enthalten, die aus solchen Organismen hergestellt sind (Art. 12 Abs. 1). Die Regelungen gelten nicht, soweit der **Anteil** dieses Materials nicht mehr als **0,9 %** der betreffenden Zutat oder (wenn das Lebensmittel aus einer einzigen Zutat besteht) des Lebensmittels beträgt, sofern dieser Anteil zufällig oder technisch nicht zu vermeiden ist (Art. 12 Abs. 2); folglich scheidet in diesen Fällen auch eine Sanktionierung nach § 7 Abs. 2 aus, vgl. BT-Drs. 15/2397, 9.

7   Werden die Zutaten in einem nach Art. 6 der RL 2000/13/EG (ABl. 2000 L 109, 29; vgl. auch das Lebensmittel-Kennzeichnungsverordnung idF v. 15.12.1999 – BGBl. I 2464) vorgesehenen **Zutatenverzeichnis** angegeben, sind hier die Zusätze „genetisch verändert", „aus genetisch verändertem *(Bezeichnung der Zutat)* hergestellt", „enthält genetisch veränderten *(Bezeichnung des Organismus)*" oder „enthält aus genetisch verändertem *(Bezeichnung des Organismus)* hergestellte(n) *(Bezeichnung der Zutat)*" aufzunehmen, Art. 13 Abs. 1 Buchst. a, b; die Angabe in einer **Fußnote** ist zulässig (Art. 13 Abs. 1 Buchst. d). Wird kein Zutatenverzeichnis geführt, sind die Wörter „genetisch verändert" oder „aus genetisch verändertem *(Bezeichnung des Organismus)* hergestellt" deutlich auf dem **Etikett** anzubringen (Art. 13 Abs. 1 Buchst. c). Besonderheiten gelten für unverpackte Lebensmittel und für solche, die in einer Verpackung angeboten werden, deren größte Oberfläche 10 cm² unterschreitet. In diesen Fällen sind die notwendigen Angaben entweder auf oder in unmittelbarem Zusammenhang mit der Auslage des Lebensmittels oder auf der Verpackung in dauerhafter und sichtbarer Form anzubringen. Die Schriftgröße muss dabei eine gute Lesbarkeit und Identifizierbarkeit gewährleisten (Art. 13 Abs. 1 Buchst. e). Daneben sind alle **Merkmale oder Eigenschaften gemäß der Zulassung** auf der Etikettierung anzugeben, wenn sich das Lebensmittel von einem entsprechenden herkömmlichen Erzeugnis in Bezug auf seine Zusammensetzung, den Nährwert oder die nutritive Wirkung, den Verwendungszweck oder im Hinblick auf die Auswirkungen auf die Gesundheit bestimmter Bevölkerungsgruppen unterscheidet (Art. 13 Abs. 2 Buchst. a).

V. Verstoß gegen Kennzeichnungsanforderungen – Futtermittel (Abs. 2 Nr. 5)

8   Anforderungen an die Kennzeichnung von Futtermitteln der in Art. 15 Abs. 1 der VO (EG) Nr. 1829/2003 genannten Art (→ Rn. 2) enthält Art. 25 Abs. 2. Ebenso wie die für die Kennzeichnung von Lebensmitteln einschlägigen Vorschriften (→ Rn. 6) nimmt die Regelung des Art. 24 Abs. 2 von vornherein solche Futtermittel aus, bei denen der Anteil genetisch veränderten Materials nicht höher ist als **0,9 %** des Futtermittels oder der Futtermittelbestandteile, aus denen es zusammengesetzt ist (vgl. dazu

auch BT-Drs. 15/2397, 9). Voraussetzung ist auch hier, dass dieser Anteil zufällig oder technisch nicht zu vermeiden ist (Art. 24 Abs. 2). Nach Art. 25 Abs. 2 S. 1 darf ein Futtermittel, das einen höheren Anteil als 0,9 Prozent genetisch verändertem Materials enthält, nicht in Verkehr gebracht werden, wenn die nach S. 2 erforderlichen Angaben („genetisch veränderter *(Bezeichnung des Organismus)*"; „aus genetisch verändertem *(Bezeichnung des Organismus)* hergestellt"; nach Maßgabe der Zulassung: Merkmale, die sich von den Merkmalen entsprechender herkömmlicher Erzeugnisse in Bezug auf Zusammensetzung, nutritive Eigenschaften oder vorgesehenen Verwendungszweck unterscheiden) nicht **deutlich sichtbar, lesbar und unauslöschlich** auf dem **Begleitpapier** oder ggf. auf der **Verpackung,** dem **Behältnis** oder einem daran befestigten **Etikett** angebracht sind (→ Rn. 7).

C. Verstöße gegen VO (EG) Nr. 1830/2003 (Abs. 3)

I. Ziele, Ausnahmen und Grundsätze

Die VO (EG) Nr. 1830/2003 (ABl. 2003 L 268, 24) soll den „Rahmen für die Rückverfolgbarkeit   **9** von aus genetisch veränderten Organismen (GVO) bestehenden oder solche enthaltenden Produkten und von aus GVO hergestellten Lebensmitteln und Futtermitteln" schaffen und damit die Kennzeichnung, die Überwachung der Auswirkungen auf Umwelt und Gesundheit und die Umsetzung von Risikomanagementmaßnahmen erleichtern (Art. 1). Dies ist insbes. deshalb erforderlich, weil die Kennzeichnungspflichten auch solche aus genetisch veränderten Organismen hergestellte Lebensmittel erfassen, bei denen ein Nachweis transgener DNA- oder Proteinanteile nicht mehr möglich ist.

Ausnahmeregelungen zur Anwendung der nach Art. 4 und 5 einschlägigen Verpflichtungen   **10** ergeben sich aus Art. 4 Abs. 7, Abs. 8 und Art. 5 Abs. 4 für **Spuren von genetisch veränderten Organismen.** Dabei nehmen die genannten Vorschriften insbes. auf die nach Art. 21 Abs. 2 oder Abs. 3 der RL 2001/18/EG (ABl. 2001 L 106, 1) und die nach Art. 12, 24 oder 47 der VO (EG) Nr. 1829/2003 maßgeblichen Schwellenwerte (→ Rn. 6 f., → § 6 Rn. 12) Bezug. Erforderlich ist dabei stets, dass die betreffenden Spuren enthalten **oder technisch nicht zu vermeiden** sind.

Einen weiteren Ausnahmetatbestand enthält Art. 6 Abs. 1 der VO (EG) Nr. 1830/2003, der nach   **11** Abs. 2 seinerseits (Unterausnahme) nicht für die erste Phase des Inverkehrbringens eines Produktes, dh die erste Transaktion in der Produktions- und Vertriebskette, bei der ein Produkt für Dritte bereitgestellt wird (Art. 3 Nr. 11) und für die eigentliche Herstellung oder das Umverpacken eines Produkts gilt. Nach Art. 6 Abs. 1 sind die Beteiligten nicht verpflichtet, die in Art. 4 Abs. 1, 2 u. 3 sowie in Art. 5 Abs. 1 genannten Angaben zu speichern, sofern das Gemeinschaftsrecht **spezifische Identifizierungsverfahren** wie die Nummerierung von Posten vorverpackter Produkte (vgl. Art. 3 Nr. 12) vorschreibt, diese Angaben und die Postennummern deutlich auf der Verpackung vermerkt und die Informationen zu den Postennummern während der in Art. 4 Abs. 4 und Art. 5 Abs. 2 genannten Zeiträume gespeichert werden. Einerseits soll damit eine mehrfache Datenhaltung vermieden und zugleich andererseits bereits vorhandene Datenbestände zu Rückverfolgungszwecken nutzbar gemacht werden. Voraussetzung ist aber, dass die bestehenden Systeme Zuordnung und Rückverfolgbarkeit in gleicher Weise gewährleisten. Zur Abgabe von Produkten an **Endverbraucher** → Rn. 15.

Die einzelnen Tatbestände unterscheiden danach, ob ein Produkt aus genetisch veränderten Organis-   **12** men besteht oder solche Organismen enthält (in diesen Fällen gilt Art. 4 der VO) oder nur aus ihnen hergestellt ist (es gilt Art. 5 der VO). Der entscheidende Unterschied liegt darin, dass die aus genetisch veränderten Organismen **hergestellten Produkte** (vgl. Art. 3 Nr. 2 der VO) zwar vollständig oder teilweise aus derartigen Organismen abgeleitet sind, selbst aber kein vermehrungsfähiges Material (mehr) enthalten.

II. Übermittlung von Angaben beim Inverkehrbringen von Lebens- und Futtermitteln (Abs. 3 Nr. 1)

In der **ersten Phase des Inverkehrbringens** eines Produkts (Art. 3 Nr. 11: die erste Transaktion in   **13** der Produktions- und Vertriebskette, bei der ein Produkt für Dritte bereitgestellt wird), das aus genetisch veränderten Organismen besteht oder solche Organismen enthält, ist zu gewährleisten, dass dem Bezieher des Produkts **schriftlich** übermittelt wird, dass das Produkt die genannten Eigenschaften aufweist, Art. 4 Abs. 1a. Zugleich sind die nach Art. 8 der VO zugeteilten spezifischen **Erkennungsmarker** mitzuteilen, Art. 4 Abs. 1b. Zu Erkennungsmarkern vgl. die VO (EG) Nr. 65/2004 über ein System für die Entwicklung und Zuweisung spezifischer Erkennungsmarker für genetisch veränderte Organismen (ABl. 2004 L 10, 5 ff.).

Beim **Inverkehrbringen** (Art. 3 Nr. 10: Inverkehrbringen iSd spezifischer Rechtsvorschriften der   **14** Gemeinschaft, nach denen das entsprechende Produkt zugelassen wurde; ansonsten iSv Art. 2 Nr. 4 der RL 2001/18/EG) sind zu übermitteln: Angaben zu jeder einzelnen aus genetisch veränderten Organismen hergestellten Lebensmittelzutat, zu aus solchen Organismen hergestellten Futtermittel-Ausgangserzeugnissen und Zusatzstoffen und (bei Produkten ohne Zutatenverzeichnis) die Angabe, dass das Produkt aus genetisch veränderten Organismen hergestellt wurde, Art. 5 Abs. 1.

III. Systeme und standardisierte Verfahren zur Speicherung
(Abs. 3 Nr. 2)

15   Um die Rückverfolgbarkeit von Produkten, die aus genetisch veränderten Organismen **bestehen** oder aus solchen Organismen **hergestellt** sind (→ Rn. 12) sicherzustellen, müssen die Beteiligten Systeme oder standardisierte Verfahren vorhalten, mit denen die in Art. 4 Abs. 1–3 der VO (EG) Nr. 1830/2003 genannten Angaben (→ Rn. 13) gespeichert werden können, Art. 4 Abs. 4 der Verordnung. Darüber hinaus muss sichergestellt sein, dass während eines Zeitraums von 5 Jahren nach jeder Transaktion ermittelt werden kann, von welchem Beteiligten und für welchen Beteiligten das betreffende Produkt bereitgestellt worden ist. Eine entsprechende Verpflichtung zur Gewährleistung der Rückverfolgbarkeit von aus genetisch veränderten Organismen hergestellten Produkten (→ Rn. 12) enthält Art. 5 Abs. 2 der Verordnung. Zum **Ausnahmetatbestand** nach Art. 6 Abs. 1 der VO (EG) Nr. 1830/2003 → Rn. 11. Weil Beteiligte in diesem Sinne nach Art. 3 Nr. 5 der Verordnung natürliche oder juristische Personen sind, die ein Produkt in Verkehr bringen oder die in irgendeiner Phase der Produktions- oder Vertriebskette ein in der Gemeinschaft in Verkehr gebrachtes Produkt beziehen, **Endverbraucher** hiervon aber **ausdrücklich ausgenommen** sind, muss die Abgabe an den Endverbraucher weder dokumentiert noch gespeichert werden.

IV. Kennzeichnung von Produkten (Abs. 3 Nr. 3)

16   Nach Art. 4 Abs. 6 S. 1 der VO (EG) Nr. 1830/2003 unterliegen Produkte, die aus genetisch veränderten Organismen bestehen oder genetisch veränderte Organismen enthalten, besonderen Kennzeichnungsvorschriften. So ist das Etikett vorverpackter Produkte mit dem Vermerk „Dieses Produkt enthält genetisch veränderte Organismen" oder „Dieses Produkt enthält *(Bezeichnung des Organismus/der Organismen)*, genetisch verändert" zu versehen. Nicht vorverpackte Produkte, die dem Endverbraucher angeboten werden, sind ebenfalls mit einem der genannten Vermerke zu kennzeichnen, wobei dieser auf dem Behältnis, in dem das Produkt dargeboten wird, oder im Zusammenhang mit der Darbietung des Produkts anzubringen ist.

D. Verstöße gegen VO (EG) Nr. 1946/2003 (Abs. 4)

I. Aufbewahrung und Information der Vertragspartei der Ausfuhr (Abs. 4 Nr. 1)

17   In den in → § 6 Rn. 15 f. genannten Fällen der grenzüberschreitenden Verbringung genetisch veränderter Organismen hat der Exporteur die Anmeldeunterlagen, die Empfangsbestätigung der Partei der Einfuhr und deren Entscheidung über einen Zeitraum von 5 Jahren **aufzubewahren.** Darüber hinaus ist er verpflichtet, der zuständigen Behörde des Ausfuhrstaates und der Kommission eine Kopie dieser Unterlagen zu übermitteln. Zeitliche Vorgaben zur Übermittlung sind der Verordnung selbst nicht zu entnehmen. Gleichwohl verlangt die Bußgeldnorm des Abs. 4 Nr. 1, dass die **Übermittlung unverzüglich** zu erfolgen hat und geht damit über den Normbefehl der Verordnung hinaus. Wegen der recht eigenwilligen Formulierung des Bußgeldtatbestandes („wer gegen die Verordnung (…) verstößt, indem er", → § 6 Rn. 2) dürfte deshalb in Fällen, in denen die Übermittlung zwar erfolgt ist (ein Verstoß gegen die Verordnung Nr. 1946/2003 also nicht vorliegt), diese jedoch dem Unverzüglichkeitsmaßstab des nationalen Rechts nicht genügt, die **Wortlautgrenze** (Art. 103 Abs. 2 GG) überschritten sein. Das Tatbestandsmerkmal der Unverzüglichkeit läuft daher faktisch leer, was indes nicht bedeutet, dass die Verpflichtung zur Übermittlung der maßgeblichen Unterlagen keinen zeitlichen Vorgaben unterläge. Ein bußgeldbewehrter Verstoß dürfte jedenfalls dann vorliegen, wenn aus der Sicht eines objektiven Beobachters nach den Gesamtumständen des Einzelfalles mit der Erfüllung der Übersendungsverpflichtung redlicherweise nicht mehr gerechnet werden muss.

II. Begleitpapiere und Importeurinformation (Abs. 4 Nr. 2)

18   Der **Exporteur** (zum Begriff → § 6 Rn. 16) eines Produkts hat nach Art. 12 der VO für die inhaltliche Vollständigkeit der **Begleitpapiere** und die entsprechende **Information des Importeurs** Sorge zu tragen. Erforderlich ist insbes. die Angabe, **dass** das Produkt genetisch veränderte Organismen enthält oder aus solchen besteht. Darüber hinaus muss der **spezifische Identifizierungscode** angegeben werden, sofern solche Codes bestehen. Bei Organismen, die zur **unmittelbaren Verwendung als Lebens- oder Futtermittel oder zur Verarbeitung** bestimmt werden, ist ergänzend auf diesen Umstand, die Tatsache, dass sie **nicht zur absichtlichen Freisetzung** in die Umwelt bestimmt sind und auf die **Kontaktstelle** für weitere Informationen hinzuweisen (zu Ausnahmen vgl. Art. 12 Abs. 2 Unterabs. 2 der Verordnung). Sonderregelungen für Organismen, die für die Anwendung in **geschlossenen Systemen** oder zur absichtlichen Freisetzung in die Umwelt bestimmt sind, enthalten Art. 12 Abs. 3 und 4 der VO.

E. Ordnungswidrigkeiten nach Abs. 5

Die Regelung des Abs. 5 erfasst Zuwiderhandlungen gegen Rechtsverordnungen nach § 5a Abs. 1 **19** und gegen vollziehbare Anordnungen aufgrund solcher Rechtsverordnungen. Sie bezieht sich damit auf eine Verordnungsermächtigung, die es gestattet, das Inverkehrbringen von bestimmten Lebens- oder Futtermitteln oder das Verbringen von bestimmten Lebens- oder Futtermitteln in das Inland oder die Europäische Union, in eine Freizone, in ein Freilager oder in ein Zolllager auf Dauer oder vorübergehend zu verbieten, zu beschränken oder die hierfür erforderlichen Maßnahmen vorzuschreiben.

F. Ordnungswidrigkeiten nach Abs. 6

I. Kennzeichnung „ohne Gentechnik" (Nr. 1)

Nach § 3a Abs. 1 S. 2 dürfen Lebensmittel – soweit sie die Voraussetzungen hierfür erfüllen – nur mit **20** der Angabe **„ohne Gentechnik"** in den Verkehr gebracht oder beworben werden. Während die mangelnde Einhaltung der einen derartigen Hinweis rechtfertigenden Vorgaben – also das Ob entsprechender Hinweise – bei vorsätzlichem Handeln nach § 6 Abs. 3a strafbar (→ § 6 Rn. 20 f.) und bei Fahrlässigkeit nach § 7 Abs. 1 ordnungswidrig (→ Rn. 1) ist, bezieht sich § 7 Abs. 6 allein auf das Wie des Hinweises (→ § 6 Rn. 21).

II. Nachweise für die Kennzeichnung „ohne Gentechnik" (Nr. 2, 3)

Um die Einhaltung der zur Verwendung der Kennzeichnung „ohne Gentechnik" berechtigenden **21** Vorgaben nachvollziehbar, transparent und überprüfbar zu machen, hat derjenige, der Lebensmittel mit einer derartigen Angabe in den Verkehr bringt oder bewirbt, Nachweise über das Zubereiten, Bearbeiten, Verarbeiten oder Mischen der Lebensmittel sowie das Füttern der Tiere zu führen. Welche Möglichkeiten der Nachweisführung ihm insoweit zur Verfügung stehen, ergibt sich aus § 3b S. 2 (Erklärungen des Vorlieferanten, Etiketten, Begleitdokumente, Analyseberichte usw). Können die erforderlichen Nachweise nicht geführt werden, ist die Kennzeichnung des Lebensmittels iSd § 3a Abs. 1 – unabhängig von der Einhaltung der materiellen Vorgaben nach § 3a Abs. 2–5 (→ § 6 Rn. 20 f.) – nach § 3b S. 3 unzulässig.

Rechtsverstöße im Kontext der „ohne Gentechnik"-Kennzeichnung sind daher auf folgenden Ebe- **22** nen denkbar: Erfüllt das Lebensmittel die materiellen Voraussetzung für eine derartige Kennzeichnung nach § 3a Abs. 1 nicht, ist die Strafvorschrift des § 6 Abs. 3a bzw. die Bußgeldnorm des § 7 Abs. 1 einschlägig (→ § 6 Rn. 20 f., → Rn. 20). Werden Nachweise nicht, nicht richtig oder nicht vollständig geführt oder wird das Lebensmittel gekennzeichnet, obwohl die erforderlichen Nachweise nicht geführt werden können, kommt eine Ordnungswidrigkeit nach Abs. 6 Nr. 2 oder 3 in Betracht. Wird entgegen § 3a Abs. 1 S. 2 eine andere, als die Kennzeichnung „ohne Gentechnik" verwendet, greift § 7 Abs. 6 Nr. 1.

280. Gesetz über das Inverkehrbringen, die Rücknahme und die umweltverträgliche Entsorgung von Elektro- und Elektronikgeräten (Elektro- und Elektronikgerätegesetz – ElektroG)

Vom 20. Oktober 2015 (BGBl. I S. 1739) FNA 2129-59

Zuletzt geändert durch Art. 2, 3 G zur Neuordnung des Rechts über das Inverkehrbringen, die Rücknahme und die umweltverträgliche Entsorgung von Elektro- und Elektronikgeräten vom 20.10.2015 (BGBl. I S. 1739)

– Auszug –

§ 45 Bußgeldvorschriften

(1) Ordnungswidrig handelt, wer vorsätzlich oder fahrlässig

1. entgegen § 6 Absatz 1 Satz 1 sich nicht oder nicht rechtzeitig registrieren lässt,
2. entgegen § 6 Absatz 1 Satz 4 oder § 8 Absatz 3 Satz 4 eine Mitteilung nicht, nicht richtig oder nicht rechtzeitig macht,
3. entgegen § 6 Absatz 2 Satz 1 ein Elektro- oder Elektronikgerät in Verkehr bringt,
4. entgegen § 6 Absatz 2 Satz 2 ein Elektro- oder Elektronikgerät zum Verkauf anbietet,
5. entgegen § 6 Absatz 3 die Registrierungsnummer nicht ausweist,
6. entgegen § 7 Absatz 4 die dort genannten Kosten ausweist,
7. entgegen § 8 Absatz 3 Satz 1 oder Absatz 5 einen Bevollmächtigten nicht benennt,
8. entgegen § 9 Elektro- oder Elektronikgeräte nicht oder nicht richtig kennzeichnet,
9. entgegen § 12 Satz 1 eine Erfassung durchführt,
10. entgegen § 16 Absatz 1 Satz 1 ein dort genanntes Behältnis nicht oder nicht rechtzeitig abholt,
11. entgegen § 16 Absatz 2 oder § 17 Absatz 5 Satz 1 ein Altgerät oder eines seiner Bauteile nicht oder nicht richtig wiederverwendet, nicht, nicht richtig oder nicht in der vorgeschriebenen Weise behandelt oder nicht, nicht richtig oder nicht in der vorgeschriebenen Weise entsorgt,
12. entgegen § 16 Absatz 2 oder § 17 Absatz 5 Satz 1 jeweils in Verbindung mit § 22 Absatz 3 Satz 1 die dort genannten Daten nicht, nicht richtig, nicht vollständig oder nicht rechtzeitig zur Verfügung stellt,
13. entgegen § 16 Absatz 3 ein leeres Behältnis nicht oder nicht rechtzeitig aufstellt,
14. entgegen § 21 Absatz 1 ohne Zertifizierung eine Erstbehandlung durchführt oder
15. entgegen § 27 Absatz 1, § 29 Absatz 1 oder § 30 Absatz 1 eine Mitteilung nicht, nicht richtig, nicht vollständig oder nicht rechtzeitig macht.

(2) Die Ordnungswidrigkeit kann in den Fällen des Absatzes 1 Nummer 1 bis 9 und 12 mit einer Geldbuße bis zu hunderttausend Euro, in den übrigen Fällen mit einer Geldbuße bis zu zehntausend Euro geahndet werden.

(3) ¹Verwaltungsbehörde im Sinne des § 36 Absatz 1 Nummer 1 des Gesetzes über Ordnungswidrigkeiten ist in den Fällen des Absatzes 1 Nummer 1 bis 5, 7, 10, 13 und 15 das Umweltbundesamt. ²Für die Zusammenarbeit und den Informationsaustausch mit anderen Behörden, die Sanktionen im Sinne von Artikel 22 der Richtlinie 2012/19/EU verhängen oder Inspektionen und Überwachungen im Sinne von Artikel 23 der Richtlinie 2012/19/EU durchführen, gelten die §§ 8a bis 8e des Verwaltungsverfahrensgesetzes. ³Zur Zusammenarbeit und zum Informationsaustausch gehört auch die Gewährung des Zugangs zu den einschlägigen Unterlagen und Informationen über die Ergebnisse von Inspektionen. ⁴Für die Verwaltungszusammenarbeit und den Informationsaustausch sind auch elektronische Kommunikationsmittel zu nutzen.

(4) In den Fällen des Absatzes 3 Satz 1 fließen auch die im gerichtlichen Verfahren angeordneten Geldbußen und die Geldbeträge, deren Verfall gerichtlich angeordnet wurde, derjenigen Bundeskasse zu, die auch die der Staatskasse auferlegten Kosten trägt.

A. Allgemeines

1   Das ElektroG ist als Ergänzung zum KrWG zu verstehen. Es enthält spezielle Anforderungen an die Produktverantwortung der Hersteller von Elektro- und Elektronikgeräten. Durch das Elektro- und Elektronikgerätegesetz v. 16.3.2005 (BGBl. I 762) wurden die EG-RL 2002/96/EG über Elektro- und Elektronik-Altgeräte und 2002/95/EG zur Beschränkung der Verwendung bestimmter gefährlicher Stoffe in Elektro- und Elektronikgeräten umgesetzt. Wesentliche Eckpunkte der EG-RL und deren Umsetzung in nationales Recht waren dabei insbes. die Verpflichtung zur Getrenntsammlung von

Elektro- und Elektronik-Altgeräten, die Schaffung einer kostenlosen Rückgabemöglichkeit von Altgeräten für private Endnutzer und Vertreiber, die Finanzierung der Entsorgung der Altgeräte durch die Hersteller und die Garantie beim Inverkehrbringen eines Produktes, dass die Finanzierung der Entsorgung des späteren Altgerätes gesichert ist, sowie Verwendungsverbote für Geräte, die bestimmte gefährliche Stoffe enthalten (vgl. BT-Drs. 15/3930). Die Neufassung des ElektroG v. 20.10.2015 (BGBl. I 1739) war insbes. zur Umsetzung der RL 2012/19/EU des Europäischen Parlaments und des Rates über Elektro- und Elektronik-Altgeräte (WEEE-Richtlinie) erforderlich geworden. Unter Beibehaltung der bisherigen Strukturen wurden Ergänzungen hinsichtlich des Anwendungsbereichs des ElektroG vorgenommen sowie eine Verpflichtung des Handels zur Rücknahme von Altgeräten eingeführt. Um die Verfolgung von Ordnungswidrigkeiten effizienter zu gestalten und die Verpflichtungen für auf dem europäischen Markt tätige Hersteller zu vereinfachen, wurde zudem die Rechtsfigur des Bevollmächtigten geschaffen. Dieser tritt in die Verpflichtungen des Herstellers ein, sofern dieser keine Niederlassung im Geltungsbereich des ElektroG hat (BT-Drs. 18/4901, 56).

Der Anwendungsbereich des ElektroG ist in § 2 festgelegt. In § 3 sind die wesentlichen Begriffe **2** gesetzlich definiert (zur Bindung an verwaltungsgerichtliche Rspr. in Bußgeldsachen vgl. OLG Naumburg BeckRS 2014, 09222). Abschn. 2 des Gesetzes enthält die Vorgaben, die an das Inverkehrbringen von Elektro- und Elektronikgeräten geknüpft sind. Wesentliche Elemente sind dabei Regelungen zur Registrierung, Garantiestellung und Benennung eines Bevollmächtigten. Abschn. 3 enthält Vorgaben für die Sammlung und Rücknahme von Altgeräten. Abschn. 4 legt die Anforderungen an die Behandlung, Verwertung und die Verbringung der Geräte fest. Abschn. 5 enthält Vorgaben zu den unterschiedlichen Anzeige-, Mitteilungs- und Informationspflichten. Abschn. 6 trifft Regelungen zur Einrichtung der Gemeinsamen Stelle, die wesentlich für die Erfassung und Entsorgung von Altgeräten ist. Die Abschn. 7 u. 8 regeln die Zuständigkeiten. In den Schlussbestimmungen (Abschn. 9) finden sich schließlich die Bußgeldvorschriften. Verstöße gegen die vom ElektroG iE auferlegten Pflichten können danach gem. § 45 als Ordnungswidrigkeiten verfolgt werden.

B. Ordnungswidrigkeiten

I. Abs. 1

1. Nr. 1. § 45 Abs. 1 Nr. 1 betrifft den Verstoß gegen die Registrierungspflicht. Nach § 6 Abs. 1 ist **3** jeder Hersteller oder dessen Bevollmächtigter verpflichtet, sich bei der zuständigen Behörde (nach §§ 37, 40 die vom Umweltbundesamt beliehene Stiftung EAR) registrieren zu lassen, bevor er Elektro- oder Elektronikgeräte erstmals in Verkehr bringt. Kommt der Hersteller oder dessen Bevollmächtigter dieser Registrierungspflicht nicht oder nicht rechtzeitig nach, dh vor dem ersten Inverkehrbringen, handelt er ordnungswidrig. Eine gesetzliche Definition des Begriffs des Herstellers findet sich in § 3 Nr. 9 und des Begriffs des Bevollmächtigten in § 3 Nr. 10.

2. Nr. 2. Mit der Vorschrift wird ein Verstoß gegen die Pflicht des Herstellers bzw. des Bevoll- **4** mächtigten geahndet, Änderungen oder Berichtigungen in Bezug auf die Registrierungsangaben (§ 6 Abs. 1 S. 4) oder die Benennung eines Bevollmächtigten (§ 8 Abs. 3) unverzüglich mitzuteilen.

3. Nr. 3. Die Bußgeldvorschrift betrifft das unbefugte Inverkehrbringen von Elektro- und Elektro- **5** nikgeräten ohne eine entsprechende Registrierung. Nach § 6 Abs. 2 S. 1 dürfen Hersteller keine neuen Elektro- und Elektronikgeräte (mehr) in den Verkehr bringen (zum Begriff des Inverkehrbringens vgl. § 13 Nr. 8), wenn sie oder ihr Bevollmächtigter nicht oder nicht ordnungsgemäß registriert sind. Verstößt ein nicht oder nicht mehr registrierter Hersteller gegen dieses Verbot, so stellt dies eine Ordnungswidrigkeit dar.

4. Nr. 4. Nach § 6 Abs. 2 S. 2 dürfen Elektro- und Elektronikgeräte, deren Hersteller oder deren **6** Bevollmächtigte sich entgegen Abs. 1 nicht oder nicht ordnungsgemäß haben registrieren lassen, nicht zum Verkauf angeboten werden. Der Begriff des Anbietens ist in § 3 Nr. 6 gesetzlich definiert und umfasst nicht nur das auf den Abschluss eines Kaufvertrages gerichtete Präsentieren oder das öffentliche Zugänglichmachen von Elektro- und Elektronikgeräten, sondern auch die Aufforderung, ein Angebot abzugeben. Täter ist somit nur derjenige, der die Elektro- und Elektronikgeräte vertreibt. Er hat zu überprüfen, ob der Hersteller der von ihm vertriebenen Waren bei den zuständigen Stellen nach § 6 ordnungsgemäß registriert ist. Der Begriff des Vertreibers ist wiederum in § 3 Nr. 11 gesetzlich definiert.

5. Nr. 5. Der Bußgeldtatbestand knüpft an die Registrierungspflicht nach § 6 an (vgl. insoweit auch **7** OLG Naumburg BeckRS 2010, 27918). Abs. 3 der Vorschrift bestimmt, dass jeder Hersteller die ihm bei der Registrierung durch die zuständige Behörde erteilte Registrierungsnummer im geschäftlichen Verkehr (beim Anbieten und auf Rechnungen) zu führen hat. Ein Verstoß gegen diese Pflicht ist nach § 45 Abs. 1 Nr. 5 mit Bußgeld bewehrt. Da auch fahrlässige Verstöße von dem Bußgeldtatbestand umfasst werden, stellt es auch eine Ordnungswidrigkeit dar, wenn die Nennung der Registrierungsnummer im geschäftlichen Schriftverkehr bloß versehentlich unterbleibt.

8   **6. Nr. 6.** § 7 Abs. 4 verbietet die Ausweisung der Kosten für die Entsorgung von Elektro- und Elektronikgeräten ggü. dem Endkunden. Ein Verstoß hiergegen stellt nach § 45 Abs. 1 Nr. 6 eine Ordnungswidrigkeit dar.

9   **7. Nr. 7.** § 45 Abs. 1 Nr. 7 enthält zunächst einen Bußgeldtatbestand für den Fall, dass ein Hersteller gegen seine Verpflichtung aus § 8 Abs. 3 S. 1 verstößt, den Bevollmächtigten ggü. der zuständigen Behörde (vgl. § 36, § 37 Abs. 2) unverzüglich zu benennen. Darüber hinaus sanktioniert die Vorschrift die fehlende Benennung eines Bevollmächtigten in einem anderen Mitgliedstaat, sofern der Hersteller über eine Niederlassung im Geltungsbereich dieses Gesetzes verfügt und Elektro- und Elektronikgeräte in diesen anderen Mitgliedstaat gewerbsmäßig unter Verwendung von Fernkommunikationsmitteln vertreibt (vgl. § 8 Abs. 5). Der Begriff des Herstellers ist in § 3 Nr. 9 und der des Bevollmächtigten in § 3 Nr. 10 gesetzlich definiert. Die Modalitäten zur Benennung eines Bevollmächtigten finden sich in § 8 Abs. 3.

10   **8. Nr. 8.** Durch den Bußgeldtatbestand in § 45 Abs. 1 Nr. 8 werden Verstöße gegen die Kennzeichnungspflicht nach § 9 geahndet. Dies betrifft sowohl die Kennzeichnung mit Blick auf die Identifikation des Herstellers und den Zeitpunkt des Inverkehrbringens als auch mit dem Symbol für Elektro- und Elektronikgeräte nach Anl. 3 (vgl. BT-Drs. 18/4901, 113).

11   **9. Nr. 9.** § 45 Abs. 1 Nr. 9 entspricht im Wesentlichen der früher in § 23 Abs. 1 Nr. 7a aF enthaltenen Regelung. Mit ihr wird die Erfassung durch nicht zur Erfassung Berechtigte geahndet, also insbes. gewerbliche Sammler. Nach § 9 Abs. 9 S. 1 darf eine Erfassung von Altgeräten zwecks Sammlung und Rücknahme ausschließlich durch öffentlich-rechtliche Entsorgungsträger, Vertreiber und Hersteller durchgeführt werden. Die Sammlung von Altgeräten durch nicht beauftragte Dritte ist dagegen nicht erlaubt und auch nicht genehmigungsfähig. Verstöße gegen die in § 10 enthaltenen Vorgaben bezüglich der Art und Weise der Erfassung stellen dagegen keine Ordnungswidrigkeit dar (vgl. zur früheren Gesetzeslage Erbs/Kohlhaas/*Steindorf*/*Häberle*, 204. EL, § 23 Rn. 11).

12   **10. Nr. 10.** Der Bußgeldtatbestand in § 45 Abs. 1 Nr. 10 entspricht im Wesentlichen der früher in § 23 Abs. 1 Nr. 8 aF enthaltenen Regelung. Nach § 16 Abs. 1 S. 1 ist jeder Hersteller oder dessen Bevollmächtigter verpflichtet, die nach § 14 Abs. 1 S. 1 bereitgestellten Behältnisse zur Sammlung von Elektroaltgeräten aus privaten Haushalten entsprechend der Zuweisung der zuständigen Behörde (vgl. §§ 36 ff.) unverzüglich abzuholen. Kommt er dem nicht oder nicht rechtzeitig nach, handelt er ordnungswidrig. Dies gilt auch beim Nichteinhalten der in § 38 Abs. 3 S. 2 enthaltenen Nachfrist („bis zum Ablauf des folgenden Werktags").

13   **11. Nr. 11.** § 45 Abs. 1 Nr. 11 entspricht im Wesentlichen der früheren in § 23 Abs. 1 Nr. 6 aF enthaltenen Regelung. Der Bußgeldtatbestand knüpft an die Pflichten der Hersteller bzw. der Bevollmächtigten nach § 16 Abs. 2 und der Vertreiber nach § 17 Abs. 5 S. 1 bei der Behandlung von Altgeräten nach deren Abholung an. Sie sanktioniert einen Verstoß gegen die Sicherstellung der Behandlungsanforderungen nach § 20 Abs. 1 S. 2. In dieser Vorschrift werden die Mindestanforderungen für die Erstbehandlung festgelegt. Diese umfassen das Entfernen aller Flüssigkeiten, soweit diese umweltschädlich sind (also nicht die restlichen Wasserbestände in Waschmaschinen; vgl. Erbs/Kohlhaas/*Steindorf*/*Häberle*, 204. EL, § 23 Rn. 9). Darüber hinaus sind aus den Elektroaltgeräten auch die in Anl. 4 aufgeführten umweltgefährdenden Stoffe, Gemische und Bauteile zu entfernen. Die in Anl. 4 zum ElektroG genannten Anforderungen haben das Ziel, den Eintrag von Schadstoffen in Abfällen zu reduzieren und die separierten Zubereitungen, Bauteile und Stoffe einer weiteren Verwertung oder Beseitigung zuzuführen. Separierung bedeutet in diesem Zusammenhang, dass nach dem Behandlungsschritt die Stoffe, Zubereitungen und Bauteile der Anl. 4 einen unterscheidbaren Strom bilden. Die Behandlung ganzer Geräte, zB durch mechanische Zerkleinerung, mit anschließender Separierung verschiedener metall- und nichtmetallhaltiger Materialien sowie einzelner Bauteile, zB Batterien, entspricht nicht der Umsetzung von Anl. 4 iVm § 20 Abs. 2 (BT-Drs. 18/4901, 93).

14   **12. Nr. 12.** Der Bußgeldtatbestand nach § 45 Abs. 1 Nr. 12 entspricht in seinem Regelungsgehalt im Wesentlichen dem früheren § 23 Abs. 1 Nr. 7 aF und belegt Verstöße gegen die Sicherstellung der Einhaltung der Dokumentationspflichten nach § 22 Abs. 3 S. 2. Durch diese soll sichergestellt werden, dass die Erstbehandlungsanlagen die erforderlichen Daten über die Mengenströme bei den Behandlungsanlagen vorhalten. Zu diesem Zweck sind sie verpflichtet, eigene Aufzeichnungen zu führen und sich die erforderlichen Daten von den Folgebehandlungsanlagen übermitteln zu lassen. Zudem müssen auch die Mengen dokumentiert werden, die die Verwertungsanlage verlassen (sog Outputmengen).

15   **13. Nr. 13.** Der Bußgeldtatbestand nach § 45 Abs. 1 Nr. 13 betrifft das Aufstellen leerer Behältnisse nach § 16 Abs. 3. Danach sind die Hersteller oder deren Bevollmächtigte verpflichtet, bei den öffentlich-rechtlichen Entsorgungsträgern entsprechend der Zuweisung durch die zuständige Behörde (vgl. §§ 36 ff.) leere Behältnisse für die Sammlung der Elektroaltgeräte aufzustellen. Die Aufstellung hat unverzüglich nach der Abholung voller Behältnisse zu erfolgen. Durch § 45 Abs. 1 Nr. 13 wird das nicht bzw. nicht rechtzeitige Aufstellen der Behältnisse mit einer Geldbuße geahndet.

14. Nr. 14. § 45 Abs. 1 Nr. 14 ahndet die Durchführung einer Erstbehandlung ohne gültiges Zerti- **16** fikat. Nach § 21 Abs. 1 gilt eine grds. Zertifizierungspflicht durch einen Sachverständigen (§ 21 Abs. 2) für alle Erstbehandlungsanlagen.

15. Nr. 15. Der Bußgeldtatbestand in § 45 Abs. 1 Nr. 15 entspricht im Wesentlichen der früheren in **17** § 23 Abs. 1 Nr. 9 aF enthaltenen Regelung und betrifft die Mitteilungspflichten der einzelnen Akteure. Ordnungswidrig handelt demzufolge, wer seine Mitteilungen nicht, nicht richtig, nicht vollständig oder nicht rechtzeitig übermittelt. Der Umfang der jeweiligen Mitteilungspflichten folgt für Hersteller oder deren Bevollmächtigte aus § 27, für die Vertreiber aus § 29 und für entsorgungspflichtige Besitzer iSd § 19 aus § 30.

II. Schuldform und Versuch

Als Schuldform setzt das Gesetz nach Abs. 1 sowohl vorsätzliches als auch fahrlässiges Handeln voraus. **18** Der Versuch stellt keine Ordnungswidrigkeit dar (§ 13 Abs. 2 OWiG).

III. Höhe des Bußgeldes und Vollzug

Die Höhe der Geldbuße richtet sich nach § 45 Abs. 2 und ist hinsichtlich der Schwere des Verstoßes **19** abgestuft. In den Fällen des Abs. 1 Nr. 1–7, 9 und 12 kann eine Ordnungswidrigkeit mit einer Geldbuße bis zu 100.000 EUR, in den übrigen Fällen mit einer Geldbuße bis zu 10.000 EUR geahndet werden (zur zulässigen Überschreitung des gesetzlichen Höchstmaßes vgl. § 17 Abs. 4 OWiG). Bei fahrlässigen Taten ist jeweils nur die Hälfte der Höchstgeldbuße angedroht (§ 17 Abs. 2 OWiG). Das Mindestmaß der Geldbuße liegt bei 5 EUR (§ 17 Abs. 1 OWiG). Die Bemessung im Einzelfall richtet sich nach den allgemeinen Zumessungsregeln (§ 17 Abs. 3 OWiG). Bei juristischen Personen und Personenvereinigungen ist zudem § 30 Abs. 2 OWiG zu beachten.

In den Fällen des Abs. 1 Nr. 1–5, 7, 10, 13 und 15 ist das Umweltbundesamt für die Verfolgung der **20** Ordnungswidrigkeit zuständig; iÜ sind dies die nach Landesrecht zuständigen Behörden (Abs. 3 S. 1). Abs. 3 S. 2–4 ermöglicht den Verwaltungsbehörden entsprechend Art. 18 der WEEE-Richtlinie die Zusammenarbeit mit den für die Inspektionen und Überwachungen zuständigen Behörden anderer Mitgliedstaaten. Zudem werden die Modalitäten dieser Zusammenarbeit festgelegt. Soweit das Umweltbundesamt für die Verfolgung der Ordnungswidrigkeit zuständig ist, fließen die Geldbußen und die für verfallen erklärten Geldbeträge der Bundeskasse als Ausgleich für den Verwaltungsaufwand zu (Abs. 4).

IV. Verjährung

In den Fällen des Abs. 1 Nr. 1–7, 9 und 12 beträgt die Verjährungsfrist drei Jahre (§ 31 Abs. 2 Nr. 1 **21** OWiG); in den übrigen Fällen gilt eine Verjährungsfrist von zwei Jahren (§ 31 Abs. 2 Nr. 2 OWiG). Die Verjährungsfristen gelten auch bei fahrlässigen Verstößen. Die Frist beginnt jeweils mit der Beendigung der Ausführungshandlung (vgl. BGHSt 36, 255; BayObLG NVwZ 1997, 1038 (1039)), spätestens mit dem Eintritt des tatbestandlichen Erfolges (§ 31 Abs. 3 OWiG). Bei echten Unterlassungsordnungswidrigkeiten läuft sie ab dem Ende der Handlungspflicht (BayObLG NJW 1991, 711 (712)). Die Frist für die Vollstreckungsverjährung richtet sich nach § 34 Abs. 2 OWiG nach der Höhe der im Einzelfall festgesetzten Geldbuße. Für Geldbußen bis zu 1.000 EUR gilt eine Verjährungsfrist von drei Jahren, für solche von mehr als 1.000 EUR beträgt die Frist fünf Jahre.

281. Gesetz zum Schutz von Embryonen (Embryonenschutzgesetz – ESchG)

Vom 13. Dezember 1990
(BGBl. I S. 2746)
BGBl. III/FNA 453-19

Zuletzt geändert durch Art. 1 Präimplantationsdiagnostikgesetz vom 21.11.2011 (BGBl. I S. 2228)

Literatur: *Diedrich/Ludwig/Griesinger,* Reproduktionsmedizin, 2012; *Frister/Lehmann,* Die gesetzliche Regelung der Präimplantationsdiagnostik, JZ 2012, 659 ff.; *Günther/Taupitz/Kaiser,* Embryonenschutzgesetz, 2. Aufl. 2014; *Magnus,* Kinderwunschbehandlungen im Ausland: Strafbarkeit beteiligter deutscher Ärzte nach internationalem Strafrecht (§ 9 StGB), NStZ 2015, 57.

Vorbemerkung

1   **1. Entstehung des Gesetzes.** Das Gesetz zum Schutz von Embryonen (Embryonenschutzgesetz – ESchG) v. 13.12.1990 (BGBl. I 2746) trat erstmals am 1.1.1991 in Kraft. Die Vorschriften wurden zuletzt durch das Gesetz zur Regelung der Präimplantationsdiagnostik (Präimplantationsdiagnostikgesetz – PräimpG) v. 21.11.2011 (BGBl. I 2228) vor allem um die Regelung des § 3a ergänzt.

2   Bei Verabschiedung des Gesetzes bestand allerdings noch nicht die erst 1994 geschaffene (Gesetz v. 27.10.1994, BGBl. I 3146) Zuständigkeit des Bundesgesetzgebers in Art. 74 Abs. 1 Nr. 26 GG für „die medizinisch unterstützte Erzeugung menschlichen Lebens, die Untersuchung und die künstliche Veränderung von Erbinformationen sowie Regelungen zur Transplantation von Organen, Geweben und Zellen", so dass die Regelungen als strafrechtliche Nebengesetze konzipiert wurden (AnwK-MedizinR/ *Höfling* Vorb. Rn. 2), was auch heute noch deutlich erkennbar ist.

3   **2. Ziele und Zweck der gesetzlichen Regelungen.** Die Regelungen des Embryonenschutzgesetzes wurden mit dem Ziel geschaffen, Grenzen der Anwendung von Gentechnik beim Menschen rechtlich festzulegen, indem jeder Manipulierung menschlichen Lebens bereits im Vorfeld begegnet werden sollte.

4   Wichtige Schwerpunkte des Gesetzesvorhabens (BT-Drs. 11/5460, 1 f.) waren die Verbote

– eines Gentransfers in menschliche Keimbahnzellen,
– einer gezielten Erzeugung menschlicher Embryonen zu Forschungszwecken,
– der Verwendung menschlicher Embryonen zu nicht ihrer Erhaltung dienenden Zwecken,
– der extrakorporalen Befruchtung einer größeren Anzahl menschlicher Eizellen, als für einen einmaligen Behandlungsversuch benötigt werden,
– des Klonens wie auch der gezielten Erzeugung von Chimären- und Hybridwesen aus Mensch und Tier,
– der gezielten Festlegung des Geschlechts des künftigen Kindes,
– der Mitwirkung an der Entstehung sog gespaltener Mutterschaften, bei denen genetische und austragende Mutter nicht identisch sind, sowie
– der Durchführung einer künstlichen Befruchtung bei einer Frau, die als sog Ersatzmutter bereit ist, ihr Kind nach der Geburt Dritten auf Dauer zu überlassen.

5   Der Gesetzgeber hat mit diesem Gesetz versucht, die vorgenannten Ziele möglichst umfassend zu sichern, so dass uU derselbe Tatbestand von mehreren Straftatbeständen dieses Gesetzes erfasst wird.

6   Ungelöst bleibt allerdings der sich aufdrängende Widerspruch, dass der Gesetzgeber offenbar keine Probleme mit den sich aus einer **gespaltenen Vaterschaft** durchaus ebenso möglichen psychischen und familiaren Problemen (*Magnus* NStZ 2015, 57 (58)) hat, da eine Samenspende nicht verboten ist.

7   **3. Zusätzliche Regelungen durch das Präimplantationsdiagnostikgesetz.** Nach quer durch die Bevölkerungsgruppen, Glaubensgemeinschaften und vor allem die politischen Parteien geführten Diskussionen wurde schließlich durch das Präimplantationsdiagnostikgesetz vom 21.11.2011 die neue Vorschrift § 3a geschaffen, mit welcher zwar grundsätzlich Maßnahmen der sog Präimplantationsdiagnostik (PID) untersagt, Ausnahmen hiervon aber ausdrücklich zugelassen werden, wenn außerhalb des Mutterleibes erzeugte Embryonen auf mögliche genetische Defekte untersucht werden, um sodann nur geeignete, also solche ohne genetische Mängel, zu transferieren oder von einem Transfer abzusehen.

8   Dem war am 6.7.2010 ein Urteil des Bundesgerichtshofes vorangegangen, wonach „die nach extrakorporaler Befruchtung beabsichtigte PID mittels Blastozystenbiopsie und anschließender Untersuchung der entnommenen pluripotenten Trophoblastzellen auf schwere genetische Schäden hin ... keine Strafbarkeit nach § 1 Abs. 1 Nr. 2 ESchG" begründe und „deren Durchführung (...) keine nach § 2

Abs. 1 ESchG strafbare Verwendung menschlicher Embryonen" sei (5 StR 386/09). Diese Feststellung des BGH, das Embryonenschutzgesetz enthalte keine ausreichend klar formulierte Verbotsnorm in Bezug auf die Präimplantationsdiagnostik (PID) an pluripotenten Zellen, führte in der Folge zu der genannten breiten Diskussion sowie zu drei verschiedenen fraktionsübergreifenden Gesetzentwürfen aus der Mitte des Deutschen Bundestages (BT-Drs. 17/5450, 17/5451 u. 17/5452). Der Entwurf Drs. 17/5450 (Krings et al.) normierte ein uneingeschränktes Verbot der PID im Gendiagnostikgesetz (GenDG). Die beiden anderen Entwürfe Drs. 17/5452 *(Röspel et al.)* und Drs. 17/5451 *(Flach et al.)* formulieren demgegenüber zunächst das Verbot der genetischen Untersuchung eines Embryos vor dessen Übertragung auf eine Frau bzw. vor seinem intrauterinen Transfer durch Ergänzung des Embryonenschutzgesetzes, erklären jedoch unter bestimmten, mehr oder weniger stark einschränkenden Voraussetzungen eine solche Untersuchung für nicht rechtswidrig.

Allgemein führt die **Einwilligung des Partners** in eine künstliche Befruchtung zum **Ausschluss** 9 **der Möglichkeit der Vaterschaftsanfechtung** gem. § 1600 Abs. 5 BGB, wobei es naturgemäß nicht auf eine besondere Form ankommt (BGH 23.9.2015 – XII ZR 99/14), sondern diese auch konkludent erfolgen kann (Anwesenheit in der gemeinsamen Wohnung während einer mit seiner Kenntnis vorgenommenen Becherinsemination mit fremdem Sperma durch die Frau in einem anderen Zimmer: OLG Hamm 2.2.2007 – 9 UF 19/06 = OLG Hamm FamRZ 2008, 630). Mit der gegenüber der Frau erklärten Einwilligung wird zugleich konkludent ein **Unterhaltsvertrag** geschlossen, welcher ebenfalls keiner besonderen Form bedarf, und aus dem sich für den Mann dem Kind gegenüber die Pflicht ergibt, für dessen Unterhalt wie ein rechtlicher Vater einzustehen (BGH 23.9.2015 – XII ZR 99/14).

4. Bedeutung der künstlichen Befruchtung. Die Zahl der Geburten nach einer künstlichen 10 Befruchtung nimmt allmählich zu, auch wenn sie im Vergleich zu allen Lebendgeborenen in Deutschland mit 2,5 % noch keine bedeutende Größe darstellt. Immerhin ist die Zahl von mittels Reproduktionsmethoden gezeugten Neugeborenen von 12.500 im Jahr 2001 auf 17.100 im Jahr 2013 gestiegen (Bundesinstitut für Bevölkerungsforschung –BiB – Meldung vom Aug. 2016).

§ 1 Mißbräuchliche Anwendung von Fortpflanzungstechniken

(1) Mit Freiheitsstrafe bis zu drei Jahren oder mit Geldstrafe wird bestraft, wer
1. auf eine Frau eine fremde unbefruchtete Eizelle überträgt,
2. es unternimmt, eine Eizelle zu einem anderen Zweck künstlich zu befruchten, als eine Schwangerschaft der Frau herbeizuführen, von der die Eizelle stammt,
3. es unternimmt, innerhalb eines Zyklus mehr als drei Embryonen auf eine Frau zu übertragen,
4. es unternimmt, durch intratubaren Gametentransfer innerhalb eines Zyklus mehr als drei Eizellen zu befruchten,
5. es unternimmt, mehr Eizellen einer Frau zu befruchten, als ihr innerhalb eines Zyklus übertragen werden sollen,
6. einer Frau einen Embryo vor Abschluß seiner Einnistung in der Gebärmutter entnimmt, um diesen auf eine andere Frau zu übertragen oder ihn für einen nicht seiner Erhaltung dienenden Zweck zu verwenden,
7. es unternimmt, bei einer Frau, welche bereit ist, ihr Kind nach der Geburt Dritten auf Dauer zu überlassen (Ersatzmutter), eine künstliche Befruchtung durchzuführen oder auf sie einen menschlichen Embryo zu übertragen.

(2) Ebenso wird bestraft, wer
1. künstlich bewirkt, daß eine menschliche Samenzelle in eine menschliche Eizelle eindringt, oder
2. eine menschliche Samenzelle in eine menschliche Eizelle künstlich verbringt,
ohne eine Schwangerschaft der Frau herbeiführen zu wollen, von der die Eizelle stammt.

(3) Nicht bestraft werden
1. in den Fällen des Absatzes 1 Nr. 1, 2 und 6 die Frau, von der die Eizelle oder der Embryo stammt, sowie die Frau, auf die die Eizelle übertragen wird oder der Embryo übertragen werden soll, und
2. in den Fällen des Absatzes 1 Nr. 7 die Ersatzmutter sowie die Person, die das Kind auf Dauer bei sich aufnehmen will.

(4) In den Fällen des Absatzes 1 Nr. 6 und des Absatzes 2 ist der Versuch strafbar.

A. Schutzrichtung und Regelungscharakter

Die Vorschrift des § 1 zeigt die generelle Richtung des Gesetzes auf, bereits grundlegend verschiedene 1 medizinische Möglichkeiten der Forschung und Anwendung von Fortpflanzungstechniken für das Gebiet Deutschlands zu untersagen, welche allerdings in anderen Staaten (auch Europas) durchaus erlaubt sind, unter anderem die Leihmutterschaft, die künstliche Befruchtung von Eizellen bei einer Frau, welche zur Überlassung des Kindes nach der Geburt an Dritte bereit ist, und die gezielte Erzeugung menschlicher Embryonen zu Forschungszwecken.

2   Der Gesetzgeber hat damit zugunsten der Menschenwürde und des Lebens (BT-Drs. 11/5460, 11) eine Grundentscheidung getroffen, welche zwar – wie auch die gesetzlichen Regelungen vergleichbarer anderer europäischer Staaten oder der Vereinigten Staaten zeigen – nicht unbedingt zwingend war, jedoch aus moralischen Gründen ohne weiteres nachvollziehbar ist. Dass insoweit einzelne Verbote aus medizinischen Gründen durchaus anders hätten gestaltet werden oder darauf auch gänzlich hätte verzichtet werden können, dürfte unbestritten sein. Ebenso ist verständlich, wenn hierdurch Betroffene, gerade im Bereich chronischer Erkrankungen, zur Umgehung dieser Regelungen in Länder ausweichen, in denen der Gentechnik und damit verbundenen Maßnahmen umfangreichere Freiheiten gewährt werden.

3   Mit den Regelungen dieser Vorschrift werden konkrete Maßnahmen und Methoden von vorneherein verboten und unter Strafe gestellt; in wenigen Fällen (Abs. 1 Nr. 6 und Abs. 2) ist bereits der Versuch der Tat mit Strafe bedroht.

4   Die auf ethischen und moralischen Überzeugungen des Mehrheitsgesetzgebers beruhende Grundentscheidung zum Verbot der nachstehend genannten ärztlichen und gentechnischen Maßnahmen ist als solche zu akzeptieren und kann auch im Einzelfall nicht durch den Hinweis auf die Zulässigkeit solcher Maßnahmen in vielen europäischen und weiteren Staaten in Frage gestellt werden; ebenso ergeben sich aus solchen Gründen weder Rechtfertigungs- noch Entschuldigungsgründe bei einem Zuwiderhandeln. Dies bedeutet aber nicht, dass der Einzelne die mit diesem Gesetz verfolgte restriktive Handhabung ablehnen und sich ggf. für eine künftige Änderung einsetzen kann.

5   Die verschiedenen Regelungen dieser zentralen Vorschrift lassen sich in folgenden Grundüberlegungen und Verhaltensweisen zusammenfassen (Spickhoff/*Müller-Terpitz* § 1 Rn. 2):

a) Die zu befruchtende Eizelle muss von der Frau stammen, auf welche sie dann zum Zwecke einer Schwangerschaft rückübertragen werden soll.

b) Nur so viele Eizellen dürfen befruchtet werden, wie dann auch auf die Eizellspenderin rückübertragen werden.

c) Grundsätzlich dürfen nicht mehr als drei Embryonen gleichzeitig auf die Eizellspenderin übertragen werden, um die Gefahr von komplikationsträchtigen Mehrlingsschwangerschaften auszuschließen.

6   Allerdings ist die verfassungsrechtliche Rechtfertigung dieser Verbote nicht nur deswegen nicht unbestritten, weil viele dieser Verfahren heute in zahlreichen anderen Staaten durchaus gängig und rechtlich erlaubt sind, so dass es für finanziell bessergestellte Paare oder Frauen ohne weiteres möglich ist, Eizellen auch in größerer Anzahl beispielsweise in Kalifornien entnehmen und einfrieren zu lassen. Das Einpflanzen fremder befruchteter Eizellen ist sogar schon in Nachbarländern ohne weiteres möglich, wobei dieser Tatbestand dann nicht nur auch nach deutschem Recht (Abs. 3) straflos ist; zudem ist die Mutterschaft nach **§ 1591 BGB** unproblematisch, weil die Frau, welche das Kind geboren hat, unabhängig von der genetischen Übereinstimmung und unanfechtbar dessen Mutter ist.

7   Verstärkt wird die verfassungsrechtliche Problematik dadurch, dass die Spende des männlichen Samens zur künstlichen Befruchtung von Frauen, ob verheiratet oder unverheiratet, vom Gesetzgeber gerade nicht verboten wurde, obgleich die mit der gespaltenen Mutterschaft in Verbindung gebrachten psychischen und familiären Probleme in zumindest ähnlicher Weise auch bei einer gespaltenen Vaterschaft entstehen können (vgl. *Magnus* NStZ 2015, 57 (59)). Zudem ergeben sich im Zusammenhang mit der Frage der **Vaterschaft** des Samenspenders zur Befruchtung der Eizelle erheblich weitgehendere Rechtsfragen; denn nach der Grundüberlegung des Gesetzes ist Vater eines Kinder derjenige, welcher zum Zeitpunkt der Geburt mit der Mutter des Kindes verheiratet ist (§ 1592 Nr. 1 BGB). Im Stadium der befruchteten Eizelle kann dazu aber noch keine endgültige Feststellung getroffen werden (vgl. OLG Düsseldorf 31.7.2015 – II-1 UF 83/14 = OLG Düsseldorf FamRZ 2015, 1979); denn eine Vaterschaftsfeststellung vor der Geburt des Kindes sieht das deutsche Abstammungsrecht nicht vor (BGH 24.8.2016 – XII ZB 351/15). Dies gilt erst recht, wenn die befruchtete Eizelle noch gar nicht eingepflanzt ist, sondern zunächst nur eingefroren wurde. Hinzu kommt, dass der männliche Partner, welcher sich zusammen mit seiner Partnerin für eine künstliche Befruchtung mittels (fremder) Samenspende entschieden hat, trotz eines zuvor gegebenen „Versprechens" nicht zur Vaterschaftsanerkennung gezwungen werden kann (*Helms,* Gutachten 71. Juristentag, S. F13), auch wenn er möglicherweise in solchen Fällen dem Kind Unterhalt schuldet (BGH 23.9.2015 – XII ZR 99/14 = BGH NJW 2015, 3434 (3436); BGH 3.5.1995 – XII ZR 29/94 = BGH NJW 1995, 2028 ff.).

B. Die Regelungen im Einzelnen

I. Übertragung einer fremden unbefruchteten Eizelle auf eine Frau
(Abs. 1 Nr. 1)

8   § 1 Abs. 1 Nr. 1 verbietet, fremde unbefruchtete Eizellen auf eine (andere) Frau zu übertragen. Hierdurch soll verhindert werden, dass es zu einer sog **gespaltenen Mutterschaft** kommt, bei der die

das Kind austragende und die genetische Mutter nicht identisch sind. Der Gesetzgeber hat insoweit die Entscheidung getroffen, dass das Risiko negativer Auswirkungen einer sog gespaltenen Mutterschaft nicht in Kauf genommen werden kann.

Die Übertragung fremder Eizellen auf eine Frau und deren anschließende Befruchtung bilden einen **9** der Wege, die zu gespaltener Mutterschaft führen. In Betracht kommen dabei die Transplantation des Eierstocks einer verstorbenen Frau (heute eher selten), vor allem aber die Übertragung einzelner Eizellen, die einer anderen Frau zu Lebzeiten operativ entnommen werden. Praktisch bedeutsam könnten dabei vor allem die Fälle werden, in denen einer Frau im Zusammenhang mit einer beabsichtigten extrakorporalen Befruchtung mehr Eizellen entnommen werden, als für die Durchführung der extrakorporalen Befruchtung erforderlich sind. Solche gleichsam überzähligen Eizellen können dann gleichzeitig mit Samenzellen in einen der Eileiter einer anderen Frau verbracht werden, wo dann die Verschmelzung der Ei- und Samenzelle (der Gameten) stattfinden kann. Die Methode dieses sog intratubaren **Gametentransfers,** welcher allerdings heute nicht mehr sehr häufig durchgeführt wird und von der **„In-vitro-Fertilisation"** abgelöst wurde, würde das Entstehen „gespaltener" Mutterschaften begünstigen, deshalb dem ist von Seiten des Gesetzgebers entgegenzutreten. Dem liegt auch die immer noch offene Fragestellung zugrunde, wie ein junger Mensch – etwa in der Pubertätszeit – seelisch den Umstand zu verarbeiten vermag, dass die genetische wie auch die austragende Mutter gleichsam seine Existenz mitbedingt haben. Es ist naheliegend, dass ein solches Kind entscheidend sowohl durch die von der genetischen Mutter stammenden Erbanlagen als auch durch die enge während der Schwangerschaft bestehende Bindung zwischen ihm und der austragenden Mutter geprägt wird. Nicht ausgeschlossen werden kann nach Auffassung des Gesetzgebers (BT-Drs. 11/5460, 7), dass einem jungen Menschen, der sein Leben drei Elternteilen zu verdanken hat, die eigene Identitätsfindung wesentlich erschwert sein könnte.

Die **Strafbarkeit** trifft vor allem die mit der Eizellübertragung befassten Ärzte und ggf. das medizi- **10** nische Personal, während die Frau, von der die Eizelle stammt, und die Frau, auf die die Eizelle übertragen wird, gem. Abs. 3 straflos bleiben.

Ausgenommen von der Strafbarkeit sind Transplantationen, bei denen eine Befruchtung der über- **11** tragenen Eizellen von vornherein nicht in Betracht kommt. Zu denken ist dabei an Transplantationen, die lediglich der Aufrechterhaltung bestimmter Hormonbildungen dienen und aus therapeutischen Gründen vorgenommen werden müssen. Die hier in Betracht kommenden Übertragungen schließen ihrer Art nach die Möglichkeit einer Befruchtung aus.

Indes haben sich seit der Einführung dieser Vorschrift die technischen Möglichkeiten grundlegend **12** erweitert, so dass unbefruchtete Eizellen langjährig in flüssigem Stickstoff bei −196 Grad Celsius einge- froren werden können **(Kryokonservierung)** und dann auch noch zu einem späteren Zeitpunkt für eine Befruchtung und Übertragung auf die Frau bereitstehen. In gleicher Weise gilt das für bereits (an)- befruchtete (→ Rn. 25) Eizellen. Eine kaum mit einer Strafvorschrift zu beantwortende ethische Frage (wobei es sich natürlich dann auch um keine fremde Eizelle handelt) dürfte es sein, bis zu welchem Alter der älter gewordenen Eispenderin dieser die (dann befruchtete) Eizelle wieder transferiert werden sollte.

Der Tatbestand dürfte allerdings einschlägig sein, wenn die Eispenderin inzwischen verstorben ist, und **13** der Ehemann und dessen neue Ehefrau den Wunsch haben, die Eizelle der ersten Ehefrau nunmehr auf die zweite Ehefrau zu übertragen und so eine Schwangerschaft herbeizuführen. Auch wenn die erste Frau gestorben und der Ehemann Vollerbe geworden ist, bleibt die Eizelle im Verhältnis zur zweiten Ehefrau eine fremde Eizelle, woran sich auch nichts ändert, wenn diese Eizelle mit dem Sperma des Ehemanns vor der Einpflanzung befruchtet wurde.

Hinsichtlich einer kryokonservierten Eizelle besteht keine Möglichkeit der **Vaterschaftsfeststel-** **14** **lung,** weil eine solche im Hinblick auf ein bestimmtes Kind vor dessen Geburt (§ 1592 Nr. 1 BGB) gesetzlich nicht eröffnet ist (OLG Düsseldorf 31.7.2015 – II-1 UF 83/14). Ebenso hat der vermeintliche Vater keinen Anspruch gegen das Jugendamt auf Übertragung des Sorgerechts zugunsten des Embryos, insbesondere auch, wenn dieses sich eingefroren in den USA befindet (OVG Münster 15.1.2014 – 12 A 2078/13).

II. Befruchtung einer menschlichen Eizelle zu einem anderen Zweck als zur Herbeiführung einer Schwangerschaft der Frau, von der die Eizelle herrührt (Abs. 1 Nr. 2)

§ 1 Abs. 1 Nr. 2 verbietet, eine menschliche Eizelle zu einem anderen Zweck zu befruchten als dem, **15** eine Schwangerschaft derjenigen Frau herbeizuführen, von der die Eizelle stammt. Die Vorschrift regelt zwei unterschiedliche Fallgestaltungen. So verbietet sie ausnahmslos, menschliche Eizellen zu einem anderen Zweck als der Herbeiführung einer Schwangerschaft – also etwa zu Forschungszwecken – künstlich zu befruchten. Andererseits verbietet sie aber darüber hinaus auch die künstliche Befruchtung menschlicher Eizellen, wenn diese zwar auf die Herbeiführung einer Schwangerschaft, nicht aber auf die Schwangerschaft jener Frau gerichtet ist, von der die zu befruchtende Eizelle stammt.

16   Das Merkmal der **künstlichen Befruchtung** erfasst jede Befruchtung, die nicht durch Geschlechtsverkehr herbeigeführt wird und zu deren Erreichung technische Hilfsmittel eingesetzt werden. Zur künstlichen Befruchtung zählen auch dem Gesetzgeber des Embryonenschutzgesetzes noch unbekannte medizinisch unterstützte Befruchtungen, welche alle von den Regelungen des Gesetzes erfasst werden. Es handelt sich hierbei vor allem um:

a) **In-vitro-Fertilisation (IVF):** Verbindung von Eizelle und Sperma im Reagenzglas
b) **Intrazytoplasmatische Spermieninjektion (ICSI):** Injektion einzelnen Spermiums in Eizelle
c) **Testikuläre Spermienextraktion (TESE_ICSI):** Injektion einzelnen Spermiums aus Hodenbiopsie in Eizelle
d) **Intratubarer Gametentransfer (GIFT):** Gleichzeitiges Einbringen von Eizellen und Sperma in den Eileiter (tuba uterina).

17   Auch die inzwischen nicht mehr seltene Methode der **Becherinsemination,** welche vielfach von alleinstehenden oder lesbischen Frauen angewandt wird (*Helms,* Gutachten 71. Juristentag, S. F12), stellt eine künstliche Befruchtung iSv. § 1600 Abs. 5 BGB dar, welche allerdings von den Vorschriften dieses Gesetzes nicht betroffen ist, weil die Eizelle der anwendenden Frau hierdurch nicht unmittelbar im Sinne einer Entnahme oder Einpflanzung tangiert wird.

18   Mit der in Art. 2 Abs. 2 S. 1 des Grundgesetzes getroffenen Entscheidung zugunsten des menschlichen Lebens ist es kaum in Einklang zu bringen, extrakorporal menschliche Eizellen zu befruchten, wenn deren Transfer auf eine zur Austragung der Frucht bereite Frau von vornherein ausgeschlossen oder überhaupt nicht beabsichtigt ist. Dasselbe gilt auch für Handlungen, die darauf abzielen, eine menschliche Eizelle im Körper der Frau zu befruchten, den dadurch erzeugten Embryo dann aber noch vor Eintritt der Schwangerschaft (dh – entsprechend der Regelung des § 219d StGB – vor Abschluss seiner Einnistung in der Gebärmutter) zu wissenschaftlichen oder sonstigen Zwecken aus dem Eileiter oder aus der Gebärmutter wieder auszuspülen. In diesen Fällen würde menschliches Leben erzeugt werden, um es alsbald wieder zu vernichten (BT-Drs. 11/5460, 7).

19   § 1 Abs. 1 Nr. 2 verbietet dem Arzt, aber auch jedem Nicht-Arzt, eine menschliche Eizelle künstlich zu befruchten, wenn ihm bekannt ist, dass die Frau, von der die Eizelle stammt, beabsichtigt, den Embryo auf eine andere Frau übertragen zu lassen. Die Vorschrift will damit der sog **Embryospende** entgegenwirken, die – wie die Eispende – stets eine gespaltene Mutterschaft zur Folge hat.

20   Die Vorschrift erfasst auch Fälle einer sog Ammenmutterschaft, in denen zwischen den Beteiligten abgesprochen ist, dass das Kind nach der Geburt an die genetischen Eltern herausgegeben wird. In diesen Fällen besteht die Gefahr zusätzlicher Konflikte, da die sich während der Schwangerschaft entwickelnde Bindung zwischen dem Kind und der „Ammenmutter" nach der Geburt abgebrochen wird. Außerdem stellen sich hier alle Probleme der Ersatzmutterschaft, insbes. kann auch die Übernahme eines zB behinderten Kindes durch die genetischen Eltern auf Schwierigkeiten stoßen.

21   Der Gesetzgeber war bestrebt, der **Embryospende** wie den verschiedenen Formen der Ersatzmutterschaft schon im Vorfeld zu begegnen, indem bereits die auf den späteren Embryotransfer zielende künstliche Befruchtung pönalisiert wird. Damit sollte zugleich ein generelles Verbot der sog Embryospende entbehrlich werden; denn ein derartiges strafrechtliches Verbot könnte zumindest in den Fällen nicht unbedenklich sein, in denen eine Embryospende die einzige Möglichkeit bietet, den Embryo vor einem Absterben zu bewahren (BT-Drs. 11/5460, 7).

22   Das **Merkmal der künstlichen Befruchtung** erfasst jede Befruchtung, die nicht durch Geschlechtsverkehr herbeigeführt wird und zu deren Erreichung technische Hilfsmittel eingesetzt werden. Zur künstlichen Befruchtung zählen damit insbes. die Insemination, die gezielte Injektion von Samenzellen in die menschliche Eizelle, der intratubare Gametentransfer sowie die In-vitro-Fertilisation (→ Rn. 11).

23   § 1 Abs. 1 Nr. 2 ist als **Unternehmensdelikt** ausgestaltet; der Versuch steht hier der vollendeten Tat gleich (§ 11 Abs. 1 Nr. 6 StGB). Hierfür war die Überlegung des Gesetzgebers maßgebend, dass das Tatbild nicht im gleichen Maß wie bei anderen Delikten vom Erfolg der Tat gekennzeichnet ist. Während in den meisten Fällen der Täter durch sein Verhalten den Eintritt des Erfolges weitgehend bestimmt, ist dies bei der künstlichen Befruchtung in sehr viel geringerem Maß der Fall. Ob es im Einzelfall zu einer Befruchtung im Sinne der Kernverschmelzung (vgl. § 8 Abs. 1) kommt, hängt zumeist von Umständen ab, auf die der Täter regelmäßig keinen oder allenfalls geringen Einfluss hat. Häufig wird darüber hinaus auch gar nicht festgestellt werden können, ob es zu einer Befruchtung der Eizelle gekommen ist. Finden etwa geraume Zeit nach der künstlichen Verbringung einer Samenzelle in die Eizelle keine Zellteilungen statt, so wird es vielfach ungeklärt bleiben, ob dies darauf zurückzuführen ist, dass keine Befruchtung im Sinne einer Kernverschmelzung innerhalb der Eizelle stattgefunden hat, oder ob die befruchtete Eizelle nicht entwicklungsfähig war und nach der Befruchtung, aber vor der ersten Zellteilung abgestorben ist, was vor allem darauf beruht, dass jedenfalls in den ersten 20 Stunden nach der Kernverschmelzung keine gesicherten Aussagen über die Teilungsfähigkeit der Zelle möglich sind.

24   Aufgrund der Ausgestaltung des Tatbestandes als Unternehmensdelikt scheidet ein **strafbefreiender Rücktritt vom Versuch** (§ 24 Abs. 1 S. 1 StGB) aus, mit dem allerdings bei solchen Taten, bei denen hauptsächlich medizinische und ethische Grenzen überschritten werden, ohnehin de facto kaum zu rechnen ist.

Ausweislich der Gesetzesbegründung geht der Gesetzgeber davon aus, dass offenbar bereits mit der **25** Imprägnation der Eizelle eine künstliche Befruchtung vorliegt (BT-Drs. 11/5460, 9: „bereits das Eindringen der Samenzelle in die befruchtete Eizelle herbeigeführt hat …"), auch wenn es in der Eizelle infolge Kryokonservierung noch zu keiner Kernverschmelzung gekommen ist (OLG Rostock 7.5.2010 – 7 U 67/09; aA LG Neubrandenburg 12.8.2009 – 2 O 111/09). Dies findet seine Begründung darin, dass mit der Imprägnation der Samen mit der Eizelle eine „innige Verbindung" eingegangen ist und deshalb weitere Spermien nicht mehr eindringen können und das eingedrungene Spermium aber auch nicht mehr isoliert werden kann (Günther/Taupitz/Kaiser Einf. A Rn. 36; OLG Rostock 7.5.2010 – 7 U 67/09).

Die künstliche Befruchtung ist allerdings erst mit Erreichen des Stadiums eines Embryos abgeschlos- **26** sen, weshalb iSv. Abs. 1 Nr. 2 ein künstliches Befruchten (weiter) unternommen wird, wenn die Eizelle aufgetaut wird und dadurch der Vorgang fortgesetzt wird, an dessen Ende es zur Kernverschmelzung und damit zum Abschluss der Befruchtung kommt. Somit würde das Herausgabeverlangen eines Gametenspenders zu dem Zweck, die Befruchtung zu Ende zu bringen und die Eizelle dann einer anderen Frau, welche nicht Spenderin der Eizelle ist, einpflanzen zu lassen, den Straftatbestand erfüllen (OLG Karlsruhe 17.6.2016 – 14 U 165/15). Dementsprechend kann die Einrichtung, bei welcher die befruchtete Eizelle kryokonserviert ist, die Herausgabe verweigern, weil dadurch ansonsten eine strafbare Beteiligung vorliegen dürfte.

Unter § 1 Abs. 1 Nr. 2 fällt iÜ nicht nur die Erzeugung menschlicher Embryonen zum Zweck der **27** Embryospende, sondern ebenso auch die **Befruchtung menschlicher Eizellen zu reinen Forschungszwecken**. In Betracht kommt insoweit der Fall, dass einer Frau im Rahmen der Vorbereitung einer extrakorporalen Befruchtung „überzählige" Eizellen entnommen werden und der Arzt die Patientin bedrängt, diese zu Forschungszwecken zur Verfügung zu stellen.

In allen Alternativen des Abs. 1 Nr. 2 bleiben die Frau, von der die Eizelle stammt, sowie die Frau, **28** auf die die Eizelle übertragen wird, **straflos** (§ 1 Abs. 3 Nr. 1).

III. Übertragung von mehr als drei Embryonen auf eine Frau innerhalb eines Zyklus (Abs. 1 Nr. 3)

§ 1 Abs. 1 Nr. 3 verbietet, im Rahmen einer In-vitro-Fertilisation mehr als drei Embryonen innerhalb **29** eines Zyklus der Frau auf diese zu übertragen. Damit soll einer mit einem höheren Gesundheitsrisiko für Frau und Embryonen/Föten verbundenen Mehrlingsschwangerschaft entgegengewirkt werden.

Allerdings wird durch einen Mehrfachtransfer die Chance für eine erfolgreiche Nidation erhöht. **30** Entsteht in solchen Fällen eine Mehrlingsschwangerschaft, wird dem nicht selten durch einen intrauterinen Fetozid (Mehrlingsreduktion) begegnet, indem nach einem Mehrfachtransfer Föten im Uterus gegen Ende des ersten Schwangerschaftsdrittels, bspw. mit einer Spritze ins fötale Herz, getötet werden (Günter/Taupitz/Kaiser Rn. 4). Kommt es dabei, wie von der Ethikkommission der Bundesärztekammer („Mehrlingsreduktion mittels Fetozid") vorgeschlagen, zu einem unselektiven Abtöten der am leichtesten zugänglichen Föten, ist diese Handlungsweise ethisch nur schwer vertretbar; keinesfalls akzeptabel wäre aber ein selektives Abtöten des augenscheinlich schwächsten Fötus. Ethisch wohl noch akzeptabel ist der einem Mehrfachtransfer immanente Umstand, dass sich zumeist nicht alle übertragenen Embryonen einnisten können und daher absterben.

IV. Befruchtung von mehr als drei Eizellen innerhalb eines Zyklus durch intratubaren Gametentransfer (Abs. 1 Nr. 4)

Aus den Gründen des vorangehenden Verbots untersagt § 1 Abs. 1 Nr. 4 die Befruchtung von mehr **31** als drei Eizellen innerhalb eines Zyklus durch intratubaren Gametentransfer (Einbringung des Spermas in den Eileiter). Dem Entstehen sog „überzähliger" Embryonen soll auf diese Weise entgegengewirkt werden (BT-Drs. 11/5460, 9), um der Gefahr zu begegnen, solche Embryonen vor der Einnistung in der Gebärmutter zum Zwecke der Embryospende oder zur Verwendung für sonstige fremdnützige Zwecke zu entnehmen. Letztlich sollen so auch Embryospenden und Ersatzmutterschaften von vornherein verhindert werden. Ebenso soll der Verwendung menschlicher Embryonen zu fremdnützigen Zwecken (vgl. § 2 Abs. 1) entgegengewirkt werden.

Allerdings ist das mit dieser Regelung errichtete Verbot lückenhaft, weil weder der intrauterine **32** Gametentransfer (Einbringung des Spermas in die Gebärmutter) noch andere Methoden der Mehrlingsproduktion nach dem Wortlaut erfasst werden und ein entsprechendes Vorgehen daher nicht strafbar wäre (Günter/Taupitz/Kaiser Rn. 5).

V. Befruchtung von mehr Eizellen einer Frau, als ihr innerhalb eines Zyklus übertragen werden sollen (Abs. 1 Nr. 5)

Ebenfalls aus den vorgenannten Gründen verbietet § 1 Abs. 1 Nr. 5 die Befruchtung von mehr **33** Eizellen einer Frau, als ihr innerhalb eines Zyklus übertragen werden sollen. In Verbindung mit Abs. 1

Nr. 3 würde dies eine Höchstzahl von drei befruchteten Eizellen bedeuten (Spickhoff/*Müller-Terpitz* Rn. 17 f.; wohl auch AnwK-MedizinR/*Höfling* Rn. 20 f.). Dem entspricht auch der Wille des Gesetzgebers, welcher mit dieser Regelung gerade auch der Schaffung „überzähliger" Embryonen entgegenwirken wollte. Soweit allerdings eine Präimplantationsdiagnostik (PID) vorgesehen ist, ist eine Befruchtung von sieben bis neun Eizellen nicht ausgeschlossen (→ § 3a Rn. 18).

34   Eine nicht unbeachtliche Gegenmeinung (vgl. hierzu AG Wolfratshausen 30.4.2008 – 6 C 677/06; *Frommel,* Journal für Reproduktionsmedizin und Endokrinologie, 2007, 27 ff.; m. krit. Anm. *Beckmann* ZfL 2008, 123 ff.) vertritt demgegenüber die Auffassung, dass der Gesetzgeber, hätte er die Befruchtung auf drei Eizellen beschränken wollen, diese Begrenzung in die Regelung des § 1 Abs. 1 Nr. 5 aufgenommen hätte. Dem ist jedoch gerade angesichts des Sachverhalts der Entscheidung des AG Wolfratshausen entgegenzuhalten, dass bei einer Befruchtung von sieben Eizellen durch Intrazytoplasmatische Spermieninjektion (ICSI) und die anschließende Kultivierung von fünf Eizellen bei einem sich anschließenden Transfer von nur drei Eizellen ohne jeden Zweifel, insbes. im Zusammenhang mit der möglichen Kryokonservierung, die naheliegende Gefahr des Verbleibens „überzähliger" Embryonen besteht.

VI. Entnahme eines Embryos vor Abschluss seiner Einnistung in der Gebärmutter einer Frau, um diesen auf eine andere Frau zu übertragen oder ihn für einen nicht seiner Erhaltung dienenden Zweck zu verwenden (Abs. 1 Nr. 6)

35   Die Vorschrift pönalisiert die Entnahme eines Embryos vor seiner Einnistung für zwei Alternativen, nämlich zu dem Zweck, ihn auf eine andere Frau zu übertragen **(Embryospende),** oder für eine Verwendung des Embryos zu einem Zweck, der seiner Erhaltung entgegenläuft. Im letztgenannten Fall dient der Schutzzweck dem Lebensschutz des Embryos, während die erstgenannte Regelungsalternative einer gespaltenen Mutterschaft (→ Rn. 8 f.) entgegenwirken soll.

36   Nicht strafbar ist allerdings die Embryospende im Sinne einer **Embryoadoption,** also die Übertragung einer befruchteten Eizelle auf eine fremde Frau, die nicht Ersatzmutter (vgl. Abs. 1 Nr. 7) ist, sondern das Kind nach der Schwangerschaft als eigenes annehmen möchte. Insoweit liegt eine bewusste Gesetzeslücke vor (vgl. BT-Drs. 11/5460, 9), durch welche sogar eine gespaltene Mutterschaft akzeptiert wird, um dem ansonsten „überflüssigen", „verwaisten" Embryo Lebensschutz zu gewähren. Keine solche Lücke wäre jedoch dann gegeben, wenn von vornherein die Absicht besteht, bei Befruchtung mehrerer Eizellen alle bis auf einen Embryo zu entnehmen, weil in diesem Fall weniger Eizellen hätten übertragen bzw. befruchtet werden dürfen.

VII. Vornahme einer künstlichen Befruchtung bei einer Frau, welche bereit ist, ihr Kind nach der Geburt Dritten auf Dauer zu überlassen (Ersatzmutter), oder Übertragung eines menschlichen Embryos auf eine solche Ersatzmutter (Abs. 1 Nr. 7)

37   Die Regelung soll das **Verbot der Ersatzmutterschaft** mittels Strafandrohung sichern. Dies betrifft zwei Alternativen, die künstliche Befruchtung einer Frau oder die Übertragung eines Embryos auf sie, jeweils unter der Voraussetzung, dass sie bereit ist, das Kind nach der Geburt Dritten zu überlassen. Diese Bereitschaft muss nach der Formulierung der Vorschrift bereits zum Zeitpunkt der künstlichen Befruchtung oder Embryoübertragung bestehen. Ob die „Ersatzmutter" zudem auch genetische Mutter ist oder nicht, spielt iÜ keine Rolle. Dies soll sogar dann gelten, wenn eindeutig feststeht, dass bei zwei weiblichen Lebenspartnern die Eizelle, welche mit dem Samen eines anonymen Spenders befruchtet worden war, von der einen Lebenspartnerin stammte und dann befruchtet der anderen eingepflanzt und von dieser ausgetragen worden ist (OLG Köln 26.3.2015 – II-14 UF 181/14, 14 UF 181/14).

38   Während die Leihmutterschaft nach dieser Vorschrift in Deutschland strikt verboten ist, sehen ausländische Rechtsordnungen dies teilweise völlig konträr. Insoweit stellt sich die Frage, wie das deutsche Recht auf Eltern und Kinder reagiert, wenn Letztere zwar von einer Leihmutter im Ausland ausgetragen und geboren worden sind, die Wunscheltern aber Vater- und Mutterschaft in Deutschland begehren. Der BGH hat in seiner Entscheidung zur Anerkennung der Entscheidung des kalifornischen Supreme Courts (Beschl. 10.12.2014 – XII ZB 463/13 = BGH FamRZ 2015, 240, 242 ff. mAnm *Helms*) keinen Verstoß gegen den ordre public gesehen, mit der zwei eingetragenen deutschen Lebenspartnern die rechtliche Stellung als Eltern zuerkannt worden ist, obgleich in diesem Fall eindeutig eine Umgehung deutschen Rechts durch Ausreise der beiden in die USA und Inanspruchnahme einer Leihmutter dort vorlag. In einem weiteren Fall hat der BGH (20.4.2016 – XII ZB 15/15) entschieden, dass die Abstammung eines Kindes sich nach dem Recht des Staates richtet, in dem das Kind seinen gewöhnlichen Aufenthalt hat (Aufenthaltsstatut). Sie kann gem. Art. 19 Abs. 1 S. 2 EGBGB im Verhältnis zu jedem Elternteil, aber auch nach dem Recht des Staates bestimmt werden, dem dieser Elternteil angehört (Personalstatut), oder, wenn die Mutter verheiratet ist, gem. Art. 19 Abs. 1 S. 3 Hs. 1 EGBGB nach dem Recht, dem die allgemeinen Wirkungen ihrer Ehe bei der Geburt nach Art. 14 Abs. 1 EGBGB

unterliegen (Ehewirkungsstatut). Nach alledem stellt sich daher inzwischen mehr denn je die Frage, ob das Verbot der Leihmutterschaft nach deutschem Recht sinnvoll, vor allem aber verfassungsrechtlich noch verhältnismäßig ist.

Ungeklärt bleibt bei Anerkennung ausländischer Entscheidungen von Ehepaaren oder Lebenspartnern **39** hinsichtlich eines dort durch künstliche Befruchtung bzw. per Embryoübertragung erlangten oder mittels Leihmutterschaft geborenen Kindes, dessen genetische Abstammung von zumindest einem von beiden „Elternteilen" unstreitig fehlt, ob nach Anerkennung der Elternschaft nach deutschem Recht die Mutterschaft unabhängig von § 1591 BGB – dennoch von dem genetisch nicht verbundenen Partner später angegriffen werden kann, insbes. ein Antrag nach § 169 FamFG auf Feststellung des Nichtbestehens einer Mutterschaft gestellt werden kann (*Nickel* jurisPK-BGB § 1591 Rn. 20); allerdings dürfte in den meisten Fällen einer Anfechtung die Regelung § 1600 Abs. 5 BGB entgegenstehen (vgl. hierzu → Vorb. Rn. 10). Zudem trifft § 169 FamFG nur Regelungen für das Verfahren, gewährt aber keine materielle Rechtsposition, sondern setzt diese voraus. Da das Gesetz in den §§ 1591 ff. BGB bislang eine Anfechtung der Mutterschaft nicht vorsieht, kann diese auch nicht über die Verfahrensvorschrift § 169 FamFG ermöglicht werden. Ungeachtet dessen sind aber in diesem Zusammenhang verschiedene Rechtsprobleme vorhersehbar (→ Rn. 37) und selbst unter besonderer Berücksichtigung des Kindeswohls möglicherweise nur schwer lösbar, so dass die Notwendigkeit und Sinnhaftigkeit der Regelung des § 1591 BGB in der jetzigen Rechtswirklichkeit zu überprüfen und es zugleich dringend zu empfehlen ist, das **Recht der Leihmutterschaft** angesichts des inzwischen vorhandenen **„Reproduktionstourismus"** auch im deutschen Recht zu regeln.

VIII. Verbot einer künstlichen Befruchtung, ohne hiermit eine Schwangerschaft herbeiführen zu wollen (Abs. 2)

Die Regelung erstreckt die Strafbarkeit bereits auf das Vorstadium ohne zunächst beabsichtigte spätere **40** Befruchtung, dh Kernverschmelzung, so dass lediglich die Imprägnation menschlicher Eizellen mit menschlichen Samenzellen unter Strafe gestellt wird (Spickhoff/*Müller-Terpitz* Rn. 22). Der Gesetzgeber sieht hierin die Gefahr, dass bspw. durch anschließende Kryokonservierung — d. h. durch Tiefgefrieren — der Befruchtungsvorgang jederzeit unterbrochen werden kann und ein derartiges Einfrieren im Vorkernstadium nicht nur tiefgreifende Manipulationen an den Vorkernen ermöglicht, sondern es darüber hinaus erlaubt, jederzeit durch Auftauen der Eizelle den Befruchtungsvorgang gleichsam von selbst zum Abschluss zu bringen (BT-Drs. 11/5460, 9). Es wird zudem die Gefahr gesehen, dass hierdurch jederzeit Embryonen entstehen können, die, nicht für einen Embryotransfer vorgesehen, dem Absterben ausgesetzt wären oder evtl. sogar einem verbotenen Experimentieren mit menschlichen Eizellen ausgesetzt sein könnten. Im letztgenannten Fall, der Befruchtung von Eizellen zu reinen Forschungszwecken, wäre auch keine Straflosigkeit der Eizellspenderin gegeben (BT-Drs. 11/5460, 10).

IX. Straflosigkeit von Eizellspenderinnen, Eizellübernehmerinnen und Ersatzmüttern (Abs. 3)

Die Regelung nimmt von der Strafbarkeit nach § 1 Abs. 1 Nr. 1, 2 und 6 vor allem jene Frauen aus, **41** von denen in den Fällen der Ei- und Embryonenspende die entsprechenden Eizellen oder Embryonen herrühren. Ein Bedürfnis, insbes. Teilnahmehandlungen dieser Frauen strafrechtlich zu erfassen, die nicht selten aus altruistischen Gründen gehandelt haben, ist nicht zu erkennen. Im Interesse des Rechtsgüterschutzes genügt es, diejenigen strafrechtlich zur Verantwortung zu ziehen, die als Ärzte, Biologen oder als Angehörige der Heilberufe die neuen Techniken der Fortpflanzungsmedizin anwenden und die negativen Folgen eines Missbrauchs dieser Techniken in ihrer vollen Tragweite zu erkennen vermögen. Aus diesem Grunde erscheint es auch nicht angezeigt, nach § 1 Abs. 1 Nr. 7 diejenigen Frauen zu bestrafen, die sich als Ersatzmütter zur Austragung eines Kindes für ein fremdes Ehepaar bereit erklärt haben. Häufig werden sie im Voraus nicht übersehen, in welche Konfliktsituation sie selbst geraten können, wenn sie im Verlauf der Schwangerschaft eine zunehmende innere Bindung zu dem Kind gewinnen. Entscheiden sie sich, das Kind nicht an die sog Bestelleltern herauszugeben, so sollte schon im Interesse des Kindes kein Strafverfahren gegen sie durchgeführt werden. Ähnliches gilt im Blick auf die sog Bestelleltern. Kommt es im Einzelfall zu der gewünschten Adoption des Kindes, so kann sich auch hier ein Strafverfahren nur nachteilig auf die Entwicklung des Kindes auswirken. IÜ ist zu berücksichtigen, dass die Bestelleltern in vielen Fällen zur Erfüllung eines in dieser Form zwar nicht billigenswerten, aber zumindest doch verständlichen Wunsches nach dem „eigenen" Kind gehandelt haben (BT-Drs. 11/5460, 9 f.).

X. Strafbarkeit des Versuchs bestimmter Taten (Abs. 4)

Nach Abs. 4 ist der Versuch in den Fällen des § 1 Abs. 1 Nr. 6 (Verbot, einer Frau einen Embryo vor **42** dessen Einrüstung in der Gebärmutter zu fremdnützigen Zwecken zu entnehmen) und des Abs. 2 (Verbot ua der Erzeugung sog „Vorkernstadien" zu anderen Zwecken) strafbar. Demgegenüber wurde von einer Versuchsstrafbarkeit in den Fällen des Abs. 1 Nr. 1 (Übertragung unbefruchteter Eizellen) bewusst abgesehen, da es sich bei diesem Tatbestand ohnehin schon um einen „Vorfeldtatbestand" handelt, der bereits zu einem frühen Zeitpunkt der erst später zu erwartenden Herbeiführung einer gespaltenen Mutterschaft begegnen will (BT-Drs. 11/5460, 10).

C. Mittäterschaft, Anstiftung, Beihilfe

43   Erfüllen mehrere Ärzte einen in § 1 bezeichneten Tatbestand, können sie je nach Tatherrschaft und Tatbeteiligung (→ StGB § 25 Rn. 5 ff.) in Mittäterschaft (§ 25 Abs. 2 StGB) handeln oder sich auch nur als Gehilfe (§ 27 Abs. 1 StGB) strafbar machen. Auch Anstiftungshandlungen (§ 26 StGB) sind insoweit denkbar (vgl. hierzu *Magnus* NStZ 2015, 57 (60)).

44   Problematisch sind aber medizinische Behandlungen, welche ein **deutscher Arzt** bei Patientinnen erbringt (bspw. Hormonbehandlungen, vorbereitende Untersuchungen), welche letztlich dadurch ua eine in Deutschland verbotene Eizellspende vorbereiten, die dann anschließend in Ländern (bspw. Belgien, Dänemark, Frankreich, Polen, Tschechien oder Großbritannien) durchgeführt wird, in denen solche Reproduktionsbehandlungen nicht verboten sind. Grundsätzlich gilt für den deutschen Arzt, da er im Inland handelt und Kenntnis von dem beabsichtigten Sachverhalt hat, deutsches Strafrecht (§ 3 StGB). Dass die im Ausland später durchgeführte künstliche Befruchtung dort nicht strafbar ist, ändert an der Strafbarkeit des deutschen Arztes nichts (§ 9 Abs. 2 S. 2 StGB; → StGB § 9 Rn. 27 f.; vgl. hierzu auch BGH 8.10.2015 – I ZR 225/13 hinsichtlich einer Werbemaßnahme mit zu den notwendigen Vorbehandlungen bereitstehenden deutschen Ärzten). Allerdings wird in solchen Fällen dem Opportunitätsprinzip besondere Beachtung zukommen (vgl. *Magnus* NStZ 2015, 57 (61 f.)). Dies gilt erst recht für die Frage einer Strafbarkeit als **Anstifter,** wenn der deutsche Arzt mit der von der Patientin gewünschten Beratung erst den Wunsch hervorruft, die nach deutschem Recht verbotene künstliche Befruchtung im Ausland durchzuführen. Dessen ungeachtet lässt sich aus dem Verbot einer Eizellspende nach deutschem Recht kein Verbot von Werbemaßnahmen in Deutschland durch ausländische Institute für Reproduktionsmedizin ableiten, welche nach dem EmbryoSchG untersagte künstliche Befruchtungen durchführen (BGH 8.10.2015 – I ZR 225/13).

D. Rechtsfolgen, Verjährung

45   Die **Strafandrohung** beträgt in allen Fällen des § 1 Freiheitsstrafe bis zu drei Jahren oder Geldstrafe.

46   Die **Verfolgungsverjährung** beträgt drei Jahre (§ 78 Abs. 3 Nr. 5 StGB).

§ 2 Mißbräuchliche Verwendung menschlicher Embryonen

(1) Wer einen extrakorporal erzeugten oder einer Frau vor Abschluß seiner Einnistung in der Gebärmutter entnommenen menschlichen Embryo veräußert oder zu einem nicht seiner Erhaltung dienenden Zweck abgibt, erwirbt oder verwendet, wird mit Freiheitsstrafe bis zu drei Jahren oder mit Geldstrafe bestraft.

(2) Ebenso wird bestraft, wer zu einem anderen Zweck als der Herbeiführung einer Schwangerschaft bewirkt, daß sich ein menschlicher Embryo extrakorporal weiterentwickelt.

(3) Der Versuch ist strafbar.

A. Regelungscharakter und Regelungsziele

1   § 2 will zum einen die fremdnützige, nach Ansicht des Gesetzgebers missbräuchliche, Verwendung extrakorporal erzeugter oder einer Frau vor deren Einnistung entnommener Embryonen verhindern, weil nach zutreffender Auffassung des Gesetzgebers menschliches Leben grundsätzlich nicht zum Objekt fremdnütziger Zwecke gemacht werden darf. Dies muss auch für menschliches Leben im Stadium seiner frühesten embryonalen Entwicklung gelten. Zum anderen soll verhindert werden, dass Experimente mit menschlichen Embryonen durchgeführt werden, um eine „künstliche Gebärmutter" zu entwickeln. Da die extrakorporale Weiterentwicklung des Embryos zumindest vorübergehend seiner „Erhaltung" dienen kann, würde die Verwendung menschlicher Embryonen für derartige Experimente nicht ohne weiteres unter § 2 Abs. 1 subsumiert werden können; jedoch erscheint es erforderlich, auch insoweit unvertretbaren Experimenten mit menschlichem Leben entgegenzutreten

B. Die Regelungen im Einzelnen

I. Missbräuchliche Verwendung menschlicher Embryonen (Abs. 1)

2   § 2 Abs. 1 will **jede missbräuchliche Verwendung** menschlicher Embryonen **verhindern** und ist insoweit Auffangtatbestand für alle entsprechenden Sachverhalte, welche nicht anderweit sanktioniert werden, bspw. durch § 1 Abs. 1 Nr. 5 mit dem dortigen Ziel, die Entstehung überzähliger Embryonen von vornerein zu verhindern, um damit auch die Gefahr einer missbräuchlichen Verwendung auszuschließen. Dennoch wird durch verbesserte Behandlungsmethoden und zusätzliche unterstützende Maßnahmen der „Verbrauch" von befruchteten Eizellen zurückgehen und damit künftighin zunehmend mehr „überzählige" Embryonen vorhanden sein, welche es vor einer missbräuchlichen Verwendung zu schützen gilt.

Von der Vorschrift erfasst wird der Embryo iSv. § 8, die befruchtete und entwicklungsfähige Eizelle 3 vom Zeitpunkt der Kernverschmelzung an, nicht aber die lediglich imprägnierte Eizelle vor der Verschmelzung der Vorkerne. Außerdem muss es sich um einen entwicklungsfähigen, also lebenden Embryo handeln; Untersuchungen und Experimente an abgestorbenen Embryonen fallen nicht unter die Vorschrift und sind damit nicht verboten (Günther/Taupitz/Kaiser Rn. 13).

Die Herkunft des Embryos ist zweitrangig; er kann entweder einer Frau vor Abschluss der Einnistung 4 in die Gebärmutter entnommen oder extrakorporal erzeugt sein.

Tathandlung ist das **Veräußern** des Embryos, weil es sich mit dem Würdeschutz des Embryos nicht 5 vereinbaren lässt, diesen zum Gegenstand kommerzieller oder sonstiger fremdnütziger Interessen zu machen, seien diese auch wissenschaftlicher oder sonstiger Natur (Spickhoff/Müller-Terpitz Rn 2; BT-Drs. 11/5460, 10).

Aber auch jede andere Handlung, soweit diese nicht der Erhaltung des Embryos dient, ist als **Abgabe,** 6 **Erwerb oder Verwendung** unter Strafe gestellt.

Die **Kryokonservierung** wird vom Tatbestand nicht erfasst, weil diese jedenfalls im Ansatz auf den 7 Erhalt eines Embryos zielt (Spickhoff/*Müller-Terpitz* Rn. 2; aA AnwK-MedizinR/*Höfling* Rn. 4).

Tatbestandsmäßig ist nach allgemeiner Ansicht auch die **Präimplantationsdiagnostik (PID)** an 8 **totipotenten Zellen** (§ 8 Abs. 1), weil diese im Rahmen des Diagnoseverfahrens nicht nur entnommen, sondern auch zerstört werden (BGH 6.7.2010 – 5 StR 386/09; Spickhoff/*Müller-Terpitz* Rn. 3; AnwK-MedizinR/*Höfling* Rn. 4). Demgegenüber hatte der Gesetzgeber nicht eine PID an nunmehr **pluripotenten Zellen** vor Augen, durch die der Embryo nach Auffassung des BGH nicht unmittelbar geschädigt und durch den Untersuchungsablauf auch mittelbar nicht nachhaltig gefährdet wird, wie es bei einer Blastozystenbiopsie der Fall sei; BGH 6.7.2010 – 5 StR 386/09 Rn. 23 ff. mwN).

II. Verbotene extrakorporale Weiterentwicklung menschlicher Embryonen (Abs. 2)

§ 2 Abs. 2 betrifft einen Sonderfall der missbräuchlichen Verwendung, die sog **Ektogenese,** eine 9 Aufzucht menschlicher Embryonen in einer Retorte. Die Gesetzesbegründung umschreibt dies mit Entwicklung einer „künstlichen Gebärmutter" (BT-Drs. 11/5460, 10). Da die extrakorporale Weiterentwicklung des Embryos zumindest vorübergehend seiner „Erhaltung" dienen kann, würde die Verwendung menschlicher Embryonen für derartige Experimente nicht ohne weiteres unter § 2 Abs. 1 subsumiert werden können, weshalb es dieser Sonderregelung bedurfte.

Bewirken kann iÜ auch durch ein Unterlassen erfolgen, wobei sich die hierfür erforderliche Garan 10 tenstellung eines Arztes sowohl aus dem abgeschlossenen Behandlungsvertrag als auch aus vorangegangenem Tun ergeben dürfte.

C. Versuch, Rechtsfolgen, Verjährung

Nach Abs. 3 ist auch der Versuch der Tathandlungen des § 2 strafbar. 11
Die **Strafandrohung** beträgt in allen Fällen des § 2 Freiheitsstrafe bis zu drei Jahren oder Geldstrafe. 12
Die **Verfolgungsverjährung** beträgt drei Jahre (§ 78 Abs. 3 Nr. 5 StGB). 13

§ 3 Verbotene Geschlechtswahl

Wer es unternimmt, eine menschliche Eizelle mit einer Samenzelle künstlich zu befruchten, die nach dem in ihr enthaltenen Geschlechtschromosom ausgewählt worden ist, wird mit Freiheitsstrafe bis zu einem Jahr oder mit Geldstrafe bestraft. Dies gilt nicht, wenn die Auswahl der Samenzelle durch einen Arzt dazu dient, das Kind vor der Erkrankung an einer Muskeldystrophie vom Typ Duchenne oder einer ähnlich schwerwiegenden geschlechtsgebundenen Erbkrankheit zu bewahren, und die dem Kind drohende Erkrankung von der nach Landesrecht zuständigen Stelle als entsprechend schwerwiegend anerkannt worden ist.

A. Regelungscharakter und Regelungsziele

Die Gesetzesbegründung beschreibt die Schutzrichtung des Unternehmensdelikts des § 3 wie folgt: 1 Da es heute bereits mit einem erheblichen Grad an Sicherheit möglich ist, Samenzellen mit dem weiblichen Geschlechtschromosom von denen mit dem männlichen Geschlechtschromosom zu trennen, kann in Fällen der künstlichen Befruchtung das Geschlecht des künftigen Kindes weitgehend festgelegt werden. Einer derartigen, nicht zuletzt auch Züchtungstendenzen Vorschub leistenden Manipulation ist entgegenzutreten (BT-Drs. 11/5460, 10).

2   Dementsprechend werden grundsätzlich alle Versuche, das Geschlecht des entstehenden Kindes durch Vorauswahl einzelner Samenzellen festzulegen, unter Strafe gestellt. Die grundsätzliche Möglichkeit einer Beeinflussung ergibt sich dadurch, dass die menschlichen Samenzellen neben einem X-Chromosom weiter entweder nochmals ein X- oder aber ein Y-Chromosom enthalten und sich danach das Geschlecht des gezeugten Foetus bestimmt: X-Chromosom = Mädchen, Y-Chromosom = Junge.

B. Die Regelung im Einzelnen

3   **Tatbestandsvoraussetzung** des Unternehmensdelikts ist zunächst, dass eine Eizelle **künstlich befruchtet** wird. Sonstige Bemühungen, das Geschlecht eines Kindes im Rahmen normaler Zeugung zu beeinflussen (Ratschläge hierzu gibt es im Internet zuhauf), fallen daher nicht unter den Tatbestand.

4   Weitere Tatbestandsvoraussetzung ist eine Vorauswahl von Samenzellen, so dass für die künstliche Befruchtung möglichst nur solche mit entsprechendem „Wunsch"-Chromosom (→ Rn. 2) zur Verfügung stehen. Eine solche Vorauswahl ist bspw. durch das Microsort-Verfahren möglich, welches ua in Mexiko angeboten und durchgeführt wird.

5   Ausnahmsweise nicht strafbar sind solche Bemühungen im Zusammenhang mit bestimmten schwerwiegenden geschlechtsgebundenen Erbkrankheiten (Muskeldystrophie vom Typ Duchenne), indem die künftigen Eltern vor dem Risiko einer solchen Erkrankung des künstlich zu zeugenden Kindes bewahrt werden sollen.

6   Verletzungen irgendwelcher Rechte des (künftigen) Embryos entstehen durch die Ausnahmeregelung nicht, weil es bei der zu treffenden Vorauswahl überhaupt noch keinen Embryo gibt und zudem auch kein Recht auf Gezeugtwerden existiert (Spickhoff/*Müller-Terpitz* Rn. 3).

7   Welche ähnlichen geschlechtsgebundenen Erbkrankheiten ebenfalls eine Ausnahme zulassen, ist unklar, weil es – soweit ersichtlich – bislang noch in keinem Bundesland einen entsprechenden „Indikationenkatalog" gibt (AnwK-MedizinR/*Höfling* Rn. 5).

C. Versuch, Rechtsfolgen, Verjährung

8   Die **Strafandrohung** beträgt Freiheitsstrafe bis zu einem Jahr oder Geldstrafe.

9   Die **Verfolgungsverjährung** beträgt drei Jahre (§ 78 Abs. 3 Nr. 5 StGB).

§ 3a Präimplantationsdiagnostik; Verordnungsermächtigung

(1) Wer Zellen eines Embryos in vitro vor seinem intrauterinen Transfer genetisch untersucht (Präimplantationsdiagnostik), wird mit Freiheitsstrafe bis zu einem Jahr oder mit Geldstrafe bestraft.

(2) Besteht auf Grund der genetischen Disposition der Frau, von der die Eizelle stammt, oder des Mannes, von dem die Samenzelle stammt, oder von beiden für deren Nachkommen das hohe Risiko einer schwerwiegenden Erbkrankheit, handelt nicht rechtswidrig, wer zur Herbeiführung einer Schwangerschaft mit schriftlicher Einwilligung der Frau, von der die Eizelle stammt, nach dem allgemein anerkannten Stand der medizinischen Wissenschaft und Technik Zellen des Embryos in vitro vor dem intrauterinen Transfer auf die Gefahr dieser Krankheit genetisch untersucht. Nicht rechtswidrig handelt auch, wer eine Präimplantationsdiagnostik mit schriftlicher Einwilligung der Frau, von der die Eizelle stammt, zur Feststellung einer schwerwiegenden Schädigung des Embryos vornimmt, die mit hoher Wahrscheinlichkeit zu einer Tot- oder Fehlgeburt führen wird.

(3) Eine Präimplantationsdiagnostik nach Absatz 2 darf nur

1. nach Aufklärung und Beratung zu den medizinischen, psychischen und sozialen Folgen der von der Frau gewünschten genetischen Untersuchung von Zellen der Embryonen, wobei die Aufklärung vor der Einholung der Einwilligung zu erfolgen hat,

2. nachdem eine interdisziplinär zusammengesetzte Ethikkommission an den zugelassenen Zentren für Präimplantationsdiagnostik die Einhaltung der Voraussetzungen des Absatzes 2 geprüft und eine zustimmende Bewertung abgegeben hat und

3. durch einen hierfür qualifizierten Arzt in für die Präimplantationsdiagnostik zugelassenen Zentren, die über die für die Durchführung der Maßnahmen der Präimplantationsdiagnostik notwendigen diagnostischen, medizinischen und technischen Möglichkeiten verfügen,

vorgenommen werden. Die im Rahmen der Präimplantationsdiagnostik durchgeführten Maßnahmen, einschließlich der von den Ethikkommissionen abgelehnten Fälle, werden von den zugelassenen Zentren an eine Zentralstelle in anonymisierter Form gemeldet und dort dokumentiert. Die Bundesregierung bestimmt durch Rechtsverordnung mit Zustimmung des Bundesrates das Nähere

1. zu der Anzahl und den Voraussetzungen für die Zulassung von Zentren, in denen die Präimplantationsdiagnostik durchgeführt werden darf, einschließlich der Qualifikation der dort tätigen Ärzte und der Dauer der Zulassung,
2. zur Einrichtung, Zusammensetzung, Verfahrensweise und Finanzierung der Ethikkommissionen für Präimplantationsdiagnostik,
3. zur Einrichtung und Ausgestaltung der Zentralstelle, der die Dokumentation von im Rahmen der Präimplantationsdiagnostik durchgeführten Maßnahmen obliegt,
4. zu den Anforderungen an die Meldung von im Rahmen der Präimplantationsdiagnostik durchgeführten Maßnahmen an die Zentralstelle und den Anforderungen an die Dokumentation.

(4) Ordnungswidrig handelt, wer entgegen Absatz 3 Satz 1 eine Präimplantationsdiagnostik vornimmt. Die Ordnungswidrigkeit kann mit einer Geldbuße bis zu fünfzigtausend Euro geahndet werden.

(5) Kein Arzt ist verpflichtet, eine Maßnahme nach Absatz 2 durchzuführen oder an ihr mitzuwirken. Aus der Nichtmitwirkung darf kein Nachteil für den Betreffenden erwachsen.

(6) Die Bundesregierung erstellt alle vier Jahre einen Bericht über die Erfahrungen mit der Präimplantationsdiagnostik. Der Bericht enthält auf der Grundlage der zentralen Dokumentation und anonymisierter Daten die Zahl der jährlich durchgeführten Maßnahmen sowie eine wissenschaftliche Auswertung.

A. Historische Entwicklung, Schutzrichtung und Regelungscharakter

1. Historische Entwicklung. Als Präimplantationsdiagnostik (PID) wird die genetische Unter- 1 suchung von Embryonen bezeichnet, die wenige Tage alt sind und zuvor durch extrakorporale Befruchtung im Rahmen einer reproduktionsmedizinischen Behandlung erzeugt wurden. Für die Übertragung in die Gebärmutter der Frau werden von mehreren Embryonen diejenigen ausgewählt, bei denen bestimmte Dispositionen für Erbkrankheiten oder chromosomale Veränderungen ausgeschlossen werden können. Hinsichtlich der Zulässigkeit einer PID bestand über viele Jahre, auch bereits bei Schaffung des EmbryoSchG, in der politischen und wissenschaftlichen Debatte weitgehende Einigkeit darüber, dass die PID durch das Embryonenschutzgesetz verboten sei (BT-Drs. 17/5452, 1). Dies war auch die Auffassung der Mehrheit der Enquete-Kommission „Recht und Ethik der modernen Medizin" des Deutschen Bundestages, welche in ihrem Schlussbericht vom 14.5.2002 (BT-Drs. 14/9020) in einem eigenen Kapitel ausführlich Stellung zur PID bezogen hat und in diesem Bericht davon ausging, dass die PID nach geltendem Recht verboten sei. Dieselbe Auffassung vertrat der Nationale Ethikrat in seiner Stellungnahme „Genetische Diagnostik vor und während der Schwangerschaft" aus dem Jahr 2003 (Nationaler Ethikrat, Berlin, 2003).

Erst durch ein Urteil des BGH vom 6.7.2010 (5 StR 386/09), wonach die Regelungen im Embryo- 2 nenschutzgesetz nicht ein grundsätzliches Verbot der Präimplantationsdiagnostik umfassen, wurde ein gesetzlicher Regelungsbedarf erkannt. Der BGH hat in der Begründung seiner Entscheidung ausgeführt, dass das Urteil nicht so zu interpretieren sei, dass damit eine unbegrenzte Selektion von Embryonen im Rahmen einer künstlichen Befruchtung anhand genetischer Merkmale zulässig sein dürfe, und darauf hingewiesen, dass eine eindeutige gesetzliche Regelung der Materie wünschenswert wäre.

Um die plötzlich sich ergebende Gesetzeslücke zu schließen, bildeten sich quer durch die politischen 3 Parteien und Meinungsträger Initiativen, welche dann zu drei unterschiedlichen fraktionsübergreifenden Gesetzentwürfen führten, welche jeweils aus der Mitte des Deutschen Bundestages eingebracht wurden (BT-Drs. 17/5450, 17/5451 und 17/5452).

Am weitestgehenden war hierbei der Entwurf Göring-Eckardt BT-Drs. 17/5450, mit welchem 4 praktisch ein vollständiges Verbot der PID festgelegt werden sollte; demgegenüber sollte nach dem Entwurf Flach/Hintze BT-Drs. 17/5451 eine PID in Ausnahmefällen zulässig sein, während nach dem dritten Entwurf Röspel BT-Drs. 17/5452 die PID wiederum grundsätzlich verboten, in Ausnahmefällen eine solche Untersuchung aber für nicht rechtswidrig erklärt werden sollte.

Nach einer andauernden, stark kontrovers geführten Diskussion hat der Deutsche Bundestag am 5 7.7.2011 einen Gesetzesbeschluss auf der Grundlage des Entwurfs 17/5451 von Flach/Hintze mit relativ knapper Mehrheit gefasst. Die neue Regelung §3a ist dann durch Gesetz vom 21.11.2011 (BGBl. I 2228) mit Wirkung vom 8.12.2011 in Kraft getreten.

2. Gesetzesregelung, Regelungscharakter. Die Regelung des §3a schafft die gesetzliche Grund- 6 lage für eine eng begrenzte Anwendung der PID in Deutschland, indem zunächst in Abs. 1 die Durchführung einer **Präimplantationsdiagnostik allgemein für strafbar** erklärt wird. Nur in den in Abs. 2 genannten **Ausnahmefällen** handelt der Untersuchende **nicht rechtswidrig**. Weiterhin darf eine PID aber auch bei Vorliegen der Voraussetzungen nach Abs. 2 nur unter den Voraussetzungen des Abs. 3 vorgenommen werden, insbes. nach Aufklärung und Beratung zu den medizinischen und psychischen Folgen sowie nach Prüfung und Zustimmung durch eine Ethikkommission (Abs. 3 S. 1 Nr. 2).

B. Die Regelungen im Einzelnen

I. Grundsätzliche Strafbarkeit der Präimplantationsdiagnostik – PID (Abs. 1)

7   § 3a Abs. 1 statuiert die grundsätzliche Strafbarkeit der Präimplantationsdiagnostik und definiert diese als genetische Untersuchung von Zellen eines Embryos in vitro vor dessen intrauterinem Transfer.

8   Nicht näher festgelegt ist, um welche Zellen genau es sich bei „Zellen eines Embryos" handelt. Hiermit kann richtigerweise nicht die Verwendung und Untersuchung totipotenter Zellen gemeint sein, weil solche bereits nach der Begriffsbestimmung des § 8 Abs. 1 als Embryo zu behandeln sind. Somit dürfte es sich hierbei um pluripotente Zellen (→ § 8 Rn. 2) handeln, welche dem Embryo jenseits des 8-Zell-Stadiums entnommen worden sind (Spickhoff/Müller-Terpitz Rn. 6).

II. Rechtfertigungstatbestände (Abs. 2)

9   **1. Systematik.** Auch wenn der Mehrheitsgesetzgeber von einer grundsätzlichen Strafbarkeit der Präimplantationsdiagnostik entsprechend der Regelung in § 3a Abs. 1 ausgegangen ist, sollte „in einer Abwägung zwischen den Ängsten und Nöten der Betroffenen und ethischen Bedenken wegen der Nichtimplantation eines schwer geschädigten Embryos ... eine Entscheidung zugunsten der betroffenen Frau" getroffen und daher über die Durchführung der PID in jedem Einzelfall gesondert zu entscheiden sein (BT-Drs. 17/5451, 7). Dementsprechend wurden das Regelungssystem mit einem grundsätzlichen Verbot der PID und dieses durchbrechende Ausnahmen gewählt, welche in Abs. 2 festgelegt sind und in denen die Durchführung einer PID dann nicht rechtswidrig ist.

10   **2. Ausnahme 1: Risiko einer schwerwiegenden Erbkrankheit.** Wenn aufgrund der genetischen Disposition der Frau, von der die Eizelle stammt, oder des Mannes, von dem die Samenzelle stammt, oder von beiden für deren Nachkommen das hohe Risiko einer schwerwiegenden Erbkrankheit besteht, ist ein Ausnahmefall gegeben, welcher grundsätzlich die Durchführung einer genetischen Untersuchung der Zellen des Embryos in vitro vor dem intrauterinen Transfer auf die Gefahr dieser Krankheit rechtfertigt. Allerdings muss zusätzlich auch noch ein **„hohes genetisches Risiko"** bei dem zu behandelnden Paar vorliegen. Dies erfordert eine hohe Wahrscheinlichkeit, die vom üblichen Risiko der Bevölkerung der Bundesrepublik Deutschland wesentlich abweicht. Weiterhin ist die Eintrittswahrscheinlichkeit nach den Gesetzlichkeiten der Übertragbarkeit und Kombination erblicher Anlagen genetisch einzuschätzen: Eine Wahrscheinlichkeit von 25 bis 50 Prozent soll danach als hohes Risiko zu bezeichnen sein. Allerdings muss das „Risiko des Paares" nicht auf einer Belastung beider Partner beruhen, sondern kann sich auch bei nur einem Partner ergeben (BT-Drs. 17/5451, 8).

11   Hinsichtlich **Art und Auswirkungen** der **schwerwiegenden Erbkrankheit** wurde vom Gesetzgeber bewusst auf eine Auflistung von Krankheiten als Indikation für eine PID verzichtet. Vielmehr soll die Entscheidung, in welchen eng definierten Fällen eine PID durchgeführt werden kann, dem verantwortlich handelnden Arzt und dem Votum der Ethikkommission obliegen, welche nach Abs. 3 mitwirken und zu beteiligen sind (BT-Drs. 17/5451, 7). In der internationalen Literatur werden ua folgende Krankheiten genannt, nach denen üblicherweise gesucht wird: Chorea Huntington, ß-Thalassämie, Cystische Fibrose, Adrenoleucodystrophie (Addison-Schilder-Syndrom), Sichelzellenanämie, Hämophilie A+B, Retinitis pigmentosa, Spinale Muskelatrophie, Wiskott-Aldrich-Syndrom, 21-ß-Hydroxylase-Defizienz, Morbus Charcot Marie Tooth (Neurale Muskelatrophie), Myotone Dystrophie (Morbus Curschmann-Steinert), Marfan-Syndrom, Muskeldystrophie Typ Becker, Osteogenesis imperfecta, Torsionsdystonie, Lesch-Nyhan-Syndrom (Hyperurikose); Muskeldystrophie Typ Duchenne. Die letztgenannte Erbkrankheit wird ausdrücklich vom Gesetz in § 3 als Ausnahme vom Verbot der Geschlechtswahl bei künstlicher Befruchtung (→ § 3 Rn. 5) genannt.

12   Die in **§ 15 Abs. 2 GenDG** geregelte Einschränkung für vorgeburtliche genetische Untersuchungen, wonach eine vorgeburtliche genetische Untersuchung, die darauf abzielt, genetische Eigenschaften des Embryos oder des Foetus für eine Erkrankung festzustellen, die nach dem allgemein anerkannten Stand der medizinischen Wissenschaft und Technik erst nach Vollendung des 18. Lebensjahres ausbricht, nicht vorgenommen werden darf, findet sich in § 3a Abs. 2 nicht, so dass eine PID auch hinsichtlich Erbkrankheiten zulässig ist, welche üblicherweise erst nach Vollendung des 18. Lebensjahres ausbrechen (*Frister/Lehmann* JZ 2012, 659 (660)).

13   Zudem muss die Frau, von welcher die Eizelle stammt, **ausdrücklich und schriftlich** der Untersuchung **zustimmen**, die dem allgemein anerkannten Stand der medizinischen Wissenschaft und Technik entsprechen muss. Die Einwilligung der Frau muss vor der Untersuchung und erst nach Aufklärung und Beratung (Abs. 3 S. 1 Nr. 1) erklärt werden und ist bis zur Durchführung frei widerruflich (Fischer StGB Vor § 32 Rn 3c). Die Voraussetzungen einer mutmaßlichen oder gar hypothetischen Einwilligung dürften in diesen Fällen mangels Vorlage einer Notlage oder unmittelbarer Gefahr für Leib oder Leben regelmäßig ausscheiden.

3. Ausnahme 2: Hohe Wahrscheinlichkeit (...) einer Tot- oder Fehlgeburt. Der zweite Aus- 14
nahmetatbestand, bei welchem eine genetische Untersuchung gerechtfertigt ist, liegt vor, wenn mit der
Untersuchung festgestellt werden soll, ob eine schwerwiegende Schädigung des Embryos vorliegt, die
mit hoher Wahrscheinlichkeit zu einer Tot- oder Fehlgeburt führen wird (Abs. 2 S. 2). Eine Fehlgeburt
ist eine Schwangerschaft, die endet, bevor der sich entwickelnde Embryo bzw. Foetus lebensfähig ist. Bis
zur 12. Schwangerschaftswoche nennt man das Kind Embryo, danach Foetus. Unter Totgeburt (intra-
uteriner Fruchttod) versteht man die Geburt eines toten Foetus von 500 Gramm und mehr Geburts-
gewicht oder einem Gestationsalter von mindestens 22 vollendeten Wochen. Zwar kann eine Vielzahl
von Faktoren zu einer Fehl- oder Totgeburt führen; allerdings dürften bestimmte Chromosomenanomalien die häufigste Ursache für eine Fehl- oder Totgeburt darstellen, ohne dass chromosomale Veränderungen bei den Eltern vorliegen (BT-Drs. 17/5451, 8).

Die Ausnahmeregelung verlangt nur eine **„hohe Wahrscheinlichkeit"**, nicht das konkrete Vorliegen 15
von Chromosomenanomalien bei einem oder beiden Eltern (vgl. hierzu *Frister/Lehmann* JZ 2012, 659
(662)); dennoch dürfte ein allgemeines **„Embryoscreening"** nicht der Intention des Mehrheitsgesetzgebers, erst recht nicht der anderen, möglichst jeder Art von PID ablehnend gegenüberstehenden
Abgeordneten, entsprechen. Allein das Vorliegen einer üblicherweise, bspw. wegen des Alters der Frau,
als Risikoschwangerschaft bezeichneten Schwangerschaft wird im Allgemeinen noch keine PID rechtfertigen (Spickhoff/*Müller-Terpitz* Rn. 15).

Auch in diesem Ausnahmefall kann eine PID nur mit schriftlicher Einwilligung der Frau, von der die 16
Eizelle stammt, durchgeführt werden. Diese ist vor der Untersuchung zu erteilen und bis dahin auch
jederzeit frei widerruflich (→ Rn. 12).

4. Genetisches Untersuchungsmaterial. Keine Regelung sieht die Vorschrift für Embryonen vor, 17
welche nach Durchführung der Untersuchung nicht transferiert werden. Soweit beim Embryo eine
schwerwiegende Schädigung iSv. Abs. 2 S. 2 festgestellt wird und deshalb ein Transfer abzulehnen ist,
darf er verworfen werden. In den anderen Fällen können überzählige Embryonen, welche der Eizell-
geberin nicht übertragen werden, mit deren Zustimmung ebenfalls verworfen werden. Insoweit läge
kein Verwenden des Embryos iSv § 2 Abs. 1 vor (Günther/Taupitz/Kaiser Rn. 9). Möglich ist in
solchen Fällen aber auch, überzählige Embryonen mit Zustimmung der Eizellspenderin auf eine andere
Frau zu übertragen.

In diesem Zusammenhang stellt sich auch die Frage, ob bei beabsichtigter Durchführung einer PID 18
nur die **Befruchtung von drei Eizellen** (vgl. § 1 Abs. 1 Nr. 3 u. 5) zulässig ist. Nachdem aber
Embryonen für die Untersuchung verfügbar sein müssen, ist nach allgemein anerkannten Kriterien die
Erzeugung von sieben bis neun Embryonen erforderlich, damit danach noch bis zu drei Embryonen
verbleiben, welche dann auf die Frau transferiert werden können (Günther/Taupitz/Kaiser Rn. 9).

III. Aufklärung und Beratung, Ethikkommission (Abs. 3).

1. Verfahrensvoraussetzungen. Eine Präimplantationsdiagnostik darf zusätzlich zum Vorliegen ei- 19
nes Ausnahmetatbestands nach Abs. 2 erst bei Erfüllung folgender zusätzlicher Kriterien durchgeführt
werden:

a) Stattgefundene Aufklärung und Beratung zu den medizinischen, psychischen und sozialen Folgen der
von der Frau gewünschten genetischen Untersuchung von Zellen der Embryonen,
b) abgeschlossene Prüfung durch eine interdisziplinär zusammengesetzte Ethikkommission zu der Einhaltung der Voraussetzungen des Absatzes 2 und Abgabe einer zustimmenden Bewertung durch die
Kommission, sowie
c) Vornahme der Untersuchung durch einen hierfür qualifizierten Arzt in für die Präimplantationsdiagnostik zugelassenen Zentren, die über die für die Durchführung der Maßnahmen der Präimplantationsdiagnostik notwendigen diagnostischen, medizinischen und technischen Möglichkeiten
verfügen.

2. Aufklärungs- und Beratungsverpflichtung. Das Gesetz definiert eine Pflicht zum Beratungs- 20
gespräch vor der Durchführung einer PID. Die medizinische und psychosoziale Beratung soll die Paare
über Wesen, Tragweite und Erfolgsraten der genetischen Untersuchung aufklären und den Paaren helfen,
eine verantwortliche und gewissenhafte Entscheidung zu treffen. Eine genetische Untersuchung oder
Analyse darf nur vorgenommen und eine dafür erforderliche genetische Probe nur gewonnen werden,
wenn die betroffene Frau in die Untersuchung und die Gewinnung der Probe schriftlich gegenüber der
verantwortlichen ärztlichen Person eingewilligt hat. Auch nach Vorliegen des Untersuchungsergebnisses
der PID ist den Paaren eine genetische Beratung anzubieten (BT-Drs. 17/5451, 7 f.). Dass der die
Beratung durchführende Arzt in PID besonders geschult sein muss, ist schon deshalb unabdingbar, weil
er ansonsten keine ausreichende und umfassende Beratung durchführen kann. Eine ohne ausreichende
vorherige Aufklärung von der Frau erteilte Einwilligung ist unwirksam (BGH 22.12.2010 – 3 StR 239/
10 = NJW 2011, 1088, 1089).

21   **3. Zustimmende Bewertung der Ethikkommission.** Nach Abs. 3 S. 1 Nr. 2 ist weitere Voraussetzung die zustimmende Bewertung durch eine interdisziplinär zusammengesetzte Ethikkommission, welche zuvor die Einhaltung der Voraussetzungen des Abs. 2 geprüft haben muss.

22   Gem. § 4 Präimplantationsdiagnostikverordnung (PIDV) haben die Bundesländer für die für die Durchführung der Präimplantationsdiagnostik zugelassenen Zentren unabhängige interdisziplinär zusammengesetzte Ethikkommissionen für Präimplantationsdiagnostik (Ethikkommissionen) einzurichten, wobei auch gemeinsame Ethikkommissionen eingerichtet werden können. Die Ethikkommissionen setzen sich aus vier Sachverständigen der Fachrichtung Medizin, jeweils einem Sachverständigen der Fachrichtungen Ethik und Recht sowie jeweils einem Vertreter der für die Wahrnehmung der Interessen der Patientinnen und Patienten und der Selbsthilfe behinderter Menschen auf Landesebene maßgeblichen Organisationen zusammen. Bei der Zusammensetzung der Ethikkommission hat die berufende Stelle Frauen und Männer mit dem Ziel ihrer gleichberechtigten Teilhabe zu berücksichtigen (§ 4 Abs. 1 PIDV). Außerdem sind die Mitglieder der Ethikkommissionen in ihrer Meinungsbildung und Entscheidungsfindung unabhängig und nicht weisungsgebunden, jedoch zur Vertraulichkeit und Verschwiegenheit verpflichtet (§ 4 Abs. 2 PIDV).

23   Eingerichtet sind seit kurzem jeweils eine gemeinsame Ethikkommission der Länder Baden-Württemberg, Hessen, Rheinland-Pfalz, Saarland, Sachsen und Thüringen sowie der Länder Brandenburg, Bremen, Hamburg, Mecklenburg-Vorpommern, Niedersachsen und Schleswig-Holstein sowie eine eigene Kommission für Bayern. Nordrhein-Westfalen soll ebenfalls eine eigene interdisziplinär zusammengesetzte Ethikkommission nur für dieses Bundesland einrichten.

24   Die zuständige Ethikkommission wird nur auf **schriftlichen Antrag der Eizellspenderin** tätig (§ 5 Abs. 1 PIDV). Nach § 3a Abs. 3 S. 1 Nr. 2 besteht ihr alleiniger Prüfungsauftrag hinsichtlich der Voraussetzungen des § 3a Abs. 2. Bei der Prüfung sind die Kommissionsmitglieder in ihrer **Meinungsbildung und Entscheidungsfindung unabhängig und nicht weisungsgebunden** (§ 4 Abs. 2 PIDV). Allerdings folgt hieraus nicht, dass auch die nach einer solchen Prüfung bekannt gegebene Entscheidung unangreifbar ist; denn die Entscheidungen der Ethikkommissionen sind aus Gründen der Rechtssicherheit der Antragsberechtigten nicht nur schriftlich bekannt zu geben, sondern auch Verwaltungsakte im Sinne von § 35 S. 1 VwVfG, die mit den entsprechenden Rechtsbehelfen angegriffen werden können (BT-Drs. 717/12, 30; Spickhoff/*Müller-Terpitz* Rn. 21; Günther/Taupitz/Kaiser Rn. 62).

25   Wegen des bestehenden **Beurteilungsspielraums** der Ethikkommission bei der Entscheidung über den Antrag der Eizellspenderin ist der Kontrollmaßstab der Verwaltungsgerichte auf die Einhaltung der Verfahrensrechte sowie die Grundsätze der Voraussetzungen des Abs. 2 beschränkt (Spickhoff/*Müller-Terpitz* Rn. 22; aA *Frister/Lehmann* JZ 2012, 659 (661)).

26   Im Rahmen eines **Strafverfahrens** dürfte allerdings ein solcher Beurteilungsspielraum nicht anzuerkennen sein, weil die Beurteilung einer Erbkrankheit als schwerwiegend anhand der zu fertigenden Dokumentation (§ 3a Abs. 3 S. 3) jederzeit nachprüfbar ist (*Frister/Lehmann* JZ 2012, 659 (661); Spickhoff/*Müller-Terpitz* Rn. 22). Wenn in diesem Fall ein Strafgericht später eine Krankheit nicht als schwerwiegend ansehen sollte, dürfte dies für den die PID durchführenden Arzt im Regelfall zur Annahme eines unvermeidbaren (und damit entschuldigenden) Verbotsirrtums nach § 17 S. 1 StGB führen, so dass er ohne Schuld gehandelt hätte und damit straflos bliebe (*Frister/Lehmann* JZ 2012, 659 (661); Günther/Taupitz/Kaiser Rn. 62). Hinsichtlich der Mitglieder der Ethikkommission bliebe dennoch eine mögliche Strafbarkeit wegen Anstiftung oder Beihilfe; jedoch dürfte ein solcher Irrtum diesen als vermeidbar nur vorgeworfen werden, wenn die vorgenommene Beurteilung entweder unvertretbar wäre oder gesicherter Rechtsprechung widerspricht (*Frister/Lehmann* JZ 2012, 659 (661)).

27   **4. Vornahme der PID durch qualifizierten Arzt in für PID zugelassenem Zentrum.** Eine Präimplantationsdiagnostik darf weiterhin nur durch einen hierfür qualifizierten Arzt in einem für die Präimplantationsdiagnostik zugelassenen Zentrum vorgenommen werden, welches über die für die Durchführung der Maßnahmen der Präimplantationsdiagnostik notwendigen diagnostischen, medizinischen und technischen Möglichkeiten verfügt (Abs. 3 S. 1 Nr. 3). Damit sollen sowohl die Eizellspenderin als auch die Embryonen nachhaltig geschützt werden (Spickhoff/*Müller-Terpitz* Rn. 23).

28   Die Voraussetzungen für eine Zulassung als **Zentrum für Präimplantationsdiagnostik** ergeben sich aus § 3 PIDV, wobei ein Anspruch auf Zulassung trotz Erfüllung der in § 3 Abs. 1 u. 2 PIDV genannten Anforderungen nicht besteht (§ 3 Abs. 2 S. 2 PIDV).

29   **5. Meldeverpflichtung.** Gem. Abs. 3 S. 2 wird den zugelassenen Zentren für Präimplantationsdiagnostik die Verpflichtung auferlegt, die im Rahmen der Präimplantationsdiagnostik durchgeführten Maßnahmen, einschließlich der von den Ethikkommissionen abgelehnten Fälle, an eine Zentralstelle in anonymisierter Form zu melden, damit diese dort dokumentiert werden. Gem. § 9 Abs. 1 PIDV wird diese Zentralstelle beim Paul-Ehrlich-Institut eingerichtet, dem die Dokumentation der nach § 8 Abs. 2 PIDV gemeldeten Daten obliegt.

30   **6. Verordnungsermächtigung.** Gem. Abs. 3 S. 3 ist die Bundesregierung zum Erlass einer Rechtsverordnung ermächtigt hinsichtlich

(1) Anzahl und Voraussetzungen für die Zulassung von Zentren, in denen die Präimplantationsdiagnostik durchgeführt werden darf, einschließlich der Qualifikation der dort tätigen Ärzte und der Dauer der Zulassung,

(2) Einrichtung, Zusammensetzung, Verfahrensweise und Finanzierung der Ethikkommissionen für PID,

(3) Einrichtung und Ausgestaltung der Zentralstelle für die Dokumentation von durchgeführten Maßnahmen der Präimplantationsdiagnostik,

(4) der Anforderungen an die Meldung von im Rahmen der Präimplantationsdiagnostik durchgeführten Maßnahmen an die Zentralstelle nebst Anforderungen an die Dokumentation.

Mit dem Erlass der Verordnung zur Regelung der Präimplantationsdiagnostik (Präimplantationsdiagnostikverordnung – PIDV) v. 21.2.2013 (BGBl. I 323) hat der Bundesgesetzgeber von dieser Verordnungsermächtigung Gebrauch gemacht.

IV. Ordnungswidrigkeitentatbestand (Abs. 4)

Während die ungerechtfertigte Untersuchung der Zellen einen Straftatbestand nach Abs. 1 mit einer **31** Strafandrohung bis zu einem Jahr oder von Geldstrafe darstellt, wird die Vornahme einer Untersuchung ohne Erfüllung der Voraussetzungen nach Abs. 3 S. 1 (→ Rn. 16 ff.) nur als Ordnungswidrigkeit (Abs. 4) sanktioniert, welche mit einer **Geldbuße von bis zu 50.000 EUR** geahndet werden kann. Die Verfolgung der Ordnungswidrigkeit **verjährt** in drei Jahren (§ 31 Abs. 2 Nr. 1 OWiG).

V. Keine Übernahmepflicht eines Arztes (Abs. 5)

Es besteht **keine Verpflichtung eines Arztes**, eine Maßnahme der Präimplantationsdiagnostik **32** durchzuführen oder an ihr mitzuwirken (Abs. 5). Auch darf aus einer Nichtmitwirkung dem absagenden betroffenen Arzt kein Nachteil erwachsen.

VI. Regelmäßiger Bericht über die Erfahrungen mit der Präimplantationsdiagnostik (Abs. 6)

Gem. Abs. 6 ist die Bundesregierung verpflichtet, alle vier Jahre einen Bericht über die Erfahrungen **33** mit der Präimplantationsdiagnostik zu erstellen. Der Bericht soll auf der Grundlage der zentralen Dokumentation und anonymisierter Daten die Zahl der jährlich durchgeführten Maßnahmen enthalten sowie eine wissenschaftliche Auswertung.

C. Mittäterschaft, Anstiftung, Beihilfe

Erfüllen mehrere Ärzte den in Abs. 1 bezeichneten Straftatbestand, dh Durchführung einer PID, ohne **34** dass ein Ausnahmetatbestand nach Abs. 2 vorliegt, können sie je nach Tatherrschaft und Tatbeteiligung (→ StGB § 25 Rn. 5 ff.) in Mittäterschaft (§ 25 Abs. 2 StGB) handeln oder sich auch nur als Gehilfen (§ 27 Abs. 1 StGB) strafbar machen. Auch Anstiftungshandlungen (§ 26 StGB) sind insoweit denkbar (vgl. hierzu *Magnus* NStZ 2015, 57 (60)).

Die Straftat nach Abs. 1 ist ein Vergehen, so dass mangels ausdrücklicher Regelung (§ 23 Abs. 1 **35** StGB) keine Strafbarkeit wegen eines **Versuchs** gegeben ist.

D. Rechtsfolgen, Verjährung

Die **Strafandrohung** beträgt bei einer Straftat nach Abs. 1 Freiheitsstrafe bis zu einem Jahr oder **36** Geldstrafe.

Die **Verfolgungsverjährung** beträgt drei Jahre (§ 78 Abs. 3 Nr. 5 StGB). **37**

Hinsichtlich der **Ordnungswidrigkeit** nach Abs. 4 wegen Durchführung einer PID, obgleich das **38** Genehmigungsverfahren nicht oder nicht vollständig durchgeführt wurde, → Rn. 27.

§ 4 Eigenmächtige Befruchtung, eigenmächtige Embryoübertragung und künstliche Befruchtung nach dem Tode

(1) Mit Freiheitsstrafe bis zu drei Jahren oder mit Geldstrafe wird bestraft, wer

1. es unternimmt, eine Eizelle künstlich zu befruchten, ohne daß die Frau, deren Eizelle befruchtet wird, und der Mann, dessen Samenzelle für die Befruchtung verwendet wird, eingewilligt haben,

2. es unternimmt, auf eine Frau ohne deren Einwilligung einen Embryo zu übertragen, oder

3. wissentlich eine Eizelle mit dem Samen eines Mannes nach dessen Tode künstlich befruchtet.

(2) Nicht bestraft wird im Fall des Absatzes 1 Nr. 3 die Frau, bei der die künstliche Befruchtung vorgenommen wird.

A. Regelungscharakter und Regelungsziele

1   Die Vorschrift will das jeweilige Selbstbestimmungsrecht der Eizellspenderin und des Samenspenders schützen, indem die künstliche Befruchtung nicht ohne Einwilligung der Gametenspender erfolgen darf (Abs. 1 Nr. 1), ein Embryo nicht ohne Einwilligung der Frau auf diese übertragen werden darf (Abs. 1 Nr. 2) und schließlich untersagt ist, eine Eizelle nach dem Tod eines Samenspenders mit dessen Samen zu befruchten (Abs. 1 Nr. 3).

2   Der Gesetzgeber wollte mit dieser Vorschrift aber auch Gefahren für die Entwicklung des Kindes entgegenwirken, die nach der Begründung des Gesetzentwurfs zumindest dann nicht ausgeschlossen werden können, wenn die Erzeugung des Kindes in einer dem Willen der Beteiligten nicht entsprechenden Weise erfolgt ist. Zudem könnte die Bildung enger personaler Beziehungen zu dem Kind in den angesprochenen Fällen zu dessen Lasten erschwert werden (BT-Drs. 11/5460, 10).

B. Die Regelungen im Einzelnen

3   **1. Einwilligung der Gametenspender (Abs. 1 Nr. 1).** Strafbar ist, wer es unternimmt, eine künstliche Befruchtung durchzuführen, sofern nicht die Frau, von der die Eizelle stammt, sowie der Mann, dessen Samenzellen für die Befruchtung verwendet werden, eingewilligt haben. Die Einwilligungen müssen vor Durchführung der künstlichen Befruchtung erteilt und dürfen nicht **widerrufen** worden sein, was ohne Angabe von Gründen jederzeit möglich ist (Fischer StGB § 228 Rn. 18). Wie bei einer Einwilligung in andere ärztliche Untersuchungen oder Eingriffe (vgl. BGH 11.10.2011 – 1 StR 134/11 = BGH NStZ 2012, 205 f.), ist zuvor eine **umfassende Aufklärung** der Gametenspender über Risiken und (auch rechtliche) Folgen erforderlich. Fehlt es hieran, ist die Einwilligung unwirksam.

4   Für die Einwilligungserklärung ist **keine bestimmte Form** vorgesehen, weshalb diese auch mündlich erfolgen kann. Zu Beweis- und Dokumentationszwecken empfiehlt sich aber dringend, eine schriftliche Einwilligung zu erstellen, aus welcher möglichst auch die Grundlagen der ärztlichen Aufklärung hervorgehen. Keinesfalls dürfte es regelmäßig ausreichen, den Gametenspendern bloß schriftliche Aufklärungshinweise vorzulegen, ohne vor deren Unterschrift zu erfragen und festzustellen, ob die einzelnen Hinweise und Ausführungen umfassend erfasst und verstanden worden sind. Geschäftsfähigkeit des Einwilligenden ist nicht erforderlich, jedoch eine gewisse Einsichtsfähigkeit im Hinblick auf die beabsichtigte künstliche Befruchtung, ebenso in die daraus möglicherweise entstehenden Verpflichtungen.

5   Bei den Spendern muss weiterhin eine ausreichende Einsichtsfähigkeit und Beurteilungsfähigkeit über das beabsichtigte Vorgehen sowie die Folgen und Auswirkungen der künstlichen Befruchtung vorhanden sein (vgl. zum Umfang der ärztlichen Aufklärungsverpflichtung BGH 23.10.2007 – 1 StR 238/07).

6   Geht der Arzt, ohne dass ihm insoweit ein Vorwurf gemacht werden kann, **irrtümlich** vom Vorliegen einer wirksamen Einwilligung aus, könnte er sich allenfalls wegen fahrlässiger Begehung zu verantworten haben, welche aber nach dieser Vorschrift nicht strafbar ist.

7   Die insbes. im Rahmen ärztlicher Notfallbehandlungen mögliche **mutmaßliche Einwilligung** scheidet vorliegend grundsätzlich aus, weil kein Sachverhalt denkbar ist, in welchem nicht noch rechtzeitig vor einer künstlichen Befruchtung die Einwilligungen eingeholt werden könnten.

8   **2. Einwilligung in den Embryotransfer.** Es versteht sich von selbst, dass ein in seinen rechtlichen und tatsächlichen Folgen so weitreichender Eingriff wie die Übertragung eines Embryos auf eine Frau nur mit deren Einwilligung zulässig ist. Soweit es sich um die Frau handelt, von welcher die Eizelle entnommen wurde, wird regelmäßig die Einwilligung sowohl zur Entnahme als auch zum Embryotransfer gleichzeitig erteilt werden; allerdings besteht auch in solchen Fällen die Möglichkeit zum Widerruf bis zur Durchführung des Transfers.

9   Eine Einwilligung ist aber natürlich auch in den Fällen erforderlich, in denen ein Embryo auf eine Frau übertragen werden soll, welche nicht die Eizellspenderin ist. Hier ist zuvor eine ausführliche Aufklärung über die Risiken des Eingriffs, dessen Konsequenzen sowie die tatsächlichen und rechtlichen Folgen erforderlich.

10   **3. Verbot der künstlichen Befruchtung mit Samen, dessen Spender verstorben ist (Abs. 1 Nr. 3).** Die Regelung stellt die künstliche Befruchtung einer Eizelle mit dem Samen eines Mannes unter Strafe, welcher zu diesem Zeitpunkt bereits verstorben ist. Da eine Fahrlässigkeitsstraftat nicht normiert ist, muss der Tatbestand wissentlich erfüllt werden, dh der die Befruchtung durchführende Arzt muss um den Tod des Spenders wissen.

11   Nicht unter den Tatbestand fällt allerdings die Übertragung eines **Embryos,** auch wenn der Samenspender zum Zeitpunkt der Übertragung bereits verstorben ist, weil der Gesetzgeber nur die Befruchtung einer Eizelle nach dem Tod des Samenspenders unter Strafe stellt, beim Embryo die künstliche Befruchtung aber bereits abgeschlossen ist.

Ebenso ist es bei einer **imprägnierten kryokonservierten Eizelle;** denn auch diese ist bereits **12** befruchtet, wenn auch der Befruchtungsvorgang noch nicht vollständig abgeschlossen und es infolge der Kryokonservierung auch noch zu keiner Kernverschmelzung gekommen ist (OLG Rostock 7.5.2010 – 7 U 67/09). Soweit das LG Neubrandenburg (12.8.2009 – 2 O 111/09) davon ausgeht, dass eine imprägnierte Eizelle noch nicht befruchtet sei, ist der Gesetzgeber offenbar anderer Ansicht (BT-Drs. 11/5460, 9: *„bereits das Eindringen der Samenzelle in die **befruchtete Eizelle** herbeigeführt hat …"*). Wenn also der Samenspender erst nach der Imprägnierung verstorben ist, liegt kein Fall des § 4 Abs. 1 Nr. 3 vor; denn der Samen ist bereits verwendet worden und ist mit der Eizelle eine „innige Verbindung" eingegangen, was dazu führt, dass weitere Spermien nicht mehr eindringen können und das eingedrungene Spermium aber auch nicht mehr isoliert werden kann (Günther/Taupitz/Kaiser Einf. A Rn. 36; OLG Rostock 7.5.2010 – 7 U 67/09).

Die Spenderin der Eizelle hat an der bereits imprägnierten Eizelle **kein alleiniges Eigentumsrecht** **13** mehr (aA LG Neubrandenburg 12.8.2009 – 2 O 111/09), auch wenn durch die Kryokonservierung noch kein Embryo gem. § 8 entstanden ist; dennoch sind Samen und Eizelle bereits eine untrennbare Verbindung eingegangen, so dass nur die beiden Gametenspender zusammen ggf. eine Herausgabe verlangen können, soweit hierbei nicht gegen andere Vorschriften des Gesetzes verstoßen wird. Dementsprechend scheitert ein Herausgabeanspruch nur eines Spenders nach dem Tod des anderen; da es sich insoweit um ein höchstpersönliches Recht handelt, welches nicht vererbt werden kann, würde es auch nicht ausreichen, wenn der überlebende Spender zugleich Erbe des Verstorbenen geworden wäre.

C. Versuch, Rechtsfolgen, Verjährung

Da es sich bei den Tatbeständen um Unternehmensdelikte handelt, ist eine Versuchsstrafbarkeit nicht **14** erforderlich.

Die **Strafandrohung** beträgt Freiheitsstrafe bis zu drei Jahren oder Geldstrafe. **15**

Die **Verfolgungsverjährung** beträgt fünf Jahre (§ 78 Abs. 3 Nr. 4 StGB). **16**

§ 5 Künstliche Veränderung menschlicher Keimbahnzellen

(1) **Wer die Erbinformation einer menschlichen Keimbahnzelle künstlich verändert, wird mit Freiheitsstrafe bis zu fünf Jahren oder mit Geldstrafe bestraft.**

(2) **Ebenso wird bestraft, wer eine menschliche Keimzelle mit künstlich veränderter Erbinformation zur Befruchtung verwendet.**

(3) **Der Versuch ist strafbar.**

(4) **Absatz 1 findet keine Anwendung auf**

1. **eine künstliche Veränderung der Erbinformation einer außerhalb des Körpers befindlichen Keimzelle, wenn ausgeschlossen ist, daß diese zur Befruchtung verwendet wird,**
2. **eine künstliche Veränderung der Erbinformation einer sonstigen körpereigenen Keimbahnzelle, die einer toten Leibesfrucht, einem Menschen oder einem Verstorbenen entnommen worden ist, wenn ausgeschlossen ist, daß**
   a) diese auf einen Embryo, Foetus oder Menschen übertragen wird oder
   b) aus ihr eine Keimzelle entsteht,
   sowie
3. **Impfungen, strahlen-, chemotherapeutische oder andere Behandlungen, mit denen eine Veränderung der Erbinformation von Keimbahnzellen nicht beabsichtigt ist.**

A. Regelungscharakter und Regelungsziele

Die Vorschrift (Abs. 1) soll verhindern, dass Veränderungen an menschlichen Keimbahnzellen vor- **1** genommen werden, welche im Ergebnis intergenerationell wirken und wodurch das Erbgut manipuliert werden kann. Aus ähnlichen Gründen wird verboten, eine menschliche Keimzelle mit künstlich veränderten Erbinformationen zu einer Befruchtung zu verwenden.

Der Gesetzgeber hat dies, wie folgt, begründet: **2**

„Soweit bekannt ist, sind bisher weder im Inland noch im Ausland künstliche Veränderungen menschlicher Keimbahnzellen vorgenommen worden. Wohl aber haben bereits mehrfach entsprechende Tierexperimente stattgefunden (z. B. die Übertragung des für die Bildung des Wachstumshormons einer Ratte maßgeblichen Gens auf die befruchtete Eizelle einer Maus). Künftiges Ziel der Wissenschaft könnte es sein, bei sog. monogenen — d. h. auf ein einzelnes defektes Gen zurückzuführenden — Erbleiden das jeweils defekte Gen bereits in der befruchteten Eizelle gegen ein intaktes Gen mit der Folge auszutauschen, daß nach den anschließenden Zellteilungen alle weiteren Zellen des Individuums das intakte Gen enthalten. Da auch seine Keimzellen dieses nunmehr einwandfreie Gen enthalten würden, brauchte er auch nicht die erbkrankheit auf seine Nachkommen zu übertragen. Indes ist davon auszugehen, daß die Methode eines Gentransfers in menschliche Keimbahnzellen ohne vorherige Versuche am Menschen nicht entwickelt werden kann. Derartige Experimente sind aber wegen der irreversiblen Folgen der in der Experimentierphase zu erwartenden Fehlschläge — d. h. von nicht auszuschließen-

den schwersten Mißbildungen oder sonstigen Schädigungen — jedenfalls nach dem gegenwärtigen Erkenntnisstand nicht zu verantworten. Sie wären weder mit dem objektiv-rechtlichen Gehalt des Grundrechts auf Leben und körperliche Unversehrtheit (Artikel 2 Abs. 2 Satz 1 GG) noch mit der Grundentscheidung des Artikels 1 Abs. 1 GG für den Schutz der Menschenwürde zu vereinbaren." (BT-Drs. 11/5460, 11).

3   Allerdings ist hierbei nicht zu übersehen, dass die meisten Bemühungen in diesem gentechnischen Bereich weniger dem Ziel der Schaffung eines „perfekten Menschen" dienen als der Bekämpfung schwerer und die hiervon Betroffenen stark beeinträchtigender, wenn nicht tödlicher, Erbkrankheiten. Daher sollte im Rahmen einer Abwägung zwischen den oa Gefahren einer Veränderung menschlichen Erbgutes und den Interessen von Erbkrankheiten befallener Menschen und den Risiken für von ihnen gezeugte Kinder ein ständig den medizinischen Möglichkeiten und Optionen angepasster Abwägungsprozess erfolgen, um zu überprüfen, ob die Verbote dieser Norm noch den Zielvorstellungen entsprechen oder gar teilweise leerlaufen (AnwK-MedizinR/*Höfling* Rn. 4). Derzeit können allerdings Experimente an menschlichem Erbgut aufgrund der eindeutigen Aussagen der Gesetzesbegründung im Grundsatz keine Billigung erfahren.

4   Abs. 4 sieht einige Ausnahmen von den Verboten des Abs. 1 vor, sofern bspw. durch Impfungen eine Veränderung der Erbinformationen nicht beabsichtigt ist (Abs. 4 Nr. 3) oder wenn sichergestellt ist, dass die veränderten Informationen nicht auf Menschen, Embryonen oder Keimzellen übertragen werden.

B. Die Regelungen im Einzelnen

5   **1. Verbot einer künstlichen Veränderung von Erbinformationen einer menschlichen Keimbahnzelle (Abs. 1).** Die Regelung stellt **künstliche** Veränderungen der Erbinformation einer menschlichen Keimbahnzelle (soweit nicht eine Ausnahme nach Abs. 4 gegeben ist) unter Strafe.

6   **Keimbahnzellen** sind nach der Definition von § 8 Abs. 3 alle Zellen, die in einer Zelllinie von der befruchteten Eizelle bis zu den Ei- und Samenzellen des aus ihr hervorgegangenen Menschen führen, ferner die Eizelle vom Einbringen oder Eindringen der Samenzelle an bis zu der mit der Kernverschmelzung abgeschlossenen Befruchtung.

7   Die Veränderung von Erbinformationen von anderen Zellen (bspw. von Somazellen: AnwK-MedizinR/*Höfling* Rn. 5) fällt dementsprechend nicht unter das Verbot.

8   **2. Verbot der Verwendung künstlich veränderter menschlicher Keimzellen zur Befruchtung (Abs. 2).** Die Vorschrift betrifft allein menschliche Keimzellen, also die Eizellen einer Frau und die Samenzellen eines Mannes, sofern die Erbinformationen einer oder beider Keimzellen künstlich verändert worden sind. Die Veränderung selbst ist danach nicht strafbar, erst die Verwendung solcher Zellen zu einer künstlichen Befruchtung (Spickhoff/*Müller-Terpitz* Rn. 4). Dies betrifft bspw. Experimente an sonstigen körpereigenen Keimbahnzellen, die dem Körper einer toten Leibesfrucht, einem Menschen oder Leichnam entnommen worden sind, sofern ausgeschlossen ist, dass diese Zellen wieder auf einen Embryo, Foetus oder Menschen übertragen werden oder aus ihnen eine Keimzelle — dh eine Ei- oder Samenzelle — entsteht. Zu den körpereigenen Keimbahnzellen iSd Abs. 4 Nr. 2 gehören etwa jene Zellen, aus denen sich später die Samenzellen bilden, nicht jedoch die ua verwendete befruchtete menschliche Eizelle (Zygote), die zwar eine Keimbahnzelle, nicht aber eine „körpereigene" Zelle darstellt. Dadurch, dass die Ausnahme von der Strafbarkeit auf die Entnahme von Keimbahnzellen einer „toten Leibesfrucht" beschränkt wird, ist zugleich klargestellt, dass nicht an totipotenten Zellen eines extrakorporal erzeugten und noch nicht transferierten Embryos experimentiert werden darf (BT-Drs. 11/5460, 11).

9   **3. Strafbarkeit eines Versuchs (Abs. 3).** Wegen der mit einer künstlichen Veränderung menschlicher Keimbahnzellen verbundenen Gefahren sieht Abs. 3 die Versuchsstrafbarkeit für beide Tatalternativen vor.

10   **4. Ausnahmen von der Strafbarkeit nach Abs. 1 (Abs. 4).** Die Regelung des Abs. 4 bestimmt drei Ausnahmen bzgl. des Verbots nach Abs. 1, weil es angesichts der durch Art. 5 Abs. 3 GG garantierten Forschungsfreiheit mehr als bedenklich wäre, jegliche Experimente mit menschlichen Keimzellen zu verbieten, die von vornherein zu keiner Gefährdung des Individuums zu führen vermögen (BT-Drs. 11/5460, 11).

11   a) Eine künstliche Veränderung der Erbinformation einer außerhalb des Körpers befindlichen Keimzelle ist daher nicht strafbar, wenn ausgeschlossen ist, dass diese zur Befruchtung verwendet wird (Nr. 1).

12   b) Auch eine künstliche Veränderung der Erbinformation einer sonstigen körpereigenen Keimbahnzelle, die einer toten Leibesfrucht, einem Menschen oder einem Verstorbenen entnommen worden ist, ist nicht strafbar, wenn ausgeschlossen ist, dass entweder diese auf einen Embryo, Foetus oder Menschen übertragen wird oder aus ihr eine Keimzelle entsteht (Nr. 2).

13   c) Straflos sind weiterhin Impfungen, strahlen-, chemotherapeutische oder andere Behandlungen, mit denen eine Veränderung der Erbinformation von Keimbahnzellen nicht beabsichtigt ist, weil nicht völlig auszuschließen ist, dass zB Impfungen, strahlen- und chemotherapeutische Behandlungen unbeabsichtigt im Einzelfall zu einer Veränderung von Keimbahnzellen führen können.

C. Versuch, Rechtsfolgen, Verjährung

Der **Versuch der Taten nach Abs. 1 oder Abs. 2 ist gem. Abs. 3 strafbar.**   14

Die **Strafandrohung** beträgt Freiheitsstrafe bis zu fünf Jahren oder Geldstrafe. Mit der verglichen mit   15
den anderen Straftatbeständen hohen Strafandrohung macht der Gesetzgeber klar, welch hohes Risiko er
mit diesen Straftaten verbindet.

Die **Verfolgungsverjährung** beträgt fünf Jahre (§ 78 Abs. 3 Nr. 4 StGB).   16

§ 6 Klonen

(1) **Wer künstlich bewirkt, daß ein menschlicher Embryo mit der gleichen Erbinformation wie ein anderer Embryo, ein Foetus, ein Mensch oder ein Verstorbener entsteht, wird mit Freiheitsstrafe bis zu fünf Jahren oder mit Geldstrafe bestraft.**

(2) **Ebenso wird bestraft, wer einen in Absatz 1 bezeichneten Embryo auf eine Frau überträgt.**

(3) **Der Versuch ist strafbar.**

A. Regelungscharakter und Regelungsziele

Die Vorschrift richtet sich gegen jede Art des Klonens von Menschen, insbes. des Splittings von   1
Embryonen, sowie das Übertragen eines geklonten Embryos auf eine Frau.

Auch wenn praktisch weltweit das reproduzierende Klonen von Menschen geächtet und pönalisiert   2
ist, ist für das unbedingte Verbot unter verfassungsrechtlichen Gesichtspunkten eine schlüssige Begründung erforderlich, welche sich wohl aus der Garantie der Menschenwürde ergibt (AnwK-MedizinR/
Höfling Rn. 4; Spickhoff/*Müller-Terpitz* Rn. 1), weil es in besonders krasser Weise gegen die Menschenwürde verstoßen würde, gezielt einem künftigen Menschen seine Erbanlagen zuzuweisen (BT-Drs. 11/
5460, 12).

B. Die Regelungen im Einzelnen

Das Verbot nach Nr. 1 umfasst sowohl die Fälle des sog **Embryo-Splittings** wie auch die Schaffung   3
eines Embryos mit den **gleichen Erbinformationen** wie ein bestimmter Foetus, ein vorhandener
Mensch oder ein Verstorbener.

Umstritten ist, ob auch das Klonen durch **Zellkerntransfer** durch Herstellung von totipotenten   4
Zellen unter das Verbot fällt (abl. AnwK-MedizinR/*Höfling* Rn. 6; ebenso Günther/Taupitz/Kaiser
Rn. 5). Bei solchen Zellen handelt es sich zwar nicht um Embryonen, sie sind aber wohl dennoch von
der Definition des § 8 Abs. 1 umfasst, weil diese sich unter bestimmten Voraussetzungen zu teilen und
zu einem Individuum zu entwickeln vermögen (BT-Drs. 11/5460, 11 f.). Daran ändert auch die Tatsache
nichts, dass das Verfahren zum Klonen des Schafes Dolly erst nach der Beschlussfassung über dieses
Gesetz entwickelt wurde.

Im Übrigen unterscheiden sich **therapeutisches** und **reproduktives Klonen** lediglich in der Ziel-   5
richtung der Handlung zum Zeitpunkt des Kerntransfers (Nationaler Ethikrat, 2005: Klonen durch
Zelltransfer, mwN).

Abs. 2 verbietet es, geklonte Embryonen auf eine zur Austragung bereite Frau zu übertragen. Dieses   6
Verbot dürfte verfassungsrechtlich mehr als fragwürdig sein (so auch AnwK-MedizinR/*Höfling* Rn. 8;
Spickhoff/*Müller-Terpitz* Rn. 4), weil bei Beachtung des Verbots einem solchen Embryo das Lebensrecht
abgesprochen wird; denn insoweit geht es nicht darum, nur die Übertragung auf eine andere Frau als die
Eispenderin zu vermeiden; vielmehr wäre danach überhaupt keine Übertragung auf irgendeine Frau
zulässig.

Mit der vorliegenden Verbotsregelung wendet sich der Gesetzgeber gegen den dem Embryonen-   7
schutzgesetz immanenten Schutzzweck, weshalb die Vorschrift aufgehoben werden sollte. Bis dahin
dürfte der trotz des Verbots eine Übertragung durchführende Arzt sich wohl auf einen übergesetzlichen
Notstand berufen können.

C. Versuch, Rechtsfolgen, Verjährung

Der **Versuch der Taten nach Abs. 1 oder Abs. 2 ist gem. Abs. 3 strafbar.**   8

Die **Strafandrohung** beträgt Freiheitsstrafe bis zu fünf Jahren oder Geldstrafe.   9

Die **Verfolgungsverjährung** beträgt fünf Jahre (§ 78 Abs. 3 Nr. 4 StGB).   10

§ 7 Chimären- und Hybridbildung

(1) Wer es unternimmt,

1. Embryonen mit unterschiedlichen Erbinformationen unter Verwendung mindestens eines menschlichen Embryos zu einem Zellverband zu vereinigen,
2. mit einem menschlichen Embryo eine Zelle zu verbinden, die eine andere Erbinformation als die Zellen des Embryos enthält und sich mit diesem weiter zu differenzieren vermag, oder
3. durch Befruchtung einer menschlichen Eizelle mit dem Samen eines Tieres oder durch Befruchtung einer tierischen Eizelle mit dem Samen eines Menschen einen differenzierungsfähigen Embryo zu erzeugen,

wird mit Freiheitsstrafe bis zu fünf Jahren oder mit Geldstrafe bestraft.

(2) Ebenso wird bestraft, wer es unternimmt,

1. einen durch eine Handlung nach Absatz 1 entstandenen Embryo auf
   a) eine Frau oder
   b) ein Tier
zu übertragen oder
2. einen menschlichen Embryo auf ein Tier zu übertragen.

A. Regelungscharakter und Regelungsziele

1　§ 7 Abs. 1 stellt die Bildung von Chimären sowie die Hybridbildung unter Strafe.

2　**Chimären** bestehen aus unterschiedlichen Zellen mehrerer Lebewesen mit jeweils unterschiedlichem Erbgut. Dies kann entweder durch Verschmelzung mehrerer befruchteter Eizellen zu einem Embryo (Abs. 1 Nr. 1) erfolgen oder durch Verbindung fremder Zellen mit einem sich entwickelnden Embryo (Abs. 1 Nr. 2).

3　**Hybridbildungen/Hybridwesen** (Abs. 1 Nr. 3) entstehen durch die Vereinigung von Keimzellen von Mensch und Tier, also einer menschlichen Eizelle mit dem Samen eines Tieres oder umgekehrt.

4　Ob die Pönalisierung von Chimären- und Hybridbildungen gegen die Menschenwürde verstößt oder insbes. Hybridbildungen eher nicht darunter zu fassen wären, kann letztlich dahinstehen; denn die mit solchen medizinischen Versuchen einhergehenden Gefahren und Risiken, insbes. für solche Individuen, rechtfertigen jedenfalls die Strafbarkeit des Unternehmensdeliktes (Spickhoff/*Müller-Terpitz* Rn. 2).

B. Die Regelungen im Einzelnen

5　Das Unternehmensdelikt des Abs. 1 Nr. 1 betrifft die Vereinigung mehrerer Embryonen mit jeweils unterschiedlichen Erbinformationen zu einem einheitlichen Zellverband, also einem sich weiter entwickelnden Embryo. Dabei kann es sich sowohl um nur menschliche Embryonen handeln, welche miteinander verschmolzen werden, als auch um tierische Embryonen, welche mit mindestens einem menschlichen Embryo vereinigt werden.

6　Abs. 1 Nr. 2 pönalisiert die Verbindung eines menschlichen Embryos mit einer fremden Zelle, welche von dem Embryo unterschiedliche Erbinformationen enthält. Der Gesetzgeber hatte hier insbes. die Verbindung mit embryonalen Krebszellen im Blick und wollte den bei solchen Versuchen eröffneten Manipulationsmöglichkeiten — etwa nach gezielter Veränderung der Erbinformation derartiger embryonaler Karzinomzellen — gesetzlich begegnen (BT-Drs. 11/5460, 12).

7　Abs. 1 Nr. 3 verbietet die Erzeugung von Hybridbildungen, was allein wegen der Risiken geboten ist, denen ein solches Lebewesen ausgesetzt wäre, und iÜ wegen der nur schwierig zu beherrschenden Folgen, welche die Schaffung solcher Lebewesen nach sich zieht.

8　Abs. 2 Nr. 1 ergänzt die mit Abs. 1 verfolgten Verbote, indem untersagt wird, Chimären oder Hybridbildungen auf eine Frau oder ein Tier zu übertragen; Abs. 2 Nr. 2 untersagt es folgerichtig auch, einen menschlichen Embryo auf ein Tier zu übertragen.

C. Versuch, Rechtsfolgen, Verjährung

9　Da es sich bei den Tatbeständen des § 7 um Unternehmensdelikte handelt, bedarf es keiner gesonderten Versuchsstrafbarkeit.

10　Die **Strafandrohung** beträgt jeweils Freiheitsstrafe bis zu fünf Jahren oder Geldstrafe.

11　Die **Verfolgungsverjährung** beträgt jeweils fünf Jahre (§ 78 Abs. 3 Nr. 4 StGB).

§ 8 Begriffsbestimmung

(1) Als Embryo im Sinne dieses Gesetzes gilt bereits die befruchtete, entwicklungsfähige menschliche Eizelle vom Zeitpunkt der Kernverschmelzung an, ferner jede einem Embryo entnommene totipotente Zelle, die sich bei Vorliegen der dafür erforderlichen weiteren Voraussetzungen zu teilen und zu einem Individuum zu entwickeln vermag.

(2) In den ersten vierundzwanzig Stunden nach der Kernverschmelzung gilt die befruchtete menschliche Eizelle als entwicklungsfähig, es sei denn, daß schon vor Ablauf dieses Zeitraums festgestellt wird, daß sich diese nicht über das Einzellstadium hinaus zu entwickeln vermag.

(3) Keimbahnzellen im Sinne dieses Gesetzes sind alle Zellen, die in einer Zell-Linie von der befruchteten Eizelle bis zu den Ei- und Samenzellen des aus ihr hervorgegangenen Menschen führen, ferner die Eizelle vom Einbringen oder Eindringen der Samenzelle an bis zu der mit der Kernverschmelzung abgeschlossenen Befruchtung.

§ 8 Abs. 1 enthält die grundlegende **Definition** des Begriffs **Embryo,** wonach als Embryo iSd **1** Gesetzes die befruchtete Eizelle ab dem Zeitpunkt der Kernverschmelzung gilt.

Darüber hinaus stellt die Vorschrift jede einem Embryo entnommene **totipotente Zelle** dem **2** Embryo gleich. Eine totipotente (= omnipotente) (Stamm-)Zelle kann sich im Gegensatz zu anderen Stammzellen, welche entweder nur Zellen des gleichen Zelltyps (unipotente Zelle) oder verschiedene Zellarten nur eines Gewebes (multipotente Zelle) bilden können, nicht nur zu einzelnen Zelltypen entwickeln, sondern zu ganzen Organismen.

§ 8 Abs. 2 trägt dem Umstand Rechnung, dass nach der Verschmelzung des mütterlichen und **3** väterlichen Vorkerns es zumindest noch etwa 20 Stunden dauert, bis festgestellt werden kann, ob sich die befruchtete Eizelle zu entwickeln, insbes. zu teilen vermag. Mit diesem Zeitpunkt beginnt dann der strafrechtliche Schutz des entstandenen Embryos.

Um aber eine Umgehung gesetzlicher Schutzvorschriften in dieser Zwischenzeit für solche Fälle **4** auszuschließen, wenn einem Täter für den vorgenannten Zeitraum nicht nachgewiesen werden kann, dass er evtl. Manipulationen und Experimente an entwicklungsfähigen Embryonen vorgenommen hat, wird durch die Regelung des § 8 Abs. 2 im Interesse des Embryonenschutzes eine Vermutung dahingehend geschaffen, dass die befruchtete Eizelle in den ersten 24 Stunden nach der Kernverschmelzung als entwicklungsfähig gilt, sofern nicht das Gegenteil ausnahmsweise im Einzelfall festgestellt werden kann (BT-Drs. 11/5460, 12).

Durch § 8 Abs. 3 wird klargestellt, dass auch die Eizelle vom Einbringen oder Eindringen der Samen- **5** zelle an bis zu der mit der Kernverschmelzung abgeschlossenen Befruchtung als **Keimbahnzelle** anzusehen ist (BT-Drs. 11/5460, 12).

§ 9 Arztvorbehalt

Nur ein Arzt darf vornehmen:
1. die künstliche Befruchtung,
2. die Präimplantationsdiagnostik,
3. die Übertragung eines menschlichen Embryos auf eine Frau,
4. die Konservierung eines menschlichen Embryos sowie einer menschlichen Eizelle, in die bereits eine menschliche Samenzelle eingedrungen oder künstlich eingebracht worden ist.

§ 9 bestimmt, dass generell nur ein Arzt eine künstliche Befruchtung vornehmen (Nr. 1) oder einen **1** menschlichen Embryo auf eine Frau übertragen (Nr. 3) darf.

Ebenso obliegt es allein einem Arzt, Vorgänge der Konservierung eines menschlichen Embryos oder **2** einer menschlichen Eizelle, in die bereits eine Samenzelle eingedrungen oder eingebracht worden ist, vorzunehmen (Nr. 4).

In gleicher Weise gilt der Arztvorbehalt für alle Maßnahmen der Präimplantationsdiagnostik, welche **3** schon wegen der damit verbundenen Fragen von Behandlungen oder medizinischen Eingriffen und den diesen vorgeschalteten umfassenden ärztlichen Aufklärungen zwingend nur von einem Arzt durchgeführt werden kann (Nr. 2).

§ 10 Freiwillige Mitwirkung

Niemand ist verpflichtet, Maßnahmen der in § 9 bezeichneten Art vorzunehmen oder an ihnen mitzuwirken.

1   Die Regelung entspricht der Vorstellung des Gesetzgebers, dass keiner verpflichtet werden kann, gegen seinen Willen an Maßnahmen der künstlichen Befruchtung oder der Präimplantationsdiagnostik teilzunehmen.

§ 11 Verstoß gegen den Arztvorbehalt

(1) Wer, ohne Arzt zu sein,

1. entgegen § 9 Nr. 1 eine künstliche Befruchtung vornimmt,
2. entgegen § 9 Nummer 2 eine Präimplantationsdiagnostik vornimmt oder
3. entgegen § 9 Nummer 3 einen menschlichen Embryo auf eine Frau überträgt,
wird mit Freiheitsstrafe bis zu einem Jahr oder mit Geldstrafe bestraft.

(2) Nicht bestraft werden im Fall des § 9 Nr. 1 die Frau, die eine künstliche Insemination bei sich vornimmt, und der Mann, dessen Samen zu einer künstlichen Insemination verwendet wird.

1   § 11 regelt die Verstöße gegen den in § 9 konstituierten Arztvorbehalt, indem jede der dort in Nr. 1–3 aufgeführten Handlungen automatisch mit Strafe zu sanktionieren ist, die nicht von einem Arzt vorgenommen wird.

2   Eine Ausnahme von der Strafbarkeit gilt im Fall des § 9 Nr. 1 für Frauen, welche bei sich selbst eine künstliche Insemination vornehmen, sowie für den Mann, dessen Samen hierbei Verwendung findet (Abs. 2).

3   Verstöße gegen die Konservierungsregelung des § 9 Nr. 4 werden hier nicht erfasst, sondern sind als Ordnungswidrigkeit nach § 12 zu sanktionieren.

4   Das Vergehen nach Abs. 1 ist mangels anderweitiger Regelung nur bei **vorsätzlicher** Begehung strafbar (§ 15 StGB).

5   Da insoweit keine Regelung gegeben ist, ist der bloße **Versuch** des Tatbestandes nicht strafbar (§ 23 Abs. 2 StGB).

6   Die Strafandrohung beträgt Freiheitsstrafe bis zu einem Jahr oder Geldstrafe.

§ 12 Bußgeldvorschriften

(1) Ordnungswidrig handelt, wer, ohne Arzt zu sein, entgegen § 9 Nummer 4 einen menschlichen Embryo oder eine dort bezeichnete menschliche Eizelle konserviert.

(2) Die Ordnungswidrigkeit kann mit einer Geldbuße bis zu zweitausendfünfhundert Euro geahndet werden.

1   § 12 regelt Verstöße gegen den in § 9 konstituierten Arztvorbehalt hinsichtlich Konservierungen eines menschlichen Embryos sowie einer menschlichen Eizelle, in die bereits eine menschliche Samenzelle eingedrungen oder künstlich eingebracht worden ist, welche nicht von einem Arzt vorgenommen werden.

2   Die Ordnungswidrigkeit ist mangels anderweitiger Regelung nur **vorsätzlich** begehbar (§ 10 OWiG).

3   Da insoweit keine Regelung gegeben ist, ist der bloße **Versuch** der Ordnungswidrigkeit nicht ahndbar (§ 13 Abs. 2 OWiG).

4   Die **Geldbuße,** welche in solchen Fällen verhängt werden kann, beträgt bis zu 2.500 EUR.

§ 13 Inkrafttreten

Dieses Gesetz tritt am 1. Januar 1991 in Kraft.

1   Die Vorschrift regelt das Inkrafttreten des (ursprünglichen) Gesetzes zum 1.1.1991. Es blieb unverändert bis zur Einfügung des § 3a mit den Regelungen zur Präimplantationsdiagnostik durch das Gesetz v. 21.11.2011 (BGBl. I 2228), welches mit Wirkung vom 8.12.2011 in Kraft getreten ist.

282. Verordnung über den Verkehr mit Essig und Essigessenz (EssigV)

Vom 25. April 1972 (BGBl. I S. 732) BGBl. III/FNA 2125-4-48

Zuletzt geändert durch Art. 8 VO zur Änd. lebensmittelrechtl. und tabakrechtl. Bestimmungen vom 22.2.2006 (BGBl. I S. 444)

– Auszug –

Vorbemerkung

Die Vorschriften der EssigV dienen beiden klassischen Schutzzwecken des Lebensmittelrechts. Einer- **1** seits soll mit **§ 2** die **Gesundheit des Verbrauchers** (→ Vorb. LFGB Rn. 10 f.) vor den Gefahren geschützt werden, die das Erzeugnis aufgrund seines Säuregehaltes mit sich bringt. Andererseits soll durch die **Kennzeichnungsvorschriften** des **§ 4** der **Verbraucher vor Täuschung geschützt** werden (→ Vorb. LFGB Rn. 12 f.). In diesem Zusammenhang ist zu beachten, dass am 13.12.2014 die **LMIV** (→ Vorb. LFGB Rn. 12; → LFGB § 59 Rn. 14, 21 ff.) in Kraft trat. In Folge dessen soll nach Maßgabe von Art. 3 LMIV-AnpassungsVO (vgl. Anhang zur LMKV = Nr. 502 dieses Kommentars, → LMKV Anh. Rn. 5) **§ 1 Abs. 3 S. 1 und § 4 Abs. 4 neu gefasst** und § 4a aufgehoben werden.

Die maßgeblichen **Begriffe** sind in **§ 1 legaldefiniert.** Danach ist allen Essigarten (vgl. Zipfel/ **2** Rathke LebensmittelR/*Rathke* § 1 Rn. 21 ff.) zunächst gemeinsam, dass sie mindestens 5 und höchstens 15,5 Gramm wasserfreie **Essigsäure** (Zipfel/Rathke LebensmittelR/*Rathke* § 1 Rn. 15) in 100 Millili-ter aufweisen müssen. Darüber hinaus sind sie nach ihrer **Herstellungsart** zu unterscheiden. **Gärungs-essig** wird dabei durch Essiggärung aus weingeisthaltigen Flüssigkeiten gewonnen (§ 1 Abs. 1 Nr. 1), bei denen es sich um Branntwein, Wein, Obst- oder Beerenwein handeln kann. Daneben kann Essig nach § 1 Abs. 1 Nr. 2 durch das **Verdünnen von Essigsäure oder Essigessenz** (vgl. § 1 Abs. 2) mit Wasser oder durch **Vermischen von Gärungsessig mit Essigsäure, Essigessenz oder Essig aus Essigessenz** (§ 1 Abs. 1 Nr. 3) gewonnen werden. Zum Weinessig (§ 1 Abs. 3) → Vorb. WeinG Rn. 12.

Abhängig davon, auf welchem Weg der Essig gewonnen wurde, ist er nach Maßgabe des § 4 Abs. 1 **3** zu kennzeichnen. Namentlich Gärungsessig ist auf Grundlage von § 4 Abs. 1 Nr. 1 unter der **Kenn-zeichnung** als Branntweinessig, Weinessig, Obstessig usw in den Verkehr zu bringen.

Sämtliche Ver- und Gebote der §§ 2 u. 4, die die Blankettatbestände (→ Vorb. LFGB Rn. 19 ff.) des **4** § 5 ausfüllen, setzen ein **gewerbsmäßiges Handeln** (→ Vorb. LFGB Rn. 30) voraus.

§ 5 [Ordnungswidrigkeiten]

(1) Nach § 59 Abs. 1 Nr. 21 Buchstabe a des Lebensmittel- und Futtermittelgesetzbuches wird bestraft, wer entgegen § 2 Essig oder Essigsäure in nicht vorschriftsmäßigen Behält-nissen oder in Behältnissen ohne den vorgeschriebenen Warnhinweis in den Verkehr bringt.

(2) Nach § 59 Abs. 1 Nr. 21 Buchstabe a des Lebensmittel- und Futtermittelgesetzbuches wird bestraft, wer entgegen § 4 Essig oder Essigessenz, die nicht oder nicht in der vor-geschriebenen Weise gekennzeichnet sind, gewerbsmäßig in den Verkehr bringt.

(3) Wer eine in den Absätzen 1 und 2 bezeichnete Handlung fahrlässig begeht, handelt nach § 60 Abs. 1 des Lebensmittel- und Futtermittelgesetzbuches ordnungswidrig.

1. Allgemeines. Die amtliche Überschrift des § 5 weist versehentlich lediglich die in § 5 Abs. 3 **1** definierten Ordnungswidrigkeiten auf. Tatsächlich enthält die Vorschrift aber sowohl Straf- als auch Bußgeldtatbestände.

Durch die **Rückverweisungen auf § 59 Abs. 1 Nr. 21 Buchst. a LFGB** (→ LFGB § 59 Rn. 58) **2** werden vorsätzliche (→ LFGB § 58 Rn. 47 ff.) **Verstöße gegen die Gebote nach § 2 und § 4** unter Strafe gestellt. Das Inverkehrbringen eines Erzeugnisses unter der Bezeichnung „Essig", ohne dass die Vorgaben des § 1 eingehalten sind, ist in § 5 nicht sanktioniert. In solchen Fällen ist aber ein Verstoß gegen § 11 Abs. 1 LFGB iVm Art. 7 Abs. 1 LMIV gegeben, der nach **§ 59 Abs. 1 Nr. 7 LFGB** strafbar ist (→ LFGB § 59 Rn. 14 ff.; vgl. Zipfel/Rathke LebensmittelR/*Rathke* § 1 Rn. 39).

In § 2 Abs. 2 ist der Begriff des **„Inverkehrbringens"** legaldefiniert. Danach ist Inverkehrbringen **3** im Sinne der EssigV das Anbieten, das Vorrätighalten zum Verkauf, das Feilhalten, das Verkaufen und jedes sonstige Überlassen an andere. Diese Definition entspricht der des Inverkehrbringens nach § 7

LMBG. Sie ist nicht identisch mit der nach § 3 Nr. 1 LFGB iVm Art. 3 Nr. 8 BasisVO (→ Vorb. LFGB Rn. 45). Sachliche Unterschiede ergeben sich aus dieser Abweichung indes nicht. Zur Verantwortlichkeit im Lebensmittelstrafrecht → Vorb. LFGB Rn. 29 ff.

4   2. Verstöße gegen § 2. Mit der Rückverweisung auf § 59 Abs. 1 Nr. 21 Buchst. a LFGB in **§ 5 Abs. 1** werden **vorsätzliche Verstöße** gegen die im Tatbestand näher konkretisierten **Ge- und Verbote des § 2** unter Strafe gestellt.

5   Danach darf Essig, der mehr als 11 Gramm Säure enthält, gewerbsmäßig (→ Vorb. Rn. 4) nur in verschlossenen **Behältnissen** in den Verkehr gebracht werden (→ Rn. 3), die den zu erwartenden Beanspruchungen sicher widerstehen und aus Werkstoffen hergestellt sind, die von Essigessenz nicht angegriffen werden und mit ihr nicht in gefährlicher Weise reagieren. Darüber hinaus muss **deutlich lesbar** (OLG München GRUR 1986, 86; LG München LMuR 2008, 102) und in deutscher Sprache der **Hinweis** „Vorsicht! Nicht unverdünnt genießen!" angebracht sein.

6   Wird diesen Vorgaben nicht entsprochen und der Essig gleichwohl gewerbsmäßig in den Verkehr gebracht, sieht das Gesetz **Freiheitsstrafe bis zu einem Jahr oder Geldstrafe** vor. Fahrlässiges Handeln ist nicht strafbar, sondern nach § 5 Abs. 3 als Ordnungswidrigkeit zu ahnden. Die Qualifikation des § 59 Abs. 4 LFGB (→ LFGB § 59 Rn. 74a) findet keine Anwendung. Ebenso besteht keine Versuchsstrafbarkeit. Zu den weiteren Rechtsfolgen vgl. → LFGB § 58 Rn. 55, zu den Konkurrenzen → LFGB § 58 Rn. 82 ff., zur fahrlässigen Verwirklichung des Tatbestandes → Rn. 10.

7   3. Verstöße gegen § 4. Mit der Rückverweisung auf § 59 Abs. 1 Nr. 21a LFGB in **§ 5 Abs. 2** werden **vorsätzliche Verstöße** gegen die im Tatbestand näher konkretisierten **Ge- und Verbote des § 4** (→ Vorb. Rn. 3) unter Strafe gestellt.

8   Danach darf Essig gewerbsmäßig (→ Vorb. Rn. 4) nur in den Verkehr gebracht werden (→ Rn. 3), wenn sich seine **Herstellungsart** (→ Vorb. Rn. 2) und bei Gärungsessig auch seine **Ausgangs- und Rohstoffe** (→ Vorb. Rn. 3) **aus der Kennzeichnung ergeben** (§ 4 Abs. 1). **Essigessenz** muss nach § 4 Abs. 2 als solche gekennzeichnet sein. Bei allen Essigen, die gewerbsmäßig in den Verkehr gebracht werden, muss zudem der **Gehalt an Essigsäure und anderen Säuren** angegeben werden (§ 4 Abs. 3). Alle Kennzeichnungen müssen **deutlich lesbar** (→ Rn. 5) und in deutscher Sprache angebracht sein.

9   Wird diesen Vorgaben nicht entsprochen und der Essig gleichwohl gewerbsmäßig in den Verkehr gebracht sieht das Gesetz **Freiheitsstrafe bis zu einem Jahr oder Geldstrafe** vor. Fahrlässiges Handeln ist nicht strafbar, sondern nach § 5 Abs. 3 als Ordnungswidrigkeit zu ahnden. Die Qualifikation des § 59 Abs. 4 LFGB (→ LFGB § 59 Rn. 74a) findet keine Anwendung. Ebenso besteht keine Versuchsstrafbarkeit. Zu den weiteren Rechtsfolgen → LFGB § 58 Rn. 55, zu den Konkurrenzen → LFGB § 58 Rn. 82 ff., zur fahrlässigen Verwirklichung des Tatbestandes → Rn. 10.

10   4. Ordnungswidrigkeiten nach § 5 Abs. 3. Mit der **Rückverweisung auf § 60 Abs. 1 LFGB** (→ LFGB § 60 Rn. 4 f.) in **§ 5 Abs. 3** wird die **fahrlässige Begehung** (→ LFGB § 58 Rn. 60 ff.) der in § 5 Abs. 1 u. 2 bezeichneten Handlungen als Ordnungswidrigkeit definiert. Die Verordnung wurde bisher noch nicht an das mit dem Gesetz zur Änderung des Lebensmittel- und Futtermittelgesetzbuchs sowie anderer Vorschriften v. 29.6.2009 (BGBl. I 1659), das am 4.7.2009 in Kraft getreten ist, neu eingeführte **abgestufte System in § 60 Abs. 1 u. 5 LFGB angepasst** (→ LFGB § 60 Rn. 31 f.). Da die in § 5 Abs. 3 bezeichneten Handlungen Straftaten nach § 59 Abs. 1 Nr. 21 Buchst. a LFGB darstellen, wird der **Verweis in § 5 Abs. 3 als solcher auf § 60 Abs. 1 Nr. 2 LFGB zu verstehen sein.** Danach können Ordnungswidrigkeiten iSv § 5 Abs. 3 nach der ab dem 4.8.2011 geltenden Fassung des § 60 Abs. 5 Nr. 2 LFGB (vgl. zur Änderung des Geldbußenrahmen in § 60 Abs. 5 LFGB → LFGB § 60 Rn. 32) mit Geldbuße iHv bis zu **50.000 EUR** geahndet werden. Zu den weiteren Rechtsfolgen → LFGB § 60 Rn. 34.

290. Gesetz zur Ausführung der EWG-Verordnung über die Europäische wirtschaftliche Interessenvereinigung (EWIV-Ausführungsgesetz – EWIVAG)

Vom 14. April 1988 (BGBl. I S. 514) FNA 4101-8

Zuletzt geändert durch Art. 16 G zur Modernisierung des GmbH-Rechts und zur Bekämpfung von Missbräuchen v. 23.10.2008 (BGBl. I S. 2026)

– Auszug –

Vorbemerkung

Die Europäische wirtschaftliche Interessenvereinigung (EWIV) ist eine Personengesellschaft auf ge- **1** meinschaftsrechtlicher Grundlage. Die Gründung einer EWIV ist seit dem 1.7.1989 möglich. Rechtsgrundlagen sind die VO (EWG) Nr. 2137/85 des Rates v. 25.7.1985 über die Schaffung einer Europäischen wirtschaftlichen Interessenvereinigung (ABl. EG L 199, 1; im Folgenden EWIV-VO) sowie das deutsche Ausführungsgesetz, das EWIVAG.

Die EWIV hat den Zweck, die wirtschaftliche Tätigkeit ihrer Mitglieder zu erleichtern oder zu **2** entwickeln sowie die Ergebnisse dieser Tätigkeit zu verbessern oder zu steigern; sie hat nicht den Zweck, Gewinn für sich selbst zu erzielen. Ihre Tätigkeit muss im Zusammenhang mit der wirtschaftlichen Tätigkeit ihrer Mitglieder stehen und darf nur eine Hilfstätigkeit hierzu bilden (Art. 3 Abs. 1 EWIV-VO). Art. 3 Abs. 2 EWIV-VO nennt eine Anzahl von Einzeltätigkeiten, die der EWIV verboten sind: So darf eine EWIV keine Leitungs- oder Kontrollmacht über unternehmerische Tätigkeiten ausüben (Art. 3 Abs. 2 Buchst. a EWIV-VO) und weder unmittelbar noch mittelbar Anteile oder Aktien an einem ihrer Mitgliedsunternehmen halten (Art. 3 Abs. 2 Buchst. b EWIV-VO). Sie darf nicht mehr als 500 Arbeitnehmer beschäftigen (Art. 3 Abs. 2 Buchst. c).

Mitglieder können Gesellschaften und andere juristische Einheiten des öffentlichen wie des Privat- **3** rechts im Gebiet der Gemeinschaft (seit 1.12.2009: EU) oder des EWR sowie natürliche Personen sein, die eine gewerbliche, kaufmännische, handwerkliche, landwirtschaftliche oder freiberufliche Tätigkeit in der Gemeinschaft oder dem EWR ausüben oder dort andere Dienstleistungen erbringen (Art. 4 Abs. 1 EWIV-VO; Art. 77 iVm Anh. 22d EWR-Abkommens). Eine EWIV muss aus mindestens zwei Mitgliedern aus zwei verschiedenen Mitglieds- bzw. EFTA-Staaten bestehen.

Organe der EWIV sind nach der dispositiven Bestimmung des Art. 16 Abs. 1 EWIV-VO die **4** gemeinschaftlich handelnden Mitglieder und der oder die Geschäftsführer.

Nach § 1 gilt eine EWIV mit Sitz in Deutschland als Handelsgesellschaft iSd HGB; auf sie finden, **5** soweit nicht die EWIV-VO und das EWIVAG eine Regelung enthalten, die Vorschriften über die oHG entsprechende Anwendung. Allerdings entspricht die rechtliche Stellung der Geschäftsführer etwa denen einer GmbH (Baumbach/Hopt/*Roth* HGB Anh. nach § 160 Rn. 1: „oHG mit Fremdgeschäftsführung"). Die Straftatbestände des EWIVAG finden deshalb inhaltlich Entsprechung in Strafvorschriften des GmbHG.

Die praktische Bedeutung ist angesichts der Zweckbeschränkung des Art. 3 Abs. 1 und der Einzel- **6** verbote des Art. 3 Abs. 2 EWIV-VO gering geblieben: Nach Angaben des privaten EWIV-Informationszentrums in Rangendingen sind v. 1.7.1989 bis zum 24.10.2015 416 EWIVen mit Sitz in Deutschland gegründet worden, davon sind 86 bereits wieder aufgelöst. Die EWIV wird in Deutschland vorwiegend für die grenzüberschreitende Zusammenarbeit von Anwaltskanzleien und anderen freien Berufen genutzt, selten von mittelständischen oder Großunternehmen (Baumbach/Hopt/*Roth* HGB Anh. nach § 160 Rn. 2).

§ 13 Falsche Angaben

Mit Freiheitsstrafe bis zu drei Jahren oder mit Geldstrafe wird bestraft, wer als Geschäftsführer in der nach § 3 Abs. 3 Satz 1, auch in Verbindung mit Absatz 5, abzugebenden Versicherung oder als Abwickler in der nach § 3 Abs. 3 Satz 1 in Verbindung mit § 10 Abs. 2 zweiter Halbsatz abzugebenden Versicherung falsche Angaben macht.

1. Vorbemerkung. Die Vorschrift betrifft den sog „Eignungsschwindel". Sie hat Paralleltatbestände **1** in § 82 Abs. 1 Nr. 5 GmbHG und § 399 Abs. 1 Nr. 6 AktG. Auf die Kommentierung zu diesen

Vorschriften wird daher verwiesen. Für die EWIV gelten ggü. der GmbH die folgenden Besonderheiten:

2 **2. Angaben als Geschäftsführer.** Nach § 2 Abs. 2 Nr. 5 hat die Anmeldung der Vereinigung zur Eintragung in das Handelsregister die Geschäftsführer mit Namen, Geburtsdatum und Wohnsitz und der Angabe, welche Vertretungsbefugnis sie haben, zu enthalten. In der Anmeldung zur Eintragung haben die Geschäftsführer nach § 3 Abs. 3 S. 1 zu versichern, dass **keine Umstände** vorliegen, **die** nach Art. 19 Abs. 1 EWIV-VO **ihrer Bestellung entgegenstehen,** und dass sie über ihre **unbeschränkte Auskunftspflicht** ggü. dem Gericht **belehrt** worden sind.

3 Ein der Bestellung entgegenstehender Umstand ist es nach Art. 19 Abs. 1 S. 2 EWIV-VO, wenn die betreffende Person nach dem auf sie anwendbaren Recht oder nach dem innerstaatlichen Recht des Staates des Sitzes der Vereinigung oder aufgrund einer in einem Mitgliedstaat (bzw. EFTA-Staat) ergangenen oder anerkannten gerichtlichen Entscheidung oder Verwaltungsentscheidung dem Verwaltungs- oder Leitungsorgan von Gesellschaften nicht angehören darf, Unternehmen nicht leiten darf oder nicht als Geschäftsführer einer EWIV handeln darf. Nach deutschem Recht kommen hier insbes. die Tatbestände der sog **Registersperre** nach § 6 Abs. 2 S. 2, 3 GmbHG und dem (inhaltsgleichen) § 76 Abs. 3 S. 2, 3 AktG in Betracht.

4 Die Verweisung auf § 3 Abs. 5 geht ins Leere, seit durch Art. 12 Abs. 9 Nr. 1 Buchst. a, b EHUG v. 10.11.2006 (BGBl. I 2553) mWv 1.1.2007 der bisherige § 3 Abs. 4 aufgehoben wurde. § 3 Abs. 5 aF ist seither § 3 Abs. 4; bei der Änderung wurde übersehen, auch die Verweisung in § 13 anzupassen. Der Sache nach geht es um die nunmehr durch § 3 Abs. 4 angeordnete Anwendbarkeit des § 3 Abs. 3 auch auf neu bestellte Geschäftsführer: Auch sie haben mit der Anmeldung der Eintragung der entsprechenden Änderung im Handelsregister nach § 2 Abs. 3 Nr. 1 die gleiche Versicherung abzugeben wie die zur Zeit der Erstanmeldung bestellten Geschäftsführer.

5 **3. Angaben als Liquidator.** Nach § 10 Abs. 1 erfolgt in den Fällen der Auflösung der EWIV außer im Fall des Insolvenzverfahrens über ihr Vermögen die Abwicklung durch die Geschäftsführer, wenn sie nicht durch den Gründungsvertrag oder durch Beschluss der Mitglieder anderen Personen übertragen ist. Die Abwickler sind nach § 2 Abs. 3 Nr. 5 mit den gleichen Angaben wie die Geschäftsführer in das Handelsregister einzutragen, ebenso Änderungen der Personen der Abwickler.

§ 14 Verletzung der Geheimhaltungspflicht

(1) **Mit Freiheitsstrafe bis zu einem Jahr oder mit Geldstrafe wird bestraft, wer ein Geheimnis der Vereinigung, namentlich ein Betriebs- oder Geschäftsgeheimnis, das ihm in seiner Eigenschaft als Geschäftsführer oder Abwickler bekanntgeworden ist, unbefugt offenbart.**

(2) [1] **Handelt der Täter gegen Entgelt oder in der Absicht, sich oder einen anderen zu bereichern oder einen anderen zu schädigen, so ist die Strafe Freiheitsstrafe bis zu zwei Jahren oder Geldstrafe.** [2] **Ebenso wird bestraft, wer ein Geheimnis der in Absatz 1 bezeichneten Art, namentlich ein Betriebs- oder Geschäftsgeheimnis, das ihm unter den Voraussetzungen des Absatzes 1 bekanntgeworden ist, unbefugt verwertet.**

(3) [1] **Die Tat wird nur auf Antrag der Vereinigung verfolgt.** [2] **Antragsberechtigt sind von den Mitgliedern bestellte besondere Vertreter.**

1 Die Vorschrift ist inhaltsgleich mit § 85 GmbHG. Auf dessen Kommentierung (= Nr. 360 dieses Kommentars) wird daher verwiesen.

§ 15 *[aufgehoben]*

1 Die Vorschrift betraf die Verletzung der Insolvenzantragspflicht durch die Geschäftsführer und Abwickler einer EWIV, bei der nicht mindestens ein Mitglied unmittelbar oder mittelbar persönlich haftete. Eine solche Antragspflicht war durch § 11 S. 2 EWIVAG aF durch eine Verweisung auf die Vorschriften für die kapitalistische oHG in § 130a Abs. 1, 4 HGB aF angeordnet. Die Strafvorschrift ist durch Art. 16 Nr. 3 MoMiG v. 23.10.2008 (BGBl. I 2026) mWv 1.11.2008 aufgehoben worden. Seither findet sich eine einheitliche Regelung der Insolvenzantragspflicht für alle kapitalistischen Personenhandelsgesellschaften in § 15a Abs. 1 S. 2, Abs. 2 InsO. Deren Verletzung wird durch die Strafvorschriften in § 15a Abs. 4, 5 InsO sanktioniert. Zu Einzelheiten vgl. Kommentierung zu → InsO § 15a Rn. 29 ff.

295. Ernährungswirtschaftsmeldeverordnung (EWMV)

Vom 10. Oktober 2006 (BGBl. I S. 2214) FNA 780-6-2

Zuletzt geändert durch Artikel 363 der Zehnten ZuständigkeitsanpassungsVO v. 31.8.2015 (BGBl. I, 1474

– Auszug –

Vorbemerkung

In Friedenszeiten und unter normalen Bedingungen ist die Versorgung der Bevölkerung mit Nah- 1
rungsmitteln gewährleistet. Aufgrund außergewöhnlicher Umstände kann sich diese Situation jedoch
verändern und die Nahrungsmittelversorgung gefährdet werden, so dass eine Steuerung der Versorgung
durch staatliche Interventionsmaßnahmen erforderlich werden kann. Unter dem Eindruck steigender
weltpolitischer Spannungen und der zunehmenden Gefahr eines Ost-West-Konflikts wurde deshalb im
Zuge der Notstandsgesetzgebung am 24.8.1965 das Ernährungssicherstellungsgesetz (ESG; BGBl. I 938;
neugefasst durch Bek. v. 27.8.1990 (BGBl. I 1802)) erlassen, das die Voraussetzungen für staatliche
Bewirtschaftungsmaßnahmen zur Sicherung der Versorgung der Bevölkerung und der Streitkräfte mit
Erzeugnissen der Ernährungs- und Landwirtschaft sowie der Forst- und Holzwirtschaft im Verteidi-
gungs-, Spannungs- oder Bündnisfall geschaffen hat (vgl. § 1 Abs. 1 ESG). Das Reaktorunglück von
Tschernobyl 1986 machte zudem deutlich, dass neben militärischen Risiken auch andere Gefahren für
die Nahrungsmittelversorgung bestehen, etwa durch Natur- und Umweltkatastrophen, Tierseuchen
größeren Ausmaßes oder massive Störungen der Weltmärkte, welche staatliche Eingriffe in die Nahrungsmittelversorgung erforderlich machen können (BT-Drs. 11/6157, 8). Diese Erkenntnis führte am
20.8.1990 zum Erlass des Ernährungsvorsorgegesetzes (EVG; BGBl. I 1766), das für den Fall einer
Versorgungskrise in Friedenszeiten die Voraussetzungen für entsprechende staatliche Eingriffe auf allen
Ebenen der Versorgungskette schafft. Nach den beiden vorgenannten Gesetzen (ESG und EVG) kann
der Staat unter bestimmten Voraussetzungen über Rechtsverordnungen Vorschriften unter anderem über
den Anbau von Nutzpflanzen und die Haltung von Tieren, die Be- und Verarbeitung sowie die
Verlagerung und den Absatz von Erzeugnissen erlassen. Abweichend von den derzeitigen Marktgege-
benheiten kann somit auf allen Marktstufen, von der landwirtschaftlichen Erzeugung bis zum Absatz des
Lebensmittel an den Verbraucher, eingegriffen werden. Die Durchführung solcher Maßnahmen unterliegt allerdings erheblichen Anwendungsvorbehalten, da staatliche Eingriffe in die Nahrungsmittelversorgung lediglich das äußerste Mittel zur Krisenbewältigung darstellen dürfen (vgl. § 2 Abs. 2 ESG oder
§ 2 Abs. 3 EVG).

Um einer eventuellen Krise in der Versorgung der Bevölkerung mit Nahrungsmitteln wirksam 2
begegnen zu können, benötigen die hierfür zuständigen Behörden vor einer Krise die wichtigsten Daten
von den für die Versorgung bedeutsamen ernährungswirtschaftlichen Betrieben. Zu diesem Zweck
wurde auf der Grundlage des ESG und des EVG die Ernährungswirtschaftsmeldeverordnung geschaffen,
die mit VO v. 10.10.2006 neugefasst wurde und die bis dahin geltende Ernährungswirtschaftsmeldeverordnung v. 1.12.1994 (BGBl. I 3674) abgelöst hat. Nach der EWMV erheben die nach Landesrecht
zuständigen Behörden die Daten im Turnus von vier Jahren (§ 3 Abs. 2). Hierzu müssen die meldepflichtigen Betriebe Angaben über die Anzahl ihrer Beschäftigten, ihren Verbrauch an Energie, Wasser
und Rohstoffen sowie über vorhandene Produktions- und Lagerkapazitäten machen. Auf Grundlage
dieser Informationen soll die Notversorgung für den Eintritt einer Krisensituation geplant werden.

§ 7 Straftaten und Ordnungswidrigkeiten

(1) Ordnungswidrig im Sinne des § 14 Abs. 1 Nr. 1 des Ernährungsvorsorgegesetzes handelt, wer vorsätzlich oder fahrlässig entgegen § 1 Abs. 1 oder 2 Satz 1, § 2 Abs. 1 oder § 3
eine Meldung für einen in § 5 Nr. 1 genannten Zweck nicht, nicht richtig, nicht vollständig,
nicht in der vorgeschriebenen Weise oder nicht rechtzeitig abgibt.

(2) Wer eine in Absatz 1 bezeichnete Handlung beharrlich wiederholt, durch eine in Absatz 1 bezeichnete Handlung die Versorgung mit einem der in § 1 Abs. 3 des Ernährungsvorsorgegesetzes genannten Erzeugnisse schwer gefährdet oder bei Begehung einer in Absatz 1 bezeichneten Handlung eine außergewöhnliche Mangellage bei der Versorgung mit
Erzeugnissen zur Erzielung von bedeutenden Vermögensvorteilen ausnutzt, ist nach § 15 des
Ernährungsvorsorgegesetzes strafbar.

(3) Wer vorsätzlich oder fahrlässig entgegen § 1 Abs. 1 oder 2 Satz 1, § 2 Abs. 1 oder § 3 eine Meldung für einen in § 5 Nr. 2 genannten Zweck nicht, nicht richtig, nicht vollständig, nicht in der vorgeschriebenen Weise oder nicht rechtzeitig abgibt, begeht eine Zuwiderhandlung im Sinne des § 22 des Ernährungssicherstellungsgesetzes, die als Straftat nach § 1 Abs. 1 Nr. 3, Abs. 2 bis 4 des Wirtschaftsstrafgesetzes 1954 zu ahnden ist oder als Ordnungswidrigkeit nach § 2 des Wirtschaftsstrafgesetzes 1954 geahndet werden kann.

§ 8 Verfolgung von Ordnungswidrigkeiten

Zuständige Verwaltungsbehörde im Sinne des § 16 Nr. 2 Buchstabe b des Ernährungsvorsorgegesetzes oder des § 25 Nr. 2 Buchstabe b des Ernährungssicherstellungsgesetzes ist die in § 4 genannte Landesbehörde.

A. Allgemeines

1   § 7 enthält einen Katalog von Sanktionen bei Verstößen gegen die in der Verordnung geregelten Meldepflichten, die abhängig von Art, Umfang und Schwere des jeweiligen Verstoßes als Straftat oder als Ordnungswidrigkeit verfolgt werden. Die Vorschrift enthält dabei eine abgestufte Strafandrohung. Die Schwere des Delikts wird dabei maßgeblich davon beeinflusst, zu welchem der in § 5 aufgeführten Zwecke die Meldung jeweils abzugeben ist. Soll diese dazu beitragen, die Versorgung der Bevölkerung mit Nahrungsmitteln und landwirtschaftlichen Erzeugnissen im Fall einer Versorgungskrise sicherzustellen, so wird ein Verstoß gegen die Meldepflicht als Ordnungswidrigkeit oder Straftat verfolgt (§ 7 Abs. 1 u. 2). Dient sie dagegen der Sicherung der Versorgung im Verteidigungsfall, so kommt grds. nur eine Verfolgung als Straftat in Betracht; lediglich bei Zuwiderhandlungen von geringerer Bedeutung können diese ausnahmsweise als Ordnungswidrigkeit sanktioniert werden (§ 7 Abs. 3).

2   In § 8 findet sich eine Zuständigkeitsregelung für die Verfolgung von Ordnungswidrigkeiten.

B. Die Regelungen im Einzelnen

I. Allgemeine Voraussetzungen

3   **1. Meldepflicht.** Die Verfolgung eines Meldeverstoßes als Ordnungswidrigkeit oder gar als Straftat setzt zunächst allgemein voraus, dass überhaupt eine Meldepflicht nach der Ernährungswirtschaftsmeldeverordnung besteht. § 1 Abs. 1 listet diejenigen Betriebe abschließend auf, die zur Abgabe von Meldungen verpflichtet sind. Der Meldepflicht unterliegen dabei die Betriebe, die für die Versorgung der Bevölkerung mit Nahrungsmitteln von besonderer Bedeutung sind. Hierzu zählen etwa Betriebe zur Herstellung von Brot, Kleingebäck und Feinbackwaren (Bäckereien und Großbäckereien), sowie zur Be- und Verarbeitung von Fleisch mit mehr als acht Beschäftigten (§ 1 Abs. 1 Nr. 2a und Nr. 6a), Betriebe zur Herstellung von Dauerbackwaren (§ 1 Nr. 2b), Teigwaren oder sonstigen Nährmitteln (§ 1 Nr. 3), von Stärke, Stärke- oder Kartoffelerzeugnissen (§ 1 Nr. 4), Margarine- oder Mischfetterzeugnissen (§ 1 Nr. 8b), Zucker (§ 1 Nr. 9), Fertiggerichten (§ 1 Nr. 11), alkoholfreien Getränken (§ 1 Nr. 12) und Futtermitteln mit mehr als 1.000 Tonnen Jahresproduktion (§ 1 Nr. 13), sowie Betriebe zur Be- und Verarbeitung von Milch (§ 1 Nr. 5), Fischen (§ 1 Nr. 7), Obst oder Gemüse (§ 1 Nr. 10), Schlachtbetriebe (§ 1 Nr. 6b), Mahl-, Schäl- und Reismühlen (§ 1 Nr. 1), Ölmühlen und Raffinerien (§ 1 Nr. 8a). Neben diesen Betrieben, die unmittelbar mit der Herstellung bzw. Be- oder Verarbeitung von Nahrungs- und Futtermitteln beschäftigt sind, unterliegen auch Betriebe zur Lagerung, Sortierung und Verpackung von Lebensmitteln (§ 1 Nr. 14), sowie Verteiler- und Logistikzentren und Verteiler- und Logistiklager des Lebensmitteleinzelhandels (§ 1 Nr. 15) der Meldepflicht, da für die jeweilige Aufstellung von Versorgungsplänen neben den Kenntnissen über die Lagervorräte auch solche über die Distributionsmöglichkeiten des jeweiligen Lebensmittelsektors unabdingbar sind (vgl. BR-Drs. 570/06, 9). Betriebe zur Herstellung von Süßwaren werden seit der Neuregelung im Jahr 2006 nicht mehr von der Meldepflicht erfasst. § 1 Abs. 3 stellt weiterhin klar, dass für Einzelhandelsbetriebe, in denen auch Nahrungs- oder Futtermittel ver- oder bearbeitet werden, eine Meldepflicht nicht besteht, soweit die Be- oder Verarbeitung ggü. dem Verkauf nur von einer untergeordneten Bedeutung ist. Unter diese Ausnahmeregelung fällt etwa ein Supermarkt, in dem zB aus Obst und Gemüse ein Saft gepresst wird oder in dem an der Fleischtheke Fleisch zu Hackfleisch verarbeitet wird (BR-Drs. 570/06, 9).

4   Nach § 1 Abs. 2 S. 1 sind die Meldungen für jede Betriebsstätte gesondert abzugeben. Hiervon sind lediglich Betriebsstätten im Bereich der Bäckereien und Großbäckereien ausgenommen, soweit es sich bei diesen um reine Verkaufsgeschäfte handelt, in denen bereits vorbereitete Teiglinge in Ladenbacköfen fertig gebacken werden (§ 1 Abs. 2 S. 2).

5   **2. Meldepflichtiger.** § 3 Abs. 1 bestimmt den Meldepflichtigen. Dies ist in der Regel der Inhaber des meldepflichtigen Betriebes. Lediglich für den Fall, dass eine Betriebstätte nicht von dem Inhaber selbst geleitet wird, ist der verantwortliche Leiter der Betriebsstätte zur Meldung verpflichtet (§ 3 Abs. 1

S. 2). Nach § 3 Abs. 2 hat der Meldepflichtige die Meldungen in einem Turnus von vier Jahren abzugeben, beginnend ab dem Jahr 2007. Die abzugebenden Meldungen beziehen sich dabei jeweils auf das vorangegangene Kalenderjahr.

3. Inhalt der Meldung. § 2 Abs. 1 legt die Erhebungsmerkmale fest, zu denen alle meldepflichtigen **6** Betriebe Auskunft geben müssen. Zu diesen verbindlichen Angaben gehören der Name und die Telekommunikationsanschlussnummern der Betriebsstätte, des Betriebsinhabers oder des verantwortlichen Leiters der Betriebsstätte (Telefon- und Faxnummer, sowie E-Mail- und Internetadresse). Außerdem sind die Anschrift der Betriebsstätte, die Art des Betriebes, die Zahl der Arbeitskräfte nach Art der Beschäftigung sowie die Lagerkapazität nach Art der Lagerstätte mitzuteilen. Die Meldung muss auch Angaben zum Wasserverbrauch des Betriebes aus öffentlicher und nicht öffentlicher Versorgung sowie zum Energieverbrauch nach Energieträgern enthalten, wobei hinsichtlich des Stromverbrauchs zwischen öffentlicher und nicht öffentlicher Versorgung zu unterscheiden ist. Hinsichtlich des Energieverbrauchs sind schließlich noch die Nennleistung und die Art und Menge des benötigten Brennstoffes von Notstromaggregaten mitzuteilen. § 2 Abs. 2 bestimmt die Erhebungsmerkmale, die nur für bestimmte Bereiche der Ernährungswirtschaft relevant sind. Verstöße hiergegen werden im Gegensatz zu Verstößen gegen die in Abs. 1 festgehaltenen Meldepflichten weder als Straftat noch als Ordnungswidrigkeit verfolgt.

II. Die einzelnen Tathandlungen

1. Die Ordnungswidrigkeiten nach § 7 Abs. 1. In § 7 Abs. 1 sind unter Verweis auf § 14 Abs. 1 **7** Nr. 1 EVG die Ordnungswidrigkeiten geregelt. Danach handelt derjenige ordnungswidrig, der entgegen seiner Meldepflicht die vorgeschriebene Meldung, die im Fall einer Versorgungskrise der Sicherung der Versorgung der Bevölkerung mit Nahrungsmitteln und landwirtschaftlichen Erzeugnissen dienen soll (§ 5 Nr. 1 iVm § 1 Abs. 1 EVG), nicht, nicht richtig, nicht vollständig oder nicht rechtzeitig innerhalb des von der Verordnung vorgegebenen Turnus von vier Jahren abgibt. Die Tathandlungen umfassen dabei sowohl vorsätzliches als auch fahrlässiges Handeln. Die Ordnungswidrigkeit kann mit einer Geldbuße bis zu 25.000 EUR geahndet werden (§ 7 Abs. 1 iVm § 14 Abs. 2, Abs. 1 Nr. 1 EVG).

2. Die Straftaten nach § 7 Abs. 2. Bei § 7 Abs. 2 handelt es sich um ein Vergehen. Die Vorschrift **8** verweist hinsichtlich des Strafrahmens auf § 15 EVG. Danach werden Zuwiderhandlungen mit einer Freiheitsstrafe bis zu zwei Jahren oder mit Geldstrafe bestraft. Als Zuwiderhandlungen nach § 7 Abs. 2 kommen ein beharrlich wiederholter Verstoß gegen die Meldepflicht (Alt. 1; → Rn. 9) in Betracht, eine schwere Gefährdung der Versorgung der Bevölkerung durch einen Verstoß gegen die Meldepflicht (Alt. 2; → Rn. 10) oder das Ausnutzen einer außergewöhnlichen Mangellage bei der Begehung des Verstoßes gegen die Meldepflicht zur Erzielung von bedeutenden Vermögensvorteilen (Alt. 3; → Rn. 11). Die Begrifflichkeiten orientieren sich dabei an den Formulierungen im WiStG (1954). Als Begehungsform setzt § 7 Abs. 2 jeweils Vorsatz voraus. Fahrlässiges Handeln wird lediglich als Ordnungswidrigkeit nach Abs. 1 verfolgt.

Ein beharrlich wiederholter Verstoß gegen die Meldepflicht liegt vor, wenn der Meldepflichtige das **9** gesetzliche Verbot immer wieder übertritt oder zu übertreten bereit ist (vgl. zum Begriff der Beharrlichkeit etwa Erbs/Kohlhaas/*Lampe* WiStG (1954) § 2 Rn. 4 oder Schönke/Schröder/*Eisele* StGB § 184d Rn. 5). Eine wiederholte Begehung ist dabei zwar immer erforderlich, genügt aber allein zur Verwirklichung des gesetzlichen Tatbestandes nicht. Der Täter muss vielmehr durch seine Tathandlungen eine besondere Hartnäckigkeit an den Tag legen, die Ausdruck einer gesteigerten Gleichgültigkeit ggü. dem gesetzlichen Verbot ist, so dass damit zugleich die Gefahr weiterer Verstöße indiziert wird (Schönke/Schröder/*Eisele* StGB § 184d Rn. 5). Ob das Verhalten des Meldepflichtigen die zur Tatbestandsverwirklichung erforderliche Hartnäckigkeit aufweist, ist aufgrund einer Gesamtwürdigung seines Verhaltens zu ermitteln. Dies kann zB der Fall sein, wenn der Meldepflichtige sich seiner Meldepflicht durch besondere Vorkehrungen zu entziehen sucht oder wenn er sich bereits gegen ihn ergangene Bußgeldbescheide oder einschlägige Verurteilungen nicht zur Warnung hat dienen lassen. An der Hartnäckigkeit kann es dagegen fehlen, wenn zwischen den einzelnen Verstößen ein Zeitraum von mehreren Jahren liegt (vgl. Schönke/Schröder/*Eisele* StGB § 184d Rn. 5 mwN). Auch der einmalig wiederholte Verstoß gegen die Meldepflicht wird idR nicht zu einer Strafbarkeit führen, wenn nicht bereits weitere gewichtige Umstände dafür sprechen, dass sich der Täter auch in Zukunft nicht an seine gesetzliche Verpflichtungen halten wird.

Eine schwere Gefährdung der Versorgung der Bevölkerung ist gegeben, wenn durch den Verstoß **10** gegen die Meldepflicht eine erhebliche Beeinträchtigung der Bedarfsdeckung der Bevölkerung mit lebenswichtigen Nahrungsmitteln und landwirtschaftlichen Erzeugnissen konkret droht. Dabei muss die Wahrscheinlichkeit eines Schadens näher liegen als sein Ausbleiben (vgl. BGHSt 8, 31). Ob eine drohende Beeinträchtigung erheblich ist, bestimmt sich nach der Größe des betroffenen Bevölkerungsteils und der Bedeutung und Menge der im Fall einer Versorgungskrise fehlenden Güter. Eine schwere Gefährdung nur auf einem bestimmten Gebiet in einem örtlichen Bereich genügt; eine allgemeine

Gefährdung der Versorgung der Gesamtbevölkerung ist nicht erforderlich (Erbs/Kohlhaas/*Lampe* WiStG (1954) § 1 Rn. 8).

11 Die dritte Tatbestandsalternative setzt zunächst das Vorliegen einer außergewöhnlichen Mangellage voraus. Unter einer Mangellage iSd Verordnung ist eine objektiv feststellbare Verknappung von ernährungswirtschaftlichen und landwirtschaftlichen Erzeugnissen zu verstehen. Außergewöhnlich ist eine solche Mangellage, wenn sie zu einer nachhaltigen und dauerhaften Störung der Versorgung der Bevölkerung führt. Dies wird im Einzelfall schwer festzustellen sein, da schon eine gewöhnliche Mangellage, wie sie in Krisenzeiten ohnehin zu erwarten ist, zu einer Beeinträchtigung der Bedarfsdeckung der Bevölkerung mit Nahrungsmitteln und landwirtschaftlichen Erzeugnissen führen kann. Die Tatbestandsverwirklichung setzt weiterhin voraus, dass der Meldepflichtige die außergewöhnliche Mangellage ausnutzt, um einen bedeutenden Vermögensvorteil zu erzielen. Vermögensvorteil ist dabei jede günstige Gestaltung der Vermögenslage des Täters. Wann ein Vermögensvorteil bedeutend ist, liegt im Beurteilungsspielraum des Tatrichters. Feste Wertgrenzen sieht das Gesetz jedenfalls nicht vor. Anders als in § 1 Abs. 3 Nr. 2b WiStG (1954) setzt § 7 Abs. 2 (Alt. 3) ein über die Verfolgung seiner bloßen Vermögensinteressen hinausgehendes gewissenloses Handeln des Meldepflichtigen bei der Tatbegehung nicht voraus.

12 **3. Die Straftaten und Ordnungswidrigkeiten nach § 7 Abs. 3.** § 7 Abs. 3 knüpft im Unterschied zu den ersten beiden Absätzen daran an, ob die Meldung der Sicherstellung der Bedarfsdeckung der Bevölkerung im **Verteidigungsfall** dient. Tathandlungen sind wie bei § 7 Abs. 1 auch die unterlassene, unrichtige, unvollständige oder nicht rechtzeitige Abgabe der Meldung durch den Meldepflichtigen. Eine Zuwiderhandlung stellt dabei grds. ein Vergehen dar. Als Begehungsformen kommen Vorsatz und Fahrlässigkeit in Betracht. § 7 Abs. 3 verweist weiterhin auf § 22 ESG iVm § 1 Abs. 1 Nr. 3, Abs. 2–4 WiStG (1954). Danach ist der Versuch strafbar (§ 1 Abs. 2 WiStG (1954)). Vorsätzliche Zuwiderhandlungen gegen die Meldepflicht sind im Regelfall mit einer Freiheitsstrafe bis zu fünf Jahren oder mit Geldstrafe bedroht (§ 7 Abs. 3 iVm § 22 ESG, § 1 Abs. 1 WiStG (1954)); fahrlässige Taten mit Freiheitsstrafe bis zu zwei Jahren oder mit Geldstrafe (§ 7 Abs. 3 iVm § 22 ESG, § 1 Abs. 4 WiStG (1954)). Bei besonders schweren Fällen greift die erhöhte Strafandrohung nach § 7 Abs. 3 iVm § 22 ESG, § 1 Abs. 3 WiStG (1954). Zuwiderhandlungen, die als besonders schwerer Fall anzusehen sind, werden mit einer Freiheitsstrafe von mindestens sechs Monaten bestraft. Die Höchststrafe beträgt 15 Jahre (§ 38 Abs. 2 StGB). In § 1 Abs. 3 WiStG (1954) sind mehrere **Regelbeispiele** für das Vorliegen eines besonders schweren Falles aufgeführt. Diese knüpfen an das Maß der Gefährdung sowie an die Stellung und die Beweggründe des Täters an.

13 So liegt ein besonders schwerer Fall nach der gesetzlichen Bestimmung in der Regel nur durch den Verstoß gegen die Meldepflicht die Versorgung der Bevölkerung (→ Rn. 10) oder das Leben oder die Freiheit eines anderen gefährdet bzw. Maßnahmen, die zur Abwendung einer gegenwärtigen Gefahr für das Leben oder die Freiheit eines anderen erforderlich sind, nicht mehr rechtzeitig getroffen werden können (§ 1 Abs. 3 Nr. 1a u. b WiStG (1954)). Bei einer gegenwärtigen Gefahr handelt es sich – wie bei § 34 StGB auch – um einen Zustand der alsbald oder in allernächster Zeit in einen Schaden umschlagen kann (vgl. Schönke/Schröder/*Perron* StGB § 34 Rn. 17).

14 Ein besonders schwerer Fall ist auch gegeben, wenn der Täter seine einflussreiche Stellung im Wirtschaftsleben oder in der Wirtschaftsverwaltung zur Erzielung von bedeutenden Vermögensvorteilen (→ Rn. 11) gröblich missbraucht (§ 1 Abs. 3 Nr. 2a WiStG (1954)). Bereits die Bestimmung einer „einflussreichen Stellung" wird hierbei schwierig sein. Es wird insoweit auf den Umfang der Entscheidungen und die Tragweite der Befugnisse des Täters ankommen. Eine bloße Weisungsbefugnis soll nicht ausreichen. Wann die Grenze zwischen einem einfachen zu einem gröblichen Missbrauch überschritten ist, bleibt ebenfalls fraglich (vgl. zum Ganzen Erbs/Kohlhaas/*Lampe* WiStG (1954) § 1 Rn. 10). Jedenfalls dürfte dieses Regelbeispiel für die Mehrzahl der meldepflichtigen Betriebe schon aufgrund ihrer geringen Größe kaum eine Bedeutung haben.

15 Das Ausnutzen einer außergewöhnlichen Mangellage (zum Begriff → Rn. 11) kann ebenfalls als ein besonders schwerer Fall angesehen werden. § 1 Abs. 3 Nr. 2b WiStG (1954) setzt jedoch zusätzlich voraus, dass der Täter hierbei gewissenlos handelt, dh aus einer gemeinschaftswidrigen Gesinnung heraus (vgl. Erbs/Kohlhaas/*Lampe* WiStG (1954) § 1 Rn. 11, der insoweit auf eine Entscheidung des Reichsgerichts verweist).

16 Schließlich soll auch gewerbsmäßiges Handeln zur Erzielung von hohen Gewinnen die Voraussetzungen eines besonders schweren Falles in der Regel erfüllen. Gewerbsmäßigkeit liegt jedenfalls vor, wenn sich der Täter eine nicht nur vorübergehende Einnahmequelle von einigem Umfang verschafft (stRspr; vgl. etwa BGH BeckRS 2008, 12834 mwN; Erbs/Kohlhaas/*Lampe* WiStG (1954) § 1 Rn. 12).

17 Verwirklicht der Täter eines (oder mehrere) der vorgenannten Regelbeispiele so bedeutet dies nicht zwangsläufig, dass auch ein besonders schwerer Fall vorliegt. Dem Regelbeispiel kommt insoweit lediglich eine – wenn auch erhebliche – Indizwirkung zu. Entscheidend ist vielmehr eine Gesamtwürdigung der tatsächlichen Umstände. Insoweit kommt dem Tatrichter ein Beurteilungsspielraum zu (vgl. BGHR StGB Vor § 1/besonders schwerer Fall Prüfungsumfang 1).

Nur ausnahmsweise kommt eine Ahndung als Ordnungswidrigkeit in Betracht, wenn die Zuwider- **18** handlung von geringerer Bedeutung ist (§ 7 Abs. 3 iVm § 2 WiStG (1954)). Dies ist etwa der Fall, wenn der Verstoß gegen die Meldepflicht nur zu geringfügigen Beeinträchtigungen führen kann. Durch den Verweis auf § 2 Abs. 2 WiStG (1954) wird aber deutlich, dass auch Taten von geringer Bedeutung als Straftaten zu ahnden sind, wenn der Täter sie beharrlich wiederholt (→ Rn. 9). Auch eine versuchte (Straf-)Tat kann als Ordnungswidrigkeit verfolgt werden, wenn die Gefährdung nur ein geringes Gewicht hat.

300. Verordnung über das Inverkehrbringen kindergesicherter Feuerzeuge (Feuerzeugverordnung – FeuerzeugV)

Vom 3. April 2007 (BGBl. I S. 486) FNA 8053-7-2

Zuletzt geändert durch Art. 25 G über die Neuordnung des Geräte- und Produktsicherheitsrechts vom 8.11.2011 (BGBl. I S. 2178)

– Auszug –

§ 5 Straftaten und Ordnungswidrigkeiten

(1) Ordnungswidrig im Sinne des § 39 Absatz 1 Nummer 7 Buchstabe a des Produktsicherheitsgesetzes handelt, wer vorsätzlich oder fahrlässig entgegen § 3 Abs. 1 Satz 1 ein dort genanntes Feuerzeug auf dem Markt bereitgestellt.

(2) Wer eine in Absatz 1 bezeichnete vorsätzliche Handlung beharrlich wiederholt oder durch eine solche vorsätzliche Handlung Leben oder Gesundheit eines Anderen oder fremde Sachen von bedeutendem Wert gefährdet, ist nach § 40 des Produktsicherheitsgesetzes strafbar.

A. Allgemeines

1   Mit der Verordnung über das Inverkehrbringen kindergesicherter Feuerzeuge v. 3.4.2007 (BGBl. I 486) hat der Verordnungsgeber die Entscheidung der Kommission v. 11.5.2006 (2006/502/EG – ABl. 2006 L 198, 41) in deutsches Recht umgesetzt. Letztere verpflichtet die Mitgliedstaaten dazu, Maßnahmen zu treffen, damit nur noch bestimmte, den europäischen Vorgaben entsprechende kindergesicherte Feuerzeuge erstmals in Verkehr gebracht werden und das erstmalige Inverkehrbringen von „Feuerzeugen mit Unterhaltungseffekten" untersagt wird (vgl. BR-Drs. 131/07, 1, 5). Damit dürfen keine derartigen Feuerzeuge mehr in den europäischen Binnenmarkt kommen. Der Abverkauf von Restbeständen war indes zunächst weiterhin erlaubt (BR-Drs. 131/07, 5). Die Verordnung dient dem Schutz der Kinder vor den Gefahren beim Umgang mit diesen Feuerzeugen sowie dem Schutz der Umgebung vor diesen Gefahren (BR-Drs. 131/07, 1).

2   Änderungen erfuhr die FeuerzeugV durch die Erste und Zweite Verordnung zur Änderung der FeuerzeugV v. 24.7.2008 (BGBl. I 1404) und 9.1.2009 (BGBl. I 1933). Die jüngste Änderung erfolgte durch das Gesetz über die Neuordnung des Geräte- und Produktsicherheitsrechts v. 8.11.2011 (BGBl. I 2178; 2012, 131). Damit wurde der Tatsache Rechnung getragen, dass das bis dahin geltende GPSG aufgehoben worden ist und die entsprechenden Vorschriften in das Produktsicherheitsgesetz (ProdSG) überführt worden sind (BT-Drs. 17/6276, 54).

3   § 5 enthält in Abs. 1 einen Ordnungswidrigkeitentatbestand und in Abs. 2 eine Strafvorschrift. Dadurch soll sichergestellt werden, dass dem Schutzzweck der Verordnung hinreichend Rechnung getragen wird. Die Regelung bestimmt iVm § 39 Abs. 1 Nr. 7a ProdSG, in welchen Fällen ein Verstoß gegen § 3 Abs. 1 S. 1 eine Ordnungswidrigkeit oder – im Fall des Abs. 2 iVm § 40 ProdSG – eine Straftat darstellt. Bei der Vorschrift des § 5 handelt es sich um eine **blankettartige Norm** (zum Begriff der Blankettnorm; BGHSt 28, 213 (215) mwN), da sie bei der Tatbestandsbeschreibung auf andere Vorschriften der FeuerzeugV und des ProdSG verweist und sich ihr Tatbestand somit erst aus einer Gesamtschau mit den entsprechenden ausfüllenden Vorschriften ergibt. § 5 wird dabei dem Bestimmtheitsgebot des Art. 103 Abs. 2 GG (BVerfGE 37, 201 (208 f.); BGH NStZ 1982, 206) gerecht, da durch die Verweisung auf die in Betracht kommenden Ausfüllungsvorschriften die Voraussetzungen der Bußgeldbewehrung bzw. der Strafbarkeit hinreichend deutlich gemacht werden.

B. Ordnungswidrigkeiten nach § 5 Abs. 1

4   Nach **§ 5 Abs. 1** stellen vorsätzliche oder fahrlässige Verstöße gegen die Vorgaben des § 3 Abs. 1 S. 1 eine **Ordnungswidrigkeit** iSd § 39 Abs. 1 Nr. 7a ProdSG dar.

I. Objektiver Tatbestand

5   Gem. § 5 Abs. 1 sind Zuwiderhandlungen gegen § 3 Abs. 1 S. 1 bußgeldbewehrt. **§ 3 Abs. 1 S. 1 Nr. 1** enthält die Grundregel, dass die der Verordnung unterliegenden Feuerzeuge nur auf dem Markt bereitgestellt werden dürfen, wenn sie **kindergesichert** beschaffen sind. Damit dieser Anforderung auf Seiten der Hersteller nachgekommen werden kann, verweist § 3 Abs. 1 S. 2 Nr. 1 auf die einschlägigen Spezifikationen der Europäischen Norm EN 13869:2002. Bei Feuerzeugen, die den Vorgaben in

nationalen Normen zur Umsetzung europäischer Normen entsprechen, wird nach europäischem und deutschem Produktsicherheitsrecht vermutet, dass sie die Anforderungen an die kindergesicherte Beschaffenheit erfüllen. Entsprechendes gilt auch für Feuerzeuge, die entsprechenden Vorschriften aus Drittländern genügen, sofern diese den Voraussetzungen des § 3 gleichwertig sind, § 3 Abs. 1 S. 2 Nr. 2 (BR-Drs. 131/07, 8).

§ 3 Abs. 1 S. 1 Nr. 2 untersagt darüber hinaus die Bereitstellung auf dem Markt von **Feuerzeugen** 6 **mit Unterhaltungseffekt.** Inhalt und Umfang dieses Verbots ergeben sich aus einer Zusammenschau mit § 1 Abs. 2 u. 3 sowie § 2 Nr. 2. Danach ist die Bereitstellung auf dem Markt von solchen Feuerzeugen mit Unterhaltungseffekt verboten, die „Wegwerffeuerzeuge" sind oder die in irgendeiner Weise anderen Gegenständen ähneln, die gemeinhin für Kinder im Alter von unter 51 Monaten zum Spielen attraktiv oder offensichtlich zur Verwendung durch diese Kinder bestimmt erscheinen oder von denen akustische Effekte oder Animationsbilder ausgehen (BR-Drs. 131/07, 8).

II. Subjektiver Tatbestand

Der Ordnungswidrigkeitentatbestand des § 5 Abs. 1 kann vorsätzlich – wobei bedingter Vorsatz 7 genügt – oder fahrlässig begangen werden. **Vorsätzlich** handelt der Täter, wenn er die Tatumstände des Bußgeldtatbestandes – und damit auch der der blankettartige Norm ausfüllenden Vorschrift – im Einzelnen kennt und die Tat unter diesen Umständen begehen will (vgl. Fischer StGB § 15 Rn. 4). Mit **dolus eventualis** handelt, wer lediglich mit der Möglichkeit einer Tatbestandsverwirklichung rechnet, dies aber gleichwohl billigend in Kauf nimmt (vgl. Fischer StGB § 15 Rn. 9 ff.). **Fahrlässigkeit** liegt vor, wenn der Täter die ihm nach den Umständen und seinen persönlichen Fähigkeiten obliegende Sorgfaltspflicht außer Acht lässt und deshalb nicht erkennt oder voraussieht, dass er einzelne Merkmale des jeweiligen objektiven Tatbestandes erfüllt (unbewusste Fahrlässigkeit) oder er zwar mit dieser Möglichkeit rechnet, entgegen dieser Einsicht jedoch pflichtwidrig darauf vertraut, dass es dazu nicht kommen werde (bewusste Fahrlässigkeit).

Im Falle eines **Irrtums** des Täters kommt § 11 OWiG zur Anwendung, wonach Tatbestands- und 8 Verbotsirrtum auch im Ordnungswidrigkeitenrecht nach den im Strafrecht entwickelten Grundsätzen zu behandeln sind.

C. Straftaten nach § 5 Abs. 2

§ 5 **Abs. 2** enthält iVm § 40 ProdSG einen **Straftatbestand** für den Fall, dass der Täter eine in 9 Abs. 1 dargestellte vorsätzliche Zuwiderhandlung gegen § 3 Abs. 1 S. 1 (→ Rn. 5 f.) **beharrlich wiederholt** oder durch eine solche vorsätzliche Handlung das **Leben** oder die **Gesundheit** eines anderen oder **fremde Sachen von bedeutendem Wert gefährdet.**

I. Objektiver Tatbestand

Der Straftatbestand des § 5 Abs. 2 enthält zwei Tatbestandsvarianten: 10

1. Beharrliche Wiederholung einer vorsätzlichen Zuwiderhandlung – Alt. 1. Durch die 11 **beharrliche Wiederholung** einer vorsätzlichen Zuwiderhandlung gegen § 3 Abs. 1 S. 1 werden Ordnungswidrigkeiten iSv § 5 Abs. 1 zu Straftaten qualifiziert. Bei den Begriffen „beharrlich wiederholt" handelt es sich um **unbestimmte** Rechtsbegriffe. Der strafrechtlichen Rspr. steht insofern ein gewisser **Ermessensspielraum** zu. Lediglich ein einmaliger vorausgegangener Verstoß wird in der Regel nicht ausreichen, um von einer beharrlichen Wiederholung der Zuwiderhandlung und damit von einer Straftat auszugehen. Vielmehr wird regelmäßig ein ständiges, immer wieder aufs Neue erfolgendes Übertreten der Vorgaben des § 3 Abs. 1 S. 1 erforderlich sein, um ein beharrliches Wiederholen der Zuwiderhandlung zu bejahen (vgl. noch zu § 20 GPSG: Klindt GPSG § 20 Rn. 3 mwN).

2. Gefährdung von Leben, Gesundheit und bedeutenden Sachwerten – Alt. 2. Die zweite 12 Tathandlungsalternative dieses Straftatbestandes setzt eine **konkrete Gefährdung** von Leben oder Gesundheit eines anderen oder einer fremden Sache von bedeutendem Wert voraus. Bei dieser Tatbestandsvariante kommt es – anders als bei Alt. 1 – nicht auf eine beharrlich wiederholte Zuwiderhandlung an. Ausreichend ist vielmehr eine bloße konkrete Gefährdung der bezeichneten Rechtsgüter, die bereits bei einer einmaligen Zuwiderhandlung bestehen kann. Es handelt sich somit um ein **konkretes Gefährdungsdelikt.** Das Gesetz verlangt **nicht** den Eintritt einer Gesundheits- bzw. Sachbeschädigung oder des Todes, sondern nur das Bestehen einer konkreten Gefahr, die eine Beeinträchtigung der Gesundheit bzw. von bedeutenden Sachwerten oder den Tod nach allgemeinen Erfahrungssätzen befürchten lässt. Die Gefährdung des Lebens, der Gesundheit oder von bedeutenden Sachwerten muss bei verständiger Betrachtung auf eine Nichtbeachtung der in Abs. 1 aufgeführten bußgeldbewehrten Zuwiderhandlungen zurückzuführen sein. Dabei muss ein **Kausalzusammenhang** zwischen einem solchen Verstoß und der Gefährdung des Lebens, der Gesundheit oder von bedeutenden Sachwerten bestehen. Diese erforderliche Gefährdung ist keine objektive Bedingung der Strafbarkeit, sondern **Tat-**

bestandsmerkmal, das vom Vorsatz (zumindest dolus eventualis) mit umfasst sein muss (→ Rn. 18). Die Gefährdung ist **konkret,** wenn die Zuwiderhandlung nach den Umständen des Einzelfalles die Möglichkeit des Todes oder einer Schädigung der Gesundheit nahelegt (vgl. noch zu § 20 GPSG: Klindt GPSG § 20 Rn. 4).

13   **Gesundheit** meint den unversehrten körperlichen, geistigen und seelischen Zustand eines Menschen. Die Gefahr für die Gesundheit besteht in einer drohenden Gesundheitsbeschädigung. Diese setzt voraus, dass ein vom Normalzustand der körperlichen Funktionen nachteilig abweichender Zustand hervorgerufen oder gesteigert wird. Die Beeinträchtigung braucht dabei nicht von Dauer zu sein. Eine psychische Beeinträchtigung genügt für die Annahme einer Gesundheitsbeschädigung für sich allein jedoch nicht. Es ist vielmehr erforderlich, dass in diesen Fällen der Körper durch die psychische Beeinträchtigung in einen krankhaften Zustand, insbes. nervlicher Art, versetzt wird (→ VersVermV § 18 Rn. 26 mwN). Eine Gesundheitsbeschädigung liegt jedoch in allen diesen Fällen nur vor, wenn die Beeinträchtigungen **nicht nur unerheblich** sind (→ VersVermV § 18 Rn. 26 mwN).

14   Eine **Schädigung der Gesundheit wird nicht vorausgesetzt.** Erforderlich ist vielmehr lediglich deren **Gefährdung.** Durch die in Betracht kommenden Zuwiderhandlungen müssen zumindest derart regelwidrige Zustände geschaffen werden, dass nach der allgemeinen Lebenserfahrung mit einer nicht unerheblichen Beeinträchtigung der Gesundheit oder Gefahr für Leib oder Leben zu rechnen ist, so dass der Eintritt eines Schadens bei einer der geschützten Personen oder Sachen nach der Lebenserfahrung alsbald **wahrscheinlich** ist. Ein hoher Grad an Wahrscheinlichkeit ist jedoch nicht erforderlich. Bei der Feststellung einer Gesundheitsgefährdung wird es jedoch im Hinblick darauf, dass es sich bei § 5 Abs. 2 iVm § 40 ProdSG um eine Strafnorm handelt, erforderlich sein, nicht von einem übersteigerten Wertbegriff der Gesundheit auszugehen (→ VersVermV § 18 Rn. 27 mwN).

15   Eine Sache ist dann von **bedeutendem Wert,** wenn der über dem unbedeutenden Wert liegende „Mittelwert" überschritten wird. Ob eine Sache von bedeutendem Wert ist, hängt von ihrem **objektiven Verkehrswert** ab. Es muss sich dabei um die Sache **eines anderen** handeln. Die Vermögensverhältnisse des Gefährdeten sind für die Bemessung des Wertes einer Sache ohne Bedeutung. Es kommt auch nicht auf den funktionellen Wert einer Sache an. Maßgeblich ist die **Verkehrsauffassung.** Entsprechend der für die Tatbestände der §§ 315 ff. StGB entwickelten Rspr. ist auch vorliegend ein Wert unter **750 EUR** nicht als bedeutend anzusehen (BGH NStZ 2011, 215 (216); demgegenüber geht die Literatur dabei derzeit von einem Grenzwert zwischen 750 EUR und 1.300 EUR aus – vgl. Joecks StGB Vor § 306 Rn. 7; Fischer StGB § 315c Rn. 15 iVm § 315 Rn. 16a). Droht einer Sache von bedeutendem Wert nur geringe Gefahr, ist diese grds. nicht ausreichend, da es auf die Gefahr eines bedeutenden Sachschadens ankommt, die Sache daher in ihrem gesamten wirtschaftlichen Wert gefährdet sein muss. Wird an der Sache aufgrund einer Zuwiderhandlung iSv § 5 Abs. 1 ein Schaden verursacht, so ist dessen Höhe nicht alleiniger Maßstab für den Umfang der Gefahr. Vielmehr kann die Gefahr für die Sache erheblich größer gewesen sein als der tatsächlich eingetretene Schaden (→ VersVermV § 18 Rn. 28 mwN).

16   Für die **Teilnahme** an einer Straftat nach § 5 Abs. 2 gelten die Vorschriften der §§ 25 ff. StGB.

17   Der **Versuch** ist nicht strafbar, § 23 Abs. 1 StGB iVm § 12 Abs. 1 StGB.

II. Subjektiver Tatbestand

18   Der Straftatbestand des § 5 Abs. 2 setzt **vorsätzliches** Handeln voraus, wobei **bedingter** Vorsatz ausreicht. **Fahrlässiges** Handeln ist indes nicht strafbar, § 15 StGB. § 18 StGB findet auf § 5 Abs. 2 Alt. 2 keine Anwendung. Nach § 18 StGB liegt im Falle eines erfolgsqualifizierten Delikts eine Vorsatztat auch dann vor, wenn der Täter hinsichtlich der eigentlichen Tathandlung vorsätzlich handelt, auch wenn ihm hinsichtlich einer im Tatbestand enthaltenen besonderen Folge der Tat nur Fahrlässigkeit zur Last fällt. Vorliegend handelt es sich jedoch nicht um ein erfolgsqualifiziertes Delikt. Auch eine entsprechende Anwendung des § 18 StGB scheidet aus (BGHSt 26, 176 (180 ff.)). Vielmehr erfordert § 5 Abs. 2 Alt. 2 iVm § 40 ProdSG, dass der Täter auch bezüglich der erschwerenden strafbegründenden Umstände, sprich der konkreten Gefährdung (→ Rn. 12 ff.), vorsätzlich handelt. Dies folgt aus Art. 1 Abs. 1 EGStGB iVm § 15 StGB, wonach nur vorsätzliches Handeln strafbar ist, wenn nicht das Gesetz fahrlässiges Handeln ausdrücklich mit Strafe bedroht. Bei fahrlässiger Gefährdung eines der in § 5 Abs. 2 bezeichneten Rechtsgüter bleibt es beim Grundtatbestand der Ordnungswidrigkeit nach § 5 Abs. 1.

19   Im Falle eines **Irrtums** des Täters kommen die allgemeinen Grundsätze der §§ 16, 17 StGB zur Anwendung.

D. Rechtsfolgen

I. Ordnungswidrigkeiten, § 5 Abs. 1

20   Die Ordnungswidrigkeitentatbestände des § 5 Abs. 1 unterliegen den allgemeinen Vorschriften des Gesetzes über Ordnungswidrigkeiten. Ordnungswidrigkeiten werden **von Amts wegen** verfolgt. Sachlich zuständig hierfür ist nach § 36 OWiG grds. die fachlich zuständige oberste Landesbehörde oder die von der Landesregierung durch Rechtsverordnung bestimmte Verwaltungsbehörde.

Ob die zuständige Behörde eine Ordnungswidrigkeit verfolgt oder nicht, liegt in ihrem pflicht- 21
gemäßen **Ermessen**, § 47 Abs. 1 S. 1 OWiG. Aufgrund des geltenden **Opportunitätsprinzips** kann
sie sowohl die Ordnungswidrigkeit verfolgen, als auch das Verfahren einstellen. Zu beachten sind dabei
jedoch die allgemeinen Grenzen der Ermessensausübung, der Verhältnismäßigkeits- und der Gleichbehandlungsgrundsatz. Dementsprechend ist ein Bußgeldverfahren nur dann anzustrengen, wenn eine
Gesamtbetrachtung aller Umstände ergibt, dass eine Ahndung des Verwaltungsunrechts wegen des
Gewichts der festgestellten Zuwiderhandlung unter Beachtung des Verhältnismäßigkeitsgrundsatzes
erforderlich ist. Die zuständige Behörde hat dabei in die gebotene Gesamtabwägung einzustellen, ob die
Durchsetzung der durch die Ordnungswidrigkeitenvorschrift geschützten Rechtsordnung nicht einfacher auf andere Art und Weise – etwa durch Zwangsmittel – erreicht werden kann, ob die Aufklärung
des Sachverhalts zum äußeren und inneren Tatbestand einen erheblichen Aufwand erfordert oder ob bei
einer unklaren Rechtslage die Durchführung eines Bußgeldverfahrens sinnvoll ist. Ermessensfehlerhaft
ist beispielsweise, das weitere Betreiben eines Bußgeldverfahrens, wenn feststeht, dass die Tat wegen
einer im Gesetzgebungsverfahren befindlichen Gesetzesänderung in absehbarer Zeit nicht mehr als
Ordnungswidrigkeit verfolgbar ist oder der Bußgeldtatbestand aufgrund einer EG-Richtlinie zugunsten
des Betroffenen zu ändern ist.

Erlangt die zuständige Behörde iRd Bußgeldverfahrens Anhaltspunkte für das Vorliegen einer Straftat, 22
so hat sie die Sache gem. § 41 OWiG an die **Staatsanwaltschaft** abzugeben. Verfolgt die Staatsanwaltschaft eine Straftat, die mit einer Ordnungswidrigkeit zusammenhängt, so kann sie ihrerseits die Ordnungswidrigkeit verfolgen. Ist das Ordnungswidrigkeitenverfahren bereits bei Gericht anhängig, so kann
es nach pflichtgemäßem Ermessen mit Zustimmung der Staatsanwaltschaft gem. § 47 Abs. 2 OWiG
eingestellt werden, wenn die Ahndung der Tat nicht geboten erscheint.

Der **Versuch** der Bußgeldtatbestände des § 5 Abs. 1 unterliegt gem. § 13 Abs. 2 OWiG nicht der 23
Ahndung.

Die **Höhe** des Bußgeldes bestimmt vorliegend § 39 Abs. 2 ProdSG. Zwar enthält § 5 Abs. 1 keine 24
ausdrückliche Verweisung auf Abs. 2 dieser Vorschrift. Dem Willen des Verordnungsgebers ist jedoch zu
entnehmen, dass der Bußgeldrahmen gegenständlich durch den Bezug auf das ProdSG auf den dort
vorgesehenen Rahmen zu verbleiben hat. Danach kann eine Ordnungswidrigkeit nach § 5 Abs. 1 mit
einem Bußgeld bis zu **100.000 EUR** belegt werden, § 39 Abs. 2 ProdSG. Grundlage für die Zumessung
der Geldbuße sind nach § 17 Abs. 3 OWiG die Bedeutung der Ordnungswidrigkeit und der Vorwurf,
der den Täter trifft. Ebenso kommen die wirtschaftlichen Verhältnisse des Täters in Betracht; bei
geringfügigen Ordnungswidrigkeiten bleiben sie jedoch in der Regel unberücksichtigt. Außerdem soll
nach § 17 Abs. 4 S. 1 OWiG die Geldbuße den wirtschaftlichen Vorteil übersteigen, den der Täter aus
der Ordnungswidrigkeit gezogen hat. In Fällen, in denen das gesetzliche Höchstmaß hierzu nicht
ausreicht, kann es gem. § 17 Abs. 4 S. 2 OWiG überschritten werden.

Für die **Verfolgungsverjährung** gelten die Vorschriften der §§ 31 ff. OWiG. 25

II. Straftaten, § 5 Abs. 2

Die Straftaten des § 5 Abs. 2 sind **Vergehen**, § 12 Abs. 2 StGB. Sie werden mit Geldstrafe (§ 40 26
StGB) oder mit Freiheitsstrafe bis zu einem Jahr (§§ 38, 39 StGB) geahndet, § 5 Abs. 2 iVm § 40
ProdSG. Neben Freiheitsstrafe kann nach § 41 StGB auf eine Geldstrafe erkannt werden, wenn sich der
Täter bereichert oder zumindest versucht hat, dies zu tun. Außerdem finden die allgemeinen Vor-
schriften über Einziehung und Verfall gem. §§ 73 ff. StGB Anwendung. Nach § 70 StGB kommt ferner
die Verhängung eines Berufsverbots in Betracht.

Die Straftaten nach § 5 Abs. 2 werden **von Amts wegen** verfolgt. 27

Verfolgungsverjährung tritt in der Regel in drei Jahren ein, § 78 Abs. 3 Nr. 5 StGB. IÜ finden die 28
allgemeinen Verjährungsvorschriften der §§ 78 ff. StGB Anwendung.

302. Gesetz zur Durchführung der Rechtsakte der Europäischen Gemeinschaft über die Etikettierung von Fischen und Fischereierzeugnissen (Fischetikettierungsgesetz – FischEtikettG)

In der Fassung der Bekanntmachung vom 1. August 2002 (BGBl. I S. 2980) FNA 7847-25

Zuletzt geändert durch Artikel 1 G. v. 20.10.2015 (BGBl. I S. 1736)

– Auszug –

Vorbemerkung

1   Nach § 1 dient das FischEtikettG der Durchführung der Vorschriften zur Verbraucherinformation und Etikettierung von Fischen und Fischereierzeugnissen nach Art. 4 der **VO (EG) Nr. 104/2000** über die gemeinsame Marktorganisation für Erzeugnisse der Fischerei und der Aquakultur und der zu seiner Durchführung erlassenen Gemeinschaftsvorschriften – namentlicher der der **VO (EG) Nr. 2065/2001** der Kommission v. 22.10.2001 mit Durchführungsbestimmungen zur VO (EG) Nr. 104/2000 des Rates hinsichtlich der Verbraucherinformation bei Erzeugnissen der Fischerei und der Aquakultur. Beide Verordnungen wurden indes zwischenzeitlich aufgehoben; die VO (EG) Nr. 104/2000 durch Art. 46 Abs. 1 der VO (EU) Nr. 1379/2013 mWz 1.1.2014 (wobei Art. 4 der VO (EG) Nr. 104/2000 bis zum 12.12.2014 galt), die VO (EG) Nr. 2065/2001 durch Art. 1 Abs. 2 der VO (EU) Nr. 1420/2013 mWz 12.12.2014. Die Vorschriften der VO (EG) Nr. 104/2000 wurden durch die entsprechenden Vorschriften der VO (EU) Nr. 1379/2013 ersetzt, wobei sich in Art. 46 Abs. 2 der VO (EU) Nr. 1379/2013 eine Entsprechungsklausel findet (→ Vorb. LFGB Rn. 25). Anstelle der Vorschriften der VO (EG) Nr. 2065/2001 treten ab dem 13.12.2014 die Vorschriften der LMIV (→ LFGB § 59 Rn. 21 ff.). Zweck der in Bezug genommenen Verordnungen ist, bei der Erzeugung und Vermarktung von Fischereierzeugnissen dem **Gebot einer nachhaltigen Fischerei** Rechnung zu tragen. Insoweit soll die gemeinsame Marktorganisation im Interesse besserer Erzeugereinkommen die Marktpreise stabilisieren und qualitativ wie auch quantitativ eine bessere Anpassung des Angebots an die Nachfrage begünstigen. Erzeugnisse von unzureichender Qualität sollen vom Markt ferngehalten werden. Im Interesse der Verbraucher soll zudem angesichts der immer größeren Ausweitung des Angebots von frisch und gekühlt vermarkteter Fischereierzeugnisse eine **Mindestinformation der Verbraucher** über die Hauptmerkmale der Erzeugnisse sichergestellt werden. Zu diesem Zweck werden für die betreffenden Erzeugnisse **gemeinsame Vermarktungsnormen** und deren Anwendungsbereich festgelegt und durch die Mitgliedstaaten Verzeichnisse der in ihrem Hoheitsgebiet **zulässigen Handelsbezeichnungen** erstellt. Um das Erreichen der insoweit verfolgten Zwecke sicherzustellen, ist eine Kontrolle der Erzeugnisse erforderlich, die den Mitgliedstaaten obliegt. Die für die Anwendung des Gesetzes wesentlichen Begriffsbestimmungen finden sich hierbei in Art. 5 VO (EU) Nr. 1379/2013 und in § 2.

2   Das FischEtikettG wird ergänzt und konkretisiert durch die Vorschriften der auf Grundlage von § 3 Abs. 1 S. 1 Nr. 1a, Nr. 2b u. 2c, § 5 Abs. 5 Nr. 2 und von § 8 Abs. 3 erlassenen Vorschriften der Verordnung zur Durchführung des Fischetikettierungsgesetzes (**Fischetikettierungsverordnung** – FischEtikettV) sowie den auf Grundlage von § 1 Abs. 3 iVm §§ 2 u. 3 sowie § 5 Abs. 1 S. 2 Handelsklassengesetz erlassenen Vorschriften der Verordnung über Vermarktungsnormen für Fischereierzeugnisse (**FischVermV**). Letztere dient insbes. – auch durch die Bußgeldbewehrung etwaiger Verstöße in § 4 FischVermV – der Durchführung der **VO (EG) Nr. 2406/96** des Rates v. 26.11.1996 über gemeinsame Vermarktungsnormen für bestimmte Fischereierzeugnisse, geändert durch die VO (EG) Nr. 323/97 der Kommission v. 21.2.1997, der **VO (EWG) Nr. 2136/89** des Rates über gemeinsame Vermarktungsnormen für Sardinenkonserven v. 21.6.1989 und der **VO (EWG) Nr. 1536/92** über gemeinsame Vermarktungsnormen für Thunfisch- und Bonitokonserven v. 9.6.1992.

§ 8 Bußgeldvorschriften

(1) Ordnungswidrig handelt, wer vorsätzlich oder fahrlässig

1. einer Rechtsverordnung nach
   a) § 3 Abs. 1 Satz 1 Nr. 1 Buchstabe a,
   b) § 3 Absatz 1 Satz 1 Nummer 1 Buchstabe b oder Buchstabe c oder Nr. 2 Buchstabe a oder d oder § 5 Abs. 5 oder
   c) § 6 Abs. 2 Satz 1

Sackreuther

oder einer vollziehbaren Anordnung auf Grund einer solchen Rechtsverordnung zuwiderhandelt, soweit die Rechtsverordnung für einen bestimmten Tatbestand auf diese Bußgeldvorschrift verweist,

2. einer vollziehbaren Anordnung nach § 5 Abs. 1 zuwiderhandelt,
3. entgegen § 5 Abs. 3 eine dort genannte Maßnahme nicht duldet oder bei der Besichtigung nicht mitwirkt oder
4. einer unmittelbar geltenden Vorschrift in Rechtsakten der Europäischen Union im Anwendungsbereich des § 1 Abs. 1 zuwiderhandelt, soweit eine Rechtsverordnung nach Absatz 3 für einen bestimmten Tatbestand auf diese Bußgeldvorschrift verweist.

(2) Die Ordnungswidrigkeit kann in den Fällen des Absatzes 1 Nr. 1 Buchstabe a und Nr. 4 mit einer Geldbuße bis zu dreißigtausend Euro, in den Fällen des Absatzes 1 Nr. 1 Buchstabe b mit einer Geldbuße bis zu zehntausend Euro und in den Fällen des Absatzes 1 Nr. 1 Buchstabe c und Nr. 2 und 3 mit einer Geldbuße bis zu fünftausend Euro geahndet werden.

(3) Das Bundesministerium wird ermächtigt, soweit dies zur Durchsetzung der Rechtsakte der Europäischen Union erforderlich ist, durch Rechtsverordnung ohne Zustimmung des Bundesrates die Tatbestände zu bezeichnen, die als Ordnungswidrigkeit nach Absatz 1 Nr. 4 geahndet werden können.

1. Allgemeines. Die in Form von **Blankettnormen** (→ Vorb. LFGB Rn. 19 ff.) gefassten Buß- **1** geldtatbestände ergänzen die verwaltungsrechtlichen Vorschriften des FischEtikettG und stellen durch die Bußgeldbewehrung deren Beachtung zusätzlich sicher. Der Schwerpunkt der Zuwiderhandlungen liegt hierbei bei **Verstößen gegen Mitwirkungs- und Duldungspflichten** der Verantwortlichen von Betrieben, die Fische oder Fischereierzeugnisse (vgl. Art. 1 VO (EG) Nr. 104/2000; jetzt Art. 5 VO (EU) Nr. 1379/2013) erzeugen, gewinnen (→ Vorb. LFGB Rn. 47), in den Verkehr bringen (→ Vorb. LFGB Rn. 45) oder sonst unmittelbar oder mittelbar am Geschäftsverkehr mit solchen Waren teilnehmen (Marktteilnehmer). Der **Schutz der Verbraucher vor Irreführung und Täuschung** (→ Vorb. LFGB Rn. 12 f.) wird insoweit allenfalls mittelbar gewährleistet. Lediglich bei dem Bußgeldtatbestand des § 8 Abs. 2 (→ Rn. 5) steht der Schutz des Verbrauchers an vollständiger und richtiger Information im Vordergrund. In subjektiver Hinsicht sind sowohl vorsätzliche (→ LFGB § 58 Rn. 47 ff.) als auch fahrlässige (→ LFGB § 58 Rn. 60 ff.) Verstöße als Ordnungswidrigkeiten definiert. Zur Verantwortlichkeit im Lebensmittelstrafrecht vgl. iÜ → Vorb. LFGB Rn. 29 ff.

2. Die einzelnen Bußgeldtatbestände. a) Ordnungswidrigkeiten nach § 8 Abs. 1 Nr. 1. § 8 2 Abs. 1 Nr. 1 stellt eine **Blankettvorschrift mit Rückverweisungsklausel** (→ Vorb. LFGB Rn. 26) dar. Bisher hat der Verordnungsgeber lediglich einen rückverweisenden Bußgeldtatbestand in **§ 6 Abs. 1 FischEtikettV** (bis zum 11.11.2015 fand sich die inhaltlich identische Vorschrift in § 8 FischEtikettV) geschaffen. Danach handelt ordnungswidrig iSv § 8 Abs. 1 Nr. 1b, wer gegen die in **§ 5 S. 1 FischEtikettV** statuierte zweijährige **Aufbewahrungspflicht hinsichtlich bestimmter Belege** verstößt. Dabei handelt es sich insbes. um die Belege iSv Art. 8 VO (EG) Nr. 2065/2001. Verstöße gegen vollziehbare Anordnung aufgrund des FischEtikettG oder anderen Rechtsverordnungen sind bisher nicht bußgeldbewehrt.

b) Ordnungswidrigkeiten nach § 8 Abs. 1 Nr. 2. In § 8 Abs. 1 Nr. 2 sind **Verstöße gegen 3 vollziehbare Anordnungen** (→ LFGB § 58 Rn. 34 ff.), die aufgrund von § 5 Abs. 1 ergangen sind, bußgeldbewehrt. Nach **§ 5 Abs. 1 kann insbes. angeordnet werden,** dass nicht oder fehlerhaft etikettierte Fische oder Fischereierzeugnisse nicht in den Verkehr gebracht (→ Vorb. LFGB Rn. 45), innergemeinschaftlich verbracht (→ LFGB § 58 Rn. 21), eingeführt (dh aus einem Drittland in das Gebiet der Europäischen Gemeinschaft verbracht werden) oder ausgeführt (→ LFGB § 58 Rn. 21) werden dürfen, bis sie ordnungsgemäß etikettiert worden sind.

c) Ordnungswidrigkeiten nach § 8 Abs. 1 Nr. 3. § 5 Abs. 3 sieht im Verwaltungsverfahren **4** verschiedene **Duldungs-, Mitwirkungs- und Übermittlungspflichten** der Verantwortlichen von Marktteilnehmern (→ Rn. 1) vor. Verstöße gegen diese Pflichten sind nach § 8 Abs. 1 Nr. 3 bußgeldbewehrt.

d) Ordnungswidrigkeiten nach § 8 Abs. 1 Nr. 4. Mit § 8 Abs. 1 Nr. 4 statuiert der Gesetzgeber **5** eine dem § 58 Abs. 3 LFGB entsprechende **Öffnungsklausel** hinsichtlich unmittelbar geltender Vorschriften des Gemeinschaftsrechts. Zum Zweck und der Anwendung solcher Öffnungsvorschriften mit Entsprechungsklausel → LFGB § 58 Rn. 41 ff. Die dortigen Ausführungen gelten für den vorliegenden Straftatbestand sinngemäß. Bisher findet sich ein entsprechender Tatbestand mit Rückverweisung in **§ 6 Abs. 2 FischEtikettV** (bis zum 11.11.2015 fand sich die inhaltlich identische Vorschrift in § 8 FischEtikettV). Danach handelt ordnungswidrig, wer entgegen Art. 8 S. 2 iVm S. 1 der **VO (EG) Nr. 2065/2001** eine **vorgeschriebene Angabe** über die Handelsbezeichnung, die Produktionsmethode oder das Fanggebiet (vgl. Art. 4 Abs. 1, 2 VO (EG) Nr. 104/2000) auf einer Stufe der Vermarktung nicht, **nicht richtig, nicht vollständig oder nicht in der vorgeschriebenen Weise macht** oder den wissenschaftlichen Namen der betreffenden Art nicht, nicht richtig, nicht vollständig oder nicht in der vorgeschriebenen Weise angibt.

6   **3. Rechtsfolgen. § 8 Abs. 2** sieht für die Ahndung der einzelnen Ordnungswidrigkeiten ein **gestuftes System** vor, nach dem Geldbußen zwischen **30.000 und 5.000 EUR** verhängt werden können. Da sämtliche Tatbestände des § 8 Abs. 1 sowohl vorsätzlich als auch fahrlässig (→ Rn. 1) verwirklicht werden können, reduziert sich der Höchstbetrag der Geldbuße für fahrlässiges Handeln auf die Hälfte der angedrohten Geldbuße (§ 17 Abs. 2 OWiG). Im Übrigen gelten für die Bemessung der Geldbuße die Vorgaben von § 17 Abs. 3 u. 4 OWiG. Sie hat sich an der Bedeutung der Ordnungswidrigkeiten und dem Vorwurf, der den Täter trifft sowie den wirtschaftlichen Verhältnissen zu orientieren. Die Geldbuße soll den wirtschaftlichen Vorteil, den der Täter aus der Ordnungswidrigkeit gezogen hat, übersteigen.

§ 9 Einziehung

[1] Ist eine Ordnungswidrigkeit nach § 8 Abs. 1 begangen worden, so können Gegenstände, auf die sich die Ordnungswidrigkeit bezieht, und Gegenstände, die zu ihrer Begehung oder Vorbereitung gebraucht worden oder bestimmt gewesen sind, eingezogen werden. [2] § 23 des Gesetzes über Ordnungswidrigkeiten ist anzuwenden.

1   Nach § 22 Abs. 1 OWiG ist die Einziehung von Gegenständen möglich, wenn das Gesetz sie zulässt. Nach § 9 S. 1 können die sog **Beziehungsgegenstände,** sprich solche, die notwendiger Gegenstand der Tat selbst sind (vgl. allg. Fischer StGB § 74 Rn. 10) und die Gegenstände, die zur Begehung bzw. Vorbereitung der Tat gebraucht worden oder bestimmt gewesen sind **(Tatmittel; instrumenta sceleris)** eingezogen werden. § 9 S. 1 erfasst nicht die Gegenstände, die durch die Tat hervorgebracht wurden **(producta sceleris).**

2   **Gegenstände iSv § 9** sind dabei wie auch bei § 74 StGB einerseits **Sachen.** Darüber hinaus sind von diesem Tatbestandsmerkmal aber **auch nicht körperliche Gegenstände, insbes. Rechte,** erfasst (BGH NStZ 1991, 456; OLG Karlsruhe NJW 1974, 710).

3   Grundsätzlich für jede Form der Einziehung gilt, dass nur solche Gegenstände eingezogen werden können, wenn der Täter oder Teilnehmer zur Zeit der letzten tatrichterlichen Entscheidung (BGHSt 8, 12) **Eigentümer oder Rechtsinhaber** ist (§ 22 Abs. 2 Nr. 1 OWiG). Ausnahmen sieht § 22 Abs. 2 Nr. 2 OWiG vor (sog Sicherungseinziehung). Darüber hinaus ist eine **Dritteinziehung** unter den Voraussetzungen der § 23 OWiG nach **richterlichem Ermessen** zulässig. Erforderlich ist insoweit, dass das Gesetz auf die entsprechende Vorschrift verweist. Dem entspricht § 9 S. 2.

305. Verordnung (EG) Nr. 139/2004 des Rates vom 20. Januar 2004 über die Kontrolle von Unternehmenszusammenschlüssen („EG-Fusionskontrollverordnung" – FKVO)

(ABl. Nr. L 24 S. 1) Celex-Nr. 3 2004 R 0139

– Auszug –

Artikel 14 Geldbußen

(1) Die Kommission kann gegen die in Artikel 3 Absatz 1 Buchstabe b) bezeichneten Personen, gegen Unternehmen und Unternehmensvereinigungen durch Entscheidung Geldbußen bis zu einem Höchstbetrag von 1% des von dem beteiligten Unternehmen oder der beteiligten Unternehmensvereinigung erzielten Gesamtumsatzes im Sinne von Artikel 5 festsetzen, wenn sie vorsätzlich oder fahrlässig

a) in einem Antrag, einer Bestätigung, einer Anmeldung oder Anmeldungsergänzung nach Artikel 4, Artikel 10 Absatz 5 oder Artikel 22 Absatz 3 unrichtige oder irreführende Angaben machen,

b) bei der Erteilung einer nach Artikel 11 Absatz 2 verlangten Auskunft unrichtige oder irreführende Angaben machen,

c) bei der Erteilung einer durch Entscheidung gemäß Artikel 11 Absatz 3 verlangten Auskunft unrichtige, unvollständige oder irreführende Angaben machen oder die Auskunft nicht innerhalb der gesetzten Frist erteilen,

d) bei Nachprüfungen nach Artikel 13 die angeforderten Bücher oder sonstigen Geschäftsunterlagen nicht vollständig vorlegen oder die in einer Entscheidung nach Artikel 13 Absatz 4 angeordneten Nachprüfungen nicht dulden,

e) in Beantwortung einer nach Artikel 13 Absatz 2 Buchstabe e) gestellten Frage
 – eine unrichtige oder irreführende Antwort erteilen,
 – eine von einem Beschäftigten erteilte unrichtige, unvollständige oder irreführende Antwort nicht innerhalb einer von der Kommission gesetzten Frist berichtigen oder
 – in Bezug auf Fakten im Zusammenhang mit dem Gegenstand und dem Zweck einer durch Entscheidung nach Artikel 13 Absatz 4 angeordneten Nachprüfung keine vollständige Antwort erteilen oder eine vollständige Antwort verweigern,

f) die von den Bediensteten der Kommission oder den anderen von ihr ermächtigten Begleitpersonen nach Artikel 13 Absatz 2 Buchstabe d) angebrachten Siegel gebrochen haben.

(2) Die Kommission kann gegen die in Artikel 3 Absatz 1 Buchstabe b) bezeichneten Personen oder die beteiligten Unternehmen durch Entscheidung Geldbußen in Höhe von bis zu 10% des von den beteiligten Unternehmen erzielten Gesamtumsatzes im Sinne von Artikel 5 festsetzen, wenn sie vorsätzlich oder fahrlässig

a) einen Zusammenschluss vor seinem Vollzug nicht gemäß Artikel 4 oder gemäß Artikel 22 Absatz 3 anmelden, es sei denn, dies ist ausdrücklich gemäß Artikel 7 Absatz 2 oder aufgrund einer Entscheidung gemäß Artikel 7 Absatz 3 zulässig,

b) einen Zusammenschluss unter Verstoß gegen Artikel 7 vollziehen,

c) einen durch Entscheidung nach Artikel 8 Absatz 3 für unvereinbar mit dem Gemeinsamen Markt erklärten Zusammenschluss vollziehen oder den in einer Entscheidung nach Artikel 8 Absatz 4 oder 5 angeordneten Maßnahmen nicht nachkommen,

d) einer durch Entscheidung nach Artikel 6 Absatz 1 Buchstabe b), Artikel 7 Absatz 3 oder Artikel 8 Absatz 2 Unterabsatz 2 auferlegten Bedingung oder Auflage zuwiderhandeln.

(3) Bei der Festsetzung der Höhe der Geldbuße ist die Art, die Schwere und die Dauer der Zuwiderhandlung zu berücksichtigen.

(4) Die Entscheidungen aufgrund der Absätze 1, 2 und 3 sind nicht strafrechtlicher Art.

Literatur: S. die Angaben zu Art. 23 KartellVO.

A. Allgemeines

I. Ziel und Gegenstand der Regelung

Die FKVO unterwirft Unternehmenszusammenschlüsse einer präventiven Kontrolle durch die Kommission, um den freien und ungehinderten Wettbewerb (→ KartellVO Art. 23 Rn. 1) zu schützen, soweit von diesen möglicherweise schädliche Auswirkungen auf den Wettbewerb ausgehen (vgl. Begründungserwägung Nr. 5 f. FKVO; vgl. auch bereits EuGH Slg. 1973, 215 Rn. 24 – Continental Can). **1**

Dieses behördliche Kontrollregime wird durch die Androhung von Bußgeldern. (Art. 14) flankiert. Im Unterschied zu Art. 23 Abs. 2 lit. a KartellVO (vgl. Art. 101 u. 102 AEUV) setzt Art. 14 jedoch nicht voraus, dass der Zusammenschluss den freien Wettbewerb beeinträchtigt, sondern sanktioniert die den Beteiligten im Verfahren der Zusammenschlusskontrolle obliegenden Pflichten iRd der Kommission geführten Ermittlungen (Abs. 1) und die Pflicht, eine Kontrolle durch die Kommission zu ermöglichen und sich an die daraus resultierende Entscheidung zu halten (Abs. 2). Die Geldbußen sind nicht dem Kriminalstrafrecht (vgl. Abs. 4), als Pendant zum deutschen Ordnungswidrigkeitenrecht aber dem Strafrecht iwS zuzuordnen (→ KartellVO Art. 23 Rn. 11).

II. Anwendungsbereich

2   Der **räumliche Anwendungsbereich** der FKVO erfasst auch Zusammenschlüsse von Unternehmen in Drittstaaten, sofern. diese voraussichtlich unmittelbare und wesentliche Auswirkungen auf den Gemeinsamen Markt haben (EuG BeckRS 1999, 11017 Rn. 78 ff., 90 ff., unter Hinweis auf die Schwellenwerte nach Art. 1; → KartellVO Art. 23 Rn. 2; die bußgeldbewehrten Kooperationspflichten richten sich nur an Unternehmen (bzw. deren Niederlassungen) innerhalb der Union (Immenga/ Mestmäcker/*Körber* Rn. 5). Der **persönliche Anwendungsbereich** der Bußgeldnorm ist auf Unternehmen (→ KartellVO Art. 23 Rn. 4 ff.), Personen und (in Abs. 1) Unternehmensvereinigungen (→ KartellVO Art. 23 Rn. 10) beschränkt. Eine (natürliche oder juristische) Person kommt jedoch nur als Täter in Betracht, sofern. sie mindestens ein Unternehmen kontrolliert (Art. 3 Abs. 1 lit. b) und somit selbst als Unternehmen (im Sinne eines Unternehmensträgers) anzusehen ist (Immenga/Mestmäcker/*Körber* Rn. 5). Bei den Bußgeldtatbeständen des Art. 14 handelt es sich also um **Sonderdelikte.**

B. Die einzelnen Verstöße (Art. 14 Abs. 1, Abs. 2)

3   In Art. 14 Abs. 2 sind Zuwiderhandlungen zusammengefasst, die den Wettbewerb gefährden, indem sie das präventive Kontrollverfahren unterlaufen (lit. a, b) oder die daraus resultierenden Entscheidungen der Kommission missachten (lit. c, d), während Art. 14 Abs. 1 Zuwiderhandlungen iRd Ermittlungs-tätigkeit der Kommission enthält. Die Verhängung eines Bußgeldes setzt jeweils voraus, dass der Täter **vorsätzlich** oder **fahrlässig** handelt (s. insoweit und zum Ausschluss der Verantwortlichkeit → Kartell-VO Art. 23 Rn. 27 ff.).

I. Verstoß gegen die Anmeldepflicht (Art. 14 Abs. 2 lit. a)

4   Der Tatbestand knüpft an die Pflicht der beteiligten Unternehmen und Personen an, einen **Zusammenschluss** (Art. 3 Abs. 1; EuG BeckRS 2006, 70154 Rn. 40 ff.– Cementbouw; Mitteilung der Kommission, ABl. 1998 C 66, 14) **von unionsweiter Bedeutung** (s. die Schwellenwerte in Art. 1 Abs. 2 und Abs. 3; zur Marktabgrenzung → KartellVO Art. 23 Rn. 19) nach Vertragsabschluss, Ver-öffentlichung des Übernahmeangebotes oder Erwerb einer die Kontrolle begründenden Beteiligung vor seinem Vollzug anzumelden (Art. 4 Abs. 1); dies gilt entsprechend, sofern die Kommission auf Antrag eines Mitgliedstaates eine Anmeldung verlangt (Art. 22 Abs. 3 S. 4). Da die Anmeldung nicht innerhalb einer bestimmten Frist, sondern nur vor dem Vollzug des Zusammenschlusses erfolgen muss, hat der Tatbestand ggü. dem Vollzugsverbot (Art. 14 Abs. 2 lit. b iVm Art. 7) keine eigenständige Bedeutung (MüKoKartR/*Fleischmann* Rn. 20). In den Fällen des Art. 7 Abs. 2 und 3 ist ein Verstoß ausgeschlossen (MüKoKartR/*Fleischmann* Rn. 20; → Rn. 5).

II. Verstoß gegen das Vollzugsverbot (Art. 14 Abs. 2 lit. b)

5   Das präventive Vollzugsverbot (Art. 14 Abs. 2 lit. b iVm Art. 7) soll verhindern, dass ein Zusammen-schluss ohne eine vorherige Kontrolle der Kommission vollzogen und der Wettbewerb dadurch mögli-cherweise dauerhaft und irreparabel beeinträchtigt wird (Kommission, Entscheidung v. 10.2.1999, ABl. 1999 L 183, 29 Rn. 12). Der Zusammenschluss darf daher nicht vollzogen werden, solange der Zusammenschluss nicht angemeldet (→ Rn. 4) und nach Art. 6 Abs. 1 lit. b oder Art. 8 Abs. 1, Abs. 2 genehmigt worden ist (Art. 7 Abs. 1); eine Genehmigung gilt nach Ablauf der für die Verfahrens-einleitung (25 bzw. 35 Arbeitstage) und die Entscheidung (idR 90 Arbeitstage) der Kommission gelten-den Fristen als erteilt (Art. 10 Abs. 6 iVm Abs. 1, 3). Das Vollzugsverbot gilt nicht bei öffentlichen Übernahmeangeboten oder einem Kontrollerwerb durch eine Reihe von Wertpapiergeschäften, sofern der Zusammenschluss unverzüglich angemeldet wird und der Erwerber die erworbenen Stimmrechte nicht oder nur zum Erhalt seiner Investition ausübt (Art. 7 Abs. 2). Darüber hinaus kann die Kommis-sion eine Freistellung von dem Vollzugsverbot erteilen (Art. 7 Abs. 3).

III. Verstoß gegen Entscheidungen der Kommission (Art. 14 Abs. 2 lit. c u. d)

6   Nach Art. 14 Abs. 2 lit. c u. d kann ein Bußgeld verhängt werden, wenn die beteiligten Unterneh-men bzw. Personen die aus einer Entscheidung der Kommission resultierenden Pflichten verletzen. Dies

gilt für den Vollzug eines für unionsrechtswidrig erklärten Zusammenschlusses (Art. 14 Abs. 2 lit. c iVm Art. 8 Abs. 3), für die Missachtung einer Entflechtungsanordnung oder einer anderen Maßnahme zur Rückabwicklung des Zusammenschlusses (Art. 14 Abs. 2 lit. c iVm Art. 8 Abs. 4) und den Verstoß gegen einstweilige Anordnungen der Kommission (Art. 14 Abs. 2 lit. c iVm Art. 8 Abs. 5). Mit einem Bußgeld bedroht sind ferner Verstöße gegen Auflagen und Bedingungen, die in Freigabeentscheidungen (Art. 6 Abs. 1 lit. b, Art. 8 Abs. 2 S. 2) und Freistellungen (Art. 7 Abs. 3 S. 4) enthalten sind (Art. 14 Abs. 2 lit. d). Die Verhängung eines Bußgeldes ist ausgeschlossen, wenn die Entscheidung für nichtig erklärt worden ist; da an der Ahndung einer Zuwiderhandlung gegen eine rechtswidrige Entscheidung kein legitimes Interesse besteht, muss dies auch dann gelten, wenn die Kommissionsentscheidung rechtswidrig ist (→ KartellVO Art. 23 Rn. 37).

IV. Verstöße gegen Verfahrensvorschriften (Art. 14 Abs. 1)

Art. 14 Abs. 1 sanktioniert verfahrensrechtliche Duldungs- und Mitwirkungspflichten und soll ein **7** effizientes und ordnungsgemäßes Verfahren gewährleisten; die Tatbestände in Art. 14 Abs. 1 lit. b–f entsprechen denen in Art. 23 Abs. 1 lit. a–e KartellVO (→ KartellVO Art. 23 Rn. 37 ff.). Eine Ahndung kommt in der Regel nicht in Betracht, wenn der Adressat nicht zuvor auf die Bußgeldandrohung hingewiesen worden ist (FK-KartellR/*Kindhäuser/Meyer* Rn. 8, 17; s. insoweit Art. 11 Abs. 2, Abs. 3 S. 2; Art. 13 Abs. 3 S. 1, Abs. 4 S. 2; → KartellVO Art. 23 Rn. 39). Art. 14 Abs. 1 lit. a erstreckt die bußgeldbewehrte Wahrheitspflicht (vgl. Art. 14 Abs. 1 lit. b, c) auch auf Angaben in einem Antrag, einer Bestätigung, einer Anmeldung oder deren Ergänzung (s. insoweit Art. 3 u. 4 iVm Anh. I u. II der Durchführungsverordnung 802/2004, ABl. 2009 L 172, 9, zuletzt geändert durch VO (EU) Nr. 1269/2013, L 336, 1).

C. Bußgeldzumessung (Art. 14 Abs. 3)

Als Höchstgrenze für die zu verhängenden Bußgelder wird – der Regelung in Art. 23 Abs. 1, Abs. 2 **8** S. 2 KartellVO entsprechend – ein Betrag von 1 % (Art. 14 Abs. 1) bzw. 10 % (Art. 14 Abs. 2) des jährlichen Gesamtumsatzes des letzten Geschäftsjahres festgelegt (→ KartellVO Art. 23 Rn. 42 f.); die Berechnung des Umsatzes erfolgt nach Art. 5 (s. auch die Erläuterungen der Kommission, ABl. 1998 C 66, 25). Eine Mindesthöhe ist nicht vorgesehen. Bei der Zumessung der Geldbuße sind Schwere und Dauer der Zuwiderhandlung zu berücksichtigen (Art. 14 Abs. 3); insoweit sind die Kriterien für die Zumessung von Geldbußen nach Art. 23 KartellVO entsprechend heranzuziehen (→ KartellVO Art. 23 Rn. 44 ff.). Aufgrund ihres eindeutigen Wortlautes gelten die zu Art. 23 KartellVO erlassenen Leitlinien der Kommission zur Bußgeldzumessung und zum Kronzeugenprogramm (→ KartellVO Art. 23 Rn. 45 ff.) jedoch weder direkt noch analog für Art. 14 (EuG BeckEuRS 2012, 693019 Rn. 227 f. – Electrabel; MükoKartR/*Fleischmann* Rn. 32). Die **Schwere** der Zuwiderhandlung hängt ua davon ab, ob und in welchem Umfang der Vollzug des Zusammenschlusses schädliche Auswirkungen auf den Wettbewerb hatte (einschränkend mit Blick auf den Charakter des Art. 14 Abs. 2 als Gefährdungsdelikt: EuG BeckEuRS 2012, 693019 Rn. 246 f. – Electrabel), ob der Verstoß vorsätzlich oder fahrlässig begangen worden ist (s. aber zur Annahme einer schweren fahrlässigen Zuwiderhandlung: EuG BeckEuRS 2012, 693019 – Electrabel Rn. 232 ff., 275 f.), ob es sich um einen erstmaligen Verstoß oder um einen Wiederholungsfall handelte und ob bereits einschlägige Entscheidungen der Kommission vorliegen; als mildernder Umstand wirkt es sich aus, wenn das Unternehmen den Verstoß freiwillig anzeigt und anschließend eng mit der Kommission kooperiert (Kommission, Entscheidung v. 10.2.1999, ABl. 1989 L 183, 29 Rn. 13 ff., 21; Entscheidung v. 18.2.1998, ABl. 1999 L 225, 12 Rn. 28 f.; vgl. auch BeckEuRS 2012, 693019 Rn. 269 – Electrabel). Da die Gefahr nachteiliger Auswirkungen auf den Wettbewerb beim Vollzug eines nicht genehmigten Zusammenschlusses mit der **Dauer** des Verstoßes zunimmt, ist auch diese nach Art. 14 Abs. 3 bei der Zumessung der Geldbuße zu berücksichtigen (EuG BeckEuRS 2012, 693019 Rn. 267 – Electrabel). Bei Verstößen gegen Art. 14 Abs. 1 kommt es vor allem auf die Bedeutung der jeweiligen Information für die Durchführung der Zusammenschlusskontrolle an (s. Kommission, Entscheidung v. 7.7.2004, ABl. 2005 L 98, 27 Rn. 34 f.; → KartellVO Art. 23 Rn. 44).

D. Verjährung

Die Verjährung ist in der VO (EG) Nr. 2988/74 (ABl. 2007 L 319, 1) geregelt. Die Verjährungsfrist **9** beträgt bei Verstößen, die sich auf die Ermittlungen der Kommission beziehen (Art. 14 Abs. 1), drei Jahre (Art. 1 Abs. 1 lit. a VO (EG) Nr. 2988/74), bei den übrigen Verstößen (Art. 14 Abs. 2) fünf Jahre (Art. 1 Abs. 1 lit. b VO 2988/74). Sie beginnt an dem Tag zu laufen, an dem die Tat begangen bzw. bei dauernden oder fortgesetzten Taten beendet worden ist (Art. 1 Abs. 2 VO (EG) Nr. 2988/74). Der Verstoß gegen das Vollzugsverbot (Art. 14 Abs. 2 lit. b → Rn. 8) ist daher nicht mit dem Kontrollerwerb abgeschlossen, sondern dauert an, solange diese Kontrolle aufrechterhalten wird (EuG BeckEuRS 2012, 693019 Rn. 212 – Electrabel); eine Verjährung ist damit iErg weitgehend ausgeschlossen (EuG Beck-

EuRS 2012, 693019 Rn. 213 – Electrabel; krit. MüKoKartR/*Fleischmann* Rn. 40). Die Verjährung wird durch Untersuchungshandlungen der Kommission oder einer nationalen Kartellbehörde unterbrochen und die Frist beginnt von neuem zu laufen (Art. 2 VO (EG) Nr. 2988/74). Die Verjährung tritt jedoch spätestens nach Ablauf der doppelten Frist (sechs bzw. zehn Jahre) ein, wenn die Kommission bis dahin noch kein Bußgeld festgesetzt hat (Art. 2 Abs. 3 S. 2 VO (EG) Nr. 2988/74). Die Vollstreckungsverjährung bestimmt sich nach Art. 4 VO (EG) Nr. 2988/74.

310. Fleischgesetz (FleischG)

Vom 9. April 2008 (BGBl. I S. 714, ber. S. 1025)

FNA 7843-6

Zuletzt geändert durch Art. 400 Zehnte ZuständigkeitsanpassungsVO v. 31.8.2015 (BGBl. I 1474)

– Auszug –

Vorbemerkung

Gemäß **Art. 10 der VO (EU) Nr. 1308/2013** findet für Schlachtkörper von ausgewachsenen **1** Rindern und von Schweinen nach den in Anh. V derselben Verordnung enthaltenen Vorschriften ein **gemeinschaftliches Handelsklassenschema** Anwendung. Diesbezügliche Durchführungsbestimmungen finden sich in der **VO (EG) Nr. 1249/2008** der Kommission v. 10.12.2008 mit Durchführungsbestimmungen zu den gemeinschaftlichen Handelsklassenschemata für Schlachtkörper von Rindern, Schweinen und Schafen und zur Feststellung der diesbezüglichen Preise. Die Verordnungen sollen insbesondere auch zur Stabilisierung der Märkte und zur Gewährleistung eines angemessenen Lebensstandards für die betroffene landwirtschaftliche Bevölkerung beitragen, sind mithin insbesondere **marktordnungsrechtlicher Art.**

Das FleischG und die auf dessen Grundlage ergangene 1. Fleischgesetz-Durchführungsverordnung **2** (1. FlGDV) dienen der Umsetzung und Durchführung der diesbezüglichen gemeinschaftsrechtlichen Vorgaben. Nach § 2 darf die erforderliche **Klassifizierung von Schlachtkörpern** (§ 1 Nr. 2) nur von der **zuständigen Behörde** oder einem hierfür **nach § 3 zugelassenen Klassifizierungsunternehmen** durch nach § 4 **zugelassene und von ihm beschäftigte Klassifizierer** erfolgen. § 8 statuiert bestimmte **Mitteilungspflichten,** die das Klassifizierungsunternehmen (§ 1 Nr. 6) treffen. Darüber hinaus sieht § 10 für das Klassifizierungsunternehmen und für Schlachtbetriebe (§ 1 Nr. 3) weitergehende **Auskunftspflichten** vor. Nach § 11 kann die zuständige Behörde die zur Beseitigung festgestellter Verstöße und die zur Verhütung künftiger Verstöße **notwendigen Anordnungen** treffen. In diesem Zusammenhang bestehen nach § 11 Abs. 2, 3 bestimmte **Mitwirkungs- und Duldungspflichten.**

§ 16 Bußgeldvorschriften

(1) Ordnungswidrig handelt, wer vorsätzlich oder fahrlässig
1. entgegen § 2 eine Klassifizierung vornimmt,
2. entgegen § 8 Abs. 1, 2 oder 3 Satz 1, jeweils auch in Verbindung mit einer Rechtsverordnung nach § 8 Abs. 4, eine Mitteilung nicht, nicht richtig, nicht vollständig oder nicht rechtzeitig macht,
3. einer Rechtsverordnung nach § 9 Abs. 2 oder einer vollziehbaren Anordnung auf Grund einer solchen Rechtsverordnung zuwiderhandelt, soweit die Rechtsverordnung für einen bestimmten Tatbestand auf diese Bußgeldvorschrift verweist,
4. einer vollziehbaren Anordnung oder Untersagung nach § 11 Abs. 1 Satz 2 zuwiderhandelt oder
5. entgegen § 11 Abs. 3 eine dort genannte Maßnahme nicht duldet oder bei der Besichtigung nicht mitwirkt.

(2) Die Ordnungswidrigkeit kann in den Fällen des Absatzes 1 Nr. 2 und 5 mit einer Geldbuße bis zu zehntausend Euro, in den übrigen Fällen mit einer Geldbuße bis zu dreißigtausend Euro geahndet werden.

1. Tatbestände des § 16. § 16 Abs. 1 Nr. 1 definiert **vorsätzliche** (→ LFGB § 58 Rn. 47 ff.) und **1** **fahrlässige** (→ LFGB § 58 Rn. 60 ff.) **Verstöße** gegen das **Verbot des § 2** (→ Vorb. Rn. 2) als Ordnungswidrigkeit. Weiter handelt der nach § 16 Abs. 1 Nr. 2 ordnungswidrig, der den im Tatbestand näher konkretisierten **Mitteilungspflichten** (→ Vorb. Rn. 2) **vorsätzlich oder fahrlässig nicht nachkommt.** Im Zusammenhang mit den Überwachungsmaßnahmen der zuständigen Behörden nach § 11 (→ Vorb. Rn. 2) definiert § 16 Abs. 1 Nr. 4 **vorsätzliche und fahrlässige Verstöße gegen vollziehbare Anordnungen** (→ LFGB § 58 Rn. 34 ff.) auf Grundlage von § 11 Abs. 1. S. 2 sowie gegen die aus § 11 Abs. 3 folgenden **Duldungs- und Mitwirkungspflichten** als Ordnungswidrigkeit.

Daneben enthält **§ 16 Abs. 1 Nr. 3** eine **Blankettvorschrift mit Rückverweisungsklausel** **2** (→ Vorb. LFGB Rn. 26) dar. Sie erfasst – wie § 16 Abs. 1 Nr. 4 – auch **Verstöße gegen vollziehbare**

Anordnungen (→ Rn. 1), die auf der Grundlage entsprechender Rechtsverordnungen ergehen (→ LFGB § 58 Rn. 35). Nach **§ 9 Abs. 2** können im Zusammenhang mit der **Preis- und Gewichtsfeststellung sowie der Kennzeichnung von Schlachtkörpern** im Wege der Rechtsverordnung die näheren Voraussetzungen über das Verfahren festgelegt werden. Entsprechende Vorschriften finden sich in der **1. FlGDV** (→ Vorb. Rn. 2), die in **§ 12 1. FlGDV** auch eine **Rückverweisung auf § 16 Abs. 1 Nr. 3** enthält. Danach sind vorsätzliche und fahrlässige Verstöße gegen in den einzelnen Tatbeständen näher konkretisierte **Kennzeichnungs-, Melde- und Aufzeichnungspflichten** sowie Verstöße gegen die **ordnungsgemäße Feststellung der Schlachtgewichte** als Ordnungswidrigkeiten definiert.

3   **2. Rechtsfolgen. § 16 Abs. 2** sieht zur Ahndung der Ordnungswidrigkeiten ein **gestuftes System** vor. Danach können vorsätzliche Zuwiderhandlungen iSv **§ 16 Abs. 1 Nr. 2 u. 5** mit Geldbuße iHv 10.000 EUR geahndet werden. Handelt der Betroffene insoweit fahrlässig beträgt die Geldbuße 5.000 EUR (§ 17 Abs. 2 OWiG). In den anderen Fällen, mithin bei **Zuwiderhandlungen iSv § 16 Abs. 1 Nr. 1, 3 u. 4** beträgt die Geldbuße für vorsätzliche Ordnungswidrigkeiten 30.000 EUR und bei fahrlässigem Handeln 15.000 EUR (§ 17 OWiG). IÜ gelten für die Bemessung der Geldbuße die Vorgaben von § 17 Abs. 3 u. 4 OWiG. Neben der Verhängung der Geldbuße kommt die **Einziehung** nach § 17 in Betracht. Insoweit sind indes lediglich die sog **Beziehungsgegenstände** und die Tatmittel, nicht aber solche Gegenstände erfasst, die durch die Tat hervorgebracht wurden (producta sceleris).

315. Gesetz über das Flaggenrecht der Seeschiffe und die Flaggenführung der Binnenschiffe (Flaggenrechtsgesetz – FlRG)

Vom 26. Oktober 1994 (BGBl. I S. 3140) FNA 9514-1

Zuletzt geändert durch Art. 575 Zehnte ZuständigkeitsanpassungsVO vom 31.8.2015 (BGBl. I S. 1474)

– Auszug –

Vorbemerkung

In der Seeschifffahrt wird durch das Setzen der Nationalflagge die Nationalität eines Schiffes nach- **1** gewiesen. Nach den völkerrechtlichen Bestimmungen darf jedes Schiff nur einem einzigen Flaggenland angehören. Das Flaggenrechtsgesetz v. 26.10.1994 (BGBl. I 3140) trägt dem Rechnung und regelt die Berechtigung zur Führung der Bundesflagge (Art. 22 Abs. 2 GG) im Bereich der See- und Binnenschiff-fahrt. Als solches ist es ein Teil des öffentlichen Seerechts. Das Gesetz behandelt zunächst das Flag-genrecht der Seeschiffe (§§ 1–13). Es folgen die Flaggenführung der Binnenschiffe (§ 14) und die Straf- und Bußgeldvorschriften (§§ 15–18). Im Anschluss daran finden sich Übergangs- und Schlussbestim-mungen (§§ 19–23). Das Flaggenrechtsgesetz schafft zudem die rechtlichen Voraussetzungen zur Anwen-dung des deutschen Strafrechts auf den Schiffen, die berechtigt sind, die Bundesflagge zu führen (sog Flaggenprinzip; § 4 StGB).

Die Berechtigung zur Führung der Bundesflagge ist sowohl von materiellen als auch formellen **2** Voraussetzungen abhängig. Zentrale materielle Vorschrift ist die im ersten Abschnitt des Gesetzes in § 1 geregelte Flaggenpflicht. Danach haben grundsätzlich alle Kauffahrteischiffe (§ 484 HGB) und sonstige zur Seefahrt bestimmten Schiffe (Seeschiffe) die Bundesflagge zu führen, deren Eigentümer Deutsche (Art. 116 GG) sind und ihren Wohnsitz im Geltungsbereich des Grundgesetzes haben (§ 1 Abs. 1). Den Seeschiffen sind nach § 1 Abs. 3 Binnenschiffe gleichgestellt, soweit diese nicht nur die Gewässer des Festlands (Seen und Flüsse) sondern auch Seegewässer befahren (zu den Grenzen der Seefahrt § 1 FlRV). Neben natürlichen Personen können auch juristische Personen Eigentümer der unter die Flaggenpflicht fallenden Schiffe sein. Das Gesetz benennt hierbei ausdrücklich die oHG (§§ 105 f. HGB) und die KG (§§ 166 f. HGB), soweit die Mehrheit der persönlich haftenden und der zur Geschäftsführung und Vertretung berechtigten Gesellschafter Deutsche sind und diese nach dem Gesellschaftervertrag auch die Mehrheit der Stimmen haben (§ 1 Abs. 2a). Andere juristische Personen werden natürlichen Personen gleichgestellt, wenn Deutsche im Vorstand oder in der Geschäftsführung die Mehrheit der Stimmen haben (§ 1 Abs. 2b). Beim Bestehen einer Partenreederei (§§ 489 f. HGB) muss ein Deutscher Mit-reeder sein und seinen Wohnsitz im Geltungsbereich des Grundgesetzes haben. § 2 Abs. 1 u. 2 erstreckt die Befugnis, die Bundesflagge zu führen, unter bestimmten Voraussetzungen auch auf Seeschiffe, die im Eigentum von aus Deutschen und Ausländern bestehenden Erbengemeinschaften stehen (Abs. 1 Nr. 1) oder deren Eigentümer Gesellschaften sind, die nach den Rechtsvorschriften eines der Mitgliedstaaten der Europäischen Union gegründet worden sind (Abs. 1 Nr. 3). Zudem bestimmt § 2 Abs. 1 Nr. 2, dass in den dort genannten Fällen deutschen Staatsangehörigen die Staatsangehörigen der Mitgliedstaaten der Europäischen Union gleichstehen.

Die letztgenannten Vorschriften tragen damit europarechtlichen Vorgaben wie etwa der Nieder-lassungsfreiheit Rechnung (Erbs/Kohlhaas/Stöckel § 2 Rn. 3). Die Befugnis zur Führung der Bundes-flagge kann ausnahmsweise auch durch Verwaltungsakt begründet werden (Verleihung gem. §§ 10, 11), etwa zum Zwecke der ersten Überführungsreise eines für ausländische Eigentümer in Deutschland gebauten Schiffes in einen anderen Hafen. Binnenschiffe dürfen als deutsche Nationalflagge nur die Bundesflagge führen. Ihnen ist dieses Recht eingeräumt worden, obwohl sie nur auf Binnengewässern und nicht im hoheitsfreien Raum verkehren (Ausnahme § 1 Abs. 3). Eine Verpflichtung zum Führen der Bundesflagge besteht für diese Schiffe dagegen nicht.

Neben dem Vorliegen dieser materiellen Voraussetzungen ist die Berechtigung zum Führen der **3** Bundesflagge weiterhin formell davon abhängig, dass hierüber ein entsprechender Ausweis gemäß § 3 erteilt wird. In den Fällen der Flaggenpflicht (§ 1) oder Flaggenerlaubnis (§ 2) wird das Schiffszertifikat erteilt. Befindet sich das Seeschiff bei Entstehung der Berechtigung noch im Ausland, so kann ein – vorläufiges – Schiffsvorzertifikat ausgestellt werden (§ 5). Weitere Ausweise sind der Flaggenschein für Schiffe, denen die Berechtigung zum Führen der Bundesflagge durch Verwaltungsakt verliehen wurde (§ 10 und § 11), die Flaggenbescheinigung für Schiffe, die im Eigentum des Bundes, eines Landes oder einer im Inland ansässigen Körperschaft des öffentlichen Rechts stehen, oder das Flaggenzertifikat für Seeschiffe, deren Rumpflänge 15 Meter nicht übersteigt. Vor Erteilung eines solchen Ausweises darf die

Berechtigung nicht ausgeübt, die Flagge nicht geführt werden (§ 4 Abs. 1). Der Ausweis bzw. eine vom Registergericht beglaubigte Abschrift sind während der Reise mitzuführen (§ 4 Abs. 2).

§ 15 [Strafvorschriften]

(1) Wer als Führer eines Seeschiffes oder sonst für das Seeschiff Verantwortlicher vorsätzlich oder fahrlässig einer Vorschrift des § 6 Abs. 1 über das Führen einer anderen Nationalflagge als der Bundesflagge zuwiderhandelt, wird mit Freiheitsstrafe bis zu sechs Monaten oder mit Geldstrafe bis zu einhundertachtzig Tagessätzen bestraft.

(2) Ebenso wird bestraft, wer als Führer eines Seeschiffes oder sonst für das Seeschiff Verantwortlicher entgegen § 8 Abs. 1 Satz 1 die Bundesflagge oder entgegen § 8 Abs. 1 Satz 2 oder sonst unbefugt eine Dienstflagge führt.

1   **1. Allgemeines.** Bei der Vorschrift handelt es sich um ein echtes Sonderdelikt. Der Tatbestand kann nicht von jedermann, sondern nur von bestimmten Tätern verwirklicht werden. Das Tätermerkmal wirkt hier strafbegründend und nicht bloß strafschärfend (allg. zu den Sonderdelikten Schönke/Schröder/*Eisele* StGB Vor §§ 13 ff. Rn. 131 mwN).

2   **2. Die Tathandlungen im Einzelnen. a) Der Täterkreis.** Nach § 15 kommt nur der Führer eines Seeschiffes oder der sonst für das Seeschiff Verantwortliche als Täter in Betracht. Die Regelung erfasst damit nicht mehr nur die Inhaber eines Kapitänspatents auf Kauffahrteischiffen, sondern generell die verantwortlichen Schiffsführer der Seeschiffe, zu denen der Kapitän eines Schiffes gehört (BT-Drs. 11/4310, 248). Maßgeblich ist die oberste Anordnungsbefugnis (Erbs/Kohlhaas/*Stöckel* Rn. 1). Eine Anstiftung (§ 26 StGB) oder Beihilfe (§ 27 StGB) zur Haupttat ist möglich. Die Struktur der Vorschrift als Sonderdelikt steht dem nicht entgegen.

3   **b) Die Tathandlungen. aa) Das Führen einer anderen Nationalflagge als der Bundesflagge (§ 15 Abs. 1).** Ein Täter macht sich nach § 15 Abs. 1 strafbar, wenn er entgegen seiner Flaggenpflicht (§ 1; → Vorb. Rn. 2) eine andere Flagge als die Bundesflagge als Nationalflagge führt und damit dem Verbot nach § 6 zuwiderhandelt. Unter dem Begriff Führen der Flagge ist das zumindest vorübergehende Zeigen der Flagge zur Bezeichnung der Nationalität zu verstehen (Erbs/Kohlhaas/*Stöckel* § 6 Rn. 2 mwN). Das Verbot nach § 6 gilt auch für Seeschiffe, denen die Befugnis zum Führen der Bundesflagge als Nationalflagge erlaubt oder durch Verwaltungsakt verliehen worden ist (§§ 2, 10 und § 11; → Vorb. Rn. 2), soweit diesen ein entsprechender Ausweis nach § 3 erteilt worden ist. Bis zur Erteilung des Ausweises kann ein solches Schiff, das die Bundesflagge nicht führen muss, aber darf, unter fremder Flagge fahren (Erbs/Kohlhaas/*Stöckel* § 6 Rn. 1). Eine Ausnahme von dem Verbot nach § 6 sieht das Gesetz in § 7 vor. Nach Abs. 1 dieser Vorschrift kann das Führen einer fremden Nationalflagge bis zu der Höchstdauer von zwei Jahren gestattet werden, wenn das Schiff etwa einem ausländischen Reeder für mindestens ein Jahr zur Nutzung in eigenem Namen überlassen wird.

In subjektiver Hinsicht lässt das Gesetz zur Tatbestandsverwirklichung sowohl Vorsatz als auch Fahrlässigkeit genügen.

4   **bb) Das unbefugte Führen der Bundesflagge oder einer Dienstflagge (§ 15 Abs. 2).** Nach § 15 Abs. 2 ist auch das unbefugte Führen der Bundesflagge oder der (Bundes)Dienstflagge (zum Begriff Erbs/Kohlhaas/*Stöckel* § 6 Rn. 2) unter Strafe gestellt. Ob die Berechtigung zum Führen der Flagge überhaupt jemals bestanden hat oder ob die Voraussetzungen hierfür zwischenzeitlich weggefallen sind, spielt dabei keine Rolle. Entscheidend ist, dass eine Berechtigung zum Tatzeitpunkt nicht gegeben ist.

In subjektiver Hinsicht setzt der Tatbestand ein vorsätzliches Handeln des Täters bei Tatbegehung voraus; bedingter Vorsatz genügt; eine bloße Fahrlässigkeit ist im Unterschied zu § 15 Abs. 1 nicht ausreichend.

5   **cc) Strafrahmen und Versuch.** Der Strafrahmen sieht eine Geldstrafe (§ 40 StGB) oder eine Freiheitsstrafe von einem Monat (§ 38 Abs. 2 StGB) bis zu höchstens sechs Monaten vor. Da es sich bei einer Tat nach § 15 somit lediglich um ein Vergehen handelt (§ 12 StGB), kommt eine Strafbarkeit wegen Versuchs nicht in Betracht (§ 23 Abs. 1 StGB).

§ 16 [Ordnungswidrigkeiten]

(1) Ordnungswidrig handelt, wer als Führer eines Seeschiffes oder sonst für das Seeschiff Verantwortlicher vorsätzlich oder fahrlässig

1. die nach § 4 Abs. 2 vorgeschriebenen Urkunden während der Reise nicht an Bord mitführt,

2. einer Vorschrift des § 8 Abs. 3 über das Zeigen der Bundesflagge zuwiderhandelt,

3. einer Vorschrift des § 9 Abs. 1 oder 2 über die Bezeichnung eines Seeschiffes zuwiderhandelt oder
4. entgegen § 13 Abs. 2 Satz 2 die dort genannte Bescheinigung nicht mitführt.

(2) Ordnungswidrig handelt auch, wer vorsätzlich oder fahrlässig

1. als Führer eines Seeschiffes oder sonst für das Seeschiff Verantwortlicher oder Schiffsführer eines Binnenschiffes einer Vorschrift des § 8 Abs. 2, auch in Verbindung mit § 14 Abs. 2, über die Art und Weise der Flaggenführung zuwiderhandelt,
1a. entgegen § 9a Abs. 1 oder 2 nicht dafür sorgt, dass die IMO-Schiffsidentifikationsnummer oder die zusätzliche Markierung angebracht ist,
2. als Schiffsführer eines Binnenschiffes der Vorschrift des § 14 Abs. 1 über die Flaggenführung der Binnenschiffe zuwiderhandelt,
3. die in § 2 Abs. 3, § 7a Absatz 2 oder § 11 Abs. 2 vorgeschriebene Anzeige nicht oder nicht rechtzeitig erstattet oder
4. einer Rechtsverordnung nach § 22 Abs. 1 Nr. 2 zuwiderhandelt, soweit sie für einen bestimmten Tatbestand auf diese Bußgeldvorschrift verweist.

(3) Die Ordnungswidrigkeit kann mit einer Geldbuße bis zu fünftausend Euro geahndet werden.

(4) Verwaltungsbehörde im Sinne des § 36 Abs. 1 Nr. 1 des Gesetzes über Ordnungswidrigkeiten ist die Flaggenbehörde.

1. Allgemeines. Die Vorschrift umfasst verschiedene Ordnungswidrigkeiten, die im Zusammenhang 1 mit der Art und Weise der Flaggenführung sowie der damit einhergehenden Pflichten stehen. Als Begehungsform sieht das Gesetz jeweils Vorsatz oder Fahrlässigkeit vor. Die Ordnungswidrigkeiten nach § 16 können mit einer Geldbuße bis zu 5.000 EUR bei Vorsatz und 2.500 EUR bei Fahrlässigkeit geahndet werden (§ 16 Abs. 3, § 17 Abs. 1 und Abs. 2 OWiG). Die nach § 36 Abs. 1 Nr. 1 OWiG sachlich zuständige Verwaltungsbehörde ist das Bundesamt für Seeschifffahrt und Hydrographie (Flaggenbehörde gemäß § 16 Abs. 4 iVm § 27 FlRV). Ein Versuch kann nicht geahndet werden (§ 13 Abs. 2 OWiG).

2. Die Regelungen im Einzelnen. a) Ordnungswidrigkeiten nach § 16 Abs. 1. aa) Täter- 2 **kreis.** Nach § 16 Abs. 1 und Abs. 2 kommen als Täter der Führer eines Seeschiffs oder der sonst für das Schiff Verantwortliche in Betracht (→ § 15 Rn. 2). Vorgeschriebene Anzeigen sind vom Eigentümer oder Ausrüster (§ 11) vorzunehmen.

bb) Nicht Mitführen der vorgeschriebenen Urkunden und Bescheinigungen (§ 16 Abs. 1 3 **Nr. 1 u. 4).** Zu den Urkunden, die während einer Reise an Bord mitgeführt werden müssen, gehören nach § 4 Abs. 2 das Schiffszertifikat, das Schiffsvorzertifikat, der Flaggenschein oder die Flaggenbescheinigung, wenn diese anstelle des Schiffszertifikats erteilt worden ist. Alternativ reicht auch ein vom Registergericht beglaubigter Auszug aus dem Schiffszertifikat aus. Die Begehungsformen umfassen jeweils Vorsatz und Fahrlässigkeit.
Nach § 13 Abs. 2 ist zudem eine von der Flaggenbehörde ausgestellte Bescheinigung über die lückenlose Stammdatendokumentation (zu deren Inhalt § 13 Abs. 1) an Bord des Seeschiffes mitzuführen.

cc) Verstoß gegen die Flaggenzeige- und Bezeichnungspflicht (§ 16 Abs. 1 Nr. 2 u. 3). Nach 4 § 8 Abs. 3 ist die Bundesflagge beim Einlaufen in einen Hafen und beim Auslaufen zu zeigen. Nach § 9 Abs. 1 u. 2 muss in den dort benannten Fällen der Name des Schiffes und des Heimathafens in gut sichtbaren und fest angebrachten Schriftzeichen an Bug bzw. Heck geführt werden. Verstöße hiergegen können jeweils als Ordnungswidrigkeit geahndet werden.

b) Ordnungswidrigkeiten nach § 16 Abs. 2. aa) Verstoß gegen die Art und Weise der Flag- 5 **genführung (§ 16 Abs. 2 Nr. 1).** Nach § 8 Abs. 2 S. 1 ist die Bundesflagge in der im Seeverkehr für Seeschiffe der betreffenden Gattung üblichen Art und Weise zu führen, dh am achteren Flaggenstock oder am achteren Mast (Erbs/Kohlhaas/*Stöckel* § 8 Rn. 2 mwN). An dieser Stelle dürfen andere Flaggen nur zum Signalgeben gesetzt werden (§ 8 Abs. 2 S. 2). Für Binnenschiffe verweist § 14 Abs. 2 auf diese Vorschrift. Wird die Bundesflagge nicht an der hierfür üblichen Stelle geführt, liegt eine Ordnungswidrigkeit vor. Täter können nicht nur der Führer eines Seeschiffes oder der sonst für das Schiff Verantwortliche, sondern auch der Schiffsführer eines Binnenschiffes (§ 14) sei.

bb) Unterlassene Anbringung der IMO- Schiffsidentifikationsnummer und der zusätzli- 6 **chen Markierung (§ 16 Abs. 2 Nr. 1a).** Nach § 16 Abs. 2 Nr. 1a handelt der Eigentümer eines Seeschiffes ordnungswidrig, der es entgegen § 9a Abs. 1 und 2 unterlässt, eine an ihn vergebene IMO-Identifikationsnummer und die zusätzliche Markierung entsprechend Kapitel XI-1 Regel 3 Abs. 4.2 der Anlage des Internationalen Übereinkommens von 1974 zum Schutz des menschlichen Lebens (sog SOLAS-Übereinkommen) anzubringen. Die IMO-Identifikationsnummer ist deutlich sichtbar am Heck oder dem Rumpf des Schiffes, abgehoben von anderen Markierungen, anzubringen (§ 9a Abs. 1). Sie ist über die gesamte Lebensdauer des Schiffes und damit auch bei Namenswechsel mit diesem unabänderlich verbunden (Erbs/Kohlhaas/*Stöckel* § 9a Rn. 1 mwN).

7   **cc) Verstoß gegen die Flaggenführung bei Binnenschiffen (§ 16 Abs. 2 Nr. 2).** Die Regelung knüpft an die Vorschrift bezüglich der Flaggenführung in der Binnenschifffahrt an (§ 14). Danach handelt der Binnenschiffführer ordnungswidrig, der eine andere als die Bundesflagge als Nationalflagge führt (→ § 15 Rn. 3). Flaggen deutscher Länder und andere deutsche Heimatflaggen dürfen in der Binnenschifffahrt nur neben der Bundesflagge gesetzt werden (§ 14 Abs. 1 S. 2).

8   **dd) Unterlassene oder nicht rechtzeitige Anzeige (§ 16 Abs. 2 Nr. 3).** Ändern sich die Voraussetzungen für die Führung der Bundesflagge nach § 2 Abs. 1 Nr. 2, ggf. auch iVm Nr. 1a (→ Vorb. Rn. 2), für die Gestattung des Führens einer anderen Nationalflagge als der Bundesflagge (→ § 15 Rn. 3) oder für eine Verleihung der Berechtigung zum Führen der Bundesflagge nach § 11, so ist dies unverzüglich vom Eigentümer (in den Fällen des § 2), vom Inhaber der Berechtigung (nach § 7a Abs. 2 ggü. der Genehmigungsbehörde) oder vom Ausrüster (im Fall des § 11 ggü. dem Bundesministerium für Verkehr, Bau und Stadtentwicklung) anzuzeigen. Unter Ausrüster ist ein Reeder nach § 510 HGB zu verstehen. Erfolgt diese Anzeige nicht oder nicht unverzüglich, dh ohne schuldhaftes Zögern, liegt eine Ordnungswidrigkeit vor.

9   **ee) Zuwiderhandlung gegen Rechtsverordnung (§ 16 Abs. 2 Nr. 4).** Eine Ordnungswidrigkeit stellt es schließlich dar, wenn gegen eine Rechtsverordnung verstoßen wird, die die Art und Weise der Flaggenführung im Sinne des § 8 Abs. 2 und § 14 Abs. 2 betrifft (Erbs/Kohlhaas/*Stöckel* Rn. 3 mwN).

§ 17 [Taten außerhalb des Geltungsbereichs]

§ 15 Abs. 2 gilt, unabhängig vom Recht des Tatorts, auch für die Taten, die außerhalb des Geltungsbereichs dieses Gesetzes begangen werden.

Da das unbefugte Führen der Bundesflagge ein inländisches Rechtsgut verletzt, stellt § 17 in Ergänzung zu § 5 StGB klar, dass § 15 Abs. 2 auch für Taten gilt, die im Ausland oder in internationalen Gewässern begangen werden, und zwar unabhängig vom Recht des jeweiligen Tatorts und der Staatsangehörigkeit des jeweiligen Täters.

317. Verordnung über Fruchtsaft, einige ähnliche Erzeugnisse, Fruchtnektar und koffeinhaltige Erfrischungsgetränke (Fruchtsaft- und Erfrischungsgetränkeverordnung – FrSaftErfrischGetrV)

Vom 24. Mai 2004 (BGBl. I S. 1016) FNA 2125-40-93

Zuletzt geändert durch Art. 3 VO zur Änderung der HonigVO und anderer lebensmittelrechtlicher Vorschriften vom 30.6.2015 (BGBl. I S. 1090)

– Auszug –

Vorbemerkung

Mit der Fruchtsaftverordnung wurde die **RL 2001/112/EG des Rates v. 20.12.2001** in nationales **1** Recht umgesetzt. Die Richtlinie, die an Stelle der Vorgängerrichtlinie 33/77/EWG trat, ist von der Erwägung getragen, dass es durch die Unterschiede zwischen den einzelstaatlichen Rechtsvorschriften über Fruchtsäfte und -nektare zu **nachteiligen Auswirkungen für den Binnenmarkt** kommen könnte, da es vor dem Hintergrund der unterschiedlichen Rechtslagen in den Mitgliedstaaten zu **unlauterem Wettbewerb** und **zur Irreführung des Verbrauchers** kommen kann. Insoweit soll die Richtlinie zu **einheitlichen Bezeichnungen** und **Etikettierungen** in diesem speziellen Lebensmittelbereich führen. Daneben sollte den Mitgliedstaaten die Möglichkeit zur **Regelung des Zusatzes von Vitaminen und Mineralstoffen** bei Fruchtsäften gegeben werden. Die Fruchtsaftverordnung dient daher vornehmlich dem **Schutz des Verbrauchers vor Täuschung** (→ Vorb. LFGB Rn. 12 f.). Daneben dient sie in eingeschränktem Maße auch dem **vorbeugenden Gesundheitsschutz** (→ Vorb. LFGB Rn. 10 f.). Im Zusammenhang mit dem Täuschungsschutz ist zu beachten, dass am 13.12.2014 die LMIV (→ Vorb. LFGB Rn. 12; → LFGB § 59 Rn. 14, 21 ff.) in Kraft trat. In Folge dessen soll nach Maßgabe von Art. 13 LMIV-AnpassungsVO (vgl. Anhang zur LMKV = Nr. 502 des Kommentars, → LMKV Anh. Rn. 5) **§§ 3, 6 an die neue Rechtslage angepasst** werden, was bei der Anwendung des § 8 zu beachten ist. Bei den Vorschriften der handelt es sich um solche, die den Vorschriften der LMIV nach Maßgabe von Art. 1 Abs. 4 LMIV im Grundsatz als speziellere Vorschriften vorgehen (Voit/ Grube LMIV/*Grube* Art. 1 Rn. 67 f.).

Bis zum 31.5.2012 waren von der FrSaftErfrischGetrV (bis dahin insoweit auch nur FruchtsaftV) **1a** lediglich die in §§ 1, 2 genannten Erzeugnisse (→ Rn. 2) erfasst. Durch Art. 1 der Zweiten Verordnung zur Änderung der Fruchtsaftverordnung und anderer lebensmittelrechtlicher Vorschriften (BGBl. 2012 I 1201; nachfolgend 2. ÄndVO) wurde mWz 1.6.2012 der nunmehrige Abschn. 3 (und § 1 Abs. 2) eingefügt, der Vorschriften hinsichtlich koffeinhaltiger Getränke enthält. Entsprechende Vorschriften fanden sich bis dahin in der **KoffErfrGetrV** (Nr. 445 der Vorauflage dieses Kommentars). Diese wurde mWz 31.5.2012 aufgehoben (Art. 4 2. ÄndVO). Insoweit finden sich in § 9 (der nochmals eine Änderung durch die 3. ÄndVO – BGBl. 2013 I 3889 erfuhr) **Übergangsbestimmungen**. In Folge **der Einfügung des 3. Abschnitts wurde zudem der bisherige § 5 Abs. 1 FruchtsaftV zu § 8 Abs. 2.** § 8 Abs. 1 wurde hinsichtlich koffeinhaltiger Erfrischungsgetränke (→ Rn. 6) neu eingefügt. § 8 Abs. 2 entspricht dem bisherigen § 5 Abs. 2 FruchtsaftV; § 8 Abs. 4 dem bisherigen § 5 Abs. 3 FruchtsaftV, soweit er Erzeugnisse iSv § 1 Abs. 1 zum Gegenstand hat. Darüber hinaus sind nunmehr auch Verstöße gegen § 6 Abs. 1 erfasst.

In den **§ 1 Abs. 1, 2** definiert der Verordnungsgeber die **Erzeugnisse,** die der Verordnung im **2** Zusammenhang mit Fruchtsaft ua unterliegen (§ 1 iVm Anl. 1), welchen **Anforderungen die Ausgangserzeugnisse** entsprechen müssen (§ 2 Abs. 1 iVm Anl. 2), welche **Zutaten bei der Herstellung** der Erzeugnisse verwendet (§ 2 Abs. 2, Abs. 5) und welche **Verfahren** dabei angewendet (§ 2 Abs. 3) werden dürfen. Für andere als die in § 2 Abs. 1–3, Abs. 5 genannten Zutaten und Verfahren besteht nach **§ 2 Abs. 4** ein **Verwendungs- bzw. Anwendungsverbot,** soweit es sich um das **gewerbsmäßige** (→ Vorb. LFGB Rn. 30) **Herstellen** (→ Vorb. LFGB Rn. 46 ff.) von Erzeugnissen iSv § 1 Abs. 1 handelt.

Nach **§ 1 iVm Anl. 1** unterliegen demnach **Fruchtsaft, Fruchtsaft aus Fruchtsaftkonzentrat, 3 Fruchtsaftkonzentrat, getrockneter Fruchtsaft und Fruchtnektar** der FrSaftErfrischGetrV. Für Fruchtnektar sieht § 2 Abs. 6 iVm Anl. 5 abhängig von der jeweiligen Fruchtart einen **Mindestgehalt an Fruchtsaft oder Fruchtmark** vor. Wird dieser unterschritten, darf das Erzeugnis nicht die Bezeichnung Fruchtnektar tragen. Demnach handelt es sich bei Fruchtsaft um das gärfähige, jedoch nicht gegorene, aus gesunden und reifen Früchten einer oder mehrerer Fruchtarten gewonnene Erzeugnis, das die für den Saft dieser Frucht oder Früchte **charakteristische Farbe,** das dafür **charakteristische Aroma** und den **charakteristischen Geschmack** besitzt (Zipfel/Rathke LebensmittelR/*Rathke* § 1 Rn. 5 ff.; Erbs/Kohlhaas/*Kalf* § 1 Rn. 4 ff.; sa OLG Nürnberg LRE 37, 343; 38, 379).

4   **§ 3 FruchtsaftV** enthält Vorschriften über die **Kennzeichnung** der Erzeugnisse, die der Verordnung unterfallen. Hervorzuheben ist zunächst die Definition der **Bezeichnungen** für die einzelnen Erzeugnisse in § 3 Abs. 1 iVm Anl. 1. Nach § 3 Abs. 2 S. 1 sind die Bezeichnungen der Anl. 1 den dort genannten und definierten Erzeugnissen vorbehalten (OLG Stuttgart Magazin Dienst 2009, 277; OLG Düsseldorf Magazin Dienst 2008, 1023). Weiter sind die in **§ 3 Abs. 3** enthaltenen Kennzeichnungsvorschriften von praktischer Bedeutung, die für gewerbsmäßig in den Verkehr gebrachte Erzeugnisse gelten (insbes. Angaben über Zuckerzusatz, Fruchtgehalt, Herstellung aus Fruchtsaftkonzentrat). IÜ gelten die Vorschriften der LMKV (§ 3 Abs. 4 S. 3). Wird diesen Vorgaben nicht entsprochen, statuiert § 3 Abs. 3 S. 1 ein **Verkehrsverbot.** Ein solches besteht im Zusammenhang mit Verstößen gegen die Kennzeichnungsvorschriften auch nach § 3 Abs. 2 S. 2.

5   **§ 7** statuiert eine **Verkehrsverbot** für solche Lebensmittel (→ Vorb. LFGB Rn. 37 ff.), die den jeweiligen Herstellungsanforderungen der Anl. 1 und Anforderungen des § 2 Abs. 1, 4, 5 S. 1 und Abs. 3 FruchtsaftV nicht entsprechen, soweit sie unter einer der Verkehrsbezeichnungen gewerbsmäßig in den Verkehr gebracht werden sollen (OLG Nürnberg LRE 38, 383).

6   Der mit der 2. ÄndV eingefügte nunmehrige 3. Abschnitt der FrSaftErfrischGetrV hat **koffeinhaltige Erfrischungsgetränke und Energydrinks** zum Gegenstand. § 4 bestimmt die insoweit maßgeblichen Begriffe. § 5 bestimmt **Höchstmengen an Koffein und sonstigen Soffe,** die koffeinhaltige Erfrischungsgetränke und Energydrinks aufweisen dürfen und statuiert in diesem Zusammenhang Herstellungs- und Verkehrsverbote. Zuletzt sieht § 6 (→ Rn. 1) besondere Kennzeichnungspflichten für koffeinhaltige Erfrischungsgetränke und Energydrinks vor und statuiert in § 6 Abs. 1 ein Verkehrsverbot, wenn diesen Vorschriften nicht entsprochen wird.

§ 8 Straftaten und Ordnungswidrigkeiten

(1) Nach § 58 Absatz 1 Nummer 18, Absatz 4 bis 6 des Lebensmittel- und Futtermittelgesetzbuches wird bestraft, wer vorsätzlich oder fahrlässig entgegen § 5 ein dort genanntes Lebensmittel herstellt oder in den Verkehr bringt.

(2) Nach § 59 Absatz 1 Nummer 21 Buchstabe a des Lebensmittel- und Futtermittelgesetzbuches wird bestraft, wer entgegen § 7 ein Lebensmittel in den Verkehr bringt.

(3) Wer eine in Absatz 2 bezeichnete Handlung fahrlässig begeht, handelt nach § 60 Absatz 1 Nummer 2 des Lebensmittel- und Futtermittelgesetzbuches ordnungswidrig.

(4) Ordnungswidrig im Sinne des § 60 Abs. 2 Nr. 26 Buchstabe a des Lebensmittel- und Futtermittelgesetzbuches handelt, wer vorsätzlich oder fahrlässig entgegen § 3 Absatz 2 Satz 2, Absatz 3 Satz 1 oder Absatz 6 Satz 1 oder § 6 Absatz 1 ein Erzeugnis in den Verkehr bringt.

1   **1. Straftat nach § 8 Abs. 1.** Mit der Rückverweisung auf § 58 Abs. 1 Nr. 18 LFGB (→ LFGB § 58 Rn. 39) in § 8 Abs. 1 werden **vorsätzliche** (→ LFGB § 58 Rn. 47 ff.) und **fahrlässige** (→ LFGB § 58 Rn. 60 ff.) **Verstöße** gegen das Herstellungs- und Verkehrsverbot im Zusammenhang mit den Höchstwerten nach § 4 unter Strafe gestellt. Die Vorschrift dient insoweit dem vorbeugenden Gesundheitsschutz. Straftaten nach dieser Vorschrift können bei vorsätzlichem Handeln im Regelfall mit **Freiheitsstrafe bis zu drei Jahren oder Geldstrafe und in besonders schweren Fällen (→ LFGB § 58 Rn. 56) mit Freiheitsstrafe von sechs Monaten bis zu fünf Jahren** geahndet werden. Handelt der Täter fahrlässig sieht das Gesetz Freiheitsstrafe bis zu einem Jahr oder Geldstrafe vor (§ 58 Abs. 6 LFGB). Zur Verantwortlichkeit im Lebensmittelstrafrecht → Vorb. LFGB Rn. 29 ff. Zu den weiteren Rechtsfolgen → LFGB § 58 Rn. 54 ff., 60, zu den Konkurrenzen → LFGB § 58 Rn. 82.

1a   **2. Straftat nach § 8 Abs. 2.** Mit der Rückverweisung auf § 59 Abs. 1 Nr. 21 Buchst. a LFGB (→ LFGB § 59 Rn. 58) in § 8 Abs. 2 werden **vorsätzliche Verstöße** (→ LFGB § 58 Rn. 47 ff.) gegen das dem Täuschungsschutz dienende **Verkehrsverbot** aus § 7 FruchtsaftV (→ Vorb. Rn. 5) unter Strafe gestellt. Zur Tathandlung des Inverkehrbringens → Vorb. LFGB Rn. 45. Zur Verantwortlichkeit im Lebensmittelstrafrecht → Vorb. LFGB Rn. 29 ff.

2   Nach § 59 Abs. 1 LFGB können die Straftaten nach § 8 Abs. 2 mit **Freiheitsstrafe bis zu einem Jahr oder mit Geldstrafe** geahndet werden. Der Versuch ist ebenso wenig wie fahrlässiges Handeln (→ Rn. 3) unter Strafe gestellt. Die Qualifikation des § 59 Abs. 3 LFGB (→ LFGB § 59 Rn. 74a) findet keine Anwendung. Neben der Verhängung von Geld- oder Freiheitsstrafe kommen als weitere Rechtsfolgen die **Einziehung** der Tatgegenstände (hierzu die Kommentierung zu § 61 LFGB), der **Verfall** des Täterlöses (§§ 73 ff. StGB) und die Anordnung eines **Berufsverbotes** (§§ 70 ff. StGB; BGH LMRR 2007, 84) in Betracht. Bei juristischen Personen und Personenvereinigungen kommt zudem eine Verbandsgeldbuße nach § 30 OWiG in Betracht. Zu den Konkurrenzen → LFGB § 59 Rn. 85.

3. Ordnungswidrigkeiten nach § 8 Abs. 3. Handelt der Täter in den Fällen des § 8 Abs. 2 **3** **fahrlässig** (→ LFGB § 58 Rn. 60 ff.), verwirklicht er den Bußgeldtatbestand des § 8 Abs. 3. Danach können Ordnungswidrigkeiten iSv § 8 Abs. 3 nach der ab dem 4.8.2011 geltenden Fassung des § 60 Abs. 5 Nr. 2 LFGB (zur Änderung der Geldbußenrahmen § 60 Abs. 5 LFGB → LFGB § 60 Rn. 32) mit Geldbuße iHv bis zu **50.000 EUR** geahndet werden. IÜ gelten für die Bemessung der Geldbuße die Vorgaben von § 17 Abs. 3 u. 4 OWiG. Zu den weiteren Rechtsfolgen → LFGB § 60 Rn. 33 f.

4. Ordnungswidrigkeiten nach § 8 Abs. 4. Mit Rückverweisung auf **§ 60 Abs. 2 Nr. 26** **4** **Buchst. a LFGB** (→ LFGB § 60 Rn. 20) in **§ 8 Abs. 4** werden **vorsätzliche und fahrlässige** Verstöße gegen Verkehrsverbote, die aus Missachtung der Kennzeichnungspflichten nach §§ 3, 6 resultieren (→ Vorb. Rn. 4, 6), als Ordnungswidrigkeiten definiert. Entsprechen die Erzeugnisse diesen Vorgaben nicht, dürfen sie nicht gewerbsmäßig (→ Vorb. Rn. 2) in den Verkehr gebracht werden. Zur Tathandlung des Inverkehrbringens → Rn. 1.

Demnach können **vorsätzliche** (→ LFGB § 58 Rn. 47 ff.) **Verstöße** iSv § 8 Abs. 4 nach der ab dem **5** 4.8.2011 geltenden Fassung des § 60 Abs. 5 Nr. 2 LFGB (zur Änderung der Geldbußenrahmen § 60 Abs. 5 LFGB → LFGB § 60 Rn. 32) mit **Geldbuße bis zu 50.000 EUR** geahndet werden; handelt der Betroffene **fahrlässig,** sieht das Gesetz **Geldbuße bis zu 25.000 EUR** (§ 17 Abs. 2 OWiG) vor. Zu den weiteren Rechtsfolgen → LFGB § 60 Rn. 33 f.

320. Futtermittelverordnung

In der Fassung der Bekanntmachung vom 5. Juli 2013 (BGBl. I S. 2242) FNA 7825-1-4

Zuletzt geändert durch Art. 1 53. ÄndVO vom 26.4.2016 (BGBl. I S. 979)

– Auszug –

Vorbemerkung

1   Die Futtermittelverordnung (FutMV) ergänzt die Regelungen im dritten Abschnitt des Lebens- mittel- und Futtermittelgesetzbuchs (LFGB) zum Verkehr mit Futtermitteln (§§ 17 f.). Rechtsgrund- lage für den Erlass der FutMV sind die §§ 22 f. LFGB. Über die bereits im LFGB enthaltenen Begriffsbestimmungen hinaus enthält die FutMV in § 1 weitere Definitionen hinsichtlich der einzelnen Futtermittelarten und anderer Begriffe (wie zB Inhaltsstoff, Heimtier etc). Ansonsten sind in der FutMV im Wesentlichen das Inverkehrbringen und die Verwendung von Futtermitteln sowie deren behördliche Überwachung und Untersuchung iE geregelt. Daneben finden sich in den §§ 35g, 36, 36a und 36b Straf- und Bußgeldvorschriften, mit denen Zuwiderhandlungen gegen die FutMV sanktio- niert werden.

§ 35g Straftaten

Nach § 58 Absatz 3, 4 bis 6 des Lebensmittel- und Futtermittelgesetzbuches wird bestraft, wer gegen die Verordnung (EG) Nr. 999/2001 des Europäischen Parlaments und des Rates vom 22. Mai 2001 mit Vorschriften zur Verhütung, Kontrolle und Tilgung bestimmter trans- missibler spongiformer Enzephalopathien (ABl. L 147 vom 31.5.2001, S. 1), die zuletzt durch die Verordnung (EU) Nr. 2016/27 ABl. L 9 vom 14.1.2016, S. 4) geändert worden ist, ver- stößt, indem er vorsätzlich oder fahrlässig

1. **entgegen Artikel 7 Absatz 1, auch in Verbindung mit Artikel 7 Absatz 2, ein tierisches Protein an einen Wiederkäuer oder an ein dort genanntes Erzeugnis tierischen Ursprungs an ein anderes dort genanntes Tier verfüttert,**
2. **als derjenige, der Futtermittel herstellt, behandelt, in den Verkehr bringt oder verfüttert, entgegen Anhang IV Kapitel V Abschnitt B Nummer 1 ein dort genanntes Futtermittel nicht richtig transportiert,**
3. **entgegen Anhang IV Kapitel V Abschnitt C ein dort genanntes Mischfuttermittel herstellt,**
4. **entgegen Anhang IV Kapitel V Abschnitt D ein dort genanntes Futtermittel verwendet oder lagert oder**
5. **entgegen Anhang IV Kapitel V Abschnitt E Nummer 1 Satz 1 ein dort genanntes Protein oder ein dort genanntes Produkt ausführt.**

1   § 35g dient der Durchsetzung der in S. 1 genannten europarechtlichen Regelungen, die den Schutz von Menschen und Tieren vor transmissibler spongiformer Enzephalopathien (BSE beim Rind) bezwe- cken. Die Vorschrift enthält ein umfassendes Verfütterungsverbot von Stoffen, die sich iE entweder aus der VO (EG) Nr. 999/2001 des Europäischen Parlaments und des Rates v. 22.5.2001 (ABl. 2001 L 147, 1) selbst oder aus den Anhängen zur FutMV ergeben. Unter diese Stoffe fallen insbes. Proteine aus Säugetiergewebe, wie sie zB in Knochenmehl enthalten sein können. Daneben kommen als Tathand- lungen auch das Herstellen, Behandeln, in Verkehr bringen, Transportieren, Ausführen und Aufbewah- ren von Futtermitteln in Betracht, die durch die in § 35g genannten Stoffe verunreinigt sind. Begriffs- bestimmungen finden sich hierzu zum Teil in § 3 LFGB. Eine Tat nach § 35g kann sowohl vorsätzlich als auch fahrlässig begangen werden, wobei bedingter Vorsatz genügt. Der Versuch ist nach § 58 Abs. 4 LFGB strafbar. Bei der Tat handelt es sich um ein Vergehen. Der Strafrahmen ergibt sich aus § 58 Abs. 3 iVm Abs. 1 LFGB, der als Sanktion eine Freiheitsstrafe bis zu drei Jahren oder eine Geldstrafe vorsieht. Die in § 58 Abs. 5 LFGB genannten Regelbeispiele finden über die in § 35g enthaltene Verweisung ebenfalls Anwendung. Sind die Voraussetzungen eines Regelbeispiels erfüllt, so liegt der Strafrahmen bei einer Mindeststrafe von sechs Monaten und einer Höchststrafe von fünf Jahren Frei- heitsstrafe. Benannte Regelbeispiele sind das Handeln aus grobem Eigennutz, die Gefährdung einer großen Zahl von Menschen oder die Herbeiführung einer Lebens- oder schwerwiegenden Gesund- heitsgefahr.

§ 36 Straftaten

Nach § 59 Absatz 1 Nummer 21 Buchstabe a des Lebensmittel- und Futtermittelgesetzbuches wird bestraft, wer
1. entgegen § 34b Absatz 1 ein Futtermittel einführt,
2. entgegen § 34d Absatz 1 einen dort genannten Stoff, der für den Verzehr durch Tiere bestimmt ist, oder ein dort genanntes Mischfuttermittel einführt oder
3. entgegen § 35e Absatz 1 ein Futtermittel einführt oder sonst verbringt.

Die in § 36 enthaltene Regelung stellt Verstöße gegen in der Verordnung enthaltene Einfuhr- und **1** Verbringungsverbote unter Strafe. Begriffsbestimmungen finden sich in § 1 Nr. 10 (Einfuhr) sowie § 2 Abs. 4 (Futtermittel) und § 3 LFGB (dort insbes. die Nr. 13 f.). In subjektiver Hinsicht kommt als Begehungsform lediglich vorsätzliches Handeln in Betracht, wobei bedingter Vorsatz genügt. Der Versuch ist nicht strafbar. Die fahrlässige Begehung stellt eine Ordnungswidrigkeit dar (§ 36a Abs. 1).

Der Strafrahmen umfasst die Verhängung einer Geldstrafe oder einer Freiheitsstrafe bis zu einem Jahr **2** (§ 36 iVm § 59 Abs. 1 LFGB). Anders als bei § 58 LFGB sieht das Gesetz in § 59 LFGB keine Erhöhung des Strafrahmens für besonders schwere Fälle vor. Zu berücksichtigen ist weiterhin, dass daneben eine Einziehung von Gegenständen in Betracht kommt, auf die sich die Tat bezieht. Die Einziehungsvorschrift des § 61 LFGB verweist insoweit auf § 59 LFGB.

§ 36a Ordnungswidrigkeiten

(1) Wer eine in § 36 bezeichnete Handlung fahrlässig begeht, handelt nach § 60 Absatz 1 Nummer 2 des Lebensmittel- und Futtermittelgesetzbuches ordnungswidrig.

(2) Ordnungswidrig im Sinne des § 60 Absatz 2 Nummer 26 Buchstabe a des Lebensmittel- und Futtermittelgesetzbuches handelt, wer vorsätzlich oder fahrlässig
1. entgegen § 10 Absatz 1 Nummer 2, Absatz 2 Satz 1 Nummer 2 oder Absatz 3 Satz 1 Nummer 2 ein Diätfuttermittel in den Verkehr bringt,
2. entgegen § 11 oder § 24 ein dort genanntes Futtermittel in den Verkehr bringt, das nicht, nicht richtig, nicht vollständig oder nicht in der vorgeschriebenen Weise gekennzeichnet ist,
3. entgegen § 12 ein Futtermittel zum Verkauf anbietet,
4. entgegen § 23 Absatz 1 Nummer 1 ein Futtermittel in den Verkehr bringt,
5. entgegen § 23 Absatz 1 Nummer 2 ein Futtermittel verfüttert,
6. entgegen § 23 Absatz 1 Nummer 3 ein Futtermittel mischt,
7. entgegen § 25 ein Futtermittel in den Verkehr bringt oder verfüttert,
8. entgegen § 26 Futtermittel verfüttert,
9. entgegen § 27 Nummer 1 ein Futtermittel in den Verkehr bringt,
10. entgegen § 27 Nummer 2 ein dort genanntes Futtermittel in den Verkehr bringt,
11. ohne Zulassung nach
    a) § 28 Absatz 1 Futtermittel dekontaminiert,
    b) § 28 Absatz 2 Grünfutter, Lebensmittel oder Lebensmittelreste zum Zwecke der Herstellung eines Einzelfuttermittels oder Mischfuttermittels trocknet,
    c) § 28 Absatz 3 Fette, Öle, Fettsäuren, mit Glycerin veresterte Fettsäuren, Mono- und Diglyceride von Fettsäuren oder Salze von Fettsäuren lose in den Verkehr bringt,
12. einer vollziehbaren Anordnung nach § 29 Absatz 8 Satz 1 oder § 31 Absatz 6 Satz 1 oder einer vollziehbaren Auflage nach § 29 Absatz 7 oder 8 Satz 2 oder § 31 Absatz 5 oder 6 Satz 2 zuwiderhandelt,
13. entgegen § 30a Absatz 1 oder 3 Satz 1 eine Anzeige nicht, nicht richtig oder nicht rechtzeitig erstattet oder
14. entgegen § 34 Absatz 1 nicht, nicht richtig oder nicht vollständig Buch führt oder entgegen § 34 Absatz 2 Satz 1 Bücher, Buchführungsunterlagen, Dokumentationen oder Dateien nicht oder nicht mindestens fünf Jahre aufbewahrt.

(3) Ordnungswidrig im Sinne des § 60 Absatz 2 Nummer 26 Buchstabe b des Lebensmittel- und Futtermittelgesetzbuches handelt, wer vorsätzlich oder fahrlässig
1. entgegen § 28 Absatz 4 Satz 1 oder § 30 Satz 1 einen Futtermittelzusatzstoff, eine Vormischung, ein Einzelfuttermittel oder ein Mischfuttermittel einführt oder
2. entgegen § 35a Absatz 2 eine Anmeldung nicht, nicht richtig, nicht vollständig oder nicht rechtzeitig macht.

Die Vorschrift enthält die Tatbestände, die bei Zuwiderhandlungen gegen die FutMV als Ordnungs- **1** widrigkeiten geahndet werden können. Abs. 1 umfasst fahrlässige Verstöße gegen Einfuhrbeschränkungen und –verbote, die bei vorsätzlichem Handeln eine Straftat darstellen (§ 36). Die übrigen Absätze der Vorschrift regeln sowohl vorsätzliche als auch fahrlässige Verstöße gegen weitere Bestimmungen der FutMV insbes. hinsichtlich der darin enthaltenen Pflichten beim Inverkehrbringen.

2   Die einzelnen in § 36a geregelten Ordnungswidrigkeitentatbestände verweisen hinsichtlich der Rechtsfolgen jeweils auf Bestimmungen in § 60 LFGB. Abhängig von der Schwere des jeweiligen Verstoßes kann das in Betracht kommende Bußgeld im Höchstmaß unterschiedlich ausfallen (§ 60 Abs. 5 LFGB). Vorsätzlich begangene Ordnungswidrigkeiten können im Fall des § 36a Abs. 1 gemäß § 60 Abs. 1, Abs. 5 Nr. 1 LFGB mit einer Geldbuße bis zu 100.000 EUR, in den Fällen des § 36a Abs. 2 gemäß § 60 Abs. 5 Nr. 26a, Abs. 5 Nr. 2 LFGB mit einer Geldbuße bis 50.000 EUR und in den Fällen des § 36a Abs. 3 gemäß § 60 Abs. 2 Nr. 26b, Abs. 5 Nr. 3 LFGB mit einer Geldbuße bis zu 20.000 EUR geahndet werden. Das Mindestmaß des Bußgeldes liegt bei 5 EUR (§ 17 Abs. 1 OWiG). Werden die Zuwiderhandlungen fahrlässig begangen, so kann das Höchstmaß gemäß § 17 Abs. 2 OWiG lediglich die Hälfte der für das vorsätzliche Handeln angedrohten Geldbuße betragen. Grundlage für die Zumessung der Geldbuße sind die Bedeutung der Ordnungswidrigkeit und der Vorwurf, der den Täter trifft. Auch die wirtschaftlichen Verhältnisse des Täters kommen bei der Bemessung in Betracht; bei geringfügigen Ordnungswidrigkeiten bleiben sie jedoch in der Regel unberücksichtigt (§ 17 Abs. 3 OWiG). Gemäß § 17 Abs. 4 OWiG soll die Geldbuße den wirtschaftlichen Vorteil, den der Täter aus der Ordnungswidrigkeit gezogen hat, übersteigen. Reicht das gesetzliche Höchstmaß hierzu nicht aus, so kann dieses auch überschritten werden. Bei geringfügigen Ordnungswidrigkeiten kann die Verwaltungsbehörde den Betroffenen verwarnen und ein Verwarnungsgeld von 5 bis 55 EUR erheben oder eine Verwarnung ohne Verwarnungsgeld erteilen (§§ 56 OWiG).

§ 36b Ordnungswidrigkeiten

(1) Ordnungswidrig im Sinne des § 60 Absatz 4 Nummer 2 Buchstabe a des Lebensmittel- und Futtermittelgesetzbuches handelt, wer gegen die Verordnung (EG) Nr. 1831/2003 des Europäischen Parlaments und des Rates vom 22. September 2003 über Zusatzstoffe zur Verwendung in der Tierernährung (ABl. L 268 vom 18.10.2003, S. 29, L 192 vom 29.5.2004, S. 34, L 98 vom 13.4.2007, S. 29), die zuletzt durch die Verordnung (EU) 2015/2294 (ABl. L 324 vom 10.12.2015, S. 3) geändert worden ist, verstößt, indem er vorsätzlich oder fahrlässig

1. entgegen Artikel 3 Absatz 1 einen Futtermittelzusatzstoff in Verkehr bringt, verarbeitet oder verwendet,
2. entgegen Artikel 10 Absatz 3 in Verbindung mit Artikel 16 Absatz 1 Satz 1 und Absatz 3 einen Futtermittelzusatzstoff, der in das Register nach Artikel 10 Absatz 1 Buchstabe b Satz 2 eingetragen ist, in Verkehr bringt oder
3. entgegen Artikel 16 Absatz 1 Satz 1 in Verbindung mit Absatz 3 und 4 eine Vormischung von Zusatzstoffen in Verkehr bringt.

(2) Ordnungswidrig im Sinne des § 60 Absatz 4 Nummer 2 Buchstabe a des Lebensmittel- und Futtermittelgesetzbuches handelt, wer gegen die Verordnung (EG) Nr. 183/2005 des Europäischen Parlaments und des Rates vom 12. Januar 2005 mit Vorschriften für die Futtermittelhygiene (ABl. L 35 vom 8.2.2005, S. 1, L 50 vom 23.2.2008, S. 71), die zuletzt durch die Verordnung (EU) 2015/1905 (ABl. L 278 vom 23.10.2015, S. 5) geändert worden ist, verstößt, indem er vorsätzlich oder fahrlässig

1. entgegen Artikel 5
   a) Absatz 1 die Bestimmungen des Anhangs I Teil A Abschnitt II Nummer 1 Satz 2 auf Verlangen der zuständigen Behörde,
   b) Absatz 2 die Bestimmungen des Anhangs II Abschnitt Einrichtungen und Ausrüstungen Nummer 7 Satz 1 oder Nummer 10, Abschnitt Herstellung Nummer 2, 5 Satz 2, Nummer 7 oder Nummer 8, Abschnitt Qualitätskontrolle Nummer 4 Satz 1 oder Satz 3, Abschnitt Dioxinüberwachung von Ölen, Fetten und daraus hergestellten Erzeugnissen Nummer 1, auch in Verbindung mit Nummer 2 Buchstabe a Ziffer i, Buchstabe b, c Ziffer i, ii oder iii, Buchstabe d Ziffer i oder ii, Buchstabe e Ziffer i oder ii, Buchstabe f Satz 1 Ziffer i oder iii, Buchstabe g Ziffer i oder iii, Nummer 5 Unterabsatz 1 in Verbindung mit Unterabsatz 2 Satz 1, Nummer 5 Unterabsatz 3 Satz 1 oder Nummer 7, Abschnitt Lagerung und Beförderung Nummer 1 erster Halbsatz, Nummer 3 oder Nummer 7 Satz 1, 2 oder Satz 3 oder Abschnitt Dokumentation Nummer 1 oder
   c) Absatz 5 die Bestimmungen des Anhangs III Abschnitt Vorschriften für Stall- und Fütterungseinrichtungen Satz 3 oder Abschnitt Fütterung Nummer 1 Satz 1 oder Nummer 2 Satz 3
   nicht erfüllt,
2. entgegen Artikel 5 Absatz 6 sich ein Futtermittel beschafft oder ein Futtermittel verwendet,
3. entgegen Artikel 7 Absatz 1 Buchstabe a einen dort genannten Nachweis nach Aufforderung nicht, nicht richtig, nicht in der vorgeschriebenen Weise oder nicht unverzüglich erbringt,

4. entgegen Artikel 11 eine Tätigkeit ohne Registrierung oder Zulassung ausübt oder
5. entgegen Artikel 23 Absatz 1 nicht sicherstellt, dass Futtermittel aus Drittländern nur unter den dort genannten Bedingungen eingeführt werden.

(3) Ordnungswidrig im Sinne des § 60 Absatz 4 Nummer 2 Buchstabe a des Lebensmittel- und Futtermittelgesetzbuches handelt, wer gegen die Verordnung (EG) Nr. 767/2009 des Europäischen Parlaments und des Rates vom 13. Juli 2009 über das Inverkehrbringen und die Verwendung von Futtermitteln, zur Änderung der Verordnung (EG) Nr. 1831/2003 des Europäischen Parlaments und des Rates und zur Aufhebung der Richtlinien 79/373/EWG des Rates, 80/511/EWG der Kommission, 82/471/EWG des Rates, 83/228/EWG des Rates, 93/74/EWG des Rates, 93/113/EG des Rates und 96/25/EG des Rates und der Entscheidung 2004/217/EG der Kommission (ABl. L 229 vom 1.9.2009, S. 1, L 192 vom 22.7.2011, S. 71), die zuletzt durch die Verordnung (EU) Nr. 939/2010 (ABl. L 277 vom 21.10.2010, S. 4) geändert worden ist, verstößt, indem er vorsätzlich oder fahrlässig

1. entgegen Artikel 4 Absatz 2 Unterabsatz 1 Buchstabe a als Futtermittelunternehmer, der ein Futtermittel in den Verkehr bringt, nicht sicherstellt, dass das Futtermittel den dort genannten Anforderungen entspricht,
2. entgegen Artikel 4 Absatz 2 Unterabsatz 1 Buchstabe b in Verbindung mit
   a) Artikel 11 Absatz 4, dieser in Verbindung mit Anhang II Nummer 1, 2 oder 4,
   b) Artikel 13 Absatz 1 Buchstabe a oder Absatz 3,
   c) Artikel 14 Absatz 1 oder Absatz 2,
   d) Artikel 19,
   e) Artikel 20 Absatz 1 oder
   f) Artikel 22 Absatz 1, dieser in Verbindung mit Anhang VI Kapitel II Nummer 2 oder 3 oder Anhang VII Kapitel II Nummer 2 oder 3,
   als Futtermittelunternehmer, der ein Futtermittel in den Verkehr bringt, nicht sicherstellt, dass ein Futtermittel in der dort genannten Weise gekennzeichnet, verpackt oder aufgemacht wird,
3. ohne Zulassung nach Artikel 8 Absatz 2 Satz 3 einen dort genannten Futtermittelzusatzstoff verwendet,
4. entgegen Artikel 9 ein Futtermittel für besondere Ernährungszwecke in den Verkehr bringt,
5. als Futtermittelunternehmer, der ein Futtermittel durch Fernkommunikationsmittel zum Verkauf anbietet, entgegen Artikel 11 Absatz 3 Satz 2 eine dort genannte Angabe nicht, nicht richtig, nicht vollständig oder nicht rechtzeitig bereitstellt oder
6. entgegen Artikel 15, auch in Verbindung mit Artikel 16 Absatz 1 Buchstabe a oder Buchstabe b Halbsatz 1 und Absatz 2, Artikel 17 Absatz 1 Buchstabe a bis d Satz 1 und Buchstabe e, dieser auch in Verbindung mit Artikel 17 Absatz 2, und Buchstabe f, Artikel 18 oder Artikel 20 Absatz 1 ein dort genanntes Futtermittel in den Verkehr bringt.

(4) Ordnungswidrig im Sinne des § 60 Absatz 4 Nummer 2 Buchstabe b des Lebensmittel- und Futtermittelgesetzbuches handelt, wer vorsätzlich oder fahrlässig entgegen Artikel 16 Absatz 5, auch in Verbindung mit Artikel 10 Absatz 3, der Verordnung (EG) Nr. 1831/2003 einen Futtermittelzusatzstoff oder eine Vormischung in Verkehr bringt.

(5) Ordnungswidrig im Sinne des § 60 Absatz 4 Nummer 2 Buchstabe b des Lebensmittel- und Futtermittelgesetzbuches handelt, wer vorsätzlich oder fahrlässig entgegen Artikel 6 Unterabsatz 2 der Verordnung (EG) Nr. 669/2009 der Kommission vom 24. Juli 2009 zur Durchführung der Verordnung (EG) Nr. 882/2004 des Europäischen Parlaments und des Rates im Hinblick auf verstärkte amtliche Kontrollen bei der Einfuhr bestimmter Futtermittel und Lebensmittel nicht tierischen Ursprungs und zur Änderung der Entscheidung 2006/504/EG (ABl. L 194 vom 25.7.2009, S. 11), die zuletzt durch die Durchführungsverordnung (EU) 2016/24 (ABl. L 8 vom 13.1.2016, S. 1) geändert worden ist, als Futtermittelunternehmer oder als sein Vertreter ein dort genanntes Dokument nicht, nicht richtig, nicht vollständig oder nicht rechtzeitig übermittelt.

(6) Ordnungswidrig im Sinne des § 60 Absatz 4 Nummer 2 Buchstabe b des Lebensmittel- und Futtermittelgesetzbuches handelt, wer vorsätzlich oder fahrlässig entgegen Artikel 23 Absatz 1 Satz 1 der Verordnung (EG) Nr. 767/2009, auch in Verbindung mit Satz 2, ein Einzelfuttermittel oder ein Mischfuttermittel in den Verkehr bringt.

(7) Ordnungswidrig im Sinne des § 60 Absatz 4 Nummer 2 Buchstabe b des Lebensmittel- und Futtermittelgesetzbuches handelt, wer gegen die Durchführungsverordnung (EU) Nr. 884/2014 der Kommission vom 13. August 2014 zur Festlegung besonderer Bedingungen für die Einfuhr bestimmter Futtermittel und Lebensmittel aus bestimmten Drittländern wegen des Risikos einer Aflatoxin-Kontamination und zur Aufhebung der Verordnung (EG) Nr. 1152/2009 (ABl. L 242 vom 14.8.2014, S. 4), die durch die Durchführungsverordnung (EU) 2016/24 (ABl. L 8 vom 13.1.2016, S. 1) geändert worden ist, verstößt, indem er als Futtermittelunternehmer oder als sein Vertreter vorsätzlich oder fahrlässig

1. entgegen Artikel 7 Absatz 2 das dort genannte Dokument nicht, nicht richtig, nicht vollständig oder nicht rechtzeitig übermittelt oder
2. entgegen Artikel 7 Absatz 4 Satz 1 in Verbindung mit Satz 2 die zuständige Behörde nicht,
   nicht richtig, nicht vollständig oder nicht rechtzeitig informiert.

(8) Ordnungswidrig im Sinne des § 60 Absatz 4 Nummer 2 Buchstabe b des Lebensmittel-
und Futtermittelgesetzbuches handelt, wer vorsätzlich oder fahrlässig entgegen Artikel 7
Absatz 2 Satz 2 der Durchführungsverordnung (EU) 2015/175 der Kommission vom 5. Februar 2015 zur Festlegung von Sondervorschriften für die Einfuhr von Guarkernmehl, dessen
Ursprung oder Herkunft Indien ist, wegen des Risikos einer Kontamination mit Pentachlorphenol und Dioxinen (ABl. L 30 vom 6.2.2015, S. 10) als Futtermittelunternehmer oder als
sein Vertreter ein dort genanntes Dokument nicht, nicht richtig, nicht vollständig oder nicht
rechtzeitig übermittelt.

(9) Ordnungswidrig im Sinne des § 60 Absatz 4 Nummer 2 Buchstabe b des Lebensmittel-
und Futtermittelgesetzbuches handelt, wer vorsätzlich oder fahrlässig als Futtermittelunternehmer oder als sein Vertreter entgegen Artikel 9 Absatz 2 Unterabsatz 2 der Durchführungsverordnung (EU) 2016/6 der Kommission vom 5. Januar 2016 mit besonderen Bedingungen
für die Einfuhr von Lebens- und Futtermitteln, deren Ursprung oder Herkunft Japan ist, nach
dem Unfall im Kernkraftwerk Fukushima und zur Aufhebung der Durchführungsverordnung
(EU) Nr. 322/2014 (ABl. L 3 vom 6.1.2016, S. 5) ein dort genanntes Dokument nicht, nicht
richtig, nicht vollständig oder nicht rechtzeitig übermittelt.

1   Die Vorschrift umfasst verschiedene Ordnungswidrigkeiten, die vorsätzliche und fahrlässige Zuwider-
     handlungen gegen – in Deutschland unmittelbar geltende – Rechtsnormen des europäischen Verord-
     nungsgebers betreffen (vgl. BR-Drs. 109/16).

2   Bei vorsätzlich begangenen Ordnungswidrigkeiten beträgt das Höchstmaß der Geldbuße in den Fällen
     des § 36b Abs. 1–3 gemäß § 60 Abs. 4 Nr. 2a, Abs. 5 Nr. 2 LFGB 50.000 EUR, in den übrigen Fällen
     des § 36b (Abs. 4–9) gemäß § 60 Abs. 4 Nr. 2b, Abs. 5 Nr. 3 LFGB 20.000 EUR. Das Höchstmaß
     kann sich bei fahrlässigen Zuwiderhandlungen auf die Hälfte reduzieren (§ 17 Abs. 2 OWiG). IÜ wird
     auf die Ausführungen zu § 36a (→ Rn. 2) verwiesen.

325. Gebrauchsmustergesetz (GebrMG)

In der Fassung der Bekanntmachung vom 28. August 1986 (BGBl. I S. 1455) FNA 421-1

Zuletzt geändert durch Art. 3 G zur Änd. des DesignG und weiterer Vorschriften des gewerblichen Rechtsschutzes vom 4.4.2016 (BGBl. I S. 558)

– Auszug –

§ 25 [Strafvorschriften]

(1) Mit Freiheitsstrafe bis zu drei Jahren oder mit Geldstrafe wird bestraft, wer ohne die erforderliche Zustimmung des Inhabers des Gebrauchsmusters
1. ein Erzeugnis, das Gegenstand des Gebrauchsmusters ist (§ 11 Abs. 1 Satz 2), herstellt, anbietet, in Verkehr bringt, gebraucht oder zu einem der genannten Zwecke entweder einführt oder besitzt oder
2. das Recht aus einem Patent entgegen § 14 ausübt.

(2) Handelt der Täter gewerbsmäßig, so ist die Strafe Freiheitsstrafe bis zu fünf Jahren oder Geldstrafe.

(3) Der Versuch ist strafbar.

(4) In den Fällen des Absatzes 1 wird die Tat nur auf Antrag verfolgt, es sei denn, daß die Strafverfolgungsbehörde wegen des besonderen öffentlichen Interesses an der Strafverfolgung ein Einschreiten von Amts wegen für geboten hält.

(5) ¹Gegenstände, auf die sich die Straftat bezieht, können eingezogen werden. ²§ 74a des Strafgesetzbuches ist anzuwenden. ³Soweit den in § 24a bezeichneten Ansprüchen im Verfahren nach den Vorschriften der Strafprozeßordnung über die Entschädigung des Verletzten (§§ 403 bis 406c) stattgegeben wird, sind die Vorschriften über die Einziehung nicht anzuwenden.

(6) ¹Wird auf Strafe erkannt, so ist, wenn der Verletzte es beantragt und ein berechtigtes Interesse daran dartut, anzuordnen, daß die Verurteilung auf Verlangen öffentlich bekanntgemacht wird. ²Die Art der Bekanntmachung ist im Urteil zu bestimmen.

Literatur: *Gruhl,* Gewerbliche Schutzrechte: Patent- und Musterrechte, in Müller-Gugenberger, Wirtschaftsstrafrecht, 6. Aufl. 2015, § 55 Rn. 31 ff.; *Ann,* Strafbarkeit vorsätzlicher Schutzrechtsverletzung: Patente und ergänzende Schutzzertifikate, in: Kraßer/Ann, Patentrecht, 7. Aufl. 2016, § 38 II; *Möller,* Produkt- und Markenpiraterie, in Wabnitz/Janovsky, Handbuch des Wirtschafts- und Steuerstrafrechts, 4. Aufl. 2014, Kap. 17; *Nentwig,* Patent- und Gebrauchsmusterstrafrecht, in Achenbach/Ransiek/Rönnau, Handbuch Wirtschaftsstrafrecht, 4. Aufl. 2015, 1487 ff.

Übersicht

A. Allgemeines

I. Anwendbarkeit älterer Strafvorschriften; Entstehungsgeschichte

1   Die Strafvorschrift, die zugleich durch Art. 1 Nr. 19 GebrMÄndG (v. 15.8.1986, BGBl. I 1446) neu gefasst worden war, erhielt ihre geltende Bezeichnung als § 25 durch die Neubekanntmachung v. 28.8.1986 (BGBl. I 1455). § 25 findet **nur** auf **seit dem 1.1.1987** angemeldete Gebrauchsmuster Anwendung; für **zuvor eingereichte** verbleibt es bei der Anwendung der bis dahin geltenden Vorschriften (Art. 4 Nr. 1, 7 GebrMÄndG), hier mithin des § 16 aF.

Angesichts der **Schutzdauer,** die für bis zum 30.6.1990 angemeldete Gebrauchsmuster höchstens acht Jahre (§ 23 Abs. 1, 2 S. 1, 6 S. 1 GebrMG 1986), in Folge der Änderung durch Art. 5 Nr. 7 PrPG (v. 7.3.1990, BGBl. I 422) für seit dem 1.7.1990 angemeldete zehn Jahre beträgt (§ 23 Abs. 1), dürfte die tatbestandliche Anwendbarkeit des § 16 aF auf vor 1987 angemeldete Gebrauchsmuster aber nur mehr von akademischem Interesse sein.

2   Der **Strafrahmen** des § 25 Abs. 1 sah vor dem 1.7.1990 Freiheitsstrafe von bis zu einem Jahr oder Geldstrafe vor. Mit seiner Erhöhung wurde auch der **Qualifikationstatbestand** in § 25 Abs. 2 eingeführt und die Strafbarkeit des **Versuchs** durch § 25 Abs. 3 begründet (Art. 5 Nr. 10 PrPG v. 7.3.1990, BGBl. I 422). Außerdem handelte es sich bis zu diesem Zeitpunkt um ein absolutes **Antragsdelikt,** § 25 Abs. 2 aF.

Die Neuregelungen durch das PrPG verfolgten das Ziel, durch Schaffung gleich lautender Strafbestimmungen für alle gewerblichen Schutzrechte die Voraussetzungen für eine schnelle und wirkungsvolle Bekämpfung planmäßig, gezielt und massenhaft begangener Schutzrechtsverletzungen zu schaffen (Begründung des Gesetzentwurfs der BReg, BT-Drs. 11/4792, 15).

II. Weitere gebrauchsmusterrechtliche Strafvorschriften

3   Das GebrMG enthält neben § 25 eine **weitere Strafvorschrift** in § 9 Abs. 2 S. 1 iVm § 52 Abs. 2 PatG (nicht genehmigte Anmeldung einer geheim zu haltenden Erfindung im Ausland). Von einer Kommentierung der Vorschrift wird hier entsprechend der Zwecksetzung dieses Werks abgesehen, da sie nicht zum Zuständigkeitsbereich der Wirtschaftsstrafkammer, sondern demjenigen des Staatsschutzsenats beim OLG gehört (§ 120 Abs. 1 Nr. 3 GVG).

III. Einführung: Verhältnis von Gebrauchsmuster- und Patentschutz

4   Ursprünglich war das Gebrauchsmuster bei seiner Einführung im Jahr 1891 zum Schutz kleinerer technischer Erfindungen bestimmt, die, insbes. mangels hinreichender Erfindungshöhe, die Voraussetzungen eines patentrechtlichen Schutzes nicht erfüllten (Benkard PatG/*Goebel*/*Engel* Vorb. GebrMG Rn. 1, 3). Die spätere Rechtsentwicklung hat das Gebrauchsmusterrecht aber mehr und mehr an die Bestimmungen des Patentrechts **angenähert** (Benkard PatG/*Goebel*/*Engel* Vorb. GebrMG Rn. 4c; → Rn. 16). Da ein Gebrauchsmusterschutz schneller und kostengünstiger zu erreichen ist, wird in der Praxis eine Erfindung nicht selten zum Schutz nach beiden Schutzgesetzen angemeldet: Denn zum Einen erlangt der Anmelder dann immerhin den – wenn auch zeitlich kürzeren – Schutz des GebrMG, wenn sich herausstellt, dass seine erfinderische Leistung zwar den an ein Gebrauchsmuster, nicht aber den an ein Patent zu stellenden Anforderungen genügt (allerdings → Rn. 16 zur Angleichung der Schutzniveaus durch die BGH-Rspr. in jüngerer Zeit). Zum anderen eröffnet sich der Anmelder auf diesem Weg die Möglichkeit, durch die Eintragung in das Gebrauchsmusterregister und den hierdurch eintretenden Gebrauchsmusterschutz die Zeit bis zu einer Patenterteilung und deren Veröffentlichung zu überbrücken, ohne dass seine Erfindung in der Zwischenzeit schutzlos ist oder nur den beschränkten Schutz der offen gelegten Patentanmeldung nach § 33 Abs. 1 PatG genießt (Benkard PatG/*Goebel*/*Engel* Vorb. GebrMG Rn. 3).

Allerdings wird ein Gebrauchsmusterschutz, anders als ein Patentschutz, nicht für **Verfahren**serfindungen gewährt (§ 2 Nr. 3).

Der wesentliche, insbes. für die Strafrechtsanwendung bedeutsame Unterschied zum Patentrecht besteht aber in Folgendem: Das GebrMG folgt dem **Anmeldesystem**. Anders als im Patentverfahren prüft das Patentamt auf die Anmeldung nach § 8 Abs. 1 S. 2 **nicht** die sog „relativen" Voraussetzungen der Schutzfähigkeit nach §§ 1 ff. (Neuheit, erfinderischer Schritt, gewerbliche Anwendbarkeit). Vielmehr überprüft es die Anmeldung gemäß § 8 Abs. 1 S. 1 auf das Vorhandensein der formellen Voraussetzungen der §§ 4, 4a. Daneben unterliegt seiner Prüfung nur, ob die sog „absoluten" Schutzvoraussetzungen gegeben sind, insbes. ob die Anmeldung eine Erfindung im Sinne einer technischen Lehre betrifft und ob nicht einer der Ausschlusstatbestände der §§ 1 Abs. 2, 2 vorliegt (Benkard PatG/*Goebel*/*Hall*/*Nobbe* § 8 Rn. 4 ff.; Busse/Keukenschrijver/*Keukenschrijver* § 8 Rn. 4 f.; Mes § 8 Rn. 6; auch dies verneinend Bühring/Braitmayer/Schmid/*Schmid* § 8 Rn. 5 unter Berufung auf BPatG CR 2010, 569; dagegen Fitzner/Lutz/Bodewig/*Eisenrauch* § 8 Rn. 6).

Die Konsequenz hieraus ist – wie sich auch aus § 13 Abs. 1 iVm § 15 Abs. 1 Nr. 1 ergibt –, dass die 5 Eintragung in das Gebrauchsmusterregister, anders als die Patenterteilung, **keine Tatbestandswirkung** hinsichtlich der materiellen Voraussetzungen des Gebrauchsmusterschutzes entfaltet:

Im **Patentrecht** ist es dem Strafrechtsanwender nicht anders als dem Richter des zivilgerichtlichen Patentverletzungsverfahrens verwehrt zu überprüfen, ob das Patentamt im Erteilungsverfahren die Voraussetzungen der Schutzfähigkeit des Patents zutreffend beurteilt hat. Diese Überprüfung ist vielmehr dem Einspruchsverfahren vor dem Patentamt nach § 59 iVm § 21 PatG sowie dem Patentnichtigkeitsverfahren vor dem Patentgericht nach §§ 81 ff. iVm § 22 PatG vorbehalten (Kommentierung zu → PatG § 142 Rn. 37). Demgegenüber hat in dem nach dem Anmeldesystem verfahrenden **Gebrauchsmusterrecht** gerade der Zivil- wie der Strafrichter – dieser von Amts wegen – die Aufgabe, das Vorliegen der materiellen Voraussetzungen der Schutzfähigkeit als Gebrauchsmuster zu überprüfen (RGSt 46, 92 (93); Benkard PatG/*Goebel*/*Hall*/*Nobbe* § 8 Rn. 4; Benkard PatG/*Grabinski*/*Zülch* § 25; Fitzner/Lutz/Bodewig/*Loth* Rn. 2; Achenbach/Ransiek/Rönnau WirtschaftsStR-HdB/*Nentwig* Teil 11 Kap. 2 Rn. 60; zu Einzelheiten → Rn. 14 ff.).

IV. Praktische Bedeutung

Die **praktische Relevanz** der Vorschrift gilt heute – im Gegensatz zur Zeit vor dem 1. Weltkrieg – 6 allgemein als gering (Benkard PatG/*Grabinski*/*Zülch* PatG § 142 Rn. 1; Busse/Keukenschrijver/*Keukenschrijver* PatG § 142 Rn. 1; Fitzner/Lutz/Bodewig/*Pitz* PatG § 142 Rn. 1 ff.; Achenbach/Ransiek/Rönnau WirtschaftsStR-HdB/*Nentwig* Teil 11 Kap. 2 Rn. 4). Höchstrichterliche Rspr. zum Strafrechtsschutz der technischen Schutzrechte ist seit RG GRUR 1933, 288 nicht veröffentlicht worden. Das wird nur zum Teil mit dem bis 1990 geltenden niedrigen Strafrahmen und der früheren Ausgestaltung als absolutes Antragsdelikt erklärt werden können. Denn auch nach den Neuregelungen durch das PrPG (→ Rn. 2) scheinen Geschädigte einer Gebrauchsmusterverletzung den Sachverhalt nur selten zur Kenntnis der Strafverfolgungsbehörden zu bringen, so dass nur vereinzelt Ermittlungsverfahren eingeleitet werden. Allerdings dürften strafrechtlich relevante Verletzungshandlungen im Bereich des Gebrauchsmuster- wie des Patentrechts schon deshalb seltener sein als insbes. dem des Urheber- und des Markenrechts, weil der erforderliche technische Aufwand in der Regel wesentlich höher und die erzielbare Gewinnspanne wesentlich geringer sind (so schon *v. Gravenreuth* GRUR 1983, 349 (350 f.); anders aber für den pharmazeutischen Markt *Kröger*/*Bausch* GRUR 1997, 321; Fitzner/Lutz/Bodewig/*Pitz* § 142 Rn. 2). Soweit außerdem auf die fortgeltende Ausgestaltung als Privatklagedelikt (→ Rn. 63) und die Folge des § 376 StPO hingewiesen wird (Benkard PatG/*Grabinski*/*Zülch* PatG § 142 Rn. 1; Achenbach/Ransiek/Rönnau WirtschaftsStR-HdB/*Nentwig* Teil 11 Kap. 2 Rn. 4), darf nicht übersehen werden, dass dies nur für den Grundtatbestand, nicht aber für die durch das PrPG geschaffene Qualifikation nach § 25 Abs. 2 gilt (OLG Celle wistra 2010, 494 zu § 142 Abs. 2 PatG).

Über gelegentliche Versuche einer Inanspruchnahme strafrechtlichen Rechtsschutzes im Zusammenhang mit Messestreitigkeiten, insbes. durch Patentverwertungsgesellschaften gegenüber asiatischen Importeuren und Ausstellern, berichten neuerdings *Köklü*/*Kuhn* WRP 2011, 1411 (1412).

B. Grundtatbestand

I. Gegenstand der Tat

1. Nationales Gebrauchsmuster. Als **Gebrauchsmuster** werden Erfindungen geschützt, die neu 7 sind, auf einem erfinderischen Schritt beruhen und gewerblich anwendbar sind (§ 1 Abs. 1).

Zuständig für die Eintragung ist die Gebrauchsmusterstelle des Deutschen Patent- und Markenamts 8 (§ 10 Abs. 1 GebrMG iVm § 26 Abs. 1 PatG). Das Verfahren richtet sich nach §§ 4, 4a, 8 GebrMG iVm den Vorschriften der GebrMV (v. 11.5.2004, BGBl. I 890, zul. geändert durch Art. 4 Dritte VO zur Änderung der Markenverordnung und anderer Verordnungen v. 10.12.2012, BGBl. I 2630). Die gesetzlichen Wirkungen des Gebrauchsmusters treten, anders als beim Patent, bereits mit seiner Eintragung in das Register für Gebrauchsmuster ein (§ 11 Abs. 1 S. 1, Abs. 2 S. 1 iVm § 8 Abs. 1 S. 1, Abs. 2), nicht erst mit deren Veröffentlichung im Patentblatt nach § 8 Abs. 3.

9 Das Gebrauchsmuster hat die Wirkung, dass allein der Inhaber befugt ist, seinen Gegenstand zu benutzen (§ 11 Abs. 1 S. 1). § 11 Abs. 1 S. 2, Abs. 2 zählt die einzelnen Verbietungsrechte, die dem Inhaber gegen Dritte zustehen, enumerativ auf.

10 In der DDR hatte es seit 1963 keinen Gebrauchsmusterschutz mehr gegeben. Gebrauchsmuster-anmeldungen mit Wirkung auch für das **Beitrittsgebiet** waren mithin erst seit dem 3.10.1990 möglich (dazu Benkard PatG/*Goebel*/*Engel* Vorb. GebrMG Rn. 2e), so dass sich die Frage einer räumlichen Erstreckung von in der DDR erworbenen Schutzrechten hier nicht stellte.

11 Die vor dem Beitritt mit Wirkung nur für das alte Bundesgebiet erteilten Gebrauchsmuster wurden erst durch § 1 ErstrG zum 1.5.1992 auf das Beitrittsgebiet erstreckt. Eine frühere Benutzung im Beitrittsgebiet verletzte ein für das frühere Bundesgebiet eingetragenes Gebrauchsmuster also nicht.

12 **2. Gemeinschaftsgebrauchsmuster.** Die Europäische Kommission hat in den Jahren 1995 bis 2001 mehrfach die Frage einer Europäisierung des Gebrauchsmusterschutzes durch Einführung eines **Gemeinschaftsgebrauchsmusters** thematisiert (zuletzt das Arbeitspapier zur Sondierung der Auswirkungen des Gemeinschaftsgebrauchsmusters zur Aktualisierung des Grünbuchs über den Gebrauchsmuster-schutz im Binnenmarkt, Dok. SEK(2001) 1307 v. 26.7.2001). Nachdem die interessierten Kreise sich überwiegend ablehnend gezeigt hatten, werden derartige Überlegungen derzeit nicht weiterverfolgt (Benkard PatG/*Goebel*/Engel Vorb. GebrMG Rn. 3d).

13 **3. Räumliche und zeitliche Grenzen. Nicht strafbar** ist die Verletzung eines für Deutschland erteilten Schutzrechts im Ausland (Territorialitätsprinzip; Benkard PatG/*Scharen* § 11 Rn. 6; Fitzner/Lutz/Bodewig/*Ensthaler* § 11 Rn. 7; Loth § 11 Rn. 22 ff.) oder die eines ausländischen Gebrauchs-musters, ebenso wenig die Benutzung nach Ablauf der Schutzdauer des Gebrauchsmusters (§ 23 Abs. 1, 2) oder nach seinem Erlöschen (§ 23 Abs. 3).

14 **4. Relative Voraussetzungen der Schutzfähigkeit.** Das Vorliegen der sog „relativen" Voraus-setzungen der Schutzfähigkeit ist im Strafverfahren zu prüfen (→ Rn. 5):

15 **a) Neuheit.** Als **neu** gilt der Gegenstand des Gebrauchsmusters, wenn er nicht zum Stand der Technik gehört (§ 3 Abs. 1 S. 1). Der Stand der Technik umfasst alle Kenntnisse, die durch schriftliche Beschreibung oder inländische Benutzung der Öffentlichkeit zugänglich gemacht worden sind, iE § 3 Abs. 1 S. 2, 3. Der Neuheitsbegriff des § 3 Abs. 1 S. 2, 3 ist in verschiedener Hinsicht enger als der des § 3 Abs. 1 S. 2 PatG, was eine rechtliche und wirtschaftliche Bevorzugung des kürzer währenden Gebrauchsmusterschutzes vor dem des Patents darstellt (zu Einzelheiten Loth § 3 Rn. 3 ff.). Zum **Vorbenutzungsrecht** → Rn. 20.

16 **b) Erfinderischer Schritt.** Es handelt sich um einen **unbestimmten Rechtsbegriff.** Ob die Lehre des betreffenden Gebrauchsmusters Erfindungsqualität im Sinne eines ausreichenden Abstandes zum vorherigen Stand der Technik aufweist und darauf auf bloßes handwerkliches Können zurückzuführen ist, ist vom Tatrichter in **wertender Beurteilung** der tatsächlichen Umstände zu entscheiden (BGHZ 168, 142 (145 f.); zu Einzelheiten Benkard PatG/*Goebel*/*Engel* § 1 Rn. 13 ff.; Fitzner/Lutz/Bodewig/*Einsele* § 1 Rn. 60 ff.; Loth § 1 Rn. 145 ff.).

Der Begriff des „erfinderischen Schritts" in § 1 Abs. 1 im Unterschied zu dem der „erfinderischen Tätigkeit" in § 1 Abs. 1 PatG wurde in Lit. und Rspr. herkömmlich dahin verstanden, dass an die Erfindungshöhe eines Gebrauchsmusters geringere Anforderungen zu stellen seien als die eines Patents (RGZ 99, 211 (212 f.); BGH GRUR 1957, 270 (271); 1962, 575 f.; auch die ausf. Darstellung in BGHZ 168, 142 (146 ff.)). Dem hat der BGH in jüngerer Vergangenheit – im Hinblick auf eine von ihm konstatierte Absenkung des Schutzniveaus im Patentrecht – eine Absage erteilt; nach seiner neuen Spruchpraxis ist der Schutzbereich eines Gebrauchsmusters insofern nach den **gleichen Grundsätzen** zu bestimmen wie der eines Patents (BGHZ 168, 142 (149 ff.); 172, 298 Ls. 2; zu den praktischen Konsequenzen *Hüttermann*/*Storz* NJW 2006, 3178; weitere Nachw. zur Lit. sowie zur zeitlich anschlie-ßenden Praxis des BPatG bei Fitzner/Lutz/Bodewig/*Einsele* § 1 Rn. 68 f.).

17 **c) Gewerbliche Anwendbarkeit.** Die Voraussetzung ist erfüllt, wenn der Gegenstand des Ge-brauchsmusters auf irgendeinem **gewerblichen Gebiet** einschließlich der Landwirtschaft hergestellt oder benutzt werden kann, § 3 Abs. 2. Die Regelung entspricht der in § 5 PatG.

18 **5. Gesetzliche Einschränkungen des Gebrauchsmusterschutzes.** Die **gesetzlichen Einschrän-kungen** der Wirkung des Gebrauchsmusterschutzes durch **§§ 12, 13 Abs. 3 GebrMG iVm §§ 12, 13 PatG** und durch **§ 21 Abs. 1 GebrMG iVm 123 Abs. 5–7 PatG** (zu näheren Einzelheiten auch Achenbach/Ransiek/Rönnau WirtschaftsStR-HdB/*Nentwig* Teil 11 Kap. 2 Rn. 10–15) beanspruchen auch für die strafrechtliche Bewertung Bedeutung. Das Vorliegen eines der Fälle dieser Vorschriften wirkt auch für das Strafrecht tatbestandsausschließend (Benkard PatG/*Grabinski*/*Zülch* PatG § 142 Rn. 2; Busse/Keukenschrijver/*Keukenschrijver* PatG § 142 Rn. 12; Schulte/*Rinken*/*Kühnen* PatG § 142 Rn. 6; auch die Begründung des Gesetzentwurfs der BReg zum GPatG, BT-Drs. 8/2087, 40).

a) § 12. § 12 betrifft Ausnahmetatbestände zum Ausgleich der Interessen der Allgemeinheit mit 19 denen des Schutzrechtsinhabers. Von großer praktischer Bedeutung ist die Ausnahme von Handlungen, die im **privaten Bereich** zu **nichtgewerblichen Zwecken** vorgenommen werden (Nr. 1). Da Gebrauchsmuster der Förderung der technischen Entwicklung dienen sollen, erstreckt sich ihre Wirkung zudem nicht auf Handlungen zu **Versuchszwecken** (Nr. 2). Die Nr. 3 der Vorschrift iVm § 11 Nr. 4–6 PatG betrifft die bauliche Ausrüstung ausländischer Schiffe, Luft- und Landfahrzeuge.

b) Vor- und Weiterbenutzungsrechte. § 13 Abs. 3 GebrMG iVm § 12 PatG statuiert aus Bil- 20 ligkeitsgründen ein **Vorbenutzungsrecht.** Gebrauchsmuster schützen nur Erfindungen, die neu sind (§ 1 Abs. 1), also nicht zum Stand der Technik gehören (§ 3 Abs. 1 S. 1). Zum Stand der Technik gehören nur Kenntnisse, die der Öffentlichkeit zugänglich gemacht worden sind (§ 3 Abs. 1 S. 2). Hatte ein Dritter bereits vor Anmeldung des Gebrauchsmusters die geschützte Erfindung in Benutzung genommen oder die dazu erforderlichen Veranstaltungen getroffen, ohne die Lehre des Gebrauchsmusters der Öffentlichkeit zugänglich zu machen (beispielsweise zum Schutz eines Betriebsgeheimnisses), so soll die Fortsetzung seiner Benutzung nicht durch die Wirkung des Gebrauchsmusters sanktioniert werden. § 13 Abs. 3 GebrMG iVm § 12 PatG begründet deshalb eine relative Unwirksamkeit des Gebrauchsmusters im Verhältnis des Inhabers zum Vorbenutzer. Erforderlich für die Entstehung des Vorbenutzungsrechts sind über die ausdrücklich in § 12 PatG genannten Voraussetzungen hinaus redlicher Erfindungsbesitz (Loth § 13 Rn. 25; Bühring/Braitmayer/Schmid/*Braitmayer* § 13 Rn. 32) und, soweit nur Veranstaltungen zur Benutzung getroffen worden sind, der ernstliche Wille, die Benutzung alsbald aufzunehmen (Loth § 13 Rn. 22; Bühring/Braitmayer/Schmid/*Braitmayer* § 13 Rn. 35).

§ 21 Abs. 1 GebrMG iVm § 123 Abs. 5–7 PatG begründet ein entsprechendes Weiterbenutzungsrecht des *gutgläubigen* Benutzers für Fälle der Wiedereinsetzung des Inhabers in den vorigen Stand nach Erlöschen des Gebrauchsmusters oder der Gebrauchsmusteranmeldung.

c) Benutzungsanordnung. § 13 Abs. 3 GebrMG iVm 13 PatG betrifft Beschränkungen der 21 Wirkung des Gebrauchsmusters im Interesse der öffentlichen Wohlfahrt oder der Sicherheit des Bundes im Wege eines Verwaltungsakts **(Benutzungsanordnung).**

6. Keine Tatbestandsmäßigkeit. Auch die **Zustimmung** des Inhabers schließt schon nach dem 22 Gesetzeswortlaut die Tatbestandsmäßigkeit der Verletzungshandlung aus (Benkard PatG/*Grabinski/Zülch* § 25; Loth Rn. 7). Zur Tatprovokation durch den Inhaber RGSt 23, 363 ff.

Nicht strafbar ist auch, wer als **Mitinhaber** das Schutzrecht ohne die Zustimmung der anderen 23 Inhaber nutzt, weil er nach § 743 Abs. 2 BGB zu diesem Gebrauch berechtigt ist (BGHZ 162, 342 (344 ff.)).

Dagegen erfüllt der **Lizenznehmer,** der die Grenzen der ihm durch den Lizenzgeber eingeräumten Befugnis überschreitet, den Tatbestand (Busse/Keukenschrijver/*Keukenschrijver* PatG § 142 Rn. 24).

7. Eingriff in den Schutzbereich. Der Täter muss den Erfindungsgedanken des Gebrauchsmusters 24 tatsächlich benutzt haben. Dies ist dann der Fall, wenn sich der Gegenstand seiner Benutzung ganz oder teilweise mit dem Gegenstand der geschützten Erfindung deckt und deshalb in diese eingreift (RG GRUR 1933, 288). Um das festzustellen, ist der **Schutzbereich** des Gebrauchsmusters zu klären und sodann ein Vergleich des Erfindungsgegenstands mit der beanstandeten Ausführungsform anzustellen.

a) § 12a. Der Schutzbereich bestimmt sich nach § 12a, der nach allgemeiner Auffassung auch für 25 § 25 Abs. 1 heranzuziehen ist (neben Loth Rn. 4 zur parallelen Fragestellung im Patentrecht auch Benkard PatG/*Grabinski/Zülch* PatG § 142 Rn. 2; Busse/Keukenschrijver/*Keukenschrijver* PatG § 142 Rn. 9; Fitzner/Lutz/Bodewig/*Pitz* PatG § 142 Rn. 9; Mes PatG § 142 Rn. 5; Schulte/*Rinken/Kühnen* PatG § 142 Rn. 6), durch die Schutzansprüche, zu deren Auslegung die Beschreibung und die Zeichnung heranzuziehen sind (zusammenfassende Darstellung zum Patentrecht bei Achenbach/Ransiek/Rönnau WirtschaftsStR-HdB/*Nentwig* Teil 11 Kap. 2 Rn. 23 ff.). Die Schutzansprüche sind nach § 4 Abs. 3 Nr. 3 Gegenstand der Anmeldung; in ihnen hat der Anmelder (durch Worte oder Formeln) anzugeben, was als patentfähig unter Schutz gestellt werden soll (zur Veröffentlichung des Hauptanspruchs st. 1999 Mitt. des Präsidenten des DPMA Nr. 15/99, Bl f. PMZ 1999, 269).

b) Äquivalente Verwirklichung des Schutzanspruchs. Bei der Durchführung des Vergleichs mit 26 der verletzenden Ausführungsart ist zu beachten, dass nach der zivilgerichtlichen Rspr. nicht nur die wortsinngemäße, identische oder gegenständliche Verwirklichung des beanspruchten Gegenstands den Schutzbereich verletzt, sondern auch die inhaltsgleiche oder gleichwertige („äquivalente") **Verwirklichung des Schutzanspruchs** (BGHZ 98, 12 (18 f.); 134, 353 (356 ff.)); Loth § 12a Rn. 18; Bühring/Braitmayer/Schmid/*Braitmayer* § 12a Rn. 61 ff.; zusf. Darstellung der Voraussetzungen bei Achenbach/Ransiek/Rönnau WirtschaftsStR-HdB/*Nentwig* Teil 11 Kap. 2 Rn. 35: technische Gleichwirkung, Auffindbarkeit für den Fachmann, gebrauchsmusterrechtliche Gleichwertigkeit). Im Fall lediglich äquivalenter Verwirklichung liegt eine Gebrauchsmusterverletzung allerdings nicht vor, wenn die betreffende Ausführungsform mit Rücksicht auf den Stand der Technik keine die Voraussetzungen des § 1 erfüllende Erfindung darstellt (BGHZ 134, 353 (356 ff.); Bühring/Braitmayer/Schmid/*Braitmayer* § 12a Rn. 65 ff.;

Fitzner/*Lutz*/Bodewig § 12a Rn. 20; Loth § 12a Rn. 19). In diesem Fall ist daher keine Gebrauchsmusterverletzung gegeben, wenn die Ausführungsform gegenüber dem relevanten Stand der Technik insgesamt neu oder nicht erfinderisch war (Benkard PatG/*Scharen* PatG § 14 Rn. 125 ff.).

Inwieweit die Bewertung äquivalenter Verwirklichungsformen als schutzrechtsverletzend und die Übertragung dieser zivilrechtlichen Schutzbereichsbestimmung auf den Straftatbestand den Beschränkungen durch das strafrechtliche Bestimmtheitsgebot und das Analogieverbot standhalten, ist in Ermangelung einschlägiger strafrechtlicher Rspr. ungeklärt (hierzu näher Busse/Keukenschrijver/*Keukenschrijver* PatG § 142 Rn. 10 f.).

27   **c) Abhängiges Gebrauchsmuster.** Wenn und soweit die Benutzung der Lehre eines prioritätsjüngeren Gebrauchsmusters nur unter gleichzeitiger Benutzung derjenigen eines Schutzrechts älterer Priorität möglich ist **(abhängiges Gebrauchsmuster)**, stellt sie – ungeachtet der Wirksamkeit der Patentierung – eine Verletzung des älteren Schutzrechts dar (BGHZ 112, 140 (150 ff.); 142, 7 (16 ff.); Fitzner/Lutz/Bodewig/*Loth* § 12a Rn. 22, § 12a Rn. 21; zu näheren Einzelheiten Benkard PatG/*Scharen* PatG § 9 Rn. 75 ff.).

28   **d) Hinzuziehung von Sachverständigen.** Schon die Ermittlung des Schutzbereichs im Einzelfall und der Vergleich mit der beanstandeten Ausführungsform gehören – nicht anders als im Patentrecht – wegen der eigenartigen Verknüpfung rechtlicher und technischer Fragen zu den schwierigsten Problemen des Rechts der technischen Schutzrechte (Benkard PatG/*Scharen* PatG § 14 Rn. 5; *Hesse* GA 1968, 225 (230 ff.)). Da die Erteilung des Gebrauchsmusters, anders als die des Patents, keine Tatbestandswirkung entfaltet, steht der Strafrechtsanwender hier aber zudem vor dem Problem, die Voraussetzungen der Schutzfähigkeit nach §§ 1–3 selbst überprüfen zu müssen (→ Rn. 5 und 14 ff.).

Die erforderlichen Feststellungen sind, sofern es nicht um in technischer Hinsicht außergewöhnlich einfach gelagerte Fälle geht, regelmäßig nur unter Hinzuziehung von **Sachverständigen** zu treffen (Achenbach/Ransiek/Rönnau WirtschaftsStR-HdB/*Nentwig* Teil 11 Kap. 2 Rn. 38 und 61). Wegen der näheren Einzelheiten muss auf die Kommentierungen des § 12a GebrMG und des § 14 PatG sowie der §§ 1–3 GebrMG in den einschlägigen Spezialkommentaren verwiesen werden. Zur Einholung v. Gutachten d. Dt. Patent- u. Markenamtes auf Ersuchen der StA oder des Gerichts § 21 Abs. 1 iVm § 29 Abs. 1 PatG sowie ergänzend Achenbach/Ransiek/Rönnau WirtschaftsStR-HdB/*Nentwig* Teil 11 Kap. 2 Rn. 61.

29   In dieser Schwierigkeit dürfte einer der Gründe dafür liegen, dass es im Gebrauchsmuster- wie im Patentrecht nur selten zu strafrechtlichen Verurteilungen kommt (Achenbach/Ransiek/Rönnau WirtschaftsStR-HdB/*Nentwig* Teil 11 Kap. 2 Rn. 38). Von dem hohen Grad an Komplexität der zu treffenden Feststellungen geht ein nicht zu vernachlässigender Anreiz aus, auch bei Sachverhalten nicht ganz geringer Unrechts- und Schuldschwere auf den Privatklageweg zu verweisen oder von den Möglichkeiten der §§ 153, 153a StPO Gebrauch zu machen. Vorzugswürdig wird hier sein, den äußeren Sachverhalt auszuermitteln und den Verletzten in geeigneten Fällen dann unter Anwendung des § 154d StPO (im Hauptverfahren: § 262 Abs. 2 StPO) auf die Geltendmachung seiner Ansprüche vor den Zivilgerichten zu verweisen. Die Strafverfolgungsbehörden und Strafgerichte können sich auf diesem Weg die überlegene Sachkenntnis und Erfahrung der ständig mit Gebrauchsmusterverletzungsverfahren befassten Zivilgerichte zunutze machen. Dem Verletzten ist das Ergebnis der staatsanwaltschaftlichen Ermittlungen über § 406e StPO zugänglich.

30   **8. Fehlen der Schutzfähigkeit.** Anders als im Patentrecht (→ PatG § 142 Rn. 37 ff.) existiert im Gebrauchsmusterrecht ein Nichtigkeitsverfahren nicht. Das Löschungsverfahren nach §§ 15 ff. hat lediglich die deklaratorische Feststellung der anfänglichen Unwirksamkeit eines trotz fehlender Voraussetzungen eingetragenen Schutzrechts zum Gegenstand. Anders als bei Patentverletzung kann im Strafverfahren wegen einer Gebrauchsmusterverletzung angesichts einer Verteidigung mit der Unwirksamkeit des Schutzrechts nicht auf das Löschungsverfahren verwiesen werden. Vielmehr hat der Strafrichter sich des Vorliegens der Voraussetzungen der Schutzfähigkeit selbst zu versichern. Ergibt die eigene Prüfung im Strafverfahren, dass die Voraussetzungen der Schutzfähigkeit des angemeldeten und eingetragenen Gebrauchsmusters nicht vorliegen, so ist die zuvor begangene vermeintlich schutzrechtsverletzende Benutzung auch ohne Löschung des Gebrauchsmusters straflos (RGSt 46, 92 (93); § 13 Abs. 1 iVm § 15 Abs. 1 Nr. 1).

31   Betreibt der Angeklagte bereits das Löschungsverfahren, wird sich allerdings regelmäßig eine Aussetzung des Strafverfahrens analog § 262 Abs. 2 StPO anbieten (ähnlich Loth Rn. 8). Führt das Löschungsverfahren tatsächlich zur Löschung des Gebrauchsmusters (und damit zur Feststellung seiner Unwirksamkeit **ex-tunc**), so ist der Beurteilung der zuvor begangenen vermeintlich schutzrechtsverletzenden Benutzung als strafbar der Boden entzogen (Loth Rn. 4; Bühring/Braitmayer/Schmid/*Braitmayer* Rn. 4; zum parallelen Problem im Patentrecht auch RGSt 14, 261 ff.; 30, 187 (188)). Zur Wiederaufnahme → Rn. 66.

32   Demgegenüber ist das Erlöschen des Gebrauchsmusters oder seiner gesetzlichen Wirkung **ex-nunc** (§ 23; etwa in Folge ausbleibender Zahlung der Aufrechterhaltungsgebühr gem. § 23 Abs. 2 S. 1, Abs. 3 Nr. 2) auf die Strafbarkeit zuvor begangener Verletzungshandlungen ohne Einfluss (Loth Rn. 4; Benkard

PatG/*Grabinski*/*Zülch* PatG § 142 Rn. 3; Busse/Keukenschrijver/*Keukenschrijver* PatG § 142 Rn. 15; Achenbach/Ransiek/Rönnau WirtschaftsStR-HdB/*Nentwig* Teil 11 Kap. 2 Rn. 18; so auch schon RGSt 7, 146 (148)).

II. Tathandlungen

1. Systematik. Die zivilrechtlichen Tatbestände der unmittelbaren und mittelbaren Gebrauchsmus- 33 terverletzung (§ 11 Abs. 1 S. 2, Abs. 2) sind durch das GebrMÄndG (→ Rn. 1) neu gefasst worden und entsprechen denjenigen der Verletzung eines Erzeugnispatents nach §§ 9 S. 2 Nr. 1, 10 PatG; zu Einzelheiten der Verletzungstatbestände kann daher auf die Spezialkommentierungen zu § 9 PatG verwiesen werden.

Die strafbaren Tathandlungen des **§ 25 Abs. 1 Nr. 1** entsprechen denjenigen der **unmittelbaren** 34 **Gebrauchsmusterverletzung** nach der zivilrechtlichen Regelung des § 11 Abs. 1 S. 2.

Die zivilrechtlichen Tatbestände der **mittelbaren Gebrauchsmusterverletzung** nach § 11 Abs. 2, 35 die Vorbereitungshandlungen im Vorfeld der unmittelbar gebrauchsmusterverletzenden Benutzung betreffen, sind dagegen als solche nicht strafbewehrt (unter Bezug auf die gleiche Konstellation im Patentrecht Kritik hieran bei Achenbach/Ransiek/Rönnau WirtschaftsStR-HdB/*Nentwig* Teil 11 Kap. 2 Rn. 53). Die strafrechtliche Verantwortlichkeit des vorsätzlich handelnden mittelbaren Schutzrechtsverletzers ist allerdings unter dem Gesichtspunkt der Beteiligung an der Straftat eines unmittelbaren Gebrauchsmusterverletzers nach den allgemeinen Regeln der §§ 25 ff. StGB zu prüfen (die Begründung des Gesetzentwurfs der BReg zum GPatG, BT-Drs. 8/2087, 40; sa *König* Mitt. 2000, 10 (14 ff.)).

§ 25 Abs. 1 Nr. 2 erfasst den Fall der Schutzrechtskollision des Gebrauchsmusters mit einem 36 jüngeren Patent und ergänzt das Erlaubniserfordernis des § 14 mit einer Strafbewehrung.

2. § 25 Abs. 1 Nr. 1. Die Vorschrift erfasst bestimmte Modalitäten des Umgangs mit einem Erzeug- 37 nis, das Gegenstand des Gebrauchsmusters ist **(Sach- oder Erzeugnisgebrauchsmuster;** im Gegensatz zum Patentrecht können Verfahren nicht durch Gebrauchsmuster geschützt werden, § 2 Nr. 3):

a) Herstellen. Der Begriff umfasst die gesamte Tätigkeit, durch die das Erzeugnis geschaffen wird, 38 von ihrem Beginn an. Der Tatbestand ist also schon mit **Beginn** dieser Tätigkeit vollendet, nicht mit der Vornahme des letzten, die Vollendung des geschützten Erzeugnisses unmittelbar herbeiführenden Tätigkeitsaktes (RGZ 40, 78 (19); BGHZ 2, 387 (391); 128, 220 (225 f.)). **Nicht** zur Herstellung gehören dagegen **Vorbereitungshandlungen,** wie etwa die Erstellung von Zeichnungen (RGSt 11, 241 ff.), Entwürfen oder Modellen oder die Materialbeschaffung (zu näheren Einzelheiten Benkard PatG/*Scharen* § 9 Rn. 29).

Ob auch schon die **Herstellung von Teilen** des geschützten Erzeugnisses den Tatbestand erfüllen 39 kann, wenn die Teile ohne weiteres auch außerhalb der geschützten Gesamtvorrichtung verwendbar sind, weil sie eine Ausgestaltung erhalten haben, die sie durch ihre erfindungsgemäße Anpassung an die geschützte Gesamtvorrichtung von anderen vergleichbaren Einzelteilen unterscheidet und sie dadurch in eine unmittelbare Beziehung zum Erfindungsgegenstand setzt **(„erfindungsfunktionelle Individualisierung"),** ist insbes. im Hinblick auf den systematischen Zusammenhang mit § 11 Abs. 2 umstritten (neben Loth § 11 Rn. 15 zur parallelen Fragestellung im Patentrecht einerseits Benkard PatG/*Scharen* PatG § 9 Rn. 33 f.; Busse/Keukenschrijver/*Keukenschrijver* PatG § 9 Rn. 65 ff.; Fitzner/Lutz/Bodewig/*Ensthaler* PatG § 9 Rn. 30 f.; andererseits Schulte/*Rinken*/*Kühnen* PatG § 9 Rn. 47 f.; Mes PatG § 9 Rn. 28 f.).

Der Tatbestand umfasst nicht nur die erstmalige, sondern auch die **Neu-** oder **Wiederherstellung** 40 des geschützten Erzeugnisses, etwa nach Beschädigung oder Demontage. Allerdings steht demjenigen, der ein mit Zustimmung des Schutzrechtsinhabers in den Verkehr gebrachtes erfindungsgemäßes Erzeugnis erworben hat, nach dem Grundsatz der Erschöpfung des Schutzrechts (→ Rn. 53) ein Recht zum bestimmungsgemäßen Gebrauch zu, zu dem auch die Erhaltung und Erneuerung der Gebrauchstauglichkeit gehört. Für die – im Einzelfall schwierige – Abgrenzung zu der dem Schutzrechtsinhaber allein vorbehaltenen Wiederherstellung ist maßgeblich, ob die getroffenen Maßnahmen noch die Identität des bereits in den Verkehr gebrachten konkreten gebrauchsmustergeschützten Erzeugnisses wahren oder der Schaffung eines neuen erfindungsgemäßen Erzeugnisses wirtschaftlich gleichkommen (BGHZ 159, 76 (89 f.); näher Benkard PatG/*Scharen* PatG § 9 Rn. 36; Fitzner/Lutz/Bodewig/*Ensthaler* PatG § 9 Rn. 34 ff.).

b) Anbieten. Der Begriff ist nicht im rechtsgeschäftlichen Sinne des Vertragsangebots zu verstehen, 41 sondern umfasst jede Handlung, die das Zustandekommen eines späteren **Geschäfts** über ein unter Schutz stehendes Erzeugnis **ermöglichen** oder **fördern** soll, das die Benutzung dieses Erzeugnisses einschließt, gleichgültig, ob die Überlassung im Wege der Eigentumsübertragung oder miet-, leih- oder pachtweise erfolgen soll (BGHZ 167, 374 (377); BGH GRUR 2003, 1031 (1032)), und die einem Dritten **erkennbar** machen soll, dass der Abschluss eines solchen Geschäfts mit ihm angestrebt wird (Benkard PatG/*Scharen* PatG § 9 Rn. 41). Praktisch relevant sind hier insbes. Werbemaßnahmen. Auf einen Erfolg im Sinne eines Vertragsabschlusses oder gar eines Inverkehrbringens kommt es nicht an

(BGHZ 113, 159 (163) mwN; Benkard PatG/*Scharen* PatG § 9 Rn. 40). Der Tatbestand wird sowohl durch die Abgabe als auch durch den Zugang des Angebots verwirklicht (Benkard PatG/*Scharen* PatG § 9 Rn. 43).

Ob das geschützte Erzeugnis zur Zeit der Tathandlung real existiert, unmittelbar verkehrsfähig und beim Anbietenden vorrätig ist, ist ohne Belang (Benkard PatG/*Scharen* PatG § 9 Rn. 40 mwN), ebenso, ob der Anbietende tatsächlich zur Herstellung oder Lieferung bereit und fähig ist (BGH GRUR 2003, 1031 (1032); OLG Karlsruhe GRUR 2014, 59 (62)).

Auch ein Angebot, das sich allein auf den Abschluss von Geschäften oder Lieferungen nach bevorstehendem Ablauf der Schutzdauer bezieht, erfüllt den Tatbestand (BGHZ 170, 115 (118 f.); OLG Karlsruhe GRUR 2014, 59 (62)), ebenso das im Inland erfolgende Angebot der Lieferung im Ausland (Benkard PatG/*Scharen* PatG § 9 Rn. 43; Schulte/*Rinken/Kühnen* PatG § 9 Rn. 62; *Hoppe-Jänisch* GRUR 2014, 1163 (1167)). Zur Problematik im Inland abrufbarer ausländischer Internetangebote und dem Erfordernis eines wirtschaftlich relevanten Inlandsbezugs Schulte/*Rinken/Kühnen* PatG § 9 Rn. 63; BGH NJW 2005, 1435 (1436) (zum Markenrecht).

42   **c) Inverkehrbringen.** Der Begriff umfasst jede Handlung, durch die das geschützte Erzeugnis tatsächlich in die **Verfügungsgewalt** einer anderen Person **übergeht** und damit in den Handelsverkehr eintritt, der Umsatz- und Veräußerungsgeschäfte zum Gegenstand hat (Benkard PatG/*Scharen* PatG § 9 Rn. 44; *Hoppe-Jänisch* GRUR 2014, 1163 (1166 f.)). Ein Rechtsübergang ist nicht erforderlich.

Veräußerung und Versendung der Ware vom Inland in das Ausland ist strafbares Inverkehrbringen im Inland (RGSt 10, 349 (351 f.); 36, 178 (180); für das Zivilrecht auch BGHZ 23, 100 (103 ff.)). Ebenso ist umgekehrt die Veräußerung und Versendung vom Ausland in das Inland Inverkehrbringen durch den ausländischen Versender, sofern die Ware im Inland in die Verfügungsgewalt des Importeurs gelangt (RGSt 10, 349 (351); 21, 205 (207 f.)), also nicht bei bloßer Durchfuhr mit Verfügungsgewalt nur des Spediteurs oder Frachtführers (BGHZ 23, 100 (103 ff.); näher Benkard PatG/*Scharen* PatG § 9 Rn. 45).

43   **d) Gebrauchen.** Gebrauchen ist jede **bestimmungsgemäße Verwendung** des geschützten Erzeugnisses (Benkard PatG/*Scharen* PatG § 9 Rn. 46; Busse/Keukenschrijver/*Keukenschrijver* PatG § 9 Rn. 78). Gutgläubiger Eigentumserwerb, der nicht auf ein mit Zustimmung des Schutzrechtsinhabers erfolgtes Inverkehrbringen zurückgeht, schließt den Tatbestand nicht aus. Von besonderer Bedeutung für diese Tatbestandsalternative ist der Ausschluss von Handlungen zu nichtgewerblichen Zwecken im privaten Bereich von der Schutzwirkung des Gebrauchsmusters nach § 12 Nr. 1 (→ Rn. 19).

44   **e) Einführen.** Einführen ist das **Verbringen** des geschützten Erzeugnisses vom Ausland in das **Inland,** bei dem der Handelnde die tatsächliche Verfügungsgewalt im Inland behält oder erlangt (Mes PatG § 9 Rn. 50). Soweit zT allein auf ein Erlangen der tatsächlichen Verfügungsgewalt im Inland abgestellt wird (Benkard PatG/*Scharen* PatG § 9 Rn. 47; Fitzner/Lutz/Bodewig/*Ensthaler* PatG § 9 Rn. 50; Achenbach/Ransiek/Rönnau WirtschaftsStR-HdB/*Nentwig* Teil 11 Kap. 2 Rn. 45), ist dies missverständlich: Ein Wechsel der Verfügungsgewalt ist nicht erforderlich und stellt für den Versender bereits ein Inverkehrbringen dar (→ Rn. 43).

Die Einfuhr ist nur tatbestandsmäßig, wenn sie **zum Zwecke** des Anbietens, Inverkehrbringens oder Gebrauchens im Inland erfolgt.

45   **f) Besitzen.** Besitzen ist das **Innehaben der tatsächlichen Verfügungsgewalt** über das geschützte Erzeugnis im wirtschaftlichen Sinn (Benkard PatG/*Scharen* PatG § 9 Rn. 48; Schulte/*Rinken/Kühnen* PatG § 9 Rn. 70). Der Begriff entspricht dem in §§ 9 S. 2 Nr. 1, 142 Abs. 1 S. 1 Nr. 1 PatG; dieser wiederum ist aus Art. 29 Buchst. a GPÜ 1975 (→ PatG § 142 Rn. 20–22) übernommen und ist daher nicht deckungsgleich mit dem zivilrechtlichen Besitzbegriff der §§ 854 ff. BGB (Loth § 11 Rn. 21).

Der Besitz ist nur tatbestandsmäßig, wenn er zu dem Zweck des Anbietens, Inverkehrbringens oder Gebrauchens im Inland erfolgt (BGHZ 182, 245 (252)).

46   **3. § 25 Abs. 1 Nr. 2.** Die *Kollision* eines Gebrauchsmusters mit einem **jüngeren Patent** ist möglich, weil die nicht nach Maßgabe des § 3 Abs. 1 S. 2 PatG vorveröffentlichte Anmeldung eines Gebrauchsmusters – anders als eine frühere Patentanmeldung (§ 3 Abs. 2 PatG) – nicht zum Stand der Technik iSd § 3 Abs. 1 S. 1 PatG rechnet, also nicht neuheitsschädlich ist. Auf eine spätere Anmeldung kann deshalb ein inhaltsgleiches Patent erteilt werden.

47   Der durch die Vorschrift in Bezug genommene § 14 regelt diesen Kollisionsfall in Abweichung von dem sonst für die Kollision gewerblicher Schutzrechte geltenden Prioritätsprinzip (§§ 13 Abs. 1, 15 Abs. 1 Nr. 2): Das ältere Gebrauchsmuster berührt nicht den Bestand des jüngeren Patents. Vielmehr ist die Ausübung des jüngeren Patents während der Laufzeit des älteren Gebrauchsmusters von der **Erlaubnis** seines Inhabers abhängig, *soweit* in das nach § 11 begründete Recht eingegriffen wird; in Ermangelung einer Erlaubnis ruht das Patent vorübergehend (RGZ 61, 399 (401)).

48   **Ausübung** des Rechts aus dem jüngeren Patent ist jede gewerbliche Benutzung iSd § 9 S. 1 PatG (Benkard PatG/*Scharen* § 14 Rn. 5). Ob dem Patentinhaber im Umfang der Übereinstimmung auch die Ausübung der Verbietungsrechte aus §§ 9 S. 2, 10 PatG gegenüber Dritten ohne Erlaubnis des Gebrauchsmusterinhabers untersagt ist, ist streitig (einerseits Fitzner/Lutz/Bodewig/*Loth* § 14 Rn. 12;

Loth § 14 Rn. 12; Mes § 14 Rn. 3; andererseits Busse/Keukenschrijver/*Keukenschrijver* § 14 Rn. 8; Bühring/Braitmayer/Schmid/*Braitmayer* § 14 Rn. 12).

Die Regelung findet auch für das Verhältnis eines älteren Gebrauchsmusters zu einem jüngeren **49** **europäischen Patent** Anwendung, das für Deutschland erteilt worden ist (§§ 139 Abs. 2, 140 EPÜ; Fitzner/Lutz/Bodewig/*Loth* § 14 Rn. 2; → PatG § 142 Rn. 11 ff.).

Für das – nicht eingeführte – **Gemeinschaftspatent** (→ PatG § 142 Rn. 20–22) findet sich eine dem **50** § 14 entsprechende Regelung in Art. 84 Abs. 2 GPÜ 1975/Art. 79 Abs. 2 GPÜ 1989.

Für den Fall der Kollision mit einem erstreckten **DDR-Patent** (→ PatG § 142 Rn. 15) trifft § 26 **51** ErstrG eine von § 14 abweichende Sonderregelung.

III. Vorsatz; Irrtum

Strafbar ist nur die **vorsätzliche** Schutzrechtsverletzung (§ 15 StGB); **bedingter** Vorsatz genügt. Der **52** **Irrtum** über Bestand und Inhalt des verletzten Schutzrechts ist Tatbestandsirrtum nach § 16 Abs. 1 StGB (*Hesse* GA 1968, 225 (236); Benkard PatG/*Grabinski/Zülch* PatG § 142 Rn. 7; Busse/Keukenschrijver/*Keukenschrijver* PatG § 142 Rn. 19; aA *Witte* GRUR 1958, 419 f.: Verbotsirrtum; unklar Loth Rn. 10).

Anders als bei § 142 Abs. 1 PatG muss sich der Vorsatz des Verletzers auch auf die Rechtsbeständigkeit des verletzten Gebrauchsmusters beziehen, also auf das Vorliegen der Voraussetzungen der Schutzfähigkeit nach §§ 1 ff. (BGH GRUR 1977, 250 (252); Loth Rn. 2; Mes Rn. 2). Dies ist Folge des Umstandes, dass es sich bei dem Gebrauchsmuster um ein ungeprüftes Schutzrecht handelt, während die Patenterteilung durch die Prüfungsstelle des Patentamts Tatbestandswirkung entfaltet (→ Rn. 5).

IV. Rechtswidrigkeit

Neben die Rechtfertigungsgründe des allgemeinen Strafrechts tritt als praktisch bedeutsam der ge- **53** brauchsmusterrechtliche Rechtfertigungsgrund der **Erschöpfung** (Loth Rn. 7; Benkard PatG/*Grabinski/Zülch* PatG § 142 Rn. 5). Hat der Schutzrechtsinhaber oder mit seiner Zustimmung ein Dritter das geschützte Erzeugnis im Inland oder in einem Land der EU oder des EWR in den Verkehr gebracht, so ist sein Schutzrecht an diesem Erzeugnis erschöpft. Jedermann steht es frei, dieses Erzeugnis zu gebrauchen, anzubieten, in Verkehr zu bringen, zu besitzen oder einzuführen, weil es mit dem willentlichen Inverkehrbringen im gebrauchsmusterrechtlichen Sinne gemeinfrei geworden ist (BGHZ 143, 268 (270 ff.); BGH NJW-RR 1997, 421 f.; jeweils mwN; zu näheren Einzelheiten auch Loth § 11 Rn. 42 ff.; Benkard PatG/*Scharen* PatG § 9 Rn. 15 ff.; Busse/Keukenschrijver/*Keukenschrijver* PatG § 9 Rn. 142 ff.; Fitzner/Lutz/Bodewig/*Ensthaler* PatG § 9 Rn. 68 ff.). Das Recht zur (auch Neu- oder Wieder-)Herstellung bleibt allerdings dem Inhaber des Schutzrechts vorbehalten (BGH GRUR 1959, 232 (234); 1973, 518 (520); Benkard PatG/*Scharen* PatG § 9 Rn. 24; → Rn. 41).

C. Qualifikation (Abs. 2)

Der Qualifikationstatbestand sieht einen erhöhten Strafrahmen für Fälle **gewerbsmäßigen** Handelns **54** vor. Gewerbsmäßigkeit bezeichnet auch hier nicht etwa die in Ausübung eines Gewerbebetriebs begangene vorsätzliche Schutzrechtsverletzung (so aber *Dt. Vereinigung für gewerblichen Rechtsschutz und Urheberrecht* GRUR 1989, 29 (30 f.)), sondern ist nicht anders als bei anderen Straftatbeständen zu verstehen als die Absicht, sich aus wiederholter Tatbegehung eine nicht nur vorübergehende Einnahmequelle von einigem Umfang zu verschaffen (d. Begründung des Gesetzentwurfs der BReg zum PrPG, BT-Drs. 11/4792, 24; Loth Rn. 11). Bestrebungen, stattdessen einen besonderen Qualifikationstatbestand der Produktpiraterie im Sinne einer identischen oder nahezu identischen Nachahmung einer fremden Ware zu schaffen (*Dt. Vereinigung für gewerblichen Rechtsschutz und Urheberrecht* GRUR 1989, 29 (31 und 34), haben sich nicht durchgesetzt (BT-Drs. 11/4792, 18).

D. Versuch (Abs. 3)

Der Versuch ist seit Inkrafttreten des PrPG strafbar (→ Rn. 2). Damit sollte zur effektiveren Bekämp- **55** fung von Produktpiraterie ein früheres Einschreiten der Strafverfolgungsbehörde ermöglicht werden. Der Gesetzentwurf der BReg zum PrPG (BT-Drs. 11/4792, 24) nennt beispielhaft Fälle, in denen Einzelteile eines Produkts, die als solche nicht durch ein Schutzrecht geschützt sind, bis zuletzt getrennt gehalten und erst kurz vor dem Verkauf oder Vertrieb zu einer dann schutzrechtsverletzenden Ware zusammengefügt werden. Das überzeugt allerdings wenig, weil bis zum Beginn des Zusammenfügens noch nicht von einem unmittelbaren Ansetzen zur Herstellung iSd § 22 StGB gesprochen werden kann und die Strafbarkeit des Anbietens ohnehin nicht davon abhängt, ob das angebotene Erzeugnis tatsächlich existiert (→ Rn. 41). Von einem praxisrelevanten Anwendungsbereich des Versuchstatbestands wird für keine der Tatbestandsalternativen ausgegangen werden können, auch nicht für die des Herstellens, die bereits mit Beginn der auf Erschaffung des Erzeugnisses gerichteten Tätigkeit vollendet ist (→ Rn. 38).

Von einer Beschränkung der Versuchsstrafbarkeit auf den Qualifikationstatbestand wurde abgesehen, da sich zu Beginn der Ermittlungen oft nicht einschätzen lasse, ob die Voraussetzungen eines qualifizierten Versuchs gegeben seien (BT-Drs. 11/4792, 24).

E. Täterschaft und Teilnahme

56   Die Beurteilung von Täterschaft und Teilnahme richtet sich nach allgemeinen strafrechtlichen Regeln (§§ 25 ff., 14 StGB). Zur strafrechtlichen Verantwortlichkeit des vorsätzlich handelnden mittelbaren Gebrauchsmusterverletzers iSd § 11 Abs. 2 → Rn. 35. Nicht als Täter in Betracht kommt angesichts des klaren Wortlauts der Inhaber des verletzten Schutzrechts selbst, selbst wenn er sich durch Vergabe eines Nießbrauchs oder einer ausschließlichen Lizenz der gesamten Ausübung des Rechts entäußert hat (zur Parallelfrage im Patentrecht Benkard PatG/*Grabinski*/*Zülch* PatG § 142 Rn. 10; Busse/Keukenschrijver/*Keukenschrijver* PatG § 142 Rn. 24; Fitzner/Lutz/Bodewig/*Pitz* PatG § 142 Rn. 19; aA für § 39 Abs. 1 SortSchG Leßmann/Würtenberger SortenschutzR § 7 Rn. 242).

Die Tatbestandsalternative des Inverkehrbringens erfüllt nur der Veräußerer, nicht der Erwerber (BGHZ 100, 249 (250 f.)). Dessen Beteiligung stellt eine notwendige Teilnahme dar mit der Folge, dass der Erwerber auch unter dem Gesichtspunkt der Teilnahme an der Tat des Veräußerers straflos bleibt, soweit er nicht über die notwendige Teilnahme hinaus tätig wird (allg. Fischer StGB Vor § 25 Rn. 7).

Zur Annahme mittelbarer Täterschaft bei vorsätzlich schutzrechtsverletzender Lieferung an arglose Abnehmer Fitzner/Lutz/Bodewig/*Pitz* PatG § 142 Rn. 20.

F. Konkurrenzen

57   Die **konkurrenz**rechtliche Beurteilung richtet sich nach allgemeinen Regeln. Neben den Tatbeständen des Kernstrafrechts ist bei der Prüfung auch an diejenigen der §§ 17–19 UWG zu denken (Busse/Keukenschrijver/*Keukenschrijver* PatG § 142 Rn. 26). Da ein und dieselbe Ware durch mehrere gewerbliche Schutzrechte geschützt sein kann, sind auch die dafür jeweils einschlägigen Strafvorschriften, insbes. § 142 PatG, § 51 DesignG und §§ 143 ff. MarkenG, in Betracht zu ziehen (Wabnitz/Janovsky WirtschaftsStR-HdB/*Möller* Kap. 17 Rn. 16 f.). Soweit die verschiedenen Schutzrechte ein und dieselbe Erfindung schützen – was insbes. im Verhältnis zwischen Gebrauchsmuster und nationalem und/oder europäischem Patent der Fall sein kann – wird die tateinheitliche Verwirklichung mehrerer Tatbestände nicht strafschärfend berücksichtigt werden dürfen (Benkard PatG/*Grabinski*/*Zülch* PatG § 142 Rn. 18 aE; Busse/Keukenschrijver/*Keukenschrijver* PatG § 142 Rn. 36).

58   Dass die Verwirklichung verschiedener Tatbestandsalternativen des § 25 Abs. 1 Nr. 1 in Bezug auf das gleiche Erzeugnis unter dem Gesichtspunkt der **Bewertungseinheit** zu einer Tat im Rechtssinne zusammengefasst werden müsste (so für § 142 Abs. 1 S. 1 Nr. 1 PatG Benkard PatG/*Grabinski*/*Zülch* PatG § 142 Rn. 18), erscheint als zweifelhaft. Weder die Tatbestandsalternative des Anbietens noch die des Inverkehrbringens fassen – anders als die des Handeltreibens im Betäubungsmittelstrafrecht – sämtliche auf den Güterumsatz mit dem gebrauchsmusterverletzenden Erzeugnis gerichteten Handlungen zu einer einheitlichen Tat zusammen. Allerdings hat die Rspr. eine Bewertungseinheit von Erwerb und Veräußerung auch bei den Absatzdelikten des Betäubungsmittelstrafrechts (Veräußern und Abgeben) bejaht (BGH NStZ 1997, 243; BGH StV 1997, 636 f.; 1999, 431). Dies stößt jedoch wegen der fehlenden Anbindung an die Handlungsbeschreibung des gesetzlichen Tatbestands auf Bedenken (LK-StGB/*Rissing-van Saan* StGB Vor § 52 Rn. 45; MüKoStGB/*v. Heintschel-Heinegg* StGB § 52 Rn. 44). Vielmehr dürften die Tatbestandsalternativen des Einführens oder Besitzens im Falle der Verwirklichung des vom Täter beabsichtigten Zwecks als Durchgangsdelikte (LK-StGB/*Rissing-van Saan* StGB Vor § 52 Rn. 131 ff.) subsidiär zu denen des Anbietens, Inverkehrbringens oder Gebrauchens sein.

G. Verfahrensrecht

I. Strafantrag (Abs. 4)

59   Für den Grundtatbestand ist der **Strafantrag** Prozessvoraussetzung, es sei denn, dass die Strafverfolgungsbehörde wegen des **besonderen öffentlichen Interesses** an der Strafverfolgung ein Einschreiten von Amts wegen für geboten hält (zu Einzelheiten der Prüfung Fischer StGB § 230 Rn. 3 ff.). Nach Nr. 261a RiStBV ist das besondere öffentliche Interesse insbes. dann anzunehmen,

60   „wenn der Täter einschlägig vorbestraft ist, ein erheblicher Schaden droht oder eingetreten ist, die Tat den Verletzten in seiner wirtschaftlichen Existenz bedroht oder die öffentliche Sicherheit oder die Gesundheit der Verbraucher gefährdet ist".

61   Für den Strafantrag gelten die allgemeinen Regeln der §§ 77 ff. StGB. Antragsberechtigt als Verletzter ist der Inhaber des Schutzrechts. Bei Wechsel der Inhaberschaft ist nach § 8 Abs. 4 S. 2 die Eintragung in das Gebrauchsmusterregister maßgeblich für die Antragsberechtigung. Mängel der Eintragung können aber jedenfalls bis zum Ablauf der Antragsfrist geheilt werden (RG Bl f. PMZ 1911, 29 (30); weitergehend *Reimer* PatG, 2. Aufl. 1958, § 49 Rn. 4: bis zur Hauptverhandlung; aA Klauer/Möhring/*Hesse*

PatG § 49 Anm. 6). Bei Übertragung der Ausübung durch Erteilung einer ausschließlichen Lizenz oder eines Nießbrauchs ist Verletzter (auch oder sogar ausschließlich) der Lizenznehmer oder Nießbraucher (RGSt 11, 266 (267)). Antragsberechtigt ist auch der Insolvenzverwalter des Inhabers (RGSt 35, 149 f.). Für eine juristische Person, Personengesellschaft oÄ sind deren gesetzliche oder satzungsgemäße Vertreter antragsberechtigt (Fischer StGB § 77 Rn. 2a), bei der oHG aber auch alle anderen Gesellschafter (RGSt 41, 103 f.), auch noch nach Eintritt in die Liquidation (RGSt 41, 377 (379 f.)). Vertretung in der Erklärung wie gewillkürte Vertretung im Willen ist möglich (Fischer StGB § 77 Rn. 21 f.). Zur Strafantragstellung durch einen ausländischen Verletzten vgl. die ausdrückliche Regelung in § 28 Abs. 1.

Der Qualifikationstatbestand des § 25 Abs. 2 ist **Offizialdelikt** (OLG Celle wistra 2010, 494 zu § 142 **62** Abs. 2 PatG). Hier ist das öffentliche Interesse an der Strafverfolgung schon wegen des erhöhten Unrechts- und Schuldgehalts, aber auch wegen der hier regelmäßig eintretenden großen Schäden für die Volkswirtschaft gegeben (so die Begründung des Gesetzentwurfs der BReg zum PrPG, BT-Drs. 11/4792, 25).

II. Privatklage

Der Grundtatbestand – nicht aber die Qualifikation nach Abs. 2 (OLG Celle wistra 2010, 494 zu **63** § 142 Abs. 1 PatG) – ist nach § 374 Abs. 1 Nr. 8 StPO **Privatklagedelikt.** Die Staatsanwaltschaft erhebt die öffentliche Klage nur, wenn dies im **öffentlichen Interesse** liegt (§ 376 StPO; → Rn. 29), und verweist den Verletzten ansonsten auf den Privatklageweg. Nach Nr. 261 RiStBV ist das öffentliche Interesse in der Regel zu bejahen,

„wenn eine nicht nur geringfügige Schutzrechtsverletzung vorliegt. Zu berücksichtigen sind dabei insbesondere das Ausmaß der Schutzrechtsverletzung, der eingetretene oder drohende wirtschaftliche Schaden und die vom Täter erstrebte Bereicherung."

Im Wege der Privatklage kann auch die **selbstständige** Anordnung der **Einziehung** nach § 76a StGB verfolgt werden, § 440 StPO.

III. Nebenklage

Sowohl Grundtatbestand als auch Qualifikation sind nebenklagefähig, § 395 Abs. 1 Nr. 6 StPO. **64**

IV. Adhäsionsverfahren

Die Verfolgung zivilrechtlicher Ansprüche im Adhäsionsverfahren nach §§ 403 ff. StPO ist möglich **65** (sa § 25 Abs. 5 S. 3), jedoch wegen der ausschließlichen Zuständigkeit der Landgerichte nach § 27 Abs. 1 nicht im Strafverfahren vor dem AG (Löwe/Rosenberg/*Hilger* StPO § 403 Rn. 16; *Rieß/Hilger* NStZ 1987, 145 (156) Fn. 244; *Köckerbauer* NStZ 1994, 305 (306); aA *Lührs* GRUR 1994, 264 (267); *Hansen/Wolff-Rojczyk* GRUR 2009, 644 (646); offen gelassen bei Busse/Keukenschrijver/*Keukenschrijver* PatG § 142 Rn. 49), und damit wegen § 25 Nr. 1 GVG hier auch nicht im Privatklageverfahren. Dagegen schließt eine Zuständigkeitskonzentration für Zivilverfahren nach § 27 Abs. 2 die Zuständigkeit der Wirtschaftsstrafkammer eines anderen Landgerichts zur Durchführung des Adhäsionsverfahrens nicht aus (*Hansen/Wolff-Rojczyk* GRUR 2009, 644 (646); anders als Vorauflage zweifelnd jetzt auch Busse/Keukenschrijver PatG § 142 Rn. 49); denn die Wirtschaftsstrafkammer ist wegen § 74c Abs. 1 S. 1 Nr. 1 GVG ebenfalls ein für Gebrauchsmusterverletzungssachen zuständiger Spezialspruchkörper.

V. Wiederaufnahme

Die nachträgliche Löschung des Gebrauchsmusters nach §§ 15 Abs. 1, 17 – die die deklaratorische **66** Feststellung seiner Unwirksamkeit **ex-tunc** beinhaltet – stellt, ungeachtet der sich aus dem Anmeldesystem ergebenden Abweichungen gegenüber dem Patentrecht (→ Rn. 5 f., 14 ff., 30 f.), nicht anders als dort einen Wiederaufnahmegrund nach § 359 Nr. 5 StPO dar (so auch Kraßer/Ann PatR/*Ann* § 38 II 2; Kommentierung zu → PatG § 142 Rn. 71 mwN).

VI. Tenorierung

Im Verurteilungsfall ist in die Urteilsformel eine die jeweilige Verwirklichungsform möglichst genau **67** charakterisierende **rechtliche Bezeichnung** der Tat aufzunehmen, also nicht nur „Vergehen gegen das Gebrauchsmustergesetz", sondern zB „Herstellen eines Erzeugnisses, das Gegenstand eines Gebrauchsmusters ist" (Meyer-Goßner/Schmitt/*Appl*, Die Urteile in Strafsachen, 29. Aufl. 2014, Rn. 42). Auch die Verwirklichung des Qualifikationstatbestands ist durch Aufnahme des Adjektivs **„gewerbsmäßig"** in die rechtliche Bezeichnung der Tat zu kennzeichnen (Meyer-Goßner/Schmitt/*Appl*, Die Urteile in Strafsachen, 29. Aufl. 2014, Rn. 48).

H. Einziehung; Verfall

I. Einziehung

68   Die **Einziehung** von Gegenständen, die durch die Tat hervorgebracht oder zu ihrer Begehung oder Vorbereitung gebraucht worden oder bestimmt gewesen sind, und ihrer Surrogate richtet sich nach §§ 74 ff. StGB. Diese Vorschriften gelten aber nicht für **Beziehungsgegenstände,** die nicht Werkzeuge für oder Produkte der Tat gewesen sind, sondern deren notwendiger Gegenstand selbst (BGHSt 10, 28 (29 f.); → StGB § 74 Rn. 21). Für Handelswaren, die Gegenstand einer Tat nach § 25 Abs. 1 gewesen sind, ohne dass der Täter sie gebraucht oder hervorgebracht hat – was alle Tatbestandsalternativen außer der des Herstellens betrifft –, bringt Abs. 5 S. 1 eine entsprechende Erweiterung der Einziehungs-möglichkeit. Auch für die Einziehung von Beziehungsgegenständen gelten wegen § 74 Abs. 4 StGB die Voraussetzungen des § 74 Abs. 2, 3 StGB; § 25 Abs. 5 S. 2 eröffnet aber die **erweiterte** Möglichkeit einer **Dritteinziehung** nach § 74a StGB. Soweit dem Vernichtungs- oder Rückrufanspruch des Verletzten aus § 24a im Adhäsionsurteil stattgegeben wird, unterbleibt die Einziehung, § 25 Abs. 5 S. 3.
      Die Einziehung kann auch im objektiven Verfahren nach § 76a StGB, § 440 StPO erfolgen.

II. Verfall

69   Die Anordnung des **Verfalls** des aus der Tat Erlangten, der gezogenen Nutzungen und Surrogate richtet sich nach den allgemeinen Regeln der §§ 73 ff. StGB. Der Verfallsanordnung wird in Gebrauchs-musterverletzungsfällen regelmäßig § 73 Abs. 1 S. 2 StGB entgegenstehen *(Hansen/Wolff-Rojczyk* GRUR 2007, 468 (472)).

III. Maßnahmen der Zollbehörden

70   Umfangreiche Spezialregelungen über Beschlagnahme und Einziehung gebrauchsmusterverletzender Erzeugnisse durch die Zollbehörden enthält § 25a (zu Einzelheiten Bühring/Braitmayer/Schmid/*Brait-mayer* sowie die Erläuterungen der entsprechenden Parallelvorschriften des PatG und des SortSchG bei Benkard PatG/*Grabinski/Zülch* PatG § 142a Rn. 2 u. 16 ff.; Fitzner/Lutz/Bodewig/*Voß* PatG § 142a Rn. 2 u. 12 ff.; Leßmann/Würtenberger SortenschutzR § 7 Rn. 265, 268 ff.).

I. Bekanntmachung der Verurteilung (Abs. 6)

71   Die Bekanntmachung der Verurteilung kann nur angeordnet werden, wenn auf Strafe gegen einen Erwachsenen oder einen nicht nach Jugendstrafrecht behandelten Heranwachsenden (§§ 6 Abs. 1 S. 2, 105 Abs. 1 JGG) erkannt wird. Voraussetzung ist ein Antrag des Verletzten; für die Antragsberechtigung gilt das zu → Rn. 61 Ausgeführte entsprechend. Das Übergehen des Antrags kann mit der Revision beanstandet werden, allerdings wegen § 400 Abs. 1 StPO nicht vom Nebenkläger (sa die Begründung des Gesetzentwurfs der BReg zum PrPG, BT-Drs. 11/4792, 26; z. Bekanntmachung durch das Revisi-onsgericht selbst BGHSt 3, 73 (76)). Weitere Voraussetzung ist die Darlegung eines berechtigten Interesses, das insbes. bei Marktverwirrung, durch die Tat hervorgerufener Unsicherheit bei den Abnehmern und einer daraus folgenden Beeinträchtigung und Entwertung des Schutzrechts zu bejahen sein wird (Loth Rn. 15; Benkard PatG/*Grabinski/Zülch* PatG § 142 Rn. 21). Liegen diese Vorausset-zungen vor, steht dem Gericht kein Ermessen zu. Umfang und Art der Bekanntmachung sind im Urteil zu bestimmen, Abs. 6 S. 2 (Fischer StGB § 200 Rn. 4 ff.). Nach Nr. 261b S. 1 RiStBV hat der Staats-anwalt darauf hinzuwirken, dass der Name des Verletzten in die Urteilsformel aufgenommen wird. Die Vollziehung der Anordnung erfolgt nur auf – fristgebundenes – Verlangen des Verletzten, § 463c Abs. 2 StPO. Zu den Aufgaben der Vollstreckungsbehörde iÜ Nr. 261b S. 2 RiStBV, § 59 StVollstrO.

330. Verordnung zum Schutz vor Gefahrstoffen (Gefahrstoffverordnung – GefStoffV)

Vom 26. November 2010 (BGBl. I S. 1643) FNA 8053-6-34

Zuletzt geändert durch Art. 2 VO zur Neuregelung der Anforderungen an den Arbeitsschutz bei der Verwendung von Arbeitsmitteln und Gefahrstoffen vom 3.2.2015 (BGBl. I S. 49)

– Auszug –

Vorbemerkung

Die Straf- und Bußgeldtatbestände der GefStoffV füllen die Blankettsanktionsnormen der § 26 und **1** § 27 ChemG (Gesetz zum Schutz vor gefährlichen Stoffen – Chemikaliengesetz idF v. 28.8.2013, BGBl. I 3498, ber. 3991) aus. Zu dieser Form der Regelungstechnik Schönke/Schröder/*Eser/Hecker* StGB § 1 Rn. 8.

Mit der am 1.12.2010 in Kraft getretenen Neufassung der GefStoffV war die bislang gültige GefStoffV **2** v. 23.12.2004 (BGBl. I 3758 (3759)) ersetzt und damit an das chemikalienbezogene EU-Binnenmarktrecht, die EG-CLP-Verordnung sowie die EG-REACH-Verordnung angepasst worden.

Die am 20.1.2009 in Kraft getretene **EG-CLP-Verordnung** (VO (EG) Nr. 1272/2008 des Europäischen Parlaments und des Rates v. 16.12.2008 über die Einstufung, Kennzeichnung und Verpackung von Stoffen und Gemischen; ABl. 2008 L 353, 1) regelt die Einstufung (classification), Kennzeichnung (labelling) und Verpackung (packaging) von Stoffen und Gemischen mit unmittelbar verbindlicher Wirkung EU-weit neu. Sie orientiert sich dabei an dem GHS (dem Global Harmonisierten System zur Einstufung und Kennzeichnung von Chemikalien der Vereinten Nationen), das die Identifizierung gefährlicher Chemikalien erleichtern und die Anwender mithilfe standardisierter Symbole und Sicherheitsdatenblätter über die jeweiligen stoffbezogenen Gefahren informieren soll. Ziel der Verordnung ist die Bestimmung von Stoff- und Gemischeigenschaften, die eine Einstufung als gefährlich nahe legen. Die EG-CLP-Verordnung ergänzt damit die **EG-REACH-Verordnung** (VO (EG) Nr. 1907/2006 des Europäischen Parlaments und des Rates v. 18.12.2006 zur Registrierung, Bewertung, Zulassung und Beschränkung chemischer Stoffe; ABl. 2006 L 396, 1), die die europaweite Vereinheitlichung des Chemikalienrechts und damit – unter Beachtung der Belange des Gesundheits- und Umweltschutzes – zugleich eine Stärkung des gemeinschaftlichen Binnenmarktes bezweckt. Stoffe und Gemische mit einem Herstellungs- oder Importvolumen von mindestens 1 Jahrestonne sollen grundsätzlich erst nach ihrer Registrierung in den Verkehr gebracht werden dürfen (Art. 5: „Ohne Daten kein Markt").

Die GefStoffV hat zuletzt aufgrund der Verordnung zur Neufassung der Verordnung über Sicherheit **3** und Gesundheitsschutz bei Tätigkeiten mit Biologischen Arbeitsstoffen und zur Änderung der Gefahrstoffverordnung v. 15.7.2013 (BGBl. I 2514) sowie aufgrund der Verordnung zur Neuregelung der Anforderungen an den Arbeitsschutz bei der Verwendung von Arbeitsmitteln und Gefahrstoffen v. 3.2.2015 (BGBl. I 49) umfangreiche Änderungen und Anpassungen erfahren. Insbesondere die Bußgeldtatbestände des § 23 sind mit Verordnung zur Neuordnung der Straf- und Bußgeldvorschriften bei Zuwiderhandlungen gegen EG- oder EU-Verordnungen auf dem Gebiet der Chemikaliensicherheit (StrBußGNeuOVO) v. 24.4.2013 (BGBl. I 944) mWv 1.5.2013 entfallen.

Ziel der VO ist der Schutz von Mensch und Umwelt vor stoffbedingten Schädigungen, § 1 Abs. 1. **4** Zur Erreichung dieser Zielvorgaben setzt sie dabei auf (1) Regelungen zur Einstufung, Kennzeichnung und Verpackung gefährlicher Stoffe und Zubereitungen, (2) Maßnahmen zum Schutz der Beschäftigten und anderer Personen bei Tätigkeiten mit Gefahrstoffen und (3) Beschränkungen für das Herstellen und Verwenden bestimmter gefährlicher Stoffe, Zubereitungen und Erzeugnisse. Verbote für das Inverkehrbringen gefährlicher Stoffe, von Zubereitungen und Erzeugnissen ergeben sich aus der Chemikalien-Verbotsverordnung.

§ 21 Chemikaliengesetz – Anzeigen

Ordnungswidrig im Sinne des § 26 Absatz 1 Nummer 8 Buchstabe b des Chemikaliengesetzes handelt, wer vorsätzlich oder fahrlässig

1. **entgegen § 8 Absatz 8 in Verbindung mit Anhang I Nummer 2.4.2 Absatz 1 Satz 1 oder Absatz 2 eine Anzeige nicht, nicht richtig, nicht vollständig oder nicht rechtzeitig erstattet,**

2. entgegen § 8 Absatz 8 in Verbindung mit Anhang I Nummer 3.4 Absatz 1 oder Absatz 2 eine Anzeige nicht, nicht richtig, nicht vollständig oder nicht rechtzeitig erstattet,
3. entgegen § 8 Absatz 8 in Verbindung mit Anhang I Nummer 3.4 Absatz 3 eine Änderung nicht oder nicht rechtzeitig anzeigt,
4. entgegen § 8 Absatz 8 in Verbindung mit Anhang I Nummer 3.6 eine Anzeige nicht, nicht richtig, nicht vollständig oder nicht rechtzeitig erstattet,
5. entgegen § 8 Absatz 8 in Verbindung mit Anhang I Nummer 4.3.2 Absatz 1 Satz 1 oder Absatz 2 in Verbindung mit Absatz 3 eine Anzeige nicht, nicht richtig, nicht vollständig oder nicht rechtzeitig erstattet,
6. entgegen § 8 Absatz 8 in Verbindung mit Anhang I Nummer 4.3.2 Absatz 4 eine Anzeige nicht oder nicht rechtzeitig erstattet,
7. entgegen § 8 Absatz 8 in Verbindung mit Anhang I Nummer 5.4.2.3 Absatz 1 oder Absatz 2 eine Anzeige nicht, nicht richtig, nicht vollständig oder nicht rechtzeitig erstattet,
8. entgegen § 8 Absatz 8 in Verbindung mit Anhang I Nummer 5.4.2.3 Absatz 3 eine Änderung nicht oder nicht rechtzeitig anzeigt,
9. entgegen § 18 Absatz 1 eine Anzeige nicht, nicht richtig, nicht vollständig oder nicht rechtzeitig erstattet oder
10. entgegen § 18 Absatz 2 eine Mitteilung nicht, nicht richtig, nicht vollständig oder nicht rechtzeitig macht.

A. Einleitung

1   Die Regelung des § 21 erfasst Anzeigen, Änderungsanzeigen und Mitteilungen nach § 8 Abs. 8 und § 18 Abs. 1, 2. Ordnungswidrig handelt, wer den iE aufgeführten Anzeige- und Mitteilungspflichten überhaupt nicht oder nicht richtig, vollständig oder rechtzeitig nachkommt.

2   Nach § 8 Abs. 8 hat der Arbeitgeber bei Tätigkeiten mit Gefahrstoffen insbesondere die in Anh. I Nr. 2–5 enthaltenen Vorschriften zu beachten. Aus dem Anh. I (zu § 8 Abs. 8, § 11 Abs. 3) ergeben sich spezifische Anforderungen für den Umgang mit bestimmten Gefahrstoffen und für die Ausübung iE aufgeführter Tätigkeiten. Der Anh. I ist dabei – den Eigenheiten der verschiedenen Gefahrstoffe folgend – in insgesamt fünf Abschnitte (Nummern) gegliedert: (1) Brand- und Explosionsgefährdungen, (2) Partikelförmige Gefahrstoffe, (3) Schädlingsbekämpfung, (4) Begasungen, (5) Ammoniumnitrat.

B. Asbest (Nr. 1)

3   Die Nr. 2 des Anh. I zur GefStoffV enthält Regelungen für Tätigkeiten mit Exposition gegenüber allen alveolengängigen und einatembaren Stäuben. Für Tätigkeiten, bei denen Asbeststaub oder Staub von asbesthaltigen Materialien freigesetzt wird oder freigesetzt werden kann, gilt ergänzend Nr. 2.4. **Stäube,** einschließlich Rauche, sind dabei nach Nr. 2.2 Abs. 1 disperse Verteilungen fester Stoffe in der Luft, die insbesondere durch mechanische, thermische oder chemische Prozesse oder durch Aufwirbelung entstehen. **Asbest** iSd Nr. 2 des Anh. I zur GefStoffV sind nur die folgenden Silikate mit Faserstruktur: (1) Aktinolith, (2) Amosit, (3) Anthophyllit, (4) Chrysotil, (5) Krokydolith und (6) Tremolit.

4   Tätigkeiten, bei denen Asbeststaub (→ Rn. 3) oder Staub von asbesthaltigen Materialien freigesetzt werden oder freigesetzt werden können (also vor allem **Abbruch-, Sanierungs- und Instandhaltungsarbeiten**), sind der zuständigen Behörde nach Nr. 2.4.2 Abs. 1 des Anh. I zur GefStoffV anzuzeigen. Die **Anzeige** muss **spätestens sieben Tage vor Beginn der Tätigkeit** erfolgen und mindestens Angaben zur Lage der Arbeitsstätte, zu den verwendeten oder gehandhabten Asbestarten und -mengen, zu ausgeübten Tätigkeiten und den dabei angewendeten Verfahren, zur Anzahl der beteiligten Beschäftigten, zu Beginn und Dauer der Tätigkeiten und zu Maßnahmen zur Begrenzung der Asbestfreisetzung und der Asbestexposition der Beschäftigten enthalten, Nr. 2.4.2 Abs. 2 Anh. I.

5   Zu beachten ist, dass Abweichungen von der Anzeigepflicht für Tätigkeiten vorgesehen sind, die nur mit einer geringen Asbestexposition verbunden sind, Nr. 2.1 S. 3 Anh. I zur GefStoffV.

C. Schädlingsbekämpfung (Nr. 2, 3, 4)

6   Die Regelungen der Nr. 3 Anh. I zur GefStoffV gelten für Schädlingsbekämpfungsmaßnahmen mit sehr giftigen (also solchen, die in sehr geringer Menge bei Einatmen, Verschlucken oder Aufnahme über die Haut zum Tode führen oder akute oder chronische Gesundheitsschäden verursachen können, § 3 Nr. 6), giftigen (§ 3 Nr. 7) und gesundheitsschädlichen (§ 3 Nr. 8) Stoffen und Zubereitungen sowie solchen Zubereitungen, bei denen die genannten Stoffe freigesetzt werden; sie gelten nicht, soweit die Bekämpfung bereits Gegenstand anderer Rechtsvorschriften ist.

7   Anwendungsvoraussetzung ist ferner, dass die Schädlingsbekämpfung entweder **berufsmäßig** bei anderen durchgeführt wird oder nicht nur **gelegentlich** und nicht nur **in geringem Umfang** im eigenen Betrieb, in dem Lebensmittel hergestellt, behandelt oder in Verkehr gebracht werden, oder in einer Einrichtung erfolgt, die in § 23 Abs. 5 (Krankenhäuser, Einrichtungen für ambulantes Operieren, Vorsorge- und Rehabilitationseinrichtungen, Dialyseeinrichtungen, Tageskliniken, Entbindungseinrich-

tungen, Behandlungs- und Versorgungseinrichtungen, die mit einer der vorgenannten Einrichtungen vergleichbar sind) oder § 36 IfSG genannt ist (Gemeinschaftseinrichtungen nach § 33 IfSG, Einrichtungen nach § 1 Abs. 1–5 des Heimgesetzes, vergleichbare Betreuungs- und Versorgungseinrichtungen, Obdachlosenunterkünfte, Gemeinschaftsunterkünfte für Asylbewerber, Spätaussiedler und Flüchtlinge, sonstige Massenunterkünfte und Justizvollzugsanstalten). Zu Schädlingsbekämpfungsmaßnahmen in deutschen Flugzeugen oder auf deutschen Schiffen außerhalb des Staatsgebiets der Bundesrepublik Deutschland Nr. 3.1 S. 4 Anh. I zur GefStoffV.

Schädlingsbekämpfungsmittel sind dabei Stoffe und Zubereitungen, die dazu bestimmt sind, Schädlin- **8** ge und Schadorganismen oder lästige Organismen unschädlich zu machen oder zu vernichten, Nr. 3.2 Anh. I zur GefStoffV.

Nach Nr. 3.4 Abs. 1 Anh. I hat derjenige, der Schädlingsbekämpfungen erstmals durchführen oder **9** nach mehr als einjähriger Unterbrechung wieder aufnehmen will, dies der zuständigen Behörde **mindestens 6 Wochen vor Aufnahme der ersten Tätigkeit** anzuzeigen. Die Anzeige muss nach Nr. 3.4 Abs. 2 Anh. I den Nachweis enthalten, dass die personelle, räumliche und sicherheitstechnische Ausstattung für diese Arbeiten ausreichend ist. Darüber hinaus ist die Zahl der Beschäftigten anzugeben, die mit den Schädlingsbekämpfungsmitteln (→ Rn. 6, 8) umgehen. Ferner sind Angaben zu Bezeichnung, Eigenschaften, Wirkmechanismen, Anwendungs- und Dekontaminationsverfahren der vorgesehenen Schädlingsbekämpfungsmittel und zum Ergebnis der Substitutionsprüfung erforderlich (Nr. 3.4 Abs. 2 Nr. 1–5 Anh. I). **Änderungen** sind der zuständigen Behörde **unverzüglich** anzuzeigen.

Nach Nr. 3.6 Anh. 1 sind Schädlingsbekämpfungen in Gemeinschaftseinrichtungen (Schulen, Kin- **10** dertagesstätten und Krankenhäusern) **mindestens 14 Tage im Voraus** schriftlich anzuzeigen. Anzugeben sind dabei neben dem Umfang der Maßnahme, der Art der Anwendung und den verwendeten Mitteln vor allem das Ausbringungsverfahren und die vorgesehenen Schutzmaßnahmen.

D. Begasungen (Nr. 5, 6)

Die Vorschriften der Nr. 4 Anh. I zur GefStoffV gelten in erster Linie für Tätigkeiten mit (1) Hydro- **11** gencyanid sowie Stoffen und Zubereitungen, die zum Entwickeln oder Verdampfen von Hydrogencyanid oder leicht flüchtigen Hydrogencyanidverbindungen dienen, (2) Phosphorwasserstoff sowie Stoffen und Zubereitungen, die Phosphorwasserstoff entwickeln, (3) Ethylenoxid und Zubereitungen, die Ethylenoxid enthalten und (4) Sulfuryldifluorid, soweit sie als Begasungsmittel zugelassen sind und als solche eingesetzt werden (Nr. 4.1 Abs. 1 Anh. I), für Tätigkeiten bei Raumdesinfektionen mit Formaldehydlösungen (iE Nr. 4.1 Abs. 2 Anh. I), für Begasungstätigkeiten mit anderen sehr giftigen (§ 3 Nr. 6) und giftigen (§ 3 Nr. 7) Stoffen und Zubereitungen, die für Begasungen zugelassen sind (iE Nr. 4.1 Abs. 3 Anh. I) und Tätigkeiten an begasten Transporteinheiten jeder Art (Fahrzeuge, Waggons, Schiffe, Tanks, Container), die mit giftigen oder sehr giftigen Begasungsmitteln behandelt worden sind (iE Nr. 4.1 Abs. 4 Anh. I). Ausgenommen sind Tätigkeiten mit Begasungsmitteln in vollautomatisch programmgesteuerten Sterilisatoren im medizinischen Bereich (iE Nr. 4.1 Abs. 5 Anh. I).

Nach Nr. 4.3.2 Abs. 1 Anh. I hat derjenige, der außerhalb einer ortsfesten Sterilisationskammer **12** Begasungen mit Begasungsmitteln durchführen will, dies der zuständigen Behörde **spätestens eine Woche vorher** schriftlich anzuzeigen (Abs. 1 S. 1); in begründeten Fällen sind Ausnahmen möglich (Abs. 1 S. 2). Für Schiffs- und Containerbegasungen in Häfen sowie bei infektionshygienischen Desinfektionen verkürzt sich die Anzeigefrist auf **24 Stunden** (Abs. 1 S. 3). Eine Anzeigepflicht besteht nach Nr. 4.3.2 Abs. 3 Anh. I nicht für Erdreichbegasungen im Freien mit Phosphorwasserstoff. Anzugeben sind die verantwortliche Person, der Tag der Begasung, das zu begasende Objekt mit Angaben der zu begasenden Güter, das für den Einsatz vorgesehene Begasungsmittel und die vorgesehenen Mengen, der voraussichtliche Beginn und das voraussichtliche Ende der Begasung, der voraussichtliche Termin der Freigabe und der Zeitpunkt der Dichtheitsprüfung, sofern diese erforderlich ist. Der Anzeige ist ein Lageplan zum Ort der Begasung beizufügen, Nr. 4.3.2 Abs. 2 Anh. I. Das **Ausscheiden, der Wechsel und das Hinzutreten von Befähigungsschein-Inhabern** sind der zuständigen Behörde **unverzüglich** anzuzeigen, sofern die Tätigkeiten unter dem Erlaubnisvorbehalt nach Nr. 4.2 Abs. 1 Anh. I stehen (Tätigkeiten mit Begasungsmitteln nach Nr. 4.1 Abs. 1–3 Anh. I; → Rn. 11).

E. Ammoniumnitrat (Nr. 7, 8)

Nr. 5 des Anh. I zur GefStoffV enthält Vorschriften für das Lagern, Abfüllen und innerbetriebliche **13** Befördern von Ammoniumnitrat und ammoniumnitrathaltigen Zubereitungen; zu beachten sind freilich die Ausnahmetatbestände der Nr. 5.1 Abs. 2 Anh. I.

Nach Nr. 5.4.2.3 Abs. 1 Anh. I hat derjenige, der beabsichtigt, Stoffe und Zubereitungen der Grup- **14** pen und Untergruppen A, D IV und E (Nr. 5.3 Anh. I) in Mengen von mehr als 25 Tonnen zu lagern, dies der zuständigen Behörde **spätestens zwei Wochen vorher** schriftlich anzuzeigen. Anzugeben sind dabei nach Nr. 5.4.2.3 Abs. 2 Anh. I der Name und die Anschrift des Anzeigepflichtigen sowie die Art und die Höchstmengen der zu lagernden Stoffe und Zubereitungen. Beizufügen ist eine Beschreibung der Bauart und Einrichtung des Lagers mit Grundrissen und Schnitten, ein Lageplan, aus dem die Lage zu

Gebäuden und öffentlichen Verkehrswegen im Umkreis von 350 Metern ersichtlich ist. Anzugeben ist ferner, welche der im Lageplan verzeichneten Gebäude zum dauernden Aufenthalt von Menschen oder zu Wohnzwecken dienen. **Änderungen** sind der zuständigen Behörde **unverzüglich** anzuzeigen.

F. Unfälle, Krankheits- und Todesfälle; Angaben auf Verlangen (Nr. 9, 10)

15   Nach § 18 Abs. 1 hat der Arbeitgeber der zuständigen Behörde (1) jeden Unfall und jede Betriebsstörung, die bei Tätigkeiten mit Gefahrstoffen zu einer ernsten Gesundheitsschädigung von Beschäftigten geführt haben und (2) Krankheits- und Todesfälle, bei denen konkrete Anhaltspunkte dafür bestehen, dass sie durch die Tätigkeit mit Gefahrstoffen verursacht worden sind, mit der genauen Angabe der Tätigkeit und der Gefährdungsbeurteilung nach § 6 **unverzüglich** anzuzeigen. Soweit sich die erforderlichen Angaben aus Anzeigen nach anderen Vorschriften entnehmen lassen, kann sich der Arbeitgeber auf die Übermittlung von Kopien dieser Anzeigen beschränken.

16   Die Vorschrift des § 18 Abs. 2 enthält Informationspflichten, die der Arbeitgeber **auf Verlangen** der zuständigen Behörde zu erfüllen hat. Die Regelung sieht keine zur Erfüllung dieser Pflichten maßgebliche Frist vor; diese muss sich vielmehr aus dem behördlichen Informationsverlangen selbst ergeben. Der Frage der Angemessenheit einer solchen Fristbestimmung kommt daher auch und gerade im bußgeldrechtlichen Kontext erhebliche Bedeutung zu.

G. Rechtsfolgen

17   Ordnungswidrigkeiten nach § 21 können nach § 26 Abs. 2 ChemG iVm Abs. 1 Nr. 8 Buchst. b ChemG mit einer Geldbuße von bis zu 50.000 EUR geahndet werden. Wegen § 17 Abs. 2 OWiG kann die Geldbuße bei fahrlässigen Verstößen höchstens 25.000 EUR betragen.

§ 22 Chemikaliengesetz – Tätigkeiten

(1) Ordnungswidrig im Sinne des § 26 Absatz 1 Nummer 8 Buchstabe b des Chemikaliengesetzes handelt, wer vorsätzlich oder fahrlässig

1. entgegen § 6 Absatz 8 Satz 1 eine Gefährdungsbeurteilung nicht, nicht richtig, nicht vollständig oder nicht rechtzeitig dokumentiert,
2. entgegen § 6 Absatz 10 Satz 1 oder Satz 2 ein Gefahrstoffverzeichnis nicht, nicht richtig oder nicht vollständig führt,
3. entgegen § 7 Absatz 1 eine Tätigkeit aufnehmen lässt,
3a. entgegen § 7 Absatz 5 Satz 2 das Verwenden von belastender persönlicher Schutzausrüstung als Dauermaßnahme anwendet,
4. entgegen § 7 Absatz 7 Satz 1 die Funktion und die Wirksamkeit der technischen Schutzmaßnahmen nicht oder nicht rechtzeitig überprüft,
5. entgegen § 8 Absatz 2 Satz 3 eine Tätigkeit ausüben lässt,
6. entgegen § 8 Absatz 3 Satz 2 einen Bereich nicht oder nicht rechtzeitig einrichtet,
7. entgegen § 8 Absatz 5 Satz 3 Gefahrstoffe aufbewahrt oder lagert,
8. entgegen § 8 Absatz 8 in Verbindung mit Anhang I Nummer 2.4.2 Absatz 3 Satz 2 nicht dafür sorgt, dass eine weisungsbefugte sachkundige Person vor Ort tätig ist,
9. entgegen § 8 Absatz 8 in Verbindung mit Anhang I Nummer 2.4.4 Satz 1 einen Arbeitsplan nicht oder nicht rechtzeitig aufstellt,
10. entgegen § 8 Absatz 8 in Verbindung mit Anhang I Nummer 3.3 Satz 2 eine Schädlingsbekämpfung durchführt,
11. entgegen § 8 Absatz 8 in Verbindung mit Anhang I Nummer 5.4.2.1 Absatz 2 Stoffe und Zubereitungen der Gruppe A lagert oder befördert,
12. entgegen § 8 Absatz 8 in Verbindung mit Anhang I Nummer 5.4.2.1 Absatz 3 brennbare Materialien lagert,
13. entgegen § 8 Absatz 8 in Verbindung mit Anhang I Nummer 5.4.2.2 Absatz 3 Stoffe oder Zubereitungen nicht oder nicht rechtzeitig in Teilmengen unterteilt,
14. entgegen § 8 Absatz 8 in Verbindung mit Anhang I Nummer 5.4.2.3 Absatz 5 Stoffe oder Zubereitungen lagert,
15. entgegen § 9 Absatz 3 Satz 2 oder § 9 Absatz 4 eine persönliche Schutzausrüstung nicht oder nicht rechtzeitig bereitstellt,
15a. entgegen § 9 Absatz 5 nicht gewährleistet, dass getrennte Aufbewahrungsmöglichkeiten zur Verfügung stehen,
16. entgegen § 10 Absatz 4 Satz 2 Schutzkleidung oder ein Atemschutzgerät nicht zur Verfügung stellt,
17. entgegen § 10 Absatz 5 Satz 1 abgesaugte Luft in einen Arbeitsbereich zurückführt,
18. entgegen § 11 Absatz 1 Satz 3 in Verbindung mit Anhang I Nummer 1.3 Absatz 2 Satz 1 das Rauchen oder die Verwendung von offenem Feuer oder offenem Licht nicht verbietet,

19. entgegen § 11 Absatz 1 Satz 3 in Verbindung mit Anhang I Nummer 1.5 Absatz 4 oder Nummer 1.6 Absatz 5 einen dort genannten Bereich nicht oder nicht richtig kennzeichnet,

19a. entgegen § 11 Absatz 4 Satz 2 in Verbindung mit Anhang III Nummer 2.3 Absatz 1 Satz 1 eine Tätigkeit mit einem organischen Peroxid ausüben lässt,

19b. entgegen § 11 Absatz 4 Satz 2 in Verbindung mit Anhang III Nummer 2.6 Satz 2 Buchstabe a nicht sicherstellt, dass ein dort genanntes Gebäude oder ein dort genannter Raum in Sicherheitsbauweise errichtet wird,

19c. entgegen § 11 Absatz 4 Satz 2 in Verbindung mit Anhang III Nummer 2.7 einen dort genannten Bereich nicht oder nicht rechtzeitig festlegt,

20. entgegen § 13 Absatz 2 Satz 1 eine dort genannte Maßnahme nicht oder nicht rechtzeitig ergreift,

21. entgegen § 13 Absatz 3 Satz 1 einen Beschäftigten nicht oder nicht rechtzeitig ausstattet,

22. entgegen § 13 Absatz 4 Warn- und sonstige Kommunikationseinrichtungen nicht zur Verfügung stellt,

23. entgegen § 13 Absatz 5 Satz 1 nicht sicherstellt, dass Informationen über Notfallmaßnahmen zur Verfügung stehen,

24. entgegen § 14 Absatz 1 Satz 1 nicht sicherstellt, dass den Beschäftigten eine schriftliche Betriebsanweisung in der vorgeschriebenen Weise zugänglich gemacht wird,

25. entgegen § 14 Absatz 2 Satz 1 nicht sicherstellt, dass die Beschäftigten über auftretende Gefährdungen und entsprechende Schutzmaßnahmen mündlich unterwiesen werden,

26. entgegen § 14 Absatz 3 Nummer 2 nicht oder nicht rechtzeitig sicherstellt, dass die Beschäftigten und ihre Vertretung unterrichtet und informiert werden,

27. entgegen § 14 Absatz 3 Nummer 3 nicht sicherstellt, dass ein aktualisiertes Verzeichnis geführt wird, oder

28. entgegen § 14 Absatz 3 Nummer 4 nicht sicherstellt, dass ein aktualisiertes Verzeichnis 40 Jahre nach Ende der Exposition aufbewahrt wird.

(2) Wer durch eine in Absatz 1 bezeichnete Handlung das Leben oder die Gesundheit eines anderen oder fremde Sachen von bedeutendem Wert gefährdet, ist nach § 27 Absatz 2 bis 4 des Chemikaliengesetzes strafbar.

A. Ordnungswidrigkeiten

I. Tatbestand

Die Nrn. 1–4 enthalten Zuwiderhandlungen gegen die in § 6 und § 7 vorgesehenen „Gefährdungs- **1** beurteilung und Grundpflichten". Nach § 7 Abs. 1 darf der Arbeitgeber eine Tätigkeit mit Gefahrstoffen erst nach der Durchführung einer Gefährdungsbeurteilung und insbesondere erst dann aufnehmen lassen, wenn die jeweils erforderlichen Schutzmaßnahmen ergriffen worden sind (**Nr. 3**). Die Gefährdungsbeurteilung ist nach § 6 Abs. 8 S. 1 zu dokumentieren (**Nr. 1**). Darüber hinaus ist ein Verzeichnis der im Betrieb verwendeten Gefahrstoffe zu führen, in dem auf die entsprechenden Sicherheitsdatenblätter verwiesen wird, § 6 Abs. 12 S. 1. Das Verzeichnis muss nach § 6 Abs. 12 S. 2 Angaben enthalten zur Bezeichnung der Gefahrstoffe, zu deren Einstufung und zu den gefährlichen Eigenschaften, zu den im Betrieb verwendeten Mengen und zu den Arbeitsbereichen, in denen Beschäftigte den Gefahrstoffen ausgesetzt sein können (**Nr. 2**). Beschäftigte müssen nach § 7 Abs. 5 S. 1 die bereitgestellte persönliche Schutzausrüstung verwenden, solange eine Gefährdung besteht. Als Dauermaßnahme darf die Verwendung von belastender persönlicher Schutzausrüstung indes nicht vorgesehen sein (**Nr. 3a**). Die Funktion und die Wirksamkeit der technischen Schutzmaßnahmen ist regelmäßig, mindestens jedoch jedes dritte Jahr, zu überprüfen, § 7 Abs. 7 S. 1 (**Nr. 4**).

Verstöße gegen die Vorschriften über Schutzmaßnahmen (§§ 8 ff.) sind Gegenstand der Nr. 5–28. **2** Nach § 8 Abs. 2 S. 1 hat der Arbeitgeber sicherzustellen, dass alle verwendeten Stoffe identifizierbar und gefährliche Stoffe und Zubereitungen sowie Apparaturen und Rohrleitungen gekennzeichnet sind. Solange diese Maßnahmen nicht gewährleistet und vorgenommen sind, darf er Tätigkeiten mit den genannten Stoffen und Zubereitungen nicht ausüben lassen, § 8 Abs. 2 S. 3 (**Nr. 5**).

Nach § 8 Abs. 3 S. 1 hat der Arbeitgeber auf der Basis der Gefährdungsbewertung sicherzustellen, **3** dass die Beschäftigten in Arbeitsbereichen, in denen sie Gefahrstoffen ausgesetzt sein können, keine Nahrungs- oder Genussmittel zu sich nehmen. Hierfür hat er vielmehr vor der Aufnahme der Tätigkeit geeignete Bereiche einzurichten, § 8 Abs. 3 S. 2 (**Nr. 6**).

Gefahrstoffe dürfen nach § 8 Abs. 5 S. 3 nicht in solchen Behältern aufbewahrt oder gelagert werden, **4** durch deren Form oder Bezeichnung der Inhalt mit Lebensmitteln verwechselt werden kann (**Nr. 7**).

Gemäß § 8 Abs. 8 iVm Nr. 2.4.2 Abs. 3 Anh. I dürfen Abbruch-, Sanierungs- und Instandhaltungs- **5** arbeiten mit Asbest (→ § 21 Rn. 3 ff.) nur von Fachbetrieben durchgeführt werden, deren personelle und sicherheitstechnische Ausstattung für diese Tätigkeit geeignet ist; dabei ist dafür Sorge zu tragen, dass mindestens eine weisungsbefugte sachkundige Person vor Ort ist **(Nr. 8)**. Vor der Aufnahme der Tätigkeit mit Asbest hat der Arbeitgeber einen Arbeitsplan aufzustellen, Nr. 2.4.4 S. 1 Anh. I **(Nr. 9)**.

6   Schädlingsbekämpfung (→ § 21 Rn. 6 ff.) darf nur mit Schädlingsbekämpfungsmitteln durchgeführt werden, die als Biozid-Produkte nach Abschn. II a ChemG oder als Pflanzenschutzmittel nach dem PflSchG verkehrsfähig sind, Nr. 3.3 S. 2 Anh. I **(Nr. 10)**.

7   Stoffe und Zubereitungen der Gruppe A (→ § 21 Rn. 13 f.) dürfen nur verpackt gelagert und befördert werden, Nr. 5.4.2.1 Abs. 2 Anh. I **(Nr. 11)**. Im Lagerraum oder in einem Umkreis von 10 Metern um den Ort der Lagerung von Stoffen und Zubereitungen der Gruppe A dürfen keine brennbaren Materialien gelagert werden, Nr. 5.4.2.1 Abs. 3 Anh. I **(Nr. 12)**. Stoffe und Zubereitungen der Gruppe A und Zubereitungen der Gruppe E sind vor der Lagerung in Teilmengen von bis zu 25 Tonnen zu unterteilen, Nr. 5.4.2.2 Abs. 3 Anh. I **(Nr. 13)**. Stoffe und Zubereitungen der Gruppe A dürfen nur in eingeschossigen Gebäuden gelagert werden, Nr. 5.4.2.3 Abs. 5 Anh. I **(Nr. 14)**.

8   Bei Überschreitung eines Arbeitsplatzgrenzwertes hat der Arbeitgeber unverzüglich zusätzliche Schutzmaßnahmen zu ergreifen; kann trotz Ausschöpfung aller technischen und organisatorischen Schutzmaßnahmen der Arbeitsplatzgrenzwert nicht eingehalten werden, sind unverzüglich persönliche Schutzausrüstungen bereitzustellen, § 9 Abs. 3 S. 2 **(Nr. 15)**. Zur Aufbewahrung der Arbeits- und Schutzkleidung einerseits und der Straßenkleidung andererseits sind getrennte Möglichkeiten vorzuhalten, § 9 Abs. 5 **(Nr. 15a)**.

9   Bei Tätigkeiten, bei denen eine beträchtliche Erhöhung der Exposition der Beschäftigten durch krebserzeugende, erbgutverändernde oder fruchtbarkeitsgefährdende Gefahrstoffe der Kategorie 1 oder 2 zu erwarten ist, ist den Beschäftigten eine persönliche Schutzausrüstung zur Verfügung zu stellen, die sie während der gesamten Dauer der erhöhten Exposition tragen müssen, § 10 Abs. 4 S. 2 **(Nr. 16)**. Die im betreffenden Arbeitsbereich abgesaugte Luft darf nicht in den Arbeitsbereich zurückgeführt werden, § 10 Abs. 5 S. 1 **(Nr. 17)**.

10   Insbesondere bei Tätigkeiten mit Gefahrstoffen, die zu Brand- und Explosionsgefährdungen führen können, hat der Arbeitgeber die Regelungen des Anh. I Nr. 1 und Nr. 5 zu beachten. In Arbeitsbereichen mit Brand- oder Explosionsgefährdungen sind das Rauchen und das Verwenden von offenem Feuer und offenem Licht zu verbieten, Nr. 1.3 Abs. 2 S. 1 Anh. I **(Nr. 18)**. Arbeitsbereiche, in denen gefährliche explosionsfähige Atmosphäre auftreten kann, sind mit dem Warnzeichen „Warnung vor feuergefährlichen Stoffen oder hoher Temperatur" nach Anh. II Nr. 3.2 der Richtlinie 92/58/EWG zu kennzeichnen, § 11 Abs. 1 S. 3 iVm Nr. 1.5 Abs. 4 Anh. I **(Nr. 19)**.

10a   Nach § 11 Abs. 4 S. 2 iVm Nr. 2.3 Abs. 1 S. 1 Anh. III darf der Arbeitgeber eine Tätigkeit mit einem organischen Peroxid nur ausüben lassen, wenn die Bundesanstalt für Materialforschung und -prüfung für dieses organische Peroxid eine Gefahrgruppe nach Abs. 2 bekannt gegeben hat **(Nr. 19a)**.

10b   Nach § 11 Abs. 4 S. 2 iVm Nr. 2.6 S. 2 Buchst. a Anh. III hat der Arbeitgeber Gebäude, in denen Tätigkeiten mit organischem Peroxid durchgeführt werden, so zu errichten, dass eine Gefährdung der Beschäftigten und anderer Personen bei Betriebsstörungen oder Unfällen auf ein Minimum reduziert wird. Kann durch eine eintretende Zersetzung eine Gefährdung auftreten, hat er sicherzustellen, dass insbes. Gebäude und Räume zum Herstellen, Bearbeiten, Verarbeiten, Abfüllen oder Vernichten organischer Peroxide in Sicherheitsbauweise errichtet werden **(Nr. 19b)**.

10c   Nach § 11 Abs. 4 S. 2 iVm Nr. 2.7 Anh. III hat der Arbeitgeber Bereiche, in denen Zündquellen vermieden werden müssen, iRd Gefährdungsbeurteilung festzulegen und hierfür die erforderlichen Schutzmaßnahmen, einschließlich der Kennzeichnung dieser Bereiche, zu ergreifen **(Nr. 19c)**.

11   Bei Betriebsstörungen, Unfällen oder Notfällen hat der Arbeitgeber unverzüglich Notfallmaßnahmen zu ergreifen, § 13 Abs. 2 S. 1 iVm Abs. 1 **(Nr. 20)**. Beschäftigten, die im Gefahrenbereich tätig werden, sind vor Aufnahme der Tätigkeit geeignete Schutzkleidung, persönliche Schutzausrüstung, ggf. erforderliche spezielle Sicherheitseinrichtungen und besondere Arbeitsmittel zur Verfügung zu stellen, § 13 Abs. 3 S. 1 **(Nr. 21)**. Um eine angemessene Reaktion zu gewährleisten und unverzüglich Abhilfe-, Hilfs-, Evakuierungs- und Rettungsmaßnahmen einleiten zu können, sind Warn- und Kommunikationssysteme zur Verfügung zu stellen, die eine erhöhte Gefährdung der Gesundheit und Sicherheit anzeigen, § 13 Abs. 4 **(Nr. 22)**. Der Arbeitgeber hat sicherzustellen, dass Informationen über Maßnahmen bei Notfällen mit Gefahrstoffen zur Verfügung stehen, § 13 Abs. 5 **(Nr. 23)**.

12   Zur Unterrichtung und Unterweisung der Beschäftigten hat der Arbeitgeber eine schriftliche Betriebsanweisung in verständlicher Form und Sprache zugänglich zu machen, § 14 Abs. 1 S. 1 **(Nr. 24)**. Die Beschäftigten sind zudem anhand der Betriebsanweisung über alle auftretenden Gefährdungen und entsprechende Schutzmaßnahmen mündlich zu unterweisen, § 14 Abs. 2 S. 1 **(Nr. 25)**.

13   Bei Tätigkeiten mit krebserzeugenden, erbgutverändernden oder fruchtbarkeitsgefährdenden Gefahrstoffen der Kategorie 1 oder 2 ist sicherzustellen, dass die Beschäftigten und ihre Vertretung bei einer erhöhten Exposition unverzüglich unterrichtet und über die Ursachen sowie über die bereits ergriffenen oder noch zu ergreifenden Gegenmaßnahmen informiert werden, § 14 Abs. 3 Nr. 2 **(Nr. 26)**. Der Arbeitgeber hat ferner sicherzustellen, dass ein aktualisiertes Verzeichnis über die Beschäftigten geführt wird, die Tätigkeiten ausüben, bei denen die Gefährdungsbeurteilung eine Gefährdung der Gesundheit oder der Sicherheit der Beschäftigten ergibt; die Höhe und die Dauer der Exposition, der die Beschäftigten ausgesetzt waren, sind in dem Verzeichnis anzugeben, § 14 Abs. 3 Nr. 3 **(Nr. 27)**. Das Verzeichnis ist mit allen Aktualisierungen 40 Jahre nach Ende der Exposition aufzubewahren, § 14 Abs. 3 Nr. 4 **(Nr. 28).**

II. Rechtsfolgen

Für die in § 22 Abs. 1 aufgeführten Ordnungswidrigkeiten ist nach § 26 Abs. 2 iVm § 26 Abs. 1 **14** Nr. 8 Buchst. b eine Geldbuße bis zu 50.000 EUR vorgesehen. Wegen § 17 Abs. 2 OWiG kann die Geldbuße bei fahrlässigen Verstößen höchstens 25.000 EUR betragen.

B. Straftaten

Gefährdet der Täter durch eine der in Abs. 1 aufgeführten Handlungen Leben oder Gesundheit eines **15** anderen oder fremde Sachen von bedeutendem Wert, ist die Tat Straftat nach § 27 Abs. 2–4 ChemG. In den Schutzbereich einbezogen sind insbesondere die im jeweiligen Unternehmen tätigen Arbeitnehmer und alle übrigen Beschäftigten, ohne dass es auf die konkrete Ausgestaltung des Beschäftigungsverhältnisses ankäme.

Nach § 27 Abs. 2 ChemG können vorsätzliche Straftaten nach Abs. 2 mit **Freiheitsstrafe bis zu** **16** **5 Jahren oder Geldstrafe** bestraft werden. Der Versuch ist nach § 27 Abs. 3 ChemG strafbar. Handelt der Täter fahrlässig, beträgt das Höchstmaß der Freiheitsstrafe nach § 27 Abs. 4 Nr. 2 ChemG 2 Jahre.

Wendet der Täter die Gefahr freiwillig ab oder – sofern die Gefahr ohne Zutun des Täters abgewendet **17** wird – bemüht er sich ernsthaft und freiwillig hierum, kann das Gericht bei vorsätzlichen Handlungen von Strafe absehen. Hat der Täter fahrlässig gehandelt, hat die **tätige Reue** nach § 27 Abs. 5 S. 2 ChemG strafbefreiende Wirkung; in diesem Fall ist er freizusprechen. Bei der Bemessung der Geldbuße zur Ahndung der verbleibenden Ordnungswidrigkeit nach Abs. 1 (§ 21 Abs. 2 OWiG) darf dieser Umstand – als solcher – nicht schärfend berücksichtigt werden (BGH NStZ 1989, 114).

§ 23 *[aufgehoben]*

Die Bußgeldtatbestände des § 23 (vgl. dazu die Vorauflage) sind aufgrund der Verordnung zur Neuordnung der Straf- und Bußgeldvorschriften bei Zuwiderhandlungen gegen EG- oder EU-Verordnungen auf dem Gebiet der Chemikaliensicherheit (StrBußGNeuOVO) vom 24.4.2013 (BGBl. I 944) aufgehoben worden.

§ 24 Chemikaliengesetz – Herstellungs- und Verwendungsbeschränkungen

(1) Ordnungswidrig im Sinne des § 26 Absatz 1 Nummer 7 Buchstabe a des Chemikaliengesetzes handelt, wer vorsätzlich oder fahrlässig
1. **entgegen § 16 Absatz 2 in Verbindung mit Anhang II Nummer 6 Absatz 1 einen dort aufgeführten Stoff verwendet,**
2. **entgegen § 16 Absatz 3 Satz 2 in Verbindung mit Satz 3 Nummer 1, auch in Verbindung mit Satz 4, ein Biozid-Produkt für einen nicht in der Kennzeichnung ausgewiesenen Verwendungszweck einsetzt oder**
3. **entgegen § 16 Absatz 3 Satz 2 in Verbindung mit Satz 3 Nummer 2, auch in Verbindung mit Satz 4, eine sich aus der Kennzeichnung oder der Zulassung ergebende Verwendungsbedingung nicht einhält.**

(2) Nach § 27 Absatz 1 Nummer 1, Absatz 2 bis 4 des Chemikaliengesetzes wird bestraft, wer vorsätzlich oder fahrlässig
1. **entgegen § 8 Absatz 8 in Verbindung mit Anhang I Nummer 2.4.2 Absatz 3 Satz 1 oder Absatz 4 Satz 1 Abbruch-, Sanierungs- oder Instandhaltungsarbeiten durchführt,**
2. **entgegen § 8 Absatz 8 in Verbindung mit Anhang I Nummer 3.5 Satz 1 Schädlingsbekämpfungen durchführt,**
3. **ohne Erlaubnis nach § 8 Absatz 8 in Verbindung mit Anhang I Nummer 4.2 Absatz 1 Begasungen durchführt,**
4. **entgegen § 8 Absatz 8 in Verbindung mit Anhang I Nummer 4.2 Absatz 7 Satz 1 Begasungen durchführt,**
5. **entgegen § 16 Absatz 2 in Verbindung mit Anhang II Nummer 1 Absatz 1 Satz 1 auch in Verbindung mit Satz 3 Arbeiten durchführt,**
6. **entgegen § 16 Absatz 2 in Verbindung mit Anhang II Nummer 1 Absatz 1 Satz 4 Überdeckungs-, Überbauungs-, Aufständerungs-, Reinigungs- oder Beschichtungsarbeiten durchführt,**
7. **entgegen § 16 Absatz 2 in Verbindung mit Anhang II Nummer 1 Absatz 1 Satz 5 asbesthaltige Gegenstände oder Materialien zu anderen Zwecken weiterverwendet,**
8. **entgegen § 16 Absatz 2 in Verbindung mit Anhang II Nummer 2 Absatz 1 die dort aufgeführten Stoffe oder Zubereitungen herstellt,**

9. entgegen § 16 Absatz 2 in Verbindung mit Anhang II Nummer 3 Absatz 1 die dort aufgeführten Erzeugnisse verwendet,

10. entgegen § 16 Absatz 2 in Verbindung mit Anhang II Nummer 4 Absatz 1, Absatz 3 Satz 1 oder Absatz 4 die dort aufgeführten Kühlschmierstoffe oder Korrosionsschutzmittel verwendet oder

11. entgegen § 16 Absatz 2 in Verbindung mit Anhang II Nummer 5 Absatz 1 die dort aufgeführten Stoffe, Zubereitungen oder Erzeugnisse herstellt oder verwendet.

A. Ordnungswidrigkeiten nach Abs. 1

1   Nach § 16 Abs. 2 iVm Nr. 6 Abs. 1 Anh. II dürfen nur in geschlossenen Anlagen hergestellt oder verwendet werden: *6-Amino-2-ethoxynaphthalin, Bis(chlormethyl)ether, Cadmiumchlorid (in einatembarer Form), Chlormethyl-methylether, Dimethylcarbamoylchlorid, Hexamethylphosphorsäuretriamid, 1,3-Propansulton, N-Nitrosaminverbindungen, ausgenommen solche N-Nitrosaminverbindungen, bei denen sich in entsprechenden Prüfungen kein Hinweis auf krebserzeugende Wirkungen ergeben hat, Tetranitromethan, 1,2 (3)-Trichlorpropan, Dimethyl- und Diethylsulfat* und *o-Toluidin.* **(Nr. 1).**

1a   Nach § 16 Abs. 3 S. 2 iVm S. 3 Nr. 1 sowie iVm S. 4 sind Biozid-Produkte – und zwar auch in Privathaushalten – stets ordnungsgemäß zu verwenden. Dazu gehört insbesondere, dass sie nur für die in der Kennzeichnung ausgewiesenen Verwendungszwecke eingesetzt werden **(Nr. 2).** Dabei sind die sich aus der Kennzeichnung und der Zulassung ergebenden Verwendungsbeschränkungen einzuhalten **(Nr. 3).**

B. Straftaten nach Abs. 2

2   Abbruch-, Sanierungs- und Instandhaltungsarbeiten mit Asbest (→ § 21 Rn. 3 ff.) dürfen nach Nr. 2.4.2 Abs. 3 S. 1 Anh. I nur von Fachbetrieben durchgeführt werden, deren personelle und sicherheitstechnische Ausstattung für diese Tätigkeiten geeignet ist. Abbruch- und Sanierungsarbeiten bei Vorhandensein von Asbest in schwach gebundener Form dürfen nur von solchen Fachbetrieben durchgeführt werden, die von der zuständigen Behörde zur Ausführung dieser Tätigkeiten zugelassen worden sind, Nr. 2.4.2 Abs. 4 S. 1 Anh. I **(Nr. 1).**

3   Schädlingsbekämpfungen im Sinne der Nr. 3.1 Anh. I (→ § 21 Rn. 6 f.) dürfen nach Nr. 3.5 S. 1 Anh. I nur von solchen Personen durchgeführt werden, die geeignet (Nr. 3.4 Abs. 5 Anh. I) und sachkundig (Nr. 3.4 Abs. 6 Anh. I) sind **(Nr. 2).**

4   Tätigkeiten mit Begasungsmitteln nach Nr. 4.1 Abs. 1–3 (→ § 21 Rn. 11) dürfen nur mit Erlaubnis der zuständigen Behörde ausgeübt werden **(Nr. 3).** Begasungen mit anderen sehr giftigen (§ 3 Nr. 6) und giftigen (§ 3 Nr. 7) Stoffen und Zubereitungen sind dagegen nicht gestattet, Nr. 4.2 Abs. 7 S. 1 **(Nr. 4).**

5   Nach Nr. 1 Abs. 1 S. 1 Anh. II sind Arbeiten an asbesthaltigen Teilen von Gebäuden, Geräten, Maschinen, Anlagen, Fahrzeugen und sonstigen Erzeugnissen verboten; zu den nach Abs. 1 verbotenen Arbeiten zählen auch Überdeckungs-, Überbauungs- und Aufständerungsarbeiten an Asbestzementdächern und -wandverkleidungen sowie Reinigungs- und Beschichtungsarbeiten an unbeschichteten Asbestzementdächern und -wandverkleidungen. Die weitere Verwendung von bei Arbeiten anfallenden asbesthaltigen Gegenständen und Materialien zu anderen Zwecken als der Abfallbeseitigung oder Abfallverwertung ist verboten **(Nr. 5, 6, 7).**

6   Nach Nr. 2 Abs. 1 Anh. II ist die Herstellung von Stoffen und Zubereitungen untersagt, die *2-Naphthylamin und seine Salze, 4-Aminobiphenyl und seine Salze, Benzidin und seine Salze* oder *4-Nitrobiphenyl* jeweils mit einem Massengehalt von mehr als 0,1 % enthalten **(Nr. 8).**

7   Erzeugnisse, die mit einer Zubereitung behandelt worden sind, die *Pentachlorphenol, Pentachlorphenolnatrium* oder eine der übrigen *Pentachlorphenolverbindungen* enthält und deren von der Behandlung erfasste Teile mehr als 5 Milligramm pro Kilogramm dieser Stoffe enthalten, dürfen nach Nr. 3 Abs. 1 Anh. II nicht verwendet werden **(Nr. 9).**

8   Kühlschmierstoffe, denen nitrosierende Agenzien als Komponenten zugesetzt worden sind, daneben Korrosionsschutzmittel, die gleichzeitig nitrosierende Agenzien oder deren Vorstufen, beispielsweise *Nitrit,* und sekundäre Amine, einschließlich verkappter sekundärer Amine, enthalten und ferner wassermischbare und wassergemischte Korrosionsschutzmittel, die im Anlieferzustand nitrosierende Agenzien oder deren Vorstufen, beispielsweise *Nitrit,* enthalten, dürfen nicht verwendet werden, Nr. 4 Abs. 1, Abs. 3 S. 1, Abs. 4 Anh. II **(Nr. 10).**

9   Die in Nr. 5 Abs. 1 Anh. II aufgeführten mineralfaserhaltigen Gefahrstoffe dürfen weder für die Wärme- und Schalldämmung im Hochbau (einschließlich technischer Isolierungen), noch für Lüftungsanlagen hergestellt und verwendet werden **(Nr. 11).**

C. Rechtsfolgen

10   Zuwiderhandlungen nach Abs. 1 können gemäß § 26 Abs. 2 iVm § 26 Abs. 1 Nr. 7 Buchst. a ChemG mit einer Geldbuße bis zu 50.000 EUR geahndet werden.

Für fahrlässige Zuwiderhandlungen beträgt das Höchstmaß der Geldbuße nach § 17 Abs. 2 OWiG   **11**
25.000 EUR.

Vorsätzlich begangene Verstöße nach Abs. 2 sind gemäß § 27 Abs. 1 Nr. 1 ChemG mit einer Frei-   **12**
heitsstrafe von bis zu zwei Jahren oder mit Geldstrafe bedroht. Gefährdet der Täter durch seine (vorsätzliche) Handlung das Leben oder die Gesundheit eines anderen oder fremde Sachen von bedeutendem
Wert, ist die Strafe nach § 27 Abs. 2 ChemG Freiheitsstrafe bis zu fünf Jahren oder Geldstrafe. Der
Versuch ist strafbar, § 27 Abs. 3 ChemG.

Handelt der Täter in den Fällen des Abs. 2 fahrlässig, sieht § 27 Abs. 4 Nr. 1 ChemG eine Freiheits-   **13**
strafe bis zu einem Jahr oder Geldstrafe vor. Tritt aufgrund einer fahrlässigen Handlung nach Abs. 2 eine
Gefährdung der in → Rn. 12 bezeichneten Art ein, beträgt das Höchstmaß der Freiheitsstrafe zwei Jahre.
Zum Phänomen der tätigen Reue und zum Absehen von Strafe nach § 27 Abs. 5 ChemG → § 22
Rn. 17.

332. Gesetz über genetische Untersuchungen bei Menschen (Gendiagnostikgesetz – GenDG)

Vom 31. Juli 2009 (BGBl. I S. 2529, ber. 2009 S. 3672) FNA 2121-63

Zuletzt geändert durch Art. 2 Abs. 31, Art. 4 Abs. 18 G zur Strukturreform des Gebührenrechts des Bundes vom 7.8.2013 (BGBl. I S. 3154)

§ 25 Strafvorschriften

(1) Mit Freiheitsstrafe bis zu einem Jahr oder mit Geldstrafe wird bestraft, wer

1. entgegen § 8 Abs. 1 Satz 1, auch in Verbindung mit § 14 Abs. 1 Nr. 4 oder Abs. 2 Nr. 2, oder § 15 Abs. 1 Satz 1 oder Abs. 4 Satz 2 Nr. 3 eine genetische Untersuchung oder Analyse ohne die erforderliche Einwilligung vornimmt,
2. entgegen § 14 Abs. 1 Nr. 1 eine genetische Untersuchung vornimmt,
3. entgegen § 15 Abs. 1 Satz 1 eine vorgeburtliche genetische Untersuchung vornimmt, die nicht medizinischen Zwecken dient oder die nicht auf die dort genannten genetischen Eigenschaften des Embryos oder des Fötus abzielt,
4. entgegen § 14 Abs. 3 Satz 1 oder 2 oder § 17 Abs. 1 Satz 3 oder 4, jeweils auch in Verbindung mit Abs. 2, eine weitergehende Untersuchung vornimmt oder vornehmen lässt oder eine Feststellung trifft oder treffen lässt oder
5. entgegen § 18 Abs. 1 Satz 1 Nr. 2, § 19 Nr. 2 oder § 20 Abs. 1 Nr. 2 dort genannte Daten oder ein dort genanntes Ergebnis verwendet.

(2) Mit Freiheitsstrafe bis zu zwei Jahren oder mit Geldstrafe wird bestraft, wer eine in Absatz 1 bezeichnete Handlung gegen Entgelt oder in der Absicht begeht, sich oder einen Anderen zu bereichern oder einen Anderen zu schädigen.

(3) ¹Die Tat wird nur auf Antrag verfolgt. ²Antragsberechtigt ist in den Fällen des Absatzes 1 Nr. 1 in Verbindung mit § 15 Abs. 1 Satz 1 und des Absatzes 1 Nr. 3 die Schwangere.

§ 26 Bußgeldvorschriften

(1) ¹Ordnungswidrig handelt, wer

1. entgegen § 7 Abs. 1, entgegen Abs. 2, auch in Verbindung mit § 17 Abs. 4 Satz 2, oder entgegen § 17 Abs. 4 Satz 1 oder § 20 Abs. 1 Nr. 1 eine genetische Untersuchung oder Analyse vornimmt,
2. entgegen § 12 Abs. 1 Satz 2 oder 3, jeweils auch in Verbindung mit Abs. 2 oder § 17 Abs. 5, das Ergebnis einer genetischen Untersuchung oder Analyse nicht oder nicht rechtzeitig vernichtet oder nicht oder nicht rechtzeitig sperrt,
3. entgegen § 13 Abs. 1 Satz 1 oder Abs. 2, jeweils auch in Verbindung mit § 17 Abs. 5, eine genetische Probe verwendet,
4. entgegen § 13 Abs. 1 Satz 2, auch in Verbindung mit § 17 Abs. 5, eine genetische Probe nicht oder nicht rechtzeitig vernichtet,
5. entgegen § 16 Abs. 2 Satz 1 mit einer genetischen Reihenuntersuchung beginnt,
6. entgegen § 17 Abs. 1 Satz 1 erster Halbsatz, auch in Verbindung mit Abs. 3 Satz 2, eine genetische Untersuchung ohne Einwilligung der dort genannten Person vornimmt,
7. entgegen § 17 Abs. 2 in Verbindung mit Abs. 1 Satz 1 erster Halbsatz, jeweils auch in Verbindung mit Abs. 3 Satz 2,
   a) als Vater oder Mutter des Kindes, dessen Abstammung geklärt werden soll,
   b) als Kind, das seine Abstammung klären lassen will, oder
   c) als sonstige Person
   eine genetische Untersuchung ohne die erforderliche Einwilligung vornehmen lässt,
8. entgegen § 18 Abs. 1 Satz 1, § 19 oder § 20 Abs. 1 Nr. 2 die Vornahme einer genetischen Untersuchung oder Analyse oder die Mitteilung dort genannter Daten oder eines dort genannten Ergebnisses verlangt,
9. entgegen § 18 Abs. 1 Satz 1 Nr. 2, § 19 Nr. 2 oder § 20 Abs. 1 Nr. 2 dort genannte Daten oder ein dort genanntes Ergebnis entgegennimmt oder
10. einer Rechtsverordnung nach § 6 zuwiderhandelt, soweit sie für einen bestimmten Tatbestand auf diese Bußgeldvorschrift verweist.

(2) Die Ordnungswidrigkeit kann in den Fällen des Absatzes 1 Nr. 3, 6 und 9 mit einer Geldbuße bis zu dreihunderttausend Euro, in den Fällen des Absatzes 1 Nr. 7 Buchstabe a

und b mit einer Geldbuße bis zu fünftausend Euro und in den übrigen Fällen mit einer Geldbuße bis zu fünfzigtausend Euro geahndet werden.

(3) Die Verwaltungsbehörde soll in den Fällen des Absatzes 1 Nr. 7 Buchstabe a und b von einer Ahndung absehen, wenn die Personen, deren genetische Proben zur Klärung der Abstammung untersucht wurden, der Untersuchung und der Gewinnung der dafür erforderlichen genetischen Probe nachträglich zugestimmt haben.

335. Gesetz betreffend die Erwerbs- und Wirtschaftsgenossenschaften (Genossenschaftsgesetz – GenG)

In der Fassung der Bekanntmachung vom 16. Oktober 2006 (BGBl. I S. 2230) FNA 4125–1

Zuletzt geändert durch Art. 7 AbschlussprüferaufsichtsreformG6 vom 31.3.2016 (BGBl. I S. 518)

§ 147 Falsche Angaben oder unrichtige Darstellung

(1) Mit Freiheitsstrafe bis zu drei Jahren oder mit Geldstrafe wird bestraft, wer als Mitglied des Vorstands oder als Liquidator in einer schriftlichen Versicherung nach § 79a Abs. 5 Satz 2 über den Beschluss zur Fortsetzung der Genossenschaft falsche Angaben macht oder erhebliche Umstände verschweigt.

(2) Ebenso wird bestraft, wer als Mitglied des Vorstands oder des Aufsichtsrats oder als Liquidator

1. die Verhältnisse der Genossenschaft in Darstellungen oder Übersichten über den Vermögensstand, die Mitglieder oder die Haftsummen, in Vorträgen oder Auskünften in der Generalversammlung unrichtig wiedergibt oder verschleiert, wenn die Tat nicht in § 340 m in Verbindung mit § 331 Nr. 1 oder Nr. 1a des Handelsgesetzbuchs mit Strafe bedroht ist,

2. in Aufklärungen oder Nachweisen, die nach den Vorschriften dieses Gesetzes einem Prüfer der Genossenschaft zu geben sind, falsche Angaben macht oder die Verhältnisse der Genossenschaft unrichtig wiedergibt oder verschleiert, wenn die Tat nicht in § 340 m in Verbindung mit § 331 Nr. 4 des Handelsgesetzbuchs mit Strafe bedroht ist.

A. Allgemeines

1   Nach § 147 Abs. 1 wird bestraft, wer
– als Mitglied des Vorstands oder als Liquidator
– in einer schriftlichen Versicherung nach § 79a Abs. 5 S. 2 über den Beschluss zur Fortsetzung der Genossenschaft
– falsche Angaben macht oder erhebliche Umstände verschweigt.

I. Geschütztes Rechtsgut

2   § 147 Abs. 1 schützt das Vertrauen in die Richtigkeit des Genossenschaftsregisters *ausschließlich* im Fall der Anmeldung der Fortsetzung der Genossenschaft (Beuthien Rn. 2; Pöhlmann/Fandrich/Bloehs/ *Pöhlmann* Rn. 2; BerlKomm/*Herzberg* Rn. 2; MüKoStGB/*Kiethe* Rn. 1, 2).

II. Geschützte Rechtssubjekte

3   Die Norm schützt unstreitig die eingetragene – inländische – Genossenschaft und ihre Mitglieder (Lang/Weidmüller/*Holthaus*/*Lehnhoff* Rn. 13), weitergehend auch Gläubiger (Beuthien Rn. 2, auch MüKoStGB/*Kiethe* Rn. 2), des Weiteren sonstige Dritte, die ein berechtigtes wirtschaftliches oder rechtliches Interesse an der Richtigkeit der Eintragung der eG haben (Pöhlmann/Fandrich/Bloehs/ *Pöhlmann* Rn. 2; BerlKomm/*Herzberg* Rn. 4; MüKoStGB/*Kiethe* Rn. 2).

III. Schutzgesetz

4   § 147 Abs. 1 ist ein Schutzgesetz iSd § 823 Abs. 2 BGB (RGZ 81, 269 (271); 87, 306 (309); BGH WM 1976, 498 (499); OLG Hamm NSOZ 2001, 303; Pöhlmann/Fandrich/Bloehs/*Pöhlmann* Rn. 2; Beuthien Rn. 2; Lang/Weidmüller/*Holthaus*/*Lehnhoff* Rn. 13; MüKoStGB/*Kiethe* Rn. 5; BerlKomm/ *Herzberg* Rn. 4).

IV. Sonderdelikt

5   Täter des § 147 Abs. 1 kann nur sein, wer zur Tatzeit die besonderen persönlichen Merkmale der Norm, die strafbegründet iSd § 28 Abs. 1 StGB sind, aufweist (MüKoStGB/*Kiethe* Rn. 7, Beuthien Rn. 3, Pöhlmann/Fandrich/Bloehs/*Pöhlmann* Rn. 3; Lang/Weidmüller/*Holthaus*/*Lehnhoff* Rn. 16, 17).

B. Objektiver Tatbestand

I. Täterkreis

Normadressaten des Abs. 1 sind Mitglieder des Vorstands und Liquidatoren. **6**

1. Vorstandsmitglied. § 24 Abs. 2 bestimmt, dass der Vorstand aus mindestens zwei Mitgliedern **7** besteht und von der Generalversammlung gewählt wird. Daher ist ein einköpfiger Vorstand unzulässig (Beuthien § 24 Rn. 6). Vorstandsmitglieder können nur natürliche, vollgeschäftsfähige Genossen sein (§ 9 Abs. 2). Zwar können Mitglieder des Aufsichtsrates nicht zugleich dem Vorstand angehören, weil sie sich nicht selbst kontrollieren können, doch können sie vorübergehend Vorstandsmitglieder vertreten (§ 37 Abs. 1 S. 2). Durch die Annahme des Entsendungsbeschlusses erlangt das Aufsichtsratsmitglied die Organstellung desjenigen Vorstandsmitglieds, zu dessen Vertretung es bestellt ist (Beuthien § 37 Rn. 3). Die Bestellung erfolgt grds. durch die annahmebedürftige Wahl des Vorstandsmitglieds in der General-versammlung. Daneben kommen als Täter auch Stellvertreter von Vorstandsmitgliedern in Betracht (§ 35), sobald sie für das verhinderte ordentliche Vorstandsmitglied tätig werden. Keine strafrechtliche Relevanz kommt dem Umstand zu, ob das Vorstandsmitglied hauptamtlich, nebenamtlich oder ehren-amtlich handelt (Lang/Weidmüller/*Holthaus/Lehnhoff* Rn. 19; MüKoStGB/*Kiethe* Rn. 11; BerlKomm/ *Herzberg* Rn. 3). Bei Großgenossenschaften iSd § 1 Abs. 1 MitBestG muss ein Vorstandsmitglied vor-wiegend für Personal- und Sozialangelegenheiten zuständig sein (§ 33 MitBestG), dieser sog Arbeits-direktor muss aber nicht Genosse sein (§ 33 Abs. 3 MitBestG). Voraussetzung für eine Täterschaft ist des Weiteren, dass das Vorstandsmitglied eine schriftliche Versicherung durch Unterzeichnung abgibt, da der objektive Tatbestand in Abs. 1 eine schriftliche Versicherung voraussetzt. Die strafrechtliche Verantwort-lichkeit soll aber entfallen, wenn das Organmitglied sich bei der internen Willensbildung ordnungs-gemäß verhalten hat. Erforderlich sei hierfür nicht noch das Ergreifen weiterer Maßnahmen, um die strafbare Handlung zu verhindern (Lang/Weidmüller/*Holthaus/Lehnhoff* Rn. 22; aA Müller GenG Rn. 13, der Beihilfe annimmt, wenn das betreffende Vorstandsmitglied nicht alle Möglichkeiten aus-schöpft, um die Abgabe der unrichtigen Versicherung zu verhindern; so auch die Rspr. zu § 331 Nr. 1 HGB, → HGB § 331 Rn. 18). Die Tätereigenschaft endet mit dem rechtlichen Ausscheiden aus der Amtsstellung durch Ablauf der vorgesehenen Zeit, Widerruf der Bestellung (jederzeit oder aus wichti-gem Grund) und durch auflösende Bedingung. Hinzukommen muss aber noch die tatsächliche Beendi-gung der Tätigkeit. Des Weiteren können Vorstandsmitglieder durch den Aufsichtsrat einstweilen ihres Amtes enthoben werden.

2. Faktische Organstellung. § 147 erfasst nicht nur wirksam bestellte Mitglieder des vertretungs- **8** berechtigten Organs (Lang/Weidmüller/*Holthaus/Lehnhoff* Rn. 18; Beuthien Rn. 3; Pöhlmann/Fan-drich/Bloehs/*Pöhlmann* Rn. 3; Müller GenG Rn. 3; BerlKomm/*Herzberg* Rn. 3; aA MüKoStGB/ *Kiethe* Rn. 13, 14 mit Hinweis auf das strafrechtliche Analogieverbot), sondern auch natürliche Per-sonen, bei denen die gesetzlich beschriebene Sonderstellung aus der faktischen Übernahme dieser Organaufgaben folgt. Ein solcher Fall liegt jedenfalls vor, bei unwirksamer Bestellung durch das zuständige Organ und der tatsächlichen Übernahme der Amtsstellung (Beuthien Rn. 3; nach Müller GenG Rn. 3; Lang/Weidmüller/*Holthaus/Lehnhoff,* ist allein schon die tatsächliche Ausübung der Vor-standsfunktion ausreichend). Die Tätereigenschaft endet mit wirksamem Erlöschen des Amtes und bei unwirksamer Bestellung durch sichtbare Einstellung der Tätigkeit als Vorstandsmitglied (Beuthien Rn. 3; Müller GenG Rn. 3).

3. Liquidatoren. § 83 Abs. 1 bestimmt, das sämtliche wirksam bestellten Vorstandsmitglieder kraft **9** Gesetzes im Falle der Auflösung Liquidatoren werden – sog geborene Abwickler – wenn nicht durch Statut oder durch Beschluss der Generalversammlung andere Personen als die Vorstandsmitglieder oder nur einzelne von ihnen zu Liquidatoren – sog gekorene Abwickler – oder durch das Gericht zum Liquidator – sog befohlene Abwickler – bestellt werden (MüKoStGB/*Kiethe* Rn. 15, 16). Das als Vorstandsmitglied nach § 83 Abs. 1 erlangte Amt als Liquidator endet grds. mit der Abwicklung, ansonsten mit der Amtsniederlegung sowie mit der Abberufung durch das Registergericht oder durch die Generalversammlung (Beuthien § 83 Rn. 7). Zur „faktischen Organschaft" → Rn. 8.

II. Tatmittel

Tatgegenstand ist die schriftliche Versicherung über die Fortsetzung der Genossenschaft gem. § 79a **10** Abs. 5 S. 2 gegenüber dem Registergericht (Pöhlmann/Fandrich/Bloehs/*Pöhlmann* Rn. 4). Die Fort-setzung der eG ist unverzüglich von den Vorstandsmitgliedern in vertretungsberechtigter Zahl (§ 6 Abs. 2 GenRegV) in öffentlich beglaubigter Form zur Eintragung in das Genossenschaftsregister an-zumelden (MüKoStGB/*Kiethe* Rn. 24, 27).

III. Tathandlungen

11   **1. Falsche Angaben.** Die Angabe ist falsch, wenn sie objektiv unrichtig ist. Die Angabe muss sich auf den gesetzlich vorgeschriebenen Inhalt der Versicherung beziehen (Beuthien Rn. 4; Müller GenG Rn. 9; BerlKomm/*Kessler* Rn. 4; Lang/Weidmüller/*Holthaus/Lehnhoff* Rn. 25, 28; Pöhlmann/Fandrich/Bloehs//*Pöhlmann* Rn. 4; MüKoStGB/*Kiethe* Rn. 20; → HGB § 331 Rn. 21).

12   **2. Verschweigen erheblicher Umstände.** Ein Verschweigen eines erheblichen Umstandes liegt vor, wenn Angaben, die nach dem Gesetz zwingend zum Gegenstand der Versicherung gehören, unterlassen werden (Beuthien Rn. 4; Pöhlmann/Fandrich/Bloehs/*Pöhlmann* Rn. 4). Die Vorschrift greift nicht ein, wenn der bzw. die Täter eine Versicherung überhaupt nicht abgibt/abgeben (MüKoStGB/*Kiethe* Rn. 21).

C. Subjektiver Tatbestand

13   Strafbar ist nur vorsätzliches Handeln, da fahrlässiges Handeln nicht ausdrücklich mit Strafe bedroht ist (§ 15 StGB). Ausreichend ist *dolus eventualis* (RGSt 45, 210 (213); 64, 422 (423); Beuthien Rn. 6; Pöhlmann/Fandrich/Bloehs/*Pöhlmann* Rn. 8; MüKoStGB/*Kiethe* Rn. 51; BerlKomm/*Herzberg* Rn. 5).

D. Irrtum

14   Es gelten die Regeln der §§ 16, 17 StGB. Während es bei § 17 um einen Irrtum über das Verbotensein des Verhaltens geht, der nur in Ausnahmefällen entschuldigen kann, lässt ein sog Tatbestandsirrtum das Handlungsunrecht des Vorsatzdeliktes entfallen. Ein Fall des § 17 liegt vor, wenn das Vorstandsmitglied der Auffassung ist, er habe den Vorstandsbeschluss zu befolgen, der die Abgabe einer fehlerhaften Versicherung gegenüber dem Registergericht vorsieht – wobei dieser Irrtum vermeidbar ist (Lang/Weidmüller/*Holthaus/Lehnhoff* Rn. 33; Müller GenG Rn. 12, 12c; Beuthien Rn. 7; Pöhlmann/Fandrich/Bloehs/*Pöhlmann* Rn. 9).

E. Rechtswidrigkeit

15   Es gelten die allgemeinen strafrechtlichen Grundsätze (Pöhlmann/Fandrich/Bloehs/*Pöhlmann* Rn. 9).

F. Vollendung

16   § 147 Abs. 1 ist als schlichtes Tätigkeitsdelikt mit dem Zugang der schriftlichen Versicherung bei Gericht vollendet. Nicht erforderlich ist, dass das Registergericht von der Versicherung Kenntnis genommen hat (Müller GenG Rn. 10; Pöhlmann/Fandrich/Bloehs/*Pöhlmann* Rn. 7; Beuthien Rn. 4). Mit Eintragung bzw. rechtskräftiger Zurückweisung tritt Beendigung ein (MüKoStGB/*Kiethe* Rn. 56).

G. § 147 Abs. 2

I. Allgemeines

17   Mit Freiheitsstrafe bis zu drei Jahren oder mit Geldstrafe wird bestraft, wer als Mitglied des Vorstands oder des Aufsichtsrats oder als Liquidator die Verhältnisse der Genossenschaft in Darstellungen oder Übersichten über den Vermögensstand, die Mitglieder oder die Haftsummen, in Vorträgen oder Auskünften in der Generalversammlung unrichtig wiedergibt oder verschleiert oder in Aufklärungen oder Nachweisen, die nach den Vorschriften dieses Gesetzes einem Prüfer der Genossenschaft zu geben sind, falsche Angaben macht oder die Verhältnisse der Genossenschaft unrichtig wiedergibt oder verschleiert.

II. Geschütztes Rechtsgut

18   § 147 Abs. 2 schützt das Vertrauen in die Angaben, die für die Beurteilung der Bonität der eG von unmittelbarer Bedeutung sind (Beuthien Rn. 2; Pöhlmann/Fandrich/Bloehs/*Pöhlmann* Rn. 2; BerlKomm/*Herzberg* Rn. 2).

19   **1. Geschützte Rechtssubjekte.** § 147 Abs. 2 schützt alle Personen, die mit der eG in irgendeiner rechtlichen oder wirtschaftlichen Beziehung stehen oder in eine solche treten wollen (Beuthien Rn. 2; BerlKomm/*Herzberg* Rn. 2; Pöhlmann/Fandrich/Bloehs/*Pöhlmann* Rn. 2; MüKoStGB/*Kiethe* Rn. 3).

20   **2. Schutzgesetz.** § 147 Abs. 2 ist Schutzgesetz iSd § 823 BGB (Beuthien Rn. 2; Lang/Weidmüller/*Holthaus/Lehnhoff* Rn. 13; Müller GenG Rn. 39; Pöhlmann/Fandrich/Bloehs/*Pöhlmann* R. 2; MüKoStGB/*Kiethe* Rn. 5; BerlKomm/*Herzberg* Rn. 2).

21   **3. Sonderdelikt.** Täter kann nur sein, wer zur Tatzeit die besonderen persönlichen Merkmale des Abs. 2, die strafbegründend sind, erfüllt.

III. Objektiver Tatbestand

1. Täterkreis. Vorstandsmitglied → Rn. 7; Liquidator → Rn. 9. Der Aufsichtsrat ist ein zwingend 22
vorgeschriebenes Kontrollorgan der eG. Der Aufsichtsrat besteht mindestens aus drei natürlichen Personen. Die Bestellung erfolgt zwingend durch Wahl der Generalversammlung und deren Annahme
durch die Gewählten. Zur „faktischen Organschaft" → Rn. 8, zur strafrechtlichen Verantwortlichkeit
bei aus mehreren Personen bestehenden vertretungsberechtigten Organen, → HGB § 331 Rn. 18.

2. Form der Wiedergabe und Gegenstand der Tathandlung nach § 147 Abs. 2 Nr. 1. a) Dar- 23
stellungen oder Übersichten. Darstellungen über den Vermögensstand der Genossenschaft sind Mitteilungen, die sich auf die Gesellschaftsverhältnisse beziehen und den Vermögensstand der Genossenschaft berühren. Übersichten über den Vermögensstand sind Zusammenstellungen von Daten, die einen
Überblick über die wirtschaftliche Lage der Genossenschaft insgesamt oder in Teilbereichen ermöglichen
(Müller GenG Rn. 21; MüKoStGB/*Kiethe* Rn. 38–40). Hierunter fallen beispielhaft der Jahresabschluss,
Sonderbilanzen, Zwischenberichte über viertel- oder halbjährige Umsätze, Erträge und Personenbestände. Voraussetzung für die Tatbestandsmäßigkeit ist, dass es sich um eine Verlautbarung handelt, die auf
der Grundlage der Organstellung vorgenommen wird. Dagegen ist irrelevant wer Adressat dieser
Erklärung ist.

b) Vorträge und Auskünfte in der Generalversammlung. Hierunter fallen alle Erklärungen, die 24
von einem Vorstands- oder Aufsichtsratsmitglied oder von einem Liquidator in der Generalversammlung
abgegeben werden (Müller GenG Rn. 21c; MüKoStGB/*Kiethe* Rn. 41).

c) Verhältnisse der Genossenschaft. Unter dieses Tatbestandsmerkmal fallen alle rechtlichen, wirt- 25
schaftlichen, sozialen und politischen Umstände, die für die Beurteilung der Genossenschaft und insbes.
für die Einschätzung der Genossenschaft von Bedeutung sind. Hierzu gehören auch – wie der Gesetzgeber durch explizite Nennung selbst deutlich macht – der Mitgliederstand und die Höhe der Haftsummen (Müller GenG Rn. 18; MüKoStGB/*Kiethe* Rn. 35 f.; → HGB § 331 Rn. 19).

3. Tathandlungen. a) Unrichtige Darstellung. Als Tathandlungen nennt § 147 Abs. 2 Nr. 1 die 26
unrichtige Wiedergabe und das Verschleiern der Verhältnisse der Gesellschaft. Die beiden Alternativen
stehen gleichrangig nebeneinander, ihre Abgrenzung ist fließend.

Unrichtige Wiedergabe → HGB § 331 Rn. 21. Zu beachten ist, dass jedes in der Generalversamm- 27
lung anwesende Vorstands- oder Aufsichtsratsmitglied aufgrund seiner Treuepflicht verpflichtet ist unverzüglich unrichtigen, unvollständigen oder irreführenden Ausführungen eines anderen Vorstands-
oder Aufsichtsratsmitgliedes zu widersprechen, ansonsten macht er sich nach § 147 Abs. 2 Nr. 1 durch
Unterlassen strafbar (Müller GenG Rn. 21c; Pöhlmann/Fandrich/Bloehs/*Pöhlmann* Rn. 5; BerlKomm/
Herzberg Rn. 4.

Verschleiern → HGB § 331 Rn. 23. 28

b) Subsidiarität. Nach § 340m HGB sind auf Kreditgenossenschaften die Strafvorschriften des 29
§§ 331–333 HGB anzuwenden, so dass bei gleichzeitiger Tatbestandsmäßigkeit des § 331 Nr. 1 HGB
und des § 147 Abs. 2 Nr. 1 die Bestrafung aus § 331 Nr. 1 HGB zu erfolgen hat.

4. Gegenstand der Tathandlungen nach 147 Abs. 2 Nr. 2. a) Gegenstand der Tathandlung. 30
Gegenstand der Tathandlung sind Aufklärungen oder Nachweise, die nach § 57 einem Prüfer der
Genossenschaft zu geben sind. § 57 Abs. 1 S. 1 Hs. 2 begründet und begrenzt somit die Strafbarkeit
nach § 147 Abs. 2 Nr. 2. § 57 Abs. 1 S. 1 Hs. 2 berechtigt den Prüfer von dem Vorstand alle
Aufklärungen und Nachweise zu verlangen, die für eine sorgfältige Prüfung erforderlich sind (MüKoStGB/*Kiethe* Rn. 50). Was zur sorgfältigen Prüfung gehört steht im Ermessen des Prüfers; ein
ermessensfehlerhaftes, insbes. schikanöses Prüfungsausmaß braucht die eG nicht zu dulden (Beuthien
§ 57 Rn. 6).

b) Adressat. Die unzutreffende Darstellung muss gegenüber dem Prüfer erfolgen. Der Begriff Prüfer 31
ist funktional und nicht personenbezogen auszulegen. Daher ist Prüfer jede Person, die im Rahmen des
konkreten Prüfungsauftrages, der der Prüfung zugrunde liegt, vom Prüfungsverband bei der Prüfung
eingesetzt ist und auch tatsächlich am Prüfungsgeschehen teilnimmt (BGHR zu § 147, Falschauskunft 1;
Müller GenG Rn. 32a; Beuthien Rn. 6; Pöhlmann/Fandrich/Bloehs/*Pöhlmann* Rn. 6; MüKoStGB/
Kiethe Rn. 49).

c) Tathandlung. Als Tathandlung nennt § 147 Abs. 2 Nr. 2: falsche Angaben, unrichtige Wieder- 32
gabe oder Verschleierung der Verhältnisse der Genossenschaft → Rn. 26–28; → HGB § 331 Nr. 4
Rn. 100–103.

d) Subsidiarität. Macht ein Vorstandsmitglied einer Kreditgenossenschaft in Aufklärungen oder 33
Nachweisen, die einem Prüfer im Rahmen der Pflichtprüfung nach § 57 zu geben sind, unrichtige
Angaben oder gibt er die Verhältnisse der Genossenschaft unrichtig wieder oder verschleiert sie, verwirk-

licht er neben § 147 Abs. 2 Nr. 2 auch § 331 Nr. 4 HGB, wobei die Bestrafung aus § 331 Nr. 4 HGB zu erfolgen hat.

IV. Subjektiver Tatbestand

34   Hierzu die Ausführungen zu → HGB § 331 Rn. 104.

V. Vollendung und Beendigung

35   Hierzu → HGB § 331 Rn. 105 f.

VI. Strafe

36   In § 147 Abs. 2 wurde der Strafrahmen des § 147 Abs. 1 übernommen.

VII. Verjährung

37   Die Strafverfolgung verjährt gem. § 78 Abs. 3 Nr. 4 StGB in fünf Jahren.

§ 148 Pflichtverletzung bei Verlust

(1) Mit Freiheitsstrafe bis zu drei Jahren oder mit Geldstrafe wird bestraft, wer entgegen § 33 Abs. 3 die Generalversammlung nicht oder nicht rechtzeitig einberuft oder eine Anzeige nicht, nicht richtig, nicht vollständig oder nicht rechtzeitig erstattet.

(2) Handelt der Täter fahrlässig, ist die Strafe Freiheitsstrafe bis zu einem Jahr oder Geldstrafe.

1   **1. Allgemeines.** Nach § 148 wird bestraft, wer vorsätzlich oder fahrlässig entgegen § 33 Abs. 3 die Generalversammlung nicht oder nicht rechtzeitig einberuft oder eine Anzeige nicht, nicht richtig, nicht vollständig oder nicht rechtzeitig erstattet.

2   **a) Geschütztes Rechtsgut.** § 148 soll sicherstellen, dass die Generalversammlung bei Eintritt eines Verlustes, der durch die Hälfte des Geschäftsguthabens und die Rücklagen nicht gedeckt ist, geeignete Maßnahmen beraten und ggf. durch Beschluss – zB die Abberufung des Vorstandes – beschließen kann (Beuthien Rn. 2; Müller GenG Rn. 10; MüKoStGB/*Kiethe* Rn. 1; BerlKomm/*Herzberg* Rn. 1).

3   **b) Geschützte Rechtssubjekte.** § 148 schützt nur die Interessen der eG und ihrer Genossen, nicht dagegen die der Genossenschaftsgläubiger, denn deren Ansprüche sind noch durch das Restvermögen gedeckt (Beuthien Rn. 2; Müller GenG Rn. 10; Lang/Weidmüller/*Holthaus/Lehnhoff* Rn. 5; Pöhlmann/Fandrich/Bloehs/*Pöhlmann* Rn. 2; MüKoStGB/*Kiethe* Rn. 1).

4   **c) Schutzgesetz.** Bei § 148 handelt es sich um ein Schutzgesetz iSd § 823 Abs. 2 BGB (Beuthien Rn. 2; Müller GenG Rn. 10; Pöhlmann/Fandrich/Bloehs/*Pöhlmann* Rn. 2; Lang/Weidmüller/*Holthaus/Lehnhoff* Rn. 5; MüKoStGB/*Kiethe* Rn. 2; BerlKomm/*Herzberg* Rn. 1).

5   **d) Echtes Sonder- und Unterlassungsdelikt.** Täter des § 148 können nur Mitglieder des Vorstandes sein, da die Pflichten aus § 33 Abs. 3 allein dem Vorstand obliegen. § 148 ist ein echtes Unterlassungsdelikt, so dass § 13 StGB nicht eingreift (Beuthien Rn. 3; Pöhlmann/Fandrich/Bloehs/*Pöhlmann* Rn. 3; MüKoStGB/*Kiethe* Rn. 3; BerlKomm/*Herzberg* Rn. 1).

6   **2. Objektiver Tatbestand. a) Täterkreis.** Mögliche Täter können nur Mitglieder des Vorstandes sein, da die Pflichten aus § 33 Abs. 3 allein dem Vorstand obliegen, andere Personen kommen nur als Anstifter oder Gehilfen in Betracht (Beuthien Rn. 3; Lang/Weidmüller/*Holthaus/Lehnhoff* Rn. 6; MüKoStGB/*Kiethe* Rn. 6; BerlKomm/*Herzberg* Rn. 1).

7   **b) Tathandlungen.** Gem. § 33 Abs. 3 hat der Vorstand unverzüglich die Generalversammlung einzuberufen, wenn bei der Aufstellung der Jahresbilanz, einer Zwischenbilanz oder bei pflichtgemäßem Ermessen anzunehmen ist, dass ein Verlust besteht, der durch die Hälfte des Gesamtbetrages der Geschäftsguthaben und der Rücklagen nicht gedeckt ist. Die Einberufung obliegt dem Gesamtvorstand und nicht dem einzelnen Organmitglied (Beuthien § 33 Rn. 45). Da eine Strafbarkeit des Gesamtvorstandes als Organ nicht besteht, liegt eine Strafbarkeit des einzelnen Mitgliedes vor, wenn es die ihm rechtlichen und tatsächlich zur Verfügung stehenden Mittel nicht ergreift, damit der Vorstand zur Einberufung der Generalversammlung tätig wird. Das einzelne Vorstandsmitglied hat mit Trostarauf hinzuwirken und notfalls den Aufsichtsrat zu unterrichten (Beuthien § 33 Rn. 19; → Rn. 4; Lang/Weidmüller/*Holthaus/Lehnhoff* Rn. 8 f.; Müller GenG Rn. 2; Pöhlmann/Fandrich/Bloehs/*Pöhlmann* Rn. 4). Die Pflicht zur Unterrichtung der Generalversammlung ist auch durch einzelne Vorstandsmitglieder möglich, so dass Unterlassungen hier unmittelbar zur Strafbarkeit führen.

3. Subjektiver Tatbestand. Sowohl vorsätzliche als auch fahrlässige Begehung der Tatbestände sind 8 unter Strafe gestellt, wobei bedingter Vorsatz ausreicht. Die Strafandrohung des Abs. 1 gilt für vorsätzliches Unterlassen, die Strafandrohung des Abs. 2 gilt für fahrlässiges Unterlassen (Pöhlmann/Fandrich/Bloehs/*Pöhlmann* Rn. 6; BerlKomm/*Herzberg* Rn. 3 f.).

4. Irrtum. Den Tatbestandsirrtum regelt § 16 StGB, den Verbotsirrtum § 17 StGB. Ein Tat- 9 bestandsirrtum liegt vor, wenn der Täter irriger Weise annimmt, dass eine Verpflichtung zur Einberufung der Generalversammlung nach § 33 Abs. 3 entfällt, weil diese bereits einberufen ist (Müller GenG Rn. 6).

5. Vollendung. Die Tat ist vollendet, wenn die Einberufung der Generalversammlung nicht unver- 10 züglich veranlasst worden ist bzw., wenn nach Ablauf der Generalversammlung nicht die gebotene Unterrichtung der Mitglieder erfolgt ist (Lang/Weidmüller/*Holthaus/Lehnhoff* Rn. 10; Beuthien Rn. 7; Pöhlmann/Fandrich/Bloehs/*Pöhlmann* Rn. 5).

6. Strafmaß. Der Strafrahmen ist bei vorsätzlicher Begehung Freiheitsstrafe bis zu drei Jahren oder 11 Geldstrafe, bei fahrlässiger Begehung bis zu einem Jahr oder Geldstrafe.

7. Verjährung. Die Strafverfolgung verjährt bei vorsätzlicher Unterlassung gem. § 78 Abs. 3 Nr. 4 12 StGB in fünf Jahren, bei fahrlässiger Unterlassung gem. § 78 Abs. 3 Nr. 5 in drei Jahren (Pöhlmann/Fandrich/Bloehs/*Pöhlmann* Rn. 9).

§ 149 *(weggefallen)*

§ 150 Verletzung der Berichtspflicht

(1) Mit Freiheitsstrafe bis zu drei Jahren oder mit Geldstrafe wird bestraft, wer als Prüfer oder als Gehilfe eines Prüfers über das Ergebnis der Prüfung falsch berichtet oder erhebliche Umstände im Bericht verschweigt.

(2) Handelt der Täter gegen Entgelt oder in der Absicht, sich oder einen anderen zu bereichern oder einen anderen zu schädigen, so ist die Strafe Freiheitsstrafe bis zu fünf Jahren oder Geldstrafe.

A. Allgemeines

Nach § 150 Abs. 1 wird bestraft, wer   1
– als Prüfer oder als Gehilfe eines Prüfers
– über das Ergebnis der Prüfung
– falsch berichtet oder erhebliche Umstände im Bericht verschweigt.

I. Geschütztes Rechtsgut

Die Vorschrift des § 150 schützt das Vertrauen an eine vollständige und wahre Berichterstattung 2 (Müller GenG Rn. 14; MüKoStGB/*Kiethe* Rn. 1).

II. Geschützte Rechtssubjekte

§ 150 schützt die eingetragene Genossenschaft, die Mitglieder sowie diejenigen, die rechtliche 3 Beziehungen zu der eingetragenen Genossenschaft unterhalten oder aufnehmen wollen (Beuthien Rn. 2; Müller GenG Rn. 14; Pöhlmann/Fandrich/Bloehs/*Pöhlmann* Rn. 2; Lang/Weidmüller/*Holthaus/Lehnhoff* Rn. 4; MüKoStGB/*Kiethe* Rn. 1).

III. Schutzgesetz

§ 150 ist zugunsten des unter → Rn. 3 genannten Personenkreises Schutzgesetz iSd § 823 Abs. 2 4 BGB. Voraussetzung für einen Schadensersatzanspruch ist, dass der Geschädigte durch sein Handeln im Vertrauen auf die Richtigkeit und/oder Vollständigkeit der Angaben einen Schaden erlitten hat (Lang/Weidmüller/*Holthaus/Lehnhoff* Rn. 4; Pöhlmann/Fandrich/Bloehs/*Pöhlmann* Rn. 2; Müller GenG Rn. 14; MüKoStGB/*Kiethe* Rn. 2).

IV. Deliktsnatur

5   § 150 ist ein echtes Sonderdelikt. Taugliche Täter können nur Prüfer und ihre Gehilfen sein (Beuthien Rn. 3; Lang/Weidmüller/*Holthaus*/*Lehnhoff* Rn. 5 f.; Müller GenG Rn. 1; Pöhlmann/Fandrich/Bloehs/*Pöhlmann* Rn. 3; BerlKomm/*Herzberg* Rn. 2; MüKoStGB/*Kiethe* Rn. 3).

B. Objektiver Tatbestand

I. Täterkreis

6   Als taugliche Täter kommen nur Prüfer und ihre Gehilfen in Betracht (Beuthien Rn. 3; Pöhlmann/Fandrich/Bloehs/*Pöhlmann* Rn. 3; MüKoStGB/*Kiethe* Rn. 6).

7   **1. Prüfer.** Prüfer sind zum einen diejenigen, die vom Prüfungsverband nach Maßgabe des § 55 Abs. 1 zur Durchführung der Prüfung herangezogen werden; zum anderen diejenigen, die vom Prüfungsverband nach § 55 Abs. 3 mit der Prüfung beauftragt werden. Mängel bei der Beauftragung lassen die täterschaftliche Eigenschaft nicht entfallen. Entscheidend ist, dass der Prüfer im Auftrag eines genossenschaftlichen Prüfungsverbandes die durch Gesetz vorgeschriebenen Prüfungen durchführt, so dass es auch unerheblich ist, ob der Prüfer die notwendige Eignung besitzt und bestellt werden durfte (Beuthien Rn. 3; Müller GenG Rn. 1; BerlKomm/*Herzberg* Rn. 2; MüKoStGB/*Kiethe* Rn. 6).

8   **2. Gehilfe eines Prüfers.** Bei einem Gehilfen eines Prüfers handelt es sich um jede vom Prüfungsverband bestellte oder vom Prüfer herangezogene Person, die nach Weisung des Prüfers an der Prüfung mitwirkt (Beuthien Rn. 3; Müller GenG Rn. 1; Lang/Weidmüller/*Holthaus*/*Lehnhoff* Rn. 6; BerlKomm/*Herzberg* Rn. 2; MüKoStGB/*Kiethe* Rn. 7).

II. Gegenstand der Tathandlungen

9   Gegenstand der Tathandlung ist nicht nur der Prüfbericht iSv § 58 Abs. 1, sondern auch jede Erklärung des Prüfers in Erfüllung der ihm obliegenden Berichtspflicht. Hierunter fallen auch Erklärungen nach §§ 57 Abs. 3, 4, 58 Abs. 4, 60 (Beuthien Rn. 4; Pöhlmann/Fandrich/Bloehs/*Pöhlmann* Rn. 4; Müller GenG Rn. 2, 2a; BerlKomm/*Herzberg* Rn. 2; Lang/Weidmüller/*Holthaus*/*Lehnhoff* Rn. 10; aA MüKoStGB/*Kiethe* Rn. 8 nur der schriftliche Prüfbericht, andere Auslegung wäre mit dem Wortlaut nicht vereinbar).

III. Tatverhalten

10   **1. Falscher Bericht über das Ergebnis der Prüfung (Abs. 1 Alt. 1).** Über das Ergebnis wird falsch berichtet, wenn der Bericht nicht mit den tatsächlichen Feststellungen übereinstimmt, die der Prüfer im Rahmen seiner Prüfung gemacht hat. Entscheidend ist ausschließlich das Abweichen des Berichts von dem Ergebnis, nicht entscheidend ist, ob der Bericht von der Wirklichkeit abweicht (Beuthien Rn. 4; Müller GenG Rn. 2, 2a; BerlKomm/*Herzberg* Rn. 2; Pöhlmann/Fandrich/Bloehs/*Pöhlmann* Rn. 4; Lang/Weidmüller/*Holthaus*/*Lehnhoff* Rn. 9; MüKoStGB/*Kiethe* Rn. 10).

11   **2. Verschweigen erheblicher Umstände (Abs. 1 Alt. 2).** Das Verschweigen erheblicher Umstände setzt voraus, dass ein formaler Bericht über die Prüfung überhaupt erstattet ist (Müller GenG Rn. 3; Lang/Weidmüller/*Holthaus*/*Lehnhoff* Rn. 11). Ein Umstand ist erheblich, wenn der Grundsatz der Berichtsvollständigkeit iSd § 58 seine Angabe erfordert. Danach sind alle Umstände anzugeben, die nach dem Prüfungszweck feststellungsbedürftig sind, damit ein sachkundiger Dritter die Verhältnisse der eG nachvollziehen kann. Unerheblich ist, ob es sich um einen günstigen oder ungünstigen Umstand handelt. Verschweigen setzt weder Täuschungsabsicht noch ein auf Verschleierung gerichtetes Verhalten voraus (Beuthien Rn. 5; Müller GenG Rn. 3; BerlKomm/*Herzberg* Rn. 2; Pöhlmann/Fandrich/Bloehs/*Pöhlmann* Rn. 4; MüKoStGB/*Kiethe* Rn. 12).

C. Subjektiver Tatbestand

12   Die Verwirklichung des Tatbestandes setzt Vorsatz voraus, ausreichend ist bedingter Vorsatz (§ 15 StGB sowie Pöhlmann/Fandrich/Bloehs/*Pöhlmann* Rn. 6; BerlKomm/*Herzberg* Rn. 3).

I. Tatbestandsirrtum (§ 16 StGB)

13   Irrt der Prüfer bei der Berichterstattung über die Unrichtigkeit des Prüfungsberichtes, so handelt er nicht vorsätzlich. Irrt er über die Erheblichkeit eines einzelnen im Bericht nicht erwähnten Umstandes, handelt er nur vorsätzlich, wenn er in der Laiensphäre den rechtlich-sozialen Bedeutungsgehalt des Tatbestandes richtig erfasst hat (Müller GenG Rn. 6; BerlKomm/*Herzberg* Rn. 4).

II. Vollendung

Die Tat ist mit Zugang des falschen oder unvollständigen Prüfungsberichtes oder der mündlichen 14
Erstattung des Berichtes vollendet. Kenntnisnahme ist nicht erforderlich (Beuthien Rn. 6; Müller GenG
Rn. 4; Lang/Weidmüller/*Holthaus*/*Lehnhoff* Rn. 13; Pöhlmann/Fandrich/Bloehs/*Pöhlmann* Rn. 5).

III. Qualifikationstatbestand

Handelt der Täter gegen Entgelt oder in der Absicht, sich oder einen anderen zu bereichern oder 15
einen anderen zu schädigen, erhöht sich der Strafrahmen der Freiheitsstrafe bis zu 5 Jahren. Bei den
Qualifikationsmerkmalen handelt es sich um persönliche, täterbezogene strafmodifizierende Merkmale
iSd § 28 Abs. 2 StGB, da sie nicht die Pflichtenposition des Täters betreffen. § 150 Abs. 2 stimmt mit
§ 332 Abs. 2 HGB wörtlich überein, → HGB § 332 Rn. 24–27.

1. Handeln gegen Entgelt. Der Begriff „Entgelt" ist in § 11 Abs. 1 Nr. 9 StGB legaldefiniert.   **16**

2. Bereicherungsabsicht. Bereicherungsabsicht ist gegeben, wenn es dem Täter darauf ankommt, 17
sich oder einem anderen einen rechtswidrigen Vermögensvorteil zu verschaffen, wobei nicht erforderlich
ist, dass er auch erreicht wird (Beuthien Rn. 10; Müller GenG Rn. 11; Lang/Weidmüller/*Holthaus*/
Lehnhoff Rn. 16; BerlKomm/*Herzberg* Rn. 6; Pöhlmann/Fandrich/Bloehs/*Pöhlmann* Rn. 8).

3. Schädigungsabsicht. Schädigungsabsicht ist gegeben, wenn der Täter mit seinem Handeln einem 18
anderen einen Nachteil zufügen will. Str. ist, ob es sich um einen Vermögensvorteil handeln muss (so
Beuthien Rn. 11; Pöhlmann/Fandrich/Bloehs/*Pöhlmann* Rn. 8; Lang/Weidmüller/*Holthaus*/*Lehnhoff*
Rn. 17) oder auch immaterielle Nachteile ausreichend sind (Müller GenG Rn. 12). Der Gesetzeswortlaut gebietet keine Einschränkung.

D. Konkurrenzen

Zwischen den beiden Tatbestandalternativen des Abs. 1 ist Tateinheit möglich (Beuthien Rn. 12).   **19**

E. Strafe und Verjährung

Der Strafrahmen des § 150 Abs. 1 sieht alternativ Geldstrafe (zwischen 5 und 360 Tagessätzen) oder 20
Freiheitsstrafe von einem Monat bis zu drei Jahren vor. Bei Vorliegen der Qualifikationsmerkmale erhöht
sich das Höchstmaß der Freiheitsstrafe auf fünf Jahre. Darüber hinaus kommt auch die Verhängung eines
Berufsverbotes in Betracht (§ 70 StGB). Die Verjährungsfrist beträgt bei § 150 Abs. 1 drei Jahre und bei
§ 150 Abs. 2 fünf Jahre (§ 78 Abs. 3 Nr. 4, 5 StGB) und beginnt mit der Beendigung der Tat.

§ 151 Verletzung der Geheimhaltungspflicht

(1) Mit Freiheitsstrafe bis zu einem Jahr oder mit Geldstrafe wird bestraft, wer ein Geheimnis der Genossenschaft, namentlich ein Betriebs- oder Geschäftsgeheimnis, das ihm in seiner
Eigenschaft als
1. Mitglied des Vorstands oder des Aufsichtsrats oder Liquidator oder
2. Prüfer oder Gehilfe eines Prüfers
bekannt geworden ist, unbefugt offenbart, im Falle der Nummer 2 jedoch nur, wenn die Tat
nicht in § 340 m in Verbindung mit § 333 des Handelsgesetzbuchs mit Strafe bedroht ist.
(2) ¹Handelt der Täter gegen Entgelt oder in der Absicht, sich oder einen anderen zu
bereichern oder einen anderen zu schädigen, so ist die Strafe Freiheitsstrafe bis zu zwei Jahren
oder Geldstrafe. ²Ebenso wird bestraft, wer ein Geheimnis der in Absatz 1 bezeichneten Art,
namentlich ein Betriebs- oder Geschäftsgeheimnis, das ihm unter den Voraussetzungen des
Absatzes 1 bekannt geworden ist, unbefugt verwertet.
(3) ¹Die Tat wird nur auf Antrag der Genossenschaft verfolgt. ²Hat ein Mitglied des
Vorstands oder ein Liquidator die Tat begangen, so ist der Aufsichtsrat, hat ein Mitglied des
Aufsichtsrats die Tat begangen, so sind der Vorstand oder die Liquidatoren antragsberechtigt.

A. Allgemeines

§ 151 enthält in Abs. 1 den Grundtatbestand der unbefugten Geheimnisoffenbarung, in Abs. 2 S. 1   1
seine Qualifizierung. Abs. 2 S. 2 regelt die unbefugte Geheimnisverwertung.

Nach § 151 macht sich strafbar, wer als Mitglied des Vorstandes oder des Aufsichtsrates oder Liquida- 2
tor oder als Prüfer oder Gehilfe des Prüfers

– ein Geheimnis der Genossenschaft, namentlich ein Betriebs- oder Geschäftsgeheimnis

– unbefugt offenbart (Abs. 1) bzw. gegen Entgelt oder in der Absicht, sich oder einem anderen zu
  bereichern oder einen anderen zu schädigen (Abs. 2 S. 1)
– das ihm in der obiger Eigenschaft bekannt gemacht worden ist oder
– ein Geheimnis der in Abs. 1 bezeichneten Art, namentlich ein Betriebs- oder Geschäftsgeheimnis
– das ihm unter der Voraussetzung des Abs. 1 bekannt geworden ist
– unbefugt verwertet (Abs. 2 S. 2).

I. Geschütztes Rechtsgut und geschützte Rechtssubjekte

3   § 151 schützt das Interesse der eG und ihrer Mitglieder an der Wahrung der Geheimnisse der eG. In
den Schutzbereich der Norm fallen daher weder Gesellschaftsgläubiger noch Arbeitnehmer, da sie durch
die Verletzung der Geheimhaltungspflicht nicht unmittelbar, sondern nur mittelbar betroffen werden.
Hierfür spricht auch die nur der eG zustehende Antragsberechtigung in Abs. 3 S. 1 (Beuthien Rn. 2;
Müller GenG Rn. 21; MüKoStGB/*Kiethe* Rn. 1, 2; BerlKomm/*Herzberg* Rn. 1). Nach weitergehender
Ansicht fallen in den Schutzbereich auch Dritte, wie zB Kunden oder Geschäftspartner der eG, soweit
sie vom Geheimnisverrat – unmittelbar – betroffen sind (Lang/Weidmüller/*Holthaus*/*Lehnhoff* Rn. 6;
Pöhlmann/Fandrich/Bloehs/*Pöhlmann* Rn. 3).

II. Schutzgesetz

4   § 151 ist ein Schutzgesetz iSd § 823 Abs. 2 BGB hinsichtlich derer, die in den Schutzbereich fallen
(Pöhlmann/Fandrich/Bloehs/*Pöhlmann* Rn. 2).

III. Abstraktes Gefährdungsdelikt

5   Ein tatbestandsmäßiges Handeln erfordert weder den Eintritt eines Schadens noch eine konkrete
Gefährdung der betroffenen Genossenschaft (Lang/Weidmüller/*Holthaus*/*Lehnhoff* Rn. 14; Mü-
KoStGB/*Kiethe* Rn. 4).

IV. Sonderdelikt

6   § 151 ist als Sonderdelikt ausgestaltet, als taugliche Täter kommen nur Mitglieder des Vorstandes oder
des Aufsichtsrates, Liquidatoren und Prüfer und dessen Gehilfen in Betracht (Beuthien Rn. 3; Mü-
KoStGB/*Kiethe* Rn. 4; BerlKomm/*Herzberg* Rn. 2).

B. Objektiver Tatbestand
I. Täterkreis

7   Täter können nur Vorstandsmitglieder (→ § 147 Rn. 7), Aufsichtsratsmitglieder (→ § 147 Rn. 22),
Liquidatoren (→ § 147 Rn. 9) sowie Prüfer (→ § 150 Rn. 7) oder deren Gehilfen (→ § 150 Rn. 8) sein.
8   Die Abwicklung der eG erfolgt durch die Liquidatoren, die mit der Auflösung der eG an die Stelle des
Vorstandes treten (§ 83 Abs. 1). Sämtliche wirksam bestellten Vorstandsmitglieder werden kraft Gesetzes
zu Liquidatoren, soweit nicht durch Statut, durch Beschluss der Generalversammlung oder durch das
Gericht andere Personen zu Abwicklern bestellt werden (→ § 147 Rn. 9).

II. Gegenstand der Tathandlung

9   § 151 schützt jedes Geheimnis. Durch die Hervorhebung des Betriebs- und Geschäftsgeheimnisses
wird der Schutz nicht auf Fälle beschränkt, in denen ein Geheimnis der Gesellschaft auch mit dem
Betrieb oder dem Geschäft zusammenhängt.
10   Ein Geheimnis sind Angaben und Informationen, die nicht offenkundig sind (objektives Geheimniselement), bzgl. derer ein Geheimhaltungswille (subjektives Geheimniselement) und ein berechtigtes
Geheimhaltungsinteresse besteht (→ HGB § 333 Rn. 10–13).
11   Betriebsgeheimnisse betreffen Tatsachen aus dem technischen Bereich der Genossenschaft und Geschäftsgeheimnisse Tatsachen aus dem kaufmännischen Bereich. Die Grenze zwischen Betriebs- und
Geschäftsgeheimnis ist fließend. Da beide Bereiche gleichermaßen geschützt sind, bedarf es keiner
genauen Abgrenzung (→ HGB § 333 Rn. 14).

III. Tathandlungen des § 151 Abs. 1 und Abs. 2

12   **1. Amtskausale Kenntnisnahme.** Das Geheimnis der Genossenschaft muss dem Täter in seiner
Funktion, die seine Strafbarkeit begründet, bekannt geworden sein (Beuthien Rn. 5; Müller GenG
Rn. 3; Pöhlmann/Fandrich/Bloehs/*Pöhlmann* Rn. 4; Lang/Weidmüller/*Holthaus*/*Lehnhoff* Rn. 7; Berl-
Komm/*Herzberg* Rn. 3; MüKoStGB/*Kiethe* Rn. 9).

2. Offenbaren. Ein Offenbaren liegt in jeder Mitteilung, Weitergabe oder -leitung an einen anderen, **13** dem das Geheimnis noch nicht bekannt ist. Kannte der Adressat das Geheimnis schon, liegt nur ein strafloser Versuch vor (iE → HGB § 333 Rn. 16; Beuthien Rn. 5; Müller GenG Rn. 4; Lang/Weidmüller/*Holthaus/Lehnhoff* Rn. 13; Pöhlmann/Fandrich/Bloehs/*Pöhlmann* Rn. 4; BerlKomm/*Herzberg* Rn. 3).

3. Verwerten. Verwerten ist jedes – über das bloße Innehaben des Geheimnisses – Ausnutzen des **14** Geheimnisses zum Zwecke der Gewinnerzielung für sich oder einen Dritten (iE → HGB § 333 Rn. 17; Beuthien Rn. 7; Müller GenG Rn. 14; Lang/Weidmüller/*Holthaus/Lehnhoff* Rn. 18; Pöhlmann/Fandrich/Bloehs/*Pöhlmann* Rn. 5; BerlKomm/*Herzberg* Rn. 3).

4. Unbefugt. Unbefugt ist das Offenbaren, wenn es gegen eine bestehende Geheimhaltungspflicht **15** verstößt. § 34 Abs. 1 S. 2 bestimmt für die Mitglieder des Vorstandes, dass sie über vertrauliche Angaben und Geheimnisse der Genossenschaft, namentlich Betriebs- oder Geschäftsgeheimnisse, die ihnen durch die Tätigkeit im Vorstand bekannt geworden sind, Stillschweigen zu bewahren haben, wobei die Verschwiegenheitspflicht über die Amtszeit hinausreicht. Nach § 41 findet § 34 sinngemäß auf die Mitglieder des Aufsichtsrates und nach § 89 auch sinngemäß auf die Liquidatoren Anwendung und § 62 Abs. 1 S. 2, 3 normiert für Prüfungsverbände, Prüfungsgesellschaften und Prüfer, worunter alle prüfbeteiligten Personen zu verstehen sind, eine Verschwiegenheitspflicht. Eine Ausnahme hiervon normiert § 62 Abs. 3 (Beuthien Rn. 7; Müller GenG Rn. 4a; Lang/Weidmüller/*Holthaus/Lehnhoff* Rn. 13; Pöhlmann/Fandrich/Bloehs/*Pöhlmann* Rn. 4).

5. Qualifikationstatbestand. Hinsichtlich der qualifizierten Tatbestandsmerkmale kann auf → § 150 **15a** Rn. 15–18 verwiesen werden.

C. Subjektiver Tatbestand

Beide Tatbestände, das unbefugte Offenbaren sowie das unbefugte Verwerten, setzen Vorsatz voraus, **16** da das Gesetz fahrlässiges Handeln nicht ausdrücklich mit Strafe bedroht (§ 15 StGB). *Dolus eventualis* genügt.

D. Irrtum

I. Tatbestandsirrtum

Ein Tatbestandsirrtum (§ 16 StGB) liegt vor, wenn der Täter über den Geheimnischarakter der **17** offenbarten Tatsache und/oder über die Kenntniserlangung in seiner Eigenschaft als Organträger oder als Prüfer irrt (Müller GenG Rn. 7; Lang/Weidmüller/*Holthaus/Lehnhoff* Rn. 19).

II. Verbotsirrtum

Hält der Täter einen nicht vorhandenen Rechtfertigungsgrund für gegeben, handelt er im Verbots- **18** irrtum (§ 17 StGB), der nur im Fall der Unvermeidbarkeit zur Straflosigkeit führt.

E. Rechtswidrigkeit

Das „Offenbaren" und das „Verwerten" müssen unbefugt erfolgen. Bei der Unbefugtheit handelt es **19** sich um ein Rechtfertigungsmerkmal, das entfällt, wenn die Tathandlung gerechtfertigt ist. Als Rechtfertigungsgründe kommen die gesetzlichen Aussagepflichten, rechtfertigender Notstand sowie Einwilligung in Betracht (→ HGB § 333 Rn. 18–22, 23 ff.; MüKoStGB/*Kiethe* Rn. 16).

F. Vollendung und Beendigung

I. Offenbaren

Das Geheimnis ist offenbart, wenn es mindestens einem Unbefugten zur Kenntnis gelangt ist, wobei **20** die Ermöglichung der Kenntnisnahme genügt. (iE → HGB § 333 Rn. 27; Beuthien Rn. 5; Müller GenG Rn. 5; Lang/Weidmüller/*Holthaus/Lehnhoff* Rn. 14; Pöhlmann/Fandrich/Bloehs/*Pöhlmann* Rn. 7).

II. Verwerten

→ HGB § 333 Rn. 17. **21**

G. Konkurrenzen

Das unbefugte Offenbaren und die unbefugte Verwertung des Geheimnisses sind selbstständige **22** Delikte, die in Tateinheit stehen können. Dagegen ist Abs. 2 S. 1 *lex specialis* gegenüber Abs. 1. Tateinheit ist aber zwischen Abs. 2 S. 1 und Abs. 2 S. 2 möglich. Abs. 1 Nr. 2 ist gegenüber § 340m HGB subsidiär. § 151 ist gegenüber §§ 203, 204 StGB *lex specialis.* Zwischen § 151 und § 17 UWG kann Idealkonkurrenz bestehen (Beuthien Rn. 9).

H. Strafantrag

23   → HGB § 333 Rn. 32–36.

I. Strafe

24   Bei den Strafbeständen des Abs. 2 kommt Freiheitsstrafe bis zu zwei Jahren oder Geldstrafe in Betracht, bei Abs. 1 Freiheitsstrafe bis zu einem Jahr oder Geldstrafe.

J. Verjährung

25   Bei Abs. 1 tritt Verjährung gem. § 78 Abs. 3 Nr. 5 StGB nach drei Jahren ein, bei den übrigen Tatbeständen nach § 78 Abs. 3 Nr. 4 StGB in fünf Jahren.

§ 152 Bußgeldvorschriften

(1) Ordnungswidrig handelt, wer

1. besondere Vorteile als Gegenleistung dafür fordert, sich versprechen lässt oder annimmt, dass er bei einer Abstimmung in der Generalversammlung oder der Vertreterversammlung oder bei der Wahl der Vertreter nicht oder in einem bestimmten Sinne stimme oder

2. besondere Vorteile als Gegenleistung dafür anbietet, verspricht oder gewährt, dass jemand bei einer Abstimmung in der Generalversammlung oder der Vertreterversammlung oder bei der Wahl der Vertreter nicht oder in einem bestimmten Sinne stimme.

(2) Die Ordnungswidrigkeit kann mit einer Geldbuße bis zu zehntausend Euro geahndet werden.

A. Allgemeines

I. Tatbestandsaufbau

1   § 151 Abs. 1 Nr. 1 erfasst den rechtswidrigen Stimmenverkauf und § 151 Abs. 1 Nr. 2 den rechts-widrigen Stimmenkauf. Nr. 1 richtet sich an die Mitglieder einer eG, die über ein Stimmrecht verfügen. Täter für den Stimmenkauf kann jeder sein.

II. Abgrenzung zum Strafrecht

2   Durch die Novelle vom 9.10.1973 wurde § 152 in das GenG eingefügt, der die frühere Strafvorschrift des § 151 ersetzte, welche den vorsätzlichen, rechtswidrigen Stimmenkauf (Abs. 1 Nr. 2) und -verkauf (Abs. 1 Nr. 1) als Vergehen mit Freiheitsstrafe bedrohte (Beuthien Rn. 1; Müller GenG Rn. 1; Lang/ Weidmüller/*Holthaus/Lehnhoff* Rn. 1).

III. Zu den Besonderheiten im Ordnungswidrigkeitenrecht

3   → HGB § 334 Rn. 3–9.

IV. Geschütztes Rechtsgut

4   Die Vorschrift dient der Absicherung des Förderauftrages der Genossenschaft gegenüber ihren Mit-gliedern, in dem sie durch Bußgeldandrohung verhindern will, dass Dritte unberechtigterweise Einfluss auf die Entscheidungen der eG nehmen (Beuthien Rn. 1; Lang/Weidmüller/*Holthaus/Lehnhoff* Rn. 5; Müller GenG Rn. 22; BerlKomm/*Herzberg* Rn. 2; Pöhlmann/Fandrich/Bloehs/*Pöhlmann* Rn. 1).

V. Geschützte Rechtssubjekte

5   Geschützte Rechtssubjekte sind die eG und deren Mitglieder (Beuthien Rn. 1).

VI. Schutzgesetz

6   § 152 ist ein Schutzgesetz zugunsten der unter → Rn. 5 genannten Rechtssubjekte (Beuthien Rn. 1; BerlKomm/*Herzberg* Rn. 3).

B. Stimmenverkauf (§ 152 Nr. 1)

I. Täterkreis

Als Täter kommt zunächst unstreitig jeder in Betracht, der als Mitglied der Genossenschaft, als dessen **7** Vertreter oder Bevollmächtigter in der Generalversammlung oder der Vertreterversammlung stimmberechtigt ist, sowie auch potentielle Genossen, die zum Zeitpunkt des Verkaufs ihrer Stimme noch nicht Genossen sind, aber die Mitgliedschaft bis zur Abstimmung erwerben (Beuthien Rn. 2; Lang/Weidmüller/*Holthaus/Lehnhoff* Rn. 9; Pöhlmann/Fandrich/Bloehs/*Pöhlmann* Rn. 2; BerlKomm/*Herzberg* Rn. 2). Darüber hinaus wird auch die – streitige – Auffassung vertreten, dass auch derjenige von § 152 Abs. 1 Nr. 1 – in Tateinheit mit Betrug – erfasst wird, der eine nicht vorhandene Stimmrechtsausübung vortäuscht (Müller GenG Rn. 2; Lang/Weidmüller/*Holthaus/Lehnhoff* Rn. 10). Dies wird damit begründet, dass der Tatbestand des § 152 Abs. 1 Nr. 1 nicht voraussetzt, dass die als Gegenleistung vorgesehene Stimmrechtsausübung auch tatsächlich erfolgt. Die Stimmrechtsausübung liege außerhalb des Tatbestandes des § 152 Abs. 1 Nr. 1.

II. Tathandlung

Tathandlung ist, als Gegenleistung für ein in Abs. 1 Nr. 1 bestimmtes Verhalten Vorteile zu fordern, **8** sich versprechen zu lassen oder anzunehmen. Strittig ist, ob der besondere Vorteil beliebiger Art sein kann, somit auch ideeller Natur (Pöhlmann/Fandrich/Bloehs/*Pöhlmann* Rn. 3; Beuthien Rn. 3; Lang/Weidmüller/*Holthaus/Lehnhoff* Rn. 13) oder ob es sich um einen geldwerten (materiellen) Vorteil handeln muss (BerlKomm/*Kessler* Rn. 3; Müller GenG Rn. 3). Ein unmittelbarer aus dem Abstimmungsergebnis resultierender Vorteil ist nicht tatbestandsmäßig, es sei denn, dass er einzelne Genossen – darunter auch den Täter – besonders begünstigt, wobei nicht erforderlich ist, dass der Täter allein begünstigt wird (Müller GenG Rn. 3; aA Beuthien Rn. 3; OLG Bamberg LZ 19, 611).

Das Fordern einer Gegenleistung ist das an eine andere Person gerichtete – ausdrückliche oder **9** konkludente – Verlangen, einen besonderen Vorteil als Gegenleistung für das angebotene Stimmverhalten zu erhalten. Mit Zugang der Forderung ist die Tat vollendet, das tatsächliche Abstimmungsverhalten ist irrelevant (Müller GenG Rn. 4; Lang/Weidenmüller/*Holthaus/Lehnhoff* Rn. 15; Beuthien Rn. 3; Pöhlmann/Fandrich/Bloehs/*Pöhlmann* Rn. 3).

Sich versprechen lassen ist die – ausdrückliche oder konkludente – Annahme des Angebots, einen **10** besonderen Vorteil als Gegenleistung in Empfang zu nehmen. Entscheidend ist die tatsächliche Einigung zwischen Versprechenden und Versprechensempfänger über die Entlohnung des Stimmverhaltens. Der Tatbestand ist nicht gegeben, wenn der „Täter" sein Einverständnis nur zu einem von ihm irrtümlich angenommenen Angebot erklärt, da es dann an einem hierfür „erforderlichen" Angebot fehlt. Irrelevant ist, dass eine solche Vereinbarung im Hinblick auf § 134 BGB keine Rechtswirksamkeit erlangt, ebenso wenn der Versprechensempfänger ohnehin die Stimme entsprechend abgegeben hätte (Beuthien Rn. 3, Müller GenG Rn. 5; Lang/Weidmüller/*Holthaus/Lehnhoff* Rn. 16).

Annahme ist die tatsächliche Entgegennahme des Vorteils (BGHSt 14, 127), wobei nach außen **11** erkennbar sein muss, dass der Vorteil eine Gegenleistung für ein Stimmverhalten ist (BGHSt 15, 103; Müller GenG Rn. 6; Beuthien Rn. 3). Das Annehmen ist aber lediglich straflose Nachtat, wenn die Tatbestände des Forderns oder Sich Versprechens Lassens erfüllt sind (Lang/Weidmüller/*Holthaus/Lehnhoff* Rn. 17; Beuthien Rn. 3; Müller GenG Rn. 6).

C. Stimmenkauf § 152 Abs. 1 Nr. 2

I. Täterkreis

Als möglicher Täter kommt jede Person in Betracht (Beuthien Rn. 4; Lang/Weidmüller/*Holthaus/* **12** *Lehnhoff* Rn. 11; BerlKomm/*Herzberg* Rn. 2).

II. Tathandlung

Tathandlung ist das Anbieten, Versprechen oder Gewähren von besonderen Vorteilen als Gegenleis- **13** tung für ein bestimmtes Abstimmungsverhalten in der Generalversammlung oder bei der Wahl der Vertreter. Adressat der genannten Tathandlungen kann jeder sein, der nach der Vorstellung des Täters in der Lage ist, über die Stimmrechtsausübung zu disponieren (Müller GenG Rn. 12; Beuthien Rn. 4; Lang/Weidmüller/*Holthaus/Lehnhoff* Rn. 18, 21; Pöhlmann/Fandrich/Bloehs/*Pöhlmann* Rn. 2).

Das Anbieten ist das – ausdrückliche oder konkludente – Angebot, einen besonderen Vorteil für ein **14** angewiesenes Stimmverhalten zu gewähren. Mit Zugang des Angebots tritt Vollendung ein (BGHSt 15, 102; 16, 46; Lang/Weidmüller/*Holthaus/Lehnhoff* Rn. 19; Müller GenG Rn. 13).

Das Versprechen bedeutet ein Einverständnis zwischen dem Versprechenden und dem Versprechens- **15** empfänger, dass diesem ein besonderer Vorteil für ein bestimmtes Stimmverhalten zustehen soll. Auf einen verbindlichen Anspruch kommt es im Hinblick auf § 134 BGB nicht an (Müller GenG Rn. 14; Lang/Weidmüller/*Holthaus*/*Lehnhoff* Rn. 20).

16   Vorteilsgewährung ist das tatsächlich zur Verfügung stellen eines besonderen Vorteils als Gegenleistung für ein bewirktes oder für die Zukunft vorgesehenes Stimmverhalten (BGH wistra 1983, 258; 1991, 101). Dem Tatbestand kommt nur Bedeutung zu, wenn nicht schon die Tatbestände des Anbietens oder Versprechens erfüllt sind (Lang/Weidmüller/*Holthaus*/*Lehnhoff* Rn. 21; Müller GenG Rn. 15).

D. Subjektiver Tatbestand

17   Die Tatbestände können nur durch vorsätzliches – wobei bedingter Vorsatz ausreichend ist – Handeln erfüllt werden (Beuthien Rn. 6; Müller GenG Rn. 18; Lang/Weidmüller/*Holthaus*/*Lehnhoff* Rn. 22; Pöhlmann/Fandrich/Bloehs/*Pöhlmann* Rn. 6).

E. Vollendung

18   Das Fordern ist vollendet, sobald das Verlangen dem Adressaten zugeht. Mit der tatsächlichen Einigung ist das Sich Versprechen lassen vollendet. Mit der tatsächlichen Entgegennahme ist die Annahme vollendet. Der Tatbestand des Anbietens ist mit Zugang vollendet, der des Versprechens mit der tatsächlichen Einigung. Der Tatbestand des Gewährens mit Erlangung der tatsächlichen Verfügungsgewalt des Adressaten (Müller GenG Rn. 11, 19; Lang/Weidmüller/*Holthaus*/*Lehnhoff* Rn. 15, 19; Beuthien Rn. 3).

F. Stimmbindungsverträge

19   Durch Stimmbindungsverträge, also der schuldrechtlichen Verpflichtung gegenüber anderen Personen, seine Stimme in der vertraglich festgelegten Weise oder nach Weisung oder bei bestimmten Abstimmungen gar nicht auszuüben, ist § 152 nur erfüllt, wenn der Vorteil, der sich aus dem festgelegten Stimmverhalten ergibt, Gegenleistung für das Stimmverhalten ist (Beuthien Rn. 5; Müller GenG Rn. 20).

G. Ahndung

20   Die Ordnungswidrigkeiten können mit einer Geldbuße von 5.000 bis 10.000 EUR (§ 17 Abs. 1 OWiG; § 152 Abs. 2) geahndet werden.

H. Verjährung

21   Die Verjährungsfrist beträgt zwei Jahre (§ 31 Abs. 2 Nr. 2).

I. Verfolgungsbehörde

22   Sachlich zuständige Verfolgungsbehörde ist das jeweilige (Landes-)Wirtschaftsministerium (§ 36 Abs. 1 Nr. 2a OWiG).

340. Gesetz zur Regelung der Gentechnik
(Gentechnikgesetz – GenTG)

In der Fassung der Bekanntmachung vom 16. Dezember 1993 (BGBl. I S. 2066) FNA 2121-60-1

Zuletzt geändert durch Artikel 55 Zehnte ZuständigkeitsanpassungsVO v. 31.8.2015 (BGBl. I S. 1474)

– Auszug –

Vorbemerkung

Unter den Begriff der **Gentechnik** fällt die Gesamtheit der Methoden zur Charakterisierung und 1
Isolierung von gentechnischem Material, zur Bildung neuer Kombinationen genetischen Materials sowie
zur Wiedereinführung und Vermehrung des neukombinierten Erbmaterials in anderer biologischer
Umgebung (Bericht der Enquête-Kommission „Chancen und Risiken der Gentechnologie", BT-
Drs. 10/6775, 7). Den unschätzbaren Chancen der Gentechnik stehen vielfältige Risiken gegenüber
(*Ladeur* NuR 1987, 60; sa VGH Kassel NJW 1990, 336 ff.), die sich sowohl bei der gezielten Freisetzung
gentechnisch veränderter Organismen (§ 39 Abs. 2 Nr. 1) als auch im Rahmen von Störfällen und
anderen unvorhergesehenen und ungewollten Ereignissen realisieren können (ausf. Kloepfer UmweltR
§ 18 Rn. 2 f. mwN). Ausgehend von den europarechtlichen Vorgaben verfolgt das GenTG einen
anlagen- und tätigkeitsbezogenen Ansatz (→ Rn. 3), der sich einerseits aus der Erkenntnis speist, dass
bereits den umschriebenen Tathandlungen eine spezifische Gefährlichkeit innewohnt und sich daher
andererseits insbes. auch in der Strafrechtsnorm des § 39 niederschlägt. Zur Entwicklung des Gentechnikrechts s. Kloepfer UmweltR § 18 Rn. 8 ff.

Zweck des Gesetzes ist nach § 1 – unter Berücksichtigung ethischer Werte – Leben und Gesundheit 2
von Menschen, die Umwelt in ihrem Wirkgefüge, Tiere, Pflanzen und Sachgüter vor **schädlichen
Auswirkungen gentechnischer Verfahren und Produkte** zu schützen und **Vorsorge gegen das
Entstehen solcher Gefahren** zu treffen (Nr. 1), die Möglichkeit zu gewährleisten, dass Produkte,
insbes. Lebens- und Futtermittel, konventionell, ökologisch oder unter Einsatz gentechnisch veränderter
Organismen erzeugt und in den Verkehr gebracht werden können (Nr. 2) und den rechtlichen Rahmen
für die **Erforschung, Entwicklung, Nutzung und Förderung** der wissenschaftlichen, technischen
und wirtschaftlichen Möglichkeiten der Gentechnik zu schaffen (Nr. 3). Das Gesetz enthält mithin ein
ausdrückliches Bekenntnis zur Fruchtbarmachung der Chancen der Gentechnik und erstrebt zugleich
(und primär Erbs/Kohlhaas/*Wache* § 1 Rn. 2) einen Ausgleich der einschlägigen grundrechtlich geschützten Interessen von Anwendern (Art. 5 Abs. 3, 12, 14 GG) und potentiell gefährdeten Dritt-
betroffenen (Art. 2 Abs. 2 GG). Weil dieses Bekenntnis nicht im Sinne einer Privilegierung missverstanden werden darf und insbes. sowohl den Verbrauchern als auch den Erzeugern von Lebens- und
Futtermitteln die Wahlfreiheit zwischen konventionell, ökologisch und „gentechnisch" erzeugten Produkten verbleiben soll, gilt es vor allem, der unkontrollierten Ausbreitung gentechnisch veränderter
Organismen vorzubeugen.

Der **Anwendungsbereich** ergibt sich aus § 2 des Gesetzes. Danach gilt das GenTG für gentech- 3
nische Anlagen, gentechnische Arbeiten, die Freisetzung von gentechnisch veränderten Organismen
und das Inverkehrbringen von Produkten, die gentechnisch veränderte Organismen enthalten oder aus
solchen bestehen, wobei Tiere als Produkte erfasst werden, Abs. 1 Nr. 1–4. Demgegenüber gilt das
Gesetz nach Abs. 3 nicht für die **Anwendung gentechnisch veränderter Organismen am Menschen** und klammert damit den Einsatz unmittelbar humanmedizinischer Diagnose-, Therapie- und
Präventionsverfahren (zB die Anwendung von Lebendimpfstoffen, Marker-Experimente und somatische Gentherapie, BT-Drs. 12/5145, 11) ausdrücklich aus. Vorgelagerte oder nachfolgende In-vitro-
Teilschritte derartiger Verfahren sollen indes ebenso weiterhin erfasst sein wie die Anwendung gentech-
nisch veränderter Mikroorganismen beim Tier (zB Tier-Tumormodelle, BT-Drs. 12/5145, 11). Weitergehende Vorschriften für das **Inverkehrbringen von Produkten** bleiben nach § 2 Abs. 4 unberührt.
Die Regelung stellt klar, dass Rechtsvorschriften außerhalb des Gentechnikrechts, zB des Lebensmittel-,
des Arzneimittel-, des Pflanzenschutz- und des Saatgutrechts sowie einschlägige gemeinschaftsrechtliche
Vorgaben uneingeschränkt zu berücksichtigen sind (BT-Drs. 15/3088, 22). Darüber hinaus ist die
Bundesregierung nach § 2 Abs. 2 ermächtigt, zur Umsetzung der Entscheidungen der Kommission oder
des Rates der Europäischen Gemeinschaften nach Art. 21 der RL 90/219/EWG des Rates v. 23.4.1990
über die Anwendung genetisch veränderter Mikroorganismen in geschlossenen Systemen (ABl. 1990
L 117, 1) durch (zustimmungsbedürftige) **Rechtsverordnung** gentechnische Arbeiten mit Typen von
gentechnisch veränderten Mikroorganismen ganz oder teilweise vom Anwendungsbereich des GenTG

auszunehmen. Eine weitere entsprechende Verordnungsermächtigung für gentechnische Arbeiten mit Typen von gentechnisch veränderten Organismen, die keine Mikroorganismen und für die menschliche Gesundheit und die Umwelt sicher sind oder mit denen in gesicherten Anlagen umgegangen wird, ist in Abs. 2a vorgesehen.

4   **Begriffsbestimmung:** Wesentliche Begriffsbestimmungen enthält § 3. **Organismen** (§ 3 Nr. 1) sind danach biologische Einheiten, die fähig sind, sich zu vermehren oder genetisches Material zu übertragen, einschließlich **Mikroorganismen** (Viren, Viroide, Bakterien, Pilze, mikroskopisch kleine ein- oder mehrzellige Algen, Flechten, andere eukaryotische (dh aus Zellkern und Zellmembran bestehende) Einzeller oder mikroskopisch-kleine tierische Mehrzeller sowie tierische und pflanzliche Zellkulturen, § 3 Nr. 1a). Zu den **gentechnischen Arbeiten** (§ 3 Nr. 2) zählen einerseits die Erzeugung gentechnisch veränderter Organismen und andererseits ihre Vermehrung, Lagerung, Zerstörung oder Entsorgung sowie der innerbetriebliche Transport und ihre Verwendung in sonstiger Weise, soweit noch keine Genehmigung für die Freisetzung oder das Inverkehrbringen zum Zweck des späteren Ausbringens in die Umwelt erteilt wurde. **Gentechnisch veränderte Organismen** (§ 3 Nr. 3) sind solche, deren genetisches Material in einer Weise verändert worden ist, wie sie unter natürlichen Bedingungen durch Kreuzen oder natürliche Rekombination nicht vorkommen, ferner solche, die durch Kreuzung oder natürliche Rekombination zwischen gentechnisch veränderten Organismen oder mit einem oder mehreren gentechnisch veränderten Organismen oder durch andere Arten der Vermehrung gentechnisch veränderter Organismen entstanden sind. Erforderlich ist ferner, dass diese Organismen Eigenschaften aufweisen, die auf gentechnische Arbeiten zurückzuführen sind. **Verfahren der Veränderung genetischen Materials** (§ 3 Nr. 3a) sowie solche Methoden, die nicht erfasst werden sollen, sind in § 3 Nr. 3a, 3b und 3c iE aufgeführt. **Gentechnische Anlagen** (§ 3 Nr. 4) sind Einrichtungen, in denen gentechnische Arbeiten im geschlossenen System durchgeführt werden und bei denen spezifische Einschließungsmaßnahmen angewendet werden, um den Kontakt der verwendeten Organismen mit Menschen und der Umwelt zu begrenzen und ein dem Gefährdungspotenzial angemessenes Sicherheitsniveau zu gewährleisten.

5   **Sicherheitsstufen:** Gentechnische Arbeiten werden nach § 7 Abs. 1 in vier Sicherheitsstufen eingeteilt. Die Einstufung reicht von **Sicherheitsstufe 1** (gentechnische Arbeiten, bei denen nach dem Stand der Wissenschaft von einem Risiko für die menschliche Gesundheit und Umwelt auszugehen ist) bis **Sicherheitsstufe 4** (gentechnische Arbeiten, bei denen nach dem Stand der Wissenschaft von einem hohen Risiko oder dem begründeten Verdacht eines solchen Risikos für die menschliche Gesundheit oder die Umwelt auszugehen ist). Die Zuordnung gentechnischer Arbeiten erfolgt dabei im Rahmen einer Gesamtbewertung auf der Grundlage der Verordnung über die Sicherheitsstufen und Sicherheitsmaßnahmen bei gentechnischen Arbeiten in gentechnischen Anlagen v. 14.3.2005 (GenTSV; BGBl. I 297; zuletzt geändert durch Verordnung zur Rechtsvereinfachung und Stärkung der arbeitsmedizinischen Vorsorge v. 18.12.2008, BGBl. I 2768). Zu berücksichtigen sind dabei die Risikobewertung der verwendeten Organismen und der vorgesehenen biologischen Sicherheitsmaßnahmen. Im Zweifelsfall erfolgt die Einstufung in die höhere Sicherheitsstufe, sofern nicht im Einzelfall die zuständige Behörde auf Antrag eine niedrigere Einstufung zulässt (§ 7 Abs. 1a S. 1, 2).

§ 38 Bußgeldvorschriften

(1) Ordnungswidrig handelt, wer vorsätzlich oder fahrlässig

1. entgegen § 6 Abs. 1 Satz 1 in Verbindung mit einer Rechtsverordnung nach § 30 Abs. 2 Nr. 15 eine Risikobewertung für eine weitere gentechnische Arbeit der Sicherheitsstufe 1 nicht, nicht richtig, nicht vollständig oder nicht rechtzeitig durchführt,
1a. entgegen § 6 Abs. 3 Satz 1 Aufzeichnungen nicht führt,
2. entgegen § 8 Abs. 1 Satz 1 gentechnische Arbeiten durchführt,
3. ohne Genehmigung nach § 8 Abs. 1 Satz 2 eine gentechnische Anlage errichtet,
4. entgegen § 8 Abs. 2 Satz 1, auch in Verbindung mit Abs. 4 Satz 2, die Errichtung oder den Betrieb oder eine wesentliche Änderung der Lage, der Beschaffenheit oder des Betriebs einer gentechnischen Anlage oder gentechnische Arbeiten nicht, nicht richtig oder nicht rechtzeitig anzeigt oder anmeldet,
5. ohne Genehmigung nach § 8 Abs. 4 Satz 1 die Lage, die Beschaffenheit oder den Betrieb einer gentechnischen Anlage wesentlich ändert,
6. entgegen § 9 Abs. 2 Satz 1 eine Anzeige nicht, nicht richtig oder nicht rechtzeitig erstattet,
6a. ohne Genehmigung nach § 9 Abs. 3 weitere gentechnische Arbeiten durchführt,
6b. entgegen § 9 Abs. 4 weitere gentechnische Arbeiten durchführt,
7. ohne Genehmigung nach § 14 Abs. 1 Satz 1 Nr. 2 oder 3 Produkte, die gentechnisch veränderte Organismen enthalten oder aus solchen bestehen, in den Verkehr bringt,
7a. wer entgegen § 16c Abs. 1 ein Produkt nicht oder nicht richtig beobachtet,
8. einer vollziehbaren Auflage nach § 16d Abs. 3 Satz 1 oder § 19 Satz 2 oder einer vollziehbaren Anordnung nach § 26 zuwiderhandelt,

9. entgegen § 9 Abs. 4a oder 5, § 16a Abs. 2 Satz 1 oder 3 oder Abs. 3 Satz 1 oder 3 oder § 21 Abs. 1 Satz 1 oder 2 in Verbindung mit Satz 1, Abs. 1b Satz 1, Abs. 2 in Verbindung mit Abs. 1 Satz 1, Abs. 3, 4 Satz 1 oder Abs. 5 oder 5a Satz 1 oder 2 eine Mitteilung nicht, nicht richtig oder nicht rechtzeitig macht,

10. entgegen § 25 Abs. 2 eine Auskunft nicht, nicht rechtzeitig, nicht vollständig oder nicht richtig erteilt oder ein Hilfsmittel nicht zur Verfügung stellt,

11. einer in § 16 Abs. 5a oder § 25 Abs. 3 Satz 3 genannten Verpflichtung zuwiderhandelt,

11a. entgegen § 25 Abs. 6 die Risikobewertung nicht oder nicht rechtzeitig vorlegt oder

12. einer Rechtsverordnung nach § 2 Abs. 2 Satz 3, auch in Verbindung mit Abs. 2a Satz 2, § 6 Abs. 3 Satz 2, § 7 Abs. 2 Satz 2 oder § 30 Abs. 2 Nr. 1 bis 14 zuwiderhandelt, soweit sie für einen bestimmten Tatbestand auf diese Bußgeldvorschrift verweist.

(2) Die Ordnungswidrigkeit kann mit einer Geldbuße bis zu fünfzigtausend Euro geahndet werden.

(3) Soweit dieses Gesetz von Bundesbehörden ausgeführt wird, ist Verwaltungsbehörde im Sinne des § 36 Abs. 1 Nr. 1 des Gesetzes über Ordnungswidrigkeiten die nach Landesrecht zuständige Behörde.

A. Tatbestände nach Abs. 1

I. Risikobewertung (Nr. 1)

Nach § 8 Abs. 1 dürfen gentechnische Arbeiten nur in gentechnischen Anlagen durchgeführt wer- **1** den. Errichtung und Betrieb von Anlagen, in denen Arbeiten der Sicherheitsstufen 3 und 4 (→ Vorb. Rn. 5) durchgeführt werden sollen, bedürfen der Genehmigung, § 8 Abs. 1 S. 2. Demgegenüber sind Errichtung und Betrieb von Anlagen für Arbeiten der Sicherheitsstufen 1 und 2 sowie die vorgesehenen erstmaligen gentechnischen Arbeiten lediglich anzeige- bzw. anmeldepflichtig, § 8 Abs. 2 S. 1. **Weitere** (dh von der ursprünglichen Anzeige nicht umfasste) **gentechnische Arbeiten der Sicherheitsstufe 1** lösen nach § 9 Abs. 1 indes keine erneute Anzeigepflicht aus. Wesentliche Bedeutung kommt daher gerade für solche Arbeiten der in § 6 Abs. 1 S. 1 vorgesehenen Risikobewertung zu. Gem. § 6 Abs. 1 hat der Betreiber (§ 3 Nr. 7) die mit den geplanten Arbeiten verbundenen Risiken für die in § 1 Nr. 1 genannten Rechtsgüter (→ Vorb. Rn. 2) im Vorfeld umfassend zu bewerten. Der Betreiber ist nach § 6 Abs. 2 verpflichtet, die nach der Risikobewertung notwendigen Vorkehrungen zu treffen, um die in § 1 Nr. 1 genannten Rechtsgüter vor Gefahren zu schützen und deren Entstehen zu verhindern. Mit § 30 Abs. 2 Nr. 15 wird die Bundesregierung ermächtigt, durch Rechtsverordnung insbes. zu regeln, an welchen Kriterien die Risikobewertung auszurichten ist. Führt der Betreiber eine Risikobewertung nicht, nicht richtig, nicht vollständig oder nicht rechtzeitig durch, liegt eine Ordnungswidrigkeit gem. Abs. 1 Nr. 1 vor. Weitere Arbeiten höherer Sicherheitsstufen (also Arbeiten der Sicherheitsstufen 2, 3 u. 4) sind nach § 9 Abs. 2, Abs. 3 anzeige- bzw. genehmigungspflichtig. Verstöße gegen die Anzeige- bzw. Genehmigungspflichten nach § 9 Abs. 2 und 3 werden als Ordnungswidrigkeiten gem. Abs. 2 Nr. 6, 6a geahndet (→ Rn. 7 ff.).

II. Aufzeichnungen nach § 6 Abs. 3 S. 1 (Nr. 1a)

Ordnungswidrig handelt ferner, wer als Betreiber nach § 3 Nr. 7 entgegen § 6 Abs. 3 S. 1 **keine 2 Aufzeichnungen** über die Durchführung gentechnischer Arbeiten (→ Vorb. Rn. 4) und von Freisetzungen (das gezielte Ausbringen von gentechnisch veränderten Organismen in die Umwelt, soweit noch keine Genehmigung für das Inverkehrbringen zum Zweck des späteren Ausbringens in die Umwelt erteilt wurde, § 3 Nr. 5) führt. Führt der Betreiber Aufzeichnungen **nur ungenügend oder unvollständig**, handelt er ordnungswidrig nach § 5 Nr. 1 GenTAufzV (→ Rn. 21). Die sich ebenfalls aus § 6 Abs. 3 S. 1 ergebende Pflicht zur **Vorlage solcher Aufzeichnungen** auf Ersuchen der zuständigen Behörde ist über § 38 Abs. 1 Nr. 12 iVm § 5 Nr. 2, § 4 Abs. 1 S. 1 GenTAufzV erfasst (→ Rn. 21).

III. Durchführung gentechnischer Arbeiten entgegen § 8 Abs. 1 S. 1 (Nr. 2)

Nach § 8 Abs. 1 S. 1 dürfen **gentechnische Arbeiten nur in gentechnischen Anlagen** (→ Vorb. **3** Rn. 4) durchgeführt werden. Die Vorschrift ist folgerichtig, weil sowohl Genehmigungs- als auch Anzeige- und Anmeldeerfordernisse nicht an die Durchführung gentechnischer Arbeiten, sondern nach § 8 Abs. 1 S. 2, Abs. 2 S. 1 an Errichtung (→ Rn. 4) und Betrieb gentechnischer Anlagen anknüpfen. Verstöße gegen vorgeschriebene **Sicherheitsmaßnahmen** für gentechnische Anlagen werden nach § 38 Abs. 1 Nr. 12 iVm § 20 GenTSV geahndet (→ Rn. 22). Tritt durch einen Verstoß gegen § 8 Abs. 1 S. 1 eine konkrete Gefahr für Leib oder Leben eines anderen, fremde Sachen von bedeutendem Wert oder Bestandteile des Naturhaushalts von erheblicher ökologischer Bedeutung ein, liegt eine Straftat gem. § 39 Abs. 3 vor.

IV. Unerlaubte Errichtung einer gentechnischen Anlage (Nr. 3)

4   Die **Errichtung** gentechnischer Anlagen (→ Vorb. Rn. 4), in denen Arbeiten der **Sicherheitsstufen 3 oder 4** (Arbeiten mit mäßigem oder hohem Risiko nach § 7 Abs. 1 S. 1 Nr. 3 u. 4, § 7 GenTSV) durchgeführt werden sollen, ist nach § 8 Abs. 1 S. 2 genehmigungspflichtig. Die Errichtung ohne die erforderliche Genehmigung stellt eine Ordnungswidrigkeit nach Abs. 1 Nr. 3 dar. Die Ordnungswidrigkeit ist **vollendet,** wenn mit der Ausführung konkreter Arbeiten vor Ort begonnen wurde; die spätere Erteilung der Anlagengenehmigung ist insoweit ohne Belang (MüKoStGB/*Alt* Rn. 5 mwN). Planungs- und Vorbereitungsarbeiten sind indes unschädlich (Erbs/Kohlhaas/*Wache* Rn. 5). Zu Arbeiten der Sicherheitsstufen 1 u. 2 → Rn. 5. Der **Betrieb** gentechnischer Anlagen ohne die erforderliche Anlagengenehmigung ist eine Straftat nach § 39 Abs. 2 Nr. 2.

V. Anzeige und Anmeldung nach § 8 Abs. 2 S. 1, Abs. 4 S. 2 (Nr. 4)

5   Ordnungswidrig handelt, wer entgegen § 8 Abs. 2 S. 1 auch iVm Abs. 4 S. 2 die **Errichtung,** den **Betrieb** oder die **wesentliche Änderung** der Lage, der Beschaffenheit oder des Betriebs einer gentechnischen Anlage oder gentechnische Arbeiten **nicht, nicht richtig oder nicht rechtzeitig** anzeigt oder anmeldet. Anzeige und Anmeldung sind jeweils vor Beginn der aufgeführten anlagenbezogenen Handlungen vorzunehmen. Die Anzeigepflicht für Anlagen, in denen Arbeiten der **Sicherheitsstufe 1** (→ Vorb. Rn. 5) durchgeführt werden sollen, folgt aus § 8 Abs. 2 S. 1, Abs. 4 S. 2. Die **Anzeige** bedarf nach § 12 Abs. 1 der Schriftform; vorzulegen sind dabei die in § 12 Abs. 2 aufgeführten Unterlagen. Der Betreiber darf mit den anzeigepflichtigen Tätigkeiten unmittelbar nach Eingang der Anzeige bei der zuständigen Behörde beginnen (§ 12 Abs. 5a), sofern nicht die Durch- oder Fortführung der gentechnischen Arbeiten vorläufig untersagt wird.

Errichtung, Betrieb und wesentliche Änderung von Anlagen für Arbeiten der **Sicherheitsstufe 2** (Arbeiten mit geringem Risiko nach § 7 Abs. 1 S. 1 Nr. 2, § 7 GenTSV) unterliegen der **Anmeldepflicht.** Nach § 12 Abs. 5 S. 1 darf der Betreiber mit der Errichtung und dem Betrieb der gentechnischen Anlage und mit der Durchführung der erstmaligen gentechnischen Arbeiten im Regelfall 45 Tage nach Eingang der Anmeldung beginnen; nach Ablauf dieser Frist gilt die Zustimmung der zuständigen Behörde als erteilt (§ 12 Abs. 5 S. 2), es sei denn, dass diese die Ergänzung der vorgelegten Unterlagen verlangt (§ 12 Abs. 5 S. 3) oder die Durchführung der angemeldeten gentechnischen Arbeiten untersagt (§ 12 Abs. 7).

Für die Errichtung und die wesentliche Änderung der Lage, der Beschaffenheit und des Betriebs gentechnischer Anlagen, in denen Arbeiten der **Sicherheitsstufen 3 oder 4** durchgeführt werden sollen, sind Nr. 3 (→ Rn. 4) und Nr. 5 (→ Rn. 6) einschlägig. Der Betrieb solcher Anlagen ohne die erforderliche Genehmigung ist nach § 39 Abs. 2 Nr. 2 strafbar (→ § 39 Rn. 4).

VI. Wesentliche Änderung einer gentechnischen Anlage (Nr. 5)

6   Nach Nr. 5 handelt ordnungswidrig, wer ohne entsprechende Genehmigung die **Lage,** die **Beschaffenheit** oder den **Betrieb** gentechnischer Anlagen, in denen Arbeiten der **Sicherheitsstufen 3 oder 4** (→ Rn. 4) durchgeführt werden sollen, wesentlich **ändert.** Die Ordnungswidrigkeit ist mit der unzulässigen Änderung vollendet. Auf die Genehmigungsfähigkeit der Umgestaltung kommt es dabei nicht an; dieser Umstand ist jedoch iRd Bemessung der Geldbuße zu berücksichtigen, § 17 Abs. 3 S. 1 OWiG. Der **Betrieb einer** genehmigungslos (wesentlich) **geänderten Anlage** ist nach § 39 Abs. 2 Nr. 2 strafbar, weil solcher von der ursprünglich erteilten Anlagengenehmigung nicht gedeckt ist (MüKoStGB/*Alt* Rn. 10 mwN).

VII. Anzeige nach § 9 Abs. 2 S. 1 (Nr. 6)

7   **Weitere** (dh von der Anmeldung nach § 8 Abs. 2 S. 1 nicht erfasste) gentechnische Arbeiten der **Sicherheitsstufe 2** hat der Betreiber nach § 9 Abs. 2 S. 1 vor dem Beginn der Arbeiten bei der zuständigen Behörde **anzuzeigen.** Erstattet der Betreiber (§ 3 Nr. 7) die Anzeige **nicht, nicht rechtzeitig oder inhaltlich unzureichend,** handelt er ordnungswidrig nach Nr. 6. Sind die weiteren gentechnischen Arbeiten einer **höheren Sicherheitsstufe** zuzuordnen als die von der Genehmigung nach § 8 Abs. 1 S. 2 oder der Anzeige oder Anmeldung nach § 8 Abs. 2 S. 1 umfassten Arbeiten, ist eine neue Genehmigung oder eine erneute Anmeldung erforderlich, § 8 Abs. 4; Verstöße hiergegen werden von Nr. 6b erfasst, → Rn. 11.

8   Nach § 34 Abs. 1 PatG sind Erfindungen zur Erteilung eines Patents grundsätzlich beim Patentamt anzumelden und dabei nach § 34 Abs. 4 PatG in der Anmeldung so deutlich und vollständig zu offenbaren, dass ein Fachmann sie ausführen kann. Beinhaltet die Erfindung die Verwendung biologischen Materials oder betrifft sie solches Material, das der Öffentlichkeit nicht zugänglich ist und kann es in der Anmeldung nicht in der erforderlichen Weise beschrieben werden, so gilt die Beschreibung für die Anwendung des Patent- und Gebrauchsmusterrechts dann als ausreichend, wenn das biologische Material spätestens am Tag der Anmeldung bei einer **anerkannten Hinterlegungsstelle** hinterlegt worden ist, § 1 Abs. 1 BioMatHintV (Verordnung über die Hinterlegung von biologischem Material in

Patent- und Gebrauchsmusterverfahren v. 24.1.2005 – BGBl. I 151). Anerkannt sind nach § 2 BioMatHintV unter anderem die internationalen Hinterlegungsstellen, die diesen Status nach Art. 7 des Budapester Vertrages v. 28.4.1977 über die internationale Anerkennung der Hinterlegung von Mikroorganismen für die Zwecke von Patentverfahren (BGBl. 1980 II 1104) erworben haben. Weil mit Erhalt der Organismen sofortiger Handlungsbedarf besteht (BT-Drs. 12/5145, 13) bedürfen weitere gentechnische Arbeiten der Sicherheitsstufen 2, 3 oder 4, die von einer solchen Hinterlegungsstelle durchgeführt werden, abw. von § 9 Abs. 2 S. 1 keiner vorherigen Anzeige, sondern sind der zuständigen Behörde unverzüglich nach Beginn der Arbeiten mitzuteilen, § 9 Abs. 5. Ein Verstoß gegen Nr. 6 liegt daher in diesen Fällen nicht vor.

Nach § 9 Abs. 6 bedürfen weitere gentechnische Arbeiten zur Entwicklung der für die Probenuntersuchung **9** erforderlichen Nachweismethoden oder zur Untersuchung einer Probe iRd Überwachung nach § 25 abweichend von § 9 Abs. 2 keiner Anmeldung, wenn und weil diese Arbeiten **auf Veranlassung der zuständigen Behörde** durchgeführt werden. Die Regelung gilt für solche Arbeiten staatlicher Stellen als auch für den Fall, dass diese Arbeiten in privaten Labors durchgeführt werden (BT-Drs. 12/5145, 13).

VIII. Durchführung weiterer gentechnischer Arbeiten der Sicherheitsstufen 3 oder 4 (Nr. 6a)

Eine Ordnungswidrigkeit nach Abs. 1 Nr. 6a liegt vor, wenn weitere gentechnische Arbeiten ohne **10** die nach § 9 Abs. 3 erforderliche Genehmigung durchgeführt werden. Die Regelung des § 9 Abs. 3 stellt klar, dass weitere (dh von der ursprünglichen Anlagengenehmigung nach § 8 Abs. 1 S. 2 nicht erfasste) gentechnische Arbeiten der **Sicherheitsstufen 3 oder 4** wegen des mit ihrer Durchführung verbundenen erhöhten Risikos (§ 7 Abs. 1 S. 1 Nr. 3 u. 4; → Vorb. Rn. 5) einer erneuten Genehmigung bedürfen. Zu weiteren gentechnischen Arbeiten internationaler Hinterlegungsstellen und zu Arbeiten auf Veranlassung der zuständigen Behörde im Rahmen von Überwachungsmaßnahmen → Rn. 8 f.

IX. Durchführung weiterer gentechnischer Arbeiten höherer Sicherheitsstufen (Nr. 6b)

Nach § 9 Abs. 4 dürfen weitere gentechnische **Arbeiten, die einer höheren Sicherheitsstufe** **11** **zuzuordnen sind** als die von der ursprünglichen Anzeige, Anmeldung oder Genehmigung erfassten Arbeiten nur aufgrund einer – der maßgeblichen Sicherheitsstufe entsprechenden – neuen Genehmigung oder Anmeldung nach § 8 Abs. 1 S. 2 oder Abs. 2 S. 1 durchgeführt werden. Sollen hiernach Arbeiten der Sicherheitsstufe 2 in einer Anlage ausgeführt werden, für die eine Anzeige zur Durchführung von Arbeiten der Sicherheitsstufe 1 erstattet wurde, bedarf dieser Vorgang – abweichend von § 9 Abs. 2 S. 1 – der Anmeldung nach § 8 Abs. 2 S. 1. Ausgehend hiervon ist für Zuwiderhandlungen in derartigen Fällen nicht Nr. 6 sondern vielmehr Nr. 6b (→ Rn. 9) einschlägig.

X. Unerlaubtes Inverkehrbringen von Produkten (Nr. 7)

Die Regelung des Abs. 1 Nr. 7 betrifft **Produkte, die gentechnisch veränderte Organismen** **12** **enthalten oder aus solchen bestehen.** Nach § 14 Abs. 1 S. 1 Nr. 2 ist eine Genehmigung der zuständigen Bundesoberbehörde (§ 31 S. 2; Bundesamt für Verbraucherschutz und Lebensmittelsicherheit) erforderlich, wenn derartige Produkte erstmals in den Verkehr gebracht werden sollen. Einer Genehmigung bedarf nach § 14 Abs. 1 S. 1 Nr. 3 aber auch derjenige, der die betreffenden Produkte zu einer anderen als der bisherigen bestimmungsgemäßen Verwendung in Verkehr bringen will. **Inverkehrbringen** ist nach § 3 Nr. 6 die Abgabe von Produkten an Dritte, einschließlich der Bereitstellung für Dritte und das Verbringen in den Geltungsbereich des Gesetzes, soweit die Produkte nicht zu gentechnischen Arbeiten (→ Vorb. Rn. 4) in gentechnischen Anlagen (→ Vorb. Rn. 4) oder für genehmigte Freisetzungen bestimmt sind. Nicht als Inverkehrbringen gelten demgegenüber der unter zollamtlicher Überwachung durchgeführte Transitverkehr und die Bereitstellung für Dritte, die Abgabe sowie das Verbringen in den Geltungsbereich des Gesetzes zum Zwecke einer genehmigten klinischen Prüfung. Die **Genehmigung** kann sich dabei auf die einmalige Abgabe eines Produktes oder aber auf die fortlaufende Belieferung des Marktes (sog Marktfreigabe) beziehen (MüKoStGB/Alt § 14 Rn. 4 mwN) oder die Nachkommen und das Vermehrungsmaterial des gentechnisch veränderten Organismus umfassen (§ 14 Abs. 1 S. 2).

Der Genehmigung des Inverkehrbringens durch die zuständige Bundesoberbehörde stehen nach § 14 Abs. 5 S. 1 **13** Genehmigungen gleich, die von Behörden anderer Mitgliedstaaten der Europäischen Union oder anderer Vertragsstaaten des Abkommens über den Europäischen Wirtschaftsraum erteilt worden sind. Im Gegenzug hat das Bundesamt für Verbraucherschutz und Lebensmittelsicherheit nach § 3 Abs. 1 der Verordnung über die Beteiligung des Rates, der Kommission und der Behörden der Mitgliedstaaten der Europäischen Union und der anderen Vertragsstaaten des Abkommens über den Europäischen Wirtschaftsraum im Verfahren zur Genehmigung von Freisetzungen und Inverkehrbringen sowie im Verfahren bei nachträglichen Maßnahmen nach dem Gentechnikgesetz v. 17.5.1995 (Gentechnik-Beteiligungsverordnung; BGBl. I 734) unverzüglich nach Eingang eines Antrages auf Erteilung der Genehmigung eines Inverkehrbringens die Zusammenfassung der Antragsunterlagen den Mitgliedstaaten der Europäischen Union, den anderen Vertragsstaaten des Abkommens über den Europäischen Wirtschaftsraum und der Kommission (die zudem eine vollständige Kopie der Antragsunterlagen erhält, § 3 Abs. 1 S. 2 GenTBetV) zu übermitteln. Den so Beteiligten steht nach § 3 Abs. 2 GenTBetV das Recht zu, Einwände gegen eine beabsichtige Erteilung der Genehmigung zu erheben. Machen sie hiervon keinen Gebrauch, ist die Genehmigung zu erteilen.

14   Nach § 14 Abs. 1a bedarf **keiner Genehmigung,** wer Produkte, die gentechnisch veränderte Organismen enthalten oder aus solchen bestehen, in den Verkehr bringt, die mit in § 3 Nr. 3c genannten Verfahren (traditionelle Verfahren mit überschaubarem Risikopotenzial) hergestellt worden sind und die in eine Anlage abgegeben werden, in der Einschließungsmaßnahmen angewandt werden, die geeignet sind, den Kontakt der Produkte mit Mensch und Umwelt zu begrenzen und ein dem Gefährdungspotenzial angemessenes Sicherheitsniveau gewährleisten, § 14 Abs. 1a S. 1 Nr. 2, S. 2. Darüber hinaus entfällt eine Genehmigungspflicht nach der **Konkurrenzklausel** des § 14 Abs. 2 dann, wenn das Inverkehrbringen durch Rechtsvorschriften geregelt ist, die den Regelungen des GenTG und der auf seiner Grundlage erlassenen Rechtsverordnungen über die Risikobewertung, das Risikomanagement, die Kennzeichnung, Überwachung und Unterrichtung der Öffentlichkeit (→ Rn. 21) mindestens gleichwertig sind. Vergleichbare Schutzvorschriften enthalten die §§ 11 ff. PflSchG (Verkehr mit Pflanzenschutzmitteln); zur Konkurrenz mit weiteren Rechtsvorschriften Mü-KoStGB/*Alt* § 14 Rn. 8.

XI. Produktbeobachtung (Nr. 7a)

15   Nach § 16c Abs. 1 hat derjenige, der als Betreiber (§ 3 Nr. 7) Produkte, die aus gentechnisch veränderten Organismen bestehen oder solche enthalten, in Verkehr bringt, diese künftig – **nach Maßgabe der Genehmigung** – zu beobachten. Die Beobachtung dient dabei einerseits der Bestätigung der Annahmen iRd Risikobewertung (§ 16c Abs. 2 Nr. 1 – sog fallspezifische Beobachtung) und andererseits der Ermittlung unvorhergesehener schädlicher Auswirkungen auf die menschliche Gesundheit oder die Umwelt (§ 16c Abs. 2 Nr. 2 – sog allgemeine Beobachtung). Zwar enthält § 16c Abs. 3 eine Verordnungsermächtigung zur Bestimmung der allgemeinen Grundsätze der Beobachtung insbes. hinsichtlich der Festlegung von Mindeststandards, der Einbeziehung Dritter sowie der Einbeziehung behördlicher Beobachtungstätigkeiten. Ob hieraus jedoch abzuleiten ist, dass das Beobachtungsgebot nur iVm einer solchen Rechtsverordnung **verbindlich und damit bußgeldbewehrt** ist (so etwa MüKoStGB/*Alt* Rn. 14), ist mindestens zweifelhaft, weil Beobachtungspflichten nach § 16c Abs. 1 ihre Grundlage primär in der Inverkehrbringensgenehmigung finden (*„nach Maßgabe der Genehmigung"*). Zudem dient die Verordnungsermächtigung allein der „Erarbeitung und Vertiefung von Beobachtungskonzepten" und soll vor allem die „effiziente Ausgestaltung der Beobachtung (...) gewährleisten" (BT-Drs. 15/3088, 28). Die Grundzüge und Zwecke der Beobachtung sind hingegen der gesetzlichen Regelung in ausreichender Weise zu entnehmen und dürften damit zugleich eine hinreichende Basis zur Bestimmung von Beobachtungspflichten iRd Genehmigungsentscheidung bilden. Der Erlass einer entsprechenden Rechtsverordnung wird von § 16c nicht etwa zwingend vorausgesetzt (zu einem derartigen Fall OVG Lüneburg NdsVBl. 2009, 135); der Gesetzgeber ist vielmehr gerade mit Blick auf die Bestimmung des Art. 33 der RL 2001/18/EG v. 12.3.2001 über die absichtliche Freisetzung genetisch veränderter Organismen in die Umwelt und zur Aufhebung der RL 90/220/EWG (ABl. 2001 L 106, 1) von der unmittelbaren Anwendbarkeit der Bußgeldnorm und damit zugleich auch von der Verbindlichkeit behördlicher Beobachtungsanordnungen ausgegangen (BT-Drs. 16/430, 12).

XII. Vollziehbare Auflagen und Anordnungen (Nr. 8)

16   Die Regelung des § 38 Abs. 1 Nr. 8 betrifft Zuwiderhandlungen gegen **vollziehbare Auflagen** nach § 16d Abs. 3 S. 1 (Auflagen zur Produktbeobachtung), § 19 S. 2 (Verfahrensabläufe, Sicherheitsvorkehrungen, Beschaffenheit oder Ausstattung gentechnischer Anlagen) und § 26 (sonstige behördliche Anordnungen; dazu MüKoStGB/*Alt* § 26 Rn. 1). Erforderlich ist, dass es sich tatsächlich um Auflagen im Sinne des § 36 Abs. 2 Nr. 4 VwVfG (dazu *Stelkens/Bonk/Sachs,* 7. Aufl. 2008, VwVfG § 36 Rn. 82 ff.), dh um verwaltungsaktsakzessorische (BeckOK VwVfG/*Tiedemann* VwVfG § 36 Rn. 60) selbstständig erzwingbare Ge- oder Verbote und nicht etwa lediglich um in Auflagenform gegossene Inhaltsbestimmungen (sog „modifizierende Auflagen" oder besser **„modifizierende Inhaltsbestimmungen"**) zum Verwaltungsakt (zur Abgrenzung s. etwa *Walther* JA 1995, 106; *Schmehl* UPR 1998, 334; BeckOK VwVfG/*Tiedemann* VwVfG § 36 Rn. 2, 63 mwN; BVerwG NVwZ 1984, 366) handelt. Täter kann jeder sein, der Adressat der Auflage ist; in Betracht kommt neben dem Betreiber (§ 3 Nr. 7) insbes. auch der Projektleiter nach § 3 Nr. 8 (BayObLG NJW 1997, 1020). Zur **Vollziehbarkeit** als Tatbestandsvoraussetzung s. MüKoStGB/*Alt* Rn. 17; ferner → UmwHG § 21 Rn. 14; → SprengG § 41 Rn. 21 f. Tritt durch eine in Nr. 8 genannte Handlung eine konkrete Gefahr für Leib oder Leben eines anderen, fremde Sachen von bedeutendem Wert oder Bestandteile des Naturhaushalts von erheblicher ökologischer Bedeutung ein, liegt eine Straftat gem. § 39 Abs. 3 vor.

XIII. Mitteilungen (Nr. 9)

Ordnungswidrig handelt ferner, wer die nach § 9 Abs. 4a oder 5 (weitere gentechnische Arbeiten in **17** einer anderen angemeldeten oder genehmigten gentechnischen Anlage desselben Betreibers; weitere gentechnische Anlagen einer internationalen Hinterlegungsstelle, → Rn. 8), § 16a Abs. 2 S. 1 oder S. 3 (Freisetzung gentechnisch veränderter Organismen) oder Abs. 3 S. 1 oder 3 (Anbau gentechnisch veränderter Organismen), § 21 Abs. 1 S. 1 oder S. 2 iVm S. 1 (Änderungen in der Beauftragung des Projektleiters, des Beauftragten für die Biologische Sicherheit oder eines Mitglieds des Ausschusses für die Biologische Sicherheit), Abs. 1b S. 1 (Einstellung des Betriebs einer Anlage), Abs. 2 iVm Abs. 1 S. 1 (Änderungen der sicherheitsrelevanten Einrichtungen und Vorkehrungen einer gentechnischen Anlage), Abs. 3 (Vorkommnisse, die nicht dem erwarteten Verlauf der gentechnischen Arbeit, der Freisetzung oder des Inverkehrbringens entsprechen), Abs. 4 S. 1 (Ergebnisse der Freisetzung) oder Abs. 5 oder 5a S. 1 oder S. 2 (neue Informationen über Risiken) vorgeschriebenen Mitteilungen **nicht, nicht richtig oder nicht rechtzeitig** macht. Tritt durch eine in Nr. 9 genannte Handlung eine konkrete Gefahr für Leib oder Leben eines anderen, fremde Sachen von bedeutendem Wert oder Bestandteile des Naturhaushalts von erheblicher ökologischer Bedeutung ein, liegt eine Straftat gem. § 39 Abs. 3 vor.

XIV. Auskünfte und Hilfsmittel (Nr. 10)

Nach § 25 Abs. 2 haben insbes. der Betreiber und die verantwortlichen Personen im Sinne des § 3 **18** Nr. 8 (Projektleiter) und Nr. 9 (Beauftragter für die Biologische Sicherheit) auf Verlangen unverzüglich die zur Überwachung erforderlichen Auskünfte zu erteilen und die erforderlichen Hilfsmittel zur Verfügung zu stellen. Die Auskunftspflicht reicht einerseits nur so weit, wie das behördliche Auskunftsverlangen (MüKoStGB/*Alt* Rn. 19 mwN). Andererseits können nach § 25 Abs. 4 Auskünfte auf solche Fragen verweigert werden, deren Beantwortung den Auskunftspflichtigen oder einen seiner Angehörigen im Sinne des § 383 Abs. 1 Nr. 1–3 ZPO der Gefahr der Verfolgung wegen einer Straftat oder einer Ordnungswidrigkeit aussetzen würde. Das behördliche **Auskunftsverlangen** ist belastender Verwaltungsakt, der die gesetzliche Auskunftspflicht konkretisiert (VGH München NVwZ-RR 2007, 728) und gegen den der Auskunftspflichtige mit der Anfechtungsklage vorgehen kann (BSG NZA 1990, 157); bloße **„Anfragen"** der zuständigen Behörde genügen nicht. Wegen der dem Verwaltungsakt innewohnenden Tatbestandsfunktion, die einen Durchgriff auf die materielle Rechtslage verbietet, muss im Bußgeldverfahren eine Prüfung der **Auskunftsberechtigung** der Behörde unterbleiben, sofern nicht (etwa in Willkür-Fällen) von der **Nichtigkeit des Auskunftsverlangens** auszugehen ist (BGH NJW 1970, 155 mAnm *Schreven;* BayObLG NStZ-RR 1996, 278).

XV. Verpflichtungen nach § 16 Abs. 5a oder § 25 Abs. 3 S. 3 (Nr. 11)

Die Regelung des § 16 Abs. 5a erklärt die Bestimmungen einer Genehmigung für das Inverkehr- **19** bringen auch ggü. den übrigen am Inverkehrbringen des Produktes oder dem Umgang damit Beteiligten für verbindlich, soweit diese sich auf den Verwendungszweck oder den Umgang mit dem Produkt, insbes. seine Anwendung, Beförderung oder Lagerung beziehen (*Palme* NVwZ 2005, 253; zum Hintergrund der Vorschrift BT-Drs. 15/3088, 25 f.). Voraussetzung ist die **Veröffentlichung** der Inverkehrbringensgenehmigung; sie erfolgt nach den Vorschriften der Gentechnik-Verfahrensverordnung (Verordnung über Antrags- und Anmeldeunterlagen und über Genehmigungs- und Anmeldeverfahren nach dem Gentechnikgesetz v. 4.11.1996 (BGBl. I 1657; zuletzt geändert durch Verordnung v. 28.4.2008, BGBl. I 766). Die Vorschrift des § 25 Abs. 3 S. 3 betrifft **Duldungs-, Unterstützungs- und Vorlagepflichten iRd behördlichen Überwachung.** Zur Informationsbeschaffung im Bußgeldverfahren kann die Regelung indes nicht fruchtbar gemacht werden (MüKoStGB/*Alt* § 25 Rn. 3); die **Verwertung** von Erkenntnissen ist nach Maßgabe des § 25 Abs. 5 zulässig.

XVI. Risikobewertung (Nr. 11a)

Verstöße gegen die Verpflichtung zur Vorlage einer **Risikobewertung** (→ § 6 Abs. 1 Rn. 1) iRd **20** behördlichen Überwachung nach § 25 Abs. 6 sind bußgeldbewehrt. Es gelten die in → Rn. 18 dargestellten Grundsätze entsprechend.

XVII. Rechtsverordnungen (Nr. 12)

1. Gentechnik-Aufzeichnungsverordnung. Ordnungswidrig handelt nach § 5 **Nr. 1** der Verord- **21** nung über Aufzeichnungen bei gentechnischen Arbeiten und bei Freisetzungen v. 4.11.1996 (GenTAufzV; BGBl. I 1644; zuletzt geändert durch Verordnung v. 28.4.2008 – BGBl. I 766), wer als Betreiber (§ 3 Nr. 7) **vorsätzlich oder fahrlässig** Aufzeichnungen nach § 2 Abs. 1 S. 1, Abs. 2, 3, 4 oder 5 GenTAufzV nicht richtig oder nicht vollständig führt. Aufzeichnungen über gentechnische Arbeiten müssen nach § 2 Abs. 1 GenTAufzV insbes. Angaben zum Betreiber der gentechnischen Anlage, den Namen des Projektleiters und des Beauftragten für die Biologische Sicherheit, Angaben zur

Anzeige, Anmeldung oder zur Genehmigung sowie zur Sicherheitsstufe, zu den Ausgangsstoffen und -organismen, zu unvorhergesehenen Vorkommnissen und zur Abfall- und Abwasserentsorgung enthalten. Weitergehende Aufzeichnungspflichten („sind zusätzlich aufzuzeichnen") für Arbeiten im Labor- und im Produktionsbereich sowie für gentechnische Arbeiten der Sicherheitsstufen 3 oder 4 ergeben sich aus § 2 Abs. 2, 3 und 4 GenTAufzV. Die Anforderungen an Aufzeichnungen über Freisetzungen sind in § 2 Abs. 5 GenTAufzV geregelt; aufzunehmen sind neben dem Zeitpunkt des Beginns und der Beendigung der Freisetzung vor allem Anzahl und Menge sowie Verbleib der freigesetzten Organismen und Angaben zu etwaigen unerwarteten Vorkommnissen. Bußgeldbewehrt sind nach § 5 **Nr. 2** GenTAufzV ferner Zuwiderhandlungen gegen Vorlage- und Aufbewahrungspflichten nach § 4 Abs. 1 GenTAufzV. Nach dieser Vorschrift hat der Betreiber seine Aufzeichnungen der zuständigen Behörde auf Ersuchen vorzulegen; die Aufbewahrungsfristen betragen für Arbeiten der Sicherheitsstufe 1 zehn und für Arbeiten der Sicherheitsstufen 2–4 sowie für Freisetzungen dreißig Jahre. Händigt der Betreiber seine Aufzeichnungen der zuständigen Behörde im Falle einer Betriebsstilllegung nicht unverzüglich aus, handelt er nach § 5 **Nr. 3** iVm § 4 Abs. 3 ordnungswidrig.

22   **2. Gentechnik-Sicherheitsverordnung.** Nach § 20 der Verordnung über die Sicherheitsstufen und Sicherheitsmaßnahmen bei gentechnischen Arbeiten in gentechnischen Anlagen v. 14.3.1995 (GenTSV; BGBl. I 297; zuletzt geändert durch Verordnung zur Rechtsvereinfachung und Stärkung der arbeitsmedizinischen Vorsorge v. 18.12.2008 – BGBl. I 2768) sind bußgeldbewehrt **vorsätzliche oder fahrlässige** Zuwiderhandlungen des Betreibers (§ 3 Nr. 7) gegen die Vorschriften **(Nr. 1)** zur Beachtung der Anforderungen an Anlagen und Sicherheitsmaßnahmen nach § 9 Abs. 1 S. 1 (Labor- und Produktionsbereich), § 10 Abs. 1 S. 1 (Haltung von Pflanzen in Gewächshäusern) und § 11 Abs. 1 S. 1 (Haltung von Versuchstieren in Tierhaltungsräumen) GenTSV, **(Nr. 2)** des § 12 Abs. 2 S. 1 und 2 zur Erstellung einer Betriebsanweisung, **(Nr. 3)** des § 12 Abs. 3 S. 1–4 zur Unterweisung der Beschäftigten, **(Nr. 4)** des § 12 Abs. 8 zum Schutz der Beschäftigten, **(Nr. 5)** des § 13 Abs. 3 S. 1 zur Vorbehandlung von Abwasser und Abfall, **(Nr. 6)** des § 13 Abs. 5 S. 1 und S. 6 zur Sterilisierung flüssiger und fester Abfälle und Abwässer aus Anlagen in denen Arbeiten der Sicherheitsstufen 3 oder 4 durchgeführt werden und zur Auslegung der Geräte zur Überprüfung der Temperatur und Dauer der Sterilisierung, **(Nr. 7)** des § 13 Abs. 6 zur Überführung von Geräten, Teilen von Geräten oder Abfällen aus Anlagen, in denen gentechnische Arbeiten der Sicherheitsstufen 3 und 4 durchgeführt werden, in sicheren, dicht verschlossenen, entsprechend gekennzeichneten und außen desinfizierten Behältern, **(Nr. 8)** des § 16 Abs. 1 S. 1 zur Bestellung eines Beauftragten für die Biologische Sicherheit.

3. Konkrete Gefahr. Tritt durch eine in Nr. 12 genannte Handlung eine konkrete Gefahr für Leib oder Leben eines anderen, fremde Sachen von bedeutendem Wert oder Bestandteile des Naturhaushalts von erheblicher ökologischer Bedeutung ein, liegt eine Straftat gem. § 39 Abs. 3 vor.

XVIII. Vorsatz und Fahrlässigkeit

23   Ordnungswidrigkeiten nach Abs. 1 Nr. 1–12 (→ Rn. 1–22) können sowohl **vorsätzlich** als auch **fahrlässig** begangen werden. Da eine dem § 11 Abs. 2 StGB entsprechende Regelung im Recht der Ordnungswidrigkeiten nicht vorgesehen ist, liegt fahrlässiges Verhalten in diesem Sinne schon dann vor, wenn sich der Vorsatz des Täters nicht auf sämtliche objektiven Tatbestandsmerkmale bezieht (KK-OWiG/*Mitsch* OWiG § 17 Rn. 25 mwN). Handelt der Täter **leichtfertig**, setzt er sich also in qualifiziert fahrlässiger Weise über gesetzliche Ge- und/oder Verbotsnormen hinweg (ausf. KK-OWiG/ *Rengier* OWiG § 10 Rn. 49 f. mwN), wird die Geldbuße regelmäßig dem oberen Bereich des nach § 38 Abs. 2, § 17 Abs. 2 OWiG einschlägigen Rahmens (→ Rn. 24) zu entnehmen sein.

B. Rechtsfolgen (Abs. 2)

24   Für vorsätzliche Zuwiderhandlungen beträgt das **Höchstmaß der Geldbuße** nach § 38 Abs. 2 50.000 EUR. Fahrlässige Verstöße sind mit Geldbuße von bis zu 25.000 EUR bedroht, § 17 Abs. 2 OWiG. Zu beachten ist § 17 Abs. 4 OWiG, wonach die Geldbuße den wirtschaftlichen Vorteil übersteigen soll, den der Täter (nicht eine von ihm vertretene juristische Person – BayObLG wistra 1995, 360; ein wirtschaftlicher Vorteil des Täters in diesem Sinne liegt aber dann vor, wenn ihm gegen die juristische Person ein geldwerter Anspruch auf Gewinnausgleich zusteht oder ihm ein derartiger Gewinn tatsächlich zugeflossen ist) aus der Ordnungswidrigkeit gezogen hat (ausf. zur „**Gewinnabschöpfung**" im Ordnungswidrigkeitenrecht *Brenner* NStZ 1998, 557). Dabei kann das gesetzliche Höchstmaß der Geldbuße – auch in den Fällen fahrlässiger Verstöße (OLG Hamm MDR 1979, 870) – überschritten werden, sofern es hierfür nicht ausreicht, § 17 Abs. 4 S. 2 OWiG.

C. Zuständigkeit (Abs. 3)

25   Soweit das Gesetz von Bundesbehörden ausgeführt wird, obliegt die Verfolgung von Ordnungswidrigkeiten (abw. von § 36 Abs. 1 Nr. 2b OWiG) den nach Landesrecht zuständigen Behörden.

Einschlägige **landesrechtliche Zuständigkeitsbestimmungen** enthalten *(Baden-Württemberg)* Verordnung der **26** Landesregierung über Zuständigkeiten nach dem Gesetz über Ordnungswidrigkeiten v. 2.2.1990 (BWGBl., 75, 268), *(Bayern)* *ZuständigkeitsV v. 16.6.2015 (GVBl. S. 184)*, *(Berlin)* Verordnung über sachliche Zuständigkeiten für die Verfolgung und Ahndung von Ordnungswidrigkeiten v. 29.2.2000 (BlnGVBl. 249), *(Brandenburg)* Verordnung zur Regelung von Zuständigkeiten auf den Gebieten gefährliche Stoffe und Gentechnik v. 30.5.2003 (BbgGVBl. II S. 346), *(Bremen)* Verordnung über die Zuständigkeit für die Verfolgung und Ahndung von Ordnungswidrigkeiten nach dem Gentechnikrecht v. 6.11.2012 (Brem.GBl. S. 488), *(Hamburg)* Anordnung zur Durchführung des Gentechnikgesetzes v. 10.5.1994 (Amtl. Anz. 1994, 1213), *(Hessen)* Verordnung zur Regelung von Zuständigkeiten nach dem Gentechnikgesetz v. 20.12.1995 (HessGVBl, 566), *(Mecklenburg-Vorpommern)* Landesverordnung zur Bestimmung der zuständigen Behörden nach dem Gentechnikgesetz v. 25.2.2008 (GVOBl. M-V, 33), *(Niedersachsen)* Verordnung über sachliche Zuständigkeiten für die Verfolgung und Ahndung von Ordnungswidrigkeiten v. 17.11.2014 (NdsGVBl., 311); Verordnung über Zuständigkeiten auf den Gebieten des Arbeitsschutz-, Immissionsschutz-, Sprengstoff-, Gentechnik- und Strahlenschutzrechts sowie in anderen Rechtsgebieten v. 27.10.2009 (NdsGVBl., 374), *(Nordrhein-Westfalen)* Zuständigkeitsverordnung Umweltschutz v. 3.2.2015 (GV. NRW 2015, 268), *(Rheinland-Pfalz)* Landesverordnung über Zuständigkeiten auf dem Gebiet der Gentechnik v. 14.6.2004 (RhPfGVBl., 351), *(Saarland)* Verordnung zur Regelung von Zuständigkeiten nach dem Gentechnikgesetz v. 22.10.1991 (SaarlABl., 1158), *(Sachsen)* Verordnung der Sächsischen Staatsregierung über Zuständigkeiten nach dem Gesetz über Ordnungswidrigkeiten v. 16.6.2014 (SächsGVBl., 342), *(Sachsen-Anhalt)* Zuständigkeitsverordnung für das Gentechnikrecht v. 4.9.1997 (LSAGVBl., 820), *(Schleswig-Holstein)* Landesverordnung über die zuständigen Behörden nach dem Gentechnikrecht v. 8.12.2008 (SchlHGVOBl, 764); Landesverordnung zur Bestimmung der zuständigen Behörden für die Verfolgung und Ahndung von Ordnungswidrigkeiten v. 22.1.1988 (GVOBl. 1988, 32) und *(Thüringen)* Thüringer Verordnung zur Regelung von Zuständigkeiten auf dem Gebiet des Gentechnikrechts v. 14.4.1998 (ThürGVBl. 1998, 148).

§ 39 Strafvorschriften

(1) Mit Freiheitsstrafe bis zu einem Jahr oder mit Geldstrafe wird bestraft, wer einer Rechtsverordnung nach § 36 Abs. 1 Satz 1 zuwiderhandelt, soweit sie für einen bestimmten Tatbestand auf diese Strafvorschrift verweist.

(2) Mit Freiheitsstrafe bis zu drei Jahren oder mit Geldstrafe wird bestraft, wer

1. ohne Genehmigung nach § 14 Abs. 1 Satz 1 Nr. 1 gentechnisch veränderte Organismen freisetzt oder

2. ohne Genehmigung nach § 8 Abs. 1 Satz 2 eine gentechnische Anlage betreibt.

(3) Mit Freiheitsstrafe von drei Monaten bis zu fünf Jahren wird bestraft, wer durch eine in Absatz 2 oder eine in § 38 Abs. 1 Nr. 2, 8, 9 oder 12 bezeichnete Handlung Leib oder Leben eines anderen, fremde Sachen von bedeutendem Wert oder Bestandteile des Naturhaushalts von erheblicher ökologischer Bedeutung gefährdet.

(4) In den Fällen der Absätze 2 und 3 ist der Versuch strafbar.

(5) Wer in den Fällen des Absatzes 2 fahrlässig handelt, wird mit Freiheitsstrafe bis zu einem Jahr oder mit Geldstrafe bestraft.

(6) Wer in den Fällen des Absatzes 3 die Gefahr fahrlässig verursacht, wird mit Freiheitsstrafe bis zu fünf Jahren oder mit Geldstrafe bestraft.

(7) Wer in den Fällen des Absatzes 3 fahrlässig handelt und die Gefahr fahrlässig verursacht, wird mit Freiheitsstrafe bis zu drei Jahren oder mit Geldstrafe bestraft.

A. Tatbestand nach Abs. 1

Nach § 32 Abs. 1 ist der Betreiber nach Maßgabe der Abs. 2–8 zum Schadensersatz verpflichtet, **1** soweit infolge von Eigenschaften eines Organismus, die auf gentechnischen Arbeiten beruhen, jemand getötet, sein Körper oder seine Gesundheit verletzt oder eine Sache beschädigt wird. Der Ursachenzusammenhang wird bei der Schädigung durch gentechnisch veränderte Organismen gesetzlich vermutet, § 34 Abs. 1. Die Haftung ist dabei nach § 33 auf einen Höchstbetrag von 85 Mio. EUR beschränkt. Zur Sicherung der Betreiberhaftung enthält § 36 eine Verordnungsermächtigung zur Bestimmung einer **Deckungsvorsorgeverpflichtung**. Weil eine solche – zustimmungsbedürftige – Rechtsverordnung bislang nicht erlassen wurde, läuft die Vorschrift derzeit leer.

B. Tatbestände nach Abs. 2

Die Tatbestände nach Abs. 2 sind **abstrakte Gefährdungsdelikte.** Grundlage der Strafbarkeit ist die **2** Erkenntnis, dass die beschriebenen Handlungen typischerweise leicht (oder regelmäßig) eine konkrete Gefahr oder gar eine Schädigung geschützter Rechtsgüter bewirken können (zur abstrakten Gefahr des Mitsichführens einer Schusswaffe BGH NStZ 1997, 344 (345)). Ein Gefährdungserfolg ist zur Tatbestandsverwirklichung daher nicht erforderlich. Zwar kann im Einzugsbereich der abstrakten Gefährdungsdelikte im Einzelfall eine Strafbarkeit – den Prämissen des **Schuldprinzips** folgend – für Handlungen zweifelhaft sein, denen wegen der Besonderheiten der Situation nach menschlichem Erfahrungswissen jegliche Schädigungseignung abzusprechen ist (Schönke/Schröder/*Heine*/*Bosch* StGB Vor §§ 306 Rn. 3 ff.). Jedoch darf angesichts des beabsichtigten überindividuellen Rechtsgüterschutzes und der vielfältigen Risiken gentechnischer Arbeiten und der Freisetzung gentechnisch veränderter Organismen (→ Vorb. Rn. 1, 2, 5) davon ausgegangen werden, dass auch Handlungen erfasst werden sollen, die für sich betrachtet noch völlig ungefährlich sind (→ Rn. 4).

I. Unerlaubte Freisetzung gentechnisch veränderter Organismen

3   Die Regelung des § 39 Abs. 2 Nr. 1 stellt die Freisetzung gentechnisch veränderter Organismen (→ Vorb. Rn. 4) unter Strafe, soweit sie ohne Genehmigung nach § 14 Abs. 1 S. 1 Nr. 1 erfolgt. Unter **Freisetzung** versteht man dabei das **gezielte Ausbringen** solcher Organismen in die Umwelt, soweit noch keine Genehmigung für das Inverkehrbringen zum Zwecke des späteren Ausbringens in die Umwelt erteilt wurde (§ 3 Nr. 5). Nicht unter die Strafnorm fällt daher das unbeabsichtigte Entweichen etwa im Rahmen eines Störfalles (MüKoStGB/*Alt* § 3 Rn. 7 mwN). Nicht als Freisetzen gilt auch das Ablassen oder Ausbringen von mit gentechnisch veränderten Organismen kontaminiertem Abwasser oder Abfall in die Umwelt (MüKoStGB/*Alt* § 3 Rn. 7 aE). Dies leuchtet ein, weil § 13 GenTSV (→ § 38 Rn. 22) als Spezialregelung besondere Anforderungen an die Abwasser- und Abfallbehandlung aufstellt, obschon begriffliche Inkonsistenzen insoweit festzustellen sind, als nach § 20 Nr. 6 GenTSV durch die entsprechende Behandlung von Abfall und Abwasser „eine Freisetzung von Organismen ausgeschlossen" werden soll. Verstöße gegen die betreffenden Vorschriften sind nach § 39 Abs. 3 strafbar (→ Rn. 5).

II. Unerlaubter Betrieb einer gentechnischen Anlage

4   Nach § 8 Abs. 1 S. 2 bedarf der Betrieb gentechnischer Anlagen, in denen gentechnische Arbeiten der **Sicherheitsstufen 3 oder 4** (→ Vorb. Rn. 5) durchgeführt werden sollen, der Anlagengenehmigung. Der Begriff des **Betriebes** gentechnischer Anlagen ist weit auszulegen und dabei einerseits von der **Errichtung** der Anlage (§ 8 Abs. 2 S. 1) und andererseits von der **Durchführung gentechnischer Arbeiten** abzugrenzen. Ausgehend hiervon umfasst er neben der Durchführung gentechnischer Arbeiten sämtliche, auf die Errichtung der Anlage folgende anlagenbezogene Handlungen bis zu deren Stilllegung (MüKoStGB/*Alt* § 8 Rn. 5 mwN), ohne dass es auf eine unmittelbare **Schädigungseignung** der Handlung ankäme (→ Rn. 2). Liegt eine Genehmigung vor, kommt es entscheidend darauf an, ob sich der Betrieb innerhalb der erteilten Genehmigung hält. Verstöße gegen **Auflagen** zur Anlagengenehmigung werden demgegenüber von der Bußgeldnorm des § 38 Abs. 1 Nr. 8 erfasst (→ § 38 Rn. 16) und sind daher nur unter den Voraussetzungen des Abs. 3 strafbar.

C. Tatbestände nach Abs. 3

I. Tathandlungen

5   Erfasst werden zunächst die Tathandlungen nach Abs. 2 (→ Rn. 2 ff.). Darüber hinaus unterfallen der Regelung des Abs. 3 die Durchführung gentechnischer Arbeiten entgegen § 8 Abs. 1 S. 1 (→ § 38 Rn. 3), Verstöße gegen vollziehbare Auflagen oder vollziehbare Anordnungen iSd § 38 Abs. 1 Nr. 8 (dazu → § 38 Rn. 16) und Zuwiderhandlungen gegen die in § 38 Abs. 1 Nr. 12 aufgeführten Rechtsverordnungen (→ § 38 Rn. 21 f.; zur Behandlung von Abwässern und Abfällen → Rn. 3).

II. Gefährdung

6   Die Tatbestände des Abs. 3 sind **konkrete Gefährdungsdelikte;** ihre Verwirklichung setzt die Gefährdung von Leib oder Leben einer anderen Person, fremder Sachen von bedeutendem Wert oder von Bestandteilen des Naturhaushaltes von erheblicher ökologischer Bedeutung voraus. **Konkrete Gefahr** ist dabei ein Zustand, bei dem die nicht fernliegende Möglichkeit der Verletzung des Schutzobjektes besteht; ein Schadenseintritt ist nicht erforderlich.

7   Eine konkrete Gefahr für **Leib oder Leben eines anderen,** dh nicht des Täters oder eines Tatbeteiligten muss eingetreten sein. Eine Leibesgefahr in diesem Sinne ist nur die Gefahr einer nicht unerheblichen Körperverletzung (BGH StV 1994, 127; BGH NStZ 1994, 555 (556)). In den Schutzbereich einbezogen sind auch die mit der Ausführung der gentechnischen Arbeiten befassten Arbeitnehmer. Die Gefahr muss dabei **durch** die in Abs. 3 aufgeführten Handlungen eingetreten sein. Dies setzt – insbes. in den Fällen des Abs. 2 (→ Rn. 2) – voraus, dass die Tathandlung **unmittelbar** zu einer konkreten Gefahr oder Schädigung führt und dieser Erfolg als Steigerung der abstrakten Gefahr begriffen werden kann (BGH NStZ 2009, 100 f. zu § 315b Abs. 1 Nr. 3 StGB).

8   **Fremde Sachen von bedeutendem Wert** sind solche, die weder im Eigentum des Täters oder eines Tatbeteiligten stehen, noch herrenlos sind (zu den Eigentumsverhältnissen am Grundwasser AG Schwäbisch Hall NStZ 2002, 152 f.). Außerhalb des Schutzbereiches liegen insbes. (auch täterfremde) Sachen, die in einer unmittelbaren Beziehung zur betreffenden gentechnischen Anlage stehen oder dieser in

sonstiger Weise zuzuordnen sind. Die Erheblichkeitsschwelle dürfte bei etwa **1.300 EUR** liegen (Fischer StGB § 69 Rn. 29).

Bestandteile des Naturhaushalts von erheblicher ökologischer Bedeutung. Zum Naturhaus- 9 halt zählen die Naturgüter Boden, Wasser, Luft, Klima, Tiere und Pflanzen sowie das Wirkgefüge zwischen ihnen (§ 7 Abs. 1 Nr. 2 BNatSchG). Wann ein Bestandteil des Naturhaushalts von erheblicher ökologischer Bedeutung ist, ist kaum konkretisierbar. Ausgehend hiervon werden teilweise verfassungsrechtliche Bedenken gegen den Begriff erhoben (MüKoStGB/*Alt* Rn. 12 mwN; → Vorb. EGGenT-DurchfG Rn. 2).

D. Versuch (Abs. 4) und Fahrlässigkeit (Abs. 5, 6 und 7)

I. Versuch

Der Versuch ist nach Abs. 4 in den Fällen der Abs. 2 (→ Rn. 2 ff.) und Abs. 3 (→ Rn. 5 ff.) strafbar. 10 Erforderlich ist mindestens bedingter Vorsatz; im Falle des Abs. 3 auch in Bezug auf die konkrete Gefährdung.

II. Fahrlässigkeit

Abs. 5 erfasst die fahrlässige Begehung von Taten nach Abs. 2. Weil die Freisetzung nach § 3 Nr. 5 als 11 das gezielte Ausbringen gentechnisch veränderter Organismen definiert ist (→ Rn. 3), wird sich die Sorgfaltspflichtverletzung im Falle des Abs. 2 Nr. 1 regelmäßig auf das Vorliegen, die Reichweite oder den Inhalt der Freisetzungsgenehmigung beziehen.

Fahrlässiges Handeln und die fahrlässige Gefahrverursachung in den Fällen des Abs. 3 sind Gegenstand der Abs. 6 **(Vorsatz-/Fahrlässigkeits-Kombination)** und Abs. 7 **(Fahrlässigkeits-/Fahrlässigkeits-Kombination).**

E. Rechtsfolgen, Verjährung

Die **Strafandrohung** beträgt bei Vergehen nach Abs. 1 bis zu einem Jahr Freiheitsstrafe oder Geld- 12 strafe, bei den Taten nach Abs. 2 jeweils drei Jahre Freiheitsstrafe oder Geldstrafe und bei den in Abs. 3 hervorgehobenen Taten mit den dort bestimmten erheblichen Gefährdungstatbeständen jeweils drei Monate bis zu fünf Jahre Freiheitsstrafe.

Die **Verfolgungsverjährung** beträgt bei den Taten nach Abs. 1 drei Jahre (§ 78 Abs. 3 Nr. 5 StGB), 13 bei den weiteren Taten nach Abs. 2 u. 3 jeweils fünf Jahre (§ 78 Abs. 3 Nr. 4 StGB).

350. Gesetz zur Bekämpfung unerlaubter Telefonwerbung und zur Verbesserung des Verbraucherschutzes bei besonderen Vertriebsformen

Vom 29. Juli 2009 (BGBl. I S. 2413)

– Auszug –

Vorbemerkung

Literatur: *Alexander,* Neuregelungen zum Schutz der Verbraucher bei unerlaubter Telefonwerbung, JuS 2009, 1070 ff.; *Bokel/Tews,* Ein Jahr Gesetz gegen unerlaubte Telefonwerbung, NJW-aktuell 2010, Nr. 33, 16 ff.; *Ernst,* Unzumutbare Belästigung durch unerwünschte E-Mail-Zusendung ohne Möglichkeit der Bagatellgrenze, Anm. zu BGH, Beschluss v. 10.12.2009 – I ZR 201/07, jurisPR-ITR 3/2010 Anm. 3; *Hecker,* Neue Regeln gegen unerlaubte Telefonwerbung, K&R 2009, 601 ff.; *Klotz/Brandenberg,* Der novellierte EG-Rechtsrahmen für elektronische Kommunikation, MMR 2010, 147 ff.; *Köhler,* Neue Regelungen zum Verbraucherschutz bei Telefonwerbung und Fernabsatzverträgen, NJW 2009, 2567 ff.; *Taxhet/Artz,* Das Gesetz zur Bekämpfung unerlaubter Telefonwerbung und zur Verbesserung des Verbraucherschutzes bei besonderen Vertriebsformen, ZGS 2009, 264 ff.; *Tonner/Reich,* Die Entwicklung der wettbewerbsrechtlichen Beurteilung der Telefonwerbung, VuR 2009, 95 ff.; *v. Wallenberg,* Ist das Telefonmarketing gegenüber Verbrauchern tot?, BB 2009, 1768 ff.

1 **1. Entstehung des Gesetzes.** Das Gesetz zur Bekämpfung unerlaubter Telefonwerbung und zur Verbesserung des Verbraucherschutzes bei besonderen Vertriebsformen v. 29.7.2009 (BGBl. I 2413) ist die Reaktion des Gesetzgebers auf die enorme Zunahme von Telefonwerbung in den letzten Jahren, welcher sich der Verbraucher oftmals nur schwer entziehen kann und die zudem dadurch hohen Belästigungswert erhielt, dass die Werbeanrufe vielmals mit „verdeckter Nummer" durchgeführt wurden und der Verbraucher einen solchen Anruf erst entsprechend identifizieren konnte, nachdem er das Telefonat entgegengenommen hatte.

2 **2. Ziele und Zweck der gesetzlichen Regelungen.** Zwar war bereits nach geltendem Recht vor Inkrafttreten des Gesetzes die Werbung mit unerwünschten Telefonanrufen gegenüber Verbrauchern unlauter und damit rechtswidrig, wenn sie ohne deren Einwilligung erfolgte; jedoch stieß die Durchsetzung hiergegen gerichteter Ansprüche in der Praxis auf erhebliche praktische Schwierigkeiten. Die Regelungen dieses Gesetzes ermöglichen nunmehr die Ahndung von Verstößen gegen das Verbot der unerlaubten Telefonwerbung gegenüber Verbrauchern mit einer Geldbuße bis zu 50.000 EUR. Außerdem wird im Gesetz klargestellt, dass ein Werbeanruf nur zulässig ist, wenn der Angerufene vorher ausdrücklich erklärt hat, Werbeanrufe erhalten zu wollen. Zusätzlich dürfen Anrufer bei Werbeanrufen ihre Rufnummer künftig nicht mehr unterdrücken, um ihre Identität zu verschleiern. Für Verstöße gegen das Verbot wird eine Geldbuße bis zu 10.000 EUR angedroht. Des weiteren erhalten Verbraucher zusätzliche Möglichkeiten, Verträge zu widerrufen, die sie am Telefon abgeschlossen haben; dh Verträge über die Lieferung von Zeitungen, Zeitschriften und Illustrierten sowie über Wett- und Lotteriedienstleistungen können künftig ebenso widerrufen werden wie es bislang schon bei allen anderen Verträgen möglich ist, die Verbraucher am Telefon abgeschlossen haben. Außerdem können sich Verbraucher künftig ohne Angabe von Gründen regelmäßig innerhalb von einem Monat von allen telefonisch abgeschlossenen Verträgen lösen.

3 Auch Umgehungsversuche dieser Regelung, bspw. durch Einwurf einer Paketbenachrichtigungskarte, um den Empfänger selbst zu einem Anruf zu veranlassen, bei welchem er dann unvermittelt mit Werbungsversuchen konfrontiert wird, verstoßen gegen § 7 Abs. 2 Nr. 2 sowie § 4 Nr. 3 und § 7 Abs. 1 UWG (OLG Hamm BeckRS 2010, 27688).

4 **3. Gegenstand der gesetzlichen Regelungen.** Der Gesetzeszweck wird im Wesentlichen realisiert durch Änderungen und Ergänzungen des Bürgerlichen Gesetzbuchs (§§ 312d, 312f), des Gesetzes gegen den unlauteren Wettbewerb (§ 7 Abs. 2 Nr. 2, § 20) und des Telekommunikationsgesetzes (§§ 102, 149). Die hier näher zu erläuternden Ordnungswidrigkeiten sind im UWG und im TKG angesiedelt.

Gesetz gegen den unlauteren Wettbewerb (UWG)

in der Fassung der Bekanntmachung vom 3. März 2010 (BGBl. I S. 254) FNA 43-7

Zuletzt geändert durch Artikel 6 G. gegen unseriöse Geschäftspraktiken v. 1.10.2013 (BGBl. I S. 3714)

– Auszug –

§ 20 Bußgeldvorschriften

(1) Ordnungswidrig handelt, wer vorsätzlich oder fahrlässig entgegen § 7 Absatz 1

1. in Verbindung mit § 7 Absatz 2 Nummer 2 mit einem Telefonanruf oder
2. in Verbindung mit § 7 Absatz 2 Nummer 3 unter Verwendung einer automatischen Anruf-maschine

gegenüber einem Verbraucher ohne dessen vorherige ausdrückliche Einwilligung wirbt.

(2) Die Ordnungswidrigkeit kann mit einer Geldbuße bis zu dreihunderttausend Euro geahndet werden.

(3) Verwaltungsbehörde im Sinne des § 36 Absatz 1 Nummer 1 des Gesetzes über Ord-nungswidrigkeiten ist die Bundesnetzagentur für Elektrizität, Gas, Telekommunikation, Post und Eisenbahnen.

A. Regelungscharakter

Die in § 20 festgelegte Ordnungswidrigkeit sanktioniert einen Verstoß gegen das Belästigungsverbot **1**
des § 7 Abs. 2 Nr. 2:

§ 7 Unzumutbare Belästigungen

(1) [1] Eine geschäftliche Handlung, durch die ein Marktteilnehmer in unzumutbarer Weise belästigt wird, ist un-zulässig. [2] Dies gilt insbesondere für Werbung, obwohl erkennbar ist, dass der angesprochene Marktteilnehmer diese Werbung nicht wünscht.
(2) Eine unzumutbare Belästigung ist stets anzunehmen
1. bei Werbung unter Verwendung eines in den Nummern 2 und 3 nicht aufgeführten, für den FernAbsatz geeig-neten Mittels der kommerziellen Kommunikation, durch die ein Verbraucher hartnäckig angesprochen wird, obwohl er dies erkennbar nicht wünscht;
2. bei Werbung mit einem Telefonanruf gegenüber einem Verbraucher ohne dessen Einwilligung oder gegenüber einem sonstigen Marktteilnehmer ohne dessen zumindest mutmaßliche Einwilligung, (...)

B. Die Regelung im Einzelnen
I. Einwilligungserfordernis

1. Rechtslage bis zum Inkrafttreten dieses Gesetzes. Nach § 7 Abs. 2 Nr. 2 Alt. 1 in der bis **2**
dahin geltenden Fassung galt die Werbung mit unerwünschten Telefonanrufen gegenüber Verbrauchern
als **unlauter,** wenn sie **„ohne deren Einwilligung"** erfolgte. Demgegenüber reichte bei sonstigen
Marktteilnehmern gemäß § 7 Abs. 2 Nr. 2 Alt. 2 die zumindest mutmaßliche Einwilligung. Auch wenn
es sich bei einer solchen Einwilligung nicht um eine Einwilligung iSd § 183 S. 1 BGB (vorherige
Zustimmung) handelt, da sich diese Vorschrift nur auf Rechtsgeschäfte bezieht, während es bei § 7
Abs. 2 Nr. 2 Alt. 1 um die Gestattung eines Eingriffs in die Privatsphäre geht, musste es sich nach
allgemeiner Meinung auch im Falle des § 7 Abs. 2 Nr. 2 um eine „vorherige" Einwilligung handeln.
Allerdings soll es ausreichen, wenn die erforderliche Einwilligung durch schlüssiges (konkludentes)
Verhalten erfolgt.

2. Die gesetzliche Neuregelung des § 7 Abs. 2 Nr. 2. Zur besseren Bekämpfung unerlaubter **3**
Telefonwerbung ist jetzt ausdrücklich festgelegt, dass ein **Wettbewerbsverstoß** vorliegt, wenn ein
Werbeanruf gegenüber Verbrauchern getätigt wird, **ohne** dass eine **vorherige ausdrückliche Einwil-ligung** in diesen Anruf vorliegt, also einen Anruf zum Zweck der Werbung (AG Bonn BeckRS 2014,
16073). Hiervon unberührt bleibt allerdings der Anruf eines Unternehmens bei einem Kunden, um im
Rahmen eines bestehenden Vertragsverhältnisses eine vertragliche Nebenpflicht zu erfüllen. Ein solcher
Anruf – bei dem es sich nicht um Werbung handelt – bleibt auch weiterhin möglich (BT-Drs. 16/10734,
13).

Durch das Erfordernis einer ausdrücklichen Einwilligung soll bewirkt werden, dass sich sowohl der **4**
einwilligende Verbraucher als auch das Unternehmen, das aufgrund einer solchen Einwilligung anrufen

will, von vornherein bewusst sind, dass und ob ein Anruf zu Werbezwecken im konkreten Fall erlaubt ist. Umgekehrt ergibt sich beim Fehlen einer **ausdrücklichen Einwilligungserklärung,** dass ein Werbeanruf nicht gestattet ist. Zugleich soll mit der erfolgten gesetzlichen Ergänzung ermöglicht werden, den zu regelnden Bußgeldtatbestand so zu formulieren, dass er dem straf- und bußgeldrechtlichen Bestimmtheitsgebot genügt. Außerdem ergibt sich aus dem Gesetzestext, dass bereits Werbung mit nur einem Telefonanruf eine unzumutbare Belästigung darstellen kann.

5   Auch Umgehungsversuche dieser Regelung, bspw. durch Einwurf einer Paketbenachrichtigungskarte, um den Empfänger selbst zu einem Anruf zu veranlassen, bei welchem er dann unvermittelt mit Werbungsversuchen konfrontiert wird, verstoßen gegen § 7 Abs. 2 Nr. 2 sowie § 4 Nr. 3 und § 7 Abs. 1 (OLG Hamm BeckRS 2010, 27688).

II. Ordnungswidrigkeiten iSd § 20

6   Zwar begründete auch nach bislang geltendem Recht unlauteres Verhalten im Wettbewerb bereits Unterlassungs- und Schadensersatzansprüche (§§ 8, 9), worunter auch Werbung mit Telefonanrufen gegenüber Verbrauchern ohne deren Einwilligung fiel. Dennoch war für „normale" Verbraucher dieser Weg zumeist zu aufwendig und im Regelfall nur unter Einschaltung eines Verbraucherschutzverbandes gangbar; denn einem gerichtlichen Verfahren geht regelmäßig eine Abmahnung mit dem Verlangen einer strafbewehrten Unterlassungserklärung voraus. Erst wenn diese Abmahnung nicht zum Erfolg führt, ist das gerichtliche Verfahren – meist mit einstweiliger Verfügung und Androhung eines Ordnungsgeldes im Wiederholungsfall – durchzuführen.

7   Nunmehr ist der Verbraucher nicht mehr darauf beschränkt, selbst ein gerichtliches Verfahren einzuleiten. Vielmehr kann er neben der fortbestehenden zivilrechtlichen Sanktionierung von Lauterkeitsverstößen auf unerlaubte Telefonwerbung auch mit **Mitteilung an die Bundesnetzagentur** reagieren, welche den Verstoß mit einer **Geldbuße** sanktionieren kann. Somit kann auch ohne Abmahnung unmittelbar gegen den Rechtsverstoß vorgegangen werden.

8   **1. Mögliche Täter einer Ordnungswidrigkeit.** Der Tatbestand des § 20 Abs. 1 kann sowohl
– von anrufenden Mitarbeitern und Mitarbeiterinnen eines Call-Centers
– als auch von Betreibern eines Call-Centers, die den Angestellten den Auftrag zu solchen Anrufen gegeben haben (OLG Köln NJW 2005, 2786),
– als auch von den Auftraggebern des Call-Centers, in deren Namen telefonisch geworben wurde,

erfüllt werden. Regelmäßig werden diese in Ausübung eines Handels, Gewerbes, Handwerks oder freien Berufs handeln mit dem Ziel, den Absatz von Waren oder die Erbringung von Dienstleistungen zu fördern. Zwar rufen nur die Angestellten des Call-Centers eigenhändig an, jedoch wirken die anderen Personen beispielsweise durch Beauftragung, Schaffung der organisatorischen Rahmenbedingungen und Bereitstellung der technischen Voraussetzungen wesentlich an der Tat mit.

9   Ebenso haftet der Auftraggeber, wenn ein selbstständiger Unternehmer für diesen bspw. Abonnements einwirbt und Lieferverträge verkauft, für Wettbewerbsverstöße dieses Dritten bei der Akquisition. Der Unternehmer ist als Beauftragter des Auftraggebers im Sinne von § 8 Abs. 2 anzusehen, so dass Letzterer für einen unzulässigen Werbeanruf haftet. Der Begriff des Beauftragten ist weit auszulegen, denn der Inhaber eines Unternehmens, dem die Wettbewerbshandlungen zu Gute kommen, soll sich nicht hinter von ihm abhängigen Dritten „verstecken" können (OLG Schleswig BeckRS 2010, 08461). Auch liegt eine „Werbung mit Telefonanrufen" iSd § 7 Abs. 2 Nr. 2 vor, wenn sich ein Demoskopie-Institut telefonisch an Verbraucher wendet, um im Auftrag eines Unternehmens deren Zufriedenheit mit dessen Leistungen zu erfragen (OLG Köln BeckRS 2009, 03292). Dies gilt auch, wenn Mitarbeiter oder beauftragte Personen eines Telefonanbieters Kunden anrufen, nachdem diese einen Wechsel zu einem anderen Anbieter eingeleitet hatten, um diese zu veranlassen, den Wechselauftrag rückgängig zu machen (LG Bonn BeckRS 2010, 22822). Dementsprechend ist auch der Basisvertrag, mit dem sich der Betreiber eines Call Centers gegenüber einem Auftraggeber verpflichtet hat, bei Dritten ohne deren Einwilligung Telefonwerbung zu betreiben, nach § 134 BGB nichtig (OLG Stuttgart NJW 2008, 3071).

10   **2. Vorsatz und Fahrlässigkeit.** Der Ordnungswidrigkeit unterfallen sowohl **vorsätzliche als auch fahrlässige Begehungsweise.** Auch fahrlässige Verstöße stellen für die Betroffenen erhebliche Eingriffe in ihre Privatsphäre dar, die unterbunden werden sollen. Den Anrufenden bzw. den Personen, die den Auftrag zum Anruf erteilt haben, ist es zumutbar, bei einem Anruf zu Werbezwecken mit der verkehrsüblichen Sorgfalt zu überprüfen, ob die erforderliche Einwilligung in diesen Anruf aktuell vorliegt. Würde man nur für vorsätzliches Verhalten eine Geldbuße androhen, bestünde außerdem die Gefahr, dass der Tatbestand im Ergebnis ins Leere läuft, da es für die Betroffenen ohne Weiteres möglich wäre, zu behaupten, sie hätten im Einzelfall übersehen, dass eine vorherige ausdrückliche Einwilligung nicht oder nicht mehr vorgelegen habe (BT-Drs. 16/10734, 14).

11   Zusätzlich kommt vorliegend auch die **mittelbare Täterschaft** als eigenständige Täterschaft in Betracht.

3. Geldbuße bis 50.000 EUR (Abs. 2). Das Verbot unlauterer Telefonwerbung stellt nicht lediglich 12
eine gesetzliche Nebenpflicht dar, welche regelmäßig nur eine geringfügige Sanktion rechtfertigen
würde. Andererseits ist aber der Unrechtsgehalt unerlaubter Telefonwerbung deutlich geringer als
derjenige einer strafbaren Werbung iSd § 16, so dass in Relation hierzu die Androhung einer Geldbuße
bis zu 50.000 EUR für einen Verstoß gegen das Verbot unerlaubter Telefonwerbung angemessen ist (BT-
Drs. 16/10734, 14).

4. Verfolgungsverjährung. Für die **Verfolgungsverjährung** gelten die Vorschriften der §§ 31 ff. 13
OWiG.

5. Zuständige Verwaltungsbehörde (Bundesnetzagentur), Abs. 3. Nachdem die Bundesnetz- 14
agentur bereits für die Verfolgung von rufnummernbezogener unlauterer Telefonwerbung sowie rufnummernbezogener unlauterer E-Mail-Werbung zuständig ist, wird diese Zuständigkeit zur Herausbildung einer einheitlichen Verfolgungspraxis auch auf die Verfolgung der neuen Ordnungswidrigkeit in
§ 20 erweitert. Zu diesem Zweck soll der Bundesnetzagentur auch die Teilnahme am automatisierten
Auskunftsverfahren nach § 112 TKG ermöglicht werden.

C. Rechtsfolgen unerbetener Telefonanrufe

I. Vertragsfolgen

Bestritten ist, ob ein **Verstoß gegen § 7 Abs. 2 Nr. 2** die Nichtigkeit eines während eines solchen 15
Telefonrufs geschlossenen Vertrags bewirken kann (bejahend AG Bremen BeckRS 2013, 21087; abl.
AG Lahr BeckRS 2014, 18425). Während AG Bremen sich vor allem darauf bezieht, dass der vom
Gesetzgeber intendierte Verbraucherschutz leerliefe, wenn ein Verstoß gegen § 7 Abs. 2 Nr. 2 keine
Nichtigkeit des abgeschlossenen Vertrags herbeiführen würde, ist dennoch der Auffassung zu folgen, dass
es dem Gesetzgeber oblegen hätte, eine solche Rechtsfolge gesetzlich vorzusehen, was aber nicht
gegeben ist. Vielmehr handelt es sich um ein **wettbewerbswidriges Verhalten bei der Vertrags-
anbahnung,** welches die Wirksamkeit des danach geschlossenen Vertrags nicht herbeiführt (AG Lahr
BeckRS 2014, 18425).

II. Unterlassungsansprüche

Unverlangte Werbeanrufe bei Privatpersonen stellen grds. einen **Eingriff in das allgemeine** 16
Persönlichkeitsrecht der betroffenen Person dar und begründen einen entsprechenden Unterlassungsanspruch (LG Bonn BeckRS 2010, 19721). Ein wesentliches Kriterium für die **Einordnung als**
Werbeanruf ist die vom Anrufer verfolgte Zielrichtung – Anbahnung einer geschäftlichen Verbindung
mit dem Angerufenen und Förderung des Absatzes seiner Produkte; einer Maßnahme, die unmittelbar
der Absatzförderung dient, bedarf es nicht zwingend VG Berlin BeckRS 2014, 52595).

Die Vermutung, ein Wettbewerber werde sein in der Vergangenheit gezeigtes Verhalten auch in der 17
Zukunft fortsetzen oder wiederholen, kann entfallen, sofern die Wettbewerbswidrigkeit des fraglichen
Verhaltens in der Vergangenheit umstritten war, in der Folge nach einer **Gesetzesänderung** aber
eindeutig zu bejahen ist (BGH BeckRS 2009, 89259); weil nicht unterstellt werden kann, dass ein
solches Verhalten auch nach klarer Gesetzeswidrigkeit fortgesetzt wird. Eine bestehende **Wieder-**
holungsgefahr wird nicht durch die behauptete Aufnahme in eine sogenannte „Blacklist" ausgeräumt,
jedenfalls dann nicht, wenn bereits ein zweimaliger rechtswidriger Eingriff in die Rechte des Klägers
stattgefunden hat (LG Bonn BeckRS 2010, 19721).

Telekommunikationsgesetz (TKG)

Vom 22. Juni 2004 (BGBl. I S. 1190) FNA 900-15

Zuletzt geändert durch Art. 4 WSV-Zuständigkeitsanpassungsgesetz vom 24.5.2016
(BGBl. I S. 1217)

– Auszug –

§ 149 Bußgeldvorschriften

(1) Ordnungswidrig handelt, wer vorsätzlich oder fahrlässig
(…)

17c. entgegen § 102 Abs. 2 die Rufnummernanzeige unterdrückt oder veranlasst, dass diese unterdrückt wird,

(…)

(2) ¹Die Ordnungswidrigkeit kann wie folgt geahndet werden:

1. in den Fällen des Absatzes 1 Nummer 4 Buchstabe a, Nummer 6, 10, 22, 27, 31 und 36 bis 40 mit einer Geldbuße bis zu fünfhunderttausend Euro,
2. in den Fällen des Absatzes 1 Nummer 7a, 16 bis 17a, 18, 26, 29, 30a, 33 und 41 bis 43 mit einer Geldbuße bis zu dreihunderttausend Euro,
3. in den Fällen des Absatzes 1 Nummer 4 Buchstabe b, Nummer 7b bis 7d, 7g, 7h, 12 bis 13b, 13d bis 13o, 15, 17c, 19 bis 21, 21b, 30 und 44 sowie des Absatzes 1a Nummer 1 bis 5 mit einer Geldbuße bis zu hunderttausend Euro,
4. in den Fällen des Absatzes 1 Nummer 7, 8, 9, 11, 17b, 21a, 21c, 23 und 24 mit einer Geldbuße bis zu fünfzigtausend Euro und
5. in den übrigen Fällen des Absatzes 1 sowie im Fall des Absatzes 1a Nummer 6 mit einer Geldbuße bis zu zehntausend Euro.

²Die Geldbuße soll den wirtschaftlichen Vorteil, den der Täter aus der Ordnungswidrigkeit gezogen hat, übersteigen. ³Reichen die in Satz 1 genannten Beträge hierfür nicht aus, so können sie überschritten werden.

A. Regelungscharakter

1   Die in § 149 Abs. 1 Nr. 17c festgelegte Ordnungswidrigkeit sanktioniert einen Verstoß gegen das Verbot des § 102 Abs. 2:

§ 102 Rufnummernanzeige und -unterdrückung

(1) (…)

(2) Abweichend von Absatz 1 Satz 1 dürfen Anrufende bei Werbung mit einem Telefonanruf ihre Rufnummernanzeige nicht unterdrücken oder bei dem Diensteanbieter veranlassen, dass diese unterdrückt wird; der Anrufer hat sicherzustellen, dass dem Angerufenen die dem Anrufer zugeteilte Rufnummer übermittelt wird.

B. Die Regelung im Einzelnen

I. Verbotene Rufnummernunterdrückung (§ 102 Abs. 2)

2   Die Werbung mit einem Telefonanruf ohne Einwilligung der angerufenen Person ist zwar nach § 7 Abs. 2 Nr. 2 UWG eine nach § 7 Abs. 1 UWG unzumutbare Belästigung, die **Verfolgung von Verstößen** hat sich in der bisherigen Praxis aber aus unterschiedlichen Gründen **als schwierig erwiesen**. Besondere Schwierigkeiten bereitet die Durchsetzung des geltenden Rechts insbes. dann, wenn die Anrufenden von der technischen Möglichkeit Gebrauch machen, ihre Rufnummer zu unterdrücken, welche § 102 Abs. 1 S. 1 zunächst allgemein eröffnet. Diese Regelung geht auf europäische Vorgaben zurück (Datenschutzrichtlinie für elektronische Kommunikation – eDRL, ABl. 2002 L 201, 37) geregelt. Nach Art. 8 Abs. 1 eDRL muss dem anrufenden Teilnehmer die Möglichkeit eröffnet sein, die Rufnummernanzeige anschlussbezogen (Art. 8 Abs. 1 S. 2 eDRL) oder im Einzelfall (Art. 8 Abs. 1 S. 1 eDRL) im Interesse des Rechts auf Privatsphäre zu unterdrücken. Dem kollidierenden Interesse der angerufenen Person, möglichst frühzeitig über die Identität der anrufenden Person informiert zu werden, wird mit der gesetzlich vorgegebenen Möglichkeit, Anrufe mit unterdrückter Rufnummer abzuweisen, entsprochen (§ 102 Abs. 1 S. 2).

Zur besseren Bekämpfung der unerlaubten Telefonwerbung ist es demgegenüber aber notwendig, **3** erforderlich und verhältnismäßig, die Möglichkeit der Rufnummernunterdrückung bei Werbung mit einem Telefonanruf auszuschließen. Der **Ausschluss der Rufnummernunterdrückung** erfolgt im Interesse des Gemeinwohls; denn andernfalls könnte das bestehende Verbot unerlaubter Telefonwerbung auch künftig in vielen Fällen nicht durchgesetzt werden bzw. wäre die Verfolgung von unerlaubter Telefonwerbung auch weiterhin nur schwer oder überhaupt nicht möglich. Das Verbot der Rufnummernunterdrückung belastet die in redlicher Absicht anrufende Person auch nicht in unzumutbarer Weise, zumal bei Gesprächen mit werbendem Charakter kein anerkennenswertes Interesse daran festzustellen ist, sich nicht zu erkennen geben zu müssen (BT-Drs. 16/10734, 14). Bei Gesprächen ohne werbenden Charakter, insbes. bei Privatgesprächen, darf die Rufnummer auch weiterhin unterdrückt werden. Darüber hinaus sind Fallgestaltungen denkbar, bei denen es sich nicht um Telefonwerbung handelt und daher auch weiterhin die Möglichkeit zur Unterdrückung der Rufnummernanzeige besteht.

Die gesetzliche Regelung des Verbots der Rufnummernunterdrückung in den vorgesehenen Fällen ist **4** **mit den europäischen Vorgaben vereinbar.** Gemäß Art. 15 Abs. 1 S. 1 eDRL iVm Art. 13 Abs. 1 Buchst. g der RL 95/46/EG des Europäischen Parlaments und des Rates v. 24.10.1995 zum Schutz natürlicher Personen bei der Verarbeitung personenbezogener Daten und zum freien Datenverkehr (ABl. 1995 L 281, 31) haben die Mitgliedstaaten die Möglichkeit, die Rechte und Pflichten aus Art. 8 eDRL zu beschränken, sofern eine solche Beschränkung unter anderem für den Schutz der Rechte und Freiheiten anderer Personen notwendig ist. Der Schutz der Verbraucherinnen und Verbraucher vor unerlaubter Telefonwerbung und ihr Bedürfnis, sich gegen diese zur Wehr zu setzen und damit ihr Recht auf Privatsphäre zu schützen, macht es notwendig, bei Werbung mit einem Telefonanruf die Möglichkeit zur Unterdrückung der Rufnummer einzuschränken. Denn eine Verfolgung des Verstoßes gegen das Verbot unerlaubter Telefonwerbung setzt voraus, dass die angerufene Person die Identität der anrufenden Person erfahren kann (BT-Drs. 16/10734, 15).

Das Verbot, die Rufnummer bei Werbung mit einem Telefonanruf zu unterdrücken, soll dazu **5** beitragen, anrufende Personen identifizieren zu können. Indem gleichzeitig für den Fall des Verstoßes gegen das bestehende Verbot unerwünschter Telefonwerbung eine Geldbuße angedroht und die Möglichkeit der Rufnummernunterdrückung eingeschränkt wird, **soll deutlich zum Ausdruck kommen, dass Werbeanrufe ohne vorherige Einwilligung unzulässig sind.**

II. Ordnungswidrigkeiten iSd § 149 Abs. 1 Nr. 17c

Wird die **Rufnummer unterdrückt,** stellt bereits dies eine **Ordnungswidrigkeit** dar. Dass die **6** zuständige Behörde zur Verfolgung einer solchen Ordnungswidrigkeit auf Angaben des betroffenen Verbrauchers oder der Verbraucherin (etwa Name des Anrufers/des werbenden Unternehmens, Uhrzeit des Anrufs etc) angewiesen ist, liegt in der Natur der Sache. Die Verfolgungsbehörde hat jedoch im Bußgeldverfahren grds. dieselben Rechte wie die Staatsanwaltschaft bei der Verfolgung von Straftaten (§ 46 Abs. 2 OWiG). Im Übrigen soll bereits die gesetzliche Androhung einer Geldbuße eine **abschreckende Wirkung entfalten.**

Die angerufene Person soll durch das Verbot der Rufnummernunterdrückung die Möglichkeit **7** erhalten, sich mit dem für eine Verfolgung erforderlichen **Identifizierungshinweis** an die nach § 20 Abs. 3 UWG zuständige Bundesnetzagentur wenden zu können, welche den Verstoß gegen das mit einer Geldbuße bedrohte Verbot der unerwünschten Telefonwerbung verfolgt; zugleich kann der Angerufene sich auch an die in § 8 Abs. 3 UWG genannten Stellen wenden, die unter anderem einen Unterlassungsanspruch geltend machen können. Um eine effektive Verfolgung von Verstößen gegen das Verbot unerlaubter Telefonwerbung zu ermöglichen, ist zusätzlich die Teilnahme der Dienststellen der Bundesnetzagentur, die Ordnungswidrigkeiten nach dem Telekommunikationsgesetz und dem Gesetz gegen den unlauteren Wettbewerb verfolgen, am automatisierten Auskunftsverfahren nach § 112 vorgesehen.

Zwar können Telefonteilnehmer grds. selbst festlegen, welche Nummer bei der angerufenen Person **8** angezeigt werden soll („user-provided-calling-line-identification"), so dass die Möglichkeit gegeben ist, bei einer Werbung mit einem Telefonanruf auch die Rufnummer derjenigen Person anzeigen zu lassen, die ihr den Auftrag zum Anruf erteilt hat. Die übermittelte Rufnummer muss aber dem Unternehmen, in dessen Namen oder Auftrag die Telefonwerbung erfolgt, zugewiesen sein.

Auch Bereiche, die grds. einem besonderen Vertraulichkeitsschutz unterliegen, wie beispielsweise **9** Banken oder Rechtsberatung, fallen unter das Verbot der Rufnummernunterdrückung in den Fällen, in denen der Anruf zu Werbezwecken erfolgt. Ein Werbeanruf unterliegt in keinem Fall einem besonderen Vertraulichkeitsschutz, so dass eine Ausnahmeregelung für bestimmte Anrufe nicht erforderlich ist.

Weil allerdings eine **Verfolgung nach § 20 UWG vielfach praktisch erfolglos** bleiben wird, wenn **10** der Anrufer seine **Rufnummer unterdrückt,** ist es erforderlich, bereits Verstöße gegen das Verbot der Unterdrückung der Rufnummernanzeige bei Werbung mit einem Telefonanruf mit einer Geldbuße zu bedrohen.

11   **Zuwiderhandlungen** gegen das Verbot der Unterdrückung der Rufnummernanzeige in Nr. 17a können in Zukunft mit einer **Geldbuße bis zu 100.000 EUR** geahndet werden (§ 149 Abs. 2 S. 1). Es handelt sich hierbei um eine gesetzliche Nebenpflicht, vergleichbar mit einer Auskunfts-, Mitteilungs- oder Meldepflicht.

12   Für die **Verfolgungsverjährung** gelten die Vorschriften der §§ 31 ff. OWiG.

355. Gewerbeordnung (GewO)

In der Fassung der Bekanntmachung vom 22. Februar 1999 (BGBl. I 202) FNA 7100-1

Zuletzt geändert durch Art. 10 G zur Umsetzung der WohnimmobilienkreditRL und zur Änd. handelsrechtlicher Vorschriften vom 11.3.2016 (BGBl. I S. 396)

– Auszug –

Vorbemerkung

Der **Titel X** der GewO bestimmt in den §§ 143 ff. sowohl Ordnungswidrigkeiten (§§ 144–147b) als **1** auch Straftatbestände (§§ 148–148b). § 143 wurde mWv 1.1.1993 durch das Zweite Gesetz zur Änderung des Gerätesicherheitsgesetzes v. 26.8.1992 (BGBl. I 1564) aufgehoben und inhaltsgleich in § 16 Abs. 2 GSG aufgenommen. Der Wortlaut der weiteren Vorschriften wurde zuletzt mWv 21.3.2016 durch Art. 10 G v. 11.3.2016 (Gesetz zur Umsetzung der Wohnimmobilienkreditrichtlinie und zur Änderung handelsrechtlicher Vorschriften; BGBl. I 396) geändert (zur Entstehungsgeschichte s. ausf. Landmann/Rohmer GewO/*Kahl* Vor § 143 Rn. 1 ff.). Bis auf die §§ 147a, 147b, 148a und 148b sanktionieren die Vorschriften des Titels X Verstöße gegen Vorschriften der GewO oder der auf ihr beruhenden RVO auferlegte Verhaltenspflichten (Ennuschat/Wank/*Ennuschat* Vor §§ 143 ff. Rn. 2 mwN).

Soweit der Gesetzgeber die Verstöße gegen die GewO als **Ordnungswidrigkeiten** ausgestaltet, gilt **2** für diese das OWiG (Landmann/Rohmer GewO/*Kahl* Vor §§ 143 ff. Rn. 12) und für ihre Verfolgung sind grds. die Verwaltungsbehörden zuständig (§ 47 Abs. 1 OWiG: „Die Verfolgung von Ordnungswidrigkeiten liegt im pflichtgemäßen Ermessen der Verfolgungsbehörde."). Die Zuständigkeit der Behörden, die Ordnungswidrigkeiten nach diesem Titel zu verfolgen und zu ahnden (§ 36 OWiG), ist in Verordnungen und Anordnungen der Länder bzw. Landesregierungen geregelt (Erbs/Kohlhaas/*Ambs* Vor §§ 143 ff. Rn. 11; Landmann/Rohmer GewO/*Kahl* Vor §§ 143 ff. Rn. 14). Dass Verstöße gegen die GewO im Wege eines Bußgeldverfahrens verfolgt werden können, steht der Durchsetzung der durch die GewO auferlegten Pflichten im Wege von Verwaltungsmaßnahmen nicht entgegen (Ennuschat/Wank/*Ennuschat* Vor §§ 143 ff. Rn. 9). Eine **Abweichung vom OWiG** stellt die Tatsache dar, dass die in der GewO vorgesehenen Geldbußen je nach Schwere des Tatbestandes bis zu 50.000 EUR betragen können, während nach § 17 Abs. 1 OWiG die Geldbuße höchstens 1.000 EUR beträgt. Für die Ordnungswidrigkeiten sind vor allem die Vorschriften über Vorsatz und Fahrlässigkeit (§ 10 OWiG), Irrtum (§ 11 OWiG), Teilnahme (§ 14 OWiG), Notwehr (§ 15 OWiG) und rechtfertigenden Notstand (§ 16 OWiG) anzuwenden. Besonders wichtig sind ebenfalls § 30 (Geldbuße gegen juristische Personen und Personenvereinigungen) und § 130 OWiG (Verletzung der Aufsichtspflicht in Betrieben und Unternehmen). IE:

Die Vorschriften §§ 143 ff. wimmeln von **normativen Tatbestandsmerkmalen,** welche für den **3** Vorsatz über die reine Tatsachenkenntnis hinaus das Erfassen des sozialen Bedeutungsgehalts dieser Merkmale im Sinne einer „Parallelwertung in der Laiensphäre" verlangen (*Mezger* JW 1927, 2006 ff.; *A. Kaufmann,* Die Parallelwertung in der Laiensphäre, passim; *Welzel* JZ 1954, 276 ff. (279); krit. *Papathanasiou,* Irrtum über normative Tatbestandsmerkmale, 2014, 201 ff.). Zugleich nehmen die Vorschriften §§ 143 ff. überwiegend auf außerhalb der GewO erlassene RVO Bezug (wie etwa § 144 Abs. 2 Nr. 1 oder § 145 Abs. 1 Nr. 2); dabei geht es um sog **Blankettvorschriften,** die ein verbotenes Verhalten nicht vollständig beschreiben, sondern vom Inhalt anderer Normen abhängig machen (so *Binding,* Normen Bd. I, 161 ff.). Die in diesen RVO enthaltenen Merkmale gehören zum Tatbestand der Blankettvorschrift (BGHSt 3, 400) und darauf muss sich auch der Vorsatz des Täters beziehen. So beschränkt sich nach hM der Vorsatz bei Blankettstrafgesetzen im Ausgangspunkt auf die Kenntnis der Umstände, die den „zusammengelesenen" (Gesamt-)Tatbestand bilden, und nur die Unkenntnis dieser Umstände begründet einen vorsatzausschließenden Tatbestandsirrtum gemäß § 16 StGB. Der Irrtum über Bestehen, Gültigkeit, Inhalt und Anwendbarkeit der blankettausfüllenden Norm als solcher kann allenfalls einen Verbotsirrtum gemäß § 17 StGB begründen (*Dietmeier,* Blankettstrafrecht, 2003, 175; Jescheck/Weigend StrafR AT § 29 Kap. V Rn. 3; *O. Neumann,* Blankostrafgesetz, 1908, 22 (112); *Warda,* Die Abgrenzung von Tatbestands- und Verbotsirrtum bei Blankettstrafgesetzen, 1955, 27 f. (36 f.)). **Zwischen Blankettvorschriften und normativen Tatbestandsmerkmalen zu unterscheiden ist aber entbehrlich,** zumal diese Unterscheidung sich als willkürlich erweist und jedenfalls **nicht sachgerecht** ist, weswegen Vorsatz- und Irrtumsfragen einheitlich behandelt werden sollen (*Papathanasiou* FS Roxin, 2011, 475; ausf. *Papathanasiou,* Irrtum über normative Tatbestandsmerkmale, 2014, 40 ff. (106 ff., 119) mwN). Denn das normative Element der Verweisung auf außerstrafrechtliche Normen Teil des Tatbestandes und damit auch Bezugspunkt des Vorsatzes ist, was wiederum bedeutet, dass, ebenso wie bei rechtsnormativen Tatbestandsmerkmalen, der Täter bei Blankettstrafgesetzen die Ausfüllung der Verweisung mit vollzogen haben muss (*Tiedemann* FS Geerds, 1995, 108).

4   Bis heute ist es dem Schrifttum nicht gelungen, zwischen deskriptiven und normativen Tatbestandsmerkmalen klar zu unterscheiden. Das ist vielleicht auch nur schwerlich möglich oder sogar nicht einmal notwendig. Die schon komplizierte Irrtumslehre wird nur konfuser, wenn man auch zwischen normativen und Blankettmerkmalen unterscheiden will oder des Weiteren zwischen normativen und gesamttatbewertenden Merkmalen, Wertprädikaten, institutionellen Tatsachen usw; die Komplexität der Vorsatz- und Irrtumsfragen wird schließlich durch die vereinzelt vertretene Rückkehr zur reichsgerichtlichen Irrtumslehre unterstrichen, nämlich die Verortung aller rechtlichen Fragen in der Ebene der Schuld (ausf. zur „Palette der Irrtumsdogmatik" *Papathanasiou,* Irrtum über normative Tatbestandsmerkmale, 2014, 37–105). **Es bedarf deswegen eines einzigen Begriffs,** sodass der Handelnde, aber gleichermaßen auch der einen Angeklagten beurteilende Richter die anzuwendenden Vorsatzerfordernisse von vornherein wissen kann, auch unabhängig davon, ob eine Vorschrift dem sog Kern- oder Nebenstrafrecht zugeordnet wird. So gesehen gilt es, **„normativ geprägte Merkmale"** im Allgemeinen zu thematisieren (*Papathanasiou* FS Roxin, 2011, 467 ff. Fn. 1, 76, 79; ausf. *Papathanasiou,* Irrtum über normative Tatbestandsmerkmale, 2014, 20 (36, 70 ff., 105 ff., 117 ff., 279); aA *Schuster* GA 2016, 60 ff.).

5   Nach der herkömmlichen Definition ist **Vorsatz** das Wissen und Wollen der Tatbestandsverwirklichung (nahezu sämtliche Lehrbuch-, Kommentar- und Aufsatzliteratur ua *Bung,* Wissen und Wollen im Strafrecht, 154 ff.; *Fischer* StGB § 15 Rn. 4; *Jescheck/Weigend* StrafR AT § 29 Kap. II Rn. 2; *MüKoStGB/Joecks* StGB § 16 Rn. 10; *Köhler* StrafR AT 149; *Krey* StrafR AT 1 Rn. 336; *Lackner/Kühl/Kühl* StGB § 15 Rn. 3; *NK-StGB/Puppe* StGB § 15 Rn. 14; *Roxin* StrafR AT I § 12 Rn. 4; *SK-StGB/Rudolphi* StGB § 15 Rn. 1; *Spendel* FS Lackner, 1987, 167 ff. (187 ff.); *Stratenwerth/Kuhlen* StrafR AT § 8 Rn. 61 ff.; *Schönke/Schröder/Sternberg-Lieben/Schuster* StGB § 15 Rn. 9; *LK-StGB/Vogel* StGB Vor § 15 Rn. 56 ff.). Der Täter muss hinsichtlich **„normativ geprägter Merkmale"** über eine reine Tatsachenkenntnis hinaus die **gesetzgeberische Grundentscheidung** über das materiell rechtswidrige Verhalten erkannt haben (zum Vorschlag des verfassungsbezogenen Kriteriums der **„Widerspiegelung der gesetzgeberischen Grundentscheidung im Verständnishorizont des Täters"** als Alternative zur Parallelwertung in der Laiensphäre s. *Papathanasiou* FS Roxin, 2011, 467 ff.; vert. *Papathanasiou,* Irrtum über normative Tatbestandsmerkmale, 2014).

6   **Irrt sich der Täter über irgendein „normativ geprägtes Merkmal",** verkennt er also objektive Tatsachen oder scheitert bei ihm die Widerspiegelung der gesetzgeberischen Grundentscheidung in seinem Verständnishorizont, so liegt gem. § 11 Abs. 1 S. 1 OWiG (s. entsprechend § 16 StGB) ein vorsatzausschließender **Tatbestandsirrtum** vor. Der Irrtum über normativ geprägte Merkmale kann entweder **Tat- oder Rechtsirrtum** sein, ohne Rücksicht darauf, ob dieser verschuldet oder unverschuldet ist (hierzu *Papathanasiou* FS Roxin, 2011, 481 Fn. 76 und 79; ausf. *Papathanasiou,* Irrtum über normative Tatbestandsmerkmale, 2014, 70 ff. (99 ff., 279); zur Regelung des OWiG s. KK-OWiG/*Rengier* OWiG § 11 Rn. 10 ff.). Der **Irrtum über das Vorliegen der Erlaubnis gem. § 144 Abs. 1** ist somit ein Tatbestandsirrtum, solange der Vorsatztäter die gesetzgeberische Grundentscheidung, also den wesentlichen Sinngehalt des normativ geprägten Merkmals „fehlende Erlaubnis" nicht erkannt hat (→ § 144 Rn. 5). Erkennt der Täter die objektiven Tatsachen und gelingt ihm die Widerspiegelung der gesetzgeberischen Grundentscheidung in seinem Verständnishorizont, geht aber davon aus, nicht den in Betracht kommenden Geboten oder Verboten der GewO zu unterliegen, liegt ein bloßer **Subsumtionsirrtum** (BGHSt 8, 321). Der **Verbotsirrtum** wird in § 11 Abs. 2 OWiG geregelt, dabei ist allerdings die Rede nicht von der fehlenden Einsicht, „Unrecht zu tun", wie in § 17 StGB, sondern von der mangelnden Einsicht, „Unerlaubtes zu tun". Wer somit die Vorstellung hat, möglicherweise etwas Unrechtes zu tun, hat auch Unrechtbewusstsein. Mit dieser Unterscheidung will der Gesetzgeber (so KK-OWiG/*Rengier* OWiG § 11 Rn. 50) darauf hinweisen, dass es sich bei den Bußgeldtatbeständen meistens um neutrale Regeln handelt, die nicht mit den sozialethischen Wertmaßstäben des Strafrechts gleichgesetzt werden können. Der Verbotsirrtum ist vorwerfbar, wenn der Betroffene bei Anwendung der Sorgfalt, die nach Sachlage objektiv zu fordern war, und die er nach seinen persönlichen Verhältnissen erbringen konnte, in der Lage gewesen wäre, das Unerlaubte seines Handelns zu erkennen (Erbs/Kohlhaas/*Ambs* Vor §§ 143 ff. Rn. 6). Wer ein Gewerbe betreiben will, ist jedenfalls auch dazu verpflichtet, sich über die einschlägigen Berufsvorschriften zu informieren (LG Essen BeckRS 2007, 09984).

7   **Fahrlässig** handelt, wer die Sorgfalt außer Acht lässt, zu der er nach den Umständen und nach seinen persönlichen Verhältnissen verpflichtet und fähig ist und deshalb die Möglichkeit der Tatbestandsverwirklichung nicht erkennt, aber erkennen kann (unbewusste Fahrlässigkeit) oder die Tatbestandsverwirklichung zwar für möglich hält, aber pflichtwidrig und vorwerfbar darauf vertraut, dass sie nicht eintreten werde (bewusste Fahrlässigkeit) (s. bereits RGSt 56, 343; 58, 130; *Lackner/Kühl/Kühl* StGB § 15 Rn. 35; *Schönke/Schröder/Sternberg-Lieben/Schuster* StGB § 15 Rn. 116 ff.). Die Abgrenzung der unbewussten von der bewussten Fahrlässigkeit wie auch die Abgrenzung der bewussten Fahrlässigkeit von dem bedingten Vorsatz können für die Bußgeldbemessung Bedeutung haben (zur Regelung des OWiG s. KK-OWiG/*Rengier* OWiG § 10 Rn. 15 ff.).

Die **Notwehr** (§ 15 OWiG) und der **rechtfertigende Notstand** (§ 16 OWiG) entsprechen den **8** Vorschriften des StGB (§§ 32 u. 34). Eine besondere **Abweichung** von dem StGB gilt für die **Teilnahme** gem. § 14 OWiG, weil nach dieser Regelung im Gegensatz zu § 25 StGB von einem einheitlichen Täterbegriff auszugehen ist, dh bei Beteiligung mehrerer Personen an einer Tat nicht zwischen Täterschaft, Anstiftung und Beihilfe unterschieden wird (KK-OWiG/*Rengier* OWiG § 14 Rn. 4 mwN). Diese Abweichung wirkt entsprechend auf die Tatsache aus, dass das für die §§ 143 ff. grundlegende Merkmal des Gewerbetreibenden ein **besonderes persönliches Merkmal** darstellt (näher Erbs/Kohlhaas/*Ambs* Vor §§ 143 ff. Rn. 9; Landmann/Rohmer GewO/*Kahl* § 144 Rn. 2).

In engem Zusammenhang mit § 14 OWiG und § 25 StGB steht § 30 OWiG. Demnach kann für **9** Verstöße gegen den Titel X der GewO **eine Geldbuße gegen juristische Personen oder Personenvereinigungen** unter der Voraussetzung festgesetzt werden, dass deren Repräsentanten (Organe, Vorstände, Vertreter, sonstige Leitungspersonen) eine Straftat oder Ordnungswidrigkeit begangen haben, durch die entweder Pflichten des Verbandes verletzt worden sind oder die zu dessen Bereicherung geführt haben oder führen sollten (näher KK-OWiG/*Rogall* OWiG § 30 Rn. 1 ff.; Bohnert/Krenberger/Krumm OWiG § 30, beide mwN). Wichtig für die gewerberechtliche Praxis ist ebenfalls § 130 OWiG zur **Verletzung der Aufsichtspflicht in Betrieben und Unternehmen.** Nach dieser Regelung wird eine bußgeldrechtliche Verantwortlichkeit des Inhabers von Betrieben und Unternehmen für Zuwiderhandlungen gegen betriebsbezogene Pflichten begründet, die in dem Betrieb oder Unternehmen begangen worden sind, wenn die Zuwiderhandlung durch gehörige Aufsicht verhindert oder wesentlich erschwert worden wäre (KK-OWiG/*Rogall* OWiG § 130 Rn. 1 ff. mwN).

§ 144 Verletzung von Vorschriften über erlaubnisbedürftige stehende Gewerbe

(1) Ordnungswidrig handelt, wer vorsätzlich oder fahrlässig

1. ohne die erforderliche Erlaubnis
   a) (weggefallen)
   b) nach § 30 Abs. 1 eine dort bezeichnete Anstalt betreibt,
   c) nach § 33a Abs. 1 Satz 1 Schaustellungen von Personen in seinen Geschäftsräumen veranstaltet oder für deren Veranstaltung seine Geschäftsräume zur Verfügung stellt,
   d) nach § 33c Abs. 1 Satz 1 ein Spielgerät aufstellt, nach § 33d Abs. 1 Satz 1 ein anderes Spiel veranstaltet oder nach § 33i Abs. 1 Satz 1 eine Spielhalle oder ein ähnliches Unternehmen betreibt,
   e) nach § 34 Abs. 1 Satz 1 das Geschäft eines Pfandleihers oder Pfandvermittlers betreibt,
   f) nach § 34a Abs. 1 Satz 1 Leben oder Eigentum fremder Personen bewacht,
   g) nach § 34b Abs. 1 fremde bewegliche Sachen, fremde Grundstücke oder fremde Rechte versteigert,
   h) nach § 34c Absatz 1 Satz 1 Nummer 1 oder Nummer 2 den Abschluß von Verträgen der dort bezeichneten Art vermittelt oder die Gelegenheit hierzu nachweist,
   i) nach § 34c Absatz 1 Satz 1 Nummer 3 in Bauvorhaben vorbereitet oder durchführt,
   j) nach § 34d Abs. 1 Satz 1, auch in Verbindung mit § 34d Abs. 10, den Abschluss von Verträgen der dort bezeichneten Art vermittelt,
   k) nach § 34e Abs. 1 Satz 1 über Versicherungen berät,
   l) nach § 34f Absatz 1 Satz 1 Anlageberatung oder Anlagevermittlung erbringt,
   m) nach § 34h Absatz 1 Satz 1 Anlageberatung erbringt oder
   n) nach § 34i Absatz 1 Satz 1 den Abschluss von Verträgen der dort bezeichneten Art vermittelt oder Dritte zu solchen Verträgen berät,
2. ohne Zulassung nach § 31 Absatz 1 Leben oder Eigentum fremder Personen auf einem Seeschiff bewacht,
3. einer vollziehbaren Auflage nach § 31 Absatz 2 Satz 2 zuwiderhandelt oder
4. ohne eine nach § 47 erforderliche Erlaubnis das Gewerbe durch einen Stellvertreter ausüben läßt.

(2) Ordnungswidrig handelt auch, wer vorsätzlich oder fahrlässig

1. einer Rechtsverordnung nach § 31 Absatz 4 Satz 1 Nummer 1, 2, 3 Buchstabe a bis c oder Buchstabe d oder Nummer 4 oder Satz 2 oder einer vollziehbaren Anordnung auf Grund einer solchen Rechtsverordnung zuwiderhandelt, soweit die Rechtsverordnung für einen bestimmten Tatbestand auf diese Bußgeldvorschrift verweist,
1a. einer Rechtsverordnung nach § 33f Absatz 1 Nummer 1, 2 oder 4 oder einer vollziehbaren Anordnung aufgrund einer solchen Rechtsverordnung zuwiderhandelt, soweit die Rechtsverordnung für einen bestimmten Tatbestand auf diese Bußgeldvorschrift verweist,
1b. einer Rechtsverordnung nach § 33g Nr. 2, § 34 Abs. 2, § 34a Abs. 2, § 34b Abs. 8, § 34d Abs. 8 Satz 1 Nr. 1 oder 3, Satz 2 oder 3, § 34e Abs. 3 Satz 3 oder 4 oder § 38 Abs. 3 oder einer vollziehbaren Anordnung auf Grund einer solchen Rechtsverordnung zuwiderhandelt, soweit die Rechtsverordnung für einen bestimmten Tatbestand auf diese Bußgeldvorschrift verweist,

2. entgegen § 34 Abs. 4 bewegliche Sachen mit Gewährung des Rückkaufsrechts ankauft,

3. einer vollziehbaren Auflage nach § 33a Abs. 1 Satz 3, § 33c Abs. 1 Satz 3, § 33d Abs. 1 Satz 2, § 33e Abs. 3, § 33i Abs. 1 Satz 2, § 34 Abs. 1 Satz 2, § 34a Abs. 1 Satz 2, § 34b Abs. 3, § 34d Abs. 1 Satz 2, auch in Verbindung mit Abs. 3 Satz 2, § 34e Abs. 1 Satz 2 oder § 36 Abs. 1 Satz 3 oder einer vollziehbaren Anordnung nach § 33c Abs. 3 Satz 3 oder § 34a Abs. 4 zuwiderhandelt,

4. ein Spielgerät ohne die nach § 33c Abs. 3 Satz 1 erforderliche Bestätigung der zuständigen Behörde aufstellt,

4a. entgegen § 33c Absatz 3 Satz 4 eine Person beschäftigt,

5. einer vollziehbaren Auflage nach § 34c Abs. 1 Satz 2, § 34f Absatz 1 Satz 2, § 34h Absatz 1 Satz 2 oder § 34i Absatz 1 Satz 2 zuwiderhandelt,

6. einer Rechtsverordnung nach § 34c Abs. 3 oder § 34g Absatz 1 Satz 1 oder Absatz 2 Satz 1 Nummer 1, 2 oder 4 oder Satz 2 oder § 34j oder einer vollziehbaren Anordnung auf Grund einer solchen Rechtsverordnung zuwiderhandelt, soweit die Rechtsverordnung für einen bestimmten Tatbestand auf diese Bußgeldvorschrift verweist,

7. entgegen § 34d Abs. 7 Satz 1, auch in Verbindung mit § 34e Absatz 2, entgegen § 34f Absatz 5 Satz 1 oder Absatz 6 Satz 1 oder § 34i Absatz 8 Nummer 1 oder 2 eine Eintragung nicht vornehmen lässt,

8. entgegen § 34e Abs. 3 Satz 1, auch in Verbindung mit einer Rechtsverordnung nach Satz 2, eine Provision entgegennimmt,

9. entgegen § 34f Absatz 5 Satz 1 oder Absatz 6 Satz 2 oder § 34i Absatz 8 Nummer 3 eine Mitteilung nicht, nicht richtig, nicht vollständig oder nicht rechtzeitig macht,

10. entgegen § 34h Absatz 3 Satz 2 oder § 34i Absatz 5 eine Zuwendung annimmt oder

11. entgegen § 34h Absatz 3 Satz 3 eine Zuwendung nicht, nicht vollständig oder nicht rechtzeitig auskehrt.

(3) Ordnungswidrig handelt ferner, wer vorsätzlich oder fahrlässig bei einer Versteigerung einer Vorschrift des § 34b Abs. 6 oder 7 zuwiderhandelt.

(4) Die Ordnungswidrigkeit kann in den Fällen des Absatzes 1 Nummer 1 Buchstabe l und m und Nummer 2 mit einer Geldbuße bis zu fünfzigtausend Euro, in den Fällen des Absatzes 1 Nummer 1 Buchstabe a bis k und n, Nummer 3 und 4 und des Absatzes 2 Nummer 1, 1a und 5 bis 11 mit einer Geldbuße bis zu fünftausend Euro, in den Fällen des Absatzes 2 Nummer 1b und 2 bis 4a mit einer Geldbuße bis zu dreitausend Euro und in den Fällen des Absatzes 3 mit einer Geldbuße bis zu eintausend Euro geahndet werden.

(5) Verwaltungsbehörde im Sinne des § 36 Absatz 1 Nummer 1 des Gesetzes über Ordnungswidrigkeiten ist in den Fällen des Absatzes 1 Nummer 2 und 3 und des Absatzes 2 Nummer 1 das Bundesamt für Wirtschaft und Ausfuhrkontrolle.

A. Regelungsgegenstand

1   § 144 ahndet **vorsätzliche sowie fahrlässige** Verstöße, die das erlaubnisbedürftige stehende Gewerbe betreffen und im Titel II (§§ 14–52) ausf. geregelt sind. Die Vorschrift des § 144 steht in Einklang sowohl mit § 145, der die Verletzung von Vorschriften über das Reisegewerbe (Titel III, §§ 55–61a) sanktioniert, als auch mit § 146, der Verstöße gegen sonstige Vorschriften über die Ausübung eines Gewerbes ahndet. Die normierten Verhaltensweisen stellen Ordnungswidrigkeiten dar, weswegen Vorschriften des Ordnungswidrigkeitengesetzes ergänzend mit herangezogen und angewandt werden (→ Vorb. Rn. 2 ff.; ausf. Bohnert/Krenberger/Krumm OWiG § 30; KK-OWiG/*Rogall* OWiG § 30).

B. Gewerbsmäßigkeit und stehendes Gewerbe

2   Eine Definition des **Gewerbes** gibt es in der GewO nicht. Die überwiegende Meinung versteht darunter eine nicht sozial unwertige (dh generell nicht verbotene), auf Gewinnerzielungsabsicht gerichtete und auf Dauer angelegte selbstständige Tätigkeit, die nicht zur Urproduktion, zu den Freien Berufen oder zur bloßen Verwaltung eigenen Vermögens zu rechnen ist (zu Einzelheiten und weiteren Abgrenzungen s. Landmann/Rohmer GewO/*Kahl* Einl. Rn. 32 ff.; *Rohlfing-Kiskalt-Wolff*, Handkommentar zur GewO, 1961, § 1 Anm. 1).

3   Als **stehendes Gewerbe** (Titel II, §§ 14–52) gelten mangels einer positiven Begriffsbestimmung alle Arten und Formen des Gewerbebetriebes, die weder dem Reisegewerbe (Titel III, §§ 55–61a) noch dem Messe-, Ausstellungs- und Marktwesen (Titel IV, §§ 64–71b) zuzuordnen sind. Ob ein stehendes Gewerbe ausgeübt wird, ergibt sich im Wesentlichen aus dem **Umkehrschluss des § 55 Abs. 1,** welcher das erst für § 145 relevante Reisegewerbe legaldefiniert (BGH GewArch 1956, 226; BVerwG GewArch 1979, 96; Landmann/Rohmer GewO/*Marcks* § 14 Rn. 38; BeckOK GewO/*Martinez-Soria* § 14 Rn. 7; zur gewerberechtlichen Abgrenzung von Reisegewerbe und stehendem Gewerbe bei Ankauf von Edelmetall (§ 145 Abs. 2 Nr. 2) unter Beteiligung eines „Agenturpartners" s. OVG Magdeburg NVwZ-RR 2011, 472). Es ist unerheblich, ob der Gewerbetreibende über ein eigenes Büro verfügt (zB Handelsvertreter). Es handelt sich um ein stehendes Gewerbe und nicht um Reisegewerbe,

wenn die gewerbliche Tätigkeit nicht „in eigener Person" vorgenommen werden kann, auch wenn keine Niederlassung vorhanden ist (wie etwa bei Automaten oder juristischen Personen, die mehrere Angestellte beschäftigen), wobei letzteres auch bei natürlichen Personen gilt, sofern diese das Reisegewerbe nicht in eigener Person ausüben (dazu Erbs/Kohlhaas/*Ambs* § 14 Rn. 14). Solange das Gewerbe betrieben wird, beginnt auch die **Verjährung** nicht.

C. Aufbau und Struktur der Vorschrift

Sanktioniert werden durch § 144 die Gewerbeausübung ohne die erforderliche Erlaubnis, Zuwider- 4 handlungen gegen gewerbliche RVO, vollziehbare Auflagen oder Anordnungen wie auch Verstöße gegen bestimmte Verbote oder Pflichten der Gewerbeordnung. Der jeweilige Bußgeldtatbestand kann nur zusammen mit den von der Bußgeldvorschrift jeweils in Bezug genommenen einzelnen Vorschriften der GewO näher bestimmt werden. Die bußgeldbewehrten Verhaltensweisen des § 144 lassen sich **überblickshalber** in **zwei Gruppen** einteilen: die Gewerbeausübung ohne Erlaubnis (Abs. 1 Nr. 1, 2 u. 4; → Rn. 8 ff.) und die zuwiderhandelnde Gewerbeausübung (Abs. 1 Nr. 3, Abs. 2 u. 3; → Rn. 27 ff.).

Der **Gewerbeausübung ohne die erforderliche Erlaubnis** (Abs. 1 Nr. 1, 2 und 4) steht der 5 Weiterbetrieb eines Gewerbeunternehmens nach Rücknahme (§ 48 VwVfG), Widerruf (§ 49 VwVfG) oder Erlöschen der Erlaubnis, die einen Verwaltungsakt iSd § 35 VwVfG darstellt, gleich (Erbs/Kohlhaas/*Ambs* Rn. 1; zum Erlöschen s. OLG Düsseldorf NStZ-RR 1999, 217 f.). Ohne Erlaubnis handelt auch derjenige, der inhaltliche Beschränkungen der Erlaubnis außer Acht lässt. Die **Erlaubnisbedürftigkeit** ergibt sich aus den in Abs. 1 einzeln genannten Vorschriften der GewO, wobei die Erlaubnis nicht dem Gewerbebetrieb, sondern dem Gewerbetreibenden, gegebenenfalls der juristischen Person, erteilt wird (Landmann/Rohmer GewO/*Kahl* Rn. 4). Die rechtliche Wirksamkeit der einer Vertretungsbefugnis oder einem Auftragsverhältnis zugrunde liegenden Rechtshandlung ist irrelevant (Erbs/Kohlhaas/*Ambs* Rn. 2). Die fehlende Erlaubnis ist Tatbestandsmerkmal, wenn das Verhalten von der allgemeinen Handlungsfreiheit – weil sozialadäquat, wertneutral oder nicht unerwünscht – an sich gedeckt wird und die Erlaubnispflichtigkeit nur den Zweck hat, eine Kontrolle über potentielle Gefahren für die öffentliche Sicherheit und Ordnung zu ermöglichen (präventives Verbot mit Erlaubnisvorbehalt). Einen Rechtfertigungsgrund stellt die behördliche Erlaubnis hingegen dar, wenn das grundsätzlich wertwidrige Verhalten an sich verboten ist, im Einzelfall aber das Verbot aufgrund einer Interessenabwägung aufgehoben werden kann (repressives Verbot mit Befreiungsvorbehalt). Im erstgenannten Fall ist ein Tatbestandsirrtum, im zweiten Fall ein Verbotsirrtum anzunehmen (s. repräsentativ BayObLG wistra 1992, 273; BayObLG NJW 1997, 1319; KK-OWiG/*Rengier* OWiG § 11 Rn. 42; vgl. auch BGH NStZ 1993, 594). Der **Irrtum** über das Vorliegen der Erlaubnis nach § 144 ist somit ein Tatbestandsirrtum (§ 11 Abs. 1 OWiG), solange der Vorsatztäter die gesetzgeberische Grundentscheidung, also den wesentlichen Sinngehalt des normativ geprägten Merkmals „fehlende Erlaubnis" nicht erkannt hat (→ Vorb. Rn. 3–6). Ist die **Widerspiegelung der gesetzgeberischen Grundentscheidung im Verständnishorizont des Täters** vollzogen, dann kommt nur ein Subsumtionsirrtum in Betracht, der nun möglicherweise einen Verbotsirrtum gem. § 11 Abs. 2 OWiG darstellen kann (*Papathanasiou* FS Roxin, 2011, 476 ff.; *Papathanasiou,* Irrtum über normative Tatbestandsmerkmale, 2014, 117 ff., 201 ff., 283).

Zuwiderhandlungen gegen eine RVO (Abs. 2 und 3) werden als Ordnungswidrigkeiten nur 6 sanktioniert, wenn die jeweilige VO für eine konkrete Ausführungshandlung („für einen bestimmten Tatbestand") auf die Bußgeldvorschrift verweist (zB Abs. 2 Nr. 1). Da die Norm auf außerhalb der GewO erlassene RVO Bezug nimmt, geht es insoweit um eine **sog Blankettvorschrift** (Erbs/Kohlhaas/*Ambs* Vor § 143 Rn. 5). Blankett- und normative Tatbestandsmerkmale sind für die Vorsatz- und Irrtumsfragen nicht unterschiedlich zu behandeln (→ Vorb. Rn. 3–6).

Zuwiderhandlungen gegen vollziehbare Auflagen oder Anordnungen (Abs. 1 Nr. 3, Abs. 2 7 und Abs. 3) stellen Verstöße gegen Verwaltungsakte iSd § 35 VwVfG dar. Ist ein Verwaltungsakt nichtig, also unwirksam (§ 43 Abs. 3 VwVfG), dann entfällt die Bußgeldsanktion (ggf. die Strafsanktion; § 148). Ein nur rechtswidriger, aber nicht nichtiger Verwaltungsakt, kann hingegen befolgt werden (Erbs/Kohlhaas/*Ambs* Vor § 143 Rn. 7 mit Verweis auf BGHSt *23,* 86; BGH NJW 1969, 2023), sofern er vollziehbar ist. Dh iE, dass der Verwaltungsakt durch die Verwaltungsbehörde nach § 80 Abs. 2 Nr. 4 VwGO für sofort vollziehbar erklärt worden, nach Ablauf der Rechtsbehelfsfrist unanfechtbar geworden oder durch rechtskräftiges Urteil bestätigt worden ist (Landmann/Rohmer GewO/*Kahl* Rn. 37).

D. Die einzelnen Regelungen

I. Gewerbeausübung ohne Erlaubnis: Tathandlungen nach § 144 Abs. 1 Nr. 1, 2 und 4

1. Tathandlungen nach Abs. 1 Nr. 1b: Betreiben von Privatkrankenanstalten ohne die er- 8 **forderliche Erlaubnis.** Nach § 30 Abs. 1 S. 1 bedürfen Unternehmer von Privatkranken- und Privatentbindungsanstalten sowie von Privatnervenkliniken einer Konzession der zuständigen Behörde. Als

Unternehmer kommt jene natürliche oder juristische Person in Betracht (BVerwG GewArch 1982, 200), in deren Namen und für deren Rechnung die Anstalt geführt wird und die in technischer und administrativer Hinsicht die erforderlichen Bestimmungen trifft (Landmann/Rohmer GewO/*Marcks* § 30 Rn. 5 mwN). Erlaubnispflichtig ist nach § 30 nur das gewerbsmäßige Betreiben derartiger Anstalten, wenn also der Unternehmer die Absicht hat, Gewinn zu erzielen. Ob tatsächlich Gewinn erzielt wird, ist unerheblich (BeckOK GewO/*Pielow* § 30 Rn. 13). Entscheidend ist das formale Fehlen der Konzession, nicht ihre materielle Rechtswidrigkeit. Somit handelt der Unternehmer ordnungswidrig, der möglicherweise einen Anspruch auf Erteilung der Konzession hätte. Ist diese aber bisher nicht erteilt oder erfasst diese den konkreten Fall nicht oder ist die erteilte Konzession nichtig, greift dennoch der Tatbestand der Ordnungswidrigkeit (BeckOK GewO/*Pielow* § 30 Rn. 3 mit Verweise auf die Rspr.). Die zuständige Behörde hat den Antrag auf Erteilung der Konzession nach § 30 Abs. 1 S. 2 abzulehnen, wenn mindestens einer der dort aufgeführten Versagungsgründe vorliegt, wie etwa (so Nr. 1a) beim Vorliegen von Tatsachen, welche die ausreichende medizinische und pflegerische Versorgung der Patienten als nicht gewährleistet erscheinen lassen. Als „Betreiben" gilt bereits der Beginn des Betriebs, also die Betriebsaufnahme. Durch die Konzessionspflicht soll vor Gefahren geschützt werden, die sich aus der stationären Eingliederung eines Patienten in ein betriebliches Organisationsgefüge ergeben (dazu die inhaltsreiche BVerwG GewArch 1985, 58 = NJW 1985, 1414). Somit ist keine Privatklinik iSd § 30 und auch nicht erlaubnispflichtig die Dialysestation einer privatärztlichen Praxisgemeinschaft, in der sich die Patienten nur während der Behandlung mit der künstlichen Niere aufhalten und die bestimmungsgemäß nur ambulante und nicht stationäre Leistungen erbringt (so BVerwG GewArch 1985, 58). Vor solchen Verhaltensweisen sollen andere Gesetze, etwa Heilberufsgesetze, Bundesseuchengesetz etc, schützen. Wird ein Gebäude errichtet und ausgestattet, welches als Krankenanstalt genutzt werden kann und unerlaubt als solche genutzt werden soll, kommt allenfalls nur ein strafloser Versuch in Betracht (BeckOK GewO/*Kirchesch* Rn. 10). Da auch der Betrieb eines erlaubnispflichtigen Gewerbes der Anzeigepflicht aus § 14 unterfällt, ist Tateinheit zu § 146 Abs. 2 Nr. 1 nicht auszuschließen (Landmann/Rohmer GewO/*Kahl* Rn. 6). Zu Irrtumsfragen → Rn. 5.

9   **2. Tathandlungen nach Abs. 1 Nr. 1c: Gewerbliche Schaustellung von Personen ohne die erforderliche Erlaubnis.** Nach § 33a Abs. 1 S. 1 bedarf der Erlaubnis der zuständigen Behörde, wer gewerbsmäßig Schaustellungen von Personen in seinen Geschäftsräumen veranstalten oder für deren Veranstaltung seine Geschäftsräume zur Verfügung stellen will. Die Erlaubnispflicht für derartige Veranstaltungen dient dem Schutz der Kunden vor unzuverlässigen Gewerbetreibenden, der Abwehr sittenwidriger Schaustellungen von Personen (wie etwa die Zurschaustellung von Frauen hinter Gittern (BayVGH GewArch 1992, 228) oder der kommerzialisierte Geschlechtsverkehr im Rahmen allgemein zugänglicher Veranstaltungen (OVG Berlin GewArch 1980, 162)) sowie dem Schutz sonstiger öffentlicher Interessen, insbes. dem Schutz vor schädlichen Umwelteinwirkungen iSd Bundes-Immissionsschutzgesetzes (§ 33a Abs. 2 Nr. 1–3). Das Tatbestandsmerkmal „Schaustellung von Personen" umfasst jene Veranstaltungen, in denen die körperlichen Eigenschaften und Fähigkeiten von (lebenden) Menschen zur Schau gestellt werden. Nicht erfasst ist somit die Schaustellung von Tieren, von Menschen nachgebildeten Wachsfiguren oder von plastinierten Leichen (BeckOK GewO/*Ennuschat* § 33a Rn. 2). Dass die Zurverfügungstellung von Geschäftsräumen für Schaustellungen von Personen gewerbsmäßig sein muss, bedeutet nicht, dass die einschlägigen Veranstaltungen auch gewerbsmäßig betrieben werden (Landmann/Rohmer GewO/*Kahl* Rn. 9). Nicht erlaubnispflichtig sind nach § 33a Abs. 1 S. 2 Darbietungen mit überwiegend künstlerischem, sportlichem, akrobatischem oder ähnlichem Charakter. Verstöße bezogen auf die vollziehbare Auflage nach § 33a Abs. 1 S. 3 werden nach § 144 Abs. 2 Nr. 3 sanktioniert.

10   **3. Tathandlungen nach Abs. 1 Nr. 1d: Aufstellen von Spielgeräten, Veranstalten anderer Spiele mit Gewinnmöglichkeit oder Betreiben von Spielhallen oder ähnlichen Unternehmen ohne die erforderliche Erlaubnis.** Derartige gewerbliche Betätigungen bedürfen nach den §§ 33c Abs. 1 S. 1, 33d Abs. 1 S. 1 oder 33i Abs. 1 S. 1 der Erlaubnis der zuständigen Behörde. Die Regelungen dienen (zusammen mit § 33e) dem Jugendschutz (deswegen auch teilweise neu gefasst durch ÄndG v. 5.12.2012 (BGBl. I 2415), das zum 1.9.2013 in Kraft getreten worden ist) sowie dem Schutze der Allgemeinheit, der Gäste und der Bewohner des jeweiligen Betriebsgrundstücks oder der Nachbargrundstücke (§ 33f Abs. 1 S. 1). Die Erlaubnis ist insbes. zu versagen, wenn Tatsachen die Annahme rechtfertigen, dass der Antragsteller die für die Aufstellung von Spielgeräten erforderliche Zuverlässigkeit nicht besitzt (§§ 33c Abs. 2 Nr. 1, 33d Abs. 3, 33i Abs. 2 Nr. 1). Die erforderliche Zuverlässigkeit besitzt idR nicht, wer in den letzten drei Jahren vor Stellung des Antrages wegen eines Verbrechens, wegen Diebstahls, Unterschlagung, Erpressung, Hehlerei, Geldwäsche, Verschleierung unrechtmäßig erlangter Vermögenswerte, Betruges, Untreue, unerlaubter Veranstaltung eines Glücksspiels, Beteiligung am unerlaubten Glücksspiel oder wegen eines Vergehens nach § 27 JuSchG rechtskräftig verurteilt worden ist (s. § 33c Abs. 2 Nr. 1 2. Hs.).

11   Ein Glücksspielgerät ist in einer Spielhalle aufgestellt, wenn es sich körperlich in deren Räumlichkeiten befindet und funktionsfähig ist bzw. aktuell funktionsunfähig ist, aber mit wenigen Handgriffen wieder betriebsbereit gemacht werden kann (OLG Hamm BeckRS 2008, 08268). Mit „Aufstellen" ist zunächst einmal die gegenständliche Verbringung des Geldspielgerätes an einen dafür geeigneten Ort, wie eine Spielhalle, Gaststätte etc gemeint; eine solche Auslegung verstößt nicht gegen das Bestimmtheitsverbot, denn das rein körperliche „Hinstellen" des Geldspielgerätes ist von dem Begriff des Aufstellens zweifelsohne umfasst, es ist sogar die am nächsten liegende Definition des Begriffes (OLG Jena GewArch 2000, 486). Die Erlaubnis berechtigt nach § 33c Abs. 1 S. 2 nur zur Aufstellung von Spielgeräten, deren Bauart von der Physikalisch-Technischen Bundesanstalt zugelassen ist. Die Erlaubnis nach § 33i ist an eine bestimmte Person, an bestimmte Räume und an eine bestimmte Betriebsart (Spielhalle oder ähnliches Unternehmen) gebunden (OVG Saarlouis BeckRS 2015, 40996), weswegen jegliche Änderung der Voraussetzungen zum Erlöschen der Erlaubnis führt (OLG Düsseldorf GewArch 1999, 247). Das Betreiben von Spielhallen ohne die erforderliche Erlaubnis ist immer noch nicht pflichtwidrig, sofern das Erlaubnisverfahren zugunsten des Gewerbetreibenden beendet ist und die Zusendung der Erlaubnis an Umständen scheiterte, die die Behörde zu vertreten hat (OLG Jena GewArch 1997, 327; BeckOK GewO/*Kirchesch* Rn. 16). Nachdem das ÄndG v. 5.12.2012 (BGBl. I 2415) die Merkmale des § 33i Abs. 1 S. 1 „oder der gewerbsmäßigen Aufstellung von Unterhaltungsspielen ohne Gewinnmöglichkeit" gestrichen hat, wird für die gewerbsmäßige Aufstellung von Unterhaltungsspielgeräten ohne Gewinnmöglichkeit aus dem Spielhallenbegriff und keine Erlaubnis mehr verlangt (Erbs/Kohlhaas/*Ambs* Vor § 143 Rn. 8). Die Erlaubnispflicht gilt auch für den Betrieb einer Gaststätte, sofern diese wegen der Anzahl der aufgestellten Spielgeräte das „typische Spielhallenfluidum" vermittelt (BayObLG GewArch 1990, 354). Nach § 33h findet § 33d keine Anwendung auf Spiele in Spielbanken, die Veranstaltung von Lotterien und (nicht nur geringfügige) Ausspielungen sowie Glücksspiele iSd § 284 StGB. Ein unerlaubtes Glücksspiel liegt etwa vor, wenn die von Unterhaltungsspielgeräten ausgegebenen Weiterspielmarken vom Spielhallenbetreiber in Geld oder Getränke eingelöst werden (BayObLG GewArch 2003, 119, näher zur Abgrenzung von § 284 StGB s. Landmann/Rohmer GewO/*Kahl* § 34 Rn. 913 f.). Verstöße bezogen auf die vollziehbaren Auflagen oder weitere Pflichten nach §§ 33c, 33d u. § 33i werden jeweils nach § 144 Abs. 2 Nr. 3, 4, u. Nr. 4a sanktioniert.

4. Tathandlungen nach Abs. 1 Nr. 1e: Betreiben des Geschäfts eines Pfandleihers oder Pfandvermittlers ohne die erforderliche Erlaubnis. Gewerbliche Pfandleiher und Pfandvermittler bedürfen nach **§ 34 Abs. 1 S. 1** der Erlaubnis der zuständigen Behörde. Pfandleiher ist, wer gewerbsmäßig Gelddarlehen gegen Faustpfand zur Sicherung der Darlehen nebst Zinsen und Kosten gewährt, wobei das Faustpfand nur eine bewegliche Sache oder ein Wertpapier, soweit dieses wie eine bewegliche Sache verpfändet wird (zB Inhaberpapier, § 1293 BGB), sein kann (BeckOK GewO/*Meßerschmidt* § 34 Rn. 6 mit Verweis auf den bayerischen Erlass v. 2.7.1992 (All MBl. 566)). Die Inpfandnahme von Inhaberschecks zählt nicht mehr zu den eigentümlichen Geschäften des Pfandleihgewerbes und stellt einen Verstoß gegen das KWG dar (so Erbs/Kohlhaas/*Ambs* Vor § 143 Rn. 9 mit Verweis auf OVG NRW GewArch 2002, 32). Pfandvermittler ist, wer gewerbsmäßig gegen Entgelt fremde, ihm übergebene Sachen im eigenen Namen bei Pfandleihern oder in einem öffentlichen Leihhaus verpfändet und das erhaltene Darlehen an seinen Auftraggeber abführt; ein Pfandvermittler ist also Mittelsmann für alle Personen, die sich scheuen, mit diesen Institutionen unmittelbar selbst in Kontakt zu treten (Landmann/Rohmer GewO/*Marcks* § 34 Rn. 9). Verstöße bezogen auf die RVO nach § 34 Abs. 2, den Verbot des Rückkaufhandels nach § 34 Abs. 4 oder die vollziehbare Auflage nach § 34 Abs. 1 S. 2 werden jeweils nach § 144 Abs. 2 Nr. 1b, 2 u. 3 sanktioniert.

5. Tathandlungen nach Abs. 1 Nr. 1f: Betreiben des Bewachungsgewerbes ohne die erforderliche Erlaubnis. Nach **§ 34a Abs. 1 S. 1** bedarf einer entsprechenden Erlaubnis, wer gewerbsmäßig Leben oder Eigentum fremder Personen bewachen will (Bewachungsgewerbe). Das Fehlen dieser Erlaubnis ist Tatbestandsmerkmal, die Tätigkeit ist von der allgemeinen Handlungs- und Gewerbefreiheit gedeckt, wobei die Erlaubnispflichtigkeit nur der vorbeugenden Gefahrenabwehr dient. Der Irrtum darüber ist ein vorsatzausschließender (→ Rn. 5; → Vorb. Rn. 3–6). Somit handelt nur fahrlässig (§ 11 Abs. 1 S 2 OWiG), wer sich als selbstständiger Gewerbetreibender nicht erkundigt, ob und welche Genehmigungen er für die ausgeübte Tätigkeit benötige (OLG Düsseldorf NStZ-RR 1998, 211, 212). **Bewachung** ist die auf den Schutz des Lebens oder Eigentums fremder Personen vor Eingriffen Dritter gerichtete (aktive) Obhutstätigkeit (Landmann/Rohmer GewO/*Marcks* § 34a Rn. 7; Ennuschat/Wank/*Ennuschat* § 34a Rn. 15; s. ergänz. BayObLG GewArch 1982, 128). Bußgeldbewehrt ist bereits die erste schuldhafte Handlung, die ohne die Erlaubnis in der Intention erfolgt, Leben oder Eigentum fremder Personen zu schützen (BeckOK GewO/*Kirchesch* Rn. 18). Unter Beachtung des Grundsatzes der Erforderlichkeit dürfen der Gewerbetreibende und seine Beschäftigten bei der Durchführung von Bewachungsaufgaben ggü. Dritten nur die Rechte, die Jedermann im Falle einer Notwehr, eines Notstandes oder einer Selbsthilfe zustehen, die ihnen vom jeweiligen Auftraggeber vertraglich übertragenen Selbsthilferechte sowie die ihnen gegebenenfalls in Fällen gesetzlicher Übertragung zustehenden Befugnisse eigenverantwortlich ausüben (§ 34a Abs. 5). Die Bewachung im Eingangsbereich von Diskotheken ist nicht bußgeldbewehrt, solange der Diskothekensteher dem eigenen Personal des Diskothekenbetreibers angehört (Erbs/Kohlhaas/*Ambs* Vor § 143 Rn. 10). Verstöße bezogen auf die RVO nach § 34a Abs. 2 und die vollziehbare Auflage nach § 34a Abs. 1 S. 2 oder vollziehbare Anordnung nach § 34a Abs. 4 werden jeweils nach § 144 Abs. 2 Nr. 1b u. 3 sanktioniert. Für den besonderen Fall des Betreibens des Bewachungsgewerbes auf Seeschiffen s. § 144 Abs. 1 Nr. 2 u. 3, Abs. 2 Nr. 1 (jeweils → Rn. 25, 27, 28).

14   **6. Tathandlungen nach Abs. 1 Nr. 1g: Ausübung gewerblicher Versteigerung ohne die erforderliche Erlaubnis.** Wer gewerbsmäßig fremde bewegliche Sachen, fremde Grundstücke oder fremde (dingliche oder obligatorische) Rechte versteigern will, bedarf nach **§ 34b Abs. 1 S. 1** der Erlaubnis der zuständigen Behörde. Nach **§ 34b Abs. 1 S. 2** zählen zu den beweglichen Sachen auch Früchte auf dem Halm und Holz auf dem Stamm. Gewerbsmäßige Versteigerungen liegen dann vor, wenn der Versteigerer diese mit der Absicht auf dauernde, nachhaltige Gewinnerzielung durchführt und diese Tätigkeit fortgesetzt und selbstständig ausführt, wobei unerheblich ist, ob die betreffende Tätigkeit als Haupt- oder Nebenberuf ausgeübt wird (Landmann/Rohmer GewO/*Schönleiter* § 34b Rn. 6). Irrt sich der Täter über die Fremdheit, glaubt er nämlich, dass er eigene Sachen oder Rechte versteigert, die aber objektiv fremd sind, dann unterliegt er einem Tatbestandsirrtum (§ 11 Abs. 1 OWiG). Die Erlaubnispflicht ist erforderlich, weil bei einer Versteigerung der wettbewerbsorientierte Preisfindungsprozess in besonderer Weise Beeinflussungsmöglichkeiten, insbes. auch durch den gewerblichen Versteigerer selbst, ausgesetzt ist (BeckOK GewO/*Martini* § 34b Rn. 9). Die Erlaubnis kann auch einer juristischen Person erteilt werden (s. Novelle v. 23.11.1994 (BGBl. I 3475); näher Erbs/Kohlhaas/*Ambs* § 34b Rn. 4; nach der aF war das nicht möglich; Landmann/Rohmer GewO/*Kahl* Rn. 16: „hier (sind) die § 9 Abs. 1 Nr. 1 und § 30 OWiG bezüglich einer juristischen Person als Pflichtadressaten ebenfalls nicht anwendbar"). Keine Anwendung findet die Regelung auf Verkäufe, die nach gesetzlicher Vorschrift durch Kursmakler (§ 27 BörsG) oder durch die hierzu öffentlich ermächtigten Handelsmakler (§ 93 HGB) vorgenommen werden, Versteigerungen, die von Behörden oder von Beamten vorgenommen werden, sowie Versteigerungen, zu denen als Bieter nur Personen zugelassen werden, die Waren der angebotenen Art für ihren Geschäftsbetrieb ersteigern wollen (§ 34b Abs. 10). Internet-Auktionen bedürfen keiner Erlaubnis nach § 34b Abs. 1 S. 1, sie unterfallen damit nach herrschender Meinung auch nicht der Bußgeldvorschrift des § 144 Abs. 1 Nr. 1g (KG Berlin GewArch 2001, 378; LG Wiesbaden GewArch 2000, 253). Auch auf nur vorübergehende grenzüberschreitende Dienstleistungserbringung im Versteigerergewerbe ist die Regelung nicht anzuwenden (§ 4 Abs. 1 S. 1). Verstöße bezogen auf die RVO nach § 34b Abs. 8 und die vollziehbare Auflage nach § 34b Abs. 3 werden jeweils nach § 144 Abs. 2 Nr. 1b u. 3 sanktioniert.

15   **7. Tathandlungen nach Abs. 1 Nr. 1h: Betätigung als Immobilien- oder Darlehensmakler ohne die erforderliche Erlaubnis.** Zum Schutz wichtiger Gemeinwohlbelange sieht § 34c vor, dass die Aufnahme und der Betrieb bestimmter Gewerbebetriebe ausnahmsweise von einer Erlaubnis – einer auf die persönliche Zuverlässigkeit des Gewerbeinhabers bezogenen Personalkonzession – abhängig ist. Um die Aufnahme und den Betrieb dieser Gewerbe durch unzuverlässige Personen zu verhindern, statuiert die Vorschrift ferner ein **präventives Verbot mit Erlaubnisvorbehalt** (dazu AG Stuttgart NStZ 2006, 246). IE: Wer den Abschluss von Verträgen über Grundstücke, grundstücksgleiche Rechte, gewerbliche Räume oder Wohnräume vermitteln oder die Gelegenheit zum Abschluss solcher Verträge nachweisen will (**§ 34c Abs. 1 S. 1 Nr. 1**) wie auch wer den Abschluss von Darlehensverträgen (mit Ausnahme von Verträgen iSd § 34i Abs. 1 S. 1; → Rn. 24) vermitteln oder die Gelegenheit zum Abschluss solcher Verträge nachweisen will (**§ 34c Abs. 1 S. 1 Nr. 2),** bedarf der Erlaubnis der zuständigen Behörde. Beachte hierzu die Übergangsregelungen in § 160 (einzuhaltende Fristen bis zum 21.3.2017). Entscheidend für die Erlaubnispflicht ist dabei die tatsächlich ausgeübte Tätigkeit und nicht die Berufsbezeichnung, sodass auch Angehörige freier Berufe wie Architekten und Rechtsanwälte bei entsprechender gewerblicher Betätigung einer Erlaubnis iSd § 34c Abs. 1 S. 1 bedürfen (BeckOK GewO/*Will* § 34c Rn. 19 ff.). Das „Vermitteln" umfasst jede auf den Abschluss eines Vertrages zwischen zwei mit der Person des Vermittlers nicht identischen Parteien gerichtete selbstständige, dh im eigenen Namen ausgeübte Tätigkeit, gleichgültig, ob es schließlich zum Vertragsabschluss kommt (Landmann/Rohmer GewO/*Kahl* Rn. 19 mit Verweis auf OVG Bremen GewArch 1978, 333). Die Tatbestandsalternative des Vermittelns liegt bereits mit der ersten auf den Abschluss eines Vertrages abzielenden Tätigkeit vor. Da auch der Nachweis der Gelegenheit zum Abschluss derartiger Verträge als pflichtwidrig betrachtet wird, ist diese Abgrenzung beider Tatbestandsalternativen irrelevant. Nicht geldbußbewehrt ist der Ankauf und spätere Verkauf von derartigen Gegenständen im eigenen Namen, das Gewähren von Darlehen aus eigenen Mitteln sowie das selbstständige Vermieten von Wohnungen (s. näher Erbs/Kohlhaas/*Ambs* Rn. 12). In Bezug auf § 34c Abs. 1 S. 1 Nr. 1 kommt auch **§ 4 Abs. 1 S. 1** in Betracht (vorübergehende grenzüberschreitende Dienstleistungserbringung). Die Erlaubnispflicht gilt nach § 34c Abs. 5 nicht für (1) Kreditinstitute, für die eine Erlaubnis nach § 32 Abs. 1 KWG erteilt wurde, und für Zweigstellen von Unternehmen iSd § 53b Abs. 1 Satz 1 KWG, (2) Gewerbetreibende, die lediglich zur Finanzierung der von ihnen abgeschlossenen Warenverkäufe oder zu erbringenden Dienstleistungen den Abschluss von Verträgen über Darlehen vermitteln oder die Gelegenheit zum Abschluss solcher Verträge nachweisen, (3) Zweigstellen von Unternehmen mit Sitz in einem anderen Mitgliedstaat der EU, die nach § 53b Abs. 7 KWG Darlehen zwischen Kreditinstituten vermitteln dürfen, soweit sich ihre Tätigkeit nach Abs. 1 auf die Vermittlung von Darlehen zwischen Kreditinstituten beschränkt, (4) Verträge, soweit Teilzeitnutzung von Wohngebäuden iSd § 481 BGB gemäß Abs. 1 S. 1 Nr. 1 nachgewiesen oder vermittelt wird. Verstöße bezogen auf die vollziehbare Auflage nach § 34c Abs. 1 S. 2 und die RVO nach § 34c Abs. 3 werden jeweils nach § 144 Abs. 2 Nr. 5 u. Nr. 6 sanktioniert.

8. Tathandlungen nach Abs. 1 Nr. 1i: Betätigung als Bauherrr oder Baubetreuer ohne die **16** **erforderliche Erlaubnis.** Nach § 34c Abs. 1 S. 1 Nr. 3 bedarf der Erlaubnis der zuständigen Behörde, wer Bauvorhaben (a) als Bauherr im eigenen Namen für eigene oder fremde Rechnung vorbereiten oder durchführen und dazu Vermögenswerte von Erwerbern, Mietern, Pächtern oder sonstigen Nutzungsberechtigten oder von Bewerbern um Erwerbs- oder Nutzungsrechte verwenden, oder (b) als Baubetreuer im fremden Namen für fremde Rechnung wirtschaftlich vorbereiten oder durchführen will (zu den aufgeführten Begriffen s. näher BeckOK GewO/*Will* § 34c Rn. 25 ff.). Zu dem Bauvorhaben zählen alle Planungsmaßnahmen, Beschaffung von Baudarlehen sowie des Baugrundstückes (Erbs/Kohlhaas/*Ambs* Rn. 13). Nach § 34c Abs. 5 gelten auch hier die Ausnahmen von der Erlaubnispflicht hinsichtlich der dort aufgeführten Unternehmen bzw. Gewerbetreibenden (→ Rn. 14). Für bestimmte Bagatellfälle kann keine Sanktion erfolgen, sogar unabhängig davon, ob ein Ausnahmetatbestand des § 34c Abs. 5 vorliegt (MaBV/*Marcks* Rn. 1). In Bezug auf § 34c Abs. 1 S. 1 Nr. 3 kommt ferner § 4 Abs. 1 S. 1 in Betracht (vorübergehende grenzüberschreitende Dienstleistungserbringung). Verstöße bezogen auf die vollziehbare Auflage nach § 34c Abs. 1 S. 2 und die RVO nach § 34c Abs. 3 werden jeweils nach § 144 Abs. 2 Nr. 5 u. 6 sanktioniert.

9. Tathandlungen nach Abs. 1 Nr. 1j: Betätigung als Versicherungsvermittler ohne die er- **17** **forderliche Erlaubnis.** Der Inhalt des § 34d entspricht den Vorgaben der EU-RL 2002/92/EG über Versicherungsvermittlung v. 9.12.2002 (ABl. 2003 L 9, 3). Die Erlaubnispflicht der Versicherungsvermittlung nach § 34d Abs. 1 S. 1 wurde durch G v. 19.12.2006 (BGBl. I 3232) in die GewO eingefügt. Die beiden unter dem Oberbegriff Versicherungsvermittler zusammengefassten Haupttypen sind der Versicherungsvertreter und der Versicherungsmakler (BT-Drs. 16/1935, 18), wie sie in § 59 Abs. 2 und 3 VVG definiert werden. Nach **§ 34d Abs. 1 S. 1** bedarf somit der Erlaubnis der zuständigen Industrie- und Handelskammer, wer gewerbsmäßig als Versicherungsmakler oder als Versicherungsvertreter den Abschluss von Versicherungsverträgen vermitteln will. Nicht erfasst sind somit einzelne Tätigkeiten, wie etwa die Schadensbeseitigung durch Kfz-Werkstätten, die lediglich in den Bereich der Mitwirkung an der Erfüllung von Versicherungsverträgen fallen (BT-Drs. 16/1935, 17). Die Versicherungsvermittlung kann unabhängig sein oder von einer der beiden Parteien des Versicherungsvertrages gesteuert werden. Als Versicherungsvermittler werden deshalb diejenigen bezeichnet, die Kraft rechtsgeschäftlicher Geschäftsbesorgungs-macht für einen anderen Versicherungsschutz ganz oder teilweise beschaffen, ausgestalten und abwickeln, ohne selbst Versicherungsnehmer oder Versicherer zu sein (s. die grdl. Entscheidung BGH NJW 1985, 2595). Insofern gelten Spediteure oder Lagerhalter grds. nicht als Versicherungsvermittler, wenn sie im Rahmen ihrer Berufstätigkeit auftragsgemäß Versicherungsschutz über eine von ihnen als Versicherungsnehmer und Prämienschuldner gezeichnete Versicherung (zB Transport-General-Police, Lagerversicherung, Fremdunternehmensversicherung) besorgen, indem sie bei Deklaration das Sacherhaltungsinteresse des versicherten Eigentümers des transportierten oder eingelagerten Gutes versichern (dazu BT-Drs. 16/1935, 18). Keine „Vermittlung" ist ferner die Tätigkeit des „Tippgebers", die darauf beschränkt ist, Möglichkeiten zum Abschluss von Versicherungsverträgen namhaft zu machen oder Kontakte zwischen einem potenziellen Versicherungsnehmer und einem Versicherungsvermittler oder -unternehmer herzustellen (BT-Drs. 16/1935, 17). Zum Versicherungsberater → Rn. 20. Die Vorschriften für Versicherungsvermittler gelten nach **§ 34d Abs. 10** auch für Rückversicherungsvermittler.

Kein taugliches Subjekt ist ein Versicherungsvermittler, wenn er seine Tätigkeit als Versicherungs- **18** vermittler ausschließlich im Auftrag eines oder, wenn die Versicherungsprodukte nicht in Konkurrenz stehen, mehrerer im Inland zum Geschäftsbetrieb befugten Versicherungsunternehmen ausübt und durch das oder die Versicherungsunternehmen für ihn die uneingeschränkte Haftung aus seiner Vermittlertätigkeit übernommen wird (s. § 34d Abs. 4). Kein taugliches Subjekt ist auch ein Versicherungsvermittler, wenn er in einem anderen Mitgliedstaat der EU oder in einem anderen Vertragsstaat des EWR-Abkommens niedergelassen ist und die Eintragung in ein Register nach Art. 3 RL 2002/92/EG des EP und des ER v. 9.12.2002 über Versicherungsvermittlung (ABl. 2003 L 9, 3) nachweisen kann (s. § 34d Abs. 5).

Die Erlaubnispflicht samt aller Ausnahmetatbestände gilt nach **§ 34d Abs. 11** nicht für Gewerbetrei- **19** bende, die (1) als natürliche Person ihren Wohnsitz in einem anderen Mitgliedstaat der EU oder einem anderen Vertragsstaat des EWR-Abkommens haben und dort die Tätigkeit der Versicherungsvermittlung ausüben, oder (2) als juristische Person ihren satzungsmäßigen Sitz oder, wenn sie gemäß dem für sie geltenden einzelstaatlichen Recht keinen satzungsmäßigen Sitz haben, ihren Hauptverwaltungssitz in einem anderen Mitgliedstaat der EU oder einem anderen Vertragsstaat des EWR-Abkommens haben. Verstöße bezogen auf die vollziehbare Auflage nach § 34d Abs. 1 S. 2, die Eintragung nach § 34d Abs. 7 und die RVO nach § 34d Abs. 8 S. 1 Nr. 1 und 3, S. 2 u. 3 werden jeweils nach § 144 Abs. 2 Nr. 3, 7 u. 1b sanktioniert.

20 **10. Tathandlungen nach Abs. 1 Nr. 1k: Betätigung als Versicherungsberater ohne die erforderliche Erlaubnis. § 34e Abs. 1 S. 1** enthält eine **Legaldefinition** des **Versicherungsberaters.** Nach dieser Vorschrift bedarf der Erlaubnis der zuständigen Industrie- und Handelskammer, wer gewerbsmäßig Dritte über Versicherungen beraten will, ohne von einem Versicherungsunternehmen einen wirtschaftlichen Vorteil zu erhalten oder von ihm in anderer Weise abhängig zu sein (ausf. dazu s. BeckOK GewO/*Will* § 34e Rn. 2 ff.). Diese Regelung hat der Entscheidung BVerfG NJW 1988, 543 Rechnung getragen, die den Beruf des Versicherungsberaters als einen dauerhaft zu erhaltenen Beruf gekennzeichnet hat (BT-Drs. 16/1935, 21). § 34e Abs. 1 hat die Beschreibung des Tätigkeitsbereichs aus Art. 1 § 1 Abs. 1 Nr. 2 RechtsberG übernommen und um das für Versicherungsberater prägende Merkmal der Unabhängigkeit von der Versicherungswirtschaft erweitert (BT-Drs. 16/1935, 21). Verstöße bezogen auf die Eintragung nach § 34e Abs. 2 iVm § 34d Abs. 7, die Entgegennahme von Provision nach § 34e Abs. 3 S. 1, die vollziehbare Auflage nach § 34e Abs. 3 S. 2 und die RVO nach § 34e Abs. 3 S. 3 u. 4 werden jeweils nach § 144 Abs. 2 Nr. 7, 8, 3 u. 1b sanktioniert.

21 **11. Tathandlungen nach Abs. 1 Nr. 1l: Betätigung als Finanzanlagenvermittler oder Finanzanlageberater ohne die erforderliche Erlaubnis. § 34f Abs. 1 S. 1** enthält eine **Legaldefinition** des **Finanzanlagenvermittlers,** wobei zu der Finanzanlagenvermittlung als Erlaubnisgewerbe auch die Finanzanlageberatung zählt. Nach dem Wortlaut dieser Regelung bedarf somit einer entsprechenden Erlaubnis, wer im Umfang der Bereichsausnahme des § 2 Abs. 6 S. 1 Nr. 8 KWG gewerbsmäßig Anlagevermittlung (iSd § 1 Abs. 1a Nr. 1 KWG) oder Anlageberatung (iSd § 1 Abs. 1a Nr. 1a KWG) erbringen will. Die Anlagevermittlung oder -beratung soll sich überdies auf die in § 34f Abs. 1 S. 1 Nr. 1–3 genannten, vom Gesetz zusammenfassend als Finanzanlagen bezeichneten **Finanzanlageprodukte** beziehen. IE werden folgende Finanzanlageprodukte genannt: (1) Anteile oder Aktien an inländischen offenen Investmentvermögen, offenen EU-Investmentvermögen oder ausländischen offenen Investmentvermögen, die nach dem KAGB vertrieben werden dürfen, (2) Anteile oder Aktien an inländischen geschlossenen Investmentvermögen, geschlossenen EU-Investmentvermögen oder ausländischen geschlossenen Investmentvermögen, die nach KAGB vertrieben werden dürfen, und (3) Vermögensanlagen iSd § 1 Abs. 2 VermAnlG. Zur weiteren Konkretisierung der Regelung wird die auch auf § 34g beruhende FinanzanlagenvermittlungsV v. 2.5.2012 (BGBl. I 1006) herangezogen (Erbs/Kohlhaas/*Ambs* Rn. 13c).

22 Nach **§ 34f Abs. 3** bedürfen ausnahmsweise keiner Erlaubnis: (1) Kreditinstitute, für die eine Erlaubnis nach § 32 Abs. 1 KWG erteilt wurde, und Zweigstellen von Unternehmen iSd § 53b Abs. 1 S. 1 KWG; (2) KVGs, für die eine Erlaubnis nach § 7 Abs. 1 InvG idF bis zum 21.7.2013 erteilt wurde, die für den in § 345 Abs. 2 S. 1, Abs. 3 S. 2 iVm Abs. 2 S. 1, oder Abs. 4 S. 1 KAGB vorgesehenen Zeitraum noch fortbesteht, sowie KVGs, für die eine Erlaubnis nach den §§ 20, 21 oder §§ 20, 22 KAGB erteilt wurde, aber auch ausländische AIF-Verwaltungsgesellschaften, für die eine Erlaubnis nach § 58 KAGB erteilt wurde, und Zweigniederlassungen von Unternehmen iSv §§ 51 Abs. 1 S. 1, 54 Abs. 1 oder 66 Abs. 1 KAGB; (3) Finanzdienstleistungsinstitute in Bezug auf Vermittlungstätigkeiten oder Anlageberatung, für die ihnen eine Erlaubnis nach § 32 Abs. 1 KWG erteilt wurde oder für die eine Erlaubnis nach § 64e Abs. 2, § 64i Abs. 1, § 64m oder § 64n KWG als erteilt gilt; (4) Gewerbetreibende in Bezug auf Vermittlungs- und Beratungstätigkeiten nach Maßgabe des § 2 Abs. 10 S. 1 KWG. Verstöße bezogen auf die vollziehbare Auflage gem. § 34f Abs. 1 S. 2, die Eintragung gem. § 34f Abs. 5 S. 1 und die in § 34f Abs. 5 S. 1 vorgesehene Mitteilung werden jeweils nach § 144 Abs. 2 Nr. 4a, 7 u. 9 sanktioniert. Beachte hierzu die Übergangsregelungen in § 157.

23 **12. Tathandlungen nach Abs. 1 Nr. 1m: Betätigung als Honorar-Finanzanlagenberater ohne die erforderliche Erlaubnis. § 34h Abs. 1 S. 1** enthält eine **Legaldefinition** des **Honorar-Finanzanlagenberaters.** Nach dieser Vorschrift bedarf der Erlaubnis der zuständigen Behörde, wer im Umfang der Bereichsausnahme des § 2 Abs. 6 S. 1 Nr. 8 KWG gewerbsmäßig zu Finanzanlagen iSd § 34f Abs. 1 Nr. 1, 2 oder Nr. 3 Anlageberatung iSd § 1 Abs. 1a Nr. 1a KWG erbringen will, ohne von einem Produktgeber eine Zuwendung zu erhalten oder von ihm in anderer Weise abhängig zu sein. Der Honorar-Finanzanlagenberater unterscheidet sich signifikant von dem Finanzanlagenvermittler iSd § 34f dadurch, dass Ersterer nach § 34h Abs. 1 S. 1 nicht Anlagevermittlung und Anlageberatung, sondern lediglich Anlageberatung iSd § 1 Abs. 1a Nr. 1a KWG erbringt, ohne dabei von einem Produktgeber eine Zusendung zu erhalten oder von ihm in anderer Weise abhängig zu sein (dazu *Will* NJW 2015, 1477 (1478)). Verstöße bezogen auf die vollziehbare Auflage nach § 34h Abs. 1 S. 2 und die Zuwendung nach § 34h Abs. 3 S. 2 u. S. 3 werden jeweils nach § 144 Abs. 2 Nr. 5, 10 u. Nr. 11 sanktioniert.

24 **13. Tathandlungen nach Abs. 1 Nr. 1n: Betätigung als Immobiliardarlehensvermittler ohne die erforderliche Erlaubnis.** Die Vorschrift des § 34i wurde mWv 21.3.2016 durch Art. 10 G v. 11.3.2016 (BGBl. I 396) neu eingeführt. **§ 34i Abs. 1 S. 1** enthält eine **Legaldefinition** des **Immobiliardarlehensvermittlers.** Nach dieser Vorschrift bedarf der Erlaubnis der zuständigen Behörde, wer gewerbsmäßig den Abschluss von Immobiliar-Verbraucherdarlehensverträgen im Sinne des (durch Art. 1 G v. 11.3.2016 (BGBl. I 396) neu eingeführten) § 491 Abs. 3 BGB oder entsprechende entgeltliche Finanzierungshilfen im Sinne des (durch Art. 1 G v. 11.3.2016 (BGBl. I 396) ebenfalls geänderten)

§ 506 BGB vermitteln will oder Dritte zu solchen Verträgen beraten will. Beachte hierzu die **Übergangsregelungen in § 160** (einzuhaltende Fristen bis zum 21.3.2017). **§ 34i Abs. 2** bestimmt, wann die Erlaubnis zu versagen ist; dies ist etwa der Fall, wenn der Antragsteller den Nachweis einer Berufshaftpflichtversicherung oder gleichwertigen Garantie nicht erbringen kann (so Nr. 3). Nach **§ 34i Abs. 3** bedürfen ausnahmsweise keiner Erlaubnis Kreditinstitute, für die eine Erlaubnis nach § 32 Abs. 1 KWG erteilt wurde, und Zweigstellen von Unternehmen iSd § 53b Abs. 1 S. 1 KWG. Keiner Erlaubnis bedarf ferner nach **§ 34i Abs. 4** ein Immobiliardarlehensvermittler, der den Abschluss von Immobiliar-Verbraucherdarlehensverträgen oder entsprechenden entgeltlichen Finanzierungshilfen vermitteln oder Dritte zu solchen Verträgen beraten will und dabei im Umfang seiner Erlaubnis handelt, die nach Art. 29 RL 2014/17/EU des EP und des Rates v. 4.2.2014 über Wohnimmobilienkreditverträge für Verbraucher und zur Änderung der RL 2008/48/EG und 2013/36/EU und der VO (EU) Nr. 1093/2010 (ABl. L 60 v. 28.2.2014, 34) durch einen anderen Mitgliedstaat der EU oder einen anderen Vertragsstaat des EWR-Abkommens erteilt worden ist. Verstöße bezogen auf die vollziehbare Auflage nach § 34i Abs. 1 S. 2, die Eintragung nach § 34i Abs. 8 Nr. 1 o. 2, die erforderliche Mitteilung nach § 34i Abs. 8 Nr. 3 und das Zuwendungsannahmeverbot nach § 34i Abs. 5 werden jeweils nach § 144 Abs. 2 Nr. 5, 7, 9 u. 10 sanktioniert.

14. Tathandlungen nach Abs. 1 Nr. 2: Betreiben des Bewachungsgewerbes auf Seeschiffen 25 **ohne erforderliche Zulassung.** Nach § 31 Abs. 1 bedarf einer einschlägigen Zulassung, wer gewerbsmäßig Leben oder Eigentum fremder Personen auf Seeschiffen seewärts der Begrenzung der deutschen ausschließlichen Wirtschaftszone zur Abwehr äußerer Gefahren bewachen will. Die Regelung trat am 1.12.2013 durch G v. 4.3.2013 (BGBl. I 362; geänd. durch G v. 24.4.2013, BGBl. I 930) in Kraft und betrifft **Bewachungsunternehmen,** die Bewachungsaufgaben auf Seeschiffen außerhalb der deutschen Wirtschaftszone durchführen wollen. Die **Zulassungspflicht** trifft neben den im Inland niedergelassenen Bewachungsunternehmen, die solche Sicherheitsleistungen erbringen, auch im Ausland niedergelassene Bewachungsunternehmen, wenn sie auf Seeschiffen unter deutscher Flagge Bewachungsaufgaben durchführen wollen, da auf Seeschiffen unter deutscher Flagge deutsches Recht anzuwenden ist. Die Zulassungsvoraussetzungen sind dabei nicht wie im Falle des § 34a Abs. 1 und 2 personenbezogen, sondern unternehmensbezogen ausgelegt und orientieren sich an Leitlinien der Internationalen Seeschifffahrtsorganisation (dazu BT-Drs. 17/10960, 12). Die Zulassung nach **§ 31 Abs. 2 S. 1** erteilt das BAFA im Benehmen mit der Bundespolizei. Nach **§ 31 Abs. 2 S. 4** ist § 34a Abs. 1–4 zum Bewachungsgewerbe (→ Rn. 13) nicht anzuwenden. Verstöße bezogen auf die vollziehbare Auflage nach § 31 Abs. 2 S. 2 und die in § 31 Abs. 4 vorgesehene Rechtsordnung werden jeweils nach § 144 Abs. 1 Nr. 3 und Abs. 2 Nr. 1 sanktioniert.

15. Tathandlungen nach Abs. 1 Nr. 4: Unbefugtes Einsetzen eines Stellvertreters. Im All- 26 gemeinen können die Befugnisse zum stehenden Gewerbebetrieb nach § 45 durch einen den vorgeschriebenen Erfordernissen genügenden Stellvertreter ausgeübt werden, der anstelle des Inhabers das Gewerbe für dessen Rechnung und in dessen Namen selbstständig ausübt. Abweichend von dieser Regel verlangt § 47 in Bezug auf die nach §§ 31, 33i, 34, 34a, 34b, 34c, 34d, 34e, 34f, 34h, 34i u. 36 konzessionierten oder angestellten Personen für die Zulässigkeit der Stellvertretung die Bestimmung in jedem einzelnen Fall der Behörde, welcher die Konzessionierung oder Anstellung zusteht. § 47 wurde zuletzt mWv 1.8.2014 durch G v. 15.7.2013 (BGBl. I 2390) geändert. Der **Stellvertreter** ist dabei notwendiges **Tatmittel,** weswegen er nicht als Teilnehmer einer solchen Tat verfolgt werden kann. Bei der vorliegenden Verhaltensweise handelt es sich um eine Dauerordnungswidrigkeit (Friauf/*Heß* Rn. 41; Landmann/Rohmer GewO/*Kahl* Rn. 26). Zu den Vorsatz- und Irrtumsfragen → Vorb. Rn. 3–6 und → Rn. 5.

II. Zuwiderhandelnde Gewerbeausübung: Tathandlungen nach § 144 Abs. 1 Nr. 3, Abs. 2 und Abs. 3

1. Tathandlungen nach Abs. 1 Nr. 3: Zuwiderhandelnde Gewerbeausübung innerhalb des 27 **§ 31 Abs. 2.** Sanktioniert werden Zuwiderhandlungen gegen eine vollziehbare Auflage, die aufgrund von § 31 Abs. 2 S. 2 erlassen worden ist. Demnach kann die für das Bewachungsgewerbe auf Seeschiffen notwendige Zulassung mit Auflagen verbunden werden, soweit dies zum Schutz der Allgemeinheit oder der Auftraggeber erforderlich ist. Unter denselben Voraussetzungen ist auch die nachträgliche Aufnahme, Änderung oder Ergänzung von Auflagen zulässig.

2. Tathandlungen nach Abs. 2 Nr. 1: Zuwiderhandelnde Gewerbeausübung innerhalb des 28 **§ 31 Abs. 4.** Sanktioniert werden auf das Bewachungsgewerbe auf Seeschiffen bezogene Zuwiderhandlungen gegen eine **RVO,** die aufgrund von § 31 Abs. 4 S. 1 Nr. 1, 2, 3a–c oder Nr. 3d, Nr. 4, S. 2 erlassen worden ist. Ebenfalls werden sanktioniert Zuwiderhandlungen gegen eine vollziehbare Anordnung, die aufgrund der genannten RVO erlassen worden ist, soweit diese RVO für einen bestimmten Tatbestand auf diese Bußgeldvorschrift verweist. Diese VO ist am 21.6.2013 (BGBl. I 1623) ergangen.

29 **3. Tathandlungen nach Abs. 2 Nr. 1a: Zuwiderhandelnde Gewerbeausübung innerhalb des § 33f Abs. 1.** Sanktioniert werden Zuwiderhandlungen gegen eine RVO, die auf Grundlage von **§ 33f Abs. 1 Nr. 1, 2 und 4** erlassen worden ist. Ebenfalls werden sanktioniert Zuwiderhandlungen gegen eine vollziehbare Anordnung, die aufgrund der genannten RVO erlassen worden ist, soweit diese RVO für einen bestimmten Tatbestand auf diese Bußgeldvorschrift verweist. § 33f Abs. 1 betrifft § 33c (Spielgeräte mit Gewinnmöglichkeit), § 33d (andere Spiele mit Gewinnmöglichkeit), § 33e (Bauartzulassung und Unbedenklichkeitsbescheinigung) wie auch § 33i (Spielhallen und ähnliche Unternehmen). Die Verordnungsermächtigung des § 33f Abs. 1 nennt (im Einklang mit der allgemeinen Zielsetzung des gewerblichen Spielrechts) als Ermächtigungszwecke bzw. Schutzgüter die Eindämmung der Betätigung des Spieltriebs, den Schutz der Allgemeinheit und der Spieler sowie das Interesse des Jugendschutzes. Die hier interessierende Ordnungswidrigkeits- und Verweisungsvorschrift ist in **§ 19 Abs. 1 Nr. 1–9 SpielV** enthalten, wie sie in ihrer aktuellen Fassung (zuletzt geändert durch Art. 1 VO v. 8.12.2014 (BGBl. I 2003) gilt. Demnach handelt etwa ordnungswidrig, wer entgegen § 3 Abs. 1 S. 1, Abs. 2 S. 1 oder Abs. 3 SpielV mehr als die zulässige Zahl von Spielgeräten aufstellt (so Nr. 1; s. dazu OLG Koblenz BeckRS 2014, 02835; OLG Hamm BeckRS 2008, 08268), entgegen § 6 Abs. 1 S. 2 SpielV nicht dafür sorgt, dass die Spielregeln und der Gewinnplan leicht zugänglich sind (so Nr. 3a) oder entgegen § 7 Abs. 4 SpielV ein Spielgerät nicht aus dem Verkehr zieht (so Nr. 6b).

30 **4. Tathandlungen nach Abs. 2 Nr. 1b: Zuwiderhandlungen gegen RVO innerhalb von § 33g Nr. 2, § 34 Abs. 2, § 34a Abs. 2, § 34b Abs. 8, § 34d Abs. 8 S. 1 Nr. 1, 3, S. 2, 3, § 34e Abs. 3 S. 3, 4 und § 38 Abs. 3.** Sanktioniert werden Zuwiderhandlungen gegen RVO, die aufgrund der aufgeführten Vorschriften erlassen worden sind. Ebenfalls werden sanktioniert Zuwiderhandlungen gegen vollziehbare Anordnungen, die aufgrund der genannten RVO erlassen worden sind, soweit diese RVO für einen bestimmten Tatbestand auf diese Bußgeldvorschrift verweisen.

31 Die einzelnen RVO: Zu § 33g Nr. 2 ist bis dato keine RVO ergangen. In Betracht kommt hinsichtlich § 34 Abs. 2 die VO über den Geschäftsbetrieb der gewerblichen Pfandleiher (PfandlV) v. 1.2.1961 (Neubekanntmachung BGBl. I 1334), zuletzt geändert mWv 13.3.2013 durch Art. 2a Abs. 2 G v. 4.3.2013 (BGBl. I 362); die hier interessierende Ordnungswidrigkeits- und Verweisungsvorschrift ist in **§ 12a PfandlV** enthalten. In Betracht kommt hinsichtlich § 34a Abs. 2 die VO über das Bewachungsgewerbe (BewachV) v. 7.12.1995 in der ab 1.5.2003 geltenden Fassung (BGBl. I 1378), zuletzt geändert mWv 13.3.2013 durch Art. 2a Abs. 3 G v. 4.3.2013 (BGBl. I 362, ber. 1120); die hier interessierende Ordnungswidrigkeits- und Verweisungsvorschrift ist in **§ 16 Abs. 1 BewachV** enthalten. In Betracht kommt hinsichtlich § 34b Abs. 8 die VO über gewerbsmäßige Versteigerungen (VerstV) v. 24.4.2003 (BGBl. I 547), zuletzt geändert mWv 13.3.2013 durch Art. 2a Abs. 4 G v. 4.3.2013 (BGBl. I 362); die hier interessierende Ordnungswidrigkeits- und Verweisungsvorschrift ist in **§ 10 Abs. 1 VerstV** enthalten. In Betracht kommt hinsichtlich § 34d Abs. 8 die VO über die Versicherungsvermittlung und –beratung (VersV) v. 17.5.2007 (BGBl. I 733, ber. 1967), zuletzt geändert durch Art. 276 Zehnte ZuständigkeitsanpassungsVO v. 31.8.2015 (BGBl. I 1474); die hier interessierende Ordnungswidrigkeits- und Verweisungsvorschrift ist in **§ 18 Abs. 1 VersVermV** enthalten. Die gleiche Regelung kommt auch hinsichtlich § 34e Abs. 3 in Betracht. § 38 Abs. 3 enthält eine Ermächtigung für die Landesregierungen zum Erlass von RVO, in denen die Art und Weise der Buchführung der Gewerbetreibenden geregelt werden kann (die Länder bleiben allerdings eher inaktiv bzw. wenig interessiert daran, Buchführungspflichten einzuführen; *Schönleiter* GewArch 2014, 106).

32 **5. Tathandlungen nach Abs. 2 Nr. 2: Zuwiderhandelnde Gewerbeausübung bezogen auf das Verbot des Rückkaufhandels nach § 34 Abs. 4.** Sanktioniert wird der gewerbsmäßige Ankauf beweglicher Sachen mit Gewährung des Rückkaufrechts. Die Regelung dient dem Ziel, einerseits dem Pfandleiher die Möglichkeit zu nehmen, die Vorschriften über die Pfandverwertung zu umgehen, zumal die Zeit, welche dem Verkäufer für die Geltendmachung des Rückkaufsrechts gelassen ist, in der Regel kurz ist, und andererseits zu Lasten des Darlehensnehmers einen übersetzten Rückkaufpreis zu vereinbaren (Erbs/Kohlhaas/*Ambs* Rn. 22; Landmann/Rohmer GewO/*Marcks* § 34 Rn. 23). Neben dem Rückkaufhandel wird auch das Rückkaufgeschäft verboten (Erbs/Kohlhaas/*Ambs* § 34 Rn. 8).

33 **6. Tathandlungen nach Abs. 2 Nr. 3: Zuwiderhandlungen gegen vollziehbare Auflagen innerhalb von § 33a Abs. 1 S. 3, § 33c Abs. 1 S. 3, § 33d Abs. 1 S. 2, § 33e Abs. 3, § 33i Abs. 1 S. 2, § 34 Abs. 1 S. 2, § 34a Abs. 1 S. 2, § 34b Abs. 3, § 34d Abs. 1 S. 2, auch iVm Abs. 3 S. 2, § 34e Abs. 1 S. 2 und § 36 Abs. 1 S. 3 oder gegen vollziehbare Anordnungen innerhalb von § 33c Abs. 3 S. 3 und § 34a Abs. 4.** Sanktioniert **werden Zuwiderhandlungen gegen vollziehbare Auflagen, die aufgrund der aufgeführten Vorschriftenkette erlassen worden sind. Ebenfalls werden sanktioniert Zuwiderhandlungen gegen vollziehbare Anordnungen, die aufgrund von § 33c Abs. 3 u. § 34a Abs. 4 erlassen worden sind.** Vollziehbar ist eine Auflage, wenn ihre Anordnung unanfechtbar geworden oder sie für sofort vollziehbar erklärt worden ist, wobei die Überprüfung ihrer Zweckmäßigkeit im Ordnungswidrigkeitsverfahren unzulässig ist (Erbs/Kohlhaas/*Ambs* Rn. 23–25). Nach § 80 Abs. 2 Nr. 1 VwGO kann die sofortige Vollziehbarkeit bestimmter Auflagen ausgesprochen werden. Das bedeutet für den Gewerbetreibenden, dass ab diesem Zeitpunkt ein unbedingtes Missachtungsverbot besteht, allenfalls die Rechtsmittel aus § 80 Abs. 5 VwGO, § 123 VwGO zur Verfügung steht und, bis das Verwaltungsgericht endgültig entscheidet, die (schuldhafte) Nichtbeachtung der Auflagen tatbestandsmäßig ist (Landmann/Rohmer GewO/*Kahl* Rn. 37; BeckOK GewO/*Kirchesch* Rn. 34).

7. Tathandlungen nach Abs. 2 Nr. 4: Zuwiderhandelnde Gewerbeausübung bezogen auf **34** **das Aufstellen von Spielgeräten nach § 33c Abs. 3 S. 1.** Nach **§ 33c Abs. 3 S. 1** darf der Gewerbetreibende (dh der Inhaber der Aufstellererlaubnis) Spielgeräte iSd § 33c Abs. 1 nur aufstellen, wenn ihm die zuständige Behörde zuvor schriftlich bestätigt hat, dass der Aufstellungsort den auf der Grundlage des § 33f Abs. 1 Nr. 1 erlassenen Durchführungsvorschriften entspricht (§§ 1–3a SpielV). Somit wird der Gewerbetreibende von der Verantwortung für die Geeignetheit des Aufstellungsortes freigestellt (BT-Drs. 8/1863, 8). Es handelt sich dabei um einen feststellenden Verwaltungsakt, der auch juristischen Personen und Personengesellschaften erteilt werden kann (Erbs/Kohlhaas/*Ambs* § 33c Rn. 9). Die Geeignetheitsbestätigung gilt auch dann noch wirksam, wenn man das Spielgerät nach dessen Abbau erneut aufstellt, es sei denn, sie ist zwischenzeitlich widerrufen oder zurückgenommen worden. Sie erlischt jedoch, wenn der Betrieb, in dem das Gerät aufgestellt wird, geschlossen wird (OLG Stuttgart GewArch 2013, 257). Eine rechtswidrig erteilte Geeignetheitsbescheinigung kann als Verwaltungsakt zurückgenommen werden, soweit zB kein Gaststättenbetrieb vorliegt (VG Gießen GewArch 2011, 81). Das Aufstellen eines Spielgerätes mit Gewinnmöglichkeit ohne die erforderliche Bestätigung verwirklicht nicht zugleich den Tatbestand des § 284 StGB (OLG Köln NJW 1957, 721; Landmann/Rohmer GewO/*Marcks* § 33c Rn. 44 mwN). Zu der Aufstellung von Spielgeräten mit Gewinnmöglichkeit im gastronomischen Bereich eines Bordellbetriebs s. VG München BeckRS 2011, 31463.

8. Tathandlungen nach Abs. 2 Nr. 4a: Zuwiderhandelnde Gewerbeausübung bezogen auf **35** **das Verbot der Beschäftigung einer Person nach § 33c Abs. 3 S. 4.** Nach **§ 33c Abs. 3 S. 4 iVm Abs. 2 Nr. 2** darf der Aufsteller mit der Aufstellung von Spielgeräten nur Personen beschäftigen, die über die für die Ausübung des Gewerbes notwendigen Kenntnisse zum Spieler- und Jugendschutz unterrichtet worden sind. Die Regelung wurde mWv 1.9.2013 durch G v. 5.12.2012 (BGBl. I 2415) eingefügt.

9. Tathandlungen nach Abs. 2 Nr. 5: Zuwiderhandlungen gegen vollziehbare Auflagen **36** **innerhalb von § 34c Abs. 1 S. 2, § 34f Abs. 1 S. 2, § 34h Abs. 1 S. 2 oder § 34i Abs. 1 S. 2.** Der vorliegende Tatbestand wurde zuletzt durch G v. 11.3.2016 (BGBl. I 396) mWv 21.3.2016 geändert. Die erforderliche Erlaubnis für Makler, Bauträger, Baubetreuer gem. § 34c Abs. 1 S. 2, für Finanzanlagenvermittler gem. § 34f Abs. 1 S. 2, für Honorar-Finanzanlagenberater gem. § 34h Abs. 1 S. 2 und für Immobiliardarlehensvermittler gem. § 34i Abs. 1 S. 2 kann inhaltlich beschränkt und mit Auflagen verbunden werden, soweit dies zum Schutze der Allgemeinheit oder der Auftraggeber erforderlich ist; unter denselben Voraussetzungen ist auch die nachträgliche Aufnahme, Änderung und Ergänzung von Auflagen zulässig. Sanktioniert werden somit Zuwiderhandlungen gegen vollziehbare Auflagen (→ Rn. 7), die aufgrund der aufgeführten Vorschriften erlassen worden sind.

10. Tathandlungen nach Abs. 2 Nr. 6: Zuwiderhandlungen gegen Rechtsordnungen inner- **37** **halb von § 34c Abs. 3 und § 34g Abs. 1 S. 1, Abs. 2 S. 1 Nr. 1, 2, 4, S. 2.** Sanktioniert werden Zuwiderhandlungen gegen RVO, die aufgrund von **§ 34c Abs. 3 und § 34g Abs. 1 S. 1, Abs. 2 S. 1 Nr. 1, 2, 4, S. 2** erlassen worden sind und den Umfang der Verpflichtungen des Gewerbetreibenden bei der Ausübung des Gewerbes des Maklers, Bauträgers und Baubetreuers gem. **§ 34c,** des Finanzanlagenvermittlers gem. **§ 34f,** wie auch des Honorar-Finanzanlagenberaters gem. **§ 34h** betreffen. Ebenfalls werden sanktioniert Zuwiderhandlungen gegen eine vollziehbare Anordnung, die aufgrund der genannten RVO erlassen worden ist, soweit diese RVO für einen bestimmten Tatbestand auf diese Bußgeldvorschrift verweist. § 34g wurde mWv 10.7.2015 durch G v. 3.7.2015 (BGBl. I 1114) zuletzt geändert.

IE: Die für das Gewerbe des Maklers, Bauträgers und Baubetreuers (§ 34c) interessierende Ordnungs- **38** widrigkeits- und Verweisungsvorschrift ist in **§ 18 Abs. 1 Nr. 1–13 MaBV** enthalten, wie sie in ihrer aktuellen Fassung (zuletzt geändert mWv 1.1.2013 durch VO v. 2.5.2012 (BGBl. I 1006)) gilt. Demnach handelt etwa ordnungswidrig, wer entgegen § 16 Abs. 1 S. 1 o. 2 MaBV einen Prüfungsbericht nicht, nicht richtig, nicht vollständig oder nicht rechtzeitig oder eine dort genannte Erklärung nicht, nicht richtig oder nicht rechtzeitig vorlegt (so Nr. 12; zur fahrlässigen Zuwiderhandlung gegen diese Pflicht s. KG BeckRS 2014, 09636; zur Verantwortlichkeit des Geschäftsführers einer GmbH für die Erfüllung dieser Pflicht s. OLG Düsseldorf wistra 1996, 35). Die für das Gewerbe des Finanzanlagenvermittlers und Honorar-Finanzanlagenberaters gem. § 34f, 34h iVm 34g Abs. 1 S. 1) interessierende Ordnungswidrigkeits- und Verweisungsvorschrift ist in **§ 26 Abs. 1 Nr. 1–17 FinVermV** enthalten, wie sie in ihrer aktuellen Fassung (zuletzt geändert mWv 1.8.2014 durch VO v. 22.7.2014 (BGBl. I 1205)) gilt. Demnach handelt etwa ordnungswidrig, wer entgegen § 15 FinVermV ein Informationsblatt nicht, nicht richtig, nicht vollständig oder nicht rechtzeitig zur Verfügung stellt (so Nr. 3), entgegen § 16 Abs. 1 S. 3 oder 4 FinVermV eine Finanzanlage empfiehlt (so Nr. 5), oder entgegen § 25 Abs. 1 S. 1 FinVermV einem Prüfer eine Einsicht nicht gestattet (so Nr. 16).

39   **11. Tathandlungen nach Abs. 2 Nr. 7: Zuwiderhandelnde Gewerbeausübung bezogen auf die erforderliche Eintragung nach § 34d Abs. 7 S. 1, auch iVm § 34e Abs. 2, § 34f Abs. 5 S. 1, Abs. 6 S. 1, § 34i Abs. 8 Nr. 1, 2.** Versicherungsvermittler (§ 34d), Versicherungsberater (§ 34e), Finanzvermittler (§ 34f) und Immobiliardarlehensvermittler (§ 34i) sind nach **§ 34d Abs. 7 S. 1, auch iVm § 34e Abs. 2, § 34f Abs. 5 S. 1, Abs. 6 S. 1 und § 34i Abs. 8** verpflichtet, sich unverzüglich nach Aufnahme ihrer Tätigkeit in das durch die jeweilige Industrie- und Handelskammer (Registerbehörde) geführte Register nach § 11a Abs. 1 eintragen zu lassen. Nach § 11a Abs. 1 S. 3 ist Zweck des Registers, der Allgemeinheit, vor allem Anlegern und Versicherungsnehmern, die Überprüfung der Zulassung sowie des Umfangs der zugelassenen Tätigkeit der Eintragungspflichtigen zu ermöglichen. Zur Datenübermittlung s. § 11a Abs. 7. Die Vorschrift des § 11a wurde mWv 22.5.2007 durch G v. 19.12.2006 (BGBl. I 3232) eingeführt und mWv 21.3.2016 durch G v. 11.3.2016 (BGBl. I 396) zuletzt geändert.

40   **12. Tathandlungen nach Abs. 2 Nr. 8: Zuwiderhandelnde Gewerbeausübung bezogen auf das Provisionsannahmeverbot nach § 34e Abs. 3.** Versicherungsberater dürfen nach **§ 34e Abs. 3 S. 1** keine Provision von Versicherungsunternehmen entgegennehmen. Nach **§ 34e Abs. 3 S. 2** kann das Bundesministerium für Wirtschaft und Energie im Einvernehmen mit dem Bundesministerium der Justiz und für Verbraucherschutz durch RVO mit Zustimmung des Bundesrates zum Schutze der Allgemeinheit und der Versicherungsnehmer nähere Vorschriften über das Provisionsannahmeverbot erlassen. Die hier interessierende RVO ist die (zuletzt durch Art. 276 Zehnte Zuständigkeitsanpassungs-VO v. 31.8.2015 (BGBl. I 1474) geänderte) Versicherungsvermittlungsverordnung (**VersVermV**; → Rn. 26). **Provision** ist eine Vergütung, die von einem Versicherungsunternehmen nach einem Prozentsatz des Wertes eines besorgten oder vermittelten Geschäfts bemessen wird (Friauf/*Schulze-Werner* § 34e Rn. 36).

41   **13. Tathandlungen nach Abs. 2 Nr. 9: Zuwiderhandelnde Gewerbeausübung bezogen auf die erforderliche Mitteilung nach § 34f Abs. 5 oder Abs. 6, § 34i Abs. 8 Nr. 3.** Finanzanlagenvermittler sind nach **§ 34f Abs. 5 Hs. 2** verpflichtet, Änderungen der im Register (nach § 34f Abs. 5 Hs. 1; → Rn. 38) gespeicherten Angaben der Registerbehörde unverzüglich mitzuteilen. Ebenfalls sind Finanzanlagenvermittler nach **§ 34f Abs. 6 S. 2** verpflichtet, Änderungen der im Register (nach § 34f Abs. 6 S. 1) gespeicherten Angaben der unmittelbar bei der Beratung und Vermittlung mitwirkenden Personen der Registerbehörde unverzüglich mitzuteilen. Nach der Einführung des § 34i mWv 21.3.2016 durch Art. 10 G v. 11.3.2016 (BGBl. I 396) sind nun nach **§ 34i Abs. 8 Nr. 3** auch Immobiliardarlehensvermittler verpflichtet, Änderungen ggü. den im Register gespeicherten Daten der Registerbehörde unverzüglich mitzuteilen. Wird eine Mitteilung nicht, nicht richtig, nicht vollständig oder nicht rechtzeitig gemacht, ist der vorliegende Tatbestand erfüllt.

42   **14. Tathandlungen nach Abs. 2 Nr. 10 und 11: Zuwiderhandelnde Gewerbeausübung bezogen auf das Zuwendungsannahmeverbot nach § 34h Abs. 3 S. 2 und 3 o. § 34i Abs. 5.** Honorar-Finanzanlagenberater dürfen Zuwendungen eines Dritten, der nicht Anleger ist oder von dem Anleger zur Beratung beauftragt worden ist, im Zusammenhang mit der Beratung, insbes. aufgrund einer Vermittlung als Folge der Beratung, nicht annehmen **(§ 34h Abs. 3 S. 2 Hs. 1)**. Die verbotene Annahme derartiger Zuwendungen wird durch **§ 144 Abs. 2 Nr. 10** sanktioniert. Die Annahme ist ausnahmsweise zulässig, wenn die empfohlene Finanzanlage oder eine in gleicher Weise geeignete Finanzanlage ohne Zuwendung nicht erhältlich ist **(§ 34h Abs. 3 S. 2 Hs. 2)**. Daraus folgt mittelbar, dass der Honorar-Finanzanlagenberater, von mehreren gleich geeigneten Finanzanlagen, von denen eine nicht ohne Zuwendung, eine andere aber auch ohne Zuwendung erhältlich ist, letztere empfehlen muss (*Will* NJW 2015, 1480). Das Zuwendungsannahmeverbot gilt nach **§ 34i Abs. 5** (eingeführt mWv 21.3.2016 durch Art. 10 G v. 11.3.2016 (BGBl. I 396)) auch für Honorar-Immobiliardarlehensberater bzgl. Zuwendungen vom Darlehensgeber.

43   Auch wenn die Unzulässigkeit der Zuwendungsannahme im Nachhinein geheilt wird, sind Honorar-Finanzanlagenberater gleichwohl nach **§ 34h Abs. 3 S. 3** verpflichtet, die Zuwendung unverzüglich nach Erhalt und ungemindert an den Kunden auszukehren. Wenn der Honorar-Finanzanlagenberater die Zuwendung nicht, nicht vollständig oder nicht rechtzeitig auskehrt, handelt er nach **§ 144 Abs. 2 Nr. 11** ordnungswidrig.

44   **15. Tathandlungen nach § 144 Abs. 3: Zuwiderhandelnde Gewerbeausübung innerhalb des § 34b Abs. 6 und 7.** Sanktioniert werden bestimmte Verhaltensweisen bezogen auf das Versteigerergewerbe. Insbes. **§ 34b Abs. 6** statuiert einen Verhaltenskodex des Versteigerergewerbes, der dem Versteigerer vor allem zur Vermeidung von Interessenkollisionen bestimmte Verbote auferlegt. IE ist dem Versteigerer verboten: (1) selbst oder durch einen anderen auf seinen Versteigerungen für sich zu bieten oder ihm anvertrautes Versteigerungsgut zu kaufen, (2) Angehörigen iSd § 52 Abs. 1 StPO oder seinen Angestellten zu gestatten, auf seinen Versteigerungen zu bieten oder ihm anvertrautes Versteigerungsgut zu kaufen, (3) für einen anderen auf seinen Versteigerungen zu bieten oder ihm anvertrautes Versteigerungsgut zu kaufen, es sei denn, dass ein schriftliches Gebot des anderen vorliegt, (4) bewegliche Sachen aus dem Kreis der Waren zu versteigern, die er in seinem Handelsgeschäft führt, soweit dies nicht üblich ist, wie auch (5) Sachen zu versteigern, (a) an denen er ein Pfandrecht besitzt oder (b) soweit sie zu den Waren gehören, die in offenen Verkaufsstellen feilgeboten werden und die ungebraucht sind oder deren bestimmungsmäßiger Gebrauch in ihrem Verbrauch besteht.

Nach § 34b Abs. 7 dürfen Einzelhändler und Hersteller von Waren im Einzelverkauf an den Letzt- **45** verbraucher Waren, die sie in ihrem Geschäftsbetrieb führen, im Wege der Versteigerung nur als Inhaber einer Versteigerererlaubnis nach Maßgabe der für Versteigerer geltenden Vorschriften oder durch einen von ihnen beauftragten Versteigerer absetzen. Diese ausnahmsweise erlaubte Versteigerung **eigener Waren** setzt allerdings voraus, dass der Ausnahmetatbestand nach § 34b Abs. 10 oder § 4 Abs. 1 S. 1 nicht eingreift.

III. Rechtsfolgen

§ 144 Abs. 4 bestimmt das **Höchstmaß der Geldbuße,** das nach **Gewichtung** der einzelnen Fälle **46** **gestaffelt** ist. Angedroht sind Bußgelder von bis zu 1.000, 3.000, 5.000 und 50.000 EUR. Da § 144 sowohl für vorsätzliches als auch für fahrlässiges Handeln Geldbuße androht, ohne im Höchstmaß zu unterscheiden, kann hinsichtlich **fahrlässiger** Handlungen § 17 Abs. 2 OWiG in Betracht kommen, wonach fahrlässiges Handeln im Höchstmaß nur mit der Hälfte des angedrohten Höchstbetrages der Geldbuße geahndet werden kann. Ausnahmsweise kann die zu verhängende Geldbuße dieses Höchstmaß überschreiten, wenn sich Gewinnsucht oder erzielter Erlös feststellen lassen (Erbs/Kohlhaas/*Ambs* § 147 Rn. 33). Die Geldbuße darf jedoch auch in diesem Fall nicht höher sein als der wirtschaftliche Vorteil aus der Ordnungswidrigkeit zuzüglich des angedrohten Höchstmaßes der Geldbuße (OLG Karlsruhe NJW 1974, 1883). Unter den Voraussetzungen des § 148 werden bestimmte zuwiderhandelnde Verhaltensweisen des § 144 als Straftaten qualifiziert (→ § 148 Rn. 5).

Solange das Gewerbe betrieben wird, beginnt auch die **Verjährung** nicht. Den Bestimmungen des § 31 **47** Abs. 2 OWiG zufolge **verjähren** die Ordnungswidrigkeiten des § 144 je nach Bußgeldrahmen. So betragen die Verfolgungsverjährungsfristen bei vorsätzlich oder fahrlässig begangenen Ordnungswidrigkeiten nach Abs. 1 Nr. 1l sowie nach Nr. 2 drei Jahre; bei vorsätzlich oder fahrlässig begangenen Ordnungswidrigkeiten nach Abs. 1 Nr. 1a–k und n, Nr. 3 und Nr. 4, bei Ordnungswidrigkeiten nach Abs. 2 Nr. 1, 1a und Nr. 5–11 ein Jahr; bei vorsätzlich begangenen Ordnungswidrigkeiten nach Abs. 2 Nr. 1b und Nr. 2–4a ein Jahr, in diesen Fällen bei Fahrlässigkeit sowie in allen übrigen Fällen sechs Monate. Nach § 31 Abs. 3 S. 1 OWiG beginnt die Verjährung, sobald die Handlung beendet ist (*Marcks* MaBV Rn. 5).

IV. Verwaltungsbehörde

§ 144 Abs. 5 konkretisiert die **Verwaltungsbehörde** (§ 36 Abs. 1 Nr. 1 OWiG) in bestimmten **48** Fällen. So kommt hinsichtlich Abs. 1 Nr. 2 und 3 wie auch hinsichtlich Abs. 2 Nr. 1 das Bundesamt für Wirtschaft und Ausfuhrkontrolle als Verwaltungsbehörde in Betracht.

§ 145 Verletzung von Vorschriften über das Reisegewerbe

(1) Ordnungswidrig handelt, wer vorsätzlich oder fahrlässig
1. ohne Erlaubnis nach § 55 Abs. 2
    a) eine Tätigkeit nach § 34f Abs. 1 Satz 1 oder § 34h Absatz 1 Satz 1 oder
    b) eine sonstige Tätigkeit als Reisegewerbe betreibt,
2. einer auf Grund des § 55f erlassenen Rechtsverordnung zuwiderhandelt, soweit sie für einen bestimmten Tatbestand auf diese Bußgeldvorschrift verweist,
2a. entgegen § 57 Abs. 3 das Versteigerergewerbe als Reisegewerbe ausübt,
3. einer vollziehbaren Anordnung nach § 59 Satz 1, durch die
    a) eine reisegewerbliche Tätigkeit nach § 34f Absatz 1 Satz 1 oder § 34h Absatz 1 Satz 1 oder
    b) eine sonstige reisegewerbliche Tätigkeit untersagt wird,
zuwiderhandelt oder
4. ohne die nach § 60a Abs. 2 Satz 2 oder Abs. 3 Satz 1 erforderliche Erlaubnis ein dort bezeichnetes Reisegewerbe betreibt.

(2) Ordnungswidrig handelt auch, wer vorsätzlich oder fahrlässig
1. einer auf Grund des § 60a Abs. 2 Satz 4 in Verbindung mit § 33f Abs. 1 oder § 33g Nr. 2 erlassenen Rechtsverordnung zuwiderhandelt, soweit sie für einen bestimmten Tatbestand auf diese Bußgeldvorschrift verweist,
2. Waren im Reisegewerbe
    a) entgegen § 56 Abs. 1 Nr. 1 vertreibt,
    b) entgegen § 56 Abs. 1 Nr. 2 feilbietet oder ankauft oder
    c) entgegen § 56 Abs. 1 Nr. 3 feilbietet,
3. (weggefallen)
4. (weggefallen)

5. *[aufgehoben]*
6. entgegen § 56 Abs. 1 Nr. 6 Rückkauf- oder Darlehensgeschäfte abschließt oder vermittelt,
7. einer vollziehbaren Auflage nach
   a) § 55 Abs. 3, auch in Verbindung mit § 56 Abs. 2 Satz 3 zweiter Halbsatz,
   b) § 60a Abs. 2 Satz 4 in Verbindung mit § 33d Abs. 1 Satz 2 oder
   c) § 60a Abs. 3 Satz 2 in Verbindung mit § 33i Abs. 1 Satz 2

zuwiderhandelt,

8. einer Rechtsverordnung nach § 61a Abs. 2 Satz 1 in Verbindung mit § 34a Abs. 2, § 34b Abs. 8, § 34d Abs. 8 Satz 1 Nr. 1 oder 3, Satz 2 oder 3 oder § 34e Abs. 3 Satz 3 oder 4 oder einer vollziehbaren Anordnung auf Grund einer solchen Rechtsverordnung zuwiderhandelt, soweit die Rechtsverordnung für einen bestimmten Tatbestand auf diese Bußgeldvorschrift verweist oder
9. einer Rechtsverordnung nach § 61a Absatz 2 Satz 1 in Verbindung mit § 34c Absatz 3, mit § 34g Absatz 1 Satz 1 oder Absatz 2 Satz 1 Nummer 1, 2 oder 4 oder Satz 2, mit § 34j Absatz 1 Nummer 1 oder 3 oder Absatz 2 oder einer vollziehbaren Anordnung auf Grund dieser Rechtsverordnung zuwiderhandelt, soweit die Rechtsverordnung für einen bestimmten Tatbestand auf diese Bußgeldvorschrift verweist.

(3) Ordnungswidrig handelt ferner, wer vorsätzlich oder fahrlässig

1. entgegen § 55c eine Anzeige nicht, nicht richtig, nicht vollständig oder nicht rechtzeitig erstattet,
2. an Sonn- oder Feiertagen eine im § 55e Abs. 1 bezeichnete Tätigkeit im Reisegewerbe ausübt,
3. entgegen § 60c Abs. 1 Satz 1, auch in Verbindung mit § 56 Abs. 2 Satz 3 zweiter Halbsatz oder § 60c Abs. 2 Satz 2 oder Abs. 3 Satz 2, die Reisegewerbekarte oder eine dort genannte Unterlage nicht bei sich führt oder nicht oder nicht rechtzeitig vorzeigt oder eine dort genannte Tätigkeit nicht oder nicht rechtzeitig einstellt,
4. entgegen § 60c Abs. 1 Satz 2, auch in Verbindung mit § 56 Abs. 2 Satz 3, die geführten Waren nicht vorlegt,
5. *[aufgehoben]*
6. entgegen § 56a Absatz 1 Satz 1 die Veranstaltung eines Wanderlagers nicht, nicht richtig, nicht vollständig oder nicht rechtzeitig anzeigt oder die Art der Ware oder der Dienstleistung oder den Ort der Veranstaltung in der öffentlichen Ankündigung nicht angibt,
7. entgegen § 56a Absatz 1 Satz 2 unentgeltliche Zuwendungen einschließlich Preisausschreiben, Verlosungen oder Ausspielungen ankündigt,
8. entgegen § 56a Absatz 1 Satz 4 als Veranstalter ein Wanderlager von einer Person leiten läßt, die in der Anzeige nicht genannt ist,
9. einer vollziehbaren Anordnung nach § 56a Absatz 2 zuwiderhandelt,
10. entgegen § 60c Abs. 2 Satz 1 eine Zweitschrift oder eine beglaubigte Kopie der Reisegewerbekarte nicht rechtzeitig aushändigt oder
11. entgegen § 60c Abs. 3 Satz 1 eine dort genannte Unterlage nicht mit sich führt.

(4) Die Ordnungswidrigkeit kann in den Fällen des Absatzes 1 Nr. 1 Buchstabe a und Nr. 3 Buchstabe a mit einer Geldbuße bis zu fünfzigtausend Euro, in den Fällen des Absatzes 1 Nr. 1 Buchstabe b, Nr. 2, 2a, 3 Buchstabe b, Nr. 4 und des Absatzes 2 Nr. 9 mit einer Geldbuße bis zu fünftausend Euro, in den Fällen des Absatzes 2 Nr. 1 bis 8 mit einer Geldbuße bis zu zweitausendfünfhundert Euro, in den Fällen des Absatzes 3 mit einer Geldbuße bis zu eintausend Euro geahndet werden.

A. Regelungsgegenstand

1   Die Vorschrift des § 145 entspricht systematisch wie aufbaumäßig dem § 144 und enthält mit Geldbuße bedrohte **vorsätzliche und fahrlässige** Verletzungen von **Vorschriften über das Reisegewerbe,** welche in Titel III (§§ 55–61a) geregelt sind. Tauglicher Täter des § 145 ist der Reisegewerbetreibende iSd § 55 (zur gewerberechtlichen Abgrenzung von Reisegewerbe und stehendem Gewerbe bei Ankauf von Edelmetall (§ 145 Abs. 2 Nr. 2) unter Beteiligung eines „Agenturpartners" s. OVG Magdeburg NVwZ-RR 2011, 472). § 145 ist als Korrelativ zur weitgehenden Befreiung von Beschränkungen zu sehen, die der Reisegewerbetreibende durch das Gesetz v. 25.7.1984, BGBl. I 1008 erfahren hat (BT-Drs. 10/1646, 21; auch *Schönleiter* GewArch 1984, 317).

2   Die Bestimmungen des Titels III gelten gleichermaßen für **Inländer** wie für **Ausländer,** wobei Bürger der anderen **EU-Staaten** aufgrund der Art. 46 u. 47 EGV praktisch den Deutschen gleichgestellt sind.

B. Reisegewerbe

3   Zum Begriff des **Gewerbes** → § 144 Rn. 2. Das **Reisegewerbe** wird in § 55 Abs. 1 **legaldefiniert.** Demnach betreibt ein Reisegewerbe, wer gewerbsmäßig ohne vorhergehende Bestellung außerhalb

seiner gewerblichen Niederlassung (§ 4 Abs. 3) oder ohne eine solche zu haben, (1) Waren feilbietet oder Bestellungen aufsucht (vertreibt) oder ankauft, Leistungen anbietet oder Bestellungen auf Leistungen aufsucht oder (2) unterhaltende Tätigkeiten als Schausteller oder nach Schaustellerart ausübt (zur Auslegung des Begriffs „Reisegewerbe" BGH NJW 1983, 868; VGH Mannheim NVwZ-RR 1995, 261). Fehlt eines der aufgeführten **normativ geprägten Tatbestandsmerkmale** („gewerbsmäßig", „außerhalb oder ohne gewerbliche Niederlassung", „ohne vorhergehende Bestellung" und die in Nr. 1 u. 2 enthaltenen besonderen Merkmale; dazu ausf. Landmann/Rohmer GewO/*Schönleiter* § 55 Rn. 19 ff.), dann liegt kein Reisegewerbe vor, selbst wenn die Tätigkeit „reisend" ausgeübt wird. Eine derartige Tätigkeit unterfällt nicht der Erlaubnispflicht gem. § 55 Abs. 2 (Reisegewerbekarte), sondern ist dem stehenden Gewerbe (Titel II, §§ 14–52) als Auffangtatbestand zuzuordnen (Landmann/Rohmer GewO/*Schönleiter* § 55 Rn. 18; zur Abgrenzung → § 144 Rn. 3).

C. Aufbau und Struktur der Vorschrift

In Aufbau und Struktur wird der Vorschrift des § 144 gefolgt (→ § 144 Rn. 4 ff.). § 145 umfasst eine **4** Reihe von Ordnungswidrigkeiten, die von gewerblichem Handeln ohne Erlaubnis über Verstöße gegen bestimmte Vorschriften der GewO bis hin zu Zuwiderhandlungen gegen RVO, vollziehbare Auflagen oder Anordnungen reichen.

D. Die Regelungen im Einzelnen

I. Tathandlungen nach § 145 Abs. 1

1. Tathandlungen nach Abs. 1 Nr. 1a und Nr. 1b: Betreiben des Reisegewerbes ohne Er- 5 laubnis nach § 55 Abs. 2. Wer ein Reisegewerbe betreibt, bedarf nach **§ 55 Abs. 2** einer Erlaubnis **(Reisegewerbekarte).** Wenn eine juristische Person das Gewerbe ausübt (BVerwG NJW 1977, 1250), benötigt sie selbst – und nicht der Betroffene – eine Reisegewerbekarte. Wird ein Betroffener (zB § 9 Abs. 1 Nr. 1 OWiG) für eine juristische Person als Normadressat verantwortlich gemacht, dann ist dessen gesellschaftsrechtliche Stellung aufzuklären und in dem Urteil darzulegen (so OLG Braunschweig BeckRS 2013, 19633 mwN). Daran fehlt es im angefochtenen Urteil, das zwischen der Stellung des Betroffenen und jener der juristischen Person nicht differenziert und allein ausführt, der Betroffene sei nicht im Besitz einer Reisegewerbekarte. Ordnungswidrig handelt somit, wer ohne Reisegewerbekarte eine Tätigkeit als Finanzanlagenvermittler nach § 34f Abs. 1 S. 1 oder Honorar-Finanzanlagenberater nach § 34h Abs. 1 S. 1 **(§ 145 Abs. 1 Nr. 1a)** oder eine sonstige Tätigkeit **(§ 145 Abs. 1 Nr. 1b)** als Reisegewerbe betreibt (s. dazu OLG Braunschweig BeckRS 2013, 19633 zum Erfordernis einer Reisegewerbekarte bei mobilen Verkaufsständen). Eine **Ausnahme** von der Erlaubnispflicht sehen nur §§ 55a u. 55b vor (s. OLG Hamm BeckRS 2010, 26926 zu § 55a Abs. 1 Nr. 7).

Der Zweck des vom Gesetzgeber in § 55 aufgestellten **Verbots mit Erlaubnisvorbehalt** besteht **6** darin, die Allgemeinheit und die Kunden vor den Risiken zu schützen, die durch eine Geschäftstätigkeit außerhalb einer ständigen gewerblichen Niederlassung oder ohne gewerbliche Niederlassung entstehen: Der Reisegewerbetreibende ist bei Rückfragen oder bei Reklamationen schwerer greifbar. Daher wird die Reisegewerbekarte nur bei anzunehmender Zuverlässigkeit erteilt (§ 57; für den Fall der nachträglich eintretenden Unzuverlässigkeit s. Erbs/Kohlhaas/*Ambs* § 57 Rn. 4). Der Schutz der Allgemeinheit und der Kunden vor unlauteren Geschäftsmethoden stellt einen vernünftigen Gemeinwohlbelang dar (s. die grdl. Entscheidung BVerfG GewArch 2000, 480 (481) = BVerfG NVwZ 2001, 189 zur verfassungsrechtlichen Grenzziehung zwischen Reisegewerbe und stehendem Gewerbe im Handwerk). § 55 Abs. 2 stellt klar, dass die Reisegewerbekarte eine gewerberechtliche Erlaubnis verkörpert, für die auch die allgemeinen verfahrensrechtlichen Vorschriften über Verwaltungsakte iSd § 35 VwVfG (wie etwa über die Rücknahme oder den Widerruf) gelten (BT-Drs. 10/1125, 18). Zu den Versagungsgründen der Reisegewerbekarte s. § 57 Abs. 1. § 55 Abs. 2 ist allerdings **nicht anzuwenden,** wenn die Gewerbetreibenden von einer Niederlassung in einem anderen Mitgliedstaat der EU oder einem anderen Vertragsstaat des EWR-Abkommens aus im Geltungsbereich dieses Gesetzes vorübergehend selbstständig gewerbsmäßig tätig werden, es sei denn, es werden gewerbsmäßige Tätigkeiten ausgeübt, die aufgrund des Art. 2 Abs. 2 RL 2006/123/EG des EP und des ER v. 12.12.2006 über Dienstleistungen im Binnenmarkt (ABl. 2006 L 376, 36) vom Anwendungsbereich dieser RL oder aufgrund der Regelungen des Art. 17 dieser RL von der Dienstleistungsfreiheit ausgenommen sind (§ 4 Abs. 1).

2. Tathandlungen nach Abs. 1 Nr. 2: Zuwiderhandlungen gegen die Pflicht zum Abschluss 7 einer Haftpflichtversicherung im Schaustellergewerbe. § 55f bietet eine Ermächtigungsgrundlage, durch RVO zum Schutz der Allgemeinheit und der Veranstaltungsteilnehmer für Tätigkeiten des Schaustellergewerbes (§ 55 Abs. 1 Nr. 2), die mit besonderen Gefahren verbunden sind, Vorschriften über die Verpflichtung des Gewerbetreibenden zum Abschluss und zum Nachweis des Bestehens einer Haftpflichtversicherung zu erlassen. § 55f wurde mWv 8.9.2015 durch VO v. 31.8.2015 (BGBl. I 1474) zuletzt geändert. Aufgrund der aufgeführten Ermächtigungsgrundlage hat das Bundesministerium für Wirtschaft und Energie die **SchaustellerhaftpflichtVO** v. 17.12.1984 (BGBl. I 1598), zuletzt geändert durch Art. 3 VO zur Anpassung gewerberechtlicher VO an die DienstleistungsRL v. 9.3.2010 (BGBl. I 264)) erlassen. Die hier interessierende Ordnungswidrigkeits- und Verweisungsvorschrift ist in **§ 3 SchaustellerhaftpflichtVO** enthalten, derzufolge ordnungswidrig handelt, wer (1) entgegen § 1 SchaustellerhaftpflichtVO eine Versicherung nicht oder nicht in der vorgeschriebenen Höhe abschließt oder aufrechterhält, oder (2) entgegen § 2 SchaustellerhaftpflichtVO die Versicherungsunterlagen auf Verlangen nicht vorzeigt. Versicherungspflichtig sind nach § 1 Abs. 2 Schaustellergeschäfte, mit denen Personen befördert oder bewegt werden (Nr. 1), Schießgeschäfte (Nr. 2), Schaufahren mit Kraftfahrzeugen und Steilwandbahnen (Nr. 3), Zirkusse (Nr. 4), Schaustellungen von gefährlichen Tieren (Nr. 5) und Reitbetriebe (Nr. 6).

8   **3. Tathandlungen nach Abs. 1 Nr. 2a: Ausübung des Versteigerergewerbes als Reisegewerbe ohne Erlaubnis.** Die Ausübung des Versteigerergewerbes als Reisegewerbe ist nach **§ 57 Abs. 3** nur zulässig, wenn der Gewerbetreibende die nach § 34b Abs. 1 für das entsprechende stehende Gewerbe erforderliche Erlaubnis besitzt (→ § 144 Rn. 14). Somit handelt ordnungswidrig nach § 145 Abs. 1 Nr. 2a, wer das Versteigerergewerbe als Reisegewerbe ohne die genannte Erlaubnis ausübt. Durch diese Regelung soll eine ausschließlich reisend ausgeübte Versteigerertätigkeit wegen des erhöhten Gefährdungspotentials für den Verbraucher verhindert werden; wichtig ist ferner, dass der Gewerbetreibende immer ohne Weiteres lokalisiert werden kann (Landmann/Rohmer GewO/*Schönleiter* § 57 Rn. 19). § 57 Abs. 3 ist allerdings **nicht anzuwenden,** wenn die Gewerbetreibenden von einer Niederlassung in einem anderen Mitgliedstaat der EU oder einem anderen Vertragsstaat des EWR-Abkommens aus im Geltungsbereich dieses Gesetzes vorübergehend selbstständig gewerbsmäßig tätig werden, es sei denn, es werden gewerbsmäßige Tätigkeiten ausgeübt, die aufgrund des Art. 2 Abs. 2 RL 2006/123/EG des EP und des ER v. 12.12.2006 über Dienstleistungen im Binnenmarkt (ABl. 2006 L 376, 36) vom Anwendungsbereich dieser RL oder aufgrund der Regelungen des Art. 17 dieser RL von der Dienstleistungsfreiheit ausgenommen sind (§ 4 Abs. 1).

9   **4. Tathandlungen nach Abs. 1 Nr. 3a und Nr. 3b: Zuwiderhandlungen gegen eine vollziehbare Untersagung von einer reisegewerbekartenfreien Tätigkeit.** Nach **§ 59 S. 1** können reisegewerbliche Tätigkeiten, für die nach §§ 55a u. 55b ausnahmsweise keine Reisegewerbekarte gemäß § 55 Abs. 2 erforderlich ist, unter den Voraussetzungen des § 57, also insbes. bei fehlender Zuverlässigkeit des Gewerbetreibenden, untersagt werden (dazu VG Gelsenkirchen BeckRS 2014, 45772: „Die Strafbefehle des Amtsgerichts F. und des Amtsgerichts N1. zeigen bereits, dass der Kläger nicht die Gewähr dafür bietet, sein Reisegewerbe in Zukunft ordnungsgemäß auszuüben."). § 35 Abs. 1 S. 2, 3, Abs. 3, 4, 6 und 8 gilt nach **§ 59 S. 2** entsprechend. Wegen der Eigenständigkeit der einzelnen Titel der GewO kann die Untersagungsvorschrift des § 35 nicht auf das Reisegewerbe angewendet werden, sodass hierfür in Form des § 59 eine spezielle Bestimmung erforderlich ist (näher dazu Landmann/Rohmer GewO/*Schönleiter* § 59 Rn. 2). Ordnungswidrig handelt demnach, wer trotz vollziehbar angeordneter Untersagung eine reisegewerbliche Tätigkeit als Finanzanlagenvermittler nach § 34f Abs. 1 S. 1 oder Honorar-Finanzanlagenberater nach § 34h Abs. 1 S. 1 (**§ 145 Abs. 1 Nr. 3a**) oder eine sonstige Tätigkeit (**§ 145 Abs. 1 Nr. 3b**) betreibt. Eine irrtümlich erteilte Karte hindert die Anwendung des § 59 nicht, sie ist dann zusätzlich zur Untersagung nach § 48 VwVfG zu entziehen (Ennuschat/Wank/*Ennuschat* § 59 Rn. 5). Die Untersagung liegt bei Vorliegen ihrer Voraussetzungen im pflichtgemäßen Ermessen der Behörde und erfolgt durch Verwaltungsakt (Ennuschat/Wank/*Ennuschat* § 59 Rn. 7).

10   **5. Tathandlungen nach Abs. 1 Nr. 4: Gewerbliches Spielen im Reisegewerbe ohne erforderliche Erlaubnis.** Derjenige, der im Reisegewerbe ein **anderes Spiel mit Gewinnmöglichkeit iSd § 33d Abs. 1 S. 1 veranstalten** will, bedarf nach **§ 60a Abs. 2 S. 2** einer Erlaubnis der für den jeweiligen Ort der Gewerbeausübung zuständigen Behörde. Zu den „anderen Spielen" zählen Spiele, die nicht von § 33c erfasst sind. Da es sich bei ihnen gem. § 33h Nr. 3 nicht um Glücksspiele handeln darf, zählen zu den „anderen Spielen" auch Geschicklichkeitsspiele mit Gewinnmöglichkeit ohne technische Einrichtung iSd § 33c, also Karten-, Schieß- und Wurfspiele uÄ. „Andere Spiele" können auch Spielgeräte ohne eine den Spielausgang beeinflussende technische Vorrichtung iSd § 33c Abs. 1 S. 1 (→ § 144 Rn. 10 f.) sein (Landmann/Rohmer GewO/*Marcks* § 60a Rn. 12). Einer Erlaubnis der für den jeweiligen Ort der Gewerbeausübung zuständigen Behörde bedarf nach **§ 6a Abs. 3 S. 1** auch derjenige, der im Reisegewerbe eine Spielhalle oder ein ähnliches Unternehmen betreiben will. Die lokale Erlaubnis ist **zusätzlich** zur Reisegewerbekarte iSd § 55 Abs. 2 nötig (BeckOK GewO/*Rossi* § 60a Rn. 4, 6). Dem liegen die besonderen Gefahren der konkret veranstalteten Spiele für den Verbraucher zugrunde. Die Reisegewerbekarte kann vor diesen besonderen Gefahren nicht schützen, weil sie lediglich die Zuverlässigkeit des Gewerbetreibenden für die Veranstaltung von Spielen als solche bescheinigt, über die von ihm künftig konkret betriebenen Spiele aber keine Aussagen trifft (Landmann/Rohmer GewO/*Marcks* § 60a Rn. 12). Daher muss der zuständigen lokalen Behörde die Prüfung ermöglicht werden, ob die Spiele den gesetzlichen Anforderungen entsprechen. Somit handelt ordnungswidrig iSd § 145 Abs. 1 Nr. 4, wer ohne die lokale Erlaubnis im Reisegewerbe die genannten gewerblichen Tätigkeiten betreibt.

II. Tathandlungen nach § 145 Abs. 2

1. Tathandlungen nach Abs. 2 Nr. 1: Zuwiderhandlungen gegen eine RVO im Zusammen- 11 hang mit der Veranstaltung von Spielen. § 33f Abs. 1 ermächtigt das Bundesministerium für Wirtschaft und Energie zum Erlass von Durchführungsvorschriften zu §§ 33c, 33d, 33e und § 33i, dh für den gesamten Bereich des **gewerblichen Spielens**. Die hier interessierende Ordnungswidrigkeits- und Verweisungsvorschrift ist in **§ 19 Abs. 1 Nr. 1–9 SpielV** enthalten (→ § 144 Rn. 29). Über **§ 60a Abs. 2 S. 4** gilt die SpielVO auch für das Reisegewerbe. Ein Verstoß gegen die SpielVO im Reisegewerbe begründet eine Ordnungswidrigkeit iSd § 145 Abs. 2 Nr. 1. Von der ebenfalls in § 145 Abs. 2 Nr. 1 genannten Ermächtigungsnorm zum Erlass einer RVO für den Bereich des nicht gewerblichen Spielens nach **§ 33g Nr. 2** (→ § 144 Rn. 31) hat das Bundesministerium für Wirtschaft und Energie bis dato keinen Gebrauch gemacht.

2. Tathandlungen nach Abs. 2 Nr. 2a, b und Nr. 2c: Ausübung bestimmter im Reisegewer- 12 be verbotener Tätigkeiten. § 56 Abs. 1 Nr. 1–3 verbietet den Vertrieb bzw. das Feilbieten oder Ankaufen von bestimmten Waren im Reisegewerbe wie zB das Feilbieten oder Ankaufen von Edelmetallen oder Edelsteinen (§ 56 Abs. 1 Nr. 2a und Nr. 2b). Die Verbote dienen dem **Verbraucherschutz**, wie etwa die in Abs. 1 Nr. 1 zusammengefassten Verbote, und der **Verhütung von Straftaten,** zB nach Abs. 1 Nr. 1i, insbes. des Betruges und der Hehlerei wie etwa nach Abs. 1 Nr. 2a und Nr. 2b oder Nr. 3f (OVG Magdeburg NVwZ-RR 2011, 472; Landmann/Rohmer GewO/*Schönleiter* § 56 Rn. 2). Der Katalog der Verbote ist nicht abschließend, insofern sind weitere ähnliche Verbote in Sondergesetze zu finden, wie etwa im AMG, im WaffG und im LFGB (Erbs/Kohlhaas/*Ambs* § 56 Rn. 1). Ein Verstoß gegen diese Verbote ist nach **§ 145 Abs. 2 Nr. 2a–c** bußgeldbewehrt.

3. Tathandlungen nach Abs. 2 Nr. 6: Verbotene Rückkauf- oder Darlehensgeschäfte im 13 Reisegewerbe. § 56 Abs. 1 Nr. 6 dehnt zum Schutz der Verbraucher das Verbot von **Rückkaufgeschäften** (§ 34 Abs. 4; → § 144 Rn. 31) konsequenterweise auf das Reisegewerbe aus. Zugleich verbietet die Norm auch die für den Darlehensnehmer **entgeltliche Vermittlung von Darlehensgeschäften** im Reisegewerbe. Die Regelung des Abs. 6 dient ebenfalls (→ Rn. 11) dem Verbraucherschutz und der Verhütung von Straftaten, insbes. des Betruges und der Hehlerei. Wer trotz der in § 56 Abs. 1 Nr. 6 normierten Verbote derartige Geschäfte abschließt oder vermittelt, handelt nach **§ 145 Abs. 2 Nr. 6** ordnungswidrig.

4. Tathandlungen nach Abs. 2 Nr. 7a, b und Nr. 7c: Zuwiderhandlungen gegen vollzieh- 14 bare Auflagen. Die Reisegewerbekarte iSd § 55 Abs. 2 bzw. die Ausnahmebewilligung iSd **§ 56 Abs. 2 S. 3 Hs. 2** können mit einer **Auflage** verbunden werden. Gleiches gilt für die Erlaubnis zum Veranstalten anderer Spiele mit Gewinnmöglichkeit im Reisegewerbe (**§ 60a Abs. 2 S. 4 iVm § 33d Abs. 1 S. 2**) wie auch für die Erlaubnis zum Betrieb einer Spielhalle oder eines ähnlichen Unternehmens im Reisegewerbe (**§ 60a Abs. 3 S. 2 iVm § 33i Abs. 1 S. 2**). Somit handelt nach **§ 145 Abs. 2 Nr. 7a–c** ordnungswidrig, wer gegen die aufgeführten vollziehbaren Auflagen verstößt.

5. Tathandlungen nach Abs. 2 Nr. 8 und Nr. 9: Zuwiderhandlungen gegen RVO oder voll- 15 ziehbare Anordnungen innerhalb des § 61a Abs. 2 S. 1. Sanktioniert werden nach **Abs. 2 Nr. 8** auf das Bewachungsgewerbe (§ 34a), Versteigerergewerbe (§ 34b), Versicherungsvermittlergewerbe (§ 34d) und Versicherungsberatergewerbe (§ 34e) bezogene Zuwiderhandlungen gegen eine RVO, die aufgrund von § 61a Abs. 2 S. 1 erlassen worden ist. Ebenfalls sanktioniert werden Zuwiderhandlungen gegen eine vollziehbare Anordnung, die aufgrund der genannten RVO erlassen worden ist, soweit diese RVO für einen bestimmten Tatbestand auf diese Bußgeldvorschrift verweist. Die hier interessierenden Ordnungswidrigkeits- und Verweisungsvorschriften sind in **§ 16 Abs. 1 BewachV** (über § 34a Abs. 2; → § 144 Rn. 30), **§ 10 VerstV** (über § 34b Abs. 8; → § 144 Rn. 30) und **§ 18 VersVermV** (über § 34d und § 34e; → § 144 Rn. 30) enthalten. Hinsichtlich der Ausübung des Gewerbes einer Immobiliardarlehensvermittlers ist eine RVO noch zu erwarten.

Sanktioniert werden nach **Abs. 2 Nr. 9** auf das Gewerbe des Maklers, Bauträgers und Baubetreuers 16 (§ 34c Abs. 1 S. 1), das Gewerbe eines Finanzanlagenvermittlers (§ 34f Abs. 1 S. 1 iVm § 34g Abs. 1 S. 1), das Gewerbe eines Honorar-Finanzanlagenberaters (§ 34h Abs. 1 S. 1 iVm § 34g Abs. 1 S. 1) und das (mWv 21.3.2016 durch Art. 10 G v. 11.3.2016 (BGBl. I 396) neu eingeführte) Gewerbe eines Immobiliardarlehensvermittlers (§ 34j Abs. 1 iVm § 34i Abs. 1 S. 1; → § 144 Rn. 24) bezogene Zuwiderhandlungen gegen eine RVO, die aufgrund von § 61a Abs. 2 S. 1 erlassen worden ist. Ebenfalls sanktioniert werden Zuwiderhandlungen gegen eine vollziehbare Anordnung, die aufgrund der genannten RVO erlassen worden ist, soweit diese RVO für einen bestimmten Tatbestand auf diese Bußgeldvorschrift verweist. Die hier interessierenden Ordnungswidrigkeits- und Verweisungsvorschriften sind in **§ 18 Abs. 1 Nr. 1–13 MaBV** (über § 34c Abs. 3; → § 144 Rn. 16, 36 f.) und **§ 26 Abs. 1 Nr. 1–17 FinVermV** (über § 34g Abs. 1 S. 1; → § 144 Rn. 21 f., 36 f.) enthalten. Hinsichtlich der Ausübung des Gewerbes eines Immobiliardarlehensvermittlers ist eine RVO noch zu erwarten.

III. Tathandlungen nach § 145 Abs. 3

17   **1. Tathandlungen nach Abs. 3 Nr. 1: Verstöße gegen Anzeigepflicht bei reisegewerbekartenfreier Tätigkeit.** § 55c normiert für reisegewerbekartenfreie Tätigkeiten nach § 55a Abs. 1 Nr. 3, 9 u. 10 eine **Anzeigepflicht.** Die Anzeigepflicht ermöglicht die Registrierung der in bestimmten erlaubnisfreien Reisegewerben selbstständig Tätigen zwecks einer wirksamen Gewerbeüberwachung, insbes. auch des Verbraucherschutzes (Landmann/Rohmer GewO/*Schönleiter* § 55c Rn. 3). Für die übrigen reisegewerbekartenfreien Betätigungen nach § 55a u. § 55b besteht keine solche Anzeigepflicht, denn entweder erfolgt bei ihnen eine Registrierung schon aufgrund einer anderen Erlaubnis (§ 55a Abs. 1 Nr. 5 u. 7; insbes. zu Nr. 7 s. OLG Hamm BeckRS 2010, 26926) oder eine Anzeige erscheint wegen der dahinterstehenden, bereits einer staatlichen Kontrolle unterworfenen Institutionen (Banken, Versicherungen, Bausparkassen; § 55a Abs. 1 Nr. 6 u. 7) nicht erforderlich (s. nur Landmann/Rohmer GewO/*Schönleiter* § 55c Rn. 3; Erbs/Kohlhaas/*Ambs* § 55c Rn. 3). Nach § 145 Abs. 3 Nr. 1 handelt somit ordnungswidrig, wer die aufgeführte Anzeige iSd § 55c nicht, nicht richtig, nicht vollständig oder nicht rechtzeitig erstattet. § 55c ist allerdings **nicht anzuwenden,** wenn die Gewerbetreibenden von einer Niederlassung in einem anderen Mitgliedstaat der EU oder einem anderen Vertragsstaat des EWR-Abkommens aus im Geltungsbereich dieses Gesetzes vorübergehend selbstständig gewerbsmäßig tätig werden, es sei denn, es werden gewerbsmäßige Tätigkeiten ausgeübt, die aufgrund des Art. 2 Abs. 2 RL 2006/123/EG des EP und des ER v. 12.12.2006 über Dienstleistungen im Binnenmarkt (ABl. 2006 L 376, 36) vom Anwendungsbereich dieser RL oder aufgrund der Regelungen des Art. 17 dieser RL von der Dienstleistungsfreiheit ausgenommen sind (§ 4 Abs. 1).

18   **2. Tathandlungen nach Abs. 3 Nr. 2: Verbot bestimmter Tätigkeiten an Sonn- oder Feiertagen.** § 55e Abs. 1 verbietet an Sonn- oder Feiertagen grds. die Ausübung des Reisegewerbes iSd § 55 Abs. 1 Nr. 1. Dies dient dem verfassungsrechtlichen Schutz der Sonn- und Feiertage und stellt zugleich ein religiöses und kulturelles Ziel dar (Landmann/Rohmer GewO/*Schönleiter* § 55e Rn. 2). Für das Beschäftigungsverbot von Arbeitnehmern an Sonn- und Feiertagen gilt ausschließlich das ArbZG, soweit § 17 LSchlG als Sonderregelung keine Anwendung findet (Erbs/Kohlhaas/*Ambs* § 55e Rn. 3). Ausnahmen von diesem Verbot können von der zuständigen Behörde zugelassen werden (§ 55 Abs. 2). Nach § 145 Abs. 3 Nr. 2 handelt somit ordnungswidrig, wer trotz des Verbots an Sonn- oder Feiertagen eine in § 55e Abs. 1 bezeichnete Tätigkeit im Reisegewerbe ausübt.

19   **3. Tathandlungen nach Abs. 3 Nr. 3, Nr. 4, Nr. 10 und Nr. 11: Zuwiderhandelnde Gewerbeausübung innerhalb des § 60c. § 145 Abs. 3 Nr. 3** ahndet Verstöße gegen Mitführungs- und Vorzeigepflichten bestimmter Unterlagen. Der Reisegewerbekarteninhaber ist nach § 60c Abs. 1 S. 1 verpflichtet, die Reisegewerbekarte während der Ausübung des Gewerbebetriebes bei sich zu führen, auf Verlangen den zuständigen Behörden oder Beamten vorzuzeigen und seine Tätigkeit auf Verlangen bis zur Herbeischaffung der Reisegewerbekarte einzustellen. Diese Verpflichtungen gelten für Ausnahmeerteilungen nach § 56 Abs. 2 S. 3 entsprechend. Die Pflicht betrifft ebenfalls den Inhaber der Zweitschrift oder der beglaubigten Kopie (**§ 60c Abs. 2 S. 2**). Gleiches gilt nach **§ 60c Abs. 3 S. 2** auch für denjenigen, der ein nach Bundes- oder Landesrecht erlaubnispflichtiges Gewerbe ausübt, für dessen Ausübung die Zuverlässigkeit erforderlich ist, und über die erforderliche Erlaubnis verfügt (reisegewerbekartenfreie Tätigkeit nach § 55a Abs. 1 Nr. 7). Der Verpflichtete darf im Fall des § 60c Abs. 3 S. 2 nicht ausschließlich reisegewerblich tätig sein (sonst würde Abs. 1 greifen), sondern muss auch über eine gewerbliche Niederlassung verfügen. Nach **§ 145 Abs. 3 Nr. 3** handelt somit ordnungswidrig, wer die Reisegewerbekarte oder die sonstigen oben aufgeführten Unterlagen nicht bei sich führt, nicht oder nicht rechtzeitig vorzeigt oder eine dort genannte Tätigkeit nicht oder nicht rechtzeitig einstellt.

20   **§ 145 Abs. 3 Nr. 4** ahndet die Nichtvorlage der geführten Waren. Der Inhaber der Reisegewerbekarte ist nach § 60c Abs. 1 S. 2 verpflichtet, auf Verlangen den zuständigen Behörden die von ihm geführten Waren vorzulegen. Die aufgeführte Pflicht dient der Prüfung, ob der Gewerbebetrieb sich auf Waren erstreckt, deren Vertrieb im Reisegewerbe nicht zugelassen (§ 56) oder die Tätigkeit nicht durch die Eintragungen in der Karte gedeckt ist (Landmann/Rohmer GewO/*Schönleiter* § 60c Rn. 10). Die Pflicht zur Vorlage der Waren gilt auch im Falle einer Ausnahmeerteilung nach **§ 56 Abs. 2 S. 3.** Ein Verstoß gegen diese Vorlagepflicht ist nach § 145 Abs. 3 Nr. 4 bußgeldbewehrt.

21   **§ 145 Abs. 3 Nr. 10** ahndet die Nichtaushändigung oder verspätete Aushändigung einer Zweitschrift oder beglaubigten Kopie der Reisegewerbekarte. Der Inhaber der Reisegewerbekarte, der die Tätigkeit nicht in eigener Person ausübt, ist nach **§ 60c Abs. 2 S. 1** verpflichtet, den im Betrieb Beschäftigten eine Zweitschrift oder eine beglaubigte Kopie der Reisegewerbekarte auszuhändigen, die unmittelbar mit Kunden in Kontakt treten sollen. Die Aushändigung der Original-Reisegewerbekarte genügt nicht, weil sie wegen ihres persönlichen Charakters nicht übertragbar ist (Landmann/Rohmer GewO/ *Schönleiter* § 60c Rn. 13). **Täter** der Bußgeldnorm des § 145 Abs. 3 Nr. 10 ist der **Reisegewerbekarteninhaber.** Die Beschäftigten können Täter des § 145 Abs. 3 Nr. 3 sein (→ Rn. 19).

22   **§ 145 Abs. 3 Nr. 11** ahndet das fehlende Mitführen einer Erlaubnis nach § 55a Abs. 1 Nr. 7. Einer Reisegewerbekarte bedarf nach § 55a Abs. 1 Nr. 7 nicht, wer ein nach Bundes- oder Landesrecht erlaubnispflichtiges Gewerbe ausübt, für dessen Ausübung die Zuverlässigkeit erforderlich ist, und über die erforderliche Erlaubnis verfügt. § 60c Abs. 3 S. 1 bestimmt für diesen Fall, dass der Gewerbetreibende oder der von ihm im Betrieb Beschäftigte die Erlaubnis, eine Zweitschrift, eine beglaubigte Kopie oder eine sonstige Unterlage, aufgrund derer die Erteilung der Erlaubnis glaubhaft gemacht werden kann, mit sich zu führen haben. Ein Verstoß gegen diese Mitführungspflicht wird durch § 145 Abs. 3 Nr. 11 geahndet.

4. Tathandlungen nach Abs. 3 Nr. 6, Nr. 7, Nr. 8 und Nr. 9: Zuwiderhandelnde Gewer- 23 **beausübung innerhalb des § 56a.** Die Regelung des § 145 Abs. 3 Nr. 6 normiert Verstöße gegen Anzeige- und Angabepflichten vor der Veranstaltung eines Wanderlagers. Die Veranstaltung eines Wanderlagers zum Vertrieb von Waren oder Dienstleistungen ist nach § 56a Abs. 1 S. 1 zwei Wochen vor Beginn der für den Ort der Veranstaltung zuständigen Behörde anzuzeigen, wenn auf die Veranstaltung durch öffentliche Ankündigung hingewiesen werden soll. In der öffentlichen Ankündigung sind die Art der Ware oder Dienstleistung, die vertrieben wird, und der Ort der Veranstaltung anzugeben. Dabei muss die Ware konkret bezeichnet werden. Einer von Verwaltungspraxis, Schrifttum und Rechtsprechung entwickelten Definition zufolge liegt ein Wanderlager vor, wenn der Gewerbetreibende außerhalb einer gewerblichen Niederlassung und außerhalb einer Messe, Ausstellung oder eines Marktes von einer festen Verkaufsstätte aus (Laden, Magazin, Schiff usw) vorübergehend Waren feilhält oder Bestellungen solcher Waren nach Mustern und Katalogen entgegennimmt (OLG Hamm GewArch 1982, 130; Landmann/Rohmer GewO/*Schönleiter* § 56a Rn. 21 mwN). Eine reine Informationsveranstaltung ist kein Vertrieb von Waren und Dienstleistungen und damit kein Wanderlager, es muss sich vielmehr um eine gewerbliche Tätigkeit handeln (VGH Kassel GewArch 1977, 90). Nach § 145 Abs. 3 Nr. 6 handelt somit ordnungswidrig, wer die Veranstaltung eines Wanderlagers nicht, nicht richtig, nicht vollständig oder nicht rechtzeitig anzeigt oder die Art der Ware oder der Dienstleitung oder den Ort der Veranstaltung in der öffentlichen Ankündigung nicht angibt.

Nach § 145 Abs. 3 Nr. 7 handelt ordnungswidrig, wer gegen das in § 56a Abs. 1 S. 2 geregelte 24 Verbot verstößt (vgl. OLG Oldenburg GewArch 2000, 67). Die letztgenannte Vorschrift untersagt die Ankündigung der Abgabe von unentgeltlichen Waren oder Leistungen, auch wenn diese Zusagen erfüllt werden, sowie von Preisausschreiben, Verlosungen und Ausspielungen. Das Ziel der Vermeidung weiterer Anlockeffekte dient vor allem dem Verbraucherschutz, da mit Ankündigungen unentgeltlicher Zuwendungen vom Charakter einer Verkaufsveranstaltung abgelenkt werden soll (vgl. VG Neustadt GewArch 2011, 117; Erbs/Kohlhaas/*Ambs* § 56a Rn. 6).

Nach § 145 Abs. 3 Nr. 8 handelt ordnungswidrig der Veranstalter, der ein Wanderlager von einer 25 Person leiten lässt, die in der Anzeige nicht genannt ist. Das Wanderlager darf nach § 56a Abs. 1 S. 4 an Ort und Stelle nur durch den in der Anzeige genannten Veranstalter oder einen von ihm schriftlich bevollmächtigten Vertreter geleitet werden. Der Name des Vertreters ist der Behörde in der Anzeige mitzuteilen. Veranstalter kann ein Handelsvertreter oder sonst Beauftragter sein (vgl. KG NJW 1971, 815). Er muss das Wanderlager am Ort in eigener Person leiten, wenn er dazu nach Abs. 1 S. 4 keinen Vertreter bestellt hat (Erbs/Kohlhaas/*Ambs* § 56a Rn. 4).

Durch § 145 Abs. 3 Nr. 9 werden Zuwiderhandlungen gegen eine vollziehbare Untersagungsver- 26 fügung nach § 56a Abs. 2 sanktioniert. Die zuständige Behörde kann nach der letztgenannten Vorschrift die Veranstaltung eines Wanderlagers bei Verstößen gegen die Anzeigepflicht oder bei Mängeln der öffentlichen Ankündigung untersagen. Für eine Untersagung, die sich gegen den Veranstalter des Wanderlagers richten muss, genügen auch schon entsprechende Verstöße durch den Vertreter (Erbs/Kohlhaas/*Ambs* § 56a Rn. 10).

Nicht anzuwenden ist allerdings § 56a (und somit auch nicht § 145 Abs. 3 Nr. 6, Nr. 7, Nr. 8 27 u. Nr. 9), wenn die Gewerbetreibenden von einer Niederlassung in einem anderen Mitgliedstaat der EU oder einem anderen Vertragsstaat des EWR-Abkommens aus im Geltungsbereich dieses Gesetzes vorübergehend selbstständig gewerbsmäßig tätig werden, es sei denn, es werden gewerbsmäßige Tätigkeiten ausgeübt, die aufgrund des Art. 2 Abs. 2 RL 2006/123/EG des EP und des ER v. 12.12.2006 über Dienstleistungen im Binnenmarkt (ABl. 2006 L 376, 36) vom Anwendungsbereich dieser RL oder aufgrund der Regelungen des Art. 17 dieser RL von der Dienstleistungsfreiheit ausgenommen sind (§ 4 Abs. 1).

IV. Rechtsfolgen

§ 145 Abs. 4 bestimmt das **Höchstmaß der Geldbuße,** das nach **Gewichtung** der einzelnen Fälle 28 **gestaffelt** ist. Angedroht sind Bußgelder von bis zu 50.000 EUR (in den Fällen des Abs. 1 Nr. 1a u. 3a, 5.000 EUR (in den Fällen des Abs. 1 Nr. 1b, Nr. 2, 2a, 3b, Nr. 4 und des Abs. 2 Nr. 9), 2.500 EUR (in den Fällen des Abs. 2 Nr. 1–8) und 1.000 EUR (in den Fällen des Abs. 3). Hinsichtlich **fahrlässiger** Handlungen kommt § 17 Abs. 2 OWiG in Betracht (→ § 144 Rn. 46). Hinsichtlich der **Verjährung** kommen die Bestimmungen des § 31 Abs. 2 OWiG in Betracht (→ § 144 Rn. 47). Unter den Voraussetzungen des § 148 werden bestimmte zuwiderhandelnde Verhaltensweisen des § 145 als Straftaten qualifiziert (→ § 148 Rn. 5).

§ 146 Verletzung sonstiger Vorschriften über die Ausübung eines Gewerbes

(1) Ordnungswidrig handelt, wer vorsätzlich oder fahrlässig

1. einer vollziehbaren Anordnung
   a) nach § 35 Abs. 1 Satz 1 oder 2,
   b) nach § 35 Abs. 7a Satz 1,3 in Verbindung mit Abs. 1 Satz 1 oder 2 oder
   c) nach § 35 Abs. 9 in Verbindung mit den in den Buchstaben a oder b genannten Vorschriften zuwiderhandelt,
1a. einer mit einer Erlaubnis nach § 35 Abs. 2, auch in Verbindung mit Abs. 9, verbundenen vollziehbaren Auflage zuwiderhandelt oder
2. entgegen einer vollziehbaren Anordnung nach § 51 Satz 1 eine gewerbliche Anlage benutzt.

(2) Ordnungswidrig handelt ferner, wer vorsätzlich oder fahrlässig

1. einer RVO nach § 6c oder einer vollziehbaren Anordnung auf Grund einer solchen Rechtsverordnung zuwiderhandelt, soweit die Rechtsverordnung für einen bestimmten Tatbestand auf diese Bußgeldvorschrift verweist,
2. entgegen
   a) § 13a Absatz 1 Satz 1 oder Absatz 6 Satz 2,
   b) § 14 Absatz 1 Satz 1, auch in Verbindung mit Satz 2, Absatz 2 oder einer Rechtsverordnung nach § 14 Absatz 14 Satz 2 Nummer 1, oder
   c) § 14 Absatz 3 Satz 1
   eine Anzeige nicht, nicht richtig, nicht vollständig oder nicht rechtzeitig erstattet,
3. entgegen § 14 Absatz 3 Satz 2 oder Satz 3 eine dort genannte Angabe nicht, nicht richtig, nicht vollständig, nicht in der vorgeschriebenen Weise oder nicht rechtzeitig anbringt,
4. entgegen § 29 Abs. 1, auch in Verbindung mit Abs. 4, jeweils auch in Verbindung mit § 61a Abs. 1 oder § 71b Abs. 1, eine Auskunft nicht, nicht richtig, nicht vollständig oder nicht rechtzeitig erteilt,
5. im Wochenmarktverkehr andere als nach § 67 Abs. 1 oder 2 zugelassene Waren feilbietet,
6. entgegen § 69 Abs. 3 eine Anzeige nicht, nicht richtig oder nicht rechtzeitig erstattet,
7. einer vollziehbaren Auflage nach § 69a Abs. 2, auch in Verbindung mit § 60b Abs. 2 erster Halbsatz, zuwiderhandelt,
8. einer vollziehbaren Anordnung nach § 70a Abs. 1, auch in Verbindung mit § 60b Abs. 2, zuwiderhandelt, durch die die Teilnahme an einer dort genannten Veranstaltung
   a) zum Zwecke der Ausübung einer Tätigkeit nach § 34f Absatz 1 Satz 1 oder § 34h Absatz 1 Satz 1 oder
   b) zum Zwecke der Ausübung einer sonstigen gewerbsmäßigen Tätigkeit
   untersagt wird,
9. entgegen § 70a Abs. 3 das Versteigerergewerbe auf einer Veranstaltung im Sinne der §§ 64 bis 68 ausübt,
10. [aufgehoben]
11. einer Rechtsverordnung nach § 71b Abs. 2 Satz 1 in Verbindung mit § 34a Abs. 2, § 34b Abs. 8, § 34d Abs. 8 Satz 1 Nr. 1 oder 3, Satz 2 oder 3 oder § 34e Abs. 3 Satz 3 oder 4 oder einer vollziehbaren Anordnung auf Grund einer solchen Rechtsverordnung zuwiderhandelt, soweit die Rechtsverordnung für einen bestimmten Tatbestand auf diese Bußgeldvorschrift verweist,
11a. einer Rechtsverordnung nach § 71b Abs. 2 Satz 1 in Verbindung mit § 34c Abs. 3, § 34g Absatz 1 Satz 1 oder Absatz 2 Satz 1 Nummer 1, 2 oder Nummer 4 oder Satz 2 oder Nummer 4 oder Satz 2 oder § 34j oder einer vollziehbaren Anordnung auf Grund dieser Rechtsverordnung zuwiderhandelt, soweit die Rechtsverordnung für einen bestimmten Tatbestand auf diese Bußgeldvorschrift verweist oder
12. entgegen einer nach § 133 Abs. 2 Satz 1 ergangenen Rechtsverordnung die Berufsbezeichnung „Baumeister" oder eine Berufsbezeichnung führt, die das Wort „Baumeister" enthält und auf eine Tätigkeit im Baugewerbe hinweist.

(3) Die Ordnungswidrigkeit kann in den Fällen des Absatzes 2 Nr. 8 Buchstabe a mit einer Geldbuße bis zu fünfzigtausend Euro, in den Fällen des Absatzes 1 und 2 Nr. 11a mit einer Geldbuße bis zu fünftausend Euro, in den Fällen des Absatzes 2 Nr. 4 und 7 mit einer Geldbuße bis zu zweitausendfünfhundert Euro, in den übrigen Fällen des Absatzes 2 mit einer Geldbuße bis zu eintausend Euro geahndet werden.

A. Regelungsgegenstand

1   Die Vorschrift des § 146 ergänzt das Terzett aus den §§ 144 ff., nämlich die Bußgeldtatbestände des § 144 (erlaubnisbedürftige stehende Gewerbe) sowie des § 145 (Reisegewerbe), und sanktioniert **vorsätzliche wie fahrlässige** Verletzungen **sonstiger Vorschriften** über die Ausübung eines Gewerbes. Sie umfasst sowohl erlaubnisfreie als auch erlaubnisbedürftige Gewerbe iSd Titel II—IV (stehende

Gewerbe; Reisegewerbe; Messen, Ausstellungen und Märkte; zum Begriff des Gewerbes → § 144 Rn. 2).

B. Aufbau und Struktur der Vorschrift

Aufbaumäßig wie strukturell folgt die Vorschrift des § 146 insoweit den § 144 u. § 145 (→ § 144 **2** Rn. 4 ff.; → § 145 Rn. 4), als Zuwiderhandlungen gegen gewerbliche RVO, vollziehbare Anordnungen oder Auflagen und Verstöße gegen sonstige Bestimmungen der GewO sanktioniert werden. Ein Handeln ohne gewerberechtliche Erlaubnis wird allerdings von § 146, im Gegensatz zu den § 144 u. § 145, nicht geregelt.

C. Die Regelungen im Einzelnen
I. Tathandlungen nach § 146 Abs. 1

1. Tathandlungen nach Abs. 1 Nr. 1a, 1b und Nr. 1c: Zuwiderhandlungen gegen eine **3** **Gewerbeuntersagung wegen Unzuverlässigkeit.** § 35 regelt als „notwendige Korrelat zur Gewerbefreiheit" (BT-Drs. 7/111, 4) die **Gewerbeuntersagung wegen Unzuverlässigkeit** und ermöglicht somit die allgemeine Einschränkung der Gewerbefreiheit für den Fall ihres Missbrauchs (Erbs/Kohlhaas/*Ambs* § 35 Rn. 1). Bei **§ 146 Abs. 1 Nr. 1a** handelt es sich um eine **Dauerordnungswidrigkeit** (OLG Frankfurt a. M. GewArch 1981, 296), die sich dadurch auszeichnet, dass der Täter den von ihm durch die Verwirklichung des Tatbestandes geschaffenen rechtswidrigen Zustand aufrecht hält oder die sanktionierte Tätigkeit ununterbrochen fortsetzt. Der Vorwurf bezieht sich sowohl auf die Herbeiführung des rechtswidrigen Zustandes als auch auf dessen Aufrechterhaltung (so BGH wistra 2013, 281). Die Norm gilt wegen ihrer Einordnung in Titel II nur für das **stehende Gewerbe** (für das Reisegewerbe s. § 59; für Messen, Ausstellungen und Märkte s. § 70a). Die Ausübung des Gewerbes ist nach **§ 35 Abs. 1 S. 1** zu untersagen, wenn Tatsachen vorliegen, welche die Unzuverlässigkeit des Gewerbetreibenden oder einer mit der Leitung des Gewerbebetriebes beauftragten Person in Bezug auf dieses Gewerbe dartun, sofern die Untersagung zum Schutz der Allgemeinheit oder der im Betrieb Beschäftigten erforderlich ist. Die Untersagung kann nach **§ 35 Abs. 1 S. 2** auch auf die Tätigkeit als Vertretungsberechtigter eines Gewerbetreibenden oder als mit der Leitung eines Gewerbebetriebes beauftragte Person sowie auf einzelne andere oder auf alle Gewerbe erstreckt werden, soweit die festgestellten Tatsachen die Annahme rechtfertigen, dass der Gewerbetreibende auch für diese Tätigkeiten oder Gewerbe unzuverlässig ist. In beiden Fällen (§ 35 Abs. 1 S. 1 u. S. 2) ist der **Gewerbetreibende** der Adressat der Untersagungsverfügung. Eine Zuwiderhandlung gegen eine solche Verfügung erfüllt den Tatbestand des § 146 Abs. 1 Nr. 1a.

Nach **§ 35 Abs. 7a S. 1, 3 iVm Abs. 1 S. 1 oder S. 2** kann die Untersagungsverfügung auch **4** gegen Vertretungsberechtigte oder mit der Leitung des Gewerbebetriebes beauftragte Personen ausgesprochen werden. Die Regelung ist anzuwenden, wenn einem Gewerbetreibenden wegen der Unzuverlässigkeit seines leitenden Personals (§ 35 Abs. 1 S. 1 Var. 2) die weitere Ausübung des Gewerbes zu untersagen und zu befürchten ist, dass sich diese Personen selbstständig oder in leitender unselbstständiger Stellung weiter betätigen werden. Die Untersagung nach § 35 Abs. 7a S. 1, 3 ist also gegen den **Vertretungsberechtigten bzw. den Betriebsleiter** zu richten, sie setzt allerdings eine Untersagungsverfügung auch gegen den Gewerbetreibenden selbst voraus (Landmann/Rohmer GewO/*Marcks* § 35 Rn. 191 f.). Ein Verstoß gegen eine nach § 35 Abs. 7a ausgesprochene Untersagungsverfügung ggü. dem Vertretungsberechtigten oder dem Betriebsleiter ist nach **§ 146 Abs. 1 Nr. 1b** bußgeldbewehrt.

§ 35 Abs. 9 findet ebenfalls Anwendung auf **Genossenschaften,** den Handel mit Arzneimitteln, mit **5** Losen von Lotterien und Ausspielungen sowie mit Bezugs- und Anteilscheinen auf solche Lose und auf den Betrieb von Wettannahmestellen aller Art. Eine Zuwiderhandlung gegen eine derartige Unterlassungsverfügung erfüllt den Tatbestand **des § 146 Abs. 1 Nr. 1c.**

2. Tathandlungen nach Abs. 1 Nr. 1a: Zuwiderhandlungen gegen eine vollziehbare Auf- **6** **lage.** Dem Gewerbetreibenden kann nach **§ 35 Abs. 2** auf seinen Antrag von der zuständigen Behörde gestattet werden, den Gewerbebetrieb durch einen Stellvertreter (s. § 45) fortzuführen, der die Gewähr für eine ordnungsgemäße Führung des Gewerbebetriebes bietet. Die Stellvertretererlaubnis kann nur für eine bestimmte Person erteilt werden. Die Unzuverlässigkeit des Stellvertreters führt grds. nur zu einer teilweisen Untersagung in Form des Verbots der Beschäftigung des unzuverlässigen Vertreters (Erbs/Kohlhaas/*Ambs* § 35 Rn. 18). Ist diese Stellvertretererlaubnis mit einer vollziehbaren Auflage verbunden, stellt ein Verstoß gegen diese Auflage eine bußgeldbewehrte Handlung nach § 146 Abs. 1 Nr. 1a dar.

3. Tathandlungen nach Abs. 1 Nr. 2: Zuwiderhandlungen gegen die Untersagung, eine **7** **gewerbliche Anlage zu benutzen.** Wegen überwiegender Nachteile und Gefahren für das Gemeinwohl kann nach **§ 51 S. 1** die fernere Benutzung einer jeden gewerblichen Anlage durch die zuständige

Behörde zu jeder Zeit untersagt werden. § 51 bezieht sich auf gewerbsmäßig betriebene gewerbliche Anlagen (zu diesem Begriff ausf. Landmann/Rohmer GewO/*Salewski* § 51 Rn. 3 ff.). Hinsichtlich „einer jeden gewerblichen Anlage" kommen sowohl genehmigungsbedürftige als auch genehmigungs-freie Anlagen in Betracht (BVerwG GewArch 1972, 7). Die Regelung gilt allerdings nicht für Anlagen, soweit sie den Vorschriften des Bundes-Immissionsschutzgesetzes unterliegen (§ 51 S. 3), was die geringe praktische Bedeutung der Vorschrift zeigt (vgl. Erbs/Kohlhaas/*Ambs* § 51 Rn. 2). Eine Zu-widerhandlung gegen eine Untersagungsverfügung nach § 51 erfüllt den Bußgeldtatbestand des § 146 Abs. 1 Nr. 2.

II. Tathandlungen nach § 146 Abs. 2

8   **1. Tathandlungen nach Abs. 2 Nr. 1: Zuwiderhandlungen gegen eine RVO nach § 6c (Dienstleistungs-Informationspflichten-VO) oder eine vollziehbare Anordnung aufgrund ei-ner solchen VO.** Aufgrund der Ermächtigungsgrundlage des (mWv 25.7.2009 durch G v. 17.7.2009 (BGBl. I 2091) eingefügten) **§ 6c** zum Erlass einer RVO, wurde die **Verordnung über Informations-pflichten für Dienstleistungserbringer** (Dienstleistungs-Informationspflichten-Verordnung; DL-In-foV v. 12.3.2010 (BGBl. I 267)) erlassen, die zwei Monate nach der Verkündung in Kraft getreten ist (§ 7 DL-InfoV). Die VO dient der Umsetzung der RL 2006/123/EG des EP und des ER v. 12.12.2006 über Dienstleistungen im Binnenmarkt (ABl. 2006 L 376, 36). Art. 22 u. 27 der RL sehen umfangreiche Informationspflichten des Dienstleistungserbringers ggü. dem Dienstleistungsempfänger vor. In Umset-zung der RL regelt § 2 DL-InfoV dementsprechend bestimmte durch den Dienstleistungserbringer stets zur Verfügung zu stellende Informationen. § 3 DL-InfoV normiert einige auf Anfrage des Dienstleis-tungsempfängers zur Verfügung zu stellende Informationen und § 4 DL-InfoV bestimmt, welche Preis-angaben der Dienstleistungserbringer ggü. dem Dienstleistungsempfänger machen muss. Ordnungswid-rig nach § 146 Abs. 2 Nr. 1 iVm § 6c handelt, wer der DL-InfoV oder einer vollziehbaren Anordnung aufgrund dieser VO zuwiderhandelt, soweit die VO für einen bestimmten Tatbestand auf diese Bußgeld-vorschrift verweist. Die hier interessierende Ordnungswidrigkeits- und Verweisungsvorschrift ist in **§ 6 Nr. 1–3 DL-InfoV** enthalten. Ordnungswidrig iSd § 146 Abs. 2 Nr. 1 handelt demnach ua, wer bestimmte, in den **§§ 2–4 DL-InfoV** geforderte Informationen nicht, nicht richtig, nicht vollständig, nicht in der vorgeschriebenen Weise oder nicht rechtzeitig zur Verfügung stellt (§ 6 Nr. 1 DL-InfoV). Für den Verstoß sind neben dem Täter alle Beteiligten (mittelbare Täter, Mittäter, Anstifter und Gehilfen) als Täter verantwortlich (§ 14 Abs. 1 OWiG).

9   **2. Tathandlungen nach Abs. 2 Nr. 2: Verstöße gegen Anzeigepflichten innerhalb der §§ 13a und 14.** Die Regelung des **§ 146 Abs. 2 Nr. 2a**, die mWv 18.1.2016 durch G v. 22.12.2015 (BGBl. I S. 2572) eingeführt wurde, verweist auf § 13a und somit auf die Anzeige der grenzüberschreitenden Erbringung von Dienstleistungen in reglementierten Berufen. Nach **§ 13a Abs. 1 S. 1** muss der Staats-angehörige eines Mitgliedstaates der EU oder eines Vertragsstaates des EWR-Abkommens, der eine gewerbliche Tätigkeit, deren Aufnahme oder Ausübung nach deutschem Recht einen Sachkunde- oder Unterrichtungsnachweis voraussetzt und zu deren Ausübung er in einem dieser Staaten rechtmäßig niedergelassen ist, im Inland nur vorübergehend und gelegentlich ausüben will, seine Absicht vorher der für die Anerkennung der Berufsqualifikation zuständigen öffentlichen Stelle unter Beifügung der nach Abs. 5 erforderlichen Unterlagen anzeigen. Die Anzeige ist nach **§ 13a Abs. 6 S. 2** formlos alle zwölf Monate seit der letzten Anzeige zu wiederholen, solange die weitere Erbringung von Dienstleistungen beabsichtigt ist. Ordnungswidrig iSd § 146 Abs. 2 Nr. 2a handelt somit, wer gegen die in § 13a Abs. 1 S. 1 u. Abs. 6 S. 2 vorgesehenen Anzeigepflichten verstößt. Der Irrtum über das Vorliegen der Anzeige ist ein Tatbestandsirrtum, während der *Irrtum* über die Anzeigepflicht ein Verbotsirrtum ist (§ 11 OWiG; → Vorb. Rn. 3 ff.).

10   Wer den selbstständigen Betrieb (dh nicht den Gewerbegehilfen oder den Stellvertreter) eines stehenden Gewerbes, einer Zweigniederlassung oder einer unselbstständigen Zweigstelle anfängt, muss dies nach **§ 14 Abs. 1 S. 1** der zuständigen Behörde anzeigen. Das Gleiche gilt nach § 14 Abs. 1 S. 2, wenn (1) der Betrieb verlegt wird, (2) der Gegenstand des Gewerbes gewechselt oder auf Waren oder Leistungen ausgedehnt wird, die bei Gewerbebetrieben der angemeldeten Art nicht geschäftsüblich sind, oder (3) der Betrieb aufgegeben wird. Die Anzeigepflicht gilt nach § 14 Abs. 2 auch für den Handel mit Arzneimitteln, mit Losen von Lotterien und Ausspielungen sowie mit Bezugs- und Anteilscheinen auf solche Lose und für den Betrieb von Wettannahmestellen aller Art. Auch wer die Aufstellung von Automaten jeder Art als selbstständiges Gewerbe betreibt, muss nach **§ 14 Abs. 3 S. 1** die Anzeige bei der zuständigen Behörde seiner Hauptniederlassung erstatten. Aufgrund der Ermächtigungsgrundlage des zuletzt mWv 8.9.2015 durch VO v. 31.8.2015 (BGBl. I 1474) geänderten **§ 14 Abs. 14 S. 1** zum Erlass einer RVO, hat das Bundesministerium für Wirtschaft und Energie die **Verordnung zur Aus-gestaltung des Gewerbeanzeigeverfahrens** (Gewerbeanzeigeverordnung; GewAnzV v. 22.7.2014 (BGBl. I 1208)) erlassen. Nach **§ 4 GewAnzV** tritt diese VO vorbehaltlich des Satzes 2 am 1.1.2015 in Kraft, wobei § 3 Abs. 4 u. 5 am 1.1.2016 in Kraft treten. Nach § 158 ist bis zum Inkrafttreten der GewAnzV die Vorschrift des § 146 Abs. 2 Nr. 2 in der bis zum 14.7.2011 gültigen Fassung anzuwenden.

Ordnungswidrig iSd § 146 Abs. 2 Nr. 2 handelt somit, wer gegen die Anzeigepflichten des § 14 Abs. 1 oder 2 oder der **GewAnzV (§ 146 Abs. 2 Nr. 2a)** oder des § 14 Abs. 3 S. 1 (**§ 146 Abs. 2 Nr. 2b**) verstößt. Der Irrtum über das Vorliegen der Anzeige ist ein Tatbestandsirrtum, während der Irrtum über die Anzeigepflicht ein Verbotsirrtum ist (§ 11 OWiG; → Vorb. Rn. 3 ff.). § 14 ist allerdings **nicht anzuwenden,** wenn die Gewerbetreibenden von einer Niederlassung in einem anderen Mitgliedstaat der EU oder einem anderen Vertragsstaat des EWR-Abkommens aus im Geltungsbereich dieses Gesetzes vorübergehend selbstständig gewerbsmäßig tätig werden, es sei denn, es werden gewerbsmäßige Tätigkeiten ausgeübt, die aufgrund des Art. 2 Abs. 2 RL 2006/123/EG des EP und des ER v. 12.12.2006 über Dienstleistungen im Binnenmarkt (ABl. 2006 L 376, 36) vom Anwendungsbereich dieser RL oder aufgrund der Regelungen des Art. 17 dieser RL von der Dienstleistungsfreiheit ausgenommen sind (§ 4 Abs. 1).

3. Tathandlungen nach Abs. 2 Nr. 3: Verstöße gegen die Anbringungspflicht bestimmter 11 **Angaben innerhalb des § 14.** Bei der gewerblichen **Aufstellung von Automaten** ist der Gewerbetreibende nach **§ 14 Abs. 3 S. 2** verpflichtet, zum Zeitpunkt der Aufstellung des Automaten den Familiennamen mit mindestens einem ausgeschriebenen Vornamen, seine ladungsfähige Anschrift sowie die Anschrift seiner Hauptniederlassung an dem Automaten sichtbar anzubringen. Unter den Voraussetzungen des § 14 Abs. 3 S. 3 gilt das Gleiche auch für die Firma. Wer diese Angaben nicht, nicht richtig, nicht vollständig, nicht in der vorgeschriebenen Weise oder nicht rechtzeitig anbringt, handelt ordnungswidrig nach § 146 Abs. 2 Nr. 3. Liegen die Voraussetzungen des § 4 Abs. 1 vor, ist § 14 **nicht anzuwenden** (→ Rn. 10).

4. Tathandlungen nach Abs. 2 Nr. 4: Verstöße gegen Auskunftspflichten innerhalb des § 29. 12 Bestimmte in § 29 Abs. 1 Nr. 1–5 näher aufgeführte **Betroffene** haben den Beauftragten der zuständigen öffentlichen Stelle auf Verlangen die für die Überwachung des Geschäftsbetriebes erforderlichen mündlichen und schriftlichen **Auskünfte** unentgeltlich zu erteilen. Die Auskunftspflicht gilt nach § 29 **Abs. 4** auch für **Verdachtsfälle,** also dann, wenn Tatsachen die Annahme rechtfertigen, dass ein erlaubnispflichtiges, überwachungsbedürftiges oder untersagtes Gewerbe ausgeübt wird. Die Pflicht zur Auskunft gilt nicht nur bei Ausübung eines stehenden Gewerbes, sondern auch beim Reisegewerbe (§ 61a Abs. 1) und beim Messe-, Ausstellungs- und Marktgewerbe (§ 71b Abs. 1). Wer als Betroffener nach § 29 Abs. 1 bzw. Abs. 4 eine Auskunft nicht, nicht richtig, nicht vollständig oder nicht rechtzeitig erteilt, handelt ordnungswidrig nach § 146 Abs. 2 Nr. 4.

5. Tathandlungen nach Abs. 2 Nr. 5: Feilbieten nicht zugelassener Waren im Wochenmarkt. 13 **§ 67** erlaubt nur das Feilbieten bestimmter Waren auf einem Wochenmarkt. Ein Wochenmarkt ist nach § 67 Abs. 1 eine regelmäßig wiederkehrende, zeitlich begrenzte Veranstaltung, auf der eine Vielzahl von Anbietern eine oder mehrere vorbestimmte Warenarten feilbietet. Ordnungswidrig handelt nach § 146 Abs. 2 Nr. 5, wer dort andere Waren feilbietet.

6. Tathandlungen nach Abs. 2 Nr. 6: Verstöße gegen Anzeigepflichten innerhalb des § 69 14 **Abs. 3.** Nach § 69 Abs. 3 hat der **Veranstalter** der zuständigen Behörde unverzüglich schriftlich **anzuzeigen,** wenn eine festgesetzte (§ 69 Abs. 1 S. 1) Messe oder Ausstellung oder ein festgesetzter Großmarkt oder nicht mehr durchgeführt wird. Wird diese Anzeige nicht, nicht richtig oder nicht rechtzeitig erstattet, ist der Tatbestand des § 146 Abs. 2 Nr. 6 verwirklicht.

7. Tathandlungen nach Abs. 2 Nr. 7: Zuwiderhandlungen gegen vollziehbare Auflagen 15 **nach § 69a Abs. 2.** Die Festsetzung (§ 69 Abs. 1 S. 1) von Veranstaltungen iSd §§ 64–68 (Messen, Ausstellungen, Großmärkte, Wochenmärkte, Spezial- und Jahrmärkte) kann nach **§ 69a Abs. 2** im öffentlichen Interesse mit Auflagen verbunden werden. Das gilt nach **§ 60b Abs. 2 Hs. 1** auch für Volksfeste. Eine derartige zuwiderhandelnde Gewerbeausübung wird durch § 146 Abs. 2 Nr. 7 geahndet.

8. Tathandlungen nach Abs. 2 Nr. 8a und b: Zuwiderhandlungen gegen vollziehbare An- 16 **ordnung innerhalb des § 70a Abs. 1.** Nach § 70a Abs. 1 kann einem **Aussteller oder Anbieter** die Teilnahme an einer bestimmten Veranstaltung oder einer oder mehreren Arten von Veranstaltungen im Sinne der §§ 64–68 (Messen, Ausstellungen, Großmärkte, Wochenmärkte, Spezial- und Jahrmärkte) durch die zuständige Behörde **untersagt** werden, wenn Tatsachen die Annahme rechtfertigen, dass er die hierfür erforderliche Zuverlässigkeit nicht besitzt. Das Gleiche gilt auch für Volksfeste (§ 60b Abs. 2). Die Einführung des § 70a Abs. 1 war erforderlich, weil § 35 nicht für die Anbieter und Aussteller bei den in diesem Titel geregelten Veranstaltungen gilt (Erbs/Kohlhaas/*Ambs* § 70a Rn. 1). Ordnungswidrig nach § 146 Abs. 2 Nr. 8 handelt, wer (**im Fall des Buchst. a**) einer derartigen vollziehbaren Anordnung zuwiderhandelt, durch die die Teilnahme an einer der oben genannten Veranstaltungen zum Zwecke der Ausübung einer Tätigkeit als Finanzanlagenvermittler gem. § 34f Abs. 1 S. 1 (→ § 144 Rn. 21 f.) und Honorar-Finanzanlagenberater gem. § 34h Abs. 1 S. 1 (→ § 144 Rn. 23) oder (**im Fall des Buchst. b**) einer sonstigen gewerbsmäßigen Tätigkeit untersagt wird.

9. Tathandlungen nach Abs. 2 Nr. 9: Ausübung des Versteigerergewerbes ohne Erlaubnis.

17   Die selbstständige Ausübung des Versteigerergewerbes ist gem. **§ 70a Abs. 3** auf Veranstaltungen iSd §§ 64–68 (Messen, Ausstellungen, Großmärkte, Wochenmärkte, Spezial- und Jahrmärkte) nur dann zulässig, wenn der Gewerbetreibende die nach § 34b Abs. 1 erforderliche Erlaubnis für das entsprechende **stehende Gewerbe** besitzt (→ § 144 Rn. 14). Dem § 70a Abs. 3 (bzgl. des Messe-, Ausstellungs- und Marktgewerbes) entspricht für das Reisegewerbe der § 57 Abs. 3; auch hier soll eine ausschließlich mobile Versteigerertätigkeit verhindert werden. Vielmehr soll der Gewerbetreibende immer ohne weiteres lokalisiert werden können (→ § 145 Rn. 8). Wer entgegen § 70a Abs. 3 das Versteigerergewerbe auf Messen-, Ausstellungen oder Märkten gleichwohl ohne die Erlaubnis nach § 34b Abs. 1 ausübt, handelt ordnungswidrig nach § 146 Abs. 2 Nr. 9.

18   **10. Tathandlungen nach Abs. 2 Nr. 11 und Nr. 11a: Zuwiderhandlungen gegen RVO oder vollziehbare Anordnungen innerhalb des § 71b Abs. 2 S. 1.** § 71b sieht vor, dass bestimmte Vorschriften des stehenden Gewerbes auf die Ausübung des Messe-, Ausstellungs- und Marktgewerbes entsprechend anzuwenden sind. Nach **§ 71b Abs. 2 S. 1** (zuletzt geändert mWv 1.8.2014 durch G v. 15.7.2013 (BGBl. I 2390)) gelten für die Ausübung des Bewachungsgewerbes, des Versteigerergewerbes, des Gewerbes der Makler, Bauträger und Baubetreuer, des Versicherungsvermittlergewerbes, des Versicherungsberatergewerbes sowie des Gewerbes des Finanzanlagenvermittlers und Honorar-Finanzanlagenberaters die erlassenen Rechtsvorschriften entsprechend. Somit werden nach **§ 146 Abs. 2 Nr. 11** auf das Bewachungsgewerbe (§ 34a), Versteigerergewerbe (§ 34b), Versicherungsvermittlergewerbe (§ 34d) und Versicherungsberatergewerbe (§ 34e) bezogene Zuwiderhandlungen gegen RVO sanktioniert, die aufgrund von § 71b Abs. 2 S. 1 erlassen worden sind. Ebenfalls sanktioniert werden Zuwiderhandlungen gegen vollziehbare Anordnungen, die aufgrund der genannten RVO erlassen worden sind, soweit diese RVO für einen bestimmten Tatbestand auf diese Bußgeldvorschrift verweisen. Die hier interessierenden Ordnungswidrigkeits- und Verweisungsvorschriften sind in **§ 16 Abs. 1 BewachV** (über § 34a Abs. 2; → § 144 Rn. 30), **§ 10 VerstV** (über § 34b Abs. 8; → § 144 Rn. 30) und **§ 18 VersVermV** (über § 34d u. § 34e; → § 144 Rn. 30) enthalten.

19   Sanktioniert werden nach dem zuletzt mWv 21.3.2016 durch G v. 11.3.2016 (BGBl. I 396) geänderten **§ 146 Abs. 2 Nr. 11a** auf das Gewerbe des Maklers, Bauträgers und Baubetreuers (§ 34c Abs. 1 S. 1), das Gewerbe eines Finanzanlagenvermittlers (§ 34f Abs. 1 S. 1 iVm § 34g Abs. 1 S. 1), das Gewerbe eines Honorar-Finanzanlagenberaters (§ 34h Abs. 1 S. 1 iVm § 34g Abs. 1 S. 1) und das (mWv 21.3.2016 durch G v. 11.3.2016 (BGBl. I 396) neu eingefügte) Gewerbe eines Immobiliardarlehensvermittlers (§ 34j Abs. 1 iVm § 34i Abs. 1; s. → § 144 Rn. 24) bezogene Zuwiderhandlungen gegen RVO, die aufgrund von § 71b Abs. 2 S. 1 erlassen worden sind. Ebenfalls werden sanktioniert Zuwiderhandlungen gegen vollziehbare Anordnungen, die aufgrund der genannten RVO erlassen worden sind, soweit diese RVO für einen bestimmten Tatbestand auf diese Bußgeldvorschrift verweisen. Die hier interessierenden Ordnungswidrigkeits- und Verweisungsvorschriften sind in **§ 18 Abs. 1 Nr. 1–13 MaBV** (über § 34c Abs. 3; → § 144 Rn. 16, 36 f.) und **§ 26 Abs. 1 Nr. 1–17 FinVermV** (über § 34g Abs. 1 S. 1; → § 144 Rn. 21 f., 36 f.) enthalten.

20   **11. Tathandlungen nach Abs. 2 Nr. 12: Verbotenes Führen der Berufsbezeichnung „Baumeister" oder einer ähnlichen Berufsbezeichnung.** Ordnungswidrig handelt, wer entgegen einer nach **§ 133 Abs. 2 S. 1** ergangenen RVO die Berufsbezeichnung **„Baumeister"** oder eine ähnliche Berufsbezeichnung führt, die das Wort „Baumeister" enthält und auf eine Tätigkeit im Baugewerbe hinweist (die außer Kraft getretene **BaumeisterVO** v. 1.4.1931 (RGBl. I 131) und die **VO zur Ablösung der BaumeisterVO** v. 2.4.1979 (BGBl. I 419)). Unter einer Berufsbezeichnung, die auf eine Tätigkeit im Baugewerbe hinweist, sind solche Berufsbezeichnungen nicht zu verstehen, die sich nur auf die Ausübung eines freien Berufes, zB des Architektenberufs, beziehen (Erbs/Kohlhaas/*Ambs* Rn. 18). Der in § 146 Abs. 2 Nr. 12 enthaltene Verweis auf § 133 Abs. 2 S. 1 geht fehl, weil die Norm heute nur noch aus einem Satz besteht (Erbs/Kohlhaas/*Ambs* Rn. 18; BeckOK GewO/*Kirchesch* Rn. 13 „redaktionelles Versehen"). Der Irrtum über das Merkmal der Berufsbezeichnung, die „auf eine Tätigkeit im Baugewerbe hinweist" sowie über die Befugnis zur Führung der Bezeichnung „Baumeister" ist in Kenntnis der wesentlichen tatsächlichen Voraussetzungen nach der BaumeisterVO als Verbotsirrtum anzusehen.

III. Rechtsfolgen

21   **§ 146 Abs. 3** bestimmt das **Höchstmaß der Geldbuße,** das nach **Gewichtung** der einzelnen Fälle **gestaffelt** ist. Angedroht sind Bußgelder von bis zu 50.000 EUR (in den Fällen des Abs. 2 Nr. 8a), 5.000 EUR (in den Fällen des Abs. 1 und 2 Nr. 11a), 2.500 EUR (in den Fällen des Abs. 2 Nr. 4 und Nr. 7) oder 1.000 EUR (in den übrigen Fällen des Abs. 2). Hinsichtlich **fahrlässiger** Handlungen kommt § 17 Abs. 2 OWiG in Betracht (→ § 144 Rn. 46). Hinsichtlich der **Verjährung** kommen die Bestimmungen des § 31 Abs. 2 OWiG in Betracht (→ § 144 Rn. 47). Unter den Voraussetzungen des § 148 werden die zuwiderhandelnden Verhaltensweisen des § 146 Abs. 1 als Straftaten qualifiziert (s. → § 148 Rn. 5).

§ 147 Verletzung von Arbeitsschutzvorschriften

(1) Ordnungswidrig handelt, wer vorsätzlich oder fahrlässig

1. eine Besichtigung oder Prüfung nach § 139b Abs. 1 Satz 2, Abs. 4, 6 Satz 1 oder 2 nicht gestattet oder
2. entgegen § 139b Abs. 5 eine vorgeschriebene statistische Mitteilung nicht, nicht richtig, nicht vollständig oder nicht rechtzeitig macht.

(2) Die Ordnungswidrigkeit kann mit einer Geldbuße geahndet werden.

1. Regelungsgegenstand. § 147 sanktioniert bestimmte vorsätzliche und fahrlässige Behinderungen **1** der Arbeit der Gewerbeaufsichtsämter im Zusammenhang mit deren Überwachung der Einhaltung von gewerblichen Arbeitsschutzbestimmungen (§ 147 Abs. 1 Nr. 1) sowie vorsätzliche und fahrlässige Verletzungen von statistischen Mitteilungspflichten der gewerblichen Arbeitgeber (§ 147 Abs. 1 Nr. 2).

2. Tathandlungen. a) Nichtgestatten einer Besichtigung oder Prüfung gem. § 147 Abs. 1 2 Nr. 1. Abs. 1 Nr. 1 sanktioniert im Wege einer Verweisungskette das Nichtgestatten einer Besichtigung oder Prüfung nach § 139b Abs. 1 S. 2, Abs. 4, Abs. 6 S. 1 oder S. 2.

Nach **§ 139b Abs. 1 S. 2** steht den Beamten der Gewerbeaufsichtsämter (Ennuschat/Wank//*Ennu-* **3** *schat* § 139b Rn. 3 ff.) bei der Ausübung ihrer Aufsicht über die Ausführung der Bestimmungen der aufgrund des § 120e oder des § 139h erlassenen RVO insbes. das Recht zur jederzeitigen Besichtigung und Prüfung der Anlagen zu. Die Gewerbeaufsichtsbeamten haben darüber hinaus keine Rechte (Erbs/ Kohlhaas/*Ambs* § 139b Rn. 1). Dieses Besichtigungs- und Prüfungsrecht hat ihnen der gewerbliche Arbeitgeber nach **§ 139b Abs. 4** zu jeder Zeit, namentlich auch in der Nacht, allerdings nur während des Betriebs, einzuräumen. **§ 139b Abs. 6** gewährt den Gewerbeaufsichtsbeamten das Recht, die Arbeitnehmerunterkünfte zu betreten und zu besichtigen. Gestattet der Arbeitgeber (zum Täterkreis Landmann/Rohmer GewO/*Kahl* Rn. 2) diese Rechte nicht, verwirklicht er die Ordnungswidrigkeit des § 147 Abs. 1 iVm § 139b Abs. 1 S. 2, Abs. 4 bzw. Abs. 6. Dazu reicht bereits eine verbale Zutritts- verweigerung aus (VGH München GewArch 1986, 26).

Das Besichtigungs- und Prüfungsrecht der Gewerbeaufsichtsämter nach § 139b Abs. 1 S. 2 und **4** Abs. 4 bezieht sich allerdings nur auf die Überwachung der Einhaltung von Bestimmungen solcher gewerblichen RVO, die aufgrund von §§ 120e oder 139h erlassen worden sind. Damit erfährt § 147 Abs. 1 Nr. 1 eine starke Einschränkung, weil die meisten dieser (auf den Ermächtigungsgrundlagen der § 120e oder § 139h beruhenden) RVO mittlerweile außer Kraft getreten sind (Erbs/Kohlhaas/*Ambs* § 139b Rn. 1): § 120e durch G v. 24.8.2002 (BGBl. I 3412) und § 139h durch G v. 7.8.1996 (BGBl. I 1246), worauf die novellierte **ArbeitsstättenVO** v. 12.8.2004 (BGBl. I 2179) nun mehr beruht (eingehend dazu Landmann/Rohmer GewO/*Wiebauer/Kollmer* ArbStättV Einf. Rn. 9 ff.; 34 ff., 36). Andererseits die ua aufgrund des § 120e erlassene und noch in Kraft befindliche **DruckluftVO** v. 4.10.1972 (BGBl. I 1909), zuletzt geändert durch VO v. 18.12.2008 (BGBl. I 2768).

Gegen die Anwendbarkeit des § 147 Abs. 1 Nr. 1 werden deswegen insofern verfassungsrechtliche **5** Bedenken im Hinblick auf das **Bestimmtheitsgebot des Art. 103 Abs. 2 GG** erhoben (BeckOK GewO/*Kirchesch* Rn. 3; zur Heranziehung des Bestimmtheitsgrundsatzes wie auch des Schuldprinzips in die Irrtumslehre s. *Papathanasiou* FS Roxin, 2011, 467 ff.; *Papathanasiou,* Irrtum über normative Tatbestandsmerkmale, 2014, passim), als § 147 Abs. 1 Nr. 1 sich auf § 139b bezieht, welcher wiederum auf RVO verweist, die aufgrund der §§ 120e und 139h erlassen worden sind. Die beiden letztgenannten Normen wurden aber mittlerweile aufgehoben (→ Rn. 4). Zwar lässt die Aufhebung einer Ermächtigungsgrundlage die Wirksamkeit einer auf ihr beruhenden RVO grds. unberührt (BVerwG NZA 1997, 482). Der Bestimmtheitsgrundsatz verlangt jedoch, dass die ordnungswidrige Handlung so präzis beschrieben wird, sodass der Betroffene grds. vorhersehen kann, ob sein Verhalten darunter zu subsumieren ist und ggf. mit Geldbuße sanktioniert werden könnte. Dies erscheint im Fall des § 147 Abs. 1 Nr. 1 wegen der darin enthaltenen unübersichtlichen Verweisungskette, die sich nunmehr zudem auf aufgehobene Vorschriften bezieht, zweifelhaft.

Dies gilt gleichermaßen für die Regelung des § 147 Abs. 1 Nr. 1 iVm § 139 Abs. 6, die das Nicht- **6** gestatten des Betretens oder Besichtigens von Gemeinschaftsunterkünften der Arbeitnehmer sanktioniert. § 139 Abs. 6 bezieht sich nämlich nicht nur auf die aufgehobene Vorschrift des § 120e, sondern verweist auch auf die ebenfalls nicht mehr geltende Vorschrift des § 40a ArbeitsstättenVO aF v. 20.3.1975 (BGBl. I 729; sa Landmann/Rohmer GewO/*Wiebauer/Kollmer* ArbStättV Einf. Rn. 9 ff.; mittlerweile § 6 ArbeitsstättenVO v. 12.8.2004; dazu BeckOK GewO/*Kirchesch* Rn. 5).

b) Verletzung statistischer Mitteilungspflichten gem. § 147 Abs. 1 Nr. 2. Ordnungswidrig iSd **7** § 147 Abs. 1 Nr. 2 handeln Arbeitgeber, die gewerbliche Arbeiter gegen Lohn beschäftigen, auch Handeltreibende (Erbs/Kohlhaas/*Ambs* Rn. 4), wenn sie entgegen § 139b Abs. 5 bestimmte statistische Mitteilungen über die Verhältnisse der Arbeitnehmer, welche durch RVO (vom Bundesministerium für Arbeit und Soziales mit Zustimmung des Bundesrates oder von der Landesregierung) vorgeschrieben sind, nicht, nicht richtig, nicht vollständig oder nicht rechtzeitig machen. RVO iSd § 139b Abs. 5 ist die

VO über die Verpflichtung der Arbeitgeber zu Mitteilungen an die für die Gewerbeaufsicht zuständigen Landesbehörden v. 16.8.1968 (BGBl. I 981), derzufolge gewerbliche Arbeitgeber ua verpflichtet sind, die Zahl der Arbeitnehmer und Auszubildenden zu melden.

8   **3. Rechtsfolgen.** Nach **§ 147 Abs. 2** kann die Ordnungswidrigkeit mit einer Geldbuße sanktioniert werden. Der Bußgeldrahmen liegt zwischen 5 und 1.000 EUR, bei fahrlässiger Begehung zwischen 5 und 500 EUR (§ 17 Abs. 1 u. 2 OWiG).

§ 147a Verbotener Erwerb von Edelmetallen und Edelsteinen

(1) Es ist verboten, von Minderjährigen gewerbsmäßig
1. Edelmetalle (Gold, Silber, Platin und Platinbeimetalle), edelmetallhaltige Legierungen sowie Waren aus Edelmetall oder edelmetallhaltigen Legierungen oder
2. Edelsteine, Schmucksteine, synthetische Steine oder Perlen
zu erwerben.
(2) [1]Ordnungswidrig handelt, wer vorsätzlich oder fahrlässig Gegenstände der in Absatz 1 bezeichneten Art von Minderjährigen gewerbsmäßig erwirbt. [2]Die Ordnungswidrigkeit kann mit einer Geldbuße bis zu fünftausend Euro geahndet werden.

1   **1. Entstehungsgeschichte und Zweck der Norm.** Die Bestimmung ist mit G v. 25.7.1984 (BGBl. I 1008) mWv 1.10.1984 in die GewO eingefügt worden und ersetzt die bis dahin geltenden §§ 1–3 des Gesetzes über den Verkehr mit Edelmetallen, Edelsteinen, Perlen (EMG). Durch das G v. 25.7.1984 wurde das Metallhandelsrecht einheitlich in der GewO zusammengefasst (BT-Drs. 10/1125, 27 (33 f.)).

2   Die Vorschrift dient **kriminalpräventiven Zwecken** in zweierlei Hinsicht: Zum einen soll sie dazu beitragen, dass Erwerbstätigkeiten auf dem Gebiet des Edelmetall- und Edelsteinhandels etc ordnungsgemäß, dh in rechtlich unbedenklicher Weise, ausgeführt werden. Zum anderen dient sie dem Schutz Minderjähriger, die von einem kriminogenen Umfeld ferngehalten werden sollen, welches ihnen Anreiz bieten könnte, die zu veräußernden Gegenstände zuvor durch Straftaten zu erlangen; ferner sollen sie davor bewahrt werden, infolge ihrer Unerfahrenheit bei Geschäften mit den in Abs. 1 aufgezählten Gegenständen übervorteilt zu werden (Landmann/Rohmer GewO/*Kahl* Rn. 2; Erbs/Kohlhaas/*Ambs* Rn. 2).

3   **2. Verbotene Erwerbshandlungen nach Abs. 1. a) Gewerbsmäßiger Erwerb von Minderjährigen. Erwerb** ist die entgeltliche oder unentgeltliche Erlangung rechtlicher oder tatsächlicher Verfügungsgewalt über den Gegenstand im Einvernehmen mit dem minderjährigen Veräußerer (Erbs/Kohlhaas/*Ambs* Rn. 4). Relevant für das vorliegende Verbot ist sowohl der Eigenerwerb als auch der Erwerb für andere in deren Auftrag, sofern der Minderjährige gewerbsmäßig handelt (BGHSt 2, 262; BeckOK GewO/*Kirchesch* Rn. 6; aA Landmann/Rohmer GewO/*Kahl* Rn. 3). Das Erwerbsverbot gilt selbst dann, wenn der Minderjährige mit Einverständnis, im Auftrag oder Vollmacht der Eltern veräußert (RGSt 60, 400; Erbs/Kohlhaas/*Ambs* Rn. 4). Bei Strohmanngeschäften ist der Hintermann Täter (Erbs/ Kohlhaas/*Ambs* Rn. 3). Der Verstoß gegen 147a führt zur **Nichtigkeit** des Erwerbsgeschäfts gem. **§ 134 BGB** (BeckOK GewO/*Kirchesch* Rn. 3).

4   **Gewerbsmäßig** ist der Erwerb, wenn er in Ausübung eines Gewerbebetriebs, dh nicht im Wege des Privatkaufs, sondern im Rahmen einer auf Dauer angelegten, selbstständigen, erlaubten und auf Gewinnerzielung gerichteten Tätigkeit erfolgt (Landmann/Rohmer GewO/*Kahl* Rn. 1, 3; → § 144 Rn. 2). Dass dieser Erwerb nach Abs. 1 verboten ist, macht das Gewerbe nicht zu einem unerlaubten (Erbs/Kohlhaas/*Ambs* Rn. 3). Es ist nicht erforderlich, dass sich die Gewerbsmäßigkeit ausschließlich auf den Erwerb von Minderjährigen bezieht. Es reicht zur Tatbestandserfüllung aus, wenn neben korrekter Geschäftsabwicklung iÜ auch nur in einem Einzelfall von einem Minderjährigen erworben wird (Erbs/ Kohlhaas/*Ambs* Rn. 3). Im Gegensatz zum Erwerber braucht der minderjährige Veräußerer nicht gewerbsmäßig zu handeln (Erbs/Kohlhaas/*Ambs* Rn. 4).

5   **Minderjährig** ist, wer noch nicht das 18. Lebensjahr vollendet hat (§ 2 BGB). Irrt sich der Täter über das Alter des Minderjährigen, unterliegt er einem **Tatbestandsirrtum** gem. § 11 Abs. 1 OWiG; irrt er sich dagegen über dessen Verkaufsberechtigung, unterliegt er einem (meistens vermeidbaren) **Verbotsirrtum** (Erbs/Kohlhaas/*Ambs* Rn. 9 mit Verweis auf BGH bei *Herlan* GA 1953, 76). Der **beteiligte Minderjährige** ist kein Täter einer Ordnungswidrigkeit nach 147a, wobei anders zu beurteilen ist, wenn ein ebenfalls minderjähriger Erwerber selber gewerbsmäßig handelt (Erbs/Kohlhaas/*Ambs* Rn. 9).

6   **b) Tatobjekte. Abs. 1 Nr. 1: Edelmetalle, edelmetallhaltige Legierungen sowie Waren aus Edelmetall oder edelmetallhaltigen Legierungen. Edelmetalle** sind Gold, Silber, Platin und Platinmetalle (Ruthenium, Rhodium, Palladium, Osmium und Iridium). **Legierungen** sind Verbin-

dungen von einem Metall mit einem oder mehreren anderen Metallen oder Nichtmetallen (Erbs/ Kohlhaas/*Ambs* Rn. 6).

Abs. 1 Nr. 2: Edelsteine, Schmucksteine, synthetische Steine oder Perlen. Edel- und 7 **Schmucksteine** sind ohne künstliche Beeinflussung in der Natur entstandene Mineralien und organische Substanzen, die sich nur durch den Härtegrad unterscheiden (s. näher Erbs/Kohlhaas/*Ambs* Rn. 7; Friauf/Ambs Rn. 9), etwa Bernstein, Diamant, Elfenbein, Opal, Perlmutt oder Quarz (die Verwaltungsrichtlinien der Länder zu Titel III). **Halbedelsteine** kommen ebenfalls in Betracht. **Synthetische Steine** sind durch chemisch-technische Verfahren hergestellte Erzeugnisse, die in wesentlichen chemischen und physikalischen Eigenschaften mit denen der Minerale, nach denen sie benannt sind, übereinstimmen (Erbs/Kohlhaas/*Ambs* Rn. 7). Unter **Perlen** sind sowohl die ohne menschliche Einwirkung entstandenen als auch Zuchtperlen zu verstehen (Erbs/Kohlhaas/*Ambs* Rn. 8).

3. Rechtsfolgen. Nach § 147a **Abs. 2 S. 2** wird die Ordnungswidrigkeit mit einer Geldbuße bis zu 8 5.000 EUR geahndet. Bei Fahrlässigkeit beträgt das Höchstmaß der Geldbuße 2.500 EUR (§ 17 Abs. 2 OWiG). Die Verjährungsfrist beträgt zwei Jahre (§ 31 Abs. 2 Nr. 2 OWiG). Unter den Voraussetzungen des § 148b ist die Zuwiderhandlung eine Straftat (s. dort).

§ 147b Verbotene Annahme von Entgelten für Pauschalreisen

(1) Ordnungswidrig handelt, wer entgegen § 651k Abs. 4 Satz 1, auch in Verbindung mit Absatz 5 Satz 2 des Bürgerlichen Gesetzbuchs, ohne Übergabe eines Sicherungsscheins oder ohne Nachweis einer Sicherheitsleistung eine Zahlung des Reisenden auf den Reisepreis fordert oder annimmt.

(2) Die Ordnungswidrigkeit kann mit einer Geldbuße bis zu 5.000 Euro geahndet werden.

A. Entstehungsgeschichte und Sinn und Zweck der Norm

Die Vorschrift wurde durch ÄndG v. 24.6.1994 (BGBl. I 1322) in die GewO eingefügt und dient der 1 Umsetzung der RL des Rates der Europäischen Gemeinschaften v. 13.6.1991 über Pauschalreisen (PauschalreiseRL 90/314/EWG, ABl. 1991 L 158, 59). § 147b wurde mWv 1.1.2002 durch G v. 23.7.2001 (BGBl. I 1658) neu gefasst, wobei Abs. 2 zuletzt mWv 1.1.2002 durch G v. 10.11.2001 (BGBl. I 2992) geändert wurde.

§ 147b bezweckt den Schutz des Reisenden davor, dass es ein insolventer Reiseveranstalter ausnutzt, 2 dass der Reisende regelmäßig den Reisepreis vorauszahlen wird, um seine Reiseteilnahme nicht zu gefährden (BeckOK GewO/*Kirchesch* Rn. 3). Die Vorschrift des § **651k Abs. 4 BGB** dient seinerseits ebenfalls dem Schutz des Reisenden bei einer Insolvenz des Reisevermittlers (BT-Drs. 14/5944, 12) und soll klarstellen, unter welchen Umständen der Reisevermittler als ermächtigt zur Annahme von Zahlungen gelten soll. In diesen Fällen muss der Reiseveranstalter die Reise durchführen, auch wenn er infolge einer Insolvenz des Reisevermittlers die Zahlung nicht erhält (MüKoBGB/*Tonner* BGB § 651k Rn. 32).

B. Regelungsgegenstand

Die Norm sanktioniert einen Verstoß gegen das in § **651k Abs. 4 S. 1 u. Abs. 5 S. 2 BGB** 3 enthaltene Verbot, den Reisepreis vor Beendigung der Reise zu fordern oder anzunehmen, ohne dass die in § 651k Abs. 1 S. 2 BGB normierten Sicherheiten für den Reisenden erbracht und nachgewiesen worden sind. Diese Sicherheiten sollen gewährleisten, dass dem Reisenden im Falle des Ausfalls von Reiseleistungen infolge Zahlungsunfähigkeit oder Eröffnung des Insolvenzverfahrens über das Vermögen des Reiseveranstalters der gezahlte Reisepreis und notwendige Aufwendungen für die Rückreise erstattet werden (vgl. BGH NJW 2003, 743).

Sind allerdings im Reisevertrag vereinbarte Fälligkeitsregelungen, die vom Versicherungsschutz nicht 4 erfasst werden, mit der Folge nichtig, dass sich der Reisende hierauf nicht einzulassen braucht, wird er nicht dadurch unangemessen benachteiligt, dass sich der Versicherer darauf beruft, er – der Reisende – habe ohne entsprechende vertragliche Verpflichtung zu früh und/oder zu viel bezahlt. In diesem Fall beruht das Ausfallrisiko im Insolvenzverfahren ausschließlich darauf, dass der Reisende eine Leistung erbracht hat, die zu erbringen er nicht verpflichtet war (OLG Köln NVersZ 2000, 398).

Bei § 147b handelt es sich um eine **Blankettvorschrift** (→ Vorb. Rn. 3 ff.), weil sich das buß- 5 geldbewehrte Verhalten erst bei Heranziehung der darin genannten Bezugsnorm des § 651k BGB ergibt:

§ 651k BGB Sicherstellung, Zahlung

(1) [1] Der Reiseveranstalter hat sicherzustellen, dass dem Reisenden erstattet werden

1. der gezahlte Reisepreis, soweit Reiseleistungen infolge Zahlungsunfähigkeit oder Eröffnung des Insolvenzverfahrens über das Vermögen des Reiseveranstalters ausfallen, und

2. notwendige Aufwendungen, die dem Reisenden infolge Zahlungsunfähigkeit oder Eröffnung des Insolvenzverfahrens über das Vermögen des Reiseveranstalters für die Rückreise entstehen.

² Die Verpflichtung nach Satz 1 kann der Reiseveranstalter nur erfüllen

1. durch eine Versicherung bei einem im Geltungsbereich dieses Gesetzes zum Geschäftsbetrieb befugten Versicherungsunternehmen oder
2. durch ein Zahlungsversprechen eines im Geltungsbereich dieses Gesetzes zum Geschäftsbetrieb befugten Kreditinstituts.

(2) …

(3) …

(4) ¹ Reiseveranstalter und Reisevermittler dürfen Zahlungen des Reisenden auf den Reisepreis vor Beendigung der Reise nur fordern oder annehmen, wenn dem Reisenden ein Sicherungsschein übergeben wurde. ² Ein Reisevermittler gilt als vom Reiseveranstalter zur Annahme von Zahlungen auf den Reisepreis ermächtigt, wenn er einen Sicherungsschein übergibt oder sonstige dem Reiseveranstalter zuzurechnende Umstände ergeben, dass er von diesem damit betraut ist, Reiseverträge für ihn zu vermitteln. (...)

(5) ¹ Hat im Zeitpunkt des Vertragsschlusses der Reiseveranstalter seine Hauptniederlassung in einem anderen Mitgliedstaat der Europäischen Gemeinschaften oder in einem anderen Vertragsstaat des Abkommens über den Europäischen Wirtschaftsraum, so genügt der Reiseveranstalter seiner Verpflichtung nach Absatz 1 auch dann, wenn er dem Reisenden Sicherheit in Übereinstimmung mit den Vorschriften des anderen Staates leistet und diese den Anforderungen nach Absatz 1 Satz 1 entspricht. ² Absatz 4 gilt mit der Maßgabe, dass dem Reisenden die Sicherheitsleitung nachgewiesen werden muss.

C. Täter

6   Als **Täter** können, wie sich aus § 651k Abs. 4 S. 1 BGB ergibt, Reiseveranstalter und Reisevermittler in Betracht kommen. **Reiseveranstalter** ist die Person, die nicht nur gelegentlich Pauschalreisen organisiert und sie direkt oder über einen Vermittler verkauft oder anbietet (Art. 2 Nr. 2 PauschalreiseRL, → Rn. 1). **Reisevermittler** ist eine Person, die vom Veranstalter zusammengestellte Pauschalreise verkauft oder anbietet (Art. 2 Nr. 3 PauschalreiseRL), also das Reisebüro.

7   Eine **Pauschalreise** liegt vor, wenn in einem Leistungspaket Beförderung, Unterkunft, Verpflegung und evtl. noch weitere Leistungen zusammengefasst und zu einem Pauschalpreis angeboten werden. Erforderlich sind regelmäßig mindestens zwei aufeinander abgestimmte Reiseleistungen, unter Umständen kann aber auch eine einzige Leistung ausreichend sein (Erbs/Kohlhaas/*Ambs* Rn. 1).

8   Zu beachten ist, dass der Täterkreis durch § **651k Abs. 6 Nr. 1–3 BGB** eingeschränkt wird. Danach gilt das Verbot des Forderns oder Annehmens des Reisepreises vor Beendigung der Reise ohne Gewährung und Nachweis von Sicherheiten nicht, wenn der Reiseveranstalter nur gelegentlich und außerhalb seiner gewerblichen Tätigkeit Reisen veranstaltet (Nr. 1), die Reise nicht länger als 24 Stunden dauert, keine Übernachtung einschließt und der Reisepreis 75 EUR nicht übersteigt (Nr. 2), oder der Reiseveranstalter eine juristische Person des öffentlichen Rechts ist, über deren Vermögen ein Insolvenzverfahren unzulässig ist (Nr. 3).

D. Geschützter Personenkreis

9   Geschützt wird durch die Norm der Reisende. Das ist der **Vertragspartner** des Reiseveranstalters, der im eigenen Namen **für sich und/oder für Dritte** eine Reise bucht. Er muss somit nicht selbst an der Reise teilnehmen (Erbs/Kohlhaas/*Ambs* Rn. 8c).

10   Der **Dritte** ist hingegen nicht Vertragspartner und damit auch nicht Reisender iSd Vorschrift (Erbs/Kohlhaas/*Ambs* Rn. 8c), er kann allerdings eine Leistung iS einer Zahlung des Reisenden erbringen (BeckOK GewO/*Kirchesch* Rn. 6).

E. Tathandlungen

11   Bußgeldbewehrt ist **das Fordern oder Annehmen einer Zahlung** des Reisenden auf den Reisepreis vor Beendigung der Reise ohne Übergabe des Sicherungsscheins (§ 651k Abs. 4 S. 1 BGB) oder ohne Nachweis einer Sicherheitsleistung (§ 651k Abs. 5 S. 2 BGB).

12   Zur Erfüllung der sich aus § 651k Abs. 1 S. 1 BGB ergebenden Verpflichtung des Reiseveranstalters, die Erstattung des Reisepreises und der notwendigen Aufwendungen des Reisenden für die Rückreise im Falle der Zahlungsunfähigkeit oder Eröffnung des Insolvenzverfahrens über das Vermögen des Reiseveranstalters sicherzustellen, hat dieser die Möglichkeiten des § 651k Abs. 1 S. 2 Nr. 1 u. 2 BGB. Er hat also Sicherheiten in Form einer **Versicherung** bei einem Versicherungsunternehmen oder eines **Zahlungsversprechens** eines Kreditinstituts, etwa einer **Bankgarantie**, zu erbringen.

13   Dem Reisenden hat der Reiseveranstalter einen unmittelbaren Anspruch gegen den Versicherer oder das Kreditinstitut (Kundengeldabsicherer) zu verschaffen und durch Übergabe einer von dem Kundengeldabsicherer oder auf dessen Veranlassung ausgestellten Bestätigung **(Sicherungsschein)** nachzuweisen, § 651k Abs. 3 S. 1 BGB (zu den Anforderungen an Inhalt und Gestaltung des Sicherungsscheins s. Erbs/Kohlhaas/*Ambs* Rn. 8a).

I. Reiseveranstalter mit Hauptniederlassung im Inland

Hat der Reiseveranstalter seinen Hauptsitz in Deutschland, so liegt der Tatbestand des § 147b Abs. 1 **14** iVm § 651k Abs. 4 S. 1 BGB vor, wenn Reiseveranstalter oder Reisevermittler Zahlungen auf den Reisepreis vor Beendigung der Reise fordern oder diese annehmen, ohne dass der Sicherungsschein vom Reiseveranstalter oder -vermittler (§ 651k Abs. 4 S. 2 BGB) übergeben worden ist.

II. Reiseveranstalter mit Hauptniederlassung in einem anderen Mitgliedstaat der EG oder in einem anderen Vertragsstaat des EWR-Abkommens

In diesem Fall ist die Übergabe eines Sicherungsscheins nicht erforderlich. Ordnungswidrig nach **15** § 147b Abs. 1 iVm § 651k Abs. 5 S. 2 BGB handeln Reiseveranstalter oder -vermittler vielmehr dann, wenn sie den Reisepreis vor Beendigung der Reise fordern oder annehmen, ohne dass von ihnen eine Sicherheitsleistung nachgewiesen worden ist. Eine Sicherheitsleistung ist gemäß § 651k Abs. 5 S. 1 BGB erbracht, wenn der ausländische Reiseveranstalter dem Reisenden Sicherheit in Übereinstimmung mit den Vorschriften des anderen Staates leistet und diese den Anforderungen nach § 651k Abs. 1 S. 1 BGB entspricht (**Herkunftslandprinzip**). Die Vorschrift verhindert somit, dass sich ein Reiseveranstalter auf das Recht in seinem Herkunftsland beruft, wenn dieses nicht den Anforderungen der Richtlinie genügt (ausf. dazu MüKoBGB/*Tonner* BGB § 651k Rn. 38).

F. Rechtsfolgen

Die Verwirklichung des § 147b setzt vorsätzliches Handeln voraus (§ 10 OWiG) und kann nach **16** Abs. 2 mit Geldbuße bis zu 5.000 EUR geahndet werden. Die Verjährungsfrist beträgt 2 Jahre (§ 31 Abs. 2 Nr. 2 OWiG).

§ 148 Strafbare Verletzung gewerberechtlicher Vorschriften

Mit Freiheitsstrafe bis zu einem Jahr oder mit Geldstrafe wird bestraft, wer
1. **eine in § 144 Abs. 1, § 145 Abs. 1, 2 Nr. 2 oder 6 oder § 146 Abs. 1 bezeichnete Zuwiderhandlung beharrlich wiederholt oder**
2. **durch eine in § 144 Abs. 1 Nr. 1 Buchstabe b, Absatz 2 Nr. 1a oder Nummer 1b, § 145 Abs. 1, 2 Nr. 1 oder 2 oder § 146 Abs. 1 bezeichnete Zuwiderhandlung Leben oder Gesundheit eines anderen oder fremde Sachen von bedeutendem Wert gefährdet.**

1. Regelungsgegenstand. Die als „unechter Mischtatbestand" ausgestaltete (Göhler/*Gürtler* OWiG **1** Vor § 1 Rn. 14) Norm des § 148 stellt bestimmte in §§ 144–146 geregelte Ordnungswidrigkeiten unter Strafe, wenn zusätzlich **erschwerende Umstände** – beharrliches Wiederholen der Zuwiderhandlung (so Nr. 1) oder Gefährdung von Leben oder Gesundheit eines anderen oder fremder Sachen von bedeutendem Wert (so Nr. 2) – hinzutreten.

2. Täter. Täter im strafrechtlichen Sinne können nur **natürliche Personen** sein, nämlich Gewer- **2** betreibende und deren Betriebsleiter oder sonstige Beauftragte (§ 14 Abs. 2 StGB). Gegen eine **juristische Person** kann jedoch eine Geldbuße gem. § 30 OWiG verhängt werden, sofern eine vertretungsberechtigte Person eine Straftat begangen hat, durch die Pflichten, die die juristische Person treffen, verletzt worden sind (Erbs/Kohlhaas/*Ambs* Rn. 13).

3. Tathandlungen. a) Beharrliches Wiederholen von Zuwiderhandlungen, § 148 Nr. 1. Ein **3** **beharrliches Wiederholen** liegt vor, wenn der Täter durch einen erneuten Verstoß an seiner rechtsfeindlichen Einstellung trotz einer etwaigen Ahndung, Abmahnung oder einer sonst hemmend wirkenden Erfahrung oder Erkenntnis aus Missachtung oder Gleichgültigkeit festhält (OGH Wien BeckRS 2013, 09131; BGH GewArch 1992, 179 = BGH wistra 1992, 184; OLG Frankfurt a. M. GewArch 1981, 296; grdl. zum „beharrlichen" Nachstellen gem. § 238 StGB die Entsch. BGHSt 54, 189 = BGH NStZ 2010, 277).

Beharrlichkeit bedeutet damit, dass der Täter sich unbelehrbar zeigt (Erbs/Kohlhaas/*Ambs* Rn. 2); **4** das kann bereits durch die erste Wiederholung der Zuwiderhandlung zum Ausdruck kommen (aA BeckOK GewO/*Kirchesch* Rn. 5). Dass der Täter gegen das Verbot schon mindestens einmal **vorsätzlich** verstoßen hat, ist zwar erforderlich aber nicht ausreichend (BGHSt 23, 167). Der frühere Verstoß muss indes nicht zur Verhängung einer Geldbuße geführt haben; es reicht aus, wenn die zuständige Behörde das Verfahren in Ausübung ihres pflichtgemäßen Ermessens nach § 47 Abs. 1 OWiG eingestellt hat (BGH GewArch 1992, 179 = BGH wistra 1992, 184).

Das beharrliche Wiederholen muss sich auf **Zuwiderhandlungen** nach § 144 Abs. 1 (→ § 144 **5** Rn. 8 ff.), § 145 Abs. 1, 2 Nr. 2 oder Nr. 6 (→ § 145 Rn. 5 ff., 12, 13) oder § 146 Abs. 1 (→ § 146 Rn. 3 ff.; aus der Rspr. s. repräsentativ VG Augsburg BeckRS 2012, 54221) beziehen.

6   Keine Einigkeit besteht darüber, ob Beharrlichkeit überhaupt stets eine frühere Ahndung, Abmahnung oder Verfahrenseinstellung voraussetzt, oder ob unabhängig von behördlichen Maßnahmen eine
Gesamtwürdigung des rechtswidrigen Verhaltens für diese Bewertung ausreicht (bejahend MüKoStGB/
Weyand Rn. 7; offen gelassen durch BGH GewArch 1992, 179). Da die für eine Beharrlichkeit maßgebliche **rechtsfeindliche Einstellung** des Täters zu den verletzten Normen unbeschadet von früheren
behördlichen Maßnahmen vorliegen kann, erscheint derartiges „vorwarnendes" staatliches Handeln
nicht zwingend erforderlich; es stellt aber zumindest ein gewichtiges Indiz für das Vorliegen von Beharrlichkeit dar.

7   Beharrlichkeit ist ein **besonderes persönliches Merkmal iSd § 28 Abs. 2 StGB,** das die Ordnungswidrigkeit zur Straftat qualifiziert (BayObLG NJW 1985, 1566; BeckOK GewO/*Pielow* Rn. 4).
Fehlt es beim Teilnehmer (§§ 26, 27 StGB), kann dieser nur aus der Ordnungswidrigkeit belangt
werden. Liegt es nur beim Anstifter oder Gehilfen vor, ist dieser Teilnehmer einer Straftat nach § 148,
während der Haupttäter nur die Ordnungswidrigkeit verwirklicht hat (Erbs/Kohlhaas/*Ambs* Rn. 4).

8   **b) Gefährdung besonderer Rechtsgüter, § 148 Nr. 2.** Demnach wird bestraft, wer durch die
Verwirklichung der dort bezeichneten Ordnungswidrigkeiten Leben oder Gesundheit eines anderen
oder fremde Sachen von bedeutendem Wert gefährdet.

9   Erforderlich ist eine **konkrete Gefährdung** dieser Rechtsgüter, die vorliegt, wenn die Zuwiderhandlung nach den Umständen des Einzelfalles die Möglichkeit des Todes oder einer Schädigung der
Gesundheit eines anderen oder einer Beschädigung der bedeutenden Sache nahelegt; zu einem Eintritt
der Schädigung muss es nicht kommen (Erbs/Kohlhaas/*Ambs* Rn. 5). Die konkrete Leib- oder Lebensgefahr muss sich auf einen anderen, also nicht auf den Täter selbst oder einen Tatbeteiligten, beziehen
(BGHSt 6, 100).

10   Ob gefährdete **fremde Sachen von bedeutendem Wert** sind, hängt von ihrem objektiven Verkehrswert unter Berücksichtigung der Verkehrsauffassung ab (Landmann/Rohmer GewO/*Kahl* Rn. 6;
Erbs/Kohlhaas/*Ambs* Rn. 10). Bei den §§ 315 ff. StGB wird **ab 1.300 EUR** von bedeutenden Sachwerten ausgegangen (s. Schönke/Schröder/*Sternberg-Lieben*/*Hecker* StGB § 315c Rn. 31 mwN; aA
Fischer StGB § 315c Rn. 15 (750 EUR); NK-StGB/*Kindhäuser* § 315c Rn. 15 (1.000 EUR); zum
Überblick MüKoStGB/*Pegel* StGB § 315c Rn. 96). Dass einer Sache von bedeutendem Wert nur
unbedeutender Schaden droht, reicht nicht aus, weil es auf die Gefahr eines bedeutenden Sachschadens
ankommt (BGH NStZ-RR 2008, 289; Erbs/Kohlhaas/*Ambs* Rn. 10).

11   Die konkrete Gefährdung der in § 148 Nr. 2 genannten Rechtsgüter muss durch eine der folgenden
Ordnungswidrigkeiten verursacht worden sein: § 144 Abs. 1 Nr. 1b, Abs. 2 Nr. 1a oder Nr. 1b
(→ § 144 Rn. 8, 28, 29 f.); § 145 Abs. 1, 2 Nr. 1 oder Nr. 2 (→ § 145 Rn. 5 ff., 11 f.); § 146 Abs. 1
(→ § 146 Rn. 3 ff.).

12   **4. Subjektiver Tatbestand.** Strafbar ist nur **vorsätzliches** Verhalten (§ 15 StGB). Der Vorsatz des
Täters muss sich auch auf die erschwerenden Umstände des beharrlichen Wiederholens (§ 148 Nr. 1)
bzw. der konkreten Gefährdung (§ 148 Nr. 2) beziehen. Anderenfalls kommt nur eine Ahndung nach
den entsprechenden Ordnungswidrigkeiten in Betracht. § 18 StGB gilt auch im Falle des § 148 Nr. 2
nicht (BGHSt 26, 176).

13   **5. Verhalten der zuständigen Bußgeldbehörde.** Ergeben sich für die Bußgeldbehörde bei der
Verfolgung der Tat als Ordnungswidrigkeit Anhaltspunkte für das Vorliegen der erschwerenden Umstände des § 148, also einer Straftat, so ist sie nach § 41 Abs. 1 OWiG verpflichtet, die Sache an die
zuständige Staatsanwaltschaft abzugeben. Erkennt die Verwaltungsbehörde erst bei Eintritt der Rechtskraft eines Bußgeldbescheids, dass eine Straftat vorgelegen haben könnte, ist sie weiterhin nach § 84
Abs. 1 OWiG zur Abgabe an die Staatsanwaltschaft verpflichtet, da die Tat immer noch als Straftat
verfolgt werden kann.

14   **6. Rechtsfolgen.** Das Vergehen (§ 12 Abs. 2 StGB) des § 148 sieht Freiheitsstrafe bis zu einem Jahr
oder Geldstrafe vor. Eine Strafbarkeit wegen Versuchs scheidet aus (§ 23 Abs. 1 StGB). Die Verjährungsfrist beträgt drei Jahre (§ 78 Abs. 3 Nr. 5 StGB).

§ 148a Strafbare Verletzung von Prüferpflichten

(1) **Mit Freiheitsstrafe bis zu drei Jahren oder mit Geldstrafe wird bestraft, wer als Prüfer
oder als Gehilfe eines Prüfers über das Ergebnis einer Prüfung nach § 16 Abs. 1 oder 2 der
Makler- und Bauträgerverordnung falsch berichtet oder erhebliche Umstände im Bericht
verschweigt.**

(2) **Handelt der Täter gegen Entgelt oder in der Absicht, sich oder einen anderen zu
bereichern oder einen anderen zu schädigen, so ist die Strafe Freiheitsstrafe bis zu fünf Jahren
oder Geldstrafe.**

A. Entstehungsgeschichte

Die Norm wurde durch das G v. 5.7.1976 (zur Änderung des Titels IV und anderer Vorschriften der 1 GewO; BGBl. I 1773) eingefügt. Sie musste in die GewO aufgenommen werden, weil die **Makler- und BauträgerVO** (MaBV) idF d. Bek. v. 7.11.1990 (BGBl. I 2479), zuletzt geändert durch Art. 2 VO zur Einführung einer FinanzanlagenvermittlungsVO v. 2.5.2012 (BGBl. I 1006), hierfür keine Ermächtigungsgrundlage enthält.

B. Regelungsgegenstand

§ 148a ist eine **Blankettvorschrift** (→ Vorb. Rn. 3 ff.) und stellt bestimmte vorsätzliche Verstöße des 2 Prüfers oder seines Gehilfen bei der Erstellung eines Prüfungsberichts gemäß § 16 Abs. 1 oder 2 MaBV unter Strafe.

Nach **§ 16 Abs. 1 MaBV** haben Gewerbetreibende iSd § 34c Abs. 1 S. 1 Nr. 3 (Bauträger und 3 Baubetreuer) **jährlich** auf ihre Kosten die Einhaltung der sich aus §§ 2–14 MaBV ergebenden Verpflichtungen durch einen geeigneten Prüfer prüfen zu lassen und der zuständigen Behörde den Prüfungsbericht zu übermitteln. Bei den Verpflichtungen iSd §§ 2–14 MaBV handelt es sich zum einen um besondere Sicherungspflichten der Gewerbetreibenden zum Schutz der Vermögenswerte ihrer Auftraggeber, etwa Erbringung von Sicherheitsleistungen oder Abschluss einer Versicherung vor Erhalt von Vermögenswerten, § 2 MaBV oder getrennte Vermögensverwaltung, § 6 MaBV; zum anderen handelt es sich namentlich um Anzeige-, Buchführungs- und Informationspflichten (§§ 8 ff. MaBV).

§ 16 Abs. 2 MaBV bestimmt, dass die zuständige Behörde befugt ist, Gewerbetreibende iSd § 34c 4 Abs. 1 (Immobilienmakler, Darlehensvermittler; Bauträger und Baubetreuer) auf deren Kosten aus besonderem Anlass im Rahmen einer **außerordentlichen Prüfung** durch einen geeigneten Prüfer, den die Behörde bestimmt, überprüfen zu lassen.

Verstöße der Gewerbetreibenden selbst gegen Bestimmungen der MaBV werden nicht von der Straftat 5 des § 148a erfasst, sondern als Ordnungswidrigkeiten gemäß § 144 Abs. 2 Nr. 6 iVm § 18 MaBV sanktioniert (→ § 144 Rn. 24).

C. Täter

§ 148a ist ein **Sonderdelikt** (Schönke/Schröder/*Eisele* StGB Vor § 13 Rn. 131). **Täter** können nur 6 **Prüfer** oder deren **Gehilfen** sein. Die Eigenschaft als Prüfer oder Prüfergehilfe ist besonderes persönliches Merkmal.

Der maßgebliche Kreis der **Prüfer** ergibt sich aus § 16 Abs. 3 MaBV: Wirtschaftsprüfer, vereidigte 7 Buchprüfer, Wirtschaftsprüfungs- oder Buchprüfungsgesellschaften und bestimmte Prüfungsverbände (§ 16 Abs. 3 S. 1 Nr. 2 MaBV).

Für Prüfungsgesellschaften und -verbände gilt **§ 14 StGB**, sodass bei diesen die strafrechtliche Ver- 8 antwortlichkeit die vertretungsberechtigten natürlichen Personen trifft, sofern diese persönlich die Prüfung vorgenommen haben (Landmann/Rohmer GewO/*Kahl* Rn. 5; Erbs/Kohlhaas/*Ambs* Rn. 4).

Schließlich können nach § 16 Abs. 3 S. 2 MaBV auch andere Personen Prüfer bei Gewerbetreibenden 9 iSd § 34c Abs. 1 S. 1 Nr. 1 sein, wenn sie öffentlich bestellt oder zugelassen wurden und aufgrund ihrer Vorbildung und Erfahrung in der Lage sind, eine ordnungsgemäße Prüfung durchzuführen, etwa **Steuerberater oder Rechtsanwälte** (MüKoStGB/*Weyand* GewO § 148 Rn. 5). Diese können aber nur Täter bei der Durchführung von außerordentliche Prüfungen nach § 16 Abs. 2 MaBV sein, weil bei den Gewerbetreibenden iSd § 34c Abs. 1 S. 1 Nr. 1 die jährliche Prüfung nach § 16 Abs. 1 MaBV entfallen ist (Gesetz zur Umsetzung von Vorschlägen zu Bürokratieabbau und Deregulierung aus den Regionen v. 21.6.2005; BGBl. I 1666).

Gehilfen eines Prüfers sind Prüfungsassistenten, die auf Weisung des Prüfers Vorbereitungshand- 10 lungen ausüben, etwa das Sichten und Sortieren der zu prüfenden Unterlagen (BeckOK GewO/ *Kirchesch* Rn. 14); für diese gilt wegen ihrer durch § 148a GewO normierten täterschaftlichen Verantwortlichkeit § 27 StGB nicht (Landmann/Rohmer GewO GewO/*Kahl* Rn. 5).

D. Tathandlungen nach Abs. 1

I. Falsch Berichten, Abs. 1 Alt. 1

Die Tatbestandsalternative des **falsch Berichtens** liegt vor, wenn das Ergebnis der Prüfung mit dem 11 Inhalt des Prüfungsberichts nicht übereinstimmt (Erbs/Kohlhaas/*Ambs* Rn. 6; Landmann/Rohmer GewO GewO/*Kahl* Rn. 6; MüKoStGB/*Weyand* § 148a Rn. 10; aA BeckOK GewO/*Kirchesch* Rn. 2). Decken sich hingegen Prüfungsergebnis und Inhalt des Prüfungsberichts, liegt kein „falsch Berichten" vor, selbst wenn das Prüfungsergebnis objektiv falsch ist, da geschützt die Richtigkeit des Berichts bezogen auf das vom Prüfer gefundene Prüfergebnis wird (Landmann/Rohmer GewO GewO/*Kahl*

Rn. 6). Umgekehrt kann der Bericht daher trotz objektiver Richtigkeit falsch sein, wenn er nicht dem Prüfungsergebnis entspricht.

12   **Vollendet** ist die Tat, wenn der Prüfungsbericht den Gewerbetreibenden oder die zuständige Behörde erreicht hat. Kenntnisnahme des Empfängers vom Bericht ist nicht erforderlich, es genügt die Möglichkeit der Kenntnisnahme (Erbs/Kohlhaas/*Ambs* Rn. 6).

13   Das **Unterlassen** der Prüfung oder **das Nichtvorlegen** eines Prüfungsberichts ist nicht strafbar. Letzteres kann aber für den Gewerbetreibenden eine Ordnungswidrigkeit darstellen (§ 18 Nr. 12 MaBV).

14   Das falsch Berichten kann mit dem Verschweigen erheblicher Umstände (Abs. 1 Alt. 2) in **Tateinheit** stehen (Landmann/Rohmer GewO/*Kahl* Rn. 10).

II. Verschweigen erheblicher Umstände, Abs. 1 Alt. 2

15   Das **Verschweigen** erheblicher Umstände stellt ein echtes Unterlassungsdelikt dar (zu dieser Kategorie Fischer StGB Vor § 13 Rn. 6).

16   Ob die im Bericht verschwiegenen Umstände **erheblich** sind, bestimmt sich anhand der Gegebenheiten des Einzelfalls unter Berücksichtigung des Zwecks der Prüfungspflicht des **§ 16 Abs. 1 und 2 MaBV**. Danach sollen gegenwärtige und künftige Auftraggeber der Gewerbetreibenden in ihren Vermögensinteressen geschützt werden (Landmann/Rohmer GewO/*Kahl* Rn. 8). Somit ist die Erheblichkeit der verschwiegenen Umstände zu bejahen, wenn schwerwiegende Verstöße des Gewerbetreibenden nicht mitgeteilt werden und dieses Unterdrücken der Wahrung des Schutzes der Vermögensinteressen der Auftraggeber beträchtlich zuwiderläuft (Landmann/Rohmer GewO/*Kahl* Rn. 8). Das wird namentlich bei solchen Umständen der Fall sein, die ein Einschreiten der Ordnungsbehörde nach § 35 rechtfertigen würden (BeckOK GewO/*Kirchesch* Rn. 3), etwa bei zweckwidriger Verwendung von Vermögenswerten, § 4 MaBV.

17   Zur Vollendung → Rn. 12. Zum Verhältnis der beiden Tatalternativen → Rn. 14.

E. Die Qualifikationen des Abs. 2

18   Abs. 2 qualifiziert das Grunddelikt des Abs. 1, wenn der Täter **gegen Entgelt** oder **in Bereicherungs- oder Schädigungsabsicht** handelt.

19   **Entgelt** ist nach § 11 Abs. 1 Nr. 9 StGB jede in einem Vermögensvorteil bestehende Gegenleistung, sodass immaterielle Vergünstigungen ausscheiden. Der Täter muss das Entgelt gerade als Gegenleistung für eine Straftat nach Abs. 1 erhalten (MüKoStGB/*Weyand* Rn. 16), eine Bereicherung braucht damit nicht verbunden oder erstrebt zu sein (Erbs/Kohlhaas/*Ambs* Rn. 10).

20   Die **Bereicherungsabsicht** ist auf die Erlangung eines Vermögensvorteils gerichtet (Erbs/Kohlhaas/*Ambs* Rn. 11), dh auf eine Verbesserung der Vermögenslage durch Erhöhung des wirtschaftlichen Wertes des Vermögens bzw. durch Gewinnung gewisser Vermögenswerte, wobei der Vermögensvorteil weder rechtswidrig zu sein braucht noch eingetreten sein muss (Landmann/Rohmer GewO/*Kahl* Rn. 13).

21   **Die Absicht einen anderen zu schädigen** liegt vor bei jeder – nicht notwendigerweise als Endziel – gewollten Nachteilszufügung, die nicht zwingend auf einen Vermögensschaden gerichtet sein muss, sodass auch ein gewollter immaterieller Schaden ausreicht. Die Absicht genügt, eine Schädigung muss nicht eingetreten sein (Landmann/Rohmer GewO/*Kahl* Rn. 13).

F. Rechtsfolgen

22   Die Strafe ist Geldstrafe oder Freiheitsstrafe bis zu drei Jahren (Abs. 1) bzw. bis zu fünf Jahren (Abs. 2). Beide Absätze beinhalten Vergehen (§ 12 Abs. 2 StGB). Der Versuch ist ebenso wenig strafbar (§ 23 Abs. 1 StGB) wie fahrlässiges Handeln (§ 15 StGB). Die Verjährungsfrist beträgt fünf Jahre (§ 78 Abs. 3 Nr. 4 StGB).

§ 148b Fahrlässige Hehlerei von Edelmetallen und Edelsteinen

Wer gewerbsmäßig mit den in § 147a Abs. 1 bezeichneten Gegenständen Handel treibt oder gewerbsmäßig Edelmetalle und edelmetallhaltige Legierungen und Rückstände hiervon schmilzt, probiert oder scheidet oder aus den Gemengen und Verbindungen von Edelmetallabfällen mit Stoffen anderer Art Edelmetalle wiedergewinnt und beim Betrieb eines derartigen Gewerbes einen der in § 147a Abs. 1 bezeichneten Gegenstände, von dem er fahrlässig nicht erkannt hat, dass ein anderer gestohlen oder sonst durch eine gegen ein fremdes Vermögen gerichtete rechtswidrige Tat erlangt hat, ankauft oder sich oder einem Dritten verschafft, ihn absetzt oder absetzen hilft, um sich oder einen anderen zu bereichern, wird mit Freiheitsstrafe bis zu einem Jahr oder mit Geldstrafe bestraft.

1. Entstehungsgeschichte. Die Vorschrift ist (wie § 147a; → § 147a Rn. 1) mit G v. 25.7.1984 **1** (BGBl. I 1008) mWv 1.10.1984 in die GewO eingefügt worden und ersetzt – inhaltlich nahezu unverändert – den bis dahin geltenden § 5 des Gesetzes über den Verkehr mit Edelmetallen, Edelsteinen, Perlen.

2. Regelungsgegenstand; Verhältnis zur Hehlerei gemäß § 259 StGB. § 148b regelt einen **2** Sonderfall der Hehlerei. Strukturgleichheit mit § 259 StGB besteht in Hinsicht auf die Tathandlungen (Ankaufen etc), die sich zudem hier wie dort auf einen Gegenstand beziehen müssen, den ein anderer durch eine gegen fremdes Vermögen gerichtete rechtswidrige Vortat erlangt hat. Strukturgleichheit liegt ferner im Hinblick auf die Bereicherungsabsicht vor. Insoweit kann daher auf Rechtsprechung und Kommentierungen zu § 259 StGB verwiesen werden. Enger als § 259 StGB ist die Norm insoweit, als nur bestimmte Personen als Täter (→ Rn. 3) und nur bestimmte Gegenstände als Tatobjekte (→ Rn. 6) in Betracht kommen. Eine wesentliche Abweichung zu § 259 StGB besteht darin, dass den Tatbestand nur erfüllt, wer fahrlässig nicht erkennt, dass das Tatobjekt aus einer rechtswidrigen Vermögenstat herrührt (→ Rn. 7 f.).

3. Täter. § 148b ist ein **Sonderdelikt** (→ § 148a Rn. 6). Als **Täter** kommt nur in Betracht, wer **3** gewerbsmäßig mit den in § 147a Abs. 1 bezeichneten Gegenständen Handel treibt oder gewerbsmäßig Edelmetalle oder edelmetallhaltige Legierungen und Rückstände hiervon schmilzt, probiert oder scheidet oder aus den Gemengen und Verbindungen von Edelmetallabfällen mit Stoffen anderer Art Edelmetalle wiedergewinnt.

Zur **Gewerbsmäßigkeit** → § 147a Rn. 4; und → § 144 Rn. 2 f. Täter kann also nur sein, wer nicht **4** nur gelegentlich oder privat, sondern im Rahmen eines Gewerbebetriebs tätig wird, der sich gerade auf das Handeltreiben mit den in § 147a Abs. 1 bezeichneten Gegenständen oder das Schmelzen, Probieren usw von Edelmetallen, edelmetallhaltigen Legierungen etc bezieht.

Die Tathandlungen des Ankaufens usw müssen **beim Betrieb eines derartigen Gewerbes** began- **5** gen werden. Der gewerbsmäßige Betrieb beinhaltet eine selbstständige Betätigung, sodass der selbstständige Betriebsinhaber, nicht aber der gewerbliche Stellvertreter gemäß § 45 oder der Gewerbegehilfe Täter sein können (näher Landmann/Rohmer GewO/*Kahl* Rn. 3; aA MüKoStGB/*Weyand* Rn. 7: auch der gewerbliche Stellvertreter gem. § 45 kann Täter sein). Für Letztere kommt aber eine Strafbarkeit nach §§ 26, 27 StGB in Betracht.

4. Tathandlungen und Tatobjekte. Zum **Ankaufen, Sich oder einem Dritten verschaffen,** **6** **Absetzen** sowie zur **Absatzhilfe** s. statt vieler NK-StGB/*Altenhain* § 259 Rn. 24 ff.; Schönke/Schröder/*Stree/Hecker* StGB § 259 Rn. 15 ff. Die Tathandlungen müssen sich auf einen der in § 147a Abs. 1 bezeichneten **Gegenstände** beziehen (→ § 147a Rn. 6 f.).

5. Subjektiver Tatbestand. Im Unterschied zu § 259 StGB setzt § 148b voraus, dass der Täter **7** **fahrlässig** nicht erkannt hat, dass den Gegenstand ein anderer gestohlen oder sonst durch eine gegen ein fremdes Vermögen gerichtete rechtswidrige Tat erlangt hat. Fahrlässigkeit bezüglich des Unkenntnis des rechtswidrigen Erwerbs durch den Vortäter ist gegeben, „wenn der Täter nicht die erforderliche Sorgfalt, zu der nach den konkreten Umständen und seinen persönlichen Fähigkeiten und Einsichten verpflichtet war, walten ließ, um die rechtswidrige Herkunft des Gegenstandes zu erkennen" (so OLG Hamm BeckRS 2010, 13686). IÜ muss hinsichtlich **aller weiteren objektiven Tatbestandsmerkmale Vorsatz** vorliegen (BGH NJW 1954, 1539). Darüber hinaus wird die sog **Bereicherungsabsicht** („um sich oder einen anderen zu bereichern") verlangt.

Fahrlässige Unkenntnis im Hinblick auf die deliktische Herkunft der Tatobjekte liegt vor, wenn der **8** Täter nicht die erforderliche Sorgfalt, zu der er nach den konkreten Umständen und seinen persönlichen Fähigkeiten und Einsichten verpflichtet war, beachtet hat, um die rechtswidrige Herkunft der Gegenstände zu erkennen (Landmann/Rohmer GewO/*Kahl* Rn. 8). Ihn trifft eine Prüfungs- und Nachforschungspflicht, wenn besondere Anhaltspunkte für eine rechtswidrige Herkunft sprechen können, wie etwa Meldungen in der Presse, erkennbare Jugendlichkeit des Anbieters, ungenügende Ausweise des Veräußerers (Erbs/Kohlhaas/*Ambs* Rn. 8; *Goltz* JR 1955, 86 ff.; MüKoStGB/*Weyand* Rn. 18).

Handelt der Täter hingegen auch bzgl. der deliktischen Herkunft **vorsätzlich,** so scheidet § 148b aus **9** und kommt dann ausschließlich § 259 StGB in Betracht (Landmann/Rohmer GewO/*Kahl* Rn. 2).

6. Rechtsfolgen. Der Täter wird mit Freiheitsstrafe bis zu einem Jahr oder Geldstrafe bestraft. Die **10** Tat ist ein Vergehen (§ 12 Abs. 2 StGB) und der Versuch nicht strafbar (§ 23 Abs. 1 StGB). Die Verjährungsfrist beträgt drei Jahre (§ 78 Abs. 3 Nr. 5 StGB).

358. Verordnung über Vermarktungsnormen für Geflügelfleisch (GeflVermNV)

Vom 22. März 2013 (BGBl. I S. 624) FNA 7849-2-4-4

Zuletzt geändert durch Art. 4 VO zur Änd. eier- und fleischhandelsrechtlicher Verordnungen vom 17.6.2014 (BGBl. I S. 793)

– Auszug –

Vorbemerkung

1   Die GeflVermNV statuiert Vorschriften, die der **Durchführung der Rechtsakte** des Rates und der Kommission **der Europäischen Gemeinschaften über Vermarktungsnormen, die im Rahmen der Gemeinsamen Marktorganisation für Geflügelfleisch** erlassen sind. Hierbei handelte es sich zunächst um die **VO (EWG) Nr. 1906/90** des Rates v. 26.6.1990 über Vermarktungsnormen für Geflügelfleisch und die **VO (EWG) Nr. 1538/91** der Kommission v. 5.6.1991 mit ausführlichen Durchführungsvorschriften zur VO (EWG) Nr. 1906/90 des Rates über bestimmte Vermarktungsnormen für Geflügelfleisch. Diese Verordnungen wurden indes mWv 1.7.2008 aufgehoben. Die maßgeblichen **Vermarktungsnormen** finden sich nun einerseits in der **VO (EG) Nr. 1234/2007.** Daneben tritt die **VO (EG) Nr. 543/2008** der Kommission v. 16.6.2008 mit Durchführungsvorschriften zur Verordnung (EG) Nr. 1234/2007 des Rates hinsichtlich der Vermarktungsnormen für Geflügelfleisch. Zwar wurde die VO (EG) Nr. 1234/2007 zwischenzeitlich mWz 1.1.2014 aufgehoben (Art. 230 Abs. 1 S. 1 VO (EU) Nr. 1308/2013. Indes gelten die Vermarktungsnormen im Sektor Geflügelfleisch (Art. 116 VO (EG) 1234/2007) nach Maßgabe von Art. 230 Abs. 1 S. 2 Buchst. c VO (EU) Nr. 1308/2003 bis auf weiteres fort.

2   In materieller Hinsicht sieht zunächst § 2 Ausnahmevorschriften für kleinere landwirtschaftliche Betriebe mit Blick auf die Vorschriften der VO (EG) Nr. 1234/2007 vor. § 3 statuiert ein **Verkehrsverbot** für Geflügelfleisch und Geflügelschlachtkörper (Art. 1 Nr. 1 VO (EG) Nr. 543/2008), wenn insoweit die – in § 3 näher beschriebenen – Vorgaben der VO (EG) Nr. 1234/2007 und VO (EG) Nr. 543/2008 nicht eingehalten werden. § 4 sieht **Kennzeichnungspflichten** für unverpacktes Geflügelfleisch vor. § 5 statuiert die Pflichten im Zusammenhang mit Marktnotierungen. § 6 trifft spezielle Vorschriften für **Lose** (sa Los-Kennzeichnungs-Verordnung (LKV) = Nr. 507 des Kommentars) in Schlachtbetrieben des Geflügelfleischsektors.

3   Die GeflVermNV 1994 wurde mit der Verordnung über Vermarktungsnormen für Geflügelfleisch v. 22.3.2013 mit Wirkung ab dem 9.4.2013 aufgehoben. An deren Stelle trat die nunmehrige GeflVermNV. Zur früheren Rechtslage vgl. die Vorauflage dieses Kommentars.

§ 9 Ordnungswidrigkeiten

(1) Ordnungswidrig handelt, wer gegen die **Verordnung (EG) Nr. 543/2008 der Kommission vom 16. Juni 2008 mit Durchführungsvorschriften zur Verordnung (EG) Nr. 1234/2007 des Rates hinsichtlich der Vermarktungsnormen für Geflügelfleisch (ABl. L 157 vom 17.6.2008, S. 46), die zuletzt durch die Verordnung (EU) Nr. 519/2013 (ABl. L 158 vom 10.6.2013, S. 74) geändert worden ist, verstößt, indem er vorsätzlich oder fahrlässig**

1. **entgegen Artikel 3 Absatz 4 UnterAbsatz 1 Satz 2 erster Halbsatz eine Leber oder einen Muskelmagen anbietet,**
2. **entgegen Artikel 5 Absatz 1 ein dort genanntes Erzeugnis unter einer Bezeichnung vermarktet, die den Verbraucher irreführt,**
3. **entgegen Artikel 8 Absatz 5 ein dort genanntes Los vermarktet oder aus einem Drittland einführt,**
4. **entgegen Artikel 11 Absatz 1 Satz 1 zur Angabe der Haltungsform einen anderen Begriff verwendet,**
5. **entgegen Artikel 11 Absatz 1 Satz 3 auf einem Etikett die Angabe „aus der Fettlebererzeugung" nicht aufführt,**
6. **ohne Zulassung nach Artikel 12 Absatz 1 Satz 1 einen dort genannten Begriff verwendet,**
7. **entgegen Artikel 12 Absatz 1 Satz 2, Absatz 2 Satz 2 oder Satz 3, Absatz 3 oder Absatz 4 nicht, nicht richtig oder nicht vollständig Buch führt oder**
8. **entgegen Artikel 15 Absatz 1 oder Artikel 20 Absatz 1 gefrorene oder tiefgefrorene Hähnchen oder frische, gefrorene oder tiefgefrorene Geflügelteilstücke in der Gemeinschaft auf dem Geschäfts- oder Handelsweg vermarktet.**

(2) Die Ordnungswidrigkeit kann nach § 1 Absatz 3 Satz 1 Nummer 2 des Handelsklassengesetzes mit einer Geldbuße bis zu zehntausend Euro geahndet werden.

(3) Ordnungswidrig im Sinne des § 7 Absatz 1 Nummer 3 des Handelsklassengesetzes handelt, wer

1. entgegen § 3 einen Geflügelschlachtkörper, Geflügelfleisch oder ein Teilstück zum Verkauf vorrätig hält, anbietet, feilhält, liefert, verkauft oder sonst in den Verkehr bringt,
2. entgegen § 4 Absatz 1 Geflügelfleisch zum Verkauf vorrätig hält, anbietet, feilhält, liefert, verkauft oder sonst in den Verkehr bringt,
3. entgegen § 5 einer Preisnotierung oder einer Preisfeststellung für Geflügelfleisch eine dort genannte Handelsklasse nicht oder nicht richtig zugrunde legt,
4. entgegen § 6 Absatz 1 Satz 1 eine Loskennzeichnung nicht, nicht richtig, nicht in der vorgeschriebenen Weise oder nicht rechtzeitig vornimmt,
5. entgegen § 6 Absatz 1 Satz 2 eine Loskennzeichnung nicht, nicht richtig oder nicht rechtzeitig in einem Herstellungsprotokoll aufführt,
6. entgegen § 6 Absatz 1 Satz 3 ein Herstellungsprotokoll nicht oder nicht für die vorgeschriebene Dauer aufbewahrt,
7. entgegen § 6 Absatz 2 Satz 1 ein Register nicht, nicht richtig oder nicht vollständig führt,
8. entgegen § 6 Absatz 2 Satz 2 ein Ergebnis nicht im Register für die vorgeschriebene Dauer festhält,
9. entgegen § 6 Absatz 3 Satz 1 ein Los oder ein Bestandteil eines Loses vermarktet oder
10. einer vollziehbaren Anordnung nach § 8 Absatz 2 zuwiderhandelt.

1. Ordnungswidrigkeiten nach § 9 Abs. 1. § 4 Abs. 1 definiert – mit Wirkung ab dem 9.4.2013   **1** (→ Vorb. Rn. 3) – unter Bezugnahme auf die VO (EG) Nr. 543/2008 **vorsätzliche** (→ LFGB § 58 Rn. 47 ff.) und **fahrlässige** (→ LFGB § 58 Rn. 60 ff.) **Verstöße** gegen einzelne in den Tatbeständen näher konkretisierte Ge- und Verbote, der daraus resultierenden Verkehrsverbote und der speziellen Kennzeichnungspflichten in diesem Sektor als Ordnungswidrigkeiten. Zur Tathandlung des Inverkehrbringens → Vorb. LFGB Rn. 45. Zur Verantwortlichkeit im Lebensmittelstrafrecht → Vorb. LFGB Rn. 29 ff. IÜ ergeben sich die jeweiligen Tathandlungen im Wesentlichen aus den in Bezug genommenen, blankettausfüllenden Vorschriften.

2. Ordnungswidrigkeiten nach § 9 Abs. 3. Mit der **Rückverweisung auf § 7 Abs. 1 Nr. 3**   **2** **HKG** werden – mit Wirkung ab dem 9.4.2013 (→ Vorb. Rn. 3) – vorsätzliche (→ Rn. 1) **Verstöße gegen** unmittelbar aus der GeflVermNV folgende **Ge- und Verbote in §§ 3–6** (→ Vorb. Rn. 2) als Ordnungswidrigkeiten definiert. In materieller Hinsicht ergeben sich die einzelnen Tathandlungen im Wesentlichen aus den in den Tatbeständen in Bezug genommenen blankettausfüllenden Ge- und Verboten.

3. Rechtsfolgen. Ordnungswidrigkeiten nach **§ 7 Abs. 1** können nach § 7 Abs. 2 mit **Geldbuße**   **3** **bis zu 10.000 EUR** geahndet werden. Ordnungswidrigkeiten nach **§ 7 Abs. 1 Nr. 3 HKG** können nach § 7 Abs. 1 Nr. 3, Abs. 2 HKG ebenfalls mit Geldbuße bis zu 10.000 EUR geahndet werden. Für keinen Bußgeldtatbestand der GeflVermNV ist die Einziehung vorgesehen. Darüber hinaus → LFGB § 60 Rn. 31 ff.

360. Gesetz betreffend die Gesellschaften mit beschränkter Haftung (GmbHG)

in der Fassung der Bekanntmachung vom 20. Mai 1898 (RGBl. S. 846) BGBl. III/FNA 4123-1

Zuletzt geändert durch Art. 5 Aktienrechtsnovelle 2016 vom 22.12.2015 (BGBl. I S. 2565)

– Auszug –

§ 82 Falsche Angaben

(1) Mit Freiheitsstrafe bis zu drei Jahren oder mit Geldstrafe wird bestraft, wer

1. als Gesellschafter oder als Geschäftsführer zum Zweck der Eintragung der Gesellschaft über die Übernahme der Geschäftsanteile, die Leistung der Einlagen, die Verwendung eingezahlter Beträge, über Sondervorteile, Gründungsaufwand und Sacheinlagen,
2. als Gesellschafter im Sachgründungsbericht,
3. als Geschäftsführer zum Zweck der Eintragung einer Erhöhung des Stammkapitals über die Zeichnung oder Einbringung des neuen Kapitals oder über Sacheinlagen,
4. als Geschäftsführer in der in § 57i Abs. 1 Satz 2 vorgeschriebenen Erklärung oder
5. als Geschäftsführer einer Gesellschaft mit beschränkter Haftung oder als Geschäftsleiter einer ausländischen juristischen Person in der nach § 8 Abs. 3 Satz 1 oder § 39 Abs. 3 Satz 1 abzugebenden Versicherung oder als Liquidator in der nach § 67 Abs. 3 Satz 1 abzugebenden Versicherung

falsche Angaben macht.

(2) Ebenso wird bestraft, wer

1. als Geschäftsführer zum Zweck der Herabsetzung des Stammkapitals über die Befriedigung oder Sicherstellung der Gläubiger eine unwahre Versicherung abgibt oder
2. als Geschäftsführer, Liquidator, Mitglied eines Aufsichtsrats oder ähnlichen Organs in einer öffentlichen Mitteilung die Vermögenslage der Gesellschaft unwahr darstellt oder verschleiert, wenn die Tat nicht in § 331 Nr. 1 oder Nr. 1a des Handelsgesetzbuchs mit Strafe bedroht ist.

Literatur: *Altmeppen,* Cash-Pool, Kapitalaufbringungshaftung und Strafbarkeit der Geschäftsleiter wegen falscher Versicherung, ZIP 2009, 1545; *Altmeppen,* Cash Pooling und Kapitalaufbringung, NZG 2010, 441; *Baumgarte,* Die Strafbarkeit von Rechtsanwälten und anderen Beratern wegen unterlassener Konkursanmeldung, wistra 1992, 41; *Beckemper,* Das Rechtsgut „Vertrauen in die Funktionsfähigkeit der Märkte", ZIS 2011, 318; *Bittmann,* Strafrechtliche Folgen des MoMiG, NStZ 2009, 116, *Blasche,* Verdeckte Sacheinlage und Hin- und Herzahlen, GmbHR 2010, 288; *Bruns,* Die sog. „tatsächliche" Betrachtungsweise im Strafrecht – Ihre methodische Bedeutung und ihr praktischer Anwendungsbereich, JR 1984, 133; *Cadus,* Die faktische Betrachtungsweise, 1984; *Ceffinato,* Die verdeckte Sacheinlage nach der Reform des GmbHG aus strafrechtlicher Sicht, wistra 2010, 171; *Hartung,* Der Rangrücktritt eines GmbH-Gläubigers – eine Chance für Wirtschaftskriminelle?, NJW 1995, 1186; *Kleindiek,* Geschäftsführerhaftung nach der GmbH-Reform, FS K. Schmidt, 2009, 983; *Müller-Gugenberger,* GmbH-Strafrecht nach der Reform, GmbHR 2009, 578; *Ransiek,* Zur deliktischen Eigenhaftung des GmbH-Geschäftsführers aus strafrechtlicher Sicht, ZGR 1992, 203; *H. Schäfer,* Die Entwicklung der Rechtsprechung zum Konkursstrafrecht, wistra 1990, 81; *Schüppen,* Aktuelle Fragen der Konkursverschleppung durch den GmbH-Geschäftsführer, DB 1994, 197; *Stein,* Die Normadressaten der §§ 64, 84 GmbHG und die Verantwortlichkeit von Nichtgeschäftsführern wegen Konkursverschleppung, ZHR 148 (1984), 207; *Ulmer/Habersack/Winter,* Gesetz betreffend die Gesellschaften mit beschränkter Haftung (GmbHG), 1. Aufl. 2008 (zitiert Ulmer/Habersack/Winter/*Bearbeiter*).

Übersicht

A. Allgemeines

I. Systematik und Inhalt

1   **1. Systematik.** § 82 sanktioniert das Machen falscher Angaben und Versicherungen gegenüber dem Registergericht (Abs. 1, Abs. 2 Nr. 1) bzw. unwahre oder verschleiernde Darstellungen über die Vermögenslage einer GmbH in einer öffentlichen Mitteilung (Abs. 2 Nr. 2) durch einen jeweils tauglichen Täter (Gesellschafter, Geschäftsführer, Liquidatoren, Mitglieder von Aufsichtsorganen oder ähnlichen Organen, Geschäftsleiter ausländischer juristischer Personen). § 82 ist angelehnt an § 399 AktG für das Machen falscher Angaben sowie an § 400 AktG für die Abgabe unrichtiger Darstellungen bei einer Aktiengesellschaft (MüKoGmbHG/*Wißmann* Rn. 1, 6) und kann bei Bedarf zur Auslegung entspr. herangezogen werden. Vergleichbare Vorschriften enthält nur noch § 147 Abs. 1, 2 GenG für die Genossenschaft, wenngleich hinsichtlich der erfassten Tathandlungen nicht so umfangreich wie im und AktG. Für Personengesellschaften (GbR, oHG, KG) hingegen existieren im BGB bzw. HGB keine vergleichbaren Vorschriften: da Personengesellschaften aber anders als die GmbH, AG oder Genossenschaft nicht nur mit dem Gesellschaftsvermögen, sondern die Gesellschafter auch persönlich haften, bedarf es aber auch keiner – strafrechtlich sanktionierten – Kapitalaufbringungs- und Kapitalerhaltungsvorschriften zum Schutz der Gläubiger (→ Rn. 4).

2   **2. Inhalt.** **§ 82 Abs. 1** sanktioniert das **Machen falscher Angaben** gegenüber dem **Registergericht** durch
  – **Nr. 1:** den Gesellschafter oder Geschäftsführer zum Zweck der Eintragung der Gesellschaft **(Gründungsschwindel),**
  – **Nr. 2:** den Gesellschafter im Sachgründungsbericht **(Sachgründungsschwindel),**
  – **Nr. 3:** den Geschäftsführer zum Zweck der Eintragung einer Erhöhung des Stammkapitals durch externe Mittel **(Kapitalerhöhungsschwindel),**
  – **Nr. 4:** den Geschäftsführer in der in § 57i Abs. 1 S. 2 vorgeschriebenen Erklärung, dh zum Zwecke der Eintragung einer Erhöhung des Stammkapitals durch (Gesellschafts-)Mittel **(Kapitalerhöhungsschwindel),**
  – **Nr. 5:** den Geschäftsführer, Geschäftsleiter oder Liquidator über seine Eignung in der diesbezüglich abzugebenden Versicherung (§§ 8 Abs. 3 S. 1, 39 Abs. 3 S. 1, 67 Abs. 3 S. 1) **(Eignungsschwindel).**
  § 82 Abs. 2 stellt zudem unter Strafe:
  – **Nr. 1:** die Abgabe einer unwahren Versicherung durch den Geschäftsführer zum Zwecke der Herabsetzung des Stammkapitals **(Kapitalherabsetzungsschwindel),**
  – **Nr. 2:** die unwahre Darstellung oder Verschleierung der Vermögenslage der Gesellschaft in einer öffentlichen Mitteilung durch den Geschäftsführer, Liquidator, Mitglied eines Aufsichtsrats oder ähnlichen Organs **(Geschäftslagenschwindel).**

3   **3. Anwendungsbereich.** § 82 gilt für **deutsche GmbHs** (mit Sitz im Inland, § 4a) (Scholz/*Tiedemann/Rönnau* Rn. 1; MüKoGmbHG/*Wißmann* Rn. 26; MüKoStGB/*Hohmann* Rn. 12); davon erfasst sind seit dem Inkrafttreten des Gesetzes zur Modernisierung des GmbH-Rechts und zur Bekämpfung von Missbräuchen (MoMiG) vom 23.10.2008 auch die sog **Unternehmergesellschaften** (UGs) (Scholz/*Tiedemann/Rönnau* Rn. 1; MüKoGmbHG/*Wißmann* Rn. 26), denn auch diese stellen GmbHs dar (BeckOK GmbHG/*Miras* § 5a Rn. 3). Nicht erfasst sind **ausländische, GmbH-ähnliche Gesellschaften,** wie etwa die englische Limited, da eine Anwendung des § 82 dem strafrechtlichen Analogieverbot (Art. 103 Abs. 2 GG) widersprechen würde (MüKoGmbHG/*Wißmann* Rn. 26; MüKoStGB/*Hohmann* Rn. 12).

II. Normzweck, Rechtsgut und Deliktsnatur

4   **1. Gläubigerschutz im GmbHG:** Das GmbHG ermöglicht gegen einen gewissen finanziellen Einsatz eine wirtschaftliche Betätigung ohne persönliche Haftung des Gesellschafters; die Haftung ist auf das Gesellschaftsvermögen begrenzt (§ 13 Abs. 2; „Haftungsprivileg" Roth/Altmeppen/*Roth* Einl. Rn. 16). Diese Beschränkung der Haftungsmasse auf das Gesellschaftsvermögen birgt für Gläubiger ein erhöhtes Risiko. Um ein Interessengleichgewicht herzustellen, enthält das GmbHG zum **Schutz der Gläubiger** einerseits Vorschriften zur **Gewährleistung der Aufbringung und Erhaltung des Stammkapitals** (Roth/Altmeppen/*Roth* Einl. Rn. 25 f.; Baumbach/Hueck/*Fastrich* § 5 Rn. 1) sowie **Publizitätspflichten** hinsichtlich des Jahresabschlusses (wobei eine nach Unternehmensgröße gestufte Informationspflicht besteht, § 316 HGB; Roth/Altmeppen/*Roth* Einl. Rn. 33) sowie hinsichtlich grundlegender Unternehmensdaten im Handelsregister (s. nur §§ 7, 8), die eine hinreichende Information über die Gesellschaft ermöglichen sollen.

5   **2. Normzweck:** § 82 sanktioniert – im Interesse des Gläubigerschutzes – einen Verstoß gegen die Publizitätspflichten der GmbH zu grundlegenden Unternehmensdaten (Scholz/*Tiedemann/Rönnau*

Rn. 10; BGH NJW 1988, 2794 f. für § 399 AktG; ähnlich BGH NJW 2000, 2285 f.; MüKoStGB/ *Hohmann* Rn. 1: Schutz der Allgemeinheit vor einer kriminellen Handhabung der Geschäftsführung der Gesellschaft): Schutzzweck ist der Schutz der Gläubiger vor Täuschungen und Irreführung über bestimmte wesentliche Umstände der Gesellschaft, denen aufgrund Handelsregistereintragung oder sonst öffentlicher Mitteilung erhöhtes Vertrauen entgegen gebracht wird (MüKoGmbHG/ *Wißmann* Rn. 5, 8).

3. Rechtsgut: Aus diesen Überlegungen folgert die hM, dass geschütztes Rechtsgut des § 82 das **6 Vertrauen in die Richtigkeit und Vollständigkeit** der gegenüber dem Handelsregister oder der sonstigen abgegebenen öffentlichen Erklärungen und Informationen über die Verhältnisse der Gesellschaft sei (OLG München NJW-RR 2000, 1130; Erbs/Kohlhaas/ *Schaal* Rn. 2; MüKoStGB/ *Hohmann* Rn. 1; *Wicke* Rn. 2). In den Schutzbereich einbezogen sein sollen die aktuellen und potentiellen Gläubiger (nur Michalski/ *Dannecker* Rn. 13).

Richtigerweise ist jedoch – insbes. im Hinblick auf die durch § 82 in Bezug genommenen Vor- **7** schriften zum Gläubigerschutz – das **Vermögen der Allgemeinheit** geschütztes Rechtsgut des § 82, konkret die **Vermögensinteressen** der gegenwärtigen wie – mit Ausnahme von § 82 Abs. 2 Nr. 1 – zukünftigen **Gläubiger** der Gesellschaft sowie der **zukünftigen Gesellschafter** (Scholz/ *Tiedemann*/ *Rönnau* Rn. 10; Ulmer/Habersack/Winter/ *Ransiek* Rn. 3). Durch die Gewährleistung richtiger und vollständiger Informationen soll dieser weit gefasste Personenkreis davor geschützt werden, potentiell nachteilige Vermögensdispositionen (als Gläubiger) im geschäftlichen Verkehr mit der Gesellschaft oder (als zukünftiger Gesellschafter) im Rahmen eines möglichen Anteilserwerbs an der Gesellschaft vorzunehmen. § 82 ist damit ein **vorgelagertes Vermögensdelikt** (Scholz/ *Tiedemann*/ *Rönnau* Rn. 10) weit im Vorbereitungsstadium eines Betrugs, welches weder eine erfolgreiche Täuschung oder gar einen Vermögensschaden voraussetzt. Das Vertrauen in die Richtigkeit der gegenüber dem Handelsregister abgegebenen Erklärungen mag dagegen allenfalls Schutzreflex des § 82 sein, es ist jedoch kein eigenständiges Rechtsgut neben den Vermögensinteressen der Allgemeinheit (Scholz/ *Tiedemann*/ *Rönnau* Rn. 10; s. weitergehend zu Vertrauen als Rechtsgut *Beckemper* ZIS 2011, 318 ff.).

Nicht vom Schutzbereich des Rechtsguts Vermögen umfasst sind – anders als die Aktionäre im **8** Hinblick auf §§ 399 f. AktG (BGH NJW 1988, 2794 f.; MüKoStGB/ *Kiethe* AktG § 399 Rn. 2) – die **gegenwärtigen Gesellschafter** einer GmbH. Aufgrund der einflussreicheren Position der Gesellschafter in einer GmbH gegenüber den Aktionären einer AG (etwa Weisungsrecht ggü. Geschäftsführung, umfangreiches, auch bei Publikums-GmbHs nicht abbedingbares Auskunfts- und Einsichtsrecht gem. § 51a) besteht kein Schutzbedürfnis vor potentiell nachteiligen Vermögensdispositionen (MüKoStGB/ *Hohmann* Rn. 4; Michalski/ *Dannecker* Rn. 15). Zuletzt ist zu beachten, dass nur die Allgemeinheit im Geschäftsverkehr *mit der Gesellschaft* geschützt ist; entspr. kann die Gesellschaft selbst nicht geschützt sein (MüKoGmbHG/ *Wißmann* Rn. 13; Roth/Altmeppen/ *Altmeppen* Rn. 3; Scholz/ *Tiedemann*/ *Rönnau* Rn. 12 mwN).

4. Deliktsnatur. Alle Tatvarianten des § 82 sind schlichte **Tätigkeitsdelikte** in Form von Äuße- **9** rungsdelikten (Roth/Altmeppen/ *Altmeppen* Rn. 2; Erbs/Kohlhaas/ *Schaal* Rn. 3). Sie stellen die bloß unrichtige Äußerung unter Strafe; ein Erfolg in Form einer Täuschung oder eines Irrtums sind ebenso wenig erforderlich wie ein Vermögensschaden oder eine Vermögensgefährdung.

§ 82 ist zudem durchgehend **abstraktes Gefährdungsdelikt:** unrichtige bzw. unvollständige Anga- **10** ben gegenüber dem Registergericht bzw. in sonstigen öffentlichen Erklärungen über die Verhältnisse der Gesellschaft sind eine potentielle Gefährdung für die Vermögensinteressen der geschützten Allgemeinheit (Ulmer/ *Ransiek* Rn. 5). Auch die hM, die das Vertrauen in die Richtigkeit des Handelsregisters als geschütztes Rechtsgut ansieht, qualifiziert § 82 als abstraktes Gefährdungs- und nicht als Verletzungsdelikt (MüKoStGB/ *Hohmann* Rn. 18; Michalski/ *Dannecker* Rn. 19).

§ 82 sanktioniert streng verbundene Pflichten, die sich aus anderen Vorschriften des GmbHG ergeben. Der **11** jeweilige Straftatbestand ergibt sich somit erst aus einer Zusammenschau des § 82 und der Normen, auf die er verweist. Die Norm ist aber nicht automatisch **Blankettstrafgesetz** (so aber die hM Baumbach/ Hueck/ *Haas* Rn. 4; Erbs/Kohlhaas/ *Schaal* Rn. 3; *Ceffinato* wistra 2010, 171 f.), sondern ein Tatbestand mit normativen Tatbestandsmerkmalen, da der Normappell des § 82 („Du sollst gegenüber dem Registergericht/der Öffentlichkeit keine falschen Angaben/Versicherungen machen.") noch aus sich heraus verständlich ist (Scholz/ *Tiedemann*/ *Rönnau* Rn. 7 f.).

§ 82 ist zuletzt in allen Tatbestandsvarianten außer in Abs. 1 Nr. 5 **Schutzgesetz** iSd § 823 Abs. 2 **12** (Lutter/Hommelhoff/ *Kleindiek* Rn. 31 mwN). In den Schutzbereich einbezogen sind in den Tatbestandsvarianten Abs. 1 Nr. 1–4 gegenwärtige und künftige Gläubiger der Gesellschaft sowie künftige Gesellschafter, in den Tatbestandsvarianten Abs. 2 Nr. 1 nur die gegenwärtigen Gesellschaftsgläubiger und in Abs. 2 Nr. 2 gegenwärtige und künftige Gläubiger, künftige Gesellschafter und die betroffene Allgemeinheit (MüKoGmbHG/ *Wißmann* Rn. 18).

III. Täter und Teilnehmer

1. Sonderdelikt. § 82 ist in allen Tatbestandsvarianten echtes **Sonderdelikt** (BGH NJW 2000, 2285; **13** MüKoGmbHG/ *Wißmann* Rn. 21; Ulmer/Habersack/Winter/ *Ransiek* Rn. 2), dh Täter können nur die jeweils genannten Personengruppen sein, nämlich **Geschäftsführer** (Abs. 1 Nr. 1, 3–5; Abs. 1 Nr. 1, 2), **Gesellschafter** (Abs. 1 Nr. 1, 2), **Geschäftsleiter** einer ausländischen juristischen Person (Abs. 1 Nr. 5), **Liquidatoren** (Abs. 1 Nr. 5, Abs. 2 Nr. 2) oder **Mitglieder** eines **Aufsichtsrates** oder **ähnlichen Organs** (Abs. 2 Nr. 2). Der Sonderdeliktscharakter hat entsprechende Konsequenzen für Täterschaft und Teilnahme: Wer die Täterqualifikation nicht erfüllt, kann nur Gehilfe (Teilnehmer oder Anstifter) sein (BGH NJW 2000, 2285; MüKoGmbHG/*Wißmann* Rn. 21), wer sie erfüllt, ist nach hM unabhängig von den üblichen Abgrenzungskriterien für Täterschaft und Teilnahme immer Täter. Die Strafe des Teilnehmers ist gem. §§ 28 Abs. 1, 49 Abs. 1 StGB zu mildern, da es sich bei den Tätermerkmalen um **besondere persönliche Merkmale** handelt (BGH NJW 2000, 2285 f.; MüKoGmbHG/ *Wißmann* Rn. 16).

14   **2. Gesellschafter.** Gesellschafter können taugliche Täter nur iRd § 82 Abs. 1 Nr. 1, 2 sein, im Falle des Abs. 1 Nr. 1 neben dem Geschäftsführer, ausschließlich im Falle des Abs. 1 Nr. 2. Tatbestandlich erfassen beide Ziffern Vorgänge, die die Eintragung der Gründungsvorgänge in das Handelsregister zum Gegenstand haben. Als Täter des „**Gründungsschwindels**" (Abs. 1 Nr. 1) und des „**Sachgründungsschwindels**" (Abs. 1 Nr. 2) kommen daher nur die Gründungsgesellschafter in Frage, die die GmbH errichtet und nach § 2 Abs. 1 den Gesellschaftsvertrag unterzeichnet haben (Erbs/Kohlhaas/*Schaal* Rn. 5; MüKoStGB/*Hohmann* Rn. 30). Die Strafdrohung trifft auch den Gesellschafter einer Ein-Mann-GmbH und einen Gründungsgesellschafter, der seine Stammeinlagen nur treuhänderisch halten soll (BGH NStZ 1994, 548 f.; → Rn. 15).

15   Auf den ersten Blick überrascht die Aufnahme der **Gründungsgesellschafter** in Abs. 1 Nr. 1 in den Kreis der tauglichen Täter, da gem. § 78 der Geschäftsführer und nicht diese die Gesellschaftsgründung zum Handelsregister anmelden. Nach ganz hM handelt es sich aber nicht um ein gesetzgeberisches Redaktionsversehen (BGH NStZ 1994, 548 f.; Michalski/*Dannecker* Rn. 37; Lutter/Hommelhoff/ *Kleindiek* Rn. 4; Scholz/*Tiedemann/Rönnau* Rn. 40; aA zur alten Gesetzeslage RGSt 40, 191 (192 ff.)). Denn kann insbes. strafwürdiges Verhalten eines Gesellschafters bei Anmeldung der Gründung nur so hinreichend erfasst werden: Kennt nur der Gesellschafter die Unrichtigkeit der Angaben gegenüber dem Registergericht und bedient sich zur Anmeldung eines gutgläubigen Geschäftsführers, kommt eine Strafbarkeit wegen Anstiftung mangels Vorsatzes des Haupttäters nicht in Frage, wohl aber die Ahndung als mittelbarer Täter (so zutreffend Scholz/*Tiedemann/Rönnau* Rn. 35 mwN). Wäre der Gesellschafter nicht tauglicher Täter, entfiele dessen Strafbarkeit.

16   Rechte und Pflichten nach dem GmbHG treffen auch solche Gesellschafter, die diese Stellung nur als „**Strohmann**" (Treuhänder) innehaben. Für die strafrechtliche Verantwortlichkeit genügt es, wenn der Täter die Gesellschaft allein oder mit anderen errichtet hat, der Gesellschaftsvertrag also nach § 2 Abs. 1 S. 2 in eigenem Namen abgeschlossen worden ist (BGH NStZ 1994, 548 f.). Ob dies für fremde Rechnung, verdeckt oder nur auf Zeit erfolgt, ist ohne Belang (Scholz/*Tiedemann/Rönnau* Rn. 42). Der **Hintermann** hingegen kann strafrechtlich nicht als (faktischer) Gesellschafter angesehen werden. Zwar behandelt die zivilrechtliche Rspr. denjenigen, der eine Beteiligung an einer GmbH über einen auf seine Rechnung handelnden Mittels- oder Strohmann hält, sowohl für die Aufbringung (§§ 19, 24) als auch für die Erhaltung des Stammkapitals (§§ 30 ff.) wie einen unmittelbaren Gesellschafter (BGH NJW 1960, 285; 1992, 2023). Eine Übertragung dieser Wertung auf die Strafvorschrift § 82 ist aber mit der eindeutigen Unterscheidung zwischen Gesellschafter und „Hintermann" in § 2 Abs. 1 S. 2 und § 9a Abs. 4 sowie dem Verbot strafbegründender Analogie schwerlich in Einklang zu bringen (Baumbach/ Hueck/*Haas* Rn. 19; Scholz/*Tiedemann/Rönnau* Rn. 37).

17   Ist Gesellschafter keine natürliche Person, sondern eine **Personengesellschaft** (oHG oder KG) oder **juristische Person** (GmbH, AG), bestimmt sich die strafrechtliche Verantwortlichkeit des tatsächlich Handelnden nach § 14 StGB (allgA).

18   **3. Bestellter Geschäftsführer.** Geschäftsführer iSv § 82 sind jedenfalls Personen, die durch Gesellschaftsvertrag (§ 6 Abs. 3 S. 2) oder Mehrheitsbeschluss der Gesellschafter (§§ 45, 46 Nr. 5) bestellt worden sind; die Eintragung des Geschäftsführers bzw. die Eintragung der Gesellschaft ins Handelsregister ist dabei keine Wirksamkeitsvoraussetzung: einerseits ist die Eintragung des Geschäftsführers rein deklaratorisch (Roth/Altmeppen/*Altmeppen* § 6 Rn. 45); andererseits zeigen § 82 Abs. 1 Nr. 1 und Nr. 5, dass auch strafrechtliche Handlungen erfasst sind, bevor Geschäftsführer und Gesellschaft überhaupt ins Handelsregister eingetragen sind (MüKoGmbHG/*Wißmann* Rn. 36), also zu einem Zeitpunkt, zu dem die Gesellschaft noch nicht wirksam existiert (§ 11 Abs. 1). Geschäftsführer kann ein Gesellschafter oder eine sonstige Person sein (§ 6 Abs. 3), geeignet sind nur **natürliche** (unbeschränkt geschäftsfähige) **Personen**, § 6 Abs. 2 S. 1. Tauglicher Täter ist auch der **stellvertretende Geschäftsführer** (§ 44), wenn er in dieser Funktion, also als Geschäftsführer, handelt (Erbs/Kohlhaas/*Schaal* Rn. 6; Scholz/*Tiedemann/Rönnau* Rn. 45).

19   **4. Faktischer Geschäftsführer.** Täter kann grundsätzlich auch sein, wer die Aufgabe des Geschäftsführers nur faktisch übernimmt; die Anforderungen hieran sind umstritten. Jedenfalls unerheblich für die Täterstellung ist, wenn der **Bestellungsakt** zum Geschäftsführer **zivilrechtlich unwirksam** ist (BGH BeckRS 1952, 31196211; BGH NJW 1954, 1854); er ist dann Täter iSd § 82, wenn er seine Tätigkeit

mit Einverständnis der Gesellschafter aufnimmt (MüKoGmbHG/*Wißmann* Rn. 37). Umstritten sind die Anforderungen jedoch, wenn eine formelle Bestellung gänzlich fehlt:

Nach gefestigter höchstrichterlicher Rspr. und wohl überwiegender Auffassung im Schrifttum (BGH **20** NStZ 2000, 34 (35); BGH NJW 2000, 2285 mwN; *Bruns* JR 1984, 133; *H. Schäfer* wistra 1990, 81 ff.; MüKoGmbHG/*Wißmann* Rn. 50; Michalski/*Dannecker* Rn. 44 jeweils mwN) ist als Geschäftsführer nicht nur der formell zum Geschäftsführer Berufene anzusehen, sondern auch derjenige, der die Geschäftsführung mit Einverständnis der Gesellschafter **ohne förmliche Bestellung** faktisch übernommen hat und ausübt (sog **faktischer Geschäftsführer**). Dieser Begriff, der auch in der zivilrechtlichen Rspr. des BGH entspr. verwendet wird (BGH NJW 1988, 1789 mwN), wurde im Rahmen der Verletzung der Insolvenzantragspflicht, §§ 64 Abs. 1, 84 Abs. 1 Nr. 2 aF entwickelt.

Der Bejahung der Täterstellung eines faktischen Geschäftsführers durch den BGH und die hM ist **21** grundsätzlich zuzustimmen. Die in der Lit. gegen diese von der Rspr. entwickelte Rechtsfigur vorgebrachten ua auch verfassungsrechtlichen **Bedenken** (*Cadus,* Die faktische Betrachtungsweise, 1984, 146 f.; *Ransiek* ZGR 1992, 203 (209); *Schüppen* DB 1994, 197, (203 f.); *Stein* ZHR 1984, 202 (222); Baumbach/Hueck/*Haas* Rn. 19, 86; Roth/Altmeppen/*Altmeppen* § 84 Rn. 8 ff.; Ulmer/Habersack/Winter/*Ransiek* Rn. 58 ff.) sind nicht berechtigt. Die faktische Betrachtungsweise bewegt sich im Rahmen einer zulässigen Tatbestandsauslegung und verstößt daher weder gegen das Analogieverbot noch den Grundsatz der Tatbestimmtheit des Art. 103 Abs. 2 GG (BGH NJW 1983, 240 f.; 2000, 2285 f.; Erbs/Kohlhaas/*Schaal* Rn. 7); insbes. die – strafrechtlichen Überlegungen vorgelagerten – gesellschaftsrechtlichen Vorschriften erfordern keine zwingende Begrenzung auf formal bestellte Geschäftsführer (Scholz/*Tiedemann*/*Rönnau* § 84 Rn. 22; *Fleischer* GmbHR 2011, 337 (339)).

Die **Voraussetzungen** für die Annahme einer faktischen Geschäftsführung sind erfüllt, wenn sowohl **22** betriebsintern als auch nach außen alle Dispositionen weitgehend vom faktischen Geschäftsführer ausgehen und er iÜ auf sämtliche Geschäftsvorgänge bestimmenden Einfluss nimmt (BGHSt 31, 118 (121)). Die Unternehmensführung darf dabei nicht einseitig angemaßt, sondern muss mit dem Einverständnis der Gesellschafter erfolgen, was als **konkludente Bestellung** gewertet wird (BGH NStZ 2000, 34 ff.; NJW 2000, 2282; Scholz/*Tiedemann*/*Rönnau* § 84 Rn. 24, der das Einverständnis jedoch nicht als konkludente Bestellung wertet). Erforderlich ist dabei im Sinne einer restriktiven Handhabung der Rechtsfigur des faktischen Geschäftsführers ein Einverständnis **aller** Gesellschafter, da die Unternehmensführung nicht „einseitig angemaßt sein" darf (Michalski/*Dannecker* Rn. 47; MüKoGmbHG/*Wißmann* Rn. 43). Darüber hinaus ist erforderlich, dass der faktische gegenüber dem formellen Geschäftsführer die überragende Stellung in der Gesellschaft einnimmt (BGH NJW 1983, 240 f.; 2013, 624 f.; *H. Schäfer* wistra 1990, 81 (82)); ein bloß deutliches Übergewicht genügt entgegen der Rspr. nicht (BGH NJW 1983, 240 f.; 2013, 624 f.), da die strafrechtliche Haftung auf Fälle eines daneben bloß als Strohmann agierenden bestellten Geschäftsführers begrenzt werden sollte (Scholz/*Tiedemann*/*Rönnau* § 84 Rn. 27). Nicht ausreichend ist es, wenn neben einem bestellten und verantwortlichen Geschäftsführer eine gleichberechtigte Person handelt (OLG Düsseldorf NStZ 1988, 368) oder nur intern auf den satzungsmäßigen Geschäftsführer eingewirkt wird (BGH NJW 2013, 624 f.). In solchen Konstellationen kann aber Anstiftung (BGH DStR 2005, 1455 (1456)) oder Beihilfe vorliegen. Jedenfalls iRd § 82 nicht anzuerkennen sind Tendenzen, auch den beherrschenden Gesellschafter als faktischen Geschäftsführer für die Fälle zu qualifizieren, in denen der Gesellschafter nicht ausdrücklich als Täter genannt ist (§ 82 Abs. 1 Nr. 3, 4, Abs. 2). Aus der ausdrückliche Nennung der Gesellschafter in § 82 Abs. 1 Nr. 1, 2 ist im Umkehrschluss zu folgern, dass bei Nichtnennung der Gesellschafter auch nicht Täter sein soll (Scholz/*Tiedemann*/*Rönnau* Rn. 48; Michalski/*Dannecker* Rn. 47).

Ob im Einzelfall die Voraussetzungen einer faktischen Geschäftsführung vorliegen, ist aufgrund einer **23** **Gesamtbetrachtung** zu ermitteln (BGHZ 104, 44 (48)).

Als Beweisanzeichen **für eine faktische Organstellung** kommen etwa in Betracht (nach Wabnitz/Janovsky WirtschaftsStR/*Pelz* Kap. 9 Rn. 321):

– Selbstständige Leitung sämtlicher Außengeschäfte,
– Auftreten gegenüber den Mitarbeitern sowie Kunden als Geschäftsführer,
– Erteilung von Buchungsanweisungen an mit Führung der Geschäftsbücher betrauten Steuerberater,
– Entscheidung über Steuerangelegenheiten,
– Einstellung und Entlassung von Mitarbeitern,
– Ausstellen von Zeugnissen,
– Vereinbarung von Stundungen oder Aushandeln von Zahlungsbedingungen mit Lieferanten,
– Verhandlungen mit Banken,
– Vergütung, die dem Gehalt eines Geschäftsführers entspricht.

Wesentlich für die Annahme einer faktischen Organeigenschaft ist auch, wenn der Betreffende die (alleinige) Verfügungsbefugnis über die Geschäftskonten der Gesellschaft besitzt (BGH NZG 2005, 816).

Gegen eine faktische Organstellung spricht zB, wenn ein Rechtsanwalt, der mit der Abwicklung einer GmbH beauftragt wurde, gegenüber den Kunden stets als Rechtsanwalt aufgetreten ist und sich zur Abwicklung des Zahlungsverkehrs eines Rechtsanwaltsanderkontos bedient (BGH BeckRS 1999, 30073486).

24   **5. Liquidator.** Liquidator ist der Abwickler, dh das Geschäftsführungs- und Vertretungsorgan einer aufgelösten GmbH, § 70 S. 1. Der Liquidator ist regelmäßig mit der Person des Geschäftsführers identisch, § 66 Abs. 1 Hs. 1, es sei denn, die Aufgabe wurde durch Gesellschaftsvertrag oder Beschluss der Gesellschaft einer anderen Person zugewiesen, § 66 Abs. 1 Hs. 2. Ausdrücklich als tauglichen Täter nennen den Liquidator nur § 82 Abs. 1 Nr. 5, Abs. 2 Nr. 2. Eine darüberhinausgehende Erweiterung auch auf § 82 Abs. 1 Nr. 3 widerspricht dem Wortlaut und kann auch nicht mit der vom Gesetzgeber differenziert – wenn auch nicht immer inhaltlich nachvollziehbar – vorgenommenen Täterbenennung in Einklang gebracht werden. In dem für den Geschäftsführer aufgezeigten Rahmen (→ Rn. 19–23) kommt auch die Strafbarkeit eines faktischen Liquidators in Betracht (BGH NStZ 2000, 34 (36); BayObLG wistra 1990, 201; Erbs/Kohlhaas/*Schaal* Rn. 8). Anders als im Falle eines Geschäftsführers kann Liquidator auch eine Gesamthandsgemeinschaft oder juristische Person sein, da § 66 Abs. 4 in der Formulierung der Anforderungen an einen Liquidator nicht auf § 6 Abs. 2 S. 1 (nur natürliche Person als Geschäftsführer) verweist (BeckOK GmbHG/*Lorscheider* § 66 Rn. 6). Die strafrechtliche Verantwortlichkeit richtet sich dabei nach § 14 StGB (Baumbach/Hueck/*Haas* Rn. 87; Scholz/*Tiedemann*/*Rönnau* Rn. 51), jedoch mit Ausnahme von § 82 Abs. 1 Nr. 5 StGB, da die dort genannten Ausschlussgründe voraussetzen, dass Liquidator eine natürliche Person ist (→ Rn. 98).

25   **6. Geschäftsleiter einer ausländischen juristischen Person.** Durch das Gesetz zur Modernisierung des GmbH-Rechts und zur Bekämpfung von Missbräuchen (**MoMiG**) vom 23.10.2008 ist der Täterkreis in Abs. 1 Nr. 5 erweitert worden. Nunmehr können auch **Geschäftsleiter einer ausländischen juristischen Person,** dh die gesetzlichen Vertreter ausländischer juristischer Personen, bestraft werden, sofern diese falsche Angaben über ihre Eignung in den Versicherungen nach §§ 8 Abs. 3 S. 1, 39 Abs. 3 S. 1 oder 67 Abs. 1 S. 3 zu machen haben (BT-Drs. 16/614, 47; zum Überblick *Müller-Gugenberger* GmbHR 2009, 578 (582)). Dies ist insbes. der Fall, wenn Personen als Organe einer ausländischen Gesellschaft in Deutschland eine Zweigniederlassung eintragen lassen (§ 13g Abs. 1 HGB); damit sollte eine gesetzliche Strafbarkeitslücke geschlossen werden.

26   **7. Mitglied eines Aufsichtsrats oder eines ähnlichen Organs.** Nach Abs. 2 Nr. 2 können auch Mitglieder eines Aufsichtsrats oder „ähnlichen" Organs taugliche Täter sein. Beim **Aufsichtsrat** ist es dabei ohne Belang, ob dieser ausnahmsweise obligatorisch vorgeschrieben (va nach Mitbestimmungs- oder Drittelbeteiligungsgesetz) oder fakultativ durch die Gesellschafter errichtet worden ist (Scholz/*Tiedemann*/*Rönnau* Rn. 53). Mitglieder eines **ähnlichen Organs** (Beirat, Verwaltungsrat, Ausschuss) unterliegen der Strafdrohung nur dann, wenn diese Einrichtung – zumindest auch – der Überwachung der Geschäftsführung, sei es auch nur in Teilbereichen, dient (Michalski/*Dannecker* Rn. 58; Lutter/Hommelhoff/*Kleindiek* Rn. 23). Betriebsrat (Erbs/Kohlhaas/*Schaal* Rn. 9) oder Abschlussprüfer (Scholz/*Tiedemann*/*Rönnau* Rn. 56) sind daher keine Organe in diesem Sinne. Keine ähnlichen Organe sind daneben Ausschüsse des Aufsichtsrats iSd § 107 AktG (§§ 25 Abs. 1 Nr. 2 MitBestG bzw. § 1 Abs. 1 Nr. 3 S. 2 Hs. 2 DrittelbG, welche die Geltung ua des § 107 AktG auf einen mitbestimmten Aufsichtsrat anordnen), da diese keine neben dem Aufsichtsrat eigenständigen Organe sind, ihr Handeln daher Handeln des Aufsichtsrats selbst ist (MüKoAktG/*Habersack* AktG § 107 Rn. 93).

27   Wie bei Geschäftsführern und Liquidatoren ist es ohne Belang, ob die Aufsichtsrats- oder Organmitglieder wirksam bestellt worden sind (Baumbach/Hueck/*Haas* Rn. 88; Scholz/*Tiedemann*/*Rönnau* Rn. 54). Entscheidend ist auch hier nur, ob sie ihre Funktion mit Billigung der Gesellschafter nach außen hin tatsächlich ausüben (Erbs/Kohlhaas/*Schaal* Rn. 9).

28   **8. Handeln als Organ.** Stets ist erforderlich, dass die Täter auch in der jeweiligen Funktion als Gesellschaftsorgan handeln, was bei Abs. 1 und Abs. 2 Nr. 1 stets unproblematisch der Fall ist (MüKoGmbHG/*Wißmann* Rn. 32); abzugrenzen zwischen Handeln als Gesellschaftsorgan und rein privatem Handeln ist jedoch in Fällen der Geschäftslagetäuschung gem. § 82 Abs. 2 Nr. 2 (→ Rn. 115).

29   **9. Mehrere Täter.** Die Probleme, die sich bei mehreren tauglichen Tätern innerhalb eines Gremiums (mehrere Geschäftsführer, Gesellschafterversammlung, Aufsichtsrat) ergeben können (Ressortaufteilung, Majorisierung), stellen sich iRd § 82 nur begrenzt (Scholz/*Rönnau*/*Tiedemann* Rn. 29): Die von § 82 Abs. 1 Nr. 1, 3, 4, Abs. 2 Nr. 1 in Bezug genommenen Publizitätspflichten sind gem. § 78 Hs. 2 durch alle Geschäftsführer zu erfüllen; § 82 Abs. 1 Nr. 5 betrifft nur den jeweils erklärungspflichtigen Geschäftsführer. Auch den Sachgründungsbericht müssen alle Gesellschafter unterschreiben (§ 5 Abs. 2 S. 2). Relevanz entfaltet diese Problematik daher va bei § 82 Abs. 2 Nr. 2.

30   Ist in einer GmbH bei mehreren Geschäftsführern eine (interne) **Geschäftsverteilung** vorhanden, trägt zunächst jeder Geschäftsführer für den ihm zugewiesenen Bereich die volle strafrechtliche Verantwortung (Erbs/Kohlhaas/*Schaal* Rn. 63). Daraus folgt aber nicht, dass er von jeglicher Verantwortung in den übrigen (ihm nicht zugewiesenen) Bereichen frei würde; vielmehr bleibt eine Aufteilung der Geschäftsbereiche unter mehreren Geschäftsführer ohne Einfluss auf die Verantwortung jedes einzelnen für die Geschäftsführung insgesamt (BGH NJW 1990, 2560 (2565); BGH NStZ 1997, 545 f.). Der intern unzuständige Geschäftsführer ist daher als Garant verpflichtet, einzuschreiten, *„wo – wie in Krisen- und Ausnahmesituationen – aus besonderem Anlass das Unternehmen als Ganzes betroffen ist"* (BGH NJW 1990, 2560 (2565)). Entsprechend kann eine Pflicht zum Einschreiten denkbar sein, wenn ein Geschäfts-

§ 82 GmbHG 360

führer innerhalb seines Ressorts in einer öffentlichen Mitteilung unrichtige oder verschleiernde Darstellungen macht.

Bei **mehrköpfigen Gremien** besteht zudem das Problem der **Majorisierung,** wenn Entscheidungen nicht einstimmig, sondern mehrheitlich getroffen werden. Beinhaltet eine solche Mehrheitsentscheidung ein strafbares Verhalten, muss das bei der Abstimmung unterlegene bzw. sich enthalten habende Gremienmitglied zur Vermeidung einer Unterlassensstrafbarkeit alle rechtlichen Möglichkeiten ausschöpfen, um die Begehung der strafbaren Handlung zu verhindern (*„unter vollem Einsatz seiner Mitwirkungsrechte das ihm Mögliche und Zumutbare"* tun, BGH NJW 1990, 2560 (2565)); insbes. darf er an einer beschlossenen öffentlichen Mitteilung iSd § 82 Abs. 2 Nr. 2 nicht (weiter) mitwirken (Erbs/Kohlhaas/*Schaal* Rn. 63; Ulmer/Habersack/Winter/*Ransiek* Vor § 82 Rn. 66). Die Anforderungen an den konkreten Umfang der Verhinderungspflicht – bloße gesellschaftsinterne oder auch externe Maßnahmen – sind bislang ungeklärt.

10. Teilnehmer. Andere als die in den → Rn. 13–26 genannten Personen scheiden als Täter (in allen **32** denkbaren Täterschaftsformen) aus, da ihnen die Sonderdeliktseigenschaft iSd § 82 fehlt (s. nur Mü-KoGmbHG/*Wißmann* Rn. 21). Solche Personen können nur als Teilnehmer (Anstifter oder Gehilfe, §§ 26, 27 StGB) bestraft werden, sofern ein tauglicher Täter eine tatbestandsmäßige, rechtswidrige Haupttat begeht. Wird irrig angenommen, der Täter handle vorsätzlich, entfällt die Strafbarkeit mangels Haupttat; ausgeschlossen ist in diesem Fall auch eine versuchte Anstiftung gem. § 30 StGB, da diese nur bei Verbrechen strafbar ist und die Tatbestände des § 82 StGB allesamt Vergehen (§ 12 Abs. 1 StGB) sind. Wird dagegen irrig davon ausgegangen, der Täter handle unvorsätzlich, ist er ebenfalls nicht als Teilnehmer strafbar, da es am Vorsatz bzgl. einer vorsätzlichen Haupttat fehlt; eine Strafbarkeit wegen mittelbarer Täterschaft entfällt mangels Tätereigenschaft (Scholz/*Tiedemann*/*Rönnau* Rn. 22).

In den Tatvarianten, in welchen Gesellschafter und Aufsichtsratsmitglieder nicht taugliche Täter sind **33** – insbes. bei § 82 Abs. 1 Nr. 3–5, Abs. 2 Nr. 1 StGB – können sie Teilnehmer sein. **Beispiele:** Eine strafbare Anstiftung kommt in Betracht, wenn einem Geschäftsführer in den Fällen der Abs. 1 Nr. 3 oder Abs. 2 Nr. 1 **Weisung durch die Gesellschafter** erteilt wird, unrichtige Angaben zu machen (Scholz/*Tiedemann*/*Rönnau* Rn. 23). Strafbare Beihilfehandlung kann das **Mitunterzeichnen des Gesellschaftsvertrags** sein, wenn Angaben darin unrichtig sind und der Gesellschafter mit der Unrichtigkeit zumindest rechnet (Scholz/*Tiedemann*/*Rönnau* Rn. 23). Auch durch **unrichtige Erklärungen gegenüber dem Notar** bei Errichtung des Gesellschaftsvertrags kann ein Gesellschafter die falschen Angaben des Geschäftsführers bei Anmeldung der GmbH iSv § 27 StGB fördern (BGH 11.9.1979 – 1 StR 394/79). Aufsichtsratsmitglieder können **Beihilfe durch Unterlassen** begehen, da sie gesetzlich verpflichtet sind (§ 52 Abs. 1 iVm § 111 Abs. 1 AktG), die Geschäftsführung zu überwachen und daher eine Garantenstellung innehaben (Baumbach/Hueck/*Haas* Rn. 24; Scholz/*Tiedemann*/*Rönnau* Rn. 23).

Jedenfalls kein Täter, sondern immer nur Teilnehmer kann der **Prokurist** eines Unternehmens sein **34** (BGH NStZ-RR 2010, 79) bspw., wenn er an der Anmeldung mitwirkt – etwa im Falle einer unechten Gesamtvertretung – und dabei eine falsche Erklärung abgibt (Scholz/*Tiedemann*/*Rönnau* Rn. 25).

Angehörige rechtsberatender Berufe, Steuerberater, Wirtschaftsprüfer: Umstritten ist, ob die **35** Erteilung einer Rechtsauskunft, ein rechtlicher (oder steuerlicher) Rat, die Mitwirkung bei einer Vertragsgestaltung oder Ähnliches (sog **berufstypisches** oder **neutrales Verhalten**) durch einen Rechtsanwalt, Notar, Steuerberater oder Wirtschaftsprüfer eine strafbare Unterstützungshandlung einer Tat nach § 82 sein kann, wenn der Unterstützende die Unrichtigkeit der Angaben kennt oder zumindest billigend in Kauf nimmt (zum Streitstand ausf. Scholz/*Tiedemann*/*Rönnau* Rn. 25).

Die weitest gehende Auffassung (*Baumgarte* wistra 1992, 41; Erbs/Kohlhaas/*Schaal* Rn. 62; *Niedermair* **36** ZStW 107 (1995), 507 ff.) nimmt eine strafbare Teilnahme stets schon dann an, wenn ein Rechtsanwalt oder Notar in Bezug auf die Unrichtigkeit der Mitteilung mit **dolus eventualis** handelt. Die Rspr. knüpft zwar auch an subjektive Kriterien zur Eingrenzung der Strafbarkeit berufstypischen Verhaltens an, geht dabei jedoch differenziert vor: Ist Ziel des Haupttäters, eine strafbare Handlung zu begehen und weiß dies der Berater sicher (direkter Vorsatz), macht er sich durch seinen Tatbeitrag einer Beihilfehandlung strafbar. Hält der Berater es nur für denkbar, dass sein Mandant die Beratungsleistung für eine Straftat nach § 82 nutzt, handelt er also lediglich mit bedingtem Vorsatz, ist er in der Regel straffrei. Ausnahmsweise handelt es sich um eine strafbare Beihilfe, wenn das Risiko einer strafbaren Haupttat so hoch einzustufen ist, dass der Berater sich „die Förderung eines erkennbar tatgeneigten Täters angelegen sein" lässt (BGH NJW 2000, 3010 f.; BGH NStZ 2000, 34; BGH NJW 2006, 522 (528)). Daneben werden eine Reihe von objektiven Abgrenzungskriterien postuliert (zum Überblick BGH NJW 2000, 3010), die jedoch alle zu dem unbefriedigenden, da nicht sachgerechten Ergebnis führen, dass ein Berater bei sicherer Kenntnis der deliktischen Absichten des Haupttäters straffrei ausgeht (ebenso Scholz/*Tiedemann*/*Rönnau* Rn. 27).

Bilanzierungsfachleute machen sich einer Beihilfe iSv § 27 StGB schuldig, wenn sie (Zwischen-) **37** Bilanzen manipulieren, die der Haupttäter dann in einer öffentlichen Mitteilung nach Abs. 2 Nr. 2 verwendet. Gleiches gilt für den **Mitarbeiter einer Bank,** wenn er bewusst eine unrichtige Bankbestätigung über die Leistung einer Bareinlage ausstellt, die dem Registergericht zum Zwecke der Eintragung vorgelegt werden soll (BGH NJW 2005, 3721 (3724)). Die Grundsätze für berufstypisches

Verhalten gelten hier nicht, da es sich nicht mehr um solches Verhalten geht (BGH NJW 2006, 522 (528)).

B. Objektiver Tatbestand
I. Gründungsschwindel, Abs. 1 Nr. 1

38   **1. Allgemeines.** Abs. 1 Nr. 1 bedroht den Geschäftsführer oder den Gesellschafter mit Strafe, der gegenüber dem Registergericht „zum Zwecke der Eintragung" über die im Einzelnen aufgezählten Umstände falsche Angaben macht. § 82 Abs. 1 Nr. 1 erfasst also falsche Angaben bei der erforderlichen Anmeldung einer Gesellschaft gem. § 7 Abs. 1 durch Einreichung der in § 8 Abs. 1 genannten Unterlagen und Abgabe der in § 8 Abs. 2 genannten Versicherung über Umstände der Gründung. Die Vorschrift verfolgt den **Zweck,** die Kapitalaufbringung bei Gründung der Gesellschaft mit strafrechtlichen Mitteln zu sichern (Baumbach/Hueck/*Haas* Rn. 9), indem Verstöße gegen Transparenzpflichten der Gesellschaft (→ Rn. 3), nicht die Gründung schwindelhafter oder risikoreicher Gesellschaften als solche sanktioniert werden (Scholz/*Tiedemann*/*Rönnau* Rn. 58).

39   **Taugliche Täter** sind der **Geschäftsführer** und die **Gründungsgesellschafter.** Unmittelbarer Täter ist in aller Regel der Geschäftsführer, da er gem. § 78 die Anmeldung nach § 7 Abs. 1 beim Registergericht vornehmen muss. Für die nicht anmeldeberechtigten **Gesellschafter** kommt bei vorsatzlos handelndem Geschäftsführer eine mittelbare Täterschaft oder bei Zusammenwirken mit dem Geschäftsführer – etwa Erteilung einer Weisung – eine Mittäterschaft in Betracht (Ulmer/Habersack/Winter/*Ransiek* Rn. 14).

40   Die Bezeichnung als Gründungsschwindel ist untechnisch; sie hat jedoch gegenüber der ebenso gebräuchlichen Bezeichnung als Gründungstäuschung den Vorteil, dass nicht missverständlich eine Täuschung und ein Vermögensschaden als erforderliche Tatbestandsmerkmale angesehen werden.

41   **2. Machen falscher Angaben über Vorgänge und Umstände der Gründung. a) Angaben.** Angaben iSd § 82 Abs. 1 Nr. 1 sind – anders als etwa bei § 263 StGB – nicht nur **Tatsachen** (zur Def. bei § 263 StGB nur Schönke/Schröder/*Perron* StGB § 263 Rn. 8), sondern auch rechtliche und wirtschaftliche **Werturteile** (Bewertungen), Schätzungen sowie Prognosen (Scholz/*Tiedemann*/*Rönnau* Rn. 68; Michalski/*Dannecker* Rn. 85), da Angaben zu Gründungssachverhalten notwendigerweise auch wertende Aussagen enthalten, die zur vollständigen Erfassung von Gründungsschwindel miteinbezogen werden sollen (zur – erheblichen – Einschränkung durch das Tatbestandsmerkmals der Unrichtigkeit → Rn. 48.).

42   **b) Unrichtigkeit der Angaben.** Eine Angabe ist **falsch,** wenn sie mit der wirklichen Sachlage, dh mit der Wirklichkeit der Gründungsvorgänge, objektiv nicht übereinstimmt (Ulmer/Habersack/Winter/*Ransiek* Rn. 16; MüKoGmbHG/*Wißmann* Rn. 103). Unerheblich ist, ob die Angaben in der dafür vorgesehenen **Form** gemacht werden; die Nichteinhaltung der für die Anmeldung vorgesehenen Form kann also die Unrichtigkeit einer Angabe nicht begründen. Zur Bestimmung des Erklärungswerts einer Angabe sind, im Hinblick auf die Deliktsnatur des § 82 als „vorgelagertem Vermögensdelikt weit im Vorbereitungsstadium eines Betrugs", die Auslegungsgrundsätze des § 263 StGB heranzuziehen: maßgeblich ist also die Sicht des Empfängerhorizonts, des Registergerichts (Ulmer/Habersack/Winter/*Ransiek* Rn. 16; Scholz/*Tiedemann*/*Rönnau* Rn. 69, 72), ergänzt und modifiziert durch rechtliche Vorschriften (BGH NJW 2007, 782 (784) mwN). Das Registergericht repräsentiert dabei die von § 82 geschützten Personengruppen (→ Rn. 6 f.). Bei Werturteilen, Schätzungen und Prognosen ist die Unrichtigkeit der Angabe, insbes. soweit sie zukunftsbezogen sind, oft nicht eindeutig bestimmbar, so dass regelmäßig ein gewisser Ermessensspielraum besteht, innerhalb dessen mehrere Aussagen als vertretbar angesehen werden können (Scholz/*Tiedemann*/*Rönnau* Rn. 60). Aus dem verfassungsrechtlichen Bestimmtheitsgebot (Art. 103 Abs. 2 GG) folgt daher, dass in diesem Bereich nur schlechthin **unvertretbare Beurteilungsfehler** den Tatbestand des Abs. 1 Nr. 1 erfüllen (Erbs/Kohlhaas/*Schaal* Rn. 11; MüKoGmbHG/*Wißmann* Rn. 104; MüKoStGB/*Hohmann* Rn. 12; Baumbach/Hueck/*Haas* Rn. 10).

43   **c) Machen falscher Angaben.** Angaben **macht,** wer eine Erklärung mit einem **bestimmten Erklärungswert** abgibt. Sie können grundsätzlich mündlich, schriftlich oder elektronisch erfolgen; im Hinblick auf das Erfordernis einer elektronischen Übermittlung der Anmeldung gem. § 8 Abs. 5, § 12 Abs. 2 S. 1 HGB werden auch die Angaben regelmäßig elektronisch erfolgen. Das Machen von Angaben kann sowohl **ausdrücklich** als auch **konkludent** erfolgen (s. nur Scholz/*Tiedemann*/*Rönnau* Rn. 72). Der Erklärungswert einer (konkludenten) Erklärung ist dabei durch **Auslegung** nach den og Maßstäben zu bestimmen (→ Rn. 42).

44   Auszulegen sind Angaben insbes. dann, wenn es sich um unvollständige Angaben handelt; erforderlich ist dabei eine Abgrenzung zum bloßen Verschweigen von Angaben, welches § 82 grundsätzlich nicht sanktioniert. Entsprechend begründet eine Unvollständigkeit des Inhalts nur dann seine Unrichtigkeit, wenn hinsichtlich des Angabegegenstands Umstände weggelassen werden, die nach der Verkehrsanschauung für den Inhalt der Angabe wesentlich sind (Baumbach/Hueck/*Haas* Rn. 10; Erbs/Kohlhaas/*Schaal* Rn. 10) und damit konkludent miterklärt werden. Das Weglassen einer Information ver-

ändert dann den Inhalt der Angabe und macht sie falsch. So ist etwa eine Angabe über als Sacheinlage eingebrachtes Eigentum unrichtig, wenn verschwiegen wird, dass der eingebrachte Gegenstand den Geschäftsführern nicht zur freien Verfügung steht, weil er einem Dritten sicherungsübereignet (BGH BeckRS 1958, 31193001) oder eine Sache der Gesellschaft selbst nur als Sicherungseigentum überlassen wurde (Scholz/Tiedemann/Rönnau Rn. 72).

d) Gegenstand falscher Angaben. Gegenstand der falschen Angaben sind die in Abs. 1 Nr. 1 **45** abschließend aufgezählten **Vorgänge und Umstände der Gründung.** In welcher Art und in welchem Umfang diese gegenüber dem Registergericht darzulegen sind – und woraus sich entspr. deren Unrichtigkeit ergeben kann – regelt grds. § 8 Abs. 1, 2: einerseits sind der Anmeldung ua der Gesellschaftsvertrag, die Gesellschafterliste, der – soweit Sacheinlagen vorgesehen sind – Sachgründungsbericht und die zugrundeliegenden Verträge sowie Unterlagen zur Bewertung dieser beizufügen (§ 8 Abs. 1); daneben ist gem. § 8 Abs. 2 die Versicherung abzugeben, dass die Bar- oder Sacheinlagen auf die Geschäftsanteile bewirkt sind und der Gegenstand der Leistungen sich endgültig in der freien Verfügung der Geschäftsführer befindet (§ 8 Abs. 2). Abs. 1 Nr. 1 ist aber nicht auf diese gesetzlich vorgeschriebenen Angaben beschränkt (BGH NJW 1955, 678 (679); Scholz/Tiedemann/Rönnau Rn. 74), was sich schon daraus ergibt, dass Abs. 1 Nr. 1 für den Gegenstand der falschen Angaben nicht gänzlich auf § 8 Abs. 1, 2 verweist, sondern die Gegenstände einzeln aufzählt. Tatbestandsmäßig sind daher auch **freiwillige** Angaben zu den genannten Gründungsvorgängen, sofern sie als Grundlage der Entscheidung über die Eintragung erheblich sein können (letztere Beschränkung ergibt sich aus dem Erfordernis eines Handelns „zum Zwecke der Eintragung", → Rn. 48; MüKoStGB/Hohmann Rn. 19; MüKoGmbHG/Wißmann Rn. 100). Die genannten Vorgänge und Umstände der Gründung sind grundsätzlich, aber nicht ausschließlich **zivilrechtsakzessorisch** auszulegen; insbes. der Begriff der „Leistung" der Einlagen ist auch **wirtschaftlich-faktisch** zu bestimmen (Scholz/Tiedemann/Rönnau Rn. 74).

e) Beurteilungszeitpunkt. Maßgeblicher Zeitpunkt für die Beurteilung der Richtigkeit einer **46** Angabe ist ihr **Eingang beim Registergericht** (BGH wistra 2005, 68). Wird eine Anmeldung später ergänzt, müssen sämtliche zwischenzeitlich eingetretene Änderungen mitgeteilt werden, da das Registergericht zum Zeitpunkt seiner Entscheidung möglichst umfassend über die Verhältnisse der Gesellschaft informiert sein muss (BGH NStZ 1993, 442; MüKoGmbHG/Wißmann Rn. 108).

3. Gegenüber dem Registergericht. Die Angaben müssen gegenüber dem für die Eintragung **47** zuständigen (Wortlaut: „zum Zwecke der Eintragung") Registergericht gemacht werden; sofern sie nicht – wie auch praktisch völlig unüblich – mündlich beim Registergericht gemacht werden, kommt es auf den Zugang an; Kenntnisnahme oder gar ein Irrtum beim zuständigen Sachbearbeiter ist nicht erforderlich (Baumbach/Hueck/Haas Rn. 23; Lutter/Hommelhoff/Kleindiek Rn. 8). Falsche Angaben gegenüber anderen Adressaten – insbes. vor dem Notar oder den Finanzbehörden – werden entspr. nicht erfasst, solange sie nicht dem Registergericht zugehen (Scholz/Tiedemann/Rönnau Rn. 67).

4. Zum Zweck der Eintragung. Aus dem Erfordernis „zum Zweck der Eintragung" leiten sich **48** nicht nur ein spezielles subjektives Tatbestandsmerkmal, sondern auch objektive Tatbestandserfordernisse ab: **(a)** Die Angaben müssen **im Zusammenhang mit der erstmaligen Eintragung** der Gesellschaft gemacht werden (BGH NJW 1955, 678 f.; Michalski/Dannecker Rn. 80; MüKoStGB/Hohmann Rn. 48). Angaben anlässlich eines sog **Fortsetzungsbeschlusses** nach zunächst erfolgter Auflösung der Gesellschaft und Einleitung des Liquidationsverfahrens (§ 60; BGH NJW 1955, 678 f.; Baumbach/Hueck/Haas Rn. 10a) sind daher nicht erfasst. Auch „gründungsähnliche" Vorgänge sind grds. nicht erfasst: Bei Aktivierung von bisher „ungenutzten" oder „still gelegten" **GmbH-Mänteln** handelt es sich zwar nach Ansicht des BGH um wirtschaftliche Neugründungen – mit der Folge teilweise analoger Anwendung des Gründungsrecht der GmbH (BGH NJW 2003, 892 für Mantelgründungen; BGH NJW 2012, 1875 für „gebrauchte" Mäntel; zum Überblick Roth/Altmeppen/Roth § 3 Rn. 12 ff.). Sofern in diesem Zusammenhang Anmeldungen zum Handelsregister vorgenommen werden, erfolgen diese nicht zum Zwecke der Eintragung, da dies eine unzulässige Analogie zu Lasten des Täters bedeuten würde (Scholz/Tiedemann/Rönnau Rn. 62; aA MüKoStGB/Hohmann Rn. 31, der Erwägungen zum Analogieverbot mit Bestimmtheitserwägungen ablehnt). Auch Anmeldungen anlässlich einer Umwandlung durch **Verschmelzung** oder **Spaltung** erfolgen grds. nicht zum Zwecke – erstmaliger – Eintragung, sofern nicht eine Verschmelzung/Spaltung durch Neugründung (§§ 2 Nr. 2, 36 ff., 123 Abs. 1 Nr. 2 UmwG) mit der Gründung und Anmeldung eines neuen Rechtsträgers, also einer neuen Gesellschaft verbunden ist (Scholz/Tiedemann/Rönnau Rn. 63; MüKoGmbHG/Wißmann Rn. 98a; Ulmer/Habersack/Winter/Ransiek Rn. 57; aA Michalski/Dannecker Rn. 81; MüKoStGB/Hohmann Rn. 18, die Verschmelzungen/Spaltungen grundsätzlich nicht erfassen wollten). Eine Umwandlung durch **Formwechsel** ist jedenfalls nicht erfasst, da lediglich die neue Rechtsform und nicht ein neuer Rechtsträger angemeldet wird (§ 198 Abs. 1 UmwG; Scholz/Tiedemann/Rönnau Rn. 64). **(b)** Es muss sich um für die Eintragung **erhebliche,** dh zur Eintragung geeignete **Angaben** handeln (MüKoGmbHG/Wißmann Rn. 97; Michalski/Dannecker Rn. 82; Ulmer/Habersack/Winter/Ransiek Rn. 17, insbes. auch zur Begründung im Sinne einer einheitlichen Auslegung mit § 399 Abs. 2 AktG). Relevant können neben den gesetzlichen Mindestangaben auch solche freiwilligen Angaben sein, die geeignet sind, die Eintragung zu fördern, bspw. die Angabe eines höheren Betrag als des für die Einlagen gesetzlich erforderlichen Mindestbetrages (§§ 7 Abs. 2, 8 Abs. 2, MüKoGmbHG/*Wißmann* Rn. 100). **(c)** Angaben **nach der Eintragung** können nicht unter Nr. 1 subsumiert werden (Scholz/*Tiedemann*/*Rönnau* Rn. 66; MüKoStGB/*Hohmann* Rn. 49).

49   **5. Übernahme der Geschäftsanteile.** Die Übernahme der Geschäftsanteile bezeichnet das Eingehen der Beteiligung des Gesellschafters, dh der Gesamtheit der aus seiner Gesellschafterstellung fließenden Rechte und Pflichten (BeckOK GmbHG/*C. Jaeger* § 3 Rn. 11). Zu diesen Pflichten gehört insbes. die Erbringung der von den Gesellschaftern übernommenen Einlageverpflichtung (Stammeinlage; § 3 Abs. 1 Nr. 4), deren Höhe sich aus dem Nennbetrag des übernommenen Geschäftsanteils ergibt (§ 14 S. 2). Für den Zweck der Eintragung relevante Angaben zur Übernahme sind (§ 3 Abs. 1 Nr. 4):

- die **Personalien der Gesellschafter,** die die Rechtspflichten zur Erbringung der Einlage treffen (Scholz/*Tiedemann*/*Rönnau* Rn. 76). Für potentielle Geschäftspartner, aber auch für die generelle Kreditwürdigkeit der Gesellschaft kann es – trotz Beschränkung der Haftung auf das Gesellschaftsvermögen (§ 13 Abs. 2) – von wirtschaftlicher Bedeutung sein, wer bestimmte Stammeinlagen zu erbringen hat (Erbs/Kohlhaas/*Schaal* Rn. 17), etwa wenn erst die Hälfte des Mindestkapitals der Gesellschaft erbracht ist, § 7 Abs. 2. Anderes gilt bei einer **Treuhand- oder Strohmanngründung:** Da eine solche grundsätzlich zulässig ist, macht ein Verschweigen des Hintermanns die Angaben in der Anmeldung nicht unrichtig (MüKoStGB/*Hohmann* Rn. 24; Scholz/*Tiedemann*/*Rönnau* Rn. 76).
- die relevanten Umstände der Leistungspflicht des Gesellschafters va über die **Höhe** des Nennbetrags **des Geschäftsanteils** oder der übernommenen Bar- oder Sachleistungen (MüKoStGB/Hohmann Rn. 24; Michalski/*Dannecker* Rn. 94).
- die Rechtswirksamkeit des Beitritts eines Gesellschafters, zB wenn der Beitritt angefochten wurde (Erbs/Kohlhaas/*Schaal* Rn. 17; differenzierend: Scholz/*Tiedemann*/*Rönnau* Rn. 79).

50   **6. Leistung der Einlagen. a) Begriff.** Die Leistung der Einlagen bezeichnet die **Bewirkung** der wegen der Übernahme der Geschäftsanteile durch die Gesellschafter geschuldeten **Leistung auf die Stammeinlage** in Form einer **Bar- oder Sacheinlage** (Scholz/*Tiedemann*/*Rönnau* Rn. 80). **Bei Anmeldung** der Gesellschaft muss die **Bareinlage** eines Gesellschafters mind. zu ¼ des Nennbetrags bzw. insgesamt mind. die Hälfte des Stammkapitals eingezahlt sein; die **Sacheinlage** muss dagegen so geleistet sein, dass sie endgültig zur freien Verfügung des Geschäftsführers steht, § 7 Abs. 2, 3; dies ist bei der Anmeldung zu versichern, § 8 Abs. 2. Bei Feststellung der Bewirkung sind grundsätzlich zivilrechtliche Vorschriften maßgeblich (insbes. die §§ 362 ff. BGB), letztlich kommt es aber auf eine „reale" und „effektive" Aufbringung des Stammkapitals an (MüKoGmbHG/*Wißmann* Rn. 116; Michalski/*Dannecker* Rn. 97; Scholz/*Tiedemann*/*Rönnau* Rn. 81; → Rn. 45). Einlagen sind daher erst dann **bewirkt,** wenn der Einlagegegenstand völlig aus dem Herrschaftsbereich des Einlegers ausgesondert wurde und der Gesellschaft auf Dauer ohne Beschränkungen und Vorbehalte zugeflossen ist (BGH NJW 1991, 1754 (1757); Baumbach/Hueck/*Fastrich* § 7 Rn. 10; MüKoGmbHG/*Wißmann* Rn. 116). Der Geschäftsführer muss die Einlagen ohne Beschränkungen für die wirtschaftlichen Zwecke der Gesellschaft verwenden können (Erbs/Kohlhaas/*Schaal* Rn. 22).

51   **Bareinlagen** können durch Barzahlungen bzw. durch Leistungen bewirkt werden, die jederzeit und mit zweifelloser Sicherheit ohne Wertverlust in Geld umgesetzt werden können und damit einer Barzahlung gleichstehen (MüKoGmbHG/*Wißmann* Rn. 117; Scholz/*Tiedemann*/*Rönnau* Rn. 82), wie etwa die Überweisung oder die Gutschrift (nicht bloße Hingabe) eines Schecks oder Wechsels auf dem Gesellschaftskonto. **Sacheinlagen** werden grundsätzlich durch Vornahme des für den jeweiligen Einlagegegenstand erforderlichen *Erfüllungsgeschäfts* bewirkt (BeckOK GmbHG/*C. Jaeger* § 7 Rn. 19), bspw. durch die Abtretung von Forderungen oder Rechten, die Übereignung von Grundstücken oder beweglichen Sachen. Letztlich ist aber immer die wirtschaftlich-faktische Betrachtungsweise maßgeblich.

52   Strafbewehrt sind sowohl falsche **Angaben über die Bewirkung von Bar- als auch von Sacheinlagen.** Da Sacheinlagen in Abs. 1 Nr. 1 aE – quasi als „lex specialis"– Gegenstand falscher Angaben sind, werden die damit verbundenen Probleme dort behandelt, → Rn. 62 ff.

53   **b) Falsche Angaben.** Angaben über die Leistung der Einlagen sind **falsch,** wenn die Einlagen nur teilweise, gar nicht (BGH NJW 2000, 2285; BGH BeckRS 1994, 07255), nicht in der angegebenen Art (Ulmer/*Ransiek* Rn. 26) oder nur zum Schein geleistet werden bzw. nicht endgültig in die freie Verfügung des Geschäftsführers gelangen oder aber wertmäßig im Vermögen der GmbH nicht mehr vorhanden sind (Scholz/*Tiedemann*/*Rönnau* Rn. 81). Falsch sind insbes. Angaben zu einer Bareinzahlung, die zwar tatsächlich erfolgt ist, aber bei wirtschaftlicher Betrachtung eine Sacheinlage ist, sog **verdeckte Sacheinlage** (§ 19 Abs. 4 S. 1, → Rn. 63), da dann die Einlage nicht in der angegebenen Art geleistet wurde.

54   **Vorzeigegeld:** Der bedeutsamste Fall unrichtiger Angaben über die Leistung einer Bareinlage betrifft die Behauptung der Einzahlung, wenn die sofortige Rückabwicklung des Einzahlungsbetrags nach der Anmeldung vereinbart worden ist, sog Vorzeigegeld (BGH NJW 2001, 3781 f.; BGH BeckRS 2001, 30182015; 2011, 26336; Roth/Altmeppen/*Altmeppen* Rn. 6); die Einlageschuld wird regelmäßig nicht bewirkt, wenn der Einlagebetrag innerhalb weniger Tage zwischen dem Gesellschafter und der Gesell-

schaft hin und her überwiesen wird (BGH NJW 2001, 3781; *Blasche* GmbHR 2010, 288 (290)). Diese Form des **Hin-und Herzahlens** ist nun teilweise gesetzlich kodifiziert in § 19 Abs. 5 und bewirkt sogar eine Befreiung von der Einlageverpflichtung, wenn die Rückgewährleistung an den Gesellschafter durch einen vollwertigen Rückgewähranspruch gedeckt ist, der jederzeit fällig ist oder durch fristlose Kündigung durch die Gesellschaft fällig werden kann (§ 19 Abs. 5 S. 2). Die gesetzlich angeordnete Erfüllungswirkung beseitigt jedoch die Unrichtigkeit einer Anmeldung nicht, wenn darin der Vorgang des Hin- und Herzahlens entgegen § 19 Abs. 5 S. 2 nicht mitgeteilt wird (MüKoGmbHG/*Wißmann* Rn. 125; Scholz/*Tiedemann*/*Rönnau* Rn. 85 f.; aA *Altmeppen* ZIP 2009, 1545 (1550); *Altmeppen* NZG 2010, 441 f. insbes. zum Fall geplanten Cash Poolings). Kein Fall des Hin- und Herzahlens liegt vor, wenn die Rückabwicklungsvereinbarung zum Zeitpunkt der Anmeldung noch nicht besteht (Wortlaut des § 19 Abs. 5 S. 1); jedoch ist dann eine Strafbarkeit des Geschäftsführers wegen Untreue (§ 266 StGB) und eine strafbare Beteiligung der Gesellschafter hieran (§§ 26, 27 StGB) möglich.

Weitere Beispiele: Eine unrichtige Angabe zur Bareinzahlung ist die falsche Darstellung der **Höhe 55 der Einzahlungssumme** (RGSt 33, 252 ff.). Eine Einlage ist auch dann nicht bewirkt, wenn die Leistung des Gesellschafters aus einem **Darlehen** der GmbH (RGZ 98, 276 (277)) oder aus einem von der Gesellschaft bei einem Dritten aufgenommenen Kredit stammt (BGH NJW 1958, 1351) sowie auch dann nicht, wenn die Leistung an die GmbH selbst nur in einem Darlehen besteht (Erbs/Kohlhaas/*Schaal* Rn. 19). Falsch sein kann daneben die Angabe der **Zahlung** an die Gesellschaft, wenn diese tatsächlich an einen **Dritten** erfolgt (RGZ 144, 138 (151); jedoch zu Recht differenzierend: BGH NZG 2011, 667 f.; BGH NJW 1986, 989; Roth/Altmeppen/*Altmeppen* Rn. 7). Unzutreffend ist weiter die Angabe über die Leistung einer Bareinlage des Gesellschafters einer **Ein-Mann-GmbH,** wenn das Geld bewusst im privaten Bereich des (geschäftsführenden) Gesellschafters verwendet wird, um damit sonstige Geschäfte zu tätigen (BGH BeckRS 1994, 07255; OLG Hamburg NZG 2002, 53).

7. Verwendung eingezahlter Beträge. a) Begriff. Die Aufnahme der Tatbestandsalternative „Verwendung eingezahlter Beträge" in Abs. 1 Nr. 1 erscheint systemfremd, da § 8 (anders § 37 Abs. 1 AktG) bei der Anmeldung der Gesellschaft keine Angaben hierüber verlangt. Unrichtige Erklärungen zu der Verwendung eingezahlter Beträge erfasst zudem bereits die zweite Täuschungsvariante „Leistung der Einlagen", da das Ob bzw. die Art und Weise der Verwendung die *Bewirkung* der Einlage (zum Begriff → Rn. 50) beeinflusst. Es handelt sich daher wohl um ein **gesetzgeberisches Versehen** (Erbs/Kohlhaas/*Schaal* Rn. 21), letztlich wird aber Abs. 1 Nr. 1 Var. 3 als **lex specialis** für wertmindernde Verwendungen angesehen (Scholz/*Tiedemann*/*Rönnau* Rn. 97).

b) Falsche Angaben. Falsche Angaben zur Verwendung eingezahlter Beträge sind demnach 57 jegliche nicht offen gelegte Verwendungen, die die tatsächliche Bewirkung der Einlagen beeinträchtigen (Scholz/*Tiedemann*/*Rönnau* Rn. 98); unschädlich sind dagegen Verwendungen, wenn für die Weggabe von Vermögen ein gleichwertiger Zuwachs im Gesellschaftsvermögen eintritt, die Einlage also zwar verändert, aber noch wertmäßig vorhanden ist (Prinzip der wertgleichen Deckung, BGH NJW 1989, 710 f.; BeckOK GmbHG/*C. Jaeger* § 7 Rn. 21). Die Gesellschaft darf also vor Eintragung mit den (Bar-) Einlagen arbeiten (BGH NJW 1989, 710 f.; Aufgabe des Vorbelastungsverbotes: BGH NJW 1981, 1373 (1375 ff.)), muss allerdings sicherstellen, dass bei ihrer Hingabe ein wertmäßiges Äquivalent erlangt wird. Angaben sind daher erst dann **falsch,** wenn (erhebliche) Beträge zu Gesellschaftszwecken bereits verwendet und die Einlagen deswegen entwertet oder vermindert wurden (BGH NJW 1992, 3300 (3301 ff.); Erbs/Kohlhaas/*Schaal* Rn. 22). Bei nachträglicher Ergänzung einer unvollständigen Anmeldung müssen auch die Angaben über zwischenzeitlich eingetretene Verwendungen richtig sein (BGH NStZ 1993, 442; BGH NJW 1972, 951).

Bspw. die Minderung bzw. Belastung durch gründungsbedingte Gebühren und Steuern offen zu 58 legen, entspr. ihre Nichtangabe eine falsche Angabe iSd Abs. 1 Nr. 1 Var. 3 (Scholz/*Tiedemann*/*Rönnau* Rn. 99; siehe zum Verhältnis zu Abs. 1 Nr. 1 Var. 5 → Rn. 62.

8. Sondervorteile. a) Begriff. Sondervorteile sind einerseits Sonderrechte, die einem Gesellschafter 59 gegenüber der GmbH eine Vorzugstellung vor anderen Gesellschaftern gewähren (MüKoGmbHG/*Schwandtner* § 5 Rn. 278). Es kann sich dabei um **vermögensrechtliche oder andere Vorteile** handeln, die nicht notwendig mit den Leistungen der Einlagen in Zusammenhang stehen müssen (Erbs/Kohlhaas/*Schaal* Rn. 24). Dazu gehören zB Lizenzrechte (RGZ 113, 241 (244)), Ansprüche auf besondere Gewinnanteile, Umsatzprovisionen, Naturalleistungen der Gesellschaft oder die Einräumung von Belieferungs- oder Vorkaufsrechten bzw. Kontroll-, Informations- oder Herrschaftsrechte (MüKoGmbHG/*Schwandtner* § 5 Rn. 278). Die Vereinbarung solcher Sonderrechte ist **formbedürftig** (§ 26 Abs. 1 AktG analog, Roth/Altmeppen/*Roth* § 5 Rn. 71 f.), sie muss unter namentlicher Bezeichnung des Berechtigten in den Gesellschaftsvertrag aufgenommen werden, sonst ist sie nichtig (BGH NJW 1969, 131; BGH BeckRS 1981, 00075; MüKoGmbHG/*Schwandtner* § 5 Rn. 283; § 26 Abs. 2 AktG analog).

b) Falsche Angaben. Falsche Angaben sind möglich über das Bestehen oder den Inhalt eines 60 Sondervorteils, wobei bei der Beurteilung eine faktische Betrachtungsweise anzulegen ist, damit Abs. 1 Nr. 1 Var. 4 nicht leerläuft: Sonderrechte können nur unter Einhaltung des Formzwangs, dh durch

Regelung im Gesellschaftsvertrag, wirksam begründet werden. Werden im Gesellschaftsvertrag unrichtige oder gar keine Angaben über Sondervorteile gemacht, entsteht auch keine rechtliche Verpflichtung der GmbH (→ Rn. 59). Bei einer rein rechtlichen Beurteilung der Tatbestandsmäßigkeit von Angaben, wären falsche Angaben über Sondervorteile daher denklogisch ausgeschlossen (Ulmer/Habersack/Winter/*Ransiek* Rn. 44). Daher kann es nur um falsche Angaben zu sog **faktischen Sondervorteilen** gehen, die rechtlich zwar nicht wirksam vereinbart wurden, aber tatsächlich eingeräumt werden sollen (Baumbach/Hueck/*Haas* Rn. 14; Scholz/*Tiedemann*/*Rönnau* Rn. 101).

61   **9. Gründungsaufwand. a) Begriff.** Gründungsaufwand ist der Gesamtaufwand an Kosten, der für Vorbereitung, Errichtung und Eintragung der Gesellschaft zu deren Lasten entsteht (MüKoGmbHG/*Schwandtner* § 5 Rn. 272). Hierzu zählen etwa Kosten der Beurkundung des Gesellschaftsvertrags, Gerichtskosten für die Eintragung sowie etwaige Vergütung oder Belohnung für die Gründertätigkeit, sog **Gründerlohn** (Michalski/*Dannecker* Rn. 113; MüKoStGB/*Hohmann* Rn. 40).

62   **b) Falsche Angaben. Falsche Angaben** können wie bei Sondervorteilen nur solche über **faktischen Gründungsaufwand** sein, da die Verpflichtung der Gesellschaft zur Übernahme von Gründungsaufwand einer Festsetzung im Gesellschaftsvertrag (auch hier § 26 Abs. 2, 3 S. 1 AktG analog; BGH NJW 1998, 233; Roth/Altmeppen/*Roth* § 5 Rn. 71) bedarf, um wirksam zu werden. Falsche Angaben beziehen sich also auf Umstände, aufgrund derer mit einer Leistung der Gesellschaft auch ohne wirksame Verpflichtung zu rechnen ist (Scholz/*Tiedemann*/*Rönnau* 103). Das Verschweigen eines von der Gesellschaft zu tragenden Gründungsaufwands ist allerdings nicht erfasst, da unterlassene Angaben grundsätzlich nicht tatbestandsmäßig sind (→ Rn. 44); es kann aber von Angaben über die „Verwendung eingezahlter Beträge" erfasst werden, wenn sich der Aufwand zum Zeitpunkt der Anmeldung wertmindernd auf das Stammkapital auswirkt (Scholz/*Tiedemann*/*Rönnau* Rn. 83, 103; aA Erbs/Kohlhaas/*Schaal* Rn. 25). Tatbestandsmäßig ist dagegen, wenn bei der Anmeldung ein Gründungsaufwand behauptet wird, der nicht entstanden ist, falsche Angaben über Art und Höhe des Gründungsaufwands (Ulmer/Habersack/Winter/*Ransiek* Rn. 44) oder falsche Angaben über den Empfänger des Gründerlohns (Baumbach/Hueck/*Haas* Rn. 15). Für eine Strafbarkeit nach Abs. 1 Nr. 1 ist es ohne Belang, ob der Gründungsaufwand **sachlich gerechtfertigt** ist oder nicht. Ein überhöhter Aufwand kann aber eine Strafbarkeit des Geschäftsführers wegen Untreue (§ 266 StGB) begründen (Ulmer/Habersack/Winter/*Ransiek* Rn. 44).

63   **10. Sacheinlagen. a) Begriff.** Sacheinlagen ieS sind solche, bei denen die Einlageverpflichtung unmittelbar auf die Einbringung von Sachen oder sonstige Vermögensgegenstände gerichtet ist (Baumbach/Hueck/*Fastrich* § 5 Rn. 16), zB bewegliche Sachen, Grundstücke, dingliche Rechte, Forderungen, Urheber- und Lizenzrechte oder auch ein Handelsgeschäft mit Firma und Kundenstamm (MüKoStGB/*Hohmann* Rn. 42). Sacheinlagen iwS sind daneben auch sog **Sachübernahmen,** dh die entgeltliche Übernahme von Anlagen oder sonstigen Vermögensgegenständen durch die Gesellschaft unter Anrechnung auf die Einlageverpflichtung (Baumbach/Hueck/*Haas* Rn. 15; Erbs/Kohlhaas/*Schaal* Rn. 27). Bei Anlegen der gebotenen wirtschaftlichen bzw. faktischen Auslegung ist auch eine **verdeckte Sacheinlage** eine Sacheinlage (Michalski/*Dannecker* Rn. 105; MüKoStGB/*Hohmann* Rn. 27; Baumbach/Hueck/*Haas* Rn. 16; MüKoGmbHG/*Wißmann* Rn. 171), dh eine Geldeinlage eines Gesellschafters, die bei wirtschaftlicher Betrachtung und aufgrund einer im Zusammenhang mit der Übernahme der Geldeinlage getroffenen Abrede vollständig oder teilweise als Sacheinlage zu bewerten ist, so die Legaldefinition in § 19 Abs. 4 S. 1.

64   Bei Sacheinlagen besteht eine **erhöhte Gefahr unseriöser Gründungen** durch die Einbringung von Gegenständen, die nur teilweise oder gar nicht der wertmäßigen Einlageverpflichtung entsprechen. Werden Sacheinlagen überbewertet, kann dies den Anschein eines solventen Unternehmens erwecken und zu Täuschungen im Geschäftsverkehr und zu einer Gefährdung der Gläubiger führen (Baumbach/Hueck/*Fastrich* § 5 Rn. 15). Daher bestehen auch **besondere gesetzliche Anforderungen an Sacheinlagen,** die bei Anmeldung darzulegen sind: der Gegenstand der Sacheinlage und der diesbezügliche Nennbetrag des Geschäftsanteils, dh die Bewertung der Sacheinlage (Erbs/Kohlhaas/*Schaal* Rn. 28), müssen im **Gesellschaftsvertrag** festgesetzt werden, § 5 Abs. 4 S. 1. Unterlagen zur **Bewertung** der Stammeinlage, **Verträge,** die den Festsetzungen zugrunde liegen oder zu ihrer Ausführung geschlossen worden sind, sowie der **Sachgründungsbericht** müssen der Anmeldung beigefügt werden, § 8 Abs. 1 Nr. 4, 5. Der Anmeldende hat zuletzt zu **versichern,** dass die Sacheinlagen so bewirkt sind, dass sie endgültig zur freien Verfügung des Geschäftsführers stehen, §§ 7 Abs. 3, 8 Abs. 2.

65   **b) Falsche Angaben.** Angaben sind falsch, wenn die Erbringung einer Sacheinlage nur vorgetäuscht, sie also nicht erbracht ist, bei Falschbewertungen, die den Wert der Sacheinlage durch Täuschung über wertbildende Faktoren schmälern, oder in der Überbewertung der Sacheinlage im Allgemeinen (Scholz/*Tiedemann*/*Rönnau* Rn. 89). Die **Angaben** sind zB dann **unrichtig,** wenn bei Einbringung eines Handelsgeschäfts „mit allem zu diesem Geschäft gehörenden Inventar" verschwiegen wird, dass ein Großteil des Inventars bereits verkauft wurde (RGSt 40, 285 (287)) oder sich der Kundenstamm deutlich verringert hat; auch, wenn ein „hypothekenfrei" einzubringendes Grundstück mit einer Hypothek belastet ist (RG bei Erbs/Kohlhaas/*Schaal* Rn. 29), einzubringende Gegenstände nicht zur freien Verfügung des Geschäftsführers stehen, weil die Verfügungsgewalt weiter beim ursprünglichen Eigentümer liegt (RGSt 48, 153 (154, 157)), oder Sachen eingebracht werden, die nur für die Dauer der Geschäftsgründung von einer Bank freigegeben werden, nach Abschluss des Gesellschaftsvertrags aber zurück übereignet werden müssen (BGH GA 1959, 87 (88)). Gleiches gilt, wenn Grundstücksrechte vor Anmeldung noch nicht endgültig übertragen wurden, etwa wenn bislang nur eine Vormerkung in das Grundbuch eingetragen wurde (Erbs/Kohlhaas/*Schaal* Rn. 29). Ein weiteres in der Praxis wesentliches Fallbeispiel besteht in der **Falschbewertung** der einzubringenden Gegenstände durch Täuschung über wertbildende Faktoren oder die allgemeine Überbewertung von Sachen und Rechten (Ulmer/Habersack/Winter/*Ransiek* Rn. 34). In den letztgenannten Fällen ist jedoch zu beachten, dass eine Strafbarkeit nur dann gegeben ist, wenn die Wertangabe auf einem **unvertretbaren Bewertungsfehler** basiert (→ Rn. 42).

Umstritten ist, ob im Falle einer **verdeckten Sacheinlage** falsche Angaben auch dann vorliegen, **66** wenn der Wert der tatsächlich erfolgten Sacheinlage den Wert der (vereinbarten Bar-)Einlageverpflichtung erreicht. Nach § 19 Abs. 4 S. 3, 4 wird der Wert des eingebrachten Sachwertes auf die fortbestehende Geldeinlagepflicht des Gesellschafters angerechnet („Anrechnungslösung") und damit zum Erlöschen gebracht. Diese gesetzlich angeordnete Anrechnung erfolgt jedoch nicht vor Eintragung der Gesellschaft in das Handelsregister, § 19 Abs. 4 S. 4, also erst nach dem für die Strafbarkeit maßgeblichen Zeitpunkt der Anmeldung. Eine Ansicht lehnt dennoch eine Strafbarkeit teilw. über den Weg einer teleologischen Reduktion ab, da das geschützte Rechtsgut nicht durch unrichtige Angaben zur Solvenz der Gesellschaft tangiert sei (Roth/Altmeppen/*Altmeppen* Rn. 16; *Bittmann* NStZ 2009, 116 (119); Ulmer/Habersack/Winter/*Ransiek* Rn. 36; differenzierend MüKoGmbHG/*Wißmann* Rn. 149). Richtigerweise besteht jedoch keine Grundlage für eine teleologische Reduktion, da sich der Gesetzgeber bewusst für die sog Anrechnungslösung entschieden hat und damit keine planwidrige Regelungslücke gegeben ist (Scholz/Tiedemann/*Rönnau* Rn. 96; *Ceffinato* wistra 2010, 171 (173 f.)).

11. Vollendung und Beendigung. Der Zeitpunkt der **Tatvollendung** ist bei allen Tathandlungen **67** des § 82 von besonderer Bedeutung, da im Versuch der Tatbegehung nicht strafbar ist, § 23 Abs. 1 StGB. Die Vollendung tritt in den Fällen des Abs. 1 Nr. 1 ein, wenn die Angaben dem Registergericht **zugegangen** sind (BGH BeckRS 2004, 30346910; Michalski/*Dannecker* Rn. 106; Scholz/Tiedemann/*Rönnau* Rn. 70, 91). Bei elektronisch übermittelten Angaben (§ 12 Abs. 2 HGB), die die Regel sind (und iÜ die Schriftform ersetzt haben, § 12 HGB aF), setzt dies voraus, dass sie auf Veranlassung des Täters in den amtlichen Bereich des Registergerichts gelangt sind; mündliche Angaben müssen durch den zuständigen Beamten zur Kenntnis genommen werden (MüKoGmbHG/*Wißmann* Rn. 182). Zu einem **Irrtum** des Bearbeiters beim Registergericht muss es hingegen nicht kommen. Falsche Angaben gegenüber dem beurkundenden Notar sind nicht tatbestandsmäßig (→ Rn. 47); eine die Strafbarkeit vermeidende Berichtigung dieser Angaben vor Eingang beim Gericht ist daher ohne weiteres möglich. Eine **Berichtigung** nach Zugang der Angaben beim Registergericht beseitigt die Strafbarkeit aber auch dann nicht mehr, wenn sie noch vor der Eintragung der GmbH erfolgt (RGSt 37, 25 (27); Baumbach/Hueck/*Haas* Rn. 23). Auch die Zurückweisung des Eintragungsantrags ist für die Tatvollendung ohne Belang (RGSt 43, 430 (431)).

Die **Beendigung** der Tat ist maßgebend für den Beginn der Verfolgungsverjährung (§ 78a StGB) **68** sowie für den Zeitraum, in dem eine (sukzessive) Mittäterschaft oder Beihilfe (noch) möglich ist (MüKoGmbHG/*Wißmann* Rn. 188). Die Tat ist nicht schon mit dem Eingang der Anmeldung beim Registergericht beendet (aA BGH NJW 2000, 2285 für Beginn der Verjährungsfrist), sondern erst mit **Eintragung** im Handelsregister (BGH BeckRS 1987, 31088175) oder mit der rechtskräftigen Zurückweisung des Eintragungsantrags (Baumbach/Hueck/*Haas* Rn. 23; Michalski/*Dannecker* Rn. 129).

12. Berichtigungspflicht. Die Tathandlungen des Abs. 1 Nr. 1 können auch durch **Unterlassen** **69** begangen werden (unechtes Unterlassungsdelikt; Scholz/Tiedemann/*Rönnau* Rn. 116; MüKoGmbHG/*Wißmann* Rn. 189), sofern eine entsprechende Garantenpflicht zur Berichtigung falscher Angaben gegenüber dem Registergericht gebietet. Im Hinblick auf den Sonderdeliktscharakter des Abs. 1 Nr. 1 kommt dies nur für den Geschäftsführer und die Gesellschafter in Betracht. Da vielfach das Verschweigen bestimmter Umstände bereits eine Falschangabe durch konkludentes Tun ist (→ Rn. 44), ist Unterlassen va bei **unvorsätzlich falschen Angaben** des Anmeldenden möglich, wenn die Unrichtigkeit erst nach Zugang der Unterlagen beim Registergericht erkannt wird (MüKoGmbHG/*Wißmann* Rn. 189). Wenn unrichtigen Angaben auf einem pflichtwidrigen Verhalten des Anmeldenden beruhen, ist er als **Garant aus Ingerenz** zur Richtigstellung verpflichtet (Baumbach/Hueck/*Haas* Rn. 24; Scholz/Tiedemann/*Rönnau* Rn. 119). Als Maßstab für die Pflichtwidrigkeit des Verhaltens ist die Sorgfalt eines ordentlichen Geschäftsmannes heranzuziehen, § 43 Abs. 1 (Scholz/Tiedemann/*Rönnau* Rn. 119).

II. Sachgründungsschwindel, Abs. 1 Nr. 2

1. Allgemeines. Abs. 1 Nr. 2 stellt falsche Angaben der Gesellschafter im **Sachgründungsbericht** **70** unter Strafe, welcher bei Sacheinlagen dem Registergericht vorgelegt werden muss, §§ 5 Abs. 4 S. 2, 8 Abs. 1 Nr. 4. Zwar wird der Sachgründungsschwindel schon von Abs. 1 Nr. 1 erfasst (→ Rn. 50 ff.),

Abs. 1 Nr. 2 hat aber deswegen eigenständige Bedeutung, weil er die **Strafbarkeit** auf Handlungen **zeitlich vor** der Anmeldung der Gesellschaft im Handelsregister **verlagert** (Scholz/Tiedemann/Rönnau Rn. 121). Die eigenstände Bedeutung des Sachgründungsschwindels ist Ausdruck erhöhter Schutzbedürftigkeit der Allgemeinheit bei Sachgründungen, da bei solchen eine **erhöhte Gefahr unseriöser Gründungen** besteht (→ Rn. 64; MüKoGmbHG/Wißmann Rn. 199).

71   **Taugliche Täter** sind nur die Gesellschafter, wobei einschränkend zu verlangen ist, dass ausschließlich die sog **Gründungsgesellschafter** erfasst sind, denn nur diese sind nach § 5 Abs. 4 S. 2 verpflichtet, einen Sachgründungsbericht zu erstatten (Baumbach/Hueck/Haas Rn. 29; Erbs/Kohlhaas/Schaal Rn. 31). Für Fälle des **Gesellschafterwechsels** gilt Folgendes: Scheidet ein Gesellschafter nach Vornahme der Tathandlung, also nach dem Machen falscher Angaben im Sachgründungsbericht, aber noch vor der Handelsregisteranmeldung aus, beseitigt dies die Strafbarkeit nicht (Baumbach/Hueck/Haas Rn. 28; Erbs/Kohlhaas/Schaal Rn. 31), die Strafbarkeit setzt schließlich bereits im Vorfeld der Anmeldung an. Wer erst nach der Fertigstellung des Berichts Gesellschafter wird, scheidet als Täter aus, da er keine falschen Angaben gemacht hat; er kann aber im Falle einer weiteren Unterstützung des Vorgehens bis zur Beendigung der Tat als Gehilfe bestraft werden (Scholz/Tiedemann/Rönnau Rn. 123). Gibt ein Geschäftsführer den Sachgründungsbericht bei Anmeldung in Kenntnis dessen Unrichtigkeit ab, macht er sich nach § 82 Abs. 1 Nr. 1 strafbar.

72   **2. Sachgründungsbericht.** Der Sachgründungsbericht enthält vornehmlich die **Darlegung** der **für die Angemessenheit** der Leistungen für **Sacheinlagen wesentlichen Umstände,** § 5 Abs. 4 S. 2. Tatbestandlich nicht erfasst ist ein sog **Sacherhöhungsbericht,** dh ein Bericht der anlässlich einer Kapitalerhöhung mit Sacheinlagen abgegeben wird. Grundsätzlich sieht das Gesetz ohnehin bei einer Kapitalerhöhung durch Sacheinlagen keinen Bericht vor; die gesellschaftsrechtliche Lit. fordert in Analogie zu § 5 Abs. 4 S. 2 jedoch teilweise die Abgabe eines solchen (Überblick bei MüKoGmbHG/Lieder § 56 Rn. 111). Eine solche Analogie zu Lasten des Täters kann aber jedenfalls nicht zu einer Strafbarkeit wegen falscher Angaben in einem Sacherhöhungsbericht führen (Scholz/Tiedemann/Rönnau Rn. 121).

73   **3. Falsche Angaben.** Der Begriff der falschen Angaben entspricht dem in Abs. 1 Nr. 1 (→ Rn. 41 ff.). Einschränkend sind jedoch nur **schriftliche Angaben** erfasst, da der Sachgründungsbericht schriftlich abzufassen ist (Roth/Altmeppen/Roth § 5 Rn. 59). Falsch sind konkret unrichtige Angaben über für die **Angemessenheit der Sachleistungen wesentlichen Umstände** (Erbs/Kohlhaas/Schaal Rn. 32). Ob ein Umstand **wesentlich** ist, bestimmt sich nach dem Zweck des Sachgründungsberichts, dem Registergericht die Prüfung der Ordnungsmäßigkeit der Gründung der Gesellschaft zu erleichtern (Scholz/Tiedemann/Rönnau Rn. 125). Dass die Angaben dabei auch „zum Zweck der Eintragung" dienen, fordert Abs. 1 Nr. 2 anders als Abs. 1 Nr. 1 gerade nicht, so dass auch Angaben erfasst sein können, die für die Eintragung nicht unmittelbar erheblich sind (MüKoStGB/Hohmann Rn. 59; Erbs/Kohlhaas/Schaal Rn. 32). Jedenfalls nicht erfasst sind Angaben, die hinsichtlich des intendierten Schutzes vor nicht solventen Sachgründungen hierfür ohne jegliche Relevanz sind (Scholz/Tiedemann/Rönnau Rn. 125). Wesentlich für die Überprüfung der **Angemessenheit** der vereinbarten Sachleistung in Bezug auf den Nennbetrag des Geschäftsanteils sind in der Regel die Eigenart des einzubringenden Gegenstandes, dessen Alter und Marktwert sowie die bei der GmbH vorgesehene Verwendung (MüKoGmbHG/Wißmann Rn. 207).

74   Da „Angemessenheit" der Leistungen und „Wesentlichkeit" der Umstände unbestimmte Rechtsbegriffe sind, ist unter Berücksichtigung des Art. 103 Abs. 2 GG eine falsche (wertende) Angabe nur dann tatbestandsmäßig, wenn sie auf einem **eindeutigen Beurteilungsfehler** beruht (in diesem Sinne Baumbach/Hueck/Haas Rn. 27; Scholz/Tiedemann/Rönnau Rn. 128; → Rn. 42; aA Erbs/Kohlhaas/Schaal Rn. 32).

75   Falsche Angaben müssen im Sachgründungsbericht gemacht werden; falsche Angaben in den **zugrundeliegenden Verträgen** (§ 8 Abs. 1 Nr. 4) sind von Abs. 1 Nr. 2 nicht erfasst, können aber zu einer Strafbarkeit gem. Abs. 1 Nr. 1 führen, wenn diese bei der Anmeldung vorgelegt werden.

76   Das (vollständige) **Unterlassen** von Angaben fällt nicht unter Abs. 1 Nr. 2, so dass ein Gesellschafter, der – entgegen seiner zivilrechtlichen Pflicht aus § 5 Abs. 4 S. 2, die alle Gründungsgesellschafter trifft – in keiner Weise an der Erstellung des Sachgründungsberichts mitwirkt, sich nicht strafbar machen kann (Michalski/Dannecker Rn. 147). Auch ist zwar das **Verschweigen einzelner Angaben** nicht erfasst, regelmäßig wird aber durch das Weglassen bestimmter Umstände ein konkludentes Machen falscher Angaben gegeben sein. Denn der Sachgründungsbericht soll vollumfänglich Auskunft zur Angemessenheit der vereinbarten Sachleistung geben; werden einzelne Umstände weggelassen, entsteht aber regelmäßig eine falsche Vorstellung von der Angemessenheit (Scholz/Tiedemann/Rönnau Rn. 126; → Rn. 44).

77   **4. Vollendung und Beendigung. Vollendet** ist die Tat (der Versuch steht wie bei Abs. 1 Nr. 1 nicht unter Strafe) nicht bereits mit abschließender Erstellung des Sachgründungsberichts. Der Vergleich mit den weiteren Tatbestandsalternativen zeigt, dass tatbestandlich ein Zugang der falschen Angaben gegenüber dem betroffenen Rechtsverkehr erforderlich ist (Abs. 1 Nr. 1, 3: „zum Zwecke der Ein-

tragung", Abs. 1 Nr. 5, Abs. 2 Nr. 1: *Abgabe* einer Versicherung; Abs. 2 Nr. 2: *öffentliche* Mitteilung), damit eine zumindest abstrakte Gefährdung der geschützten Rechtsgüter eintritt (Scholz/*Tiedemann/ Rönnau* Rn. 129). Entsprechend erforderlich ist ein Zugang des Sachgründungsberichts bei einer dritten Person, welche Teilnehmer des betroffenen Rechtsverkehrs ist, zB der Geschäftsführer oder der beurkundende Notar (Baumbach/Hueck/*Haas* Rn. 31; Ulmer/*Ransiek* Rn. 77). Die bloße Fertigstellung des Berichts reicht ebenso wenig aus wie die Kenntnisnahme durch andere Personen (etwa Familienangehörige), die kein wirtschaftliches oder berufliches Interesse an dessen Inhalt haben, da in diesen Fällen keinerlei Gefahren für die von Abs. 1 Nr. 2 geschützten Rechtsgüter (→ Rn. 7 f.) bestehen. Der Zugang beim Registergericht ist nicht erforderlich (Baumbach/Hueck/*Haas* Rn. 31).

Beendigung tritt mit Entscheidung des Registergerichts über die Eintragung der Gesellschaft ein, **78** nicht erst mit der tatsächlichen Eintragung (Baumbach/Hueck/*Haas* Rn. 32; Ulmer/Habersack/Winter/*Ransiek* Rn. 77).

III. Kapitalerhöhungsschwindel, Abs. 1 Nr. 3

1. Allgemeines. Abs. 1 Nr. 3 bedroht den Geschäftsführer mit Strafe, der zum Zweck der Eintra- **79** gung einer Kapitalerhöhung falsche Angaben über die Zeichnung oder Einbringung des neuen Kapitals oder über Sacheinlagen macht. Abs. 1 Nr. 3 erfasst also falsche Angaben bei der erforderlichen Anmeldung einer Kapitalerhöhung gem. § 57 Abs. 1 durch Einreichung der in § 57 Abs. 3 genannten Unterlagen und Abgabe der in § 57 Abs. 2 genannten Versicherung über Umstände der Kapitalerhöhung. Abs. 1 Nr. 3 bezweckt die Sicherstellung der Kapitalaufbringung im Rahmen einer Kapitalerhöhung durch Sanktionierung der Verletzung von Publizitätspflichten, dh von falschen Angaben gegenüber dem Registergericht (Ulmer/Habersack/Winter/*Ransiek* Rn. 79). Abs. 1 Nr. 3 gilt dabei nur für die **Kapitalerhöhung gegen Einlagen** gem. §§ 55 ff., dh für eine Kapitalerhöhung bei der dem Vermögen der GmbH tatsächlich frisches Eigenkapital zugeführt wird (sog effektive oder ordentlich Kapitalerhöhung). Solche Kapitalerhöhungen dienen häufig dazu, den Geschäftsbetrieb auszuweiten, die Beteiligung neuer Gesellschafter zu ermöglichen sowie das Unternehmen zu sanieren (MüKoGmbHG/ *Lieder* § 55 Rn. 7). Eine Täuschung über die Solvenz der Gesellschaft kann insbes. bei einer Kapitalerhöhung zur Sanierung der Gesellschaft eintreten (Scholz/*Tiedemann/Rönnau* Rn. 131). Wird der Gesellschaft kein neues Eigenkapital zugeführt, sondern die **Kapitalerhöhung aus Gesellschaftsmitteln** finanziert, indem Rücklagen in Stammkapital umgewandelt werden, liegt eine Kapitalerhöhung nach §§ 57c ff. vor, für welche nicht Abs. 1 Nr. 3, sondern **Abs. 1 Nr. 4** gilt.

Die **Tathandlungen** ähneln denen des Gründungsschwindels, Abs. 1 Nr. 1; der Unterschied besteht **80** darin, dass die falschen – sich auf Umstände der Kapitalerhöhung beziehenden – Angaben zum Zwecke der Eintragung der Kapitalerhöhung gemacht werden (Erbs/Kohlhaas/*Schaal* Rn. 33; Scholz/*Tiedemann/Rönnau* Rn. 131).

Tauglicher **Täter** des Kapitalerhöhungsschwindels ist ausschließlich der **Geschäftsführer**. Zwar kann **81** auch ein **Liquidator** in der Liquidationsphase eine Kapitalerhöhung anmelden. Macht er dabei falsche Angaben, kann dies aufgrund des eindeutigen Wortlauts seine Strafbarkeit aber nicht begründen (OLG Jena NStZ 1998, 307 f.; Baumbach/Hueck/*Haas* Rn. 41). Da Abs. 1 Nr. 3 für diese Tathandlung die speziellere Vorschrift ist, kann eine Ahndung des Liquidators auch nicht auf Abs. 2 Nr. 2 gestützt werden (OLG Jena NStZ 1998, 307 f.).

2. Falsche Angaben gegenüber dem Registergericht zum Zwecke der Eintragung. Der **82** Begriff der **falschen Angaben** entspricht dem in Abs. 1 Nr. 1 (→ Rn. 41 ff.). Tatbestandsmäßig sind daher auch Angaben, die der Geschäftsführer über seine gesetzliche Verpflichtung (§ 57) hinaus **freiwillig** macht, um die Eintragung der Kapitalerhöhung zu erreichen (Erbs/Kohlhaas/*Schaal* Rn. 36; Scholz/ *Tiedemann/Rönnau* Rn. 112). Wie dort müssen die Angaben auch **zum Zweck der Eintragung** gemacht werden, was in objektiver Hinsicht erfordert, dass es sich um für die Eintragung **erhebliche Angaben** handelt (→ Rn. 48; Erbs/Kohlhaas/*Schaal* Rn. 33). Zuletzt sind nur Angaben **gegenüber dem Registergericht** erfasst (→ Rn. 47).

3. Zeichnung des neuen Kapitals. a) Begriff. „Zeichnung des neuen Kapitals" bedeutet in **83** Anlehnung an den Begriff der „Übernahme der Geschäftsanteile" in Abs. 1 Nr. 1 die Verpflichtung eines (neuen) Gesellschafters zur Übernahme seines Geschäftsanteils an dem erhöhten Kapital, § 55 Abs. 1.

b) Falsche Angaben. Falsch sind Angaben über die Zeichnung neuen Kapitals zB dann, wenn **84** einzelne an der Kapitalerhöhung beteiligte Personen verschwiegen werden (Michalski/*Dannecker* Rn. 162; MüKoGmbHG/*Wißmann* Rn. 220) oder die Höhe der auf einen Gesellschafter entfallenden Einlage unzutreffend dargestellt wird (Baumbach/Hueck/*Haas* Rn. 36).

4. Einbringung des neuen Kapitals. a) Begriff. „Einbringung des neuen Kapitals" bedeutet die **85** Leistung der (Bar- oder Sach-)Einlage, die auf das erhöhte Kapital zu erbringen ist; dies entspricht im Wesentlichen der Erbringung, dh der **Bewirkung der Leistung bei Gründung**, Abs. 1 Nr. 1 (Baumbach/Hueck/*Haas* Rn. 37; MüKoGmbHG/*Wißmann* Rn. 221; → Rn. 50 ff.). Bei **Anmeldung** der

Kapitalerhöhung muss, ähnlich wie bei Anmeldung der erstmaligen Kapitalaufbringung, **versichert** werden, dass ¼ der Bareinlagen eingezahlt, die Sacheinlagen vollständig erbracht wurden und insgesamt der Gegenstand der Leistungen sich endgültig in der freien Verfügung der Geschäftsführer befindet, §§ 57 Abs. 1, 7 Abs. 2 S. 1, Abs. 3; wie auch bei Abs. 1 Nr. 1 wäre die Nennung der Sacheinlagen eigentlich überflüssig, ist jedoch letztlich lex specialis.

86   Grundsätzlich kann für die Erbringung des neuen Kapitals auf den Begriff der **Bewirkung** zurückgegriffen werden, dh die neue Einlage ist erbracht, wenn im Sinne einer „realen" und „effektiven" Aufbringung des Stammkapitals der Einlagegegenstand völlig aus dem Herrschaftsbereich des Einlegers ausgesondert wurde und der Gesellschaft auf Dauer ohne Beschränkungen und Vorbehalte zugeflossen ist (Ulmer/Habersack/Winter/*Ransiek* Rn. 83; → Rn. 50). Jedoch ist zu berücksichtigen, dass anders als bei Gründung der Gesellschaft das **Prinzip der wertgleichen Deckung** nicht (mehr; so noch BGH NJW 1992, 3300 (3302)) gilt (BGH BeckRS 2002, 03402 = BGH NZG 2002, 639 f.); es können also bereits vor Eintragung der Kapitalerhöhung Verfügungen über die Einlage getätigt werden, für die kein wirtschaftliches Äquivalent erlangt wird (Baumbach/Hueck/*Haas* Rn. 37; Erbs/Kohlhaas/*Schaal* Rn. 36).

87   Die Einlage ist nur bewirkt, wenn sie **nach Beschlussfassung** der Gesellschafter über die Kapitalerhöhung geleistet wird, da **Voreinzahlungen auf künftige Kapitalerhöhungen,** auch in akuten Sanierungsfällen mit entsprechendem zeitlichen Handlungsbedarf, grundsätzlich unzulässig sind und keine Erfüllungswirkung haben (BGH NJW 2002, 1716 mwN). Eine Ausnahme gilt nur dann, wenn (1) die Beschlussfassung über die Kapitalerhöhung im Anschluss an die Voreinzahlung mit aller gebotenen Beschleunigung nachgeholt wird, (2) es sich um einen akuten Sanierungsfall handelt, (3) andere Maßnahmen nicht in Betracht kommen und die Rettung der sanierungsfähigen Gesellschaft scheitern würde, falls die übliche Reihenfolge der Durchführung von Kapitalerhöhungsmaßnahmen beachtet würde (BGH NJW 2007, 515 (516 ff.)).

88   **b) Falsche Angaben. Falsch** sind Angaben zur Einbringung neuen Kapitals, wenn Einlagen gar nicht oder nur teilweise geleistet wurden, etwa dann, wenn der neue Gesellschafter nur einen geringeren Betrag auf die Bareinlage eingezahlt hat als angemeldet (BGH NJW 2000, 2285) oder die Einzahlung der Einlage tatsächlich nicht auf der Übernahme des Geschäftsanteils, sondern auf einer Forderung der Gesellschaft aus einem anderen Rechtsgrund beruht (BGH NJW 1955, 678 (679)). Werden die og Voraussetzungen für die Voreinzahlung auf künftige Kapitalerhöhungen nicht erfüllt und ist der vor dem Kapitalerhöhungsbeschluss eingezahlte Betrag im Zeitpunkt der Anmeldung nicht mehr (vollständig) vorhanden, handelt es sich um eine verdeckte Sacheinlage und die Angaben zur angemeldeten Bareinlage sind falsch (Scholz/*Tiedemann*/*Rönnau* Rn. 138). Im Falle eingebrachter Forderungen (Sacheinlagen) eines Gesellschafters gegen die Gesellschaft insbes. in Krisenzeiten, können falsche Angaben vorliegen, wenn die Forderung aufgrund der Krise der Gesellschaft nicht mehr zu ihrem Nennwert angesetzt werden kann (Scholz/*Tiedemann*/*Rönnau* Rn. 139).

89   **5. Sacheinlagen. a) Begriff.** Der Begriff der **Sacheinlage** ist identisch mit dem in Abs. 1 Nr. 1 (→ Rn. 63 ff.) und beinhaltet wiederum auch die sog **Sachübernahme** und **verdeckte Sacheinlagen.** Auch bei der Kapitalerhöhung gegen Sacheinlagen bestehen **besondere gesetzliche Anforderungen,** die bei Anmeldung darzulegen sind: der Gegenstand der Sacheinlage und der diesbezügliche Nennbetrag des Geschäftsanteils, dh die Bewertung der Sacheinlage, muss im Gesellschafterbeschluss über die Kapitalerhöhung festgesetzt werden, § 56 Abs. 1 S. 1. Die **Verträge,** die den Festsetzungen zugrunde liegen oder zu ihrer Ausführung geschlossen worden sind, müssen der Anmeldung beigefügt werden, § 57 Abs. 3 Nr. 3. Der Anmeldende hat zuletzt zu **versichern,** dass die Sacheinlagen so bewirkt sind, dass sie endgültig zur freien Verfügung des Geschäftsführers stehen, § 57 Abs. 2 S. 2.

90   **b) Falsche Angaben.** Angaben sind – in Anlehnung an den Sachgründungsschwindel in Abs. 1 Nr. 1 – falsch, wenn die Erbringung einer Sacheinlage nur vorgetäuscht, sie also nicht erbracht ist, bei Falschbewertungen, die den Wert der Sacheinlage durch Täuschung über wertbildende Faktoren schmälern, oder in der Überbewertung der Sacheinlage im Allgemeinen (→ Rn. 64; Ulmer/Habersack/Winter/ *Ransiek* Rn. 85).

91   **6. Vollendung und Beendigung.** Auch bei Abs. 1 Nr. 3 ist nur das vollendete Delikt, nicht auch der Versuch mit Strafe bedroht (§ 23 Abs. 1 StGB). In der inhaltlichen Beurteilung der Tatvollendung und -beendigung ergeben sich gegenüber dem Gründungsschwindel, Abs. 1 Nr. 1, keine Abweichungen (→ Rn. 67 f.): Die Tat ist mit Zugang der Anmeldung vollendet und Eintragung der Kapitalerhöhung beendet.

IV. Schwindel bei Kapitalerhöhung aus Gesellschaftsmitteln, Abs. 1 Nr. 4

92   **1. Allgemeines.** Abs. 1 Nr. 4 stellt falsche Angaben eines Geschäftsführers in der **Erklärung** nach § 57i Abs. 1 S. 2 bei Anmeldung des Beschlusses über die Erhöhung des Stammkapitals aus Gesellschaftsmitteln (durch Umwandlung von Rücklagen in Stammkapital) unter Strafe. Abs. 1 Nr. 4 soll

verhindern, dass eine Kapitalerhöhung aus Gesellschaftsmitteln eingetragen wird, ohne dass die erforderlichen Rücklagen tatsächlich (noch) vorhanden sind (Roth/Altmeppen/*Altmeppen* Rn. 23).

Täter ist ausschließl. der **Geschäftsführer,** nicht der Liquidator, → Rn. 81. Erfasst sind – va iS einer **93** einheitlichen Auslegung zu Abs. 1 Nr. 1, 3 – nur solche Angaben, die gegenüber dem Registergericht und zum Zweck der Eintragung gemacht werden, also insbes. für die Eintragung erheblich sind (MüKoGmbHG/*Wißmann* Rn. 242; Baumbach/Hueck/*Haas* Rn. 53; Scholz/*Tiedemann/Rönnau* Rn. 142; → Rn. 82, 47 f.; aA Michalski/*Dannecker* Rn. 184; Erbs/Kohlhaas/*Schaal* Rn. 39).

2. Erklärung nach § 57i Abs. 1 S. 2. Gegenstand der Erklärung nach § 57i Abs. 1 S. 2 ist die **94** Kenntnis des Geschäftsführers, dass seit dem Stichtag der zugrunde gelegten Bilanz (mit den darin ausgewiesenen Rücklagen) bis zum Tag der Anmeldung der Kapitalerhöhung **keine Vermögensminderung** eingetreten ist, die der Erhöhung entgegenstünde, wenn sie am Tag der Anmeldung beschlossen worden wäre. Eine solche Vermögensminderung ist dann eingetreten, wenn die verwendbaren Rücklagen aufgrund unrichtiger Bilanzierung oder aufgrund von Verlusten, die zwischen Bilanzstichtag und Anmeldung eingetreten sind, wirtschaftlich nicht mehr zur Verfügung stehen (Roth/Altmeppen/*Roth* § 57i Rn. 5). Die Erklärung bezieht sich auf die **Kenntnis des Geschäftsführers,** wobei dieser zivilrechtlich verpflichtet ist, sich positive Gewissheit darüber zu verschaffen, dass eine solche Vermögensminderung nicht eingetreten ist (Baumbach/Hueck/*Haas* Rn. 50; MüKoGmbHG/*Wißmann* Rn. 241).

3. Falsche Angaben. Zum Begriff der falschen Angaben → Rn. 41 ff. Die Erklärung nach § 57i **95** Abs. 1 S. 2 ist inhaltlich unrichtig, wenn bis zum Tag der Anmeldung die oben beschriebene **Vermögensminderung** eingetreten ist. Verletzt der Geschäftsführer seine Pflicht, sich darüber positive Kenntnis zu verschaffen, führen falsche Angaben dann zu einer Strafbarkeit, wenn er zumindest bedingt vorsätzlich handelt (Baumbach/Hueck/*Haas* Rn. 50; Scholz/*Tiedemann/Rönnau* Rn. 141).

4. Vollendung und Beendigung. Wie beim Gründungsschwindel, Abs. 1 Nr. 1, (→ Rn. 67 f.) ist **96** die Tat mit Zugang der Anmeldung vollendet und mit Eintragung der Kapitalerhöhung beendet.

V. Eignungsschwindel, Abs. 1 Nr. 5

1. Allgemeines. Abs. 1 Nr. 5 stellt falsche Angaben eines Geschäftsführers, Liquidators oder Ge- **97** schäftsleiters einer ausländischen juristischen Person über die **persönliche Eignung** zur Leitung der Gesellschaft in den nach §§ 8 Abs. 3 S. 1, 39 Abs. 3 S. 1 und 67 Abs. 3 S. 1 abzugebenden Versicherungen unter Strafe. Die Vorschrift dient zwar auch dem Gläubigerschutz durch Sanktionierung der Verletzung von Publizitätspflichten (Scholz/*Tiedemann/Rönnau* Rn. 145) – allerdings nicht vor Täuschungen über die Solvenz der Gesellschaft, sondern über die Geeignetheit desjenigen, der die Geschäfte der Gesellschaft führt, diese so zu führen, dass Gläubiger nicht durch ein nicht solventes Unternehmen geschädigt werden.

Taugliche Täter sind neben den **Geschäftsführern** und **Liquidatoren** auch **Geschäftsleiter** **98** **ausländischer juristischer Personen,** sofern diese entsprechende Versicherungen abzugeben haben, was etwa bei Anmeldungen inländischer Zweigniederlassungen einer ausländischen Gesellschaft mit beschränkter Haftung der Fall ist, § 13g Abs. 2 HGB (BT-Drs. 16/6140, 47). **Nicht taugliche Täter** sind die gesetzlichen Vertreter einer juristischen Gesellschaft, die Liquidator einer Gesellschaft ist (s. dazu grds. → Rn. 24): Die Erklärungspflicht bzgl. § 6 Abs. 2 S. 2 Nr. 2, 3 richtet sich ausschließlich an natürliche, nicht juristische Personen, da nur solche von einem Berufsverbot, einer strafrechtlichen Verurteilung etc betroffen sein können. Die Anwendung des § 14 StGB muss also schon deshalb entfallen, weil gar keine Pflicht in der Person der vertretenen juristischen Person begründet wurde (ähnl. Scholz/*Tiedemann/Rönnau* Rn. 144, 51; Ulmer/Habersack/Winter/*Ransiek* Rn. 106).

Erfasst sind nur falsche Angaben **gegenüber dem Registergericht in einer Anmeldung** der **99** Geschäftsführer; §§ 8 Abs. 3 S. 1, 39 Abs. 3 S. 1 oder 67 Abs. 3 S. 1. Abs. 1 Nr. 5 gelten daher nicht für den Liquidator, der eine Versicherung im Verfahren der gerichtlichen Bestellung, § 66 Abs. 2, auf Verlangen des Registergerichts abgibt (Baumbach/Hueck/*Haas* Rn. 58). Tatbestandsmäßig ist folglich auch nicht, wenn ein Geschäftsführer während seiner Amtszeit wegen einer Insolvenzstraftat verurteilt oder mit einem Berufsverbot belegt wird und dies dem Registergericht nicht mitteilt; iÜ wäre das vollständige Verschweigen ohnehin nicht tatbestandsmäßig (Scholz/*Tiedemann/Rönnau* Rn. 152; → Rn. 43).

2. Falsche Angaben. Zum Begriff der falschen Angaben → Rn. 41 ff. Der **Gegenstand** der falschen **100** Angaben ergibt sich aus dem Inhalt der abzugebenden Versicherungen. Es geht also um Angaben über **Berufs- oder Gewerbeverbote,** § 6 Abs. 2 S. 2 Nr. 2, **Vorstrafen,** § 6 Abs. 2 S. 2 Nr. 3, sowie darüber, dass der Geschäftsführer über seine unbeschränkte Auskunftspflicht gegenüber dem Registergericht **belehrt** wurde, § 8 Abs. 3 S. 1. Erfasst sind nicht nur Angaben bei der Anmeldung, sondern auch solche, die auf Aufforderung des Registergerichts ergänzend gemacht werden (Erbs/Kohlhaas/*Schaal* Rn. 41). Falsche Angaben in der Versicherung zu anderen als den genannten Punkten fallen hingegen nicht unter Abs. 1 Nr. 5 (KG Berlin GmbHR 2015, 868 f.; Erbs/Kohlhaas/*Schaal* Rn. 41). Unschädlich ist, ob die Angaben den Formanforderungen des Registergerichts entsprechen, da dies für die Unrichtigkeit einer Angabe unerheblich ist (Scholz/*Tiedemann*/*Rönnau* Rn. 149; → Rn. 42; aA MüKoGmbHG/*Wißmann* Rn. 62). Wenn der Geschäftsführer also nur pauschal angibt, es liege kein Berufsverbot vor oder er sei nicht vorbestraft, obwohl teilw. die Rspr. eine bloße Wiedergabe des Normtextes nicht ausreichen lässt (OLG Frankfurt a. M. BeckRS 2011, 24242; OLG Schleswig BeckRS 2014, 18656; aA OLG Hamm NJW-RR 2011, 833 f.; s. zu weiteren inhaltl. Anforderungen BGH NJW-RR 2011, 1257), begründet dies allein die Unrichtigkeit nicht.

101   Führen Auslassungen zur Unrichtigkeit der Versicherung, erfüllen auch **unvollständige Angaben** den Straftatbestand (Baumbach/Hueck/*Haas* Rn. 60; Scholz/*Tiedemann*/*Rönnau* Rn. 151), da insoweit ein konkludentes Machen falscher Angaben vorliegt (→ Rn. 44). Das (vollständige) **Unterlassen** der Abgabe einer Versicherung ist hingegen nicht tatbestandsmäßig (Baumbach/Hueck/*Haas* Rn. 59; Lutter/Hommelhoff/*Kleindiek* Rn. 19).

102   **3. Berufs- oder Gewerbeverbot.** Nach § 6 Abs. 2 Nr. 2 ist als Geschäftsführer (usw) **ungeeignet,** wer aufgrund eines gerichtlichen Urteils oder einer vollziehbaren Entscheidung einer Verwaltungsbehörde einen Beruf, Berufszweig, ein Gewerbe oder einen Gewerbezweig nicht ausüben darf, sofern der Unternehmensgegenstand mit dem Gegenstand des Verbots übereinstimmt. Erfasst sind damit zunächst alle **strafgerichtlichen Urteile,** die ein Berufsverbot aussprechen. Die Möglichkeit, ein Berufsverbot als Maßregel der Besserung und Sicherung auszusprechen, enthält § 70 Abs. 1 StGB. Der Geschäftsführer braucht aber ein solches Verbot dann nicht anzugeben, wenn der Urteilstenor dem Bestimmtheitsgrundsatz nicht genügt, weil der Beruf oder Berufszweig dann nicht hinreichend genau bestimmt ist (OLG Karlsruhe NStZ 1995, 446 f. zu § 145c StGB; Scholz/*Tiedemann*/*Rönnau* Rn. 147; aA Erbs/Kohlhaas/*Schaal* Rn. 43). Auch ein bloß vorläufiges – weil durch Beschluss und nicht Urteil erlassenes (§ 132a StPO) – und ein nachträglich zur Bewährung ausgesetztes – weil den Beruf nicht unmittelbar untersagendes – Berufsverbot (§ 70a StGB) brauchen nicht angegeben zu werden (Ulmer/Habersack/Winter/*Ransiek* Rn. 109; Scholz/*Tiedemann*/*Rönnau* Rn. 147). Rechtsgrundlage eines **behördlichen** und eines dieses bestätigenden **verwaltungsgerichtlichen Gewerbeverbotes** bildet § 35 GewO oder eine dieser Vorschrift gem. § 35 Abs. 8 GewO vorrangige gewerberechtliche Regelung. Bei der Bestimmung, ob der **Unternehmensgegenstand** ganz oder teilweise mit dem **Gegenstand des Verbotes übereinstimmt,** ist der **tatsächliche** Unternehmensgegenstand (Roth/Altmeppen/*Altmeppen* § 6 Rn. 9) maßgeblich.

103   **4. Vorstrafen.** Das Gesetz zur Modernisierung des GmbH-Rechts und zur Bekämpfung von Missbräuchen (MoMiG) hat mit Wirkung zum 1.11.2008 den Katalog der Straftaten in § 6 Abs. 2 Nr. 2 erheblich ausgeweitet, bei denen eine **rechtskräftige Verurteilung** die Annahme der Ungeeignetheit zur Geschäftsführung begründet. Erfasst sind nunmehr: die **Insolvenzverschleppung** (§ 15a InsO); **sonstige Insolvenzstraftaten** (§§ 283–283d StGB); **falsche Angaben** (§ 82 GmbHG, § 399 AktG); **unrichtige Darstellungen** (§ 400 AktG, § 331 HGB, § 313 UmwG, § 17 PublG); **Vermögensdelikte** nach §§ 263–264a StGB und §§ 265b–266a StGB, insbes. also auch die **Untreue,** sofern eine **Freiheitsstrafe von mindestens einem Jahr** (s. dazu KG Berlin GmbHR 2015, 868 f.) verhängt wurde. Eindeutig ist eine Verurteilung zu einer Freiheitsstrafe von mindestens einem Jahr dann, wenn eine solche Strafe ausschließlich wegen einer oder mehrerer Katalogtaten verhängt wurde (Scholz/*Tiedemann*/*Rönnau* Rn. 148); besteht die Strafe aus Einzelstrafen bzw. aufgrund einer tateinheitlichen Verurteilung wegen einer Katalogtat und einer Nicht-Katalogtat, ist die jeweilige Einzelstrafe zu ermitteln bzw., ob die Mindeststrafe auch ohne Verwirklichung einer Katalogtat erreicht worden wäre (Scholz/*Tiedemann*/*Rönnau* Rn. 148). Um den Grundsatz der Verhältnismäßigkeit trotz der erheblichen Erweiterung der Ausschlusstatbestände gegenüber Abs. 1 Nr. 5 aF zu wahren, führen gem. § 6 Abs. 2 S. 2 Nr. 3 nur **vorsätzlich** begangene Straftaten zur Amtsunfähigkeit (BT-Drs. 16/6140, 33), so dass Verurteilungen wegen fahrlässiger Insolvenzstraftaten (§ 15a Abs. 5 InsO) nicht anzugeben sind. Entgegen der alten Rechtslage (LG Köln NJW-RR 1995, 553 f.) sind nunmehr auch Verurteilungen durch **ausländische Gerichte** anzugeben, sofern die abgeurteilte Tat mit den Katalogtaten vergleichbar ist, § 6 Abs. 2 S. 3.

104   Eine Verurteilung wegen einer der genannten Katalogtaten ist gem. § 6 Abs. 2 S. 2 Nr. 3 aE für eine **Dauer von fünf Jahren** nach **Rechtskraft des Urteils** anzugeben, wobei Zeiten, in welchen der Täter auf behördliche Anordnung in einer Anstalt verwahrt wurde, nicht eingerechnet werden. Wird die Eintragung einer solchen Verurteilung bereits vor Ablauf dieser Frist im Bundeszentralregister gelöscht, muss sie bei der Versicherung trotzdem weiterhin offengelegt werden (Erbs/Kohlhaas/*Schaal* Rn. 44). Für die **Einhaltung der Frist** ist entscheidend, ob sie beim Eingang der Versicherung bei Gericht schon abgelaufen ist (Scholz/*Tiedemann*/*Rönnau* Rn. 147).

105   **5. Belehrung über die Auskunftspflicht.** Der Geschäftsführer etc muss versichern, dass er durch das Registergericht oder den Notar (§ 8 Abs. 3 S. 2) über den Umfang seiner Auskunftspflicht belehrt wurde. Die Versicherung muss so **konkret** sein, dass dem Gericht die Überzeugung vermittelt wird, der Versichernde habe alle Bestellungshindernisse gekannt und nach sorgfältiger Prüfung wahrheitsgemäße Angaben gemacht (BayObLG BB 1982, 238). Ist sie dies nicht, entspricht sie zwar nicht den Formanforderungen, ist aber nicht als solche inhaltlich unrichtig (aA wohl Erbs/Kohlhaas/*Schaal* Rn. 41; → Rn. 100, 42).

6. Vollendung und Beendigung. Vollendung tritt auch hier mit Zugang der Versicherung beim **106** Registergericht ein, **Beendigung** mit Eintragung im Handelsregister oder der rechtskräftigen Ablehnung des Eintragungsantrags (Scholz/*Tiedemann/Rönnau* Rn. 153).

VI. Kapitalherabsetzungsschwindel, Abs. 2 Nr. 1

1. Allgemeines. Abs. 2 Nr. 1 bedroht die **unwahre Versicherung** mit Strafe, die ein Geschäfts- **107** führer gem. § 58 Abs. 1 Nr. 4 zum Zweck der Herabsetzung des Stammkapitals über die Befriedigung oder Sicherstellung der Gläubiger abgibt. Die Vorschrift dient ausschließlich dem Schutz der gegenwärtigen Gläubiger der Gesellschaft, die von einer Kapitalherabsetzung betroffen sind (Baumbach/Hueck/*Haas* Rn. 69; Scholz/*Tiedemann/Rönnau* Rn. 154). Auf die vereinfachte Kapitalherabsetzung nach § 58a findet die Strafnorm keine Anwendung (Erbs/Kohlhaas/*Schaal* Rn. 46; Michalski/*Dannecker* Rn. 213).

Tauglicher Täter des Kapitalherabsetzungsschwindels ist ausschließlich der **Geschäftsführer,** wegen **108** des eindeutigen Wortlauts dagegen nicht der Liquidator (Roth/Altmeppen/*Altmeppen* Rn. 28; → Rn. 81).

Erfasst ist nur die unwahre Versicherung **gegenüber dem Registergericht** sowie nur Tathandlungen **109** **zum Zwecke der Eintragung** (→ Rn. 45 f.)

2. Unwahre Versicherung. Die **Unrichtigkeit der Versicherung** entspricht der Unrichtigkeit der **110** Angaben in Abs. 1 (→ Rn. 41 f.). Die Versicherung ist daher **unwahr,** wenn sie nicht mit der Wirklichkeit übereinstimmt. Grundsätzlich können neben den gesetzlich vorgeschriebenen Angaben in der Versicherung auch freiwillige Angaben erfasst sein; sie sind jedoch nur dann strafrechtlich relevant, wenn sie zur Erläuterung der gesetzlich vorgeschriebenen Angaben und damit zur Eintragung dienen (MüKoGmbHG/*Wißmann* Rn. 283; Scholz/*Tiedemann/Rönnau* Rn. 156). Gesellschaftsrechtlich umstritten ist, ob in der Versicherung Angaben zu einzelnen Forderungen und ihrer Befriedigung / Sicherung zu machen sind (s. dazu MüKoGmbHG/*J. Vetter* § 58 Rn. 140); werden solche nicht gemacht, begründet dies jedenfalls nicht die Unwahrheit der Versicherung, da das Nichteinhalten der vorgegebenen Form die Unwahrheit nicht begründen kann (Scholz/*Tiedemann/Rönnau* Rn. 134; MüKoStGB/*Hohmann* Rn. 103; aA *Wicke* Rn. 10; → Rn. 100). Das vollständige **Unterlassen** der Abgabe einer Versicherung ist nicht tatbestandsmäßig (→ Rn. 44).

3. Versicherung gem. § 58 Abs. 1 Nr. 4 iVm Nr. 2. Gegenstand der unwahren Versicherung ist **111** die Erklärung, dass die Gläubiger, welche sich bei der Gesellschaft gemeldet und der Herabsetzung nicht zugestimmt haben, befriedigt oder sichergestellt sind. **Gläubiger** ist jeder, der Forderungen gegen die GmbH besitzt oder dem sonst Ansprüche gegen sie zustehen (Erbs/Kohlhaas/*Schaal* Rn. 47; MüKoStGB/*Hohmann* Rn. 104). Die Versicherung ist unwahr, wenn Gläubiger nicht angegeben werden, die Ansprüche geltend gemacht haben, und / oder weder befriedigt noch sichergestellt wurden. Unerheblich ist dabei, ob eine solche Forderung durch die Gesellschaft bestritten wird; entscheidend ist allein, ob der Anspruch tatsächlich besteht (Scholz/*Tiedemann/Rönnau* Rn. 157; Erbs/Kohlhaas/*Schaal* Rn. 47). Nimmt der Geschäftsführer irrig an, die Forderung sei unberechtigt, lässt dies erst den Vorsatz entfallen. In zweifelhaften Fällen kann der Geschäftsführer das Strafbarkeitsrisiko nur durch Sicherheitsleistung beseitigen (Baumbach/Hueck/*Haas* Rn. 71; Scholz/*Tiedemann/Rönnau* Rn. 157).

Nicht Gegenstand der unwahren Versicherung sind Angaben hinsichtlich § 58 Abs. 1 Nr. 1 **112** (Scholz/*Tiedemann/Rönnau* Rn. 158; MüKoStGB/*Hohmann* Rn. 103; ähnlich Ulmer/Habersack/Winter/*Ransiek* Rn. 118; aA Erbs/Kohlhaas/*Schaal* Rn. 47; Michalski/*Dannecker* Rn. 220). Die Versicherung gem. § 58 Abs. 1 Nr. 4 bezieht sich nur auf § 58 Abs. 1 Nr. 2 (Befriedigung oder Sicherstellung der genannten Gläubiger). Die weitere – dieser vorausgehende – Voraussetzung einer Kapitalherabsetzung gem. § 58 Abs. 1 Nr. 1, dass der Gesellschafterbeschluss über die Kapitalherabsetzung von den Geschäftsführern zu drei verschiedenen Malen in den Gesellschaftsblättern bekannt gemacht werden muss, wird hingegen nicht in Bezug genommen.

4. Vollendung und Beendigung. Vollendung tritt mit Zugang der Versicherung beim Registerge- **113** richt, **Beendigung** mit Eintragung der Kapitalherabsetzung oder rechtskräftiger Zurückweisung des Eintragungsantrags ein (Scholz/*Tiedemann/Rönnau* Rn. 162 f.).

VII. Geschäftslagetäuschung, Abs. 2 Nr. 2

1. Allgemeines. Abs. 2 Nr. 2 bedroht öffentliche Mitteilungen mit Strafe, in welchen die Ver- **114** mögenslage der Gesellschaft unwahr dargestellt oder verschleiert wird. Die gegenwärtigen und zukünftigen Gläubiger sowie zukünftige Gesellschafter sollen vor unwahren Angaben über die Vermögenslage der Gesellschaft geschützt werden (Scholz/*Tiedemann/Rönnau* Rn. 163).

115   **Taugliche Täter** sind **Geschäftsführer** (→ Rn. 18 ff.), **Liquidatoren** (→ Rn. 24) sowie **Mitglieder des Aufsichtsrats** oder eines **ähnlichen Organs** (→ Rn. 26). Eine Strafbarkeit dieser Personen setzt voraus, dass sie bei der Mitteilung „als Gesellschaftsorgan" handeln. Rein **private Äußerungen** über die Vermögenslage der GmbH in gesellschaftsfremder Funktion genügen nicht (MüKoStGB/*Hohmann* Rn. 115; HK-KapMStrafR/*Südbeck* Rn. 146). Zur Abgrenzung ist darauf abzustellen, ob die Öffentlichkeit die Mitteilung als Ausübung der Organstellung verstehen muss (Baumbach/Hueck/*Haas* Rn. 85). Gesellschafter können lediglich Teilnehmer sein, §§ 26, 27 StGB (Scholz/*Tiedemann*/*Rönnau* Rn. 163).

116   Abs. 2 Nr. 2 tritt im Wege **gesetzlicher Subsidiarität** hinter § 331 Nr. 1 (und Nr. 1a) HGB zurück, welche die unrichtige Wiedergabe oder Verschleierung der Verhältnisse einer Kapitalgesellschaft durch ein Mitglied des vertretungsberechtigten Organs oder des Aufsichtsrats in der Eröffnungsbilanz, im Jahresabschluss, im Lagebericht oder im Zwischenabschluss bzw. in einem Einzelabschluss unter Strafe stellen.

117   **2. Unwahre Darstellung.** Die Darstellung der Vermögenslage ist **unwahr,** wenn die in ihr enthaltenen Angaben objektiv unrichtig sind (→ Rn. 42). Dabei spielt es keine Rolle, ob die Angaben ein positives oder negatives Bild von der wirtschaftlichen Situation der Gesellschaft zeichnen. Auch eine **ungünstige Darstellung** ist tatbestandsmäßig, da sie Außenstehende in ihren wirtschaftlichen Entscheidungen beeinflussen kann (MüKoGmbHG/*Wißmann* Rn. 314; Erbs/Kohlhaas/*Schaal* Rn. 50; Scholz/*Tiedemann*/*Rönnau* Rn. 173). Mitteilungen, die die Vermögens-, Finanz- oder Ertragslage im bilanzrechtlichen Sinn betreffen, sind – in einem relativen Sinne (Scholz/*Tiedemann*/*Rönnau* Rn. 174) – unwahr, wenn sie den Rechnungslegungsvorschriften und den Grundsätzen ordnungsmäßiger Buchführung widersprechen (Baumbach/Hueck/*Haas* Rn. 83; Lutter/Hommelhoff/*Kleindiek* Rn. 28). Da es sich hierbei in vielen Fällen um Prognosen und Schätzungen handelt, ist eine Darstellung nur dann unwahr, wenn sie völlig unvertretbar ist (MüKoStGB/*Hohmann* Rn. 113; s. → Rn. 42). Beispiele für unwahre Darstellungen in der Bilanz sind die Überbewertung von Vermögensgütern oder das Einstellen fiktiver Beträge und Wertansätze (Scholz/*Tiedemann*/*Rönnau* Rn. 176).

118   Das Verschweigen erheblicher Umstände ist eine konkludent unrichtige Darstellung, wenn nur die Offenbarung dieser Umstände den wahren Gehalt der Mitteilung erkennen lässt (Erbs/Kohlhaas/*Schaal* Rn. 51; Michalski/*Dannecker* Rn. 243; → Rn. 44). Bspw. kann das Nichterwähnen eines Rangrücktritts den objektiven Tatbestand erfüllen, wenn die Handelsbilanz wegen der Forderung eines Gesellschaftsgläubigers eine Überschuldung ausweist (*Hartung* NJW 1995, 1186 (1190 f.)).

119   **3. Verschleiernde Darstellung.** Da die unvollständige Aussage bereits durch das Tatbestandsmerkmal der unwahren Darstellung erfasst ist (→ Rn. 118), ist eine verschleiernde Darstellung nur dann gegeben, wenn sie wahre Tatsachen undeutlich oder unkenntlich macht (MüKoGmbHG/*Wißmann* Rn. 317), wobei jedoch nur schwerwiegende Verstöße erfasst sind (Scholz/*Tiedemann*/*Rönnau* Rn. 190; Michalski/*Dannecker* Rn. 246). Zur Beurteilung ist auf das Verständnis eines sach-, da bilanzkundigen Erklärungsempfängers abzustellen (Erbs/Kohlhaas/*Schaal* Rn. 51; Scholz/*Tiedemann*/*Rönnau* Rn. 179). Diese Tatbestandsvariante hat also in erster Linie verfahrenserleichternde Funktion, da der Nachweis der objektiven Unrichtigkeit der Angaben nicht geführt werden muss (Baumbach/Hueck/*Haas* Rn. 84; Michalski/*Dannecker* Rn. 247).

120   **4. Öffentliche Mitteilung. Mitteilung** ist eine **schriftliche, mündliche oder durch Boten überbrachte Erklärung** (Scholz/*Tiedemann*/*Rönnau* Rn. 164). Erfasst sind bspw. die in Jahresabschlüssen enthaltenen Informationen, sonstige Geschäftsberichte, Bilanzen, Pressemitteilungen, Rundschreiben (Scholz/*Tiedemann*/*Rönnau* Rn. 164). Ob die Äußerung tatsächlich zur Kenntnis genommen wird, ist ohne Bedeutung (MüKoStGB/*Hohmann* Rn. 110).

121   **Öffentlich** sind Mitteilungen, wenn sie sich **bewusst, mittelbar oder unmittelbar, an einen unbestimmten Personenkreis** oder an einen **bestimmten begrenzten Teil der Öffentlichkeit** richten (HK-KapMStrafR/*Südbeck* Rn. 150; Ulmer/Habersack/Winter/*Ransiek* Rn. 132), nicht dagegen eine Äußerung gegenüber einzelnen Personen, auch wenn es sich um einzelne Gläubiger handelt (Baumbach/Hueck/*Haas* Rn. 81; Erbs/Kohlhaas/*Schaal* Rn. 49). Im Hinblick auf die Schutzrichtung, Schutz der – externen – Gläubiger und zukünftigen Gesellschafter, sind **gesellschaftsinterne Mitteilungen** nicht öffentlich, dh nicht erfasst sind Mitteilungen in der Gesellschafterversammlung oder im Aufsichtsrat, es sei denn, die Presse wird hinzugezogen (MüKoGmbHG/*Wißmann* Rn. 305), zudem Äußerungen gegenüber dem Betriebsrat, einem Beirat, einem Wirtschaftsausschuss oÄ. **Bewusst** sind nur zielgerichtete öffentliche Mitteilungen, nicht erfasst sind daher fehlgeleitete Informationen, die nicht für die Öffentlichkeit vorgesehen waren (Scholz/*Tiedemann*/*Rönnau* Rn. 166; Roth/Altmeppen/*Altmeppen* Rn. 36). Mitteilungen an das Handelsregister sind gleichfalls (mittelbar) der Öffentlichkeit zugängliche und für sie bestimmte Erklärungen (OLG Jena NStZ 1998, 307 (308); Baumbach/Hueck/*Haas* Rn. 81; Erbs/Kohlhaas/*Schaal* Rn. 49).

122   **5. Darstellung der Vermögenslage.** Gegenstand der Mitteilung ist die **Vermögenslage** der Gesellschaft, dh die Summe der wirtschaftlichen Verhältnisse der GmbH (Baumbach/Hueck/*Haas* Rn. 82). Erfasst sind nicht nur Gesamtdarstellungen nach Art einer Bilanz, sondern Darstellungen einzelner

Bilanzposten und sonstiger, nicht bilanzfähiger Umstände, die für die Kreditwürdigkeit der Gesellschaft oder für deren künftige Entwicklung wirtschaftlich bedeutsam sind (MüKoGmbHG/*Wißmann* Rn. 308; Lutter/Hommelhoff/*Kleindiek* Rn. 24). Solche Einzeldarstellungen müssen jedoch zumindest eine Aussagekraft in Bezug auf die wirtschaftliche Lage des Unternehmens ermöglichen und den Eindruck der Vollständigkeit erwecken (Erbs/Kohlhaas/*Schaal* Rn. 50; MüKoGmbHG/*Wißmann* Rn. 308; Scholz/ *Tiedemann/Rönnau* Rn. 171).

Zur Vermögenslage der GmbH **gehört** zunächst der Vermögensstand iSd Bilanzvermögens 123 (Scholz/*Tiedemann/Rönnau* Rn. 147), darüber hinaus aber zB auch Investitionsentscheidungen, nicht bilanzfähige Vermögenswerte, unternehmerische Planungen, die Auftragslage, Beziehungen zu verbundenen Unternehmen, Einzelheiten eines Sanierungsplans (*Richter* GmbHR 1984, 113 (116)) und Ähnliches (Bsp. bei Baumbach/Hueck/*Haas* Rn. 82; Erbs/Kohlhaas/*Schaal* Rn. 50).

Zur Vermögenslage der Gesellschaft **gehören nicht** andere Verhältnisse, die die Vermögenslage 124 gerade nicht berühren, etwa Veruntreuungen durch den Geschäftsführers, sofern die Ersatzansprüche der GmbH mit richtiger Bewertung in der Bilanz enthalten sind (MüKoGmbHG/*Wißmann* Rn. 311; Erbs/ Kohlhaas/*Schaal* Rn. 50), sowie Mittelungen über einzelne Geschäftsabschlüsse (BGH NJW 2005, 445 (449)).

6. Unterlassen. Die unwahre Darstellung kann auch durch ein **Unterlassen** begangen werden, wenn 125 der Täter als Garant gem. § 13 StGB verpflichtet ist, bestimmte Umstände offen zu legen (Scholz/ *Tiedemann/Rönnau* Rn. 182; Ulmer/Habersack/Winter/*Ransiek* Rn. 138). So macht sich etwa ein Geschäftsführer nach Abs. 2 Nr. 2 strafbar, wenn er gegen die falsche Darstellung der Vermögenslage durch andere Gesellschaftsorgane bewusst nicht einschreitet (BeckOK GmbHG/*Dannecker/N. Müller* Rn. 262; HK-KapMStrafR/*Südbeck* Rn. 152; → Rn. 29 ff.). Gleiches gilt, wenn er zunächst unvorsätzlich eine unwahre (oder verschleiernde) Darstellung abgegeben hat und diese Unrichtigkeit später ohne einzuschreiten bemerkt, da er dann aus Ingerenz zum Tätigwerden verpflichtet ist (MüKoGmbHG/ *Wißmann* Rn. 321; Michalski/*Dannecker* Rn. 258). Zuletzt kann auch eine Unterlassenstäterschaft des zur Überwachung der Geschäftsführung verpflichteten Aufsichtsrates in Betracht kommen (→ Rn. 26).

7. Vollendung und Beendigung. Die Tat ist **vollendet,** wenn die Darstellung der Öffentlichkeit im 126 oben beschriebenen Sinne zugänglich geworden ist, wofür der Zugang eines Rundschreibens bei einem Gläubiger oder das Erscheinen eines relevanten Zeitungsberichts genügt, Kenntnisnahme wird nicht vorausgesetzt; die Tat ist jedenfalls mit Kenntnisnahme der Mitteilung **beendet** (Scholz/*Tiedemann/ Rönnau* Rn. 187 f.).

C. Subjektiver Tatbestand, Rechtswidrigkeit und Schuld

I. Subjektiver Tatbestand

Alle Tatbestandsalternativen des § 82 können nur **vorsätzlich** begangen werden; die fahrlässige 127 Begehung ist nicht mit Strafe bedroht, § 15 StGB. Ausreichend sind alle Vorsatzformen; Wissentlichkeit, Täuschungs- oder gar Schädigungsabsicht sind in keinem der Tatbestandsalternativen erforderlich (Scholz/*Tiedemann/Rönnau* Rn. 193; BeckOK GmbHG/*Dannecker/N. Müller* Rn. 22). Vorsätzlich handelt daher bereits, wer mit dem Einritt des tatbestandlichen Erfolgs in der Weise einverstanden ist, dass er ihn billigend in Kauf nimmt oder sich mit der Tatbestandsverwirklichung wenigstens abfindet (**bedingter Vorsatz;** Erbs/Kohlhaas/*Schaal* Rn. 54).

Der Vorsatz des Täters muss sich auf die Unrichtigkeit oder Unvollständigkeit der von ihm gemachten 128 Angaben, Versicherungen oder Darstellungen sowie auf seine Tätertauglichkeit erstrecken (Erbs/Kohlhaas/*Schaal* Rn. 54). Hinsichtlich der im Tatbestand enthaltenen normativen Tatbestandsmerkmale ist erforderlich, dass der Täter den Begriffskern der in dieser Vorschrift enthaltenen normativen Tatbestandsmerkmale wenigstens laienhaft erfasst (Scholz/*Tiedemann/Rönnau* Rn. 195); zu Irrtumsfragen → Rn. 132 ff.

Die Tatbestände in Abs. 1, Nr. 1, Nr. 3 (Nr. 4; → Rn. 92) sowie Abs. 2 Nr. 1 setzen zudem voraus, 129 dass der Täter **„zum Zweck der Eintragung"** (→ Rn. 48) handelt, also die **Absicht** verfolgt, mit seinen Angaben oder seiner Versicherung die Eintragung zu erreichen (Erbs/Kohlhaas/*Schaal* Rn. 54; Michalski/*Dannecker* Rn. 27).

II. Rechtswidrigkeit

Auf Ebene der Rechtswidrigkeit gelten die allgemeinen Grundsätze, dh die Erfüllung des gesetzlichen 130 Tatbestands indiziert die Rechtswidrigkeit. Weisungen oder eine **Einwilligung** der Gesellschafter (bzw. soweit vorhanden und zuständig des Aufsichtsrats) können das tatbestandsmäßige Verhalten eines Geschäftsführers nicht rechtfertigen, da sie nicht Inhaber des von § 82 geschützten Rechtsguts (→ Rn. 6 ff.) sind und damit auch nicht darüber disponieren können (Baumbach/Hueck/*Haas* Rn. 90; Erbs/Kohlhaas/*Schaal* Rn. 53; Ulmer/Habersack/Winter/*Ransiek* Rn. 65). Eine Rechtfertigung nach **§ 34 StGB,** etwa wegen wirtschaftlichen Zwängen, ist nicht möglich, da unrichtige Angaben oder Versicherungen kein angemessenes Mittel sein können, um Gefahren abzuwehren (Ulmer/Habersack/Winter/*Ransiek* Rn. 65; Baumbach/Hueck/*Haas* Rn. 90; aA Scholz/*Tiedemann*/*Rönnau* Rn. 90, der jedenfalls in Ausnahmefällen eine Rechtfertigung für möglich hält).

III. Schuld

131   Auch auf Ebene der Schuld gelten keine Besonderheiten gegenüber dem allgemeinen Strafrecht. Ein Entschuldigung nach § 35 StGB ist theoretisch denkbar (Scholz/*Tiedemann*/*Rönnau* Rn. 192; MüKoGmbHG/*Wißmann* Rn. 333), praktisch aber wohl bedeutungslos. Möglich ist aber ein Entfallen der Schuld im Falle eines unvermeidbaren Verbotsirrtums (→ Rn. 134 f.).

D. Irrtumsfragen

I. Allgemeines

132   Bei der Behandlung von Irrtumsfragen gelten die allgemeinen Grundsätze über den Tatbestandsirrtum, § 16 StGB, und den Verbotsirrtum, § 17 StGB. Ein **Tatbestandsirrtum,** der den Vorsatz entfallen lässt, ist anzunehmen, wenn der Täter über Merkmale des gesetzlichen Tatbestands irrt, einschließlich der Voraussetzungen der Ausfüllungsvorschriften, auf die § 82 verweist (Erbs/Kohlhaas/*Schaal* Rn. 55). Hingegen lässt ein **Verbotsirrtum** (§ 17 StGB), also eine Fehlvorstellung über das hinter dem Straftatbestand stehende abstrakte Verbot (Scholz/*Tiedemann*/*Rönnau* Rn. 196), nur dann die Schuld und mithin die Strafbarkeit entfallen, wenn er unvermeidbar ist, § 17 S. 1 StGB.

II. Tatbestandsirrtum

133   Bei allen Tatbestandsalternativen sind insbes. Irrtümer über die Unrichtigkeit der gemachten Angaben relevant. Ein vorsatzausschließender Tatbestandsirrtum liegt dabei vor, wenn der Täter aufgrund eines Irrtums über Tatsachen von der Richtigkeit ausgeht, aber auch dann, wenn er über den Maßstab für den richtigen Inhalt seiner Erklärung irrt (Scholz/*Tiedemann*/*Rönnau* Rn. 200). In den Fällen des **Gründungs- und Kapitalerhöhungsschwindels** (Abs. 1 Nr. 1, Nr. 3) ist dies bspw. der Fall, wenn der Täter fälschlich davon ausgeht, die Bar- oder Sacheinlage stehe endgültig zur freien Verfügung des Geschäftsführers (BGH GA 1977, 340 (341)) oder werde jedenfalls zum Zeitpunkt des Eingangs der Anmeldung beim Registergericht in dieser Weise zur Verfügung stehen (Scholz/*Tiedemann*/*Rönnau* Rn. 201) bzw. eine verdeckte Sacheinlage sei eine (wirksame) Bareinlage (Scholz/*Tiedemann*/*Rönnau* Rn. 201; Michalski/*Dannecker* Rn. 29, 176; MüKoGmbHG/*Wißmann* Rn. 180; aA: Henssler/Strohn/*Servatius* Rn. 17a). Vorsatzlos handelt auch, wer irrig annimmt, die Einzahlung einer Bareinlage auf ein persönliches Konto des Geschäftsführers stelle eine ordnungsgemäße Leistung an die Gesellschaft dar (BayObLG NJW-RR 1987, 675) oder bei einer Nachmeldung müssten keine Angaben über eine zwischenzeitliche Verwendung der Bareinlagen gemacht werden (BGH NStZ 1993, 442). Beim **Eignungsschwindel** (Abs. 1 Nr. 5) liegt ein Tatbestandsirrtum vor, wenn der Täter die Frist, innerhalb derer eine Vorstrafe anzugeben ist (→ Rn. 103), falsch berechnet (Baumbach/Hueck/*Haas* Rn. 65; Erbs/Kohlhaas/*Schaal* Rn. 56). Beim **Kapitalherabsetzungsschwindel** (Abs. 2 Nr. 1) ist die irrige Annahme, eine Gläubigerforderung bestehe nicht, Tatbestandsirrtum (Scholz/*Tiedemann*/*Rönnau* Rn. 206).

III. Verbotsirrtum

134   Ein Verbotsirrtum, da bloßer Subsumtionsirrtum, über die Tätereigenschaft liegt vor, wenn der Täter zwar die tatsächlichen Umstände kennt, die seine Stellung als **faktischen Geschäftsführer** begründen, aber verkennt, dass ihn damit die Pflichten eines Geschäftsführers treffen (BGH BeckRS 1984, 31108632). Ein Verbotsirrtum beim **Gründungs- oder Kapitalerhöhungsschwindel** (Abs. 1 Nr. 1, Nr. 3) wird teilweise angenommen, wenn der Täter die Hingabe eines Wechsels oder eine Kreditzusage für eine Bareinlage hält (BGH NStZ 1993, 442; Erbs/Kohlhaas/*Schaal* Rn. 57; MüKoGmbHG/*Wißmann* Rn. 182; aA Ulmer/Habersack/Winter/*Ransiek* Rn. 59; Baumbach/Hueck/*Haas* Rn. 21: generell Tatbestandsirrtum). Richtigerweise dürfte ein Verbotsirrtum dann nicht anzunehmen sein, wenn er sich darauf bezieht, dass damit bereits die Voraussetzungen für eine endgültige freie Verfügung gegeben sind (Scholz/*Tiedemann*/*Rönnau* Rn. 201; Michalski/*Dannecker* Rn. 32). Ein Verbotsirrtum liegt jedenfalls vor, wenn der Täter annimmt, eine noch ausstehende Restzahlung auf eine Bareinlage sei so geringfügig oder werde so zeitnah (nach Stellung des Eintragungsantrags) erfolgen, dass dies nicht angegeben werden müsse (RGSt 14, 36 (45)). Beim **Eignungsschwindel** (Abs. 1 Nr. 5) ist Verbotsirrtum die Annahme, die Offenlegung einer Vorstrafe sei unzumutbar (Scholz/*Tiedemann*/*Rönnau* Rn. 205); bei der **Geschäftslagetäuschung** (Abs. 2 Nr. 2) die Annahme, die Vermögenslage unrichtig darstellen zu dürfen, um die GmbH vor Schwierigkeiten zu bewahren (RGSt 38, 195 (200)).

Ein Verbotsirrtum ist nur selten **unvermeidbar** und zwar nur dann, wenn der Täter trotz der ihm 135
nach den Umständen des Falles, seiner Persönlichkeit sowie seines Lebens- und Berufskreises zuzumutenden Anspannung des Gewissens die Einsicht der Unrechtmäßigkeit seines Handelns nicht zu gewinnen vermochte (s. nur BGH NJW 1952, 593). Insbes. muss sich der jeweilige Täter über die gesetzlichen Anforderungen genau informieren und im Zweifel fachkundigen und unvoreingenommenen Rechtsrat einholen (Scholz/*Tiedemann/Rönnau* 197 f.). Eine Unvermeidbarkeit kann bspw. angenommen werden, wenn der Täter die Abgabe einer falschen Angabe infolge der Beratung durch einen Notar für erlaubt hält (BGH GA 1959, 87).

E. Konkurrenzen

Mehrere Falschangaben in ein- und derselben Erklärung stellen nur eine strafbare Handlung dar, da 136
natürliche Handlungseinheit vorliegt (Scholz/*Tiedemann/Rönnau* Rn. 210), etwa wenn bei einer Anmeldung falsche Angaben über verschiedene Gründungsvorgänge gemacht werden (Erbs/Kohlhaas/ *Schaal* Rn. 64). Sofern die einzelnen Tatformen des Abs. 1 Nr. 1 unter dem Oberbegriff „Leistung der Einlagen" erfasst werden können, sind falsche Angaben zu einzelnen Erklärungsobjekten (wie Sacheinlagen, Gründungsaufwand oder die Verwendung eingezahlter Beträge) unselbstständige Teilstücke dieser umfassenden Tatform (Erbs/Kohlhaas/*Schaal* Rn. 64; MüKoGmbHG/*Wißmann* Rn. 336). **Tateinheit** (§ 52 StGB) ist möglich mit Betrug (§ 263 StGB), Untreue (§ 266 StGB), Urkundenfälschung (§ 267 StGB), strafbarer Werbung (§ 16 UWG) usw.

Tatmehrheit (§ 53 StGB) ist anzunehmen, wenn in öffentlichen Mitteilungen dieselben falschen 137
Angaben gemacht werden wie in der Anmeldung (MüKoGmbHG/*Wißmann* Rn. 336). Die Falschangabe bei Eintragung steht in Tatmehrheit zu § 246 StGB, wenn das Vermögen, das zur Gründung der Gesellschaft eingebracht wurde, aus einer Unterschlagung herrührt (Erbs/Kohlhaas/*Schaal* Rn. 64). Zwischen Gründungsschwindel (Abs. 1 Nr. 1) und Sachgründungsschwindel (Abs. 1 Nr. 2) liegt nicht Tatmehrheit vor (so aber Erbs/Kohlhaas/*Schaal* Rn. 64), vielmehr tritt § 82 Abs. 1 Nr. 2 als weniger intensive Gefährdung des Rechtsguts hinter § 82 Abs. 1 Nr. 1 zurück, wenn der Gesellschafter in beiden Fällen Täter ist; ist der Gesellschafter bei § 82 Abs. 1 Nr. 1 lediglich Gehilfe des Geschäftsführers, tritt diese Beihilfe hinter § 82 Abs. 1 Nr. 2 als mitbestraft zurück (MüKoGmbHG/*Wißmann* Rn. 338; Scholz/*Tiedemann/Rönnau* Rn. 212).

Abs. 2 Nr. 2 tritt hinter § 331 Nr. 1 und Nr. 1a HGB im Wege **gesetzlicher Subsidiarität** zurück 138
(→ Rn. 116). Angaben über die Erhöhung des Stammkapitals sind von Abs. 1 Nr. 3 abschließend erfasst, ein Rückgriff auf Abs. 2 Nr. 2 ist unzulässig (OLG Jena NStZ 1998, 307 f.; → Rn. 81).

F. Strafverfolgung und Rechtsfolgen

I. Verjährung

Die **Verjährungsfrist** für das Vergehen nach § 82 beträgt grundsätzlich fünf Jahre, § 78 Abs. 3 Nr. 4 139
StGB. Wird eine Geschäftslagentäuschung nach Abs. 2 Nr. 2 in Gestalt eines Presseinhaltsdelikts verübt, gelten die kürzeren Verjährungsfristen der jeweiligen Landespressegesetze (Erbs/Kohlhaas/*Schaal* Rn. 66; Scholz/*Tiedemann/Rönnau* Rn. 221); dies aber häufig nur dann, wenn das Druckwerk mit der unwahren oder verschleiernden Darstellung nicht allein Zwecken des Gewerbes dient (wie zB im Geschäftsbericht), da die einige Landespressegesetze für solche Fallgestaltungen nicht gelten (gem. § 4 Abs. 2 Nr. 2 HPresseG; BGH NJW 1995, 892 f.; anders aber bspw. Art. 6, 14 Abs. 1 S. 2 Nr. 3 BayPresseG, wonach nur Taten nach § 399 AktG von der verkürzten Verjährungsfrist ausgenommen werden). Der **Beginn** des Laufs der Verjährungsfrist erfolgt grundsätzlich mit Beendigung der Tat (→ Rn. 68, 78, 91, 96, 106, 113, 126).

II. Zuständigkeiten

Die Straftat nach § 82 ist **Wirtschaftsstrafsache** iSv § 74c Abs. 1 Nr. 1 GVG und fällt in den 140
Zuständigkeitsbereich der Schwerpunktstaatsanwaltschaften für Wirtschaftsstrafsachen. Anklageerhebung erfolgt zum zuständigen Amtsgericht oder (etwa bei besonderer Bedeutung des Falls) zur Wirtschaftsstrafkammer am Landgericht.

III. Rechtsfolgen

§ 82 sieht Freiheitsstrafe von bis zu drei Jahren oder Geldstrafe vor. In Fällen des § 41 StGB ist auch 141
die Verhängung von Geld- neben Freiheitsstrafe möglich. Die Vorschriften über das Berufsverbot (§ 70 StGB) sowie Verfall und Einziehung (§§ 73 ff. StGB) sind anwendbar. Bei Teilnehmern, denen die Sondereigenschaft als Täter fehlt (→ Rn. 13), ist die Strafmilderung nach den §§ 28, 49 StGB zu beachten.

§ 84 Verletzung der Verlustanzeigepflicht

(1) Mit Freiheitsstrafe bis zu drei Jahren oder mit Geldstrafe wird bestraft, wer es als Geschäftsführer unterläßt, den Gesellschaftern einen Verlust in Höhe der Hälfte des Stammkapitals anzuzeigen.

(2) Handelt der Täter fahrlässig, so ist die Strafe Freiheitsstrafe bis zu einem Jahr oder Geldstrafe.

Literatur: *Canaris,* Die Haftung für fahrlässige Verletzungen der Konkursantragspflicht nach § 64 GmbHG, JZ 1993, 649; *Geißler,* Die Einberufung der Gesellschafterversammlung in der Krise der UG (haftungsbeschränkt), DZWIR 2010, 98; *Horn,* Deutsches und europäisches Gesellschaftsrecht und die EuGH-Rechtsprechung zur Niederlassungsfreiheit – Inspire Art, NJW 2004, 893; *Tiedemann,* Zur Streichung (und zur Existenz) von Bilanzforderuissen in §§ 64, 84 GmbHG, wistra 1985, 281; *Ulmer/Habersack/Winter,* Gesetz betreffend die Gesellschaften mit beschränkter Haftung (GmbHG), 1. Aufl. 2008 (zitiert Ulmer/Habersack/Winter/*Bearbeiter*).

A. Allgemeines

I. Regelungsgehalt und Anwendungsbereich

1   **1. Inhalt.** § 84 **Abs. 1** bedroht den Geschäftsführer einer Gesellschaft mit Strafe, der es unterlässt, den Gesellschaftern einen Verlust in der Höhe der Hälfte des Stammkapitals anzuzeigen. § 84 **Abs. 2** erfasst das **fahrlässige Unterlassen** dieser Verlustanzeige. Die Vorschrift hat durch das Gesetz zur Modernisierung des GmbH-Rechts und zur Bekämpfung von Missbräuchen, **MoMiG,** mit Wirkung zum 1.11.2008 wesentlich an Bedeutung verloren. Während in § 84 Abs. 2 aF die Insolvenzverschleppung geregelt war, ist diese nunmehr gesellschaftsübergreifend durch § 15a Abs. 4 InsO erfasst. § 84 sanktioniert demnach lediglich noch das Unterlassen der Verlustanzeige.

2   **2. Verhältnis zu § 49 Abs. 3.** Der Straftatbestand des § 84 steht in einem engen Zusammenhang mit **§ 49 Abs. 3:** während § 84 den Geschäftsführer bestraft, der bei Eintritt eines Verlustes in Höhe der Hälfte des Stammkapitals dies den Gesellschaftern nicht anzeigt, verpflichtet § 49 Abs. 3 den Geschäftsführer in eben dieser Konstellation zur Einberufung einer Gesellschafterversammlung – allerdings erst dann (anders als § 84 Abs. 1), wenn der Verlust aus einer Bilanz ersichtlich wird. Jedenfalls der unterschiedliche Wortlaut der beiden Vorschriften (Ulmer/Habersack/Winter/*Ransiek* Rn. 5), streitet nicht für eine inhaltliche Koppelung des § 84 an § 49 Abs. 3 iSe Akzessorietät. Da jedoch gesetzeshistorisch (s. dazu im Detail Scholz/*Tiedemann/Rönnau* Rn. 2 ff.) die Streichung der zunächst vorgesehenen Verweisung in § 84 auf § 49 Abs. 3 (BT-Drs. 8/1347, 20) eine Strafeinschränkung (BT-Drs. 8/3908, 40, 78: bloße Anzeige anstatt Einberufung einer Gesellschafterversammlung) und weniger eine Strafschärfung (durch Verzicht auf das Bilanzerfordernis) bewirken sollte, ist zumindest teilweise eine inhaltliche Koppelung vorzunehmen (→ Rn. 11).

3   **3. Anwendungsbereich.** Eine Strafbarkeit aus § 84 ist nur möglich für den Geschäftsführer einer **GmbH;** nicht anwendbar ist dagegen die Vorschrift im Hinblick auf Art. 103 Abs. 2 GG auf den Geschäftsführer einer **Vor-GmbH** als Rechtsträger eigener Art (Roth/Altmeppen/*Altmeppen* § 82 Rn. 2) sowie einer **ausländischen Gesellschaft,** etwa einer englischen Limited (Ulmer/*Ransiek* Rn. 2; MüKoStGB/*Hohmann* Rn. 3; *Horn* NJW 2004, 893 (900)). Ebenfalls nicht anwendbar ist § 84 auf den Geschäftsführer einer **UG** (Unternehmergesellschaft; MüKoStGB/*Hohmann* Rn. 10; Baumbach/Hueck/*Haas* Rn. 1), da dieser gem. § 5a Abs. 4, abweichend von § 49 Abs. 3, erst bei drohender Zahlungsunfähigkeit verpflichtet ist, eine Gesellschafterversammlung einzuberufen. Dies ist folgerichtig, da eine UG über kein Mindeststammkapital verfügen muss, vgl. § 5a Abs. 1 (*Geißler* DZWIR 2010, 98 (99)), entsprechend besteht auch für eine Anwendbarkeit von § 84 kein Raum.

II. Rechtsgut und Deliktsnatur

4   **1. Rechtsgut.** § 84 schützt in seiner geltenden Fassung in erster Linie die **Gesellschafter** in ihrem **Informations- und Vermögensinteresse** an der Vermeidung weiterer, über die Hälfe des Stammkapitals hinausgehender Verluste (Scholz/*Tiedemann/Rönnau* Rn. 5; BeckOK GmbHG/*Voßen* Rn. 3) bzw. an der Erhaltung des Bestands der Gesellschaft. Mittelbar wird durch den Schutz eines solchen Bestandsinteresses der Gesellschafter auch die **Gesellschaft** selbst geschützt (Erbs/Kohlhaas/*Schaal* Rn. 1; Roth/Altmeppen/*Altmeppen* Rn. 11). Nicht vom Schutzbereich des § 84 erfasst sind dagegen die Gläubiger der Gesellschaft, da sich eine diesbezügliche Schutzwirkung erst dann entfalten kann, wenn die Gesellschafter aufgrund der Verlustanzeige – in ihrer freien Disposition stehende – Sanierungs- oder sonstige Gegenmaßnahmen einleiten (Ulmer/Habersack/Winter/*Ransiek* Rn. 10; MüKoStGB/*Hohmann* Rn. 4; Michalski/*Dannecker* Rn. 8; mittelbarer Schutz: Roth/Altmeppen/*Altmeppen* Rn. 11). In Bezug auf die Gesellschafter und die Gesellschaft ist § 84 Schutzgesetz iSv **§ 823 Abs. 2 BGB** (Baumbach/Hueck/*Haas* Rn. 9; Scholz/*Tiedemann/Rönnau* Rn. 6).

2. Deliktsnatur. § 84 Abs. 1 stellt das Unterlassen der Verlustanzeige unter Strafe; die Vorschrift 5 beinhaltet also ein **echtes Unterlassungsdelikt** (Scholz/*Tiedemann*/*Rönnau* Rn. 7; MüKoStGB/*Hohmann* Rn. 4), da neben dem Unterlassen der Tatbestand nicht auch an einen weitergehenden Erfolg anknüpft. Zwar soll durch die Anzeigepflicht ein Erfolg herbeigeführt werden – nämlich die Unterrichtung der Gesellschafter – dessen Verhinderung ist aber nicht tatbestandsmäßige Voraussetzung (BGH NJW 1960, 1677 f.). Entsprechend, da kein tatbestandsmäßiger Erfolg in Form einer unterbliebenen Unterrichtung, Vermögensgefährdung oder gar einer Schädigung erforderlich ist, handelt es sich bei § 84 auch um ein **abstraktes Gefährdungsdelikt** (*Canaris* JZ 1993, 649 (651); Erbs/Kohlhaas/*Schaal* Rn. 3; Lutter/Hommelhoff/*Kleindiek* Rn. 1).

III. Täter und Teilnehmer

1. Sonderdelikt. Tauglicher Täter ist allein der **Geschäftsführer,** nicht dagegen der Liquidator, auch 6 wenn er der vormalige Geschäftsführer ist (§ 66 Abs. 1; Ulmer/Habersack/Winter/*Ransiek* Rn. 13), da dies die Wortlautgrenze überschreiten würde. Es handelt sich also um ein **echtes Sonderdelikt** (Baumbach/Hueck/*Haas* Rn. 3; Erbs/Kohlhaas/*Schaal* Rn. 5; Lutter/Hommelhoff/*Kleindiek* Rn. 1), das (mit-)täterschaftlich nur durch Personen begangen werden kann, die diese Sondereigenschaft besitzen. Anstifter oder Gehilfe, §§ 26, 27 StGB, kann hingegen jedermann sein. Fehlt einem Teilnehmer die Sondereigenschaft, kommen die §§ 28, 49 StGB zur Anwendung (Scholz/*Tiedemann*/*Rönnau* Rn. 14).

2. Geschäftsführer. Wie bei § 82 (→ § 82 Rn. 18 ff.) kommt nicht nur der zivilrechtlich wirksam 7 (oder unwirksam) bestellte Geschäftsführer als Täter in Betracht, sondern auch der **faktische Geschäftsführer.** Täter ist mithin auch, wer nicht wirksam zum Geschäftsführer bestellt wurde, dieses Amt aber tatsächlich im Einverständnis mit den Gesellschaftern aufgenommen und ausgeübt hat (s. zu den Anforderungen im Detail → § 82 Rn. 22 f.).

Sind **mehrere Geschäftsführer** bestellt, obliegt die Verlustanzeigepflicht jedem Geschäftsführer 8 (Erbs/Kohlhaas/*Schaal* Rn. 12; Ulmer/Habersack/Winter/*Ransiek* Rn. 15; Michalski/*Dannecker* Rn. 31). Wird die Verlustanzeigepflicht aufgrund eines einheitlichen Willensentschlusses unterlassen, liegt Mittäterschaft gem. § 25 Abs. 2 StGB vor, ansonsten Nebentäterschaft (Scholz/*Tiedemann*/*Rönnau* Rn. 15). Die Anzeige durch einen Gesellschafter lässt die Anzeigepflicht der übrigen Geschäftsführer entfallen, da dann die Pflichterfüllung schon nicht mehr möglich ist (Scholz/*Tiedemann*/*Rönnau* Rn. 15; Roth/Altmeppen/*Altmeppen* Rn. 13). Geht ein Geschäftsführer irrtümlich davon aus, ein weiterer Geschäftsführer habe die Verlustanzeige bereits vorgenommen, liegt ein Tatbestandsirrtum gem. § 16 StGB vor (Ulmer/Habersack/Winter/*Ransiek* Rn. 15).

3. Teilnehmer. Sonstige Personen außer den Geschäftsführern können nicht Täter des § 84, sondern 9 allenfalls Anstifter oder Gehilfen sein (→ Rn. 6). Dies gilt insbes. auch für **Mitglieder des Aufsichtsrates,** soweit die Gesellschaft über einen solchen verfügt. Diese können zwar gesellschaftsrechtlich verpflichtet sein, in der betreffenden Krisensituation nach § 49 Abs. 3 eine Gesellschafterversammlung einzuberufen und die Gesellschafter so von dem Kapitalverlust zu unterrichten (Erbs/Kohlhaas/*Schaal* Rn. 5; Scholz/*Tiedemann*/*Rönnau* Rn. 13). Einer Bestrafung als Täter steht jedoch der eindeutige Wortlaut des Abs. 1 entgegen, Art. 103 Abs. 2 GG. Das (vorsätzliche) Unterlassen der Unterrichtung kann aber uU als Beihilfe geahndet werden, da das Aufsichtsratsmitglied Garant im Hinblick auf die Verhinderung von Straftaten durch den Geschäftsführer ist (MüKoGmbHG/*Wißmann* Rn. 72, 82 f.; Scholz/*Tiedemann*/*Rönnau* Rn. 13). Als Gehilfen kommen daneben leitende Angestellte oder außenstehende Berater in Betracht (Scholz/*Tiedemann*/*Rönnau* Rn. 14).

B. Objektiver Tatbestand

I. Verlust in Höhe der Hälfte des Stammkapitals

Ein Verlust in Höhe der Hälfte des Stammkapitals entsteht, wenn das Stammkapital so gemindert ist, 10 dass es nur noch zur Hälfte vorhanden ist (Ulmer/Habersack/Winter/*Ransiek* Rn. 17; MüKoStGB/ *Hohmann* Rn. 13; Erbs/Kohlhaas/*Schaal* Rn. 8); besteht das Stammkapital in Höhe der Mindesteinlage von 25.000 EUR (§ 5 Abs. 1), dürften nur noch 12.500 EUR oder weniger vorhanden sein. Gemeint ist mit dem Verlust iHd Hälfte des Stammkapitals nach ganz hM also nicht der Bilanzverlust (s. nur Scholz/*Tiedemann*/*Rönnau* Rn. 32). Ob der Verlust die entscheidende Höhe erreicht hat, bestimmt sich nach den für die Jahresbilanz geltenden **handelsrechtlichen Bestimmungen** (MüKoGmbHG/*Wißmann* Rn. 95 ff.; Baumbach/Hueck/*Haas* Rn. 10; Roth/Altmeppen/*Altmeppen* Rn. 14), was schon aus dem engen Zusammenhang von Abs. 1 und § 49 Abs. 3 abgeleitet werden kann. Dabei sind zur Bemessung des Gesellschaftsvermögens idR **Fortführungswerte** anzusetzen (Baumbach/Hueck/*Haas* Rn. 10; Lutter/Hommelhoff/*Kleindiek* Rn. 8), entsprechend ist die Auflösung stiller Reserven nur zulässig, soweit dies auch im Jahresabschluss zulässig ist (Scholz/*Tiedemann*/*Rönnau* Rn. 33). Zerschlagungs- bzw. Liquidationswerte können ausnahmsweise nur dann angesetzt werden, wenn die Nichtfortführung der Gesellschaft feststeht (Scholz/*Tiedemann/Rönnau* Rn. 33; Michalski/*Dannecker* Rn. 39; aA Ulmer/Habersack/Winter/*Ransiek* Rn. 22).

11   Entgegen der hM (Baumbach/Hueck/*Haas* Rn. 14; Erbs/Kohlhaas/*Schaal* Rn. 9; Lutter/Hommelhoff/*Kleindiek* Rn. 8; Roth/Altmeppen/*Altmeppen* Rn. 14) ist ungeschriebenes Tatbestandsmerkmal, dass – in Anlehnung an § 49 Abs. 3 – der Vermögensverlust **aus einer (Jahres- oder Zwischen-) Bilanz** ersichtlich ist. Zwar ist der hM zuzugeben, dass sich ein solches Erfordernis nicht aus dem Wortlaut ergibt und zudem derjenige Geschäftsführer privilegiert werden kann, der eine Bilanz (bewusst) nicht erstellt bzw. erstellen lässt (Erbs/Kohlhaas/*Schaal* Rn. 8). Jedoch sollte die Streichung der im Gesetzgebungsverfahren zunächst vorgesehene Bezugnahme auf § 49 Abs. 3 GmbH (und damit das Erfordernis einer Bilanzerstellung) eine Strafeinschränkung- und gerade keine -schärfung bewirken (→ Rn. 2); zudem lässt auch eine unterlassene Bilanzerstellung den Geschäftsführer nicht gänzlich unsanktioniert, da er sich dadurch ggf. schadensersatzpflichtig machen kann (BGH NJW-RR 1995, 669; BeckOK GmbHG/*Schindler* § 49 Rn. 43) und unter den erweiterten Voraussetzungen des § 283 Abs. 1 Nr. 7b auch strafbar. Um *strafbedürftiges* Unrecht– zumal in der Fahrlässigkeitsvariante – handelt es sich iRd § 84 jedoch nicht (Scholz/*Tiedemann/Rönnau* Rn. 2 ff.; Michalski/*Dannecker* Rn. 44).

II. Anzeigepflicht

12   **1. Beginn und Ende.** Die Anzeigepflicht **entsteht,** wenn der Verlust in Höhe der Hälfte des Stammkapitals eintritt und – nach der hier vertretenen Ansicht – bilanziell ausgewiesen wurde (Scholz/*Tiedemann/Rönnau* Rn. 34); auf eine Kenntnisnahme des Geschäftsführers kommt es nicht an (MüKoStGB/*Hohmann* Rn. 25). Die Pflicht **endet** zu dem Zeitpunkt, in dem sich die Vermögenslage der Gesellschaft so verbessert, dass die in Abs. 1 vorausgesetzte Krisensituation wieder entfällt (Erbs/Kohlhaas/*Schaal* Rn. 11). Die Pflicht erlischt auch dann, wenn sämtliche Gesellschafter – zB durch Dritte – Kenntnis von dem Vermögensverlust erlangen (Baumbach/Hueck/*Haas* Rn. 15). Die Amtsniederlegung durch den Geschäftsführer ist jedoch nicht geeignet, die Strafbarkeit für bereits vollendetes Unterlassen zu beseitigen (Baumbach/Hueck/*Haas* Rn. 16; Scholz/*Tiedemann/Rönnau* Rn. 28).

13   **2. Form, Inhalt und Frist.** Das Gesetz schreibt zur Erfüllung der Pflicht keine bestimmte **Form** vor. Die Unterrichtung kann also schriftlich oder mündlich erfolgen (Baumbach/Hueck/*Haas* Rn. 16; Erbs/Kohlhaas/*Schaal* Rn. 8). Der Einberufung einer Gesellschafterversammlung nach § 49 Abs. 3 bedarf es zur Vermeidung der Strafbarkeit nicht (BT-Drs. 8/3908, 78; Roth/Altmeppen/*Altmeppen* Rn. 13). Aus der Anzeige des Verlustes an alle Gesellschafter (Erbs/Kohlhaas/*Schaal* Rn. 12) müssen die Tatsache des Verlustes und dessen Höhe hinreichend ersichtlich sein; die bloße Übersendung einer Bilanz wird dabei teilw. als unzureichend angesehen, wenn nicht alle Gesellschafter bilanzkundig sind (Scholz/*Tiedemann/Rönnau* Rn. 36; MüKoGmbHG/*Wißmann* Rn. 106). Die Pflicht ist grundsätzlich **unverzüglich** nach ihrem Entstehen zu erfüllen (MüKoStGB/*Hohmann* Rn. 25; Roth/Altmeppen/*Altmeppen* Rn. 13); die Geschäftsführer dürfen daher einen in Aussicht stehenden Verlustausgleich nur in einem engen Zeitrahmen abwarten (Scholz/*Tiedemann/Rönnau* Rn. 41).

14   **3. Verzicht/Kenntnis der Gesellschafter.** Entgegen der hM (Baumbach/Hueck/*Haas* Rn. 15; Erbs/Kohlhaas/*Schaal* Rn. 12; Michalski/*Dannecker* Rn. 50; diff. Roth/Altmeppen/*Altmeppen* Rn. 16 f.) wirkt ein **Verzicht** aller Gesellschafter auf die Verlustanzeige als tatbestandsausschließendes Einverständnis (ebenso Scholz/*Tiedemann/Rönnau* Rn. 45). Verzichten die Gesellschafter als Rechtsgutsinhaber auf die Anzeige, kann auch ein Schutz der Gesellschaft selbst durch § 84 nicht überzeugend für die Unbeachtlichkeit eines Verzichtes angeführt werden, da der Schutz der Gesellschaft durch die Gesellschafter vermittelt wird. Erst Recht dient die Anzeigepflicht nicht öffentlichen Interessen (so aber bspw. Michalski/*Dannecker* Rn. 50); wie oben festgestellt (→ Rn. 4), werden Gläubigerinteressen von § 84 nicht geschützt. Der Verzicht der Gesellschafter ist auch wirksam, wenn er bereits vor Eintritt des Verlustes erklärt wird (Scholz/*Tiedemann/Rönnau* Rn. 46).

15   Einigkeit besteht jedenfalls, dass die Pflicht entfällt, wenn alle Gesellschafter bereits **Kenntnis** von dem Verlust haben, sei es durch Unterrichtung durch einen weiteren Geschäftsführer (→ Rn. 8) oder durch einen Dritten (MüKoGmbHG/*Wißmann* Rn. 108; MüKoStGB/*Hohmann* Rn. 25; Michalski/*Dannecker* Rn. 49).

16   **4. Unterlassen der Verlustanzeige.** Das tatbestandsmäßige Verhalten besteht im Unterlassen der fristgerechten Anzeige des Verlustes gegenüber den Gesellschaftern. Der Pflichterfüllung kann in Ausnahmefällen eine tatsächliche Unmöglichkeit (etwa in Krankheitsfällen) entgegenstehen (Scholz/*Tiedemann/Rönnau* Rn. 34; Ulmer/Habersack/Winter/*Ransiek* Rn. 24); unerheblich ist hingegen, ob die Pflichterfüllung unzweckmäßig ist, weil etwa eine Sanierung der Gesellschaft nicht mehr möglich ist (Scholz/*Tiedemann/Rönnau* Rn. 34).

C. Vorsatz, Irrtum, Fahrlässigkeit

I. Vorsatz

Der Tatbestand des § 84 kann sowohl vorsätzlich (Abs. 1) als auch fahrlässig (Abs. 2) begangen **17** werden. **Vorsätzlich** handelt der Täter des § 84 Abs. 1 als echtem Unterlassungsdelikt (→ Rn. 5), wenn er die Tatumstände kennt, die ihn zum Handeln verpflichten und er gleichwohl davon absieht, dem vom Gesetz bestimmten Gebot nachzukommen; keine Voraussetzung des Vorsatzes ist hingegen, dass der Täter seine Verpflichtung zur Anzeige gekannt hat (BGH NJW 1964, 1330 f.; Scholz/*Tiedemann*/*Rönnau* Rn. 50). Zu den Tatumständen, die der Vorsatz umfassen muss, gehört insbes. die Stellung als Geschäftsführer sowie der Eintritt des Verlustes. **Bedingter Vorsatz** ist dabei ausreichend (Erbs/Kohlhaas/*Schaal* Rn. 14; Ulmer/Habersack/Winter/*Ransiek* Rn. 24; BeckOK GmbHG/*Voßen* Rn. 13).

II. Fahrlässigkeit

Aus dem Umstand allein, dass die Voraussetzungen des Vorsatzes nicht vorliegen, kann nicht gefolgert **18** werden, dass Fahrlässigkeit gegeben sei; diese ist selbstständig festzustellen (Michalski/*Dannecker* Rn. 55). **Fahrlässig** (Abs. 2) handelt der Täter bspw., wenn er den Verlust erkannt und bilanziell ermittelt hat, dann aber die Anzeige vergisst oder irrig davon ausgeht, der Verlust sei noch innerhalb der Anzeigefrist wieder ausgeglichen worden (Scholz/*Tiedemann*/*Rönnau* Rn. 52 f.).

III. Irrtumsfragen

Die Behandlung des Irrtums richtet sich nach den allgemeinen Grundsätzen der §§ 16, 17 StGB. Die **19** Bedeutung eines Irrtums ist im Vergleich zu § 82 insofern geringer, als der Tatbestand des § 84 auch fahrlässig begangen werden kann, so dass ein Tatbestandsirrtum in der Regel nicht zur Straflosigkeit sondern zur Ahndung der Tat nach Abs. 2 führt. Ein **Tatbestandsirrtum** liegt vor, wenn der Täter die tatsächlichen Umstände, die den Vermögensverlust begründen, und damit die Anzeigepflicht auslösen, falsch einschätzt oder sonst die Höhe des Verlustes falsch beurteilt (Baumbach/Hueck/*Haas* Rn. 19; Scholz/*Tiedemann*/*Rönnau* Rn. 49). Hingegen ist eine Bestrafung wegen eines Vorsatzdeliktes nicht deshalb ausgeschlossen, weil der Geschäftsführer seine rechtliche Verpflichtung zur Anzeige nicht kennt. In dieser Konstellation liegt ein – vermeidbarer – **Verbotsirrtum** (Gebotsirrtum) vor (Baumbach/Hueck/*Haas* Rn. 19; Ulmer/Habersack/Winter/*Ransiek* Rn. 25; MüKoStGB/*Hohmann* Rn. 29; s. auch BGH NJW 1982, 354 (355) für den ähnlich gelagerten Fall der Unkenntnis der Buchführungspflicht bei §§ 283 ff. StGB). Der Verbotsirrtum führt aber nur dann zum Wegfall der Schuld und damit der Strafbarkeit, wenn er unvermeidbar ist, § 17 S. 1 StGB. Unvermeidbarkeit wird aber wohl nur selten anzunehmen sein, da hier ein strenger Maßstab anzulegen ist (Erbs/Kohlhaas/*Schaal* Rn. 17; so auch Scholz/*Tiedemann*/*Rönnau* Rn. 50: „praktisch kaum vorstellbar").

D. Rechtswidrigkeit und Schuld

Für die Rechtswidrigkeit gelten die Grundsätze des allgemeinen Strafrechts. Der Verzicht der Gesell- **20** schafter auf die Unterrichtung führt bereits zu einem tatbestandlichen Einverständnis (→ Rn. 14) und bedarf daher keiner weiteren Erörterung unter dem Rechtfertigungsgrund der Einwilligung (so aber zB MüKoStGB/*Hohmann* Rn. 35). Auch ein Rechtfertigungsgrund der **Unzumutbarkeit der Anzeigeerstattung** dürfte praktisch nicht in Betracht kommen. Die Anzeige ist insbes. dann nicht unzumutbar, wenn der Geschäftsführer den Verlust selbst verschuldet hat und daher befürchtet, zivilrechtlich in Anspruch oder strafrechtlich verfolgt zu werden (Erbs/Kohlhaas/*Schaal* Rn. 13; Scholz/*Tiedemann*/*Rönnau* Rn. 48). Auch wenn der Geschäftsführer bei Erfüllung der Anzeigepflicht mit dem Verlust seines Arbeitsplatzes rechnen muss, überwiegt sein Interesse an der Geheimhaltung im Rahmen der Güterabwägung bei § 34 StGB das Interesse der Gesellschafter an der Unterrichtung nicht (Erbs/Kohlhaas/*Schaal* Rn. 13; aA Scholz/*Tiedemann*/*Rönnau* Rn. 48, der in Ausnahmefällen eine Rechtfertigung für denkbar hält).

Auch für die Beurteilung der **Schuldfrage** gelten keine Besonderheiten gegenüber dem allgemeinen **21** Strafrecht. Ein Verbotsirrtum liegt insbes. vor, wenn der Täter seine Anzeigepflicht nicht kennt (→ Rn. 19).

E. Vollendung und Beendigung

Die Unterlassenstat des § 84 ist **vollendet,** wenn die Frist zur (unverzüglichen) Verlustanzeige ver- **22** strichen ist (Ulmer/Habersack/Winter/*Ransiek* Rn. 27; MüKoStGB/*Hohmann* Rn. 33). Der Versuch des § 84 Abs. 1 ist nicht strafbar.

Beendet ist die Tat mit Wegfall der Anzeigepflicht (MüKoStGB/*Hohmann* Rn. 34; Michalski/*Dann-* **23** *ecker* Rn. 57; Scholz/*Tiedemann*/*Rönnau* Rn. 59). Die Tat ist dagegen nicht schon beendet, wenn – wie im Falle der Vollendung – die Frist zur Verlustanzeige verstrichen ist, da auch danach die Gefahren der unterlassenen Anzeige weiter wirken (so aber Ulmer/Habersack/Winter/*Ransiek* Rn. 27). Die Anzeigepflicht entfällt, wenn die Gesellschafter anderweitig von dem Verlust erfahren haben bzw. wenn die Verlustsituation nicht mehr gegeben ist, dh nicht die Hälfe des Stammkapitals aufgebraucht ist (MüKoStGB/*Hohmann* Rn. 34).

F. Konkurrenzen

24   Bei dem echten Unterlassungsdelikt des § 84 kommt **Tateinheit** (§ 52 StGB) mit anderen Unterlassungstaten nur dann in Betracht, wenn die unterschiedlichen Handlungspflichten durch dieselbe Handlung erfüllt werden müssen und dementsprechend dieselbe Unterlassung zu mehreren Gesetzesverletzungen führt (BGH NJW 1963, 1627 f.; Scholz/*Tiedemann/Rönnau* Rn. 55). Folglich wird Tateinheit mit der unterlassenen Insolvenzantragstellung regelmäßig ausscheiden, da die Anzeigepflicht des Abs. 1 und die Antragspflicht nach § 15a InsO einen anderen Inhalt haben und sich die Mitteilungen an unterschiedliche Adressaten richten (BeckOK GmbHG/*Voßen* Rn. 17; Scholz/*Tiedemann/Rönnau* Rn. 55). Tateinheit ist aber vorstellbar mit Untreue, § 266 StGB, zum Nachteil der Gesellschaft, wenn durch das Unterlassen vorsätzlich eine Sanierung der GmbH verhindert wird (Erbs/Kohlhaas/*Schaal* Rn. 23; MüKoStGB/*Hohmann* Rn. 36). **Tatmehrheit** (§ 53 StGB) besteht zB mit Steuerhinterziehung, auch wenn sie durch Unterlassen begangen wird, weil die Handlungspflichten nicht übereinstimmen (Erbs/Kohlhaas/*Schaal* Rn. 23; Scholz/*Tiedemann/Rönnau* Rn. 56, 58).

G. Strafverfolgung und Rechtsfolgen

25   Die **Verjährungsfrist** beläuft sich für das vorsätzliche Vergehen in Abs. 1 – ausgehend von einer Freiheitsstrafe von maximal drei Jahren – auf fünf Jahre, § 78 Abs. 1 Nr. 4 StGB, für das fahrlässige Delikt nach Abs. 2 (Strafrahmen bis zu einem Jahr Freiheitsstrafe) auf drei Jahre, § 78 Abs. 1 Nr. 5 StGB. Die Frist beginnt mit der Beendigung der Tat zu laufen, also zu dem Zeitpunkt, zu dem die Pflicht des Geschäftsführers zum Handeln entfällt (→ Rn. 23).

26   Hinsichtlich der **Zuständigkeiten** und der **Rechtsfolgen** wird auf die Kommentierung zu § 82 Bezug genommen (→ § 82 Rn. 140 f.).

§ 85 Verletzung der Geheimhaltungspflicht

(1) Mit Freiheitsstrafe bis zu einem Jahr oder mit Geldstrafe wird bestraft, wer ein Geheimnis der Gesellschaft, namentlich ein Betriebs- oder Geschäftsgeheimnis, das ihm in seiner Eigenschaft als Geschäftsführer, Mitglied des Aufsichtsrats oder Liquidator bekanntgeworden ist, unbefugt offenbart.

(2) [1]**Handelt der Täter gegen Entgelt oder in der Absicht, sich oder einen anderen zu bereichern oder einen anderen zu schädigen, so ist die Strafe Freiheitsstrafe bis zu zwei Jahren oder Geldstrafe.** [2]**Ebenso wird bestraft, wer ein Geheimnis der in Absatz 1 bezeichneten Art, namentlich ein Betriebs- oder Geschäftsgeheimnis, das ihm unter den Voraussetzungen des Absatzes 1 bekanntgeworden ist, unbefugt verwertet.**

(3) [1]**Die Tat wird nur auf Antrag der Gesellschaft verfolgt.** [2]**Hat ein Geschäftsführer oder ein Liquidator die Tat begangen, so sind der Aufsichtsrat und, wenn kein Aufsichtsrat vorhanden ist, von den Gesellschaftern bestellte besondere Vertreter antragsberechtigt.** [3]**Hat ein Mitglied des Aufsichtsrats die Tat begangen, so sind die Geschäftsführer oder die Liquidatoren antragsberechtigt.**

Literatur: *Amelunxen,* Spionage und Sabotage im Betrieb, 1971; *Armbrüster,* Verschwiegenheitspflicht des GmbH-Geschäftsführers und Abtretung von Vergütungsansprüchen, GmbHR 1997, 56; *Dierlamm,* Der faktische Geschäftsführer im Strafrecht – ein Phantom?, NStZ 1996, 153; *Engländer/Zimmermann,* Whistleblowing als strafbarer Verrat von Geschäfts- und Betriebsgeheimnissen?, NZWiSt 2012, 328; *Gaul,* Information und Vertraulichkeit der Aufsichtsratsmitglieder einer GmbH, GmbHR 1986, 296; *Gübel,* Die Auswirkungen der faktischen Betrachtungsweise auf die strafrechtliche Haftung faktischer GmbH-Geschäftsführer, 1994; *Heldmann,* Das deutsche Insider-Gesetz ad portas, ZRP 1990, 393; *Otto,* Verrat von Betriebs- und Geschäftsgeheimnissen, § 17 UWG, wistra 1998, 125; *Richter,* Der Konkurs der GmbH aus der Sicht der Strafrechtspraxis, GmbHR 1984, 113; *Rogall,* Die Verletzung von Privatgeheimnissen, NStZ 1983, 1; *Säcker,* Aktuelle Probleme der Verschwiegenheitspflicht der Aufsichtsratsmitglieder, NJW 1986, 803; *Temming,* Der Geheimnisverrat eines Gesellschaftsorgans, FS Achenbach, 2011, 545; *Többens,* Wirtschaftsspionage und Konkurrenzausspähung in Deutschland, NStZ 2000, 505; *Ulmer/Habersack/Winter,* Gesetz betreffend die Gesellschaften mit beschränkter Haftung (GmbHG), 1. Aufl. 2008 (zitiert Ulmer/Habersack/Winter/*Bearbeiter); v. Venrooy,* Das strafrechtliche Risiko des Geschäftsführers bei Verletzung von Geheimhaltungspflichten, GmbHR 1993, 609.

A. Allgemeines
I. Regelungsgehalt und Anwendungsbereich

1. Systematik. § 85 sanktioniert die Offenbarung bzw. Verwertung von Geheimnissen einer Gesell- 1
schaft durch Personen, die kraft ihrer Funktion die Gelegenheit haben, Betriebs- oder Geschäftsgeheimnisse der Gesellschaft zu erfahren. § 85 ist strukturell angelehnt an den fast wortgleichen **§ 404 AktG**
(BT-Drs. 8/1347, 56), außer, dass dieser auch eine Tätereigenschaft des Prüfers bzw. Prüfungsgehilfen
der Gesellschaft vorsieht (s. aber die Strafbarkeit eines Prüfers bzw. Prüfungsgehilfen bei Verletzung der
Geheimhaltungspflicht in **§ 333 HGB**). Eine weitgehend identische Vorschrift enthält **§ 151 GenG** für
die Genossenschaft oder **§ 315 UmwG** für den an einer Umwandlung beteiligten Rechtsträger (s.
weitergehend zudem Scholz/*Tiedemann*/*Rönnau* Rn. 2; BeckOK GmbHG/*Dannecker*/*N. Müller* Rn. 6).
Für Personengesellschaften hingegen enthalten BGB oder HGB keine vergleichbaren Vorschriften (s.
dazu für die KG BGH NJW 2000, 1329 f.). Neben die gesellschaftsformspezifischen Straftatbestände tritt
§ 17 UWG, der gesellschaftsformunabhängig und ohne Anknüpfung an eine besondere Tätereigenschaft
den Verrat von Betriebs- oder Geschäftsheimnissen sanktioniert. Dieser postuliert jedoch insofern
höhere Voraussetzungen als die Tathandlung jeweils mit besonderen subjektiven Absichten verknüpft
sein muss und die Tat nur während der Dauer eines Dienstverhältnisses begangen werden kann. Der in
der Praxis häufige Fall des Geheimnisverrats nach Vertragsbeendigung kann daher nur über die gesellschaftsformspezifischen Tatbestände erfasst werden. Abzugrenzen ist § 85 von den **§§ 203, 204 StGB,**
die zwar auch – strukturgleich – das Offenbaren und Verwerten insbes. von Betriebs- oder Geschäftsgeheimnissen erfassen, jedoch nur durch die dort genannten Berufsgruppen.

Wenngleich für Geschäftsführer und Liquidatoren, abgeleitet aus §§ 43 Abs. 1, 71 Abs. 4 (Roth/ 2
Altmeppen/*Altmeppen* § 43 Rn. 25), und für die Mitglieder des Aufsichtsrats gem. § 116 S. 2 AktG
(anwendbar über § 52 bzw. die Verweisungsvorschriften der Mitbestimmungsgesetze) eine schadens-
ersatzbewehrte Verschwiegenheitspflicht gilt, handelt es sich bei § 85 um „originär strafrechtliche
Pflichten" (Scholz/*Tiedemann*/*Rönnau* Rn. 1); der Pflichteninhalt ergibt sich also nicht akzessorisch aus
vorgelagerten zivilrechtlichen Pflichten.

2. Inhalt. Abs. 1 erfasst das unbefugte **Offenbaren, Abs. 2 S. 2** als 2. Tatbestandsalternative die 3
unbefugte **Verwertung** eines Geheimnisses. **Abs. 2 S. 1** enthält für die Tatbestandsalternative des
Abs. 1 **drei Qualifikationstatbestände,** nämlich das Handeln gegen Entgelt, in Bereicherungs- oder
Schädigungsabsicht. **Abs. 3** sieht vor, dass die Tat nur auf Antrag der Gesellschaft verfolgt wird.

3. Anwendungsbereich. § 85 ist anwendbar auf Geschäftsführer, Liquidatoren und Aufsichtsrats- 4
mitglieder einer **GmbH** sowie, seit dem Inkrafttreten des Gesetzes zur Modernisierung des GmbH-
Rechts und zur Bekämpfung von Missbräuchen **(MoMiG)** vom 23.10.2008, auch auf die sog **Unter-
nehmergesellschaft** (UG), denn auch diese ist eine GmbH (BeckOK GmbHG/*Miras* § 5a Rn. 3).
Nicht anwendbar ist § 85 auf **ausländische, GmbH-ähnliche Gesellschaften,** wie etwa die englische
Limited, da dies dem strafrechtlichen Analogieverbot (Art. 103 Abs. 2 GG) widersprechen würde
(MüKoStGB/*Hohmann* Rn. 2; → § 82 Rn. 3).

II. Rechtsgut und Deliktsnatur

1. Rechtsgut. Die Norm dient dem **Schutz von Wirtschaftsgeheimnissen** der Gesellschaft 5
(Scholz/*Tiedemann*/*Rönnau* Rn. 3; Ulmer/Habersack/Winter/*Ransiek* Rn. 5); dahinter stehendes ge-
schütztes Rechtsgut ist damit letztlich das Vermögen der Gesellschaft (Scholz/*Tiedemann*/*Rönnau* Rn. 3),
welches sich im wirtschaftlichen Wert eines Geheimnisses darstellt (BeckOK GmbHG/*Dannecker*/*N.
Müller* Rn. 8). Geschützt wird nur die Gesellschaft selbst, nicht aber die Gesellschafter (Baumbach/
Hueck/*Haas* Rn. 1; Lutter/Hommelhoff/*Kleindiek* Rn. 1; Scholz/*Tiedemann*/*Rönnau* Rn. 2; aA Erbs/
Kohlhaas/*Schaal* Rn. 1; offen gelassen von Roth/Altmeppen/*Altmeppen* Rn. 4), die Arbeitnehmer der
Gesellschaft (Erbs/Kohlhaas/*Schaal* Rn. 1; aA *Heldmann* ZRP 1990, 393 (395)) oder deren Gläubiger
(Baumbach/Hueck/*Haas* Rn. 1; Scholz/*Tiedemann*/*Rönnau* Rn. 4). Insofern ist auch abzulehnen, als
weiteres Rechtsgut das „allgemeine Vertrauen in die Funktionsfähigkeit der GmbH als Institution"
anzuerkennen (so aber Michalski/*Dannecker* Rn. 10; MüKoStGB/*Hohmann* Rn. 1). Die Beschränkung
des Schutzbereichs auf die Gesellschaft folgt bereits daraus, dass nur diese nach Abs. 3 berechtigt ist,
Strafantrag zu stellen (Scholz/*Tiedemann*/*Rönnau* Rn. 3; Baumbach/Hueck/*Haas* Rn. 1). Die Straftatbestände des § 85 sind **Schutzgesetze iSd § 823 Abs. 2 BGB** (Erbs/Kohlhaas/*Schaal* Rn. 1).

2. Deliktsnatur. Wie § 404 AktG ist die Norm als (absolutes) **Antragsdelikt** ausgestaltet (Abs. 3), 6
dh die Tat wird ausschließlich auf Antrag der Gesellschaft verfolgt (Baumbach/Hueck/*Haas* Rn. 1;
Erbs/Kohlhaas/*Schaal* Rn. 2; Lutter/Hommelhoff/*Kleindiek* Rn. 1). Da die Vorschrift nicht voraussetzt,
dass eine Gefährdung der Vermögensinteressen der Gesellschaft oder gar ein Schaden eintritt, ist sie ein
abstraktes (Vermögens-)Gefährdungsdelikt in Form eines **Tätigkeitsdelikts** (Scholz/*Tiedemann*/
Rönnau Rn. 5; Erbs/Kohlhaas/*Schaal* Rn. 3; Lutter/Hommelhoff/*Kleindiek* Rn. 1).

III. Täter und Teilnehmer

7   **1. Sonderdelikt.** Taugliche Täter sind gem. § 85 Abs. 1 Geschäftsführer, Aufsichtsratsmitglieder und Liquidatoren. Die Vorschrift ist also ein **echtes Sonderdelikt,** das (mit-)täterschaftlich nur durch Personen verübt werden kann, die die entsprechende Sondereigenschaft besitzen (Ulmer/Habersack/Winter/*Ransiek* Rn. 11; Erbs/Kohlhaas/*Schaal* Rn. 4). Für den Teilnehmer gilt §§ 28 Abs. 1, 49 Abs. 1 StGB.

8   **2. Täter. Geschäftsführer** ist nicht nur der (wirksam oder unwirksam) bestellte (→ § 82 Rn. 18), sondern auch der **faktische** Geschäftsführer (*Dierlamm* NStZ 1996, 153; *Gübel,* Die Auswirkungen der faktischen Betrachtungsweise auf die strafrechtliche Haftung faktischer GmbH-Geschäftsführer, 1994, 166 f.; Erbs/Kohlhaas/*Schaal* Rn. 4; Scholz/*Tiedemann/Rönnau* Rn. 8; s. auch → § 82 Rn. 19 ff.). Ist **Liquidator** (→ § 82 Rn. 24) eine juristische Person, kann die Tätereigenschaft gem. § 14 StGB übertragen werden. Erfasst sind zudem nicht nur Mitglieder eines obligatorischen, weil mitbestimmten **Aufsichtsrates** (→ § 82 Rn. 26), sondern auch solche eines fakultativen Aufsichtsrates (§ 52; Scholz/*Tiedemann/Rönnau* Rn. 10; Ulmer/Habersack/Winter/*Ransiek* Rn. 13; abl. Michalski/*Dannecker* Rn. 17; wohl ebenso HK-KapMStrafR/*Janssen* Rn. 87). Einerseits sieht der Wortlaut des § 85 keine solche Eingrenzung vor; andererseits gilt auch für den fakultativen Aufsichtsrat gem. § 52 Abs. 1, § 116 S. 2 AktG die Verschwiegenheitspflicht für erhaltene vertrauliche Berichte und vertrauliche Beratungen; entsprechend besteht eine gesetzgeberische Wertung, dass hinsichtlich der Geheimhaltungspflichten der fakultative dem obligatorischen Aufsichtsrat gleich zu stellen ist. Wegen des eindeutigen Wortlauts hingegen nicht erfasst sind, anders als in § 82 Abs. 2 Nr. 2, Mitglieder eines **ähnlichen Organs** (Lutter/Hommelhoff/*Kleindiek* Rn. 2; Scholz/*Tiedemann/Rönnau* Rn. 11). Ob ein Aufsichtsrat oder ein bloß ähnliches Organ vorliegt, ergibt sich nicht durch die begriffliche Bezeichnung des Gremiums, sondern materiell durch dessen Aufgabe zur Überwachung der Geschäftsführung (Baumbach/Hueck/*Haas* Rn. 16; Scholz/*Tiedemann/Rönnau* Rn. 11).

9   Tatbestandlich erforderlich ist, dass dem jeweiligen Täter das Geheimnis **in seiner Eigenschaft als Funktionsträger** bekannt geworden ist, er dieses also nicht nur außerdienstlich erfährt oder es bereits kannte, bevor er zum Geschäftsführer (etc) bestellt wurde (Baumbach/Hueck/*Haas* Rn. 12; Erbs/Kohlhaas/*Schaal* Rn. 5). Die Kenntniserlangung muss in einem inneren Zusammenhang mit der beruflichen Stellung des Täters stehen (Scholz/*Tiedemann/Rönnau* Rn. 9). Für einen solchen Zusammenhang kann es zB ausreichen, dass der Täter das Geheimnis in einem privaten Gespräch in der Werkskantine erfahren hat (*Amelunxen,* Spionage und Sabotage im Betrieb, 1971, 71; Erbs/Kohlhaas/*Schaal* Rn. 5).

10   Die Sondereigenschaft als Geschäftsführer, Liquidator oder Mitglied des Aufsichtsrats muss aber nur bei Kenntniserlangung vorliegen. Das **Ausscheiden** aus dem Amt oder Dienstverhältnis nach Kenntniserlangung ist unbeachtlich, die Funktionsstellung muss – anders als bei § 17 UWG – zum Zeitpunkt der Tatbegehung nicht mehr andauern (*Richter* GmbHR 1984, 113 (117); Erbs/Kohlhaas/*Schaal* Rn. 5; Scholz/*Tiedemann/Rönnau* Rn. 12; Roth/Altmeppen/*Altmeppen* Rn. 3). Diese Fortdauer der Verschwiegenheitspflicht nach Ausscheiden aus dem Amt entspricht der zivilrechtlichen Regelung (Erbs/Kohlhaas/*Schaal* Rn. 5; Scholz/*Tiedemann/Rönnau* Rn. 12).

11   **3. Teilnehmer.** Für die Beteiligung an einer Straftat nach § 85 gelten die allgemeinen Regeln. Teilnahme in der Form der Anstiftung (§ 26 StGB) und der Beihilfe (§ 27 StGB) kann von jedermann begangen werden. Auch entfaltet § 85 keine Sperrwirkung (Ulmer/Habersack/Winter/*Ransiek* Rn. 11; MüKoGmbHG/*Wißmann* Rn. 12, 20), so dass Außenstehende, denen die Sondereigenschaft fehlt, sich als Täter nach anderen Vorschriften, etwa § 17 UWG, § 203 StGB oder (als Abschlussprüfer) § 333 HGB, strafbar machen können.

B. Objektiver Tatbestand
I. Unbefugte Offenbarung, Abs. 1

12   **1. Geheimnis.** Abs. 1 stellt die unbefugte Offenbarung eines Geheimnisses der Gesellschaft unter Strafe. Als Beispiele („namentlich") nennt das Gesetz Betriebs- und Geschäftsgeheimnisse; geschützt sind daher – anders als in § 17 UWG – auch sonstige Geheimnisse der Gesellschaft, insbes. solche mit immateriellem Gehalt (BGH NJW 1996, 2576; Baumbach/Hueck/*Haas* Rn. 7; Lutter/Hommelhoff/*Kleindiek* Rn. 3). Die Unterscheidung zwischen **Betriebs- und Geschäftsgeheimnis** ergibt sich aus der Aufteilung des Unternehmens in einen technischen und einen kaufmännischen Bereich (Erbs/Kohlhaas/*Schaal* Rn. 6; Scholz/*Tiedemann/Rönnau* Rn. 13); einer genaueren Unterscheidung bedarf es im Hinblick auf den identischen Strafschutz hingegen nicht (Scholz/*Tiedemann/Rönnau* Rn. 13). Ein **Geheimnis** der Gesellschaft ist eine **betriebsbezogene nicht offenkundige Tatsache** (→ Rn. 13), hinsichtlich derer die Gesellschaft ein objektives **Geheimhaltungsinteresse** hat (→ Rn. 14) und die – nach noch hM – nach dem bekundeten oder zumindest erkennbaren **Willen** des maßgeblichen Organs der Gesellschaft geheim gehalten werden soll (→ Rn. 16) (hM: BGH NStZ 1995, 551 f.; 2014, 325 f. mwN; MüKoStGB/*Hohmann* Rn. 9). Eine ausdrückliche Kenntlichmachung einer Tatsache als vertraulich oder geheim ist nicht erforderlich (Baumbach/Hueck/*Haas* Rn. 7). Das Geheimnis erlischt spätestens mit dem Erlöschen der Gesellschaft selbst (Baumbach/Hueck/*Haas* Rn. 7; Scholz/*Tiedemann/Rönnau* Rn. 45). Umstritten ist, ob das Geheimnis einer GmbH & Co. KG zugleich ein solches der Komplementär-GmbH ist (bejahend ua: Baumbach/Hueck/*Haas* Rn. 7; Scholz/*Tiedemann/Rönnau* Rn. 13 mwN; aA BGH NJW 2000, 1329 f.; Erbs/Kohlhaas/*Schaal* Rn. 7; MüKoGmbHG/*Wißmann* Rn. 25). Dies ist insofern relevant, als Geheimnisse der KG selbst nicht unter den gesellschaftsformspezifischen strafrechtlichen Geheimnisschutz des § 85 fallen (→ Rn. 1), sondern nur unter den enger gefassten Schutz aus § 17 UWG. Der Geschäftsführer der Komplementär-GmbH ist also nur dann tauglicher Täter, wenn auch ein Geheimnis der GmbH selbst anzunehmen ist (BGH NJW 2000, 1329 f.). Es ist aber nicht ersichtlich, weshalb allein die Komplementärstellung der GmbHG das Geheimnis der KG dieser vermitteln sollte; die GmbH mag zwar als Geschäftsführerin der KG Kenntnis vom Geheimnis erlangen, es wird dadurch aber noch nicht zu einem Geheimnis der Gesellschaft selbst.

a) Nichtoffenkundigkeit einer betriebsbezogenen Tatsache. Eine **Tatsache** ist – wie iRd **13** Betruges – jeder Vorgang oder Zustand der Vergangenheit oder Gegenwart, der dem Beweis zugänglich ist (Schönke/Schröder/*Perron* StGB § 263 Rn. 8). Sie ist **betriebs- oder unternehmensbezogen,** wenn sie nicht nur die Geschäftstätigkeit Dritter oder die allgemeinen Marktverhältnisse betrifft (Scholz/*Tiedemann/Rönnau* Rn. 15); soweit darauf abgestellt wird, dass auch nicht nur der private Bereich des Unternehmers betroffen ist (Scholz/*Tiedemann/Rönnau* Rn. 15), spielt dies iRd § 85 keine Rolle, da eine GmbHG als juristische Person über keinen privaten Bereich verfügt. Die Tatsache ist – als zentrales Element des Geheimnisbegriffes – **nicht offenkundig,** wenn sie nur einem eng begrenzten Personenkreis bekannt ist (BGH NJW 1996, 2576; BeckRS 2012, 16883) und dieser geschlossene Kreis der Mitwisser nicht derart ausgeweitet wird, dass das Geheimnis beliebigem fremden Zugriff preisgegeben ist (Baumbach/Hueck/*Haas* Rn. 8; Lutter/Hommelhoff/*Kleindiek* Rn. 3; Scholz/*Tiedemann/Rönnau* Rn. 16). Offenkundig ist eine Tatsache jedenfalls dann, wenn sie bereits in einer Weise in die Öffentlichkeit gelangt ist, die sie jedermann zugänglich macht (*Otto* wistra 1988, 125 (126); MüKoGmbHG/*Wißmann* Rn. 26; Erbs/Kohlhaas/*Schaal* Rn. 6). Ein Geheimnis ist zB nicht mehr gegeben, wenn die betreffende Tatsache durch Fachzeitschriften oder Fachbücher regelmäßig ohne großen Aufwand allgemein zugänglich ist (BGH BeckRS 2012, 16883), während eine Tatsache weiterhin nicht offenkundig bleibt, wenn sie bei einer Ausschreibung nur einem kleinen Kreis von Mitarbeitern der ausschreibenden Behörde offengelegt wurde (BGH NJW 1995, 2301).

b) Geheimhaltungsinteresse. Unter einem **Geheimhaltungsinteresse** ist ein berechtigtes (wirt- **14** schaftliches) Interesse der Gesellschaft an der Geheimhaltung der betreffenden Tatsache zu verstehen (Baumbach/Hueck/*Haas* Rn. 9; Scholz/*Tiedemann/Rönnau* Rn. 14). Dieses ist objektiv nach den Maßstäben einer sachgerechten Unternehmensführung zu bestimmen (Baumbach/Hueck/*Haas* Rn. 9) und liegt vor, wenn der Gesellschaft durch die Offenbarung materieller oder immaterieller Schaden droht (BGH NJW 1996, 2576; OLG Hamm BeckRS 1987, 05196; Lutter/Hommelhoff/*Kleindiek* Rn. 3; MüKoGmbHG/*Wißmann* Rn. 28). Allein die willkürliche Einordnung einer Tatsache als Geheimnis durch das zuständige Gesellschaftsorgan ist nicht geeignet, den Strafrechtsschutz nach § 85 auszulösen; isolierter Geheimhaltungswille genügt folglich nicht (Baumbach/Hueck/*Haas* Rn. 9; Scholz/*Tiedemann/Rönnau* Rn. 14).

Nach hM besteht auch bei **illegalen Geheimnissen,** dh bei nicht offenkundigem Wissen über **15** gesetzes- oder sittenwidrige Vorgänge (etwa Bestechungspraktiken, Kartellverstöße, Steuerhinterziehung etc), ein berechtigtes Geheimhaltungsinteresse (Michalski/*Dannecker* Rn. 42; MüKoStGB/*Hohmann* Rn. 19; Ulmer/Habersack/Winter/*Ransiek* Rn. 20). Sog **Whistleblowing** ist damit tatbestandsmäßig und soll erst auf Ebene der Rechtfertigung zu einer Straflosigkeit führen können (Baumbach/Hueck/*Haas* Rn. 9). Dafür wird va angeführt, dass auch das Offenbaren oder Verwerten eines illegalen Geheimnisses großes Schädigungspotential für das Unternehmen bedeutet (MüKoStGB/*Hohmann* Rn. 19). Berechtigterweise wird dagegen im Hinblick auf den vermögensschützenden Charakter des § 85 angeführt, dass sich unter Zugrundelegung des herrschenden juristisch-ökonomischen Vermögensbegriffes anerkanntermaßen Einschränkungen im Hinblick auf rechtwidrige oder sittenwidrige Vermögensbestandteile ergeben und sich daher auch beim Begriff des Geheimnisses Einschränkungen rechtfertigen ließen (*Engländer/Zimmermann* NZWiSt 2012, 328 (331)). Anders jedoch als iRd § 17 UWG ist bei § 85 die täterschaftliche Einschränkung auf die Organe der Gesellschaft zu beachten. Diese stehen – anders als sonstige Mitarbeiter – in einem organschaftlichen Treueverhältnis zur Gesellschaft und haben deren Interessen zu wahren (s. nur BeckOK GmbHG/*Haas/Ziemons* § 43 Rn. 138 f.). Eine unterschiedslose Herausnahme jeglicher illegaler Geheimnisse – zu denken ist bspw. an geringfügige Verstöße gegen arbeitsrechtliche Auflagen – ohne Berücksichtigung der Art und Weise der Preisgabe des Geheimnisses (Strafanzeige der Presse) und deren Motive scheint daher nicht gerechtfertigt. Insofern ist mit der hM tatbestandlich der Schutz von Geheimnissen auch auf illegale Geheimnisse zu erstrecken (s. aber unten zum Begriff „unbefugt" → Rn. 19 f. sowie zur möglichen Rechtfertigung → Rn. 34).

c) Kein Geheimhaltungswille. Umstritten ist, ob ein erkennbarer **Geheimhaltungswille** des **16** zuständigen Organs der Gesellschaft als notwendiges Element des Gesellschafsgeheimnisses iSv § 85 zu fordern ist (so BGH NStZ 1995, 551 f.; 2014, 325 f.; Erbs/Kohlhaas/*Schaal* Rn. 6; MüKoStGB/*Hohmann* Rn. 20). Richtigerweise ist dies abzulehnen (*Temming* FS Achenbach, 2011, 545 (552); Baumbach/Hueck/*Haas* Rn. 10; Lutter/Hommelhoff/*Kleindiek* Rn. 4). Denn auch die hM gelangt zu befriedigenden Ergebnissen nur durch eine deutliche Absenkung der Anforderungen an einen Geheimhaltungswillen – ausreichend ist auch ein konkludenter Wille, der sich aus der Natur der geheim zuhaltenden Sache ergeben kann (BayObLG wistra 1994, 149) – unter Einsatz von Pauschalierungen und Fiktionen (Scholz/*Tiedemann*/*Rönnau* Rn. 22). Konsequenterweise ist daher eine Begrenzung des Geheimnisbegriffes vorzunehmen an Hand des Geheimhaltungsinteresses (Michalski/*Dannecker* Rn. 33) und eine Berücksichtigung des fehlenden Geheimhaltungswillens bei der Frage „unbefugt" (MüKoGmbHG/*Wißmann* Rn. 35; Scholz/*Tiedemann*/*Rönnau* Rn. 22; → Rn. 19 f.).

17   Zu den Unternehmensgeheimnissen gehören **zB** (die Aufstellung bei Erbs/Kohlhaas/*Schaal* Rn. 7): Geschäftliche Vorhaben und Ziele der GmbH, Beratungen des Aufsichtsrats (BGHZ 64, 325 (330)), finanzielle Transaktionen der Gesellschaft, Kredite, Kundenkarteien, Preiskalkulationen, Jahresabschlüsse, solange sie noch nicht nach § 325 HGB offen gelegt sind (BGH NJW 2000, 1329 (1330)), Vertragsschlüsse, erlangte Angebote (BGH NJW 1995, 2301; 1996, 268 (272)), Zahlungsbedingungen, Computerprogramme (BGH NStZ 1995, 135 f.), das Gehalt des Geschäftsführers, Personalakten (Scholz/*Tiedemann*/*Rönnau* Rn. 27), Produktionsabläufe, Qualitätstechnologie (*v. Venrooy* GmbHR 1993, 609 (610)), beabsichtigte Zusammenschlüsse mit anderen Unternehmen (*Säcker* NJW 1986, 803 (804)) und abschließend alles, was zum sog **„Insiderwissen"** gehört, etwa Übernahmeangebote oder geplante Kapitalerhöhungen (*Heldmann* ZRP 1990, 393 (394)).

18   **2. Offenbaren. Offenbaren** bedeutet das Verschaffen der Kenntnis von einer als Geheimnis zu bewertenden Tatsache zugunsten einer Person, der sie noch unbekannt ist (Baumbach/Hueck/*Haas* Rn. 13; MüKoGmbHG/*Wißmann* Rn. 49). Es ist nicht erforderlich, dass dem Empfänger der Mitteilung die Tatsache noch vollständig unbekannt gewesen ist, es genügt, wenn ihm eine Vermutung oder ein Gerücht bestätigt wird (RGSt 26, 5 (7); 38, 62 (65); Michalski/*Dannecker* Rn. 48); umgekehrt genügt auch die Übermittlung der Tatsache in Form eines Gerüchts (Erbs/Kohlhaas/*Schaal* Rn. 8; Scholz/*Tiedemann*/*Rönnau* Rn. 28). Die Mitteilung kann durch **schlüssiges Verhalten** erfolgen, zB dergestalt, dass der Täter bewusst ein Schriftstück zur Lektüre liegen lässt, welches das Geheimnis enthält (Scholz/*Tiedemann*/*Rönnau* Rn. 28; *Többens* NStZ 2000, 505 (507)). Auch ein Offenbaren durch **Unterlassen** ist möglich. Der Täter hat als Gesellschaftsorgan (→ Rn. 8) nämlich regelmäßig die notwendige Garantenstellung inne (Baumbach/Hueck/*Haas* Rn. 13; MüKoGmbHG/*Wißmann* Rn. 51), kann sich bspw. also auch strafbar machen, wenn er den Zugriff Dritter nicht verhindert (Scholz/*Tiedemann*/*Rönnau* Rn. 28). Für die Tatbestandserfüllung ist es ohne Bedeutung, ob der Empfänger der Mitteilung selbst zu dem Kreis der Schweigepflichtigen gehört (Scholz/*Tiedemann*/*Rönnau* Rn. 28; BayObLG NJW 1995, 1623 iRd § 203 StGB).

19   **3. Unbefugt.** Das Offenbaren ist **unbefugt,** wenn der Täter das Geheimnis unberechtigt preisgibt. Einigkeit besteht, dass die Unbefugtheit der Tathandlung nicht ausdrücklich festgestellt werden muss; vielmehr im Gegenteil eine Befugnis zum Offenbaren bzw. Verwerten gegeben sein muss (Ulmer/Habersack/Winter/*Ransiek* Rn. 33; Scholz/*Tiedemann*/*Rönnau* Rn. 34). Das Merkmal „unbefugt" ist dabei nicht nur als Hinweis auf das allgemeine Deliktsmerkmal der Rechtswidrigkeit zu verstehen (so aber OLG Schleswig NJW 1985, 1090 (1092); Erbs/Kohlhaas/*Schaal* Rn. 9; Michalski/*Dannecker* Rn. 58), sondern hat eine **Doppelfunktion** in dem Sinne, dass es auch als normatives Tatbestandsmerkmal zu werten ist (MüKoGmbHG/*Wißmann* Rn. 34; MüKoStGB/Hohmann Rn. 39). Unbefugt handelt tatbestandlich daher jedenfalls nicht, wer mit Zustimmung des Geheimnisinhabers handelt; unerheblich ist dabei, ob er auf Grundlage eines generellen Einverständnisses hinsichtlich der offenbarten Tatsache oder eines konkreten Einverständnisses in Bezug auf die jeweilige Tathandlung handelt (Scholz/*Tiedemann*/*Rönnau* Rn. 35; Ulmer/Habersack/Winter/*Ransiek* § 85 Rn. 30; aA Baumbach/Hueck/*Haas* Rn. 13; Erbs/Kohlhaas/*Schaal* Rn. 9, die dies jedoch am abzulehnenden Geheimhaltungswillen festmachen).

20   **Zuständiges Organ** für die Bekundung des Willens zur Geheimhaltung ist im Rahmen seiner Geschäftsführungsbefugnis der Geschäftsführer bzw. Liquidator (Erbs/Kohlhaas/*Schaal* Rn. 6; Scholz/*Tiedemann*/*Rönnau* Rn. 25). Da der Geschäftsführer aber auch als einer der Täter des § 85 in Frage kommt, ist das Einverständnis an der Sorgfalt eines ordentlichen Geschäftsmannes nach § 43 Abs. 1 zu messen (*v. Venrooy* GmbHR 1993, 609 (612); Erbs/Kohlhaas/*Schaal* Rn. 6), ansonsten ist dieses unwirksam (Scholz/*Tiedemann*/*Rönnau* Rn. 26). Jedenfalls fällt der Geheimhaltungswille dann nicht weg, wenn die Erklärung der Aufgabe dieses Willens selbst eine strafbare Handlung nach § 266 StGB beinhalten würde (Baumbach/Hueck/*Haas* Rn. 10). Daneben können ein Einverständnis auch die Gesellschafter als oberstes Willensbildungsorgan der Gesellschaft erklären (MüKoGmbHG/*Wißmann* Rn. 39; Roth/Altmeppen/*Altmeppen* Rn. 10); es gibt auch weitere Tatsachen, deren Offenbarung allein in den Aufgabenbereich des Aufsichtsrats fällt, etwa solche, die während einer seiner Beratungen bekannt geworden sind (Baumbach/Hueck/*Haas* Rn. 10; Scholz/*Tiedemann*/*Rönnau* Rn. 26).

II. Unbefugte Verwertung, Abs. 2 S. 2

1. Allgemeines. Abs. 2 S. 2 sanktioniert – auf Grundlage eines höheren Strafrahmens als in Abs. 1 – 21 die **unbefugte Verwertung eines Geheimnisses** durch eines der in Abs. 1 genannten Gesellschaftsorgane. Zum Geheimnisbegriff sowie zu den tauglichen Tätergruppen → Rn. 12 ff. bzw. → Rn. 8 ff.

2. Unbefugtes Verwerten. Das Merkmal **Verwerten** bedeutet das wirtschaftliche, nicht notwendi- 22 gerweise gewerbliche Ausnutzen des im Geheimnis verkörperten wirtschaftlichen Wertes zum Zwecke der Gewinnerzielung (BayObLG NStZ 1984, 169 zu § 355 StGB; Baumbach/Hueck/*Haas* Rn. 42; Erbs/Kohlhaas/*Schaal* Rn. 10; Lutter/Hommelhoff/*Kleindiek* Rn. 7). Das bloße Verkaufen des Geheimnisses genügt diesen Anforderungen nicht, jedoch liegt darin ein Offenbaren gegen Entgelt iSv Abs. 2 S. 1 (Baumbach/Hueck/*Haas* Rn. 42; Scholz/*Tiedemann/Rönnau* Rn. 33). Eine Verwendung zu politischen und ideellen Zwecken oder zu Zwecken einer Erpressung ist nicht tatbestandsmäßig (Scholz/*Tiedemann/Rönnau* Rn. 29; Michalksi/*Dannecker* Rn. 52), kann aber als Offenbaren eines Geheimnisses gem. Abs. 1 strafbar sein. Das Verwerten setzt eine **abstrakte Gefährdung** der Interessen der Gesellschaft voraus (Scholz/*Tiedemann/Rönnau* Rn. 31), zu einer konkreten Gefährdung der Interessen oder gar einer Entreicherung der GmbH, dh zu einem Schaden, braucht es im Hinblick auf den Deliktscharakter des § 85 als abstraktes Gefährdungsdelikt hingegen nicht zu kommen (Erbs/Kohlhaas/*Schaal* Rn. 10; Roth/Altmeppen/*Altmeppen* Rn. 22; aA Ulmer/Habersack/Winter/*Ransiek* Rn. 48).

Unbefugt handelt der Täter, wenn er das Geheimnis unberechtigt verwertet. Zum Merkmal der 23 Unbefugtheit grds. → Rn. 19. Aufgrund der Doppelfunktion dieses Merkmals lässt nicht nur ein generelles Einverständnis des Geheimnisträgers den Tatbestand entfallen, sondern auch ein nur auf die konkrete Tathandlung bezogenes Einverständnis.

Ein (unbefugtes) Verwerten von Geheimnissen ist **bspw.** in folgenden Fällen anzunehmen: Überlassen 24 von Kundenadressen an einen Vertreter einer konkurrierenden Firma, damit dieser versuchen kann, die Kunden abzuwerben (BGH NJW 1992, 1776), Verwertung der Kundenkartei durch einen (früheren) Geschäftsführer der Gesellschaft zum Aufbau eines eigenen Unternehmens (*Richter* GmbHR 1984, 113 (117)). Entspr. der hM erfasst ist grundsätzlich auch das Verwerten sog **Insider-Informationen** (*Heldmann* ZRP 1990, 393; MüKoStGB/Hohmann Rn. 50; Erbs/Kohlhaas/*Schaal* Rn. 10; Scholz/*Tiedemann/Rönnau* Rn. 32; aA Michalksi/*Dannecker* Rn. 51). Als Beispiele genannt werden dabei insbes. der Kauf von Aktien eines mit der GmbH verbundenen Unternehmens durch den Geschäftsführer oder ein Aufsichtsratsmitglied wegen eines bevorstehenden günstigen Geschäftsabschlusses oder die Kündigung eines des Gesellschaft aus eigenen Mitteln gewährten Darlehens im Wissen um deren schlechte finanzielle Situation (Michalski/*Dannecker* Rn. 51). Gründe für einen generellen tatbestandlichen Ausschluss sind nicht ersichtlich, es ist hingegen in jedem Einzelfall zu prüfen, ob es sich bei der verwerteten Insider-Information insbes. um ein *betriebsbezogenes* Geheimnis *der* Gesellschaft handelt (→ Rn. 13); und ob nicht ggf. die Verwertung gerechtfertigt ist (Scholz/*Tiedemann/Rönnau* Rn. 32). Daneben kommt eine Strafbarkeit wegen Insiderhandels gem. § 38 WpHG in Betracht.

C. Subjektiver Tatbestand und Irrtumsfragen

I. Subjektiver Tatbestand

Beide Tatbestände des § 85 können nur vorsätzlich begangen werden, § 15 StGB. **Bedingter Vor-** 25 **satz** reicht dabei aus (Erbs/Kohlhaas/*Schaal* Rn. 13; Scholz/*Tiedemann/Rönnau* Rn. 46). Der Täter muss also wissen oder zumindest billigend in Kauf nehmen, dass ihm ein Geheimnis der Gesellschaft in seiner Stellung als Funktionsträger bekannt geworden ist, und er muss unter diesen Umständen das Geheimnis an Unbefugte mitteilen oder es verwerten. Weiter muss sich der Vorsatz auf die Sondereigenschaft (als Geschäftsführer, Liquidator oder Mitglied des Aufsichtsrats) beziehen, die seine Eignung als Täter begründet. Da bei einer **Verwertungshandlung** keine tatsächliche Realisierung des angestrebten Vorteils erforderlich ist, ist jedenfalls im subjektiven Tatbestand **Absicht** hinsichtlich des angestrebten Vorteils im Sinne einer Bereicherungsabsicht erforderlich (Scholz/*Tiedemann/Rönnau* Rn. 46). Zu den subjektiven Anforderungen im Bereich der Qualifikationstatbestände → Rn. 28 ff.

II. Irrtumsfragen

Irrt der Täter über tatsächliche Umstände, insbes. hinsichtlich des Vorliegens eines generellen oder 26 konkreten Einverständnisses, lässt dies als **Tatbestandsirrtum** den Vorsatz entfallen, § 16 StGB (Scholz/*Tiedemann/Rönnau* Rn. 47). Wird mit der hM das konkrete Einverständnis erst auf Ebene der Rechtswidrigkeit berücksichtigt (→ Rn. 19), wirkt ein Irrtum über dessen tatsächliche Voraussetzungen als **Erlaubnistatbestandsirrtum** ebenfalls vorsatzausschließend, § 16 StGB analog (Erbs/Kohlhaas/*Schaal* Rn. 13). Geht der Täter hingegen trotz Kenntnis der tatsächlichen Umstände irrig davon aus, zum Offenbaren oder Verwerten des Geheimnisses befugt zu sein, etwa weil der Mitteilungsempfänger selbst zur Verschwiegenheit verpflichtet ist (BayObLG NJW 1995, 1623 f.), stellt dies einen **Erlaubnisirrtum** dar. Dieser lässt als bloßer Verbotsirrtum nur bei Unvermeidbarkeit die Schuld entfallen, § 17

S. 1 StGB (Erbs/Kohlhaas/*Schaal* Rn. 13). Ein **Verbotsirrtum** liegt auch vor, wenn der Täter seine Schweigepflicht nicht kennt oder fälschlich davon ausgeht, diese Pflicht ende mit seinem Ausscheiden aus der Organstellung (Scholz/*Tiedemann*/*Rönnau* Rn. 48).

D. Qualifikationstatbestand, Abs. 2 S. 1

I. Allgemeines

27   Abs. 2 S. 1 enthält für das unbefugte Offenbaren eines Geheimnisses in Abs. 1 eine Qualifikation, wenn der Täter gegen Entgelt oder in Bereicherungs- oder Schädigungsabsicht handelt. In der ersten Alternative enthält die Vorschrift ein objektives Qualifikationsmerkmal (die Entgeltvereinbarung, → Rn. 28), in den weiteren beiden Varianten subjektive Elemente iSe überschießenden Innentendenz (Baumbach/Hueck/*Haas* Rn. 33 ff.; Scholz/*Tiedemann*/*Rönnau* Rn. 50 ff.; aA Erbs/Kohlhaas/*Haas* Rn. 15 f., der auch das Offenbaren gegen Entgelt als rein subjektives Merkmal begreift).

II. Qualifikationsmerkmale

28   **1. Offenbaren gegen Entgelt.** Der Täter handelt gegen Entgelt, wenn er eine Entgeltvereinbarung getroffen hat (Baumbach/Hueck/*Haas* Rn. 33; Scholz/*Tiedemann*/*Rönnau* Rn. 50), und zwar bereits bei Vornahme der Tathandlung (Erbs/Kohlhaas/*Schaal* Rn. 16; Scholz/*Tiedemann*/*Rönnau* Rn. 33), wenn also Tathandlung und Entgelt in einem synallagmatischen Verhältnis stehen. **Entgelt** ist nach der Legaldefinition in § 11 Abs. 1 Nr. 9 StGB jede in einem Vermögensvorteil bestehende Gegenleistung. Daraus folgt, dass immaterielle Vorteile nicht genügen (Baumbach/Hueck/*Haas* Rn. 33; Scholz/*Tiedemann*/*Rönnau* Rn. 350). Nicht erforderlich ist, dass die Gegenleistung tatsächlich erbracht wird, nicht ausreichend hingegen, wenn die Vereinbarung erst nach der Tathandlung geschlossen wird oder das Entgelt als Belohnung für diese erbracht wird (Scholz/*Tiedemann*/*Rönnau* Rn. 50; MüKoStGB/*Hohmann* Rn. 55). Auf subjektiver Seite muss der Täter um des Entgelts willen, also **absichtlich** handeln (Roth/Altmeppen/*Altmeppen* Rn. 19 f.; MüKoGmbHG/*Wißmann* Rn. 89).

29   **2. Bereicherungsabsicht.** In Bereicherungsabsicht handelt der Täter, wenn es ihm darauf ankommt (dolus directus 1. Grades), durch das Offenbaren für sich oder einen Dritten einen **rechtswidrigen Vermögensvorteil** zu erlangen (Lutter/Hommelhoff/*Kleindiek* Rn. 9; Ulmer/Habersack/Winter/*Ransiek* Rn. 46; aA Scholz/*Tiedemann*/*Rönnau* Rn. 51: Rechtswidrigkeit nicht erforderlich). Als Qualifikationsdelikt mit überschießender Innentendenz ist nicht erforderlich, dass der Täter den Vermögensvorteil auch erlangt (Baumbach/Hueck/*Haas* Rn. 36).

30   **3. Schädigungsabsicht.** Der Täter handelt in Schädigungsabsicht, wenn es ihm iSe dolus directus 1. Grades darauf ankommt, einen **Nachteil für die Gesellschaft** herbeizuführen. Die Beschränkung auf die Schädigung der GmbH folgt aus dem Schutzbereich der Norm (→ Rn. 5), der sich ausschließlich auf die Gesellschaft erstreckt (aA Erbs/Kohlhaas/*Schaal* Rn. 19, der die Gesellschafter, und Baumbach/Hueck/*Haas* Rn. 37, der auch Gläubiger miteinbeziehen will). Der Schaden braucht kein materieller zu sein, ein ideeller genügt (BeckOK GmbHG/*Dannecker*/N. *Müller* Rn. 69; Erbs/Kohlhaas/*Schaal* Rn. 19; Scholz/*Tiedemann*/*Rönnau* Rn. 52).

E. Rechtswidrigkeit und Schuld

I. Rechtswidrigkeit

31   **1. Mutmaßliche Einwilligung.** Der generellen bzw. konkreten Zustimmung des Geheimnisinhabers kommt bereits eine tatbestandsausschließende Wirkung zu (→ Rn. 19). Rechtfertigend kann jedoch eine mutmaßliche Einwilligung wirken, wenn – in Eil- und Notfällen – eine Entscheidung des zuständigen Gremiums nicht rechtzeitig eingeholt werden kann, sofortiges Handeln im Interesse der Gesellschaft aber angezeigt ist (Ulmer/Habersack/Winter/*Ransiek* Rn. 35; MüKoGmbHG/*Wißmann* Rn. 70; aA BeckOK GmbHG/*Dannecker*/N. *Müller* Rn. 78: Lösung iRd § 34 StGB).

32   **2. Gesetzliche Auskunftspflichten.** Die Offenbarung eines Geheimnisses ist nicht unbefugt und daher gerechtfertigt, wenn der Täter gesetzlich verpflichtet ist, eine entsprechende Auskunft zu erteilen oder Aussage zu tätigen. Dies gilt zB für die Offenlegung eines Jahresabschlusses, **§ 325 HGB** (BGH NJW 2000, 1329 (1330)), die Vorlage- und Auskunftspflichten ggü. dem Abschlussprüfer, **§ 320 HGB**, das Auskunftsverlangen eines Gesellschafters, **§ 51a** (OLG Hamm BeckRS 1987, 05196), oder eines Aufsichtsratsmitglieds, **§ 52** bzw. bspw. **§ 25 Abs. 1 S. 1 Nr. 2 MitBestG** iVm **§ 90 Abs. 3, 4, 5 S. 1–2 AktG** (Baumbach/Hueck/*Haas* Rn. 20; Lutter/Hommelhoff/*Kleindiek* Rn. 8; Scholz/*Tiedemann*/*Rönnau* Rn. 37). Weiter bestehen Auskunftspflichten gegenüber dem Betriebsrat, **§§ 74 ff. BetrVG** (Baumbach/Hueck/*Haas* Rn. 19), in steuerlichen Angelegenheiten gegenüber dem Finanzamt, grds. nach **§ 93 AO**, im Insolvenzverfahren, **§§ 11 ff. InsO**, oder gegenüber Verwaltungsbehörden aufgrund der einschlägigen öffentlich-rechtlichen Vorschriften (Scholz/*Tiedemann*/*Rönnau* Rn. 37). Auch die Anzeigepflicht bei erheblichen Straftaten, **§ 138 StGB**, rechtfertigt die Offenlegung eines

Geheimnisses (Baumbach/Hueck/*Haas* Rn. 24; Scholz/*Tiedemann/Rönnau* Rn. 37). Zum Auskunfts-anspruch der Presse auch ggü. staatlichen oder kommunalen Unternehmen s. Scholz/*Tiedemann/Rönnau* Rn. 38; OVG Hamburg BeckRS 2010, 54803.

3. Aussagepflichten als Zeuge. Die Offenbarung eines Geheimnisses in einer Zeugenaussage im **33** Rahmen eines Zivil- oder Strafprozesses ist nicht unbefugt und daher gerechtfertigt, wenn der Geschäfts-führer (usw) zur Aussage verpflichtet ist, ihm also kein Zeugnisverweigerungsrecht zusteht (Scholz/*Tiedemann/Rönnau* Rn. 39). Solche Weigerungsrechte sieht **§ 53 StPO** nur für einzelne Berufsgruppen und erfordert zudem eine Kenntniserlangung in der jeweiligen beruflichen Eigenschaft. Die ZPO enthält dagegen weitergehende Befugnisse, das Zeugnis zu verweigern in den **§§ 383 Abs. 1 Nr. 6** und **384 Nr. 3 ZPO** (BGH NJW 1994, 2220 (2225); OLG Koblenz NJW-RR 1987, 809 f.; OLG München NJW-RR 1998, 1495 (1496); gegen die Anwendung von § 383 Abs. 1 Nr. 6 ZPO aber Baumbach/Hueck/*Haas* Rn. 21 mwN). Aus der strafrechtlichen Pflicht aus § 85 selbst folgt hingegen kein Recht, vor Gericht die Aussage zu verweigern (BVerfG NJW 1988, 897 (899)). Wem aber ein Zeugnisver-weigerungsrecht zusteht, macht sich grundsätzlich strafbar, wenn er von seinem Recht keinen Gebrauch macht und als Zeuge ein Geheimnis offenbart (Scholz/*Tiedemann/Rönnau* Rn. 39).

4. Rechtfertigender Notstand, § 34 StGB. Denkbar ist auch eine allgemeine Rechtfertigung nach **34** den Grundsätzen des rechtfertigenden Notstands, § 34 StGB. Dies setzt jedenfalls voraus, dass im Rahmen der vorzunehmenden **Güter- und Interessenabwägung** das Interesse des Täters an der Offenlegung das Interesse der Gesellschaft an der Geheimhaltung der betreffenden Tatsache überwiegt. Eine Rechtfertigung ist etwa denkbar, wenn sich der Täter nur durch die Offenlegung in einem Strafverfahren wirksam verteidigen kann (BGH NJW 1952, 151) oder er sich in einem Rechtsstreit mit der Gesellschaft befindet und nur auf diese Weise zB seinen Vergütungsanspruch wirksam geltend machen kann (*Armbüster* GmbHR 1997, 56 (60); Erbs/Kohlhaas/*Schaal* Rn. 9). Auch bei Abtretung seines Gehaltsanspruchs an einen Dritten ist der Geschäftsführer gerechtfertigt, wenn er seine Informati-onspflicht aus § 402 BGB gegenüber dem Abtretungsempfänger erfüllt und dabei ein Geheimnis offen legt (BGH NJW 1996, 2576 f.). Umstritten und bisher ungeklärt ist, ob jenseits der Anzeige*pflicht* bei *erheblichen* Straftaten gem. § 138 StGB eine jedermann zustehende Strafanzeige die Verletzung der Geheimhaltungspflicht zu Gunsten dem allgemeinen Strafverfolgungsinteresse rechtfertigt (**Whistleblo-wing;** → Rn. 15). Während die wohl überwiegende Meinung (BeckOK GmbHG/*Dannecker/N. Müller* Rn. 76; Erbs/Kohlhaas/*Schaal* Rn. 9) eine rechtfertigende Wirkung grds. bejaht und allenfalls Aus-nahmen bei Bagatelldelikten oder Ordnungswidrigkeiten zulässt, erscheint es vorzugswürdig eine Rechtfertigung erst ab der Schwelle schwerer Straftaten zuzulassen (Baumbach/Hueck/*Haas* Rn. 24; Scholz/*Tiedemann/Rönnau* Rn. 42: zudem auch bei Wiederholungsgefahr). Dies rechtfertigt sich insbes. vor dem Gedanken, dass Geschäftsführer, Liquidatoren und Aufsichtsratsmitglieder – anders als sonstige Mitarbeiter – in einem bes. organschaftlichen Treueverhältnis zur Gesellschaft stehen (→ Rn. 15; so auch Scholz/*Tiedemann/Rönnau* Rn. 42); ihnen kann daher jenseits der Fälle, in welchen sie nicht ohnehin (insbes. Geschäftsführer und Liquidator) kraft eigener Zuständigkeit der Offenbarung zustimmen kön-nen und somit nicht unbefugt handeln, zugemutet werden, nicht ohne Einverständnis der regelmäßig zuständigen Gesellschafterversammlung Anzeige zu erstatten. Jedenfalls ist stets eine Abwägung im Einzelfall vorzunehmen.

II. Schuld

Für die Beurteilung der **Schuldfrage** gelten keine Besonderheiten gegenüber dem allgemeinen **35** Strafrecht. Zum Verbotsirrtum → Rn. 26.

F. Vollendung und Beendigung

Die Frage der **Tatvollendung** ist bei § 85 von besonderer Bedeutung, da der Versuch der Tatbege- **36** hung in keiner Tatbestandsalternative unter Strafe gestellt ist, § 23 Abs. 1 StGB. Das **Offenbaren** ist vollendet, wenn das Geheimnis durch Tun oder Unterlassen (mindestens) einem Unbefugten in einer Form übermittelt wurde, die ihm das Ausnutzen der geheim zu haltenden Tatsache in irgendeiner Weise ermöglicht (MüKoStGB/*Hohmann* Rn. 62; Erbs/Kohlhaas/*Schaal* Rn. 20). Darauf, ob der Empfänger diese Mitteilung tatsächlich verstanden hat, kommt es nicht an (Baumbach/Hueck/*Haas* Rn. 28). Die Vollendung tritt beim **Verwerten** ein, wenn der Täter eine Handlung vornimmt, die dem wirtschaftli-chen Ausnutzen des Geheimnisses dient und eine Gewinnerzielung als unmittelbar möglich erscheinen lässt (Erbs/Kohlhaas/*Schaal* Rn. 20). Nicht notwendig ist es, dass sich der mit der Verwertung erstrebte Erfolg realisiert hat (Scholz/*Tiedemann/Rönnau* Rn. 30; Baumbach/Hueck/*Haas* Rn. 47).

Beendet ist das **Offenbaren**, wenn der Empfänger die Mitteilung zur Kenntnis genommen hat **37** (BeckOK GmbHG/*Dannecker/N. Müller* Rn. 50; Erbs/Kohlhaas/*Schaal* Rn. 20; aA Baumbach/Hueck/*Haas* Rn. 29, der auf das endgültige Einstellen der unbefugten Mitteilungen durch den Täter abstellt). Auch bei der Qualifikation nach Abs. 2 S. 1 gilt nichts anderes: Der Empfang des Entgelts ist für die Tatbeendigung ohne Belang (BGH NStZ 1993, 538 (539)). Das **Verwerten** ist beendet, wenn der Täter das Geheimnis tatsächlich ausgenutzt hat (Scholz/*Tiedemann*/*Rönnau* Rn. 30; BayObLG NJW 1996, 268 (271 f.)).

G. Konkurrenzen

38   Zwischen den Tatbeständen des unbefugten Offenbarens und des unbefugten Verwertens besteht keine Gesetzeskonkurrenz im Sinne einer Spezialität. Vielmehr ist **Tateinheit,** § 52 StGB, oder **Tatmehrheit,** § 53 StGB, möglich (MüKoStGB/*Hohmann* Rn. 71), da das Verwerten des Geheimnisses auch ohne ein Offenbaren möglich ist (Erbs/Kohlhaas/*Schaal* Rn. 23). Tateinheit ist weiter möglich mit §§ 246, 266 StGB (Baumbach/Hueck/*Haas* Rn. 31), § 38 WpHG und § 17 UWG (Scholz/*Tiedemann* Rn. 54 f.). Den §§ 203, 204 StGB geht § 85 als **Spezialvorschrift** vor (Baumbach/Hueck/*Haas* Rn. 31; Scholz/*Tiedemann*/*Rönnau* Rn. 53; differenzierend Erbs/Kohlhaas/*Schaal* Rn. 23). Auch § 315 UmwG tritt im Wege der Subsidiarität hinter § 85 zurück (Erbs/Kohlhaas/*Schaal* Rn. 23).

H. Strafverfolgung und Rechtsfolgen

I. Strafantrag, Abs. 3

39   **1. Allgemeines.** § 85 ist in allen Tatbestandsalternativen ein (reines, dh absolutes) Antragsdelikt. Der Strafantrag ist eine **Strafverfolgungsvoraussetzung** (s. nur BGH NJW 1963, 57 f.), bei dessen Fehlen das Verfahren wegen eines Verfahrenshindernisses einzustellen ist. Für den Antrag gelten die Bestimmungen des allgemeinen Strafrechts, §§ 77 ff. StGB.

40   **2. Antragsbefugnis.** Antragsberechtigt ist die **Gesellschaft,** Abs. 3 S. 1: Kommt ein Mitglied des Aufsichtsrats als Täter in Betracht, hat der Geschäftsführer (oder Liquidator) den Antrag zu stellen, Abs. 3 S. 3 (Baumbach/Hueck/*Haas* Rn. 52; Scholz/*Tiedemann*/*Rönnau* Rn. 58). Ist der Geschäftsführer (oder Liquidator) selbst tatverdächtig, wird das Antragsrecht durch den Aufsichtsrat oder, wenn ein solcher nicht vorhanden ist, durch einen durch Gesellschafterbeschluss (Erbs/Kohlhaas/*Schaal* Rn. 24) bestellten besonderen Vertreter ausgeübt, Abs. 3 S. 2. Diese gesetzliche Regelung ist Ausdruck des allgemeinen Grundsatzes, dass ein Organ, das die Tat selbst begangen hat, von der Antragstellung ausgeschlossen ist (Scholz/*Tiedemann*/*Rönnau* Rn. 58). Besteht das Gesellschaftsorgan aus mehreren Personen, kommt es auf die gesellschaftsrechtlichen Vertretungs- bzw. Abstimmungsregelungen an (Scholz/*Tiedemann*/*Rönnau* Rn. 58): Wird die GmbH bspw. rechtswirksam durch zwei Geschäftsführer vertreten, genügt deren Strafantrag auch dann, wenn daneben weitere Geschäftsführer bestellt sind (RGSt 47, 338; Erbs/Kohlhaas/*Schaal* Rn. 24). Aufsichtsratmitglieder sind grds. nur zur gemeinschaftlichen Vertretung der Gesellschaft befugt, außer die Satzung sieht etwas anderes vor, §§ 112 S. 2 iVm 78 Abs. 2 S. 2 AktG.

41   **3. Form.** Die Form des Antrags bestimmt sich nach § 158 Abs. 2 StPO. Der Antrag ist auch dann formgerecht, wenn ihn nur ein Mitglied des antragsberechtigten Organs gestellt hat und die anderen Mitglieder dem Antrag zugestimmt haben oder – innerhalb der Antragsfrist – noch zustimmen (Erbs/Kohlhaas/*Schaal* Rn. 24; Scholz/*Tiedemann*/*Rönnau* Rn. 59).

42   **4. Frist.** Die Frist zur Stellung des Strafantrags beträgt drei Monate, § 77b Abs. 1 StGB. Die Frist beginnt mit Ablauf des Tages, an dem der Antragsberechtigte **Kenntnis** von der Tat und der Person des Täters erlangt, § 77b Abs. 2 S. 1 StGB. Wird die GmbH von einem Geschäftsführer (oder Liquidator) vertreten, beginnt der Lauf der Antragsfrist mit dessen Kenntnis (OLG Hamburg MDR 1980, 598). Bei mehrgliedrigen Organen kommt es auf die Kenntnis des Organs als solches an (RGSt 47, 338 (339); 68, 263 (265)). Obliegt die Anzeige dem Aufsichtsrat, müssen alle Mitglieder Kenntnis erlangt haben (Baumbach/Hueck/*Haas* Rn. 53; Erbs/Kohlhaas/*Schaal* Rn. 24). Muss die Gesellschaft bei der Antragstellung durch einen besonderen Vertreter tätig werden (→ Rn. 40), beginnt die Frist mit der Kenntnis sämtlicher Gesellschafter, die über dessen Bestellung zu beschließen haben (Baumbach/Hueck/*Haas* Rn. 53). Die Antragsfrist ist eine **Ausschlussfrist,** Wiedereinsetzung in den vorigen Stand bei unverschuldeter Fristversäumnis ist nicht möglich (Scholz/*Tiedemann*/*Rönnau* Rn. 60).

43   **5. Rücknahme und Verzicht.** Eine **Rücknahme** des Strafantrags ist bis zum rechtskräftigen Abschluss des Strafverfahrens möglich, § 77d Abs. 1 S. 1 und S. 2 StGB, mit der Folge, dass der Antrag nicht nochmals gestellt werden kann, § 77d Abs. 1 S. 3 StGB. Dabei ist zu beachten, dass der Antragsteller bei einer solchen Rücknahme regelmäßig die Kosten des Verfahrens und die dem Beschuldigten erwachsenen notwendigen Auslagen zu tragen hat, § 470 S. 1 StPO. Zuständig für die Rücknahme sind die zur Antragstellung berechtigten Personen (Baumbach/Hueck/*Haas* Rn. 55). Auch ein **Verzicht** auf die Stellung eines Strafantrags ist möglich, der gegenüber der nach § 158 Abs. 2 StPO zuständigen Behörde erklärt werden muss (RGSt 77, 157 (159); BGH NJW 1957, 1368 f.). Der wirksam erklärte Verzicht ist unwiderruflich (Scholz/*Tiedemann*/*Rönnau* Rn. 60).

II. Verjährung

Das unbefugte Offenbaren eines Geheimnisses (Abs. 1; Höchstmaß ein Jahr) verjährt nach § 78 Abs. 3 **44** Nr. 5 StGB in drei Jahren. Für das unbefugte Verwerten (Abs. 2 S. 2) sowie das qualifizierte unbefugte Offenbaren (Abs. 2 S. 1; Höchstmaß jeweils zwei Jahre) eines Geheimnisses beläuft sich die Verjährungsfrist auf fünf Jahre, § 78 Abs. 3 Nr. 4, Abs. 4 StGB (Erbs/Kohlhaas/*Schaal* Rn. 25; Scholz/*Tiedemann*/ *Rönnau* Rn. 61). Die Verjährungsfrist beginnt mit der **Beendigung** der Tat (→ Rn. 37).

III. Zuständigkeiten

Das Delikt nach § 85 ist eine **Wirtschaftsstrafsache** iSv § 74c Abs. 1 Nr. 1 GVG und fällt in den **45** Zuständigkeitsbereich der Schwerpunktstaatsanwaltschaften für Wirtschaftsstrafsachen. Anklageerhebung erfolgt zum zuständigen Amtsgericht oder (etwa bei besonderer Bedeutung des Falles) zur Wirtschaftsstrafkammer am Landgericht.

370. Gesetz zur Überwachung des Verkehrs mit Grundstoffen, die für die unerlaubte Herstellung von Betäubungsmitteln missbraucht werden können (Grundstoffüberwachungsgesetz – GÜG)

Vom 11. März 2008

(BGBl. I S. 306) FNA 2121-6-27

Zuletzt geändert durch Art. 51 Zehnte ZuständigkeitsanpassungsVO v. 31.8.2015 (BGBl. I S. 1474)

– Auszug –

Vorbemerkung

1   **1. Historie.** Das Gesetz zur Neuregelung des Grundstoffüberwachungsrechts v. 11.3.2008 (BGBl. I 306, in Kraft getreten am 19.3.2008) ersetzt das Grundstoffüberwachungsgesetz v. 7.10.1994 (BGBl. I 2835; Körner/Patzak/Volkmer/ *Volkmer* Vor §§ 19 ff. Rn. 2–9) sowie die Verordnung über Verstöße gegen das Grundstoffüberwachungsgesetz (GÜG-VV) v. 24.7.2002 (BGBl. I 2915) und dient damit der Anpassung der nationalen Rechtsvorschriften an geltendes EU-Grundstoffrecht (BR-Drs. 719/07). Anlass für die Überarbeitung waren die am 18.8.2005 in Kraft getretenen VO (EG) Nr. 273/2004 v. 11.2.2004 betreffend Drogenausgangsstoffe (ABl. 2004 L 47, 1), VO (EG) Nr. 111/2005 v. 22.12.2004 zur Festlegung von Vorschriften über die Überwachung des Handels mit Drogenaustauschstoffen zwischen der Gemeinschaft und Drittländern (ABl. 2005 L 22, 1) und VO (EG) Nr. 1277/2005 v. 27.7.2005 mit Durchführungsvorschriften zu der VO (EG) Nr. 273/2004 des Europäischen Parlaments und des Rates betreffend Drogenausgangsstoffe und zur VO (EG) Nr. 111/2005 des Rates zur Festlegung von Vorschriften für die Überwachung des Handels mit Drogenausgangsstoffen zwischen der Gemeinschaft und Drittländern (ABl. 2005 L 202, 7). Nunmehr ist auch der innergemeinschaftliche Handel mit **Grundstoffen,** dh Chemikalien, die zwar grundsätzlich legal gehandelt, aber auch zur illegalen Drogenherstellung missbraucht werden können, Gegenstand unmittelbar geltenden EU-Rechts. Mit VO (EG) Nr. 1258/2013 zur Änderung der VO (EG) Nr. 273/2004 (ABl. 2013 L 330, 21) und VO (EG) Nr. 1259/2013 (ABl. 2013 L 330, 30), die am 30.12.2013 in Kraft getreten sind, wurden Arzneimittel gem. Art. 1 Nr. 2 RL 2001/83/EG und Tierarzneimittel gem. Art. 1 Nr. 2 der RL 2001/82/EG (mit Ausnahme der ephedrin- und pseudoephedrinhaltigen Arzneimittel) vollständig aus der Definition des „erfassten Stoffe" iSd Art. 2 Buchst. a der VO (EG) Nr. 111/2005 ausgenommen. Darüber hinaus wurde insbes. eine **Kat. 4** in die VO (EG) Nr. 111/2005 neu aufgenommen. Die Ausfuhr von Stoffen der Kat. 4 *(Ephedrin oder seine Salze enthaltende Arzneimittel und Tierarzneimittel; Pseudoephedrin oder seine Salze enthaltende Arzneimittel und Tierarzneimittel)* ist seit dem 30.12.2013 genehmigungspflichtig. Die Genehmigung wird durch das BfArM erteilt. Zur „Abkoppelung" des strafrechtlichen Grundstoffbegriffs vgl. Körner/Patzak/Volkmer/ *Volkmer* Vor §§ 19 ff. Rn. 22 ff.

2   **2. Stoffkategorien.** In Anlehnung an das **UN–Suchtstoffübereinkommen 1988** v. 20.12.1988 (United Nations Convention against illicit traffic in narcotic drugs and psychotropic substances; BGBl. 1993 II 1136; nebst Anhang in aktueller Fassung abrufbar unter www.incb.org/incb/en/precursors/1988-convention.html (zuletzt abgerufen am 10.7.2016) sehen auch die genannten Verordnungen eine Einteilung der aktuell 23 international gelisteten Chemikalien in nunmehr vier Kategorien vor. Diese bilden den Ausgangspunkt differenzierter Kontrollmechanismen für den Außenhandel mit Drittländern und den innergemeinschaftlichen Verkehr.

3   Als Stoffe der **Kat. 1** sind nach VO (EG) Nr. 111/2005 und VO (EG) Nr. 273/2004 derzeit erfasst: Phenylaceton (1-Phenyl-2-Propanon), N-Acetylanthranilsäure, Isosafrol, 3,4-Methylendioxyphenyl-propan-2-on, Piperonal, Safrol, Ephedrin, Pseudoephedrin, Norephedrin, Ergometrin, Ergotamin, Lysergsäure und alpha-Phenylacetoacetonitril (APAAN). Der **Kat. 2** unterfallen Essigsäureanhydrid, Phenylessigsäure, Anthranilsäure, Piperidin, Kaliumpermanganat. Zur **Kat. 3** gehören Salzsäure, Schwefelsäure, Toluol, Ethylether, Aceton und Methylethylketon. In die neu eingeführte (→ Rn. 1) **Kat. 4** fallen Ephedrin oder seine Salze enthaltende Arzneimittel und Tierarzneimittel sowie Pseudoephedrin oder seine Salze enthaltende Arzneimittel und Tierarzneimittel. Die dem GÜG unterfallenden Grundstoffe sind in den einschlägigen Anhängen der Verordnungen (EG) Nr. 111/2005 und 273/2004 (§ 1 Nr. 1) **abschließend** aufgeführt.

4   **3. Europäische Vorgaben zum Grundstoffstrafrecht.** Mit Ausnahme des § 19 Abs. 1 Nr. 1 und des § 20 Abs. 1 Nr. 16 dienen die Straf- und Bußgeldtatbestände der Umsetzung verbindlicher Vorgaben des europäischen Gemeinschaftsrechts, Art. 12 VO (EG) Nr. 273/2004 und Art. 31 VO (EG)

Nr. 111/2005 (→ Rn. 1). Die Regelungen des Art. 3 Abs. 1 Buchst. a Nr. iv und Buchst. c Nr. ii des UN–Suchtstoffübereinkommens 1988 (→ Rn. 2) verpflichten die Vertragsparteien darüber hinaus, die zur strafrechtlichen Erfassung näher bezeichneter Formen des Umgangs mit Grundstoffen notwendigen Maßnahmen zu treffen. Mindesthöchststrafen für das Herstellen, Befördern oder Verteilen von Grundstoffen ergeben sich aus Art. 4 Abs. 4 des Rahmenbeschlusses 2004/757/JI des Rates der Europäischen Union (ABl. 2004 L 335, 8).

4. Rechtsanwendungsrecht. Soweit die § 19 und § 20 auf die VO (EG) Nr. 273/2004, 111/2005 **5** und 1277/05 Bezug nehmen, ist die jeweils am 18.8.2005 geltende Fassung maßgeblich, § 19 Abs. 5, § 20 Abs. 4. Zur Frage der sich aus den genannten Vorschriften ergebenden Konsequenzen für den Straftatbestand des § 19 Abs. 1 Nr. 1 Körner/Patzak/Volkmer/ *Volkmer* § 19 Rn. 9 f. Die VO (EG) Nr. 1277/2005 ist mit Wirkung vom 1.7.2015 aufgehoben und durch VO (EU) Nr. 2015/1011 ersetzt worden (Art. 14 VO (EU) Nr. 2015/1011), vgl. dazu Körner/Patzak/Volkmer/ *Volkmer* § 19 Rn. 7.

5. Abgrenzung zu Arzneimittelrecht. Obgleich diverse weitere Stoffe als Grundstoffe zur illegalen **6** Betäubungsmittelherstellung Verwendung finden (etwa GBL (Gamma-Butyrolacton) zur Herstellung von GHB (Gamma-Hydroxy-Buttersäure), auch bekannt als „liquid ecstasy"), ist für diese Stoffe das GÜG nicht anwendbar. Zur Abgrenzung des Grundstoffbegriffs zu anderen Stoffkategorien, insbes. zum Arzneimittelbegriff Körner/Patzak/Volkmer Vor §§ 19 ff. Rn. 16 ff., 22 ff., sowie den Beschl. des BGH zur **Vorabentscheidungsvorlage an den EuGH** v. 5.12.2013, NStZ-RR 2014, 83, dessen Fragestellung bereits in Anbetracht der am 30.12.2013 in Kraft getretenen Änderungen (→ Rn. 1) überholt erschien und die der EuGH mit Urt. v. 5.2.2015 (BeckRS 2015, 80200) dahingehend entschieden hat, *„dass ein Arzneimittel im Sinne der Definition von Art. 1 Nr. 2 der Richtlinie 2001/83/EG (…) als solches, selbst wenn es einen im Anhang I der Verordnung Nr. 273/2004 und im Anhang der Verordnung Nr. 111/2005 genannten Stoff enthält, der einfach verwendet oder leicht und wirtschaftlich extrahiert werden kann, nicht als ‚erfasster Stoff' eingestuft werden kann"*. Zur Aufnahme von APAAN vor dem Hintergrund und der Vorlegungsfrage vgl. Körner/Patzak/Volkmer/ *Volkmer* Vor §§ 19 ff. Rn. 9b.

§ 19 Strafvorschriften

(1) Mit Freiheitsstrafe bis zu fünf Jahren oder mit Geldstrafe wird bestraft, wer

1. **entgegen § 3 einen Grundstoff besitzt, herstellt, mit ihm Handel treibt, ihn, ohne Handel zu treiben, einführt, ausführt, durch den oder im Geltungsbereich dieses Gesetzes befördert, veräußert, abgibt oder in sonstiger Weise einem anderen die Möglichkeit eröffnet, die tatsächliche Verfügung über ihn zu erlangen, erwirbt oder sich in sonstiger Weise verschafft,**
2. **entgegen Artikel 3 Abs. 2 der Verordnung (EG) Nr. 273/2004 einen in Kategorie 1 des Anhangs I dieser Verordnung bezeichneten Grundstoff ohne Erlaubnis besitzt oder in den Verkehr bringt,**
3. **entgegen Artikel 6 Abs. 1 der Verordnung (EG) Nr. 111/2005 einen in Kategorie 1 des Anhangs dieser Verordnung bezeichneten Grundstoff ohne Erlaubnis einführt, ausführt oder ein Vermittlungsgeschäft mit ihm betreibt,**
4. **entgegen Artikel 12 Abs. 1 der Verordnung (EG) Nr. 111/2005 einen in Kategorie 1, 2 oder 3 des Anhangs dieser Verordnung bezeichneten Grundstoff ohne Ausfuhrgenehmigung ausführt oder**
5. **entgegen Artikel 20 der Verordnung (EG) Nr. 111/2005 einen in Kategorie 1 des Anhangs dieser Verordnung bezeichneten Grundstoff ohne Einfuhrgenehmigung einführt.**

(2) Der Versuch ist strafbar.

(3) In besonders schweren Fällen des Absatzes 1 ist die Strafe Freiheitsstrafe nicht unter einem Jahr. Ein besonders schwerer Fall liegt in der Regel vor, wenn der Täter

1. **gewerbsmäßig oder**
2. **als Mitglied einer Bande, die sich zur fortgesetzten Begehung solcher Taten verbunden hat, handelt.**

In besonders schweren Fällen ist § 73d des Strafgesetzbuchs anzuwenden.

(4) Handelt der Täter in den Fällen des Absatzes 1 fahrlässig, so ist die Strafe Freiheitsstrafe bis zu einem Jahr oder Geldstrafe.

(5) Soweit auf die Verordnung (EG) Nr. 273/2004 oder die Verordnung (EG) Nr. 111/2005 Bezug genommen wird, ist jeweils die am 18. August 2005 geltende Fassung maßgeblich.

1. Die Tatbestände nach Abs. 1 Nr. 1. Die Vorschrift der **Nr. 1** flankiert die Verbotsnorm des § 3 **1** und knüpft dabei an die Vorgaben des Suchtstoffübereinkommens 1988 und des Rahmenbeschlusses 2004/757/JI (BR-Drs. 719/07; → Vorb. Rn. 4) an. Inhaltlich ist die Regelung stark an § 29 BtMG angelehnt.

2 Die aufgeführten Tathandlungen sind gem. § 3 verboten, wenn die betroffenen Grundstoffe „zur unerlaubten Herstellung von Betäubungsmitteln verwendet werden sollen". Nach § 2 Abs. 1 Nr. 4 BtMG umfasst das Herstellen von Betäubungsmitteln das Gewinnen, Anfertigen, Zubereiten, Be- und Verarbeiten, Reinigen und Umwandeln derselben. Unerlaubt ist die Betäubungsmittelherstellung, wenn sie ohne Erlaubnis nach § 3 BtMG erfolgt. Der damit umschriebene **Verwendungszweck** ist objektives Tatbestandsmerkmal; der Nachweis erfordert eine Gesamtwürdigung sämtlicher Tatumstände (ausf. Körner/Patzak/Volkmer Rn. 15). Der Vorsatz des Täters muss sich zudem auf die beabsichtigte Grundstoffverwendung beziehen, wobei ausreichend ist, dass er mit der unerlaubten Verwendung rechnet und diese Möglichkeit billigend in Kauf nimmt (OLG Frankfurt a. M. NJW 1996, 3090 ff.; BGH NStZ 1996, 236 f.). Ein **Verbotsirrtum** liegt nur dann vor, wenn dem Täter die Einsicht fehlt, Unrecht zu tun, § 17 StGB. Dabei ist nicht erforderlich, dass der Täter die Strafbarkeit seines Vorgehens kennt. Vielmehr genügt es, wenn er weiß oder erkennen kann, dass er sich mit seinem Verhalten gegen die rechtliche Ordnung stellt (BGH NStZ 1996, 236 (237)). Zum Subsumtionsirrtum bei irriger Annahme, die entfalteten Erwerbsaktivitäten seien noch nicht als strafbares Handeltreiben (→ Rn. 3), sondern allenfalls als Vorbereitungshandlungen einzustufen, LG Kleve NStZ-RR 1997, 211.

3 Die Begriffe der **Einfuhr,** der **Ausfuhr,** des **Inverkehrbringens** und der **Herstellung** von Grundstoffen sind in § 1 Nr. 4, 5, 7 und Nr. 8 definiert und folgen damit den europäischen Vorgaben; ein unkritischer Rückgriff auf die einschlägigen Begriffsbestimmungen des BtMG verbietet sich daher (Körner/Patzak/Volkmer Rn. 23 f.).

4 Demgegenüber ist der Begriff des **Handeltreibens** dem Betäubungsmittelstrafrecht entlehnt (BR-Drs. 719/07) und bezieht sich insbes. auch auf den besitzlosen Grundstoffhandel (Körner/Patzak/Volkmer/*Volkmer* Rn. 18 f.). Handeltreiben umfasst alle eigennützigen Bemühungen, die darauf gerichtet sind, den Umsatz mit Grundstoffen, die dem GÜG unterfallen, zu ermöglichen oder zu fördern, selbst wenn es sich nur um eine einmalige oder auch nur vermittelnde Tätigkeit handelt (LG Kleve NStZ-RR 1997, 211; Körner/Patzak/Volkmer/*Patzak* BtMG § 29 Teil 4 Rn. 23; BGH NStZ 2006, 171). Ob neben dem Verstoß gegen das GÜG auch Täterschaft oder Teilnahme (zur Abgrenzung bei der Lieferung von Grundstoffen BGH StV 2005, 666) am **Handeltreiben mit Betäubungsmitteln** in Betracht kommt, hängt davon ab, ob der Umgang mit dem betreffenden Grundstoff bereits objektiv auf ein konkret angebahntes oder laufendes Betäubungsmittelumsatzgeschäft gerichtet ist (Weber BtMG, 4. Aufl. 2013, § 29 Rn. 229, 768 mwN); zum Herstellen von Betäubungsmitteln beim Umgang mit Grundstoffen Körner/Patzak/Volkmer/*Patzak* BtMG § 29 Teil 3 Rn. 51 f.).

5 **2. Die Tatbestände nach Abs. 1 Nr. 2–5.** Neben der gemeinschaftsrechtswidrigen unerlaubten **Einfuhr** (Nr. 3, Nr. 5; zum Begriff § 1 Nr. 4), **Ausfuhr** (Nr. 3, Nr. 4; zum Begriff § 1 Nr. 5) und dem unerlaubten Betreiben eines **Vermittlungsgeschäfts** (Nr. 3; zum Begriff § 1 Nr. 6) werden nach Nr. 2 auch das gemeinschaftsrechtswidrige **Inverkehrbringen** (zum Begriff § 1 Nr. 7) sowie Verstöße gegen die in Art. 3 Abs. 2 VO (EG) Nr. 273/2004 geregelte Erlaubnispflicht für den **Besitz** von Grundstoffen der Kat. 1 sanktioniert. Erforderlich ist jeweils, dass der Wirtschaftsbeteiligte (§ 1 Nr. 9, Art. 2 Buchst. d VO (EG) Nr. 273/2004 und Art. 2 Buchst. f VO (EG) Nr. 111/2005; erfasst sind natürliche und juristische Personen) der Erlaubnispflicht der betreffenden Verordnung (Art. 3 Abs. 2 VO (EG) Nr. 273/2004; Art. 6 Abs. 1 VO (EG) Nr. 111/2005) unterfällt. Inhabern einer Apothekenbetriebserlaubnis nach § 1 Abs. 2 ApoG ist durch das Bundesinstitut für Arzneimittel und Medizinprodukte eine Sondererlaubnis für den Besitz und das Inverkehrbringen nach Nr. 2 erteilt worden (BAnz. 2005 Nr. 151, 12297).

6 **3. Versuch.** Der Versuch ist nach Abs. 2 strafbar. Soweit Tathandlungen nach Abs. 1 solchen des BtMG entsprechen (→ Rn. 3 f.; für Handeltreiben und den Erwerb Körner/Patzak/Volkmer Rn. 18, 36; zum Abgeben und Herstellen MüKoStGB/*Rahlf* BtMG § 29 Rn. 25, 33) gelten für die Abgrenzung zwischen Vorbereitungshandlungen und Versuch sowie für Rücktrittsfragen, die dort entwickelten Grundsätze. Anders als nach dem BtMG (Körner/Patzak/Volkmer/*Patzak* BtMG § 29 Teil 13 Rn. 66; Weber BtMG, 4. Aufl. 2013, § 29 Rn. 1348; MüKoStGB/*Rahlf* BtMG § 29 Rn. 1201) ist nach dem GÜG auch der Versuch des Besitzes strafbar.

7 **4. Fahrlässigkeit.** Handelt der Täter fahrlässig, sieht Abs. 4 in den Fällen des Abs. 1 eine Freiheitsstrafe von bis zu einem Jahr oder Geldstrafe vor. Pflichtwidrigkeit liegt insbes. dann vor, wenn die Grundstoffeigenschaft des betroffenen Stoffes (BGH NJW 1992, 382 (384)) oder der vorgesehene Verwendungszweck (→ Rn. 2) vorwerfbar verkannt werden.

8 **5. Besonders schwere Fälle.** Für **besonders schwere Fälle** der Tathandlungen nach Abs. 1 sieht die (tatbestandsähnliche) **Strafzumessungsregel** des Abs. 3 eine Freiheitsstrafe von nicht unter einem Jahr vor. Ein besonders schwerer Fall liegt vor, wenn sich die Tat unter Berücksichtigung aller tat- und täterbezogenen Umstände so deutlich von den gewöhnlich vorkommenden GÜG-Verstößen abhebt, dass die Anwendung des verschärften Strafrahmens geboten erscheint. Dies ist nach der gesetzlichen Wertung regelmäßig (dh widerlegbar) der Fall, wenn der Täter **1. gewerbsmäßig** (dazu ausf. Körner/Patzak/Volkmer/*Patzak* BtMG § 29 Teil 27 Rn. 11 ff.; Weber BtMG, 4. Aufl. 2013, § 29 Rn. 1962; MüKoStGB/*Rahlf* BtMG § 29 Rn. 1702) oder **2. als Mitglied einer Bande** (Körner/Patzak/Volkmer/*Patzak* BtMG § 30 Rn. 12; Weber BtMG, 4. Aufl. 2013, § 30 Rn. 4 ff.; MüKoStGB/*Rahlf* BtMG

§ 30 Rn. 22 ff.) handelt, die sich zur fortgesetzten Begehung solcher Taten verbunden hat. Daneben sind **unbenannte** besonders schwere Fälle denkbar, etwa wenn zwischen der beruflichen Stellung des Täters und der Straftat eine besondere innere Beziehung besteht. In besonders schweren Fällen ist (zwingend; BT-Drs. 11/6623, 8) der **erweiterte Verfall** nach § 73d StGB anzuordnen (iE → StGB § 73d Rn. 36 mwN). Erforderlich ist, dass der Tatrichter auf der Basis einer erschöpfenden Beweiswürdigung zu der **uneingeschränkten Überzeugung** gelangt, dass die von der Anordnung erfassten Gegenstände (Sachen und Rechte) für rechtswidrige Taten oder aus ihnen erlangt worden sind, ohne dass diese Taten selbst iE festgestellt werden müssen (BGH NStZ-RR 1998, 297; 2010, 385). Verbleiben **vernünftige Zweifel** an der deliktischen Herkunft von Tätervermögen, kommt die Anordnung des erweiterten Verfalls nicht in Betracht (BGH NStZ-RR 1998, 25 mwN).

§ 20 Bußgeldvorschriften

(1) Ordnungswidrig handelt, wer vorsätzlich oder fahrlässig

1. in einem Antrag nach Artikel 5 der Verordnung (EG) Nr. 1277/2005 eine unrichtige Angabe macht oder eine unrichtige Unterlage beifügt,
2. entgegen Artikel 3 Abs. 3 der Verordnung (EG) Nr. 273/2004 einen in Kategorie 1 des Anhangs I dieser Verordnung bezeichneten Grundstoff in der Gemeinschaft abgibt,
3. entgegen Artikel 3 Abs. 6 der Verordnung (EG) Nr. 273/2004 dem Bundesinstitut für Arzneimittel und Medizinprodukte die Anschrift der Geschäftsräume, in denen ein in Kategorie 2 des Anhangs I dieser Verordnung bezeichneter Grundstoff hergestellt oder von denen aus mit ihm Handel betrieben wird, vor dem Inverkehrbringen nicht, nicht richtig, nicht vollständig oder nicht rechtzeitig anzeigt oder deren Änderung nicht, nicht richtig, nicht vollständig oder nicht rechtzeitig mitteilt,
4. entgegen Artikel 7 Abs. 1 der Verordnung (EG) Nr. 111/2005 dem Bundesinstitut für Arzneimittel und Medizinprodukte die Anschrift der Geschäftsräume, von denen ein in Kategorie 2 des Anhangs der Verordnung (EG) Nr. 111/2005 bezeichneter Grundstoff eingeführt, ausgeführt oder ein Vermittlungsgeschäft mit ihm betrieben wird, nicht, nicht richtig, nicht vollständig oder nicht rechtzeitig anzeigt oder deren Änderung nicht, nicht richtig, nicht vollständig oder nicht rechtzeitig mitteilt,
5. entgegen Artikel 7 Abs. 1 der Verordnung (EG) Nr. 111/2005, auch in Verbindung mit Artikel 14 Abs. 1 UnterAbs. 2 oder Abs. 2 UnterAbs. 2 und Anhang II der Verordnung (EG) Nr. 1277/2005, dem Bundesinstitut für Arzneimittel und Medizinprodukte die Anschrift der Geschäftsräume, von denen ein in Kategorie 3 des Anhangs der Verordnung (EG) Nr. 111/2005 bezeichneter Grundstoff ausgeführt wird, nicht, nicht richtig, nicht vollständig oder nicht rechtzeitig anzeigt oder deren Änderung nicht, nicht richtig, nicht vollständig oder nicht rechtzeitig mitteilt,
6. entgegen Artikel 5 Abs. 1 und 2 der Verordnung (EG) Nr. 273/2004 einen Vorgang, der zum Inverkehrbringen eines in Kategorie 1 oder 2 des Anhangs I dieser Verordnung bezeichneten Grundstoffs führt, nicht ordnungsgemäß in Handelspapieren wie Rechnungen, Ladungsverzeichnissen, Verwaltungsunterlagen oder Fracht- und sonstigen Versandpapieren dokumentiert oder entgegen Artikel 5 Abs. 3 dieser Verordnung eine Erklärung des Kunden nicht beifügt,
7. entgegen Artikel 3 der Verordnung (EG) Nr. 111/2005 Einfuhren oder Ausfuhren von Grundstoffen oder Vermittlungsgeschäfte mit Grundstoffen nicht ordnungsgemäß in Zoll- und Handelspapieren wie summarischen Erklärungen, Zollanmeldungen, Rechnungen, Ladungsverzeichnissen oder Fracht- und sonstigen Versandpapieren dokumentiert,
8. entgegen Artikel 5 Abs. 5, auch in Verbindung mit Abs. 6 der Verordnung (EG) Nr. 273/2004, die in Artikel 5 Abs. 2 und 3 dieser Verordnung bezeichneten Handelspapiere nicht oder nicht mindestens drei Jahre nach Ende des Kalenderjahres, in dem der in Artikel 5 Abs. 1 dieser Verordnung bezeichnete Vorgang stattgefunden hat, aufbewahrt,
9. entgegen Artikel 4 der Verordnung (EG) Nr. 111/2005 die in Artikel 3 dieser Verordnung bezeichneten Zoll- und Handelspapiere nicht oder nicht mindestens drei Jahre nach Ende des Kalenderjahres, in dem der in Artikel 3 dieser Verordnung bezeichnete Vorgang stattgefunden hat, aufbewahrt,
10. entgegen Artikel 7 der Verordnung (EG) Nr. 273/2004 einen in Kategorie 1 oder 2 des Anhangs I dieser Verordnung bezeichneten Grundstoff, einschließlich Mischungen und Naturprodukte, die derartige Grundstoffe enthalten, vor deren Abgabe in der Gemeinschaft nicht oder nicht in der vorgeschriebenen Form kennzeichnet,
11. entgegen Artikel 5 der Verordnung (EG) Nr. 111/2005 einen Grundstoff, einschließlich Mischungen und Naturprodukte, die Grundstoffe enthalten, vor der Einfuhr oder Ausfuhr nicht oder nicht in der vorgeschriebenen Form kennzeichnet,
12. entgegen Artikel 17 UnterAbs. 1 in Verbindung mit Artikel 19 UnterAbs. 1 der Verordnung (EG) Nr. 1277/2005 dem Bundesinstitut für Arzneimittel und Medizinprodukte eine Meldung über die Mengen von in Kategorie 1 oder 2 des Anhangs I der Verordnung (EG)

Nr. 273/2004 bezeichneten Grundstoffen, die von ihm im zurückliegenden Kalenderjahr innerhalb der Gemeinschaft geliefert wurden, nicht, nicht richtig, nicht vollständig oder nicht rechtzeitig erstattet,

13. entgegen Artikel 18 in Verbindung mit Artikel 19 UnterAbs. 1 der Verordnung (EG) Nr. 1277/2005 dem Bundesinstitut für Arzneimittel und Medizinprodukte eine Meldung über Ausfuhren, Einfuhren oder Vermittlungsgeschäfte, die von ihm im zurückliegenden Kalenderjahr getätigt wurden, nicht, nicht richtig, nicht vollständig oder nicht rechtzeitig erstattet,

14. entgegen Artikel 13 Abs. 1 der Verordnung (EG) Nr. 111/2005 in einem Antrag auf Ausfuhrgenehmigung eine Angabe nicht, nicht richtig oder nicht vollständig macht,

15. einer vollziehbaren Auflage zur Ausfuhrgenehmigung nach Artikel 14 Abs. 1 UnterAbs. 1 Satz 1 der Verordnung (EG) Nr. 111/2005 zuwiderhandelt, indem er am Ort der Verbringung aus dem Zollgebiet der Gemeinschaft eine Angabe über den Beförderungsweg oder das Transportmittel nicht, nicht richtig oder nicht vollständig macht,

16. entgegen Artikel 21 Abs. 1 der Verordnung (EG) Nr. 111/2005 in einem Antrag auf Einfuhrgenehmigung eine Angabe nicht, nicht richtig oder nicht vollständig macht oder

17. entgegen § 18 Abs. 1 einer Duldungs- oder Mitwirkungspflicht nicht nachkommt.

(2) Die Ordnungswidrigkeit kann mit einer Geldbuße bis zu fünfundzwanzigtausend Euro geahndet werden.

(3) Verwaltungsbehörde im Sinne des § 36 Abs. 1 Nr. 1 des Gesetzes über Ordnungswidrigkeiten ist das Bundesinstitut für Arzneimittel und Medizinprodukte.

(4) Soweit auf die Verordnung (EG) Nr. 273/2004, die Verordnung (EG) Nr. 111/2005 oder die Verordnung (EG) Nr. 1277/2005 Bezug genommen wird, ist jeweils die am 18. August 2005 geltende Fassung maßgeblich.

1   **1. Verfahrensverstöße (Nr. 1, 3–16).** Die Regelung des § 20 sanktioniert im Interesse einer ordnungsgemäßen Abwicklung des **regulären Warenverkehrs** besonders gewichtige Verstöße gegen das EU-Grundstoffrecht, die vor allem das Aufspüren verdächtiger Lieferungen dienen sollen (BR-Drs. 719/07, 35). Erfasst werden Zuwiderhandlungen gegen die sich aus den VO (EG) Nr. 273/2004, 111/2005 und 1277/2005 ergebenden Mitwirkungs-, Dokumentations-, Kennzeichnungs-, Mitteilungs-, Duldungs- und Aufbewahrungspflichten. Zur Aufhebung der VO (EG) Nr. 1277/2005 mWv 1.7.2015 → Vorb. Rn. 5 aE. **Nr. 15** betrifft dabei die Missachtung einer vollziehbaren Auflage zur Ausfuhrgenehmigung nach Art. 14 Abs. 1 UAbs. 1 S. 1 der VO (EG) Nr. 111/2005. Fehlen in dem zugrunde liegenden Antrag Angaben über den Beförderungsweg und das eingesetzte Transportmittel, ist nach der genannten Vorschrift anzuordnen, dass diese der Ausgangszollstelle oder sonstigen zuständigen Behörden am Ort der Verbringung aus dem Zollgebiet der Union nachgeliefert werden. Ausgehend hiervon kommt eine Ordnungswidrigkeit nach Nr. 15 nur dann in Betracht, wenn die Ausfuhrgenehmigung eine derartige Auflage enthält und diese zudem vollziehbar ist. Vollziehbar sind solche Auflagen, wenn sie bestandskräftig oder durch das Bundesinstitut für Arzneimittel und Medizinprodukte gemäß § 80 Abs. 2 VwGO für sofort vollziehbar erklärt wurden. Zur isolierten Anfechtung von Auflagen BeckOK VwVfG/ *Tiedemann* VwVfG § 36 Rn. 83 ff.; zur Verpflichtung zur behördlichen Anordnung der sofortigen Vollziehbarkeit beim indirekten Vollzug von Gemeinschaftsrecht *Kuhla/Hüttenbrink/Endler*, Verwaltungsprozess, 3. Aufl. 2002, Abschn. L Rn. 64 ff.

2   **2. Abgabebeschränkungen im innergemeinschaftlichen Grundstoffverkehr (Nr. 2).** Im Unterschied zum Abgabeverbot nach § 3 (§ 19 Abs. 1 Nr. 1) betrifft Nr. 2 nicht die Abgabe von Grundstoffen, die zur illegalen Betäubungsmittelherstellung verwendet werden sollen (→ § 19 Rn. 2), sondern bezieht sich vielmehr auf den legalen Grundstoffhandel. Nach Art. 3 Abs. 3 der VO (EG) Nr. 273/2004 dürfen Grundstoffe der Kat. 1 (→ Vorb. Rn. 3) nur von Inhabern einer Erlaubnis nach Art. 3 Abs. 2 der Verordnung und nur an natürliche oder juristische Personen abgegeben werden, die ebenfalls Inhaber einer derartigen Erlaubnis sind und zudem eine Kundenerklärung nach Art. 4 Abs. 1 der Verordnung unterzeichnet haben, der der genaue Verwendungszweck der erfassten Stoffe zu entnehmen ist.

3   **3. Verstoß gegen Duldungs- und Mitwirkungspflichten nach § 18 (Nr. 17).** Nach § 18 Abs. 1 hat jeder Wirtschaftsbeteiligte (→ § 19 Rn. 5) Maßnahmen nach § 16 und § 17 zu dulden und bei der Durchführung der Überwachung mitzuwirken, insbes. die Stellen zu bezeichnen, an denen der Verkehr mit Grundstoffen stattfindet, Gebäude, Räume oder Behältnisse zu öffnen, Auskünfte zu erteilen und Unterlagen vorzulegen (§ 16) sowie die Probennahme nach § 17 zu ermöglichen. Weil die aufgrund von Überwachungsmaßnahmen nach § 16 Abs. 1 u. 2 erlangten Informationen insbes. zur Verfolgung von Straftaten und Ordnungswidrigkeiten verwendet werden dürfen (iE hierzu § 16 Abs. 3 S. 1 iVm § 4 Abs. 2 S. 3), ist die Mitwirkungspflicht insoweit begrenzt, als der Verdächtige nicht zu seiner Überführung beitragen muss, § 18 Abs. 2 S. 1. Der Betroffene ist im Vorfeld über sein **Auskunftsverweigerungsrecht** zu belehren, § 18 Abs. 2 S. 2.

§ 21 Einziehung

Gegenstände, auf die sich eine Straftat nach § 19 oder eine Ordnungswidrigkeit nach § 20 bezieht, können eingezogen werden. § 74a des Strafgesetzbuchs und § 23 des Gesetzes über Ordnungswidrigkeiten sind anzuwenden.

Die Vorschrift entspricht der Regelung des § 33 Abs. 2 BtMG (dazu Körner/Patzak/Volkmer/ **1** *Volkmer* Rn. 1 ff.; → StGB § 74a Rn. 2). Einziehungsgegenstände sind neben Tatprodukten (etwa die Grundstoffe beim Hersteller iSd § 19 Abs. 1 Nr. 1) und Tatwerkzeugen (§ 74 StGB; bspw. Laborgerätschaften und Transportmittel) auch Beziehungsgegenstände, dh die passiven Objekte der Tat (Schönke/ Schröder/*Eser* StGB § 74 Rn. 12a). Hat der Täter Grundstoffe in Kenntnis des nach § 19 Abs. 1 Nr. 1 missbilligten Verwendungszwecks (→ § 19 Rn. 2) erworben, sind sie daher – trotz Unwirksamkeit sowohl des schuldrechtlichen als auch des dinglichen Erwerbsgeschäfts nach § 134 BGB – einziehbar, wenn der Eigentümer wenigstens leichtfertig dazu beigetragen hat, dass sie Gegenstand der Tat oder ihrer Vorbereitung geworden sind (§ 74a Nr. 1 StGB). Zur Originaleinziehung von Grundstoffen nach § 33 BtMG Körner/Patzak/Volkmer/*Volkmer* BtMG § 33 Rn. 25).

375. Gesetz gegen Wettbewerbsbeschränkungen (GWB)

In der Fassung der Bekanntmachung vom 26. Juni 2013 (BGBl. I S. 1750, ber. S. 3245) FNA 703-5

Zuletzt geändert durch Art. 1 VergaberechtsmodernisierungsG vom 17.2.2016 (BGBl. I S. 203)

– Auszug –

§ 81 Bußgeldvorschriften

(1) Ordnungswidrig handelt, wer gegen den Vertrag über die Arbeitsweise der Europäischen Union in der Fassung der Bekanntmachung vom 9. Mai 2008 (ABl. C 115 vom 9.5.2008, S. 47) verstößt, indem er vorsätzlich oder fahrlässig

1. entgegen Artikel 101 Absatz 1 eine Vereinbarung trifft, einen Beschluss fasst oder Verhaltensweisen aufeinander abstimmt oder
2. entgegen Artikel 102 Satz 1 eine beherrschende Stellung missbräuchlich ausnutzt.

(2) Ordnungswidrig handelt, wer vorsätzlich oder fahrlässig

1. einer Vorschrift der §§ 1, 19, 20 Absatz 1 bis 3 Satz 1 oder Absatz 5, § 21 Absatz 3 oder 4, § 29 Satz 1 oder § 41 Absatz 1 Satz 1 über das Verbot einer dort genannten Vereinbarung, eines dort genannten Beschlusses, einer aufeinander abgestimmten Verhaltensweise, der missbräuchlichen Ausnutzung einer marktbeherrschenden Stellung, einer Marktstellung oder einer überlegenen Marktmacht, einer unbilligen Behinderung oder unterschiedlichen Behandlung, der Ablehnung der Aufnahme eines Unternehmens, der Ausübung eines Zwangs, der Zufügung eines wirtschaftlichen Nachteils oder des Vollzugs eines Zusammenschlusses zuwiderhandelt,
2. einer vollziehbaren Anordnung nach
   a) § 30 Absatz 3, § 31b Absatz 1 Nummer 1 und Nummer 3, § 32 Absatz 1, § 32a Absatz 1, § 32b Absatz 1 Satz 1 oder § 41 Absatz 4 Nummer 2, auch in Verbindung mit § 40 Absatz 3a Satz 2, auch in Verbindung mit § 41 Absatz 2 Satz 3 oder § 42 Absatz 2 Satz 2, oder § 60 oder
   b) § 39 Absatz 5 oder
   c) § 47d Absatz 1 Satz 2 in Verbindung mit einer Rechtsverordnung nach § 47f Nummer 1 oder
   d) § 47d Absatz 1 Satz 5 erster Halbsatz in Verbindung mit einer Rechtsverordnung nach § 47f Nummer 2
   zuwiderhandelt,
3. entgegen § 39 Absatz 1 einen Zusammenschluss nicht richtig oder nicht vollständig anmeldet,
4. entgegen § 39 Absatz 6 eine Anzeige nicht, nicht richtig, nicht vollständig oder nicht rechtzeitig erstattet,
5. einer vollziehbaren Auflage nach § 40 Absatz 3 Satz 1 oder § 42 Absatz 2 Satz 1 zuwiderhandelt,
5a. einer Rechtsverordnung nach § 47f Nummer 3 Buchstabe a, b oder c oder einer vollziehbaren Anordnung auf Grund einer solchen Rechtsverordnung zuwiderhandelt, soweit die Rechtsverordnung für einen bestimmten Tatbestand auf diese Bußgeldvorschrift verweist,
5b. entgegen § 47k Absatz 2 Satz 1, auch in Verbindung mit Satz 2, jeweils in Verbindung mit einer Rechtsverordnung nach § 47k Absatz 8 Satz 1 Nummer 1 oder Nummer 2, eine dort genannte Änderung nicht, nicht richtig, nicht vollständig oder nicht rechtzeitig übermittelt oder
6. entgegen § 59 Absatz 2, auch in Verbindung mit § 47d Absatz 1 Satz 1 oder § 47k Absatz 7, eine Auskunft nicht, nicht richtig, nicht vollständig oder nicht rechtzeitig erteilt, Unterlagen nicht, nicht vollständig oder nicht rechtzeitig herausgibt, geschäftliche Unterlagen nicht, nicht vollständig oder nicht rechtzeitig zur Einsichtnahme und Prüfung vorlegt oder die Prüfung dieser geschäftlichen Unterlagen sowie das Betreten von Geschäftsräumen und -grundstücken nicht duldet oder
7. entgegen § 81a Absatz 1 Satz 1 eine Auskunft nicht, nicht richtig, nicht vollständig oder nicht rechtzeitig erteilt oder eine Unterlage nicht, nicht richtig, nicht vollständig oder nicht rechtzeitig herausgibt.

(3) Ordnungswidrig handelt, wer

1. entgegen § 21 Absatz 1 zu einer Liefersperre oder Bezugssperre auffordert,
2. entgegen § 21 Absatz 2 einen Nachteil androht oder zufügt oder einen Vorteil verspricht oder gewährt oder
3. entgegen § 24 Absatz 4 Satz 3 oder § 39 Absatz 3 Satz 5 eine Angabe macht oder benutzt.

Böse

(4) [1] Die Ordnungswidrigkeit kann in den Fällen des Absatzes 1, des Absatzes 2 Nummer 1, 2 Buchstabe a und Nummer 5 und des Absatzes 3 mit einer Geldbuße bis zu einer Million Euro geahndet werden. [2] Gegen ein Unternehmen oder eine Unternehmensvereinigung kann über Satz 1 hinaus eine höhere Geldbuße verhängt werden; die Geldbuße darf 10 vom Hundert des im der Behördenentscheidung vorausgegangenen Geschäftsjahr erzielten Gesamtumsatzes des Unternehmens oder der Unternehmensvereinigung nicht übersteigen. [3] Bei der Ermittlung des Gesamtumsatzes ist der weltweite Umsatz aller natürlichen und juristischen Personen zugrunde zu legen, die als wirtschaftliche Einheit operieren. [4] Die Höhe des Gesamtumsatzes kann geschätzt werden.[5] In den übrigen Fällen kann die Ordnungswidrigkeit mit einer Geldbuße bis zu hunderttausend Euro geahndet werden. [6] Bei der Festsetzung der Höhe der Geldbuße ist sowohl die Schwere der Zuwiderhandlung als auch deren Dauer zu berücksichtigen.

(5) [1] Bei der Zumessung der Geldbuße findet § 17 Absatz 4 des Gesetzes über Ordnungswidrigkeiten mit der Maßgabe Anwendung, dass der wirtschaftliche Vorteil, der aus der Ordnungswidrigkeit gezogen wurde, durch die Geldbuße nach Absatz 4 abgeschöpft werden kann. [2] Dient die Geldbuße allein der Ahndung, ist dies bei der Zumessung entsprechend zu berücksichtigen. Verwaltungsgrundsätze über die Ausübung seines Ermessens bei der Bemessung

(6) [1] Im Bußgeldbescheid festgesetzte Geldbußen gegen juristische Personen und Personenvereinigungen sind zu verzinsen; die Verzinsung beginnt zwei Wochen nach Zustellung des Bußgeldbescheides.[2] § 288 Absatz 1 Satz 2 und § 289 Satz 1 des Bürgerlichen Gesetzbuchs sind entsprechend anzuwenden.

(7) Das Bundeskartellamt kann allgemeine der Geldbuße, insbesondere für die Feststellung der Bußgeldhöhe als auch für die Zusammenarbeit mit ausländischen Wettbewerbsbehörden, festlegen.

(8) [1] Die Verjährung der Verfolgung von Ordnungswidrigkeiten nach den Absätzen 1 bis 3 richtet sich nach den Vorschriften des Gesetzes über Ordnungswidrigkeiten auch dann, wenn die Tat durch Verbreiten von Druckschriften begangen wird. 2Die Verfolgung der Ordnungswidrigkeiten nach Absatz 1, Absatz 2 Nummer 1 und Absatz 3 verjährt in fünf Jahren.

(9) Ist die Europäische Kommission oder sind die Wettbewerbsbehörden anderer Mitgliedstaaten der Europäischen Union auf Grund einer Beschwerde oder von Amts wegen mit einem Verfahren wegen eines Verstoßes gegen Artikel 101 oder 102 des Vertrages über die Arbeitsweise der Europäischen Union gegen dieselbe Vereinbarung, denselben Beschluss oder dieselbe Verhaltensweise wie die Kartellbehörde befasst, wird für Ordnungswidrigkeiten nach Absatz 1 die Verjährung durch die den § 33 Absatz 1 des Gesetzes über Ordnungswidrigkeiten entsprechenden Handlungen dieser Wettbewerbsbehörden unterbrochen.

(10) Verwaltungsbehörden im Sinne des § 36 Absatz 1 Nummer 1 des Gesetzes über Ordnungswidrigkeiten sind

1. die Bundesnetzagentur als Markttransparenzstelle für Strom und Gas bei Ordnungswidrigkeiten nach Absatz 2 Nummer 2 Buchstabe c und d, Nummer 5a und Nummer 6, soweit ein Verstoß gegen § 47d Absatz 1 Satz 1 in Verbindung mit § 59 Absatz 2 vorliegt,
2. das Bundeskartellamt als Markttransparenzstelle für Kraftstoffe bei Ordnungswidrigkeiten nach Absatz 2 Nummer 5b und Nummer 6, soweit ein Verstoß gegen § 47k Absatz 7 in Verbindung mit § 59 Absatz 2 vorliegt, und
3. in den übrigen Fällen der Absätze 1, 2 und 3 das Bundeskartellamt und die nach Landesrecht zuständige oberste Landesbehörde jeweils für ihren Geschäftsbereich.

Literatur: *Achenbach,* Die Kappungsgrenze und die Folgen – Zweifelsfragen des § 81 Abs. 4 GWB, ZWeR 2009, 3; *Achenbach,* Die Vorteilsabschöpfung durch die Geldbuße und die 10%-Umsatzgrenze nach § 81 Abs. 4 Satz 2 GWB, ZWeR 2010, 237; *Achenbach,* Auf ein Neues: Weitere „Kriminalisierung" des Kartellrechts?, FS Kristian Kühl, 2014, 653; *Achenbach,* Das Höchstmaß der Geldbuße wegen betrieblicher Aufsichtspflichtverletzung (§ 130 OWiG) bei Kartellrechtsverstößen, NZKart 2014, 473; *Ackermann,* Kartellgeldbußen als Instrument der Wirtschaftsaufsicht, ZWeR 2012, 3; *Barth/Budde,* Die „neue" Bußgeldobergrenze des OLG Düsseldorf, WRP 2010, 712; *Barth/Budde,* „Die Strafe soll nicht größer sein als die Schuld" – Zum Urteil des BGH in Sachen Grauzement und den neuen Leitlinien für die Bußgeldzumessung, NZKart 2013, 311; *Bauer/Wrage-Molkenthin,* Zum Begriff der „Aufforderung" in § 26 Abs. 1 GWB, wistra 1988, 247; *Biermann* Neubestimmung des deutschen und europäischen Kartellsanktionenrechts: Reformüberlegungen, Determinanten und Perspektiven einer Kriminalisierung von Verstößen gegen das Kartellrecht, ZWeR 2007, 1; *Böse,* Wirtschaftsverfolgung und Strafverfahren, 2005; *Böse,* Die Strafbarkeit von Verbänden und das Schuldprinzip, FS Jakobs, 2007, 15; *Böse,* Verweisungen auf das EU-Recht und das Bestimmtheitsgebot (Art. 103 Abs. 2 GG), FS Volker Krey, 2010, 7; *Böse,* Strafbarkeit juristischer Personen – Selbstverständlichkeit oder Paradigmenwechsel im Strafrecht?, ZStW 126 (2014), 132; *Bosch,* Verantwortung der Konzernobergesellschaft im Kartellrecht, ZHR 177 (2013), 454; *Bosch/Colbus/Harbusch,* Berücksichtigung von Compliance-Programmen im Kartellbußgeldverfahren, WuW 2009, 740; *Bräunig,* Wider die Strafbarkeit von „Hardcore-Kartellen" de lege ferenda, HRRS 2011, 425; *Brettel,* Aktuelle Rechtsprechung zur Bebußung von Kartellordnungswidrigkeiten, ZWeR 2013, 200; *Brettel/Thomas,* Unternehmensbußgeld, Bestimmtheitsgrundsatz und Schuldprinzip im novellierten deutschen Kartellrecht, ZWeR 2009, 25; *Brettel/Thomas,* Der Verbotsirrtum im europäischen und nationalen Kartellbußgeldrecht – Zugleich Besprechung des Schenker-Urteils des EuGH, ZWeR 2013, 272; *v. Brevern/Scheidtmann,* Der Zeitpunkt für die Bestimmung der wirtschaftlichen Einheit iSd § 81 Abs. 4 S. 3 GWB, WuW 2014, 668; *Brömmelmeyer,* Corporate Compliance im Kartellrecht – Besteht Regelungsbedarf?, NZKart 2014, 478; *Buntscheck,* § 81 Abs. 4 GWB nF – die geänderte Obergrenze für Unternehmensgeldbußen, WuW 2008, 941; *Burrichter,* Die Verzinsungspflicht von Geldbußen gem. § 81 Abs. 6 GWB nF, in: FS Bechtold, 2006, 97; *G. Dannecker/C. Dannecker/N. Müller,* Das Kartellordnungswidrigkeitenrecht nach der 8. GWB-Novelle: weiterer Reformbedarf?, ZWeR 2013, 417; *Deselaers,* Uferlose Geldbußen bei Kartellverstößen nach der neuen 10 % Umsatzregel des § 81 Abs. 4 GWB?, WuW 2006, 118; *Eisele/Koch/Theile,* Der Sanktionsdurchgriff im Unternehmensverbund, 2014; *Engelbrecht,* Die einvernehmliche Beendigung von Kartellbußgeldverfahren vor der Europäischen Kommission und dem Bundeskartellamt, 2015; *Federmann,* Kriminalstrafen im Kartellrecht, 2006; *Hackel,* Konzerndimensionales Kartellrecht, 2012; *Görner,* Die Gesamtrechtsnachfolge in Kartellbußgeldverfahren nach § 30 Abs. 2a OWiG, ZWeR 2014, 102; *Hassemer/Dallmeyer,* Gesetzliche Orientierung im deutschen Recht der Kartellgeldbußen und das Grundgesetz, 2010; *Haus,* Verfassungsprinzipien im Kartellbußgeldrecht – ein Auslaufmodell? Zu den anwendbaren Maßstäben bei der Bemessung umsatzbezogener Geldbußen nach § 81 Abs. 4 GWB, NZKart 2013, 183; *Haus,* Möglichkeiten und Grenzen der Anwendung des Konzepts der wirtschaftlichen Einheit im deutschen Kartellbußgeldverfahren, Der Konzern 2014, 204; *Heghmanns,* Grundzüge einer Dogmatik der Straftatbestände zum Schutz von Verwaltungsrecht oder Verwaltungshandeln, 2000; *Heinichen,* Kartellbußgeldhaftung des Rechtsnachfolgers im Lichte des Analogieverbotes, ZIS 2012, 68; *Heinichen,* Neuregelung der Rechtsnachfolge im deutschen Kartellordnungswidrigkeitenrecht, in: FIW (Hrsg.), Schwerpunkte des Kartellrechts, 2012, 41; *Huerkamp,* Keine Verjährung des Zinsanspruches aus § 81 Abs. 6 Satz 1 GWB?, NZKart 2014, 443; *Jeßberger,* Kooperation und Strafzumessung, 1999; *Jungbluth,* Berücksichtigung von Compliance bei Kartellverstößen, NZKart 2015, 43; *Kapp/Schlump,* Ist die Vernichtung von (kartellrechtlich relevanten) Unternehmensunterlagen zulässig?, BB 2008, 2478; *Kersting,* Wettbewerbsrechtliche Haftung im Konzern, Der Konzern 2012, 445; *Kling,* Die Haftung der Konzernmutter für Kartellverstöße ihrer Tochterunternehmen, WRP 2010, 506; *Koch,* Der kartellrechtliche Sanktionsdurchgriff im Unternehmensverbund, ZHR 171 (2007), 554; *Koch,* Die Konzernobergesellschaft als Unternehmensinhaber i. S. d. § 130 OWiG?, AG 2009, 564; *Kühnen,* Mehrerlöse und Vorteilsabschöpfung nach der 7. GWB-Novelle, WuW 2010, 16; *Kuhlen,* Die Unterscheidung von vorsatzausschließendem und nichtvorsatzausschließendem Irrtum, 1987; *Lettl/Nordemann,* Schützt das Kartellverbot (Art. 101 AEUV, § 1 GWB) auch rechtswidrigen Wettbewerb?, NZKart 2014, 207; *Löbbe,* Konzernverantwortung und Umwandlungsrecht, ZHR 177 (2013), 518; *Muders,* Die Haftung im Konzern für die Verletzung des Bußgeldtatbestands des § 130 OWiG, 2014; *Mühlhoff,* Lieber der Spatz in der Hand ... oder: Nach der Novelle ist vor der Novelle! Zu den wesentlichen Änderungen des allgemeinen Ordnungswidrigkeitenrechts und des Kartellordnungswidrigkeitenrechts durch die 8. GWB-Novelle, NZWiSt 2013, 321; *Mundt,* Die Bußgeldleitlinien des Bundeskartellamtes, WuW 2007, 458; *Pampel,* Die Bedeutung von Compliance-Programmen im Kartellordnungswidrigkeitenrecht, BB 2007, 1636; *Panizza,* Ausgewählte Probleme der Bonusregelung des Bundeskartellamts vom 7. März 2006, ZWeR 2008, 55; *Schwarze/Weitbrecht,* Grundzüge des europäischen Kartellverfahrensrechts, 2004; *Stuckenberg,* Untersuchungen zur Unschuldsvermutung, 1998; *Thomas,* Die irreversible Sanktionslücke im deutschen Kartellbußgeldrecht, ZWeR 2010, 138; *Tschierschke,* Die Sanktionierung des Unternehmensverbundes, 2013; *Voet van Vormizeele,* Kartellrechtliche Compliance-Programme im Rahmen der Bußgeldbemessung de lege lata und de lege ferenda, CCZ 2009, 41; *Vogt,* Die Verbandsgeldbuße gegen eine herrschende Konzerngesellschaft, 2009; *Vollmer,* Zinsen auf Geldbußen, wistra 2013, 289; *Wagner-von Papp,* Kriminalisierung von Kartellen, WuW 2010, 268; *Yomere,* Die Novellierung des Kartellbußgeldverfahrens durch die 8. GWB-Novelle, WuW 2013, 1187; *Zimmer/Paul,* Entwicklungstendenzen der europäischen und deutschen Kartellrechtspraxis – Teil 1, JZ 2008, 611.

S. auch die Lit. zu Art. 23 KartellVO.

Übersicht

A. Ziel und Struktur der Regelung

Die Bußgeldtatbestände des § 81 dienen dem Schutz des Wettbewerbs als Institution und Grundlage **1** einer gesamtwirtschaftlich vorteilhaften Entwicklung (ökonomische Funktion des Wettbewerbs); zugleich wird auf diese Weise die wirtschaftliche Handlungsfreiheit anderer Marktteilnehmer geschützt (gesellschaftspolitische bzw. individualschützende Funktion, s. Langen/Bunte/*Bunte* Einf. Rn. 77; → KartellVO Art. 23 Rn. 1). Um seiner Verpflichtung zur wirksamen Ahndung von Verstößen gegen das EU-Wettbewerbsrecht nachzukommen, hat der deutsche Gesetzgeber nicht nur Verstöße gegen deutsches (Abs. 2, 3), sondern auch gegen europäisches (Abs. 1) Kartellrecht erfasst (s. BT-Drs. 15/3640, 66; vgl. auch Art. 5 KartellVO); zugleich wurden die Bußgeldrahmen (Abs. 4, Abs. 5) an das europäische Vorbild (Art. 23 Abs. 2 KartellVO) angepasst (s. BT-Drs. 15/5049, 50). Diese materiell-rechtlichen Regelungen (zur Kritik an der systemwidrigen Einordnung im dritten Teil über das Verfahren: FK-KartellR/*Achenbach* Rn. 1) werden durch Bestimmungen zur Verzinsung (Abs. 6), einer Ermächtigung zur Festlegung allgemeiner Grundsätze für die Ermessensausübung bei der Verfolgung von Zuwiderhandlungen (Abs. 7), zur Verjährung (Abs. 8, 9) und zur Verfolgungszuständigkeit (Abs. 10) ergänzt. Mit der zunehmenden Höhe der verhängten Geldbußen wachsen die Zweifel, ob die in § 81 enthaltenen Wettbewerbsverstöße nicht (zum Teil) mit Kriminalstrafe geahndet werden sollten (s. dazu XX. Hauptgutachten der Monopolkommission, 2014, 86 ff.; *Biermann* ZWeR 2007, 1 ff.; *Wagner-von Papp* WuW 2010, 268 ff.; skeptisch *Achenbach* FS Kühl, 2014, 653 ff.; *Federmann,* Kriminalstrafen im Kartellrecht, 2006, 433 ff.; abl. *Bräunig* HRRS 2011, 425 ff.).

B. Ordnungswidrigkeiten (§ 81 Abs. 1–3)

I. Allgemeines

1. Blankettcharakter der Bußgeldtatbestände und Art. 103 Abs. 2 GG. a) Bestimmtheits- 2 gebot und Verweisungstechnik. § 81 Abs. 1–3 enthält überwiegend Verweisungen auf kartellrechtliche Verbote. Bei der Verweisung auf ein gesetzliches Verbot (§ 81 Abs. 1, Abs. 2 Nr. 1, 3, 4, 6, Abs. 3) bildet dieses als Ausfüllungsnorm mit der Verweisungsnorm (§ 81) einen einheitlichen Tatbestand, der insgesamt den Anforderungen des Bestimmtheitsgebotes und des Analogieverbotes (Art. 103 Abs. 2 GG) unterliegt (Immenga/Mestmäcker/*Dannecker/Biermann* Vor § 81 Rn. 61; zur Anwendbarkeit des Art. 103 Abs. 2 GG auf Ordnungswidrigkeiten: BVerfGE 87, 399 (411)). Die Verweisungen auf die Verbotsnormen des GWB (Binnenverweisung, „unechtes Blankettgesetz") und auf das EU-Wettbewerbsrecht (Außenverweisung, „echtes Blankettgesetz") begegnen sowohl in Bezug auf das Bestimmtheitsgebot als auch im Hinblick auf den Parlamentsvorbehalt keinen Bedenken, da der Gesetzgeber – auch bei der **statischen Verweisung** auf das Unionsrecht (§ 81 Abs. 1) – selbst die Grenzen der Sanktionierbarkeit festgelegt hat (s. allg. Tiedemann WirtschaftsStR AT Rn. 197 ff.; zu den Konsequenzen der falschen Bezeichnung der Ausfüllungsnorm (Art. 81, 82 EGV anstelle der Art. 101, 102 AEUV) Voraufl. Rn. 2).

Demgegenüber begegnet die **dynamische Verweisung** auf die nach Art. 101 Abs. 3 AEUV erlasse- **3** nen Gruppenfreistellungsverordnungen (§ 2 Abs. 2 S. 1, → Rn. 17) verfassungsrechtlichen Bedenken. Letztlich ist diese Regelung jedoch mit Art. 103 Abs. 2 GG vereinbar, da sich die Voraussetzungen und Grenzen einer Freistellung aus dem Gesetz, insbes. der Bezugnahme auf § 2 Abs. 1 („Bei der Anwendung von Abs. 1 …") ergeben (s. Immenga/Mestmäcker/*Fuchs* § 2 Rn. 234 mwN), so dass die Verweisung lediglich der Spezifizierung der gesetzlichen Regelung dient (normkonkretisierende Verweisung, s. BVerfGE 75, 329 (342); BVerfG wistra 2010, 396 (403); s. zur dynamischen Verweisung *Böse* FS Krey, 2010, 7 (14 ff.); sa BGHSt 42, 219 (220) f.; BGH NJW 2014, 325 (326)). Einige Bußgeldtatbestände (§ 81 Abs. 2 Nr. 2 und 5) nehmen nicht auf gesetzliche Verbote, sondern auf behördliche Anordnungen Bezug. Diese verwaltungsaktsakzessorischen Tatbestände enthalten eine aus sich heraus verständliche Unrechtsbeschreibung und sind daher nicht als Blankettgesetze iSd Art. 103 Abs. 2 GG anzusehen (Immenga/Mestmäcker/*Dannecker/Biermann* Vor § 81 Rn. 58, 62; sa *Heghmanns,* Grundzüge einer Dogmatik der Straftatbestände zum Schutz von Verwaltungsrecht oder Verwaltungshandeln, 2000, 282 ff.). Die behördliche Anordnung unterliegt daher nicht den Anforderungen des Art. 103 Abs. 2 GG (vgl. dagegen BVerfG WuW/E DE-R 557 (560)); der Adressat wird insoweit durch das verwaltungsrechtliche Bestimmtheitsgebot (§ 37 VwVfG) ausreichend geschützt (**aA** FK-KartellR/*Achenbach* Rn. 361; → Rn. 57).

b) (Un-)Bestimmtheit der Ausfüllungsnorm – Gebot enger Auslegung und Normspaltung.

4 Im Hinblick auf das Bestimmtheitsgebot begegnet § 81 als Blankettgesetz aber auch insoweit verfassungsrechtlichen Bedenken, als die Bezugnahme auf zivil- und verwaltungsrechtliche Verbote angesichts der Verwendung unbestimmter Rechtsbegriffe (vgl. § 19 Abs. 1: „missbräuchliche Ausnutzung") oder einer vorzunehmenden Güterabwägung (vgl. § 2 Abs. 1 iVm Art. 101 Abs. 3 AEUV) die Ahndbarkeit eines bestimmten Verhaltens mitunter nicht verlässlich beurteilen lässt. Andererseits ist dem Gesetzgeber die Möglichkeit zuzugestehen, über die Verwendung unbestimmter und wertausfüllungsbedürftiger Begriffe Tatbestände zu schaffen, die dem Wandel der Verhältnisse und dem jeweiligen Einzelfall ausreichend Rechnung tragen (BVerfGE 73, 206 (233 ff.)); insoweit ist insbes. zu berücksichtigen, dass von den Normadressaten aufgrund ihrer unternehmerischen Tätigkeit erwartet werden kann, dass sie über ein gewisses Maß an rechtlichen Kenntnissen verfügen und sich in Zweifelsfällen sachkundig machen (BVerfGE 48, 48 (57); 75, 329 (345)). Die in § 81 Abs. 1–3 enthaltenen Bußgeldtatbestände sind daher grds. mit dem Bestimmtheitsgebot vereinbar (WuW/E BGH 2145 (2146) – zu § 20; KG WuW/E OLG 2369 (2375) – zu § 1; vgl. auch FK-KartellR/*Achenbach* Rn. 29 f.). Das Bestimmtheitsgebot verbietet allerdings eine „tatbestandsausweitende" Auslegung, welche die Unbestimmtheit über das für den Gesetzgeber unvermeidbare Maß hinaus weiter erhöht und den Tatbestand konturenlos werden lässt (BVerfGE 87, 209 (229); 92, 1 (17 ff.); sa zum Gebot einer engen Auslegung: BVerfGE 48, 48 (61 f.)); erst recht ist eine im Zivilrecht mögliche analoge Anwendung der Verbotsnorm iRd § 81 ausgeschlossen (BGHSt 24, 54 (61 f.)).

5 Aus diesen verfassungsrechtlichen Vorgaben wird zum Teil abgeleitet, dass ein Verhalten nur dann mit Bußgeld bedroht ist, wenn das betreffende (unbestimmte) Tatbestandsmerkmal „eindeutig" erfüllt ist (Immenga/Mestmäcker/*Dannecker*/*Biermann* Vor § 81 Rn. 74). Auf diese Weise wird das Problem mangelnder Bestimmtheit jedoch nicht gelöst, sondern lediglich auf einen anderen Begriff („eindeutig") verlagert; eine solchermaßen generelle Einschränkung der tatbestandlichen Verbotsnorm ist daher abzulehnen. Allerdings darf die Unbestimmtheit der Ausfüllungsnorm nicht dazu führen, dass das Unternehmen aufgrund von Sanktionsrisiken von einem (möglicherweise) legalen Verhalten abgehalten wird. Der Freiheitsbeschränkung, die aus der Unsicherheit über den genauen Inhalt der Verbotsnorm resultiert (Belastung mit Kosten für Rechtsberatung; Verzicht auf „riskante" Handlungsoptionen), ist daher im Rahmen der Irrtumsregelung (§ 11 OWiG) bei der Begründung entsprechender Erkundigungs- bzw. Sorgfaltspflichten des Unternehmens Rechnung zu tragen (→ Rn. 16); bei unklarer Rechtslage ist die Verhängung eines Bußgeldes somit in der Regel ausgeschlossen (sa Immenga/Mestmäcker/*Dannecker*/*Biermann* Vor § 81 Rn. 106). Das gesetzliche Verbot ist insoweit (zunächst) im Wege der Untersagungsverfügung (§ 32) zu konkretisieren und durchzusetzen (BGH wistra 1982, 73 (74); s. insoweit § 81 Abs. 2 Nr. 2). Es besteht daher grds. keine Notwendigkeit, die Verbotsnorm iRd § 81 enger auszulegen als im Zivil- und Verwaltungsrecht. Soweit Art. 103 Abs. 2 GG eine einschränkende Auslegung gebietet, kann eine solche „Normspaltung" dadurch vermieden werden, dass die Verbotsnorm auch außerhalb des § 81 eine entsprechende Auslegung erfährt (BGH NJW 1978, 1856; FK-KartellR/*Achenbach* Rn. 35 mwN).

6 **2. Täterschaft. a) Sonderdeliktscharakter der Tatbestände.** Bei den in § 81 enthaltenen Ordnungswidrigkeiten handelt es sich überwiegend um **Sonderdelikte** (s. aber zu § 81 Abs. 2 Nr. 1 iVm § 21 Abs. 4 → Rn. 44), da die jeweilige Verbotsnorm an Unternehmen bzw. Unternehmensvereinigungen gerichtet ist (Loewenheim/Meessen/Riesenkampff/*Cramer*/*Pananis* Rn. 5; Immenga/Mestmäcker/*Dannecker*/*Biermann* Vor § 81 Rn. 81). Neben den Unternehmensinhabern bzw. den entsprechenden juristischen Personen (s. § 30 OWiG) kommen als Täter auch deren Organe und Vertreter (§ 9 Abs. 1 OWiG) und Beauftragte (§ 9 Abs. 2 OWiG) in Betracht (s. dazu Immenga/Mestmäcker/*Dannecker*/*Biermann* Vor § 81 Rn. 83 ff.). Sofern eine der dort genannten Personen das tatbestandsmäßige Unrecht verwirklicht hat, können auch andere Personen als Beteiligte zur Verantwortung gezogen werden (§ 14 Abs. 1 S. 2 OWiG); im Fall der vorsätzlichen Begehung durch den Vertreter setzt dies jedoch voraus, dass auch der Beteiligte vorsätzlich handelt (BGHSt 31, 309 (311 ff.); FK-KartellR/*Achenbach* Rn. 78). Ein Mitglied der Unternehmensleitung kann sich auch durch Unterlassen (§ 8 OWiG) an einem Verstoß beteiligen, wenn er die Begehung der Tat nicht verhindert (BGH WuW/E BGH 2394 (2396)); in derartigen Fällen ist zugleich der Tatbestand der Aufsichtspflichtverletzung (§ 130 OWiG) erfüllt.

7 **b) Verbände als Täter (§ 30 OWiG).** Nach Maßgabe des § 30 OWiG können auch Verbände, insbes. juristische Personen und Personengesellschaften, wegen einer Ordnungswidrigkeit nach § 81 sanktioniert werden. Dies setzt voraus, dass eine natürliche Person als Repräsentant des Verbandes (s. § 30 Abs. 1 Nr. 1–5 OWiG) eine Ordnungswidrigkeit begeht; soweit der jeweilige Tatbestand ein Sonderdelikt darstellt (→ Rn. 5), werden durch die Tat Pflichten des jeweiligen Verbandes verletzt (§ 30 Abs. 1 Var. 1 OWiG), so dass die Tat dem Verband zugerechnet werden kann (Immenga/Mestmäcker/*Dannecker*/*Biermann* Vor § 81 Rn. 141). Bei Auflösung, Übernahme oder Aufspaltung des Verbandes kann eine Geldbuße gegen den (partiellen) Gesamtrechtsnachfolger verhängt werden (§ 30 Abs. 2a OWiG). Mit dieser Regelung hat der Gesetzgeber (s. insoweit BT-Drs. 17/11053, 21 f.) auf die Rspr. reagiert, wonach eine Sanktionierung des Rechtsnachfolgers bei fehlender wirtschaftlicher Identität (s. insoweit BVerfG NZKart 2015, 447 f.; BGH wistra 1986, 221 (222); BGH NJW 2007, 3652 (3653);

BGH NZKart 2015, 276 f.; OLG Düsseldorf BeckRS 2014, 21756 Rn. 466) gegen das Analogieverbot (Art. 103 Abs. 2 GG) verstößt (BGH NJW 2012, 164 (165 f.); BGH BeckRS 2011, 26167; BGH NZKart 2015, 272 (273); OLG Düsseldorf NZKart 2013, 166 f.; für eine generelle Unvereinbarkeit mit Art. 103 Abs. 2 GG: *Heinichen* ZIS 2012, 68 ff.; sa Voraufl. Rn. 7). Die weitergehenden, auf den Schuldgrundsatz gestützten Bedenken, dass sich auch über § 30 Abs. 2a OWiG in Bezug auf die begangene Zuwiderhandlung kein Vorwurf gegenüber dem Rechtsnachfolger begründen lässt (*Heinichen* in Schwerpunkte des Kartellrechts, 2012, 41 (48); *Yomere* WuW 2013, 1187 (1194 f.)), lassen sich nur ausräumen, indem man die gesetzliche Regelung als eine Haftung für die primär gegen den delinquenten Verband gerichtete Sanktion sieht („Übernahme der Geldbußlast", s. *Achenbach* wistra 2012, 413 (416 f.); *Böse* ZStW 126 (2014), 132 (156 f.); *Eisele* in Eisele/Koch/Theile, Der Sanktionsdurchgriff im Unternehmensverbund, 2014, 153 (165); s. dagegen *Dannecker/Dannecker/Müller* ZWeR 2013, 417 (428); *Görner* ZWeR 2014, 102 (105), wonach der Sanktionsadressat spezifisch bußgeldrechtlich definiert wird). Werden Unternehmensteile abgespalten oder ausgegliedert (§ 123 Abs. 2 und 3 UmwG) oder wesentliche Vermögensbestandteile übertragen („asset deal"), kann gegen den neuen Rechtsträger bzw. Erwerber zwar keine Geldbuße nach § 30 Abs. 2a OWiG verhängt werden, da insoweit keine Gesamtrechtsnachfolge vorliegt und der ursprüngliche Rechtsträger somit als Adressat einer Geldbuße erhalten bleibt (Immenga/Mestmäcker/*Dannecker/Biermann* Vor § 81 Rn. 134; *Eisele* in Eisele/Koch/Theile, Der Sanktionsdurchgriff im Unternehmensverbund, 2014, 153 (160 f.); krit. *Mühlhoff* NZWiSt 2013, 321 (327)). Der übernehmende Rechtsträger haftet jedoch in diesem Fall nach § 133 UmwG bzw. § 25 HGB als Gesamtschuldner für die gegen den delinquenten Verband verhängte Sanktion (*Böse* ZStW 126 (2014), 132 (156 f.); *Löbbe,* ZHR 177 (2013), 518 (537 f.); krit. *Eisele* in Eisele/Koch/Theile, Der Sanktionsdurchgriff im Unternehmensverbund, 2014, 153 (161 f.); zum Bußgeldrahmen → Rn. 79). Um einer Umgehung der gesetzlichen Regelung entgegenzuwirken, ist darüber hinaus vorgeschlagen worden, das Haftungsmodell des EU-Wettbewerbsrechts (→ KartellVO Art. 23 Rn. 9) über Art. 5 S. 2 KartellVO auf das deutsche Kartellordnungswidrigkeitenrecht zu übertragen (*Mühlhoff* NZWiSt 2013, 321 (325 f.); sa de lege ferenda BR-Drs. 176/12, 2). Dieser Vorschlag ist zu Recht von der Rspr. zurückgewiesen worden, denn Art. 5 KartellVO begündet zwar eine Zuständigkeit der nationalen Wettbewerbsbehörden zur Anwendung des EU-Wettbewerbsrechts, für die Reichweite der behördlichen Befugnisse ist aber weiterhin das innerstaatliche Recht maßgeblich ist (BGH NZKart 2015, 272 (275 f.); OLG Düsseldorf NZKart 2013, 166 (167 ff.) mwN). Eine Pflicht zur Übernahme des unionsrechtlichen Haftungsmodells bei Rechtsnachfolge lässt sich auch nicht aus dem unionsrechtlichen Effektivitätsgebot (Art. 197 AEUV) ableiten (so aber BKartA, Stellungnahme zur 8. GWB-Novelle, S. 14; *Ackermann* ZWeR 2012, 3 (5 ff.)), denn dieses belässt den Mitgliedstaaten bei der Ausgestaltung des Sanktionsregimes zur Durchsetzung des EU-Wettbewerbsrechts einen Ermessensspielraum, der verfassungskonform (Art. 103 Abs. 2 GG, Schuldgrundsatz) auszufüllen ist (*Böse* ZStW 126 (2014), 132 (155)).

Innerhalb eines Konzernverbunds ist jede Gesellschaft grds. nur für das Verhalten ihrer Repräsentanten **8** verantwortlich, insbes. sind Taten der Tochtergesellschaften nicht ohne Weiteres der Konzernmutter zuzurechnen (Bechtold/Bosch Rn. 32; *Koch* ZHR 171 (2007), 554 (568 f.); vgl. dagegen → KartellVO Art. 23 Rn. 8). Soweit deren Organe jedoch die Tochtergesellschaften zu einem ordnungswidrigen Verhalten anweisen, um die Muttergesellschaft zu bereichern (s. § 30 Abs. 1 Var. 3 OWiG), kann gegen diese eine Geldbuße wegen Beteiligung (§ 14 OWiG) verhängt werden (*Koch* ZHR 171 (2007), 554 (569); *Muders,* Die Haftung im Konzern für die Verletzung des Bußgeldtatbestands des § 130 OWiG, 2014, 221 f.; *Tschierschke,* Die Sanktionierung des Unternehmensverbundes, 2013, 59 f.; *Vogt,* Die Verbandsgeldbuße gegen eine herrschende Konzerngesellschaft, 2009, 81 f.). Eine Garantenpflicht (vgl. § 8 OWiG) der Organe der Konzernmutter, Kartellrechtsverstöße der Tochtergesellschaften zu verhindern, besteht grds. nicht (*Koch* ZHR 171 (2007), 554 (574 ff.)); zum Teil wird jedoch angenommen, dass die Muttergesellschaft durch ihren beherrschenden Einfluss auf die Tochtergesellschaft zum faktischen Organ der Tochtergesellschaft und durch die tatsächliche Übernahme der damit verbundenen Aufsichtspflicht zum Garanten wird (*Muders,* Die Haftung im Konzern für die Verletzung des Bußgeldtatbestands des § 130 OWiG, 2014, 197 ff.; KK-OWiG/*Rogall* OWiG § 130 Rn. 27; *Vogt,* Die Verbandsgeldbuße gegen eine herrschende Konzerngesellschaft, 2009, 233 ff. (276 f.); → OWiG § 130 Rn. 52 ff.; offen gelassen von BGH WuW/E BGH 1871 (1876)). Das Bundeskartellamt geht von einer generellen Aufsichtspflicht der Konzernmutter als Inhaberin eines einheitlichen Konzernunternehmens aus (BKartA WuW/E DE-V 85, 88 f.). Da der Vorschlag des Bundesrates, in Anlehnung an das EU-Wettbewerbsrecht eine solche Aufsichtspflicht der Konzernspitze gesetzlich zu normieren (BT-Drs. 17/9852, 40), nicht aufgegriffen wurde (Gegenäußerung der Bundesregierung, BT-Drs. 17/9852, 49; s. dagegen *Ost* NZKart 2013, 25 (26), unter Verweis auf Art. 5 KartellVO und dazu → Rn. 7), ist eine entsprechende Auslegung des § 130 OWiG abzulehnen, denn sie lässt sich mit dem Sinn und Zweck dieser Vorschrift (Schließung von Ahnundungslücken) nicht vereinbaren, sondern führt zu Friktionen („Doppelung" des Unternehmensinhabers) und überspielt die gesetzgeberische Entscheidung, auch dezentrale Konzernstrukturen zuzulassen (*Bosch* ZHR 177 (2013), 454 (463 ff.); *Koch* AG 2009, 564 ff. (571 f.); s. insoweit auch die empirischen Befunde bei *Theile* in Eisele/Koch/Theile, Der Sanktionsdurchgriff im Unternehmensverbund, 2014, 73 ff.). Aus ähnlichen Gründen vermag auch der Vorschlag, den Konzern als Außengesellschaft bürgerlichen Rechts nach § 30 Abs. 1 Nr. 3 OWiG für den Wettbewerbsverstoß eines einzelnen Konzernmitglieds zu sanktionieren und damit analog eine Haftung der Muttergesellschaft zu begründen (*Kersting,* Der Konzern, 2012, 445 (450 ff.)), nicht zu überzeugen, da die Annahme einer Außengesellschaft gerade nicht der Interessenlage der Parteien und ihrer Entscheidung für die Konzernstruktur (Trennungsprinzip) entspricht und damit auf eine Fiktion hinausliefe (*Koch/Harnos* in Eisele/Koch/Theile, Der Sanktionsdurchgriff im Unternehmensverbund, 2014, 171 (181 ff., 183 f.)).

9   **3. Anwendungsbereich.** Der **sachliche Anwendungsbereich** der Regelung erstreckt sich auf jede unternehmerische Tätigkeit (→ KartellVO Art. 23 Rn. 2, 4), insbes. auch auf öffentliche Unternehmen (§ 130 Abs. 1). Sonderregelungen für bestimmte Wirtschaftszweige wurden weitgehend abgeschafft (*Zimmer/Paul* JZ 2008, 611 (612); vgl. aber §§ 28 ff. und – zu §§ 19, 20 – § 130 Abs. 3 iVm § 111 EnWG sowie § 2 Abs. 4 S. 1 TKG). In Bezug auf den **räumlichen Geltungsbereich** werden die allgemeinen Vorschriften (§§ 5, 7 OWiG) durch § 130 Abs. 2 verdrängt, so dass § 81 nur auf Wettbewerbsbeschränkungen Anwendung findet, die sich im Inland auswirken (BGHSt 25, 208 (209 f.); Immenga/Mestmäcker/*Rehbinder* § 130 Rn. 105 f., 297 ff.), unabhängig davon, ob sie im Inland veranlasst werden oder nicht (§ 130 Abs. 2). Bei einer strikten Ausrichtung der Tatbestände am Auswirkungsprinzip dürfen auch bei der Bemessung des Bußgeldes allein die inländischen Auswirkungen, nicht aber die im Ausland eintretende Wettbewerbsbeschränkung berücksichtigt werden (so die hM, s. Bechtold/Bosch Rn. 9; Immenga/Mestmäcker/*Dannecker/Biermann* Rn. 450; s. allg. zu § 130 Abs. 2 GWG: KG WuW/E OLG 3051 (3054 ff.); Immenga/Mestmäcker/*Rehbinder* § 130 Rn. 289 mwN). Diese einschränkende Auslegung wird jedoch dem Ziel des Gesetzgebers, eine effektive Ahndung von Verstößen gegen das EU-Kartellrecht zu gewährleisten (→ Rn. 10) nicht gerecht (ebenso Langen/Bunte/*Raum* Rn. 79); insbes. verbietet es der Grundsatz **„ne bis in idem"** (Art. 50 GRC, Art. 54 SDÜ), im Hinblick auf die Auswirkungen in einem anderen Mitgliedstaat dort ein weiteres Bußgeld zu verhängen (s. dazu *Böse* EWS 2007, 202 (205 ff., 207)). Zum **zeitlichen Anwendungsbereich** sowie dem Rückwirkungsverbot (Art. 103 Abs. 2 GG) und der lex-mitior-Regel (§ 4 Abs. 3 OWiG): Immenga/Mestmäcker/*Dannecker/Biermann* Vor § 81 Rn. 215 ff.; zur „Sanktionslücke" aufgrund des rückwirkenden Inkrafttretens der 7. GWB-Novelle: BGH NJW 2013, 1972 f.; *Thomas* ZWeR 2010, 138 ff.; vgl. ferner zur Verweisung auf das EU-Wettbewerbsrecht Voraufl. Rn. 2.

II. Verstöße gegen europäisches Kartellrecht

10   **1. Verweisung auf das EU-Wettbewerbsrecht.** Nach § 81 Abs. 1 können Verstöße gegen Art. 101 AEUV (Nr. 1) und Art. 102 AEUV (Nr. 2) als Ordnungswidrigkeiten geahndet werden. Der Wortlaut des Abs. 1 Nr. 1 („indem er … eine Vereinbarung trifft, einen Beschluss fasst oder Verhaltensweisen aufeinander abstimmt") gebietet auch mit Blick auf das Analogieverbot (Art. 103 Abs. 2 GG) nicht, den Tatbestand auf das Hinwirken auf den Abschluss einer wettbewerbsbeschränkenden Vereinbarung, auf einen entsprechenden Beschluss oder abgestimmtes Verhalten zu beschränken, so dass die Umsetzung bzw. Praktizierung derartiger Vereinbarungen, Beschlüsse oder Verhaltensweisen nicht geahndet werden könnten (so aber FK-KartellR/*Achenbach* Rn. 257 f.). Der Tatbestand ist vielmehr einer Auslegung zugänglich, wonach er auch die Umsetzung der Vereinbarung (des Beschlusses etc) als deren fortlaufende Bestätigung, jedenfalls aber als abgestimmte Verhaltensweise erfasst (Bechtold/Bosch Rn. 6; sa Immenga/Mestmäcker/*Dannecker/Biermann* Rn. 24: Annahme einer Bewertungseinheit; zu Verstößen gegen deutsches Kartellrecht → Rn. 14). Die Ausführungen zum unionsrechtlichen Tatbestand (Art. 23 Abs. 2 S. 1 Nr. 1 KartellVO) gelten somit entsprechend (→ KartellVO Art. 23 Rn. 3 ff., 12 ff., 30 ff.). Nach der Rspr. sind insbes. auch die iRd europäischen Kartellrechts entwickelten Vermutungsregeln von den nationalen Behörden und Gerichten anzuwenden (EuGH BeckRS 2009, 70612 Rn. 52 f. – T-Mobile Netherlands, → KartellVO Art. 23 Rn. 15). Im Hinblick auf die Unschuldsvermutung (Art. 6 Abs. 2 EMRK, Art. 48 Abs. 1 GRC) sind derartige Regeln jedoch nur statthaft, sofern sie auf Erfahrungssätzen über die typischen Folgen bestimmter Geschehensabläufe beruhen (vgl. Schlussantrag der Generalanwältin *Kokott* BeckRS 2009, 70220 Rn. 92 f.; sa zu Art. 6 Abs. 2 EMRK: EGMR EuGRZ 1992, 472 Rn. 33 ff.). Diese Voraussetzungen erfüllt die Beweislastregelung des Art. 2 S. 2 KartellVO (zu Art. 101 Abs. 3 AEUV) nicht, so dass sie im (deutschen) Bußgeldverfahren nicht anzuwenden ist (iE ebenso FK-KartellR/*Achenbach* Rn. 263; Immenga/Mestmäcker/*Dannecker/Biermann* Rn. 26; sa Erwägungsgrund (5) KartellVO und die Erklärung der deutschen Delegation zu Art. 2 KartellVO, Rats-Dok. 15435/02 ADD 1, 8; vgl. auch zum Schuldgrundsatz BVerfGE 123, 267 (413); → KartellVO Art. 23 Rn. 25).

11   **2. Einpassung in das deutsche Ordnungswidrigkeitenrecht.** Indem die unionsrechtlichen Verbotsnormen Bestandteil eines deutschen Ordnungswidrigkeitentatbestandes werden, erfahren sie durch die immanente Bezugnahme auf das OWiG inhaltliche Modifikationen (sa OLG Düsseldorf WuW DE-R 2932 (2938 f.)). Als Normadressaten sind nicht Unternehmen iSv wirtschaftlichen Einheiten (→ KartellVO Art. 23 Rn. 6 f.), sondern natürliche und juristische Personen anzusehen (MüKoEuWettbR/*Vollmer* Rn. 37, 102; → Rn. 77, 79). Anders als iRd Art. 23 KartellVO kann einem Verband nicht das Fehlverhalten jeder Person zugerechnet werden, die befugtermaßen für das Unternehmen handelt (§ 30

Abs. 1 Nr. 1–6 OWiG; vgl. dagegen → KartellVO Art. 23 Rn. 12, 27); umgekehrt können nach deutschem Recht nicht nur das Unternehmen (bzw. der Unternehmensträger), sondern auch die für dieses handelnden natürlichen Personen zur Verantwortung gezogen werden (FK-KartellR/*Achenbach* Rn. 254; Immenga/Mestmäcker/*Dannecker/Biermann* Rn. 28; → § 9 Rn. 6 OWiG). Im Hinblick auf die bußgeldrechtliche Verantwortlichkeit (Irrtum, Rechtfertigung, Vorwerfbarkeit) gelten nicht die Grundsätze des Unionsrechts (→ KartellVO Art. 23 Rn. 27 ff.), sondern die §§ 8 ff. OWiG (s. dazu Immenga/Mestmäcker/*Dannecker/Biermann* Vor § 81 Rn. 76 ff., 89 ff., 97 ff.; → Rn. 16). Mit diesen Regelungen werden die Spielräume ausgefüllt, die den Mitgliedstaaten insbes. im Hinblick auf das Verfahren und die Sanktionen zur Durchsetzung des europäischen Kartellrechts verblieben sind (s. dazu *Schwarze/Weitbrecht,* Grundzüge des europäischen Kartellverfahrensrechts, 2004; *Stuckenberg,* Untersuchungen zur Unschuldsvermutung, 1998, 160 f. (166 f.); vgl. Art. 5, 35 KartellVO; vgl. auch FK-KartellR/*Achenbach* Rn. 250). Ungeachtet dieser Spielräume bleiben die Mitgliedstaaten zur effektiven Ahndung von Verstößen gegen Art. 101, 102 AEUV verpflichtet, dh das innerstaatliche Bußgeldregime muss mindestens genau so streng sein wie der unionsrechtliche Sanktionsmechanismus (s. zum Verbotsirrtum EuGH BeckRS 2013, 81227 Rn. 36 ff. – Schenker = NJW 2013, 3083). Eine Ausdehnung der bußgeldrechtlichen Verantwortlichkeit, die sich unter Berufung auf unionsrechtliche Grundsätze über den Wortlaut der Bestimmungen des OWiG hinwegsetzen wollte, verstieße indes gegen das Analogieverbot (Art. 103 Abs. 2 GG und Art. 49 Abs. 1 GRC; s. OLG Düsseldorf WuW DE-R 2932 (2938 f.); NZKart 2013, 166 (169), unter Hinweis auf EuGH BeckEuRS 2011, 562456 Rn. 80 f. – ThyssenKrupp Nirosta).

III. Verstöße gegen das deutsche Kartellrecht

1. Verhältnis zum europäischen Kartellrecht (Art. 3 KartellVO, § 22). Soweit die deutschen   **12** Kartellbehörden Verstöße gegen das deutsche Kartellrecht ahnden, haben sie grds. auch Art. 101 und Art. 102 AEUV anzuwenden (Art. 3 Abs. 1 KartellVO, § 22 Abs. 1 S. 2, Abs. 3 S. 2); umgekehrt liegt die Anwendung des deutschen Kartellrechts bei der Verfolgung von Verstößen gegen Art. 101 und Art. 102 AEUV im behördlichen Ermessen (§ 22 Abs. 1 S. 1, Abs. 3 S. 1). Diese Grenzen greifen nicht, soweit der Grundsatz der **parallelen Anwendung** durch das **Abweichungsverbot** für vertragliche Wettbewerbsbeschränkungen ergänzt wird: Soweit Absprachen, die geeignet sind, den Handel zwischen den Mitgliedstaaten spürbar zu beeinträchtigen, nicht dem Kartellverbot des Art. 101 Abs. 1 AEUV unterfallen oder nach Art. 101 Abs. 3 AEUV gerechtfertigt sind, darf dieses Ergebnis nicht durch die Ahndung von Verstößen gegen das nationale Kartellverbot (s. § 81 Abs. 2 Nr. 1 iVm § 1) konterkariert werden (Art. 3 Abs. 2 S. 1 KartellVO, § 22 Abs. 2 S. 1). Demgegenüber ist das deutsche Kartellrecht auf einseitige Wettbewerbsbeschränkungen (vgl. § 81 Abs. 2 Nr. 1 iVm §§ 19, 20, 21 und 29) auch dann anwendbar, wenn es strenger ist als das europäische Kartellrecht (Art. 3 Abs. 2 S. 2 KartellVO; s. insoweit BGH NZKart 2013, 462). Da der Begriff der einseitigen Maßnahmen unionsrechtlich zu bestimmen ist und nicht sämtliche Wettbewerbsbeschränkungen nach §§ 20 f. umfasst (vgl. zum Begriff der Vereinbarung: → KartellVO Art. 23 Rn. 14), ist eine Anwendung des § 81 Abs. 2 Nr. 1 – entgegen § 22 Abs. 1 S. 2 – ausgeschlossen, soweit darin eine vertragliche Wettbewerbsbeschränkung iSd Art. 3 Abs. 2 S. 1 KartellVO zu sehen ist (Immenga/Mestmäcker/*Rehbinder* § 22 Rn. 15). Das Abweichungsverbot gilt nicht für Maßnahmen, die nicht geeignet sind, den Handel zwischen den Mitgliedstaaten spürbar zu beschränken (MüKoEuWettbR/*Vollmer* Rn. 16). Die Bestimmungen über die Fusionskontrolle (§§ 35 ff.) sind uneingeschränkt anwendbar (Art. 3 Abs. 3 KartellVO, § 22 Abs. 4 S. 1; s. aber § 35 Abs. 3 und Art. 1 FKVO). IErg gilt dies auch für die Tatbestände, die an das Kartellverfahren bzw. einen Verwaltungsakt der Kartellbehörde anschließen (§ 81 Abs. 2 Nr. 2, 5 und Nr. 6), da insoweit eine Kollision mit dem europäischen Kartellrecht ausscheidet.

2. Verstöße gegen das materielle Kartellrecht (§ 81 Abs. 2 Nr. 1, Abs. 3 Nr. 1 und Nr. 2).   **13** **a) Verstöße gegen das allgemeine Kartellverbot (§ 81 Abs. 2 Nr. 1 iVm § 1). aa) Verbotstatbestand.** Mit der 7. GWB-Novelle hat der Gesetzgeber den Anwendungsbereich des § 1 auf vertikale Wettbewerbsbeschränkungen erstreckt (s. zu Bestpreisklauseln OLG Düsseldorf NZKart 2015, 148; 2016, 291); der Verbotstatbestand entspricht damit weitgehend Art. 101 Abs. 1 AEUV und ist im Sinne dieser Vorschrift auszulegen (BT-Drs. 15/3640, 44). Im Unterschied zu Art. 101 Abs. 1 AEUV muss die Maßnahme jedoch nicht geeignet sein, den Handel zwischen den Mitgliedstaaten spürbar zu beeinträchtigen (→ KartellVO Art. 23 Rn. 23); sofern diese Eignung nicht gegeben ist, verbleibt § 1 also ein eigenständiger Anwendungsbereich (MüKoEuWettbR/*Vollmer* Rn. 16). Allerdings hat sich die Auslegung des § 1 nach dem Willen des Gesetzgebers auch insoweit an Art. 101 Abs. 1 AEUV zu orientieren (s. BT-Drs. 15/3640, 44; BGH NJW 2009, 1751 (1752)).

Als **Täter** kommen nur Inhaber von Unternehmen (→ KartellVO Art. 23 Rn. 3 ff.) und Unter-   **14** nehmensvereinigungen (→ KartellVO Art. 23 Rn. 10; vgl. § 30 OWiG) bzw. deren Organe, Vertreter und Beauftragte (§ 9 OWiG) in Betracht (Immenga/Mestmäcker/*Dannecker/Biermann* Rn. 80; → Rn. 6). Der Staat scheidet als Verbotsadressat aus, soweit er hoheitlich handelt (BGH NZKart 2013, 508 f.), unterliegt aber dem Kartellverbot, soweit er sich wirtschaftlich betätigt und die Leistungsbeziehungen privatrechtlich ausgestaltet sind (BGH NZKart 2014, 237 (238) mwN). Soweit die überkommene Auslegung des § 1 die Beschaffungstätigkeit der öffentlichen Hand (auch zur Erfüllung öffentlicher Aufgaben) einbezieht und damit von dem unionsrechtlichen Unternehmensbegriff abweicht (BGHZ 152, 347 (351 f.); sa zur Gleichstellung von Krankenkassen mit Unternehmen § 69 Abs. 2 S. 1 SGB V; dagegen → KartellVO Art. 23 Rn. 4), dürfte eine Anpassung der Rspr. zu erwarten sein (BGH WuW/E DE-R 2161 (2163); NVwZ-RR 2014, 515 (519); s. aber zur Kritik an der engen Auslegung des unionsrechtlichen Unternehmensbegriffs: Immenga/Mestmäcker/*Zimmer* § 1 Rn. 27 ff., 121 f.). Als **Tathandlung** erfasst das Verbot (§ 1) Vereinbarungen zwischen Unternehmen (→ KartellVO Art. 23 Rn. 4 ff., 13 f.; s. insoweit OLG Düsseldorf BeckRS 2014, 21756 Rn. 411), Beschlüsse von Unternehmensvereinigungen (→ KartellVO Art. 23 Rn. 10, 16) und abgestimmte Verhaltensweisen (→ KartellVO Art. 23 Rn. 15; zur Abstimmung durch Informationsaustausch OLG Düsseldorf NZKart 2013, 122 f.; krit. *Brettel* ZWeR 2013, 200 (203 ff.)). Tatbestandsmäßig ist auch der Vollzug derartiger Vereinbarungen und Beschlüsse, da die Verletzung des geschützten Rechtsgutes auf diese Weise aufrechterhalten bzw. vertieft wird (FK-KartellR/*Achenbach* Rn. 274; Immenga/Mestmäcker/*Dannecker/Biermann* Rn. 55 f. → Rn. 10). Das Verbot umfasst damit auch den Beitritt zu einer bereits bestehenden Vereinbarung und deren Fortsetzung (OLG Düsseldorf BeckRS 2014, 21756 Rn. 434, 439 f.). Die getroffene Vereinbarung und ihre Umsetzung und fortlaufende Anpassung werden als Bewertungeinheit zu einer einheitlichen Tat (§ 19 OWiG) verbunden (BGH JZ 1997, 98 (100 f.); NJW 2006, 163 f.; OLG Düsseldorf WUW DE-R 2589 (2592); BeckRS 2014, 21756 Rn. 444; MüKoEuWettbR/*Vollmer* Rn. 69).

15   Die Tathandlung muss eine **Wettbewerbsbeschränkung** bezwecken oder bewirken (→ KartellVO Art. 23 Rn. 17 ff.). In dem erstgenannten Fall handelt es sich um ein abstraktes Gefährdungsdelikt (Immenga/Mestmäcker/*Dannecker/Biermann* Rn. 51). In Anlehnung an Art. 101 Abs. 1 AEUV ist der Zweck objektiv über das wettbewerbsbeschränkende Potential der jeweiligen Maßnahme zu bestimmen (OLG Düsseldorf BeckRS 2014, 21756 Rn. 414, → KartellVO Art. 23 Rn. 20), so dass die (bloße) Absicht der Wettbewerbsbeschränkung bei fehlender Eignung der betreffenden Maßnahme den Tatbestand nicht erfüllt (Immenga/Mestmäcker/*Dannecker/Biermann* Rn. 69; vgl. dagegen BGH NJW 2006, 163 (164): Anschein der Beteiligung an einem Kartell ausreichend). Bei der bewirkten Wettbewerbsbeschränkung muss diese tatsächlich eingetreten und durch das Verhalten des Täters verursacht worden sein (Kausalität), es handelt sich folglich um ein Erfolgs- bzw. Verletzungsdelikt (Immenga/Mestmäcker/*Dannecker/Biermann* Rn. 51, 70). Die (bezweckte oder bewirkte) Wettbewerbsbeschränkung muss spürbar sein (OLG Düsseldorf BeckRS 2014, 21756 Rn. 419; Immenga/Mestmäcker/*Dannecker/Biermann* Rn. 72; → KartellVO Art. 23 Rn. 22). Dem unionsrechtlichen Vorbild entsprechend (→ KartellVO Art. 23 Rn. 22) hat das Bundeskartellamt insoweit Aufgreifschwellen von 10 % (horizontale Vereinbarungen) bzw. 15 % (vertikale Vereinbarungen) des von den beteiligten Unternehmen gehaltenen Marktanteils für die Ausübung des Verfolgungsermessens festgelegt (Bagatellbekanntmachung v. 13.3.2007, Rn. 7 ff.; s. aber zu Kernbeschränkungen → Rn. 13 ff.). Eine Wettbewerbsbeschränkung liegt nicht vor, soweit sich Unternehmen dahingehend abstimmen, rechtswidriges Wettbewerbsverhalten zu unterlassen (BGH NJW 1962, 247 (248); BGH NJW-RR 2009, 1067 (1068)); ob der gesetzeswidrige Wettbewerb damit generell dem Schutzbereich des § 1 entzogen ist (so BGH NJW 1962, 247 (248)), erscheint nach der Rspr. des EuGH fraglich (s. dazu *Lettl/Nordemann* NZKart 2014, 207 (209 ff.) → KartellVO Art. 23 Rn. 19).

16   Die Tat kann vorsätzlich oder fahrlässig begangen werden. Bei der vorsätzlichen Begehung muss sich der **Vorsatz** auf sämtliche Merkmale des objektiven Tatbestandes (→ Rn. 14 f.) beziehen; dies gilt entsprechend für die Voraussetzungen einer Freistellung und sonstigen Rechtfertigung (→ Rn. 17 f.). Da § 1 das vollständige tatbestandliche Verbot enthält, kann es nicht als normatives Tatbestandsmerkmal des Bußgeldtatbestandes (§ 81 Abs. 2 Nr. 1) angesehen werden (so aber Immenga/Mestmäcker/*Dannecker/Biermann* Vor § 81 Rn. 101), so dass der Täter auch dann vorsätzlich handelt, wenn er sein Verhalten irrtümlich nicht als wettbewerbswidrig ansieht (FK-KartellR/*Achenbach* Rn. 293; s. allg. zur statischen Verweisung auf Verbotsnormen: *Kuhlen,* Die Unterscheidung von vorsatzausschließendem und nicht-vorsatzausschließendem Irrtum, 1987, 371 ff.; **aA** Immenga/Mestmäcker/*Dannecker/Biermann* Vor § 81 Rn. 101 f.; sa OLG Düsseldorf WuW/E DE-R 1917 (1918); 2589 (2591); vgl. ferner zum früheren Recht: KG WuW/E OLG 2321 (2323); OLG Stuttgart WuW/E OLG 2795 (2798)). Wollte man die irrtümliche Annahme des Täters, sein Verhalten sei rechtmäßig, als vorsatzausschließend ansehen, so stünde damit die Allgemeinverbindlichkeit der jeweiligen Verbotsnorm zur Disposition (*Kuhlen,* Die Unterscheidung von vorsatzausschließendem und nichtvorsatzausschließendem Irrtum, 1987, 343 f.). Von dem Täter kann vielmehr aufgrund seiner beruflichen Ausbildung und Sozialisation erwartet werden, dass er mit den im Rahmen seiner unternehmerischen Tätigkeit geltenden Verhaltensnormen vertraut ist und bei Zweifeln entsprechenden Rechtsrat einholt (→ Rn. 4). Der Irrtum des Täters über die Reichweite des § 1 ist daher als Verbotsirrtum einzuordnen (BGHSt 21, 18 (20 ff.); wistra 1982, 73 (74); sa BGHSt 2, 194 (209, 211) – zu § 240 StGB; 7, 17 (23) – zu § 356 StGB; OLG Köln NStE § 17 TierSchG 116 – zu § 17 TierSchG), der bei Unvermeidbarkeit die Vorwerfbarkeit ausschließt (§ 11 Abs. 2 OWiG). Während die deutsche Rspr. an ein berechtigtes Vertrauen in die Auskunft eines Rechtsanwalts strenge Anforderungen stellt (BGHSt 21, 18 (20 ff.)), aber einen unvermeidbaren Verbotsirrtum

nicht schlechthin ausschließt (BGH wistra 1982, 73 (74 f.)), hat der EuGH ein solches Vertrauen in Bezug auf Verstöße gegen Art. 101 AEUV generell als nicht schutzwürdig angesehen (EuGH BeckRS 2013, 81227 Rn. 41 – Schenker = EuGH NJW 2013, 3083); dies geht angesichts des weitgehenden und in den Randbereichen konkretisierungsbedürftigen allgemeinen Kartellverbotes zu weit (eingehend *Brettel/Thomas* ZWeR 2013, 272 (282 ff., 291 ff.)). Der subjektive Tatbestand setzt keine besondere Vorsatzform voraus, dh bedingter Vorsatz ist ausreichend. Dies gilt auch für die Tatbestandsvariante der bezweckten Wettbewerbsbeschränkung, da der Zweck in Anlehnung an das EG-Wettbewerbsrecht objektiv zu bestimmen ist (→ Rn. 12). Der Wortlaut verlangt insoweit **keine Absicht** (so aber Immenga/Mestmäcker/*Dannecker/Biermann* Rn. 82), da sich das Prädikat „bezweckt" nicht auf den Täter, sondern auf die Maßnahme (Vereinbarung etc) bezieht und somit einem objektiven Verständnis nicht entgegensteht (FK-KartellR/*Achenbach* Rn. 295). Dies gilt entsprechend für die **fahrlässige** Begehung (FK-KartellR/*Achenbach* Rn. 295; s. dagegen Immenga/Mestmäcker/*Dannecker/Biermann* Rn. 83); für eine solche Auslegung spricht neben der Parallele zum Unionsrecht auch, dass der Gesetzgeber die Verstöße, die nur vorsätzlich begangen werden können, in einer eigenständigen Regelung zusammengefasst hat (§ 81 Abs. 3). Bestandteil der unternehmerischen Sorgfaltspflicht ist dabei insbes. die Verpflichtung der Unternehmen, die Auswirkungen ihres Verhaltens auf den Wettbewerb auf der Grundlage der verfügbaren Marktdaten einzuschätzen und diese Einschätzung regelmäßig zu überprüfen; es ist ihnen jedoch grds. nicht zuzumuten, zu diesem Zweck empirische Marktstudien durchführen zu lassen (s. Immenga/Mestmäcker/*Fuchs* § 2 Rn. 54 f., 57).

bb) Freistellung (§§ 2, 3) und (sonstige) Rechtfertigung. Die Ausrichtung am europäischen 17 Kartellrecht zeigt sich des Weiteren darin, dass für das deutsche Kartellrecht die Freistellung im Wege der Legalausnahme (Art. 101 Abs. 3 AEUV iVm Art. 1 Abs. 2 KartellVO) übernommen worden ist (§ 2 Abs. 1; → KartellVO Art. 23 Rn. 25) und die nach Art. 101 Abs. 3 AEUV erlassenen Gruppenfreistellungsverordnungen (→ KartellVO Art. 23 Rn. 26) auf § 1 entsprechend anzuwenden sind (§ 2 Abs. 2 S. 1; zum Problem der dynamischen Verweisung → Rn. 3). Die Regelung enthält einen besonderen Rechtfertigungsgrund (MüKoEuWettbR/*Vollmer* Rn. 66; → KartellVO Art. 23 Rn. 25; **aA** FK-KartellR/*Achenbach* Rn. 284; Immenga/Mestmäcker/*Dannecker/Biermann* Rn. 75: Tatbestandsausschluss). Die Freistellung vom Kartellverbot gilt auch für Maßnahmen, die nicht geeignet sind, den zwischenstaatlichen Handel zu beeinträchtigen (§ 2 Abs. 2 S. 2; zu § 2 Abs. 1: Immenga/Mestmäcker/*Fuchs* § 2 Rn. 1). In § 3 Abs. 1 werden die allgemeinen Freistellungsvoraussetzungen (§ 2 Abs. 1) für Mittelstandskartelle konkretisiert (s. insoweit das Merkblatt des Bundeskartellamtes über Kooperationsmöglichkeiten für kleinere und mittlere Unternehmen vom März 2007, Rn. 26 ff.). Weitere Ausnahmen gelten für die Landwirtschaft (§ 28) und die Preisbindung bei Zeitungen und Zeitschriften (§ 30), soweit der Vorrang des Unionsrechts (→ Rn. 12) nicht entgegensteht (Immenga/Mestmäcker/*Emmerich* § 30 Rn. 96; Immenga/Mestmäcker/*Schweizer* § 28 Rn. 101; zu § 30 Abs. 2a BGH NZKart 2016, 78).

In engen Grenzen sind darüber hinaus auch ungeschriebene Ausnahmen vom Kartellverbot anwend- 18 bar. Allerdings dürfen die Voraussetzungen des § 2 auf diese Weise nicht unterlaufen werden; insoweit gelten die Grundsätze zu Art. 101 AEUV (→ KartellVO Art. 23 Rn. 24). Ein „berechtigtes Interesse" vermag daher bei wettbewerbsbeschränkenden Nebenabreden eine teleologische Reduktion des § 1 nicht zu begründen, sondern eine solche Einschränkung setzt vielmehr voraus, dass die Nebenabrede zur Durchführung eines kartellrechtskonformen Austausch- oder Vertriebsvertrages notwendig ist (BGH NJW 2009, 2751 (2752); vgl. dagegen noch BGHZ 154, 21 (27 f.)). Da iRd § 2 Abs. 1 nur wettbewerbliche Ziele berücksichtigt werden können (Immenga/Mestmäcker/*Fuchs* § 2 Rn. 71), kommt zur Wahrung anderer, übergeordneter Gemeinwohlinteressen nur eine Rechtfertigung über eine allgemeine Güterabwägung in Betracht, die jedoch auf besondere Ausnahmekonstellationen zu begrenzen ist (Immenga/Mestmäcker/*Dannecker/Biermann* Rn. 78; BKartA, WuW/E 145; → KartellVO Art. 23 Rn. 24; vgl. auch BGHZ 110, 371 (394 f.) und → Rn. 22; sa allg. § 16 OWiG). Sportpolitische Ziele (BGHZ 137, 297 (311)) oder das Gebot sparsamer Haushaltsführung (BGHZ 152, 347 (352)) vermögen eine Wettbewerbsbeschränkung nicht zu rechtfertigen (insges. abl. Immenga/Mestmäcker/*Zimmer* § 1 Rn. 171 ff.); auch von § 47 OWiG sollte insoweit nur zurückhaltend Gebrauch gemacht werden (Immenga/Mestmäcker/*Zimmer* § 1 Rn. 173, 175).

b) Verstöße gegen das Missbrauchsverbot (§ 81 Abs. 2 Nr. 1 iVm § 19). Das Missbrauchs- 19 verbot entspricht weitgehend Art. 102 AEUV (s. aber die Zwischenstaatlichkeitsklausel → KartellVO Art. 23 Rn. 33) und ist nach dem Willen des Gesetzgebers dementsprechend auszulegen (s. BT-Drs. 15/3640, 47 (75); vgl. auch OLG Düsseldorf WuW/E DE-R 854 (860 f.)), soweit der Gesetzgeber nicht bewusst eine abweichende Regelung getroffen hat (s. BT-Drs. 15/3640, 21 – zu § 19 Abs. 2 Nr. 4; → Rn. 11). Der Missbrauchstatbestand ist ein **Sonderdelikt**, dh als Täter kommen nur **Unternehmen mit marktbeherrschender Stellung** in Betracht (vgl. aber § 9 OWiG → Rn. 6). Im Unterschied zu Art. 102 AEUV (→ KartellVO Art. 23 Rn. 30) muss sich die beherrschende Stellung nicht auf den Gemeinsamen Markt oder einen wesentlichen Teil desselben beziehen (MüKoEuWettbR/*Vollmer* Rn. 17); der räumlich relevante Markt kann jedoch auch über das Bundesgebiet hinausgehen (§ 18 Abs. 2). Der Begriff der marktbeherrschenden Stellung (§ 18 Abs. 1) entspricht weitgehend demjenigen des Art. 102 AEUV (MüKoEuWettbR/*Wolf* § 19 Rn. 3; → KartellVO Art. 23 Rn. 30), insbes. wird auch die kollektive Marktbeherrschung erfasst (§ 18 Abs. 5). Die gegenüber dem Unionsrecht weitergehenden (s. Immenga/Mestmäcker/*Fuchs*/*Möschel* § 18 Rn. 16) Vermutungsregeln (§ 18 Abs. 4, 6, und 7) finden im Bußgeldverfahren wegen des Grundsatzes „in dubio pro reo" keine Anwendung (FK-KartellR/*Achenbach* Rn. 320; Immenga/Mestmäcker/*Dannecker*/*Biermann* Rn. 95; → Rn. 10). In Bezug auf das Behinderungs- und Diskriminierungsverbot (§ 19 Abs. 2 Nr. 1) wird der Täterkreis auf Vereinigungen von miteinander im Wettbewerb stehenden Unternehmen, die vom Kartellverbot freigestellt sind (§ 19 Abs. 3 S. 1 iVm §§ 2, 3, 28 Abs. 1, 30 Abs. 2a, 31 Abs. 1 Nr. 1, 2 und 4), und preisbindende Unternehmen (s. § 19 Abs. 3 S. 2 iVm §§ 28 Abs. 2, 30 Abs. 1 S. 1, 31 Abs. 1 Nr. 3) erweitert; der Anwendungsbereich des Anzapfverbotes (§ 19 Abs. 2 Nr. 5) wird lediglich auf freigestellte Kartelle ausgedehnt (§ 19 Abs. 3 S. 1). Die Unternehmensvereinigung unterliegt dem Verbot nur insoweit, als das Verhalten der Mitglieder der getroffenen Vereinbarung entspricht (KG WuW/E OLG 4907, 4912 f.); als Täter kommen neben den in § 9 OWiG genannten Personen auch (akzessorisch) die einzelnen Mitglieder (§ 14 Abs. 1 S. 2 OWiG) in Betracht (zur Vereinigung vgl. § 30 OWiG; allg. → Rn. 6).

20　　Der Missbrauchstatbestand stellt mit Ausnahme von § 19 Abs. 2 Nr. 1 (Erfolgsdelikt) ein reines Tätigkeitsdelikt dar (Immenga/Mestmäcker/*Dannecker*/*Biermann* Rn. 90). Die **Tathandlung** besteht in der missbräuchlichen Ausnutzung der marktbeherrschenden Stellung (→ KartellVO Art. 23 Rn. 31 f.). Im Hinblick auf Art. 103 Abs. 2 GG wird zum Teil gefordert dass der Tatbestand „eindeutig" erfüllt sein muss (Immenga/Mestmäcker/*Dannecker*/*Biermann* Rn. 93, 98); dem ist jedoch aus den genannten Gründen (→ Rn. 5) nicht zu folgen, zumal die Tathandlung durch die (wenngleich nicht abschließende) Aufzählung in § 19 Abs. 2 Nr. 1–5 konkretisiert wird (vgl. auch Immenga/Mestmäcker/*Dannecker*/*Biermann* Rn. 93; zur weitgehenden Bedeutungslosigkeit der Generalklausel: Immenga/Mestmäcker/*Fuchs* § 19 Rn. 82). Aus dem Merkmal der Ausnutzung folgt, dass die Tathandlung auf der marktbeherrschenden Stellung beruhen muss (Immenga/Mestmäcker/*Dannecker*/*Biermann* Rn. 96: „Kausalität").

21　　Der Missbrauchstatbestand (§ 19 Abs. 1) wird durch die nicht abschließende Aufzählung verbotener Missbrauchshandlungen (§ 19 Abs. 2) konkretisiert. Mit der 8. GWB-Novelle wurden das Behinderungs- und das Diskriminierungsverbot zusammengefasst (§ 19 Abs. 2 Nr. 1) und das praktisch bedeutungslose Tatbestandsmerkmal des allgemein üblichen Geschäftsverkehrs im Diskriminierungstatbestand (§ 20 Abs. 1 GWB aF) gestrichen (s. BT-Drs. 17/9852, 23). Demgegenüber ist das Erfordernis einer erheblichen Beeinträchtigung der Wettbewerbsmöglichkeiten anderer Unternehmen (§ 19 Abs. 4 Nr. 1 GWB aF) weiterhin in den Tatbestand hineinzulesen (s. BT-Drs. 17/9852, 23; → KartellVO Art. 23 Rn. 31). Der Tatbestand ist insoweit ein Erfolgs- und Verletzungsdelikt (Immenga/Mestmäcker/*Dannecker*/*Biermann* Rn. 99). Die Beeinträchtigung des Wettbewerbs muss nicht auf einem der beherrschten Märkte, sondern kann auch auf einem (vor- oder nachgelagerten) Drittmarkt eintreten (BGHZ 158, 334 (338 f.); sa BT-Drs. 17/9852, 23).

22　　Der **Behinderungsmissbrauch** (§ 19 Abs. 2 Nr. 1 Alt. 1) erfasst die Kampfpreisunterbietung (BGH NJW 1990, 2468) sowie Treuerabatte und Bonussysteme, die nicht durch Kostenvorteile des Marktbeherrschers gerechtfertigt sind, sondern allein zu dem Zweck gewährt werden, den Abnehmer wirtschaftlich zu binden und von einem Bezug bei konkurrierenden Anbietern abzuhalten (Immenga/Mestmäcker/*Markert* § 19 Rn. 177 mwN). Unter das Verbot fallen auch Ausschließlichkeitsbindungen und langfristige Bezugsverpflichtungen (s. zum Bezug von Gas und Strom: OLG Düsseldorf WuW/E DE-R 854 (857), sowie 1757 (1771 f.)); auch die Ausübung eines aus dem Sacheigentum folgenden Ausschließlichkeitsrechts kann missbräuchlich sein (BGHZ 176, 1 (14 ff.) – Wiederbefüllung von Kohlendioxidzylindern). Erfasst werden ferner Koppelungsgeschäfte in Gestalt von Zwangskombinationstarifen; „Koppelungsangebote" können jedoch nach den gleichen Grundsätzen wie Mengenrabatte sachlich gerechtfertigt sein (Immenga/Mestmäcker/*Markert* § 19 Rn. 201 f.; BGHZ 156, 379). Beim Diskriminierungsmissbrauch (§ 19 Abs. 2 Nr. 1 Alt. 2) besteht die tatbestandsmäßige Handlung darin, dass der Täter andere Unternehmen gegenüber (nach unternehmerischer Tätigkeit und wirtschaftlicher Grundfunktion als Hersteller, Einzel- oder Großhändler, s. Bechtold/Bosch § 19 Rn. 37) gleichartigen Unternehmen ohne sachlich gerechtfertigten Grund ungleich behandelt. Die sachliche Rechtfertigung der Ungleichbehandlung (oder Behinderung) bestimmt sich nach einer Interessenabwägung, bei der auf der einen Seite die Freiheit des Wettbewerbs und das Interesse an einer diskriminierungsfreien Betätigung auf dem betreffenden Markt und auf der anderen Seite die unternehmerischen Interessen des Normadressaten zu berücksichtigen sind (s. dazu Immenga/Mestmäcker/*Markert* § 20 Rn. 129 ff.). So umfasst der unternehmerische Freiraum marktbeherrschender Unternehmen grds. auch die Ausgestaltung ihres Absatzsystems (OLG Düsseldorf NZKart 2013, 253; s. zu selektiven Vertriebssystemen: OLG Frankfurt a. M. NZKart 2016, 84; Immenga/Mestmäcker/*Markert* § 19 Rn. 148 ff.; vgl. auch die Freistellung nach Art. 101 Abs. 3 AEUV → Rn. 17 und → KartellVO Art. 23 Rn. 26), insbes. ist ein marktbeherrschendes Unternehmen nicht verpflichtet, einen Wettbewerber zum eigenen Schaden zu fördern (s. zur Weiterbelieferung eines gekündigten Handelsvertreters: BGH WuW/E BGH 2589; OLG Düsseldorf NZKart 2014, 35; s. aber auch zur angemessenen Umstellungsfrist BGH NJW 2012, 2110 (2112)). Eine Ungleichbehandlung in Bezug auf Preise (oder Konditionen) kann durch unterschiedliche Leistungen oder Mengen (Rabatte, s. o. zum Behinderungsmissbrauch), aber auch durch besseres Verhandlungsgeschick einzelner Abnehmer sachlich gerechtfertigt sein (Bechtold/Bosch § 19 Rn. 50; sa zum wettbewerbsimmanenten Streben nach besseren Konditionen BGH NJW 1996, 2656 (2658)).

Als **Ausbeutungsmissbrauch** (§ 19 Abs. 2 Nr. 2) ist die Forderung von Entgelten oder Geschäfts- 23
bedingungen anzusehen, die bei einem wirksamen Wettbewerb mit hoher Wahrscheinlichkeit nicht
durchgesetzt werden könnte. Der verlangte Preis muss den wettbewerbsanalogen Preis erheblich überschreiten und darf auch nicht anderweitig wirtschaftlich gerechtfertigt sein (BGH WuW/E BGH 1445
(1454); OLG Düsseldorf NZKart 2014, 237 (244); sa BGH WuW DE-R 375 (379); NZKart 2015, 448
(449 f.)); soweit der Ausbeutungsmissbrauch durch Verwendung unzulässiger allgemeiner Geschäftsbedingungen erfolgt (Konditionenmissbrauch), ergibt sich die Erheblichkeit bereits aus den erhöhten
Anforderungen an die Unwirksamkeit der Klausel nach § 307 Abs. 1 BGB (BGH NVwZ-RR 2014,
515 (520)). Eine marktbeherrschende Stellung wird ferner missbraucht, wenn das Unternehmen
ungünstigere Entgelte bzw. Bedingungen fordert als es sie auf vergleichbaren Märkten von vergleichbaren Abnehmern fordert (§ 19 Abs. 2 Nr. 3); der **Strukturmissbrauch** stellt eine besondere Form des
Ausbeutungsmissbrauchs dar (BGH WuW DE-R 375 (377)). Vergleichsmaßstab ist allerdings nicht der
fiktive Wettbewerb auf dem betreffenden Markt, sondern das Wettbewerbsverhalten des marktbeherrschenden Unternehmens auf einem anderen, vergleichbaren Markt (Bechtold/Bosch § 19 Rn. 63). Ein
Missbrauch liegt nicht vor, wenn die Abweichung nicht erheblich (s. o. zum Ausbeutungsmissbrauch)
oder sachlich gerechtfertigt ist (BGH WuW/E BGH 379 f.: höherer Vergleichspreis nicht kostendeckend; krit. insoweit Immenga/Mestmäcker/*Markert* § 19 Rn. 291).

Als Missbrauch wird schließlich die Weigerung erfasst, einem anderen Unternehmen gegen angemes- 24
senes Entgelt Zugang zu den eigenen Netzen oder anderen Infrastruktureinrichtungen zu gewähren,
wenn dieses Unternehmen ohne eine solche Mitbenutzung nicht auf dem vor- oder nachgelagerten
Markt als Wettbewerber des marktbeherrschenden Unternehmens auftreten kann (§ 19 Abs. 2 Nr. 4 –
„essential facilities doctrine"→ KartellVO Art. 23 Rn. 32). Die Vorschrift bezieht Strom-, Telefon-
und Schienennetze (s. zum Stromnetz: BGHZ 163, 296 (303 ff.); s. aber § 111 Abs. 1 EnWG und § 2
Abs. 4 TKG und dazu Immenga/Mestmäcker/*Markert* § 19 Rn. 361 f.), aber auch elektronische Ver-
triebsnetze ein (OLG Brandenburg BeckRS 2009, 10348 – Annahmestellen für Lottospielaufträge).
Nach dem ausdrücklichen Willen des Gesetzgebers („Infrastruktureinrichtungen") findet die Regelung
jedoch keine Anwendung auf die Verweigerung von Lizenzen zur Nutzung gewerblicher Schutzrechte
(s. BT-Drs. 13/9720, 79 f.; 13/10633, 72); eine Orientierung an Art. 102 AEUV scheidet insoweit aus
(→ KartellVO Art. 23 Rn. 32). Ein Missbrauch liegt nicht vor, wenn die Mitbenutzung aus betriebsbedingten oder sonstigen tatsächlichen (zB wegen fehlender Kapazität) oder rechtlichen (zB öffentlich-
rechtliche Nutzungsbeschränkungen, s. BGH NZKart 2013, 160) Gründen unmöglich oder unzumutbar ist (§ 19 Abs. 2 Nr. 4 Hs. 2); die dort enthaltene Beweislastregel gilt nicht im Bußgeldverfahren
(Bechtold/Bosch § 19 Rn. 81; MüKoEuWettbR/*Vollmer* Rn. 17).

Durch das **Anzapfverbot** (§ 19 Abs. 2 Nr. 5) wird das Diskriminierungsverbot (§ 19 Abs. 2 Nr. 1 25
Alt. 2) um einen Schutz vor Wettbewerbsnachteilen erweitert, die durch den Missbrauch von Nach-
fragemacht und die auf diese Weise veranlasste Bevorzugung des marktbeherrschenden Unternehmens
eintreten **(passive Diskriminierung);** das zur Gewährung von Vorteilen gezwungene Unternehmen
wird hingegen durch den Tatbestand des Ausbeutungsmissbrauchs (§ 19 Abs. 2 Nr. 2 → Rn. 23)
geschützt (Immenga/Mestmäcker/*Markert* § 19 Rn. 368). Die Tathandlung besteht in dem Auffordern
oder Veranlassen zur Gewährung von Vorteilen. Es werden nur Vorteile erfasst, deren Gewährung sich
nicht sachlich rechtfertigen lässt (OLG Düsseldorf NZKart 2015, 541 (544) → Rn. 22); dies ist insbes.
bei der nachträglichen Änderung bereits abgeschlossener Verträge anzunehmen (BGH WuW/E DE-R
984 (990)). Die Tathandlung des Veranlassens setzt voraus, dass der Vorteil tatsächlich gewährt worden
ist, während ein solcher Erfolg beim Auffordern nicht erforderlich ist (FK-KartellR/*Achenbach* Rn. 328).
Der Täter muss unter Ausnutzung seiner Marktmacht auf die Gewährung von Vorteilen hinwirken (vgl.
OLG Düsseldorf NZKart 2015, 541 (543 f.)). Dies setzt allerdings nicht voraus, dass auf den Anbieter
(zB durch Drohung mit der Auflösung der Geschäftsbeziehungen) Druck ausgeübt wird (Immenga/
Mestmäcker/*Dannecker/Biermann* Rn. 109); idR ist bereits die Marktmacht des Täters ausreichend, um
dessen Wünschen Nachdruck zu verleihen (Bechtold/Bosch § 19 Rn. 87; einschränkend Immenga/
Mestmäcker/*Dannecker/Biermann* Rn. 109. Da die Tat durch missbräuchliche Einwirkung auf das Unternehmen, das zur Gewährung von Vorteilen veranlasst wird, begangen wird, kommt dieses als Beteiligter (§ 14 Abs. 1 S. 2 OWiG) nicht in Betracht (FK-KartellR/*Achenbach* Rn. 332; Immenga/Mestmä-
cker/*Dannecker/Biermann* Rn. 111: „notwendige Teilnahme").

Die Tat kann **vorsätzlich** oder fahrlässig begangen werden. Der Vorsatz muss sich auf sämtliche 26
Merkmale des objektiven Tatbestands beziehen, nicht jedoch auf die rechtliche Bewertung der Tathandlung als verbotswidrig; die irrtümliche Annahme einer sachlichen Rechtfertigung ist daher als Verbotsirrtum (§ 11 Abs. 2 OWiG) anzusehen (→ Rn. 16; **aA** Immenga/Mestmäcker/*Dannecker/Biermann*
Rn. 114). Bei der **fahrlässigen** Begehung wird zum Teil aufgrund der in dem Gesetzeswortlaut („Ausnutzen") zum Ausdruck kommenden Finalität nur der vorsätzliche Missbrauch als tatbestandsmäßig
angesehen (Immenga/Mestmäcker/*Dannecker/Biermann* Rn. 115). Dies hätte jedoch zur Konsequenz,
dass sich der Vorsatz auch auf den auszunutzenden Umstand beziehen müsste (die marktbeherrschende
Stellung), so dass für den Fahrlässigkeitstatbestand kein eigenständiger Anwendungsbereich verbliebe. Aus
diesem Grund ist das Ausnutzen nicht final, sondern rein objektiv aufzufassen: Der Täter profitiert von
der marktbeherrschenden Stellung, indem diese seine Handlungsmöglichkeiten erweitert (→ Rn. 16).

27 **c) Verstöße gegen Behinderungs- und Diskriminierungsverbote bei relativer oder über-legener Marktmacht (§ 81 Abs. 2 Nr. 1 iVm § 20).** Die in § 20 enthaltenen Verbote ergänzen den Missbrauchstatbestand (§ 19), indem sie den Anwendungsbereich der darin enthaltenenen Diskriminie-rungs- und Behinderungsverbote auf Unternehmen mit einer relativen oder überlegenen Marktmacht ausdehnen und damit die aufgrund fehlenden Wettbewerbs von marktmächtigen Unternehmen abhän-gigen Marktteilnehmer vor unbilliger Behinderung und Diskriminierung schützen (Immenga/Mestmä-cker/*Markert* § 20 Rn. 1).

28 **aa) Diskriminierung und unbillige Behinderung (§ 20 Abs. 1).** Der Diskriminierungs- und Behinderungtatbestandund erstreckt das **Sonderdelikt** des § 19 Abs. 1, Abs. 2 Nr. 1 auf Unternehmen und Unternehmensvereinigungen (→ Rn. 6; nicht freigestellte oder verbotene Kartelle iSd § 19 Abs. 3 S. 1: Immenga/Mestmäcker/*Markert* § 20 Rn. 13), soweit kleine und mittlere Unternehmen als Nach-frager oder Anbieter von diesen abhängig sind, dh nicht auf andere Bezugsquellen bzw. Abnehmer ausweichen können; dies gilt insbes. für die Abhängigkeit des Händlers vom Hersteller (Bechtold/Bosch § 20 Rn. 11; sa zu Bestpreisklauseln von Hotelportalen: BKartA BeckRS 2014, 04343). Die gesetzliche Abhängigkeitsvermutung (§ 20 Abs. 1 S. 2) findet insoweit keine Anwendung (Immenga/Mestmäcker/*Dannecker/Biermann* Rn. 118; s. dagegen BVerfGE 9, 167 (170 f.)). In Bezug auf die übrigen Tatbestands-merkmale gelten die Ausführungen zu § 19 Abs. 2 Nr. 1 entsprechend (→ Rn. 21 f.).

29 **bb) Passive Diskriminierung (§ 20 Abs. 2).** Mit § 20 Abs. 2 wird der Anwendungsbereich des Anzapfverbotes (§ 19 Abs. 2 Nr. 5) auf Unternehmen mit relativer Marktmacht ausgedehnt, um einen Schutz vor Wettbewerbsnachteilen zu gewährleisten, die durch den Missbrauch von (relativer) Nach-fragemacht und die auf diese Weise veranlasste Bevorzugung des marktmächtigen Unternehmens ein-treten. Der Täterkreis entspricht demjenigen des § 20 Abs. 1 (→ Rn. 27); iÜ gelten die Ausführungen zu § 19 Abs. 2 Nr. 5 entsprechend (→ Rn. 25).

30 **cc) Behinderung kleinerer und mittlerer Wettbewerber (§ 20 Abs. 3).** Der Tatbestand der „Mittelstandsbehinderung" ist ein Sonderdelikt und verbietet es Unternehmen mit einer überlegenen Marktmacht, diese zur unbilligen Behinderung kleinerer und mittlerer Wettbewerber auszunutzen (§ 20 Abs. 3 S. 1). Dieser Schutzrichtung entsprechend ist die überlegene Marktmacht rein horizontal im Verhältnis zu den anderen Wettbewerbern zu bestimmen; wenngleich sie unterhalb der Marktbeherr-schung liegt, sind die Kriterien des § 18 Abs. 3 entsprechend anzuwenden (Bechtold/Bosch § 20 Rn. 30; Immenga/Mestmäcker/*Markert* § 20 Rn. 80). Anders als das allgemeine Behinderungsverbot (§ 19 Abs. 2 Nr. 1 Alt. 1) erfasst der Tatbestand nur die (unbillige) Behinderung (→ Rn. 22) von Unternehmen, die mit dem Täter im Wettbewerb stehen (Immenga/Mestmäcker/*Markert* § 20 Rn. 86). Die Beweislastregel (§ 20 Abs. 4) findet im Bußgeldverfahren keine Anwendung (FK-KartellR/*Achen-bach* Rn. 321).

31 Die Tathandlung wird in drei nicht abschließenden Varianten präzisiert. Beim Verkauf von Lebens-mitteln (§ 2 Abs. 2 LFGB) wird das Anbieten unter Einstandspreis erfasst (§ 20 Abs. 3 S. 2 Nr. 1 befristet bis 31.12.2017, BGBl. 2013 I 1738). Ein solches Angebot ist jedoch sachlich gerechtfertigt, wenn es geeignet ist, den Verderb oder die drohende Unverkäuflichkeit der Waren beim Händler durch rechtzeitigen Verkauf zu verhindern (§ 20 Abs. 3 S. 3). Gleiches gilt, wenn der Täter mit einer unvor-hergesehenen Erhöhung seines Einstandspreises konfrontiert wird und er für eine Übergangszeit an den üblichen Verkaufspreisen festhält (BGHZ 152, 361 ff.; vgl. auch § 20 Abs. 3 S. 3: andere schwerwiegen-de Fälle; § 20 Abs. 3 S. 4: Abgabe an gemeinnützige Einrichtungen). Das (sachlich nicht gerechtfertigte) Anbieten anderer Waren unter Einstandspreis wird nur erfasst, sofern es „nicht nur gelegentlich" erfolgt (§ 20 Abs. 3 S. 2 Nr. 2). Auf diese Weise werden Einführungspreise oder sporadische Sonderangebote aus dem Tatbestand herausgenommen; auf Dauer angelegte (dh mehrwöchige) Werbeaktionen werden hingegen erfasst (BKartA WuW/E DE-V 911 (913 f.)). Als dritter Beispielsfall einer unbilligen Behin-derung wird schließlich angeführt, dass ein Unternehmen von kleinen und mittleren Unternehmen, mit denen es auf einem nachgelagerten Markt beim Vertrieb von Waren oder gewerblichen Leistungen im Wettbewerb steht, für deren Lieferung einen höheren Preis verlangt als es selbst auf diesem Markt anbietet (§ 20 Abs. 3 S. 2 Nr. 3 – „Preis-Kosten-Schere"; s. zur Belieferung von freien Tankstellen durch Mineralölhersteller: OLG Düsseldorf WuW/E DE-R 829 ff.; → KartellVO Art. 23 Rn. 32).

32 **dd) Behinderung und Diskriminierung durch Ablehnung eines Aufnahmeantrags (§ 20 Abs. 5).** § 20 Abs. 5 ergänzt das allgemeine Diskriminierungsverbot (§ 19 Abs. 2 Nr. 1, § 20 Abs. 1 S. 1), indem er den diskriminierungsfreien Zugang zu Verbänden gewährleistet, soweit dies im Interesse eines funktionierenden Wettbewerbs geboten ist. Das Sonderdelikt richtet sich zunächst an Wirtschafts- und Berufsvereinigungen, dh Unternehmensvereinigungen, welche die wirtschaftlichen und beruflichen Interessen ihrer Mitglieder vertreten (Bechtold/Bosch § 20 Rn. 51 f., mit Abgrenzung zur unternehme-rischen Tätigkeit, s. insoweit §§ 19 Abs. 2 Nr. 1, 20 Abs. 1 S. 1 → Rn. 21 f., 28). Der Anwendungs-bereich erstreckt sich daneben auf Gütezeichengemeinschaften, dh Unternehmensvereinigungen, die Qualitätsmerkmale definieren und ihren Mitgliedern bei Vorliegen der entsprechenden Voraussetzungen das Recht verleihen, ein Gütezeichen zu führen (Bechtold/Bosch § 20 Rn. 57). Die Tathandlung besteht in der Ablehnung eines Aufnahmeantrages. Im Unterschied zu § 20 Abs. 1 iVm § 19 Abs. 2

Nr. 1 verlangt der Tatbestand nicht nur eine sachlich nicht gerechtfertigte Diskriminierung, sondern (kumulativ) auch eine dadurch bewirkte unbillige Benachteiligung des Unternehmens im Wettbewerb (Bechtold/Bosch § 20 Rn. 61; → Rn. 22). Aufnahmebeschränkungen können durch die spezifischen verbandspolitischen Ziele sachlich gerechtfertigt werden (Immenga/Mestmäcker/*Markert* § 20 Rn. 144 ff.). Eine sachliche Rechtfertigung scheidet jedoch in der Regel aus, wenn der Antragsteller die in der Satzung festgelegten Aufnahmevoraussetzungen erfüllt (BGHZ 63, 282 (285); Bechtold/Bosch § 20 Rn. 59; sa OLG Düsseldorf NZKart 2013, 125 (127)).

ee) Vorsatz und Fahrlässigkeit. Die vorgenannten Zuwiderhandlungen können vorsätzlich oder **33** fahrlässig begangen werden. Nach überwiegender Ansicht muss sich der Vorsatz des Täters auch auf die Gesamtbewertung des Verhaltens als „unbillig" bzw. „sachlich nicht gerechtfertigt" beziehen (FK-KartellR/*Achenbach* Rn. 330; Immenga/Mestmäcker/*Dannecker/Biermann* Rn. 133; vgl. auch BGH WuW/E BGH 2145 (2147)); nach der hier vertretenen Ansicht ist in diesem Fall ein Verbotsirrtum anzunehmen (→ Rn. 16; ebenso OLG Düsseldorf WuW/E OLG 2364 (2367 f.)). Zur fahrlässigen Begehung → Rn. 16 (zu § 1).

d) Verstöße gegen das Boykottverbot (§ 81 Abs. 3 Nr. 1 iVm § 21 Abs. 1). Das Boykottverbot **34** schützt in erster Linie das verrufene Unternehmen, daneben aber auch den Wettbewerb als Institution (BGHZ 24, 200 (206); Immenga/Mestmäcker/*Dannecker/Biermann* Rn. 269). Als **Täter** kommen Unternehmen und Unternehmensvereinigungen (sowie deren Vertreter, s. § 9 OWiG → Rn. 6) in Betracht. Unternehmen, die dem Boykottaufruf Folge leisten, können nicht wegen Beteiligung (§ 14 OWiG) verfolgt werden, da die Tat bereits mit der Aufforderung vollendet ist (FK-KartellR/*Achenbach* Rn. 428; iE ebenso BGHSt 44, 279 (285); 86, 324 (326) – notwendige Teilnahme). Der Tatbestand ist als schlichtes Tätigkeitsdelikt und abstraktes Gefährdungsdelikt ausgestaltet (FK-KartellR/*Achenbach* Rn. 421). Die **Tathandlung** besteht in der Aufforderung zu einer Liefer- oder Bezugssperre. Die letztgenannten Begriffe kennzeichnen die Angebots- und Nachfrageseite und umfassen daher nicht nur Waren, sondern auch gewerbliche Leistungen (BGH wistra 1995, 313; Immenga/Mestmäcker/*Markert* § 21 Rn. 22). Der Wortlaut steht dieser Auslegung nicht entgegen (so aber Immenga/Mestmäcker/*Dannecker/Biermann* Rn. 272), da der Gesetzgeber auch in § 20 Abs. 4 S. 2 Nr. 3 ausdrücklich einem solchermaßen weiten Verständnis des Begriffs „liefern" gefolgt ist. Die Aufforderung kann sich auch an ein Unternehmen richten, der bereits an anderen Gründen zu einem Boykott gegenüber dem Dritten entschlossen ist („omnimodo facturus"), da nicht auszuschließen ist, dass sich der Adressat bei der zu treffenden Entscheidung (auch) von der Aufforderung leiten lässt (KG WuW/E OLG 3543 (3545); Immenga/Mestmäcker/*Dannecker/Biermann* Rn. 270; **aA** *Bauer/Wrage-Molkenthin* wistra 1988, 247 (250 f.)). Die Tat ist vollendet, wenn die Aufforderung dem Adressaten zugeht (KG WuW/E OLG 2246; FK-KartellR/*Achenbach* Rn. 422).

Der subjektive Tatbestand setzt **Vorsatz** voraus (s. § 10 OWiG). Darüber hinaus muss der Täter in der **35 Absicht** handeln, bestimmte Unternehmen unbillig zu beeinträchtigen. Die Unbilligkeit ist im Rahmen einer Güterabwägung festzustellen (BGH WuW/E DE-R 303 (305 f.); → Rn. 22, 26); sie dürfte aber nur in besonderen Ausnahmekonstellationen (zB bei Maßnahmen gegen ein rechtswidriges Verhalten des Verrufenen) zu verneinen sein (Immenga/Mestmäcker/*Dannecker/Biermann* Rn. 249; s. aber Karlsruhe NJW 2009, 2143 (2145)). Die Absicht muss sich nur auf die Beeinträchtigung beziehen, während in Bezug auf deren Unbilligkeit bedingter Vorsatz ausreicht (Immenga/Mestmäcker/*Dannecker/Biermann* Rn. 277; aA FK-KartellR/*Achenbach* Rn. 424 f.: direkter Vorsatz). Sofern der Täter das Verhalten des „Verrufenen" irrtümlich für wettbewerbswidrig und den Boykottaufruf auf dieser Grundlage für sachlich gerechtfertigt hält (und halten darf), unterliegt er einem Tatbestandsirrtum iSd § 11 Abs. 1 OWiG (OLG Düsseldorf WuW DE-R 1381 (1387)). Die irrige Bewertung der Beeinträchtigung als nicht unbillig schließt den Vorsatz jedoch nicht aus (sa BGH NJW 1996, 3212 (3214); vgl. ferner OLG Düsseldorf WuW DE-R 1381 (1387); **aA** FK-KartellR/*Achenbach* Rn. 425; Immenga/Mestmäcker/*Dannecker/Biermann* Rn. 279), sondern begründet einen Verbotsirrtum (→ Rn. 16).

e) Einsatz von Druck- und Lockmitteln (§ 81 Abs. 3 Nr. 2 iVm § 21 Abs. 2). Das Verbot des **36** § 21 Abs. 2 soll verhindern, dass die kartellrechtlichen Verbote durch den Einsatz von Druck- und Lockmitteln umgangen werden (BGH WuW/E BGH 1736 (1738); wistra 1988, 28 (29); FK-KartellR/*Achenbach* Rn. 430) und vertypt die durch den Einsatz bestimmter Mittel qualifizierte versuchte Anstiftung zu einem wettbewerbswidrigen Verhalten zu einem selbstständigen Tatbestand (Immenga/Mestmäcker/*Markert* § 21 Rn. 52). Soweit die herrschende Ansicht davon ausgeht, dass das Verbot außer dem Wettbewerb auch die unternehmerische Entscheidungsfreiheit schützen soll (BGH WuW/E BGH 1736 (1738); Immenga/Mestmäcker/*Dannecker/Biermann* Rn. 282), bleibt unberücksichtigt, dass der Einsatz von Lockmitteln die Entscheidungsfreiheit nicht beeinträchtigt. Die unternehmerische Freiheit wird daher ausschließlich durch § 240 StGB (Nötigung) geschützt.

Als Täter kommen Unternehmen und Unternehmensvereinigungen in Betracht (→ Rn. 6). Die **37** Tathandlung erfasst zunächst die **Androhung** oder **Zufügung von Nachteilen.** Als Nachteile kommen vor allem Liefersperren (BGH WuW/E BGH 690 (693); KG WuW/E OLG 5053 (5059)), aber auch Sanktionen einer Vereinigung gegen ihre Mitglieder (BGH WuW/E BGH 451 (455); WuW/E

BGH 1474 (1479)) in Betracht. Der Nachteil muss nicht rechtswidrig sein (FK-KartellR/*Achenbach* Rn. 434; Immenga/Mestmäcker/*Dannecker/Biermann* Rn. 284), so dass auch ein für sich genommen legales Wettbewerbsverhalten (zB die Preisunterbietung) ausreichen kann (KG WuW/E OLG 1775 (1776); Immenga/Mestmäcker/*Markert* § 21 Rn. 61). Eine Androhung liegt vor, wenn der Täter den Nachteil in der Weise in Aussicht stellt, dass er sich selbst einen Einfluss auf dessen Eintritt zuschreibt; dagegen ist es irrelevant, ob der Täter die Drohung verwirklichen kann und ob der Adressat diese ernst nimmt (FK-KartellR/*Achenbach* Rn. 435; Immenga/Mestmäcker/*Dannecker/Biermann* Rn. 283, unter Hinweis auf die Parallele zu § 240 StGB). Die Androhung muss allerdings objektiv geeignet sein, den Adressaten zu einem wettbewerbswidrigen Verhalten zu bestimmen (BGH WuW/E BGH 1474 (1478 f.); 2688 (2692)). Diese Eignung wird in Parallele zu § 240 StGB (s. BGHSt 31, 195 (201)) verneint, wenn von dem Adressaten erwartet werden kann, dass er der Drohung in besonnener Selbstbehauptung standhält (FK-KartellR/*Achenbach* Rn. 433). Die auf den Wettbewerb bezogene Schutzrichtung und die Binnensystematik des § 21 Abs. 2 (Erfassung von Lockmitteln) spricht jedoch gegen eine solche Einschränkung, so dass auch relativ unbestimmte Drohungen („unliebsame Schritte") als tatbestandsmäßig anzusehen sind (KG WuW/E OLG 1394 (1396); s. dagegen FK-KartellR/*Achenbach* Rn. 434). Neben der Androhung wird auch die Zufügung eines Nachteils als Tathandlung erfasst.

38   Als weitere Tathandlungen nennt der Tatbestand das **Versprechen** und **Gewähren von Vorteilen;** auch insoweit muss die Tathandlung geeignet sein, den Adressaten zu einem wettbewerbswidrigen Verhalten zu bestimmen (Immenga/Mestmäcker/*Markert* § 21 Rn. 64). Der Gewinn aus dem Abschluss einer kartellrechtswidrigen Vereinbarung hat jedoch als Vorteil außer Betracht zu bleiben, denn mit der Ahndung eines entsprechenden Angebotes nach § 81 Abs. 3 Nr. 2 iVm § 21 Abs. 2 würde die Entscheidung des Gesetzgebers unterlaufen, den lediglich versuchten Abschluss einer Vereinbarung nicht mit einem Bußgeld zu bedrohen (BGH wistra 1988, 28 (29); FK-KartellR/*Achenbach* Rn. 436; Immenga/Mestmäcker/*Markert* § 21 Rn. 65). § 21 Abs. 2 erfordert daher eine qualifizierte Einflussnahme, die über den normalen wirtschaftlichen Anreiz zu wettbewerbswidrigem Verhalten hinausgeht. Der Tatbestand ist daher erfüllt, wenn dem Angebotsempfänger ein Vorteil versprochen wird, der deutlich über das hinausgeht, was er in der konkreten Situation als Anteil am Ergebnis der Kartellvereinbarung und Ausgleich für seine Leistung erwarten könnte (BGH wistra 1988, 28 (29); KG WuW/E OLG 4398 (4399); FK-KartellR/*Achenbach* Rn. 436).

39   Der Tatbestand setzt nicht voraus, dass die Einwirkung auf das andere Unternehmen erfolgreich ist und dieses dem Verlangen des Täters Folge leistet. Ein tatbestandsmäßiger **Erfolg** wird jedoch insofern vorausgesetzt, als die Erklärung (Androhung bzw. Versprechen) dem Adressaten zugehen bzw. die mit der Vorteilsgewährung oder Nachteilszufügung bewirkte Veränderung beim Adressaten eintreten muss (vgl. Immenga/Mestmäcker/*Dannecker/Biermann* Rn. 287).

40   Der subjektive Tatbestand setzt voraus, dass der Täter **vorsätzlich** (vgl. § 10 OWiG) und in der Absicht handelt, den Adressaten der Einwirkungshandlung zu einem Verhalten zu veranlassen, das gegen ein gesetzliches Verbot oder eine behördliche Verfügung verstößt. Mit der 8. GWB-Novelle hat der Gesetzgeber klargestellt, dass das tatbestandliche Verbot insoweit nicht allein auf die Verbotsnormen des GWB, sondern auch auf die Art. 101, 102 AEUV Bezug nimmt (BT-Drs. 17/9852, 24). Da der Tatbestand die Struktur einer versuchten Anstiftung aufweist, schließt die irrige Annahme der Rechtmäßigkeit der angestrebten Haupttat den Vorsatz nicht aus (so aber Immenga/Mestmäcker/*Dannecker/Biermann* Rn. 292, s. § 11 Abs. 1 OWiG), sondern begründet einen Verbotsirrtum (§ 11 Abs. 2 OWiG, s. FK-KartellR/*Achenbach* Rn. 441; sa → Rn. 16 Abs. 2 Nr. 1 iVm § 1).

41   **f) Zwang zu legalem Wettbewerbsverhalten (§ 81 Abs. 2 Nr. 1 iVm § 21 Abs. 3).** § 21 Abs. 3 dient dem Schutz der unternehmerischen Entschließungsfreiheit, sich an legalen Kartellen, Zusammenschlüssen und einem gleichförmigen Marktverhalten nicht zu beteiligen (FK-KartellR/*Achenbach* Rn. 334; Immenga/Mestmäcker/*Dannecker/Biermann* Rn. 130). Als Täter kommen sowohl Unternehmen als auch Unternehmensvereinigungen (sowie jeweils deren Vertreter, s. § 9 OWiG) in Betracht. Der Tatbestand setzt als **Erfolg** voraus, dass sich ein anderes Unternehmen den vom Täter ausgeübten Zwangsmitteln beugt (FK-KartellR/*Achenbach* Rn. 336). Der Gesetzeswortlaut („zwingen, ... zu ...") schließt eine Auslegung aus, die sich auf das Handlungsunrecht (Anwendung von Zwangsmitteln) beschränkt (so aber BGHZ 78, 190 (199 ff.); Immenga/Mestmäcker/*Markert* § 21 Rn. 86; FK-KartellR/*Roth* § 21 Rn. 243). In systematischer Hinsicht vermag auch eine Parallele zu § 21 Abs. 2 einen Verzicht auf einen Unrechtserfolg nicht zu begründen, denn sowohl das geschützte Rechtsgut (Freiheit) als auch die Einbeziehung fahrlässigen Verhaltens lassen deutliche Unterschiede zu § 81 Abs. 3 Nr. 2 erkennen. Als erzwungenes Verhalten wird die Beteiligung an einem Beschluss oder einer Vereinbarung, der bzw. die nach §§ 2, 3, 28 Abs. 1 vom Kartellverbot des § 1 freigestellt ist (§ 21 Abs. 3 Nr. 1), an einem (legalen oder illegalen) Zusammenschluss iSd § 37 (§ 21 Abs. 3 Nr. 2) oder an einem gleichförmigen Marktverhalten (§ 21 Abs. 3 Nr. 3) erfasst. Da die letztgenannte Variante das bewusste Parallelverhalten erfassen soll, wird eine entsprechende Absicht des gezwungenen Unternehmens verlangt (Immenga/Mestmäcker/*Markert* § 21 Rn. 90; krit. FK-KartellR/*Roth* § 21 Rn. 251).

42   Die **Tathandlung** („zwingen") erfordert eine im Vergleich zu § 21 Abs. 2 qualifizierte Form der Willensbeeinflussung, die dem anderen Unternehmen allenfalls formell Alternativen gegenüber dem

geforderten Verhalten belässt, denen zu folgen ihm nach den Grundsätzen wirtschaftlicher Vernunft nicht mehr zugemutet werden kann (BGHZ 78, 190 (199 ff.); FK-KartellR/*Achenbach* Rn. 337). Anders als in § 21 Abs. 2 wird die Willensbeeinflussung durch Versprechen und Gewähren von Vorteilen nicht erfasst (vgl. FK-KartellR/*Achenbach* Rn. 337). Da das erzwungene Verhalten rechtmäßig ist (→ Rn. 41), kann sich das Unrecht bei der Ausübung rechtmäßigen Zwanges allein aus der Inkonnexität von Zweck und Mittel ergeben (vgl. FK-KartellR/*Achenbach* Rn. 337; Immenga/Mestmäcker/*Dannecker/Biermann* Rn. 138).

Der Tatbestand kann **vorsätzlich** oder fahrlässig verwirklicht werden (§ 81 Abs. 2). Die fahrlässige **43** Ausübung von Zwang erscheint jedoch kaum möglich, da der Zwang auf die Herbeiführung eines bestimmten Verhaltens gerichtet sein und der Täter mit einer entsprechenden **Absicht** handeln muss (Immenga/Mestmäcker/*Dannecker/Biermann* Rn. 140; vgl. auch FK-KartellR/*Achenbach* Rn. 341; FK-KartellR/*Roth* § 21 Rn. 242). Dies gilt insbes. für § 21 Abs. 3 Nr. 3, dh neben der Absicht der gezwungenen Unternehmen, sich parallel zu verhalten, ist auch eine entsprechende Absicht des Täters erforderlich (FK-KartellR/*Achenbach* Rn. 339; FK-KartellR/*Roth* § 21 Rn. 250); iÜ genügt bei der vorsätzlichen Begehung bedingter Vorsatz.

g) Vergeltungsmaßnahmen gegen Anzeigeerstatter (§ 81 Abs. 2 Nr. 1 iVm § 21 Abs. 4). Der **44** Tatbestand schützt die Freiheit, sich bei der Kartellbehörde wegen vermuteter Kartellverstöße zu beschweren, und damit zugleich das öffentliche Interesse an der Einleitung eines behördlichen Verfahrens, sofern dazu ein berechtigter Anlass besteht (Immenga/Mestmäcker/*Dannecker/Biermann* Rn. 142). Bei dem Tatbestand handelt es sich um ein **Allgemeindelikt** (Immenga/Mestmäcker/*Dannecker/Biermann* Rn. 145; MüKoEuWettbR/*Vollmer* Rn. 19). Die Tat setzt zunächst voraus, dass ein anderer ein Einschreiten der Kartellbehörde (s. § 48 Abs. 1) beantragt oder angeregt hat; der Begriff des Einschreitens umfasst die Einleitung eines Verwaltungs- oder Bußgeldverfahrens (s. BT-Drs. 11/4610, 24 f.). Der Täter muss dem Antragsteller bzw. Anzeigeerstatter einen wirtschaftlichen Nachteil zugefügt haben (s. insoweit zu § 21 Abs. 2 → Rn. 37).

Der Bußgeldtatbestand erfasst vorsätzliches und fahrlässiges Verhalten (§ 81 Abs. 2). Der subjektive **45** Tatbestand setzt darüber hinaus ein besonderes **Motiv** (Vergeltung) voraus („weil", s. FK-KartellR/*Achenbach* Rn. 345; Immenga/Mestmäcker/*Dannecker/Biermann* Rn. 147). Bestandteil dieses Motivs ist auch die Vorstellung des Täters, dass das Opfer den Vergeltungscharakter des Nachteils erkennen werde (Immenga/Mestmäcker/*Dannecker/Biermann* Rn. 146); dies folgt aus der kommunikativen Funktion der Vergeltungsmaßnahme (dem Adressaten „eine Lektion zu erteilen"). Angesichts dieser Anforderungen an den subjektiven Tatbestand erscheint eine fahrlässige Begehung ausgeschlossen (FK-KartellR/*Achenbach* Rn. 346).

h) Missbrauch einer marktbeherrschenden Stellung durch Energieversorger (§ 81 Abs. 2 46 Nr. 1 iVm § 29 S. 1). Das Verbot formuliert einen besonderen Missbrauchstatbestand für Energieversorgungsunternehmen und beruht auf der Erwägung, dass sich für Strom und Gas trotz der Liberalisierung des Energiemarktes noch kein funktionierender Wettbewerb entwickelt hat (s. BT-Drs. 16/5847, 9). Als Täter kommen Unternehmen in Betracht, die Elektrizität oder leitungsgebundenes Gas anbieten (§ 29 S. 1), und eine marktbeherrschende Stellung (→ Rn. 19) innehaben (s. zum Gasversorgungsmarkt als eigenständigem Markt: BGH NJW 2008, 2172). Als Tathandlung wird die Forderung ungünstiger Entgelte bzw. Bedingungen als eine besondere Form des Ausbeutungsmissbrauchs (s. § 19 Abs. 4 Nr. 2 → Rn. 23) erfasst (vgl. Bechtold/Bosch § 29 Rn. 39). Die Missbräuchlichkeit der Forderung kann sich daraus ergeben, dass die Entgelte bzw. Beförderungsbedingungen eines anderen Versorgungsunternehmens günstiger sind (§ 29 S. 1 Nr. 1 – Vergleichsmarktkonzept) oder dass die Entgelte die Kosten (vgl. insoweit § 29 S. 2) in unangemessener Weise überschreiten (§ 29 S. 1 Nr. 2 – Gewinnbegrenzungskonzept). Zum Teil wird für einen Missbrauch iSd § 29 S. 1 Nr. 1 eine erhebliche Abweichung gefordert (Bechtold/Bosch § 29 Rn. 18; **aA** mit Hinweis auf die ratio legis (verschärfte Missbrauchskontrolle): MüKoEuWettbR/*Markert* § 29 Rn. 39); in jedem Fall ist den Unsicherheiten hinsichtlich der Vergleichbarkeit der Preise und Konditionen (Nr. 1) bzw. der Kosten (Nr. 2) durch Sicherheitszuschläge Rechnung zu tragen (MüKoKartR/*Markert* § 29 Rn. 38, 49). Die fehlende sachliche Rechtfertigung (Nr. 1) bzw. Unangemessenheit (Nr. 2) sind im Bußgeldverfahren von der Behörde nachzuweisen (Bechtold/Bosch § 29 Rn. 23, 29; vgl. § 29 S. 1 Nr. 1 Hs. 2). Die Tat kann vorsätzlich oder fahrlässig begangen werden (insoweit → Rn. 26 – zu § 19 Abs. 1, Abs. 2).

i) Verstoß gegen das fusionsrechtliche Vollzugsverbot (§ 81 Abs. 2 Nr. 1 iVm § 41 Abs. 1 47 S. 1). Das Vollzugsverbot soll verhindern, dass durch einen Zusammenschluss vollendete Tatsachen geschaffen werden, und sichert auf diese Weise die Wirksamkeit der Zusammenschlusskontrolle nach § 40 (FK-KartellR/*Achenbach* Rn. 350; Immenga/Mestmäcker/*Dannecker/Biermann* Rn. 153). Das Verbot knüpft an die Anmeldepflicht an und richtet sich an die Unternehmen, die an dem Zusammenschluss beteiligt sind (vgl. § 39 Abs. 2 Nr. 1) oder durch Veräußerungsgeschäfte daran mitwirken (vgl. § 39 Abs. 2 Nr. 2); der Tatbestand ist daher ein verwaltungsrechtsakzessorisches Sonderdelikt (FK-KartellR/*Achenbach* Rn. 355). Der gegenteiligen Ansicht, die auch Dritte (zB Notare, Richter am Registergericht) als Adressaten des Mitwirkungsverbotes ansieht (Langen/Bunte/*Kallfaß* § 41 Rn. 1; sa Immenga/

Mestmäcker/*Thomas* § 41 Rn. 43), kann wegen des Gesetzeswortlauts (Art. 103 Abs. 2 GG) nicht gefolgt werden. Soweit der Täterkreis nicht über § 9 OWiG erweitert wird (s. zum Rechtsanwalt: BKartA NJW 1976, 1280), kann gegen Dritte nur wegen Beteiligung (s. § 14 Abs. 1 S. 2 OWiG) ein Bußgeld verhängt werden (FK-KartellR/*Achenbach* Rn. 355).

48   Der Tatbestand setzt zunächst einen **anmeldepflichtigen Zusammenschluss** voraus Die Vorschriften über die Zusammenschlusskontrolle sind grds. nur anwendbar, wenn die Umsatzschwellen nach § 35 Abs. 1 überschritten werden (500 Mio. EUR Jahresumsatz sämtlicher beteiligter Unternehmen, 25 Mio. EUR Jahresumsatz mindestens eines der beteiligten Unternehmen; zur Berechnung der Umsatzerlöse s. § 38). Ausnahmen werden durch die Bagatellklausel des § 35 Abs. 2 S. 1 (Zusammenschluss mit einem Unternehmen mit einem jährlichen Umsatz von weniger als 10 Mio.), die Ausnahmeregelung für den Zusammenschluss öffentlicher Einrichtungen bei kommunalen Gebietsreformen (§ 25 Abs. 2 S. 2) und die Bagatellmarktklausel des § 36 Abs. 1 Nr. 2 (Umsatz auf dem betreffenden Markt von weniger als 15 Mio. im letzten Jahr) festgelegt. Die §§ 35 ff. kommen schließlich nicht zur Anwendung, soweit die Bestimmungen über die unionsrechtliche Fusionskontrolle eingreifen (§ 35 Abs. 3; → FKVO Art. 14 Rn. 4 f.). Der **Zusammenschluss** kann durch Vermögenserwerb erfolgen (§ 37 Abs. 1 Nr. 1); dabei ist der Erwerb wesentlicher Teile eines anderen Unternehmens ausreichend, wenn diese Teile tragende Grundlage der Marktstellung dieses Unternehmens sind (BGH WuW/E 2783 (2786)). Der Zusammenschluss durch Kontrollerwerb (§ 37 Abs. 1 Nr. 2) ist aus dem Unionsrecht übernommen worden (→ FKVO Art. 14 Rn. 2, 4); erfasst wird nur die auf Dauer angelegte, nicht die von vorübergehenden Umständen abhängige Kontrolle (BGH NJW-RR 2009, 973 (974); sa OLG Düsseldorf BeckRS 2009, 10348). Als Zusammenschluss ist auch der Erwerb von Anteilen anzusehen, die zusammen mit den bereits dem Erwerber gehörenden Anteilen 25 % oder 50 % des Kapitals oder der Stimmrechte am anderen Unternehmens erreichen (§ 37 Abs. 1 Nr. 3); dabei sind bei mehreren Erwerbsvorgängen die erworbenen Anteile zusammenzurechnen (§ 38 Abs. 5 S. 3). Ein Auffangtatbestand erfasst jede sonstige Verbindung, die einen wettbewerblich erheblichen Einfluss auf ein anderes Unternehmen ermöglicht (§ 37 Abs. 1 Nr. 4); ein solcher Einfluss kann durch den Erwerb einer Sperrminorität entstehen (OLG Düsseldorf WuW/E DE-R 2462 (2465)), aber auch bereits dann vorliegen, wenn zu erwarten ist, dass die übrigen Gesellschafter auf die Interessen des Erwerbers Rücksicht nehmen werden und der Wettbewerb zwischen den beteiligten Unternehmen dadurch wesentlich beeinträchtigt wird (OLG Düsseldorf WuW/E DE-R 1639; sa BT-Drs. 11/4610, 19). Das Bestreben, die Konzentration von Marktmacht möglichst lückenlos zu erfassen und der behördlichen Kontrolle zu unterwerfen (s. zu § 37 Abs. 1 Nr. 4: BT-Drs. 11/4610, 19), führt zu einer im Hinblick auf Art. 103 Abs. 2 GG nicht unbedenklichen Unbestimmtheit des Zusammenschlussbegriffs, der ggf. über § 11 Abs. 2 OWiG Rechnung zu tragen ist (→ Rn. 4; vgl. auch BGH NJW-RR 2009, 973 (974); Immenga/Mestmäcker/*Dannecker/Biermann* Rn. 157, 158); dabei ist aber auch zu berücksichtigen, dass das behördliche Prüfungsverfahren den Unternehmen einen Rahmen bietet, im Hinblick auf die Rechtmäßigkeit des geplanten Zusammenschlusses Rechtssicherheit herzustellen.

49   Die Tathandlung besteht in erster Linie im **Vollzug** des Zusammenschlusses durch die beteiligten Unternehmen. Als Vollzug ist jede Handlung anzusehen, die einen Zusammenschluss iSd § 37 vollendet (Bechtold/Bosch § 41 Rn. 4; FK-KartellR/*Kuhn* § 41 Rn. 10, 12; zum teilweisen Vollzug: Immenga/Mestmäcker/*Thomas* § 41 Rn. 24 ff.). Neben Rechtsgeschäften (Anteilserwerb) kommen insoweit auch tatsächliche Handlungen (Übernahme von Leitungsmacht) in Betracht (Immenga/Mestmäcker/*Thomas* § 41 Rn. 27); vorbereitende Handlungen (zB der Abschluss schuldrechtlicher Verträge) werden jedoch nicht erfasst (FK-KartellR/*Kuhn* § 41 Rn. 11 f.; Immenga/Mestmäcker/*Dannecker/Biermann* Rn. 155). Die Tathandlung iFd **Mitwirkung** bezeichnet die für den Vollzug notwendigen Handlungen des Veräußerers; Handlungen Dritter werden nicht als tatbestandsmäßige Handlung, sondern nur als Beteiligung erfasst (→ Rn. 47).

50   Der Vollzug eines Zusammenschlusses ist nicht tatbestandsmäßig, wenn dieser zuvor vom Bundeskartellamt freigegeben worden ist (§ 40 Abs. 2 S. 1) oder eine solche **Freigabe** nach Ablauf der in § 40 Abs. 1 S. 1, Abs. 2 S. 2 enthaltenen Fristen fingiert wird (s. aber die Ausnahmen nach § 40 Abs. 2 S. 4). Die gleiche Wirkung kommt der Ausnahme für öffentliche Übernahmeangebote (§ 41 Abs. 1a), einer Befreiung vom Vollzugsverbot (§ 41 Abs. 2; zur gerichtlichen Befreiung: BGH NJW 2009, 1611 (1613); Bechtold/Bosch § 64 Rn. 9; s. dagegen OLG Düsseldorf WuW/E DE-R 2069 ff.) und einer Ministererlaubnis (§ 42) zu (vgl. Immenga/Mestmäcker/*Dannecker/Biermann* Rn. 161). Die Verhängung eines Bußgeldes ist auch dann ausgeschlossen, wenn die Freigabe durch Täuschung, Drohung, Bestechung oder Kollusion erschlichen worden ist (FK-KartellR/*Achenbach* Rn. 353; s. aber zur fingierten Freigabe § 40 Abs. 2 S. 4 Nr. 2). Die Gegenansicht, wonach die Berufung auf die Freigabe rechtsmissbräuchlich und somit unbeachtlich sein soll (Immenga/Mestmäcker/*Dannecker/Biermann* Rn. 163), überschreitet die Wortlautgrenze („nicht freigegeben ist") und ist daher mit Art. 103 Abs. 2 GG nicht vereinbar (vgl. dagegen § 330d Nr. 5 StGB, § 18 Abs. 9 AWG). Das öffentliche Interesse an einem effektiven und ordnungsgemäßen behördlichen Kontrollverfahren wird durch andere Tatbestände (§ 81 Abs. 3 Nr. 3; sa §§ 240, 331 ff. StGB) ausreichend geschützt (vgl. auch Immenga/Mestmäcker/*Dannecker/Biermann* Rn. 165). Sofern die Freigabeentscheidung widerrufen wird (vgl. § 40 Abs. 3a), findet das Vollzugsverbot nur auf nachfolgende Handlungen Anwendung (Immenga/Mestmäcker/*Dannecker/Biermann* Rn. 162).

Der Tatbestand erfasst die vorsätzliche und die fahrlässige Begehung. Bei der Anmeldepflichtigkeit **51** handelt es sich um ein normatives Tatbestandsmerkmal, so dass ein diesbezüglicher Irrtum den Vorsatz ausschließt (§ 11 Abs. 1 OWiG, s. FK-KartellR/*Achenbach* Rn. 354); hält der Täter einen Vollzug des Zusammenschlusses vor einer Freigabe für erlaubt, unterliegt er hingegen einem Verbotsirrtum (§ 11 Abs. 2 OWiG, s. Immenga/Mestmäcker/*Dannecker/Biermann* Rn. 169).

3. Verstöße gegen das formelle Kartellrecht. Der Begriff der formellen Kartellrechtsverstöße fasst **52** Ordnungswidrigkeiten mit einem besonderen Bezug zum Kartellverfahren zusammen; dieser Bezug besteht entweder darin, dass der Tatbestand den Verstoß gegen eine verfahrensabschließende oder vorläufige Sachentscheidung der Kartellbehörde (§ 81 Abs. 2 Nr. 2 lit. a, Nr. 5) oder eine Verletzung von iRd Verfahrens obliegenden Mitwirkungspflichten aufgrund eines Gesetzes (§ 81 Abs. 2 Nr. 3 und Nr. 4, Abs. 3 Nr. 3) oder behördlicher Anordnung (§ 81 Abs. 2 Nr. 2 lit. b, Nr. 6) bezeichnet. Soweit diese Tatbestände an behördliche Anordnungen (Verwaltungsakte) anknüpfen, werden sie als „verwaltungsaktsakzessorisch" bezeichnet (FK-KartellR/*Achenbach* Rn. 368).

a) Verstöße gegen Sachentscheidungen der Kartellbehörde (§ 81 Abs. 2 Nr. 2 lit. a, Nr. 5). Die in § 81 Abs. 2 Nr. 2 lit. a und Nr. 5 enthaltenen Bußgeldtatbestände nehmen auf behördliche **53** Anordnungen Bezug, welche die materiell-rechtlichen Verbote (→ Rn. 12 ff.) konkretisieren; in der Schwere des Unrechts entsprechen sie daher den materiellen Kartellrechtsverstößen (FK-KartellR/*Achenbach* Rn. 359; vgl. § 81 Abs. 4 S. 1 → Rn. 71). Aufgrund ihrer Akzessorietät (→ Rn. 51) kommt als Täter nur der Adressat des betreffenden Verwaltungsaktes (bzw. sein Vertreter, vgl. § 9 OWiG) in Betracht; es handelt sich also um Sonderdelikte (FK-KartellR/*Achenbach* Rn. 373; Immenga/Mestmäcker/*Dannecker/Biermann* Rn. 186).

Der sachliche **Anwendungsbereich** des § 81 Abs. 2 Nr. 2 lit. a erfasst Verbotsverfügungen in Bezug **54** auf Preisbindungen bei Zeitungen und Zeitschriften (§ 30 Abs. 3), Untersagungs- und Unwirksamkeitsverfügungen bei Marktmachtmissbrauch in der Wasserwirtschaft (§ 31b Abs. 3 Nr. 1 und 3) und Untersagungsverfügungen im Rahmen der allgemeinen kartellbehördlichen Kontrolle (§ 32 Abs. 1), einschließlich einstweiliger Maßnahmen (§ 32a Abs. 1) und der Verbindlichkeitserklärung von Verpflichtungszusagen (§ 32b Abs. 1 S. 1). Im Rahmen der Fusionskontrolle werden behördliche Entscheidungen bußgeldbewehrt, mit denen die Behörde zur Durchsetzung der Auflösung die Ausübung von Stimmrechten untersagt oder einschränkt (§ 41 Abs. 4 Nr. 2); dies gilt entsprechend, soweit eine solche Maßnahme nach Widerruf einer Freigabe oder zur Durchsetzung einer Auflage erfolgt (§ 40 Abs. 3a S. 2, § 41 Abs. 2 S. 3; zur Ministererlaubnis: § 42 Abs. 2 S. 2; s. ferner § 60). Nach § 81 Abs. 2 Nr. 5 können Verstöße gegen Auflagen, die Bestandteil einer Freigabe (§ 40 Abs. 3 S. 1) oder einer Ministererlaubnis (§ 42 Abs. 2 S. 1) sind, geahndet werden.

Die behördliche Anordnung muss **wirksam** sein, dh sie muss dem Adressaten (idR durch Zustellung) **55** bekannt gegeben worden sein (§ 43 Abs. 1 VwVfG) und es darf kein Nichtigkeitsgrund vorliegen (§ 43 Abs. 3 iVm § 44 VwVfG). Der Tatbestand setzt außerdem die **Vollziehbarkeit** der Anordnung voraus, damit die Grenzen der verwaltungsrechtlichen Vollstreckung nicht durch die Androhung einer Geldbuße unterlaufen werden. Da die Beschwerde grds. keine aufschiebende Wirkung hat (s. § 64 Abs. 1), sind die meisten der angeführten Verfügungen vollziehbar. IÜ (§ 64 Abs. 1 Nr. 2 iVm § 30 Abs. 3, § 31b Abs. 3) ist die Vollziehbarkeit gegeben, wenn der Adressat nicht innerhalb der Monatsfrist (§ 66 Abs. 1 S. 1) Beschwerde eingelegt hat (Bestandskraft) oder die Kartellbehörde die sofortige Vollziehung angeordnet hat (§ 65 Abs. 1). Wird die aufschiebende Wirkung der Beschwerde wiederhergestellt (§ 65 Abs. 3 S. 1) oder der Sofortvollzug ausgesetzt (§ 65 Abs. 3 S. 2 und S. 3), entfällt die Vollziehbarkeit.

Nach vorherrschender Auffassung folgt aus der Verwaltungsakt-Akzessorietät des Tatbestands, dass **56** dieser nicht die **Rechtmäßigkeit** der behördlichen Anordnung voraussetzt (FK-KartellR/*Achenbach* Rn. 368 f.; MüKoEuWettbR/*Vollmer* Rn. 24, 65). Gegen diese Auffassung spricht jedoch, dass sich die Verhängung eines Bußgeldes materiell nicht rechtfertigen lässt, wenn der zugrunde liegende Verwaltungsakt nicht hätte erlassen werden dürfen (s. dazu *Heghmanns*, Grundzüge einer Dogmatik der Straftatbestände zum Schutz von Verwaltungsrecht oder Verwaltungshandeln, 2000, 312 ff.; sa zu § 29 VersG: BVerfGE 87, 399 (409 f.)); insbes. steht der hohe Bußgeldrahmen einer Auslegung entgegen, die als tatbestandliches Unrecht den bloßen Verwaltungsungehorsam ausreichen lässt (→ Rn. 53). Während im Verwaltungsvollstreckungsverfahren aufgrund der besonderen Eilsituation nur eine eingeschränkte Prüfung möglich ist, erlaubt das Bußgeldverfahren eine eingehende nachträgliche Kontrolle der Rechtmäßigkeit der behördlichen Anordnung; soweit der Betroffene nicht gerichtlich gegen die Anordnung vorgegangen ist, ist diese daher iRd Bußgeldverfahrens auf ihre Rechtmäßigkeit zu überprüfen (BVerfGE 87, 399 (410 f.); vgl. auch Immenga/Mestmäcker/*Dannecker/Biermann* Rn. 185). Der Tatbestand des § 81 Abs. 2 Nr. 2 lit. a wird bei dieser Auslegung auch nicht funktionslos, da eine Durchsetzung der gesetzlichen Verbote aufgrund der zum Teil recht unbestimmten Gestzesformulierung eine vorherige Konkretisierung erfordert (→ Rn. 5). Der pragmatische Einwand, dass die Bußgeldbehörde damit zur Überprüfung ihrer eigenen Verfügungen angehalten werde (FK-KartellR/*Achenbach* Rn. 369), vermag demgegenüber nicht durchzudringen, da er insbes. die Konstellation der nachträglichen gerichtlichen Aufhebung der Anordnung unberücksichtigt lässt.

57 Der Inhalt des Verbots ergibt sich aus der jeweiligen behördlichen Anordnung (iVm der gesetzlichen Ermächtigung, s. zur Vereinbarkeit mit Art. 103 Abs. 2 GG: *Heghmanns,* Grundzüge einer Dogmatik der Straftatbestände zum Schutz von Verwaltungsrecht oder Verwaltungshandeln, 2000, 282 ff.). Das verwaltungsrechtliche **Bestimmtheitsgebot** (§ 37 Abs. 1 VwVfG) verpflichtet die Kartellbehörde, das dem Adressaten ver- bzw. gebotene Verhalten so klar und eindeutig zu beschreiben, dass dieser (ggf. unter Heranziehung der Begründung) erkennen kann, was von ihm verlangt wird; zugleich muss die Anordnung so bestimmt sein, dass auf ihrer Grundlage Maßnahmen zur zwangsweisen Durchsetzung ergriffen werden können (BGHZ 152, 84 (91 ff.)). Unklarheiten gehen zu Lasten der Behörde, dh die Anordnung ist insoweit zu Gunsten des Adressaten auszulegen (BVerwGE 41, 305 (306); FK-KartellR/ *Achenbach* Rn. 361); das Bestimmtheitsgebot kann also eine enge Auslegung der Anordnung gebieten (BGHZ 110, 371 (377 f.)). Die allgemeine Verpflichtung, Maßnahmen gleicher Zweckbestimmung und Wirkung abzustellen, genügt diesen Anforderungen nicht (BGH WM 2009, 1763 (1769)). Ein Verstoß gegen das Bestimmtheitsgebot führt zur materiellen Rechtswidrigkeit des Verwaltungsaktes (BVerwG NJW 1968, 1842 (1843)) und somit zum Tatbestandsausschluss (→ Rn. 57). Das verwaltungsrechtliche Bestimmtheitsgebot gewährleistet daher einen hinreichenden Schutz des Adressaten, so dass es entgegen verbreiteter Auffassung (BVerfG WuW/E DE-R 557 (560); FK-KartellR/ *Achenbach* Rn. 361; Immenga/Mestmäcker/ *Dannecker/Biermann* Rn. 178) keiner entsprechenden Anwendung des Art. 103 Abs. 2 GG bedarf (→ Rn. 3).

58 Der Tatbestand kann **vorsätzlich** oder **fahrlässig** verwirklicht werden. Durch den Verwaltungsakt wird das gesetzliche Verbot nachträglich konkretisiert (vgl. *Kuhlen,* Die Unterscheidung von vorsatzausschließendem und nichtvorsatzausschließendem Irrtum, 1987, 371 f.); die behördliche Anordnung begründet daher ein selbstständiges Rechtsverhältnis, an das der Tatbestand als normatives Tatbestandsmerkmal anknüpft, so dass der Irrtum über deren Existenz, Inhalt, Wirksamkeit oder Vollziehbarkeit nach § 11 Abs. 1 OWiG den Vorsatz ausschließt (iE ebenso FK-KartellR/ *Achenbach* Rn. 372; vgl. auch BGH NStZ 1989, 475).

59 **b) Verstöße gegen behördliche Ermittlungsanordnungen (§ 81 Abs. 2 Nr. 2 lit. b–d, Nr. 5a, Nr. 6 und 7).** Um ein effektives und ordnungsgemäßes behördliches Verfahren zu gewährleisten, sind in § 81 Abs. 2 Nr. 2 lit. b, Nr. 6 Verstöße gegen behördliche Ermittlungsanordnungen mit einem Bußgeld bewehrt; ein weiteres, speziell auf das Bußgeldverfahren bezogenes, verfassungsrechtlich fragwürdiges (→ Rn. 61) Ermittlungsinstrument wurde mit dem Auskunfts- und Vorlageverlangen nach § 81a geschaffen (→ § 81a Rn. 1 ff.). Mit der Schaffung der Markttransparenzstellen für den Großhandel im Bereich Strom und Gas (§§ 47a ff.) und für Kraftstoff (§ 47k) wurden die Tatbestände an den erweiterten Anwendungsbereich der behördlichen Ermittlungsbefugnisse angepasst (§§ 47d Abs. 1 S. 1, 47k Abs. 7, jeweils iVm § 59 Abs. 2; s. insoweit § 81 Abs. 2 Nr. 6) und um die Nichtbefolgung von Anordnungen zur fortlaufenden Übermittlung bestimmter Daten an die neu geschaffene Markttransparenzstelle für den Großhandel im Bereich Strom und Gas (§ 81 Abs. 2 Nr. 2 lit. c iVm § 47d Abs. 1 S. 2) oder einen von dieser zur Datenerfassung beauftragten Dritten (§ 81 Abs. 2 Nr. 2 lit. d iVm § 47d Abs. 1 S. 5) ergänzt. Die letztgenannten Bestimmungen (§ 81 Abs. 2 Nr. 2 lit. c und d) sind allerdings bis zum Erlass der Rechtsverordnung zu Art, Inhalt und Umfang der zu übermittelnden Daten (§ 47f) nicht anwendbar (FK-KartellR/ *Achenbach* Rn. 376). Dies gilt ebenso für die Bußgeldbewehrung von Zuwiderhandlungen gegen auf der Grundlage einer solchen Verordnung zu erlassenden Anordnungen (§ 81 Abs. 2 Nr. 5a → Rn. 67). Auch diese Tatbestände sind verwaltungsaktsakzessorisch (→ Rn. 52), so dass als Täter grds. nur das Unternehmen bzw. die Unternehmensvereinigung in Betracht kommt, an welche die Anordnung gerichtet ist (s. zu § 81 Abs. 2 Nr. 2 lit. b: FK-KartellR/ *Achenbach* Rn. 380; → Rn. 53). Dass § 59 Abs. 2 für das Verwaltungsverfahren den Kreis der mitwirkungspflichtigen Personen über den Adressaten hinaus erweitert, lässt die (ergänzende) Anwendung des § 9 OWiG unberührt, so dass auch Beauftragte (§ 9 Abs. 2 OWiG) als Täter in Betracht kommen (FK-KartellR/ *Achenbach* Rn. 418; **aA** Immenga/Mestmäcker/ *Dannecker/Biermann* Rn. 243; Langen/Bunte/ *Raum* Rn. 143).

60 Die Tatbestände setzen jeweils einen Verwaltungsakt, dh ein förmliches Auskunfts- bzw. Vorlageverlangen (§ 59 Abs. 6) oder eine Prüfungsanordnung (§ 59 Abs. 7) voraus (MüKoEuWettbR/ *Vollmer* Rn. 29; zu § 81 Abs. 2 Nr. 2 lit. b: FK-KartellR/ *Achenbach* Rn. 379). Auch wenn § 81a keine vergleichbaren formellen Anforderungen an das Auskunftsverlangen stellt, sind Art und Umfang der angeforderten Auskünfte sowie die dafür gesetzte Frist („rechtzeitig") von der Behörde zu bezeichnen (→ Rn. 57; vgl. FK-KartellR/ *Achenbach* Rn. 401; Immenga/Mestmäcker/ *Dannecker/Biermann* Rn. 245: analoge Anwendung des § 59 Abs. 6). Ein gerichtliches Auskunftsverlangen im Ordnungswidrigkeitenverfahren (§ 81a Abs. 2) wird nach dem eindeutigen Wortlaut (Art. 103 Abs. 2 GG) nicht erfasst (FK-KartellR/ *Achenbach* Rn. 406; Langen/Bunte/ *Raum* Rn. 146). Da die Beschwerde keine aufschiebende Wirkung hat, ist die Anordnung in der Regel sofort vollziehbar (vgl. § 64 Abs. 1; → Rn. 55; zu Auskunftsverlangen nach § 81a → § 81a Rn. 10). Die Anordnung muss nach hier vertretener Ansicht (→ Rn. 56) zudem rechtmäßig sein (iE weitgehend ebenso FK-KartellR/ *Achenbach* Rn. 379, 403, 416; vgl. auch den Hinweis auf § 113 Abs. 3 StGB: Immenga/Mestmäcker/ *Dannecker/Biermann* Rn. 262). Es kann daher geboten sein, das Ordnungswidrigkeitenverfahren bis zur gerichtlichen Klärung der Rechtmäßigkeit der Anordnung auszusetzen (**aA** FK-KartellR/*Achenbach* Rn. 404). Die behördliche Ermittlungsanordnung muss schließlich dem verwaltungsrechtlichen Bestimmtheitsgebot (§ 37 VwVfG) entsprechen (→ Rn. 57).

Die Tathandlung besteht bei einem **Auskunftsverlangen** (§ 81 Abs. 2 Nr. 2 lit. b iVm § 39 Abs. 5, **61** § 81 Abs. 2 Nr. 6 iVm § 59 Abs. 1 Nr. 1 und Nr. 2, Abs. 2; § 81 Abs. 2 Nr. 7 iVm § 81a Abs. 1 S. 1) darin, dass der Täter die Auskunft nicht innerhalb der von der Behörde gesetzten Frist, nicht richtig oder nicht vollständig erteilt; die Tat ist im erstgenannten Fall mit Fristablauf, ansonsten mit Zugang der unrichtigen bzw. unvollständigen Auskunft bei der Behörde vollendet (Immenga/Mestmäcker/*Dannecker*/*Biermann* Rn. 198, 249). Unrichtige Angaben sind nur tatbestandsmäßig, sofern eine entsprechende Auskunftspflicht besteht (Immenga/Mestmäcker/*Dannecker*/*Biermann* Rn. 246). Die Auskunftspflicht schließt die Pflicht zu entsprechenden Nachforschungen ein; ist die Erteilung der Auskunft dem Täter gleichwohl nicht möglich, so wird die Auskunftspflicht mit der Offenbarung der fehlenden Kenntnis erfüllt (Immenga/Mestmäcker/*Dannecker*/*Biermann* Rn. 199, 250). Soweit dem Täter ein **Auskunftsverweigerungsrecht** zusteht (§ 59 Abs. 5; sa für Vertreter und Beauftragte des Unternehmens: § 81a Abs. 3) und er die Auskunft unter ausdrücklicher Berufung auf dieses Recht verweigert, handelt er nicht tatbestandsmäßig. Trotz der fehlenden gesetzlichen Regelung besteht ein solches Recht aufgrund des verfassungsrechtlichen Schutzes vor einem Zwang zur Selbstbezichtigung („Nemo tenetur se ipsum accusare") auch bei Auskunftsverlangen nach § 39 Abs. 5 (Immenga/Mestmäcker/*Dannecker*/*Biermann* Rn. 199; s. allg. *Böse,* Wirtschaftsaufsicht und Strafverfolgung, 2005, 503 ff. (544 ff.)). Das Auskunftsverweigerungsrecht gilt grds. auch für juristische Personen (FK-KartellR/*Achenbach* Rn. 408; **aA** Langen/Bunte/*Raum* Rn. 144; MüKoEuWettbR/*Vollmer* Rn. 29), denn im Bußgeldverfahren steht diesen ein entsprechendes Recht zu (§ 88 Abs. 3 iVm § 87 Abs. 2 S. 1 OWiG, § 46 Abs. 1 OWiG iVm §§ 444 Abs. 2 S. 2, 433 Abs. 1 S. 1 iVm §§ 136 Abs. 1 S. 2, 163a Abs. 4 S. 2, 243 Abs. 4 S. 1 StPO), das sie durch ihre Organe ausüben (Immenga/Mestmäcker/*Dannecker*/*Biermann* Vor § 81 Rn. 251 ff.; KK-OWiG/*Rogall* OWiG § 30 Rn. 209; sa BVerfG BB 1975, 1315; BGHSt 9, 250 (251)). Die Einführung einer Auskunftspflicht juristischer Personen im Bußgeldverfahren entzieht der juristischen Person dieses Recht (§ 81a Abs. 1 S. 3) und verstößt damit gegen den verfassungsrechtlichen Grundsatz „Nemo tenetur se ipsum accusare" (→ § 81a Rn. 2), so dass auch der Bußgeldtatbestand des § 81 Abs. 2 Nr. 7 insoweit vor der Verfassung keinen Bestand haben kann. Selbst wenn man einen verfassungsrechtlichen Schutz der juristischen Person insoweit ablehnt (BVerfGE 95, 220 (242); zur Kritik *Böse,* Wirtschaftsaufsicht und Strafverfolgung, 2005, 196 f.), darf die Regelung des § 81a nicht als grds. Abkehr von der bisherigen gesetzlichen Konzeption der Rechtsstellung der juristischen Person im Bußgeldverfahren missdeutet (s. aber Langen/Bunte/*Raum* Rn. 144) und deren Aussagefreiheit durch behördliche Ermittlungsmaßnahmen unterlaufen werden (vgl. oben zu § 39 Abs. 5).

Ein Verstoß gegen ein Herausgabe- oder **Vorlageverlangen** (§ 81 Abs. 2 Nr. 6 iVm § 59 Abs. 1 **62** Nr. 1 – Nr. 3, Abs. 2; § 81 Abs. 2 Nr. 7 iVm § 81a Abs. 1 S. 1) liegt vor, wenn die verlangten Unterlagen nicht innerhalb der gesetzten Frist oder nicht vollständig vorgelegt werden. Soweit Unterlagen vor Zustellung des Auskunftsverlangens vernichtet worden sind, ist eine Vorlage bzw. Herausgabe unmöglich und der Tatbestand daher nicht erfüllt (*Kapp*/*Schlump* BB 2008, 2478 (2480); vgl. auch 2481 f. zu § 274 StGB). Wenngleich ein ausdrückliches Recht fehlt (s. aber § 81a Abs. 3 S. 2), die Vorlage bzw. Herausgabe selbstbelastender Unterlagen zu verweigern, ist ein solches Recht aus der prozessualen Rechtsstellung des Betroffenen im Bußgeldverfahren abzuleiten (FK-KartellR/*Achenbach* Rn. 411; Immenga/Mestmäcker/*Dannecker*/*Biermann* Rn. 255, 259; Langen/Bunte/*Raum* Rn. 145; s. allg. EGMR NJW 2002, 499 Rn. 66 ff.; *Böse,* Wirtschaftsaufsicht und Strafverfolgung, 2005, 514 f.; **aA** MüKoEuWettbR/*Barth* § 59 Rn. 41; Immenga/Mestmäcker/*Klaue* § 59 Rn. 54); dies wird mit der Erstreckung des Weigerungsrechts auf Herausgabeverlangen (§ 81a Abs. 3 S. 3) implizit anerkannt. Das einfach-gesetzliche Recht, die Vorlage selbstbelastender Unterlagen zu verweigern, steht grds. auch juristischen Personen zu (→ Rn. 61). Folgt man einem restriktiven Verständnis des Nemo-tenetur-Grundsatzes, wonach dieser den Betroffenen nur vor einem Zwang zu selbstbelastenden Aussagen schützt (näher *Böse,* Wirtschaftsaufsicht und Strafverfolgung, 2005, 114 ff. (181, 438 ff.)) ist die Einführung einer gesetzlichen Herausgabepflicht im Ordnungswidrigkeitenverfahren zwar als Systembruch zu kritisieren (→ Rn. 61), aber gleichwohl nicht wegen Verstoßes gegen das Rechtsstaatsprinzip verfassungswidrig (→ § 81a Rn. 2). Es begegnet daher keinen verfassungsrechtlichen Bedenken, die Adressatin des Herausgabeverlangens (soweit es sich um eine juristische Person handelt, vgl. § 81a Abs. 3 S. 3) bei Verweigerung der Vorlage mit einem Bußgeld zu belegen (vgl. dagegen FK-KartellR/*Achenbach* Rn. 411 f.).

Die Pflicht zur Duldung einer behördlich angeordneten **Prüfung** (§ 81 Abs. 2 Nr. 6 iVm § 59 Abs. 1 **63** Nr. 3, Abs. 2) verletzt nur derjenige, der die Prüfung durch aktives Verhalten stört; der Wortlaut schließt die Einbeziehung rein passiven Verhaltens (zB die verweigerte Mitwirkung bei elektronisch erfassten Unterlagen) aus (FK-KartellR/*Achenbach* Rn. 413; Immenga/Mestmäcker/*Dannecker*/*Biermann* Rn. 263). Eine bußgeldbewehrte Pflicht, das Betreten von Geschäftsräumen und -grundstücken zu dulden, besteht nur, soweit dies zu Prüfungszwecken erforderlich ist (FK-KartellR/*Achenbach* Rn. 414).

Der Tatbestand umfasst **vorsätzliche** und **fahrlässige** Zuwiderhandlungen. Der Irrtum über die **64** Existenz, Verbindlichkeit oder den Inhalt der behördlichen Anordnung schließt als Tatbestandsirrtum den Vorsatz aus (§ 11 Abs. 1 OWiG, → Rn. 58); insoweit ist allerdings die Annahme einer fahrlässigen Tat in Betracht zu ziehen (Immenga/Mestmäcker/*Dannecker/Biermann* Rn. 201).

65 **c) Verstöße gegen gesetzliche Informationspflichten (§ 81 Abs. 2 Nr. 3, 4, 5a und 5b).** Im Unterschied zu den vorgenannten Tatbeständen werden die mit § 81 Abs. 2 Nr. 3, 4, 5a und 5b sanktionsbewehrten Informationspflichten nicht durch einen behördlichen Verwaltungsakt begründet, sondern ergeben sich unmittelbar aus Gesetz (Nr. 3, 4) oder Rechtsverordnung (Nr. 5a, 5b). § 81 Abs. 2 Nr. 3 und Nr. 4 ergänzen die Tatbestände zum Schutz des behördlichen Verfahrens, indem sie gesetzliche Anmelde- und Anzeigepflichten im Verfahren der **Zusammenschlusskontrolle** mit einem Bußgeld bewehren. Dies gilt einerseits für die Pflicht zur ordnungsgemäßen Anmeldung (§ 39 Abs. 1), die Voraussetzung einer effektiven behördlichen Kontrolle ist, andererseits aber auch für die Anzeigepflicht (§ 39 Abs. 6), die eine zeitnahe Information der Behörde über den Vollzug des Zusammenschlusses sicherstellt. Aufgrund ihrer Anknüpfung an die verwaltungsrechtliche Pflichtenstellung der beteiligten Unternehmen (§ 39 Abs. 2 Nr. 1, Abs. 6) bzw. der Veräußerer (§ 39 Abs. 2 Nr. 2) handelt es sich um Sonderdelikte; soweit zur Anmeldung eingeschaltete Personen (Rechtsanwälte, Wirtschaftsprüfer etc) die Voraussetzungen des § 9 OWiG nicht erfüllen, kommt allerdings eine Beteiligung in Betracht (FK-KartellR/*Achenbach* Rn. 384; Immenga/Mestmäcker/*Dannecker/Biermann* Rn. 212).

66 Als Tathandlung setzt § 81 Abs. 2 Nr. 3 eine unvollständige oder unrichtige **Anmeldung** voraus (→ Rn. 61). Die unterlassene Anmeldung wird nicht erfasst, da eine selbstständige Anmeldepflicht nicht besteht und der Vollzug des Zusammenschlusses ohne vorherige Anmeldung bzw. Freigabe vom Vollzugsverbot (§ 81 Abs. 2 Nr. 1 iVm § 41 Abs. 1 S. 1) erfasst wird (FK-KartellR/*Achenbach* Rn. 382). Die Anmeldung ist unvollständig, wenn sie die nach § 39 Abs. 3 erforderlichen Angaben nicht enthält. Soweit die Anmeldung Schätzungen enthält, sind diese unrichtig, wenn die angegebenen Grundlagen nicht den Tatsachen entsprechen (Immenga/Mestmäcker/*Dannecker/Biermann* Rn. 208). Ist die Unrichtigkeit bzw. Unvollständigkeit der Angaben für die Entscheidung des Bundeskartellamtes ohne jede Bedeutung, ist der Anwendungsbereich mit Rücksicht auf den Schutzzweck der Norm teleologisch zu reduzieren (Bechtold/Bosch Rn. 19). Für die Vollständigkeit und Richtigkeit der **Anzeige** (§ 39 Abs. 6) genügt die Mitteilung, dass der Zusammenschluss der Anmeldung entsprechend vollzogen wurde (Bechtold/Bosch § 39 Rn. 24, Rn. 20; Immenga/Mestmäcker/*Thomas* § 39 Rn. 103). Im Unterschied zur Anmeldung wird auch die nicht rechtzeitige Anzeige erfasst („unverzüglich", vgl. § 121 Abs. 2 BGB). Die Tatbestände erfassen sowohl die vorsätzliche als auch die fahrlässige Begehung.

67 § 81 Abs. 2 Nr. 5a und 5b nehmen auf die Pflichten zur fortlaufenden Datenübermittlung an die Markttransparenzstellen für den Großhandel im Bereich Strom und Gas (§§ 47a ff.) und für Kraftstoffe (§ 47k) Bezug. Angesichts des beschränkten Adressatenkreises der Informationspflichten (§§ 47f Nr. 3, 47k Abs. 2) handelt es sich auch insoweit um Sonderdelikte (→ Rn. 65). Der Tatbestand des § 81 Abs. 1 Nr. 5a setzt den Erlass einer Rechtsverordnung nach § 47f Nr. 3 voraus (→ Rn. 59), in der die Übermittlungspflicht spezifiziert wird und zur Ahndung von Verstößen gegen die betreffende Vorschrift auf den Tatbestand des § 81 Abs. 2 Nr. 5a verweist. Diese Rückverweisungstechnik ermöglicht es zwar dem Verordnungsgeber, die bußgeldbewehrten Pflichten auf das notwendige Maß zu beschränken und durch die Rückverweisung auf § 81 Abs. 2 Nr. 5a dem Adressaten der Rechtsverordnung Klarheit über die Sanktionsbewehrung zu verschaffen (vgl. Immenga/Mestmäcker/*Dannecker/Biermann* Rn. 233, 180), ist aber mit Blick auf Art. 103 Abs. 2 GG verfassungsrechtlich bedenklich, da sie die Entscheidung über die Androhung eines Bußgeldes vom Gesetzgeber auf die Exekutive verlagert (s. allg. *Böse* FS Krey, 2010, 7 (11 f.)). Demgegenüber hat der Gesetzgeber in § 81 Abs. 2 Nr. 5b nicht von der Rückverweisungstechnik Gebrauch gemacht, so dass jedwede Zuwiderhandlung gegen die Pflicht von Tankstellenbetreibern bzw. des Unternehmens mit der diesbezüglichen Preissetzungshoheit, jede Preisänderung an die Markttransparenzstelle für Kraftstoffe zu übermitteln, tatbestandsmäßig ist (näher § 47k Abs. 2 S. 1 und 2 iVm MTS-Kraftstoff-Verordnung v. 22.3.2013, BGBl. I 595). Tatbestandsmäßig ist nicht nur die unterbliebene, sondern auch die unrichtige oder unvollständige sowie die nicht rechtzeitige Meldung (→ Rn. 66). Der Tatbestand erfasst sowohl Vorsatz als auch Fahrlässigkeit.

68 **d) Erschleichen behördlicher Entscheidungen (§ 81 Abs. 3 Nr. 3).** Der „Erschleichungstatbestand" des § 81 Abs. 3 Nr. 3 iVm § 24 Abs. 4 S. 3 bzw. § 39 Abs. 3 S. 5 soll verhindern, dass das Ergebnis des behördlichen Verfahrens zur Anerkennung von Wettbewerbsregeln (§ 24) bzw. zur Zusammenschlusskontrolle (§§ 39, 40) durch Manipulation verfälscht wird und der Täter auf diese Weise eine behördliche Anerkennung bzw. Freigabe erhält. Da die Tathandlung im Rahmen der Antragstellung bzw. Anmeldung begangen wird, kommen als **Täter** nur die Antragsteller (s. § 24 Abs. 3: Wirtschafts- und Berufsvereinigungen, → Rn. 32) bzw. die Adressaten der Anmeldepflicht (§ 39 Abs. 2 → Rn. 65) in Betracht; der Tatbestand enthält daher ein Sonderdelikt (Immenga/Mestmäcker/*Dannecker/Biermann* Rn. 311; Langen/Bunte/*Raum* Rn. 160; **aA** FK-KartellR/*Achenbach* Rn. 463; MüKoEuWettbR/*Vollmer* Rn. 31).

69 Der Tatbestand setzt als **Tathandlung** voraus, dass der Täter unrichtige oder unvollständige Angaben macht (→ Rn. 61, 66) oder benutzt. Der Tatbestand erfasst nach dem eindeutigen Wortlaut der Verbotsnormen (§ 34 Abs. 4 S. 3, § 39 Abs. 3 S. 5) nur Angaben in einem Antrag bzw. in einer Anmeldung, nicht hingegen Angaben aufgrund eines iRd betreffenden Verfahrens ergangenen Auskunftsverlangens

Bußgeldvorschriften § 81 GWB 375

nach § 59 Abs. 1, Abs. 2 (ebenso FK-KartellR/*Achenbach* Rn. 448; aA Immenga/Mestmäcker/*Dann-ecker/Biermann* Rn. 317; → Rn. 59 ff. Abs. 2 Nr. 6). Die zweite Variante („benutzen") ist insbes. auch dann gegeben, wenn die benutzten Angaben zuvor lediglich fahrlässig bzw. gutgläubig unrichtig bzw. unvollständig gemacht worden sind (FK-KartellR/*Achenbach* Rn. 457; Immenga/Mestmäcker/*Dann-ecker/Biermann* Rn. 310). Die Tat kann durch **Unterlassen** (§ 8 OWiG) begangen werden, wenn der Täter eine Garantenpflicht aufgrund seiner Stellung als Unternehmensinhaber (bzw. dessen Organ) dadurch verletzt, dass er nicht verhindert, dass unrichtige bzw. unvollständige Angaben bei der Antrag-stellung bzw. Anmeldung gemacht bzw. benutzt werden (FK-KartellR/*Achenbach* Rn. 454; Immenga/Mestmäcker/*Dannecker/Biermann* Rn. 310). Die Tathandlung muss in jedem Fall einen Täuschungs-scharakter aufweisen, so dass offen verweigerte Angaben nicht als unvollständig anzusehen sind (FK-KartellR/*Achenbach* Rn. 456).

Der subjektive Tatbestand erfordert **Vorsatz** (§ 10 OWiG) und die **Absicht,** für den Antragsteller **70** oder einen anderen die Anerkennung einer Wettbewerbsregel zu erschleichen (§ 24 Abs. 4 S. 3) bzw. die Kartellbehörde zu veranlassen, eine Untersagung nach § 36 Abs. 1 oder eine Mitteilung nach § 40 Abs. 1 zu unterlassen (§ 39 Abs. 3 S. 5).

4. Konkurrenzen. Verwirklicht eine Handlung (oder Unterlassung) den Tatbestand eines Strafge- **71** setzes und einer Ordnungswidrigkeit (§§ 263, 298 StGB, vgl. § 81 Abs. 1 Nr. 1, Abs. 1 Nr. 1 iVm § 1; § 240 StGB, vgl. § 81 Abs. 2 Nr. 1 iVm § 21 Abs. 3), so tritt die Ordnungswidrigkeit zurück (§ 21 Abs. 1 OWiG; s. aber § 21 Abs. 2 OWiG). Dies gilt auch für Verstöße gegen das EU-Kartellrecht (§ 81 Abs. 1); auch der Vorrang des Unionsrechts geböte keine Anwendung des § 81 Abs. 1 Nr. 1 iVm Art. 101 AEUV (Art. 81 ex-EGV) neben § 298 StGB (so MüKoEuWettbR/*Vollmer* Rn. 36), da der Pflicht zur Anwendung (und Durchsetzung) des Art. 101 AEUV (→ Rn. 12) auch iRd § 298 StGB entsprochen werden könnte (iE ebenso Immenga/Mestmäcker/*Dannecker/Biermann* Rn. 33). Soweit die Tatbestände des deutschen Kartellrechts (§ 81 Abs. 2 Nr. 1) gegenüber denen des europäischen Kartell-rechts (§ 81 Abs. 1) keine eigenständige Bedeutung haben (→ Rn. 12), sind sie diesen gegenüber subsidiär (in diesem Sinne FK-KartellR/*Achenbach* Rn. 268; Langen/Bunte/*Raum* Rn. 78; vgl. dagegen zur parallelen Anwendung: BGH NJW 2009, 1751 (1752)). Soweit die gesetzlichen Verbote durch behördliche Verfügungen konkretisiert werden, genießt der Tatbestand des § 81 Abs. 2 Nr. 2 lit. a als lex specialis Vorrang vor § 81 Abs. 1, Abs. 2 Nr. 1 (Immenga/Mestmäcker/*Dannecker/Biermann* Rn. 188). Gegenüber dem Verstoß gegen das fusionsrechtliche Vollzugsverbot (§ 81 Abs. 2 Nr. 1 iVm § 41 Abs. 1 S. 1) sind die fehlerhafte Anmeldung (§ 81 Abs. 2 Nr. 3) und als mitbestrafte Nachtat die Nichtanzeige (§ 81 Abs. 2 Nr. 4) subsidiär (FK-KartellR/*Achenbach* Rn. 357 f.; Immenga/Mestmäcker/*Dannecker/Biermann* Rn. 214 222). Der Erschleichungstatbestand (§ 81 Abs. 3 Nr. 3) ist im Verhältnis zu § 81 Abs. 2 Nr. 3 lex specialis (MüKoEuWettbR/*Vollmer* Rn. 26; zum Verhältnis zu § 81 Abs. 2 Nr. 6 → Rn. 69; zur Annahme von Tateinheit (§ 19 OWiG) → Rn. 14).

C. Geldbuße (§ 81 Abs. 4–7)

I. Bußgeldrahmen

1. Betragsmäßige Begrenzung (§ 81 Abs. 4 S. 1, S. 5). Die Geldbuße beträgt mindestens fünf **72** EUR (§ 17 Abs. 1 OWiG) und bei Verstößen gegen das materielle Kartellrecht (§ 81 Abs. 1, Abs. 2 Nr. 1, Abs. 3 Nr. 1 und Nr. 2), gegen Sachentscheidungen der Kartellbehörde (§ 81 Abs. 2 Nr. 2 lit. a, Nr. 5) und für den Erschleichungstatbestand (§ 81 Abs. 3 Nr. 3) bis zu einer Mio. EUR (§ 81 Abs. 4 S. 1), bei den übrigen Zuwiderhandlungen gegen Verfahrensvorschriften (§ 81 Abs. 2 Nr. 2 lit. b, Nr. 3, 4 und 6) bis zu 100.000 EUR (§ 81 Abs. 4 S. 5). Soweit in den Tatbeständen auch die fahrlässige Begehung erfasst wird (§ 81 Abs. 1, Abs. 2), reduziert sich der Höchstbetrag auf 500.000 bzw. 50.000 EUR (§ 17 Abs. 2 OWiG).

2. Sonderbußgeldrahmen für Unternehmen und Unternehmensvereinigungen (§ 81 Abs. 4 73 S. 2–4). a) Verfassungsmäßigkeit der umsatzbezogenen Obergrenze. Mit der 7. GWB-Novelle hat der Gesetzgeber den Bußgeldrahmen an das EU-Kartellrecht (Art. 23 Abs. 2 KartellVO) angepasst, indem bei Unternehmen und Unternehmensvereinigungen eine Überschreitung der in § 81 Abs. 4 S. 1 vorgesehenen betragsmäßigen Begrenzung zugelassen und als zulässiger Höchstbetrag 10 % des Gesamt-umsatzes im vorherigen Geschäftsjahr festgesetzt wird (§ 81 Abs. 4 S. 2). Im Gegensatz zur Rspr. (BGH NJW 2013, 190 (192); 2014, 2806; OLG Düsseldorf BeckRS 2010, 04805; 2013, 03474; sa BVerfG NZKart 2015, 447 (448)) hält das Schrifttum diese Regelung überwiegend für mit dem Bestimmtheits-gebot (Art. 103 Abs. 2 GG) unvereinbar (FK-KartellR/*Achenbach* Rn. 531 ff.; *ders.* ZWeR 2009, 3 (16 ff.); *Barth/Budde* NZKart 2013, 311 (313 f.); Bechtold/Bosch Rn. 29; *Brettel/Thomas* ZWeR 2009, 25 ff.; Immenga/Mestmäcker/*Dannecker/Biermann* Rn. 341 ff.; *Deselaers* WuW 2006, 118 (121 f.); Göh-ler/*Gürtler* § 17 Rn. 48c; *Hassemer/Dallmeyer,* Gesetzliche Orientierung im deutschen Recht der Kar-tellgeldbußen und das Grundgesetz, 2010, 16 f.; **aA** Loewenheim/Meessen/Riesenkampff/*Cramer/Pananis* Rn. 60; MüKoEuWettbR/*Vollmer* Rn. 98; vgl. auch BGH NJW 2007, 3792 (3795)); zur Begründung wird insbes. auf die Entscheidung des BVerfG zur Vermögensstrafe (§ 43a StGB aF)

Böse 1923

verwiesen (BVerfGE 105, 135 (152 ff.), 158 ff.). Danach ist der Gesetzgeber grds. gehalten, neben der Art der Sanktion ein Mindestmaß und eine Obergrenze gesetzlich festzulegen; ein vom Umfang des jeweiligen Vermögens abhängiger „wandernder Strafrahmen" genüge diesen Anforderungen nicht (BVerfGE 105, 135 (156, 163 f.)). Soweit diese Vorgaben dazu dienen, die zu erwartende Sanktion für den Normadressaten erkennbar und vorhersehbar zu machen (BVerfGE 105, 135 (156, 163 f.)), ist jedoch zu berücksichtigen, dass es sich bei der Geldbuße im Unterschied zur Vermögensstrafe nicht um eine neu eingeführte Sanktion handelt (BVerfGE 105, 135 (161, 162)) und für die Bußgeldzumessung maßgebliche Gesichtspunkte aus den Leitlinien des Bundeskartellamtes (und der Kommission) und der Praxis der Gerichte für die Unternehmen ersichtlich sind (OLG Düsseldorf BeckRS 2010, 04805; MüKoEuWettbR/*Vollmer* Rn. 98; krit. mit Blick auf die fehlende Bindung der Gerichte an die Bußgeldleitlinien: *Barth/Budde* NZKart 2013, 311 (313)); ergänzend ist darauf hinzuweisen, dass von den Normadressaten aufgrund ihrer unternehmerischen Tätigkeit die Kenntnis dieser Grundsätze erwartet werden kann (s. zur Tatbestandsseite → Rn. 4). Soweit demgegenüber auf den in Art. 103 Abs. 2 GG enthaltenen Parlamentsvorbehalt verwiesen wird (*Achenbach* ZWeR 2009, 1 (22); Immenga/Mestmäcker/*Dannecker*/*Biermann* Rn. 364), wird der Gefahr einer willkürlichen Festlegung der Sanktion durch den Richter durch eine nach einem objektiven Kriterium (Umsatz) festgesetzte Obergrenze ausreichend begegnet (sa zur Konkretisierung der Norm durch eine gefestigte Rspr.: BVerfGE 45, 363 (371 f.); 86, 288 (311); 96, 68 (98)); dies gilt auch, soweit der Umsatz geschätzt werden kann (vgl. dagegen BVerfGE 105, 135 (159); s. dagegen das Minderheitenvotum, BVerfGE 105, 172 (179), unter Hinweis auf § 40 Abs. 3 StGB).

74   Wie das Beispiel der lebenslangen Freiheitsstrafe zeigt, lassen sich die Aussagen des BVerfG kaum verallgemeinern (vgl. das Minderheitenvotum, BVerfGE 105, 135 (172, 178)). Die Anforderungen an die Bestimmtheit der gesetzlichen Regelung hängen vielmehr maßgeblich von dem zu regelnden Sachverhalt ab (→ Rn. 4); das BVerfG hat insoweit ausdrücklich das Spannungsverhältnis zwischen Art. 103 Abs. 2 GG und dem Schuldprinzip hervorgehoben, das eine unrechts- und schuldangemessene Strafe gebietet (BVerfGE 105, 154 f.). Die gesetzliche Fixierung eines Höchstbetrages liefe entweder Gefahr, besonders große, weltweit operierende Unternehmen zu begünstigen, indem eine für diese fühlbare Sanktion ausgeschlossen wird, oder trüge durch Festsetzung eines astronomischen Betrages nichts zur Bestimmtheit bei bzw. wäre gegenüber kleineren Unternehmen unverhältnismäßig (BGH NJW 2013, 1972 (1974 f.); *Mundt* WuW 2007, 458 (465); vgl. auch das Minderheitenvotum, BVerfGE 105, 135 (172, 177); s. dagegen *Achenbach* ZWeR 2009, 1 (23 f.)). Soweit das BVerfG unter Verweis auf die Regelung zur Geldstrafe (§ 40 Abs. 1 S. 2, Abs. 2 S. 3 StGB) das Fehlen einer betragsmäßigen Obergrenze moniert hat (BVerfGE 105, 135 (163)), ist zu berücksichtigen, dass eine solche Grenze im Strafrecht dadurch ermöglicht wird, dass bei Taten, die einen höheren Unrechts- und Schuldgehalt aufweisen, auf die Freiheitsstrafe zurückgegriffen werden kann, während das Ordnungswidrigkeitenrecht als Hauptsanktion ausschließlich die Geldbuße kennt. Auch der Einwand, dass der Bußgeldrahmen nicht nach einzelnen Verstößen differenziert (*Barth/Budde* NZKart 2013, 311 (313): Gleichstellung von „Mord und Beleidigung"), greift nicht durch, da die Schwere der Tat bei Verstößen gegen das materielle Kartellrecht (bzw. diesbezügliche behördliche Sachentscheidungen) grds. vergleichbar ist und iÜ auch innerhalb ein- und desselben Tatbestandes erheblich variieren kann (sa OLG Düsseldorf BeckRS 2010, 04805). Zudem sind die Anforderungen des Art. 103 Abs. 2 GG von der Eingriffsintensität der jeweiligen Sanktion abhängig (BVerfGE 105, 135 (157)), so dass die Ausführungen zur Vermögensstrafe auch aus diesem Grund nicht auf die Geldbuße übertragen werden können, denn einerseits handelt es sich nicht um eine Kriminalstrafe (BGH NJW 2013, 1972 (1974)) und andererseits droht dem Adressaten – ungeachtet der absoluten Höhe des Bußgeldes – nicht (zusätzlich zur Freiheitsstrafe) der Entzug des gesamten Vermögens (MüKoEuWettbR/*Vollmer* Rn. 98; BVerfGE 105, 135 (159); aA *Achenbach* ZWeR 2009, 1 (21)). Hinzu kommt, dass die Verfassungswidrigkeit maßgeblich auf Besonderheiten des § 43a StGB aF (unklarer Anwendungsbereich, fehlende Abstimmung der neuen Strafe mit der Freiheitsstrafe) beruhte (BVerfGE 105, 135 (161 f.); s. dagegen *Achenbach* ZWeR 2009, 1 (21)).

75   § 81 Abs. 4 S. 2 wäre selbst dann nicht verfassungswidrig, wenn die Zumessung der Geldbuße nicht näher geregelt, sondern nur eine Grenze für die dem Adressaten zumutbare Belastung („Kappungsgrenze", → Rn. 85) festgelegt wird, die jedoch nicht dazu dient, die Schwere der Tat innerhalb eines vorgegebenen Bußgeldrahmens adäquat zu erfassen (so aber *Achenbach* ZWeR 2009, 1 (21 f.); *Barth/Budde* WRP 2010, 712 (714 ff.); *Brettel/Thomas* ZWeR 2009, 25 (33 ff.); Immenga/Mestmäcker/*Dannecker/Biermann* Rn. 346; *Hassemer/Dallmeyer*, Gesetzliche Orientierung im deutschen Recht der Kartellgeldbußen und das Grundgesetz, 2010, 41 f.). Ungeachtet dessen ermöglicht die umsatzbezogene Grenze dem Normadressaten weiterhin eine Orientierung über die Höhe der zu erwartenden Geldbuße, die selbst dann nicht gefährdet wäre, wenn der auf diese Weise vorgegebene Höchstbetrag regelmäßig ausgeschöpft würde (aA *Brettel/Thomas* ZWeR 2009, 25 (34); s. aber auch S. 37). Die Rspr. hat diesen Bedenken gleichwohl durch eine verfassungskonforme Auslegung des § 81 Abs. 4 S. 2 als Bußgeldobergrenze Rechnung getragen (BGH NJW 2013, 1972 (1973 f.)). Diese Auslegung dürfte der Konzeption des Gesetzgebers (s. BT-Drs. 15/5049, 50; 16/7156, 11) widersprechen (so FK-KartellR/*Achenbach* Rn. 533; *Haus* NZKart 2013, 183 (185)), ist aber mit Blick auf eine dem Vorwurf angemessene Sanktionierung sachgerecht (→ Rn. 85).; auch insoweit ist allerdings dem Einwand zu widersprechen, die Verhängung eines Bußgeldes, das der wirtschaftlichen Leistungsfähigkeit des Täters zum Zeitpunkt

der Ahndung (s. insoweit BGH NJW 2013, 1972 (1975) mwN) entspricht, sei wegen des fehlenden Unrechtsbezuges willkürlich (Immenga/Mestmäcker/*Dannecker/Biermann* Rn. 356 f.; *Deselaers* WuW 2006, 118 (121): Verstoß gegen den Schuldgrundsatz), denn dieses Kriterium beruht auf einem grundlegenden Gerechtigkeitsgebot (Loewenheim/Meessen/Riesenkampff/*Cramer/Pananis* Rn. 60; sa BGH NJW 2013, 1972 (1974); OLG Düsseldorf BeckRS 2010, 04805; vgl. zu § 41 Abs. 2 StGB: BGHSt 28, 360 (363) – Grundsatz der Belastungsgleichheit) und konkretisiert insoweit die allgemeine Zumessungsregelung (§ 17 Abs. 3 S. 2 OWiG). Die Einwände gegen die Bestimmung der wirtschaftlichen Leistungsfähigkeit (allein) über den Umsatz (s. dazu *Brettel/Thomas* ZWeR 2009, 25 (47 f.); Immenga/ Mestmäcker/*Dannecker/Biermann* Rn. 361) greifen demgegenüber nicht durch, da es sich bei dem Gesamtumsatz insgesamt um ein aussagekräftiges Kriterium handelt und es der Einschätzungsprärogative des Gesetzgebers unterliegt, ob dieser für die Beurteilung der wirtschaftlichen Leistungsfähigkeit des Sanktionsadressaten die Berücksichtigung weiterer (bzw. anderer) Kriterien vorgibt (sa BGH NJW 2013, 1972 (1974)). Weitere Kriterien für die Zumessung ergeben sich aus § 17 Abs. 3 S. 1 OWiG und § 81 Abs. 4 S. 6 und lassen sich außerdem mittelbar aus den § 11 Abs. 2 (vermeidbarer Verbotsirrtum), § 13 Abs. 3 (Wiedergutmachung des Schadens) und § 16 (Abwendung einer wirtschaftlichen Notlage) OWiG ableiten. Angesichts der im Vergleich zur Kriminalstrafe (vgl. insoweit § 46 StGB) geringeren Eingriffsintensität der Geldbuße sind präzisere Vorgaben nicht von Verfassungs wegen geboten (Langen/ Bunte/*Raum* Rn. 164; **aA** *Brettel/Thomas* ZWeR 2009, 25 (40 ff.)).

§ 81 Abs. 4 S. 2 verstößt auch nicht gegen Art. 3 Abs. 1 GG (so aber Göhler/*Gürtler* OWiG § 17 **76** Rn. 48c), denn der im Vergleich zu anderen Ordnungswidrigkeiten erhöhte Bußgeldrahmen beruht auf der Schwere des Unrechts (→ Rn. 1); die unterschiedliche Behandlung von Verbänden (als Unternehmen und Unternehmensvereinigungen→ Rn. 7 f.) und natürlichen Personen als Sanktionsadressaten rechtfertigt sich aus den besonderen Anforderungen an eine effektive Verbandssanktion (*Achenbach* ZWeR 2009, 1 (19); Immenga/Mestmäcker/*Dannecker/Biermann* Rn. 368). Aus den gleichen Gründen verstößt der Umstand, dass die Verhängung einer Geldbuße, die den zulässigen Höchstbetrag einer Geldstrafe um ein Vielfaches überschreitet, auch nicht gegen das Rechtsstaatsprinzip, denn dieses gebietet kein angemessenes Verhältnis zwischen Sanktionen gegen Verbände und Kriminalstrafen gegen natürliche Personen (vgl. aber *Achenbach* ZWeR 2009, 1 (19 f.); Immenga/Mestmäcker/*Dannecker/ Biermann* Rn. 371).

b) Persönlicher und sachlicher Anwendungsbereich. Die Erweiterung des Bußgeldrahmens nach **77** § 81 Abs. 4 S. 2 gilt für Unternehmen und Unternehmensvereinigungen. Wie aus dem systematischen Zusammenhang mit § 81 Abs. 4 S. 3 deutlich wird, übernimmt die Regelung nicht die unionsrechtliche Konzeption der Unternehmensgeldbuße (→ KartellVO Art. 23 Rn. 6), sondern knüpft an die bußgeldrechtliche Verantwortlichkeit des jeweiligen Rechtsträgers an (OLG Düsseldorf NZKart 2013, 122 (125); *Achenbach* ZWeR 2009, 1 (10); MüKoEuWettbR/*Vollmer* Rn. 107 → Rn. 7). Der systematische Zusammenhang mit § 81 Abs. 4 S. 3 („Umsatz aller natürlicher und juristischer Personen") und die Parallele zum Unionsrecht (→ KartellVO Art. 23 Rn. 6) sprechen dafür, dass § 81 Abs. 4 S. 2 auch auf natürliche Personen Anwendung findet (so Immenga/Mestmäcker/*Dannecker/Biermann* Rn. 418; Langen/Bunte/*Raum* Rn. 163; MüKoEuWettbR/*Vollmer* Rn. 102, 106; *ders.* wistra 2013, 289 (290))). Andererseits wurde die Verzinsung der Geldbuße (§ 81 Abs. 6), die mit Blick auf die hohen umsatzabhängigen Unternehmensgeldbußen eingeführt wurde (s. BT-Drs. 15/3640, 42), auf juristische Personen und Personenvereinigungen beschränkt; dies lässt sich nur damit erklären, dass der starre Bußgeldrahmen (§ 81 Abs. 4 S. 1) für natürliche Personen ausreichend ist und es insoweit keiner Anwendung des § 81 Abs. 4 S. 2 bedarf (BVerfG NZKart 2013, 62 (64)). Demgegenüber wird die Parallele zu § 81 Abs. 4 S. 3 dadurch relativiert, dass das unionsrechtliche Konzept der wirtschaftlichen Einheit nur in modifizierter Form auf das deutsche Kartellordnungswidrigkeitenrecht übertragen werden kann (→ Rn. 79). Darüber hinaus stellt eine solche Auslegung, wonach die gegen eine natürliche Person zu verhängende Geldbuße das Vielfache einer Geldstrafe betragen könnte, das Verhältnis von Kriminalstrafrecht und Ordnungswidrigkeitenrecht auf den Kopf (→ Rn. 75). Es ist daher davon auszugehen, dass der umsatzbezogene Bußgeldrahmen nur auf Verbände iSd § 30 OWiG anwendbar ist (sa FK-KartellR/ *Achenbach* Rn. 520). Der umsatzbezogene Bußgeldrahmen bezieht sich auf Verstöße iSd § 81 Abs. 4 S. 1; aufgrund der Verweisung in § 130 Abs. 3 S. 3 OWiG findet er auf Aufsichtspflichtverletzungen (§ 130 OWiG) ebenfalls Anwendung (*Ost* NZKart 2013, 25 (27); Langen/Bunte/*Raum* Rn. 163; MüKoEuWettbR/*Vollmer* Rn. 103). Diese Auslegung entspricht dem mit § 130 Abs. 3 S. 3 OWiG intendierten Gleichlauf der Bußgeldandrohung für Anknüpfungstat (Kartellverstoß) und Aufsichtspflichtverletzung (sa BT-Drs. 17/11053, 23). Der Wortlaut gebietet keine Auslegung, wonach als „Pflichtverletzung" nur die Anknüpfungstat einer natürlichen Person (und die dafür angedrohte Geldbuße, vgl. § 81 Abs. 4 S. 1) in Betracht kommt (so aber FK-KartellR/*Achenbach* Rn. 522; *ders.* NZKart 2014, 473 (476 ff.); *Brettel/Thomas* ZWeR 2009, 25 (58 f.); iE ebenso Immenga/Mestmäcker/*Dannecker/ Biermann* Rn. 404), denn mit der Verbandsgeldbuße (§ 30 OWiG) wird eine Pflichtverletzung bzw. Aufsichtspflichtverletzung des Unternehmensträgers (vgl. zu den Konsequenzen bei der Bußgeldbemessung → Rn. 82, 84) sanktioniert, so dass es nur konsequent ist, insoweit auch den für diesen geltenden Bußgeldrahmen anzuwenden.

78　　**c) Ermittlung der umsatzbezogenen Obergrenze.** § 81 Abs. 4 S. 2 erweitert den Bußgeldrahmen des § 81 Abs. 4 S. 1 auf 10 % des jeweiligen Jahresumsatzes des Unternehmens bzw. der Unternehmensvereinigung; bei fahrlässigen Verstößen wird diese Grenze auf 5 % des Umsatzes herabgesetzt (§ 17 Abs. 2 OWiG, s. Bechtold/Bosch Rn. 30; MüKoEuWettbR/*Vollmer* Rn. 104). Dabei ist der Umsatz in dem Geschäftsjahr maßgeblich, das der behördlichen Bußgeldentscheidung unmittelbar vorausgeht (§ 81 Abs. 4 S. 2). Dies gilt auch, wenn das Gericht die Geldbuße auf den Einspruch des betroffenen Unternehmens hin neu festsetzt, denn es soll verhindert werden, dass die Unternehmen allein durch organisatorische Maßnahmen die Höhe des Bußgeldes reduzieren können (s. BT-Drs. 16/ 7156, 11). Für die Ermittlung des Umsatzes gilt § 277 Abs. 1 HGB entsprechend (vgl. § 38 Abs. 1); als maßgeblich ist der weltweite Umsatz anzusehen (Bechtold/Bosch Rn. 33; Langen/Bunte/*Raum* Rn. 168). Soweit dies erforderlich ist, kann der Umsatz geschätzt werden (§ 81 Abs. 4 S. 4); dies gilt insbes. für kleinere Unternehmen, die nicht der Publizitätspflicht (vgl. § 325 HGB) unterliegen (s. BT-Drs. 16/7156, 11). In Bezug auf die tatsächlichen Grundlagen, auf denen die Schätzung beruht, ist der Grundsatz „in dubio pro reo" zu beachten (s. zu §§ 40 Abs. 3, 73b StGB: BGH NStZ 1989, 361; sa BGH NJW 2007, 3792 (3793, 3794) zu § 81 Abs. 2 1999).

79　　**d) Umsatzzurechnung aufgrund wirtschaftlicher Einheit (§ 81 Abs. 4 S. 3).** Nach § 81 Abs. 4 S. 3 sollen dem europäischen Kartellrecht entsprechend die innerhalb einer wirtschaftlichen Einheit iSd § 36 Abs. 2 (BGH NJW 2013, 1972 (1975); OLG Düsseldorf BeckRS 2010, 04805; 2013, 03474), insbes. eines Konzerns, erzielten Umsätze wechselseitig zugerechnet werden, um Manipulationen zur Reduzierung der verwirkten Geldbußen vorzubeugen (s. BT-Drs. 16/7156, 11). Dies ist insofern systemwidrig, als § 81 die unionsrechtliche Konzeption der Unternehmensgeldbuße, die gegen das Unternehmen als wirtschaftliche Einheit verhängt wird, gerade nicht übernommen, sondern an der bußgeldrechtlichen Verantwortlichkeit des jeweiligen Rechtsträgers festgehalten hat (s. zur Zurechnung individuellen Fehlverhaltens → Rn. 7 f.). Mit dieser Grundentscheidung des Gesetzgebers wäre es nicht vereinbar, Umsätze innerhalb einer wirtschaftlichen Einheit nach Belieben wechselseitig zuzurechnen, ohne dass dies die wirtschaftlichen Verhältnisse der einzelnen Rechtsträger (vgl. § 17 Abs. 3 S. 2 OWiG) ansatzweise widerspiegelt. Eine Zumessung der Geldbuße anhand der wirtschaftlichen Leistungsfähigkeit Dritter verstieße vielmehr gegen das Schuldprinzip (*Barth/Budde* NZKart 2013, 311 (314); *Brettel/Thomas* ZWeR 2009, 25 (61); *Buntscheck* WuW 2008, 941 (949); → KartellVO Art. 23 Rn. 43, 52). Die Regelung ist daher verfassungskonform zu reduzieren: Sie erlaubt es, die Umsätze der beherrschten Tochtergesellschaften der Konzernmuttergesellschaft zuzurechnen (s. insoweit BGH NJW 2013, 1972 (1975); eine Zurechnung der Umsätze von Mutter- und Schwestergesellschaften desselben Konzerns ist hingegen ausgeschlossen (weitergehend FK-KartellR/*Achenbach* Rn. 538; Bechtold/Bosch Rn. 33; *Brettel/Thomas* ZWeR 2009, 25 (62); *Buntscheck* WuW 2008, 941 (948 f.); *Hackel,* Konzerndimensionales Kartellrecht, 2012, 301 f.; **aA** MüKoEuWettbR/*Vollmer* Rn. 111;). Diese Einschränkung wird auch durch die jüngere Rspr. des EuGH (EuGH NZKart 2014, 455 Rn. 64) bestätigt (*von Brevern/ Scheidtmann* WuW 2014, 668 (676 f.); *Haus,* Der Konzern 2014, 204 (212)). Eine Umsatzzurechnung ist damit ausgeschlossen, wenn die wirtschaftliche Einheit zum Tatzeitpunkt noch nicht besteht und damit auch keine Grundlage für die Zurechnung der Zuwiderhandlung besteht (*von Brevern/Scheidtmann* WuW 2014, 668 (677 ff.)).

II. Bußgeldzumessung

80　　Ihrer doppelten Zielsetzung entsprechend setzt sich die Geldbuße aus zwei Teilen zusammen: Während der eine Teil den durch die Tat erlangten wirtschaftlichen Vorteil abschöpfen soll (§ 81 Abs. 5 S. 1 iVm § 17 Abs. 4 OWiG → Rn. 86) und insoweit die Funktion des Verfalls (§ 29a OWiG) übernimmt (s. § 30 Abs. 5 OWiG), dient der andere (repressive) Teil der Ahndung der Zuwiderhandlung. § 81 Abs. 5 S. 2 eröffnet der Kartellbehörde entsprechend der unionsrechtlichen Regelung die Möglichkeit, die Geldbuße allein auf den letztgenannten Teil zu beschränken (s. BT-Drs. 15/3640, 67). Die Regelung erleichtert es darüber hinaus, die Geldbuße mit anderen Maßnahmen, die der Vorteilsabschöpfung dienen (s. §§ 33 ff.), abzustimmen (MüKoEuWettbR/*Vollmer* Rn. 115).

81　　**1. Der ahndende Teil der Geldbuße. a) Zumessung innerhalb eines festen Bußgeldrahmens (§ 81 Abs. 4 S. 1, S. 5).** Innerhalb des betragsmäßig vorgegebenen Bußgeldrahmens (→ Rn. 72) bestimmt sich die Höhe der Geldbuße nach der **Schwere** und Dauer **der Zuwiderhandlung** und dem Vorwurf, den der Täter trifft (§ 81 Abs. 4 S. 6; § 17 Abs. 3 S. 1 OWiG; → KartellVO Art. 23 Rn. 46 f.). Die Schwere des vom Täter zu verantwortenden Unrechts bestimmt sich nach den Auswirkungen auf die Marktverhältnisse und der Größe und wirtschaftlichen Bedeutung des betroffenen Marktes (BGH WuW/E BGH 2178 (2180); OLG Düsseldorf WuW/E DE-R 1433; BeckRS 2014, 21756 Rn. 562 ff.; vgl. auch zu § 81 Abs. 4 S. 2 die Bußgeldleitlinien des Bundeskartellamtes v. 25.6.2013, Rn. 16). Preisabsprachen werden als besonders gravierend angesehen, da Beschränkungen des Preiswettbewerbs unmittelbar auf die Abnehmer durchschlagen (KG WuW/E OLG 2369 (2374); 4885 (4894); s. aber zum verbleibenden Konditionenwettbewerb: OLG Düsseldorf BeckRS 2014, 21756 Rn. 555). Als erschwerende Umstände sind weiterhin der bei den Kunden eingetretene Schaden, ein hoher Organisationsgrad des Kartells und Maßnahmen zur Sicherung der Kartelldisziplin zu berücksichtigen (OLG Düsseldorf WuW/E DE-R 1733 (1747); sa Bußgeldleitlinien Rn. 16). Die vorsätzliche bzw. fahrlässige Begehungsweise bestimmt bereits den Bußgeldrahmen (→ Rn. 72) und kann daher bei der Zumessung nicht verwertet werden; das Doppelverwertungsverbot (vgl. § 46 Abs. 3 StGB) steht allerdings einer Berücksichtigung der Vorsatzform (bzw. des Fahrlässigkeitsgrades) nicht entgegen (BayObLG wistra 2004, 158 f.; vgl. auch Bußgeldleitlinien Rn. 16). Schließlich hängt die Höhe der Geldbuße von der Art der Beteiligung ab: Eine führende Rolle innerhalb des Kartells ist als erschwerender Umstand zu berücksichtigen (KG wistra 1999, 196 (197); OLG Düsseldorf BeckRS 2014, 21756 Rn. 554), während das Bußgeld gegen den Beteiligten, der nicht Adressat der bußgeldbewehrten Sonderpflicht ist (→ Rn. 6), analog §§ 28 Abs. 1, 49 Abs. 1 Nr. 2 StGB um 25% zu reduzieren ist (MüKoEuWettbR/*Vollmer* Rn. 86).

Der gegenüber dem Täter zu erhebende **Vorwurf** bestimmt sich nach dessen Einstellung gegenüber **82** der verletzten Wettbewerbsordnung (KG WuW/E OLG 5361 (5363); Immenga/Mestmäcker/*Dannecker/Biermann* Rn. 457). Begeht der Täter die Zuwiderhandlung, obwohl er zuvor abgemahnt oder wegen einer gleichartigen Zuwiderhandlung mit einer Geldbuße belegt worden ist, so liegt darin eine bewusste Missachtung der Rechtsordnung, die als erschwerender Umstand zu bewerten ist (LKartA Bayern, WuW/E LKartB 183 (185); MüKoEuWettbR/*Vollmer* Rn. 90; allg. KK–OWiG/*Mitsch* OWiG § 17 Rn. 76; vgl. auch die Bußgeldleitlinien Rn. 16). Die erneute Zuwiderhandlung kann jedoch nur dann als Wiederholungstat (strenger) geahndet werden, wenn die Eintragung der früheren Tat im Gewerbezentralregister noch nicht getilgt ist (BGH NJW 1993, 3081 (3084); MüKoEuWettbR/*Vollmer* Rn. 90; vgl. zur fünfjährigen Tilgungsfrist: § 153 Abs. 1 Nr. 2 GewO; dagegen → KartellVO Art. 23 Rn. 46). Als bußgeldmindernder Umstand kann demgegenüber ein (vermeidbarer) Verbotsirrtum (§ 11 Abs. 2 OWiG) berücksichtigt werden (Immenga/Mestmäcker/*Dannecker/Biermann* Rn. 458; vgl. § 17 S. 2 StGB → KartellVO Art. 23 Rn. 47); unter Umständen ist auch der schwierigen wirtschaftlichen Situation des Täters Rechnung zu tragen (KG WuW/E OLG 5121 (5131); OLG Düsseldorf BeckRS 2014, 21756 Rn. 551 ff.; einschränkend KG WuW/E DE-R 228 (232)). Das Nachtatverhalten kann eine Herabsetzung der Geldbuße rechtfertigen, wenn der Täter bei der Aufdeckung mit der Kartellbehörde zusammenarbeitet (OLG Düsseldorf BeckRS 2014, 21756 Rn. 550; zur „Bonusregelung" und zum „settlement" → Rn. 87 ff.), das rechtswidrige Verhalten umgehend abstellt (Immenga/Mestmäcker/*Dannecker/Biermann* Rn. 461) oder den entstandenen Schaden finanziell ausgleicht (vgl. auch Bußgeldleitlinien Rn. 18).

Bei Verbänden bestimmt sich das Maß der Vorwerfbarkeit im Ausgangspunkt nach dem Vorwurf **83** gegen das handelnde Organ (Zurechnungsmodell → Rn. 7); dabei ist allerdings das Verhalten sämtlicher Repräsentanten zu berücksichtigen (s. insoweit *Böse* FS Jakobs, 2007, 15 (23)). Die Geldbuße wird daher höher zu bemessen sein, wenn in der Zuwiderhandlung eine in dem jeweiligen Unternehmen verbreitete Einstellung („kriminelle Verbandsattitüde") zum Ausdruck kommt (KK–OWiG/*Rogall* OWiG § 30 Rn. 137). Aus dem gleichen Grund sind betriebliche Organisationsmängel, welche die Begehung der Tat erleichtert haben (vgl. § 130 OWiG), erschwerend zu berücksichtigen (Immenga/Mestmäcker/*Dannecker/Biermann* Rn. 476). Umgekehrt wirkt es sich bußgeldmindernd aus, wenn die Unternehmensleitung interne Maßnahmen zur Verhinderung von Kartellverstößen ergriffen hat, da auch der in derartigen Compliance-Programmen zum Ausdruck kommende Wille, sich normkonform zu verhalten, zugunsten des Verbandes Berücksichtigung finden muss (s. BT-Drs. 17/11053, 21; FK-KartellR/*Achenbach* Rn. 551; *Bosch/Colbus/Harbusch* WuW 2009, 740 (748); FK-KartellR/*Seliger/Mross* Allg. Teil E Kartellrechts-Compliance Rn. 107 ff.; *Voet van Vormizeele* CCZ 2009, 41 (46); → KartellVO Art. 23 Rn. 47; zu entsprechenden Regelungsvorschlägen: *Brömmelmeyer* NZKart 2014, 478 (481 ff.); sa *Jungbluth* NZKart 2015, 43 f.). Der dagegen erhobene Einwand, die Verbandsgeldbuße werde wegen der – durch Compliance-Maßnahmen weder verhinderten noch in ihrer Schwere geminderten – Zuwiderhandlung des delinquenten Organs verhängt (*Pampel* BB 2007, 1636 (1639); MüKoEuWettbR/*Vollmer* Rn. 94), lässt unberücksichtigt, dass nach den og Grundsätzen das Verhalten sämtlicher Repräsentanten zumessungsrelevant ist (sa § 5 Abs. 3 Nr. 1 des österreichischen Verbandsverantwortlichkeitsgesetzes (öst. BGBl. 2005 I)).

Schließlich sind bei mehr als geringfügigen Geldbußen grds. auch die wirtschaftlichen Verhältnisse des **84** Täters zu berücksichtigen (s. § 17 Abs. 3 S. 2 OWiG und dazu BT-Drs. V/1269, 52). Die Verhängung einer Geldbuße, die aufgrund ihrer Höhe die Existenz des betroffenen Unternehmens gefährdet, ist daher unzulässig (BayObLG wistra 1996, 153 (155); FK-KartellR/*Achenbach* Rn. 546). Bei der Festsetzung der Geldbuße ist schließlich eine rechtsstaatswidrige Verfahrensverzögerung zu Gunsten des Betroffenen zu berücksichtigen (BGH WuW/E DE-R 1233 (1235 f.); OLG Düsseldorf WuW/E DE-R 1433 (1434 f.); → KartellVO Art. 23 Rn. 47). Nach dem Übergang von der „Zumessungslösung" zur „Vollstreckungslösung" (BGH NJW 2008, 860 (861 ff.)) wird die Geldbuße jedoch nicht reduziert (so aber OLG Düsseldorf NZKart 2013, 122 (124)), sondern in der Entscheidung bestimmt, dass die festgesetzte Geldbuße in Bezug auf den der Milderung entsprechenden Anteil als vollstreckt gilt (BGH NJW 2014, 2806 (2807); *Brettel* ZWeR 2013, 200 (226 f.); Loewenheim/Meessen/Riesenkampff/*Cramer/Pananis* Rn. 68).

85   **b) Zumessung der umsatzbezogenen Geldbuße (§ 81 Abs. 4 S. 2).** Aufgrund verfassungsrechtlicher Bedenken (→ Rn. 75) wird die umsatzbezogene Höchstgrenze der Geldbuße im Unterschied zu
den Bußgeldleitlinien der Kommission (→ KartellVO Art. 23 Rn. 44 ff.) nicht als Kappungsgrenze,
sondern als oberer Rand eines Bußgeldrahmens und Bezugspunkt der Zumessung verstanden (BGH
NJW 2013, 1972 (1973); OLG Düsseldorf BeckRS 2010, 04805; s. dagegen BT-Drs. 15/5049, 50; 16/
7156, 11). Unter dem Eindruck dieser Rspr. hat das Bundeskartellamt gem. § 81 Abs. 7 (→ Rn. 93)
neue Leitlinien für die Festsetzung des ahndenden Teils der umsatzbezogenen Geldbuße erlassen (Bußgeldleitlinien v. 25.6.2013; krit. *Barth/Budde* NZKart 2013, 311 (317 ff.); zu den Bußgeldleitlinien der
Kommission → KartellVO Art. 23 Rn. 44 ff.). Danach wird eine weitere Obergrenze festgesetzt, indem
das Gewinn- und Schadenspotential der Tat (10 % des tatbezogenen Umsatzes) je nach Unternehmensgröße (dh nach Maßgabe des Gesamtumsatzes) mit einem Faktor zwischen 2 und 6 multipliziert wird
(Bußgeldleitlinien Rn. 10, 13; → Rn. 11 zur Feststellung bzw. Schätzung des tatbezogenen Umsatzes);
mit diesem variablen Faktor soll der unterschiedlichen Ahndungsempfindlichkeit mit Blick auf die mit
der Geldbuße bezweckte Abschreckungswirkung Rechnung getragen werden (Bußgeldleitlinien, Anm.
2 zu Rn. 13). Diese individuelle Obergrenze ist nicht maßgeblich, wenn sie das gesetzlich zulässige
Höchstmaß überschreitet (zB bei über mehrere Jahre andauernden Verstößen, vgl. Bußgeldleitlinien
Rn. 11) oder das Gewinn- und Schadenspotential offensichtlich wesentlich höher liegt (Bußgeldleitlinien Rn. 14 f.). Innerhalb des auf diese Weise ermittelten Rahmens wird die Geldbuße unter Berücksichtigung von erschwerenden und mildernden Umständen (→ Rn. 81 ff.) festgesetzt (Bußgeldleitlinien
Rn. 16). Da die Dauer der Zuwiderhandlung bereits bei der Eingrenzung des Bußgeldrahmens berücksichtigt wird (tatbezogener Umsatz im Tatzeitraum), verstieße es allerdings gegen das Doppelverwertungsverbot (→ Rn. 81), die Dauer bei der Zumessung erneut zu berücksichtigen (so aber die Bußgeldleitlinien Rn. 16; s. dagegen *Barth/Budde* NZKart 2013, 311 (319)). Soweit der Ermittlung der
individuellen Obergrenze ein längerer Zeitraum angesetzt wird (vgl. Bußgeldleitlinien Rn. 12: mindestens 12 Monate), ist dem bei der Zumessung zwingend Rechnung zu tragen (vgl. auch die Kritik bei
FK-KartellR/*Achenbach* Rn. 599: mit dem Schuldprinzip unvereinbare Fiktion). Im Vergleich zu der
früheren Fassung (Bußgeldleitlinien v. 26.9.2006 → Voraufl. Rn. 85) lassen die neuen Bußgeldleitlinien
deutlich mehr Spielraum für die Zumessung der Geldbuße im Einzelfall (krit. FK-KartellR/*Achenbach*
Rn. 603; *Barth/Budde* NZKart 2013, 311 (319)); mit dem Verzicht auf eine „Formel" für die Bußgeldberechnung wird aber zugleich auch dem Grundsatz einer schuldangemessenen Sanktionierung
Rechnung getragen (Immenga/Mestmäcker/*Dannecker/Biermann* Rn. 507). Unter diesem Aspekt ist
auch die Orientierung am tatbezogenen Umsatz (sa § 81a Abs. 1 Nr. 2) grds. sachgerecht (Immenga/
Mestmäcker/*Dannecker/Biermann* Rn. 506; zur entsprechenden Kritik am Kriterium des Gesamtumsatzes → Rn. 74; s. dagegen *Barth/Budde* NZKart 2013, 311 (318)).

86   **2. Der abschöpfende Teil der Geldbuße (§ 81 Abs. 5 iVm § 17 Abs. 4 OWiG).** Soweit die
Kartellbehörde die Geldbuße nicht nur zur Ahndung des Kartellverstoßes (§ 81 Abs. 5 S. 2 → Rn. 80),
sondern auch zur Vorteilsabschöpfung verhängt, darf das zulässige Höchstmaß (→ Rn. 71 ff.) auch bei
der umsatzbezogenen Obergrenze (MüKoEuWettbR/*Vollmer* Rn. 96; aA *Achenbach* ZWeR 2010, 237
(240 f.), unter Hinweis auf die Parallele zum EU-Recht; s. insoweit aber → Rn. 11) zu diesem Zweck
überschritten werden (§ 81 Abs. 5 S. 1 iVm § 17 Abs. 4 OWiG). Bei der Berechnung des wirtschaftlichen Vorteils (§ 17 Abs. 4 S. 1 OWiG) gilt das **Nettoprinzip,** dh von dem mit der Tat erzielten Gewinn
sind die Kosten und sonstige Aufwendungen des Täters abzuziehen (OLG Düsseldorf wistra 1995, 75
(76); KK-OWiG/*Mitsch* OWiG § 17 Rn. 119; MüKoEuWettbR/*Vollmer* Rn. 116). Als Vorteile sind
auch die Verbesserung der Marktposition und damit verbundene sichere Gewinnaussichten zu berücksichtigen (OLG Karlsruhe NJW 1975, 793; sa zu mittelbaren Gewinnen in Gestalt von Nutzungen und
Surrogaten: FK-KartellR/*Achenbach* Rn. 566). Abzugsfähig sind Kosten und Aufwendungen des Täters,
auch wenn es sich um rechtlich missbilligte Aufwendungen (zB Schmiergelder) handelt (Immenga/
Mestmäcker/*Dannecker/Biermann* Rn. 563; KK-OWiG/*Mitsch* § 17 Rn. 120). Schadensersatzleistungen
an Dritte (vgl. § 33) und auf den Vorteil entfallende Steuern sind zu berücksichtigen, soweit diese bereits
unanfechtbar festgesetzt oder bereits gezahlt worden sind (FK-KartellR/*Achenbach* Rn. 573 f.; vgl. § 88
Abs. 2 OWiG; sa BVerfGE 81, 228 (238)). Hypothetische Gewinne, die durch rechtmäßiges Verhalten
erwirtschaftet worden wären, mindern den Vorteil hingegen nicht (FK-KartellR/*Achenbach* Rn. 570; s.
dagegen Immenga/Mestmäcker/*Dannecker/Biermann* Rn. 565). Nach vorherrschender Ansicht kann der
wirtschaftliche Vorteil erforderlichenfalls geschätzt werden (BGH NStZ-RR 2008, 13; Göhler/*Gürtler*
§ 17 Rn. 45; krit. im Hinblick auf das Fehlen einer gesetzlichen Ermächtigung: FK-KartellR/*Achenbach*
Rn. 583; Loewenheim/Meessen/Riesenkampff/*Cramer/Pananis* Rn. 73). Zum Verhältnis zur verwaltungsrechtlichen Abschöpfung (§ 34): *Kühnen* WuW 2010, 16 ff.

III. Kronzeugenprogramm und Settlement-Verfahren

87   Um die Aufdeckung geheimer Kartellabsprachen zu erleichtern, hat das Bundeskartellamt auf der
Grundlage des § 81 Abs. 7 (→ Rn. 93) ein Kronzeugenprogramm aufgelegt, in dem es die Bedingungen
für einen Erlass oder eine Reduzierung der Geldbuße gegen den Täter regelt, der zur Aufdeckung eines

Kartells beiträgt (Bekanntmachung Nr. 9/2006 v. 7.3.2006 – sog Bonusregelung). Das Bundeskartellamt konkretisiert auf diese Weise das ihm zustehende Verfolgungsermessen (§ 47 OWiG; sa zu § 81 Abs. 7: BT-Drs. 15/3640, 67). Die gesetzlichen Grenzen dieses Ermessens werden dabei insofern gewahrt, als die Berücksichtigung des auf Unrechtseinsicht beruhenden Nachtatverhaltens allgemeinen Zumessungs-grundsätzen entspricht (OLG Düsseldorf WuW/E DE-R 1733 (1739); → Rn. 82; sa § 46b StGB; sa zur Vereinbarkeit mit § 136a StPO: OLG Düsseldorf BeckRS 2010, 04805; s. dazu näher *Hetzel,* Kronzeu-genregelungen im Kartellrecht, 2004, S. 240 ff.). Die Privilegierung des „Kronzeugen" findet ihre sachliche Rechtfertigung darin, dass die Aufdeckung des Kartells nicht nur eine Verfolgung der anderen Kartellmitglieder ermöglicht, sondern auch zu einer Beendigung des rechtswidrigen Verhaltens führt (→ KartellVO Art. 23 Rn. 49). Dem öffentlichen Verfolgungsinteresse wird dadurch Rechnung getra-gen, dass die Bonusregelung im Unterschied zum europäischen Kronzeugenprogramm (→ KartellVO Art. 23 Rn. 49) nicht auf den Anführer des Kartells anwendbar ist (s. Bonusregelung Rn. 3 f.; s. OLG Düsseldorf BeckRS 2010, 04805; s. dagegen *Panizza* ZWeR 2008, 55 (84)). Andererseits ist nicht zu übersehen, dass der vollständige Erlass der Geldbuße bei schweren Zuwiderhandlungen zu einer erheblichen Unterschreitung einer angemessenen Sanktionierung führt, die auch durch das kooperative Nachtatverhalten nicht gerechtfertigt werden kann, sondern auf einem überwiegenden öffentlichen Interesse an der Aufklärung und Verfolgung bislang unentdeckter Kartellabsprachen beruht (s. zur entsprechenden Diskussion strafrechtlicher Kronzeugenregelungen *Jeßberger,* Kooperation und Straf-zumessung, 1999, 304 ff.); ein solcher Vorrang ist im geltenden Recht nicht angelegt und sollte daher mit einer spezifischen gesetzlichen Regelung (vgl. § 46b StGB) legitimiert werden (sa Immenga/Mestmäcker/*Dannecker/Biermann* Rn. 539).

Inhaltlich entspricht die Bonusregelung weitgehend der Kronzeugen-Mitteilung der Kommission **88** (→ KartellVO Art. 23 Rn. 50 f.; s. aber zur Nichtanwendbarkeit auf Anführer → Rn. 87). Allerdings sieht die Bonusregelung nicht eine abgestufte Ermäßigung, sondern nur eine einheitliche Ermäßigungs-regelung vor (Reduzierung um bis zu 50 %, s. Bonusregelung Rn. 6). Im Unterschied zur europäischen Regelung kann auch im Ermäßigungsverfahren ein „Marker" vergeben werden; verletzt ein Antrag-steller seine Verpflichtungen, so rücken die nachfolgenden Antragsteller auf (Bonusregelung Rn. 12, 17). Liegen die Voraussetzungen für einen obligatorischen Erlass vor (Bonusregelung Rn. 4), so sichert das Bundeskartellamt dem Antragsteller schriftlich zu, dass ihm die Geldbuße unter der Bedingung, dass er seine Kooperationspflicht erfüllt und ein Erlass nicht wegen seiner Beteiligung als Anführer ausgeschlos-sen ist – erlassen wird (Bonusregelung Rn. 20). Wenngleich diese Zusicherung analog § 38 VwVfG nicht mehr einseitig zurückgenommen werden kann (vgl. *Panizza* ZWeR 2008, 55 (70)) und die Verhängung einer Geldbuße damit ausgeschlossen ist, wenn der Antragsteller die genannten Bedingun-gen erfüllt, geht die Rspr. davon aus, dass eine Verfolgung derselben Tat durch die Kommission oder eine nationale Kartellbehörde weiterhin möglich bleibt (EuG BeckEuRS 2011, 607362 – ThyssenKrupp Liften Ascenseurs; s. dagegen zu Art. 54 SDÜ und § 153a StPO: EuGH NJW 2003, 1173 Rn. 26 ff.; → Rn. 9). Die bei der Kommission und bei der nationalen Wettbewerbsbehörde gestellten Anträge werden dementsprechend unanhängig voneinander beschieden (EuGH NZKart 2016, 67).

Der Täter kann darüber hinaus auch durch eine einvernehmliche Verfahrensbeendigung („sett- **89** lement") eine Herabsetzung der Geldbuße erreichen (s. das Merkblatt des Bundeskartellamts: Das Settlement-Verfahren des Bundeskartellamts in Bußgeldverfahren v. 23.12.2013; näher *Engelbracht,* Die einvernehmliche Beendigung von Kartellbußgeldverfahren, 2015, 111 ff. (237 ff.)). Im Gegenzug für einen Verzicht auf ein streitiges Verfahren und die Zustimmung zu einem auf der Grundlage der Ermittlungsergebnisse verfassten Settlement-Vorschlag des Bundeskartellamts wird die Geldbuße um bis zu 10 % reduziert (Merkblatt S. 3). Das Verfahren orientiert sich in weiten Teilen an der Verständigung im Strafverfahren (Merkblatt, S. 2; s. insoweit BVerfG NJW 2013, 1058), insbes. bleibt die Möglichkeit einer gerichtlichen Überprüfung unberührt (Merkblatt S. 3). Gleichwohl erscheint es zweifelhaft, ob die Herabsetzung der Geldbuße auf einem durch die „Settlement-Erklärung" geminderten Vorwurf (vgl. FK-KartellR/*Achenbach* Rn. 622: „Geständnis") oder nicht vielmehr auf rein verfahrensökonomischen Erwägungen beruhen, die mit den Sanktionszwecken nur in einem mittelbaren Zusammenhang stehen.

IV. Verzinsung der Verbandsgeldbuße (§ 81 Abs. 6)

Die in einem Bußgeldbescheid gegen eine juristische Person oder eine Personenvereinigung (zur **90** Privilegierung natürlicher Personen → Rn. 91) festgesetzte Geldbuße ist nach Ablauf von zwei Wochen nach Zustellung des Bescheides zu verzinsen (§ 81 Abs. 6 S. 1); als Zinssatz wird ein Satz von fünf Prozentpunkten über dem Basiszinssatz festgelegt (§ 81 Abs. 6 S. 2 iVm §§ 289 Abs. 1 S. 2, 247 BGB). Die Bestimmung folgt der Praxis der Unionsorgane (vgl. EuGH BeckRS 2004, 70682 Rn. 141 ff. – AEG) und soll bei Verhängung der hohen umsatzbezogenen Geldbußen (§ 81 Abs. 4 S. 2) verhindern, dass die sanktionierten Unternehmensträger einen Rechtsbehelf allein zu dem Zweck einlegen, sich einen Zinsvorteil zu verschaffen (s. BT-Drs. 15/3640, 42). Das Gericht ist nicht an die Zinspflicht gebunden, soll allerdings nach der Vorstellung des Gesetzgebers den Zeitablauf bei der Festsetzung der Geldbuße berücksichtigen (BT-Drs. 15/3640, 42, 67; sa BVerfG NZKart 2013, 62 (66)); dies lässt sich jedoch mit dem verfassungsrechtlichen Gebot einer unrechts- und schuldangemessenen Sanktion nicht vereinbaren (FK-KartellR/*Achenbach* Rn. 608; *Vollmer* wistra 2013, 289 (295)). Nach dem eindeutigen Wortlaut ist die Verzinsung einer gerichtlich festgesetzten Geldbuße ausgeschlossen und kann in Ermangelung einer gesetzlichen Grundlage auch nicht vom Gericht angeordnet werden (FK-KartellR/*Achenbach* Rn. 608; Langen/Bunte/*Raum* Rn. 194).

91   Da eine Geldbuße grds. erst dann vollstreckt werden kann, wenn ihre Festsetzung bestands- bzw. rechtskräftig geworden ist (§ 89 OWiG), stellt die Verzinsung einen Systembruch im Ordnungswidrigkeitenrecht dar (FK-KartellR/*Achenbach* Rn. 612). Das BVerfG hat die Verfassungsmäßigkeit der Regelung auf Vorlage des OLG Düsseldorf (WuW/E DE-R 3308) aber gleichwohl bestätigt (BVerfG NZKart 2013, 62; eingehende Kritik bei *Vollmer* wistra 2013, 289 (293 ff.)). Die Ungleichbehandlung von natürlichen und juristischen Personen sei dadurch gerechtfertigt, dass die missbräuchliche Einlegung von Rechtsbehelfen (→ Rn. 90) nur bei den besonders hohen Geldbußen gegen juristische Personen besteht (BVerfG NZKart 2013, 62 (63 ff.); vgl. insoweit zum Bußgeldrahmen → Rn. 75). Zwar erschwere die Regelung nicht nur den Missbrauch, sondern auch die (legitime) Inanspruchnahme gerichtlichen Rechtsschutzes (s. insoweit die Stellungnahme des Bundesrates, BT-Drs. 15/3640, 82; *Burrichter* FS Bechtold, 1997, 102 ff. (106 f.)); darin liege jedoch kein Verstoß gegen Art. 19 Abs. 4 GG, denn bei einer (neuen) Festsetzung der Geldbuße durch das Gericht fielen keine Zinsen an und mit einer Rücknahme des Einspruchs verbundene (Rest-)Risiko belaste den Betroffenen nicht unzumutbar, da die Höhe der Belastung kalkulierbar bleibe und ihm nur der mit der Einlegung des Rechtsbehelfs verschaffte Zinsvorteil wieder entzogen werde (BVerfG NZKart 2013, 62 (66 ff.); s. dort auch zur Unschuldsvermutung und zu Art. 103 Abs. 2 GG).

92   Die Vollstreckung der Zinsforderung erfolgt iRd Verfahrens zur Vollstreckung der Geldbuße (§§ 89 ff. OWiG); dies gilt auch für den gerichtlichen Rechtsschutz nach §§ 103, 104 OWiG (BGH WuW/E DE-R 3607 f.). Ungeachtet der Bestätigung der Verfassungsmäßigkeit des § 81 Abs. 6 wird die „überschießende" Abschreckungswirkung der Zinspflicht (zB bei prozessual legitimer Rücknahme eines Einspruchs) mit Recht kritisiert und eine teleologische Reduktion der Vorschrift auf Missbrauchsfälle gefordert (*Vollmer* wistra 2013, 289 (296); FK-KartellR/*Achenbach* Rn. 613). Die Rspr. hat diesen Vorschlag bislang nicht aufgegriffen, sondern § 81 Abs. 6 auch angewandt, wenn dem Adressaten im Bußgeldbescheid oder im Vollstreckungsverfahren Zahlungserleichterungen gewährt worden sind (OLG Düsseldorf NZKart 2014, 461 (462); krit. *Huerkamp* NZKart 2014, 443 (444)). Da die Verzinsungspflicht weder Strafcharakter hat (BVerfG NZKart 2013, 62 (68 f.)) noch eine Nebenfolge iSd § 4 Abs. 5 OWiG darstellt, erfasst sie nach ihrem Wortlaut sogar vor dem Inkrafttreten des § 81 Abs. 6 erlassene Bußgeldbescheide (OLG Düsseldorf NZKart 2013, 463 (464); 2014, 461 (462)). Nach der Rspr. soll die Verjährung des Zinsanspruchs erst mit der betragsmäßigen Festsetzung des gesamten Zinszahlungsanspruchs (dh nach Zahlung der vollständigen Geldbuße) beginnen (OLG Düsseldorf NZKart 2014, 461 (462)). Dies erscheint jedoch zweifelhaft, da der Anspruch nicht erst mit der Anforderung der Behörde (so aber OLG Düsseldorf NZKart 2014, 461 (462), mit Hinweis auf § 200 BGB), sondern kraft Gesetzes (BGH WuW/E DE-R 3607 (3608)) entsteht (s. daher für eine Anwendung der §§ 195, 199 BGB: *Huerkamp* NZKart 2014, 443 (445)).

V. Festlegung allgemeiner Verwaltungsgrundsätze (§ 81 Abs. 7)

93   Das Bundeskartellamt kann allgemeine Verwaltungsgrundsätze festlegen, in denen es das ihm zustehende Verfolgungsermessen (§ 47 OWiG) konkretisiert. Diese Grundsätze führen über Art. 3 Abs. 1 GG und einer entsprechenden Verwaltungspraxis zu einer Selbstbindung des Bundeskartellamtes, sind aber für die Gerichte nicht verbindlich (MüKoEuWettbR/*Vollmer* Rn. 122; weitergehend Immenga/Mestmäcker/*Dannecker/Biermann* Rn. 578). Das Bundeskartellamt hat auf dieser Grundlage die Bonusregelung (→ Rn. 87 f.) und die Leitlinien für die Bemessung der umsatzbezogenen Geldbuße (→ Rn. 85) erlassen und die in der Netzwerkbekanntmachung der Kommission (ABl. 2004 C 101, 43) niedergelegten Grundsätze über die Zusammenarbeit mit den Wettbewerbsbehörden anderer EU-Mitgliedstaaten anerkannt (MüKoEuWettbR/*Vollmer* Rn. 122; vgl. BT-Drs. 15/3640, 67). Die Regelung hat im Wesentlichen klarstellende Funktion (BT-Drs. 15/3640, 67; s. dagegen Immenga/Mestmäcker/*Dannecker/Biermann* Rn. 576); sie schließt es daher nicht aus, dass auch die Landeskartellbehörden entsprechende Verwaltungsgrundsätze erlassen (BT-Drs. 15/3640, 67).

D. Verfahrensfragen (§ 81 Abs. 8–10)

I. Verjährung

94   **1. Verjährungsfrist (Abs. 8).** Die Verjährungsfrist beträgt für besonders schwerwiegende Kartellrechtsverstöße (§ 81 Abs. 1, Abs. 2 Nr. 1, Abs. 3; vgl. § 81 Abs. 4 S. 1) fünf Jahre (§ 81 Abs. 8 S. 2), in den übrigen Fällen drei Jahre (§ 81 Abs. 8 S. 1 iVm § 31 Abs. 2 Nr. 1 OWiG). Wird die Tat durch Verbreitung von Druckschriften begangen, so finden die kürzeren Verjährungsfristen, die in den Landespressegesetzen enthalten sind, keine Anwendung (§ 81 Abs. 8 S. 1; s. dagegen noch BGHSt 28, 53 (56)). Aus dem Wortlaut des § 81 Abs. 8 S. 1 („nach den Absätzen 1 bis 3") wird abgeleitet, dass auch bei schweren Zuwiderhandlungen, sofern diese durch die Verwendung von Druckschriften begangen werden, nicht die fünfjährige (§ 81 Abs. 8 S. 2), sondern die allgemeine dreijährige Verjährungsfrist (§ 81 Abs. 8 S. 1 iVm § 31 Abs. 2 Nr. 1 OWiG) gilt (FK-KartellR/*Achenbach* Rn. 629; Immenga/ Mestmäcker/*Dannecker/Biermann* Rn. 585; MüKoEuWettbR/*Vollmer* Rn. 133). Da der Anwendungsbereich des § 81 Abs. 8 S. 1 („auch") nicht nur Pressedelikte, sondern sämtliche Zuwiderhandlungen nach § 81 erfasst, kann dieser jedoch nicht als § 81 Abs. 8 S. 2 verdrängende Spezialnorm angesehen werden (so aber Immenga/Mestmäcker/*Dannecker/Biermann* Rn. 587), sondern § 81 Abs. 8 S. 2 genießt als lex specialis umfassenden Vorrang vor den allgemeinen Bestimmungen des OWiG (Bechtold/Bosch Rn. 56 f.; Langen/Bunte/*Raum* Rn. 202). Diese Auslegung entspricht der Schwere der Zuwiderhandlung, aber auch dem ursprünglichen Sinn und Zweck der Vorschrift, der Staatsanwaltschaft einen ausreichenden Zeitraum zur Klärung eines Verdachts wegen einer Straftat nach § 263 oder § 298 StGB zur Verfügung zu stellen (s. BT-Drs. 13/8079, 16).

2. Beginn der Verjährung. Die Verjährung beginnt mit der Beendigung der Zuwiderhandlung **95** (§ 31 Abs. 3 OWiG), bei Erfolgsdelikten also mit dem (vollständigen) Erfolgseintritt (→ Rn. 15, 21, 25, 39, 41); allerdings werden bei Kartellabsprachen (§ 81 Abs. 1 Nr. 1, Abs. 2 Nr. 1 iVm § 1) die getroffene Vereinbarung und ihre Umsetzung zu einer einheitlichen Tat zusammengefasst (→ Rn. 14). Bei einer Aufsichtspflichtverletzung beginnt die Verjährung mit der Beendigung der Anknüpfungstat (vgl. § 131 Abs. 3 OWiG); dies gilt auch dann, wenn in Zukunft weitere Verstöße derselben Art. zu befürchten sind (Immenga/Mestmäcker/*Dannecker/Biermann* Rn. 589; KK-OWiG/*Rogall* OWiG § 130 Rn. 128; s. dagegen BGHSt 32, 389 (392)).

3. Unterbrechung der Verjährung (Abs. 9). Die Verjährung wird durch Ermittlungsmaßnahmen **96** deutscher Kartellbehörden und Gerichte unterbrochen (§ 33 Abs. 1 OWiG) und beginnt anschließend von neuem (§ 33 Abs. 3 S. 1 OWiG; s. aber die absolute Verjährung nach § 33 Abs. 3 S. 2 OWiG). Die Unterbrechung wirkt personengebunden (§ 33 Abs. 4 S. 1 OWiG); Ermittlungshandlungen gegen einen Repräsentanten (§ 30 Abs. 1 Nr. 1–5 OWiG) wirken auch gegenüber dem Verband verjährungsunterbrechend (BGH NJW 2001, 1436 (1437); Göhler/*Gürtler* OWiG § 30 Rn. 43b). Nach § 81 Abs. 9 tritt eine Unterbrechung ebenfalls ein, sofern die Kommission oder die Wettbewerbsbehörde eines anderen EU-Mitgliedstaates solche Maßnahmen zur Untersuchung desselben Verstoßes gegen Art. 101 oder Art. 102 AEUV ergreift. Die Regelung soll es der deutschen Behörde ermöglichen, das eigene Verfahren trotz der kurzen Verjährungsfrist auszusetzen, bis die Kommission oder die ausländische Kartellbehörde das Verfahren abgeschlossen hat (s. BT-Drs. 15/3640, 67 f.; s. insoweit Art. 11, 13 KartellVO). Die Unterbrechung der Verjährung umfasst nicht nur den Verstoß gegen Art. 101 bzw. Art. 102 AEUV, sondern die gesamte prozessuale Tat (Immenga/Mestmäcker/*Dannecker/Biermann* Rn. 595; s. allg. Göhler/*Gürtler* OWiG § 33 Rn. 56b). Indem die gesetzliche Regelung davon ausgeht, dass die deutsche Kartellbehörde einerseits und die Kommission bzw. die ausländische Kartellbehörde andererseits dieselbe Tat verfolgen, löst sie sich von dem engen, auf die inländischen Auswirkungen begrenzten Tatbegriff und bestätigt eine Auslegung des Grundsatzes „ne bis in idem" (Art. 54 SDÜ, Art. 50 GRC), wonach die verfahrensabschließende Entscheidung der Kommission oder der Behörde eines anderen Mitgliedstaates ein Verfolgungshindernis begründet (→ Rn. 9; sa Bechtold/Bosch Rn. 61; Immenga/Mestmäcker/*Dannecker/Biermann* Rn. 597 f.; **aA** MüKoEuWettbR/*Vollmer* Rn. 136).

II. Zuständigkeit (Abs. 10)

Für die Verfolgung (§ 35 Abs. 1 OWiG) und Ahndung (§ 35 Abs. 2, § 65 OWiG) sind grds. die **97** Kartellbehörden (§ 48) **sachlich** zuständig (§ 81 Abs. 10 Nr. 3 iVm § 36 Abs. 1 Nr. 1 OWiG); die besonderen Zuständigkeiten der Bundesnetzagentur (§ 81 Abs. 10 Nr. 1) und des Bundeskartellamtes (§ 81 Abs. 10 Nr. 2) folgen aus der Einrichtung der Markttransparenzstellen (§§ 47a ff., vgl. BT-Drs. 17/10060, 32). Die Zuständigkeiten im Ordnungswidrigkeitenverfahren folgen damit jeweils den Zuständigkeiten im Verwaltungsverfahren (s. iE Immenga/Mestmäcker/*Dannecker/Biermann* Rn. 614 ff.). Das Bundeskartellamt ist sachlich zuständig, soweit die Wirkungen der Zuwiderhandlung – so geringfügig diese auch sein mögen (BGHSt 27, 196 (199)) – über das Gebiet eines Bundeslandes hinausgehen (§ 48 Abs. 2 S. 1). Die Landesbehörde kann das Bußgeldverfahren auf Antrag des Bundeskartellamtes an dieses abgeben und umgekehrt (§ 81 Abs. 10 Nr. 3 iVm § 49 Abs. 3, 4). Die sachliche Zuständigkeit der Kartellbehörden wird durch die vorrangige Zuständigkeit der Staatsanwaltschaft (§§ 40 ff. OWiG) eingeschränkt, die ihrerseits durch § 82 beschränkt wird. Die **örtliche** Zuständigkeit (der Landeskartellbehörden) bestimmt sich nach § 37 OWiG (Immenga/Mestmäcker/*Dannecker/Biermann* Rn. 620 mwN). Für die Mitwirkung an Verfahren der Kommission oder der Wettbewerbsbehörden anderer Mitgliedstaaten ist ausschließlich das Bundeskartellamt zuständig (§ 50 Abs. 3). Die **internationale** Zuständigkeit ist bei inländischen Auswirkungen gegeben (vgl. § 130 Abs. 2 → Rn. 9; s. näher Immenga/Mestmäcker/*Rehbinder* § 130 Rn. 319 f.). Die Netzwerkbekanntmachung der Kommission (ABl. 2004 C 101, 43) geht von einem System paralleler Zuständigkeiten der nationalen Kartellbehörden und der Kommission aus, legt aber Grundsätze für die Fallverteilung fest, nach denen die für die Verfolgung am besten geeignete Behörde zu bestimmen ist.

§ 81a Auskunftspflichten

(1) [1]Kommt die Festsetzung einer Geldbuße nach § 81 Abs. 4 Satz 2 und 3 gegen eine juristische Person oder Personenvereinigungin Betracht, muss diese gegenüber der Verwaltungsbehörde nach § 81 Absatz 10 Auskunft erteilen über

1. den Gesamtumsatz des Unternehmens oder der Unternehmensvereinigung in dem Geschäftsjahr, das für die Behördenentscheidung nach § 81 Absatz 4 Satz 2 voraussichtlich maßgeblich sein wird oder maßgeblich war, sowie in den vorausgehenden fünf Geschäftsjahren,
2. die Umsätze des Unternehmens oder der Unternehmensvereinigung, die mit allen, mit bestimmten oder nach abstrakten Merkmalen bestimmbaren Kunden oder Produkten innerhalb eines bestimmten oder bestimmbaren Zeitraums erzielt wurden,

und Unterlagen herausgeben. [2]Bei der Ermittlung des Gesamtumsatzes und der Umsätze gilt § 81 Absatz 4 Satz 3. § 136 Absatz 1 Satz 2 und § 163a Absatz 3 und 4 der Strafprozessordnung finden insoweit keine sinngemäße Anwendung.

(2) Absatz 1 gilt für die Erteilung einer Auskunft oder die Herausgabe von Unterlagen an das Gericht entsprechend.

(3) Die für die juristische Person oder für die Personenvereinigung handelnde natürliche Person kann die Auskunft auf solche Fragen verweigern, deren Beantwortung sie selbst oder einen der in § 52 Absatz 1 der Strafprozessordnung bezeichneten Angehörigen der Gefahr aussetzen würde, wegen einer Straftat oder einer Ordnungswidrigkeit verfolgt zu werden; hierüber ist die für die juristische Person oder Personenvereinigung handelnde natürliche Person zu belehren. § 56 der Strafprozessordnung ist entsprechend anzuwenden. Die Sätze 1 und 2 gelten in Ansehung der Herausgabe von Unterlagen entsprechend.

Literatur: *Achenbach,* Die 8. GWB-Novelle und das Wirtschaftsstrafrecht, wistra 2013, 369; *Ackermann,* Grundrechte juristischer Personen im kartellrechtlichen Sanktionenverfahren: Ein Reformhindernis?, NZKart 2015, 17; *Dannecker,* Stellungnahme zum Zwischenbericht des Bundeskartellamts zum Expertenkreis Kartellsanktionenrecht, NZKart 2015, 14; *Fink,* Gilt „nemo tenetur se ipsum accusare" auch für juristische Personen?, wistra 2014, 457; *Mittag,* Außerprozessuale Wirkungen strafprozessualer Grundrechtseingriffe, 2009; *Yomere,* Die Novellierung des Kartellbußgeldverfahrens durch die 8. GWB-Novelle, WuW 2013, 1187.

A. Allgemeines

I. Hintergrund und Normzweck

1   Mit der 8. GWB-Novelle hat der Gesetzgeber für das Bußgeldverfahren gegen juristische Personen nach dem Vorbild des unionsrechtlichen Kartellverfahrens eine Auskunftspflicht eingeführt, um die komplexen und aufwändigen Verfahren effektiver zu gestalten (BT-Drs. 17/9852, 34). Der Gesetzgeber wollte auf diese Weise verhindern, dass allein zur Ermittlung nicht unmittelbar mit der Zuwiderhandlung zusammenhängender Umsatzdaten Durchsuchungen vorgenommen werden müssen, die sowohl für die Kartellbehörde als auch das betroffene Unternehmen einen erheblichen zusätzlichen Aufwand bedeuten (BT-Drs. 17/9852, 34). Im Unterschied zum Unionsrecht sieht das deutsche Recht jedoch keine allgemeine Auskunfts- und Kooperationspflicht vor (s. insoweit Art. 18 KartellVO), sondern diese ist auf die in § 81a Abs. 1 Nr. 1 und 2 genannten Angaben zum Gesamtumsatz und dem produktbezogenen Umsatz des jeweiligen Unternehmens beschränkt (BT-Drs. 17/9852, 34). Als Adressaten eines entsprechenden Auskunftsverlangens kommen allein juristische Personen, aber keine natürlichen Personen in Betracht (BT-Drs. 17/9852, 35). Ungeachtet dieser Einschränkung ist § 81a damit symptomatisch für eine zunehmende Europäisierung des Kartellsanktionenrechts, s. zu weitergehenden Reformvorschlägen den Zwischenbericht des Bundeskartellamtes zum Expertenkreis Kartellsanktionenrecht NZKart 2015, 2, sowie die nachfolgend abgedruckten Beiträge.

II. Verfassungsmäßigkeit und Kritik

2   Mit der Begründung einer Auskunftspflicht im Ordnungswidrigkeitenverfahren durchbricht der Gesetzgeber den verfassungsrechtlich garantierten (BVerfG NJW 2014, 3506 f. mwN) Grundsatz des Straf- und Ordnungswidrigkeitenverfahrens, wonach niemand verpflichtet ist, sich selbst zu belasten („Nemo tenetur se ipsum accusare"). Der Gesetzgeber hat diesem Grundsatz Rechnung getragen, soweit er natürliche Personen von der Auskunftspflicht ausgenommen hat (sa § 81a Abs. 3), ging aber davon aus, dass das Verfassungsrecht einer Auskunftspflicht iÜ nicht entgegenstehe, da die in der Menschenwürdegarantie (Art. 1 Abs. 1 GG) verankerte Aussagefreiheit nach Art. 19 Abs. 3 GG nicht auf juristische Personen und Personenvereinigungen anwendbar sei und die Auskunftspflicht überdies nur „tatferne" Informationen betreffe (BT-Drs. 17/9852, 35; ebenso Zwischenbericht des Bundeskartellamts zum Expertenkreis Kartellsanktionenrecht, NZKart 2015, 2 (4 f.); *Mühlhoff* NZWist 2013, 321 (329 f.); Langen/Bunte/*Raum* Rn. 2, 11). Mit der ersten Erwägung nimmt der Gesetzgeber implizit auf die Rspr. des BVerfG Bezug, wonach die Anwendbarkeit des Nemo-tenetur-Grundsatzes auf juristische

Personen zu verneinen ist (BVerfGE 95, 220 (241 f.); 118, 168 (203)). Der Hinweis auf Art. 19 Abs. 3 GG ignoriert jedoch, dass die Aussagefreiheit nicht allein aus Art. 1 Abs. 1 GG, sondern als elementares Verfahrensgrundrecht auch aus dem Rechtsstaatsprinzip abzuleiten ist (BVerfG NJW 2014, 3506 mwN) und damit auch juristischen Personen zustehen muss (*Böse*, Wirtschaftsaufsicht und Strafverfolgung, 2005, 196; *Dannecker* NZKart 2015, 14 (15); *Yomere* WuW 2013, 1187 (1191); s. zu Art. 103 Abs. 1 GG: BVerfGE 61, 82 (104); 64, 1 (11); aA *Ackermann* NZKart 2015, 17 (20); *Fink* wistra 2014, 457 (458 ff.)). Soweit das BVerfG ergänzend darauf verweist, dass die Geldbuße – im Gegensatz zur Strafe – keinen Schuldvorwurf enthalte, sondern nur einen Ausgleich für die aus der Tat gezogenen Vorteile ermögliche (BVerfGE 95, 220 (242)), ist dem entgegenzuhalten, dass sich aus § 81 Abs. 5 S. 2 ergibt, dass sich die Geldbuße gerade nicht auf eine reine Abschöpfungsfunktion beschränkt (*Böse*, Wirtschaftsaufsicht und Strafverfolgung, 2005, 196 f.; *Yomere* WuW 2013, 1187 (1191 f.); sa *Fink* wistra 2014, 457 (460)). Da der Nemo-tenetur-Grundsatz den Beschuldigten von jedwedem Aussagezwang freistellt (s. zu Angaben über die persönlichen Verhältnisse BGH StV 1984, 190 (192)), kann eine Auskunftspflicht im Ordnungs-widrigkeitenverfahren schließlich auch nicht für „tatferne" Informationen begründet werden (→ Rn. 4, 5) und ist daher verfassungswidrig (*Yomere* WuW 2013, 1187 (1192); krit. auch FK-KartellR/*Achenbach* § 81 Rn. 408). Nach hier vertretener Auffassung (näher *Böse*, Wirtschaftsaufsicht und Strafverfolgung, 2005, 114 ff. (181, 438 ff.)) erstreckt sich der verfassungsrechtliche Schutz jedoch nicht auf Vorlage-pflichten (vgl. § 81a Abs. 1 S. 1 aE), da diese nicht das Recht auf Verteidigung als Kernelement eines rechtsstaatlichen Bußgeldverfahrens einschränken.

B. Inhalt

I. Anwendungsbereich und Reichweite der Auskunftspflicht

1. Anwendungsbereich. Der persönliche Anwendungsbereich der Auskunfts- und Vorlagepflicht **3** nach § 81a Abs. 1 S. 1 ist auf juristische Personen und Personenvereinigungen beschränkt; in Bezug auf natürliche Personen bleibt die verfassungsrechtliche Selbstbelastungsfreiheit unangetastet (→ Rn. 2). Wie sich aus dem Wotlaut und der systematischen Stellung ergibt, erweitert die Auskunftspflicht die behörd-lichen Befugnisse im Bußgeldverfahren (s. zum Verwaltungsverfahren § 59); der sachliche Anwendungs-bereich wird zudem dadurch beschränkt, dass die Regelung nur für Verfahren wegen Ordnungswidrig-keiten nach § 81 Abs. 1, Abs. 2 Nr. 1, Nr. 2 lit. und Nr. 5 gilt, in denen die Verhängung einer umsatzbezogenen Geldbuße (§ 81 Abs. 4 S. 2) in Betracht kommt. Da die Ermittlungsbefugnis einge-führt wurde, um die Grundlagen für die Festsetzung (dh der Zumessung) der Geldbuße zu ermitteln (vgl. BT-Drs. 17/9852, 34), kommt ein Auskunftsverlangen erst dann in Betracht, wenn der Tatnachweis selbst hinreichend sicher erscheint (Langen/Bunte/*Raum* Rn. 5); anderenfalls ist ein Ermittlungseingriff zur Rechtsfolgenseite nicht erforderlich (→ Rn. 4).

2. Gegenstand der Auskunftspflicht. Der Gegenstand eines Auskunftsverlangens wird in § 81a **4** Abs. 1 S. 1 Nr. und Nr. 2 präzisiert. Angefordert werden können der Gesamtumsatz des Unternehmens oder der Unternehmensvereinigung (§ 81a Abs. 1 S. 1 Nr. 1). Maßgeblich ist insoweit nicht die juristische Person bzw. Personenvereinigung, gegen die das Verfahren geführt wird, sondern die wirt-schaftliche Einheit (§ 81a Abs. 1 S. 2 iVm § 81 Abs. 4 S. 3). Der Begriff der wirtschaftlichen Einheit ist dabei in Anlehnung an das europäische Wettbewerbsrecht auszulegen (BT-Drs. 17/9852, 35; → § 81 Rn. 79). Die Behörde kann damit insbes. auch Auskünfte zu Konzernzusammenhängen verlangen, die für die Feststellung einer wirtschaftlichen Einheit von Bedeutung sind (Langen/Bunte/*Raum* Rn. 7; sa BT-Drs. 17/9852, 34). Da diese Angaben gegebenenfalls auch Tatsachen enthalten, die für eine Zurech-nung von Zuwiderhandlungen konzernabhängiger Unternehmen und damit auch zur Begründung einer bußgeldrechtlichen Verantwortlichkeit der Konzernmuttergesellschaft herangezogen werden können (→ § 81 Rn. 8), erscheint die Einschätzung des Gesetzgebers, es handele sich um „tatferne" Angaben (BT-Drs. 17/9852, 35) fragwürdig (→ Rn. 2). Anzugeben ist der weltweite Umsatz für das Geschäftsjahr, das voraussichtlich der Verhängung vorausgeht; auch dieses prognostische Element deutet darauf hin, dass die Auskunft erst verlangt werden kann, wenn die Ermittlungen zum Nachweis der Zuwiderhandlung weitgehend abgeschlossen sind und damit feststeht, welches Geschäftsjahr für die Zumessung der Geldbuße maßgeblich ist (*Achenbach* wistra 2013, 369 (370); → Rn. 3). Darüber hinaus kann auch Auskunft über den Gesamtumsatz der fünf vorangehenden Geschäftsjahre verlangt werden, soweit dies zur Einschätzung der wirtschaftlichen Leistungsfähigkeit (vgl. § 17 Abs. 3 S. 2 OWiG) und zur Ermitt-lung der Bußgeldobergrenze bei der Rechtsnachfolge (vgl. § 30 Abs. 2a S. 2 OWiG → § 81 Rn. 7) erforderlich ist (BT-Drs. 17/9852).

Gegenstand eines Auskunftsverlangens kann ferner der Umsatz mit bestimmten oder nach abstrakten **5** Merkmalen bestimmbaren Kunden oder Produkten sein (§ 81a Abs. 1 S. 1 Nr. 2). Auf diese Weise kann die Behörde die tatbezogenen Umsätze ermitteln, die nach den Bußgeldleitlinien des Bundeskartellamts (→ § 81 Rn. 85) Ausgangspunkt für die Bemessung der Geldbuße sind (BT-Drs. 17/9852, 34). Aus den Umsätzen und den ihnen zugrunde liegenden Preisen können allerdings gegebenenfalls auch Rück-schlüsse auf das Vorliegen einer Kartellabsprache gezogen werden (Langen/Bunte/*Raum* Rn. 5), so dass es sich auch insoweit kaum um „tatferne" Informationen handeln dürfte (→ Rn. 2, 4). Durch entsprechende Festlegung der Kriterien kann die Behörde auch gebietsbezogene Umsätze (national, regional, lokal) abfragen (BT-Drs. 17/9852, 35; Immenga/Mestmäcker/*Dannecker*/*Biermann* Rn. 7; zur geographischen Zuordnung von Umsätzen BGH NZKart 2014, 149 (150)); dies kann bedeutsam sein, sofern man in Anlehnung an § 130 Abs. 2 für die Zumessung der Geldbuße allein auf den Umsatz im Inland abstellt (Bechtold/Bosch Rn. 5; s. dagegen Langen/Bunte/*Raum* Rn. 9; → § 81 Rn. 9).

6   **3. Herausgabe von Unterlagen.** Die Auskunftspflicht wird ergänzt durch die Pflicht, auf behördliches Verlangen die entsprechenden Unterlagen herauszugeben (§ 81a Abs. 1 S. 1 aE). In Bezug auf den Gesamtumsatz (Nr. 1) kann demnach die Herausgabe der testierten Jahresabschlüsse sowie zur Feststellung der wirtschaftlichen Einheit Gesellschaftsverträge und Gesellschafterbeschlüsse, in Bezug auf die tatbezogenen Umsätze (Nr. 2) die entsprechenden Verträge und Rechnungen verlangt werden (Bechtold/Bosch Rn. 6; Langen/Bunte/*Raum* Rn. 10); nicht erfasst wird die Korrespondenz zur Vertragsanbahnung, da sie in Bezug auf die tatsächlich erzielten Umsätze nur geringe Aussagekraft besitzt (Langen/Bunte/*Raum* Rn. 10). Die Herausgabepflicht reicht nicht weiter als die Auskunftspflicht (Bechtold/Bosch Rn. 6), der Adressat des behördlichen Verlangens ist daher nicht zur Erstellung neuer Unterlagen verpflichtet (Langen/Bunte/*Raum* Rn. 10); insoweit greift aber regelmäßig die Auskunftspflicht (s. aber zu deren Verfassungswidrigkeit → Rn. 2).

7   **4. Reichweite der Auskunfts- und Herausgabepflicht.** Die Auskunfts- und Herausgabepflicht ist auf die von der Behörde verlangten Angaben begrenzt (→ Rn. 9). Wie aus § 81 Abs. 2 Nr. 7 ergibt, ist der Adressat des behördlichen Auskunftsverlangens nicht nur zur Erteilung der Auskunft, sondern auch zu richtigen, vollständigen und rechtzeitigen Angaben verpflichtet. Letzteres setzt allerdings voraus, dass die Behörde für die Erteilung der Auskunft eine bestimmte und angemessene Frist gesetzt hat. Da mit der Begründung der Auskunftspflicht eine Ausnahme von der strafprozessualen Aussagefreiheit geschaffen wird, besteht insoweit auch keine Pflicht, den Vertreter der juristischen Person bzw. der Personenvereinigung über dieses Recht zu belehren (§ 81a Abs. 1 S. 3). Da die sinngemäße Anwendung der §§ 136 Abs. 1 S. 2, 163a Abs. 3 und 4 jedoch nur ausgeschlossen wird, soweit die Auskunftspflicht reicht („insoweit"), bestehen diese Belehrungspflichten iÜ fort, insbes. kann weder dem Wortlaut noch dem Zweck der Regelung entnommen werden, dass nach § 81a Abs. 1 S. 3 auch die Pflicht zur Belehrung über das Recht auf einen Verteidiger entfällt (so aber Langen/Bunte/*Raum* Rn. 11).

8   Von der Auskunftspflicht der juristischen Person unberührt bleibt die Aussagefreiheit der für sie handelnden natürlichen Person. Besteht die Gefahr, dass diese sich oder einen Angehörigen mit der verlangten Auskunft oder der Herausgabe von Unterlagen der Gefahr aussetzt, wegen einer Straftat oder Ordnungswidrigkeit verfolgt zu werden, steht ihr ein Auskunfts- bzw. Herausgabeverweigerungsrecht zu (§ 81a Abs. 3 S. 1 und 3). Die Verfolgungsgefahr ist glaubhaft zu machen (§ 81a Abs. 3 S. 2 iVm § 56 StPO), allerdings dürfen die Anforderungen dabei nicht überspannt werden, insbes. kann nicht verlangt werden, dass der Betroffene im Wege der Glaubhaftmachung bereits Umstände offenbart, die den Verdacht einer Beteiligung begründen (KK-StPO/*Senge* StPO § 56 Rn. 4). Dem öffentlichen Aufklärungsinteresse kann dadurch Rechnung getragen werden, dass die Adressatin des behördlichen Auskunfts- und Vorlageverlangens ihre Kooperationspflichten durch einen anderen Vertreter erfüllt. Es ist ihr damit verwehrt, die Regelung durch „Vorschieben" einer auskunftsverweigerungsberechtigten Person zu umgehen (Bechtold/Bosch Rn. 9).

II. Verfahren und Rechtsschutz

9   **1. Behördliches oder gerichtliches Auskunfts- und Herausgabeverlangen.** Die Auskunfts- und Herausgabepflicht setzt ein Auskunfts- und Herausgabeverlangen der für die Verfolgung der Ordnungswidrigkeit nach § 81 Abs. 10 zuständigen Behörde voraus. Anders als im Verwaltungsverfahren ergeht das Auskunftsverlangen nicht in Form eines Verwaltungsakts (Verfügung, s. § 59 Abs. 6), sondern als Realakt (sa Bechtold/Bosch Rn. 7; Immenga/Mestmäcker/*Dannecker*/*Biermann* Rn. 10; s. allg. zum Strafverfahren *Mittag,* Außerprozessuale Wirkungen strafprozessualer Grundrechtseingriffe, 2009, 61 f.). Das behördliche Verlangen hat die begehrte Auskunft aber gleichwohl präzise zu bezeichnen, da sie Umfang und Reichweite der gesetzlichen Auskunftspflicht bestimmt (Immenga/Mestmäcker/*Dannecker*/*Biermann* Rn. 10; → § 81 Rn. 60). Eine Auskunfts- und Herausgabepflicht besteht auch gegenüber dem Gericht im gerichtlichen Verfahren nach Einspruch gegen den Bußgeldbescheid (§ 81a Abs. 2). Der Beschränkung auf behördliche und gerichtliche Auskunftsverlangen kann im Umkehrschluss entnommen werden, dass § 81a der Staatsanwaltschaft keine entsprechende Befugnis verleiht (Langen/Bunte/*Raum* Rn. 12). Demgegenüber wird zT davon ausgegangen, dass die Befugnisse der Kartellbehörde nach dem Einspruch gegen den Bußgeldbescheid mit dem Eingang der Akten gem. § 69 Abs. 4 S. 1 OWiG auf die Staatsanwaltschaft übergehen (*Mühlhoff* NZWist 2013, 321 (329 f.); zust. Immenga/Mestmäcker/*Dannecker*/*Biermann* Rn. 10). Nach dieser Regelung gehen jedoch nur die Aufgaben, nicht aber die Befugnisse der Verfolgungsbehörde auf die Staatsanwaltschaft über; die Befugnisse der Staatsanwaltschaft ergeben sich aus den allgemeinen Bestimmungen (§ 46 Abs. 1 OWiG, vgl. Göhler/*Seitz* OWiG § 69 Rn. 52). IErg ist die Beschränkung des § 81a auf die Kartellbehörde und das Gericht auch sachgerecht, da die Staatsanwaltschaft nicht über die Festsetzung (dh die Zumessung) der Geldbuße entscheidet (vgl. § 69 Abs. 4 S. 2 OWiG).

2. Rechtsschutz. Da das behördliche Auskunftsverlangen nicht im Rahmen eines Verwaltungsver- **10** fahrens, sondern im Ordnungswidrigkeitenverfahren ergeht, sind für den Rechtsschutz nicht die §§ 63 ff., sondern die §§ 62 ff. OWiG maßgeblich (Bechtold/Bosch Rn. 7). Statthafter Rechtsbehelf ist der Antrag auf gerichtliche Entscheidung (§ 62 Abs. 1 S. 1 OWiG). Der Antrag ist nicht nach § 62 Abs. 1 S. 2 OWiG ausgeschlossen, da sich das behördliche Auskunftsverlangen nicht in einer Vorberei-tung der Entscheidung bzw. einer weiteren Sachaufklärung erschöpft, sondern das Auskunfts- und Herausgabeverlangen den Adressaten aufgrund der Androhung einer Geldbuße bei Nichtbefolgung selbstständig beschwert (Langen/Bunte/*Raum* Rn. 14; iE ebenso Bechtold/Bosch Rn. 7; Immenga/ Mestmäcker/*Dannecker/Biermann* Rn. 10; s. allg. KK-OWiG/*Kurz* OWiG § 62 Rn. 5). Der Antrag hemmt die Auskunftspflicht nicht (§ 62 Abs. 2 S. 2 OWiG iVm § 307 Abs. 1 StPO; s. aber § 307 Abs. 2 StPO zur Anordnung einer Vollzugshemmung). Über den Antrag entscheidet gem. § 62 Abs. 2 S. 1 OWiG iVm § 68 Abs. 1 S. 1 OWiG nicht das für die Entscheidung über den Einspruch nach § 83 zuständige Oberlandesgericht (so Bechtold/Bosch Rn. 7), sondern das örtlich zuständige Amtsgericht (Immenga/Mestmäcker/*Dannecker/Biermann* Rn. 10; Langen/Bunte/*Raum* Rn. 14); dies ergibt sich im Umkehrschluss aus der begrenzten Zuständigkeit des OLG für Entscheidungen nach § 62 OWiG (§ 83 Abs. 1 S. 1 Hs. 2) und entspricht der allgemeinen Zuständigkeit des Amtsgerichts in Bezug auf Ermitt-lungsmaßnahmen (vgl. Immenga/Mestmäcker/*Dannecker/Biermann* § 83 Rn. 2). Gegenüber einem ge-richtlichen Auskunfts- und Vorlageverlangen steht dem Adressaten kein Rechtsbehelf zu (Bechtold/ Bosch Rn. 8); dies ist aber unschädlich, da ihm insoweit kein Bußgeld droht und damit auch kein Bedürfnis für seine selbstständige Anfechtbarkeit besteht (vgl. Langen/Bunte/*Raum* Rn. 15).

3. Durchsetzung. Zur Durchsetzung des behördlichen Auskunfts- und Vorlageverlangens hat der **11** Gesetzgeber die Möglichkeit geschaffen, die Nichtbefolgung mit einer Geldbuße zu ahnden (§ 81 Abs. 2 Nr. 7; s. insoweit BT-Drs. 17/9852, 34). Die Geldbuße ist gegen die juristische Person als Adressatin des behördlichen Verlangens zu verhängen, von einer Verfolgung der für diese handelnden natürlichen Person (vgl. § 9 OWiG) ist in der Regel nach § 47 OWiG abzusehen (BT-Drs. 17/9852, 34). Weitere Zwangsmittel (zB ein Zwangsgeld) sind in Ermangelung einer gesetzlichen Grundlage für das Ordnungs-widrigkeitenverfahren unzulässig. Die Befugnis zur Durchsuchung und Beschlagnahme von Unterlagen (§ 46 Abs. 2 OWiG iVm §§ 94 ff., 102 ff. StPO) bleibt jedoch von § 81a grds. unberührt (BGH NZKart 2014, 236). Die Kartellbehörde muss allerdings unter desm Aspekt der Verhältnismäßigkeit prüfen, ob eine Durchsuchung angesichts der nach § 81a bestehenden Befugnisse noch erforderlich ist; dies dürfte jedoch insbes. dann der Fall sein, wenn Zweifel an der Kooperationsbereitschaft des Unternehmens bestehen (BGH NZKart 2014, 236 (237); Langen/Bunte/*Raum* Rn. 3).

§ 82 Zuständigkeit für Verfahren wegen der Festsetzung einer Geldbuße gegen eine juristische Person oder Personenvereinigung

[1] **Die Kartellbehörde ist für Verfahren wegen der Festsetzung einer Geldbuße gegen eine juristische Person oder Personenvereinigung (§ 30 des Gesetzes über Ordnungswidrigkeiten) in Fällen ausschließlich zuständig, denen**

1. eine Straftat, die auch den Tatbestand des § 81 Absatz 1, 2 Nummer 1 und Absatz 3 verwirklicht, oder

2. eine vorsätzliche oder fahrlässige Ordnungswidrigkeit nach § 130 des Gesetzes über Ord-nungswidrigkeiten, bei der eine mit Strafe bedrohte Pflichtverletzung auch den Tatbestand des § 81 Absatz 1, 2 Nummer 1 und Absatz 3 verwirklicht,

zugrunde liegt. [2] Dies gilt nicht, wenn die Behörde das § 30 des Gesetzes über Ordnungs-widrigkeiten betreffende Verfahren an die Staatsanwaltschaft abgibt.

Literatur: *Bangard,* Aktuelle Probleme der Sanktionierung von Kartellabsprachen, wistra 1997, 161; sa die Angaben zu § 81.

A. Allgemeines

I. Hintergrund und Normzweck

§ 82 begründet eine ausschließliche Zuständigkeit der Kartellbehörde für die Festsetzung von Ver- **1** bandsgeldbußen wegen Kartellverstößen, auch wenn die Anknüpfungstat zugleich den Tatbestand eines Strafgesetzes verwirklicht. Die Vorschrift weicht von der allgemeinen Zuständigkeitsregelung ab, wonach die Staatsanwaltschaft bzw. das Gericht im Strafverfahren gegen die natürliche Person, die für den Verband gehandelt hat (§ 30 Abs. 1 OWiG, § 444 StPO), bzw. ggf. im selbstständigen Verfahren (§ 30 Abs. 4 OWiG, § 444 Abs. 3 StPO) auch über die Verhängung einer Geldbuße gegen den Verband entscheiden (vgl. § 40 OWiG). Diese **abweichende Zuständigkeitsregelung** erfolgte mit der Kriminalisierung der Submissionsabsprache (§ 298 StGB) und sollte sicherstellen, dass die **Sachkunde und Erfahrung der Kartellbehörden** bei der Festsetzung von Verbandsgeldbußen weiterhin genutzt werden können und nicht infolge einer Zuständigkeitsverlagerung auf die Justiz verloren gehen (s. BT-Drs. 13/8079, 17). Dies gilt insbes. für die umsatzbezogene Geldbuße (§ 81 Abs. 4 S. 2, → § 81 Rn. 73 ff., 85), deren Berechnung entsprechende Marktkenntnisse voraussetzt (s. zur Mehrerlösabschöpfung: BT-Drs. 13/6424, 6). Zugleich trägt die Regelung dem Umstand Rechnung, dass im Strafverfahren bislang relativ selten eine Verbandsgeldbuße verhängt worden ist (s. BT-Drs. 13/6064, 6; *Bangard* wistra 1997, 161 (168 f.); MüKoEuWettbR/*Vollmer* Rn. 4). Da sich die abweichende Zuständigkeitsregelung nur auf die Verbandsgeldbuße bezieht, die strafrechtliche Verfolgung der natürlichen Person also weiterhin der Justiz obliegt, führt § 82 insoweit zu einer **Verfahrensspaltung.** Ein selbstständiges Verfahren zur Festsetzung einer Verbandsgeldbuße ist grds. nur zulässig, wenn das Strafverfahren gegen die natürliche Person eingestellt, ein solches gar nicht erst eingeleitet oder von Strafe abgesehen wird (§ 30 Abs. 4 S. 1 OWiG). Weitere Ausnahmen werden jedoch ausdrücklich zugelassen (§ 30 Abs. 4 S. 2 OWiG); um eine solche Ausnahme handelt es sich bei § 82.

II. Verfassungsmäßigkeit und Kritik

2   § 82 durchbricht mit der getrennten Verfolgung von natürlicher Person und Verband den Grundsatz des einheitlichen Verfahrens (→ Rn. 1; vgl. OLG Koblenz ZfSch 2010, 108 f.; krit. FK-KartellR/*Achenbach* Rn. 8 ff.). Darin liegt jedoch kein Verstoß gegen den Grundsatz „**ne bis in idem**" (Art. 103 Abs. 3 GG), denn dieser garantiert nicht ein Recht auf Einmaligkeit der Strafverfolgung in dem Sinne, dass wegen der Anknüpfungstat der natürlichen Person nur in einem (einheitlichen) Verfahren Sanktionen gegen die natürliche Person und die juristische Person verhängt werden dürfen (so aber FK-KartellR/*Achenbach* Rn. 11). Eine identische Tat liegt wegen der unterschiedlichen Täter (Verband und dessen Vertreter) nicht vor (Immenga/Mestmäcker/*Dannecker/Biermann* Rn. 12; sa Loewenheim/Meessen/Riesenkampff/*Cramer/Pananis* Rn. 7). Das oben wiedergegebene Verständnis hätte zudem folgende Konsequenz: Wird ein Strafverfahren gegen eine natürliche Person nicht eingeleitet oder eingestellt, weil nicht festgestellt werden kann, welches Organ die Anknüpfungstat begangen hat (s. insoweit KK-OWiG/*Rogall* OWiG § 30 Rn. 176, 188), und daraufhin eine Verbandsgeldbuße verhängt (§ 30 Abs. 4 S. 1 OWiG), so wäre die natürliche Person auch bei Bekanntwerden neuer belastender Umstände durch Art. 103 Abs. 3 GG vor Strafverfolgung geschützt; dies vermag jedoch angesichts der auf den einzelnen Beschuldigten bzw. Betroffenen bezogenen Schutzrichtung des Art. 103 Abs. 3 GG nicht zu überzeugen (s. allg. BT-Drs. 10/318, 41; Göhler/*Gürtler* OWiG § 30 Rn. 29; KK-OWiG/*Rogall* OWiG § 30 Rn. 177; vgl. auch Langen/Bunte/*Raum* Rn. 6). Dass der (verfassungsrechtliche!) Tatbegriff im selbstständigen Verfahren zur Verhängung einer anonymen Verbandsgeldbuße anders zu bestimmen sein soll als iRd § 82 (so FK-KartellR/*Achenbach* Rn. 11 – Fn. 6), erscheint kaum nachvollziehbar, da es auch bei der anonymen Verbandsgeldbuße einer Anknüpfungstat (wenn auch nicht eines bestimmten Täters) bedarf. Ungeachtet der Verfassungsmäßigkeit des § 82 birgt die Verfahrensspaltung die Gefahr unnötigen (doppelten) Ermittlungsaufwands und widersprüchlicher Entscheidungen (FK-KartellR/*Achenbach* Rn. 12). Dieser Gefahr ist durch eine enge Zusammenarbeit zwischen Staatsanwaltschaft und Kartellbehörden zu begegnen (BT-Drs. 13/8079, 17; → Rn. 4); dann lassen sich widersprüchliche Entscheidungen auch bei der strafrechtlichen Verfolgung natürlicher Personen nicht vollständig ausschließen (→ Rn. 4). Mit Recht wird allerdings darauf hingewiesen, dass sich das Ziel des Gesetzgebers (→ Rn. 1) auch mit einer Sonderzuständigkeit der Kartellbehörden im Strafverfahren (vgl. § 386 AO) erreichen ließe und die mit einer Verfahrensspaltung verbundenen Probleme auf diese Weise vermieden werden könnten (Immenga/Mestmäcker/*Dannecker/Biermann* Rn. 5; s. insoweit im Zusammenhang mit einer Kriminalisierung schwerer Kartellverstöße: *Biermann* ZWeR 2007, 1 (42 ff.); → § 81 Rn. 1); mit der Einräumung von Befugnissen im gerichtlichen Bußgeldverfahren (§ 82a) hat der Gesetzgeber einen ersten (zaghaften) Schritt in diese Richtung getan (vgl. die entsprechende Kritik bei FK-KartellR/*Achenbach* § 82a Rn. 2; Langen/Bunte/*Raum* § 82a Rn. 3).

B. Inhalt

I. Voraussetzungen und Anwendungsbereich

3   Die ausschließliche Zuständigkeit der Kartellbehörde für die Verhängung einer Verbandsgeldbuße iSd § 30 OWiG setzt voraus, dass die Straftat, deretwegen die Geldbuße verhängt wird, zugleich den Tatbestand einer schweren Kartellordnungswidrigkeit (§ 81 Abs. 1, Abs. 2 Nr. 1, Abs. 3) verwirklicht und aus diesem Grund, insbes. im Hinblick auf das umsatzbezogene Bußgeldrahmen (§ 81 Abs. 4 S. 2), eine Festsetzung durch die Kartellbehörde geboten ist (→ Rn. 1). Der Anwendungsbereich erfasst zunächst die Konstellation, dass die Straftat der natürlichen Person, welche die Verantwortlichkeit des Verbandes begründet (§ 30 Abs. 1 Nr. 1–5 OWiG), zugleich einen der genannten Ordnungswidrigkeitentatbestände verwirklicht (§ 82 S. 1 Nr. 1); auch wenn die Aufsichtspflichtverletzung (§ 130 OWiG) eine Ordnungswidrigkeit darstellt und es insoweit keiner besonderen Zuständigkeitsregelung

bedurft hätte, hat der Gesetzgeber den Anwendungsbereich der Vorschrift auch auf diese erstreckt (§ 82 S. 1 Nr. 2), um zu verhindern, dass die Verfolgung an die Staatsanwaltschaft abgegeben bzw. von dieser übernommen wird (vgl. §§ 41, 42 OWiG), weil im Hinblick auf die § 130 OWiG enthaltene Anknüpfungstat ein (strafrechtlicher) Anfangsverdacht besteht (Langen/Bunte/*Raum* Rn. 4; MüKoEuWettbR/ *Vollmer* Rn. 7). Die Regelung setzt voraus, dass die Handlung des Täters zugleich den betreffenden Straftatbestand und einen Tatbestand nach § 81 Abs. 1, Abs. 2 Nr. 1, Abs. 3 verwirklicht (BT-Drs. 13/ 8079, 17; Immenga/Mestmäcker/*Dannecker*/*Biermann* Rn. 5, jeweils mit Hinweis auf § 21 OWiG; weitergehend Langen/Bunte/*Raum* Rn. 5: prozessuale Tat); es ist nicht ausreichend, dass die Straftat eine typische Begleittat (zB §§ 266, 331 ff. StGB) von (schweren) Kartellverstößen ist (FK-KartellR/ *Achenbach* Rn. 4; Langen/Bunte/*Raum* Rn. 5). Neben den §§ 263, 298 StGB (vgl. BT-Drs. 13/8079, 17) kommen damit vor allem Straftaten nach §§ 240, 253 StGB (Nötigung und Erpressung) in Betracht (FK-KartellR/*Achenbach* Rn. 4 → § 81 Rn. 71).

II. Rechtsfolge

Die ausschließliche Zuständigkeit der Kartellbehörde führt dazu, dass diese nach ihrem Ermessen über **4** die Festsetzung einer Verbandsgeldbuße entscheidet (§ 47 OWiG); dies gilt auch für die Verfolgung von Verstößen nach § 81 Abs. 1 (Immenga/Mestmäcker/*Dannecker*/*Biermann* Rn. 13; **aA** Loewenheim/ Meessen/Riesenkampff/*Cramer*/*Pananis* Rn. 10). Die mit der Bonusregelung bewirkte Selbstbindung des Bundeskartellamtes (→ § 81 Rn. 85, 93) umfasst daher auch den Erlass und die Ermäßigung einer Verbandsgeldbuße wegen einer Straftat (MüKoEuWettbR/*Vollmer* Rn. 14; **aA** FK-KartellR/*Achenbach* Rn. 22), auch wenn dies im Hinblick auf die Schwere des Unrechts durchaus kritikwürdig erscheint. Die Sonderzuständigkeit der Kartellbehörden setzt sich in dem gerichtlichen Verfahren in der Zuständigkeit der Kartellgerichte (§§ 83 f., 91, 94) fort (Immenga/Mestmäcker/*Dannecker*/*Biermann* Rn. 18; MüKoEuWettbR/*Vollmer* Rn. 17; **aA** FK-KartellR/*Achenbach* Rn. 19). Um überflüssige Ermittlungen zu vermeiden und widersprüchlichen Entscheidungen vorzubeugen, sind die Staatsanwaltschaft und die Kartellbehörden zu enger Zusammenarbeit verpflichtet (sa Nr. 242 RiStBV); insbes. sind Ermittlungsmaßnahmen (zB Durchsuchungen) abzustimmen (MüKoEuWettbR/*Vollmer* Rn. 16). Soweit es gleichwohl zu einander widersprechenden Entscheidungen kommt, sind diese (wie bei der getrennten Verfolgung natürlicher Personen) hinzunehmen; eine Durchbrechung der Rechtskraft durch eine analoge Anwendung des § 357 StPO (ggf. iVm § 79 Abs. 3 S. 1 OWiG) ist abzulehnen (Immenga/Mestmäcker/*Dannecker*/*Biermann* Rn. 14; MüKoEuWettbR/*Vollmer* Rn. 16).

III. Abgabe an die Staatsanwaltschaft (S. 2)

Die Kartellbehörde kann das Verfahren zur Festsetzung der Verbandsgeldbuße an die Staatsanwalt- **5** schaft abgeben (§ 82 S. 2). Die Entscheidung liegt in ihrem freien Ermessen (Langen/Bunte/*Raum* Rn. 5); eine Abgabe kann etwa geboten sein, wenn der Schwerpunkt der Tat nicht auf dem Wettbewerbsverstoß, sondern zB auf dem Vorwurf der Korruption (§§ 331 ff. StGB) liegt (Immenga/ Mestmäcker/*Dannecker*/*Biermann* Rn. 7). Eine uneingeschränkte Pflicht zur Abgabe des Verfahrens an die Staatsanwaltschaft (§ 41 OWiG) besteht in Bezug auf die strafrechtliche Verfolgung der natürlichen Person; ein Verstoß gegen diese Pflicht kann gegebenenfalls als Strafvereitelung (§ 258 StGB) verfolgt werden (BGHSt 43, 82 (86); MüKoEuWettbR/*Vollmer* Rn. 16).

380. Heimarbeitsgesetz (HAG)

Vom 14. März 1951 (BGBl. I S. 191) FNA 804-1

Zuletzt geändert durch Art. 26 G zur Bereinigung des Rechts der Lebenspartner vom 20.11.2015 (BGBl. I S. 2010)

– Auszug –

Vorbemerkung

1   Das Heimarbeitsgesetz vom 14.3.1951 (BGBl. I 191) geht zurück auf Regelungen, durch die bereits zu Beginn des 20. Jahrhunderts ein gewisser Mindestschutz für die Gruppe der Heimarbeiter geschaffen wurde. Dieser Schutz ist im Lauf der Jahrzehnte durch zahlreiche Gesetzesänderungen erheblich weiterentwickelt worden (vgl. Kittner/Däubler/Zwanziger/*Däubler* Vor § 1 Rn. 1 mwN). Heimarbeit, die zu über 90 % von Frauen wahrgenommen wird, hat über die Jahre hinweg aufgrund der immer komplexeren Produktionsvorgänge zahlenmäßig jedoch deutlich an Bedeutung verloren (Kittner/Däubler/Zwanziger/*Däubler* Vor § 1 Rn. 3 mwN).

2   Das Gesetz in der heute vorliegenden Fassung legt zunächst den Anwendungsbereich, die Begrifflichkeiten und die Zuständigkeiten fest (§§ 1–5). Es folgen allgemeine Schutzvorschriften zu Gunsten der Heimarbeiter hinsichtlich der Ausgestaltung des Heimarbeitsverhältnisses (§§ 6–9), wie zB Unterrichtungsverpflichtungen oder die Pflicht, den Heimarbeitern Entgeltbelege zu überlassen. Anschließend finden sich Regelungen zum Arbeits- (§§ 10, 11), Gefahren- und Gesundheitsschutz (§§ 12–16a), sowie zum Entgelt (§§ 17–22) und Entgeltschutz (§§ 23–27). Es folgen Bestimmungen zum Kündigungsschutz (§ 29, 29a) und ein an die Person geknüpftes Ausgabeverbot für Heimarbeit (§ 30). Straftatbestände sind in den § 31 und § 32 Abs. 3 und Abs. 4 geregelt; Bußgeldvorschriften finden sich in § 32 Abs. 1 und § 32a.

§ 31 Ausgabe verbotener Heimarbeit

(1) Wer Heimarbeit, die nach einer zur Durchführung des Gefahrenschutzes erlassenen Rechtsvorschrift (§ 13 Abs. 2, § 14 Abs. 3, § 34 Abs. 2 Satz 2) verboten ist, ausgibt oder weitergibt, wird mit Freiheitsstrafe bis zu einem Jahr oder mit Geldstrafe bestraft.

(2) Handelt der Täter fahrlässig, so ist die Strafe Freiheitsstrafe bis zu sechs Monaten oder Geldstrafe bis zu einhundertachtzig Tagessätzen.

1   **1. Allgemeines.** Die Vorschrift enthält einen der im Heimarbeitsgesetz geregelten Straftatbestände. Die unter Strafe gestellte Handlung zeichnet sich durch eine besondere Gefährlichkeit für die Gesundheit der vom HAG geschützten Heimarbeiter aus. Die Vorschrift knüpft daher an die arbeits- und gesundheitsschutzrechtlichen Regelungen an.

2. Die Regelung im Einzelnen. a) Objektiver Tatbestand. Strafbar nach § 31 Abs. 1 ist derjenige, der Heimarbeit, die nach einer Rechtsverordnung der Bundesregierung zur Durchführung des Gefahrenschutzes verboten ist, aus- oder weitergibt.

2   **aa) Heimarbeit.** Unter den Anwendungsbereich des Gesetzes fallen die in Heimarbeit Beschäftigten (§ 1). Dies sind zum einen Heimarbeiter, dh Personen, die in der eigenen Wohnung oder in einer selbstgewählten Betriebsstätte allein oder mit Familienangehörigen im Auftrag von Gewerbetreibenden oder sog Zwischenmeistern arbeiten, um damit dauerhaft ihren Lebensunterhalt zu verdienen (§ 2 Abs. 1). Zu den in Heimarbeit Beschäftigten gehören nach der gesetzlichen Definition auch die Hausgewerbetreibenden (§ 1 Abs. 1). Hierbei handelt es sich um Personen, die unter den gleichen Bedingungen wie die Heimarbeiter arbeiten, darüber hinaus aber noch bis zu zwei Hilfskräfte oder Heimarbeiter beschäftigen (§ 2 Abs. 2).

3   **bb) Täter.** Als Täter nach § 31 Abs. 1 kommen der Auftraggeber oder der Zwischenmeister in Betracht, da nur sie Heimarbeit ausgeben oder weitergeben. Es handelt sich hierbei um besondere persönliche Merkmale iSd § 28 Abs. 2 StGB (Erbs/Kohlhaas/*Ambs* Rn. 2). Der Begriff des Zwischenmeisters ist in § 2 Abs. 3 gesetzlich definiert. Hierunter fallen Personen, die, ohne selbst Arbeitnehmer zu sein, eine an sie von einem Gewerbetreibenden übertragene Arbeit an Heimarbeiter oder Hausgewerbetreibende vermitteln (vgl. § 2 Abs. 3). Die Anstiftung und Teilnahme zu einer Straftat nach § 31 Abs. 1 StGB sind möglich; sie richten sich nach den allgemeinen Regeln (§§ 26, 27 StGB).

cc) Rechtsverordnung zum Gefahrenschutz. Der Straftatbestand setzt weiterhin voraus, dass die 4
Aus- oder Weitergabe von Heimarbeit aufgrund einer Rechtsverordnung verboten ist, die der Durchführung des Gefahrenschutzes dient. Der Eintritt einer konkreten Gesundheitsgefährdung des in Heimarbeit Beschäftigten ist dagegen kein Tatbestandsmerkmal.

§ 31 Abs. 1 bezieht sich auf § 13 Abs. 2 und § 14 Abs. 3, wonach die Bundesregierung mit 5
Zustimmung des Bundesrates ermächtigt wird, Heimarbeit, die mit erheblichen Gefahren für Leben,
Gesundheit oder Sittlichkeit der Beschäftigten bzw. für die öffentliche Gesundheit verbunden ist, zu
verbieten. Zu diesen Verbotsregelungen gehört etwa die Gefahrenstoffverordnung. Nach § 16 Abs. 4
GefStoffV darf ein Arbeitgeber in Heimarbeit Beschäftigte nur Tätigkeiten mit geringer Gefährdung
(zum Begriff vgl. § 6 Abs. 11 GefStoffV) durchführen lassen. Geht mit der Tätigkeit eine höhere
Gefährdung einher, ist es daher nicht erlaubt, sie von Heimarbeitern ausführen zu lassen. Nach
§ 2 Abs. 7 Nr. 2 GefStoffV stehen Unternehmer ohne Beschäftigte sowie Auftraggeber und Zwischenmeister iSd HAG dem Arbeitgeber gleich. Soweit Verstöße von Auftraggeber und Zwischenmeister
gegen die in der Gefahrstoffverordnung geregelten Herstellungs- und Verwendungsverbote in Betracht
kommen, werden diese nicht mehr nach dem HAG, sondern ausschließlich nach §§ 21–24 GefStoffV
iVm § 26 oder § 27 ChemG als Straftaten oder Ordnungswidrigkeiten verfolgt (Erbs/Kohlhaas/*Ambs*
Rn. 1 zur früheren Gesetzeslage). Eine weitere vergleichbare Regelung zum Gesundheitsschutz von
Heimarbeitern findet sich in der Verordnung über Sicherheit und Gesundheitsschutz bei Tätigkeiten mit
biologischen Arbeitsstoffen vom 15.7.2013 (BGBl. I 2514). Nach § 8 Abs. 7 BioStoffV dürfen Arbeitgeber den in Heimarbeit Beschäftigten für ihre Tätigkeit nur biologische Arbeitsstoffe überlassen, die zur
Risikogruppe 1 gehören, da es bei diesen unwahrscheinlich ist, dass sie beim Menschen eine Krankheit
verursachen. Ein Verstoß hiergegen stellt jedoch keine Straftat nach § 31 dar, sondern wird entweder als
Ordnungswidrigkeit gem. § 20 Abs. 2 BioStoffV iVm § 32 Abs. 1 Nr. 1 oder bei einer vorsätzlichen
Gefährdung des Lebens oder der Gesundheit der in Heimarbeit Beschäftigten als Straftat nach § 21
Abs. 2 BioStoffV iVm § 32 Abs. 3 oder Abs. 4 verfolgt.

b) Subjektiver Tatbestand. Die Tatbestandsverwirklichung nach § 31 Abs. 1 setzt vorsätzliches 6
Handeln hinsichtlich aller Merkmale des objektiven Tatbestandes voraus. Der Täter muss insbes. auch
billigend in Kauf nehmen, dass er einer Rechtsverordnung zuwiderhandelt, nach der die Aus- oder
Weitergabe der Heimarbeit verboten ist. Positive Kenntnis vom Bestehen einer solchen Regelung oder
gar von deren konkretem Inhalt ist nicht erforderlich; es reicht aus, wenn es dem Täter gleichgültig ist,
ob er bei der Ausgabe der Heimarbeit gegen Rechtsvorschriften verstößt. Der Versuch ist nicht strafbar
(§ 23 Abs. 1 StGB).

Nach § 31 Abs. 2 ist auch eine fahrlässige Tatbegehung von Strafe bedroht. 7

c) Strafrahmen. Das Gesetz sieht für eine Vorsatztat nach § 31 Abs. 1 eine Freiheitsstrafe von 8
mindestens einem Monat (§ 38 StGB) bis zu höchstens einem Jahr oder eine Geldstrafe von mindestens
fünf bis zu höchstens 360 Tagessätzen (§ 40 Abs. 1 StGB) vor. Bei fahrlässiger Begehung kommt dagegen
lediglich eine Freiheitsstrafe bis zu sechs Monaten oder eine Geldstrafe in Betracht, die im Höchstmaß
180 Tagessätze betragen darf. Nach § 40 Abs. 2 S. 3 StGB muss die Höhe eines Tagessatzes mindestens
einen Euro betragen; im Höchstmaß darf ein Tagessatz 30.000 EUR nicht übersteigen. Als Strafzumessungsgesichtspunkt kommt dabei unter anderem der Grad der Gesundheitsgefährdung der in Heimarbeit
Beschäftigten in Betracht. Dabei wird insbes. eine Rolle spielen, ob es bei Vergabe der verbotenen
Heimarbeit zu einer konkreten Gesundheitsbeeinträchtigung der Heimarbeiter gekommen oder ob es
bei einer bloßen Gefährdung geblieben ist.

d) Verjährungsfrist. Die Verjährungsfrist beträgt sowohl bei Vorsatz- als auch nach Fahrlässigkeits- 9
taten drei Jahre (§ 78 Abs. 3 Nr. 5 StGB).

§ 32 Straftaten und Ordnungswidrigkeiten im Bereich des Arbeits- und Gefahrenschutzes

(1) ¹**Ordnungswidrig handelt, wer, abgesehen von den Fällen des § 31, vorsätzlich oder
fahrlässig**

1. **einer zur Durchführung des Gefahrenschutzes erlassenen Rechtsvorschrift (§§ 13, 14
Abs. 1, 3, § 34 Abs. 2 Satz 2), soweit sie für einen bestimmten Tatbestand auf diese Bußgeldvorschrift verweist, oder**
2. **einer vollziehbaren Verfügung nach § 14 Abs. 2 oder § 16a**
zuwiderhandelt. ²**Die in Satz 1 Nr. 1 vorgeschriebene Verweisung ist nicht erforderlich, soweit die dort
genannten Rechtsvorschriften vor Inkrafttreten dieses Gesetzes erlassen sind.**

(2) **Die Ordnungswidrigkeit kann mit einer Geldbuße bis zu zehntausend Euro geahndet
werden.**

(3) **Wer vorsätzlich eine der in Absatz 1 bezeichneten Handlungen begeht und dadurch in Heimarbeit Beschäftigte in ihrer Arbeitskraft oder Gesundheit gefährdet, wird mit Freiheitsstrafe bis zu einem Jahr oder mit Geldstrafe bestraft.**

(4) **Wer in den Fällen des Absatzes 3 die Gefahr fahrlässig verursacht, wird mit Freiheitsstrafe bis zu sechs Monaten oder mit Geldstrafe bis zu einhundertachtzig Tagessätzen bestraft.**

1   **1. Allgemeines.** Die Vorschrift umfasst Straftatbestände (Abs. 3 und Abs. 4) und Ordnungswidrigkeiten (Abs. 1 und 2). Es handelt sich um einen sog unechten Mischtatbestand (Erbs/Kohlhaas/*Ambs* Rn. 1 mwN). Straftat und Ordnungswidrigkeit knüpfen zwar an dieselbe Tathandlung an; für die Einstufung als Straftat ist aber zusätzlich der Eintritt einer konkreten Gefahr für die Gesundheit oder die Arbeitskraft der in Heimarbeit Beschäftigten erforderlich (Abs. 3).

2   **2. Ordnungswidrigkeiten (§ 32 Abs. 1 und 2). § 32 Abs. 1 Nr. 1** betrifft Zuwiderhandlungen gegen Ausgabeverbote, die in Rechtsvorschriften zum arbeitsrechtlichen Gefahrenschutz geregelt sind. Es handelt sich um eine Blankettvorschrift, so dass die in den Rechtsverordnungen enthaltenen Merkmale zum Tatbestand der Bußgeldbestimmung gehören (Erbs/Kohlhaas/*Ambs* Rn. 7 mwN). Eine auf § 13 beruhende Rechtsvorschrift ist zB die BioStoffV (§ 20 Abs. 2 BioStoffV; → § 31 Rn. 5).

3   **§ 32 Abs. 1 Nr. 2** betrifft Zuwiderhandlungen gegen vollziehbare Verwaltungsakte nach § 14 Abs. 2 und § 16a. Vollziehbarkeit ist bei Unanfechtbarkeit der Maßnahme oder der Anordnung der sofortigen Vollziehbarkeit (§ 80 Abs. 2 Nr. 4 VwGO) gegeben. Der Verstoß gegen einen nichtigen Verwaltungsakt (§ 43 Abs. 3 VwVfG) zieht kein Bußgeld nach sich (Erbs/Kohlhaas/*Ambs* Rn. 9). Ein anfechtbarer Verwaltungsakt muss dagegen bis zu seiner Aufhebung befolgt werden. Ist das Bußgeldverfahren bereits vor Aufhebung beendet worden, kommt eine Wiederaufnahme des Bußgeldverfahrens in Betracht (ausf. Erbs/Kohlhaas/*Ambs* Rn. 9 mwN).

4   Die Verwirklichung der beiden Tatbestandsalternativen setzt weiterhin voraus, dass entweder der Auftraggeber oder der Zwischenmeister (→ § 31 Rn. 3) der Rechtsvorschrift bzw. der vollziehbaren behördlichen Verfügung zuwidergehandelt haben. Bei mehreren Beteiligten ist insbes. § 14 Abs. 1 S. 2 OWiG zu berücksichtigen. Als Begehungsformen kommen Vorsatz und Fahrlässigkeit in Betracht.

5   Die – vorsätzlich begangene – Ordnungswidrigkeit kann mit einer Geldbuße von 5 EUR (§ 17 Abs. 1 OWiG) bis zu 10.000 EUR geahndet werden; bei fahrlässiger Begehung reduziert sich das Höchstmaß auf die Hälfte (§ 17 Abs. 2 OWiG). Grundlage für die Zumessung der Geldbuße können die Bedeutung der Ordnungswidrigkeit, der persönliche Schuldvorwurf und die wirtschaftlichen Verhältnisse des Täters sein (§ 17 Abs. 3 OWiG). Das angedrohte Höchstmaß kann unter den Voraussetzungen des § 17 Abs. 4 OWiG überschritten werden. Bei geringfügigen Ordnungswidrigkeiten gilt § 56 Abs. 1 OWiG.

6   **3. Straftaten (§ 32 Abs. 3 und Abs. 4).** Die Vorschriften knüpfen an die Tathandlungen der in Abs. 1 geregelten Bußgeldtatbestände an (→ Rn. 2 f.). Als weiteres Tatbestandsmerkmal ist eine konkrete Gefährdung der Arbeitskraft, dh der Fähigkeit, Arbeit zu leisten, oder der Gesundheit der in Heimarbeit Beschäftigten (→ § 31 Rn. 2) erforderlich. Erfasst werden nur Gefährdungen von einigem Gewicht; Erschöpfungszustände von nur geringer Dauer/Übermüdung fallen zB nicht unter den Tatbestand (Erbs/Kohlhaas/*Ambs* Rn. 17). Die Zuwiderhandlung und die konkrete Gefährdung müssen zueinander kausal sein. Der tatsächliche Eintritt einer Gesundheitsgefährdung oder Beeinträchtigung der Arbeitskraft ist nicht erforderlich. Als Begehungsformen kommen sowohl Vorsatz (§ 32 Abs. 3) als auch Fahrlässigkeit (Abs. 4) in Betracht. Dies hat Bedeutung für den Strafrahmen. Für vorsätzliche Zuwiderhandlungen droht Abs. 3 eine Freiheitsstrafe bis zu einem Jahr oder eine Geldstrafe an; bei Fahrlässigkeit kann dagegen nach Abs. 4 lediglich eine Freiheitsstrafe bis zu sechs Monaten oder eine Geldstrafe bis zu 180 Tagessätzen verhängt werden. Die Fahrlässigkeit darf sich aber nur auf die Verursachung der Gesundheits- oder Arbeitskraftgefährdung erstrecken; die Zuwiderhandlung selbst muss dagegen vorsätzlich begangen worden sein (Erbs/Kohlhaas/*Ambs* Rn. 18).

§ 32a Sonstige Ordnungswidrigkeiten

(1) **Ordnungswidrig handelt, wer vorsätzlich oder fahrlässig einem nach § 30 ergangenen vollziehbaren Verbot der Ausgabe oder Weitergabe von Heimarbeit zuwiderhandelt.**

(2) **Ordnungswidrig handelt auch, wer vorsätzlich oder fahrlässig**

1. **einer Vorschrift über die Listenführung (§ 6), die Mitteilung oder Anzeige von Heimarbeit (§§ 7, 15), die Unterrichtungspflicht (§ 7a), die Offenlegung der Entgeltverzeichnisse (§ 8), die Entgeltbelege (§ 9) oder die Auskunftspflicht über die Entgelte (§ 28 Abs. 1) zuwiderhandelt,**
2. **einer vollziehbaren Anordnung zum Schutz der Heimarbeiter vor Zeitversäumnis (§ 10) zuwiderhandelt,**
3. **einer Regelung zur Verteilung der Heimarbeit nach § 11 Abs. 2 zuwiderhandelt, soweit sie für einen bestimmten Tatbestand auf diese Bußgeldvorschrift verweist oder**

4. als in Heimarbeit Beschäftigter (§ 1 Abs. 1) oder diesem Gleichgestellter (§ 1 Abs. 2) duldet, daß ein mitarbeitender Familienangehöriger eine Zuwiderhandlung nach § 32 begeht.

(3) Die Ordnungswidrigkeit nach Absatz 1 kann mit einer Geldbuße bis zu zehntausend Euro, die Ordnungswidrigkeit nach Absatz 2 mit einer Geldbuße bis zu zweitausendfünfhundert Euro geahndet werden.

1. Allgemeines. Die Vorschrift erfasst Zuwiderhandlungen gegen Pflichten und Verbote, die sich   1
unmittelbar aus dem HAG oder aus behördlichen Verfügungen ergeben, die ihre Grundlage wiederum im HAG haben.

2. Die Regelungen im Einzelnen. a) § 32a Abs. 1. § 32a Abs. 1 knüpft an die Regelung in § 30   2
an, wonach die oberste Landesarbeitsbehörde oder eine von ihr bestimmte Stelle einer Person die Aus- und Weitergabe von Heimarbeit unter bestimmten Voraussetzungen durch Verwaltungsakt verbieten kann, zB wenn der Täter wiederholt – also mindestens zweimal – wegen Verstoßes gegen das HAG in den fünf Jahren vor Zustellung der Verfügung verurteilt bzw. mit Bußgeldern belegt worden ist (Nr. 1), wenn er falsche Angaben gemacht hat, um sich der Pflicht zur Nachzahlung von Minderbeträgen zu entziehen (Nr. 2), wenn er Minderbeträge nach § 24 wiederholt nicht nachgezahlt hat oder wenn er trotz Nachzahlung weiterhin zu niedrige Entgelte an die in Heimarbeit Beschäftigten auszahlt (Nr. 3). Das Verbot nach § 30 ist vollziehbar, wenn es infolge Fristablaufs unanfechtbar oder wenn die sofortige Vollziehbarkeit der Verfügung angeordnet worden ist (→ § 32 Rn. 3). Täter können sowohl der Auftraggeber als auch der Zwischenmeister (→ § 31 Rn. 3) sein, da diese in der Regel die Heimarbeit aus- oder weitergeben. Als Begehungsformen kommen Vorsatz und Fahrlässigkeit in Betracht.

Das Höchstmaß der Geldbuße ist in § 32a Abs. 3 geregelt. Danach sind vorsätzliche Zuwiderhand-   3
lungen nach § 32a Abs. 1 mit einer Geldbuße bis zu 10.000 EUR bewehrt. Bei fahrlässigen Verstößen liegt das Höchstmaß bei 5.000 EUR (§ 17 Abs. 2 OWiG; → § 32 Rn. 5).

b) § 32a Abs. 2. aa) Nr. 1. § 32a Abs. 2 Nr. 1 erfasst vorsätzliche und fahrlässige Zuwiderhand-   4
lungen gegen besondere Pflichten, die sich unmittelbar aus dem HAG ergeben. Unter diese Pflichten fallen: die Pflicht zur Führung von Listen (§ 6), in denen Auftraggeber oder Zwischenmeister alle von ihnen in Heimarbeit Beschäftigten einzutragen haben; Anzeigepflichten ggü. der obersten Landesarbeitsbehörde über die Aufnahme von Heimarbeit (§ 7); Unterrichtungspflichten der in Heimarbeit Beschäftigten über die Art und Weise ihrer Tätigkeit und der damit möglicherweise verbundenen Unfallgefahren (§ 7a); Mitteilungspflichten ggü. der Gewerbeaufsicht und der Polizeibehörde über die Namen und die Arbeitsstätten der in Heimarbeit Beschäftigten, wenn besondere Gefahrenschutzvorschriften gelten (§ 15); die Pflicht zur Offenlegung von Verzeichnissen über die Entgelte und die sonstigen Vertragsbedingungen (§ 8), die Pflicht zur Ausgabe von Entgeltbelegen (§ 9), in die Art und Umfang der Arbeit, Entgelt, sowie Tag der Ausgabe und Lieferung einzutragen sind, und schließlich die Auskunftspflicht über alle die Entgelte berührenden Fragen (§ 28). Als Täter kommen überwiegend die Auftraggeber oder die Zwischenmeister in Betracht; hinsichtlich einzelner Pflichten aber auch die Personen, deren sich der Auftraggeber oder Zwischenmeister zur Ausgabe, Weitergabe oder Annahme von Heimarbeit bedient (Erbs/Kohlhaas/*Ambs* Rn. 5 ff.).

bb) Nr. 2. Die Regelung knüpft an § 10 an, wonach die zuständigen Behörden Anordnungen treffen   5
können, um unnötige Zeitversäumnisse bei der Ausgabe und Abnahme der Heimarbeit zu vermeiden. Ein bußgeldbewehrter Verstoß liegt aber nur dann vor, wenn die Anordnung zum Schutz der Heimarbeiter – nicht der Hausgewerbetreibenden – ergangen ist (Erbs/Kohlhaas/*Ambs* Rn. 11). Begehungsform sind auch hier sowohl Vorsatz als auch Fahrlässigkeit.

cc) Nr. 3. Die Vorschrift betrifft vorsätzliche und fahrlässige Zuwiderhandlungen gegen eine vom   6
Heimarbeitsausschuss erlassene Festsetzung der Arbeitsmenge (§ 11 Abs. 2), zB durch die Ausgabe einer über die Festsetzung hinausgehenden Arbeitsmenge, ohne die hierfür erforderlichen weiteren Entgeltbelege auszustellen.

dd) Nr. 4. Der Bußgeldtatbestand nach § 32a Abs. 2 Nr. 4 setzt zunächst eine objektive Zuwider-   7
handlung eines Familienangehörigen gegen die Bestimmungen des Arbeits- und Gefahrenschutzes nach § 32 voraus; unabhängig davon, ob es sich nach § 32 um eine Straftat oder Ordnungswidrigkeit handelt. Ein schuldhaftes Handeln des Angehörigen ist ebenfalls nicht erforderlich. Unmittelbare Tathandlung ist das vorsätzliche oder fahrlässige Dulden einer Zuwiderhandlung (Erbs/Kohlhaas/*Ambs* Rn. 13).

ee) Höhe der Geldbuße (§ 32a Abs. 3). Gem. § 32a Abs. 3 liegt das Höchstmaß der Geldbuße bei   8
vorsätzlichen Zuwiderhandlungen nach § 32a Abs. 2 bei 2.500 EUR; für einen fahrlässigen Verstoß kann lediglich eine Geldbuße bis zu 1.125 EUR festgesetzt werden (§ 17 Abs. 2 OWiG; → § 32 Rn. 5).

385. Gesetz über den Schutz der Topographien von mikroelektronischen Halbleitererzeugnissen (Halbleiterschutzgesetz – HalblSchG)

Vom 22. Oktober 1987 (BGBl. I S. 2294) FNA 426-1

Zuletzt geändert durch Art. 6 G zur Änd. des DesignG und weiterer Vorschriften des gewerblichen Rechtsschutzes vom 4.4.2016 (BGBl. I S. 558)

– Auszug –

§ 10 Strafvorschriften

(1) Mit Freiheitsstrafe bis zu drei Jahren oder mit Geldstrafe wird bestraft, wer

1. entgegen § 6 Abs. 1 Satz 2 Nr. 1 die Topographie nachbildet oder
2. entgegen § 6 Abs. 1 Satz 2 Nr. 2 die Topographie oder das die Topographie enthaltende Halbleitererzeugnis anbietet, in Verkehr bringt, verbreitet oder zu den genannten Zwecken einführt.

(2) Handelt der Täter gewerbsmäßig, so ist die Strafe Freiheitsstrafe bis zu fünf Jahren oder Geldstrafe.

(3) Der Versuch ist strafbar.

(4) In den Fällen des Absatzes 1 wird die Tat nur auf Antrag verfolgt, es sei denn, daß die Strafverfolgungsbehörde wegen des besonderen öffentlichen Interesses an der Strafverfolgung ein Einschreiten von Amts wegen für geboten hält.

(5) Die Vorschrift des Gebrauchsmustergesetzes über die Einziehung (§ 25 Abs. 5) ist entsprechend anzuwenden.

(6) [1] Wird auf Strafe erkannt, so ist, wenn der Verletzte es beantragt und ein berechtigtes Interesse daran dartut, anzuordnen, daß die Verurteilung auf Verlangen öffentlich bekanntgemacht wird. [2] Die Art der Bekanntmachung ist im Urteil zu bestimmen.

Literatur: *Gruhl,* Gewerbliche Schutzrechte: Patent- u. Musterrechte, in Müller-Gugenberger, Wirtschaftsstrafrecht, 6. Aufl. 2015, § 55 Rn. 31 ff.

Vgl. allgemein zum Strafrechtsschutz der gewerblichen Schutzrechte auch *Möller,* Produkt- und Markenpiraterie, in Wabnitz/Janovsky, Handbuch des Wirtschafts- und Steuerstrafrechts, 4. Aufl. 2014, Kap. 17; *Nentwig,* Patent- und Gebrauchsmusterstrafrecht, in: Achenbach/Ransiek/Rönnau, Handbuch Wirtschaftsstrafrecht, 4. Aufl. 2015, 1483 ff. Wegen der Parallelität zu **§ 25 GebrMG** kann zu vielen Einzelfragen auf die Ausführungen der dort aufgeführten **Kommentierungen** zurückgegriffen werden.

Allgemeine **Erläuterungen** des HalblSchG ohne Bezug zur Strafvorschrift: *v. Falck/Apetz,* Topographienschutz, in Kilian/Heussen (Hrsg.), Computerrechts-Handbuch, 32. Aufl. 2013, Loseblatt, 1. Abschnitt, Teil 5 (zitiert v. Falck/Apetz); *Koch,* Der Halbleiterschutz nach nationalem, internationalem und europäischem Recht, in: Lehmann (Hrsg.), Rechtsschutz und Verwertung von Computerprogrammen, 2. Aufl. 1993, 333 ff. (zitiert Koch); *Ann,* in: Kraßer/Ann, Patentrecht, 7. Aufl. 2016, § 2 Rn. 11 ff.; *Nirk/Kurtze,* Geschmacksmustergesetz, 2. Aufl. 1997, § 1 Annex B; *Redeker,* IT-Recht, 5. Aufl. 2012, Rn. 158–161 (zitiert Redeker IT-Recht).

Übersicht

A. Allgemeines

I. Entstehungsgeschichte

Das HalblSchG v. 22.10.1987 (BGBl. I 2294) ist am 1.11.1987 in Kraft getreten. Der **Strafrahmen** **1** des § 10 Abs. 1 sah vor dem 1.7.1990 Freiheitsstrafe von bis zu einem Jahr oder Geldstrafe vor. Mit seiner Erhöhung wurde auch der **Qualifikationstatbestand** in § 10 Abs. 2 eingeführt und die Strafbarkeit des **Versuchs** durch § 10 Abs. 3 begründet (Art. 6 Nr. 3 PrPG v. 7.3.1990, BGBl. I 422). Außerdem handelte es sich bis zu diesem Zeitpunkt um ein absolutes **Antragsdelikt,** § 10 Abs. 2 aF.

Die Neuregelungen durch das PrPG verfolgten das Ziel, durch Schaffung gleich lautender Strafbestimmungen für alle gewerblichen Schutzrechte die Voraussetzungen für eine schnelle und wirkungsvolle Bekämpfung planmäßig, gezielt und massenhaft begangener Schutzrechtsverletzungen zu schaffen (Begründung des Gesetzentwurfs der BReg, BT-Drs. 11/4792, 15).

II. Weitere halbleiterschutzrechtliche Strafvorschriften

Das HalblSchG enthält neben § 10 eine **weitere Strafvorschrift** in § 4 Abs. 4 S. 3 iVm § 9 Abs. 2 **1a** S. 1 GebrMG, § 52 Abs. 2 PatG (nicht genehmigte Anmeldung einer geheim zuhaltenden Topographie im Ausland). Von einer Kommentierung der Vorschrift wird hier entsprechend der Zwecksetzung dieses Werks abgesehen, da sie nicht zum Zuständigkeitsbereich der Wirtschaftsstrafkammer, sondern demjenigen des Staatsschutzsenats beim OLG gehört (§ 120 Abs. 1 Nr. 3 GVG).

III. Einführung: Gesetzeszweck; Verhältnis zu anderen gewerblichen Schutzrechten

Die USA schufen erstmals 1984 ein spezielles gewerbliches Schutzrecht für Halbleitererzeugnisse. **2** Ausländischen Anmeldern kann ein Schutz nach den Vorschriften des Semiconductor Chip Protection Act – seit Ablauf einer mehrjährigen Übergangsfrist – nur zuteilwerden, wenn ihr Herkunftsstaat seinerseits US-Staatsangehörigen einen im Wesentlichen vergleichbaren Schutz gewährt. Unter dem Druck dieser Regelung entstand die RL 87/54/EWG des Rates v. 16.12.1986 über den Rechtsschutz der Topographien von Halbleitererzeugnissen (ABl. 1987 L 24, 36). Das HalblSchG stellt die Umsetzung dieser Richtlinie in deutsches Recht dar (zur Gesetzgebungsgeschichte näher Koch Rn. 10 ff.; *Koch* NJW 1988, 2446 (2447); v. Falck/Apetz Rn. 1 ff.).

Der Anlass für die Regelung wurde in der massenhaften unberechtigten Vervielfältigung von Mikro- **3** chips gesehen, die in sehr kurzer Zeit zu einem Bruchteil der ursprünglichen Entwicklungskosten kopiert und zu erheblich niedrigeren Preisen auf den Markt gebracht werden konnten. Mit den herkömmlichen gewerblichen Schutzrechten konnte einer solchen Verwertung meist nicht begegnet werden. Zwar sind Halbleitererzeugnisse an sich durchaus etwa einem Patent- oder Gebrauchsmusterschutz zugänglich. In Mikrochips integrierten Schaltungen fehlt jedoch in aller Regel die erforderliche Erfindungshöhe iSd §§ 1 Abs. 1, 4 PatG oder § 1 Abs. 1 GebrMG wie auch die Werkhöhe iSd UrhG. Das Urheberrecht schützt iÜ die Topographie allenfalls gegen Vervielfältigung als solche, aber nicht gegen Verwertung zur Herstellung dreidimensionaler Gegenstände (Koch Rn. 7 f.; *Koch* NJW 1988, 2446 (2447); Redeker IT-Recht Rn. 158).

Für den Strafrechtsanwender bedeutsam ist, dass das HalblSchG, nach dem Vorbild des GebrMG und **4** anders als das PatG, dem **Anmeldesystem** folgt. Anders als im Patentverfahren prüft das Patentamt die Anmeldung nur auf das Vorhandensein der formellen Voraussetzungen des § 3. Es prüft jedoch die wesentliche materielle Voraussetzung der Schutzfähigkeit nach § 1 Abs. 1, nämlich dass die zum Schutz angemeldete Topographie Eigenart aufweist, ebenso wenig wie die Berechtigung des Anmelders zur Anmeldung und die Richtigkeit der in der Anmeldung angegebenen Tatsachen (§ 4 Abs. 1).

5 Die Konsequenz hieraus ist – wie sich auch aus § 7 Abs. 1 iVm § 8 Abs. 1 Nr. 1 ergibt –, dass die Eintragung in das Register für Topographien, anders als die Patenterteilung, **keine Tatbestandswirkung** hinsichtlich der materiellen Voraussetzungen des Halbleiterschutzes entfaltet:

Im **Patentrecht** ist es dem Strafrechtsanwender nicht anders als dem Richter des zivilgerichtlichen Patentverletzungsverfahrens verwehrt zu überprüfen, ob das Patentamt im Erteilungsverfahren die Voraussetzungen der Schutzfähigkeit des Patents zutreffend beurteilt hat. Diese Überprüfung ist vielmehr dem Einspruchsverfahren vor dem Patentamt nach §§ 59 ff. PatG iVm § 21 PatG sowie dem Patentnichtigkeitsverfahren vor dem Patentgericht nach §§ 81 ff. PatG iVm § 22 PatG vorbehalten (→ PatG § 142 Rn. 37). Demgegenüber hat in dem nach dem Anmeldesystem verfahrenden **Halbleiterschutzrecht** gerade der Zivil- wie der Strafrichter – dieser von Amts wegen – die Aufgabe, das Vorliegen der materiellen Voraussetzungen der Schutzfähigkeit zu überprüfen (vgl. RGSt 46, 92 (93) z. GebrMG sowie d. Nachw. → GebrMG § 25 Rn. 5).

IV. Praktische Bedeutung

6 Das HalblSchG hat entgegen den gesetzgeberischen Erwartungen nie besondere praktische Bedeutung erlangt und muss heute als völlig bedeutungslos bezeichnet werden. Die aus den Jahresberichten des Deutschen Patent- und Markenamtes (DPMA) ersichtliche Zahl der Anmeldungen von Topographien zum Halbleiterschutz, die bis Mitte der 1990er Jahre immerhin noch im dreistelligen Bereich lag, geht in den letzten Jahren gegen Null (2005: 6 Anmeldungen; 2006: 2; 2007: 2; 2008: 1; 2009: 4; 2010: 0; 2011: 2; 2012: 9; 2013: 3; 2014:1; 2015: 0). Die Zahl der noch in Kraft befindlichen Eintragungen belief sich zum 31.12.2015 auf 19. Der Fortschritt im Bereich der Halbleitertechnologie scheint es nicht mehr notwendig zu machen, die Erzeugnisse auf diese Weise zu schützen (so die Einschätzung des DPMA im Jahresbericht 2008, 27; zu den Gründen auch v. Falck/Apetz Rn. 5).

7 Für die forensische Praxis ist das Gesetz ohnehin stets irrelevant gewesen: Zivil- oder strafrechtliche Rspr. zu Fragen des Halbleiterschutzes ist während der Zeit der Existenz des HalblSchG, soweit ersichtlich, nicht veröffentlicht worden. Vgl. zur allgemein fehlenden Praxisrelevanz der Strafbewehrung der technischen Schutzrechte auch die Kommentierung zu → PatG § 142 Rn. 5 und zu → GebrMG § 25 Rn. 6.

B. Grundtatbestand
I. Gegenstand der Tat

8 **1. Tatobjekt. a) Topographie.** Geschützt wird nicht der Halbleiter, das Halbleitererzeugnis oder gar die in einem Halbleitererzeugnis gespeicherten Informationen (vgl. § 1 Abs. 4), sondern die dreidimensionale Struktur des mikroelektronischen Halbleitererzeugnisses, die **Topographie** (§ 1 Abs. 1 S. 1), sowie ihre selbstständig verwertbaren Teile und die Darstellungen zur Herstellung von Topographien (§ 1 Abs. 1 S. 2; näher v. Falck/Apetz Rn. 7). Gleichgültig ist, ob die Ausgestaltung bereits in einem fertigen Halbleitererzeugnis realisiert ist (Koch Rn. 1).

9 Der Begriff des **Halbleitererzeugnisses** selbst ist im HalblSchG nicht definiert. Hier ist auf die Begriffsbestimmung in Art. 1 Abs. 1 Buchst. a der RL 87/54/EWG (→ Rn. 2) zurückzugreifen: **Halbleitererzeugnis** ist die endgültige Form oder die Zwischenform eines Erzeugnisses, das aus einem Materialteil besteht, der eine Schicht aus halbleitendem Material enthält, und mit einer oder mehreren Schichten aus leitendem, isolierendem oder halbleitendem Material versehen ist, wobei die Schichten nach einem vorab festgelegten dreidimensionalen Muster angeordnet sind, und das ausschließlich oder neben anderen Funktionen eine elektronische Funktion übernehmen soll.

10 In Art. 1 Abs. 1 Buchst. b der Richtlinie findet sich zudem eine weitergehende Bestimmung des Begriffs der **Topographie** eines Halbleitererzeugnisses: Diese ist eine Reihe in Verbindung stehender Bilder, unabhängig von der Art ihrer Fixierung oder Kodierung, die ein festgelegtes dreidimensionales Muster der Schichten darstellen, aus denen ein Halbleitererzeugnis besteht, und wobei die Bilder so miteinander in Verbindung stehen, dass jedes Bild das Muster oder einen Teil des Musters einer Oberfläche des Halbleitererzeugnisses in einem beliebigen Fertigungsstadium aufweist.

11 **b) Eigenart.** Geschützt wird die Topographie, wenn und soweit sie **Eigenart** aufweist (§ 1 Abs. 1 S. 1). Dies ist nach § 1 Abs. 2 dann der Fall, wenn sie als Ergebnis **geistiger Arbeit** nicht nur durch bloße Nachbildung einer anderen Topographie hergestellt und **nicht alltäglich** ist. Besteht eine Topographie aus einer Anordnung alltäglicher Teile, so wird sie insoweit geschützt, als die Anordnung in ihrer Gesamtheit Eigenart aufweist (§ 1 Abs. 3).

12 Das Erfordernis der geistigen Arbeit in § 1 Abs. 2 stellt ein Minus ggü. den Anforderungen an die Werkhöhe im Urheberrecht oder an die erfinderische Tätigkeit iSd § 1 Abs. 1 PatG bzw. den erfinderischen Schritt iSd § 1 Abs. 1 GebrMG dar (Koch NJW 1988, 2446 (2448 f.) im Anschluss an die Begründung des Gesetzentwurfs der BReg, BT-Drs. 11/454, 16; v. Falck/Apetz Rn. 9). Ob das

Merkmal in Anlehnung an den gleichlautenden Begriff in § 2 Abs. 1, 3 DesignG oder an den der wettbewerblichen Eigenart ausgelegt werden kann, ist ungeklärt (vgl. nur etwa *Koch* NJW 1988, 2446 (2449) einerseits; Redeker IT-Recht Rn. 160 andererseits).

Anders als beim Patent- und Gebrauchsmusterschutz muss die angemeldete Topographie nicht neu sein. Gemeinsam mit der Voraussetzung fehlender Alltäglichkeit ergibt sich eine niedrige Schutzschwelle, die lediglich erfordert, dass sich die angemeldete von anderen Topographien in gewissem Maße abhebt, und damit nur marktgängige und allgemein übliche Topographien vom Schutz ausnimmt. Hintergrund dieser Regelung ist, dass das Ziel der Entwicklungsarbeit bei der Produktion von Mikrochips nicht die Herstellung von neuen und ungewöhnlichen Schaltungen ist, die das übliche Können des durchschnittlichen Fachmannes übersteigen (vgl. zum Ganzen Koch Rn. 7; *Koch* NJW 1988, 2446 (2448 f.); v. Falck/Apetz Rn. 9).

2. Begründung und Dauer des Topographieschutzes. Zuständig für die Eintragung ist die Topo- **13** graphiestelle des DPMA (§ 4 Abs. 4 HalblSchG iVm § 10 Abs. 1 GebrMG u. § 26 Abs. 1 PatG). Das Verfahren richtet sich nach §§ 3, 4 mit der Verweisung auf § 8 Abs. 2–4 GebrMG (§ 4 Abs. 2) sowie nach den Vorschriften der HalblSchV (v. 11.5.2004, BGBl. I 894, zuletzt geändert durch Art. 5d VO v. 17.12.2004, BGBl. I 3532).

Die gesetzlichen Wirkungen des Topographieschutzes **treten** am Tag der Anmeldung **ein,** wenn sie **14** zuvor noch nicht oder nur vertraulich geschäftlich verwertet worden ist (§ 5 Abs. 1 Nr. 2), anderenfalls bereits an dem Tag der ersten nicht nur vertraulichen geschäftlichen Verwertung, wenn sie danach innerhalb von zwei Jahren angemeldet wird (§ 5 Abs. 1 Nr. 1). Besonderheit des Halbleiterschutzes ist mithin, dass anders als bei anderen gewerblichen Schutzrechten auch eine **vor dem Zeitpunkt der Anmeldung** vorgenommene Verwertungshandlung unter den Voraussetzungen des § 5 Abs. 1 Nr. 1 den Straftatbestand erfüllen kann (→ Rn. 37 aE).

Der Schutz kann nicht mehr in Anspruch genommen werden, wenn die Topographie nicht innerhalb von 15 Jahren nach dem Tag der ersten Aufzeichnung nicht nur vertraulich geschäftlich verwertet oder beim DPMA angemeldet wird (§ 5 Abs. 4). Zum Begriff der **geschäftlichen Verwertung** vgl. Art. 1 Abs. 1 Buchst. c der RL 87/54/EWG (→ Rn. 2).

Der Schutz **endet** mit Ablauf des zehnten Kalenderjahres nach dem Jahr des Schutzbeginns (§ 5 Abs. 2).

3. Schutzwirkung und Einschränkungen. a) Wirkung. Der Schutz der Topographie hat die **15** **Wirkung,** dass allein der Inhaber des Schutzes befugt ist, sie zu verwerten (§ 6 Abs. 1 S. 1). § 6 Abs. 1 S. 2 zählt die einzelnen Verbietungsrechte, die dem Inhaber gegen Dritte zustehen, enumerativ auf.

Anders als das Patent- und das Gebrauchsmusterrecht räumt das HalblSchG kein absolutes Schutzrecht gegen unbefugte Benutzung ein, sondern beschränkt sich auf ein Nachbildungs- und Verwertungsverbot. Besitz und Gebrauch der geschützten Topographie, auch zu geschäftlichen Zwecken, sind Dritten nicht verboten, ebenso wenig die Herstellung, die nicht im Wege der Nachbildung erfolgt (Kraßer PatR § 2 Rn. 19).

b) Einschränkungen. Die weiteren **Einschränkungen** der Wirkung des Topographieschutzes **16** durch § 6 Abs. 1 u. 2, § 7 Abs. 2 S. 1 und § 11 Abs. 1 HalblSchG iVm § 123 Abs. 5–7 PatG beanspruchen auch für die strafrechtliche Bewertung Bedeutung. Das Vorliegen eines der Fälle dieser Vorschriften wirkt auch für das Strafrecht tatbestandsausschließend (vgl. zur Parallelfrage bei § 25 GebrMG die dortige Kommentierung → GebrMG § 25 Rn. 18 mwN):

§ 6 Abs. 2 Nr. 1 betrifft die Ausnahme von Handlungen, die im **privaten Bereich** zu **nicht-** **17** **geschäftlichen Zwecken** vorgenommen werden. Es handelt sich um eine im Bereich der gewerblichen Schutzrechte übliche Ausnahme (vgl. etwa § 11 Nr. 1 PatG, § 12 Nr. 1 GebrMG), wobei im Hinblick auf die RL 87/54/EWG (→ Rn. 2) der Begriff der gewerblichen Nutzung durch den weitergehenden der geschäftlichen ersetzt worden ist. Zum Begriff der **geschäftlichen Verwertung** vgl. Art. 1 Abs. 1 Buchst. c der vorgenannten Richtlinie.

Nach § 6 Abs. 2 Nr. 2 erstreckt sich der Schutz nicht auf die Nachbildung zum Zwecke der **18** **Analyse,** der **Bewertung** oder der **Ausbildung.** Die Ausnahme ist weiter als die der Handlung zu Versuchszwecken iSd § 11 Nr. 2 PatG, § 12 Nr. 2 GebrMG.

§ 6 Abs. 2 Nr. 3 gestattet die geschäftliche Verwertung einer Topographie, die das Ergebnis einer **19** solchen Analyse oder Bewertung ist und die selbst Eigenart aufweist (sog **reverse engineering**). Erlaubt ist mithin die Rückentwicklung einer geschützten Topographie und die Verwertung der dabei erlangten Erkenntnisse zur Schaffung einer eigenen Topographie im Wege eigener geistiger Arbeit (vgl. die Begründung des Gesetzentwurfs der BReg, BT-Drs. 11/454, 23). Die Einschränkung des Schutzes beruht auf den Vorgaben der RL 87/54/EWG und des US-Rechts (→ Rn. 2). Zu Problemen der Abgrenzung zu einer bloßen Kopie der Topographie vgl. Koch Rn. 45; v. Falck/Apetz Rn. 11; Redeker IT-Recht Rn. 161.

§ 6 Abs. 3 nimmt den hinsichtlich des Topographieschutzes **gutgläubigen Erwerber** eines Halb- **20** leitererzeugnisses von den Verbotswirkungen des § 6 Abs. 1 S. 2 aus. Sein Recht zur Verwertung erlischt nicht mit Eintritt der Bösgläubigkeit; vielmehr hat er lediglich für die weitere geschäftliche Verwertung nach diesem Zeitpunkt eine den Umständen nach angemessene Entschädigung zu zahlen (§ 6 Abs. 3 S. 2).

21   **§ 7 Abs. 2 S. 1:** Die Vorschrift statuiert aus Billigkeitsgründen ein dem patentrechtlichen **Vorbenut-zungsrecht** vergleichbares Nachbildungs- und Verwertungsrecht (vgl. auch Kommentierung zu → PatG § 142 Rn. 26). Ist der wesentliche Inhalt der Anmeldung der Topographie eines anderen entnommen, so soll die Fortsetzung seiner Verwertung nicht durch die Wirkung des Topographieschutzes sanktioniert werden. § 7 Abs. 2 S. 1 begründet deshalb eine relative Unwirksamkeit des Topographieschutzes im Verhältnis des Inhabers zum Vorbenutzer. **§ 11 Abs. 1 HalblSchG iVm § 123 Abs. 5–7 PatG** begründen ein entsprechendes Weiterverwertungsrecht des *gutgläubigen* Benutzers für Fälle der Wieder-einsetzung des Inhabers in den vorigen Stand nach Erlöschen des Topographieschutzes oder der Anmeldung.

22   **4. Straffreie Handlungen. Nicht strafbar** ist die Verletzung eines für Deutschland erteilten Schutz-rechts im Ausland (Territorialitätsprinzip) oder die eines ausländischen Topographieschutzes, ebenso wenig die Benutzung nach Ablauf der Schutzdauer (§ 5 Abs. 2).

23   **5. Keine Tatbestandsmäßigkeit.** Auch die **Zustimmung** des Inhabers schließt schon nach dem Gesetzeswortlaut („... entgegen § 6 Abs. 1 S. 2 ...“) die Tatbestandsmäßigkeit der Verletzungshandlung aus. Zur Tatprovokation durch den Inhaber vgl. RGSt 23, 363 ff.

24   Nicht strafbar ist auch, wer als **Mitinhaber** das Schutzrecht ohne die Zustimmung der anderen Inhaber nutzt, weil er nach § 743 Abs. 2 BGB zu diesem Gebrauch berechtigt ist (BGHZ 162, 342 (344 ff.)).

Dagegen erfüllt der **Lizenznehmer,** der die Grenzen der ihm durch den Lizenzgeber eingeräumten Befugnis überschreitet, den Tatbestand (Busse/Keukenschrijver/*Keukenschrijver* PatG § 142 Rn. 24).

25   **6. Hinzuziehung von Sachverständigen.** Schon wegen der den gewerblichen Schutzrechten eigentümlichen Verknüpfung rechtlicher mit technischen Fragen ist der Strafrechtsanwender in diesem Bereich in aller Regel auf die Hinzuziehung von **Sachverständigen** angewiesen (vgl. auch → PatG § 142 Rn. 35 f. und zu → GebrMG § 25 Rn. 28 f.). Dies gilt im Halbleiterschutzrecht umso mehr, als hier die materiellen Voraussetzungen der Schutzfähigkeit durch den Strafrichter selbst zu überprüfen sind (→ Rn. 4 f.). Zur Einholung von Gutachten des DPMA auf Ersuchen der StA oder des Gerichts vgl. § 11 Abs. 1 HalblSchG iVm § 29 Abs. 1 PatG.

26   **7. Fehlen der Schutzfähigkeit.** Anders als im Patentrecht (→ PatG § 142 Rn. 37 ff.) existiert im Halbleiterschutzrecht ein Nichtigkeitsverfahren nicht. Das Löschungsverfahren nach § 8 HalblSchG iVm § 17 GebrMG hat lediglich die deklaratorische Feststellung der anfänglichen Unwirksamkeit des trotz fehlender Voraussetzungen eingetragenen Schutzrechts zum Gegenstand. Anders als bei Patent-verletzung kann im Strafverfahren wegen einer Topographieschutzverletzung angesichts einer Verteidi-gung mit der Unwirksamkeit des Schutzrechts nicht auf das Löschungsverfahren verwiesen werden. Vielmehr hat der Strafrichter sich des Vorliegens der Voraussetzungen der Schutzfähigkeit selbst zu versichern. Ergibt die eigene Prüfung im Strafverfahren, dass die Voraussetzungen der Schutzfähigkeit der angemeldeten und eingetragenen Topographie nicht vorliegen, so ist die zuvor begangene ver-meintlich schutzrechtsverletzende Benutzung auch ohne Löschung der Eintragung straflos (vgl. § 7 Abs. 1 iVm § 8 Abs. 1 u. 3; zur entsprechenden Rechtslage im Gebrauchsmusterschutz RGSt 46, 92 (93)).

27   Betreibt der Angeklagte bereits das Löschungsverfahren, wird sich allerdings regelmäßig eine Ausset-zung des Strafverfahrens analog § 262 Abs. 2 StPO anbieten (ähnlich für den Gebrauchsmusterschutz Loth GebrMG § 25 Rn. 8). Führt das Löschungsverfahren tatsächlich zur Löschung der Eintragung der Topographie (und damit zur Feststellung ihrer Unwirksamkeit) **ex-tunc,** so ist der Beurteilung der zuvor begangenen vermeintlich schutzrechtsverletzenden Verwertung als strafbar der Boden entzogen (Loth GebrMG § 25 Rn. 4; vgl. zum parallelen Problem im Patentrecht auch RGSt 14, 261 ff.; 30, 187 (188)). Zur Wiederaufnahme → Rn. 50.

28   Demgegenüber ist das Erlöschen des Topographieschutzes **ex-nunc** durch den Ablauf der Schutz-dauer (§ 5 Abs. 2) auf die Strafbarkeit zuvor begangener Verletzungshandlungen ohne Einfluss (vgl. für den Patent- u. Gebrauchsmusterschutz Benkard PatG/*Grabinski/Zülch* PatG § 142 Rn. 3; Busse/Keu-kenschrijver/*Keukenschrijver* PatG § 142 Rn. 15; Loth GebrMG § 25 Rn. 4; Achenbach/Ransiek/Rönnau WirtschaftsStR-HdB/*Nentwig* Teil 11 Kap. 2 Rn. 18; so auch schon RGSt 7, 146 (148)).

II. Tathandlungen

29   Die strafbaren Tathandlungen des § 10 Abs. 1 entsprechen den zivilrechtlichen Verbietungstatbestän-den des § 6 Abs. 1 S. 2.

30   **1. § 10 Abs. 1 Nr. 1: Nachbilden.** Nachbilden ist das Herstellen einer Kopie der Topographie, eines selbstständig verwertbaren Teils oder einer Darstellung zur Herstellung der Topographie (§ 1 Abs. 1 S. 2); gewährt wird also nur ein Identitäts-, kein Ähnlichkeitsschutz (v. Falck/Apetz Rn. 10). Der

Begriff umfasst in Anlehnung an den Herstellungsbegriff im Patent- und Gebrauchsmusterschutz die gesamte Tätigkeit, durch die die Kopie geschaffen wird, von ihrem Beginn an. Der Tatbestand ist also schon mit **Beginn** dieser Tätigkeit vollendet, nicht erst mit der Vornahme des letzten, die Vollendung des geschützten Erzeugnisses unmittelbar herbeiführenden Tätigkeitsaktes (RGZ 40, 78 (19); BGHZ 2, 387 (391); 128, 220 (225 f.)).

Wegen der weit gefassten Ausnahmetatbestände des § 6 Abs. 2 Nr. 2, 3 wird es hier aber regelmäßig **31** zu für den Strafrechtsanwender kaum überwindbaren Beweisschwierigkeiten kommen, wenn der Beschuldigte sich damit verteidigt, die Nachbildung diene der Analyse, Bewertung oder Ausbildung oder sei das Ergebnis einer Analyse oder Bewertung der geschützten Topographie („reverse engineering", → Rn. 19). Der für den zivilrechtlichen Schutz erwogene Beweis des ersten Anscheins bei weitgehender Übereinstimmung mit der geschützten Topographie (Koch Rn. 45; v. Falck/Apetz Rn. 11) wird für das Strafrecht nicht weiterhelfen. Hier wird praktisch wohl nur die massenhafte Herstellung völlig übereinstimmender Kopien in Betracht kommen. Nachbildungen im privaten Bereich zu nichtgeschäftlichen Zwecken sind vom Verbot ohnehin nicht erfasst (§ 6 Abs. 2 Nr. 1).

2. § 10 Abs. 1 Nr. 2. Für die Tatbestandsalternativen dieser Vorschrift ist stets an die Ausnahme zu **32** Gunsten des hinsichtlich des Topographieschutzes gutgläubigen Erwerbers nach § 6 Abs. 3 zu denken, die auch nach nachträglichem Eintritt seiner Bösgläubigkeit fortwirkt (→ Rn. 20).

a) Anbieten. Der Begriff ist nicht im rechtsgeschäftlichen Sinne des Vertragsangebots zu verstehen. **33** Er umfasst jede Handlung, die das Zustandekommen eines späteren **Geschäfts** über eine unter Schutz stehende Topographie, einen selbstständig verwertbaren Teil, eine Darstellung zu ihrer Herstellung (§ 1 Abs. 1 S. 2) oder über ein die Topographie enthaltendes Halbleitererzeugnis **ermöglichen** oder **fördern** soll, das die Benutzung dieses Gegenstandes einschließt, gleichgültig, ob die Überlassung im Wege der Eigentumsübertragung oder miet-, leih- oder pachtweise erfolgen soll (vgl. zum Patentrecht BGHZ 167, 374 (377); BGH GRUR 2003, 1031 (1032)), und die einem Dritten **erkennbar** machen soll, dass der Abschluss eines solchen Geschäfts mit ihm angestrebt wird (Benkard PatG/*Scharen* PatG § 9 Rn. 41). Praktisch relevant sind hier insbes. Werbemaßnahmen. Auf einen Erfolg im Sinne eines Vertragsabschlusses oder gar eines Inverkehrbringens kommt es nicht an (BGHZ 113, 159 (163) mwN; Benkard PatG/ *Scharen* PatG § 9 Rn. 40). Der Tatbestand wird sowohl durch die Abgabe als auch durch den Zugang des Angebots verwirklicht (Benkard PatG/*Scharen* PatG § 9 Rn. 43).

Ob die geschützte Topographie, das sie enthaltende Halbleitererzeugnis etc zur Zeit der Tathandlung real existiert, unmittelbar verkehrsfähig und beim Anbietenden vorrätig ist, ist ohne Belang (Benkard PatG/*Scharen* PatG § 9 Rn. 40 mwN), ebenso, ob der Anbietende tatsächlich zur Herstellung oder Lieferung bereit und fähig ist (BGH GRUR 2003, 1031 (1032); OLG Karlsruhe GRUR 2014, 59 (62)).

Auch ein Angebot, das sich allein auf den Abschluss von Geschäften oder Lieferungen nach bevorstehendem Ablauf der Schutzdauer bezieht, erfüllt den Tatbestand (BGHZ 170, 115 (118 f.); OLG Karlsruhe GRUR 2014, 59 (62)), ebenso das im Inland erfolgende Angebot der Lieferung im Ausland (Benkard PatG/*Scharen* PatG § 9 Rn. 43; Schulte/*Rinken/Kühnen* PatG § 9 Rn. 62; *Hoppe-Jänisch* GRUR 2014, 1163 (1167)). Zur Problematik im Inland abrufbarer ausländischer Internetangebote und dem Erfordernis eines wirtschaftlich relevanten Inlandsbezugs vgl. Schulte/*Rinken/Kühnen* PatG § 9 Rn. 63; BGH NJW 2005, 1435 (1436) (zum Markenrecht).

b) Inverkehrbringen. Der Begriff umfasst jede Handlung, durch die die geschützte Topographie, **34** selbstständig verwertbare Teile, die Darstellung zu ihrer Herstellung (§ 1 Abs. 1 S. 2) oder das die Topographie enthaltende Halbleitererzeugnis tatsächlich in die **Verfügungsgewalt** einer anderen Person **übergeht** und damit in den Handelsverkehr eintritt, der Umsatz- und Veräußerungsgeschäfte zum Gegenstand hat (vgl. zum Patentrecht Benkard PatG/*Scharen* PatG § 9 Rn. 44; *Hoppe-Jänisch* GRUR 2014, 1163 (1166 f.)). Ein Rechtsübergang ist nicht erforderlich.

Veräußerung und Versendung der Ware vom Inland in das Ausland ist strafbares Inverkehrbringen im Inland (RGSt 10, 349 (351 f.); 36, 178 (180); für das Zivilrecht auch BGHZ 23, 100 (103 ff.)). Ebenso ist umgekehrt die Veräußerung und Versendung vom Ausland in das Inland Inverkehrbringen durch den ausländischen Versender, sofern die Ware im Inland in die Verfügungsgewalt des Importeurs gelangt (RGSt 10, 349 (351); 21, 205 (207 f.)), also nicht bei bloßer Durchfuhr mit Verfügungsgewalt nur des Spediteurs oder Frachtführers (BGHZ 23, 100 (103 ff.); näher Benkard PatG/*Scharen* PatG § 9 Rn. 45).

c) Verbreiten. Der Begriff wird im Bereich der gewerblichen Schutzrechte ansonsten in § 17 Abs. 1 **35** UrhG verwendet, bezeichnet dort aber gerade den Oberbegriff für die Verwertungsformen des Anbietens und des Inverkehrbringens. Hier ist dagegen wegen des Bezugs der Verwertungsform des Inverkehrbringens auf Geschäfte des Handelsverkehrs (→ Rn. 34) an **nichtgeschäftliche** Aktivitäten gedacht, durch die die geschützte Topographie, selbstständig verwertbare Teile, die Darstellung zu ihrer Herstellung (§ 1 Abs. 1 S. 2) oder das die Topographie enthaltende Halbleitererzeugnis tatsächlich in die Verfügungsgewalt einer anderen Person übergeht (in dieser Richtung jedenfalls die Begründung des Gesetzentwurfs der BReg, BT-Drs. 11/454, 22: „... der Verkauf, die Vermietung, das Leasing und jede Form des Vertriebs und der Verbreitung ..."). Wegen der Ausnahmeregelung des § 6 Abs. 2 Nr. 1

werden hier allerdings nur solche Aktivitäten zu nichtgeschäftlichen Zwecken erfasst, die **über den privaten Bereich** hinausgehen.

36   **d) Einführen.** Einführen ist das **Verbringen** der geschützten Topographie, eines selbstständig verwertbaren Teils, der Darstellung zu ihrer Herstellung (§ 1 Abs. 1 S. 2) oder des die Topographie enthaltenden Halbleitererzeugnisses vom Ausland in das **Inland,** bei dem der Handelnde die tatsächliche Verfügungsgewalt im Inland behält oder erlangt (vgl. zum Patentrecht Mes PatG § 9 Rn. 50). Soweit zT allein auf ein Erlangen der tatsächlichen Verfügungsgewalt im Inland abgestellt wird (Benkard PatG/*Scharen* PatG § 9 Rn. 47; Fitzner/Lutz/Bodewig/*Ensthaler* PatG § 9 Rn. 50; Achenbach/Ransiek/Rönnau WirtschaftsStR-HdB/*Nentwig* Teil 11 Kap. 2 Rn. 45), ist dies missverständlich: Ein Wechsel der Verfügungsgewalt ist nicht erforderlich und stellt für den Versender bereits ein Inverkehrbringen dar (→ Rn. 34).

Die Einfuhr ist nur tatbestandsmäßig, wenn sie **zum Zwecke** des Anbietens, Inverkehrbringens oder Verbreitens im Inland erfolgt.

III. Vorsatz; Irrtum

37   Strafbar ist nur die **vorsätzliche** Schutzrechtsverletzung (§ 15 StGB); **bedingter** Vorsatz genügt. Der **Irrtum** über Bestand und Inhalt des verletzten Schutzrechts ist Tatbestandsirrtum nach § 16 Abs. 1 StGB (vgl. zum Patentrecht *Hesse* GA 1968, 225 (236); Benkard PatG/*Grabinski/Zülch* PatG § 142 Rn. 7; Busse/Keukenschrijver/*Keukenschrijver* PatG § 142 Rn. 19; aA *Witte* GRUR 1958, 419 f.: Verbotsirrtum).

Wie bei § 25 Abs. 1 GebrMG muss sich der Vorsatz des Verletzers auch auf die Rechtsbeständigkeit des verletzten Topographieschutzes beziehen, also auf das Vorliegen der sachlichen Voraussetzungen der Schutzfähigkeit (vgl. zum GebrMG BGH GRUR 1977, 250 (252); Loth GebrMG § 25 Rn. 2; Mes GebrMG § 25 Rn. 2). Dies ist Folge des Umstandes, dass es sich beim Topographieschutz um ein ungeprüftes Schutzrecht handelt, während die Patenterteilung durch die Prüfungsstelle des Patentamts Tatbestandswirkung entfaltet (→ Rn. 4 f.). Zu beachten ist, dass der durch § 10 Abs. 1 iVm §§ 6 Abs. 1, 5 Abs. 1 S. 1 schon ab dem Zeitpunkt der ersten nicht nur vertraulichen geschäftlichen Verwertung gewährte Strafrechtsschutz gegen unbefugte Verwertung damit davon abhängt, dass der die Topographie oder das sie enthaltende Halbleitererzeugnis verwertende Dritte in seinen Vorsatz auch die erst zukünftig erfolgende Anmeldung der Topographie durch den nach § 2 Berechtigten aufnimmt.

IV. Rechtswidrigkeit

38   Neben die Rechtfertigungsgründe des allgemeinen Strafrechts tritt im Recht der gewerblichen Schutzrechte als praktisch bedeutsam der Rechtfertigungsgrund der **Erschöpfung** (vgl. Loth GebrMG § 25 Rn. 7; Benkard PatG/*Grabinski/Zülch* PatG § 142 Rn. 5). Hat der Schutzrechtsinhaber oder mit seiner Zustimmung ein Dritter das die geschützte Topographie enthaltende Halbleitererzeugnis im Inland oder in einem Land der EU oder des EWR in den Verkehr gebracht, so ist sein Schutzrecht an diesem Erzeugnis erschöpft. Jedermann steht es frei, dieses Erzeugnis anzubieten, in Verkehr zu bringen, zu verbreiten oder einzuführen, weil es mit dem willentlichen Inverkehrbringen im halbleiterschutzrechtlichen Sinne gemeinfrei geworden ist (vgl. zum Patentrecht BGHZ 143, 268 (270 ff.); BGH NJW-RR 1997, 421 f.; jeweils mwN; zu näheren Einzelheiten auch Loth GebrMG § 11 Rn. 42 ff.; Benkard PatG/*Scharen* PatG § 9 Rn. 15 ff.; Busse/Keukenschrijver/*Keukenschrijver* PatG § 9 Rn. 142 ff.; Fitzner/Lutz/Bodewig/*Ensthaler* PatG § 9 Rn. 68 ff.). Das Recht zur Nachbildung bleibt allerdings dem Inhaber des Schutzrechts vorbehalten. Art. 5 Abs. 5 der RL 87/54/EWG (→ Rn. 2) spricht diese Grundsätze für das Halbleiterschutzgesetz ausdrücklich aus.

C. Qualifikation (Abs. 2)

39   Der Qualifikationstatbestand sieht einen erhöhten Strafrahmen für Fälle **gewerbsmäßigen** Handelns vor. Gewerbsmäßigkeit bezeichnet auch hier nicht etwa die in Ausübung eines Gewerbebetriebs begangene vorsätzliche Schutzrechtsverletzung (so aber Deutsche Vereinigung für gewerblichen Rechtsschutz und Urheberrecht, BGH GRUR 1989, 29 (30 f.)), sondern ist nicht anders als bei anderen Straftatbeständen zu verstehen als die Absicht, sich aus wiederholter Tatbegehung eine nicht nur vorübergehende Einnahmequelle von einigem Umfang zu verschaffen (vgl. die Begründung des Gesetzentwurfs der BReg zum PrPG, BT-Drs. 11/4792, 24). Bestrebungen, stattdessen einen besonderen Qualifikationstatbestand der Produktpiraterie im Sinne einer identischen oder nahezu identischen Nachahmung einer fremden Ware zu schaffen (Deutsche Vereinigung für gewerblichen Rechtsschutz und Urheberrecht, BGH GRUR 1989, 29 (31 u. 34)), haben sich nicht durchgesetzt (vgl. BT-Drs. 11/4792, 18).

D. Versuch (Abs. 3)

Der Versuch ist seit Inkrafttreten des PrPG strafbar (→ Rn. 1). Damit sollte zur effektiveren Bekämp- **40** fung von Produktpiraterie ein früheres Einschreiten der Strafverfolgungsbehörde ermöglicht werden. Der Gesetzentwurf der BReg zum PrPG (BT-Drs. 11/4792, 24) nennt beispielhaft Fälle, in denen Einzelteile eines Produkts, die als solche nicht durch ein Schutzrecht geschützt sind, bis zuletzt getrennt gehalten und erst kurz vor dem Verkauf oder Vertrieb zu einer dann schutzrechtsverletzenden Ware zusammengefügt werden. Das Beispiel trifft den Topographieschutz nach dem HalblSchG schon im Ansatz nicht, zumal die Strafbarkeit des Anbietens ohnehin nicht davon abhängt, ob die angebotene Topographie oder das Halbleitererzeugnis tatsächlich existiert (→ Rn. 33). Von einem praxisrelevanten Anwendungsbereich des Versuchstatbestands wird für keine der Tatbestandsalternativen ausgegangen werden können, auch nicht für die des Nachbildens, die nach hier vertretener Auffassung bereits mit Beginn der auf Erschaffung der Kopie gerichteten Tätigkeit vollendet ist (→ Rn. 30).

Von einer Beschränkung der Versuchsstrafbarkeit auf den Qualifikationstatbestand wurde abgesehen, da sich zu Beginn der Ermittlungen oft nicht einschätzen lasse, ob die Voraussetzungen eines qualifizierten Versuchs gegeben seien (BT-Drs. 11/4792, 24).

E. Täterschaft und Teilnahme

Die Beurteilung von Täterschaft und Teilnahme richtet sich nach allgemeinen strafrechtlichen Regeln **41** (§§ 25 ff., 14 StGB). Nicht als Täter in Betracht kommt angesichts des klaren Wortlauts des § 6 Abs. 1 S. 2 der Inhaber des verletzten Schutzrechts selbst, selbst wenn er sich durch Vergabe eines Nießbrauchs oder einer ausschließlichen Lizenz der gesamten Ausübung des Rechts entäußert hat (z Parallelfrage im Patentrecht vgl. Benkard PatG/*Grabinski/Zülch* PatG § 142 Rn. 10; Busse/Keukenschrijver/*Keukenschrijver* PatG § 142 Rn. 24; Fitzner/Lutz/Bodewig/*Pitz* PatG § 142 Rn. 19; aA für § 39 Abs. 1 SortSchG Leßmann/Würtenberger SortenschutzR § 7 Rn. 242).

Die Tatbestandsalternative des Inverkehrbringens erfüllt nur der Veräußerer, nicht der Erwerber (BGHZ 100, 249 (250 f.)). Dessen Beteiligung stellt eine notwendige Teilnahme dar mit der Folge, dass der Erwerber auch unter dem Gesichtspunkt der Teilnahme an der Tat des Veräußerers straflos bleibt, soweit er nicht über die notwendige Teilnahme hinaus tätig wird (vgl. allg. Fischer StGB Vor § 25 Rn. 7).

Zur Annahme mittelbarer Täterschaft bei vorsätzlich schutzrechtsverletzender Lieferung an arglose Abnehmer Fitzner/Lutz/Bodewig/*Pitz* PatG § 142 Rn. 20.

F. Konkurrenzen

Die **konkurrenz**rechtliche Beurteilung richtet sich nach allgemeinen Regeln. Neben den Tatbestän- **42** den des Kernstrafrechts ist bei der Prüfung auch an diejenigen der §§ 17–19 UWG zu denken (vgl. Busse/Keukenschrijver/*Keukenschrijver* PatG § 142 Rn. 26). Da ein und dieselbe Ware durch mehrere gewerbliche Schutzrechte geschützt sein kann, sind auch die dafür jeweils einschlägigen Strafvorschriften, insbes. § 142 PatG, § 25 GebrMG, § 51 DesignG und §§ 143 ff. MarkenG, in Betracht zu ziehen (Wabnitz/Janovsky WirtschaftsStR-HdB/*Möller* Kap. 17 Rn. 16 f.).

Dass die Verwirklichung verschiedener Tatbestandsalternativen des § 10 Abs. 1 in Bezug auf die gleiche **43** Topographie oder das gleiche Halbleitererzeugnis unter dem Gesichtspunkt der **Bewertungseinheit** zu einer Tat im Rechtssinne zusammengefasst werden müsste (so für das Patentrecht Benkard PatG/*Grabinski/Zülch* PatG § 142 Rn. 18), erscheint als zweifelhaft. Weder die Tatbestandsalternative des Anbietens noch die des Inverkehrbringens oder Verbreitens fassen – anders als die des Handeltreibens im Betäubungsmittelstrafrecht – sämtliche auf den Güterumsatz mit dem schutzverletzenden Gut gerichteten Handlungen zu einer einheitlichen Tat zusammen. Allerdings hat die Rspr. eine Bewertungseinheit von Erwerb und Veräußerung auch bei den Absatzdelikten des Betäubungsmittelstrafrechts (Veräußern und Abgeben) bejaht (BGH NStZ 1997, 243; BGH StV 1997, 636 f.; 1999, 431). Dies stößt jedoch wegen der fehlenden Anbindung an die Handlungsbeschreibung des gesetzlichen Tatbestands auf Bedenken (vgl. näher LK-StGB/*Rissing-van Saan* StGB Vor § 52 Rn. 45; MüKoStGB/*v. Heintschel-Heinegg* StGB § 52 Rn. 44). Vielmehr dürfte die Tatbestandsalternative des Einführens im Falle der Verwirklichung des vom Täter beabsichtigten Zwecks als Durchgangsdelikt (vgl. LK-StGB/*Rissing-van Saan* StGB Vor § 52 Rn. 131 ff.) subsidiär zu denen des Anbietens, Inverkehrbringens oder Verbreitens sein.

G. Verfahrensrecht
I. Strafantrag (Abs. 4)

Für den Grundtatbestand ist der **Strafantrag** Prozessvoraussetzung, es sei denn, dass die Strafver- **44** folgungsbehörde wegen des **besonderen öffentlichen Interesses** an der Strafverfolgung ein Einschreiten von Amts wegen für geboten hält (vgl. zu Einzelheiten der Prüfung Fischer StGB § 230 Rn. 3 ff.). Nach Nr. 261a RiStBV ist das besondere öffentliche Interesse insbes. dann anzunehmen,

„wenn der Täter einschlägig vorbestraft ist, ein erheblicher Schaden droht oder eingetreten ist, die Tat den Verletzten in seiner wirtschaftlichen Existenz bedroht oder die öffentliche Sicherheit oder die Gesundheit der Verbraucher gefährdet ist".

45 Für den Strafantrag gelten die allgemeinen Regeln der §§ 77 ff. StGB. Antragsberechtigt als Verletzter ist der Inhaber des Schutzrechts. Bei Wechsel der Inhaberschaft ist nach § 4 Abs. 2 HalblSchG iVm § 8 Abs. 4 S. 2 GebrMG die Eintragung in das Register für Topographien maßgeblich für die Antragsberechtigung. Mängel der Eintragung können aber jedenfalls bis zum Ablauf der Antragsfrist geheilt werden (RG Bl f. PMZ 1911, 29 (30); weitergehend Reimer PatG, 2. Aufl. 1988, § 49 Rn. 4: bis zur Hauptverhandlung; aA Klauer/Möhring/*Hesse* PatG § 49 Anm. 6). Bei Übertragung der Ausübung durch Erteilung einer ausschließlichen Lizenz oder eines Nießbrauchs ist Verletzter (auch oder sogar ausschließlich) der Lizenznehmer oder Nießbraucher (RGSt 11, 266 (267)). Antragsberechtigt ist auch der Insolvenzverwalter des Inhabers (RGSt 35, 149 f.). Für eine juristische Person, Personengesellschaft oä sind deren gesetzliche oder satzungsgemäße Vertreter antragsberechtigt (Fischer StGB § 77 Rn. 2a), bei der oHG aber auch alle anderen Gesellschafter (RGSt 41, 103 f.), auch noch nach Eintritt in die Liquidation (RGSt 41, 377 (379 f.)). Vertretung in der Erklärung wie gewillkürte Vertretung im Willen ist möglich (Fischer StGB § 77 Rn. 21 f.). Zur Strafantragstellung durch einen ausländischen Verletzten vgl. die ausdrückliche Regelung in § 11 Abs. 2 HalblSchG iVm § 28 Abs. 1 GebrMG.

46 Der Qualifikationstatbestand des § 10 Abs. 2 ist **Offizialdelikt** (OLG Celle wistra 2010, 494 zu § 142 Abs. 2 PatG). Hier ist das öffentliche Interesse an der Strafverfolgung schon wegen des erhöhten Unrechts- und Schuldgehalts, aber auch wegen der hier regelmäßig eintretenden großen Schäden für die Volkswirtschaft gegeben (so die Begründung des Gesetzentwurfs der BReg zum PrPG, BT-Drs. 11/4792, 25).

II. Privatklage

47 Der Grundtatbestand – nicht aber die Qualifikation nach Abs. 2 (OLG Celle wistra 2010, 494 zu § 142 Abs. 2 PatG) – ist nach § 374 Abs. 1 Nr. 8 StPO **Privatklagedelikt.** Die Staatsanwaltschaft erhebt die öffentliche Klage nur, wenn dies im **öffentlichen Interesse** liegt (§ 376 StPO), und verweist den Verletzten ansonsten auf den Privatklageweg. Nach Nr. 261 RiStBV ist das öffentliche Interesse in der Regel zu bejahen,

„wenn eine nicht nur geringfügige Schutzrechtsverletzung vorliegt. Zu berücksichtigen sind dabei insbesondere das Ausmaß der Schutzrechtsverletzung, der eingetretene oder drohende wirtschaftliche Schaden und die vom Täter erstrebte Bereicherung."

Im Wege der Privatklage kann auch die **selbstständige** Anordnung der **Einziehung** nach § 76a StGB verfolgt werden, § 440 StPO.

III. Nebenklage

48 Sowohl Grundtatbestand als auch Qualifikation sind nebenklagefähig, § 395 Abs. 1 Nr. 6 StPO.

IV. Adhäsionsverfahren

49 Die Verfolgung zivilrechtlicher Ansprüche im Adhäsionsverfahren nach §§ 403 ff. StPO ist möglich (sa § 10 Abs. 5 HalblSchG iVm § 25 Abs. 5 S. 3 GebrMG), jedoch wegen der ausschließlichen Zuständigkeit der Landgerichte nach § 11 Abs. 2 HalblSchG iVm 27 Abs. 1 GebrMG nicht im Strafverfahren vor dem AG (vgl. Löwe/Rosenberg/*Hilger* StPO § 403 Rn. 16; *Rieß/Hilger* NStZ 1987, 145 (156), Fn. 244; *Köckerbauer* NStZ 1994, 305 (306); aA *Lührs* GRUR 1994, 264 (267); *Hansen/Wolff-Rojczyk* GRUR 2009, 644 (646); offengelassen bei Busse/Keukenschrijver/*Keukenschrijver* PatG § 142 Rn. 49), und damit wegen § 25 Nr. 1 GVG hier auch nicht im Privatklageverfahren. Dagegen schließt eine Zuständigkeitskonzentration für Zivilverfahren nach § 11 Abs. 2 HalblSchG iVm § 27 Abs. 2 GebrMG die Zuständigkeit der Wirtschaftsstrafkammer eines anderen Landgerichts zur Durchführung des Adhäsionsverfahrens nicht aus (zutr. *Hansen/Wolff-Rojczyk* GRUR 2009, 644 (646); anders als die Vorauflage zweifelnd jetzt auch Busse/Keukenschrijver/*Keukenschrijver* PatG § 142 Rn. 49); denn die Wirtschaftsstrafkammer ist wegen § 74c Abs. 1 S. 1 Nr. 1 GVG ebenfalls ein für Halbleiterstreitsachen zuständiger Spezialspruchkörper.

V. Wiederaufnahme

50 Die nachträgliche Löschung der Eintragung einer Topographie nach § 8 Abs. 1 u. 5 HalblSchG iVm § 17 GebrMG – die die deklaratorische Feststellung ihrer Unwirksamkeit **ex-tunc** beinhaltet – stellt, ungeachtet der sich aus dem Anmeldesystem ergebenden Abweichungen ggü. dem Patentrecht (→ Rn. 4 f.), nicht anders als dort einen Wiederaufnahmegrund nach § 359 Nr. 5 StPO dar (→ PatG § 142 Rn. 71 mwN).

VI. Tenorierung

Im Verurteilungsfall ist in die Urteilsformel eine die jeweilige Verwirklichungsform möglichst genau 51
charakterisierende **rechtliche Bezeichnung** der Tat aufzunehmen, also nicht nur „Vergehen gegen das
Halbleiterschutzgesetz", sondern zB „Nachbildung einer geschützten Topographie" (vgl. Meyer-Goß-
ner/Schmitt/*Appl,* Die Urteile in Strafsachen, 29. Aufl. 2014, Rn. 42). Auch die Verwirklichung des
Qualifikationstatbestands ist durch Aufnahme des Adjektivs **„gewerbsmäßig"** in die rechtliche Bezeichnung der Tat zu kennzeichnen (Meyer-Goßner/Schmitt/*Appl,* Die Urteile in Strafsachen, 29. Aufl.
2014, Rn. 48).

H. Einziehung; Verfall

I. Einziehung

Die **Einziehung** von Gegenständen, die durch die Tat hervorgebracht oder zu ihrer Begehung oder 52
Vorbereitung gebraucht worden oder bestimmt gewesen sind, und ihrer Surrogate richtet sich nach
§§ 74 ff. StGB. Diese Vorschriften gelten aber nicht für **Beziehungsgegenstände,** die nicht Werkzeuge
für oder Produkte der Tat gewesen sind, sondern deren notwendiger Gegenstand selbst (BGHSt 10, 28
(29 f.); → StGB § 74 Rn. 21). Für Handelswaren, die Gegenstand einer Tat nach § 10 Abs. 1 gewesen
sind, ohne dass der Täter sie gebraucht oder hervorgebracht hat – was alle Tatbestandsalternativen außer
der des Nachbildens betrifft –, bringt § 10 Abs. 5 HalblSchG iVm § 25 Abs. 5 S. 1 GebrMG eine
entsprechende Erweiterung der Einziehungsmöglichkeit. Auch für die Einziehung von Beziehungsgegenständen gelten wegen § 74 Abs. 4 StGB die Voraussetzungen des § 74 Abs. 2, 3 StGB; § 10 Abs. 5
HalblSchG iVm § 25 Abs. 5 S. 2 GebrMG eröffnet aber die **erweiterte** Möglichkeit einer **Dritteinziehung** nach § 74a StGB. Soweit dem Vernichtungs- oder Rückrufanspruch des Verletzten aus § 9
Abs. 2 HalblSchG iVm 24a GebrMG im Adhäsionsurteil stattgegeben wird, unterbleibt die Einziehung,
§ 10 Abs. 5 HalblSchG iVm 25 Abs. 5 S. 3 GebrMG.

Die Einziehung kann auch im objektiven Verfahren nach § 76a StGB, § 440 StPO erfolgen.

II. Verfall

Die Anordnung des **Verfalls** des aus der Tat Erlangten, der gezogenen Nutzungen und Surrogate 53
richtet sich nach den allgemeinen Regeln der §§ 73 ff. StGB. Der Verfallsanordnung wird in Halbleiter-
schutzverletzungsfällen regelmäßig § 73 Abs. 1 S. 2 StGB entgegenstehen (*Hansen/Wolff-Rojczyk*
GRUR 2007, 468 (472)).

III. Maßnahmen der Zollbehörden

Umfangreiche Spezialregelungen über Beschlagnahme und Einziehung halbleiterschutzverletzender 54
Erzeugnisse durch die Zollbehörden enthält § 9 Abs. 2 HalblSchG iVm § 25a GebrMG (vgl. zu Einzelheiten der Erläuterung die entsprechenden Parallelvorschriften des PatG und des SortSchG bei Benkard
PatG/*Grabinski/Zülch* PatG § 142a Rn. 2 u. 16 ff.; Fitzner/Lutz/Bodewig/*Voß* PatG § 142a Rn. 2 u.
12 ff.; Leßmann/Würtenberger SortenschutzR § 7 Rn. 265, 268 ff.).

I. Bekanntmachung der Verurteilung (Abs. 6)

Die Bekanntmachung der Verurteilung kann nur angeordnet werden, wenn auf Strafe gegen einen 55
Erwachsenen oder einen nicht nach Jugendstrafrecht behandelten Heranwachsenden (§§ 6 Abs. 1 S. 2,
105 Abs. 1 JGG) erkannt wird. Voraussetzung ist ein Antrag des Verletzten; für die Antragsberechtigung
gilt das zu → Rn. 45 Ausgeführte entsprechend. Das Übergehen des Antrags kann mit der Revision
beanstandet werden, allerdings wegen § 400 Abs. 1 StPO nicht vom Nebenkläger (sa die Begründung
des Gesetzentwurfs der BReg zum PrPG, BT-Drs. 11/4792, 26; zur Bekanntmachung durch das
Revisionsgericht selbst vgl. BGHSt 3, 73 (76)). Weitere Voraussetzung ist die Darlegung eines berechtigten Interesses, das insbes. bei Marktverwirrung, durch die Tat hervorgerufener Unsicherheit bei den
Abnehmern und einer daraus folgenden Beeinträchtigung und Entwertung des Schutzrechts zu bejahen
sein wird (vgl. Loth GebrMG § 25 Rn. 15; Benkard PatG/*Grabinski/Zülch* PatG § 142 Rn. 21). Liegen
diese Voraussetzungen vor, steht dem Gericht kein Ermessen zu. Umfang und Art der Bekanntmachung
sind im Urteil, Abs. 6 S. 2 (zu Einzelheiten vgl. Fischer StGB § 200 Rn. 4 ff.). Nach
Nr. 261b S. 1 RiStBV hat der Staatsanwalt darauf hinzuwirken, dass der Name des Verletzten in die
Urteilsformel aufgenommen wird. Die Vollziehung der Anordnung erfolgt nur auf – fristgebundenes –
Verlangen des Verletzten, § 463c Abs. 2 StPO. Vgl. zu den Aufgaben der Vollstreckungsbehörde iÜ
Nr. 261b S. 2 RiStBV, § 59 StVollstrO.

390. Verordnung über personelle Anforderungen für Heime (Heimpersonalverordnung – HeimPersV)

Vom 19. Juli 1993 (BGBl. I S. 1205) FNA 2170-5-5

Zuletzt geändert durch Art. 1 Erste ÄndVO vom 22.6.1998 (BGBl. I S. 1506)

– Auszug –

Vorbemerkung

1   Die VO über personelle Anforderungen für Heime (Heimpersonalverordnung – HeimPersV) ergänzt die Vorschriften des Heimgesetzes bezüglich der Mindestanforderungen, die an die Leitung und an die Beschäftigten eines Heimes in fachlicher und persönlicher Hinsicht zu stellen sind (§ 1). Heime iSd VO sind Einrichtungen, die dem Zweck dienen, ältere Menschen oder pflegebedürftige oder behinderte Volljährige aufzunehmen, ihnen Wohnraum zu überlassen sowie Betreuung und Verpflegung zur Verfügung zu stellen oder vorzuhalten, die in ihrem Bestand von Wechsel und Zahl der Bewohnerinnen und Bewohner unabhängig sind und entgeltlich betrieben werden (§ 1 Abs. 1 S. 2 HeimG). Der Regelungsbereich umfasst alle in einem Heim beschäftigten Personen. Die VO unterscheidet dabei zwischen Leitungsfunktionen (Heimleitung (§ 2), Leiter des Pflegedienstes (§ 4 Abs. 2)) und Pflege- bzw. betreuenden Tätigkeiten (Fachkräfte (§ 6), Beschäftigte mit betreuenden Tätigkeiten (§ 5) und Beschäftigte allgemein (§ 4)).

2   Die von der HeimPersV aufgestellten Anforderungen bilden die Grenze einer noch zulässigen Personalausstattung und sind insbes. hinsichtlich des Anteils von Fach- und Hilfskräften nicht mit einer regelmäßig anzustrebenden Normalausstattung gleichzusetzen (vgl. BR–Drs. 204/93). Werden die Anforderungen nicht erfüllt, so stehen der zuständigen Behörde diverse Ordnungsmittel zur Verfügung. Diese umfassen neben der Verhängung von Bußgeldern (§ 9) auch ein Beschäftigungsverbot (§ 18 HeimG) oder – als schwerste Sanktion – Untersagung des Heimbetriebs (§ 19 Abs. 1 iVm § 11 Abs. 2 Nr. 2 HeimG). Da es sich jeweils um belastende Verwaltungsakte handelt, ist bei jeder dieser Entscheidungen der Grundsatz der Verhältnismäßigkeit zu beachten. Die HeimPersV regelt jedoch nur die ordnungsrechtlichen Pflichten des Heimträgers und berührt nicht die vertraglichen Beziehungen zwischen dem Heimträger und den Beschäftigten des Heimes oder den Heimbewohnern (vgl. *Kunz/Butz/Wiedemann,* 10. Aufl. 2004, Anh. A § 1 Rn. 3).

3   Die Heimpersonalverordnung gilt idF ihres Erlasses v. 19.7.1993 (BGBl. I 1205), zuletzt geändert durch Art. 1 der Ersten Änderungsverordnung v. 22.6.1998 (BGBl. I 1506). Sie ist seit dem 1.10.1993 in Kraft (vgl. § 13; die Verordnung ist am 24.7.1993 im BGBl. veröffentlicht worden). Ermächtigungsgrundlage für den Erlass der Verordnung war § 3 des Heimgesetzes idF der Bekanntmachung v. 23.4.1990 (BGBl. I 763) iVm II des Organisationserlasses des Bundeskanzlers v. 23.1.1991 (BGBl. I 530).

4   Die in der HeimPersV enthaltenen Verweisungen auf das HeimG beziehen sich nach ihrem Wortlaut noch auf dessen frühere Fassung in der Bekanntmachung v. 23.4.1990. Nach Erlass der HeimPersV ist das HeimG durch das Dritte Gesetz zur Änderung des Heimgesetzes v. 5.11.2001 (BGBl. I 2960) geändert worden, ohne dass der Gesetzgeber die in der HeimPersV enthaltenen Verweise auf das HeimG an die neue Fassung angepasst hat. Dies ist bei der Auslegung der in der HeimPersV enthaltenen Bezugnahmen auf das HeimG zu berücksichtigen (vgl. dazu eing. Krahmer/Richter/*Krahmer,* 2. Aufl. 2006, § 1 Rn. 3).

§ 9 Ordnungswidrigkeiten

Ordnungswidrig im Sinne des § 17 Abs. 2 Nr. 1 des Heimgesetzes handelt, wer vorsätzlich oder fahrlässig

1. **entgegen § 1 in Verbindung mit § 2 Abs. 2 Nr. 1 oder § 3 Abs. 1 Satz 2 Nr. 1 Buchstabe a und b oder**
2. **entgegen § 1 in Verbindung mit § 4 Abs. 2 Satz 1 oder § 4 Abs. 2 Satz 2 in Verbindung mit § 3 Abs. 1 Satz 2 Nr. 1 Buchstabe a und b Personen beschäftigt oder**
3. **entgegen § 1 in Verbindung mit § 5 Abs. 1 Satz 1 betreuende Tätigkeiten nicht durch Fachkräfte oder unter angemessener Beteiligung von Fachkräften wahrnehmen läßt, die die Mindestanforderungen nach § 6 erfüllen.**

1. Allgemeines. § 9 knüpft – entgegen seines Wortlauts – nicht mehr an § 17 Abs. 2 HeimG, **1**
sondern nach der Neufassung des Heimgesetzes im Jahr 2001 an § 21 Abs. 2 Nr. 1 HeimG an (→ Vorb.
Rn. 3), der nunmehr die Regelungen über die Ordnungswidrigkeiten enthält. Nach § 21 Abs. 2 Nr. 1
HeimG handelt insbes. derjenige ordnungswidrig, der einer Rechtsverordnung nach § 3 HeimG – um
eine solche handelt es sich bei der HeimPersV – zuwiderhandelt. Mit der Bußgeldandrohung in § 9
sanktioniert der Verordnungsgeber Verstöße gegen die Mindestanforderungen, die an Heimleitung und
die Beschäftigten eines Heimes nach den gesetzlichen Vorgaben zu stellen sind.

Die sachliche Zuständigkeit für die Verhängung von Bußgeldern richtet sich nach § 23 HeimG, **2**
wonach jeweils die Landesregierungen die für die Durchführung des Heimgesetzes zuständigen Behörden bestimmen. Die örtliche Zuständigkeit richtet sich nach § 37 OWiG (maßgeblich sind entweder der
Begehungs- bzw. Entdeckungsort oder Wohnsitz bzw. Aufenthaltsort des Betroffenen).

2. Die Regelungen im Einzelnen. a) Täter. Eine Ordnungswidrigkeit nach § 9 kann lediglich der **3**
Heimträger begehen, wie sich aus dem jeweiligen Verweis auf § 1 ergibt. Danach darf der Träger eines
Heimes nur Personen beschäftigen, die die in der Verordnung näher geregelten Mindestanforderungen
erfüllen. Heimträger sind natürliche oder juristische Personen, die als Eigentümer eines Heimes gem.
§ 1 HeimG die Zwecke bestimmen und deren Ausführung verantworten (Krahmer/Richter/*Krahmer*,
2. Aufl. 2006, HeimG § 1 Rn. 5). Ist der Heimträger eine juristische Person können entweder diese
nach § 30 OWiG oder deren vertretungsberechtigtes Organ nach § 9 OWiG bei Zuwiderhandlungen
nach § 9 mit einer Geldbuße belegt werden.

b) Tathandlungen. aa) Beschäftigung eines ungeeigneten Heimleiters (§ 9 Nr. 1). Die Buß- **4**
geldvorschrift betrifft die Beschäftigung eines ungeeigneten Heimleiters. Der Heimleiter ist für den
Heimbetrieb die verantwortlich entscheidende Person. Da er durch seine Leitung das Geschehen im
Heim prägt und daher die Geschicke der Heimbewohner mittelbar und unmittelbar beeinflusst, muss
seine persönliche und fachliche Qualifikation dieser umfassenden Aufgabenstellung entsprechen. Dem
tragen die § 2 und § 3 Rechnung, in denen die fachliche und persönliche Befähigung des Heimleiters
näher definiert wird (OVG Lüneburg BeckRS 2008, 40282).

Den Tatbestand der Bußgeldvorschrift des § 9 Nr. 1 verwirklicht zunächst ein Heimträger, wenn er **5**
entgegen den gesetzlichen Vorgaben einen Heimleiter beschäftigt, der keine Ausbildung zu einer Fachkraft im Gesundheits- oder Sozialwesen, in einem kaufmännischen Beruf oder in der öffentlichen
Verwaltung mit staatlich anerkanntem Abschluss nachweisen kann (§ 2 Abs. 2 Nr. 1). Die aufgeführten
Bildungsgänge sind dabei nicht mit bestimmten Berufen oder Berufsbildern gleichzusetzen, sondern
zielen auf Tätigkeitskomplexe innerhalb einer nach Berufsfeldern orientierten Ausbildung (BR-Drs.
204/93). Unter einer Fachkraft ist eine Person zu verstehen, die eine staatlich anerkannte oder staatlich
geregelte Ausbildung in einem Lehrberuf mit Erfolg abgeschlossen hat, etwa eine Kranken- oder Alten-
pflegerin. Altenpflegehelferinnen und Altenpflegehelfer, Krankenpflegehelferinnen und Krankenpfle-
gehelfer sowie vergleichbare Hilfskräfte sind dagegen keine Fachkräfte iSd Verordnung (§ 6; vgl. auch
BayObLG NStZ-RR 2000, 117 zur Beschäftigung eines Zivildienstleistenden).

Der Tatbestand wird weiterhin erfüllt, wenn der Heimträger einen vorbestraften Heimleiter beschäf- **6**
tigt, der wegen eines Verbrechens oder wegen anderer im Einzelnen aufgezählter Katalogtaten (zB
Körperverletzungs-, Sexual-, Eigentums- oder Vermögensdelikte) zu einer – im Bundeszentralregister
noch nicht getilgten – Freiheitsstrafe oder einer Ersatzfreiheitsstrafe von mindestens drei Monaten (§ 3
Abs. 1 Nr. 1a) rechtskräftig verurteilt worden ist. Unabhängig von der Höhe der verhängten Strafe darf
außerdem nicht beschäftigt werden, wer eine Vorstrafe wegen eines Betäubungsmitteldelikts nach den
§§ 29–30b BtMG oder einer sonstigen Straftat aufweist, die befürchten lässt, dass er sich nicht an die
heimrechtlichen Vorschriften halten wird (§ 3 Abs. 1 Nr. 1b).

bb) Beschäftigung eines ungeeigneten Pflegedienstleiters (§ 9 Abs. 1 Nr. 2). Auch die Be- **7**
schäftigung eines ungeeigneten Pflegedienstleiters wird mit einem Bußgeld sanktioniert. Hierbei geht es
um die Beschäftigten im Heim, denen die fachliche Verantwortung für die Sicherstellung der für
einzelne Heimbewohner notwendigen Pflegeleistungen sowie das Recht der fachlichen Anleitung der
sonstigen im Pflegebereich beschäftigten Mitarbeiter des Heims übertragen ist. Nach § 9 Nr. 2 handelt
ein Heimträger ordnungswidrig, der einen Pflegedienstleiter beschäftigt, der keine Ausbildung zu einer
Fachkraft im Gesundheits- oder Sozialwesen mit staatlich anerkanntem Abschluss nachweisen kann (§ 4
Abs. 2 S. 1) oder der vorbestraft ist. Insoweit verweist die Vorschrift auf die Regelungen bezüglich der
fehlenden persönlichen Eignung eines vorbestraften Heimleiters (→ Rn. 4).

cc) Wahrnehmung betreuender Tätigkeiten unter fehlender bzw. nicht angemessener Betei- **8**
ligung von Fachkräften (§ 9 Abs. 1 Nr. 3). Durch die Bußgeldbestimmung wird derjenige Heimträger mit einer Sanktion bedroht, der die betreuende Tätigkeiten nicht durch Fachkräfte (→ Rn. 3) oder
unter angemessener Beteiligung solcher wahrnehmen lässt. Betreuende Tätigkeiten sind alle Formen der
Hilfe für die Heimbewohner, insbes. der Pflege. Die Fachkräfte müssen dabei selbst tätig werden. Die
bloße Überlassung von Wohnraum und Verpflegung oder lediglich die Einrichtung einer Rufbereitschaft
stellt dagegen keine betreuende Tätigkeit dar (vgl. BayObLG NStZ-RR 2000, 117). Weitere Tatbestandsvoraussetzung ist, dass es sich um ein Heim mit mehr als 20 nicht pflegebedürftigen oder mit

mehr als vier pflegebedürftigen Bewohnern handelt. Für diese Heime legt die Verordnung eine Fach-kraftquote fest (§ 5 Abs. 1). Die Fachkraftquote bezieht sich auf die Zahl der Beschäftigten, nicht auf die Zahl der Stellen. Das bedeutet, dass von je zwei Beschäftigten einer eine Fachkraft sein muss; bei einer ungeraden Anzahl an Beschäftigten muss demgemäß stets eine Überzahl von Fachkräften gegeben sein (*Kunz/Butz/Wiedemann*, 10. Aufl. 2004, Anh. A § 5 Rn. 19). Wird diese Zahl unterschritten oder werden überhaupt keine Fachkräfte beschäftigt, ist der Tatbestand der Ordnungswidrigkeit für den Heimträger erfüllt.

9   **dd) Begehungsform.** Die Tathandlungen nach § 9 Nr. 1–3 können sowohl vorsätzlich als auch fahrlässig begangen werden (vgl. § 21 Abs. 2 HeimG).

10   **c) Höhe der Geldbuße.** Gem. § 21 Abs. 3 HeimG kann eine Ordnungswidrigkeit nach § 21 Abs. 2 Nr. 1 HeimG iVm § 9 bei vorsätzlichem Handeln mit einer Geldbuße bis zu 10.000 EUR geahndet werden. Handelt der Täter fahrlässig, so darf die Geldbuße höchstens 5.000 EUR betragen (§ 17 Abs. 2 OWiG). Die Mindeststrafe liegt jeweils bei 5 EUR (§ 17 Abs. 1 OWiG). Bei der Bemessung sind die Bedeutung der Ordnungswidrigkeit, das Maß der persönlichen Schuld und die wirtschaftlichen Verhält-nisse des Täters zu berücksichtigen (§ 17 Abs. 3 OWiG). Da die Geldbuße den wirtschaftlichen Vorteil, den der Täter aus der Ordnungswidrigkeit übersteigen soll, kann das gesetzlich angedrohte Höchstmaß der Geldbuße überschritten werden, um dieses Ziel zu erreichen (§ 17 Abs. 4 OWiG).

395. Handelsgesetzbuch (HGB)

Vom 10. Mai 1897 (RGBl. S. 219) BGBl. III/FNA 4100-1

Zuletzt geändert durch Art. 7 G zur Umsetzung der WohnimmobilienkreditRL und zur Änd. handelsrechtlicher
Vorschriften vom 11.3.2016 (BGBl. I S. 396)

– Auszug –

§ 331 Unrichtige Darstellung

Mit Freiheitsstrafe bis zu drei Jahren oder mit Geldstrafe wird bestraft, wer

1. als Mitglied des vertretungsberechtigten Organs oder des Aufsichtsrats einer Kapitalgesellschaft die Verhältnisse der Kapitalgesellschaft in der Eröffnungsbilanz, im Jahresabschluß, im Lagebericht oder im Zwischenabschluß nach § 340a Abs. 3 unrichtig wiedergibt oder verschleiert,

1a. als Mitglied des vertretungsberechtigten Organs einer Kapitalgesellschaft zum Zwecke der Befreiung nach § 325 Abs. 2a Satz 1, Abs. 2b einen Einzelabschluss nach den in § 315a Abs. 1 genannten internationalen Rechnungslegungsstandards, in dem die Verhältnisse der Kapitalgesellschaft unrichtig wiedergegeben oder verschleiert worden sind, vorsätzlich oder leichtfertig offen legt,

2. als Mitglied des vertretungsberechtigten Organs oder des Aufsichtsrats einer Kapitalgesellschaft die Verhältnisse des Konzerns im Konzernabschluß, im Konzernlagebericht oder im Konzernzwischenabschluß nach § 340i Abs. 4 unrichtig wiedergibt oder verschleiert,

3. als Mitglied des vertretungsberechtigten Organs einer Kapitalgesellschaft zum Zwecke der Befreiung nach § 291 Abs. 1 und 2 oder nach § 292 einen Konzernabschluß oder Konzernlagebericht, in dem die Verhältnisse des Konzerns unrichtig wiedergegeben oder verschleiert worden sind, vorsätzlich oder leichtfertig offenlegt,

3a. entgegen § 264 Abs. 2 Satz 3, § 289 Abs. 1 Satz 5, § 297 Abs. 2 Satz 4 oder § 315 Abs. 1 Satz 6 eine Versicherung nicht richtig abgibt,

4. als Mitglied des vertretungsberechtigten Organs einer Kapitalgesellschaft oder als Mitglied des vertretungsberechtigten Organs oder als vertretungsberechtigter Gesellschafter eines ihrer Tochterunternehmen (§ 290 Abs. 1, 2) in Aufklärungen oder Nachweisen, die nach § 320 einem Abschlußprüfer der Kapitalgesellschaft, eines verbundenen Unternehmens oder des Konzerns zu geben sind, unrichtige Angaben macht oder die Verhältnisse der Kapitalgesellschaft, eines Tochterunternehmens oder des Konzerns unrichtig wiedergibt oder verschleiert.

Übersicht

A. Allgemeines

I. Bedeutung der Vorschrift

1 § 331 ist die zentrale Vorschrift des Bilanzstrafrechts (MüKoStGB/*Sorgenfrei* Vor §§ 331 ff. Rn. 27; *Park* JuS 2007, 714). Die Vorschrift wurde durch das BiRiLiG v. 19.12.1985 (BGBl. I 2355 ff.) in das HGB eingefügt. Sie trat am 1.1.1986 in Kraft (Art. 13 BiRiLiG). Das BiRiLiG v. 19.12.1985 hat die Vierte, Siebente und Achte Richtlinie des Rates der Europäischen Gemeinschaften zur Koordinierung des Gesellschaftsrechts in das deutsche Recht übertragen und das gesamte Recht der Bilanzierung und Rechnungslegung im 3. Buch des HGB geregelt, einschließlich der Straf- und Bußgeldvorschriften, die im Zusammenhang mit der Aufstellung, Prüfung und Offenlegung der Bilanzen der Kapitalgesellschaften stehen (MüKoStGB/*Sorgenfrei* Vor §§ 331 ff. Rn. 4; MüKoHGB/*Quedenfeld* Vor §§ 331 ff. Rn. 2;

Staub/*Dannecker* Vor § 331 ff. Rn. 33; HK-KapMStrafR/*Südbeck* Rn. 1). Durch das Bankbilanzricht-linienG v. 30.11.1990 (BGBl. I 2570) wurde durch § 340m der Anwendungsbereich des § 331 auf nicht in der Rechtsform einer Kapitalgesellschaft betriebene Kreditinstitute und auf Geschäftsleiter und Inhaber von Privatbanken erweitert (MüKoStGB/*Sorgenfrei* Vor §§ 331 ff. Rn. 6; MüKoHGB/*Queden-feld* Vor §§ 331 ff. Rn. 12; Staub/*Dannecker* Vor § 331 ff. Rn. 36, HK-KapMStrafR/*Südbeck* Rn. 1). Durch das Gesetz zur Änderung des KWG v. 21.12.1992 (BGBl. I 2211 (2227)) wurde in § 331 Ziff. 1 der Zwischenabschluss nach § 340a Abs. 3 und in Ziff. 2 der Konzernabschluss nach § 340i Abs. 4 aufgenommen (MüKoStGB/*Sorgenfrei* Vor §§ 331 ff. Rn. 8). Durch das VersicherungsbilanzrichtlinienG v. 24.6.1994 (BGBl. I 1377 ff.) wurde durch Einfügung des § 341m der Anwendungsbereich des § 331 auch auf nicht in der Rechtsform der Kapitalgesellschaft geführte Versicherungsunternehmen sowie auf den Hauptbevollmächtigten iSd § 106 Abs. 3 VAG erstreckt (MüKoStGB/*Sorgenfrei* Vor §§ 331 ff. n. 9, 10; MüKoHGB/*Quedenfeld* Vor Rn. 16 ff.; Staub/*Dannecker* Vor §§ 331 ff. Rn. 43 ff.; HK-KapM-StrafR/*Südbeck* Rn. 1). Eine wichtige weitere Erweiterung erfolgte durch das KapCoRiLiG v. 24.2.2000 (BGBl. I 154). Durch Einfügung des § 335b findet § 331 auch auf Handelsgesellschafen Anwendung, bei der keine natürliche Person unbeschränkt haftet (MüKoStGB/*Sorgenfrei* Vor §§ 331 ff. Rn. 14; MüKoHGB/*Quedenfeld* Vor Rn. 21 f.; Staub/*Dannecker* Vor §§ 331 ff. Rn. 47; HK-KapMStrafR/*Süd-beck* Rn. 1). Das AVmG v. 26.6.2001 (BGBl. I 1310) erstreckte durch Änderung des § 341m die Anwendbarkeit des § 331 auch auf Pensionsfonds (MüKoHGB/*Quedenfeld* Vor §§ 331 ff. Rn. 24). Das BilReG v. 4.12.2004 (BGBl. I 3166 ff.) erweiterte § 331 um Nr. 1a (MüKoStGB/*Sorgenfrei* Vor §§ 331 ff. Rn. 18 ff.; MüKoHGB/*Quedenfeld* Vor §§ 331 ff. Rn. 24; HK-KapMStrafR/*Südbeck* Rn. 1). Das BilKoG v. 15.12.2004 (BGBl. I 3408 ff.) erweitert den Schutzbereich des § 331 Nr. 4 um die Angehörigen von Prüfstellen iSd § 342b Abs. 1 durch Einfügung des Bußgeldtatbestandes des § 342e (MüKoHGB/*Quedenfeld* Vor §§ 331 ff. Rn. 25; Staub/*Dannecker* Vor §§ 331 ff. Rn. 52 f.). Eine weitere Ergänzung erfuhr § 331 durch das TUG v. 5.1.2007 (BGBl. I 10). Durch das TUG wurde in Nr. 3a der sog Bilanzeid eingeführt (MüKoStGB/*Sorgenfrei* Vor §§ 331 ff. Rn. 23; MüKoHGB/*Quedenfeld* Vor §§ 331 ff. Rn. 28; Staub/*Dannecker* Vor §§ 331 ff. Rn. 58 f.; HK-KapMStrafR/*Südbeck* Rn. 1). Durch das BilMoG v. 25.5.2009 (BGBl. I 1102) kam es zu Änderungen der die Straf- und Bußgeldtatbestände ausfüllenden Blankettnormen.

II. Geltungsbereich

§ 331 findet nur auf Gesellschaften Anwendung, die den handels- und gesellschaftsrechtlichen Vor- **2** schriften unterliegen (so zB AG, GmbH, aber auch Inlandsemittenten iSd § 2 Abs. 7 WpHG; BGH NStZ 2010, 632; Achenbach/Ransiek/Rönnau WirtschaftsStR-HdB/*Ransiek* Teil 8 Kap. 1 Rn. 23; HK-KapMStrafR/*Südbeck* Rn. 2; MüKoStGB/*Sorgenfrei* Rn. 16).

III. Abstraktes Gefährdungsdelikt

§ 331 ist ein abstraktes Gefährdungsdelikt. Die Verwirklichung des Tatbestandes erfordert weder den **3** Eintritt eines Schadens noch eine konkrete Vermögensgefährdung, ausreichend ist das bloße tatbestand-liche Handeln (MüKoHGB/*Quedenfeld* Rn. 3; Staub/*Dannecker* Rn. 11: Heymann/*Otto* Rn. 3; Mü-KoStGB/*Sorgenfrei* Rn. 6).

IV. Echtes Sonderdelikt

Taugliche Täter können nur die im Tatbestand jeweils bezeichneten Personen sein. Andere als die **4** ausdrücklich im Gesetz Genannten kommen nur als Anstifter oder Gehilfen in Betracht, deren Strafe gem. § 28 Abs. 1 StGB zu mindern ist, da die im Tatbestand genannte Delikteigenschaft ein die Strafbarkeit begründendes besonderes persönliches Merkmal iSd § 28 Abs. 1 StGB ist (Staub/*Dannecker* Rn. 12, 13; MüKoHGB/*Quedenfeld* Rn. 4; MüKoStGB/*Sorgenfrei* Rn. 7, 8; Heymann/*Otto* Rn. 3; Achenbach/Ransiek/Rönnau WirtschaftsStR-HdB/*Ransiek* Teil 8 Kap. 1 Rn. 25).

V. Erklärungsmittel

§ 331 betrifft ausschließlich die handelsrechtliche Rechnungslegung, nicht aber die Steuerbilanz **5** (MüKoStGB/*Sorgenfrei* Vor §§ 331 ff. Rn. 1).

B. Unrichtige Darstellung der Verhältnisse der Kapitalgesellschaft, Nr. 1

I. Allgemeines

Nach § 331 Nr. 1 wird bestraft, wer **6**
– als Mitglied des vertretungsberechtigten Organs oder des Aufsichtsrats einer Kapitalgesellschaft
– in der Eröffnungsbilanz, im Jahresabschluss, im Lagebericht oder im Zwischenabschluss (§ 340a Abs. 3)

– die Verhältnisse der Gesellschaft
– unrichtig wiedergibt oder verschleiert.

7 **1. Geschütztes Rechtsgut.** Die Norm schützt das Vertrauen in die Richtigkeit und Vollständigkeit der publizierten Angaben über die Geschäftsverhältnisse, insbes. der gesamten Rechnungslegung (OLG Braunschweig wistra 1993, 31 (33); MüKoHGB/*Quedenfeld* Rn. 1; Staub/*Dannecker* Rn. 3; BeBiKo/ *Grottel/H. Hoffmann* Rn. 6; Heymann/*Otto* Rn. 1; HK-KapMStrafR/*Südbeck* Rn. 3; Achenbach/Ransiek/Rönnau WirtschaftsStR-HdB/*Ransiek* Teil 8 Kap. 1 Rn. 28).

8 **2. Geschützte Rechtssubjekte.** In den Schutzbereich der Norm fallen unstreitig zum einen alle Personen, die mit der Gesellschaft oder dem Konzern in irgendeiner rechtlichen oder wirtschaftlichen Beziehung stehen oder in eine solche treten wollen. Hierzu zählen ua Gesellschafter, Arbeitnehmer, Kreditgeber und sonstige Gläubiger. Die Norm schützt nach str. Ansicht aber auch die Kapitalgesellschaft bzw. den Konzern (MüKoStGB/*Sorgenfrei* Rn. 3; MüKoHGB/*Quedenfeld* Rn. 2; Heymann/*Otto* Rn. 2; HK-KapMStrafR/*Südbeck* Rn. 3; Staub/*Dannecker* Rn. 5 ff. differenzierend bzgl. der Gesellschaft, hiernach fällt die Kapitalgesellschaft nur als Institution in den Schutzbereich, ansonsten nicht, da sie Informationsgeberin und nicht Informationsempfängerin ist).

9 **3. Schutzgesetz.** Bei § 331 handelt es sich um ein Schutzgesetz iSd § 823 Abs. 2 BGB. Voraussetzung für einen Schadensersatzanspruch ist, dass der Geschädigte durch sein Handeln im Vertrauen auf die Richtigkeit der publizierten Information einen Schaden erlitten hat (MüKoHGB/*Quedenfeld* Rn. 2; MüKoStGB/*Sorgenfrei* Rn. 5; Heymann/*Otto* Rn. 2; HK-KapMStrafR/*Südbeck* Rn. 5; Staub/*Dannecker* Rn. 9 einschränkend, der seiner Auffassung konsequent der konkret betroffenen Gesellschaft einen Anspruch aus § 823 Abs. 2 BGB, § 331 HGB versagt).

II. Objektiver Tatbestand

10 **1. Täterkreis.** Mögliche Täter können nur die im Gesetz ausdrücklich Genannten sein, andere Personen als die in § 331 Nr. 1 Aufgeführten scheiden aus, wobei Täter oder Teilnehmer einer Straftat nur eine natürliche Person, nicht jedoch juristische Personen oder andere Personenmehrheiten sein können (MüKoStGB/*Sorgenfrei* Rn. 11, 18; MüKoHGB/*Quedenfeld* Rn. 6 ff.; Staub/*Dannecker* Rn. 14 ff.).

11 **a) Mitglieder des vertretungsberechtigten Organs oder des Aufsichtsrats.** Normadressaten des § 331 Nr. 1 sind Mitglieder des vertretungsberechtigten Organs oder des Aufsichtsrats einer – inländischen – Kapitalgesellschaft (BGH NJW 1997, 533 f.; MüKoHGB/*Quedenfeld* Rn. 6 ff.; Staub/*Dannecker* Rn. 20 ff.; BeBiKo/*Grottel/H. Hoffmann* Rn. 18; Heymann/*Otto* Rn. 5; HK-KapMStrafR/*Südbeck* Rn. 9 ff.; Achenbach/Ransiek/Rönnau WirtschaftsStR-HdB/*Ransiek* Teil 8 Kap. 1 Rn. 30 ff.). Die Mitgliedschaft bestimmt sich nach den gesetzlichen Regeln für die jeweils in Frage stehende Kapitalgesellschaft.

12 **aa) Aktiengesellschaft.** Mitglieder des vertretungsberechtigten Organs sind die Vorstandsmitglieder (§ 76 Abs. 2, 3 AktG) sowie die stellvertretenden Vorstandsmitglieder (§ 94 AktG), sofern sie Vorstandsgeschäfte wahrnehmen (MüKoHGB/*Quedenfeld* Rn. 7; MüKoStGB/*Sorgenfrei* Rn. 12; Staub/*Dannecker* Rn. 22 ff.; BeBiKo/*Grottel/H. Hoffmann* Rn. 18; Heymann/*Otto* Rn. 6).

13 Für die Aktiengesellschaft ist ein Aufsichtsrat – wie sich aus der gesetzlichen Organisation der Aktiengesellschaft, dem AktG und den Mitbestimmungsgesetzen, die einen Aufsichtsrat voraussetzen ergibt – zwingend vorgeschrieben (MüKoAktG/*Habersack* AktG § 95 Rn. 5). § 101 Abs. 3 S. 1 AktG schließt zwingend die Bestellung von Stellvertretern von Aufsichtsratsmitgliedern aus. Dieses Verbot kann weder durch Satzung noch durch einfachen Beschluss der HV überwunden werden (MüKoAktG/*Habersack* AktG § 101 Rn. 74). Jedoch kann gem. § 101 Abs. 3 S. 2 AktG für jedes Aufsichtsratsmitglied mit Ausnahme des weiteren Mitglieds, das nach dem Montan-MitbestimmungsG oder dem MitbestimmungsergänzungsG auf Vorschlag der übrigen Aufsichtsratsmitglieder gewählt wird, ein Ersatzmitglied gewählt werden. Im Gegensatz zum stellvertretenden Organmitglied vertritt das Ersatzmitglied nicht ein vorübergehend verhindertes Mitglied, sondern tritt an die Stelle eines dauerhaft ausgefallenen Mitglieds (MüKoAktG/*Habersack* AktG § 101 Rn. 84). In dem Moment, in dem das Ersatzmitglied an die Stelle des weggefallenen Mitglieds des Aufsichtsrats tritt, ist es tauglicher Täter (MüKoHGB/*Quedenfeld* Rn. 36; Staub/*Dannecker* Rn. 23).

14 **bb) Kommanditgesellschaft auf Aktien.** Vertretungsberechtigtes Organ der KG aA ist gem. § 278 Abs. 2 AktG, § 114 HGB jeder Komplementär (MüKoAktG/*Perlitt* AktG § 278 Rn. 246, MüKoStGB/ *Sorgenfrei* Rn. 14; Staub/*Dannecker* Rn. 26 f.); gem. §§ 278 Abs. 3, 95 ff. AktG ist weiteres Organ der KG aA der Aufsichtsrat. Aus der Verweisung ergibt sich, dass die Bestellung stellvertretender Aufsichtsratsmitglieder – wie bei der AG – unzulässig ist, für die Bestellung von Ersatzmitgliedern gilt → Rn. 13 entsprechend.

cc) GmbH. Mitglied bzw. Mitglieder des vertretungsberechtigten Organs ist bzw. sind der/die 15
Geschäftsführer (§ 35 Abs. 1 GmbHG, einschließlich der Stellvertreter (§ 44 GmbHG).

In fünf Fällen ist bei der GmbH ein Aufsichtsrat zwingend einzurichten, in den Fällen des § 77 Betriebsverfassungsgesetz 1952, § 6 Abs. 1 Mitbestimmungsgesetz, § 4 Montanmitbestimmungsgesetz, § 5 MitbestimmungsErgG und § 3 des Gesetzes über Kapitalanlagegesellschaften. Mitglieder des obligatorischen Aufsichtsrates sind Normadressaten des § 331 Nr. 1; ebenso Ersatzmitglieder, wenn sie Aufsichtsratsfunktionen wahrnehmen (MüKoHGB/*Quedenfeld* Rn. 12; Staub/*Dannecker* Rn. 28 ff.; Heymann/*Otto* Rn. 15, 16; BeBiKo/*Grottel*/*H. Hoffmann* Rn. 18). Strittig ist, ob auch Mitglieder eines fakultativen Aufsichtsrates, der – im Gegensatz zur Aktiengesellschaft – stellvertretende Aufsichtsratsmitglieder wegen (Baumbach/Hueck/*Zöllner*/*Noack* GmbHG § 52 Rn. 44) Normadressat des § 331 Nr. 1 sein können. Ein Teil der Lit. sieht die Mitglieder des fakultativen Aufsichtsrates als Normadressaten des § 331 Nr. 1 an, sofern ihnen die Prüfungspflichten des § 171 AktG (vgl. § 52 Abs. 1 GmbHG) übertragen sind, da der Wortlaut des § 331 Nr. 1 nicht zwischen obligatorischem und fakultativem Aufsichtsrat differenziert (MüKoHGB/*Quedenfeld* Rn. 34; MüKoStGB/*Sorgenfrei* Rn. 32; Staub/*Dannecker* 1 Rn. 30; BeBiKo/*Grottel*/*H. Hoffmann* Rn. 18).

dd) Europäische Aktiengesellschaft/SE. Hat die SE ihren statutarischen Sitz und den der tatsäch- 15a
lichen Hauptverwaltung im Inland, unterliegt sie der Anwendung des § 331. Wählt sie eine dualistische Struktur kommen als Täter Mitglieder des Vorstandes und des Aufsichtrates in Betracht. Gibt sie sich dagegen ein einheitliches Verwaltungsorgan, den sog Verwaltungsrat, können taugliche Täter Mitglieder des Verwaltungsrates und die geschäftsführenden Direktoren sein. Nach § 22 Abs. 1 SEAG leitet der Verwaltungsrat die Gesellschaft und bestimmt die Grundlinien ihrer Tätigkeit und überwacht deren Umsetzung. Dagegen führen die geschäftsführenden Direktoren die Geschäfte der Gesellschaft, vgl. § 40 Abs. 2 S. 1 SEAG (MüKoStGB/*Sorgenfrei* Rn. 13; Staub/*Dannecker* Rn. 25).

ee) Private Company Limited by Shares (Ltd.). Ob die *directors* einer Limited taugliche Täter sein 15b
können ist strittig. Teilweise wird es bejaht bei Bestehen einer inländischen Niederlassung, einem inländischen Verwaltungssitz oder bei einer inländischen Geschäftsleitung (MüKoHGB/*Quedenfeld* Rn. 13; MüKoStGB/*Sorgenfrei* Rn. 16), *Dannecker* lehnt dies mit der Begründung ab, die Stellung eines *director* entspricht nicht der eines Organs iSd § 331, sondern der eines Beauftragten (Staub/*Dannecker* Rn. 31).

ff) Kapitalgesellschaften in Liquidation. Bei der Kapitalgesellschaft in Liquidation sind Mitglieder 16
des vertretungsberechtigten Organs der bzw. die Abwickler bzw. Liquidatoren (§§ 265 Abs. 1, 290 AktG, § 66 GmbHG). Sofern eine juristische Person als Abwickler bestellt ist, sind Normadressat des § 331 Nr. 1 die Mitglieder dessen vertretungsberechtigten Organs gem. § 14 Abs. 1 Alt. 1 StGB.

b) Faktische Organstellungen. Unbestritten erfasst § 331 Nr. 1 nicht nur wirksam bestellte und im 17
Handelsregister eingetragene Mitglieder des vertretungsberechtigten Organs (sog formale Betrachtungsweise), sondern auch Personen, bei denen die gesetzlich beschriebene Sonderstellung aus der tatsächlichen Übernahme dieser Organaufgaben folgt (MüKoHGB/*Quedenfeld* Rn. 21 ff.; MüKoStGB/*Sorgenfrei* Rn. 19 ff.; Staub/*Dannecker* Rn. 35 ff.; Heymann/*Otto* Rn. 8 ff.; BeBiKo/*Grottel*/*H. Hoffmann* Rn. 8; Achenbach/Ransiek/Rönnau WirtschaftsStR-HdB/*Ransiek* Teil 8 Kap. 1 Rn. 30 ff.; Spatscheck/*Wulf* DStR 2003, 174). Umstr. ist aber die Reichweite dieser Betrachtungsweise. Einigkeit besteht, dass bürgerlich-rechtliche Mängel des Bestellungsaktes die strafrechtliche Verantwortlichkeit nicht entfallen lassen.

Beispiele: nicht wirksam entstandene oder noch nicht bestehende Kapitalgesellschaft (RGSt 34, 412; 37, 25 (27); 43, 407 (413 ff.); MüKoHGB/*Quedenfeld* Rn. 17; MüKoStGB/*Sorgenfrei* Rn. 20; Heymann/*Otto* Rn. 8; BeBiKo/*Grottel*/*H. Hoffmann* Rn. 18; Achenbach/Ransiek/Rönnau WirtschaftsStR-HdB/*Ransiek* Teil 8 Kap. 1 Rn. 32), unwirksame oder mangelhafte Bestellung (RGSt 16, 269 ff.; 64, 81 (84); MüKoHGB/*Quedenfeld* Rn. 18; MüKoStGB/*Sorgenfrei* Rn. 21; Staub/*Dannecker* Rn. 37; Heymann/*Otto* Rn. 10; BeBiKo/*Grottel*/*H. Hoffmann* Rn. 18; Achenbach/Ransiek/Rönnau WirtschaftsStR-HdB/*Ransiek* Teil 8 Kap. 1 Rn. 32; Spatscheck/*Wulf* DStR 2003, 174), tatsächliche Wahrnehmung der Funktion unter Verstoß gegen § 6 Abs. 1 Nr. 3 GmbHG bzw. § 76 Abs. 1 Nr. 3 AktG (MüKoHGB/*Quedenfeld* Rn. 19 f.).

Darüber hinaus sind nach hM Normadressat aber auch Personen, die allein aufgrund Einverständnisses oder zumindest mit Duldung der zuständigen Gesellschaftsorgane die tatsächliche Stellung eines Mitgliedes des vertretungsberechtigten Organs ausüben, unabhängig davon, ob rechtswirksam vertretungsberechtigte Organe der Kapitalgesellschaft bestellt wurden, deren Strafbarkeit aber aufgrund ihrer formellen Täterqualifikation hiervon unberührt bleibt. In BGHSt 3, 32 ff. führt der BGH aus,

„In der Rechtsprechung sind vergleichbare Fälle wiederholt behandelt worden, zunächst zu § 244 KO, wo ua bestimmt ist, dass Vorstandsmitglieder einer Aktiengesellschaft oder eingetragenen Genossenschaft für Bankrotthandlungen, die sie in dieser Eigenschaft begehen, die strafrechtliche Verantwortlichkeit des Schuldners zu tragen haben. Dazu hat das Reichsgericht in RGSt 16, 269 und RGSt 64, 81 ausgesprochen, dass Personen, die die Vorstandsgeschäfte tatsächlich ausüben, auch dann als Vorstandsmitglieder im Sinne jener Vorschrift anzusehen sind, wenn ihre Bestellung dazu nach den Vorschriften des bürgerlichen Rechts unwirksam ist.

Dasselbe ist in RGSt 43, 407 (413) sogar für Personen angenommen worden, die zum Vorstand einer nichtigen Aktiengesellschaft bestellt waren. An dieser Auffassung, die auch im Schrifttum überwiegend Zustimmung gefunden hat (vgl. GK-AktG/*E. Schmidt* § 294 Anm. 8; Scholz/*Tiedemann* GmbHG § 83 Anm. 2), ist festzuhalten. Sie gilt entsprechend für denjenigen, der die Aufgaben des Geschäftsführers einer Gesellschaft mbH tatsächlich wahrnimmt; denn für den Geschäftsführer einer solchen Gesellschaft ist in § 83 GmbHG dasselbe bestimmt wie in § 244 KO für die Vorstandsmitglieder einer Aktiengesellschaft oder eingetragenen Genossenschaft. Immerhin scheint das Reichsgericht, wie besonders die Entscheidungen RGSt 71, 112 und RGSt 72, 191 erkennen lassen, als Voraussetzung der Strafbarkeit des Vorstandsmitgliedes oder Geschäftsführers verlangt zu haben, dass er irgendwie zu diesem Amte bestellt worden war. Ob an dieser Einschränkung grds. festzuhalten ist, bedarf hier keiner Entscheidung. Denn an einer Bestellung des Angeklagten K. zum Geschäftsführer fehlte es schon nach den bisherigen Feststellungen nicht. Die K. & Co GmbH hatte nur drei Gesellschafter. Zwei von ihnen waren die beiden Angeklagten, und allein der Geschäftsanteil K. betrug mehr als die Hälfte des Stammkapitals. Das Urteil lässt zweifelsfrei erkennen, dass K. seine tatsächliche Geschäftsführerstellung im Einverständnis aller Gesellschafter einnahm."

An dieser Rspr. hielt der BGH in BGHSt 6, 314 (315) fest. In BGHSt 21, 101 (104, 105) führte der BGH seine Rspr. fort. Dort legte er dar,

„Die Grundsätze der Entscheidung BGHSt 3, 32 (37 f.) sind auch auf den Vorstand einer Aktiengesellschaft anzuwenden (so wohl auch das Schrifttum, vgl. Schönke/Schröder/*Schröder*, StGB, 12. Aufl. 1965, § 244 KO Anm. 3; LK-StGB/*Werner* § 244 KO Anm. II; Gadow/Heinichen/*Klug*, AktG, 1937 § 294 Anm. 9). Das RG hat entschieden, dass strafrechtlich Vorstand iSd § 244 KO auch der Vorstand einer nichtigen Aktiengesellschaft sei, ebenso eine Person, die durch einen unwirksamen Bestellungsakt zum Vorstand berufen wurde (vgl. RGSt 16, 271; 43, 413; 64, 81 (84)). Es muss aber im Anschluss an BGHSt 3, 32 (35) strafrechtlich auch derjenige als Vorstand der AG angesehen werden, der im Einverständnis oder wenigstens mit Duldung des maßgebenden Gesellschaftsorgans, nämlich des Aufsichtsrats, die Stellung eines Vorstands der AG tatsächlich einnimmt. Das entspricht dem Zweck des § 244 KO, der an Stelle des eigentlichen Schuldners das wirklich verantwortliche Organ der Gesellschaft den Strafvorschriften unterwerfen will und ist mit dem Wortlaut der Vorschrift noch vereinbar. Wer so die Stellung eines Vorstandsmitglieds tatsächlich innehat und als solches tätig wird, den trifft mit Fug auch strafrechtlich der Vorwurf des Rechtsverstoßes, wenn er strafbewehrten Geboten oder Verboten, denen der Vorstand unterliegt, zuwiderhandelt – unbeschadet der etwaigen Verantwortlichkeit der förmlich bestellten Vorstandsmitglieder."

In BGHSt 31, 118 ff. beschäftigte sich der BGH mit der Frage, von welchem Gewicht die faktische Ausgestaltung sein muss, um von einer faktischen Organschaft sprechen zu können.

„Dass seine Ehefrau als eingetragene Geschäftsführerin ebenfalls Geschäfte für die Gesellschaft vorgenommen hat, steht einer Feststellung, der Angeklagte sei tatsächlicher Geschäftsführer gewesen, dann nicht entgegen, wenn er die überragende Stellung in der Geschäftsführung einnahm (vgl. BGH bei *Herlan* GA 1971, 36; BGH Urt. v. 10.6.1958 – 5 StR 190/58 – in GmbHR 1958, 179 f.). Jedenfalls eine solche Stellung führt dazu, dass der in erster Linie die Führung der Geschäfte Bestimmende auch die Pflichten erfüllen muss, die den Geschäftsführer treffen, und dass er bei deren Verletzung die strafrechtlichen Folgen zu tragen hat, die das Gesetz an eine solche Pflichtverletzung durch den Geschäftsführer knüpft. Dieser Rechtsauffassung steht das Verbot der Analogie (vgl. Scholz/*Tiedemann*, 6. Aufl. 1978/1983, § 84 GmbHG Rn. 16; zu beachten aber auch *K. Schmidt* dazu selbst § 64 Rn. 4) nicht entgegen. Denn Normadressat von § 84 Abs. 1 Nr. 2, § 64 Abs. 1 GmbHG ist nicht allein der förmlich zum Geschäftsführer Bestellte, sondern auch derjenige, der die Geschäftsbeziehung tatsächlich übernommen hat. Das gilt nach der bisherigen Rspr. des BGH jedenfalls dann, wenn dies – wie hier – mit dem Einverständnis der Gesellschafter geschah (vgl. BGHSt 3, 32 (38 f.); 21, 101 (103); BGH bei *Herlan* MDR 1971, 36; BGH Urt. v. 20.1.1955 – 4 StR 492/54 – in GmbHR 1955, 61; BGH Urt. v. 10.6.1958 – 5 StR 190/58 – in GmbHR 1958, 179 f.)."

In seiner Entscheidung v. 20.2.1997 (BayObLG NJW 1997, 1936 f.) setzt sich das BayObLG mit der Problematik auseinander, unter welchen Voraussetzungen jemand eine überragende Stellung in der Geschäftsführung einnimmt.

„Selbst nach strenger Auffassung ist die Stellung des faktischen Geschäftsführers dann überragend, wenn er von den acht klassischen Merkmalen im Kernbereich der Geschäftsführung (Bestimmung der Unternehmenspolitik, Unternehmensorganisation, Einstellung von Mitarbeitern, Gestaltung der Geschäftsbeziehung zu Vertragspartnern, Verhandlung mit Kreditgebern, Gehaltshöhe, Entscheidung der Steuerangelegenheiten, Steuerung der Buchhaltung) mindestens sechs erfüllt (...)."

In seiner Entscheidung v. 10.5.2000 (BGH NJW 2000, 2285 f.) bestätigt der BGH seine Rspr. zur faktischen Geschäftsführerschaft (zust. MüKoHGB/*Quedenfeld* Rn. 26 f.; Staub/*Dannecker* Rn. 38, 39; enger Heymann/*Otto* Rn. 11, 12; abl. Achenbach/Ransiek/*Rönnau* WirtschaftsStR-HdB/*Ransiek* Teil 8 Kap. 1 Rn. 36 wegen Verstoßes gegen den Bestimmtheitsgrundsatz des Art. 103 Abs. 2 GG; dem folgend *Spatscheck/Wulf* DStR 2003, 174).

18   **c) Strafrechtliche Verantwortlichkeit bei aus mehreren Personen bestehenden vertretungsberechtigten Organen.** Bei mehrköpfigen vertretungsberechtigten Organen gehört jedes einzelne Mitglied zum möglichen Täterkreis des § 331 Nr. 1. Eine eventuell vorgenommene Ressortaufteilung lässt die mögliche Strafbarkeit unberührt, da jedes Mitglied für die Pflichten verantwortlich ist, vgl. § 41 GmbHG, §§ 91, 170 AktG (BGH wistra 1990, 97 (98); MüKoStGB/*Sorgenfrei* Rn. 29). Ein Mitglied des vertretungsberechtigten Organs oder des Aufsichtsrats macht sich wegen Unterlassens strafbar, wenn es von den übrigen Mitgliedern überstimmt wird und nicht gegen das strafrechtlich relevante Handeln aufgrund des Mehrheitsbeschlusses einschreitet. Um einer Strafbarkeit zu entgehen, hat es alle rechtlich zulässigen Mittel auszuschöpfen, um die strafbare Handlung zu verhindern (BGHSt 9, 203 (215, 216);

37, 106 (131); MüKoHGB/*Quedenfeld* Rn. 26 f.; MüKo/*Sorgenfrei* Rn. 29aE; aA Staub/*Dannecker* Rn. 42; Achenbach/Ransiek/Rönnau WirtschaftsStR–HdB/*Ransiek* Teil 8 Kap. 1 Rn. 39 ff.). Eine Begrenzung der Strafbarkeit erfolgt durch den Vorsatz. Bei einer gemeinsam getroffenen Entscheidung liegt Strafbarkeit vor, dagegen nicht, wenn das Mitglied an der Beschlussfassung nicht beteiligt war oder dagegen stimmte.

2. Gegenstand der Tathandlung. a) Tatmittel. Als Darstellungsmittel kommen nur in Betracht: **18a** die Eröffnungsbilanz (§ 242 Abs. 1 S. 1), der Jahresabschluss (§ 242 Abs. 3), der Lagebericht (§ 264) und der Zwischenabschluss nach § 340a Abs. 3. Die Eröffnungsbilanz ist in § 242 Abs. 1 S. 1 definiert und basiert auf dem Eröffnungsinventar (§ 240 Abs. 1). Der Jahresabschluss ist in § 242 Abs. 3 definiert und besteht aus der Bilanz (§ 242 Abs. 1) und (zwingend) aus der Gewinn- und Verlustrechnung (GuV) (Baumbach/Hopt/*Merkt* § 242 Rn. 10). Bei Kapitalgesellschaften, sofern es sich nicht um kleine Kapitalgesellschaften (§ 267 Abs. 1, mit dem 1. BilMoG wurden die Schwellenwerte angehoben, sie gelten für Jahres- und Konzernabschlüsse für das nach dem 31.12.2007 beginnende Geschäftsjahr) handelt, umfasst der Jahresabschluss zusätzlich den Anhang (§ 264 Abs. 1). Problematisch ist aber im Hinblick auf Art. 103 Abs. 2 GG, ob der Anhang Tatmittel des § 331 Nr. 1 sein kann, da er nicht in § 242 Abs. 3 erwähnt ist. Für die Einbeziehung spricht, dass der Anhang (§§ 284–288) die Bilanz und die GuV erläutert. Erst durch diese Angaben ergibt sich ein den tatsächlichen Verhältnissen entsprechendes Bild der Vermögens-, Finanz- und Ertragslage der Kapitalgesellschaft (Baumbach/Hopt/*Merkt* § 284 Rn. 2). Des Weiteren spricht für die Einbeziehung die richtlinienkonforme Auslegung des § 331. Denn nach Art. 2 Abs. 1 der 4. EG-Bilanzrichtlinie besteht der Jahresabschluss aus der Bilanz, GuV und dem Anhang (so auch Baumbach/Hueck/*Schulze-Osterloh/Servatius*, 18. Aufl. 2006, Anh. § 82 GmbHG, Rn. 4; Scholz/*Tiedemann/Rönnau* GmbHG Vor §§ 82 ff. Rn. 70; Achenbach/Ransiek/Rönnau WirtschaftsStR–HdB/*Ransiek* Teil 8 Kap. 1 Rn. 49; einschränkend, nur soweit die Angaben die Richtigkeit, Vollständigkeit und Klarheit der Bilanz und GuV betreffen; MüKoHGB/*Quedenfeld* Rn. 56; Staub/*Dannecker* Rn. 46; Heymann/*Otto* Rn. 20; HK-KapMStrafR/*Südbeck* Rn. 17). Art. 103 Abs. 2 GG steht meiner Auffassung der Einbeziehung nicht entgegen, da § 331 Nr. 1 nicht auf § 242 Abs. 3 verweist, sondern vom Jahresabschluss spricht. Gleiches wird wohl auch zu gelten haben, für durch das 1. BilMoG begründete Verpflichtung zur Aufstellung einer Kapitalflussrechnung und eines Eigenkapitalspiegels durch nicht konzernrechnungslegungspflichtige kapitalmarktorientierte Unternehmen (§ 264 Abs. 1 S. 2 nF, der erstmals auf Jahresabschlüsse für das nach dem 31.12.2009 beginnende Geschäftsjahr anzuwenden ist, Art. 66 Abs. 3 1. BilMoG Art. 2 EGHGB) (so auch MüKoStGB/*Sorgenfrei* Rn. 43, 44, der danach differenziert, ob eine erhebliche Verschleierung vorliegt).

Soweit die Berichterstattung nach § 286 Abs. 1 unterbleibt, führt diese Unvollständigkeit nicht zur unrichtigen Wiedergabe iSd § 331 Nr. 1 (Staub/*Dannecker* Rn. 86; Heymann/*Otto* Rn. 20).

b) Verhältnisse der Kapitalgesellschaft. Trotz der Weite des Begriffes „*Verhältnisse*" verstößt § 331 **19** Nr. 1 nicht gegen das in Art. 103 Abs. 2 GG normierte Bestimmtheitsgebot und ist daher verfassungsgemäß (BVerfG NJW 2006, 1627 f.). Denn die Bedeutung des Tatbestandsmerkmals „*Verhältnisse*" lässt sich aus einer am Wortsinn orientierten Interpretation erschließen. Hiernach Unterfallen unter dieses Tatbestandsmerkmal alle wirtschaftlichen, sozialen, politischen oder sonstige Umstände, die für die gegenwärtige Situation der Gesellschaft oder ihre künftige Entwicklung von Bedeutung sind oder von Bedeutung sein können. Nach Auffassung des OLG Frankfurt a. M. (zu § 400 AktG in wistra 2003, 196 ff.) und der Lit. ist der Begriff „*Verhältnisse*" unter Berücksichtigung des Schutzzwecks der Norm und unter Beachtung des Bestimmtheitsgebotes dergestalt zu beschränken, dass Erklärungen, die bei abstrakter Betrachtung für eine Entscheidung der geschützten Personen, die mit der Gesellschaft in rechtlicher oder wirtschaftlicher Beziehung stehen oder treten wollen, nicht relevant sind, nicht unter das Tatbestandsmerkmal fallen (MüKoHGB/*Quedenfeld* Rn. 48; MüKoStGB/*Sorgenfrei* Rn. 47/48; Staub/*Dannecker* Rn. 48 ff.; Heymann/*Otto* Rn. 22; HK-KapMStrafR/*Südbeck* Rn. 18 ff.; Achenbach/Ransiek/Rönnau WirtschaftsStR–HdB/*Ransiek* Teil 8 Kap. 1 Rn. 53).

Beispiele für Verhältnisse der Gesellschaft: falsche Bewertung von Außenständen (RGSt 14, 80 (81)); Nichtaufnahme von Vermögensständen (RGSt 62, 357); Aufnahme von nicht der Gesellschaft gehörenden Gegenständen (RGSt 43, 407 (416)), Nichtaufnahme von Schulden (HK-KapMStrafR/*Südbeck* Rn. 19).

3. Tathandlungen. Als Tathandlungen nennt § 331 Nr. 1 die unrichtige Wiedergabe und das Ver- **20** schleiern der Verhältnisse der Kapitalgesellschaft. Die beiden Alternativen stehen gleichrangig nebeneinander, ihre Abgrenzung ist fließend (MüKoHGB/*Quedenfeld* Rn. 40; Staub/*Dannecker* Rn. 51; Heymann/*Otto* Rn. 30; HK-KapMStrafR/*Südbeck* Rn. 20). Das Verbot der unrichtigen Darstellung dient der Einhaltung des Grundsatzes ordnungsgemäßer Bilanzierung in der Form der Bilanzwahrheit (§ 246 Abs. 1, vgl. hierzu Baumbach/Hopt/*Merkt* § 243 Rn. 5), während das Verbot der Verschleierung den Grundsatz ordnungsgemäßer Bilanzierung in der Ausprägung der Bilanzklarheit (§ 243 Abs. 2, vgl. hierzu Baumbach/Hopt/*Merkt* § 243 Rn. 4) schützt (MüKoHGB/*Quedenfeld* Rn. 40; Staub/*Dannecker* Rn. 51; Heymann/*Otto* Rn. 30; HK-KapMStrafR/*Südbeck* Rn. 20).

21   **a) Unrichtige Wiedergabe.** Die Verhältnisse einer Kapitalgesellschaft sind unrichtig wiedergegeben, wenn die Darstellung den objektiven Gegebenheiten nicht entspricht, wobei dies nicht nur durch Angabe unrichtiger Umstände, sondern auch durch Verschweigen von Umständen – sofern die Lücken nicht aufgrund von Schweigerechten und -pflichten bilanzrechtlich zugelassen sind –, die für die Verhältnisse der Gesellschaft bedeutsam sind, geschehen kann (MüKoHGB/*Quedenfeld* Rn. 41 ff.; Staub/*Dannecker* Rn. 52 ff.; BeBiKo/*Grottel/H. Hoffmann* Rn. 11, 14; Heymann/*Otto* Rn. 25; HK-KapMStrafR/*Südbeck* Rn. 21; Achenbach/Ransiek/Rönnau WirtschaftsStR-HdB/*Ransiek* Teil 8 Kap. 1 Rn. 50). Der Inhalt der Erklärung ist aus der Sicht eines bilanzkundigen Empfängers auszulegen (Staub/*Dannecker* Rn. 52; Heymann/*Otto* Rn. 25, MüKoStGB/*Sorgenfrei* Rn. 53). Bei der unrichtigen Wiedergabe ist zwischen Tatsachenbehauptungen und Bewertungen, Schätzungen, Prognosen und Beurteilungen zu unterscheiden. **Tatsachenbehauptungen** sind unrichtig, wenn sie mit der Wirklichkeit nicht übereinstimmen. Beispiele: Aufnahme fremder Vermögensgegenstände, die Nichtaufnahme der Gesellschaft gehörender Vermögensgegenstände oder die Gesellschaft betreffender Schulden (RGSt 14, 80 ff.; 21, 172; 36, 436; 37, 433 ff.; 38, 1 ff.; 41, 293 ff.; 43, 407 ff.; 62, 357 ff.; 66, 425; 67, 349; BGHSt 13, 382 ff.); Manipulationen des Warenbestandes (MüKoHGB/*Quedenfeld* Rn. 41; umfangreiche Beispielsfälle Staub/*Dannecker* Rn. 53 ff.). Des Weiteren – unproblematisch – liegt Unrichtigkeit vor, wenn *Bewertungen, Prognosen und Beurteilungen* auf Tatsachen beruhen, die objektiv unrichtig sind. Problematisch ist dagegen die Einordnung einer *Bewertung, Schätzung, Prognose und Beurteilung* als falsch, die auf zutreffenden Tatsachen basiert. Beurteilungsmaßstab für die Einordnung als falsch sind die Grundsätze ordnungsgemäßer Buchführung und Bilanzierung, insbes. die Bewertungsvorschriften der §§ 252–256, für die Kapitalgesellschaft zusätzlich §§ 279–283 sowie das Gebot, die Vermögens-, Finanz- und Ertragslage der Kapitalgesellschaft richtig auszuweisen, wobei die Bilanzgrundsätze aufgrund der gemeinschaftsrechtlichen Vorgaben richtlinienkonform auszulegen sind. Solange sich die Bewertungen iRd Beurteilungsmaßstabes halten, sind sie richtig. Soweit aber Bewertungsunsicherheit besteht, ist die Schlussfolgerung nach hM – unter Berücksichtigung des Bestimmtheitsgrundsatzes des Art. 103 Abs. 2 GG – aber nur dann unrichtig, wenn sie nach *einheitlicher Meinung* der Fachleute unvertretbar ist (KG BeckRS 2010, 05486). Daher ist die Bilanzwahrheit immer nur relativ (MüKoHGB/*Quedenfeld* Rn. 42; MüKoStGB/*Sorgenfrei* Rn. 53; BeBiKo/*Grottel/H. Hoffmann* Rn. 11; Achenbach/Ransiek/Rönnau WirtschaftsStR-HdB/*Ransiek* Teil 8 Kap. 1 Rn. 51; Staub/*Dannecker* Rn. 61 f. nur Unrichtigkeit annehmend, wenn bei Zweifelsfragen keine ergänzenden Erläuterungen im Anhang oder im Lagebericht erfolgen. Dies ergibt sich nach seiner Meinung aus dem in § 264 Abs. 2 niedergelegten true-and-view-Prinzip; so auch MüKoStGB/*Sorgenfrei* Rn. 53 mit Hinweis auf die Rspr. zum Steuerstrafrecht; Heymann/*Otto* Rn. 26, 27). Unerheblich ist, ob durch die unrichtige Wiedergabe die Verhältnisse der Kapitalgesellschaft zu günstig oder zu ungünstig dargestellt werden. Beide Sachverhalte beinhalten Gefahren für die geschützten Rechtssubjekte. Eine zu günstige Darstellung kann zB zu Fehlentschließungen bei Gläubigern führen, eine zu ungünstige bei den Gesellschaftern (MüKoHGB/*Quedenfeld* Rn. 45, MüKoStGB/*Sorgenfrei* Rn. 68; Staub/*Dannecker* Rn. 53; BeBiKo/*Grottel/H. Hoffmann* Rn. 12, 13; Heymann/*Otto* Rn. 31; HK-KapMStrafR/*Südbeck* Rn. 21)

22   **b) Erfordernis der Erheblichkeit.** § 331 Nr. 1 erfasst aber nur erhebliche Verletzungen von Rechnungslegungsvorschriften. Zwar ergibt sich das nicht aus dem Wortlaut der Norm, aber in Abgrenzung zu § 334 Abs. 1 Nr. 1 lit. a–d. Erheblichkeit liegt vor, wenn die Pflichtverletzung zur Unrichtigkeit oder Unvollständigkeit als solcher führt, ab die Aussagekraft eines der Tatmittel beeinträchtigt wird (BGHSt 30, 285 (287) zu § 265b Abs. 1 Nr. 1a StGB; MüKoHGB/*Quedenfeld* Rn. 49; BeBiKo/*Grottel/H. Hoffmann* Rn. 20, 21, der für die Frage der Erheblichkeit bei Gliederungsvorschriften die Nichtigkeitsvorschrift des § 256 Abs. 4 AktG heranziehen will; Staub/*Dannecker* Rn. 63 ff., für zu eng bei Verstößen gegen Gliederungsvorschriften auf die Nichtigkeitsvorschrift des § 256 Abs. 4 AktG abzustellen und nur Verst. die zur Nichtigkeit des Jahresabschlusses führen als erheblich anzusehen; so wohl MüKoStGB/*Sorgenfrei* Rn. 51).

23   **c) Verschleiern.** Die Verhältnisse der Gesellschaft werden in der Bilanz verschleiert, wenn sie so dargestellt werden, dass sich die Verhältnisse nicht oder doch nur erschwert erkennen lassen (RGSt 68, 346 (349); MüKoStGB/*Sorgenfrei* Rn. 63; MüKoHGB/*Quedenfeld* Rn. 46; Staub/*Dannecker* Rn. 72; BeBiKo/*Grottel/H. Hoffmann* Rn. 15; HK-KapMStrafR/*Südbeck* Rn. 22; Achenbach/Ransiek/Rönnau WirtschaftsStR-HdB/*Ransiek* Teil 8 Kap. 1 Rn. 54 f.). Das Verbot der Bilanzverschleierung dient dem Schutz der Bilanzklarheit (§ 246 Abs. 2), dh der Abschluss muss einem sachverständigen Dritten (§ 238 Abs. 1 S. 2) verständlich sein.

   Beispiele: Verstoß gegen das Verrechnungs- bzw. Saldierungsverbot (§ 246 Abs. 2), dh Posten der Aktivseite dürfen nicht mit Posten der Passivseite verrechnet werden, Aufwendungen nicht mit Erträgen, Grundstücksrechte nicht mit Grundstückslasten und nicht abgerechnete Leistungen mit Anzahlungen (Baumbach/Hopt/*Merkt* § 246 Rn. 25); Zusammenziehen von wesensfremden Posten (MüKoHGB/*Quedenfeld* Rn. 46; Staub/*Dannecker* Rn. 75; Heymann/*Otto* Rn. 29; Falschbezeichnungen (zB Rückzahlungen werden unter den sonstigen Verbindlichkeiten aufgeführt); Ausweis aufgelöster stiller Reserven als Einnahmen aus dem laufenden Geschäft (HK-KapMStrafR/*Südbeck* Rn. 22; Achenbach/Ransiek/Rönnau WirtschaftsStR-HdB/*Ransiek* Teil 8 Kap. 1 Rn. 55).

d) Tatbegehung durch Unterlassen. § 331 Nr. 1 kann auch durch Unterlassen begangen werden **24**
(RGSt 49, 239 (241); MüKoHGB/*Quedenfeld* Rn. 44; MüKoStGB/*Sorgenfrei* Rn. 57/58; Heymann/
Otto Rn. 38; HK-KapMStrafR/*Südbeck* Rn. 21). Erfährt nämlich ein in Betracht kommender Normadressat nachträglich von der unrichtigen Darstellung einer noch korrigierbaren Rechnungslegung, trifft
ihn die Verpflichtung zur Berichtigung der fehlerhaften Rechnungslegung. Die Garantenstellung resultiert – worauf *Dannecker* zu Recht hinweist (Staub/*Dannecker* Rn. 78) – aus der mit der Organstellung
verbundenen gesetzlichen Verpflichtung zur Überwachung – mit der Konsequenz, dass die Pflicht zur
Berichtigung unabhängig davon besteht, ob der Täter im Zeitpunkt der Feststellung der Eröffnungsbilanz, des Jahresabschlusses oder des Lageberichtes bei pflichtgemäßer und gewissenhafter Prüfung die
Unrichtigkeit hätte erkennen können.

III. Subjektiver Tatbestand

Der subjektive Tatbestand des § 331 Nr. 1 erfordert Vorsatz, da § 331 Nr. 1 fahrlässiges Handeln nicht **25**
mit Strafe bedroht (§ 15 StGB). Erforderlich aber auch ausreichend ist, dass der Täter mit bedingten
Vorsatz handelt *(dolus eventualis)*, da § 331 weder Absicht iS zielgerichteten Handelns noch ein Verhalten
wider besseren Wissens verlangt. Für die Annahme des Vorsatzes reicht es aus, dass der Täter eine falsche
Darstellung oder ein Verschleiern für möglich hält und diese Möglichkeit bewusst und billigend in Kauf
nimmt (vgl. MüKoHGB/*Quedenfeld* Rn. 83; Staub/*Dannecker* Rn. 80 ff.; BeBiKo/*Grottel/H. Hoffmann*
Rn. 23; HK-KapMStrafR/*Südbeck* Rn. 23; Achenbach/Ransiek/Rönnau WirtschaftsStR-HdB/*Ransiek* Teil 8 Kap. 1 Rn. 61), die vage Hoffnung, die Wiedergabe werde richtig oder hinreichend klar sein,
entlastet nicht (Heymann/*Otto* Rn. 33; Staub/*Dannecker* Rn. 80; MüKoStGB/*Sorgenfrei* Rn. 123 ff.).
Anderseits reicht der bloße Verzicht auf eine Überprüfung des Abschlusses nicht aus, um *dolus eventulis*
bejahen zu können (Staub/*Dannecker* Rn. 80).

Nimmt das Gericht Vorsatz an, so hat es die Merkmale des inneren Tatbestandes durch ausreichende **26**
tatsächliche Feststellungen zu belegen, wobei der Nachweis insbes. bei Bewertungsfragen, Schätzungen,
Prognosen und Beurteilungen besonders problematisch ist (Staub/*Dannecker* Rn. 82).

IV. Irrtum

Besonderer Bedeutung kommt bei § 331 Nr. 1 der Irrtumslehre zu. § 16 StGB regelt den sog **27**
Tatbestandsirrtum, der das Handlungsunrecht des Vorsatzdeliktes entfallen lässt, während § 17 StGB
den Irrtum über das Verbotensein des Verhaltens behandelt, der nur ausnahmsweise zur Straflosigkeit
führt. Hält der Täter die dargestellten Verhältnisse für richtig, weil er über den Inhalt der blankettausfüllenden Norm irrt, handelt er im vorsatzausschließenden Tatbestandsirrtum. Dagegen handelt der
Täter im Verbotsirrtum, wenn er meint, aus **besonderem Grund** – zB Geheimhaltung der wirtschaftlichen Situation vor der Konkurrenz (Heymann/*Otto* Rn. 36), weil sonst der Kreditgeber nicht
zur Sanierung überredet werden kann (Staub/*Dannecker* Rn. 85), dass das Handeln zur Bildung stiller
Reserven gerechtfertigt sei, obwohl er weiß, dass er die Vermögensgegenstände hätte bilanzieren
müssen (MüKoHGB/*Quedenfeld* Rn. 91 ff.; MüKoStGB/*Sorgenfrei* Rn. 133; Staub/*Dannecker* Rn. 84 f.;
Heymann/*Otto* Rn. 35, 36; Achenbach/Ransiek/Rönnau WirtschaftsStR-HdB/*Ransiek* Teil 8 Kap. 1
Rn. 61 f.).

V. Rechtswidrigkeit

Die Tatbestandsmäßigkeit indiziert die Rechtswidrigkeit. Rechtfertigungsgründe können das tat- **28**
bestandliche Verhalten ausnahmsweise rechtfertigen. Die unrichtige und/oder verschleiernde Darstellung kann aber weder durch Einwilligung noch durch Weisung der Gesellschafter oder des Aufsichtsrates
gerechtfertigt sein, weil sie über das durch § 331 Nr. 1 geschützte Rechtsgut nicht disponieren können.
Streitig ist in der Lit. unter welchen Umständen eine unrichtige oder verschleiernde Darstellung nach
§ 34 StGB gerechtfertigt sein könnte. *Quedenfeld* (MüKoHGB/*Quedenfeld* Rn. 82) vertritt die Auffassung, dass ein rechtfertigender Notstand vorliegen kann, zB um durch eine unrichtige Wiedergabe im
Jahresabschluss eine Gefährdung des Unternehmens zu vermeiden und dadurch Arbeitsplätze zu erhalten. Denn wenn man Publizitäts- und Rechenschaftspflichten den Vorrang einräume, übersähe man, dass
diese Pflichten keine Werte an sich, sondern in Relation zu anderen Werten stehen und dass es daher
auch hier zu einer Güterabwägung kommen kann, die iErg einen rechtfertigenden Notstand begründen
können (dem folgend MüKoStGB/*Sorgenfrei* Rn. 129). *Dannecker* (Staub/*Dannecker* Rn. 86) zieht einen
rechtfertigenden Notstand in ganz atypischen Situationen in Betracht, meint aber ein solch atypischer
Extremfall ist kaum vorstellbar (so auch Heymann/*Otto* Rn. 34).

VI. Vollendung und Beendigung der Tat

Strafbarkeit nach § 331 Nr. 1 tritt mit Vollendung der Tat ein, da der Versuch nicht strafbar ist (vgl. **29**
§ 23 Abs. 1 StGB). Nach hM tritt Vollendung mit Zugang des Tatmittels bei einem Dritten für den das
Tatmittel zur Kenntnis bestimmt ist oder der ein Recht auf das Werk hat ein, wobei Kenntnisnahme

nicht erforderlich ist, ausreichend ist vielmehr, dass das Tatmittel dem Adressaten zugänglich gemacht worden ist. Mit Kenntnisnahme tritt dagegen Beendigung ein (MüKoHGB/*Quedenfeld* Rn. 94; MüKoStGB/*Sorgenfrei* Rn. 135, 136, 137, 138, 139; Staub/*Dannecker* Rn. 87; Heymann/*Otto* Rn. 37; HK-KapMStrafR/*Südbeck* Rn. 27; BeBiKo/*Grottel/H. Hoffmann* Rn. 22; abw. Achenbach/Ransiek/Rönnau WirtschaftsStR-HdB/*Ransiek* Teil 8 Kap. 1 Rn. 63 stellt hinsichtlich der Beendigung auf die Bekanntmachung im Bundesanzeiger nach § 325 Abs. 2 bzw. auf die sonstige Veröffentlichung ab, da mehrere Adressaten in Betracht kommen, gleichwohl nur eine Tat vorliegt).

C. Offenlegung eines unrichtigen befreienden Einzelabschlusses, Nr. 1a

I. Allgemeines

30 Nach § 331 Nr. 1a wird bestraft, wer
– als Mitglied eines vertretungsberechtigten Organs einer Kapitalgesellschaft
– einen Einzelabschluss nach den in § 315a Abs. 1 genannten internationalen Rechnungslegungsstandards, in dem die Verhältnisse der Kapitalgesellschaft unrichtig oder verschleiert sind,
– (vorsätzlich oder leichtfertig) offen legt
– zum Zwecke der Befreiung nach § 325 Abs. 2a S. 1, Abs. 2b.

31 Die Vorschrift schützt künftige Gesellschafter, aktuelle und künftige Gläubiger und Arbeitnehmer. § 331 Nr. 1a ist ebenso Schutzgesetz iSd § 823 Abs. 2 BGB wie § 331 Nr. 1 (HK-KapMStrafR/*Südbeck* Rn. 37).

II. Objektiver Tatbestand

32 **1. Täterkreis.** Täter können ausschließlich Mitglieder des vertretungsberechtigten Organs einer großen Kapitalgesellschaft sein (vgl. § 267 Abs. 3), die anstelle eines Jahresabschluss nach § 242 einen sog Einzelabschluss nach § 315a offenlegen (EBJS/*Wiedmann*, 2. Aufl. 2008, § 325 Rn. 12, 13; Achenbach/Ransiek/Rönnau WirtschaftsStR-HdB/*Ransiek* Teil 8 Kap. 1 Rn. 67 ff., MüKoStGB/*Sorgenfrei* Rn. 10, 68). Im Gegensatz zu § 331 Nr. 1 können Mitglieder des Aufsichtsrates nicht Täter sein (Staub/*Dannecker* Rn. 95; HK-KapMStrafR/*Südbeck* Rn. 35).

33 **2. Tatmittel.** Tatmittel ist ein Einzelabschluss, der nach den in § 315a Abs. 1 bezeichneten internationalen Rechnungslegungsstandards aufgestellt ist. Im Unterschied zum Jahresabschluss, der nach den deutschen handelsrechtlichen Vorschriften aufzustellen ist, ist der Einzelabschluss nach den internationalen Rechnungslegungsstandards (IFRS) aufzustellen (Staub/*Dannecker* Rn. 96 ff.; MüKoStGB/*Sorgenfrei* Rn. 69; EBJS/*Wiedmann*, 2. Aufl. 2008, § 325 Rn. 11 ff.; HK-KapMStrafR/*Südbeck* Rn. 38).

34 **a) Verhältnisse der Kapitalgesellschaft.** Gegenstand der Darstellung, die unrichtig wiedergegeben oder verschleiert worden ist, sind die Verhältnisse der Kapitalgesellschaft. Hierzu kann wegen des gleichlautenden Wortlauts auf die Kommentierung zu § 331 Nr. 1 verwiesen werden (→ Rn. 19).

35 **b) Unrichtige Wiedergabe, Verschleiern.** Hinsichtlich der unrichtigen Wiedergabe oder Verschleierung des Einzelabschlusses, der nach IAS 1.10 aus einer Darstellung der Vermögenslage zum Ende der Periode, einer Gesamtergebnisrechnung für die Periode (oder einer Gewinn- und Verlustrechnung sowie einer Darstellung des sonstigen Gesamteinkommens, einer Darstellung über die Eigenkapitaländerungen für die Periode, einer Darstellung der Zahlungsströme für die Periode und einem Anhang, in dem die wesentlichen Bilanzierungs- und Bewertungsmethoden zusammengefasst sind, besteht, kann auf die Kommentierung unter → Rn. 20 ff. Bezug genommen werden, wobei zu beachten ist, dass Beurteilungsmaßstab die in § 315a Abs. 1 Bezug genommenen, durch Rechtsetzungsakt auf EU-Ebene, legitimierten Standards sowie die nach § 325 Abs. 2a S. 3 und S. 4 für anwendbar erklärten Vorschriften des HGB sind (MüKoHGB/*Fehrenbacher* § 325 Rn. 84 ff.; MüKoStGB/*Quedenfeld* Rn. 58; MüKoStGB/*Sorgenfrei* Rn. 71–75; Staub/*Dannecker* Rn. 100 ff.; HK-KapMStrafR/*Südbeck* Rn. 38; Achenbach/Ransiek/Rönnau WirtschaftsStR-HdB/*Ransiek* Teil 8 Kap. 1 Rn. 68 f.).

36 Insbesondere muss der Einzelabschluss in deutscher Sprache und in Euro aufgestellt werden (§ 244).

37 **3. Tathandlung.** § 325 Abs. 1, 2 definiert Offenlegung. Unter Offenlegung versteht man die Einreichung der Unterlagen beim Betreiber des elektronischen Bundesanzeigers und deren Bekanntmachung (Staub/*Dannecker* Rn. 99; MüKoHGB/*Quedenfeld* Rn. 59).

38 Die Tat kann auch durch Unterlassen begangen werden. Erkennt ein Mitglied des vertretungsberechtigten Organs die unrichtige Wiedergabe oder Verschleierung trifft ihn eine Berichtigungspflicht (HK-KapMStrafR/*Südbeck* Rn. 43).

III. Subjektiver Tatbestand

Der Tatbestand des § 331 Nr. 1a kann vorsätzlich (*dolus eventualis* genügt), aber auch leichtfertig **39** begangen werden.

1. Vorsatz. Hinsichtlich des *Vorsatzes* und damit einhergehender Irrtumsproblematik kann auf die **40** Erläuterungen zu § 331 Nr. 1 verwiesen werden (→ Rn. 25–27).

2. Leichtfertigkeit. Leichtfertigkeit ist eine besondere Stufe der Fahrlässigkeit und bezeichnet einen **41** erhöhten Grad von Fahrlässigkeit, der etwa der groben Fahrlässigkeit des bürgerlichen Rechts entspricht. Leichtfertigkeit ist weder auf Fälle bewusster Fahrlässigkeit beschränkt, noch mit diesen deckungsgleich. Leichtfertigkeit liegt vor, wenn der Täter grob achtlos handelt und nicht beachtet, was sich unter den Voraussetzungen seiner Erkenntnisse und Fähigkeiten aufdrängen muss (BGHSt 14, 255; 33, 67; 43, 168; sowie insbes. Fischer StGB § 15 Rn. 20; MüKoStGB/*Sorgenfrei* Rn. 127; MüKoHGB/*Quedenfeld* Rn. 86; Staub/*Dannecker* Rn. 107).

3. Zum Zwecke der Befreiung. Die Offenlegung muss zum Zwecke der Befreiung erfolgen. Eine **42** Offenlegung aus anderen Motiven heraus ist nicht tatbestandsmäßig (MüKoHGB/*Quedenfeld* Rn. 60; MüKoStGB/*Sorgenfrei* Rn. 127; Staub/*Dannecker* Rn. 1; HK-KapMStrafR/*Südbeck* Rn. 41).

IV. Rechtswidrigkeit

Hinsichtlich der Rechtswidrigkeit wird auf die Ausführungen zu § 331 Nr. 1 verwiesen (→ Rn. 28).   **43**

V. Vollendung und Beendigung

Der Versuch ist nicht strafbar (vgl. § 23 Abs. 1 StGB). Mit der Offenlegung ist die Tat vollendet und **44** mit Kenntnisnahme durch eine Person, die Teil der Öffentlichkeit ist, beendet (Staub/*Dannecker* Rn. 110 f.).

D. Unrichtige Darstellung im Konzernabschluss, im Konzernlagebericht oder im Konzernzwischenabschluss nach § 340i Abs. 4; Nr. 2

I. Allgemeines

Nach § 331 Nr. 2 wird bestraft, wer   **45**
– als Mitglied des vertretungsberechtigten Organs oder des Aufsichtsrates einer Kapitalgesellschaft
– im Konzernabschluss, im Konzernlagebericht oder im Konzernzwischenabschluss nach § 340i Abs. 4
– die Verhältnisse des Konzerns unrichtig wiedergibt oder verschleiert.

§ 331 Nr. 2 unterscheidet sich von § 331 Nr. 1 ausschließlich im Bezugspunkt der unrichtigen Wiedergabe oder der Verschleierung.

Geschütztes Rechtsgut und Rechtssubjekte entsprechen denen des § 331 Nr. 1 (→ Rn. 7, 8).   **46**

II. Objektiver Tatbestand

1. Täterkreis. Dem Wortlaut nach nennt § 331 Nr. 2 als taugliche Täter des Sonderdelikts die **47** gleichen wie § 331 Nr. 1 (→ Rn. 10–18). Auch Mitglieder des Aufsichtsrates können taugliche Täter sein. Zwar obliegt dem Aufsichtsrat nicht die Erstellung des Konzernabschusses und des Konzernlage-berichtes, doch ist ihm gem. § 170 Abs. 1 S. 2 AktG der Konzernabschluss und Konzernlagebericht vorzulegen. Nach § 171 Abs. 1 S. 1 AktG hat der Aufsichtsrat des Mutterunternehmens den Konzern-abschluss und den Konzernlagebericht zu prüfen und nach § 171 Abs. 2 S. 4 AktG zu billigen (Staub/*Dannecker* Rn. 113; HK-KapMStrafR/*Südbeck* Rn. 49; Achenbach/Ransiek/Rönnau WirtschaftsStR-HdB/*Ransiek* Teil 8 Kap. 1 Rn. 70 f.).

Besteht für das Mutterunternehmen nach § 290 keine gesetzliche Verpflichtung zur Aufstellung eines Konzernabschlusses, weil das Mutterunternehmen keinen Sitz im Inland hat, so fallen mögliche Ver-schleierungshandlungen oder unrichtige Angaben nicht unter den Tatbestand des § 331 Nr. 2 (Hey-mann/*Otto* Rn. 45; HK-KapMStrafR/*Südbeck* Rn. 51).

2. Gegenstand der Tathandlung. a) Tatmittel. Tatmittel sind Konzernabschluss, Konzernlage- **48** bericht und Konzernzwischenabschluss nach § 340i Abs. 4.

aa) Konzern. Der Begriff „*Konzern*" ist in § 18 Abs. 1 AktG gesetzlich definiert. Das Aktiengesetz **49** unterscheidet zwischen Unterordnungskonzern (§ 18 Abs. 1 S. 2 AktG) und Gleichordnungskonzern (§ 18 Abs. 2 AktG), wobei diese Unterscheidung aber strafrechtlich keine Rolle spielt (MüKoHGB/*Quedenfeld* Rn. 54; MüKoStGB/*Sorgenfrei* Rn. 78; Staub/*Dannecker* Rn. 116; HK-KapMStrafR/*Südbeck* Rn. 51; Heymann/*Otto* Rn. 47).

50   Geht das Gericht von einem Konzern aus, hat es dies durch tatsächliche Feststellungen zu belegen. Ein Rückgriff auf die Vermutung des § 18 Abs. 1 S. 3 AktG scheidet aus, da dies eine Vermutung zu Lasten des Angeklagten wäre, dem der Grundsatz *in dubio pro reo* entgegensteht (MüKoHGB/*Quedenfeld* Rn. 55; MüKoStGB/*Sorgenfrei* Rn. 78 aE; Staub/*Dannecker* Rn. 117; Heymann/*Otto* Rn. 47; HK-KapMStrafR/*Südbeck* Rn. 51).

51   **bb) Konzernabschluss.** Eine Strafbarkeit nach Nr. 2 setzt die gesetzliche Verpflichtung zur Aufstellung eines Konzernabschlusses und Konzernlageberichts voraus. § 290 Abs. 1 bestimmt, sofern keine Befreiung nach § 291 Abs. 1 und § 293 eingreift, dass eine Kapitalgesellschaft einen Konzernabschluss und Konzernlagebericht in den ersten fünf Monaten des Geschäftsjahres für das vergangene Geschäftsjahr aufzustellen hat, wenn es auf ein anderes Unternehmen unmittelbar oder mittelbar einen beherrschenden Einfluss ausüben kann.

52   *(einstweilen frei)*

53   Nach Art. 66 Abs. 3 S. 1 EGHGB ist § 290 idF des BilMoG auf Konzernabschlüsse für das nach dem 31.12.2009 beginnende Geschäftsjahr erstmals anzuwenden. Eine vorzeitige Anwendung ist für Geschäftsjahre, die nach dem 31.12.2008 beginnen, freiwillig zulässig. Anstelle der „einheitlichen Leitung" (§ 290 Abs. 1 aF) wurde das aus dem angelsächsischen Rechtskreis stammende „*Control-Konzept*" eingeführt. § 290 stellt allein auf das Vorhandensein eines „beherrschenden Einflusses" einer Kapitalgesellschaft auf ein anderes Unternehmen ab. § 290 Abs. 2 zählt Sachverhalte auf, die das Vorliegen eines beherrschenden Einflusses indizieren. Grundsätzlich liegt daher „*beherrschender Einfluss*" immer dann vor, wenn das Unternehmen die Möglichkeit hat, die Geschäftspolitik eines anderen Unternehmens zu bestimmen (Staub/*Dannecker* Rn. 119; MüKoHGB/*Busse von Colbe* § 290 Rn. 13 ff.).

54   **cc) Inhalt und Form des Konzernabschlusses.** §§ 297–299 regeln Inhalt und Form des Konzernabschlusses. Der Konzernabschluss besteht aus Konzernbilanz, Konzern-Gewinn- und Verlustrechnung, dem Konzernanhang (§ 313), der Kapitalflussrechnung und dem Eigenkapitalspiegel (§ 297 Abs. 1 S. 1). § 298 Abs. 1 bestimmt, dass für den Konzernabschluss grds. die Vorschriften für den Jahresabschluss von großen Kapitalgesellschaften mit den entsprechenden Sonderregeln für Rechtsform und Geschäftszweig gelten. § 297 Abs. 2 S. 1 verlangt Bilanzklarheit (vgl. § 243 Abs. 2). Nach § 297 Abs. 3 S. 1 sind die Konzernunternehmen im Konzernabschluss so darzustellen, dass das Bild eines einheitlichen Unternehmens entsteht (Staub/*Dannecker* Rn. 125).

55   **dd) Konzernlagebericht.** Der Inhalt des Konzernlageberichts ist in § 315 geregelt.

56   **ee) Konzernzwischenabschluss nach § 340i Abs. 4.** Diese Vorschrift betrifft Kreditinstitute, die nach § 10a Abs. 1 S. 2, Abs. 7 S. 3 KWG einen Konzernzwischenabschluss, um Zwischenergebnisse als haftendes Eigenkapital zu berücksichtigen, aufstellen können.

57   **b) Verhältnisse der Kapitalgesellschaft.** Bezüglich dieses Tatbestandsmerkmals kann auf → Rn. 19 verwiesen werden.

58   **3. Tathandlung.** § 331 Nr. 2 beschreibt die Tathandlungen wie in § 331 Nr. 1, daher kann auf die dortige Kommentierung vollumfänglich – auch zur Erheblichkeit – Bezug genommen werden (→ Rn. 21–24).

III. Subjektiver Tatbestand

59   Da § 331 Nr. 2 fahrlässiges Handeln nicht mit Strafe bedroht, erfordert eine Strafbarkeit nach § 331 Nr. 2 Vorsatz (vgl. § 15 StGB), wobei *dolus eventualis* genügt. Hinsichtlich der Einzelheiten, insbesondere der Irrtumsproblematik, kann auf → Rn. 25–27 verwiesen werden.

IV. Rechtswidrigkeit

60   Auch hier gilt das zu § 331 Nr. 1 Kommentierte (→ Rn. 28).

V. Vollendung und Beendigung der Tat

61   Die Strafbarkeit nach § 331 Nr. 2 tritt mit Vollendung der Tat ein, da der Versuch nicht strafbar ist (§ 23 Abs. 1 StGB). Vollendung tritt mit Zugang des Tatmittels bei einem Dritten, für den das Werk bestimmt ist oder ein Recht auf das Werk hat, ein, wobei Kenntnisnahme nicht erforderlich ist, sondern Zugang ausreichend ist. Mit Kenntnisnahme tritt Beendigung der Tat ein (Heymann/*Otto* Rn. 52; Staub/*Dannecker* Rn. 138, 139).

E. Offenlegung eines unrichtigen Konzernabschlusses oder –lageberichtes zum Zwecke der Befreiung, Nr. 3

I. Allgemeines

Nach § 331 Nr. 3 macht sich strafbar, wer 62
– als Mitglied des vertretungsberechtigten Organs einer Kapitalgesellschaft
– einen Konzernabschluss oder Konzernlagebericht, in dem die Verhältnisse des Konzerns unrichtig wiedergegeben oder verschleiert sind
– offenlegt
– zum Zwecke der Befreiung nach § 291 Abs. 1 und Abs. 2 oder nach § 292.

Die Pönalisierung in § 331 Nr. 3 erfolgte, weil in den hier genannten Fällen der Konzernabschluss 63 und Konzernlagebericht des Mutterunternehmens auf höherer Stufe an die Stelle des Konzernabschlusses des Mutterunternehmens auf niedriger Stufe tritt.

Hinsichtlich der **geschützten Rechtssubjekte** kann auf die Erläuterungen unter → Rn. 31 Bezug 64 genommen werden.

II. Objektiver Tatbestand

1. Täterkreis. Täter nach § 331 Nr. 3 können nur die Mitglieder des vertretungsberechtigten Organs 65 einer Kapitalgesellschaft sein, nicht aber – wie sich aus dem Wortlaut dieser Bestimmung ergibt – Aufsichtsratsmitglieder. Der Täter kann sowohl dem befreiten Mutterunternehmen als auch dem Mutterunternehmen, das den Konzernabschluss aufgestellt hat, angehören, denn die Offenlegung kann durch jedes der beiden Unternehmen erfolgen (MüKoHGB/*Quedenfeld* Rn. 60; Staub/*Dannecker* Rn. 141; BeBiKo/*Grottel/H. Hoffmann* Rn. 32; Heymann/*Otto* Rn. 55; HK-KapMStrafR/*Südbeck* Rn. 60) – iErg kann zu Mitgliedern des vertretungsberechtigten Organs der Kapitalgesellschaft auf → Rn. 12–18 Bezug genommen werden.

2. Gegenstand der Tathandlung. Gegenstände der Tathandlung sind der Konzernabschluss oder 66 Konzernlagebericht, in dem die Verhältnisse unrichtig wiedergeben oder verschleiert worden sind, nicht erfasst ist der Konzernzwischenabschluss (MüKoStGB/*Sorgenfrei* Rn. 101).

a) Befreiung nach § 291 Abs. 1 und 2. Ein Mutterunternehmen iSv § 290 (→ Rn. 53), das 67 zugleich Tochterunternehmen eines anderen Mutterunternehmens mit Sitz in einem Mitgliedstaat der Europäischen Union oder in einem anderen Vertragsstaat des Abkommens über den europäischen Wirtschaftsraum ist, braucht nach § 291 Abs. 1 keinen Konzernabschluss und Konzernlagebericht aufzustellen, wenn das andere Unternehmen einen befreienden Konzernabschluss und Konzernlagebericht, der den Voraussetzungen des Abs. 2 entspricht, einschließlich Bestätigungs- bzw. Versagungsvermerk in deutscher Sprache, offenlegt (MüKoStGB/*Sorgenfrei* Rn. 107).

b) Befreiung nach § 292. § 292 eröffnet die Möglichkeit befreiender Konzernabschlüsse von Mut- 68 tergesellschaften mit Sitz außerhalb der EU bzw. EWR (sog Drittstaaten), wenn die Konzernabschlüsse und –lageberichte mit nach dem Recht eines EU-Mitgliedstaates aufgestellten Konzern- und Lageberichts gleichwertig sind, und von einem Abschlussprüfer von außerhalb der EU bzw. EWR mit gleichwertiger Befähigung geprüft worden sind (MüKoStGB/*Sorgenfrei* Rn. 107, BeBiKo/*Grottel/H. Hoffmann* § 392 Rn. 2). Des Weiteren wurde durch die Änderung zum 23.7.2015 die Anzahl der als gleichwertig erachteten internationalen Rechnungslegungsvorschriften deutlich erhöht.

c) Wirtschaftliche Verhältnisse. Hinsichtlich des Tatbestandsmerkmals *„wirtschaftliche Verhältnisse"* 69 kann auf die Erläuterungen zu → Rn. 19 verwiesen werden.

d) Unrichtige Darstellung. Beurteilungsmaßstab für die unrichtige Wiedergabe oder Verschleie- 70 rung ist die RL 2013/34/EU Bilanz-Richtlinie v. 26.6.2013 (vgl. Achenbach/Ransiek/Rönnau Wirt-schaftsStR-HdB/*Ransiek* Teil 8 Kap. 1 Rn. 76; Staub/*Dannecker* Rn. 153 f.). Zur unrichtigen Wieder-gabe und zum Verschleiern → Rn. 20–23.

3. Tathandlung. Tathandlung iSd § 331 Nr. 3 ist die Offenlegung. Der Begriff *„Offenlegung"* ist in 71 § 325 Abs. 1, 2 (vgl. Abs. 3) legaldefiniert. Offenlegung liegt vor bei Einreichung des Abschlusses beim Betreiber des elektronischen Bundesanzeiger und dessen Bekanntmachung (Staub/*Dannecker* Rn. 152; MüKoHGB/*Fehrenbach* Rn. 112).

III. Subjektiver Tatbestand

Der Tatbestand kann vorsätzlich, wobei *dolus eventualis* genügt, oder leichtfertig begangen werden. 72
Zu den Voraussetzungen des Vorsatzes → Rn. 25–27. Zur Leichtfertigkeit → Rn. 41. 73, 74

75   Zum Zweck der Befreiung: Der Täter muss zum Zweck der Befreiung nach §§ 291 Abs. 1 und 2
oder 292 gehandelt haben, also zielgerichtet zu diesem Zweck gehandelt haben (MüKoHGB/*Quedenfeld*
Rn. 72; Staub/*Dannecker* Rn. 158; BeBiKo/*Grottel*/*H. Hoffmann* Rn. 33; Heymann/*Otto* Rn. 60–63;
HK-KapMStrafR/*Südbeck* Rn. 66; Achenbach/Ransiek/Rönnau WirtschaftsStR-HdB/*Ransiek* Teil 8
Kap. 1 Rn. 76).

IV. Rechtswidrigkeit

76   Hier gelten die Ausführungen zu → Rn. 28.

V. Vollendung und Beendigung

77   **1. Vollendung.** Mit der Offenlegung ist das Delikt vollendet, der Versuch ist nicht strafbar, vgl. §§ 23
Abs. 2, 12 Abs. 2 StGB (vgl. Staub/*Dannecker* Rn. 160; BeBiKo/*Grottel*/*H. Hoffmann* Rn. 33; Hey-
mann/*Otto* Rn. 64; HK-KapMStrafR/*Südbeck* Rn. 68).

78   **2. Beendigung.** Beendigung tritt mit der (erstmaligen) Kenntnis eines Adressaten ein (BeBiKo/
Grottel/*H. Hoffmann* Rn. 33; Staub/*Dannecker* Rn. 161).

F. Unrichtige Abgabe einer Versicherung über die Richtigkeit des Jahresabschlusses, Nr. 3a

I. Allgemeines

79   Nach § 331 Nr. 3a wird bestraft, wer entgegen § 264 Abs. 2 S. 3, § 289 Abs. 1 S. 5, § 297 Abs. 2
S. 4 oder § 315 Abs. 1 S. 6 eine Versicherung nicht richtig abgibt.

80   **1. Hintergrund der Einführung der Bestimmung.** Durch das Transparenzrichtlinien-Umset-
zungsgesetz (TUG) v. 5.1.2007 wurde der sog Bilanzeid (§ 331 Nr. 3a) in den Straftatbestand des § 331
eingefügt. Der Begriff Bilanzeid ist zwar plakativ, darf aber nicht wörtlich verstanden werden. Zum
einen erfasst § 331 Nr. 3a nicht nur die Bilanz, zum anderen handelt es sich hier nicht um einen „Eid",
sondern um eine Entsprechenserklärung. Der Begriff Bilanzeid hat zwar nicht Eingang in das Gesetz
gefunden, doch wurde der Begriff in der Begründung des Gesetzentwurfs und in den Gesetzberatungen
verwendet (BT-Drs. 16/2498, 28 (43, 44, 46, 55, 56); 16/2917, 3; 16/3644, 94). Vorbild des Bilanzeids
ist die im US-amerikanischen Kapitalmarktrecht in sec. 302 iVm sec. 906 Sarbanes–Oxley Act of 2002
enthaltene Strafbewährung des Falschversicherns durch die Chief Executive Officers (CEO) und die
Chief Financial Officers (CFO). Nach der Auffassung des Gesetzgebers soll dem Bilanzeid eine Appell-
und Warnfunktion zu kommen, der die Vorstandsmitglieder durch Abgabe der schriftlichen Versicherung zu noch größerer Sorgfalt im Umgang mit Finanzinformationen veranlasst, was aber in der Literatur
in Zweifel gezogen wird. Jedoch ist in der Kommunikationswissenschaft anerkannt, dass es einen
Unterschied macht, ob man nur verpflichtet ist, die Wahrheit zu erklären oder ob man diese sogar
ausdrücklich für sich in Anspruch nimmt (vgl. MüKoHGB/*Reiner* § 264 Rn. 95; *Altenhain* WM 2008,
1141 ff.; *Abendroth* WM 2008, 1147 ff.; *Sorgenfrei* wistra 2008, 329 ff.).

81   **2. Geschütztes Rechtsgut und geschützte Rechtsgüter.** Der Schutzzweck des § 331 Nr. 3a
unterscheidet sich von dem Schutzzweck der anderen Varianten des § 331. § 331 Nr. 3a dient ausschließlich den Informationsinteressen des Kapitalmarkts, also dem Schutz des Vermögens der Anleger
am Kapitalmarkt (*Altenhain* WM 2008, 1141 ff.; *Sorgenfrei* wistra 2008, 329 ff.).

II. Objektiver Tatbestand

82   **1. Täterkreis.** Aus den in § 331 Nr. 3a Bezug genommenen Normen ergibt sich, wer als tauglicher
Täter in Betracht kommt. Taugliche Täter können nur die gesetzlichen Vertreter von Kapitalgesellschaften sein, die Inlandsemittenten iSv § 2 Abs. 7 WpHG idF der TUG und keine Kapitalanlagegesellschaften iSv § 327a sind. Hierunter fallen Gesellschaften die Finanzinstrumente („Wertpapiere", „Derivate", „Rechte auf Zeichnung von Wertpapieren", vgl. § 2 Abs. 2b WpHG) an einem organisierten
Markt vergeben. Der Inlandsbezug wird – in Abhängigkeit von der Art des Finanzinstruments –
entweder durch einen inländischen Sitz (verbunden mit Zulassung der Finanzinstrumente an einem
inländischen und/oder an einen „organisierten Markt" iSv § 2 Abs. 5 WpHG innerhalb der EU oder
des EWR) oder durch die Zuständigkeit der inländischen Finanzaufsicht begründet (vgl. zum Ganzen
MüKoHGB/*Reiner* § 264 Rn. 99 ff.). Handelt es sich bei dem § 331 Nr. 3a unterfallenden Gesellschaft um eine Aktiengesellschaft kommen sämtliche Mitglieder des Vorstandes, ohne Rücksicht auf ihre
jeweilige Ressortzuständigkeit – anders als im Sarbanes Oxley Act, der sich lediglich an die CEO und
CFO wendet – als Täter in Betracht (MüKoHGB/*Reiner* § 264 Rn. 102; Staub/*Dannecker* Rn. 165/
166, BeBiKo/*Grottel*/*H. Hoffmann* Rn. 34; HK-KapMStrafR/*Südbeck* Rn. 79; *Abendroth* WM 2008,
1147 ff.; *Altenhain* WM 2008, 1141 ff.; *Sorgenfrei* wistra 2008, 329 ff.; *Ziemann* wistra 2007, 292 ff.).

2. Gegenstand der Tathandlung. Gegenstände der Tathandlung (Abgabe einer nicht richtigen 83
Versicherung) sind:
– Jahresabschluss (§ 264 Abs. 2)
– Lagebericht (§ 289 Abs. 1)
– Konzernabschluss (297 Abs. 2)
– Konzernlagebericht (315 Abs. 1).

Unter diese Vorschrift fallen nicht der verkürzte Abschluss und der Zwischenlagebericht. § 331
Nr. 3a nimmt nicht auf § 37w WpHG Bezug (aA HK-KapMStrafR/*Südbeck* Rn. 82 – diese Ansicht ist
aber nicht mit dem Wortlaut dieser Norm vereinbar).

3. Tathandlung. Tathandlung ist die unrichtige Erklärung durch den gesetzlichen Vertreter, dass nach 84
seinem besten Willen der Jahresabschluss, Lagebericht, Konzernabschluss oder Konzernlagebericht ein
den tatsächlichen Verhältnissen entsprechendes Bild des Unternehmens vermittelt. Strittig ist in der
Literatur, ob „richtig" objektiv – Maßstab ist somit die Grundsätze ordnungsgemäßer Buchführung und
die Vorschriften des Bilanzrechts (MüKoHGB/*Quedenfeld* Rn. 89; Staub/*Dannecker* Rn. 171; *Ziemann*
wistra 2007, 292 ff.) – oder subjektiv – Maßstab ist dann das Vorstellungsbild des Erklärenden (Achen-
bach/Ransiek/Rönnau WirtschaftsStR-HdB/*Ransiek* Teil 8 Kap. 1 Rn. 79) – auszulegen ist (offen
gelassen *Altenhain* WM 2008, 1141 ff.). Zu einem unterschiedlichen Ergebnis kommen die beiden in der
Literatur vertretenen Ansichten nur in dem – fernliegenden – Fall, dass der Jahresabschluss zwar objektiv
richtig ist, der Täter aber irrig annimmt, der Abschluss sei falsch. Die subjektive Ansicht kommt hier zu
einem vollendeten Delikt, nach der objektiven Theorie liegt ein strafloser untauglicher Versuch vor
(Achenbach/Ransiek/Rönnau WirtschaftsStR-HdB/*Ransiek* Teil 8 Kap. 1 Rn. 80; *Altenhain* WM
2008, 1141 ff.).

Teile der Literatur scheiden nicht erhebliche Verstöße aus dem Anwendungsbereich der Norm aus
(MüKoHGB/*Reiner* § 264 Rn. 115; MüKoHGB/*Quedenfeld* Rn. 75; Staub/*Dannecker* Rn. 173; HK-
KapMStrafR/*Südbeck* Rn. 83; *Ziemann* wistra 2007, 292 ff.; *Sorgenfrei* wistra 2008, 329 ff.).

Die Entsprechenserklärung hat schriftlich zu erfolgen (MüKoHGB/*Quedenfeld* Rn. 745; aA Mü-
KoStGB/*Sorgenfrei* Rn. 112, 113 aufgrund des Gesetzeswortlauts nur beim Jahres- und Konzernabschluss).

III. Subjektiver Tatbestand

Der Tatbestand des § 331 Nr. 3a setzt Vorsatz voraus, wobei strittig ist, ob bedingter Vorsatz *(dolus* 85
eventualis) ausreicht (so HK-KapMStrafR/*Südbeck* Rn. 84; MüKoHGB/*Quedenfeld* Rn. 89; Mü-
KoHGB/*Reiner* § 264 Rn. 114; Staub/*Dannecker* Rn. 178 f.; *Ziemann* wistra 2007, 292 ff.) oder in
Bezug auf die Unrichtigkeit zumindest *dolus directus 2. Grades* vorliegen muss (*Sorgenfrei* wistra 2008,
329 ff.). Für die Annahme bedingter Vorsatz sei nicht ausreichend könnte der Wortlaut der Norm „nach
besten Wissen" sprechen. Hierdurch würde aber die gesetzgeberische Intention in ihr Gegenteil verkehrt
werden. Mit der Formulierung „nach besten Wissen" sollte die Strafbarkeit der Norm ausgedehnt
werden. Hiermit wollte der Gesetzgeber zum Ausdruck bringen, dass der Täter nicht nur vorsätzlich
handelt, wenn er die Unrichtigkeit des Tatgegenstandes erkannt oder zumindest für möglich gehalten
hat, sondern auch, wenn er die Versicherung „ins Blaue" hinein abgegeben hat (Begr. Finanzausschuss BT-
Drs. 16/3444, 58 (80); Baumbach/Hopt/*Merkt* § 264 Rn. 26; *Altenhain* WM 2008, 1141 ff.). Denn
nicht in bestem Wissen handelt, wer die Richtigkeit des Jahresabschlusses behauptet, obwohl er weiß,
dass er seiner Kontrollpflicht nicht oder nur unzureichend nachgekommen ist oder dass er Anhaltspunkte
nicht entkräften kann, die gegen seine Richtigkeit sprechen (iE *Altenhain* WM 2008, 1141 ff.).

IV. Versuch, Vollendung und Beendigung

Der Versuch ist nicht strafbar, da § 331 ein Vergehen ist (§ 23 StGB). Strittig und relevant ist, da der 86
Versuch nicht strafbar ist, wann Vollendung des Delikts eintritt. Stellt man hierfür auf das geschützte
Rechtsgut und damit auf den Kreis der Anlegerschaft ab, tritt Vollendung mit der Möglichkeit der
Kenntnisnahme von der schriftlichen Versicherung durch die jeweiligen Adressaten ein (MüKoHGB/
Quedenfeld Rn. 98; Staub/*Dannecker* Rn. 182; *Sorgenfrei* wistra 2008, 329 ff., so auch *Heldt/Ziemann*
NZG 2006, 652 f., da der Bilanzeid als abstraktes Gefährdungsdelikt ausgestaltet ist und keine inhaltliche
Kenntnisnahme verlangt). Andere stellen auf die Unterzeichnung des Abschlusses/Berichts ab (HK-
KapMStrafR/*Südbeck* Rn. 86). Meines Erachtens tritt Vollendung mit der Ablegung des Bilanzeides, also
mit der Unterzeichnung, ein. Hierfür sprechen der Wortlaut der Bestimmungen, vgl. zB § 264 Abs. 2
S. 3, sowie der pragmatische Gesichtspunkt der einfachen Feststellung des Zeitpunktes der Vollendung
(so iErg auch *Altenhain* WM 2008, 1141 ff.). § 331 Nr. 3a ist beendet, wenn die Entsprechenserklärung
als Teil des Jahresfinanzberichts vom Unternehmen entäußert, dh der Öffentlichkeit zur Verfügung
gestellt (§ 37v Abs. 1 S. 1 WpHG) oder an das Unternehmensregister übermittelt und dort veröffentlicht ist (§ 37v Abs. 1 S. 4 WpHG, § 8b Abs. 2 Nr. 9; *Altenhain* WM 2008, 1141 ff.).

V. Tätige Reue

87   In der Literatur wird diskutiert, ob eine Rücknahme des falschen Bilanzeides nach Vollendung aber vor Beendigung analog § 261 Abs. 9 Nr. 1 StGB, § 371 Abs. 1 AO als befreiende tätige Reue anzuerkennen ist (*Altenhain* WM 2008, 1141 ff.; *Ziemann* wistra 2007, 292 ff.). *Dannecker* lehnt eine Berichtigungsmöglichkeit ab, da der Bilanzeid mit den Aussagedelikten nicht vergleichbar sei (Staub/*Dannecker* Rn. 184).

G. Unrichtige Angaben gegenüber Abschlussprüfern, Nr. 4

I. Allgemeines

88   Nach § 331 Nr. 4 wird bestraft, wer

– als Mitglied des vertretungsberechtigten Organs einer Kapitalgesellschaft oder als Mitglied des vertretungsberechtigten Organs oder als vertretungsberechtigter Gesellschafter eines ihrer Tochterunternehmen (§ 290 Abs. 1, 2)

– in Aufklärungen oder Nachweisen, die nach § 320 einem Abschlussprüfer der Kapitalgesellschaft, eines verbundenen Unternehmens oder des Konzerns zu geben sind

– unrichtige Angaben macht oder die Verhältnisse der Kapitalgesellschaft, eines Tochterunternehmens oder des Konzerns unrichtig wiedergibt oder verschleiert.

89   **1. Entsprechende Vorschriften.** Entsprechende Vorschriften finden sich im GenG, § 147 Abs. 2 Nr. 2 Alt. 2 und 3 GenG, sowie im AktG, § 400 Abs. 1 Nr. 2 Alt. 2 und 3 AktG.

90   **2. Geschützte Personen.** § 331 Nr. 4 dient dem Schutz der Gesellschaft, ihrer Anteilseigner und dritten Personen, die zu der Gesellschaft in rechtlicher oder wirtschaftlicher Beziehung stehen bzw. treten wollen. Hierunter fallen Gesellschaftsgläubiger und andere Geschäftspartner sowie die Arbeitnehmer der Gesellschaft (Achenbach/Ransiek/Rönnau WirtschaftsStR-HdB/*Ransiek* Teil 8 Kap. 1 Rn. 101).

91   **3. Geschütztes Rechtsgut.** Geschütztes Rechtsgut ist das Vertrauen der unter → Rn. 90 genannten Personen in die Richtigkeit von Erklärungen und Äußerungen die von Mitgliedern vertretungsberechtigter Organe einer Kapitalgesellschaft und vertretungsberechtigten Gesellschaftern von Tochterunternehmen abgegeben werden.

92   **4. Schutzgesetz.** § 331 Nr. 4 ist Schutzgesetz iSd § 823 Abs. 2 BGB. Voraussetzung für einen Schadensersatzanspruch ist, dass der Schaden mindestens mitursächlich durch die Erklärung bzw. den Nachweis hervorgerufen worden ist (Achenbach/Ransiek/Rönnau WirtschaftsStR-HdB/*Ransiek* Teil 8 Kap. 1 Rn. 101).

II. Objektiver Tatbestand

93   **1. Täterkreis.** § 331 Nr. 4 nennt als taugliche Täter die Mitglieder des vertretungsberechtigten Organs einer Kapitalgesellschaft und die Mitglieder des vertretungsberechtigten Organs des Tochterunternehmens einer Kapitalgesellschaft sowie die vertretungsberechtigten Gesellschafter des Tochterunternehmens einer Kapitalgesellschaft. Daher handelt es sich bei § 331 Nr. 4, wie auch bei den anderen Alternativen des § 331, um ein Sonderdelikt. Andere als die im Gesetz Genannten kommen „nur" als Teilnehmer in Betracht, deren Strafen nach § 28 Abs. 1 StGB zwingend zu mindern sind (Staub/*Dannecker* Rn. 185).

94   Hinsichtlich des Begriffs *„Mitglied des vertretungsberechtigten Organs"* vgl. die Ausführungen zu → Rn. 12–16.

95   Als vertretungsberechtigte Gesellschafter eines Tochterunternehmens kommen die vertretungsberechtigten Gesellschafter einer oHG, KG oder GbR in Betracht.

96   Zur faktischen Organschaft vgl. → Rn. 17 (aA Achenbach/Ransiek/Rönnau WirtschaftsStR-HdB/*Ransiek* Teil 8 Kap. 1 Rn. 103, der hier eine faktische Organschaft ablehnt).

97   Zur strafrechtlichen Verantwortbarkeit bei mehrgliedriger Organschaft → Rn. 18.

98   **2. Gegenstand der Tathandlung.** Gegenstand der Tathandlung sind Aufklärungen oder Nachweise, die nach § 320 einem Abschlussprüfer der Kapitalgesellschaft, eines verbundenen Unternehmens oder des Konzerns zu geben sind. § 320 begründet und begrenzt somit die Strafbarkeit nach § 331 Nr. 4 (MüKoStGB/*Sorgenfrei* Rn. 117). § 320 Abs. 1 S. 1 berechtigt den Abschlussprüfer von den gesetzlichen Vertretern alle Aufklärungen und Nachweise zu verlangen, die für eine sorgfältige Prüfung notwendig sind. Aufklärungen sind Auskünfte, Erklärungen und Begründungen, die in der Regel mündlich erteilt werden können. Nachweise sind hingegen schriftliche Unterlagen, die zur Untermauerung der Aufklärungen erforderlich sind (MüKoHGB/*Ebke* § 320 Rn. 15). Erfasst wird ua von § 320 Saldenbestätigungen der Geschäftspartner der Gesellschaft, nicht aber die Abgabe einer Vollständigkeitserklärung (vgl. Baumbach/Hopt/*Hopt*/*Merkt* § 320 Rn. 2; aA MüKoStGB/*Sorgenfrei* Rn. 117). Von § 331 Nr. 4 wird

nur die **Pflichtprüfung** nach § 316 erfasst (MüKoHGB/*Quedenfeld* Rn. 76; Heymann/*Otto* Rn. 68, 69; Achenbach/Ransiek/Rönnau WirtschaftsStR-HdB/*Ransiek* Teil 8 Kap. 1 Rn. 105).

3. Adressat. Adressat der Aufklärungen und der Nachweise ist nach dem Wortlaut des § 331 Nr. 4   **99** ausschließlich der Abschlussprüfer. Als Abschlussprüfer kommen der Wirtschaftsprüfer und der vereidigte Buchprüfer in Betracht (vgl. § 319 Abs. 1). Der Wirtschaftsprüfer hat im Gegensatz zum vereidigten Buchprüfer uneingeschränkte Abschlussprüferfähigkeit, während der vereidigte Buchprüfer nur eine auf Einzelabschlüsse mittelgroßer (§ 267 Abs. 2) GmbHs und mittelgroßer Personenhandelsgesellschaften iSv § 264a Abs. 1 beschränkte Abschlussprüferfähigkeit besitzt. Es besteht aber weitgehend Einigkeit darüber, dass mit der Nennung des Abschlussprüfers lediglich „ der thematische Zusammenhang mit der ihm obliegenden Prüfungsaufgaben" umrissen wird, so dass auch Angaben ggü. anderen Personen aus dem Prüfer, wenn diese der Sphäre des Prüfers zuzurechnen sind, ausreichend sind. Dh, dass auch unrichtige Angaben ggü. dem Gehilfen des Abschlussprüfers gem. § 331 Nr. 4 strafbar sind, sofern sie im Zusammenhang mit der Abschlussprüfung getätigt werden und dadurch das Recht auf Auskunft nach § 320 verletzt wird (Staub/*Dannecker* Rn. 189; Heymann/*Otto* Rn. 70; MüKoHGB/*Quedenfeld* Rn. 81; HK-KapMStrafR/*Südbeck* Rn. 94; Achenbach/Ransiek/Rönnau WirtschaftsStR-HdB/*Ransiek* Teil 8 Kap. 1 Rn. 108).

4. Tathandlungen. Als Tathandlungen nennt § 331 Nr. 4:   **100**
– unrichtige Angaben
– unrichtige Wiedergabe oder Verschleierung der Verhältnisse der Kapitalgesellschaft, eines Tochterunternehmens oder des Konzerns.

Unrichtige Angaben sind Aussagen über Tatsachen, Bewertungen, Schätzungen, Prognosen und   **101** Beurteilungen, die mit der tatsächlichen Sachlage nicht übereinstimmen (MüKoStGB/*Sorgenfrei* Rn. 110; Staub/*Dannecker* Rn. 191; Heymann/*Otto* Rn. 72).

Hinsichtlich der unrichtigen Wiedergabe oder Verschleierung der Unternehmensverhältnisse kann   **102** auf die Ausführungen unter → Rn. 21–24 verwiesen werden.

§ 331 Nr. 4 erfasst nicht die offene Verweigerung von Angaben. Der Einbeziehung steht zum einen   **103** der Wortlaut der Norm entgegen, zum anderen die Gesetzessystematik. § 335 Nr. 5 sieht hierfür die Möglichkeit vor ein Zwangsgeld anzudrohen und festzusetzen (Heymann/*Otto* Rn. 74; Staub/*Dannecker* Rn. 193; MüKoHGB/*Quedenfeld* Rn. 90).

III. Subjektiver Tatbestand

Der subjektive Tatbestand setzt Vorsatz voraus, ausreichend ist bedingter Vorsatz *(dolus eventualis)*, vgl.   **104** § 15 StGB (Heymann/*Otto* Rn. 75; MüKoHGB/*Quedenfeld* Rn. 90; Staub/*Dannecker* Rn. 194 f.). Zur Irrtumsproblematik vgl. die Ausführungen zu § 331 Nr. 1 unter → Rn. 27.

IV. Vollendung und Beendigung

Die Tat ist vollendet, wenn der Abschlussprüfer oder eine der für ihn tätigen Personen die für die   **105** Prüfung bestimmten Aufklärungen oder Nachweise erhalten hat. Dies ergibt sich aus der Ausgestaltung der Norm als abstraktes Gefährdungsdelikt. Mehrere unrichtige Angaben stellen eine Tat dar (BGH wistra 1996, 348; Heymann/*Otto* Rn. 78; MüKoHGB/*Quedenfeld* Rn. 100; Staub/*Dannecker* Rn. 197).

Mit der Kenntnisnahme vom Inhalt der Aufklärungen und der Nachweise durch den Abschlussprüfer   **106** ist die Tat beendet (MüKoHGB/*Quedenfeld* Rn. 100; Staub/*Dannecker* Rn. 198; aA MüKoStGB/*Sorgenfrei* Rn. 145 mit Abschluss der Prüfung).

V. Konkurrenzen

Für die Strafzumessung bei mehreren Gesetzesverletzungen gelten die allgemeinen Konkurrenzregeln,   **107** vgl. §§ 52, 53 StGB (hierzu iE Fischer StGB Vor § 52 ff.). Zu beachten ist, dass die Annahme von Tateinheit nicht in jedem Fall günstiger ist; sie kann zur Verhängung einer Strafe führen, die die Grenze des § 56 Abs. 1 oder 2 StGB übersteigt.

Mehrere unrichtige Angaben in einer Erklärung gem. § 331 Nr. 1 oder Nr. 2 stellen nur eine   **108** strafbare Handlung dar (MüKoStGB/*Sorgenfrei* Rn. 149). Ein Teil (MüKoHGB/*Quedenfeld* Rn. 106; HK-KapMStrafR/*Südbeck* Rn. 318) begründet dies mit dem Vorliegen einer sog natürlichen Handlungseinheit, andere (Staub/*Dannecker* Rn. 199) mit der Rechtsfigur der rechtlichen Handlungseinheit.

Im Regelfall besteht bei mehreren Falschangaben in mehreren Erklärungen zwischen § 331 Nr. 1   **109** und Nr. 2 Tatmehrheit, da es sich um mehrere Handlungen handelt. Ausnahmsweise liegt aber Tateinheit vor, wenn die beiden Tathandlungen gleichzeitig begangen werden oder wenn der Jahresabschluss notwendige Vorstufe des Konzernabschlusses ist und nahtlos in diesen übergeht (MüKoHGB/*Quedenfeld* Rn. 107; Staub/*Dannecker* Rn. 200; Heymann/*Otto* Rn. 80; MüKoStGB/*Sorgenfrei* Rn. 150). An folgende Sachverhaltskonstellationen ist dabei zu denken:

Firmen- und Konzernabschluss werden gleichzeitig gefertigt.   **110**

111 Die Arbeiten an dem Firmenabschluss gehen nahtlos in die Arbeiten im Konzernabschluss über (MüKoHGB/*Quedenfeld* Rn. 107).

112 Zwischen § 331 Nr. 1, 2 und 3a besteht Tatmehrheit (MüKoHGB/*Quedenfeld* Rn. 109).

113 Zwischen Offenlegung nach § 331 Nr. 3 und § 331 Nr. 2 liegt Tateinheit vor, wenn der Offenlegende zugleich (Mit-)Aufstellender war und die Tat nach Nr. 2 zum Zeitpunkt der Offenlegung noch nicht beendet war, ansonsten Tatmehrheit (Staub/*Dannecker* Rn. 208).

114 Zwischen § 331 Nr. 1–3a und Nr. 4 liegt Tateinheit vor (Staub/*Dannecker* Rn. 209).

115 Verhältnis zu den Straftatbeständen des StGB: § 331 Nr. 1 und 2 stehen zu den allgemeinen Vermögens- und Wirtschaftsdelikten wie § 246 StGB (Unterschlagung), § 263 StGB (Betrug), § 263a StGB (Computerbetrug), § 264 StGB (Subventionsbetrug), § 265b StGB (Kreditbetrug), oder § 266 StGB (Untreue) in Tateinheit (§ 52 StGB), wenn sich das Rechtsgut verletzende Handeln in „natürlicher Betrachtungsweise" als Einheit darstellt (Fischer StGB Vor § 52 Rn. 4). Eine solche Konstellation liegt vor, wenn die unrichtige Darstellung zur Begehung eines Subventions-, Kredit- oder Kapitalanlagebetrugs oder zur Täuschung im Rahmen eines Betruges erfolgt (MüKoHGB/*Quedenfeld* Rn. 110; MüKoStGB/*Sorgenfrei* Rn. 163; Staub/*Dannecker* Rn. 205). Ansonsten liegt Tatmehrheit vor (MüKoStGB/*Sorgenfrei* Rn. 164).

116 Verwirklicht die unrichtige Wiedergabe oder Verschleierung in einer Bilanz auch die Insolvenzstraftatbestände (§§ 283 ff. StGB), so stehen die Tatbestände in Tateinheit zueinander, da sie unterschiedliche Schutzrichtungen aufweisen (Staub/*Dannecker* Rn. 204, aA MüKoHGB/*Quedenfeld* Rn. 110, Konsumtion, weil der Bankrott eine höhere Strafandrohung aufweist).

117 Gegenüber § 331 Nr. 1 sind nachfolgende Straftatbestände aus anderen Gesetzen subsidiär: § 400 Abs. 1 Nr. 1 AktG; § 82 Abs. 1 Nr. 2 GmbHG; § 147 Abs. 2 Nr. 1 GenG, § 17 PublG und § 313 Abs. 1 Nr. 1 UmwG, soweit sich die unrichtige Darstellung der Kapitalgesellschaft (bei Kreditinstituten und Versicherungsunternehmen auch andere Rechtsformen, vgl. §§ 340m, 341n) auf Eröffnungsbilanz, Jahresabschluss, Lagebericht oder Zwischenabschluss nach § 340a Abs. 3 bezieht (MüKoHGB/*Quedenfeld* Rn. 111; MüKoStGB/*Sorgenfrei* Rn. 154).

VI. Strafe

118 Der Strafrahmen weist Geld- oder Freiheitsstrafe bis zu drei Jahren aus. Die Geldstrafe beträgt mindestens 5 Tagessätze und höchstens 360 Tagessätze (§ 40 Abs. 1 StGB). Die Höhe des Tagessatzes richtet sich nach den persönlichen und wirtschaftlichen Verhältnissen des Täters (§ 40 Abs. 2 StGB). § 38 Abs. 2 StGB bestimmt das Mindestmaß der Freiheitsstrafe mit einem Monat.

VII. Verjährung

119 Die Strafverfolgungsverjährung beträgt fünf Jahre (§ 78 Abs. 2 Nr. 4 StGB). Sie beginnt mit der Beendigung der Tat (§ 78a StGB). Die Verjährungsfrist kann unterbrochen werden (§ 78c StGB); die absolute Grenze der Verjährung beträgt zehn Jahre (§ 78c Abs. 3 S. 2 StGB).

120 Die Vollstreckungsverjährung regelt sich nach den §§ 79 ff. StGB. Die Verjährungsfrist bestimmt sich nach der Höhe der erkannten Strafe und beginnt mit dem Tag der Rechtskraft der Entscheidung.

VIII. Verfahrensrechtliche Besonderheiten

121 § 331 ist ein Offizialdelikt.

122 Im Klageerzwingungsverfahren sind Verletzte iSd § 172 Abs. 1 StPO alle Personen, die von § 331 geschützt werden und im Vertrauen auf die Richtigkeit der Angaben einen Schaden erlitten haben (Staub/*Dannecker* Rn. 213; MüKoStGB/*Sorgenfrei* Rn. 159).

123 Tatsachen oder Beweismittel aus Steuerakten des betroffenen Unternehmens dürfen nach §§ 393 Abs. 2 AO nicht verwertet werden (MüKoStGB/*Sorgenfrei* Rn. 160).

§ 332 Verletzung der Berichtspflicht

(1) Mit Freiheitsstrafe bis zu drei Jahren oder mit Geldstrafe wird bestraft, wer als Abschlußprüfer oder Gehilfe eines Abschlußprüfers über das Ergebnis der Prüfung eines Jahresabschlusses, eines Einzelabschlusses nach § 325 Abs. 2a, eines Lageberichts, eines Konzernabschlusses, eines Konzernlageberichts einer Kapitalgesellschaft oder eines Zwischenabschlusses nach § 340a Abs. 3 oder eines Konzernzwischenabschlusses gemäß § 340i Abs. 4 unrichtig berichtet, im Prüfungsbericht (§ 321) erhebliche Umstände verschweigt oder einen inhaltlich unrichtigen Bestätigungsvermerk (§ 322) erteilt.

(2) Handelt der Täter gegen Entgelt oder in der Absicht, sich oder einen anderen zu bereichern oder einen anderen zu schädigen, so ist die Strafe Freiheitsstrafe bis zu fünf Jahren oder Geldstrafe.

A. Allgemeines

Nach § 332 Abs. 1 macht sich strafbar, wer **1**
– als Abschlussprüfer oder dessen Gehilfe
– über das Ergebnis der Prüfung eines Jahresabschlusses, eines Einzelabschlusse nach § 325 Abs. 2a, eines Lageberichts, eines Konzernabschlusses, eines Konzernlageberichts einer Kapitalgesellschaft oder eines Zwischenabschlusses nach § 340a Abs. 3 oder eines Konzernzwischenabschlusses gem. § 340i Abs. 4
– unrichtig berichtet oder
– im Prüfbericht (§ 321) erhebliche Umstände verschweigt
– oder einen inhaltlich unrichtigen Bestätigungsvermerk (§ 322) erteilt.

Abs. 2 enthält Qualifikationsmerkmale.

I. Geschütztes Rechtsgut

Die Vorschrift des § 332 schützt das handels- und gesellschaftliche Prüfungssystem und damit die – **2** subjektive – Richtigkeit und Vollständigkeit der gewissenhaft und unparteiisch durch ein unabhängiges Kontrollorgan geprüften Abschlüsse und Lageberichte (OLG Düsseldorf BeckRS 9998, 40702 nrRr; MüKoHGB/*Quedenfeld* Rn. 1; MüKoStGB/*Sorgenfrei* Rn. 5; Staub/*Dannecker* Rn. 1; HK-KapM-StrafR/*Janssen* Rn. 7; Achenbach/Ransiek/Rönnau WirtschaftsStR-HdB/*Ransiek* Teil 8 Kap. 1 Rn. 113 f., *Dierlamm* NStZ 2000, 131).

II. Geschützte Rechtssubjekte

§ 332 schützt die Gesellschaft bzw. den Konzern, ihre gegenwärtigen und zukünftigen Aktionäre bzw. **3** Gesellschafter sowie die aktuellen und potentiellen Gesellschaftsgläubiger sowie diejenigen, die rechtliche Beziehungen zu der Gesellschaft unterhalten oder aufnehmen wollen, somit auch die Arbeitnehmer der Gesellschaft (vgl. MüKoHGB/*Quedenfeld* Rn. 2; Staub/*Dannecker* Rn. 10; Heymann/*Otto* Rn. 3).

III. Schutzgesetz

§ 332 ist zugunsten der oben genannten geschützten Rechtssubjekte (→ Rn. 3) Schutzgesetz iSd **4** § 823 Abs. 2 BGB. Voraussetzung für einen Schadensersatzanspruch ist aber auch hier, dass der Geschädigte durch sein Verhalten im Vertrauen auf die Richtigkeit der relevanten Angaben einen Schaden erlitten hat (OLG Düsseldorf DStR 2000, 985; OLG Celle NZG 2000, 613; MüKoHGB/*Quedenfeld* Rn. 2; MüKoStGB/*Sorgenfrei* Rn. 6; Staub/*Dannecker* Rn. 11; Heymann/*Otto* Rn. 3).

IV. Deliktsnatur

§ 332 ist ein echtes Sonderdelikt. Taugliche Täter können nur Abschlussprüfer und ihre Gehilfen sein **5** (MüKoHGB/*Quedenfeld* Rn. 4; MüKoStGB/*Sorgenfrei* Rn. 8; Staub/*Dannecker* Rn. 14; Heymann/*Otto* Rn. 4). § 332 ist des Weiteren ein abstraktes Gefährdungsdelikt. Strafbarkeit ist gegeben bei einem unrichtigen Bericht, Verschweigen erheblicher Umstände oder dem Erteilen eines unrichtigen Bestätigungsvermerks. Nicht erforderlich ist, dass die Tathandlungen zu einem Schaden oder einer konkreten Vermögensgefährdung geführt haben (MüKoHGB/*Quedenfeld* Rn. 3; MüKoStGB/*Sorgenfrei* Rn. 7; Staub/*Dannecker* Rn. 12; Heymann/*Otto* Rn. 4).

B. Objektiver Tatbestand
I. Täterkreis

Als taugliche Täter kommen nur Abschlussprüfer und ihre Gehilfen in Betracht. **6**

1. Abschlussprüfer. § 318 regelt die Bestellung des Abschlussprüfers, § 319 die allgemeine Ab- **7** schlussprüferfähigkeit. Hiernach haben Wirtschaftsprüfer und Wirtschaftsprüfungsgesellschaften die uneingeschränkte Abschlussprüferfähigkeit, vereidigte Buchprüfer und Buchprüfungsgesellschaften nur eine auf Einzelabschlüsse mittelgroßer (§ 267 Abs. 2) GmbHs und mittelgroßer Personengesellschaften iSv § 264a Abs. 1 beschränkte Abschlussprüferfähigkeit (MüKoStGB/*Sorgenfrei* Rn. 10; MüKoHGB/ *Quedenfeld* Rn. 5; Staub/*Dannecker* Rn. 16, HK-KapMStrafR/*Janssen* Rn. 19 ff.).

Im Regelfall wählen die Gesellschafter der Gesellschaft bzw. für den Konzernabschluss die Gesellschafter des Mutterunternehmens den Abschlussprüfer. **Erst mit der Annahme wird der Wirtschaftsprüfer zum Abschlussprüfer.** Mängel bei der Bestellung lassen seine strafrechtliche Tätereigenschaft nicht entfallen, es sei denn, es ist eindeutig erkennbar, dass dem Prüfer die Prüferqualifikation fehlt. In einem solchen Fall fehlt es an einem schutzwürdigen Vertrauen. Wird ein vereidigter Buchprüfer entgegen § 319 Abs. 1 zum Abschlussprüfer gewählt, lässt das seine Tätereigenschaft nicht entfallen, anders aber bei der Bestellung eines Steuerberaters zum Abschlussprüfer (MüKoHGB/*Queden-*

feld Rn. 6 ff.; BeBiKo/*Grottel*/*H. Hoffmann* Rn. 35; Staub/*Dannecker* Rn. 18; HK-KapMStrafR/*Janssen* Rn. 22; Achenbach/Ransiek/*Rönnau* WirtschaftsStR-HdB/*Ransiek* Teil 8 Kap. 1 Rn. 115; aA Mü-KoStGB/*Sorgenfrei* Rn. 13, 14 begründet dies mit der Rechtsnatur der Norm und dem Delikt als Äußerungsdelikt).

8   **2. Gehilfe eines Abschlussprüfers.** Hierbei handelt es sich um Personen, die den Abschlussprüfer bei seiner Tätigkeit unterstützen. Einigkeit besteht zum einen darüber, dass Personen, die bloße Schreib- oder sonstige – nicht prüfungsspezifische – Büroarbeiten verrichten, nicht Gehilfen iSd § 332 sind, denn der durch § 332 gewährte Vertrauensschutz knüpft unmittelbar an die Prüfungstätigkeit eines gewissenhaften und unparteiischen Prüfers an (Heymann/*Otto* Rn. 7, MüKoHGB/*Quedenfeld* Rn. 9 ff.; Mü-KoStGB/*Sorgenfrei* Rn. 15; BeBiKo/*Grottel*/*H. Hoffmann* Rn. 36; Staub/*Dannecker* Rn. 22 f.; HK-KapMStrafR/*Janssen* Rn. 23; Achenbach/Ransiek/*Rönnau* WirtschaftsStR-HdB/*Ransiek* Teil 8 Kap. 1 Rn. 115; *Dierlamm* NStZ 2000, 131), zum anderen, dass die in § 332 genannten Tätigkeiten spezifische des Abschlussprüfers sind und der Gehilfe des Abschlussprüfers nicht berichtet und er somit auch über das Ergebnis weder falsch berichtet noch erhebliche Umstände verschleiert. Auch testiert er nicht. Daher bedürfen die Tathandlungen des Gehilfen einer Modifikation. Der Gehilfe handelt tatbestandsmäßig, wenn er durch seine unterstützende Tätigkeit eine unrichtige oder unvollständige Berichterstattung oder ein unrichtiges Testat bewirkt, in dem er bei der Vorbereitung des Berichts durch unrichtige Angaben irreführt oder nicht verhindert, dass ein von ihm falsch oder unvollständig erstelltes Prüferurteil vom Prüfer in seinem Bericht übernommen wird (MüKoHGB/*Quedenfeld* Rn. 9; Staub/*Dannecker* Rn. 23; HK-KapMStrafR/*Janssen* Rn. 23; Heymann/*Otto* Rn. 8; *Dierlamm* NStZ 2000, 131).

II. Gegenstand der Tathandlungen

9   Gegenstand der Tathandlung sind der Prüfbericht und der Bestätigungsvermerk. Gegenstand und Umfang der Prüfung sind in § 317 geregelt, der Inhalt des Prüfberichtes in § 321 und der Bestätigungsvermerk in § 322.

10   **1. Prüfbericht.** Gegenstand des Prüfungsberichts ist nach § 332:
– Jahresabschluss, Einzelabschluss nach § 325 Abs. 2a, Lagebericht, Konzernabschluss oder Konzernlagebericht einer Kapitalgesellschaft
– der Zwischenabschluss eines Kreditinstituts nach § 340a Abs. 3
– der Konzernzwischenabschluss eines Kreditinstituts nach § 340i Abs. 4 (MüKoStGB/*Sorgenfrei* Rn. 19).

§ 332 erfasst dagegen nicht freiwillige Jahresabschlüsse und nicht gesetzlich vorgeschriebene Sonderprüfungen (BeBiKo/*Grottel*/*H. Hoffmann* Rn. 2)

11   **a) Gegenstand der Prüfung.** Gegenstand der Prüfung sind die unter → Rn. 10 genannten Abschlüsse mit Anhang und Lagebericht nebst der dem Jahresabschluss zugrunde liegenden Buchführung und das Inventar (letzteres str.). Bei der Prüfung der Kreditinstitute sind zusätzlich die Einhaltung weiterer gesetzlicher Bestimmungen, insbesondere auch die Einhaltung von Anzeigepflichten, zu prüfen (§ 29 Abs. 1 und Abs. 2 KWG; Boos/Fischer/Schulte-Mattler/*Winter* KWG § 29 Rn. 1–3).

12   **b) Umfang der Prüfung.** Zu prüfen ist, ob die gesetzlichen Vorschriften und die sie ergänzenden Bestimmungen im Gesellschaftsvertrag oder in der Satzung beachtet worden sind. Die Prüfung erstreckt sich damit grds. auf die Einhaltung sämtlicher für die Rechnungslegung geltenden gesetzlichen Regeln einschließlich der GoB. Die Einhaltung anderer gesetzlicher Bestimmungen, die nicht die Rechnungslegung betreffen, einschließlich der steuerlichen Vorschriften, sind nicht Gegenstand der Abschlussprüfung nach §§ 316 ff., es sei denn, aus der Nichtbeachtung dieser Regeln ergeben sich Risiken. In diesem Falle wäre diesen Vorschriften im Jahresabschluss Rechnung zu tragen. Denn § 317 Abs. 1 S. 3 hebt – was sich schon aus S. 2 ergibt – hervor, dass die Prüfung so anzulegen ist, dass Unrichtigkeiten und Verstöße, die wesentliche Auswirkungen auf die Vermögens-, Finanz- und Ertragslage haben, bei gewissenhafter Berufsausübung vom Abschlussprüfer erkannt werden (Baumbach/Hopt/*Hopt*/*Merkt* § 317 Rn. 3; Staub/*Dannecker* Rn. 9 ff.; MüKoStGB/*Sorgenfrei* Rn. 26 f.).

13   **c) Prüfbericht.** Über Art, Umfang und Ergebnis der Prüfung hat der Abschlussprüfer sachverständig schriftlich zu berichten. Dabei hat er die Grundsätze der Unparteilichkeit, der Vollständigkeit, der Wahrheit und der Klarheit zu beachten. Der Prüfungsbericht gliedert sich in einen „Vorweg"-Teil (§ 321 Abs. 1 S. 2), einen Hauptteil (Abs. 2) und einen besonderen Teil (Abs. 3). Im „Vorweg"-Teil ist zur Beurteilung der Lage des Unternehmens oder Konzerns durch die gesetzlichen Vertreter Stellung zu nehmen; dabei ist besonders auf die Beurteilung des Fortbestandes und der künftigen Entwicklung des Unternehmens einzugehen, soweit das die geprüften Unterlagen und der (Konzern-)Lagebericht erlauben. Des Weiteren hat der Abschlussprüfer aufgrund der in Abs. 1 S. 3 verankerten Rede- und Warnpflicht über bei der Durchführung der Prüfung festgestellte Unrichtigkeiten oder Verstöße gegen gesetzliche Vorschriften (→ Rn. 12) sowie Tatsachen zu berichten, die für das geprüfte Unternehmen oder den Konzern bestandsgefährdend sein können oder seine Entwicklung wesentlich beeinträchtigen

können oder die schwerwiegende Verstöße gegen Gesetz, Gesellschaftsvertrag oder Satzung erkennen lassen (vgl. zum Ganzen Baumbach/Hopt/*Hopt/Merkt* § 321 Rn. 2 ff.). Im Hauptteil ist festzustellen, ob die Prüfungsgegenstände (vgl. § 321 Abs. 2 S. 1) den gesetzlichen Vorschriften und den ergänzenden Bestimmungen des Gesellschaftsvertrags bzw. der Satzung entsprechen. Gegenstand, Art und Umfang der Prüfung müssen in einem besonderen Abschnitt des Prüfberichts erläutert werden (Abs. 3 S. 1). Bei börsennotierten Aktiengesellschaften muss der Prüfbericht einen besonderen Berichtsteil über das Ergebnis der Prüfung des Überwachungssystems in der Gesellschaft enthalten (Abs. 4) und dazu Stellung nehmen, ob das interne Überwachungssystem seine Aufgabe erfüllt oder verbessert werden muss und welche Maßnahmen dazu erforderlich sind (Abs. 4 S. 2) (Baumbach/Hopt/*Hopt/Merkt* § 321 Rn. 8/10).

2. Bestätigungsvermerk. Der Bestätigungsvermerk ist in § 322 geregelt. Er schließt die Prüfung ab **14** und fasst das Ergebnis der Prüfung ggü. Gesellschaft, Gesellschaftern sowie mit Wirkung nach außen zusammen (Baumbach/Hopt/*Hopt/Merkt* § 322 Rn. 1; MüKoStGB/*Sorgenfrei* Rn. 24, 25, 26). Der Bestätigungsvermerk hat Gegenstand, Art und Umfang der Prüfung zu beschreiben und die angewandten Rechnungslegungs- und Prüfungsgrundsätze anzugeben (§ 322 Abs. 1 S. 2 Hs. 1). Des Weiteren hat der Bestätigungsvermerk eine Beurteilung des Prüfungsergebnisses zu enthalten (§ 322 Abs. 1 S. 2 Hs. 2). Die Beurteilung des Prüfungsergebnisses kann nur in eine der vier vom Gesetzgeber vorgegebenen Kategorien erfolgen, nämlich ob ein uneingeschränkter Bestätigungsvermerk erteilt wird (Abs. 2 S. 1 Nr. 1), ein eingeschränkter Bestätigungsvermerk erteilt wird (Abs. 2 S. 1 Nr. 2), der Bestätigungsvermerk aufgrund von Einwendungen versagt wird (Abs. 1 S. 1 Nr. 3) oder der Bestätigungsvermerk deshalb versagt wird, weil der Abschlussprüfer nicht in der Lage ist, ein Prüfungsurteil abzugeben (Abs. 1 S. 1 Nr. 4).

III. Tatverhalten

Der objektive Tatbestand unterscheidet drei Tatbestandsalternativen. Der Abschlussprüfer oder sein **15** Gehilfe muss über das Ergebnis einer Abschlussprüfung unrichtig berichtet oder im Prüfbericht erhebliche Umstände verschwiegen oder einen inhaltlich unrichtigen Bestätigungsvermerk erteilt haben.

1. Abweichungen zwischen positiven Feststellungen und dem Berichtsinhalt. Über das **16** Ergebnis einer Abschlussprüfung wird unrichtig berichtet, wenn der Bericht nicht mit den subjektiv-individuellen **tatsächlichen** Feststellungen übereinstimmt, die der Abschlussprüfer im Rahmen seiner Prüfung gemacht hat, wobei eine strafbare Verletzung der Berichtspflicht nur insoweit in Betracht kommt, wie die gesetzlich Berichtspflicht reicht (MüKoHGB/*Quedenfeld* Rn. 16; BeBiKo/*Grottel/H. Hoffmann* Rn. 11). Entscheidend ist ausschließlich das Abweichen des Berichts von dem Ergebnis nicht entscheidend ist, ob der Bericht von der Wirklichkeit abweicht. Denn § 332 schützt das Vertrauen in die Richtigkeit des Berichts über das Ergebnis. Eine unrichtige Berichterstattung kann nicht nur über tatsächliche Feststellungen erfolgen, sondern auch über Schlussfolgerungen, Wertungen, Prognosen und dergleichen (BeBiKo/*Grottel/H. Hoffmann* Rn. 11). Ein unrichtiges Werturteil liegt vor, wenn die festgestellten Tatsachen hierfür keine ausreichende Grundlage darstellen. Ebenso liegt eine unrichtige Berichterstattung vor, wenn der Prüfer einen Prüfbericht erstellt, ohne zuvor eine Prüfung durchgeführt zu haben. Hingegen scheidet eine Strafbarkeit aus, wenn der Prüfer überhaupt keinen Prüfungsbericht erstellt. Denn hier fehlt es an einer Vertrauensgrundlage. Zwar könnte der Gesetzeswortlaut nahelegen, jede unrichtige Angabe im Prüfungsbericht als tatbestandsmäßig anzusehen, doch erfasst § 332 nur solche unrichtigen Angaben, die die zutreffende Wiedergabe des Prüfungsergebnisses dergestalt berühren, dass dieses durch die Angaben unrichtig wird. Es kommt damit nicht auf die Einzelfeststellungen an, sondern darauf, ob durch die unrichtige Angabe das Prüfungsergebnis so beeinträchtigt wird, dass dies verfälscht wird. Die Abweichungen müssen somit erheblich sein (BeBiKo/*Grottel/H. Hoffmann* Rn. 13). Da Bezugsobjekt der Prüfungsbericht ist, erfasst § 332 weder vorläufige Feststellungen des Abschlussprüfers, wenn die Vorläufigkeit erkennbar ist, noch mündliche Äußerungen über das Prüfungsergebnis (MüKoHGB/*Quedenfeld* Rn. 16 ff.; Staub/*Dannecker* Rn. 45 ff.; BeBiKo/*Grottel/H. Hoffmann* Rn. 9; Heymann/*Otto* Rn. 14–19; *Dierlamm* NStZ 2000, 131; *Hoffmann/Knierim* BB 2002, 2275 ff.; differenzierend, ob im Zusammenhang mit dem schriftlichen Prüfungsbericht mündlich erklärt wird MüKoStGB/*Sorgenfrei* Rn. 21–23, 32–36). Streitig ist, ob sich der Abschlussprüfer wegen Unterlassens strafbar macht, wenn er erst nachträglich die Unrichtigkeit des Berichts erkennt, aber von einer Berichtigung absieht. Erkennt der Abschlussprüfer die Unrichtigkeit erst nach Beendigung der Tat scheidet eine Strafbarkeit aus. Die Tat ist beendet mit Kenntnisnahme (der Empfänger) von dem Bericht bzw. Veröffentlichung des Bestätigungsvermerks (Staub/*Dannecker* Rn. 53, 73).

2. Verschweigen erheblicher Umstände. Ebenso wie bei der ersten Tatbestandsalternative ist auch **17** beim Verschweigen erheblicher Umstände das Prüfungsergebnis Bezugsgegenstand des Tatverhaltens. Daher liegt ein Verschweigen erheblicher Umstände vor, wenn der Abschlussprüfer eine oder mehrere erhebliche Umstände, die ihm bei der Prüfung bekannt geworden sind, im Prüfungsbericht nicht erwähnt. Maßstab für die Erheblichkeit ist, ob ein Leser des Berichts bei Kenntnis der verschwiegenen

Umstände zu einer anderen Beurteilung gekommen wäre. Hierunter fallen alle Umstände, auf die sich die Prüfungs- (§ 317) und Berichtspflicht (§ 321) erstreckt.

Das Verschweigen muss – wie sich aus dem Gesetzeswortlaut ergibt – im Prüfungsbericht erfolgen bzw. sich im Ergebnis des Prüfungsberichtes niedergeschlagen haben (MüKoHGB/*Quedenfeld* Rn. 24 f.; MüKoStGB/*Sorgenfrei* Rn. 38–41; BeBiKo/*Grottel/H. Hoffmann* Rn. 22; Staub/*Dannecker* Rn. 54 ff.; Heymann/*Otto* Rn. 20–22; *Dierlamm* NStZ 2000, 131; *Hoffmann/Knierim* BB 2002, 2275 ff.).

18   **3. Erteilung eines inhaltlich unrichtigen Bestätigungsvermerks.** Der Bestätigungsvermerk ist unrichtig, wenn er nach dem Ergebnis der Prüfung nicht mit diesem Inhalt hätte abgegeben werden dürfen, wenn also die Zusammenfassung der Ergebnisse nicht auf den Prüfungsfeststellungen beruht und ein entsprechendes Urteil über Buchführung, Jahresabschluss und Lagebericht nicht abgeben werden durfte. Ein inhaltlich unrichtiger Bestätigungsvermerk wird somit erteilt, wenn der Bestätigungsvermerk uneingeschränkt erteilt wird, obwohl nach dem Ergebnis der Prüfung Einwendungen zu erheben wären oder eine Ergänzung des Bestätigungsvermerks unterbleibt, obwohl zusätzliche Bemerkungen erforderlich erscheinen, um einen falschen Eindruck über den Inhalt der Prüfung und die Tragweite des Bestätigungsvermerks zu vermeiden, ebenso wenn der Bestätigungsvermerk eingeschränkt erteilt wird, obwohl nach dem Ergebnis der Prüfung berechtigte Einwendungen nicht zu erheben sind. Wird hingegen der Bestätigungsvermerk zu Unrecht versagt, wird hierdurch nicht der Tatbestand des § 332 erfüllt. Denn nach § 332 Abs. 4 S. 2 ist der Versagungsvermerk als solcher und nicht als Bestätigungsvermerk zu bezeichnen, so dass der Anwendung der Wortlaut der Norm entgegensteht (str. wie hier MüKoHGB/*Quedenfeld* Rn. 27; BeBiKo/*Grottel/H. Hoffmann* Rn. 28; *Dierlamm* NStZ 2000, 131; Staub/*Dannecker* Rn. 64 f.; aA MüKoStGB/*Sorgenfrei* Rn. 47). Die fehlerhafte Angabe der Formalien, wie Ort und Datum, begründen keine Strafbarkeit nach § 332. Denn § 332 schützt ausschließlich die inhaltliche Übereinstimmung von Prüfungsergebnis und Bestätigungsvermerk (MüKoStGB/*Sorgenfrei* Rn. 34 aE; Staub/*Dannecker* Rn. 66; HK-KapMStrafR/*Janssen* Rn. 33). Der Prüfer macht sich nicht als Unterlassungstäter strafbar, wenn er erst nach Veröffentlichung die Unrichtigkeit des Bestätigungsvermerks erkennt und eine Berichtigung unterlässt (MüKoStGB/*Sorgenfrei* Rn. 49). Denn mit der Veröffentlichung ist das Delikt beendet. In der Formulierung ist der Abschlussprüfer – wie dargestellt – weitestgehend frei.

C. Subjektiver Tatbestand
I. Vorsatz

19   Die Verwirklichung des Tatbestandes setzt Vorsatz voraus, ausreichend ist bedingter Vorsatz (*dolus eventualis*; vgl. § 15 StGB). Bedingter Vorsatz liegt vor, wenn der Prüfer die Möglichkeit einer unrichtigen Berichterstattung, das Verschweigen erheblicher Umstände oder das Erteilen eines inhaltlich unrichtigen Bestätigungsvermerkes erkennt, gleichwohl aber den Prüfbericht erstattet bzw. den Bestätigungsvermerk erteilt. Erforderlich ist, dass der Prüfer damit rechnet, dass der möglicherweise unrichtige Umstand der Prüfungs- oder/und Berichtspflicht unterfällt. Typischerweise handelt der Prüfer mit dolus eventualis, wenn er konkrete Anhaltspunkte dafür hat, dass der Bericht lückenhaft ist, er aber ohne Vornahme weiterer Prüfungshandlungen Bericht erstattet bzw. den Bestätigungsvermerk erteilt (MüKoHGB/*Quedenfeld* Rn. 31 ff.; MüKoStGB/*Sorgenfrei* Rn. 50, 51; BeBiKo/*Grottel/H. Hoffmann* Rn. 41; Staub/*Dannecker* Rn. 67 f.; Heymann/*Otto* Rn. 29).

II. Irrtum

20   **1. Tatbestandsirrtum.** Irrt der Prüfer bei Berichterstattung oder Erteilung des Bestätigungsvermerks über den zugrunde liegenden Sachverhalt oder den Bestätigungsvermerk selbst, so handelt er nicht vorsätzlich (vgl. § 16 StGB). Irrt er über die Erheblichkeit eines einzelnen Umstandes, der Eingang in den Prüfungsbericht oder Bestätigungsvermerk findet, handelt er vorsätzlich, wenn er in der Laiensphäre den rechtlich-sozialen Bedeutungsgehalt des Tatumstandes richtig erfasst hat (MüKoHGB/*Quedenfeld* Rn. 35 ff.; MüKoStGB/*Sorgenfrei* Rn. 53; Staub/*Dannecker* Rn. 55; Heymann/*Otto* Rn. 39).

21   **2. Verbotsirrtum.** Dagegen liegt ein Verbotsirrtum iSd § 17 StGB vor, wenn der Prüfer über das Verbotensein seines Tuns irrt. Dies ist der Fall, wenn er von der Richtigkeit eines bestimmtes Ergebnisses überzeugt ist, hierüber aber ohne Vornahme einer Prüfung berichtet (Staub/*Dannecker* Rn. 70; Heymann/*Otto* Rn. 40; MüKoStGB/*Sorgenfrei* Rn. 54).

D. Vollendung und Beendigung
I. Vollendung

22   Der Versuch ist mangels ausdrücklicher Bestimmung durch den Gesetzgeber nicht strafbar (§§ 23 Abs. 1, 12 Abs. 1 und 2 StGB). Beim unrichtigen Bericht sowie beim Verschweigen erheblicher Umstände liegt Vollendung und damit Strafbarkeit mit Zugang des unterzeichneten Berichts bei den gesetzlichen Vertretern vor (vgl. § 321 Abs. 5; MüKoStGB/*Sorgenfrei* Rn. 57). Kenntnisnahme ist nicht erforderlich (MüKoHGB/*Quedenfeld* Rn. 38 ff.; BeBiKo/*Grottel/H. Hoffmann* Rn. 40; Staub/*Dannecker* Rn. 72; Heymann/*Otto* Rn. 30; MüKoStGB/*Sorgenfrei* Rn. 57). Bei der Erteilung des unrichtigen Prüfungsvermerks tritt Vollendung ebenfalls mit Zugang bei den gesetzlichen Empfängern ein (Staub/*Dannecker* Rn. 72; MüKoHGB/*Quedenfeld* Rn. 58, HK-KapMStrafR/*Janssen* Rn. 36).

II. Beendigung

Bei der 1. und 2. Tatbestandsalternative des § 332 Abs. 1 tritt Beendigung mit Kenntnisnahme und   **23** beim Bestätigungsvermerk mit Veröffentlichung im elektronischen Bundesanzeiger ein (Staub/*Dannecker* Rn. 73 f.; MüKoStGB/*Sorgenfrei* Rn. 59).

E. Qualifizierungstatbestand

Handelt der Täter gegen Entgelt oder in der Absicht, sich oder einen anderen zu bereichern oder   **24** einen anderen zu schädigen erhöht sich der Strafrahmen auf bis zu fünf Jahre. Bei den Qualifikationsmerkmalen handelt es sich nicht um persönliche, täterbezogene strafmodifizierende Merkmale iSd § 28 Abs. 2 StGB, da sie nicht die Pflichtenposition des Täters betreffen (Staub/*Dannecker* Rn. 93; Heymann/*Otto* Rn. 42, MüKoStGB/*Sorgenfrei* Rn. 61; aA MüKoHGB/*Quedenfeld* Rn. 49; HK-KapMStrafR/*Janssen* Rn. 42 für das Merkmal „gegen Entgelt").

I. Handeln gegen Entgelt

Der Begriff *„Entgelt"* ist in § 11 Abs. 1 Nr. 9 StGB legaldefiniert. § 11 Nr. 9 StGB bestimmt, dass   **25** Entgelt „jede in einem Vermögensvorteil bestehende Gegenleistung" ist. Somit scheiden immaterielle Vorteile aus. Wie sich aus dem Wortlaut dieser Bestimmung ergibt, müssen Entgelt und strafbare Handlung in einem gegenseitigen Abhängigkeitsverhältnis stehen. Eine nach dem strafbaren Handeln getroffene Vereinbarung ist nicht tatbestandsmäßig. Irrelevant ist aber, ob das Entgelt gewährt wird, entscheidend ist, dass vor dem Handeln eine solche Vereinbarung getroffen wurde (MüKoHGB/*Quedenfeld* Rn. 43 ff.; Staub/*Dannecker* Rn. 76 f.; Heymann/*Otto* Rn. 33; MüKoStGB/*Sorgenfrei* Rn. 63; HK-KapMStrafR/*Janssen* Rn. 42).

II. Bereicherungsabsicht

Str. ist, ob es ausreichend ist, wenn der Täter durch die Tat für sich oder einen anderen einen   **26** Vermögensvorteil erstrebt (MüKoHGB/*Quedenfeld* Rn. 46 f.) oder ob zusätzlich der erstrebte Vermögensvorteil auch rechtswidrig sein muss (BeBiKo/*Grottel/H. Hoffmann* Rn. 47; Staub/*Dannecker* Rn. 78 f.; HK-KapMStrafR/*Janssen* Rn. 43; Heymann/*Otto* Rn. 34; MüKoStGB/*Sorgenfrei* Rn. 64). Für die erste Ansicht wird ins Feld geführt, dass sich das erhöhte Unrecht der Qualifikation aus der unzulässigen Verknüpfung zwischen der Pflichtverletzung des Prüfers, in den Vertrauen gesetzt wird, und dem Vorteilsstreben ergebe. Die Gegenansicht ist der Auffassung, die generelle Vertrauensverletzung wird schon durch § 332 Abs. 1 erfasst, so dass nur das Handeln des Täters um einen Vermögensvorteil, auf den er keinen Anspruch hat, die erhöhte Strafe rechtfertigt. Dem Täter muss es genau auf die Erlangung eines rechtswidrigen Vermögensvorteils ankommen, er muss also hinsichtlich dieses Tatbestandsmerkmals mit dolus directus 1. Grades handeln (Staub/*Dannecker* Rn. 79; Heymann/*Otto* Rn. 35, 36; MüKoStGB/*Sorgenfrei* Rn. 65).

III. Schädigungsabsicht

Schädigungsabsicht ist gegeben, wenn der Täter mit seinem Handeln einem anderen einen Nachteil   **27** zufügen will. Str. ist, ob es sich um einen Vermögensnachteil (so Heymann/*Otto* Rn. 37) handeln muss oder ob auch immaterielle Nachteile ausreichend sind (MüKoHGB/*Quedenfeld* Rn. 48; MüKoStGB/*Sorgenfrei* Rn. 66; BeBiKo/*Grottel/H. Hoffmann* Rn. 48; Staub/*Dannecker* Rn. 80). Der Gesetzeswortlaut gebietet eine solche Einschränkung nicht. „Anderer" kann jeder Dritte sein, nicht notwendigerweise nur die Gesellschaft oder der Konzern (MüKoHGB/*Quedenfeld* Rn. 48).

F. Konkurrenzen

I. Verhältnis der Tatbestandsalternativen zueinander

Die verschiedenen Tatbestandsalternativen bilden eine einheitliche Verletzung der Berichtspflichten.   **28** Dies gilt für die unrichtige Berichterstattung in Form der 1. und 2. Alt. des § 332, als auch für die Erteilung eines unrichtigen Bestätigungsvermerks (MüKoHGB/*Quedenfeld* Rn. 50; MüKoStGB/*Sorgenfrei* Rn. 67; Staub/*Dannecker* Rn. 81; HK-KapMStrafR/*Janssen* Rn. 46; Heymann/*Otto* Rn. 43).

II. Verhältnis zu § 403 AktG

29   Gegenüber § 403 AktG ist § 332 *lex specialis* bezüglich der hier erfassten Berichtsinstrumente (Mü-KoHGB/*Quedenfeld* Rn. 51; MüKoStGB/*Sorgenfrei* Rn. 68; Staub/*Dannecker* Rn. 82; HK-KapM-StrafR/*Janssen* Rn. 46, Heymann/*Otto* Rn. 44).

III. Verhältnis zu anderen Delikten

30   Die Tathandlung kann zugleich eine tateinheitliche Beihilfehandlung zu § 331 Nr. 1–3 sein, wenn der Abschlussprüfer zumindest billigend in Kauf nimmt, dass die falsche Darstellung weiterer Adressaten zugänglich gemacht wird und zu einem Betrug, Kredit-, Subventions- oder Kapitalanlagebetrug oder sonstigen Vermögensdelikten verwendet wird (MüKoHGB/*Quedenfeld* Rn. 52; MüKoStGB/*Sorgenfrei* Rn. 69; Staub/*Dannecker* Rn. 83 f., Heymann/*Otto* Rn. 45).

G. Strafverfolgung und Verjährung

I. Offizialdelikte

31   Die Tatbestände sind Offizialdelikte. Die Strafverfolgung erfolgt deshalb von Amts wegen.

II. Klageerzwingungsverfahren

32   Verletzte iSd § 172 Abs. 1 StPO sind alle Personen, die vom Schutzbereich des § 332 erfasst werden (Staub/*Dannecker* Rn. 87).

III. Verjährung

33   **1. Verfolgungsverjährung.** Die Verjährungsfrist beträgt fünf Jahre (§ 78 Abs. 4 Nr. 4 StGB) und beginnt mit der Beendigung der Tat (§ 78a StGB).

34   **2. Vollstreckungsverjährung.** Die Vollstreckungsverjährung bestimmt sich nach den §§ 79 ff. StGB.

IV. Rechtsfolgen

35   Der Strafrahmen des § 332 Abs. 1 sieht alternativ Geldstrafe (zwischen 5 und 360 Tagessätzen, § 40 Abs. 1 StGB) und Freiheitsstrafe (von einem Monat bis zu drei Jahren, § 38 Abs. 2 StGB) vor.
Bei Vorliegen der Qualifikationsvoraussetzungen des § 332 Abs. 2 erhöht sich das Höchstmaß der Freiheitsstrafe auf fünf Jahre.

§ 333 Verletzung der Geheimhaltungspflicht

(1) Mit Freiheitsstrafe bis zu einem Jahr oder mit Geldstrafe wird bestraft, wer ein Geheimnis der Kapitalgesellschaft, eines Tochterunternehmens (§ 290 Abs. 1, 2), eines gemeinsam geführten Unternehmens (§ 310) oder eines assoziierten Unternehmens (§ 311), namentlich ein Betriebs- oder Geschäftsgeheimnis, das ihm in seiner Eigenschaft als Abschlußprüfer oder Gehilfe eines Abschlußprüfers bei Prüfung des Jahresabschlusses, eines Einzelabschlusses nach § 325 Abs. 2a oder des Konzernabschlusses bekannt geworden ist, oder wer ein Geschäfts- oder Betriebsgeheimnis oder eine Erkenntnis über das Unternehmen, das ihm als Beschäftigter bei einer Prüfstelle im Sinne von § 342b Abs. 1 bei der Prüftätigkeit bekannt geworden ist, unbefugt offenbart.

(2) [1]Handelt der Täter gegen Entgelt oder in der Absicht, sich oder einen anderen zu bereichern oder einen anderen zu schädigen, so ist die Strafe Freiheitsstrafe bis zu zwei Jahren oder Geldstrafe. [2]Ebenso wird bestraft, wer ein Geheimnis der in Absatz 1 bezeichneten Art, namentlich ein Betriebs- oder Geschäftsgeheimnis, das ihm unter den Voraussetzungen des Absatzes 1 bekannt geworden ist, unbefugt verwertet.

(3) Die Tat wird nur auf Antrag der Kapitalgesellschaft verfolgt.

A. Allgemeines

1   Nach § 333 macht sich strafbar, wer

– als Abschlussprüfer oder Gehilfe eines Abschlussprüfers

– ein Geheimnis der Kapitalgesellschaft, eines Tochterunternehmens, eines gemeinsam geführten Unternehmens oder eines assoziierten Unternehmens

    – unbefugt **offenbart** (Abs. 1) bzw. gegen Entgelt oder in der Absicht, sich oder einen anderen zu bereichern oder einen anderen zu schädigen offenbart (Abs. 2 S. 1) oder

– unbefugt **verwertet,** das ihm in seiner Eigenschaft als Abschlussprüfer oder Gehilfen eines Abschlussprüfers bei Prüfung des Jahresabschlusses, eines Einzelabschlusses nach § 325 Abs. 2a oder des Konzernabschlusses bekannt geworden ist, *oder*
– wer als Beschäftigter bei einer Prüfstelle iSv § 342b Abs. 1
– ein Geschäfts- oder Betriebsgeheimnis oder eine Erkenntnis über das Unternehmen
– **unbefugt offenbart** bzw. gegen Entgelt oder in der Absicht, sich oder einen anderen zu bereichern oder einen anderen zu schädigen offenbart oder **unbefugt verwertet,** das ihm bei der Prüftätigkeit bekannt geworden ist.

I. Geschütztes Rechtsgut

§ 333 schützt das Interesse der Kapitalgesellschaft, der mit ihr verbundenen Unternehmen, der Gesell- **2** schafter und anderer in Betracht kommender Eigner der Kapitalgesellschaft an der Bewahrung der Geheimnisse der Kapitalgesellschaft und der mit ihr verbundenen Unternehmen. Der Schutz der Gesellschaft und ihrer Eigner ist identisch. In den Schutzbereich der Norm fallen weder Gesellschaftsgläubiger noch Arbeitnehmer, da sie durch die Verletzung der Geheimhaltungspflicht nicht unmittelbar, sondern nur mittelbar betroffen werden (Staub/*Dannecker* Rn. 7; Heymann/*Otto* Rn. 4/5; aA MüKoStGB/ *Sorgenfrei* Rn. 7 einschränkend ausschließlich das Gesellschaftsinteresse und das Gesellschaftsvermögen; ebenso MüKoHGB/*Quedenfeld* Rn. 1; HK-KapMStrafR/*Janssen* Rn. 4, die dies aus der Beschränkung des Strafantragsrechts in Abs. 3 folgern).

II. Schutzgesetz

§ 333 ist ein Schutzgesetz iSd § 823 Abs. 2 BGB hinsichtlich derer, die in den Schutzbereich der **3** Norm fallen (→ Rn. 2) (MüKoHGB/*Quedenfeld* Rn. 2; Staub/*Dannecker* Rn. 11; Heymann/*Otto* Rn. 8; aA MüKoStGB/*Sorgenfrei* Rn. 8 nur zugunsten der Gesellschaft).

III. Abstraktes Gefährdungsdelikt

Ein tatbestandsmäßiges Handeln erfordert weder den Eintritt eines Schadens noch eine konkrete **4** Gefährdung des betroffenen Unternehmens (MüKoHGB/*Quedenfeld* Rn. 3; Staub/*Dannecker* Rn. 12; Heymann/*Otto* Rn. 9; MüKoStGB/*Sorgenfrei* Rn. 9).

IV. Sonderdelikt

§ 333 ist als Sonderdelikt ausgestaltet, als taugliche Täter kommen nur Abschlussprüfer sowie deren **5** Gehilfen und Beschäftigte einer Prüfstelle iSd § 342b Abs. 1 in Betracht (MüKoStGB/*Sorgenfrei* Rn. 10; MüKoHGB/*Quedenfeld* Rn. 5 ff.; BeBiKo/*Grottel/H. Hoffmann* Rn. 16; Staub/*Dannecker* Rn. 14 ff.).

1. Abschlussprüfer. Hier kann auf die Ausführungen unter → § 332 Rn. 7 verwiesen werden. **6**

2. Gehilfen des Abschlussprüfers. Auch hier kann zunächst auf die Erläuterungen zu → § 332 **7** Rn. 8 verwiesen werden. Eine Einschränkung des Gehilfen, wie unter → § 332 Rn. 8 vorgenommen, ist aber hier sachlich nicht gerechtfertigt. Denn im Gegensatz zu § 332 der beim „Prüfergehilfen" eine typisch unterstützende Mitwirkung voraussetzt, kann eine Hilfskraft, die lediglich Schreib- oder sonstige – nicht prüfungsspezifische Büroarbeiten verrichtet, die Tathandlung der Offenbarung oder Verwertung eines Geheimnisses eigenständig verwirklichen. Denn „bei Prüfung" umfasst nicht nur die Prüfungstätigkeit iSd § 317, sondern auch die Anfertigung des Prüfungsberichtes (Staub/*Dannecker* Rn. 17; BeBiKo/*Grottel/H. Hoffmann* Rn. 16, 12; aA MüKoHGB/*Quedenfeld* Rn. 7 – einschränkend wie unter § 332 – ohne weitere Begründung; MüKoStGB/*Sorgenfrei* Rn. 14 mit der Erwägung, dass dem Schutz in das Vertrauen in die Verschwiegenheit des Abschlussprüfers oder seines Prüfungsgehilfen kein eigenständiger Schutzbereich nach dieser Vorschrift zukommt).

3. Beschäftigter einer Prüfstelle iSv § 342b Abs. 1. Dies ist jeder, der für eine Prüfstelle bei der **8** Erfüllung ihrer Aufgaben – unabhängig davon, ob ein arbeitsrechtliches Beschäftigungsverhältnis besteht (Abs. 1 S. 4) – tätig ist (MüKoHGB/*Quedenfeld* Rn. 8; Staub/*Dannecker* Rn. 18).

B. Objektiver Tatbestand

I. Gegenstand der Tathandlung

§ 333 schützt das Gesellschaftsgeheimnis. Der Begriff „*Gesellschaftsgeheimnis*" erweitert nicht den **9** Schutzbereich des § 333, sondern ist der Oberbegriff für die durch die Norm geschützten Betriebs- und Geschäftsgeheimnisse (MüKoHGB/*Quedenfeld* Rn. 9; Staub/*Dannecker* Rn. 25, 22; HK-KapMStrafR/ *Janssen* Rn. 13 f.; BeBiKo/*Grottel/H. Hoffmann* Rn. 5 ff.). Darüber hinaus schützt § 333 auch jede

Erkenntnis über das Unternehmen, soweit sie einem Beschäftigten bei einer Prüfstelle bei der Prüftätigkeit bekannt geworden ist (MüKoHGB/*Quedenfeld* Rn. 9; Staub/*Dannecker* Rn. 26).

10   **1. Geheimnis.** Ein Geheimnis sind Angaben und Informationen, die nicht offenkundig sind (objektives Geheimniselement), bezüglich derer ein Geheimhaltungswille (subjektives Geheimniselement) und ein berechtigtes Geheimhaltungsinteresse (normatives Geheimniselement) besteht (MüKoHGB/*Quedenfeld* Rn. 10; Staub/*Dannecker* Rn. 38; BeBiKo/*Grottel/H. Hoffmann* Rn. 5 f. Heymann/*Otto* Rn. 13; MüKoStGB/*Sorgenfrei* Rn. 19; *Quick* BB 2004, 1490 ff.).

11   **a) Fehlende Offenkundigkeit.** Eine Tatsache ist offenkundig, wenn sie allgemein bekannt ist oder für jedermann die Möglichkeit besteht, sich unter Zuhilfenahme legaler Mittel Kenntnis von der Tatsache zu verschaffen. Somit liegt Offenkundigkeit vor, wenn das Geheimnis beliebigen Zugriff preisgegeben wird. Dagegen fehlt es an der Offenkundigkeit, solange die Tatsache, obwohl sie einer Mehrheit von Personen bekannt ist, weiterhin für die interessierten Kreise begrenzt zugänglich ist (MüKoHGB/*Quedenfeld* Rn. 11; Staub/*Dannecker* Rn. 24; Heymann/*Otto* Rn. 14; MüKoStGB/*Sorgenfrei* Rn. 22; *Quick* BB 2004, 1490 ff.). Ein Geheimnis liegt auch vor, wenn zwar die einzelnen Fakten offenkundig sind, wenn aber die Zusammenfügung dieser Fakten das Ergebnis einer langen und gründlichen Arbeit sind und die Zusammenfassung dieser Fakten ggü. den einzelnen Elementen weitergehende Vorteile bringt (Mosaiktheorie; MüKoStGB/*Sorgenfrei* Rn. 20; *Quick* BB 2004, 1490 ff.). Ebenfalls liegt ein Geheimnis vor, wenn bekanntes Wissen in Vergessenheit geraten ist und nicht durch jeden Interessierten ohne weiteres aufspürbar ist (MüKoStGB/*Sorgenfrei* Rn. 20; *Quick* BB 2004, 1490 ff.). Die Rechtswidrigkeit eines Geheimnisses nimmt ihr nicht die Eigenschaft als Geheimnis (MüKoHGB/*Quedenfeld* Rn. 14; Staub/*Dannecker* Rn. 45 aE; Heymann/*Otto* Rn. 15; MüKoStGB/*Sorgenfrei* Rn. 21; *Quick* BB 2004, 1490 ff.).

12   **b) Geheimhaltungsinteresse.** Erforderlich ist des Weiteren ein nach objektiven Kriterien festzustellendes Geheimhaltungsinteresse, denn ansonsten hätte es die Kapitalgesellschaft in der Hand, unbekannte Tatsachen zum Geheimnis zu erklären und damit den Umfang des Anwendungsbereiches der Norm zu bestimmen. Maßstab hierfür ist, ob eine sachgemäße Unternehmensführung die unbekannte Tatsache als Geheimnis einstufen würde. Dies ist zumindest dann der Fall, wenn ansonsten der Gesellschaft eine materielle oder immaterielle Beeinträchtigung drohen würde. Zu denken ist an eine Beeinträchtigung der Wettbewerbsfähigkeit, an eine Ansehensminderung oder an einen Vertrauensverlust (MüKoHGB/*Quedenfeld* Rn. 12; Staub/*Dannecker* Rn. 42; Heymann/*Otto* Rn. 15; BeBiKo/*Grottel/H. Hoffmann* Rn. 6; MüKoStGB/*Sorgenfrei* Rn. 23; *Quick* BB 2004, 1490 ff.).

13   **c) Geheimhaltungswille.** Des Weiteren muss zu den oben erörterten Kriterien nach hM ein Geheimhaltungswille hinzutreten, nämlich der Wille andere von der Kenntnis der (bisher) unbekannten Tatsache auszuschließen. Umstritten ist, wie dieser Wille festzustellen ist. Nicht praktikabel ist es auf eine ausdrückliche Bekundung des Geheimhaltungswillens abzustellen. Zu einen wäre dieser bei der Vielzahl möglicher Geheimnisse eines Unternehmens nicht immer nachweisbar. Zum anderen wird die Geschäftsführung bei großen Unternehmen nicht oder nicht zeitnah über neue Forschungsergebnisse informiert sein, so dass diese aus dem Schutzbereich des § 333 fielen. Daher ist bei Vorliegen des normativen Geheimhaltungsinteresses auch Geheinhaltungswille anzunehmen, es sei denn dieser Annahme steht der ausdrückliche oder konkludente Offenbarungswille entgegen (MüKoHGB/*Quedenfeld* Rn. 13; MüKoStGB/*Sorgenfrei* Rn. 24; Staub/*Dannecker* Rn. 26, 27; Heymann/*Otto* Rn. 16, 17). Zuständig für die Offenbarung des Geheimnisses ist das jeweils zuständige Organ der Gesellschaft, dh bei der AG der Vorstand und – für seinen Bereich – der Aufsichtsrat, jedoch nicht die Hauptversammlung; bei der GmbH der bzw. die Geschäftsführer, nicht aber die Gesellschafter. Auch ein umgesetzter pflichtwidriger Offenbarungswille führt zur Aufgabe des Geheimnisses (MüKoHGB/*Quedenfeld* Rn. 13; MüKoStGB/*Sorgenfrei* Rn. 25, 26; Staub/*Dannecker* Rn. 43; Heymann/*Otto* Rn. 18, 19).

14   **2. Betriebs- und Geschäftsgeheimnisse.** Betriebsgeheimnisse betreffen Tatsachen aus dem technischen Bereich eines Unternehmens und Geschäftsgeheimnisse Tatsachen aus dem kaufmännischen Bereich eines Unternehmens. Die Grenze zwischen Betriebs- und Geschäftsgeheimnis ist fließend. Da beide Bereiche gleichermaßen geschützt sind, bedarf es einer genauen Abgrenzung nicht (MüKoHGB/*Quedenfeld* Rn. 15; MüKoStGB/*Sorgenfrei* Rn. 27; Staub/*Dannecker* Rn. 34; Heymann/*Otto* Rn. 20). Beispiele: Anzeigenaufträge (BayObLG ZIP 2000, 2177), Bezugsquellen (RG GRUR 1936, 573); Computerprogramme (*Harte-Bavendamm/Henning-Bodewig*, UWG, 2. Aufl. 2009, UWG § 17 Rn. 7), Gehaltslisten (BAG AP Nr. 2 zu § 79 BetrVG 1972), Geschäftsplanungen (RGSt 48, 12), Kalkulationsunterlagen und einzelne Umstände konkreter Geschäftsbeziehungen zu bestimmten Kunden (Hamm WRP 1959, 182), Zahlungsbedingungen (RG JW 1936, 3471), Protokolle über Verlauf und Ergebnis von Aufsichtsratssitzungen (BGHZ 64, 325 ff.).

II. Tathandlungen des § 333 Abs. 1 und Abs. 2

1. Amtskausale Kenntnisnahme. Das Geheimnis muss dem Täter in seiner Funktion als Abschluss- **15** prüfer oder Gehilfe eines Abschlussprüfers bei der Prüfung des Jahresabschlusses, Einzelabschlusses nach § 325 Abs. 2a oder des Konzernabschlusses oder als Beschäftigter bei einer Prüfungsgesellschaft iSd § 342b Abs. 1 bei der Prüfertätigkeit bekannt geworden sein. Dh der Täter muss zum Zeitpunkt der Kenntniserlangung eine der oben aufgeführte Funktionen innegehabt haben und im Zusammenhang mit der dort dargestellten Tätigkeit (§§ 316–324) Kenntnis von dem Geheimnis erlangt haben. Das setzt jedoch nicht voraus, dass ihm das Geheimnis ausdrücklich anvertraut worden ist. Die Norm greift dagegen nicht ein, wenn der Täter außerhalb der Prüfung, zB bei gleichzeitiger Beratung, Kenntnis von dem Geheimnis erlangt hat oder der Täter im Zeitpunkt der Kenntniserlangung dem tauglichen Täterkreis (noch) nicht angehört hat (MüKoHGB/*Quedenfeld* Rn. 18; MüKoStGB/*Sorgenfrei* Rn. 33–37; Staub/*Dannecker* Rn. 19 ff.; Heymann/*Otto* Rn. 11; BeBiKo/*Grottel/H. Hoffmann* Rn. 10, 12; *Quick* BB 2004, 1490 ff.).

2. Offenbaren. Ein Offenbaren liegt in jeder Mitteilung, Weitergabe oder Weiterleitung an einen **16** Anderen, dem das Geheimnis noch nicht bekannt ist. Kannte der Adressat schon das Geheimnis, liegt nur ein strafloser Versuch vor (vgl. 23 Abs. 2 StGB). Ausreichend ist, dass dem Anderen die Kenntnisnahme möglich ist. Dh bei einem in einem Schriftstück verkörperten Geheimnis ist nicht erforderlich, dass der Dritte hiervon Kenntnis nimmt. Bei mündlichen Weitergaben ist die Tat mit der Mitteilung vollendet, da nicht erforderlich ist, dass der Dritte die Mitteilung verstanden hat (aA MüKoStGB/*Sorgenfrei* Rn. 39). Ein Offenbaren stellt auch das Bestätigen eines Gerüchtes oder einer Vermutung dar. Die Tatbestandsalternative kann auch durch Unterlassen begangen werden, wenn die Kenntnisnahme des Geheimnisses durch einen Dritten nicht verhindert wird. Die Garantenpflicht ergibt sich aus der Übernahme der Prüfertätigkeit (MüKoHGB/*Quedenfeld* Rn. 19; Staub/*Dannecker* Rn. 35; Heymann/*Otto* Rn. 23; BeBiKo/*Grottel/H. Hoffmann* Rn. 13; *Quick* BB 2004, 1490 ff.; einschränkend MüKoStGB/*Sorgenfrei* Rn. 39, der die bloße Möglichkeit der Kenntnisnahme nicht ausreichen lässt).

3. Verwerten. Verwerten ist jedes – über das bloße Innehaben des Geheimnisses – Ausnutzen des **17** Geheimnisses zum Zwecke der Gewinnerzielung für sich oder einen Dritten. Dagegen erfasst § 333 Abs. 2 S. 2 nicht das bloße Ausnutzen des Geheimnisses für politische oder ideelle Zwecke. Vielmehr kann in einem solchen Verhalten ein „Offenbaren" liegen. Ebenso liegt nicht ein Verwerten, sondern ein Offenbaren vor, wenn sich die Verwertung ausschließlich in der Offenbarung gegen Entgelt erschöpft (vgl. § 333 Abs. 2 S. 1). Ein Verwerten setzt nicht voraus, dass der Gesellschaft hierdurch ein konkreter Schaden entsteht oder hierdurch die Verwertungschancen der Gesellschaft geschmälert werden. Denn Grund der Pönalisierung ist der Missbrauch der Vertrauensstellung (MüKoHGB/*Quedenfeld* Rn. 34; MüKoStGB/*Sorgenfrei* Rn. 43; Staub/*Dannecker* Rn. 52 ff.; Heymann/*Otto* Rn. 24, 26; *Quick* BB 2004, 1490 ff.).

4. Unbefugt. Die Offenbarung bzw. Weitergabe ist unbefugt, wenn es hierfür an der Zustimmung **18** des Geheimnisträgers fehlt und eine Auskunfts-, Berichts-, Anzeige- oder Mitteilungspflicht nicht besteht. Ein Handeln iRd § 321 Abs. 1 S. 3 bzw. § 342b Abs. 6 Nr. 3 lässt bereits den Tatbestand entfallen, da hier der Prüfer in Erfüllung seiner gesetzlichen Auskunfts- bzw. Berichtspflicht tätig wird (MüKoHGB/*Quedenfeld* Rn. 20 ff.; Staub/*Dannecker* Rn. 59 ff.; Heymann/*Otto* Rn. 36 der das Verhalten als gerechtfertigt ansieht; offen gelassen BeBiKo/*Grottel/H. Hoffmann* Rn. 13).

Offenbaren mit Einverständnis des zuständigen Gesellschaftsorgans (vgl. BeBiKo/*Grottel/H. Hoffmann* Rn. 13 – bei Wechsel der zuständigen Gesellschaftsorgane; Zustimmung des aktuellen Gesellschaftsorgane ist ausreichend, so OLG Nürnberg NJW 2010, 690) lässt entweder die Tatbestandsmäßigkeit oder die Rechtswidrigkeit entfallen. Liegt in dem Einverständnis die Aufgabe des Geheimhaltungswillens, scheidet mangels Vorliegens eines Geheimnisses tatbestandsmäßiges Handeln aus. Dient das Einverständnis „nur" der Erweiterung des Kreises der Geheimnisträger, rechtfertigt das Einverständnis die Weitergabe an den neu in den Kreis einbezogenen Geheimnisträger (Staub/*Dannecker* Rn. 59: Heymann/*Otto* Rn. 34, 35; MüKoStGB/*Sorgenfrei* Rn. 45).

C. Subjektiver Tatbestand

I. Vorsatz

Beide Tatbestände, das unbefugte Offenbaren sowie das unbefugte Verwerten, setzen Vorsatz voraus, **19** da das Gesetz fahrlässiges Handeln nicht ausdrücklich mit Strafe bedroht (§ 15 StGB). *Dolus eventualis* ist für das **Offenbaren** ausreichend (MüKoHGB/*Quedenfeld* Rn. 42; MüKoStGB/*Sorgenfrei* Rn. 47; BeBiKo/*Grottel/H. Hoffmann* Rn. 19; Heymann/*Otto* Rn. 28; Staub/*Dannecker* Rn. 65; *Quick* BB 2004, 1490 ff.). Das **unbefugte Verwerten** setzt dagegen ein zielgerichtetes Verhalten (Verwertungsabsicht) voraus (MüKoStGB/*Sorgenfrei* Rn. 48; BeBiKo/*Grottel/H. Hoffmann* Rn. 19; Staub/*Dannecker* Rn. 66). Der Täter handelt hinsichtlich des Tatbestandsmerkmals „Geheimnis" vorsätzlich, wenn er die konstitutiven Merkmale des Begriffs Geheimnis kennt und ihm bewusst ist, dass er hiervon anlässlich der

Prüfungstätigkeit Kenntnis erlangt hat und dass er das Geheimnis offenbart bzw. verwertet (MüKoHGB/ *Quedenfeld* Rn. 42; MüKoStGB/*Sorgenfrei* Rn. 50; Staub/*Dannecker* Rn. 65; Heymann/*Otto* Rn. 28).

II. Irrtum

20   **1. Tatbestandsirrtum.** Ein Tatbestandsirrtum (§ 16 StGB) liegt vor, wenn der Täter über den Geheimnischarakter der offenbarten Tatsache irrt und/oder über die Kenntniserlangung anlässlich der Prüfertätigkeit oder fälschlicherweise annimmt, ein die Geheimhaltungspflicht befreiender Beschluss läge vor (MüKoHGB/*Quedenfeld* Rn. 43; MüKoStGB/*Sorgenfrei* Rn. 50; BeBiKo/*Grottel*/H. *Hoffmann* Rn. 20; Staub/*Dannecker* Rn. 67; aA Heymann/*Otto* Rn. 40, der einen Verbotsirrtum annimmt).

21   **2. Verbotsirrtum.** Hält der Täter hingegen einen nicht vorhandenen Rechtfertigungsgrund für gegeben, handelt er im Verbotsirrtum, der nur im Fall der Unvermeidbarkeit zur Straflosigkeit führt (MüKoHGB/*Quedenfeld* Rn. 43; MüKoStGB/*Sorgenfrei* Rn. 50; BeBiKo/*Grottel*/H. *Hoffmann* Rn. 20; Staub/*Dannecker* Rn. 53, 68). Geht hingegen der Täter irrig davon aus, dass ein Einverständnis des zuständigen Entscheidungsträgers vorläge, liegt ein die Strafbarkeit ausschließender Erlaubnistatbestandsirrtum analog § 16 StGB vor (Staub/*Dannecker* Rn. 69).

D. Qualifikationstatbestand des § 333 Abs. 2 S. 1

22   Begeht der Täter die Tat des Abs. 1 gegen Entgelt oder in der Absicht, sich oder einen anderen zu bereichern oder einen anderen zu schädigen, so ist die Strafe Freiheitsstrafe von bis zu zwei Jahren oder Geldstrafe. Die Qualifikationsmerkmale entsprechen § 332 Abs. 2, → § 332 Rn. 24–27.

E. Rechtswidrigkeit

23   Das „Offenbaren" und das „Verwerten" müssen „unbefugt" erfolgen. Bei der Unbefugtheit handelt es sich um ein Rechtswidrigkeitsmerkmal, wenn das Geheimnis weiterhin geschützt bleiben soll und entfällt, wenn die Tathandlung gerechtfertigt ist (Staub/*Dannecker* Rn. 75; Heymann/*Otto* Rn. 33; aA MüKoHGB/*Quedenfeld* Rn. 35, der „unbefugt" als Tatbestandsmerkmal ansieht, so auch MüKoStGB/ *Sorgenfrei* Rn. 44).

I. Gesetzliche Aussagepflichten

24   § 333 gibt dem Abschlussprüfer und dem Gehilfen des Abschlussprüfers kein Zeugnis- oder Aussageverweigerungsrecht. Ihre Aussagepflicht als Zeuge wird im Strafprozess oder vor einem parlamentarischen Untersuchungsprozess begrenzt durch die gesetzlichen Zeugnisverweigerungsrechte (§§ 53, 53a StPO), das Auskunftsverweigerungsrecht (§ 55 StPO); im Zivilprozess durch §§ 383 Abs. 1 Nr. 6; 184 Nr. 3 ZPO; für das Finanzgerichtsverfahren durch § 102 Abs. 1 Nr. 3b AO iVm § 84 FGO. Kein Zeugnisverweigerungsrecht hat der Beschäftigte einer Prüfstelle, er wird in § 53 StPO nicht aufgeführt.

II. Güter- und Interessenabwägung

25   **1. Rechtfertigender Notstand § 34 StGB.** Die Offenbarung ist bei Vorliegen eines „Rechtfertigenden Notstandes" befugt. Dies ist immer dann der Fall, wenn die Offenbarung der Wahrung höherrangiger Interessen dient. Ein solcher Fall kann gegeben sein, bei Vorliegen eines Eil- oder Notfalles, wenn eine Entscheidung des zuständigen Entscheidungsträgers nicht mehr rechtzeitig eingeholt werden kann. Insbesondere ist hier aber an die Fälle der Wahrung eigener Interessen zu denken, zB der Abschlussprüfer muss sich gegen den Vorwurf strafbaren Verhaltens verteidigen, zivilrechtliche Streitigkeiten mit dem Auftraggeber; Unterrichtung der Berufspflichthaftversicherung (MüKoHGB/*Quedenfeld* Rn. 38 ff.; MüKoStGB/*Sorgenfrei* Rn. 66, 68; Staub/*Dannecker* Rn. 79, 81, 66; Heymann/*Otto* Rn. 37; *Quick* BB 2004, 1490 ff.).

26   **2. Vorliegen einer Straftat.** Strittig ist, inwieweit ein Abschlussprüfer oder dessen Gehilfe berechtigt ist, bei Bevorstehen oder Entdecken einer Straftat iRd Prüfung wegen dieses Sachverhaltes Strafanzeige zu stellen. Unstreitig besteht die Anzeigepflicht in den in § 138 StGB genannten Fällen. Teilweise wird vertreten, dass die Grenze der Verschwiegenheit durch §§ 138, 139 StGB gezogen wird (*Quick* BB 2004, 1490 ff.). *Quedenfeld* (MüKoHGB/*Quedenfeld* Rn. 40) vertritt die Auffassung, dass § 323 Abs. 1 S. 1 – der strafrechtlich durch § 333 abgesichert ist – den Abschlussprüfer ohne Einschränkung – mit Ausnahme in den Fällen des § 138 StGB – zur Verschwiegenheit verpflichtet. Zur Stellung einer Strafanzeige bedarf er der Genehmigung durch das jeweilige Organ der Kapitalgesellschaft, das ihn von der Verschwiegenheit entbinden kann, da ihm ggü. die Pflicht zur Verschwiegenheit nicht besteht, so dass er bei Entdecken einer Straftat eines Vorstandsmitgliedes, dies den übrigen Vorstandsmitgliedern mitteilen muss; bei Straftaten des gesamten Vorstandes habe er den Aufsichtsrat zu informieren; bei Straftaten des Aufsichtsrates die Hauptversammlung. Das jeweils zuständige Organ habe dann über die Stellung einer Strafanzeige zu entscheiden und kann den Abschlussprüfer bzw. seinen Gehilfen von der Verschwiegen-

heitspflicht entbinden. *Dannecker* (Staub/*Dannecker* Rn. 80) sieht eine Rechtfertigung zur Erstattung einer Strafanzeige gegeben, wenn weitere Straftaten vergleichbarer Art zu befürchten sind oder die Straftat einen solchen Schweregrad oder ein solches Ausmaß aufweist, dass den öffentlichen Interessen Vorrang vor dem Geheimhaltungsinteresse einzuräumen ist. *Dannecker* begründet dies mit der Rspr. des BVerfG (BeckRS 2001, 22009), nach der das Stellen einer Strafanzeige nicht dazu führen kann, daraus einen Grund für eine fristlose Kündigung des Arbeitsverhältnisses abzuleiten, weil die Anzeige eine Wahrnehmung staatsbürgerlicher Rechte darstelle (so auch MüKoStGB/*Sorgenfrei* Rn. 69).

Aus § 342b Abs. 8 ergibt sich, dass für die Beschäftigten einer Prüfstelle eine Mitteilungspflicht ggü. der Prüfstelle besteht. Denn Abs. 8 bestimmt, dass sie bei Verdacht auf eine Straftat bzw. Berufspflicht-verletzung im Zusammenhang mit der Bilanzierung die Prüfstelle zur Anzeige bei der Strafverfolgungs-behörde bzw. zur Mitteilung an die Wirtschaftsprüferkammer verpflichtet sind (MüKoHGB/*Quedenfeld* Rn. 41; Baumbach/Hopt/*Merkt* § 342b Rn. 20).

F. Vollendung und Beendigung

I. Offenbaren

Das Geheimnis ist offenbart, wenn es mindestens einem Unbefugten zur Kenntnis gelangt ist. Nicht **27** entscheidend ist, ob dieser die Mitteilung verstanden hat. Bei schriftlichen oder elektronischen Mit-teilungen reicht es, dass die Mitteilung so in den Herrschaftsbereich des Mitteilungsempfängers gelangt ist, dass ihm die Kenntnisnahme möglich ist. Mit Kenntnisnahme tritt Beendigung ein (MüKoHGB/ *Quedenfeld* Rn. 44; MüKoStGB/*Sorgenfrei* Rn. 70, 73; BeBiKo/*Grottel/H. Hoffmann* Rn. 18; Hey-mann/*Otto* Rn. 29).

II. Verwerten

Das Geheimnis ist verwertet, wenn der Täter das Geheimnis nach seiner Vorstellung soweit genutzt hat, **28** dass der Eintritt des erstrebten Erfolges unmittelbar nach seiner Vorstellung bevorsteht. Mit Eintritt des erstrebten Erfolges ist das Delikt beendet (MüKoHGB/*Quedenfeld* Rn. 45; MüKoStGB/*Sorgenfrei* Rn. 72, 73; BeBiKo/*Grottel/H. Hoffmann* Rn. 18; Staub/*Dannecker* Rn. 45, 46; Heymann/*Otto* Rn. 30).

G. Konkurrenzen

I. Gesetzeskonkurrenzen

§ 404 AktG, § 151 GenG, § 315 UmwG, § 138 VAG und §§ 203, 204 StGB treten hinter § 333 **29** zurück. § 19 PublG geht § 333 vor (Staub/*Dannecker* Rn. 68; MüKoStGB/*Sorgenfrei* Rn. 76, 77; teilw. aA MüKoHGB/*Quedenfeld* Rn. 49, hiernach ist § 333 *lex specialis* ggü. § 19 PublG).

II. Tateinheit und Tatmehrheit

Das unbefugte Offenbaren und die unbefugte Verwertung sind selbstständige Delikte, die in Tateinheit **30** zueinander stehen, wenn sie durch ein und dieselbe Handlung verletzt werden. Dies ist bei teilweiser Identität der Ausführungshandlungen gegeben (MüKoHGB/*Quedenfeld* Rn. 48; MüKoStGB/*Sorgenfrei* Rn. 75; Staub/*Dannecker* Rn. 84; Heymann/*Otto* Rn. 43).

Tateinheit ist möglich mit Unterschlagung (§ 246 StGB), Untreue (§ 266 StGB), mit Landesverrat **31** (§ 94 StGB), Offenbaren von Staatsgeheimnissen (§ 95 StGB), Preisgabe von Staatsgeheimnissen (§ 97 StGB), landesverräterischer und geheimdienstlicher Agententätigkeit (§§ 98, 99 StGB), sowie mit dem Missbrauch von Insiderinformationen (§ 38 WpHG). Eine straflose Nachtat liegt bei Verwertung eines Geheimnisses vor, das in einem Objekt verkörpert ist, das sich der Täter zuvor durch eine rechtswidrige Tat verschafft hat (Staub/*Dannecker* Rn. 86; MüKoStGB/*Sorgenfrei* Rn. 77).

H. Strafantrag

§ 333 wird nur auf Antrag der Kapitalgesellschaft verfolgt. Somit obliegt es der Kapitalgesellschaft **32** darüber zu entscheiden, ob sie die im Strafverfahren nur beschränkt mögliche Geheimhaltung in Kauf nehmen will. Fehlt es an einem rechtzeitigen Strafantrag, liegt ein zur Einstellung führendes Verfahrens-hindernis vor (MüKoHGB/*Quedenfeld* Rn. 54 ff.; BeBiKo/*Grottel/H. Hoffmann* Rn. 21).

Das Antragsrecht wird durch die gesetzlichen Vertreter der Kapitalgesellschaft ausgeübt, das ist bei der **33** AG der Vorstand, § 78 AktG, bei der GmbH der oder die Geschäftsführer, § 35 GmbHG, bei der Kommanditgesellschaft auf Aktien der oder die persönlich haftenden Gesellschafter, §§ 278 Abs. 2, 283 AktG und bei der Kapitalgesellschaft in Liquidation der oder die Abwickler oder Liquidatoren.

Die Antragsfrist beträgt gemäß § 77 Abs. 1 StGB drei Monate. Sie beginnt nach § 77b Abs. 2 S. 1 **34** StGB mit Ablauf des Tages, an dem der Antragsberechtigte von der Tat und von der Person des Täters Kenntnis erlangt hat. Sind mehrere Personen antragsberechtigt, so ist die Kenntnis sämtlicher Berechtig-ter maßgeblich.

35   Der Strafantrag kann gemäß § 77d Abs. 1 StGB bis zum rechtskräftigen Abschluss des Strafverfahrens zurückgenommen werden. Ein zurückgenommener Antrag kann nicht nochmals gestellt werden (§ 77d Abs. 1 S. 3 StGB).

36   Der Strafantrag ist schriftlich oder zu Protokoll eines Gerichtes oder der Staatsanwaltschaft anzubringen oder schriftlich bei einer anderen Behörde (§ 158 Abs. 2 StPO).

I. Verjährung

37   Die Strafverfolgung einer Straftat nach Abs. 1 verjährt nach drei Jahren, § 78 Abs. 3 Nr. 5 StGB, die Tat nach Abs. 2 wegen der höheren Strafdrohung nach fünf Jahren, § 78 Abs. 3 Nr. 4 StGB. Die Verjährung beginn mit der Beendigung der Tat, § 78a StGB.

38   Die Vollstreckungsverjährung ist in §§ 79–79b StGB geregelt und beginnt mit der Rechtskraft der Entscheidung (§ 79 Abs. 6 StGB).

§ 334 Bußgeldvorschriften

(1) Ordnungswidrig handelt, wer als Mitglied des vertretungsberechtigten Organs oder des Aufsichtsrats einer Kapitalgesellschaft

1. bei der Aufstellung oder Feststellung des Jahresabschlusses einer Vorschrift
   a) des § 243 Abs. 1 oder 2, der §§ 244, 245, 246, 247, 248, 249 Abs. 1 Satz 1 oder Abs. 2, des § 250 Abs. 1 oder 2, des § 251 oder des § 264 Absatz 1a oder Absatz 2 über Form oder Inhalt,
   b) des § 253 Absatz 1 Satz 1, 2, 3, 4, 5 oder Satz 6, Abs. 2 Satz 1, auch in Verbindung mit Satz 2, Absatz 3 Satz 1, 2, 3, 4 oder Satz 5, Abs. 4 oder 5, des § 254 oder des § 256a über die Bewertung,
   c) des § 265 Abs. 2, 3, 4 oder 6, der §§ 266, 268 Absatz 3, 4, 5, 6 oder Absatz 7, der §§ 272, 274, 275 oder des § 277 über die Gliederung oder
   d) des § 284 oder des § 285 über die in der Bilanz, unter der Bilanz oder im Anhang zu machenden Angaben,
2. bei der Aufstellung des Konzernabschlusses einer Vorschrift
   a) des § 294 Abs. 1 über den Konsolidierungskreis,
   b) des § 297 Absatz 1a, 2 oder 3 oder des § 298 Abs. 1 in Verbindung mit den §§ 244, 245, 246, 247, 248, 249 Abs. 1 Satz 1 oder Abs. 2, dem § 250 Abs. 1 oder dem § 251 über Inhalt oder Form,
   c) des § 300 über die Konsolidierungsgrundsätze oder das Vollständigkeitsgebot,
   d) des § 308 Abs. 1 Satz 1 in Verbindung mit den in Nummer 1 Buchstabe b bezeichneten Vorschriften, des § 308 Abs. 2 oder des § 308a über die Bewertung,
   e) des § 311 Abs. 1 Satz 1 in Verbindung mit § 312 über die Behandlung assoziierter Unternehmen oder
   f) des § 308 Abs. 1 Satz 3, des § 313 oder des § 314 über die im Konzernanhang zu machenden Angaben,
3. bei der Aufstellung des Lageberichts einer Vorschrift des § 289 oder des § 289a über den Inhalt des Lageberichts,
4. bei der Aufstellung des Konzernlageberichts einer Vorschrift des § 315 Absatz 1, 2, 4 oder Absatz 5 über den Inhalt des Konzernlageberichts,
5. bei der Offenlegung, Hinterlegung, Veröffentlichung oder Vervielfältigung einer Vorschrift des § 328 über Form oder Inhalt oder
6. einer auf Grund des § 330 Abs. 1 Satz 1 erlassenen Rechtsverordnung, soweit sie für einen bestimmten Tatbestand auf diese Bußgeldvorschrift verweist,

zuwiderhandelt.

(2) Ordnungswidrig handelt, wer zu einem Jahresabschluss, zu einem Einzelabschluss nach § 325 Abs. 2a oder zu einem Konzernabschluss, der aufgrund gesetzlicher Vorschriften zu prüfen ist, einen Vermerk nach § 322 Abs. 1 erteilt, obwohl nach § 319 Abs. 2, 3, 5, § 319a Abs. 1 Satz 1, Abs. 2, § 319b Abs. 1 Satz 1 oder 2 er oder nach § 319 Abs. 4, auch in Verbindung mit § 319a Abs. 1 Satz 2, oder § 319a Abs. 1 Satz 4, 5, § 319b Abs. 1 die Wirtschaftsprüfungsgesellschaft oder die Buchprüfungsgesellschaft, für die er tätig wird, nicht Abschlussprüfer sein darf.

(3) Die Ordnungswidrigkeit kann mit einer Geldbuße bis zu fünfzigtausend Euro geahndet werden.

(4) Verwaltungsbehörde im Sinn des § 36 Abs. 1 Nr. 1 des Gesetzes über Ordnungswidrigkeiten ist in den Fällen der Absätze 1 und 2 das Bundesamt für Justiz.

(5) Die Absätze 1 bis 4 sind auf Kreditinstitute im Sinn des § 340 und auf Versicherungsunternehmen im Sinn des § 341 Abs. 1 nicht anzuwenden.

A. Allgemeines
I. Tatbestandsaufbau

Abs. 1 führt die Einzelvorschriften auf, deren Verletzung durch Mitglieder des vertretungsberechtig- 1
ten Organs oder des Aufsichtsrates Ordnungswidrigkeiten darstellen. Diese Ordnungswidrigkeiten
betreffen in
- Nr. 1 den Jahresabschluss
- Nr. 2 den Konzernabschluss
- Nr. 3 den Lagebericht
- Nr. 4 den Konzernlagebericht
- Nr. 5 die Offenlegung etc
- Nr. 6 die Formblätter.

Abs. 2 richtet sich an den Abschlussprüfer einer prüfungspflichtigen Kapitalgesellschaft, der einen
Bestätigungsvermerk erteilt, obwohl ein Ausschlussgrund nach § 319 Abs. 2, 3, 5, § 319a Abs. 1 S. 1,
Abs. 2 vorliegt. § 319 Abs. 4 bzw. §§ 319a Abs. 1 S. 4, 5, 319b Abs. 1 bringen die entsprechende
Erstreckung auf Wirtschafts- und Buchprüfungsgesellschaften sowie Netzwerkkonstellationen.

Abs. 3 regelt die Folgen von Zuwiderhandlungen. Abs. 4 bestimmt die Verfolgungszuständigkeit und
Abs. 5 enthält die Nichtanwendungsklausel für Kreditinstitute und Versicherungsunternehmen.

II. Abgrenzung zum Strafrecht

Die in § 334 genannten Verstöße werden – im Unterschied zu den in §§ 331–333 genannten 2
Tathandlungen – nicht als kriminelle Delikte – sondern als (bloße) Ordnungswidrigkeiten sanktioniert.
Durch diese Differenzierung bringt der Gesetzgeber zum Ausdruck, dass den in § 334 genannten
Tathandlungen ein geringerer Unrechtsgehalt zukommt, die daher nicht mit Strafe, sondern mit einer
Geldbuße – die lediglich als eine nachdrückliche Pflichtenmahnung anzusehen ist – zu ahnden sind
(BVerfGE 27, 18; MüKoHGB/*Quedenfeld* Rn. 1; BeBiKo/*Grottel*/*H. Hoffmann* Rn. 1).

III. Besonderheiten im Ordnungswidrigkeitenrecht

1. OWiG. Die Einzelheiten des Ordnungswidrigkeitenrechts ergeben sich aus dem Gesetz über 3
Ordnungswidrigkeiten (OWiG) idF v. 13.5.2015 (BGBl. I 706). Das OWiG enthält die Kern- und
Rahmenvorschriften für alle Ordnungswidrigkeiten nach Bundes- und Landesrecht. Es besteht aus drei
Teilen, deren Erster Teil dem Allgemeinen Teil des StGB und deren Zweiter der StPO vergleichbar ist.
Der Erste Teil enthält die grundlegenden Vorschriften über die Voraussetzungen der Ahndung, die
Rechtsfolgen der Handlung und die Verjährung. Hinzu treten im Dritten Teil Vorschriften, die einzelne
ordnungswidrige Handlungen beschreiben.

2. Vorsatz. § 10 OWiG bestimmt, dass als Ordnungswidrigkeit nur vorsätzliches Handeln geahndet 4
wird, es sei denn, das Gesetz bedroht fahrlässiges Handeln ausdrücklich mit Geldbußen, was in § 334
nicht der Fall ist.

3. Irrtum. Der Irrtum ist in § 11 OWiG geregelt, er entspricht §§ 16, 17 StGB. 5

4. Versuch. Nach § 13 Abs. 2 OWiG kann der Versuch nur geahndet werden, wenn das Gesetz es 6
ausdrücklich bestimmt. Eine solche Bestimmung hat der Gesetzgeber im Fall des § 334 nicht getroffen.

5. Täterschaft und Teilnahme. Im Gegensatz zum Strafrecht differenziert das Ordnungswidrigkei- 7
tenrecht nicht zwischen Täterschaft und Teilnahme, sondern geht – aus Gründen der Vereinfachung der
Rechtsanwendung – vom Einheitstäter aus (vgl. § 14 OWiG). Damit gilt aber – wie im Strafrecht – das
derjenige, der vorsätzlich mitverursacht, dass ein anderer fahrlässig eine Ordnungswidrigkeit begeht,
nicht sanktioniert werden kann (vgl. BGHSt 31, 309 ff., Staub/*Dannecker* Rn. 5). § 14 OWiG erfasst
nicht die Rechtsfigur der mittelbaren Täterschaft und der Nebentäterschaft. Dh mittelbarer Täter kann
nur sein, wer die erforderliche Täterqualität aufweist (Staub/*Dannecker* Rn. 6). Besondere persönliche
Merkmale (§ 9 Abs. 1 OWiG), welche die Möglichkeit der Ahndung begründen, brauchen nur bei
einem der Tatbeteiligten vorliegen, damit eine Ahndung aller Tatbeteiligten möglich ist (§ 14 Abs. 1 S. 2
OWiG).

6. Konkurrenzen. §§ 19–21 OWiG regeln das tateinheitliche und tatmehrheitliche Zusammentref- 8
fen von Ordnungswidrigkeiten, sowie das Zusammentreffen mit einer Straftat.

IV. Bußgeldverfahren und Europäisches Recht

Bei der Durchführung eines Bußgeldverfahrens besteht die Möglichkeit eines Vorabentscheidungs- 9
verfahrens nach Art. 267 AEUV. Gegenstand des Verfahrens ist die Auslegung von Unionsrecht (Primä-

res Gemeinschaftsrecht), nicht die Anwendung dieser Vorschriften im konkreten Fall, ebenso wenig die Feststellung der maßgeblichen Tatsachen, was bei der Formulierung der Vorlagefrage zu beachten ist. Dies ist allein Aufgabe der nationalen Gerichte. Zu sehen ist aber, dass der EuGH seine Antwort des Öfteren fallbezogen artikuliert, so dass er dem Gericht die Subsumtion abnimmt. Voraussetzung eines Vorabentscheidungsverfahrens ist aber nach Art. 267 S. 2 AEUV, dass in einem Prozess vor einem nationalen Gericht eine Frage des Unionsrechts aufgeworfen wird. Die dem EuGH vorgelegte Frage des Unionsrechts muss nach Auffassung des vorlegenden Gerichts für seine Entscheidung erforderlich sein. Nach S. 2 kann das nationale Gericht des Ausgangsverfahrens dem EuGH die für entscheidungserheblich gehaltene Frage des Unionsrechts vorlegen, ist hierzu aber nicht verpflichtet. Dagegen sind letztinstanzlich entscheidende Gerichte zur Vorlage verpflichtet (Art. 267 S. 3 AEUV).

V. Geschütztes Rechtsgut

10   Das geschützte Rechtsgut des Tatbestandes des § 334 Abs. 1 entspricht dem des § 331. Geschützt wird das Vertrauen in die Richtigkeit und Vollständigkeit der Information über die Verhältnisse der Gesellschaft (MüKoHGB/*Quedenfeld* Rn. 10; Heymann/*Otto* Rn. 9).

11   § 334 Abs. 2 schützt ebenso wie § 332 das Vertrauen in die Richtigkeit und Vollständigkeit der Prüfung durch ein unabhängiges Kontrollorgan (MüKoHGB/*Quedenfeld* Rn. 10; Heymann/*Otto* Rn. 9).

VI. Schutzgesetz

12   § 334 Abs. 1 und Abs. 2 sind ebenso wie §§ 331, 332 Schutzgesetze iSd § 823 Abs. 2 BGB (MüKoHGB/*Quedenfeld* Rn. 11; Heymann/*Otto* Rn. 9).

VII. Blankettgesetz

13   § 334 Abs. 1, 2 verweist auf andere Vorschriften bis auf § 334 Abs. 1 Nr. 6, der auf Rechtsverordnungen Bezug nimmt, die auf Grundlage des § 330 Abs. 1 S. 1 erlassen sind, so dass es sich bei dieser Vorschrift um eine Blankettnorm handelt, und zwar bei § 334 Abs. 1 Nr. 6 um eine echte, ansonsten um eine unechte (MüKoHGB/*Quedenfeld* Rn. 2; BeBiKo/*Grottel/H. Hoffmann* Rn. 3).

VIII. Anwendungsbereich

14   § 334 regelt den gesamten Ordnungswidrigkeitenbereich zur Rechnungslegung bei Kapitalgesellschaften mit Ausnahme von Kreditinstituten iSv § 340 und Versicherungsunternehmen iSv § 341 Abs. 1 (MüKoHGB/*Quedenfeld* Rn. 3).

B. Tatbestände des § 334 Abs. 1

I. Täterkreis

15   Als mögliche Täter kommen die Mitglieder des vertretungsberechtigten Organs – im Regelfall Vorstände und Geschäftsführer – und Mitglieder des Aufsichtsrates in Betracht, → § 331 Rn. 11 ff. Bezüglich bußgeldrechtlicher Verantwortlichkeit faktischer Organe wird auf die Ausführungen unter → § 331 Rn. 17 verwiesen. Beim Aufsichtsrat ist, wie bei § 331, zwischen dem obligatorischen und dem fakultativen Aufsichtsrat zu unterscheiden.

16   Aus der Gesetzessystematik ergibt sich, dass § 334 bei einem obligatorischen Aufsichtsrat nur auf die Aufsichtsratsmitglieder einer AG Anwendung findet. Denn § 172 S. 1 AktG besagt, dass der Jahresabschluss durch den Aufsichtsrat festgestellt wird. Für die KG aA bestimmt § 286 Abs. 1 S. 1 AktG das nicht der Aufsichtsrat, sondern die Hauptversammlung den Jahresabschluss feststellt. Bei den obligatorischen Aufsichtsräten der GmbH wird in der Verweisungsnorm nicht auf § 172 AktG Bezug genommen, so dass die Feststellung des Jahresabschlusses hier durch die Gesellschaftsversammlung erfolgt. Ersatzmitglieder des Aufsichtsrates kommen nur dann als Täter in Betracht, wenn sie an die Stelle des ausgeschiedenen Aufsichtsratsmitgliedes getreten sind (MüKoHGB/*Quedenfeld* Rn. 15; BeBiKo/*Grottel/H. Hoffmann* Rn. 10).

17   Str. ist, ob Mitglieder des fakultativen Aufsichtsrates einer GmbH Täter sein können. Da § 52 GmbHG nicht auf § 172 AktG verweist, kann dem Aufsichtsrat nicht kraft Gesetz eine Feststellungskompetenz zukommen, sondern nur aufgrund gesellschaftsvertraglicher Zuweisung. In einem solchen Fall ist der überwiegende Teil der Literatur der Auffassung, dass die Aufsichtsratsmitglieder als mögliche Täter in Betracht kommen (MüKoHGB/*Quedenfeld* Rn. 11; BeBiKo/*Grottel/H. Hoffmann* Rn. 10; aA *de Weerth,* Die Bilanzordnungswidrigkeiten nach § 334 unter besonderer Berücksichtigung der europarechtlichen Bezüge, 1998, 126).

18   Die Tathandlungen des § 334 Abs. 1 Nr. 1 müssen bei „der Aufstellung oder Feststellung des Jahresabschlusses" (§§ 242 Abs. 2, 264 Abs. 1) und die des § 334 Abs. 1 Nr. 2–4 „bei der Aufstellung des

Konzernabschlusses" § 290 Abs. 1, „des Lageberichtes" (§ 289 Abs. 1) oder „des Konzernlageberichtes" (§§ 290 Abs. 1, 315 Abs. 1) erfolgen. Nicht erfasst werden somit die Eröffnungsbilanz und sonstige Sonderabschlüsse. Für die Aufstellung sind allein die vertretungsberechtigten Organe der Kapitalgesellschaft zuständig.

II. Tathandlungen

1. Aufstellung und Feststellung des Jahresabschlusses (Nr. 1). a) Vorschriften über Form oder Inhalt (§ 334 Abs. 1 Nr. 1 lit. a)

- Aufstellung des Jahresabschlusses nach den Grundsätzen ordnungsmäßiger Buchführung (§ 243 Abs. 1)   **19**
- Klarheit und Übersichtlichkeit des Jahresabschlusses (§ 243 Abs. 2)
- Aufstellung in deutscher Sprache und in Euro (§ 244)
- Unterzeichnung durch den Kaufmann oder die persönlich haftenden Gesellschafter unter Angabe des Datums (§ 245)
- Vollständigkeit (§ 246 Abs. 1)
- Verrechnungsverbot (§ 246 Abs. 2)
- Inhalt der Bilanz (§ 247)
- Bilanzierungsverbote (§ 248)
- Rückstellungen für ungewisse Verbindlichkeiten und drohende Verluste aus schwebenden Geschäften (§ 249 Abs. 1 S. 1)
- Rückstellungsverbot für andere Zwecke und Auflösungsverbot bei fortbestehendem Grund (§ 249 Abs. 2)
- aktive Rechnungsabgrenzungsposten (§ 250 Abs. 1)
- passive Rechnungsabgrenzungsposten (§ 250 Abs. 2)
- Haftungsverhältnisse (§ 251)
- Registerangaben, Grundsatz des true-and-fair-view, dh Vermittlung eines den tatsächlichen Verhältnissen entsprechenden Bildes der Vermögens-, Finanz- und Ertragslage (§ 264 Abs. 1a, 2 S. 1)
- Das Erfordernis zusätzlicher Angaben im Anhang (§ 264 Abs. 1a, 2 S. 2).

b) Vorschriften über die Bewertung (§ 334 Abs. 1 Nr. 1 lit. b)

- Wertansätze von Vermögensgegenständen (§ 253 Abs. 1 S. 1)   **20**
- Wertansätze für Verbindlichkeiten, Rückstellungen (§ 253 Abs. 1 S. 2–6)
- Abzinsung von Rückstellungen (§ 253 Abs. 2 S. 1 ggf. iVm S. 2)
- planmäßige und außerplanmäßige Abschreibungen auf Gegenstände des Anlagevermögens (§ 253 Abs. 3 S. 1, 2, 3, 4 oder 5 oder S. 3)
- Abschreibungen auf Gegenstände des Umlaufvermögens (§ 253 Abs. 4)
- Wertaufholung bei Wegfall früherer außerplanmäßiger Abschreibungsgründe; Wertbeibehaltungspflichten bei entgeltlich erworbenen Geschäfts- oder Firmenwert (§ 253 Abs. 5)
- Bildung von Bewertungseinheiten (§ 254)
- Währungsumrechnungen (§ 256a).

Tatbestandsmäßigkeit liegt „nur" bei einer eindeutig unvertretbaren Bewertung vor (MüKoHGB/*Quedenfeld* Rn. 21; Heymann/*Otto* Rn. 16). In Abgrenzung zum § 331 – bei dem erforderlich ist, dass die unzutreffende Bewertung erheblich ist – reichen hier geringe Abweichungen nach oben oder unten aus (MüKoHGB/*Quedenfeld* Rn. 22).

c) Vorschriften über die Gliederung der Bilanz und GuV (§ 334 Abs. 1 Nr. 1 lit. c)

- Angabe von Vorjahresbeträgen (§ 265 Abs. 2)   **21**
- Mitzugehörigkeit zu anderen Posten der Bilanz und Ausweis eigener Anteile (§ 265 Abs. 3)
- Gliederung des Jahresabschlusses bei unterschiedlichen Geschäftszweigen (§ 265 Abs. 4)
- Pflicht zur abweichenden Gliederung und Bezeichnung der mit arabischen Zahlen versehenen Posten der Bilanz und der Gewinn- und Verlustrechnung zwecks Klarheit und Übersichtlichkeit (§ 265 Abs. 6)
- Gliederung der Bilanz (§ 266)
- Ausweis eines nicht durch Eigenkapital gedeckten Fehlbetrags (§ 268 Abs. 3)
- Vermerk des Betrags von Forderungen mit bestimmten Restlaufzeiten (§ 268 Abs. 4)
- Vermerk des Betrags von Verbindlichkeiten mit bestimmten Restlaufzeiten (§ 268 Abs. 5)
- gesonderter Ausweis eines aktivierten Disagios im aktiven Rechnungsabgrenzungsposten (§ 268 Abs. 6)
- Gesonderte Angabe der in § 251 bezeichneten Haftungsverhältnisse (§ 268 Abs. 7)
- Gliederung des Eigenkapitals (§ 272)
- Ausweis einer Rückstellung für latente Steuern (§ 274 Abs. 1)
- Gliederung der Gewinn- und Verlustrechnung (§ 275)
- Ausweis bestimmter Posten der Gewinn- und Verlustrechnung (§ 277).

Hier ist in Abgrenzung zum Verschleiern in § 331 bereits jeder geringfügige Verstoß tatbestandsmäßig (MüKoHGB/*Quedenfeld* § 334 Rn. 24).

d) Vorschriften über weitere Angaben in der Bilanz oder im Anhang zu machende Angaben (§ 334 Abs. 1 Nr. 1 lit. d)

22 – Erläuterung der Bilanz und der Gewinn- und Verlustrechnung (§ 284)
– Sonstige Pflichtangaben im Anhang (§ 285).

Bei Vorliegen der Voraussetzungen des § 286 Abs. 1 und Abs. 2 scheidet in den dort genannten Fällen ein tatbestandsmäßiges Handeln durch Unterlassen aus (MüKoHGB/*Quedenfeld* Rn. 26).

23 **2. Aufstellung des Konzernabschlusses (§ 334 Abs. 1 Nr. 2).** § 334 Abs. 1 Nr. 2 betrifft die Verletzung von Vorschriften bei der Aufstellung des Konzernabschlusses. Im Gegensatz zu § 334 Abs. 1 Nr. 1 bedurfte es nicht der Erwähnung der Feststellung, da der Konzernabschluss nicht festgestellt, sondern gebilligt wird (BeBiKo/*Grottel*/*H. Hoffmann* Rn. 12).

Vorschriften über die Aufstellung des Konzernabschlusses

– Grundsätze für die Einbeziehung des Mutterunternehmens und der Tochterunternehmen in den Konzernabschluss (§ 294 Abs. 1)
– Registerangaben, Form und Inhalt des Konzernabschlusses (§ 297 Abs. 1a, 2, 3)
– Entsprechende Anwendung von Vorschriften über den Jahresabschluss über Inhalt und Form auf den Konzernabschluss (§ 298 Abs. 1)
– Konsolidierungsgrundsätze und Vollständigkeitsgebot (§ 300)
– Einheitliche Bewertung der Vermögensgegenstände und Schulden der Tochterunternehmen nach den Bewertungsmethoden des Mutterunternehmens (§ 308 Abs. 1 S. 1 iVm §§ 253, 254, 256a)
– Neubewertung von abweichend bewerteten Bilanzposten der Tochterunternehmen (§ 308 Abs. 2)
– Ausweis von Differenzen (§ 308a)
– Wertansatz der Beteiligung und Behandlung des Unterschiedsbetrags bei der Einbeziehung assoziierter Unternehmen (§ 311 Abs. 1 S. 1 iVm § 312)
– Anhangangabe zu Abweichungen von den auf den Jahresabschluss des Mutterunternehmens angewendeten Bewertungsmethoden (§ 308 Abs. 1 S. 3)
– Sonstige Konzernanhangangaben (§§ 313 oder 314).

24 **3. Aufstellung des Lageberichtes und des Konzernlageberichtes (§ 334 Abs. 1 Nr. 3 und 4).** Nr. 3 betrifft den Lagebericht und Nr. 4 den Konzernlagebericht und will die Einhaltung des Pflichtinhalts des § 289 bzw. § 315 Abs. 1, 2, 4 oder 5 sichern, insbes. bei der AG und KG aA (§ 289) bzw. einem Mutterunternehmen (315), deren stimmberechtigte Wertpapiere ganz oder zT zum Handel auf einem geregelten Markt zugelassen sind. Darüber hinaus haben Unternehmen iSd 289a eine Erklärung zur Unternehmensführung abzugeben. Der Lagebericht bzw. Konzernlagebericht hat ein den tatsächlichen Verhältnissen entsprechendes Bild zu vermitteln. Des Weiteren sollen sie die Beurteilung der künftigen Entwicklung gewährleisten, dh die Chancen und Risiken aufzeigen. Die nach Abs. 4 erforderlichen zusätzlichen Angaben, sollen potentiellen Bietern ein möglichst umfassendes Bild von der Gesellschaft, ihrer Struktur und über etwaige Übernahmehindernisse geben. Maßstab für die Einhaltung der gesetzlichen Anforderungen ist der sachkundige, dh bilanzkundige Leser (MüKoHGB/*Quedenfeld* Rn. 34; BeBiKo/*Grottel*/*H. Hoffmann* Rn. 14).

25 **4. Offenlegung (§ 334 Abs. 1 Nr. 5).** § 328 regelt Form und Inhalt der Offenlegung, Veröffentlichung und Vervielfältigung. § 328 dient dem Schutz der Allgemeinheit und schafft durch die Vorgaben einen verlässlichen Standard (MüKoHGB/*Fehrenbach* § 328 Rn. 1). § 334 Abs. 1 Nr. 5 sanktioniert Verstöße bei erfolgter Offenlegung, bei unterlassener Offenlegung greift Nr. 5 dagegen nicht ein. Vielmehr kann in diesem Fall gegen das vertretungsberechtigte Organ „nur" ein Ordnungsgeld nach § 335 verhängt werden (MüKoHGB/*Quedenfeld* Rn. 37; MüKoHGB/*Fehrenbach* § 328 Rn. 44; BeBiKo/*Grottel*/*H. Hoffmann* Rn. 15).

26 **5. Formblätter (§ 334 Abs. 1 Nr. 6).** Die Vorschrift betrifft Verstöße gegen eine auf § 330 erlassene Rechtsverordnung, soweit in der Rechtsverordnung auf § 334 Abs. 1 Nr. 6 verwiesen wird. In der Verordnung nach Abs. 1 kann die Verwendung von Formblättern vorgeschrieben werden, sowie die Gliederung des Jahresabschlusses und des Konzernabschlusses wie auch der Inhalt des Anhangs bzw. Konzernanhangs. Verstöße gegen die Formblatt-VO durch Kreditinstitute oder Versicherungsinstitute werden speziell durch die §§ 340n, 341n sanktioniert.

27 **6. Abschließende Regelung.** Die Regelung ist abschließend, so dass Verstöße gegen die nicht in Abs. 1 enthaltenen Vorschriften der §§ 242 ff. keine Ordnungswidrigkeiten sind (BeBiKo/*Grottel*/*H. Hoffmann* Rn. 17).

C. Vollendung und Beendigung der Handlung

I. Vollendung und Beendigung der Taten nach § 334 Abs. 1–4

1. Aufstellen. *„Bei der Aufstellung"* heißt, dass die Tat vollendet ist, wenn die Ergebnisse der Buch- 28
führung in den Jahresabschluss, Konzernabschluss, Lagebericht oder Konzernlagebericht übernommen
werden (MüKoHGB/*Quedenfeld* Rn. 48). Das bedeutet, dass vorhergehende Handlungen in der Vorbereitung der Aufstellung noch nicht § 334 Abs. 1 Nr. 1–4 unterfallen. Beendigung liegt mit Ende des
Aufstellens vor, also mit der Vorlage des Jahresabschlusses, Konzernabschlusses, Lageberichts bzw.
Konzernlageberichts ggü. des für die Feststellung zuständigen Organs (MüKoHGB/*Quedenfeld* Rn. 47).

2. Feststellen. Die Feststellung des Jahresabschlusses ist ein rechtsgeschäftlicher Akt, der durch die 29
Willenserklärung der hierfür zuständigen Personen zustandekommt. Die dem Täter zuzurechnende
Handlung ist seine Willenserklärung bei der Abstimmung. Mit der Stimmabgabe ist die Tat vollendet
und mit dem Zustandekommen des Beschlusses beendet (MüKoHGB/*Quedenfeld* Rn. 49).

II. Offenlegen, Veröffentlichen oder Vervielfältigen, Nr. 5

Die Nichteinhaltung der Vorschriften des § 328 muss bei der Offenlegung, Veröffentlichung oder 30
Vervielfältigung erfolgen. Der Tatbestand ist erst bei Publizierung in einer der drei genannten Arten
vollendet und zugleich beendet (MüKoHGB/*Quedenfeld* Rn. 50).

III. Verstoß gegen eine Formblatt – Verordnung, Nr. 6

Die Vollendung bestimmt sich nach der jeweiligen Rechtsverordnung. Ein Verstoß gegen eine Form- 31
blatt-VO ist mit der unrichtigen oder unvollständigen Eintragung in das Formblatt sowohl vollendet als
auch beendet (MüKoHGB/*Quedenfeld* Rn. 51).

D. Objektiver Tatbestand des § 334 Abs. 2

§ 334 Abs. 2 sanktioniert einen Abschlussprüfer, der einen Bestätigungsvermerk zu einem Jahres- 32
abschluss, zu einem Einzelabschluss nach § 325 Abs. 2a oder zu einem Konzernabschluss, der aufgrund
gesetzlicher Vorschriften zu prüfen ist, erteilt, obwohl seine Unabhängigkeit aufgrund der im Gesetz
genannten Ausschussgründe beeinträchtigt sein könnte.

I. Täter

Als Täter kommen ausschließlich Abschlussprüfer in Betracht. Dies ergibt sich aus der Bezugnahme 33
auf §§ 319, 319a. Andere, die nicht Abschlussprüfer sind, kommen aufgrund des im Ordnungswidrigkeitenrechts bestehenden einheitlichen Täterbegriffs als Täter in Betracht, wenn einer der Beteiligten
die Sondereigenschaft als Abschlussprüfer aufweist (MüKoHGB/*Quedenfeld* Rn. 53; BeBiKo/*Grottel/H.
Hoffmann* Rn. 2; Heymann/*Otto* Rn. 30).

II. Tathandlung

Tathandlung ist die Erteilung eines Bestätigungsvermerks nach § 322 trotz Vorliegens einer der in 34
Abs. 2 genannten Ausschlussgründe. Abs. 2 erfasst aber weder den Prüfungsbericht noch die Erteilung
eines Bestätigungsvermerks durch eine Person, die nicht Abschlussprüfer ist (MüKoHGB/*Quedenfeld*
Rn. 43; Staub/*Dannecker* Rn. 90; Heymann/*Otto* Rn. 30; BeBiKo/*Grottel/H. Hoffmann* Rn. 27).

E. Vollendung und Beendigung

Die Tat ist mit der Erteilung des Bestätigungsvermerks vollendet (MüKoHGB/*Quedenfeld* Rn. 52). 35

F. Sanktionen

Der Bußgeldrahmen beträgt 5–50.000 EUR (§ 17 Abs. 1 OWiG). § 17 Abs. 3 OWiG enthält Regeln 36
für die Bußgeldzumessung. Nach § 17 Abs. 4 S. 1 OWiG soll die Geldbuße den vom Täter gezogenen
wirtschaftlichen Vorteil übersteigen. Reicht hierfür das gesetzliche Höchstmaß der Geldbuße nicht aus,
so darf es überschritten werden, § 17 Abs. 4 S. 2 OWiG. Die Gewinnabschöpfung durch die Geldbuße
dient – statt wie im Strafrecht – der Vereinfachung der Rechtsanwendung (Göhler/*Gürtler* OWiG § 17
Rn. 37).

Die Geldbuße kann gegen die natürliche Person (Leitungsperson) und gegen die Kapital- oder 37
Prüfungsgesellschaft festgesetzt werden (§ 30 Abs. 1 Nr. 1 OWiG). Sie kann aber auch nur gegen die
Gesellschaft festgesetzt werden (§ 30 Abs. 4 S. 1 OWiG).

G. Konkurrenzen

I. Konkurrierende Ordnungswidrigkeiten

38   Verletzt dieselbe Handlung mehrere Alternativen des § 334 liegt Tateinheit vor, mit der Folge, dass nur eine Geldbuße festzusetzen ist (§ 19 OWiG), dagegen sind mehrere Geldbußen festzusetzen (Kumulationsprinzip, § 20 OWiG) bei Verletzung mehrerer Alternativen des § 334 durch mehrere Handlungen (MüKoHGB/*Quedenfeld* Rn. 56; Heymann/*Otto* Rn. 34).

II. Zusammentreffen einer Straftat mit einer Ordnungswidrigkeit

39   Wird eine Straftat und eine Ordnungswidrigkeit durch dieselbe Handlung begangen, so kommt nur das Strafgesetz zur Anwendung (§ 21 OWiG), die in der Bußgeldvorschrift angedrohte Nebenfolge kann daneben verhängt werden. Bei Tatmehrheit zwischen Straftatbestand und Ordnungswidrigkeit bleibt die Anwendung der Bußgeldvorschrift unberührt. Dh auf Strafe und Geldbuße wird gesondert erkannt, sofern das Bußgeldverfahren nicht nach § 47 OWiG eingestellt wird (MüKoHGB/*Quedenfeld* Rn. 54; Heymann/*Otto* Rn. 35).

H. Verfahrensrecht

I. Zuständigkeit

40   Für die Verfolgung der Ordnungswidrigkeiten nach Abs. 1 und 2 ist das Bundesamt für Justiz zuständig, mit Ausnahme des Banken- und Versicherungsbereichs (Abs. 4).

II. Opportunitätsprinzip

41   Für die Verfolgung von Ordnungswidrigkeiten gilt das Opportunitätsprinzip. Das Bundesamt der Justiz entscheidet – im Gegensatz zum Strafverfahren, in dem grds. das Legalitätsprinzip gilt – nach pflichtgemäßem Ermessen, ob ein Bußgeldverfahren einzuleiten und durchzuführen ist. Grund hierfür ist der geringe Unrechtsgehalt der Ordnungswidrigkeit und, dass die Begehung einer Ordnungswidrigkeit die Rechtsordnung weniger gefährdet als eine Straftat (Göhler/*Seitz* OWiG § 47 Rn. 1, 2).

I. Verjährung

42   Die Verfolgungsverjährung beträgt drei Jahre (§ 31 Abs. 2 Nr. 1 OWiG iVm § 334 Nr. 3). Die Vollstreckungsverjährung ist in § 34 OWiG geregelt. Die Frist der Vollstreckungsverjährung richtet sich nach der Höhe der festgesetzten Geldbuße.

§ 335 Festsetzung von Ordnungsgeld

(1) [1] **Gegen die Mitglieder des vertretungsberechtigten Organs einer Kapitalgesellschaft, die**

1. **§ 325 über die Pflicht zur Offenlegung des Jahresabschlusses, des Lageberichts, des Konzernabschlusses, des Konzernlageberichts und anderer Unterlagen der Rechnungslegung oder**

2. **§ 325a über die Pflicht zur Offenlegung der Rechnungslegungsunterlagen der Hauptniederlassung**

nicht befolgen, ist wegen des pflichtwidrigen Unterlassens der rechtzeitigen Offenlegung vom Bundesamt für Justiz (Bundesamt) ein Ordnungsgeldverfahren nach den Absätzen 2 bis 6 durchzuführen; im Fall der Nummer 2 treten die in § 13e Abs. 2 Satz 4 Nr. 3 genannten Personen, sobald sie angemeldet sind, an die Stelle der Mitglieder des vertretungsberechtigten Organs der Kapitalgesellschaft. [2] **Das Ordnungsgeldverfahren kann auch gegen die Kapitalgesellschaft durchgeführt werden, für die die Mitglieder des vertretungsberechtigten Organs die in Satz 1 Nr. 1 und 2 genannten Pflichten zu erfüllen haben.** [3] **Dem Verfahren steht nicht entgegen, dass eine der Offenlegung vorausgehende Pflicht, insbesondere die Aufstellung des Jahres- oder Konzernabschlusses oder die unverzügliche Erteilung des Prüfauftrags, noch nicht erfüllt ist.** [4] **Das Ordnungsgeld beträgt mindestens zweitausendfünfhundert und höchstens fünfundzwanzigtausend Euro.** [5] **Eingenommene Ordnungsgelder fließen dem Bundesamt zu.**

(1a) [1] **Ist die Kapitalgesellschaft kapitalmarktorientiert im Sinne des § 264d, beträgt das Ordnungsgeld höchstens den höheren der folgenden Beträge:**

1. **zehn Millionen Euro,**

2. **5 Prozent des jährlichen Gesamtumsatzes, den die juristische Person oder Personenvereinigung im der Behördenentscheidung vorausgegangenen Geschäftsjahr erzielt hat, oder**

3. das Zweifache des aus der unterlassenen Offenlegung gezogenen wirtschaftlichen Vorteils; der wirtschaftliche Vorteil umfasst erzielte Gewinne und vermiedene Verluste und kann geschätzt werden.

²Wird das Ordnungsgeld einem Mitglied des gesetzlichen Vertretungsorgans der Kapitalgesellschaft angedroht, beträgt das Ordnungsgeld abweichend von Satz 1 höchstens den höheren der folgenden Beträge:

1. zwei Millionen Euro oder

2. das Zweifache des aus der unterlassenen Offenlegung gezogenen Vorteils; der wirtschaftliche Vorteil umfasst erzielte Gewinne und vermiedene Verluste und kann geschätzt werden.

(1b) ¹Gesamtumsatz im Sinne des Absatzes 1a Satz 1 Nummer 2 ist

1. im Falle von Kreditinstituten, Zahlungsinstituten und Finanzdienstleistungsinstituten im Sinne des § 340 der sich aus dem auf das Institut anwendbaren nationalen Recht im Einklang mit Artikel 27 Nummer 1, 3, 4, 6 und 7 oder Artikel 28 Nummer B1, B2, B3, B4 und B7 der Richtlinie 86/635/EWG des Rates vom 8. Dezember 1986 über den Jahresabschluss und den konsolidierten Abschluss von Banken und anderen Finanzinstituten (ABl. L 372 vom 31.12.1986, S. 1) ergebende Gesamtbetrag, abzüglich der Umsatzsteuer und sonstiger direkt auf diese Erträge erhobener Steuern,

2. im Falle von Versicherungsunternehmen der sich aus dem auf das Versicherungsunternehmen anwendbaren nationalen Recht im Einklang mit Artikel 63 der Richtlinie 91/674/EWG des Rates vom 19. Dezember 1991 über den Jahresabschluss und den konsolidierten Abschluss von Versicherungsunternehmen (ABl. L 374 vom 31.12.1991, S. 7) ergebende Gesamtbetrag, abzüglich der Umsatzsteuer und sonstiger direkt auf diese Erträge erhobener Steuern,

3. im Übrigen der Betrag der Umsatzerlöse nach § 277 Absatz 1 oder der Nettoumsatzerlöse nach Maßgabe des auf das Unternehmen anwendbaren nationalen Rechts im Einklang mit Artikel 2 Nummer 5 der Richtlinie 2013/34/EU.

²Handelt es sich bei der juristischen Person oder Personenvereinigung um ein Mutterunternehmen oder um eine Tochtergesellschaft, so ist anstelle des Gesamtumsatzes der Kapitalgesellschaft der jeweilige Gesamtbetrag in dem Konzernabschluss des Mutterunternehmens maßgeblich, der für den größten Kreis von Unternehmen aufgestellt wird. ³Wird der Konzernabschluss für den größten Kreis von Unternehmen nicht nach den in Satz 1 genannten Vorschriften aufgestellt, ist der Gesamtumsatz nach Maßgabe der den in Satz 1 Nummer 1 bis 3 vergleichbaren Posten des Konzernabschlusses zu ermitteln. ⁴Ist ein Jahresabschluss oder Konzernabschluss für das maßgebliche Geschäftsjahr nicht verfügbar, ist der Jahres- oder Konzernabschluss für das unmittelbar vorausgehende Geschäftsjahr maßgeblich; ist auch dieser nicht verfügbar, kann der Gesamtumsatz geschätzt werden.

(1c) Soweit dem Bundesamt Ermessen bei der Höhe eines Ordnungsgeldes zusteht, hat es auch frühere Verstöße der betroffenen Person zu berücksichtigen.

(1d) ¹Das Bundesamt unterrichtet die Bundesanstalt für Finanzdienstleistungsaufsicht unverzüglich über jedes Ordnungsgeld, das gemäß Absatz 1 gegen eine Kapitalgesellschaft im Sinne des § 264d oder gegen ein Mitglied ihrer Vertretungsorgane festgesetzt wird. ²Wird gegen eine solche Ordnungsgeldfestsetzung Beschwerde eingelegt, unterrichtet das Bundesamt die Bundesanstalt für Finanzdienstleistungsaufsicht über diesen Umstand sowie über den Ausgang des Beschwerdeverfahrens.

(2) ¹Auf das Verfahren sind die §§ 15 bis 19, § 40 Abs. 1, § 388 Abs. 1, § 389 Abs. 3, § 390 Abs. 2 bis 6 des Gesetzes über das Verfahren in Familiensachen und in den Angelegenheiten der freiwilligen Gerichtsbarkeit sowie im Übrigen § 11 Nr. 1 und 2, § 12 Abs. 1 Nr. 1 bis 3, Abs. 2 und 3, §§ 14, 15, 20 Abs. 1 Satz 1, § 21 Abs. 1, §§ 23 und 26 des Verwaltungsverfahrensgesetzes nach Maßgabe der nachfolgenden Absätze entsprechend anzuwenden. ²Das Ordnungsgeldverfahren ist ein Justizverwaltungsverfahren. ³Zur Vertretung der Beteiligten sind auch Wirtschaftsprüfer und vereidigte Buchprüfer, Steuerberater, Steuerbevollmächtigte, Personen und Vereinigungen im Sinn des § 3 Nr. 4 des Steuerberatungsgesetzes sowie Gesellschaften im Sinn des § 3 Nr. 2 und 3 des Steuerberatungsgesetzes, die durch Personen im Sinn des § 3 Nr. 1 des Steuerberatungsgesetzes handeln, befugt.

(2a) ¹Für eine elektronische Aktenführung und Kommunikation sind § 110a Abs. 1, § 110b Abs. 1 Satz 1, Abs. 2 bis 4, § 110c Abs. 1 sowie § 110d des Gesetzes über Ordnungswidrigkeiten entsprechend anzuwenden. ²§ 110a Abs. 2 Satz 1 und 3 sowie § 110b Abs. 1 Satz 2 und 4 des Gesetzes über Ordnungswidrigkeiten sind mit der Maßgabe entsprechend anzuwenden, dass das Bundesministerium der Justiz und für Verbraucherschutz die Rechtsverordnung ohne Zustimmung des Bundesrates erlassen kann; es kann die Ermächtigung durch Rechtsverordnung auf das Bundesamt für Justiz und für Verbraucherschutz übertragen.

(3) ¹Den in Absatz 1 Satz 1 und 2 bezeichneten Beteiligten ist unter Androhung eines Ordnungsgeldes in bestimmter Höhe aufzugeben, innerhalb einer Frist von sechs Wochen vom Zugang der Androhung an ihrer gesetzlichen Verpflichtung nachzukommen oder die Unterlassung mittels Einspruchs gegen die Verfügung zu rechtfertigen. ²Mit der Androhung

des Ordnungsgeldes sind den Beteiligten zugleich die Kosten des Verfahrens aufzuerlegen. [3]Der Einspruch kann auf Einwendungen gegen die Entscheidung über die Kosten beschränkt werden. [4]Der Einspruch gegen die Androhung des Ordnungsgeldes und gegen die Entscheidung über die Kosten hat keine aufschiebende Wirkung. [5]Führt der Einspruch zu einer Einstellung des Verfahrens, ist zugleich auch die Kostenentscheidung nach Satz 2 aufzuheben.

(4) [1]Wenn die Beteiligten nicht spätestens sechs Wochen nach dem Zugang der Androhung der gesetzlichen Pflicht entsprochen oder die Unterlassung mittels Einspruchs gerechtfertigt haben, ist das Ordnungsgeld festzusetzen und zugleich die frühere Verfügung unter Androhung eines erneuten Ordnungsgeldes zu wiederholen. [2]Haben die Beteiligten die gesetzliche Pflicht erst nach Ablauf der Sechswochenfrist erfüllt, hat das Bundesamt das Ordnungsgeld wie folgt herabzusetzen:

1. auf einen Betrag von 500 Euro, wenn die Beteiligten von dem Recht einer Kleinstkapitalgesellschaft nach § 326 Absatz 2 Gebrauch gemacht haben;
2. auf einen Betrag von 1 000 Euro, wenn es sich um eine kleine Kapitalgesellschaft im Sinne des § 267 Absatz 1 handelt;
3. auf einen Betrag von 2 500 Euro, wenn ein höheres Ordnungsgeld angedroht worden ist und die Voraussetzungen der Nummern 1 und 2 nicht vorliegen, oder
4. jeweils auf einen geringeren Betrag, wenn die Beteiligten die Sechswochenfrist nur geringfügig überschritten haben.

[3]Bei der Herabsetzung sind nur Umstände zu berücksichtigen, die vor der Entscheidung des Bundesamtes eingetreten sind.

(5) [1]Waren die Beteiligten unverschuldet gehindert, in der Sechswochenfrist nach Absatz 4 Einspruch einzulegen oder ihrer gesetzlichen Verpflichtung nachzukommen, hat ihnen das Bundesamt auf Antrag Wiedereinsetzung in den vorigen Stand zu gewähren. [2]Das Verschulden eines Vertreters ist der vertretenen Person zuzurechnen. [3]Ein Fehlen des Verschuldens wird vermutet, wenn eine Rechtsbehelfsbelehrung unterblieben ist oder fehlerhaft ist. [4]Der Antrag auf Wiedereinsetzung ist binnen zwei Wochen nach Wegfall des Hindernisses schriftlich beim Bundesamt zu stellen. [5]Die Tatsachen zur Begründung des Antrags sind bei der Antragstellung oder im Verfahren über den Antrag glaubhaft zu machen. [6]Die versäumte Handlung ist spätestens sechs Wochen nach Wegfall des Hindernisses nachzuholen. [7]Ist innerhalb eines Jahres seit dem Ablauf der Sechswochenfrist nach Absatz 4 weder Wiedereinsetzung beantragt noch die versäumte Handlung nachgeholt worden, kann Wiedereinsetzung nicht mehr gewährt werden. [8]Die Wiedereinsetzung ist nicht anfechtbar. [9]Haben die Beteiligten Wiedereinsetzung nicht beantragt oder ist die Ablehnung des Wiedereinsetzungsantrags bestandskräftig geworden, können sich die Beteiligten mit der Beschwerde nicht mehr darauf berufen, dass sie unverschuldet gehindert waren, in der Sechswochenfrist Einspruch einzulegen oder ihrer gesetzlichen Verpflichtung nachzukommen.

(6) [1]Liegen dem Bundesamt in einem Verfahren nach den Absätzen 1 bis 5 keine Anhaltspunkte über die Einstufung einer Gesellschaft im Sinne des § 267 Absatz 1 bis 3 oder des § 267a vor, kann es den in Absatz 1 Satz 1 und 2 bezeichneten Beteiligten aufgeben, die Bilanzsumme nach Abzug eines auf der Aktivseite ausgewiesenen Fehlbetrags (§ 268 Absatz 3), die Umsatzerlöse (§ 277 Absatz 1) und die durchschnittliche Zahl der Arbeitnehmer (§ 267 Absatz 5) für das betreffende Geschäftsjahr und für diejenigen Geschäftsjahre, die für die Einstufung erforderlich sind, anzugeben. [2]Unterbleiben die Angaben nach Satz 1, so wird für das weitere Verfahren vermutet, dass die Erleichterungen der §§ 326 und 327 nicht in Anspruch genommen werden können. [3]Die Sätze 1 und 2 gelten für den Konzernabschluss und den Konzernlagebericht entsprechend mit der Maßgabe, dass an die Stelle der §§ 267, 326 und 327 der § 293 tritt.

§ 335a Beschwerde gegen die Festsetzung von Ordnungsgeld; Rechtsbeschwerde; Verordnungsermächtigung

(1) Gegen die Entscheidung, durch die das Ordnungsgeld festgesetzt oder der Einspruch oder der Antrag auf Wiedereinsetzung in den vorigen Stand verworfen wird, sowie gegen die Entscheidung nach § 335 Absatz 3 Satz 5 findet die Beschwerde nach den Vorschriften des Gesetzes über das Verfahren in Familiensachen und in den Angelegenheiten der freiwilligen Gerichtsbarkeit statt, soweit sich aus den nachstehenden Absätzen nichts anderes ergibt.

(2) [1]Die Beschwerde ist binnen einer Frist von zwei Wochen einzulegen; über sie entscheidet das für den Sitz des Bundesamtes zuständige Landgericht. [2]Zur Vermeidung von erheblichen Verfahrensrückständen oder zum Ausgleich einer übermäßigen Geschäftsbelastung wird die Landesregierung des Landes, in dem das Bundesamt seinen Sitz unterhält, ermächtigt, durch Rechtsverordnung die Entscheidung über die Rechtsmittel nach Satz 1 einem anderen Landgericht oder weiteren Landgerichten zu übertragen. [3]Die Landesregierung kann diese Ermächtigung auf die Landesjustizverwaltung übertragen. [4]Ist bei dem

Landgericht eine Kammer für Handelssachen gebildet, so tritt diese Kammer an die Stelle der Zivilkammer. [5] Entscheidet über die Beschwerde die Zivilkammer, so sind die §§ 348 und 348a der Zivilprozessordnung entsprechend anzuwenden; über eine bei der Kammer für Handelssachen anhängige Beschwerde entscheidet der Vorsitzende. [6] Das Landgericht kann nach billigem Ermessen bestimmen, dass den Beteiligten die außergerichtlichen Kosten, die zur zweckentsprechenden Rechtsverfolgung notwendig waren, ganz oder teilweise aus der Staatskasse zu erstatten sind. [7] Satz 6 gilt entsprechend, wenn das Bundesamt der Beschwerde abhilft. [8] § 91 Absatz 1 Satz 2 und die §§ 103 bis 107 der Zivilprozessordnung gelten entsprechend. [9] § 335 Absatz 2 Satz 3 ist anzuwenden.

(3) [1] Gegen die Beschwerdeentscheidung ist die Rechtsbeschwerde statthaft, wenn das Landgericht sie zugelassen hat. [2] Für die Rechtsbeschwerde gelten die Vorschriften des Gesetzes über das Verfahren in Familiensachen und in den Angelegenheiten der freiwilligen Gerichtsbarkeit entsprechend, soweit sich aus diesem Absatz nichts anderes ergibt. [3] Über die Rechtsbeschwerde entscheidet das für den Sitz des Landgerichts zuständige Oberlandesgericht. [4] Die Rechtsbeschwerde steht auch dem Bundesamt zu. [5] Vor dem Oberlandesgericht müssen sich die Beteiligten durch einen Rechtsanwalt vertreten lassen; dies gilt nicht für das Bundesamt. [6] Absatz 2 Satz 6 und 8 gilt entsprechend.

(4) [1] Für die elektronische Aktenführung des Gerichts und die Kommunikation mit dem Gericht nach den Absätzen 1 bis 3 sind § 110a Absatz 1, § 110b Absatz 1 Satz 1, Absatz 2 bis 4, § 110c Absatz 1 sowie § 110d des Gesetzes über Ordnungswidrigkeiten entsprechend anzuwenden. [2] § 110a Absatz 2 Satz 1 und 3 sowie § 110b Absatz 1 Satz 2 und 4 des Gesetzes über Ordnungswidrigkeiten sind mit der Maßgabe anzuwenden, dass die Landesregierung des Landes, in dem das Bundesamt seinen Sitz unterhält, die Rechtsverordnung erlassen und die Ermächtigung durch Rechtsverordnung auf die Landesjustizverwaltung übertragen kann.

§ 335b Anwendung der Straf- und Bußgeld- sowie der Ordnungsgeldvorschriften auf bestimmte offene Handelsgesellschaften und Kommanditgesellschaften

[1] Die Strafvorschriften der §§ 331 bis 333, die Bußgeldvorschrift des § 334 sowie die Ordnungsgeldvorschrift des § 335 gelten auch für offene Handelsgesellschaften und Kommanditgesellschaften im Sinn des § 264a Abs. 1. [2] Das Verfahren nach § 335 ist in diesem Fall gegen die persönlich haftenden Gesellschafter oder gegen die Mitglieder der vertretungsberechtigten Organe der persönlich haftenden Gesellschafter zu richten. [3] Es kann auch gegen die offene Handelsgesellschaft oder gegen die Kommanditgesellschaft gerichtet werden. [4] § 335a ist entsprechend anzuwenden.

§ 335c Mitteilungen an die Abschlussprüferaufsichtsstelle

(1) Das Bundesamt für Justiz übermittelt der Abschlussprüferaufsichtsstelle beim Bundesamt für Wirtschaft und Ausfuhrkontrolle alle Bußgeldentscheidungen nach § 334 Absatz 2a.

(2) [1] In Strafverfahren, die eine Straftat nach § 333a zum Gegenstand haben, übermittelt die Staatsanwaltschaft im Falle der Erhebung der öffentlichen Klage der Abschlussprüferaufsichtsstelle die das Verfahren abschließende Entscheidung. [2] Ist gegen die Entscheidung ein Rechtsmittel eingelegt worden, ist die Entscheidung unter Hinweis auf das eingelegte Rechtsmittel zu übermitteln.

§ 340m Strafvorschriften

[1] Die Strafvorschriften der §§ 331 bis 333 sind auch auf nicht in der Rechtsform einer Kapitalgesellschaft betriebene Kreditinstitute, auf Finanzdienstleistungsinstitute im Sinne des § 340 Absatz 4 sowie auf Institute im Sinne des § 340 Absatz 5 anzuwenden. [2] § 331 ist darüber hinaus auch anzuwenden auf die Verletzung von Pflichten durch

1. den Geschäftsleiter (§ 1 Absatz 2 Satz 1 des Kreditwesengesetzes) eines nicht in der Rechtsform der Kapitalgesellschaft betriebenen Kreditinstituts oder Finanzdienstleistungsinstituts im Sinne des § 340 Absatz 4 Satz 1,
2. den Geschäftsleiter (§ 1 Absatz 8 Satz 1 und 2 des Zahlungsdiensteaufsichtsgesetzes) eines nicht in der Rechtsform der Kapitalgesellschaft betriebenen Instituts im Sinne des § 340 Absatz 5,
3. den Inhaber eines in der Rechtsform des Einzelkaufmanns betriebenen Kreditinstituts oder Finanzdienstleistungsinstituts im Sinne des § 340 Absatz 4 Satz 1 und
4. den Geschäftsleiter im Sinne des § 53 Absatz 2 Nummer 1 des Kreditwesengesetzes.

1   **1. Allgemeines.** Durch § 340m Abs. 1. wird der Anwendungsbereich der §§ 331–333 unternehmensbezogen erweitert, durch S. 2 der Kreis der Normadressaten. Die Strafvorschriften der §§ 331–333 finden daher auch auf Kreditinstitute und Finanzdienstleistungsinstitute Anwendung, die in der Form einer oHG, KG, Genossenschaft, Einzelfirma, Körperschaft des öffentlichen Rechts oder als Zweigniederlassungen von Unternehmen aller Rechtsformen mit Sitz in einem anderen Staat außerhalb des Europäischen Wirtschaftsraumes betrieben werden (MüKoHGB/*Quedenfeld* Rn. 1 f.).

2   **2. Einzelheiten der Regelung. a) Kreditinstitut.** Der Begriff des Kreditinstitutes ergibt sich aus § 340 Abs. 1 S. 1 und Abs. 2. Ein Unternehmen ist ein Kreditinstitut, wenn dieses mindestens ein Bankgeschäft gewerbsmäßig oder in einem Umfang betreibt, der einen in kaufmännischer Weise eingerichteten Gewerbebetrieb erfordert und nicht unter § 2 Abs. 1, 4 oder 5 KWG fällt. § 1 S. 2 KWG definiert abschließend was unter einem Bankgeschäft zu verstehen ist. Nach § 53 Abs. 1 KWG gelten auch Zweigstellen ausländischer Unternehmen als Kreditinstitut, wenn sie sich im Inland befinden und Bankgeschäfte iSd § 1 Abs. 1 S. 1 KWG betreiben (MüKoHGB/*Quedenfeld* Rn. 3).

3   **b) Finanzdienstleistungsinstitut.** Erfasst werden durch S. 1 des Weiteren die Finanzdienstleistungsinstitute iSd § 340 Abs. 4 S. 1, der seinerseits auf die Legaldefinition für Finanzdienstleistungsinstitute in § 1 Abs. 1a KWG verweist; § 2 Abs. 6, 10 KWG benennt die Ausnahmen von § 1 Abs. 1a KWG (MüKoHGB/*Quedenfeld* Rn. 4).

4   **c) Geschäftsleiter Nr. 1.** Der Begriff des Geschäftsleiters ist in § 1 Abs. 2 S. 1 KWG definiert und erfasst diejenigen natürlichen Personen, die nach Gesetz, Satzung oder Gesellschaftsvertrag zur Führung der Geschäfte und Vertretung eines Instituts in der Rechtsform einer juristischen Person oder einer Personenhandelsgesellschaft berufen sind. In Ausnahmefällen kann die BaFin nach § 1 Abs. 2 S. 2 KWG widerruflich auch andere Personen als Geschäftsleiter anerkennen, wenn diese zuverlässig sind und die erforderliche Eignung haben. Geschäftsleiter, die nach § 1 Abs. 2 S. 2 KWG ihre Funktion nur widerruflich ausüben, fallen nicht in den Anwendungsbereich nach S. 2 (EBJS/*Böcking/Gros/Helke* Rn. 3; MüKoHGB/*Quedenfeld* Rn. 5)

4a **d) Geschäftsleiter Nr. 2.** Erfasst werden Geschäftsleiter eines nicht in der Rechtsform einer Kapitalgesellschaft betriebenen Instituts nach dem Zahlungsdiensteaufsichtsgesetz (vgl. § 1 Abs. 8 ZAG). Unter das Zahlungsdiensteaufsichtsgesetz fallen das Finanztransfer- und Kreditkartengeschäft sowie das E-Geld-Geschäft (MüKoHGB/*Quedenfeld* Rn. 5; EBJS/*Böcking/Gros/Helke* Rn. 12). Diese Vorschrift erfasst auch den gekorenen Geschäftsleiter (MüKoHGB/*Quedenfeld* Rn. 6).

5   **e) Einzelkaufmann.** Einzelkaufmann ist der Inhaber eines in der Rechtsform des Einzelkaufmanns betriebenen Kreditinstituts oder Finanzdienstleistungsinstituts (MüKoHGB/*Quedenfeld* Rn. 7).

6   **f) Zweigstellengeschäftsführer.** Hierunter fallen Geschäftsleiter iSd § 53 Abs. 2 Nr. 1 KWG. Jede inländische Zweigstelle eines ausländischen Unternehmens mit Sitz außerhalb von EG und EWS, die Bankgeschäfte oder Finanzdienstleistungen betreibt, gilt als Kreditinstitut oder Finanzdienstleistungsinstitut, § 53 Abs. 1 KWG. Für sie sind nach § 53 Abs. 2 Nr. 1 KWG mindestens zwei natürliche Personen zu bestimmen, die zur Geschäftsführung des Instituts und zur Vertretung des Unternehmens befugt sind (MüKoHGB/*Quedenfeld* Rn. 8).

7   **g) Besondere Prüfungsinstitute.** Bei genossenschaftlichen Kreditinstituten oder Kreditinstituten in Form eines wirtschaftlichen Vereins ist der Prüfungsverband iSd § 340k Abs. 2 maßgeblich, dem das Kreditinstitut als Mitglied angehört und von dem es geprüft wird. Bei Sparkassen, die durch die Prüfungsstelle eines Sparkassen- oder Giroverbandes geprüft werden, kommt nach § 340k Abs. 3 der Prüfungsstelle die Eigenschaft des Abschlussprüfers zu (EBJS/*Böcking/Gros/Helke* Rn. 4; MüKoHGB/*Quedenfeld* Rn. 9, 10; Staub/*Dannecker* Anh. Rn. 11, 12, 13).

8   **3. Tathandlungen.** Vgl. die Erläuterungen zu §§ 331–333.

§ 340n Bußgeldvorschriften

(1) Ordnungswidrig handelt, wer als Geschäftsleiter im Sinne des § 1 Abs. 2 Satz 1 oder des § 53 Abs. 2 Nr. 1 des Kreditwesengesetzes oder als Inhaber eines in der Rechtsform des Einzelkaufmanns betriebenen Kreditinstituts oder Finanzdienstleistungsinstituts im Sinne des § 340 Abs. 4 Satz 1 oder als Geschäftsleiter im Sinne des § 1 Absatz 8 Satz 1 und 2 des Zahlungsdiensteaufsichtsgesetzes eines Instituts im Sinne des § 340 Absatz 5 oder als Mitglied des Aufsichtsrats eines der vorgenannten Unternehmen

1. bei der Aufstellung oder Feststellung des Jahresabschlusses oder bei der Aufstellung des Zwischenabschlusses gemäß § 340a Abs. 3 einer Vorschrift

   a) des § 243 Abs. 1 oder 2, der §§ 244, 245, 246 Abs. 1 oder 2, dieser in Verbindung mit § 340a Abs. 2 Satz 3, des § 246 Abs. 3 Satz 1, des § 247 Abs. 2 oder 3, der §§ 248, 249 Abs. 1 Satz 1 oder Abs. 2, des § 250 Abs. 1 oder Abs. 2, des § 264 Absatz 1a oder Absatz 2, des § 340b Abs. 4 oder 5 oder des § 340c Abs. 1 über Form oder Inhalt,

b) des § 253 Abs. 1 Satz 1, 2, 3 oder 4, Abs. 2 Satz 1, auch in Verbindung mit Satz 2, Absatz 3 Satz 1, 2, 3, 4 oder Satz 5, Abs. 4 oder 5, der §§ 254, 256a, 340e Abs. 1 Satz 1 oder 2, Abs. 3 Satz 1, 2, 3 oder 4 Halbsatz 2, Abs. 4 Satz 1 oder 2, des § 340f Abs. 1 Satz 2 oder des § 340g Abs. 2 über die Bewertung,

c) des § 265 Abs. 2, 3 oder 4, des § 268 Abs. 3 oder 6, der §§ 272, 274 oder des § 277 Abs. 3 Satz 2 über die Gliederung,

d) des § 284 Absatz 1, 2 Nummer 1, 2 oder Nummer 4, Absatz 3 oder des § 285 Nummer 3, 3a, 7, 9 Buchstabe a oder Buchstabe b, Nummer 10 bis 11b, 13 bis 15a, 16 bis 26, 28 bis 33 oder Nummer 34 über die im Anhang zu machenden Angaben,

2. bei der Aufstellung des Konzernabschlusses oder des Konzernzwischenabschlusses gemäß § 340i Abs. 4 einer Vorschrift

a) des § 294 Abs. 1 über den Konsolidierungskreis,

b) des § 297 Absatz 1a, 2 oder Absatz 3 oder des § 340i Abs. 2 Satz 1 in Verbindung mit einer der in Nummer 1 Buchstabe a bezeichneten Vorschriften über Form oder Inhalt,

c) des § 300 über die Konsolidierungsgrundsätze oder das Vollständigkeitsgebot,

d) des § 308 Abs. 1 Satz 1 in Verbindung mit den in Nummer 1 Buchstabe b bezeichneten Vorschriften, des § 308 Abs. 2 oder des § 308a über die Bewertung,

e) des § 311 Abs. 1 Satz 1 in Verbindung mit § 312 über die Behandlung assoziierter Unternehmen oder

f) des § 308 Abs. 1 Satz 3, des § 313 oder des § 314 über die im Konzernanhang zu machenden Angaben,

3. bei der Aufstellung des Lageberichts einer Vorschrift des § 289 oder des § 289a über den Inhalt des Lageberichts,

4. bei der Aufstellung des Konzernlageberichts einer Vorschrift des § 315 Absatz 1, 2, 4 oder Absatz 5 über den Inhalt des Konzernlageberichts,

5. bei der Offenlegung, Veröffentlichung oder Vervielfältigung einer Vorschrift des § 328 über Form oder Inhalt oder

6. einer auf Grund des § 330 Abs. 2 in Verbindung mit Abs. 1 Satz 1 erlassenen Rechtsverordnung, soweit sie für einen bestimmten Tatbestand auf diese Bußgeldvorschrift verweist,

zuwiderhandelt.

(2) Ordnungswidrig handelt, wer zu einem Jahresabschluss, zu einem Einzelabschluss nach § 325 Abs. 2a oder zu einem Konzernabschluss, der aufgrund gesetzlicher Vorschriften zu prüfen ist, einen Vermerk nach § 322 Abs. 1 erteilt, obwohl nach § 319 Abs. 2, 3, 5, § 319a Abs. 1 Satz 1, Abs. 2, § 319b Abs. 1 er, nach § 319 Abs. 4, auch in Verbindung mit § 319a Abs. 1 Satz 2, oder § 319a Abs. 1 Satz 4, 5, § 319b Abs. 1 die Wirtschaftsprüfungsgesellschaft oder nach § 340k Abs. 2 oder Abs. 3 der Prüfungsverband oder die Prüfungsstelle, für die oder für den er tätig wird, nicht Abschlussprüfer sein darf.

(3) Die Ordnungswidrigkeit kann mit einer Geldbuße bis zu fünfzigtausend Euro geahndet werden.

(4) Verwaltungsbehörde im Sinn des § 36 Abs. 1 Nr. 1 des Gesetzes über Ordnungswidrigkeiten ist in den Fällen der Absätze 1 und 2 die Bundesanstalt für Finanzdienstleistungsaufsicht.

A. Allgemeines

I. Grundsätze des Ordnungswidrigkeitenrechts

Vgl. dazu → § 334 Rn. 3–9. 1

II. Entstehungsgeschichte

Nach Ausweitung der für die Kapitalgesellschaft geltenden Vorschriften über Bilanzierung und Rech- 2 nungslegung auf alle Kreditinstitute konnten die Regelungen in § 334 wegen der Vielzahl abweichender und ergänzender Vorschriften zu den §§ 243 ff. nicht unverändert auf Kreditinstitute und Finanzierungsinstitute übernommen werden. § 334 Abs. 5 schließt daher die Anwendbarkeit der Bußgeldtatbestände des § 334 Abs. 1–4 auf Kreditinstitute ausdrücklich aus. Bußgeldbewehrte Verstöße gegen die Rechnungslegungsvorschriften für Kreditinstitute und Finanzdienstleistungsinstitute aller Rechtsformen sind daher ausschließlich in § 340n geregelt (MüKoHGB/*Quedenfeld* Rn. 1; Heymann/*Otto* Rn. 1).

III. Geschütztes Rechtsgut

Das geschützte Rechtsgut des § 340n Abs. 1 entspricht dem des § 334; vgl. daher die dortigen 3 Ausführungen, → § 334 Rn. 10 f. Insofern ist § 340n Abs. 1 und 2 Schutzgesetz iSd § 823 Abs. 2 BGB (Heymann/*Otto* Rn. 2).

B. Tatbestand

I. Normadressat

4   § 340n ist ein echtes Sonderdelikt. Die Verwirklichung der Tatbestände setzt zumindest bei einem der Tatbeteiligten besondere persönliche Merkmale iSd §§ 14 Abs. 1 S. 2, 9 Abs. 1 OWiG voraus (Heymann/*Otto* Rn. 3).

5   Mögliche Täter des § 340n Abs. 1 können der Geschäftsleiter iSd §§ 1 Abs. 2 S. 1, 53 Abs. 2 Nr. 1 KWG von Kredit- oder Finanzdienstleistungsinstituten (→ § 340m Rn. 4) und der Geschäftsleiter iSd § 1 Abs. 8 S. 1, 2 Zahlungsdiensteaufsichtsgesetz sowie Inhaber von Kredit- oder Finanzdienstleistungsinstituten, die in der Form des Einzelkaufmanns betrieben werden und Mitglieder des Aufsichtsrats (→ § 331 Rn. 11, 15) sein. Nach § 340n Abs. 2 sind die Abschlussprüfer eines Kreditinstituts, die gesetzlichen Vertreter einer Wirtschaftsprüfungsgesellschaft oder des Prüfungsverbandes nach § 340k Abs. 2 sowie die Leiter der Prüfungsstellen nach § 340k Abs. 3 taugliche Täter. Ein vereidigter Buchprüfer ist bei Kredit- und Finanzdienstleistungsunternehmen nach § 319 Abs. 1 S. 2 als Abschlussprüfer ausgeschlossen, da § 340k Abs. 1 S. 1 bestimmt, dass § 319 Abs. 1 S. 2 keine Anwendung findet. Nicht erfasst werden die ständigen Vertreter der Zweigniederlassung einer ausländischen AG oder GmbH iSd § 13e Abs. 2 und 3 KWG, da § 340n sie nicht aufführt. Einer analogen Anwendung steht das Analogieverbot des Art. 103 Abs. 2 GG entgegen. Sonstige Personen kommen nur dann als Täter in Betracht, wenn sie sich an der Tat beteiligen und mindestens einer der sonstigen Tatbeteiligten die Qualifikation des Abs. 1 oder 2 aufweist (MüKoHGB/*Quedenfeld* Rn. 6 f.).

II. Tatgegenstand

6   Neben den in § 334 genannten Tatobjekten erfasst § 340n den Zwischenabschluss nach § 340a Abs. 3 und den Konzernzwischenabschluss nach § 340i Abs. 4 (MüKoHGB/*Quedenfeld* Rn. 8).

III. Tathandlungen

7   **1. § 340n Abs. 1.** § 340n übernimmt die Tatbestände des § 334 unter Berücksichtigung der bankspezifischen Bilanzierungsvorschriften (vgl. §§ 340a–340j). So bestimmt zB § 340a Abs. 2 S. 1, dass die dort genannten Vorschriften ersatzlos nicht anzuwenden sind, während § 340a Abs. 2 S. 2 bestimmt, dass an die Stelle der dort genannten Vorschriften grds. die RechKredV tritt (MüKoHGB/*Böcking/Helke/Morawietz* § 340a Rn. 13 mit ausführlicher Aufstellung).

a) Zuwiderhandlungen gegen Vorschriften über Form und Inhalt (§ 340n Abs. 1 Nr. 1 lit. a)

8   – Aufstellung des Jahresabschlusses nach den Grundsätzen ordnungsmäßiger Buchführung (§ 243 Abs. 1)
– Klarheit und Übersichtlichkeit des Jahresabschlusses (§ 243 Abs. 2)
– Aufstellung in deutscher Sprache und in Euro (§ 244)
– Unterzeichnung durch den Kaufmann oder die persönlich haftenden Gesellschafter unter Angabe des Datums (§ 245)
– Vollständigkeit des Jahresabschlusses (§ 246 Abs. 1)
– Verrechnungsverbot (§ 246 Abs. 2 iVm § 340a Abs. 2 S. 3)
– Stetigkeitsgebot (§ 246 Abs. 3 S. 1)
– Inhalt der Bilanz (§ 247 Abs. 2 und Abs. 3)
– Bilanzierungsverbote und -wahlrechte (§ 248)
– Rückstellungen (§ 249)
– Pflicht zur Bildung aktiver Rechnungsabgrenzungsposten (§ 250 Abs. 1)
– Pflicht zur Bildung passiver Rechnungsabgrenzungsposten (§ 250 Abs. 2)
– Registerangaben, Vermittlung eines den tatsächlichen Verhältnissen entsprechenden Bildes der Vermögens-, Finanz- und Ertragslage, zusätzliche Angaben im Anhang (§ 264 Abs. 1a, 2)
– Ausweis von Pensionsgeschäften (§ 340b Abs. 4 oder 5)
– Ausweis von Erträgen oder Aufwendungen aus Finanzgeschäften in der GuV (§ 340c Abs. 1).

b) Zuwiderhandlungen gegen Vorschriften über die Bewertung (§ 340n Abs. 1 Nr. 1 lit. b)

9   – Wertobergrenze von Vermögensgegenständen mit den Anschaffungs- oder Herstellungskosten (§ 253 Abs. 1 S. 1)
– Wertansätze von Verbindlichkeiten, Altersversorgungsverpflichtungen und zu verrechnende Vermögensgegenstände (§ 253 Abs. 1 S. 2, 3 oder S. 4)
– Abzinsung von Rückstellungen und Rückstellungen von Altersversorgungsverpflichtungen (§ 253 Abs. 2 S. 1, 2)
– Minderung der Anschaffungs- oder Herstellungskosten um planmäßige und außerplanmäßige Abschreibungen bei voraussichtlich dauernder Wertminderung (§ 253 Abs. 3 S. 1, 2, 3, 4, 5)

– Abschreibungen bei Vermögensgegenständen des Umlaufvermögens (§ 253 Abs. 4, 5)
– Bildung von Bewertungseinheiten (§ 254)
– Währungsumrechnung (§ 256a)
– Bewertung von Vermögensgegenständen (§ 340e Abs. 1 S. 1 oder 2, Abs. 3 S. 1, 2, 3 oder 4 Hs. 2, Abs. 4 S. 1 oder 2)
– Vorsorge für allgemeine Bankrisiken (§ 340f Abs. 1 S. 2)
– Ausweis von Zuführungen zum Sonderposten (§ 340g Abs. 2).

c) Zuwiderhandlungen gegen Vorschriften über die Gliederung und GUV (§ 340n Abs. 1 Nr. 1 lit. c)

– Angabe von Vorjahresbeträgen (§ 265 Abs. 2)   **10**
– Mitzugehörigkeit zu anderen Posten der Bilanz und Ausweis eigener Anteile (§ 265 Abs. 3)
– Gliederung des Jahresabschlusses bei mehreren Geschäftszweigen (§ 265 Abs. 4)
– Ausweis eines nicht durch Eigenkapital gedeckten Fehlbetrags (§ 268 Abs. 3)
– Ausweis eines Unterschiedsbetrags nach § 250 Abs. 3 (§ 268 Abs. 6)
– Gliederung des Eigenkapitals (§ 272)
– Latente Steuern (§ 274)
– Ausweis von Erträgen und Aufwendungen aus Verlustübernahme und aufgrund einer Gewinngemeinschaft, eines Gewinnabführungs- oder eines Teilgewinnabführungsvertrags erhaltene oder abgeführte Gewinne in der GuV (§ 277 Abs. 3 S. 2).

d) Zuwiderhandlungen gegen Vorschriften über die im Anhang zu machende Angaben (§ 340n Abs. 1 Nr. 1 lit. d)

– Angabepflicht im Anhang für in der Bilanz oder der Gewinn- und Verlustrechnung aufgrund eines   **11**
Wahlrechts unterlassene Angaben (§ 284 Abs. 1)
– Anhangangabe der angewendeten Bilanzierungs- und Bewertungsmethoden (§ 284 Abs. 2 Nr. 1)
– Angabe und Erläuterung der Abweichungen von Bilanzierungs- und Bewertungsmethoden im Anhang sowie Darstellung des Einflusses auf die Vermögens-, Finanz- und Ertragslage (§ 284 Abs. 2 Nr. 2)
– Anhangangabe zur Einbeziehung von Zinsen für Fremdkapital in die Herstellungskosten (§ 284 Abs. 2 Nr. 4)
– Entwicklung des Anlagevermögens (§ 384 Abs. 3)
– Anhangangabe zu nicht in der Bilanz enthaltenen Geschäften, soweit dies für die Beurteilung der Finanzlage notwendig ist (§ 285 Nr. 3)
– Gesamtbetrag der sonstigen finanziellen Verpflichtungen (§ 285 Nr. 3a)
– Anhangangabe der durchschnittlichen Arbeitnehmerzahl (§ 285 Nr. 7)
– Anhangangabe der Bezüge der gegenwärtigen und früheren Mitglieder des Geschäftsführungsorgans, eines Aufsichtsrats, eines Beirats oder einer ähnlichen Einrichtung (§ 285 Nr. 9 Buchst. a oder Buchst. b)
– Anhangangabe der Mitglieder des Geschäftsführungsorgans und eines Aufsichtsrats (§ 285 Nr. 10)
– Anhangangabe zu Unternehmen, an denen ein Anteilsbesitz sowie Angaben zu Unternehmen, deren unbeschränkt haftende Gesellschafterin die Kapitalgesellschaft ist sowie Beteiligungen an bestimmten börsennotierten Kapitalgesellschaften (§ 285 Nr. 11a, 11b)
– Anhangangabe über den Zeitraum des entgeltlich erworbenen Geschäfts- oder Firmenwerts, über den abgeschrieben worden ist (§ 285 Nr. 13)
– Anhangangabe zum Mutterunternehmen, das den Konzernabschluss aufstellt (§ 285 Nr. 14, 14a)
– Zusatzangaben für Kapitalgesellschaften & Co (§ 285 Nr. 15)
– Angaben zu ausgegebenen Genußscheinen und ähnliche Rechte auf Gewinnbezug (§ 285 Nr. 15a)
– Zusatzangaben für börsennotierte Aktiengesellschaften über die Entsprechenserklärung (§ 285 Nr. 16)
– Anhangangabe zu Honoraren des Abschlussprüfers für die Abschlussprüfung, sonstige Bestätigungs- oder Bewertungsleistungen, Steuerberatungsleistungen, sowie sonstige Leistungen (§ 285 Nr. 17)
– Anhangangaben für zu den Finanzanlagen gehörende Finanzinstrumente, die über ihren Zeitwert, wegen Unterbleibens einer außerplanmäßiger Abschreibung, ausgewiesen werden (§ 285 Nr. 18)
– Anhangangaben für nicht zum beizulegenden Zeitwert bilanzierte derivative Finanzinstrumente (§ 285 Nr. 19)
– Anhangangaben zu den gem. § 340e Abs. 3 S. 1 mit dem beizulegenden Zeitwert bewertete Finanzinstrumente (§ 285 Nr. 20)
– Anhangangaben zu wesentlichen nicht zu marktüblichen Bedingungen zustande gekommenen Geschäfte mit nahe stehenden Unternehmen und Personen (§ 285 Nr. 21)
– Anhangangaben zum Gesamtbetrag und Zusammensetzung bei aktivierten Forschungs- und Entwicklungskosten (§ 285 Nr. 22)
– Anhangangaben zu der Zusammensetzung von Bewertungseinheiten (§ 285 Nr. 23)
– Anhangangaben zu dem angewandten versicherungsmathematischen Berechnungsverfahren bei der Rückstellung von Pensionen und ähnlichen Verpflichtungen (§ 285 Nr. 24)

– Anhangangaben zu den einzelnen der Verrechnung nach § 246 Abs. 2 S. 2 unterliegenden Posten (§ 285 Nr. 25)
– Anhangangaben zu Anteilen an Sondervermögen oder zu Anlageaktien an Investmentvermögen (§ 285 Nr. 26)
– Anhangangaben zu den Beträgen des Gesamtbetrags iSv § 268 Abs. 8 (§ 285 Nr. 28)
– Anhangangaben zu latenten Steuern (§ 285 Nr. 29)
– Angaben zu latenten Steuerschulden (§ 285 Nr. 30)
– Angaben zu außergewöhnlichen Aufwands- und Ertragsposten, soweit sie nicht von untergeordneter Bedeutung sind (§ 285 Nr. 31)
– Angaben zu Erträgen und Aufwendungen, die einem anderen Geschäftsjahr zuzurechnen sind (§ 285 Nr. 32)
– Angaben zu in der Bilanz und GuV nicht berücksichtigten Vorgängen von besonderer Bedeutung, die nach dem Schluss des Geschäftsjahres eingetreten sind (§ 285 Nr. 33)
– Angaben zu der beabsichtigten Verwendung des Ergebnisses bzw. die Entschließung über diese Verwendung (§ 285 Nr. 34).

e) Zuwiderhandlungen bei der Aufstellung oder Feststellung des Konzernabschlusses oder bei Aufstellung des Konzernzwischenabschlusses gem. § 340i Abs. 4 (§ 340n Abs. 2)

12 – Einzubeziehende Unternehmen (§ 294 Abs. 1)
– Registerangaben, Klarheit und Übersichtlichkeit des Konzernabschlusses (§ 297 Abs. 1a, 2)
– Darstellung der Vermögens-, Finanz- und Ertragslage, Angabe und Erläuterung der nicht beibehaltenen Konsolidierungsmethoden im Konzernanhang (§ 297 Abs. 3)
– Entsprechende Anwendung der §§ 340a–340g (§ 340i Abs. 2 S. 1) iVm einer in § 340n Abs. 1 Nr. 1 Buchst. a genannten Vorschrift über Form und Inhalt
– Konsolidierungsgrundsätze oder Vollständigkeitsgebot (§ 300)
– Einheitliche Bewertung der Vermögensgegenstände und Schulden der Tochterunternehmen nach den für den Jahresabschluss des Mutterunternehmens anwendbaren Bewertungsmethoden (§ 308 Abs. 1 S. 1 iVm einer der unter § 340n Abs. 1 Nr. 1 Buchst. b genannten Bewertungsvorschriften)
– Neubewertung von abweichenden Bilanzposten der Tochterunternehmen (§ 308 Abs. 2)
– Währungsumrechnung (§ 308a)
– Wertansatz der Beteiligung und Behandlung des Unterschiedsbetrags bei der Einbeziehung assoziierter Unternehmen (§ 311 Abs. 1 S. 1 iVm § 312)
– Anhangangabe zu Abweichungen von den auf den Jahresabschluss des Mutterunternehmens angewendeten Bewertungsmethoden (§ 308 Abs. 1 S. 3)
– Sonstige Konzernanhangangaben (§ 313 oder § 314).

13 **f) Verstöße bei der Aufstellung der (Konzern-)Lageberichte, Offenlegung und gegen die Formblatt-VO.** Die Ziffern 3–6 bleiben ggü. § 334 unverändert. Nr. 6 wird ausgefüllt durch die VO über die Rechnungslegung von Kreditinstituten. Diese enthält in § 38 Abs. 1 Bußgeldtatbestände iSd § 340n Abs. 1 Nr. 6 für den in § 340n Abs. 1 genannten Personenkreis (→ Rn. 4, 5 S. 1). Abs. 2 der Verordnung erklärt diese Bußgeldbestimmungen auch bei der Aufstellung des Konzernabschlusses für anwendbar (MüKoHGB/*Quedenfeld* Rn. 16).

g) Ordnungswidrig handelt nach § 38 Abs. 1 RechKredV, wer bei der Aufstellung und Feststellung des Jahresabschlusses

14 – entgegen § 2 Abs. 1 S. 1 RechKredV nicht das vorgeschriebene Formblatt anwendet,
– entgegen §§ 3–5, 6 Abs. 1 S. 1 oder S. 2, Abs. 2 oder Abs. 4 RechKredV die dort genannten Posten nicht, nicht in der vorgeschriebenen Weise oder nicht mit dem vorgeschriebenen Inhalt ausweist,
– entgegen § 6 Abs. 3 RechKredV dort genannte Vermögensgegenstände oder Schulden in seine Bilanz aufnimmt,
– einer Vorschrift der §§ 9 oder 39 Abs. 4 oder 5 RechKredV über die Fristengliederung zuwiderhandelt,
– entgegen § 10 Abs. 1 RechKredV dort genannte Verbindlichkeiten nicht verrechnet,
– entgegen § 10 Abs. 2 RechKredV Forderungen oder Verbindlichkeiten verrechnet,
– einer der Vorschriften der §§ 12–33 RechKredV über die einzelnen Posten der Bilanz oder der GuV aufzunehmenden Angaben zuwiderhandelt,
– einer Vorschrift der §§ 34 oder 35 RechKredV über zusätzliche Erläuterungen oder Pflichtangaben zuwiderhandelt,
– einer Vorschrift des § 36 RechKredV über Termingeschäfte zuwiderhandelt.

15 **2. § 340n Abs. 2.** § 340n Abs. 2 erfasst als Ordnungswidrigkeit, wie bei § 334 Abs. 2, den Verstoß des Abschlussprüfers bei Erteilung des Bestätigungsvermerks nach § 322, wenn in seiner Person die gesetzlichen Ausschlussgründe des § 319 Abs. 2, 3, 5; § 319a Abs. 1, 2 oder § 319b vorliegen. Hier gelten die Ausführungen zu § 334 entsprechend.

C. Sanktion

Der Bußgeldrahmen entspricht dem des § 334. Daher kann auf die dortigen Ausführungen unter **16** → § 334 Rn. 36 verwiesen werden.

D. Verfolgungszuständigkeit

Durch den mit Art. 1 Nr. 33 EHUG eingefügten Abs. 4 ist zuständige Bußgeldbehörde die Bundes- **17** anstalt für Finanzdienstleistungsaufsicht.

§ 340o Festsetzung von Ordnungsgeld

[1]Personen, die

1. als Geschäftsleiter im Sinne des § 1 Absatz 2 Satz 1 des Kreditwesengesetzes eines Kreditinstituts oder Finanzdienstleistungsinstituts im Sinne des § 340 Absatz 4 Satz 1 oder als Geschäftsleiter im Sinne des § 1 Absatz 8 Satz 1 und 2 des Zahlungsdiensteaufsichtsgesetzes eines Instituts im Sinne des § 340 Absatz 5 oder als Inhaber eines in der Rechtsform des Einzelkaufmanns betriebenen Kreditinstituts oder Finanzdienstleistungsinstituts im Sinne des § 340 Absatz 4 Satz 1, den § 340l Absatz 1 Satz 1 in Verbindung mit § 325 Absatz 2 bis 5, die §§ 328, 329 Absatz 1 über die Pflicht zur Offenlegung des Jahresabschlusses, des Lageberichts, des Konzernabschlusses, des Konzernlageberichts und anderer Unterlagen der Rechnungslegung oder
2. als Geschäftsleiter von Zweigniederlassungen im Sinn des § 53 Abs. 1 des Kreditwesengesetzes § 340l Abs. 1 oder Abs. 2 über die Offenlegung der Rechnungslegungsunterlagen

nicht befolgen, sind hierzu vom Bundesamt für Justiz durch Festsetzung von Ordnungsgeld anzuhalten. [2]Die §§ 335 bis 335b sind entsprechend anzuwenden.

§ 341m Strafvorschriften

[1]Die Strafvorschriften der §§ 331 bis 333 sind auch auf nicht in der Rechtsform einer Kapitalgesellschaft betriebene Versicherungsunternehmen und Pensionsfonds anzuwenden. [2]§ 331 ist darüber hinaus auch anzuwenden auf die Verletzung von Pflichten durch den Hauptbevollmächtigten (§ 68 Absatz 2 des Versicherungsaufsichtsgesetzes).

1. Allgemeines. Ebenso wie § 340m erweitert § 341m den Anwendungsbereich der §§ 331–333 **1** unternehmens- (S. 1) und personenbezogen (S. 2). § 341m S. 1 bestimmt, dass die §§ 331–333 auch auf die nicht in der Rechtsform der Kapitalgesellschaft betriebenen Versicherungsunternehmen und Pensionsfonds Anwendung finden, somit auf die oHG, KG, Genossenschaften, Einzelfirma, VVaG, Körperschaften oder Anstalten des öffentlichen Rechts. Nach S. 2 finden die §§ 331–333 auch auf den Hauptbevollmächtigten iSd § 68 Abs. 2 VAG Anwendung.

2. Einzelheiten der Regelung. a) Versicherungsunternehmen. § 341 Abs. 1 enthält eine Legal- **2** definition von Versicherungsunternehmen. Hiernach sind Versicherungsunternehmen Unternehmen, die den Betrieb von Versicherungsgeschäften zum Gegenstand haben und nicht Träger der Sozialversicherung sind. Werden allerdings von den Versicherungsunternehmen aufgrund von Gesetz, Tarifvertrag oder Satzung ausschließlich Leistungen an die Mitglieder oder an die durch Gesetz oder Satzung begünstigten Personen erbracht, gelten die Bestimmungen der §§ 341 ff. nicht, ebenso dann nicht, wenn die Versicherungsunternehmen als nicht rechtsfähige Einrichtungen ihre Aufwendungen im Umlageverfahren decken, es sei denn, die Versicherungsunternehmen werden in der Rechtsform der AG, VVG AG oder des rechtsfähigen kommunalen Schadensversicherungsunternehmens betrieben.

b) Niederlassungen. § 341 Abs. 2 ergänzt den Begriff *„Versicherungsunternehmen"* iSd § 341 **3** Abs. 1.

c) Pensionsfonds. § 341 Abs. 4 S. 1 bestimmt, dass die Vorschriften des Ersten bis Siebenten Teils **4** grds. sinngemäß auf Pensionsfonds iSd § 236 Abs. 1 VAG anzuwenden sind. § 236 Abs. 1 VAG enthält eine Legaldefinition vom Pensionsfonds (MüKoHGB/*Quedenfeld* Rn. 4).

3. Normadressat. a) Vertretungsberechtigte Organe. Normadressaten nach § 341m S. 1 sind **5** alle vertretungsberechtigten Organe einer Nicht-Kapitalgesellschaft: Bei der oHG und KG die geschäftsführungsberechtigten Gesellschafter, bei der Genossenschaft die Vorstandsmitglieder (§ 24 GenG), bei dem VVaG der Vorstand (§ 29 VAG) und bei Körperschaften und Anstalten des öffentlichen Rechts die gesetzlich bestimmten geschäftsführungsbefugten Repräsentanten (MüKoHGB/*Quedenfeld* Rn. 6).

6   **b) Hauptbevollmächtigter.** Nach § 341m S. 2 ist weiterer Normadressat auch der Hauptbevoll-mächtigte einer Zweigniederlassung iSd § 68 Abs. 2 VAG (diese Vorschrift entspricht § 106 Abs. 3 VAG aF; vgl. BT-Drs. 18/2956, 256), der von einem ausländischen Versicherungsunternehmen zur Wahrnehmung der Aufgaben des Vorstands im Inland bestellt wurde. Er hat die Pflichten und persönlichen Voraussetzungen eines Vorstands zu erfüllen. Die Grundsätze zum faktischen Organ (→ § 331 Rn. 17) finden auch auf den Hauptbevollmächtigten Anwendung (MüKoHGB/*Quedenfeld* Rn. 7).

7   **4. Tathandlungen.** Durch die vollumfängliche Verweisung auf §§ 331–333 sind die dort genannten Tathandlungen auf den erweiterten Täterkreis anzuwenden.

§ 341n Bußgeldvorschriften

(1) Ordnungswidrig handelt, wer als Mitglied des vertretungsberechtigten Organs oder des Aufsichtsrats eines Versicherungsunternehmens oder eines Pensionsfonds oder als Haupt-bevollmächtigter (§ 68 Absatz 2 des Versicherungsaufsichtsgesetzes)
1. bei der Aufstellung oder Feststellung des Jahresabschlusses einer Vorschrift
   a) des § 243 Abs. 1 oder 2, der §§ 244, 245, 246 Abs. 1 oder 2, dieser in Verbindung mit § 341a Abs. 2 Satz 3, des § 246 Abs. 3 Satz 1, des § 247 Abs. 3, der §§ 248, 249 Abs. 1 Satz 1 oder Abs. 2, des § 250 Abs. 1 oder Abs. 2, des § 264 Absatz 1a oder Absatz 2, des § 341e Abs. 1 oder 2 oder der §§ 341f, 341g oder 341h über Form oder Inhalt,
   b) des § 253 Abs. 1 Satz 1, 2, 3 oder Satz 4, Abs. 2 Satz 1, auch in Verbindung mit Satz 2, Absatz 3 Satz 1, 2, 3, 4 oder Satz 5, Abs. 4, 5, der §§ 254, 256a, 341b Abs. 1 Satz 1 oder des § 341d über die Bewertung,
   c) des § 265 Abs. 2, 3 oder 4, des § 268 Abs. 3 oder 6, der §§ 272, 274 oder des § 277 Abs. 3 Satz 2 über die Gliederung,
   d) der §§ 284, 285 Nr. 1, 2 oder Nr. 3, auch in Verbindung mit § 341a Abs. 2 Satz 5, oder des § 285 Nummer 3a, 7, 9 bis 14a, 15a, 16 bis 33 oder Nummer 34 über die im Anhang zu machenden Angaben,
2. bei der Aufstellung des Konzernabschlusses einer Vorschrift
   a) des § 294 Abs. 1 über den Konsolidierungskreis,
   b) des § 297 Absatz 1a, 2 oder Absatz 3 oder des § 341j Abs. 1 Satz 1 in Verbindung mit einer der in Nummer 1 Buchstabe a bezeichneten Vorschriften über Form oder Inhalt,
   c) des § 300 über die Konsolidierungsgrundsätze oder das Vollständigkeitsgebot,
   d) des § 308 Abs. 1 Satz 1 in Verbindung mit den in Nummer 1 Buchstabe b bezeichneten Vorschriften, des § 308 Abs. 2 oder des § 308a über die Bewertung,
   e) des § 311 Abs. 1 Satz 1 in Verbindung mit § 312 über die Behandlung assoziierter Unternehmen oder
   f) des § 308 Abs. 1 Satz 3, des § 313 oder des § 314 in Verbindung mit § 341j Abs. 1 Satz 2 oder 3 über die im Konzernanhang zu machenden Angaben,
3. bei der Aufstellung des Lageberichts einer Vorschrift des § 289 oder des § 289a über den Inhalt des Lageberichts,
4. bei der Aufstellung des Konzernlageberichts einer Vorschrift des § 315 Absatz 1, 2, 4 oder Absatz 5 über den Inhalt des Konzernlageberichts,
5. bei der Offenlegung, Veröffentlichung oder Vervielfältigung einer Vorschrift des § 328 über Form oder Inhalt oder
6. einer auf Grund des § 330 Abs. 3 und 4 in Verbindung mit Abs. 1 Satz 1 erlassenen Rechts-verordnung, soweit sie für einen bestimmten Tatbestand auf diese Bußgeldvorschrift ver-weist,
zuwiderhandelt.

(2) Ordnungswidrig handelt, wer zu einem Jahresabschluss, zu einem Einzelabschluss nach § 325 Abs. 2a oder zu einem Konzernabschluss, der aufgrund gesetzlicher Vorschriften zu prüfen ist, einen Vermerk nach § 322 Abs. 1 erteilt, obwohl nach § 319 Abs. 2, 3, 5, § 319a Abs. 1 Satz 1, Abs. 2, § 319b Abs. 1 er oder nach § 319 Abs. 4, auch in Verbindung mit § 319a Abs. 1 Satz 2, oder § 319a Abs. 1 Satz 4, 5, § 319b Abs. 1 die Wirtschaftsprüfungsgesellschaft, für die er tätig wird, nicht Abschlussprüfer sein darf.

(3) Die Ordnungswidrigkeit kann mit einer Geldbuße bis zu fünfzigtausend Euro geahndet werden.

(4) [1]Verwaltungsbehörde im Sinne des § 36 Abs. 1 Nr. 1 des Gesetzes über Ordnungswid-rigkeiten ist in den Fällen der Absätze 1 und 2 die Bundesanstalt für Finanzdienstleistungs-aufsicht für die ihrer Aufsicht unterliegenden Versicherungsunternehmen und Pensionsfonds. [2]Unterliegt ein Versicherungsunternehmen und Pensionsfonds der Aufsicht einer Landes-behörde, so ist diese zuständig.

A. Allgemeines

I. Grundsätze des Ordnungswidrigkeitenrechts

Vgl. → § 334 Rn. 3–8.   1

II. Entstehungsgeschichte

Nach Ausdehnung der für die Kapitalgesellschaften geltenden Vorschriften über Bilanzierung und 2
Rechnungswesen auf alle Versicherungsunternehmen durch das VersicherungsbilanzrichtlinienG v.
24.6.1994 (BGBl. I 1377), konnten die Inhalte in § 334 wegen der großen Zahl abweichender Regelungen nicht unverändert für alle Versicherungsunternehmen übernommen werden. Daher bestimmt
§ 334 Abs. 5, dass § 334 Abs. 1–4 auf Versicherungsunternehmen nicht anwendbar ist. Die die Versicherungsunternehmen und Pensionsfonds betreffenden Bußgeldvorschriften werden ausschließlich in
§ 341n geregelt (Heymann/*Otto* Rn. 2; MüKoHGB/*Quedenfeld* Rn. 1)

III. Geschütztes Rechtsgut.

Das geschützte Rechtsgut des § 341n Abs. 1 entspricht dem des § 331, → § 331 Rn. 7; das des Abs. 2 3
dem des § 332, → 332 Rn. 2. § 341n Abs. 1 als auch 2 sind insofern Schutzgesetze iSd § 823 Abs. 2
BGB (Heymann/*Otto* Rn. 3).

B. Tatbestand

I. Normadressat

§ 341n ist ein echtes Sonderdelikt. Die Verwirklichung der Ordnungswidrigkeitentatbestände setzt 4
zumindest bei einem der Tatbeteiligten die besonderen persönlichen Merkmale iSd §§ 14 Abs. 1 S. 2, 9
Abs. 1 OWiG voraus. Als mögliche Täter des § 341n Abs. 1 kommen Mitglieder des vertretungsberechtigten Organs, → § 334 Rn. 15, Mitglieder des Aufsichtsrates, → § 334 Rn. 15 – beachte die
unterschiedlichen Auffassungen zum fakultativen Aufsichtsrat – (→ § 334 Rn. 17), und der Hauptbevollmächtigte, → § 341m Rn. 6 in Betracht. Mögliche Täter iSd § 341n Abs. 2 können Abschlussprüfer eines Versicherungsunternehmens sein, die aber nur Wirtschaftsprüfer sein können, da § 341k
Abs. 1 S. 2 die Anwendbarkeit des § 319 Abs. 1 S. 2 ausschließt (MüKoHGB/*Quedenfeld* Rn. 2, 3, 4).

II. Tathandlungen

§ 341n übernimmt die Tatbestände des § 334 unter Berücksichtigung der versicherungsspezifischen 5
Bilanzierungsvorschriften der §§ 341a–341j. Insbes. § 341a Abs. 2 S. 1 und 2 erklären eine Reihe von
Bilanzierungsvorschriften der §§ 265 ff. für nicht anwendbar. Aufgrund dessen sind die Bußgeldvor-
schriften des § 341n an die versicherungsrechtlichen Vorgaben angepasst (MüKoHGB/*Quedenfeld*
Rn. 5).

1. Zuwiderhandlungen gegen Vorschriften über Form oder Inhalt des Jahresabschlusses (§ 341n Abs. 1 Nr. 1 lit. a)

– Aufstellung des Jahresabschlusses nach den Grundsätzen ordnungsmäßiger Buchführung (§ 243 6
  Abs. 1)
– Klarheit und Übersichtlichkeit des Jahresabschlusses (§ 243 Abs. 2)
– Aufstellung in deutscher Sprache und in Euro (§ 244)
– Unterzeichnung durch den Kaufmann oder die persönlich haftenden Gesellschafter unter Angabe des
  Datums (§ 245)
– Vollständigkeit des Jahresabschlusses (§ 246 Abs. 1)
– Verrechnungsverbot (§ 246 Abs. 2 iVm § 341a Abs. 2 S. 3)
– Ansatzstetigkeit (§ 246 Abs. 3 S. 1)
– Bilanzierungsverbote und -wahlrechte (§ 248)
– Rückstellungen (§ 249 Abs. 1 S. 1 oder Abs. 2)
– Rechnungsabgrenzungsposten (§ 250 Abs. 1 S. 1 oder Abs. 2)
– Registerangaben, Vermittlung eines den tatsächlichen Verhältnissen entsprechenden Bildes der Ver-
  mögens-, Finanz- und Ertragslage (§ 264 Abs. 1a, 2)
– Allgemeine Bilanzierungsgrundsätze zur Bildung von versicherungstechnischen Rückstellungen
  (§ 341e Abs. 1 oder 2)
– Grundsätze zur Bildung der Deckungsrückstellung (§ 341f)
– Grundsätze zur Bildung der Rückstellung für noch nicht abgewickelte Versicherungsfälle (§ 341g)
– Grundsätze zur Bildung der Schwankungsrückstellung und ähnlicher Rückstellungen (§ 341h).

a) Zuwiderhandlungen gegen Vorschriften über die Bewertung (§ 341n Abs. 1 Nr. 1 lit. b)

7 – Wertansätze von Vermögensgegenständen (§ 253 Abs. 1 S. 1)
   – Wertansätze von Schulden (§ 253 Abs. 1 S. 2)
   – Bewertung von Rückstellungen von Altersversorgungsverpflichtungen (§ 253 Abs. 1 S. 3)
   – Verrechnungsgebot in besonderen Fällen (§ 253 Abs. 1 S. 4)
   – Abzinsung der Rückstellungen und Rentenverpflichtungen (§ 253 Abs. 2)
   – Planmäßige und außerplanmäßige Abschreibungen bei Gegenständen des Anlagevermögens und von entgeltlich erworbenen Geschäfts- und Firmenwerten (§ 253 Abs. 3)
   – Abschreibungen bei Vermögensgegenständen des Umlaufvermögens (§ 253 Abs. 4)
   – Wertaufholungen (§ 253 Abs. 5)
   – Bildung von Bewertungseinheiten (§ 254)
   – Währungsumrechnung (§ 256a)
   – Bewertung von Vermögensgegenständen (§ 341b Abs. 1 S. 1)
   – Bewertung des Anlagestockes der fondsgebundenen Lebensversicherung (§ 341d)

b) Zuwiderhandlungen gegen Vorschriften über die Gliederung von Bilanz und GUV (§ 341n Abs. 1 Nr. 1 lit. c)

8 – Angabe von Vorjahresbeträgen (§ 265 Abs. 2)
   – Mitzugehörigkeit zu anderen Posten der Bilanz und Ausweis eigener Anteile (§ 265 Abs. 3)
   – Gliederung des Jahresabschlusses bei unterschiedlichen Geschäftszweigen (§ 265 Abs. 4)
   – Ausweis eines nicht durch Eigenkapital gedeckten Fehlbetrags (§ 268 Abs. 3)
   – Ausweis eines Unterschiedsbetrags nach § 250 Abs. 3 (§ 268 Abs. 6)
   – Gliederung des Eigenkapitals (§ 272)
   – Ausweis latenter Steuern (§ 274)
   – Ausweis von Erträgen und Aufwendungen aus Verlustübernahme und aufgrund einer Gewinngemeinschaft, eines Gewinnabführungs- oder eines Teilgewinnabführungsvertrags erhaltene oder abgeführte Gewinne (§ 277 Abs. 3 S. 2).

c) Zuwiderhandlungen gegen Vorschriften über in der Bilanz oder im Anhang zu machende Angaben (§ 341n Abs. 1 Nr. 1 lit. d)

9 – Erläuterung der Bilanz und der Gewinn –und Verlustrechnung (§ 284)
   – Gesamtbetrag der Verbindlichkeiten mit einer Restlaufzeit von mehr als fünf Jahren sowie der gesicherten Verbindlichkeiten (§ 285 Nr. 1)
   – Aufgliederung des Gesamtbetrags der Verbindlichkeiten mit einer Restlaufzeit von mehr als fünf Jahren sowie der gesicherten Verbindlichkeiten (§ 285 Nr. 2)
   – Angaben zu nicht in der Bilanz enthaltenen Geschäften (§ 285 Nr. 3 iVm § 341a Abs. 2 S. 5)
   – Gesamtbetrag der sonstigen finanziellen Verpflichtungen (§ 285 Nr. 3a)
   – Anhangangabe der durchschnittlichen Arbeitnehmerzahl (§ 285 Nr. 7)
   – Anhangangabe über die Gesamtbezüge etc für aktive und ehemalige Organmitglieder und deren Hinterbliebene (§ 285 Nr. 9)
   – Anhangangaben über die Mitlieder des Geschäftsführungsorgans und eines Aufsichtsrates (§ 285 Nr. 10)
   – Anhangangaben zu Anteilsbesitz (§ 285 Nr. 11)
   – Zusatzangaben persönlich haftender Kapitalgesellschaften (§ 285 Nr. 11a)
   – Zusatzangaben börsennotierter Kapitalgesellschaften (§ 285 Nr. 11b)
   – Anhangangaben zu nicht gesondert ausgewiesenen sonstigen Rückstellungen (§ 285 Nr. 12)
   – Angabe der Gründe für die planmäßige Abschreibung des Geschäfts- oder Firmenwerts (§ 285 Nr. 13)
   – Anhangangaben zum Mutterunternehmen, das den Konzernabschluss aufgestellt hat (§ 285 Nr. 14, 14a)
   – Bestehen von Genussscheinen etc (§ 285 Nr. 15a)
   – Zusatzangabe für börsennotierte Aktiengesellschaften über die Entsprechenserklärung zum Corporate Governance Kodex (§ 285 Nr. 16)
   – Anhangangabe zu dem für das Geschäftsjahr berechnete Gesamthonorar des Abschlussprüfers (§ 285 Nr. 17)
   – Anhangangaben zu bestimmten Finanzinstrumenten in den Finanzanlagen (§ 285 Nr. 18)
   – Anhangangaben zu derivativen Finanzinstrumenten (§ 285 Nr. 19)
   – Anhangangaben zu mit dem beizulegenden Zeitwert bewerteten Finanzinstrumenten des Handelsbestand nach § 340e Abs. 3 S. 1 (§ 285 Abs. 20)
   – Anhangangaben über Geschäfte mit nahe stehenden Unternehmen und Personen (§ 285 Nr. 21)
   – Anhangangaben über den Gesamtbetrag der Forschungs- und Entwicklungskosten des Geschäftsjahres (§ 285 Nr. 22)
   – Anhangangaben zu nach § 254 gebildeten Bewertungseinheiten (§ 285 Nr. 23)
   – Anhangangabe zu den Pensionsrückstellungen (§ 285 Nr. 24)

– Angaben zu Verrechnungen von Vermögensgegenständen und Schulden nach § 246 Abs. 2 S. 2 (§ 285 Nr. 25)
– Anhangangabe zu Anteilen an Sondervermögen oder Anlageaktien an Investmentvermögen (§ 285 Nr. 26)
– Anhangangabe zu den Haftungsverhältnissen nach § 268 Abs. 7 (§ 285 Nr. 27)
– Anhangangabe des Gesamtbetrags der Beträge iSd 268 Abs. 8 (§ 285 Nr. 28)
– Angaben zu latenten Steuern (§ 285 Nr. 29)
– Angaben zu latenten Steuerschulden (§ 285 Nr. 30)
– Angaben zu außergewöhnlichen Aufwands- und Ertragskosten (§ 285 Nr. 31)
– Angaben zu Erträgen und Aufwendungen, die einem anderen Geschäftsjahr zuzurechnen sind (§ 285 Nr. 32)
– Angaben zu in der Bilanz und GuV nicht berücksichtigten Vorgängen von besonderer Bedeutung, die nach dem Schluss des Geschäftsjahres eingetreten sind (§ 285 Nr. 33)
– Angaben zum Ergebnisverwendungsvorschlag oder –beschluss (§ 285 Nr. 34).

2. Zuwiderhandlungen bei der Aufstellung des Konzernabschlusses (§ 341n Abs. 1 Nr. 2)

– Einzubeziehende Unternehmen (§ 294 Abs. 1)   **10**
– Registerangaben, Form und Inhalt des Konzernabschlusses (§ 297 Abs. 1a, 2 oder 3 oder § 341j Abs. 1 S. 1 iVm einer der unter → Rn. 6 genannten Vorschriften über Form oder Inhalt)
– Konsolidierungsgrundsätze; Vollständigkeitsgebot (§ 300)
– Einheitliche Bewertung (§ 308 Abs. 1 S. 1 iVm einer der unter → Rn. 7 genannten Bewertungsvorschriften, des 308 Abs. 2 oder § 308a)
– Wertansatz der Beteiligung und Behandlung des Unterschiedsbetrags bei der Einbeziehung assoziierter Unternehmen (§ 311 Abs. 1 S. 1 iVm § 312)
– Anhangangabe zu Abweichungen von den auf den Jahresabschluss des Mutterunternehmens angewendeten Bewertungsmethoden (§ 308 Abs. 1 S. 3)
– Angabepflicht im Anhang für in der Konzernbilanz oder der Konzern-Gewinn- und Verlustrechnung aufgrund eines Wahlrechts unterlassene Angaben (§ 313)
– Sonstige Pflichtangaben für den Konzernanhang (§ 314 iVm § 341j Abs. 1 S. 2 oder S. 3).

3. Verstoß gegen § 341n Abs. 1 Nr. 3–6.
Nr. 3–6 bleiben ggü. § 334 unverändert. Nr. 6 wird **11** ausgefüllt durch die VO über die Rechnungslegung der Versicherungsunternehmen. Diese enthält in § 63 Abs. 1 Bußgeldtatbestände iSd § 341n Abs. 1 Nr. 6 für den in § 341n Abs. 1 genannten Personenkreis.

§ 63 RechVersV
Ordnungswidrig im Sinne des § 341n Abs. 1 Nr. 6 des Handelsgesetzbuchs handelt, wer als Mitglied des vertretungsberechtigten Organs oder des Aufsichtsrats eines Versicherungsunternehmens oder als Hauptbevollmächtigter einer Niederlassung im Geltungsbereich dieser Verordnung von Versicherungsunternehmen mit Sitz außerhalb des Geltungsbereichs dieser Verordnung

1. bei der Aufstellung oder Feststellung des Jahresabschlusses
   a) entgegen § 2 S. 1 nicht das vorgeschriebene Formblatt anwendet,
   b) entgegen § 4, § 5 Abs. 1 oder 2, § 54 in Verbindung mit § 55 Abs. 1 oder 6 oder § 56 Abs. 1 bis 5, § 55 Abs. 7 oder § 56 Abs. 6 eine Angabe nicht, nicht richtig oder nicht in der vorgeschriebenen Weise macht,
   c) einer Vorschrift der §§ 6 bis 50 über die in einzelne Posten der Bilanz oder der Gewinn- und Verlustrechnung aufzunehmenden Angaben zuwiderhandelt,
   d) einer Vorschrift der §§ 51 bis 53 über zusätzliche Erläuterungen, zusätzliche Pflichtangaben oder Angaben im Anhang zuwiderhandelt,
2. bei der Aufstellung des Lageberichts einer Vorschrift des § 57 über zusätzliche Angaben zuwiderhandelt,
3. bei der Aufstellung des Konzernabschlusses
   a) entgegen § 58 Abs. 1 Satz 1 nicht das vorgeschriebene Formblatt anwendet,
   b) einer Vorschrift des § 58 Abs. 4 Nr. 2 über die in einzelne Posten der Konzernbilanz oder der Konzern-Gewinn- und Verlustrechnung aufzunehmenden Angaben zuwiderhandelt oder
   c) entgegen § 59 Abs. 2 bis 4 eine Angabe nicht oder nicht richtig macht oder
4. entgegen § 60 eine Angabe nicht in den Konzernlagebericht aufnimmt.

4. Verstoß gegen § 341n Abs. 2.
§ 341 Abs. 2 erfasst die Erteilung eines Bestätigungsvermerks nach § 322 zu einem Jahresabschluss oder zu einem Konzernabschluss, der aufgrund gesetzlicher Vorschriften zu prüfen und zu testieren ist, wenn dieser von einem Wirtschaftsprüfer bzw. einer Wirtschaftsprüfungsgesellschaft erteilt wird, obwohl einer der in § 319 Abs. 2, 3, 5, § 319a Abs. 1 S. 1, 2, § 319b Abs. 1, § 319 Abs. 4 iVm § 319a, Abs. 1, S. 2, 4, 5, § 319b Abs. 1 genannten Gründe vorliegt, nach denen der Wirtschaftsprüfer bzw. die Wirtschaftsprüfungsgesellschaft nicht Prüfer sein darf.

C. Vollendung, Beendigung und Konkurrenzen

Hier gelten die Ausführungen zu § 334 entsprechend, → § 334 Rn. 35, 38, 39.   **12**

D. Sanktion

13   Der Bußgeldrahmen entspricht dem des § 334. Daher kann auf die dortigen Ausführungen verwiesen werden (→ § 334 Rn. 36 f.).

E. Verfolgungszuständigkeit

14   Zuständige Behörde zur Ahndung der Ordnungswidrigkeiten des § 341n ist nach Abs. 4 die Bundesanstalt für Finanzdienstleistungsaufsicht oder sofern das Versicherungsunternehmen bzw. der Pensionsfonds der Aufsicht einer Landesbehörde unterliegt, diese.

§ 341o Festsetzung von Ordnungsgeld

[1] Personen, die

1. als Mitglieder des vertretungsberechtigten Organs eines Versicherungsunternehmens oder eines Pensionsfonds § 341l in Verbindung mit § 325 über die Pflicht zur Offenlegung des Jahresabschlusses, des Lageberichts, des Konzernabschlusses, des Konzernlageberichts und anderer Unterlagen der Rechnungslegung oder
2. als Hauptbevollmächtigter (§ 68 Absatz 2 des Versicherungsaufsichtsgesetzes) § 341l Abs. 1 über die Offenlegung der Rechnungslegungsunterlagen

nicht befolgen, sind hierzu vom Bundesamt für Justiz durch Festsetzung von Ordnungsgeld anzuhalten. [2] Die §§ 335 bis 335b sind entsprechend anzuwenden.

§ 341p Anwendung der Straf- und Bußgeld- sowie der Ordnungsgeldvorschriften auf Pensionsfonds

Die Strafvorschriften des § 341m, die Bußgeldvorschrift des § 341n sowie die Ordnungsgeldvorschrift des § 341o gelten auch für Pensionsfonds im Sinn des § 341 Abs. 4 Satz 1.

400. Honigverordnung (HonigV)

Vom 16. Januar 2004 (BGBl. I S. 92) FNA 2125-40-91

Zuletzt geändert durch Art. 1 VO zur Änderung der HonigVO und anderer lebensmittelrechtlicher Vorschriften vom 30.6.2015 (BGBl. I S. 1090)

– Auszug –

Vorbemerkung

Mit der HonigV wurde die **RL 2001/110/EG des Rates v. 20.12.2001** in nationales Recht umge- **1** setzt. Die Richtlinie, die an Stelle der Vorgängerrichtlinie 74/409 trat und die dortigen Regeln neu fasste, um sie leichter verständlich zu machen, ist von der Erwägung getragen, die Unterschiede zwischen den einzelstaatlichen Rechtsvorschriften betreffend Honig, seinen verschiedenen Arten und den Merkmalen, denen er entsprechen muss, zu beseitigen, um **nachteilige Auswirkungen für den Binnenmarkt** – namentlich **unlauteren Wettbewerb** und **die Irreführung des Verbrauchers** – zu verhindern.

Weiter sollen in Anbetracht des engen Zusammenhangs zwischen der Qualität des Honigs und seiner **2** Herkunft (namentlich im Hinblick auf das Ursprungsland) sichergestellt werden, dass **vollständige Informationen zu diesen Aspekten** gegeben werden. Zudem definiert die Richtlinie gewisse **qualitative Standards** für Honig. Die Honigverordnung dient daher vornehmlich dem **Schutz des Verbrauchers vor Täuschung** (→ Vorb. LFGB Rn. 12 f.). In diesem Zusammenhang ist zu beachten, dass am 13.12.2014 die **LMIV** (→ Vorb. LFGB Rn. 12; → LFGB § 59 Rn. 14, 21 ff.) in Kraft trat. In Folge dessen soll nach Maßgabe von Art. 11 LMIV-AnpassungsVO (vgl. Anhang zur LMKV = Nr. 502 dieses Kommentars, → LMKV Anh. Rn. 5) **§ 3 an die neue Rechtslage angepasst** werden, was bei der Anwendung des § 6 zu beachten ist. Bei den Vorschriften der HonigV handelt es sich um solche, die den Vorschriften der LMIV nach Maßgabe von Art. 1 Abs. 4 LMIV im Grundsatz als speziellere Vorschriften vorgehen (vgl. Voit/*Grube* LMIV/*Grube* Art. 1 Rn. 67 f.).

§ 1 definiert iVm Anlage 1 die Erzeugnisse, die der Verordnung unterliegen. Danach ist Honig der **3** natursüße Stoff, der von Honigbienen erzeugt wird, indem Bienen Nektar aus Pflanzen usw aufnehmen, durch Kombination mit eigenen Stoffen umwandeln, einlagern, dehydratisieren und in den Waben des Bienenstocks speichern und reifen lassen (vgl. Zipfel/Rathke LebensmittelR/*Rathke* § 1 Rn. 5 ff.; Erbs/Kohlhaas/*Kalf* § 1 Rn. 4 ff.). Die Anforderungen an die **Beschaffenheit von Honig** sind in **§ 2 iVm Anlage 2** geregelt. **Blütenhonig** ist demnach Honig, der zumindest überwiegend aus dem Nektar von Pflanzen stammt, mindestens 60g/100g Fructose- und Glucosegehalt, grds. höchstens 5g/100g Saccharosegehalt und einen Wassergehalt von höchstens 20 % aufweist sowie weitere in Anl. 2 Abschn. II angeführten Anforderungen entspricht. Entsprechendes gilt für die weiteren in Anlage I Abschnitt 2 angeführten Honigarten.

§ 3 sieht Regelungen über die **Kennzeichnung** von Honig vor. Nach § 3 Abs. 2 dürfen nur die **4** jeweiligen Honigarten mit den Bezeichnungen iSv Anlage 1 versehen werden, die den jeweiligen Begriffsbestimmungen entsprechen. Bestimmte Honigarten (vgl. § 3 Abs. 2 S. 2; insbes. Blütenhonig) können auch nur als Honig bezeichnet werden. **§ 3 Abs. 3** sieht darüber hinaus die Möglichkeit („kann") vor, dass Honig – mit Ausnahme von gefiltertem Honig und Backhonig – **ergänzende Angaben zu besonderen Qualitätsmerkmalen** (insbes. regionale Herkunft, vgl. insoweit LG Lüneburg DLR 1984, 321; Herkunft aus bestimmten Blüten, zB Lavendelhonig) haben. Nach **§ 3 Abs. 4** ist die Angabe des Ursprungslands zwingend vorgeschrieben, gleiches gilt, wenn es sich um Backhonig handelt. Die Art und Weise der Kennzeichnung (vgl. § 3 Abs. 5) richtet sich nach den Vorgaben der LMKV.

§ 4 Nr. 1 statuiert zunächst ein **Verkehrsverbot für solche Lebensmittel** (→ Vorb. LFGB **5** Rn. 37 ff.), die unter einer der Bezeichnungen iSd Anlage 1 gewerbsmäßig (→ Vorb. LFGB Rn. 29 f.) in den Verkehr gebracht werden sollen, ohne den Begriffsbestimmungen, die jeweils in der Anlage 1 aufgestellt sind, und den jeweiligen Anforderungen von § 2 zu entsprechen.

Darüber hinaus sieht **§ 4 Nr. 2 Verkehrsverbote für Honig** vor, der gewerbsmäßig (→ Rn. 5) mit **6** einer **Kennzeichnung nach § 3 Abs. 3** (→ Rn. 4) in den Verkehr gebracht werden soll, ohne dass die diesbezüglichen Voraussetzungen gegeben sind. Zuletzt verbietet **§ 4 Nr. 3** das gewerbsmäßige Inverkehrbringen von Erzeugnissen ohne die nach § 3 Abs. 4 (→ Rn. 4) vorgesehenen Angaben.

§ 6 Straftaten und Ordnungswidrigkeiten

(1) Nach § 59 Abs. 1 Nr. 21 Buchstabe a des Lebensmittel- und Futtermittelgesetzbuches wird bestraft, wer entgegen § 4 Nr. 1 oder 2 Lebensmittel in den Verkehr bringt.

(2) Wer eine in Absatz 1 bezeichnete Handlung fahrlässig begeht, handelt nach § 60 Abs. 1 des Lebensmittel- und Futtermittelgesetzbuches ordnungswidrig.

(3) Ordnungswidrig im Sinne des § 60 Abs. 2 Nr. 26 Buchstabe a des Lebensmittel- und Futtermittelgesetzbuches handelt, wer vorsätzlich oder fahrlässig entgegen § 4 Nr. 3 ein Erzeugnis in den Verkehr bringt.

1   **1. Straftaten nach der HonigV.** Mit der Rückverweisung auf **§ 59 Abs. 1 Nr. 21 Buchst. a LFGB** (→ LFGB § 59 Rn. 58) in § 6 Abs. 1 werden **vorsätzliche** (→ LFGB § 58 Rn. 47 ff.) **Verstöße gegen** die dem Täuschungsschutz dienenden **Verkehrsverbote aus § 4 Nr. 1 oder Nr. 2** (→ Vorb. Rn. 5 f.) unter Strafe gestellt. Zur Tathandlung des Inverkehrbringens → Vorb. LFGB Rn. 45 (sa OLG Stuttgart Justiz 1984, 29). Zur Verantwortlichkeit im Lebensmittelstrafrecht → LFGB Vor Rn. 29 ff.

2   Nach § 59 Abs. 1 LFGB können die Straftaten nach § 6 Abs. 1 mit **Freiheitsstrafe bis zu einem Jahr oder mit Geldstrafe** geahndet werden. Der Versuch ist ebenso wenig wie fahrlässiges Handeln (→ Rn. 3) unter Strafe gestellt. Die Qualifikation des § 59 Abs. 4 LFGB (→ LFGB § 59 Rn. 74a) findet keine Anwendung. Neben der Verhängung von Geld- oder Freiheitsstrafe kommen als weitere Rechtsfolgen die **Einziehung** der Tatgegenstände (vgl. hierzu die Kommentierung zu § 61 LFGB), der **Verfall** des Täterlöses (§§ 73 ff. StGB) und die Anordnung eines **Berufsverbotes** (§§ 70 ff. StGB; BGH LMRR 2007, 84) in Betracht. Bei juristischen Personen und Personenvereinigungen kommt zudem eine Verbandsgeldbuße nach § 30 OWiG in Betracht. Zu den Konkurrenzen → LFGB § 59 Rn. 85.

3   **2. Ordnungswidrigkeiten nach § 6 Abs. 2.** Handelt der Täter in den Fällen des § 6 Abs. 1 **fahrlässig** (→ LFGB § 58 Rn. 60 ff.), verwirklicht er den Bußgeldtatbestand des § 6 Abs. 2. Die Verordnung wurde bisher noch nicht an das abgestufte System in § 60 Abs. 1 und Abs. 5 LFGB (→ LFGB § 60 Rn. 31 f.) angepasst, das mit dem Gesetz zur Änderung des Lebensmittel- und Futtermittelgesetzbuchs sowie anderer Vorschriften v. 29.6.2009 (BGBl. I 1659), das am 4.7.2009 in Kraft getreten ist (→ Vorb. LFGB Rn. 6), eingeführt wurde. Da die in § 6 Abs. 2 bezeichneten Handlungen Straftaten nach § 59 Abs. 1 Nr. 21 Buchst. a LFGB darstellen, wird der **Verweis in § 6 Abs. 2 als solcher auf § 60 Abs. 1 Nr. 2 LFGB zu verstehen sein.** Danach können Ordnungswidrigkeiten iSv § 6 Abs. 2 nach der ab dem 4.8.2011 geltenden Fassung des § 60 Abs. 5 Nr. 2 LFGB (vgl. zur Änderung der Geldbußenrahmen in § 60 Abs. 5 LFGB → LFGB § 60 Rn. 32) mit Geldbuße iHv bis zu **50.000 EUR** geahndet werden. IÜ gelten für die Bemessung der Geldbuße die Vorgaben von § 17 Abs. 3 u. 4 OWiG. Zu den weiteren Rechtsfolgen → LFGB § 60 Rn. 33 f.

4   **3. Ordnungswidrigkeiten nach § 6 Abs. 3.** Mit Rückverweisung auf **§ 60 Abs. 2 Nr. 26 Buchst. a LFGB** (→ LFGB § 60 Rn. 20) in § 6 Abs. 3 werden **vorsätzliche und fahrlässige Verstöße** gegen die **Verkehrsverbote nach § 4 Nr. 3** (→ Vorb. Rn. 6), die aus der Missachtung der Kennzeichnungspflichten nach § 3 Nr. 4 (→ Vorb. Rn. 4) resultieren, als Ordnungswidrigkeiten definiert. Zur Tathandlung des Inverkehrbringens → Rn. 1.

5   Demnach können **vorsätzliche** (→ LFGB § 58 Rn. 47 ff.) **Verstöße** iSv § 6 Abs. 3 nach der ab dem 4.8.2011 geltenden Fassung des § 60 Abs. 5 Nr. 2 LFGB (vgl. zur Änderung der Geldbußenrahmen in § 60 Abs. 5 LFGB → LFGB § 60 Rn. 32) mit **Geldbuße bis zu 50.000 EUR** geahndet werden; handelt der Betroffene **fahrlässig** sieht das Gesetz **Geldbuße bis zu 25.000 EUR** (§ 17 Abs. 2 OWiG) vor. Zu den weiteren Rechtsfolgen → LFGB § 60 Rn. 33 f.

402. Hopfengesetz (HopfenG)

Vom 21. Oktober 1996 (BGBl. I S. 1530) FNA 7821-2

Zuletzt geändert durch Art. 371 Zehnte ZuständigkeitsanpassungsVO vom 31.8.2015 (BGBl. I S. 1474)

– Auszug –

Vorbemerkung

Das HopfenG dient der **Durchführung der Rechtsakte der Europäischen Gemeinschaft** über **1** die Zertifizierung, das Bescheinigungsverfahren, die Kontrolle nicht der Zertifizierung unterliegender Erzeugnisse, die Verarbeitung, das Vermischen, die Behandlung und das Inverkehrbringen der der gemeinsamen Marktorganisation für Hopfen unterliegenden Erzeugnisse (§ 1). Hierfür enthält das Gesetz in § 2 **Ermächtigungsnormen,** die das Bundesministerium für Ernährung, Landwirtschaft und Verbraucherschutz und die Landesregierungen zum Erlass von Rechtsverordnungen ermächtigt. Auf dieser Grundlage hat das BMELV mit Wirkung ab dem **7.2.2009** die neue **Verordnung zur Durchführung des gemeinschaftlichen Hopfenrechts** erlassen (BGBl. I 152), in den **Bundesländern** existieren **Durchführungsverordnungen** in Baden-Württemberg, Bayern und Rheinland-Pfalz.

Auf gemeinschaftsrechtlicher Ebene bestehen insoweit verschiedene VO, die Hopfenerzeugnisse zum **2** Gegenstand haben. Die bisher maßgebliche VO (EG) Nr. 1952/2005 des Rates v. 23.11.2005 über die gemeinsame Marktorganisation für Hopfen wurde mWv 1.7.2008 aufgehoben. Die Vorschriften wurden in die VO (EG) Nr. 1234/2007 überführt und finden sich dort in den **Art. 117; Art. 122 Abs. 1 Buchst. a i, Art. 158, 185 VO (EG) Nr. 1234/2007.** Sie dienen dazu, die Märkte hinsichtlich der Erzeugnisse des Hopfensektors (Begriffsbestimmungen finden sich in Anh. III Teil III der VO (EG) Nr. 1234/2007) zu stabilisieren und die Qualität der betreffenden Erzeugnisse zu gewährleisten. Hierzu unterliegen die in der Gemeinschaft geernteten oder hergestellten Erzeugnisse des Hopfensektors einem **Bescheinigungsverfahren** (Art. 117 Abs. 1 VO (EG) Nr. 1234/2007). Für Hopfenerzeugnisse, für die eine entsprechende Bescheinigung nicht existiert, besteht nach Art. 117 Abs. 4 VO (EG) Nr. 1234/ 2007 ein **Verkehrsverbot.** Zudem wird in Art. 158 VO (EG) Nr. 1234/2007 die **Einfuhr aus Drittländern** geregelt. Neben die diesbezüglichen Vorschriften treten die Regelungen in der **VO (EG) Nr. 1850/2006** der Kommission v. 14.12.2006 mit Durchführungsbestimmungen für die Zertifizierung von Hopfen und Hopfenerzeugnissen und die **VO (EG) Nr. 1295/2008** der Kommission v. 18.12.2008 über die Einfuhr von Hopfen aus Drittländern.

§ 3 Bußgeldvorschriften

(1) Ordnungswidrig handelt, wer vorsätzlich oder fahrlässig

1. **einer Rechtsverordnung nach § 2 Abs. 3 Nr. 1 Buchstabe b oder Nr. 2 Buchstabe b zuwiderhandelt, soweit sie für einen bestimmten Tatbestand auf diese Bußgeldvorschrift verweist, oder**
2. **einer unmittelbar geltenden Vorschrift, in den in § 1 genannten Rechtsakten zuwiderhandelt, soweit eine Rechtsverordnung nach Absatz 3 für einen bestimmten Tatbestand auf diese Bußgeldvorschrift verweist.**

(2) Die Ordnungswidrigkeit kann mit einer Geldbuße bis zu fünfundzwanzigtausend Euro geahndet werden.

(3) Das Bundesministerium für Ernährung und Landwirtschaft wird ermächtigt, soweit es zur Durchsetzung der in § 1 genannten Rechtsakte erforderlich ist, durch Rechtsverordnung ohne Zustimmung des Bundesrates die Tatbestände zu bezeichnen, die als Ordnungswidrigkeit nach Absatz 1 Nr. 2 geahndet werden können.

(4) [1]**Erzeugnisse im Sinne des § 1 und Gegenstände, auf die sich eine Ordnungswidrigkeit nach Absatz 1 bezieht, können eingezogen werden.** [2]**§ 23 des Gesetzes über Ordnungswidrigkeiten ist anzuwenden.**

Die Bußgeldtatbestände des § 3 Abs. 1 sind **Blankettvorschrift mit Rückverweisungsklausel 1** (→ Vorb. LFGB § 58 Rn. 26). Rückverweisende Rechtsverordnungen der Bundesländer iSv § 3 Abs. 1 Nr. 1 existieren zurzeit nicht. Demgegenüber finden sich Rückverweisungen iSv § 3 Abs. 1 Nr. 2 in **§ 2 HopfenDVO** (→ Vorb. Rn. 1). Nach **§ 2 Abs. 1 HopfenDVO** handelt ordnungswidrig, wer vorsätzlich (→ LFGB § 58 Rn. 47 ff.) oder fahrlässig (→ LFGB § 58 Rn. 60 ff.) gegen das aus **Art. 117 Abs. 4 S. 1 VO (EG) Nr. 1234/2007 folgende Verkehrsverbot** für Hopfenerzeugnisse ohne erforderliche Bescheinigung verstößt (→ Vorb. Rn. 2). **§ 2 Abs. 2** HopfenDVO erfasst Verstöße gegen Vorschriften der VO (EG) Nr. 1850/2006 (→ Vorb. Rn. 2).

2   Entsprechende Ordnungswidrigkeiten können nach § 3 Abs. 2 mit **Geldbuße bis zu 25.000 EUR** geahndet werden. Daneben kommt die **Einziehung** nach § 3 Abs. 4 in Betracht.

405. Insolvenzordnung (InsO)

Vom 5. Oktober 1994 (BGBl. I 1994, 2866) FNA 311-13

Zuletzt geändert durch Art. 16 G zur Bereinigung des Rechts der Lebenspartner vom 20.11.2015 (BGBl. I S. 2010)

– Auszug –

§ 15a Antragspflicht bei juristischen Personen und Gesellschaften ohne Rechtspersönlichkeit

(1) [1] Wird eine juristische Person zahlungsunfähig oder überschuldet, haben die Mitglieder des Vertretungsorgans oder die Abwickler ohne schuldhaftes Zögern, spätestens aber drei Wochen nach Eintritt der Zahlungsunfähigkeit oder Überschuldung, einen Eröffnungsantrag zu stellen. [2] Das Gleiche gilt für die organschaftlichen Vertreter der zur Vertretung der Gesellschaft ermächtigten Gesellschafter oder die Abwickler bei einer Gesellschaft ohne Rechtspersönlichkeit, bei der kein persönlich haftender Gesellschafter eine natürliche Person ist; dies gilt nicht, wenn zu den persönlich haftenden Gesellschaftern eine andere Gesellschaft gehört, bei der ein persönlich haftender Gesellschafter eine natürliche Person ist.

(2) Bei einer Gesellschaft im Sinne des Absatzes 1 Satz 2 gilt Absatz 1 sinngemäß, wenn die organschaftlichen Vertreter der zur Vertretung der Gesellschaft ermächtigten Gesellschafter ihrerseits Gesellschaften sind, bei denen kein persönlich haftender Gesellschafter eine natürliche Person ist, oder sich die Verbindung von Gesellschaften in dieser Art fortsetzt.

(3) Im Fall der Führungslosigkeit einer Gesellschaft mit beschränkter Haftung ist auch jeder Gesellschafter, im Fall der Führungslosigkeit einer Aktiengesellschaft oder einer Genossenschaft ist auch jedes Mitglied des Aufsichtsrats zur Stellung des Antrags verpflichtet, es sei denn, diese Person hat von der Zahlungsunfähigkeit und der Überschuldung oder der Führungslosigkeit keine Kenntnis.

(4) Mit Freiheitsstrafe bis zu drei Jahren oder mit Geldstrafe wird bestraft, wer entgegen Absatz 1 Satz 1, auch in Verbindung mit Satz 2 oder Absatz 2 oder Absatz 3, einen Eröffnungsantrag nicht, nicht richtig oder nicht rechtzeitig stellt.

(5) Handelt der Täter in den Fällen des Absatzes 4 fahrlässig, ist die Strafe Freiheitsstrafe bis zu einem Jahr oder Geldstrafe.

(6) Auf Vereine und Stiftungen, für die § 42 Absatz 2 des Bürgerlichen Gesetzbuchs gilt, sind die Absätze 1 bis 5 nicht anzuwenden.

Literatur: *Bähner,* Die Fortbestehensprognose im Rahmen der zweistufigen Überschuldungsrechnung, KTS 1988, 443; *Bieneck,* Die Zahlungseinstellung in strafrechtlicher Sicht, wistra 1992, 89; *Bittmann,* Zahlungsunfähigkeit und Überschuldung nach der Insolvenzordnung, wistra 1998, 321 und wistra 1999, 10; *Bittmann/Volkmer,* Zahlungsunfähigkeit bei (mindestens) 3-monatigem Rückstand auf Sozialversicherungsbeiträge, wistra 2005, 167; *Bittmann,* Strafrechtliche Folgen des MoMiG, NStZ 2009, 113; *Bittmann/Gruber,* Limited – Insolvenzantragspflicht nach § 15a InsO: Europarechtlich unwirksam?, GmbHR 2008, 867; *Bittmann/Pikarski,* Strafbarkeit der Verantwortlichen der Vor-GmbH, wistra 1995, 91; *Bork,* Wie erstellt man eine Fortbestehensprognose, ZIP 2000, 1709; *Bormann,* Passivierungspflicht für eigenkapitalersetzende Gesellschafterdarlehen, GmbHR 2001, 689; *Brand/Brand,* Die insolvenzrechtliche Führungslosigkeit und das Institut des faktischen Organs, NZI 2010, 712; *Brand/Reschke,* Insolvenzverschleppung – künftig auch im eingetragenen Verein strafbar?, NJW 2009, 2343; *Braun,* Kommentar zur Insolvenzordnung, 6. Aufl. 2014; *Bruns,* Die sog. „tatsächliche" Betrachtungsweise im Strafrecht – Ihre methodische Bedeutung und ihr praktischer Anwendungsbereich, JR 1984, 133; *Bruns,* Zur strafrechtlichen Relevanz des gesetzgebungsumgehenden Täterverhaltens, GA 1986, 1; *Cadus,* Die faktische Betrachtungsweise, 1984; *Dierlamm,* Der faktische Geschäftsführer im Strafrecht – Ein Phantom?, NStZ 1996, 153; *Fuhrmann,* Die Bedeutung des „faktischen Organs" in der strafrechtlichen Rechtsprechung des Bundesgerichtshofs, FS Tröndle 1989, 139; *Gehrlein,* Die Behandlung von Gesellschafterdarlehen nach dem MoMiG, BB 2008, 846; *Geißler,* Fragen zum Insolvenzverfahren der Vor-GmbH, DZWIR 2009, 52; *Gross/ Schork,* Strafbarkeit des directors einer Private Company Limited by Shares wegen verspäteter Insolvenzantragstellung, NZI 2006, 10; *Grube/Maurer,* Zur strafbefreienden Wirkung des Insolvenzantrags eines Gläubigers zu Gunsten eines GmbH-Geschäftsführers, GmbHR 2003, 1461; *Gübel,* Die Auswirkungen der faktischen Betrachtungsweise auf die strafrechtliche Haftung faktischer GmbH-Geschäftsführer, 1994; *Haas,* Die Passivierung von Gesellschafterdarlehen in der Überschuldungsbilanz nach MoMiG und FMStG, DStR 2009, 326; *Harz,* Kriterien der Zahlungsunfähigkeit und der Überschuldung unter Berücksichtigung der Änderungen nach dem neuen Insolvenzrecht, ZInsO 2001, 193; *Hey/ Regel,* „Firmenbestatter" – Das Geschäft mit der Pleite, Kriminalistik 1999, 258; *Hildesheim,* Die strafrechtliche Verantwortung des faktischen Mitgeschäftsführers in der Rechtsprechung des BGH, wistra 1993, 166; *Horn,* Deutsches und europäisches Gesellschaftsrecht und die EuGH-Rechtsprechung zur Niederlassungsfreiheit – Inspire Art, NJW 2004, 893; *Joerden,* Grenzen der Auslegung des § 84 Abs. 1 Nr. 2 GmbHG, wistra 1990, 1; *Kaligin,* Anm. zu BGHSt 31, 118, BB 1983, 790; *Möhlmann-Mahlau/Schmitt,* Der „vorübergehende" Begriff der Überschuldung, NZI 2009, 19; *Ogiermann,* Die Strafbarkeit systematischen Aufkaufs konkursreifer Unternehmen, wistra 2000, 250; *Paulus,* Passivierungspflicht und Rangordnung eigenkapitalersetzender Darlehen in der Insolvenz, ZGR 2002, 320; *Pfeiffer,* Unterlassen der Verlustanzeige und des Konkurs- und Vergleichsantrags nach § 84 GmbHG, FS Rowedder 1994, 347; *Radtke/ Hoffmann,* Die Anwendbarkeit von nationalem Insolvenzstrafrecht auf EU-Auslandsgesellschaften, EuZW 2009, 404; *Ransiek,* Zur deliktischen Eigenhaftung des GmbH-Geschäftsführers aus strafrechtlicher Sicht, ZGR 1992, 203; *Reck,* Auswirkungen der Insolvenzordnung auf die GmbH aus strafrechtlicher Sicht, GmbHR 1999, 267; *Richter,* Der Konkurs der GmbH aus der Sicht der Strafrechtspraxis, GmbHR 1984, 113; *Römermann,* Insolvenzrecht im MoMiG, NZI 2008, 641; *Römermann,* Insolvenzverschleppung und die Folgen, NZG 2009, 854; *Römermann,* Aktuelles zur Insolvenzantragspflicht nach § 15a InsO, NZI 2010, 241; *C. Schäfer,* Zur strafrechtlichen Verantwortlichkeit des GmbH-Geschäftsführers (I und II), GmbHR 1993, 717 und 780; *H. Schäfer,* Die Entwicklung der Rechtsprechung zum Konkursstrafrecht, wistra 1990, 81; *K. Schmidt,* Konkursantragspflicht bei der GmbH und bürgerliches Deliktsrecht, JZ 1978, 661; *K. Schmidt/ Uhlenbruck,* Die GmbH in Krise, Sanierung und Insolvenz, 5. Aufl. 2016; *Schröder,* Zur Frage der Strafbarkeit wegen unterlassenen Insolvenzantrags in der Liquidation der GmbH nach zuvor erfolgter Ablehnung der Insolvenzeröffnung, GmbHR 2009, 207; *Schüppen,* Aktuelle Fragen der Konkursverschleppung durch den GmbH-Geschäftsführer, DB 1994, 197; *Siegmann/Vogel,* Die Verantwortlichkeit des Strohmanngeschäftsführers einer GmbH, ZIP 1994, 1821; *Stahlschmidt,* Die Begriffe der Zahlungsunfähigkeit, drohende Zahlungsunfähigkeit und Überschuldung und die Methoden ihrer Feststellung, JR 2002, 89; *Stein,* Die Normadressaten der §§ 64, 84 GmbHG und die Verantwortlichkeit von Nichtgeschäftsführern wegen Konkursverschleppung, ZHR 1984, 207; *Stein,* Das faktische Organ, 1984; *Uhlenbruck,* Strafrechtliche Aspekte der Insolvenzrechtsreform 1994, wistra 1996, 1; *Veit,* Zur Feststellung einer Überschuldung, DB 2000, 1928; *Wachter,* Errichtung, Publizität, Haftung und Insolvenz von Zweigniederlassungen ausländischer Kapitalgesellschaften nach „Inspire Art", GmbHR 2003, 1254; *Weyand,* Strafbarkeit wegen „nicht richtiger" Insolvenzantragstellung – strafrechtlicher Flankenschutz für Insolvenzgerichte und Verwalter?, ZInsO 2010, 359; *Wolf,* Überschuldung, 1998.

Übersicht

A. Allgemeines

I. Entstehungsgeschichte

Die Vorschrift ist durch das „Gesetz zur Modernisierung des GmbH-Rechts und zur Bekämpfung 1
von Missbräuchen" **(MoMiG)** vom 23.10.2008 (BGBl. I 2026) neu geschaffen worden und am
1.11.2008 in Kraft getreten. Vorher waren sowohl die Pflicht zur Anmeldung der Insolvenz als auch die
strafrechtlichen Folgen einer Pflichtverletzung in den gesellschaftsrechtlichen Spezialgesetzen (§ 84
GmbHG aF, § 401 AktG aF, §§ 130b, 177a HGB aF und § 148 GenG aF) geregelt. § 15a hat die
Strafbarkeit der Insolvenzverschleppung erstmals abstrakt für juristische Personen und Personenhandelsgesellschaften ohne natürliche Person als unbeschränkt haftendem Gesellschafter, also **rechtsformunabhängig,** formuliert (*Bittmann* NStZ 2009, 113). Lediglich für Vereine und Stiftungen (auf die gem. § 86
BGB das Insolvenzrecht für Vereine anzuwenden ist) bleibt es bei der abschließenden Sonderregelung
des § 42 Abs. 2 BGB, was schon bei der Schaffung des § 15a der Intention des Gesetzgebers entsprach
(BT-Drs. 16/6140, 55) und seit dem Inkrafttreten des Gesetzes zur Verkürzung des Restschuldbefrei-
ungsverfahrens und zur Stärkung der Gläubigerrechte (BGBl. 2013 I 2379) am 1.7.2014 auch in § 15a
Abs. 6 ausdrücklich festgestellt ist.

§ 15a hat gegenüber der alten Rechtslage im Wesentlichen zu einer **dreifachen Ausweitung der** 2
Strafbarkeit geführt: Zum einen ist die Verletzung der Insolvenzantragspflicht nunmehr auch bei
Auslandsgesellschaften strafbewehrt, sofern diese den in Abs. 1 genannten inländischen Gesellschaften
vergleichbar sind, ihren Verwaltungssitz und Betrieb im Inland haben und dem deutschen Insolvenzrecht
unterfallen (BT-Drs. 16/6140, 55; → Rn. 16 ff.). Zum zweiten wurde der Kreis der Antragspflichtigen
und damit auch der **Täterkreis** der Insolvenzverschleppung ausgedehnt: Wird eine GmbH, AG oder
Genossenschaft führungslos, trifft die Pflicht zur Stellung eines Insolvenzantrags gem. § 15a Abs. 3 InsO
auch die Gesellschafter der GmbH und alle Mitglieder des Aufsichtsrats einer AG oder Genossenschaft
(→ Rn. 33 ff.). Schließlich wurden zum dritten auch die **Pflichten** erweitert, deren Verletzung mit
Strafe bedroht ist: Strafbar ist nun neben der gänzlich unterlassenen und der verspäteten auch die
rechtzeitige, aber unrichtige Antragstellung, die inhaltlichen Mindestanforderungen nicht genügt
(→ Rn. 122 ff.).

II. Regelungsgehalt

1. Rechtsgut und Normzweck. § 15a Abs. 4 schützt ebenso wie seine einzelgesetzlichen Vor- 3
gängervorschriften (§ 84 Abs. 1 Nr. 2 GmbHG aF, § 401 Abs. 1 Nr. 2 AktG aF, §§ 130b, 177a HGB aF
und § 148 Abs. 1 Nr. 2 GenG aF) die **Vermögensinteressen aller Personen,** die rechtliche oder
wirtschaftliche Beziehungen zu einer der in Abs. 1 genannten Gesellschaften unterhalten oder aufnehmen wollen (BGH NJW 1982, 1952 zu § 84 Abs. 1 Nr. 2 GmbHG aF). Die Norm dient dem Schutz
der Wirtschaftsteilnehmer vor den Gefahren, die von solchen Gesellschaften gerade deshalb ausgehen,
weil sie in ihrer Haftung entweder auf das vorhandene Gesellschaftsvermögen beschränkt sind oder ein
unbeschränkt persönlich haftender Gesellschafter nicht vorhanden ist (BGHZ 29, 100; 126, 181; Roth/
Altmeppen/*Altmeppen* GmbHG Vor § 64 Rn. 6 jeweils für die GmbH). Konkret soll sie die Verantwort-

lichen dieser Gesellschaften zur rechtzeitigen und richtigen Antragstellung anhalten und damit eine sachgerechte insolvenzrechtliche Abwicklung in dem dafür vorgesehenen rechtsförmigen Verfahren sicherstellen (*K. Schmidt* JZ 1978, 661). Wie die insolvenzpraktische Erfahrung zeigt, führt die rechtzeitige Einleitung und korrekte Durchführung des Insolvenzverfahrens im Allgemeinen zur Erhaltung einer größeren Haftungsmasse und damit auch zu einer besseren Befriedigung der Gläubiger (BGHSt 9, 84; BT-Drs. 16/6140, 55).

4   Der von § 15a Abs. 4 geschützte Personenkreis umfasst neben den gegenwärtigen und künftigen externen **Gläubigern der Gesellschaft** auch die betroffene **Gesellschaft selbst** sowie deren **Gesellschafter** (so auch MüKoStGB/*Hohmann* Rn. 1). Die Arbeitnehmer der Gesellschaft können zwanglos als deren Gläubiger angesehen werden und sind als solche ohne weiteres ebenfalls von § 15a geschützt; eines intensiveren und extensiveren Schutzes als die übrigen Gläubiger bedürfen die Arbeitnehmer dabei aber nicht (→ Vorb. StGB §§ 283–283d Rn. 1). § 15a dient dem Schutz der Individualinteressen der Rechtsgutsträger und ist daher **Schutzgesetz iSd § 823 Abs. 2 BGB** (s. zB Roth/Altmeppen/ *Altmeppen* GmbHG Vor § 64 Rn. 122 sowie die gefestigte Rspr. zu § 64 GmbHG aF seit BGHZ 29, 100).

5   **2. Deliktsnatur.** § 15a Abs. 4 enthält ausschließlich **echte Unterlassungsdelikte.** Für die gänzlich unterbliebene und die verspätete Insolvenzantragstellung ist dies heute ebenso allgemein anerkannt wie schon während der Geltung des alten Rechts (s. zB BGHSt 14, 280; 28, 371 jeweils für § 84 Abs. 1 Nr. 2 GmbHG aF). Aber auch für die erst mit dem MoMiG vom 23.10.2008 (BGBl. I 2026 ff.) neu eingeführte Tatbestandsvariante der unrichtigen Antragstellung kann nichts anderes gelten: Denn auch bei ihr besteht der strafrechtliche Vorwurf im Kern darin, einen inhaltlich korrekten Antrag unterlassen zu haben (s. *Bittmann* NStZ 2009, 113 (116); → Rn. 122 ff.).

6   § 15a Abs. 4 InsO verlangt weder den Eintritt eines bestimmten Gefährdungserfolgs noch gar eines aktuellen Schadens. Er enthält daher ein **abstraktes Gefährdungsdelikt** (BGHSt 14, 280; 28, 371 jeweils für § 84 Abs. 1 Nr. 2 GmbHG aF).

B. Täterschaft und Teilnahme

I. Allgemeines

7   Im alten Recht war der Kreis der Insolvenzantragspflichtigen und damit auch der Täterkreis einer strafbaren Insolvenzverschleppung in spezialgesetzlichen Regelungen wie etwa § 84 Abs. 1 Nr. 2 GmbHG aF oder § 401 Abs. 1 Nr. 2 AktG aF gesellschaftsspezifisch umschrieben. § 15a Abs. 1 S. 1 bezeichnet dagegen als taugliche Täter nunmehr allgemein „die Mitglieder des Vertretungsorgans oder die Abwickler" einer (deutschen oder ausländischen) juristischen Person. Damit ergibt sich der Kreis tauglicher Täter nicht mehr aus der Strafvorschrift selbst, sondern aufgrund einer **dynamischen Verweisung** auf das nationale und internationale Gesellschaftsrecht (*Bittmann* NStZ 2009, 113 (114)). Dies gilt auch, soweit § 15a in seinem Abs. 1 S. 2 die Verantwortlichen für Gesellschaften ohne Rechtspersönlichkeit bestimmt, bei denen kein persönlich haftender Gesellschafter eine natürliche Person ist (zB für die GmbH & Co. KG), oder durch seine Abs. 2 u. 3 die Strafdrohung auf mittelbare organschaftliche Vertreter und Gesellschafter ausdehnt.

8   § 15a enthält somit ein **echtes Sonderdelikt,** das (mit-)täterschaftlich nur begehen kann, wer die Sondereigenschaft als Mitglied eines Vertretungsorgans, Abwickler etc besitzt (allgA; s. zB BGHSt 46, 62 mwN zur alten Rechtslage). Dagegen kommen **Vorstände eines eingetragenen Vereins oder einer Stiftung** nicht als Täter des § 15a in Betracht, da diese Vorschrift nach der ausdrücklichen Regelung in ihrem Abs. 6 für sie nicht gilt (→ Rn. 1). Anstifter oder Gehilfe der Insolvenzverschleppung kann hingegen jedermann sein. Da die notwendige Sondereigenschaft des Täters ein besonderes persönliches Merkmal iSd § 28 Abs. 1 StGB darstellt, ist allerdings die Strafbarkeit des Teilnehmers, dem diese Sondereigenschaft fehlt, gem. § 49 Abs. 1 StGB zu mildern (BGHSt 46, 62 (64)). Zu den Tätergruppen iE:

II. Organe juristischer Personen und Abwickler (Abs. 1 S. 1)

9   **1. Gesellschaft mit beschränkter Haftung (GmbH).** Für die GmbH stellt § 15a – ebenso wie schon § 84 Abs. 1 Nr. 2 GmbHG aF – ein typisches Geschäftsführungsdelikt dar. Gem. § 6 Abs. 2 S. 1 GmbHG qualifizieren sich als **Geschäftsführer** der GmbH dabei nur natürliche, unbeschränkt geschäftsfähige Personen, bei denen es sich sowohl um Gesellschafter der GmbH (sog Gesellschafter-Geschäftsführer) wie auch um außenstehende Dritte handeln kann; sie werden entweder im Gesellschaftsvertrag (s. § 6 Abs. 3 S. 2 GmbHG) oder durch Mehrheitsbeschluss der Gesellschafter (§§ 45 Abs. 2, 46 Nr. 5, 47 GmbHG) bestellt. Ob bestellte Geschäftsführer die Geschäfte der Gesellschaft auch tatsächlich führen oder lediglich als Strohleute für Akteure im Hintergrund fungieren, ist für den Eintritt ihrer strafrechtlichen Haftung zunächst ohne Bedeutung (*Siegmann/Vogel* ZIP 1994, 1821 (1823)); Differenzierungen sind insoweit erst auf der Strafzumessungsebene vorzunehmen. Umgekehrt trifft die

strafrechtliche Verantwortlichkeit nach der Rspr. auch solche Personen, die als **faktische Geschäftsführer** agieren, ohne (wirksam) bestellt zu sein (→ Rn. 22 ff.).

Da durch die Insolvenz die Gesellschaft insgesamt betroffen ist, unterliegen die erforderlichen Reaktionen hierauf dem Grundsatz der Generalverantwortlichkeit und Allzuständigkeit sämtlicher Geschäftsführer. Dementsprechend trifft die strafbewehrte Pflicht zur Insolvenzantragstellung jeden einzelnen von **mehreren Geschäftsführern** auch dann, wenn die Insolvenzantragstellung aufgrund interner Regelungen an sich nicht zu seinen Aufgaben gehört (BGH NJW 1994, 2149). Dies gilt selbst dann, wenn der betreffende Geschäftsführer nicht allein-, sondern nur gesamtvertretungsberechtigt ist. 10

Befindet sich die GmbH in Abwicklung und wurde hierfür eigens ein **Liquidator** eingesetzt (s. § 66 Abs. 1 Alt. 2 GmbHG), ist auch dieser zur Stellung des Insolvenzantrages verpflichtet (s. zB BGH NJW 2009, 157), da er das Geschäftsführungs- und Vertretungsorgan der aufgelösten GmbH darstellt (s. §§ 70 f. GmbHG). Ist der Liquidator eine juristische Person oder Personenhandelsgesellschaft (zu diesen Möglichkeiten s. Baumbach/Hueck/*Haas* GmbHG § 66 Rn. 6 f.), folgt die strafrechtliche Verantwortlichkeit der für ihn handelnden natürlichen Personen aus § 14 StGB. Ebenso wie der faktische Geschäftsführer kann auch der **faktische Liquidator** strafbar sein (BayObLG wistra 1990, 201; → Rn. 22 ff.). 11

2. Aktiengesellschaft (AG) und Kommanditgesellschaft auf Aktien (KGaA). Bei der AG kommen nur Vorstandsmitglieder und deren Stellvertreter sowie Abwickler als taugliche Täter des § 15a in Betracht (RGSt 24, 286 (290); BGHSt 14, 280 (282)). **Mitglied des Vorstands** kann nur eine natürliche, unbeschränkt geschäftsfähige Person (§ 76 Abs. 3 S. 1 AktG) sein, die durch den Aufsichtsrat der Gesellschaft (§ 84 AktG) oder in dringenden Fällen durch das Gericht (§ 85 AktG) hierzu bestellt wurde. **Stellvertretende Vorstandsmitglieder** stehen aktienrechtlich (s. § 94 AktG) den ordentlichen Mitgliedern vollständig gleich; für sie gilt daher auch strafrechtlich derselbe Haftungsmaßstab. **Faktische Organstellung** ist nach der Rspr. für die strafrechtliche Verantwortlichkeit sowohl von ordentlichen wie von stellvertretenden Vorstandsmitgliedern der AG ausreichend (→ Rn. 22 ff.). Die KGaA wird nicht durch einen Vorstand, sondern durch ihre persönlich haftenden Gesellschafter geführt und vertreten. Diese sind auch zur Insolvenzantragstellung verpflichtet (s. § 283 Nr. 14 AktG) und bei Verletzungen dieser Pflicht ggf. gem. § 15a strafbar. 12

Auch bei der AG trifft die strafbewehrte Insolvenzantragspflicht nach dem Grundsatz der Generalverantwortlichkeit und Allzuständigkeit jedes einzelne Vorstandsmitglied (BayObLG wistra 1991, 195 (197)). Auch die **Majorisierung** durch einen Vorstandsbeschluss, in dem die Vorstandsmehrheit gegen einen Insolvenzeröffnungsantrag votiert, enthebt die überstimmten Vorstandsmitglieder weder ihrer Zuständigkeit noch ihrer persönlichen (strafrechtlichen) Verantwortung für die Antragstellung. Die Überstimmten haben daher mit sämtlichen ihnen zur Verfügung stehenden rechtskonformen Mitteln (insbes. auch unter Einschaltung des Aufsichtsrates) auf die Revision des ablehnenden Vorstandsbeschlusses hinzuwirken (MüKoAktG/*Schaal* AktG § 401 Rn. 78). Gelingt diese nicht, müssen sie den Insolvenzeröffnungsantrag notfalls auch unter Missachtung des Mehrheitsbeschlusses selbst stellen. 13

Die AG in Abwicklung wird im Regelfall weiterhin von den Vorstandsmitgliedern geführt (s. § 265 Abs. 1 AktG), jedoch kann auch ein Dritter als **Abwickler** eingesetzt werden (s. § 265 Abs. 2 u. 3 AktG), der dann ggf. auch zur Stellung des Insolvenzantrages verpflichtet ist (vgl. § 268 Abs. 2 S. 1 AktG). Ebenso wie die Liquidation der GmbH kann auch die Abwicklung der AG durch Personenhandelsgesellschaften oder juristische Personen übernommen werden (s. zB Hüffer/*Koch* AktG § 265 Rn. 3), für deren Handeln gem. § 14 StGB die dort genannten natürlichen Personen strafrechtlich verantwortlich sind. **Faktische Abwickler** sind ebenso strafbar wie bestellte (→ Rn. 22 ff.). 14

3. Genossenschaft. Bei der eingetragenen Genossenschaft gelten die Ausführungen zur Verantwortlichkeit für die AG (→ Rn. 12–14) entsprechend. Taugliche Täter des § 15a sind auch hier die ordentlichen und stellvertretenden **Mitglieder des Vorstands** (§§ 24 u. 35 GenG) sowie ggf. die Abwickler, die bei der Genossenschaft allerdings als **Liquidatoren** bezeichnet werden (s. § 83 GenG). Ob die Organmitglieder haupt- oder ehrenamtlich tätig sind, ist ohne Bedeutung (Pöhlmann/Fandrich/Bloehs/ GenG § 147 Rn. 3). 15

4. Auslandsgesellschaften. a) Allgemeines. Die spezialgesetzlichen Insolvenzverschleppungstatbestände des alten Rechts (§ 84 GmbHG aF, § 401 AktG aF und § 148 GenG aF) waren strikt auf bestimmte inländische Gesellschaftsformen bezogen und galten daher nach damals hM nicht für die Vertreter von Auslandsgesellschaften (so zB *Horn* NJW 2004, 893 (899); *Wachter* GmbHR 2003, 1254 (1257); aA *Gross/Schork* NZI 2006, 10 (12 ff.)). Dies ist bei § 15a nun anders: Dessen Abs. 1 S. 1 spricht allgemein von juristischen Personen und meint damit nicht nur inländische Gesellschaften und Genossenschaften, sondern auch diesen **vergleichbare Auslandsgesellschaften,** die ihren Verwaltungssitz und Betrieb im Inland haben und damit dem deutschen Insolvenzrecht unterfallen (BT-Drs. 16/6140, 55). Dementsprechend richtet sich die Strafdrohung des § 15a Abs. 4 u. Abs. 5 auch gegen die Verantwortlichen solcher Auslandsgesellschaften. 16

§ 15a enthält keine Einschränkung auf bestimmte ausländische Rechtsformen (wie etwa die Private Company Limited by Shares, kurz Limited) oder den Rechtsraum der EU. Er erfasst vielmehr weltweit jede Rechtsform, sofern sie nur einer inländischen juristischen Person vergleichbar ist. In diesem Sinne 17 ist sein Geltungsbereich **ubiquitär** (*Bittmann* NStZ 2009, 113 (114)). Gleichwohl ist § 15a nur anwendbar, wenn die folgenden drei Voraussetzungen erfüllt sind:

18   **b) Anwendungsvoraussetzungen.** § 15a erfordert zunächst, dass die Auslandsgesellschaft (oder mindestens deren selbstständige Niederlassung) ihren **Sitz in Deutschland** hat, der Mittelpunkt ihrer wirtschaftlichen Interessen (centre of main interest = COMI) also in Deutschland liegt; vgl. Art. 3 Abs. 1 S. 2 u. 4 EUInsVO, § 335 (*Bittmann* NStZ 2009, 113 (114); *Roth/Altmeppen/Altmeppen* GmbHG Vor § 64 Rn. 11).

19   Die Auslandsgesellschaft muss mit einer deutschen juristischen Person **vergleichbar** sein. Diese Vergleichbarkeit besteht dann, wenn sie für ihre Verbindlichkeiten nur mit dem Gesellschaftsvermögen haftet, den Gesellschaftsgläubigern mithin keine natürliche Person als Haftungsschuldner zur Verfügung steht. So verhält es sich zB bei der englischen Limited, der französischen société à responsabilité limitée (SARL), der italienischen Società a responsabilità limitata (S. r. l.) oder der us-amerikanischen Limited Liability Company (LLC) oder der Europäischen Genossenschaft (SCE). Die Societas Europaea (SE) erfüllt zwar ebenfalls das Kriterium der Vergleichbarkeit, jedoch gilt für sie die speziellere Strafnorm des § 53 Abs. 4 Nr. 2 (ggf. iVm Abs. 5) SEAG.

20   Schließlich muss die Auslandsgesellschaft auch der **deutschen Rechtsordnung** unterliegen, da die Mitglieder ihres Vertretungsorgans nur dann überhaupt gem. § 15a Abs. 1 zur Insolvenzantragstellung verpflichtet sein können. Schon für die in der Praxis am häufigsten anzutreffenden **EU-Auslandsgesellschaften** mit Sitz im Inland sprechen trotz denkbarer europarechtlicher Einwände die besseren Gründe dafür, sie dem deutschen Insolvenzrecht einschließlich der diesem vorgelagerten Insolvenzantragspflicht zu unterwerfen: Gem. Art. 4 EUInsVO gilt auch für Auslandsgesellschaften jeweils das **nationale Insolvenzrecht** desjenigen Staates, in dem das Insolvenzverfahren eröffnet wird. Diese Geltung umfasst auch die Insolvenzeröffnungsvoraussetzungen, zu denen man das (rechtzeitige) Vorliegen des erforderlichen Eröffnungsantrags wird zählen dürfen (so in der Tendenz auch EuGH Slg. 1979, I-733). Daneben ist die Pflicht zur Insolvenzantragstellung aber auch dem zwingenden deutschen **Gläubigerschutzrecht** zuzuordnen, das von ausländischen Gesellschaften mit Sitz im Inland ebenfalls zu beachten ist (*Roth/ Altmeppen/Altmeppen* GmbHG Vor § 64 Rn. 14). Damit aber steht auch einer Bestrafung der Verantwortlichen einer EU-Auslandsgesellschaft gem. § 15a Abs. 4 u. Abs. 5 bei Verstößen gegen die deutsche Insolvenzantragspflicht aus § 15a Abs. 1 nichts im Wege (so auch MüKoStGB/*Hohmann* Rn. 22; *Radtke/Hoffmann* EuZW 2009, 404 (407 f.) mwN; *Römermann* NZI 2010, 241 (292); instruktiv zum Ganzen auch *Bittmann* NStZ 2009, 113 (114)). Für Nicht-EU-Auslandsgesellschaften und deren Verantwortliche gelten diese Überlegungen in sachlich-rechtlicher Hinsicht erst recht.

21   **c) Verantwortliches Vertretungsorgan.** Welches **Vertretungsorgan** bei einer Auslandsgesellschaft für die Insolvenzantragstellung zuständig ist und wen damit auch die strafrechtliche Verantwortlichkeit für eine Pflichtverletzung trifft, ergibt sich aus dem jeweiligen nationalen Gesellschaftsrecht des Gründungsstaates der Gesellschaft. Bei einer „Limited" englischen Rechts bspw. ist dies der „director", den gem. section 154 Companies Act (CA) 2006 jede Gesellschaft dieser Art besitzen muss (vgl. *Radtke/ Hoffmann* EuZW 2009, 404 (405)).

22   **5. Faktische Organe. a) Allgemeines.** Die strafrechtliche Verantwortlichkeit (der Mitglieder) eines zuständigen Vertretungsorgans ist nicht zivilrechtsakzessorisch. Sie kann daher auch dann bestehen, wenn die vertretene Gesellschaft nicht rechtswirksam errichtet wurde (stRspr seit RGSt 43, 407 (410, 413 ff.)) oder die **Bestellung** zum Vertretungsorgan **zivilrechtlich unwirksam** ist (dies ergibt sich bereits aus § 14 Abs. 3 StGB). Darüber hinaus nimmt die stRspr und ein beachtlicher Teil der Lit. aber auch solche Personen strafrechtlich in die Pflicht, die überhaupt nicht förmlich bestellt wurden, sondern die Funktion eines Vertretungsorgans lediglich tatsächlich ausüben (sog faktische Organschaft).

23   Die strafrechtliche Figur des faktischen Organs (die auch in der höchstrichterlichen Zivilrechtsprechung ihr Pendant findet; s. zB BGHZ 41, 282 (287); 47, 341 (343); 75, 96 (106); 104, 44 (46)), wurde in wesentlichen Teilen unter der Geltung der §§ 64 Abs. 1, 84 Abs. 1 Nr. 2 GmbHG aF gerade bei der Beurteilung von Verstößen (faktischer) GmbH-Geschäftsführer gegen die Pflicht zur Insolvenzantragstellung entwickelt (s. zB BGHSt 3, 32 (37); 21, 101 (103); 31, 118 (122); BGH StV 1984, 461 f.; BGHSt 46, 62 (64); zust. in der damaligen Lit. zB *Bruns* JR 1984, 133; *Bruns* GA 1986, 1 (12); *Gübel,* Die Auswirkungen der faktischen Betrachtungsweise auf die strafrechtliche Haftung faktischer GmbH-Geschäftsführer, 1994, 79 ff.; *Fuhrmann* FS Tröndle, 1989, 139 ff.; *H. Schäfer* wistra 1990, 81 ff.; *Hildesheim* wistra 1993, 166; *C. Schäfer* GmbHR 1993, 717 (723)) und gehörte seither fest zum Instrumentarium des Insolvenzstrafrechts. Hieran hält die Rspr. auch nach der Einführung des § 15a InsO fest (BGH NJW 2015, 712 m. zust. Anm. *Floeth* NZI 2015, 187 u. abl. Anm. *Bergmann* NZWiSt 2015, 143; *von Galen* NStZ 2015, 471). Sie führt hierfür die Gesetzesbegründung zu § 15a ins Feld, wonach mit der Neufassung keine Einschränkung der zuvor bestehenden Strafbewehrung intendiert war (s. dazu BT-Drs. 16/6140, 55), und versteht zudem die Wendung „… *Mitglieder des Vertretungsorgans* …" in § 15a Abs. 1 lediglich als zusammenfassende Umschreibung für die Verantwortlichkeit innerhalb verschiedener Gesellschaftsformen, die eben nach stRspr auch die faktische Organe treffe (BGH NJW 2015, 712 (713)). Obgleich zuzugeben ist, dass diese Argumentation einem akuten rechtpolitischen Bedürfnis zur

Bekämpfung des verbreiteten Strohleute-Unwesens entspricht, überzeugt sie iErg nicht: Indem § 15a Abs. 1 auf die Mitgliedschaft in einem Organ abstellt, knüpft er die Insolvenzantragspflicht zumindest auch an einen (wirksamen oder unwirksamen) Formalakt, da man Mitgliedschaften nicht rein faktisch, sondern stets nur Kraft Verleihung erwirbt. Wer **ohne jegliche förmliche Bestellung** (weitergehend MüKoStGB/*Hohmann* Rn. 54, der eine rechtswirksame Bestellung verlangt) die Geschäfte einer Gesellschaft oder Genossenschaft führt, kann daher schwerlich als Mitglied des Vertretungsorgans im Wortsinn angesehen werden. Die bereits unter der Geltung des alten Rechts von der Lit. vorgebrachten verfassungsrechtlichen **Bedenken** (*Cadus,* Die faktische Betrachtungsweise, 1984, 146 f.; *Joerden* wistra 1990, 1 (4); *Kaligin* BB 1983, 790; *Ransiek* ZGR 1992, 203 (209); *Schüppen* DB 1994, 197 (203 f.); *Stein,* Das faktische Organ, 1984, 70 u. 130 ff.; *Stein* ZHR 1984, 202 (222)) haben mit dem Inkrafttreten des § 15a neues Gewicht bekommen (einen Verstoß der faktischen Betrachtungsweise gegen das Analogieverbot des Art. 103 Abs. 2 GG nehmen zB an MüKoStGB/*Hohmann* Rn. 59; MüKoInsO/*Klöhn* Rn. 328; HK-InsO/*Ransiek* Rn. 40; Achenbach/Ransiek/Rönnau WirtschaftsStR-HdB/*Wegener* Teil 7 Kap. 2 Rn. 29; Bergmann NZWiSt 2014, 81; *Fleischer* GmbHR 2011, 337; *von Galen* NStZ 2015, 471; aA Schmidt/*Herchen* Rn. 65; Hess InsO Rn. 17 f.; Ahrens/Gehrlein/Ringstmeier/*Kadenbach,* Fachanwaltskommentar Insolvenzrecht, Rn. 12; FK-InsO/*Schmerbach* Rn. 2; *Brand* NZI 2010, 712).

Die Gestaltungs- und Beratungspraxis wird sich freilich an der unlängst bekräftigten Rspr. zur **24** faktischen Organstellung orientieren und die Existenz dieser Rechtfigur zugrunde legen müssen. Sie muss sich dabei auch des Umstandes bewusst bleiben, dass zwar der faktische GmbH-Geschäftsführer am häufigsten vorkommt, eine faktische Organstellung aber auch bei allen anderen Gesellschaftsformen (zB in Gestalt des faktischen AG-Vorstands; s. dazu Wabnitz/Janovsky WirtschaftsStR-HdB/*Köhler,* 3. Aufl. 2007, Kap. 7 Rn. 274) in Betracht kommt.

b) Voraussetzungen. Eine faktische Organstellung soll vorliegen, wenn sowohl betriebsintern als **25** auch nach außen die wesentlichen Dispositionen faktisch von bestimmten Personen getroffen werden, die zudem auch auf sämtliche Geschäftsvorgänge bestimmenden Einfluss ausüben (BGHSt 31, 118 (121)). Diese Personen dürfen sich die Unternehmensführung aber nicht einseitig anmaßen, sondern bedürfen in ihrem Handeln des Einverständnisses der (Mehrheit der) Gesellschafter, das als **konkludente Bestellung** zu werten sein soll (BGHSt 3, 33 (38); 31, 118 (122); BGH NStZ 2000, 34 ff.). Darüber hinaus muss das faktische gegenüber dem formell bestellten Organ eine überragende Stellung in der Gesellschaft einnehmen (BGHSt 31, 118 (122); BGH wistra 1990, 97; *Dierlamm* NStZ 1996, 153 (157); *H. Schäfer* wistra 1990, 81 (82)) oder zumindest das deutliche Übergewicht haben (BGHSt 46, 62 (65); BGH StV 1984, 461). Nicht ausreichend ist es dagegen, dass neben einem bestellten Organ gleichberechtigt eine weitere Person agiert (RGSt 72, 187 (192); BayObLG wistra 1991, 195 (197); OLG Düsseldorf NStZ 1988, 368; KG GewA 1993, 198 (199); *Hildesheim* wistra 1993, 166) oder nur intern auf das satzungsmäßige Organ eingewirkt wird (BGHZ 150, 61 (69 f.)). In solchen Konstellationen kann aber eine strafbare Teilnahme an der Tat des bestellten Organs vorliegen (BGH DStR 2005, 1455 (1456)).

Will das Gericht eine faktische Organstellung des oder der Angeklagten bejahen, muss es hierfür eine **26** wertende **Gesamtbetrachtung** vornehmen (BGHZ 104, 44 (48)), in deren Rahmen die tatsächlichen Umstände der Geschäftsführung aufzuklären und in den Urteilsgründen darzustellen sind (BayObLG wistra 1991, 195 (197); KG GewA 1993, 198 (199); *H. Schäfer* wistra 1990, 81 (82)).

Beweisanzeichen für eine faktische Organstellung sind zB (nach Wabnitz/Janovsky Wirt- **27** schaftsStR-HdB/*Köhler,* 3. Aufl. 2007, Kap. 7 Rn. 277): Die selbstständige Leitung sämtlicher Außengeschäfte, das Auftreten gegenüber den Mitarbeitern und/oder Kunden als Geschäftsführer, die Erteilung von Buchungsanweisungen an einen mit der Führung der Geschäftsbücher betrauten Steuerberater, die Entscheidung über Steuerangelegenheiten, die Einstellung und Entlassung von Mitarbeitern, das Ausstellen von Zeugnissen, die Vereinbarung von Stundungen oder das Aushandeln von Zahlungsbedingungen mit Lieferanten, Verhandlungen mit Banken oder auch eine Vergütung, die dem Gehalt eines Geschäftsführers entspricht. Wesentlich für die Annahme einer faktischen Organeigenschaft ist auch die (alleinige) Verfügungsbefugnis des Betreffenden über die Geschäftskonten der Gesellschaft (BGH NZG 2005, 816).

Gegen eine faktische Organstellung spricht es etwa, wenn ein mit der Abwicklung einer GmbH **28** beauftragter Rechtsanwalt dabei auch außen weiterhin als Rechtsanwalt auftritt und sich zur Abwicklung des Zahlungsverkehrs der Gesellschaft eines Rechtsanwaltsanderkontos bedient (BGH NStZ 2000, 34); zu den in → Rn. 25–28 behandelten Aspekten auch → StGB § 14 Rn. 51 ff.

III. Verantwortliche von Gesellschaften ohne eigene Rechtspersönlichkeit (Abs. 1 S. 2)

§ 15a Abs. 1 S. 2 Hs. 1 regelt die Insolvenzantragspflicht bei Gesellschaften ohne Rechtspersönlich- **29** keit, bei denen keiner der Gesellschafter eine natürliche Person ist, den Gesellschaftsgläubigern also (wie bei einer Kapitalgesellschaft) nur das Gesellschaftsvermögen als **beschränkte Haftungsmasse** zur Verfügung steht. Die Vorschrift ist dem § 130a Abs. 1 HGB aF (iVm § 177a HGB aF) nachgebildet und meint vor allem die GmbH & Co KG, erfasst aber wegen ihrer allgemein gehaltenen Formulierung auch andere in- und ausländische Gesellschaftsformen (wie zB die oHG oder die Limited & Co KG).

30   **§ 15a Abs. 1 S. 2 Hs. 2** befreit solche Gesellschaften von der Insolvenzantragspflicht, bei denen zwar kein unmittelbarer Gesellschafter, immerhin aber der Gesellschafter eines Gesellschafters eine natürliche Person ist. Da den Gesellschaftsgläubigern letztlich diese **natürliche Person unbeschränkt mit ihrem gesamten Vermögen haftet,** kann dann nämlich nicht von einer begrenzten Haftungsmasse die Rede sein (→ Rn. 3).

31   **Taugliche Täter** der Insolvenzverschleppung sind bei Gesellschaften ohne Rechtspersönlichkeit die **organschaftlichen Vertreter** der zur Vertretung der Gesellschaft berufenen Gesellschafter-Gesellschaft, im „Normalfall" der GmbH & Co KG also der oder die (bestellten oder faktischen; zu letzteren s. BGH NJW 1984, 2958) Geschäftsführer der Komplementär-GmbH, die ihrerseits die Geschäfte der KG führt. Daneben können auch **Abwickler** (die bei der oHG und der KG als **Liquidatoren** bezeichnet werden; vgl. § 146 HGB, ggf. iVm § 161 Abs. 2 HGB) den Straftatbestand des § 15a Abs. 4 verwirklichen.

IV. Mittelbare organschaftliche Vertreter (Abs. 2)

32   § 15a Abs. 2, der § 130a Abs. 4 HGB aF entspricht (BT-Drs. 16/6140, 55; Roth/Altmeppen/ *Altmeppen* GmbHG Vor § 64 Rn. 61), erklärt § 15a Abs. 1 S. 2 für sinngemäß anwendbar, wenn der organschaftliche Vertreter der Vertreter-Gesellschaft seinerseits eine Gesellschaft ist, bei der wiederum kein Gesellschafter eine natürliche Person ist (Phänomen der sog „mehrstöckigen" oder Schachtel-Gesellschaften). Die Vorschrift soll die **Umgehung der Insolvenzantragspflicht** durch Nutzung an sich zulässiger gesellschaftsrechtlicher Schachtel-Konstruktionen verhindern.

V. Gesellschafter und Mitglieder eines Aufsichtsrats (Abs. 3)

33   **1. Allgemeines.** Der durch Art. 9 Nr. 3 MoMiG (BGBl. 2008 I 2026 ff.) neu eingeführte § 15a Abs. 3 erweitert bei einer führungslosen GmbH den Kreis der (auch strafrechtlich) zur Insolvenzanmeldung Verpflichteten auf sämtliche Gesellschafter, bei der führungslosen AG oder Genossenschaft auf alle Mitglieder des Aufsichtsrats. Er bezweckt damit die **Stärkung des Gläubigerschutzes** (BT-Drs. 16/6140, 55), soll eine **Umgehung der Insolvenzantragspflicht** verhindern und mittelbar den Gesellschaftern einen Anreiz dafür geben, eine ordnungsgemäße und aktionsfähige Vertretung der juristischen Person sicherzustellen. § 15a Abs. 3 trägt damit auch dem Gedanken Rechnung, dass die Gesellschafter einer GmbH als (bloße) Kapitalgeber zwar grds. die Geschäftsleitung an angestellte Geschäftsführer delegieren können, gleichwohl aber auch die Verpflichtung haben, die Gesellschaft nicht zum Schaden des Rechtsverkehrs führungslos zu lassen (BT-Drs. 16/6140, 55).

34   **2. Anwendungsbereich.** § 15a Abs. 3 gilt explizit nur für **Gesellschafter einer GmbH** (auch in der Rechtsformvariante der UG) und Mitglieder des Aufsichtsrats einer **Aktiengesellschaft** oder **Genossenschaft.** Er ist wegen des strafrechtlichen Analogieverbots nicht auf Gesellschafter oder Funktionsträger anderer in- oder ausländischer (s. hierzu *Bittmann* NStZ 2009, 113 (115); *Römermann* NZI 2010, 241 (242) Gesellschaften anwendbar.

35   **3. Gesellschafter einer GmbH.** Jede GmbH hat bereits bei ihrer Gründung einen oder mehrere Anteilseigner (s. § 1 GmbHG); die spätere Aufnahme weiterer Gesellschafter oder das Ausscheiden der Gründer ist jederzeit möglich (s. § 15 Abs. 1 GmbHG). Die strafrechtliche Verantwortung für die Insolvenzantragstellung trifft dabei jeweils die im Zeitpunkt der Insolvenzantragspflicht aktuell vorhandenen (dh in die Gesellschafterliste beim Handelsregister eingetragenen; s. § 16 Abs. 1 S. 1 GmbHG) Anteilseigner, bei der Ein-Mann-GmbH naturgemäß den Alleingesellschafter. Neben natürlichen können auch juristische Personen oder Personenhandelsgesellschaften Gesellschafter der GmbH sein. Zur strafrechtlichen Verantwortlichkeit in diesen Fällen → Rn. 37.

36   GmbH-Gesellschafter mit den daraus resultierenden gesellschaftsrechtlichen Rechten und Pflichten ist auch, wer diese Stellung lediglich treuhänderisch für einen anderen innehat. Dementsprechend kommt es auch für seine strafrechtliche Verantwortlichkeit nicht darauf an, ob er die Gesellschaftsanteile auf eigene oder fremde Rechnung, dauerhaft oder nur auf Zeit hält (Scholz/*Tiedemann*/*Rönnau* GmbHG § 82 Rn. 42). Wie vor allem § 9a Abs. 4 S. 1 GmbHG erkennen lässt (der den Treugeber nur *„neben"* den Gesellschaftern in die Verantwortung nimmt), zählt das GmbH-Recht den treugebenden **Hintermann** dagegen nicht zu den Gesellschaftern. Sowohl dies wie auch das Analogieverbot des Art. 103 Abs. 2 GG verbietet dem Strafrecht eine andere Einordnung, weshalb den Hintermann auch nicht die strafbewehrte Pflicht aus § 15a Abs. 3 trifft (Baumbach/Hueck/*Haas* GmbHG § 82 Rn. 20; Mü-KoStGB/*Hohmann* Rn. 70; Scholz/*Tiedemann*/*Rönnau* GmbHG § 82 Rn. 37).

37   Ist der Gesellschafter keine natürliche Person, sondern eine **Personengesellschaft** (oHG oder KG) oder eine **juristische Person,** bestimmt sich die strafrechtliche Verantwortlichkeit des tatsächlich Handelnden nach § 14 StGB.

38   **4. Aufsichtsratsmitglieder. Mitglied des Aufsichtsrats** einer AG ist, wer entweder gem. § 30 AktG von den Gründern der Gesellschaft hierzu bestellt, von der Hauptversammlung oder der Beleg-

schaft gewählt (§ 101 Abs. 1 AktG), von einzelnen Aktionären entsandt (§ 101 Abs. 1 u. 2 AktG) oder unter den Voraussetzungen des § 104 AktG durch Gerichtsbeschluss ernannt wurde. Bei der Genossenschaft werden die Mitglieder des Aufsichtsrats von der Generalversammlung gewählt (§ 36 Abs. 1 GenG). Der Auswahlakt ist sowohl bei der AG wie auch bei der Genossenschaft erst dann wirksam, wenn er vom Designierten angenommen wird.

Für die strafrechtliche Verantwortung der Aufsichtsratsmitglieder ist es gleichgültig, ob die Errichtung **39** der Aktiengesellschaft oder der Akt der Aufnahme in den Aufsichtsrat rechtswirksam war (zur unwirksamen Errichtung der AG s. RGSt 43, 407 (416)). Soweit darüber hinaus auch eine lediglich **faktische Aufsichtsratstätigkeit** ohne zugrunde liegenden Auswahlakt für ausreichend gehalten wird (MüKo-AktG/*Kropff* AktG § 399 Rn. 31), begegnet dies aber durchgreifenden Bedenken (→ Rn. 22 ff.).

Die strafrechtliche Verantwortung für eine rechtzeitige und richtige Antragstellung trifft jedes einzelne **40** Aufsichtsratsmitglied. Dies gilt auch dann, wenn der Aufsichtsrat in seiner Gesamtheit einen Beschluss fasst, der die Antragstellung ablehnt **(Majorisierung).** Die Ausführungen zum Vorstand der Aktiengesellschaft (→ Rn. 13) gelten hier entsprechend.

5. Führungslosigkeit. § 35 Abs. 1 S. 2 GmbHG, § 78 Abs. 1 S. 2 AktG, § 24 Abs. 1 S. 2 GenG **41** und § 10 Abs. 2 S. 2 enthalten jeweils sinngleiche Legaldefinitionen der Führungslosigkeit. Diese liegt danach dann vor, wenn eine GmbH keinen Geschäftsführer und eine AG oder Genossenschaft keinen Vorstand „hat". **Führungslos** ist die Gesellschaft daher nur dann, wenn der organschaftliche Vertreter tatsächlich oder rechtlich nicht mehr existiert (OLG Hamburg NJW 2009, 304), etwa wenn sämtliche Geschäftsführer oder alle Vorstandsmitglieder ihre Ämter niedergelegt haben oder der Vertretungsberechtigte verstorben ist (*Römermann* NZI 2008, 641 (645)).

Ob der Geschäftsführer oder Vorstand sein Amt tatsächlich wahrnimmt, ist hingegen ohne Belang. **42** Die Gesellschaft ist also auch dann **nicht führungslos,** wenn der Geschäftsführer einer GmbH unbekannten Aufenthalts ist (OLG Hamburg NJW 2009, 304; BT-Drs. 16/6140, 55) oder sich schlicht nicht mehr um die Belange der Gesellschaft kümmert (*Bittmann* NStZ 2009, 113 (115); *Weyand* ZInsO 2010, 359 (361)); eine konkludente Amtsniederlegung ist in seinem Verschwinden oder seiner Handlungsunwilligkeit nicht zu sehen (*Römermann* NZI 2008, 641 (645); aA *Gehrlein* BB 2008, 846 (848)). In diesen Fällen sind die Gesellschafter oder Aufsichtsräte schon nicht berechtigt und erst recht nicht verpflichtet, Insolvenzantrag zu stellen; s. § 15 Abs. 1 S. 2. Ein gleichwohl von ihnen gestellter Antrag ist unzulässig (OLG Hamburg NJW 2009, 304; *Bittmann* NStZ 2009, 113 (115)).

6. Kenntnis von Krise und Führungslosigkeit. Im Unterschied zu den Mitgliedern der Ver- **43** tretungsorgane sind die Gesellschafter und Aufsichtsratsmitglieder gem. § 15a Abs. 3 nur dann zur Insolvenzanmeldung verpflichtet, wenn sie **positive Kenntnis** von der Insolvenzreife und der Führungslosigkeit der Gesellschaft haben. Kennenmüssen genügt nicht (*Bittmann* NStZ 2009, 113 (115); Roth/Altmeppen/*Altmeppen* GmbHG Vor § 64 Rn. 63; dazu krit. *Weyand* ZInsO 2010, 359 (362 f.)). Die Strafdrohung für fahrlässige Verletzungen der Insolvenzantragspflicht in § 15a Abs. 5 läuft daher für diesen Personenkreis weitgehend leer: Kennt der Gesellschafter oder Aufsichtsrat die Insolvenzreife oder Führungslosigkeit nicht, ist er zivilrechtlich nicht zur Insolvenzantragstellung verpflichtet, weshalb er für eine aus fahrlässiger Unkenntnis resultierende Unterlassung auch nicht bestraft werden kann. Denkbar, aber praktisch bedeutungslos, ist daher nur der Fall, dass ein Gesellschafter oder Aufsichtsrat trotz Kenntnis von Führungslosigkeit und Insolvenzreife der Gesellschaft die Antragstellung schlicht vergisst.

VI. Ausscheiden aus dem Amt

Scheidet ein Mitglied eines Vertretungsorgans **vor Beginn des Fristlaufs** für die Insolvenzantrag- **44** stellung, sei es freiwillig oder zwangsweise, wirksam aus dem Amt, ist es zur Antragstellung weder verpflichtet noch berechtigt. Es kann sich daher auch nicht gem. § 15a Abs. 4 strafbar machen (BGH BeckRS 1980, 31107301, in BGH MDR 1981, 100 nur teilweise abgedruckt). Umgekehrt beseitigt hingegen ein Ausscheiden **nach Ablauf der Antragsfrist** die Strafbarkeit nicht, da die Tat dann im Zeitpunkt des Ausscheidens bereits vollendet ist.

Scheidet der Geschäftsführer, Vorstand etc **nach Fristbeginn, aber vor Fristablauf** aus dem Amt, **45** ist zu differenzieren (so auch Scholz/*Tiedemann*/*Rönnau* GmbHG § 84 Rn. 38 f.): Hat er während seiner Amtszeit die Antragstellung bei bereits laufender Drei-Wochen-Frist schuldhaft verzögert, war die Insolvenzverschleppung bereits vor seinem Ausscheiden vollendet; er bleibt damit strafbar. Ist dem Ausscheidenden hingegen kein schuldhaftes Zögern vorzuwerfen, bleibt es auch dann bei seiner Straflosigkeit, wenn er weder selbst den Antrag stellt, noch auf eine rechtzeitige Antragstellung durch seinen Nachfolger hinwirkt (aA die ältere Rspr., die eine dieser beiden Handlungsweisen verlangt; s. BGHSt 2, 53 (54)). Dies schon deshalb, weil seine gesetzliche Pflichtenstellung mit der – zivilrechtlich auch in dieser Situation möglichen und wirksamen (s. BGHZ 121, 257; BayObLG MDR 1994, 356) – Amtsniederlegung und erst recht mit dem unfreiwilligen Amtsverlust erlischt und auch nicht wegen Ingerenz perpetuiert wird. Im Hinblick auf eine Verpflichtung zum Einwirken auf den Nachfolger bliebe im Übrigen auch unklar, wie ihr iE genügt werden sollte (*Uhlenbruck* GmbHR 1972, 170 (172)). Eine strafbare Teilnahme des Ausgeschiedenen an der Tat seines Nachfolgers bleibt aber möglich, etwa wenn er diesen ermuntert, mit der Antragstellung pflichtwidrig zuzuwarten.

VII. Teilnehmer

46   **1. Allgemeines.** Andere als die in den → Rn. 9 ff. genannten Personen (zB Gesellschafter, Prokuristen, Sanierer, externe Berater) scheiden als Täter (in allen denkbaren Täterschaftsformen) aus, da ihnen die erforderliche Sondereigenschaft iSd § 15a fehlt. Sie kommen aber nach den allgemeinen Regeln als **Teilnehmer** (Anstifter oder Gehilfe, §§ 26, 27 StGB) an einer vorsätzlichen, rechtswidrigen Haupttat eines tauglichen Täters in Betracht (BGHSt 14, 280 (281)).

47   **2. Einzelfälle.** Besonders bedeutsam wird die Möglichkeit strafbarer Beteiligung für **(GmbH-) Gesellschafter,** die das Vertretungsorgan dazu drängen, den notwendigen Insolvenzantrag zu unterlassen oder das bereits zur Unterlassung entschlossene Organ in seinem Entschluss bestärken (BGH BeckRS 1980, 31107301, in BGH NStZ 1981, 353 nur mit dem Leitsatz abgedruckt), zB indem sie einen Gesellschafterbeschluss fassen, der sich trotz Insolvenzreife gegen eine Antragstellung ausspricht (Roth/Altmeppen/*Altmeppen* GmbHG Vor § 64 Rn. 141). Anstifter ist regelmäßig der sog Firmenbestatter, der eine insolvente Gesellschaft gerade deshalb aufkauft, um sie durch geschickte Sitzverlegungen und die Einsetzung eines weisungsgemäß untätig bleibenden Scheingeschäftsführers dem geordneten Insolvenzverfahren zu entziehen (vgl. *Ogiermann* wistra 2000, 250 (252)). Erklärungen der Gesellschafter gegenüber den Gläubigern, mit denen die Krise der Gesellschaft vertuscht und dadurch die Eröffnung des Insolvenzverfahrens verhindert oder verzögert werden soll, stellen noch keine strafbare Beihilfe zur Insolvenzverschleppung (BGHSt 14, 280 (282)) dar, möglicherweise aber (Beihilfe zum) Betrug. Bei GmbH-Gesellschaftern ist im Übrigen jenseits der Teilnahmestrafbarkeit auch stets an ihre eigene Täterschaft zu denken, sei es als faktische Geschäftsführer oder wegen des Vorliegens der Voraussetzungen des § 15a Abs. 3 (→ Rn. 22 ff. u. 35 ff.).

48   Die soeben (→ Rn. 47) genannten Grundsätze gelten auch für die **Aufsichtsratsmitglieder** einer AG, Genossenschaft oder GmbH (bei der es aber nur dann einen Aufsichtsrat gibt, wenn der Gesellschaftsvertrag diesen ausdrücklich vorsieht; s. § 52 Abs. 1 GmbHG). Diese sind zudem organschaftlich verpflichtet, den Vorstand (oder die Geschäftsführung) zu überwachen (s. § 111 Abs. 1 AktG, ggf. iVm § 52 Abs. 1 GmbHG, bzw. § 38 Abs. 1 GenG) und müssen in diesem Rahmen das Vertretungsorgan auch dazu anzuhalten, bei Eintritt von Zahlungsunfähigkeit oder Überschuldung rechtzeitig Antrag auf Eröffnung des Insolvenzverfahrens zu stellen. Sie sind insoweit Garanten für die Pflichterfüllung durch das Vertretungsorgan und können daher auch **Beihilfe durch Unterlassen** zu deren Verschleppungstat begehen (*Pfeiffer* FS Rowedder, 1994, 347 (367), *Richter* GmbHR 1984, 113 (118)).

49   Schließlich können sich nach den allgemeinen Regeln auch beliebige **sonstige Personen** an der Insolvenzverschleppung durch einen tauglichen Haupttäter beteiligen. Praktisch relevant ist dabei insbes. die Anstiftung oder Beihilfe durch Prokuristen oder sonstige leitende Angestellte (vor allem im Controlling oder Finanzwesen; Erbs/Kohlhaas/*Schaal* GmbHG § 84 Rn. 33), Rechtsanwälte, Steuerberater, Wirtschaftsprüfer oder Gläubiger, die bisweilen ein vitales Eigeninteresse am Fortbestand der Schuldnergesellschaft haben. Der Rechtsanwalt einer GmbH kann je nach Ausgestaltung seines Mandats verpflichtet sein, die Geschäftsführer zur Erfüllung ihrer Insolvenzantragspflicht anzuhalten; für ihn kommt dann psychische Beihilfe in Betracht, wenn er im Auftrag der Geschäftsführer die Geschäftstätigkeit abwickelt und die Gesellschaft damit trotz Insolvenzreife weiter aufrecht erhält (BGH NStZ 2000, 34 (36)).

C. Objektiver Tatbestand

50   Der objektive Tatbestand des § 15a Abs. 4 ist erfüllt, wenn das zuständige Vertretungsorgan oder der zuständige Abwickler es unterlässt, unverzüglich, spätestens aber binnen drei Wochen, nach Eintritt der Zahlungsunfähigkeit oder Überschuldung der Gesellschaft einen richtigen Insolvenzantrag zu stellen.

I. Insolvenzgrund der Zahlungsunfähigkeit

51   **1. Begriff der Zahlungsunfähigkeit.** Die wesentlichen Elemente des Begriffs der **Zahlungsunfähigkeit** wurden durch Rechtsprechung und Literatur bereits unter der Geltung der Vergleichs- und Konkursordnung konturiert; es lohnt daher ein kurzer Blick auf die alte Rechtslage, um die nachfolgende Entwicklung seit dem Inkrafttreten der Insolvenzordnung am 1.1.1999 besser zu verstehen:

52   **a) Zahlungsunfähigkeit iSd der Konkurs- und Vergleichsordnung.** Zahlungsunfähigkeit iSd Vergleichs- und Konkursordnung war nach damals ganz hM das nach außen hin in Erscheinung tretende, auf Mangel an Zahlungsmitteln beruhende, voraussichtlich dauernde Unvermögen der Gesellschaft, ihre sofort zu erfüllenden, ernsthaft eingeforderten Geldschulden im Wesentlichen zu befriedigen (BGH NJW 19982, 1952 (1954); BGH wistra 1987, 218 (219); 1991, 26; BGH NJW 2000, 154 (156)). Sie war insbes. bei Zahlungseinstellung anzunehmen (BGH 1 StR 32/61).

b) Zahlungsunfähigkeit iSd der Insolvenzordnung. Nach der **Legaldefinition** des § 17 Abs. 2 **53** S. 1 ist ein Schuldner zahlungsunfähig, „wenn er nicht in der Lage ist, die fälligen Zahlungspflichten zu erfüllen". Diese Begriffsbestimmung knüpft zwar an die aus dem alten Recht überkommene Definition (→ Rn. 52) an (BT-Drs. 12/2443, 114), ist jedoch bewusst weiter gefasst, da die Merkmale des „ernstlichen Einforderns der Verbindlichkeit", des „dauernden Unvermögens" und der „Wesentlichkeit" entfallen sind. Damit sollte der unter der Geltung der Vergleichs- und Konkursordnung verbreiteten Neigung begegnet werden, den Begriff der Zahlungsunfähigkeit allzu restriktiv zu handhaben und selbst eine über Wochen oder gar Monate andauernde Illiquidität als rechtlich unerhebliche Zahlungsstockung anzusehen (BGH NStZ 2007, 643). Demgegenüber erschien dem Gesetzgeber die Stärkung des Gläubigerschutzes durch ein früheres Eingreifen der Insolvenzgründe und die damit faktisch einhergehende Vorverlegung des Zeitpunkts der Insolvenzverfahrenseröffnung geboten (Jaeger/*Müller* § 17 Rn. 3).

Die – widerlegliche – **gesetzliche Vermutung** des § 17 Abs. 2 S. 2, dass Zahlungsunfähigkeit „in **54** der Regel anzunehmen" ist, „wenn der Schuldner seine Zahlungen eingestellt hat" ist rein zivilrechtlicher Natur und für das Strafrecht bedeutungslos (wohl einhM; s. zB *Uhlenbruck* wistra 1996, 1 (5)).

c) Die einzelnen Elemente der Zahlungsunfähigkeit. aa) Zahlungspflichten. Das Unver- **55** mögen des Schuldners zur Leistung muss sich auf **Zahlungspflichten** beziehen. Erfasst sind damit ausschließlich **Geldschulden,** einschließlich der Verpflichtung, (Bar-)Geld zu hinterlegen (Jaeger/*Müller* § 17 Rn. 6 mwN). Die Unfähigkeit, Sach- oder Dienstleistungen zu erbringen, begründet nicht die Zahlungsunfähigkeit (s. zB Roth/Altmeppen/*Altmeppen* GmbHG Vor § 64 Rn. 15).

Verbindlichkeiten der Gesellschaft **gegenüber den Gesellschaftern** sind ebenfalls als Zahlungs- **56** pflichten iSd § 17 Abs. 2 S. 1 anzusehen und daher bei der Überprüfung der Zahlungsfähigkeit zu berücksichtigen. Etwas anders gilt nur, soweit die Erfüllung einer solchen Verbindlichkeit durch eine GmbH gegen das Auszahlungsverbot des § 30 GmbHG verstoßen würde; betreffen kann dies Gewinnausschüttungen, die Rückgewähr von Einlagen oder Nachschüssen, aber auch sonstige Zahlungen (s. zum Ganzen Jaeger/*Müller* § 17 Rn. 11).

Für die GmbH wurde durch das „Gesetz zur Modernisierung des GmbH-Rechts und zur Bekämp- **57** fung von Missbräuchen" (MoMiG) v. 23.10.2008 (BGBl. I 2026 ff.) der § 30 GmbHG neu gefasst und damit zugleich das im Wesentlichen richterrechtlich entwickelte Institut des sog Eigenkapitalersatzrechts abgeschafft (s. Baumbach/Hueck/*Fastrich* GmbHG § 30 Rn. 1 ff. u. Anh. nach § 30 Rn. 3 ff.). Damit gelten insbes. für die **Rückzahlung von Gesellschafterdarlehen** (sowie für Leistungen auf Forderungen, die aus einer dem Darlehen wirtschaftlich entsprechenden Rechtshandlung herrühren) im Wesentlichen (freilich nicht vollständig; s. Baumbach/Hueck/*Fastrich* GmbHG Anh. nach § 30 Rn. 2) dieselben Grundsätzen wie für die Darlehensrückzahlung an außenstehende Dritte. Da solche Zahlungen an die Gesellschafter gem. § 30 Abs. 1 S. 3 GmbHG keinem Auszahlungsverbot unterliegen, sind sie nunmehr grds. auch im Liquiditätsstatus der Gesellschaft zu berücksichtigen. Dies ist nur dann nicht der Fall, wenn der darlehnsgebende Gesellschafter ausdrücklich einen **Rangrücktritt** erklärt und damit dauerhaft die Fälligkeit seiner Forderung beseitigt hat (Erbs/Kohlhaas/*Schaal* GmbHG § 84 Rn. 14a; Jaeger/*Müller* § 17 Rn. 12; sa BGHZ 146, 264 für den Überschuldungstatus).

Die geltende Legaldefinition verlangt nicht, dass die Unfähigkeit des Schuldners zur Erfüllung einen **58** **wesentlichen Teil** seiner bestehenden Verbindlichkeiten erfasst. Da allerdings **geringfügige Liquiditätslücken** nach wie vor keine Zahlungsunfähigkeit begründen sollen (BT-Drs. 12/2443, 114), bedarf es nunmehr der Bestimmung der Geringfügigkeitsgrenze. Die neuere Rspr. sieht diese Grenze dann überschritten, wenn eine **Deckungslücke von mindestens 10 %** der fälligen Forderungen besteht (BGHZ 163, 134), wofür bereits die Nichterfüllung einer entsprechend großen Einzelforderung genügen kann (BGHZ 149, 178 (184); BGH NJW 1995, 2103).

bb) Fälligkeit. Zahlungsunfähigkeit iSd des § 17 Abs. 2 S. 1 kann (anders als die in § 18 Abs. 2 **59** definierte drohende Zahlungsunfähigkeit, die lediglich ein Insolvenzantragsrecht, nicht aber eine Insolvenzantragspflicht des Schuldners begründet) nur aus der Unfähigkeit zur Erfüllung **fälliger Verpflichtungen** erwachsen. Gemeint sind damit stets die zu erfüllenden Geldschulden (→ Rn. 55), unabhängig davon, ob sich der Schuldner bereits im Zahlungsverzug befindet oder nicht (Jaeger/*Müller* § 17 Rn. 8 mwN). Forderungen, die aufgrund einer Leistung an Erfüllungs statt erloschen sind, stellen keine fälligen Verbindlichkeiten mehr dar (BGH NStZ 1987, 216).

Für das Vorliegen einer strafrechtlich relevanten Zahlungsunfähigkeit bedarf es unter der Geltung des **60** § 17 Abs. 2 S. 1 keines **ernstlichen und dringenden Einforderns** durch den Gläubiger (BGH NStZ 2007, 634; Fischer StGB Vor § 283 Rn. 9; aA die zivilrechtl. Rspr.; s. zB BGHZ 173, 286; BGH ZIP 2009, 1235; BGHZ 195, 42). Ein bloßes Stillhalten der Gläubiger, das regelmäßig nicht als stillschweigende Stundung angesehen werden kann ((Jaeger/*Müller* § 17 Rn. 9 f.), beseitigt demgemäß weder die Fälligkeit, noch rechtfertigt es die Herausnahme der betroffenen Forderung aus dem Liquiditätsstatus der Gesellschaft. Beides bedarf vielmehr einer ausdrücklich vereinbarten **Stundung** (die freilich auch als „Zahlungsaufschub", „Stillhaltevereinbarung", „Gewährung einer Schonfrist" oÄ bezeichnet werden kann); dies gilt auch bei Steuern und anderen öffentlich-rechtlichen Abgaben.

61   **cc) Unvermögen zur Zahlung.** Zahlungsunfähigkeit liegt vor, wenn der Schuldner **objektiv nicht in der Lage** ist, seine fälligen Zahlungspflichten zu erfüllen. Die bloße **Zahlungsunwilligkeit** des solventen Schuldners begründet daher noch nicht seine Zahlungsunfähigkeit (OLG Düsseldorf BB 1983, 229; *Harz* ZInsO 2001, 193 (195)); seine Gläubiger bleiben in diesem Fall auf die Durchsetzung ihrer Forderungen im Wege der (erfolgversprechenden) Einzelzwangsvollstreckung verwiesen.

62   Das Leistungsunvermögen muss auf einem **Mangel an Zahlungsmitteln** beruhen. Beruht die Nichtbegleichung der Verbindlichkeiten auf anderen Umständen (wie etwa bloßen Versäumnissen wegen Krankheit oder Überlastung des Vertretungsorgans der Gesellschaft oder auch einem behördlich verfügten Zahlungsverbot; zu letzterem s. Jaeger/*Müller* § 17 Rn. 14), liegt dagegen keine Zahlungsunfähigkeit vor; die Einleitung des Insolvenzverfahrens wäre in solchen Fällen auch weder geboten noch sinnvoll.

63   **Zahlungsmittel** ist das zur Schuldentilgung vorhandene oder (kurzfristig) beschaffbare Bar- oder Buchgeld (BGHSt 28, 231) einschließlich erhaltener Schecks und Wechsel (*Harz* ZInsO 2001, 193 (195)). Auch **Kredite** zählen dazu, sofern sie sofort abrufbar sind (Jaeger/*Müller* § 17 Rn. 16). Kurzfristig verwert- oder beleihbares **Anlagevermögen** beseitigt zwar nicht die – stets stichtagsbezogen zu ermittelnde – Illiquidität, ist aber bei der Beurteilung der Frage zu berücksichtigen, ob nicht lediglich eine ganz vorübergehende Zahlungsstockung vorliegt (*Harz* ZInsO 2001, 193 (195); *Stahlschmidt* JR 2002, 89; → Rn. 64). Die Herkunft vorhandener Zahlungsmittel ist ohne Belang, weshalb auch rechtswidrig oder gar auf strafbare Weise erlangte Mittel grds. zur Aufrechterhaltung der Liquidität beitragen können (BGH NJW 1982, 1952 (1954)). Allerdings ist bei der Erstellung eines Liquiditätsstatus ggf. zu berücksichtigen, dass laufende illegale Einkünfte unsicher sind und die Zahlungsfähigkeit regelmäßig nicht auf Dauer gewährleisten können. Nicht zu den vorhandenen Mitteln gezählt werden dürfen aber solche Gelder, die nur durch die Begehung einer neuen Straftat (insbes. einer Untreue oder eines Kreditbetruges) zur Begleichung fälliger Verbindlichkeiten eingesetzt werden könnten (BGH NStZ 2008, 415).

64   **dd) Abgrenzung zur Zahlungsstockung.** Zwar verlangt § 17 Abs. 2 S. 1 für die Zahlungsunfähigkeit **kein dauerhaftes Unvermögen** zur Erfüllung der Verbindlichkeiten, jedoch stellt eine nur vorübergehende, wenige Tage dauernde Illiquidität noch keine Zahlungsunfähigkeit, sondern lediglich eine Zahlungsstockung dar (BT-Drs. 12/2433, 114; wohl einhM), die noch keine Insolvenzantragspflicht begründet. Eine solche **Zahlungsstockung** liegt vor, wenn die begründete Aussicht besteht, dass der Schuldner kurzfristig, dh binnen **zwei bis drei Wochen** (BGH NStZ 2007, 643 (644); aA zB *Harz* ZInsO 2001, 193 (196 f.) – zwei bis vier Wochen; *Bittmann* wistra 1998, 321 (324) – drei Monate) wieder über liquide Mittel verfügen wird.

65   **2. Bestimmung der Zahlungsunfähigkeit. a) Betriebswirtschaftliche Methode.** Die Feststellung der Zahlungsunfähigkeit im betriebswirtschaftlichen Sinn, die auch von § 17 Abs. 2 S. 1 gemeint ist, erfordert in aller Regel eine **stichtagsbezogene Gegenüberstellung** von fälligen Verbindlichkeiten und zu ihrer Tilgung vorhandenen oder kurzfristig beschaffbaren Mitteln (sog **Liquiditätsstatus;** s. dazu BGH NJW 2000, 154 (156); BGH NStZ 2003, 546 (547)). Zur Unterscheidung der Zahlungsunfähigkeit von bloßen Zahlungsstockungen (→ Rn. 64) ist dabei eine **Zeitraumilliquidität,** nicht lediglich eine bloße Zeitpunktilliquidität zu ermitteln (*Stahlschmidt* JR 2002, 89 (90); aA *Reck* GmbHR 1999, 267 (269)).

66   Es muss also einer **Prognose** darüber angestellt werden, ob der Schuldner auf der Basis seiner aktuellen Vermögensverhältnisse mit hinreichender Sicherheit in der Lage sein wird, seine Zahlungsfähigkeit innerhalb kurzer Zeit (= zwei bis drei Wochen; → Rn. 64) vollständig wiederherzustellen, etwa durch Aufnahme von Krediten, Zuführung von Eigenkapital, Veräußerung einzelner Vermögensgegenstände oder Einnahmen aus dem normalen Geschäftsbetrieb (Jaeger/*Müller* § 17 Rn. 26). Der Liquiditätsstatus (→ Rn. 65) bedarf daher einer Ergänzung durch eine **Finanzplanrechnung,** aus der sich die zu erwartenden Einnahmen und Ausgaben der nächsten 21 Tage ergeben (*Harz* ZInsO 2001, 193 (196 ff.); *Stahlschmidt* JR 2002, 89 (90)). Bei dieser Planrechnung dürfen aber nur bereits hinreichend konkretisierte, mit hoher Wahrscheinlichkeit umsetzbare Vorgänge berücksichtigt werden (Jaeger/*Müller* § 17 Rn. 26); ein Businessplan ist kein Finanzplan in diesem Sinne. Bei einer positiven Prognose im Finanzplan ist Zahlungsunfähigkeit erst dann anzunehmen, wenn die Zahlungsstockung wider Erwarten länger als drei Wochen andauert. Ist die Prognose dagegen negativ, tritt die Insolvenzreife sofort ein.

67   **b) Wirtschaftskriminalistische Beweisanzeichen.** Da häufig kein nach betriebswirtschaftlichen Methoden erstellter Finanzstatus vorhanden ist, anhand dessen die Ermittlungsbehörden oder das Gericht den Eintritt der Zahlungsunfähigkeit überprüfen könnten, muss in der Verfahrenspraxis oftmals auf **wirtschaftskriminalistische Beweisanzeichen** zurückgegriffen werden, die ebenfalls den Schluss auf die Zahlungsunfähigkeit des Schuldners erlauben (BGH NStZ 2003, 546 (547); BGH NJW 2014, 164 (165)). Auch mit derartigen Beweisanzeichen ist allerdings sorgfältig und zurückhaltend umzugehen und es darf insbes. nicht übersehen werden, dass es darum geht, eine ursprünglich prognostische Betrachtung durch den Schuldners nachzuholen und es daher nicht erlaubt ist, aus einer negativen wirtschaftlichen Entwicklung bis zum Beurteilungszeitpunkt ohne weiteres auf ein frühzeitiges Vorliegen der Zahlungs-

unfähigkeit zurückzuschließen (BGH NJW 2014, 164 (165)). Korrekt angewandt, werden die Beweisanzeichen vielmehr regelmäßig nur auf einen späten Eintritt der Zahlungsunfähigkeit schließen lassen (*Bieneck* wistra 1992, 89 (90)), wobei dann aber ab diesem Zeitpunkt häufig zugleich (bedingt) vorsätzliches Verhalten des Täters angenommen werden darf.

Beweisanzeichen für das Vorliegen von Zahlungsunfähigkeit sind etwa die ausdrückliche Erklärung **68** des Schuldners, nicht zahlen zu können (Jaeger/*Müller* § 17 Rn. 31), die ausschließliche Begleichung von Neuschulden bei gleichzeitigem Offenbleiben der Altverbindlichkeiten (OLG Hamburg GmbHR 2004, 797), die „Flucht" vor den Gläubigern (OLG München NJW-RR 1996, 1017 (1019)), die Einstellung des Geschäftsbetriebs (BGH NJW 1984, 1953; 2000, 1055 (1057)), das Ignorieren von Rechnungen und Mahnungen (RG JW 1926, 591), die mehrfache Rückgabe von Ware, die noch unter dem Eigentumsvorbehalt eines Lieferanten stand (OLG Stuttgart ZIP 1997, 652), Vollstreckungsversuche (insbes., wenn sie fehlgeschlagen sind), wiederholte Wechsel- und Scheckproteste (BGH wistra 1993, 184) oder die Abgabe der eidesstattlichen Versicherung für die Gesellschaft (BGH wistra 1993, 184). Darüber hinaus kann sich Zahlungsunfähigkeit auch darin manifestieren, dass Verbindlichkeiten nicht mehr beglichen werden, deren Erfüllung für den Fortbestand des Unternehmens von existentieller Bedeutung ist, wie zB Löhne und Gehälter (OLG Düsseldorf KTS 1988, 163), Energie- und sonstige Betriebskosten (BGH WM 1955, 1468) oder Sozialversicherungsbeiträge (BGHZ 149, 178; BGH NZI 2006, 591; vgl. auch *Bittmann* wistra 2005, 167 – Annahme von Zahlungsunfähigkeit spätestens bei dreimonatigem Beitragsrückstand).

Auch bei Vorliegen von wirtschaftskriminalistischen Beweisanzeichen (→ Rn. 68) ist die Frage nach **69** der Zahlungsunfähigkeit stets anhand der **Umstände des Einzelfalls** zu beantworten. So können zB Zwangsvollstreckungen gegen den Schuldner ihre Tauglichkeit als Beweisanzeichen dann verlieren, wenn und soweit sie durch Zahlung abgewendet werden (BGH BeckRS 1990, 06629).

II. Insolvenzgrund der Überschuldung

1. Begriff der Überschuldung. a) Allgemeines. Der Insolvenzgrund der Überschuldung ist in **70** seiner rechtspolitischen Bedeutung umstritten und wegen der Schwierigkeiten bei seiner Feststellung schwer zu handhaben. Seine Existenzberechtigung ist daher keineswegs über jeden Zweifel erhaben (s. hierzu etwa Jaeger/*Müller* § 17 Rn. 15 ff. mwN). Seine Bedeutung ist bereits für die Praxis der Insolvenzgerichte nicht überragend (s. dazu *Greif/Herden* ZInsO 2011, 109) und für die Strafverfolgungspraxis sogar ausgesprochen gering (*Weyand* ZInsO 2012, 1033 (1037)). Letzteres vor allem deshalb, weil die bei der Überschuldungsprüfung häufig auftretenden Unklarheiten und Unsicherheiten eine verfassungsrechtlich unbedenkliche, dem Bestimmtheitsgebot des Art. 103 Abs. 2 GG genügende Annahme von Überschuldung nur dann zulassen, wenn dies im konkreten Fall alle einschlägigen betriebswirtschaftlichen Theorien und Berechnungsweisen zweifelsfrei erlauben (OLG Düsseldorf GmbHR 1998, 981 (982); Roth/Altmeppen/*Altmeppen* GmbHG Vor § 64 Rn. 93 und Rn. 87 ff. hegt sogar grundlegende Zweifel an der Zulässigkeit einer strafrechtlichen Verwendung des Überschuldungsbegriffs).

b) Entwicklung des Überschuldungsbegriffs. Die **Legaldefinition** des § 19 Abs. 2 aF lautete **71** ursprünglich: *„Überschuldung liegt vor, wenn das Vermögen des Schuldners die bestehenden Verbindlichkeiten nicht mehr deckt."* Sie entsprach zwar der überkommenen Strafrechtsprechung, die traditionell dann Überschuldung angenommen hatte, wenn die **„Aktiven die Passiven nicht mehr decken"** (RGSt 44, 48 (50 f.); BGH 1 StR 32/61; 1 StR 615/79; sinngleich BGH NStZ 2003, 546 (547): das Aktivvermögen deckt nicht mehr die Schulden; BGH 1 StR 625/80: die Passiven übersteigen die Aktiven). Allerdings sollte nach der Vorstellung des Gesetzgebers die Überschuldung im Sinne dieser Definition nicht mehr mittels der sog herkömmlichen zweistufigen Prüfung (bei der zunächst unter Ansatz von Zerschlagungswerten ein Überschuldungsstatus und im zweiten Schritt eine Fortführungsprognose erstellt wurde; s. BGHZ 129, 136 (153 f.); MüKoStGB/*Hohmann* Rn. 40), sondern in einem **alternativen zweistufigen Verfahren** ermittelt werden, in dem eine vorgängige Fortführungsprognose darüber entscheiden sollte, ob im Überschuldungsstatus Fortführungs- oder Zerschlagungswerte anzusetzen waren (BT-Drs. 12/2443, 115; MüKoStGB/*Hohmann* Rn. 41; zur Kritik an dieser Methode s. zB Jaeger/*Müller* § 19 Rn. 15).

Als Reaktion auf die damals akute Finanzmarktkrise und die in dieser Krise besonders problematische **72** Bewertung von aktivierungsfähigen Wertpapieren (s. dazu *Braun*, Kommentar zur Insolvenzordnung, 6. Aufl. 2014, InsO § 19 Rn. 3) hat der Gesetzgeber den Überschuldungsbegriff des § 19 Abs. 2 aF InsO durch das **Finanzmarktstabilisierungsgesetz** (FMStG v. 17.10.2008, BGBl. I 1982 ff.) erheblich modifiziert. Die – zunächst nur bis zum 31.12.2010 gültige, sodann bis zum 31.12.2013 verlängerte und schließlich vollständig entfristete (durch Art. 18 des Gesetzes zu Einführung einer Rechtsbehelfsbelehrung im Zivilprozess und zur Änderung anderer Vorschriften v. 5.12.2012; BGBl. I 2418) – Legaldefinition der Überschuldung in § 19 Abs. 2 S. 1 nF InsO lautet seither: *„Überschuldung liegt vor, wenn das Vermögen des Schuldners die bestehenden Verbindlichkeiten nicht mehr deckt, es sei denn, die Fortführung des Unternehmens ist nach den Umständen überwiegend wahrscheinlich."* Damit steht nunmehr die **Fortführungsprognose** im Zentrum jeder Überschuldungsprüfung, nicht mehr der Überschuldungsstatus

(→ Rn. 77 ff.). In der Sache bedeutet dies einen Rückgriff auf die zivilrechtliche Rspr. (s. BGHZ 119, 201 ff.), die ebenfalls bereits die bestehende Fortführungsaussicht ausreichen ließ, um die Überschuldung zu verneinen. In der strafrechtlichen Verfolgungspraxis dürfte die aktuelle Rechtslage zu einer weiteren Marginalisierung des Insolvenzantragsgrunds der Überschuldung führen, da die Fortführungsprognose im Kern eine Zahlungsfähigkeitsprognose darstellt (→ Rn. 74) und damit in vielen Fällen letztlich die (drohende) Zahlungsunfähigkeit gleichzeitig auch die Überschuldung determiniert (so iErg auch *Möhlmann-Mahlau/Schmitt* NZI 2009, 19 ff. mwN).

73 **2. Bestimmung der Überschuldung seit dem 18.10.2008. a) Allgemeines.** Nach dem geltenden § 19 Abs. 2 S. 1 werden bei der Überschuldungsprüfung die entscheidenden Weichen bereits mit der Fortführungsprognose (→ Rn. 74 ff.) gestellt: Fällt diese positiv aus, liegt keine Überschuldung vor; eine weitere Prüfung und insbes. die Aufstellung eines Überschuldungsstatus erübrigt sich (BT-Drs. 16/10600, 21; *Braun,* Kommentar zur Insolvenzordnung, 6. Aufl. 2014, InsO § 19 Rn. 8; zur zivilrechtlichen Kritik an dieser Vorgehensweise s. zB *K. Schmidt/Uhlenbruck,* Die GmbH in Krise, Sanierung und Insolvenz, 5. Aufl. 2016, InsO § 15a Rn. 5.72). Nur wenn die Fortführungsprognose (ausnahmsweise) negativ ausfällt, ist in einer zweiten Prüfungsstufe ein Aktiva-Passiva-Vergleich in Form eines Überschuldungsstatus anzustellen, in den dann naturgemäß Zerschlagungswerte einzustellen sind (→ Rn. 80). Ein Überschuldungsstatus unter Ansatz von Fortführungswerten ist dagegen nur noch für die Beurteilung von Altfällen relevant, die vor dem 18.10.2008 liegen (→ Rn. 101 ff.).

74 **b) Fortführungsprognose.** Vorrangiges Element jeder Überschuldungprüfung ist die **Fortführungsprognose.** Diese kann nur dann **positiv** sein, wenn die Organe der Gesellschaft deren Fortführung auch tatsächlich beabsichtigen (BT-Drs. 12/2443, 115; *Veit* DB 2000, 1928 (1929); Jaeger/ *Müller* § 19 Rn. 32; Roth/Altmeppen/*Altmeppen* GmbHG Vor § 64 Rn. 37). Ist der erforderliche **Fortführungswille** vorhanden, kommt es für eine günstige Prognoseentscheidung sodann entscheidend darauf an, ob das Unternehmen **objektiv überlebensfähig** ist. Hierbei ist mit der hM in der Lit. auf die mittelfristige Zahlungsfähigkeit der Gesellschaft abzustellen (zB *Bork* ZIP 2000, 1709 (1710); Jaeger/ *Müller* § 19 Rn. 36 mwN; in der Sache ebenso die Rspr. in BGHZ 119, 201 (214) und *Wolf* DStR 1998, 126 (127 f.), nach denen eine für eine Fortführung ausreichende Ertragsfähigkeit des Unternehmens ausschlaggebend sein soll; aA *Bähner* KTS 1988, 443 (446 f.): Gewinnerzielungsabsicht ist entscheidend). Wegen des verfassungsrechtlich verankerten Zweifelsgrundsatzes im Strafprozess ist die Prognose im strafrechtlichen Sinn – abweichend von der zivilrechtlichen Beurteilung – schon dann positiv, wenn die Fortführung des Unternehmens **nicht ganz unwahrscheinlich** erscheint (wohl hM in Rspr. u. Lit.; s. zB BGH DStR 1994, 1054; OLG Düsseldorf wistra 1997, 113; Lackner/Kühl/*Heger* § 283 Rn. 6; LK-StGB/*Tiedemann* StGB Vor § 283 Rn. 155 mwN; aA SK-StGB/*Hoyer* StGB § 283 Rn. 14; MüKoStGB/*Radtke/Petermann* StGB Vor §§ 283 ff. Rn. 70; Müller-Gugenberger WirtschaftsStR/*Richter* § 79 Rn. 29: überwiegende Wahrscheinlichkeit ist erforderlich).

75 Den maßgeblichen **Prognosezeitraum** bilden idR das laufende und das darauf folgende Geschäftsjahr, mithin maximal zwei volle Zeit- oder Kalenderjahre (*Bittmann* wistra 1999, 10 (14); *Bork* ZIP 2000, 1709 (1710)). Jedoch können die Besonderheiten des betroffenen Unternehmens und seiner Branche im Einzelfall auch eine (deutlich) längere Prognoseperiode angemessen erscheinen lassen (Jaeger/*Müller* § 19 Rn. 37).

76 Ausgangspunkt der Prognose kann nur ein **aussagekräftiges Unternehmenskonzept** sowie ein hiermit verbundener **Finanzplan** sein, aus dem sich die zu erwartenden Einnahmen und Ausgaben im Prognosezeitraum (→ Rn. 75) ergeben müssen (Jaeger/*Müller* § 19 Rn. 38 ff.). Nur dies stellt die Prognose auf eine hinreichend objektive Grundlage und macht sie für sachverständige Dritte nachvollziehbar.

77 **c) Überschuldungsstatus. aa) Grundlagen.** Fällt die Fortführungsprognose negativ aus, sind die Aktiva und Passiva des Unternehmens in einer besonderen Vermögensbilanz (BGHSt 15, 306 (309); BGH NStZ 2003, 546), dem sog **Überschuldungsstatus,** gegenüberzustellen. **Zweck** dieses Status ist die Prüfung, ob die Gläubiger (noch) aus dem am Stichtag vorhandenen und verwertbaren Gesellschaftsvermögen befriedigt werden können oder aber die Befriedigungsinteressen der Gläubiger nur bei umgehender Durchführung des Insolvenzverfahrens vor (weiterer) Verschlechterung bewahrt werden können (BGHZ 124, 282 (286)). Der Überschuldungsstatus ist **stichtagsbezogen** zu erstellen, wobei der Stichtag – notwendigerweise – vor der Insolvenzeröffnung liegt und Umstände, die erst danach wirksam werden (sei es positiv oder negativ) daher grds. außer Betracht zu bleiben haben (*Haas* DStR 2009, 326 (327)).

78 Wegen seiner besonderen Zweckrichtung (→ Rn. 77) folgt der Überschuldungsstatus **eigenen Regeln** (wohl einhM; s. zB Jaeger/*Müller* § 19 Rn. 43; Roth/Altmeppen/*Altmeppen* GmbHG Vor § 64). Die Handelsbilanz, die einer periodengerechten Gewinnermittlung dient, und die aus ihr zu entwickelnde Steuerbilanz sind dagegen für die Überschuldungsprüfung ungeeignet (BGHZ 125, 141 (146); 146, 264 (267 f.); BGH DStR 2009, 1384 (1385); *Bittmann* wistra 1998, 10 (11); *Römermann* NZG 2009, 854; 855; *Stahlschmidt* JR 2002, 89 (92)); handelsrechtliche **Bilanzierungsgrundsätze** wie etwa das Anschaffungskosten-, Imparitäts-, Realisations- und Vorsichtsprinzip sind daher für den Überschuldungsstatus nicht maßgebend (*Stahlschmidt* JR 2002, 89 (92)). Zu ermitteln sind für ihn vielmehr die „wahren"

Werte (BGHR StGB § 283 Abs. 1 Überschuldung 2; BGH NJW 1994, 724 f.), weshalb stille Reserven und Lasten ggf. aufzudecken sind (Jaeger/*Müller* § 19 Rn. 43); praktisch relevant wird dies aber meist nur beim Ansatz von Fortführungswerten (→ Rn. 102), nicht dagegen bei einem Überschuldungsstatus zu Liquidationswerten (→ Rn. 80).

Die **Handelsbilanz** kann freilich Anlass für die Erstellung des Überschuldungsstatus bieten. Regel- **79** mäßig ist dies dann der Fall, wenn sie einen **nicht durch Eigenkapital gedeckten Fehlbetrag** (§ 268 Abs. 3 HGB) ausweist (sog bilanzielle Überschuldung). Gleichwohl ist auch eine bilanzielle Überschuldung lediglich von indizieller Bedeutung für die Frage der Insolvenzreife der Gesellschaft, da sie aus der Anwendung von Grundsätzen resultieren kann (und häufig auch tatsächlich resultiert), die für den Überschuldungsstatus nicht gelten (BGH NJW-RR 2001, 1043; Roth/Altmeppen/*Altmeppen* GmbHG Vor § 64 Rn. 26; → Rn. 78). Umgekehrt lässt auch ein **positiver Eigenkapitalausweis** in der Handelsbilanz nicht zwingend den Schluss zu, dass keine insolvenzrechtliche Überschuldung vorliegt (Jaeger/*Müller* § 19 Rn. 43).

bb) Liquidationswerte. Da ein Überschuldungsstatus nach aktueller Rechtslage (zu Altfällen aus der **80** Zeit vor dem 18.10.2008 → Rn. 101–104) erst dann erforderlich wird, wenn die Fortführung des Schuldner-Unternehmens ausgeschlossen oder gänzlich unwahrscheinlich erscheint (→ Rn. 74), sind seine Aktiv- (aber auch seine Passiv-)Posten mit **Liquidationswerten** (Zerschlagungswerten) anzusetzen. Die dabei maßgebenden **Einzelveräußerungswerte** der jeweiligen Vermögensgegenstände (s. zB Jaeger/*Müller* § 19 Rn. 48) sind in aller Regel geringer als die Fortführungswerte, die nach sog Going-concern-Grundsätzen bei einem „intakten" Unternehmen in Ansatz gebracht werden dürften (LK-StGB/*Tiedemann* vor § 283 Rn. 156). Etwas anderes kann sich ausnahmsweise dann ergeben, wenn ein ernsthafter Kaufinteressent vorhanden ist, der das Unternehmen im Ganzen erwerben und weiter betreiben möchte (Jaeger/*Müller* § 19 Rn. 32). Nur wenn die im Überschuldungsstatus festgestellten Liquidationswerte im Falle ihrer Realisierung ausreichen würden, um sämtliche bestehenden Verbindlichkeiten zu begleichen, ist Überschuldung ausgeschlossen (Jaeger/*Müller* § 19 Rn. 15).

cc) Einzelne Aktiv-Positionen. Auf der **Aktivseite** des Überschuldungsstatus sind alle Vermögens- **81** werte aufzuführen, die im Insolvenzfall zu den verwertbaren Teilen der Insolvenzmasse zählen würden.

Hierzu zählen zunächst der **Bargeldbestand** der Gesellschaft und die kurzfristig herbeizuschaffenden **82** Mittel, wie Bankguthaben aller Art, Wechsel oder Schecks.

Sachanlagen (zB Grundstücke, Maschinen, Betriebs- und Geschäftsausstattung) sind im Überschul- **83** dungsstatus zu aktivieren, soweit sie verwertbar sind (Jaeger/*Müller* § 19 Rn. 54). Anzusetzen ist der Einzelveräußerungswert (→ Rn. 80). Zur Bewertung von **Grundstücken** können die Richtwerte herangezogen werden, die von den Gutachterausschüssen der Städte und Gemeinden ermittelt wurden (*Wolf,* Überschuldung, 1998, 77 f.). Die Bewertung **abnutzbarer Gegenstände** des Anlagevermögens richtet sich nach ihrem Erhaltungszustand und ihrer bisherigen Nutzung (*Wolf,* Überschuldung, 1998, 73).

Finanzanlagen (Beteiligungen, Wertpapiere, Anleihen uÄ) werden mit dem Kurswert angesetzt, **84** sofern ein solcher vorhanden ist; ansonsten ist der (zu schätzende) Verkehrswert maßgeblich (Jaeger/*Müller* § 19 Rn. 55; *Wolf,* Überschuldung, 1998, 84 ff.).

Das **Vorratsvermögen** in Form von Roh-, Hilfs- und Betriebsstoffen ist ebenfalls mit Einzelver- **85** äußerungswerten zu aktivieren. Bereits **fertig gestellte Produkte** sind entsprechend den voraussichtlichen Verkaufserlösen zu bewerten, wobei die zu erwartenden Vertriebs- und sonstigen Kosten in Abzug zu bringen sind (*Harz* ZInsO 2001, 193 (200); *Wolf,* Überschuldung, 1998, 90). Bei noch nicht vollständig fertig gestellten Produkten (sog **Halbfertigerzeugnisse**) müssen die noch anfallenden Herstellungskosten in Abzug gebracht werden (*Harz* ZInsO 2001, 193 (200)). Hinzu kommt, dass die Produkte eines abzuwickelnden Unternehmens häufig nur schwer absetzbar sein werden, weil Ersatzteillieferungen und Serviceleistungen nicht mehr gewährleistet sind (Jaeger/*Müller* § 19 Rn. 58). Im Extremfall müssen diese Produkte sogar als unabsetzbar eingestuft werden; sie dürfen dann nicht aktiviert, vielmehr müssen die Kosten für ihre Entsorgung passiviert werden.

Forderungen werden idR mit ihrem Nominalwert angesetzt. Sofern sie in einer fremden Währung **86** zu erfüllen sind, erfolgt eine stichtagsbezogene Umrechnung zum amtlichen Wechselkurs (*Harz* ZInsO 2001, 193 (200)). Ist hingegen ihre Durchsetzbarkeit fraglich, etwa weil sie bestritten sind oder die Zahlungsfähigkeit des Schuldners zweifelhaft ist, muss eine **Einzelwertberichtigung** vorgenommen werden (Jaeger/*Müller* § 19 Rn. 60). Bei noch nicht fälligen Forderungen erfolgt eine Abzinsung auf den Barwert.

Forderungen gegen Gesellschafter sind gleichfalls zu aktivieren (*Bittmann* wistra 1999, 10 (13); **87** *Harz* ZInsO 2001, 193 (200)), wobei jedoch besonders kritisch zu prüfen ist, ob sie in Anbetracht der Machtverhältnisse innerhalb der Gesellschaft und der (insbes. bei der GmbH) oftmals faktisch auf die Gesellschafter durchschlagenden Krise der Gesellschaft auch realisiert werden können (Jaeger/*Müller* § 19 Rn. 64; Roth/Altmeppen/*Altmeppen* GmbHG Vor § 64 Rn. 49). Ist von der Realisierbarkeit auszugehen, sind ausstehende Einlagen, Nachschussansprüche, Rückerstattungsansprüche nach § 62 AktG oder § 31 GmbHG, schuldrechtliche Freistellungsansprüche uam zum Nominalwert auf der Aktivseite einzustellen. Bei einer verdeckten Sacheinlage (→ GmbHG § 82 Rn. 49) ist zwar der Anspruch auf die noch nicht wirksam geleistete Bareinlage zu aktivieren, jedoch gleichzeitig der Anspruch auf Rückgewähr der erbrachten Sacheinlage auf der Passivseite anzusetzen (Jaeger/*Müller* § 19 Rn. 65). Im Fall ihrer Durchsetzbarkeit können auch **Schadenersatzansprüche gegen die Organwalter** der Gesellschaft aktiviert werden (Jaeger/*Müller* § 19 Rn. 67).

88   **Immaterielle Vermögensgegenstände,** wie zB Patente, Marken, Gebrauchsmuster, Konzessionen oder Lizenzen können angesetzt werden, sofern sie wirtschaftlich verwertbar sind; das Aktivierungsverbot des § 248 Abs. 2 S. 2 HGB gilt für den Überschuldungsstatus nicht (BGHZ 119, 201 (214); *Stahlschmidt* JR 2002, 89 (93)).

89   Ein **Geschäfts- oder Firmenwert,** in dem sich unterschiedliche erfolgsfördernde Faktoren wie der Ruf des Unternehmens, sein Kundenstamm, die Betriebsorganisation oder die Qualifikation des Mitarbeiterkreises widerspiegeln (Jaeger/*Müller* § 19 Rn. 51), wird nur in Ausnahmefällen (*Bittmann* wistra 1999, 10 (13); → Rn. 80) aktiviert werden können. Bei einem voraussichtlich abzuwickelnden Unternehmen wird sich hierfür meist kein gesonderter Erlös erzielen lassen.

90   **dd) Einzelne Passiv-Positionen.** Auf der **Passivseite** des Überschuldungsstatus sind alle Verbindlichkeiten einzustellen, die im Falle der Eröffnung des Insolvenzverfahrens gegenüber den Insolvenzgläubigern bestünden (BT-Drs. 12/2443, 115) und aus der Masse zu befriedigen wären (BGH NJW 1983, 676). Die unmittelbaren Konsequenzen einer (möglichen) Insolvenzverfahrenseröffnung bleiben dabei aber außer Betracht, so dass zB Verfahrenskosten und sonstige Masseverbindlichkeiten nicht zu passivieren sind (Jaeger/*Müller* § 19 Rn. 44 mit weiterem Bsp.).

91   Die **Verbindlichkeiten** sind – unabhängig vom Zeitpunkt ihrer Fälligkeit (*Wolf,* Überschuldung, 1998, 114) – grds. mit ihrem Nennwert anzusetzen. Ebenso wie Forderungen auf der Aktivseite sind Schulden in fremder Währung am Bilanzstichtag mit dem offiziellen Umtauschkurs umzurechnen (→ Rn. 86).

92   Zu passivieren sind auch Verbindlichkeiten, für die **Kreditsicherheiten** aus dem Vermögen der Schuldnergesellschaft oder eines Dritten gewährt worden sind. Hat sich der Dritte jedoch intern zur Freistellung der Gesellschaft von der Verbindlichkeit verpflichtet, ist im Gegenzug der entsprechende **Freistellungsanspruch** zu aktivieren, sofern er werthaltig ist (BGH NJW 1987, 1967; OLG München GmbHR 1998, 281). Zur Behandlung von Gesellschaftersicherheiten → Rn. 95 ff.

93   **Rückstellungen** für ungewisse Verbindlichkeiten iSv § 249 Abs. 1 S. 1 Alt. 1 HGB sind auf der Passiv-Seite des Überschuldungsstatus zu berücksichtigen, wenn mit einer Inanspruchnahme der Schuldnergesellschaft ernstlich zu rechnen ist (*Harz* ZInsO 2001, 193 (201); *Wolf,* Überschuldung, 1998, 112). Abhängig vom Grad der Wahrscheinlichkeit der Inanspruchnahme sind dabei ggf. Abschläge vom jeweiligen Nominalbetrag der Forderung vorzunehmen (*Bormann* GmbHR 2001, 689 (692)). Auch Drohverlustrückstellungen gem. § 249 Abs. 1 S. 1 Alt. 2 HGB sind zu passivieren, nicht hingegen Aufwands- und Kulanzrückstellungen iSd § 249 Abs. 1 S. 2 Nr. 1 u. Nr. 2 HGB, da sie keine Verbindlichkeiten gegenüber Dritten betreffen (Jaeger/*Müller* § 19 Rn. 77). Zu passivieren sind schließlich auch die zu erwartenden Verpflichtungen aus Sozialplänen (§§ 112–113 BetrVG) sowie laufende Pensionen und Pensionsanwartschaften (zu den Einzelheiten s. Jaeger/*Müller* § 19 Rn. 79 ff.).

94   Das **Grund- und Stammkapital** bleibt nach allgA im Überschuldungsstatus außer Betracht, da es sich nicht um eine „echte" Verbindlichkeit der Schuldnergesellschaft handelt (BGHSt 15, 309; *Wolf,* Überschuldung, 1998, 106; Jaeger/*Müller* § 19 Rn. 85 mwN). Dies gilt auch für die – in der Handelsbilanz aber auszuweisenden – freien Rücklagen (BGH WM 1959, 914; OLG Karlsruhe WM 1978, 962) oder einen etwaigen Gewinnvortrag oder Jahresüberschuss, da es sich dabei um Bestandteile des Eigenkapitals handelt (Jaeger/*Müller* § 19 Rn. 86).

95   **ee) Sonderproblem: Gesellschafterdarlehen und -sicherheiten.** In der insolvenz- und strafrechtlichen Praxis kommt es bei der Überschuldungsprüfung oftmals (auch) darauf an, ob und wie im Überschuldungsstatus solche Leistungen der Gesellschafter zu berücksichtigen sind, die formell Fremdkapital (idR in Form von Darlehen, bisweilen in Gestalt von Kreditsicherheiten) darstellen, in der Krise aber materiell wie Eigenkapital behandelt wurden. Der Umgang mit diesen früher sog eigenkapitalersetzenden Leistungen war in Rspr. und Lit. traditionell umstritten (s. zB Jaeger/*Müller* § 19 Rn. 88 ff. mwN). Mit der Abschaffung des Kapitalersatzrechts (s. dazu *Bittmann* NStZ 2009, 113 (117)) und der Neufassung des § 19 durch das MoMiG vom 23.10.2008 (BGBl. I 2026 ff.) ist dieser Streit weitestgehend obsolet. Die Rechtslage stellt sich nun wie folgt dar:

96   Gem. § 19 Abs. 2 S. 2 sind nur „*Forderungen auf Rückgewähr von* **Gesellschafterdarlehen** *oder aus Rechtshandlungen, die einem solchen Darlehen wirtschaftlich entsprechen, für die gemäß § 39 Abs. 2 (InsO) zwischen Gläubiger und Schuldner der Nachrang im Insolvenzverfahren (...) vereinbart worden ist, (...) nicht bei den Verbindlichkeiten (...) zu berücksichtigen.*" Daraus ist im Gegenschluss der **Grundsatz** abzuleiten, dass Gesellschafterdarlehen auf der Passiv-Seite des Überschuldungsstatus berücksichtigt werden müssen (*Haas* DStR 2009, 326; Roth/Altmeppen/*Altmeppen* GmbHG Anh. §§ 32a, b Rn. 65).

97   Ausnahmsweise sind Gesellschafterdarlehen nach § 19 Abs. 2 S. 2 aber dann nicht zu passivieren, wenn zwischen der Gesellschaft und dem Gesellschafter eine wirksame **Rangrücktrittsvereinbarung** iSd § 39 Abs. 2 getroffen wurde (so für die alte Rechtslage auch schon BGH StV 2004, 319).

Durch § 19 Abs. 2 S. 2 iVm § 39 Abs. 2 ist auch entschieden, welche **Rangtiefe** die Vereinbarung **98** zwischen der Schuldnergesellschaft und dem Gläubigergesellschafter aufweisen muss: Verlangt wird ein Rücktritt im Rang noch hinter die gem. § 39 Abs. 1 Nr. 1–5 gesetzlich ohnehin bereits nachrangigen Forderungen (*Bittmann* NStZ 2009, 113 (116)).

Hinsichtlich der **zeitlichen Geltung** des Rangrücktritts ist die geltende Fassung des § 19 Abs. 2 S. 2, **99** die von einem *„Nachrang im Insolvenzverfahren"* spricht, wohl Folge eines Redaktionsversehens des Gesetzgebers (*Haas* DStR 2009, 326 (327)). Nach altem Recht sollte ein Rangrücktritt nur dann Berücksichtigung finden, und zwar nicht nur für die Dauer des Insolvenzverfahrens, sondern schon für die vorausgehende Zeit der Krise erklärt war (BGHZ 146, 262 (272 ff.)). Hiervon wollte der Gesetzgeber bei der Neuregelung nicht abweichen (BT-Drs. 16/9737, 58), weshalb man entgegen dem Wortlaut des § 19 Abs. 2 S. 2 auch weiterhin einen Rangrücktritt schon für den Krisenfall wird verlangen müssen (*Haas* DStR 2009, 326 (327)). Etwas anderes wäre auch sinnwidrig, da die Forderung des Gesellschafters bei einem auf das Insolvenzverfahren beschränkten Rangrücktritt bis zur Verfahrenseröffnung voll durchsetzbar bleibt und daher kein sachlicher Grund ersichtlich ist, weshalb sie im Überschuldungsstatus nicht passiviert werden müsste.

Die für Gesellschafterdarlehen entwickelten Grundsätze des wirksamen Rangrücktritts (→ Rn. 96–99) **100** gelten auch für Darlehen **außenstehender Kreditgeber** (so zB *Haas* DStR 2009, 326 (327) mwN zur alten Rechtslage). Sie sind insbes. von (multinationalen) Konzern(mutter)gesellschaften zu beachten, die mittels einer sog **Patronatserklärung** die Überschuldung einer (deutschen) Tochtergesellschaft (meist einer GmbH) beseitigen möchten. Sofern sich diese Erklärung (auch) auf Darlehensforderungen der Mutter- gegen die Tochtergesellschaft bezieht, muss sie daher einen wirksamen Rangrücktritt enthalten, wenn die Überschuldung der letzteren zuverlässig vermieden werden soll.

3. Bestimmung der Überschuldung vor dem 18.10.2008. a) Allgemeines. Unter der Geltung **101** des § 19 Abs. 2 idF vor dem 18.10.2008 war die Überschuldung einer Gesellschaft im maßgeblichen Zeitpunkt in einem **zweistufigen Verfahren** (→ Rn. 71) festzustellen: In einem ersten Schritt (die Schrittfolge war freilich umstritten; während die wohl hM die hier dargestellte Vorgehensweise propagierte, wurde von anderen eine Umkehrung der Prüfungsschritte vertreten, bei der zuerst ein Überschuldungsstatus zu Liquidationswerten zu erstellen und danach ggf. unter Ansatz von Fortführungswerten zu korrigieren war; s. zum damaligen Streitstand Jaeger/*Müller* § 19 Rn. 29 ff. mwN) war eine Fortführungsprognose anzustellen, deren Methodik sich nicht von der aktuell maßgeblichen unterschied (→ Rn. 74 ff.). Sodann war in einem zweiten Schritt stets ein Überschuldungsstatus zu erstellen (BGH StV 1987, 21; BGHZ 146, 264 (267 f.); OLG Düsseldorf GmbHR 1998, 981), in dem allerdings je nach Ausgang der Fortführungsprognose unterschiedliche Werte anzusetzen waren. Bei negativer Prognose waren Liquidationswerte (Zerschlagungswerte) heranzuziehen (→ Rn. 80), bei positiver Prognose hingegen Fortführungswerte.

b) Fortführungswerte. Die im Falle einer positiven Prognose ansetzbaren **Fortführungswerte** der **102** einzelnen Vermögensgegenstände sind die Werte, der ihnen unter der Prämisse zukommen, dass sie auch weiterhin dem funktionierenden Unternehmen dienen (Going-concern-Betrachtung) und damit einen Beitrag zum künftigen Unternehmensertrag leisten werden (Jaeger/*Müller* § 19 Rn. 46). Dabei stellen die betriebsspezifischen **Wiederbeschaffungskosten** die Obergrenze für die Bewertung dar, die **Einzelveräußerungswerte** deren Untergrenze (Jaeger/*Müller* § 19 Rn. 47). Insbes. bei verschiedenen Aktiv-Posten sind die Fortführungswerte regelmäßig höher anzusetzen als die Liquidationswerte.

Bei betriebsnotwendigen Sachanlagen (Maschinen, Betriebs- und Geschäftsausstattung) ist der Fort- **103** führungswert mit ihrem Wiederbeschaffungswert identisch; gleiches gilt für Gegenstände des Vorratsvermögens (Roh-, Hilfs- und Betriebsstoffe). Fertige und halbfertige Erzeugnisse sind bei Fortführung des Unternehmens mit dem voraussichtlichen Verkaufserlös (abzüglich der Vertriebs-, Fertigstellungs- und sonstigen Kosten) anzusetzen; eines Abschlags wegen voraussichtlich erschwerter Veräußerbarkeit bedarf es, anders als bei einem abzuwickelnden Unternehmen (→ Rn. 85), nicht. Einem fortgeführten Unternehmen ist zudem oftmals ein Geschäfts- oder Firmenwert immanent, der einen eigenen Aktiv-Posten darstellt (→ Rn. 89).

c) Anwendung des milderen Gesetzes. Bei negativer Fortführungsprognose für das Unternehmen **104** hat § 19 Abs. 2 S. 1 nF für die Überschuldungsprüfung keine Neuerungen gebracht. Bei positiver Fortführungsprognose allerdings ist das neue Recht deutlich milder als das alte, da der früher erforderliche zweite Prüfungsschritt entfallen und nun kein Überschuldungsstatus mehr erforderlich ist. Dementsprechend kann sich aus einem solchen Status nicht mehr die Überschuldung und folglich auch weder die Insolvenzantragspflicht noch gar die Strafbarkeit des Gesellschaftsorgans wegen einer Verletzung dieser Pflicht ergeben. § 15a, der im Hinblick auf das Vorliegen der Insolvenzantragsgründe erst durch die Definitionen der §§ 17 Abs. 2 S. 1 u. 19 Abs. 2 S. 1 ausgefüllt wird, ist insoweit als Blankettnorm zu verstehen. Bei Blankettnormen aber ist bei der Frage nach dem im Entscheidungszeitpunkt milderen Gesetz iSd § 2 StGB auch die blankettausfüllende Bestimmung zu berücksichtigen (BVerfG NJW 1995, 316; BGHSt 20, 117; OLG Stuttgart wistra 1994. 271; OLG Düsseldorf NJW 1991, 711). In Anwendung dieses Grundsatzes kann die Überschuldungsprüfung nach altem (vor dem 18.10.2008 geltenden) Recht allenfalls noch in besonders gelagerten Einzelfällen von praktischer Bedeutung sein. Im Übrigen ist sie nur noch akademisch interessant.

105   **4. Eintritt und Feststellung der Überschuldung.** Die Strafbarkeit der Insolvenzverschleppung bei Überschuldung setzt nicht voraus, dass die Überschuldung im Rahmen einer Fortführungsprognose oder durch Erstellung eines Überschuldungsstatus festgestellt wurde oder sich aus einer handelsrechtlichen (Jahres- oder Zwischen-) Bilanz ergibt. Ausreichend ist vielmehr der **faktische Eintritt der Überschuldung** (Erbs/Kohlhaas/*Schaal* GmbHG § 84 Rn. 16; Roth/Altmeppen/*Altmeppen* GmbHG Vor § 64 Rn. 68). Zumindest fahrlässige Insolvenzverschleppung liegt daher regelmäßig schon dann vor, wenn der Antragsverpflichtete aufgrund der ihm zur Verfügung stehenden Geschäftsunterlagen oder sonstiger Umstände in der Lage ist, die Vermögenslage der Gesellschaft zu übersehen und nach einer – sei es auch nur informellen – Gegenüberstellung von Aktiva und Passiva die Überschuldung erkennen kann. Die zu § 64 GmbHG aF wohl einhellige Auffassung, der Geschäftsführer einer GmbH sei gehalten, beim Vorliegen von Krisenhinweisen die erforderlichen Maßnahmen zu ergreifen und insbes. eine Überschuldungsprüfung durchzuführen bzw. durchführen zu lassen (BGHZ 100, 19 (22)), verdient nach wie vor Gefolgschaft.

III. Zahlungsunfähigkeit und Überschuldung

106   Zahlungsunfähigkeit und Überschuldung können gleichzeitig vorliegen, jedoch ist dies keineswegs zwingend. Vielmehr ist Überschuldung durchaus auch dann möglich, wenn erhebliche Zahlungsbewegungen oder Geldeingänge bei der schuldnerischen Gesellschaft zu verzeichnen sind (BGH NJW-RR 1995, 289 (290)). Praktisch ist dies häufig dann der Fall, wenn die Zahlungsunfähigkeit durch die Aufnahme neuer Kredite abgewendet oder behoben, hierdurch aber zwangsläufig die Passiva um die Rückzahlungsverpflichtung gegenüber dem Kreditgeber erhöht wurden (BGH BB 1957, 273).

IV. Unterlassen der Insolvenzantragstellung

107   **1. Allgemeines.** Die Insolvenzverschleppung besteht traditionell im (temporären oder dauerhaften) Unterlassen der Insolvenzantragstellung trotz eingetretener Zahlungsunfähigkeit oder Überschuldung der Gesellschaft; § 15a Abs. 4 iVm Abs. 4 Alt. 1 u. 3. Dabei gebietet § 15a Abs. 1 lediglich die rechtzeitige und richtige Antragstellung (zu letzterer → Rn. 122 ff.). Für die Abwendung weiterer Gefahren trotz korrekter Antragstellung hat der Verpflichtete daher nicht einzustehen (BGHSt 14, 281).

108   Die Strafbarkeit dieses Unterlassens ist auf die Vertretungsorgane eingetragener Gesellschaften beschränkt. Organe einer bereits vor ihrer Eintragung ins Handelsregister aktiven **Vorgesellschaft** sind wegen des strafrechtlichen Analogieverbots des Art. 103 Abs. 2 GG nicht von § 15a Abs. 4 u. 5 erfasst (*Bittmann/Pikarski* wistra 1995, 91; *Geißler* DZWIR 2009, 52; Roth/Altmeppen/*Altmeppen* GmbHG Vor § 64 Rn. 10 jeweils für die GmbH).

109   Die Abweisung eines Insolvenzantrags mangels Masse gem. § 26 Abs. 1 S. 1 führt zur Auflösung und Abwicklung der Gesellschaft sowie zu ihrer Löschung im Handelsregister. In dieser oder gar nach dieser **Liquidationsphase** lebt die Insolvenzantragspflicht der Vertretungsorgane aber nicht wieder auf; dies auch dann nicht, wenn die Gesellschaft doch noch über alte Vermögenswerte verfügt oder ihr neue zugefallen sind und sie deshalb als Rechtssubjekt fortbesteht. (BGHSt 53, 24 mAnm *Schröder* GmbHR 2009, 207).

110   **2. Form des Antrags.** Der Insolvenzantrag bedarf gem. § 13 Abs. 1 S. 1 der **Schriftform**. Einen nicht-schriftlichen Antrag kann das Gericht schlicht ignorieren; er ist dann nicht nur als unzulässig, sondern als nicht geeignet zu betrachten und nicht geeignet, die Unterlassungsstrafbarkeit gem. § 15a Abs. 4 Alt. 1 o. Alt. 3 zu vermeiden. Allerdings ist das Gericht nicht gehindert, mündliche Anträge gleichwohl zur Kenntnis zu nehmen (s. dazu Nerlich/Römermann/*Mönning* Rn. 39). In diesem Fall sind sie ausreichend, um die Strafbarkeit gem. § 15a Abs. 4 zu vermeiden (*Pelz*, Strafrecht in Insolvenz und Krise, 2011, Rn. 186; *Rönnau/Wegner* ZinsO 2014, 1025 (1029); weitergehend *Steinbeck*, Vorsätzliche Insolvenzverschleppung, 2013, 73: Formmangel ist strafrechtlich stets unschädlich, aA *Weyand* ZInsO 2010, 359 (360)).

111   Andere Formmängel eines schriftlichen Antrags können zu seiner Unzulässigkeit und damit auch zu seiner Unrichtigkeit iSd § 15a Abs. 4 Alt. 2 führen (→ Rn. 122 ff.). Der mangelhafte Antrag ist in diesen Fällen aber keinesfalls einem unterlassenen Antrag gleichzustellen.

112   **3. Mindestinhalt des Antrags.** Inhaltliche Mängel können einen Antrag zwar unrichtig iSd § 15a Abs. 4 Alt. 2 (→ Rn. 122 ff.) machen, begründen aber kein Unterlassen der Antragstellung iSd § 15a Abs. 4 Alt. 1 o. 3.

113   **4. Rücknahme des Antrags.** Der Insolvenzantrag kann bis zum Wirksamwerden der Verfahrenseröffnung zurückgenommen werden und gilt dann – auch im strafrechtlichen Sinn – als **nicht gestellt** (RGSt 44, 52; BGH BB 1957, 273).

5. Frist. a) Fristbeginn. Die Pflicht zur Stellung des Insolvenzantrags entsteht mit dem **objektiven** 114
Eintritt der Insolvenzlage, also der Zahlungsunfähigkeit oder Überschuldung (*C. Schäfer* GmbHR
1993, 780 (781)). Nicht sachgerecht wäre es hingegen, die Antragspflicht erst mit der Kenntnis des
Vertretungsorgans vom Insolvenzgrund einsetzen zu lassen, da damit der Fahrlässigkeitstatbestand des
§ 15a Abs. 5 weitgehend leer liefe und zudem das Bestehen einer objektiven Rechtspflicht von der
subjektiven Haltung des Pflichtigen abhängig gemacht würde (MüKoStGB/*Hohmann* Rn. 77).

In den Fällen des § 15a Abs. 3 beginnt die Antragsfrist mit dem objektiven Eintritt der Führungslosig- 115
keit der Gesellschaft

b) Höchstfrist. § 15a Abs. 1 nennt für die Antragstellung eine **Höchstfrist von drei Wochen** ab 116
dem Eintritt der Zahlungsunfähigkeit oder Überschuldung. Diese Frist darf auch dann nicht überschritten werden, wenn noch Sanierungsversuche oder Verhandlungen mit einem Investor laufen oder
begründete Aussicht auf die Zuführung von Kapital besteht, mit deren Hilfe die Krise zu einem
Zeitpunkt außerhalb der Drei-Wochen-Frist überwunden werden könnte (BGH BB 1957, 273).

6. Antragstellung „ohne schuldhaftes Zögern". Bei Vorliegen eines Insolvenzgrundes muss der 117
Insolvenzantrag zwar nicht sofort, immerhin aber „ohne schuldhaftes Zögern" (§ 15a Abs. 1), also
unverzüglich gestellt werden. Das antragspflichtige Organ ist dabei nicht nur berechtigt, sondern sogar
verpflichtet, mit der **Sorgfalt eines ordentlichen Geschäftsleiters, Geschäfts- oder Kaufmannes**
(vgl. §§ 84 Abs. 1 S. 1, 99 AktG, § 43 Abs. 1 GmbHG oder § 347 Abs. 1 HGB) zu prüfen, ob anstatt
des Insolvenzantrages weniger einschneidende Maßnahmen (wie etwa eine Kapitalerhöhung) ergriffen
werden können, die ebenso gut oder sogar besser geeignet sind, Schaden von der Gesellschaft, ihren
Gläubigern und der Allgemeinheit abzuwenden (BGHZ 75, 96 (107 f.) für § 92 Abs. 2 AktG aF;
MüKoStGB/*Hohmann* Rn. 80). Obwohl dem verantwortlichen Organ damit ein gewisses zeitliches
Ermessen eingeräumt ist, darf die Höchstfrist von drei Wochen aber nur bei Vorliegen **triftiger Gründe**
(zB der Aussicht auf den schnellen Einstieg eines Investors oder eine kurzfristig erfolgreiche Sanierung;
zu letzterer sa BGHSt 48, 307 (310)) vollständig ausgeschöpft werden (BGHZ 75, 96) werden; überschritten werden darf sie keinesfalls (→ Rn. 116). In der Mehrzahl der Fälle wird die Unverzüglich aber
ohnehin deutlich vor der Drei-Wochen-Frist enden, so etwa, wenn eine rechtzeitige Sanierung bereits
beim Eintritt des Insolvenzgrundes unrealistisch erscheint oder sich dies alsbald danach herausstellt (vgl.
BGHSt 48, 307 (309); BGHZ 75, 96 (111 f.)).

„Schuldhaftes Zögern" ist objektives Tatbestandsmerkmal der Insolvenzverschleppung (so iErg auch 118
C. Schäfer GmbHR 1993, 780 (781)), nicht erst Vorsatz- oder gar Schuldelement: Da es die Überprüfung
fremden Ermessens (→ Rn. 117) durch die Strafverfolgungsbehörden erfordert, fällt seine zweifelsfreie
Feststellung häufig schwer. Zur Vermeidung dieser Schwierigkeiten lässt die strafprozessuale Praxis das
tatbestandliche Unterlassen regelmäßig erst mit auf dem Ablauf der Drei-Wochen-Höchstfrist beginnen.

7. Antrag anderer Antragsberechtigter oder -pflichtiger. Sind innerhalb einer Gesellschaft 119
mehrere Personen verpflichtet, Insolvenzantrag zu stellen (zB mehrere GmbH-Geschäftsführer oder
sämtliche Vorstandsmitglieder einer AG), reicht die Antragstellung durch **ein Organmitglied** aus; die
übrigen sind dann von ihrer Antragspflicht befreit (BGHZ 75, 96 (106)).

Der Insolvenzantrag eines antragsberechtigten (§ 13 Abs. 1 S. 2) **Gläubigers** (sog Fremdantrag), 120
beseitigt als solcher noch nicht die Antragspflicht der Gesellschaftsorgane bzw. der in § 15a InsO
genannten Personen. Vielmehr tritt die befreiende Wirkung nach der Rspr. des BGH (BGHSt 53, 24)
und der wohl hM (Baumbach/Hueck/*Haas* GmbHG § 64 Rn. 114; Rowedder/*Schmidt-Leithoff*
GmbHG § 64 Rn. 16; unklar Roth/Altmeppen/*Altmeppen* GmbHG Vor § 64 Rn. 98; aA Scholz/
Schmidt GmbHG Anh. § 64 Rn. 35; Ulmer/Habersack/Löbbe/*Ransiek*, 2. Aufl. 2016 (im Erscheinen),
GmbHG § 84 Rn. 41) erst mit der Entscheidung des Insolvenzgerichts über diesen Antrag ein. Dies
erscheint auch sachgerecht, da Fremdanträge bisweilen aus rein taktischen Gründen gestellt und wieder
zurückgenommen werden und der Antragspflichtige daher nicht darauf vertrauen kann, dass sie tatsächlich zu der gerichtlichen Insolvenzprüfung führen, die durch seine Antragspflicht gewährleistet werden
soll. Die Strafbarkeit des Antragsverpflichteten gem. § 15a Abs. 4 entfällt daher nur dann, wenn aufgrund des Gläubigerantrags entweder die Eröffnung des Verfahrens mangels Masse abgelehnt (*Grube/
Maurer* GmbHR 2003, 1461 (1465 f.); offen gelassen v. BGH wistra 1988, 69) oder das Insolvenzverfahren innerhalb der Drei-Wochen-Frist eröffnet wird (BGHSt 28, 371 (380)).

8. Ende der Antragspflicht. Die Antragspflicht endet mit dem Wegfall des Antragsgrundes, also 121
der **Überwindung der Krisensituation** (BGHSt 15, 310; *Richter* GmbHR 1984, 113 (120)).
Andernfalls endet sie regelmäßig erst mit der Stellung eines zulässigen (→ Rn. 112) **Eigeninsolvenz-
antrags** durch den Pflichtigen selbst oder ein anderes vertretungsberechtigtes Organmitglied
(→ Rn. 119) oder durch die Entscheidung des Insolvenzgerichts über einen Fremdantrag (→ Rn. 120).
Bei grenzüberschreitenden Insolvenzen endet die Antragspflicht schließlich auch mit der Antrag-
stellung bei dem gem. Art. 3 Abs. 1 EUInsVO zuständigen ausländischen Insolvenzgericht (*Vallander/
Fuchs* ZIP 2004, 829).

V. Unrichtiger Insolvenzantrag

122   **1. Allgemeines.** Mit dem **MoMiG** v. 23.10.2008 (BGBl. I 2026 ff.) wurde die Strafbarkeit der Insolvenzverschleppung erstmals auf die Stellung eines „nicht richtig(en)" Insolvenzantrags erweitert. Die Gesetzesmaterialien verhalten sich zu dieser Änderung nicht. Im Regierungsentwurf findet sich zu § 15a Abs. 4 u. 5 lediglich die Bemerkung, dass darin die „bisherigen strafrechtlichen Vorschriften (…) zusammengefasst" werden sollen (BT-Drs. 16/6140, 56), jedoch keine Erläuterung der neuen Tatbestandsalternative.

123   Der Kern des Strafwurfs besteht bei der Stellung eines unrichtigen Insolvenzantrags darin, dass ein korrekter Antrag gerade unterblieben ist. Dogmatisch handelt es sich daher auch bei § 15a Abs. 4 Alt. 2 um ein **echtes Unterlassungsdelikt** (→ Rn. 5).

124   **2. Unrichtiger Antrag.** Mit der Verwendung des Begriffs „unrichtig", der selbst marginale Form- oder Orthographiefehler erfasst (*Rönnau/Wegner* ZInsO 2014, 1025) ist der Tatbestand des § 15a Abs. 4 Alt. 2 zu weit ausgefallen. Er bedarf daher einer restriktiven (ganz hM; s. zB *Roth/Altmeppen/Altmeppen* GmbHG Vor § 64 Rn. 103; *Lutter/Hommelhoff/Kleindiek* GmbHG Anh. zu § 64 Rn. 87; *Rönnau/ Wegner* ZInsO 2014, 1025), am Rechtsgut des § 15a orientierten (*Rönnau/Wegner* ZInsO 2014, 1025 (1026)) Auslegung. **Nicht richtig** gestellt ist nach diesem Verständnis ein **unzulässiger Antrag,** der es dem Gericht nicht ermöglicht, zeitnah die von der InsO vorgesehenen Gläubigerschutzmaßnahmen zu ergreifen (*Rönnau/Wegner* ZInsO 2014, 1025 (1026); iErg auch die ganz hM; s. zB *Lutter/Hommelhoff/ Kleindiek* GmbHG Anh. zu § 64 Rn. 87; *Dannecker/Knierim/Hagemeier* InsStrafR/*Knierim/Smok* Rn. 525; *Bittmann* NStZ 2009, 113 (116); *Poertzgen* ZInsO 2007, 574 (577); *Römermann* NZI 2010, 241 (244); *Schmahl* NZI 2008, 8 (9); *Weyand* ZInsO 2010, 359 (363)). Dabei dürfen allerdings die insolvenzrechtlichen und zivilprozessualen Zulässigkeitsanforderungen nicht überspannt werden, da damit der intendierte Gläubigerschutz ebenfalls konterkariert würde. Verkennt das Insolvenzgericht dies und weist es deshalb einen Antrag fälschlich als unzulässig zurück, bleibt er gleichwohl im strafrechtlichen Sinne richtig (*Rönnau/Wegner* ZInsO 2014, 1025 (1027)).

125   **Formale Mängel,** die einen Antrag unzulässig und damit unrichtig machen, sind zB die Adressierung an ein unzuständiges Gericht (*Müller-Gugenberger/Richter* § 84 Rn. 50), Bedingungen oder Befristungen (*Pfeiffer* FS Rowedder, 1994, 361), das Fehlen von Angaben zu den wesentlichen Merkmalen des vorliegenden Insolvenzgrundes (*Rönnau/Wegner* ZInsO 2014, 1025 (1028)), der Pflichtangaben gem. § 13 Abs. 1 S. 5 (zweifelnd *Rönnau/Wegner* ZInsO 2014, 1025 (1030); diff. *Cymutta* BB 2012, 3151 (3154 f.): unzulässig nur, wenn das Gericht auch im Rahmen einer Gesamtschau nicht erkennen kann, ob die Voraussetzungen des § 22a erfüllt sind) oder des Gläubiger- und Forderungsverzeichnisses iSd § 13 Abs. 1 S. 3 (hM; s. zB *Baumbach/Hueck/Haas* GmbHG § 64 Rn. 119a; *Blöhse* GmbHR 2012, 471 (473); *Cymutta* BB 2012, 3151 (3155); *Marotzke* DB 2012, 560. 565 f.; aA *Lutter/Hommelhoff/ Kleindiek* GmbHG Anh. zu § 64 Rn. 87; *Hirte/Knof/Mock* DB 2011, 632) sowie gravierende (dh die Identifikation von Gläubigern oder die Bestimmung der Höhe eines wesentlichen Teils der Forderungen erheblich erschwerende) Darstellungsmängel in einem abgegebenen Gläubiger- und Forderungsverzeichnis (LG Potsdam ZInsO 2013, 2501; *Blankenburg* ZInsO 2013, 2196 (2198); *Rönnau/Wegner* ZInsO 2014, 1025 (1029)). **Nicht zur Unzulässigkeit** des Antrags führt hingegen das Fehlen von Angaben zur Vermögensentwicklung (*Rönnau/Wegner* ZInsO 2014, 1025 (1028); aA AG Duisburg in offenbar stRspr; s. AG Duisburg NZI 2005, 415 (416), AG Duisburg NZI 007, 354 (355)), der Hervorhebungen gem. § 13 Abs. 1 S. 4 u. 6 InsO (*Hirte/Knof/Mock* DB 2011, 632; *Rönnau/Wegner* ZInsO 2014, 1025 (1029); aA *Cymutta* BB 2012, 3151 (3155); *Weyand/Diversy,* Insolvenzdelikte, 2013, Rn. 149), der Versicherung der Richtigkeit gem. § 13 Abs. 1 S. 7 (*Wabnitz/Janovsky* WirtschaftsStR-HdB/*Pelz* Kap. IX Rn. 62; *Rönnau/Wegner* ZInsO 2014, 1025 (1030); aA die wohl hM; s. zB LG Potsdam ZInsO 2013, 2501; *Blankenburg* ZInsO 2013, 2196 (2198); *Cymutta* BB 2012, 3151 (3155); *Frind* ZInsO 2011, 2249 (2252); *Weyand/Diversy,* Insolvenzdelikte, 2013, Rn. 149) oder der Glaubhaftmachung des Eröffnungsgrundes (s. § 15 Abs. 2 S. 1) oder der Führungslosigkeit der Gesellschaft (s. § 15a Abs. 3 iVm § 15 Abs. 2 S. 2) sowie schließlich die bloße Verletzung von Auskunftspflichten, die gem. §§ 20, 97 ff. gegenüber dem Insolvenzgericht, dem Insolvenzverwalter, dem Gläubigerausschuss oder der Gläubigerversammlung bestehen (*Weyand* ZInsO 2010, 359 (361); s. zur alten Rechtslage auch BayObLG NStZ 2000, 595).

126   Ein Insolvenzantrag ist aus **materiellen Gründen** unzulässig, wenn in ihm das Vermögen des Schuldner erheblich zu niedrig (*Römermann* ZInsO 2010, 353 (354); *Rönnau/Wegner* ZInsO 2014, 1025 (1031)) oder zu hoch angegeben oder der falsche Insolvenzgrund (Zahlungsunfähigkeit statt Überschuldung und umgekehrt) genannt ist (*Rönnau/Wegner* ZInsO 2014, 1025 (1031)). Ein Insolvenzantrag trotz gänzlich fehlender Insolvenzgründe ist zwar ebenfalls unzulässig, strafrechtlich aber irrelevant, weil in dieser Konstellation keine Antragspflicht besteht, gegen die in strafbarer Weise verstoßen werden könnte (*Römermann* ZInsO 2010, 353 (354); *Rönnau/Wegner* ZInsO 2014, 1025 (1031)). Mangelnde Ernstlichkeit macht den Antrag dagegen nicht unzulässig (BGH NStZ 2000, 595; wistra 2002, 313 (315) f.; aA *Hey/Regel* Kriminalistik 1999, 261; *Dannecker/Knierim/Hagemeier* InsStrafR/*Knierim/ Smok* Rn. 525).

VI. Vollendung und Beendigung

1. Vollendung. Bei sämtlichen Varianten des § 15a Abs. 4 handelt es sich um echte Unterlassungs- **127** (→ Rn. 5) und zugleich um abstrakte Gefährdungsdelikte (→ Rn. 6), die als solche in dem Zeitpunkt vollendet sind, in dem die gebotene Handlung (also die – richtige – Insolvenzantragsstellung) hätte vorgenommen werden müssen (Schönke/Schröder/*Eser/Bosch* StGB Vor § 22 Rn. 2). Vorher könnte allenfalls Versuch vorliegen, des in § 15a aber nicht unter Strafe gestellt ist.

Die Tat ist damit vollendet, sobald das Zeitfenster der Unverzüglichkeit (→ Rn. 117) verlassen ist, **128** spätestens aber mit **Ablauf der Drei-Wochen-First** des § 15a Abs. 1 S. 1 InsO (BGHSt 14, 280 (281); 28, 371 (379); BGH wistra 1988, 69 jeweils für § 84 Abs. 1 Nr. 2 GmbHG aF).

2. Beendigung. Im Zeitraum zwischen formeller Tatvollendung und materieller Tatbeendigung ist **129** weiterhin strafbare Teilnahme an der Insolvenzverschleppung möglich (allg. hierzu Schönke/Schröder/ *Eser/Bosch* StGB Vor § 22 Rn. 10). Zudem beginnt auch die Verjährung erst mit der Tatbeendigung, dh mit dem endgültigen Abschluss des Tatgeschehens (BGH NJW 1980, 412).

Materiell beendet ist die Tat gem. § 15a Abs. 4 oder 5 mit dem **Wegfall der Insolvenzantrags-** **130** **pflicht**, sei es wegen der Beseitigung des Insolvenzgrundes, der Stellung des (richtigen) Insolvenzantrags durch den Täter oder einen anderen Pflichtigen oder der Entscheidung des Insolvenzgerichts über einen Fremdantrag (→ Rn. 121). Mit der rechtskräftigen strafrechtlichen Verurteilung endet zwar nicht die Tat, jedoch tritt mit ihr Strafklageverbrauch auch für solche Tatzeiträume ein, in denen die Tat nach dem Urteil unverändert fortgeführt wird (obiter dicens bereits BGH wistra 2009, 117; explizit nun OLG München NZWiSt 2013, 270 m. krit. Anm. *Bittmann; Ebner* NZWiSt 2013, 356; *Kring* wistra 2013, 257; *Weyand* ZInsO 2013, 737; aA OLG Hamm wistra 2014, 156; diff. *Grosse-Wilde* wistra 2014, 130: Strafklageverbrauch nur, wenn kein weiterer Vertrauensmissbrauch gegenüber den Gläubigern hinzukommt).

D. Vorsatz und Fahrlässigkeit

§ 15a stellt sowohl vorsätzliche (Abs. 4) wie auch fahrlässige (Abs. 5) Insolvenzverschleppung unter **131** Strafe.

I. Vorsatz

1. Allgemeines. Vorsatz liegt vor, wenn der Täter die tatsächlichen Umstände kennt, die seine **132** Handlungspflicht auslösen, dieser Pflicht aber gleichwohl nicht nachkommt (BGHSt 19, 295 (298)). Dies ist der Fall, wenn er weiß oder zumindest billigend in Kauf nimmt, dass er antragsverpflichtetes Vertretungsorgan (etc) ist und wenigstens ein Insolvenzgrund vorliegt.

Bei originär Antragspflichtigen iSd § 15a Abs. 1 u. 2 genügt bezüglich sämtlicher objektiver Tat- **133** bestandsmerkmale **bedingter Vorsatz** (MüKoStGB/*Hohmann* Rn. 90). Im Hinblick auf die Umstände, die seine Pflichtenstellung als solche begründen, wird diese Vorsatzform freilich praktisch kaum eine Rolle spielen, da der Täter seine Organstellung entweder kennen dürfte oder eben nicht; dass er sie lediglich billigend in Kauf nimmt (so die vorherrschende Definition des dolus eventualis), ist zwar denkbar, aber unwahrscheinlich. Praktisch häufiger relevant ist der – ebenfalls ausreichende (BGH GA 1958, 46; *Richter* GmbHR 1984, 113 (120)) – bedingte Vorsatz bezüglich der Zahlungsunfähigkeit und/ oder Überschuldung der Gesellschaft, der jedenfalls dann vorliegt, wenn der Täter die Antragstellung auf jeden Fall unterlassen will, möge die wirtschaftliche Lage der Gesellschaft die Durchführung eines Insolvenzverfahrens erfordern oder nicht.

Die Feststellung des (bedingten) Vorsatzes und seine Abgrenzung zur Fahrlässigkeit ist Teil der tat- **134** richterlichen Beweiswürdigung (BGH wistra 1988, 69 (70)). Für sie ist insbes. die Kenntnis des Täters von typischen Warnsignalen, die auf eine wirtschaftliche Krise der Gesellschaft hindeuten, von besonderer indizieller Bedeutung (zu diesen sog wirtschaftskriminalistischen Beweisanzeichen → Rn. 67 ff.).

2. Gesellschafter und Aufsichtsratsmitglieder. Gesellschafter und Aufsichtsratsmitglieder sind **135** gem. § 15a Abs. 3 nur dann zur Stellung eines Insolvenzantrags verpflichtet, wenn sie **positive Kenntnis** (= direkten Vorsatz) von der Führungslosigkeit der Gesellschaft und dem Vorliegen eines Insolvenzgrundes haben. (Grobe) Fahrlässigkeit oder bedingter Vorsatz genügen bei ihnen nicht (*Bittmann* NStZ 2009, 113).

II. Fahrlässigkeit

1. Allgemeines. Wie der Vorsatz muss sich auch die **Fahrlässigkeit** iSd § 15a Abs. 5 auf die pflicht- **136** begründende Organstellung des Täters, auf das Vorliegen eines Insolvenzgrundes sowie das Unterlassen der Antragstellung beziehen. Allein aus dem Umstand, dass die Vorsatzvoraussetzungen bzgl. eines dieser Tatbestandsmerkmale nicht vorliegen oder nicht nachgewiesen werden können, darf dabei nicht auf Fahrlässigkeit geschlossen werden; diese ist vielmehr gesondert festzustellen.

137   Der Fahrlässigkeitsvorwurf in Bezug auf das Unterlassen der Antragstellung selbst wird meist aus einem schlichten **Vergessen** trotz erkannter Zahlungsunfähigkeit oder Überschuldung resultieren. Hiervon zu unterscheiden ist allerdings der Fall, dass dem Täter – bei Kenntnis sämtlicher pflichtbegründenden Umstände – seine Antragspflicht von vornherein unbekannt ist; dann liegt ein Gebotsirrtum iSd § 17 StGB vor (→ Rn. 143 f.). Dem fahrlässigen Vergessen der Antragstellung steht deren fahrlässige Verzögerung gleich (BGHZ 126, 181 (199)).

138   Die Fahrlässigkeit kann auch darin bestehen, dass der Täter in vorwerfbarer Weise die wirtschaftliche Krise der Gesellschaft für überwunden hält. So liegt es insbes. dann, wenn er nach dem Bekanntwerden von Überschuldung und/oder Zahlungsunfähigkeit zwar Sanierungsmaßnahmen einleitet, dann aber schlicht auf deren Wirksamkeit vertraut, ohne diese mit betriebswirtschaftlichen Methoden (Erstellung eines Liquiditätsplans oder eines Überschuldungsstatus) zu verifizieren (BGHSt 15, 306 (311) hält dabei im Einzelfall sogar bedingten Vorsatz für möglich).

139   Die praktisch häufigste Fahrlässigkeitskonstellation iSd § 15a Abs. 5 dürfte in der sorgfaltswidrigen **Verkennung der Zahlungsunfähigkeit und/oder Überschuldung** durch den Täter bestehen. Die Sorgfaltswidrigkeit ist dabei jedenfalls dann zu bejahen, wenn Krisenanzeichen (wie zB erhebliche Vermögensverluste, ein (drastischer) Absatzrückgang, die Ablehnung von Kreditgesuchen oÄ; → Rn. 67) auftreten, das Vertretungsorgan aber gleichwohl keinen Liquiditäts- und Überschuldungsstatus erstellt bzw. erstellen lässt (BGHZ 126, 181 (199); Roth/Altmeppen/*Altmeppen* GmbHG Vor § 64 Rn. 35). Der Fahrlässigkeitsvorwurf kann aber entfallen, wenn die Überschuldung der Gesellschaft durch einen Wirtschaftsprüfer (irrig) verneint wurde und der Täter dieses Ergebnis auf Plausibilität überprüft hat BGH (NJW 2007, 2118).

140   **2. Gesellschafter und Aufsichtsratsmitglieder.** Ein strafrechtlich relevanter Fahrlässigkeitsvorwurf gegen Gesellschafter oder Aufsichtsratsmitglieder kann sich wegen des Erfordernisses positiver Kenntnis des Insolvenzgrundes und der Führungslosigkeit der Gesellschaft (→ Rn. 43 u. 135) allenfalls aus dem schlichten Vergessen der Antragstellung durch einen Täter aus dieser Gruppe ergeben. Kennt ein Gesellschafter oder Aufsichtsrat dagegen seine Handlungspflicht überhaupt nicht, unterliegt er einem Gebotsirrtum gem. § 17 StGB (aA *Bittmann* NStZ 2009, 113 (115)).

III. Irrtumsfragen

141   Für Irrtümer des Täters gelten auch im Rahmen des § 15a die **allgemeinen Grundsätze.** Da die Insolvenzverschleppung auch fahrlässig verwirklicht werden kann, sind Irrtumsfragen allerdings in der Regel nicht für die Strafbarkeit als solche, sondern nur für die Abgrenzung von vorsätzlicher und fahrlässiger Begehung entscheidend.

142   **1. Tatbestandsirrtum.** Irrt der Täter über die tatsächlichen Voraussetzungen des § 15a Abs. 4 iVm Abs. 1 (zB über das zur Begleichung von Verbindlichkeiten einsetzbare Aktivvermögen der Gesellschaft oder die Fähigkeit der Gesellschaft ihre fälligen Verbindlichkeiten zu bedienen), unterliegt er einem **Tatbestandsirrtum** iSd § 16 Abs. 1 S. 1 StGB, der in aller Regel zu einer Bestrafung wegen fahrlässiger Begehung gem. § 15a Abs. 5 führt (s. § 16 Abs. 1 S. 2 StGB; zum ganzen *Pfeiffer* FS Rowedder, 1994, 347 (365)).

143   **2. Verbotsirrtum.** Irrt hingegen der Täter – trotz richtiger Sachverhaltserfassung – über das gesetzliche Gebot, in der konkreten Lage einen Insolvenzantrag zu stellen, befindet er sich in einem **Gebotsirrtum,** der bei Unterlassungsdelikten das Pendant zum Verbotsirrtum darstellt und unter § 17 StGB fällt (MüKoStGB/*Hohmann* Rn. 104).

144   Ein Gebotsirrtum liegt zB in der allgemeinen Unkenntnis der Antragspflicht (BGHSt 19, 295 (297)), der falschen Vorstellung von den rechtlichen Voraussetzungen der Zahlungsunfähigkeit oder Überschuldung (sog Subsumtionsirrtum) sowie der Annahme des Täters, seine Antragspflicht sei wegen eines bereits gestellten Fremdantrages entfallen (MüKoStGB/*Hohmann* Rn. 104; → Rn. 120) oder er dürfe die Drei-Wochen-Frist des § 15a wegen laufender Kredit- oder Vergleichsverhandlungen überschreiten (MüKoStGB/*Hohmann* Rn. 104). Gleiches ist auch dann der Fall, wenn der Täter zwar die tatsächlichen Umstände kennt, die seine Stellung als faktisches Organ begründen, aber gleichwohl meint, er sei als faktisches Organ nicht antragspflichtig (BGH wistra 1984, 178 für den GmbH-Geschäftsführer).

145   Der Gebotsirrtum führt gem. § 17 S. 1 StGB nur dann zum Schuldausschluss und damit auch zur Straflosigkeit, wenn er **unvermeidbar** ist. Da bei ihrer Prüfung ein strenger Maßstab anzulegen ist (BGHZ 126, 181 (199 f.)), kann Unvermeidbarkeit nur in seltenen Fällen angenommen werden, etwa bei einer Falschberatung durch einen Rechtsanwalt oder Steuerberater (OLG Stuttgart GmbHR 1998, 89).

E. Rechtswidrigkeit und Schuld

I. Rechtswidrigkeit

146   **1. Allgemeines.** Taten gem. § 15a Abs. 4 oder Abs. 5 können zwar theoretisch nach **allgemeinen Grundsätzen gerechtfertigt** sein; praktisch sind derartige Konstellationen allerdings selten.

2. Einzelne Rechtfertigungsgründe. a) Einwilligung. Die Einwilligung der **Gesellschafter** (oder 147
auch des Aufsichtsrats) in das Unterlassen der Insolvenzantragstellung rechtfertigt das antragspflichtige
Mitglied des Vertretungsorgans schon deshalb nicht, weil § 15a dem Schutz der Gesellschaftsgläubiger dient
und dieses Schutzgut der Disposition durch die Schuldnergesellschaft entzogen ist (Roth/Altmeppen/
Altmeppen GmbHG Vor § 64 Rn. 51). Eine entsprechende Weisung ist rechtswidrig und bindet daher den
Handlungspflichtigen nicht (MüKoStGB/*Hohmann* Rn. 102; *Bisson* GmbHR 2004, 843 (850)).

Auch die **Einwilligung der Gesellschaftsgläubiger** in das Unterlassen ist strafrechtlich unbeachtlich 148
(Roth/Altmeppen/*Altmeppen* GmbHG Vor § 64 Rn. 51), da § 15a InsO nicht nur die Interessen der
gegenwärtigen, sondern auch die der künftigen Gläubiger schützt (→ Rn. 4). Allerdings haben es die
gegenwärtigen Gläubiger selbstverständlich in Hand, durch geeignete Maßnahmen (wie zB Stundungen
oder Rangrücktritte) bereits die Insolvenzgründe und damit auch die strafbewehrte Antragspflicht zu
beseitigen (MüKoStGB/*Hohmann* Rn. 102).

b) Notstand. Eine Rechtfertigung des Unterlassens unter dem Gesichtspunkt des Notstands gem. 149
§ 34 StGB ist möglich, aber praktisch bedeutungslos: Zwar ist das Interesse an der Erhaltung des
Unternehmens und der Sicherung der Arbeitsplätze grds. notstandsfähig (BGHSt 5, 66), jedoch ist dieses
Erhaltungsinteresse in der gesetzlichen Regelung des § 15a bereits berücksichtigt, so dass es in aller
Regel hinter die Durchführung des Insolvenzverfahrens zurückzutreten hat. Raum für eine Rechtfer-
tigung nach § 34 StGB ist daher nur in seltenen Ausnahmefällen (*Tiedemann* NJW 1979, 1849 (1853)).

II. Schuld

1. Allgemeines. Auch für die Beurteilung der Schuldfrage gelten im Rahmen des § 15a die **all-** 150
gemeinen Grundsätze.

2. Unzumutbarkeit der Antragstellung. Die Unzumutbarkeit normgemäßen Verhaltens ist zwar 151
auch bei echten Unterlassungsdelikten grds. als **Schuldausschließungsgrund** anerkannt (vgl. Fischer
StGB Vor § 32 Rn. 14 mwN), wird aber im Rahmen § 15a gleichwohl auf extreme, praktisch zu
vernachlässigende Ausnahmefälle beschränkt bleiben müssen. Die **Weisung eines Gesellschafters oder
des Aufsichtsrats** (→ Rn. 147) zur Unterlassung der Antragstellung begründet diese Unzumutbarkeit
noch nicht.

F. Konkurrenzen
I. Tateinheit

Mehrere tateinheitliche (§ 52 StGB) Insolvenzverschleppungen kommen dann in Betracht, wenn 152
durch ein und dasselbe Unterlassen der Insolvenzantragstellung mehrere Handlungspflichten verletzt sind
(BGHSt 18, 376 (379); 28, 371). Dies ist insbes. bei einer **GmbH & Co KG** der Fall, bei der sowohl die
Komplementär-GmbH als auch die KG selbst zahlungsunfähig und/oder überschuldet ist und bei der
daher der Geschäftsführer zeitgleich Insolvenzantrag für beide Gesellschaften zu stellen hat (BGHSt 33,
21 (25 f.)). Tateinheit ist daneben auch möglich mit **Untreue** gem. § 266 StGB zum Nachteil der
Gesellschaft, sofern durch das Unterlassen der Antragstellung vorsätzlich die Sanierung der Gesellschaft
verhindert wird (MüKoStGB/*Hohmann* Rn. 105).

II. Tatmehrheit

Tatmehrheit (§ 53 StGB) kann bestehen mit einer **Steuerhinterziehung (durch Unterlassen)** 153
(§ 371 AO; (RGSt 76, 140 (144)), mit dem **Unterlassen einer Verlustanzeige** gem. § 84 GmbHG
oder § 92 AktG, **(Eingehungs-)Betrug** gem. § 263 StGB sowie mit den **Insolvenzstraftaten** gem.
§§ 283 ff. StGB. Wird allerdings ein Insolvenzantrag allein deshalb nicht unverzüglich gestellt, um einem
bestimmten Gläubiger noch eine Pfändungsmöglichkeit zu eröffnen, kommt Tateinheit mit § 283c
StGB in Betracht (*Richter* GmbHR 1984, 137 (147)).

G. Strafverfolgung und Rechtsfolgen

Die **Verjährungsfrist** für die Verfolgung der vorsätzlichen Insolvenzverschleppung gem. § 15a Abs. 4 154
InsO beträgt fünf Jahre (s. § 78 Abs. 1 Nr. 4 StGB), für die Verfolgung der fahrlässigen Insolvenzver-
schleppung gem. § 15 Abs. 5 hingegen nur drei Jahre (s. § 78 Abs. 1 Nr. 5 StGB). Sie beginnt mit der
Beendigung der Tat, also mit dem Wegfall der Insolvenzantragspflicht (BGHSt 28, 371 (379 f.); iE
→ Rn. 121 u. 130). Auch im Übrigen gelten die allgemeinen Vorschriften über die Verfolgungsver-
jährung, §§ 78 ff. StGB.

Delikte gem. § 15a Abs. 4 oder Abs. 5 sind **Wirtschaftsstrafsachen** iSd § 74c Abs. 1 Nr. 1 GVG 155
und fallen in den Zuständigkeitsbereich der Schwerpunktstaatsanwaltschaften für Wirtschaftsstrafsachen.
Anklageerhebung erfolgt regelmäßig zum zuständigen Amtsgericht, zur Wirtschaftsstrafkammer des
Landgerichts dagegen nur bei besonderer Bedeutung des Falls (s. § 24 Abs. 1 Nr. 3 GVG).

415. Gesetz zum Schutze der arbeitenden Jugend – Jugendarbeitsschutzgesetz – (JArbSchG)

Vom 12. April 1976 (BGBl. I S. 965) FNA 8051-10

Zuletzt geändert durch Art. 2 G zum Schutz von Kindern und Jugendlichen vor den Gefahren des Konsums von elektronischen Zigaretten und elektronischen Shishas vom 3.3.2016 (BGBl. I S. 369)

– Auszug –

Literatur: *Taubert,* Änderungen im Jugendarbeitsschutzgesetz, BB 1997, 575.

Vorbemerkung

1   **1. Entstehung.** Die Wurzeln des Jugendarbeitsschutzes reichen bis in die beginnende Industrialisierung im 19. Jahrhundert zurück. Erste Regelungen wurden in Preußen (Regulativ über die Beschäftigung jugendlicher Arbeiter in Fabriken v. 9.3.1839) und im Deutschen Kaiserreich (Novelle zur Reichsgewerbeordnung v. 1.6.1891) erlassen. Nach einem von nationalsozialistischen Gedanken geprägten (G. über Kinderarbeit und über die Arbeitszeit der Jugendlichen v. 30.4.1938, RGBl. I 437) wurde erstmals am 9.8.1960 ein JArbSchG (BGBl. 1960 I 665) in der Bundesrepublik erlassen. Eine erste große Novellierung als Grundlage der heutigen Fassung erfolgte im Jahr 1976 (BGBl. I 965; dazu BT-Drs. 7/2305 sowie BT-Drs. 7/4544), eine weitere Änderung im Jahr 1984 (ÄndG v. 15.10.1984, BGBl. I 1277). Mit dem ÄndG v. 24.2.1997 (BGBl. I 311; dazu amtl. Begr. BT-Drs. 13/5494, ferner BR-Drs. 389/96, 97; BT-Drs. 13/6407) erfolgte eine Anpassung an die RL 94/33/EG des Rates v. 22.6.1994 (ABl. 1994 L 216, 12) über den Jugendarbeitsschutz (ua Verbot der Kinderarbeit bis zur Vollendung des 15. statt bisher 14. Lebensjahres).

2   **2. Ziel des JArbSchG. Ziel** des JArbSchG ist der Schutz von Kindern und Jugendlichen vor Gefahren am Arbeitsplatz, insbes. vor Gefährdungen ihrer Gesundheit und ihrer physischen sowie psychischen Entwicklung der Persönlichkeit durch zeitliche und sachliche Überforderung. Ein Verstoß gegen den entsprechend als zwingendes Recht ausgestalteten § 1 zieht gem. § 134 BGB die Nichtigkeit einer dem entgegenstehenden vertraglichen Vereinbarung nach sich.

3   **3. Geltungsbereich.** In den **Geltungsbereich** des JArbSchG fallen **sachlich** – unabhängig von der rechtlichen Wirksamkeit des zugrunde liegenden Vertragsverhältnisses – **Beschäftigungsverhältnisse** von Personen unter 18 Jahren in der Berufsausbildung, als Arbeitnehmer oder Heimarbeiter, im Rahmen von sonstigen Dienstleistungen, die der Arbeitsleistung von Arbeitnehmern oder Heimarbeitern ähnlich sind sowie in einem der Berufsausbildung ähnlichen Ausbildungsverhältnis (§ 1 Abs. 1).

4   **Beschäftigung** meint eine abhängige weisungsgebundene Tätigkeit im privatrechtlichen Rahmen unabhängig von einer Entlohnung oder der rechtlichen Benennung oder Wirksamkeit der zugrunde liegenden Vereinbarung (sozialrechtlicher Beschäftigungsbegriff, vgl. § 7 Abs. 1 SGB IV). Erfasst werden mithin auch faktische Arbeitsverhältnisse.

5   Für Dienstverhältnisse **jugendlicher Beamter** (§§ 65, 66) sowie Jugendlicher während des **Vollzugs einer Freiheitsstrafe** (§ 62) gelten Sonderregelungen.

6   **Persönlich** werden Kinder und Jugendliche unter 18 Jahren unabhängig von Nationalität oder Wohnsitz erfasst (Ausnahme: § 9 Abs. 1–3 gelten auch für Volljährige; zur Diskussion um die Altersgrenze vgl. BT-Drs. 16/3016 sowie BT-Drs. 16/2094). Die §§ 58, 59 stellen **keine rechtlich missbilligte Altersdiskriminierung** iSv § 7 Abs. 1 iVm § 1 AGG dar, da hier eine zulässige (erforderliche und angemessene) Altersregelung zum Schutz der Betroffenen vorliegt.

7   **Örtlich** erfasst das JArbSchG Beschäftigungsstätten im gesamten Gebiet der Bundesrepublik Deutschland und (mWv 1.8.2013 in Umsetzung des Seearbeitsübereinkommens 2006 der Internationalen Arbeitsorganisation) auch in der ausschließlichen Wirtschaftszone. Allerdings gilt das JArbSchG nicht für die Beschäftigung von Jugendlichen als Besatzungsmitglieder auf Kauffahrteischiffen iSd § 3 SeeArbG. Hier gilt das SeeArbG (§ 61).

8   **Keine Geltung** hat das JArbSchG für **geringfügige Hilfeleistungen,** soweit sie gelegentlich aus Gefälligkeit, aufgrund familienrechtlicher Vorschriften, in Einrichtungen der Jugendhilfe oder in Einrichtungen zur Eingliederung Behinderter erbracht werden, sowie für die **Beschäftigung durch Personensorgeberechtigte im Familienhaushalt** (§ 1 Abs. 1 Nr. 2) dienen, ferner nicht für Tätigkeiten in Religionsausübung oder zu rein karitativen Zwecken (ErfK/*Schlachter* § 1 Rn. 6 mwN). Auch **selbstständige Tätigkeiten** eines Minderjährigen (zB als Gesellschafter oder Unternehmer) fallen nicht unter das JArbSchG (Grenze: Umgehungsgeschäft, § 134 BGB).

Weitere Ausnahmen vom Verbot der Beschäftigung Jugendlicher enthalten die **Verordnung über** 9 **Ausnahmen von Vorschriften des Jugendarbeitsschutzgesetzes für jugendliche Polizeivollzugsbeamte in der Bundespolizei** (BGS-JArbSchV) v. 11.11.1977 (BGBl. I 2071; iKr ab 19.11.1977) sowie weitere entsprechende **landesrechtliche Verordnungen** (für Bayern zB die Verordnung zum Arbeitsschutz für jugendliche Polizeivollzugsbeamte (JArbSchPolV) v. 19.9.1986, GVBl. 321, BayRS. 2030-2-5-I).

§ 58 Bußgeld- und Strafvorschriften

(1) Ordnungswidrig handelt, wer als Arbeitgeber vorsätzlich oder fahrlässig

1. entgegen § 5 Abs. 1, auch in Verbindung mit § 2 Abs. 3, ein Kind oder einen Jugendlichen, der der Vollzeitschulpflicht unterliegt, beschäftigt,
2. entgegen § 5 Abs. 3 Satz 1 oder Satz 3, jeweils auch in Verbindung mit § 2 Abs. 3, ein Kind über 13 Jahre oder einen Jugendlichen, der der Vollzeitschulpflicht unterliegt, in anderer als der zugelassenen Weise beschäftigt,
3. *[aufgehoben]*
4. entgegen § 7 Satz 1 Nr. 2, auch in Verbindung mit einer Rechtsverordnung nach § 26 Nr. 1, ein Kind, das der Vollzeitschulpflicht nicht mehr unterliegt, in anderer als der zugelassenen Weise beschäftigt,
5. entgegen § 8 einen Jugendlichen über die zulässige Dauer der Arbeitszeit hinaus beschäftigt,
6. entgegen § 9 Abs. 1 eine dort bezeichnete Person an Berufsschultagen oder in Berufsschulwochen nicht freistellt,
7. entgegen § 10 Abs. 1 einen Jugendlichen für die Teilnahme an Prüfungen oder Ausbildungsmaßnahmen oder an dem Arbeitstag, der der schriftlichen Abschlußprüfung unmittelbar vorangeht, nicht freistellt,
8. entgegen § 11 Abs. 1 oder 2 Ruhepausen nicht, nicht mit der vorgeschriebenen Mindestdauer oder nicht in der vorgeschriebenen zeitlichen Lage gewährt,
9. entgegen § 12 einen Jugendlichen über die zulässige Schichtzeit hinaus beschäftigt,
10. entgegen § 13 die Mindestfreizeit nicht gewährt,
11. entgegen § 14 Abs. 1 einen Jugendlichen außerhalb der Zeit von 6 bis 20 Uhr oder entgegen § 14 Abs. 7 Satz 3 vor Ablauf der Mindestfreizeit beschäftigt,
12. entgegen § 15 einen Jugendlichen an mehr als fünf Tagen in der Woche beschäftigt,
13. entgegen § 16 Abs. 1 einen Jugendlichen an Samstagen beschäftigt oder entgegen § 16 Abs. 3 Satz 1 den Jugendlichen nicht freistellt,
14. entgegen § 17 Abs. 1 einen Jugendlichen an Sonntagen beschäftigt oder entgegen § 17 Abs. 2 Satz 2 Halbsatz 2 oder Abs. 3 Satz 1 den Jugendlichen nicht freistellt,
15. entgegen § 18 Abs. 1 einen Jugendlichen am 24. oder 31. Dezember nach 14 Uhr oder an gesetzlichen Feiertagen beschäftigt oder entgegen § 18 Abs. 3 nicht freistellt,
16. entgegen § 19 Abs. 1, auch in Verbindung mit Abs. 2 Satz 1 oder 2, oder entgegen § 19 Abs. 3 Satz 2 oder Abs. 4 Satz 2 Urlaub nicht oder nicht mit der vorgeschriebenen Dauer gewährt,
17. entgegen § 21 Abs. 2 die geleistete Mehrarbeit durch Verkürzung der Arbeitszeit nicht ausgleicht,
18. entgegen § 22 Abs. 1, auch in Verbindung mit einer Rechtsverordnung nach § 26 Nr. 1, einen Jugendlichen mit den dort genannten Arbeiten beschäftigt,
19. entgegen § 23 Abs. 1, auch in Verbindung mit einer Rechtsverordnung nach § 26 Nr. 1, einen Jugendlichen mit Arbeiten mit Lohnanreiz, in einer Arbeitsgruppe mit Erwachsenen, deren Entgelt vom Ergebnis ihrer Arbeit abhängt, oder mit tempoabhängigen Arbeiten beschäftigt,
20. entgegen § 24 Abs. 1, auch in Verbindung mit einer Rechtsverordnung nach § 26 Nr. 1, einen Jugendlichen mit Arbeiten unter Tage beschäftigt,
21. entgegen § 31 Abs. 2 Satz 2, auch in Verbindung mit Satz 3, einen Jugendlichen ein dort genanntes Getränk oder ein dort genanntes Produkt gibt,
22. entgegen § 32 Abs. 1 einen Jugendlichen ohne ärztliche Bescheinigung über die Erstuntersuchung beschäftigt,
23. entgegen § 33 Abs. 3 einen Jugendlichen ohne ärztliche Bescheinigung über die erste Nachuntersuchung weiterbeschäftigt,
24. entgegen § 36 einen Jugendlichen ohne Vorlage der erforderlichen ärztlichen Bescheinigungen beschäftigt,
25. entgegen § 40 Abs. 1 einen Jugendlichen mit Arbeiten beschäftigt, durch deren Ausführung der Arzt nach der von ihm erteilten Bescheinigung die Gesundheit oder die Entwicklung des Jugendlichen für gefährdet hält,
26. einer Rechtsverordnung nach
   a) § 26 Nr. 2 oder
   b) § 28 Abs. 2
   zuwiderhandelt, soweit sie für einen bestimmten Tatbestand auf diese Bußgeldvorschrift verweist,

27. einer vollziehbaren Anordnung der Aufsichtsbehörde nach § 6 Abs. 3, § 27 Abs. 1 Satz 2 oder Abs. 2, § 28 Abs. 3 oder § 30 Abs. 2 zuwiderhandelt,

28. einer vollziehbaren Auflage der Aufsichtsbehörde nach § 6 Abs. 1, § 14 Abs. 7, § 27 Abs. 3 oder § 40 Abs. 2, jeweils in Verbindung mit § 54 Abs. 1, zuwiderhandelt,

29. einer vollziehbaren Anordnung oder Auflage der Aufsichtsbehörde auf Grund einer Rechtsverordnung nach § 26 Nr. 2 oder § 28 Abs. 2 zuwiderhandelt, soweit die Rechtsverordnung für einen bestimmten Tatbestand auf die Bußgeldvorschrift verweist.

(2) Ordnungswidrig handelt, wer vorsätzlich oder fahrlässig entgegen § 25 Abs. 1 Satz 1 oder Abs. 2 Satz 1 einen Jugendlichen beschäftigt, beaufsichtigt, anweist oder ausbildet, obwohl ihm dies verboten ist, oder einen anderen, dem dies verboten ist, mit der Beaufsichtigung, Anweisung oder Ausbildung eines Jugendlichen beauftragt.

(3) ¹Absatz 1 Nr. 4, 6 bis 29 und Absatz 2 gelten auch für die Beschäftigung von Kindern (§ 2 Abs. 1) oder Jugendlichen, die der Vollzeitschulpflicht unterliegen (§ 2 Abs. 3), nach § 5 Abs. 2. ²Absatz 1 Nr. 6 bis 29 und Absatz 2 gelten auch für die Beschäftigung von Kindern, die der Vollzeitschulpflicht nicht mehr unterliegen, nach § 7.

(4) Die Ordnungswidrigkeit kann mit einer Geldbuße bis zu fünfzehntausend Euro geahndet werden.

(5) ¹Wer vorsätzlich eine in Absatz 1, 2 oder 3 bezeichnete Handlung begeht und dadurch ein Kind, einen Jugendlichen oder im Falle des Absatzes 1 Nr. 6 eine Person, die noch nicht 21 Jahre alt ist, in ihrer Gesundheit oder Arbeitskraft gefährdet, wird mit Freiheitsstrafe bis zu einem Jahr oder mit Geldstrafe bestraft. ²Ebenso wird bestraft, wer eine in Absatz 1, 2 oder 3 bezeichnete Handlung beharrlich wiederholt.

(6) Wer in den Fällen des Absatzes 5 Satz 1 die Gefahr fahrlässig verursacht, wird mit Freiheitsstrafe bis zu sechs Monaten oder mit Geldstrafe bis zu einhundertachtzig Tagessätzen bestraft.

Übersicht

A. Allgemeines

In § 58 genannte Zuwiderhandlungen können nach Abs. 1–3 als Ordnungswidrigkeiten mit Geldbu- **1** ße sanktioniert werden, bei qualifizierten Verstößen iSv Abs. 5 oder Abs. 6 als Straftaten mit Geld- oder Freiheitsstrafe. § 58 ist damit ein **unechter Mischtatbestand** (dazu Bohnert/Krenberger/Krumm OWiG § 1 Rn. 26; Göhler/*Gürtler* OWiG Vor § 1 Rn. 36).

Taugliche Täter einer Zuwiderhandlung gegen § 58 sind **Arbeitgeber** (Ausnahme Abs. 2: jeder- **2** mann iSv § 25) oder deren **Beauftragte** (§ 14 StGB, §§ 9, 29 OWiG).

Arbeitgeber ist gem. § 3 in weiter Auslegung jede natürliche oder juristische Person, für deren **3** Interesse oder unter deren Leitung Kinder oder Jugendliche beschäftigt werden (OLG Köln NStZ 1984, 460; OLG Karlsruhe NStZ 1985, 225; zur Arbeitgebereigenschaft iRd **Arbeitnehmerüberlassung** vgl. § 1 AÜG; bei **Heimarbeit** vgl. § 1 Abs. 2 S. 1 lit. a HAG). Bei juristischen Personen treffen die gesetzlichen Verpflichtungen das zur gesetzlichen Vertretung berufene Organ der juristischen Person. Als ArbG kommen folgende natürliche Personen in Betracht: Eltern, Testamentsvollstrecker, Insolvenzverwalter, hinsichtlich von persönlichen Verhaltenspflichten aber auch **funktionelle ArbG** wie Schichtleiter oder Ausbilder, die in einem Unternehmen mit der Ausbildung von Jugendlichen explizit betraut wurden.

B. Tatbestand

I. Abs. 1

1. § 58 Abs. 1 Nr. 1, Verbot der Beschäftigung von Kindern. Der von § 58 Abs. 1 Nr. 1 in **4** Bezug genommene § 5 Abs. 1 enthält ein Verbot der Beschäftigung von Kindern und Jugendlichen, die der Vollzeitschulpflicht unterliegen. Zum Begriff **Beschäftigung** Vorb. → Rn. 4.

Kind iSd JArbSchG ist gem. § 2 Abs. 1, wer noch nicht 15 Jahre alt ist. Die für Kinder geltenden **5** Regeln finden auf Jugendliche, die der Vollzeitschulpflicht unterliegen, entsprechend Anwendung (§ 2 Abs. 3). **Jugendliche** ist, wer 15, aber noch nicht 18 Jahre alt ist.

Vollzeitschulpflicht ist die an den Wohnsitz oder gewöhnlichen Aufenthalt im Gebiet der Bundes- **6** republik geknüpfte Pflicht, die Schule zu besuchen. Sie dauert vom sechsten Lebensjahr im Regelfall **neun** Jahre (**zehn** Jahre in B, BB, H, NRW, **zwölf** Jahre in HB, NS, RP).

Ausnahmen vom Verbot des Abs. 1 sind in § 5 **Abs. 2 und Abs. 3** sowie in einer auf Grundlage **7** von § 5 **Abs. 4a** ergangenen Verordnung geregelt. § 5 **Abs. 2** erlaubt die Beschäftigung von Kindern zum Zwecke der Beschäftigungs- und Arbeitstherapie **(Nr. 1)**, im Rahmen des Betriebspraktikums während der Vollzeitschulpflicht **(Nr. 2)** sowie in Erfüllung einer richterlichen Weisung **(Nr. 3)** (§ 10 Abs. 1 S. 3 Nr. 4 JGG: Weisung zur Erbringung von Arbeitsleistungen; § 23 Abs. 1 JGG: Arbeitsweisung als erzieherische Bewährungsauflage). Art. 4 Abs. 2 RL 94/33/EG erzwingt hinsichtlich der richterlichen Weisung eine **richtlinienkonforme Auslegung** die Beachtung einer Altersgrenze von **15 Jahren.** Die Beschäftigung unter 15-jähriger auf richterliche Weisung ist unzulässig.

Auf Konkurrenzebene stellt die unzulässige Beschäftigung mehrerer Kinder als Dauerdelikt nur eine **8** Tat dar, auch wenn sich die Zeiten nur wenig überschneiden (BayObLGSt 1973, 217).

2. § 58 Abs. 1 Nr. 2, Beschäftigung von Kindern über 13 Jahre. Das Verbot des Abs. 1, Kinder **9** und der Vollzeitschulpflicht unterliegende Jugendliche zu beschäftigen, gilt nach § 5 **Abs. 3 S. 1** in Ausfüllung der RL 94/33/EG (ABl. 1994 L 216, 12) nicht für die Beschäftigung von Kindern über 13 Jahre mit Einwilligung des Personensorgeberechtigten, soweit die **Beschäftigung leicht und für Kinder geeignet ist.**

Nach der Legaldefinition in § 5 **Abs. 3 S. 2** ist die **Beschäftigung leicht,** wenn sie aufgrund ihrer **10** Beschaffenheit und der besonderen Bedingungen, unter denen sie ausgeführt wird, die Sicherheit, Gesundheit und Entwicklung der Kinder **(Nr. 1),** ihren Schulbesuch, ihre Beteiligung an Maßnahmen zur Berufswahlvorbereitung oder Berufsausbildung, die von der zuständigen Stelle anerkannt sind **(Nr. 2)** und ihre Fähigkeit, dem Unterricht mit Nutzen zu folgen, nicht nachteilig beeinflusst **(Nr. 3).** Kinder dürfen nach § 5 **Abs. 2 S. 3** zudem nicht mehr als zwei Stunden täglich, in landwirtschaftlichen Familienbetrieben nicht mehr als drei Stunden täglich, nicht zwischen 18 und 8 Uhr, nicht vor dem Schulunterricht und nicht während des Schulunterrichts beschäftigt werden.

Näher bestimmt wird der Kreis der ausnahmsweise zulässigen Beschäftigungen iSv § 5 Abs. 3 durch **11** die **Verordnung über den Kinderarbeitsschutz (KindArbSchV)** v. 23.6.1998 (BGBl. I 1508; iKr ab 1.7.1998; erlassen auf Grundlage des § 5 Abs. 4a).

12   Nach dem **abschließenden** Katalog in **§ 2 Abs. 1 KindArbSchV** gilt für Kinder über 13 Jahre und vollzeitschulpflichtige Jugendliche als zulässig eine iSv § 5 Abs. 3 **leichte und für sie geeignete Beschäftigung** mit dem Austragen von Zeitungen, Zeitschriften, Anzeigenblättern und Werbeprospekten **(Nr. 1),** in privaten und landwirtschaftlichen Haushalten **(Nr. 2)** mit **a)** Tätigkeiten in Haushalt und Garten, **b)** Botengängen, **c)** der Betreuung von Kindern und anderen zum Haushalt gehörenden Personen, **d)** Nachhilfeunterricht, **e)** der Betreuung von Haustieren oder **f)** Einkaufstätigkeiten mit Ausnahme des Einkaufs von alkoholischen Getränken und Tabakwaren, in landwirtschaftlichen Betrieben mit Tätigkeiten **(Nr. 3)** bei **a)** der Ernte und der Feldbestellung, **b)** der Selbstvermarktung landwirtschaftlicher Erzeugnisse oder **c)** der Versorgung von Tieren, mit Handreichungen beim Sport **(Nr. 4)** sowie mit Tätigkeiten bei nichtgewerblichen Aktionen und Veranstaltungen der Kirchen, Religionsgemeinschaften, Verbände, Vereine und Parteien **(Nr. 5).**

13   Nach **§ 2 Abs. 2 KindArbSchV** gilt eine Beschäftigung insbes. dann als **nicht leicht** und **nicht geeignet,** wenn sie **(Nr. 1)** mit einer manuellen Handhabung (jedes Befördern oder Abstützen einer Last durch menschliche Kraft, unter anderem das Heben, Absetzen, Schieben, Ziehen, Tragen und Bewegen einer Last) von Lasten verbunden ist, die regelmäßig das maximale Lastgewicht von 7,5 kg oder gelegentlich das maximale Lastgewicht von 10 kg überschreitet, **(Nr. 2)** infolge einer ungünstigen Körperhaltung physisch belastend ist oder **(Nr. 3)** mit Unfallgefahren, insbes. bei Arbeiten an Maschinen und bei der Betreuung von Tieren, verbunden ist, von denen anzunehmen ist, dass Kinder über 13 Jahre und vollzeitschulpflichtige Jugendliche sie wg. mangelnden Sicherheitsbewusstseins oder mangelnder Erfahrung nicht erkennen oder nicht abwenden können. **Nr. 1 gilt nicht** für vollzeitschulpflichtige Jugendliche, iÜ müssen die zulässigen Beschäftigungen den Schutzvorschriften des JArbSchG entsprechen (§ 2 Abs. 3 KindArbSchV).

14   **3. § 58 Abs. 1 Nr. 4, Verstoß gegen Beschäftigung mit unzulässigen Tätigkeitsarten.** § 58 Abs. 1 Nr. 4 sanktioniert Verstöße gegen die Pflicht, Kinder nur mit **zulässigen Tätigkeitsarten** zu beschäftigen, § 7 S. 1 Nr. 2. Danach dürfen **Kinder,** die der Vollzeitschulpflicht nicht mehr unterliegen (beachte § 58 Abs. 3), außerhalb eines Berufsausbildungsverhältnisses nur mit leichten (→ Rn. 9 f.) und für sie geeigneten Tätigkeiten bis zu sieben Stunden täglich und 35 Stunden wöchentlich beschäftigt werden. Eine Rechtsverordnung iSv **§ 26 Nr. 1,** die eine solche zulässige Beschäftigung näher ausgestalten könnte, ist soweit ersichtlich noch nicht erlassen worden.

15   **4. § 58 Abs. 1 Nr. 5, Höchstarbeitszeitregelung.** § 58 Abs. 1 Nr. 5 sanktioniert Verstöße gegen die **Höchstarbeitszeitregelungen** in § 8.

Nach § 8 Abs. 1 dürfen Jugendliche (→ Rn. 5) nicht mehr als acht Stunden täglich und nicht mehr als 40 Stunden wöchentlich beschäftigt werden. Bei Brückentagen darf die ausfallende Arbeitszeit nur so verteilt werden, dass auf einen Zeitraum von fünf Wochen 40 Stunden im Durchschnitt nicht überschritten werden (§ 8 Abs. 2). Bei Verkürzung der täglichen Arbeitszeit unter acht Stunden dürfen Jugendliche an den übrigen Werktagen derselben Woche bis zu achteinhalb Stunden beschäftigt werden (§ 8 Abs. 2a). In der Landwirtschaft dürfen Jugendliche über 16 Jahre während der Erntezeit nicht mehr als neun Stunden täglich und nicht mehr als 85 Stunden in der Doppelwoche beschäftigt werden. Zum Begriff **tägliche Arbeitszeit** vgl. § 4 Abs. 1, zur **Wochenarbeitszeit** § 4 Abs. 4; zu den nicht der Arbeitszeit zuzurechnenden Pausenzeiten vgl. § 11. Wegezeiten für die Beförderung von Arbeitnehmern in betriebseigenen Beförderungsmitteln sind Arbeitszeit, BayObLG NZA 1992, 811. Die Beschäftigung bei mehreren ArbG wird zusammengerechnet, § 4 Abs. 5.

16   Bei vorübergehenden und unaufschiebbaren Arbeiten in **Notfällen** findet § 8 keine Anwendung, soweit erwachsene Beschäftigte nicht zur Verfügung stehen, **§ 21 Abs. 1.** Auch in einem Tarifvertrag sind von § 8 **abweichende Regelungen** möglich, vgl. **§ 21a Abs. 1 Nr. 1.**

17   **5. § 58 Abs. 1 Nr. 6, Freistellungspflicht für Berufsschulunterricht.** § 9 Abs. 1 regelt die **Freistellung** von Jugendlichen durch den ArbG **für die Teilnahme am Berufsschulunterricht.** Ausnahmen von dieser Regelung, etwa für betriebliche Notfallsituationen, sieht das JArbSchG nicht vor (arg. e § 21). Verstöße gegen Nr. 6 können tateinheitlich mit Zuwiderhandlungen gegen § 99 Abs. 1 Nr. 4 iVm § 7 BBiG konkurrieren.

18   Nr. 6 gilt gem. § 58 Abs. 3 in Anwendung von § 5 Abs. 2 auch für die Beschäftigung von Kindern und Jugendlichen, die der Vollzeitschulpflicht unterliegen (Teilnahme am Schulunterricht) sowie nach Maßgabe von § 7 für die Beschäftigung von Kindern, die der Vollzeitschulpflicht nicht mehr unterliegen.

19   **6. § 58 Abs. 1 Nr. 7, Freistellungspflicht für Prüfungen.** Die Norm sanktioniert Verstöße gegen die **Freistellungspflicht** des § 10 Abs. 1.

20   Danach hat der ArbG Jugendliche (beachte § 58 Abs. 3) für die Teilnahme an Prüfungen oder außerbetrieblichen Ausbildungsmaßnahmen (auf Grundlage öffentlich-rechtl. oder vertraglicher Bestimmungen außerhalb der Ausbildungsstätte) bzw. an dem Arbeitstag, der der schriftlichen Abschlussprüfung unmittelbar vorangeht, freizustellen.

21   **7. § 58 Abs. 1 Nr. 8, Ruhepausen.** Die Norm sanktioniert Verstöße gegen die Vorschriften über **Ruhepausen,** § 11 Abs. 1, 2.

Nach § 11 Abs. 1 müssen Jugendlichen (beachte § 58 Abs. 3) im Voraus feststehende Ruhepausen von angemessener Dauer gewährt werden (30 Min. bei Arbeitszeit von mehr als viereinhalb bis zu sechs Stunden, 60 Min. bei Arbeitszeit von mehr als sechs Stunden). Als Ruhepause gilt nach § 11 Abs. 1 S. 3 eine Arbeitsunterbrechung erst ab 15 Min. Ruhepausen müssen nach § 11 Abs. 2 zudem in angemessener zeitlicher Lage gewährt werden, frühestens eine Stunde nach Beginn und spätestens eine Stunde vor Ende der Arbeitszeit. Ohne Ruhepause dürfen Jugendliche nicht länger als viereinhalb Stunden hintereinander beschäftigt werden.

Zur **Notfallregelung** vgl. § 21 Abs. 1. Auch tarifvertraglich sind von § 11 Abs. 1 **abweichende** 22 **Regelungen** möglich, vgl. **§ 21a Abs. 1 Nr. 2.**

8. § 58 Abs. 1 Nr. 9, Dauer der Schichtzeit. Die Norm sanktioniert einen Verstoß gegen § 12, 23 der die **Dauer der Schichtzeit** festlegt.

Schichtzeit ist gem. § 4 Abs. 2 die tägliche Arbeitszeit unter Hinzurechnung der Ruhepausen (§ 11). Die Schichtzeit darf nach § 12 bei Jugendlichen (beachte § 58 Abs. 3) zehn Stunden, im Bergbau unter Tage 8 Stunden, im Gaststättengewerbe, in der Landwirtschaft und Tierhaltung, auf Bau- und Montagestellen 11 Stunden nicht überschreiten.

In **Notfällen** findet § 12 keine Anwendung, **§ 21 Abs. 1.** Auch tarifvertraglich sind von § 12 24 **abweichende Regelungen** möglich, vgl. **§ 21a Abs. 1 Nr. 3.**

9. § 58 Abs. 1 Nr. 10, Mindestfreizeit. Die Norm sanktioniert einen Verstoß gegen die **tägliche** 25 **Mindestfreizeitregelung** des § 13.

Danach dürfen Jugendliche (beachte § 58 Abs. 3) nach Beendigung der täglichen Arbeitszeit nicht vor Ablauf einer ununterbrochenen Freizeit von mindestens 12 Stunden beschäftigt werden. Der ArbG muss sich daher über die Einhaltung der Freizeit Gewissheit verschaffen.

Zur **Notfallregelung** vgl. § 21 Abs. 1. Tarifvertraglich darf von der Freizeitregelung **nicht** abge- 26 wichen werden.

10. § 58 Abs. 1 Nr. 11, Nachtruhe. § 58 Abs. 1 Nr. 11 sanktioniert Verstöße gegen die **Nacht-** 27 **ruheregelung** des § 14.

Nach § 14 Abs. 1 dürfen Jugendliche (beachte § 58 Abs. 3) nur in der Zeit von 6 bis 20 Uhr beschäftigt werden. Eine Wiederbeschäftigung von Jugendlichen ist nach Beendigung der Tätigkeit gem. § 14 Abs. 7 S. 3 nicht vor Ablauf einer ununterbrochenen Freizeit von mindestens 14 Stunden erlaubt.

Zur **Notfallregelung** vgl. § 21 Abs. 1. 28

11. § 58 Abs. 1 Nr. 12, Fünf-Tage-Arbeitswoche. Die Norm regelt Verstöße gegen die **Fünf-** 29 **Tage-Arbeitswoche** des § 15, wonach Jugendliche (beachte § 58 Abs. 3) nur an fünf Tagen in der Woche beschäftigt werden dürfen.

Ausnahmen sind möglich. Nach § 15 S. 2 **sollen** die beiden Ruhetage nach Möglichkeit auf- 30 einander folgen, dies ist aber nicht zwingend. Weitere Ausnahmen sind in § 16 Abs. 3 u. 4, § 20 Nr. 3 sowie § 21 Abs. 1 geregelt. Ferner sind **tarifvertragliche Abweichungen** gem. § 21a Abs. 1 Nr. 1 u. Nr. 5 möglich. Zur **Notfallregelung** vgl. § 21 Abs. 1.

12. § 58 Abs. 1 Nr. 13, Samstagsruhe. Die Norm sanktioniert Verstöße gegen die **Samstagsruhe,** 31 § 16 Abs. 1. Danach dürfen Jugendliche (beachte § 58 Abs. 3) an Samstagen grds. nicht beschäftigt werden.

Ausnahmsweise ist eine Beschäftigung von Jugendlichen am Samstag nach **§ 16 Abs. 2** möglich, 32 allerdings mit der Folge, dass ihnen dann gem. § 16 Abs. 3 die Fünf-Tage-Woche (§ 15) durch Freistellung an einem anderen berufsschulfreien Arbeitstag derselben Woche sicherzustellen ist.

Abweichende Regelungen von § 16 Abs. 1 u. 2 können zudem auf tarifvertraglicher Basis gem. 33 § 21a Abs. 1 Nr. 4, von § 16 Abs. 3 u. 4 gem. § 21a Abs. 1 Nr. 1 u. Nr. 5 zugelassen sein. Zur **Notfallregelung** vgl. § 21 Abs. 1.

13. § 58 Abs. 1 Nr. 14, Sonntagsruhe. Die Norm sanktioniert Verstöße gegen die **Sonntagsruhe,** 34 § 17 Abs. 1. Danach dürfen Jugendliche (beachte § 58 Abs. 3) an Sonntagen grds. nicht beschäftigt werden, bei ausnahmsweise zulässiger Beschäftigung nicht ohne Ausgleich, § 17 Abs. 2 S. 2 Hs. 2, § 17 Abs. 3.

Ausnahmsweise ist eine Beschäftigung von Jugendlichen am Sonntag gem. **§ 17 Abs. 2** zulässig, 35 wenn ihnen gem. § 17 Abs. 3 die Fünf-Tage-Woche (§ 15) durch Freistellung an einem anderen berufsschulfreien Arbeitstag derselben Woche sichergestellt wird. Zudem müssen (im Unterschied zur Sollens-Vorschrift des § 16 Abs. 2 S. 2) mind. zwei Sonntage im Monat beschäftigungsfrei bleiben, § 17 Abs. 2 S. 2 Hs. 2. Wer dies als ArbG nicht gewährleistet, begeht eine Ordnungswidrigkeit iSd § 58 Abs. 1 Nr. 14.

Abweichende Regelungen von § 17 Abs. 2 S. 2 können tarifvertraglich gem. § 21a Abs. 1 Nr. 6 36 (drei Sonntage im Monat bei Jugendlichen im Gaststätten- und Schaustellergewerbe sowie in der Landwirtschaft während der Saison oder der Erntezeit), von § 17 Abs. 3 gem. § 21a Abs. 1 Nr. 1 u. Nr. 5 zugelassen werden. Zur **Notfallregelung** vgl. § 21 Abs. 1.

37   **14. § 58 Abs. 1 Nr. 15, Feiertagsruhe.** Ein Verstoß gegen die **Feiertagsruhe** bzw. **Freistellung an gesetzlichen Feiertagen** wird durch § 18 Abs. 1 sanktioniert. Jugendliche (beachte § 58 Abs. 3) dürfen nach § 18 Abs. 1 am 24. und 31.12. nach 14 Uhr sowie an gesetzlichen Feiertagen nicht beschäftigt werden.

38   **Ausnahmsweise** ist eine Beschäftigung Jugendlicher an gesetzlichen Feiertagen gem. **§ 18 Abs. 2** zulässig in den Fällen des § 17 Abs. 2, ausgenommen am 25.12., am 1.1., am ersten Osterfeiertag und am 1.5. Nach **§ 18 Abs. 3** gilt dies jedoch nur dann, wenn für die Beschäftigung an einem gesetzlichen Feiertag, der auf einen Werktag fällt, der Jugendliche an einem anderen berufsschulfreien Arbeitstag derselben oder der folgenden Woche freigestellt wird. In Betrieben mit einem Betriebsruhetag in der Woche kann die Freistellung auch an diesem Tage erfolgen, wenn die Jugendlichen an diesem Tage keinen Berufsschulunterricht haben.

39   **Abweichende Regelungen** von § 18 Abs. 3 sind tarifvertraglich gem. § 21a Abs. 1 Nr. 1 u. Nr. 5 möglich.

40   Zur **Notfallregelung** vgl. § 21 Abs. 1.

41   **15. § 58 Abs. 1 Nr. 16, Mindesturlaub.** § 58 Abs. 1 Nr. 16 sanktioniert Verstöße gegen die Regelungen zur Urlaubsgewährung für Jugendliche (beachte § 58 Abs. 3) in § 19, von denen auch in Notfällen nicht abgewichen werden darf, arg. e § 21 Abs. 1.

42   Nach **§ 19 Abs. 1** hat der ArbG Jugendlichen für jedes Kalenderjahr einen bezahlten Erholungsurlaub zu gewähren. Der Urlaub beträgt nach **Abs. 2 S. 1** jährlich mind. 30 Werktage für Jugendliche, die zu Beginn des Kalenderjahres noch nicht 16 Jahre alt sind (Nr. 1), mind. 27 Werktage für die unter 17 Jahre (Nr. 2), mind. 25 Werktage für die unter 18 Jahre (Nr. 3). Nach **Abs. 2 S. 2** erhalten im Bergbau unter Tage beschäftigte Jugendliche jeweils einen zusätzlichen Urlaub von drei Werktagen. Nach **Abs. 3 S. 2** ist ein weiterer Urlaubstag für jeden Berufsschultag zu gewähren, an dem die Berufsschule während des Urlaubs zu Schulzeiten besucht wird. Nach **Abs. 4 S. 2** hat der Auftraggeber oder Zwischenmeister abweichend von § 12 Nr. 1 BUrlG jugendlichen Heimarbeitern für jedes Kalenderjahr einen bezahlten Erholungsurlaub nach Abs. 2 zu gewähren. Das Urlaubsentgelt beträgt bei einem Urlaub von 30 Werktagen 11,6 %, bei 27 Werktagen 10,3 % und bei 25 Werktagen 9,5 %.

43   **16. § 58 Abs. 1 Nr. 17, Fehlender Ausgleich von Mehrarbeit.** Gegen § 58 Abs. 1 Nr. 17 iVm § 21 Abs. 2 verstößt, wer als ArbG eine im Notfall über die Arbeitszeit des § 8 hinaus geleistete Mehrarbeit von Jugendlichen (beachte § 58 Abs. 3) nicht durch entsprechende Verkürzung der Arbeitszeit innerhalb der folgenden drei Wochen ausgleicht.

44   **Notfall** ist ein plötzliches, unvorhergesehenes Ereignis, das nicht unbeträchtliche Gefahr für Leben oder Gesundheit von Menschen oder Sachen zu verursachen droht und daher ein unverzügliches Eingreifen erfordert (vgl. Erbs/Kohlhaas/*Ambs* § 21 Rn. 3; ErfK/*Schlachter* § 21 Rn. 2), zB auch Ernte vor Unwetter (BT-Drs. 7/4544, 7). Vom ArbG verschuldete Umstände kommen als Notfälle nicht in Betracht (Erbs/Kohlhaas/*Ambs* § 21 Rn. 4).

45   **17. § 58 Abs. 1 Nr. 18, Gefährliche Arbeiten.** Die Norm sanktioniert Verstöße gegen das Verbot, Jugendliche (beachte § 58 Abs. 3) mit gefährlichen Arbeiten zu beschäftigen und dient so dem Zweck, Jugendliche vor Gefahren für ihre physische und sittliche Entwicklung zu schützen (vgl. BT-Drs. 7/ 2305, 32).

46   Der Begriff **„gefährliche Arbeiten"** umfasst nach § 22 Abs. 1 Arbeiten, die ihre physische oder psychische Leistungsfähigkeit übersteigen (Nr. 1), Arbeiten, bei denen sie sittlichen Gefahren ausgesetzt sind (Nr. 2) (vgl. dazu Kommentierung der JArbSchV unter Nr. 417), Arbeiten, die mit Unfallgefahren verbunden sind, von denen anzunehmen ist, dass Jugendliche sie wg. mangelnden Sicherheitsbewusstseins oder mangelnder Erfahrung nicht erkennen oder nicht abwenden können (Nr. 3), Arbeiten, bei denen ihre Gesundheit durch außergewöhnliche Hitze oder Kälte oder starke Nässe gefährdet wird (Nr. 4), Arbeiten, bei denen sie schädlichen Einwirkungen von Lärm, Erschütterungen oder Strahlen ausgesetzt sind (Nr. 5), Arbeiten, bei denen sie schädlichen Einwirkungen von Gefahrstoffen iSd ChemG ausgesetzt sind (Nr. 6) sowie Arbeiten, bei denen sie schädlichen Einwirkungen von biologischen Arbeitsstoffen iSd RL 90/679/EWG des Rates v. 26.11.1990 zum Schutze der Arbeitnehmer gegen Gefährdung durch biologische Arbeitsstoffe bei der Arbeit ausgesetzt sind (Nr. 7).

47   Eine die Verbotsnorm **konkretisierende Rechtsverordnung** nach § 26 Nr. 1 wurde soweit ersichtlich noch nicht erlassen.

48   **18. § 58 Abs. 1 Nr. 19, Akkordarbeit und tempoabhängige Arbeit.** § 58 Abs. 1 Nr. 19 sanktioniert die Beschäftigung Jugendlicher (beachte § 58 Abs. 3) mit **Akkord- und tempoabhängigen Arbeiten** entgegen § 23 Abs. 1. **Akkordarbeit** ist dabei jede Tätigkeit, deren Vergütung sich allein oder ergänzend nach dem erzielten Arbeitsergebnis richtet.

49   Nach § 23 Abs. 1 dürfen Jugendliche nicht (Nr. 1) mit Akkordarbeit und sonstigen Arbeiten, bei denen durch ein gesteigertes Arbeitstempo ein höheres Entgelt erzielt werden kann, (Nr. 2) in einer Arbeitsgruppe mit erwachsenen Arbeitnehmern, die mit Arbeiten nach Nr. 1 beschäftigt werden (Grund: Gefahr der Überforderung, wenn sich Jugendliche dem Tempo Erwachsener anpassen, BT-Drs. 7/2305, 33; BT-Drs. 7/4544, 7), selbst wenn sie in anderem Tempo arbeiten) sowie nach (Nr. 3) mit Arbeiten, bei denen ihr Arbeitstempo nicht nur gelegentlich vorgeschrieben, vorgegeben oder auf andere Weise erzwungen wird (vgl. BT-Drs. 7/4544, 7), beschäftigt werden.

Eine Ausnahme von Abs. 1 **Nr. 2** regelt **§ 23 Abs. 2,** wonach Jugendliche in einer Arbeitsgruppe 50
mit Erwachsenen arbeiten dürfen (ohne aber selbst Akkordarbeit oder tempoabhängige Arbeit zu
verrichten), wenn ihr Schutz durch die Aufsicht eines Fachkundigen gewährleistet ist und **(Nr. 1)** soweit
dies zur Erreichung ihres Ausbildungszieles erforderlich ist oder **(Nr. 2)** wenn sie eine Berufsausbildung
für diese Beschäftigung abgeschlossen haben.

Eine die Verbotsnorm konkretisierende Rechtsverordnung auf Grundlage von § 26 ist soweit ersichtlich noch nicht 51
erlassen worden.

19. § 58 Abs. 1 Nr. 20, Arbeiten unter Tage. Nach § 58 Abs. 1 Nr. 20 werden Verstöße gegen 52
das Verbot, Jugendliche (beachte § 58 Abs. 3) mit **Arbeiten unter Tage** zu beschäftigen, geahndet.

20. § 58 Abs. 1 Nr. 21, Abgabeverbot von Alkohol und Tabak. § 31 Abs. 2 S. 2 normiert ein 53
(mWv 1.8.2013 absolutes) **Abgabeverbot für Tabakwaren** und andere nikotin**haltige** Erzeugnisse
sowie deren Behältnisse an Kinder und Jugendliche sowie ein **Abgabeverbot für alkoholhaltige
Getränke** an Jugendliche unter 16 Jahren. Das absolute Abgabeverbot des § 31 Abs. 2 S. 2 gilt nach
§ 31 Abs. 2 S. 3 auch für nikotin**freie Erzeugnisse,** in denen Flüssigkeit durch ein elektronisches
Heizelement verdampft und die entstehenden Aerosole mit dem Mund eingeatmet werden, sowie für
deren Behältnisse.
Branntwein (zum Begriff → JuSchG § 28 Rn. 35) darf in Übereinstimmung mit § 9 Abs. 1 Nr. 1
JuSchG auch an über 16 Jahre alte Minderjährige nicht abgegeben werden (dazu *Walenta* AuA 2009,
146). Im Unterschied zu § 9 JuSchG, der auch die Duldung des Konsums verbietet, normiert § 31
Abs. 2 S. 2 kein absolutes Alkoholverbot. Zudem verbietet § 9 JuSchG auch die Abgabe und den
Verzehr branntweinhaltiger Getränke oder Lebensmittel, die Branntwein in nicht nur geringfügiger
Menge enthalten. Diese weite Regelung ist in § 31 Abs. 2 S. 2 nicht enthalten.
Tabakwaren sind alle Erzeugnisse, die zum Rauchen, Schnupfen, Lutschen oder Kauen bestimmt 54
sind, sofern sie ganz oder teilweise aus Tabak bestehen (vgl. Art. 2 RL 98/43/EG „Tabakerzeugnisse";
EuGH NJW 2000, 370). Zu den **anderen nikotinhaltigen oder nikotinfreien Erzeugnissen** zählen
E-Zigaretten und elektronische Shishas. Der Begriff der **Behältnisse** zielt insbesondere auf Nachfüllbehälter für elektronische Verdampfer ab. Zum Hintergrund dieser Regelung, insbesondere hinsichtlich
auch nikotinfreier Erzeugnisse, vgl. → JuSchG § 28 Rn. 42a.
Zum Problemkreis des **Aufstellens von Automaten** für alkoholische Getränke bzw. Tabakwaren 55
oder nikotinhaltigen bzw. nikotinfreien Erzeugnissen in Betrieben → JuSchG § 28 Rn. 38 f., 43. **Konkurrenzen** können tateinheitlich mit einem Verstoß gegen § 58 Abs. 1 Nr. 21 iVm § 31 Abs. 2 S. 2 u.
einem Verstoß gegen §§ 9, 10 iVm § 28 Abs. 1 Nr. 11, 12 JuSchG bestehen.

21. § 58 Abs. 1 Nr. 22, Beschäftigung ohne Nachweis der Erstuntersuchung. Nach § 32 56
Abs. 1 darf ein ins Berufsleben eintretender Jugendlicher (für Kinder vgl. § 5 Abs. 2 S. 2) nur beschäftigt
werden, wenn er sich innerhalb der letzten 14 Monate (§§ 188 Abs. 2, 187 Abs. 1 BGB) einer obligatorischen ärztlichen **Erstuntersuchung** (s. dazu die Verordnung über die ärztlichen Untersuchungen
nach dem Jugendarbeitsschutzgesetz – Jugendarbeitsschutzuntersuchungsverordnung, JArbSchUV) unterzogen hat und dem ArbG eine vom Arzt ausgestellte **Bescheinigung** (Inhalt: § 39 Abs. 2 iVm § 6
JArbSchUV) vorliegt. Zur **Übertragung** der Verpflichtung des ArbG mittels Auftrag vgl. OLG Hamm
NJW 1974, 72.

§ 32 enthält insoweit ein **Beschäftigungsverbot** (Zmarzlik/Anzinger § 32 Rn. 5), ein zugrunde liegender Arbeits-
oder Ausbildungsvertrag ist zunächst schwebend unwirksam.

Eine **Ausnahme** von der Untersuchungs- und Vorlagepflicht gilt für eine nur geringfügige oder eine
nicht länger als zwei Monate dauernde Beschäftigung mit leichten Arbeiten, von denen keine gesundheitlichen Nachteile für den Jugendlichen zu befürchten sind, § 32 Abs. 2.

22. § 58 Abs. 1 Nr. 23, Beschäftigung ohne Nachweis der ersten Nachuntersuchung. § 58 57
Abs. 1 Nr. 23 sanktioniert Verstöße gegen das **Beschäftigungsverbot** des § 33 Abs. 3, nach dem ein
Jugendlicher nach Ablauf von 14 Monaten nach Aufnahme der ersten Beschäftigung nicht weiterbeschäftigt werden darf, solange eine **Vorlage der Bescheinigung über die erste Nachuntersuchung**
(§ 33 Abs. 1 S. 1) nicht erfolgt ist.

Gem. § 33 Abs. 1 hat sich der ArbG analog zur Vorlage der Erstuntersuchungsbescheinigung (→ Rn. 56) nach 58
Ablauf eines Jahres nach Aufnahme der ersten Beschäftigung des Jugendlichen (für Kinder vgl. § 5 Abs. 2 S. 2) von
diesem eine Bescheinigung über eine **erste Nachuntersuchung** (Inhalt: § 37) vorlegen zu lassen. Diese darf nicht
länger als drei Monate zurückliegen. Nach S. 2 soll der ArbG den Jugendlichen neun Monate nach Aufnahme der
ersten Beschäftigung nachdrücklich auf den Zeitpunkt, bis zu dem der Jugendliche ihm die ärztliche Bescheinigung
nach S. 1 vorzulegen hat, hinweisen und ihn auffordern, die Nachuntersuchung bis dahin durchführen zu lassen. Legt
der Jugendliche die Bescheinigung nicht nach Ablauf eines Jahres vor, hat ihn der ArbG innerhalb eines Monats unter
Hinweis auf das Beschäftigungsverbot nach Abs. 3 schriftlich aufzufordern, ihm die Bescheinigung vorzulegen. Je eine
Durchschrift des Aufforderungsschreibens hat der ArbG dem Personensorgeberechtigten und dem Betriebs- oder
Personalrat zuzusenden.

59   Ein **Wechsel des ArbG** ändert nichts am gesetzgeberischen Fürsorgeziel, der Kontrolle der Gesundheit jugendlicher Beschäftigter. **Krankheits- und Fehlzeiten** werden bei der Berechnung nicht mitgerechnet. Bei Vollendung des 18. Lebensjahrs vor Ablauf des ersten Beschäftigungsjahrs wird eine Nachuntersuchung obsolet. Liegt ein Ausnahmefall vor, nach dem eine Erstuntersuchung nicht erforderlich war, ist auch die Nachuntersuchung entbehrlich.

60   **23. § 58 Abs. 1 Nr. 24, Fehlende Vorlage ärztlicher Bescheinigung bei Wechsel des Arbeitgebers.** § 36 regelt, dass ein neuer ArbG bei einem Arbeitgeberwechsel einen Jugendlichen (für Kinder vgl. § 5 Abs. 2 S. 2 sowie § 58 Abs. 3) erst beschäftigen darf, wenn ihm die Bescheinigung über die Erstuntersuchung (§ 32 Abs. 1, → Rn. 56) und, falls seit der Aufnahme der Beschäftigung ein Jahr vergangen ist, die Bescheinigung über die erste Nachuntersuchung (§ 33, → Rn. 57 f.) vorliegen.

61   **24. § 58 Abs. 1 Nr. 25, Beschäftigung entgegen Gefährdungsvermerk in Bescheinigung.** § 40 Abs. 1 enthält ein **sachlich begrenztes absolutes Beschäftigungsverbot** für Jugendliche (beachte § 58 Abs. 3) mit Arbeiten, bei deren Ausführung der Arzt laut Vermerk in der ärztlichen Bescheinigung (§ 39 Abs. 2) die Gesundheit oder Entwicklung des Jugendlichen für gefährdet hält. Auf eine tatsächliche Gefährdung kommt es nicht an.

62   Nach § 39 Abs. 2 hat der Arzt eine für den ArbG bestimmte **Bescheinigung** darüber auszustellen, dass die Untersuchung stattgefunden hat, und darin die Arbeiten zu **vermerken,** durch deren Ausführung er die Gesundheit oder die Entwicklung des Jugendlichen für gefährdet hält.

63   Der **Vermerk ist kein VA** und nicht gesondert anfechtbar. Seine Beseitigung kann durch neue Bescheinigung bzw. abweichenden Vermerk eines anderen Arztes angestrebt werden.

64   **Als Ausnahme** von Beschäftigungsverbot kann nach § 40 Abs. 2 die Aufsichtsbehörde die Beschäftigung des Jugendlichen mit den in der Bescheinigung vermerkten Arbeiten im Einvernehmen mit einem Arzt zulassen und die Zulassung mit Auflagen verbinden (Regelung zu Ruhepausen, Anforderungen an den Arbeitsplatz etc).

65   Die ärztlich konsentierte **behördliche Bewilligung ist** als **VA** mit verwaltungsrechtlichen Mitteln anfechtbar.

66   **25. § 58 Abs. 1 Nr. 26, Zuwiderhandlung gegen Tatbestand aus Rechtsverordnung.** Die Blankettnorm des § 58 Abs. 1 Nr. 26 sanktioniert Verstöße gegen **Bußgeldtatbestände in Rechtsverordnungen,** die auf Grundlage von § 26 Nr. 2 oder § 28 Abs. 2 mit Zustimmung des Bundesrates zum Schutze der Jugendlichen gegen Gefahren für Leben und Gesundheit sowie zur Vermeidung einer Beeinträchtigung der körperlichen oder seelisch-geistigen Entwicklung (§§ 22–25) oder zu menschengerechter Gestaltung der Arbeit (§ 28) erlassen sind und auf diese Bußgeldnorm verweisen. Soweit ersichtlich sind aber noch keine solchen VO ergangen.

67   Über die Beschäftigungsverbote in den §§ 22–25 hinaus kann so die Beschäftigung Jugendlicher in bestimmten Betriebsarten oder mit bestimmten Arbeiten verboten oder beschränkt werden, wenn Jugendliche bei diesen Arbeiten infolge ihres Entwicklungsstandes in besonderem Maße Gefahren ausgesetzt sind oder wenn das Verbot oder die Beschränkung der Beschäftigung infolge der technischen Entwicklung oder neuer arbeitsmedizinischer oder sicherheitstechnischer Erkenntnisse notwendig ist.

68   Zu beachten sind im Zusammenhang mit Nr. 2 die **JArbSchV** (Nr. 417) sowie die **DruckluftV,** die beide auf Grundlage von § 37 Abs. 2 1960 (Vorgängernorm von § 26 Nr. 2) erlassen wurden und nach **§ 72 Abs. 3** fortgelten.

69   **26. § 58 Abs. 1 Nr. 27, Zuwiderhandlung gegen vollziehbare Anordnung.** Die Blankettbestimmung des § 58 Abs. 1 Nr. 27 sanktioniert Verstöße gegen **vollziehbare Anordnungen** der zuständigen Aufsichtsbehörden zu verschiedenen Bereichen des JArbSchG.

70   Dazu gehören **Arbeitszeiten und Ruhepausen** (§ 6 Abs. 3), Arbeiten mit **Gefahren für Leib und Leben** oder für die **körperliche oder seelisch-geistige Entwicklung** Jugendlicher über die §§ 22–24, 26 hinaus (§ 27 Abs. 1 S. 2), wiederholte oder gröbliche **Verletzung von Aufsichtspflichten** (§ 27 Abs. 2 Nr. 1) oder **sittliche Ungenetheit** zur Beschäftigung von Kindern und Jugendlichen (§ 27 Abs. 2 Nr. 2) mit jeweils der möglichen Folge behördlich angeordnetes Beschäftigungs-, Beaufsichtigungs-, Anweisungs- oder Ausbildungsverbot für Kinder und Jugendliche, Sicherstellung **menschengerechter Gestaltung der Arbeit** (§ 28 Abs. 3) sowie Anforderungen an die Unterkunft und Pflege bei Erkrankungen bei Beschäftigung von Kindern und Jugendlichen in **häuslicher Gemeinschaft** (§ 30 Abs. 2). Häusliche Gemeinschaft liegt dann vor, wenn der Minderjährige seinen Lebensmittelpunkt in der Familie des ArbG hat.

71   **Vollziehbar** wird eine Anordnung mit Unanfechtbarkeit oder wenn die sofortige Vollziehung angeordnet worden ist (§ 80 Abs. 2 Nr. 4 VwGO). Im Gegensatz zu rechtswidrigen, aber wirksamen VAe sind nichtige VAe sind unwirksam (§ 43 Abs. 3 VwVfG) und müssen daher nicht befolgt werden.

72   **27. § 58 Abs. 1 Nr. 28, Zuwiderhandlung gegen vollziehbare Auflagen.** Die Blankettvorschrift des § 58 Abs. 1 Nr. 28 sanktioniert Verstöße gegen **aufsichtsbehördliche Auflagen** in folgenden Bereichen: Teilnahme von Kindern (§ 6 Abs. 1) bzw. Jugendlichen (§ 14 Abs. 7) bei **Theater- und Musikaufführungen,** Beschäftigung Jugendlicher bei **Akkord- und tempoabhängiger Arbeit** (§ 27

Abs. 3 iVm § 23 Abs. 1 Nr. 2 u. 3) sowie bei **ärztlichen Bescheinigungen** iSv § 39 Abs. 2 (§ 40 Abs. 2).

Nach § 6 Abs. 1 S. 1 kann die Aufsichtsbehörde auf Antrag bewilligen, dass **(Nr. 1)** bei Theatervorstellungen 73
Kinder über sechs Jahre bis zu vier Stunden täglich in der Zeit von 10–23 Uhr, **(Nr. 2)** bei Musikaufführungen und
anderen Aufführungen, bei Werbeveranstaltungen sowie bei Aufnahmen im Rundfunk (Hörfunk und Fernsehen), auf
Ton- und Bildträger sowie bei Film- und Fotoaufnahmen **lit. a** Kinder über drei bis sechs Jahre bis zu zwei Stunden
täglich in der Zeit von 8–17 Uhr, **lit. b** Kinder über sechs Jahre bis zu drei Stunden täglich in der Zeit von 8–22 Uhr
gestaltend mitwirken und an den erforderlichen Proben teilnehmen können. Nach **S. 2 darf** eine **Ausnahme nicht**
bewilligt werden für die Mitwirkung in Kabaretts, Tanzlokalen und ähnlichen Betrieben sowie auf Vergnügungsparks,
Kirmessen, Jahrmärkten und bei ähnlichen Veranstaltungen, Schaustellungen oder Darbietungen.
Nach der Nachtruhe-Regelung des § 14 Abs. 7 S. 1 dürfen Jugendliche bei Musikaufführungen, Theatervorstellungen und anderen Aufführungen, bei Aufnahmen im Rundfunk (Hörfunk und Fernsehen), auf Ton- und Bildträger
sowie bei Film- und Fotoaufnahmen bis 23 Uhr gestaltend mitwirken. Eine Mitwirkung ist nach **S. 2** nicht zulässig bei
Veranstaltungen, Schaustellungen oder Darbietungen, bei denen die Anwesenheit Jugendlicher nach den Vorschriften
des JuSchG (vgl. Nr. 420) verboten ist. Nach **S. 3** dürfen Jugendliche nach Beendigung der Tätigkeit nicht vor Ablauf
einer ununterbrochenen Freizeit von mindestens 14 Stunden beschäftigt werden.
Auf Grundlage von § 27 Abs. 3 kann die Aufsichtsbehörde auf Antrag Ausnahmen von § 23 Abs. 1 Nr. 2
und Nr. 3 (Verbot von Akkordarbeit und tempoabhängiger Arbeit) für Jugendliche über 16 Jahre bewilligen, **(Nr. 1)**
wenn die Art der Arbeit oder das Arbeitstempo eine Beeinträchtigung der Gesundheit oder der körperlichen oder
seelisch-geistigen Entwicklung des Jugendlichen nicht befürchten lassen **und (Nr. 2)** wenn eine nicht länger als vor
drei Monaten ausgestellte ärztliche Bescheinigung vorgelegt wird, nach der gesundheitliche Bedenken gegen die
Beschäftigung nicht bestehen.
Nach § 40 Abs. 2 kann die Aufsichtsbehörde die Beschäftigung eines Jugendlichen mit den in der Bescheinigung
des Arztes (§ 39 Abs. 2) vermerkten Arbeiten im Einvernehmen mit einem Arzt zulassen und die Zulassung mit
Auflagen verbinden.

Vollziehbar wird eine Anordnung mit Unanfechtbarkeit oder wenn die sofortige Vollziehung an- 74
geordnet worden ist (§ 80 Abs. 2 Nr. 4 VwGO).

Aufsichtsbehördliche **Ausnahmen** nach dem JArbSchG oder auf dessen Grundlage erlassenen 75
Rechtsverordnungen **sind** nach § 54 Abs. 1 S. 1 **zu befristen.** Sie können nach § 54 Abs. 1 S. 2 mit
einer **Bedingung (Nr. 1)** oder mit einer **Auflage** oder dem **Vorbehalt** der nachträglichen Aufnahme,
Änderung oder Ergänzung einer Auflage verbunden **(Nr. 2)** und jederzeit **widerrufen (Nr. 3)** werden.

28. § 58 Abs. 1 Nr. 29, Zuwiderhandlung gegen vollziehbare Anordnung oder Auflage nach 76
VO. Die Blankettvorschrift des § 58 Abs. 1 Nr. 29 sanktioniert **Verstöße gegen vollziehbare An-**
ordnungen oder Auflagen in Verordnungen, die auf Grundlage des § 26 Nr. 2 bzw. § 28 Abs. 2
erlassen sind und auf diese Bußgeldvorschrift verweisen; → Rn. 66.

II. Abs. 2

§ 25 Abs. 1 S. 1 enthält ein Verbot der **Beschäftigung, Beaufsichtigung, Anweisung und Aus-** 77
bildung von Jugendlichen **durch bestimmte Personen** (nicht notwendig ArbG, sondern zB auch
Beauftragte), die **(Nr. 1)** wg. eines Verbrechens (§ 12 Abs. 1 StGB) zu einer Freiheitsstrafe von
mindestens zwei Jahren, **(Nr. 2)** wg. einer vorsätzlichen Straftat, die sie unter Verletzung der ihnen als
ArbG, Ausbildender oder Ausbilder obliegenden Pflichten zum Nachteil von Kindern oder Jugendlichen
begangen haben, zu einer Freiheitsstrafe von mehr als drei Monaten, **(Nr. 3)** wg. einer Straftat nach den
§§ 109h, 171, 174–184h, 225, 232–233a StGB, **(Nr. 4)** wg. einer Straftat nach dem BtmG, **(Nr. 5)** wg.
einer Straftat nach dem JuSchG oder nach dem Gesetz über die Verbreitung jugendgefährdender
Schriften wenigstens zweimal rechtskräftig verurteilt worden sind oder **(Abs. 2 S. 1)** gegen die wegen
einer OWi gem. § 58 Abs. 1–4 wenigstens dreimal eine Geldbuße festgesetzt wurde.
Die genannten Personen dürfen **auch nicht** mit der Beaufsichtigung, Anweisung oder Ausbildung 78
Jugendlicher **beauftragt** werden.

III. Abs. 3

Nach § 58 Abs. 3 gelten die Vorschriften des § 58 Abs. 1 Nr. 4, 6–29 u. Abs. 2 für die Beschäftigung 79
von Kindern oder Jugendlichen, **die der Vollzeitschulpflicht unterliegen** (§ 2 Abs. 3, → Rn. 6),
nach Maßgabe des § 5 Abs. 2.

Kinder dürfen zB gem. § 5 Abs. 2 S. 2 iVm § 7 Abs. 1 Nr. 2 außerhalb eines Berufsausbildungsverhältnisses nur mit 80
leichten und für sie geeigneten Tätigkeiten bis zu sieben Stunden täglich und 35 Stunden wöchentlich beschäftigt
werden, sie sind iRd Schul- bzw. Berufsschulpflicht von der Arbeit freizustellen etc. Es gelten nach § 5 Abs. 2 S. 2 die
Schutzvorschriften der §§ 9–46 entsprechend.

§ 58 Abs. 1 Nr. 6–29 u. Abs. 2 gelten auch für die Beschäftigung von Kindern, **die der Vollzeit-** 81
schulpflicht nicht mehr unterliegen, mit den Einschränkungen des § 7.

IV. Innere Tatseite

82   Ordnungswidrigkeiten iSv § 58 Abs. 1 u. 2 können sowohl vorsätzlich (mind. dolus eventualis, → StGB § 15 Rn. 13 ff.) als auch fahrlässig (→ StGB § 15 Rn. 19 ff.) verwirklicht werden. Irrtümer über Tatsachen oder die Nichtkenntnis von Tatumständen können als den Vorsatz ausschließender Tatbestandsirrtum oder die Schuld ausschließender Verbotsirrtum (§ 11 Abs. 2 OWiG, § 17 StGB) Beachtung erlangen. Zu beachten ist jedoch, dass den ArbG eine umfassende Informationspflicht trifft.

V. Sonstiges

83   Der Versuch einer Ordnungswidrigkeit ist nicht mit Strafe bedroht (§ 13 Abs. 2 OWiG), ebenso wenig die mögliche Verwirklichung als Straftat (§ 23 Abs. 1 StGB).

VI. Rechtsfolgen, Abs. 4

84   Die OWi iSv § 58 Abs. 1–3 kann mit einer Geldbuße von 5 EUR (Mindestmaß, § 17 Abs. 1 OWiG) bis zu 15.000 EUR geahndet werden. Das Strafmaß für fahrlässiges Handeln kann nach § 17 Abs. 2 OWiG bis zur Hälfte des Höchstmaßes für vorsätzliches Handeln betragen. Die Verfolgung als OWi steht im Ermessen der Bußgeldbehörde **(Opportunitätsprinzip).** Die Verwaltungsbehörde kann je nach Schweregrad der Verfehlung (zB bei OWi im Bagatellbereich) auch eine Verwarnung mit (§ 56 Abs. 1 S. 1 OWiG) oder ohne Verwarnungsgeld (§ 56 Abs. 1 S. 2 OWiG) aussprechen.

85   **Zuständig** ist die für den (Wohn-)Sitz des Täters zuständige Kreisverwaltungsbehörde.

86   Die **Festsetzung** der Geldbuße erfolgt gem. §§ 35 ff. OWiG durch schriftlichen Erlass und Zustellung. Neben der Geldbuße hat der Betroffene die Kosten des Verfahrens sowie der baren Auslagen (§ 107 OWiG) zu tragen.

87   Die **Verjährung** richtet sich nach den §§ 31 f. OWiG. Eine OWi nach § 58 Abs. 1–3 verjährt gem. § 31 Abs. 2 Nr. 2 OWiG in zwei Jahren.

C. Straftatbestand, Abs. 5

88   Erforderlich für die Erfüllung des § 58 **Abs. 5 S. 1** ist die **vorsätzliche** (mind. dolus eventualis, → StGB § 15 Rn. 13 ff.) Begehung einer Handlung iSv § 58 Abs. 1, 2 oder Abs. 3. Hinzukommen muss die **konkrete** Gefährdung eines Kindes, eines Jugendlichen oder bei Abs. 1 Nr. 6 einer Person, die noch nicht 21 Jahre alt ist, in ihrer Gesundheit oder Arbeitskraft. **Arbeitskraft** ist die natürliche Fähigkeit, Arbeit zu leisten. Zwischen der Handlung und der Gefährdung muss ein **Kausalzusammenhang** bestehen.

89   Ebenso wird der Täter nach **Abs. 5 S. 2** bei **beharrlicher Wiederholung** einer in Abs. 1, 2 oder 3 bezeichnete Handlung behandelt. Das **täterbezogene** Merkmal **beharrlich** bezeichnet ein wiederholtes oder zeitlich länger andauerndes Verhalten, das subjektiv-normativ von einer durch dieses Verhalten zutage tretenden Uneinsichtig- oder Rechtsfeindlichkeit getragen ist (BGH NStZ 2010, 277 (278); OLG Zweibrücken NStZ-RR 2010, 145).

90   Der **Versuch** einer Tat nach Abs. 5 ist nicht strafbar, § 23 Abs. 1 StGB.

91   Hinsichtlich der **Rechtsfolgen** beträgt der Strafrahmen bei einem Vergehen iSv Abs. 5 Freiheitsstrafe von einem Monat bis zu einem Jahr (§ 38 StGB) oder Geldstrafe iHv fünf bis 360 Tagessätzen (§ 40 Abs. 1 StGB). Die **Verjährung** beträgt gem. § 78 Abs. 3 Nr. 5 StGB drei Jahre.

D. Vorsatz–Fahrlässigkeitstatbestand, Abs. 6

92   § 58 Abs. 6 enthält eine **Vorsatz–Fahrlässigkeitskombination** für Fälle des Abs. 5 S. 1, in denen eine der dort genannten Verhaltensweisen vorsätzlich erfolgte, die dadurch verursachte Gefahr jedoch fahrlässig (zur Fahrlässigkeit → StGB § 15 Rn. 19 ff.) herbeigeführt wurde. Einfache Fahrlässigkeit genügt.

93   Als **Rechtsfolge** kann eine fahrlässige Tat iSv Abs. 6 als Vergehen mit einer Freiheitsstrafe von einem Monat bis zu sechs Monaten (§ 38 Abs. 2 StGB) oder mit Geldstrafe von fünf bis 180 Tagessätzen (§ 40 Abs. 1 StGB) bestraft werden. Die **Verjährung** beträgt nach § 78 Abs. 3 Nr. 5 StGB drei Jahre.

§ 59 Bußgeldvorschriften

(1) Ordnungswidrig handelt, wer als Arbeitgeber vorsätzlich oder fahrlässig

1. entgegen § 6 Abs. 4 Satz 2 ein Kind vor Erhalt des Bewilligungsbescheides beschäftigt,
2. entgegen § 11 Abs. 3 den Aufenthalt in Arbeitsräumen gestattet,
3. entgegen § 29 einen Jugendlichen über Gefahren nicht, nicht richtig oder nicht rechtzeitig unterweist,

4. entgegen § 33 Abs. 2 Satz 1 einen Jugendlichen nicht oder nicht rechtzeitig zur Vorlage einer ärztlichen Bescheinigung auffordert,
5. entgegen § 41 die ärztliche Bescheinigung nicht aufbewahrt, vorlegt, einsendet oder aushändigt,
6. entgegen § 43 Satz 1 einen Jugendlichen für ärztliche Untersuchungen nicht freistellt,
7. entgegen § 47 einen Abdruck des Gesetzes oder die Anschrift der zuständigen Aufsichtsbehörde nicht auslegt oder aushängt,
8. entgegen § 48 Arbeitszeit und Pausen nicht oder nicht in der vorgeschriebenen Weise aushängt,
9. entgegen § 49 ein Verzeichnis nicht oder nicht in der vorgeschriebenen Weise führt,
10. entgegen § 50 Abs. 1 Angaben nicht, nicht richtig oder nicht vollständig macht oder Verzeichnisse oder Unterlagen nicht vorlegt oder einsendet oder entgegen § 50 Abs. 2 Verzeichnisse oder Unterlagen nicht oder nicht vorschriftsmäßig aufbewahrt,
11. entgegen § 51 Abs. 2 Satz 2 das Betreten oder Besichtigen der Arbeitsstätten nicht gestattet,
12. entgegen § 54 Abs. 3 einen Aushang nicht anbringt.

(2) Absatz 1 Nr. 2 bis 6 gilt auch für die Beschäftigung von Kindern (§ 2 Abs. 1 und 3) nach § 5 Abs. 2 Satz 1.

(3) Die Ordnungswidrigkeit kann mit einer Geldbuße bis zu zweitausendfünfhundert Euro geahndet werden.

A. Allgemeines

Eine Zuwiderhandlung gegen eine in § 59 genannte Tätigkeit stellt eine **OWi** dar. **Täter** einer **1** Ordnungswidrigkeit iSv § 59 können nur **ArbG** sein (→ § 58 Rn. 2 f.).

I. Abs. 1

1. § 59 Abs. 1 Nr. 1, Kinderbeschäftigung vor Erhalt des Bewilligungsbescheides. Die Norm **2** sanktioniert die Beschäftigung eines Kindes (§ 2 Abs. 1) vor Erhalt des Bewilligungsbescheides iSv § 6 Abs. 4 S. 2. Vor der Beschäftigung eines Kindes hat die zuständige Aufsichtsbehörde die Ausnahme zu bewilligen (§ 6 Abs. 1 iVm § 51 Abs. 1). Die Bewilligung ist VA, der bekanntgegeben, dh zugestellt werden muss. Die Beschäftigung vor der Bekanntgabe ist eine OWi.

2. § 59 Abs. 1 Nr. 2, Gestattung des Aufenthalts in Arbeitsräumen. Nach § 11 Abs. 3 darf **3** Jugendlichen während der Ruhepausen der Aufenthalt in Arbeitsräumen (zu deren Anforderungen § 6 Abs. 1 ArbStättV – Arbeitsstättenverordnung – v. 12.8.2004, BGBl. I 2179) nur gestattet werden, wenn die Arbeit in diesen Räumen während dieser Zeit eingestellt ist und auch sonst die notwendige Erholung nicht (zB durch Hitze, Kälte, schlechte Luft) beeinträchtigt wird. Sonst bedarf es ggf. eines gesonderten Aufenthaltsraumes (Pausenraum, obligatorisch bei mehr als zehn Beschäftigten, vgl. dazu § 6 Abs. 3 ArbStättV).

3. § 59 Abs. 1 Nr. 3, Mangelhafte Unterweisung über Gefahren. Der ArbG unterliegt nach **4** § 59 Abs. 1 Nr. 3 einer hinsichtlich von Gefahren im Betrieb bestehenden **Aufklärungspflicht.** Grund ist die gerade bei Jugendlichen noch mangelnde Sicherheitsbewusstsein sowie fehlende Erfahrung (vgl. BT-Drs. 7/2305, 35). Der ArbG handelt ordnungswidrig, wenn er bei ihm beschäftigte Jugendliche nicht oder nicht rechtzeitig, dh gem. § 29 Abs. 1 vor Beginn der Beschäftigung und bei wesentlicher Änderung der Arbeitsbedingungen (zB erstmalige Beschäftigung an Maschinen, S. 2), über die Unfall- und Gesundheitsgefahren, denen sie bei der Beschäftigung ausgesetzt sind (gefährliche Arbeitsstellen, Arbeiten, bei denen sie mit gesundheitsgefährdenden Stoffen in Berührung kommen) sowie über die Einrichtungen und Maßnahmen zur Abwendung dieser Gefahren unterweist. Die Unterweisungen müssen in angemessenen Zeitabständen, mindestens halbjährlich, wiederholt werden (§ 29 Abs. 2) und können als Einzel- oder Gruppenunterweisung durchgeführt werden. Zur Beteiligung von Betriebsärzten und Fachkräften für Arbeitssicherheit vgl. § 29 Abs. 3.

4. § 59 Abs. 1 Nr. 4, Mangelhafte Aufforderung zur Vorlage der ärztlichen Bescheinigung. **5** Die Vorschrift sanktioniert Verstöße gegen die Aufforderung zur Vorlage der ärztlichen Bescheinigung über die erste Nachuntersuchung (§ 33 Abs. 1, → § 58 Rn. 58). Ordnungswidrig handelt der ArbG, dem vom Jugendlichen nach Ablauf eines Jahres nicht die Bescheinigung über die erste Nachuntersuchung vorgelegt worden ist und der nicht gem. § 33 Abs. 2 S. 1 den Jugendlichen innerhalb eines Monats unter Hinweis auf das Beschäftigungsverbot nach § 33 Abs. 3 schriftlich auffordert, ihm die Bescheinigung vorzulegen.

5. § 59 Abs. 1 Nr. 5, Mangelhafte Verwahrung der ärztlichen Bescheinigung. Der Tatbestand **6** sanktioniert Verstöße gegen die Verpflichtung des ArbG, die ihm übergebene ärztliche Bescheinigung bis zur Beendigung der Beschäftigung des Jugendlichen (spät bis Vollendung des 18. Lebensjahrs) gem. § 41 Abs. 1 aufzubewahren, der Aufsichtsbehörde sowie der Berufsgenossenschaft auf Verlangen zur

Einsicht vorzulegen oder einzusenden oder gem. § 41 Abs. 2 dem Jugendlichen bei einem Ausscheiden aus dem Beschäftigungsverhältnis die Bescheinigung wieder auszuhändigen.

7   **6. § 59 Abs. 1 Nr. 6, Keine Freistellung für ärztliche Untersuchung.** Ordnungswidrig handelt der ArbG entgegen § 43 S. 1, wenn er einen bei ihm arbeitenden Jugendlichen nicht zur Durchführung ärztlicher Untersuchungen nach dem dritten Abschnitt (§§ 32 ff.) freistellt. Hinsichtlich der ggf. nachzuarbeitenden Arbeitszeit sind die Arbeitszeitbestimmungen der §§ 8 ff. zu beachten.

8   **7. § 59 Abs. 1 Nr. 7, Aushang und Verzeichnisse.** Nach § 47 müssen ArbG, die regelmäßig mind. einen Jugendlichen beschäftigen, einen **Abdruck des JArbSchG** und die **Anschrift der zuständigen Aufsichtsbehörde** an geeigneter Stelle im Betrieb zur Einsicht auslegen oder aushängen.

9   **Regelmäßig** bedeutet, dass der Betrieb im gewöhnlichen, normalen Geschäftsbetrieb (nicht nur zu Spitzenzeiten als Aushilfe) mind. einen Jugendlichen beschäftigt.

10   **Geeignet** ist eine Stelle, wenn Jugendliche tatsächlich und ohne Aufwand die Möglichkeit zur Einsicht haben (schwarzes Brett, Pausenraum etc).

11   Hat der Betrieb **Zweigstellen,** müssen auch bei den Filialen entsprechende Gesetzesabdrucke und die Aufsichtsbehördenanschrift zur Information aushängen oder –liegen. IdR und in der Praxis wird die Norm dadurch befolgt, dass ein jährlich aktualisiertes Buch mit allen relevanten Arbeitsschutzbestimmungen und den wichtigen Adressen am „schwarzen Brett" zu jedermanns Einsicht ausgehängt wird.

12   **8. § 59 Abs. 1 Nr. 8, Mangelhafter Aushang der Arbeitszeit und Pausen.** Der Verstoß gegen den von § 48 geforderten **Aushang** über Beginn und Ende der regelmäßigen täglichen Arbeitszeiten (Tages- und Wochenarbeitszeit; Kern- und Gleitzeit) und der Pausen (§ 11) der Jugendlichen an **geeigneter Stelle** (→ Rn. 10) im Betrieb wird von § 59 Abs. 1 Nr. 8 als OWi sanktioniert. Die Pflicht entsteht, wenn ArbG **regelmäßig** (→ Rn. 9) mindestens drei Jugendliche beschäftigt.

13   **9. § 59 Abs. 1 Nr. 9, Mangelhaftes Führen eines Verzeichnisses iSv § 49.** Nach § 49 besteht eine Verpflichtung des ArbG, Verzeichnisse der bei ihnen beschäftigten Jugendlichen unter Angabe des Vor- und Familiennamens, des Geburtsdatums und der Wohnanschrift zu führen, in denen das Datum des Beginns der (tatsächlichen, nicht vertraglichen) Beschäftigung bei ihnen, bei einer Beschäftigung unter Tage auch das Datum des Beginns dieser Beschäftigung, enthalten ist. Sanktioniert wird das **Fehlen** eines Verzeichnisses ebenso wie das **mangelhafte** (weil nicht den gesetzlichen Mindestinhalten genügende) **Führen** des Verzeichnisses. Eine **Form** ist dagegen nicht vorgeschrieben.

14   **10. § 59 Abs. 1 Nr. 10, Verstoß gegen Vorlagepflicht von Verzeichnissen und Unterlagen.** Gegen § 59 Abs. 1 Nr. 10 iVm **§ 50 Abs. 1** verstößt, wer als ArbG gegen die **Vorlagepflicht** verstößt und damit das behördliche **Einsichtsrecht** missachtet. Dies ist der Fall, wenn er der Aufsichtsbehörde auf Verlangen Angaben nicht, nicht richtig (wahrheitsgemäß) oder nicht vollständig macht (Nr. 1) oder Verzeichnisse iSv § 49 oder Unterlagen nicht vorlegt oder einsendet (Nr. 2). Die Anforderung ist **VA** mit den verwaltungsrechtlichen Konsequenzen (selbstständige Anfechtbarkeit, Bestimmtheit etc). Die Behörde hat nicht nur ein Recht zum Einfordern der Vorlage, sondern ein damit korrespondierendes **umfassendes Einsichtsrecht.** Der ArbG hat in weiter Auslegung alle Unterlagen vorzulegen, aus denen Name, Beschäftigungsart und -zeiten der Jugendlichen sowie Lohn- und Gehaltszahlungen ersichtlich sind, sowie alle sonstigen Unterlagen, die sich auf die nach Nr. 1 zu machenden Angaben beziehen.

15   Ein Verstoß gegen die zweijährige **Aufbewahrungsfrist** von Verzeichnissen und Unterlagen nach der letzten Eintragung wird durch § 59 Abs. 1 Nr. 10 iVm **§ 50 Abs. 2** sanktioniert.

16   **11. § 59 Abs. 1 Nr. 11, Verstoß gegen Gestattung des Betretungs- und Besichtigungsrecht.** Nach § 51 Abs. 2 S. 1 dürfen Beauftragte der Aufsichtsbehörde Arbeitsstätten(§ 2 Abs. 2 ArbStättV) während der üblichen Betriebs- und Arbeitszeit betreten und besichtigen (auch und gerade ohne Voranmeldung); außerhalb dieser Zeit oder wenn sich die Arbeitsstätten in einer Wohnung befinden, nur zur Verhütung dringender Gefahren für die öffentliche Sicherheit und Ordnung. Der ArbG hat das Betreten und Besichtigen der Arbeitsstätten zu gestatten, sonst handelt er ordnungswidrig iSd Vorschrift. Schon das Nichtgestatten des Betretens wird als Verstoß gegen § 59 Abs. 1 Nr. 11 iVm § 51 Abs. 1 S. 2 sanktioniert.

17   **Gestatten** ist gleichbedeutend mit einwilligen, jedenfalls ein Mehr in Richtung des Zutrittgewährens gegenüber dem Geschehenlassen (BayObLGSt 1958, 26). Verbales Verbieten ist keine Einwilligung und stellt einen Verstoß dar (BayObLGSt 1985, 113). Es können auch die Betriebsteile besichtigt werden, die gerade ruhen, wenn in anderen gearbeitet wird (KG GewArch 1987, 305).

18   Eine **dringende Gefahr** ist eine konkrete Gefahr, dh eine Sachlage, die bei ungehindertem Fortgang des zu erwartenden Geschehens eine Gefahr für ein wichtiges Schutzgut mit hinreichender Wahrscheinlichkeit zeitnah befürchten lässt (BVerwGE 47, 31).

19   Für die Besichtigung **sachlich zuständig** sind die **Gewerbeaufsichtsbehörden** (§ 51 Abs. 1 S. 1, § 139b GewO) bzw. die in den Ländern zuständigen Behörden für den Arbeitsschutz, die **örtliche Zuständigkeit** richtet sich nach **§ 3 Abs. 1 Nr. 2 VwVfG** (örtliche Belegenheit/Sitz des Betriebes).

12. § 59 Abs. 1 Nr. 12, Verstoß gegen Aushangpflicht von Ausnahmebewilligungen. Nach   20
§ 54 Abs. 3 hat ein ArbG einen Aushang über eine behördliche Ausnahmebewilligung iSv § 54 Abs. 1,
2, die für einen Betrieb oder einen Teil des Betriebes (nicht für einzelne Personen) bewilligt worden ist,
an geeigneter Stelle (→ Rn. 10) anzubringen. Sanktioniert von § 59 Abs. 1 Nr. 12 wird der fehlende
oder nicht an geeigneter Stelle angebrachte Aushang.

II. Abs. 2

Zur Anwendbarkeitsregelung für Kinder → § 58 Rn. 79 f.   21

B. Rechtsfolgen, Abs. 3

Eine OWi iSv § 59 kann mit einer Geldbuße von 5 EUR (Mindestmaß, § 17 Abs. 1 OWiG) bis zu   22
2.500 EUR geahndet werden. Das Strafmaß für fahrlässiges Handeln kann nach § 17 Abs. 2 OWiG bis
zur Hälfte des Höchstmaßes für vorsätzliches Handeln betragen. Die Verfolgung als OWi steht im
Ermessen der Bußgeldbehörde **(Opportunitätsprinzip).** Die Verwaltungsbehörde kann je nach
Schweregrad der Verfehlung (zB bei OWi im Bagatellbereich) auch eine Verwarnung mit (§ 56 Abs. 1
S. 1 OWiG) oder ohne Verwarnungsgeld (§ 56 Abs. 1 S. 2 OWiG) aussprechen.

Zuständig ist die für den (Wohn-)Sitz des Täters zuständige Kreisverwaltungsbehörde.   23
Die **Festsetzung** der Geldbuße erfolgt gem. §§ 35 ff. OWiG durch schriftlichen Erlass und Zustel-   24
lung. Neben der Geldbuße hat der Betroffene die Kosten des Verfahrens sowie der baren Auslagen
(§ 107 OWiG) zu tragen.

Die **Verjährung** richtet sich nach den §§ 31 f. OWiG. Eine OWi nach § 59 verjährt gem. § 31   25
Abs. 2 Nr. 2 OWiG in zwei Jahren.

§ 60 Verwaltungsvorschriften für die Verfolgung und Ahndung von Ordnungswidrigkeiten

**Der Bundesminister für Arbeit und Sozialordnung kann mit Zustimmung des Bundesrates
allgemeine Verwaltungsvorschriften für die Verfolgung und Ahndung von Ordnungswidrigkeiten nach §§ 58 und 59 durch die Verwaltungsbehörde (§ 35 des Gesetzes über Ordnungswidrigkeiten) und über die Erteilung einer Verwarnung (§§ 56, 58 Abs. 2 des Gesetzes über
Ordnungswidrigkeiten) wegen einer Ordnungswidrigkeit nach §§ 58 und 59 erlassen.**

Zu beachten sind Richtlinien für die Verfolgung und Ahndung von Zuwiderhandlungen iSd
JArbSchG, zB die „Richtlinie für die Verfolgung und Ahndung von Zuwiderhandlungen iSd Fahr-
personalrechts, des Arbeitszeitgesetzes, Mutterschutzgesetzes und Jugendarbeitsschutzgesetzes (Ahn-
dungsrichtlinie Sozialer Arbeitsschutz – AhndRlSozAS. M-V)", Verwaltungsvorschrift des Ministeriums
für Soziales und Gesundheit, v. 12.3.2009 – IX 510 – 414.110.775.005 – (ABl. M-V 2009, 276 bzw.
Nds. MBl. 2002 Nr. 11, 226, mit angeschlossenem **Bußgeldkatalog „Jugendarbeitsschutz"** idF v.
27.11.2009.

417. Verordnung über das Verbot der Beschäftigung von Personen unter 18 Jahren mit sittlich gefährdenden Tätigkeiten – Jugendarbeitsschutzverordnung – (JArbSchV)

Vom 3. April 1964 (BGBl. I S. 262) FNA 8051-1-4

Zuletzt geändert durch Art. 3 Zweite RechtsbereinigungsVO vom 8.10.1986 (BGBl. I S. 1634)

– Auszug –

Vorbemerkung

1 Die 1964 auf Grundlage des damaligen § 37 Abs. 2 JArbSchG (1960) geschaffene und über § 72 Abs. 3 JArbSchG weiter geltende JArbSchV dient der Konkretisierung des § 22 Abs. 1 Nr. 2 JArbSchG. § 22 Abs. 1 Nr. 2 JArbSchG und damit auch die JArbSchV sind zugleich Ausprägungen von Art. 7 Nr. 10 Europäische Sozialcharta v. 18.10.1961 (mit ZustimmungsG v. 19.9.1964, BGBl. II 1261). Zur Verfassungsmäßigkeit der JArbSchV (kein Verstoß gegen Art. 12, Art. 3 oder Art. 2 GG) vgl. OLG Hamburg NJW 1970, 2312.

2 Heutige Ermächtigungsnorm für den Erlass einer JArbSchV wäre **§ 26 Nr. 2 JArbSchG,** wonach das Bundesministerium für Arbeit und Soziales zum Schutz der Jugendlichen gegen Gefahren für Leben und Gesundheit sowie zur Vermeidung einer Beeinträchtigung der körperlichen oder seelisch-geistigen Entwicklung durch Rechtsverordnung mit Zustimmung des Bundesrates über die Beschäftigungsverbote in den §§ 22 bis 25 JArbSchG hinaus die Beschäftigung Jugendlicher in bestimmten Betriebsarten oder mit bestimmten Arbeiten verbieten oder beschränken kann, wenn sie bei diesen Arbeiten infolge ihres Entwicklungsstandes in besonderem Maße Gefahren ausgesetzt sind.

3 **Ziel** der JArbSchV ist die Konkretisierung von § 22 Abs. 1 Nr. 2 JArbSchG und damit der zum Schutz weiblicher Jugendlicher vor abstrakten Gefährdungen für ihre sittliche Entwicklung.

4 Eine **Altersdiskriminierung** iSv § 7 Abs. 1 iVm § 1 AGG ist nicht gegeben, da hier eine zulässige (erforderliche und angemessene) Altersregelung zum Schutz der Betroffenen vorliegt.

§ 3 Hinweis auf Bußgeld- und Strafvorschriften des Jugendarbeitsschutzgesetzes

Zuwiderhandlungen gegen § 22 Abs. 1 Nr. 2 des Jugendarbeitsschutzgesetzes in Verbindung mit einem Beschäftigungsverbot nach § 1 dieser Verordnung werden nach § 58 Abs. 1 Nr. 18, Abs. 3 bis 6 des Jugendarbeitsschutzgesetzes geahndet.

1 **1. Tatbestand. a) Persönlicher Geltungsbereich.** § 3 sanktioniert aufgrund des Bezugs zu § 1 das Verhalten (nur) von **weiblichen Jugendlichen.** Jugendliche sind Personen, die 15, aber noch nicht 18 Jahre alt sind, vgl. § 2 Abs. 2 JArbSchG. Eine gesonderte Regelung für Kinder (Personen unter 15 Jahren, vgl. § 2 Abs. 1 JArbSchG) in der JArbSchV ist entbehrlich, da ihre Beschäftigung gem. § 5 Abs. 1 JArbSchG per se verboten ist.

2 **b) Sachlicher Geltungsbereich.** Sachlich sanktioniert § 3 Verstöße gegen § 22 Abs. 1 Nr. 2 JArbSchG iVm § 1. Nach § 22 Abs. 1 Nr. 2 JArbSchG (Gefährliche Arbeiten) dürfen **Jugendliche** nicht mit Arbeiten beschäftigt werden, bei denen sie **sittlichen Gefahren** (abstrakte Gefährdung genügt) ausgesetzt sind.

3 **aa) Verstöße gegen § 22 Abs. 1 Nr. 2 JArbSchG iVm § 1 Abs. 1.** § 1 konkretisiert dieses Verbot dahingehend, dass weibliche Jugendliche in Betrieben und bei Veranstaltungen aller Art als Nacktänzerinnen (Striptease-Tänzerin, OLG Hamburg NJW 1970, 2312), Schönheitstänzerinnen oder Schleiertänzerinnen oder mit ähnlichen sie sittlich gefährdenden Tätigkeiten, insbes. wenn sie dabei unbekleidet oder fast unbekleidet sind, nicht beschäftigt werden dürfen (§ 1 Abs. 1). § 1 enthält damit ein **absolutes Beschäftigungsverbot.**

4 Zum Begriff **Beschäftigung** → Vorb. JArbSchG § 58 Rn. 4.

5 Als **ähnliche sie sittlich gefährdende Tätigkeiten** iSd Vorschrift kommen zB Beschäftigungen („insbesondere") in sexuellem und pornographischem Kontext, aber auch im Zusammenhang mit anderen Darstellungen in öffentlich zugänglichen Veranstaltungen in Betracht, bei denen der weibliche Körper (fast) unbekleidet zum Anschauen vorgeführt wird (unbekleidetes Zurschaustellen als lebendes Kunstwerk im Rahmen einer Kunst-Installation, Dessous-Modenschauen, Modenschauen aller Art mit durchsichtigen Stoffen oder entblößten Geschlechtsteilen).

bb) Verstöße gegen § 22 Abs. 1 Nr. 2 JArbSchG iVm § 1 Abs. 2. Weibliche Jugendliche dürfen 6
ferner nicht als Tanzdamen, Eintänzerinnen, Tisch- oder Bardamen (OLG Karlsruhe BeckRS 1975,
31366086) beschäftigt werden (§ 1 Abs. 2). Relevant ist die tatsächlich ausgeübte Tätigkeit, nicht die
Bezeichnung. Den genannten Tätigkeiten gemeinsam ist das Ziel, vor allem bei männlichen Gästen
durch Zurschaustellung oder Entfaltung weiblicher Attraktivität durch größeren Konsum von Speisen
und Getränken einen höheren Umsatz bei Wirt und Dame zu bewirken. Die dahinter stehende Gefahr
ist, dass Gäste als Gegenleistung eine gewisse Offenheit für sexuelle Avancen erwarten, und dass
weibliche Reize zur Erreichung des Umsatzziels in einem sittlich gefährdenden Umfang eingesetzt
werden. Eine Tätigkeit als **Bardame** führt nach Sinn und Zweck der JArbSchV nicht nur aus, wer
beschäftigt wird, um Männer **vor** einem Tresen durch Verwicklungen in Gespräche etc zum Konsum zu
animieren, sondern auch wer als weiblicher Barkeeper **hinter** einer Bar ausschenkt, mit vor dem Tresen
sitzenden Personen Gespräche in derselben Absicht führt, mit den Personen auch tanzen darf und
insoweit denselben Gefährdungen ausgesetzt ist wie eine Bardame vor der Theke (OLG Hamm MDR
1968, 72).

Keine Tätigkeit als Bardame übt die **Kellnerin** oder **Bedienung** aus, die lediglich die Aufgabe hat, 7
einzudecken, Speisen und Getränke zu den Gästen zu bringen und abzurechnen.

cc) Örtlicher Geltungsbereich. Das Beschäftigungsverbot des § 1 Abs. 1 gilt **in Betrieben** und 8
bei **Veranstaltungen aller Art.** Auf die Art der Veranstaltung – ob geschlossener privater Kreis oder
offene geschäftliche Veranstaltung – kommt es nicht an, sofern der verbotenen Betätigung ein Beschäftigungsverhältnis zugrunde liegt.

Das Beschäftigungsverbot des § 1 **Abs. 2** gilt ohne räumliche Einschränkung. 9

dd) Innere Tatseite. Zu den Einzelheiten bzgl. innerer Tatseite vgl. die entsprechenden Kommentie- 10
rungen in § 58 JArbSchG.

2. Rechtsfolgen. Verstöße gegen § 22 Abs. 1 Nr. 2 JArbSchG iVm § 1 können nach § 3 iVm § 58 11
Abs. 1 Nr. 18, Abs. 3–6 JArbSchG als Ordnungswidrigkeit oder sogar als Straftat sanktioniert werden.
Zu den Einzelheiten vgl. die Kommentierung zu → JArbSchG § 58 Rn. 1 ff.

420. Jugendschutzgesetz (JuSchG)

Vom 23. Juli 2002 (BGBl. I S. 2730) FNA 2161-6

Zuletzt geändert durch Art. 1 G zum Schutz von Kindern und Jugendlichen vor den Gefahren des Konsums von elektronischen Zigaretten und elektronischen Shishas vom 3.3.2016 (BGBl. I S. 369)

– Auszug –

Literatur: *Altenhain,* Jugendschutzgesetz, in: Löffler, Presserecht, 6. Aufl. 2015; *Baumann/Hofmann,* Hybride Computer- und Videospiele aus jugendschutzrechtlicher Sicht, ZUM 2010, 863; *Beisel,* Die Verfassungswidrigkeit des Verbots von Schriften sodomitischen Inhaltes, ZUM 1996, 859; *Beisel/Heinrich,* Die Strafbarkeit der Ausstrahlung jugendgefährdender Fernsehsendungen, NJW 1996, 491; *Braml,* Onlinespiele: Novellierungsbedarf im Jugendmedienschutz?, ZUM 2009, 929; *Broschat,* Einfache und qualifizierte Pornographie – Abgrenzungskriterien, JMS-Report 1999, 62; *Dippelhofer,* Jugendschutz im Internet, RdJB 2000, 52; *Eckstein,* Pornographie und Versandhandel, wistra 1997, 49; *Engels/Stulz-Herrnstadt,* Einschränkungen für die Presse nach dem neuen Jugendschutzgesetz, AfP 2003, 97; *Erbel,* „Mutmaßlich jugendgefährdende" Schriften und solche „mit einem bestimmten Maß an künstlerischem Niveau", DVBl. 1973, 527; *Erbs/Kohlhaas/Liesching,* Jugendschutzgesetz, Stand 3/2016; *Fallert,* Definitionskompetenz – Wer entscheidet, was als Kunst gilt?, GRUR 2014, 719; *Gernert/Stoffers,* Das Gesetz zum Schutze der Jugend in der Öffentlichkeit. Kommentar, 1993; *Grapentin,* Neuer Jugendschutz in den Online-Medien – Pflichten für Online-Anbieter nach dem neuen Jugendmedienschutz-Staatsvertrag, CR 2003, 458; *Gruhl,* Strafbarkeit der Vermietung von Bildträgern durch Automaten, MMR 2000, 664; *Hanack,* Zur verfassungsmäßigen Bestimmtheit und strafrechtlichen Auslegung des Begriffs „unzüchtige Schrift", JZ 1970, 41; *Hopf/Braml,* Die Entwicklung des Jugendmedienschutzes 2012/2013, ZUM 2013, 837; *Hörnle,* Pornographische Schriften im Internet: Die Verbotsnormen im deutschen Strafrecht und ihre Reichweite, NJW 2002, 1008; *Kasper/Krüger/Stollmann,* Nikotinhaltige Liquids – Funktionsarzneimittel oder bloße Genussmittel?, MedR 2012, 495; *Ladeur,* Was ist Pornographie heute? – Zur Notwendigkeit einer Umstellung des strafrechtlichen Pornografieverbotes auf Institutionenschutz, AfP 2001, 471; *Langenfeld,* Die Neuordnung des Jugendschutzes im Internet, MMR 2003, 303; *Liesching/Günter,* Verantwortlichkeit von Internet-Café-Betreibern, MMR 2000, 260; *Liesching/Ebner,* Strafrecht, Jugendschutz und rechtsextreme Inhalte im Internet, JMS-Report 2001, 1; *Liesching/Knupfer,* Die Zulässigkeit des Betreibens von Internetcafés nach gewerbe- und jugendschutzrechtlichen Bestimmungen, MMR 2003, 439; *Liesching/Schuster,* Jugendschutzrecht, 5. Aufl. 2011; *Liesching,* Das neue Jugendschutzgesetz, NJW 2002, 3281; *Liesching.,* Verfassungsrechtliche Grenzen im Sexualstrafrecht – Der Pornographiebegriff des § 184 StGB, JMS-Report 1998, 56; *Liesching.,* Internetcafés als „Spielhallen" nach Gewerbe- und Jugendschutzrecht, NVwZ 2005, 898; *Lober,* Jugendgefährdende Unterhaltungssoftware – Kein Kinderspiel. Voraussetzungen und Rechtsfolgen der Indizierung jugendgefährdender Computerspiele, CR 2002, 397; *Lober,* Spiele in Internet-Cafés: Game Over?, MMR 2002, 730; *Lutz,* Änderung der Rechtsprechung zum Gesetz über die Verbreitung jugendgefährdender Schriften, NJW 1988, 3194; *Matzky,* Kinderpornographie im Internet – Strafgesetzgeberischer Handlungsbedarf?, ZRP 2003, 167; *Mayer,* Der Versandhandel mit Computer- und Konsolenspielen ohne Jugendfreigabe aus wettbewerbsrechtlicher Sicht, NJOZ 2010, 1316; *Mayer,* Der Versandhandel mit Computer- und Konsolenspielen ohne Jugendfreigabe aus wettbewerbsrechtlicher Sicht, NJOZ 2010, 1316; *Meier,* Zur Strafbarkeit der neutralen Werbung für pornographische Schriften, NStZ 1985, 341; *Meier,* Strafbarkeit des Anbietens pornographischer Schriften, NJW 1987, 1610; *Müller,* Elektronische Zigaretten – Arzneimittel und Gegenstand des Nichtraucherschutzrechts?, PharmR 2012, 137; *Nikles/Roll/Spürck/Erdemir/Gutknecht,* Jugendschutzrecht, 3. Aufl. 2011; *Ostendorf,* Zur Forderung nach einem neuen Pornographiebegriff oder zum verantwortlichen Umgang mit Pornographie im Fernsehen, MschrKrim 2001, 372; *Schwiddessen,* Unterhaltungsfilme für Volljährige im Kontext des Jugendschutzgesetzes – Ein Überblick, ZUM 2015, 226; *Schwiddessen,* Rechtsfragen der B-Listenindizierung – Auswirkungen auf den Gutglaubensschutz bei entgegenstehender SPIO/JK- oder FSK-Kennzeichnung sowie zur Frage der Verfassungskonformität, MMR 2015, 18; *Sieber,* Mindeststandards für ein globales Pornographiestrafrecht, ZUM 2000, 89; *Sieber,* Kinderpornographie, Jugendschutz und Providerverantwortlichkeit im Internet, 1999; *Stollmann,* Die E-Zigarette im Spannungsfeld des Gesundheitsrechts, NVwZ 2012, 401; *Strohs,* Der Einsatz jugendlicher Testkäufer zur Überwachung des Verbots der Abgabe alkoholischer Getränke an Minderjährige nach § 9 des Jugendschutzgesetzes, GewArch 2014, 342; *Ukrow,* Jugendschutzrecht, 2003; *Walther,* Zur Anwendbarkeit der Vorschriften des strafrechtlichen Jugendmedienschutzes auf im Bildschirmtext verbreitete Mitteilungen, NStZ 1990, 523; *Wegner/Odefey,* Neuregelung der Kennzeichnungspflichten für Filme und Computerspiele, K & R 2010, 467.

Vorbemerkung

1   **Hintergrund** für die Schaffung des Jugendschutzgesetzes des Bundes war das Bestreben nach einer umfassenden Neuregelung des Jugendmedienschutzes (vgl. BT-Drs. 14/9013). Hierzu wurden das Gesetz zum Schutze der Jugend in der Öffentlichkeit (JÖSchG) und das Gesetz über die Verbreitung jugendgefährdender Schriften und Medieninhalte (GjS) in einem einheitlichen Gesetz zusammengeführt. Bei der Gesetzesnovelle wurden zugleich die Gefährdungstatbestände des JÖSchG den technischen Entwicklungen angepasst.

2   **Inhalt** des JuSchG ist kurz gefasst die Regelung des Verkaufs und der Abgabe von Tabak, Alkohol, Filmen und Computerspielen sowie des Aufenthalts in Diskotheken und Gaststätten. Es regelt damit umfassend den Jugendschutz in der Öffentlichkeit und die Beschränkungen der Verbreitung von jugendgefährdenden und –beeinträchtigenden Trägermedien. Bei den Regelungen des § 27 handelt es sich um **abstrakte Gefährdungsdelikte.**

Zeitgleich zum Jugendschutzgesetz trat der **Jugendmedienschutz-Staatsvertrag der Länder (JMStV)** v 1.4.2003   3
in Kraft, hierzu Eberle/Rudolf/Wasserburg/*Landmann,* Mainzer Rechtshandbuch der Neuen Medien, 2003 (Kap. VI);
Hartstein/Ring/Kreile/Dörr/Stettner, Rundfunkstaatsvertrag, Jugendschutz, Stand 5/2016 (JMStV); *Nikles/Roll/Spürck/
Erdemir/Gutknecht,* Jugendschutzrecht, 3. Aufl. 2011 (Teil III); *Liesching/Schuster,* Jugendschutzrecht, 5. Aufl. 2011
(Teil II); *Stettner* ZUM 2003, 425. Dieser schaffte erstmals eine einheitliche Rechtsgrundlage für den Jugendschutz in
den **elektronischen Medien** (Internet, Fernsehen, Rundfunk). Durch Verzahnungsregelungen in beiden Gesetzen ist
sichergestellt, dass Bundes- und Ländereinrichtungen nach einheitlichen Schutzstandards entscheiden. Mit dem geplanten 14. Rundfunkänderungsstaatsvertrag wurde am 10.6.2010 von den Ministerpräsidenten eine **Novellierung des
JMStV** beschlossen. Das Änderungsgesetz sollte zum 1.1.2011 in Kraft treten. Nach kontroversen Diskussionen, u. a.
hinsichtlich der Einführung einer Alterskennzeichnung von Inhalten im Internet, ist die Novelle jedoch vorerst
gescheitert, so dass der JMStV aus dem Jahr 2003 zunächst weiter in Kraft bleibt.

Ziel des JuSchG ist der präventive Schutz von Kindern und Jugendlichen vor jugendgefährdenden   4
und jugendbeeinträchtigenden Inhalten in der Öffentlichkeit und in Trägermedien, die geeignet sind,
die Entwicklung von Kindern und Jugendlichen negativ zu beeinträchtigen.

Verfassungsrechtlich ist zu beachten, dass das JuSchG Teil einer zulässigen Schrankenbestimmung   5
des Grundrechts der Medienfreiheit ist (Art. 5 Abs. 1 GG; Gesetzesvorbehalt in Abs. 2). Der Jugendschutz konturiert zudem das elterliche Erziehungsrecht (bzw. die damit korrespondierende Erziehungspflicht, Art. 6 Abs. 2 S. 1 GG) sowie das Recht der Kinder und Jugendlichen auf Entfaltung ihrer
Persönlichkeit (Art. 2 Abs. 1 GG).

§ 27 Strafvorschriften

    (1) Mit Freiheitsstrafe bis zu einem Jahr oder mit Geldstrafe wird bestraft, wer

1. **entgegen § 15 Abs. 1 Nr. 1 bis 5 oder 6, jeweils auch in Verbindung mit Abs. 2, ein
   Trägermedium anbietet, überlässt, zugänglich macht, ausstellt, anschlägt, vorführt, einführt, ankündigt oder anpreist,**
2. **entgegen § 15 Abs. 1 Nr. 7, auch in Verbindung mit Abs. 2, ein Trägermedium herstellt,
   bezieht, liefert, vorrätig hält oder einführt,**
3. **entgegen § 15 Abs. 4 die Liste der jugendgefährdenden Medien abdruckt oder veröffentlicht,**
4. **entgegen § 15 Abs. 5 bei geschäftlicher Werbung einen dort genannten Hinweis gibt oder**
5. **einer vollziehbaren Entscheidung nach § 21 Abs. 8 Satz 1 Nr. 1 zuwiderhandelt.**

    (2) Ebenso wird bestraft, wer als Veranstalter oder Gewerbetreibender

1. **eine in § 28 Abs. 1 Nr. 4 bis 18 oder 19 bezeichnete vorsätzliche Handlung begeht und
   dadurch wenigstens leichtfertig ein Kind oder eine jugendliche Person in der körperlichen,
   geistigen oder sittlichen Entwicklung schwer gefährdet oder**
2. **eine in § 28 Abs. 1 Nr. 4 bis 18 oder 19 bezeichnete vorsätzliche Handlung aus Gewinnsucht begeht oder beharrlich wiederholt.**

    (3) Wird die Tat in den Fällen

1. **des Absatzes 1 Nr. 1 oder**
2. **des Absatzes 1 Nr. 3, 4 oder 5**

**fahrlässig begangen, so ist die Strafe Freiheitsstrafe bis zu sechs Monaten oder Geldstrafe bis
zu hundertachtzig Tagessätzen.**

    (4) ¹**Absatz 1 Nr. 1 und 2 und Absatz 3 Nr. 1 sind nicht anzuwenden, wenn eine personen-
sorgeberechtigte Person das Medium einem Kind oder einer jugendlichen Person anbietet,
überlässt oder zugänglich macht.** ² **Dies gilt nicht, wenn die personensorgeberechtigte Person
durch das Anbieten, Überlassen oder Zugänglichmachen ihre Erziehungspflicht gröblich
verletzt.**

Übersicht

Rn.

A. Verstöße gegen Abs. 1

1   Die Strafvorschriften des Abs. 1 entsprechen inhaltlich den Strafvorschriften des vorherigen § 21 Abs. 1 GjS (BT-Drs. 14/9013, 69).

2   § 27 Abs. 1 bezieht sich auf Trägermedien, die in der Liste jugendgefährdender Medien bei der Bundesprüfstelle für jugendgefährdende Medien („Index") nach § 24 Abs. 3 S. 1 bekannt gemacht wurden (Trägermedien aus Listenteil A oder B), sowie solche, die gem. § 15 Abs. 2 wegen schwer jugendgefährdendem Inhalt auch ohne Eintragung diesen gleichgestellt sind. Die Nr. 3 u. 4 können sich auch auf Telemedien beziehen.

3   **Trägermedien** sind nach der Definition in § 1 Abs. 2 Medien mit Texten, Bildern oder Tönen auf gegenständlichen Trägern, die zur Weitergabe geeignet, zur unmittelbaren Wahrnehmung bestimmt oder in einem Vorführ- oder Spielgerät eingebaut sind (**Beispiele:** DVDs, Videos, CDs, CD-ROMs, Hörkassetten, Schallplatten, Druckerzeugnisse; elektronische (Spiel-)Geräte mit Bildschirm etc). Dem gegenständlichen Verbreiten, Überlassen, Anbieten oder Zugänglichmachen von Trägermedien steht das elektronische Verbreiten, Überlassen, Anbieten oder Zugänglichmachen gleich.

4   **Telemedien** sind Medien, die durch elektronische Informations- und Kommunikationsdienste übermittelt oder zugänglich gemacht werden (§ 1 Abs. 3). Handlungen in Form von **Rundfunk** iSv § 2 des Rundfunkstaatsvertrages werden vom JuSchG nicht erfasst (vgl. § 1 Abs. 2 S. 2 Hs. 2). Sowohl Handlungen über Telemedien als auch über Rundfunk werden durch den Jugendmedienschutz-Staatsvertrages (JMStV) v. 1.4.2003 geregelt (§ 2 Abs. 1 JMStV). Zu Online-Spielen vgl. *Braml* ZUM 2009, 925; zur Qualifizierung von hybriden Computer- und Videospielen mit Online-Zugang als Telemedienangebot mit der Folge der Anwendbarkeit des JMStV statt des JuSchG *Baumann/Hofmann* ZUM 2010, 863.

5   **In der Liste jugendgefährdender Medien bei der Bundesprüfstelle für jugendgefährdende Medien** nach § 24 Abs. 3 S. 1 **bekannt gemacht** werden gem. **§ 18 Abs. 1** Träger- und Telemedien, die geeignet sind, die Entwicklung von Kindern oder Jugendlichen oder ihre Erziehung zu einer eigenverantwortlichen und gemeinschaftsfähigen Persönlichkeit zu gefährden, insbes. unsittliche, verrohend wirkende, zu Gewalttätigkeit, Verbrechen oder Rassenhass anreizende Medien, in denen Gewalthandlungen wie Mord- und Metzelszenen selbstzweckhaft und detailliert dargestellt werden oder Selbstjustiz als einzig bewährtes Mittel zur Durchsetzung der vermeintlichen Gerechtigkeit nahe gelegt wird. Abzustellen ist auf den gefährdungsgeneigten Jugendlichen (VG Köln BeckRS 2014, 45600). Die Indizierung eines Trägermediums hat zur Folge, dass es Kindern oder Jugendlichen nicht zugänglich gemacht werden darf und auch gegenüber Erwachsenen der Umgang mit ihr in einer Weise erfolgen muss, dass sie Kindern oder Jugendlichen nicht zugänglich ist und von ihnen auch nicht eingesehen werden kann. Durch diese Beschränkungen greift die Indizierung zwar in die Meinungsfreiheit ein (BVerfGE 90, 16 = BVerfG NJW 1994, 1781; zur Abwägung mit der Kunstfreiheit OVG Münster BeckRS 2015, 46522; VG Köln BeckRS 2013, 58213; VG Köln MMR 2010, 578 mAnm *Schade/Ott;* zur Definitionskompetenz von Kunst *Fallert* GRUR 2014, 719; allg. zur Indizierung VG Köln BeckRS 2011, 56282). Der Eingriff ist aber durch § 18 gerechtfertigt, dessen Neufassung keinen verfassungsrechtlichen Bedenken begegnet (BVerfG NVwZ-RR 2008, 29).

6   Die Liste jugendgefährdender Medien bei der Bundesprüfstelle für jugendgefährdende Medien wird gem. **§ 18 Abs. 2** in vier Teilen geführt: **Teil A** (öffentliche Liste der Trägermedien): alle Trägermedien, soweit sie nicht Teil B, C oder D zuzuordnen sind; **Teil B** (öffentliche Liste, Trägermedien mit absolutem Verbreitungsverbot): Trägermedien, die nach Einschätzung der Bundesprüfstelle einen in den §§ 86, 130, 130a, 131, 184a, 184b oder 184c StGB bezeichneten Inhalt haben, soweit sie nicht Teil D zuzuordnen sind; **Teil C** (nichtöffentliche Liste): Trägermedien, die nur deshalb nicht in Teil A aufgenommen sind, weil bei ihnen von einer Aufnahme-Bekanntmachung gem. § 24 Abs. 3 S. 2 abzusehen ist, sowie alle Telemedien, soweit sie nicht Teil D zuzuordnen sind; **Teil D** (nichtöffentliche Liste, Medien mit absolutem Verbreitungsverbot): Trägermedien, die zwar in Teil B aufzunehmen sind, weil bei ihnen von einer Aufnahme-Bekanntmachung gem. § 24 Abs. 3 S. 2 abzusehen ist, sowie Telemedien, die nach Einschätzung der Bundesprüfstelle einen in den §§ 86, 130, 130a, 131, 184a oder 184b StGB bezeichneten Inhalt haben. Hat ein Gericht in einer rechtskräftigen Entscheidung festgestellt, dass ein (Träger- oder Tele-)Medium einen dort bezeichneten Inhalt aufweist, ist das Medium gem. **§ 18 Abs. 5** in die Liste aufzunehmen. Teil C und D sind nichtöffentlich geführt. Es besteht kein Anspruch auf Einsicht bzw. Zugang nach Informationsfreiheitsgesetz, VG Köln BeckRS 2013, 53549.

Nicht aufgenommen werden dürfen Medien nach § 18 Abs. 3 allein wegen ihres politischen, sozialen, religiösen 7 oder weltanschaulichen Inhalts, wenn sie der Kunst, Wissenschaft, Forschung oder Lehre dienen oder wenn sie im öffentlichen Interesse liegen (Ausnahme: Die Art der Darstellung ist zu beanstanden). Nach § 18 Abs. 4 kann in Fällen von geringer Bedeutung von einer Aufnahme in die Liste abgesehen werden.

Indizierten Trägermedien gleichgestellt sind nach § 15 Abs. 2 auch ohne Aufnahme in die Liste 8 **Trägermedien** mit **schwer jugendgefährdendem Inhalt,** die entweder einen der in den §§ 86, 130, 130a, 131, 184, 184a, 184b oder 184c StGB bezeichneten Inhalte aufweisen (§ 15 Abs. 2 Nr. 1, vgl. VG Köln BeckRS 2015, 40737), kriegsverherrlichend sind (§ 15 Abs. 2 Nr. 2), Menschen, die sterben oder schweren körperlichen oder seelischen Leiden ausgesetzt sind oder waren, in einer die Menschenwürde verletzenden Weise darstellen und ein tatsächliches Geschehen wiedergeben, ohne dass ein überwiegendes berechtigtes Interesse gerade an dieser Form der Berichterstattung vorliegt (§ 15 Abs. 2 Nr. 3), besonders realistische, grausame und reißerische Darstellungen selbstzweckhafter Gewalt enthalten, die das Geschehen beherrschen (§ 15 Abs. 2 Nr. 3a), Kinder oder Jugendliche in unnatürlicher, geschlechtsbetonter Körperhaltung darstellen (§ 15 Abs. 2 Nr. 4) oder offensichtlich geeignet sind, die Entwicklung von Kindern oder Jugendlichen oder ihre Erziehung zu einer eigenverantwortlichen und gemeinschaftsfähigen Persönlichkeit schwer zu gefährden (§ 15 Abs. 2 Nr. 5). Eine solche schwere Gefährdung ist offensichtlich, wenn sie klar zutage tritt und deshalb jedem einsichtigen, für Jugenderziehung und Jugendschutz aufgeschlossenen Menschen ohne besondere Mühe erkennbar ist (BGH NJW 1955, 1287 (1288)); KG NStZ 2009, 446 (448); für die Perspektive eines unbefangenen Beobachters BVerfGE 77, 346 (358).

Nicht der Strafdrohung des § 27 Abs. 1 unterfallen mit Trägermedien aus der Liste ganz oder im 9 Wesentlichen **inhaltsgleiche** Trägermedien iSv § 15 Abs. 3, die selbst nicht in die Liste aufgenommen und bekannt gemacht sind. Der Gesetzgeber hat die ihm bekannte Strafbarkeitslücke auch bei der Neuregelung des JuSchG bewusst nicht geschlossen. Eine Einbeziehung dieser Trägermedien in die Strafbarkeit wäre eine verbotene Analogie zu Lasten des Täters (Verstoß gegen Art. 103 Abs. 2 GG; zu Problemen einer Neuregelung de lege ferenda Erbs/Kohlhaas/*Liesching* Rn. 2 mwN). Andererseits kann das Problem nicht indizierter (im Wesentlichen) inhaltsgleicher Trägermedien in der Praxis durch die Gleichstellungsklausel in § 15 Abs. 2 (→ Rn. 8) in einigen Fällen gelöst werden.

Zur Praxis und strafrechtlichen Wirkung von **SPIO/JK-Kennzeichnungen** als FSK-Alternative vgl. 9a *Schwiddessen* ZUM 2015, 226 (228 ff.). Die SPIO/JK prüft vorrangig eine Vereinbarkeit mit §§ 131, 184 StGB sowie § 27 iVm § 15 Abs. 2. Mögliche Kennzeichnungen sind „SPIO/JK geprüft: Keine schwere Jugendgefährdung" und „SPIO/JK geprüft: Strafrechtlich unbedenklich". Die Staatsanwaltschaft kann zu einem abweichenden Beurteilungsergebnis kommen. Ein SPIO/JK-Gutachten hat aber dann in einem Strafverfahren strafausschließende Wirkung für den Betroffenen (entweder gem. § 16 StGB, vgl. *Liesching/Schuster*, Jugendschutzrecht, Rn. 11 f. mwN, oder § 17 StGB (*Bestgen* tv diskurs 2010, 74 ff.); Überblick bei *Schwiddessen* MMR 2015, 18.

Die Tathandlung muss einem **Kind oder Jugendlichen** gegenüber verübt werden. **Kind** ist eine 10 Person unter 14 Jahren (Legaldefinition in § 1 Abs. 1 Nr. 1, vgl. auch § 176 Abs. 1 StGB). **Jugendlicher** ist, wer zur Zeit der Tat 14, aber noch nicht 18 Jahre alt ist (Legaldefinition in § 1 Abs. 1 Nr. 2, vgl. auch § 1 Abs. 2 JGG).

I. Nr. 1: Verstoß gegen § 15 Abs. 1 Nr. 1–5 oder 6, auch iVm Abs. 2

Tathandlungen iSv Nr. 1 sind das Anbieten, Überlassen, Zugänglichmachen, Ausstellen, Anschla- 11 gen, Vorführen, Einführen, Ankündigen oder Anpreisen eines Trägermediums entgegen § 15 Abs. 1 Nr. 1–5 oder 6 (jeweils auch iVm Abs. 2).

1. § 15 Abs. 1 Nr. 1. Nach § 15 Abs. 1 Nr. 1 dürfen tatbestandliche Trägermedien einem Kind 12 oder einer jugendlichen Person weder angeboten, überlassen oder sonst zugänglich gemacht werden.

Anbieten ist die einseitig (ausdrücklich oder konkludent) erklärte Bereitschaft zum Zugänglichma- 13 chen an einen oder mehrere bestimmte oder bestimmbare Person(en). Auf Entgeltlichkeit kommt es nicht an (BGHSt 34, 94 (100) = BGH NJW 1987, 449; MüKoStGB/*Hörnle* StGB § 184 Rn. 27; BeckOK StGB/*Ziegler* StGB § 184 Rn. 4 zur Verbreitung pornographischer Schriften). Im Unterschied zum Ankündigen und Anpreisen liegt ein strafbares Anbieten relevanter Trägermedien nur dann vor, wenn das Angebot nach seinem Aussagegehalt für den durchschnittlich interessierten und informierten Betrachter erkennbar macht, dass es sich auf jugendgefährdende oder jugendbeeinträchtigende Inhalte bezieht. Versteckte Werbung kann genügen (BGHSt 34, 94 (100) = BGH NJW 1987, 449). Der Personenkreis muss beim Anbieten bestimmbar sein, ein Anbieten im Internet oder einem Zeitschriftenstand an einen unbestimmten Personenkreis genügt nicht (dann ggf. Zugänglichmachen).

Die Person unter 18 Jahren muss das Angebot verstehen (sonst Versuch). Eine Annahme des Angebots 14 oder eine sonstige Reaktion ist nicht erforderlich. Ferner ist nicht erforderlich, dass die Person unter 18 Jahren den die Indizierung auslösenden Charakter des Trägermediums erkennt oder hätte erkennen können (anders beim öffentlichen Angebot gem. § 15 Abs. 1 Nr. 6: Erkennbarkeit erforderlich).

15   **Überlassen** iSv Abs. 1 ist die zumindest zeitweilige (LK-StGB/*Laufhütte* StGB § 184 Rn. 21; Mü-KoStGB/*Hörnle* StGB § 184 Rn. 31; Fischer StGB § 184 Rn. 10) Gewahrsamsverschaffung zur eigenen Verfügung eines Minderjährigen. Eine Erkennbarkeit des pornografischen Charakters des Objekts ist beim Überlassen und Zugänglichmachen nicht erforderlich (LK-StGB/*Laufhütte* StGB § 184 Rn. 21; MüKoStGB/*Hörnle* StGB § 184 Rn. 31).

16   **Zugänglich gemacht** ist ein Trägermedium, wenn der Täter es derart in den Verfügungs- oder Wahrnehmungsbereich des Jugendlichen bringt, dass dieser die konkrete und nahe liegende Möglichkeit unmittelbarer Kenntnisnahme erhält, zB durch Zeigen, Vorspielen (von DVDs, Videos, am Computer, Sex-Aufnahmen), Vorlesen, Zusenden, Ausstellen (vgl. für pornographische Schriften OLG Karlsruhe NJW 1984, 1975 (1976) oder bewusstes Liegenlassen in Gegenwart Minderjähriger (weitere Beispiele MüKoStGB/*Hörnle* StGB § 184 Rn. 28; Fischer StGB § 184 Rn. 10; Lackner/Kühl/*Heger* StGB § 184 Rn. 5). Eine tatsächliche Kenntnisnahme durch den Minderjährigen ist nicht erforderlich (Fischer StGB § 184 Rn. 10), ebenso wenig, dass eine Kenntnisnahme erst mit technischen Hilfsmitteln möglich ist (*Walther* NStZ 1990, 523 zu Bildschirmtext).

17   Die **Zugänglichkeit ist ausgeschlossen,** wenn der Zugang zu Trägermedien durch **Hindernisse** für Kinder und Jugendliche stark erschwert oder unmöglich gemacht ist. Erforderlich ist, dass die Sicherung altersgemäß ist und nicht leicht zu überwinden ist (zB durch Wegschließen der Trägermedien in einem Schrank; ein Altersverifikationssystem, das durch falsche Eingaben von Geburtsdaten leicht von Jugendlichen umgangen werden kann, genügt diesen Anforderungen nicht (OLG Hamburg MMR 2006, 238 – filmundo II; vgl. auch LG Frankfurt a. M. BeckRS 2008, 10216 – kein Altersverifikationssystem). Umstr. ist die Tatbestandsmäßigkeit beim vorübergehenden Zugänglichmachen bzw. reinen Anbieten gegenüber einer Person (zB kleines Kind), die den jugendgefährdenden Charakter nicht begreifen kann. Hier ist eine teleologische Reduktion des TB geboten (vgl. MüKoStGB/*Hörnle* StGB § 184 Rn. 5).

18   **2. § 15 Abs. 1 Nr. 2.** Nach § 15 Abs. 1 Nr. 2 dürfen tatbestandliche Trägermedien an einem Ort, der Kindern oder Jugendlichen zugänglich ist oder von ihnen eingesehen werden kann, nicht ausgestellt, angeschlagen, vorgeführt oder sonst zugänglich gemacht werden.

19   **Ausstellen** (AG Köln BeckRS 2015, 07990), **anschlagen** und **vorführen** sind nur unselbstständige („sonst"), beschreibende Unterfälle des **Zugänglichmachens** (→ Rn. 16). Die Möglichkeit der Einsichtnahme genügt. Kein Zugänglichmachen liegt allerdings vor, wenn ein Objekt so konfektioniert ist, dass der jugendgefährdende Inhalt nicht sichtbar ist (OLG Karlsruhe NJW 1984, 1975 (1976): in Plastikfolie eingeschweißt). Eine akustische Wahrnehmbarkeit genügt nach dem eindeutigen Wortlaut dagegen nicht (LK-StGB/*Laufhütte* StGB § 184 Rn. 23).

20   Als **Ort,** der Kindern oder Jugendlichen zugänglich ist oder von ihnen eingesehen werden kann, kommen alle Geschäfte, Einrichtungen und Örtlichkeiten in Betracht, zu denen sich Personen unter 18 Jahren Zutritt verschaffen können (**Beispiele:** Supermärkte, Kaufhäuser, Buchhandlungen, Videotheken, Gaststätten, Cafés, Zeitschriften- und sonstige Läden aller Art). Dass ein Etablissement den Einlass reglementiert (geschlossene Gesellschaften etc), hindert die Anwendung nicht, solange sich Jugendliche ohne großen Aufwand Zutritt verschaffen können.

21   **3. § 15 Abs. 1 Nr. 3.** Nach § 15 Abs. 1 Nr. 3 verboten ist das Anbieten (→ Rn. 13) oder Überlassen (→ Rn. 15) tatbestandlich einschlägiger Trägermedien im Einzelhandel außerhalb von Geschäftsräumen, in Kiosken oder anderen Verkaufsstellen, die üblicherweise nicht von Kunden betreten werden, im Versandhandel, gewerblichen Leihbüchereien oder Lesezirkeln. Zum Aufbau von Zugangshindernissen → Rn. 17.

22   Der **Einzelhandel außerhalb von Geschäftsräumen** erfasst hauptsächlich den normalen Straßenverkauf in Form von fliegenden Verkaufsständen oder ambulanten Händlern, zB in Gaststätten. **Einzelhandel** ist in Abgrenzung zum Großhandel die Abgabe und der Verkauf von Produkten an Endverbraucher. **Geschäftsräume** sind Räumlichkeiten, die für eine gewisse Dauer erwerbswirtschaftlichen Zwecken im weitesten Sinne dienen (OLG Köln NJW 1982, 2740; Fischer StGB § 123 Rn. 7; BeckOK StGB/*Rackow* StGB § 123 Rn. 7; MüKoStGB/*Schäfer* StGB § 123 Rn. 13; **Beispiele:** Läden, Warenhäuser, Praxen, Werkstätten, Fabrik- und Lagerhallen, Diskotheken etc; vgl. zum Ganzen MüKoStGB/*Hörnle* StGB § 184 Rn. 54).

23   **Kioske** sind gewerblich genutzte abgeschlossene Räume, von denen aus Waren an außerhalb dieses Raumes befindliche Personen abgegeben werden. Unter **andere Verkaufsstellen, die Kunden nicht zu betreten pflegen,** fallen sonstige nicht feste Geschäftslokale, zB Verkaufsstände im Freien. Gleich gelagert, weil ebenfalls eine Zugangskontrolle vom Verkaufsstelleninhaber nicht zuverlässig geregelt werden kann und daher das gesetzgeberische Ziel, das Risiko eines ungeregelten Zugangs auszuschließen, nicht gewährleistet ist, sind Fälle frei stehender und frei zugänglicher Verkaufsstände in Hallen (zB Bahnhofsvorhalle; Universität; zweifelnd MüKoStGB/*Hörnle* StGB § 184 Rn. 54; **aA** (gegen Anwendbarkeit) LK-StGB/*Laufhütte* StGB § 184 Rn. 26; Schönke/Schröder/*Perron/Eisele* StGB § 184 Rn. 21). Bei geschäftlichen Kombinationen von Kiosk und Buchhandlung (zB in Bahnhöfen oder Einkaufspassagen) kommt es darauf an, ob Kunden Waren regelmäßig außerhalb oder innerhalb des Geschäfts erwerben.

Versandhandel ist nach der Legaldefinition in § 1 Abs. 4 jedes entgeltliche Geschäft, das im Wege **24** der Bestellung und Übersendung einer Ware durch Postversand oder elektronischen Versand ohne persönlichen Kontakt zwischen Lieferant und Besteller oder ohne dass durch technische oder sonstige Vorkehrungen sichergestellt ist, dass kein Versand an Kinder und Jugendliche erfolgt, vollzogen wird (BVerfG NJW 1982, 1512; OLG Frankfurt a. M. BeckRS 2014, 18080; eing. *Eckstein* wistra 1997, 47). Das BVerfG hat in dieser zu § 184 StGB ergangenen Entscheidung auch die Vermietung als vom Begriff „Handel" umfasst angesehen. Dies dürfte zu weit gehen, zumal der Fall in § 15 Abs. 1 Nr. 4 (und mittlerweile auch von § 184 Abs. 1 Nr. 3a) erfasst ist. Der Versandhandel kann auch über das Internet angebahnt werden (BGHZ 173, 188 = MMR 2007, 634 mAnm *Jürgens, Köster*). Ein gewerbliches Handeln des Anbieters ist nicht erforderlich. Ist durch technische oder sonstige Vorkehrungen **sicher-gestellt**, dass ein Versand an Kinder und Jugendliche nicht erfolgen kann, liegt kein Versandhandel iSv § 1 Abs. 4 vor. Effektiv sicherstellen lässt sich dies durch Altersverifikationssysteme, etwa durch persönliche Vorsprache mit Lichtbildausweis, durch Postident-Verfahren (**aA** OLG München NJW 2004, 3344 (3346)) oder vergleichbar sichere Verfahrensweisen (persönliche Übergabe, OLG München NJW 2004, 3344 (3346)). Strafbar ist prinzipiell auch der Versand aus dem Ausland und an Kunden im Ausland (OLG Karlsruhe NJW 1987, 1957; MüKoStGB/*Hörnle* StGB § 184 Rn. 57, 110 f.). Ein Anbieter jugendgefährdender Medien im Versandhandel ist verpflichtet, sein Angebot fortlaufend daraufhin zu überprüfen, ob es indizierte Produkte enthält bzw. ob sich der Status bislang unbeanstandeter Produkte geändert hat. Er kann diese in eigener Verantwortung bestehende Verpflichtung nicht auf seinen Großhändler übertragen (OLG Hamburg BeckRS 2009, 08480).

Gewerbliche Leihbüchereien sind solche, die Bücher und andere Schriften zur Gewinnerzielung **25** verleihen (richtig: vermieten). Dies ist bei gemeinnützigen, gemeindlichen oder kirchlichen Leihbüchereien in den meisten Konstellationen nicht der Fall, selbst wenn ein Unkostenbeitrag verlangt wird (LK-StGB/*Laufhütte* StGB § 184 Rn. 28; ggf. ist aber § 17 Abs. 1 Nr. 1 iVm § 15 Abs. 1 Nr. 1 anwendbar). Die Vorschrift gilt angesichts des intendierten umfassenden Schutzziels und der leichten Erreichbarkeit von Verleihmedien nicht nur für Printmedien (**aA** Erbs/Kohlhaas/*Liesching* § 15 Rn. 12; zweifelnd MüKoStGB/*Hörnle* StGB § 184 Rn. 55). Wenn eine gewerbliche Leihbücherei (mit Schwerpunkt auf der Vermietung von Büchern) auch DVDs oder Videos „verleiht", unterfällt sie § 15 Abs. 1 Nr. 3. Für reine Porno-Filmverleihe oder Videotheken gilt dagegen § 15 Abs. 1 Nr. 4 mit dem eingeschränkten Vermietverbot, da es sich schon vom Wortlaut nicht um Leihbüchereien handelt (zum ähnlich gelagerten Fall § 184 Abs. 1 Nr. 3 BGHSt 27, 52 = NJW 1977, 305; OLG Stuttgart NJW 1976, 1109 gegen OLG Karlsruhe NJW 1974, 2015).

Unter **Lesezirkel** fällt die – von Arztpraxen und Kanzleien bekannte – entgeltliche Vermietung von **26** Schriften, idR Zeitschriften und Illustrierten, an einen bestimmten Leserkreis, dessen angeschlossene Teilnehmer die Schriften im Umlaufverfahren mit fest vereinbarter Lesefrist und Reihenfolge zur Lektüre erhalten.

Zur **Fahrlässigkeitsstrafbarkeit** Abs. 3 Nr. 1, auch iVm Abs. 4. **Beachte Abs. 4** zur Überlassung **27** indizierter Trägermedien von personensorgeberechtigten Personen an Minderjährige.

4. § 15 Abs. 1 Nr. 4. § 15 Abs. 1 Nr. 4 verbietet das Anbieten (→ Rn. 13) oder Überlassen **28** (→ Rn. 15) tatbestandlich einschlägiger Trägermedien an Minderjährige im Wege gewerblicher Vermietung oder vergleichbarer gewerblicher Gewährung des Gebrauchs, ausgenommen in Ladengeschäften, die Kindern und Jugendlichen nicht zugänglich sind und von ihnen nicht eingesehen werden können.

Gewerbliche Vermietung liegt bereits dann vor, wenn die Vermietungstätigkeit insgesamt gewerb- **29** lich geprägt ist, selbst wenn die Vermietung indizierter Trägermedien nur sporadisch erfolgt. **Vergleichbare gewerbliche Gewährung des Gebrauchs** können in Umgehungstatbeständen liegen, etwa dem Kauf mit Rückgaberecht oder Konstellationen kostenpflichtiger Video-Clubs (vgl. Erbs/Kohlhaas/*Liesching* § 15 Rn. 14).

Ladengeschäfte sind Orte, in denen öffentlich, nämlich entweder an einen gänzlich unbestimmten **30** Personenkreis oder an einen bestimmten Personenkreis, der nicht durch persönliche Beziehungen verbunden ist (dazu BGHSt 11, 282; BayObLG NJW 1976, 527 (528)) Waren angeboten werden. Es muss sich um spezielle, räumlich und organisatorisch selbstständige Geschäftslokale handeln (vgl. schon BT-Drs. 10/2546, 25). Dies kann in Fällen von Einkaufszentren mit selbstständigen Ladeneinheiten eine Frage des Einzelfalls sein, BGH NJW 1988, 272. Ein von der allg. zugänglichen Videothek abgetrennter Nebenraum (Shop in Shop-Lösung) genügt nicht (BayObLG NJW 1986, 1701; *Maatz* NStZ 1986, 174; aA LG Essen NJW 1985, 2841; zust. *v. Hartlieb* NJW 1985, 830 (832); *Füllkrug* Kriminalistik 1986, 227; abl. *Führich* NJW 1986, 1156; *Greger* NStZ 1986, 8 (12). Gefordert ist ein „separater Eingang" (vgl. Ausschussbericht, BT-Drs. 10/2546, 17; BayObLG NJW 1986, 1701; LG Verden NStZ 1986, 118; *Greger* NStZ 1986, 8 (12)). zum Begriff Ladengeschäft ferner LG Hamburg NStZ 1989, 181; *Führich* NJW 1986, 1156; *Maatz* NStZ 1986, 174 f.; *Weides* NJW 1987, 224). Erforderlich ist Personal (BayObLGSt 2002, 170, sonst ggf. Vermiet-Automat), nicht dagegen Ortsgebundenheit (LKW als jugenddicht abgeschottetes Ladengeschäft: OLG Hamm NStZ 1988, 415 mAnm *Greger*).

31   Um in den Genuss der Ausnahme vom Vermietungsverbot zu kommen, stellt die Rechtsprechung hohe Anforderungen an die **Unzugänglichkeit und Uneinsehbarkeit für Kinder und Jugendliche.** Es genügt nicht, dass von außen keine jugendgefährdenden Angebote im Laden zu sehen sind. Erforderlich ist, dass das Ladengeschäft von außen schlechthin nicht einsehbar ist (OLG Hamburg NJW 1992, 1184 (1185). Zudem dürfen nicht nur der Raum, in dem der Vertrieb indizierter oder pornographischer Schriften abgewickelt wird, sondern auch alle Nebenräume, die zur betrieblichen Einheit des Geschäfts gehören, weder Personen unter achtzehn Jahren zugänglich sein noch von ihnen eingesehen werden können (BayObLG NJW 1986, 1701). Ausgeschlossen werden sollte nicht nur der unmittelbare Kontakt von Kindern und Jugendlichen mit pornografischen bzw. indizierten Videofilmen, sondern es sollte auch denkbaren Gefährdungen vorgebeugt werden, die sich daraus ergeben können, dass Kinder und Jugendliche die Abwicklung der Vermietung von entsprechenden Videofilmen an erwachsene Kunden wahrnehmen können (BGH NJW 1988, 272; *Greger* NStZ 1988, 416).

32   **5. § 15 Abs. 1 Nr. 5.** § 15 Abs. 1 Nr. 5 untersagt das Einführen tatbestandlich einschlägiger Trägermedien im Wege des **Versandhandels** (→ Rn. 24). **Einführen** ist das Verbringen eines Tatobjekts aus einem Bereich außerhalb des räumlichen Geltungsbereichs des Gesetzes in diesen Bereich. In das Bundesgebiet einführen können nach allgemeinem Sprachgebrauch sowohl ein ausländischer Lieferant als auch der inländische Besteller (OLG Hamm NJW 2000, 1965 (1969); OLG Karlsruhe NJW 1987, 1957; OLG Bremen NJW 1972, 1678; LG Bayreuth NJW 1970, 574). Der weite Normwortlaut erfasst gleichermaßen Minderjährige und Erwachsene. Nach der Gesetzesbegründung sollte die Freiheit, solche Trägermedien einzuführen, allerdings nur im Hinblick auf Jugendschutz-Belange eingeschränkt werden (vgl. BT-Drs. 4/1552, 32 ff.). Bei teleologischer Auslegung der jugendschützenden Norm sind daher erwachsene Verbraucher vom Begriff „Einführer" ausgenommen (vgl. zum gleich gelagerten § 184 StGB: OLG Hamm NJW 2000, 1965; LG Freiburg NStZ-RR 1998, 11; LK-StGB/*Laufhütte* StGB § 184 Rn. 33; Erbs/Kohlhaas/*Liesching* § 15 Rn. 19).

33   **6. § 15 Abs. 1 Nr. 6.** § 15 Abs. 1 Nr. 6 enthält (wie § 184 Abs. 1 Nr. 5 StGB) für indizierte Trägermedien ein umfassendes **Werbeverbot** (dazu BGH NJW 1987, 449) mit **Erlaubnisvorbehalt** für den einschlägigen handelsinternen Geschäftsverkehr. Er verbietet in der ersten Tatvariante das öffentliche Anbieten, Ankündigen oder Anpreisen an Orten, die Kindern oder Jugendlichen zugänglich sind oder von ihnen eingesehen werden können, in der zweiten Tatvariante ein solches Verhalten durch Verbreiten von Träger- oder Telemedien außerhalb des Geschäftsverkehrs mit dem einschlägigen Handel (zur Verfassungsmäßigkeit BVerfGE 30, 336 (354). Verstöße gegen die zweite Tatvariante unterliegen als Presseinhaltsdelikte der kürzeren Verjährungsfrist der jeweiligen Landespressegesetze (BayObLGSt 79, 44; BGH NJW 1975, 1039 (1040); OLG Hamburg NJW 1965, 2168).

34   **Werbung** bezeichnet das Wecken oder Fördern des wohlwollenden Interesses des Publikums an einem (dem beworbenen) Gegenstand (BGH NJW 1987, 451). Die Werbung muss sich nach ihrem Aussagegehalt für den durchschnittlich interessierten und informierten Betrachter erkennbar auf Pornografie beziehen (BGH NJW 1987, 451). Versteckte Werbung kann genügen. Das Verbot umfasst auch neutrale Werbung, die selbst weder jugendgefährdend ist noch überhaupt auf den jugendgefährdenden Charakter des angebotenen Erzeugnisses hinweist (BGH NJW 1985, 154; BVerwG NJW 1977, 1411; *Seetzen* NJW 1976, 497; *Weides* NJW 1975, 1845; *Laufhütte* JZ 1974, 48; missverständlich insofern BGH NJW 1977, 1695 (1696). Das gleich gelagerte Werbeverbot für indizierte jugendgefährdende Bild- und Tonträger ist verfassungsgemäß (BVerfG NJW 1986, 1241 noch zu § 5 Abs. 2 GjSM). Die bloße Erwähnung der Existenz im Rahmen einer kritischen Auseinandersetzung genügt vor dem Hintergrund der Meinungs- und Pressefreiheit des Art. 5 Abs. 1 GG nicht (zum Ganzen *Meier* NJW 1987, 1610). Als **Werbemedien** kommen in Betracht: Anzeigen in Printmedien, Plakate, Zettel, Schilder etc, Werbung in Rundfunk, Fernsehen und Internet (dazu LG Düsseldorf CR 2003, 453 (454) m. abl. Anm. *Gercke/Liesching*).

35   **Anbieten** iSv § 15 Abs. 1 Nr. 6 ist nicht allein das Angebot gegenüber einer konkreten Person, sondern jedes Feilbieten zum Verkauf an einen zahlenmäßig nicht bestimmten Adressatenkreis. Es unterscheidet sich insofern vom Anbieten in § 15 Abs. 1 Nr. 1, wo vorausgesetzt wird, dass einer bestimmten Person ein konkretes Angebot gemacht wird. Ausreichend zur Individualisierbarkeit der Angebotsadressaten ist wie bei § 184 Abs. 1 Nr. 3a StGB, dass sich das Angebot an die das Ladengeschäft betretenden Mietinteressenten richtet (OLG Hamburg NJW 1992, 1184). Ein Anbieter von jugendgefährdenden Medien im Versandhandel ist verpflichtet, sein Angebot fortlaufend daraufhin zu überprüfen, ob es indizierte Produkte enthält bzw. ob sich der Status bislang unbeanstandeter Produkte geändert hat. Er kann diese in eigener Verantwortung bestehende Verpflichtung nicht auf seinen Großhändler übertragen; er kann sich nicht darauf verlassen, dass dieser beizeiten die erforderlichen Maßnahmen ergreift (OLG Hamburg BeckRS 2009, 08480).

36   **Ankündigen** ist das Aufmerksammachen auf die Gelegenheit zum Bezug (vgl. RGSt 37, 142). Es muss nach seinem Aussagegehalt genügend klar erkennbar machen, dass es sich auf indiziertes Material bezieht und somit im Sinne der gesetzgeberischen Zielsetzung gefährlich ist (BGH NJW 1977, 1695 (1696).

Anpreisen ist die lobende oder empfehlende Erwähnung und Beschreibung, die Hervorhebung von 37
Vorzügen, die Anerkennung günstiger Wirkungen, die rühmende Darstellung (zB lobende Rezension)
sowie die Beimessung hohen Wertes (vgl. schon RGSt 37, 142 (143). Anpreisen iSv § 15 Abs. 1 Nr. 6
erfordert weder einen Hinweis auf mögliche Bezugsquellen noch die Absicht, das beworbene Medium
irgendwann zumindest einem Empfänger der Erklärung zugänglich zu machen (OLG Hamburg NStZ
2007, 487; **aA** SK/*Wolters/Horn* StGB § 184 Rn. 47; LK-StGB/*Laufhütte* StGB § 184 Rn. 34). Ein
kritischer Pressebericht über einen indizierten Videofilm stellt dagegen selbst dann kein Anpreisen dar,
wenn er mit neutralen Texten versehene Bilder enthält und Vertriebsunternehmen erwähnt (BGH NJW
1987, 451). Wegen der Nähe zur kritischen Auseinandersetzung im Rahmen von Art. 5 Abs. 1 GG ist
die Abgrenzung im Einzelfall schwierig.

Öffentlich ist die Werbung, wenn sie für einen individuell nicht feststehenden und nicht durch 38
persönliche Beziehungen verbundenen Personenkreis wahrnehmbar oder erreichbar ist (vgl. Erbs/
Kohlhaas/*Liesching* § 15 Rn. 24). Das Verbot betrifft nur **Orte, die Kindern oder Jugendlichen
zugänglich sind und von ihnen eingesehen werden können** (→ Rn. 31 zu entsprechenden Ladengeschäften). Der Begriff „Ort" umfasst gängige Sex-Shops mit blickdicht verklebten Schaufenstern
ebenso wie Internet-Angebote für Erwachsene mit vorgeschalteter (funktionierender) Altersverifikation,
die den Zugriff von Minderjährigen ausschließt.

Geschäftsverkehr mit dem einschlägigen Handel meint umfassend die geschäftlichen (Handels-) 39
Beziehungen zwischen Verlagen, Vertretern, Barsortimenten und Buchhandlungen. In diesem für Minderjährige regelmäßig unzugänglichen Geschäftsbereich ist sonst verbotene geschäftliche Werbung mit
indizierten Trägermedien zulässig. In Betracht kommen Verzeichnisse, Werbeanzeigen in gedruckten
Branchen-Fachzeitschriften (zB das „Börsenblatt für den Deutschen Buchhandel", der „Buchreport",
„Der neue Vertrieb" oder früher „Der Leihbuchhändler"). Im Hinblick auf die häufig mit der Print-
ausgabe simultan erfolgende Online-Stellung vieler Printmedien ist allerdings die damit verbundene
leichte Erreichbarkeit für Minderjährige zu beachten, die eine Erlaubnis ausschließt. Auch bleibt die
Werbung mit einem Prüfverfahren nach § 15 Abs. 5 verboten.

II. Nr. 2: Verstoß gegen § 15 Abs. 1 Nr. 7, auch iVm Abs. 2

§ 15 Abs. 1 Nr. 7 erweitert den Anwendungsbereich von § 15 Abs. 1 Nr. 1–6, indem auch **Vor-** 40
bereitungshandlungen unter das Verbot fallen (vgl. BT-Drs. 4/3521, 61). Danach dürfen indizierte
oder iSv § 15 Abs. 2 schwer jugendgefährdende Trägermedien (→ Rn. 5) nicht hergestellt, bezogen,
geliefert, vorrätig gehalten oder eingeführt (→ Rn. 32) werden, um sie oder aus ihnen gewonnene
Stücke iSv § 15 Abs. 1 Nr. 1–6 zu verwenden oder einer anderen Person eine solche Verwendung zu
ermöglichen. **Herstellen** meint das Erschaffen solcher Materialien. **Beziehen** ist das Erlangen eigener
Verfügungsgewalt über ein Trägermedium im Wege einverständlichen Gewahrsamsübergangs. **Liefern**
kennzeichnet das Verschaffen dieser Verfügungsgewalt. Das Merkmal **Vorrätighalten** ist bereits dann
erfüllt, wenn der Verantwortliche Verfügungsgewalt über indizierte Gegenstände ausübt, etwa um sie
anderen zu überlassen (OLG Karlsruhe NJW 1987, 1957: Bereitstellen von Material zum Versand). Eine
„Bevorratung" ieS ist nicht erforderlich (Erbs/Kohlhaas/*Liesching* § 15 Rn. 27). **Beachte Abs. 4** Zur
Überlassung indizierter Trägermedien von personensorgeberechtigten Personen.

III. Nr. 3: Verstoß gegen § 15 Abs. 4

§ 15 Abs. 4 verbietet den Abdruck oder die Veröffentlichung der Liste jugendgefährdender **Medien** 41
(§§ 18, 24, → Rn. 5 ff.) zum Zwecke geschäftlicher Werbung (vgl. LG Halle GRUR-RR 2007, 26).
Der Anwendungsbereich bezieht sich allg. auf Medien und ist damit nicht auf Trägermedien beschränkt.
In Bezug genommen sind folglich auch **Telemedien**. In diesem Zusammenhang sind die §§ 8 ff. TDG
bzw. §§ 6 ff. MDStV zu beachten, die die Verantwortlichkeit begrenzen. Die Werbung (→ Rn. 34) ist
geschäftlich, soweit sie im gewerblichen Interesse durchgeführt wird. Zur **Fahrlässigkeitsstrafbarkeit**
Abs. 3 Nr. 2.

IV. Nr. 4: Verstoß gegen § 15 Abs. 5

§ 15 Abs. 5 verbietet bei geschäftlicher Werbung (→ Rn. 41) den Hinweis, dass ein Verfahren zur 42
Aufnahme des Trägermediums oder eines inhaltsgleichen Telemediums in die Liste (→ Rn. 5 ff.) anhän-
gig ist oder gewesen ist (dazu LG Halle GRUR-RR 2007, 26). Zur **Fahrlässigkeitsstrafbarkeit** Abs. 3
Nr. 2.

V. Nr. 5: Zuwiderhandlung gegen vollziehbare Entscheidung nach § 21 Abs. 8 S. 1 Nr. 1

Tathandlung ist hier die Zuwiderhandlung gegen eine vollziehbare Auflage nach § 21 Abs. 8 S. 1 43
Nr. 1 (Aufnahme von Trägermedien in die Liste jugendgefährdender Medien), wenn nach § 24 Abs. 3
S. 2 die Listenaufnahme von Trägermedien nicht mehr im Bundesanzeiger bekannt gemacht wird.

Adressaten der Strafdrohung sind die am Indizierungsverfahren Beteiligten (§ 21 Abs. 8 Nr. 1). Diese werden über die Listenaufnahme und die sich aus der Entscheidung ergebenden Verbreitungs- und Werbebeschränkungen (§ 21 Abs. 8 S. 2) informiert. Entsprechende Entscheidungen sind gem. § 21 Abs. 8 S. 1 Nr. 1 der Urheberin oder dem Urheber sowie der Inhaberin oder dem Inhaber der Nutzungsrechte zuzustellen. Die Verbreitungsbeschränkungen gelten folglich nur für diese Personen. Zugleich müssen diese jedoch für sie gelten, sonst entstünde die nicht hinnehmbare Situation, dass diese Personen von der Listenaufnahme wissen, die Medien aber entgegen der Zielrichtung des § 15 JuSchG uneingeschränkt verbreiten könnten (BT-Drs. 14/9013, 69). **Vollziehbar** wird eine Auflage mit Unanfechtbarkeit oder wenn die sofortige Vollziehung angeordnet worden ist (§ 80 Abs. 2 Nr. 4 VwGO).

VI. Innere Tatseite

44   Die Tathandlungen des Abs. 1 können vorsätzlich (§ 15 StGB) oder fahrlässig (Abs. 3 Nr. 2) begangen werden. Bei vorsätzlichem Handeln ist die positive Kenntnis des Täters von der Aufnahme eines Trägermediums in den Index Voraussetzung. Soweit es tatbestandlich auf die Minderjährigkeit von Personen ankommt, genügt Eventualvorsatz (→ StGB § 15 Rn. 13 ff.).

B. Verstöße gegen Abs. 2

45   § 27 Abs. 2 sanktioniert qualifizierte Fälle vorsätzlicher Verstöße iSv § 28 Abs. 1 Nr. 4–19, die von Veranstaltern oder Gewerbetreibenden begangen werden. Die Vorschrift entspricht dem früheren § 12 Abs. 4 JÖSchG (vgl. BT-Drs. 14/9013, 69).

I. Veranstalter oder Gewerbetreibender

46   **Veranstalter** ist eine (nat. oder jur.) Person oder Personengesamtheit, die auf eigene oder fremde Rechnung eine Veranstaltung organisiert und durchführt. oder in sonstiger Weise durch sein Handeln eine wesentliche Voraussetzung für ihre Abhaltung schafft (BayObLG NJW 1952, 49). Bei einer jur. Person ist deren Organ Veranstalter. Gegen die jur. Person selbst kann gem. § 30 OWiG eine Geldbuße als Nebenfolge festgesetzt werden (vgl. Erbs/Kohlhaas/*Liesching* § 28 Rn. 3).

47   **Gewerbetreibender** ist nach steuerrechtlichen Grundsätzen zunächst jeder, der einen Gewerbebetrieb iSd § 15 EStG unterhält oder kraft gesetzl. Definition Einkünfte aus Gewerbebetrieb erzielt (vgl. Blümich/*Krumm* EStG § 5 Rn. 111 f.). Darüber hinaus kann ein strafrechtlichen Maßstäben jede nat. oder jur. Person sein, die ein Gewerbe iSv § 1 GewO tatsächlich ausübt (vgl. Erbs/Kohlhaas/*Liesching* § 28 Rn. 4). **Gewerbe** ist dabei jede äußerlich in Erscheinung tretende, planvoll betriebene erlaubte Tätigkeit, die zur Gewinnerzielung eingesetzt wird. Bei jur. Personen sind nur diese selbst Gewerbetreibende, nicht deren Organe. Personenmehrheiten sind keine Gewerbetreibenden (zu Ausnahmen Ennuschat/Wank/*Ennuschat*, Gewerbeordnung: GewO, 8. Aufl. 2011, GewO § 1 Rn. 78).

II. Verstoß gegen Nr. 1

48   Gegen Nr. 1 verstößt, wer eine in § 28 Abs. 1 Nr. 4–18 oder 19 bezeichnete vorsätzliche Handlung begeht und dadurch wenigstens leichtfertig ein Kind oder eine jugendliche Person in der körperlichen, geistigen oder sittlichen Entwicklung schwer gefährdet. Erforderlich ist der im Einzelfall zu führende Nachweis eines gefahrspezifischen Zusammenhangs zwischen der Tathandlung und der schweren Gefährdung. Die **schwere Gefährdung** hinsichtlich **sittlicher** Fehlentwicklungen für strafrechtliche Konsequenzen mit Bestimmtheit nachweisen zu können, dürfte in der heutigen Gesellschaft fast nicht möglich sein. Der **geistig-seelische** Reifungsprozess kann dann beeinträchtigt sein, wenn die Ausbildung der Persönlichkeit, also die Herausbildung der zum Meistern des Lebens erforderlichen psychischen Fähigkeiten, gestört ist. Eine Gefährdung der **körperlichen Entwicklung** kann im Einzelfall zB vorliegen, wenn das Verabreichen von Alkoholika die Gefahr physischer Schädigungen signifikant erhöht. **Leichtfertig** handelt, wer die für durchschnittliche Angehörige des betreffenden Verkehrskreises gebotene Sorgfalt in besonders grober Weise oder besonderer Gleichgültigkeit außer Acht lässt (→ StGB § 15 Rn. 28). Die schwere Gefährdung kann auch vorsätzlich herbeigeführt werden ("wenigstens").

III. Verstoß gegen Nr. 2

49   Ein Verstoß gegen Nr. 2 setzt voraus, dass eine in § 28 Abs. 1 Nr. 4–18 oder 19 bezeichnete vorsätzliche Handlung aus Gewinnsucht begangen oder beharrlich wiederholt wird. **Gewinnsucht** ist Steigerung des Erwerbssinns auf ein ungehemmtes, überzogenes, sittlich anstößiges Maß (schon BGHSt 1, 388; BGH GA 1953, 154). **Beharrliches Handeln** setzt wiederholte (BGHSt 23, 167 (172)) Zuwiderhandlungen mit einer Haltung voraus, die gesteigerte Missachtung oder Gleichgültigkeit gegenüber dem Verbot offenbart und deshalb weitere Wiederholung indiziert (OLG Köln GA 1984, 333; Lackner/Kühl/*Heger* StGB § 184d Rn. 5). Es bedarf damit sowohl eines objektiven Zeitmoments als

auch eines subjektiv-normativen Moments der Haltung (BGH NStZ 2010, 277 (278); krit. *Seher* JZ 2010, 582).

C. Fahrlässigkeit, Abs. 3

Die Vorschrift übernimmt § 21 Abs. 3 GjS, der auch Fahrlässigkeit unter Strafe stellt (BT-Drs. 14/ **50** 9013, 69). Zur Fahrlässigkeit allg. → StGB § 15 Rn. 19 ff.

D. Elternprivileg, Abs. 4

Die Bestimmung über das sog **Elternprivileg** (richtiger: Privileg der Personensorgeberechtigten) **51** übernimmt § 21 Abs. 4 GjS (vgl. BT-Drs. 14/9013, 69). Die enge Beziehung zwischen Eltern und ihren Kindern gestattet es in besonderem Maße, Medienkompetenz zu vermitteln. Unter Medienkompetenz im Sinne des Jugendschutzes ist das Ziel zu verstehen, junge Menschen zu befähigen, eigenverantwort-lich mit den Medien umzugehen und zu problematischen Inhalten kritische Distanz zu wahren. Zur Vermittlung von Medienkompetenz gehört auch, dass sich Personensorgeberechtigte – besonders die Eltern – iRd Erziehung mit ihren Kindern über jugendbeeinträchtigende und auch jugendgefährdende Inhalte auseinandersetzen (vgl. auch § 184 Abs. 2 StGB – Verbreitung pornographischer Schriften; § 131 Abs. 4 StGB – Gewaltdarstellung). Das Privileg ist auf Dritte übertragbar, soweit und solange die Einwirkung Dritter auf Minderjährige nach genauer Weisung der Personensorgeberechtigten geschieht (ebenso MüKoStGB/*Hörnle* StGB § 184 Rn. 100 mwN; **aA** Erbs/Kohlhaas/*Liesching* Rn. 15; *Liesching*/ *Günter* MMR 2000, 260 (265 f.). Systematisch enthält Abs. 4 S. 1 einen **Tatbestandsausschluss,** der folglich die Strafbarkeit einer **Teilnahme Dritter** an Handlungen der Personensorgeberechtigten **aus-schließt.**

Die **Missbrauchsklausel** des Abs. 4 S. 2 schränkt das Elternprivileg bei gröblicher Verletzung ihrer **52** Erziehungspflicht in Anlehnung an § 180 Abs. 1 S. 2 Hs. 2 StGB bzw. § 184 Abs. 2 S. 1 Hs. 2 StGB als Unterausnahme wieder ein. Die Verletzung ist **gröblich,** wenn Minderjährige regelmäßig und wieder-holt ohne Aufsicht pornografischen Schriften ausgesetzt werden (achtloses Herumliegenlassen von indiziertem Material in der Wohnung) bzw. wenn Eltern gegen den regelmäßigen Konsum solcher Schriften ihrer Kinder nicht einschreiten.

Entgegen dem früheren § 21 Abs. 5 GjS enthält § 27 jetzt keine Klausel mehr, dass bei jugendlichen **53** Tätern oder Angehörigen von einer Bestrafung abgesehen werden kann. Das führt zu dem paradoxen Ergebnis, dass ein Jugendlicher ab 14 Jahren selbst Täter und strafbar sein kann, wenn er sich gemeinsam mit einem anderen Jugendlichen pornographische Darstellungen im Internet oder entsprechende Filme anschaut.

E. Rechtsfolgen und Strafzumessung

Mögliche Rechtsfolgen eines **vorsätzlichen** Verstoßes gegen Abs. 1 oder Abs. 2 sind Freiheitsstrafe **54** bis zu einem Jahr oder Geldstrafe (vgl. zur Höhe § 40 Abs. 1, 2 StGB). Bei **fahrlässiger** Begehung in den Fällen des Abs. 1 Nr. 1, 3, 4 oder 5 ist die Rechtsfolge Freiheitsstrafe bis zu sechs Monaten oder Geldstrafe bis zu 180 Tagessätzen. Bei der Tatbestandsvariante des Zugänglichmachens in Abs. 1 sind iRd Strafzumessung die verschiedenen Schweregrade der Tatalternativen zu beachten: Das Ermöglichen des einmaligen Anschauens wiegt folglich regelmäßig geringer als wenn der Minderjährige ein Träger-medium zur eigenen Verfügung erhält (BGH NStZ 1998, 244).

F. Konkurrenzen

Die Regelungen des § 27 Abs. 1 Nr. 1 u. 2 finden sich mit identischem Inhalt und Strafrahmen in **55** § 184 Abs. 1 StGB wieder und treten bei vorsätzlicher Begehung im Wege der Gesetzeskonkurrenz hinter diese zurück (OLG Stuttgart NJW 1976, 529 (530); *Meier* NStZ 1985, 341; *Beisel*/*Heinrich* NJW 1996, 491 (496); Lackner/Kühl/*Heger* StGB § 184 Rn. 13; LK-StGB/*Laufhütte* StGB § 184 Rn. 56; MüKoStGB/*Hörnle* StGB § 184 Rn. 112; SK-StGB/*Wolters* StGB § 184 Rn. 25; Fischer StGB § 184 Rn. 46; Schönke/Schröder/*Perron*/*Eisele* StGB § 184 Rn. 62). IÜ kommt Tateinheit in Betracht (Lack-ner/Kühl/*Heger* StGB § 184 Rn. 13). § 27 JuSchG kann wieder aufleben, wenn § 184 StGB verjährt ist. Bei Fahrlässigkeitstaten erlangt § 27 Abs. 3 eigenständige Bedeutung. Werden mehrere Tathand-lungen innerhalb einer Nummer verwirklicht, liegen nicht mehrere selbstständige Straftaten, sondern nur verschiedene gleichwertige Begehungsformen derselben Straftat vor (vgl. zu § 184 StGB BGH NJW 1954, 847; Fischer StGB § 184 Rn. 46; Schönke/Schröder/*Perron*/*Eisele* StGB § 184 Rn. 62). Sind mehrere Personen bei einer Handlung iSv Nr. 1 o. Nr. 2 betroffen, besteht gleichartige Ideal-konkurrenz.

§ 28 Bußgeldvorschriften

(1) Ordnungswidrig handelt, wer als Veranstalter oder Gewerbetreibender vorsätzlich oder fahrlässig

1. entgegen § 3 Abs. 1 die für seine Betriebseinrichtung oder Veranstaltung geltenden Vorschriften nicht, nicht richtig oder nicht in der vorgeschriebenen Weise bekannt macht,
2. entgegen § 3 Abs. 2 Satz 1 eine Kennzeichnung verwendet,
3. entgegen § 3 Abs. 2 Satz 2 einen Hinweis nicht, nicht richtig oder nicht rechtzeitig gibt,
4. entgegen § 3 Abs. 2 Satz 3 einen Hinweis gibt, einen Film oder ein Film- oder Spielprogramm ankündigt oder für einen Film oder ein Film- oder Spielprogramm wirbt,
5. entgegen § 4 Abs. 1 oder 3 einem Kind oder einer jugendlichen Person den Aufenthalt in einer Gaststätte gestattet,
6. entgegen § 5 Abs. 1 einem Kind oder einer jugendlichen Person die Anwesenheit bei einer öffentlichen Tanzveranstaltung gestattet,
7. entgegen § 6 Abs. 1 einem Kind oder einer jugendlichen Person die Anwesenheit in einer öffentlichen Spielhalle oder einem dort genannten Raum gestattet,
8. entgegen § 6 Abs. 2 einem Kind oder einer jugendlichen Person die Teilnahme an einem Spiel mit Gewinnmöglichkeit gestattet,
9. einer vollziehbaren Anordnung nach § 7 Satz 1 zuwiderhandelt,
10. entgegen § 9 Abs. 1 ein alkoholisches Getränk an ein Kind oder eine jugendliche Person abgibt oder ihm oder ihr den Verzehr gestattet,
11. entgegen § 9 Abs. 3 Satz 1 ein alkoholisches Getränk in einem Automaten anbietet,
11a. entgegen § 9 Abs. 4 alkoholhaltige Süßgetränke in den Verkehr bringt,
12. entgegen § 10 Absatz 1, auch in Verbindung mit Absatz 4, ein dort genanntes Produkt an ein Kind oder eine jugendliche Person abgibt oder einem Kind oder einer jugendlichen Person das Rauchen oder den Konsum gestattet,
13. entgegen § 10 Absatz 2 oder Absatz 3, jeweils auch in Verbindung mit Absatz 4, ein dort genanntes Produkt anbietet oder abgibt,
14. entgegen § 11 Abs. 1 oder 3, jeweils auch in Verbindung mit Abs. 4 Satz 2, einem Kind oder einer jugendlichen Person die Anwesenheit bei einer öffentlichen Filmveranstaltung, einem Werbevorspann oder einem Beiprogramm gestattet,
14a. entgegen § 11 Abs. 5 einen Werbefilm oder ein Werbeprogramm vorführt,
15. entgegen § 12 Abs. 1 einem Kind oder einer jugendlichen Person einen Bildträger zugänglich macht,
16. entgegen § 12 Abs. 3 Nr. 2 einen Bildträger anbietet oder überlässt,
17. entgegen § 12 Abs. 4 oder § 13 Abs. 2 einen Automaten oder ein Bildschirmspielgerät aufstellt,
18. entgegen § 12 Abs. 5 Satz 1 einen Bildträger vertreibt,
19. entgegen § 13 Abs. 1 einem Kind oder einer jugendlichen Person das Spielen an Bildschirmspielgeräten gestattet oder
20. entgegen § 15 Abs. 6 einen Hinweis nicht, nicht richtig oder nicht rechtzeitig gibt.

(2) Ordnungswidrig handelt, wer als Anbieter vorsätzlich oder fahrlässig

1. entgegen § 12 Abs. 2 Satz 1 und 2, auch in Verbindung mit Abs. 5 Satz 3 oder § 13 Abs. 3, einen Hinweis nicht, nicht richtig oder nicht in der vorgeschriebenen Weise gibt,
2. einer vollziehbaren Anordnung nach § 12 Abs. 2 Satz 3 Nr. 1, auch in Verbindung mit Abs. 5 Satz 3 oder § 13 Abs. 3, oder nach § 14 Abs. 7 Satz 3 zuwiderhandelt,
3. entgegen § 12 Abs. 5 Satz 2 einen Hinweis nicht, nicht richtig, nicht in der vorgeschriebenen Weise oder nicht rechtzeitig anbringt oder
4. entgegen § 14 Abs. 7 Satz 1 einen Film oder ein Film- oder Spielprogramm mit „Infoprogramm" oder „Lehrprogramm" kennzeichnet.

(3) Ordnungswidrig handelt, wer vorsätzlich oder fahrlässig

1. entgegen § 12 Abs. 2 Satz 4 einen Hinweis nicht, nicht richtig oder nicht in der vorgeschriebenen Weise gibt oder
2. entgegen § 24 Abs. 5 Satz 2 eine Mitteilung verwendet.

(4) [1]Ordnungswidrig handelt, wer als Person über 18 Jahren ein Verhalten eines Kindes oder einer jugendlichen Person herbeiführt oder fördert, das durch ein in Abs.atz 1 Nr. 5 bis 8, 10, 12, 14 bis 16 oder 19 oder in § 27 Abs. 1 Nr. 1 oder 2 bezeichnetes oder in § 12 Abs. 3 Nr. 1 enthaltenes Verbot oder durch eine vollziehbare Anordnung nach § 7 Satz 1 verhindert werden soll. [2]Hinsichtlich des Verbots in § 12 Abs. 3 Nr. 1 gilt dies nicht für die personensorgeberechtigte Person und für eine Person, die im Einverständnis mit der personensorgeberechtigten Person handelt.

(5) Die Ordnungswidrigkeit kann mit einer Geldbuße bis zu fünfzigtausend Euro geahndet werden.

Übersicht

A. Vorbemerkung

Die Bestimmungen des § 28 entsprechen inhaltlich im Wesentlichen dem früheren § 12 Abs. 1 **1** JÖSchG. In Abs. 1 Nr. 14 wird weitergehend der Verstoß gegen § 11 Abs. 4 S. 2 (Gestattung der Anwesenheit von jungen Menschen bei einem Werbevorspann oder einem Beiprogramm) bußgeldbewehrt. Entsprechend § 21a Abs. 1 Nr. 1 GjS wird darüber hinaus in Abs. 1 Nr. 20 der Verstoß gegen § 15 Abs. 6 mit Bußgeld bewehrt. Während § 21a Abs. 1 Nr. 1 GjS nur Vorsatz sanktionierte, kann der Tatbestand des Abs. 1 Nr. 20 sowohl vorsätzlich als auch fahrlässig verwirklicht werden (vgl. BT-Drs. 14/9013, 70).

Bei § 28 als OWi-TB sind die Sonderregelungen des OWi-Rechts zu beachten, so beim Handeln für **2** einen anderen (§ 9 OWiG), bei Tatbeteiligung mehrerer (§ 14 OWiG), bei der Festsetzung von Geldbußen gegen Personenvereinigungen oder jur. Personen als Nebenfolge einer OWi (§ 30 OWiG) sowie zur Aufsichtspflichtverletzung in Betrieben und Unternehmen (§ 130 OWiG).

B. Verstöße gegen § 28
I. Verstöße gegen Abs. 1

Taugliche **Täter** einer OWi nach Abs. 1 können **Veranstalter** (→ § 27 Rn. 46) oder **Gewerbetrei- 3 bende** (→ § 27 Rn. 47) sein.

1. § 28 Abs. 1 Nr. 1. Die Vorschrift ahndet die fehlerhafte, weil nicht, nicht richtig oder nicht in **4** vorgeschriebener Weise vorgenommene **Bekanntmachung jugendschützender Vorschriften** aus dem JuSchG. § 3 Abs. 1 verpflichtet Veranstalter und Gewerbetreibende, die sich aus den §§ 4–13 **(Regelungen zum Jugendschutz in der Öffentlichkeit und in den Medien)** für ihre Betriebseinrichtungen und Veranstaltungen geltenden Vorschriften sowie bei öffentlichen Filmveranstaltungen die **Alterseinstufung** von Filmen (vgl. § 14 Abs. 2) oder die **Anbieterkennzeichnung** nach § 14 Abs. 7 („Infoprogramm" oder „Lehrprogramm") durch deutlich sichtbaren und gut lesbaren Aushang bekannt zu machen (Verstoß etwa, wenn die Anbieterkennzeichnung als „Infoprogramm" oder „Lehrprogramm" missbräuchlich erfolgt, zB zur Verharmlosung indizierter Inhalte). Zu den **Regelungen der**

§§ 4–13 zählen Vorschriften zum Aufenthalt Minderjähriger in Gaststätten (§ 4), auf Tanzveranstaltungen (§ 5), Aufenthalt in Spielhallen sowie Teilnahme an Glücksspielen (§ 6), jugendgefährdende Veranstaltungen und Betriebe (§ 7), Abgabe und Konsum alkoholischer Getränke (§ 9 JuSchG), Abgabe und Konsum von Tabakwaren (§ 10); Filmvorführung und Anwesenheit bei Filmveranstaltungen (§ 11 JuSchG), Abgabe und Kennzeichnung von Bildträgern mit Filmen oder Spielen (§ 12) sowie von Bildschirmspielgeräten (§ 13). Erforderlich, aber auch ausreichend ist die Bekanntmachung der für den jeweiligen Gewerbebetrieb oder die jeweilige Veranstaltung einschlägigen („geltenden") Vorschriften.

5   **2. § 28 Abs. 1 Nr. 2.** Die Norm betrifft Verstöße gegen die korrekte **Kennzeichnung der Alterseinstufung.** § 3 Abs. 2 S. 1 regelt, dass Veranstalter und Gewerbetreibende zur Bekanntmachung der Alterseinstufung von Filmen und von Film- und Spielprogrammen in jedweder werblichen Ankündigung **nur die in § 14 Abs. 2 aufgeführten Kennzeichnungen** verwenden dürfen: 1. Freigegeben ohne Altersbeschränkung, 2. Freigegeben ab sechs Jahren, 3. Freigegeben ab zwölf Jahren, 4. Freigegeben ab sechzehn Jahren, 5. Keine Jugendfreigabe. Ergänzend gilt für Filme § 12 Abs. 2 (deutlich sichtbares Kennzeichen/Symbol auf der äußeren Hülle) sowie analog § 13 Abs. 3 für Bildschirmspielgeräte. Reißerische Bezeichnungen („Strengstes Jugendverbot") sollen so vermieden werden (BT-Drs. 10/722, 12). Abkürzungen der zulässigen Kennzeichnungen („Frei ab 18"), die diese Zielsetzung berücksichtigen, sind zulässig.

6   **3. § 28 Abs. 1 Nr. 3.** Durch § 28 Abs. 1 Nr. 3 wird ein Verstoß gegen § 3 Abs. 2 S. 2 sanktioniert, der Veranstalter und Gewerbetreibende als **Anbieter** (Filmverleiher) verpflichtet, bei der Weitergabe eines Films für öffentliche Filmveranstaltungen den Veranstalter richtig und rechtzeitig bei Weitergabe auf die **Alterseinstufung** (vgl. § 14 Abs. 2 sowie das Kennzeichen gem. § 12 Abs. 2) sowie die **Anbieterkennzeichnung** (vgl. § 14 Abs. 7) **hinzuweisen.** Eine Form ist für den Hinweis nicht vorgeschrieben, aus Gründen der Beweisführung sollte er allerdings schriftlich erfolgen.

7   **4. § 28 Abs. 1 Nr. 4.** Die Norm sanktioniert den Verstoß gegen § 3 Abs. 2 S. 3, wonach bei der Ankündigung oder Werbung von Filmen oder Film- oder Spielprogrammen, die nach § 14 Abs. 2 von einer obersten Landesbehörde oder einer Organisation der freiwilligen Selbstkontrolle iRd Verfahrens nach § 14 Abs. 6 JuSchG gekennzeichnet sind, ein (direkter oder umschreibender) **Hinweis** auf jugendbeeinträchtigende Inhalte unzulässig ist. Ebenfalls unzulässig ist es, wenn schon die **Ankündigung oder Werbung** (Film-Trailer, Kino- und Filmwerbung, Printwerbung) in jugendbeeinträchtigender Form erfolgt. Zu den **Filmen oder Film- oder Spielprogrammen** zählen vor allem DVDs, VHS-Cassetten sowie Computerspiele auf Datenträgern (CD-ROM, DVD etc).

8   **5. § 28 Abs. 1 Nr. 5.** Die Vorschrift sanktioniert Verstöße gegen die **Gaststätten-Aufenthaltsregelungen** des § 4 Abs. 1 oder Abs. 3.

9   **Gaststätte** ist eine (konkret auch zur Tatzeit) **für jedermann zugängliche** (vgl. § 1 GastG) Örtlichkeit, in der gewerbsmäßig Getränke, Nahrungs- oder Genussmittel an jedermann zum Verzehr an Ort und Stelle abgegeben werden (BayObLGSt 1995, 223 (226)). Eine sog „geschlossene Gesellschaft", bei der nur „bestimmte Personen", also individuell geladene Gäste, nach Absprache mit dem Wirt bewirtet werden (private Feiern; vgl. zur Abgrenzung des „bestimmten Personenkreises" von „bestimmten Personen" BayObLGSt 1993, 4 (5)), verwirklicht den Tatbestand nicht (vgl. BT-Drs. 10/722, 9). **Gewerbsmäßiges Handeln** setzt Gewinnerzielungsabsicht voraus (zum Begriff Gewerbe → Rn. 47). Bei Vereinsgaststätten ist hinsichtlich der Gewinnerzielungsabsicht des Vereins sein tatsächliches Verhalten entscheidend, nicht der in der Satzung festgelegte Vereinszweck. Die kostenlose Abgabe von Speisen und Getränken an Vereinsmitglieder steht der Gewerbsmäßigkeit nicht notwendig entgegen (OLG Karlsruhe NStZ 1991, 594; vgl. auch BVerwG NVwZ 1986, 296; VGH Kassel NVwZ-RR 1990, 183).

10   **Keine Gaststätten** in diesem Sinne sind unabhängig vom Vorliegen der Voraussetzungen des GastG Ausschankstellen mit rein alkoholfreiem Getränkeangebot, zB Stehcafes in Bäckereien (ebenso Erbs/Kohlhaas/*Liesching* § 4 Rn. 5), weil sich hier die nach dem Schutzzweck der Norm zu verhindernde Konfrontation mit Alkohol- und Tabakkonsum und den damit zusammenhängenden Folgen und Gefährdungen für Kinder und Jugendliche nicht ergeben.

11   **Aufenthalt** bezeichnet nach dem Schutzzweck der Norm ein längeres Verweilen an einem Tisch oder an der Theke. Eine kurzzeitige zweckgebundene Anwesenheit, zB zur Entgegennahme oder Überbringung erlaubter Aufträge, ist vom Schutzzweck der Norm nicht ausgeschlossen (vgl. auch, *Nikles/Roll/Spürck/Erdemir/Gutknecht,* Jugendschutzrecht, Kommentar, 3. Aufl. 2011, JuSchG § 4 Rn. 6).

12   **Begleitung** bedeutet nach dem Normzweck nicht nur eine ständige räumliche Anwesenheit, sondern auch die jederzeitige Aufmerksamkeit für den begleiteten Minderjährigen, die ein Beaufsichtigen und die Möglichkeit schneller Einflussnahme bei Fehlverhalten oder Gefahren gewährleistet (OLG Nürnberg NStZ 2007, 43).

13   **Personensorgeberechtigte Person** ist nach der Legaldefinition in § 1 Abs. 1 Nr. 3, wem allein oder gemeinsam mit einer anderen Person nach den Vorschriften des Bürgerlichen Gesetzbuchs die Personensorge zusteht.

Erziehungsbeauftragte Person ist gem. § 1 Abs. 1 Nr. 4 jede **Person über 18 Jahren,** soweit sie 14
auf Dauer oder zeitweise aufgrund einer **Vereinbarung** mit der personensorgeberechtigten Person
Erziehungsaufgaben wahrnimmt oder soweit sie ein Kind oder eine jugendliche Person iRd Ausbildung
oder der Jugendhilfe betreut. § 1 Abs. 1 Nr. 4 sind hinsichtlich Geeignetheit und Qualität der „erziehungsbeauftragten Person" keine besonderen subjektiven Anforderungen zu entnehmen. Insbesondere
ist ein besonderes Autoritätsverhältnis der beauftragten Person gegenüber dem Minderjährigen von
einiger Dauer nicht gefordert (OLG Bamberg BeckRS 2009, 04 971 (Ls.); OLG Nürnberg NStZ 2007,
43). Dem Veranstalter und Gewerbetreibenden obliegen in Zweifelsfällen nach § 2 Abs. 1 S. 2 **Prüfungspflichten** hinsichtlich der Berechtigung der erziehungsbeauftragten Person. Diese können sich im
Blick auf das Alter der erziehungsbeauftragten Person, das Vorliegen einer wirksamen Beauftragung und
die tatsächlichen Ausübung der Aufsichtspflichten ergeben (OLG Bamberg BeckRS 2009, 04971). Zur
Prüfung hat er alle ihm zumutbaren Anstrengungen zu unternehmen (OVG Bremen BeckRS 2008,
32293). Für eine wirksame **Erziehungsbeauftragung** iSd § 1 Abs. 1 Nr. 4 ist neben einem Mindestalter von 18 Jahren eine wirksame Vereinbarung des Personensorgeberechtigten mit der erziehungsbeauftragten Person sowie eine tatsächliche Wahrnehmung der Aufsichtspflichten durch den Beauftragten erforderlich. Daran fehlt es bei Blanko-Vordrucken oder dann, wenn die beauftragte Person
abwesend oder in Folge Alkohol- oder Drogenkonsums objektiv nicht mehr in der Lage ist, die
vereinbarten Aufsichtspflichten zu übernehmen (OLG Bamberg BeckRS 2009, 04971). Die gesetzlich
vorgesehene Delegation von Erziehungsaufgaben findet ihre Grenze, wo die übertragene Aufsichtspflicht
tatsächlich nicht (mehr) wahrgenommen wird, weil sich die „erziehungsbeauftragte Person" aus der
Gaststätte (bzw. Diskothek) entfernt und den Minderjährigen unbeaufsichtigt zurücklässt oder sich durch
Alkohol- oder Drogenmissbrauch etc in einen Zustand versetzt, der die Wahrnehmung der Erziehungs-
aufgabe objektiv unmöglich macht. Ein Gaststättenwirt kann nicht als Begleitung eines Minderjährigen
angesehen werden (OVG Hamburg GewArch 1982, 208). Der Gaststättenbetreiber muss sich im eigenen
Interesse von der ordnungsgemäßen Begleitung eines Minderjährigen überzeugen (evtl. Entzug der
Gaststättenerlaubnis gem. § 15 Abs. 2 GastG wegen Unzuverlässigkeit, vgl. VGH München BayVerwBl
2007, 89; VG Neustadt/Weinstraße GewA 2007, 496).

§ 4 Abs. 1 S. 1 statuiert ein Verbot mit Erlaubnisvorbehalt für den **Aufenthalt** von **Kindern und** 15
Jugendlichen unter 16 Jahren in Gaststätten. Ausnahmsweise erlaubt ist der Aufenthalt in Begleitung
personensorgeberechtigter oder erziehungsbeauftragter Personen oder in der Zeit zwischen 5 Uhr und
23 Uhr für die begrenzte Zeit der Einnahme einer Mahlzeit oder eines erlaubten Getränks. Ziel der
Vorschrift ist die selbstständige Versorgung Minderjähriger. Die tageszeitliche Begrenzung soll Umgehungen vermeiden.

Nach **§ 4 Abs. 1 S. 2** ist **Jugendlichen ab 16 Jahren** der **Aufenthalt** in Gaststätten ohne Beglei- 16
tung einer personensorgeberechtigten oder erziehungsbeauftragten Person in der Zeit von 24 Uhr und
5 Uhr morgens untersagt. Tendenzen zur Aufweichung der zeitlichen Bestimmungen mit dem Argument des Wandels der Gesellschaft ist die Rspr. entschieden entgegengetreten (BVerwG GewArch 1998,
256; Handhabe gegen „Flatrate-Partys" und „Koma-Saufen", VGH München GewArch 1997, 428; VG
Hannover GewArch 2007, 388; vgl. auch *Scheidler* GewArch 2007, 276). Die strenge Auslegung entspricht auch dem Willen des Gesetzgebers (vgl. BT-Drs. 14/9013, 18).

Ein von der Tageszeit unabhängiges ausnahmsloses **Aufenthaltsverbot** enthält § 4 Abs. 3 für den 17
Aufenthalt von Kindern oder Jugendlichen in **Nachtbars, Nachtclubs und vergleichbaren Ver-
gnügungsbetrieben.** Nicht unter diese Regelung fallen Gaststätten, bei denen aus besonderen Anlässen
(Kirmes, Schützenfest etc) eine Verlängerung der Sperrstunde bewilligt wird (vgl. BT-Drs. 10/722, 9).

6. § 28 Abs. 1 Nr. 6. Nach § 5 Abs. 1 darf Kindern und Jugendlichen unter 16 Jahren die **Anwe-** 18
senheit bei **öffentlichen Tanzveranstaltungen** ohne Begleitung einer personensorgeberechtigten
oder erziehungsbeauftragten Person iSv § 1 Abs. 1 Nr. 3 bzw. Nr. 4 nicht und Jugendlichen ab 16
Jahren längstens bis 24 Uhr gestattet werden. Zur Verfassungsmäßigkeit des § 5 Abs. 1 vgl. BVerfGE 52,
277 ff. = BVerfG NJW 1980, 879.

Tanzveranstaltung ist unabhängig von der Benennung durch den Veranstalter jede Veranstaltung, 19
auf der, zB durch Musik und eine geeignete Tanzfläche, **Gelegenheit** zum Tanzen gegeben wird. Der
vom Gesetzgeber verfolgte Schutzzweck der Norm ist bereits das Verhindern einer zum Alkohol-
konsum anreizenden Atmosphäre bei derartigen Events (vgl. BT-Drs. 2/3565, 2; BayObLGSt 1961,
102 (103)). Örtlich werden alle mit der Veranstaltung im Zusammenhang stehenden Räumlichkeiten
erfasst, die entweder zur Beobachtung des Tanzes geeignet oder bestimmt sind oder die gerade dem
Aufenthalt und der Erfrischung in Pausen dienen (zB Bar, Wirtschaftsraum, BayObLGSt 1961, 102
(104)). **Öffentlich** ist die Tanzveranstaltung, wenn sie nicht auf einen bestimmten Personenkreis
beschränkt ist (BayObLGSt 1952, 49; 1978, 105; zB Diskothek, OLG Bamberg BeckRS 2009,
04971). Nicht öffentlich (privat) sind Veranstaltungen, bei denen der Zutritt auf Personen beschränkt
ist, die über bestimmte persönliche Merkmale miteinander in Beziehung stehen (private Parties,
Schulparties, Betriebsfeste etc).

Anwesenheit setzt im Unterschied zum Aufenthalt (→ Rn. 11) kein längeres Verweilen voraus. Es 20
genügt die Anwesenheit in einem Nebenraum (BayObLGSt 1961, 102).

21   Zum Begriff **Begleitung** → Rn. 12, zum Begriff **personensorgeberechtigte Person** → Rn. 13, zur **erziehungsbeauftragten Person** → Rn. 14; zur Kontrollpflicht des Veranstalters BayObLG NStZ-RR 1996, 280; AG Eggenfelden NStZ-RR 2007, 213.

22   **7. § 28 Abs. 1 Nr. 7.** Einen Verstoß gegen § 28 Abs. 1 Nr. 7 begeht, wer entgegen § 6 Abs. 1 Kindern oder Jugendlichen die Anwesenheit in **öffentlichen Spielhallen** oder **ähnlichen** vorwiegend dem Spielbetrieb dienenden **Räumen** gestattet. Durch die Norm soll frühe Spielsucht bei Minderjährigen verhindern (vgl. BT-Drs. 9/1992, 11).

23   **Spielhalle** bezeichnet örtlich eine Räumlichkeit, in der Spielgeräte aufgestellt oder Spiele veranstaltet werden (vgl. § 33i Abs. 1 GewO), sachlich ein Unternehmen, das ausschließlich oder überwiegend der Aufstellung von Spielgeräten oder der Veranstaltung anderer Spiele iSv § 33c Abs. 1 GewO bzw. § 33d Abs. 1 GewO oder der gewerbsmäßigen Aufstellung von Unterhaltungsspielen ohne Gewinnmöglichkeit dient (zum Spielhallenbegriff BT-Drs. 3/318, 16; Ennuschat/Wank/*Tettinger,* 8. Aufl. 2011, GewO § 33i Rn. 5; *Buchholz* GewA 2000, 457). **Ähnliche dem Spielbetrieb dienende Räume** können separate Räume anderer Gewerbe, zB von Gaststätten, mit Spielautomaten sein (BVerwG NVwZ 1983, 288: Geldspielautomaten und Flipper) oder Internet-Spielcenter mit vernetzten Computern für Computerspiele (BVerwG NVwZ 2005, 961; VG Berlin GewA 2002, 427; OVG Berlin GewA 2004, 385). Vom Spiel ist der Bereich des Sports zu trennen, der im Gegensatz zum Spiel nicht allein der Geselligkeit, Zerstreuung oder dem Zeitvertreib gilt, sondern ebenso auf Erhaltung und Förderung körperlicher Fähigkeiten abzielt und damit sozialen und gesundheitlichen Zwecken dient (zur Abgrenzung Ennuschat/Wank/*Tettinger,* 8. Aufl. 2011, GewO Vor §§ 33c ff. Rn. 2 ff.). Sportanlagen, zB Billiardanlagen oder Kegelcenter etc, sind keine Spielhallen. Zur Abgrenzung kann nach OVG Münster (GewArch 1995, 124) beitragen, ob es Nebenräume für Sportler gibt. Bei gemischten Anlagen ist entscheidend, ob der Gesamteindruck schwerpunktmäßig durch den Spielbetrieb geprägt und deswegen geeignet ist, das „typische Spielhallenfluidum" zu vermitteln (BVerwG NVwZ 2005, 961; OVG Münster NVwZ-RR 1999, 794 (795) mwN). Das ist nicht der Fall, wenn neben 12 Billiardtischen nur wenige elektronische Spielautomaten aufgestellt sind (OVG Hamburg GewArch 1987, 302).

24   **Öffentlich** sind Spielhallen, wenn der Zugang jedermann allgemein offen steht.

25   **Unterhaltungsspiele ohne Gewinnmöglichkeit** sind gesetzlich nicht näher definiert. Da kein „Spielgerät" vorliegen muss, braucht es sich nicht um eine Apparatur zu handeln, die nach ihrem Ingangsetzen unter Energieeinsatz durch technische Einrichtungen Spielabläufe bewirkt. **Beispiele** sind insbes. elektrische Bildschirmunterhaltungsspiele (TV-, Video- und Computerspiele).

26   **8. § 28 Abs. 1 Nr. 8.** Nach § 6 Abs. 2 darf einem Kind oder einer jugendlichen Person die **Teilnahme** an **Spielen mit Gewinnmöglichkeit** in der Öffentlichkeit nur auf Volksfesten (§ 60b GewO), Schützenfesten, Jahrmärkten und Spezialmärkten (§ 68 GewO) oder ähnlichen Veranstaltungen und nur unter der Voraussetzung gestattet werden, dass der Gewinn in **Waren von geringem Wert** besteht. Unter Berücksichtigung des Schutzzwecks des Gesetzes ist bei der Wertbeurteilung der Beurteilungshorizont des Minderjährigen zugrunde zu legen. Danach dürfte der Wert deutlich unter 50 EUR liegen (nach hM Geringwertigkeitsgrenze iSd § 248a StGB, OLG Hamm NJW 2003, 3145; wistra 2004, 34) und sich realistisch zwischen 30 EUR (Erbs/Kohlhaas/*Liesching* § 6 Rn. 11) und 60 EUR (Anlehnung an Nr. 3 Anl. zu § 5a SpielV) bewegen.

27   **Teilnahme** ist die selbstständige Beteiligung am Spiel. Ein reines unbeteiligtes Zuschauen oder Unterstützen Erwachsener genügt nicht.

28   **Spiele mit Gewinnmöglichkeit** sind Glücksspiele (zur Definition § 3 Abs. 1 Erster GlüÄndStV), Geschicklichkeitsspiele, Kartenspiele, Wetten sowie Spielgeräte iSv § 33c Abs. 1 S. 1 GewO mit technischer bzw. mechanischer Gewinnausgabe. Ein Spielautomat, bei dem der Spieler nicht nur Freispiele, sondern auch frühere Einsätze bis zu einer Gesamthöhe von 50 EUR zurück gewinnen kann, ist ein Spielgerät mit Gewinnmöglichkeit iSd § 33c Abs. 1 GewO (OVG Hamburg NVwZ-RR 2004, 570). Ob Gewinnspiele im Internet § 6 Abs. 2 unterfallen, ist str. (hierzu Erbs/Kohlhaas/*Liesching* § 6 Rn. 10; *Pfeiffer*/*Fischer* GewArch 2002, 232 (233)). Richtigerweise darf der Schutz der Jugendlichen nicht an der Mediengrenze Halt machen. Andererseits dürfte der Anwendungsbereich von Internet-Spielen „in der Öffentlichkeit" eher gering sein.

29   Auch **Lotterien** unterfallen Abs. 2 (vgl. VG Bremen BeckRS 2010, 33683). Am 1.7.2012 ist der Erste Glücksspieländerungsstaatsvertrag – Erster GlüÄndStV – in Kraft getreten. Zum Jugendschutz bei Glücksspielen vgl. auch dort § 5 Erster GlüÄndStV.

30   **9. § 28 Abs. 1 Nr. 9.** Geht von einer **öffentlichen Veranstaltung** oder einem **Gewerbebetrieb** eine Gefährdung für das körperliche, geistige oder seelische Wohl von Kindern oder Jugendlichen aus, kann die zuständige Behörde nach § 7 S. 1 anordnen, dass Veranstalter oder Gewerbetreibende Kindern und Jugendlichen die Anwesenheit nicht gestatten dürfen. Ordnungswidrig iSv § 28 Abs. 1 Nr. 9 handelt, wer einer solchen vollziehbaren Anordnung zuwiderhandelt. Die Norm dient als **Auffangtatbestand,** sofern der Jugendschutz durch die Regelungen der §§ 4–6 bzw. 11 nicht ausreichend bewerkstelligt werden kann.

Als **öffentliche Veranstaltung** kommt jegliche Art von Veranstaltung (Demonstration, Parade, **31** Konzert etc), in Betracht. Unter **Gewerbebetriebe** fallen Gaststätten ebenso wie Internet-Cafés und sonstige Lokalitäten, in denen sich Gefährdungen für Minderjährige entwickeln können. **Tauglicher Täter** ist nur der Adressat der Anordnung. **Vollziehbar** wird die Anordnung mit Unanfechtbarkeit oder wenn die sofortige Vollziehung angeordnet worden ist (§ 80 Abs. 2 Nr. 4 VwGO).

Für eine **Gefährdung** genügt eine abstrakte Gefahr, also die hinreichende Wahrscheinlichkeit, dass **32** bei ungehindertem objektiv zu erwartenden Geschehensablauf Kinder und Jugendliche in ihrer geistig-seelischen und nachfolgend auch körperlichen Entwicklung Schaden nehmen. Die Behörden haben auf dieser Grundlage eine Prognoseentscheidung zu treffen. Hierbei kommt ihnen eine Einschätzungs-prärogative zu, ab wann sie ein Einschreiten für erforderlich halten.

10. § 28 Abs. 1 Nr. 10. Die Vorschrift sanktioniert Verstöße gegen § 9 Abs. 1. Danach dürfen in **33** **Gaststätten, Verkaufsstellen** oder sonst **in der Öffentlichkeit** Branntwein oder branntweinhaltige Getränke oder Lebensmittel, die Branntwein in nicht nur geringfügiger Menge enthalten, weder an Kinder und Jugendliche abgegeben oder ihnen der Verzehr gestattet werden (zum damit in Verbindung stehenden Widerruf der Gaststättenerlaubnis gem. § 15 GastG bzw. der Gewerbeuntersagung gem. § 35 Abs. 1 GewO VG Berlin BeckRS 2014, 47213). Hinsichtlich sonstiger alkoholischer Getränke gilt dieses Verbot für Kinder und Jugendliche unter 16 Jahren.

Zum Begriff der **Gaststätte** vgl. → Rn. 9 f. **Verkaufsstellen** sind sonstige nicht feste Geschäftslokale, **34** zB Verkaufsstände im Freien. Der Begriff **Öffentlichkeit** dient als Auffangbegriff für sonstige allgemein und ohne Zugangsbeschränkung zugängliche Stellen, an denen Minderjährigen branntweinhaltige Lebensmittel ausgehändigt oder ihnen der Genuss gestattet werden könnte. **Abgabe** ist das Überlassen der tatsächlichen Gewalt über die Substanz. Dies ist noch nicht der Fall, wenn sich die Ware noch unbezahlt im Kassenbereich befindet OLG Naumburg BeckRS 2012, 21446).

Ist der Minderjährige bereits im Besitz des Getränks, kommt die **Gestattung des Verzehrs** in Betracht (BT-Drs. 9/ 1992, 15), wenn hiergegen nicht eingeschritten wird. **Testkäufe** von Alkoholika durch Minderjährige, ob überwacht oder nicht überwacht, unterfallen § 28 Abs. 1 Nr. 10 (→ Rn. 73 zu Abs. 4; zur Frage der schuldhaften Abgabe bei älterem Aussehen OLG Naumburg BeckRS 2012, 21446).

Branntwein ist jedes zu Trinkzwecken durch Destillation gegorener alkoholischer Flüssigkeiten gewonnene Er- **35** zeugnis. Zur Gewinnung können alle Stoffe dienen, die fertig gebildeten, vergärbaren Zucker oder Stoffe enthalten, die durch besondere Behandlung in vergärbaren Zucker übergeführt werden können (Bsp.: stärkehaltige Rohstoffe wie Getreide oder Kartoffeln; zuckerhaltige Rohstoffe wie Zucker, Melasse, Obst etc). Technisch sind Branntwein Waren der Positionen 2207 und 2208 der Kombinierten Nomenklatur mit einem Alkoholgehalt über 1,2 Volumenprozent oder der Positionen 2204, 2205 und 2206 der Kombinierten Nomenklatur mit einem Alkoholgehalt über 22 Volumen-prozent. Der Einordnung als Branntwein steht nicht entgegen, dass dieser einen Teil in der Flüssigkeit gelöst, enthält (vgl. § 130 Abs. 2, 3 BranntwMonG). **Kein Branntwein** im Sinne der Vorschrift sind vergällter (für menschlichen Genuss unbrauchbar gemachter) Branntwein sowie branntweinhaltige Flüssigkeiten zur Körperpflege etc (vgl. *Metzner*, Gaststättengesetz: GastG, 6. Aufl. 2001, GastG § 20 Rn. 4).

Für **branntweinhaltige Getränke** genügt es, wenn sie – etwa als Mischgetränke – mit Branntwein versetzt sind. **36** Bei branntweinhaltigen **Lebensmitteln** kommt es hinsichtlich der Beurteilung der Menge auf das Gesamtgericht an (die einzelne alkoholisierte Kirsche auf dem Kuchen ist unschädlich; vgl. BT-Drs. 10/722, 9). **Sonstige alkoholische Getränke** sind solche, deren Alkohol durch Gärung oder Kelterung entstehen und die einen geringeren Alkoholgehalt als Branntwein aufweisen (Bsp.: Bier, Wein, Most etc).

Eine klare Grenze hinsichtlich der nicht nur geringfügigen Menge Branntwein gibt es nicht. Angesichts des Schutz- **37** zwecks der Norm, Minderjährige nicht zum Konsum von Alkohol zu verführen, dürften damit nur ganz niedrige Alkoholkonzentrationen gemeint sein, die im Verhältnis zum Gesamtprodukt zu vernachlässigen sind (Bsp.: alkohol-freies Bier mit einem Alkoholgehalt von regelmäßig um die 0,5 Volumenprozent).

11. § 28 Abs. 1 Nr. 11. Die Norm sanktioniert Verstöße gegen § 9 Abs. 3 S. 1. Dieser verbietet als **38** Ergänzung zu § 20 Nr. 1 GastG **in der Öffentlichkeit das Anbieten alkoholischer Getränke in einem Automaten.** Gesetzgeberischer Hintergrund ist, dass Kinder und Jugendliche nicht ohne persönliche Kontrolle, zB durch Geschäfts- oder Bedienpersonal, Zugang zu Alkoholika erhalten sollen.

Keine Anwendung findet § 9 Abs. 3 S. 1 auf Automaten, die an einem für Kinder und Jugendliche unzugäng- **39** lichen Ort oder in einem gewerblich genutzten Raum (nicht: außen an einem solchen, BayObLG GewArch 1989, 172) aufgestellt sind und durch technische Vorrichtungen (vgl. BT-Drs. 10/2546, 19: Codekarten, die nur an über 16-jährige ausgegeben werden) oder durch ständige Aufsicht (mit jederzeitiger Eingriffsmöglichkeit) sichergestellt ist, dass Min-derjährige alkoholische Getränke nicht entnehmen können (s § 9 Abs. 3 S. 2), zB in nichtöffentlichen Bereichen wie Kantinen auf dem Gelände privater Unternehmen.

12. § 28 Abs. 1 Nr. 11a. Die Norm § 28 Abs. 1 Nr. 11a JuSchG betrifft Verstöße gegen § 9 Abs. 4, **40** wonach **alkoholhaltige Süßgetränke** gewerbsmäßig nur mit dem Hinweis „Abgabe an Personen unter 18 Jahren verboten, § 9 Jugendschutzgesetz" in den Verkehr gebracht werden dürfen. Dieser Hinweis ist auf der Fertigpackung in der gleichen Schriftart und in der gleichen Größe und Farbe wie die Marken- oder Fantasienamen oder, soweit nicht vorhanden, wie die Verkehrsbezeichnung zu halten und bei Flaschen auf dem Frontetikett anzubringen.

41   **Alkoholhaltige Süßgetränke** (Alkopops) sind iSv § 1 Abs. 2 und 3 AlkopopStG Getränke – auch in gefrorenem Zustand, die aus einer Mischung von Getränken mit einem Alkoholgehalt von 1,2 Volumenprozent oder weniger oder gegorenen Getränken mit einem Alkoholgehalt von mehr als 1,2 Volumenprozent mit Branntwein bestehen, einen Alkoholgehalt von mehr als 1,2 Volumenprozent, aber weniger als 10 Volumenprozent aufweisen, trinkfertig gemischt in verkaufsfertigen, verschlossenen Behältnissen abgefüllt sind und als Erzeugnisse nach § 130 Abs. 1 BranntwMonG der Branntweinsteuer unterliegen. Als Alkopops gelten auch industriell vorbereitete Mischungskomponenten der gerade genannten Getränke, die in einer gemeinsamen Verpackung enthalten sind.

42   **13. § 28 Abs. 1 Nr. 12.** Einen Verstoß gegen § 28 Abs. 1 Nr. 12 begeht, wer in Gaststätten, Verkaufsstellen oder sonst in der Öffentlichkeit Tabakwaren und andere **nikotinhaltige** Erzeugnisse und deren Behältnisse an Kinder oder Jugendliche abgibt oder einem Kind oder einer jugendlichen Person das Rauchen oder den Konsum dieser Produkte gestattet (Handeln entgegen § 10 Abs. 1). Gleiches gilt auch für die Abgabe oder die Gestattung des Rauchens **nikotinfreier** Erzeugnisse, in denen Flüssigkeit durch ein elektronisches Heizelement verdampft und die entstehenden Aerosole mit dem Mund eingeatmet werden, sowie für deren Behältnisse (Handeln entgegen § 10 Abs. 1 iVm Abs. 4). **Tabakwaren** sind alle Erzeugnisse, die zum Rauchen, Schnupfen, Lutschen oder Kauen bestimmt sind, sofern sie ganz oder teilweise aus Tabak bestehen (vgl. Art. 2 RL 98/43/EG „Tabakerzeugnisse"; EuGH NJW 2000, 370).

42a   Andere **nikotinhaltige** oder **nikotinfreie Erzeugnisse** iSd Vorschrift sind insbesondere elektronische Zigaretten und elektronische Shishas. Zu den **Behältnissen** gehören vor allem die entsprechenden Nachfüllbehälter, da die Produkte nicht nur als Einwegprodukte zu erwerben sind. Hintergrund der Erstreckung auf elektronische Zigaretten und elektronische Shishas war die Entscheidung des BVerwG v. 20.11.2014 (BVerwG BeckRS 2015, 41470), dass nikotin**haltige** Flüssigkeiten (Liquids), die mittels elektronischer Zigaretten verdampft und inhaliert werden, keine Arzneimittel und elektronische Zigaretten selbst keine Medizinprodukte sind. Bei nikotin**freien** elektronischen Zigaretten und elektronischen Shishas wird der bei der Verdampfung der Flüssigkeit entstandene Nebel (Aerosol) inhaliert. Die Flüssigkeit besteht aus einem Chemikaliengemisch mit den Grundsubstanzen Propylenglykol und Glyzerin sowie aromatisierenden Zusatzstoffen. Studien des Bundesinstituts für Risikobewertung und des Deutschen Krebsforschungszentrums haben ergeben, dass beim Dampfen von elektronischen Inhalationsprodukten Carbonylverbindungen, einschließlich Formaldehyd, Acrolein und Acetaldehyd entstehen, die im Verdacht stehen, Krebs auszulösen beziehungsweise als Karzinogen der Kategorie 1B eingestuft sind. Die Aerosole enthalten zudem besonders feine Partikel, die chronische Schädigungen bewirken und sich besonders in der Wachstumsphase von Kindern und Jugendlichen auswirken und dabei die Lungenentwicklung beeinträchtigen können.

43   **14. § 28 Abs. 1 Nr. 13.** Eine Ordnungswidrigkeit iSv § 28 Abs. 1 Nr. 13 begeht, wer entgegen § 10 Abs. 2 S. 1 Tabakwaren (→ Rn. 42) und andere nikotinhaltige wie nikotinfreie Erzeugnisse und deren Behältnisse (→ Rn. 42a) **in der Öffentlichkeit in einem Automaten** anbietet. Als **Ausnahme** ist das Anbieten erlaubt, wenn der Automat an einem für Kinder und Jugendliche unzugänglichen Ort aufgestellt ist (§ 10 Abs. 2 S. 2 Nr. 1) oder durch technische Vorrichtungen oder durch ständige Aufsicht sichergestellt ist, dass Kinder und Jugendliche die entsprechenden Waren, Erzeugnisse oder Behältnisse nicht entnehmen können (§ 10 Abs. 2 S. 2 Nr. 2).

43a   Ohne Ausnahme verboten ist seit 1.4.2016 das Angebot oder die Abgabe von Tabakwaren und anderen nikotinhaltigen Erzeugnissen und deren Behältnissen an Kinder und Jugendliche im **Versandhandel** (§ 1 Abs. 4). Gleiches gilt gem. § 10 Abs. 3 iVm Abs. 4 für nikotinfreie Erzeugnisse, wie elektronische Zigaretten oder elektronische Shishas, in denen Flüssigkeit durch ein elektronisches Heizelement verdampft und die entstehenden Aerosole mit dem Mund eingeatmet werden, sowie für deren Behältnisse (→ Rn. 42a). Durch die Erstreckung des Verbots auf den Verkauf im Versandhandel sollten in der Praxis bestehende Wertungswidersprüche zwischen stationärem Verkauf und Verkauf über das Internet beseitigt und Wettbewerbsnachteile für Mitbewerber, die bereits einen effektiven Jugendschutz im Versandhandel praktizieren, aufgehoben werden.

44   **15. § 28 Abs. 1 Nr. 14.** Gegen § 11 Abs. 1 oder 3, jeweils auch iVm Abs. 4 S. 2, verstößt, wer einem Kind oder einer jugendlichen Person die Anwesenheit bei einer öffentlichen Filmveranstaltung, einem Werbevorspann oder einem Beiprogramm gestattet.

45   Nach § 11 Abs. 1 darf Kindern und Jugendlichen die Anwesenheit bei öffentlichen Filmveranstaltungen nur gestattet werden, wenn die Filme von der obersten Landesbehörde oder einer Organisation der freiwilligen Selbstkontrolle iRd Verfahrens nach § 14 Abs. 6 zur Vorführung vor ihnen freigegeben worden sind oder wenn es sich um Informations-, Instruktions- und Lehrfilme handelt, die vom Anbieter mit „Infoprogramm" oder „Lehrprogramm" gekennzeichnet sind. Unbeschadet dieser Voraussetzungen darf die Anwesenheit bei öffentlichen Filmveranstaltungen Kindern unter sechs Jahren, Kindern ab sechs Jahren, wenn die Vorführung nach 20 Uhr beendet ist, Jugendlichen unter 16 Jahren, wenn die Vorführung nach 22 Uhr beendet ist, Jugendlichen ab 16 Jahren, wenn die Vorführung nach 24 Uhr beendet ist nur mit Begleitung einer personensorgeberechtigten (→ Rn. 13) oder erziehungsbeauftragten (→ Rn. 14) Person gestattet werden.

16. § 28 Abs. 1 Nr. 14a. Werbefilme oder **Werbeprogramme,** die für Tabakwaren (→ Rn. 42) **46**
oder alkoholische Getränke werben, dürfen nach § 11 Abs. 5 nur nach 18 Uhr vorgeführt werden.
Andere Filme von Tabakherstellern sind nicht betroffen, sofern darin nicht für Tabakwaren geworben
wird. Der Gesetzgeber hat es bewusst oder unbewusst unterlassen, die zeitliche Filmvorführbeschrän-
kung mWv 1.4.2016 analog den Verkaufsverboten der Nrn. 12 und 13 auf elektronische Zigaretten und
elektronische Shishas zu erstrecken.

17. § 28 Abs. 1 Nr. 15. Bildträger sind nach der Legaldefinition in § 12 Abs. 1 bespielte Video- **47**
kassetten und andere zur Weitergabe geeignete, für die Wiedergabe auf oder das Spiel an Bildschirmgeräten mit Filmen oder Spielen programmierte Datenträger. Diese dürfen einem Kind oder einer jugendlichen Person in der Öffentlichkeit nur **zugänglich gemacht** (→ § 27 Rn. 16) werden, wenn die
Programme von der obersten Landesbehörde oder einer Organisation der freiwilligen Selbstkontrolle
iRd Verfahrens nach § 14 Abs. 6 für ihre Altersstufe freigegeben und gekennzeichnet worden sind oder
wenn es sich um Informations-, Instruktions- und Lehrprogramme handelt, die vom Anbieter mit
„Infoprogramm" oder „Lehrprogramm" gekennzeichnet sind.

18. § 28 Abs. 1 Nr. 16. Gegen § 28 Abs. 1 Nr. 16 iVm § 12 Abs. 3 Nr. 2 verstößt, wer **Bildträger 48**
(→ Rn. 47), die nicht oder mit „Keine Jugendfreigabe" nach § 14 Abs. 2 von der obersten Landesbehörde oder einer Organisation der freiwilligen Selbstkontrolle iRd Verfahrens nach § 14 Abs. 6 oder
nach § 14 Abs. 7 vom Anbieter gekennzeichnet sind, im Einzelhandel außerhalb von Geschäftsräumen
(→ § 27 Rn. 22), in Kiosken oder anderen Verkaufsstellen, die Kunden nicht zu betreten pflegen
(→ § 27 Rn. 23), oder im Versandhandel (§ 1 Abs. 4; → § 27 Rn. 24; dazu OLG Frankfurt a. M.
BeckRS 2014, 18080) anbietet (→ § 27 Rn. 13) oder anderen überlässt (→ § 27 Rn. 15).

19. § 28 Abs. 1 Nr. 17. § 28 Abs. 1 Nr. 17 sanktioniert Verstöße gegen das eingeschränkte **Auto- 49**
matenvertriebsverbot (zur Fragwürdigkeit der gesetzgeberischen „Kompromisslösung" Erbs/Kohl-
haas/*Liesching* § 12 Rn. 16).

Nach § 28 Abs. 1 Nr. 17 iVm § 12 Abs. 4 dürfen **Automaten zur Abgabe bespielter Bildträger 50**
(→ Rn. 47) auf Kindern oder Jugendlichen zugänglichen öffentlichen Verkehrsflächen, außerhalb von
gewerblich oder in sonstiger Weise beruflich oder geschäftlich genutzten Räumen oder in deren unbeaufsichtigten Zugängen, Vorräumen oder Fluren nur aufgestellt werden, wenn ausschließlich nach § 14
Abs. 2 Nr. 1–4 (freiwillige Selbstkontrolle) gekennzeichnete (dh für die entsprechende Altersgruppe
freigegebene) Bildträger angeboten werden und durch technische Vorkehrungen gesichert ist, dass sie
von Kindern und Jugendlichen, für deren Altersgruppe ihre Programme nicht nach der freiwilligen
Selbstkontrolle freigegeben sind, nicht bedient werden können (für indizierte Bildträger gelten die
verschärften Anforderungen des § 15 Abs. 1 Nr. 4 (→ § 27 Rn. 28 ff.) bzw. von § 184 Abs. 1 Nr. 3a
StGB: Vermietung nur in Minderjährigen nicht zugänglichen Ladengeschäften).

Machen **technische Zugangshindernisse** Minderjährigen die Anmietung derartiger Filme iSe **51**
effektiver Barriere regelmäßig unmöglich und werden technische Kennungen zur Überwindung der
Zugangshindernisse nur an Erwachsene ausgegeben, verstößt dies nicht gegen den Vertrieb zB pornografischer Filme in Automatenvideotheken (BGH MMR 2003, 582). Die Beschränkungen des § 12 Abs. 4
JuSchG finden zudem keine Anwendung, wenn die geschäftlich genutzten Räume, in denen sich die
Videoautomaten befinden, aufgrund technischer Zugangssicherungen nur von erwachsenen Kunden
betreten werden können („Ab-18-Cinebanken", BGH MMR 2003, 582 mAnm *Liesching*). Die vom
BGH geforderten Anforderungen an die Eingangskontrolle zu solchen Räumlichkeiten sind hoch
(persönliche Identifizierung durch Personaldokumente zur Erlangung einer Chipkarte, Prüfung der
Zugangsdaten mit PIN und Daumenabdruck über Fingerprint-Verifikationssystem). Zur Videoüberwachung von Automaten mit der Möglichkeit sofortigen Eingreifens BGH MMR 2003, 582.

Einen entsprechenden Verstoß gegen § 28 Abs. 1 Nr. 17 iVm § 13 Abs. 2 begeht, wer ein **elektro- 52**
nisches Bildschirmspielgerät an einem der genannten Orte aufstellt, ohne dass die abgespielten
Programme für Kinder ab sechs Jahren freigegeben und gekennzeichnet oder nach § 14 Abs. 7 (Anbieterkennzeichnung) mit „Infoprogramm" oder „Lehrprogramm" gekennzeichnet sind (zur Kennzeichnung vgl. EuGH MMR 2008, 298).

20. § 28 Abs. 1 Nr. 18. Bildträger (→ Rn. 47), die Auszüge (keine Vollversionen, sondern Teile **53**
oder Demo-Versionen) von Film- und Spielprogrammen enthalten, dürfen nach § 12 Abs. 5 S. 1 im
Verbund mit periodischen Druckschriften (entgeltlich oder unentgeltlich) nur vertrieben werden, wenn
sie mit einem deutlich sichtbaren Hinweis des Anbieters versehen sind, dass eine Organisation der
freiwilligen Selbstkontrolle (FSK) festgestellt hat (analog § 19 Abs. 3 JMStV), dass diese Auszüge keine
Jugendbeeinträchtigungen enthalten. Für den sonstigen Verbund von Bildträgern mit periodischen
Druckschriften gelten § 12 Abs. 1–3). Missbrauchen Anbieter diese Möglichkeit, wird das Verfahren für
sie gesperrt (§ 12 Abs. 5 S. 3) und sie können ordnungsrechtlich belangt werden (§ 28 Abs. 2 Nr. 3).
Zudem besteht die Möglichkeit des Anbieterausschlusses gem. § 12 Abs. 5 S. 4.

Hintergrund von § 12 Abs. 5 ist, dass im Pressevertrieb mit idR kurzen Redaktionsfristen Zeit- **54**
schriften mit CD-ROMs verbunden werden, die Auszüge aus noch nicht von der FSK gekennzeichneten Bildträgern enthalten (vgl. BT-Drs. 14/9013, 21).

55   Daneben bestehen bleibt die Möglichkeit der Anbieterkennzeichnung für Filme, Film- und Spielprogramme zu Informations-, Instruktions- oder Lehrzwecken nach § 14 Abs. 7, die allerdings voraussetzt, dass sie die Entwicklung oder Erziehung von Kindern und Jugendlichen offensichtlich nicht beeinträchtigen können.

56   **21. § 28 Abs. 1 Nr. 19.** § 28 Abs. 1 Nr. 19 sanktioniert einen Verstoß gegen § 13 Abs. 1, wonach das Spielen an öffentlich aufgestellten **elektronischen Bildschirmspielgeräten ohne Gewinnmöglichkeit** Kindern und Jugendlichen ohne Begleitung einer personensorgeberechtigten oder erziehungsbeauftragten Person nur gestattet werden darf, wenn die Programme von der obersten Landesbehörde oder einer Organisation der freiwilligen Selbstkontrolle iRd Verfahrens nach § 14 Abs. 6 für ihre Altersstufe freigegeben und gekennzeichnet worden sind oder wenn es sich um Informations-, Instruktions- oder Lehrprogramme handelt, die vom Anbieter mit „Infoprogramm" oder „Lehrprogramm" gekennzeichnet sind.

57   Hintergrund der ggü. dem JÖSchG erfolgten Neufassung der Norm im JuSchG, die nicht mehr nur die entgeltliche, sondern auch die unentgeltliche Nutzung beschränkt, ist die Weiterentwicklung kleinformatiger Bildschirmspielgeräte, die in fast jedem Haushalt vorhanden sind. Die Darstellungsqualität der angebotenen Spiele hat sich stark verbessert, so dass auch von kleinen Geräten eine ebenso große jugendbeeinträchtigende und die Entwicklung störende Wirkung ausgehen kann wie von großen Bildschirmspielgeräten mit Gewinnmöglichkeit in Spielhallen. Die Programme der Bildschirmspielgeräte, die oft den Programmen für Bildträger (§ 12) gleichen bzw. die auch auf Bildträgern angeboten werden, sollen den gleichen Freigabe- und Kennzeichnungsregelungen unterliegen wie die Bildträger mit Filmen oder Spielen (BT-Drs. 14/9013, 21).

58   **Elektronisches Bildschirmspielgerät** iSd Vorschrift ist ein öffentlich aufstellbarer Computer mit angeschlossener optischer Ausgabe (Bildschirm), der auf einem angeschlossenen Datenträger ein vom Nutzer beeinflussbares Spielprogramm enthält. Bei verschiedenen Nutzungsmöglichkeiten ist ein Computer dann als Spielgerät anzusehen, wenn er ein Spielprogramm enthält und schwerpunktmäßig zu dem Zweck aufgestellt ist, das Spielen von Computerspielen zu ermöglichen. So ist ein Computer ein Spielgerät, wenn der Aufsteller dem Nutzer durch das Angebot entsprechender Programme das Spielen von Unterhaltungsspielen ermöglicht (vgl. Erbs/Kohlhaas/*Liesching* § 13 Rn. 2 mwN; anders, aber mit anderer Zielrichtung für Unterhaltungsspiele iSv § 33i GewO: VG Berlin MMR 2002, 767). Bsp.: Stationäre Computerspielgeräte, Spielkonsolen, vernetzte Rechner im Rahmen einer LAN-Party oder Games Convention, ebenso in Internet-Cafés bei (das wird selten der Fall sein) überwiegender Nutzung als Spielecomputer.

59   **Gestatten** ist das ausdrückliche oder konkludente Gewährenlassen der Nutzung von Spielprogrammen.

60   Zur **personensorgeberechtigten** oder **erziehungsbeauftragten Person** vgl. → Rn. 13, 14. Dem Veranstalter oder Gewerbetreibenden obliegen in Zweifelsfällen **Prüfungspflichten** hinsichtlich der Berechtigung der erziehungsbeauftragten Person (vgl. § 28 Abs. 4 iVm § 2 Abs. 1 S. 2). Diese können sich im Blick auf das Alter der erziehungsbeauftragten Person, das Vorliegen einer wirksamen Beauftragung und die tatsächlichen Ausübung der Aufsichtspflichten ergeben. Zur Prüfung hat er alle ihm zumutbaren Anstrengungen zu unternehmen. Für eine wirksame **Erziehungsbeauftragung** iSd § 1 Abs. 1 Nr. 4 ist neben einem Mindestalter von 18 Jahren eine wirksame Vereinbarung des Personensorgeberechtigten mit der erziehungsbeauftragten Person sowie eine tatsächliche Wahrnehmung der Aufsichtspflichten durch den Beauftragten erforderlich. Die gesetzlich vorgesehene Delegation von Erziehungsaufgaben findet ihre Grenze dort, wo die übertragene Aufsichtspflicht tatsächlich nicht (mehr) wahrgenommen wird, weil sich die „erziehungsbeauftragte Person" entfernt und den Minderjährigen unbeaufsichtigt zurücklässt.

61   **22. § 28 Abs. 1 Nr. 20.** § 28 Abs. 1 Nr. 20 sanktioniert den nicht oder nicht rechtzeitig erfolgten **Hinweis** nach § 15 Abs. 6. Danach haben **Gewerbetreibende** (Verleger und Zwischenhändler, vgl. BT-Drs. 14/9013, 24, aber auch Importeure und Händler), soweit die Lieferung indizierter Trägermedien erfolgen darf, **vor Abgabe** an gewerbliche Abnehmer die Händler auf die Vertriebsbeschränkungen des Abs. 1 Nr. 1–6 **hinzuweisen.** Die Norm korrespondiert mit der strafbewehrten Verpflichtung der gewerblichen Abnehmer in § 15 Abs. 1. Der Halbsatz „soweit (…) erfolgen darf" geht ins Leere, da die Lieferung per se – mangels existierender Lieferverbote – immer erfolgen darf und der Hinweis folglich immer erfolgen muss (ebenso Erbs/Kohlhaas/*Liesching* § 15 Rn. 63 f. mwN).

II. Verstöße gegen Abs. 2

62   In Abs. 2 werden Verstöße gegen die Anbieterhinweis- und -kennzeichnungspflicht sanktioniert (vgl. BT-Drs. 14/9013, 70). Täter ist der **Anbieter von Bildträgern,** insbes. Händler und Vertriebsstellen von Filmen und Computerspielen sowie Film- und Spielevermieter (zB Inhaber von Videotheken) sowie **Anbieter von periodischen Druckschriften** (Abs. 2 Nr. 3 iVm § 12 Abs. 5).

63   Eine Ordnungswidrigkeit gem. Abs. 2 kann vorsätzlich oder fahrlässig begangen werden (vgl. zum subjektiven Element § 10 OWiG).

1. § 28 Abs. 2 Nr. 1. Gegen § 28 Abs. 2 Nr. 1 verstößt, wer entgegen § 12 Abs. 2 S. 1 und 2, auch **64** iVm Abs. 5 S. 3, einen Hinweis nicht, nicht richtig oder nicht in der vorgeschriebenen Weise gibt. Danach ist auf die Kennzeichnungen nach § 12 Abs. 1 auf dem **Bildträger** und der Hülle mit einem deutlich sichtbaren Zeichen hinzuweisen (auf der Hüllenfront links unten, mind. 1.200mm², auf dem Bildträger mind. 250mm²). Die oberste Landesbehörde kann Näheres über Inhalt, Größe, Form, Farbe und Anbringung der Zeichen anordnen und Ausnahmen für die Anbringung auf dem Bildträger oder der Hülle genehmigen. Auf das Anbringen der Kennzeichnungen auf **Bildschirmspielgeräten** finden diese Regelungen gem. § 13 Abs. 3 entsprechende Anwendung.

2. § 28 Abs. 2 Nr. 2. Einen Verstoß gegen § 28 Abs. 2 Nr. 2 begeht, wer einer **vollziehbaren** **65** **Anordnung** nach § 12 Abs. 2 S. 3 Nr. 1 (ggf. iVm Abs. 5 S. 3 bei periodischen Druckwerken), oder nach § 14 Abs. 7 S. 3 zuwiderhandelt. Nach § 12 Abs. 2 S. 3 Nr. 1 kann die oberste Landesbehörde näheres über Inhalt, Größe, Form, Farbe und Anbringung der Zeichen anordnen (→ Rn. 64). **Vollzieh-** **bar** wird die Anordnung mit Unanfechtbarkeit oder wenn die sofortige Vollziehung angeordnet worden ist (§ 80 Abs. 2 Nr. 4 VwGO).

Auf das Anbringen der Kennzeichnungen auf Bildschirmspielgeräten finden diese Grundsätze gem. **66** § 13 Abs. 3 entsprechende Anwendung. Die oberste Landesbehörde kann gem. § 14 Abs. 7 S. 3 das Recht zur Anbieterkennzeichnung für einzelne Anbieter oder für besondere Film- und Spielprogramme ausschließen und durch den Anbieter vorgenommene Kennzeichnungen aufheben.

3. § 28 Abs. 2 Nr. 3. Gegen § 28 Abs. 2 Nr. 3 verstößt, wer entgegen § 12 Abs. 5 S. 2 einen **67** Hinweis nicht, nicht richtig, nicht in der vorgeschriebenen Weise oder nicht rechtzeitig anbringt. Danach dürfen **Bildträger**, die Auszüge von Film- und Spielprogrammen enthalten, abweichend von § 12 Abs. 1 und 3 **im Verbund mit periodischen Druckschriften** nur vertrieben werden, wenn sie mit einem Hinweis des Anbieters versehen sind, der deutlich macht, dass eine Organisation der freiwilligen Selbstkontrolle festgestellt hat, dass diese Auszüge keine Jugendbeeinträchtigungen enthalten. Der Hinweis ist sowohl auf der periodischen Druckschrift als auch auf dem Bildträger vor dem Vertrieb mit einem deutlich sichtbaren Zeichen (→ Rn. 64) anzubringen.

4. § 28 Abs. 2 Nr. 4. Filme, Film- und Spielprogramme zu Informations-, Instruktions- oder Lehr- **68** zwecken dürfen vom Anbieter mit „Infoprogramm" oder „Lehrprogramm" nur gekennzeichnet wer- den, wenn sie offensichtlich nicht die Entwicklung oder Erziehung von Kindern und Jugendlichen beeinträchtigen.

III. Verstöße gegen Abs. 3

Die Ordnungswidrigkeit iSv Abs. 3 kann vorsätzlich oder fahrlässig begangen werden (vgl. zum **69** subjektiven Element § 10 OWiG).

1. § 28 Abs. 3 Nr. 1. Nr. 1 macht **Anbieter von Telemedien,** die Filme, Film- und Spielpro- **70** gramme verbreiten, bußgeldpflichtig, wenn sie der Verpflichtung nach § 12 Abs. 2 S. 4 nicht nach- kommen. Danach müssen diese, wenn sie Filme, Film- oder Spielprogramme verbreiten, auf eine vorhandene **Kennzeichnung** in ihrem Angebot deutlich **hinweisen.**

2. § 28 Abs. 3 Nr. 2. Nr. 2 sanktioniert Verstöße gegen § 24 Abs. 5 S. 2 (vgl. BT-Drs. 14/9013, **71** 70). Danach darf eine **Mitteilung** über die Aufnahme eines ausländischen Telemediums in die Liste jugendgefährdender Medien an die im Bereich der Telemedien anerkannten Einrichtungen der Selbst- kontrolle ausschließlich zum Zweck der Aufnahme in nutzerautonome Filterprogramme (dazu BT-Drs. 14/9013, 28) verwendet werden. **Täter** einer Ordnungswidrigkeit iSv § 28 Abs. 3 kann formal **jeder-** **mann** sein. Vor allem betroffen sind aber Mitarbeiter bei Einrichtungen der Freiwilligen Selbstkontrolle.

IV. Verstöße gegen Abs. 4

Die Bestimmung des Abs. 4 entspricht inhaltlich dem ehemaligen § 12 Abs. 2 JÖSchG, ergänzt **72** dadurch, dass das sogenannte „Elternprivileg" auch auf Personen ausgedehnt wird, die im Einverständnis mit der personensorgeberechtigten Person handeln (S. 2) (vgl. BT-Drs. 14/9013, 70). Zu den in Bezug genommenen Vorschriften vgl. iE die Kommentierung oben.

Täter einer Ordnungswidrigkeit nach Abs. 4 kann im Unterschied zu Abs. 1 **jedermann** sein. Der **73** Täter muss **volljährig** sein. Bei minderjährigen Tätern kommt ggf. Beteiligung in Betracht (§ 14 OWiG). Die aufgeführten Tathandlungen des Herbeiführens oder Förderns entsprechen denen der Anstiftung und Beihilfe im StGB und können nur geahndet werden, wenn eine ahndungsfähige Haupttat begangen wird, OLG Naumburg BeckRS 2012, 21446). Das behördlich gesteuerte Handeln Minderjäh- riger als agent provocateur (im Fall von Testkäufen) führt mangels Vollendung nicht zur Erfüllung des Tatbestands (zur Tatprovokation VG Hannover BeckRS 2011, 56360; zu Testkäufen *Strohs* GewArch 2014, 342; Testkäufe und Grundsatz fairen Verfahrens OLG Bremen NStZ 2012, 220).

Verwirklicht ein Gewerbetreibender oder Veranstalter zugleich eine Ordnungswidrigkeit iSv Abs. 1 und Abs. 4, liegt insoweit Tateinheit vor (§ 19 OWiG).

74   Nicht von Abs. 1 erfasst sind Verstöße gegen **§ 12 Abs. 3 Nr. 1.** Danach dürfen Bildträger (→ Rn. 47), die nicht oder mit „Keine Jugendfreigabe" nach § 14 Abs. 2 von der obersten Landesbehörde oder einer Organisation der freiwilligen Selbstkontrolle iRd Verfahrens nach § 14 Abs. 6 oder nach § 14 Abs. 7 vom Anbieter gekennzeichnet sind, einem Kind oder einer jugendlichen Person nicht angeboten, überlassen oder sonst zugänglich gemacht werden.

75   Bei den **Tathandlungen** meint **Herbeiführen** täterschaftliches Verursachen, **Fördern** die physische oder psychische Unterstützung einer der genannten Tathandlungen. Das tatbestandliche Verhalten kann im Fall einer Garantenpflicht auch in einem Unterlassen bestehen.

76   Die Ordnungswidrigkeit des Abs. 4 kann nur **vorsätzlich** begangen werden (vgl. § 10 OWiG).

C. Tatbegehung und Rechtsfolgen (Abs. 5)

77   Die Ordnungswidrigkeit kann vorsätzlich oder fahrlässig begangen werden (zum subjektiven Element vgl. § 10 OWiG). Der **Versuch** einer Ordnungswidrigkeit ist gem. § 13 OWiG rechtlich nicht ahndbar.

78   Die Bestimmung des Abs. 5 entspricht § 12 Abs. 3 JÖSchG, wobei unter Berücksichtigung der veränderten wirtschaftlichen Rahmenbedingungen sowie unter Berücksichtigung des Umstandes, dass Zuwiderhandlungen zu wirtschaftlich bedeutenden Marktgewinnen führen können, das Höchstmaß der Geldbuße auf 50.000 EUR erhöht wurde (BT-Drs. 14/9013, 70). Der **Geldbußenrahmen** für Ordnungswidrigkeiten iSv § 28 beträgt daher gem. Abs. 5 Geldbuße von 5 EUR (Mindestbetrag, § 17 Abs. 1 OWiG) bis zu 50.000 EUR. Sofern die Ordnungswidrigkeit auch fahrlässig begangen werden kann, kann das Strafmaß für fahrlässiges Handeln nach § 17 Abs. 2 OWiG bis zur Hälfte des Höchstmaßes für vorsätzliches Handeln betragen. Die Verfolgung als Ordnungswidrigkeit steht im Ermessen der Bußgeldbehörde (Opportunitätsprinzip). Die Höhe der Geldbuße soll nach § 17 Abs. 4 OWiG den aus der Ordnungswidrigkeit gezogenen Gewinn übersteigen. **Zuständig** ist die für den (Wohn-)Sitz des Täters zuständige Kreisverwaltungsbehörde.

79   Die **Festsetzung** der Geldbuße erfolgt gem. §§ 35 ff. OWiG durch schriftlichen Erlass und Zustellung. Neben der Geldbuße hat der Betroffene die Kosten des Verfahrens sowie der baren Auslagen (§ 107 OWiG) zu tragen.

80   Die **Verjährung** richtet sich nach den §§ 31 f. OWiG.

D. Konkurrenzen

81   Zu den Konkurrenzen von Ordnungswidrigkeiten (§§ 19, 20 OWiG) bzw. von Ordnungswidrigkeit und Straftat (§ 21 OWiG) im Allgemeinen vgl. Bohnert/Krenberger/Krumm OWiG Vor §§ 19–21; KK-OWiG/*Bohnert* OWiG §§ 19–21; Göhler/*Gürtler* OWiG Vor §§ 19–21. Ein Verstoß gegen Regelungen des JuSchG kann zugleich wettbewerbsrechtliche Unterlassungsansprüche begründen, vgl. zu § 9 Abs. 1 OLG Brandenburg BeckRS 2012, 21494.

425. Verordnung über Kaffee, Kaffee- und Zichorien-Extrakte (KaffeeV)

Vom 15. November 2001 (BGBl. I S. 3107) BGBl. III/FNA 2125-40-82

Zuletzt geändert durch Art. 10 VO zur Änd. lebensmittelrechtl. und tabakrechtl. Bestimmungen vom 22.2.2006 (BGBl. I S. 444)

– Auszug –

Vorbemerkung

Mit der KaffeeV wurde die **RL 1999/4/EG** des Europäischen Parlaments und des Rates v. 22.2.1999 **1** in nationales Recht umgesetzt. Die Richtlinie, die an Stelle der Vorgängerrichtlinie 77/436/EWG trat und die dortigen Regeln an die allgemein geltenden lebensmittelrechtlichen Vorschriften anpasste, ist von der Erwägung getragen, dass durch die Unterschiede zwischen den einzelstaatlichen Rechtsvorschriften betreffend Kaffee- und Zichorien-Extrakte nachteilige Auswirkungen für den Binnenmarkt entstehen könnten, da es vor dem Hintergrund der unterschiedlichen Rechtslagen in den Mitgliedstaaten **zu unlauterem Wettbewerb und zur Irreführung des Verbrauchers** kommen kann. Insoweit soll die Richtlinie für **einheitliche Bezeichnungen und Etikettierungen** in diesem speziellen Lebensmittelbereich sorgen. Die KaffeeV dient daher vornehmlich dem **Schutz des Verbrauchers vor Täuschung** (→ Vorb. LFGB Rn. 12 f.). In diesem Zusammenhang ist zu beachten, dass am 13.12.2014 die **LMIV** (→ Vorb. LFGB Rn. 12; → LFGB § 59 Rn. 14, 21 ff.) in Kraft trat. In Folge dessen soll nach Maßgabe von Art. 7 LMIV-AnpassungsVO (vgl. Anhang zur LMKV = Nr. 502 dieses Kommentars, → LMKV Anh. Rn. 5) **§ 2 an die neue Rechtslage angepasst** werden, was bei der Anwendung des § 5 zu beachten ist. Bei den Vorschriften der KaffeeV handelt es sich um solche, die den Vorschriften der LMIV nach Maßgabe von Art. 1 Abs. 4 LMIV im Grundsatz als speziellere Vorschriften vorgehen (vgl. Voit/Grube LMIV/*Grube* Art. 1 Rn. 67 f.).

§ 1 definiert iVm Anlage 1 die Erzeugnisse, die der Verordnung unterliegen (vgl. Zipfel/Rathke **2** LebensmittelR/*Rathke* § 1 Rn. 11 ff.). Die wesentlichen Erzeugnisse in diesem Bereich des Lebensmittelrechts sind demnach einerseits **Rohkaffee, Röstkaffe (= Kaffee) sowie Kaffeeextrakt** (= löslicher Kaffeeextrakt, Instant-Kaffee) und andererseits **Zichorien-Extrakt** (= Instant-Zichorie). Bei **Zichorie** handelt es sich um eine Pflanze (deutscher Name: Wegwarte), deren Wurzeln getrocknet und gemahlen als Kaffee-Ersatz dienen. Weitere Voraussetzung für die Anwendung der Vorschriften der KaffeeV ist, dass die Erzeugnisse gewerbsmäßig in den Verkehr gebracht werden (→ Vorb. LFGB Rn. 29 f.).

§ 2 enthält Vorschriften über die **Kennzeichnung** der unter die Vorschriften der KaffeeV fallenden **3** Erzeugnisse. Wesentlich sind insbes. die Regelungen hinsichtlich die Kennzeichnung „**konzentriert**", die nach **§ 2 Abs. 2** nur unter den dort angeführten quantitativen Voraussetzungen und bei flüssigem Kaffee- oder Zichorien-Extrakt verwendet werden dürfen (vgl. Zipfel/Rathke LebensmittelR/*Rathke* § 2 Rn. 15 f.), sowie die Vorschriften über die Kennzeichnung „**entkoffeiniert**" in **§ 2 Abs. 3 Nr. 1** (vgl. Zipfel/Rathke LebensmittelR/*Rathke* § 2 Rn. 21 ff.). Die Art und Weise der Kennzeichnung (vgl. § 2 Abs. 4) richtet sich nach den Vorgaben der LMKV.

§ 3 statuiert zunächst ein **Verkehrsverbot** für solche Lebensmittel (→ Vorb. LFGB Rn. 37 ff.), die **4** unter einer der **Verkehrsbezeichnungen** iSv § 2 Abs. 1 (vgl. § 4 LMKV) gewerbsmäßig in den Verkehr gebracht werden sollen, **ohne den Anforderungen, die jeweils in der Anlage 1 aufgestellt sind, zu entsprechen** (§ 3 S. 1 Nr. 1). Darüber hinaus sieht § 3 **Verkehrsverbote für Röstkaffee** mit mehr als 2 Promille kaffeefremden Bestandteilen (ermittelt unter Berücksichtigung von § 3 S. 2) vor, wenn keine entsprechende Kenntlichmachung erfolgt (§ 3 S. 1 Nr. 2) und bei **Verstößen gegen die Kennzeichnungsvorschrift des § 2 Abs. 2 S. 1** (§ 3 S. 1 Nr. 3).

§ 5 Straftaten und Ordnungswidrigkeiten

(1) **Nach § 59 Abs. 1 Nr. 21 Buchstabe a des Lebensmittel- und Futtermittelgesetzbuches wird bestraft, wer entgegen § 3 Satz 1 Lebensmittel in den Verkehr bringt.**

(2) **Wer eine in Absatz 1 bezeichnete Handlung fahrlässig begeht, handelt nach § 60 Abs. 1 des Lebensmittel- und Futtermittelgesetzbuches ordnungswidrig.**

(3) **Ordnungswidrig im Sinne des § 60 Abs. 2 Nr. 26 Buchstabe a des Lebensmittel- und Futtermittelgesetzbuches handelt, wer vorsätzlich oder fahrlässig entgegen § 2 Abs. 3 Satz 1, auch in Verbindung mit Satz 2, ein Erzeugnis in den Verkehr bringt.**

1   **1. Straftaten nach der KaffeeV.** Mit der Rückverweisung auf **§ 59 Abs. 1 Nr. 21 Buchst. a LFGB** (→ LFGB § 59 Rn. 58) in § 5 Abs. 1 werden **vorsätzliche** (→ LFGB § 58 Rn. 47 ff.) **Verstöße gegen** die dem Täuschungsschutz dienenden **Verkehrsverbote** aus § 3 S. 1 (→ Vorb. Rn. 4) unter Strafe gestellt. Zur Tathandlung des **Inverkehrbringens** → Vorb. LFGB Rn. 45. Zum gewerbsmäßigen Handeln → Vorb. Rn. 2.

2   Nach § 59 Abs. 1 LFGB können die Straftaten nach § 5 Abs. 1 mit **Freiheitsstrafe bis zu einem Jahr oder mit Geldstrafe** geahndet werden. Der **Versuch** ist ebenso wenig wie fahrlässiges Handeln (→ Rn. 3) unter Strafe gestellt. Die Qualifikation des § 59 Abs. 4 LFGB (→ LFGB § 59 Rn. 74a) findet keine Anwendung. Neben der Verhängung von Geld- oder Freiheitsstrafe kommen als weitere Rechtsfolgen die **Einziehung** der Tatgegenstände (vgl. hierzu die Kommentierung zu § 61 LFGB, Nr. 485 des Kommentars), der **Verfall** des Taterlöses (§§ 73 ff. StGB) und die Anordnung eines **Berufsverbotes** (§§ 70 ff. StGB; vgl. BGH LMRR 2007, 84) in Betracht. Bei juristischen Personen und Personenvereinigungen kann zudem eine Verbandsgeldbuße nach § 30 OWiG verhängt werden. Zu den **Konkurrenzen** → LFGB § 59 Rn. 85 f.

3   **2. Ordnungswidrigkeiten nach § 5 Abs. 2.** Handelt der Täter in den Fällen des § 5 Abs. 1 **fahrlässig** (→ LFGB § 58 Rn. 60 ff.), verwirklicht er den Bußgeldtatbestand des **§ 5 Abs. 2.** Die Verordnung wurde bisher noch nicht an das abgestufte System in § 60 Abs. 1 und Abs. 5 LFGB (vgl. insoweit → LFGB § 60 Rn. 31 f.) angepasst, das mit dem Gesetz zur Änderung des Lebensmittel- und Futtermittelgesetzbuchs sowie anderer Vorschriften v. 29.6.2009 (BGBl. I 1659), das am 4.7.2009 in Kraft getreten ist (→ Vorb. LFGB Rn. 6), eingeführt wurde. Da die in § 5 Abs. 2 bezeichneten Handlungen Straftaten nach § 59 Abs. 1 Nr. 21 Buchst. a LFGB darstellen, wird der **Verweis in § 5 Abs. 2 als solcher auf § 60 Abs. 1 Nr. 2 LFGB zu verstehen sein.** Danach können Ordnungswidrigkeiten iSv § 5 Abs. 2 nach der ab dem 4.8.2011 geltenden Fassung des § 60 Abs. 5 Nr. 2 LFGB (vgl. zur Änderung der Geldbußenrahmen in § 60 Abs. 5 LFGB → LFGB § 60 Rn. 32) mit Geldbuße iHv bis zu **50.000 EUR** geahndet werden. IÜ gelten für die Bemessung der Geldbuße die Vorgaben von § 17 Abs. 3 und Abs. 4 OWiG. Zu den weiteren Rechtsfolgen → LFGB § 60 Rn. 33 f.

4   **3. Ordnungswidrigkeiten nach § 5 Abs. 3.** Mit Rückverweisung auf **§ 60 Abs. 2 Nr. 26 Buchst. a LFGB** (→ LFGB § 60 Rn. 20) in **§ 5 Abs. 3** werden **vorsätzliche und fahrlässige Verstöße** gegen **Verkehrsverbote**, die aus der Missachtung der Kennzeichnungspflichten nach **§ 2 Abs. 3 S. 1** (→ Vorb. Rn. 4) resultieren, als Ordnungswidrigkeiten definiert. Entsprechen die Erzeugnisse den dortigen Vorgaben nicht, dürfen sie nicht gewerbsmäßig (→ Vorb. Rn. 6) in den Verkehr gebracht werden. Zur Tathandlung des Inverkehrbringens → Rn. 1.

5   Demnach können **vorsätzliche** (→ LFGB § 58 Rn. 47 ff.) **Verstöße** iSv § 5 Abs. 3 nach der ab dem 4.8.2011 geltenden Fassung des § 60 Abs. 5 Nr. 2 LFGB (vgl. zur Änderung der Geldbußenrahmen in § 60 Abs. 5 LFGB → LFGB § 60 Rn. 32) mit **Geldbuße bis zu 50.000 EUR** geahndet werden; handelt der Betroffene **fahrlässig** sieht das Gesetz **Geldbuße bis zu 25.000 EUR** (§ 17 Abs. 2 OWiG) vor. Zu den weiteren Rechtsfolgen → LFGB § 60 Rn. 33 f.

427. Kapitalanlagegesetzbuch (KAGB)

Vom 4. Juli 2013 (BGBl. I S. 1981) FNA 7612-3

Zuletzt geändert durch Art. 1 G zur Umsetzung der RL 2014/91/EU vom 3.3.2016 (BGBl. I 348)

– Auszug –

Vorbemerkung

1. Entstehung des Gesetzes. Das Kapitalanlagegesetzbuch (KAGB) wurde als Art. 1 des Gesetzes **1** zur Umsetzung der RL 2011/61/EU (AIFM-Umsetzungsgesetz) am 4.7.2013 erlassen (BGBl. I 1981) und trat am 22.7.2013 in Kraft. Gleichzeitig wurde in Art. 2a AIFM-Umsetzungsgesetz das knapp 10 Jahre alte Investmentgesetz (InvG) aufgehoben und in die Vorschriften des KAGB integriert. Das KAGB und insbes. die in §§ 339, 340 geregelten Straf- und Ordnungswidrigkeitenvorschriften wurden zuletzt durch das Gesetz zur Umsetzung der RL 2014/91/EU vom 3.3.2016 (BGBl. I 348) und mWz 18.3.2016 geändert.

2. Ziel und Zweck des Gesetzes. Das KAGB dient der Umsetzung der RL 2011/61/EU des **2** Europäischen Parlaments und des Rates v. 8.6.2011 über die Verwalter alternativer Investmentfonds (sog AIF) und zur Änderung der RL 2003/41/EG und 2009/65/EG und der VO (EG) Nr. 1060/2009 und VO (EU) Nr. 1095/2010 (ABl. 2011 L 174, 1) (AIFM-Richtlinie), die bis zum 22.7.2013 in nationales Recht umzusetzen war. Ziel der AIFM-Richtlinie war es, gemeinsame Anforderungen für die Zulassung von und die Aufsicht über Verwalter von AIF festzulegen, um für den Umgang mit damit zusammenhängenden Risiken für Anleger und Märkte in der Europäischen Union ein kohärentes Vorgehen zu gewährleisten. Mit dem KAGB sollte sodann ein in sich geschlossenes Regelwerk für Investmentfonds und ihre Manager geschaffen werden (BT-Drs. 17/12294, 2). Der Aufsichts- und Regulierungsrahmen sollte fortentwickelt und an die geänderten europäischen Vorgaben angepasst werden. Ziel war es, einen Beitrag zur Verwirklichung des europäischen Binnenmarktes im Investmentfondsbereich zu leisten und gleichzeitig beim Anlegerschutz einen einheitlich hohen Standard zu erreichen (BT-Drs. 17/12294, 2).

3. Gegenstand des Gesetzes. Das KAGB enthält allgemeine Bestimmungen für Investmentver- **3** mögen und Verwaltungsgesellschaften (§§ 1–161), Vorschriften über Publikumsinvestmentvermögen (§§ 162–191), über inländische Spezial-AIF (§§ 273–292), Vorschriften für den Vertrieb und den Erwerb von Investmentvermögen (§§ 292–308), über Europäische Risikokapitalfonds (§ 337) sowie über Europäische Fonds für soziales Unternehmertum (§ 338). **§§ 339, 340** enthalten schließlich **Straf- und Ordnungswidrigkeitenvorschriften;** § 341 regelt die Mitteilungspflicht der Gerichte und der Strafverfolgungs- oder Strafvollstreckungsbehörden gegenüber der Bundesanstalt für Finanzdienstleistungsaufsicht (BaFin) analog zu § 60a KWG.

§ 339 Strafvorschriften

(1) Mit Freiheitsstrafe bis zu fünf Jahren oder mit Geldstrafe wird bestraft, wer
1. ohne Erlaubnis nach § 20 Absatz 1 Satz 1 das Geschäft einer Kapitalverwaltungsgesellschaft betreibt oder
2. ohne Registrierung nach § 44 Absatz 1 Nummer 1, auch in Verbindung mit Absatz 2 Satz 1, das Geschäft einer dort genannten AIF-Kapitalverwaltungsgesellschaft betreibt.

(2) Mit Freiheitsstrafe bis zu drei Jahren oder mit Geldstrafe wird bestraft, wer entgegen § 43 Absatz 1 in Verbindung mit § 46b Absatz 1 Satz 1 des Kreditwesengesetzes eine Anzeige nicht, nicht richtig, nicht vollständig oder nicht rechtzeitig erstattet.

(3) Handelt der Täter in den Fällen des Absatzes 1 fahrlässig, so ist die Strafe Freiheitsstrafe bis zu drei Jahren oder Geldstrafe. Handelt der Täter in den Fällen des Absatzes 2 fahrlässig, so ist die Strafe Freiheitsstrafe bis zu einem Jahr oder Geldstrafe.

A. Allgemeines

§ 339 wurde mit dem AIFM-Umsetzungsgesetz (→ Vorb. Rn. 1 f.) erlassen; die Strafvorschrift enthält **1** teilweise Vorschriften des aufgehobenen InvG, teilweise auch neu geschaffene Vorschriften. Durch das Gesetz zur Umsetzung der RL 2014/91/EU vom 3.3.2016 (BGBl. I 348) und Wirkung zum 18.3.2016 wurde § 339 zwar nicht inhaltlich, aber hinsichtlich des vorgesehenen Strafmaßes geändert.

2 § 339 **Abs. 1 Nr. 1** entspricht der Regelung des § 143a des aufgehobenen Investmentgesetzes und sanktioniert damit das unerlaubte Betreiben des Geschäfts einer Kapitalverwaltungsgesellschaft; **Abs. 1 Nr. 2** erweitert die Strafvorschrift um den Tatbestand der fehlenden Registrierung einer AIF-Kapitalgesellschaft. § 143a InvG wiederum war weitgehend an die entsprechende Strafvorschrift in § 54 KWG angelehnt, die zur Auslegung daher entsprechend herangezogen werden konnte; dies gilt nun auch für § 339 Abs. 1 Nr. 1. Mit Wirkung zum 18.3.2016 wurde das Strafmaß für § 339 Abs. 1 Nr. 1, 2 von drei auf fünf Jahre angehoben; Hintergrund ist eine entsprechende Anhebung des Strafmaßes in § 54 KWG, die dort schon seit dem 30.4.2011 gilt. Zudem hat der Gesetzgeber die bisherige Strafandrohung hinsichtlich des Schutzzwecks des KAGB als nicht angemessen angesehen (BT-Drs. 18/6744, 67 f.).

3 § 339 **Abs. 2** sanktioniert die Verletzung der Pflicht einer Kapitalverwaltungsgesellschaft zur Anzeige der Insolvenz wegen Überschuldung oder (drohender) Zahlungsunfähigkeit. § 339 Abs. 2 entspricht weitgehend § 55 KWG, da § 43 Abs. 1 zur inhaltlichen Ausfüllung der Anzeigepflicht auf § 46b Abs. 1 KWG Bezug nimmt, der wiederum den Straftatbestand des § 55 KWG ausfüllt. Er kann daher zur Auslegung herangezogen werden.

4 § 339 **Abs. 3 S. 2** sieht für die Begehungsform des Abs. 2 eine Fahrlässigkeitsstrafbarkeit vor. Mit Wirkung zum 18.3.2016 wurde nun auch für § 339 Abs. 1 – wiederum in Anlehnung an § 54 KWG – eine solche eingeführt, § 399 **Abs. 3 S. 1**.

B. Die Regelungen im Einzelnen

I. Unerlaubtes Betreiben einer Kapitalverwaltungsgesellschaft (§ 339 Abs. 1 Nr. 1)

5 **1. Allgemeines.** Die Strafvorschrift des § 339 Abs. 1 Nr. 1 ist **blankettartig** gefasst, da sich der Norminhalt – das unerlaubte Betreiben des Geschäfts einer Kapitalverwaltungsgesellschaft – nur in Zusammenschau mit der Erlaubnisvorschrift des § 20 Abs. 1 S. 1 ergibt.

Rechtsgut des § 339 Abs. 1 Nr. 1 ist, entsprechend § 54 Abs. 1 KWG, die Effektivität der staatlichen Aufsicht über Finanzdienstleistungen und die Funktionsfähigkeit des Finanzmarktes (→ Vorb. KWG Rn. 3; MüKoStGB/*Janssen* KWG § 54 Rn. 11; HK-KapMStrafR/*Janssen* KWG § 54 Rn. 12). Auf ein entsprechendes individuelles Vertrauen oder ein Vertrauen der Öffentlichkeit kommt es dagegen nicht an, da der Anlegerschutz unabhängig von der individuellen Schutzwürdigkeit des Einzelnen der Grund für die Beschränkungen und Regulierungen des Investmentmarkts durch das KAGB ist (HK-KapMStrafR/*Janssen* KWG § 54 Rn. 12; aA Erbs/Kohlhaas/*Häberle* KWG § 54 Rn. 1).

Es handelt sich bei § 339 Abs. 1 Nr. 1 um ein **abstraktes Gefährdungsdelikt,** da der Eintritt eines Gefährdungs- oder Verletzungserfolg zur Verwirklichung des Tatbestandes nicht erforderlich ist; daneben ist § 339 Abs. 1 Nr. 1 ein **Dauerdelikt** (→ KWG § 54 Rn. 1; HK-KapMStrafR/*Janssen* KWG § 54 Rn. 15).

6 **Täter** des § 339 Abs. 1 Nr. 1 ist jeder, der eine Kapitalverwaltungsgesellschaft betreibt. Umstritten ist im Rahmen des § 54 KWG, ob es sich durch die Formulierung „wer ein Geschäft betreibt" um ein Sonderdelikt handelt. Richtigerweise verlangen § 54 KWG und in der Folge auch § 339 Abs. 1 Nr. 1 keine besondere Täterqualifikation, da das Betreiben gerade keine besondere Subjektqualität voraussetzt (*Schröder* in Achenbach/Wannemacher, Beraterhandbuch zum Steuer- und Wirtschaftsstrafrecht, 1997, § 24 IV Rn. 39; HK-KapMStrafR/*Janssen* KWG § 54 Rn. 18; aA Erbs/Kohlhaas/*Häberle* KWG § 54 Rn. 2: Täter könne nur derjenige sein, der für den Betrieb in leitender Funktion tätig ist).

7 **2. Die Tatbestandsvoraussetzungen. Gegenstand** der Tathandlung ist das **Geschäft einer Kapitalverwaltungsgesellschaft** iSd §§ 20 Abs. 1 S. 1 iVm 17 Abs. 1, 2. Eine **Kapitalverwaltungsgesellschaft** ist danach jedes Unternehmen mit satzungsmäßigem Sitz und Hauptverwaltung im Inland, dessen Geschäftsbetrieb darauf gerichtet ist, inländische Investmentvermögen, EU-Investmentvermögen oder ausländische AIF zu verwalten. Investmentvermögen ist gem. der Legaldefinition in § 1 Abs. 1 S. 1 jeder Organismus für gemeinsame Anlagen, der von einer Anzahl von Anlegern Kapital einsammelt, um es gem. einer festgelegten Anlagestrategie zum Nutzen dieser Anleger zu investieren und der kein operativ tätiges Unternehmen außerhalb des Finanzsektors ist. Inländisches Investmentvermögen unterliegt inländischem, dh deutschem Recht (§ 1 Abs. 7), EU-Investmentvermögen unterliegt dem Recht eines anderen Mitgliedstaates der EU oder eines anderen Vertragsstaates des Abkommens über den Europäischen Wirtschaftsraum (§ 1 Abs. 8). Ausländische AIF (zum Begriff des AIF § 1 Abs. 3) unterliegen dagegen dem Recht eines Drittstaats (§ 1 Abs. 9). Das **Geschäft** einer Kapitalverwaltungsgesellschaft besteht demgemäß in der Verwaltung von Investmentvermögen, dh wenn gem. § 17 Abs. 1 S. 2 mindestens die Portfolioverwaltung oder das Risikomanagement für ein oder mehrere Investmentvermögen erbracht wird.

8 **Tathandlung** ist das **Betreiben** des Geschäfts einer Kapitalverwaltungsgesellschaft. Eine Kapitalverwaltungsgesellschaft betreibt, wer eine auf Dauer ausgerichtete Tätigkeit entfaltet, die darauf abzielt, das Geschäft einer Kapitalverwaltungsgesellschaft zu fördern (Erbs/Kohlhaas/*Häberle* KWG § 54 Rn. 3; → KWG § 54 Rn. 9). Tathandlung soll auch bereits das Anbahnen des Geschäfts einer Kapitalverwaltungsgesellschaft sein, sofern deutlich wird, dass damit eine auf Dauer angelegte Geschäftstätigkeit eingeleitet werden soll; es soll folglich bereits eine einmalige Tätigkeit in Wiederholungsabsicht genügen

(Erbs/Kohlhaas/*Häberle* KWG § 54 Rn. 3). Dies stellt jedoch eine zu extensive Auslegung des Begriffs des Betreibens dar, es ist daher erforderlich, dass Geschäfte wiederholt getätigt werden (s. ausf. und mwN → KWG § 54 Rn. 9; MüKoStGB/*Janssen* KWG § 54 Rn. 25). Ist Betreiber nicht eine natürliche Person, kann die Betreibereigenschaft nach Maßgabe des § 14 StGB dem für ihn verantwortlich handelnden Vertreter oder Beauftragten zugerechnet werden (Erbs/Kohlhaas/*Häberle* KWG § 54 Rn. 2; HK-KapMStrafR/*Janssen* KWG § 54 Rn. 16). Bei der Betreibereigenschaft handelt es sich nämlich um ein besonderes persönliches Merkmal, das die Strafbarkeit nach § 339 Abs. 1 Nr. 1 begründet (Bay-ObLG NJW 1979, 2258 (2259) zu § 284 StGB: Halter/Veranstalter eines Glücksspiels).

Das Betreiben des Geschäfts einer Kapitalverwaltungsgesellschaft muss **ohne Erlaubnis iSd § 20** **9** **Abs. 1 S. 1** erfolgen. Dies ist **verwaltungsrechtsakzessorisch** zu bestimmen. Entscheidend ist nicht die materielle Rechtmäßigkeit, also der Anspruch auf eine Genehmigung, sondern nur die formale Wirksamkeit einer erteilten Erlaubnis im Zeitpunkt der Tathandlung (MüKoStGB/*Janssen* KWG § 54 Rn. 52). Ein Handeln ohne Erlaubnis kann daher begründet sein, wenn keine Erlaubnis beantragt oder diese versagt wurde (vgl. § 23). Unerlaubtes Handeln liegt daneben vor, wenn die Erlaubnis erloschen ist (§ 39 Abs. 1, 2), diese aufgehoben wurde (§ 39 Abs. 2) (Erbs/Kohlhaas/*Häberle* KWG § 54 Rn. 11) oder wenn sie nach dem Verwaltungsverfahrensrechts nichtig ist (Boos/Fischer/Schulte-Mattler/*Lindemann* KWG § 54 Rn. 6). Ebenso wenig genügt die nachträglich erteilte Erlaubnis, da es für das Vorliegen der Erlaubnis auf den Tatzeitpunkt ankommt (MüKoStGB/*Janssen* KWG § 54 Rn. 52; Erbs/Kohlhaas/*Häberle* KWG § 54 Rn. 3). Trotz Erteilung einer Erlaubnis fehlt es an einer solchen, wenn die Erlaubnis nach dem Verwaltungsverfahrensrechts nichtig ist (Boos/Fischer/Schulte-Mattler/*Lindemann* KWG § 54 Rn. 6). Ein Betreiben ohne Erlaubnis liegt auch dann vor, wenn zwar eine Erlaubnis vorliegt, bei der Durchführung des Geschäfts einer Kapitalverwaltungsgesellschaft jedoch die Grenzen der erteilten Erlaubnis überschritten wurden (vgl. die detaillierte Aufzählung der erlaubten Dienstleistungen und Nebendienstleistungen in § 20 Abs. 2–4, 6–7) (Erbs/Kohlhaas/*Häberle* KWG § 54 Rn. 11; ähnlich Boos/Fischer/Schulte-Mattler/*Lindemann* KWG § 54 Rn. 6).

3. Tatbegehung und Rechtsfolgen. Der subjektive Tatbestand erfordert zumindest bedingt **vor-** **10** **sätzliches Handeln; fahrlässiges** Handeln genügt inzwischen – wie auch bei der Parallelvorschrift des § 54 KWG – ebenfalls, § 339 Abs. 3 S. 1. Geht der Täter irrtümlich davon aus, dass eine Erlaubnis erteilt wurde, liegt ein vorsatzausschließender Tatbestandsirrtum (§ 16 Abs. 1 StGB) vor. Ebenso wenig wird in der Regel ein Vorsatz bejaht oder nachgewiesen werden können, wenn die Erlaubnis nichtig ist (Boos/Fischer/Schulte-Mattler/*Lindemann* KWG § 54 Rn. 6).

Da § 339 Abs. 1 Nr. 1 gerade **kein Sonderdelikt** ist (→ Rn. 6), gelten für die Täterschaft und **11** Teilnahme die allgemeinen Regeln aus §§ 25 ff. StGB (HK-KapMStrafR/*Janssen* KWG § 54 Rn. 18). Soweit das Geschäft einer Kapitalverwaltungsgesellschaft im Rahmen eines Unternehmens betrieben wird, werden Täter meist nur Personen mit Leitungsbefugnis sein. Sonstige Mitarbeiter kommen dagegen nur als Gehilfen in Betracht (HK-KapMStrafR/*Janssen* KWG § 54 Rn. 18, 20).

Der **Versuch** des § 339 Abs. 1 Nr. 1 ist **nicht strafbar,** da es sich nur um ein Vergehen handelt **12** (§§ 23 Abs. 1, 12 StGB).

II. Betreiben einer AIF-Kapitalverwaltungsgesellschaft ohne Registrierung (§ 339 Abs. 1 Nr. 2)

AIF-Kapitalverwaltungsgesellschaften sind von der Erlaubnispflicht gem. § 20 Abs. 1 S. 1 ausgenom- **13** men, wenn die Voraussetzungen des § 2 Abs. 4, 4a, 4b oder 5 erfüllt sind. Sie müssen sich dann allerdings gem. § 44 Abs. 1 Nr. 1 bei der BaFin registrieren.

Wird das Geschäft einer AIF-Kapitalverwaltungsgesellschaft betrieben, ohne dass eine Registrierung vorliegt, löst dies eine Strafbarkeit gem. § 339 Abs. 1 Nr. 2 aus. Die Ausführungen zum Betreiben eines Geschäftes einer Kapitalverwaltungsgesellschaft ohne Erlaubnis gelten entsprechend (→ Rn. 5–12).

III. Verletzung der Pflicht zur Anzeige der Insolvenz (§ 339 Abs. 2)

1. Allgemeines. § 339 Abs. 2 bestraft die **Verletzung der Pflicht zur Anzeige der Insolvenz** **14** nach Maßgabe des § 43 Abs. 1 iVm § 46b Abs. 1 KWG. Hintergrund dieser Regelung und der in Bezug genommenen Vorschriften des § 43 Abs. 1 iVm § 46b Abs. 1 KWG ist, dass für Kapitalverwaltungsgesellschaften wie auch Institute iSd KWG die Insolvenzantragsbefugnis bei der Bundesanstalt für Finanzdienstleistungen (BaFin) monopolisiert ist: Anders als bei juristischen Personen bzw. sonstigen rechtsfähigen Personengesellschaften können Kapitalverwaltungsgesellschaften und Institute iSd KWG nicht selbst einen Antrag auf Eröffnung des Insolvenzverfahrens gem. § 15a Abs. 1 InsO stellen. Entsprechend besteht auch keine Strafbewehrung iSd § 15a Abs. 4 InsO. Die Antragsbefugnis liegt ausschließlich bei der BaFin; damit diese aber ihre Antragsbefugnis angemessen und zweckentsprechend ausüben kann, sind die Kapitalverwaltungsgesellschaften zur Anzeige der entsprechenden Informationen verpflichtet (BT-Drs. 17/12294, 295 f.). Anders als unter Geltung des InvG ist die Verletzung dieser Pflicht nicht mehr bloße Ordnungswidrigkeit (§ 143a Abs. 3 Nr. 5 InvG), sondern eine Straftat.

15   Die Anzeigepflicht gem. § 43 Abs. 1 ist auf die gleiche Zweck- und Schutzrichtung hin ausgelegt, auf welche die Insolvenzantragspflicht des § 15a Abs. 1 InsO zielt (BT-Drs. 17/12294, 296). Entsprechend sind auch bei § 339 Abs. 2 geschütztes **Rechtsgut** die Interessen der (gegenwärtigen und künftigen) Gesellschaftsgläubiger und aller anderen Personen, die rechtliche oder wirtschaftliche Beziehungen zur betreffenden juristischen Person oder Gesellschaft unterhalten (→ InsO § 15a Rn. 3; ähnlich Weitner/ Boxberger/Anders/ *Zeidler* Rn. 17).

16   Die Strafvorschrift des § 339 Abs. 2 ist **blankettartig** gefasst, da sich der Norminhalt – die Verletzung der Pflicht zur Anzeige der Insolvenz – nur in Zusammenschau mit der Vorschrift des § 43 Abs. 1 iVm § 46b Abs. 1 KWG ergibt. Es handelt sich bei § 339 Abs. 2 daneben um ein **abstraktes Gefährdungsdelikt,** da der Eintritt eines Gefährdungs- oder Verletzungserfolg zur Verwirklichung des Tatbestandes nicht erforderlich ist (→ InsO § 15a Rn. 6); daneben ist § 339 Abs. 2 ein **echtes Unterlassungsdelikt** (→ InsO § 15a Rn. 5), soweit die Stellung des Insolvenzantrages vollständig unterlassen wird (Mü-KoStGB/*Hohmann* InsO § 15a Rn. 3).

17   **Täter** des § 339 Abs. 2 können nur die in § 46b Abs. 1 S. 1 KWG (auf den § 43 Abs. 1 vollständig verweist) genannten Personen sein. Es handelt sich mithin um eine **echtes Sonderdelikt** (Weitnauer/ Boxberger/Anders/ *Zeidler* Rn. 18; Erbs/Kohlhaas/ *Häberle* KWG § 55 Rn. 2) mit entsprechenden Konsequenzen für Täterschaft und Teilnahme: Wer die Täterqualifikation nicht erfüllt, kann nur Gehilfe sein; wer sie erfüllt, ist nach hM unabhängig von den üblichen Abgrenzungskriterien für Täterschaft und Teilnahme immer Täter.

18   **2. Die Tatbestandsvoraussetzungen.** § 339 Abs. 2 ist ein **Sonderdelikt** (→ Rn. 17); taugliche **Täter** sind gem. §§ 339 Abs. 2, 43 Abs. 1 iVm § 46b Abs. 1 S. 1 KWG daher: **Geschäftsleiter** einer Kapitalverwaltungsgesellschaft, dh gem. der Legaldefinition des § 1 Abs. 19 Nr. 15 (und des entsprechenden § 1 Abs. 2 S. 1 KWG) diejenigen natürlichen Personen, die nach Gesetz, Satzung oder Gesellschaftsvertrag zur Führung der Geschäfte und zur Vertretung einer Kapitalverwaltungsgesellschaft berufen sind sowie diejenigen natürlichen Personen, die die Geschäfte tatsächlich leiten. Die weiteren Tätervarianten des § 46b Abs. 1 S. 1 KWG – Inhaber eines einzelkaufmännisch betriebenen Unternehmens und tatsächliche Führung der Geschäfte einer Finanzholding-Gesellschaft – sind mangels Einschlägigkeit iRd KAGB nicht relevant.

19   **Tatbestandsvoraussetzung** ist zunächst der Eintritt **(drohender) Zahlungsunfähigkeit** oder **Überschuldung** der Kapitalverwaltungsgesellschaft, § 43 Abs. 1 iVm § 46b Abs. 1 S. 1 KWG. **Zahlungsunfähig** ist die Kapitalverwaltungsgesellschaft nach § 46b Abs. 1 S. 1 Hs. 1 (Legaldefinition der drohenden Zahlungsunfähigkeit abzüglich des Wortes voraussichtlich) sowie § 17 Abs. 2 S. 1 InsO, wenn diese nicht in der Lage ist, die fälligen Zahlungsverpflichtungen zu erfüllen. S. zu diesem Begriff weitergehend die ausführliche Kommentierung zu → InsO § 15a Rn. 51 ff. **Überschuldung** liegt nach der Legaldefinition des § 19 Abs. 2 S. 1 InsO vor, wenn das Vermögen der Kapitalverwaltungsgesellschaft die bestehenden Verbindlichkeiten nicht mehr deckt; siehe weitergehend zum Begriff: → InsO § 15a Rn. 70 ff. Anders als in § 15a Abs. 1 InsO löst auch die **drohende Zahlungsunfähigkeit** eine Anzeigepflicht aus (vgl. Erbs/Kohlhaas/*Häberle* KWG § 55 Rn. 7); drohende Zahlungsunfähigkeit gem. der Legaldefinition in § 46b Abs. 1 S. 1 Hs. 1 KWG ist gegeben, wenn die Kapitalverwaltungsgesellschaft voraussichtlich nicht in der Lage sein wird, die bestehenden Zahlungspflichten im Zeitpunkt der Fälligkeit zu erfüllen.

20   Mit Eintritt von Zahlungsunfähigkeit, Überschuldung oder bereits drohender Zahlungsunfähigkeit der Kapitalverwaltungsgesellschaft besteht die Anzeigepflicht bei der BaFin nach Maßgabe des § 43 Abs. 1 iVm § 46b Abs. 1 KWG. **Tathandlung** ist entsprechend die unterlassene, nicht richtige, nicht vollständige oder nicht rechtzeitige Anzeige. Eine Anzeige ist **unterlassen,** wenn sie vollständig unterbleibt (Erbs/Kohlhaas/*Häberle* KWG § 55 Rn. 9); sie ist **nicht richtig,** wenn sie inhaltlich falsch ist, wobei berechtigterweise gefordert wird, dass sich die unrichtige Angabe auf einen Umstand beziehen muss, der für die BaFin für die Bedeutung ist (Erbs/Kohlhaas/*Häberle* KWG § 55 Rn. 10). Von einer **nicht vollständigen** Anzeige ist auszugehen, wenn sie nicht alle erheblichen gesetzlich vorgeschriebenen Umstände enthält. Im Rahmen des § 46b KWG ist dabei umstritten, ob das Erfordernis der Beifügung aussagekräftiger Unterlagen (§ 46 Abs. 1 S. 1 KWG) Teil der strafbewehrten Anzeigepflicht ist (dies bejahend → KWG § 55 Rn. 19, Erbs/Kohlhaas/*Häberle* KWG § 55 Rn. 11), oder ob lediglich die Anzeige ohne Beifügung von Unterlagen ausreicht (so HK-KapMStrafR/*Janssen* KWG § 55 Rn. 63; Weitnauer/Boxberger/Anders/*Zeidler* Rn. 20). Insbes. durch die Aufnahme der nicht vollständigen Anzeige in den Wortlaut des § 55 Abs. 1 KWG im Gegensatz zu § 55 KWG Abs. 1 aF, dem § 339 Abs. 2 inhaltlich entspricht, erstreckt sich der Wortlaut eindeutig auch auf einen bestimmten Umfang bzw. eine bestimmte Form der Anzeige, so dass eine Anzeige ohne Beifügung aussagekräftiger Unterlagen unvollständig ist. Um den Tatbestand jedoch nicht zu weit auszudehnen, sind an die Aussagekraft der Unterlagen nicht zu hohe Anforderungen zu stellen (→ KWG § 55 Rn. 19). Zuletzt ist eine Anzeige **nicht rechtzeitig,** wenn sie nicht unverzüglich (vgl. § 46b Abs. 1 S. 1 KWG), dh ohne schuldhaftes Zögern erfolgt; die 3-Wochen-Klausel des § 15a Abs. 1 S. 1 InsO (Antragstellung spätestens nach drei Wochen) findet in §§ 339 Abs. 2, 43 Abs. 1 iVm § 46b Abs. 1 KWG keine Entsprechung (→ KWG § 55 Rn. 21).

21   **Adressat** der Anzeige iSd § 43 Abs. 1 iVm § 46b Abs. 1 KWG ist die **BaFin.**

3. Tatbegehung und Rechtsfolgen. § 339 Abs. 2 erfordert **vorsätzliches** oder **fahrlässiges** 22 (Abs. 3 S. 2) Handeln.

Der **Versuch** des § 339 Abs. 2 ist **nicht strafbar,** da es sich nur um ein Vergehen handelt (§§ 23 Abs. 1, 12 StGB).

Sofern eine Anzeigepflicht nach § 43 Abs. 1 iVm § 46b Abs. 1 KWG besteht, besteht daneben keine strafbewehrte Antragspflicht nach § 15a Abs. 1, 4 InsO. Dies regelt § 46b Abs. 1 S. 2 KWG ausdrücklich. Entsprechend kommt eine Strafbarkeit gem. § 15a Abs. 1, 4 InsO neben § 339 Abs. 2 nicht in Betracht. Zu den Konkurrenzen iÜ → KWG § 55 Rn. 37.

§ 340 Bußgeldvorschriften

(1) Ordnungswidrig handelt, wer

1. einer vollziehbaren Anordnung nach § 40 Absatz 1, § 113 Absatz 3, § 119 Absatz 5, § 128 Absatz 4, § 147 Absatz 5 oder § 153 Absatz 5 zuwiderhandelt,
2. entgegen § 20 Absatz 8 oder Absatz 9 ein Gelddarlehen gewährt oder eine in § 20 Absatz 8 genannte Verpflichtung eingeht,
3. entgegen § 112 Absatz 2 Satz 3, den § 199, 221 Absatz 6, § 263 Absatz 1, § 284 Absatz 4 Satz 1 einen Kredit aufnimmt,
4. einer vollziehbaren Anordnung nach § 215 Absatz 2 Satz 1 zweiter Halbsatz oder Satz 2, jeweils auch in Verbindung mit § 263 Absatz 2 oder § 274 Satz 1, zuwiderhandelt oder
5. einer vollziehbaren Anordnung nach § 276 Absatz 2 Satz 2 zuwiderhandelt.

(2) Ordnungswidrig handelt, wer vorsätzlich oder fahrlässig

1. einer vollziehbaren Anordnung nach
   a) § 5 Absatz 6 Satz 2 oder Satz 14
   b) § 11 Absatz 4 Satz 1 oder Satz 2 oder Absatz 6,
   c) § 19 Absatz 2 Satz 2 oder Absatz 3 Satz 1, jeweils auch in Verbindung mit § 108 Absatz 3,
   d) § 41 Satz 1 oder Satz 2 oder § 42,
   e) § 311 Absatz 1 oder Absatz 3 Satz 1 Nummer 1 oder
   f) § 314 Absatz 1 oder Absatz 2
   zuwiderhandelt,
2. entgegen § 14 Satz 1 in Verbindung mit § 44 Absatz 1 Satz 1 des Kreditwesengesetzes, auch in Verbindung mit § 44b Absatz 1 Satz 1 des Kreditwesengesetzes, eine Auskunft nicht, nicht richtig, nicht vollständig oder nicht rechtzeitig erteilt oder eine Unterlage nicht, nicht richtig, nicht vollständig oder nicht rechtzeitig vorlegt,
3. entgegen § 14 Satz 2 in Verbindung mit § 44 Absatz 1 Satz 4 oder § 44b Absatz 2 Satz 2 des Kreditwesengesetzes eine Maßnahme nicht duldet,
4. entgegen § 19 Absatz 1 Satz 1 und 2 oder Absatz 5 eine Anzeige nicht, nicht richtig, nicht vollständig oder nicht rechtzeitig erstattet,
5. entgegen § 26 Absatz 1 und 2, auch in Verbindung mit einer Rechtsverordnung nach Absatz 8, einer dort bezeichneten Verhaltensregel nicht nachkommt,
6. entgegen § 27 Absatz 1 und 2, auch in Verbindung mit einer Rechtsverordnung nach Absatz 6, eine dort bezeichnete Maßnahme zum Umgang mit Interessenkonflikten nicht trifft,
7. entgegen § 28 Absatz 1 Satz 1 und 2, auch in Verbindung mit einer Rechtsverordnung nach Absatz 4, eine dort bezeichnete Vorgabe für eine ordnungsgemäße Geschäftsorganisation nicht erfüllt,
8. entgegen § 28 Absatz 1 Satz 4, auch in Verbindung mit einer Rechtsverordnung nach Absatz 4, § 51 Absatz 8, § 54 Absatz 4 Satz 1 in Verbindung mit § 28 Absatz 1 Satz 4 oder § 66 Absatz 4 Satz 1 in Verbindung mit § 28 Absatz 1 Satz 4 jeweils in Verbindung mit § 24c Absatz 1 Satz 1 oder Satz 5 des Kreditwesengesetzes eine Datei nicht, nicht richtig oder nicht vollständig führt oder nicht gewährleistet, dass die Bundesanstalt jederzeit Daten automatisiert abrufen kann,
9. entgegen § 29 Absatz 2 Satz 1, auch in Verbindung mit einer Rechtsverordnung nach Absatz 6, eine dort bezeichnete Vorgabe für ein angemessenes Risikomanagementsystem nicht erfüllt,
10. entgegen § 34 Absatz 3, 4 oder Absatz 5 Satz 1 eine Anzeige nicht, nicht richtig, nicht vollständig oder nicht rechtzeitig erstattet,
11. entgegen § 35 Absatz 1, 2, 4, 5 oder Absatz 6, jeweils auch in Verbindung mit der Delegierten Verordnung (EU) Nr. 231/2013, oder entgegen § 35 Absatz 9 eine Information nicht, nicht richtig, nicht vollständig oder nicht rechtzeitig übermittelt,
12. entgegen § 35 Absatz 3, auch in Verbindung mit Absatz 6, oder entgegen § 35 Absatz 7 eine dort genannte Unterlage oder einen Jahresbericht nicht, nicht richtig, nicht vollständig oder nicht rechtzeitig vorlegt,

13. entgegen § 36 Absatz 1 Satz 1, Absatz 2, 3, 5, 6, 7, 8 oder Absatz 10 eine Aufgabe auf ein anderes Unternehmen auslagert oder entgegen Absatz 9 eine ausgelagerte Aufgabe nicht im Verkaufsprospekt auflistet,
14. die Erlaubnis einer Kapitalverwaltungsgesellschaft gemäß § 39 Absatz 3 Nummer 1 auf Grund falscher Erklärungen oder auf sonstige rechtswidrige Weise erwirkt hat,
15. entgegen § 44 Absatz 1 Nummer 4, auch in Verbindung mit der Delegierten Verordnung (EU) Nr. 231/2013, oder entgegen § 44 Absatz 8 eine Information nicht, nicht richtig, nicht vollständig oder nicht rechtzeitig übermittelt,
16. entgegen
    a) § 49 Absatz 1 Satz 1, auch in Verbindung mit Absatz 5 oder einer Rechtsverordnung nach Absatz 8,
    b) § 49 Absatz 4 Satz 1, auch in Verbindung mit einer Rechtsverordnung nach Absatz 8, oder
    c) § 49 Absatz 6 Satz 4
    eine Anzeige nicht, nicht richtig, nicht vollständig, nicht in der vorgeschriebenen Weise oder nicht rechtzeitig macht,
17. entgegen § 53 Absatz 1, auch in Verbindung mit Absatz 2, eine dort genannte Angabe nicht, nicht richtig, nicht vollständig, nicht in der vorgeschriebenen Weise oder nicht rechtzeitig macht,
18. entgegen § 53 Absatz 4 Satz 2 mit der Verwaltung von EU-AIF beginnt,
19. entgegen § 53 Absatz 5 eine Anzeige nicht, nicht richtig, nicht vollständig, nicht in der vorgeschriebenen Weise oder nicht rechtzeitig erstattet,
20. entgegen § 65 Absatz 1 einen EU-AIF verwaltet,
21. entgegen § 65 Absatz 2 eine Zweigniederlassung errichtet,
22. entgegen § 65 Absatz 4 Satz 2 mit der Verwaltung von EU-AIF beginnt,
23. entgegen § 65 Absatz 5 eine Anzeige nicht, nicht richtig, nicht vollständig, nicht in der vorgeschriebenen Weise oder nicht rechtzeitig macht,
24. entgegen
    a) § 67 Absatz 1 Satz 1 einen Jahresbericht,
    b) § 101 Absatz 1 Satz 1, den §§ 103, 104 Absatz 1 Satz 1 oder § 105 Absatz 1 oder Absatz 2, jeweils auch in Verbindung mit einer Rechtsverordnung nach § 106 Satz 1, einen Jahresbericht, einen Halbjahresbericht, einen Zwischenbericht, einen Auflösungsbericht oder einen Abwicklungsbericht,
    c) § 120 Absatz 1 Satz 2, in Verbindung mit einer Rechtsverordnung nach Absatz 8, jeweils auch in Verbindung mit § 122 Absatz 1 oder Absatz 2 oder § 148 Absatz 1 oder Absatz 2 Satz 1, jeweils auch in Verbindung mit § 291 Absatz 1 Nummer 2, einen Jahresabschluss, einen Lagebericht, einen Halbjahresfinanzbericht, einen Auflösungsbericht oder einen Abwicklungsbericht oder
    d) § 135 Absatz 1, auch in Verbindung mit einer Rechtsverordnung nach Absatz 11 Satz 1, jeweils auch in Verbindung mit § 158, auch in Verbindung mit § 291 Absatz 1 Nummer 2, einen Jahresbericht
    nicht, nicht richtig, nicht vollständig, nicht in der vorgeschriebenen Weise oder nicht rechtzeitig erstellt oder nicht, nicht richtig, nicht vollständig, nicht in der vorgeschriebenen Weise oder nicht rechtzeitig aufstellt,
25. entgegen § 70 Absatz 5 oder § 85 Absatz 3 einen dort genannten Vermögensgegenstand wiederverwendet,
26. entgegen § 71 Absatz 1 Satz 2 einen Anteil oder eine Aktie ohne volle Leistung des Ausgabepreises ausgibt oder entgegen § 83 Absatz 6 Satz 1 nicht sicherstellt, dass sämtliche Zahlungen bei der Zeichnung von Anteilen geleistet wurden,
27. entgegen § 72 Absatz 1 Nummer 1 oder Nummer 2 oder § 81 Absatz 1 Nummer 1 oder Nummer 2 einen Vermögensgegenstand nicht entsprechend den dort genannten Anforderungen verwahrt,
28. entgegen § 72 Absatz 1 Nummer 3 nicht regelmäßig eine umfassende Aufstellung sämtlicher Vermögensgegenstände des inländischen OGAW übermittelt,
29. entgegen § 74 Absatz 1 einem inländischen OGAW zustehende Geldbeträge nicht in der dort genannten Weise verbucht, entgegen § 74 Absatz 3 oder § 83 Absatz 6 Satz 2 und 3 die Gelder des inländischen Investmentvermögens auf einem Geldkonto verbucht, die eine dort genannte Anforderung nicht erfüllt, oder einen Zahlungsstrom entgegen § 83 Absatz 6 Satz 1 nicht ordnungsgemäß überwacht,
30. entgegen § 76 Absatz 1 oder § 83 Absatz 1 eine dort genannte Anforderung nicht sicherstellt oder entgegen § 76 Absatz 2 eine Weisung nicht ausführt,
31. entgegen § 107 Absatz 1 oder Absatz 2 einen Jahresbericht, einen Halbjahresbericht, einen Auflösungsbericht oder einen Abwicklungsbericht oder entgegen § 123 Absatz 1 oder Absatz 2 einen Jahresabschluss, einen Lagebericht oder einen Halbjahresbericht nicht, nicht richtig, nicht vollständig, nicht in der vorgeschriebenen Weise oder nicht rechtzeitig bekannt macht,

32. entgegen § 107 Absatz 3, § 123 Absatz 5, auch in Verbindung mit § 148 Absatz 1, oder entgegen § 160 Absatz 4 einen dort genannten Bericht nicht, nicht richtig, nicht vollständig oder nicht rechtzeitig bei der Bundesanstalt einreicht oder nicht, nicht richtig, nicht vollständig oder nicht rechtzeitig der Bundesanstalt zur Verfügung stellt,

33. ohne eine Erlaubnis nach § 113 Absatz 1 Satz 1 das Geschäft einer extern verwalteten OGAW-Investmentaktiengesellschaft betreibt,

34. die Erlaubnis einer extern verwalteten OGAW-Investmentaktiengesellschaft gemäß § 113 Absatz 2 Satz 1 Nummer 1 auf Grund falscher Erklärungen oder auf sonstige rechtswidrige Weise erwirkt hat,

35. entgegen § 114 Satz 1, § 130 Satz 1, § 145 Satz 1 oder entgegen § 155 Satz 1 eine Anzeige nicht, nicht richtig, nicht vollständig oder nicht rechtzeitig macht,

36. entgegen § 163 Absatz 2 Satz 9, auch in Verbindung mit § 267 Absatz 2 Satz 2, die Anlagebedingungen dem Verkaufsprospekt beifügt,

37. entgegen § 163 Absatz 2 Satz 10 die Anlagebedingungen dem Publikum nicht, nicht richtig oder nicht vollständig zugänglich macht,

38. entgegen § 164 Absatz 1 Satz 1 oder entgegen den §§ 165 und 166 einen dort genannten Verkaufsprospekt oder die wesentlichen Anlegerinformationen nicht, nicht richtig oder nicht vollständig erstellt oder dem Publikum nicht, nicht richtig oder nicht vollständig zugänglich macht,

39. entgegen § 164 Absatz 1 Satz 2 einen dort genannten Verkaufsprospekt oder die wesentlichen Anlegerinformationen dem Publikum zugänglich macht,

40. entgegen § 164 Absatz 4 Satz 1 einen dort genannten Verkaufsprospekt oder die wesentlichen Anlegerinformationen oder entgegen § 164 Absatz 5 eine Änderung eines dort genannten Verkaufsprospekts oder der wesentlichen Anlegerinformationen nicht, nicht richtig, nicht vollständig oder nicht rechtzeitig bei der Bundesanstalt einreicht oder entgegen § 164 Absatz 4 Satz 2 einen dort genannten Verkaufsprospekt nicht, nicht richtig, nicht vollständig oder nicht rechtzeitig der Bundesanstalt zur Verfügung stellt,

41. entgegen § 170 Satz 2 einen Ausgabe- oder Rücknahmepreis oder den Nettoinventarwert nicht, nicht richtig oder nicht rechtzeitig veröffentlicht,

42. entgegen § 174 Absatz 1 Satz 1 weniger als 85 Prozent des Wertes des Feederfonds in Anteile eines Masterfonds anlegt,

43. entgegen § 174 Absatz 1 Satz 2 in einen Masterfonds anlegt,

44. entgegen § 178 Absatz 1 eine Abwicklung beginnt,

45. entgegen § 178 Absatz 5 Satz 1 oder § 179 Absatz 6 Satz 1 eine Mitteilung nicht, nicht richtig, nicht vollständig oder nicht rechtzeitig macht oder einen Anleger nicht, nicht richtig, nicht vollständig, nicht in der vorgesehenen Weise oder nicht rechtzeitig unterrichtet,

46. entgegen § 180 Absatz 1 Satz 1 oder Satz 2 oder Absatz 2 Satz 1 eine dort genannte Information nicht, nicht richtig, nicht vollständig, nicht in der vorgeschriebenen Weise oder nicht rechtzeitig zur Verfügung stellt,

47. entgegen § 186 Absatz 2 Satz 1, auch in Verbindung mit § 191 Absatz 1 oder Absatz 2, eine Verschmelzungsinformation übermittelt,

48. entgegen § 186 Absatz 4 Satz 1, auch in Verbindung mit § 191 Absatz 1 oder Absatz 2, eine Verschmelzungsinformation der Bundesanstalt nicht, nicht richtig, nicht vollständig, nicht in der vorgeschriebenen Weise oder nicht rechtzeitig einreicht,

49. entgegen
    a) den §§ 192, 193 Absatz 1, den §§ 194, 196 Absatz 1, § 210 Absatz 1 Satz 1 oder Satz 4, Absatz 2 oder Absatz 3, § 219 Absatz 1 oder Absatz 2, § 221 Absatz 1 oder § 225 Absatz 2 Satz 2 oder
    b) § 231 Absatz 1, § 234 Satz 1, § 239 oder § 261 Absatz 1
    einen Vermögensgegenstand erwirbt oder in einen dort genannten Vermögensgegenstand investiert,

50. entgegen den §§ 195, 234 Satz 1 oder § 253 Absatz 1 Satz 1 einen dort genannten Vermögensgegenstand oder Betrag hält,

51. entgegen § 196 Absatz 2 einen Ausgabeaufschlag oder einen Rücknahmeabschlag berechnet,

52. entgegen § 197 Absatz 1, auch in Verbindung mit einer Rechtsverordnung nach Absatz 3, oder § 261 Absatz 3 in ein Derivat investiert, ein dort genanntes Geschäft tätigt oder eine dort genannte Voraussetzung oder eine dort genannte Pflicht nicht erfüllt,

53. entgegen § 197 Absatz 2, auch in Verbindung mit einer Rechtsverordnung nach Absatz 3 Satz 1 Nummer 1, nicht sicherstellt, dass sich das Marktrisikopotenzial höchstens verdoppelt,

54. entgegen den §§ 198, 206 Absatz 1 oder Absatz 2, auch in Verbindung mit den §§ 208, 206 Absatz 3 Satz 1 oder Absatz 4, den §§ 207, 209, 219 Absatz 5, § 221 Absatz 3 oder Absatz 4, § 222 Absatz 2 Satz 2 oder § 225 Absatz 2 Satz 1 oder Absatz 4 Satz 1 mehr als einen dort genannten Prozentsatz des Wertes in einen dort genannten Vermögensgegenstand anlegt,

55. entgegen § 200 Absatz 1 Satz 1 oder Absatz 2 Satz 1, auch in Verbindung mit § 204 Absatz 1 oder Absatz 2 oder einer Rechtsverordnung nach Absatz 3, ein Wertpapier überträgt,

56. entgegen § 200 Absatz 1 Satz 2 erster Halbsatz, auch in Verbindung mit § 204 Absatz 1 oder Absatz 2 oder einer Rechtsverordnung nach Absatz 3, oder § 240 Absatz 1 ein Darlehen gewährt,

57. entgegen § 200 Absatz 4, auch in Verbindung mit § 204 Absatz 1 oder Absatz 2 oder einer Rechtsverordnung nach Absatz 3, eine Anzeige nicht, nicht richtig, nicht vollständig oder nicht rechtzeitig erstattet,

58. entgegen § 203 Satz 1 auch in Verbindung mit § 204 Absatz 1 oder Absatz 2 oder einer Rechtsverordnung nach Absatz 3, ein Pensionsgeschäft abschließt,

59. entgegen
   a) § 205 Satz 1, auch in Verbindung mit § 218 Satz 2, § 220 oder § 284 Absatz 1,
   b) § 225 Absatz 1 Satz 3,
   c) § 265 Satz 1 oder
   d) § 276 Absatz 1 Satz 1
   einen Leerverkauf durchführt,

60. entgegen § 206 Absatz 3 Satz 2 nicht sicherstellt, dass der Gesamtwert der Schuldverschreibungen 80 Prozent des Wertes des inländischen OGAW nicht übersteigt,

61. einer Vorschrift des § 206 Absatz 5 Satz 1, auch in Verbindung mit § 206 Absatz 5 Satz 2, oder § 221 Absatz 5 Satz 1 einer dort genannten Sicherstellungspflicht zuwiderhandelt,

62. entgegen § 210 Absatz 1 Satz 1 oder Satz 4, Absatz 2 oder Absatz 3 in einen dort genannten Vermögensgegenstand unter Überschreitung einer dort genannten Anlagegrenze anlegt,

63. entgegen § 211 Absatz 2 nicht als vorrangiges Ziel die Einhaltung der Anlagegrenzen anstrebt,

64. entgegen § 222 Absatz 1 Satz 4 einen dort genannten Vermögensgegenstand erwirbt,

65. entgegen § 225 Absatz 1 Satz 3 Leverage durchführt,

66. entgegen § 225 Absatz 2 Satz 2 einen Devisenterminkontrakt verkauft,

67. entgegen § 225 Absatz 4 Satz 2 oder Satz 3, jeweils auch in Verbindung mit § 221 Absatz 2, in einen dort genannten Zielfonds anlegt,

68. entgegen § 225 Absatz 5 nicht sicherstellt, dass eine dort genannte Information vorliegt,

69. entgegen § 233 Absatz 2 oder § 261 Absatz 4 nicht sicherstellt, dass ein Vermögensgegenstand nur in dem dort genannten Umfang einem Währungsrisiko unterliegt,

70. entgegen § 239 Absatz 2 Nummer 2 einen Vermögensgegenstand veräußert,

71. entgegen § 240 Absatz 2 nicht sicherstellt, dass die Summe der Darlehen einen dort genannten Prozentsatz nicht übersteigt,

72. entgegen § 264 Absatz 1 Satz 1 nicht dafür sorgt, dass die genannte Verfügungsbeschränkung in das Grundbuch oder ein dort genanntes Register eingetragen wird,

73. entgegen § 268 Absatz 1 Satz 1 einen dort genannten Verkaufsprospekt oder die wesentlichen Anlegerinformationen nicht, nicht richtig oder nicht vollständig erstellt oder entgegen § 268 Absatz 1 Satz 2 einen dort genannten Verkaufsprospekt oder die wesentlichen Anlegerinformationen dem Publikum nicht, nicht richtig oder nicht vollständig zugänglich macht,

74. entgegen § 282 Absatz 2 Satz 1 in einen dort genannten Vermögensgegenstand investiert,

75. entgegen § 285 in einen dort genannten Vermögensgegenstand investiert,

76. entgegen § 289 Absatz 1, 2 oder Absatz 5 eine Unterrichtung, eine Information oder eine Mitteilung nicht, nicht richtig, nicht vollständig oder nicht rechtzeitig vornimmt,

77. entgegen § 290 Absatz 1 oder Absatz 5 eine dort genannte Information oder eine Angabe nicht, nicht richtig, nicht vollständig oder nicht rechtzeitig vorlegt,

78. entgegen § 297 Absatz 1, auch in Verbindung mit Absatz 5 Satz 1, eine dort genannte Unterlage nicht oder nicht in Papierform kostenlos zur Verfügung stellt,

79. entgegen § 302 Absatz 1, 2, 3, 4, 5 oder Absatz 6 bei Werbung eine dort genannte Anforderung nicht erfüllt,

80. entgegen § 309 Absatz 2 nicht sicherstellt, dass ein Anleger eine dort genannte Information oder eine dort genannte Unterlage oder eine Änderung erhält, oder

81. entgegen § 312 Absatz 1 eine Anzeige nicht, nicht richtig, nicht vollständig oder nicht rechtzeitig macht.

(3) Ordnungswidrig handelt, wer als Person, die für eine Kapitalverwaltungsgesellschaft handelt, gegen die Verordnung (EG) Nr. 1060/2009 des Europäischen Parlaments und des Rates vom 16. September 2009 über Ratingagenturen (ABl. L 302 vom 17.11.2009, S. 1), die zuletzt durch die Verordnung (EU) Nr. 462/2013 (ABl. L 146 vom 31.5.2013, S. 1) geändert worden ist, verstößt, indem er vorsätzlich oder leichtfertig

1. entgegen Artikel 4 Absatz 1 Unterabsatz 1 ein Rating verwendet,

2. entgegen Artikel 5a Absatz 1 nicht dafür Sorge trägt, dass die Kapitalverwaltungsgesellschaft eigene Kreditrisikobewertungen vornimmt,

3. entgegen Artikel 8c Absatz 1 einen Auftrag nicht richtig erteilt oder
4. entgegen Artikel 8c Absatz 2 nicht dafür Sorge trägt, dass die beauftragten Ratingagenturen die dort genannten Voraussetzungen erfüllen.

(4) Ordnungswidrig handelt, wer gegen die Verordnung (EU) Nr. 345/2013 des Europäischen Parlaments und des Rates vom 17. April 2013 über Europäische Risikokapitalfonds (ABl. L 115 vom 25.4.2013, S. 1) verstößt, indem er vorsätzlich oder fahrlässig

1. entgegen Artikel 5 Absatz 1 Satz 1 nicht dafür sorgt, dass beim Erwerb von anderen Vermögenswerten als qualifizierten Anlagen höchstens 30 Prozent des aggregierten eingebrachten Kapitals und noch nicht eingeforderten zugesagten Kapitals des qualifizierten Risikokapitalfonds für den Erwerb solcher Vermögenswerte eingesetzt werden,
2. entgegen Artikel 5 Absatz 2 auf der Ebene des qualifizierten Risikokapitalfonds eine dort genannte Methode anwendet,
3. entgegen Artikel 5 Absatz 3 auf der Ebene des qualifizierten Risikokapitalfonds Darlehen aufnimmt, Schuldtitel begibt oder Garantien stellt,
4. entgegen Artikel 6 Absatz 1 einen dort genannten Anteil vertreibt,
5. entgegen Artikel 12 Absatz 1 Unterabsatz 1 Satz 1 in Verbindung mit Satz 2, 3 oder Satz 4 oder entgegen Absatz 1 Unterabsatz 2 Satz 2 einen Jahresbericht der Bundesanstalt nicht, nicht richtig, nicht vollständig oder nicht rechtzeitig vorlegt,
6. entgegen Artikel 13 Absatz 1 eine Unterrichtung der Anleger oder entgegen Artikel 15 eine Unterrichtung der zuständigen Behörde nicht, nicht richtig, nicht vollständig, nicht in der vorgeschriebenen Weise oder nicht rechtzeitig vornimmt, oder
7. ohne Registrierung nach Artikel 14 Absatz 1 in Verbindung mit Artikel 14 Absatz 2 die Bezeichnung „EuVECA" verwendet.

(5) Ordnungswidrig handelt, wer gegen die Verordnung (EU) Nr. 346/2013 des Europäischen Parlaments und des Rates vom 17. April 2013 über Europäische Fonds für soziales Unternehmertum (ABl. L 115 vom 25.4.2013, S. 18) verstößt, indem er vorsätzlich oder fahrlässig

1. entgegen Artikel 5 Absatz 1 Satz 1 nicht dafür sorgt, dass beim Erwerb von anderen Vermögenswerten als qualifizierten Anlagen höchstens 30 Prozent des aggregierten eingebrachten Kapitals und noch nicht eingeforderten zugesagten Kapitals des qualifizierten Fonds für soziales Unternehmertum für den Erwerb solcher Vermögenswerte eingesetzt werden,
2. entgegen Artikel 5 Absatz 2 auf der Ebene des qualifizierten Fonds für soziales Unternehmertum eine dort genannte Methode anwendet,
3. entgegen Artikel 5 Absatz 3 auf der Ebene des qualifizierten Fonds für soziales Unternehmertum Darlehen aufnimmt, Schuldtitel begibt oder Garantien stellt,
4. entgegen Artikel 6 Absatz 1 einen dort genannten Anteil vertreibt,
5. entgegen Artikel 13 Absatz 1 Satz 1 in Verbindung mit Satz 2, 3 oder Satz 4 oder in Verbindung mit Absatz 2 oder entgegen Absatz 1 Satz 6 in Verbindung mit Absatz 2 einen Jahresbericht der Bundesanstalt nicht, nicht richtig, nicht vollständig, nicht in der vorgeschriebenen Weise oder nicht rechtzeitig vorlegt,
6. entgegen Artikel 14 Absatz 1 eine Unterrichtung der Anleger oder entgegen Artikel 16 eine Unterrichtung der zuständigen Behörde nicht, nicht richtig, nicht vollständig, nicht in der vorgeschriebenen Weise oder nicht rechtzeitig vornimmt, oder
7. ohne Registrierung nach Artikel 15 Absatz 1 in Verbindung mit Artikel 15 Absatz 2 die Bezeichnung „EuSEF" verwendet.

(6) Ordnungswidrig handelt, wer gegen die Verordnung (EU) 2015/760 verstößt, indem er vorsätzlich oder fahrlässig

1. entgegen Artikel 9 Absatz 1 in einen anderen Anlagevermögenswert investiert,
2. entgegen Artikel 9 Absatz 2 ein dort genanntes Geschäft tätigt,
3. entgegen Artikel 13 Absatz 1 in Verbindung mit Artikel 17 nicht mindestens 70 Prozent seines Kapitals im Sinne von Artikel 2 Nummer 7 in einen zulässigen Anlagevermögenswert investiert,
4. entgegen Artikel 13 Absatz 2 bis 6 unter Berücksichtigung von Artikel 14 gegen eine dort genannte Diversifizierungsanforderung verstößt,
5. entgegen Artikel 16 einen Barkredit aufnimmt,
6. entgegen Artikel 21 die Bundesanstalt nicht rechtzeitig unterrichtet,
7. entgegen Artikel 23 Absatz 1 bis 4, Artikel 24 Absatz 2 bis 5 und Artikel 25 Absatz 1 und 2 einen Prospekt nicht, nicht richtig, nicht vollständig oder in der vorgeschriebenen Weise veröffentlicht,
8. entgegen Artikel 23 Absatz 5 einen Jahresbericht nicht richtig, nicht vollständig oder in der vorgeschriebenen Weise veröffentlicht,
9. entgegen Artikel 23 Absatz 6 die dort genannten Informationen nicht, nicht richtig, nicht vollständig oder in der vorgeschriebenen Weise bereitstellt,
10. entgegen Artikel 24 Absatz 1 einen Prospekt oder eine Änderung nicht, nicht richtig, nicht vollständig oder nicht rechtzeitig übermittelt,

11. entgegen den Artikeln 28 und 30 einen Anteil an einen Kleinanleger vertreibt,
12. entgegen Artikel 29 Absatz 5 einen Vermögenswert wiederverwendet,
13. ohne Zulassung gemäß den Artikeln 4 und 5 die Bezeichnung „ELTIF" oder „europäischer langfristiger Investmentfonds" verwendet.

(7) Die Ordnungswidrigkeit kann wie folgt geahndet werden:

1. in den Fällen des Absatzes 1 Nummer 1, 4 und 5, des Absatzes 2 Nummer 1, 3 bis 7, 9, 10, 13, 14, 25 bis 30, 33 bis 35, 76, 77, 81 und bei einer wiederholten Vornahme einer der in Absatz 1 Nummer 2 und 3 oder in Absatz 2 Nummer 24, 31, 32, 37, 38, 40, 41, 49 bis 63, 65, 72, 73, 78 und 79 aufgeführten Handlungen mit einer Geldbuße bis zu fünf Millionen Euro; gegenüber einer juristischen Person oder einer Personenvereinigung kann über diesen Betrag hinaus eine Geldbuße in Höhe bis zu 10 Prozent des jährlichen Gesamtumsatzes verhängt werden;
2. in den Fällen des Absatzes 1 Nummer 2 und 3, des Absatzes 2 Nummer 2, 8, 11, 12, 15 bis 24, 31, 32, 37, 38, 40, 41, 43 bis 46, 49 bis 62, 63 bis 67, 70 bis 73 und 78, des Absatzes 4 Nummer 3, 4 und 7, des Absatzes 5 Nummer 3, 4 und 7 und des Absatzes 6 Nummer 5, 11 und 13 mit einer Geldbuße bis zu einer Million Euro; gegenüber einer juristischen Person oder einer Personenvereinigung kann über diesen Betrag hinaus eine Geldbuße in Höhe bis zu 2 Prozent des jährlichen Gesamtumsatzes verhängt werden;
3. in den übrigen Fällen der Absätze 2 bis 6 mit einer Geldbuße bis zu zweihunderttausend Euro.

Über die in Satz 1 genannten Beträge hinaus kann die Ordnungswidrigkeit mit einer Geldbuße bis zur Höhe des Zweifachen des aus dem Verstoß gezogenen wirtschaftlichen Vorteils geahndet werden. Der wirtschaftliche Vorteil umfasst auch vermiedene wirtschaftliche Nachteile und kann geschätzt werden.

(8) Gesamtumsatz im Sinne von Absatz 7 ist

1. im Fall von Kreditinstituten, Zahlungsinstituten und Finanzdienstleistungsinstituten der sich aus dem auf das Institut anwendbaren nationalen Recht im Einklang mit Artikel 27 Nummer 1, 3, 4, 6 und 7 oder Artikel 28 Nummer B1, B2, B3, B4 und B7 der Richtlinie 86/635/EWG des Rates vom 8. Dezember 1986 über den Jahresabschluss und den konsolidierten Abschluss von Banken und anderen Finanzinstituten (ABl. L 372 vom 31.12.1986, S. 1) ergebende Gesamtbetrag, abzüglich der Umsatzsteuer und sonstigen direkt auf diese Erträge erhobenen Steuern,
2. im Fall von Versicherungsunternehmen der sich aus dem auf das Versicherungsunternehmen anwendbaren nationalen Recht im Einklang mit Artikel 63 der Richtlinie 91/674/ EWG des Rates vom 19. Dezember 1991 über den Jahresabschluss und den konsolidierten Abschluss von Versicherungsunternehmen (ABl. L 374 vom 31.12.1991, S. 7) ergebende Gesamtbetrag, abzüglich der Umsatzsteuer und sonstigen direkt auf diese Erträge erhobenen Steuern,
3. im Übrigen der Betrag der Nettoumsatzerlöse nach Maßgabe des auf das Unternehmen anwendbaren nationalen Rechts im Einklang mit Artikel 2 Nummer 5 der Richtlinie 2013/34/EU.

Handelt es sich bei der juristischen Person oder Personenvereinigung um ein Mutterunternehmen oder um eine Tochtergesellschaft, so ist anstelle des Gesamtumsatzes der juristischen Person oder Personenvereinigung der jeweilige Gesamtbetrag in dem Konzernabschluss des Mutterunternehmens maßgeblich, der für den größten Kreis von Unternehmen aufgestellt wird. Wird der Konzernabschluss für den größten Kreis von Unternehmen nicht nach den in Satz 1 genannten Vorschriften aufgestellt, ist der Gesamtumsatz nach Maßgabe der den in Satz 1 vergleichbaren Posten des Konzernabschlusses zu ermitteln. Maßgeblich ist der Jahres- oder Konzernabschluss des der Behördenentscheidung unmittelbar vorausgehenden Geschäftsjahres. Ist dieser nicht verfügbar, ist der Jahres- oder Konzernabschluss für das unmittelbar vorausgehende Geschäftsjahr maßgeblich. Ist auch dieser nicht verfügbar, kann der Gesamtumsatz für das der Behördenentscheidung unmittelbar vorausgehende Geschäftsjahr geschätzt werden.

(9) § 17 Absatz 2 des Gesetzes über Ordnungswidrigkeiten ist nicht anzuwenden bei Verstößen gegen Gebote und Verbote im Zusammenhang mit OGAW, die in Absatz 7 Nummer 1 in Bezug genommen werden. § 30 des Gesetzes über Ordnungswidrigkeiten gilt auch für juristische Personen oder Personenvereinigungen, die über eine Zweigniederlassung oder im Wege des grenzüberschreitenden Dienstleistungsverkehrs im Inland tätig sind. Die Verfolgung der Ordnungswidrigkeiten nach Absatz 1 bis 6 verjährt in drei Jahren.

(10) Verwaltungsbehörde im Sinne des § 36 Absatz 1 Nummer 1 des Gesetzes über Ordnungswidrigkeiten ist die Bundesanstalt.

A. Allgemeines

§ 340 **Abs. 1–6** enthält **Bußgeldvorschriften,** die teilweise Vorschriften in § 143 InvG entsprechen **1** (s. dazu BT-Drs. 17/12294, 295 f.), aber auch teilweise im Zuge der Umsetzung der AIF-Richtlinie (→ Vorb. Rn. 2) neu geschaffen wurden. Zusätzliche Änderungen ergaben sich mit Wirkung zum 18.3.2016 durch das Gesetz zur Umsetzung der Richtlinie 2014/91/EU vom 3.3.2016 (BGBl. I 348, s. → Vorb. Rn. 1); der Umfang der bußgeldbewehrten Handlungen wurde dabei so erheblich erweitert – § 340 Abs. 2 allein enthält 81 Ordnungswidrigkeitentatbestände –, dass die Norm sich einer systematischen Erfassung weitgehend verschließt. Die Bußgeldvorschriften sind sämtlich **blankettartig** gefasst, da sich ihr Norminhalt erst in Zusammenschau mit der jeweils dort genannten Ausfüllungsvorschrift ergibt.

Wer Normadressat und daher **Täter** einer Ordnungswidrigkeit gem. § 340 Abs. 1–6 ist, bestimmt **2** sich jeweils unter Berücksichtigung des konkreten Ge- oder Verbots. Soweit durch die Ordnungswidrigkeit va juristische Personen oder Personengesellschaften als Normadressaten in Bezug genommen werden, kann die Tätereigenschaft gem. § 9 Abs. 1 OWiG auf deren Vertreter oder Beauftragte übergewälzt werden (s. auch Weitnauer/Boxberger/Anders/*Zeidler,* KAGB, 2014, § 340 Rn. 2).

§ 340 **Abs. 7–9** bestimmt die Bußgeldhöhe, § 340 **Abs. 10** die zuständige Verwaltungsbehörde. **3**

B. Die Regelungen im Einzelnen

I. § 340 Abs. 1

1. § 340 Abs. 1 Nr. 1. § 340 Abs. 1 **Nr. 1** entspricht § 56 Abs. 1 KWG (BT-Drs. 16/5576, 98 zu **4** § 143 InvG; vgl. zur Entsprechung zu § 143 InvG BT-Drs. 17/12294, 296). Ordnungswidrig handelt, wer entgegen einer **vollziehbaren Anordnung** der BaFin nach den §§ 40 Abs. 1, 113 Abs. 3, 119 Abs. 5, 128 Abs. 4, 147 Abs. oder 153 Abs. 5 den Geschäftsleiter einer Kapitalverwaltungsgesellschaft oder einen sonstigen Gesellschaftsformen, in denen Investmentvermögen iSd § 1 Abs. 1 Nr. 1 organisiert ist (neben Kapitalverwaltungsgesellschaften iSd § 17 Abs. 1 auch OGAW-Investmentaktiengesellschaften oder offene Investmentkommanditgesellschaften; BT-Drs. 17/12294, 296) nicht abberuft oder wer entgegen einer Untersagungsverfügung als Geschäftsleiter tätig ist. Die Anordnung ist vollziehbar, wenn sie bestandskräftig ist oder wenn sie für sofort vollziehbar erklärt wurde (kraft Gesetzes oder aufgrund besonderer Anordnung gem. § 80 Abs. 2 S. 1 Nr. 4 VwGO) (Erbs/Kohlhaas/*Häberle* KWG § 56 Rn. 8; noch zu § 143a InvG: Berger/Steck/Lübbehüsen/*Campbell,* Investmentgesetz, Investmentsteuergesetz, 2010, InvG § 143 Rn. 7).

2. § 340 Abs. 1 Nr. 2–3. Ordnungswidrig handelt in Anlehnung an § 143 Abs. 1 Nr. 2–3 InvG des **5** Weiteren:

– gem. § 340 Abs. 1 **Nr. 2,** wer entgegen § 20 Abs. 8 oder 9 **Gelddarlehen gewährt** oder eine in § 20 Abs. 8 genannte Verpflichtung eingeht; einer OAGW-Kapitalverwaltungsgesellschaft ist es gem. § 20 Abs. 8 untersagt, für Rechnung des OGAW Gelddarlehen zu gewähren oder Verpflichtungen aus einem Bürgschafts- oder einem Garantievertrag einzugehen. Gem. § 20 Abs. 9 dürfen AIF-Kapitalverwaltungsgesellschaften im Rahmen der kollektiven Vermögensverwaltung ein Gelddarlehen nur bei Vorliegen einer entsprechenden Erlaubnis gewähren.

– gem. § 340 Abs. 1 **Nr. 3,** wer entgegen §§ 112 Abs. 2–3, 199, 221 Abs. 6, 263 Abs. 1, 284 Abs. 4 S. 1 einen **Kredit aufnimmt;**

3. § 340 Abs. 1 Nr. 4, 5. Nach den gegenüber § 143 InvG neu eingefügten Vorschriften handelt **6** zudem ordnungswidrig:

– gem. § 340 Abs. 1 **Nr. 4,** wer einer vollziehbaren Anordnung nach § 215 Abs. 2 S. 1 Hs. 2, jeweils auch in Verbindung mit § 263 Abs. 2 oder § 274 S. 1, zuwiderhandelt; die BaFin ist berechtigt, den Umfang des **Leverage,** den eine AIF-Kapitalverwaltungsgesellschaft einsetzen darf, zu beschränken bzw. diesbzgl. sonstige Beschränkungen in Bezug auf die Verwaltung des AIF zu erlassen.

– gem. § 340 Abs. 1 **Nr. 5,** wer einer vollziehbaren Anordnung nach § 276 Abs. 2 S. 2 (zur **Begrenzung von Leerverkäufen durch Hedgefonds**) zuwiderhandelt.

II. § 340 Abs. 2

§ 340 Abs. 2 wurde durch das Gesetz zur Umsetzung der RL 2014/91/EU vom 3.3.2016 **7** (BGBl. I 348) mit Wirkung zum 18.3.2016 erheblich umgestaltet. Einerseits wurden darin die bisherigen Abs. 2 und 3 zusammengefasst, andererseits eine Vielzahl neuer Ordnungswidrigkeitentatbestände aufgenommen.

Die bisher in Abs. 2 und 3 enthaltenen Vorschriften sanktionieren ua Verstöße von Kapitalverwal- **8** tungsgesellschaften bzw. ihren Sonderformen (etwa AIF-Kapitalverwaltungsgesellschaften oder OGAW-Kapitalverwaltungsgesellschaften) gegen **Anzeige-, Berichts-, Publizitäts- und Rechnungslegungsvorschriften,** Verstöße gegen sonstige **Pflichten im Zusammenhang mit der Verwaltung**

von Kapitalverwaltungsgesellschaften, gegen **gesetzliche Anlagebestimmungen** oder gegen Pflichten, die eine effiziente Aufsicht durch die BaFin ermöglichen sollen.

9   Zudem wurden zum Zwecke und anlässlich der Umsetzung des neu eingefügten Artikels 99a der RL 2009/65/EG und um der BaFin durch einen erweiterten Bußgeldkatalog eine effiziente Aufsicht zu ermöglichen, neue Ordnungswidrigkeiten eingeführt sowie bestehende Ordnungswidrigkeiten angepasst (BT-Drs. 18/6744, 68).

III. § 340 Abs. 3

10   § 340 Abs. 3 **Nr. 1–4** enthält Bußgeldtatbestände bei Verstößen nicht gegen das KAGB selbst, sondern gegen die VO (EU) Nr. 462/2013 zur Verringerung der Abhängigkeit von Ratings. Entsprechend werden Verstöße sanktioniert, die einer Person, die für eine Kapitalverwaltungsgesellschaft handelt, im Zusammenhang mit Ratings auferlegt sind (vgl. BR-Drs. 185/14, 24). Die mit dem Gesetz zur Umsetzung der RL 2014/91/EU vom 3.3.2016 (BGBl. I 348) intendierte Aufgabe der Differenzierung zwischen Leichtfertigkeit und Fahrlässigkeit (so jedenfalls BT-Drs. 18/6744, 71) findet im Gesetzeswortlaut keinen Niederschlag. Weiterhin nicht strafbar ist entgegen des gesetzgeberischen Willens daher bei § 340 Abs. 3 ein bloß fahrlässiges Handeln.

IV. § 340 Abs. 4, 5

11   Aus Art. 20 Abs. 1 der VO (EU) Nr. 345/2013 und aus Art. 21 Abs. 1 der VO (EU) Nr. 346/2013 ist der nationale Gesetzgeber zur Einführung wirksamer, verhältnismäßiger und abschreckender Sanktionen bei Verstößen gegen die Vorgaben der Verordnung verpflichtet. Dieser Verpflichtung ist er in den Abs. 4–5 nachgekommen (BR-Drs. 185/14, 24).

12   **1. § 340 Abs. 4.** § 340 Abs. 4 betrifft Bußgeldvorschriften in Bezug auf **Europäische Risikokapitalfonds** und dient damit der Umsetzung der Vorgaben aus der VO (EU) Nr. 345/2013 des Europäischen Parlaments und des Rates v. 17.4.2013 über Europäische Risikokapitalfonds (ABl. 2013 L 115, 1). Bußgeldbewehrt sind dabei vornehmlich **gesetzliche Anlagebestimmungen,** die Europäischen Risikokapitalfonds auferlegt sind.

13   **2. § 340 Abs. 5 Nr. 1–7.** § 340 Abs. 5 enthält Bußgeldvorschriften in Bezug auf **Europäische Fonds für soziales Unternehmertum** und dient damit der Umsetzung der Vorgaben aus der VO (EU) Nr. 346/2013 des Europäischen Parlaments und des Rates v. 17.4.2013 über Europäische Fonds für soziales Unternehmertum. Wie auch Abs. 4 enthält Abs. 5 vornehmlich **gesetzliche Anlagebestimmungen,** die Europäischen Fonds für soziales Unternehmertum auferlegt sind.

V. § 340 Abs. 6

14   Der durch das Gesetz zur Umsetzung der RL 2014/91/EU vom 3.3.2016 (BGBl. I 348) neu eingefügte § 340 Abs. 6 gibt der BaFin die Möglichkeit, Verstöße gegen die VO (EU) Nr. 2015/760 (ELTIF) zu ahnden. Der Gesetzgeber erfüllt damit die ihm auferlegte Anforderung der Art. 32, 33 der VO (EU) Nr. 2015/760, die den zuständigen nationalen Behörden die Aufsicht über die Einhaltung dieser Verordnung zuweist und bestimmt, dass diese im Einklang mit dieser Richtlinie auch die Befugnis zur Verhängung von Sanktionen haben sollen.

VI. Tatbegehung und Rechtsfolgen

15   Die Bußgeldtatbestände des § 340 Abs. 1–6 können fast ausschließlich sowohl **vorsätzlich** als auch **fahrlässig** verwirklicht werden; die in § 340 aF teilweise vorgesehene Differenzierung zwischen – erfasstem – leichtfertigem und – nicht erfasstem – fahrlässigen Handeln wurde weitgehend aufgehoben, da der Gesetzgeber eine Abgrenzung bei den betroffenen Tatbeständen als zu schwierig ansah und die Differenzierung zudem mit ausdifferenzierten europarechtlichen Sanktionsvorgaben wie denen der Richtlinie 2014/91 inkompatibel sei (BT-Drs. 18/6744, 68). Vollständig ist dem Gesetzgeber die Aufgabe der Differenzierung jedoch nicht gelungen, da eine solche in § 340 Abs. 3 weiterhin vorgesehen ist; dies geht wohl auf ein gesetzgeberisches Versehen zurück. Ein **Versuch** ist nicht möglich, da die Versuchsstrafbarkeit nicht ausdrücklich angeordnet ist, § 13 Abs. 2 OWiG.

16   Die **Höhe** der zu verhängenden **Geldbuße** beträgt mindestens 5 EUR (§ 17 Abs. 1 OWiG), gem. **§ 340 Abs. 7 S. 1** höchstens 5 Mio. EUR bzw. zusätzlich gegenüber einer juristischen Person oder Personenvereinigung bis zu 10 Prozent des jährlichen Gesamtumsatzes, höchstens 1 Mio. EUR bzw. zusätzlich gegenüber einer juristischen Person oder Personenvereinigung bis zu 2 Prozent des jährlichen Gesamtumsatzes oder höchstens 200.000 EUR, je nachdem welcher Ordnungswidrigkeittatbestand erfüllt ist. Zudem kann gem. **§ 340 Abs. 7 S. 2** der in S. 1 genannte Maximalbetrag überschritten werden, indem das Zweifache des aus dem Verstoß gezogenen wirtschaftlichen Vorteils „abgeschöpft" wird. **§ 340 Abs. 8** regelt die Bestimmung des für die Bemessung der Geldbuße maßgeblichen Gesamtumsatzes. Bzgl. Verstößen gegen Ge- und Verbote im Zusammenhang mit OGAW, die in § 340 Abs. 7

Nr. 1 in Bezug genommen werden, gilt gem. Abs. 9 die in § 17 Abs. 2 OWiG für fahrlässiges Handeln vorgesehene Absenkung des Höchstmaßes bei fahrlässigem Handeln nicht.

Gem. 340 Abs. 8 S. 3 verjähren die Ordnungswidrigkeiten nach Abs. 1–6 innerhalb von 3 Jahren. **17**

Die für die Verfolgung der Ordnungswidrigkeiten **zuständige Behörde** iSd § 36 Abs. 1 Nr. 1 **18** OWiG ist gem. § 340 Abs. 7 die BaFin.

430. Verordnung über Kakao- und Schokoladenerzeugnisse (Kakaoverordnung – KakaoV)

Vom 15. Dezember 2003 (BGBl. I S. 2738) FNA 2125-40-90

Zuletzt geändert durch Art. 2 VO zur Änd. lebensmittelrechtl. Vorschriften vom 30.9.2008 (BGBl. I S. 1911)

– Auszug –

Vorbemerkung

1   Mit der KakaoV wurde die **RL 2000/36/EG** des Europäischen Parlaments und des Rates v. 23.6.2000 in nationales Recht umgesetzt. Die Richtlinie, die an Stelle der Vorgängerrichtlinie 73/241/ EWG trat und die dortigen Regeln an die allgemein geltenden lebensmittelrechtlichen Vorschriften und die Entwicklung des Geschmacks der Verbraucher anpasste, ist von der Erwägung getragen, dass durch die Unterschiede zwischen den einzelstaatlichen Rechtsvorschriften betreffend Kakao- und Schokoladeerzeugnisse zu **Handelshemmnissen** kommen kann, die beseitigt werden sollen. Darüber hinaus soll die Richtlinie durch gemeinsame Vorschriften für die Zusammensetzung, die Herstellungsmerkmale, die Verpackung und die Etikettierung sicherstellen, dass **der Verbraucher korrekt, neutral und objektiv informiert** wird. Vor diesem Hintergrund dient die KakaoV daher vornehmlich dem **Schutz des Verbrauchers vor Täuschung** (→ Vorb. LFGB Rn. 12 f.). In diesem Zusammenhang ist zu beachten, dass am 13.12.2014 die **LMIV** (→ Vorb. LFGB Rn. 12; → LFGB § 59 Rn. 14, 21 ff.) in Kraft trat. In Folge dessen soll nach Maßgabe von Art. 10 LMIV-AnpassungsVO (vgl. Anhang zur LMKV = Nr. 502 des Kommentars, → LMKV Anh. Rn. 5) **§ 3 an die neue Rechtslage angepasst** werden, was bei der Anwendung des § 5 zu beachten ist. Bei den Vorschriften der KakaoV handelt es sich um solche, die den Vorschriften der LMIV nach Maßgabe von Art. 1 Abs. 4 LMIV im Grundsatz als speziellere Vorschriften vorgehen (vgl. Voit/Grube LMIV/*Grube* Art. 1 Rn. 6 f.).

2   **§ 1** definiert **iVm Anlage 1** die **Erzeugnisse, die der Verordnung** unterliegen. Dies sind Kakaobutter, Kakaopulver, Schokolade, Milch- und Haushaltsmilchschokolade, Weiße Schokolade, gefüllte Schokolade, Chocolate a la taza und Chocolate familiar a la taza sowie Pralinen (vgl. Zipfel/Rathke LebensmittelR/*Rathke* § 1 Rn. 26 ff.). In der Anlage sind dabei auch die **Mindestvoraussetzungen** für die einzelnen Erzeugnisse bezogen auf Gehalt an Kakaobutter und **Kakaotrockenmasse** sowie weitere Zutaten festgelegt. Weitere Voraussetzung für die Anwendung der Vorschriften der KakaoV ist nach § 1, dass die Erzeugnisse **gewerbsmäßig** in den Verkehr gebracht werden (→ Vorb. LFGB Rn. 29 f.).

3   **§ 2** enthält Vorschriften über die **Herstellung der vorgenannten Erzeugnisse** mit Ausnahme von Kakaobutter, Kakaopulver und gefüllter Schokolade. Insoweit können nach näherer Maßgabe von § 2 weitere **Zutaten** als in Anlage 1 vorgesehen (→ Rn. 2) bei der Herstellung der erfassten Erzeugnisse verwendet werden. Nach **§ 2 Abs. 3** bestimmt sich die **Verwendung von Aromen** nach der Aromenverordnung – AromenV = (Nr. 140 des Kommentars). § 2 Abs. 3 S. 2 verbietet indes die Verwendung von Aromen, die den Geschmack von Schokolade oder Milchschokolade nachahmen. Nach § 2 Abs. 6 sind die Vorschriften der **Zusatzstoff-Zulassungsverordnung – ZZulV** (= Nr. 850 des Kommentars) anzuwenden.

4   **§ 3** regelt die **Kennzeichnung** der unter die Vorschriften der fallenden Erzeugnisse (vgl. insoweit OLG Hamburg WRP 1999, 683; LG Hamburg LRE 27, 95). In § 3 Abs. 3 ist die Möglichkeit vorgesehen, dass bei Vorliegen **bestimmter Qualitätsmerkmale** (mehr als 43 % Gesamtkakaotrockenmasse und mind. 26 % Kakaobutter bei Schokolade, mind. 30 % Gesamtkakaotrockenmasse, mind. 18 % Milchtrockenmasse bei Milchschokolade; mind. 16 % fettfreie Kakaotrockenmasse bei Schokoladenkuvertüre) dieser Umstand durch Angaben **bei der Verkehrsbezeichnung hervorgehoben werden darf.**

5   **§ 3 Abs. 4** schreibt Angaben vor, die bei den dort näher konkretisierten Erzeugnissen zusätzlich zu den Angaben nach der LMKV (→ Rn. 1) als **weitergehende Kennzeichnung** zwingend enthalten sein müssen. Bei Schokolade und Milchschokolade ist insoweit insbes. der **Gesamtgehalt an Kakaotrockenmasse** (vgl. Zipfel/Rathke LebensmittelR/*Rathke* § 3 Rn. 57) durch den Hinweis: „Kakao: …% mind." (§ 3 Abs. 4 Nr. 1) anzugeben. Soweit nach § 2 Abs. 1 Nr. 1 (→ Rn. 3) andere pflanzliche Fette als Kakaobutter verwendet wurden, ist dies nach Maßgabe von § 3 Abs. 4 Nr. 4 kenntlich zu machen.

6   **§ 4 Nr. 1** statuiert zunächst ein **Verkehrsverbot** für solche Lebensmittel (→ Vorb. LFGB Rn. 37 ff.), die unter einer der Verkehrsbezeichnungen iSv § 3 Abs. 1 iVm Anlage 1 gewerbsmäßig in den Verkehr gebracht werden sollen, ohne den Anforderungen, die jeweils in der Anlage 1 aufgestellt sind, zu entsprechen (§ 4 Nr. 1). Weiter bestehen nach Maßgabe von **§ 4 Nr. 2** Verkehrsverbote für Kakao- und

Schokoladenerzeugnisse, wenn die Vorschriften bezüglich der Herstellung, Zusammensetzung und Beschaffenheit nach § 2 Abs. 1–5 (→ Rn. 3) nicht eingehalten wurden sowie nach Maßgabe von **§ 4 Nr. 3** für Schokolade, Milchschokolade und Schokoladenkuvertüre, wenn diese mit Qualitätsangaben iSv § 3 Abs. 3 gekennzeichnet werden, ohne die dort vorgesehenen diesbezüglichen Anforderungen (→ Rn. 4) zu erfüllen. Zuletzt besteht nach **§ 4 Nr. 4** ein Verkehrsverbot bei Verstößen gegen die Kennzeichnungsvorschrift des § 3 Abs. 4 (→ Rn. 5).

§ 5 Straftaten und Ordnungswidrigkeiten

(1) Nach § 59 Abs. 1 Nr. 21 Buchstabe a des Lebensmittel- und Futtermittelgesetzbuches wird bestraft, wer entgegen § 4 Nr. 1, 2 oder 3 Lebensmittel in den Verkehr bringt.

(2) Wer eine in Absatz 1 bezeichnete Handlung fahrlässig begeht, handelt nach § 60 Abs. 1 des Lebensmittel- und Futtermittelgesetzbuches ordnungswidrig.

(3) Ordnungswidrig im Sinne des § 60 Abs. 2 Nr. 26 Buchstabe a des Lebensmittel- und Futtermittelgesetzbuches handelt, wer vorsätzlich oder fahrlässig entgegen § 4 Nr. 4 ein Erzeugnis gewerbsmäßig in den Verkehr bringt.

1. Straftaten nach der KakaoV. Mit der Rückverweisung auf **§ 59 Abs. 1 Nr. 21 Buchst. a** 1 **LFGB** (→ LFGB § 59 Rn. 58) in § 5 Abs. 1 werden vorsätzliche (→ LFGB § 58 Rn. 47 ff.) **Verstöße gegen** die dem Täuschungsschutz dienenden **Verkehrsverbote aus § 4 Nr. 1–3** (→ Vorb. Rn. 6) unter Strafe gestellt. Zur Tathandlung des Inverkehrbringens → Vorb. LFGB Rn. 45. Zum gewerbsmäßigen Handeln → Vorb. Rn. 2.

Nach § 59 Abs. 1 LFGB können die Straftaten nach § 5 Abs. 1 mit **Freiheitsstrafe bis zu einem** 2 **Jahr oder mit Geldstrafe** geahndet werden. Der Versuch ist ebenso wenig wie fahrlässiges Handeln (→ Rn. 3) unter Strafe gestellt. Die Qualifikation des § 59 Abs. 4 LFGB (→ LFGB § 59 Rn. 74a) findet keine Anwendung. Neben der Verhängung von Geld- oder Freiheitsstrafe kommen als weitere Rechtsfolgen die **Einziehung** der Tatgegenstände (vgl. hierzu die Kommentierung zu § 61 LFGB), der **Verfall** des Tatlöses (§§ 73 ff. StGB) und die Anordnung eines **Berufsverbotes** (§§ 70 ff. StGB; vgl. BGH LMRR 2007, 84) in Betracht. Bei juristischen Personen und Personenvereinigungen kommt zudem eine Verbandsgeldbuße nach § 30 OWiG in Betracht. Zu den Konkurrenzen vgl. → LFGB § 58 Rn. 82 ff.

2. Ordnungswidrigkeiten nach § 5 Abs. 2. Handelt der Täter in den Fällen des § 5 Abs. 1 3 **fahrlässig** (→ LFGB § 58 Rn. 60 ff.), verwirklicht er den Bußgeldtatbestand des **§ 5 Abs. 2.** Die Verordnung wurde bisher noch nicht an das abgestufte System in § 60 Abs. 1 und 5 LFGB (→ LFGB § 60 Rn. 31 f.) angepasst, das mit dem Gesetz zur Änderung des Lebensmittel- und Futtermittelgesetzbuchs sowie anderer Vorschriften v. 29.6.2009 (BGBl. I 1659), das am 4.7.2009 in Kraft getreten ist (→ Vorb. LFGB Rn. 6), eingeführt wurde. Da die in § 5 Abs. 2 bezeichneten Handlungen Straftaten nach § 59 Abs. 1 Nr. 21 Buchst. a LFGB darstellen, wird der **Verweis in § 5 Abs. 2 als solcher auf § 60 Abs. 1 Nr. 2 LFGB zu verstehen sein.** Danach können Ordnungswidrigkeiten iSv § 5 Abs. 2 nach der ab dem 4.8.2011 geltenden Fassung des § 60 Abs. 5 Nr. 2 LFGB (vgl. zur Änderung der Geldbußenrahmen in § 60 Abs. 5 LFGB → LFGB § 60 Rn. 32) mit Geldbuße iHv bis zu **50.000 EUR** geahndet werden. IÜ gelten für die Bemessung der Geldbuße die Vorgaben von § 17 Abs. 3 u. 4 OWiG. Zu den weiteren Rechtsfolgen → LFGB § 60 Rn. 33 f.

3. Ordnungswidrigkeiten nach § 5 Abs. 3. Mit Rückverweisung auf **§ 60 Abs. 2 Nr. 26** 4 **Buchst. a LFGB** (→ LFGB § 60 Rn. 20) in § 5 Abs. 3 **werden vorsätzliche und fahrlässige Verstöße** gegen das Verkehrsverbot nach **§ 4 Nr. 4,** das aus der Missachtung der Kennzeichnungspflichten nach § 3 Abs. 4 (→ Vorb. Rn. 6) resultiert, als Ordnungswidrigkeiten definiert. Entsprechen die Erzeugnisse den dortigen Vorgaben nicht, dürfen sie nicht gewerbsmäßig (→ Vorb. Rn. 3) in den Verkehr gebracht werden. Zur Tathandlung des Inverkehrbringens → Rn. 1.

Demnach können **vorsätzliche** (→ LFGB § 58 Rn. 47 ff.) **Verstöße** iSv § 5 Abs. 3 nach der ab dem 5 4.8.2011 geltenden Fassung des § 60 Abs. 5 Nr. 2 LFGB (vgl. zur Änderung der Geldbußenrahmen in § 60 Abs. 5 LFGB → LFGB § 60 Rn. 32) mit **Geldbuße bis zu 50.000 EUR** geahndet werden; handelt der Betroffene **fahrlässig** sieht das Gesetz **Geldbuße bis zu 25.000 EUR** (§ 17 Abs. 2 OWiG) vor. Zu den weiteren Rechtsfolgen → LFGB § 60 Rn. 33 f.

432. Verordnung (EG) Nr. 1/2003 des Rates vom 16. Dezember 2002 zur Durchführung der in den Artikeln 81 und 82 des Vertrags niedergelegten Wettbewerbsregeln (KartellVO)

(ABl Nr. L 1 S. 1) Celex-Nr. 3 2003 R 0001

Zuletzt geändert durch Anh. I ÄndVO (EG) 487/2009 vom 25.5.2009 (ABl. Nr. L 148 S. 1)

– Auszug –

Artikel 23 Geldbußen

(1) Die Kommission kann gegen Unternehmen und Unternehmensvereinigungen durch Entscheidung Geldbußen bis zu einem Höchstbetrag von 1% des im vorausgegangenen Geschäftsjahr erzielten Gesamtumsatzes festsetzen, wenn sie vorsätzlich oder fahrlässig

a) bei der Erteilung einer nach Artikel 17 oder Artikel 18 Absatz 2 verlangten Auskunft unrichtige oder irreführende Angaben machen;

b) bei der Erteilung einer durch Entscheidung gemäß Artikel 17 oder Artikel 18 Absatz 3 verlangten Auskunft unrichtige, unvollständige oder irreführende Angaben machen oder die Angaben nicht innerhalb der gesetzten Frist machen;

c) bei Nachprüfungen nach Artikel 20 die angeforderten Bücher oder sonstigen Geschäftsunterlagen nicht vollständig vorlegen oder in einer Entscheidung nach Artikel 20 Absatz 4 angeordnete Nachprüfungen nicht dulden;

d) in Beantwortung einer nach Artikel 20 Absatz 2 Buchstabe e) gestellten Frage
– eine unrichtige oder irreführende Antwort erteilen oder
– eine von einem Mitglied der Belegschaft erteilte unrichtige, unvollständige oder irreführende Antwort nicht innerhalb einer von der Kommission gesetzten Frist berichtigen oder
– in Bezug auf Tatsachen, die mit dem Gegenstand und dem Zweck einer durch Entscheidung nach Artikel 20 Absatz 4 angeordneten Nachprüfung in Zusammenhang stehen, keine vollständige Antwort erteilen oder eine vollständige Antwort verweigern;

e) die von Bediensteten der Kommission oder anderen von ihr ermächtigten Begleitpersonen nach Artikel 20 Absatz 2 Buchstabe d) angebrachten Siegel erbrochen haben.

(2) Die Kommission kann gegen Unternehmen und Unternehmensvereinigungen durch Entscheidung Geldbußen verhängen, wenn sie vorsätzlich oder fahrlässig

a) gegen Artikel 81 oder Artikel 82 des Vertrags verstoßen oder

b) einer nach Artikel 8 erlassenen Entscheidung zur Anordnung einstweiliger Maßnahmen zuwiderhandeln oder

c) durch Entscheidung gemäß Artikel 9 für bindend erklärte Verpflichtungszusagen nicht einhalten.

Die Geldbuße für jedes an der Zuwiderhandlung beteiligte Unternehmen oder jede beteiligte Unternehmensvereinigung darf 10% seines bzw. ihres jeweiligen im vorausgegangenen Geschäftsjahr erzielten Gesamtumsatzes nicht übersteigen.

Steht die Zuwiderhandlung einer Unternehmensvereinigung mit der Tätigkeit ihrer Mitglieder im Zusammenhang, so darf die Geldbuße 10% der Summe der Gesamtumsätze derjenigen Mitglieder, die auf dem Markt tätig waren, auf dem sich die Zuwiderhandlung der Vereinigung auswirkte, nicht übersteigen.

(3) Bei der Festsetzung der Höhe der Geldbuße ist sowohl die Schwere der Zuwiderhandlung als auch deren Dauer zu berücksichtigen.

(4) Wird gegen eine Unternehmensvereinigung eine Geldbuße unter Berücksichtigung des Umsatzes ihrer Mitglieder verhängt und ist die Unternehmensvereinigung selbst nicht zahlungsfähig, so ist sie verpflichtet, von ihren Mitgliedern Beiträge zur Deckung des Betrags dieser Geldbuße zu fordern.

Werden diese Beiträge innerhalb einer von der Kommission gesetzten Frist nicht geleistet, so kann die Kommission die Zahlung der Geldbuße unmittelbar von jedem Unternehmen verlangen, dessen Vertreter Mitglieder in den betreffenden Entscheidungsgremien der Vereinigung waren.

Nachdem die Kommission die Zahlung gemäß Unterabsatz 2 verlangt hat, kann sie, soweit es zur vollständigen Zahlung der Geldbuße erforderlich ist, die Zahlung des Restbetrags von jedem Mitglied der Vereinigung verlangen, das auf dem Markt tätig war, auf dem die Zuwiderhandlung erfolgte.

Die Kommission darf jedoch Zahlungen gemäß Unterabsatz 2 oder 3 nicht von Unternehmen verlangen, die nachweisen, dass sie den die Zuwiderhandlung begründenden Beschluss der Vereinigung nicht umgesetzt haben und entweder von dessen Existenz keine Kenntnis hatten oder sich aktiv davon distanziert haben, noch ehe die Kommission mit der Untersuchung des Falls begonnen hat.

Die finanzielle Haftung eines Unternehmens für die Zahlung der Geldbuße darf 10 % seines im letzten Geschäftsjahr erzielten Gesamtumsatzes nicht übersteigen.

(5) Die nach den Absätzen 1 und 2 getroffenen Entscheidungen haben keinen strafrechtlichen Charakter.

Vertrag über die Arbeitsweise der Europäischen Union (AEUV)
In der Fassung der Bekanntmachung vom 9. Mai 2008 (ABl. Nr. C 115 S. 47) Celex-Nr. 1 1957
Zuletzt geändert durch Art. 2 ÄndBeschl. 2012/419/EU vom 11.7.2012 (ABl. Nr. L 204 S. 131)

Artikel 101 [Kartellverbot] *(Ex-Art. 81 EGV)*

(1) Mit dem Binnenmarkt unvereinbar und verboten sind alle Vereinbarungen zwischen Unternehmen, Beschlüsse von Unternehmensvereinigungen und aufeinander abgestimmte Verhaltensweisen, welche den Handel zwischen Mitgliedstaaten zu beeinträchtigen geeignet sind und eine Verhinderung, Einschränkung oder Verfälschung des Wettbewerbs innerhalb des Binnenmarktes bezwecken oder bewirken, insbesondere

a) die unmittelbare oder mittelbare Festsetzung der An- oder Verkaufspreise oder sonstiger Geschäftsbedingungen;

b) die Einschränkung oder Kontrolle der Erzeugung, des Absatzes der technischen Entwicklung oder der Investitionen;

c) die Aufteilung der Märkte oder Versorgungsquellen;

d) die Anwendung unterschiedlicher Bedingungen bei gleichwertigen Leistungen gegenüber Handelspartnern, wodurch diese im Wettbewerb benachteiligt werden;

e) die an den Abschluss von Verträgen geknüpfte Bedingung, dass die Vertragspartner zusätzliche Leistungen annehmen, die weder sachlich noch nach Handelsbrauch in Beziehung zum Vertragsgegenstand stehen.

(2) Die nach diesem Artikel verbotenen Vereinbarungen oder Beschlüsse sind nichtig.

(3) Die Bestimmungen des Absatzes 1 können für nicht anwendbar erklärt werden auf

– Vereinbarungen oder Gruppen von Vereinbarungen zwischen Unternehmen,

– Beschlüsse oder Gruppen von Beschlüssen von Unternehmensvereinigungen,

– aufeinander abgestimmte Verhaltensweisen oder Gruppen von solchen,

die unter angemessener Beteiligung der Verbraucher an dem entstehenden Gewinn zur Verbesserung der Warenerzeugung oder -verteilung oder zur Förderung des technischen oder wirtschaftlichen Fortschritts beitragen, ohne dass den beteiligten Unternehmen

a) Beschränkungen auferlegt werden, die für die Verwirklichung dieser Ziele nicht unerlässlich sind, oder

b) Möglichkeiten eröffnet werden, für einen wesentlichen Teil der betreffenden Waren den Wettbewerb auszuschalten.

Artikel 102 [Missbrauch einer marktbeherrschenden Stellung] *(Ex-Art. 82 EGV)*

Mit dem Binnenmarkt unvereinbar und verboten ist die missbräuchliche Ausnutzung einer beherrschenden Stellung auf dem Binnenmarkt oder auf einem wesentlichen Teil desselben durch ein oder mehrere Unternehmen, soweit dies dazu führen kann, den Handel zwischen Mitgliedstaaten zu beeinträchtigen.

Dieser Missbrauch kann insbesondere in Folgendem bestehen:

a) der unmittelbaren oder mittelbaren Erzwingung von unangemessenen Einkaufs- oder Verkaufspreisen oder sonstigen Geschäftsbedingungen;

b) der Einschränkung der Erzeugung, des Absatzes oder der technischen Entwicklung zum Schaden der Verbraucher;

c) der Anwendung unterschiedlicher Bedingungen bei gleichwertigen Leistungen gegenüber Handelspartnern, wodurch diese im Wettbewerb benachteiligt werden;

d) der an den Abschluss von Verträgen geknüpften Bedingung, dass die Vertragspartner zusätzliche Leistungen annehmen, die weder sachlich noch nach Handelsbrauch in Beziehung zum Vertragsgegenstand stehen.

Literatur: *Berg/Mäsch,* Deutsches und Europäisches Kartellrecht, 2. Aufl. 2015 (zitiert Berg/Mäsch/*Bearbeiter*); *Bischke,* Deutsche Bahn/Kommission – Die Nachprüfungsbefugnisse der Europäischen Kommission nach Art. 20 VO 1/2003 auf dem Prüfstand der Gerichte in Luxemburg, NZKart 2013, 397; *Böse,* Strafen und Sanktionen im europäischen Gemeinschaftsrecht, 1996; *Böse,* Der Grundsatz „ne bis in idem" im Wettbewerbsrecht der Union und Art. 54 SDÜ, EWS 2007, 202; *Bosch,* Haftung für kartellrechtswidriges Handeln der Tochtergesellschaft – Neue Rechtslage nach dem Urteil in der Rechtssache Elf Aquitaine/Kommission?, ZWeR 2012, 368; *Brettel/Thomas,* Der Verbotsirrtum im europäischen und nationalen Kartellbußgeldrecht – Zugleich Besprechung des Schenker-Urteils des EuGH, ZWeR 2013, 272; *Dreher/Thomas,* Rechts- und Tatsachenirrtümer unter der neuen VO 1/2003, WuW 2004, 8; *Eisele,* Gesamtschuldnerische Haftung – eine neue Rechtsfigur im deutschen Sanktionenrecht?, wistra 2014, 81; *Engels,* Unternehmensvorsatz und Unternehmensfahrlässigkeit im Europäischen Kartellrecht, 2002; *Engelsing,* Die Bußgeldleitlinien der Europäischen Kommission von 2006, WuW 2007, 470; *Gehring/Kasten/Mäger,* Unternehmensrisiko Compliance? Fehlanreize für Kartellprävention durch EU-wettbewerbsrechtliche Haftungsprinzipien für Konzerngesellschaften CCZ 2013, 1; *Grabitz/Hilf* (Hrsg.), Das Recht der Europäischen Union (Stand: 38. Lieferung – April 2009); *Grave/Nyberg,* Zahlungsunfähigkeit eines Unternehmens (inability to pay) in der Bußgeldbemessung durch die Europäische Kommission, WuW 2011, 926; *Hackel,* Konzerndimensionales Kartellrecht, 2012; *Heinichen,* Unternehmensbegriff und Haftungsnachfolge im Europäischen Kartellrecht, 2011; *Hetzel,* Kronzeugenregelungen im Kartellrecht, 2004; *Hirsch/Montag/Säcker* (Hrsg.), Münchener Kommentar – Europäisches und Deutsches Wettbewerbsrecht, Bd. 1, 2. Aufl. 2014; *Karst,* Das Direct-Settlement-Verfahren – eine Erfolgsgeschichte?, WRP 2015, 171; *Kellerbauer,* Die Einordnung der Rechtsprechung der EU-Gerichte zur gemeinschaftlichen Haftung für Kartellbußen in Konzernen in das Recht der EU und der EMRK, WuW 2014, 1173; *Kersting,* Die Rechtsprechung des EuGH zur Bußgeldhaftung in der wirtschaftlichen

Einheit, WuW 2014, 1156; *Kiegler,* Rechtliche Anforderungen an die Berechnung der Bußgelder im Europäischen Kartellrecht, 2009; *Klees,* Zu viel Rechtssicherheit für Unternehmen durch die neue Kronzeugenmitteilung im Kartellverfahren?, WuW 2002, 1056; *Klees,* Europäisches Kartellverfahrensrecht, 2005; *Kokott/Dittert,* Die Verantwortlichkeit von Muttergesellschaften für Kartellvergehen ihrer Tochtergesellschaften im Lichte der Rechtsprechung der Unionsgerichte, WuW 2012, 670; *Kuhn,* Die Abgrenzung zwischen bezweckten und bewirkten Wettbewerbsbeschränkungen nach Art. 101 AEUV, ZWeR 2014, 143; *Lettl/Nordemann,* Schützt das Kartellverbot (Art. 101 AEUV, § 1 GWB) auch rechtswidrigen Wettbewerb?, NZKart 2014, 207; *Liebau,* „Ne bis in idem" in Europa, 2005; *Meyring,* Uferlose Haftung im Bußgeldverfahren? Neueste Theorien der Kommission zur Zurechnung von Kartellverstößen, WuW 2010, 157; *Muders,* Zur Haftung juristischer Verbände für das Verhalten natürlicher Personen im europäischen Kartellrecht, wistra 2011, 405; *Nowak,* Binnenmarktziel und Wirtschaftsverfassung der Europäischen Union vor und nach dem Reformvertrag von Lissabon, EuR Beiheft 1/09, 129; *Schneider,* Kronzeugenregelung im EG-Kartellrecht, 2004; *Schweitzer,* Die neue Richtlinie für wettbewerbsrechtliche Schadensersatzklagen, NZKart 2014, 335; *Steinberg,* Schuldgrundsatz versus kartellrechtliche Kronzeugenregelungen?, WuW 2006, 719; *Steinle,* Lassen sich Kartellrechtsverstöße ausgliedern? – Unternehmensumstrukturierungen und die Bußgeldhaftung im EG-Kartellrecht, FS Bechtold 2006, 541; *Thomas,* Der Schutz des Wettbewerbs in Europa – welcher Zweck heiligt die Mittel?, JZ 2011, 485; *Voet van Vormizeele,* Die EG-kartellrechtliche Haftungszurechnung im Konzern im Widerstreit zu den nationalen Gesellschaftsrechtsordnungen, WuW 2010, 1008; *Voet van Vormizeele,* Kartellrecht und Verfassungsrecht, NZKart 2013, 386; *Weitbrecht/Baudenbacher,* Bußgeld wegen Beihilfe zu einem Kartell? Zum Urteil des EuGH vom 8. Juli 2008 (Rs. T-99/2004 – AC Treuhand), EuR 2010, 230; *Weitbrecht/Mühle,* Die Entwicklung des europäischen Kartellrechts 2013, EuZW 2014, 209; *D. Zimmer/Paul,* Entwicklungstendenzen der europäischen und der deutschen Kartellrechtspraxis, JZ 2008, 611 (Teil 1) und 673 (Teil 2); *D. J. Zimmer/Paul,* Kartellbußgeldrechtliche Haftung und Haftungsbefreiung im Konzern, WuW 2007, 970.

S. auch die Literatur zu § 81 GWB.

Übersicht

A. Allgemeines

I. Ziel der Regelung (Schutz des Wettbewerbs)

1   Ziel des Art. 23 ist es, durch die Androhung von Sanktionen die Einhaltung des EU-Wettbewerbsrechts (Art. 101 und 102 AEUV) zu gewährleisten, das den freien Wettbewerb innerhalb der Union vor Beschränkungen schützt. Der freie Wettbewerb wird zwar nach dem Reformvertrag von Lissabon nicht mehr ausdrücklich als Vertragsziel bezeichnet (vgl. Ex-Art. 3 lit. g EGV), ist aber integraler Bestandteil des Binnenmarktes (Art. 3 Abs. 3 EUV; s. insoweit das Protokoll Nr. 27, ABl. 2008 C 115, 309 und dazu EuGH EuZW 2011, 339 Rn. 20 – TeliaSonera Sverige AB; Immenga/Mestmäcker/*Immenga*/*Mestmäcker* Einl. EU B Rn. 17). Der Binnenmarkt (Art. 26 AEUV) tritt damit als Bezugspunkt an die Stelle des Gemeinsamen Marktes (vgl. Art. 81 und 82 EGV aF), ohne dass damit eine inhaltliche Änderung verbunden ist (s. dazu *Nowak* EuR Beiheft 1/09, 132 ff. (141 f.)). Geschütztes Rechtsgut ist der Wettbewerb im Sinne offener, von künstlichen Verfälschungen freier Marktprozesse als Strukturbedingung einer gesamtwirtschaftlich vorteilhaften Entwicklung (vgl. FK-KartellR/*Roth*/*Ackermann* EGV Art. 81 Abs. 1 Rn. 2, 236 – Grundfragen). Während die Kommission insoweit die gesamtwirtschaftlichen Auswirkungen des jeweiligen Marktverhaltens (effiziente Ressourcenallokation, Wohlstand der Verbraucher) in den Vordergrund stellt (*„more economic approach"*, s. die Leitlinien zur Anwendung von Art. 101 Abs. 3 AEUV, ABl. 2004 C 101, 97 – Nr. 5, 13), hat der EuGH ausdrücklich festgestellt, dass das EU-Wettbewerbsrecht nicht nur die Interessen der einzelnen Wettbewerber und Verbraucher, sondern auch die Struktur des Marktes und damit den Wettbewerb als solchen schützt (EuGH EuZW 2009, 505 Rn. 38 – T-Mobile Netherlands; zur Diskussion: FK-KartellR/*Roth*/*Ackermann* EGV Art. 81 Abs. 1 Rn. 2 f., 236 ff. – Grundfragen mwN; → Rn. 22). Schließlich soll verhindert werden, dass die über die Grundfreiheiten und die Errichtung eines Gemeinsamen Marktes bzw. Binnenmarktes hergestellte Öffnung der nationalen Märkte durch marktabschottende Maßnahmen von Seiten der Unternehmen konterkariert wird (Marktintegration, s. EuGH Slg. 1966, 321 (388) – Consten und Grundig).

II. Anwendungsbereich

1. Räumlicher und sachlicher Anwendungsbereich. Der **räumliche Anwendungsbereich** des 2 Art. 23 umfasst das gesamte Gebiet der Mitgliedstaaten (Art. 52 EUV iVm Art. 355 AEUV). Für Verstöße gegen das materielle EU-Wettbewerbsrecht erfährt das Territorialitätsprinzip eine Ausdehnung durch den **Auswirkungsgrundsatz,** dh auch Handlungen außerhalb des Unionsgebietes werden erfasst, sofern diese geeignet sind, den Wettbewerb innerhalb des Binnenmarktes (→ Rn. 1) zu verfälschen (EuGH Slg. 1988, 5193 Rn. 11 ff. – Ahlström ua); neben den Auswirkungen kann aber auch die Durchführung in der Union die Anwendung des EU-Wettbewerbsrechts begründen (EuG BeckRS 2014, 80984 Rn. 321 ff.). Bei einer Erweiterung der Union um einen neuen Mitgliedstaat ist das Verbot des Art. 101 AEUV daher aufgrund des Rückwirkungsverbotes (Art. 49 Abs. 1 GRC) nur auf Kartelle anwendbar, soweit sich diese nach dem Beitritt auf den Wettbewerb in dem neuen Mitgliedstaat ausgewirkt haben (EuGH EuZW 2012, 223 Rn. 67 – Tschechische Republik). Der **sachliche Anwendungsbereich** des Art. 23 umfasst grds. das gesamte Wirtschaftsleben, dh auch die sportliche oder künstlerische Betätigung, soweit sie den Charakter einer entgeltlichen Arbeits- oder Dienstleistung hat (EuGH Slg. 2006, I-6991 Rn. 22 – Meca-Medina). Für die Landwirtschaft gilt das EU-Wettbewerbsrecht nur mit Einschränkungen (Art. 42 AEUV bzw. Ex-Art. 36 EGV iVm VO Nr. 1184/2006 v. 24.7.2006 ABl. 2006 L 214, 7); die Sonderregelungen für den Verkehr wurden hingegen aufgehoben.

2. Persönlicher Anwendungsbereich. Sämtliche der in Art. 23 bußgeldbewehrten Verhaltensnor- 3 men sind an Unternehmen und Unternehmensvereinigungen gerichtet; es handelt sich also um **Sonderdelikte** (Immenga/Mestmäcker/*Dannecker*/*Biermann* Rn. 5 f.; FK-KartellR/*Kindhäuser*/*Meyer* Rn. 2).

a) Unternehmen. aa) Wirtschaftliche Tätigkeit als Unternehmensgegenstand. Nach der 4 Rspr. ist jede eine wirtschaftliche Tätigkeit ausübende Einrichtung als Unternehmen anzusehen (EuGH Slg. 2005, I-5425 Rn. 112 – Dansk Rørindustri; Slg. 2007, I-10893 Rn. 38 – Autorità Garante). Eine wirtschaftliche Tätigkeit ist jede Aktivität, mit der Güter oder Dienstleistungen auf einem bestimmten Markt angeboten werden (EuGH Slg. 2006, I-2843 Rn. 29 – Enirisorse). Nicht erfasst wird hingegen die **Nachfrage** durch den Endverbraucher (EuGH Slg. 2000, I-6451 Rn. 81 – Pavlov); iÜ ist die Beschaffungstätigkeit durch einen (anderen) Marktteilnehmer danach zu beurteilen, ob das Produkt anschließend zu wirtschaftlichen (Veräußerung) oder nichtwirtschaftlichen (Erbringung von Leistungen im Rahmen sozialer Sicherungssysteme, Ausübung hoheitlicher Befugnisse) Zwecken verwendet wird (EuGH Slg. 2006, I-6295 Rn. 26 – FENIN; EuGH BeckRS 2009, 70333 Rn. 96, 102 – SELEX Sistemi Integrati SpA; krit. im Hinblick auf die Erfassung des Nachfragewettbewerbs in Art. 81 Abs. 1 lit. a FK-KartellR/*Roth*/*Ackermann* EGV Art. 81 Abs. 1 Rn. 45 ff. – Grundfragen). Die **Abgrenzung** von wirtschaftlicher Betätigung **zu hoheitlicher oder sozialer Tätigkeit** erfolgt über die „Marktförmigkeit" des jeweiligen Angebotes (FK-KartellR/*Roth*/*Ackermann* EGV Art. 81 Abs. 1 Rn. 41 – Grundfragen; vgl. EuGH Slg. 2004, I-2493 Rn. 54 – AOK); es ist regelmäßig erfüllt, wenn der Anbieter ein Entgelt erhebt und das finanzielle Risiko des Absatzes trägt (vgl. EuGH Slg. 2002, I-1577 Rn. 48 – Wouters; s. dagegen zur Erhebung von Unternehmensdaten aufgrund einer gesetzlichen Meldepflicht und deren gebührenpflichtiger Bereitstellung: EuGH EuZW 2012, 835 Rn. 40 ff. – Compass-Datenbank). Soweit sich der Staat nach diesen Kriterien wirtschaftlich betätigt, ist er (auch) Unternehmer (vgl. zum relativ-funktionalen Unternehmensbegriff: FK-KartellR/*Roth*/*Ackermann* EGV Art. 81 Abs. 1 Rn. 35 – Grundfragen).

5   Die unternehmerische Betätigung setzt eine **selbstständige** wirtschaftliche Betätigung voraus, so dass konzernangehörige Gesellschaften, die ihr Marktverhalten nicht frei bestimmen, sondern dem beherrschenden Einfluss der **Konzern**mutter unterliegen, nicht als Unternehmen anzusehen sind (EuGH Slg. 1996, I-5457 Rn. 16 f. – Viho, sog Konzernprivileg); ihr Verhalten ist vielmehr der Muttergesellschaft zuzurechnen (→ Rn. 8). Nicht die rechtliche Selbstständigkeit, sondern die selbstständige Teilnahme am Markt ist für die unternehmerische Tätigkeit entscheidend (EuGH Slg. 2006, I-11987 Rn. 41 – CEEES). Dementsprechend sind Absatzmittler, insbesondere **Handelsvertreter,** Unternehmen, sofern sie die finanziellen und kommerziellen Risiken des Absatzes und der Abwicklung der mit Dritten geschlossen Verträge tragen (EuGH Slg. 2006, I-11987 Rn. 45 f. – CEEES; EuG Slg. 2005, II-3319 Rn. 87 – Daimler Chrysler; EuG NZKart 2015, 347 Rn. 134 ff. – Spannstahlkartell); davon zu unterscheiden ist die unternehmerische Betätigung als Anbieter von Vermittlungsdiensten ggü. dem Geschäftsherrn (EuGH Slg. 2006, I-11987 Rn. 61 – CEEES; vgl. auch zum Arbeitnehmer: EuGH NZ-Kart 2015, 147 Rn. 27 ff.; FK-KartellR/*Roth/Ackermann* EGV Art. 81 Abs. 1 Rn. 53 ff. – Grundfragen).

6   **bb) Unternehmen als Normadressaten und Rechtssubjekte.** Nach der Rspr. ist jede eine wirtschaftliche Tätigkeit ausübende Einrichtung als Unternehmen anzusehen, unabhängig von ihrer Rechtsform und der Art. ihrer Finanzierung (EuGH Slg. 2005, I-5425 Rn. 112 – Dank Rørindustri; Slg. 2007, I-10893 Rn. 38 – Autorità Garante). Die Abkehr von einem institutionellen Unternehmensbegriff (vgl. noch EuGH Slg. 1962, 653 (687) – Klöckner und Hoesch: „einheitliche einem selbstständigen Rechtssubjekt zugeordnete Zusammenfassung personeller, materieller und immaterieller Faktoren") zu einem funktionalen bzw. wirtschaftlichen Unternehmensbegriff (→ Rn. 4) entspricht dem Ziel des EU-Wettbewerbsrechts (FK-KartellR/*Roth/Ackermann* EGV Art. 81 Abs. 1 Rn. 31, 34 – Grundfragen), dessen Durchsetzung nicht von der Zuweisung von Rechtspersönlichkeit durch das jeweilige nationale Recht abhängig sein soll (vgl. Kommission, Entscheidung v. 23.4.1986, ABl. 1986 L 230, 1 Rn. 99). Dem Umstand, dass eine Bußgeldentscheidung nur gegen eine (rechtsfähige) Person erlassen und vollstreckt werden kann, wird durch eine **zweistufige Prüfung** Rechnung getragen, welche zwischen dem Normadressaten (Unternehmen als wirtschaftliche Einheit) und dem Adressaten der Bußgeldentscheidung als der für den Normverstoß verantwortlichen natürlichen oder juristischen Person (Unternehmensträger) unterscheidet (so Generalanwältin *Kokott* in EuGH Slg. 2007, I-10893 Rn. 69 – Autorità Garante). Nach diesem Verständnis ist die wirtschaftliche Einheit für die Zuwiderhandlung verantwortlich und wird dafür mit der Verhängung der Geldbuße sanktioniert; allein aufgrund praktischer Erfordernisse (ua mit Blick auf die Vollstreckung) werde die Bußgeldentscheidung an einen Adressaten mit Rechtspersönlichkeit gerichtet (EuGH EuZW 2009, 816 Rn. 57 f. – Akzo Nobel; EuZW 2014, 713 Rn. 44 ff., 55 – Siemens; NZKart 2014, 181 Rn. 120 ff. – Alstom). Besteht die wirtschaftliche Einheit aus mehreren (natürlichen oder juristischen) Personen, so kann die Kommission mit der Verhängung der Geldbuße gegen das „Unternehmen" festlegen, dass sämtliche Unternehmensträger (Mutter- und Tochtergesellschaften) als Gesamtschuldner für die Geldbuße haften (EuGH EuZW 2014, 713 Rn. 48 ff. – Siemens; NZKart 2014, 181 Rn. 121 f. – Alstom; zum Auswahlermessen der Kommission: EuG Slg. II-5169 Rn. 331 – Österreichische Banken). Demgegenüber ist es nach der Rspr. nicht Aufgabe der Kommission (und der Unionsgerichte), das Innenverhältnis der gesamtschuldnerisch haftenden Unternehmensträger festzulegen (EuGH EuZW 2014, 713 Rn. 58 ff. – Siemens; sa BGH NZKart 2013, 425).

7   Die von der Rspr. vorgenommene Trennung zwischen „wirtschaftlicher Einheit" und „Person" ist jedoch mit dem Grundsatz der „persönlichen" Verantwortlichkeit für den jeweiligen Wettbewerbsverstoß (vgl. EuGH Slg. 2007, I-10893 Rn. 39 – Autorità Garante; EuZW 2009, 816 Rn. 56 – Akzo Nobel; EuG Slg. 1991, II-1623 Rn. 236) nicht vereinbar (*D. J. Zimmer/Paul* WuW 2007, 970 (971 f.)); sa *Immenga/Mestmäcker/Dannecker/Biermann* Vor Rn. 105 f. mwN; vgl. ferner zum gesellschaftsrechtlichen Trennungsprinzip *Voet van Vormizeele* WuW 2010, 1008 (1014 ff.)). Nach dem Wortlaut der Bußgeldvorschrift ist vielmehr davon auszugehen, dass der Adressat des jeweiligen Verbotes mit demjenigen der (ggf. zu erlassenden) Bußgeldentscheidung identisch ist (vgl. Art. 23 Abs. 1, Abs. 2: „gegen Unternehmen …, wenn sie …"); der Grundsatz „nullum crimen sine lege" (Art. 49 Abs. 1 S. 1 GRC, Art. 7 EMRK) gebietet es daher, im Rahmen des Art. 23 den Unternehmensträger als Adressaten der Verhaltensnorm anzusehen (sa *Hackel* S. 124 f.; vgl. auch Art. 1 des Protokolls Nr. 22 zum EWR-Vertrag: „Rechtssubjekt", s. aber EuGH Slg. 2005, I-5425 Rn. 115 – Dansk Rørindustri). Im Hinblick auf die Ahndung von Verstößen gegen Entscheidungen, die gegen das Unternehmen (dh den Unternehmensträger) ergangen sind (Art. 23 Abs. 1, Abs. 2 lit. c), folgt dies bereits aus der Akzessorietät des tatbestandlichen Verbotes (vgl. auch zum Kartellverfahren: Art. 13 iVm Art. 11 der Verordnung Nr. 773/2004, ABl. 2003 L 123, 18 – „Personen"). Die Rspr. verweist demgegenüber darauf, dass das Unternehmen Adressat der Bußgeldentscheidung sei und der Grundsatz der persönlichen Verantwortlichkeit daher nur auf das Unternehmen als wirtschaftliche Einheit, aber nicht auf die ihm angehörenden juristischen Personen Anwendung finde (EuGH EuZW 2014, 713 Rn. 56, 66 – Siemens; zust. *Kersting* WuW 2014, 1156 (1159); s. dagegen noch EuG BeckRS 2011, 80175 Rn. 122, 153 – Siemens); da der Wortlaut des Art. 23 Abs. 2 auf diesen Unternehmensbegriff verweise, sei auch das Gesetzlichkeitsprinzip (Art. 49 GRC) nicht verletzt (*Kellerbauer* WuW 2014, 1173 (1178); *Kokott/Dittert* WuW 2012,

670 (676); sa EuGH NZKart 2014, 181 Rn. 124 – Alstom). Dieser Hinweis ändert jedoch nichts daran, dass die Bußgeldentscheidung auch bei dieser Deutung nicht gegen das „Unternehmen", sondern gegen mehrere (natürliche oder juristische) Personen als Unternehmensträger ergeht (*Muders* wistra 2011, 405 (407); *Thomas* JZ 2011, 485 (494)). Dass es sich bei der postulierten Verhängung einer Sanktion gegen das Unternehmen letztlich um eine Fiktion handelt, zeigt sich auch im weiteren gerichtlichen Verfahren, an dem nicht das Unternehmen, sondern nur die haftenden Personen als Parteien beteiligt sind, welche die Bußgeldentscheidung angefochten haben (s. zur insoweit begrenzten Überprüfungskompetenz: EuGH EuZW 2014, 713 Rn. 127 ff. – Siemens; einschränkend EuGH NZKart 2013, 112 Rn. 43 f. – Tomkins; sa *Kokott/Dittert* WuW 2012, 670 (682)). Die aus der Sicht der Rspr. durchaus konsequente gesamtschuldnerische Haftung der Personen, aus denen sich die wirtschaftliche Einheit zusammensetzt, läuft damit auf eine Verantwortlichkeit für fremde Schuld hinaus und dürfte, soweit damit eine Haftung natürlicher Personen begründet wird, die verfassungsrechtlichen Grenzen des Integrationsprozesses (Art. 23 Abs. 1 S. 3, Art. 79 Abs. 3 iVm Art. 1 Abs. 1 GG) überschreiten (s. BVerfGE 123, 267 (413); sa *Voet van Vormizeele* NZKart 2013, 386 (392 f.); s. allgemein zum Schuldgrundsatz *Böse*, Strafen und Sanktionen im europäischen Gemeinschaftsrecht, 1996, 193 (365 ff.); *Eisele* wistra 2014, 81 (83); *Heinichen*, Unternehmensbegriff und Haftungsnachfolge im Europäischen Kartellrecht, 2011, 144 ff.).

cc) Zurechnungsfragen (Unternehmen als wirtschaftliche Einheit). Das in dem Unternehmensbegriff (→ Rn. 6) enthaltene Merkmal der wirtschaftlichen Einheit hat in erster Linie die Funktion eines Zurechnungsgrundes (FK-KartellR/*Kindhäuser/Meyer* AEUV Art. 101 Rn. 162 – Bußgeldrechtliche Folgen). So kann das wettbewerbswidrige Verhalten einer Gesellschaft, die ihr Marktverhalten nicht selbständig bestimmt, sondern wegen wirtschaftlicher und rechtlicher Bindungen von einer anderen Gesellschaft abhängig ist, der letztgenannten Gesellschaft zugerechnet werden (EuGH Slg. 2000, I-10065 Rn. 27 – Metsä Serla; s. insoweit Bechtold/Bosch/Brinker Rn. 27) bzw. als Marktverhalten der wirtschaftlichen Einheit (Unternehmen) angesehen werden (EuGH EuZW 2014, 713 Rn. 45, 47 – Siemens; → Rn. 6). Hält die **Konzern**mutter sämtliche Kapitalanteile der Tochtergesellschaft, so besteht nach der Rspr. die (widerlegbare) Vermutung einer entscheidenden Einflussnahme, so dass Wettbewerbsverstöße der Tochtergesellschaft der Muttergesellschaft zugerechnet werden können (EuGH Slg. 2000, I-9925 Rn. 29 – Stora Kopperbergs Berslags; EuZW 2009, 816 Rn. 60, 63 – Akzo Nobel; EuGH EuZW 2014, 713 Rn. 46 – Siemens); dies gilt selbst dann, wenn die Muttergesellschaft selbst nicht wirtschaftlich tätig ist (EuGH NZKart 2013, 367 Rn. 43 f. – Stichting Administratiekantoor Portielje). Die Widerlegung der Vermutung setzt den Nachweis voraus, dass die Tochtergesellschaft nicht nur auf operativer, sondern auch auf finanzieller Ebene völlig eigenständig agieren kann (EuGH EuZW 2013, 547 Rn. 68 – ENI; näher *Kersting* WuW 2014, 1156 (1163 ff.); krit. zur „Unwiderlegbarkeit" *Bosch* ZWeR 2012, 368 (373 f.) mwN; s. insoweit aber EuGH BeckRS 2014, 80103 Rn. 29 ff. – Edison). Sind die Anteile auf zwei oder mehr Gesellschaften verteilt, so ist ein entscheidender Einfluss in tatsächlicher, wirtschaftlicher und organisatorischer Hinsicht nachzuweisen (EuGH BeckEuRS 2013, 44951 Rn. 43, 51 – El du Pont de Nemours; *Kokott/Dittert* WuW 2012, 670 (680 f.)); s. aber zur Anwendung der Vermutungsregel bei einer aus zwei Gesellschaften bestehenden Konzernleitung EuG NZKart 2013, 29 Rn. 44 ff. – Shell; s. dagegen zur Nichtanwendung unter Schwestergesellschaften: EuG Slg. 2006, II-3435 Rn. 125 – Jungbunzlauer; krit. *Kersting* WuW 2014, 1156 (1159)). Demgegenüber können die Handlungen der einzelnen Konzerngesellschaften nicht einer Gesellschaft zugerechnet werden, wenn diese nicht für die Koordinierung der Tätigkeit des Konzerns verantwortlich war (EuGH Slg. 2003, I-11005 Rn. 98 – Aristrain). Ein entscheidender Einfluss setzt kein rechtliches Unterordnungsverhältnis voraus (EuGH Slg. I-6375 Rn. 108 f. – Knauf Gips KG) und kann auch dann vorliegen, wenn eine andere Muttergesellschaft mehr Anteile hält (EuGH BeckEuRS 2012, 689382 Rn. 101 – Alliance One International). Der Zurechnungsgrund der wirtschaftlichen Einheit (→ Rn. 6) und der großzügig bemessene Kreis der diese Einheit repräsentierenden natürlichen (und – wie hier – juristischen) Personen (→ Rn. 28) führen zu einer Auflösung der „persönlichen" Verantwortung (FK-KartellR/*Kindhäuser/Meyer* Rn. 9; → Rn. 7). Nimmt man den Grundsatz der persönlichen Verantwortung ernst, so wäre zu begründen (und nicht lediglich auf der Grundlage einer Vermutung festzustellen), dass die Muttergesellschaft entscheidenden Einfluss (zB über entsprechende Anweisungen) auf die von der Tochtergesellschaft begangene Zuwiderhandlung (dh nicht nur allgemein auf das Marktverhalten, s. insoweit *Kokott/Dittert* WuW 2012, 670 (672 f.)) ausgeübt hat oder sie deren Begehung aufgrund einer ihr obliegenden Aufsichtspflicht (MüKo-EuWettbR/*Engelsing/Schneider* Rn. 63; → GWB § 81 Rn. 8) hätte verhindern müssen (vgl. *Gehring/Kasten/Mäger* CCZ 2013, 1 (4); *Kling* WRP 2010, 506 (510 ff.); *Thomas* JZ 2011, 485 (493 f.); *Tschierschke* S. 268 f.; *Voet van Vormizeele* WuW 2010, 1008 (1012 ff.); sa zur entsprechenden Problematik bei Gemeinschaftsunternehmen: *Kling,* ebenda, 513 ff.; *Meyring* WuW 2010, 157 (164 ff.); aA *Kellerbauer* WuW 2014, 1173 (1179 f.)).

Ähnliche Zurechnungsfragen stellen sich, wenn das Unternehmen im Anschluss an das wettbewerbswidrige Verhalten aufgelöst, umstrukturiert, veräußert oder übernommen wird (s. dazu *Heinichen,* Unternehmensbegriff und Haftungsnachfolge im Europäischen Kartellrecht, 2011, 166 ff.; *Steinle* FS Bechtold, 2006, 541 (547 ff.)). Wird das Unternehmen verkauft, so ist das Bußgeld nach dem Grundsatz der persönlichen Verantwortlichkeit an den ursprünglichen Unternehmensträger zu richten, sofern dieser nach dem Verkauf fortbesteht (EuGH Slg. 1999, I-4125 Rn. 145 – Anic; s. aber zur Umstrukturierung: EuGH Slg. 2004, I-123 Rn. 358 f. – Aalborg Portland; Slg. 2007, I-10893 Rn. 41 ff. – Autorità Garante). Sofern dies nicht der Fall ist, kann der Wettbewerbsverstoß dem **Rechtsnachfolger** zugerechnet werden, wenn dieser mit dem ursprünglichen Unternehmen wirtschaftlich identisch ist, da sich Unternehmen anderenfalls durch eine Änderung der Rechtsform ihrer bußgeldrechtlichen Verantwortlichkeit entziehen könnten (EuGH Slg. 1975, 1663 Rn. 84/87 – Suiker Unie). Eine wirtschaftliche Identität liegt vor, wenn zwischen der übertragenden und übernehmenden Gesellschaft zum Zeitpunkt der Übertragung strukturelle Verbindungen (Kontrolle durch dieselbe Person, identische geschäftliche Leitlinien) bestehen (EuGH NZKart 2015, 189 Rn. 49 ff. – Marineschläuche). Demgegenüber kann der Erwerb eines Unternehmens keine (zusätzliche) Verantwortlichkeit des Erwerbers für Zuwiderhandlungen begründen, die das erworbene Unternehmen vor dem Erwerb eigenständig begangen hat und für die es weiterhin selbstständig einstehen muss (EuGH Slg. 2000, I-9693 Rn. 78 f. – Cascades; NZKart 2014, 455 Rn. 65 – YKK Corporation). Nach der neueren Rspr. soll die Verhängung einer Geldbuße aus generalpräventiven Erwägungen (Abschreckung) indes auch dann gegen den Rechtsnachfolger verhängt werden können, wenn der ursprüngliche Unternehmensträger rechtlich fortbesteht, aber seine wirtschaftliche Tätigkeit eingestellt hat bzw. sich in Abwicklung befindet (EuGH Slg. 2007, I-10893 Rn. 40 – Autorità Garante; EuG Slg. 1999, II-239 Rn. 136 ff. – NMH) oder der Erwerber eine Erklärung abgegeben hat, wonach er die bußgeldrechtliche Verantwortung für die begangenen Zuwiderhandlungen übernehme (EuGH Slg. 2011, I-2539 Rn. 147 ff. – Thyssen Krupp Nirosta). Die Zurechnung eines Kartellverstoßes bestimmt sich damit letztlich nach der Solvenz des Bußgeldadressaten (vgl. Kommission, Entscheidung vom 11.12.2001, ABl. 2001 L 153, 1 Rn. 248); dies lässt sich mit dem Grundsatz der persönlichen Verantwortlichkeit (→ Rn. 7) nicht vereinbaren (*Heinichen*, Unternehmensbegriff und Haftungsnachfolge im Europäischen Kartellrecht, 2011, 224 f.; *Kling* WRP 2010, 506 (517); *Steinle* FS Bechtold, 2006, 541 (546 f., 552); Langen/Bunte/*Sura* Rn. 11; sa Generalanwalt *Ruiz-Jarabo Colomer* Slg. 2004, I-133 Rn. 65 ff.).

10   **b) Unternehmensvereinigungen.** Als Unternehmensvereinigung ist jeder Zusammenschluss von Unternehmen (→ Rn. 4 ff.) anzusehen, dessen Zweck darin besteht, die Interessen seiner Mitglieder wahrzunehmen, und der über eine interne Organisation zur Willensbildung und Beschlussfassung (→ Rn. 17) verfügt (FK-KartellR/*Roth*/*Ackermann* EGV Art. 81 Abs. 1 Rn. 130 – Grundfragen). Erfasst werden auch öffentlich-rechtliche Einrichtungen (EuGH Slg. 2002, I-1577 Rn. 65 f. – Wouters: niederländische Rechtsanwaltskammer) und nicht rechtsfähige Vereinigungen (Kommission, Entscheidung vom 24.2.1993, ABl. 1993 L 73, 38 Rn. 21 f.); in dem letztgenannten Fall ist die Bußgeldentscheidung an die Mitglieder zu richten (Immenga/Mestmäcker/*Emmerich* Art. 101 Abs. 1 AEUV Rn. 38; → Rn. 7; zur Ausfallhaftung der Mitglieder nach Art. 23 Abs. 4 → Rn. 54 f.). Sofern die Vereinigung eine eigenständige wirtschaftlich Tätigkeit entfaltet, kann sie zugleich als Unternehmen Bußgeldadressat sein (FK-KartellR/*Roth*/*Ackermann* EGV Art. 81 Abs. 1 Rn. 132 – Grundfragen).

III. Rechtsnatur der Geldbuße (Art. 23 Abs. 5)

11   Die von der Kommission verhängten Geldbußen haben „keinen strafrechtlicher Charakter" (Art. 23 Abs. 5). Der Geldbuße fehlt das für die Kriminalstrafe charakteristische sozial-ethische Unwerturteil (FK-KartellR/*Kindhäuser*/*Meyer* AEUV Art. 101 Abs. 1 Rn. 18 – Bußgeldrechtliche Folgen), sie dient aber wie diese der Ahndung vergangenen Verhaltens und der Verhinderung weiterer Zuwiderhandlungen durch ihre generalpräventive und spezialpräventive („abschreckende") Wirkung (EuGH Slg. 1970, 661 Rn. 172/176 – ACF; vgl. auch EuGH Slg. 2007, I-10893 Rn. 40 – Autorità Garante), während mit dem Zwangsgeld (Art. 24) als Instrument des Verwaltungszwanges unmittelbar auf das Verhalten des jeweiligen Unternehmens eingewirkt werden soll (vgl. dazu näher Immenga/Mestmäcker/*Dannecker*/*Biermann* Vor Art. 23–24 Rn. 23 ff.). Die Geldbuße ist daher der Geldbuße des deutschen Ordnungswidrigkeitenrechts vergleichbar und dem Strafrecht iwS zuzuordnen (Generalanwalt *Roemer* in EuGH Slg. 1969, 1 (24) – Wilhelm; Generalanwalt *Ruiz-Jarabo Colomer* in EuGH Slg. 2004, I-123 Rn. 64 f. – Aalborg Portland), so dass die bei der Verhängung strafrechtlicher Sanktionen zu beachtenden allgemeinen Rechtsgrundsätze (Art. 47 ff. GRC, Art. 6 f. EMRK) im Rahmen des Art. 23 Anwendung finden (s. dazu Immenga/Mestmäcker/*Dannecker*/*Biermann* Vor Art. 23–24 Rn. 38 ff.).

B. Wettbewerbsverstöße (Art. 23 Abs. 2)

12   Der Schwerpunkt der in Art. 23 Abs. 2 enthaltenen Tatbestände liegt auf Verstößen gegen das primärrechtliche Wettbewerbsrecht (→ Rn. 13 ff., 31 ff.). Die in Art. 23 Abs. 2 lit. a enthaltene Verweisung auf Art. 81 und 82 EGV (aF) ist bislang nicht ausdrücklich an den Reformvertrag von Lissabon angepasst worden; nach Art. 5 Abs. 3 des Reformvertrags von Lissabon (ABl. 2007 C 306, 134; BGBl. 2008 II 1038, 1091) ist die in Art. 23 Abs. 2 lit. a enthaltene Verweisung auf Art. 81 und 82 EGV (aF) jedoch auf Art. 101 und 102 AEUV zu beziehen (s. die Übereinstimmungstabelle, ABl. 2007 C 306, 202 (213)). Aufgrund dieser primärrechtlichen Anpassung der Verweisung stellt die Ahndung von Verstößen gegen Art. 101 und 102 AEUV keine nach dem Grundsatz „nullum crimen, nulla poena sine lege"

(Art. 49 Abs. 1 GRC) unzulässige analoge Anwendung des Art. 23 Abs. 2 lit. a dar. Aus Gründen der Rechtsklarheit sollte der Wortlaut des Art. 23 Abs. 1 lit. a gleichwohl korrigiert werden. Zur Bedeutung des Bestimmtheitsgebotes für die Auslegung → Rn. 26.

I. Verstöße gegen Art. 101 AEUV (Art. 23 Abs. 2 lit. a Var. 1)

1. Tathandlung. Art. 101 Abs. 1 AEUV sieht als tatbestandsmäßige Handlung die Vereinbarung bzw.   13
das abgestimmte Verhalten von Unternehmen und den Beschluss einer Unternehmensvereinigung vor. Dies setzt voraus, dass die entsprechenden Handlungen natürlicher Personen dem Unternehmen (bzw. der Vereinigung) zugerechnet werden können. Nach der Rspr. soll dafür ausreichen, dass die handelnde Person im Rahmen ihrer Befugnisse für das Unternehmen tätig wird (EuGH Slg. 1983, 1825 Rn. 97 – Musique Diffusion; EuZW 2013, 438 Rn. 25 – Slowakische Banken → Rn. 28; zur Zurechnung des Verhaltens juristischer Personen → Rn. 8 f.).
Zur Begründung einer einheitlichen (fortgesetzten) Zuwiderhandlung → Rn. 56.

a) Vereinbarung. Die Vereinbarung ist ein Verhalten, mit dem die Beteiligten einen gemeinsamen   14
und übereinstimmenden Willen zum Ausdruck bringen, sich am Markt auf eine bestimmte Weise zu verhalten (EuGH Slg. 1999, I-4539 Rn. 162 – Montecatini; EuG BeckRS 2008, 70741; AG Treuhand Slg. 2008, II-1501 Rn. 118). Ein Bindungswille oder Mechanismen zur Durchsetzung der Verständigung (Sanktionen) sind nicht erforderlich, so dass nicht nur der rechtsverbindliche Vertrag, sondern auch das „gentlemen's agreement" erfasst wird (EuG Slg. 2003, II-5515 Rn. 207 – Minoan Lines; vgl. auch EuGH Slg. 1999, I-4539 Rn. 162 – Montecatini; **aA** von der Groeben/Schwarze/Hatje/*Schröter/Voet van Vormizeele,* AEUV Art. 101 Rn. 40). Eine solche Auslegung entspricht dem Wortlaut und Ziel des Art. 101 AEUV, eine Koordinierung des Marktverhaltens zu verhindern, und steht auch nicht in Widerspruch zu Art. 101 Abs. 2 AEUV, da die dort vorgesehene Sanktion der Nichtigkeit für mit dem Anspruch auf Verbindlichkeit abgeschlossene Vereinbarungen („Verträge") ihre Bedeutung behält (FK-KartellR/*Roth/Ackermann* EGV Art. 81 Abs. 1 Rn. 156 – Grundfragen). Gegenüber dem abgestimmten Verhalten zeichnet sich die Vereinbarung dadurch aus, dass sich die Beteiligten über ein bestimmtes, konkretes Marktverhalten verständigen (FK-KartellR/*Roth/Ackermann* Grundfragen Art. 81 Abs. 1 EGV Rn. 158; vgl. auch Kommission, Entscheidung vom 13.12.2000, ABl. 2003 L 10, 1 Rn. 56 – „Plan"); anders als bei dem abgestimmten Verhalten ist eine Umsetzung, dh ein entsprechendes Marktverhalten, jedoch nicht erforderlich (EuGH Slg. 2005, I-5425 Rn. 144 – Dansk Rørindustri; → Rn. 16). Eine bestimmte Form ist nicht erforderlich; die Zustimmung kann auch konkludent, insbesondere durch stillschweigende Billigung der Ergebnisse einer gemeinsamen Sitzung erklärt werden (EuGH Slg. 2005, I-5425 Rn. 142 f. – Dansk Rørindustri).
Eine Vereinbarung setzt voraus, dass an dieser mindestens zwei – wirtschaftlich selbstständige –   15
Unternehmen beteiligt sind (→ Rn. 8 zur konzerninternen Leitungsmacht). An der Vereinbarung können sich auch Unternehmen beteiligen, die nicht selbst auf dem jeweiligen Markt tätig sind (EuGH EuZW 2016, 19 Rn. 26 ff. – AC Treuhand; EuG Slg. 2008, II-1501 Rn. 112 ff. – AC Treuhand; *Weitbrecht/Baudenbacher* EuR 2010, 230 ff.), zB „Kartellwächter" (krit. FK-KartellR/*Kindhäuser/Meyer* AEUV Art. 101 Rn. 185 – Bußgeldrechtliche Folgen). Einseitiges Verhalten wird (allein) von Art. 102 AEUV erfasst, dessen Voraussetzungen nicht durch eine großzügige Anwendung von Art. 101 AEUV unterlaufen werden dürfen (EuGH Slg. 2004, I-23 Rn. 101 – Bayer). In **Vertikalbeziehungen** werden daher Maßnahmen des Herstellers (zB Kürzungen der Liefermenge, um Reimporte zu verhindern) nicht erfasst; etwas Anderes gilt jedoch, wenn sich dem Verhalten der Händler, insbesondere aus der Beachtung der Vorgaben des Herstellers (zB eines Exportverbotes), eine stillschweigende Zustimmung entnehmen lässt oder die Maßnahmen Teil des zwischen Hersteller und Händler abgeschlossenen Rahmenvertrages sind (s. EuGH Slg. 2006, I-6585 Rn. 35 ff. – Volkswagen; vgl. insoweit FK-KartellR/*Roth/Ackermann* EGV Art. 81 Abs. 1 Rn. 174 ff. – Grundfragen).

b) Abgestimmtes Verhalten. Über den Auffangtatbestand des abgestimmten Verhaltens sollen   16
Formen der Zusammenarbeit erfasst werden, die sich noch nicht zu einem gemeinsamen Plan in Bezug auf ein bestimmtes Marktverhalten verdichtet haben (zur Vereinbarung → Rn. 14), aber dem Grundgedanken des Wettbewerbs zuwiderlaufen, wonach jedes Unternehmen sein Verhalten auf dem Markt selbstständig zu bestimmen hat (EuGH Slg. 1975, 1663 Rn. 173 – Suiker Unie; Slg. 1999, I-4287 Rn. 159 – Hüls). Zwar nimmt dieses **Selbstständigkeitspostulat** den Unternehmen nicht das Recht, sich an das festgestellte oder erwartete Verhalten der Konkurrenten anzupassen (bewusstes Parallelverhalten; → Rn. 15 zu einseitigen Maßnahmen); es steht jedoch jeder unmittelbaren oder mittelbaren Fühlungnahme zwischen den Unternehmen entgegen, die das Marktverhalten des Konkurrenten beeinflussen oder diesen über ein künftiges Verhalten ins Bild setzen soll (EuGH Slg. 1975, 1663 Rn. 174 bzw. 160 – Suiker Unie). Als Abstimmung sind daher alle Formen der Koordinierung anzusehen, die darauf abzielen, die Ungewissheit über künftiges Marktverhalten zu verringern (EuGH Slg. 1993, I-1307 Rn. 63 f. – Ahlström; zur Abstimmung von Preisnachlässen durch Rundschreiben: EuGH NZKart 2016, 133 Rn. 43 f. – Eturas). Darunter fällt insbesondere der Informationsaustausch (s. dazu Immenga/Mestmäcker/*Emmerich* Art. 101 Abs. 1 AEUV Rn. 96 f. mwN). Die Abstimmungstätigkeit muss zu

einem konkreten („abgestimmten") Marktverhalten geführt haben (EuGH Slg. 1999, I-4287 Rn. 161 – Hüls; NZKart 2016, 133 Rn. 42 – Eturas; FK-KartellR/*Roth/Ackermann* EGV Art. 81 Abs. 1 Rn. 198 – Grundfragen: „zweigliedriger Tatbestand"); auf diese Weise wird ein systematischer Gleichklang mit der Vereinbarung hergestellt, bei der sich der Bezug auf ein bestimmtes Marktverhalten aus dem Inhalt ergibt (FK-KartellR/*Roth/Ackermann* EGV Art. 81 Abs. 1 – Grundfragen; → Rn. 14). Allerdings wird der Kausalzusammenhang zwischen Abstimmung und Marktverhalten grds. vermutet, da davon aus-zugehen ist, dass das Unternehmen die ausgetauschten Informationen bei der Bestimmung ihres Markt-verhaltens berücksichtigt (EuGH Slg. 1999, I-4287 Rn. 162 – Hüls; EuZW 2009, 505 Rn. 51 – T-Mobile Netherlands); eine Widerlegung ist insbesondere bei einem gegenläufigen Verhalten am Markt denkbar (vgl. FK-KartellR/*Roth/Ackermann* EGV Art. 81 Abs. 1 Rn. 202 – Grundfragen).

17   **c) Beschluss.** Mit der Erstreckung des Art. 101 Abs. 1 AEUV auf Beschlüsse von Unternehmensver-einigungen soll eine Umgehung des Kartellverbotes verhindert werden (FK-KartellR/*Roth/Ackermann* EGV Art. 81 Abs. 1 Rn. 140 – Grundfragen). Als Beschluss ist die Bildung eines Gesamtwillens der Vereinigung auf der Grundlage der dafür maßgeblichen organisationsrechtlichen Verfahrensregelungen anzusehen (FK-KartellR/*Roth/Ackermann* EGV Art. 81 Abs. 1 Rn. 141 – Grundfragen). Beschlüsse können auch in öffentlich-rechtlicher Form (Satzung, Verordnung) ergehen (FK-KartellR/*Roth/Acker-mann* EGV Art. 81 Abs. 1 – Grundfragen; → Rn. 10); auf ihre rechtliche Wirksamkeit kommt es nicht an (EuGH Slg. 1985, 391 Rn. 21 f. – BNIC). Erfasst werden auch rechtlich unverbindliche Beschlüsse (Empfehlungen, Rundschreiben), sofern diese von einem Großteil der Mitglieder befolgt werden (EuGH Slg. 1983, 3369 Rn. 20 f. – IAZ International Belgium); dieses weite Verständnis entspricht der Funktion der Regelung als Umgehungstatbestand (FK-KartellR/*Roth/Ackermann* EGV Art. 81 Abs. 1 Rn. 145 – Grundfragen; → Rn. 14 zur Verbindlichkeit der Vereinbarung). Sofern die Unternehmens-vereinigung nicht rechtsfähig ist, ist der Bußgeldbescheid an die Mitglieder zu richten, wenn ihnen der Beschluss zuzurechnen ist. Soweit der EuGH darüber hinaus auch eine Verhängung von Geldbußen gegen die Mitglieder für zulässig hält, die nicht an der Beschlussfassung mitgewirkt haben oder über-stimmt worden sind (EuGH Slg. 1980, 3125 Rn. 90 f., 156 – Landewyck), widerspricht ein solcher „Haftungsdurchgriff" jedoch dem Grundsatz persönlicher Verantwortlichkeit (→ Rn. 54 zu Art. 23 Abs. 4). Unabhängig davon können die Herbeiführung und Umsetzung des Beschlusses durch die einzelnen Unternehmen als Vereinbarung oder abgestimmtes Verhalten anzusehen sein (s. dazu FK-KartellR/*Roth/Ackermann* EGV Art. 81 Abs. 1 Rn. 149 – Grundfragen).

18   **2. Wettbewerbsbeschränkung. a) Richtung und Umfang des Schutzes.** Mit dem Wettbewerb wird die Offenheit des am jeweiligen Markt ablaufenden Koordinationsprozesses geschützt (→ Rn. 1). Auf der Grundlage des Selbstständigkeitspostulates (→ Rn. 16) wird zum Teil die Beschränkung der Handlungsfreiheit der an der Tathandlung beteiligten Unternehmen als Kern der Wettbewerbsbeschrän-kung angesehen (Immenga/Mestmäcker/*Emmerich* Art. 101 Abs. 1 AEUV Rn. 110). Dem wird zu Recht entgegengehalten, dass das Wettbewerbsrecht nicht die beteiligten Unternehmen (und deren wirtschaftliche Handlungsfreiheit), sondern den Wettbewerb im Interesse Dritter schützen soll und somit auf den dort eintretenden Verlust wirtschaftlicher Handlungsmöglichkeiten, dh auf die Außenwirkung der jeweiligen Maßnahme abzustellen ist (FK-KartellR/*Roth/Ackermann* EGV Art. 81 Abs. 1 Rn. 305 ff. – Grundfragen); zudem lässt sich die Tatmodalität des abgestimmten Verhaltens aufgrund der fehlenden Bindungswirkung in den erstgenannten Ansatz nicht integrieren (FK-KartellR/*Roth/Ackermann* EGV Art. 81 Abs. 1 Rn. 302, 304 – Grundfragen).

19   Der Schutz vor Wettbewerbsbeschränkungen erstreckt sich auf sämtliche Handelsstufen (Immenga/Mestmäcker/*Emmerich* Art. 101 Abs. 1 AEUV Rn. 111). Art. 101 AEUV setzt nicht voraus, dass die beteiligten Unternehmen auf derselben Marktstufe agieren (horizontale Beschränkung), und erfasst daher auch die vertikale Zusammenarbeit zwischen Unternehmen auf verschiedenen Marktstufen (EuGH Slg. 1966, 281 (337) – Maschinenbau Ulm). Der Schutzbereich schließt sowohl den Angebots-als auch den **Nachfragewettbewerb** (vgl. aber zu Einschränkungen: FK-KartellR/*Roth/Ackermann* EGV Art. 81 Abs. 1 – Grundfragen Rn. 261; → Rn. 4) ein. Neben dem aktuellen Wettbewerb zwischen den bereits auf dem jeweiligen Markt tätigen Konkurrenten wird auch der **potentielle Wettbewerb** mit Unternehmen, die zum Markteintritt in der Lage sind, geschützt (EuGH Slg. 1991, I-935 Rn. 21 f. – Delimitis; EuG Slg. 1998, II-3146 Rn. 137 – European Night Services). Grds. nicht schutzwürdig ist hingegen der rechtswidrige, insbesondere der unlautere Wettbewerb (s. dazu FK-KartellR/*Roth/Acker-mann* EGV Art. 81 Abs. 1 Rn. 278 ff. – Grundfragen). Soweit der EuGH es als unerheblich angesehen hat, dass ein durch eine Vereinbarung iSd Art. 101 AEUV benachteiligtes Unternehmen möglicherweise illegal auf dem betreffenden Markt tätig ist (EuGH EuZW 2013, 438 Rn. 21 – Slowakische Banken), ändert es nichts daran, dass jedenfalls Vereinbarungen, die gegen ein klar rechtswidriges Marktverhalten gerichtet und darauf beschränkt sind, nicht gegen Art. 101 AEUV verstoßen (*Lettl/Nordemann* NZKart 2014, 207 (210 ff.); sa EuGH EuZW 2013, 783 Rn. 53 ff. – Kodex italienischer Geologen; → Rn. 25).

20   **b) Marktabgrenzung.** Ausgangspunkt für die Prüfung einer Wettbewerbsbeschränkung ist die Be-stimmung des (sachlich, räumlich und zeitlich) relevanten Marktes (EuGH Slg. 1991, I-935 Rn. 16 – Delimitis; EuG Slg. 1992, II-1403 Rn. 159 – SIV). Auf Angebotsmärkten ist dabei das **Bedarfsmarkt-**

konzept zugrunde zu legen, wonach zu dem jeweiligen Markt sämtliche Waren oder Dienstleistungen gehören, die aus der Sicht der Abnehmer hinsichtlich ihrer Eigenschaften, Preise und des vorgesehenen Verwendungszwecks als **austauschbar** angesehen werden (EuGH Slg. 1978, 207 Rn. 19 ff. – United Brands; Bekanntmachung der Kommission vom 9.12.1997, ABl. 1997 L C 372, 5 Rn. 7); erg. ist die Fähigkeit anderer Unternehmen zu berücksichtigen, bei geringen Preiserhöhungen einzutreten (Kommission, Rn. 20 ff.). In neuerer Zeit greift die Kommission zur Marktabgrenzung zunehmend auf den sog **SSNIP-Test** (small but significant and nontransitory increase in price) zurück, wonach der relevante Markt erst dann zutreffend bestimmt ist, wenn ein hypothetischer Monopolist den Marktpreis dauerhaft um 5–10 % anheben könnte (Entscheidung v. 26.7.2000, ABl. 2004 L 110, 1 Rn. 35). Dieses Vorgehen vermeidet zwar die mit dem Bedarfsmarktkonzept verbundenen Unschärfen (Sicht des „durchschnittlichen" Abnehmers), liefert aber ebenfalls keine zuverlässigen Ergebnisse, wenn die bestehenden Marktpreise nicht dem Wettbewerbspreis entsprechen und damit als Ausgangspreis ungeeignet sind (vgl. *Zimmer/Paul* JZ 2008, 611 (614)). Aufgrund dieser Unsicherheiten wird zum Teil auch auf die Definition des Marktes durch die beteiligten Unternehmen abgestellt (Immenga/Mestmäcker/*Emmerich* Art. 101 Abs. 1 AEUV Rn. 158: „Wirtschaftsplan"; krit. zu dieser „Subjektivierung" der Marktabgrenzung: FK-KartellR/*Roth/Ackermann* EGV Art. 81 Abs. 1 Rn. 372 – Grundfragen).

c) Bezweckte oder bewirkte Wettbewerbsbeschränkung. aa) Zweck. Mit der Tathandlung **21** müssen die beteiligten Unternehmen eine Wettbewerbsbeschränkung entweder bezweckt oder bewirkt haben. Wie sich aus dem Wortlaut („Vereinbarungen …, welche … bezwecken") und dem Sinn der Vorschrift ergibt, ist der Zweck der Maßnahme **objektiv**, dh nach ihrer wirtschaftlichen Funktion und nicht nach der Absicht der handelnden natürlichen Personen zu bestimmen (EuGH NZKart 2015, 267 – Dolc; FK-KartellR/*Roth/Ackermann* EGV Art. 81 Abs. 1 Rn. 316 f. – Grundfragen). Im Unterschied zur bewirkten Wettbewerbsbeschränkung ist zwar nicht erforderlich, dass eine solche tatsächlich eingetreten ist; es soll jedoch nach neuerer Rspr. ausreichen, dass die Tathandlung unter Berücksichtigung des rechtlichen und wirtschaftlichen Zusammenhangs konkret geeignet ist, eine Wettbewerbsbeschränkung herbeizuführen (EuGH EuZW 2009, 505 Rn. 31 – T-Mobile Netherlands); bei diesem weiten Verständnis als **„Gefährdungsdelikt"** (Generalanwältin *Kokott* ebenda Rn. 47) droht die Alternative der bewirkten Wettbewerbsbeschränkung indessen funktionslos zu werden. Dies spricht für eine enge Auslegung (vgl. EuGH EuZW 2014, 901 Rn. 58 – Groupement des cartes bancaires; NZKart 2016, 70 Rn. 18 – Mietvertragsklausel), wonach eine bezweckte Wettbewerbsbeschränkung erst dann anzunehmen ist, wenn die Maßnahme ein derart großes Potential für negative Auswirkungen im Wettbewerb hat, dass der Nachweis entsprechender Auswirkungen entbehrlich ist (EuGH NZKart 2016, 70 Rn. 19 f. – Mietvertragsklausel; Leitlinien der Kommission zu Art. 101 Abs. 3 AEUV bzw. ex-Art. 81 Abs. 3 EGV, ABl. 2004 C 101, 97 Rn. 21; zur Berücksichtigung positiverAuswirkungen: *Kuhn* ZWeR 2014, 143 (155 ff.); → Rn. 25). Unter das Verbot fallen daher vor allem Kernbeschränkungen, die aufgrund des vorhandenen Erfahrungswissens als schädlich für den freien Wettbewerb angesehen werden (EuGH EuZW 2014, 901 Rn. 50 f. – Groupement des cartes bancaires; FK-KartellR/*Roth/Achenbach* EGV Art. 81 Abs. 1 Rn. 312 – Grundfragen) und daher „per se" verboten sind (Generalanwältin *Kokott* Slg. 2009, I-4529 Rn. 43 – T-Mobile Netherlands). Dies gilt etwa für horizontale Absprachen über Preise, Produktions- und Absatzbeschränkungen und die Aufteilung von Märkten (Art. 101 Abs. 1 lit. a–c AEUV) sowie vertikale Maßnahmen, die auf eine feste Preisbindung oder einen absoluten Gebietsschutz gerichtet sind (Leitlinien der Kommission zu Art. 101 Abs. 3 AEUV Rn. 23; Immenga/Mestmäcker/*Emmerich* Art. 101 Abs. 1 AEUV Rn. 177). Ist der wettbewerbswidrige Zweck nicht „offenkundig" (vgl. EuGH Slg. 2008, I-8637 Rn. 34 – Irish Beef), so ist eine eingehende Analyse des Inhalts der Vereinbarung sowie ihres rechtlichen und wirtschaftlichen Kontextes erforderlich (EuGH EuZW 2014, 901 Rn. 60 ff. – Groupement des cartes bancaires; näher *Kuhn* ZWeR 2014, 143 (154 ff.)).

bb) Wirkung. Im Unterschied zur bezweckten muss die bewirkte Wettbewerbsbeschränkung tatsäch- **22** lich eingetreten sein; maßgeblich ist insoweit die bei Dritten eintretende Außenwirkung der Maßnahme (→ Rn. 18). Dabei sind nicht nur aktuelle, sondern auch potentielle Auswirkungen zu berücksichtigen (EuGH Slg. 1998, I-3111 Rn. 77 – John Deere). Während die Kommission nachteilige Auswirkungen auf die Gesamtwirtschaft (höheres Preisniveau, weniger Innovation, schlechtere Qualität) für erforderlich hält (Leitlinien der Kommission zu Art. 101 Abs. 3 AEUV, ABl. 2004 C 101, 97 Rn. 24), stellt die Rspr. allein auf die Außenwirkung bei den aktuellen oder potentiellen Wettbewerbern ab (→ Rn. 18 f.) (EuGH Slg. 1991, I-935 Rn. 27 – Delimitis; → Rn. 1 zum „more economic approach"). Bei der Prüfung sind der wirtschaftliche und rechtliche Zusammenhang, in dem die Unternehmen tätig sind, die Natur der betroffenen Waren und Dienstleistungen, die auf dem betreffenden Markt bestehenden Bedingungen und die Struktur des Marktes zu berücksichtigen (EuGH Slg. 2006, I-11125 Rn. 49 – Asnef Equifax). Eine Wettbewerbsbeschränkung kann sich nach der **„Bündeltheorie"** auch aus der kumulativen Wirkung mehrerer gleichartiger Verträge (zB mit Ausschließlichkeitsbindungen) ergeben (EuGH Slg. 1991, I-935 Rn. 23 f. – Delimitis; EuG Slg. 2003, II-4653 Rn. 83 – van den Bergh).

d) Spürbarkeit. Die Tathandlung muss den Wettbewerb „spürbar" beeinträchtigen (EuGH Slg. 1969, **23** 295 Rn. 7 – Völk; Slg. 1999, I-135 Rn. 34 f. – Bagnasco; EuZW 2013, 113 Rn. 16 f. – Expedia). Dieses ungeschriebene Tatbestandsmerkmal schränkt den Tatbestand als „de-minimis-Regel" unter dem Aspekt der Sozialadäquanz ein (FK-KartellR/*Kindhäuser/Meyer* AEUV Art. 101 Abs. 1 Rn. 73 – Bußgeldrechtliche Folgen). Die Kommission hat dieses Merkmal durch Festlegung von Marktanteilsschwellen präzisiert (10 % bei horizontalen, 15 % bei vertikalen Maßnahmen), unterhalb derer ein spürbare Wettbewerbsbeschränkung grds. zu verneinen ist (ABl. 2014 C 291, 1 Rn. 8); im Wege der Selbstbindung sind diese Aufgreifschwellen damit für die Sanktionspraxis der Kommission verbindlich geworden (FK-KartellR/*Roth/Ackermann* EGV Art. 81 Abs. 1 Rn. 401 – Grundfragen; vgl. EuG Slg. 1998, II-3141 Rn. 102 – European Night Services). Sie gelten jedoch nicht für Kernbereichsbeschränkungen (Preisabsprachen etc) und andere Vereinbarungen, die eine Wettbewerbsbeschränkung bezwecken (ABl. 2014 C 291, 1 Rn. 13; s. insoweit EuGH EuZW 2013, 113 Rn. 35 ff. – Expedia).

24   **3. Eignung zur Beeinträchtigung des zwischenstaatlichen Handels.** Die Tathandlung muss weiterhin geeignet sein, den Handel zwischen den Mitgliedstaaten zu beeinträchtigen. Die Zwischenstaatlichkeitsklausel hat die Funktion, den Anwendungsbereich des Art. 101 AEUV von dem des nationalen Kartellrechts abzugrenzen (EuGH Slg. 2006, I-6641 Rn. 41 – Manfredi; vgl. auch Art. 3; → GWB § 81 Rn. 11). Erfasst werden alle Maßnahmen, die den zwischenstaatlichen Handel unmittelbar oder mittelbar, aktuell oder potentiell in einer Weise beeinflussen können, die die Verwirklichung eines einheitlichen Marktes hemmen könnte; die Beeinträchtigung muss jedoch spürbar (→ Rn. 23) sein (EuGH Slg. 2006, I-6641 Rn. 42 – Manfredi). Dies kann auch bei Maßnahmen, die sich allein auf einen nationalen Markt beziehen, zu bejahen sein (EuGH Slg. 2006, I-6641 Rn. 45 – Manfredi). Nach der in den einschlägigen Leitlinien der Kommission (ABl. 2004 C 101, 81; zur Selbstbindung → Rn. 23) niedergelegten NAAT-Regel (no appreciable affectation of trade) wird die fehlende Eignung vermutet, wenn der Marktanteil der beteiligten Unternehmen innerhalb der Union höchstens 5 % beträgt und deren Jahresumsatz (bei horizontalen Vereinbarungen) bzw. der Jahresumsatz der Lieferanten (bei vertikalen Vereinbarungen), der mit den jeweiligen Waren erzielt wird, unter 40 Mio. EUR liegt (Leitlinien Rn. 51 f.).

25   **4. Tatbestandsausschluss und Rechtfertigung. a) Ungeschriebene Schranken des Art. 101 Abs. 1 AEUV („rule of reason").** Unter dem ursprünglich aus dem US-amerikanischen stammenden Begriff der „rule of reason" werden Ansätze diskutiert, im Rahmen des Art. 101 Abs. 1 AEUV unter Abwägung der positiven und negativen Auswirkungen der jeweiligen Maßnahme Einschränkungen des Verbotstatbestandes zu begründen. Die Rspr. lehnt eine Anwendung der „rule of reason" grds. ab, da anderenfalls die besonderen Voraussetzungen der Ausnahmeregelung (Art. 101 Abs. 3 AEUV) unterlaufen werden (EuG Slg. 2001, II-2459 Rn. 72 ff. – Métropole télévision; sa zu Kernbeschränkungen: EuGH Slg. 1999, I-4539 Rn. 133 – Montecatini). Gleichwohl sind die positiven Auswirkungen auf den Wettbewerb (zB der erleichterte Markteintritt neuer Wettbewerber) bei der Prüfung des Merkmals der Wettbewerbsbeschränkung zu würdigen (vgl. EuGH Slg. 2006, I-11125 Rn. 56, 60 – Asnef-Equifax); dies gilt insbesondere, wenn die Zusammenarbeit der beteiligten Unternehmen für die **Markterschließung** notwendig ist (Kommission, Entscheidung vom 24.10.1988, ABl. 1988 L 311, 36 (39) – Eurotunnel). Darüber hinaus sind wettbewerbsbeschränkende **Nebenabreden,** die notwendiger Bestandteil eines hinsichtlich der Hauptsache kartellrechtskonformen Vertrages sind, wie zB ein Wettbewerbsverbot beim Unternehmenskauf, von dem Verbot des Art. 101 Abs. 1 AEUV ausgenommen (EuGH Slg. 1985, 2545 Rn. 19 – Remia; s. dazu und weiteren Ausnahmen Immenga/Mestmäcker/*Emmerich* AEUV Art. 101 Abs. 1 Rn. 134 mwN). Demgegenüber ist eine notstandsähnliche Rechtfertigung des Verstoßes anzunehmen, wenn die wettbewerbsbeschränkende Maßnahme zur **Wahrung übergeordneter Belange** geboten ist (EuGH Slg. 2002, I-1577 Rn. 97 – Wouters – ordnungsgemäße Ausübung des Rechtsanwaltsberufes; Slg. 2006, I-6991 Rn. 42 – Meca Medina – Dopingbekämpfung im Sport). Angesichts des weiten Anwendungsbereichs des Art. 101 AEUV (→ Rn. 2) kann insoweit nicht mehr von einer Sperrwirkung des Art. 101 Abs. 3 AEUV ausgegangen werden (FK-KartellR/*Roth/Ackermann* EGV Art. 81 Abs. 1 Rn. 360 – Grundfragen; s. ferner zu weiteren allgemeinen Rechtfertigungsgründen, ua Notwehr, Notstand, höhere Gewalt: Immenga/Mestmäcker/*Dannecker/Biermann* Vor Art. 23–24 Rn. 158 ff.; → Rn. 38).

26   **b) Art. 101 Abs. 3 AEUV.** Die in Art. 101 Abs. 3 AEUV enthaltene Ausnahmeregelung enthält keinen Rechtfertigungsgrund (vgl. Erwägung (5) KartellVO), sondern führt zum Tatbestandsausschluss (Immenga/Mestmäcker/*Dannecker/Biermann* Vor Rn. 148; FK-KartellR/*Kindhäuser/Meyer* Rn. 45). Nach dem mit der KartellVO vollzogenen Systemwechsel zur **Legalausnahme** tritt diese Wirkung ein, wenn die Voraussetzungen des Art. 101 Abs. 3 AEUV vorliegen, ohne dass es einer vorherigen Freistellungsentscheidung bedarf (Art. 1 Abs. 2). Die wettbewerbsbeschränkende Maßnahme muss der Verbesserung der Erzeugung oder Verteilung von Waren oder der Förderung des technischen oder wirtschaftlichen Fortschritts dienen und zur Verwirklichung dieser Ziele unerlässlich sein (Art. 101 Abs. 3 lit. a AEUV); die auf diese Weise erzielten Effizienzvorteile müssen als „Gewinne" angemessen an die unmittelbaren oder mittelbaren Abnehmer („Verbraucher", aber ggf. auch Unternehmer) weitergegeben werden (s. dazu näher FK-KartellR/*Pohlmann* EGV Art. 81 Abs. 3 Rn. 229 ff., 259 ff. – Grundfragen). Schließlich muss die Möglichkeit ausgeschlossen werden, dass der Wettbewerb für einen wesentlichen

Teil der betreffenden Waren ausgeschaltet wird (Art. 101 Abs. 3 lit. b AEUV). Aus dem Grundsatz „nullum crimen sine lege" wird angesichts der in Art. 101 Abs. 3 AEUV enthaltenen unbestimmten Rechtsbegriffe und der mit dem Übergang zur Legalausnahme verbundenen Rechtsunsicherheit zum Teil abgeleitet, dass nur ein Verhalten, das offensichtlich und eindeutig nicht mehr von Art. 101 Abs. 3 AEUV gedeckt ist, mit einer Geldbuße geahndet werden kann (*Dreher/Thomas* WuW 2004, 8 (15 ff.); zustimmend Immenga/Mestmäcker/*Dannecker/Biermann* Rn. 88; s. allgemein für ein Gebot enger Auslegung: FK-KartellR/*Kindhäuser/Meyer* AEUV Art. 101 Abs. 1 Rn. 42 – Bußgeldrechtliche Folgen). Angesichts der Auslegungsspielräume, die bereits Art. 101 Abs. 1 AEUV eröffnet, erscheint dies jedoch nicht zwingend geboten (vgl. FK-KartellR/*Pohlmann* EGV Art. 81 Abs. 3 Grundfragen Rn. 162, 163; sa zu Art. 102 AEUV, ex-Art. 82 EGV: EuGH Slg. 1979, 461 Rn. 130 ff. – Hoffmann LaRoche). Die Aufgabe der Unionsgerichte, die Verbotstatbestände der Art. 101, 102 AEUV schrittweise zu konkretisieren, wird allerdings durch Art. 49 Abs. 1 GRC dahingehend begrenzt, dass die Verhängung einer Geldbuße nicht auf die rückwirkende Anwendung einer neuen und für das betreffende Unternehmen nicht vorhersehbaren Auslegung gestützt werden darf (EuGH Slg. 2005, I-5425 Rn. 217 f. – Dansk Rørindustri; NZKart 2014, 403 Rn. 147 – Telefónica SA). In derartigen Fällen ist ggf. besonders sorgfältig zu prüfen, ob ein unvermeidbarer Verbotsirrtum vorliegt (vgl. Generalanwalt *Reischl* in EuGH Slg. 1979, 461 (595 f.); → Rn. 29). Die Beweislastregelung nach Art. 2 S. 2 findet im Bußgeldverfahren keine Anwendung, da dies entgegen der Rspr. (vgl. allgemein EuGH Slg. 2004, I-123 Rn. 78 f. – Aalborg Portland; Slg. 2010, I-5361 Rn. 29 f., 34 – Lafarge SA) gegen die Unschuldsvermutung und den Grundsatz „in dubio pro reo" verstieße (Immenga/Mestmäcker/*Dannecker/Biermann* Vor Art. 23–24 Rn. 66).

Die Kommission hat dem Bedürfnis nach Rechtssicherheit Rechnung getragen, indem sie Leitlinien **27** zur Anwendung des Art. 101 Abs. 3 AEUV erlassen hat (ABl. 2004 C 101, 97; sa zur horizontalen Zusammenarbeit ABl. 2011 C 11, 1) und den Unternehmen im Wege der „informellen Beratung" die Möglichkeit bietet, Rechtsunsicherheiten auszuräumen (ABl. 2004 C 101, 78). Soweit die Kommission in einer Entscheidung nach Art. 10 festgestellt hat, dass das Verhalten nicht gegen Art. 101 AEUV verstößt, ist eine Ahndung aufgrund der damit bewirkten Selbstbindung der Kommission (FK-KartellR/*Kindhäuser* Rn. 59), jedenfalls aber aufgrund eines unvermeidbaren Verbotsirrtums (→ Rn. 29) ausgeschlossen (Immenga/Mestmäcker/*Dannecker/Biermann* Vor Art. 23–24 Rn. 156). Eine verbindliche Konkretisierung der Freistellungsvoraussetzungen ist darüber hinaus in den **Gruppenfreistellungsverordnungen** erfolgt (s. ua zu vertikalen Vereinbarungen: Verordnung Nr. 330/2010, ABl. 2010 L 102, 1; s. erg. ABl. 2010 C 130, 1; zu horizontalen Spezialisierungsvereinbarungen: Verordnung Nr. 1218/2010, ABl. 2010 L 335, 43; zu horizontalen Vereinbarungen über Forschung und Entwicklung: Verordnung Nr. 1217/2010, ABl. 2010 L 335, 36; zu vertikalen Beschränkungen im Kraftfahrzeugsektor: Verordnung Nr. 461/2010, ABl. 2010 L 129, 52; s. erg. ABl. 2010 C 138, 16; zum Technologietransfer: Verordnung Nr. 316/2014, ABl. 2014 93, 17; s. erg. ABl. 2014 C 89, 3). Die Verhängung eines Bußgeldes ist auch insoweit ausgeschlossen, als die Freistellung vom Kartellverbot nicht mehr von Art. 101 Abs. 3 AEUV gedeckt ist, da die jeweilige Verordnung bis zu ihrer Aufhebung normative Verbindlichkeit beansprucht (Immenga/Mestmäcker/*Dannecker/Biermann* Vor Art. 23–24 Rn. 157; zur konstitutiven Wirkung: Immenga/Mestmäcker/*Ellger* AEUV Art. 101 Abs. 3 Rn. 339). Mit Blick auf die Möglichkeit einer Einzelfreistellung ist die Rspr. allerdings einer weiten Auslegung der Gruppenfreistellungsverordnungen entgegengetreten (EuGH EuZW 2012, 28 Rn. 57 – Pierre Fabre).

5. Sanktionsrechtliche Verantwortlichkeit („Unternehmensschuld"). a) Vorsatz oder Fahr- **28** **lässigkeit.** Nach dem Grundsatz der persönlichen Verantwortlichkeit hat allein die natürliche oder juristische Person für den Verstoß einzustehen, die für den Unternehmensbetrieb verantwortlich ist, dh der Unternehmensträger (→ Rn. 7). Mit dem weiteren Erfordernis vorsätzlichen oder fahrlässigen Verhaltens (Art. 23 Abs. 2) trägt das EU-Bußgeldrecht dem Schuldgrundsatz Rechnung (s. EuG Slg. 1994, II-441 Rn. 142 – Dunlop; *Böse,* Strafen und Sanktionen im europäischen Gemeinschaftsrecht, 1996, 149 ff.; einschränkend Generalanwalt *Ruiz Jarabo Colomer* in EuGH Slg. 2003, I-9189 Rn. 66 f. – Volkswagen). Während die überkommene Rspr. an das vorsätzliche bzw. fahrlässige Verhalten natürlicher Personen anknüpft, die befugtermaßen für das Unternehmen handeln (EuGH Slg. 1983, 1825 Rn. 97 f. – Musique Diffusion; EuZW 2013, 438 Rn. 25 – Slowakische Banken; zum unselbständigen Handelsvertreter (→ Rn. 5) EuG NZKart 2015, 345 Rn. 163 – Spannstahl; Zurechnungsmodell, s. insoweit *Böse* 186 ff.), lassen sich neuere Entscheidungen, die auf eine Ermittlung der konkret für den Verstoß bzw. eine entsprechende Aufsichtspflichtverletzung verantwortlichen Person verzichten, auch im Sinne der Begründung einer originären Unternehmensschuld verstehen (EuGH Slg. 2003, I-9189 Rn. 98 – Volkswagen; in diesem Sinne Immenga/Mestmäcker/*Dannecker/Biermann* Vor Art. 23–24 Rn. 185; *Engels,* Unternehmensvorsatz und Unternehmensfahrlässigkeit im Europäischen Kartellrecht, 2002, 134 ff.). Der Schuldgrundsatz gebietet jedoch nach beiden Modellen eine Begrenzung der bußgeldrechtlichen Verantwortlichkeit (vgl. BVerfGE 20, 323 (336); poln. VerfG 3.11.2004 – K 18/03 – Nr. 13 sei es, indem man den Kreis der Personen, deren Verhalten dem Unternehmen zuzurechnen ist, auf Organe und leitende Angestellte beschränkt (*Böse,* Strafen und Sanktionen im europäischen Gemeinschaftsrecht, 1996, 189; sa MüKoEuWettbR/*Schneider/Engelsing* Rn. 56), oder verlangt, dass das entsprechende

Wissen (→ Rn. 29) für die entscheidungstreffende Einheit verfügbar ist (*Engels,* Unternehmensvorsatz und Unternehmensfahrlässigkeit im Europäischen Kartellrecht, 2002, 139). Soweit der Vorwurf gegen das Unternehmen nicht auf eine fehlerhafte Organisation bzw. Aufsicht gestützt werden kann (vgl. EuGH Slg. 2003, I-9189 Rn. 98 – Volkswagen), muss das Unternehmen nicht für einen Verstoß einstehen, der gegen die ausdrückliche Weisung der Geschäftsleitung begangen worden ist (vgl. EuGH Slg. 1979, 3703 Rn. 10 – Milch-Kontor; s. dagegen EuG Slg. 2004, II-1181 Rn. 308 – Tokai Carbon; zur Zurechnung des Verhaltens anderer juristischer Personen → Rn. 8 f.).

29 Für den Vorsatz genügt das Bewusstsein der Tatbestandsverwirklichung (EuG Slg. 1999, II-1581 Rn. 152 – BASF). Während der Irrtum über Tatsachen (zB bezüglich des eigenen Marktanteils, s. zu Art. 102 AEUV bzw. ex-Art. 82 EGV Generalanwalt *Reischl* in EuGH Slg. 1979, 461 (596 f.) – Hoffmann LaRoche) den Vorsatz ausschließt (**Tatbestandsirrtum;** zum Irrtum über normative Tatbestandsmerkmale: Immenga/Mestmäcker/*Dannecker/Biermann* Vor Art. 23–24 Rn. 191 ff.), lässt die irrtümliche Annahme, das Verhalten verstoße nicht gegen das EU-Wettbewerbsrecht (Verbotsirrtum), den Vorsatz unberührt (EuGH Slg. 1983, 3369 Rn. 45 – IAZ; EuG Slg. 1999, II-1581 Rn. 152 – BASF). Ist der **Verbotsirrtum** (zB aufgrund entsprechender Rechtsauskünfte der Kommission → Rn. 27 zu informellen Beratungsschreiben) unvermeidbar, so ist die Verhängung einer Geldbuße jedoch ausgeschlossen (EuGH Slg. 1975, 1663 Rn. 556 f. – Suiker Unie). Demgegenüber sollen die Auskünfte einer nationalen Wettbewerbsbehörde (EuGH NJW 2013, 3083 Rn. 42 – Schenker) oder eines Rechtsanwalts das Unternehmen grds. nicht entlasten (EuGH Slg. 1979, 2435 Rn. 43 f. – Miller; EuG Slg. 1999, II-1581 Rn. 152 – BASF). Dies erscheint zutreffend, soweit sich Zweifel an der Richtigkeit der Rechtsauskunft aufdrängen mussten (vgl. zum deutschen Recht: BGHSt 21, 18 (20 ff.)); dies gilt insbesondere dann, wenn sich die Auskunft der Behörden auf die Vereinbarkeit mit innerstaatlichem Recht bezieht (EuGH NJW 2013, 3083 Rn. 42 – Schenker; sa NZKart 2014, 403 Rn. 161 – Telefónica SA) oder die Auskunft nicht von einem unabhängigen und fachkundigen Rechtsanwalt erteilt oder nicht auf ihre Plausibilität überprüft worden ist (näher GA Kokott, Schlussanträge vom 23.2.2013, in EuGH wistra 2014, 137 Rn. 63 ff. – Schenker). Entgegen der Rspr. kann die Auskunft einer nationalen Behörde aber nicht als schlechthin bedeutungslos abgetan werden, weil diese nicht befugt sei, die Vereinbarkeit eines Verhaltens mit Art. 101 AEUV festzustellen (so aber EuGH NJW 2013, 3083 Rn. 42 – Schenker, mit Hinweis auf EuGH EuZW 2011, 514 Rn. 30 – Tele2 Polska), denn das System der dezentralen Anwendung setzt implizit voraus, dass die nationale Behörde das Verhalten von Unternehmen auch am Maßstab der Art. 101, 102 AEUV überwacht; die begründete Einschätzung, wonach ein unternehmerisches Verhalten als mit europäischem Wettbewerbsrecht vereinbar anzusehen ist, kann daher durchaus einen Vertrauenstatbestand schaffen (GA Kokott, Schlussanträge vom 23.2.2013, in EuGH wistra 2014, 137 Rn. 82 ff. – Schenker; *Brettel/Thomas* ZWeR 2013, 272 (284 ff.)). Den gleichen Bedenken begegnet die neuere Rspr., wonach die Rechtsauskunft eines Anwalts „auf keinen Fall" ein berechtigtes Vertrauen begründen kann, dass das Verhalten des betreffenden Unternehmens nicht gegen Art. 101 AEUV verstößt (EuGH NJW 2013, 3083 Rn. 41 – Schenker). Dies widerspricht dem unionsrechtlichen Schuldgrundsatz (*Brettel/Thomas* ZWeR 2013, 272 (281 ff.)) und wird überdies dem Umstand nicht gerecht, dass die Unternehmen nach dem Übergang zur Legalausnahme (Art. 101 Abs. 3 AEUV iVm Art. 1 Abs. 2, so → Rn. 26) in stärkerem Maße als bisher auf die Einholung externen Rechtsrates angewiesen sind (GA Kokott, Schlussanträge vom 23.2.2013, in EuGH wistra 2014, 137 Rn. 57 f. – Schenker; Immenga/Mestmäcker/*Dannecker/Biermann* Vor Art. 23–24 Rn. 202). Dementsprechend hat die Kommission bisher bei unsicherer Rechtslage (zB aufgrund fehlender Präzedenzfälle) von der Verhängung einer Geldbuße abgesehen (s. Kommission, ABl. 1992 L 66, 1 (12) Rn. 34). Fahrlässigkeit liegt vor, wenn der Täter die Folgen seines Handelns nicht vorausgesehen hat, obwohl bei normaler Lebenserfahrung eine hinreichend aufmerksame Person diese vorausgesehen hätte (Generalanwalt *Mayras* in EuGH Slg. 1975, 1367 (1389) – General Motors); beachtet das Unternehmen die ihm obliegenden Sorgfaltspflichten (zB bei der Bestimmung des eigenen Marktanteils, so ist die Verhängung eines Bußgeldes ausgeschlossen (s. insoweit *Dreher/Thomas* WuW 2010, 8 (14 f.); vgl. auch die De-minimis-Bekanntmachung der Kommission, ABl. 2001 C 368, 13 Rn. 4).

30 **b) Ausschluss der Verantwortlichkeit (Notstand, Unzumutbarkeit).** Die bußgeldrechtliche Verantwortlichkeit des Unternehmens kann auch durch einen (entschuldigenden) Notstand ausgeschlossen sein, wenn sich das Unternehmen in einer existenzgefährdenden Notlage (drohende Insolvenz) befindet und die Zuwiderhandlung das einzige Mittel zu deren Abwendung darstellt (EuGH Slg. 1980, 907 Rn. 143 – Valsabbia; Slg. 1983, 1825 Rn. 90 – Musique Diffusion; *Böse,* Strafen und Sanktionen im europäischen Gemeinschaftsrecht, 1996, 214 ff. s. dagegen EuG Slg. 2010, II-86 Rn. 227 – Wieland-Werke → Rn. 48); dies gilt jedoch nicht, wenn das Unternehmen (zB durch eine falsche Einschätzung der wirtschaftlichen Situation) die Notstandslage selbst herbeigeführt hat (EuGH Slg. 1980, 907 Rn. 144 – Valsabbia). Derartige Erwägungen werden zum Teil auch auf der Ebene des Verbotstatbestandes angestellt, wenn der Hersteller auf den Händler durch Drohung mit der Kündigung des Händlervertrages **übermächtigen wirtschaftlichen Druck** ausübt und daher ein selbstständiges Verhalten des Händlers (→ Rn. 5) zu verneinen ist (Kommission, Entscheidung v. 28.1.1998, ABl. 1998 L 124, 60 Rn. 208, 220; vgl. auch EuG Slg. 1998, II-925 Rn. 108 ff. – Cascades). Das Gleiche gilt, wenn dem Unterneh-

men das wettbewerbswidrige Verhalten durch die staatliche Gesetzgebung vorgeschrieben und bzw. oder das Unternehmen **durch Behörden** zu einem solchen Verhalten **gezwungen** wird, da das Unternehmen grds. auf die Unionsrechtskonformität der nationalen Gesetzgebung vertrauen darf (→ Rn. 29 zum Verbotsirrtum) bzw. ihm nicht zuzumuten ist, sich durch Beachtung des Unionsrechts staatlichen Sanktionen auszusetzen; bei offensichtlichen Verstößen gegen das Unionsrecht kann den Unternehmen allerdings in der Regel zugemutet werden, sich gegen die staatlichen Hoheitsakte gerichtlich zur Wehr zu setzen: Generalanwalt *Cosmas* in EuGH Slg. 1997, I-6267 Rn. 61, 63 – Ladbroke Racing (in Fn. 43); vgl. auch FK-KartellR/*Roth/Ackermann* EGV Art. 81 Abs. 1 Rn. 273 – Grundfragen).

II. Verstöße gegen Art. 102 AEUV (Art. 23 Abs. 2 lit. a Var. 2)

1. Marktbeherrschende Stellung. Als Täter eines Verstoßes gegen Art. 102 AEUV kommen nur   **31** Unternehmen (→ Rn. 4 ff.) mit einer marktbeherrschenden Stellung auf dem Binnenmarkt oder einem wesentlichen Teil desselben in Betracht. Zur Feststellung dieser beherrschenden Stellung ist zunächst der relevante Markt zu bestimmen (→ Rn. 20). Als Beherrschung ist eine wirtschaftliche Machtstellung anzusehen, die das Unternehmen in die Lage versetzt, die Aufrechterhaltung eines wirksamen Wettbewerbs auf dem relevanten Markt zu verhindern, indem sie ihm die Möglichkeit verschafft, sich seinen Wettbewerbern, Abnehmern und schließlich auch den Verbrauchern ggü. in einem nennenswerten Umfang unabhängig zu verhalten (EuGH Slg. 1978, 207 Rn. 63/66 – United Brands; EuG Slg. 2003, II-5917 Rn. 189 – British Airways). Eine solche Unabhängigkeit liegt insbesondere vor, wenn die Abnehmer und Verbraucher nicht bzw. nicht vollständig auf andere Anbieter ausweichen können, sondern das Unternehmen aufgrund seiner Marktmacht ein unvermeidlicher Geschäftspartner ist (EuGH Slg. 1979, 461 Rn. 41 – Hoffmann LaRoche; EuG Slg. 2003, II-5917 Rn. 216 f. – British Airways). Zentrales Kriterium ist der **Marktanteil** des betreffenden Unternehmens: Eine marktbeherrschende Stellung ist daher nicht nur bei einem rechtlichen oder faktischen Monopol, sondern in der Regel auch bei einem Marktanteil von mehr als 75 % anzunehmen (EuGH Slg. 1979, 461 Rn. 53, 56, 60 – Hoffmann LaRoche; EuG Slg. 2010, II-2805 Rn. 243 – Astra Zeneca; Immenga/Mestmäcker/ *Fuchs/Möschel* AEUV Art. 102 Rn. 90; s. aber auch EuGH Slg. 1991, 3359 Rn. 60 – AKZO: Marktanteil von mehr als 50 %). Ein Marktanteil unter 25 % kann eine marktbeherrschende Stellung hingegen grds. nicht begründen (FK-KartellR/*Wessely* EGV Art. 82 Rn. 113 – Normadressaten; vgl. auch Erwägung (32) der Fusionskontrollverordnung – FKVO). In den übrigen Fällen ist ergänzend auf weitere Kriterien (ua Marktanteile der nächst größeren Wettbewerber, Marktzutrittsschranken, Unternehmensstruktur) zurückzugreifen (s. dazu Immenga/Mestmäcker/*Fuchs/Möschel* AEUV Art. 102 Rn. 86 ff., 91 ff., 102 ff.; vgl. auch EuGH Slg. 1979, 461 Rn. 58, 63, 66 – Hoffmann LaRoche). Art. 102 AEUV erfasst auch die **gemeinsame Marktbeherrschung** durch mehrere Unternehmen, wenn diese aufgrund der wechselseitigen wirtschaftlichen Bindungen oder anderen verbindenden Faktoren als kollektive Einheit auf dem jeweiligen Markt auftreten (EuGH Slg. 2000, I-1365 Rn. 39, 41 – Compagnie Maritime Belge; s. aber zum Konzern als einheitlichen Unternehmen → Rn. 5); eine Kartellabsprache iSd Art. 101 AEUV ist dafür nicht ausreichend (EuGH Slg. 2000, I-1365 Rn. 43 – Compagnie Maritime Belge). Eine marktbeherrschende Stellung kann sowohl auf der Angebots- als auch auf der Nachfrageseite bestehen (EuG Slg. 2003, II-5917 Rn. 101, 191 – British Airways).

2. Missbrauch. Ein Missbrauch der marktbeherrschenden Stellung liegt bei einem Verhalten vor, das   **32** die Aufrechterhaltung oder Entwicklung des auf dem Markt durch die beherrschende Stellung des fraglichen Unternehmens bereits geschwächten, aber noch bestehenden Wettbewerbs durch Verwendung von Mitteln behindert, die von den Mitteln eines normalen Produkt- und Dienstleistungswettbewerbs abweichen (EuGH Slg. 1979, 461 Rn. 91 – Hoffmann LaRoche; Slg. 1991, I-3359 Rn. 69 – AKZO). Der Missbrauchsbegriff ist **objektiv** zu verstehen (EuGH Slg. 1979, 461 Rn. 91 – Hoffmann LaRoche; Slg. 1991, I-3359 Rn. 69 – AKZO); wie die Einbeziehung fahrlässiger Verstöße zeigt, ist eine entsprechende Absicht nicht erforderlich (EuG Slg. 2010, II-2805 Rn. 356 – Astra Zeneca; Immenga/ Mestmäcker/*Fuchs/Möschel* AEUV Art. 102 Rn. 149, 151). Für eine Behinderung des Wettbewerbs ist ein unmittelbarer Nachteil für den Verbraucher nicht erforderlich, sondern ein schädlicher Eingriff in die Wettbewerbsstruktur ausreichend (EuGH Slg. 1973, 215 Rn. 26 – Continental Can; Slg. 2007, I-2331 Rn. 106 – British Airways; → Rn. 21). Ein solcher Eingriff fällt allerdings **nicht** unter das Verbot, wenn er **durch sachliche Gründe gerechtfertigt** werden kann (EuGH Slg. 1979, 461 Rn. 90 – Hoffmann LaRoche: wirtschaftliche Rechtfertigung von Rabatten; Slg. 2008, I-7139 Rn. 34, 76 – Lélos: Lieferbeschränkungen zum Schutz eigener geschäftlicher Interessen beim Parallelhandel mit Arzneimitteln). Ein Verhalten, durch das eine marktbeherrschende Stellung geschaffen wird, wird von Art. 102 AEUV nicht erfasst (EuGH Slg. 2006, I-2941 Rn. 23 – SADC; NZKart 2015, 337 Rn. 23 – Apothekenlizenz; s. aber zur Verstärkung der marktbeherrschenden Stellung durch Fusion: EuGH Slg. 1973, 215 Rn. 26 – Continental Can; s. insoweit zur Fusionskontrolle → FKVO Art. 14 Rn. 1, 4 f.).

Der Missbrauchsbegriff wird durch die in Art. 102 S. 2 AEUV angeführten Regelbeispiele konkreti-   **33** siert, die allerdings nicht abschließend sind („insbesondere", s. EuGH Slg. 2007, I-2331 Rn. 57 – British Airways). Diese betreffen in erster Linie das vertikale Verhältnis, indem sie insbesondere den **Ausbeu-**

tungsmissbrauch durch überhöhte Verkaufspreise (Art. 102 Abs. 2 lit. d AEUV, vgl. EuGH Slg. 1978, 207 Rn. 248 ff. – United Brands; WuW/E EU-R 1596 Rn. 141 ff. – Duales System), die künstliche Verknappung des Angebotes, um die Preise hochzuhalten (vgl. Art. 102 S. 2 lit. b AEUV), die Diskriminierung von Abnehmern (Art. 102 S. 2 lit. c AEUV) und Koppelungsgeschäfte (Art. 102 S. 2 lit. d AEUV, s. EuG Slg. 2007, II-3601 Rn. 850 ff. – Microsoft) verbieten. Art. 102 AEUV (Ex-Art. 82 EGV) erfasst jedoch – über die Regelbeispiele hinaus – auch den gegen die Wettbewerber des marktbeherrschenden Unternehmens gerichteten **Behinderungsmissbrauch** (vgl. allgemein Kommission, ABl. 2009 C 45, 7) durch Ausschließlichkeitsbindungen (EuGH Slg. 1979, 461 Rn. 90 – Hoffmann LaRoche) und Treuerabatte (EuGH Slg. 2007, I-2331 Rn. 58 ff. – British Airways; sa EuG NZKart 2014, 267 Rn. 80 ff. – Intel; NZKart 2015, 476 Rn. 27 ff. – Post Danmark), durch Festsetzung nicht kostendeckender „Kampfpreise" zur Ausschaltung von Konkurrenten (EuGH Slg. 1991, I-3369 Rn. 71 f. – AKZO; Slg. 2009, I-2369 Rn. 109 ff. – France Télécom), durch Lieferungsverweigerungen (EuGH Slg. 2008, I-7139 Rn. 34 ff. – Lélos) oder überhöhte Preise auf einem vorgelagerten Markt, die zu einer Beschneidung der Gewinnmargen der Wettbewerber und damit zu deren Verdrängung auf dem Endkundenmarkt führen („Kosten-Preis-Schere", s. zum Telefonfestnetz EuGH Slg. 2010, I-9555 Rn. 178 ff. – Deutsche Telekom; EuZW 2011, 339 Rn. 30 ff. – TeliaSonera). Ein Missbrauch kann ferner vorliegen, wenn Wettbewerbern der Zugang zu einer Einrichtung (insbesondere einer Infrastruktur), die für die Leistungserbringung unabdingbar ist, vorenthalten wird (**„essential-facilities-Doktrin"**, s. dazu Immenga/Mestmäcker/*Fuchs/Möschel* AEUV Art. 102 Rn. 331 ff.; s. ferner zur Lizenzerteilung bei gewerblichen Schutzrechten: EuGH NJW 2015, 2783 – LTE); zum Missbrauch durch Ausübung gewerblicher Schutzrechte und Irreführung der Patentämter: EuGH BeckRS 2012, 82567 Rn. 62 ff. – Astra Zeneca.

34   **3. Eignung zur Beeinträchtigung des zwischenstaatlichen Handels.** Das missbräuchliche Verhalten muss geeignet sein, den Handel zwischen Mitgliedstaaten zu beeinträchtigen (→ Rn. 24). Dies ist auch dann anzunehmen, wenn sich die marktbeherrschende Stellung auf einen Teil eines Mitgliedstaates erstreckt, der einen wesentlichen Teil des Binnenmarktes (→ Rn. 1) ausmacht, und durch den Missbrauch aber der Zugang von Wettbewerbern aus anderen Mitgliedstaaten erschwert wird (s. die Leitlinien der Kommission zur Zwischenstaatlichkeitsklausel, ABl. 2004 C 101, 81 Rn. 97).

35   **4. Tatbestandsausschluss und Rechtfertigung (Effizienzverteidigung).** Ungeachtet fehlender Schwellenwerte (so → Rn. 23 zur Spürbarkeit der Wettbewerbsbeschränkung) ist auch im Rahmen des Art. 102 AEUV die Verhängung eines Bußgeldes in Bagatellfällen ausgeschlossen (EuGH Slg. 1975, 1367 Rn. 17 ff. – General Motors). Eine Freistellung nach Art. 101 Abs. 3 AEUV lässt die Anwendung des Art. 102 AEUV unberührt (EuGH Slg. 2000, I-1365 Rn. 130 – Compagnie Maritime Belge). Obgleich eine vergleichbare Regelung in Art. 102 AEUV fehlt, soll sich das marktbeherrschende Unternehmen zur Rechtfertigung seines Verhaltens darauf berufen können, dass sein Verhalten aufgrund von Effizienzvorteilen, die an die Verbraucher weitergegeben werden, als **gesamtwirtschaftlich positiv** zu bewerten ist (Kommission, ABl. 2009 C 45, 7 Rn. 30; → Rn. 1; sa zur „rule of reason" → Rn. 25); auch die Rspr. scheint über die bisherigen Einschränkungen des Missbrauchstatbestands hinaus (→ Rn. 32) eine solche Effizienzverteidigung für zulässig zu halten (EuGH Slg. 2007, I-2331 Rn. 86 – British Airways; EuZW 2012, 540 Rn. 41 f. – Post Danmark; vgl. auch Generalanwalt *Ruiz Jarabo Colomer* in EuGH Slg. 2008, I-7139 Rn. 116 ff. – Lélos; krit. Immenga/Mestmäcker/*Fuchs/ Möschel* AEUV Art. 102 Rn. 131). Darüber hinaus liegt kein Verstoß gegen Art. 102 AEUV vor, wenn das betreffende Unternehmen mit Dienstleistungen von allgemeinem wirtschaftlichen Interesse betraut ist und die Anwendung des Art. 102 AEUV die Erfüllung dieser Aufgaben rechtlich oder tatsächlich verhindert (s. insoweit EuG Slg. 2007, II-1607 Rn. 207 ff. – Duales System).

36   **5. Sanktionsrechtliche Verantwortlichkeit.** Die Verhängung eines Bußgeldes setzt Vorsatz oder Fahrlässigkeit voraus (→ Rn. 28 f.; sa zum Ausschluss der Verantwortlichkeit → Rn. 30).

III. Verstöße gegen Entscheidungen (Art. 23 Abs. 2 lit. b und c)

37   Art. 23 Abs. 2 lit. b und c enthalten Verstöße gegen Entscheidungen der Kommission, die im Vergleich zu den Verstößen nach Art. 23 Abs. 1 unmittelbar der Durchsetzung der materiellen Verbotsnormen nach Art. 101 und Art. 102 AEUV dienen, indem sie die daraus folgenden Pflichten ggü. dem betroffenen Unternehmen konkretisieren. Art. 23 Abs. 2 lit. b erfasst Zuwiderhandlungen gegen **einstweilige Anordnungen,** welche die Kommission in dringenden Fällen zur Abwehr eines ernsten, nicht wiedergutzumachenden Schadens für den Wettbewerb auf der Grundlage eines prima facie festgestellten Wettbewerbsverstoßes erlassen kann (Art. 8). Der Tatbestand setzt nicht voraus, dass ein Verstoß gegen Art. 101 (oder Art. 102) AEUV tatsächlich vorliegt (FK-KartellR/*Kindhäuser/Meyer* Rn. 52), denn anderenfalls wäre die selbstständige Bußgeldregelung nach Art. 23 Abs. 2 lit. b überflüssig; iÜ setzt Art. 8 lediglich eine Feststellung „prima facie" voraus (Langen/Bunte/*Sura* Rn. 32). Die Verhängung eines Bußgeldes scheidet jedoch aus, wenn gerichtlich festgestellt wird, dass die Kommission mit der Entscheidung ihre Befugnisse überschritten hat (→ Rn. 38). Art. 23 Abs. 2 lit. c droht ein Bußgeld für

Verstöße gegen Entscheidungen an, mit denen die Kommission **Verpflichtungszusagen** von Unternehmen für verbindlich erklärt (Art. 9). Dass eine solche Entscheidung nur in Betracht kommt, wenn die Kommission wegen des prima facie vorliegenden Wettbewerbsverstoßes keine Geldbuße zu verhängen beabsichtigt (Erwägung (13) KartellVO), rechtfertigt keine Korrektur des Bußgeldrahmens (so aber Immenga/Mestmäcker/*Dannecker/Biermann* Rn. 96: analoge Anwendung des Art. 23 Abs. 1; vgl. auch *Klees,* Europäisches Kartellverfahrensrecht, 2005, 366; Langen/Bunte/*Sura* Rn. 33). Da die Ahndung eines Wettbewerbsverstoßes zB auch aufgrund eines unvermeidbaren Verbotsirrtums ausgeschlossen sein kann, erschöpft sich der Verstoß gegen eine Verpflichtungszusage nicht in „reinem Verwaltungsungehorsam", sondern entspricht dem Unrecht eines Verstoßes gegen Art. 101, 102 AEUV (vgl. Kommission, ABl. 2009 C 120, 15 Rn. 11 ff. – Microsoft; iE ebenso Berg/Mäsch/*van der Hout/Amling* Rn. 11); eine Orientierung an dem Bußgeldrahmen in Art. 23 Abs. 1 ist nur bei Verstößen gegen verfahrensrechtliche Pflichten ggü. der Kommission angebracht (FK-KartellR/*Kindhäuser/Meyer* Rn. 54). Der Verstoß muss vorsätzlich oder fahrlässig begangen werden (→ Rn. 28 ff.).

C. Verstöße gegen das Verfahrensrecht (Art. 23 Abs. 1)

I. Allgemeines

Nach Art. 23 Abs. 1 können Verstöße gegen Pflichten geahndet werden, die dem Unternehmen im **38** Rahmen des von der Kommission geführten Verwaltungs- und Bußgeldverfahrens obliegen. Die Bußgeldandrohung soll ein ordnungsgemäßes und effizientes Kartellverfahren gewährleisten (Immenga/Mestmäcker/*Dannecker/Biermann* Rn. 14) und dient damit mittelbar auch der Durchsetzung des materiellen Kartellrechts (→ Rn. 37). Die Ahndung von Verstößen gegen Mitwirkungspflichten aufgrund einer förmlichen Auskunfts- und Prüfungsentscheidung setzt nicht nur die Bestandskraft, sondern auch die Rechtmäßigkeit dieser Entscheidung voraus (vgl. auch Immenga/Mestmäcker/*Dannecker/Biermann* Rn. 29; → GWB § 81 Rn. 56, 60). Die Verhängung einer Geldbuße ist jedenfalls dann ausgeschlossen, wenn das Unternehmen die Entscheidung erfolgreich angefochten hat (s. von der Groeben/Schwarze/ *Gaitanides* EGV Art. 231 Rn. 5); aus diesem Grund sollte ein Verstoß grds. erst nach Abschluss der gerichtlichen Überprüfung geahndet werden. Die Rechtswidrigkeit (oder sogar Nichtigkeit) der Kommissionsentscheidung lässt die Anwendung von Verstößen gegen andere, nicht auf der Entscheidung beruhende Verbote (zB von unrichtigen oder irreführenden Angaben) unberührt. Eine Rechtfertigung durch **Notwehr** scheidet aus, da dem Unternehmen mit der Inanspruchnahme gerichtlichen Rechtsschutzes (bzw. beim einfachen Auskunftsverlangen mit der Auskunftsverweigerung) ein milderes Mittel zur Verfügung steht (*Böse,* Strafen und Sanktionen im europäischen Gemeinschaftsrecht, 1996, 213 f.; vgl. auch EuGH Slg. 1980, 907 Rn. 138 – Valsabbia).

Die Ahndung einer Zuwiderhandlung setzt voraus, dass diese vorsätzlich oder fahrlässig begangen **39** wurde (→ Rn. 28 f.). Art. 23 Abs. 1 lit. d tir 2 lässt sich entnehmen, dass dem Unternehmen nicht ohne Weiteres das schuldhafte Verhalten sämtlicher Mitarbeiter zuzurechnen ist (vgl. Immenga/Mestmäcker/ *Dannecker/Biermann* Rn. 48; FK-KartellR/*Kindhäuser/Meyer* Rn. 32: Beschränkung auf „ermächtigte" Mitarbeiter, s. Art. 4 Abs. 3 Verordnung Nr. 773/2004, ABl. 2003 L 123, 18; vgl. auch EuGH Slg. 1983, 1825 Rn. 97 – Musique Diffusion); die dort enthaltene Pflicht zur Berichtigung fehlerhafter Angaben von Mitarbeitern beruht vielmehr auf dem Umstand, dass diese dem Unternehmen nur bei einem entsprechenden **Organisationsverschulden** zugerechnet werden können (vgl. zu Art. 23 Abs. 1 lit. e: *Klees,* Europäisches Kartellverfahrensrecht, 2005, 362; → Rn. 28). Unterbleibt die bei einem Auskunftsverlangen (Art. 18 Abs. 2, Abs. 3 S. 2) oder einer Nachprüfung (Art. 20 Abs. 3 S. 1, Abs. 4 S. 2) vorgeschriebene Belehrung über die drohenden Sanktionen, so kann dies einen Verbotsirrtum begründen (→ Rn. 29; für einen Sanktionsausschluss: Immenga/Mestmäcker/*Dannecker/Biermann* Rn. 40).

II. Die einzelnen Verstöße

1. Erteilung von Auskünften (Art. 23 Abs. 1 lit. a und b). Als Verfahrensverstöße können **40** unrichtige und irreführende Angaben auf ein einfaches, dh unverbindliches **Auskunftsersuchen** (Art. 23 Abs. 1 lit. a iVm Art. 17, 18 Abs. 2) oder ein Auskunftsverlangen in Form einer Entscheidung (Art. 23 Abs. 1 lit. b iVm Art. 18 Abs. 3) geahndet werden; bei einem **förmlichen Auskunftsverlangen** sind nicht nur Verstöße gegen die Wahrheitspflicht, sondern auch gegen die Auskunftspflicht (unvollständige oder verspätete Angaben bzw. Auskunftsverweigerung) mit einem Bußgeld bedroht. Allerdings können auch wahrheitsgemäße, aber unvollständige Angaben unrichtig sein, wenn sie den Anschein einer vollständigen Auskunft erwecken (EuGH Slg. 1978, 1391 Rn. 69/70 – Tepea; MüKo-EuWettbR/*Schneider/Engelsing* Rn. 88). Unwahre Angaben Dritter, die mit ihrem Einverständnis von der Kommission befragt werden (vgl. Art. 19), werden vom Tatbestand des Art. 23 Abs. 1 nicht erfasst. Sofern die Kommission Art und Umfang der verlangten Informationen nicht genau bezeichnet, können daraus resultierende Ungenauigkeiten der erteilten Auskünfte nicht mit einem Bußgeld geahndet werden (EuG BeckRS 2014, 80551 Rn. 94 – Holcim).

41   **2. Mitwirkung bei Nachprüfungen (Art. 23 Abs. 1 lit. c–e).** Die übrigen Tatbestände betreffen Zuwiderhandlungen im Zusammenhang mit Nachprüfungen in Geschäftsräumen des Unternehmens bzw. der Unternehmensvereinigung (Art. 20); entsprechende Verstöße bei der Nachprüfung in anderen Räumlichkeiten, insbesondere Privatwohnungen (Art. 21) werden hingegen nicht erfasst. Die Tatbestände sind auf den einfachen Prüfungsauftrag (Art. 20 Abs. 3) und die förmliche Nachprüfungsentscheidung (Art. 20 Abs. 4) anwendbar, soweit eine Manipulation des Verfahrens verhindert werden soll (vgl. Art. 23 Abs. 1 lit. d tir 1., lit. e); soweit die Bußgeldandrohung hingegen an die Pflicht aus der Nachprüfungsentscheidung (Art. 20 Abs. 4 S. 1) anknüpft, ist der Anwendungsbereich auf diese begrenzt (Art. 23 Abs. 1 lit. c Alt. 2). Entgegen dem deutschen Wortlaut (Art. 20 Abs. 4 S. 1, Art. 23 Abs. 1 lit. c Alt. 2) ist das Unternehmen nicht nur zur „**Duldung**" der Nachprüfung (so Immenga/ Mestmäcker/*Dannecker/Biermann* Rn. 43), sondern mit Rücksicht auf die Fassung in den anderen Amtssprachen („submit to inspections", „se soumettre aux inspections") auch zu den **notwendigen Mitwirkungshandlungen** verpflichtet (Grabitz/Hilf/*Miersch,* Das Recht der Europäischen Union: EUV/ EGV, 26. EL März 2005, nach Art. 83 EGV Art. 20 Rn. 53; MüKoEuWettbR/*Schneider/Engelsing* Rn. 92; s. etwa Entscheidung der Kommission vom 14.10.1994, ABl. 1994 L 294, 31 – Rn. 19: Gewährung des Zutritts zu einem Büro; EuZW 2012, 324: Sperrung von E-Mail-Konten; vgl. auch Art. 23 Abs. 1 lit. d tir 3). Mit Rücksicht auf die Verteidigungsrechte des Unternehmens (Recht auf Konsultation eines Anwalts, Widerspruch gegen die Nachprüfung) kann die Verletzung einer solchen Mitwirkungspflicht jedoch nur bei offensichtlicher Behinderung oder einem Missbrauch von Verfahrensrechten mit einem Bußgeld geahndet werden (EuG NZKart 2013, 407 – Deutsche Bahn; skeptisch *Bischke* NZKart 2013, 397 (403)). Die vorstehenden Grundsätze gelten entsprechend für die Weigerung, Geschäftsunterlagen vorzulegen; bei einem einfachen Prüfungsauftrag wird die Vorlage unvollständiger Unterlagen (Art. 23 Abs. 1 lit. c Alt. 1) daher nur erfasst, wenn sie den Eindruck erweckt, weitere Unterlagen seien nicht vorhanden (Immenga/Mestmäcker/*Dannecker/Biermann* Rn. 41; sa FK-KartellR/*Kindhäuser/Meyer* Rn. 27; → Rn. 40).

42   Werden im Rahmen der Nachprüfung Vertreter des Unternehmens oder Mitglieder der Belegschaft befragt (Art. 20 Abs. 2 lit. e), so werden Verstöße gegen die Wahrheitspflicht (unrichtige oder irreführende Antworten) unabhängig davon geahndet, ob die Befragung aufgrund eines Prüfungsauftrags oder einer Nachprüfungsentscheidung erfolgte (Art. 23 Abs. 1 lit. d tir 1; zur Zurechnung → Rn. 28). Darunter fallen auch unvollständige Angaben, die „irreführend" den Eindruck der Vollständigkeit erwecken (Immenga/Mestmäcker/*Dannecker/Biermann* Rn. 46). Wird eine Antwort hingegen offen ganz oder teilweise verweigert, so kann eine Geldbuße nur verhängt werden, wenn das Unternehmen aufgrund einer Nachprüfungsentscheidung zu einer entsprechenden Mitwirkung verpflichtet ist (Art. 23 Abs. 1 lit. d tir 1 iVm Art. 20 Abs. 4 S. 1). Die Pflicht zur Berichtigung unrichtiger und irreführender Antworten der befragten Belegschaftsmitglieder (Art. 23 Abs. 1 lit. d tir 2) lässt sich aus der Verantwortung des Unternehmens für wahrheitsgemäße Auskünfte ableiten und erstreckt sich daher auch auf Befragungen aufgrund eines formlosen Prüfungsauftrages (vgl. *Klees,* Europäisches Kartellverfahrensrecht, 2005, 362). Eine Pflicht zur Ergänzung unvollständiger (aber nicht zugleich irreführender) Antworten (Art. 23 Abs. 1 lit. d tir 2) lässt sich hingegen nur über die Mitwirkungspflicht nach Art. 20 Abs. 4 S. 1 begründen; der Tatbestand erfasst daher nur Befragungen im Rahmen einer förmlichen Nachprüfung (vgl. Grabitz/Hilf/*Miersch,* Das Recht der Europäischen Union: EUV/EGV, 26. EL März 2005, nach Art. 83 EGV Art. 20 Rn. 29; aA FK-KartellR/*Kindhäuser/Meyer* Rn. 31 f.; vgl. auch Immenga/Mestmäcker/*Dannecker/Biermann* Rn. 48 nur bei einem förmlichen Auskunftsverlangen). Unter den Tatbestand des Siegelbruchs (Art. 23 Abs. 1 lit. e) fällt jede Veränderung des von der Kommission angebrachten Siegels (vgl. Art. 20 Abs. 2 lit. d) mit der Folge, dass eine Entfernung oder Manipulation von Beweismitteln nicht ausgeschlossen werden kann (EuGH NZKart 2013, 69 Rn. 128 – E.ON); der Vorwurf besteht in der Regel in einer entsprechenden Aufsichtspflichtverletzung (EuG Slg. 2010, II-5761 Rn. 260 – E.ON; MüKoEuWettbR/*Schneider/Engelsing* Rn. 97).

D. Bußgeldzumessung

I. Bußgeldrahmen

43   Art. 23 sieht keine betragsmäßige Obergrenze für die zu verhängende Geldbuße vor, sondern koppelt diese an den Unternehmensumsatz; die daraus resultierende Unsicherheit über die Höhe der Geldbuße wird allerdings durch von der Kommission erlassene **Leitlinien** (ABl. 2006 C 210, 2) vermindert (zur Vereinbarkeit mit dem Grundsatz „nulla poena sine lege": EuGH Slg. 2008, I-81 Rn. 36 ff. – Degussa; EuG Slg. 2010, II-86 Rn. 58 ff. – Wieland-Werke; krit. insoweit *Kiegler,* Rechtliche Anforderungen an die Berechnung der Bußgelder im Europäischen Kartellrecht, 2009, 277 ff. mwN). Die Verordnung lässt Geldbußen bis zu einem Höchstbetrage von 1 % (Art. 23 Abs. 1) bzw. 10 % (Art. 23 Abs. 2 S. 2) des im vorausgegangenen Geschäftsjahr erzielten Gesamtumsatzes zu. Bei materiellen Kartellrechtsverstößen einer Unternehmensvereinigung kann – insbes. wenn diese selbst keine nennenswerten Umsätze macht – auch auf den Umsatz der auf dem jeweiligen Markt tätigen Mitglieder abgestellt werden (Art. 23 Abs. 2 S. 3); diese Regelung erscheint im Hinblick auf den unionsrechtlichen Schuldgrundsatz problematisch (→ Rn. 54). Eine Mindesthöhe ist nicht vorgesehen, so dass auch rein symbolische Geldbu-ßen möglich sind (vgl. Leitlinien der Kommission zur Bußgeldfestsetzung, ABl. 2006 C 210, 2 Rn. 36).

Die Ausrichtung der Bußgeldhöhe am Gesamtumsatz beruht auf der Erwägung, dass dieser ein **44** Indikator für die Größe und die Finanzkraft des Unternehmens ist (EuGH Slg. 1983, 1825 Rn. 119 – Musique Diffusion; EuG Slg. 2000, II-491 Rn. 5022 – Cimenteries; Slg. 2010, II-86 Rn. 166 – Wieland-Werke; krit. Immenga/Mestmäcker/*Dannecker/Biermann* Rn. 111); dementsprechend ist der weltweite Umsatz des Unternehmens zu berücksichtigen (EuG Slg. 2000, II-491 Rn. 5022 – Cimente-ries). Maßgeblicher Zeitraum ist das der Bußgeldentscheidung unmittelbar vorausgehende Geschäftsjahr; nach der Rspr. soll dies zwar grds. auch bei Umsatzschwankungen aufgrund von Aufspaltungen und Zusammenschlüssen gelten (EuG Slg. 2006, II-897 Rn. 285 – Degussa), aber bei einer Übertragung von Geschäftsanteilen und einem entsprechenden Umsatzrückgang ausnahmsweise eine **Orientierung an früheren Jahresumsätzen** zulässig sein, um zu verhindern, dass durch eine Aufspaltung des Unter-nehmens das Bußgeld reduziert wird (Berg/Mäsch/*van der Hout/Amling* Rn. 16), und die abschreckende Wirkung der Geldbuße zu gewährleisten (EuGH Slg. 2007, I-4405 Rn. 30 – Britannia Alloys; NZKart 2014, 265 Rn. 17 – 1. Garantanóva; krit. im Hinblick auf den Wortlaut: Immenga/Mestmäcker/*Dann-ecker/Biermann* Rn. 120; *Steinle* FS Bechtold, 2006, 541 (556)). Dementsprechend erscheint im Hinblick auf den Schuldgrundsatz eine Korrektur geboten, sofern die bußgeldrechtliche Verantwortlichkeit eines Unternehmens nach dessen Auflösung auf den **Rechtsnachfolger** übergegangen ist (→ Rn. 9), dessen Umsatz ein Vielfaches von dem des übernommenen Unternehmen beträgt (*Steinle* FS Bechtold, 2006, 541 (550); sa EuGH NZKart 2014, 455 Rn. 62 f. – YKK Corporation). Wird gegen die **Konzern-mutter** (auch) wegen des Verhaltens der abhängigen Tochtergesellschaften ein Bußgeld verhängt, so sind auch die Umsätze der Tochtergesellschaften bei der Zumessung zu berücksichtigen (EuG Slg. 2000, II-491 Rn. 5040 – Cimenteries). Umgekehrt erscheint es mit dem Schuldgrundsatz und der ratio des Umsatzkriteriums als Indiz für die Unternehmensgröße unvereinbar, wenn der einzelnen Tochtergesell-schaft der Umsatz sämtlicher Konzerngesellschaften zugerechnet wird (→ Rn. 54 zur Gesamtschuld). Wird die Tochtergesellschaft auf Tatbestandsebene als selbstständige wirtschaftliche Einheit (dh ein Unternehmen) angesehen, muss vielmehr auch die Bußgeldobergrenze auf der Grundlage des Umsatzes dieses Unternehmens bestimmt werden; eine Orientierung am Konzernumsatz scheidet daher bei selbst-ständig agierenden Tochtergesellschaften aus (EuGH NZKart 2014, 455 Rn. 59 f. – YKK Corporation; EuG Slg. 2006, II-1887 Rn. 117 ff. – Hoek Loos).

II. Kriterien und Methode der Zumessung

Die Kommission hat die Grundsätze, nach denen sich die Höhe der Geldbuße bestimmt, in Leitlinien **45** für das Verfahren zur Festsetzung von Geldbußen gemäß Art. 23 Abs. 2 lit. a niedergelegt (ABl. 2006 C 210, 2) und sich insoweit bei der Ausübung des Ermessensspielraums, den ihr Art. 23 bei der Zumessung der Geldbuße einräumt, selbst gebunden (EuGH Slg. 2008, I-81 Rn. 53 – Degussa; zur Vereinbarkeit der vorherigen Leitlinien mit höherrangigem Unionsrecht: EuGH Slg. 2005, I-5425 Rn. 250 ff. – Dansk Rørindustri). Demgegenüber sind die Unionsgerichte nicht an die Leitlinien der Kommission gebunden, sondern im Rahmen der unbeschränkten Ermessensnachprüfung (Art. 31) befugt, die Geld-buße nach eingehender rechtlicher und tatsächlicher Würdigung des Einzelfalls neu festzusetzen (EuGH BeckRS 2013, 81330 Rn. 53 – Quinn Barlo; NZKart 2015, 189 Rn. 74 ff. – Marineschläuche; EuG NZKart 2014, 229 Rn. 59 – Donau Chemie AG; zur Unzulässigkeit einer reinen Plausibilitätskontrolle der Kommissionsentscheidung: EuGH Slg. 2011, I-13085 Rn. 62 – Chalkor; Slg. 2011, I-13125 Rn. 129 – KME). Soweit das Gericht bei der Zumessung der Geldbuße der Berechnungsmethode der Leitlinien folgt, ist es durch den allgemeinen Gleichbehandlungsgrundsatz gehalten, diese ggü. sämtli-chen kartell- und verfahrensbeteiligten Unternehmen anzuwenden bzw. eine Abweichung sachlich zu begründen (EuG BeckEuRS 2013, 728492 Rn. 46 – Quinn Barlo; EuG NZKart 2014, 229 Rn. 60 f. – Donau Chemie AG; s. allgemein zur Gleichbehandlung der kartellbeteiligten Unternehmen bei der Zumessung der Geldbuße EuGH EuZW 2015, 112 Rn. 68 ff. – Guardian Industries; zu Konzerngesell-schaften: EuGH NZKart 2015, 482 – Paraffinwachs). Die Leitlinien beziehen sich allein auf Verstöße gegen Art. 101 und Art. 102 AEUV (Art. 23 Abs. 2 lit. a); die dort angeführten (nicht abschließenden, EuGH Slg. 2010, I-5361 Rn. 93 – Lafarge) Zumessungsfaktoren, insbes. die erschwerenden und mildernden Umstände sind jedoch sinngemäß auf die anderen Verstöße anzuwenden (s. zu Art. 23 Abs. 2 lit. c: Kommission, ABl. 2009 C 120, 15 Rn. 11 ff.; vgl. auch zu Art. 23 Abs. 1 lit. e: EuGH NZKart 2013, 69 Rn. 127 ff. – E.ON). Bei Verstößen nach Art. 23 Abs. 1 bestimmt sich die Schwere der Zuwiderhandlung (Art. 23 Abs. 3) vor allem nach den Auswirkungen auf das von der Kommission geführte Verfahren (näher Immenga/Mestmäcker/*Dannecker/Biermann* Rn. 53 f.). Die Geldbuße für Zuwiderhandlungen gegen Art. 101 und Art. 102 AEUV wird in einem **zweistufigen Verfahren** festgesetzt, in dem zunächst ein Grundbetrag ermittelt und dieser sodann unter Berücksichtigung mildernder und erschwerender Umstände angepasst wird (Leitlinien Rn. 9 ff.).

1. Ermittlung des Grundbetrages. Ausgangspunkt für die Festsetzung des Grundbetrages ist der **46** **tatbezogene Umsatz** (dh der Wert der auf dem relevanten Markt verkauften Produkte, unabhängig davon, ob und inwieweit sich das Kartell auf diesen Umsatz ausgewirkt hat, s. EuGH NZKart 2015, 269 Rn. 58 ff. – LCD; zur Berücksichtigung des marktbezogenen Eigenumsatzes: EuGH EuZW 2010, 394 Rn. 30 ff. – SGL Carbon; EuZW 2015, 112 Rn. 59 – Guardian Industries; vgl. dagegen zum Gesamtumsatz → Rn. 43 f.) im letzten Geschäftsjahr (Leitlinien Rn. 13 ff.; zur möglichen Abweichung bei Ein-Produkt-Unternehmen *Weitbrecht/Mühle* EuZW 2014, 209 (210); s. insoweit Kommission, ABl. 2012 C 292, 6 Rn. 15, unter Verweis auf Rn. 37 der Leitlinien). Als Grundbetrag der Geldbuße wird in Abhängigkeit von der Schwere der Zuwiderhandlung (Art. 23 Abs. 3; Leitlinien Rn. 22 f.) ein Betrag von bis zu 30 % des tatbezogenen Umsatzes festgesetzt (Leitlinien Rn. 21); in der bisherigen Kommissionspraxis lagen die Anteile zumeist im Bereich von 15–19 % (Berg/Mäsch/*van der Hout/Ameling* Rn. 29 mwN). Um die Dauer der Zuwiderhandlung zu berücksichtigen (Art. 23 Abs. 3; s. zur Unterbrechung und Beendigung EuGH NZKart 2015, 480 Rn. 20 ff. – Paraffinwachs), wird dieser Betrag mit der Zahl der Jahre multipliziert, die das Unternehmen an dem Verstoß beteiligt war (Leitlinien Rn. 24); bei Kernverstößen (zB Preisabsprachen) kommt darüber hinaus eine einmalige „Eintrittsgebühr" zwischen 15 und 25 % des tatbezogenen Jahresumsatzes hinzu (Leitlinien Rn. 25).

47 **2. Anpassung des Grundbetrages. a) Erschwerende Umstände.** Auf der zweiten Stufe wird der Grundbetrag im Hinblick auf erschwerende oder mildernde Umstände angepasst (Leitlinien Rn. 27 ff.). Als erschwerende Umstände werden die Rolle als Anstifter oder Anführer eines Kartells (nicht bereits als Gründungsmitglied, s. EuG Slg. 2006, II-497 Rn. 321 – BASF AG) oder Vergeltungsmaßnahmen zur Durchsetzung der rechtswidrigen Absprache angeführt; bei wiederholter Begehung oder Fortsetzung eines Verstoßes gegen Art. 101 oder Art. 102 AEUV wird der Grundbetrag um bis zu 100 % erhöht (Leitlinien Rn. 28; sa EuGH Slg. 2007, I-1331 Rn. 39 – Danone; krit. *Böni* WuW 2011, 360 (364 ff.)). Ein Wiederholungsfall ist jedenfalls anzunehmen, wenn die in einem früheren Verfahren vor der Kommission oder einer nationalen Behörde (nicht unbedingt rechtskräftig, s. EuGH Slg. 2010, I-5361 Rn. 81 ff. – Lafarge) festgestellte Zuwiderhandlung des Unternehmens, dh nicht notwendig derselben juristischen Person (EuGH NZKart 2015, 231 Rn. 97 – Eni) weniger als zehn Jahre zurückliegt; dass dieser Verstoß bei der erneuten Zuwiderhandlung bereits verjährt wäre, ist unbeachtlich (EuGH Slg. 2007, I-1331 Rn. 38, 40 f. – Danone; sa dagegen zu einem mehr als 15 Jahre zurückliegenden Kartellverstoß: EuG NZKart 2013, 81 Rn. 123 – Guardian Industries). Soweit die Verweigerung der Zusammenarbeit ebenfalls als erschwerender Umstand angeführt wird, setzt dies einen Verstoß gegen entsprechende Pflichten voraus, dh die Ausübung von Verteidigungsrechten bzw. Wahrnehmung von Rechtsschutzmöglichkeiten ist ausgenommen (sa Immenga/Mestmäcker/*Dannecker/Biermann* Rn. 193 f.; Langen/Bunte/*Sura* Rn. 48; einschränkend zum Leugnen des Vorworts 6A Kokott NZKart 2015, 158 (160); vgl. auch unten zur Zusammenarbeit als Milderungsgrund). Demgegenüber rechtfertigt die Behinderung der Ermittlungen (Leitlinien Rn. 28), zB die Warnung anderer Kartellmitglieder oder die Vernichtung von Beweismitteln eine Erhöhung des Grundbetrages (Berg/Mäsch/*van der Hout/Amling* Rn. 38 mwN).

48 **b) Mildernde Umstände.** Als mildernde Umstände sind die sofortige Beendigung des Verstoßes nach ersten Ermittlungen der Kommission (EuG NZKart 2016, 72 Rn. 211 ff. – Orange Polska), das Vorliegen eines lediglich fahrlässigen Verstoßes, eine passive oder geringfügige Beteiligung (s. insoweit EuG NZKart 2014, 229 Rn. 108 f. – Donau Chemie AG), die über die bestehenden Pflichten hinausgehende aktive Zusammenarbeit mit der Kommission (aber → Rn. 50 ff. zur „Kronzeugenregelung") und die Genehmigung des wettbewerbswidrigen Verhaltens oder eine entsprechende Ermutigung durch eine nationale Behörde oder Vorschrift (zu entsprechendem staatlichem Zwang → Rn. 30) zu berücksichtigen (Leitlinien Rn. 29). Eine Herabsetzung der Geldbuße kann ferner bei berechtigten Zweifeln des Unternehmens an der Rechtswidrigkeit seines Verhaltens geboten sein (s. die Bußgeldleitlinien von 1998, ABl. 1998 C 9, 3 Rn. 3; vgl. EuGH Slg. 1987, 4435 Rn. 9 ff. – SpA Ferriere San Carlo; sa zum Verbotsirrtum → Rn. 29); sie kann entgegen der Rspr. (EuGH Slg. 2005, I-5425 Rn. 373 – – Dansk Rørindustri; NZKart 2013, 334 Rn. 143 f. – Schindler; EuG Slg. 2007, II-947 Rn. 653 – Bolloré; zur entsprechenden Kommissionspraxis Berg/Mäsch/*van der Hout/Amling* Rn. 47) außerdem in Betracht kommen, wenn das Unternehmen ein Compliance-Programm errichtet hat, auch wenn die Zuwiderhandlung auf diese Weise nicht verhindert werden konnte (*Kiegler,* Rechtliche Anforderungen an die Berechnung der Bußgelder im Europäischen Kartellrecht, 2009, 219 ff.; sa Immenga/Mestmäcker/*Dannecker/Biermann* Rn. 217; aA MüKoEuWettbR/*Schneider/Engelsing* Rn. 178; → GWB § 81 Rn. 83). Auch eine unangemessen lange Verfahrensdauer (s. Art. 6 Abs. 1 EMRK, Art. 47 Abs. 2 GRC) ist bußgeldmindernd zu berücksichtigen (s. zur Herabsetzung der Geldbuße: EuGH Slg. 1998, I-8417 Rn. 26 ff. – Baustahlgewebe, 48; sa EuGH Slg. 2006, I-8725 Rn. 218 f. – FEG). Eine Herabsetzung der Geldbuße kann schließlich bei Gefährdung der wirtschaftlichen Existenz des Unternehmens (drohende Insolvenz) in Betracht kommen (Leitlinien Rn. 35; s. dazu EuG NZKart 2015, 396 Rn. 288 ff. – Westfälische Drahtindustrie; *Grave/Nyberg* WuW 2011, 926 ff.; → Rn. 30).

49 **c) Abschreckungszuschlag und Gewinnabschöpfung.** Um eine ausreichend abschreckende Wirkung der Geldbuße zu gewährleisten, ist in den Leitlinien ein Zuschlag vorgesehen, der sich am Gesamtumsatz des Unternehmens orientiert (Leitlinien Rn. 30; sa EuGH Slg. 2010, I-5361 Rn. 102, 105 –

Lafarge). Wie die Bußgeldobergrenzen (Art. 23 Abs. 1, Abs. 2, → Rn. 43 f.; vgl. auch das Tagessatz-system nach § 40 StGB) zeigen, begründet die Berücksichtigung der Unternehmensgröße als solche keinen Verstoß gegen das Gebot unrechts- und schuldangemessener Sanktionierung (**aA** Immenga/Mestmäcker/*Dannecker/Biermann* Rn. 222; s. dagegen Berg/Mäsch/*van der Hout/Amling* Rn. 50). Die Höhe des Zuschlags darf jedoch auch unter generalpräventiven Aspekten nicht zu einer Geldbuße führen, die dem von dem Unternehmen zu verantwortenden Unrecht nicht mehr entspricht; im Schrifttum wird daher eine Erhöhung auf das Doppelte als Obergrenze für einen solchen Zuschlag angesehen (*Engelsing* WuW 2007, 470 (481)). Da bei der Abschreckung nicht nur generalpräventive, sondern auch spezialpräventive Aspekte eine Rolle spielen (Leitlinien Rn. 4), ist bei der Bemessung des Abschreckungsfaktors die Errichtung einer Compliance-Organisation zur Verhinderung zukünftiger Verstöße zu berücksichtigen (*Kiegler*, Rechtliche Anforderungen an die Berechnung der Bußgelder im Europäischen Kartellrecht, 2009, 224; → Rn. 48). Ein Zuschlag ist darüber hinaus auch zulässig, um die aus der Zuwiderhandlung erzielten Gewinne, sofern diese geschätzt werden können, abzuschöpfen (Leitlinien Rn. 31).

III. Kronzeugenprogramm und Vergleichsverfahren

1. Kronzeugenprogramm. Um die Aufdeckung geheimer Kartellabsprachen (Art. 101 AEUV) zu **50** erleichtern und die beteiligten Unternehmen zu einer Zusammenarbeit mit der Kommission zu moti-vieren, hat die Kommission ein „Kronzeugenprogramm" aufgelegt und die maßgeblichen Grundsätze in einer Mitteilung veröffentlicht (ABl. 2006 C 198, 17). Indem die Kommission den Unternehmen als Gegenleistung für ihre Zusammenarbeit einen Erlass oder eine Ermäßigung der Geldbuße zusagt, konkretisiert sie das ihr zustehende Verfolgungsermessen; zugleich hat sie sich selbst an die in der Mitteilung niedergelegten Grundsätze gebunden (EuG Slg. 2006, II-497 Rn. 488 – BASF). Die Privilegierung des „Kronzeugen" verstößt nicht gegen allgemeine Rechtsgrundsätze des Unionsrechts (s. dazu *Hetzel*, Kronzeugenregelungen im Kartellrecht, 2004, 178 ff., allerdings für eine Normierung in der KartellVO) und kann auch bei schweren Verstößen, bei denen sich das Verfolgungsermessen der Kommission grds. zu einer Verfolgungspflicht verdichtet, gerechtfertigt werden (*Schneider*, Kronzeugen-regelung im EG-Kartellrecht, 2004, 179 ff.; krit. FK-KartellR/*Kindhäuser/Meyer* Rn. 145), da nicht nur (repressiv) eine Aufklärung und Ahndung der Zuwiderhandlungen anderer Kartellmitglieder ermöglicht, sondern durch die Aufdeckung zugleich (präventiv) die Fortsetzung des Verstoßes verhindert wird (vgl. *Klees* WuW 2002, 1056 (1060); sa zur mittelbaren Präventionswirkung: MüKoEuWettbR/*Klose* Lenien-cy Bekanntmachung Rn. 2). Die Zusammenarbeit ist damit als privilegierendes Nachtatverhalten grds. geeignet, den gegen das Unternehmen zu erhebenden Vorwurf so weit abzumildern, dass von der Verhängung einer Geldbuße abgesehen werden kann (*Steinberg* WuW 2006, 719 (722 f.); vgl. auch aus dem deutschen Recht §§ 46b, 129 Abs. 6 StGB; s. aber zur berechtigten Kritik an der Einbeziehung von Unternehmen, die das Kartell gegründet oder zu diesem angestiftet haben: *Klees* WuW 2002, 1056 (1067 f.); *Schneider*, Kronzeugenregelung im EG-Kartellrecht, 2004, 208 f.; vgl. auch Mitteilung → Rn. 13; → Rn. 51 aE). Die Attraktivität (und Effektivität) der Kronzeugenregelung wird jedoch dadurch beeinträchtigt, dass der „Kronzeuge" seine Position in zivilrechtlichen Schadensersatzprozessen schwächt (MüKoEuWettbR/*Klose* Leniency Bekanntmachung Rn. 79; vgl. insoweit Mitteilung Rn. 39 sowie RL 2014/104/EU, ABl. 2014 L 349, 1; s. dazu *Schweitzer* NZKart 2014, 335 (341 ff.)) und der Antrag bei der Kommission – angesichts der unterschiedlichen nationalen Regelungen – nicht vor Verfolgung durch eine nationale Kartellbehörde schützt (s. dazu *Klees*, Europäisches Kartellverfahrens-recht, 2005, 380 ff.).

a) Erlass der Geldbuße. Der Erlass einer Geldbuße setzt voraus, dass das Unternehmen Informatio- **51** nen und Beweismittel vorlegt, die der Kommission entweder eine gezielte Nachprüfung nach Art. 20 (Anfangsverdacht) oder die Feststellung eines Verstoßes gegen Art. 101 AEUV ermöglichen (Mitteilung Rn. 8 f.). Verfügt die Kommission bereits über ausreichende Beweismittel für eine Nachprüfung bzw. Feststellung, so ist ein Erlass ausgeschlossen (Mitteilung Rn. 10, 11). Ein Bußgelderlass wird nur dem Unternehmen gewährt, das sich als erstes an die Kommission wendet (Mitteilung Rn. 8, 11 – **Priori-tätsprinzip**). Um sich seine Position als „erster" Kronzeuge zu sichern, kann ein Unternehmen unter Angabe bestimmter Mindestinformationen über das betreffende Kartell und die daran beteiligten Unternehmen einen Marker beantragen und den Antrag innerhalb einer von der Kommission gesetzten Frist vervollständigen (Mitteilung Rn. 14 f.). Der von der Konzernmutter gestellte Antrag wirkt insoweit auch zu Gunsten der abhängigen Tochtergesellschaften (Kommission, Entscheidung vom 5.12.2001, ABl. 2002 L 253, 21 Rn. 102 ff.); umgekehrt wird man dies nur annehmen können, soweit die Ver-antwortlichkeit der **Konzernmutter** ausschließlich durch das Verhalten der antragstellenden Tochter-gesellschaft begründet worden ist und daher auch durch eine entsprechende Zusammenarbeit wieder aufgehoben werden kann, dh bei darüber hinausgehenden Verstößen der Konzernmutter bedarf es eines eigenen Antrags (*D. J. Zimmer/Paul* WuW 2007, 970 (973)). Stellt nach der Übertragung eines Unter-nehmens der neue Eigentümer einen Antrag, so kann diese „Umkehrleistung" jedoch nicht mehr dem Alteigentümer zugerechnet werden, so dass gegen diesen eine Geldbuße verhängt werden kann (EuGH

BeckRS 2014, 81014 Rn. 85 f. – ZLS Plast; EuG Slg. 2009, II-3555 Rn. 74 ff. – Hoechst; krit. MüKoEuWettbR/*Klose* Leniency-Bekanntmachung Rn. 27). Der Erlass der Geldbuße ist ferner von der Bedingung abhängig, dass das Unternehmen im weiteren Verlauf umfassend mit der Kommission zusammenarbeitet, seine Beteiligung an dem Kartell sofort beendet und die Untersuchung der Kommission nicht vor der Antragstellung (zB durch Unterdrückung von Beweismitteln) behindert hat (Mitteilung Rn. 12). Die Regelung findet keine Anwendung auf Unternehmen, die andere Unternehmen zur Aufnahme oder Weiterführung der Beteiligung an dem Kartell gezwungen haben (Mitteilung Rn. 13; Rn. 50).

52 **b) Ermäßigung der Geldbuße.** Liegen die Voraussetzungen für einen Erlass der Geldbuße nicht vor, so kann eine Ermäßigung gewährt werden, wenn das Unternehmen Beweismittel vorlegt, die ggü. dem bereits von der Kommission erlangten Beweismaterial einen erheblichen Mehrwert darstellen (Mitteilung Rn. 23 f.). Ob ein solcher Mehrwert anzunehmen ist, bestimmt sich nach dem Umfang und dem Beweiswert des vorgelegten Materials (vgl. Mitteilung Rn. 25). Auch die Ermäßigung ist davon abhängig, dass das Unternehmen im weiteren Verlauf umfassend mit der Kommission zusammenarbeitet und vor dem Antrag die Untersuchungen nicht durch die Manipulation von Beweismaterial oder die Unterrichtung anderer Kartellmitglieder gefährdet hat (Mitteilung Rn. 24 iVm Rn. 12). Anders als ein Erlass kann die Ermäßigung auch einem Unternehmen gewährt werden, das andere Unternehmen zur Aufnahme oder Weiterführung des Verstoßes gezwungen hat (Mitteilung Rn. 13). Für die Höhe der Ermäßigung ist der Zeitpunkt der Antragstellung maßgeblich; sie beträgt bei dem ersten Unternehmen zwischen 30 und 50 %, bei dem zweiten Unternehmen zwischen 20 und 30 % und bei jedem weiteren Unternehmen bis zu 20 % (Mitteilung Rn. 26).

53 **2. Vergleichsverfahren (settlement).** Um Zuwiderhandlungen effizienter zu verfolgen, hat die Kommission im Jahr 2008 ein Vergleichsverfahren eingeführt (s. Art. 10a VO (EG) Nr. 773/2004 idF der VO (EG) Nr. 622/2008, ABl. 2008 L 171, 3, sowie die diesbezügliche Mitteilung der Kommission, ABl. 2008 C 167, 1; 2015 C 256, 2). Danach kann die Kommission bei der Einleitung eines Bußgeld- verfahrens in geeigneten Fällen anregen, dass die betroffenen Unternehmen die Durchführung eines Vergleichsverfahrens beantragen (Art. 10a Abs. 1 VO (EG) Nr. 773/2004). In den anschließenden Sondierungen wird unter Offenlegung der Beschwerdepunkte über Gegenstand und Schwere des Vor- wurfs, die Würdigung der Beweismittel und die Grundlagen für die Berechnung der Geldbuße ver- handelt (Art. 10a Abs. 2 VO (EG) Nr. 773/2004). Wird ein Einvernehmen erzielt, so legt das Unterneh- men innerhalb einer von der Kommission bestimmten Frist formale Vergleichsausführungen vor, in denen sie den Verstoß einräumt, der Verhängung einer Geldbuße bis zu einem bestimmtem Höchstbetrag zustimmt und auf die Wahrnehmung der Rechte auf rechtliches Gehör und Akteneinsicht verzichtet (Mitteilung Rn. 20); die Kommission teilt den Unternehmen auf dieser Grundlage die Beschwerde- punkte mit und erlässt nach schriftlicher Bestätigung durch das Unternehmen einen Bußgeldbescheid (Art. 10a Abs. 3 VO (EG) Nr. 773/2004). Der Verzicht auf die Ausübung von Verfahrensrechten wird mit einer Bußgeldminderung um 10 % belohnt; eine weitere Milderung im Rahmen des Kronzeugen- programms bleibt davon unberührt (Mitteilung Rn. 32 f.). Das Recht auf gerichtlichen Rechtsschutz bleibt formal bestehen (Mitteilung Rn. 41), wird aber faktisch durch das mit den Vergleichsausführungen unterbreitete Schuldanerkenntnis weitgehend bedeutungslos (FK-KartellR/*Kindhäuser/Meyer* Rn. 159). Mit dem Vergleichsverfahren treten damit verfahrensökonomische Interessen ggü. einer schuldangemes- senen Ahndung der Zuwiderhandlung in den Vordergrund, indem nicht mehr auf die Schwere des Vorwurfs abgestellt, sondern der Verzicht auf Verfahrensrechte prämiert wird (→ GWB § 81 Rn. 89) bzw. die Ablehnung mit dem Risiko einer höheren Geldbuße verbunden ist (EuG NZKart 2015, 319 Rn. 75 ff. – Timab). Zur bisherigen Verfahrenspraxis *Karst* WRP 2015, 171 (173 ff.).

IV. Gesamtschuldnerische Haftung (Art. 23 Abs. 4)

54 Die Haftungsregelung in Art. 23 Abs. 4 ist Konsequenz des erweiterten Bußgeldrahmens bei Unter- nehmensvereinigungen (Art. 23 Abs. 2 S. 3). Die Praxis, die Geldbuße gegen Unternehmensvereini- gungen nach dem Umsatz ihrer Mitglieder zu bemessen (s. Art. 23 Abs. 2 S. 3), führt regelmäßig zu einer finanziellen Überforderung der Bußgeldadressaten, sofern diese nicht bei den Mitgliedsunterneh- men Rückgriff nehmen können (vgl. EuG Slg. 1994, II-49 Rn. 139 – Groupement de cartes bancaires). Um eine Vollstreckung der Geldbuße sicherzustellen, ist eine zweistufige Ausfallhaftung der Mitglieds- unternehmen vorgesehen (MüKoEuWettbR/*Schneider/Engelsing* Rn. 73 ff.): Danach wird die Unter- nehmensvereinigung im Fall der Zahlungsunfähigkeit verpflichtet, von ihren Mitgliedern die zur Zahlung der Geldbuße erforderlichen Beiträge zu fordern (Art. 23 Abs. 4 S. 1 – erste Stufe), und – sofern diese Zahlungen nicht geleistet werden – die Kommission ermächtigt, die Zahlung der Geldbuße unmittelbar von den Mitgliedsunternehmen zu verlangen (Art. 23 Abs. 4 S. 2 u. 3 – zweite Stufe). Dieser Durchgriffshaftung liegt die Vorstellung zugrunde, dass nicht der Umsatz der Vereinigung, sondern der ihrer Mitglieder deren Größe und Einfluss auf dem relevanten Markt widerspiegelt (EuG Slg. 1997, II-1739 Rn. 252 – SCK und FNK) und knüpft damit an das Konzept des Unternehmens als wirtschaftliche Einheit (→ Rn. 8) an, gegen das eine einheitliche Geldbuße verhängt werden kann, für deren Zahlung die Unternehmensträger gesamtschuldnerisch haften (vgl. EuGH EuZW 2009, 816 Rn. 77 – Akzo Nobel; NZKart 2014, 181 Rn. 49 – Alstom; EuG Slg. 2002, II-1487 Rn. 62 f., 66 f., 75 ff. – HFB Holding). Eine gesamtschuldnerische Haftung für das verhängte Bußgeld verstößt jedoch gegen den **Grundsatz der persönlichen Verantwortlichkeit** und das **Schuldprinzip,** wonach jede Person nur für das ihr zurechenbare Verhalten (dh nicht für das Verhalten Dritter) zur Verantwortung gezogen werden kann (→ Rn. 28) und (nur) das individuelle Fehlverhalten bei der Zumessung der Geldbuße zu berücksichtigen ist (Immenga/Mestmäcker/*Dannecker/Biermann* Rn. 314; → Rn. 7). Um einen Verstoß gegen diese Grundsätze zu vermeiden, ist Art. 23 Abs. 4 daher nicht als verwaltungsrechtliche Haftungsregelung (FK-KartellR/*Kindhäuser/Meyer* Rn. 174), sondern als **bußgeldrechtliche Zurechnungsnorm** auszulegen (Immenga/Mestmäcker/*Dannecker/Biermann* Rn. 313; sa FK-KartellR/*Kindhäuser/Meyer* Rn. 174). Dementsprechend scheidet eine Inanspruchnahme eines Unternehmens aus, gegen das die Kommission wegen desselben Verstoßes bereits ein Bußgeld verhängt hat (Immenga/Mestmäcker/*Dannecker/Biermann* Rn. 306; Berg/Mäsch/*van der Hot/Amling* Rn. 122; → Rn. 17).

Ein Durchgriff auf ein Mitgliedsunternehmen setzt daher voraus, dass der Verstoß diesem zugerechnet **55** werden kann. Dass ein Vertreter des Unternehmens Mitglied des betreffenden Entscheidungsgremiums der Vereinigung ist, reicht dafür nicht aus (vgl. Art. 23 Abs. 4 S. 2), sondern der Vertreter muss den Beschluss durch seine Anwesenheit (stillschweigend) mitgetragen haben (Grabitz/Hilf/*Feddersen,* Das Recht der Europäischen Union: EUV/EGV, 26. EL März 2005 nach Art. 83 EGV Art. 23 Rn. 79, 101; s. dagegen zu „autonomen" Zuwiderhandlungen der Vereinigung: MüKoEuWettbR/*Schneider/Engelsing* Rn. 73, 80). Die nachrangige Heranziehung anderer Unternehmen (Art. 23 Abs. 4 S. 3) setzt ebenfalls einen zurechenbaren Beitrag bei der Beschlussfassung oder dessen Umsetzung voraus. Eine Haftung ist insbesondere ausgeschlossen, wenn das jeweilige Unternehmen den Beschluss nicht umgesetzt hat und entweder keine Kenntnis von dessen Existenz hatte oder sich aktiv davon distanziert hatte (Art. 23 Abs. 4 S. 5); aufgrund der Unschuldsvermutung (Art. 6 Abs. 2 EMRK, Art. 48 Abs. 1 GRC) hat die Kommission den Nachweis zu erbringen, dass eine Exkulpation nach dieser Vorschrift ausscheidet (Immenga/Mestmäcker/*Dannecker/Biermann* Rn. 324; MüKoEuWettbR/*Schneider/Engelsing* Rn. 81). Unternehmen, die erst nach der Tat Mitglied der Unternehmensvereinigung geworden sind, haften nicht (Grabitz/Hilf/*Feddersen,* Das Recht der Europäischen Union: EUV/EGV, 26. EL März 2005 nach Art. 83 EGV Art. 23 Rn. 81).Die Haftung eines Mitgliedsunternehmens ist entsprechend Art. 23 Abs. 2 S. 2 (→ Rn. 43 f.) der Höhe nach auf 10 % des Gesamtumsatzes begrenzt; da die Inanspruchnahme der Sache nach der Verhängung eines Bußgeldes gleichkommt (vgl. dagegen EuGH WuW/E EU-R 1517 Rn. 129 – Coop de France), darf der eingeforderte Betrag nicht über das hinausgehen, was zur Ahndung des von dem Unternehmen zu verantwortenden Verstoßes angemessen ist (Immenga/Mestmäcker/*Dannecker/Biermann* Rn. 315, 322). Die Kommission setzt die zu zahlenden Beträge in einer von der Bußgeldentscheidung gegen die Unternehmensvereinigung getrennten Entscheidung gegen die betroffenen Unternehmen fest, um diesen die Möglichkeit zu geben, die Zulässigkeit einer Inanspruchnahme gerichtlich überprüfen zu lassen (Grabitz/Hilf/*Feddersen,* Das Recht der Europäischen Union: EUV/EGV, 26. EL März 2005 nach Art. 83 EGV Art. 23 Rn. 84 ff.).

E. Verfahrenshindernisse

I. Verjährung

Die Verjährung schließt eine Verfolgung der Zuwiderhandlung aus; die **Verjährungsfrist** beträgt bei **56** Verfahrensverstößen (Art. 23 Abs. 1) drei Jahre (Art. 25 Abs. 1 lit. a), bei Verstößen gegen das materielle Kartellrecht fünf Jahre (Art. 25 Abs. 1 lit. b). Sie beginnt an dem Tag zu laufen, an dem die Tag begangen bzw. bei dauernden oder fortgesetzten Taten beendet worden ist (Art. 25 Abs. 2). Für die Annahme einer **fortgesetzten Tat** reicht ein allgemeiner, auf die Verzerrung des Wettbewerbs bezogener Gesamtplan nicht aus, sondern die einzelnen Handlungen müssen komplementär zur Verwirklichung sämtlicher, mit dem Gesamtplan angestrebten wettbewerbswidrigen Auswirkungen beitragen (EuG Slg. 2007, II-4949 Rn. 158, 179 f. – BASF und UCB). Die Zuwiderhandlung der Muttergesellschaft kann daher auch dann noch verfolgt werden, wenn die Verstöße durch einzelne Tochtergesellschaften bereits verjährt sind, solange ihr nicht verjährte Verstöße zuzurechnen sind (EuG NZKart 2015, 533 Rn. 125 ff. – Akzo Nobel). Die Verjährung wird durch Untersuchungshandlungen der Kommission oder einer nationalen Kartellbehörde unterbrochen (Art. 25 Abs. 3, 4) und beginnt von neuem (Art. 25 Abs. 5 S. 1). Die Verjährung tritt jedoch spätestens nach Ablauf der doppelten Frist (sechs bzw. zehn Jahre) ein, wenn die Kommission bis dahin noch kein Bußgeld festgesetzt hat (Art. 25 Abs. 5 S. 2). Die Vollstreckungsverjährung bestimmt sich nach Art. 26.

II. Ne bis in idem

Der Grundsatz „ne bis in idem" (Art. 50 GRC) verbietet die erneute Verfolgung oder Verurteilung **57** eines Unternehmens wegen eines wettbewerbswidrigen Verhaltens (zur Tatidentität EuG Slg. 2010, II-86 Rn. 81 ff. – Wieland-Werke), in Bezug auf das es in einer früheren, nicht mehr anfechtbaren

Entscheidung mit einer Sanktion belegt oder für nicht verantwortlich erklärt wurde (EuGH Slg. 2002, I-8375 Rn. 59 – LVM). Eine erneute Verfolgung der Tat ist jedoch zulässig, wenn die erste Entscheidung allein aus formalen Gründen ohne materielle Würdigung des Sachverhaltes für nichtig erklärt wurde (EuGH Slg. 2002, I-8375 Rn. 62 – LVM). Die verfahrensabschließende **Entscheidung einer nationalen Kartellbehörde** soll demgegenüber nach der Rspr. kein Verfolgungshindernis begründen, sondern bei der Bemessung des Bußgeldes lediglich berücksichtigt werden (EuG Slg. 2006, II-3137 Rn. 279 – Roquette Frères; s. bereits EuGH Slg. 1969, 1 Rn. 11 – Roquette Frères; ebenso MüKoEuWettbR/ *Schneider/Engelsing* Rn. 34). Angesichts der transnationalen Geltung des Grundsatzes „ne bis in idem" (Art. 50 GRC, Art. 54 SDÜ) lässt sich diese Einschränkung jedoch nicht mehr aufrechterhalten (*Böse* EWS 2007, 202 (205 ff., 209 f.); Immenga/Mestmäcker/*Dannecker/Biermann* Vor Art. 23–24 Rn. 255); bei einer Verfolgung durch die Kommission entfällt bereits die Zuständigkeit der nationalen Kartellbehörden (Art. 11 Abs. 6, s. Immenga/Mestmäcker/*Dannecker/Biermann* Vor Art. 23–24 Rn. 254). Die neuere Rspr. hat eine Anwendung des Grundsatzes „ne bis in idem" nicht mehr generell abgelehnt, sondern mit Blick auf einzelne Voraussetzungen verneint (EuG Slg. 2011, II-5129 Rn. 167 – Thyssen Krupp Liften Ascenseurs: keine endgültige Entscheidung bei Absehen von Verfolgung im Rahmen eines Kronzeugenprogramms → Rn. 50 ff.; aA Berg/Mäsch/*van der Hout/Amling* Rn. 107; MüKoEuWettbR/ *Klose* Leniency Bekanntmachung Rn. 36; → GWB § 81 Rn. 88; sa zur fehlenden Tatidentität: EuGH EuZW 2012, 223 Rn. 98 ff. – Tschechische Republik → Rn. 2; generell ablehnend Langen/Bunte/*Sura* Rn. 71; dagegen → GWB § 81 Rn. 9). Entsprechende Einwände werden gegen die Weigerung der Unionsorgane, **in einem Drittstaat verhängte Geldbußen** zu berücksichtigen bzw. anzurechnen (EuGH Slg. 2006, I-5977 Rn. 32 – SGL Carbon; EuG Slg. 2006, II-3137 Rn. 281 – Roquette Frères), erhoben (s. dazu *Liebau*, „Ne bis in idem" in Europa, 2005, 207 ff.; vgl. auch zu Art. 56 SDÜ: Generalanwältin *Sharpston* in EuGH Slg. 2007, I-6619 Rn. 58 ff. – Kraijenbrink).

435. Käseverordnung (KäseV)

In der Fassung der Bekanntmachung vom 14. April 1986 (BGBl. I S. 412) FNA 7842-6

Zuletzt geändert durch Art. 19 G zur Neuregelung des gesetzlichen Messwesens vom 25.7.2013 (BGBl. I S. 2722)

– Auszug –

Vorbemerkung

Nach § 2 S. 1 gelten die Vorschriften der Verordnung für das gewerbsmäßige (→ Vorb. LFGB Rn. 30) **1** Herstellen (→ Vorb. LFGB Rn. 46 ff.) und Inverkehrbringen (→ Vorb. LFGB Rn. 45) von **Käse** (§ 1 Abs. 1) und **Erzeugnissen aus Käse** (vgl. Zipfel/Rathke LebensmittelR/*Rathke* § 1 Rn. 17 ff.) sowie nach § 2 S. 2 für Käse oder Erzeugnisse aus Käse, wenn diese an Mitglieder von Genossenschaften oder ähnlichen Einrichtungen abgegeben oder in Einrichtungen zur Gemeinschaftsverpflegung hergestellt werden. Die KäseV verfolgt einerseits die **Förderung der Erzeugung, der Qualität und des Absatzes** der erfassten Erzeugnisse, andererseits dient sie auch **originär lebensmittelrechtlichen Zwecken** (→ Vorb. LFGB Rn. 8 ff.), also dem Schutz der Gesundheit des Verbrauchers und dessen Schutz vor Täuschung und Irreführung (vgl. Zipfel/Rathke LebensmittelR/*Rathke* Vorb. KäseV Rn. 5, 8b). **§§ 3, 4** statuieren insoweit spezielle **Anforderungen an die Herstellung** von Käse und Erzeugnissen aus Käse. Nach **§ 5** dürfen Käse und Erzeugnisse aus Käse nur in den dort festgelegten **Fettgehaltsstufen** in den Verkehr gebracht werden.

Im **Abschnitt 2** (§§ 6–11a), der die Regelungen hinsichtlich Käse trifft, finden sich weitere Vor- **2** schriften, insbesondere solche, die die Käsegruppen (§ 6 Abs. 1) und die Qualitätsanforderungen und die Prüfung der Markenkäse betreffen. Markenkäse darf nur nach Maßgabe von § 11 Abs. 2–10 in den Verkehr gebracht werden. **Käse aus anderen Mitgliedstaaten der EU** darf nach § 11a Abs. 1 unter der **Bezeichnung Markenkäse** nur in den Verkehr gebracht werden, wenn der Käse den Anforderungen des § 11 Abs. 10 entspricht.

Abschnitt 3 enthält spezielle Vorschriften für **Erzeugnisse aus Käse, Abschnitt 4** (§§ 14–17) **3** statuiert **Kennzeichnungspflichten** für die von der KäseV erfassten Erzeugnisse. **Abschnitt 5** regelt sodann die Herstellung von **Labaustauschstoffen** (§ 20 Abs. 1 S. 2), die der Genehmigung bedarf. Zuletzt bestimmt **§ 28**, dass ausländische Käse und Erzeugnisse aus Käse, die nicht den Vorschriften der KäseV entsprechen, nur dann in den Verkehr gebracht werden dürfen, wenn sie nach den Rechtsvorschriften des Herstellungslandes hergestellt und dort verkehrsfähig sind und die Abweichung kenntlichgemacht ist.

Soweit die KäseV Vorschriften zur speziellen Kennzeichnung von Käse und Käseerzeugnissen enthal- **4** tet, ist zu beachten, dass am 13.12.2014 die **LMIV** (→ Vorb. LFGB Rn. 12; → LFGB § 59 Rn. 14, 21 ff.) in Kraft trat. In Folge dessen soll nach Maßgabe von Art. 19 LMIV-AnpassungsVO (vgl. Anhang zur LMKV = Nr. 502 des Kommentars, → LMKV Anh. Rn. 5) **§ 31a** eingefügt werden, der den Vorrang der LMIV statuiert.

§ 30 Straftaten und Ordnungswidrigkeiten

(1) *[aufgehoben]*

(2) **Nach § 59 Abs. 1 Nr. 21 Buchstabe a des Lebensmittel- und Futtermittelgesetzbuches wird bestraft, wer entgegen § 20 Abs. 1 Satz 1 Labaustauschstoffe ohne Genehmigung herstellt.**

(3) **Nach § 59 Abs. 1 Nr. 21 Buchstabe a des Lebensmittel- und Futtermittelgesetzbuches wird bestraft, wer entgegen § 23 Satz 3 bei dem gewerbsmäßigen Herstellen oder Behandeln von Käse oder Erzeugnissen aus Käse einen Zusatzstoff über die festgesetzte Höchstmenge hinaus verwendet.**

(4) **Nach § 59 Abs. 1 Nr. 21 Buchstabe a des Lebensmittel- und Futtermittelgesetzbuches wird bestraft, wer entgegen § 15 Abs. 5 oder § 28 Abs. 3 Satz 1 dort genannten Käse oder ein Erzeugnis aus Käse in den Verkehr bringt.**

(5) **Wer eine in den Absätzen 2 bis 4 bezeichnete Handlung fahrlässig begeht, handelt nach § 60 Abs. 1 des Lebensmittel- und Futtermittelgesetzbuches ordnungswidrig.**

(6) **Ordnungswidrig im Sinne des § 60 Abs. 2 Nr. 26 Buchstabe a des Lebensmittel- und Futtermittelgesetzbuches handelt, wer vorsätzlich oder fahrlässig**

1. *[aufgehoben]*
2. die nach § 20 Abs. 6 vorgeschriebene Reinigung oder Desinfektion nicht oder nicht ausreichend durchführt.

(7) Ordnungswidrig im Sinne des § 60 Abs. 2 Nr. 26 Buchstabe a des Lebensmittel- und
Futtermittelgesetzbuches handelt, wer vorsätzlich oder fahrlässig

1. entgegen § 14 Abs. 1 in Verbindung mit Abs. 2 Nr. 1 bis 4, Abs. 4 oder 6 Nr. 1 Buchstabe a
oder c oder Nr. 2 Buchstabe a oder c Käse oder Erzeugnisse aus Käse, die nicht oder nicht
in der vorgeschriebenen Weise gekennzeichnet sind, oder
2. Lab-Pepsin-Zubereitungen oder Labaustauschstoffe
   a) entgegen § 22 Satz 1 nicht in Packungen oder Behältnissen oder
   b) in Packungen oder Behältnissen, die entgegen § 22 Satz 2 nicht oder nicht in der
   vorgeschriebenen Weise gekennzeichnet sind,

gewerbsmäßig in den Verkehr bringt.

(8) Ordnungswidrig im Sinne des § 60 Abs. 2 Nr. 26 Buchstabe b des Lebensmittel- und
Futtermittelgesetzbuches handelt, wer vorsätzlich oder fahrlässig

1. der Anmeldepflicht nach § 21 Abs. 1 Satz 1 nicht nachkommt oder
2. entgegen § 21 Abs. 2 Labaustauschstoffe in den Geltungsbereich dieser Verordnung verbringt.

1   **1. Straftaten nach § 30 Abs. 2–4.** Mit der Rückverweisung auf **§ 59 Abs. 1 Nr. 21 Buchst. a
LFGB** (→ LFGB § 59 Rn. 58) in § 30 Abs. 2–4 werden das **vorsätzliche** (→ LFGB § 58 Rn. 47 ff.)
Herstellen (→ Vorb. LFGB Rn. 46 ff.) von **Labaustauschstoffen ohne Genehmigung** (Abs. 2;
→ Vorb. Rn. 3), **vorsätzliche Verstöße gegen die Herstellungs- und Behandlungsverbot** in § 23
S. 3 hinsichtlich **Zusatzstoffhöchstmengen** (Abs. 3) sowie die **Verkehrsverbote** (Abs. 4) aus § 15
Abs. 5 bei **fehlender Kenntlichmachung der Kunststoffbeschichtung** und für **ausländischen
Käse und Erzeugnissen aus Käse** (→ Vorb. Rn. 3) unter Strafe gestellt. Zur Tathandlung des Inver-
kehrbringens → Vorb. LFGB Rn. 45. Zur Verantwortlichkeit im Lebensmittelstrafrecht → Vorb. LFGB
Rn. 29 ff.

2   Nach § 59 Abs. 1 LFGB können die Straftaten nach § 30 Abs. 2–4 mit **Freiheitsstrafe bis zu einem
Jahr oder mit Geldstrafe** geahndet werden. Der Versuch ist ebenso wenig wie fahrlässiges Handeln
(→ Rn. 3) unter Strafe gestellt. Die Qualifikation des § 59 Abs. 4 LFGB (→ LFGB § 59 Rn. 74a) findet
keine Anwendung. Neben der Verhängung von Geld- oder Freiheitsstrafe kommen als weitere Rechtsfolgen die **Einziehung** der Tatgegenstände (vgl. hierzu die Kommentierung zu § 61 LFGB), der **Verfall**
des Täterlöses (§§ 73 ff. StGB) und die Anordnung eines **Berufsverbotes** (§§ 70 ff. StGB; BGH
LMRR 2007, 84) in Betracht. Bei juristischen Personen und Personenvereinigungen kommt zudem
eine Verbandsgeldbuße nach § 30 OWiG in Betracht. Zu den Konkurrenzen → LFGB § 59 Rn. 85.

3   **2. Ordnungswidrigkeiten nach § 30 Abs. 5.** Handelt der Täter in den Fällen des § 30 Abs. 2–4
fahrlässig (→ LFGB § 58 Rn. 60 ff.), verwirklicht er den Bußgeldtatbestand des **§ 30 Abs. 5.** Die
Verordnung wurde bisher noch nicht an das abgestufte System in § 60 Abs. 1 und 5 LFGB (→ LFGB
§ 60 Rn. 31 f.) angepasst, das mit dem Gesetz zur Änderung des Lebensmittel- und Futtermittelgesetzbuchs sowie anderer Vorschriften v. 29.6.2009 (BGBl. I 1659), das am 4.7.2009 in Kraft getreten ist
(→ Vorb. LFGB Rn. 6), eingeführt wurde. Da die in § 30 Abs. 2–4 bezeichneten Handlungen Straftaten
nach § 59 Abs. 1 Nr. 21 Buchst. a LFGB darstellen, wird der **Verweis in § 30 Abs. 5 als solcher auf
§ 60 Abs. 1 Nr. 2 LFGB zu verstehen sein.** Danach können Ordnungswidrigkeiten iSv § 30 Abs. 5
nach der ab dem 4.8.2011 geltenden Fassung des § 60 Abs. 5 Nr. 2 LFGB (vgl. zur Änderung der
Geldbußenrahmen in § 60 Abs. 5 LFGB → LFGB § 60 Rn. 32) mit **Geldbuße bis zu 50.000 EUR**
geahndet werden; handelt der Betroffene **fahrlässig** sieht das Gesetz **Geldbuße bis zu 25.000 EUR**
(§ 17 Abs. 2 OWiG) vor. Zu den weiteren Rechtsfolgen → LFGB § 60 Rn. 33 f. Im Übrigen gelten für
die Bemessung der Geldbuße die Vorgaben von § 17 Abs. 3 und 4 OWiG. Zu den weiteren Rechtsfolgen → LFGB § 60 Rn. 33 f.

4   **3. Ordnungswidrigkeiten nach § 30 Abs. 6–8.** Mit Rückverweisung auf **§ 60 Abs. 2 Nr. 26
Buchst. a und b LFGB** (→ LFGB § 60 Rn. 20) in **§ 30 Abs. 6–8** werden **vorsätzliche und fahrlässige Verstöße gegen** die aus § 20 Abs. 6 folgenden **Reinigungs- und Desinfektionspflichten**
(§ 30 Abs. 6), **Verkehrsverbote,** die aus Missachtung der in den Tatbeständen näher konkretisierten
Kennzeichnungs- und Verpackungspflichten resultieren (§ 30 Abs. 7; → Vorb. Rn. 4) und gegen
die Anmeldepflicht und das Verbringungsverbot im Zusammenhang mit Labaustauschstoffen (Abs. 8) als
Ordnungswidrigkeiten definiert. Demnach können **vorsätzliche** (→ LFGB § 58 Rn. 47 ff.) **Verstöße**
iSv § 30 Abs. 6 und 7 nach der ab dem 4.8.2011 geltenden Fassung des § 60 Abs. 5 Nr. 2 LFGB (vgl.
zur Änderung der Geldbußenrahmen in § 60 Abs. 5 LFGB → LFGB § 60 Rn. 32) mit **Geldbuße bis
zu 50.000 EUR** geahndet werden; handelt der Betroffene **fahrlässig** sieht das Gesetz **Geldbuße bis zu
25.000 EUR** (§ 17 Abs. 2 OWiG) vor. Für Ordnungswidrigkeiten iSv **§ 30 Abs. 8** kann nach der ab
dem 4.8.2011 geltenden Fassung des § 60 Abs. 5 Nr. 2 LFGB (vgl. zur Änderung der Geldbußenrahmen

in § 60 Abs. 5 LFGB → LFGB § 60 Rn. 32) für **vorsätzliche Verstöße Geldbuße bis 20.000 EUR** und **bei fahrlässigem Handeln Geldbuße bis 10.000 EUR.** Zu den weiteren Rechtsfolgen → LFGB § 60 Rn. 33 f.

§ 31 Ordnungswidrigkeiten

(1) **Ordnungswidrig im Sinne des § 9 Absatz 2 Nummer 2 des Milch- und Margarinegesetzes handelt, wer vorsätzlich oder fahrlässig**
1. **entgegen § 3 Abs. 1 bei der Herstellung von Käse,**
2. **entgegen § 3 Abs. 2 bei der Herstellung von Molkenkäse,**
3. **entgegen § 3 Abs. 2a bei der Herstellung von Sauermilchkäse,**
4. **entgegen § 4 Abs. 1, 2 oder 3 bei der Herstellung von Erzeugnissen aus Käse**
nicht zugelassene Stoffe verwendet, sofern die Herstellung gewerbsmäßig erfolgt, oder so hergestellte Käse oder Erzeugnisse aus Käse gewerbsmäßig in den Verkehr bringt.

(2) **Ordnungswidrig im Sinne des § 9 Absatz 2 Nummer 2 des Milch- und Margarinegesetzes handelt auch, wer vorsätzlich oder fahrlässig**
1. **ein Erzeugnis, das nicht der für die gewählte Bezeichnung nach § 1 Abs. 1, 3 oder 4 geltenden Begriffsbestimmungen entspricht, unter der Bezeichnung „Käse", „Molkenkäse", „Sauermilchkäse", „Pasta filata Käse", „Erzeugnis aus Käse", „Schmelzkäse", „Käsezubereitung", „Schmelzkäsezubereitung" oder „Käsekomposition",**
2. **Käse, der einen für die angegebene Käsegruppe zu hohen Wassergehalt in der fettfreien Käsemasse (§ 6 Abs. 1 und 2) aufweist,**
3. **Käse, der nicht den Anforderungen nach § 7 Abs. 1 entspricht, unter der Bezeichnung einer Standardsorte der Anlage 1,**
4. **Käse, der nicht den Anforderungen nach § 7 Abs. 2 Nr. 1 entspricht, unter Verwendung der Bezeichnung „Rahm" oder „Sahne",**
5. **Schichtkäse, der nicht den Anforderungen nach § 7 Abs. 2 Nr. 2 entspricht, unter der Bezeichnung „Sahneschichtkäse",**
6. **Speisequark, der nicht den Anforderungen nach § 7 Abs. 2 Nr. 2 entspricht, unter der Bezeichnung „Speisequark mit Sahne" oder „Speisequark mit Rahm",**
7. **entgegen § 7 Abs. 3 Satz 1 andere Käse als Standardsorten mit einer Angabe, die auf eine Standardsorte hinweist,**
8. **entgegen § 7 Abs. 3 Satz 2 Frischkäse mit weniger als 40 % Fett in der Trockenmasse mit einem Hinweis auf Sahne oder Rahm,**
8a. **entgegen § 8 Käse unter einer in Anlage 1b Spalte 1 aufgeführten geographischen Herkunftsbezeichnung,**
9.
   a) **entgegen § 11 Abs. 2 Satz 1 oder Abs. 3 Käse ohne die erforderliche Genehmigung oder**
   b) **Käse, der nicht den Anforderungen nach § 11 Abs. 10 entspricht,**
   unter der Bezeichnung „Markenkäse",
10. **entgegen § 12 Erzeugnisse aus Käse, die nicht den in Anlage 2 festgelegten Gehalt an Trockenmasse aufweisen,**
11. **Schmelzkäsezubereitungen, die nicht den Anforderungen nach § 13 entsprechen, unter der Bezeichnung „Kochkäse" oder**
12. **entgegen § 14 Abs. 1 in Verbindung mit Absatz 2 Nr. 6 bis 8, Abs. 4 oder 6 Satz 1 Nr. 1 Buchstabe b oder Nr. 2 Buchstabe b oder § 17 Abs. 2 Käse oder Erzeugnisse aus Käse, die nicht oder nicht in der vorgeschriebenen Weise gekennzeichnet sind,**
gewerbsmäßig in den Verkehr bringt.

(3) **Ordnungswidrig im Sinne des § 30 Abs. 1 Nr. 9 des Milch- und Fettgesetzes handelt, wer vorsätzlich oder fahrlässig Käse mit dem Gütezeichen nach § 11 Abs. 11 in den Verkehr bringt, ohne hierzu berechtigt zu sein.**

1. Ordnungswidrigkeiten nach § 31 Abs. 1 und 2. § 31 Abs. 1 und 2 wurden durch die VO zur **1** Anpassung lebensmittelhygiene- und tierseuchenrechtlicher Vorschriften an den Lissabon-Vertrag vom 14.7.2010 (BGBl. I 929) dahingehend geändert, dass die bisherige Rückverweisung auf § 14 Abs. 2 Nr. 2 MilchMargG durch die nunmehrige Rückverweisung auf § 9 Abs. 2 Nr. 2 MilchMargG ersetzt wurde. Die bisherige **Rückverweisung** auf § 14 Abs. 2 Nr. 2 MilchMarg erwies sich zwischen dem 25.3.2009 und dem 22.7.2010 im Hinblick auf den verfassungsrechtlichen Bestimmtheitsgrundsatz als problematisch. Der in dieser Zeit von § 31 Abs. 1 und 2 KäseV aF in Bezug genommene § 14 Abs. 2 Nr. 2 MilchMargG nF stellte keinen Bußgeldtatbestand mit Rückverweisungsklausel dar (→ MilchMargG § 9 Rn. 5 mwN).

In materieller Hinsicht werden in **§ 31 Abs. 1** vorsätzliche (→ LFGB § 58 Rn. 47 f.) und fahrlässige **2** (→ LFGB § 58 Rn. 60 ff.) **Verstöße** gegen die im Tatbestand näher konkretisierten Vorschriften **im**

Zusammenhang mit der Herstellung von Käse und Erzeugnissen aus Käse als Ordnungswidrigkeiten definiert. Nach § 31 Abs. 2 handelt ordnungswidrig, werden in den Tatbeständen näher konkretisierten, insbesondere **dem Schutz des Verbrauchers vor Täuschung und Irreführung dienenden Verkehrsverbote** vorsätzlich oder fahrlässig zuwider handelt. Zur Verantwortlichkeit im Lebensmittelstrafrecht → Vorb. LFGB Rn. 29 ff., namentlich im Hinblick auf das teilweise geforderte „gewerbsmäßige" Handeln.

3 Demnach können **vorsätzliche** (→ LFGB § 58 Rn. 47 ff.) **Verstöße** iSv § 31 Abs. 1 und 2 nach § 9 Abs. 3 MilchMargG mit **Geldbuße bis zu 10.000 EUR** (§ 60 Abs. 5 Nr. 3 LFGB), **fahrlässige** (→ LFGB § 58 Rn. 60 ff.) **Verstöße** iSv § 31 Abs. 1 und 2 mit **Geldbuße bis 5.000 EUR** (§ 17 Abs. 2 OWiG; → LFGB § 60 Rn. 33 f.) geahndet werden. Daneben kommt die **Einziehung** nach § 11 MilchMargG in Betracht.

4 **2. Ordnungswidrigkeiten nach § 31 Abs. 3.** Mit Rückverweisung auf **§ 30 Abs. 1 Nr. 9 Milch-FettG** (→ MilchFettG § 30 Rn. 1) in § 31 Abs. 3 wird das **unberechtigte Inverkehrbringen** (→ Vorb. LFGB Rn. 45) von Käse mit dem entsprechenden **Gütezeichen für Markenkäse** (→ Vorb. Rn. 2; beachte insoweit → Vorb. Rn. 4) als Ordnungswidrigkeit definiert. Nach § 30 Abs. 2 Milch-FettG können Ordnungswidrigkeiten iSv § 31 Abs. 3 **bei vorsätzlichem Handeln** (→ LFGB § 58 Rn. 47 ff.) mit Geldbußen **bis zu 25.000 EUR** sowie bei **fahrlässigen** (→ LFGB § 58 Rn. 60 ff.) Zuwiderhandlungen mit **Geldbußen bis 12.500 EUR** geahndet werden (§ 17 Abs. 2 OWiG). Zu den weiteren Rechtsfolgen → MilchFettG § 30 Rn. 3.

440. Verordnung zur Begrenzung von Kontaminanten in Lebensmitteln (Kontaminanten-Verordnung – KmV)

Vom 19. März 2010 (BGBl. I S. 286) FNA 2125-44-12

Zuletzt geändert durch Art. 2 VO zur Änd. der HonigVO und anderer lebensmittelrechtlicher Vorschriften vom
30.6.2015 (BGBl. I S. 1090)

– Auszug –

Vorbemerkung

Die KmV wurde mit der Verordnung zur Begrenzung von Kontaminanten in Lebensmitteln und zur **1**
Änderung oder Aufhebung anderer lebensmittelrechtlicher Verordnungen vom 19.3.2010 (BGBl. I 286)
mWz 27.3.2010 neu erlassen. Mit der KmV werden die nationalen Regelungen zu Kontaminanten,
die bislang auf eine Reihe unterschiedlicher Rechtsvorschriften (DiätV; MHmV; SHmV; RHmV; THV;
ZinnV) verteilt waren, entsprechend der **VO (EG) Nr. 1881/2006** zur Festsetzung der Höchstgehalte
für bestimmte Kontaminanten in Lebensmitteln zusammengeführt.

§ 1 definiert den Begriff Kontaminanten, indem die unmittelbar geltende Begriffsbestimmung des **2**
Art. 1 Abs. 1 UAbs. 2 der **VO (EWG) Nr. 315/93** des Rates vom 8.2.1993 zur Festlegung von
gemeinschaftlicher Verfahren zur Kontrolle von Kontaminanten in Lebensmitteln in Bezug genommen
wird. Danach sind Kontaminate Stoffe, die dem Lebensmittel nicht absichtlich hinzugefügt wurden,
jedoch als Rückstand der Gewinnung, Fertigung, Verarbeitung, Zubereitung, Behandlung, Aufmachung, Verpackung, Beförderung oder Lagerung des betreffenden Lebensmittels oder infolge einer
Verunreinigung durch die Umwelt im Lebensmittel vorhanden sind. § 2 regelt die über das EG-Recht
hinausgehenden **nationalen Höchstgehalte** für Mykotoxine sowie Nitrat und statuiert entsprechende
Verkehrsverbote. § 3 regelt die **Behandlung von Lebensmitteln mit überhöhten Mykotoxingehalten** und statuiert in § 3 Abs. 2 ein Behandlungsverbot mit dem Ziel der Mykotoxinentgiftung.
§ 4 regelt die **Lagerung und Aufbewahrung** sowie **Kenntlichmachung** von Lebensmitteln mit
überhöhten Mykotoxingehalten und übernimmt im Wesentlichen § 3 MHmV.

Durch die Neufassung der diesbezüglichen Straftatbestände wurde die **bisherige Strafbarkeitslücke,** **3**
die insoweit bestand, als § 5 MHmV nicht an die geänderte gemeinschaftsrechtliche Rechtslage angepasst worden war (vgl. Zipfel/Rathke LebensmittelR/*Rathke* § 6 Rn. 4 f.) geschlossen. Altfälle im
Tatzeitraum ab dem 1.3.2007 können insoweit aber nicht geahndet werden (→ Vorb. LFGB Rn. 25
mwN). Insoweit kommt allenfalls eine Strafbarkeit nach § 58 Abs. 1 Nr. 1 und Abs. 2 Nr. 1 LFGB
(→ LFGB § 58 Rn. 4 ff. und 40) in Betracht. Zur Rechtslage im früheren Anwendungsbereich der
SHmV vgl. Zipfel/Rathke LebensmittelR/*Rathke* VO (EG) Nr. 1881/2006 Art. 1 Rn. 38 ff.

§ 6 Straftaten

**(1) Nach § 58 Absatz 1 Nummer 18, Absatz 4 bis 6 des Lebensmittel- und Futtermittel-
gesetzbuches wird bestraft, wer vorsätzlich oder fahrlässig**

**1. entgegen § 2 Absatz 1 Nummer 2, auch in Verbindung mit Absatz 2, ein Lebensmittel in
den Verkehr bringt oder**

2. entgegen § 3 Absatz 2 ein Lebensmittel durch chemische Behandlung entgiftet.

**(2) Nach § 58 Absatz 3 Nummer 1, Absatz 4 bis 6 des Lebensmittel- und Futtermittel-
gesetzbuches wird bestraft, wer gegen die Verordnung (EG) Nr. 1881/2006 der Kommission
vom 19. Dezember 2006 zur Festsetzung der Höchstgehalte für bestimmte Kontaminanten in
Lebensmitteln (ABl. L 364 vom 20.12.2006, S. 5), die zuletzt durch die Verordnung (EU)
2015/704 (ABl. L 113 vom 1.5.2015, S. 27) geändert worden ist, verstößt, indem er vorsätzlich
oder fahrlässig entgegen Artikel 1 Absatz 1 ein Lebensmittel in den Verkehr bringt.**

**(3) Nach § 58 Absatz 3 Nummer 2, Absatz 4 bis 6 des Lebensmittel- und Futtermittel-
gesetzbuches wird bestraft, wer gegen die Verordnung (EG) Nr. 1881/2006 verstößt, indem er
vorsätzlich oder fahrlässig**

1. entgegen Artikel 3 Absatz 1 ein Lebensmittel als Lebensmittelzutat verwendet,
**2. entgegen Artikel 3 Absatz 2 ein Lebensmittel mit einem Lebensmittel vermischt, bei dem
die Höchstgehalte überschritten werden,**
**3. entgegen Artikel 3 Absatz 3 ein Lebensmittel mit einem Lebensmittel, das für den direkten
menschlichen Verzehr oder als Lebensmittelzutat bestimmt ist, vermischt oder**
4. entgegen Artikel 3 Absatz 4 ein Lebensmittel durch chemische Behandlung entgiftet.

(4) Nach § 59 Absatz 1 Nummer 21 Buchstabe a des Lebensmittel- und Futtermittelgesetzbuches wird bestraft, wer

1. entgegen § 4 Absatz 1 ein Lebensmittel nicht getrennt hält oder
2. entgegen § 4 Absatz 2 Satz 1 ein Lebensmittel nicht, nicht richtig, nicht vollständig, nicht in der vorgeschriebenen Weise oder nicht rechtzeitig kenntlich macht.

(5) Nach § 59 Absatz 1 Nummer 21 Buchstabe b des Lebensmittel- und Futtermittelgesetzbuches wird bestraft, wer entgegen § 2 Absatz 1 Nummer 1, auch in Verbindung mit Absatz 2, ein Lebensmittel in den Verkehr bringt.

(6) Nach § 59 Absatz 3 Nummer 2 Buchstabe b des Lebensmittel- und Futtermittelgesetzbuches wird bestraft, wer eine in Absatz 2 in Verbindung mit Abschnitt 1, 3.1, 3.2, 3.3, 5 oder 6 des Anhangs der Verordnung (EG) Nr. 1881/2006 bezeichnete Handlung begeht, sofern festgestellte Verunreinigungen auf Einwirkungen der Luft, des Wassers oder des Bodens beruhen.

1   **1. Straftaten nach § 6 Abs. 1.** Mit der Rückverweisung **auf § 58 Abs. 1 Nr. 18 LFGB** (→ LFGB § 58 Rn. 37) in **§ 6 Abs. 1** werden **vorsätzliche** (→ LFGB § 58 Rn. 47 ff.) und **fahrlässige** (→ LFGB § 58 Rn. 60 ff.) Verstöße gegen die dem **Gesundheitsschutz dienenden** im Tatbestand näher konkretisierte Verbote unter Strafe gestellt. Hierbei handelt es sich einerseits um das **Verkehrsverbot** bei Überschreitung von Höchstwerten nach **§ 2 Abs. 1 Nr. 2** und das **Behandlungsverbot** des **§ 3 Abs. 2** (→ Vorb. Rn. 2). Zur Tathandlung des „Inverkehrbringens" → Vorb. LFGB Rn. 45. Zur Verantwortlichkeit im Lebensmittelstrafrecht → Vorb. LFGB Rn. 29 ff.

2   Nach § 58 Abs. 1 LFGB können vorsätzliche Verstöße **mit Geldstrafe oder mit Freiheitsstrafe bis zu drei Jahren** geahndet werden (→ LFGB § 58 Rn. 54 f.), wobei auch der Versuch strafbar ist (§ 58 Abs. 4 LFGB; → LFGB § 58 Rn. 53). In besonders schweren Fällen (vgl. § 58 Abs. 5 LFGB) sieht das Gesetz Freiheitsstrafe von sechs Monaten bis fünf Jahre vor (→ LFGB § 58 Rn. 56 ff.). Nach § 26 Abs. 1 iVm § 58 Abs. 6 LFGB kann **fahrlässiges Handeln mit Geldstrafe oder Freiheitsstrafe bis zu einem Jahr** geahndet werden kann. Zu den Konkurrenzen → LFGB § 58 Rn. 82 ff.

3   **2. Straftaten nach § 6 Abs. 2 und 3.** Mit der **Rückverweisung auf § 58 Abs. 3 Nr. 1 und 2 LFGB** (→ LFGB § 58 Rn. 41 ff.), werden zunächst **vorsätzliche** (→ LFGB § 58 Rn. 47 ff.) und **fahrlässige** (→ LFGB § 58 Rn. 60 ff.) Verstöße gegen das **Verkehrsverbot aus Art. 1 Abs. 1 VO (EG) Nr. 1881/2006,** das besteht, wenn die dort durch Bezugnahme auf den Anhang zur VO (EG) Nr. 1881/2006 bestimmten Kontaminathöchstwerte überschritten werden (§ 6 Abs. 2). Daneben treten nach § 6 Abs. 3 vorsätzliche und fahrlässige **Verstöße gegen die Behandlungsverbote aus Art. 3 VO (EG) Nr. 1881/2006.** Zur Tathandlung des Verwendens → LFGB § 58 Rn. 31, zu der des Vermischens → Vorb. LFGB Rn. 47. Zur Verantwortlichkeit im Lebensmittelstrafrecht → Vorb. LFGB Rn. 29 ff. Zu den Rechtsfolgen → Rn. 2.

4   **3. Straftaten nach § 6 Abs. 4 und Abs. 5.** Mit der Rückverweisung auf **§ 59 Abs. 1 Nr. 21 Buchst. a und b LFGB** (→ LFGB § 59 Rn. 58) in § 6 Abs. 4 werden **vorsätzliche** (→ LFGB § 58 Rn. 47 ff.) **Verstöße gegen** die dem vorbeugenden Gesundheitsschutz dienenden, in den Tatbeständen näher konkretisierten **Behandlungsgebote und Kennzeichnungspflichten aus § 4** (→ Vorb. Rn. 2) unter Strafe gestellt. Zur Verantwortlichkeit im Lebensmittelstrafrecht → Vorb. LFGB Rn. 29 ff. Nach § 6 Abs. 5 macht sich strafbar, wer gegen das **Verkehrsverbot § 2 Abs. 1 Nr. 1** verstößt. Zur Tathandlung des „Inverkehrbringens" → Vorb. LFGB Rn. 45

5   Nach § 59 Abs. 1 LFGB können die Straftaten nach § 6 Abs. 1 mit **Freiheitsstrafe bis zu einem Jahr oder mit Geldstrafe** geahndet werden. Der Versuch ist ebenso wenig wie fahrlässiges Handeln (vgl. insoweit § 7) unter Strafe gestellt. Die Qualifikation des § 59 Abs. 4 LFGB (→ LFGB § 59 Rn. 74a) findet keine Anwendung. Neben der Verhängung von Geld- oder Freiheitsstrafe kommen als weitere Rechtsfolgen die **Einziehung** der Tatgegenstände (vgl. hierzu die Erläuterung zu § 61 LFGB), der **Verfall** des Täterlöses (§§ 73 ff. StGB) und die Anordnung eines **Berufsverbotes** (§§ 70 ff. StGB; vgl. BGH LMRR 2007, 84) in Betracht. Bei juristischen Personen und Personenvereinigungen kommt zudem eine Verbandsgeldbuße nach § 30 OWiG in Betracht. Zu den Konkurrenzen → LFGB § 59 Rn. 85.

6   **4. Straftaten nach § 6 Abs. 6.** Mit der **Rückverweisung auf § 59 Abs. 3 Nr. 2 Buchst. b LFGB** (→ LFGB § 58 Rn. 41 ff.) in § 6 Abs. 6 werden vorsätzliche (→ LFGB § 58 Rn. 47 ff.) **Verstöße gegen das Verkehrsverbot** aus **Art. 1 Abs. 1 der VO (EG) Nr. 1881/2006,** das aus einer Kontamination mit Nitrat, Blei, Cadmium, Quecksilber, Dioxine und PCB oder mit Polyzyklische aromatische Kohlenwasserstoffe resultiert und die Kontamination auf Einwirkungen der Luft, des Wassers oder des Bodens, mithin auf ungewollten Umwelteinflüssen beruht, unter Strafe gestellt. Insoweit erweist sich der Tatbestand als **Privilegierung zu § 6 Abs. 1 und Abs. 2.** Zu den Rechtsfolgen → LFGB § 59 Rn. 83 f.

§ 7 Ordnungswidrigkeiten

Wer eine in § 6 Absatz 4, 5 oder 6 bezeichnete Handlung fahrlässig begeht, handelt nach § 60 Absatz 1 des Lebensmittel- und Futtermittelgesetzbuches ordnungswidrig.

Handelt der Täter in den Fällen des § 6 Abs. 4, 5 oder 6 **fahrlässig** (→ LFGB § 58 Rn. 60 ff.), verwirklicht er den Bußgeldtatbestand des § 7. Die Verordnung wurde nicht an das abgestufte System in § 60 Abs. 1 u. 5 LFGB (→ LFGB § 60 Rn. 31 f.) angepasst, das mit dem Gesetz zur Änderung des Lebensmittel- und Futtermittelgesetzbuchs sowie anderer Vorschriften v. 29.6.2009 (BGBl. I 1659), das am 4.7.2009 in Kraft getreten ist (→ Vorb. LFGB Rn. 6), eingeführt wurde. Da die in § 6 Abs. 4–6 LFGB bezeichneten Handlungen Straftaten nach § 59 Abs. 1 Nr. 21 Buchst. a und b bzw. § 59 Abs. 3 LFGB darstellen, wird der **Verweis in § 7 als solcher auf § 60 Abs. 1 Nr. 2 LFGB zu verstehen sein.** Danach können Ordnungswidrigkeiten iSv § 7 nach der ab dem 4.8.2011 geltenden Fassung des § 60 Abs. 5 Nr. 2 LFGB (vgl. zur Änderung der Geldbußenrahmen in § 60 Abs. 5 LFGB → LFGB § 60 Rn. 32) mit Geldbuße bis zu 50.000 EUR geahndet werden. IÜ gelten für die Bemessung der Geldbuße die Vorgaben von § 17 Abs. 3 u. 4 OWiG. Zu den weiteren Rechtsfolgen → LFGB § 60 Rn. 33 f.

450. Verordnung über Konfitüren und einige ähnliche Erzeugnisse (Konfitürenverordnung – KonfV)

Vom 23. Oktober 2003 (BGBl. I S. 2151) FNA 2125-40-87

Zuletzt geändert durch Art. 5 VO zur Änd. lebensmittelrechtl. Vorschriften vom 30.9.2008 (BGBl. I S. 1911)

– Auszug –

Vorbemerkung

1 Mit der KonfV wird die **RL 2001/113/EG** des Rates v. 20.12.2001 über Konfitüren, Gelees, Marmeladen und Maronenkrem für die menschliche Ernährung in nationales Recht umgesetzt. Die Richtlinie, die an Stelle der Vorgängerrichtlinie 79/693/EWG trat und die dortigen Regeln an die allgemein geltenden lebensmittelrechtlichen Vorschriften anpasste, ist von der Erwägung getragen, dass durch die Unterschiede zwischen den einzelstaatlichen Rechtsvorschriften betreffend Konfitüren usw nachteilige Auswirkungen für den Binnenmarkt entstehen können, da es vor dem Hintergrund der unterschiedlichen Rechtslagen in den Mitgliedstaaten **zu unlauterem Wettbewerb und zur Irreführung des Verbrauchers** kommen kann. Insoweit soll die Richtlinie für **einheitliche Bezeichnungen und Etikettierungen** in diesem speziellen Lebensmittelbereich führen. Die KonfV dient daher vornehmlich dem **Schutz des Verbrauchers vor Täuschung** (→ Vorb. LFGB Rn. 12 f.). In diesem Zusammenhang ist zu beachten, dass am 13.12.2014 die **LMIV** (→ Vorb. LFGB Rn. 12; → LFGB § 59 Rn. 14, 21 ff.) in Kraft trat. In Folge dessen soll nach Maßgabe von Art. 8 LMIV-AnpassungsVO (vgl. Anhang zur LMKV = Nr. 502 dieses Kommentars, → LMKV Anh. Rn. 5) **§ 3 und die Anlage I zu den §§ 1–4 an die neue Rechtslage angepasst** werden, was bei der Anwendung des § 5 zu beachten ist. Bei den Vorschriften der KonfV handelt es sich um solche, die den Vorschriften der LMIV nach Maßgabe von Art. 1 Abs. 4 LMIV im Grundsatz als speziellere Vorschriften vorgehen (vgl. Voit/Grube LMIV/*Grube* Art. 1 Rn. 67 f.).

2 Nach § 1 iVm Anlage 1 unterliegen Konfitüren, Gelee, Marmelade, Gelee-Marmelade und Maronenkrem (vgl. zu den Erzeugnissen auch Zipfel/Rathke LebensmittelR/*Rathke* § 1 Rn. 10 ff.; Erbs/Kohlhaas/*Kalf* § 1 Rn. 6 ff.) der KonfV. Bei Konfitüren und Gelee ist darüber hinaus – abhängig von der für die Herstellung verwendete Menge an Pülpe oder Fruchtmark bzw. Saft – zwischen einfacher Konfitüre bzw. einfachem Gelee und Konfitüre und Gelee extra (s. auch OLG Hamburg LMuR 2003, 103) zu unterscheiden. **§ 2** regelt durch Bezugnahme auf die Anlagen 1 und 3 die **Zutaten, die bei der Herstellung** (→ Vorb. LFGB Rn. 46 ff.) der Konfitüre usw **verwendet werden dürfen. § 3** (beachte → Rn. 1) regelt die **spezielle Kennzeichnung** der Erzeugnisse iSd KonfV. Insoweit sieht § 3 Abs. 3 ein Verkehrsverbot bei gewerbsmäßigem Handeln (→ Vorb. LFGB Rn. 30) vor, wenn die dort vorgeschriebenen Angaben bei der Kennzeichnung der Erzeugnisse fehlen. Darüber hinaus besteht nach **§ 4** ein Verkehrsverbot, wenn Erzeugnisse als Konfitüren usw iSd Anlage 1 bezeichnet werden, ohne dass sie den in der Anlage 1 genannten Herstellungsanforderungen und den Vorgaben in § 2 Abs. 1 und 3 S. 1 entsprechen (vgl. EuGH ZLR 2009, 710).

§ 5 Straftaten und Ordnungswidrigkeiten

(1) **Nach § 59 Abs. 1 Nr. 21 Buchstabe a des Lebensmittel- und Futtermittelgesetzbuches wird bestraft, wer entgegen § 4 Lebensmittel in den Verkehr bringt.**

(2) **Wer eine in Absatz 1 bezeichnete Handlung fahrlässig begeht, handelt nach § 60 Abs. 1 des Lebensmittel- und Futtermittelgesetzbuches ordnungswidrig.**

(3) **Ordnungswidrig im Sinne des § 60 Abs. 2 Nr. 26 Buchstabe a des Lebensmittel- und Futtermittelgesetzbuches handelt, wer vorsätzlich oder fahrlässig entgegen § 3 Abs. 3 Satz 1 Nr. 1, 2 oder 3 ein Erzeugnis in den Verkehr bringt.**

1 **1. Straftaten nach § 5 Abs. 1.** Mit der Rückverweisung auf **§ 59 Abs. 1 Nr. 21 Buchst. a LFGB** (→ LFGB § 59 Rn. 58) in § 5 Abs. 1 werden **vorsätzliche Verstöße** (→ LFGB § 58 Rn. 47 ff.) gegen das dem Täuschungsschutz dienende **Verkehrsverbot** aus § 4 (→ Vorb. Rn. 2) unter Strafe gestellt. Zur Tathandlung des Inverkehrbringens → Vorb. LFGB Rn. 45. Zur Verantwortlichkeit im Lebensmittelstrafrecht → Vorb. LFGB Rn. 29 ff.

2 Nach § 59 Abs. 1 LFGB können die Straftaten nach § 5 Abs. 1 mit **Freiheitsstrafe bis zu einem Jahr oder mit Geldstrafe** geahndet werden. Der Versuch ist ebenso wenig wie fahrlässiges Handeln

Sackreuther

(→ Rn. 3) unter Strafe gestellt. Die Qualifikation des § 59 Abs. 4 LFGB (→ LFGB § 59 Rn. 74a) findet keine Anwendung. Neben der Verhängung von Geld- oder Freiheitsstrafe kommen als weitere Rechtsfolgen die **Einziehung** der Tatgegenstände (→ LFGB § 61 Rn. 1 ff.), der **Verfall** des Taterlöses (§§ 73 ff. StGB) und die Anordnung eines **Berufsverbotes** (§§ 70 ff. StGB; vgl. BGH LMRR 2007, 84) in Betracht. Bei juristischen Personen und Personenvereinigungen kommt zudem eine Verbandsgeldbuße nach § 30 OWiG in Betracht. Zu den Konkurrenzen → LFGB § 59 Rn. 85.

2. Ordnungswidrigkeiten nach § 5 Abs. 2. Handelt der Täter in den Fällen des § 5 Abs. 1 **3** fahrlässig (→ LFGB § 58 Rn. 60 ff.), verwirklicht er den Bußgeldtatbestand des **§ 5 Abs. 2.** Die Verordnung wurde bisher noch nicht an das abgestufte System in § 60 Abs. 1 und 5 LFGB (→ LFGB § 60 Rn. 31 f.) angepasst, das mit dem Gesetz zur Änderung des Lebensmittel- und Futtermittelgesetzbuchs sowie anderer Vorschriften v. 29.6.2009 (BGBl. I 1659), das am 4.7.2009 in Kraft getreten ist (→ Vorb. LFGB Rn. 6), eingeführt wurde. Da die in § 5 Abs. 1 bezeichneten Handlungen Straftaten nach § 59 Abs. 1 Nr. 21 Buchst. a LFGB darstellen, wird der **Verweis in § 5 Abs. 2 als solcher auf § 60 Abs. 1 Nr. 2 LFGB zu verstehen sein.** Danach können Ordnungswidrigkeiten iSv § 5 Abs. 2 nach der ab dem 4.8.2011 geltenden Fassung des § 60 Abs. 5 Nr. 2 LFGB (vgl. zur Änderung der Geldbußenrahmen in § 60 Abs. 5 LFGB → LFGB § 60 Rn. 32) mit Geldbuße iHv bis zu **50.000 EUR** geahndet werden. Im Übrigen gelten für die Bemessung der Geldbuße die Vorgaben von § 17 Abs. 3 und 4 OWiG. Zu den weiteren Rechtsfolgen → LFGB § 60 Rn. 33 f.

3. Ordnungswidrigkeiten nach § 5 Abs. 3. Mit Rückverweisung auf **§ 60 Abs. 2 Nr. 26 4 Buchst. a LFGB** (→ LFGB § 60 Rn. 20) in **§ 5 Abs. 3** werden **vorsätzliche und fahrlässige** Verstöße gegen Verkehrsverbote, die aus Missachtung der Kennzeichnungspflichten nach § 3 Abs. 3 S. 1 resultieren (→ Vorb. Rn. 2), als Ordnungswidrigkeiten definiert. Demnach können **vorsätzliche** (→ LFGB § 58 Rn. 47 ff.) **Verstöße** iSv § 5 Abs. 3 nach der ab dem 4.8.2011 geltenden Fassung des § 60 Abs. 5 Nr. 2 LFGB (vgl. zur Änderung der Geldbußenrahmen in § 60 Abs. 5 LFGB → LFGB § 60 Rn. 32) mit **Geldbuße bis zu 50.000 EUR** geahndet werden; handelt der Betroffene **fahrlässig** sieht das Gesetz **Geldbuße bis zu 25.000 EUR** (§ 17 Abs. 2 OWiG) vor. Zu den weiteren Rechtsfolgen → LFGB § 60 Rn. 33 f.

455. Verordnung über die Kennzeichnung wärmebehandelter Konsummilch (Konsummilch-Kennzeichnungs-Verordnung – KonsMilchKV)

Vom 19. Juni 1974 (BGBl. I S. 1301) FNA 7842-2-8

Zuletzt geändert durch Art. 18 G zur Neuregelung des gesetzlichen Messwesens vom 25.7.2013 (BGBl. I S. 2722)

– Auszug –

Vorbemerkung

1 Nach § 1 gelten die Vorschriften der KonsMilchKV für Konsummilch iSv der **VO (EG) Nr. 1234/ 2007,** die in Fertigpackungen iSd § 6 Abs. 1 des Eichgesetzes oder im Einzelhandel nicht fertig verpackt gewerbsmäßig (→ Vorb. LFGB Rn. 30) in den Verkehr gebracht wird. Insoweit **ergänzt** die Kons-MilchKV die **gemeinschaftsrechtlichen Vorschriften.** Die VO (EG) Nr. 1234/2007 wurde zwar mWz 1.1.2014 durch Art. 230 Abs. 1 VO (EU) Nr. 1308/2013 aufgehoben. Insoweit dient die Bezugnahme indes lediglich der Konkretisierung des Begriffes, so dass der Bestimmtheitsgrundsatz – unbeschadet der Entsprechungsklausel in Art. 230 Abs. 2 VO (EU) Nr. 1308/2013 – durch den Wegfall der bisher in Bezug genommenen Verordnung nicht verletzt ist (vgl. BGH NStZ 2014, 329; → Vorb. LFGB Rn. 25).

2 Bis zur Änderung des § 4 Abs. 2 durch die VO zur Anpassung lebensmittelhygiene- und tierseuchenrechtlicher Vorschriften an den Lissabon-Vertrag vom 14.7.2010 (BGBl. I 929) erwies sich zwischen dem 25.3.2009 und dem 22.7.2010 zudem die **Rückverweisung in § 4 Abs. 2 aF** auf § 14 Abs. 2 Nr. 2 MilchMargG im Hinblick auf den verfassungsrechtlichen Bestimmtheitsgrundsatz als problematisch. Der in dieser Zeit von § 4 Abs. 2 aF in Bezug genommene § 14 Abs. 2 MilchMargG nF stellte keinen Bußgeldtatbestand mit Rückverweisungsklausel dar. Der maßgebliche Tatbestand findet sich nach redaktioneller Änderungen des MilchMargG durch Art. 13 des Dritten Mittelstandsentlastungsgesetz vom 17.3.2009 (BGBl. I 550 (553); → Vorb. MilchMargG Rn. 2) vielmehr in **§ 9 Abs. 2 Nr. 2 MilchMargG,** auf den nunmehr in Folge der Anpassung verwiesen wird (→ MilchMargG § 9 Rn. 5 mwN).

3 In materieller Hinsicht verfolgt die Verordnung einerseits die **Förderung der Erzeugung, der Qualität und des Absatzes** der erfassten Erzeugnisse, andererseits dient sie auch **originär lebensmittelrechtlichen Zwecken,** dem Schutz der Gesundheit des Verbrauchers und dessen Schutz vor Täuschung und Irreführung (→ Vorb. LFGB Rn. 8 ff.). Nach **§ 2** darf Konsummilch nur in den Verkehr gebracht werden, wenn sie nach näherer Maßgabe von **§ 2 gekennzeichnet** ist. Neben den in § 2 statuierten Kennzeichnungspflichten sieht **§ 3** vor, dass die Kennzeichnung **den Fettgehalt** der Konsummilch in der dort näher beschriebenen Form enthalten muss. In diesem Zusammenhang ist zu beachten, dass am 13.12.2014 die **LMIV** (→ Vorb. LFGB Rn. 12; → LFGB § 59 Rn. 14, 21 ff.) in Kraft trat. In Folge dessen soll nach Maßgabe von Art. 21 LMIV-AnpassungsVO (vgl. Anhang zur LMKV = Nr. 502 dieses Kommentars, → LMKV Anh. Rn. 5) **§ 4a eingefügt** werden, der den Vorrang der LMIV statuiert.

§ 4 Ordnungswidrigkeiten

(1) Ordnungswidrig im Sinne des § 60 Abs. 2 Nr. 26 Buchstabe a des Lebensmittel- und Futtermittelgesetzbuches handelt, wer vorsätzlich oder fahrlässig entgegen § 2 Abs. 1 in Verbindung mit Abs. 2 Nr. 1 bis 4, Abs. 3 oder 4 Nr. 1 Konsummilch, die nicht oder nicht in der vorgeschriebenen Weise gekennzeichnet ist, gewerbsmäßig in den Verkehr bringt.

(2) Ordnungswidrig im Sinne des § 9 Absatz 2 Nummer 2 des Milch- und Margarinegesetzes handelt, wer vorsätzlich oder fahrlässig entgegen § 2 Abs. 1 in Verbindung mit Abs. 2 Nr. 5, Abs. 3 Satz 1 oder Abs. 4 Nr. 2 Konsummilch, die nicht oder nicht in der vorgeschriebenen Weise gekennzeichnet ist, gewerbsmäßig in den Verkehr bringt.

1 **1. Ordnungswidrigkeiten nach § 4 Abs. 1.** Mit Rückverweisung auf **§ 60 Abs. 2 Nr. 26 Buchst. a LFGB** (→ LFGB § 60 Rn. 20) in **§ 4 Abs. 1** werden **vorsätzliche** (→ LFGB § 58 Rn. 47 ff.) **und fahrlässige** (→ LFGB § 58 Rn. 60 ff.) **Verstöße gegen Verkehrsverbote,** die aus Missachtung der Kennzeichnungspflichten nach § 2 Abs. 1 resultieren (→ Vorb. Rn. 3), als Ordnungswidrigkeiten definiert. Demnach können **vorsätzliche Verstöße** iSv § 4 Abs. 1 nach der ab dem

4.8.2011 geltenden Fassung des § 60 Abs. 5 Nr. 2 LFGB (vgl. zur Änderung der Geldbußenrahmen in § 60 Abs. 5 LFGB → LFGB § 60 Rn. 32) mit **Geldbuße bis zu 50.000 EUR** geahndet werden; handelt der Betroffene **fahrlässig** sieht das Gesetz **Geldbuße bis zu 25.000 EUR** (§ 17 Abs. 2 OWiG) vor. Zur Verantwortlichkeit im Lebensmittelstrafrecht → Vorb. LFGB Rn. 29 ff., namentlich im Hinblick auf das in § 4 geforderte „gewerbsmäßige" Handeln.

2. Ordnungswidrigkeiten nach § 4 Abs. 2. Mit **Rückverweisung auf § 9 Abs. 2 Nr. 2 Milch-** **2** **MargG** (→ Vorb. Rn. 2; → MilchMargG § 9 Rn. 5) in **§ 4 Abs. 2** werden ebenfalls vorsätzliche und fahrlässige **Verstöße gegen Verkehrsverbote,** die aus Missachtung der Kennzeichnungspflichten nach § 2 resultieren (→ Rn. 1), als Ordnungswidrigkeiten definiert. Im Unterschied zu § 4 Abs. 1 ist durch die Bezugnahme auf § 2 Abs. 2 Nr. 5 und Abs. 4 Nr. 2 die spezielle aus § 3 folgende Kennzeichnungspflicht (→ Vorb. Rn. 3) erfasst. Zur Verantwortlichkeit im Lebensmittelstrafrecht → Vorb. LFGB Rn. 29 ff., namentlich im Hinblick auf das in § 4 geforderte „gewerbsmäßige" Handeln.

Vorsätzliche Ordnungswidrigkeiten iSv § 4 Abs. 2 können nach § 9 Abs. 3 MilchMargG mit **3** **Geldbuße bis zu 10.000 EUR** geahndet werden; **fahrlässige** mit Geldbuße **bis 5.000 EUR** (§ 17 Abs. 2 OWiG; → MilchMargG § 9 Rn. 9). Daneben kommt die **Einziehung** nach § 11 MilchMargG in Betracht.

460. Verordnung über kosmetische Mittel (Kosmetik-Verordnung)

vom 16. Juli 2014 (BGBl. I S. 1054) FNA 2125-44-18

Zuletzt geändert durch Art. 2 VO zur Änd. des Lebensmittel- und Futtermittelgesetzbuches sowie anderer Vorschriften vom 26.1.2016 (BGBl. I S. 108)

– Auszug –

Vorbemerkung

1 **1. Entstehung der VO.** Die Kosmetik-Verordnung v. 16.12.1977 (BGBl. I 2589) trat erstmals am 1.1.1978 in Kraft. Die Verordnung wurde ursprünglich aufgrund des § 25 Abs. 2 iVm § 25 Abs. 1, § 26 Abs. 1 Nr. 3 iVm § 32 Abs. 1, § 29 Nr. 1, § 44 Nr. 2 des Lebensmittel- und Bedarfsgegenständegesetz (LMBG 1974) v. 15.8.1974 (BGBl. I 1945) erlassen. Das LMBG wurde mit dem Gesetz zur Neuordnung des Lebensmittel- und Futtermittelrechts v. 1.9.2005 (BGBl. I 2618) aufgehoben und in das Lebensmittel- und Futtermittelgesetzbuch (LFGB) umgewandelt. In der Folge ergab sich die Ermächtigung zum Erlass der vorliegenden Verordnung aus §§ 28, 29, 32 LFGB.

2 Durch zahlreiche Änderungsverordnungen wurden viele Stoffe dem Verbot der Anwendung in kosmetischen Mitteln hinzugefügt, andere wiederum in die Liste der zugelassenen Stoffe aufgenommen. Darüber hinaus wurden Kennzeichnungspflichten im Hinblick auf Inhaltsstoffe und Haltbarkeit eingeführt bzw. präzisiert. Mit diesen Änderungen wurden vielfach EG-Richtlinien in deutsches Recht umgesetzt.

3 Am 7.10.1997 wurde die Neufassung der Kosmetik-Verordnung (KosmetikVBek97) bekanntgemacht (BGBl. I 2410). Diese Änderung trat am 20.6.1997 in Kraft. Es folgten erneut zahlreiche Änderungen der Kosmetik-Verordnung. Eine der letzten Änderungen erfolgte am 3.2.2010 durch die 52. KosmetikVÄndV, welche der Umsetzung der RL 2008/112/EG des Europäischen Parlaments und des Rates v. 16.12.2008 und 2009/159/EU v. 16.12.2009 diente und die Anpassung an die VO (EG) Nr. 1272/2008 über die Einstufung, Kennzeichnung und Verpackung von Stoffen und Gemischen bezweckte.

4 Mit der danach neugefassten VO v. 16.7.2014 (BGBl. I 1054) wurden nicht nur einzelne Vorschriften neu gefasst. Die Verordnung zur Übertragung von Befugnissen auf das Bundesamt für Verbraucherschutz und Lebensmittelsicherheit (BVL-Übertragungsverordnung, BVLÜV) und die Verordnung über Mittel zum Tätowieren einschließlich bestimmter vergleichbarer Stoffe und Zubereitungen aus Stoffen (Tätowiermittel-Verordnung, TätoV) wurden ebenso geändert. Die zunächst letzte Änderung erfolgte durch Art. 2 VO zur Änderung des Lebensmittel- und Futtermittelgesetzbuches vom 26.1.2016 (BGBl. I 108).

5 Zwischenzeitlich war allerdings bereits die VO (KG) Nr. 1223/2009 des Europäischen Parlaments und des Rates v. 30.11.2009 über kosmetische Mittel ergangen, welche seit dem 11.7.2013 anzuwenden war. Die VO gilt in den Mitgliedstaaten der EU unmittelbar, weshalb eine Anpassung kosmetikrechtlicher Vorschriften und weiterer Vorschriften erforderlich wurde.

6 **2. Ziele und Zweck der VO.** Die in dieser Verordnung vorgesehenen Regelungen dienen dem Schutz der Gesundheit von Verbraucherinnen und Verbrauchern. Dabei wurden wichtige Regelungen aus der bisherigen KosmetikV aufrechterhalten. Dazu gehören unter anderem die Anzeigepflichten des Herstellungsorts bei im Inland hergestellten kosmetischen Mitteln sowie des Einfuhrorts bei kosmetischen Mitteln, die in die Europäische Union eingeführt werden, und einzelne Vorgaben bezüglich der Kennzeichnung kosmetischer Mittel.

7 **Hauptzweck** der Richtlinie ist die **Erhaltung der Volksgesundheit.** Die Zusammensetzung der kosmetischen Mittel muss so beschaffen sein, dass bei normalem oder voraussehbarem Gebrauch **keine schädlichen Wirkungen am betroffenen oder an benachbarten Körperteilen** entstehen. Die Richtlinie verfolgt darüber hinaus jedoch auch das Ziel, die Behinderung des Warenverkehrs durch unterschiedliche Regelungen in den Mitgliedstaaten aufzuheben.

Außerdem wurden **Sanktionen für Verstöße** gegen die Bestimmungen der Verordnung festgelegt und alle zu ihrer Anwendung erforderlichen Maßnahmen sollten getroffen werden. Die Sanktionen sollten zudem **wirksam, verhältnismäßig und abschreckend** sein (BR-Drs. 233/14, 10).

8 **3. Gegenstand der VO.** In der Kosmetikverordnung werden neben zusätzlichen Kennzeichnungsvorschriften hauptsächlich Regelungen über die Verwendung von Inhaltsstoffen geschaffen.

§ 8 Straftaten

(1) Nach § 58 Absatz 3 Nummer 1, Absatz 4 bis 6 des Lebensmittel- und Futtermittelgesetz-buches wird bestraft, wer vorsätzlich oder fahrlässig entgegen Artikel 5 Absatz 1 in Verbindung mit Artikel 3 Satz 1 Buchstabe a, b oder Buchstabe c der Verordnung (EG) Nr. 1223/2009 des Europäischen Parlaments und des Rates vom 30. November 2009 über kosmetische Mittel (ABl. L 342 vom 22.12.2009, S. 59), die zuletzt durch die Verordnung (EU) 2015/1298 vom 28. Juli 2015 (ABl. L 199 vom 29.7.2015, S. 22) geändert worden ist, nicht dafür sorgt, dass ein auf dem Markt bereitgestelltes kosmetisches Mittel für die menschliche Gesundheit sicher ist.

(2) Nach § 58 Absatz 3 Nummer 2, Absatz 4 bis 6 des Lebensmittel- und Futtermittel-gesetzbuches wird bestraft, wer gegen die Verordnung (EG) Nr. 1223/2009 verstößt, indem er vorsätzlich oder fahrlässig

1. entgegen Artikel 5 Absatz 1 in Verbindung mit Artikel 14 Absatz 1 Buchstabe a nicht da-für sorgt, dass ein kosmetisches Mittel einen in Anhang II aufgeführten Stoff nicht enthält,
2. entgegen Artikel 5 Absatz 1 in Verbindung mit Artikel 14 Absatz 1 Buchstabe b nicht da-für sorgt, dass in einem kosmetischen Mittel ein in Anhang III aufgeführter Stoff nicht enthalten ist, der unter Verstoß gegen die in Anhang III Spalte f oder Spalte h festgelegten Einschränkungen verwendet wird,
3. entgegen Artikel 5 Absatz 1 in Verbindung mit Artikel 14 Absatz 1 Buchstabe c Nummer i nicht dafür sorgt, dass in einem kosmetischen Mittel ein anderer als in Anhang IV auf-geführter Farbstoff nicht enthalten ist,
4. entgegen Artikel 5 Absatz 1 in Verbindung mit Artikel 14 Absatz 1 Buchstabe c Nummer i nicht dafür sorgt, dass in einem kosmetischen Mittel ein in Anhang IV aufgeführter Farbstoff nicht enthalten ist, der unter Verstoß gegen die in Anhang IV Spalte g oder Spalte i genannten Verwendungsbedingungen verwendet wird,
5. entgegen Artikel 5 Absatz 1 in Verbindung mit Artikel 14 Absatz 1 Buchstabe d Nummer i nicht dafür sorgt, dass in einem kosmetischen Mittel ein anderer als in Anhang V auf-geführter Konservierungsstoff nicht enthalten ist,
6. entgegen Artikel 5 Absatz 1 in Verbindung mit Artikel 14 Absatz 1 Buchstabe d Nummer i nicht dafür sorgt, dass in einem kosmetischen Mittel ein in Anhang V aufgeführter Kon-servierungsstoff nicht enthalten ist, der unter Verstoß gegen die in Anhang V Spalte f oder Spalte h genannten Verwendungsbedingungen verwendet wird,
7. entgegen Artikel 5 Absatz 1 in Verbindung mit Artikel 14 Absatz 1 Buchstabe e Nummer i nicht dafür sorgt, dass in einem kosmetischen Mittel ein anderer als in Anhang VI auf-geführter UV-Filter nicht enthalten ist,
8. entgegen Artikel 5 Absatz 1 in Verbindung mit Artikel 14 Absatz 1 Buchstabe e Nummer i nicht dafür sorgt, dass in einem kosmetischen Mittel ein in Anhang VI aufgeführter UV-Filter nicht enthalten ist, der unter Verstoß gegen die in Anhang VI Spalte f oder Spalte h genannten Verwendungsbedingungen verwendet wird, oder
9. entgegen Artikel 15 Absatz 1 Satz 1 oder Absatz 2 Unterabsatz 1 einen als CMR-Stoff der Kategorie 1A, 1B oder 2 eingestuften Stoff verwendet.

(3) Nach § 59 Absatz 3 Nummer 1 des Lebensmittel- und Futtermittelgesetzbuches wird bestraft, wer entgegen Artikel 20 Absatz 1 der Verordnung (EG) Nr. 1223/2009 einen Text, eine Bezeichnung, ein Warenzeichen, eine Abbildung oder ein anderes dort genanntes Zei-chen verwendet.

(4) Nach § 59 Absatz 3 Nummer 2 Buchstabe a des Lebensmittel- und Futtermittelgesetz-buches wird bestraft, wer gegen die Verordnung (EG) Nr. 1223/2009 verstößt, indem er

1. entgegen Artikel 5 Absatz 1 in Verbindung mit Artikel 14 Absatz 1 Buchstabe b nicht da-für sorgt, dass in einem kosmetischen Mittel ein in Anhang III aufgeführter Stoff nicht enthalten ist, der unter Verstoß gegen die in Anhang III Spalte g festgelegten Einschrän-kungen verwendet wird,
2. entgegen Artikel 5 Absatz 1 in Verbindung mit Artikel 14 Absatz 1 Buchstabe c Nummer i nicht dafür sorgt, dass in einem kosmetischen Mittel ein in Anhang IV aufgeführter Farbstoff nicht enthalten ist, der unter Verstoß gegen die in Anhang IV Spalte h genannten Verwendungsbedingungen verwendet wird,
3. entgegen Artikel 5 Absatz 1 in Verbindung mit Artikel 14 Absatz 1 Buchstabe d Nummer i nicht dafür sorgt, dass in einem kosmetischen Mittel ein in Anhang V aufgeführter Kon-servierungsstoff nicht enthalten ist, der unter Verstoß gegen die in Anhang V Spalte g genannten Verwendungsbedingungen verwendet wird,
4. entgegen Artikel 5 Absatz 1 in Verbindung mit Artikel 14 Absatz 1 Buchstabe e Nummer i nicht dafür sorgt, dass in einem kosmetischen Mittel ein in Anhang VI aufgeführter UV-Filter nicht enthalten ist, der unter Verstoß gegen die in Anhang VI Spalte g genannten Verwendungsbedingungen verwendet wird, oder
5. entgegen Artikel 10 Absatz 1 Unterabsatz 1 nicht sicherstellt, dass
   a) ein kosmetisches Mittel eine dort genannte Sicherheitsbewertung durchlaufen hat, oder
   b) ein Sicherheitsbericht für das kosmetische Mittel gemäß Anhang I erstellt worden ist.

A. Regelungscharakter

1 Die Vorschrift ergänzt die **Blankettnormen** des § 58 Abs. 3 Nr. 1, Abs. 3 Nr. 2, Abs. 4–6, § 59 Abs. 3 Nr. 1, Abs. 3 Nr. 2 Buchst. a LFGB, wonach das Zuwiderhandeln gegen Vorschriften in Rechtsakten der Europäischen Gemeinschaft oder der Europäischen Union (§ 58 Abs. 3 Nr. 1 LFGB) unter Strafe gestellt wird, ebenso beim Zuwiderhandeln gegen bestimmte andere unmittelbar geltende Vorschriften in Rechtsakten der Europäischen Gemeinschaft oder der Europäischen Union (§ 58 Abs. 3 Nr. 2 LFGB). Dies ist mit § 8 Kosmetik-Verordnung geschehen. Sowohl vorsätzliches als auch fahrlässiges Verhalten sind in den Alternativen § 8 Abs. 1–3 mit Strafe bedroht.

B. Die Regelungen im Einzelnen

I. Kosmetisches Mittel für die menschliche Gesundheit unsicher (§ 8 Abs. 1)

2 Art. 3 S. 1 der VO (EG) Nr. 1223/2009 des Europäischen Parlaments und des Rates v. 30.11.2009 über kosmetische Mittel (ABl. 2009 L 342, 59) verlangt von den verantwortlichen Personen (vgl. Art. 4 der vorgenannten Verordnung), dass die auf dem Markt bereitgestellten kosmetischen Mittel bei normaler oder vernünftigerweise vorhersehbarer Verwendung **für die menschliche Gesundheit sicher** sind. Soweit verantwortliche Personen dieser Verpflichtung vorsätzlich oder fahrlässig nicht nachkommen, erfüllen sie den Straftatbestand § 8 Abs. 1.

II. Verwendung eines Stoffes entgegen Art. 14 Anh. II VO (EG) Nr. 1223/2009 (§ 8 Abs. 2 Nr. 1)

2a Nach Art. 14 Abs. 1 Buchst. a der VO (EG) Nr. 1223/2009 dürfen kosmetische Mittel keine im Anh. II der Verordnung aufgeführten verbotenen Stoffe enthalten. Dies dient dem Schutz der Gesundheit.

3 Soweit verantwortliche Personen (Art. 4 VO (EG) Nr. 1223/2009) nicht dafür sorgen, dass kosmetische Mittel keine der in Anl. II aufgeführten verbotenen Stoffe enthalten, machen sie sich nach § 8 Abs. 2 Nr. 1 strafbar. Dies gilt auch bei nur fahrlässigem Verhalten.

III. Verwendung eines bestimmten Stoffes entgegen Art. 14 Anh. III VO (EG) Nr. 1223/2009 (§ 8 Abs. 2 Nr. 2)

4 Nach Art. 14 Abs. 1 Buchst. b der VO (EG) Nr. 1223/2009 dürfen kosmetische Mittel keine Stoffe enthalten, deren Verwendung eingeschränkt ist und die nicht gem. den in Anh. III der Verordnung festgelegten Einschränkungen verwendet werden.

5 Soweit verantwortliche Personen (Art. 4 VO (EG) Nr. 1223/2009) nicht dafür sorgen, dass kosmetische Mittel solche nichterlaubten Stoffe enthalten, machen sie sich nach § 8 Abs. 2 Nr. 2 sowohl bei vorsätzlichem als auch bei fahrlässigem Verhalten strafbar.

IV. Verwendung eines nicht erlaubten Farbstoffes (§ 8 Abs. 2 Nr. 3 u. 4)

6 Nach Art. 14 Abs. 1 Buchst. c der VO (EG) Nr. 1223/2009 dürfen kosmetische Mittel grds. nur Farbstoffe enthalten, welche in Anhang IV der Verordnung aufgeführt sind bzw. nur soweit bestimmte Verwendungsbedingungen eingehalten sind.

7 Soweit verantwortliche Personen (Art. 4 VO (EG) Nr. 1223/2009) nicht dafür sorgen, dass kosmetische Mittel nur solche Farbstoffe enthalten oder jedenfalls die vorgeschriebenen Verwendungsbedingungen eingehalten wurden, machen sie sich nach § 8 Abs. 2 Nr. 3 bzw. § 8 Abs. 2 Nr. 4 sowohl bei vorsätzlichem als auch bei fahrlässigem Verhalten strafbar.

V. Verwendung eines nicht erlaubten Konservierungsstoffes (§ 8 Abs. 2 Nr. 5 u. 6)

8 Nach Art. 14 Abs. 1 Buchst. d der VO (EG) Nr. 1223/2009 dürfen kosmetische Mittel grds. nur Konservierungsstoffe enthalten, welche in Anhang V der Verordnung aufgeführt sind und gem. den im Anhang V aufgeführten Bedingungen verwendet werden bzw. nur soweit bestimmte Verwendungsbedingungen eingehalten sind.

9 Soweit verantwortliche Personen (Art. 4 VO (EG) Nr. 1223/2009) nicht dafür sorgen, dass kosmetische Mittel keine anderen als nur solche Konservierungsstoffe enthalten und dabei diese gem. den aufgeführten Bedingungen verwendet wurden oder aber die vorgeschriebenen Verwendungsbedingungen eingehalten wurden, machen sie sich nach § 8 Abs. 2 Nr. 5 bzw., § 8 Abs. 2 Nr. 6 sowohl bei vorsätzlichem als auch bei fahrlässigem Verhalten strafbar.

VI. Verwendung eines nicht erlaubten UV-Filters (§ 8 Abs. 2 Nr. 7 u. 8)

Nach Art. 14 Abs. 1 Buchst. e der VO (EG) Nr. 1223/2009 dürfen kosmetische Mittel grds. nur UV- 10
Filter enthalten, welche in Anhang VI der Verordnung aufgeführt sind und gem. den im Anhang VI
aufgeführten Bedingungen verwendet werden bzw. nur soweit bestimmte Verwendungsbedingungen
eingehalten sind.

Soweit verantwortliche Personen (Art. 4 VO (EG) Nr. 1223/2009) nicht dafür sorgen, dass kosmeti- 11
sche Mittel nur solche UV-Filter enthalten oder jedenfalls die vorgeschriebenen Verwendungsbedingungen eingehalten wurden, machen sie sich nach § 8 Abs. 2 Nr. 7 bzw. § 8 Abs. 2 Nr. 8 sowohl bei
vorsätzlichem als auch bei fahrlässigem Verhalten strafbar.

VII. Verwendung eines als CMR-Stoff der Kategorie 1A, 1B oder 2 eingestuften Stoffes (§ 8 Abs. 2 Nr. 9)

Nach Art. 15 Abs. 1 S. 1 oder Abs. 2 UAbs. 1 der VO (EG) Nr. 1223/2009 ist die Verwendung von 12
Stoffen, die gem. Teil 3 des Anhangs VI der VO (EG) Nr. 1272/2008 als CMR-Stoffe der Kategorie 2
eingestuft sind, in kosmetischen Mitteln grds. verboten; ausnahmsweise erlaubt ist die Verwendung
allerdings dann, wenn der Stoff für die Verwendung in kosmetischen Mitteln als sicher befunden wurde
(Abs. 1). Darüber hinaus ist die Verwendung von Stoffen, die gem. Teil 3 des Anhangs VI der VO (EG)
Nr. 1272/2008 als CMR-Stoffe der Kategorien 1A oder 1B eingestuft sind, in kosmetischen Mitteln ist
verboten (Abs. 2).

Soweit entgegen diesen Vorschriften ein als CMR-Stoff der Kategorie 1A, 1B oder 2 eingestufter 13
Stoff Verwendung findet, machen sich die Verantwortlichen nach § 8 Abs. 2 Nr. 9 Kosmetik-VO
sowohl bei vorsätzlichem als auch bei fahrlässigem Verhalten strafbar.

VIII. Verwendung täuschender Texte, Bezeichnungen oder Abbildungen (§ 8 Abs. 3)

Nach Art. 20 Abs. 1 der VO (EG) Nr. 1223/2009 ist bei der Werbung für kosmetische Mittel die 14
Verwendung von Texten, Bezeichnungen, Warenzeichen, Abbildungen oder Zeichen verwendet, die
Merkmale oder Funktionen vortäuschen, die die betreffenden Erzeugnisse nicht besitzen.

Wird diesen Vorschriften zuwider gehandelt, liegt eine Straftat vor, welche auch fahrlässig begehbar 15
ist.

IX. Unerlaubte Verwendung von Farb- und Konservierungsstoffen, Stoffen und UV-Filtern (§ 8 Abs. 4 Nr. 1–4)

Die Strafvorschriften des § 8 Abs. 4 Nr. 1–4 sanktionieren weitere Verstöße gegen Art. 5 Abs. 1 der 16
VO (EG) Nr. 1223/2009, wenn Verantwortliche nicht dafür sorgen, dass in kosmetischen Mitteln keine
unerlaubten Stoffe, Farb- oder Konservierungsstoffe und UV-Filter enthalten sind. Allerdings sind diese
Tatbestände nur bei vorsätzlicher Begehung mit Strafe bedroht. Der Versuch ist nicht strafbar.

X. Sicherheitsbewertung und Sicherheitsbericht (§ 8 Abs. 4 Nr. 5)

Nach Art. 10 Abs. 1 der VO (EG) Nr. 1223/2009 ist durch die verantwortliche Person vor dem 17
Inverkehrbringen eines kosmetischen Mittels sicherzustellen, dass das kosmetische Mittel eine Sicherheitsbewertung auf der Grundlage der maßgeblichen Informationen durchlaufen hat und ein Sicherheitsbericht für das kosmetische Mittel erstellt worden ist.

Sofern die vorgenannten Bedingungen nicht erfüllt sind, ist die verantwortliche Person nach § 8 18
Abs. 4 Nr. 5 bei vorsätzlichem Handeln strafbar. Der Versuch ist nicht strafbar.

C. Rechtsfolgen, Verjährung

Die **Strafandrohung** beträgt in den Fällen § 8 Abs. 1–3 Freiheitsstrafe bis zu drei Jahren oder 19
Geldstrafe, in besonders schweren Fällen Freiheitsstrafe von sechs Monaten bis zu fünf Jahren (§ 58
Abs. 5 LFGB). Bei nur fahrlässiger Begehung liegt die Strafandrohung bei Freiheitsstrafe bis zu einem
Jahr oder Geldstrafe (§ 58 Abs. 6 LFGB). In den Fällen nach § 8 Abs. 4 lautet die Strafdrohung bis zu
einem Jahr Freiheitsstrafe oder Geldstrafe.

Die **Verfolgungsverjährung** beträgt hinsichtlich der vorsätzlichen **Straftaten** nach § 8 Abs. 1–3 20
fünf Jahre (§ 78 Abs. 3 Nr. 4 StGB), bei den Taten nach § 8 Abs. 4 drei Jahre (§ 78 Abs. 3 Nr. 5 StGB).
Bei fahrlässiger Begehung beträgt die Verjährungsfrist ebenfalls drei Jahre (§ 78 Abs. 3 Nr. 5 StGB).

§ 9 Ordnungswidrigkeiten

(1) Ordnungswidrig im Sinne des § 60 Absatz 2 Nummer 26 Buchstabe a des Lebensmittel- und Futtermittelgesetzbuches handelt, wer vorsätzlich oder fahrlässig

1. entgegen § 3 Satz 1 oder Satz 2, jeweils auch in Verbindung mit Satz 4, eine Anzeige nicht, nicht richtig oder nicht rechtzeitig erstattet oder
2. entgegen § 4 oder § 5 Absatz 1 ein kosmetisches Mittel auf dem Markt bereitstellt.

(2) Ordnungswidrig im Sinne des § 60 Absatz 4 Nummer 2 Buchstabe a des Lebensmittel- und Futtermittelgesetzbuches handelt, wer gegen die Verordnung (EG) Nr. 1223/2009 des Europäischen Parlaments und des Rates vom 30. November 2009 über kosmetische Mittel (ABl. L 342 vom 22.12.2009, S. 59), die zuletzt durch die Verordnung (EU) 2015/1298 vom 28. Juli 2015 (ABl. L 199 vom 29.7.2015, S. 22) geändert worden ist, verstößt, indem er vorsätzlich oder fahrlässig

1. entgegen Artikel 5 Absatz 1 in Verbindung mit Artikel 11 Absatz 2 nicht dafür sorgt, dass die dort genannten Daten und Angaben aktualisiert werden,
2. entgegen Artikel 5 Absatz 1 in Verbindung mit Artikel 11 Absatz 3 nicht dafür sorgt, dass eine Produktinformationsdatei in der dort genannten Weise zugänglich gemacht wird,
3. entgegen Artikel 6 Absatz 2 erster oder dritter Spiegelstrich eine Überprüfung nicht, nicht richtig, nicht vollständig oder nicht rechtzeitig vornimmt,
4. entgegen Artikel 11 Absatz 1 Satz 1 in Verbindung mit Absatz 2 eine Produktinformationsdatei nicht, nicht richtig oder nicht vollständig führt,
5. entgegen Artikel 11 Absatz 1 Satz 2 eine Produktinformationsdatei nicht oder nicht mindestens zehn Jahre aufbewahrt,
6. entgegen Artikel 13 Absatz 1 Unterabsatz 1 oder Absatz 2 oder Artikel 16 Absatz 3 Unterabsatz 1 eine Notifizierung nicht, nicht richtig, nicht vollständig, nicht in der vorgeschriebenen Weise oder nicht rechtzeitig vornimmt,
7. entgegen Artikel 13 Absatz 3 eine dort genannte Information nicht, nicht richtig, nicht vollständig, nicht in der vorgeschriebenen Weise oder nicht vor der Bereitstellung auf dem Markt zugänglich macht,
8. entgegen Artikel 13 Absatz 4 Unterabsatz 1 eine Mitteilung nicht, nicht richtig, nicht vollständig oder nicht vor der Bereitstellung auf dem Markt macht,
9. entgegen Artikel 13 Absatz 7 nicht dafür sorgt, dass eine Aktualisierung unverzüglich vorgenommen wird,
10. entgegen Artikel 18 Absatz 1 Buchstabe a ein kosmetisches Mittel in Verkehr bringt, dessen endgültige Zusammensetzung zur Einhaltung der Bestimmungen des Artikels 3 Satz 1 Buchstabe a, b oder Buchstabe c durch Tierversuche bestimmt worden ist,
11. entgegen Artikel 18 Absatz 1 Buchstabe b ein kosmetisches Mittel in Verkehr bringt, dessen Bestandteile oder Kombinationen von Bestandteilen zur Einhaltung der Bestimmungen des Artikels 3 Satz 1 Buchstabe a, b oder Buchstabe c durch Tierversuche bestimmt worden sind,
12. entgegen
    a) Artikel 19 Absatz 1 Buchstabe a, c, e oder Buchstabe f oder
    b) Artikel 19 Absatz 1 Buchstabe d oder Buchstabe g, jeweils auch in Verbindung mit Absatz 2,
    ein kosmetisches Mittel auf dem Markt bereitstellt,
13. entgegen Artikel 21 Satz 1 nicht gewährleistet, dass eine dort bezeichnete Angabe der Öffentlichkeit leicht zugänglich gemacht wird, oder
14. entgegen Artikel 23 Absatz 1 eine Meldung nicht, nicht richtig, nicht vollständig oder nicht rechtzeitig macht.

A. Regelungscharakter

1   Die Vorschrift ergänzt die **Blankettnorm** des § 60 Abs. 2 Nr. 26 Buchst. a LFGB, wonach das Zuwiderhandeln gegen dort näher bezeichnete Rechtsverordnungen als Ordnungswidrigkeit verfolgt wird, ebenso die Blankettnorm des § 60 Abs. 4 Nr. 2 Buchst. a bei Zuwiderhandlungen gegen unmittelbar geltende Vorschriften in Rechtsakten der Europäischen Gemeinschaft oder der Europäischen Union. Sowohl vorsätzliches als auch fahrlässiges Handeln reichen zur Tatbestandsausfüllung hin.

B. Die Regelungen im Einzelnen

I. Fehlende oder nicht rechtzeitige Erstattung einer Anzeige (§ 9 Abs. 1 Nr. 1)

2   Die Vorschrift sanktioniert die Nichteinhaltung der sich aus § 3 dieser Verordnung ergebenden Anzeigepflicht für kosmetischen Mittel, bevor diese in den Verkehr gebracht werden.
3   Die Ordnungswidrigkeit kann vorsätzlich und auch fahrlässig begangen werden,

II. Unzureichende Angaben auf kosmetischen Mitteln (§ 9 Abs. 1 Nr. 2)

Nach § 4 dieser Verordnung dürfen kosmetische Mittel nur auf dem Markt bereitgestellt werden, **4**
wenn die erforderlichen Angaben in deutscher Sprache angegeben sind; bei nicht vorverpackten
kosmetischen Mitteln müssen gem. § 5 dieser Verordnung die erforderlichen Angaben auf einem dem
Mittel beigepackten oder daran befestigten Etikett, Kärtchen oder Anhänger aufgeführt sein.

Der Verstoß gegen diese Anforderungen kann als Ordnungswidrigkeit geahndet werden, wobei **5**
vorsätzliche und fahrlässige Begehungsweise in Betracht kommen.

III. Unterlassene Aktualisierung von Daten und Angaben in Produktinformationsdatei (§ 9 Abs. 2 Nr. 1)

Nach Art. 11 Abs. 1 der VO (EG) Nr. 1223/2009 ist über in den Verkehr gebrachte kosmetische **6**
Mittel eine Produktinformationsdatei, welche die in Art. 11 Abs. 2 definierten Angaben und Daten
enthalten muss, und die ggf. zu aktualisieren ist. Unterbleibt eine solche Aktualisierung, hat sich die
verantwortliche Person wegen einer Ordnungswidrigkeit gem. § 9 Abs. 2 Nr. 1 zu verantworten.

IV. Zugänglichmachen der Produktinformationsdatei (§ 9 Abs. 2 Nr. 2)

Nach Art. 11 Abs. 3 der VO (EG) Nr. 1223/2009 ist die in Art. 11 Abs. 1 näher beschriebene **7**
Produktinformationsdatei durch die verantwortliche Person an ihrer Anschrift in elektronischem oder
anderem Format für die zuständige Behörde des Mitgliedstaats, in dem die Datei geführt wird, zugänglich zu machen. Sorgt die verantwortliche Person nicht für eine solche Zugänglichmachung, liegt eine
Ordnungswidrigkeit gem. § 9 Abs. 2 Nr. 2 vor.

V. Unterlassene Überprüfung von Kennzeichnungsinformationen und Mindesthaltbarkeit (§ 9 Abs. 2 Nr. 3)

Nach Art. 6 Abs. 2 der VO (EG) Nr. 1223/2009 sind, bevor ein kosmetisches Mittel auf dem Markt **8**
angeboten wird, durch die verantwortliche Person die Kennzeicheninformationen sowie das Mindesthaltbarkeitsdatum (Art. 6 Abs. 2) zu überprüfen. Wird diesen Verpflichtungen durch die verantwortliche
Person nicht, nicht vollständig oder nur verspätet nachgekommen oder da Mindesthaltbarkeitsdatum
nicht überprüft, liegt eine Ordnungswidrigkeit gem. § 9 Abs. 2 Nr. 3 vor.

VI. Nicht ordnungsgemäße Führung einer Produktinformationsdatei (§ 9 Abs. 2 Nr. 4)

Nach Art. 11 Abs. 1 der VO (EG) Nr. 1223/2009 sind, wenn ein kosmetisches Mittel auf den Markt **9**
gebracht wird, durch die verantwortliche Person Produktinformationsdatei zu überprüfen. Wird den
damit verbundenen Verpflichtungen durch die verantwortliche Person nicht, nicht vollständig oder nicht
richtig nachgekommen, liegt eine Ordnungswidrigkeit gem. § 9 Abs. 2 Nr. 4 vor.

VII. Nicht ordnungsgemäße Aufbewahrung einer Produktinformationsdatei (§ 9 Abs. 2 Nr. 5)

Wird die nach Art. 11 Abs. 1 der VO (EG) Nr. 1223/2009 zu führende Produktinformationsdatei **10**
nicht oder nicht mindestens zehn Jahre aufbewahrt, stellt dies eine Ordnungswidrigkeit gem. § 9 Abs. 2
Nr. 5 dar.

VIII. Keine ordnungsgemäße Notifizierung (§ 9 Abs. 2 Nr. 6–9)

Art. 13 Abs. der VO (EG) Nr. 1223/2009 stellt bestimmte Anforderungen in die im Zusammenhang **11**
mit dem Inverkehrbringen kosmetischer Produkte erforderliche Notifizierung und Informationen, die
zugänglich zu machen sind. Verstöße gegen diese Verpflichtungen stellen Ordnungswidrigkeiten gem.
§ 9 Abs. 2 Nr. 6–9 dar.

IX. Unerlaubte Tierversuche bzgl. der Zusammensetzung kosmetische Mittel (§ 9 Abs. 2 Nr. 10 und 11)

Nach Art. 18 Abs. 1 der VO (EG) Nr. 1223/2009 sind Tierversuche grds. untersagt, um die endgül- **12**
tige Zusammensetzung bzw. Bestandteile von kosmetischen Mitteln vor dem Inverkehrbringen durch
eine solche Prüfung zu bestimmen. Verstöße hiergegen stellen Ordnungswidrigkeiten gem. § 9 Abs. 2
Nr. 10 und 11 dar.

X. Fehlende oder unzureichende Kennzeichnungen (§ 9 Abs. 2 Nr. 12a und b)

13   Nach Art. 19 Abs. 1 der VO (EG) Nr. 1223/2009 sind unterschiedliche Kennzeichnungen auf den Behältnissen und Verpackungen kosmetischer Mittel erforderlich. Verstöße hiergegen stellen Ordnungswidrigkeiten gem. § 9 Abs. 2 Nr. 12a und b dar.

XI. Keine Gewährleistung der Zugänglichmachung von Informationen für Öffentlichkeit (§ 9 Abs. 2 Nr. 13)

14   Nach Art. 21 Abs. 1 der VO (EG) Nr. 1223/2009 hat die verantwortliche Person zu gewährleisten, dass die qualitative und quantitative Zusammensetzung des kosmetischen Mittels und bei Riech- und Aromastoffen die Bezeichnung und die Code-Nummer dieser Zusammensetzung und Angaben zur Identität des Lieferanten sowie vorhandene Daten über unerwünschte Wirkungen und schwere unerwünschte Wirkungen, die durch das kosmetische Mittel bei seiner Anwendung hervorgerufen werden, der Öffentlichkeit mit geeigneten Mitteln leicht zugänglich gemacht werden. Wird diesen Verpflichtungen nicht nachgekommen, stellt dies eine Ordnungswidrigkeit gem. § 9 Abs. 2 Nr. 13 dar.

XII. Unterbliebene oder nicht vollständige oder nicht rechtzeitige Meldung ernster unerwünschter Wirkungen (§ 9 Abs. 2 Nr. 14)

15   Nach Art. 23 Abs. 1 der VO (EG) Nr. 1223/2009 haben die verantwortliche Person und die Händler im Falle ernster unerwünschter Wirkungen der zuständigen Behörde des Mitgliedstaats, in dem die ernsten unerwünschten Wirkungen aufgetreten sind, unverzüglich Angaben zu allen, ihnen bekannten, ernsten unerwünschten Wirkungen zu machen, den Namen des jeweiligen kosmetischen Mittels und eingeleitete Abhilfemaßnahmen mitzuteilen. Wird diesen Verpflichtungen nicht nachgekommen, stellt dies eine Ordnungswidrigkeit gem. § 9 Abs. 2 Nr. 14 dar.

C. Rechtsfolgen, Verjährung

16   Die Ordnungswidrigkeiten können mit einer Geldbuße bis zu 50.000 EUR geahndet werden (§ 60 Abs. 5 Nr. 2 iVm Abs. 2 Nr. 26 Buchst. a LFGB).

17   Für die **Verfolgungsverjährung** gelten die Vorschriften der §§ 31 ff. OWiG.

465. Gesetz betreffend das Urheberrecht an Werken der bildenden Künste und der Photographie (Kunsturhebergesetz – KUG)

Vom 9. Januar 1907 (RGBl. S. 7) BGBl. III/FNA 440-3

Zuletzt geändert durch Art. 3 § 31 Gesetz zur Beendigung der Diskriminierung gleichgeschlechtlicher Gemeinschaften: Lebenspartnerschaften vom 16.2.2001 (BGBl. I S. 266)

– Auszug –

§ 22 [Recht am eigenen Bilde]

[1] Bildnisse dürfen nur mit Einwilligung des Abgebildeten verbreitet oder öffentlich zur Schau gestellt werden. [2] Die Einwilligung gilt im Zweifel als erteilt, wenn der Abgebildete dafür, daß er sich abbilden ließ, eine Entlohnung erhielt. [3] Nach dem Tode des Abgebildeten bedarf es bis zum Ablaufe von 10 Jahren der Einwilligung der Angehörigen des Abgebildeten. [4] Angehörige im Sinne dieses Gesetzes sind der überlebende Ehegatte oder Lebenspartner und die Kinder des Abgebildeten und, wenn weder ein Ehegatte oder Lebenspartner noch Kinder vorhanden sind, die Eltern des Abgebildeten.

§ 23 [Ausnahmen zu § 22]

(1) Ohne die nach § 22 erforderliche Einwilligung dürfen verbreitet und zur Schau gestellt werden:

1. Bildnisse aus dem Bereiche der Zeitgeschichte;
2. Bilder, auf denen die Personen nur als Beiwerk neben einer Landschaft oder sonstigen Örtlichkeit erscheinen;
3. Bilder von Versammlungen, Aufzügen und ähnlichen Vorgängen, an denen die dargestellten Personen teilgenommen haben;
4. Bildnisse, die nicht auf Bestellung angefertigt sind, sofern die Verbreitung oder Schaustellung einem höheren Interesse der Kunst dient.

(2) Die Befugnis erstreckt sich jedoch nicht auf eine Verbreitung und Schaustellung, durch die ein berechtigtes Interesse des Abgebildeten oder, falls dieser verstorben ist, seiner Angehörigen verletzt wird.

§ 24 [Ausnahmen im öffentlichen Interesse]

Für Zwecke der Rechtspflege und der öffentlichen Sicherheit dürfen von den Behörden Bildnisse ohne Einwilligung des Berechtigten sowie des Abgebildeten oder seiner Angehörigen vervielfältigt, verbreitet und öffentlich zur Schau gestellt werden.

§ 33 [Strafvorschrift]

(1) Mit Freiheitsstrafe bis zu einem Jahr oder mit Geldstrafe wird bestraft, wer entgegen den §§ 22, 23 ein Bildnis verbreitet oder öffentlich zur Schau stellt.

(2) Die Tat wird nur auf Antrag verfolgt.

A. Grundgedanke und Entstehungsgeschichte

§ 33 schützt Bildnisse durch strafrechtliche Sanktionen gegen vorsätzliche Beeinträchtigungen. Das **1** Recht am eigenen Bild ist eine besondere Ausprägung des allgemeinen Persönlichkeitsrechts gem. Art. 2 Abs. 1 iVm Art. 1 Abs. 1 GG (BVerfGE 35, 202 (220)). Die Persönlichkeit soll davor bewahrt werden, gegen ihren Willen in Gestalt der Abbildung für andere verfügbar zu werden (BGH NJW 1979, 2205 (2206)). Nur der Abgebildete selbst soll darüber befinden, ob, wann und wie er sich gegenüber Dritten oder der Öffentlichkeit im Bild darstellen will (BVerfGE 82, 236 (269)).

Vom ursprünglich im Jahr 1907 in Kraft getretenen Gesetz (RGBl. 7) sind nur noch wenige Be- **2** stimmungen übrig geblieben. Mit Gesetz v. 9.9.1965 (BGBl. I 1273) wurde das KUG durch § 141 Nr. 5 UrhG zugunsten der Bestimmungen im UrhG aufgehoben, soweit es nicht den Schutz von

Bildnissen betrifft. Daher ist der Anwendungsbereich des KUG ausschließlich auf den Schutz des Rechts am eigenen Bild beschränkt.

3   Auslöser für den Erlass des KUG waren unerlaubte Fotoaufnahmen des Leichnams Otto von Bismarcks auf dem Totenbett, deren Veröffentlichung nur unter Bezugnahme auf Hausfriedensbruch untersagt werden konnte (RGZ 45, 170). Der Gesetzgeber hat diese Regelungslücke durch das KUG geschlossen und einen Ausgleich zwischen dem Achtungsanspruch der Persönlichkeit und dem Informationsinteresse der Allgemeinheit vorzunehmen versucht (vgl. Verhandlungen des Reichstags, 11. Legislaturperiode, II. Session, 1. Sessionsabschnitt 1905/06, Nr. 30, S. 1526, 1540 ff.).

4   Das KUG steht bis heute unverändert im Spannungsfeld zwischen dem **allgemeinen Persönlichkeitsrecht** der abgebildeten Person und der **Meinungs- und Pressefreiheit** gem. Art. 5 GG – vornehmlich durch Veröffentlichungen des Boulevard-Journalismus – und findet seine Ausgestaltung nicht nur durch die ordentliche Gerichtsbarkeit, sondern aufgrund der **widerstreitenden Grundrechte** auch durch das Bundesverfassungsgericht (vgl. nur BVerfG GRUR 2008, 539) und neuerdings auch den EGMR (NJW 2004, 2647). So findet das KUG seinen hauptsächlichen Anwendungsbereich im Zivilrecht. Regelmäßig wendet sich eine Person gegen eine Veröffentlichung ihres Bildes in den Medien, sei es mit einem Anspruch auf Unterlassung, sei es mit einem Anspruch auf Schadensersatz oder Entschädigung. In strafrechtlicher Hinsicht hat § 33 vornehmlich Anwendung auf Fälle gefunden, in denen Polizeibeamte anlässlich einer Demonstration ohne ihre Einwilligung fotografiert und die Bilder veröffentlicht wurden (OLG Karlsruhe NJW 1980, 1701; VerfGH Bln NJW-RR 2007, 1686). Ein Verstoß gegen § 33 kann auch vorliegen, wenn ein Großvater Bilder eines Kindes im Internet einstellt, dessen Personensorge dem Jugendamt übertragen ist (OLG Karlsruhe ZUM-RD 2011, 348).

5   Um den Schutz der Intimsphäre zu verbessern, hat der Gesetzgeber mWz 6.8.2004 § 201a StGB eingeführt (BGBl. I 2012). Der einzelne wird durch das **Verbot von Bildaufnahmen im höchstpersönlichen Lebensbereich** geschützt, dh durch das Verbot von unbefugten Bildaufnahmen in einer Wohnung oder in einem gegen Einblick besonders geschützten Bereich. Auch das Gebrauchen und Zugänglichmachen solcher Aufnahmen ist nunmehr strafbewehrt. Die Bildträger, Bildaufnahmegeräte und andere technische Mittel, die der Beteiligte verwendet hat, unterliegen der Einziehung gem. § 201a Abs. 4 StGB iVm § 74a StGB.

B. Regelungsgehalt

6   Nach § 33 wird bestraft, wer entgegen den §§ 22, 23 ein Bildnis verbreitet oder öffentlich zur Schau stellt. Die von der Rechtsprechung entwickelte Auslegung dieser Normen ist mit dem verfassungsrechtlichen **Bestimmtheitsgrundsatz** zu vereinbaren (vgl. VerfGH Bln NJW-RR 2007, 1686). Auch § 22 ist mit den Grundgesetz vereinbar, da die Norm mit ihren offenen Formulierungen für eine grundrechtskonforme Auslegung und Anwendung ausreichend Raum bietet (BVerfGE 101, 361 (386 f.)).

I. Begriff des Bildnisses

7   Ein Bildnis iSv § 22 ist die **erkennbare Wiedergabe** des äußeren Erscheinungsbildes einer Person und zwar in jeder Form und in jedem Medium; für die Erkennbarkeit des Abgebildeten genügt es, wenn der Betroffene begründeten Anlass hat anzunehmen, er könne erkannt werden (BGH GRUR 1962, 211), wobei die Erkennbarkeit mindestens für einen Personenkreis vorhanden sein muss, den der Betroffene nicht mehr ohne weiteres selbst unterrichten kann (LG Köln AfP 2005, 81). Auf die Herstellung und Verbreitung von Sachaufnahmen findet § 22 keine Anwendung (OLG Köln NJW 2004, 619 (620)). Soweit § 23 zwischen Bildnissen und Bildern unterscheidet, handelt es sich um eine terminologische und nicht zu berücksichtigende Ungereimtheit des Gesetzestextes (Wandtke/Bullinger/*Fricke* § 23 Rn. 2). Ob das KUG auf zivilrechtliche Abwehr- oder Ausgleichsansprüche wegen einer Wortberichterstattung Anwendung findet, ist umstritten (vgl. hierzu BGH GRUR 1959, 430 (432) einerseits und BGH NJW 1966, 2353 (2354) andererseits). Für das Strafrecht hindert der Bestimmtheitsgrundsatz jedenfalls die Anwendbarkeit von § 33 auf Wortberichterstattungen.

II. Inhaberschaft des Rechts am eigenen Bild

8   Das Recht am eigenen Bild steht der abgebildeten natürlichen Person von der Geburt an zu und endet gem. § 22 S. 3 10 Jahre nach dem Tode. Zwar nimmt der BGH an, dass sich diese Frist nur auf vermögenswerte Bestandteile des Rechts am eigenen Bild bezieht, während auch danach noch Abwehransprüche bei Verletzung ideeller Bestandteile des **postmortalen Persönlichkeitsrechts** von Angehörigen geltend gemacht werden können (BGH NJW 2006, 650). Im Hinblick auf den Wortlaut des § 22 S. 3 und das verfassungsrechtliche Bestimmtheitsgebot wird diese Differenzierung im Anwendungsbereich des § 33 nicht aufrecht zu erhalten sein (vgl. Dreier/Schulze/*Dreier/Specht* §§ 30–50 Rn. 4).

9   Das Recht am eigenen Bild steht dem Abgebildeten zu und geht gem. § 22 S. 3 mit dessen Tode auf die **Angehörigen** über, wobei der Kreis der Angehörigen auf den überlebenden Ehegatten oder Lebenspartner und die Kinder beschränkt ist, § 22 S. 4. Sind mehrere Berechtigte vorhanden, bedarf es

zur Verbreitung der Einwilligung aller Berechtigten, hingegen kann jeder Berechtigte gegen die unberechtigte Verbreitung oder öffentliche Zurschaustellung aus eigenem Recht vorgehen (Wandtke/Bullinger/*Fricke* § 22 Rn. 12).

III. Einwilligung der abgebildeten Person

Der Tatbestand von § 33 ist nicht verwirklicht, wenn die abgebildete Person ihre Einwilligung zur **10** Verbreitung oder Zurschaustellung erteilt hat. Die Einwilligung stellt eine **empfangsbedürftige Willenserklärung** iSv § 183 BGB dar, deren wirksame Abgabe nach zivilrechtlichen Grundsätzen zu beurteilen ist (OLG München NJW 2002, 305). Zur Überrumpelung eines Betroffenen s. OLG Frankfurt a. M. NJW-RR 1990, 1439. Grenzen der Verwertbarkeit können sich auch bei einer unbeschränkt erteilten Einwilligung ergeben, wenn die Veröffentlichung zu anderen Zwecken als vom Abgebildeten beabsichtigt erfolgt. Im Rahmen zivilrechtlicher Auseinandersetzungen liegt die Beweislast für die Erteilung und den Umfang der Einwilligung bei demjenigen, der das Bildnis veröffentlicht (BGHZ 20, 345 (348)). Dieser Beweislastregel wird bei der strafrechtlichen Beurteilung nicht zu folgen sein.

IV. Ausnahmen vom Einwilligungserfordernis gem. § 23 Abs. 1

Auf eine Einwilligung kommt es nicht an, wenn eine Ausnahme nach § 23 Abs. 1 Nr. 1–4 vorliegt **11** und ein **berechtigtes Interesse** des Abgebildeten nicht verletzt wird, Abs. 2.

Eine Verbreitung/Zurschaustellung ist ohne Einwilligung zulässig **bei Bildnissen aus dem Bereich** **12** **der Zeitgeschichte (Nr. 1).** Zur Zeitgeschichte zählt das gesamte politische, soziale, wirtschaftliche und kulturelle Leben (Verhandlungen des Reichstages, 11. Legislaturperiode II. Session, 1. Sessionsabschnitt 1905/06 Nr. 30, S. 1540), insbes. alle Erscheinungen im Leben der Gegenwart, die von der Öffentlichkeit beachtet werden, bei ihr Aufmerksamkeit finden und Gegenstand der Teilnahme oder Wissbegier weiter Kreise sind (RGZ 125, 80 (82)). Dabei bestimmt sich der Begriff der Zeitgeschichte nach dem Informationsinteresse der Öffentlichkeit unabhängig davon, ob die Bildveröffentlichung der Information oder der Unterhaltung dient (BVerfG NJW 2000, 1021). Das **Informationsinteresse der Öffentlichkeit** gilt jedoch nicht grenzenlos. Es ist bereits bei der Bestimmung des Begriffs der Zeitgeschichte mit entgegenstehenden Rechtsgütern abzuwägen (BVerfG GRUR 2008, 539 (545); anders noch BVerfG NJW 2000, 1021, das die Abwägung erst in § 23 Abs. 2 vorgenommen hat). Hierbei stehen sich das Interesse der Öffentlichkeit an einer vollständigen Information über das Zeitgeschehen und der Schutz der Privatsphäre gegenüber (vgl. Wandtke/Bullinger/*Fricke* § 23 Rn. 6). Bei der Abwägung ist zwischen absoluten und relativen Personen der Zeitgeschichte zu unterscheiden. **Absolute Personen der Zeitgeschichte** sind Menschen, die unabhängig von einem bestimmten Ereignis allgemein öffentliche Aufmerksamkeit finden und deren Bildnis von der Öffentlichkeit um der dargestellten Person willen betrachtet wird (BVerfG NJW 2001, 1921 (1922)). Hierunter fallen insbes. bedeutende Politiker (BGH GRUR 1996, 195 (196)), Angehörige regierender Königs- und Fürstenhäuser (BVerfG NJW 2000, 2192), bekannte Schauspieler (BGH NJW 2002, 2217) und vergleichbare Personen. Nach EGMR NJW 2004, 2647 (2650), soll die einwilligungslose Veröffentlichung von Fotos von absoluten Personen der Zeitgeschichte nur zulässig sein, wenn hiermit zu einer **Diskussion von allgemeinem Interesse** beigetragen wird. Im Anschluss an dieses Urteil hat das BVerfG klargestellt, dass die Abbildung des Alltagslebens prominenter Personen zulässig bleibt, wenn es der Meinungsbildung zu Fragen von allgemeinem Interesse dienen kann (BVerfG GRUR 2008, 539 (542)). Diese Rechtsprechung ist mit der EMRK vereinbar (EGMR NJW 2012, 1053). **Relative Personen der Zeitgeschichte** treten hingegen nur im Zusammenhang mit einem geschichtlichen Ereignis vorübergehend aus der Anonymität heraus und in das Blickfeld der Öffentlichkeit (BVerfG NJW 2001, 1921 (1922 f.)). Das Informationsinteresse ist bei diesen auf das Geschehen begrenzt, das den Betreffenden zur Person der Zeitgeschichte macht (*Neumann-Duesberg* JZ 1960, 115; vgl. hierzu Wandtke/Bullinger/*Fricke* § 23 Rn. 13 f.).

Eine Veröffentlichung ist ohne Einwilligung des Abgebildeten zulässig, wenn die Personen auf den **13** Bild nur als **Beiwerk einer Landschaft oder sonstigen Örtlichkeit** erscheinen, § 23 Abs. 1 Nr. 2. Die Personenabbildung muss sich unter die Gesamtdarstellung in einer Weise unterordnen, dass die Personenabbildung auch entfallen könnte, ohne den Gegenstand des Bildes zu verändern (OLG Karlsruhe GRUR 1989, 823).

Zudem dürfen nach § 23 Abs. 1 Nr. 3 ohne Einwilligung der Betroffenen **Bilder von Versamm-** **14** **lungen, Aufzügen und ähnlichen Vorgängen** veröffentlicht werden. Dabei muss die Menschenansammlung als Gesamteindruck der Abbildung im Vordergrund stehen (LG Köln NJW-RR 1995, 1175 (1176)).

Gem. § 23 Abs. 1 S. 1 Nr. 4 dürfen Bildnisse, deren Verbreitung oder Schaustellung einem **höheren** **15** **Interesse der Kunst dienen,** ohne Einwilligung der Betroffenen veröffentlicht werden. Hierdurch soll „die Veröffentlichung künstlerischer Bildstudien ermöglicht werden, bei welchen eine Verhandlung wegen der Erteilung der Einwilligung des Abgebildeten der Sache nach ausgeschlossen zu sein pflegt"

(Verhandlungen des Reichstages, 11. Legislaturperiode II. Session, 1. Sessionsabschnitt 1905/06 Nr. 30, S. 1526, 1540); in der Praxis bislang ohne Bedeutung.

V. Berechtigte Interessen der abgebildeten Person (§ 23 Abs. 2)

16 Die Abbildungsfreiheit findet ihre Grenzen in den berechtigten Interessen des Abgebildeten, § 23 Abs. 2. Eine Veröffentlichung ist idR unzulässig beim Eindringen in die geschützte Privatsphäre oder Intimsphäre des Abgebildeten, bei der Verfälschung des Aussagegehalts von Bildnissen sowie beim unerlaubten Einsatz von Bildnissen zu Werbezwecken (Wandtke/Bullinger/*Fricke* § 23 Rn. 34).

17 Die thematisch und räumlich zu bestimmende **Privatsphäre** umfasst Angelegenheiten, die wegen ihres Informationsgehaltes typischerweise als privat eingestuft werden, weil ihre öffentliche Zurschaustellung als unschicklich gilt, als peinlich empfunden wird oder nachteilige Reaktionen auslöst, sowie einen Rückzugsbereich, in dem der Einzelne zu sich kommen, sich entspannen oder sich gehen lassen kann (BVerfG NJW 2000, 1021). Dazu gehören Situationen der Entspannung von Beruf und Alltag, in denen der Betroffene erwarten darf, keinen Bildnisstellungen ausgesetzt zu sein (BVerfG GRUR 2008, 539 (542)). Demgegenüber sind **Bilder privater Alltagssituationen** nicht in demselben Maße geschützt. Während der EGMR die Veröffentlichung solcher Bilder für unzulässig hält, wenn sie zu keiner Diskussion von allgemeinem Interesse beitragen (EGMR NJW 2004, 2647 (2650)), hebt der BGH maßgebend auf den Informationswert der Abbildung ab und berücksichtigt auch eine evtl. vorhandene Wortberichterstattung mit (BGH NJW 2007, 1981 (1982)). Aufgrund der derzeit kaum zu prognostizierenden Einzelfallrechtsprechung besteht eine tiefgreifende Rechtsunsicherheit (vgl. Wandtke/Bullinger/*Fricke* § 23 Rn. 37), die der Begründung eines strafrechtlich relevanten Verhaltens in diesem Teilbereich bis auf weiteres entgegenstehen dürfte. Jedenfalls wird es in diesen Fällen an einem vorsätzlichen Verhalten des Veröffentlichenden fehlen.

18 Der Abbildungsfreiheit steht das Recht auf eine **Intimsphäre** entgegen. Diese umfasst die Bereiche Krankheit, Tod und Sexualität. Dies gilt insbes. für Nacktaufnahmen, die zur Veröffentlichung stets der Einwilligung der abgebildeten Person bedürfen (BGH NJW 1985, 1617 (1618)).

19 Auch die **Verfälschung des Aussagegehalts von Bildern** kann die Veröffentlichung unzulässig machen. Eine solche Verfälschung ist nicht schlechthin unzulässig, sondern nur dann, wenn der Betrachter die Manipulationen nicht erkennen kann und ihm der Eindruck eines Geschehens vermittelt wird, das so nicht stattgefunden hat. Hier kann es an einem Informationsinteresse fehlen (BVerfG NJW 1999, 1322).

20 Ebenso unzulässig ist die Verwendung von Bildern **zu kommerziellen Zwecken** (BGH GRUR 1956, 427). Hingegen hat der Abgebildete die Veröffentlichung zu dulden, wenn neben Werbezwecken auch Informationsinteressen verfolgt werden (BVerfG NJW 2001, 594 (595)).

C. Tathandlung

21 Tathandlungen sind die Verbreitung und die öffentliche Zurschaustellung eines Bildnisses. **Verbreitung** ist die Weitergabe des Originals oder von Vervielfältigungsstücken, die das Risiko einer nicht mehr zu kontrollierenden Kenntnisnahme in sich birgt. Die **öffentliche Zurschaustellung** ist die Sichtbarmachung eines Bildnisses gegenüber einer nicht begrenzten Öffentlichkeit. Der Begriff stellt auf den Vorgang selbst ab, so dass es nicht darauf ankommt, ob der Betrachter das Bildnis tatsächlich wahrgenommen hat, sondern es reicht aus, dass jemand die Möglichkeit dazu hatte (VG Köln NJW 1988, 367 (369)). Unter dem Tatbestandsmerkmal „öffentlich" ist ein für jeden hörbar und sichtbar oder für die Allgemeinheit zugängliches Zurschaustellen zu verstehen. Ein solches ist an dann zu bejahen, wenn ein Plakat lediglich im Rahmen einer Pressekonferenz zur Schau gestellt, da es zum Wesen der Presse gehört, dass sie Erzeugnisse an die Allgemeinheit verbreitet (VerfGH Bln NJW-RR 2007, 1686 (1687)). Das bloße Anfertigen von Bildnissen ist hingegen nicht strafbar (OLG Hamburg NJW 1972, 1920); Entsprechendes gilt für die Weitergabe von Bildnissen durch kommerzielle Bildagenturen und Bildarchive (BGH NJW 2011, 755). Eine bloße Tatbestandsverwirklichung ist nicht strafbar.

22 § 33 stellt nur **vorsätzliches Handeln** unter Strafe. Im Hinblick auf die von der Rechtsprechung geprägte und die in einigen Bereichen ungeklärte Normauslegung wird ein vorsätzliches Verhalten nur in eindeutigen Fällen zu bejahen sein.

D. Verfahrensbesonderheiten

23 Die Tat wird nach § 33 Abs. 2 nur auf **Antrag** verfolgt. Die Berechtigung und die Frist zur Antragstellung bestimmen sich nach §§ 77 f. StGB.

24 Gem. § 374 Abs. 1 Nr. 8 StPO handelt es sich bei § 33 um ein **Privatklagedelikt**.

25 § 48 enthält eine **eigenständige Regelung über die Verjährung.** Taten nach § 33 verjähren innerhalb von drei Jahren. Die Frist beginnt mit dem Tag zu laufen, an welchem die widerrechtliche Handlung zuletzt stattgefunden hat. Das Ruhen und die Unterbrechung der Verjährung richtet sich nach §§ 78b und 78c StGB.

Nach § 42 kann die **Vernichtung** der Exemplare von unerlaubten Bildnissen und der Vorrichtungen 26 – nicht aber des Originals – auch im Strafverfahren verlangt werden.

§ 37 [Vernichtung]

(1) ¹Die widerrechtlich hergestellten, verbreiteten oder vorgeführten Exemplare und die zur widerrechtlichen Vervielfältigung oder Vorführung ausschließlich bestimmten Vorrichtungen, wie Formen, Platten, Steine, unterliegen der Vernichtung. ²Das gleiche gilt von den widerrechtlich verbreiteten oder öffentlich zur Schau gestellten Bildnissen und den zu deren Vervielfältigung ausschließlich bestimmten Vorrichtungen. ³Ist nur ein Teil des Werkes widerrechtlich hergestellt, verbreitet oder vorgeführt, so ist auf Vernichtung dieses Teiles und der entsprechenden Vorrichtungen zu erkennen.

(2) Gegenstand der Vernichtung sind alle Exemplare und Vorrichtungen, welche sich im Eigentume der an der Herstellung, der Verbreitung, der Vorführung oder der Schaustellung Beteiligten sowie der Erben dieser Personen befinden.

(3) ¹Auf die Vernichtung ist auch dann zu erkennen, wenn die Herstellung, die Verbreitung, die Vorführung oder die Schaustellung weder vorsätzlich noch fahrlässig erfolgt. ²Das gleiche gilt, wenn die Herstellung noch nicht vollendet ist.

(4) ¹Die Vernichtung hat zu erfolgen, nachdem dem Eigentümer gegenüber rechtskräftig darauf erkannt ist. ²Soweit die Exemplare oder die Vorrichtungen in anderer Weise als durch Vernichtung unschädlich gemacht werden können, hat dies zu geschehen, falls der Eigentümer die Kosten übernimmt.

§ 38 [Recht der Übernahme]

Der Verletzte kann statt der Vernichtung verlangen, daß ihm das Recht zuerkannt wird, die Exemplare und Vorrichtungen ganz oder teilweise gegen eine angemessene, höchstens dem Betrage der Herstellungskosten gleichkommende Vergütung zu übernehmen.

§ 42 [Zivil- und Strafverfahren]

Die Vernichtung der Exemplare und der Vorrichtungen kann im Wege des bürgerlichen Rechtsstreits oder im Strafverfahren verfolgt werden.

§ 43 [Vernichtung nur auf Antrag]

(1) ¹Auf die Vernichtung von Exemplaren oder Vorrichtungen kann auch im Strafverfahren nur auf besonderen Antrag des Verletzten erkannt werden. ²Die Zurücknahme des Antrags ist bis zur erfolgten Vernichtung zulässig.

(2) ¹Der Verletzte kann die Vernichtung von Exemplaren oder Vorrichtungen selbständig verfolgen. ²In diesem Falle finden die §§ 477 bis 479 der Strafprozeßordnung mit der Maßgabe Anwendung, daß der Verletzte als Privatkläger auftreten kann.

§ 48 [Verjährung]

(1) Der Anspruch auf Schadensersatz und die Strafverfolgung wegen widerrechtlicher Verbreitung oder Vorführung eines Werkes sowie die Strafverfolgung wegen widerrechtlicher Verbreitung oder Schaustellung eines Bildnisses verjähren in drei Jahren.

(2) Die Verjährung beginnt mit dem Tag, an welchem die widerrechtliche Handlung zuletzt stattgefunden hat.

§ 50 [Antrag auf Vernichtung]

Der Antrag auf Vernichtung der Exemplare und der Vorrichtungen ist so lange zulässig, als solche Exemplare oder Vorrichtungen vorhanden sind.

470. Gesetz über das Kreditwesen (Kreditwesengesetz – KWG)

In der Fassung der Bekanntmachung vom 9. September 1998 (BGBl. I S. 2776) FNA 7610-1

Zuletzt geändert durch Art. 12 G zur Umsetzung der WohnimmobilienkreditRL und zur Änd. handelsrechtlicher Vorschriften vom 11.3.2016 (BGBl. I S. 396)

– Auszug –

Literatur: *Achenbach,* Aus der 1999/2000 veröffentlichten Rechtsprechung zum Wirtschaftsstrafrecht, NStZ 2000, 524; *Achenbach,* Aus der 2002/2003 veröffentlichten Rechtsprechung zum Wirtschaftsstrafrecht, NStZ 2003, 520; *Achenbach,* Aus der 2005/2006 veröffentlichten Rechtsprechung zum Wirtschaftsstrafrecht, NStZ 2006, 614; *Achenbach/Schröder,* Straflosigkeit des Offenbarens und Verwertens von Angaben über Millionenkredite (§§ 55a, 55b iVm 14 KWG)?, ZBB 2005, 135; *Adams/Shavell,* Zur Strafbarkeit des Versuchs, GA 1990, 337; *Beck/Samm/Kokemoor,* Gesetz über das Kreditwesen, Loseblatt (Stand 2013); *Becker,* Ökonomische Erklärung menschlichen Verhaltens, 2. Aufl. 1993; *Demgensky/Erm,* Der Begriff der Einlagen nach der 6. KWG-Novelle, WM 2001, 1445; *Erbs/Kohlhaas,* Strafrechtliche Nebengesetze, Loseblatt, 199. Aufl. 2014; *Findeisen,* „Underground Banking" in Deutschland, WM 2000, 2125; *Gößmann,* Si tacuisses (…), BKR 2006, 199; *Hammen,* KWG-rechtliche und EG-rechtliche Aspekte des Kreditgeschäftes in § 1 Abs. 1 Satz 2 Nr. 2 KWG, WM 1998, 741; *Kirch-Heim/Samson,* Vermeidung der Strafbarkeit durch Einholung juristischer Gutachten, wistra 2008, 81; *Lang,* Inhalt, Umfang und Reichweite des Bankgeheimnisses, ZBB 2005, 135; *von Livonius/Bernau,* Der neue Tatbestand der „Anlageverwaltung" als erlaubnispflichtige Finanzdienstleistung, WM 2009, 1216; *Loritz,* Stille Beteiligungen und Einlagenbegriff des Kreditwesens, ZIP 2001, 309; *Momsen/Grützner,* Wirtschaftsstrafrecht, 2013; *Moosmayer,* Straf- und bußgeldrechtliche Regelungen im Entwurf eines Vierten Finanzmarktförderungsgesetzes, wistra 2002, 161; *Otto,* Bankentätigkeit und Strafrecht, 1983; *Otto,* Strafrechtliche Aspekte der Anlageberatung, WM 1988, 729; *Peglau,* Konkurrenzfragen des § 54 KWG, wistra 2002, 292; *Prost,* Verbotene Geschäfte und strafbare Handlungen nach dem Kreditwesengesetz, NJW 1977, 227; *Reischauer/Kleinhans,* Kreditwesengesetz, Loseblatt (Stand April 2016); *Graf v. Schönborn,* Kapitalanlagebetrug – Eine Analyse unter besonderer Berücksichtigung von § 264a StGB, 2003; *C. Schröder,* Die Einführung des Euro und der graue Kapitalmarkt, NStZ 1998, 552; *C. Schröder,* Die strafrechtliche Haftung des Notars als Gehilfe bei der Entsorgung einer insolvenzreifen GmbH außerhalb des Insolvenzverfahrens, DNotZ 2005, 596; *Szagunn,* Gesetz über das Kreditwesen: Kommentar, 6. Aufl. 1997; *Tiedemann,* Neue Aspekte zum strafrechtlichen Schutz des Bankgeheimnisses, NJW 2003, 2213; *Tiedemann,* Die strafrechtliche Verschwiegenheitspflicht des Bankiers – Bemerkungen zum Fall Leo Kirch./. Deutsche Bank, in: Hirsch ua (Hrsg.), FS für Günter Kohlmann 2003, 307; *Tiedemann,* Strafrechtliche Bemerkungen zu den Schutzgesetzen bei Verletzung des Bankgeheimnisses, ZIP 2004, 294; *Tiedemann,* Strafbarkeit des Offenbarens und Verwertens von Bundesbankangaben nach §§ 55a, 55b KWG, ZBB 2005, 190; *Warius,* Das Hawala-Finanzsystem in Deutschland – ein Fall für die Bekämpfung von Geldwäsche und Terrorismusfinanzierung?, 2009; *Wittig,* Der rationale Verbrecher, 1993.

Vorbemerkung

1 **1. Regulierung und Berufsfreiheit.** Das KWG ist darauf ausgerichtet, einerseits für eine gesunde Struktur und ein solides, krisensicheres Geschäftsgebaren der Kreditinstitute zu sorgen, andererseits das Interesse der Kreditinstitute zu wahren, ihre Geschäfte entsprechend der marktwirtschaftlichen Wirtschaftsordnung in eigener Verantwortung und Regie zu betreiben (*Otto,* Bankentätigkeit und Strafrecht, 1983, 9). Hierin liegt ein Spannungsverhältnis zwischen grundrechtlich geschützter Unternehmerfreiheit und wirtschaftspolitischer Regulierung (vgl. auch *Prost* NJW 1977, 227). Die gegenwärtige Tendenz neigt zur Ausdehnung der Regulierung. Erlaubnis-, Anzeige- und Verhaltenspflichten der Kredit- und Finanzdienstleistungsinstitute, der Kreditkartengesellschaften und der Wertpapierdienstleistungsunternehmen wurden – vor allem im Wege der Implementierung internationaler Standards zur Bekämpfung der Geldwäsche – in den letzten Jahren stark ausgeweitet, ebenso der Bußgeldtatbestand des § 56 (Wabnitz/Janovsky WirtschaftsStR-HdB/*Knierim* Kap. 10 Rn. 261). Auch die Erweiterung der Straftatbestände um § 54a entspricht dieser Tendenz. Die Regelungen des KWG greifen in die Berufsfreiheit nach Art. 12 GG ein (hierzu HK-KapMStrafR/*Janssen* Vorb. Rn. 2), gerechtfertigt durch die zu schützenden Rechtsgüter (→ Vorb. Rn. 3).

2 Seit dem 1.5.2002 ist die BaFin (ausf. zur BaFin Müller-Gugenberger WirtschaftsStR/*Schumann* § 66 Rn. 7 ff.) die zuständige Bundesbehörde zur Aufsicht nach dem KWG. Sie ist aus den ehemaligen eigenständigen Bundesaufsichtsämtern für das Kreditwesen, Versicherungswesen und den Wertpapierhandel entstanden; die so hergestellte Allfinanzaufsicht dient der optimierten Zusammenführung von Informationen über den gesamten Kapitalmarkt (HK-KapMStrafR/*Janssen* Vorb. Rn. 4).

3 **2. Rechtsgüter.** Die Straftatbestände in §§ 54–55b und die Bußgeldvorschrift des § 56 sollen zum einen die Funktionsfähigkeit der Bankenaufsicht durch die BaFin, zum anderen das Vertrauen in die Leistungsfähigkeit der Kreditwirtschaft schützen (Wabnitz/Janovsky WirtschaftsStR-HdB/*Knierim* Kap. 10 Rn. 261; Boos/Fischer/Schulte-Mattler/*Lindemann* § 54 Rn. 5; Erbs/Kohlhaas/*Häberle* § 54 Rn. 1). Genauer ist es aber wohl, nicht das kaum zu umreißende und zu ermittelnde Vertrauen in die

Kreditwirtschaft, sondern das tatsächliche Funktionieren derselben, jedenfalls hinsichtlich gewisser Mindestbedingungen, in den Mittelpunkt des Kollektivrechtsguts zu stellen (Hellmann/Beckemper WirtschaftsStR Rn. 117; MüKoStGB/*Janssen* § 54 Rn. 8; HK-KapMStrafR/*Janssen* § 54 Rn. 12; Achenbach/Ransiek/Rönnau WirtschaftsStR-HdB/*Schröder* Teil 10 Kap. 3 Rn. 2). Unstrittig kommt den Banken im modernen Wirtschaftsleben eine zentrale Stellung und besondere ordnungspolitische Funktion zu (vgl. schon *Otto,* Bankentätigkeit und Strafrecht, 1983, 1); die Konzentration von Vermögenswerten verlockt zu kriminellen Angriffen hierauf. Die Normen schützen daher die Volkswirtschaft insgesamt, soweit es die Gewährleistung eines funktionierenden Kreditgewerbes betrifft (vgl. auch OLG Celle BeckRS 2004, 10370). S. iÜ bei den einzelnen Delikten.

3. Systematik und Regelungstechnik. Die Vorschriften des KWG lassen sich einteilen in (Wab- **4** nitz/Janovsky WirtschaftsStR-HdB/*Knierim* Kap. 10 Rn. 265 ff.):
– Gründungsvorschriften (betreffen die Gründung von Instituten, Zweigstellen, Niederlassungen, Verlegung des Betriebssitzes, Beteiligungen)
– Kapitalerhaltungsvorschriften (Vermeidung einer Betriebsgefährdung und einer Insolvenz)
– Betriebsführungsvorschriften (Sicherung der Betriebsführung und der Erstellung des Jahresabschlusses)
– Normen, die die Funktionsfähigkeit der Bankenaufsicht sicherstellen.

Ein Fehlen von über §§ 54 ff. hinausgehenden Straf- und Bußgeldbewehrungen wird ggf. durch **5** §§ 30 (vgl. auch § 59 bzgl. sog gekorenen Geschäftsleitern, Wabnitz/Janovsky WirtschaftsStR-HdB/ *Knierim* Kap. 10 Rn. 293), 130 OWiG, § 266 StGB aufgefangen (Wabnitz/Janovsky WirtschaftsStR-HdB/*Knierim* Kap. 10 Rn. 269). Innerhalb der Normauslegung sind hier insbesondere § 25a sowie § 18, der nach BGH eine untreuerelevante Pflicht beinhaltet (BGH NStZ 2000, 655; 2002, 262), von Bedeutung.

Die gesetzgeberische Verweisungstechnik zwingt zur Ausfüllung der Strafnormen durch die übrigen **6** KWG-Vorschriften; eine besondere ultima ratio für das Strafrecht ergibt sich dabei nicht (Wabnitz/ Janovsky WirtschaftsStR-HdB/*Knierim* Kap. 10 Rn. 271).

§ 54 Verbotene Geschäfte, Handeln ohne Erlaubnis

(1) Wer

1. **Geschäfte betreibt, die nach § 3, auch in Verbindung mit § 53b Abs. 3 Satz 1 oder 2, verboten sind, oder**
2. **ohne Erlaubnis nach § 32 Abs. 1 Satz 1 Bankgeschäfte betreibt oder Finanzdienstleistungen erbringt,**

wird mit Freiheitsstrafe bis zu fünf Jahren oder mit Geldstrafe bestraft.

(1a) Ebenso wird bestraft, wer ohne Zulassung nach Artikel 14 Absatz 1 der Verordnung (EU) Nr. 648/2012 des Europäischen Parlaments und des Rates vom 4. Juli 2012 über OTC-Derivate, zentrale Gegenparteien und Transaktionsregister (ABl. L 201 vom 27.7.2012, S. 1) eine Clearingdienstleistung erbringt.

(2) Handelt der Täter fahrlässig, so ist die Strafe Freiheitsstrafe bis zu drei Jahren oder Geldstrafe.

Übersicht

A. Allgemeines

I. Deliktsnatur

1   Bei der Vorschrift handelt es sich um ein Tätigkeitsdelikt, welches keinen Erfolgseintritt erfordert (HK-KapMStrafR/*Janssen* Rn. 15; vgl. auch Erbs/Kohlhaas/*Häberle* Rn. 3). Zugleich trägt § 54 den Charakter eines Dauerdelikts, da mit dem Betreiben der Geschäfte ein rechtswidriger Zustand geschaffen wird (HK-KapMStrafR/*Janssen* Rn. 15). Der Versuch ist nicht strafbar.

2   Zum Rechtsgut → Vorb. Rn. 3.

3   Strittig ist, ob dem § 54 auch individualschützende Wirkung zukommt. Herrschende Lehre und die zivilrechtliche Rspr. haben dies im Rahmen des § 823 Abs. 2 BGB zu Recht bejaht: § 54 ist Schutzgesetz iSd § 823 Abs. 2 BGB (zuletzt OLG Celle BeckRS 2004, 10370; vgl. ferner BGH NJW 1973, 1547 (1549); 1994, 1801 (1804); 2005, 2703; BB 2006, 2043; OLG München WM 2006, 1765; vgl. auch Wabnitz/Janovsky WirtschaftsStR-HdB/*Knierim* Kap. 10 Rn. 273; Boos/Fischer/Schulte-Mattler/*Lindemann* Rn. 2a). Die Vorschrift dient nämlich auch dem Schutz des Publikums, insbesondere der Gläubiger der Kreditinstitute (OLG Celle BeckRS 2004, 10370; vgl. auch BGHSt 4, 347 (350); Erbs/Kohlhaas/*Häberle* Rn. 1). Dies ergibt sich insbesondere aus den Anforderungen an die Erteilung einer Erlaubnis nach §§ 32, 33. Gem. § 33 Abs. 1 Nr. 1 ist die Erlaubnis bei unzureichendem Eigenkapital zu versagen (näher hierzu § 10), was dazu dient, das Ausfallrisiko der Gläubiger zu verringern. Nicht ohne Grund spricht § 6 Abs. 2 von der Sicherheit der den Instituten anvertrauten Vermögenswerte (hierzu HK-KapMStrafR/*Janssen* Rn. 13). Der Drittschutz der in Bezug genommenen Normen ergreift auch die Strafnorm des § 54. Der Gegenauffassung, die Anlegerschutz als nicht erfasst ansieht (LG Essen NJW-RR 1992, 303 (304); *Blasche* WM 2011, 343 (348); Palandt/*Sprau* BGB § 823 Rn. 70), ist nicht zu folgen. Richtig ist aber, die zivilrechtliche Schadensersatzpflicht dahingehend einschränkend auszulegen, dass es nicht Schutzzweck des KWG ist, bewusst am „grauen Markt" spekulierende Personen mit einer Rückgriffsmöglichkeit zu versehen (HK-KapMStrafR/*Janssen* Rn. 13); das KWG enthält insofern auch kein Verbotsgesetz iSd § 134 BGB (BGH WM 1978, 1268 (1269); Boos/Fischer/Schulte-Mattler/*Lindemann* Rn. 5). Hat also ein nicht zertifiziertes Institut einen Anleger über die Risiken seiner Anlegen aufgeklärt, so besteht kein Schadensersatzanspruch (Boos/Fischer/Schulte-Mattler/*Lindemann* Rn. 2a).

II. Historie

4   Durch Art. 1 des EMIR-Ausführungsgesetzes vom 13.2.2013 (BGBl. I 174), in Kraft getreten am 16.2.2013, wurde die Vorschrift um Abs. 1a ergänzt und erhielt ihre derzeit gültige Fassung. Abs. 1 wurde bereits durch die 6. KWG-Novelle 1997 (BGBl. I 2518) um unerlaubte Finanzdienstleistungen erweitert. Das ursprüngliche Höchstmaß von drei Jahren Freiheitsstrafe bei vorsätzlicher Tatbegehung (Abs. 1 und nunmehr auch Abs. 1a) und einem Jahr Freiheitsstrafe bei fahrlässiger (Abs. 2) wurde durch Art. 2 des Gesetzes zur Umsetzung der Zweiten E-Geld-Richtlinie vom 1.3.2011 (BGBl. I 288) angehoben.

III. Kriminalpolitische Bedeutung

5   Die Vorschrift ist die wichtigste Strafnorm im KWG und hat gewisse – wachsende – praktische Bedeutung erlangt (HK-KapMStrafR/*Janssen* Rn. 16; anders noch *Prost* NJW 1977, 227 (229); *Otto*, Bankentätigkeit und Strafrecht, 1983, 13 f.; auch *C. Schröder* NStZ 1998, 552 (553); nunmehr aber Achenbach/Ransiek/Rönnau WirtschaftsStR-HdB/*Schröder* Teil 10 Kap. 3 Rn. 24: „Inzwischen wurde jedoch die Strafverfolgung nach dem KWG intensiviert."). Die PKS weist für das Jahr 2015 323 erfasste Fälle von Straftaten iVm dem Bankgewerbe sowie Wertpapierhandelsgesetz (KWG, BörsG, DepotG, PfandBG, § 35 BBankG, ZAG) aus, mit einem Gesamtschaden von 34.821.168 €. Auch mit der beträchtlichen Erhöhung der Strafrahmen 2011 wollte der Gesetzgeber die Staatsanwaltschaften dazu anhalten, der Vorschrift künftig ein erhöhtes Maß an Aufmerksamkeit zuteilwerden zu lassen (BR-Drs. 482/10, 118).

6   Von einem nennenswerten Dunkelfeld ist in diesem Deliktsbereich nicht auszugehen, da zum einen die Art der Deliktsbegehung die notwendige Kontaktaufnahme mit vielen einzelnen Abnehmern und die damit verbundene Aufdeckung von Straftaten birgt und zum anderen durch die flächendeckende Kontrolle durch die BaFin die Wahrscheinlichkeit der Entdeckung entsprechender Straftaten deutlich erhöht wird (HK-KapMStrafR/*Janssen* Rn. 16), was aber behördliche Vollzugsdefizite nicht ausschließt (Achenbach/Ransiek/Rönnau WirtschaftsStR-HdB/*Schröder* Teil 10 Kap. 3 Rn. 21).

Die spärliche Berücksichtigung in den Verfolgungsstatistiken dürfte die tatsächlichen Verhältnisse 7
dennoch nicht unbedingt zuverlässig wiedergeben, da die statistische Erfassung häufig nicht korrekt ist.
Die Strafnormen des KWG können sich zB hinter „§ 263 StGB ua" verbergen. Nennenswert ist die
Bedeutung für das Zivilrecht im Rahmen des § 823 Abs. 2 BGB sowie für zukünftige öffentlich-
rechtliche Zuverlässigkeitsprüfungen vor allem nach § 32 Abs. 1 Nr. 2, 35 Abs. 2 Nr. 3, woraus auch
ein zunehmend zurückhaltender Umgang mit den Einstellungen nach §§ 154 ff. StPO resultiert (HK-
KapMStrafR/*Janssen* Rn. 16; vgl. auch Achenbach/Ransiek/Rönnau WirtschaftsStR-HdB/*Schröder*
Teil 10 Kap. 3 Rn. 99), zumal die Regelung des § 60a iVm Nr. 25 MiStra eine Mitteilung der
Strafverfolgungsbehörden an die BaFin sicherstellt. Gem. § 60a hat die BaFin auch ein Akteneinsichtsrecht.

Die Vorschrift entfaltet des Weiteren nicht quantifizierbare präventive Wirkungen. Diese nicht zu 8
messenden präventiven Effekte der Vorschrift sind plausibel angesichts typischerweise rational abwägenden Verhaltens der Wirtschaftsbeteiligten unter Einbeziehung etwaiger Sanktionsrisiken persönlicher
und unternehmerischer Art in allen Rechtsgebieten. Generalpräventiven Wirkungen im Rahmen der
mittelbaren Schutzfunktion des Strafrechts wird im Wirtschaftsstrafrecht große Bedeutung beigemessen.
Dies steht insbesondere im Zusammenhang mit allgemeinen ökonomischen Theorien menschlichen
Entscheidungsverhaltens, die in ökonomischen Ansätzen zur Entstehung von Kriminalität und der
ökonomischen Analyse des Strafrechts gipfeln (hierzu vgl. nur *Becker,* Ökonomische Erklärung menschlichen Verhaltens, 1993, 39 ff.; *Wittig,* Der rationale Verbrecher, 1993; zusf. *Adams/Shavell* GA 1990,
337 (341 ff.)). Ausgangspunkt ist die – im Wirtschaftsbereich wenig durch Affekte getrübte – Rationalität
menschlicher Kosten-Nutzen-Abwägungen, die die Entscheidungen des Menschen beeinflussen: das
kalkulierend-rationale Profitinteresse des homo oeconomicus.

Richtig ist aber auch, dass zivil- und verwaltungsrechtliche Pflichten oft geeigneter als Strafnormen 9
sind, den Schutz des Bankenwesens zu verbessern (*Prost* NJW 1977, 227 (229); zum aufsichtsrechtlichen
Instrumentarium nach KWG und WpHG *Graf v. Schönborn,* Kapitalanlagebetrug – Eine Analyse unter
besonderer Berücksichtigung von § 264a StGB, 2003, 50 ff.).

B. Objektiver Tatbestand
I. Abs. 1 Nr. 1: Betreiben verbotener Geschäfte

1. Geschäfte. Der Begriff der Geschäfte, den § 54 Abs. 1 Nr. 1 verwendet, meint die verbotenen 10
Bankgeschäfte und findet seine Konkretisierung in § 3 (→ Rn. 17 ff.).

2. Betreiben. Betreiben ist jede Tätigkeit, die darauf gerichtet ist, die verbotenen Bankgeschäfte 11
mit Wiederholungsabsicht auszuführen (Hellmann/Beckemper WirtschaftsStR Rn. 122; Achenbach/
Ransiek/Rönnau WirtschaftsStR-HdB/*Schröder* Teil 10 Kap. 3 Rn. 5). Es ist strittig, ob eine einmalige Tätigkeit mit Wiederholungswillen auch in dem Sinne genügt, dass es nicht zum Abschluss
eines konkreten Geschäfts gekommen sein muss (befürwortend Wabnitz/Janovsky WirtschaftsStR-
HdB/*Knierim* Kap. 10 Rn. 272; Erbs/Kohlhaas/*Häberle* Rn. 3). Zu Recht wird nämlich darauf
hingewiesen (HK-KapMStrafR/*Janssen* Rn. 22), dass bei einem bloßen Angebot oder der Werbung
für ein Geschäft das Betreiben selbst noch nicht begonnen hat. Eine extensive Auslegung des
Betreibens dehnt den Anwendungsbereich des § 54 auf bloße Vorbereitungshandlungen aus und zwar,
obwohl der Versuch straflos (§§ 23, 12 StGB) ist (HK-KapMStrafR/*Janssen* Rn. 22; *Reischauer/
Kleinhans* Rn. 5; Schröder KapMarktStrafR-HdB Rn. 892). Richtig ist es daher, zu fordern, dass
Geschäfte wiederholt, wenn auch nicht notwendigerweise ununterbrochen getätigt wurden (so auch
Boos/Fischer/Schulte-Mattler/*Lindemann* Rn. 5; Schröder KapMarktStrafR-HdB Rn. 892). Das blo-
ße Anbieten oder Anpreisen solcher Geschäfte, zB auch in Inseraten (Achenbach/Ransiek/Rönnau
WirtschaftsStR-HdB/*Schröder* Teil 10 Kap. 3 Rn. 6), sowie organisatorische Vorbereitungen sind
straflos.

3. Verbot. a) Regelungsgefüge. § 54 ist hinsichtlich der Verbotenheit gewisser Geschäfte eine 12
(Teil-)Blankettnorm (HK-KapMStrafR/*Janssen* Rn. 23) und verweist auf § 3. § 3 zählt die generell, also
auch für zugelassene Institute (Schröder KapMarktStrafR-HdB Rn. 956), verbotenen Bankgeschäfte
auf. Aufgrund der Erfahrungen mit Bankenzusammenbrüchen in den dreißiger Jahren (*Prost* NJW 1977,
227 (228)) hat der Gesetzgeber bestimmte Bankgeschäfte verboten (*Otto,* Bankentätigkeit und Strafrecht,
1983, 12; nach Schröder KapMarktStrafR-HdB Rn. 885 sind diese heute kaum praxisrelevant); die
Abs. 2–4 wurden durch Art. 2 des Gesetzes zur Abschirmung von Risiken und zur Planung der
Sanierung und Abwicklung von Kreditinstituten und Finanzgruppen vom 7.8.2013 (BGBl. I 3090)
mWv 31.1.2014 angefügt:

§ 3 Verbotene Geschäfte

(1) Verboten sind

1. der Betrieb des Einlagengeschäftes, wenn der Kreis der Einleger überwiegend aus Betriebsangehörigen des
   Unternehmens besteht (Werksparkassen) und nicht sonstige Bankgeschäfte betrieben werden, die den Umfang
   dieses Einlagengeschäftes übersteigen;

2. die Annahme von Geldbeträgen, wenn der überwiegende Teil der Geldgeber einen Rechtsanspruch darauf hat, daß ihnen aus diesen Geldbeträgen Darlehen gewährt oder Gegenstände auf Kredit verschafft werden (Zwecksparunternehmen); dies gilt nicht für Bausparkassen;

3. der Betrieb des Kreditgeschäftes oder des Einlagengeschäftes, wenn es durch Vereinbarung oder geschäftliche Gepflogenheit ausgeschlossen oder erheblich erschwert ist, über den Kreditbetrag oder die Einlagen durch Barabhebung zu verfügen.

(2) ¹CRR-Kreditinstituten und Unternehmen, die einer Institutsgruppe, einer Finanzholding-Gruppe, einer gemischten Finanzholding-Gruppe oder einem Finanzkonglomerat angehören, der oder dem ein CRR-Kreditinstitut angehört, ist das Betreiben der in Satz 2 genannten Geschäfte nach Ablauf von 12 Monaten nach Überschreiten eines der folgenden Schwellenwerte verboten, wenn

1. bei nach internationalen Rechnungslegungsstandards im Sinne des § 315a des Handelsgesetzbuchs bilanzierenden CRR-Kreditinstituten und Institutsgruppen, Finanzholding-Gruppen, gemischten Finanzholding-Gruppen oder Finanzkonglomeraten, denen ein CRR-Kreditinstitut angehört, die in den Kategorien als zu Handelszwecken und zur Veräußerung verfügbare finanzielle Vermögenswerte eingestuften Positionen im Sinne des Artikels 1 in Verbindung mit Nummer 9 IAS 39 des Anhangs der Verordnung (EG) Nr. 1126/2008 der Europäischen Kommission vom 3. November 2008 in der jeweils geltenden Fassung zum Abschlussstichtag des vorangegangenen Geschäftsjahrs den Wert von 100 Milliarden Euro übersteigen oder, wenn die Bilanzsumme des CRR-Kreditinstituts oder der Institutsgruppe, Finanzholding-Gruppe, gemischten Finanzholding-Gruppe oder des Finanzkonglomerats, der oder dem ein CRR-Kreditinstitut angehört, zum Abschlussstichtag der letzten drei Geschäftsjahre jeweils mindestens 90 Milliarden Euro erreicht, 20 Prozent der Bilanzsumme des CRR-Kreditinstituts, der Institutsgruppe, Finanzholding-Gruppe, gemischten Finanzholding-Gruppe oder des Finanzkonglomerats, der oder dem ein CRR-Kreditinstitut angehört, des vorausgegangenen Geschäftsjahrs übersteigen, es sei denn, die Geschäfte werden in einem Finanzhandelsinstitut im Sinne des § 25f Absatz 1 betrieben, oder

2. bei den sonstigen der Rechnungslegung des Handelsgesetzbuchs unterliegenden CRR-Kreditinstituten und Institutsgruppen, Finanzholding-Gruppen, gemischten Finanzholding-Gruppen oder Finanzkonglomeraten, denen ein CRR-Kreditinstitut angehört, die dem Handelsbestand nach § 340e Absatz 3 des Handelsgesetzbuchs und der Liquiditätsreserve nach § 340e Absatz 1 Satz 2 des Handelsgesetzbuchs zuzuordnenden Positionen zum Abschlussstichtag des vorangegangenen Geschäftsjahrs den Wert von 100 Milliarden Euro übersteigen oder, wenn die Bilanzsumme des CRR-Kreditinstituts oder der Institutsgruppe, Finanzholding-Gruppe, gemischten Finanzholding-Gruppe oder des Finanzkonglomerats, der oder dem ein CRR-Kreditinstitut angehört, zum Abschlussstichtag der letzten drei Geschäftsjahre jeweils mindestens 90 Milliarden Euro erreicht, 20 Prozent der Bilanzsumme des CRR-Kreditinstituts, der Institutsgruppe, Finanzholding-Gruppe, gemischten Finanzholding-Gruppe oder des Finanzkonglomerats, der oder dem ein CRR-Kreditinstitut angehört, des vorausgegangenen Geschäftsjahrs übersteigen, es sei denn, die Geschäfte werden in einem Finanzhandelsinstitut im Sinne des § 25f Absatz 1 betrieben.

²Nach Maßgabe von Satz 1 verbotene Geschäfte sind

1. Eigengeschäfte;

2. Kredit- und Garantiegeschäfte mit

   a) Hedgefonds im Sinne des § 283 Absatz 1 des Kapitalanlagegesetzbuches oder Dach-Hedgefonds im Sinne des § 225 Absatz 1 des Kapitalanlagegesetzbuches oder, sofern die Geschäfte im Rahmen der Verwaltung eines Hedgefonds oder Dach-Hedgefonds getätigt werden, mit deren Verwaltungsgesellschaften;

   b) EU-AIF oder ausländischen AIF im Sinne des Kapitalanlagegesetzbuches, die im beträchtlichem Umfang Leverage im Sinne des Artikels 111 der Delegierten Verordnung (EU) Nr. 231/2013 der Kommission vom 19. Dezember 2012 zur Ergänzung der Richtlinie 2011/61/EU des Europäischen Parlaments und des Rates im Hinblick auf Ausnahmen, die Bedingungen für die Ausübung der Tätigkeit, Verwahrstellen, Hebelfinanzierung, Transparenz und Beaufsichtigung (ABl. L 83 vom 22.3.2013, S. 1) einsetzen, oder, sofern die Geschäfte im Rahmen der Verwaltung des EU-AIF oder ausländischen AIF getätigt werden, mit deren EU-AIF-Verwaltungsgesellschaften oder ausländischen AIF-Verwaltungsgesellschaften;

3. der Eigenhandel im Sinne des § 1 Absatz 1a Satz 2 Nummer 4 Buchstabe d mit Ausnahme der Market-Making-Tätigkeiten im Sinne des Artikels 2 Absatz 1 Buchstabe k der Verordnung (EU) Nr. 236/2012 vom 14. März 2012 über Leerverkäufe und bestimmte Aspekte von Credit Default Swaps (ABl. L 86 vom 24.3.2012, S. 1) (Market-Making-Tätigkeiten); die Ermächtigung der Bundesanstalt zu Einzelfallregelungen nach Absatz 4 Satz 1 bleibt unberührt.

³Nicht unter die Geschäfte im Sinne des Satzes 2 fallen:

1. Geschäfte zur Absicherung von Geschäften mit Kunden außer AIF oder Verwaltungsgesellschaften im Sinne von Satz 2 Nummer 2;

2. Geschäfte, die der Zins-, Währungs-, Liquiditäts-, und Kreditrisikosteuerung des CRR-Kreditinstituts, der Institutsgruppe, der Finanzholding-Gruppe, der gemischten Finanzholding-Gruppe oder des Verbundes dienen; einen Verbund in diesem Sinne bilden Institute, die demselben institutsbezogenen Sicherungssystem im Sinne des Artikels 113 Nummer 7 Buchstabe c der Verordnung des Europäischen Parlaments und des Rates über Aufsichtsanforderungen an Kreditinstitute und Wertpapierfirmen angehören;

3. Geschäfte im Dienste des Erwerbs und der Veräußerung langfristig angelegter Beteiligungen sowie Geschäfte, die nicht zu dem Zweck geschlossen werden, bestehende oder erwartete Unterschiede zwischen den Kauf- und Verkaufspreisen oder Schwankungen von Marktkursen, -preisen, -werten oder Zinssätzen kurzfristig zu nutzen, um so Gewinne zu erzielen. (...)

(4) Die Bundesanstalt kann einem CRR-Kreditinstitut oder einem Unternehmen, das einer Institutsgruppe, einer Finanzholding-Gruppe, einer gemischten Finanzholding-Gruppe oder einem Finanzkonglomerat angehört, der oder dem auch ein CRR-Kreditinstitut angehört, unabhängig davon, ob die Geschäfte nach Absatz 2 den Wert nach Absatz 2 Satz 1 überschreiten, die nachfolgenden Geschäfte verbieten und anordnen, dass die Geschäfte einzustellen oder auf ein Finanzhandelsinstitut im Sinne des § 25f Absatz 1 zu übertragen sind, wenn zu besorgen ist, dass diese Geschäfte, insbesondere gemessen am sonstigen Geschäftsvolumen, am Ertrag oder an der Risikostruktur des CRR-Kreditinstituts oder des Unternehmens, das einer Institutsgruppe, einer Finanzholding-Gruppe, einer gemischten Finanzholding-Gruppe oder einem Finanzkonglomerat angehört, der oder dem auch ein CRR-Kreditinstitut angehört, die Solvenz des CRR-Kreditinstituts oder des Unternehmens, das einer Instituts-

gruppe, einer Finanzholding-Gruppe, einer gemischten Finanzholding-Gruppe oder einem Finanzkonglomerat angehört, der oder dem auch ein CRR-Kreditinstitut angehört, zu gefährden drohen:
1. Market-Making-Tätigkeiten;
2. sonstige Geschäfte im Sinne von Absatz 2 Satz 2 oder Geschäfte mit Finanzinstrumenten, die ihrer Art nach in der Risikointensität mit den Geschäften des Absatzes 2 Satz 2 oder des Satzes 1 Nummer 1 vergleichbar sind. (...)

Gem. § 53b Abs. 3 S. 1, der von § 54 Abs. 1 Nr. 1 in Bezug genommen wird, gilt das Verbot des § 3 **13** auch für Zweigniederlassungen ausländischer Institute:

§ 53b Unternehmen mit Sitz in einem anderen Staat des Europäischen Wirtschaftsraums

(1) ¹ Ein CRR-Kreditinstitut oder ein Wertpapierhandelsunternehmen mit Sitz in einem anderen Staat des Europäischen Wirtschaftsraums darf ohne Erlaubnis durch die Bundesanstalt über eine Zweigniederlassung oder im Wege des grenzüberschreitenden Dienstleistungsverkehrs im Inland Bankgeschäfte betreiben oder Finanzdienstleistungen erbringen, wenn das Unternehmen von den zuständigen Stellen des Herkunftsmitgliedstaates zugelassen worden ist, die Geschäfte durch die Zulassung abgedeckt sind und das Unternehmen von den zuständigen Stellen nach Maßgabe der Richtlinien der Europäischen Union beaufsichtigt wird. ² Satz 1 gilt entsprechend für CRR-Kreditinstitute, die auch Zahlungsdienste im Sinne des Zahlungsdiensteaufsichtsgesetzes erbringen. (...)
(3) ¹ Auf Zweigniederlassungen im Sinne des Absatzes 1 Satz 1 und 2 sind die folgenden Regelungen entsprechend anzuwenden mit der Maßgabe, dass eine oder mehrere Zweigniederlassungen desselben Unternehmens als ein Kreditinstitut oder Finanzdienstleistungsinstitut gelten:
1. § 3 Absatz 1 und § 6 Absatz 2,
(...)

Diese Folge ergäbe sich sonst aus den Grundsätzen des internationalen Strafrechts, vgl. §§ 3, 9 Abs. 1 **14** StGB (Boos/Fischer/Schulte-Mattler/*Lindemann* Rn. 4).

Auf § 53b Abs. 3 S. 3 („Für die Tätigkeiten im Wege des grenzüberschreitenden Dienstleistungs- **15** verkehrs nach Abs. 1 S. 1 und 2 gelten der § 3, der, sofern es sich um ein CRR-Kreditinstitut oder Finanzdienstleistungsinstitut handelt, § 23a, die §§ 37, 44 Abs. 1 sowie die §§ 44c und 49 und der § 17 des Finanzdienstleistungsaufsichtsgesetzes entsprechend.") verweist § 54 nicht (zu diesem gesetzgeberischen Versäumnis und dem der ausstehenden Anpassung des § 54 an den veränderten § 53b Abs. 3 S. 2 s. Erbs/Kohlhaas/*Häberle* Rn. 8).

b) **§ 3 Abs. 1 Nr. 1.** Die Norm enthält eine Legaldefinition der Werksparkasse. **16**
Zum Begriff des Einlagengeschäfts → Rn. 31.

Das Verbot der Werksparkassen soll eine Risikohäufung (Boos/Fischer/Schulte-Mattler/*Lindemann* **17** Rn. 3) in dem Sinne verhindern, dass Arbeitnehmer im Fall der Insolvenz des Arbeitgebers sowohl ihr Arbeitseinkommen als auch ihre Ersparnisse verlieren (HK-KapMStrafR/*Janssen* Rn. 26; *Prost* NJW 1977, 227 (228); *Hammen* WM 1998, 741 (744)).

Der Gesetzgeber muss sich allerdings fragen lassen, warum zwar die Bildung einer Werksparkasse **18** verboten ist, Arbeitnehmer einer Aktiengesellschaft aber Aktien des sie beschäftigenden Unternehmens ankaufen können, obwohl auch in diesem Fall die Betriebsangehörigen am wirtschaftlichen Unternehmensrisiko mit ihrer Vermögensanlage partizipieren (HK-KapMStrafR/*Janssen* Rn. 26; *Schröder* KapMarktStrafR-HdB Rn. 958, der allerdings darauf hinweist, dass Aktien per se als spekulativ angesehen werden).

Damit Unternehmen der Kreditwirtschaft ihren Angestellten das Einlagengeschäft ermöglichen kön- **19** nen (HK-KapMStrafR/*Janssen* Rn. 24; Achenbach/Ransiek/Rönnau WirtschaftsStR-HdB/*Schröder* Teil 10 Kap. 3 Rn. 13) sind Werksparkassen dann nicht verboten, wenn die sonstigen betriebenen Bankgeschäfte den Umfang des Einlagengeschäfts mit den Mitarbeitern übersteigen.

c) **§ 3 Abs. 1 Nr. 2.** Die Norm enthält eine Legaldefinition des Zwecksparunternehmens, auch **20** wenn die Begriffsbildung unglücklich ist, da jede Spareinlage dem Zweck der Geldvermehrung folgt (HK-KapMStrafR/*Janssen* Rn. 27). Bereits die Annahme von Geldbeträgen ist verboten. Eine Einzahlung ohne Rückzahlungsanspruch wird mithin für das Publikum als noch gefährlicher angesehen als ein Einlagengeschäft mit Zwecksparcharakter, bei dem die Einleger einen Rückzahlungsanspruch haben (HK-KapMStrafR/*Janssen* Rn. 28; *Beck/Samm/Kokemoor,* KWG, Loseblatt, KWG § 3 Rn. 32a). Hieran wird kritisiert, dass der Schutzzweck des § 3 KWG sich zwar auf den Schutz vor Verlusten aus Insolvenz oder schlechter Abwicklung richtet, nicht aber auf den Schutz vor betrügerischen Handlungen oder der Verweigerung berechtigter Rückzahlungsansprüche (HK-KapMStrafR/*Janssen* Rn. 28).

Ein Rechtsanspruch auf Gewährung von Darlehen oder auf die Verschaffung von Gegenständen auf **21** Kredit besteht immer bereits dann, wenn dieser rechtlich und einwendungsfrei gegeben ist; tatsächliche Hindernisse sind irrelevant (*Beck/Samm/Kokemoor* § 3 Rn. 34).

Nach dem Wortlaut der Vorschrift kommt es auf den überwiegenden Teil der Geldgeber an, was **22** dahingehend auszulegen ist, dass auf die Anzahl der Geldgeber abzustellen ist und nicht auf den Umfang des Zwecksparengeschäfts (HK-KapMStrafR/*Janssen* Rn. 30).

Das Verbot der Zwecksparunternehmen beruht darauf, dass zur Befriedigung der Geldgeber immer **23** neue Zwecksparer gefunden werden müssen und es somit zu einem Schneeballeffekt kommt (Achenbach/Ransiek/Rönnau WirtschaftsStR-HdB/*Schröder* Teil 10 Kap. 3 Rn. 15), der mindestens zu Wartezeiten bei der Auszahlung (*Prost* NJW 1977, 227 (228)), schlimmstenfalls zum Verlust der Einlage aufgrund Zusammenbruchs des Systems führt (Boos/Fischer/Schulte-Mattler/*Lindemann* § 54 Rn. 3). Diese Risiken sind für den Kunden oft nicht abschätzbar (HK-KapMStrafR/*Janssen* Rn. 27).

24   Bausparkassen sind vom Verbot ausgenommen, da die Gefahr des Kreditausfalls wegen der dinglichen Sicherung geringer ist (Achenbach/Ransiek/Rönnau WirtschaftsStR-HdB/*Schröder* Teil 10 Kap. 3 Rn. 17).

25   **d) § 3 Abs. 1 Nr. 3.** Das Verbot, ein Kredit- oder Einlagengeschäft zu betreiben, wenn die Verfügungsmöglichkeiten durch Barabhebung ausgeschlossen oder erheblich erschwert sind, soll verhindern, dass währungs- bzw. zinspolitische Maßnahmen, die auf dem Bargeldbedarf aufbauen, wirkungslos bleiben (Boos/Fischer/Schulte-Mattler/*Lindemann* § 54 Rn. 3): Auf Banken, die keine liquiden Mittel bereit halten müssen und deshalb einen niedrigen Refinanzierungsbedarf haben, können Maßnahmen der Bundesbank (vgl. § 3 BBankG) nämlich nur begrenzt wirken (Hellmann/Beckemper WirtschaftsStR Rn. 121; *Prost* NJW 1977, 227 (228)).

26   **e) § 3 Abs. 2.** Nach § 3 Abs. 2 werden CRR-Kreditinstituten und Unternehmen, denen ein CRR-Kreditinstitut angehört, zwölf Monate nach dem Überschreiten der in S. 1 Nr. 1 und 2 genannten Schwellenwerte die in S. 2 aufgelisteten Geschäfte verboten, wobei in S. 3 wiederum einige Geschäfte explizit ausgenommen werden. CCR-Kreditinstitute werden in § 1 Abs. 3d als Kreditinstitute iSd Art. 4 Abs. 1 Nr. 1 der Verordnung (EU) Nr. 575/2013 des Europäischen Parlaments und des Rates vom 26. Juni 2013 über Aufsichtsanforderungen an Kreditinstitute und Wertpapierfirmen und zur Änderung der VO (EU) Nr. 646/2012 (ABl. 2013 L 176, 1) definiert. Zu den verbotenen Geschäften nach § 3 Abs. 2 S. 2 iE vgl. BR-Drs. 94/13, 51 ff.; ferner *Habetha* ZIP 2014, 9 (12 ff.)

    Gem. § 64s Abs. 2 S. 1 ist § 3 Abs. 2 allerdings erst ab dem 1.7.2015 anzuwenden.

27   **f) § 3 Abs. 4.** Zweifelhaft ist, ob auch ein Verstoß gegen den neu angefügten § 3 Abs. 4 zur Strafbarkeit nach § 54 führt. Dem Wortlaut nach ist das Betreiben von nach § 3 (bereits) verbotenen Geschäften erfasst; § 3 Abs. 4 eröffnet der Bundesanstalt indes lediglich die Möglichkeit, CRR-Kreditinstituten und Unternehmen, denen ein CRR-Kreditinstitut angehört, unter bestimmten Voraussetzungen – unabhängig von den in Abs. 2 S. 1 genannten Schwellenwerten – einzelne Geschäfte zu verbieten. Damit stellt sich die Frage, ob Verbotsverfügungen nach Abs. 4 den nach Abs. 1 u. 2 grds. verbotenen Geschäften gleichzustellen sind und daher ebenfalls von § 54 erfasst werden, mit dem Folgeproblem, ob dies bereits ab Erlass der Verbotsverfügung, ab Fristablauf nach Abs. 4 S. 2 oder ab Vollziehbarkeit der Verfügung der Fall sein soll. Zu befürworten ist insoweit der Vorschlag von Häberle (Erbs/Kohlhaas/*Häberle* § 54 Rn. 7), die Strafnorm des § 54 Abs. 1 um die Alternative „oder die nach § 3 Abs. 4 vollziehbar verboten worden sind" zu erweitern.

28   Nach der Übergangsvorschrift des § 64s Abs. 2 S. 2 ist die Regelung des § 3 Abs. 4 erst ab dem 1.7.2016 anzuwenden. Ob der Gesetzgeber bestehende Unklarheiten bis dahin beseitigt, bleibt abzuwarten.

II. Abs. 1 Nr. 2: Betreiben von Bankgeschäften oder Erbringung von Finanzdienstleistungen ohne Erlaubnis

29   **1. Betreiben von Bankgeschäften. a) Allgemeines.** Zum Betreiben → Rn. 11.

Bankgeschäfte sind in § 1 Abs. 1 S. 2 definiert:

(...) [2] Bankgeschäfte sind

1. die Annahme fremder Gelder als Einlagen oder anderer unbedingt rückzahlbarer Gelder des Publikums, sofern der Rückzahlungsanspruch nicht in Inhaber- oder Orderschuldverschreibungen verbrieft wird, ohne Rücksicht darauf, ob Zinsen vergütet werden (Einlagengeschäft),
1a. die in § 1 Abs. 1 Satz 2 des Pfandbriefgesetzes bezeichneten Geschäfte (Pfandbriefgeschäft),
2. die Gewährung von Gelddarlehen und Akzeptkrediten (Kreditgeschäft),
3. der Ankauf von Wechseln und Schecks (Diskontgeschäft),
4. die Anschaffung und die Veräußerung von Finanzinstrumenten im eigenen Namen für fremde Rechnung (Finanzkommissionsgeschäft),
5. die Verwahrung und die Verwaltung von Wertpapieren für andere (Depotgeschäft),
6. [aufgehoben]
7. die Eingehung der Verpflichtung, zuvor veräußerte Darlehensforderungen vor Fälligkeit zurückzuerwerben,
8. die Übernahme von Bürgschaften, Garantien und sonstigen Gewährleistungen für andere (Garantiegeschäft),
9. die Durchführung des bargeldlosen Scheckeinzugs (Scheckeinzugsgeschäft), des Wechseleinzugs (Wechseleinzugsgeschäft) und die Ausgabe von Reiseschecks (Reisescheckgeschäft),
10. die Übernahme von Finanzinstrumenten für eigenes Risiko zur Plazierung oder die Übernahme gleichwertiger Garantien (Emissionsgeschäft),
11. [aufgehoben]
12. die Tätigkeit als zentrale Gegenpartei im Sinne von Absatz 31.
(...)

30   Für eine Charakterisierung als Bankgeschäft ist es unerheblich, ob es sich um betrügerische Anlagen handelt (BGH NStZ 2000, 37 f.; *Peglau* wistra 2002, 292 (294); Erbs/Kohlhaas/*Häberle* Rn. 10). Nur ein

bankgeschäftlicher Bezug ist erforderlich (BGH NStZ 2007, 647). Maßgeblich für die Zuordnung zu den einzelnen Bankgeschäften und Finanzdienstleistungen iSd § 1 sind die vertraglichen Vereinbarungen und die aus ihnen folgende Form des Rechtsgeschäfts zwischen dem Institut und dem Kunden (BGH NJW-RR 2011, 350 f.).

b) Einlagengeschäft (§ 1 Abs. 1 S. 2 Nr. 1). Ein Einlagengeschäft (§ 1 Abs. 1 S. 2 Nr. 1) ist die **31** laufende Annahme fremder Gelder von Personen, die keine Kreditinstitute iSd § 1 sind, aufgrund typisierter Verträge als Darlehen oder zur unregelmäßigen Verwahrung (§ 700 BGB) ohne Bestellung banküblicher Sicherheiten und ohne schriftliche Vereinbarung im Einzelfall (HK-KapMStrafR/*Janssen* Rn. 35; Hellmann/Beckemper WirtschaftsStR Rn. 119; BGH NStZ 2000, 37 f.; 2007, 647; BGH NZG 2013, 582 (584)). In der Praxis des Bankwesens werden drei wesentliche Einlagearten unterschieden: Die Sichteinlagen, für die eine Laufzeit oder Kündigungsfrist nicht vereinbart ist, die befristeten Einlagen, für die eine Laufzeit (Festgelder) und eine Kündigungsfrist (Kündigungsgelder) festgelegt ist, sowie die Spareinlagen; typisch für diese Einlagen ist, dass die Geschäfte über Konten, wie etwa Kontokorrentkonten, Sparkonten, Festgeldkonten oder Kündigungsgeldkonten, abgewickelt und angemessen verzinst werden (BGH NJW-RR 2011, 350). Festgeldähnliche Kurzeinlagen reichen aus (*Achenbach* NStZ 2000, 524 (529)). Der Zweck liegt in der Gewinnerzielung aus den eingelegten Geldern im finanzierten Aktivgeschäft (Achenbach/Ransiek/Rönnau WirtschaftsStR-HdB/*Schröder* Teil 10 Kap. 3 Rn. 11; BGH WM 1984, 1364 (1367 f.)).

Der Begriff der „Annahme" umfasst neben der tatsächlichen Entgegennahme von Bargeld bzw. der **32** Kontogutschrift bei Buchgeld (*BaFin,* Merkblatt – Hinweise zum Tatbestand des Einlagengeschäfts, Stand: 3/2014) auch die Umwandlung einer Geldforderung aus einem Handelsgeschäft in ein Darlehen, welches aus wirtschaftlicher Sicht mit der Auszahlung bzw. Überweisung des Forderungsbetrags und anschließender Wiedereinzahlung bzw. Rücküberweisung gleichwertig ist (BGH NZG 2013, 582 (583)) mit krit. Anm. *Wenzel* NZG 2013, 814 ff., der wegen des Risikos für Unternehmen der Realwirtschaft, in den Anwendungsbereich bankaufsichtlicher Regulierung zu geraten, für eine einschränkende Auslegung des Tatbestands des Einlagengeschäfts plädiert.

Die Aufnahme „anderer rückzahlbarer Gelder" dient als Auffangtatbestand (hierzu Achenbach/ **33** Ransiek/Rönnau WirtschaftsStR-HdB/*Schröder* Teil 10 Kap. 3 Rn. 12). Diese Alternative setzt voraus, dass nach den Gesamtumständen des Vertrags einschließlich der Werbeaussagen des Unternehmens ein unbedingter Rückzahlungsanspruch unabhängig vom Geschäftserfolg garantiert wird (BGH BeckRS 2010, 09670 Rn. 17).

Der Rückzahlungsanspruch muss unbedingt sein. Es handelt sich daher nicht um eine Einlage, wenn **34** nach dem zivilrechtlichen Grundgeschäft das eingelegte Geld an dem unternehmerischen Risiko des Aktivgeschäfts partizipieren soll (BGH NStZ 2011, 410 (411)); deshalb werden Gesellschaftereinlagen – für sie ist jedenfalls eine Verlustteilnahme und damit eine nur bedingte Rückzahlbarkeit vorgesehen – idR nicht erfasst (OLG Schleswig BeckRS 2012, 04677). Nicht tatbestandsmäßig sind Inhaber- oder Orderschuldverschreibungen (Achenbach/Ransiek/Rönnau WirtschaftsStR-HdB/*Schröder* Teil 10 Kap. 3 Rn. 36; OLG Stuttgart BeckRS 2011, 17686). Umstritten sind stille Beteiligungen (vgl. VG Berlin DB 1999, 1377; *Loritz* ZIP 2001, 309).

c) Pfandbriefgeschäft (§ 1 Abs. 1 S. 2 Nr. 1a). Die in § 1 Abs. 1 S. 2 PfandBG genannten **35** Geschäfte erfassen drei Fallgruppen (Achenbach/Ransiek/Rönnau WirtschaftsStR-HdB/*Schröder* Teil 10 Kap. 3 Rn. 37): Die Ausgabe gedeckter Schuldverschreibungen aufgrund erworbener Hypotheken unter der Bezeichnung Pfandbriefe oder Hypothekenpfandbriefe, die Ausgabe gedeckter Schuldverschreibungen aufgrund erworbener Forderungen gegen staatliche Stellen unter der Bezeichnung Kommunalschuldverschreibungen, Kommunalobligationen oder Öffentliche Pfandbriefe und um die Ausgabe gedeckter Schuldverschreibungen aufgrund erworbener Schiffshypotheken unter der Bezeichnung Schiffspfandbriefe.

d) Kreditgeschäft (§ 1 Abs. 1 S. 2 Nr. 2). Das Kreditgeschäft erfasst die Gewährung von Gelddar- **36** lehen und Akzeptkrediten. Das gleichzeitige Betreiben eines Einlagengeschäfts nach Nr. 1 der Vorschrift ist nicht erforderlich (BVerwG NZG 2009, 1112 (Ls.)).

e) Diskontgeschäft (§ 1 Abs. 1 S. 2 Nr. 3). Beim Ankauf von Wechseln und Schecks erhält der **37** Verkäufer des Papiers von der Bank die noch nicht fällige Summe, von der die Bank ihre Provision und den Zwischenzins abzieht, der dadurch entsteht, dass die Bank den erst später fälligen Betrag aus eigenen Mitteln vorstreckt oder den Wechsel ihrerseits diskontiert (Achenbach/Ransiek/Rönnau WirtschaftsStR-HdB/*Schröder* Teil 10 Kap. 3 Rn. 42).

f) Finanzkommissionsgeschäft (§ 1 Abs. 1 S. 2 Nr. 4). Finanzkommissionsgeschäft ist der Han- **38** del mit Finanzinstrumenten im eigenen Namen für fremde Rechnung, bei dem die typischen Merkmale eines Kommissionsgeschäfts nach §§ 383 ff. HGB gewahrt sind, ohne dass alle diese Merkmale vorliegen müssen (BGH NJW-RR 2011, 350); maßgeblich ist, ob das mit dem Kunden abgeschlossene Rechtsgeschäft noch hinreichende Ähnlichkeit mit dem in Typus des Kommissionsgeschäfts aufweist, um diesem zugeordnet werden zu können (ausf. dazu und mwN BVerwG NVwZ-RR 2009, 980 f.).

39   Der Begriff des Finanzinstruments, auf das sich die Anschaffung und die Veräußerung bezieht, ist in § 1 Abs. 11 definiert (vgl. dazu BGH HRRS 2012, Nr. 800 Rn. 8). Erfasst werden auch Anlagenmodelle mit Scheingewinnen (HK-KapMStrafR/*Janssen* Rn. 35).

40   **g) Depotgeschäft (§ 1 Abs. 1 S. 2 Nr. 5).** Verwahrer ist gem. § 1 Abs. 2 DepotG derjenige, dem im Betrieb seines Gewerbes Wertpapiere unverschlossen zur Verwahrung anvertraut werden. Hierbei kann es sich um Sammelverwahrung, Sonderverwahrung oder Drittverwahrung handeln (HK-KapMStrafR/*Janssen* Rn. 35).

41   **h) § 1 Abs. 1 S. 2 Nr. 7.** Hier wird eine Variante des Revolvinggeschäfts umschrieben („7-M-Geschäft"; Achenbach/Ransiek/Rönnau WirtschaftsStR-HdB/*Schröder* Teil 10 Kap. 3 Rn. 49): Eine lang laufende Darlehensforderung wird mit der Abrede veräußert, die Forderung nach einem kürzeren und von Anfang an feststehenden Zeitraum zurückzukaufen.

42   **i) Garantiegeschäft (§ 1 Abs. 1 S. 2 Nr. 8).** Bei dieser Geschäftsart gibt die Bank für ein Geschäft eines Dritten eine Haftungserklärung ab. Traditionelle Beispiele sind etwa Avalkredite nach §§ 765 ff. BGB, §§ 349 f. HGB, Art. 30 ff. WG, Art. 25 ff. ScheckG, Akkreditiveröffnung oder -bestätigung, die wechsel- oder scheckrechtlichen Indossamentverpflichtungen oder der Schuldbeitritt (Schröder KapMarktStrafR-HdBRn. 916).

43   **j) Scheckeinzugsgeschäft, Wechseleinzugsgeschäft und Reisescheckgeschäft (§ 1 Abs. 1 S. 2 Nr. 9).** Die Vorschrift ersetzt das Girogeschäft (HK-KapMStrafR/*Janssen* Rn. 35). Erfasst sind nunmehr drei Zahlungsinstrumente: die Durchführung des bargeldlosen Scheckeinzugs, des Wechseleinzugs und die Ausgabe von Reiseschecks (Achenbach/Ransiek/Rönnau WirtschaftsStR-HdB/*Schröder* Teil 10 Kap. 3 Rn. 53), wobei bereits die Erfüllung nur einer der drei Varianten die Erlaubnispflicht nach § 32 Abs. 1 S. 1 begründet (Boos/Fischer/Schulte-Mattler/*Schäfer* § 1 Rn. 94).

44   **k) Emissionsgeschäft (§ 1 Abs. 1 S. 2 Nr. 10).** Klassischer Fall des Emissionsgeschäfts ist das Übernahmekonsortium, bei dem zB ein Aktienbestand zu einem Festpreis vom Unternehmen durch eine Bank übernommen wird und die Platzierung der Aktien das Risiko der Bank darstellt, aber auch den Mehrerlös aus der Veräußerung der Gewinnerwartung der Bank ermöglicht (HK-KapMStrafR/*Janssen* Rn. 35).

45   **l) Zentrale Gegenpartei (§ 1 Abs. 1 S. 2 Nr. 12).** Gem. § 1 Abs. 31 ist eine zentrale Gegenpartei „ein Unternehmen im Sinne des Art. 2 Nr. 1 der VO (EU) Nr. 648/2012 des Europäischen Parlaments und des Rates v. 4.7.2012 über OTC-Derivate, zentrale Gegenparteien und Transaktionsregister (ABl. 2012 L 201, 1) in der jeweils geltenden Fassung." Gem. Art. 2 Nr. 1 dieser Verordnung bezeichnet der Ausdruck „CCP (central counter party) eine juristische Person, die zwischen die Gegenparteien der auf einem oder mehreren Märkten gehandelten Kontrakte tritt und somit als Käufer für jeden Verkäufer bzw. als Verkäufer für jeden Käufer fungiert" (ABl. 2012 L 201, 15). Dadurch, dass jeder Handelsteilnehmer so nur einen Vertragspartner hat, ist eine Nettingeffizienz (Aufrechnungseffizienz) gegeben (BaFin, Merkblatt – Hinweise zum Tatbestand der Tätigkeit als zentrale Gegenpartei, Stand: 9/2013).

46   **2. Erbringung von Finanzdienstleistungen. a) Allgemeines.** Zum Erbringen, das wie das Betreiben zu verstehen ist, → Rn. 11.

47   Finanzdienstleistungen sind in § 1 Abs. 1a S. 2, 3 definiert:

§ 1 Begriffsbestimmungen

(1a) (...) [2] Finanzdienstleistungen sind

1. die Vermittlung von Geschäften über die Anschaffung und die Veräußerung von Finanzinstrumenten (Anlagevermittlung),
1a. die Abgabe von persönlichen Empfehlungen an Kunden oder deren Vertreter, die sich auf Geschäfte mit bestimmten Finanzinstrumenten beziehen, sofern die Empfehlung auf eine Prüfung der persönlichen Umstände des Anlegers gestützt oder als für ihn geeignet dargestellt wird und nicht ausschließlich über Informationsverbreitungskanäle oder für die Öffentlichkeit bekannt gegeben wird (Anlageberatung),
1b. der Betrieb eines multilateralen Systems, das die Interessen einer Vielzahl von Personen am Kauf und Verkauf von Finanzinstrumenten innerhalb des Systems und nach festgelegten Bestimmungen in einer Weise zusammenbringt, die zu einem Vertrag über den Kauf dieser Finanzinstrumente führt (Betrieb eines multilateralen Handelssystems),
1c. das Platzieren von Finanzinstrumenten ohne feste Übernahmeverpflichtung (Platzierungsgeschäft),
2. die Anschaffung und die Veräußerung von Finanzinstrumenten im fremden Namen für fremde Rechnung (Abschlußvermittlung),
3. die Verwaltung einzelner in Finanzinstrumenten angelegter Vermögen für andere mit Entscheidungsspielraum (Finanzportfolioverwaltung),
4. das
   a) kontinuierliche Anbieten des Kaufs oder Verkaufs von Finanzinstrumenten an einem organisierten Markt oder in einem multilateralen Handelssystem zu selbst gestellten Preisen,
   b) häufige organisierte und systematische Betreiben von Handel für eigene Rechnung außerhalb eines organisierten Marktes oder eines multilateralen Handelssystems, indem ein für Dritte zugängliches System angeboten wird, um mit ihnen Geschäfte durchzuführen,
   c) Anschaffen oder Veräußern von Finanzinstrumenten für eigene Rechnung als Dienstleistung für andere oder

d) Kaufen oder Verkaufen von Finanzinstrumenten für eigene Rechnung als unmittelbarer oder mittelbarer Teilnehmer eines inländischen organisierten Marktes oder multilateralen Handelssystems mittels einer hochfrequenten algorithmischen Handelstechnik, die gekennzeichnet ist durch die Nutzung von Infrastrukturen, die darauf abzielen, Latenzzeiten zu minimieren, durch die Entscheidung des Systems über die Einleitung, das Erzeugen, das Weiterleiten oder die Ausführung eines Auftrags ohne menschliche Intervention für einzelne Geschäfte oder Aufträge und durch ein hohes untertägiges Mitteilungsaufkommen in Form von Aufträgen, Quotes oder Stornierungen, auch ohne Dienstleistung für andere (Eigenhandel),

5. die Vermittlung von Einlagengeschäften mit Unternehmen mit Sitz außerhalb des Europäischen Wirtschaftsraums (Drittstaateneinlagenvermittlung),
6. (weggefallen)
7. der Handel mit Sorten (Sortengeschäft),
8. (weggefallen)
9. der laufende Ankauf von Forderungen auf der Grundlage von Rahmenverträgen mit oder ohne Rückgriff (Factoring),
10. der Abschluss von Finanzierungsleasingverträgen als Leasinggeber und die Verwaltung von Objektgesellschaften im Sinne des § 2 Absatz 6 Satz 1 Nummer 17 außerhalb der Verwaltung eines Investmentvermögens im Sinne des § 1 Absatz 1 des Kapitalanlagegesetzbuchs (Finanzierungsleasing),
11. die Anschaffung und die Veräußerung von Finanzinstrumenten außerhalb der Verwaltung eines Investmentvermögens im Sinne des § 1 Absatz 1 des Kapitalanlagegesetzbuchs für eine Gemeinschaft von Anlegern, die natürliche Personen sind, mit Entscheidungsspielraum bei der Auswahl der Finanzinstrumente, sofern dies ein Schwerpunkt des angebotenen Produktes ist und zu dem Zweck erfolgt, dass diese Anleger an der Wertentwicklung der erworbenen Finanzinstrumente teilnehmen (Anlageverwaltung),
12. die Verwahrung und die Verwaltung von Wertpapieren ausschließlich für alternative Investmentfonds (AIF) im Sinne des § 1 Absatz 3 des Kapitalanlagegesetzbuchs (eingeschränktes Verwahrgeschäft).

[3]Die Anschaffung und die Veräußerung von Finanzinstrumenten für eigene Rechnung, die nicht Eigenhandel im Sinne des § 1 Absatz 1a Satz 2 Nummer 4 ist (Eigengeschäft), gilt als Finanzdienstleistung, wenn das Eigengeschäft von einem Unternehmen betrieben wird, das

1. dieses Geschäft, ohne bereits aus anderem Grunde Institut zu sein, gewerbsmäßig oder in einem Umfang betreibt, der einen in kaufmännischer Weise eingerichteten Geschäftsbetrieb erfordert, und
2. einer Instituts-, einer Finanzholding- oder gemischten Finanzholding-Gruppe oder einem Finanzkonglomerat angehört, der oder dem ein CRR-Kreditinstitut angehört.

b) Anlagevermittlung (§ 1 Abs. 1a S. 2 Nr. 1). Die Anlagevermittlung beschränkt sich auf Ent- **48** gegennahme und Übermittlung von Aufträgen von Anlegern; der Gesetzgeber erfasst hier den Nachweismakler iSd § 34c GewO, soweit sich seine Tätigkeit auf Finanzinstrumente bezieht (BT-Drs. 13/7142, 65). Auch die Anlagevermittlung von Warentermingeschäften fällt hierunter (HK-KapMStrafR/*Janssen* Rn. 37). Zu sog Day-Trading-Centern s. Achenbach/Ransiek/Rönnau WirtschaftsStR-HdB/*Schröder* Teil 10 Kap. 3 Rn. 64.

c) Anlageberatung (§ 1 Abs. 1a S. 2 Nr. 1a). Hierunter fällt nicht die ganz allgemein gehaltene **49** Beratung in Anlageentscheidungen; erst dann, wenn nicht ausschließlich über Informationsverbreitungskanäle (Medien) oder durch öffentliche Bekanntgabe, sondern mittels persönlicher Empfehlungen an Kunden beraten wird, handelt es sich um Anlageberatung iSd Norm, sofern sich die Empfehlungen auf Geschäfte mit bestimmten Finanzinstrumenten beziehen und auf eine Prüfung der persönlichen Umstände des Anlegers gestützt oder als für ihn geeignet dargestellt werden (Achenbach/Ransiek/Rönnau WirtschaftsStR-HdB/*Schröder* Teil 10 Kap. 3 Rn. 65).

d) Betrieb eines multilateralen Handelssystems (§ 1 Abs. 1a S. 2 Nr. 1b). Mit dieser Ge- **50** schäftsbezeichnung soll der privatrechtliche Betrieb einer börsenähnlichen Einrichtung erfasst werden (Achenbach/Ransiek/Rönnau WirtschaftsStR-HdB/*Schröder* Teil 10 Kap. 3 Rn. 66).

e) Platzierungsgeschäft (§ 1 Abs. 1a S. 2 Nr. 1c). Erfasst werden sollen die Fälle, in denen **51** mangels einer Übernahme der Finanzinstrumente für eigenes Risiko bzw. der Übernahme einer gleichwertigen Garantie kein Emissionsgeschäft iSv Abs. 1 S. 2 Nr. 10 als Bankgeschäft betrieben wird, der Platzeur also kein Risiko trägt; nicht lediglich bei einer Tätigkeit im fremden Namen auf fremde Rechnung ist ein Platzierungsgeschäft gegeben (Boos/Fischer/Schulte-Mattler/*Schäfer* § 1 Rn. 123n).

f) Abschlussvermittlung (§ 1 Abs. 1a S. 2 Nr. 2). Die Vorschrift deckt sich mit der Tätigkeit des **52** Abschlussmaklers im Sinne des § 34c Gewerbeordnung, sofern er eine Partei bei Abschluss des Geschäfts vertritt; andernfalls fällt die Tätigkeit unter die Anlagevermittlung, § 1 Abs. 1a S. 2 Nr. 1, (BT-Drs. 13/7142, 65).

g) Finanzportfolioverwaltung (§ 1 Abs. 1a S. 2 Nr. 3). Der Finanzportfolioverwalter ist „für **53** andere" tätig und handelt daher regelmäßig nicht im eigenen Namen, sondern als Bevollmächtigter seiner Kunden (BVerwG NVwZ-RR 2009, 980 (981)). Die Vermögensverwaltung kann sowohl in offener als auch verdeckter Stellvertretung erbracht werden (BVerwG NZG 2011, 114 (115)); sie erfordert eine auf laufende Überwachung und Anlage von Vermögensobjekten gerichtete Tätigkeit (BGH NJW-RR 2011, 350 (351)) und muss mit einem Entscheidungsspielraum versehen sein (Boos/Fischer/Schulte-Mattler/*Schäfer* § 1 Rn. 125). Die Verwaltung „einzelner" Vermögen setzt nicht voraus, dass die einzelnen Kundenvermögen getrennt in einzelnen Portfolios anzulegen wären, in einem Portfolio können Vermögen verschiedener Kunden zusammengefasst werden (BVerwG NZG 2011, 114

(115)). Nicht erforderlich ist, dass ein bereits in Finanzinstrumenten angelegtes Vermögen vorhanden ist, auch Erstanlageentscheidungen werden erfasst (BVerwG NZG 2005, 265 (267)). Die Vorschrift ist restriktiv auszulegen; nicht tatbestandsmäßig sind Verwaltungen im Rahmen von Erbengemeinschaften oder im Familienkreis (Achenbach/Ransiek/Rönnau WirtschaftsStR-HdB/*Schröder* Teil 10 Kap. 3 Rn. 69).

54   **h) Eigenhandel (§ 1 Abs. 1a S. 2 Nr. 4).** Der Begriff des Eigenhandels ist durch Gesetz vom 19.11.2010 (BGBl. I 1592) und vom 7.5.2013 (BGBl. I 1162) erheblich umgestaltet worden; die Vorschrift ist nunmehr identisch mit § 2 Abs. 3 S. 1 Nr. 2 WpHG. Nach wie vor umfasst der Eigenhandel primär das Tätigwerden im Auftrag eines Kunden, wobei das Institut selbst als Käufer oder Verkäufer und nicht als Kommissionär auftritt (Boos/Fischer/Schulte-Mattler/*Schäfer* § 1 Rn. 132a). Durch die sprachliche Neufassung soll in erster Linie Finanzdienstleistungsinstituten, die das Factoring, das Finanzierungsleasing oder das Sortengeschäft betreiben und daneben keine andere Finanzdienstleistung erbringen, ohne die Notwendigkeit einer zusätzlichen Erlaubnis oder weitere aufsichtsrechtliche Konsequenzen auch das Eigengeschäft ohne Dienstleitungscharakter ermöglicht werden (BT-Drs. 17/1720, 31).

55   **i) Drittstaateneinlagenvermittlung (§ 1 Abs. 1a S. 2 Nr. 5).** Tatbestandsmäßig ist auch das treuhänderische Annehmen von Einlagegeldern im Inland und das Weiterleiten außerhalb des Europäischen Wirtschaftsraums (Achenbach/Ransiek/Rönnau WirtschaftsStR-HdB/*Schröder* Teil 10 Kap. 3 Rn. 73).

56   **j) Sortengeschäft (§ 1 Abs. 1a S. 2 Nr. 7).** Das Sortengeschäft umfasst den Austausch von Banknoten oder Münzen als gesetzliches Zahlungsmittel (HK-KapMStrafR/*Janssen* Rn. 37).

57   **k) Factoring (§ 1 Abs. 1a S. 2 Nr. 9).** Beim Factoring tritt der Unternehmer (Anschlusskunde) Forderungen gegen seine Abnehmer durch Globalabtretung an den Factor nach § 398 BGB ab (vgl. Palandt/*Heinrichs* BGB § 398 Rn. 38; ausf. dazu *Hartmann-Wendels* ZBB 2010, 96 ff.).

58   **l) Finanzierungsleasing (§ 1 Abs. 1a S. 2 Nr. 10).** Der Begriff findet sich in §§ 499 Abs. 2, 500 BGB. Diesem Geschäft liegt eine Finanzierungsfunktion zugrunde, bei dem sich die Investitionskosten über Leasingraten amortisieren (vgl. nur Palandt/*Weidenkaff* BGB Vor § 535 Rn. 39).

59   **m) Anlageverwaltung (§ 1 Abs. 1a S. 2 Nr. 11).** Erfasst sind kollektive Anlagemodelle für natürliche Personen; ihnen – nicht den Abschließenden – müssen die materiellen Vor- und Nachteile der Geschäfte zu Gute kommen oder zur Last fallen sollen (*Schönemann* BKR 2010, 130 (131); vgl. dazu auch v. *Livonius/Bernau* WM 2009, 1216).

60   **n) Eingeschränktes Verwahrgeschäft (§ 1 Abs. 1a S. 2 Nr. 12).** Das eingeschränkte Verwahrgeschäft umfasst die Verwahrung und Verwaltung von Wertpapieren ausschließlich für alternative Investmentfonds (AIF). Gemäß § 1 Abs. 3 KAGB fallen unter den Begriff AIF alle Investmentvermögen, die keine OGAW sind. Darunter sind nach § 1 Abs. 2 KAGB solche Investmentvermögen zu verstehen, die die Anforderungen der Richtlinie 2009/65/EG des Europäischen Parlamentes und des Rates vom 13. Juli 2009 zur Koordinierung der Rechts- und Verwaltungsvorschriften betreffend bestimmte Organismen für gemeinsame Anlagen in Wertpapieren (OGAW) (ABl. 2009 L 302, 1) erfüllen. Der Begriff Investmentvermögen wird in § 1 Abs. 1 S. 1 KAGB definiert als jeder Organismus für gemeinsame Anlagen, der von einer Anzahl von Anlegern Kapital einsammelt, um es gemäß einer festgelegten Anlagestrategie zum Nutzen dieser Anleger zu investieren und der kein operativ tätiges Unternehmen außerhalb des Finanzsektors ist.

61   **o) Eigengeschäft (§ 1 Abs. 1a S. 3).** § 1 Abs. 1a S. 3 wurde erst durch das Gesetz zur Abschirmung von Risiken und zur Planung der Sanierung und Abwicklung von Kreditinstituten und Finanzgruppen v. 7.8.2013 (BGBl. I 3090) angefügt. Erfasst wird das Eigengeschäft, definiert als Anschaffung und Veräußerung von Finanzinstrumenten für eigene Rechnung, die nicht Eigenhandel sind, unter den einschränkenden Voraussetzungen nach Nr. 1 und 2. Gemäß der Übergangsvorschrift des § 64s Abs. 2 S. 1 ist § 1 Abs. 1a S. 3 allerdings erst ab dem 1.7.2015 anzuwenden.

62   **3. Ohne Erlaubnis.** § 54 Abs. 1 Nr. 2 ist insofern ein verwaltungsakzessorischer Tatbestand (Hellmann/Beckemper WirtschaftsStR Rn. 123; Achenbach/Ransiek/Rönnau WirtschaftsStR-HdB/*Schröder* Teil 10 Kap. 3 Rn. 82), als er auf die durch die BaFin zu erteilende erforderliche Erlaubnis zum Betreiben von Bankgeschäften bzw. zur Erbringung von Finanzdienstleistungen abstellt. Es handelt sich nicht um einen Rechtfertigungsgrund, sondern um ein objektives Tatbestandsmerkmal (Erbs/Kohlhaas/*Häberle* § 54 Rn. 12), auch wenn es subjektive Bestandteile (Gewerbsmäßigkeit, → Rn. 64) gibt. Der Unrechtsgehalt wird erst durch die fehlende Erlaubnis begründet (OLG Oldenburg StraFo 2014, 81). Die Erlaubnisbedürftigkeit richtet sich nach § 32:

§ 32 Erlaubnis

(1) ¹Wer im Inland gewerbsmäßig oder in einem Umfang, der einen in kaufmännischer Weise eingerichteten Geschäftsbetrieb erfordert, Bankgeschäfte betreiben oder Finanzdienstleistungen erbringen will, bedarf der schriftlichen Erlaubnis der Bundesanstalt; (...)

§ 32 Abs. 1 bezieht sich seinerseits auf die Begriffe des Betreibens (→ Rn. 11) von Bankgeschäften **63** (→ Rn. 29 ff.) und des Erbringens von Finanzdienstleistungen (→ Rn. 46 ff.), so dass sich die Strafnorm des § 54 Abs. 1 Nr. 2 einer vor dem Hintergrund des Bestimmtheitsgebots nicht unproblematischen, aber im Ergebnis zulässigen (s. Erl. zu § 1 StGB) doppelten Verweisungstechnik bedient.

a) Gewerbsmäßig. Gewerbsmäßigkeit liegt dann vor, wenn die Bankgeschäfte auf Dauer angelegt **64** sind und mit Gewinnerzielungsabsicht verfolgt werden (Müller-Gugenberger WirtschaftsStR/*Schumann* § 66 Rn. 16; Achenbach/Ransiek/Rönnau WirtschaftsStR-HdB/*Schröder* Teil 10 Kap. 3 Rn. 26).

Die hM betont ferner zu Recht den gewerberechtlicher Charakter des Begriffs der Gewerbsmäßig- **65** keit: Es ist auf den Betrieb in seiner Gesamtheit abzustellen und nicht auf die Gewinnerzielungsabsicht des einzelnen Tatbeteiligten (BGH NStZ-RR 2003, 55 f.; Müller-Gugenberger WirtschaftsStR/*Schumann* § 66 Rn. 16; Achenbach/Ransiek/Rönnau WirtschaftsStR-HdB/*Schröder* Teil 10 Kap. 3 Rn. 26; Momsen/Grützner WirtschaftsStR/*Altenhain* Kap. 6 Teil A Rn. 17; *Achenbach* NStZ 2003, 520 (525)). Als Kriterien werden der Tatzeitraum, die Anzahl der Einzelaufträge und verlangte Provisionen benannt (BGH NStZ-RR 2003, 55 f.). Die Gegenauffassung geht davon aus, dass Gewerbsmäßigkeit wie im Strafrecht zu verstehen ist: Es müsse auch noch nicht zu einer Vielzahl von Geschäften gekommen sein, sondern strafbar ist bereits die Vornahme des ersten Geschäfts in Verfolgung dieser Absicht (Hellmann/Beckemper WirtschaftsStR Rn. 124; *Otto* WM 1988, 729 (736)). Hiergegen spricht – wie beim Betreiben bzw. im Erst-Recht-Schluss, da das Merkmal der Gewerbsmäßigkeit einengend wirken soll –, dass auf diese Weise schon das bloße Planungsstadium erfasst wird (Achenbach/Ransiek/Rönnau WirtschaftsStR-HdB/*Schröder* Teil 10 Kap. 3 Rn. 26).

Auf eine tatsächliche Gewinnerzielung kommt es nicht an (Schröder KapMarktStrafR-HdB **66** Rn. 892).

b) Umfang, der einen in kaufmännischer Weise eingerichteten Geschäftsbetrieb erfordert. **67** Ein in kaufmännischer Weise eingerichteter Geschäftsbetrieb ist dann erforderlich, wenn eine kaufmännische Buchführung, eine geordnete Ablage des Schriftverkehrs, eine geregelte Kassenführung und Inventur notwendig sind, um die Geschäfte ordnungsgemäß führen zu können (Wabnitz/Janovsky WirtschaftsStR-HdB/*Knierim* Kap. 10 Rn. 276). Es kommt nicht auf die Existenz eines in kaufmännischer Weise eingerichteten Geschäftsbetriebs an, sondern auf die objektive Erforderlichkeit einer entsprechenden Organisation aufgrund des Umfangs der Geschäfte (HK-KapMStrafR/*Janssen* Rn. 22; Achenbach/Ransiek/Rönnau WirtschaftsStR-HdB/*Schröder* Teil 10 Kap. 3 Rn. 27). Bei Bankgeschäften ist dies unter geringeren Voraussetzungen anzunehmen als bei anderen Handelsgeschäften, weil das Führen verschiedener Konten mit der damit einhergehenden Überwachung von Zahlungseingängen, Zins- und Fälligkeitsterminen eher einen Geschäftsbetrieb mit ordnungsgemäßer Buchführung erfordert (Hellmann/Beckemper WirtschaftsStR Rn. 124; Achenbach/Ransiek/Rönnau WirtschaftsStR-HdB/*Schröder* Teil 10 Kap. 3 Rn. 27). Allein das nominale Geschäftsvolumen ist nicht entscheidend.

Im Übrigen dürfte ohnehin das Erfordernis eines in kaufmännischer Weise eingerichteten Geschäfts- **68** betriebs an Bedeutung verlieren, da die Schwelle der Gewerbsmäßigkeit eher überschritten wird (Achenbach/Ransiek/Rönnau WirtschaftsStR-HdB/*Schröder* Teil 10 Kap. 3 Rn. 28; Demgensky/Erm WM 2001, 1445 (1446)).

Der hierfür zu fordernde Umfang der Bankgeschäfte wurde von der verwaltungsrechtlichen Judikatur **69** präzisiert (BVerwG BeckRS 1980, 03436; vgl. auch Wabnitz/Janovsky WirtschaftsStR-HdB/*Knierim* Kap. 10 Rn. 276; *Peglau* wistra 2002, 292 (293)):

Zu fordern sind alternativ **70**

– mindestens 25 angenommene Einlagen
– 100 Kreditgewährungen, im Bestand befindliche Schecks oder Wechsel, übernommene Gewährleistungen
– oder jeweils ein Gesamtvolumen von 500.000 EUR, sofern dieses aus mindestens 21 Einzelfällen besteht
– die Führung von 5 Depots
– die Verwahrung von wenigstens 25 Effekten für Dritte
– oder mehrere nebeneinander betriebene Geschäfte in entsprechend geringerem Umfang

c) Fallgruppen des Handelns ohne Erlaubnis. Ein Handeln ohne Erlaubnis liegt vor, wenn (*Prost* **71** NJW 1977, 227 (229); Boos/Fischer/Schulte-Mattler/*Lindemann* Rn. 6; Erbs/Kohlhaas/*Häberle* Rn. 11):

– der Täter keine Erlaubnis beantragt
– dem Täter die Erlaubnis versagt wurde (vgl. § 33)

– die Geschäfte des Täters sich außerhalb des erlaubten Bereichs bewegen (gem. § 32 Abs. 2 S. 2 kann die Erlaubnis auf einzelne Bankgeschäfte oder Finanzdienstleistungen beschränkt werden)

– die Geschäfte beginnen, bevor eine Erlaubnis erteilt ist

– die Erlaubnis nichtig ist (allerdings wird es dann in der Regel sowohl an Vorsatz als auch an Fahrlässigkeit des Täters mangeln)

– die Erlaubnis erloschen ist (§ 35 Abs. 1)

– die Erlaubnis unanfechtbar oder sofort vollziehbar (vgl. § 80 VwGO iVm § 49) aufgehoben wurde (§ 35 Abs. 2).

72   Der Verstoß gegen Auflagen ist kein Handeln ohne Erlaubnis iSd § 54 Abs. 1 Nr. 2 (Erbs/Kohlhaas/ *Häberle* Rn. 11). Ein Auflagenverstoß ändert an der Rechtsbasis der Erlaubnis nichts (*Prost* NJW 1977, 227 (229)). Gem. § 56 Abs. 3 Nr. 8 handelt es sich aber um eine Ordnungswidrigkeit. Ferner bietet ein solcher Verstoß Anlass zu Erwägungen der BaFin, die Erlaubnis aufzuheben (vgl. § 35 Abs. 2).

73   Dass eine Erlaubnis materiell-rechtlich zu Unrecht, dh trotz Erlaubnisfähigkeit, versagt oder zu Unrecht aufgehoben wurde, beeinflusst die Strafbarkeit nicht (Wabnitz/Janovsky WirtschaftsStR-HdB/ *Knierim* Kap. 10 Rn. 277; Boos/Fischer/Schulte-Mattler/ *Lindemann* Rn. 6). Der Antragsteller muss Rechtsschutz vor den Verwaltungsgerichten suchen. Eine andere Behandlung stünde auch mit § 37 im Widerspruch (Achenbach/Ransiek/Rönnau WirtschaftsStR-HdB/ *Schröder* Teil 10 Kap. 3 Rn. 82).

74   Ebenso irrelevant ist die nachträgliche Erlaubnis (Erbs/Kohlhaas/ *Häberle* § 54 Rn. 11; Boos/Fischer/Schulte-Mattler/ *Lindemann* Rn. 6), vgl. § 8 StGB. Die Erlaubnis wirkt nur ex-nunc.

75   Relevanz können diese Aspekte aber bei der Strafzumessung erlangen (Erbs/Kohlhaas/ *Häberle* Rn. 11).

76   Erben (gem. § 34) und Abwickler (vgl. § 38) sind befugt, im Rahmen der Abwicklung Bankgeschäfte zu tätigen.

77   Gleiches gilt für das Handeln jedes, für das Institut Tätigen, das erkennbar nur noch auf Liquidation gerichtet ist, da eine ordnungsgemäße Abwicklung dem Gestaltungswillen der BaFin und dem vom Gesetz (→ Rn. 3) bezweckten Gläubigerschutz entspricht (Boos/Fischer/Schulte-Mattler/ *Lindemann* Rn. 6).

78   Einer erteilten Erlaubnis stehen gesetzlich fingierte Erlaubnisse (§§ 61 S. 1, 63a Abs. 1, 64e Abs. 1, Abs. 2 S. 2) gleich. Zu beachten sind auch die Ausnahmen gem. § 2, in deren Rahmen auch § 32 und damit § 54 Abs. 1 Nr. 2 nicht greift.

79   **4. Normadressat.** Strafbar macht sich lediglich der Erlaubnispflichtige, nicht der Kunde (LG Essen NJW-RR 1992, 303 (304)); das Verbot richtet sich insofern nur gegen die bankseitige Vornahme des Rechtsgeschäfts, nicht gegen das Rechtsgeschäft selbst (vgl. auch LG Essen NJW-RR 1992, 303 (304); → Rn. 3).

III. Abs. 1a: Erbringung von Clearingdienstleistungen ohne Zulassung nach der VO (EU) Nr. 648/2012

80   Art. 14 Abs. 1 der VO (EU) Nr. 648/2012 regelt Zulassungsmodalitäten für das Erbringen von Clearingdienstleistungen durch zentrale Gegenparteien (CCP, → Rn. 45) iSd VO. Das Zulassungserfordernis selbst ist zwar nicht ausdrücklich normiert (auch nicht in der übrigen VO), jedoch erkennbar vorausgesetzt (Erbs/Kohlhaas/ *Häberle* Rn. 14):

Artikel 14 Zulassung einer CCP

(1) Eine in der Union niedergelassene juristische Person, die als CCP Clearingdienstleistungen erbringen will, beantragt ihre Zulassung bei der zuständigen Behörde des Mitgliedstaats, in dem sie niedergelassen ist (für die CCP zuständige Behörde), gemäß dem Verfahren nach Artikel 17.

Tathandlung ist das Erbringen von Clearingdienstleistungen. Der Begriff Clearing wird in Art. 2 Nr. 3 derselben VO definiert als „Prozess der Erstellung von Positionen, darunter die Berechnung der Nettoverbindlichkeiten, und die Gewährleistung, dass zur Absicherung des aus diesen Positionen erwachsenen Risikos Finanzinstrumente, Bargeld oder beides zur Verfügung stehen".

C. Subjektiver Tatbestand

81   § 54 Abs. 1, 1a enthalten Vorsatzdelikte, vgl. § 15 StGB. Bedingter Vorsatz reicht aus (HK-KapM-StrafR/ *Janssen* Rn. 40).

82   Der Vorsatz muss sich auf alle Umstände beziehen, die die Merkmale des objektiven Tatbestands verwirklichen, vor allem auch auf die Erlaubnispflichtigkeit der betriebenen Geschäfte (Erbs/Kohlhaas/ *Häberle* Rn. 12). Anderenfalls liegt ein Tatumstandsirrtum nach § 16 Abs. 1 StGB vor (Tiedemann WirtschaftsStR BT Rn. 298; ebenso OLG Oldenburg StraFo 2014, 81 (82); aA Achenbach/Ransiek/ Rönnau WirtschaftsStR-HdB/ *Schröder* Teil 10 Kap. 3 Rn. 89: Verbotsirrtum; Schröder KapMarkt-StrafR-HdB Rn. 967; so auch BGH NJW 2012, 3177 (3180)).

Insbesondere die Kenntnis der Erlaubnisumfänge ist angesichts bisweilen unübersichtlicher Firmens- 83 trukturen und stetiger Personalfluktuation keine Selbstverständlichkeit (vgl. HK-KapMStrafR/*Janssen* Rn. 41, Fn. 3).

Auch ein Irrtum hinsichtlich des Vorliegens einer Ausnahme nach § 2 ist ein Tatumstandsirrtum, da es 84 sich um einen Irrtum über die Tatsache, Geschäfte zu betreiben, die erlaubnispflichtig sind, handelt (HK-KapMStrafR/*Janssen* Rn. 41).

Für den vorsatzlosen (vgl. auch § 16 Abs. 1 S. 2 StGB) Täter kommt eine Fahrlässigkeitsstrafbarkeit 85 nach § 54 Abs. 2 in Betracht (→ Rn. 93 ff.).

Bisweilen liegt auch ein Verbotsirrtum iSd § 17 StGB nicht fern. 86

Für Irrtümer nach §§ 16 und 17 StGB können auch sachverständige Beratungen relevant sein, 87 wenn Täter ihre Geschäfte von einem Sachverständigen (Rechtsanwalt, Wirtschaftsprüfer oder Steuer- berater) prüfen lassen und diesem sämtliche Tatsachen richtig offenlegen, so dass sie einem Testat der Unbedenklichkeit vertrauen dürfen (zur Einholung juristischer Gutachten vgl. *Kirch-Heim/Samson* wistra 2008, 81; HK-KapMStrafR/*Janssen* Rn. 43; vgl. auch BGH wistra 2000, 257; OLG Zweibrü- cken StV 1992, 119; BayObLG wistra 2000, 117). Erst recht gilt dies bei Auskünften der BaFin, da sich die Privatperson auf Auskünfte der zuständigen Behörde verlassen darf, auch wenn deren Auf- fassung die Gerichte nicht bindet (Boos/Fischer/Schulte-Mattler/*Lindemann* Rn. 13; vgl. auch BGH NJW 2012, 3177 (3180)).

D. Täterschaft und Teilnahme

§ 54 ist kein Sonderdelikt (vgl. Erbs/Kohlhaas/*Häberle* Rn. 2). Es gilt die allgemeine Beteiligungslehre 88 nach den §§ 25 ff. StGB, dh nach ganz hM die Tatherrschaftslehre. Bei deren Anwendung ist es allein von rechtstatsächlicher Relevanz, dass außer dem Vorstand oder der Geschäftsführung selten andere Personen Tatherrschaft über das Betreiben der Geschäfte haben werden (HK-KapMStrafR/*Janssen* Rn. 18; Achenbach/Ransiek/Rönnau WirtschaftsStR-HdB/*Schröder* Teil 10 Kap. 3 Rn. 90; aA *Sza- gunn*, Gesetz über das Kreditwesen: Kommentar, 6. Aufl. 1997, KWG § 54 Rn. 2, 10). Entscheidend ist der tatsächliche Beitrag, nicht die rein formale Stellung des Täters (vgl. auch Boos/Fischer/Schulte- Mattler/*Lindemann* Rn. 10).

Wenn das Kreditinstitut oder der Finanzdienstleister eine juristische Person ist, gilt die Zurechnungs- 89 norm des § 14 StGB. Für die gesetzlichen Organe ist § 14 Abs. 1 Nr. 1 StGB einschlägig. Schwierig- keiten wirft die Abgrenzung von Täterschaft und Teilnahme auf, wenn ein GmbH-Gesellschafter sein Weisungsrecht gem. § 37 Abs. 1 GmbHG ausübt (hierzu HK-KapMStrafR/*Janssen* Rn. 19). In Betracht kommt eine faktische Organschaft nach § 14 Abs. 3 StGB und insofern ein eigenständiges täterschafts- begründendes Betreiben von Bankgeschäften; ansonsten verbleibt es bei bloßer Teilnahme.

Gegen die juristische Person selbst kann ggf. gem. § 30 OWiG (auch iVm § 59) eine Unternehmens- 90 geldbuße verhängt werden.

Angestellte Mitarbeiter sind in aller Regel allenfalls Teilnehmer (HK-KapMStrafR/*Janssen* Rn. 20; 91 Momsen/Grützner WirtschaftsStR/*Altenhain* Kap. 6 Teil A Rn. 10; vgl. auch BGH NJW 2012, 3177 (3180)). Bei Beihilfe durch berufstypische Handlungen gelten die Grundsätze der sog neutralen Beihilfe, welche die Rspr. mittels gesteigerter Vorsatzanforderung unter Ausschluss des dolus eventualis löst (hierzu BGHSt 46, 107 (112); zusf. *Schröder* DNotZ 2005, 596 (605 ff.)).

Um einen Fall der notwendigen Teilnahme handelt es sich, wenn Zwecksparer durch ihr Eingehen 92 auf das Kreditversprechen erst den in § 3 Nr. 2 vorausgesetzten Rechtsanspruch herbeiführen (Achen- bach/Ransiek/Rönnau WirtschaftsStR-HdB/*Schröder* Teil 10 Kap. 3 Rn. 90; Schröder KapMarkt- StrafR-HdB Rn. 971).

E. Fahrlässigkeitsdelikt, Abs. 2

Gem. § 54 Abs. 2 ist auch (bewusst oder unbewusst) fahrlässiges Handeln strafbar (Beispiele bei Boos/ 93 Fischer/Schulte-Mattler/*Lindemann* Rn. 14). Es gelten die allgemeinen Grundsätze des Fahrlässigkeits- delikts, ua auch das Einheitstäterprinzip.

Insbesondere die Bestimmung des zu beachtenden Sorgfaltsmaßstabs wird aber wesentlich von der 94 Stellung des Täters in der Hierarchie des Unternehmens abhängen (HK-KapMStrafR/*Janssen* Rn. 42). Untergeordnete Mitarbeiter müssen sich in aller Regel nicht um die Frage der Erlaubnis seitens der BaFin kümmern; ihnen kommen keine entsprechenden Handlungspflichten zu.

Die Einholung sachverständiger Beratung kann nicht nur zur Begründung eines Tatumstands- oder 95 unvermeidbaren Verbotsirrtums führen (→ Rn. 87), sondern auch die Pflichtwidrigkeit des Handelns entfallen lassen, da bereits tatbestandsmäßig von einem Kaufmann nicht mehr verlangt werden kann als die ihm zur Verfügung stehende Erkenntnisquelle auszuschöpfen (HK-KapMStrafR/*Janssen* Rn. 43). Erst recht gilt dies wiederum bei Auskünften der BaFin (Boos/Fischer/Schulte-Mattler/*Lindemann* Rn. 14).

F. Konkurrenzen

96   Bereits zur einmaligen Verwirklichung des Tatbestands ist ein mehrfacher Abschluss von Geschäften notwendig (→ Rn. 11). Dies ist auch dem Begriff der Gewerbsmäßigkeit nach § 32 zu entnehmen (→ Rn. 64). Mehrere Geschäftstätigkeiten nach § 1 Abs. 1 und/oder Abs. 1a bilden eine tatbestandliche Bewertungseinheit (*Peglau* wistra 2002, 292 (293); vgl. auch HK–KapMStrafR/*Janssen* Rn. 44: „eine Tathandlung"; Erbs/Kohlhaas/*Häberle* Rn. 17; BGH HRRS 2012, Nr. 800 Rn. 22; OLG Oldenburg StraFo 2014, 81 (82): „einheitliches Organisationsdelikt"; Achenbach/Ransiek/Rönnau WirtschaftsStR–HdB/*Schröder* Teil 10 Kap. 3 Rn. 93: „rechtliche Handlungseinheit"), so dass die §§ 52 ff. StGB nicht zur Anwendung kommen.

97   Im Verhältnis zwischen § 54 Abs. 1 Nr. 1 und Nr. 2 geht ersterer im Wege der Spezialität vor (*Peglau* wistra 2002, 292 (293); aA: HK–KapMStrafR/*Janssen* Rn. 44: Tateinheit; ebenso Achenbach/Ransiek/Rönnau WirtschaftsStR–HdB/*Schröder* Teil 10 Kap. 3 Rn. 94).

98   Verschiedene Tatmodalitäten innerhalb des § 54 Abs. 1 Nr. 2 stehen in Tateinheit gem. § 52 StGB, wenn sie im Rahmen desselben Geschäftsbetriebs verübt werden (auch dann, wenn der Täter sein Geschäftsfeld erst später um eine Tatmodalität erweitert *Peglau* wistra 2002, 292 (293)). Im Übrigen handelt es sich um Tatmehrheit nach § 53 StGB, da jede Geschäftsorganisation einen eigenständigen Rechtsgutsangriff bedeutet.

99   § 54 verdrängt die subsidiären §§ 55, 55a und 55b (*Peglau* wistra 2002, 292 (294)).

100   Mit § 263 StGB kann wegen der unterschiedlichen Schutzrichtungen Tateinheit bestehen (BGH NStZ 1997, 121; Wabnitz/Janovsky WirtschaftsStR–HdB/*Knierim* Kap. 10 Rn. 278; HK–KapMStrafR/*Janssen* Rn. 45). Dies ergibt sich konsequent daraus, dass auch betrügerische Anlagen Bankgeschäfte sind (→ Rn. 34; BGH NStZ 2000, 37 f.).

101   Gleiches gilt für §§ 263a, 264a (HK–KapMStrafR/*Janssen* Rn. 45), 266 StGB (Achenbach/Ransiek/Rönnau WirtschaftsStR–HdB/*Schröder* Teil 10 Kap. 3 Rn. 98) und § 16 UWG (Erbs/Kohlhaas/*Häberle* Rn. 17).

102   Tateinheit kann auch mit §§ 49, 26 Abs. 1 BörsG (früher: § 61 iVm § 23 BörsG) bestehen; hierzu HK–KapMStrafR/*Janssen* Rn. 45) bestehen (Achenbach/Ransiek/Rönnau WirtschaftsStR–HdB/*Schröder* Teil 10 Kap. 3 Rn. 99).

103   Mit § 54 verwirklichte Ordnungswidrigkeiten treten gem. § 21 OWiG hinter der Straftat zurück.

104   Die isolierte Verfolgung eines KWG-Tatbestands kann zum Strafklageverbrauch nach Art. 103 Abs. 3 GG führen (vgl. BGHSt 48, 331; Achenbach/Ransiek/Rönnau WirtschaftsStR–HdB/*Schröder* Teil 10 Kap. 3 Rn. 94).

G. Rechtsfolgen

105   Bei der Strafzumessung ist zu berücksichtigen, ob der Täter sich bereichert hat oder dies versucht hat (HK–KapMStrafR/*Janssen* Rn. 47).

106   Nicht selten wird wegen des Missbrauchs des Berufs ein Berufsverbot nach § 70 StGB anzuordnen sein (HK–KapMStrafR/*Janssen* Rn. 47). Dieses kann gem. § 70a StGB zur Bewährung ausgesetzt werden.

H. Verjährung

107   Es gelten die §§ 78 ff. StGB. Vorsätzliche Taten nach § 54 Abs. 1 verjähren gem. § 78 Abs. 3 Nr. 4 StGB nach fünf Jahren. Das Fahrlässigkeitsdelikt nach § 54 Abs. 2 verjährt wegen der niedrigeren Strafobergrenze gem. § 78 Abs. 3 Nr. 5 StGB nach drei Jahren.

108   Der Beginn der Verjährung richtet sich nach § 78a StGB.

I. Verfahren

109   Alle Begehungsweisen des § 54 sind Offizialdelikte. Es gilt das Legalitätsprinzip, §§ 152 Abs. 2, 160 Abs. 1 StPO.

110   Anhaltspunkte wird die Staatsanwaltschaft vor allem durch Hinweise der Geschäftskunden der Täter sowie durch die BaFin erhalten (vgl. auch § 9 Abs. 1 S. 3 Nr. 1), die auf eigene Ermittlungskompetenzen (§ 44c) zurückgreifen kann (Boos/Fischer/Schulte-Mattler/*Lindemann* Rn. 16; Achenbach/Ransiek/Rönnau WirtschaftsStR–HdB/*Schröder* Teil 10 Kap. 3 Rn. 131 f.). Hierbei kollidiert die in § 44c Abs. 1 normierte (durch § 56 Abs. 3 Nr. 9 bußgeldbewehrte) Auskunfts- und Vorlagepflicht mit dem Grundsatz nemo tenetur, se ipsum accusare (vgl. Achenbach/Ransiek/Rönnau WirtschaftsStR–HdB/*Schröder* Teil 10 Kap. 3 Rn. 132; ausf. Schröder KapMarktStrafR–HdB Rn. 984 ff.), so dass ein Beweisverwertungsverbot, auch im Lichte der Gemeinschuldner-Entscheidung des BVerfG (BVerfGE 56, 37) und des heutigen § 97 Abs. 1 S. 3 InsO, nicht fern liegt.

111   Zur Mitteilungspflicht nach § 60a → Rn. 7.

Ein Bankgeheimnis gibt es im Strafverfahren, anders als im Zivilprozess (§ 383 Abs. 1 Nr. 6 ZPO) **112** nicht (ausf. dazu Müller-Gugenberger WirtschaftsStR/*Schumann* § 66 Rn. 35 ff.): Ermittlungsbefugnisse werden durch die vertragliche Bindung der Banken zu ihren Kunden im Strafverfahren nicht einge- schränkt (Wabnitz/Janovsky WirtschaftsStR–HdB/*Knierim* Kap. 10 Rn. 288).

Gem. § 74c Abs. 1 Nr. 2 GVG ist die Wirtschaftsstrafkammer für die erstinstanzliche Aburteilung, **113** soweit Anklage beim Landgericht erhoben wird, sowie bei Berufungen gegen ein Urteil, das AG zuständig.

§ 54a Strafvorschriften

(1) Mit Freiheitsstrafe bis zu fünf Jahren oder mit Geldstrafe wird bestraft, wer entgegen § 25c Absatz 4a oder § 25c Absatz 4b Satz 2 nicht dafür Sorge trägt, dass ein Institut oder eine dort genannte Gruppe über eine dort genannte Strategie, einen dort genannten Prozess, ein dort genanntes Verfahren, eine dort genannte Funktion oder ein dort genanntes Konzept verfügt, und hierdurch eine Bestandsgefährdung des Instituts, des übergeordneten Unter- nehmens oder eines gruppenangehörigen Instituts herbeiführt.

(2) Wer in den Fällen des Absatzes 1 die Gefahr fahrlässig herbeiführt, wird mit Freiheits- strafe bis zu zwei Jahren oder mit Geldstrafe bestraft.

(3) Die Tat ist nur strafbar, wenn die Bundesanstalt dem Täter durch Anordnung nach § 25c Absatz 4c die Beseitigung des Verstoßes gegen § 25c Absatz 4a oder § 25c Absatz 4b Satz 2 aufgegeben hat, der Täter dieser vollziehbaren Anordnung zuwiderhandelt und hier- durch die Bestandsgefährdung herbeigeführt hat.

A. Allgemeines

Die Strafvorschrift des § 54a wurde im Zuge der Aufarbeitung der Finanzkrise seit 2007 (vgl. dazu **1** *Hamm/Richter* WM 2012, 865 ff.) durch Art. 3 des Gesetzes zur Abschirmung von Risiken und zur Planung der Sanierung und Abwicklung von Kreditinstituten und Finanzgruppen vom 7.8.2013 (BGBl. I 3090) mit Wirkung zum 2.1.2014 eingefügt.

Der Gesetzgeber verfolgt damit den Zweck, die verantwortlichen Geschäftsleiter strafrechtlich zur **2** Rechenschaft ziehen zu können, die durch Pflichtverletzungen im Risikomanagement die Krise des Instituts bzw. des Unternehmens mit verursacht haben; derartige Pflichtverletzungen, die nicht nur die Stabilität des einzelnen Instituts, sondern des Finanzsystems als Ganzem gefährden, wurden bis dato von den bestehenden Tatbeständen des Kern- und Nebenstrafrechts nicht erfasst (BT-Drs. 17/12601, 2 f.; zust. *Schröder* WM 2014, 100 (102), der insoweit von „Gerechtigkeitslücken" spricht; ferner *Kasiske* ZRP 2011, 137 ff., der insbesondere aufzeigt, dass die Finanzkrise sich nicht mittels § 266 StGB aufarbeiten lässt).

Geschütztes Rechtsgut sind laut Gesetzesbegründung (1.) die Sicherung der angetrauten Vermögens- **3** werte und der ordnungsgemäßen Durchführung der Bank- und Versicherungsgeschäfte und Finanz- dienstleistungen, (2.) die Stabilität des Finanzsystems und (3.) die Vermeidung von Nachteilen für die Gesamtwirtschaft (BT-Drs. 17/12601, 44).

Der Tatbestand erfasst Verstöße gegen Sicherstellungspflichten der Geschäftsleiter von Kredit- und **4** Finanzdienstleistungsinstituten in Bezug auf die Einhaltung der gesetzlichen Risikomanagementvor- gaben, soweit dadurch eine Bestandgefährdung herbeigeführt wurde (BT-Drs. 17/12601, 4 f.).

Der Versuch ist nicht strafbar. **5**

B. Objektiver Tatbestand
I. Entgegen § 25c Abs. 4a und 4b S. 2

§ 54a verweist zur Ausfüllung seines Inhalts auf § 25c Abs. 4a und 4b S. 2, es handelt sich um eine **6** Blankettvorschrift (*Goeckenjan* wistra 2014, 201 (202); *Schröder* WM 2014, 100 (102)).

§ 25c Abs. 4a, 4b Geschäftsleiter

(...) **7**

(4a) Im Rahmen ihrer Gesamtverantwortung für die ordnungsgemäße Geschäftsorganisation des Instituts nach § 25a Absatz 1 Satz 2 haben die Geschäftsleiter eines Instituts dafür Sorge zu tragen, dass das Institut über folgende Strategien, Prozesse, Verfahren, Funktionen und Konzepte verfügt:

1. eine auf die nachhaltige Entwicklung des Instituts gerichtete Geschäftsstrategie und eine damit konsistente Risikostrategie sowie Prozesse zur Planung, Umsetzung, Beurteilung und Anpassung der Strategien nach § 25a Absatz 1 Satz 3 Nummer 1, mindestens haben die Geschäftsleiter dafür Sorge zu tragen, dass
a) jederzeit das Gesamtziel, die Ziele des Instituts für jede wesentliche Geschäftsaktivität sowie die Maßnahmen zur Erreichung dieser Ziele bestimmt werden;
b) die Risikostrategie jederzeit die Ziele der Risikosteuerung der wesentlichen Geschäftsaktivitäten sowie die Maßnahmen zur Erreichung dieser Ziele umfasst;

2. Verfahren zur Ermittlung und Sicherstellung der Risikotragfähigkeit nach § 25a Absatz 1 Satz 3 Nummer 2, mindestens haben die Geschäftsleiter dafür Sorge zu tragen, dass
   a) die wesentlichen Risiken des Instituts, insbesondere Adressenausfall-, Marktpreis-, Liquiditäts- und operationelle Risiken, regelmäßig und anlassbezogen im Rahmen einer Risikoinventur identifiziert und definiert werden (Gesamtrisikoprofil);
   b) im Rahmen der Risikoinventur Risikokonzentrationen berücksichtigt sowie mögliche wesentliche Beeinträchtigungen der Vermögenslage, der Ertragslage oder der Liquiditätslage geprüft werden;
3. interne Kontrollverfahren mit einem internen Kontrollsystem und einer internen Revision nach § 25a Absatz 1 Satz 3 Nummer 3 Buchstabe a bis c, mindestens haben die Geschäftsleiter dafür Sorge zu tragen, dass
   a) im Rahmen der Aufbau- und Ablauforganisation Verantwortungsbereiche klar abgegrenzt werden, wobei wesentliche Prozesse und damit verbundene Aufgaben, Kompetenzen, Verantwortlichkeiten, Kontrollen sowie Kommunikationswege klar zu definieren sind und sicherzustellen ist, dass Mitarbeiter keine miteinander unvereinbaren Tätigkeiten ausüben;
   b) eine grundsätzliche Trennung zwischen dem Bereich, der Kreditgeschäfte initiiert und bei den Kreditentscheidungen über ein Votum verfügt (Markt), sowie dem Bereich Handel einerseits und dem Bereich, der bei den Kreditentscheidungen über ein weiteres Votum verfügt (Marktfolge), und den Funktionen, die dem Risikocontrolling und die der Abwicklung und Kontrolle der Handelsgeschäfte dienen, andererseits besteht;
   c) das interne Kontrollsystem Risikosteuerungs- und -controllingprozesse zur Identifizierung, Beurteilung, Steuerung, Überwachung und Kommunikation der wesentlichen Risiken und damit verbundener Risikokonzentrationen sowie eine Risikocontrolling-Funktion und eine Compliance-Funktion umfasst;
   d) in angemessenen Abständen, mindestens aber vierteljährlich, gegenüber der Geschäftsleitung über die Risikosituation einschließlich einer Beurteilung der Risiken berichtet wird;
   e) in angemessenen Abständen, mindestens aber vierteljährlich, seitens der Geschäftsleitung gegenüber dem Verwaltungs- oder Aufsichtsorgan über die Risikosituation einschließlich einer Beurteilung der Risiken berichtet wird;
   f) regelmäßig angemessene Stresstests für die wesentlichen Risiken sowie das Gesamtrisikoprofil des Instituts durchgeführt werden und auf Grundlage der Ergebnisse möglicher Handlungsbedarf geprüft wird;
   g) die interne Revision in angemessenen Abständen, mindestens aber vierteljährlich, an die Geschäftsleitung und an das Aufsichts- oder Verwaltungsorgan berichtet;
4. eine angemessene personelle und technisch-organisatorische Ausstattung des Instituts nach § 25a Absatz 1 Satz 3 Nummer 4, mindestens haben die Geschäftsleiter dafür Sorge zu tragen, dass die quantitative und qualitative Personalausstattung und der Umfang und die Qualität der technisch-organisatorischen Ausstattung die betriebsinternen Erfordernisse, die Geschäftsaktivitäten und die Risikosituation berücksichtigen;
5. für Notfälle in zeitkritischen Aktivitäten und Prozessen angemessene Notfallkonzepte nach § 25a Absatz 1 Satz 3 Nummer 5, mindestens haben die Geschäftsleiter dafür Sorge zu tragen, dass regelmäßig Notfalltests zur Überprüfung der Angemessenheit und Wirksamkeit des Notfallkonzeptes durchgeführt werden und über die Ergebnisse den jeweils Verantwortlichen berichtet wird;
6. im Fall einer Auslagerung von Aktivitäten und Prozessen auf ein anderes Unternehmen nach § 25b Absatz 1 Satz 1 mindestens angemessene Verfahren und Konzepte, um übermäßige zusätzliche Risiken sowie eine Beeinträchtigung der Ordnungsmäßigkeit der Geschäfte, Dienstleistungen und der Geschäftsorganisation im Sinne des § 25a Absatz 1 zu vermeiden.

(4b) [1] Für Institutsgruppen, Finanzholding-Gruppen, gemischte Finanzholding-Gruppen und Institute im Sinne des Artikels 4 der Verordnung (EU) Nr. 575/2013 gilt, dass die Geschäftsleiter des übergeordneten Unternehmens für die Wahrung der Sorgfaltspflichten innerhalb der Institutsgruppe, der Finanzholding-Gruppe, der gemischten Finanzholding-Gruppe oder der Institute im Sinne des Artikels 4 der Verordnung (EU) Nr. 575/2013 verantwortlich sind, wenn das übergeordnete Unternehmen Mutterunternehmen ist, das beherrschenden Einfluss im Sinne des § 290 Absatz 2 des Handelsgesetzbuchs über andere Unternehmen der Gruppe ausübt, ohne dass es auf die Rechtsform der Muttergesellschaft ankommt. [2] Im Rahmen ihrer Gesamtverantwortung für die ordnungsgemäße Geschäftsorganisation der Gruppe nach Satz 1 haben die Geschäftsleiter des übergeordneten Unternehmens dafür Sorge zu tragen, dass die Gruppe über folgende Strategien, Prozesse, Verfahren, Funktionen und Konzepte verfügt:

1. eine auf die nachhaltige Entwicklung der Gruppe gerichtete gruppenweite Geschäftsstrategie und eine damit konsistente gruppenweite Risikostrategie sowie Prozesse zur Planung, Umsetzung, Beurteilung und Anpassung der Strategien nach § 25a Absatz 1 Satz 3 Nummer 1, mindestens haben die Geschäftsleiter dafür Sorge zu tragen, dass
   a) jederzeit das Gesamtziel der Gruppe, die Ziele der Gruppe für jede wesentliche Geschäftsaktivität sowie die Maßnahmen zur Erreichung dieser Ziele dokumentiert werden;
   b) die Risikostrategie der Gruppe jederzeit die Ziele der Risikosteuerung der wesentlichen Geschäftsaktivitäten sowie die Maßnahmen zur Erreichung dieser Ziele umfasst;
   c) die strategische Ausrichtung der gruppenangehörigen Unternehmen mit den gruppenweiten Geschäfts- und Risikostrategien abgestimmt wird;
2. Verfahren zur Ermittlung und Sicherstellung der Risikotragfähigkeit der Gruppe nach § 25a Absatz 1 Satz 3 Nummer 2, mindestens haben die Geschäftsleiter dafür Sorge zu tragen, dass
   a) die wesentlichen Risiken der Gruppe, insbesondere Adressenausfall-, Marktpreis-, Liquiditäts- und operationelle Risiken, regelmäßig und anlassbezogen im Rahmen einer Risikoinventur identifiziert und definiert werden (Gesamtrisikoprofil der Gruppe);
   b) im Rahmen der Risikoinventur Risikokonzentrationen innerhalb der Gruppe berücksichtigt sowie mögliche wesentliche Beeinträchtigungen der Vermögenslage, der Ertragslage oder der Liquiditätslage der Gruppe geprüft werden;
3. interne Kontrollverfahren mit einem internen Kontrollsystem und einer internen Revision nach § 25a Absatz 1 Satz 3 Nummer 3 Buchstabe a bis c, mindestens haben die Geschäftsleiter dafür Sorge zu tragen, dass
   a) im Rahmen der Aufbau- und Ablauforganisation der Gruppe Verantwortungsbereiche klar abgegrenzt werden, wobei wesentliche Prozesse und damit verbundene Aufgaben, Kompetenzen, Verantwortlichkeiten, Kontrollen sowie Kommunikationswege innerhalb der Gruppe klar zu definieren sind und sicherzustellen ist, dass Mitarbeiter keine miteinander unvereinbaren Tätigkeiten ausüben;

b) bei den gruppenangehörigen Unternehmen eine grundsätzliche Trennung zwischen dem Bereich, der Kreditgeschäfte initiiert und bei den Kreditentscheidungen über ein Votum verfügt (Markt), sowie dem Bereich Handel einerseits und dem Bereich, der bei den Kreditentscheidungen über ein weiteres Votum verfügt (Marktfolge), und den Funktionen, die dem Risikocontrolling und die der Abwicklung und Kontrolle der Handelsgeschäfte dienen, andererseits besteht;

c) in angemessenen Abständen, mindestens aber vierteljährlich, gegenüber der Geschäftsleitung über die Risikosituation einschließlich einer Beurteilung der Risiken berichtet wird;

d) in angemessenen Abständen, mindestens aber vierteljährlich, auf Gruppenebene seitens der Geschäftsleitung gegenüber dem Verwaltungs- oder Aufsichtsorgan über die Risikosituation der Gruppe einschließlich einer Beurteilung der Risiken berichtet wird;

e) das interne Kontrollsystem der Gruppe eine Risikocontrolling-Funktion und eine Compliance-Funktion sowie Risikosteuerungs- und -controllingprozesse zur Identifizierung, Beurteilung, Steuerung, Überwachung und Kommunikation der wesentlichen Risiken und damit verbundener Risikokonzentrationen umfasst;

f) regelmäßig angemessene Stresstests für die wesentlichen Risiken und das Gesamtrisikoprofil auf Gruppenebene durchgeführt werden und auf Grundlage der Ergebnisse möglicher Handlungsbedarf geprüft wird;

g) die Konzernrevision in angemessenen Abständen, mindestens aber vierteljährlich, an die Geschäftsleitung und an das Verwaltungs- oder Aufsichtsorgan berichtet;$

4. eine angemessene personelle und technisch-organisatorische Ausstattung der Gruppe nach § 25a Absatz 1 Satz 3 Nummer 4, mindestens haben die Geschäftsleiter dafür Sorge zu tragen, dass die quantitative und qualitative Personalausstattung und der Umfang und die Qualität der technisch-organisatorischen Ausstattung der gruppenangehörigen Unternehmen die jeweiligen betriebsinternen Erfordernisse, die Geschäftsaktivitäten und die Risikosituation der gruppenangehörigen Unternehmen berücksichtigen;

5. für Notfälle in zeitkritischen Aktivitäten und Prozessen angemessene Notfallkonzepte nach § 25a Absatz 1 Satz 3 Nummer 5 auf Gruppenebene, mindestens haben die Geschäftsleiter dafür Sorge zu tragen, dass regelmäßig Notfalltests zur Überprüfung der Angemessenheit und Wirksamkeit des Notfallkonzeptes auf Gruppenebene durchgeführt werden und über die Ergebnisse den jeweils Verantwortlichen berichtet wird;

6. im Fall einer Auslagerung von Aktivitäten und Prozessen auf ein anderes Unternehmen nach § 25b Absatz 1 Satz 1 mindestens angemessene Verfahren und Konzepte, um übermäßige zusätzliche Risiken sowie eine Beeinträchtigung der Ordnungsmäßigkeit der Geschäfte, Dienstleistungen und der Geschäftsorganisation im Sinne des § 25a Absatz 1 zu vermeiden. (...)

§ 25c Abs. 4a enthält einen Katalog von Pflichten, deren Einhaltung Geschäftsführer eines Instituts **8** iSv § 1 Abs. 1b, also Kredit- oder Finanzdienstleistungsinstitut, zu besorgen haben; Abs. 4b S. 2 enthält inhaltlich dieselben Vorgaben bezogen auf Instituts- und (gemischte) Finanzholding-Gruppen (*Goeckenjan* wistra 2014, 201 (202)).

Die Regelungen basieren im Wesentlichen auf den zuvor von der BaFin als Verwaltungsvorschriften **9** herausgegebenen Mindestanforderungen für das Risikomanagement – MaRisk – (*Hamm/Richter* WM 2012, 865 (867)). Eine Erläuterung der gesamten in § 25c Abs. 4a und 4b enthaltenen Risikomanagementvorgaben ist hier nicht möglich. Es wird auf die bankrechtliche Spezialliteratur verwiesen.

II. Tathandlung nach Abs. 1

Als Tathandlung setzt Abs. 1 voraus, dass ein nach § 25c Abs. 4a oder 4b S. 2 Verpflichteter nicht **10** dafür Sorge trägt, dass das Institut bzw. die Gruppe über die dort aufgelisteten Risikomanagementvorgaben verfügt.

Aus der negativen Formulierung des „Nicht-Sorgetragens" wird teilweise gefolgert, es handle sich um **11** ein echtes Unterlassungsdelikt (*Schorck/Reichling* CCZ 2013, 269 (270); ebenso *Goeckenjan* wistra 2014, 201 (204)). Überzeugender ist es, den Schwerpunkt der Vorwerfbarkeit in der aktiven Verletzung der in § 25c Abs. 4a und 4b S. 2 genannten Pflichten/Vorgaben (bzw. im Hinblick auf die zusätzliche Tatbestandsvoraussetzung gemäß § 54a Abs. 3 (→ Rn. 18) in dem aktiven Zuwiderhandeln gegen die Anordnung der Bundesanstalt) zu sehen; nicht das Unterlassen des Risikomanagements führt die Bestandsgefährdung herbei, sondern die Vornahme von Risikogeschäften, die Gegenstand des Risikomanagements sind (Vgl. *Schröder* WM 2014, 100 (105)). § 54a ist somit ein Begehungsdelikt (vgl. auch *Cichy/Cziupka/Wiersch* NZG 2013, (846), 847: sowohl Begehungs- als auch (echtes) Unterlassungsdelikt).

Die Strategien, Prozesse, Verfahren, Funktionen und Konzepte, die es einzuhalten bzw. umzusetzen **12** gilt, werden zwar in § 25c Abs. 4a und 4b S. 2 detailliert beschrieben, dies allerdings mit derart vielen unbestimmten, also ausfüllungs- und konkretisierungsbedürftigen Begriffen, denen es bislang an gefestigten Auslegungs- bzw. Anwendungsgrundsätzen mangelt, die sich zum Teil in Zielvorgaben und erklärten Prinzipien erschöpfen und die nicht selten weite Gestaltungsspielräume bei der Umsetzung bieten, dass der Normappell nicht mehr eindeutig zu erkennen ist iSd Bestimmtheitsgebots, Art. 103 Abs. 2 GG (ausf. dazu Stellungnahme des Strafrechtsausschusses des Deutschen Anwaltvereins NZG 2013, 577 ff.; *Kasiske* ZIS 2013, 257 (258 ff.); *Goeckenjan* wistra 2014, 201 (202) f.; *Schorck/Reichling* CCZ 2013, 269 (270)). Die notwendige, aber im Hinblick auf den Bestimmtheitsgrundsatz auch ausreichende Konkretisierung erhält der Straftatbestand erst durch Anordnung der BaFin gemäß dem zu diesem Zweck (→ Rn. 16) angefügten Abs. 3 (Erbs/Kohlhaas/*Häberle* Rn. 3; *Kasiske* ZIS 2013, 257 (261); aA *Ahlbrecht* BKR 2014, 98 (102): eine zusätzliche Verhaltenspflicht könne an der Unbestimmtheit des objektiven Tatbestands nichts ändern). Diese Systematik ist auch mit dem Gesetzlichkeitsprinzip nach Art. 103 Abs. 2 GG zu vereinbaren (aA *Ahlbrecht* BKR 2014, 98 (102); *Kasiske* ZIS 2013, 257 (261)): Die BaFin – als Verwaltungsbehörde – präzisiert zwar erst das konkret strafwürdige Verhalten, den möglichen

Regelungsumfang des Verwaltungsakts hat der Gesetzgeber jedoch selbst abstrakt in § 25c Abs. 4a, 4b
S. 2 festgelegt (*Goeckenjan* wistra 2014, 201 (203)).

III. Herbeiführen einer Bestandgefährdung

13   Tatbestandlicher Erfolg ist die Herbeiführung einer Bestandgefährdung (*Goeckenjan* wistra 2014, 201
(204)). Trotz dieses konkret geforderten Gefahrerfolges, weist die Gesetzesbegründung (BT-Drs. 17/
12601, 44) den Straftatbestand als abstraktes Gefährdungsdelikt aus. Dies überzeugt jedoch allenfalls
hinsichtlich des mangelnden Sorgetragens bzgl. der Einhaltung der gesetzlichen Risikomanagementvorgaben, insoweit wird bereits die diesem Verhalten innewohnende abstrakte Gefährdung des Finanzsystems erfasst; sofern allerdings zusätzlich die Herbeiführung einer Bestandsgefährdung gefordert wird,
kann dies nur als konkreter Taterfolg gewertet werden (vgl. dazu *Cichy/Cziupka/Wiersch* NZG 2013,
846 (847); zust. *Goeckenjan* wistra 2014, 201 (204), die jedoch insoweit Elemente eines abstrakten
Gefährdungsdelikts erkennt, als die Bestandsgefährdung nicht auch zu einer konkreten Bedrohung der
Einlagen der Bankkunden führen muss; vgl. ferner *Hamm/Richter* WM 2013, 865 (868): es handle sich
um „eine im bisherigen Rechtssystem beispiellose Kombination aus konkretem (bezogen auf das eigene
Institut des Täters) und abstraktem (bezogen auf das jeweilige – globale? – Finanzsystem) Gefährdungsdelikt").

14   Der Begriff der Bestandsgefährdung wird in § 48b Abs. 1 S. 1 definiert als die Gefahr eines insolvenz-
bedingten Zusammenbruchs des Kreditinstituts für den Fall des Unterbleibens korrigierender Maßnahmen. Wie bereits der Definition und überdies auch der Gesetzesbegründung (BT-Drs. 17/12601, 44)
zu entnehmen ist, bleiben korrigierende Maßnahmen, also staatliche Maßnahmen zur Verhinderung der
Unternehmenskrise, bei Beurteilung des Eintritts einer Bestandsgefährdung unberücksichtigt. Es genügt,
dass der Eintritt eines Insolvenzgrundes vorhersehbar ist; (drohende) Zahlungsunfähigkeit oder Überschuldung sind nicht erforderlich (*Schorck/Reichling* CCZ 2013, 269 (270)). Neben dem einzelnen
Institut kann auch das übergeordnete Unternehmen oder ein gruppenangehöriges Institut in seinem
Bestand gefährdet sein (*Cichy/Cziupka/Wiersch* NZG 2013, 846 (850)). Die Vermutungsregel des § 48b
Abs. 1 S. 2 stellt – ebenso wie die Feststellung der Bestandsgefährdung durch die BaFin nach § 48b
Abs. 3 – allenfalls ein Indiz für die strafrechtliche Beurteilung des Vorliegens einer Bestandsgefährdung
dar; darüber hinausgehende Bindungswirkungen stünden im Widerspruch zu Unschuldsvermutung und
Amtsermittlungsgrundsatz (vgl. dazu *Cichy/Cziupka/Wiersch* NZG 2013, 846 (850); *Goeckenjan* wistra
2014, 201 (204)).

15   Zwischen Tathandlung und Bestandsgefährdung muss eine kausale Beziehung bestehen (Erbs/Kohl-
haas/*Häberle* Rn. 3). Aufgrund des konkreter gefassten Kausalitätserfordernisses in § 54a Abs. 3
(→ Rn. 21) kommt dieser Voraussetzung allerdings keine eigenständige Bedeutung zu (Erbs/Kohlhaas/
Häberle Rn. 3; *Cichy/Cziupka/Wiersch* NZG 2013, 846 (852)).

IV. Einschränkende Regelung des Abs. 3

16   § 54a Abs. 3 war im ursprünglichen Gesetzesentwurf nicht enthalten (BT-Drs. 17/12601, 24 und 17/
13523, 37). Erst nach berechtigter Kritik an der Bestimmtheit der Norm (vgl. insbes. Stellungnahme des
Strafrechtsausschusses des Deutschen Anwaltvereins NZG 2013, 577 ff.) wurde Abs. 3 als einschränkende Regelung ergänzt (BT-Drs. 17/13539, 14).

17   Gemäß Abs. 3 ist der Täter nur dann strafbar, wenn er einer vollziehbaren Anordnung der BaFin nach
§ 25c Abs. 4c zur Beseitigung eines Verstoßes gegen § 25c Abs. 4a oder 4b S. 2 zuwiderhandelt und
hierdurch die Bestandsgefährdung herbeigeführt hat.

18   Ausweislich der Gesetzesbegründung soll es sich bei Abs. 3 um einen Strafausschließungsgrund
handeln (BT-Drs. 17/13539, 14, zust. *Wastl* WM 2013, 1401 (1404)). Dagegen spricht jedoch bereits
der Wortlaut der Norm: Abs. 3 normiert nicht, unter welchen Voraussetzungen eine grds. bestehende
Strafbarkeit entfällt („ausgeschlossen" ist), vielmehr wird eine zusätzliche, die Strafbarkeit erst begründende Bedingung statuiert. Das tatbestandliche Unrecht ergibt sich erst aus der Gesamtschau von § 54a
Abs. 1 und 3. Unter Hinweis auf die ähnlich lautende Formulierung in § 283 Abs. 6 StGB (nach hM
Strafausschließungsgrund, Schönke/Schröder/ *Heine/Schuster* StGB § 283 Rn. 59) wird teilweise ver-
treten, es handle sich auch bei § 54a Abs. 3 um eine objektive Bedingung der Strafbarkeit (*Schorck/
Reichling* CCZ 2013, 269 (270)). Überzeugender ist es, Abs. 3 als zusätzliches objektives Tatbestandsmerkmal einzuordnen (*Ahlbrecht* BKR 2014, 98 (99); *Goeckenjan* wistra 2014, 201 (205); *Schröder* WM
2014, 100 (104): „echte Voraussetzung der Strafbarkeit"; wohl auch Erbs/Kohlhaas/*Häberle* Rn. 5).
Wird der Unrechtsgehalt des Straftatbestandes erst durch die konkretisierende Anordnung der BaFin
bestimmt, erscheint es sachgerecht, auch den Vorsatz des Täters darauf zu erstrecken. Darüber hinaus
führt nur die Behandlung als objektives Tatbestandsmerkmal zu einer gerechten Teilnehmerstrafbarkeit:
Bei Ausgestaltung als Strafausschließungsgrund wären nicht von der BaFin-Anordnung betroffene
Geschäftsleiter und untergeordnete Angestellte allein aufgrund der Teilnahme an einem Pflichtverstoß
gemäß dem im Hinblick auf das Bestimmtheitsgebot äußerst bedenklichen (→ Rn. 12) § 54a Abs. 1
strafbar, während der primär verpflichtete Geschäftsleiter nur bei Erlass einer Anordnung strafbar sein

kann; auch die Annahme einer objektiven Bedingung der Strafbarkeit hätte zur Folge, dass Teilnehmer ohne auch nur Kenntnis vom Erlass einer solchen Anordnung zu haben, bereits strafbar sein könnten. Erst das Vorsatzerfordernis in Bezug auf das Handeln wider der erlassenen (!) BaFin-Anordnung bzw. das Hilfeleisten dazu begründet strafwürdiges Unrecht.

Vollziehbare Anordnung iSv § 54a Abs. 3 kann nur ein Verwaltungsakt sein, sonstige Handlungs- **19** instrumentarien der BaFin scheiden aus; es gelten die Vorschriften des allgemeinen Verwaltungsrechts (*Cichy/Cziupka/Wiersch* NZG 2013, 846 (848)). Auf die Rechtmäßigkeit der Anordnung kommt es nicht an (*Schorck/Reichling* CCZ 2013, 269 (270)).

Das Zuwiderhandeln umfasst neben der gänzlich fehlenden oder nicht fristgemäßen (vgl. § 25c **20** Abs. 4c) Beseitigung der festgestellten Mängel auch die unvollständige Umsetzung der Anordnung (*Cichy/Cziupka/Wiersch* NZG 2013, 846 (849)).

Gerade das Handeln wider der BaFin-Anordnung – nicht irgendein Pflichtverstoß iSv § 54a Abs. 1 – **21** muss kausal für den Eintritt der Bestandsgefährdung sein (*Schorck/Reichling* CCZ 2013, 269 (271)). Tritt diese trotz Beseitigung der in dem Verwaltungsakt gerügten Mängel ein, kommt eine Strafbarkeit gemäß § 54a nicht in Betracht; dies gilt entsprechend für die bloße Vertiefung einer bereits bestehenden Bestandsgefährdung (*Cichy/Cziupka/Wiersch* NZG 2013, 846 (849, 852)).

C. Subjektiver Tatbestand

§ 54a Abs. 1 enthält ein Vorsatzdelikt, vgl. § 15 StGB. Bedingter Vorsatz genügt (Erbs/Kohlhaas/ **22** *Häberle* Rn. 5). Dieser muss sich insbes. auch auf das Handeln wider der Anordnung gemäß § 54a Abs. 3 erstrecken (→ Rn. 18).

D. Täterschaft und Teilnahme

§ 54a ist ein Sonderdelikt, taugliche Täter sind lediglich die nach § 25c Abs. 4a und 4b verpflichteten **23** Geschäftsleiter (*Schorck/Reichling* CCZ 2013, 269). Gemäß § 1 Abs. 2 sind Geschäftsleiter diejenigen natürlichen Personen, die nach Gesetz, Satzung oder Gesellschaftsvertrag zur Führung der Geschäfte und zur Vertretung eines Instituts in der Rechtsform einer juristischen Person oder einer Personenhandelsgesellschaft berufen sind. Zusätzlich muss der handelnde Geschäftsleiter Adressat der BaFin-Anordnung gemäß § 54a Abs. 3 sein; eine Anordnung gegenüber dem Institut oder anderen Geschäftsleitern genügt nicht, eine Zurechnung findet insoweit nicht statt (*Cichy/Cziupka/Wiersch* NZG 2013, 846 (848)).

Für Teilnehmer gilt § 28 Abs. 1 StGB (Erbs/Kohlhaas/*Häberle* Rn. 2). **24**

E. Vorsatz-/Fahrlässigkeitskombination, Abs. 2

Bei Abs. 2 der Vorschrift handelt es sich um eine Vorsatz-/Fahrlässigkeitskombination und damit um **25** ein Vorsatzdelikt, vgl. § 11 Abs. 2 StGB. Hinsichtlich des Herbeiführens der Bestandgefährdung genügt Fahrlässigkeit; es gelten die allgemeinen Grundsätze zur Fahrlässigkeit.

Die Verletzung von Risikomanagementvorgaben stellt grds. auch eine Sorgfaltspflichtverletzung dar, **26** so dass in erster Linie die Vorhersehbarkeit der Bestandsgefährdung maßgeblich sein wird; angesichts dessen, dass Zweck dieser Vorgaben aber gerade die Verhinderung von Bestandsgefährdungen ist, wird eine solche im Falle der Missachtung der Regelungen regelmäßig auch vorhersehbar gewesen sein (*Kasiske* ZIS 2013, 257 (263)).

F. Konkurrenzen

Mit dem Tatbestand der Untreue gemäß § 266 StGB kann Tateinheit bestehen (Erbs/Kohlhaas/ **27** *Häberle* Rn. 7; ebenso *Goeckenjan* wistra 2014, 201 (205) unter Hinweis auf die unterschiedlichen Schutzgüter; für eine differenzierende Betrachtung *Wastl* WM 2013, 1401 (1404 f.)). Dies gilt entsprechend für § 283 StGB (*Goeckenjan* wistra 2014, 201 (205)).

G. Verjährung

Es gelten die § 78 ff. StGB. Vorsätzliche Taten nach § 54a Abs. 1 verjähren gemäß § 78 Abs. 3 Nr. 4 **28** StGB nach fünf Jahren. Der Straftatbestand des § 54a Abs. 2 verjährt wegen der niedrigeren Strafobergrenze gemäß § 78 Abs. 3 Nr. 5 StGB nach drei Jahren.

Der Beginn der Verjährung richtet sich nach § 78a StGB. **29**

H. Verfahren

§ 54a ist ein Offizialdelikt. Es gilt das Legalitätsprinzip, §§ 152 Abs. 2, 160 Abs. 1 StPO. **30**

Gemäß § 74c Abs. 1 Nr. 2 GVG ist die Wirtschaftsstrafkammer für die erstinstanzliche Aburteilung, **31** soweit Anklage beim Landgericht erhoben wird, sowie bei Berufungen gegen ein Urteil des AG zuständig.

§ 55 Verletzung der Pflicht zur Anzeige der Zahlungsunfähigkeit oder der Überschuldung

(1) Mit Freiheitsstrafe bis zu drei Jahren oder mit Geldstrafe wird bestraft, wer entgegen § 46b Abs. 1 Satz 1, auch in Verbindung mit § 53b Abs. 3 Satz 1, eine Anzeige nicht, nicht richtig, nicht vollständig oder nicht rechtzeitig erstattet.

(2) Handelt der Täter fahrlässig, so ist die Strafe Freiheitsstrafe bis zu einem Jahr oder Geldstrafe.

A. Allgemeines

I. Deliktsnatur

1   Bei der Vorschrift handelt es sich um ein echtes Unterlassungsdelikt (Wabnitz/Janovsky WirtschaftsStR-HdB/*Knierim* Kap. 10 Rn. 282; Achenbach/Ransiek/Rönnau WirtschaftsStR-HdB/*Schröder* Teil 10 Kap. 3 Rn. 108), welches auf die Pflicht nach § 46b Bezug nimmt (→ Rn. 11).

2   § 46b verdrängt im Wege der Gesetzeskonkurrenz die Insolvenzantragspflicht gem. § 15a InsO (früher § 92 Abs. 2 AktG, § 64 Abs. 1 GmbHG, § 99 Abs. 2 GenG, § 130b HGB aF). Die besondere Sanktionierung seitens des Instituts ist notwendig, weil nur (abgesehen von § 37 Abs. 2, der ein Antragsrecht des Abwicklers enthält) die BaFin Insolvenzantrag stellen kann (§ 46b Abs. 1 S. 4). Die BaFin erhält so auch Gelegenheit zu Sicherungsmaßnahmen (Maßnahmen bei Insolvenzgefahr nach § 46a).

3   Normzweck (→ Vorb. Rn. 2) ist mithin die Sicherstellung des Prüfungsverfahrens für die Stellung eines Insolvenzantrags, nicht der unmittelbare Schutz der Insolvenzgläubiger (HK-KapMStrafR/*Janssen* Rn. 53; aA *Szagunn*, Gesetz über das Kreditwesen: Kommentar, 6. Aufl. 1997, KWG, § 55 Rn. 2).

4   Daher ist § 55 anders als § 54 (→ Rn. 3) kein Schutzgesetz iSd § 823 Abs. 2 BGB (Boos/Fischer/Schulte-Mattler/*Lindemann* Rn. 2; HK-KapMStrafR/*Janssen* Rn. 54).

5   Ein ähnlicher Regelungsmechanismus findet sich im Versicherungsaufsichtsrecht (vgl. § 141 VAG iVm §§ 88, 113 VAG); hierzu Tiedemann WirtschaftsStR BT Rn. 299).

6   Der Versuch ist nicht strafbar.

II. Historie

7   Die aktuelle Gesetzesfassung gilt seit dem 26.3.2009 und wurde durch Art. 2 PfandBFEG (BGBl. I 607) eingeführt.

8   Die seit dem 2. WiKG 1986, modifiziert durch die 4. KWG-Novelle 1993, bis zum 26.3.2009 geltende und für Altfälle noch bedeutsame (§ 8 StGB) Fassung des Abs. 1 lautete:

9   „Wer es als Geschäftsleiter eines Instituts oder als Inhaber eines in der Rechtsform des Einzelkaufmanns betriebenen Instituts entgegen § 46b Satz 1, auch in Verbindung mit § 53b Absatz 3 S. 1, unterläßt die Zahlungsunfähigkeit oder Überschuldung anzuzeigen, wird mit Freiheitsstrafe bis zu drei Jahren oder mit Geldstrafe bestraft."

10   Hierin liegt auch eine Beseitigung von Redundanzen. Nach wie vor ist der Täterkreis begrenzt, nunmehr allein durch § 46b (→ Rn. 11). § 55 ist daher nach wie vor (zum alten Gesetzeswortlaut Boos/Fischer/Schulte-Mattler/*Lindemann* Rn. 2) ein Sonderdelikt. § 28 Abs. 1 StGB ist anzuwenden (Erbs/Kohlhaas/*Häberle* Rn. 3).

B. Objektiver Tatbestand

I. Entgegen § 46b Abs. 1 S. 1

§ 46b Insolvenzantrag

11   (1) ¹Wird ein Institut, das eine Erlaubnis zum Geschäftsbetrieb im Inland besitzt, oder eine nach § 10a als übergeordnetes Unternehmen geltende Finanzholding-Gesellschaft oder gemischte Finanzholding-Gesellschaft zahlungsunfähig oder tritt Überschuldung ein, so haben die Geschäftsleiter, bei einem in der Rechtsform des Einzelkaufmanns betriebenen Institut der Inhaber und die Personen, die die Geschäfte der übergeordneten Finanzholding-Gesellschaft oder der gemischten Finanzholding-Gesellschaft tatsächlich führen, dies der Bundesanstalt unter Beifügung aussagefähiger Unterlagen unverzüglich anzuzeigen; die im ersten Halbsatz bezeichneten Personen haben eine solche Anzeige unter Beifügung entsprechender Unterlagen auch dann vorzunehmen, wenn das Institut oder eine nach § 10a als übergeordnetes Unternehmen geltende Finanzholding-Gesellschaft oder gemischte Finanzholding-Gesellschaft voraussichtlich nicht in der Lage sein wird, die bestehenden Zahlungspflichten im Zeitpunkt der Fälligkeit zu erfüllen (drohende Zahlungsunfähigkeit). (...)

12   **1. Institut oder nach § 10a als übergeordnetes Unternehmen geltende Finanzholding-Gesellschaft oder gemischte Finanzholding-Gesellschaft.** Institute im Sinne dieses Gesetzes sind Kreditinstitute und Finanzdienstleistungsinstitute, vgl. § 1 Abs. 1b. Kreditinstitute sind gem. § 1 Abs. 1 S. 1 Unternehmen, die Bankgeschäfte gewerbsmäßig oder in einem Umfang betreiben, der einen in kaufmännischer Weise eingerichteten Geschäftsbetrieb erfordert. Finanzdienstleistungsinstitute sind nach

§ 1 Abs. 1a S. 1 Unternehmen, die Finanzdienstleistungen für andere gewerbsmäßig oder in einem Umfang erbringen, der einen in kaufmännischer Weise eingerichteten Geschäftsbetrieb erfordert, und die keine Kreditinstitute sind.

Wann eine Finanzholding-Gesellschaft oder gemischte Finanzholding-Gesellschaft als übergeordnetes **13** (bzw. nachgeordnetes) Unternehmen einzustufen ist, wird in § 10a definiert.

2. Zahlungsunfähig. Zahlungsunfähigkeit ist das nach außen in Erscheinung tretende, auf dem **14** Mangel an Zahlungsmitteln beruhende, voraussichtlich dauernde Unvermögen des Unternehmens, seine sofort zu erfüllenden Geldschulden noch im Wesentlichen zu befriedigen (HK-KapMStrafR/ *Janssen* Rn. 62), vgl. auch § 17 Abs. 2 S. 1 InsO. Gem. § 17 Abs. 2 S. 2 ist Zahlungsunfähigkeit in der Regel anzunehmen, wenn der Schuldner seine Zahlungen eingestellt hat.

3. Überschuldung. Überschuldung (vgl. § 19 Abs. 2 InsO) liegt vor, wenn das Vermögen des **15** Schuldners die bestehenden Verbindlichkeiten nicht mehr deckt (HK-KapMStrafR/*Janssen* Rn. 62; BGH wistra 2003, 232). Zur aktuellen Bewertung ist ein entsprechender Status auf der Grundlage einer Fortführungsprognose erforderlich.

4. Drohende Zahlungsunfähigkeit. Die Neufassung des § 55 (→ Rn. 7 ff.) hat die Bedenken **16** (Erbs/Kohlhaas/*Häberle* Rn. 7) beseitigt, die gegen die straftatbestandliche Erfassung der drohenden Zahlungsunfähigkeit bestanden. Gem. § 18 Abs. 2 InsO droht der Schuldner zahlungsunfähig zu werden, wenn er voraussichtlich nicht in der Lage sein wird, die bestehenden Zahlungspflichten im Zeitpunkt der Fälligkeit zu erfüllen.

5. Anzeige. Das Gesetz spricht nur von einer Anzeige und schweigt sich über die näheren formellen **17** und materiellen Anforderungen aus. Die Anzeige muss keinem Schriftformerfordernis genügen (HK-KapMStrafR/*Janssen* Rn. 63).

Auch an den materiellen Inhalt werden keine hohen Anforderungen gestellt. Ausreichend ist es **18** bereits, wenn der Anzeigepflichtige die BaFin bittet, zu prüfen, ob diese den Antrag auf Eröffnung des Insolvenzverfahrens stellen will (HK-KapMStrafR/*Janssen* Rn. 63; zust. *Wegner* HRRS 2012, 68 (72); aA Erbs/Kohlhaas/*Häberle* Rn. 8).

§ 46b verlangt noch die Beifügung aussagefähiger Unterlagen. Die Verletzung dieser Beifügungs- **19** pflicht soll (nach Erbs/Kohlhaas/*Häberle* Rn. 11; ebenso *Wegner* HRRS 2012, 68 (72)) nicht zu einer Strafbarkeit führen: zum einen seien die Anforderungen an die Aussagekraft völlig unklar (Art. 103 Abs. 2 GG, § 1 StGB), zum anderen lege die Teleologie der Norm nahe, dass die rechtzeitige Unterrichtung der BaFin als solche ausreiche, um ihr die erforderlichen Maßnahmen zu ermöglichen, zum dritten habe dies die Rspr. (BGH NStZ 2000, 595) für § 84 Abs. 1 Nr. 1 aF GmbHG ebenso gesehen.

Zutreffend dürfte es demgegenüber sein, auch das Erfordernis der Beifügung aussagefähiger Unterla- **20** gen mit Strafe zu bewehren. Weder der Wortlaut des § 55 noch der des § 46b geben (anders als § 84 Abs. 1 Nr. 1 aF GmbHG) zu Einschränkungen Anlass. Für die nicht selten eilbedürftigen Entscheidungen der BaFin, die Insolvenz zu beantragen oder aufsichtsrechtliche Maßnahmen zu ergreifen (→ Rn. 2), dürfte den beigefügten Unterlagen ein erheblicher Wert zukommen. Richtig ist aber, dass an die Aussagekraft der Unterlagen keine allzu hohen Anforderungen gestellt werden, sondern eine Beschränkung auf das für die Verwirklichung des Normzwecks Wesentliche geboten ist. Zum Bestimmtheitsgrundsatz s. Erl. zu § 1 StGB.

Auf eine nach anderen Vorschriften begründete Kenntnis der Bankenaufsicht kann sich der Anzeige- **21** pflichtige nicht berufen (Wabnitz/Janovsky WirtschaftsStR-HdB/*Knierim* Kap. 10 Rn. 282). Die Anzeigepflicht entfällt mit erfolgreicher Beseitigung der (drohenden) Zahlungsunfähigkeit oder Überschuldung (*Wegner* HRRS 2012, 68 (73)).

6. Unverzüglich. Der Gesetzgeber verlangt eine unverzügliche Anzeige. Nach der Legaldefinition **22** des § 121 Abs. 1 BGB, die auch für § 55 gilt (vgl. Palandt/*Heinrichs* BGB § 121 Rn. 3), bedeutet dies, dass der Pflichtige ohne schuldhaftes Zögern nach Kenntnis der Umstände handeln muss (HK-KapMStrafR/*Janssen* Rn. 63).

Eine Drei-Wochen-Klausel wie in § 15a InsO ("ohne schuldhaftes Zögern, spätestens aber drei **23** Wochen nach Eintritt der Zahlungsunfähigkeit oder Überschuldung") existiert für § 55 nicht, so dass sich auch die Bestimmung einer Schuldhaftigkeit des Zögerns nach den allgemeinen Grundsätzen des § 121 BGB richtet; die Prüfungs- und Überlegungsfrist bemisst sich daher nach den Umständen des Einzelfalls (vgl. nur Palandt/*Heinrichs* BGB § 121 Rn. 3). Eine verspätete Anzeige beseitigt die einmal eingetretene Strafbarkeit nicht (Achenbach/Ransiek/Rönnau WirtschaftsStR-HdB/*Schröder* Teil 10 Kap. 3 Rn. 108), was ebenso für die erfolgreiche Bewältigung der wirtschaftlichen Notlage gilt (*Wegner* HRRS 2012, 68 (73)).

7. Pflichtige. a) Geschäftsleiter. Der Geschäftsleiter ist in **§ 1 Abs. 2** legal definiert: **24**

„Geschäftsleiter im Sinne dieses Gesetzes sind diejenigen natürlichen Personen, die nach Gesetz, Satzung oder Gesellschaftsvertrag zur Führung der Geschäfte und zur Vertretung eines Instituts in der Rechtsform einer

juristischen Person oder einer Personenhandelsgesellschaft berufen sind. ²In Ausnahmefällen kann die Bundesanstalt für Finanzdienstleistungsaufsicht (Bundesanstalt) auch eine andere mit der Führung der Geschäfte betraute
und zur Vertretung ermächtigte Person widerruflich als Geschäftsleiter bezeichnen, wenn sie zuverlässig ist und
die erforderliche fachliche Eignung hat; § 25c Absatz 1 ist anzuwenden."

25   Bei mehreren Geschäftsleitern ist jeder von ihnen verantwortlich (Erbs/Kohlhaas/*Häberle* Rn. 2).
26   Aufsichtsratsmitglieder oder Beschäftigte eines Kreditinstituts kommen nicht in Betracht (HK-KapM-
StrafR/*Janssen* Rn. 61).

27   **b) Inhaber des als Einzelkaufmann betriebenen Instituts.** Im (eher unbedeutenden) Fall eines als
Einzelkaufmann (vgl. §§ 1 ff. HGB) betriebenen Instituts ist der Inhaber verpflichtet.

28   **c) Personen, die die Geschäfte der Finanzholding-Gesellschaft oder der gemischten Finanzholding-Gesellschaft tatsächlich führen.** Diese Formulierung ist eine Rezeption der faktischen
Geschäftsführung (vgl. hierzu Tiedemann WirtschaftsStR AT Rn. 130 ff.), deren Normierung Bedenken wegen Art. 103 Abs. 2 GG, § 1 StGB beseitigt.

29   **d) Zweigstellenleiter.** Gem. § 55 Abs. 1 findet § 46b auch iVm § 53b Anwendung:

§ 53b Unternehmen mit Sitz in einem anderen Staat des Europäischen Wirtschaftsraums

30   (1) ¹Ein CRR-Kreditinstitut oder ein Wertpapierhandelsunternehmen mit Sitz in einem anderen Staat des Europäischen Wirtschaftsraums darf ohne Erlaubnis durch die Bundesanstalt über eine Zweigniederlassung oder im Wege
des grenzüberschreitenden Dienstleistungsverkehrs im Inland Bankgeschäfte betreiben oder Finanzdienstleistungen erbringen, wenn das Unternehmen von den zuständigen Stellen des Herkunftsmitgliedstaates zugelassen
worden ist, die Geschäfte durch die Zulassung abgedeckt sind und das Unternehmen von den zuständigen Stellen
nach Maßgabe der Richtlinien der Europäischen Union beaufsichtigt wird. ²Satz 1 gilt entsprechend für CRR-
Kreditinstitute, die auch Zahlungsdienste im Sinne des Zahlungsdiensteaufsichtsgesetzes erbringen. (...)
(3) ¹Auf Zweigniederlassungen im Sinne des Absatzes 1 Satz 1 und 2 sind die folgenden Regelungen entsprechend anzuwenden mit der Maßgabe, dass eine oder mehrere Zweigniederlassungen desselben Unternehmens
als ein Kreditinstitut oder Finanzdienstleistungsinstitut gelten:
1. § 3 Absatz 1 und § 6 Absatz 2,
(...).

31   Gem. **§ 53 Abs. 2 Nr. 1** sind solche Personen Geschäftsleiter einer Zweigstelle,

„die für den Geschäftsbereich des Instituts zur Geschäftsführung und zur Vertretung des Unternehmens befugt
sind, sofern das Institut Bankgeschäfte betreibt oder Finanzdienstleistungen erbringt und befugt ist, sich bei der
Erbringung von Finanzdienstleistungen Eigentum oder Besitz an Geldern oder Wertpapieren von Kunden zu
verschaffen."

32   **8. Adressat der Anzeige.** Die Anzeige ist an die BaFin zu richten.
33   Sofern ein Abwickler nach § 37 Abs. 1 bestellt wurde, endet allerdings die Pflicht aus § 46b Abs. 1,
da der Abwickler ein eigenes Insolvenzantragsrecht hat (→ Rn. 2); eine innerhalb der Abwicklung
auftretende (drohende) Zahlungsunfähigkeit oder Überschuldung begründet keine strafbare Anzeigepflicht mehr (Achenbach/Ransiek/Rönnau WirtschaftsStR-HdB/*Schröder* Teil 10 Kap. 3 Rn. 109).

II. Anzeige nicht, nicht richtig, nicht vollständig oder nicht rechtzeitig erstattet

34   Die Tathandlungen umfassen das gänzliche Unterlassen der Anzeige sowie das Verfehlen der formalen
und materiellen Anforderungen (→ Rn. 17 ff.) und die schuldhaft verzögerte (→ Rn. 22) Anzeige.
Soweit trotz bereits eingetretener Überschuldung lediglich die drohende Zahlungsunfähigkeit angezeigt
wird, steht dies der gänzlich fehlenden Anzeige gleich (*Pfohl/Sichert/Otto* NZS 2011, 8 (13)).

C. Subjektiver Tatbestand; Fahrlässigkeitsdelikt, Abs. 2

35   § 55 Abs. 1 enthält ein Vorsatzdelikt, vgl. § 15 StGB. Bedingter Vorsatz reicht aus (HK-KapMStrafR/
Janssen Rn. 64).
36   Der Vorsatz muss sich auf alle Umstände beziehen, die die Merkmale des objektiven Tatbestands
verwirklichen. Anderenfalls liegt ein Tatumstandsirrtum nach § 16 Abs. 1 StGB vor.
37   Gem. § 55 Abs. 2 ist auch fahrlässiges Unterlassen strafbar. Es gelten die allgemeinen Grundsätze des
Fahrlässigkeitsdelikts. Insbesondere die Bestimmung des zu beachtenden Sorgfaltsmaßstabs wird aber
wesentlich von der Stellung des Täters in der Hierarchie des Unternehmens abhängen. Untergeordnete
Mitarbeiter müssen sich in aller Regel nicht um die Frage der Anzeigepflicht gegenüber der BaFin
kümmern, ihnen kommen keine entsprechenden Handlungspflichten zu.
38   Besondere Bedeutung für die Frage der Sorgfaltswidrigkeit einer Nichtanzeige erlangt die horizontale
Arbeitsteilung, dh die Aufteilung von Verantwortungsbereichen in der Geschäftsleitung (HK-KapM-
StrafR/*Janssen* Rn. 64; Achenbach/Ransiek/Rönnau WirtschaftsStR-HdB/*Schröder* Teil 10 Kap. 3
Rn. 112).

D. Konkurrenzen

§ 55 steht im Verhältnis der Tatmehrheit mit Insolvenzstraftaten, §§ 283 ff. StGB, sowie mit Untreue, **39**
§§ 266 StGB (Wabnitz/Janovsky WirtschaftsStR-HdB/*Knierim* Kap. 10 Rn. 282; HK-KapMStrafR/
Janssen Rn. 66).

Gegenüber Insolvenzantragsstraftaten (§ 15a Abs. 4, 5 InsO) ist § 55 lex specialis (*Wegner* HRRS **40**
2012, 68 (69); aA Erbs/Kohlhaas/*Häberle* Rn. 15), was auch schon für die Vorgängervorschriften (§ 401
Abs. 1 Nr. 2 AktG, § 84 Abs. 1 Nr. 2 GmbHG, § 148 Abs. 1 Nr. 2 GenG, § 130b HGB jeweils aF) galt
(hierzu HK-KapMStrafR/*Janssen* Rn. 66). Etwas anderes gilt für die Anzeigepflicht an die Gesellschafter
(§ 84 GmbHG, § 401 AktG nF): Hier ist Tatmehrheit möglich.

E. Verjährung

Es gelten die § 78 ff. StGB. Vorsätzliche Taten nach § 55 Abs. 1 verjähren gem. § 78 Abs. 3 Nr. 4 **41**
StGB nach fünf Jahren. Das Fahrlässigkeitsdelikt nach § 55 Abs. 2 verjährt wegen der niedrigeren
Strafobergrenze gem. § 78 Abs. 3 Nr. 5 StGB nach drei Jahren.

Der Beginn der Verjährung richtet sich nach § 78a StGB. Beendigung der Tat tritt nicht schon nach **42**
der letzten Möglichkeit der unverzüglichen Anzeige ein (so aber HK-KapMStrafR/*Janssen* Rn. 65),
sondern erst, wenn die Anzeige nachgeholt oder wenn der Tatbestand aus sonstigen Gründen nicht mehr
(weiter) verwirklicht werden kann, so zB wenn die Überschuldung oder Zahlungsunfähigkeit überwunden wurde (Erbs/Kohlhaas/*Häberle* Rn. 14, 17 unter Hinweis auf BGHSt 28, 371 (380)).

F. Verfahren

§ 55 ist ein Offizialdelikt. Es gilt das Legalitätsprinzip, §§ 152 Abs. 2, 160 Abs. 1 StPO. **43**
Der Nachweis der Nichtanzeige obliegt auch beim schweigenden Beschuldigten den Ermittlungs- **44**
behörden (HK-KapMStrafR/*Janssen* Rn. 63 Fn. 19).

Gem. § 74c Abs. 1 Nr. 2 GVG ist die Wirtschaftsstrafkammer für die erstinstanzliche Aburteilung, **45**
soweit Anklage beim Landgericht erhoben wird, sowie bei Berufungen gegen ein Urteil des AG
zuständig.

§ 55a Unbefugte Verwertung von Angaben über Millionenkredite

(1) Mit Freiheitsstrafe bis zu zwei Jahren oder mit Geldstrafe wird bestraft, wer entgegen
§ 14 Abs. 2 Satz 10 eine Angabe verwertet.

(2) Die Tat wird nur auf Antrag verfolgt.

A. Allgemeines

Die 1997 durch die 6. KWG-Novelle eingefügten §§ 55a und 55b gewähren den Angaben über **1**
Millionenkrediten, welche die anzeigepflichtigen Unternehmen gem. § 14 Abs. 2 der Deutschen
Bundesbank zu übermitteln haben, besonderen Schutz (Hellmann/Beckemper WirtschaftsStR Rn. 530;
Boos/Fischer/Schulte-Mattler/*Lindemann* Rn. 1). Der Gesetzgeber trägt so dem sensiblen Charakter der
Daten (vgl. Achenbach/Ransiek/Rönnau WirtschaftsStR-HdB/*Schröder* Teil 10 Kap. 3 Rn. 118)
Rechnung.

Ein gesetzgeberisches Versehen in Gestalt einer zur Straflosigkeit führenden Fehlverweisung **2**
(→ Rn. 15 ff.) wurde durch Gesetzesänderung v. 5.1.2007 behoben.

Geschütztes Rechtsgut der §§ 55a und 55b ist das Geheimhaltungsinteresse der Kreditnehmer (Hell- **3**
mann/Beckemper WirtschaftsStR Rn. 532) bzw. der voraussichtlichen Kreditnehmer hinsichtlich der
übermittelten Daten nach § 14.

Da die Vorschriften somit Individualschutzcharakter haben, sind sie auch Schutzgesetze iSd § 823 **4**
Abs. 2 BGB (HK-KapMStrafR/*Janssen* Rn. 71).

Der Versuch ist nicht strafbar. **5**

Da es sich um Antragsdelikte handelt und Antragsberechtigter lediglich der betroffene Kunde ist **6**
(→ Rn. 27 f.), ist bislang kein Strafverfahren wegen Verstoßes bekannt geworden. Es lässt sich nur
spekulieren, ob Anträge nicht gestellt werden, wegen der Marktmacht einer Bank oder angesichts der
Abhängigkeit vom Wohlwollen der Bank (Wabnitz/Janovsky WirtschaftsStR-HdB/*Knierim* Kap. 10
Rn. 286).

In den Blickpunkt öffentlichen und wissenschaftlichen Interesses rückten §§ 55a und 55b allerdings **7**
aufgrund des Falls Kirch./. Deutsche Bank/Breuer (BGH NJW 2006, 830 = ZIP 2006, 317; Vorinstanz
LG München I NJW 2003, 1046; hierzu *Tiedemann* ZIP 2004, 294; *Tiedemann* ZBB 2005, 190; *Lang*
ZBB 2006, 115; *Achenbach* NStZ 2006, 614; *Gößmann* BKR 2006, 199). Der damalige Vorstandssprecher
der Deutschen Bank, Rolf Breuer, hatte am 3.2.2002 in einem Interview für Bloomberg TV mit Bezug

zum Medienkonzern des Leo Kirch ua gesagt: „Was alles man darüber lesen und hören kann, ist ja, dass der Finanzsektor nicht bereit ist, auf unveränderter Basis noch weitere Fremd- oder gar Eigenmittel zur Verfügung zu stellen." Wenig später fiel der Kirch-Konzern in die Insolvenz (nach Boos/Fischer/ Schulte-Mattler/*Lindemann* Rn. 1a).

B. Objektiver Tatbestand
I. Entgegen § 14 Abs. 2 S. 10

8   **1. Regelungsgefüge.** Die Vorschrift nimmt das Verwertungsverbot des § 14 Abs. 2 S. 10 in Bezug und ist daher eine (Teil-)Blankettnorm (HK-KapMStrafR/*Janssen* Rn. 70). Gem. § 14 Abs. 1 müssen Institute und bestimmte Unternehmen der Deutschen Bundesbank Kreditnehmer anzeigen, deren Kreditvolumen mehr als 1.500.000 EUR beträgt. Stellt die Deutsche Bank fest, dass einem Kreditnehmer von mehreren Unternehmen solche Kredite gewährt worden sind, so unterrichtet sie nach § 14 Abs. 2 die anzeigenden Unternehmen. Dies soll das Risiko der Banken bei Gewährung von Millionenkrediten verringern, indem ein Einblick in die Verschuldungsstruktur gewährt und eine Beurteilung der Bonität ermöglicht wird (Tiedemann WirtschaftsStR BT Rn. 303).

§ 14 Millionenkredite

9   (1) [1] Kreditinstitute, CRR-Wertpapierfirmen, die für eigene Rechnung im Sinne des Anhangs I Nummer 3 der Richtlinie 2004/39/EG handeln, Finanzdienstleistungsinstitute im Sinne des § 1 Absatz 1a Satz 2 Nummer 4, 9 oder 10, Finanzinstitute im Sinne des Artikels 4 Absatz 1 Nummer 26 der Verordnung (EU) Nr. 575/2013 in Verbindung mit Anhang I Nummer 2 der Richtlinie 2013/36/EU, die das Factoring betreiben, und die in § 2 Absatz 2 genannten Unternehmen und Stellen (am Millionenkreditmeldeverfahren beteiligte Unternehmen) haben der bei der Deutschen Bundesbank geführten Evidenzzentrale vierteljährlich (Beobachtungszeitraum) die Kreditnehmer (Millionenkreditnehmer) anzuzeigen, deren Kreditvolumen 1 Million Euro oder mehr beträgt (Millionenkreditmeldegrenze); Anzeigeinhalte, Anzeigefristen und nähere Bestimmungen zum Beobachtungszeitraum sind durch die Rechtsverordnung nach § 22 zu regeln.[3] [2] Übergeordnete Unternehmen im Sinne des § 10a haben zugleich für die gruppenangehörigen Unternehmen deren Kreditnehmer im Sinne des entsprechend anzuwendenden Satzes 1 anzuzeigen. [3] Dies gilt nicht, soweit diese Unternehmen selbst nach Satz 1 anzeigepflichtig sind oder nach § 2 Absatz 4, 7, 8 oder 9a von der Anzeigepflicht befreit oder ausgenommen sind oder der Buchwert der Beteiligung an dem gruppenangehörigen Unternehmen gemäß Artikel 36 in Verbindung mit Artikel 19 Absatz 2 Buchstabe a der Verordnung (EU) Nr. 575/2013 in der jeweils gültigen Fassung von den Eigenmitteln des übergeordneten Unternehmens abgezogen wird. [4] Die nicht selbst nach Satz 1 anzeigepflichtigen gruppenangehörigen Unternehmen haben dem übergeordneten Unternehmen die hierfür erforderlichen Angaben zu übermitteln. [5] Satz 1 gilt bei Gemeinschaftskrediten von 1 Million Euro und mehr auch dann, wenn der Anteil des einzelnen Unternehmens 1 Million Euro nicht erreicht.

(2) [1] Ergibt sich, dass einem Kreditnehmer von einem oder mehreren Unternehmen Millionenkredite gewährt worden sind, hat die Deutsche Bundesbank die anzeigenden Unternehmen zu benachrichtigen. [2] Die Benachrichtigung umfasst Angaben über die Gesamtverschuldung des Kreditnehmers und über die Gesamtverschuldung der Kreditnehmereinheit, der dieser zugehört, die Anzahl der beteiligten Unternehmen sowie Informationen über die prognostizierte Ausfallwahrscheinlichkeit im Sinne der Artikel 92 bis 386 der Verordnung (EU) Nr. 575/ 2013 für diesen Kreditnehmer, soweit ein Unternehmen selbst eine solche gemeldet hat. [3] Die Benachrichtigung ist nach Maßgabe der Rechtsverordnung nach § 22 aufzugliedern. [4] Die Deutsche Bundesbank teilt einem anzeigepflichtigen Unternehmen auf Antrag den Schuldenstand eines Kreditnehmers oder voraussichtlichen Kreditnehmers oder, sofern der Kreditnehmer oder der voraussichtliche Kreditnehmer einer Kreditnehmereinheit angehört, den Schuldenstand der Kreditnehmereinheit mit. [5] Sofern es sich um einen voraussichtlichen Kreditnehmer handelt, hat das Unternehmen auf Verlangen der Deutschen Bundesbank die Höhe der beabsichtigten Kreditgewährung mitzuteilen und nachzuweisen, dass der voraussichtliche Kreditnehmer in die Mitteilung eingewilligt hat. [6] Die am Millionenkreditmeldeverfahren beteiligten Unternehmen und die Deutsche Bundesbank dürfen die Meldung nach Absatz 1, die Benachrichtigung nach Satz 1 sowie die Mitteilung nach Satz 4 auch im Wege der elektronischen Datenübertragung durchführen. [7] Einzelheiten des Verfahrens regelt die Rechtsverordnung nach § 22. [8] Soweit es für die Zwecke der Zuordnung der Meldung nach Absatz 1 zu einem bestimmten Kreditnehmer unerlässlich ist, darf die Deutsche Bundesbank personenbezogene Daten mehrerer Kreditnehmer an das anzeigepflichtige Unternehmen übermitteln. [9] Diese Daten dürfen keine Angaben über finanzielle Verhältnisse der Kreditnehmer enthalten. [10] Die bei einem anzeigepflichtigen Unternehmen beschäftigten Personen dürfen Angaben, die dem Unternehmen nach diesem Absatz mitgeteilt werden, Dritten nicht offenbaren und nicht verwerten. [11] Die Deutsche Bundesbank protokolliert zum Zwecke der Datenschutzkontrolle durch die jeweils zuständige Stelle bei jeder Datenübertragung den Zeitpunkt, die übertragenen Daten und die beteiligten Stellen. [12] Eine Verwendung der Protokolldaten für andere Zwecke ist unzulässig. [13] Die Protokolldaten sind mindestens 18 Monate aufzubewahren und spätestens nach 24 Monaten zu löschen. (...)

10   **2. Täterkreis.** Taugliche Täter sind nach dem Wortlaut des § 14 Abs. 2 S. 10 lediglich die bei einem anzeigepflichtigen Unternehmen beschäftigten Personen. Es handelt sich also um ein Sonderdelikt (Tiedemann WirtschaftsStR BT Rn. 306a).

11   Die Anzeigepflicht richtet sich § 14 Abs. 1. Hierbei kommt es nicht auf eine aktuelle Anzeigepflicht zum Quartal an, sondern auf die Anzeigepflicht schlechthin, so dass auch falsche Anzeigen, sog „Luftanzeigen", unter § 55a fallen; dies ergibt sich aus dem ansonsten bedeutungslosen § 14 Abs. 2 S. 4 (Boos/Fischer/Schulte-Mattler/*Lindemann* Rn. 2). Nicht erfasst sind Fälle, in denen sich ein Unternehmen fälschlicherweise als Kreditinstitut etc ausgibt, um entsprechende Angaben zu erhalten (Boos/ Fischer/Schulte-Mattler/*Lindemann* Rn. 2).

Beschäftigt iSd § 14 Abs. 2 S. 10 sind alle Personen, die mit Wissen und Wollen der Leitung des 12
Unternehmens oder der für die Einstellung von Personal zuständigen Mitarbeiter für das Unternehmen
abhängig tätig werden (Boos/Fischer/Schulte-Mattler/*Lindemann* Rn. 3). Unerheblich sind Wirksamkeit des Dienstverhältnisses sowie die Zuständigkeitsverteilung innerhalb des Unternehmens (Boos/
Fischer/Schulte-Mattler/*Lindemann* Rn. 3; Erbs/Kohlhaas/*Häberle* Rn. 3).

Sonstige Personen, auch Mitarbeiter der Bundesbank, unterliegen dem § 55a nicht, allerdings können 13
diese sich nach § 353b StGB oder § 203 Abs. 2 StGB strafbar machen (Hellmann/Beckemper WirtschaftsStR Rn. 535; Boos/Fischer/Schulte-Mattler/*Lindemann* Rn. 1).

3. Angaben. Die für § 55a iVm § 14 Abs. 2 S. 10 relevanten Angaben sind dem § 14 Abs. 2 S. 1–4 14
zu entnehmen (→ Rn. 9).

4. Der Problemkreis der bis zum Jahr 2007 fehlerhaften Verweisung. Aufgrund einer fehler- 15
haften Verweisung auf § 14 Abs. 2 S. 5 statt sachlich zutreffend auf § 14 Abs. 2 S. 10 ging für den
Zeitraum vom 1.7.2002 bis zum 31.12.2006 (erst zum 1.1.2007 korrigierte nämlich der Gesetzgeber
seinen Fehler) die Strafvorschrift ins Leere, entsprechende Taten können nicht bestraft werden (Erbs/
Kohlhaas/*Häberle* Rn. 2; Achenbach/Ransiek/Rönnau WirtschaftsStR-HdB/*Schröder* Teil 10 Kap. 3
Rn. 129; Schröder KapMarktStrafR-HdB Rn. 999 ff.; aA *Tiedemann* ZBB 2005, 190; *Tiedemann* NJW
2003, 2213 (2214)). Der Gesetzgeber hatte es 2002 versäumt, den § 55a an den geänderten § 14
anzupassen.

Eine den fehlerhaften Wortlaut der Norm ignorierende Anwendung der Strafbestimmung hätte gegen 16
Art. 103 Abs. 2 GG, § 1 StGB verstoßen (Erbs/Kohlhaas/*Häberle* Rn. 2; *Achenbach/Schröder* ZBB 2005,
135; aA *Tiedemann* ZBB 2005, 190 wegen Offenkundigkeit der falschen Verweisung; *Tiedemann* NJW
2003, 2213 (2214)). Der Bestimmtheitsgrundsatz gebietet rechtstechnische Korrektheit und gilt auch für
Redaktionsversehen (vgl. auch BVerfGE 97, 157 (167 f.)).

Die Straflosigkeit erfasst auch Fälle, die bis zum Jahr 2002 begangen wurden, obwohl die damalige 17
Verweisungstechnik fehlerfrei war; die vorübergehende Straflosigkeit von 2002 bis 2007 stellt nämlich
eine mildere Rechtslage iSd § 2 Abs. 3 StGB dar.

II. Verwerten einer Angabe

Der Begriff des Verwertens wird auch in § 204 StGB und in § 17 Abs. 2 Nr. 2 UWG verwendet. In 18
diesen Normen wird Verwerten als wirtschaftliches Ausnutzen zur Gewinnerzielung verstanden
(Schönke/Schröder/*Eisele/Lenckner* StGB § 204 Rn. 5/6; Ohly/Sosnitza/*Ohly* UWG § 17 Rn. 22).
Für § 55a trägt dieses Verständnis nicht ohne weiteres, da eine Abgrenzung zur Weitergabe der
Angaben gegen Entgelt (§ 55b Abs. 1 iVm Abs. 2) erforderlich ist (Hellmann/Beckemper Wirt-
schaftsStR Rn. 533; wegen der offenen Formulierung des Begriffs des Verwertens wohl für eine Lösung
auf Konkurrenzebene – § 55b Abs. 2 als lex specialis – Boos/Fischer/Schulte-Mattler/*Lindemann*
Rn. 5).

Auch kann es nicht verboten sein, die Angaben bei der Entscheidung über eine weitere Kreditvergabe 19
(Abstandnahme von einer Kreditgewährung oder Veränderung der Konditionen wegen gestiegenen
Risikos) oder das Fälligstellen von Krediten zu nutzen, da diese geschäftspolitische Verwendung gerade
den Zweck des § 14 darstellt (Hellmann/Beckemper WirtschaftsStR Rn. 533; Erbs/Kohlhaas/*Häberle*
Rn. 4 spricht insofern von befugtem bzw. unbefugtem Verwerten).

Verwerten meint daher jede wirtschaftliche Nutzung der Angaben, die keine Offenbarung ist und die 20
dem Zweck des § 14 widerspricht (BGH ZIP 2006, 317 (325); *Achenbach/Schröder* ZBB 2005, 135
(140)), dh sich eigennützig außerhalb der bankinternen Kreditentscheidung bewegt, zB im Rahmen
eigener Beteiligungen, denen die Bank – ohne das Geheimnis zu offenbaren – Verhaltensrichtlinien
gegenüber dem Kreditnehmer auferlegt (HK-KapMStrafR/*Janssen* Rn. 72). Stets erforderlich für eine
wirtschaftliche Nutzung ist ein gewinnorientiertes Ziel (BGH ZIP 2006, 317 (325); Boos/Fischer/
Schulte-Mattler/*Lindemann* Rn. 5 f.; aA *Tiedemann* ZBB 2005, 190 (191); Tiedemann WirtschaftsStR
BT Rn. 306 unter Hinweis auf den ansonsten kleinen Anwendungsbereich der Norm). Dies erfasst auch
die Verwendung in erpresserischer Absicht gegenüber dem Kreditnehmer und die Anbahnung oder
Verbesserung geschäftlicher Kontakte von außerhalb des Unternehmens gepflegten Kontakten (Boos/
Fischer/Schulte-Mattler/*Lindemann* Rn. 6).

Ausreichend ist es, wenn das gewinnorientierte Ziel lediglich mittelbar erreicht werden soll, vor allem 21
dadurch, dass die Verschlechterung der wirtschaftlichen Lage des Kreditnehmers die des Täters verbessert
(Boos/Fischer/Schulte-Mattler/*Lindemann* Rn. 6). Dass nicht nur das Ziehen eines unmittelbaren Vorteils erfasst wird, zeigt auch die Gesamtschau mit § 55b Abs. 2 (Achenbach/Ransiek/Rönnau Wirt-
schaftsStR-HdB/*Schröder* Teil 10 Kap. 3 Rn. 123). Die Nutzung zu politischen Zwecken reicht nicht
aus (Boos/Fischer/Schulte-Mattler/*Lindemann* Rn. 6). Nicht erforderlich ist, dass das mit der Verwertung erstrebte Ziel auch erreicht wird (Schröder KapMarktStrafR-HdB Rn. 1008).

C. Subjektiver Tatbestand

22   § 55a enthält ein Vorsatzdelikt, vgl. § 15 StGB. Bedingter Vorsatz reicht aus (Erbs/Kohlhaas/*Häberle* Rn. 5; HK-KapMStrafR/*Janssen* Rn. 73). Ein Fahrlässigkeitsdelikt existiert nicht.

D. Konkurrenzen

23   § 55a ist lex specialis gegenüber anderen Verwertungsdelikten mit dem Zweck des Geheimnisschutzes (HK-KapMStrafR/*Janssen* Rn. 77).

24   § 55b kann tateinheitlich mit § 55a verwirklicht werden; das qualifizierte Delikt der entgeltlichen Offenbarung konsumiert allerdings § 55a (HK-KapMStrafR/*Janssen* Rn. 85).

E. Verjährung

25   Es gelten die § 78 ff. StGB. Gem. § 78 Abs. 3 Nr. 4 StGB beträgt die Frist fünf Jahre. Der Beginn der Verjährung richtet sich nach § 78a StGB.

F. Verfahren

26   Gem. § 55a Abs. 2 wird die Tat nur auf Antrag verfolgt (absolutes Antragsdelikt).

27   Die Antragsberechtigung richtet sich nach § 77 StGB. Verletzter des § 55a und damit antragsberechtigt ist der Kreditnehmer, dessen Daten an die Deutsche Bundesbank weitergeleitet wurden (HK-KapMStrafR/*Janssen* Rn. 74). Für Gesellschaften werden die gesetzlichen Vertreter (Geschäftsführer der GmbH gem. § 35 GmbHG; Vorstand einer AG gem. § 78 AktG) tätig.

28   Die Deutsche Bundesbank ist nicht antragsberechtigt, da ein Betreiben des Strafverfahrens durch diese den Interessen des Kreditnehmers wegen des mit einem Strafverfahren verbundenen Reputationsverlusts schaden kann; der Schutzmechanismus des Strafantragserfordernisses sollte nicht durch ein Antragsrecht weiterer Stellen beeinträchtigt werden (Boos/Fischer/Schulte-Mattler/*Lindemann* Rn. 9; Erbs/Kohlhaas/*Häberle* Rn. 6).

29   Die Antragsfrist bestimmt sich nach § 77b Abs. 1 StGB (drei Monate); gem. § 77b Abs. 2 StGB beginnt sie mit Kenntniserlangung des Berechtigten von der Tat. Soweit mehreren Personen ein Antragsrecht zusteht, ist § 78b Abs. 3 StGB zu beachten.

30   Der Strafantrag kann gem. § 77d StGB durch den Berechtigten zurückgenommen werden; hierbei ist die Kostentragungspflicht nach § 470 StPO einschlägig.

31   Gem. § 74c Abs. 1 Nr. 2 GVG ist die Wirtschaftsstrafkammer für die erstinstanzliche Aburteilung, soweit Anklage beim Landgericht erhoben wird, sowie bei Berufungen gegen ein Urteil des AG zuständig.

§ 55b Unbefugte Offenbarung von Angaben über Millionenkredite

> **(1) Mit Freiheitsstrafe bis zu einem Jahr oder mit Geldstrafe wird bestraft, wer entgegen § 14 Abs. 2 Satz 10 eine Angabe offenbart.**
>
> **(2) Handelt der Täter gegen Entgelt oder in der Absicht, sich oder einen anderen zu bereichern oder einen anderen zu schädigen, ist die Strafe Freiheitsstrafe bis zu zwei Jahren oder Geldstrafe.**
>
> **(3) Die Tat wird nur auf Antrag verfolgt.**

A. Allgemeines

1   Zu Historie und Normzweck → § 55a Rn. 1. Zum geschützten Rechtsgut → § 55a Rn. 3.

2   Zur kriminalpolitischen Bedeutung, auch im Fall Kirch./. Deutsche Bank/Breuer, → § 55a Rn. 7.

3   Der Versuch ist nicht strafbar.

B. Objektiver Tatbestand

I. Entgegen § 14 Abs. 2 S. 10

4   Zum Wortlaut der Norm → § 55a Rn. 9. Zum Täterkreis → § 55a Rn. 10. Zu Angaben → § 55a Rn. 14.

5   Zum (früheren) Problem der fehlerhaften Verweisung → § 55a Rn. 15 ff.

II. Offenbaren einer Angabe

Ein Offenbaren der Angaben (vgl. auch § 203 Abs. 1 StGB, § 333 HGB und § 404 AktG) liegt dann **6** vor, wenn diese in irgendeiner Weise an einen Dritten gelangen (Hellmann/Beckemper WirtschaftsStR Rn. 536; *Achenbach/Schröder* ZBB 2005, 135 (140)). Die Bekanntgabeform ist beliebig (HK-KapM-StrafR/*Janssen* Rn. 81), auch mündliche Offenbarungen sind möglich.

Die Tathandlung muss sich auf die Angaben der Deutschen Bundesbank beziehen, so dass sich **7** zumindest mittelbar aus einer Gesamtschau der Handlungen eine Bezugnahme auf die konkrete Kredithöhe oder die Anzahl der beteiligten Unternehmen ergibt (BGH ZIP 2006, 317 (325); Boos/Fischer/ Schulte-Mattler/*Lindemann* Rn. 2a). Hierbei ist ein gewisser Detaillierungsgrad erforderlich (vgl. *Gößmann* BKR 2006, 199 (200)), der Täter muss konkretisierende Angaben über die Höhe der Kredite machen, ein allgemeiner Hinweis auf eine hohe Verschuldung genügt nicht (Hellmann/Beckemper WirtschaftsStR Rn. 536; Achenbach/Ransiek/Rönnau WirtschaftsStR-HdB/*Schröder* Teil 10 Kap. 3 Rn. 126; aA *Tiedemann* NJW 2003, 2213 (2214); *Tiedemann* FS Kohlmann, 2003, 307 (314))).

Die Publikation von auf Angaben nach § 14 Abs. 2 beruhenden Bewertungen und Schlussfolgerun- **8** gen ist nicht tatbestandsmäßig (Boos/Fischer/Schulte-Mattler/*Lindemann* Rn. 2a; Achenbach/Ransiek/ Rönnau WirtschaftsStR-HdB/*Schröder* Teil 10 Kap. 3 Rn. 126; aA *Tiedemann* NJW 2003, 2213 (2214); *Tiedemann* ZBB 2005, 190 (191); Tiedemann WirtschaftsStR BT Rn. 304 f. unter Hinweis auf die Teleologie der Vorschrift sowie den weiten Begriff der „Angaben"). § 55b will nur Handlungen erfassen, mit denen die nach § 14 Abs. 2 mitgeteilten Angaben offenbart werden; Schlussfolgerungen aber werden nicht mitgeteilt, sondern bleiben eigene Aufgabe der Bank (Achenbach/Ransiek/Rönnau Wirt-schaftsStR-HdB/*Schröder* Teil 10 Kap. 3 Rn. 126; Schröder KapMarktStrafR-HdB Rn. 1010). UU ist § 187 StGB erfüllt.

Tatbestandsmäßiger Empfänger der Offenbarung kann nur jemand sein, der nicht innerhalb des Unter- **9** nehmens mit der Bearbeitung des Kreditengagements oder der Adressenrisikosteuerung betraut ist (Boos/ Fischer/Schulte-Mattler/*Lindemann* Rn. 5). Erfasst sind mithin nur unzuständige Mitarbeiter sowie Au-ßenstehende. In einer Unternehmensgruppe darf das übergeordnete Unternehmen den untergeordneten Unternehmen jedenfalls diejenigen Angaben offenbaren, die für dieses nach dem Schutzzweck des § 55b relevant sind (Boos/Fischer/Schulte-Mattler/*Lindemann* Rn. 6). Einer anderen Bank, der das Daten-material ohnehin vorliegt, werden die Daten nicht offenbart (Schröder KapMarktStrafR-HdB Rn. 1010).

Die Angaben werden dann offenbart, wenn sie dem Empfänger in der Weise zugänglich gemacht **10** werden, dass es diesem möglich wird, von ihnen Kenntnis zu nehmen (BGH ZIP 2006, 317 (325); wobei es irrelevant ist, ob sich der Täter dem Empfänger zu erkennen gibt, Boos/Fischer/Schulte-Mattler/*Lindemann* Rn. 3). Direkte Kommunikation ist nicht erforderlich (Schröder KapMarktStrafR-HdB Rn. 1009). Da es sich bei § 55b um ein Tätigkeitsdelikt handelt, ist die tatsächliche Kenntnisnahme des Empfängers nicht erforderlich (MüKoStGB/*Janssen* § 55b Rn. 3).

C. Subjektiver Tatbestand

§ 55b enthält ein Vorsatzdelikt, vgl. § 15 StGB. Bedingter Vorsatz reicht aus (HK-KapMStrafR/ **11** *Janssen* Rn. 82; Erbs/Kohlhaas/*Häberle* Rn. 4). Ein Fahrlässigkeitsdelikt existiert nicht.

D. Qualifikation: Entgelt, Bereicherungs- oder Schädigungsabsicht

Die Vorschrift ist den §§ 332 Abs. 2, 333 Abs. 2 HGB nachgebildet. **12**

Entgelt ist nach der Legaldefinition des § 11 Abs. 1 Nr. 9 StGB jede in einem Vermögensvorteil **13** bestehende Gegenleistung. S. hierzu die Erl. zu § 11 StGB (→ StGB § 11 Rn. 7).

Bereicherungsabsicht ist gegeben, wenn der Täter durch die Tat für sich oder einen anderen einen **14** Vermögensvorteil erstrebt (MüKoHGB/*Quedenfeld* HGB § 332 Rn. 46).

Schädigungsabsicht liegt vor, wenn der Täter mit seinem Handeln einen anderen einen Nachteil **15** zufügen will; dies beschränkt sich nach hM nicht auf einen Vermögensschaden, es reicht jede Art von Schaden, also auch ein immaterieller Schaden aus (MüKoHGB/*Quedenfeld* HGB § 332 Rn. 48).

E. Konkurrenzen

§ 55b kann tateinheitlich mit § 55a verwirklicht werden; das qualifizierte Delikt der entgeltlichen **16** Offenbarung konsumiert allerdings § 55a (HK-KapMStrafR/*Janssen* Rn. 85).

Gegenüber anderen Offenbarungsdelikten ist § 55b lex specialis (HK-KapMStrafR/*Janssen* Rn. 85). **17**

F. Verjährung

Es gelten die § 78 ff. StGB. Das Grunddelikt nach § 55b Abs. 1 verjährt gem. § 78 Abs. 3 Nr. 5 StGB **18** nach drei Jahren. Das Qualifikationsdelikt nach § 55b Abs. 2 verjährt wegen der höheren Strafober-grenze gem. § 78 Abs. 3 Nr. 4 StGB nach fünf Jahren.

Der Beginn der Verjährung richtet sich nach § 78a StGB. **19**

G. Verfahren

20   Gem. Abs. 3 wird die Tat nur auf Antrag verfolgt (absolutes Antragsdelikt).
21   Zur Antragsberechtigung → § 55a Rn. 28 f. (vgl. auch Erbs/Kohlhaas/*Häberle* Rn. 6).
22   Gem. § 74c Abs. 1 Nr. 2 GVG ist die Wirtschaftsstrafkammer für die erstinstanzliche Aburteilung, soweit Anklage beim Landgericht erhoben wird, sowie bei Berufungen gegen ein Urteil des AG zuständig.

§ 56 Bußgeldvorschriften

(1) Ordnungswidrig handelt, wer einer vollziehbaren Anordnung nach § 36 Absatz 1 Satz 1, Absatz 2 oder Absatz 3 Satz 1 zuwiderhandelt.

(1a) Ordnungswidrig handelt, wer vorsätzlich oder leichtfertig einer unmittelbar geltenden Vorschrift in delegierten Rechtsakten der Europäischen Union, die die Verordnung (EG) Nr. 1060/2009 des Europäischen Parlaments und des Rates vom 16. September 2009 über Ratingagenturen (ABl. L 302 vom 17.11.2009, S. 1), die zuletzt durch die Verordnung (EU) Nr. 462/2013 (ABl. L 146 vom 31.5.2013, S. 1) geändert worden ist, in der jeweils geltenden Fassung ergänzen, im Anwendungsbereich dieses Gesetzes zuwiderhandelt, soweit eine Rechtsverordnung nach Absatz 4c für einen bestimmten Tatbestand auf diese Bußgeldvorschrift verweist.

(2) Ordnungswidrig handelt, wer vorsätzlich oder fahrlässig

1. entgegen
   a) § 2c Absatz 1 Satz 1, 5 oder Satz 6,
   b) § 2c Absatz 3 Satz 1 oder Satz 4,
   c) § 12a Absatz 1 Satz 3,
   d) § 14 Absatz 1 Satz 1 erster Halbsatz, auch in Verbindung mit einer Rechtsverordnung nach § 22 Satz 1 Nummer 4, jeweils auch in Verbindung mit § 53b Absatz 3 Satz 1 Nummer 3,
   e) § 15 Absatz 4 Satz 5,
   f) § 24 Absatz 1 Nummer 4, 6, 8, 9, 12, 15, 15a, 16 oder Nummer 17,
   g) § 24 Absatz 1 Nummer 5 oder Nummer 7, jeweils auch in Verbindung mit § 53b Absatz 3 Satz 1 Nummer 3,
   h) § 24 Absatz 1 Nummer 10, Absatz 1a oder Absatz 1b Satz 2,
   i) § 24 Absatz 2a, 3 Satz 1 oder Absatz 3a Satz 1 Nummer 1 oder Nummer 2 oder Satz 2, jeweils auch in Verbindung mit Satz 5,
   j) § 24 Absatz 3a Satz 1 Nummer 3,
   k) § 24a Absatz 1 Satz 1, auch in Verbindung mit Absatz 3 Satz 1, oder § 24a Absatz 4 Satz 1, auch in Verbindung mit Satz 2, jeweils auch in Verbindung mit einer Rechtsverordnung nach § 24a Absatz 5,
   l) § 28 Absatz 1 Satz 1 oder
   m) § 53a Satz 2 oder Satz 5,
jeweils auch in Verbindung mit einer Rechtsverordnung nach § 24 Absatz 4 Satz 1, eine Anzeige nicht, nicht richtig, nicht vollständig oder nicht rechtzeitig erstattet,

2. einer Rechtsverordnung nach
   a) § 2c Absatz 1 Satz 3 oder
   b) einer vollziehbaren Anordnung auf Grund einer solchen Rechtsverordnung
zuwiderhandelt, soweit die Rechtsverordnung für einen bestimmten Tatbestand auf diese Bußgeldvorschrift verweist,

3. einer vollziehbaren Anordnung nach
   a) § 2c Absatz 1b Satz 1 oder Absatz 2 Satz 1,
   b) § 6a Absatz 1,
   c) § 10i Absatz 8 Satz 1 Nummer 1,
   d) § 12a Absatz 2 Satz 1,
   e) § 23 Absatz 1, auch in Verbindung mit § 53b Absatz 3 Satz 1 Nummer 3,
   f) § 25a Absatz 2 Satz 2,
   g) § 25b Absatz 4 Satz 1,
   h) § 25h Absatz 6,
   i) § 26a Absatz 2 Satz 1,
   j) § 45 Absatz 1 Satz 1 oder Satz 3 erster Halbsatz oder Absatz 2 Satz 1 oder Absatz 5 Satz 5,
   k) § 45a Absatz 1 Satz 1,
   l) § 45b Absatz 1 oder
   m) § 46 Absatz 1 Satz 1, auch in Verbindung mit § 53b Absatz 3 Satz 1 Nummer 8,
zuwiderhandelt,

4. entgegen § 10i Absatz 2 oder Absatz 3 Satz 3 Nummer 1 eine Ausschüttung vornimmt,
5. entgegen § 18 Absatz 1 Satz 1 einen Kredit gewährt,
6. entgegen § 22i Absatz 3, auch in Verbindung mit § 22n Absatz 5 Satz 4, eine Leistung vornimmt,
7. entgegen § 23a Absatz 1 Satz 11, auch in Verbindung mit § 53b Absatz 3 Satz 1 Nummer 4, einen Hinweis nicht, nicht richtig, nicht vollständig, nicht in der vorgeschriebenen Weise oder nicht rechtzeitig gibt,
8. entgegen § 23a Absatz 2, auch in Verbindung mit § 53b Absatz 3 Satz 1 Nummer 4, einen Kunden, die Bundesanstalt oder die Deutsche Bundesbank nicht, nicht richtig, nicht vollständig, nicht in der vorgeschriebenen Weise oder nicht rechtzeitig unterrichtet,
9. entgegen § 24c Absatz 1 Satz 1 eine Datei nicht, nicht richtig oder nicht vollständig führt,
10. entgegen § 24c Absatz 1 Satz 5 nicht gewährleistet, dass die Bundesanstalt Daten jederzeit automatisch abrufen kann,
11. entgegen
    a) § 25 Absatz 1 Satz 1 oder Absatz 2 Satz 1, jeweils in Verbindung mit einer Rechtsverordnung nach Absatz 3 Satz 1, jeweils auch in Verbindung mit § 53b Absatz 3 Satz 1 Nummer 6, oder
    b) § 26 Absatz 1 Satz 1, 3 oder 4 oder Absatz 3
eine Finanzinformation, einen Jahresabschluss, einen Lagebericht, einen Prüfungsbericht, einen Konzernabschluss oder einen Konzernlagebericht nicht, nicht richtig, nicht vollständig oder nicht rechtzeitig einreicht,
12. entgegen § 25m Nummer 1 eine Korrespondenzbeziehung oder eine sonstige Geschäftsbeziehung mit einer Bank-Mantelgesellschaft aufnimmt oder fortführt,
13. entgegen § 25m Nummer 2 erster Halbsatz ein Konto errichtet oder führt,
14. einer vollziehbaren Auflage nach § 32 Absatz 2 Satz 1 zuwiderhandelt,
15. entgegen
    a) § 44 Absatz 1 Satz 1, auch in Verbindung mit § 44b Absatz 1 Satz 1 oder § 53b Absatz 3 Satz 1 Nummer 8,
    b) § 44 Absatz 2 Satz 1 oder
    c) § 44c Absatz 1, auch in Verbindung mit § 53b Absatz 3 Satz 1 Nummer 8,
eine Auskunft nicht, nicht richtig, nicht vollständig oder nicht rechtzeitig erteilt oder eine Unterlage nicht, nicht richtig, nicht vollständig oder nicht rechtzeitig vorlegt,
16. entgegen
    a) § 44 Absatz 1 Satz 4, auch in Verbindung mit § 53b Absatz 3 Satz 1 Nummer 8,
    b) § 44 Absatz 2 Satz 4, Absatz 4 Satz 3 oder Absatz 5 Satz 4,
    c) § 44b Absatz 2 Satz 2 oder
    d) § 44c Absatz 5 Satz 1, auch in Verbindung mit § 53b Absatz 3 Satz 1 Nummer 8,
eine Maßnahme nicht duldet,
17. entgegen § 44 Absatz 5 Satz 1 eine dort genannte Maßnahme nicht oder nicht rechtzeitig vornimmt oder
18. entgegen § 53a Satz 4 die Tätigkeit aufnimmt.

(3) *[aufgehoben]*

(4) Ordnungswidrig handelt, wer gegen die Verordnung (EG) Nr. 1781/2006 des Europäischen Parlaments und des Rates vom 15. November 2006 über die Übermittlung von Angaben zum Auftraggeber bei Geldtransfers (ABl. EU Nr. L 345 S. 1) verstößt, indem er bei Geldtransfers vorsätzlich oder fahrlässig

1. entgegen Artikel 5 Abs. 1 nicht sicherstellt, dass der vollständige Auftraggeberdatensatz übermittelt wird,
2. entgegen Artikel 5 Abs. 2, auch in Verbindung mit Abs. 4, eine dort genannte Angabe zum Auftraggeber nicht oder nicht rechtzeitig überprüft,
3. entgegen Artikel 7 Abs. 1 den Auftraggeberdatensatz nicht, nicht richtig oder nicht vollständig übermittelt,
4. entgegen Artikel 8 Satz 2 nicht über ein wirksames Verfahren zur Feststellung des Fehlens der dort genannten Angaben verfügt,
5. entgegen Artikel 9 Abs. 1 Satz 1 den Transferauftrag nicht oder nicht rechtzeitig zurückweist oder einen vollständigen Auftraggeberdatensatz nicht oder nicht rechtzeitig anfordert,
6. entgegen Artikel 11 oder Artikel 13 Abs. 5 eine Angabe zum Auftraggeber nicht mindestens fünf Jahre aufbewahrt oder
7. entgegen Artikel 12 nicht dafür sorgt, dass alle Angaben zum Auftraggeber, die bei einem Geldtransfer übermittelt werden, bei der Weiterleitung erhalten bleiben.

(4a) Ordnungswidrig handelt, wer vorsätzlich oder fahrlässig entgegen Artikel 3 Absatz 1 der Verordnung (EG) Nr. 924/2009 des Europäischen Parlaments und des Rates vom 16. September 2009 über grenzüberschreitende Zahlungen in der Gemeinschaft und zur Aufhebung der Verordnung (EG) Nr. 2560/2001 (ABl. L 266 vom 9.10.2009, S. 11), die durch die Verordnung (EU) Nr. 260/2012 (ABl. L 94 vom 30.3.2012, S. 22) geändert worden ist, ein anderes als das dort genannte Entgelt erhebt.

(4b) Ordnungswidrig handelt, wer als Person, die für ein CRR-Kreditinstitut handelt, gegen die Verordnung (EG) Nr. 1060/2009 verstößt, indem er vorsätzlich oder leichtfertig

1. entgegen Artikel 4 Absatz 1 Unterabsatz 1 ein Rating verwendet,
2. entgegen Artikel 5a Absatz 1 nicht dafür Sorge trägt, dass das CRR-Kreditinstitut eigene Kreditrisikobewertungen vornimmt,
3. entgegen Artikel 8c Absatz 1 einen Auftrag nicht richtig erteilt,
4. entgegen Artikel 8c Absatz 2 nicht dafür Sorge trägt, dass die beauftragten Ratingagenturen die dort genannten Voraussetzungen erfüllen oder
5. entgegen Artikel 8d Absatz 1 Satz 2 die dort genannte Dokumentation nicht richtig vornimmt.

(4c) Das Bundesministerium der Finanzen wird ermächtigt, soweit dies zur Durchsetzung der Rechtsakte der Europäischen Union erforderlich ist, durch Rechtsverordnung ohne Zustimmung des Bundesrates die Tatbestände zu bezeichnen, die als Ordnungswidrigkeit nach Absatz 1a geahndet werden können.

(4d) Ordnungswidrig handelt, wer gegen die Verordnung (EU) Nr. 260/2012 des Europäischen Parlaments und des Rates vom 14. März 2012 zur Festlegung der technischen Vorschriften und der Geschäftsanforderungen für Überweisungen und Lastschriften in Euro und zur Änderung der Verordnung (EG) Nr. 924/2009 (ABl. L 94 vom 30.3.2012, S. 22) verstößt, indem er vorsätzlich oder fahrlässig

1. entgegen Artikel 4 Absatz 2 Satz 1 nicht sicherstellt, dass die technische Interoperabilität des Zahlungssystems gewährleistet wird,
2. entgegen Artikel 4 Absatz 2 Satz 2 eine dort genannte Geschäftsregel beschließt,
3. entgegen Artikel 4 Absatz 3 die Abwicklung einer Überweisung oder einer Lastschrift durch ein technisches Hindernis behindert,
4. entgegen Artikel 5 Absatz 1 Satz 1 oder Absatz 2 eine Überweisung ausführt,
5. entgegen Artikel 5 Absatz 1 Satz 1 oder Absatz 3 Satz 1 eine Lastschrift ausführt oder
6. entgegen Artikel 5 Absatz 8 ein Entgelt für einen dort genannten Auslesevorgang erhebt.

(4e) Ordnungswidrig handelt, wer gegen die Verordnung (EU) Nr. 648/2012 des Europäischen Parlaments und des Rates vom 4. Juli 2012 über OTC-Derivate, zentrale Gegenparteien und Transaktionsregister (ABl. L 201 vom 27.7.2012, S. 1) verstößt, indem er vorsätzlich oder fahrlässig

1. entgegen Artikel 7 Absatz 1 Unterabsatz 1 das Clearing nicht übernimmt oder
2. entgegen Artikel 7 Absatz 2 einem Antrag nicht oder nicht rechtzeitig stattgibt oder diesen nicht oder nicht rechtzeitig ablehnt.

(5) [1] Ordnungswidrig handelt, wer gegen die Verordnung (EU) Nr. 575/2013 des Europäischen Parlaments und des Rates vom 26. Juni 2013 über Aufsichtsanforderungen an Kreditinstitute und Wertpapierfirmen und zur Änderung der Verordnung (EU) Nr. 646/2012 (ABl. L 176 vom 27.6.2013, S. 1) oder gegen § 1a in Verbindung mit der Verordnung (EU) Nr. 575/2013 verstößt, indem er vorsätzlich oder fahrlässig

1. entgegen Artikel 28 Absatz 1 Buchstabe f den Kapitalbetrag von Instrumenten des harten Kernkapitals verringert oder zurückzahlt,
2. entgegen Artikel 28 Absatz 1 Buchstabe h Ziffer i Vorzugsausschüttungen auf Instrumente des harten Kernkapitals vornimmt,
3. entgegen Artikel 28 Absatz 1 Buchstabe h Ziffer ii oder Artikel 52 Absatz 1 Buchstabe l Ziffer i aus nicht ausschüttungsfähigen Posten Ausschüttungen auf Instrumente des harten oder zusätzlichen Kernkapitals vornimmt,
4. entgegen Artikel 52 Absatz 1 Buchstabe i Instrumente des zusätzlichen Kernkapitals kündigt, zurückzahlt oder zurückkauft,
5. entgegen Artikel 63 Buchstabe j Instrumente des Ergänzungskapitals kündigt, zurückzahlt oder zurückkauft,
6. entgegen Artikel 94 Absatz 3 Satz 1 die Nichterfüllung der Bedingung nach Artikel 94 Absatz 1 Buchstabe b nicht oder nicht rechtzeitig mitteilt,
7. entgegen Artikel 99 Absatz 1 über die Verpflichtungen nach Artikel 92 nicht, nicht richtig, nicht vollständig oder nicht rechtzeitig Meldung erstattet,
8. entgegen Artikel 101 Absatz 1 die genannten Daten nicht, nicht richtig, nicht vollständig oder nicht rechtzeitig übermittelt,
9. entgegen Artikel 146 die Nichterfüllung der Anforderungen nicht oder nicht rechtzeitig mitteilt,
10. entgegen Artikel 175 Absatz 5 die Erfüllung der Anforderungen nicht, nicht richtig, nicht vollständig oder nicht hinreichend nachweist,

11. entgegen Artikel 213 Absatz 2 Satz 1 das Vorhandensein von Systemen nicht, nicht richtig oder nicht vollständig nachweist,

12. entgegen Artikel 246 Absatz 3 Satz 2 das Gebrauchmachen von der in Satz 1 genannten Möglichkeit nicht, nicht richtig oder nicht vollständig mitteilt,

13. entgegen Artikel 263 Absatz 2 Satz 2 die dort genannten Tatsachen nicht, nicht richtig oder nicht vollständig mitteilt,

14. entgegen Artikel 283 Absatz 6 die Nichterfüllung der Anforderungen nicht oder nicht rechtzeitig mitteilt,

15. entgegen Artikel 292 Absatz 3 Satz 1 das dort bezeichnete zeitliche Zusammenfallen nicht hinreichend oder nicht rechtzeitig nachweist,

16. entgegen Artikel 394 Absatz 1 bis 3 eine Meldung nicht, nicht richtig, nicht vollständig oder nicht rechtzeitig erstattet,

17. entgegen Artikel 395 Absatz 1 Satz 1, auch in Verbindung mit Satz 2, eine Forderung eingeht,

18. entgegen Artikel 395 Absatz 5 Satz 2 die Höhe der Überschreitung und den Namen des betreffenden Kunden nicht, nicht richtig, nicht vollständig oder nicht unverzüglich meldet,

19. entgegen Artikel 396 Absatz 1 Satz 1 den Forderungswert nicht, nicht richtig, nicht vollständig oder nicht unverzüglich meldet,

20. entgegen Artikel 405 Absatz 1 Satz 1 dem Kreditrisiko einer Verbriefungsposition ausgesetzt ist,

21. entgegen Artikel 412 Absatz 1 Satz 1 wiederholt oder fortgesetzt liquide Aktiva in der dort bezeichneten Höhe nicht hält,

22. entgegen Artikel 414 Satz 1 erster Halbsatz die Nichteinhaltung oder das erwartete Nichteinhalten der Anforderungen nicht, nicht richtig, nicht vollständig oder nicht unverzüglich mitteilt,

23. entgegen Artikel 414 Satz 1 zweiter Halbsatz einen Plan nicht, nicht richtig, nicht vollständig oder nicht rechtzeitig vorlegt,

24. entgegen Artikel 415 Absatz 1 oder Absatz 2 die dort bezeichneten Informationen über die Liquiditätslage nicht, nicht richtig, nicht vollständig oder nicht rechtzeitig meldet,

25. entgegen Artikel 430 Absatz 1 Satz 1 oder Unterabsatz 2 Informationen über die Verschuldungsquote und deren Elemente nicht, nicht richtig oder nicht vollständig übermittelt,

26. entgegen Artikel 431 Absatz 1 die dort bezeichneten Informationen nicht, nicht richtig, nicht vollständig oder nicht rechtzeitig veröffentlicht,

27. entgegen Artikel 431 Absatz 2 die in den dort bezeichneten Genehmigungen enthaltenen Informationen nicht, nicht richtig, nicht vollständig oder nicht rechtzeitig offenlegt,

28. entgegen Artikel 431 Absatz 3 Unterabsatz 2 Satz 1 und 2 die dort genannten Informationen nicht, nicht richtig, nicht vollständig oder nicht rechtzeitig veröffentlicht oder

29. entgegen Artikel 451 Absatz 1 die dort genannten Informationen nicht, nicht richtig, nicht vollständig oder nicht rechtzeitig offenlegt.

² Die Bestimmungen des Satzes 1 gelten auch für ein Kreditinstitut oder Finanzdienstleistungsinstitut im Sinne des § 1a.

(5a) Ordnungswidrig handelt, wer vorsätzlich oder fahrlässig ein höheres als in Artikel 3 Absatz 1 oder in Artikel 4 Satz 1 der Verordnung (EU) 2015/751 des Europäischen Parlaments und des Rates vom 29. April 2015 über Interbankenentgelte für kartengebundene Zahlungsvorgänge (ABl. L 123 vom 19.5.2015, S. 1) genanntes Interbankenentgelt erhebt.

(6) Die Ordnungswidrigkeit kann

1. in den Fällen des Absatzes 2 Nummer 1 Buchstabe a, b und h, Nummer 3 Buchstabe a und f, Nummer 4 und Nummer 12, des Absatzes 5 Nummer 1 bis 5, 7, 8, 16, 17, 20, 21 und 24 bis 29 mit einer Geldbuße bis zu fünf Millionen Euro,

2. in den Fällen der Absätze 1 und 2 Nummer 3 Buchstabe k und des Absatzes 5a mit einer Geldbuße bis zu fünfhunderttausend Euro,

3. in den Fällen des Absatzes 2 Nummer 2 Buchstabe a, Nummer 3 Buchstabe b bis e, g bis j und l, Nummer 5 bis 10, 13 und 14, des Absatzes 4b Nummer 1 bis 5, des Absatzes 4c in Verbindung mit Absatz 1a mit einer Geldbuße bis zu zweihunderttausend Euro und

4. in den übrigen Fällen mit einer Geldbuße bis zu hunderttausend Euro geahndet werden.

(7) ¹ Die Geldbuße soll den wirtschaftlichen Vorteil, den der Täter aus der Ordnungswidrigkeit gezogen hat, übersteigen. ² Reicht das Höchstmaß nach Absatz 6 hierzu nicht aus, so kann es für juristische Personen oder Personenvereinigungen bis zu einem Betrag in folgender Höhe überschritten werden:

1. 10 Prozent des Jahresnettoumsatzes des Unternehmens im Geschäftsjahr, das der Ordnungswidrigkeit vorausgeht, oder

2. das Zweifache des durch die Zuwiderhandlung erlangten Mehrerlöses.

³ § 17 Absatz 4 des Gesetzes über Ordnungswidrigkeiten bleibt unberührt.

(8) [1]Der **Jahresnettoumsatz** im Sinne des Absatzes 7 Satz 2 Nummer 1 ist der Gesamtbetrag der in § 34 Absatz 2 Satz 1 Nummer 1 Buchstabe a bis e der Kreditinstituts-Rechnungslegungsverordnung in der jeweils geltenden Fassung genannten Erträge einschließlich der Bruttoerträge bestehend aus Zinserträgen und ähnlichen Erträgen, Erträgen aus Aktien, anderen Anteilsrechten und nicht festverzinslichen/festverzinslichen Wertpapieren sowie Erträgen aus Provisionen und Gebühren wie in Artikel 316 der Verordnung (EU) Nr. 575/2013 ausgeführt, abzüglich der Umsatzsteuer und sonstiger direkt auf diese Erträge erhobener Steuern. [2]Handelt es sich bei dem Unternehmen um ein Tochterunternehmen, ist auf den Jahresnettoumsatz abzustellen, der im vorangegangenen Geschäftsjahr im konsolidierten Abschluss des Mutterunternehmens an der Spitze der Gruppe ausgewiesen ist.

A. Allgemeines

1   § 56 normiert keinen Straftatbestand, sondern lediglich Ordnungswidrigkeiten. Allerdings stellt die Geldbuße mit ihrer Höhe von bis zu 5.000.000 EUR durchaus eine der Geldstrafe vergleichbar empfindliche Sanktion dar (vgl. Boos/Fischer/Schulte-Mattler/*Lindemann* § 54 Rn. 1, der bereits dem zuvor geltenden Höchstmaß von 500.000 EUR eine Schlagkraft zusprach, die die wirtschaftlichen Folgen einer Geldstrafe erreicht habe).

2   Die verschiedenen Normen (Achenbach/Ransiek/Rönnau WirtschaftsStR-HdB/*Schröder* Teil 10 Kap. 3 Rn. 136 spricht von einer Flut) resultieren aus Erfahrungen mit Fällen missbräuchlichen Verhaltens innerhalb einzelner Institute (Wabnitz/Janovsky WirtschaftsStR-HdB/*Knierim* Kap. 10 Rn. 290). Die Vorschrift wurde zuletzt geändert durch Art. 1 Nr. 36 des Gesetzes zur Anpassung von Gesetzen auf dem Gebiet des Finanzmarktes vom 15.7.2014 (BGBl. I 934 (939)).

3   Es handelt sich durchweg um Verweisungsnormen, bei denen Sanktions- und Ausfüllungsnormen vollständig getrennt sind (Erbs/Kohlhaas/*Häberle* Rn. 2). Nicht alle Normen sind hierbei individualschützend, nur zum Teil sind sie als gläubigerschützend auszulegen (Wabnitz/Janovsky WirtschaftsStR-HdB/*Knierim* Kap. 10 Rn. 291).

B. Der Vorsatztatbestand nach Abs. 1

4   Einziges reines Vorsatzdelikt ist das Zuwiderhandeln gegen eine vollziehbare Anordnung nach § 36 (Abberufung von Geschäftsleitern und von Mitgliedern des Verwaltungs- oder Aufsichtsorgans); bedingter Vorsatz genügt (Erbs/Kohlhaas/*Häberle* Rn. 11).

C. Der Fahrlässigkeitstatbestand nach Abs. 2

5   Abs. 2 betrifft Verstöße gegen das KWG, die nicht nur vorsätzlich (§ 10 OWiG), sondern auch fahrlässig begangen werden können.

6   Eine Erläuterung der durch die akzessorischen Bußgeldnormen in Bezug genommenen Vorschriften ist hier nicht möglich. Es wird auf die bankrechtliche Spezialliteratur verwiesen.

D. Verstöße gegen EG/EU-Verordnungen nach Abs. 4–5

7   Die Abs. 4–5 des § 56 enthalten Tatbestände bei Zuwiderhandlungen gegen verschiedene EG/EU-Verordnungen, wobei jeder Abs. einer bestimmten Verordnung gewidmet ist. Auch diese Ordnungswidrigkeiten können sowohl vorsätzlich als auch fahrlässig begangen werden.

8   Eine Erläuterung der durch die akzessorischen Bußgeldnormen in Bezug genommenen Vorschriften ist hier nicht möglich. Es wird auf die bankrechtliche Spezialliteratur verwiesen.

E. Täterschaft und Teilnahme

9   Gem. § 14 Abs. 1 S. 1 OWiG gilt im Ordnungswidrigkeitenrecht das Einheitstäterprinzip, so dass jede Beteiligung zur Täterschaft führt. Täter einer Pflichtverletzung kann jeder sein, der an der Pflichterfüllung im normalen Geschäftsgang des Instituts hätte mitwirken müssen (Wabnitz/Janovsky WirtschaftsStR-HdB/*Knierim* Kap. 10 Rn. 290).

10   Wenn das Kreditinstitut oder der Finanzdienstleister eine juristische Person ist, gilt die Zurechnungsnorm des § 9 OWiG. Gegen die juristische Person selbst kann ggf. gem. § 30 OWiG (auch iVm § 59) eine Unternehmensgeldbuße verhängt werden.

F. Die Höhe der Geldbuße, Abs. 6–8

11   § 56 Abs. 6 modifiziert die grundsätzliche Höchstgrenze von 1.000 EUR (§ 17 Abs. 1 OWiG) in vier Stufen. Abhängig von der konkret begangenen Ordnungswidrigkeit sind Geldbußen bis zu 5.000.000 EUR möglich. Zu beachten ist § 17 Abs. 2 OWiG, nach dem fahrlässiges Handeln im Höchstmaß nur mit der Hälfte des angedrohten Höchstbetrages der Geldbuße geahndet werden kann.

Abs. 7 S. 1 legt (wortgleich mit § 17 Abs. 4 S. 1 OWiG) fest, dass die Geldbuße den aus der **12** Ordnungswidrigkeit erlangten wirtschaftlichen Vorteil übersteigen soll; nach Abs. 7 S. 2 kann zu diesem Zweck für juristische Personen oder Personenvereinigungen das in Abs. 6 jeweils genannte Höchstmaß überschritten werden (für natürliche Personen folgt dies bereits aus § 17 Abs. 4 S. 2 OWiG, der iÜ gem. § 30 Abs. 3 OWiG ohnehin auch für juristische Personen oder Personenvereinigungen gilt). Eigenständige Bedeutung kommt Abs. 7 lediglich hinsichtlich der in S. 2 Nr. 1 und 2 festgelegten Höchstbeträge für den Fall einer das Höchstmaß nach Abs. 6 überschreitenden Geldbuße zu.

In Abs. 8 wird der zur Bemessung des Maximalbetrags gem. Abs. 7 S. 2 Nr. 1 maßgebliche Begriff **13** des Jahresnettoumsatzes konkretisiert.

G. Verjährung

Es gilt § 31 Abs. 2 OWiG. Die vergleichsweise drastische Höhe der Bußandrohungen bewirkt stets **14** eine Verjährungsfrist von drei Jahren nach § 31 Abs. 2 Nr. 1 OWiG.

Der Beginn der Verjährung richtet sich nach § 31 Abs. 3 OWiG. **15**

H. Verfahren

Die BaFin ist gem. § 60 als Verwaltungsbehörde (vgl. §§ 35, 36 Abs. 1 Nr. 1 OWiG) für die Ver- **16** folgung der Ordnungswidrigkeiten zuständig. Es gilt nicht das strafprozessuale Legalitätsprinzip, sondern die Verfolgung steht gem. § 47 Abs. 1 OWiG im pflichtgemäßen Ermessen der BaFin (Opportunitätsprinzip).

Ist eine Tat nicht nur ordnungswidrig, sondern auch strafbar, so begründet dies die Zuständigkeit der **17** Staatsanwaltschaft nach §§ 40, 42 OWiG.

Bei geringfügigen Ordnungswidrigkeiten kann die BaFin ein Verwarnungsgeld gem. § 56 OWiG **18** verhängen; iÜ ergeht ein Bußgeldbescheid (§ 66 OWiG). Gegen einen solchen kann der Betroffene nach § 67 OWiG Einspruch einlegen. Zuständig ist das AG Frankfurt a. M. (§ 68 Abs. 1 OWiG, § 1 Abs. 3 S. 2 FinDAG).

Rechtsmittel ist die Rechtsbeschwerde nach § 79 OWiG beim zuständigen OLG (§ 121 GVG). **19**

475. Gesetz über den Ladenschluss
(Ladenschlussgesetz – LadSchlG)

In der Fassung der Bekanntmachung vom 2. Juni 2003 (BGBl. I S. 744) FNA 8050-20

Zuletzt geändert durch Art. 430 Zehnte ZuständigkeitsanpassungsVO vom 31.8.2015 (BGBl. I S. 1474)

– Auszug –

Literatur: *Anzinger,* Das neue Ladenschlußrecht, 1996; *Beyerlein/Lach,* Warenautomaten im Lichte der Neuregelungen zum Ladenschluss, GewArch 2007, 461; *v. Gamm,* Wettbewerbsrechtliche Nebengesetze, 1977; *Kämmerer/Thüsing,* Ladenschlussrecht und Arbeitszeitrecht. Zur Gesetzgebungshoheit für die Materien des Ladenschlussgesetzes nach der Föderalismusreform, GewArch 2006, 266; *Kühling,* Ladenschluss nach der Föderalismusreform, AuR 2006, 384; *Neumann,* Ladenschlussrecht, 5. Aufl. 2008; *Neumann-Biebl,* Arbeitszeitgesetz, LadSchlG, 16. Aufl. 2012; *Stober* (Hrsg.), Ladenschlussgesetz, 4. Aufl. 2000; *Täger/Vogler-Ludwig/Munz* (Hrsg.), Das deutsche Ladenschlußgesetz auf dem Prüfstand, 1995; *Theis,* Ladenschlußgesetz, 1991; *Thüsing/Stiebert,* Gesetzgebungskompetenzen der Länder zur Regelung der Arbeitszeiten von in Verkaufsstellen beschäftigten Arbeitnehmern, GewArch 2013, 425; *Zmarzlik/Kossens,* AR-Blattei, Ladenschluss I, SD 1050 (2004); *Zmarzlik/Roggendorff,* Ladenschlußgesetz, 2. Aufl. 1997.

Vorbemerkung

1 Das Gesetz über den Ladenschluss (LadSchlG) ist ein **Sondergesetz** mit ergänzenden und modifizierenden Vorschriften zu den insoweit allgemeinen Regelungen der Gewerbeausübung in der Gewerbeordnung. Es regelt zum einen umfassend das sog **Feilhalten von Waren zum Verkauf.** Zum anderen enthält das LadSchlG in engen Grenzen **Sondervorschriften für die Ladenöffnung und Beschäftigung von Mitarbeitern an Sonn- und Feiertagen sowie an Samstagen.**

Im Einzelnen gilt für Verkaufsstellen (§ 1) als gesetzliche Ladenschlusszeit (§ 3) werktags von Montag bis Samstag die Zeit von 20.00 Uhr bis 6.00 Uhr (abw. bei Verkaufsstellen von Backwaren nur bis 5.30 Uhr sowie am 24.12., sofern Werktag, bis 6.00 Uhr und ab 14.00 Uhr). Sonderregelungen enthalten § 4 (Apotheken), § 5 (Zeitungen und Zeitschriften an Kiosken), § 6 (Tankstellen), §§ 8, 9 (Personenbahnhöfe, Flug- und Fährhäfen), § 10 (Kur-, Ausflugs-, Erholungs- und Wallfahrtsorte), § 11 (Verkauf in ländlichen Gebieten), § 14 (Märkte, Messen etc) sowie § 15 (Verkauf am 24.12.). § 17 enthält Regelungen zu Beschäftigungsverboten aus Gründen des Schutzes von Arbeitskraft und Gesundheit von Arbeitnehmern. Die §§ 19, 20 enthalten Sonderregelungen für gewerbliches Feilhalten von Waren außerhalb von Verkaufsstellen. Aushang-, Auskunft- und Verzeichnispflichten werden in den §§ 21, 22 geregelt.

2 **Ziel** des Gesetzes ist der Schutz der Beschäftigten im Einzelhandel vor überlangen Arbeitszeiten und Tätigkeiten zu sozial ungünstigen Zeiten.

3 Wie das BVerfG in mehreren Entscheidungen wiederholt klargestellt hat (zuletzt BVerfGE 111, 10 – Berlin-Souvenir; zuvor schon BVerfG 29.11.1961, BVerfGE 13, 225 (230) – Universitätsbuchhandlung; Nichtannahmebeschl. des BVerfG 13.7.1992 – 1 BvR 303/90 = NJW 1993, 1969 – Metro III), ist die gesetzliche Ladenschlussregelung verfassungsrechtlich unbedenklich und verstößt insbes. nicht gegen Art. 3 und Art. 12 GG. Nur einzelne Regelungen sind in der Folgezeit für nichtig erklärt oder verfassungskonform ausgelegt worden (BVerfGE 14, 19 – Warenautomat; BVerfGE 59, 336 – Friseurbetriebe; BVerfGE 104, 357 – Ausschluss der Apotheken von verkaufsoffenen Sonntagen). Die gesetzliche Regelung des Ladenschlusses ist auch europarechtskonform (EuGH NJW 1994, 2141 – Tankstation t'Heukske vof u. J. B. E. Boermans; EuGH NJW 1994, 2141 – Punto Casa SpA ua).

4 In der Folge der Föderalismusreform vom 28.8.2006 (BGBl. I 2634, iK seit 1.9.2006) haben die **Länder** die ausschließliche **Gesetzgebungskompetenz** für die Ladenöffnungszeiten erhalten. Der Ladenschluss wurde von der konkurrierenden Gesetzgebungskompetenz des Bundes in Art. 70 Abs. 1 GG iVm Art. 74 Abs. 1 Nr. 11 GG ausdrücklich ausgenommen und in die ausschließliche Gesetzgebungszuständigkeit der Länder überführt. In der Zwischenzeit haben alle Bundesländer **mit Ausnahme von Bayern** (vgl. dazu LT-Drs. 15/6761) von dieser Zuständigkeit Gebrauch gemacht und **eigene Ladenschluss- bzw. Ladenöffnungsgesetze** erlassen. **Das LadSchlG (Bund) findet damit gem. Art. 125a Abs. 1 S. 1 GG vollumfänglich nur noch in Bayern Anwendung.**

5 Die Länderkompetenz für das Recht des Ladenschlusses erstreckt sich aber **nicht auf arbeitszeitrechtliche** Regelungen (BVerfG NVwZ 2015, 582 (583)). § 17 enthält einen besonderen und von den Regelungen des ArbZG und JArbSchG unabhängigen Arbeitnehmerschutz. Das Arbeitszeitrecht ist damit gem. Art. 74 Abs. 1 Nr. 12 GG Gegenstand der konkurrierenden Gesetzgebungskompetenz des Bundes. Von dieser Kompetenz hat der Bund aber nicht abschließend iSv Art. 72 Abs. 1 GG Gebrauch gemacht, § 17 Abs. 4 entfaltet daher keine Sperrwirkung (BVerfG NVwZ 2015, 582 (583) m. abw. Votum *Paulus* – Regelung zur Samstagsarbeit im ThürLadÖffG; dazu *Bauerschmidt* DÖV 2015, 656; *Ulber* NVwZ 2015, 1026; noch offen gelassen von BVerfG NVwZ 2010, 570 – Berliner Ladenschlussrecht). Ob die Arbeitszeitregelung des § 17 **Sperrwirkung** ggü. landesrechtlichen Regelungen entfaltet, war lange Zeit umstritten (für eine Sperrwirkung *Thüsing/Stiebert* GewArch 2013, 425 (430); *Mosbacher,* Sonntagsschutz und Ladenschluss, 2007, 250 (267); *Landmann/Rohmer GewO/Neumann* LadSchlG Vorb. Nr. 720; *Kämmerer/Thüsing* GewArch 2006, 266 (267 f., 727); *Kühling* AuR 2006, 384 (385 f.); *Schunder* NJW 2003, 2131 (2133); *Rose* DB 2003, 1223 (1225); **aA** (Arbeitszeitrecht speziell für Einzelhandel ist auf Länder übergegangen) *Pieroth/Kingreen* NVwZ 2006, 1223; BMA v. 14.10.2006, IIIa 7–37251; **aA** (§ 10 ArbZG bzw. Gesetzeslücke) *Horstmann* NZA 2006, 1246 (1249 f.); *Kühn* AuR 2006, 418 (420 f.)).

Folgende Regelungen zum Ladenschluss einschließlich ordnungs- und strafrechtlicher Regelungen **6** wurden bislang in den Bundesländern erlassen:

Baden-Württemberg: Gesetz über die Ladenöffnung in Baden-Württemberg **(LadÖG)** v. 14.2.2007 (GBl. 135), Zuletzt geändert durch Art. 2 G zur Änd. des FwG, des LadÖG und des LKatSG vom 17.12.2015 (GBl. 1184): § 15 Ordnungswidrigkeiten, § 16 Straftaten.

Berlin: Berliner Ladenöffnungsgesetz **(BerlLadÖffG)** v. 14.11.2006 (GVBl. 1046) BRV 8050-3, zuletzt geändert durch Art. 1 Zweites ÄndG v. 13.10.2010 (GVBl. 467): § 9 Ordnungswidrigkeiten.

Brandenburg: Brandenburgisches Ladenöffnungsgesetz **(BbgLÖG)** v. 27.11.2006 (GVBl. I 158) Sa BbgLR 8050-1, zuletzt geändert durch Art. 1 ÄndG v. 20.12.2010 (GVBl. I 1): § 12 Ordnungswidrigkeiten; Ladenschlussgesetz wird durch BbgLÖG in Brandenburg ersetzt, § 13 BbgLÖG.

Bremen: (1) Bremisches Ladenschlussgesetz v. 22.3.2007 **(LadenschlussG)** (BremGBl. 221, Sa BremR 8050a 1), zuletzt geändert durch Art. 1 ÄndG v. 28.2.2012 (BremGBl. 95): § 15 Ordnungswidrigkeiten, § 18 tritt mit Ablauf des 31.3.2017 außer Kraft, vgl. § 18 Abs. 4; (2) Verordnung über die Öffnung von Verkaufsstellen am 16.3.2008 in der Stadtgemeinde Bremen v. 26.2.2008 (BremGBl. 41).

Hamburg: Hamburgisches Gesetz zur Regelung der Ladenöffnungszeiten **(HmbLadÖffG)** v. 22.12.2006 (HmbGVBl. 611) BS Hbg 8050-20-1, zuletzt geändert durch Art. 18 G zur Umsetzung der Europäischen DienstleistungsRL v. 15.12.2009 (HmbGVBl. 444): § 11 Ordnungswidrigkeiten.

Hessen: Hessisches Ladenöffnungsgesetz **(HLöG)** v. 23.11.2006 (GVBl. I 606) GVBl. II 513-13, zuletzt geändert durch Art. 72 G zur Entfristung und zur Veränderung der Geltungsdauer von befristeten Rechtsvorschriften vom 13.12.2012 (GVBl. 622): § 11 Ordnungswidrigkeiten; das G tritt mit Ablauf des 31.12.2019 außer Kraft, vgl. § 13 S. 2 HLöG.

Mecklenburg-Vorpommern: Gesetz über die Ladenöffnungszeiten für das Land Mecklenburg-Vorpommern (Ladenöffnungsgesetz – **LÖffG M-V**) v. 18.6.2007 (GVOBl. M-V 226) GS Meckl.-Vorp. Gl. Nr. 7128-2: § 12 Ordnungswidrigkeiten.

Niedersachsen: Niedersächsisches Gesetz über Ladenöffnungs- und Verkaufszeiten **(LÖffVZG)** v. 8.3.2007 (Nds. GVBl. 111) VORIS 81610, zuletzt geändert durch Art. 1 ÄndG v. 13.10.2011 (Nds. GVBl. 348): § 8 Ordnungswidrigkeiten, Mitwirkungspflichten, Zuständigkeitsregelung.

Nordrhein-Westfalen: Gesetz zur Regelung der Ladenöffnungszeiten (Ladenöffnungsgesetz – **LÖG NRW**) v. 16.11.2006 (GV. NRW 516), SGV NRW 7113, zuletzt geändert durch Art. 1 ÄndG v. 30.4.2013 (GV. NRW 208): § 13 Bußgeldvorschriften.

Rheinland-Pfalz: Ladenöffnungsgesetz Rheinland-Pfalz **(LadöffnG)** v. 21.11.2006 (GVBl. 351) BS RhPf, zuletzt geändert durch Art. 10 Zwölftes RechtsbereinigungsG vom 22.12.2015 (GVBl. 461): § 15 Ordnungswidrigkeiten.

Saarland: Gesetz zur Regelung der Ladenöffnungszeiten (Ladenöffnungsgesetz – **LÖG Saarland**) v. 15.11.2006, zuletzt geändert durch Art. 14 G zur Verl. d. Geltungsdauer von Vorschr. v. 26.10.2010 (Abl. I 1406): § 12 Ordnungswidrigkeiten.

Sachsen: Gesetz über die Ladenöffnungszeiten im Freistaat Sachsen (Sächsisches Ladenöffnungsgesetz – **SächsLadÖffG**) v. 1.12.2010, zuletzt geändert durch Art. 39 Sächsisches Standortegesetz v. 27.1.2012 (SächsGVBl. 130): § 11 Ordnungswidrigkeiten.

Sachsen-Anhalt: Gesetz über die Ladenöffnungszeiten im Land Sachsen-Anhalt (Ladenöffnungszeitengesetz Sachsen-Anhalt – **LÖffzeitG LSA**) v. 22.11.2006 (GVBl. LSA 528) BS LSA 8050.4, zuletzt geändert durch Art. 5 G zur Änd. des G über die Kammern für Heilberufe und anderer Gesetze v. 20.1.2015 (GVBl. LSA 28): § 12 Ordnungswidrigkeiten.

Schleswig-Holstein: Gesetz über die Ladenöffnungszeiten (Ladenöffnungszeitengesetz – **LÖffZG**) v. 29.11.2006 (GVOBl. Schl-H 243) GS Schl-H II, Gl. Nr. 7128-1: § 14 Ordnungswidrigkeiten.

Thüringen: Thüringer Ladenöffnungsgesetz **(ThürLadÖffG)** v. 24.11.2006 (GVBl. 541) BS Thür 8050-1, zuletzt geändert durch Art. 1 Erstes ÄndG v. 21.12.2011 (GVBl. 540): § 14 Ordnungswidrigkeiten.

Vom LadSchlG abweichende Ladenöffnungszeiten regelt (ohne Straf- und OWi-Vorschriften) ferner die Bundesverordnung über den Verkauf bestimmter Waren an Sonn- und Feiertagen **(FeiertVerkV)** v. 21.12.1957 (BGBl. I 1881), **7** zuletzt geändert durch Art. 3 G zur Änd. d. G über den Ladenschluß und zur Neuregelung der Arbeitszeit in Bäckereien und Konditoreien v. 30.7.1996 (BGBl. I 1186).

§ 24 Ordnungswidrigkeiten

(1) Ordnungswidrig handelt, wer vorsätzlich oder fahrlässig

1. als Inhaber einer Verkaufsstelle oder als Gewerbetreibender im Sinne des § 20

　　a) einer Vorschrift des § 17 Abs. 1 bis 3 über die Beschäftigung an Sonn- und Feiertagen, die Freizeit oder den Ausgleich,

　　b) einer Vorschrift einer Rechtsverordnung nach § 17 Abs. 7 oder § 20 Abs. 4, soweit sie für einen bestimmten Tatbestand auf diese Bußgeldvorschrift verweist,

c) einer Vorschrift des § 21 Abs. 1 Nr. 2 über Verzeichnisse oder des § 22 Abs. 3 Nr. 2 über die Einsicht, Vorlage oder Aufbewahrung der Verzeichnisse,

2. als Inhaber einer Verkaufsstelle

   a) einer Vorschrift der §§ 3, 4 Abs. 1 Satz 2, des § 6 Abs. 2, des § 9 Abs. 1 Satz 2, des § 17 Abs. 5 oder einer nach § 4 Abs. 2 Satz 1, § 8 Abs. 2, § 9 Abs. 2 oder nach § 10 oder § 11 erlassenen Rechtsvorschrift über die Ladenschlusszeiten,

   b) einer sonstigen Vorschrift einer Rechtsverordnung nach § 10 oder § 11, soweit sie für einen bestimmten Tatbestand auf diese Bußgeldvorschrift verweist,

   c) der Vorschrift des § 21 Abs. 1 Nr. 1 über Auslagen und Aushänge,

3. als Gewerbetreibender im Sinne des § 19 oder des § 20 einer Vorschrift des § 19 Abs. 1, 2 oder des § 20 Abs. 1, 2 über das Feilhalten von Waren im Marktverkehr oder außerhalb einer Verkaufsstelle oder

4. einer Vorschrift des § 22 Abs. 3 Nr. 1 oder Abs. 4 über die Auskunft

zuwiderhandelt.

(2) Die Ordnungswidrigkeit nach Absatz 1 Nr. 1 Buchstabe a und b kann mit einer Geldbuße bis zu zweitausendfünfhundert Euro, die Ordnungswidrigkeit nach Absatz 1 Nr. 1 Buchstabe c und Nr. 2 bis 4 mit einer Geldbuße bis zu fünfhundert Euro geahndet werden.

A. Allgemeines

1   Wesentliches Beurteilungskriterium für die Tätereigenschaft iSv § 24 ist der Grad der **Eigenverantwortung** für die ausgeübte oder übertragene Tätigkeit.

I. Täterschaft und Beteiligung

2   Bei den Merkmalen Inhaber einer Verkaufsstelle, Gewerbetreibender im Sinne des § 20 sowie den Tätermerkmalen in § 24 Abs. 1 Nr. 3 handelt es sich um **strafbegründende besondere persönliche Merkmale** iSv §§ 9 Abs. 1, 14 OWiG bzw. § 28 Abs. 2 StGB. Liegt ein solches Merkmal nur bei einem von mehreren an der Tat Beteiligten (nicht notwendig dem Haupttäter) vor, handeln dennoch aufgrund des im Ordnungswidrigkeitenrecht geltenden **Einheitstäterbegriffs,** der nicht zwischen Täterschaft und Teilnahme differenziert (vgl. dazu Bohnert/Krenberger/Krumm OWiG § 14 Rn. 1 ff.), nach § 14 Abs. 1 S. 2 OWiG alle Beteiligten ordnungswidrig. § 14 weicht insoweit von den bekannten strafrechtlichen Regelungen ab. Die unterschiedliche Beteiligungsintensität kann jedoch im Strafmaß Berücksichtigung finden (→ Rn. 29). Zur Anwendung des § 14 Abs. 2 OWiG muss die Tat jedoch vorsätzlich und rechtswidrig begangen worden sein. Bei fahrlässiger Begehungsweise kommt nur Nebentäterschaft in Betracht, da die Beteiligten nicht gemeinsam handeln wollten. In diesem Fall muss das besondere persönliche Merkmal bei jedem Beteiligten zur Strafbegründung vorliegen. Eine Beteiligung ist bis zur Beendigung der Ordnungswidrigkeit möglich.

II. Vertretung und Übertragung

3   Neben den **natürlichen Personen** sind Adressaten der Norm auch die gesetzlichen Vertreter **juristischer Personen** (bei einer GmbH zB jeder Geschäftsführer in vollem Umfang, auch bei faktischer Geschäftsführung, BGH wistra 1990, 97), bei **nicht rechtsfähigen Personengesamtheiten** die vertretungsbefugten Gesellschafter der Verkaufsstelleninhaberin (zur Organhaftung und zur Haftung Beauftragter bei Ordnungswidrigkeiten vgl. § 9 OWiG; für Geldbußen gegen jur. Personen etc vgl. § 30 OWiG).

4   Die sich aus § 24 ergebenden Pflichten können nach allgemeinen Regeln gem. § 9 Abs. 2 OWiG auch auf andere Personen wie zB (leitende) Angestellte oder Dritte übertragen werden. Diese haben bei einer **Übertragung** die Pflichten in eigener Verantwortung zu erfüllen. Der Übertragende bleibt jedoch in einem solchen Fall zur sorgfältigen Auswahl, Bestellung und Überwachung des Delegatars verpflichtet (zur Verletzung der Aufsichtspflicht und ihren Rechtsfolgen vgl. § 130 OWiG). Wer wie der Inhaber einer Verkaufsstelle mit der Leitung oder Beaufsichtigung eines Betriebs beauftragt ist, also nicht nur weisungsabhängig oder mechanisch tätig wird, ist ebenso verantwortlich wie der Verkaufsstelleninhaber selbst. Irrelevant ist dabei die rechtliche Verbindlichkeit oder Wirksamkeit einer eingeräumten (Vertretungs-)Befugnis oder einer in diesem Rahmen ausgeführten Rechtshandlung. Entscheidend ist das tatsächliche Ausüben eigenverantwortlichen Handelns (vgl. Erbs/Kohlhaas/*Ambs* Rn. 1).

B. Tatbestand

5   Wie jeder Ordnungswidrigkeittatbestand setzt § 24 ein tatbestandsmäßiges, rechtswidriges und schuldhaftes Verhalten voraus. Der Katalog des § 24 enthält abschließend (Enumerationsprinzip) die als OWi verfolgbaren Vorschriften des LadSchlG (OLG Dresden OLG-NL 2006, 238; OLG Köln GewArch 1987, 138; wohl **aA** Erbs/Kohlhaas/*Ambs* Rn. 8 f. bzgl. nicht enthaltener Beschränkungsanordnungen).

I. Abs. 1 Nr. 1

1. Täter. Taugliche **Täter** einer Ordnungswidrigkeit gem. Abs. 1 Nr. 1 sind (mit Ausnahme des 6 Abs. 1 Nr. 1 lit. c, → Rn. 12) der **Inhaber einer Verkaufsstelle** oder ein **Gewerbetreibender iSd § 20.** Erfasst ist damit das Feilbieten von Waren innerhalb und außerhalb von Verkaufsstellen.

a) Inhaber einer Verkaufsstelle. Verkaufsstellen sind nach der Legaldefinition in § 1 Laden- 7 geschäfte aller Art, Apotheken, Tankstellen und Bahnhofsverkaufsstellen, sonstige Verkaufsstände und -buden, Kioske, Basare und ähnliche Einrichtungen, falls in ihnen ebenfalls von einer festen Stelle aus ständig Waren zum Verkauf an jedermann feilgeboten (zum Begriff BayObLG GewArch 2004, 223) werden sowie Verkaufsstellen von Genossenschaften (§ 1 Abs. 1). Zum Begriff der „Verkaufsstelle" auf Bahnhöfen VG Hannover NVwZ-RR 2006, 786). Dem Feilhalten steht das Zeigen von Mustern, Proben und ähnlichem gleich, wenn Warenbestellungen in der Einrichtung entgegengenommen werden (§ 1 Abs. 1 Nr. 2 S. 2). Keine Verkaufsstellen sind Betriebe, in denen lediglich Dienst- oder Werkleistungen angeboten oder erbracht werden, wie Annahmestellen von Reinigungen und Wäschereien (vgl. BGH NStZ 1983, 322 – automatische Waschanlage; s. schon Erlass des Reichsarbeitsministers vom 3.4.1940, RArbl. 1940 III 103), Leihbüchereien und handwerkliche Reparaturstellen sowie Warenautomaten (vgl. VG Freiburg BeckRS 2013, 46831; Warenautomaten wurden aus dem Anwendungsbereich des Ladenschlussgesetzes (letzte Fassung vor Föderalismusreform) explizit herausgenommen, „da ihre Einbeziehung nicht mehr zeitgemäß ist." (BT-Drs. 15/396, 8). Gemischte Betriebe, die gekennzeichnet sind durch Ausübung verschiedener Gewerbe, die nicht alle dem LadSchlG unterliegen, werden auch durch räumliche Zusammenlegung nicht vollumfänglich dem LadSchlG unterworfen. Vielmehr unterliegt jeder einzelne Gewerbezweig weiterhin (nur) den für ihn geltenden Bestimmungen (vgl. BayObLG NStZ-RR 1998, 79 zu Tankstellen-/Stehausschank–Mischbetrieb). Das LadSchlG gilt nur, soweit die gewerbliche Tätigkeit von ihnen ausdrücklich erfasst wird (s. schon BVerwG DVBl 1956, 789; GewArch 1960, 286). Durch Rechtsverordnung kann das BM für Arbeit und Soziales weitere Einrichtungen zu Verkaufsstellen bestimmen (§ 1 Abs. 2).

Inhaber einer solchen Verkaufsstelle ist der Eigentümer bzw. der in der Verkaufsstelle eigenverant- 8 wortlich Tätige.

b) Gewerbetreibende iSd § 20. Gewerbetreibende iSd § 20 sind diejenigen, die ihre Waren 9 **außerhalb von Verkaufsstellen** an jedermann gewerblich zum Verkauf feilbieten. Im Unterschied zum Feilbieten in einer Verkaufsstelle iSv § 1 muss das Feilbieten hier **gewerblich** (§ 1 GewO) sein. Der Verkauf vom Selbsterzeuger auf Straßen und Plätzen außerhalb von Verkaufsstellen fällt – da Urproduktion nicht als Gewerbe angesehen wird – nicht unter die Ladenschlussregelungen. Zum Verkauf an jedermann vgl. BayVGH GewArch 1990, 180 – Hotelweinprobe; VG Frankfurt a. M. GewArch 1986, 394 – Hotelweinprobe; Dem Feilbieten steht auch hier das Zeigen von Mustern, Proben und ähnlichem gleich, wenn Warenbestellungen in der Einrichtung entgegengenommen werden (§ 20 Abs. 1 S. 2). Hierzu gehört insbes. das Reisegewerbe, also der Straßen-, Hausier- und Reisegewerbehandel (§§ 55 ff. GewO). Ausdrücklich nicht von § 24 erfasst sind das Feilhalten von Tageszeitungen an Werktagen sowie genehmigte Volksbelustigungen iSd Titels III der GewO, also gewerblich betriebene unterhaltende Tätigkeiten als Schausteller oder nach Schaustellerart sowie im Rahmen eines Wanderlagers (§ 56a GewO).

2. Tathandlungen. a) Abs. 1 Nr. 1 lit. a: Zuwiderhandlung gegen die Beschäftigungsrege- 10 **lung an Sonn- und Feiertagen.** § 17 Abs. 1 erlaubt die Beschäftigung an Sonn- und Feiertagen nur innerhalb der ausnahmsweise (gesetzlich oder durch ergänzende Ländervorschriften) zugelassenen Öffnungszeiten sowie weiterer 30 Minuten für unerlässliche Vorbereitungs- und Abschlussarbeiten. § 3 S. 3 erlaubt zunächst das Zuendebedienen im Laden Anwesender über den Ladenschluss hinaus, dagegen zieht § 17 Abs. 1 für Arbeiten an Sonn- und Feiertagen eine Höchstgrenze von 30 Minuten für Vor- und Abschlussarbeiten von Arbeitnehmern (vgl. aber VG Berlin BeckRS 2012, 46252). Nach § 17 Abs. 2 dürfen an Sonn- und Feiertagen acht Stunden Beschäftigungsdauer nicht überschritten werden. In Kur- sowie einzelnen Ausflugs-, Erholungs- und Wallfahrtsorten mit besonders starkem Fremdenverkehr gem. § 10 dürfen Arbeitnehmer gem. § 17 Abs. 2a maximal an 22 Sonn- und Feiertagen bei nicht mehr als vier Stunden täglicher Arbeitszeit beschäftigt werden. § 17 Abs. 3 statuiert eine nach Einsatzdauer ausdifferenzierte Freizeitausgleichsregelung für die Beschäftigung an Sonn- und Feiertagen.

b) Abs. 1 Nr. 1 lit. b: Zuwiderhandlung gegen RechtsVO iSd § 17 Abs. 7 oder § 20 11 **Abs. 4.** Eine RechtsVO nach § 17 Abs. 7 oder § 20 Abs. 4, die für einen bestimmten Tatbestand auf diese Bußgeldvorschrift verweist, wurde bisher soweit ersichtlich noch nicht erlassen.

c) Abs. 1 Nr. 1 lit. c: Verstöße gegen die Pflicht zu Führung, Einsicht, Aufbewahrung und 12 **Vorlage von Verzeichnissen gem. § 21 Abs. 1 Nr. 2 und § 22 Abs. 3 Nr. 2.** Inhaber von Verkaufsstellen, in denen regelmäßig mind. ein Arbeitnehmer beschäftigt wird, sind gem. § 21 Abs. 1 Nr. 2 zum **Führen eines Verzeichnisses** verpflichtet, in dem der Arbeitseinsatz von Arbeitnehmern an Sonn-

und Feiertagen sowie der dafür gem. § 17 Abs. 3 gewährte Freizeitausgleich (Name, Beschäftigungsart und -zeiten des Arbeitnehmers, Lohn- und Gehaltszahlungen) eingetragen werden. Der Verweis auf § 21 Abs. 1 Nr. 2 nimmt ausdrücklich **nur Verkaufsstelleninhaber** in die Pflicht. Die in § 20 genannten Gewerbetreibenden sind zwar über die Verweisungsnorm in § 21 Abs. 2 in gleicher Weise zum Führen eines solchen Verzeichnisses verpflichtet und gehören somit im Prinzip zum möglichen Täterkreis. Als Ordnungswidrigkeit geahndet werden kann ein Verstoß bei diesen mangels Einbeziehung des § 21 Abs. 2 in § 24 Abs. 1 Nr. 1 lit. c aber nicht. Eine Ahndungsmöglichkeit als Ordnungswidrigkeit ergibt sich bei einem Verstoß auch nicht aus § 24 Abs. 1 Nr. 2 lit. c, da dieser Tatbestand grds. nur durch Inhaber einer Verkaufsstelle begangen werden kann.

13   § 22 Abs. 3 Nr. 2 verpflichtet sowohl Verkaufsstelleninhaber als auch in § 20 genannte Gewerbetreibende, den Behörden auch ohne konkreten Verdacht auf Verstöße gegen das LadSchlG auf Verlangen ein solches Verzeichnis sowie weitere darin in Bezug genommene Unterlagen vorzulegen oder zur Einsichtnahme einzusenden. Die Aufbewahrungsfrist für Verzeichnisse und Unterlagen beträgt mind. ein Jahr nach der letzten Eintragung.

14   Die Regelung dient der Beweissicherung für die Einhaltung des Freizeitausgleichs und damit mittelbar dem Schutz der Arbeitnehmer.

II. Abs. 1 Nr. 2

15   **1. Täter.** Tauglicher Täter einer Ordnungswidrigkeit gem. Abs. 1 Nr. 2 ist nur der **Inhaber einer Verkaufsstelle** (→ Rn. 7 f.). Die Regelungen in Nr. 2 gelten damit nicht für das Feilbieten von Waren außerhalb von Verkaufsstellen.

16   **2. Tathandlungen. a) Abs. 1 Nr. 2 lit. a: Zuwiderhandlung gegen Regelungen über Ladenöffnungszeiten.** § 24 Abs. 1 Nr. 2 lit. a nimmt Bezug auf Zuwiderhandlungen gegen die Vorschriften § 3 (Verkaufsstellen: Verstoß gegen Einhaltung von Schließzeiten an Sonn- und Feiertagen, werktags von 20 bis 6 Uhr (Verkaufsstellen von Backwaren davon abw. bis 5.30 Uhr) sowie am 24.12. (falls Werktag) bis 6 und ab 14 Uhr; dazu OLG Düsseldorf NVwZ-RR 1992, 300 – Blumenverkauf an Sonn- und Feiertagen; OLG Hamm NJW 1958, 1695 – sonntägliche Beratung in Autohaus; OLG Schleswig GewArch 1966, 136; VGH München BeckRS 2013, 49860; BeckRS 2011, 32714 – Sonntagsöffnung für Märkte; VG Darmstadt BeckRS 2014, 56304 – Ladenöffnung im Zusammenhang mit Automobilausstellung), beachte im Zusammenhang mit der Dienstbereitschaft von Apotheken § 23 Abs. 1 S. ApBetrO (zuletzt geändert durch Vierte VO zur Änderung der ApBetrO v. 5.6.2012 (BGBl. I 1254). Danach sind Apotheken zur ständigen Dienstbereitschaft verpflichtet, soweit keine Befreiung nach § 23 Abs. 1 S. 2 oder Abs. 2 ApBetrO durch die zust. Behörde erfolgt ist. Nach der Begründung der Vierten VO ist aber nicht erforderlich, dass alle Apotheken dienstbereit sein müssen. Die zust. Behörde hat über Notdienste lediglich die Arzneimittelversorgung sicherzustellen (vgl. BR-Drs. 61/12, 57; dazu VG München BeckRS 2013, 53604), § 4 Abs. 1 S. 2 (Apotheken: Verstoß gegen Beschränkung auf Abgabe von Arznei-, Krankenpflege-, Säuglingspflege- und Säuglingsnährmitteln, hygienischen Artikeln und Desinfektionsmitteln während allgemeiner Ladenschlusszeiten und an Sonn- und Feiertagen), § 6 **Abs. 2** (Tankstellen: Verstoß gegen Beschränkung auf Abgabe von Ersatzteilen für Kraftfahrzeuge, soweit für die Erhaltung oder Wiederherstellung der Fahrbereitschaft notwendig, sowie auf Abgabe von Betriebsstoffen und Reisebedarf während allgemeiner Ladenschlusszeiten und an Sonn- und Feiertagen), § 9 Abs. 1 S. 2 (Verkaufsstellen auf Flughäfen: Verstoß gegen Beschränkung auf Abgabe von Reisebedarf werktags während allgemeiner Ladenschlusszeiten und an Sonn- und Feiertagen) sowie § 17 **Abs. 5** (Verbot des Beschickens von Warenautomaten durch Arbeitnehmer außerhalb der Öffnungszeiten der in räumlichem Zusammenhang stehenden Verkaufsstelle).

17   Zuwiderhandlungen gegen andere Beschränkungsanordnungen, zB die Anordnungen in §§ 5, 12 (Verkauf nichtprivilegierter Waren neben privilegierten außerhalb allgemeiner Ladenschlusszeit), sind nicht ausdrücklich von § 24 erfasst und deshalb nach zutr. Auffassung nicht bußgeldbedroht (Verstoß gegen Beschränkungsanordnung in § 8 Abs. 1 S. 2, wonach während der allgemeinen Ladenschlusszeiten nur der Verkauf von Reisebedarf zulässig ist, ist nicht bußgeldbewehrt (OLG Dresden OLG-NL 2006, 238 = OLG Dresden BeckRS 2006, 10825; OLG Köln GewArch 1987, 138; **aA** Erbs/Kohlhaas/ *Ambs* Rn. 9: Verbot färbt auf privilegierte Waren ab; zum Verkauf von Reiseartikeln am Bahnhof VG München BeckRS 2012, 54904.

18   Abweichende **Regelungen zu Ladenöffnungszeiten** können von den Ländern nach dem LadSchlG erlassene RechtsVO enthalten (→ Rn. 5). Der Begriff „Rechtsvorschrift" in § 24 Abs. 1 Nr. 2a ist in Bezug auf § 4 **Abs. 2 S. 1** gesetzgeberisch verunglückt und muss korrekter Weise als „Verwaltungsakt" gelesen werden (Ladenschlussregelungen für Apotheken durch Dauerverwaltungsakt in Form der Allgemeinverfügung, VGH München NJW 1986, 1564; BayObLG NJW 1985, 142; 1985, 1408). Rechtsvorschriften nach § 8 **Abs. 2** (RechtsVO betr. Verkaufsstellen auf Personenbahnhöfen; die **VO über die Ladenschlusszeiten für die Verkaufsstellen auf Personenbahnhöfen der nicht bundeseigenen Eisenbahnen** v. 18.7.1963 (BGBl. I 501), zuletzt geändert durch G v. 30.7.1996 (BGBl. I 1186) wurde durch ÄndG v. 15.5.2003 (BGBl. I 658) **aufgehoben;** dazu *Müller* NVwZ 2003, 824), § 9

Abs. 2 (RechtsVO betr. Verkaufsstellen auf Flughäfen; bisher nicht erlassen, da praktisch alle Flughäfen von der Möglichkeit zum Erlass von RechtsVOen nach § 9 Abs. 3 Gebrauch gemacht haben), nach **§ 10** (RechtsVO betr. Kur-, Ausflugs-, Erholungs- und Wallfahrtsorte; erlassen in MV u. SchlH; zu § 10 BayLSchlV betr. „ortskennzeichnende Waren" VG München BeckRS 2012, 60713; 2010, 36286) oder **§ 11** (RechtsVO betr. ländliche Gebiete während Feldbestellungs- und Erntezeiten, dazu OLG Koblenz NVwZ-RR 1992, 18) über die Ladenschlusszeiten. Die Bedeutung der Ermächtigung zu Rechtsverordnungen ist durch die Übertragung der Gesetzgebungskompetenz auf die Länder und den darauf folgenden Erlass von Ladenöffnungsgesetzen, die in den meisten Fällen gesetzliche Regelungen zu allen wesentlichen Punkten enthalten, stark zurück gegangen.

b) Abs. 1 Nr. 2 lit. b: Zuwiderhandlungen gegen sonstige Vorschriften in RechtsVO iSv 19
§§ 10, 11. Nach Abs. 1 Nr. 2 lit. b werden sonstige Verstöße gegen Regelungen in RechtsVO nach §§ 10, 11 (RechtsVO betr. Kur-, Ausflugs-, Erholungs- und Wallfahrtsorte sowie RechtsVO betr. ländliche Gebiete während Feldbestellungs- und Erntezeiten) sanktioniert, soweit sie für Zuwiderhandlungen auf diese Norm verweisen. Zu den RechtsVOen → Vorb. Rn. 6).

c) Abs. 1 Nr. 2 lit. c: Zuwiderhandlungen gegen Regelungen über Auslagen und Aushänge 20
gem. § 21 Abs. 1 Nr. 1. Diese Norm sanktioniert einen Verstoß gegen die Pflicht zum Auslegen oder Aushängen eines Abdrucks des LadSchlG sowie der weiteren auf dessen Grundlage erlassenen RechtsVO durch Inhaber von Verkaufsstellen mit regelmäßig mind. einem beschäftigten AN.

III. Abs. 1 Nr. 3

Mögliche **Täter** einer Zuwiderhandlung iSv Abs. 1 Nr. 3 sind **Gewerbetreibende** im behördlich 21 genehmigten Groß- und Wochenmarktverkehr nach § 19 oder **Gewerbetreibende iSd § 20**.
Tathandlungen sind Verstöße gegen eine Vorschrift des § 19 Abs. 1, 2 oder des § 20 Abs. 1, 2 über 22 das Feilhalten von Waren im Marktverkehr oder außerhalb einer Verkaufsstelle.

IV. Abs. 1 Nr. 4

Täter einer Verletzung von Auskunftspflichten iSv § 22 Abs. 4 durch nicht wahrheitsgemäße oder 23 unvollständige Auskunft ggü. einer Behörde kann gem. § 24 Nr. 4 jedermann sein, also auch ein Arbeitnehmer.
Die **Tathandlung** des Abs. 1 Nr. 4 besteht in einem Verstoß gegen die in § 22 Abs. 3 Nr. 1 oder 24 Abs. 4 geregelte Auskunftspflicht. Danach sind Inhaber von Verkaufsstellen sowie in § 20 genannte Gewerbetreibende auf Verlangen zur vollständigen (zum Umfang der Pflicht vgl. § 22 Abs. 3) und wahrheitsgemäßen Auskunft über Angaben verpflichtet, die die Aufsichtsbehörden über die Einhaltung des Arbeitsschutzes zur Erfüllung ihrer Aufgaben benötigen.

V. Innerer Tatbestand

Eine Ordnungswidrigkeit iSv § 24 kann sowohl fahrlässig als auch vorsätzlich verwirklicht werden 25 (vgl. zum subjektiven Element § 10 OWiG). Der Versuch einer Ordnungswidrigkeit ist gem. § 13 OWiG rechtlich nicht ahndbar.

C. Rechtsfolgen und Strafzumessung (Abs. 2)

Der **Geldbußenrahmen** für Ordnungswidrigkeiten gem. Abs. 1 Nr. 1 lit. a u. b reicht von 5 EUR 26 (Mindestbetrag, § 17 Abs. 1 OWiG) bis zu 2.500 EUR, ein Verstoß iSv Abs. 1 Nr. 1 lit. c u. Nr. 2–4 kann mit Geldbuße von 5 EUR bis zu 500 EUR geahndet werden. Das Strafmaß für fahrlässiges Handeln kann nach § 17 Abs. 2 OWiG bis zur Hälfte des Höchstmaßes für vorsätzliches Handeln betragen.
Die Ladenschlussgesetze der Länder (→ Vorb. Rn. 6) sehen unterschiedliche Bußgeldrahmen für 27 Ordnungswidrigkeiten vor. Sie reichen von 500 bis 15.000 EUR.
Die **Bemessung** der Geldbuße soll so erfolgen, dass sie den wirtschaftlichen Vorteil, den der 28 Betroffene aus der Tat gezogen hat, übersteigt (§ 17 Abs. 4 S. 1 OWiG). Der **wirtschaftliche Vorteil** markiert damit die **Untergrenze** der Geldbuße (vgl. OLG Hamburg NJW 1971, 1000 (1002)). Reicht dadurch das gesetzlich vorgesehene Höchstmaß zur Ahndung ordnungswidrigen Gewinnstrebens nicht aus, kann es überschritten werden (§ 17 Abs. 4 S. 2 OWiG). **Obergrenze** ist die Summe aus wirtschaftlichem Vorteil und dem Höchstmaß der gesetzlich angedrohten Geldbuße (OLG Karlsruhe NJW 1974, 1883; vgl. Göhler/*Gürtler* OWiG § 17 Rn. 50; KK-OWiG/*Mitsch* OWiG § 17 Rn. 140).
Zumessungsgesichtspunkte für die Höhe der Geldbuße sind die Bedeutung der Ordnungswidrig- 29 keit und der den Täter treffende Vorwurf (§ 17 Abs. 3 OWiG). Hierzu gehört auch die Intensität der

Beteiligung (→ Rn. 2). Hinsichtlich der wirtschaftlichen Verhältnisse als weiterem Zumessungskriterium ist zu differenzieren:

30   – Bei **nicht geringfügigen** Ordnungswidrigkeiten kommen die wirtschaftlichen Verhältnisse des Betroffenen als Zumessungskriterium in Betracht (§ 17 Abs. 3 S. 2 Hs. 1 OWiG). Sie sind in diesem Fall grds. aufzuklären (BayObLG DAR 2004, 594; zu den Beurteilungskriterien eing. KK-OWiG/*Mitsch* OWiG § 17 Rn. 87 ff.).

31   – Bei **geringfügigen** Ordnungswidrigkeiten bleiben die wirtschaftlichen Verhältnisse des Täters idR unberücksichtigt. Eine Ausnahme und damit ein Aufklärungsbedürfnis besteht bei besonderem Wohlstand oder Armut des Betroffenen (OLG Dresden DAR 2006, 222; OLG Hamm ZfS 1998, 276; Bohnert/Krenberger/Krumm OWiG § 17 Rn. 22). Die Rspr. zieht die **Geringfügigkeitsgrenze** mittlerweile einheitlich bei Geldbußen von **mehr als 250 EUR** (OLG Celle DAR 2008, 3079; OLG Köln ZfS 2006, 116; BayObLG DAR 2004, 594 mAnm *Heinrich;* OLG Jena VRS 108, 269; vgl. Bohnert/Krenberger/Krumm OWiG § 17 Rn. 22). Hergeleitet wird diese Grenzziehung aus der Rechtsbeschwerdesumme in § 79 Abs. 1 S. 1 Nr. 1 OWiG.

32   Bei **geringfügigen Verstößen** kann bei Einverständnis des Betroffenen statt eines Bußgeldes auch eine **gebührenpflichtige Verwarnung** ausgesprochen werden (vgl. § 56 OWiG).

33   Die **Festsetzung** der Geldbuße erfolgt gem. §§ 35 ff. OWiG durch schriftlichen Erlass und Zustellung. Neben der Geldbuße hat der Betroffene die Kosten des Verfahrens sowie der baren Auslagen (§ 107 OWiG) zu tragen.

D. Verfahren, Verjährung, Konkurrenzen

34   Über die **Einleitung eines Ordnungswidrigkeitenverfahrens** entscheidet die zuständige Verwaltungsbehörde nach pflichtgemäßem Ermessen (**Opportunitätsprinzip,** § 47 OWiG). **Zuständig** zum Erlass von Bußgeldbescheiden nach dem LadSchlG ist gem. § 36 OWiG die fachlich zuständige oberste Landesbehörde oder die von ihr bestimmte Behörde.

35   Die mit Beendigung der Handlung, spätestens aber mit Eintritt des Erfolges (vgl. § 31 Abs. 3 OWiG) beginnende Frist für die **Verfolgungsverjährung** beträgt bei Ordnungswidrigkeiten, die mit Geldbuße von bis zu 2.500 EUR bedroht sind, ein Jahr (§ 31 Abs. 2 Nr. 3 OWiG, **aA** (unzutr.) Landmann/Rohmer GewO/*Neumann* OWiG § 31 Rn. 2 – zwei Jahre), bei Ordnungswidrigkeiten mit einem Strafrahmen bis zu 500 EUR sechs Monate (§ 31 Abs. 2 Nr. 4 OWiG). Die mit Rechtskraft des Bußgeldbescheides (§ 34 Abs. 3 OWiG) anlaufende **Vollstreckungsverjährungsfrist** beträgt drei Jahre bei Ordnungswidrigkeiten mit einem Strafrahmen bis zu 1.000 EUR sowie fünf Jahre mit einem Strafrahmen von mehr als 1.000 EUR (§ 34 Abs. 2 OWiG).

36   Hinsichtlich der **Konkurrenzen** sind bei Verstößen gegen Regelungen des Ladenschlusses iSd Abs. 1 Nr. 2 ggf. auch die entsprechenden Sanktionsregelungen des ArbZG und des JArbSchG zu beachten.

37   Setzt sich der Verletzer bewusst und zielgerichtet über das LadSchlG hinweg, um einen Wettbewerbsvorsprung ggü. Mitbewerbern zu erlangen, kann **gleichzeitig ein Wettbewerbsverstoß (§ 1 UWG)** vorliegen (vgl. BGH NJW 1995, 2168 – Bahnhofsverkaufsstellen; *Boisserée* WRP 1985, 377). Tateinheit kann ferner vorliegen, wenn neben einem Verstoß gegen Ladenschlussregelungen auch gegen baurechtliche Vorschriften verstoßen wird, vgl. OLG Düsseldorf NZV 2002, 521 – Verkauf ländlicher Produkte unter Verstoß gegen Sonntagsverkaufsverbot mit Hinweistafel, die gegen baurechtliche Vorschriften verstößt).

§ 25 Straftaten

Wer vorsätzlich als Inhaber einer Verkaufsstelle oder als Gewerbetreibender im Sinne des § 20 eine der in § 24 Abs. 1 Nr. 1 Buchstaben a und b bezeichneten Handlungen begeht und dadurch vorsätzlich oder fahrlässig Arbeitnehmer in ihrer Arbeitskraft oder Gesundheit gefährdet, wird mit Freiheitsstrafe bis zu sechs Monaten oder mit Geldstrafe bis zu 180 Tagessätzen bestraft.

A. Allgemeines

1   Die vorsätzliche Verletzung des § 24 Abs. 1 Nr. 1 lit. a oder lit. b wird als **konkretes Gefährdungsdelikt** zu einem **Vergehen,** wenn hierdurch vorsätzlich oder fahrlässig Arbeitnehmer in ihrer Arbeitskraft oder Gesundheit konkret gefährdet werden. Zwischen dem Verstoß und der eingetretenen Gefährdung muss ein **Kausalzusammenhang** im strafrechtlichen Sinne bestehen.

B. Tatbestand
I. Taugliche Täter

Täter kann der **Inhaber einer Verkaufsstelle** (→ § 24 Rn. 7 f.) und damit der Arbeitgeber oder sein **2** Vertreter sein, nicht jedoch ein Arbeitnehmer. Zum Begriff **Gewerbetreibender iSd § 20** → § 24 Rn. 9).

Möglicher Täter ist über § 14 Abs. 2 StGB als Vertreter ferner, wer vom Inhaber vollständig oder **3** teilweise mit der **eigenverantwortlichen** Leitung des Betriebes beauftragt ist oder wer Pflichten des Betriebsinhabers **zur selbstständigen und eigenverantwortlichen Erledigung** übernommen hat (zB Abteilungsleitung, Prokurist). Die rechtliche Verbindlichkeit oder Wirksamkeit einer eingeräumten (Vertretungs-)Befugnis oder einer in diesem Rahmen ausgeführten Rechtshandlung ist für die Beurteilung der Strafbarkeit nicht relevant (§ 14 Abs. 3 StGB), es genügt die tatsächliche Übernahme. Wer weisungsgebunden handelt oder mit rein mechanischen Tätigkeiten betraut ist, fällt nicht darunter (dann aber ggf. Teilnahme).

Die Merkmale des Inhabers einer Verkaufsstelle sowie Gewerbetreibender iSv § 20 sind **strafbegrün-** **4** **dende besondere persönliche Merkmale** iSv § 14 Abs. 2 StGB.

II. Tathandlung

Tathandlung ist eine in § 24 Abs. 1 Nr. 1 lit. a und lit. b bezeichnete Handlung (Zuwiderhandlung **5** gegen eine Vorschrift des § 17 Abs. 1 bis 3 über Beschäftigung an Sonn- und Feiertagen, die Freizeit oder den Ausgleich bzw. Verstoß gegen eine Vorschrift einer Rechtsverordnung nach § 17 Abs. 7 oder § 20 Abs. 4, soweit sie für einen bestimmten Tatbestand auf diese Bußgeldvorschrift verweist, → § 24 Rn. 11).

III. Taterfolg

Taterfolg ist die **konkrete Gefährdung** von Arbeitnehmern in ihrer Arbeitskraft oder Gesundheit. **6** Der Eintritt einer tatsächlichen Schädigung ist für die Tatbestandserfüllung nicht erforderlich.

Arbeitskraft ist die von Natur aus vorhandene oder durch Ausbildung oder Übung erworbene oder **7** zu erwerbende Fähigkeit eines Arbeitnehmers, Arbeit zu leisten (ErfK/*Wank* ArbZG § 23 Rn. 2; ähnl. Erbs/Kohlhaas/*Ambs* Rn. 5). **Gesundheit** ist der intakte körperliche, geistige und seelische Zustand eines Menschen. Die Begriffe Arbeitskraft und Gesundheit gehen ineinander über, da regelmäßig bei einer Schädigung der Arbeitskraft gleichzeitig auch eine Gefährdung der Gesundheit vorliegen wird (Erbs/Kohlhaas/*Ambs* Rn. 5). In vielen Fällen wird die Gefährdung nur durch medizinische Sachverständige zu ermitteln sein.

Gefährdung bedeutet die **drohende** Gesundheitsschädigung bzw. Schädigung der Arbeitskraft. **Gesundheitsschädigung** ist nach allgemeinen Regelungen jedes Hervorrufen oder Steigern eines vom normalen Zustand der körperlichen Funktionen nachteilig abweichenden (pathologischen) Zustandes, unabhängig von der Art und Weise der Verursachung und ob das Opfer dabei Schmerz empfindet (hM; vgl. zB BGHSt 36, 1 (6); 43, 346 (354)). Eine **reine** Störung des **seelischen** Befindens reicht dagegen als solche grds. noch **nicht** (BGHSt 48, 34 (36) mAnm *Kühl* JZ 2003, 637 (640); OLG Hamm MDR 1958, 993 str.). Eine relevante Schädigung droht aber jedenfalls dann, wenn ihr Eintritt (auch) den körperlichen Zustand nicht nur unerheblich beeinträchtigen und die psychischen Beeinträchtigungen den Körper im weitesten Sinne in einen pathologischen, somatisch objektivierbaren Zustand versetzen würde (hM; vgl. etwa BGHSt 48, 34 (37); BGH NStZ 1997, 123; OLG Köln NJW 1997, 2191 (2192); Erbs/Kohlhaas/*Ambs* Rn. 2).

Die drohende Schädigung muss **konkret** sein. Eine nur abstrakte Gefährdung genügt nicht, weil sonst **8** die Grenzen zu den in § 24 genannten Bußgeldtatbeständen verwischt würden, die ihrerseits bereits abstrakte Gefährdungen von Arbeitskraft oder Gesundheit von Arbeitnehmern voraussetzen. Der **Wahrscheinlichkeitsgrad** für den Eintritt der Gefährdung muss nicht hoch sein. Es genügt, dass nach allgemeiner Lebenserfahrung mit dem alsbaldigen Eintritt einer nicht nur unerheblichen Arbeitskraft- oder Gesundheitsschädigung gerechnet werden kann.

Geringfügige Beeinträchtigungen von Arbeitskraft oder Gesundheit sind **noch keine Gefährdung.** **9** Die Gefährdung der Arbeitskraft bzw. die Gesundheitsgefährdung brauchen zwar nicht schwer oder erheblich zu sein. Allerdings kommen durch die Gleichstellung von Arbeitskraft und Gesundheit nur **unerhebliche** Beeinträchtigungen wie zB leichte Übermüdung, leichte Kopfschmerzen, Ansteckung mit Schnupfen oder Heiserkeit **nicht** als Gefährdung der Arbeitskraft in Betracht, da zumindest ein Maß an drohender Beeinträchtigung erreicht werden muss, das von Intensität, Grad der Beanspruchung, Dauer oder zB Beharrlichkeit der Nichteinhaltung von Ausgleichsbestimmungen einer Gesundheitsschädigung qualitativ gleich kommt.

Für die Beurteilung der Gefährdung von Arbeitskraft oder Gesundheit des Arbeitnehmers ist auf die **10** individuelle Konstitution des betroffenen Arbeitnehmers abzustellen und nicht auf die Belastbarkeit eines durchschnittlich gesunden und widerstandsfähigen Arbeitnehmers (Stober Rn. 9; Erbs/Kohlhaas/*Ambs* § 25 Rn. 5). Dies ist bei der Beurteilung der inneren Tatseite des Täters zu berücksichtigen.

11   Erforderlich zur Tatbestandserfüllung ist weiterhin, dass die drohende Gefährdung **kausal** und **objektiv zurechenbar** (insbes. Schutzbereich der Norm) durch den Verstoß gegen die genannten Arbeitsschutzbestimmungen herbeigeführt wurde. Eine Mitverursachung kann nach allgemeinen Kausalitätsgrundsätzen genügen.

12   Die Tat ist mit der Gefährdung **vollendet,** danach eingeleitete Gegenmaßnahmen haben keine strafbefreiende Wirkung.

IV. Innere Tatseite

13   Nur die vorsätzliche, mindestens mit dolus eventualis, begangene Verletzung des § 24 Abs. 1 Nr. 1 lit. a oder lit. b führt zur Strafbarkeit. Die Gefährdung muss mindestens fahrlässig herbeigeführt werden.

C. Sonstiges

14   Der **Versuch** des Vergehens ist mangels ausdrücklicher gesetzlicher Bestimmung nach allgemeinen Regeln **nicht** strafbar, § 23 Abs. 1 StGB.

15   Der **Strafrahmen** sieht Freiheitsstrafe von einem bis zu sechs Monaten oder Geldstrafe von fünf (Mindeststrafe, § 40 Abs. 1 S. 2 StGB) bis zu 180 Tagessätzen vor. Die Tagessatzhöhe bestimmt sich innerhalb eines Rahmens von 1 EUR bis 5.000 EUR (§ 40 Abs. 2 StGB) nach allgemeinen Regeln nach den persönlichen und wirtschaftlichen Verhältnissen des Täters. Eine Differenzierung im Strafmaß zwischen vorsätzlicher und fahrlässiger Begehung findet nicht statt, da Freiheitsstrafen unter sechs Monaten nicht mehr verhängt werden sollen (Erbs/Kohlhaas/*Ambs* Rn. 7).

16   Die **Verfolgungsverjährung** für Straftaten gem. § 25 beträgt drei Jahre, § 78 Abs. 3 Nr. 5 StGB.

480. Verordnung zum Schutz der Beschäftigten vor Gefährdungen durch Lärm und Vibrationen (Lärm- und Vibrations-Arbeitsschutzverordnung – LärmVibrationsArbSchV)

Vom 6. März 2007 (BGBl. I S. 261) FNA 805-3-10

Zuletzt geändert durch Art. 3 VO zur Ums. der RL 2006/25/EG zum Schutz der Arbeitnehmer vor Gefährdungen durch künstliche optische Strahlung und zur Änd. von ArbeitsschutzVO vom 19.7.2010 (BGBl. I S. 960)

– Auszug –

Vorbemerkung

1. Entstehungsgeschichte der VO. Die Verordnung zum Schutz der Beschäftigten vor Gefähr- **1** dungen durch Lärm und Vibrationen (Lärm- und Vibrations-Arbeitsschutzverordnung – LärmVibrationsArbSchV) wurde von der Bundesregierung als Art. 1 der Verordnung zur Umsetzung der EG-RL 2002/44/EG und RL 2003/10/EG zum Schutz der Beschäftigten vor Gefährdungen durch Lärm und Vibrationen v. 6.3.2007 (BGBl. I 261) erlassen. Sie trat nach Art. 7 derselben Verordnung am 9.3.2007 in Kraft.

2. Ziele und Inhalt der VO. Gemäß ihres § 1 Abs. 1 gilt die LärmVibrationsArbSchV zum Schutz **2** der Beschäftigten vor tatsächlichen oder möglichen Gefährdungen ihrer Gesundheit und Sicherheit durch Lärm oder Vibrationen bei der Arbeit.

Lärm ist nach der Legaldefinition in § 2 Abs. 1 jeder Schall, der zu einer Beeinträchtigung des Hörvermögens oder **3** zu einer sonstigen mittelbaren oder unmittelbaren Gefährdung von Sicherheit und Gesundheit der Beschäftigten führen kann. Unter **Vibrationen** versteht die Verordnung alle mechanischen Schwingungen, die durch Gegenstände auf den menschlichen Körper übertragen werden und zu einer mittelbaren oder unmittelbaren Gefährdung von Sicherheit und Gesundheit der Beschäftigten führen können (§ 2 Abs. 5 S. 1). Hierunter fallen insbesondere mechanische Schwingungen, die auf das Hand-Arm-System des Menschen übertragen werden (Hand-Arm-Vibrationen) und vornehmlich Knochen- oder Gelenkschäden, Durchblutungsstörungen oder neurologische Erkrankungen hervorrufen können (§ 2 Abs. 5 S. 2 Nr. 1), sowie Schwingungen, die auf den gesamten Körper wirken (Ganzkörper-Vibrationen) und dadurch insbesondere Rückenschmerzen und Schädigungen der Wirbelsäule verursachen können (§ 2 Abs. 5 S. 2 Nr. 2).

Wenn die Beschäftigten Lärm oder Vibrationen ausgesetzt sind oder ausgesetzt sein können, sind alle **4** hiervon ausgehenden Gefährdungen für die Gesundheit und Sicherheit der Beschäftigten gemäß § 3 zu beurteilen. Die **Gefährdungsbeurteilung** darf – ebenso wie etwaige notwendige Messungen nach § 4 – nur von fachkundigen Personen (wie etwa dem Betriebsarzt oder einer Fachkraft für Arbeitssicherheit) durchgeführt werden (§ 5).

Entsprechend dem Ergebnis der Gefährdungsbeurteilung muss der Arbeitgeber Schutzmaßnahmen **5** nach dem Stand der Technik (s. hierzu die Legaldefinition in § 2 Abs. 7) festlegen (§ 3 Abs. 1 S. 6). Solche Maßnahmen dienen dazu, die **Lärmexposition** (§ 7) bzw. die **Exposition gegenüber Vibrationen** (§ 10) **zu verhindern bzw. zu verringern.**

Kann bei Lärmemissionen der untere Auslösewert iSd § 6 S. 1 Nr. 2 nicht eingehalten werden, hat **6** der Arbeitgeber den Beschäftigten einen geeigneten persönlichen **Gehörschutz** zur Verfügung zu stellen (§ 8). Zudem haben die betroffenen Beschäftigten eine Unterweisung über die mit der Exposition verbundenen Gesundheitsgefährdungen zu erhalten. Dies gilt auch bei Exposition gegenüber Vibrationen, sofern die Auslösewerte nach § 9 Abs. 1 S. 1 Nr. 2 oder § 9 Abs. 2 S. 1 Nr. 2 erreicht oder überschritten werden (§ 11 Abs. 1).

3. Straftaten und Ordnungswidrigkeiten. Bestimmte Verstöße des Arbeitgebers gegen die in den **7** vorstehenden → Rn. 4–6 bezeichneten Pflichten sind gemäß **§ 16 Abs. 1** bußgeldbewehrt und stellen eine **Ordnungswidrigkeit** iSd § 25 Abs. 1 Nr. 1 ArbSchG dar. Kommt es durch eine solche vorsätzliche Handlung zu einer Gefährdung des Lebens oder der Gesundheit eines Beschäftigten, liegt nach § 16 **Abs.** 2 iVm § 26 Nr. 2 ArbSchG eine **Straftat** vor.

§ 16 Straftaten und Ordnungswidrigkeiten

(1) Ordnungswidrig im Sinne des § 25 Abs. 1 Nr. 1 des Arbeitsschutzgesetzes handelt, wer vorsätzlich oder fahrlässig

1. entgegen § 3 Abs. 1 Satz 2 die auftretende Exposition nicht in dem in Absatz 2 genannten Umfang ermittelt und bewertet,

2. entgegen § 3 Abs. 4 Satz 1 eine Gefährdungsbeurteilung nicht dokumentiert oder in der Dokumentation entgegen § 3 Abs. 4 Satz 2 die dort genannten Angaben nicht macht,
3. entgegen § 4 Abs. 1 Satz 1 in Verbindung mit Satz 2 nicht sicherstellt, dass Messungen nach dem Stand der Technik durchgeführt werden, oder entgegen § 4 Abs. 1 Satz 4 die Messergebnisse nicht speichert,
4. entgegen § 5 Satz 1 nicht sicherstellt, dass die Gefährdungsbeurteilung von fachkundigen Personen durchgeführt wird, oder entgegen § 5 Satz 4 nicht die dort genannten Personen mit der Durchführung der Messungen beauftragt,
5. entgegen § 7 Abs. 4 Satz 1 Arbeitsbereiche nicht kennzeichnet oder abgrenzt,
6. entgegen § 7 Abs. 5 Satz 1 ein Programm mit technischen und organisatorischen Maßnahmen zur Verringerung der Lärmexposition nicht durchführt,
7. entgegen § 8 Abs. 1 in Verbindung mit Abs. 2 den dort genannten Gehörschutz nicht zur Verfügung stellt,
8. entgegen § 8 Abs. 3 nicht dafür Sorge trägt, dass die Beschäftigten den dort genannten Gehörschutz bestimmungsgemäß verwenden,
9. entgegen § 10 Abs. 3 Satz 1 nicht dafür sorgt, dass die in § 9 Abs. 1 Satz 1 Nr. 1 oder § 9 Abs. 2 Satz 1 Nr. 1 genannten Expositionsgrenzwerte nicht überschritten werden,
10. entgegen § 10 Abs. 4 Satz 1 ein Programm mit technischen und organisatorischen Maßnahmen zur Verringerung der Exposition durch Vibrationen nicht durchführt oder
11. entgegen § 11 Abs. 1 nicht sicherstellt, dass die Beschäftigten eine Unterweisung erhalten, die auf den Ergebnissen der Gefährdungsbeurteilung beruht und die in § 11 Abs. 2 genannten Informationen enthält.

(2) Wer durch eine in Absatz 1 bezeichnete vorsätzliche Handlung das Leben oder die Gesundheit eines Beschäftigten gefährdet, ist nach § 26 Nr. 2 des Arbeitsschutzgesetzes strafbar.

A. Ordnungswidrigkeit gem. § 16 Abs. 1

I. Die Bußgeldtatbestände im Einzelnen

1   1. **Versäumnisse bei der Gefährdungsbeurteilung (§ 16 Abs. 1 Nr. 1–4).** § 16 Abs. 1 Nr. 1–4 ahnden Verstöße im Zusammenhang mit der notwendigen Ermittlung und Bewertung der Gefährdungen, die von Lärm und Vibrationen für die Gesundheit und Sicherheit der Beschäftigten ausgehen. So stellt es eine Ordnungswidrigkeit nach § 16 Abs. 1 **Nr. 1** dar, wenn der Arbeitgeber entgegen § 3 Abs. 1 S. 2 keine oder eine nur unzureichende Gefährdungsbeurteilung vornimmt und die auftretenden **Expositionen am Arbeitsplatz** nicht bzw. nicht in dem in § 3 Abs. 2 genannten Umfang **ermittelt und bewertet.** Demnach umfasst die Gefährdungsbeurteilung ua Art, Ausmaß und Dauer der Exposition durch Lärm oder Vibrationen, Expositions- und Auslösewerte, die Verfügbarkeit alternativer Arbeitsmittel und Ausrüstungen, Auswirkungen auf die Gesundheit und Sicherheit der besonders gefährdeten Beschäftigten sowie Herstellerangaben zu den Lärm- bzw. Vibrationsemissionen.

2   Die **Gefährdungsbeurteilung** ist gemäß § 3 Abs. 4 S. 1 **zu dokumentieren.** Diese Pflicht trifft den Arbeitgeber unabhängig von der Zahl der Beschäftigten. In der Dokumentation ist anzugeben, welche Gefährdungen am Arbeitsplatz auftreten können und welche Maßnahmen zur Vermeidung oder Minimierung der Gefährdung der Beschäftigten durchgeführt werden müssen (§ 3 Abs. 4 S. 2). Unterbleibt die Dokumentation bzw. fehlen die nach § 3 Abs. 4 S. 2 erforderlichen Angaben, begeht der Arbeitgeber eine Ordnungswidrigkeit nach § 16 Abs. 1 **Nr. 2.**

3   Sofern sich die Einhaltung der Auslöse- und Expositionsgrenzwerte nicht sicher ermitteln lässt, hat der Arbeitgeber den Umfang der Exposition durch **Messungen** festzustellen (§ 3 Abs. 1 S. 5). Diese Messungen müssen gemäß § 4 Abs. 1 S. 1 **nach dem Stand der Technik durchgeführt** werden, wobei § 4 Abs. 1 S. 2 an die Messverfahren und -geräte konkretisierte Anforderungen stellt. Die ermittelten Messergebnisse müssen gemäß § 4 Abs. 1 S. 4 mindestens 30 Jahre so **aufbewahrt** werden, dass eine spätere Einsichtnahme ermöglicht wird. Stellt der Arbeitgeber nicht sicher, dass die Messungen nach dem Stand der Technik durchgeführt werden, bzw. speichert er die Messergebnisse nicht, verwirklicht er den Bußgeldtatbestand nach § 16 Abs. 1 **Nr. 3.**

4   Der Arbeitgeber hat schließlich sicherzustellen, dass die Gefährdungsbeurteilung nur **von fachkundigen Personen,** insbes. vom Betriebsarzt oder der Fachkraft für Arbeitssicherheit (§ 5 S. 3), durchgeführt wird (§ 5 S. 1). Entsprechend darf der Arbeitgeber gemäß § 5 S. 4 mit der Durchführung von Messungen nur Personen beauftragen, die über die dafür notwendige Fachkunde und die erforderlichen Einrichtungen verfügen. Verstöße gegen diese Vorgaben sind nach § 16 Abs. 1 **Nr. 4** bußgeldbewehrt.

5   2. **Schutzmaßnahmen gegen Lärm (§ 16 Abs. 1 Nr. 5–8).** § 16 Abs. 1 Nr. 5–8 betreffen Schutzmaßnahmen des Arbeitgebers gegen Lärmexpositionen. Primäres Ziel ist gemäß § 7 Abs. 1 S. 2 Nr. 1, die Lärmemissionen schon am Entstehungsort zu verhindern oder so weit wie möglich zu verringern, sei es insbesondere durch technische oder auch durch organisatorische Maßnahmen (Beispiele hierfür in § 7

Abs. 2). Unter anderem hat der Arbeitgeber Arbeitsbereiche, in denen einer der oberen Auslösewerte des § 6 S. 1 Nr. 1 überschritten werden kann, als **Lärmbereich** zu **kennzeichnen und,** falls technisch möglich, **abzugrenzen** (§ 7 Abs. 4 S. 1). Ansonsten liegt eine Ordnungswidrigkeit nach § 16 Abs. 1 **Nr. 5** vor.

Zudem muss der Arbeitgeber gemäß § 7 Abs. 5 S. 1 ein **Programm** mit technischen und organisato- 6 rischen Maßnahmen (ausarbeiten und) **durchführen,** um die **Lärmexposition zu verringern,** wenn einer der oberen Auslösewerte überschritten wird. Die mangelnde Durchführung wird durch die Bußgeldvorschrift des § 16 Abs. 1 **Nr. 6** sanktioniert.

Maßnahmen zur Verhinderung oder Verringerung von Lärmemissionen haben gemäß § 7 Abs. 1 S. 2 7 Nr. 2 den Vorrang vor der Verwendung eines individuellen Gehörschutzes nach § 8. Werden allerdings gleichwohl die unteren Auslösewerte nach § 6 S. 1 Nr. 2 nicht eingehalten, muss der Arbeitgeber den Beschäftigten einen geeigneten **persönlichen Gehörschutz zur Verfügung stellen** (§ 8 Abs. 1). Dies setzt voraus, dass seine Anwendung die Gefährdung des Gehörs beseitigt oder auf ein Minimum verringert. Dabei darf der trotz Gehörschutzes auf das Gehör des Beschäftigten einwirkende Lärm die maximal zulässigen Expositionswerte nach § 6 S. 1 Nr. 1 nicht überschreiten (§ 8 Abs. 2). Stellt der Arbeitgeber einen solchen Gehörschutz nicht zur Verfügung, verwirklicht er den Ordnungswidrigkeitentatbestand des § 16 Abs. 1 **Nr. 7.**

Zudem muss der Arbeitgeber dafür **Sorge tragen,** dass die Beschäftigten den persönlichen **Gehör-** 8 **schutz bestimmungsgemäß verwenden,** sofern die Lärmexposition am Arbeitsplatz einen der oberen Auslösewerte nach § 6 S. 1 Nr. 1 erreicht oder überschreitet (§ 8 Abs. 3). Anderenfalls begeht er eine Ordnungswidrigkeit nach § 16 Abs. 1 **Nr. 8.**

3. Schutzmaßnahmen bei Vibrationen (§ 16 Abs. 1 Nr. 9 und 10). Auch **Vibrationen,** denen 9 die Beschäftigten ausgesetzt sind, müssen gemäß § 10 Abs. 1 am Entstehungsort verhindert oder so weit wie möglich verringert werden, sei es in erster Linie durch technische oder auch durch organisatorische Maßnahmen (s. hierzu § 10 Abs. 2). Insbesondere hat der Arbeitgeber – bußgeldbewehrt durch § 16 Abs. 1 **Nr. 9** – dafür Sorge zu tragen, dass bei der Exposition der Beschäftigten die **Expositionsgrenz-werte** nach § 9 Abs. 1 S. 1 Nr. 1 (für Hand-Arm-Vibrationen) und § 9 Abs. 2 S. 1 Nr. 1 (für Ganzkörper-Vibrationen) **nicht überschritten** werden (§ 10 Abs. 3 S. 1).

Werden die Auslösewerte nach § 9 Abs. 1 S. 1 Nr. 2 (für Hand-Arm-Vibrationen) und § 9 Abs. 2 10 S. 1 Nr. 2 (für Ganzkörper-Vibrationen) überschritten, muss der Arbeitgeber ein **Programm** mit technischen und organisatorischen Maßnahmen (ausarbeiten und) **durchführen,** um die **Exposition durch Vibrationen zu verringern.** Ein Verstoß gegen diese Pflicht aus § 10 Abs. 4 S. 1 stellt eine Ordnungswidrigkeit nach § 16 Abs. 1 **Nr. 10** dar.

4. Unterweisung der Beschäftigten (§ 16 Abs. 1 Nr. 11). Außer den Maßnahmen zur Verhin- 11 derung oder Verringerung von Expositionen durch Lärm oder Vibrationen ist der Arbeitgeber gemäß § 11 Abs. 1 verpflichtet, die Beschäftigten zu unterweisen, wenn die unteren Auslösewerte nach § 6 S. 1 Nr. 2 bzw. § 9 Abs. 1 S. 1 Nr. 2 oder Abs. 2 S. 1 Nr. 2 erreicht oder überschritten werden können. Die **Unterweisung** beruht auf den Ergebnissen der Gefährdungsbeurteilung und gibt Aufschluss über die mit der Exposition verbundenen Gesundheitsgefährdungen. Daher muss sie zumindest die in § 11 Abs. 2 genannten Informationen (ua über die Art der Gefährdung, die durchgeführten Maßnahmen, Expositionsgrenz- und Auslösewerte und die sachgerechte Verwendung der persönlichen Schutzausrüstung sowie die ordnungsgemäße Handhabung der Arbeitsmittel) enthalten. Die Unterweisung muss vor Aufnahme der Beschäftigung sowie danach in regelmäßigen Abständen erfolgen, jedoch immer bei wesentlichen Änderungen der belastenden Tätigkeit. Stellt der Arbeitgeber nicht sicher, dass die Beschäftigten diese Unterweisung erhalten, liegt eine Ordnungswidrigkeit nach § 16 Abs. 1 **Nr. 11** vor.

II. Innerer Tatbestand

Der Arbeitgeber kann die Ordnungswidrigkeiten nach § 16 Abs. 1 vorsätzlich und fahrlässig begehen. 12

III. Geldbuße

Die Geldbuße beträgt nach § 25 Abs. 1 Nr. 1, Abs. 2 ArbSchG bei vorsätzlichem Handeln bis zu 13 5.000 EUR, bei Fahrlässigkeit bis zu 2.500 EUR (§ 17 Abs. 2 OWiG).

IV. Verjährung

Ordnungswidrigkeiten nach § 16 Abs. 1 verjähren im Falle vorsätzlichen Handelns nach zwei Jahren 14 (§ 31 Abs. 2 Nr. 2 OWiG), bei fahrlässiger Begehung nach einem Jahr (§ 31 Abs. 2 Nr. 3 OWiG).

B. Straftat gem. § 16 Abs. 2

I. Objektiver Tatbestand

15 Verursacht eine vorsätzliche Handlung nach Abs. 1 (→ Rn. 1 ff.) eine Gefährdung für das **Leben** oder die Gesundheit eines Beschäftigten, liegt der Straftatbestand des § 16 Abs. 2 iVm § 26 Nr. 2 ArbSchG vor. **Gesundheit** bedeutet den unversehrten körperlichen, geistigen und seelischen Zustand des Beschäftigten. Erforderlich ist eine **konkrete Gefährdung,** für deren Realisierung nach den Umständen des Einzelfalls eine begründete Wahrscheinlichkeit besteht. Ob es tatsächlich zu einer Beeinträchtigung von Leben oder Gesundheit kommt, bleibt unerheblich (→ ArbSchG § 26 Rn. 6).

II. Subjektiver Tatbestand

16 Erforderlich ist zumindest **bedingter Vorsatz,** der sich sowohl auf die Ordnungswidrigkeit nach § 16 Abs. 1 als auch auf die dadurch hervorgerufene Gefährdung von Leben oder Gesundheit eines Beschäftigten erstrecken muss (→ ArbSchG § 26 Rn. 8).

III. Rechtsfolge

17 Der Strafrahmen des § 16 Abs. 2 beträgt nach § 26 Nr. 2 ArbSchG bis zu einem Jahr Freiheitsstrafe oder Geldstrafe.

IV. Konkurrenzen

18 Gemäß § 21 Abs. 1 S. 1 OWiG verdrängt eine Straftat nach § 16 Abs. 2 eine damit zusammentreffende Ordnungswidrigkeit nach § 16 Abs. 1.

V. Verjährung

19 Die Verjährungsfrist für Straftaten nach § 16 Abs. 2 beträgt drei Jahre (§ 78 Abs. 3 Nr. 5 StGB).

485. Lebensmittel-, Bedarfsgegenstände- und Futtermittelgesetzbuch (Lebensmittel- und Futtermittelgesetzbuch – LFGB)

In der Fassung der Bekanntmachung vom 3. Juni 2013 (BGBl. I S. 1426) FNA 2125-44

Zuletzt geändert durch Art. 1 VO zur Änd. des Lebensmittel- und Futtermittelgesetzbuches sowie anderer Vorschriften vom 26.1.2016 (BGBl. I S. 108)

– Auszug –

Vorbemerkung

Literatur: I. Allgemeines Lebensmittelrecht: *1. Kommentare, Monografien: Dannecker/Gorny/Höhn/Mettke/Preuß,* LFGB – Loseblattkommentar; *Gorny,* Grundlagen des europäischen Lebensmittelrechts – Kommentar zur Verordnung (EG) Nr. 178/2002, 2003; *Streinz* (Hrsg.), Lebensmittelrechts-Handbuch (Loseblatt, 2006); *Voit/Grube,* Lebensmittelinformationsverordnung – Kommentar, 2. Aufl. 2016; *Voß,* Lebensmittel- und Futtermittelgesetzbuch, Kommentar, 2. Aufl. 2007.

2. Aufsätze: Balitzki, Werbung mit ökologischen Selbstverpflichtungen, GRUR 2013, 670; *Breitweg-Lehmann,* Neue Ansätze bei funktionellen Zutaten, ZLR 2013, 373; *Bruggmann/Hohmann,* Leben mit der Health-Claims-Verordnung – Chancen und Risiken anhand von Anwendungsbeispielen aus der Praxis, ZLR 2007, 51; *Bruggmann,* Vom Täuschungsschutz zur fairen Informatio: Abschied von §§ 12, 12 LFGB, LMuR 2014, 45; Bruggmann, Neue Spielregeln für die Kosmetikwerbung?, LMuR 2013, 77; *Büttner,* Zum Kriterium der Verkehrsauffassung bei der Einordnung von Erzeugnissen als Arzneimittel oder Lebensmittel, ZLR 2005, 549; *Delewski/Grube/Karsten,* Novel Food 2.0 Erste Vorstellung und Bewertung des Kommissionsvorschlags über eine Neuauflage der Verordnung über neuartige Lebensmittel, LMuR 2014, 125; *Doepner/Hüttebräuker,* Der neue europäische Lebensmittelbegriff, ZLR 2001, 515; *Doepner/Hüttebräuker,* Abgrenzung Arzneimittel/Lebensmittel – die aktuelle gemeinschaftsrechtliche Statusbestimmung durch den EuGH, WRP 2005, 1195; *Doepner/Hüttebräuker,* Die Abgrenzungsproblematik Arzneimittel/Lebensmittel – nunmehr definitiv höchstrichterlich geklärt?, ZLR 2008, 1; *Domeier,* Dekosteine, Kleinkinder und ein Verkehrsverbot, Zeitschrift für Stoffrecht, ZfStR 2005, 84; *Domeier,* Die LMIV ist am Start – Aber ist sie auch zum Start bereit, LMuR 2014, 225; *Eggers,* Zum Zusatzstoffbegriff im deutschen Lebensmittelrecht, ZLR 2007, 419; *Fassbender/Herbrich,* Geografische Herkunftsangaben im Spannungsfeld von nationalem und europäischem Recht, GRUR Int 2014, 765; *Gaedertz,* Die Ermittlung der Verbrauchervorstellungen im Lebensmittelrecht, FS Vieregge 1995, 253; *Grube,* Melde- und Mitwirkungspflichten der Lebensmittelunternehmer nach Basis-VO und LFGB, ZLR 2012, 446; *Hahn/Ströhle,* Lebensmittel- und Arzneimittelwerbung mit wissenschaftlichen Aussagen, ZLR GRUR 2013, 120; *Hartwig/Kappes,* Zutat oder Geschmacksrichtung – Eine Analyse der Rechtsprechung zur bildlichen Darstellung und Sortenbezeichnung in der Produktaufmachung, LMuR 2012, 85; *Hofmann,* Auswirkungen aktueller Gesetzesänderungen auf den Vertrieb von Lebensmitteln – Die Gewährleistung eines adäquaten Verbraucherschutzniveaus im digitalen Supermarkt, LMuR 2014, 136; *Jung,* Die Health-Claims-Verordnung – Neue Grenzen gesundheitsbezogener Werbung für Lebensmittel, ZLR 2007, 389; *Klaus,* Leitfaden zur Abgrenzung von Lebensmitteln und Arzneimitteln in der Rechtspraxis aller EU-Mitgliedstaaten auf Grundlage der gemeinschaftsrechtlich harmonisierten Begriffsbestimmungen, ZLR 2004, 569; *Köhler,* Die neuen europäischen Begriffe und Grundsätze des Lebensmittelrechts, GRUR 2002, 844; *Kraus,* Das Verhältnis zwischen der Verordnung (EG) Nr. 852/2004 und der LMHV, ZLR 2013, 229; *Martell,* Hygienerecht auf Kollisionskurs?, 2012, 49; *Martell/Wallau,* § 11 Abs. 2 Nr. 1 LFGB – eine unionsrechtswidrige Vorschrift, ZLR 2013, 738; *Meisterernst,* Die berechtigte Verbrauchererwartung in der Rechtsprechung, ZLR 2013, 386; *Meyer,* Das neue Lebensmittel- und Futtermittelgesetzbuch, NJW 2005, 3320; *Meyer,* Zur Stufenverantwortung im Lebensmittelbereich, ZLR 2007, 91; *Möstl,* Rechtliche Anforderungen für den Einsatz funktioneller Inhaltsstoffe im Lebensmittelrecht, ZLR 2013, 682; *Praekel,* Die LMIV: Herausforderung für Unternehmen, LMuR 2014, 189; *Oelrichs,* Das Verbot der Verwendung von den Lebensmittelzusatzstoffen gleichgestellten Stoffen nach § 2 Abs. 3 Satz 2 Nr. 1 LFGB – Anwendungsschwierigkeiten einer problematischen Norm, ZLR 2009, 271; *Oertel,* Update Health Claims-Verordnung, LMuR 2016,1; *Preuß,* Zur Kettenverantwortung im Lebensmittelbereich, ZLR 2007, 85; *Reinhart,* EU_Kosmetikverordnung erlangt unmittelbare Geltung: Wegfall des deutschen Kosmetikrechts, GRURPrax 2013, 307; *Schomburg,* Die Neuordnung des deutschen Lebensmittel- und Futterrechts – Ein Überblick, NVwZ 2007, 1373; *Schroeder/Kraus,* Das neue Lebensmittelrecht – Europarechtliche Grundlagen und Konsequenzen für das deutsche Recht, EuZW 2005, 423; *Sosnitza,* Das Verhältnis von § 12 LFGB zu den Regelungen der VO (EG) Nr. 1924/2006 – gesetzgeberischer Handlungsbedarf?, ZLR 2007, 423; *Stallberg,* Europarechtliche Grenzen des Verwendungsverbots für andere Stoffe als Vitamine und Mineralstoffe – Rechtliche Implikationen der BGH-Urteile zu „Glucosaminsulfat", LMuR 2011, 1; *Stumpf,* Sprachliche Anforderungen an die Kennzeichnung parallelimportierter Lebensmittel, das maßgebliche Verbraucherleitbild und die europäische Warenverkehrsfreiheit, WRP 2014, 286; *Ullrich/Schikorra,* Health-Claims-Verordnung – Das regulatorische Umfeld für die Lebensmittelwerbung nach Inkrafttreten der Art. 13 Liste, LMuR 2013, 7; *Unland/Krämer/Joh/Teufer,* Scheinriese Täuschungsschutz, ZLR 2010, 713; *Wehlau,* Die lauterkeitsrechtliche Beurteilung der Werbung für und Aufmachung von aromatisierten Lebensmitteln, LMuR 2010, 33; *Weitner,* Gesundheitsbezogene Angaben bei Lebensmitteln: Möglichkeiten und Grenzen nach der aktuellen BGH- und EuGH-Rechtsprechung; GRURPrax 2014, 246; *Wiemers,* Hygienemanagement als Herausforderung für Betriebe und Lebensmittelüberwachung, LMuR 2010, 169; *Winters/Hahn,* Die „pharmakologische Wirkung" als Kriterium bei der Abgrenzung Arzneimittel/Lebensmittel – eine Betrachtung aus der Praxisperspektive, LMuR 2009, 173; *Wulff,* Strengere Anforderungen an Wirksamkeitsnachweise für Kosmetika?; LMuR 2013, 113; *Zipfel*, Die Feststellung der Verkehrsauffassung unter besonderer Berücksichtigung des Lebensmittelbuches, LMuR 1986, 121; *ders.*, Verkehrsauffassung – Verbraucher-erwartung im deutschen Recht – Bestimmende Elemente, ZLR 1991, 300.

II. Lebensmittelstrafrecht: *1. Kommentare, Monografien: Domeier*, Gesundheitsschutz und Lebensmittelstrafrecht, 1999; *Hufen*, Verfassungsrechtliche Maßstäbe und Grenzen lebensmittelstrafrechtlicher Verantwortung, 1987.

2. Aufsätze: Benz, Verantwortung und Haftung im Lebensmittelrecht unter besonderer Berücksichtigung der sog „Nichtverursacher" aus der Sicht des Straf- und Bußgeldrechts, ZLR 1989, 553; 679; *Dannecker*, Stufenverantwortung – wer haftet wofür? Verantwortlichkeit in der Lebensmittelkette (from farm to fork) nach der Basisverordnung für Lebensmittelrecht, ZLR 2002, 19; *Dannecker/Biermann*, Der Sachverständige im Lebensmittelstrafrecht, ZLR 20000, 503; *Doepner*, Strafrechtliche Sanktionierung des Vertriebs von Grenzprodukten als Lebensmittel, die gerichtlich als Arzneimittel eingestuft werden?, ZLR 2005, 679; *Freund*, Täuschungsschutz und Lebensmittelstrafrecht – Grundlagen und Perspektiven, ZLR 1994, 261; *Hecker*, Lebensmittelstrafrecht – Grundzüge und Grundprobleme, in: Gropp (Hrsg) Wirtschaftskriminalität und Wirtschaftsstrafrecht in einem Europa auf dem Weg zur Demokratie und Privatisierung, 1998, 147; *Hilgendorf*, Die Verantwortung für Innovationen: Lebensmittelrechtliche Compliance, Haftung und straf-rechtliche Konesquenzen, ZLR 2011, 303; *Hugger*, Zur strafbarkeitserweiternden richtlinienkonformen Auslegung deutscher Strafvorschriften, NStZ 1993, 421; *Iburg*, Zur Konkurrenz zwischen Lebensmittelstraftaten und -ordnungs-widrigkeiten, NStZ 2005, 673; *Krey*, Zur Verweisung auf EWG-Verordnungen in Blankettstrafgesetzen am Beispiel der Entwürfe eines Dritten und Vierten Gesetzes zur Änderung des Weingesetzes: Verfassungsprobleme der Verweisung auf Gemeinschaftsrecht; Schranken für Blankettstrafgesetze aus Art. 103 Abs. 2, Art. 104 Abs. 1 GG, EWR 1981, 109; *Krüger*, Strafrechtliche Compliance in der Lebensmittelindustrie, LMuR 2013, 1; *Kühne*, Rechtssicherheit und Kohä-renz als Auftrag des Europäischen Lebensmittelstrafrechtes, ZLR 2001, 379; *Michalke*, Möglichkeiten und Grenzen des Strafrechts im Gammelfleisch-Skandal, AbfallR 2006, 221; *Möhrenschläger*, Revision des Umweltstrafrechts – Das Zweite Gesetz zur Bekämpfung der Umweltkriminalität, NStZ 1994, 513; *Retemeyer*, Irreführung der Verbraucher in der Gastronomie, NZWiSt 2013, 241 *Satzger*, Die Internationalisierung des Strafrechts als Herausforderung für den strafrechtlichen Bestimmtheitsgrundsatz, JuS 2004, 943; *Schroeder*, Die strafrechtliche Verantwortung zwischen Grund-gesetz, Verordnung (EG) 178/2002 und neuem Lebensmittelgesetz, ZLR 2004, 265; *Seher*, Herstellung oder Vertrieb gesundheitsgefährdender Produkte: Ein Fall des § StGB § 314 StGB?, NJW 2004, 113; *Vergho*, Das Leitbild eines verständigen Durchschnittsverbrauchers und das Strafrecht – ein inkongruentes Verhältnis, wistra 2010, 86; *Wallau*, Anmerkungen zum Verhältnis von Kennzeichnungspflichten und Betrug, ZLR 2014, 426; *Wallau*, Lebensmittel-strafrecht – einige anstehende und künftige Fragestellungen, LMuR 2016, 89; *Wiemers*, Compliance im Lebensmittel-unternehmen – eine Ortsbestimmung, ZLR 2012, 310

A. Gegenstand und Stellung des Lebensmittelstrafrechts

1 Als Teil des Lebensmittelrechts dient auch das Lebensmittelstrafrecht den althergebrachten **Schutz-gütern** dieser Rechtsmaterie; dem **Gesundheitsschutz und dem Schutz des Verbrauchers vor Irreführung und Täuschung** (vgl. Art. 1 Abs. 1; Art. 5 Abs. 1 VO (EG) Nr. 178/2002 zur Festlegung der allgemeinen Grundsätze und Anforderungen des Lebensmittelrechts, zur Errichtung der Europäi-schen Behörde für Lebensmittelsicherheit und zur Festlegung von Verfahren zur Lebensmittelsicherheit, nachfolgend BasisVO und § 1 Abs. 1, → Rn. 10 ff.; → Rn. 12 ff.). Straftatbestände finden sich dabei nicht nur im LFGB, sondern auch in einer Vielzahl von Spezialgesetzen (vgl. zB § 7 Lebensmittel-spezialitätengesetz; § 10 Rindfleischetikettierungsgesetz; § 8 Milch- und Margarinegesetz) und Verord-nungen (s. ua die Übersichten bei → Rn. 38, 45 f. und bei → § 59 Rn. 59, 80). Das Lebensmittelrecht im Allgemeinen und insoweit auch das Lebensmittelstrafrecht ist dabei ein Rechtsgebiet, das **in be-sonderem Maße gemeinschaftsrechtlich geregelt und determiniert** ist (Meyer/Streinz Einf. Rn. 10). Dies hat seine Ursache vornehmlich darin, dass lebensmittelrechtliche Vorschriften in der Regel Maßnahmen gleicher Wirkung wie **mengenmäßige Beschränkungen iSv Art. 34 AEUV** darstellen (Meyer/Streinz Einf. Rn. 11 mwN; Achenbach/Ransiek/Rönnau WirtschaftsStR-HdB/ *Dannecker/Bülte* Teil 2 Kap. 2 Rn. 2). Eine Vielzahl der maßgeblichen Urteile im Bereich des inner-gemeinschaftlichen freien Warenverkehrs hatten lebensmittelrechtliche Hintergründe (EuGH NJW 1975, 515 – Dassonville; ZLR 1979, 343 – Cassis de Dijon; ZLR 1994, 305 – Keck; vgl. auch die Übersicht bei Meyer/Streinz Einf. Rn. 11 ff.). Das deutsche LFGB stellt sich insoweit als **Umsetzung der gemeinschaftsrechtlichen Vorgaben** im Bereich des Lebensmittelrechts dar, was insbes. bei der Auslegung der einzelnen Vorschriften zu beachten ist (s. *Streinz* ZLR 2010, 1; *Schroeder* ZLR 2010, 374).

I. Das LFGB als Umsetzung des Gemeinschaftsrechts

2 **1. Entwicklung des Lebensmittelrechts der EU.** Auf Grundlage von Art. 114 AEUV sind die Organe der Gemeinschaft befugt, zur Herstellung des Binnenmarkts die Rechts- und Verwaltungsvor-schriften anzugleichen. Die zentralen Ansatzpunkte des Lebensmittelrechts sind dabei die in Art. 114 AEUV angeführten Ziele des **Gesundheits- und Verbraucherschutzes.** In Folge der Cassis-Rspr. des EuGH kam es im Lebensmittelrecht zu einem Abkehr von dem ursprünglichen Versuchen einer umfas-senden Harmonisierung der lebensmittelrechtlichen Bestimmungen. Angesichts der Tatsache, dass in den Mitgliedstaaten die beiden Hauptziele des Lebensmittelrechts im Wesentlichen von gleichwertigem Stellenwert sind, soll nach der sog **„neuen Strategie"** das Prinzip der gegenseitigen Anerkennung (vgl. EuGH ZLR 1994, 305 – Keck) die Grundlage des Gemeinsamen Marktes bilden (Meyer/Streinz Einf. Rn. 29; Achenbach/Ransiek/Rönnau WirtschaftsStR-HdB/*Dannecker/Bülte* Teil 2 Kap. 2 Rn. 3).

Der Harmonisierung durch die EU-Organe bedarf es nach dieser Konzeption nur im Bereich all- **3** gemeiner lebensmittelrechtlicher Fragen, die alle Lebensmittel betreffen (**horizontale Harmonisierung**, vgl. Meyer/Streinz Einf. Rn. 30). Diese horizontale Harmonisierung soll durch die BasisVO erreicht werden (*Köhler* GRUR 2002, 844; *Schroeder/Kraus* EuZW 2005, 423). Sie trifft Rahmenregelungen, die für sämtliche Mitgliedstaaten – mit unmittelbarer Wirkung (Art. 288 Abs. 2 AEUV) – einheitliche Grundbegriffe und Schutzkonzepte enthalten. Wesentliches Ziel der BasisVO ist die einheitliche Regelung der gesamten Lebensmittelkette vom „Erzeuger zum Verbraucher" (**„from stable to table"**).

2. Das LFGB als Umsetzung der BasisVO. Die allgemeinen Vorschriften der BasisVO bedürfen **4** teilweise – trotz Art. 288 Abs. 2 AEUV – der **Umsetzung in Form der Ergänzung und der Anpassung** (Meyer/Streinz Einf. Rn. 38, 85 f.) im nationalen Recht. Dem dient das LFGB, das an Stelle des LMBG trat und Bestandteil des Gesetzes zur Neuordnung des Lebensmittel- und Futtermittelrechts v. 1.9.2005 ist (verkündet am 6.9.2005, vgl. BGBl. I 2618 ff.; nachfolgend NeuordnungsG; vgl. zur Gesetzgebungsgeschichte: *Meyer* NJW 2005, 3322; sa *Schomburg* NVwZ 2007, 1373). Das Gesetz **trat im Wesentlichen am 7.9.2005 in Kraft** (vgl. Art. 9 NeuordnungsG), zur Vermeidung von Strafbarkeitslücken sieht Art. 2 NeuordnungsG jedoch Übergangsregelungen im „Gesetz über den Übergang auf das neue Lebensmittel- und Futtermittelrecht" (nachfolgend ÜbergangsG) vor. Nach § 1 ÜbergangsG gelten – insbes. zur Vermeidung von Strafbarkeitslücken und Lücken in der Bußgeldbewehrung – die entsprechenden Vorschriften in den Gesetzen, die mit dem Neuordnungsgesetz aufgehoben wurden, weiter (vgl. insbes. § 1 Abs. 1 Nr. 8 ÜbergangsG). In lebensmittelstrafrechtlicher Hinsicht gilt daher, dass Zuwiderhandlungen gegen die dort angegebenen Gesetze und Rechtsverordnungen, die auf das LMBG gestützt wurden, weiterhin nach den Straf- und Bußgeldvorschriften des LMBG geahndet werden können. Durch die fortschreitende Neufassung auch der lebensmittelrechtlichen Spezialgesetze, verliert die Vorschrift indes zusehens an Bedeutung. Namentlich im Hinblick auf § 2 StGB und § 4 OWiG ist – auch angesichts der nach wie vor rasanten Entwicklung des nationalen und gemeinschaftsrechtlichen Lebensmittelrechts – bei Anwendung der jeweils einschlägigen Vorschriften die im Einzelfall **zur Tatzeit geltende Rechtslage sorgfältig zu prüfen**. Hierbei sind nicht nur die jeweiligen Blanketttatbestände, sondern insbes. auch die diese ausfüllenden Ge- und Verbotsnormen in den Blick zu nehmen (→ Rn. 25).

Im Gegensatz zum LMBG umfasst das LFGB neben den Lebensmitteln, den Bedarfsgegenständen und den Kosmetika in Folge des ganzheitlichen Ansatzes der BasisVO („from stable to table") **auch die Futtermittel**. Das frühere FMG trat daher zum 6.9.2005 außer Kraft (Art. 7 Nr. 10 NeuordnungsG). Demgegenüber gelten die Teile des LMBG fort, die sich auf Tabakerzeugnisse beziehen. Es war mit der Philosophie eines Verbraucherschutzgesetzes nicht zu vereinbaren, Regelungen für per se gesundheitsschädliche Produkte im Bereich des Lebensmittelrechts zu treffen (vgl. BT-Drs. 15/3657, 56). Der Teil des LMBG, der die Tabakerzeugnisse betraf (§§ 20–23 LMBG) blieb unter der Bezeichnung „Vorläufiges Tabakgesetz" (vgl. Nr. 790 des Kommentars) erhalten.

Das LFGB enthält somit die **grundlegenden Vorschriften des deutschen Lebensmittelrechts,** **5** soweit nicht die unmittelbar geltenden Vorschriften des Gemeinschaftsrechts Anwendungen finden. Daneben treten verschiedene Einzelgesetze und Rechtsverordnungen, die ihrerseits gemeinschaftsrechtliche Vorschriften umsetzen.

Nach Inkrafttreten des LFGB zum 7.9.2005 erfuhr das Gesetz in der Folge mehrfache Änderungen **6** und Ergänzungen. **Wesentliche Änderungen** erfolgten zunächst mit dem Gesetz zur Änderung des Lebensmittel- und Futtermittelgesetzbuchs sowie anderer Vorschriften vom 29.6.2009 (BGBl. I 1659; nachfolgend **1. ÄndG;** → Rn. 29), das am **4.7.2009** in Kraft getreten ist, sodann durch das 2. Gesetz zur Änderung des Lebensmittel- und Futtermittelgesetzbuchs sowie anderer Vorschriften vom 27.7.2011 (BGBl. I 1608; nachfolgend **2. ÄndG;** vgl. hierzu *Rathke* LMuR 2011, 93 ff.), das am 4.8.2011 im Kraft getreten ist und zuletzt durch das 3. Gesetz zur Änderung des Lebensmittel- und Futtermittelgesetzbuchs sowie anderer Vorschriften vom 22.5.2013 (BGBl. 2011 I 1319; nachfolgend **3. ÄndG**), das am 28.5.2013 im Kraft getreten ist. Darüber hinaus wurden in **Art. 2 des Dritten Gesetzes zur Änderung des Agrarstatistikgesetzes** vom 5.12.2014 (BGBl. I 1975), die sich aus dem Inkrafttreten der LMIV (→ § 59 Rn. 14) ergebenden Änderungen in das LFGB eingearbeitet, die am 13.12.2014 in Kraft traten.

3. Systematik des LFGB. Das LFGB ist in **elf Abschnitte** gegliedert und folgt in Inhalt und Aufbau **7** weitgehend dem LMBG (vgl. auch Meyer/Streinz Einf. Rn. 91; *Schomburg* NVwZ 2007, 1373). In Abschnitt 1 (§§ 1–4) finden sich zunächst deklaratorische Bestimmungen zu Gesetzeszweck und Geltungsbereich. Daneben werden die Grundbegriffe des Lebensmittelrechts – teilweise durch Verweis auf die unmittelbar geltenden Vorschriften der BasisVO – definiert. Daran schließen sich in den Abschnitten 2–5 die für den Verkehr mit Lebens- und Futtermittel sowie mit kosmetischen Mitteln und Bedarfsgegenständen maßgeblichen Ge- und Verbote an. Abschnitt 6 enthält – neben den Ermächtigungsnormen bezüglich der einzelnen Erzeugnisse (§ 2 Abs. 1), die in den vorhergehenden Abschnitten geregelt sind – allgemeine Ermächtigungsnormen, die nachfolgenden Abschnitte 7–9 regeln im Wesentlichen Verfahrensfragen und Zuständigkeiten. Der zehnte Abschnitt enthält sodann die lebensmittelrechtlichen Straf- und Ordnungswidrigkeitenvorschriften. In Abschnitt 11 sind die Schlussbestimmungen zusammengefasst, wobei sich dort auch Vorschriften finden, die weitere Verfahrensfragen betreffen.

II. Aufgaben des Lebensmittelstrafrechts

8   **1. Geschützte Rechtsgüter.** Im Einklang mit Art. 1 Abs. 1, Art. 5 Abs. 1 und 2 Basis VO sowie dem diesen gemeinschaftsrechtlichen Vorgaben folgenden § 1, dienen die Straf- und Bußgeldtatbestände der §§ 58–60 zunächst dem **Gesundheits- und Verbraucherschutz.** Das nationale Lebensmittelstrafrecht erfüllt dabei die durch Art. 17 Abs. 2 UAbs. 3 BasisVO dem nationalen Gesetzgeber obliegende **Umsetzungspflicht,** wonach die lebensmittelrechtlichen Verkehrspflichten strafrechtlich flankiert werden sollen, um deren Befolgung besonderen Nachdruck zu verleihen (*Hecker* in Gropp (Hrsg.) Wirtschaftskriminalität und Wirtschaftsstrafrecht in einem Europa auf dem Weg zur Demokratie und Privatisierung S. 147; *Kühne* ZLR 2001, 379; *Schröder* ZLR 2004, 265).

9   Daneben tritt als eigenständiger Schutzzweck die **Verbraucherinformation** (§ 1 Abs. 1 Nr. 3; sa Achenbach/Ransiek/Rönnau WirtschaftsStR-HdB/*Dannecker/Bülte* Teil 2 Kap. 2 Rn. 32), die letztlich beide ursprünglichen „klassischen" Schutzgüter des Lebensmittelrechts berührt. Neben diesen ausdrücklich in § 1 benannten Schutzgütern treten **weitere Rechtsgüter** (Wettbewerbslauterkeit, Tier-, Umwelt- und Pflanzenschutz), die zumindest **reflexartig mit in den Schutzbereich einbezogen** werden (→ Rn. 14 ff.).

10   **2. Konzeption des Gesundheitsschutzes im Lebensmittelrecht.** Die Ausgestaltung des Gesundheitsschutzes als vornehmste Aufgabe des Lebensmittelrechts ist zunächst generalklauselartig in den Art. 14, 15 BasisVO festgelegt. Danach besteht für **nicht sichere Lebensmittel** ein **Verkehrsverbot** (Art. 14 Abs. 1 BasisVO), für **nicht sichere Futtermittel** daneben auch ein **Verfütterungsverbot** (Art. 15 Abs. 1 BasisVO). Wann ein Lebensmittel bzw. ein Futtermittel nicht sicher ist, bestimmt sich nach Art. 14 Abs. 2–9; Art. 15 Abs. 2–6 BasisVO (zu den Einzelheiten → Rn. 4 ff. und → § 59 Rn. 32 f.; 71–73). Daneben treten zur Bestimmung der Sicherheit von Lebens- und Futtermittel zunächst spezifische Bestimmungen des Gemeinschaftsrechts (vgl. Art. 14 Abs. 7; Art. 15 Abs. 4 BasisVO), sprich solche Rechtsvorschriften, in denen konkrete **Anforderungen an die Beschaffenheit des Lebensmittels resp Futtermittels** festgelegt sind (vgl. Zipfel/Rathke LebensmittelR/*Rathke* BasisVO Art. 14 Rn. 29). Zu diesen Bestimmungen können beispielhaft daher solche gezählt werden, die Höchstmengen für Zusatzstoffe oder Rückstände an schädlichen Stoffen vorschreiben (vgl. Zipfel/Rathke LebensmittelR/*Rathke* BasisVO Art. 14 Rn. 29; sa die Auflistung bei Meyer/Streinz BasisVO Art. 14 Rn. 49). Bestehen insoweit keine gemeinschaftsrechtlichen Vorschriften, kommt den nationalen Vorschriften bei der Beurteilung der Lebens- und Futtermittelsicherheit Bedeutung zu (Art. 14 Abs. 9; Art. 15 Abs. 6 BasisVO). Diese dürfen indes nicht den freien Warenverkehr beschränken (Art. 34, 36 AEUV).

11   Der Schutz von Leben und Gesundheit steht im Vordergrund der **Straftatbestände des § 58, er** umfasst dabei auch den Schutz der öffentlichen Gesundheit als überindividuelles Rechtsgut (Achenbach/Ransiek/Rönnau WirtschaftsStR-HdB/*Dannecker/Bülte* Teil 2 Kap. 2 Rn. 177). Wegen der weitergehenden Einzelheiten vgl. daher die Kommentierung dort.

12   **3. Täuschungsschutz.** Die grundlegende Vorschrift zum Schutz des Verbrauchers vor Täuschung und Irreführung (*Freund* ZLR 1994, 261) findet sich in **Art. 16 BasisVO,** wobei es sich hier – anders als im Bereich des Gesundheitsschutzes – um eine **eingeschränkte Generalklausel** handelt, die nur das grundsätzliche Verbot der Täuschung statuiert, neben die aber einerseits anderweitige gemeinschaftsrechtliche Vorschriften sowie die nationalen Vorschriften treten (vgl. Zipfel/Rathke LebensmittelR/*Rathke* BasisVO Art. 16 Rn. 1;). Der lebensmittelrechtliche Täuschungsschutz hat durch das Inkrafttreten der **VO (EU) Nr. 1169/2011** vom 25.10.2011 betreffend die Information der Verbraucher über Lebensmittel (**LMIV;** ABl. 2011 L 304, 18), die am 13.12.2014 in Kraft trat, grundlegende Änderungen erfahren (vgl. *Bruggmann* LMuR 2014, 45; *Praekel* LMuR 2014, 189; *Domeier* LMuR 2014, 225). Die LMIV trat insbes. an die Stelle der RL 2000/13/EG des Europäischen Parlaments und des Rates v. 20.3.2000 zur Angleichung der Rechtsvorschriften der Mitgliedstaaten über die Etikettierung und Aufmachung von Lebensmitteln sowie die Werbung hierfür, sog Etikettierungs-RL. Die zentrale, dem Täuschungsschutz dienende Vorschrift der LMIV findet sich dabei in Art. 7 Abs. 1 LMIV.

13   Die zentralen **Strafvorschriften** zum Schutz vor Täuschung und wirtschaftlicher Übervorteilung im Verkehr mit Lebens- und Futtermitteln sowie den Bedarfsgegenständen und kosmetischen Mitteln finden sich in § 59, soweit **vorsätzliches Handeln** unter Strafe gestellt ist. Daneben tritt die Ahndung **fahrlässigen Verhaltens** als Ordnungswidrigkeit nach § 60. Wegen der weitergehenden Einzelheiten vgl. daher die Kommentierung dort.

14   **4. Weitere geschützte Rechtsgüter.** Neben den vornehmlich im Interesse der Endverbraucher statuierten Schutzzwecke zeigt **Art. 5 BasisVO** weitere Ziele auf, die das Lebensmittelrecht verfolgt.

15   Der im Zusammenhang mit den Verbraucherinteressen angesprochene **Schutz lauterer Handelsgepflogenheiten** ist dabei nach zutreffender Auffassung nicht – wie die Formulierung von Art. 5

BasisVO nahe legen könnte – identisch mit dem der Verbraucherinteressen, sondern stellt für sich ein eigenes Ziel des Lebensmittelrechts dar. Der Schutz der Verbraucherinteressen geht aber vor (vgl. Zipfel/Rathke LebensmittelR/*Rathke* BasisVO Art. 5 Rn. 4).

Die darüber hinaus in Art. 5 Abs. 1 BasisVO genannten Schutzgüter **Tiergesundheit, Tierschutz,** 16 **Pflanzenschutz und Schutz der Umwelt** erlangen über das Lebensmitte(straf-)recht lediglich reflexartigen Schutz, ohne als eigenes Ziel des Lebensmittelrechts angesehen werden zu können (*Zipfel/Rathke* BasisVO Art. 5 Rn. 5; aA Achenbach/Ransiek/Rönnau WirtschaftsStR-HdB/*Dannecker/Bülte* Teil 2 Kap. 2 Rn. 27).

Zuletzt bestimmt Art. 5 Abs. 2 BasisVO, dass das Lebensmittelrecht **den freien Verkehr** (vgl. Art. 34 17 AEUV) mit Lebensmitteln und Futtermitteln herbeiführen soll, soweit diese nach den allgemeinen Grundsätzen und Anforderungen der nachfolgenden Vorschriften hergestellt oder in Verkehr gebracht werden. Art. 5 Abs. 2 BasisVO kann insoweit die Wertung des Verordnungsgebers entnommen werden, dass **gemeinschaftsrechtliche Vorschriften des Lebensmittelrechts dem Grundsatzes des freien Warenverkehrs vorgehen.**

B. Wesen der Straf- und Ordnungswidrigkeitentatbestände des LFGB

Bei den Straf- und Bußgeldtatbeständen des LFGB handelt es sich durchgängig um **Blanketttat-** 18 **bestände** (→ Rn. 19 ff.), bei denen die Schaffung einer **abstrakten Gefahr** für die geschützten Rechtsgüter (→ Rn. 8 ff.) unter Strafe gestellt bzw. als Ordnungswidrigkeit definiert ist. Bis zum In-Kraft-Treten des 1. ÄndG (→ Rn. 6) handelte es sich bei **einzelnen Straftatbestände** um **Allgemeindelikte,** bei denen jedermann als tauglicher Täter in Betracht kam, überwiegend handelt es sich jedoch **bereits unter der alten Rechtslage um Sonderdelikte,** bei denen nur bestimmte Personen, nämlich solche, die gewerbsmäßig handeln, als taugliche Täter in Betracht kamen (→ Rn. 29 f.).

I. Blankettnormen

Sämtliche Straf- und Ordnungswidrigkeitentatbeständen des LFGB umschreiben die Merkmale der 19 einzelnen Straftaten und Ordnungswidrigkeiten nicht selbst, sondern **verweisen auf die verwaltungsrechtlichen Normen** der vorhergehenden Abschnitte, auf nationale Rechtsverordnungen oder auf gemeinschaftsrechtliche Verordnungen, die die Tatbestände ausfüllen. In den Blankettstraf- und -bußgeldtatbeständen des LFGB und der lebensmittelrechtlichen Spezialgesetze ist lediglich Art und Maß der Strafe bestimmt. Blanketttatbestand und die ausfüllenden Ge- oder Verbotsnormen ergeben zusammengelesen die Vollvorschrift (vgl. zB BVerfGE 37, 201 (208); 47, 285 (309); 48, 48 (60)).

Soweit in den Tatbeständen auf die Ge- und Verbotsnormen des LFGB verwiesen wird (sog **unechte** 20 **Blankettgesetze**), ergeben sich keine verfassungsrechtlichen Bedenken (BVerfGE 14, 245 (251); 75, 329 (341)), da sowohl das verweisende als auch das in Bezug genommene Gesetz formelle Gesetze sind und der abstrakte Pflichtenverstoß sowie der geschützte Wert aus dem formellen Gesetz hervorgehen. Bei der Auslegung der blankettausfüllenden Normen, die für sich keine strafrechtlichen, sondern in der Regel verwaltungsrechtliche Vorschriften sind, sind aber die verfassungsrechtlichen Vorgaben des Art. 103 Abs. 2 GG und das Analogieverbot zu berücksichtigen (BGHSt 20, 177; LK-StGB/*Dannecker* StGB § 1 Rn. 150 ff. mwN).

Neben solchen unechten Blankettgesetzen finden sich im LFGB auch sog **echte Blankettgesetze,** 21 sprich solche, bei denen die Tatbestände durch Verweise auf nationale Rechtsverordnungen oder auf gemeinschaftsrechtliche Vorschriften ausgefüllt werden (Zipfel/Rathke LebensmittelR/*Dannecker* Vor §§ 58–62 Rn. 33). Auch diese genügen nach hM dem Gesetzesvorbehalt nach Art. 103 Abs. 2 GG, da insoweit von einem materiellen Gesetzesbegriff auszugehen ist. Der Grundsatz nullum crime sine lege erfordert kein formelles Gesetz.

Dies gilt zunächst für nationale Rechtsverordnungen, die auf der Grundlage von Ermächtigungen 22 ergangen sind, die den Anforderungen des Art. 80 Abs. 1 S. 2 GG genügen, und wenn darüber hinaus im Blanketttatbestand eine normative Wertbestimmung vorgegeben ist, so dass dem Verordnungsgeber nur die Spezifizierung des Straf- und Bußgeldtatbestandes übertragen ist (BVerfGE 14, 174 (185); 51, 60 (73); 22, 1 (25)). Im formellen Gesetz muss insoweit Zweck und Ausmaß der Ermächtigung und insbes. Art und Maß der Strafe festgelegt werden (BVerfGE 14, 245 (251); 51, 60 (70 f.)).

Unter den vorgenannten Voraussetzungen ist auch ein **Verweis auf Rechtsakte der Europäischen** 23 **Gemeinschaft** zur Ausfüllung von Blanketttatbeständen zulässig. Der **Gesetzgeber** muss daher auch insoweit die **wesentliche Grundentscheidung** über die Strafbarkeit einer Rechtsgutverletzung **selbst getroffen** und lediglich die Ausgestaltung des Inhalts iE delegiert haben (BVerfG wistra 2010, 396; BVerfGE 29, 198 (210); BGHSt 25, 190 (196)). Bei dem blankettausfüllenden gemeinschaftsrechtlichen Rechtsakt, muss es sich aber um eine **unmittelbar geltende Verordnung** (Art. 288 Abs. 2 AEUV) handeln, da sich nur diese an den Normunterworfenen wenden. Ein Verweis auf die RL (Art. 288 Abs. 3 AEUV) ist demgegenüber nicht möglich (Zipfel/Rathke LebensmittelR/*Dannecker* Vor §§ 58–62 Rn. 38).

24   Ebenso wie bei unechten Blanketten müssen sich **auch bei echten Blanketttatbeständen** die ausfüllenden Vorschriften am **Bestimmtheitsgrundsatz** messen lassen. Auf nationale Rechtsverordnungen ist dabei der Maßstab des Art. 103 Abs. 2 GG anzuwenden. Fraglich ist, ob dieser – im Vergleich zum gemeinschaftsrechtlichen Bestimmtheitsgrundsatz strengere – Maßstab auch auf blankettausfüllende EG-Verordnungen anzuwenden ist. Dies dürfte wohl zu verneinen sein (Zipfel/Rathke LebensmittelR/ *Dannecker* Vor §§ 58–62 Rn. 39; SSW StGB/*Satzger* StGB § 1 Rn. 57 mwN).

25   In der Regel bezieht sich sowohl bei unechten als auch bei echten Blanketttatbeständen die Verweisung auf die **blankettausfüllende Norm in der jeweils gültigen Fassung** der ausfüllenden Norm (Achenbach/Ransiek/Rönnau WirtschaftsStR-HdB/*Dannecker/Bülte* Teil 2 Kap. 2 Rn. 65). Auch insoweit ergeben sich bei Wahrung der sonstigen Voraussetzungen keine verfassungsrechtlichen Bedenken (BVerfGE 14, 245 (252 ff.); 75, 329 (345 ff.)). Dies gilt auch, wenn es sich bei der blankettausfüllenden Norm um eine gemeinschaftsrechtliche Verordnung handelt (*Hugger* NStZ 1993, 421; *Krey* EWR 1981, 109; *Satzger* JuS 2004, 943). Diese sind nicht anders zu behandeln als Verweisungen auf nationales Recht (BVerfGE 29, 198 (210); BVerfG NJW 1983, 1258). Wird eine bestimmte gemeinschaftsrechtliche Verordnung indes durch eine andere ersetzt, soll die Verweisung auf die ursprüngliche Verordnung im Blanketttatbestand nicht ausreichen, um einen Verstoß gegen die neue Verordnung unter den Straftatbestand zu subsumieren. Dies soll auch gelten, wenn alte und neue Verweisung materiell identisch sind oder sich in der neuen Verordnung eine Klausel findet, dass die neue Verordnung an die Stelle der alten getreten ist (BGHSt 27, 181 (182); OLG Koblenz NStZ 1989, 188 (189); BayObLG LRE 28, 203; OLG Stuttgart NJW 1990, 657; vgl. auch Fischer StGB § 1 Rn. 5a; LK-StGB/*Dannecker* StGB § 1 Rn. 159 mwN; SSW StGB/*Satzger* StGB § 1 Rn. 58 sa Vorb. LMRStV (= Nr. 505 dieses Kommentars) Rn. 4). Probleme ergeben sich zuletzt, wenn aufgrund von Gesetzesänderungen bisherige Verweisungen unzutreffend werden, indem andere als die tatsächlich gewollte Bezugsnorm angeführt werden. Solche redaktionelle Versehen des Gesetzgebers können nicht im Wege der Auslegung beseitigt werden (BVerfGE 97, 157; wistra 2003, 255). Anderes gilt jedoch, wenn die Bezugnahme auf eine Verordnung, Richtlinie oÄ der Konkretisierung eines in der Vorschrift verwendeten Begriffes dient. In diesen Fällen ist der Bestimmtheitsgrundsatz nicht verletzt, wenn eine Begriffskonkretisierung von Straftatbestandsmerkmalen durch Verweisung auf eine inhaltlich eindeutige Rechtsvorschrift erfolgt, die nicht mehr in Kraft ist (BGH NStZ 2014, 329).

26   Verfassungsrechtliche Bedenken werden auch gegenüber **Blanketttatbeständen mit Rückverweisungsklauseln** (§ 58 Abs. 1 Nr. 18, Abs. 3; § 59 Abs. 1 Nr. 21, Abs. 3; § 60 Abs. 2 Nr. 26, Abs. 4) erhoben, da durch diese der nationale Verordnungsgeber unter Verstoß gegen den verfassungsrechtlichen Parlamentsvorbehalt und das Demokratieprinzip selbst über die Strafbarkeit eines Verhaltens entscheiden würde (vgl. Fischer StGB § 1 Rn. 5a; Zipfel/Rathke LebensmittelR/*Dannecker* Vor §§ 58–62 Rn. 57 f. mwN; Achenbach/Ransiek/Rönnau WirtschaftsStR-HdB/*Dannecker/Bülte* Teil 2 Kap. 2 Rn. 40; SSW StGB/*Satzger* StGB § 1 Rn. 57 mwN, vgl. zu § 10 Abs. 1 RiFlEtikettG iVm § 1 Abs. 1 RiFlEtikettG BVerfG Beschl. v. 21.9.2016 – 2 BvL 1/15; s. insoweit auch *Bülte* NZWiSt 2016, 117; *Hoven* NStZ 2016, 377). Anerkennt man aber im Hinblick auf den Bestimmtheitsgrundsatz die Notwendigkeit, den Blanketttatbestand an die geänderte Rechtslage anzupassen (→ Rn. 25), muss – nicht nur um dem Gesetzgeber ein würde- und atemloses Nacheilen zu ersparen (*Schröder* ZLR 2004, 265; ebenso Meyer/ Streinz Rn. 6) – zur Sicherstellung einer zeitnahen und effektiven Straf- und Bußgeldbewehrung, die nach Art. 17 Abs. 2 UAbs. 3 BasisVO geboten ist, dem Gesetzgeber die Möglichkeit gegeben werden, in geeigneter Weise auf die geänderte Rechtslage zu reagieren. Innerhalb der insoweit bestehenden widerstreitenden Grundsätze wird dem Gesetzesvorbehalt durch sog Entsprechungsklauseln (→ § 58 Rn. 42 ff.) in verfassungsrechtlich ausreichendem Maße genüge getan.

II. Abstrakte Gefährdungsdelikte

27   Bei den Straf- und Bußgeldtatbeständen des LFGB handelt es sich durchweg um **abstrakte Gefährdungsdelikte** (BGHSt 43, 177). Danach ist für ein tatbestandsmäßiges Verhalten – anders als beim konkreten Gefährdungsdelikt – regelmäßig nicht der Eintritt einer konkreten Gefahr (vgl. allg. Fischer StGB Vor § 13 Rn. 19) oder gar eine tatsächliche Rechtsgutsverletzung erforderlich. Vielmehr genügt die **Möglichkeit der Rechtsgutsverletzung,** die aufgrund der Tathandlung grds. gegeben ist.

28   Gleichwohl ist **bei einzelnen Tatbeständen erforderlich,** dass die konkreten Tatumstände bei genereller Betrachtung gefahrgeeignet sind. Insoweit handelt es sich bei den einschlägigen Tatbeständen um sog **potentielle Gefährdungsdelikte** (auch abstrakt-konkrete Gefährdungsdelikte; vgl. insoweit allgemein BGHSt 39, 371; BGH NJW 1999, 2129; Achenbach/Ransiek/Rönnau WirtschaftsStR-HdB/*Dannecker/Bülte* Teil 2 Kap. 2 Rn. 51). Bei diesen handelt es sich um einen Unterfall zu den abstrakten Gefährdungsdelikten.

III. Täterschaft und Teilnahme

29   **1. Sonderdelikte.** Durch das 1. ÄndG (→ Rn. 6) wurde die nationale der gemeinschaftsrechtlichen Rechtslage (vgl. Art. 1 Abs. 3 S. 2 BasisVO) dahingehend angepasst, dass die Vorschriften des LFGB im

Bereich der **privaten Primärproduktion** für den eigenen Endverbrauch sowie für die häusliche Verarbeitung und Lagerung von Lebensmitteln zum **privaten Endverbrauch keine Anwendung** finden. Vielmehr wurde in **§ 1 Abs. 2** der Schutz der Gesundheit im privaten häuslichen Bereich auf die Fälle eingeschränkt, in denen dieser im Gesetz (ausdrücklich) angeordnet ist (vgl. BT-Drs. 16/8100, 16). Das in verschiedenen Tatbeständen der alten Fassung enthaltene **Merkmal der „Gewerbsmäßigkeit"**, das der Herausnahme des privaten häuslichen Bereichs aus dem Anwendungsbereich der fraglichen Tatbestände diente, konnte daher **entfallen**. Die Straf- und Bußgeldtatbestände des LFGB sind **nur noch auf gewerbsmäßiges Handeln** anzuwenden, soweit nicht in einzelnen Vorschriften das private Handeln zum häuslichen Gebrauch ausdrücklich mit angeführt ist.

In verschiedenen Straf- und Bußgeldtatbeständen der lebensmittelrechtlichen Spezialgesetze wird   30 bisher aber an dem Merkmal des gewerbsmäßigen Handelns festgehalten. Diese Tatbestandsmerkmale sind indes nicht im strafrechtlichen Sinne zu verstehen, so dass insoweit nicht erforderlich ist, dass der Täter in der Absicht handelt, sich durch die wiederholte Begehung entsprechender Straftaten eine nicht unerhebliche Einnahmequelle von einiger Dauer zu verschaffen (Fischer StGB Vor § 52 Rn. 62 mwN). **Gewerbsmäßigkeit iSd Lebensmittelrechts** liegt vielmehr vor, wenn ein Unternehmen betrieben wird, das die allgemeinen Voraussetzungen eines Lebensmittelunternehmens (Art. 3 Nr. 2 BasisVO) oder eines Futtermittelunternehmens (Art. 3 Nr. 6 BasisVO) aufweist. Unbeachtlich ist demnach, ob die Tätigkeit auf Gewinnerzielung ausgerichtet ist. Gewerbsmäßig ist daher jede gewerbliche, dh im Rahmen eines Gewerbes und zu gewerblichen Zwecken vorgenommene Tätigkeit, die **nicht notwendig entgeltlich** oder in der Absicht einer Gewinnerzielung oder in Wiederholungsabsicht erfolgen muss. Insoweit stellen die Straf- und Bußgeldtatbestände ein **Sonderdelikt** dar (aA Achenbach/Ransiek/Rönnau WirtschaftsStR-HdB/*Dannecker/Bülte* Teil 2 Kap. 2 Rn. 85 mwN).

2. Täterschaft innerhalb eines Unternehmens. Lebensmittelstrafrechtliche Sachverhalte sind oft- 31 mals dadurch geprägt, dass **mehrere Personen an einem einheitlichen Lebenssachverhalt beteiligt** sind. Soweit die jeweiligen Personen innerhalb der Lebensmittelkette auf unterschiedlichen Stufen anzusiedeln sind, stellt sich die Frage nach den jeweiligen Pflichtenkreisen (→ § 58 Rn. 65 f.; 70 ff.). Sind mehrere Personen **innerhalb eines Unternehmens** auf einer Stufe der Lebensmittelkette an einem Sachverhalt beteiligt, ist eine Abgrenzung zwischen täterschaftlichem Handeln und Teilnahme an der konkreten Lebensmittelstraftat erforderlich. Im Bereich des Ordnungswidrigkeitenrechts bestehen demgegenüber aufgrund des dortigen Einheitstäterbegriffs (§ 14 Abs. 1 OWiG) keine Abgrenzungsprobleme.

Grundsätzlich richtet sich dabei auch im Lebensmittelstrafrecht die **Abgrenzung zwischen Täter-** 32 **schaft und Teilnahme nach den allgemeinen Grundsätzen.** Auf Grundlage der Rspr. (BGHSt 37, 289; BGH NStZ-RR 2002, 74; BGH NStZ 2003, 253 jeweils mwN) ist insoweit – wie bei sonstigen Straftaten auch – auf die innere Haltung des Handelnden zur Tat und zum Erfolg abzustellen, wobei im Rahmen einer umfassenden Gesamtabwägung neben der Willensrichtung und dem eigenen Interesse am Taterfolg auch die Tatherrschaft und der Umfang der eigenen Tatbestandsverwirklichung in den Blick zu nehmen sind.

Da es sich bei den lebensmittelrechtlichen Straftatbeständen um **Sonderdelikte** handelt 33 (→ Rn. 29 f.), kommt als Täter zunächst der Lebensmittel- bzw. Futtermittelunternehmer (Art. 3 Nr. 3 und Nr. 6 BasisVO) in Betracht. Insoweit ist ein persönliches Merkmal iSv § 14 Abs. 1 und 2 StGB gegeben, so dass als weitere taugliche Täter auch Vertreter und – was insbes. in Fällen der Delegation von Pflichten des Unternehmers (→ § 58 Rn. 65 f.) von Bedeutung ist – Beauftragte iSv § 14 Abs. 2 StGB in Betracht kommen. In wie weit ein Arbeitnehmer innerhalb eines Unternehmens die Stellung eines Beauftragten iSv § 14 Abs. 2 StGB innehat, ist Tatfrage. Maßgeblich ist insoweit das Maß der Selbstständigkeit und die damit einhergehende Verantwortungsübernahme (OLG Hamm LMRR 1957, 25; KG LRE 2, 192; sa Fischer StGB § 14 Rn. 11 ff.).

3. Zurechnung fremder Pflichtverletzungen. Losgelöst von der Frage, wer als Täter einer Straftat 34 oder Ordnungswidrigkeit in Betracht kommt, stellt sich innerhalb des Unternehmens aber weiter die Frage, wem **bei arbeitsteiligen Prozessen** die Schaffung der abstrakten Gefährdungslage zurechenbar ist. Maßgeblich ist insoweit zunächst der Umfang und die Abgrenzung des übertragenen Verantwortungsbereichs (BGHSt 37, 106 (123)). Bei Kollegialorganen kann jedes einzelne Mitglied grds. darauf vertrauen, dass die anderen Mitglieder des Organes die ihnen übertragenen und zukommenden Aufgaben innerhalb des jeweiligen Verantwortungsbereichs pflichtgemäß ausüben werden (**Vertrauen-sprinzip;** vgl. Zipfel/Rathke LebensmittelR/*Dannecker* Vor §§ 58–62 Rn. 156).

Erkennt ein Mitglied eines Kollegialorgans aber, dass sich ein anderes Mitglied rechts- oder pflicht- 35 widrig verhält, ist es trotz der vorgesehenen Aufteilung der Verantwortungsbereiche verpflichtet, die erforderlichen Maßnahmen zu ergreifen, um Rechtsgutsverletzungen zu unterbinden (**Prinzip der Gesamtverantwortung;** sa Achenbach/Ransiek/Rönnau WirtschaftsStR-HdB/*Dannecker/Bülte* Teil 2 Kap. 2 Rn. 90). Insoweit kommt eine Tatbestandsverwirklichung durch Unterlassen in Betracht (→ Rn. 49). Darüber hinaus wird uU bei vorwerfbarer Unkenntnis des pflichtwidrigen Handelns Dritter auch eine Verantwortung unter dem Aspekt des Überwachungsverschuldens (→ § 58 Rn. 66) in Betracht zu ziehen sein.

36   Über die Frage der Pflichtwidrigkeit hinaus stellt sich in diesem Zusammenhang zuletzt die Frage nach der Kausalität der individuellen Pflichtwidrigkeit, wenn auch andere Mitglieder des Kollegialorgans pflichtwidrig handelten. Überwiegend wird insoweit auf die Feststellung der objektiven Einzelkausalität verzichtet (BGHSt 37, 106 ff.).

C. Übergeordnete Tatbestandsmerkmale des Lebensmittelstrafrechts

I. Tatobjekte

37   **1. Lebensmittel.** Anders als noch im LMBG (vgl. § 1 LMBG) ist der für das Lebensmittelstrafrecht zentrale Begriff des Lebensmittels im LFGB nicht unmittelbar legaldefiniert. Vielmehr verweist § 2 Abs. 2 auf die **Legaldefiniton in Art. 2 der BasisVO.** Danach sind „Lebensmittel" im Sinne der Basisverordnung „alle Stoffe oder Erzeugnisse, die dazu bestimmt sind oder von denen nach vernünftigem Ermessen erwartet werden kann, dass sie in verarbeitetem, teilweise verarbeitetem oder unverarbeitetem Zustand von Menschen aufgenommen werden" (Art. 2 Abs. 1 BasisVO; *Doepner/Hüttebräuker* ZLR 2001, 515). Nach Art. 2 Abs. 2 BasisVO zählen darüber hinaus zu den Lebensmitteln „auch Getränke, Kaugummi sowie alle Stoffe – einschließlich Wasser –, die dem Lebensmittel bei seiner Herstellung oder Ver- oder Bearbeitung absichtlich zugesetzt werden". Angesichts des mit der BasisVO verfolgten Ziels, eine möglichst umfassende Lebensmittelsicherheit zu gewähren (vgl. Meyer/Streinz BasisVO Art. 2 Rn. 4), ist der **Begriff des „Lebensmittels" bewusst weit gefasst.** Anders als noch im LMBG ist neben der in Art. 2 Abs. 1 geforderten Zweckbestimmung (die allgemein oder konkret gegeben sein kann, vgl. Zipfel/Rathke LebensmittelR/*Rathke* BasisVO Art. 2 Rn. 24 ff., sa OVG Saarbrücken LRE 52, 123; BayObLG LRE 2, 334; GRUR 1991, 253; OLG Hamburg ZLR 2009, 246) ein darüber hinausgehender Ernährungs- und/oder Genusszweck nicht erforderlich.

38   Die insoweit maßgebliche **vorgesehene Verwendung** des Stoffes oder Erzeugnisses (vgl. dazu weiterführend Zipfel/Rathke LebensmittelR/*Rathke* BasisVO Art. 2 Rn. 19 ff.) ist nach der an **objektiven Merkmalen** anknüpfenden Auffassung eines durchschnittlich informierten, aufmerksamen Verbrauchers zu beurteilen (BGH LMRR 2002, 70; 2002, 11; 1995, 1; OLG Hamburg ZLR 2009, 246). Das zur Zweckbestimmung alternative Merkmal der am „vernünftigen Ermessen" orientierten Erwartung der Aufnahme ist demgegenüber nur bei solchen Stoffen und Erzeugnissen von Bedeutung, die unterschiedlichen Zwecken dienen können. Diese sind dann in den Schutzbereich der Vorschriften des LFGB einzubeziehen (Achenbach/Ransiek/Rönnau WirtschaftsStR-HdB/*Dannecker/Bülte* Teil 2 Kap. 2 Rn. 7), wenn eine entsprechende **rationale Erwartung** besteht (vgl. Zipfel/Rathke LebensmittelR/*Rathke* BasisVO Art. 2 Rn. 31 f.).

39   Das Tatbestandsmerkmal **„aufgenommen"** führt im Vergleich zu dem des „Verzehrens" iSv § 1 Abs. 1; § 7 Abs. 1 LMBG zu einer Erweiterung des Lebensmittebegriffs. Nach überwiegender Auffassung soll insoweit auch die parenterale Ernährung erfasst sein (vgl. Zipfel/Rathke LebensmittelR/*Rathke* BasisVO Art. 2 Rn. 33; Erbs/Kohlhaas/*Rohnfelder/Freytag* § 2 Rn. 4; Achenbach/Ransiek/Rönnau WirtschaftsStR-HdB/*Dannecker/Bülte* Teil 2 Kap. 2 Rn. 8; **aA** Meyer/Streinz BasisVO Art. 2 Rn. 6).

40   Nach **Art. 2 Abs. 3 BasisVO** sind **bestimmte Erzeugnisse** aus dem weiten (→ Rn. 37) Lebensmittelbegriff iSv Abs. 1 und 2 **ausgenommen.** Die Prüfung, ob ein Lebensmittel iSv Art. 2 BasisVO gegeben ist, hat dabei so zu erfolgen, dass zunächst zu klären ist, ob ein Stoff unter den Tatbestand des Art. 2 Abs. 1 oder des Abs. 2 BasisVO fällt. Ist dies der Fall, ist zu prüfen, ob ein Erzeugnis unter einen Begriff des Art. 2 Abs. 3 BasisVO fällt (vgl. Zipfel/Rathke LebensmittelR/*Rathke* BasisVO Art. 2 Rn. 17 f.).

41   Einen breiten Raum nimmt in diesem Zusammenhang die **Abgrenzung von Lebensmitteln zu Arzneimitteln** ein (vgl. aus der jüngeren Rspr.: EuGH ZLR 2005, 435; 2008, 80; BGHZ 151, 286, BGH GRUR 2004, 793; BGH WRP 2004, 1277; BGH ZLR 2007, 757; 2007, 368; BGH NVwZ 2009, 1038; BGH LMuR 2010, 52; sa *Büttner* ZLR 2005, 549; *Doepner/Hüttebräuker* WRP 2005, 1195; *Klaus* ZLR 2004, 569; *Doepner* ZLR 2005, 679). Art. 2 Abs. 3 Buchst. d Basis VO verweist insoweit auf die **RL 65/65/EWG und 92/73/EWG des Rates,** die dadurch Tatbestandsmerkmale der BasisVO werden (Meyer/Streinz BasisVO Art. 2 Rn. 41, krit. zu dieser sog Integrationslösung *Doepner/Hüttebräuker* ZLR 2008, 1 ff. mwN). Der Verweis auf diese Richtlinien ist indes überholt (Zipfel/Rathke LebensmittelR/*Rathke* BasisVO Art. 2 Rn. 53a f.). Die RL 65/65/EWG und 92/73/EWG des Rates wurden durch die **RL 2001/83/EG abgelöst** (vgl. Art. 128 Abs. 2 der RL 2001/83/EG), die im Hinblick auf den Arzneimittelbegriff durch die **RL 2004/27/EG** modifiziert wurde. Nach dem insoweit maßgeblichen **Art. 1 Nr. 2 der modifizierten RL** ist ein Arzneimittel jeder Stoff oder jede Stoffzusammensetzungen, der/die als Mittel mit Eigenschaften zur Heilung oder Verhütung menschlicher Krankheiten bestimmt ist **(Präsentationsarzneimittel)** oder im oder am menschlichen Körper verwendet oder einem Menschen verabreicht werden kann, um entweder die menschlichen physiologischen Funktionen durch eine pharmakologische, immunologische oder metabolische Wirkung wiederherzustellen, zu korrigieren oder zu beeinflussen oder eine medizinische Diagnose zu erstellen **(Funktionsarzneimittel).** Bei Präsentationsarzneimitteln ist dabei zunächst zu ermitteln, welche Zweck-

bestimmung dem Erzeugnis zukommt. Insoweit ist darauf abzustellen, ob nach dem Verständnis eines durchschnittlich informierten Verbrauchers aufgrund der objektiven Umstände das Erzeugnis zur Heilung oder Verhütung von Krankheiten dienen kann (BGH NJW 1985, 541). Subjektive Umstände können hierbei beachtlich sein, wenn diese eindeutig sind (OLG Hamburg LRE 40, 176; KG LMRR 2004, 82). Hinsichtlich der Funktionsarzneimittel ist darauf abzustellen, ob dem Erzeugnis pharmakologische Eigenschaften zukommen (BGH NJW 1985, 541; LMRR 2009, 3; LMuR 2010, 150; vgl. auch *Winters/Hahn* LMuR 2009, 173). Hierbei sind alle Umstände des Einzelfalles einzubeziehen (BGH WRP 2005, 863; LMRR 2005, 2). Erforderlich ist aber der wissenschaftliche Nachweis, dass die physiologischen Funktionen durch eine pharmakologische, immunologische oder metabolische Wirkung des Produkts wiederhergestellt, korrigiert oder beeinflusst werden. Dieser Nachweis kann nicht durch die weiteren, in der bisherigen Rspr. entwickelten Kriterien zur Bestimmung eines Funktionsarzneimittels ersetzt werden (BVerwG NVwZ 2009, 1038). Lässt sich nicht feststellen, welcher Zweck überwiegt, ist das Mittel Lebensmittel (Erbs/Kohlhaas/*Rohnfelder/Freytag* § 2 Rn. 21; vgl. aber auch Meyer/Streinz BasisVO Art. 2 Rn. 108 ff. unter Hinweis auf Art. 2 Abs. 2 RL 2001/83/EG, deren unmittelbare Anwendung im Strafrecht zu Lasten des Beschuldigten aber zweifelhaft erscheint; sa Achenbach/Ransiek/Rönnau WirtschaftsStR-HdB/*Dannecker/Bülte* Teil 2 Kap. 2 Rn. 11; → Rn. 23).

2. Futtermittel. Auch hinsichtlich der Futtermittel findet sich keine Legaldefinition im LFGB. **42** Vielmehr verweist § 2 Abs. 4 auf **Art. 3 Nr. 4 BasisVO.** Danach sind Futtermittel alle Stoffe oder Erzeugnisse, auch Zusatzstoffe, verarbeitet, teilweise verarbeitet oder unverarbeitet, die zur oralen Tierfütterung bestimmt sind (vgl. auch OLG Hannover PharmR 2009, 84; OLG München Magazindienst 2010, 229). Ein Futtermittel ist demnach unabhängig davon gegeben, ob es zur Fütterung (sprich der Tierernährung; Zipfel/Rathke LebensmittelR/*Rathke* BasisVO Art. 3 Rn. 28) eines Tieres bestimmt ist, das der Lebensmittelgewinnung dient (Zipfel/Rathke LebensmittelR/*Rathke* BasisVO Art. 3 Rn. 22; Achenbach/Ransiek/Rönnau WirtschaftsStR-HdB/*Dannecker/Bülte* Teil 2 Kap. 2 Rn. 14). Demgegenüber unterscheiden die Verbote von Art. 15 BasisVO, §§ 17 f. LFGB zwischen der Lebensmittelgewinnung dienenden und anderen Tieren, an die Futtermittel verfüttert werden. Zu beachten ist, dass Art. 3 Nr. 4 BasisVO – anders als Art. 2 Abs. 1 BasisVO – allein auf die **Zweckbestimmung** (→ Rn. 38) des Stoffes oder Erzeugnisses abstellt, so dass nur dann, wenn eine solche gegeben ist, ein Futtermittel vorliegt (vgl. Zipfel/Rathke LebensmittelR/*Rathke* BasisVO Art. 3 Rn. 23). Weiter nimmt Art. 3 Nr. 4 BasisVO im Unterschied zu Art. 2 Abs. 3 BasisVO Arzneimittel nicht vom Futtermittelbegriff aus, so dass ein Arzneimittel als Bestandteil von Stoffen zur Tierernährung auch Futtermittel sein kann (sog **Fütterungsarzneimittel;** Einzelheiten bei Zipfel/Rathke LebensmittelR/*Rathke* BasisVO Art. 3 Rn. 26 ff.; aA VG Hannover LMRR 2008, 48).

3. Kosmetische Mittel. Nach § 2 Abs. 5 sind kosmetische Mittel Stoffe oder Gemische aus Stoffen, **43** die ausschließlich oder überwiegend dazu bestimmt sind, äußerlich **am Körper des Menschen** (vgl. VGH Mannheim LRE 57, 432) oder in seiner Mundhöhle zur Reinigung, zum Schutz, zur Erhaltung eines guten Zustandes, zur Parfümierung, zur Veränderung des Aussehens oder dazu angewendet zu werden, den Körpergeruch zu beeinflussen, nicht aber solche, die zur Beeinflussung der Körperformen bestimmt sind. Diese Legaldefinition ist nicht vollkommen identisch mit der Definition in der **VO (EG) Nr. 1223/2009** (sa Zipfel/Rathke LebensmittelR/*Rathke* § 2 Rn. 101; *Bruggmann* LMuR 2010, 141; sa *Reinhart* GRURPrax 2013, 307). Für die Frage, ob ein kosmetisches Mittel gegeben ist, ist allein die **Zweckbestimmung** (→ Rn. 38) maßgeblich (Zipfel/Rathke LebensmittelR/*Rathke* § 2 Rn. 103). Zur Abgrenzung von kosmetischen Mitteln zu Arzneimitteln vgl. EuGH LMRR 1991, 55; OLG Lüneburg LMRR 1996, 40; OLG Frankfurt a. M. LMuR 2011, 86; → Rn. 41 und Zipfel/Rathke LebensmittelR/*Rathke* § 2 Rn. 114 f.

4. Bedarfsgegenstände. Nach Maßgabe von **§ 2 Abs. 6** ist zwischen **Lebensmittelbedarfsgegen- 44 ständen** (§ 2 Abs. 6 Nr. 1) und **sonstigen Bedarfsgegenständen,** wie sie in § 2 Abs. 6 Nr. 2–9 aufgeführt sind, zu unterscheiden. Für Lebensmittelbedarfsgegenstände wird in § 2 Abs. 6 Nr. 1 auf die Legaldefinition von **Art. 1 Abs. 2 der VO (EG) Nr. 1935/2004** verwiesen. Danach sind Lebensmittelbedarfsgegenstände solche Materialien und Gegenstände, einschließlich aktiver und intelligenter Lebensmittelkontakt-Materialien und -Gegenstände, die als Fertigerzeugnis (a) dazu bestimmt sind, mit Lebensmitteln in Berührung zu kommen oder (b) bereits mit Lebensmitteln in Berührung sind und dazu bestimmt sind oder (c) vernünftigerweise vorhersehen lassen, dass sie bei normaler oder vorhersehbarer Verwendung mit Lebensmitteln in Berührung kommen oder ihre Bestandteile an Lebensmittel abgeben. Den sonstigen in § 2 Abs. 6 Nr. 2–9 aufgeführten Gegenständen ist gemeinsam, dass sie aufgrund ihrer **Zweckbestimmung** geeignet sind, unmittelbar oder mittelbar auf den menschlichen Körper einwirken zu können (vgl. Zipfel/Rathke LebensmittelR/*Rathke* § 2 Rn. 121). Zur Zweckbestimmung → Rn. 38.

II. Tathandlungen

1. Inverkehrbringen. Hinsichtlich der Tathandlung des Inverkehrbringens verweist **§ 3 Nr. 1** zu- **45** nächst auf die diesbezügliche Legaldefinition in Art. 3 Nr. 8 BasisVO. Da sich diese nur auf Lebensmittel

(→ Rn. 37 ff.) und Futtermittel (→ Rn. 42) bezieht, ordnet § 3 Nr. 1 zudem die entsprechende Geltung für kosmetische Mittel, Bedarfsgegenstände und mit Lebensmittel verwechselbaren Produkte an. Allgemein ist demnach unter der Tathandlung des Inverkehrbringens das **Bereithalten eines Erzeugnisses für Verkaufszwecke** einschließlich des Anbietens zum Verkauf oder jeder anderen Form der Weitergabe, gleichgültig, ob unentgeltlich oder nicht, sowie der Verkauf, der Vertrieb oder andere Formen der Weitergabe selbst zu verstehen.

Ein Bereithalten für Verkaufszwecke ist gegeben, wenn der Täter das Erzeugnis besitzt und den Verkauf beabsichtigt (OLG Hamm LMRR 2001, 82; OLG Karlsruhe LMRR 1983, 13). Hierbei genügt mittelbarer Besitz des Täters, wenn eine Verfügungsmöglichkeit gegeben ist (Erbs/Kohlhaas/*Rohnfelder*/*Freytag* § 3 Rn. 5), so dass sich die Sache auch **nicht am Ort des Verkaufs** befinden muss. Ebenso wenig ist erforderlich, dass die Verkaufsabsicht schon äußerlich durch Art und Ort der Verwahrung erkennbar ist (BayObLG LRE 2, 251 (257)). Das Erzeugnis muss sich aber in **verkaufsfertigem Zustand** befinden (Zipfel/Rathke LebensmittelR/*Rathke* BasisVO Art. 3 Rn. 43; KG LRE 8, 363; OLG Düsseldorf LRE 20, 351; sa BayObLG LRE 29, 351 (355); OLG Düsseldorf LMRR 1991, 15; OLG Stuttgart Justiz 1984, 29). Ein **Anbieten zum Verkauf** ist insbes. auch **jede Form der Werbung,** soweit sie sich auf ein bestimmtes Erzeugnis bezieht (BGH LMRR 1970, 5; 1980, 4; BayObLG LRE 3, 187; 7, 32 (33); OLG Koblenz LMRR 1993, 22). Das Merkmal der „anderen Formen der Weitergabe" dient als Auffangtatbestand (vgl. auch OLG München NStZ-RR 2005, 387; OLG Bamberg LRE 55, 345; OLG Celle LMRR 1995, 19).

46   **2. Herstellen.** Der Begriff des Herstellens ist in **§ 3 Nr. 2** legaldefiniert. Eine gemeinschaftsrechtliche, allgemeingültige Begriffsbestimmung existiert demgegenüber nicht. Herstellen (in weiterem Sinne) ist demnach „das Gewinnen, einschließlich des Schlachtens oder Erlegens lebender Tiere, deren Fleisch als Lebensmittel zu dienen bestimmt ist, das Herstellen, das Zubereiten, das Be- und Verarbeiten und das Mischen".

47   Unter **Gewinnen** ist dabei die gesamte **Urproduktion** pflanzlicher und tierischer Erzeugnisse zu verstehen, wobei in diesem Zusammenhang iRd Begriffsbestimmung auch die Definition der **„Primärproduktion"** in **Art. 3 Nr. 17 BasisVO** mit heranzuziehen ist (vgl. Erbs/Kohlhaas/*Rohnfelder*/*Freytag* § 3 Rn. 9, Zipfel/Rathke LebensmittelR/*Rathke* § 3 Rn. 10). Ein **Mischen** ist gegeben wenn Erzeugnisse zusammengeführt werden, ohne dass – was der Vergleich zu den anderen Unterbegriffen belegt – auf die Substanz der einzelnen Erzeugnisse eingewirkt wird. Demgegenüber setzt das **Herstellen in engerem Sinne,** das **Zubereiten** sowie das **Be- und Verarbeiten** eine Einwirkung auf die Substanz voraus (Meyer/Streinz § 3 Rn. 6), die zu einer stofflichen Veränderung des Ausgangserzeugnisses führt (RGSt 31, 325 (328)). Ziel des Einwirkens kann die Bearbeitung zur Herbeiführung der Verzehrstauglichkeit (so beim Zubereiten; vgl. Meyer/Streinz § 3 Rn. 8; Erbs/Kohlhaas/*Rohnfelder*/*Freytag* § 3 Rn. 11), das Erstellen eines neuen Erzeugnisses (so beim Verarbeiten Meyer/Streinz § 3 Rn. 10) oder die Beeinflussung der Eigenschaften oder der Beschaffenheit eines Erzeugnisses mit anderem Ziel (so beim Bearbeiten vgl. Meyer/Streinz § 3 Rn. 9; Erbs/Kohlhaas/*Rohnfelder*/*Freytag* § 3 Rn. 12) sein. Die Übergänge zwischen den Begriffen erweisen sich insoweit als fließend (Erbs/Kohlhaas/*Rohnfelder*/*Freytag* § 3 Rn. 12; vgl. auch OLG Münster LMRR 1981, 36; BayObLGE 62, 102). Für die Tatbestände der §§ 58 ff. ist ohnehin die Abgrenzung zwischen dem Herstellen iwS und dem Inverkehrbringen (→ Rn. 45) von größerer Bedeutung, da beide Tathandlungen nicht in allen Tatbeständen alternativ genannt sind (vgl. insoweit auch Meyer/Streinz § 3 Rn. 7).

48   **3. Behandeln.** Wie bereits die Legaldefinition in § 3 Nr. 3 zeigt, ist das Behandeln als **Auffangtatbestand** für Tätigkeiten zu verstehen, die nicht unter Art. 3 Nr. 8 BasisVO oder § 3 Nr. 2 subsumiert werden können. Daneben werden in § 3 Nr. 3 – nicht abschließend – konkrete Tätigkeiten (das Wiegen, Messen, Um- und Abfüllen, Stempeln, Bedrucken, Verpacken, Kühlen, Gefrieren, Tiefgefrieren, Auftauen, Lagern, Aufbewahren, Befördern) genannt, die bei der Auslegung herangezogen werden können. Zu den einzelnen Unterbegriffen vgl. Erbs/Kohlhaas/*Rohnfelder*/*Freytag* § 3 Rn. 14.

49   **4. Tatbestandsverwirklichung durch Unterlassen.** Die Verwirklichung der an die vorstehenden Tathandlungen (insbes. an das Inverkehrbringen, → Rn. 45) anknüpfenden Tatbestände ist nach den allgemeinen Regeln auch durch begehungsgleiches **Unterlassen** möglich, zB indem ein lebensmittelrechtlich Verantwortlicher ihm obliegenden Pflichten nicht nachkommt und es dadurch zur Herstellung oder dem Inverkehrbringen normwidriger Erzeugnisse kommt (→ Rn. 62 ff.). Das **Unterlassen eines Rückrufes oder sonstiger nach Art. 19 BasisVO gebotener Handlungen** (→ Rn. 81) kann zwar nicht als ein Inverkehrbringen durch Unterlassen aufgefasst werden (vgl. MüKoStGB/*Freund* AMG § 4 Rn. 36). In Betracht zu ziehen sind indes – neben den Tatbeständen in § 59 Abs. 2 Nr. 1c (→ § 59 Rn. 64a) sowie § 60 Abs. 3 Nr. 1d (→ § 60 Rn. 28 ff.) – Körperverletzungs- oder Tötungsdelikte sowie Betrugstaten (→ § 58 Rn. 82 ff.). Insoweit ist eine Garantenstellung nach Maßgabe von Art. 19 BasisVO gegeben. Unterlässt der Verantwortliche die gebotenen Maßnahmen und kommt es in Folge dessen zum Eintritt der jeweiligen tatbestandsmäßigen Erfolge, sind die Tatbestände der §§ 211, 212, 222, 223, 224, 230, 314 StGB und ggf. 263 StGB jeweils iVm § 13 StGB erfüllt. **Verletzt** ein zur Überwachung von Lebensmittelunternehmen usw verpflichteter **Amtsträger** die **ihm obliegenden Pflichten,** kommt eine täterschaftliche Verwirklichung der Tatbestände des LFGB nicht in Betracht, möglich ist aber insoweit eine **Beihilfe durch Unterlassen** sowie ggf. auch hier eine Verantwortlichkeit nach §§ 211 f.; 222 ff.; 230, 314 StGB jeweils iVm § 13 StGB (vgl. *Domeier*, Gesundheitsschutz und Lebensmittelstrafrecht, 1999, 192 ff.).

§ 58 Strafvorschriften

(1) **Mit Freiheitsstrafe bis zu drei Jahren oder mit Geldstrafe wird bestraft, wer**

1. entgegen § 5 Absatz 1 Satz 1 ein Lebensmittel herstellt oder behandelt,
2. entgegen § 5 Absatz 2 Nummer 1 einen Stoff als Lebensmittel in den Verkehr bringt,
3. entgegen § 5 Absatz 2 Nummer 2 ein mit Lebensmitteln verwechselbares Produkt herstellt, behandelt oder in den Verkehr bringt,
4. entgegen § 10 Absatz 1 Satz 1, auch in Verbindung mit einer Rechtsverordnung nach § 10 Absatz 4 Nummer 2, oder entgegen § 10 Absatz 3 Nummer 2 ein Lebensmittel in den Verkehr bringt,
5. entgegen § 10 Absatz 2 ein Tier in den Verkehr bringt,
6. entgegen § 10 Absatz 3 Nummer 1 Lebensmittel von einem Tier gewinnt,
7. entgegen § 13 Absatz 2 in Verbindung mit einer Rechtsverordnung nach Absatz 1 Nummer 1 ein Lebensmittel in den Verkehr bringt,
8. entgegen § 17 Absatz 1 Satz 1 Nummer 1 ein Futtermittel herstellt oder behandelt,
9. entgegen § 18 Absatz 1 Satz 1, auch in Verbindung mit einer Rechtsverordnung nach Absatz 3 Nummer 1, ein Futtermittel verfüttert,
10. entgegen § 18 Absatz 2, auch in Verbindung mit einer Rechtsverordnung nach Absatz 3 Nummer 1, ein Futtermittel verbringt oder ausführt,
11. entgegen
    a) § 26 Satz 1 Nummer 1 ein kosmetisches Mittel herstellt oder behandelt oder
    b) § 26 Satz 1 Nummer 2 einen Stoff oder ein Gemisch aus Stoffen als kosmetisches Mittel in den Verkehr bringt,
12. entgegen § 28 Absatz 2 ein kosmetisches Mittel in den Verkehr bringt, das einer Rechtsverordnung nach § 28 Absatz 1 Nummer 2 in Verbindung mit § 32 Absatz 1 Nummer 1, 2 oder 3 nicht entspricht,
13. entgegen § 30 Nummer 1 einen Bedarfsgegenstand herstellt oder behandelt,
14. entgegen § 30 Nummer 2 einen Gegenstand oder ein Mittel als Bedarfsgegenstand in den Verkehr bringt,
15. entgegen § 30 Nummer 3 einen Bedarfsgegenstand verwendet,
16. entgegen § 32 Absatz 2 in Verbindung mit einer Rechtsverordnung nach Absatz 1 Nummer 1, 2 oder 3 einen Bedarfsgegenstand in den Verkehr bringt,
17. einer vollziehbaren Anordnung
    a) nach Artikel 54 Absatz 1 Satz 1 der Verordnung (EG) Nr. 882/2004 des Europäischen Parlaments und des Rates vom 29. April 2004 über amtliche Kontrollen zur Überprüfung der Einhaltung des Lebensmittel- und Futtermittelrechts sowie der Bestimmungen über Tiergesundheit und Tierschutz (ABl. L 165 vom 30.4.2004, S. 1, L 191 vom 28.5.2004, S. 1, L 204 vom 4.8.2007, S. 29), die zuletzt durch die Verordnung (EU) Nr. 652/2014 (ABl. L 189 vom 27.6.2014, S. 1) geändert worden ist, die der Durchführung eines in § 39 Absatz 7 Nummer 1, 2 oder Nummer 3, soweit sich die Nummer 3 auf § 5 und § 17 Absatz 1 Satz 1 Nummer 1 bezieht, bezeichneten Verbots dient, oder
    b) nach § 39 Absatz 2 Satz 1, die der Durchführung eines in § 39 Absatz 7 bezeichneten Verbots dient,
    zuwiderhandelt oder
18. einer Rechtsverordnung nach § 10 Absatz 4 Nummer 1 Buchstabe b, d oder Buchstabe e, § 13 Absatz 1 Nummer 1 oder 2, § 22, § 32 Absatz 1 Nummer 1, 2 oder 3, jeweils auch in Verbindung mit § 28 Absatz 1 Nummer 2, oder § 34 Satz 1 Nummer 1 oder 2 oder einer vollziehbaren Anordnung aufgrund einer solchen Rechtsverordnung zuwiderhandelt, soweit die Rechtsverordnung für einen bestimmten Tatbestand auf diese Strafvorschrift verweist.

(2) **Ebenso wird bestraft, wer gegen die Verordnung (EG) Nr. 178/2002 des Europäischen Parlaments und des Rates vom 28. Januar 2002 zur Festlegung der allgemeinen Grundsätze und Anforderungen des Lebensmittelrechts, zur Errichtung der Europäischen Behörde für Lebensmittelsicherheit und zur Festlegung von Verfahren zur Lebensmittelsicherheit (ABl. L 31 vom 1.2.2002, S. 1), die zuletzt durch die Verordnung (EU) Nr. 652/2014 (ABl. L 189 vom 27.6.2014, S. 1) geändert worden ist, verstößt, indem er**

1. entgegen Artikel 14 Absatz 1 in Verbindung mit Absatz 2 Buchstabe a ein Lebensmittel in den Verkehr bringt oder

2. entgegen Artikel 15 Absatz 1 in Verbindung mit Absatz 2 Spiegelstrich 1, soweit sich dieser auf die Gesundheit des Menschen bezieht, jeweils auch in Verbindung mit Artikel 4 Absatz 1 Unterabsatz 2 der Verordnung (EG) Nr. 767/2009 des Europäischen Parlaments und des Rates vom 13. Juli 2009 über das Inverkehrbringen und die Verwendung von Futtermitteln, zur Änderung der Verordnung (EG) Nr. 1831/2003 des Europäischen Parlaments und des Rates und zur Aufhebung der Richtlinien 79/373/EWG des Rates, 80/511/EWG der Kommission, 82/471/EWG des Rates, 83/228/EWG des Rates, 93/74/EWG des Rates, 93/113/EG des Rates und 96/25/EG des Rates und der Entscheidung 2004/217/EG der Kommission (ABl. L 229 vom 1.9.2009, S. 1, L 192 vom 22.7.2011, S. 71), die zuletzt durch die Verordnung (EU) Nr. 939/2010 (ABl. L 277 vom 21.10.2010, S. 4) geändert worden ist, ein Futtermittel in den Verkehr bringt oder verfüttert.

(2a) Ebenso wird bestraft, wer

1. gegen die Verordnung (EG) Nr. 1334/2008 des Europäischen Parlaments und des Rates vom 16. Dezember 2008 über Aromen und bestimmte Lebensmittelzutaten mit Aromaeigenschaften zur Verwendung in und auf Lebensmitteln sowie zur Änderung der Verordnung (EWG) Nr. 1601/91 des Rates, der Verordnungen (EG) Nr. 2232/96 und (EG) Nr. 110/2008 und der Richtlinie 2000/13/EG (ABl. L 354 vom 31.12.2008, S. 34, L 105 vom 27.4.2010, S. 115), die zuletzt durch die Verordnung (EU) 2015/1760 (ABl. L 257 vom 2.10.2015, S. 27) geändert worden ist, verstößt, indem er
   a) entgegen Artikel 5 in Verbindung mit Anhang III oder Anhang IV ein Aroma oder ein Lebensmittel in den Verkehr bringt,
   b) entgegen Artikel 6 Absatz 1 einen dort bezeichneten Stoff zusetzt,
   c) entgegen Artikel 7 einen Ausgangsstoff, ein Aroma oder eine Lebensmittelzutat verwendet,
2. entgegen Artikel 1 Absatz 1 Unterabsatz 1 der Verordnung (EG) Nr. 124/2009 der Kommission vom 10. Februar 2009 zur Festlegung von Höchstgehalten an Kokzidiostatika und Histomonostatika, die in Lebensmitteln aufgrund unvermeidbarer Verschleppung in Futtermittel für Nichtzieltierarten vorhanden sind (ABl. L 40 vom 11.2.2009, S. 7), die durch die Verordnung (EU) Nr. 610/2012 (ABl. L 178 vom 10.7.2012, S. 1) geändert worden ist, ein Lebensmittel in Verkehr bringt oder
3. gegen die Verordnung (EU) Nr. 10/2011 der Kommission vom 14. Januar 2011 über Materialien und Gegenstände aus Kunststoff, die dazu bestimmt sind, mit Lebensmitteln in Berührung zu kommen (ABl. L 12 vom 15.1.2011, S. 1, L 278 vom 25.10.2011, S. 13), die zuletzt durch die Verordnung (EU) 2015/174 (ABl. L 30 vom 6.2.2015, S. 2) geändert worden ist, verstößt, indem er
   a) entgegen Artikel 4 Buchstabe e in Verbindung mit Artikel 5 Absatz 1 oder Artikel 9 Absatz 1 Buchstabe c, jeweils auch in Verbindung mit Artikel 13 Absatz 1 oder Artikel 14 Absatz 1, ein Material oder einen Gegenstand aus Kunststoff in Verkehr bringt oder
   b) entgegen Artikel 5 Absatz 1 in Verbindung mit Artikel 13 Absatz 1 oder Artikel 14 Absatz 1 bei der Herstellung einer Kunststoffschicht in einem Material oder einem Gegenstand aus Kunststoff einen nicht zugelassenen Stoff verwendet.

(3) Ebenso wird bestraft, wer

1. einer unmittelbar geltenden Vorschrift in Rechtsakten der Europäischen Gemeinschaft oder der Europäischen Union zuwiderhandelt, die inhaltlich einem in Absatz 1 Nummer 1 bis 17 genannten Gebot oder Verbot entspricht, soweit eine Rechtsverordnung nach § 62 Absatz 1 Nummer 1 für einen bestimmten Tatbestand auf diese Strafvorschrift verweist oder
2. einer anderen als in Absatz 2 genannten unmittelbar geltenden Vorschrift in Rechtsakten der Europäischen Gemeinschaft oder der Europäischen Union zuwiderhandelt, die inhaltlich einer Regelung entspricht, zu der die in Absatz 1 Nummer 18 genannten Vorschriften ermächtigen, soweit eine Rechtsverordnung nach § 62 Absatz 1 Nummer 1 für einen bestimmten Straftatbestand auf diese Strafvorschrift verweist.

(4) Der Versuch ist strafbar.

(5) ¹In besonders schweren Fällen ist die Strafe Freiheitsstrafe von sechs Monaten bis zu fünf Jahren. ²Ein besonders schwerer Fall liegt in der Regel vor, wenn der Täter durch eine der in Absatz 1, 2 oder 3 bezeichneten Handlungen

1. die Gesundheit einer großen Zahl von Menschen gefährdet,
2. einen anderen in die Gefahr des Todes oder einer schweren Schädigung an Körper oder Gesundheit bringt oder
3. aus grobem Eigennutz für sich oder einen anderen Vermögensvorteile großen Ausmaßes erlangt.

(6) Wer eine der in Absatz 1, 2, 2a oder 3 bezeichneten Handlungen fahrlässig begeht, wird mit Freiheitsstrafe bis zu einem Jahr oder mit Geldstrafe bestraft.

A. Systematik des § 58

§ 58 stellt (in Gestalt von abstrakten Gefährdungsdelikten → Vorb. Rn. 27) Verstöße gegen die dem **1** **Gesundheitsschutz** (→ Vorb. Rn. 10 f.) dienenden Ge- und Verbote des LFGB sowie diesbezügliche Rechtsverordnungen und gemeinschaftsrechtliche Rechtsakte unter Strafe. Eingedenk des besonderen Stellenwertes der diesem Schutzgut zukommt, sieht § 58 im Vergleich zu § 59 für vorsätzliche Straftaten (nachfolgend → Rn. 3 ff.) eine höhere Höchststrafe vor, zudem ist auch fahrlässiges Handeln (Abs. 6, → Rn. 60 ff.) sowie der Versuch (Abs. 4, → Rn. 53) unter Strafe gestellt.

Ausgehend vom Reglungsbereich der Verbotsnormen der vorhergehenden Abschnitte, die die einzel- **2** nen Blankatttatbestände (→ Vorb. Rn. 19 ff.) des Abs. 1 ausfüllen, kann zunächst zwischen Straftaten die aus Verstößen gegen Vorschriften betreffend Lebensmittel (nachfolgend → Rn. 3 ff.), betreffend Futtermittel (nachfolgend → Rn. 18 ff.), betreffend kosmetischer Mittel (nachfolgend → Rn. 22 ff.) und betreffend Bedarfsgegenstände (nachfolgend → Rn. 27 ff.) unterschieden werden. Weiterhin sind Verstöße gegen bestimmte Rechtsverordnungen (nachfolgend → Rn. 37), gegen Vorschriften der BasisVO (nachfolgend → Rn. 40 ff.) und gegen sonstige Vorschriften in Verordnungen der Europäischen Gemeinschaft (nachfolgend → Rn. 41 ff.) unter Strafe gestellt. Daneben findet sich in § 58 Abs. 5 eine Strafzumessungsregel für besonders schwere Fälle (nachfolgend → Rn. 56 ff.).

B. Vorsätzliche Straftaten

I. Die Tatbestände des § 58 Abs. 1

1. Verstöße gegen § 5 (§ 58 Abs. 1 Nr. 1, 2, 3). § 58 Abs. 1 Nr. 1, 2 und 3 sanktioniert das nach **3** Maßgabe von § 5 verbotswidrige Herstellen (→ Vorb. Rn. 46 ff.), Behandeln (→ Vorb. Rn. 48) und

Inverkehrbringen (→ Vorb. Rn. 45) von Lebensmittel (→ Vorb. Rn. 37 ff.). Ergänzt wird der Schutz der Lebensmittelsicherheit durch § 58 Abs. 2 Nr. 1, der Verstöße gegen das Verkehrsverbot nach Art. 14 Abs. 1 iVm Abs. 2a BasisVO unter Strafe stellt (→ Rn. 40).

4　　a) Nach **§ 5 Abs. 1** ist zunächst verboten Lebensmittel für andere derart herzustellen oder zu behandeln, dass ihr Verzehr (vgl. § 3 Nr. 5) **gesundheitsschädlich** iSv Art. 14 Abs. 2 Buchst. a BasisVO ist. Der Verstoß gegen dieses Verbot erfüllt den Tatbestand des **§ 58 Abs. 1 Nr. 1.** Die Gesundheitsschädlichkeit muss dabei **durch das Herstellen oder die Behandlung verursacht sein** (Meyer/Streinz § 5 Rn. 2 mwN), wobei auch Ort und Dauer der Aufbewahrung zur Behandlung zählen können (Zipfel/Rathke LebensmittelR/*Rathke* § 5 Rn. 9; aA BayObLG LRE 2, 58).

5　　Bei der Prüfung, ob ein Lebensmittel idS gesundheitsschädlich ist, sind die **Beurteilungskriterien von Art. 14 Abs. 3 und 4 BasisVO** zu berücksichtigen. Demnach ist ein gesundheitsschädliches Lebensmittel zunächst gegeben, wenn es unter den normalen Bedingungen seiner Verwendung (sa OLG Oldenburg LRE 47, 362) und unter Berücksichtigung der dem Verbraucher vermittelten Informationen geeignet ist (vgl. nachfolgend → Rn. 6), eine **Krankheit im medizinischen Sinne zu verursachen.** Aber auch dann, wenn das Lebensmittel geeignet ist, eine vorübergehende, nicht **ganz geringfügige Beeinträchtigung der körperlichen Unversehrtheit** hervorzurufen, ist es als gesundheitsschädlich einzustufen (BGH LMRR 1988, 29; 2005, 13; OLG Münster LMRR 1993, 6; OLG München LMRR 2003, 53; OLG Stuttgart LMRR 1998, 5). Nicht ausreichend ist demgegenüber, wenn das Lebensmittel beim Verbraucher Widerwillen, Abscheu oder Ekel hervorruft. Hier kommt lediglich ein Verstoß gegen § 14 Abs. 2 Buchst. b BasisVO in Betracht (→ § 59 Rn. 32).

6　　Wenngleich Art. 14 Abs. 2 Buchst. a BasisVO und ebenso § 5 Abs. 1 S. 1 (im Gegensatz zu § 8 LMBG) fordert, dass das Lebensmittel gesundheitsschädlich ist, folgt daraus nicht, dass durch das Lebensmittel tatsächlich eine Gesundheitsschädigung verursacht wird. Denn sowohl das Verbot des Art. 14 Abs. 1 BasisVO als auch das des § 5 Abs. 1 stellen auf Zeitpunkte ab, in denen nur ein Urteil über die Eignung zur Gesundheitsschädigung möglich ist (Zipfel/Rathke LebensmittelR/*Rathke* BasisVO Art. 14 Rn. 39). Zudem stellt Art. 14 Abs. 4 Buchst. a BasisVO auf die wahrscheinlichen Auswirkungen des Lebensmittels ab. Daher reicht – wie bisher – die **Eignung zur Gesundheitsschädigung** im vorgenannten Sinne aus (Erbs/Kohlhaas/*Rohnfelder/Freytag* § 5 Rn. 2; OLG München Dt. Lebensmittel-Rdsch 2008, 294). Eine solche Eignung kann indes nur dann angenommen werden, wenn aufgrund bestimmter, feststellbarer Eigenschaften des Lebensmittels im konkreten Fall die abstrakte Gefahr der Gesundheitsschädigung gegeben ist (OLG Münster LRE 54, 354). Bei der Beurteilung dieser Eignung ist – unter Zugrundelegung des bestimmungs und gewöhnlichen Verbrauchs (Achenbach/Ransiek/Rönnau WirtschaftsStR-HdB/*Dannecker/Bülte* Teil 2 Kap. 2 Rn. 192) – grds. auf einen gesunden und nicht überempfindlichen Verbraucher abzustellen (Meyer/Streinz BasisVO Art. 14 Rn. 24), es sei denn, als Abnehmer des fraglichen Lebensmittels wird eine besondere Gruppe von Verbrauchern angesprochen. Dann ist nach Art. 14 Abs. 4c BasisVO diese Verbrauchergruppe als Beurteilungsmaßstab heranzuziehen. Durch einen Hinweis kann uU die Eignung zur Gesundheitsschädigung beseitigt werden (Erbs/Kohlhaas/*Rohnfelder/Freytag* § 5 Rn. 3; Zipfel/Rathke LebensmittelR/*Rathke* § 5 Rn. 12).

7　　b) Nach **§ 5 Abs. 2 Nr. 1** ist es verboten, Stoffe, die keine Lebensmittel sind und deren Verzehr (§ 3 Nr. 5) gesundheitsschädlich ist (→ Rn. 4 ff.) als Lebensmittel in den Verkehr zu bringen. Ein Verstoß gegen dieses Verbot ist in **§ 58 Abs. 1 Nr. 2** unter Strafe gestellt. Der Anwendungsbereich dieses Tatbestandes erschließt sich nur schwer (Zipfel/Rathke LebensmittelR/ *Rathke* § 5 Rn. 13, sa Erbs/Kohlhaas/*Rohnfelder/Freytag* § 5 Rn. 5). Eine praktische Relevanz kann dann gegeben sein, wenn ein Arzneimittel als Lebensmittel in den Verkehr gebracht wird (vgl. das Beispiel bei Zipfel/Rathke LebensmittelR/*Domeier* Rn. 17).

8　　c) § 5 Abs. 2 Nr. 2 verbietet die Herstellung, das Behandeln und das Inverkehrbringen von mit Lebensmitteln verwechselbaren Produkten. Ein Verstoß gegen dieses Verbot ist in **§ 58 Abs. 1 Nr. 3** unter Strafe gestellt (vgl. insoweit zu den Sorgfaltspflichten des Unternehmers *Domeier* ZfStR 2005, 84 ff.). Unter **mit Lebensmittel verwechselbaren Produkten** sind nach § 3 Nr. 8 solche zu verstehen, bei denen aufgrund ihrer Form, ihres Geruchs, ihrer Farbe, ihres Aussehens, ihrer Aufmachung, ihrer Kennzeichnung, ihres Volumens oder ihrer Größe vorhersehbar ist, dass sie von Verbrauchern – **insbes. von Kindern** – mit Lebensmitteln verwechselt und deshalb zum Mund geführt, gelutscht oder geschluckt werden, wodurch insbes. die Gefahr des Erstickens, der Vergiftung, der Perforation oder des Verschlusses des Verdauungskanals entstehen kann. Die Aufzählung der Gefahren ist dabei nicht abschließend (Zipfel/Rathke LebensmittelR/*Rathke* § 3 Rn. 38). Für die Beurteilung der Frage, ob das Produkt verwechselbar ist, ist dabei je nach der Art des Produktes uU nicht die allgemeine Verkehrsauffassung, sondern die maßgebend, die das Erkennungsvermögen kleiner und kleinster Kinder mit einschließt (Zipfel/Rathke LebensmittelR/*Rathke* § 3 Rn. 36). **Vorhersehbar** ist dabei jeder Gebrauch, der so häufig vorkommt, dass mit ihm gerechnet werden muss (OLG München NVwZ-RR 2007, 101; BayObLG LRE 4, 309; OLG Saarbrücken LRE 16, 388).

9　　**2. Verstöße gegen § 10 (§ 58 Abs. 1 Nr. 4, 5, 6).** Zum Schutz der Gesundheit der Verbraucher trifft die **VO (EG) Nr. 470/2009** des Rates vom 6.5.2009 (zur Übergangsrechtslage vgl. Zipfel/Rathke LebensmittelR/*Rathke* § 10 Rn. 8 f.; → Vorb. Rn. 25) Regelungen zur Konzentration von Rückständen eines pharmakologisch wirksamen Stoffes in Lebensmittel tierischen Ursprungs. Unter Stoffen mit pharmakologischer Wirkung sind dabei zunächst alle die zu verstehen, die in der Verordnung (EU) 37/2010 vom 22.12.2009 aufgeführt sind (Zipfel/Rathke LebensmittelR/ *Rathke* § 10 Rn. 22). IÜ fallen darunter Arzneimittel und Futtermittelzusatzstoffe, die einen besonderen Einfluss auf Beschaffenheit, Zustand und Funktion des Körpers der Tiere ausüben können, vor allem die Nutzleistung steigern und dem Gesundheitsschutz dienen (Erbs/Kohlhaas/*Rohnfelder/Freytag* § 10 Rn. 6).

Die VO (EG) Nr. 470/2009 enthält indes keine Verkehrsverbote oder Beschränkungen für Lebens- **10** mittel tierischer Herkunft, bei denen verbotene pharmakologisch wirksame Stoffe verwendet wurden oder Höchstmengen überschritten sind. Diese Funktion kommt § 10 zu (Meyer/Streinz § 10 Rn. 6), der mit dem 2. ÄndG (→ Vorb. Rn. 6) grundlegend überarbeitet wurde (Achenbach/Ransiek/Rönnau WirtschaftsStR–HdB/*Dannecker/Bülte* Teil 2 Kap. 2 Rn. 203). Daneben treten die Vorschriften der Verordnung über Stoffe mit pharmakologischer Wirkung (= Nr. 610 des Kommentars).

Tatbestandsmäßig sind zunächst Verstöße gegen die Verbote des **§ 10 Abs. 1** (ggf. auch iVm einer **11** entsprechenden Verordnung), die das Inverkehrbringen von **vom Tier gewonnenen Lebensmittel** unter bestimmten Voraussetzungen untersagen (**§ 58 Abs. 1 Nr. 4;** beachte insoweit § 75 Abs. 1). Vom Tier gewonnene Lebensmittel sind dabei einerseits die unmittelbar vom Tier gewonnenen Erzeugnisse (zB Fleisch, Milch, Eier) und andererseits die aus diesen Erzeugnissen durch Weiterverarbeitung gewonnenen Lebensmittel (vgl. Erbs/Kohlhaas/*Rohnfelder/Freytag* § 10 Rn. 11).

Verboten ist nach **§ 10 Abs. 1 S. 1 das Inverkehrbringen** (→ Vorb. Rn. 45) von von einem Tier **12** gewonnenen Lebensmittel, wenn sich in oder auf diesem **Stoffe** mit pharmakologischer Wirkung (→ Rn. 9) befinden, da diese in jeder Konzentration eine Gefahr für die Gesundheit des Verbrauchers darstellen. Von diesem Grundsatz macht **§ 10 Abs. 1 S. 2 Ausnahmen,** soweit in der VO (EU) Nr. 37/2010 oder der VO (EG) Nr. 470/2009 **Rückstandshöchstmengen** festgesetzt sind, die nicht überschritten werden. Nur im Falle der Überschreitung dieser Höchstmengen besteht demnach tatsächlich ein Verkehrsverbot.

Ebenfalls von **§ 58 Abs. 1 Nr. 4** erfasst sind Verstöße gegen **§ 10 Abs. 3 Nr. 2.** Dieses **Verkehrs- 13 verbot** knüpft ebenso wie die des § 10 Abs. 1 am vom Tier gewonnenen Lebensmittel (→ Rn. 11) an, während das Verbot des § 10 Abs. 3 Nr. 1 auf die Gewinnung von Lebensmittel vom Tier abstellt und insoweit ein Herstellungsverbot enthält (→ Rn. 15). § 10 Abs. 3 Nr. 2 betrifft Lebensmittel, die von einem Tier gewonnen wurden, dem zu Lebzeiten Stoffe mit pharmakologischer Wirkung zugeführt worden waren, die als Arzneimittel zugelassen oder registriert oder als Futtermittel-Zusatzstoffe zugelassen sind. Diese Gewinnung (also insbes. die Schlachtung und das Melken) ist nach § 10 Abs. 3 Nr. 1 nur zulässig, wenn die hinsichtlich der einzelnen Stoffe festgesetzten **Wartezeiten** eingehalten worden sind (zu den Einzelheiten vgl. Zipfel/Rathke LebensmittelR/*Rathke* § 10 Rn. 51 ff.). Wurde dem nicht entsprochen, dürfen die gewonnenen Lebensmittel nicht in Verkehr gebracht werden.

Nach **§ 58 Abs. 1 Nr. 5** macht sich strafbar, wer gegen das aus **§ 10 Abs. 2** folgende **Verkehrs- 14 verbot** verstößt. Dieses besteht – anders als § 10 Abs. 1 und Abs. 3 – nicht hinsichtlich der von einem Tier gewonnenen Lebensmittel, sondern **hinsichtlich des Tieres selbst,** soweit das Fleisch des Tieres oder von diesem stammende Erzeugnisse (Milch, Eier etc) als Lebensmittel zu dienen bestimmt ist (§ 4 Abs. 1 Nr. 1; zur geänderten Rechtslage nach dem 1. ÄndG vgl. Zipfel/Rathke LebensmittelR/*Rathke* § 4 Rn. 5). Die in § 10 Abs. 2 Nr. 1–3 unterschiedenen Voraussetzungen entsprechen iÜ sinngemäß denen, aus denen nach § 10 Abs. 1 S. 1 ein Verkehrsverbot für vom Tier gewonnene Lebensmittel folgt (→ Rn. 12).

Zuletzt ist in **§ 58 Abs. 1 Nr. 6** der Verstoß gegen das **Herstellungsverbot** des § 10 Abs. 3 Nr. 1 **15** unter Strafe gestellt. Vgl. → Rn. 13. Vor Ablauf der festgesetzten **Wartezeiten** darf mit der Gewinnung (→ Vorb. Rn. 47), also insbes. mit dem Melken und der Schlachtung, nicht begonnen werden. Verstöße hiergegen sind von § 58 Abs. 1 Nr. 6 erfasst.

3. Verstöße gegen § 13 Abs. 2 (§ 58 Abs. 1 Nr. 7). § 13 Abs. 1 ermächtigt das BMELV (vgl. § 4 **16** Abs. 3; in den hier relevanten Konstellationen zudem im Einvernehmen mit dem Bundesministerium für Wirtschaft und Arbeit) zum Erlass von Rechtsverordnungen mit Vorschriften für das **Herstellen und Behandeln von Lebensmitteln im Interesse des Gesundheitsschutzes** (→ Vorb. Rn. 10 ff.). Entsprechende Vorschriften fanden sich früher neben dem LMBG insbes. im FlHG und GflHG (die durch Art. 7 Nr. 7 und 8 NeuordnungsG aufgehoben wurden, die maßgeblichen Vorschriften gelten jedoch gemäß § 1 Abs. 1 Nr. 4 und 5 ÜbergangsG vorläufig weiter; → Vorb. Rn. 4), auf deren Grundlage eine Vielzahl von Einzelvorschriften in verschiedenen Rechtsverordnungen ergangen sind (vgl. Zipfel/Rathke LebensmittelR/*Rathke* § 13 Rn. 10). Bei Anwendung der jeweiligen Einzelvorschriften ist zu prüfen, ob der **Ermächtigungsvoraussetzung** entsprochen wurde (Zipfel/Rathke LebensmittelR/*Rathke* § 13 Rn. 8).

§ 13 Abs. 2 statuiert ein Verkehrsverbot für solche Lebensmittel (→ Vorb. Rn. 37 ff.), die ent- **17** gegen der auf Grundlage des § 13 Abs. 1 Nr. 1 erlassenen Rechtsverordnung hergestellt oder behandelt worden sind. Dies ist erforderlich, da gestützt auf § 13 Abs. 1 im Verordnungswege nur Herstellungs- und Behandlungsverbote statuiert werden können (Zipfel/Rathke LebensmittelR/*Rathke* § 13 Rn. 17). Insoweit wird ein **zweifacher Schutz** der Einhaltung der Vorschriften erreicht (Zipfel/

Rathke LebensmittelR/*Rathke* § 13 Rn. 17). Verstöße gegen das aus § 13 Abs. 2 folgende Verkehrsverbot (zum Inverkehrbringen → Vorb. Rn. 45) erfüllen den Tatbestand des § 58 Abs. 1 Nr. 7.

18   **4. Verstöße gegen Vorschriften des Futtermittelrechts (§ 58 Abs. 1 Nr. 8, 9, 10 iVm §§ 17, 18). a) Allgemeines.** Entsprechend den Vorgaben von Art. 1 BasisVO und § 1 Abs. 1 Nr. 1 und Nr. 4 dienen die §§ 17, 18 – neben Art. 15 BasisVO (→ Rn. 40) – der Schaffung einer **lückenlosen Kette der Nahrungsmittelsicherheit** („from stable to table"). Im Vordergrund der Vorschriften steht daher – wenngleich nicht ausschließlich – die Regelung der **Herstellung und des Verkehrs mit Futtermitteln** (vgl. Art. 3 Nr. 4 BasisVO; → Vorb. Rn. 42), soweit diese zur Verfütterung an Tieren bestimmt sind, von denen Lebensmittel gewonnen werden. Daneben treten Vorschriften, die – wie bisher – unmittelbar dem **Schutz der Tiere,** denen die Futtermittel zugeführt werden und – eingedenk der Zweckbestimmung von § 1 Abs. 1 Nr. 4a bb – dem Naturschutz dienen. Die Strafvorschriften in § 58 Abs. 1 Nr. 8–10 dienen – entsprechend dem allgemeinen Regelungsgegenstand der Strafvorschrift (→ Rn. 1) dem **Gesundheitsschutz des Verbrauchers** (Zipfel/Rathke LebensmittelR/*Domeier* Rn. 39). Neben den Vorschriften des LFGB existieren weitere den Futtermittelsektor betreffende gemeinschaftsrechtliche und nationale Vorschriften (vgl. die Nachw. bei Meyer/Streinz Vorb. § 17 Rn. 4). Insbesondere ist insoweit die Futtermittel-Verordnung (FutMV = Nr. 320 des Kommentars) zu nennen. Das FuttermittelG ist mit dem Inkrafttreten des LFGB aufgehoben worden (→ Vorb. Rn. 4).

19   **b) § 58 Abs. 1 Nr. 8.** § 58 Abs. 1 Nr. 8 stellt Verstöße gegen die **Herstellungs- und Behandlungsverbote** des § 17 Abs. 1 S. 1 Nr. 1 in Form eines **potentiellen Gefährdungsdelikts** (→ Vorb. Rn. 27) unter Strafe. Danach ist verboten, Futtermittel (→ Vorb. Rn. 42) derart herzustellen (→ Vorb. Rn. 46 ff.) oder zu behandeln (→ Vorb. Rn. 48), dass bei ihrer bestimmungsgemäßen und sachgerechten Verfütterung die von der Lebensmittelgewinnung dienenden Tieren für andere gewonnenen Lebensmittel **die menschliche Gesundheit beeinträchtigen** können. **Verfütterung** ist das Bereitstellen eines Futtermittel, aufgrund dessen es ohne weiteres menschliches Zutun durch das Tier aufgenommen werden kann (Zipfel/Rathke LebensmittelR/*Rathke* BasisVO Art. 15 Rn. 6). **Bestimmungsgemäß** ist sie, wenn sie an die Tierart erfolgt, für die das Futtermittel hergestellt wurde; sachgerecht erfolgt sie regelmäßig dann, wenn den **Fütterungsempfehlungen des Herstellers** im Hinblick auf die mengenmäßige Versorgung, orientiert am Bedarf des Tieres entsprochen wird (Zipfel/Rathke LebensmittelR/*Domeier* Rn. 41; → § 17 Rn. 15 f.). Besteht trotz einer solchen ordnungsgemäßen Verfütterung die **realistische Möglichkeit der Beeinträchtigung der Gesundheit des Verbrauchers** (vgl. Zipfel/ Rathke LebensmittelR/*Döring* § 17 Rn. 18) durch ein Lebensmittel, das von dem Tier gewonnen wird, an das das Futtermittel verfüttert wurde, greift das Verbot des § 17 Abs. 1 S. 1 Nr. 1. Die Lebensmittel müssen für andere gewonnen werden; dienen sie allein dem Eigenverbrauch, greift das Verbot des § 17 Abs. 1 S. 1 Nr. 1 demgegenüber nicht (Zipfel/Rathke LebensmittelR/*Döring* § 17 Rn. 14). Die Gefahr muss nicht zwingend aus dem Verzehr des Lebensmittels resultieren (Erbs/Kohlhaas/*Rohnfelder*/*Freytag* § 17 Rn. 3), sie kann auch aus dem Kontakt oder der Weiterverarbeitung des Lebensmittels folgen (Zipfel/Rathke LebensmittelR/*Döring* § 17 Rn. 12). IÜ ist der Begriff der Gesundheitsbeeinträchtigung mit dem der Gesundheitsschädigung iSv Art. 14 Abs. 2 BasisVO identisch (Erbs/Kohlhaas/*Rohnfelder*/ *Freytag* § 17 Rn. 3 mwN; → Rn. 4 ff.).

20   **c) § 58 Abs. 1 Nr. 9.** § 58 Abs. 1 Nr. 9 sanktioniert Verstöße gegen das **Verfütterungsverbot** des § 18 Abs. 1 (vgl. zu den Vorgängervorschriften Zipfel/Rathke LebensmittelR/*Döring* § 18 Rn. 1 ff.), das neben die gemeinschaftsrechtlichen Verfütterungsverbote (VO (EG) Nr. 999/2001 v. 22.5.2001; VO (EG) Nr. 1069/2009 v. 21.10.2009) tritt. § 18 Abs. 1 verbietet – insbes. zur **Unterbindung der Übertragung von BSE** (vgl. auch Erbs/Kohlhaas/*Rohnfelder*/*Freytag* § 18 Rn. 1) – die Verfütterung von bestimmten tierischen Fetten und von Fischen als Einzel- (§ 3 Nr. 11) oder als Bestandteil eines Mischfuttermittels (§ 3 Nr. 12). Insoweit handelt es sich um ein abstraktes Gefährdungsdelikt (→ Vorb. Rn. 27). Unabhängig davon, ob aus der Verfütterung eine konkrete Gefahr der Gesundheitsbeeinträchtigung oder –schädigung resultiert, ist der Tatbestand des § 58 Abs. 1 Nr. 9 bei verbotswidriger Verfütterung erfüllt.

21   **d) § 58 Abs. 1 Nr. 10.** Ein Verstoß gegen das **Verbringungs- und Ausfuhrverbot** des § 18 Abs. 2 wird in § 58 Abs. 1 Nr. 10 unter Strafe gestellt. Danach dürfen **Futtermittel** (→ Vorb. Rn. 42) **für die nach § 18 Abs. 1 ein Verfütterungsverbot** besteht (→ Rn. 20) **nicht** aus der Bundesrepublik in einen anderen Mitgliedstaat der EU **verbracht** oder in einen Vertragsstaat des Abkommens über den Europäischen Wirtschaftsraum oder ein Drittland **ausgeführt** werden. Unter **Verbringen** sind alle Handlungen zu verstehen, die mit der körperlichen Überführung der Ware über die Grenze in unmittelbarem Zusammenhang stehen (Zipfel/Rathke LebensmittelR/*Rathke* § 53 Rn. 5). Das ist in erster Linie der Transport der Ware über die Grenze, mit deren Überschreitung die Tat vollendet ist (OLG Koblenz LRE 8, 305). Beendigung ist gegeben, wenn die Ware zur Ruhe gekommen ist, zB den Bestimmungsort erreicht hat (BGHSt 3, 40). Unter **Ausfuhr** ist demgegenüber das Verbringen von Erzeugnissen über die Außengrenzen der EU in ein Drittland zu verstehen (Zipfel/Rathke LebensmittelR/*Rathke* § 57 Rn. 15).

5. Verstöße gegen Vorschriften betreffend die kosmetischen Mittel (§ 58 Abs. 1 Nr. 11–12 22
iVm §§ 26, 28). a) Allgemeines. Kosmetische Mittel (§ 2 Abs. 5; → Vorb. Rn. 43) bedürfen **keiner**
Zulassung. Daher kann grds. jeder Stoff als kosmetisches Mittel eingesetzt werden. Einschränkungen
können sich insoweit allein unter dem Aspekt des Gesundheitsschutzes ergeben (Meyer/Streinz § 26
Rn. 7). In Einklang mit Art. 2 der – **bis zum 10.7.2013 geltenden** – RL 76/768 EWG vom 27.7.1976
zur Angleichung der Rechtsvorschriften der Mitgliedstaaten über kosmetische Mittel, die bei der
Auslegung nationaler Vorschriften zu berücksichtigen war, und – **der seit dem 11.7.2013 geltenden**
(s. hierzu *Bruggmann* LMuR 2013, 77; *Wulff* LMuR 2013, 113) **und § 26 vorgehenden** – **VO (EG)**
Nr. 1223/2009 (ABl. 2009 L 342, 29 = EU-Kosmetik-VO) statuiert § 26 daher Herstellungs-,
Behandlungs- und Verkehrsverbote hinsichtlich kosmetischer Mittel und solcher Stoffe, die
als kosmetische Mittel in den Verkehr gebracht werden, zum **Schutz des Verbrauchers vor Gesund-**
heitsschäden. Neben den Vorschriften des LFGB sind darüber hinaus in diesem Zusammenhang die
Ge- und Verbote sowie die entsprechenden Straf- und Bußgeldtatbestände der KosmetikV (= Nr. 460
des Kommentars) zu berücksichtigen.

b) § 26 S. 1 Nr. 1. Nach **§ 26 S. 1 Nr. 1** ist demnach zunächst verboten, kosmetische Mittel derart 23
(vgl. dazu Zipfel/Rathke LebensmittelR/*Rathke* § 26 Rn. 14) herzustellen (→ Vorb. Rn. 46 ff.) oder zu
behandeln (→ Vorb. Rn. 48) dass sie bei bestimmungsgemäßem oder vorauszusehendem Gebrauch (s.
dazu die – nicht abschließende – Auslegungsregel des § 26 S. 2; vgl. iÜ → Rn. 8) geeignet sind, die
Gesundheit zu schädigen. Demgegenüber fordert Art. 3 EU-KosmetikVO – insoweit strenger – ein
sicheres Produkt (zu den Auswirkungen für die Rechtsanwendung vgl. Meyer/Streinz § 26 Rn. 5). Ein
Verstoß gegen dieses Verbot erfüllt den Tatbestand des **§ 58 Abs. 1 Nr. 11 Buchst. a.** Erfasst von dem
Verbot ist nur die Herstellung oder Behandlung **für andere,** so dass kosmetische Mittel, die allein für
den Eigengebrauch bestimmt sind, nicht von dem Verbot erfasst werden. Werden kosmetische Mittel
hergestellt, um sie Testpersonen zur Verfügung zu stellen, ist regelmäßig kein tatbestandsmäßiges Verhalten gegeben (vgl. zu den Einzelheiten Zipfel/Rathke LebensmittelR/*Rathke* § 26 Rn. 13). Hinsichtlich der Eignung zur Gesundheitsschädigung → Rn. 4 ff. Auch bei dem Straftatbestand des § 58 Abs. 1
Nr. 11 Buchst. a handelt es sich um ein **potentielles Gefährdungsdelikt** (→ Vorb. Rn. 27). Erfüllt ein
kosmetisches Mittel, das dafür bestimmt ist, die körperliche Unversehrtheit des Verbrauchers zu schützen
(zB Sonnenschutzmilch), diesen Zweck nicht, liegt keine Eignung zur Gesundheitsschädigung, da diese
ein Einwirken des Mittels auf den Körper voraussetzt (Zipfel/Rathke LebensmittelR/*Rathke* § 26
Rn. 26). Wird auf eine schädliche Nebenwirkung, die mit dem bestimmungsgemäßen Gebrauch einhergeht, hingewiesen, ist idR kein Verstoß gegen § 26 S. 1 Nr. 1 gegeben, wobei jedoch sowohl
hinsichtlich der Frage, ob ein Warnhinweis ausreichend ist, als auch hinsichtlich der Frage der Ausgestaltung des Warnhinweises die Interessenlage im Einzelfall zu berücksichtigen ist (BGH LMRR 1975,
1).

c) § 26 S. 1 Nr. 2. Das Verkehrsverbot des **§ 26 S. 1 Nr. 2** erfasst einerseits – wenngleich sich dies 24
aus dem Wortlaut nicht ohne weiteres ergibt – kosmetische Mittel (vgl. Erbs/Kohlhaas/*Rohnfelder/*
Freytag § 26 Rn. 10; Zipfel/Rathke LebensmittelR/*Rathke* § 26 Rn. 36), anderseits aber auch solche
Stoffe, die zwar keine kosmetischen Mittel iSv 2 Abs. 5 sind, als solche aber in den Verkehr gebracht
werden. Ein **Verkehrsverbot** besteht, wenn das Tatobjekt im vorstehenden Sinne bei bestimmungs-
gemäßem oder vorauszusehendem Gebrauch (s. dazu die – nicht abschließende Auslegungsregel des § 26
S. 2; vgl. iÜ → Rn. 8) geeignet ist, die Gesundheit zu schädigen. Hinsichtlich der Eignung zur Gesund-
heitsschädigung → Rn. 4 ff.). Der Verstoß gegen dieses Verkehrsverbot erfüllt den Tatbestand des **§ 58**
Abs. 1 Nr. 11 Buchst. b, auch hierbei handelt es sich um ein **potentielles Gefährdungsdelikt**
(→ Vorb. Rn. 27). Bis zur Neufassung durch das 2. ÄndG (→ Vorb. Rn. 6) war anstelle eines Gemischs
eine Zubereitung gefordert; der Begriff der Zubereitung dürfte weiter sein (Achenbach/Ransiek/
Rönnau WirtschaftsStR-HdB/*Dannecker/Bülte* Teil 2 Kap. 2 Rn. 215).

d) § 28 Abs. 2. Nach **§ 28 Abs. 2** bestehen **Verkehrsverbote** für solche kosmetische Mittel, die 25
nicht den Vorgaben und Anforderungen einer nach § 28 Abs. 1 erlassenen Rechtsverordnung entsprechen, die konkrete Herstellungs-, Behandlungs- oder Verkehrsverbote oder -beschränkungen statuiert. Hierbei handelt es sich insbes. um **Ge- und Verbote der Kosmetik-Verordnung** (= Nr. 460 des
Kommentars). § 28 Abs. 1 verweist seinerseits auf § 32 Abs. 1 Nr. 1–5 und Nr. 8, der Ermächtigungsnorm für Verordnungen im Zusammenhang mit Bedarfsgegenständen. Da § 32 Abs. 1 Nr. 4b und Nr. 8
bereits das Inverkehrbringen erfassen, sind diese in § 28 Abs. 2 nicht mit aufgenommen. Werden
kosmetische Mittel entgegen der demnach bestehenden Verkehrsverbote in den Verkehr gebracht
(→ Vorb. Rn. 45), ist der Tatbestand des **§ 58 Abs. 1 Nr. 12** erfüllt.

Nach **§ 58 Abs. 1 Nr. 12** sind indes nur solche Verstöße gegen die Verkehrsverbote des § 28 Abs. 2 26
unter Strafe gestellt, die daraus resultieren, dass einer **Rechtsverordnung nach § 28 Abs. 1 Nr. 2**
iVm § 32 Abs. 1 Nr. 1, 2 oder 3 nicht entsprochen wurde. Nach § 32 Abs. 1 Nr. 1 können
bestimmte Stoffe usw beim Herstellen und Behandeln von bestimmten kosmetischen Mitteln verboten
werden (Negativliste, vgl. § 1 iVm Anl. 1 Kosmetik-VO). Demgegenüber kann nach § 32 Abs. 1 Nr. 2
in einer Rechtsverordnung für das Herstellen bestimmter kosmetischer Mittel die Verwendung bestimm-

ter Stoffe vorgeschrieben werden (Positivliste; vgl. § 2 Abs. 1 iVm Anl. 2; § 3 Abs. 1 iVm Anl. 3; § 3a Abs. 2 iVm Anl. 6 Kosmetik-VO). Zuletzt eröffnet § 32 Abs. 1 Nr. 3 die Möglichkeit Vorschriften zu erlassen, die das Verfahren der Herstellung betreffen. Verstöße gegen die weiteren Verkehrsverbote aus § 28 Abs. 2 sind in § 59 Abs. 1 Nr. 14 unter Strafe gestellt (→ § 59 Rn. 44). Bei den Straftaten nach § 58 Abs. 1 Nr. 12 handelt es sich um abstrakte Gefährdungsdelikte (Erbs/Kohlhaas/*Rohnfelder/Freytag* Rn. 4).

27   **6. Verstöße gegen Vorschriften betreffend Bedarfsgegenstände (§ 58 Abs. 1 Nr. 14–16 iVm §§ 30, 32). a) Allgemeines.** § 30 enthält Herstellungs-, Behandlungs- und Verkehrsverbote für Bedarfsgegenstände (→ Vorb. Rn. 44) zum **Schutz der Gesundheit.** Daneben tritt das Verkehrsverbot des § 32 Abs. 2, wenn dem Gesundheitsschutz dienenden Vorschriften in Rechtsverordnungen für Bedarfsgegenstände (insbes. der BedGgstV, = Nr. 200 des Kommentars) nicht entsprochen wurde, die konkrete Herstellungs-, Behandlungs- oder Verkehrsverbote bzw. -beschränkungen statuieren.

28   **b) § 58 Abs. 1 Nr. 13.** § 58 Abs. 1 Nr. 13 stellt Verstöße gegen das **Herstellungs- und Behandlungsverbot des § 30 Nr. 1** unter Strafe. Nach **§ 30 Nr. 1** ist verboten Bedarfsgegenstände, derart (vgl. Zipfel/Rathke LebensmittelR/*Delewski* § 30 Rn. 10) herzustellen (→ Vorb. Rn. 46 ff.) oder zu behandeln (→ Vorb. Rn. 48), dass sie bei bestimmungsgemäßem oder vorauszusehendem Gebrauch geeignet sind, die Gesundheit durch ihre stoffliche Zusammensetzung, insbes. durch toxikologisch wirksame Stoffe oder durch Verunreinigungen, zu schädigen. Anders als § 26 S. 2 enthält § 30 keine Auslegungsregel, was unter **bestimmungsgemäßem und vorauszusehendem Gebrauch** zu verstehen ist. Es gelten daher die allgemeinen Grundsätze, so dass ein Gebrauch bestimmungsgemäß ist, wenn er der allgemeinen oder konkreten Zweckbestimmung des Bedarfsgegenstandes entspricht. Voraussehbar ist jeder Gebrauch, der erfahrungsgemäß so häufig vorkommt, dass mit ihm gerechnet werden muss (RGSt 37, 276; BayObLG LRE 4, 309). Beide Begriffe sind dabei **weit auszulegen,** um einen möglichst effektiven Schutz zu erreichen (Erbs/Kohlhaas/*Rohnfelder/Freytag* § 30 Rn. 7).

29   Hinsichtlich der Eignung zur Gesundheitsschädigung → Rn. 4 ff. Erforderlich ist iRd § 30 Nr. 1, dass sich die **Eignung** zur Schädigung der Gesundheit **aus der stofflichen Zusammensetzung** ergibt (die durch die beispielhafte Benennung der toxikologischen Stoffe, vgl. Zipfel/Rathke LebensmittelR/ *Delewski* § 30 Rn. 28 f. und der Verunreinigung, vgl. Zipfel/Rathke LebensmittelR/*Delewski* § 30 Rn. 30 konkretisiert wird). Nicht von § 30 Nr. 1 erfasst wird die aus der Form oder den Bestandteilen des Bedarfsgegenstands folgende Eignung zur Gesundheitsschädigung (Zipfel/Rathke LebensmittelR/ *Delewski* § 30 Rn. 27).

30   **c) § 58 Abs. 1 Nr. 14.** § 58 Abs. 1 Nr. 14 stellt Verstöße gegen das **Verkehrsverbot** des § 30 Nr. 2 unter Strafe. Das Verkehrsverbot des **§ 30 Nr. 2** erfasst einerseits – wenngleich sich dies aus dem Wortlaut nicht ohne weiteres ergibt – Bedarfsgegenstände iSv § 2 Abs. 6 (vgl. Erbs/Kohlhaas/*Rohnfelder/Freytag* § 30 Rn. 9; aA Zipfel/Rathke LebensmittelR/*Domeier* Rn. 52), andererseits aber auch solche Stoffe, die zwar keine Bedarfsgegenstände iSv § 2 Abs. 6 sind, als solche aber in den Verkehr gebracht werden. Ein Verkehrsverbot besteht, wenn das Tatobjekt im vorstehenden Sinne bei **bestimmungsgemäßem oder vorauszusehendem Gebrauch** (→ Rn. 28) geeignet ist, die Gesundheit zu schädigen (→ Rn. 29). Tathandlung ist das Inverkehrbringen (→ Vorb. Rn. 45).

31   **d) § 58 Abs. 1 Nr. 15.** § 58 Abs. 1 Nr. 15 stellt das **Verwenden eines Lebensmittelbedarfsgegenstands** (§ 2 Abs. 6 S. 1 Nr. 1) beim Herstellen (→ Vorb. Rn. 46 ff.) oder Behandeln (→ Vorb. Rn. 48), das nach **§ 30 Nr. 3** verboten ist, unter Strafe. Unter **Verwenden** ist die Anwendung oder Nutzung eines Stoffes oder Erzeugnisses bei der Herstellung oder Behandlung eines anderen Erzeugnisses oder Stoffes zu verstehen (vgl. Erbs/Kohlhaas/*Rohnfelder/Freytag* § 6 Rn. 4). Nach § 30 Nr. 3 ist verboten Bedarfsgegenstände so zu verwenden, dass sie geeignet sind, bei der Aufnahme (→ Vorb. Rn. 39) des Lebensmittels die Gesundheit zu schädigen. Die Eignung zur Schädigung der Gesundheit (vgl. allgemein → Rn. 4 ff.) muss mithin von dem Bedarfsgegenstand selbst herrühren. Daraus folgt auch, dass der Bedarfsgegenstand mit dem Lebensmittel in irgendeiner Weise verbunden werden muss, damit er bei Aufnahme des Lebensmittels die tatbestandsmäßig geforderte Eignung entfalten kann. Gleichzeitig folgt daraus, dass sich – anders als in den Fällen § 30 Nr. 1 – die **Eignung der Schädigung der Gesundheit aus der äußeren Form des Bedarfsgegenstands ergeben muss** (vgl. Erbs/Kohlhaas/ *Rohnfelder/Freytag* § 30 Rn. 10; Zipfel/Rathke LebensmittelR/*Delewski* § 30 Rn. 48). Nach dem Wortlaut muss **nicht notwendigerweise das Lebensmittel selbst unsicher werden.** Dies wird freilich in der Regel bei einem Verstoß gegen § 30 Nr. 3 der Fall sein. Dann ist jedenfalls eine Straftat des § 58 Abs. 1 Nr. 1 gegeben. Dieser folgt der Straftat nach § 58 Abs. 1 Nr. 15 zeitlich nach. Der Tatbestand, bei dem es sich um **potentielles Gefährdungsdelikt** handelt (→ Vorb. Rn. 27) weist daher einen eher **eingeschränkten Anwendungsbereich** auf.

32   **e) § 58 Abs. 1 Nr. 16.** Nach **§ 32 Abs. 2** bestehen **Verkehrsverbote** für solche Bedarfsgegenstände, die nicht den Vorgaben und Anforderungen einer nach § 32 Abs. 1 erlassenen Rechtsverordnung (→ Rn. 27) entsprechen. Da § 32 Abs. 1 Nr. 4 Buchst. b, Nr. 7 und Nr. 8 bereits das Inverkehrbringen erfassen, sind diese in § 32 Abs. 2 nicht mit aufgenommen.

Nach **§ 58 Abs. 1 Nr. 16** sind indes **nur solche Verstöße** gegen die Verkehrsverbote des § 32 33
Abs. 2 unter Strafe gestellt, die daraus resultieren, dass einer **Rechtsverordnung nach § 32 Abs. 1
Nr. 1, 2 oder 3** nicht entsprochen wurde. Nach § 32 Abs. 1 Nr. 1 können bestimmte Stoffe usw beim
Herstellen und Behandeln von bestimmten Bedarfsgegenstände verboten werden (**Negativliste**, vgl. § 3
iVm Anl. 1 BedGgstV). Demgegenüber kann nach § 32 Abs. 1 Nr. 2 in einer Rechtsverordnung für das
Herstellen bestimmter Bedarfsgegenstände die Verwendung bestimmter Stoffe vorgeschrieben werden
(**Positivliste**; vgl. § 4 Abs. 1 und 1a iVm Anl. 2 BedGgstV; § 4 Abs. 2 LFGB iVm Anl. 3 BedGgstV).
Zuletzt eröffnet § 32 Abs. 1 Nr. 3 die Möglichkeit Vorschriften zu erlassen, die das **Verfahren der
Herstellung** (§ 5 iVm Anl. 4 BedGgstV) betreffen. Verstöße gegen die weiteren Verkehrsverbote aus
§ 32 Abs. 2 sind in § 59 Abs. 1 Nr. 17 unter Strafe gestellt (→ § 59 Rn. 50). Bei den Straftaten nach
§ 58 Abs. 1 Nr. 16 handelt es sich um abstrakte Gefährdungsdelikte (Zipfel/Rathke LebensmittelR/
Domeier Rn. 49).

7. Zuwiderhandlungen gegen vollziehbare Anordnungen (§ 58 Abs. 1 Nr. 17). a) Allgemei- 34
nes. Der Straftatbestand wurde in der ursrünglichen Fassung mit dem **1. ÄndG mWv 4.7.2009**
(→ Vorb. Rn. 6) auf die Anregung im Beschlussentwurf des Ausschusses für Ernährung, Landwirtschaft
und Verbraucherschutz (BT-Drs. 16/12315, 12) neu eingeführt. Er stellte zunächst lediglich Zuwiderhandlungen gegen vollziehbare Anordnungen auf Grundlage des § 39 Abs. 2 unter Strafe (→ Rn. 36)
Mit dem 2. ÄnderungG (→ Vorb. Rn. 6) wurde § 58 Abs. 1 Nr. 17 Buchst. a eingefügt. Die bisherigen
Zuwiderhandlungen gegen vollziehbare Anordnungen auf Grundlage des § 39 Abs. 2 wurden in Buchst.
b aufgenommen.

§ 58 Abs. 1 Nr. 17 setzt zunächst eine **vollziehbare Anordnung** zur Durchsetzung der vorgenann- 34a
ten Verbote, sprich einen **Verwaltungsakt iSv § 35 VwVfG** voraus, der verwaltungsrechtlich vollstreckbar ist (vgl. Schönke/Schröder/*Heine/Hecker* StGB § 330d Rn. 15). Da **§ 39 Abs. 7** anordnet,
dass Widerspruch und Anfechtungsklage gegen die hier maßgeblichen Anordnungen keine aufschiebende Wirkung haben (vgl. § 80 Abs. 2 Nr. 3 VwGO) ist diese Voraussetzung regelmäßig gegeben, solange
ein Antrag auf Anordnung der aufschiebenden Wirkung (vgl. § 80 Abs. 5 VwGO) nicht antragsgemäß
beschieden wurde (vgl. auch BGH NJW 1990, 3139). Die Anordnung muss darüber hinaus so bestimmt
gefasst sein, dass der Anordnungsadressat das strafrechtlich Verbotene mit hinreichender Sicherheit
erkennen kann (vgl. *Möhrenschlager* NStZ 1994, 513 (515)). Mit dem Verstoß gegen die Anordnung ist
der objektive Tatbestand des § 58 Abs. 1 Nr. 17 erfüllt. Wird die Anordnung danach wegen Rechtswidrigkeit aufgehoben, ist dies für die Strafbarkeit bedeutungslos (vgl. Fischer StGB § 330 Rn. 8 mwN;
sa Schönke/Schröder/*Heine/Hecker* StGB §§ 324 ff. Rn. 21; → Vorb. Rn. 21). Dies ist verfassungsrechtlich nicht zu beanstanden (BVerfG NJW 1990, 37).

b) § 58 Abs. 1 Nr. 17 Buchst. a. Nach **§ 58 Abs. 1 Nr. 17 Buchst. a** ist ein Verstoß gegen 35
vollziehbare Anordnungen unter Strafe gestellt, die auf Grundlage von **Art. 54 VO (EG) Nr. 882/2004**
ergangen sind (vgl. insoweit VGH Mannheim LMRR 2014, 73) und der Durchführung von Verkehrs-
und Herstellungsverboten dienen, die sich aus Art. 14 Abs. 1, Art. 15 Abs. 1 BasisRL sowie § 5, 17
Abs. 1 S. 1 Nr. 1 ergeben. Entsprechende Verbote dienen dem Gesundheitsschutz im Zusammenhang
mit Lebens- und Futtermitteln.

c) § 58 Abs. 1 Nr. 17 Buchst. b. Nach **§ 58 Abs. 1 Nr. 17 Buchst. b** ist ein Verstoß gegen 36
vollziehbare Anordnungen auf Grundlage des § 39 Abs. 2 unter Strafe gestellt, soweit diese der Durchsetzung der Verbote nach Art. 14 Abs. 1 BasisVO; § 5 hinsichtlich gesundheitsschädlicher Lebensmittel
(→ Rn. 4 ff.; → Rn. 40), nach Art. 15 Abs. 1 BasisVO; § 17 Abs. 1 S. 1 Nr. 1 hinsichtlich gesundheitsschädlicher Futtermittel (→ Rn. 4 ff.; → Rn. 40), nach § 26 hinsichtlich kosmetischer Mittel
(→ Rn. 23) und nach § 30 hinsichtlich Bedarfsgegenstände (→ Rn. 28 f.) dienen. Da vollziehbare
Anordnungen zur Durchsetzung von Verboten nach Art. 14 Abs. 1, Art. 15 Abs. 1 BasisVO sowie § 5,
17 Abs. 1 S. 1 Nr. 1 von § 58 Abs. 1 Nr. 17 Buchst. a erfasst und § 39 Abs. 2 insoweit obsolet ist
(VGH Mannheim LMRR 2014, 73; Meyer/Streinz § 39 Rn. 1) beschränkt sich der Anwendungs-
bereich von § 58 Abs. 1 Nr. 17 Buchst. b auf Verbote nach §§ 26, 30 im Bereich von Kosmetika und
Bedarfsgegenständen.

8. Zuwiderhandlungen gegen bestimmte Rechtsverordnungen oder vollziehbare Anord- 37
nungen (§ 58 Abs. 1 Nr. 18). § 58 Abs. 1 Nr. 18 stellt eine Blankettvorschrift mit Rückverweisungsklausel (→ Vorb. Rn. 26) dar. Sie erfasst auch Verstöße gegen vollziehbare Anordnungen, die auf
der Grundlage entsprechender Rechtsverordnungen ergehen (→ Rn. 34, 34a).

Der Reglungsbereich der jeweiligen Rechtsverordnung folgt aus den Ermächtigungsnormen und ist 38
dort näher konkretisiert. § 10 Abs. 4 Nr. 1b betrifft bestimmte pharmakologische Stoffe; nach § 13
Abs. 1 Nr. 1 und 2, § 22, 32 Abs. 1 Nr. 1–3, § 28 Abs. 1 Nr. 2 und § 34 S. 1 Nr. 1 können durch
Rechtsverordnungen bestimmte Ver- und Gebot im Hinblick auf das Herstellen, Behandeln oder
Inverkehrbringen von Lebensmittel, Futtermittel, kosmetische Mittel und Bedarfsgegenstände zum
Schutz der Gesundheit erlassen werden.

39 Zwischenzeitlich existieren mehrere Rechtsverordnungen, die auf § 58 Abs. 1 Nr. 18 rückverweisen:

– § 6 Abs. 1 AromenV (= Nr. 140 des Kommentars)	– § 26 Abs. 1 DiätV (= Nr. 270 des Kommentars)
	– § 7 Abs. 1 MilchErzV (= Nr. 530 des Kommentars)
– § 17 Abs. 1 MinTafWV (= Nr. 545 des Kommentars)	– § 5 S. 1 Pharmakologische Stoffe-VO (= Nr. 610 des Kommentars)
– § 6 Abs. 1 NemV (= Nr. 565 des Kommentars)	– § 23 Abs. 1 Tier-LMHV (= Nr. 725 des Kommentars)
– § 7 Abs. 1 ZVerkV (= Nr. 845 des Kommentars)	– § 10 Abs. 1 ZZulV (= Nr. 850 des Kommentars)

II. Die Tatbestände des § 58 Abs. 2

40 § 58 Abs. 2 stellt Verstöße gegen die aus **Art. 14 Abs. 1** und **Art. 15 Abs. 1 BasisVO** folgenden – in Deutschland unmittelbar geltenden – Verkehrsverbote hinsichtlich gesundheitsschädlicher Lebensmittel (Art. 14 Abs. 2a BasisVO) und hinsichtlich gesundheitsschädlicher Futtermittel (Art. 15 Abs. 2 Spiegelstrich 1 BasisVO) unter Strafe. Tatbestandsmäßig handelt, wer Lebensmittel (→ Vorb. Rn. 37 ff.) oder Futtermittel (→ Vorb. Rn. 42) in den Verkehr bringt (→ Vorb. Rn. 45), die für den Menschen gesundheitsschädlich (vgl. Zipfel/Rathke LebensmittelR/*Rathke* BasisVO Art. 15 Rn. 11 f.; → Rn. 4 ff.) sind. § 58 Abs. 2 tritt mithin insbes. neben die Straftaten nach § 58 Abs. 1 Nr. 1 und Nr. 8 (→ Rn. 4 ff. einerseits und → Rn. 19 andererseits), die dem Inverkehrbringen vorausgehende Verstöße gegen Herstellungs- und Behandlungsverbote in diesem Zusammenhang erfassen und komplettiert die lebensmittelstrafrechtlichen Vorschriften im Bereich des Gesundheitsschutzes (→ Vorb. Rn. 10 f.) durch Einbeziehung der maßgeblichen Verbotstatbestände der BasisVO. Zu diesen Tatbeständen treten die Straftatbestände des § 59 Abs. 2 Nr. 1 (→ § 59 Rn. 60) und der Bußgeldtatbestand des § 60 Abs. 3 Nr. 1 Buchst. a (→ § 60 Rn. 24).

III. Die Tatbestände des § 58 Abs. 2a

40a § 58 Abs. 2a wurde durch das **2. ÄndG** (→ Vorb. Rn. 6) eingeführt, umfasste dabei allerdings nur die in **Nr. 1 und 2** angeführten Verstöße. **§ 58 Abs. 2a Nr. 3** wurde sodann mit dem **3. ÄndG** (→ Vorb. Rn. 6) eingeführt. Tatbestandsmäßig handelt, wer gegen die sich aus den in Nr. 1, 2 und 3 angeführten gemeinschaftsrechtlichen Verordnungen resultierenden **Verkehrs-, Zusatz- und Verwendungsverbote verstößt**. Während die **VO (EG) Nr. 124/2009 (die Futtermittel zum Gegenstand hat,** § 58 Abs. 2a Nr. 2**)** und die **VO (EU) Nr. 10/2011 (die hinsichtlich Bedarfsgegenständen besteht,** § 58 Abs. 2a Nr. 3**)** allein der Abwehr von Gefahren für die Gesundheit dient, ist nach Art. 4 **VO (EG) Nr. 1334/2008 (sog EU-AromenVO;** § 58 Abs. 2a Nr. 1**)** auch der Schutz des Verbrauchers vor Täuschung Regelungsgegenstand. Soweit ein Verbot iSd EU-AromenVO daher dem Täuschungsschutz dient, ist ein entsprechender Verstoß systematisch in § 58 fehlplaziert. An sich müssten solche Tatbestände in § 59 mit entsprechend geringerem Strafrahmen erfasst sein. Dies wird bei der Anwendung der Vorschrift, namentlich bei der Strafzumessung, zu berücksichtigen sein. Darüber hinaus weist der in § 58 Abs. 2a Nr. 1 Buchst. a unter Strafe gestellte Verstoß gegen das aus Art. 5 EU-AromenVO folgende Verkehrsverbot die Besonderheit auf, dass das Verkehrsverbot sich an alle – und insoweit auch **auch privat handelnde – Personen wendet** (vgl. Zipfel/Rathke LebensmittelR/*Rathke* EU-AromenVO Art. 5 Rn. 7). Auch insoweit wird jedenfalls auf Strafzumessungsebene eine Differenzierung geboten sein.

IV. Die Tatbestände des § 58 Abs. 3

41 **1. Allgemeines.** Mit § 58 Abs. 3 führt der Gesetzgeber die bereits in §§ 56, 57 LMBG vorhandene **Öffnungsklausel hinsichtlich unmittelbar geltender Vorschriften des Gemeinschaftsrechts** (wobei Rechtsakte der EU erst mit dem 2. ÄndG aufgenommen wurden; vgl. Achenbach/Ransiek/Rönnau WirtschaftsStR-HdB/*Dannecker/Bülte* Teil 2 Kap. 2 Rn. 242) fort. Der Gesetzgeber will damit dem Fall Rechnung tragen, dass eine unmittelbar geltende gemeinschaftsrechtliche Vorschrift an die Stelle einer nationalen Vorschrift tritt, die bisher nach § 58 Abs. 1 strafbewehrt war. Für diesen Fall ist das BMELV (vgl. § 4 Abs. 3) zur Durchsetzung des gemeinschaftsrechtlichen Rechtsaktes ermächtigt (§ 62 Abs. 1 Nr. 1) im Verordnungswege durch Rückverweis die Tatbestände zu bezeichnen, die in § 58 Abs. 3 unter Strafe gestellt sind. Dies ist erforderlich, um zur **Vermeidung von temporären Strafbarkeitslücken** (vgl. insoweit beispielhaft BGHSt 27, 181; OLG Koblenz NStZ 1989, 188; OLG Stuttgart NJW 1990, 657) bei entsprechender Änderung der Rechtslage zeitnah mit der flexibleren Normgebung im Wege der Rechtsverordnung anstelle des formelleren, parlamentarischen Gesetzgebungsverfahrens reagieren zu können. Da durch die Entsprechungsklauseln des § 58 Abs. 3 die Strafbarkeit bestimmter Handlungen und auch das Maß der Strafe durch formelles Gesetz bereits hinreichend deutlich umschrieben sind (→ Vorb. Rn. 19ff.), bestehen – insbes. angesichts der praktischen Notwendigkeit für eine solche Verweisungstechnik (vgl. *Schröder* ZLR 2004, 265 (268, 271)) – keine durchgreifenden verfassungsrechtlichen Bedenken, soweit bei Anwendung der Entsprechungsklausel sorgsam darauf geachtet wird, dass sich der Verordnungsgeber iRd dadurch eingeschränkten Verordnungsermächtigung bewegt (vgl. auch *Schröder* ZLR 2004, 272ff.).

2. Anwendung der Entsprechungsklausel. Ausgehend vom Zweck der Entsprechungsklausel, der 42 darin besteht, sicherzustellen, dass insbes. die Voraussetzungen, unter denen eine Handlung strafbar ist, durch den parlamentarischen Gesetzgeber bestimmt wurde, ist bei der Prüfung, ob eine Handlung nach § 58 Abs. 3 strafbar ist, zu vergleichen, ob die nunmehr geltende gemeinschaftsrechtliche Vorschrift **inhaltlich der bisherigen nationalen Vorschrift,** die in einem der Tatbestände des § 58 Abs. 1 unter Strafe gestellt war, **entspricht** (vgl. dazu ausführlich *Schröder* ZLR 2004, 272ff.). Aufgrund der Ausgestaltung des § 58 Abs. 1 als Blanketttatbestand sind regelmäßig somit die bisherigen blankettausfüllenden nationalen Vorschriften den an deren Stelle getretenen gemeinschaftsrechtlichen **Vorschriften ggü. zu stellen.**

Da § 58 Abs. 3 lediglich eine inhaltliche Entsprechung fordert, ist daher zunächst eine – ohnehin 43 wohl nie gegebene – **Wortlautidentität nicht erforderlich.** Notwendig ist indes, dass eine **Kontinuität des bisher erfassten Unrechts** vorliegt. Das bedeutet iErg, dass eine Strafbarkeit nach § 58 Abs. 3 unter den sonstigen Voraussetzungen nur dann zu bejahen ist, wenn der in Rede stehende konkrete Sachverhalt sowohl unter der alten Rechtslage, als auch unter der neuen Rechtslage subsumierbar ist. Die so vorzunehmende Prüfung gilt auch bei mehrfacher Änderung der gemeinschaftsrechtlichen Vorschrift. Die nationale Norm gilt mithin in dieser Funktion quasi fort. Eine Strafbarkeit scheidet insoweit namentlich dann aus, wenn sich eine Handlung lediglich im Hinblick auf die neu geschaffene gemeinschaftsrechtliche Vorschrift als ver- oder gebotswidrig darstellt (keine Strafbarkeit bei „gemeinschaftsrechtlichem Überhang"; vgl. *Schröder* ZLR 2004, 272ff.).

Besonderheiten bestehen zuletzt im Zusammenhang mit der **Entsprechungsklausel des § 58** 44 **Abs. 3 Nr. 2,** die sich auf Regelungen bezieht, zu der die in § 58 Abs. 1 Nr. 18 genannten Vorschriften ermächtigen (→ Rn. 37). Denn anders als in § 58 Abs. 3 Nr. 1, bei dem durch die Bezugnahme auf die in § 58 Abs. 1 Nr. 1–17 genannten Ge- und Verbote die Voraussetzungen der Strafbarkeit durch den parlamentarischen Gesetzgeber bereits zeitlich vor der Änderung der Rechtslage festgelegt sind, muss nach dem Wortlaut des § 58 Abs. 3 Nr. 2 der Verordnungsgeber von den in § 58 Abs. 1 Nr. 18 genannten Ermächtigungen noch keinen Gebrauch gemacht haben. Anerkennt man aber, dass § 58 Abs. 1 Nr. 18 bereits für sich den Anforderungen an den strengen Gesetzesvorbehalt und dem Bestimmtheitsgrundsatz entspricht (→ Vorb. Rn. 19ff.), muss dies auch für § 58 Abs. 3 Nr. 2 gelten (vgl. auch *Schröder* ZLR 2004, 274f.).

3. Tatbestände die auf § 58 Abs. 3 Nr. 1 rückverweisen.

– § 6 Abs. 2 KmV (= Nr. 440 des Kommentars). 45

4. Tatbestände die auf § 58 Abs. 3 Nr. 2 rückverweisen.

– § 1 Abs. 1 LMRStV (= Nr. 505 des Kommentars)	– § 3 Abs. 1 LMRStV	46
– § 5 Abs. 1 LMRStV	– § 7 Abs. 1 THV (= Nr. 720 des Kommentars)	

V. Subjektiver Tatbestand

§ 58 Abs. 1–3 stellt **vorsätzliche Verstöße** gegen die in den einzelnen Tatbeständen angeführten 47 Ge- und Verbote unter Strafe. Vorsätzliches Handeln erfordert dabei im Grundsatz das Wissen und Wollen der Tatbestandsverwirklichung zur Zeit der Tat (BGHSt 36, 1 (9f.); zur weiteren Präzisierung dieser Kurzformel vgl. Fischer StGB § 15 Rn. 3ff.). Nach der Art von Vorstellung und Wille ist darüber hinaus zwischen **absichtlichem, wissentlichem und bedingt vorsätzlichem Handeln** zu unterscheiden (vgl. Fischer StGB § 15 Rn. 5ff.).

IRd § 58 Abs. 1–3 **genügt** für die Verwirklichung des subjektiven Tatbestandes **bedingter Vorsatz** (Zipfel/Rathke LebensmittelR/*Domeier* Rn. 8), der gegeben ist, wenn der Täter die Tatbestandsverwirklichung für möglich hält sowie diese billigend in Kauf nimmt (vgl. allgemein – insbes. zur Abgrenzung zur bewussten Fahrlässigkeit – Fischer StGB § 15 Rn. 9aff.).

Maßgebliches **Bezugsobjekt** des Vorsatzes im Rahmen von § 58 Abs. 1–3 ist dabei zunächst das 48 jeweilige Erzeugnis (§ 2 Abs. 1), dessen tatsächliche Beschaffenheit und seine Wirkungsweise, letzteres insbes. soweit diese für die Eignung des Erzeugnisses zur Gesundheitsschädigung (→ Rn. 4ff.) von Bedeutung ist (Achenbach/Ransiek/Rönnau WirtschaftsStR-HdB/*Dannecker/Bülte* Teil 2 Kap. 2

Rn. 72). Daneben treten die weiteren **Tatbestandsmerkmale der blankettausfüllenden Norm** als Bezugsobjekte des Vorsatzes.

Die Tatbestände von § 58 Abs. 1–3 weisen unter Einbeziehung der blankettausfüllenden Normen eine Vielzahl **normativer Tatbestandsmerkmale** (vgl. LK-StGB/*Dannecker* StGB § 1 Rn. 149) auf. Vorsätzliches Handeln setzt auch bei solchen Tatbestandsmerkmale zunächst voraus, dass der Täter um die tatsächlichen Umstände, die für die Ausfüllung des Tatbestandsmerkmals bedeutsam sind, weiß. Hinzu kommen muss, dass der Täter das Merkmal in seiner in der gesetzlichen Bezeichnung zum Ausdruck kommenden **sozialen Sinnbedeutung** kennt und daher zwar vielleicht **nicht rechtlich genau,** aber in der Laiensphäre parallel wertet (BGHSt 3, 248 (255); 4, 347; BGH NJW 1957, 389). Fehlt es hieran, scheidet eine Verurteilung wegen vorsätzlicher Begehung aus (§ 16 Abs. 1 S. 2 StGB). Ob im konkreten Einzelfall tatsächlich eine falsche rechtliche Bewertung in der Laiensphäre gegeben ist, ist **Tatfrage.** Hierbei ist zu berücksichtigen welche Bedeutung dem jeweiligen normativen Tatbestandsmerkmal im **konkreten Verkehrskreis, zu dem der Täter zu rechnen ist,** zukommt (Achenbach/Ransiek/Rönnau WirtschaftsStR-HdB/*Dannecker/Bülte* Teil 2 Kap. 2 Rn. 73, siehe auch *Wallau* LMUR 2016, 89). Regelmäßig wird bei insoweit hervorgehobenen Bereichen die Kenntnis der das normative Tatbestandsmerkmal ausfüllende tatsächlichen Umstände bereits dafür sprechen, dass der Täter zumindest bedingt vorsätzlich handelt, sprich die Wertung für möglich hält und billigend in Kauf nimmt (BGHSt 13, 135; OLG Düsseldorf LRE 10, 46; KG LRE 15, 284). Ist gleichwohl ein falsche rechtliche Wertung nicht auszuschließen, kommt jedoch einer Bestrafung wegen fahrlässiger Begehung in Betracht (§ 16 Abs. 1 S. 2 StGB; § 58 Abs. 6).

49   Ebenfalls nicht vom Vorsatz umfasst sein müssen die in den blankettausfüllenden Vorschriften enthalten Verbote oder Handlungspflichten, die aus den dem Täter bekannten Umständen folgen (BGHSt 15, 377; 16, 155 (158); 19, 295; 45, 97; BayObLG ZLR 1977, 318). Weiß der Täter in solchen Fällen nicht um das ihn treffende Verbot oder die ihn treffende Pflicht, handelt er in einem Verbotsirrtum (§ 17 StGB; vgl. nachfolgend → Rn. 51 f.). Demgegenüber wird in der Literatur in diesen Fällen teilweise ein Tatbestandsirrtum angenommen (Zipfel/Rathke LebensmittelR/*Dannecker* Vor §§ 58–62 Rn. 102 mwN).

VI. Rechtswidrigkeit

50   Mit Verwirklichung der in § 58 Abs. 1–3 vorausgesetzten objektiven und subjektiven Tatbestandsmerkmale ist regelmäßig ein rechtswidrige Tat gegeben. **Rechtfertigungsgründe** sind im Bereich des Lebensmittelstrafrechts nur schwer vorstellbar. Namentlich kommt auch **keine Einwilligung** eines betroffenen Verbrauchers in Betracht, da der Schutz der menschlichen Gesundheit insbes. auch den Schutz der öffentlichen Gesundheit als überindividuelles Rechtsgut erfasst (→ Vorb. Rn. 8; Achenbach/Ransiek/Rönnau WirtschaftsStR-HdB/*Dannecker/Bülte* Teil 2 Kap. 2 Rn. 177).

VII. Schuld

51   **1. Allgemeines.** IRd Prüfung der Schuld kommt im Bereich des Lebensmittelstrafrechts insbes. dem **Verbotsirrtum** praktische Bedeutung zu. Die Schuldfähigkeit des Täters (§§ 19, 20, 21 StGB) und das Vorliegen eines Entschuldigungsgrundes (§ 35 StGB) sind insoweit von untergeordneter Bedeutung.

Ein Verbotsirrtum ist gegeben, wenn dem Täter bei der Begehung der Tat die Einsicht fehlt, Unrecht zu tun (§ 17 S. 1 StGB). Dies ist bei lebensmittelrechtlichen Straftaten regelmäßig dann der Fall, wenn der Täter bei normativen Tatbestandsmerkmalen oder auch im Hinblick auf die Ver- und Gebote der blankettausfüllenden Vorschriften **rechtlichen Fehleinschätzungen** unterliegt, die nicht zu einem vorsatzausschließenden Tatbestandsirrtum führen (→ Rn. 48 f.). Ist der Verbotsirrtum **vermeidbar** (→ Rn. 52; sa Zipfel/Rathke LebensmittelR/*Dannecker* Vor §§ 58–62 Rn. 124 ff.), handelt der Täter schuldhaft, die Strafe kann aber nach § 49 Abs. 1 StGB gemildert werden (§ 17 S. 2 StGB). Bei unvermeidbarem Verbotsirrtum handelt der Täter ohne Schuld.

52   **2. Vermeidbarkeit des Verbotsirrtums.** Allgemein ist ein Verbotsirrtum unvermeidbar, wenn der Täter trotz der ihm **zuzumutenden Anspannung** seines Gewissens die Einsicht in das Unrechtmäßige seines Tuns nicht gewinnen kann (BGHSt 21, 18 (20)). Im Bereich des Lebensmittelstrafrechts ist angesichts der **besonderen Stellung der Lebensmittelunternehmers** als Täter und des hohen Stellenwertes der geschützten Rechtsgüter ein **strenger Maßstab** anzulegen (BayObLG LRE 9, 188; OLG Düsseldorf LRE 10, 46, siehe auch *Wallau* LMUR 2016, 89).

Der Unternehmer hat sich durch geeignete Maßnahmen die **Kenntnis der einschlägigen Vorschriften** zu verschaffen und ggf. Rat und Auskunft bei geeigneter Stelle einzuholen (OLG Zweibrücken LRE 32, 280; OLG Düsseldorf LRE 30, 376; OLG Karlsruhe LRE 29, 69). Der eingeholte Rat oder die Auskunft können aber nur dann exkulpieren, wenn die **Auskunftsperson vollständig und zutreffend informiert** wurde (Zipfel/Rathke LebensmittelR/*Dannecker* Vor §§ 58–62 Rn. 136). Unterlässt es der Unternehmer die Auskunft einzuholen, bleibt der Verbotsirrtum unvermeidbar, wenn er auch bei Einholung der Auskunft nicht behoben worden wäre (Achenbach/Ransiek/Rönnau WirtschaftsStR-HdB/*Dannecker/Bülte* Teil 2 Kap. 2 Rn. 82 mwN).

VIII. Versuchsstrafbarkeit (§ 58 Abs. 4)

§ 58 Abs. 4 bestimmt die Strafbarkeit des Versuchs der Tatbestände der § 58 Abs. 1, 2 und 3, was **53** erforderlich ist, da es sich bei den Straftaten dieser Absätze lediglich um Vergehen handelt (vgl. § 23 Abs. 1; § 12 Abs. 2 StGB). Die Versuchsstrafbarkeit richtet sich insoweit im Grundsatz **nach den allgemeinen Regeln.** Eine Straftat ist demnach versucht, wenn der Täter nach seiner Vorstellung von der Tat zur Verwirklichung des Tatbestandes unmittelbar ansetzt (§ 22 StGB). Angesichts der Tatsache, dass die Tathandlungen im Hinblick auf das in § 58 geschützte Rechtsgut bereits in einem frühen Stadium ansetzen und angesichts der damit einhergehenden Ausgestaltung der Tatbestände als abstrakte Gefährdungsdelikte ist für eine Versuchsstrafbarkeit nach § 58 Abs. 4 allenfalls ein **geringer Anwendungsbereich** eröffnet. Vornehmlich wird Versuchsstrafbarkeit im Bereich des untauglichen Versuchs (vgl. allgemein Fischer StGB § 22 Rn. 39 ff.) in Betracht zu ziehen sein.

IX. Rechtsfolgen

1. Allgemeines. § 58 sieht für vorsätzliche Straftaten nach § 58 Abs. 1–3 **Freiheitsstrafe bis zu drei** **54** **Jahren oder Geldstrafe** vor. Der Strafrahmen bestimmt sich dabei nach den allgemeinen Vorschriften der §§ 38 ff. StGB. Für die Zumessung der Strafe werden insbes. der Grad der **Gefährdung des geschützten Rechtsguts,** die **Art der Ausführung** und die **tatursächlichen Motive** von Bedeutung sein. Zu Gunsten des Täters wird ua auch ein mit dem Ermittlungs- und Strafverfahren einhergehender medialer Druck zu berücksichtigen sein (Achenbach/Ransiek/Rönnau WirtschaftsStR–HdB/*Dannecker/Bülte* Teil 2 Kap. 2 Rn. 96). Trotz der in den letzten Jahren in der Öffentlichkeit diskutierten Lebensmittelskandale sollten **generalpräventive strafschärfende Strafzumessungsüberlegungen** restriktiv gehandhabt werden. Zu beachten ist, dass diese jedenfalls Feststellungen dazu voraussetzen, dass die Gefahr der Nachahmung besteht oder bereits eine gemeinschaftsgefährliche Zunahme solcher Straftaten festzustellen ist (vgl. SSG Strafzumessung Rn. 465 ff.). Mit Blick auf **§ 46 Abs. 3 StGB** ist Vorsicht geboten, soweit strafschärfend die Stellung des Täters als Lebensmittelunternehmer herangezogen werden soll.

Neben der Verhängung von Geld- oder Freiheitsstrafe kommen als weitere Rechtsfolgen die Ein- **55** ziehung der Tatgegenstände (vgl. hierzu die Kommentierung von § 61), der Verfall des Taterlöses (§§ 73 ff. StGB) und die Anordnung eines Berufsverbotes (§§ 70 ff. StGB; BGH LMRR 2007, 84; BGH NJW 1983, 2099) in Betracht.

2. Besonders schwere Fälle. a) Allgemeines. § 58 Abs. 5 S. 1 sieht für **besonders schwere** **56** **Fälle** vorsätzlicher Straftaten nach § 58 Abs. 1–3 (zum „Versuch" des besonders schweren Falls vgl. allgem Fischer StGB § 46 Rn. 97 ff.) **erhöhte Mindest- (6 Monate) und Höchststrafen (5 Jahre)** vor. In § 58 Abs. 5 S. 2 werden Regelbeispiele für besonders schwere Fälle enumerativ angeführt. Unabhängig davon, ob die Tatbestandsvoraussetzungen der Regelbeispiele verwirklicht sind, setzt die Anwendung des erhöhten Strafrahmens voraus, dass das gesamte Tatbild einschließlich aller subjektiven Momente und der Täterpersönlichkeit so **vom Durchschnitt** der erfahrungsgemäß gewöhnlich vorkommenden Fälle in einem Maße **abweicht,** dass die Anwendung des Ausnahmestrafrahmens geboten ist (vgl. SSG Strafzumessung Rn. 597 mwN). Ist eines der Regelbeispiele erfüllt, besteht freilich eine **Vermutung** dafür, dass die Strafe dem Strafrahmen des § 58 Abs. 5 S. 1 zu entnehmen ist. Andere Strafzumessungsgesichtspunkte können die Regelwirkung aber entkräften. Umgekehrt sind neben den Regelbeispielen auch **unbenannte besonders schwere Fälle** denkbar, die sich aber an der Wertung, die der Gesetzgeber mit den Regelbeispielen zum Ausdruck gebracht hat, orientieren müssen (BGHSt 28, 318 (320)). Die Annahme eines unbenannten besonders schweren Falles wird insbes. in Betracht zu ziehen sein, wenn die Taten gewerbsmäßig im strafrechtlichen Sinne begangen wurden (→ Vorb. Rn. 30), der Täter als Mitglied einer Bande gehandelt hat, die sich zur fortgesetzten Begehung von Straftaten nach § 58 Abs. 1–3 zusammengeschlossen hat (vgl. dazu Fischer StGB § 244 Rn. 34 ff. mwN) oder sich der Täter – insbes. durch Korruption – der Mithilfe eines Amtsträgers bedient, der seine Befugnisse missbraucht. Hierbei handelt es sich um Umstände, die Unrecht und Schuld der Tat von Durchschnittsfall ebenfalls erheblich abheben können. § 58 Abs. 2a, der mit dem 2. ÄndG (→ Vorb. Rn. 6) eingefügt worden war (→ Rn. 40a), ist bisher noch nicht in § 58 Abs. 5 S. 2 aufgenommen worden. Dies schließt indes nicht zwangsläufig aus, bei Verwirklichung des § 58 Abs. 2a einen unbenannten besonders schweren Fall nach § 58 Abs. 5 S. 1 anzunehmen. Sowohl nach dem Wortlaut, als auch nach der Systematik der Vorschrift kann das erhöhte Strafmaß auf Straftaten nach § 58 Abs. 2a daher angewandt werden (aA Achenbach/Ransiek/Rönnau WirtschaftsStR–HdB/*Dannecker/Bülte* Teil 2 Kap. 2 Rn. 247).

b) § 58 Abs. 5 S. 2 Nr. 1. Nach **§ 58 Abs. 5 S. 2 Nr. 1** ist ein besonders schwerer Fall in der Regel **57** gegeben, wenn die Tat nach § 58 Abs. 1–3 zu einer **Gesundheitsgefährdung einer großen Zahl von Menschen** führt. Anders als die Grundtatbestände reicht für die Annahme eines besonders schweren Falls nach § 58 Abs. 5 S. 2 Nr. 1 eine abstrakte Gefahr nicht aus. Erforderlich ist vielmehr eine **konkrete Gesundheitsgefährdung** (Achenbach/Ransiek/Rönnau WirtschaftsStR–HdB/*Dannecker/*

Bülte Teil 2 Kap. 2 Rn. 250), die dann anzunehmen ist, wenn die Möglichkeit eines Schadens für die menschliche Gesundheit in so bedrohliche Nähe gerückt ist, dass dessen Eintritt nur noch vom Zufall abhängt (BGH wistra 1987, 295 (296) zu § 95 Abs. 3 Nr. 1 AMG; ähnlich Erbs/Kohlhaas/*Rohnfelder/ Freytag* Rn. 12, der Eintritt eines Gesundheitsschadens muss wahrscheinlicher sein als dessen Ausbleiben unter Hinweis auf BGHSt 8, 28). Wann eine **„große Zahl" von Menschen** im erforderlichen Umfang gefährdet ist, wird nicht einheitlich beurteilt. Teilweise wird vertreten, dass sich der Begriff nicht abstrakt bestimmen lasse, **bei industrieller Massenfertigung** aber nahe liege (Erbs/Kohlhaas/*Rohnfelder/Frey-tag* Rn. 12, Zipfel/Rathke LebensmittelR/*Domeier* Rn. 74). In Anlehnung an die Rspr. zu § 306b Abs. 1 StGB (BGHSt 44, 175 (177)) wird angesichts der ebenfalls auf eine Gemeingefahr abstellenden Wertung des § 58 Abs. 5 S. 2 Nr. 1 eine **Zahl von 20**, wie sie in der Literatur auch in anderem Zusammenhang hinsichtlich dieses Tatbestandsmerkmals vertreten wird (vgl. Fischer StGB § 330 Rn. 8; Schönke/Schröder/*Perron* StGB § 263 Rn. 188d) notwendig, aber auch ausreichend sein (ebenso Achenbach/Ransiek/Rönnau WirtschaftsStR–HdB/*Dannecker/Bülte* Teil 2 Kap. 2 Rn. 251).

58 **c) § 58 Abs. 5 S. 2 Nr. 2. § 58 Abs. 5 S. 2 Nr. 2** verlangt für die Verwirklichung dieses Regelbei-spiels, dass ein anderer in die Gefahr des Todes oder einer schweren Schädigung an Körper oder Gesundheit gebracht wird. Auch hier ist eine **konkrete Gefahr** (→ Rn. 57) erforderlich. Eine schwere Schädigung an Körper oder Gesundheit wird nicht nur bei der Gefahr des Eintritts einer schweren Folge iSv § 226 StGB anzunehmen sein. Vielmehr wird man es als ausreichend erachten können, dass das Opfer in eine **ernste, langwierige Krankheit** verfällt oder seine **Arbeitskraft erheblich beein-trächtigt** wird (vgl. BT-Drs. 13/8587, 27 f.; Achenbach/Ransiek/Rönnau WirtschaftsStR–HdB/*Dann-ecker/Bülte* Teil 2 Kap. 2 Rn. 252; sa Fischer StGB § 306b Rn. 4).

59 **d) § 58 Abs. 5 S. 2 Nr. 3. § 58 Abs. 5 S. 2 Nr. 3** entspricht sinngemäß § 370 Abs. 3 S. 2 Nr. 1 AO aF. Vergleichbare Tatbestandsvoraussetzungen finden sich noch in § 264 Abs. 2 S. 2 Nr. 1, § 266a Abs. 4 S. 2 Nr. 1 StGB. **Grober Eigennutz** wird daher – entsprechend der Rspr. zu den vorgenannten Tatbeständen – dann gegeben sein, wenn sich der Täter von seinem **Streben nach eigenem Vorteil in einem besonders anstößigen Maß** leiten lässt, das das übliche kaufmännische Gewinnstreben deutlich übersteigt (BGH wistra 1984, 28; 1991, 106). Auch die Grenze des **großen Ausmaßes,** die bei den vorgenannten Delikten bei **50.000 EUR** gezogen wird (BGH wistra 1991, 106; BGHSt 48, 360; 53, 71) kann auf § 58 Abs. 5 S. 2 Nr. 3 übertragen werden (ebenso Achenbach/Ransiek/Rönnau Wirt-schaftsStR–HdB/*Dannecker/Bülte* Teil 2 Kap. 2 Rn. 255). Dabei ist zu berücksichtigen, dass der Grenz-wert jeweils mit einer Tat im materiell-rechtlichen Sinne (BGHSt 53, 71) erreicht werden muss.

C. Strafbarkeit fahrlässigen Handelns

I. Allgemeines

60 Nach § 58 Abs. 6 ist auch die fahrlässige Verwirklichung der Tatbestände des § 58 Abs. 1, 2, 2a und 3 strafbar. § 58 Abs. 2a, der mit dem 2. ÄndG (→ Vorb. Rn. 6) eingefügt worden war (→ Rn. 40a), wurde in § 58 Abs. 6 erst mit Wirkung ab dem 22.3.2012 aufgenommen. Zwischen dem 4.8.2011 und dem 21.3.2012 konnte die fahrlässige Verwirklichung des § 58 Abs. 2a nicht geahndet werden (sa Achen-bach/Ransiek/Rönnau WirtschaftsStR–HdB/*Dannecker/Bülte* Teil 2 Kap. 2 Rn. 256). Für fahrlässige Zuwiderhandlungen sieht § 58 Abs. 6 **Freiheitsstrafe bis zu einem Jahr oder Geldstrafe** vor. Zu den Rechtsfolgen allg. → Rn. 54 f.

Fahrlässig handelt auch im Lebensmittelstrafrecht, wer die Sorgfalt außer Acht lässt, zu der er nach den Umständen **(objektive Pflichtwidrigkeit)** und nach seinen persönlichen Kenntnissen und Fähigkeiten verpflichtet und imstande ist und deshalb die objektiv erkennbare Möglichkeit der Tatbestandsverwirk-lichung nicht erkennt **(unbewusste Fahrlässigkeit)** oder die Tatbestandsverwirklichung zwar für möglich hält, aber darauf vertraut, dass sie nicht eintreten werde **(bewusste Fahrlässigkeit).**

Zwischen der objektiv pflichtwidrigen Handlung und dem tatbestandsmäßigen Erfolg muss auch im Lebensmittelstrafrecht ein **Pflichtwidrigkeitszusammenhang** festgestellt werden. Dieser ist gegeben, wenn der tatbestandsmäßige Erfolg (sprich die Gefährdung des jeweils geschützten Rechtsguts) bei pflichtgemäßem Verhalten mit hoher Wahrscheinlichkeit ausgeblieben wäre und ausgeschlossen wer-den kann, dass der Erfolgseintritt einen unvermeidbaren Ausreißer darstellt (BGHSt 37, 55 (67); OLG Koblenz LRE 15, 199; OLG Zweibrücken LRE 28, 392).

61 Im Zusammenhang mit der **subjektiven Pflichtwidrigkeit** (BGHSt 40, 341 (348); BayObLG NJW 1998, 3580) ist zu beachten, dass grds. Lebensmittelunternehmer (Art. 3 Nr. 3 BasisVO) über die erforderlichen individuellen Fähigkeiten verfügen werden. Zudem ist in diesem Bereich, namentlich im Hinblick auf den hohen Stellenwert der geschützten Rechtsgüter, zu prüfen, ob den Unternehmer ein **Übernahmeverschulden** trifft, wenn er nicht über die individuellen Fähigkeiten verfügt, gleichwohl aber in einem Bereich tätig ist, der mit einer Vielzahl, zudem hochspezifischer Pflichten einhergeht (BGHSt 10, 133).

II. Lebensmittelrechtliche Sorgfaltspflichten

Die lebensmittelrechtlichen Sorgfaltspflichten orientieren sich in objektiver Hinsicht an einem **be-** **62** **sonnenen und gewissenhaften Lebensmittelunternehmer** (Art. 3 Nr. 3 BasisVO) des jeweiligen Verkehrskreises, der im Rahmen seiner Möglichkeiten dafür zu sorgen hat, dass Beschaffenheit und Bezeichnung eines Lebensmittels im Einklang mit den gesetzlichen Bestimmungen stehen (Zipfel/ Rathke LebensmittelR/*Dannecker* Vor §§ 58–62 Rn. 171). Im Hinblick auf die hochrangigen Schutzgüter sind insoweit **strenge Maßstäbe an die Sorgfaltsanforderungen** zu stellen (BGH LRE 1, 21). Die Anforderungen, die an den Unternehmer gestellt werden, müssen aber **verhältnismäßig** sein (Zipfel/Rathke LebensmittelR/*Dannecker* Vor §§ 58–62 Rn. 175; sa Achenbach/Ransiek/Rönnau WirtschaftsStR–HdB/*Bülte* Teil 2 Kap. 2 Rn. 103, 104).

Jeder Beteiligte in der **Lebensmittelkette** ist – unabhängig von der Stufe auf der er sich befindet – für **63** die Einhaltung der gesetzlichen Bestimmungen über die Beschaffenheit und Bezeichnung eines Erzeugnisses verantwortlich (Meyer/Streinz BasisVO Art. 17 Rn. 7 mwN; sa *Meyer* ZLR 2007, 91; *Preuß* ZLR 2007, 85; *Benz* ZLR 1989, 553; *Dannecker* ZLR 2002, 19). Angesichts des auch im Lebensmittelstrafrechts geltenden Schuldprinzips kann jedoch keine Verantwortung für die außerhalb des Einflussbereichs eines Unternehmens liegenden Vorgänge begründet werden. Demnach bestehen **unterschiedlich hohe Sorgfaltsmaßstäbe**, die abhängig von der Stellung des Unternehmers in der Lebensmittelkette (vgl. **Art. 17 Abs. 1 BasisVO**), den insoweit gegebenen und zumutbaren Einflussnahmemöglichkeiten sowie der Nähe zum Verbraucher sind. Diese – zutreffend als **differenzierte Stufenverantwortlichkeit** bezeichnete (Meyer/Streinz BasisVO Art. 17 Rn. 8; Achenbach/Ransiek/Rönnau WirtschaftsStR– HdB/*Dannecker/Bülte* Teil 2 Kap. 2 Rn. 111; → Rn. 70 ff.) – Abgrenzung der Pflichtenkreise der Glieder der Lebensmittelkette war der Sache nach bereits zuvor in der lebensmittelstrafrechtlichen Rspr. anerkannt.

Neben der Stellung des Unternehmers innerhalb der Absatzkette sind **weitere Wertungskriterien** **64** (→ Rn. 67 f.) zur Bestimmung des Sorgfaltsmaßstabes heranzuziehen. Maßgeblich sind insoweit die **Vorgaben der einschlägigen Rechtsvorschriften.** Hinzu kommen die Umstände, die für **Umfang und Ausgestaltung** der Sorgfaltspflichten maßgeblich sind. Diese Umstände müssen im konkreten Einzelfall festgestellt und in nachprüfbarer Weise dargelegt werden. Sämtliche Wertungskriterien und haftungsrelevanten Umstände einschließlich der Stellung des Betroffenen innerhalb der Lebensmittelkette sind dabei in angemessener Gewichtung umfassend zu würdigen.

III. Pflichtendelegation

Die **Delegation** von unternehmerischen Pflichten ist **grds. zulässig** (Meyer/Streinz BasisVO Art. 17 **65** Rn. 10 ff. mwN; OLG Koblenz LMRR 2000, 21). Bei der **Auswahl** des Beauftragten (der Betriebsinterner oder -externer sein kann) treffen den Unternehmer aber **eigenständige Sorgfaltspflichten** (Achenbach/Ransiek/Rönnau WirtschaftsStR-HdB/*Dannecker/Bülte* Teil 2 Kap. 2 Rn. 124 ff.). Wird diesen nicht entsprochen, kann dies Anknüpfungstatsache eines Fahrlässigkeitsvorwurfes sein. In der Person des Beauftragten muss sichergestellt sein, dass dieser aufgrund seiner Stellung und Vorbildung **in der Lage ist, die übertragene Aufgabe zu erfüllen** (LG Bad Kreuznach LMRR 1990, 28). Darüber hinaus ist der Beauftragte hinreichend zu belehren und zu unterweisen (KG LMRR 1996, 85).

Mit der pflichtgemäßen Delegation erlischt die originäre Sorgfaltspflicht des Unternehmers nicht. Sie **66** besteht in anderer Form fort. Insbesondere ist die sachgerechte Ausübung der delegierten Pflichten durch den Unternehmer zu überwachen **(Aufsichtspflicht)**. Intensität und Umfang der Überwachung hängen maßgeblich von den Umständen des Einzelfalls ab (Meyer/Streinz BasisVO Art. 17 Rn. 15 mwN). Die Qualifikation des Beauftragten sowie die Dauer der bisherigen (beanstandungsfreien) Delegation stellen hierbei aussagekräftige Umstände zur Bestimmung des Umfangs der Aufsichtspflicht dar (OLG Düsseldorf LMRR 1994, 61; OLG Koblenz LMRR 1973, 13). Die **Ausübung der Überwachung** kann der Betriebsleiter ebenfalls **delegieren** (Meyer/Streinz BasisVO Art. 17 Rn. 16); ggf. verlangt pflichtgemäßes Verhalten sogar die Delegation (OLG Koblenz LMRR 1985, 37). Dann besteht aber eine Aufsichtspflicht hinsichtlich des mit der Überwachung Beauftragten (BGHSt 25, 158).

Ein strafrechtlicher Fahrlässigkeitsvorwurf erfordert zunächst Feststellungen dazu, gegen welche Pflichten der Delegierende verstoßen hat. Darüber hinaus (insbes. bei Aufsichtspflichtverletzungen) bedarf es der **Feststellung,** dass eine bestimmte Maßnahme des Delegierenden den Pflichtverstoß des Beauftragten verhindert hätte (BGH LMRR 1976, 2; 1981, 17).

IV. Haftungsrelevante Umstände im Lebensmittelstrafrecht

Allgemeine, für jeden Unternehmer innerhalb der Lebensmittelkette relevante Umstände ergeben **67** sich zunächst aus dem konkreten **Erzeugnis**, das hergestellt oder vertrieben wird (Zipfel/Rathke LebensmittelR/*Dannecker* Vor §§ 58–62 Rn. 174). Hierbei ist dessen Art und Beschaffenheit ein wesentlicher Anknüpfungspunkt. Die Sorgfaltspflichten sind in dieser Hinsicht umso höher, je mehr aufgrund Art und Beschaffenheit die Wahrscheinlichkeit der Abweichung zunimmt. Umgekehrt liegt ein Sorgfaltspflichtenverstoß eher fern, wenn die fragliche Abweichung erfahrungsgemäß selten auftritt. Weiter ist in diesem Zusammenhang die **Gefährdungseignung des jeweiligen Erzeugnisses** in den Blick zu nehmen (Zipfel/Rathke LebensmittelR/*Dannecker* Vor §§ 58–62 Rn. 174; Achenbach/Ransiek/Rönnau WirtschaftsStR–HdB/*Dannecker/Bülte* Teil 2 Kap. 2 Rn. 105).

68   Ebenfalls von allgemeiner Bedeutung ist die **Herstellungsart.** Auch diese determiniert die Häufigkeit von Regelwidrigkeiten und begründet damit unterschiedliche Anforderungen an die Sorgfalt des Unternehmers. Nämliches gilt für die **Verpackung, die Vertriebsmenge und die Vertriebswege** (Zipfel/Rathke LebensmittelR/*Dannecker* Vor §§ 58–62 Rn. 174).

69   Wenngleich wirtschaftlichen Interessen zu Gunsten eines effektiven Gesundheits- und Verbraucherschutzes grds. zurück zu treten haben, beeinflussen auch die anfallenden **Untersuchungskosten und deren Zumutbarkeit** für den konkreten Unternehmer die jeweilige Sorgfaltspflicht (Achenbach/Ransiek/Rönnau WirtschaftsStR–HdB/*Dannecker/Bülte* Teil 2 Kap. 2 Rn. 106). Die Erkennbarkeit des Mangels im Rahmen zumutbarer Untersuchungen ist hier darüber hinaus ebenso zu berücksichtigen, wie die gebotene Zahl der Stichproben und die Art der Untersuchung. Die Pflichten zur Untersuchung und Überprüfung eines Erzeugnisses hängt dabei auch davon ab, in welchem Umfang in Vergangenheit Normabweichungen aufgetreten sind (Zipfel/Rathke LebensmittelR/*Dannecker* Vor §§ 58–62 Rn. 174).

V. Gestufte Verantwortlichkeit in der Handelskette

70   **1. Sorgfaltspflichten des Herstellers.** Dem Unternehmer, der das Erzeugnis herstellt (→ Vorb. Rn. 46 ff.), kommt eine **herausragende Verantwortung** dafür zu, dass dessen Beschaffenheit und Bezeichnung im Einklang mit den gesetzlichen Bestimmungen stehen (BGHSt 5, 284). Er hat alle einschlägigen gesetzlichen Vorschriften zu kennen (Meyer/Streinz BasisVO Art. 17 Rn. 19) und sicherzustellen, dass er über maßgebliche rechtliche oder tatsächliche Änderungen – insbes. der maßgeblichen Verkehrsauffassung (→ § 59 Rn. 16 ff.) – hinreichend informiert ist.

71   Darüber hinaus ist er gehalten, das Unternehmen so zu organisieren, dass die rechtlichen und tatsächlichen Vorgaben für die Produktion eingehalten werden (Zipfel/Rathke LebensmittelR/*Dannecker* Vor §§ 58–62 Rn. 182). Dies gilt insbes. auch im Hinblick auf die **Hygiene der Produktions- und Lagerstätten** (OLG Stuttgart LMRR 1994, 45). Das **Personal ist sorgfältig auszuwählen** und über die einschlägigen gesetzlichen Vorschriften **zu informieren.** Die Einhaltung der gesetzlichen Vorgaben ist regelmäßig **zu überwachen.** Umfang und Intensität bestimmen sich nach den Umständen des Einzelfalls, wobei insoweit die Fehleranfälligkeit der konkreten Produktion und des hergestellten Erzeugnisses (→ Rn. 67 f.), die Betriebsgröße und insbes. auch das Bekanntwerden von Unzulänglichkeiten in der Vergangenheit bedeutsam sind.

72   Durch eine ausreichende Zahl von **Stichproben** (KG LRE 9, 116; OLG Karlsruhe LRE 12, 205; OLG Koblenz LRE 15, 129) sowohl eventueller Zwischenprodukte als auch der Enderzeugnisse ist sicherzustellen, dass Beschaffenheit und Bezeichnung des Erzeugnisses im Einklang mit den gesetzlichen Bestimmungen stehen. Ein quantitativer Umfang lässt sich in diesem Zusammenhang nicht abstrakt bestimmen. Es muss aber gewährleistet sein, dass das Inverkehrbringen von gesetzeswidrig beschaffenen oder aufgemachten Erzeugnissen mit Ausnahme unvermeidbarer Ausreißer mit ausreichender Wahrscheinlichkeit verhindert wird (Meyer/Streinz BasisVO Art. 17 Rn. 23).

73   **2. Sorgfaltspflichten des Importeurs.** Der Sorgfaltsmaßstab des Importeurs ist **ähnlich streng, wie der des Herstellers.** Dies ergibt sich daraus, dass der Importeur vergleichbar dem Hersteller als **erstes Glied der Handelskette im Inland** anzusehen ist und beim Import von Erzeugnissen die Einhaltung der inländischen gesetzlichen Bestimmungen über die Beschaffenheit und Bezeichnung eines Erzeugnisses nicht zwangsläufig sichergestellt ist (BGH LRE 3, 364; GRUR 1964, 606; OLG Düsseldorf ZLR 1988, 42). Hierbei ist aber zu berücksichtigen, dass diese Grundsätze uneingeschränkt nur gelten, wenn Erzeugnisse aus einem **Drittland außerhalb der EU** eingeführt werden.

74   Bei **innergemeinschaftlichen Lieferungen** sind demgegenüber die **§§ 53, 54** zu berücksichtigen. Insoweit sowie aufgrund der Tatsache, dass im Bereich des Lebensmittelrechts vielfach gemeinschaftsrechtliche Vorgaben existieren, sind die Sorgfaltspflichten im innergemeinschaftlichen Handel für den Verbringer weniger streng (Meyer/Streinz BasisVO Art. 17 Rn. 30 mwN).

75   Materiell sind für den Importeur, sprich den Unternehmer, der Erzeugnisse aus einem Drittstaat einführt, zunächst die Art. 14–25 der **VO (EG) Nr. 882/2004** und die Vorschriften der LMEV zu beachten (= Nr. 495 des Kommentars). Darüber hinaus ist der Importeur gehalten, sich über die **Arbeitsweise des ausländischen Geschäftspartners** ausreichende Kenntnis zu verschaffen (KG LMRR 1982, 41). Daneben sind die **importierten Erzeugnisse stichprobenweise zu überprüfen,** um sicherzustellen, dass die inländischen Bestimmungen über die Beschaffenheit und Bezeichnung eines Erzeugnisses eingehalten sind (OLG Koblenz LMRR 1982, 8; 1987, 5). Hier gelten die obigen Ausführungen zur Untersuchungspflicht des Herstellers (→ Rn. 72) sinngemäß.

76   Der innergemeinschaftliche Verbringer genügt seinen Sorgfaltspflichten demgegenüber grds. bereits dann, wenn behördliche Bescheinigungen oder solche von behördlich anerkannten Institutionen vor-

liegen, die die gesetzesgemäße Beschaffenheit des Erzeugnisses bestätigen (*Meyer/Streinz* BasisVO Art. 17 Rn. 30; vgl. auch EuGH EuZW 1990, 97; Achenbach/Ransiek/Rönnau WirtschaftsStR-HdB/ *Dannecker/Bülte* Teil 2 Kap. 2 Rn. 107). IÜ sind die Anforderungen an den Verbringer denen des Großhändlers vergleichbar (vgl. nachfolgend → Rn. 77 ff.).

3. Sorgfaltspflicht des Großhändlers. An die Sorgfaltspflichten des Großhändlers sind **grds.** **77** **weniger strenge Anforderungen** zu stellen, als an die des Herstellers oder des Importeurs (Zipfel/ Rathke LebensmittelR/*Dannecker* Vor §§ 58–62 Rn. 225). Gleichwohl ist er gehalten, die ihm gelieferten **Erzeugnisse stichprobenartig zu überprüfen** (OLG Hamm LMRR 1957, 6; OLG Düsseldorf LMRR 1978, 22; OLG Hamburg LRE 14, 192) soweit er nicht anderweitig Gewähr dafür hat, dass die gesetzlichen Bestimmungen über die Beschaffenheit und Bezeichnung eines Erzeugnisses eingehalten sind. Dies zB kann durch entsprechende Bescheinigungen des Vorlieferanten über Untersuchungen und deren Ergebnis sichergestellt sein (OLG Hamburg LMRR 1982, 50).

Abhängig von der Art des Erzeugnisses sowie der Dauer und der Art der Lagerung ist der Großhändler **78** zu unterschiedlich intensiven Überprüfungen der von ihm ausgelieferten Erzeugnisse verpflichtet. Für mögliche oder tatsächliche **Veränderungen des Erzeugnisses in seinem Einflussbereich trägt er die Verantwortung** (Zipfel/Rathke LebensmittelR/*Dannecker* Vor §§ 58–62 Rn. 225a mwN). Insbesondere hat er sicherzustellen, dass ordnungsgemäße **Lagerbedingungen** gewährleistet sind. Traten während der Lagerung Umstände ein, die eine relevante Beeinflussung der Beschaffenheit möglich erscheinen lassen, erhöhen sich die Untersuchungspflichten vor der Auslieferung. IÜ sind die Erzeugnisse zumindest nach ihrem **äußeren Erscheinungsbild** (Auffälligkeiten der Verpackung etc) vor der Auslieferung zu überprüfen.

4. Sorgfaltspflicht des Einzelhändlers. Der Einzelhändler trägt zwar als letztes Glied in der Ver- **79** triebskette ebenfalls Verantwortung dafür, dass die gesetzlichen Bestimmungen über die Beschaffenheit und Bezeichnung des von ihm in den Verkehr gebrachten Erzeugnisses eingehalten werden. Er kann jedoch angesichts der Sorgfaltspflichten der ihm in der Lebensmittelkette vorgeschalteten Unternehmer **grds. auf die Verkehrsfähigkeit der ihm gelieferten Erzeugnisse vertrauen** (sa Achenbach/ Ransiek/Rönnau WirtschaftsStR-HdB/*Dannecker/Bülte* Teil 2 Kap. 2 Rn. 107; Hecker LMBG § 51 Rn. 181). Insbesondere trifft ihn eine eigenständige Untersuchungspflicht hinsichtlich der angelieferten Waren nur dann, wenn hierfür - sei es aufgrund in Vergangenheit aufgetretener Verbraucherbeschwerden, sei es aufgrund bei der Anlieferung feststellbarer Anzeichen für eine Qualitätsbeeinträchtigung - Anhaltspunkte bestehen.

Demgegenüber ist er für mögliche oder tatsächliche Veränderungen der Beschaffenheit der Erzeug- **80** nisse **in seinem Einflussbereich verantwortlich** (OLG Koblenz LMRR 1985, 36; OLG Hamm ZLR 1976, 212; KG LMRR 1996, 85; 1998, 88). Demgemäß trifft ihn eine Überwachungs- und Überprüfungspflicht, bevor er die Waren in Verkehr bringt. Diese wird hinsichtlich Intensität und Häufigkeit von der Art. des Erzeugnisses sowie der Dauer und der Art der Lagerung determiniert (KG LMRR 1986, 46; OLG Düsseldorf LMRR 1987, 20).

5. Die Verpflichtung zum Rückruf (Art. 19, 20 BasisVO). Art. 19 BasisVO verpflichtet Lebens- **81** mittelunternehmer (Art. 3 Nr. 3 BasisVO) in einem nach dem Gefährdungspotenzial **abgestuften Maßnahmenkatalog** dazu Lebensmittel vom Markt zu nehmen, wenn diese den Sicherheitsanforderungen, die in Art. 14 BasisVO statuiert sind, nicht entsprechen. Entsprechende Regelungen finden sich in Art. 20 BasisVO für Futtermittelunternehmer (Art. 3 Nr. 5, 6 BasisVO). Insoweit sind spezielle **Informationspflichten** (ggü. Behörden und Verbrauchern) statuiert, daneben sind die erforderlichen **Rücknahmemaßnahmen** zu ergreifen (vgl. Meyer/Streinz BasisVO Art. 19 Rn. 9 ff., 19 ff., 23; Achenbach/Ransiek/Rönnau WirtschaftsStR-HdB/*Dannecker/Bülte* Teil 2 Kap. 2 Rn. 117 ff.). Kommt der jeweilige Unternehmer den insoweit gegebenen Pflichten nicht nach, kommt die Verwirklichung von Tatbeständen des StGB durch Unterlassen in Betracht (→ Vorb. Rn. 49).

D. Konkurrenzen

Werden durch einen lebensmittelstrafrechtlich relevanten Sachverhalt **mehrere Straftatbestände** **82** **verwirklicht,** bestimmen sich die konkurrenzrechtlichen Verhältnisse der Tatbestände untereinander grds. nach den **allgemeinen Vorschriften (§§ 52 ff. StGB).** Insoweit ist nach den allgemeinen Grundsätzen zu klären, ob in konkurrenzrechtlichem Sinne **eine oder mehrere Handlungen** gegeben sind und in welchem Verhältnis die verwirklichten Tatbestände zu einander stehen (vgl. insoweit Fischer StGB Vor § 52 Rn. 1 ff.).

Bei der Beurteilung ob eine oder mehrere Handlungen im konkurrenzrechtlichen Sinne gegeben **83** sind, ist insbes. in den Blick zu nehmen, in welchem **räumlichen und zeitlichen Zusammenhang** die Verstöße stehen und auf welcher **Motivationslage** des Täters sie beruhen. Weiter ist zu berücksichtigen, ob es sich um **Dauerstraftaten** handelt und ob der Tatbestand durch **Unterlassen oder ein positive Tun** verwirklicht wurde (vgl. zusammenfassend *Iburg* NStZ 2005, 673 mwN aus der Rspr.). In Betracht kommt bei lebensmittelrechtlichen Straftaten auch die Zusammenfassung mehrere selbststándiger Handlung zu einer rechtlichen Handlungseinheit unter dem Aspekt der **Bewertungseinheit** (vgl. dazu allgemein Fischer StGB Vor § 52 Rn. 12).

84   Auf der Ebene der **Gesetzeskonkurrenz** ist insbes. zwischen den einzelnen Tatbeständen der §§ 58, 59 einerseits und den Straftatbeständen der lebensmittelrechtlichen Spezialgesetze andererseits zu prüfen, ob Fälle der **Spezialität, der Subsidiarität oder der Konsumtion** gegeben sind (vgl. allgemein Fischer StGB Vor § 52 Rn. 39 ff.). Namentlich in den Fällen, in denen **sowohl gegen Herstellungs- als auch gegen Verkehrsverbote verstoßen wird** und dadurch eigenständige Tatbestände verwirklicht werden (zB Verstoß gegen das Herstellungsverbot des § 5 Abs. 1 S. 1 = Straftat nach § 58 Abs. 1 Nr. 1 einerseits und gegen das Verkehrsverbot aus Art. 14 Abs. 1 iVm Abs. 2 Buchst. a BasisVO = Straftat nach § 58 Abs. 2 Nr. 1 andererseits) gilt Folgendes:
Beruhen beide Handlungen auf einem **einheitlichen Willensentschluss,** geht die Herstellungshandlung in der Vertriebshandlung auf (Konsumtion oder mitbestrafte Vortat). War das **Inverkehrbringen zur Zeit der Herstellung noch nicht geplant,** was tatsächlich freilich eher die Ausnahme sein wird, ist demgegenüber **Tatmehrheit** gegeben, ohne dass ein Tatbestand den anderen verdrängt. Nämliches gilt, wenn gegen beide Verbote fahrlässig verstoßen wird, der Verstoß gegen das Herstellungsverbot fahrlässig, der gegen das Verkehrsverbot indes zumindest bedingt vorsätzlich erfolgt oder in dem – indes eher theoretischen – Fall, dass vorsätzlich gegen das Herstellungsverbot verstoßen wird, das Inverkehrbringen aber fahrlässig erfolgt.

85   IÜ ist für die Beurteilung der Gesetzeskonkurrenz zwischen den einzelnen lebensmittelstrafrechtlichen Tatbeständen der jeweilige **Schutzzweck** in den Blick zu nehmen. Unterscheiden sich diese oder erweisen sich die jeweiligen **Verstöße als von qualitativ unterschiedlicher Art,** so dass sämtliche verwirklichten Tatbestände auch in den Urteilsformel zum Ausdruck gebracht werden müssen, um Unrechts- und Schuldgehalt zutreffend zu beschreiben, ist eine tateinheitliche oder -mehrheitliche Verurteilung geboten, ohne dass auf Ebene der Gesetzeskonkurrenz eine Verdrängung erfolgt.

86   Vor diesem Hintergrund ist auch regelmäßig zwischen den **lebensmittelstrafrechtlichen Tatbeständen und anderweitiger Straftaten nach dem StGB** oder sonstiger nebenstrafrechtlicher Vorschriften **keine Gesetzeskonkurrenz** gegeben. Demnach kommt insbes. **Tateinheit** zwischen Verstößen gegen lebensmittelrechtliche Verkehrsverbote mit vorsätzlicher oder fahrlässiger **Körperverletzung** (§§ 223, 229 StGB), mit **gefährlicher Körperverletzung** nach § 224 Abs. 1 Nr. 1 und Nr. 5 StGB und mit **Tötungsdelikten** (§§ 211, 212, 222 StGB) in Betracht, wobei die allgemeinen Straftaten auch lediglich versucht sein können (vgl. zB OLG Koblenz ZLR 1981, 165; OLG Stuttgart wistra 1995, 112). Gleiches gilt im Verhältnis zu **§ 314 StGB** (Fischer StGB § 314 Rn. 15, vgl. insoweit auch *Seher* NJW 2004, 113). Gesundheitsgefährdende oder verzehrsuntaugliche Lebensmittel und sonstige den Vorschriften des LFGB nicht entsprechende Erzeugnisse sind in der Regel auch wertgemindert sein. Werden sie gleichwohl zu den marktüblichen Preisen verkauft, beim Käufer ein Irrtum hervorgerufen und ein Vermögensschaden verursacht, kommt auch die Verwirklichung des **§ 263 StGB** in Betracht, der mit den diesbezüglichen lebensmittelrechtlichen Straftaten ebenfalls in Tateinheit stehen kann (vgl. Zipfel/Rathke LebensmittelR/*Dannecker* Vor §§ 58–62 Rn. 245; *Retemeyer* NZWiSt 2013, 241; *Wallau* ZLR 2014, 426; s. auch BGH wistra 2015, 392).

§ 59 Strafvorschriften

(1) Mit Freiheitsstrafe bis zu einem Jahr oder mit Geldstrafe wird bestraft, wer

1. **entgegen § 6 Absatz 1 Nummer 1 in Verbindung mit einer Rechtsverordnung nach § 7 Absatz 1 Nummer 1 einen nicht zugelassenen Lebensmittelzusatzstoff verwendet, Ionenaustauscher benutzt oder ein Verfahren anwendet,**
2. **entgegen § 6 Absatz 1 Nummer 2 in Verbindung mit einer Rechtsverordnung nach § 7 Absatz 1 Nummer 1 oder Absatz 2 Nummer 1 oder 5 ein Lebensmittel in den Verkehr bringt,**
3. **entgegen § 6 Absatz 1 Nummer 3 in Verbindung mit einer Rechtsverordnung nach § 7 Absatz 1 Nummer 1 oder Absatz 2 Nummer 5 einen Lebensmittelzusatzstoff oder Ionenaustauscher in den Verkehr bringt,**
4. **entgegen § 8 Absatz 1 Nummer 1 in Verbindung mit einer Rechtsverordnung nach Absatz 2 Nummer 1 eine nicht zugelassene Bestrahlung anwendet,**
5. **entgegen § 8 Absatz 1 Nummer 2 in Verbindung mit einer Rechtsverordnung nach Absatz 2 ein Lebensmittel in den Verkehr bringt,**
6. **entgegen § 9 Absatz 1 Satz 1 Nummer 1 in Verbindung mit einer Rechtsverordnung nach Absatz 2 Nummer 1 Buchstabe a oder entgegen § 9 Absatz 1 Satz 1 Nummer 2 oder Nummer 3 ein Lebensmittel in den Verkehr bringt,**
7. **entgegen § 11 Absatz 1 ein Lebensmittel in den Verkehr bringt oder für ein Lebensmittel wirbt,**
8. **entgegen § 11 Absatz 2 Nummer 1 ein Lebensmittel in den Verkehr bringt,**

9. entgegen § 11 Absatz 2 Nummer 2 ein Lebensmittel ohne ausreichende Kenntlichmachung in den Verkehr bringt,
10. entgegen § 17 Absatz 1 Satz 1 Nummer 2 ein Futtermittel herstellt oder behandelt,
10a. entgegen § 17a Absatz 1 Satz 1 nicht dafür Sorge trägt, dass eine dort genannte Versicherung besteht,
11. entgegen § 19 ein Futtermittel in den Verkehr bringt oder für ein Futtermittel wirbt,
12. entgegen § 21 Absatz 3 Satz 1 Nummer 1 Buchstabe a ein Futtermittel in den Verkehr bringt oder verfüttert,
13. entgegen § 27 Absatz 1 Satz 1 ein kosmetisches Mittel unter einer irreführenden Bezeichnung, Angabe oder Aufmachung in den Verkehr bringt oder mit einer irreführenden Darstellung oder Aussage wirbt,
14. entgegen § 28 Absatz 2 ein kosmetisches Mittel in den Verkehr bringt, das einer Rechtsverordnung nach § 28 Absatz 1 Nummer 1 oder 2 in Verbindung mit § 32 Absatz 1 Nummer 4 Buchstabe a oder Nummer 5 nicht entspricht,
15. entgegen § 31 Absatz 1 oder 2 Satz 2 ein Material oder einen Gegenstand als Bedarfsgegenstand verwendet oder in den Verkehr bringt,
16. entgegen § 31 Absatz 3 ein Lebensmittel in den Verkehr bringt,
17. entgegen § 32 Absatz 2 in Verbindung mit einer Rechtsverordnung nach Absatz 1 Nummer 4 Buchstabe a oder Nummer 5 einen Bedarfsgegenstand in den Verkehr bringt,
18. entgegen § 33 Absatz 1 ein Material oder einen Gegenstand unter einer irreführenden Bezeichnung, Angabe oder Aufmachung in den Verkehr bringt oder mit einer irreführenden Darstellung oder Aussage wirbt,
19. entgegen § 53 Absatz 1 Satz 1 in Verbindung mit
    a) § 17 Absatz 1 Satz 1 Nummer 1 Futtermittel,
    b) § 26 Satz 1 ein kosmetisches Mittel, einen Stoff oder ein Gemisch,
    c) § 30 einen Bedarfsgegenstand, einen Gegenstand oder ein Mittel oder
    d) Artikel 14 Absatz 2 Buchstabe a der Verordnung (EG) Nr. 178/2002 ein gesundheitsschädliches Lebensmittel
    in das Inland verbringt,
20. einer vollziehbaren Anordnung nach § 41 Absatz 2 Satz 1, Absatz 3 oder 6 Satz 1 oder 3 zuwiderhandelt oder
21. einer Rechtsverordnung nach
    a) § 7 Absatz 2 Nummer 1, 2, 3 oder 5, § 8 Absatz 2 Nummer 2, § 9 Absatz 2 Nummer 1 Buchstabe b, § 13 Absatz 1 Nummer 4, 5 oder Nummer 6, Absatz 3 Satz 1 oder Absatz 4 Nummer 1 Buchstabe a, b oder c oder Nummer 2, § 29 Absatz 1 Nummer 3, § 31 Absatz 2 Satz 1, § 32 Absatz 1 Nummer 4 Buchstabe b, auch in Verbindung mit § 28 Absatz 1 Nummer 2, § 32 Absatz 1 Nummer 7, § 33 Absatz 2, § 34 Satz 1 Nummer 3 oder 4, § 56 Absatz 1 Satz 1 Nummer 1 oder Absatz 4 Nummer 2 in Verbindung mit Absatz 1 Satz 1 Nummer 1 oder § 57 Absatz 7 Satz 1 Nummer 3 Buchstabe c in Verbindung mit § 56 Absatz 1 Satz 1 Nummer 1 oder
    b) § 13 Absatz 5 Satz 1 Nummer 1

oder einer vollziehbaren Anordnung aufgrund einer solchen Rechtsverordnung zuwiderhandelt, soweit die Rechtsverordnung für einen bestimmten Tatbestand auf diese Strafvorschrift verweist.

(2) Ebenso wird bestraft, wer

1. gegen die Verordnung (EG) Nr. 178/2002 verstößt, indem er
   a) entgegen Artikel 14 Absatz 1 in Verbindung mit Absatz 2 Buchstabe b ein Lebensmittel in den Verkehr bringt,
   b) entgegen Artikel 15 Absatz 1 in Verbindung mit Absatz 2 Spiegelstrich 2 ein Futtermittel in den Verkehr bringt oder verfüttert,
   c) entgegen Artikel 19 Absatz 1 Satz 1 ein Verfahren nicht, nicht vollständig oder nicht rechtzeitig einleitet, um ein Lebensmittel vom Markt zu nehmen, oder
   d) entgegen Artikel 20 Absatz 1 Satz 1 ein Verfahren nicht, nicht vollständig oder nicht rechtzeitig einleitet, um ein Futtermittel für Tiere, die der Lebensmittelgewinnung dienen, vom Markt zu nehmen,
2. entgegen Artikel 19 der Verordnung (EG) Nr. 396/2005 des Europäischen Parlaments und des Rates vom 23. Februar 2005 über Höchstgehalte an Pestizidrückständen in oder auf Lebens- und Futtermitteln pflanzlichen und tierischen Ursprungs und zur Änderung der Richtlinie 91/414/EWG des Rates (ABl. L 70 vom 16.3.2005, S. 1), die zuletzt durch die Verordnung (EU) 2016/1 (ABl. L 2 vom 5.1.2016, S. 1) geändert worden ist, ein Erzeugnis, soweit es sich dabei um ein Lebensmittel handelt, verarbeitet oder mit einem anderen Erzeugnis, soweit es sich dabei um ein Lebensmittel handelt, mischt,
3. gegen die Verordnung (EG) Nr. 1924/2006 des Europäischen Parlaments und des Rates vom 20. Dezember 2006 über nährwert- und gesundheitsbezogene Angaben über Lebensmittel (ABl. L 404 vom 30.12.2006, S. 9, L 12 vom 18.1.2007, S. 3, L 86 vom 28.3.2008, S. 34, L 198 vom 30.7.2009, S. 87, L 160 vom 12.6.2013, S. 15), die zuletzt durch die

Verordnung (EU) Nr. 1047/2012 (ABl. L 310 vom 9.11.2012, S. 36) geändert worden ist, verstößt, indem er entgegen Artikel 3 Unterabsatz 1 in Verbindung mit
  a) Artikel 3 Unterabsatz 2 Buchstabe a bis c, d Satz 1 oder Buchstabe e,
  b) Artikel 4 Absatz 3,
  c) Artikel 5 Absatz 1 Buchstabe a bis d oder Absatz 2,
  d) Artikel 8 Absatz 1,
  e) Artikel 9 Absatz 2,
  f) Artikel 10 Absatz 1, 2 oder Absatz 3 oder
  g) Artikel 12

eine nährwert- oder gesundheitsbezogene Angabe bei der Kennzeichnung oder Aufmachung eines Lebensmittels oder bei der Werbung verwendet,

4. entgegen Artikel 4 der Verordnung (EG) Nr. 1332/2008 des Europäischen Parlaments und des Rates vom 16. Dezember 2008 über Lebensmittelenzyme und zur Änderung der Richtlinie 83/417/EWG des Rates, der Verordnung (EG) Nr. 1493/1999 des Rates, der Richtlinie 2000/13/EG des Rates sowie der Verordnung (EG) Nr. 258/97 (ABl. L 354 vom 31.12.2008, S. 7), die durch die Verordnung (EU) Nr. 1056/2012 (ABl. L 313 vom 13.11.2012, S. 9) geändert worden ist, ein Lebensmittelenzym als solches in den Verkehr bringt oder in Lebensmitteln verwendet,

5. gegen die Verordnung (EG) Nr. 1333/2008 des Europäischen Parlaments und des Rates vom 16. Dezember 2008 über Lebensmittelzusatzstoffe (ABl. L 354 vom 31.12.2008, S. 16, L 105 vom 27.4.2010, S. 114, L 322 vom 21.11.2012, S. 8, L 123 vom 19.5.2015, S. 122), die zuletzt durch die Verordnung (EU) 2015/1832 (ABl. L 266 vom 13.10.2015, S. 27) geändert worden ist, verstößt, indem er
  a) entgegen Artikel 4 Absatz 1 einen Lebensmittelzusatzstoff als solchen in den Verkehr bringt oder in Lebensmitteln verwendet,
  b) entgegen Artikel 4 Absatz 2 einen Lebensmittelzusatzstoff in Lebensmittelzusatzstoffen, -enzymen oder -aromen verwendet oder
  c) entgegen Artikel 5 in Verbindung mit
    aa) Artikel 15,
    bb) Artikel 16,
    cc) Artikel 17 oder
    dd) Artikel 18
einen Lebensmittelzusatzstoff oder ein Lebensmittel in den Verkehr bringt,

6. gegen die Verordnung (EG) Nr. 1334/2008 verstößt, indem er
  a) entgegen Artikel 5 in Verbindung mit Artikel 4 ein Aroma oder ein Lebensmittel in Verkehr bringt, wenn die Tat nicht in § 58 Absatz 2a Nummer 1 Buchstabe a mit Strafe bedroht ist, oder
  b) entgegen Artikel 10 ein Aroma oder einen Ausgangsstoff verwendet oder

7. gegen die Verordnung (EU) Nr. 10/2011 verstößt, indem er
  a) entgegen Artikel 4 Buchstabe e in Verbindung mit Artikel 10, auch in Verbindung mit Artikel 13 Absatz 1, ein Material oder einen Gegenstand aus Kunststoff in Verkehr bringt, oder
  b) entgegen Artikel 4 Buchstabe e in Verbindung mit Artikel 11 Absatz 1 Satz 1 oder Absatz 2 oder Artikel 12, jeweils auch in Verbindung mit Artikel 13 Absatz 1 oder Absatz 5, ein Material oder einen Gegenstand aus Kunststoff in Verkehr bringt.

(3) Ebenso wird bestraft, wer

1. einer unmittelbar geltenden Vorschrift in Rechtsakten der Europäischen Gemeinschaft oder der Europäischen Union zuwiderhandelt, die inhaltlich einem in Absatz 1 Nummer 1 bis 19 bezeichneten Gebot oder Verbot entspricht, soweit eine Rechtsverordnung nach § 62 Absatz 1 Nummer 1 für einen bestimmten Tatbestand auf diese Strafvorschrift verweist oder

2. einer anderen als in Absatz 2 genannten unmittelbar geltenden Vorschrift in Rechtsakten der Europäischen Gemeinschaft oder der Europäischen Union zuwiderhandelt, die inhaltlich einer Regelung entspricht, zu der die in
  a) Absatz 1 Nummer 21 Buchstabe a genannten Vorschriften ermächtigen, soweit eine Rechtsverordnung nach § 62 Absatz 1 Nummer 1 für einen bestimmten Straftatbestand auf diese Strafvorschrift verweist,
  b) Absatz 1 Nummer 21 Buchstabe b genannten Vorschriften ermächtigen, soweit eine Rechtsverordnung nach § 62 Absatz 2 für einen bestimmten Straftatbestand auf diese Strafvorschrift verweist.

(4) Mit Freiheitsstrafe bis zu zwei Jahren oder mit Geldstrafe wird bestraft, wer

1. durch eine in Absatz 1 Nummer 8 oder Nummer 10 oder in Absatz 2 Nummer 1 Buchstabe a oder Buchstabe b bezeichnete Handlung aus grobem Eigennutz für sich oder einen anderen Vermögensvorteile großen Ausmaßes erlangt oder

2. eine in Absatz 1 Nummer 8 oder Nummer 10 oder in Absatz 2 Nummer 1 Buchstabe a oder Buchstabe b bezeichnete Handlung beharrlich wiederholt.

Übersicht

A. Systematik des § 59

1   § 59 stellt (wie § 58 in Gestalt von **abstrakten Gefährdungsdelikten,** → Vorb. Rn. 27) insbes. Verstöße gegen die dem **Schutz der Verbraucher vor Täuschung** dienenden Ge- und Verbote des LFGB (→ Vorb. Rn. 12 f.) unter Strafe. Weitere Schutzgüter (→ Vorb. Rn. 14 ff.) sind demgegenüber allenfalls reflexartig mit einbezogen (aA Zipfel/Rathke LebensmittelR/*Domeier* Rn. 9: § 59 Abs. 1 Nr. 1–6 dienen allein dem Gesundheitsschutz; zur Abgrenzung sa Achenbach/Ransiek/Rönnau WirtschaftsStR-HdB/*Dannecker/Bülte* Teil 2 Kap. 2 Rn. 29). Aspekte des Gesundheitsschutzes finden sich insbes. in § 59 Abs. 1 Nr. 1–6, da die dort angeführten blankettausfüllenden Vorschriften (§§ 6, 8 und 9) auch dem **vorbeugenden Gesundheitsschutz** zugerechnet werden können (vgl. Erbs/Kohlhaas/ *Rohnfelder/Freytag* § 6 Rn. 2; Achenbach/Ransiek/Rönnau WirtschaftsStR-HdB/*Dannecker/Bülte* Teil 2 Kap. 2 Rn. 277). Folgt aber aus Verstößen gegen §§ 6, 8 und 9 eine Eignung des Lebensmittel zur Gesundheitsschädigung (→ § 58 Rn. 4 ff.), ist eine Strafbarkeit nach § 58 iVm den einschlägigen, dem Gesundheitsschutz dienenden, blankettausfüllenden Vorschriften zu prüfen.

2   Im Gegensatz zu § 58 ist in § 59 **lediglich vorsätzliches Handeln** unter Strafe gestellt, eine Versuchsstrafbarkeit ist nicht gegeben, zudem weist der Grundstrafrahmen des § 59 Abs. 1, ebenso wie die Qualifikationen nach § 59 Abs. 4 im Vergleich zu den Strafrahmen des § 58 eine **geringere Höchststrafe** auf (nachfolgend → Rn. 83 f.). Ebenso wie bei § 58 ist § 59 ausgehend vom Regelungsbereich der Ge- und Verbotsnormen der vorhergehenden Abschnitte, die die einzelnen Blankettatbestände der Straftatbestände ausfüllen (→ Vorb. Rn. 19 ff.), in Straftaten die aus Verstößen gegen Vorschriften betreffend Lebensmittel (nachfolgend → Rn. 3 ff.), betreffend Futtermittel (nachfolgend → Rn. 38 ff.), betreffend kosmetische Mittel (nachfolgend → Rn. 42 ff.) und betreffend Bedarfsgegenstände (nachfolgend → Rn. 45) zu untergliedern. Weiterhin sind Verstöße gegen bestimmte Rechtsverordnungen (nachfolgend → Rn. 58), gegen Vorschriften der BasisVO (nachfolgend → Rn. 60 ff.) und gegen sonstige Vorschriften in Verordnungen der Europäischen Gemeinschaft (nachfolgend → Rn. 80 ff.) unter Strafe gestellt.

B. Die Tatbestände des § 59 Abs. 1

I. Verstöße gegen § 6 (§ 59 Abs. 1 Nr. 1–3)

3   **1. Allgemeines.** § 59 Abs. 1 Nr. 1–3 sanktioniert Verstöße gegen die Verbote des § 6, die dort für Lebensmittelzusatzstoffe aufgestellt werden. **Lebensmittel-Zusatzstoffe** sind zunächst Stoffe mit oder ohne Nährwert, die in der Regel weder selbst als Lebensmittel verzehrt noch als charakteristische Zutat eines Lebensmittels verwendet werden und die einem Lebensmittel aus technologischen Gründen beim Herstellen oder Behandeln zugesetzt werden, wodurch sie selbst oder ihre Abbau- oder Reaktionsprodukte mittelbar oder unmittelbar zu einem Bestandteil des Lebensmittels werden oder werden können (§ 2 Abs. 3 S. 1 LFGB iVm Art. 3 Abs. 2 Buchst. a VO (EG) Nr. 1333/2008). Ihnen sind die in § 2 Abs. 3 S. 2 angeführt Stoffe gleichgestellt (vgl. zum Tatbestandsmerkmal des Lebensmittel-Zusatzstoffes weiterführend Meyer/Streinz § 2 Rn. 10 ff.; sa OLG Köln ZLR 2007, 231; OLG Hamm LRE 57, 326; OLG Hamburg LRE 55, 164; sa *Möstl* ZLR 2013, 682; *Breitweg-Lehmann* ZLR 2013, 373; zur Abgrenzung von Verarbeitungshilfsstoffen [Art. 3 Abs. 2 Buchst. b VO (EG) Nr. 1333/2008] OVG Lüneburg LMuR 2010, 168; VG Bremen LMuR 2012, 295). Nach § 6 besteht für Zusatzstoffe ein **Verbot mit Erlaubnisvorbehalt** (sa *Eggers* ZLR 2007, 419; *Oelrichs* ZLR 2009, 271). Insoweit wird das BMELV (vgl. § 4 Abs. 3) in § 7 ermächtigt im Wege der Rechtsverordnung Zusatzstoffe zuzulassen sowie damit einhergehende Reglungen zu treffen. Hierbei hat der Verordnungsgeber aber insbes. die **VO (EG) Nr. 1333/2008** des Europäischen Parlaments und des Rates vom 16.12.2008 über Lebensmittelzusatzstoffe (BGH LMuR 2011, 13; *Stallberg* LMuR 2011, 1; *Rathke* ZLR 2010, 163), die **VO (EG) Nr. 1331/2008** des Europäischen Parlaments und des Rates vom 16.12.2008 über ein einheitliches Zulassungsverfahren für Lebensmittelzusatzstoffe, -enzyme und -aromen und die **VO (EG) Nr. 1332/2008** des Europäischen Parlaments und des Rates vom 16.12.2008 über Lebensmittelenzyme und zur Änderung der RL 83/417/EWG des Rates, der VO (EG) Nr. 1493/1999 des Rates, der RL 2000/13/EG, der RL 2001/112/EG des Rates sowie der VO (EG) Nr. 2581/97 (→ Rn. 70a ff.) sowie weitere gemeinschaftsrechtliche Regelungen zu beachten (vgl. Meyer/Streinz § 7 Rn. 1). Bei den Verstößen gegen die Verbote des § 6 handelt es sich durchweg um abstrakte Gefährdungsdelikte (→ Vorb. Rn. 27).

4   **2. § 59 Abs. 1 Nr. 1. § 59 Abs. 1 Nr. 1** stellt in diesem Zusammenhang zunächst Verstöße gegen die Verbote des **§ 6 Abs. 1 Nr. 1** unter Strafe. Danach ist zunächst **das Verwenden** (→ § 58 Rn. 31) von nicht zugelassenen Zusatzstoffen beim Herstellen (→ Vorb. Rn. 46 ff.) oder Behandeln (→ Vorb. Rn. 48) von Lebensmitteln, die dazu bestimmt sind, in den Verkehr gebracht zu werden (→ Vorb. Rn. 45), verboten (§ 6 Abs. 1 Nr. 1 Buchst. a; Ausnahmen in § 6 Abs. 2). Daneben ist die **missbräuchliche Nutzung** von Ionenaustauschern (§ 6 Abs. 1 Nr. 1 Buchst. b; vgl. hierzu Meyer/Streinz § 6 Rn. 7; Erbs/Kohlhaas/*Rohnfelder/Freytag* § 6 Rn. 4) und von Verfahren, die die Erzeugung von

nicht zugelassenen Zusatzstoffen bezwecken (§ 6 Abs. 1 Nr. 1 Buchst. c; vgl. hierzu Meyer/Streinz § 6 Rn. 8), verboten. Durch diese beiden Missbrauchsverbote soll verhindert werden, dass das Verbot des § 6 Abs. 1 Nr. 1 umgangen wird.

3. § 59 Abs. 1 Nr. 2. § 59 Abs. 1 Nr. 2 stellt Verstöße gegen das **Verkehrsverbot** in **§ 6 Abs. 1** 5 **Nr. 2** unter Strafe. Dieses besteht zunächst für Lebensmittel, die unter Verstoß gegen § 6 Abs. 1 Nr. 1 hergestellt oder behandelt wurden (→ Rn. 4). Daneben bestehen Verkehrsverbote für solche Lebensmittel, die Rechtsverordnungen nicht entsprechen, die auf Grundlage von § 7 Abs. 1 oder Abs. 2 Nr. 1–5 erlassen wurden. Bei den insoweit maßgeblichen Rechtsverordnungen handelt es sich um die **Zusatzstoff-Zulassungs-Verordnung** (= Nr. 850 des Kommentars), die **Zusatzstoff-Verkehrsverordnung** (= Nr. 845 des Kommentars) und die **Diätverordnung** (= Nr. 270 des Kommentars). Wegen der weiteren Einzelheiten s. Meyer/Streinz § 7 Rn. 2 ff.; Zipfel/Rathke LebensmittelR/*Rathke* § 7 Rn. 13 ff.

4. § 59 Abs. 1 Nr. 3. § 59 Abs. 1 Nr. 3 sanktioniert letztlich Verstöße gegen das **Verkehrsverbot** 6 des § 6 Abs. 1 Nr. 3, das hinsichtlich solcher Zusatzstoffe oder Ionenaustauscher besteht, deren Verwendung nach Abs. 1 Nr. 1a und b verboten ist (vgl. Erbs/Kohlhaas/*Rohnfelder/Freytag* § 6 Rn. 10 f.; Zipfel/Rathke LebensmittelR/*Rathke* § 6 Rn. 26). Die Vorschrift schützt Hersteller und Verbraucher vor der Belieferung mit unzulässigen Stoffen (Meyer/Streinz § 6 Rn. 10).

II. Verstöße gegen § 8 (§ 59 Abs. 1 Nr. 4 und 5)

1. Allgemeines. § 8 sieht aus Gründen **vorbeugenden Gesundheitsschutzes** für die **Bestrahlung** 7 **von Lebensmittel** (→ Vorb. Rn. 37 ff.) mit ionisierenden oder ultravioletten Strahlen **Verbote mit Erlaubnisvorbehalt** vor. Die Bestrahlung erfolgt regelmäßig zum Zwecke der Konservierung des Lebensmittels. Die zugelassenen Bestrahlungen sind insoweit in der **Lebensmittelbestrahlungsverordnung** (Nr. 490 des Kommentars) geregelt. Zudem wird das nationale Recht von gemeinschaftsrechtlichen Vorschriften überlagert (insbes. durch die **RL 1999/2/EG** und **1999/3/EG;** wg der Einzelheiten vgl. Meyer/Streinz § 8 Rn. 5 ff.; Zipfel/Rathke LebensmittelR/*Rathke* § 8 Rn. 31 ff.).

2. § 59 Abs. 1 Nr. 4. § 59 Abs. 1 Nr. 4 stellt in diesem Zusammenhang Verstöße gegen das 8 **Anwendungsverbot** nach **§ 8 Abs. 1 Nr. 1** unter Strafe, das für **jede Bestrahlung** von Lebensmittel mit ionisierenden oder ultravioletten Strahlen besteht, soweit diese **nicht durch Rechtsverordnung zugelassen** ist.

3. § 59 Abs. 1 Nr. 5. § 59 Abs. 1 Nr. 5 knüpft demgegenüber an das **Verkehrsverbot** nach § 8 9 Abs. 1 Nr. 2 an. Dieses besteht für solche Lebensmittel, die entgegen dem Anwendungsverbot nach § 8 Abs. 1 Nr. 1 bestrahlt wurden. Lebensmittel die unter Verstoß dagegen bestrahlt wurden, dürfen nicht in den Verkehr gebracht werden (→ Vorb. Rn. 45).

III. Verstöße gegen § 9 Abs. 1 (§ 59 Abs. 1 Nr. 6)

1. Allgemeines. Mit § 9 will der Gesetzgeber, wie bereits zuvor mit § 14 LMBG und dessen 10 Vorgängervorschriften (§§ 4a, 4b LMG), der Erkenntnis Rechnung tragen, dass der **Einsatz von Mittel zur Bekämpfung tierischer und pflanzlicher Schädling** sowie anderer Mittel zur Steigerung des Ertrags und der Sicherung der Vorrathaltung „unter den heutigen Versorgungsverhältnissen unentbehrlich ist", wobei es auch nicht möglich erscheint, auf solche Mittel „gänzlich zu verzichten, die für die menschliche Gesundheit unzuträglich sind" (vgl. die Nachweise bei Zipfel/Rathke LebensmittelR/ *Rathke* § 9 Rn. 3 ff.). Da sich auch nicht ausschließen lässt, dass „Reste dieser Stoffe den Lebensmitteln anhaften", sieht § 9 zum Zwecke des **vorbeugenden Gesundheitsschutzes** zunächst ein **Verkehrsverbot** für Lebensmittel vor, an denen sich Pflanzenschutzmittel oder andere Mittel befinden und durch Rechtsverordnung insoweit **festgesetzte Höchstwerte** überschritten werden (§ 9 Abs. 1 S. 1 Nr. 1 iVm § Abs. 2 Nr. 1a, vgl. nachfolgend → Rn. 11). Maßgebliche Rechtsverordnung ist dabei die **Rückstandshöchstmengenverordnung** (= Nr. 625 des Kommentars). Weiter besteht ein Verkehrsverbot soweit sich an Lebensmittel **nicht zugelassene** Pflanzenschutzmittel (§ 9 Abs. 1 S. 1 Nr. 2; vgl. VGH Mannheim LMuR 2010, 135) oder Pflanzenschutzmittel oder andere Mittel befinden, die den Anforderungen von Art. 18 Abs. 1 der **VO (EG) Nr. 396/2005 nicht entsprechen** (§ 9 Abs. 1 S. 1 Nr. 3; eingeführt mit dem ÄndG – → Vorb. Rn. 6 – mWz 4.7.2009). Die VO (EG) Nr. 396/2005 trat am 1.9.2008 in Kraft. Die **RHmV** hat daneben weiterhin Gültigkeit für bestimmte Erzeugnisse, die vor dem 1.9.2008 erzeugt oder eingeführt wurden, sowie für einige sonstige Stoffe (Safener und Synergisten) und Erzeugnisse (Fische, Fischereierzeugnisse, Schalentiere, Muscheln und sonstige von Meeres- oder Süßwasserfischen gewonnene Erzeugnisse). **IÜ geht die VO (EG) Nr. 396/2005 vor.**

2. § 59 Abs. 1 Nr. 6 Alt. 1. § 59 Abs. 1 Nr. 6 Alt. 1 stellt den Verstoß gegen das **Verkehrsverbot** 11 des § 9 Abs. 1 S. 1 Nr. 1 unter Strafe, das für Lebensmittel (→ Vorb. Rn. 37 ff.) besteht, soweit sich an diesen zugelassene Pflanzenschutzmittel oder andere Mittel befinden und **bestimmte Höchstmengen,** die durch Rechtsverordnung auf Grundlage von § 9 Abs. 2 Nr. 1a festgesetzt wurden, **überschritten**

werden. Die diesbezüglichen Höchstmengen sind in der **RHmV** geregelt. **Pflanzenschutzmittel** sind – einschließlich der Vorratsschutzmittel (vgl. Zipfel/Rathke LebensmittelR/*Rathke* § 9 Rn. 25) – in § 2 Nr. 9 PflSchG, **Düngemittel** in § 1 Nr. 1 DüngemittelG und **Biozid-Produkte** in § 3b Abs. 1 Nr. ChemikalienG definiert. Zu den **Schädlingsbekämpfungsmittel** (die in der Regel Pflanzenschutzmittel sind) zählen Insektizide, Molluskizide, Akarizide, Nematozide und Rodentizide (vgl. Erbs/ Kohlhaas/*Rohnfelder/Freytag* § 9 Rn. 5). Bei den **anderen Pflanzen- und Bodenbehandlungsmitteln** handelt es sich um alle Mittel, die vom Begriff Pflanzenschutzmittel oder Düngemittel nicht erfasst sind, aber den gleichen Zwecken dienen (Zipfel/Rathke LebensmittelR/*Rathke* § 9 Rn. 30). Erfasst sind auch die **Umwandlungs- und Reaktionsprodukte** dieser Mittel (vgl. dazu Zipfel/Rathke LebensmittelR/*Rathke* § 9 Rn. 33 f.). Unbeachtlich ist, ob die konkreten Mittel auf die Pflanze aufgebracht oder von dieser aus dem Boden aufgenommen worden sind (Zipfel/Rathke LebensmittelR/ *Rathke* § 9 Rn. 35); auch wenn die Mittel durch Industrieemissionen auf oder in die Lebensmittel gelangt sind (§ 1 Abs. 6 RHmV; vgl. auch LMRR 1987, 17). Werden die **Grenzwerte der RHmV** überschritten, dürfen die Lebensmittel nicht in den Verkehr gebracht werden (→ Vorb. Rn. 45). Das Verkehrsverbot besteht auch für den Importeur (BayObLG LRE 25, 36; OLG Zweibrücken NStZ-RR 2005, 247; OLG Frankfurt a. M. LRE 27, 119; 30, 318). Bei § 59 Abs. 6 Nr. 6 Alt. 1 handelt es sich um ein **abstraktes Gefährdungsdelikt** (→ Vorb. Rn. 27).

12 **3. § 59 Abs. 1 Nr. 6 Alt. 2. § 59 Abs. 1 Nr. 6 Alt. 2** stellt den Verstoß gegen das **Verkehrsverbot** des § 9 Abs. 1 S. 1 Nr. 2 (vgl. VGH Mannheim LMuR 2010, 135) unter Strafe, das besteht, wenn sich auf einem Lebensmittel **Pflanzenschutzmittel** (einschließlich der Vorratsschutzmittel; vgl. Zipfel/ Rathke LebensmittelR/*Rathke* § 9 Rn. 25) befinden, die **nicht zugelassen** sind (vgl. § 11 PflSchG) oder die bei dem jeweiligen Lebensmittel oder dessen Ausgangsstoffen **nicht angewendet werden dürfen** (vgl. die PflanzenschutzanwendungsVO). Das Verkehrsverbot besteht nicht für Lebensmittel auf denen sich solche Mittel befinden, wenn für diese nach § 9 Abs. 2 Nr. 1a durch Rechtsverordnung Höchstmengen festgesetzt wurden (§ 9 Abs. 1 S. 2).

13 **4. § 59 Abs. 1 Nr. 6 Alt. 3. § 59 Abs. 1 Nr. 6 Alt. 3** wurde **durch das 1. ÄndG** (→ Vorb. Rn. 6) **mWz 4.7.2009 eingefügt.** Dort wird der Verstoß gegen das ebenfalls neu eingeführte Verkehrsverbot in § 9 Abs. 1 S. 1 Nr. 3 unter Strafe gestellt, dessen Einführung es bedurfte, da Art. 18 Abs. 1 der **VO (EG) Nr. 396/2005** kein Handlungsverbot normiert, sondern lediglich einen bestimmten Zustand verbietet. Lebensmittel, die den Anforderungen der genannten Verordnung nicht entsprechen, dürfen demnach nicht in den Verkehr gebracht werden.

IV. Verstöße gegen § 11 (§ 59 Abs. 1 Nr. 7–9)

14 **1. Allgemeines.** Anders als im Hinblick auf den Gesundheitsschutz findet sich in der BasisVO bezüglich des **Täuschungsschutzes** nur eine generalklauselartig Vorschrift (Art. 16 BasisVO; → Vorb. Rn. 12 ff.). Da Art. 16 BasisVO in diesem Bereich nicht vorrangig anwendbar ist (vgl. Meyer/Streinz BasisVO Art. 16 Rn. 2; aA Zipfel/Rathke LebensmittelR/*Rathke* § 11 Rn. 17; sa *Unland/Krämer/Joh/ Teufer* ZLR 2010, 713), kam bis zum 12.12.2014 neben dieser Vorschrift insbes. der **RL 2000/13 (Etikettierungs-RL;** vgl. insoweit Meyer/Streinz § 11 Rn. 11 ff.) und § 11, der diese RL in nationales Recht umsetzte, besondere Bedeutung zu (s. *Unland/Soh/Krämer/Teufer* ZLR 2010, 713). Am 13.12.2014 trat die **LMIV** (→ Vorb. Rn. 12; → Rn. 21 ff.) in Kraft, die in **Art. 7 Abs. 1 LMIV** Regelungen über den Täuschungsschutz enthält, die denen in § 11 vorgehen (vgl. *Bruggmann* LMuR 2014, 45; *Praekel* LMuR 2014, 189; *Domeier* LMuR 2014, 225). Mit Art. 2 des Dritten Gesetzes zur Änderung des Agrarstatistikgesetzes vom 5.12.2014 (→ Vorb. Rn. 6) wurden daher der bisherige § 11 Abs. 1, der in § 11 Abs. 1 S. 2 in Form von Regelbeispielen irreführende Praktiken im Lebensmittelrecht definierte und in § 11 Abs. 1 S. 1 ein entsprechendes Verkehrsverbot statuierte, neugefasst und ein Verkehrsverbot bei Verstößen gegen Art. 7 und gegen Art. 36 LMIV statuiert. Das Verkehrsverbot in § 11 Abs. 1 schützt die **Dispositionsfreiheit der Abnehmer** von Lebensmittel, deren Vermögen insoweit aber allenfalls mittelbar. Auf Seiten des Käufers muss **kein Vermögensschaden** eingetreten sein (Zipfel/Rathke LebensmittelR/*Rathke* § 11 Rn. 16; Meyer/Streinz § 11 Rn. 18 mwN). Es besteht auch unabhängig davon, auf welcher Handelsstufe das Lebensmittel in den Verkehr gebracht wird (Zipfel/Rathke LebensmittelR/*Rathke* § 11 Rn. 15), allerdings ist nach **Art. 8 LMIV** der sog **Vermarkter,** sprich derjenige Lebensmittelunternehmer (Art. 3 Nr. 3 BasisVO) unter dessen Namen das Lebensmittel vermarket, dh auf dem Endverbrauchermarkt angeboten wird (zu den Einzelheiten vgl. Voit/Grube LMIV/*Voit* Art. 8 Rn. 12 ff.) vornehmlich verantwortlich. Daneben tritt die **Verantwortung der weiteren Lebensmittelunternehmer auf den anderen Stufen (Art. 8 Abs. 4–8 LMIV),** namentlich die Verpflichtung, die Einhaltung der Vorschriften der LMIV nachzuprüfen. Eine **strafrechtliche Verantwortung nach § 11 Abs. 1 iVm § 59 Abs. 1 Nr. 7 trifft indes lediglich den Vermarkter.**

15 Neben die Verkehrsverbote des § 11 Abs. 1 tritt zunächst das Verkehrsverbot nach § 11 Abs. 2 Nr. 1 für Lebensmittel, die für den Verzehr durch den Menschen nicht geeignet sind, soweit deshalb nicht bereits ein Verkehrsverbot nach Art. 14 Abs. 1 iVm Abs. 2b) BasisVO besteht (→ Rn. 32 ff.). **§ 11**

Abs. 2 Nr. 2 enthält sodann **Verkehrsverbote** für nachgemachte, wertgeminderte und geschönte Lebensmittel, wenn keine ausreichende Kenntlichmachung gegeben ist. Zu den weiteren Einzelheiten → Rn. 34 ff.

Weitere gemeinschaftsrechtliche Vorschriften zum Schutz vor Täuschung enthält die **VO (EG) Nr. 1924/2006** über nährwert- oder gesundheitsbezogene Angaben über Lebensmittel (sog **Health-Claims-VO;** → Rn. 67 ff.). Diese geht ihrerseits insbes. § 11 und – nach Maßgabe von § 11 Abs. 3 – auch Art. 7 Abs. 3 LMIV vor.

2. Die Verkehrsauffassung als zentraler Maßstab iRv § 11. Die **allgemeine Verkehrsauffas- 16 sung** ist nicht nur bei der Prüfung des Tatbestandes des § 11 Abs. 2 Nr. 2b von Bedeutung, sondern allgemein **entscheidender Maßstab** für die Anwendung sämtlicher Verbote des § 11 (Zipfel/Rathke LebensmittelR/*Rathke* § 11 Rn. 258). Bei der allgemeinen Verkehrsauffassung handelt es sich um einen **unbestimmten Rechtsbegriff.** Verfassungsrechtliche Bedenken – namentlich im Hinblick auf Art. 103 Abs. 2 GG – bestehen insoweit jedoch nicht (BVerfG LRE 28, 174). In der LMIV findet sich in Art. 2 Abs. 2 Buchst. o LMIV nunmehr eine Legaldefintion des europäischen Gesetzgebers für den Begriff der „verkehrsüblichen Bezeichnung". Diese entspricht im Wesentlichen der bisherigen Auslegung dieses Begriffes (Voit/Grube LMIV/*Grube* Art. 17 Rn. 72 ff.; sa Voit/Grube LMIV/*Grube* Art. 7 Rn. 56 ff.).

Die Verkehrsauffassung kann zunächst **gesetzlich determiniert** sein (Meyer/Streinz § 11 Rn. 24). 17 Ist dies der Fall, sind davon abweichende tatsächlich vorhandene Erwartungen des angesprochenen Verkehrskreises unbeachtlich (Zipfel/Rathke LebensmittelR/*Rathke* § 11 Rn. 283; vgl. auch Bay-ObLGE 6, 114 (151); KG LRE 1, 183; OLG Koblenz LRE 15, 129). Fehlt es an gesetzlichen Vorgaben (zu weiteren Quellen, aus denen die Verkehrserwartung abgeleitet werden kann, vgl. Zipfel/Rathke LebensmittelR/*Rathke* § 11 Rn. 283 ff.; zur Heranziehung der Leitsätze des Deutschen Lebensmittelbuchs und Beschreibungen im Codex Alimentarius OLG Münster LRE 58, 425), ist die **Auffassung der am Verkehr mit Lebensmitteln beteiligten Kreise** (Verbraucher, Hersteller und Händler) über den Inhalt einer Kennzeichnung, Angabe oder Aufmachung und über die Beschaffenheit eines Lebensmittels für die Bestimmung der allgemeine Verkehrsauffassung maßgeblich (vgl. Zipfel/Rathke LebensmittelR/*Rathke* § 11 Rn. 265; sa BGHZ 13, 244 (257); OLG Koblenz LRE 13, 130; OLG Düsseldorf LRE 15, 337; OLG Koblenz ZLR 1990, 179 (201)). Im Hinblick darauf, dass der Täuschungsschutz vornehmlich im Interesse des Verbrauchers besteht (BGH LRE 1, 28; BGHSt 13, 5), ist die **Verbrauchererwartung,** sprich die Eigenschaften des Lebensmittels im Vorstellungsbild des Verbrauchers (Zipfel/Rathke LebensmittelR/*Rathke* § 11 Rn. 265), der maßgebliche, wenn auch nicht alleinige Ansatzpunkt für die Verkehrsauffassung. Die Begriffe allgemeine Verkehrsauffassung und berechtigte Verbrauchererwartung decken sich aber im Wesentlichen (OLG Koblenz LRE 11, 126; 14, 66).

Abzustellen ist auf die Auffassung des jeweils **angesprochenen Verkehrskreises** (Meyer/Streinz § 11 18 Rn. 28). Verkehrsauffassung und Verbrauchererwartung können daher **örtlich verschieden** sein, wobei die Auffassung des am Absatzort angesprochenen Verkehrskreises maßgeblich ist (BGHSt 11, 365; BayObLG LRE 2, 42; OLG Zweibrücken LRE 5, 53; OLG Karlsruhe LRE 11, 202). Die Verkehrsauffassung und die Verbrauchererwartung unterliegen auch **zeitlichen Wandlungen,** die sich unterschiedlich schnell vollziehen können (vgl. Zipfel/Rathke LebensmittelR/*Rathke* § 11 Rn. 282).

Für die **Feststellung der Verbrauchererwartung** ist auf den durchschnittlich informierten, auf- 19 merksamen und verständigen **Durchschnittsverbraucher** (vgl. Meyer/Streinz § 11 Rn. 36 ff.; Achenbach/Ransiek/Rönnau WirtschaftsStR-HdB/*Dannecker/Bülte* Teil 2 Kap. 2 Rn. 261 ff.; vgl. auch *Zipfel* ZLR 1986, 121 und ZLR 1991, 300; *Gaedertz* FS Vieregge, 1992, 253; *Vergho* wistra 2010, 86; *Meisterernst* ZLR 2013, 386) abzustellen (EuGH LMRR 1998, 12; 2002, 16; ZLR 2000, 186; 2003, 63 BGH GRUR 2000, 619; 2001, 1061; 2002, 81; PharmR 2010, 30; BVerwGE 89, 320; OLG Münster LRE 58, 425; sa Voit/Grube LMIV/*Grube* Art. 7 Rn. 48 ff.). Lediglich im Bereich des Gesundheitsschutzes können insoweit weniger strenge Anforderungen an den Verbraucher („flüchtiger Verbraucher") gestellt werden (BGH ZLR 2000, 186). Bei **grenzüberschreitendem Warenverkehr** innerhalb der EU können sich aus dem Aufeinandertreffen der Grundsätze des freien Warenverkehrs einerseits und dem (nationalen) Verbraucherschutz andererseits Besonderheiten ergeben. Grundsätzlich ist insoweit aber davon auszugehen, dass eine in einem Mitgliedstaat rechtmäßige Aufmachung nur bei Vorliegen gewichtiger Gründe in der Bundesrepublik als rechtswidrig angesehen werden kann (EuGH WRP 1994, 380; vgl. Meyer/Streinz § 11 Rn. 40, Achenbach/Ransiek/Rönnau WirtschaftsStR-HdB/*Dannecker/Bülte* Teil 2 Kap. 2 Rn. 265; sa **Art. 17 Abs. 2 S. 1 LMIV; sa** *Stumpf* WRP 2014, 286).

Die **Ermittlung** der für die Entscheidung eines konkreten Falles maßgeblichen Verkehrsauffassung 20 obliegt dem **Tatrichter.** Er wird nicht in allen Fällen in diesem Zusammenhang einen **Sachverständigen** (*Dannecker/Biermann* ZLR 2000, 503) zu Rate ziehen müssen (aA Zipfel/Rathke LebensmittelR/*Rathke* § 11 Rn. 302 „in der Regel" wird ein Sachverständiger hinzugezogen sein). Soweit kein über die allgemeine Lebenserfahrung hinausgehendes Sachverständnis oder Spezialwissen erforderlich ist, reicht die **eigene Sachkunde des Gerichts** regelmäßig aus (BGH GRUR 1963, 270; 1982, 491; BayObLG DLR 1994, 156; 1990, 375; vgl. auch EuGH ZLR 2000, 186; OLG Münster LRE 58, 425). Gleiches gilt, wenn die Verkehrsauffassung durch andere allgemein zugängliche Quellen (vgl. Zipfel/Rathke

LebensmittelR/*Rathke* § 11 Rn. 283 ff., 302) determiniert wird. Demgegenüber wird für die Bestimmung der Beschaffenheit eines Lebensmittels und insbes. über ernährungswissenschaftliche und medizinische Eigenschaften grds. ein Sachverständigengutachten einzuholen sein (BGH LMRR 1983, 45). Hierbei kommen insbes. amtliche und freie Lebensmittelchemiker sowie Veterinäre in Betracht (Meyer/Streinz § 11 Rn. 43; sa OLG Stuttgart LRE 1, 154; OLG Braunschweig LRE 3, 288; 4, 60; OLG Düsseldorf LRE 4, 170; OLG Celle LRE 8, 287 (289); BayObLG LRE 8, 184; 10, 139; 11, 66; OLG Zweibrücken LRE 11, 216; OLG Köln LRE 14, 148).

21   **3. Verstöße gegen § 11 Abs. 1.** Ein Verstoß gegen das in **§ 11 Abs. 1** statuierte **Verkehrsverbot und Werbeverbot** für Lebensmittel, die mit Informatinen versehen sind, die nicht den Anforderungen von Art. 7 Abs. 1, 3 und 4 LMIV entsprechen, ist in **§ 59 Abs. 1 Nr. 7** unter Strafe gestellt. Insoweit sieht Art. 7 Abs. 1 LMIV ein Verbot der Irreführung vor; Art. 7 Abs. 3 LMIV statuiert des **Verbot krankheitsbezogener Informationen.** Das nunmehr über § 11 Abs. 1 iVm Art. 7 Abs. 3 LMIV nach § 59 Abs. 1 Nr. 7 strafbewehrte Verbot von krankheitsbezogenen Informationen war vor dem 13.12.2014 nach § 60 Abs. 2 Nr. 1 iVm § 12 – auch bei vorsätzlichem Handeln – lediglich als Ordnungswidrigkeit definiert. Insoweit wird nach Maßgabe von § 2 Abs. 1, 3 StGB bei Altfällen nach wie vor § 60 Abs. 2 Nr. 1 zur Ahndung herangezogen werden müssen.

22   Unter **„Information über Lebensmittel"** ist nach Maßgabe von Art. 2 Abs. 2 Buchst. a LMIV jede Information zu verstehen, die ein Lebensmittel betrifft und dem Endverbraucher durch ein Etikett, sonstiges Begleitmaterial oder in anderer Form, einschließlich über moderne technologische Mittel oder mündlich, zur Verfügung gestellt wird, unabhängig davon, ob sie verpflichtend (vgl. Art. 9 und 10 LMIV) oder freiwillig (vgl. Art. 36 LMIV) ist (Voit/Grube LMIV/*Grube* Art. 2 Rn. 29). Die in Art. 7 Abs. 1 und 3 LMIV statuierten Verboten gelten dabei nach Art. 7 Abs. 4 LMIV auch für die Werbung für sowie die Aufmachung von Lebensmitteln (vgl. insoweit Voit/Grube LMIV/*Grube* Art. 7 Rn. 309 ff.). Zu den Informationen über Lebensmittel zählt dabei insbes. auch – nach wie vor – die Bezeichnung des Lebensmittels, sprich dessen **allgemeine Benennung** (sein Name), mit der insbes. dessen Eigenschaft in Kurzform zum Ausdruck gebracht wird (Zipfel/Rathke LebensmittelR/*Rathke* § 11 Rn. 79; Voit/Grube LMIV/*Grube* Art. 7 Rn. 61 ff.). Daneben treten die Informationen, **die in Art. 7 Abs. 1 Buchst. a LMIV angeführt sind** (vgl. hierzu iE Voit/Grube LMIV/*Grube* Art. 7 Rn. 85 ff.). Art. 7 LMIV enthält insoweit im Vergleich zu den Regeln der EtikettierungsRL zumindest inhaltsgleiche Regelungen (Meyer/Streinz § 11 Rn. 52), so dass die bisherige Rspr. und Lit. zu deren Vorschriften und zu § 11 Abs. 1 aF, der der Umsetzung der EtikettierungsRL diente, weiter Berücksichtigung finden kann.

23   **Irreführend** ist eine Bezeichnung usw wenn dadurch einem Lebensmittel eine Soll-Beschaffenheit nach der Verkehrsauffassung zugemessen werden kann, hinter der die tatsächliche Ist-Beschaffenheit des Lebensmittels zurückbleibt (Meyer/Streinz § 11 Rn. 18). In diesem Sinn ist eine Irreführung gegeben, wenn die Bezeichnung **geeignet ist den Adressaten zu täuschen** (vgl. Voit/Grube LMIV/*Grube* Art. 7 Rn. 45 ff.). Nicht erforderlich ist, dass es tatsächlich zu einer Täuschung kommt. Ebenfalls nicht erforderlich ist, dass der Abnehmer des Lebensmittels einem Irrtum unterliegt. Auch zu einem Schaden im Einzelfall muss die irreführende Angabe nicht führen (BGH LRE 1, 23; LMRR 1995, 47; OLG Zweibrücken LMRR 1997, 17; sa *Retemeyer* NZWiSt 2013, 241).

24   Durch den Verweis in **§ 11 Abs. 1 LFGB auf Art. 7 Abs. 1, 3 und 4 LMIV** werden in Form von – nicht abschließenden („insbesondere") – **Regelbeispielen** Fallgruppen und Bezugsobjekte irreführender Bezeichnung usw sowie irreführender Werbung angeführt.

Irreführende Bezeichnungen über die **Art** können insbes. aus der Benutzung von Gattungsbezeichnungen resultieren (vgl. zB OLG Zweibrücken LMuR 2011, 161; OLG Düsseldorf LRE 18, 30; OLG Nürnberg LMRR 1998, 21; 1999, 25; 1999, 55; OLG Karlsruhe LMRR 1997, 45; OLG Hamburg LMRR 1998, 22; OLG Koblenz LMRR 2000, 2; Voit/Grube LMIV/*Grube* Art. 7 Rn. 61 ff.). Nämliches gilt bei Phantasiebezeichnungen (vgl. dazu auch Zipfel/Rathke LebensmittelR/*Rathke* § 11 Rn. 88 ff.; s. zB OLG Koblenz LMRR 1983, 48; OLG Düsseldorf LMRR 1999, 115; LG Berlin LRE 12, 130).

25   Irreführende Angaben bezüglich der **Eigenschaft** und die **Zusammensetzung** eines Lebensmittels sind gegeben, wenn Fehlvorstellungen hinsichtlich seiner stofflichen Beschaffenheit, insbes. in Bezug auf **nicht vorhandene werterhöhende oder das Fehlen wertmindernder** Eigenschaften erweckt werden (VGH Mannheim LMuR 2013, 31; OLG Düsseldorf LMuR 2013, 74; OLG Köln LRE 57, 124; 49, 304; sa OLG Köln LMuR 2012, 67; vgl. Voit/Grube LMIV/*Grube* Art. 7 Rn. 87 ff.). Entsprechende Eigenschaften können sich auch aus Informationen zu **besonderen Formen der Gewinnung** (biologisch, ökologisch usw; vgl. Voit/Grube LMIV/*Grube* Art. 7 Rn. 106 ff.; sa BGH GRUR-PRax 2013, 119; *Leible/Schäfer* GRURPRax 2013, 101) und zum **Nichtvorhandensein bestimmter Stoffe** (Voit/Grube LMIV/*Grube* Art. 7 Rn. 142 ff.) ergeben (zu sog **Clean-Labels** vgl. *Wehlau/Strak* ZLR 2011, 687). Soweit ein Lebensmittelmittel nach den Kennzeichnungsvorschriften (Zutatenliste) ordnungsgemäß gekennzeichnet ist, ist regelmäßig keine Irreführung über die Zusammensetzung gegeben (BGH LMRR 1994, 54; 1995, 47; 1999, 20; 2000, 12; sa Meyer/Streinz § 11 Rn. 55; Voit/Grube LMIV/*Grube* Art. 7 Rn. 167 ff.). Zu beachten ist insoweit aber auch die **sog Austauschregel (Art. 7**

Abs. 1 Buchst. d LMIV), nach der **unzulässig ist,** durch Aussehen, Bezeichnung oder bildlichen Darstellung den **Eindruck zu erwecken,** dass eine üblicherweise vorhandene Zutat bei dem konkreten Lebensmittel gegeben ist, obwohl dies nach den – zutreffenden und an sich nicht zu beanstandenden – Angaben im Zutatenverzeichnis nicht der Fall ist (vgl. Voit/Grube LMIV/*Grube* Art. 7 Rn. 282 ff.; sa *Hartwig/Kappes* LMUR 2012, 85; OLG Karlsruhe LMuR 2012, 104).

Irreführende **Herkunfts- oder Ursprungsangabe,** die sich sowohl auf die Herkunft von einzelnen 26 Herstellern oder Herstellergruppen, als auch auf geografische Angaben zur Gewinnung oder zur Be- und Verarbeitung beziehen können (vgl. Zipfel/Rathke LebensmittelR/*Rathke* § 11 Rn. 119; sa *Fassbender/Herbrich* GRUR Int. 2014, 765), liegen vor, wenn nach der Verkehrsanschauung mit der Herkunftsangaben bestimmte Wertvorstellungen verbunden sind, die das Lebensmittel tatsächlich nicht aufweist (vgl. zu weiteren Einzelheiten Zipfel/Rathke LebensmittelR/*Rathke* § 11 Rn. 120 ff.; Voit/Grube LMIV/*Grube* Art. 7 Rn. 219 ff.; sa KG LMuR 2010, 167;).

Im Hinblick auf irreführende **Mengenangaben** (vgl. Voit/Grube LMIV/*Grube* Art. 7 Rn. 192 ff.; sa 27 OLG Karlsruhe LMuR 2013, 61) sind insbes. Art. 9 Abs. 1 Buchst. e, Art. 23 Abs. 1 iVm Anh. IX LMIV, im Zusammenhang mit Angaben zur **Haltbarkeit** (vgl. Voit/Grube LMIV/*Grube* Art. 7 Rn. 212 ff.) sind Art. 9 Abs. 1 Buchst. f, Art. 24 iVm Anh. X zu beachten. Nach Ablauf des Mindesthaltbarkeitsdatums (MHD) dürfen Lebensmittel weiter in den Verkehr gebracht werden, wenn das Lebensmittel seine spezifischen Eigenschaften, die es bis zu diesem Datum unter angemessenen Aufbewahrungsbedingungen regelmäßig behält, weiter aufweist und hinreichend deutlich zum Ausdruck gebracht wird, dass das MHD abgelaufen ist (OLG Köln LMRR 1987, 61; OLG Hamburg LMRR 2001, 55).

Angaben über die **Art der Herstellung oder der Gewinnung** beziehen sich auf Umstände, die 28 unmittelbar oder mittelbar die Beschaffenheit des Lebensmittels betreffen (Zipfel/Rathke LebensmittelR/*Rathke* § 11 Rn. 80; OVG Lüneburg LMuR 2010, 167; OLG Oldenburg LMRR 2002, 46; OLG Frankfurt a. M. LRE 44, 429; OLG Brandenburg LRE 46, 112; OLG Düsseldorf LMRR 2001, 105; OLG Köln LMRR 2004, 19; BayObLG LMRR 1994, 58; OLG Koblenz LMRR 1988, 72; vgl. auch Voit/Grube LMIV/*Grube* Art. 7 Rn. 237 ff.; *Balitzki* GRUR 2013, 670).

Nach § 11 Abs. 1 iVm Art. 7 Abs. 1 Buchst. c besteht zudem – wie bisher – ein Verkehrsverbot 29 für Lebensmittel, wenn sie **mit Selbstverständlichkeiten** beworben werden. Ein Verstoß gegen das Verbot der Werbung mit Selbstverständlichkeiten ist gegeben, wenn dem Verbraucher nicht bekannt ist, dass es sich bei der betonten Eigenschaft nur um einen gesetzlich vorgeschriebenen oder zum Wesen der Ware gehörenden Umstand handelt (BGH LMuR 2013, 49; LMRR 1956, 20; 1960, 14; vgl. auch BayObLG LRE 15, 332; OLG Hamburg WRP 1955, 151; 1982, 424; OLG Oldenburg LMuR 2010, 167; vgl. auch Voit/Grube LMIV/*Grube* Art. 7 Rn. 263 ff.) und die Irreführungsgefahr nicht durch klarstellende Zusätze ausgeschlossen wird (Meyer/Streinz § 11 Rn. 112; Voit/Grube LMIV/*Grube* Art. 7 Rn. 266).

Irreführende **Wirkaussagen iSv § 11 Abs. 1** iVm **Art. 7 Abs. 1 Buchst. b LMIV** beziehen sich 30 regelmäßig auf **gesundheitliche und ernährungsphysiologische Wirkungen.** Daneben kommen aber auch Aussagen über die Wirkungen des Lebensmittels in weiteren Lebensmittel-Verarbeitungsprozessen in Betracht (Voit/Grube LMIV/*Grube* Art. 7 Rn. 255). Im Bereich der nährwert- und gesundheitsbezogenen Angaben gehen allerdings die Vorschriften der Health-Claim-VO (→ Rn. 15, → Rn. 31a, 67 ff.) vor (Voit/Grube LMIV/*Grube* Art. 7 Rn. 256 ff.; *Weitner* GRURPrax 2014, 246). Wenngleich namentlich bei Wirkaussagen, die die Gesundheit betreffen, besonders strenge Anforderungen an die Richtigkeit (OLG Köln LMuR 2012, 107; OLG Düsseldorf LMuR 2012, 172; OLG Hamm LMuR 2011, 159), Eindeutigkeit und Klarheit der Aussage zu stellen sind (BGHZ 47, 259), fallen übertreibende und **unspezifische Werbeaussagen,** die nicht geeignet sind, den Verbraucher zu beeinflussen oder bei ihm missbilligte Vorstellungen zu erwecken, nicht unter das Verbot des § 11 Abs. 1 S. 2 Nr. 2 (Meyer/Streinz § 11 Rn. 97 f. mwN).

Nach **§ 11 Abs. 1 S. 2 Nr. 4 LFGB aF** war darüber hinaus eine verbotene Irreführung gegeben, 31 wenn einem Lebensmittel durch die äußere Darbietungsform (vgl. Meyer/Streinz § 11 Rn. 113) der **Anschein eines Arzneimittel** (→ Vorb. 58 Rn. 41) gegeben wird. Maßgeblich ist in diesem Zusammenhang das **Gesamterscheinungsbild** (BGH LMRR 2003, 11; OLG Karlsruhe LMRR 2004, 51), nachdem der Durchschnittsverbraucher annehmen kann, ein Lebensmittel sei ein Arzneimittel (Voit/Grube LMIV/*Grube* Art. 7 Rn. 315). Art. 7 Abs. 1 LMIV kennt ein entsprechendes Regelbeispiel nicht. Teilweise wird daher als fraglich angesehen, ob Sachverhalte, die diesem Regelbeispiel entsprechen, unter Art. 7 Abs. 1 LMIV subsumiert werden können (Meyer/Streinz § 11 Rn. 120; sa *Martell/Wallau* ZLR 2013, 738). Mit Blick auf den Schutzzweck und die Regelungstechnik sowohl des § 11 Abs. 1 LFGB aF (→ Rn. 7) als auch des Art. 7 Abs. 1 LMIV erscheint aber eine entsprechende Subsumtion zweifelsfrei möglich (Voit/Grube LMIV/*Grube* Art. 7 Rn. 316).

Über **§ 11 Abs. 1 Nr. 2 LFGB iVm Art. 7 Abs. 3 LMIV** ist nunmehr auch der Verstoß gegen das 31a Verbot der **Werbung mit krankheitsbezogenen Informationen** in § 59 Abs. 1 Nr. 7 unter Strafe gestellt. Bisher fand sich dieses Verbot in § 12 LFGB aF (zur früheren Rechtslage → Rn. 21). Das **Verbot krankheitsbezogener Werbung,** stellt in diesem Zusammenhang eine **spezielle, lebensmittelrechtliche Lauterkeitsvorschrift** dar, die im Interesse **vorbeugenden Gesundheitsschutzes** besteht. Anders als bei Art. 7 Abs. 1 LMIV verbietet die Vorschrift, die Art. 2 Abs. 1b der Etikettierungs-RL (2000/13/EG) entspricht, unabhängig von deren sachlicher Richtigkeit bestimmte Angaben, denen gemeinsam ist, dass die **Furcht des Verbrauchers vor Krankheiten** zu Werbezwecken instrumentalisiert wird. Der Gesetzgeber verfolgt damit den Zweck, der **Selbstmedikation des Verbrauchers mit Lebensmittel vorzubeugen** (Voit/Grube LMIV/*Grube* Art. 7 Rn. 291), da Lebensmitteln eine solche Funktion regelmäßig nicht zu kommt (sa BT-Drs. 7/255, 32 zur Vorgängervorschrift). Die verbotenen Angaben müssen sich auf eine bestimmte (Voit/Grube LMIV/*Grube* Art. 7 Rn. 294 mwN, auch zur Gegenmeinung) Krankheit oder mit ihr einhergehende Symptome (str.; vgl. Voit/Grube LMIV/*Grube* Art. 7 Rn. 293) beziehen und können auch in indirekten Informationen (zB in Fernsehsendungen, in denen Zuschauer über ihre Erfahrungen berichten) erblickt werden (KG LMRR 2009, 50). Der Krankheitsbegriff ist dabei weit auszulegen (OLG Hamm LMuR 2010, 30; KG LMRR 2011, 78). Der Regelungsbereich von Art. 7 Abs. 3 LMIV tangiert auch den der **Health-Claims-VO** (→ Rn. 67 ff.). Während dort jedoch die Zulässigkeit gesundheitsbezogener Angaben geregelt wird, erfasst Art. 7 Abs. 3 LMIV, wie jetzt auch mit der gesetzlichen Überschrift zum Ausdruck gebracht wird (vgl. BT-Drs. 15/3657, 62), lediglich krankheitsbezogene Werbung. Insoweit und angesichts der Tatsache, dass Art. 7 Abs. 3 LMIV an Stelle des Art. 2 Abs. 1b der Etikettierungs-RL tritt, der nach Art. 14 Abs. 1 Health-Claims-VO unbeschadet der Vorschriften der Health-Claims-VO anzuwenden ist, **wird Art. 7 Abs. 3 durch die Health-Claims-Verordnung nicht eingeschränkt** (zu § 12 LFGB aF sa *Sosnitza* ZLR 2007, 423 und OLG Düsseldorf Magazindienst 2009, 1042), wobei nach Art. 14 Health-Claims-VO zulässige Angaben über eine Risikoreduzierung keine Angaben mit Bezug auf ein Krankheitsbild selbst sind (Voit/Grube LMIV/*Grube* Art. 7 Rn. 299 mwN).

32   **4. Verstöße gegen § 11 Abs. 2 Nr. 1 (Ekelfälle). a) Allgemeines.** Verstöße gegen das **Verkehrsverbot** des **§ 11 Abs. 2 Nr. 1** sind nach § 59 Abs. 1 Nr. 8 strafbar. Von diesem Verkehrsverbot werden Fälle erfasst, bei denen beim Verbraucher hinsichtlich eines Lebensmittels **Ekel oder Widerwillen** gegeben ist, wenn er von bestimmten Herstellungs- oder Behandlungsverfahren Kenntnis erlangt, unter denen das Lebensmittel (→ Vorb. Rn. 37 ff.) hergestellt (→ Vorb. Rn. 46 ff.), behandelt (→ Vorb. Rn. 48) oder gelagert wurde (vgl. BT-Drs. 15/3657, 62). Eine äußerlich erkennbare Veränderung bedarf es insoweit nicht. **Nicht von § 11 Abs. 2 Nr. 1 werden solche Fälle erfasst,** bei denen die Lebensmittel aufgrund stofflicher Veränderungen oder Beeinträchtigungen genussuntauglich oder erkennbar von Ekel erregender Beschaffenheit sind. Diese Fälle sind unter **Art. 14 Abs. 1 iVm Abs. 2 Buchst. b BasisVO** zu subsumieren (→ Rn. 71). In strafrechtlicher Hinsicht bleibt diese Unterscheidung ohne relevante Folgen, da in den Fällen, in denen Art. 14 Abs. 1 iVm Abs. 2 Buchst. b BasisVO erfüllt ist, jedenfalls eine Straftat nach § 59 Abs. 2 Nr. 1 (→ Rn. 62 f.) gegeben ist. Darüber hinaus werden die sog Ekelfälle zukünftig von der – ohnehin vorrangigen – Generalklausel des Art. 7 Abs. 1 Buchst. a LMIV (Unterfall der Informationen über die Herstellung oder Erzeugung) erfasst werden (vgl. Meyer/Streinz § 11 Rn. 126). Gleichwohl hat der Gesetzgeber bei der Änderung des § 11, mit der dem Inkrafttreten der LIMV entsprochen wurde (→ Rn. 14), § 11 Abs. 2 unverändert gelassen.

33   **b) Voraussetzungen.** Ein Verstoß gegen § 11 Abs. 2 Nr. 1 ist demnach dann gegeben, wenn Lebensmittel unter solchen **hygienischen Mängeln** hergestellt bzw. in Verkehr gebracht werden, dass nach der allgemeinen **Verkehrsauffassung** (→ Rn. 16 ff.) aufgrund **objektiver Anhaltspunkte** beim Verbraucher Ekel oder Widerwillen hinsichtlich des Lebensmittels ausgelöst würde, wenn er um die hygienischen Mängel wüsste (vgl. VG Göttingen LMRR 2007, 80; OLG Stuttgart LMRR 2004, 88; sa die Rechtsprechungsübersicht bei Zipfel/Rathke LebensmittelR/*Rathke* § 11 Rn. 312 f.). Nicht erforderlich ist, dass der Verbraucher von den hygienischen Umständen, die die nachteilige Eigenschaft begründen, tatsächlich Kenntnis erlangt (BGH ZLR 1980, 367; OLG Karlsruhe ZLR 1977, 498). Die hygienischen Mängel dürfen aber nicht zu einer Veränderung des Lebensmittels führen, da dann das Verkehrsverbot aus Art. 14 Abs. 1 iVm Abs. 2 Buchst. b BasisVO eingreift. Ist der Tatbestand unter diesen Voraussetzungen erfüllt, ist eine nachträgliche Beseitigung der daraus resultierenden Verzehruntauglichkeit idR nicht mehr möglich (Meyer/Streinz § 11 Rn. 131). In Ausnahmefällen können die nachteiligen Einwirkungen aber beseitigt werden (BayObLG LMRR 1980, 42; OLG München LMRR 1987, 41). Anders als bei der Gesundheitsschädlichkeit kann der Verzehrsungeeignetheit nicht durch entsprechende Hinweise entgegengewirkt werden (BGHSt 29, 220).

34   **5. Verstöße gegen § 11 Abs. 2 Nr. 2. a) Allgemeines.** § 11 Abs. 2 Nr. 2 betrifft **nachgemachte, wertgeminderte oder geschönte Lebensmittel** deren Abweichung von der vom Verbraucher erwartete Sollbeschaffenheit **nicht durch ausreichende Kennzeichnung** zum Ausdruck gebracht wird. Da unter diesen Voraussetzungen regelmäßig eine Irreführung iSv § 11 Abs. 1 LFGB iVm Art. 7 LMIV gegeben ist, besteht kein praktisches Bedürfnis für die in § 11 Abs. 2 Nr. 2 angeführten Verkehrsverbote (Meyer/Streinz § 11 Rn. 134; Voit/Grube LMIV/*Grube* Art. 7 Rn. 320). Verstöße gegen diese speziellen Verkehrsverbote sind in § 59 Abs. 1 Nr. 9 unter Strafe gestellt. Im Vergleich zu § 59 Abs. 1 Nr. 7 dürfte es sich insoweit um die speziellere Straftat handeln.

35   **b) Voraussetzungen. Nachgemacht** iSv § 11 Abs. 2 Nr. 2 Buchst. a ist ein Lebensmittel, wenn es nach seinem Gesamteindruck durch Veränderungen der Substanz, nicht aber nur aufgrund bloßer

Falschbezeichnung den äußeren Schein, nicht aber den inneren Gehalt des nachgebildeten Lebensmittels aufweist, weil es völlig oder weitgehend aus anderen Stoffen besteht (KG LRE 10, 189; BayObLG LMRR 1957, 27). Nicht erforderlich ist, dass aufgrund der Nachbildung auch der Wert des Lebensmittels gemindert ist (Meyer/Streinz § 11 Rn. 137). Demgegenüber ist ein Lebensmittel **wertgemindert** iSv § 11 Abs. 2 Nr. 2 Buchst. b, wenn es in seiner Beschaffenheit von der Verkehrsauffassung (→ Rn. 16 ff.) in solchem Maße abweicht und dadurch in seinem Wert oder seiner Brauchbarkeit gemindert ist, dass die Interessen der angesprochenen Verbraucher berührt sind (LG Freiburg LMRR 1993, 14; OLG Koblenz ZLR 1980, 57; LMRR 1983, 15; 1985, 36). **Geschönt** ist ein Lebensmittel, wenn durch Einwirkung auf die Substanz eine Wertsteigerung vorgeben wird (OLG Köln ZLR 1991, 413; BayObLG DLR 1995, 122; LG Würzburg LRE 16, 315).

c) Ausreichende Kenntlichmachung. Für die Frage, ob eine **ausreichende Kenntlichmachung** 36 gegeben ist, ist zunächst zu berücksichtigen, dass dem Informationsbedürfnis des Verbrauchers grds. durch die Angaben im Zutatenverzeichnis Rechnung getragen wird (BGH LMRR 1995, 47). IÜ werden insbes. die Vorgaben in Anh. VI der LMIV als Richtschnur dienen. Danach ist – unter Berücksichtigung der Umstände des Einzelfalls (Meyer/Streinz § 11 Rn. 148) – ein Hinweis zu fordern, der an gut sichtbarer Stelle und deutlich lesbar angebracht ist. Dies ist der Fall, wenn sich die Schrift durch Größe, Farbe und Anordnung der Buchstaben vom Untergrund und von der Umgebung genügend abhebt und die gewählte Gestaltung für einen durchschnittlichen Verbraucher mit normaler Sehkraft bei normalen Lichtverhältnissen auf Anhieb leicht und flüssig erfasst werden kann (OLG München GRUR 1986, 86; LMuR 2008, 102) sowie leicht verständlich ist.

d) Folgen. Wird der ausreichenden Kenntlichmachung nicht entsprochen, darf das Lebensmittel 37 nicht in den Verkehr gebracht (→ Vorb. Rn. 45) werden. Da eine Gefährdung aufgrund konkreter Umstände erforderlich ist, handelt es sich bei der Straftat nach § 59 Abs. 1 Nr. 9 um ein **potentielles Gefährdungsdelikt** (→ Vorb. Rn. 27).

V. Verstöße gegen §§ 17, 17a, 19, 21 (§ 59 Abs. 1 Nr. 10–12)

1. Allgemeines. In § 59 Abs. 1 Nr. 10–12 werden Verstöße gegen die Vorschriften betreffend 38 **Futtermittel** (→ Vorb. Rn. 42) unter Strafe gestellt. Während § 19 – wie bereits aus der amtlichen Überschrift folgt – hierbei allein dem **Täuschungsschutz** (→ Vorb. Rn. 12 f.) dient, kommen bei § 17 Abs. 1 S. 1 Nr. 2 und bei § 21 Abs. 3 Nr. 1 auch Aspekte des **Gesundheitsschutzes** (→ Vorb. Rn. 10 f.) zum Tragen.

2. Verstöße gegen § 17 Abs. 1 S. 1 Nr. 2. Nach § 59 Abs. 1 Nr. 10 sind Verstöße gegen die 39 **Herstellungs- und Behandlungsverbote** des § 17 Abs. 1 S. 1 Nr. 2 in Form eines **potentiellen Gefährdungsdelikts** (→ Vorb. Rn. 27) unter Strafe gestellt. Danach ist verboten, Futtermittel derart herzustellen (→ Vorb. Rn. 46 ff.) oder zu behandeln (→ Vorb. Rn. 48), dass bei ihrer bestimmungsgemäßen und sachgerechten Verfütterung (→ § 58 Rn. 19) die von der Lebensmittelgewinnung dienenden Tieren für andere gewonnenen Lebensmittel für den Verzehr durch den Menschen ungeeignet sind. Im Vergleich zu § 58 Abs. 1 Nr. 8 unterscheidet sich der Straftatbestand daher nur insoweit, als dass an Stelle der Gesundheitsbeeinträchtigung die Ungeeignetheit der Lebensmittel zum Verzehr tritt. Hinsichtlich dieses abweichenden Tatbestandsmerkmals kann auf die Kommentierung unter → Rn. 32 f., hinsichtlich der demnach deckungsgleichen Tatbestandsvoraussetzungen kann auf die Kommentierung bei → § 58 Rn. 19 verwiesen werden.

3. Verstöße gegen § 17a. Nach § 59 Abs. 1 Nr. 10a sind Verstöße gegen – dem mit dem 3. ÄndG 39a (→ Vorb. Rn. 6) eingefügten – § 17a unter Strafe gestellt. § 17a gebietet bestimmten, in der Vorschrift näher beschriebenen Futtermittelunternehmen, dafür Sorge zu tragen, dass eine Versicherung für Schäden besteht, die durch die Verfütterung eines nicht den Anforderungen entsprechenden Futtermittels verursacht werden. § 17a und der – ebenfalls mit dem 3. ÄndG (→ Vorb. Rn. 6) eingefügte – § 59 Abs. 1 Nr. 10a dienen insoweit in Form eines abstrakten Gefährdungsdelikt dem Schutz von Vermögensinteressen der Kunden von Futtermittelunternehmen.

4. Verstöße gegen § 19. Nach § **59 Abs. 1 Nr. 11** sind Verstöße gegen § 19 unter Strafe gestellt. 40 § 19 verbietet iVm Art. 11 der VO (EG) Nr. 767/2009 das Inverkehrbringen (→ Vorb. Rn. 45) von Futtermitteln (→ Vorb. Rn. 42) unter irreführenden Bezeichnungen usw. Die Vorschriften entsprechen im Grundsatz § 11 LFGB resp. Art. 7 LMIV. Insoweit kann auf die diesbezügliche Kommentierung (→ Rn. 21 ff.) verwiesen werden, die sinngemäß gilt.

5. Verstöße gegen 21 Abs. 3 S. 1 Nr. 1a. § 21 Abs. 3 S. 1 wurde durch das 1. ÄndG (→ Vorb. 41 Rn. 6) mWv 4.7.2009 neu gefasst (vgl. BT-Drs. 16/8100, 19 f.). Es handelt sich um ein **Verbot mit Erlaubnisvorbehalten** (vgl. § 21 Abs. 3 S. 2–4). Verstöße gegen die Verkehrsverbote des § 21 Abs. 3 S. 1 Nr. 1 Buchst. a sind in § **59 Abs. 1 Nr. 12,** der insoweit ebenfalls neu gefasst wurde, unter Strafe gestellt. § 21 Abs. 3 Nr. 1 Buchst. a stellt darauf ab, ob beim Herstellen (→ Vorb. Rn. 46 ff.) oder Behandeln (→ Vorb. Rn. 48) eines Futtermittels (→ Vorb. Rn. 42) bestimmte Futtermittel-Zusatzstoffe verwendet (→ § 58 Rn. 31) worden sind. Ist dies der Fall, dürfen diese Futtermittel grds. (soweit keine der Ausnahmen nach § 21 Abs. 3 S. 2–4 gegeben ist) nicht in den Verkehr gebracht werden (→ Vorb. Rn. 45) oder verfüttert werden (→ § 58 Rn. 19).

VI. Verstöße gegen §§ 27, 28 (§ 59 Abs. 1 Nr. 13–14)

42   **1. Allgemeines.** In **§ 59 Abs. 1 Nr. 13 und 14** werden Verstöße gegen **Verkehrsverbote** aus § 27 und § 28 Abs. 2 betreffend **kosmetische Mittel** (→ Vorb. Rn. 43) unter Strafe gestellt. Während insoweit § 27 – wie bereits aus der amtlichen Überschrift folgt – hierbei allein dem **Täuschungsschutz** (→ Vorb. Rn. 12 f.) dient, kommen bei § 28 Abs. 2 Aspekte des **Gesundheitsschutzes** (→ Vorb. Rn. 10 f.) zum Tragen.

43   **2. Verstöße gegen § 27.** Nach § 59 Abs. 1 Nr. 13 sind Verstöße gegen § 27 unter Strafe gestellt. § 27 verbietet das Inverkehrbringen (→ Vorb. Rn. 45) von kosmetischen Mitteln unter **irreführenden Bezeichnungen** usw. (s. BGH LMuR 2010, 129). Die Vorschrift entspricht im Wortlaut im Wesentlichen § 11. Insoweit kann auf die diesbezügliche Kommentierung (→ Rn. 21 ff.) verwiesen werden, die sinngemäß gilt.

44   **3. Verstöße gegen § 28 Abs. 2.** § 28 Abs. 1 ermächtigt das BMELV (vgl. § 4 Abs. 3) im Interesse des **Gesundheitsschutzes** zum Erlass von Verordnungen, die einerseits Anforderungen an die **mikrobiologische Beschaffenheit** von kosmetischen Mitteln stellen (§ 28 Abs. 1 Nr. 1) oder andererseits für das Herstellen oder Behandeln von kosmetischen Mitteln **bestimmte** Ver- oder Gebote einschließlich **Höchstmengen-Regelungen** und **Warnhinweispflichten** (Zipfel/Rathke LebensmittelR/*Rathke* § 28 Rn. 6 ff.; → § 58 Rn. 25 f.) treffen können (§ 28 Abs. 1 Nr. 2 iVm § 32 Abs. 1 Nr. 1–4a, 5 und 8). Auf der Grundlage dieser Ermächtigung wurde die **Kosmetik-VO** (= Nr. 460 des Kommentars) erlassen, die entsprechende Ge- und Verbote enthält. Bei Verstößen gegen diese Ver- und Gebote statuiert § 28 Abs. 2 ein **Verkehrsverbot** für das jeweilige kosmetische Mittel, soweit das Ver- oder Gebot aus einer Rechtsverordnung folgt, die auf der Grundlage von § 28 Abs. 1 Nr. 1 oder auf der Grundlage von § 28 Abs. 1 Nr. 2 iVm § 32 Abs. 1 Nr. 1–4a oder Nr. 5. erlassen wurde. Kein Verkehrsverbot nach § 28 Abs. 2 besteht mithin bei Verstößen gegen Verordnungen auf der Grundlage von § 28 Abs. 2 Nr. 2 iVm § 32 Abs. 1 Nr. 4b und Nr. 8. Nach **§ 59 Abs. 1 Nr. 14** wird das Inverkehrbringen (→ Vorb. Rn. 45) von kosmetischen Mitteln unter Verstoß gegen das Verkehrsverbot aus § 28 Abs. 2 unter Strafe gestellt, soweit dieses aus einem Verstoße gegen eine Rechtsverordnung auf Grundlage von § 28 Abs. 1 Nr. 1 oder auf Grundlage von § 28 Abs. 1 Nr. 2 iVm § 32 Abs. 1 Nr. 4a oder Nr. 5 folgt. Verstöße gegen die Verkehrsverbote nach § 28 Abs. 2, die aus Verstößen gegen Rechtsverordnungen nach § 28 Abs. 1 Nr. 2 iVm § 32 Abs. 1 Nr. 1–3 folgen, werden nicht von § 59 Abs. 1 Nr. 14, sondern von § 58 Abs. 1 Nr. 12 (→ § 58 Rn. 25) erfasst.

VII. Verstöße gegen Vorschriften, die Bedarfsgegenstände betreffen (§ 59 Abs. 1 Nr. 15–18)

45   **1. Allgemeines.** In § 59 Abs. 1 Nr. 15–18 werden Verstöße gegen Vorschriften betreffend Bedarfsgegenstände (→ Vorb. Rn. 44) unter Strafe gestellt. Während § 33 – wie bereits aus der amtlichen Überschrift folgt – hierbei allein dem **Täuschungsschutz** (→ Vorb. Rn. 12 f.) dient, kommen bei § 31 Abs. 1 und Abs. 2 S. 2 (die sich allein auf Lebensmittel-Bedarfgegenstände beziehen), § 31 Abs. 3 (der ein Verkehrsverbot für Lebensmittel statuiert) und § 32 Abs. 2 auch Aspekte des **Gesundheitsschutzes** (→ Vorb. Rn. 10 f.) zum Tragen.

46   **2. Verstöße gegen § 31 Abs. 1 oder Abs. 2 S. 2.** In § 59 Abs. 1 Nr. 15 sind Verstöße gegen die **Verwendungs- und Verkehrsverbote** nach § 31 Abs. 1 und 31 Abs. 2 S. 2 in Form eines **abstrakten Gefährdungsdelikts** (→ Vorb. Rn. 27) unter Strafe gestellt.

47   Nach **§ 31 Abs. 1** ist verboten, **Lebensmittel-Bedarfsgegenstände** (§ 2 Abs. 6 Nr. 1) zu verwenden (→ § 58 Rn. 31) oder in den Verkehr zu bringen (→ Vorb. Rn. 45), wenn diese unter Verstoß gegen Art. 3 Abs. 1 **VO (EG) Nr. 1935/2004** hergestellt wurden. Dies ist der Fall, wenn die Lebensmittel-Bedarfgegenstände so hergestellt (→ Vorb. Rn. 46 ff.) wurden, dass sie unter den normalen oder vorhersehbaren Verwendungsbedingungen (→ § 58 Rn. 8) Bestandteile auf Lebensmittel in Mengen abgeben, die geeignet sind die **menschliche Gesundheit zu gefährden** (→ § 58 Rn. 4 ff.) oder eine unvertretbare (vgl. Meyer/Streinz § 31 Rn. 3) Veränderung der Zusammensetzung der Lebensmittel oder eine Beeinträchtigung der organoleptischen (die Farbe, den Geruch oder den Geschmack betreffende) Eigenschaften der Lebensmittel herbeizuführen.

48   **§ 31 Abs. 2 S. 2** verbietet die Verwendung oder das Inverkehrbringen von Lebensmittel-Bedarfsgegenständen, die gegen eine Rechtsverordnung des BMELV (vgl. § 4 Abs. 3) verstoßen, in der festgelegt wird, ob und in welchen bestimmten Anteilen bestimmte Stoffe in Bedarfsgegenständen auf Lebensmittel übergehen dürfen. Maßgebliche Rechtsverordnung ist insoweit die BedGgstV (= Nr. 200 des Kommentares).

3. Verstöße gegen § 31 Abs. 3. Nach § 59 Abs. 1 Nr. 16 werden Verstöße gegen das **Verkehrs-** 49 **verbot** aus § 31 Abs. 3 unter Strafe gestellt. Nach § 31 Abs. 3 ist verboten, **Lebensmittel,** die mit einem Lebensmittel-Bedarfsgegenstand, dessen Verwendung nach § 31 Abs. 1 (→ Rn. 47) verboten ist, hergestellt (→ Vorb. Rn. 46 ff.) oder behandelt (→ Vorb. Rn. 48) wurden, als Lebensmittel in den Verkehr zu bringen (→ Vorb. Rn. 45).

4. Verstöße gegen § 32 Abs. 2. § 32 Abs. 1 ermächtigt das BMLEV (vgl. § 4 Abs. 3) im Interesse 50 des **Gesundheitsschutzes** zum Erlass von Verordnungen, die **bestimmte** Ver- oder Gebote einschließlich **Höchstmengen-Reglungen** und **Warnhinweispflichten** treffen können (Zipfel/Rathke LebensmittelR/*Delewski* § 32 Rn. 17 ff.; → § 58 Rn. 33). Bei Verstößen gegen diese Ver- und Gebote statuiert § 32 Abs. 2 ein **Verkehrsverbot** für den jeweiligen Bedarfsgegenstand, soweit das Ver- oder Gebot aus einer Rechtsverordnung folgt, die auf der Grundlage von § 32 Abs. 1 Nr. 1–4a oder Nr. 5 erlassen wurde. Kein Verkehrsverbot nach § 32 Abs. 2 besteht mithin bei Verstößen gegen Verordnungen auf der Grundlage von § 32 Abs. 1 Nr. 4b und Nr. 8. Nach § 59 Abs. 1 **Nr. 17** wird das Inverkehrbringen (→ Vorb. Rn. 45) von Bedarfsgegenständen unter Verstoß gegen das Verkehrsverbot aus § 32 Abs. 2 unter Strafe gestellt, soweit dieses aus einem Verstoße gegen eine Rechtsverordnung auf Grundlage von § 32 Abs. 1 Nr. 4a oder Nr. 5 folgt. Verstöße gegen die Verkehrsverbote nach § 32 Abs. 2, die aus Verstößen gegen Rechtsverordnungen nach § 32 Abs. 1 Nr. 1–3 folgen, werden nicht von § 59 Abs. 1 Nr. 17, sondern von § 58 Abs. 1 Nr. 16 (→ § 58 Rn. 33) erfasst.

5. Verstöße gegen § 33. Nach § 59 Abs. 1 Nr. 18 sind Verstöße gegen das in § 33 Abs. 1 statuierte 51 **Verkehrsverbot** unter Strafe gestellt. § 33 Abs. 1 verbietet das Inverkehrbringen (→ Vorb. Rn. 45) von Lebensmittel-Bedarfsgegenständen (§ 2 Abs. 6 Nr. 1; → Vorb. Rn. 44) unter **irreführenden Bezeichnungen** usw. Insoweit kann auf die diesbezügliche Kommentierung zu § 11 (→ Rn. 21 ff.) verwiesen werden, die sinngemäß gilt.

VIII. Straftaten nach § 59 Abs. 1 Nr. 19

1. Allgemeines. § 53 Abs. 1 S. 1 sieht ein generelles **Verbringungsverbot** für Erzeugnisse (vgl. 52 § 2 Abs. 1) und mit Lebensmittel verwechselbare Produkte vor, die **nicht den im Inland geltenden Bestimmungen des LFGB, der aufgrund des LFGB erlassenen Rechtsverordnungen und unmittelbar geltenden Rechtsakten der Europäischen Gemeinschaft im Anwendungsbereich des LFGB entsprechen. Eingeschränkt** wird dieses Verbringungsverbot durch § **54 Abs. 1 S. 1,** wonach das Verbringungsverbot für Lebensmittel, kosmetische Mittel und Bedarfsgegenstände (wohl aber für Futtermittel) gilt, die in einem anderen Mitgliedstaat der Europäischen Union oder einem anderen EWR-Vertragsstaat rechtmäßig hergestellt oder in den Verkehr gebracht wurden oder sich dort als Drittlandsware rechtmäßig in Verkehr befinden (vgl. Zipfel/Rathke LebensmittelR/*Rathke* § 54 Rn. 14 ff.). § 53 Abs. 1 S. 1 differenziert dabei nicht danach, ob die Vorschrift, gegen die verstoßen wird, dem Gesundheits- oder dem Täuschungsschutz dient. Mit Blick auf § 54 ist in diesem Zusammenhang zwischen der Einfuhr und dem innergemeinschaftlichen Verbringen zu unterscheiden. Unter **Einfuhr** ist dabei das **Verbringen von Waren über die Gemeinschaftsgrenze** zu verstehen (Zipfel/Rathke LebensmittelR/*Rathke* § 53 Rn. 11).

2. Verstoß gegen das Verbringungsverbot. Resultiert das Verbringungsverbot aus einem Verstoß 53 gegen § 17 Abs. 1 S. 1 Nr. 1, § 26 S. 1, § 30 LFGB oder Art. 14 Abs. 2a BasisVO, mithin aus einem Verstoß gegen Vorschriften, die ausschließlich dem Schutz der Gesundheit der Verbraucher dienen (Zipfel/Rathke LebensmittelR/*Rathke* § 53 Rn. 42), macht sich der Verbringer des fraglichen Erzeugnisses nach § 59 Abs. 1 Nr. 19 strafbar. Unter **Verbringen** sind alle Handlungen zu verstehen, die mit der körperlichen Überführung der Ware über die Grenze in unmittelbarem Zusammenhang stehen (Zipfel/Rathke LebensmittelR/*Rathke* § 53 Rn. 5). Das ist in erster Linie der Transport der Ware über die Grenze, mit deren Überschreitung die Tat vollendet ist (OLG Koblenz LRE 8, 305) Beendigung ist gegeben, wenn die Ware zur Ruhe gekommen ist, zB den Bestimmungsort erreicht hat (BGHSt 3, 40).

Verbringer ist zunächst, wer zur Zeit der Grenzüberschreitung über das Erzeugnis verfügungsbe- 54 rechtigt ist, ohne Rücksicht darauf, ob in eigenem oder fremdem Namen und für eigene oder fremde Rechnung gehandelt wird. Verfügungsberechtigt ist auch derjenige, der nur Besitz – also kein Eigentum – an der Ware hat (Zipfel/Rathke LebensmittelR/*Rathke* § 53 Rn. 6). Insoweit ist auch der als Verbringer anzusehen, in dessen Auftrag das Erzeugnis ins Inland verbracht wird, der aber am eigentlichen Verbringungsvorgang nicht beteiligt ist. Denn ein solcher Auftraggeber ist auch verfügungsberechtigt. Zudem ist im Sinne eines möglichst effektiven Gesundheitsschutzes auch hier eine weite Auslegung geboten.

IX. Straftaten nach § 59 Abs. 1 Nr. 20

Nach § **41** können die zuständigen Behörden unter dort näher beschriebenen Voraussetzungen 55 bestimmte Anordnungen treffen, die erforderlich sind, um die Einhaltung der Vorschriften für die Anwendung von Stoffen mit pharmakologischer Wirkung (vgl. die **RL 96/23/EG**) sicherzustellen.

Wird gegen entsprechende Anordnungen, die auf Grundlage von § 41 Abs. 2 S. 1, Abs. 3 oder Abs. 6 S. 1 oder 3 ergehen (wg der Einzelheiten vgl. Meyer/Streinz § 41 Rn. 5), verstoßen, verwirklicht der jeweils Handelnden den Straftatbestand des **§ 59 Abs. 1 Nr. 20.**

56   § 59 Abs. 1 Nr. 20 setzt zunächst eine **vollziehbare Anordnung zur Durchsetzung der vorgenannten Verbote,** sprich einen Verwaltungsakt iSv § 35 VwVfG voraus, der verwaltungsrechtlich vollstreckbar ist (vgl. Schönke/Schröder/*Heine/Hecker* StGB § 330d Rn. 15). Da lediglich § 41 Abs. 2 S. 4 anordnet, dass Widerspruch und Anfechtungsklage gegen die Anordnungen nach § 41 Abs. 2 S. 1 keine aufschiebende Wirkung haben (vgl. § 80 Abs. 2 Nr. 3 VwGO), ist in den anderen Fällen erforderlich, dass die Anordnung in Rechtskraft erwächst. In Fällen des § 41 Abs. 2 S. 1 ist demgegenüber eine vollziehbare Anordnung solange gegeben, als ein Antrag auf Anordnung der aufschiebenden Wirkung (vgl. § 80 Abs. 5 VwGO) nicht antragsgemäß beschieden wurde (vgl. auch BGH NJW 1990, 3139). In allen Fällen muss die Anordnung so bestimmt gefasst sein, dass der Anordnungsadressat das strafrechtliche Verbotene mit hinreichender Sicherheit erkennen kann (vgl. *Möhrenschlager* NStZ 1994, 513 (515)).

57   Mit dem Verstoß gegen die Anordnung ist der objektive Tatbestand des § 59 Abs. 1 Nr. 20 erfüllt. Wird die Anordnung danach wegen Rechtswidrigkeit aufgehoben, ist dies für die Strafbarkeit bedeutungslos (vgl. Fischer StGB § 330 Rn. 8 mwN; sa Schönke/Schröder/*Heine/Hecker* StGB §§ 324 ff. Rn. 21; → Vorb. Rn. 21). Dies ist verfassungsrechtlich nicht zu beanstanden (BVerfG NJW 1990, 37).

X. Straftaten nach § 59 Abs. 1 Nr. 21

58   **§ 59 Abs. 1 Nr. 21** stellt eine **Blankettvorschrift mit Rückverweisungsklausel** (→ Vorb. Rn. 26) dar. Sie erfasst **auch Verstöße gegen vollziehbare Anordnungen,** die auf der Grundlage entsprechender Rechtsverordnungen ergeht (→ Rn. 55 f. und → § 58 Rn. 34 ff.). Der Reglungsbereich der jeweiligen Rechtsverordnung folgt aus den Ermächtigungsnormen und ist dort näher konkretisiert. Mit dem 2. ÄndG (→ Vorb. Rn. 6) wurden Verstöße gegen Rechtsverordnungen nach § 13 Abs. 1 S. 1 Nr. 3 zu einer Ordnungswidrigkeit herabgestuft (§ 60 Abs. 2 Nr. 26; vgl. Achenbach/Ransiek/Rönnau WirtschaftsStR-HdB/*Dannecker/Bülte* Teil 2 Kap. 2 Rn. 315).

59   Zwischenzeitlich existieren mehrere Rechtsverordnungen, die auf § 59 Abs. 1 Nr. 21 rückverweisen:

– § 6 Abs. 2, 3 AromenV (= Nr. 140 des Kommentars)	– § 26 Abs. 2–5 DiätV (= Nr. 270 des Kommentars)
– § 5 BierV (= Nr. 215 des Kommentars)	– § 7 Abs. 2, 2a MilchErzV (= Nr. 530 des Kommentars)
– § 17 Abs. 2, 3 MinTafWV (= Nr. 545 des Kommentars)	– § 7 Abs. 1, 2 NKV (= Nr. 570 des Kommentars)
– § 6 Abs. 2 NemV (= Nr. 565 des Kommentars)	– § 23 Abs. 2 Tier-LHMV (Nr. 725 des Kommentars)
– § 7 Abs. 2, 3 ZVerkV (= Nr. 845 des Kommentars)	– § 10 Abs. 3, 4 ZZulV (= Nr. 850 des Kommentars)
– § 12 AGeV (= Nr. 110 des Kommentars)	– § 5 Abs. 1, 2 EssigV (= Nr. 282 des Kommentars)
– § 13 Abs. 3 FleischV (= Nr. 311 des Kommentars)	– § 5 Abs. 1 FruchtsaftV (= Nr. 317 des Kommentars)
– § 6 Abs. 1 HonigV (= Nr. 400 des Kommentars)	– § 5 Abs. 1 KaffeV (= Nr. 425 des Kommentars)
– § 5 Abs. 1 KakaoV (= Nr. 430 des Kommentars)	– § 30 Abs. 2–4 KäseV (= Nr. 435 des Kommentars)
– § 5 Abs. 1 KonfV (= Nr. 450 des Kommentars)	– § 8 Abs. 1–4 LMBestrV (= Nr. 490 des Kommentars)
– § 16 LMEV (= Nr. 495 des Kommentars)	– § 10 Abs. 1 LMKV (= Nr. 502 des Kommentars)
– § 6 Abs. 1 MargMFV (= Nr. 515 des Kommentars)	– § 7 Abs. 1, 2 NLV (= Nr. 575 des Kommentars)
– § 5 Abs. 2, 3 RHmV (= Nr. 625 des Kommentars)	– § 7 Abs. 2 THV (= Nr. 720 des Kommentars)
– § 7 Abs. 1 TLMV (= Nr. 740 des Kommentars)	– § 5 Abs. 1 ZuckArt.V (= Nr. 840 des Kommentars)

C. Die Tatbestände des § 59 Abs. 2

I. Schutzzweck und Systematik der Tatbestände

§ 59 Abs. 2 Nr. 1a und b stellt zunächst Verstöße gegen die aus **Art. 14 Abs. 1 und Art. 15** 60
Abs. 1 BasisVO folgenden – in Deutschland unmittelbar geltenden – **Verkehrsverbote** hinsichtlich
verzehrsungeeigneter Lebensmittel (Art. 14 Abs. 2b BasisVO, → Rn. 62) und hinsichtlich solcher
Futtermittel, die bewirken, dass die Lebensmittel, die aus den der Lebensmittelgewinnung dienenden
Tieren hergestellt werden, als **nicht sicher für den Verzehr** durch den Menschen anzusehen sind
(Art. 15 Abs. 2 Spiegelstrich 2 BasisVO, → Rn. 64) unter Strafe. **§ 59 Abs. 2 Nr. 1c und d** wurden
durch das 2. ÄndG (→ Vorb. Rn. 6) eingefügt. Sie betreffen Verstöße gegen die Lebensmittel- und
Futtermittelunternehmer (Art. 3 Nr. 3, Nr. 6 BasisVO) treffende Pflicht zum Rückruf nicht sicherer
Lebens- bzw. Futtermittel, die bisher in § 60 Abs. 3 Nr. 1d und Nr. 1g als Ordnungswidrigkeiten erfasst
waren.

§ 59 Abs. 2 Nr. 2 und Nr. 3 wurden mit dem Gesetz zur Änderung des Lebensmittel- und 61
Futtermittelgesetzbuchs sowie anderer Vorschriften vom 29.6.2009 (BGBl. I 1659), das **am 4.7.2009 in
Kraft getreten** ist, eingefügt (→ Vorb. Rn. 6). Verstöße gegen **Art. 19 der VO (EG) Nr. 396/2005**
und **gegen die VO (EG) Nr. 1924/2006** sollen nach dem Willen des Gesetzgebers unmittelbar im
LFGB strafbewehrt werden (BT-Drs. 16/8100, 23).

Ebenfalls mit dem 2. ÄndG (→ Vorb. Rn. 6) wurden **§ 59 Abs. 2 Nr. 4, 5 und Nr. 6 eingefügt,** 61a
die Verstöße gegen bestimmte gemeinschaftsrechtliche Vorschriften unter Strafe stellen. Zuletzt wurde
mit dem 3. ÄndG (→ Vorb. Rn. 6) **§ 59 Abs. 2 Nr. 7** eingefügt, der Verstöße gegen Vorschriften der
VO (EU) Nr. 10/2011 unter Strafe stellt.

II. Tathandlungen

1. Verstoß gegen Art. 14 Abs. 1 iVm Abs. 2 Buchst. b BasisVO. Nach **Art. 14 Abs. 1 iVm** 62
Abs. 2 Buchst. b BasisVO besteht ein Verkehrsverbot für zum Verzehr ungeeigneter Lebensmittel
(Art. 14 Abs. 5 BasisVO). Werden solche Lebensmittel gleichwohl in den Verkehr gebracht (→ Vorb.
Rn. 45), ist der objektive Tatbestand des **§ 59 Abs. 2 Nr. 1a** erfüllt.

Verzehrsungeeignetheit iSv Art. 14 Abs. 5 BasisVO ist – in Abgrenzung zu den Fällen des § 11
Abs. 2 Nr. 1 (→ Rn. 32 f.) – gegeben, wenn das Lebensmittel (→ Vorb. Rn. 37 ff.) bei Gewinnung
(→ Vorb. Rn. 47), Herstellung (→ Vorb. Rn. 46) oder späterer Behandlung (→ Vorb. Rn. 48) natürlichen oder willkürlichen Einflüssen ausgesetzt wurde, die so **nachteilige Veränderungen der inneren
oder äußeren Beschaffenheit,** des Aussehens, des Geruchs oder des Geschmacks verursachten, dass
der Verzehr des fraglichen Lebensmittels nach allgemeiner Verkehrsauffassung (→ Rn. 16 ff.) ausgeschlossen ist (BVerwGE 60, 69; BVerwG LMRR 1969, 9; KG LMRR 1975, 6; OLG Karlsruhe
LMRR 1972, 8; OLG Hamm LMRR 1969, 1; vgl. auch Zipfel/Rathke LebensmittelR/*Rathke*
BasisVO Art. 14 Rn. 57 ff.). Die zur Abgrenzung von Fällen des § 11 Abs. 2 Nr. 1 gegenüber Fällen des
Art. 14 Abs. 2 Buchst. b, Abs. 5 BasisVO erforderliche **Änderung der stofflichen Zusammenset-
zung** kann einerseits aus einer Kontamination, andererseits aus Fäulnis oder anderem Verderb resultie-
ren (Meyer/Streinz BasisVO Art. 14 Rn. 38). Sie muss so erheblich sein, dass das Lebensmittel auch bei
Kenntlichmachung der nachteiligen Veränderung nicht mehr in den Verkehr gebracht werden könnte
(BGHSt 29, 220; OLG Stuttgart LRE 12, 358; OLG Düsseldorf LRE 32, 381), ohne dass aber eine
Gesundheitsgefahr iSv Art. 14 Abs. 2 Buchst. a BasisVO erforderlich ist (Meyer/Streinz BasisVO Art. 14
Rn. 42).

Aus dem Schutzzweck folgt, dass **nicht erforderlich** ist, dass der Verbraucher die **Verzehrsungeeig-** 63
netheit erkennt. Der Tatbestand ist vielmehr erfüllt, wenn aufgrund bestimmter Tatsachen die Gefahr
besteht, dass der Verbraucher in Verkennung der objektiven Gegebenheiten das Lebensmittel erwirbt
(**potentielles Gefährdungsdelikt;** → Vorb. Rn. 27).

2. Verstoß gegen Art. 15 Abs. 1 iVm Abs. 2 Spiegelstrich 2 BasisVO. Nach Art. 15 Abs. 1 64
iVm Abs. 2 Spiegelstrich 2 BasisVO besteht für **Futtermittel** (→ Vorb. Rn. 42) ein **Verkehrsverbot,**
wenn sie bewirken, dass die Lebensmittel, die aus den der Lebensmittelgewinnung dienenden Tieren
hergestellt werden, als nicht sicher für den Verzehr durch den Menschen anzusehen sind (→ § 58
Rn. 4 ff.). Das Verkehrsverbot besteht mithin dann, wenn **mittelbar über die Verfütterung einer
Gesundheitsgefahr** (aA Achenbach/Ransiek/Rönnau WirtschaftsStR-HdB/*Dannecker/Bülte* Teil 2
Kap. 2 Rn. 334; die die Vorschrift allein dem Täuschungsschutz zurechnen) für den Menschen geschaffen wird. Insoweit unterscheidet sich dieser Tatbestand von Art. 15 Abs. 1 iVm Abs. 2 Spiegelstrich 1
BasisVO, der eine unmittelbare Gefahr durch das Futtermittel fordert (→ § 58 Rn. 40). Werden Futter-
mittel, die die Voraussetzungen des Art. 15 Abs. 1 iVm Abs. 2 Spiegelstrich 2 BasisVO erfüllen, gleich-
wohl in den Verkehr gebracht (→ Vorb. Rn. 45), ist der objektive Tatbestand des **§ 59 Abs. 2 Nr. 1**
Buchst. b erfüllt.

64a   **3. Verstoß gegen Art. 19 Abs. 1 S. 1 BasisVO.** Nach **Art. 19 Abs. 1 S. 1 BasisVO** ist der Lebensmittelunternehmer (Art. 3 Nr. 3 BasisVO) verpflichtet, ein nicht sicheres Lebensmittel (Art. 14 Abs. 1 BasisVO) vom Markt zu nehmen (Rücknahmeaktion; vgl. hierzu iE Meyer/Streinz BasisVO Art. 19 Rn. 15 f.). Unerheblich ist iRd Art. 19 Abs. 1 S. 1 BasisVO, ob die Unsicherheit daraus folgt, dass das Lebensmittel gesundheitsgefährlich (Art. 14 Abs. 2 Buchst. a BasisVO; → § 58 Rn. 4 ff.) oder zum Verzehr nicht geeignet (Art. 14 Abs. 2 Buchst. b BasisVO; vgl. oben 62) ist. Kommt er dieser Verpflichtung nicht nach, ist der objektive Tatbestand des **§ 59 Abs. 2 Nr. 1c** erfüllt. § 59 Abs. 2 Nr. 1c kommt insoweit eine Auffangfunktion in Form eines echten Unterlassungsdeliktes zu, das in den Fällen greift, in denen die **Kenntnis um die Unsicherheit des Lebensmittels nach dem Inverkehrbringen** etc erlangt wird. Liegt sie bereits vor dem Inverkehrbringen vor, greift § 58 Abs. 2 Nr. 1 in den Fällen des Verkehrsverbotes nach Art. 14 Abs. 2 Buchst. a BasisVO und § 59 Abs. 2 Nr. 1a in den Fällen des Verkehrsverbotes nach Art. 14 Abs. 2 Buchst. b BasisVO. Soweit nach Art. 19 Abs. 1 S. 1 BasisVO über die Rücknahme hinaus auch die Unterrichtung der zuständigen Behörde vorsieht, ist ein Verstoß gegen diese Pflicht nicht von § 59 Abs. 2 Nr. 1c als Straftat erfasst, sondern – nach wie vor – in § 60 Abs. 3 Nr. 1d als Ordnungswidrigkeit definiert (→ § 60 Rn. 28 ff.).

64b   **4. Verstoß gegen Art. 20 Abs. 1 S. 1 BasisVO.** Nach **Art. 20 Abs. 1 S. 1 BasisVO** ist der Futtermittelmittelunternehmer verpflichtet, ein nicht sicheres Futtermittel (Art. 15 Abs. 1 BasisVO) vom Markt zu nehmen (Rücknahmeaktion). Kommt er dieser Verpflichtung nicht nach, ist der objektive Tatbestand des **§ 59 Abs. 2 Nr. 1d** erfüllt. Die Vorschrift entspricht mutatis mutandis im Grundsatz § 59 Abs. 2 Nr. 1c. Insoweit kann auf die vorstehende Kommentierung (→ Rn. 64a) verwiesen werden.

65   **5. Verstoß gegen Art. 19 der VO (EG) Nr. 396/2005.** Art. 19 der **VO (EG) Nr. 396/2005** (PestizidrückständeHöchstgehaltsVO) enthält ein **Verarbeitungsverbot** (einschließlich des Mischens) für bestimmte (im Anh. I der VO angeführte) Lebens- und Futtermittel. Das Verbot greift ein, wenn bestimmte (in Art. 18 Abs. 1 und Art. 20 der VO geregelte) Höchstwerte für Pestizidrückstände überschritten werden. Trotz der abweichenden Formulierungen wird man dieses Verbot als **Herstellungsverbot** verstehen können.

66   Verstöße gegen dieses Verbot erfüllen den objektiven Tatbestand des **§ 59 Abs. 2 Nr. 2** wenn es sich bei dem betroffenen Erzeugnis um ein Lebensmittel (→ Vorb. Rn. 37 ff.) handelt. Verstöße gegen das aus Art. 19 PestizidrückständeHöchstgehaltsVO bestehende Verbot bezüglich Futtermittel stellen eine Ordnungswidrigkeit nach § 60 Abs. 3 Nr. 2 dar (→ § 60 Rn. 29).

67   **6. Verstoß gegen die VO (EG) Nr. 1924/2006.** Die **VO (EG) Nr. 1924/2006** über nährwert- oder gesundheitsbezogene Angaben über Lebensmittel (sog **Health-Claims-VO**) enthält im Interesse des **(vorbeugenden) Gesundheits- und Verbraucherschutzes** bestimmte Vorgaben für Inhalt und Aufmachung für **nährwert- und gesundheitsbezogene Angaben** (vgl. Art. 2 Abs. 2 Nr. 4 und 5 der VO; sa *Bruggmann/Hohmann* ZLR 2007, 51; *Jung* ZLR 2007, 389; BVerwG WRP 2011, 103).

68   Art. 3 Health-Claims-VO enthält allgemeine Verbote (**Irreführungsverbot, Vergleichsverbot;** vgl. Zipfel/Rathke LebensmittelR/*Rathke/Hahn* Art. 3 VO 1924/2006 Rn. 9 ff.) die sämtliche nährwert- oder gesundheitsbezogene Angaben betreffen. **Art. 4 Abs. 3 Health-Claims-VO** verbietet **gesundheitsbezogene Angaben bei alkoholischen Getränken; Art. 5 Health-Claims-VO** statuiert die **allgemeinen Voraussetzungen,** die erfüllt sein müssen, damit nährwert- oder gesundheitsbezogene Angaben in Bezug auf ein Lebensmittel zulässig sind (vgl. Zipfel/Rathke LebensmittelR/*Rathke/Hahn* Art. 5 VO 1924/2006 Rn. 3 ff.; *Hahn/Ströhle* GRUR 2013, 120).

69   In den **Art. 8 und 9 Health-Claims-VO** finden sich Vorschriften, die allein **nährwertsbezogene Angaben** betreffen. Art. 8 verweist insoweit auf einen Katalog zulässiger Angaben (zB „fettarm", „ohne Zucker", „leicht" etc) und deren Bedingungen. **Art. 9 Health-Claims-VO** statuiert die Voraussetzungen unter denen **vergleichende nährwertbezogene Angaben** bei einem Lebensmittel zulässig sind.

70   Demgegenüber enthalten die **Art. 10 und 12 Health-Claims-VO** Vorschriften für **gesundheitsbezogene Angaben. Art. 10 Health-Claims-VO** beschreibt in diesem Zusammenhang das **grundsätzliche Verbot** gesundheitsbezogener Angaben bei Lebensmitteln, soweit sie nicht den nachfolgenden Anforderungen der Health-Claims-VO, insbes. den Vorgaben der **Art. 13 und 14 Health-Claims-VO** entsprechen oder sie nach dem Verfahren der **Art. 15 ff. Health-Claims-VO** zugelassen wurden (vgl. insoweit EuGH LMuR 2014, 144; LMRR 2013, 87; BGH LMuR 2013, 185; 2014, 89; sa *Grundmann* LMuR 2014, 1; *Ullrich/Schikorra* LMuR 2013, 7). **Art. 12 Health-Claims-VO** bestimmt zuletzt ein ausnahmsloses **Verbot bestimmter gesundheitsbezogener Angaben** (vgl. Zipfel/Rathke LebensmittelR/*Rathke/Hahn* Art. 12 VO 1924/2006 Rn. 4 ff.). Verstöße gegen diese einzelnen Vorgaben und Verbote sind nunmehr in § 59 Abs. 2 Nr. 3 bei vorsätzlichem Handeln strafbewehrt (s. iE auch Achenbach/Ransiek/Rönnau WirtschaftsStR-HdB/*Dannecker/Bülte* Teil 2 Kap. 2 Rn. 336).

70a   **7. Verstoß gegen die VO (EG) Nr. 1332/2008.** Nach Art. 4 VO (EG) Nr. 1332/2008 dürfen nur solche Lebensmittelenzyme (vgl. Art. 3 Abs. 2 Buchst. a VO (EG) Nr. 1332/2008) in den Verkehr gebracht (→ Vorb. Rn. 45, sa Zipfel/Rathke LebensmittelR/*Rathke* EU-VO über Lebensmittelenzyme Art. 4 Rn. 5 ff.) oder in Lebensmitteln (→ Vorb. Rn. 37) verwendet (Zipfel/Rathke LebensmittelR/

Rathke EU-VO über Lebensmittelenzyme Art. 4 Rn. 8 ff.) werden, die in der Gemeinschaftsliste (vgl. Art. 7, 17 VO (EG) Nr. 1332/2008) angeführt sind (Verbot mit Erlaubnisvorbehalt). Verstöße gegen dieses Verkehrs- bzw. Verwendungsverbot erfüllen den objektiven Tatbestand des – mit dem 2. ÄndG (→ Vorb. Rn. 6) eingefügten – **§ 59 Abs. 2 Nr. 4.**

8. Verstoß gegen die VO (EG) Nr. 1333/2008. Die VO (EG) Nr. 1333/2008 regelt – ebenfalls mit **70b** einem grundsätzlichen Verbot mit Erlaubnisvorbehalt – die Verwendung von Lebensmittelzusatzstoffen (zum Begriff → Rn. 6 ff.; sa Art. 3 Abs. 2 Buchst. a VO (EG) Nr. 1333/2008). Nach Art. 4 VO (EG) Nr. 1333/2008 dürfen nur solche Lebensmittelzusatzstoffe in den Verkehr gebracht (→ Vorb. Rn. 45, sa Zipfel/Rathke LebensmittelR/*Rathke* EU-VO über Lebensmittelzusatzstoffe Art. 4 Rn. 11 ff.) oder in Lebensmitteln (→ Vorb. Rn. 37) verwendet (Zipfel/Rathke LebensmittelR/*Rathke* EU-VO über Lebensmittelzusatzstoffe Art. 4 Rn. 9) werden, die in der Gemeinschaftsliste (vgl. Art. 7, 17 VO (EG) Nr. 1332/2008) angeführt sind. Daneben tritt das Verkehrsverbot in Art. 5 VO (EG) Nr. 1333/2008, wenn die Verwendung des Stoffes nicht mit der VO (EG) Nr. 1333/2008 in Einklang steht. Die Art. 15–18 VO (EG) 1333/2008 enthalten spezielle Verwendungsverbote in bestimmten Lebensmitteln. Verstöße gegen dieses Verkehrs- bzw. Verwendungsverbot erfüllen den objektiven Tatbestand des – mit dem 2. ÄndG (→ Vorb. Rn. 6) eingefügten – **§ 59 Abs. 2 Nr. 5,** der zu § 59 Abs. 1 Nr. 1–6 (→ Rn. 6 ff.) die allgemeinere Vorschrift ist.

9. Verstoß gegen die VO (EG) Nr. 1334/2008. Die VO (EG) Nr. 1334/2008 regelt die Ver- **70c** wendung von Aromen (vgl. Art. 3 Abs. 2 Buchst. a VO (EG) Nr. 1334/2008; sa Zipfel/Rathke LebensmittelR/*Rathke* VO (EG) Nr. 1334/2008 Art. 3 Rn. 3 ff.) und Lebensmittelzutaten mit Aromaeigenschaften (vgl. Art. 3 Abs. 2 Buchst. i VO (EG) Nr. 1334/2008; sa Zipfel/Rathke LebensmittelR/*Rathke* VO (EG) Nr. 1334/2008 Art. 3 Rn. 82 ff.). Nach Art. 4 VO (EG) Nr. 1334/2008 dürfen Aromen und Lebensmittelzutaten mit Aromaeigenschaften nur verwendet (Zipfel/Rathke LebensmittelR/*Rathke* VO (EG) Nr. 1334/2008 Art. 4 Rn. 1 ff.) werden, wenn diese keine Gefahr für die Gesundheit des Verbrauchers darstellen und ihre Verwendung diesen nicht irreführen. Entspricht das Aroma oder die Lebensmittelzutat mit Aromaeigenschaften diesen Vorgaben nicht, besteht sowohl für das Aroma, als auch für Lebensmittel (→ Vorb. Rn. 37), in denen dieses vorhanden ist nach Art. 5 der VO (EG) Nr. 1334/2008 ein Verkehrsverbot (vgl. Zipfel/Rathke LebensmittelR/*Rathke* VO (EG) Nr. 1334/2008 Art. 3 Rn. 4 ff.). Daneben statuiert Art. 10 VO (EG) Nr. 1334/2008 ein spezielles Verkehrs- und Verwendungsverbot mit Erlaubnisvorbehalt für die in Art. 9 VO (EG) 1334/2008 genannten Aromen und Stoffe. Verstöße gegen dieses Verkehrs- bzw. Verwendungsverbot erfüllen den objektiven Tatbestand des – mit dem 2. ÄndG (→ Vorb. Rn. 6) eingefügten – **§ 59 Abs. 2 Nr. 6.**

10. Verstoß gegen die VO (EU) Nr. 10/2011. Die VO (EU) Nr. 10/2011 regelt die Verwendung **70d** von Materialien und Gegenständen aus Kunststoff, die dazu bestimmt sind, mit Lebensmittel in Berührung zu kommen. Nach Art. 4 der VO (EU) Nr. 10/2011 dürfen diese nur in den Verkehr gebracht werden, wenn sie den dort angeführten Voraussetzungen entsprechen. Insbesondere sieht Art. 4 Buchst. e VO (EU) Nr. 10/2011 vor, dass die Materialien und Gegenstände den Art. 5 ff. der VO (EU) Nr. 10/2011 entsprechen müssen. Verstöße gegen dieses Verkehrsverbot erfüllen den objektiven Tatbestand des – mit dem 3. ÄndG (→ Vorb. Rn. 6) eingefügten – **§ 59 Abs. 2 Nr. 7.**

D. Die Tatbestände des § 59 Abs. 3

I. Allgemeines

§ 59 Abs. 3 entspricht im Hinblick auf Reglungstechnik und Zweck § 58 Abs. 3. Insoweit kann auf **71** die Kommentierung zu § 58 Abs. 3 (→ § 58 Rn. 41 ff.), die auch bei § 59 Abs. 3 sinngemäß gilt, verwiesen werden.

II. Tatbestände, die auf § 59 Abs. 3 Nr. 1 rückverweisen

– § 5 Abs. 4 AromenV (= Nr. 140 des Kommentars)	**71a**

III. Tatbestände, die auf § 59 Abs. 3 Nr. 2 rückverweisen

– § 3 Abs. 2 LMRStV (= Nr. 505 des Kommentars)	– § 7 Abs. 1 LMRStV
– § 5 Abs. 1 LMRStV	– § 5 Abs. 4 RHmV (= Nr. 625 des Kommentars)

E. Subjektiver Tatbestand

72   Nach § 59 wird nur der bestraft, der vorsätzlich handelt, wobei **bedingter Vorsatz ausreicht.** Wegen der weiteren Einzelheiten vgl. die Kommentierung zu § 58 (→ § 58 Rn. 47 ff.), die für § 59 sinngemäß gilt. Die fahrlässige Verwirklichung der Tatbestände des § 59 ist demgegenüber nicht unter Strafe gestellt, sondern wird nach § 60 als Ordnungswidrigkeit geahndet.

F. Rechtswidrigkeit und Schuld

73   Insoweit bestehen im Vergleich zu den Ausführungen bei § 58 keine maßgeblichen Abweichungen. Es kann daher auf die dortigen Ausführen (→ § 58 Rn. 50 ff.) verwiesen werden.

G. Rechtsfolgen

I. Allgemeines

74   Bis zur Einfügung von § 59 Abs. 4 (→ Rn. 74a) durch das 2. ÄndG (→ Vorb. Rn. 6) sah § 59 für alle Taten **Freiheitsstrafe bis zu einem Jahr oder Geldstrafe vor.** Dieser Strafrahmen gilt nunmehr nur in den Fällen, in denen die Qualifikation des § 59 Abs. 4 nicht verwirklicht ist. Insoweit bestimmt er sich nach den allgemeinen Vorschriften der §§ 38 ff. StGB. Für die Zumessung der Strafe werden insbes. der Grad der **Gefährdung des geschützten Rechtsguts,** die **Art der Ausführung** und die **tatsächlichen Motive** von Bedeutung sein. Trotz der in den letzten Jahren in der Öffentlichkeit diskutierten Lebensmittelskandale sollten **generalpräventive strafschärfende Strafzumessungsüberlegungen** restriktiv gehandhabt werden. Zu beachten ist, dass diese jedenfalls Feststellungen dazu voraussetzen, dass die Gefahr der Nachahmung besteht oder bereits gemeinschaftsgefährliche Zunahme solcher Straftaten festzustellen ist (vgl. SSG Strafzumessung Rn. 465 ff.). Mit Blick auf **§ 46 Abs. 3 StGB** ist Vorsicht geboten, soweit strafschärfend die Stellung des Täters als Lebensmittelunternehmer herangezogen werden soll.

II. Qualifikationen

74a   **1. Allgemeines.** Mit dem 2. ÄndG (→ Vorb. Rn. 6) wurden in § 59 Abs. 4 zwei **Qualifikationstatbestände** eingefügt, die für die hiervon erfassten Taten Freiheitsstrafe bis zu zwei Jahren und Geldstrafe vorsehen. Dieser Strafrahmen ist – anders als bei Vorliegen eines besonders schweren Falles iSv § 58 Abs. 5 – **zwingend anzuwenden,** wenn die Tatbestandsvoraussetzungen erfüllt sind. Beide Qualifikationen setzen Handlungen nach § 59 Abs. 1 Nr. 8 (Verstöße gegen das spezielle Verkehrsverbot nach § 11 Abs. 2 Nr. 1; → Rn. 32 ff.), § 59 Abs. 1 Nr. 10 (Verstöße gegen das Verkehrsverbot betreffend Futtermittel nach § 17 Abs. 1 S. 1 Nr. 2; → Rn. 39 ff.), § 59 Abs. 2 Nr. 1a (Verstöße gegen das Verkehrsverbot nach Art. 14 Abs. 1, Abs. 2b BasisVO; → Rn. 62 f.) oder § 59 Abs. 2 Nr. 1b) (Verstöße gegen das Futtermittel betreffende Verkehrs- und Verfütterungsverbot nach Art. 15 Abs. 1, Abs. 2 Spiegelstrich 2 BasisVO; → Rn. 64 f.) voraus. Die **anderen Tatbestände des § 59 Abs. 1–3 sind demgegenüber von der Qualkifikation nicht erfasst,** so dass namentlich bei Verwirklichung des Grundtatbestandes des Täuschungsschutzes im Zusammenhang mit Lebensmittel (§ 59 Abs. 1 Nr. 7) die Qualifikation nicht anwendbar ist.

74b   **2. § 59 Abs. 4 Nr. 1.** Die Qualifikation des **§ 59 Abs. 4 Nr. 1** ist erfüllt, wenn der Täter bei Begehung der genannten Taten (→ Rn. 74a) aus **grobem Eigennutz** handelt und für sich oder einen anderen einen **Vermögensvorteil großen Ausmaßes** erlangt. Der Qualifikationstatbestand entspricht insoweit den Voraussetzungen eines besonders schweren Falles nach § 58 Abs. 5 Nr. 3. Auf die diesbezügliche Kommentierung kann daher verwiesen werden (→ § 58 Rn. 59).

74c   **3. § 59 Abs. 4 Nr. 2.** Nach **§ 59 Abs. 4 Nr. 1** sind die oben genannten Taten (→ Rn. 74a) mit dem strengeren Strafrahmen zu ahnden, wenn der Täter diese beharrlich wiederholt. Ein beharrliches Wiederholen setzt zunächst in objektiver Hinsicht voraus, dass es vor dem zur Ahndung stehenden Verstoß **wenigstens zu einem vorangegangenen vorsätzlichen Verstoß kam** (BGHSt 23, 167 (172) zu § 361 StGB aF). Dieser muss indes nicht zwingend selbstständig geahndet worden sein (BeckOK StGB/*Ziegler* StGB § 184e Rn. 5). Darüber hinaus erfordert ein beharrliches Wiederholen, dass die Zuwiderhandlung **aus gesteigerter Missachtung oder Gleichgültigkeit erfolgt und daher die Gefahr weiterer Verstöße begründet** (Achenbach/Ransiek/Rönnau WirtschaftsStR-HdB/ *Dannecker/Bülte* Teil 2 Kap. 2 Rn. 359).

III. Weitere Rechtsfolgen

75   Neben der Verhängung von Geld- oder Freiheitsstrafe kommen als weitere Rechtsfolgen die Einziehung der Tatgegenstände (vgl. hierzu die Kommentierung des § 61 unten → § 61 Rn. 1 ff.), der Verfall des Taterlöses (§§ 73 ff. StGB) und die Anordnung eines Berufsverbotes (§§ 70 ff. StGB; BGH LMRR 2007, 84) in Betracht.

H. Konkurrenzen

Vgl. zunächst allgemein → § 58 Rn. 82 ff. Bei Straftaten nach § 59, die aus Verstößen gegen Ge- oder **76** Verbote folgen, die dem Schutz im Lebensmittelverkehr vor Täuschung dienen, kommt neben Tateinheit mit Betrug nach § 263 StGB (→ § 58 Rn. 86) und insbes. auch **Tateinheit mit wettbewerbsschützenden** (insbes. § 16 Abs. 1 UWG) in Betracht.

§ 60 Bußgeldvorschriften

(1) Ordnungswidrig handelt, wer eine der in

1. § 59 Absatz 1 Nummer 8 oder Nummer 10 oder Absatz 2 Nummer 1 Buchstabe a oder Buchstabe b oder
2. § 59 Absatz 1 Nummer 1 bis 7, 9, 10a, 11 bis 20 oder Nummer 21, Absatz 2 Nummer 1 Buchstabe c oder Buchstabe d, Nummer 2 bis 6 oder Nummer 7 oder Absatz 3

bezeichneten Handlung fahrlässig begeht.

(2) Ordnungswidrig handelt, wer vorsätzlich oder fahrlässig

1. *[aufgehoben]*
2. entgegen § 17 Absatz 2 Nummer 1 Futtermittel herstellt oder behandelt,
3. entgegen § 17 Absatz 2 Nummer 2 Futtermittel in den Verkehr bringt,
4. entgegen § 17 Absatz 2 Nummer 3 Futtermittel verfüttert,
5. entgegen § 20 Absatz 1 eine dort genannte Angabe verwendet,
6. entgegen § 21 Absatz 1 in Verbindung mit einer Rechtsverordnung nach § 23a Nummer 10 Buchstabe a eine Vormischung in den Verkehr bringt,
7. entgegen § 21 Absatz 2 in Verbindung mit einer Rechtsverordnung nach § 23a Nummer 10 Buchstabe b Einzelfuttermittel oder Mischfuttermittel in den Verkehr bringt,
8. entgegen § 21 Absatz 3 Satz 1 Nummer 1 Buchstabe b Futtermittel in den Verkehr bringt oder verfüttert,
9. entgegen § 21 Absatz 3 Satz 1 Nummer 2 Buchstabe a in Verbindung mit einer Rechtsverordnung nach § 23 Nummer 1 Futtermittel in den Verkehr bringt oder verfüttert,
10. entgegen § 21 Absatz 3 Satz 1 Nummer 2 Buchstabe b in Verbindung mit einer Rechtsverordnung nach § 23a Nummer 1 Futtermittel in den Verkehr bringt,
11. entgegen § 21 Absatz 3 Satz 1 Nummer 2 Buchstabe c in Verbindung mit einer Rechtsverordnung nach § 23a Nummer 3 Futtermittel in den Verkehr bringt oder verfüttert,
12. entgegen § 21 Absatz 3 Satz 1 Nummer 2 Buchstabe d in Verbindung mit einer Rechtsverordnung nach § 23a Nummer 11 Futtermittel in den Verkehr bringt oder verfüttert,
13. entgegen § 21 Absatz 3 Satz 1 Nummer 3 Futtermittel in den Verkehr bringt oder verfüttert,
14. (weggefallen)
15. (weggefallen)
16. (weggefallen)
17. (weggefallen)
18. entgegen § 32 Absatz 2 in Verbindung mit einer Rechtsverordnung nach Absatz 1 Nummer 6 einen Bedarfsgegenstand in den Verkehr bringt,
19. entgegen § 44 Absatz 1 eine Maßnahme nach § 42 Absatz 2 Nummer 1 oder 2 oder eine Probenahme nach § 43 Absatz 1 Satz 1 nicht duldet oder eine in der Überwachung tätige Person nicht unterstützt,
20. entgegen § 44 Absatz 2 Satz 1 eine Auskunft nicht, nicht richtig, nicht vollständig oder nicht rechtzeitig erteilt,
21. entgegen § 44 Absatz 3 Satz 1 eine Information nicht, nicht richtig, nicht vollständig oder nicht rechtzeitig übermittelt,
22. entgegen § 44 Absatz 4 Satz 1 oder Satz 2, Absatz 4a oder Absatz 5 Satz 1 oder Satz 2 oder Absatz 5a die zuständige Behörde nicht, nicht richtig, nicht vollständig oder nicht rechtzeitig unterrichtet,
22a. entgegen § 44a Absatz 1 Satz 1 in Verbindung mit einer Rechtsverordnung nach § 44a Absatz 3 oder in Verbindung mit § 75 Absatz 4 Satz 1 Nummer 1 und 2 eine Mitteilung nicht, nicht richtig, nicht vollständig oder nicht rechtzeitig macht,
23. entgegen § 51 Absatz 3 Satz 2 eine dort genannte Maßnahme oder die Entnahme einer Probe nicht duldet oder eine in der Durchführung des Monitorings tätige Person nicht unterstützt,
24. in anderen als den in § 59 Absatz 1 Nummer 19 bezeichneten Fällen entgegen § 53 Absatz 1 Satz 1 ein Erzeugnis in das Inland verbringt,
25. entgegen § 57 Absatz 2 Satz 1 Nummer 2 in Verbindung mit einer Rechtsverordnung nach § 23 Nummer 1 ein Futtermittel ausführt,
26. einer Rechtsverordnung nach

a) § 13 Absatz 1 Nummer 3 oder Absatz 4 Nummer 1 Buchstabe d, e, f oder Buchstabe g, § 14 Absatz 1 Nummer 1, 3 oder 5, Absatz 2 oder 3, § 23 Nummer 2 bis 6, § 23a Nummer 5 bis 9, § 28 Absatz 3 Satz 1 Nummer 1 oder 3, § 29 Absatz 1 Nummer 1, 2 oder 4 oder Absatz 2, § 32 Absatz 1 Nummer 8, auch in Verbindung mit § 28 Absatz 1 Nummer 2, § 34 Satz 1 Nummer 7, § 35 Nummer 1 oder Nummer 5, § 36 Satz 1, auch in Verbindung mit Satz 2, § 37 Absatz 1, § 46 Absatz 2 oder § 47 Absatz 1 Nummer 2 oder

b) § 9 Absatz 2 Nummer 1 Buchstabe c, § 14 Absatz 1 Nummer 2 oder 4, § 35 Nummer 2 oder 3, § 46 Absatz 1 Satz 1 Nummer 5, § 55 Absatz 3 Satz 1 oder 2, § 56 Absatz 1 Satz 1 Nummer 2, Absatz 2, 3 Satz 1 oder Absatz 4 Nummer 1 oder 2 in Verbindung mit Absatz 1 Satz 1 Nummer 2 oder Absatz 2, oder § 57 Absatz 7 Satz 1 Nummer 1, 2 oder 3 Buchstabe a, b oder c in Verbindung mit § 56 Absatz 1 Satz 1 Nummer 2 oder Absatz 2, oder § 57 Absatz 8 Nummer 1

oder einer vollziehbaren Anordnung aufgrund einer solchen Rechtsverordnung zuwiderhandelt, soweit die Rechtsverordnung für einen bestimmten Tatbestand auf diese Bußgeldvorschrift verweist.

(3) Ordnungswidrig handelt, wer

1. gegen die Verordnung (EG) Nr. 178/2002 verstößt, indem er vorsätzlich oder fahrlässig
   a) entgegen Artikel 15 Absatz 1 in Verbindung mit Absatz 2 Spiegelstrich 1, soweit sich dieser auf die Gesundheit des Tieres bezieht, jeweils auch in Verbindung mit Artikel 4 Absatz 1 Unterabsatz 2 der Verordnung (EG) Nr. 767/2009, ein Futtermittel in den Verkehr bringt oder verfüttert,
   b) entgegen Artikel 18 Absatz 2 Unterabsatz 2 oder Absatz 3 Satz 1, jeweils auch in Verbindung mit Artikel 5 Absatz 1 der Verordnung (EG) Nr. 767/2009, ein System oder Verfahren nicht, nicht richtig oder nicht vollständig einrichtet,
   c) entgegen Artikel 18 Absatz 3 Satz 2, auch in Verbindung mit Artikel 5 Absatz 1 der Verordnung (EG) Nr. 767/2009, eine Information nicht, nicht richtig, nicht vollständig oder nicht rechtzeitig zur Verfügung stellt,
   d) entgegen Artikel 19 Absatz 1 Satz 1 ein Verfahren nicht, nicht vollständig oder nicht rechtzeitig einleitet, um die zuständigen Behörden zu unterrichten,
   e) entgegen Artikel 19 Absatz 1 Satz 2 einen Verbraucher nicht, nicht richtig, nicht vollständig oder nicht rechtzeitig unterrichtet,
   f) entgegen Artikel 19 Absatz 3 Satz 1 oder Artikel 20 Absatz 3 Satz 1, auch in Verbindung mit Artikel 5 Absatz 1 der Verordnung (EG) Nr. 767/2009, eine Mitteilung nicht, nicht richtig, nicht vollständig oder nicht rechtzeitig macht,
   g) entgegen Artikel 19 Absatz 3 Satz 2 oder Artikel 20 Absatz 3 Satz 2, auch in Verbindung mit Artikel 5 Absatz 1 der Verordnung (EG) Nr. 767/2009, die Behörde nicht, nicht richtig oder nicht vollständig unterrichtet,
   h) entgegen Artikel 20 Absatz 1 Satz 1 in Verbindung mit Artikel 5 Absatz 1 der Verordnung (EG) Nr. 767/2009 ein Verfahren nicht, nicht richtig oder nicht rechtzeitig einleitet, um ein Futtermittel für Tiere, die nicht der Lebensmittelgewinnung dienen, vom Markt zu nehmen oder
   i) entgegen Artikel 20 Absatz 1 Satz 1, auch in Verbindung mit Artikel 5 Absatz 1 der Verordnung (EG) Nr. 767/2009, die Behörde nicht, nicht richtig, nicht vollständig oder nicht rechtzeitig unterrichtet,

2. vorsätzlich oder fahrlässig entgegen Artikel 19 der Verordnung (EG) Nr. 396/2005 ein Erzeugnis, soweit es sich dabei um ein Futtermittel handelt, verarbeitet oder mit einem anderen Erzeugnis mischt oder

3. gegen die Verordnung (EU) Nr. 10/2011 verstößt, indem er
   a) vorsätzlich oder fahrlässig entgegen Artikel 4 Buchstabe e in Verbindung mit Artikel 15 Absatz 1 oder Absatz 2 ein Material oder einen Gegenstand aus Kunststoff, ein Produkt aus einer Zwischenstufe ihrer Herstellung oder einen zur Herstellung dieser Materialien und Gegenstände bestimmten Stoff in Verkehr bringt, ohne eine schriftliche Erklärung zur Verfügung zu stellen, oder
   b) entgegen Artikel 16 Absatz 1 eine Unterlage nicht, nicht richtig, nicht vollständig oder nicht rechtzeitig zur Verfügung stellt.

(4) Ordnungswidrig handelt, wer vorsätzlich oder fahrlässig

1. einer unmittelbar geltenden Vorschrift in Rechtsakten der Europäischen Gemeinschaft oder der Europäischen Union zuwiderhandelt, die inhaltlich einem in Absatz 2
   a) Nummer 1 bis 13, 18, 24 oder Nummer 25 bezeichneten Gebot oder Verbot entspricht, soweit eine Rechtsverordnung nach § 62 Absatz 1 Nummer 2 Buchstabe a für einen bestimmten Tatbestand auf diese Bußgeldvorschrift verweist,
   b) Nummer 19 bis 22a oder Nummer 23 bezeichneten Gebot oder Verbot entspricht, soweit eine Rechtsverordnung nach § 62 Absatz 1 Nummer 2 Buchstabe b für einen bestimmten Tatbestand auf diese Bußgeldvorschrift verweist, oder

2. einer anderen als in Absatz 3 genannten unmittelbar geltenden Vorschrift in Rechtsakten der Europäischen Gemeinschaft oder der Europäischen Union zuwiderhandelt, die inhaltlich einer Regelung entspricht, zu der die in Absatz 2

  a) Nummer 26 Buchstabe a genannten Vorschriften ermächtigen, soweit eine Rechtsverordnung nach § 62 Absatz 1 Nummer 2 Buchstabe a für einen bestimmten Tatbestand auf diese Bußgeldvorschrift verweist,

  b) Nummer 26 Buchstabe b genannten Vorschriften ermächtigen, soweit eine Rechtsverordnung nach § 62 Absatz 1 Nummer 2 Buchstabe b für einen bestimmten Tatbestand auf diese Bußgeldvorschrift verweist.

(5) Die Ordnungswidrigkeit kann

1. in den Fällen des Absatzes 1 Nummer 1 mit einer Geldbuße bis zu hunderttausend Euro,
2. in den Fällen des Absatzes 1 Nummer 2, des Absatzes 2 Nummer 1 bis 13, 18, 24, 25 und 26 Buchstabe a, des Absatzes 3 Nummer 1 und 3 sowie des Absatzes 4 Nummer 1 Buchstabe a und Nummer 2 Buchstabe a mit einer Geldbuße bis zu fünfzigtausend Euro,
3. in den übrigen Fällen mit einer Geldbuße bis zu zwanzigtausend Euro

geahndet werden.

A. Allgemeines

§ 60 sieht (wie §§ 58, 59 in Gestalt von **abstrakten Gefährdungsdelikten** → Vorb. Rn. 27) für 1 Verstöße gegen weitere dem **Gesundheitsschutz** (→ Vorb. Rn. 10 f.) und dem **Schutz der Verbraucher vor Täuschung** (→ Vorb. Rn. 12 f.) dienenden Ge- und Verbote des LFGB Bußgeldtatbestände vor. Während § 60 Abs. 1 fahrlässige Zuwiderhandlungen gegen die in § 59 enthaltenen Straftatbestände als Ordnungswidrigkeit definiert, ist den Tatbeständen des § 60 Abs. 2–4 sowohl vorsätzliches als auch fahrlässiges Handeln bußgeldbewehrt.

Ebenso wie bei den Straftatbeständen der §§ 58, 59 ist bei § 60 Abs. 2–4 ausgehend vom Reglungs- 2 bereich der Ge- und Verbotsnormen der vorhergehenden Abschnitte, die die einzelnen **Blanketttatbestände** der Bußgeldtatbestände ausfüllen (→ Vorb. Rn. 19 f.), in Ordnungswidrigkeiten die aus Verstößen gegen Vorschriften betreffend Lebensmittel (nachfolgend → Rn. 6 ff.), betreffend Futtermittel (nachfolgend → Rn. 9 ff.), und betreffend Bedarfsgegenstände (nachfolgend → Rn. 13) zu untergliedern. Weiterhin sind Verstöße gegen bestimmte Duldungs-, Mitwirkungs- und Übermittlungspflichten (nachfolgend → Rn. 14 ff.), gegen Rechtsverordnungen (§ 60 Abs. 2 Nr. 26, nachfolgend → Rn. 20), gegen Vorschriften der BasisVO (§ 60 Abs. 3, nachfolgend → Rn. 22 ff.) und gegen sonstige Vorschriften in Verordnungen der Europäischen Gemeinschaft (§ 60 Abs. 4, nachfolgend → Rn. 30) bußgeldbewehrt. Für sämtliche Bußgeldtatbestände des § 60 gelten die **allgemeinen Vorschriften des OWiG.**

§ 60 wurde bereits durch das **1. ÄndG** (→ Vorb. Rn. 6) **mWz** 4.7.2009 nicht unerheblich **neu-** 3 **geordnet.** Eingeführt wurde in **§ 60 Abs. 1** eine Differenzierung bei fahrlässiger Begehung der Tathandlungen iSv § 59, die insbes. für den anzuwendenden Bußgeldrahmen von Bedeutung ist (→ Rn. 31 ff.). In **§ 60 Abs. 2** wurden mehrere Tatbestände gestrichen, in anderen wurden die in Bezug genommenen, blankettausfüllenden Ge- und Verbotsnormen, namentlich im Hinblick auf die diesbezüglichen Änderungen, die ihrerseits durch das ÄnderungG erfolgten, angepasst bzw. neu aufgenommen. Auch das **2. ÄndG** (→ Vorb. Rn. 6) brachte bedeutsame Änderungen, namentlich wurde der Ahndungsrahmen in § 60 Abs. 5 erhöht (→ Rn. 31 f.). Daneben wurde § 60 Abs. 2 Nr. 22a eingefügt. Mit dem **3. ÄndG** (→ Vorb. Rn. 6) wurde der Tatbestand des § 60 Abs. 3 Nr. 3 neu eingefügt. **Art. 2 des Dritten Gesetzes zur Änderung des Agrarstatistikgesetzes** (→ Vorb. Rn. 6) führte zum Wegfall von § 60 Abs. 2 Nr. 1 (→ § 59 Rn. 21, 31a). In Hinblick auf **§ 4 OWiG** ist daher sorgfältig zu prüfen, welche Rechtslage zur Zeit der Tat galt und zur Zeit der Ahndung gilt.

B. Die einzelnen Tatbestände

I. Der Tatbestand des § 60 Abs. 1

In § 60 Abs. 1 werden sämtliche fahrlässigen Zuwiderhandlungen gegen die in § 59 enthaltenen 4 Straftatbestände als Ordnungswidrigkeiten definiert. Die Differenzierung zwischen den Tatbeständen des § 59 Abs. 1 Nr. 8 und Nr. 10 sowie Abs. 2 Nr. 1 Buchst. a und b einerseits (§ 60 Abs. 1 Nr. 1) sowie den verbleibenden Tatbeständen andererseits erweist sich insoweit als notwendig, als in den Fällen des § 60 Abs. 1 Nr. 1 (also bei fahrlässigen Zuwiderhandlungen gegen die in § 59 Abs. 1 Nr. 8 und Nr. 10 sowie Abs. 2 Nr. 1 Buchst. a und b enthaltenen Tatbestände) nach § 60 Abs. 5 Nr. 1 die Ahndung mit einem Bußgeld von bis zu 100.000 EUR vorgesehen ist, während für die in § 60 Abs. 1 Nr. 2 angeführten Taten nach § 60 Abs. 5 Nr. 2 lediglich ein Bußgeld von bis zu 50.000 EUR für die Ahndung zur Verfügung steht (→ Rn. 31 f.). Zu beachten ist in diesem Zusammenhang mit **§ 4 OWiG** insbes., dass mit dem **2. ÄndG** (→ Vorb. Rn. 6) der Tatbestand des **§ 59 Abs. 1 Nr. 10** von § 60 Abs. 1 Nr. 2 ind § 60 Abs. 1 Nr. 1 überführt wurde.

5   IÜ kann hinsichtlich der jeweils maßgeblichen objektiven Tatbestände auf die Kommentierung zu § 59 (→ § 59 Rn. 3 ff.) und hinsichtlich des fahrlässigen Handelns auf die Ausführungen bei → § 58 Rn. 60 ff. verwiesen werden.

II. Ordnungswidrigkeiten nach § 60 Abs. 2

6   **1. § 60 Abs. 2 Nr. 1.** § 60 Abs. 2 Nr. 1, der – bis zum Inkrafttreten der LMIV (→ § 59 Rn. 14) – Verstöße gegen § 12, das **Verbot krankheitsbezogener Werbung,** zum Gegenstand hatte, wurde mit Art. 2 des Dritten Gesetzes zur Änderung des Agrarstatistikgesetzes (→ Vorb. Rn. 6) mWz 13.12.2014 gestrichen. Taten die nach diesem Datum begangen wurden sind nunmehr nach § 59 Abs. 1 Nr. 7 (→ § 59 Rn. 31a) als Straftat zu ahnden. Lediglich für die früher begangenen Taten ist nach § 2 Abs. 1, 3 StGB, § 4 OWiG noch § 60 Abs. 2 Nr. 1 anzuwenden. Insoweit kann auf die Kommentierung zu § 59 Abs. 1 Nr. 7 verwiesen werden (→ § 59 Rn. 31a).

7–8   *(einstweilen frei)*

9   **2. Verstöße gegen futtermittelrechtliche Vorschriften. a) Allgemeines.** Einen breiten Raum im Katalog des § 60 Abs. 2 nehmen Verstöße gegen Vorschriften betreffend Futtermittel (→ Vorb. Rn. 42) ein. Insbesondere durch das **2. ÄndG** (→ Vorb. Rn. 6) erfolgten in diesem Zusammenhang mehrere Streichungen und – damit einhergehende – Umnummerierungen. Allgemein werden in § 60 Abs. 2 Nr. 2–4 Verstöße gegen die Verbote des § 17 Abs. 2, in § 60 Abs. 2 Nr. 5 Verstöße gegen § 20 Abs. 1 und in den Tatbeständen des § 60 Abs. 2 Nr. 6–13 Verstöße gegen die Verbote des § 21 Abs. 1–5 (teils in Verbindung mit einer Rechtsverordnung nach § 23a Nr. 10a) als Ordnungswidrigkeiten definiert.

10   **b) § 17 Abs. 2.** § 17 Abs. 2 ergänzt die Herstellungs-, Behandlungs- und Verkehrsverbote in § 17 Abs. 1 LFGB und Art. 15 BasisVO; vgl. iE Zipfel/Rathke LebensmittelR/*Döring* § 17 Rn. 35 ff. Hervorzuheben ist in diesem Zusammenhang insbes. das **Verkehrs- und Verfütterungsverbot nach § 17 Abs. 2 Nr. 2a und Nr. 3a,** das auch **gesundheitsschädliche Futtermittel erfasst, die nicht der Lebensmittelgewinnung dienen.** IÜ kann in diesem Zusammenhang auf die Kommentierung zu § 58 Abs. 1 Nr. 8 (→ § 58 Rn. 18 ff.) und § 58 Abs. 2 Nr. 1 (→ § 58 Rn. 40) sowie die zu § 59 Abs. 1 Nr. 10 (→ § 59 Rn. 39) und § 59 Abs. 2 Nr. 1b (→ § 59 Rn. 64) verwiesen werden.

11   **c) § 20 Abs. 1.** § 20 Abs. 1 beeinhaltet das Verbot krankheitsbezogener Werbung im Zusammenhang mit Futtermittel (→ Rn. 6 ff.). Demgegenüber beinhaltet **§ 21 Abs. 1–5** einzelne Verbote bezüglich **bestimmter Futtermittelarten,** so in Abs. 1 hinsichtlich **Diätfuttermittel,** Abs. 2 hinsichtlich **eiweißhaltiger Futtermittel,** Abs. 3 **Futtermittelzusatzstoffe,** Abs. 4 **Vormischungen** und Abs. 5 **Einzel- und Mischfuttermittel** (vgl. iE Zipfel/Rathke LebensmittelR/*Döring* § 21 Rn. 2 ff.).

12   **d) § 60 Abs. 2 Nr. 2–13.** Vorsätzliche und fahrlässige Verstöße gegen diese einzelnen Verbote erfüllen die Bußgeldtatbestände des **§ 60 Abs. 2 Nr. 2–13.**

13   **3. Verstöße gegen Vorschriften betreffend Bedarfsgegenstände.** Im Katalog des § 60 Abs. 2 ist im Zusammenhang mit Vorschriften betreffend Bedarfsgegenstände (→ Vorb. Rn. 44) lediglich ein Verstoß gegen das **Verkehrsverbot nach § 32 Abs. 2** iVm § 32 Abs. 1 Nr. 6 bußgeldbewehrt. § 32 Abs. 1 Nr. 6 ermächtigt das BMELV (vgl. § 4 Abs. 3) zum Erlass von Rechtsverordnungen, die die Wirkungsweise von Lebensmittel-Bedarfsgegenständen iSv § 2 Abs. 6 S. 1 Nr. 1 regeln können. Wird gegen eine solche Vorschrift vorsätzlich oder fahrlässig verstoßen, ist der Tatbestand des **§ 60 Abs. 2 Nr. 18** erfüllt.

14   **4. Verstöße gegen Duldungs-, Mitwirkungs- und Übermittlungpflichten.** § 44 sieht im Verwaltungsverfahren verschiedene **Duldungs-, Mitwirkungs- und Übermittlungpflichten** des Lebensmittelunternehmers (Art. 3 Nr. 3 BasisVO) und anderer Personen vor (vgl. *Grube* ZLR 2012, 446). Diese wurden mit dem 1. ÄndG (→ Vorb. Rn. 6) um § 44 Abs. 4 und 5 (vgl. dazu BT-Drs. 16/8100, 21; vgl. *Sperlich* ZLR 2010, 59) und durch das **2. ÄndG** (→ Vorb. Rn. 6) um § 44 Abs. 4a und 5a erweitert. Mit dem 2. ÄndG (→ Vorb. Rn. 6) wurde zudem § 44a neu eingefügt (sa Achenbach/Ransiek/Rönnau WirtschaftsStR-HdB/*Dannecker/Bülte* Teil 2 Kap. 2 Rn. 153 ff.).

15   Wird gegen diese Pflichten vorsätzlich oder fahrlässig verstoßen kommt grds. eine Ordnungswidrigkeit nach **§ 60 Abs. 2 Nr. 19–22a** in Betracht. Im Zusammenahng mit **§ 60 Abs. 2 Nr. 22 und Nr. 22a** ist mit Blick auf **§ 4 OWiG** zu beachten, dass diese jeweils an die in § 44 Abs. 4 bis 5a, § 44a neu eingeführten Pflichten sukzessive angepasst wurden (→ Rn. 14).

16   Im Zusammenhang mit den Verstößen gegen § 44 ist von Bedeutung, dass hinsichtlich der Auskünfte, zu denen der Betroffene nach § 44 Abs. 2 S. 1 verpflichtet ist, nach § 44 Abs. 2 S. 2 ein **Auskunftsverweigerungsrecht** besteht. Liegen die diesbezüglichen Voraussetzungen vor, entfällt die Auskunftspflicht und die Verweigerung der Auskunft ist nicht tatbestandsmäßig iSv § 60 Abs. 2 Nr. 20. Demgegenüber besteht auch bei der Gefahr der Strafverfolgung kein Auskunftsverweigerungsrecht für solche Informationen, die nach § 44 Abs. 3 zu übermitteln sind. Insoweit ordnet § 44 Abs. 6 Nr. 2 ein **Verwendungsverbot** für die Zwecke der strafrechtlichen Verfolgung oder ein Verfahren nach dem OWiG an (Achenbach/Ransiek/Rönnau WirtschaftsStR-HdB/*Dannecker/Bülte* Teil 2 Kap. 2 Rn. 169, 175).

Darüber hinaus enthält **§ 51 Abs. 3 S. 2** dort näher definierte **Duldungs- und Mitwirkungs-** 17
pflichten im Zusammenhang mit dem **Monitoring-System iSv § 50** (vgl. dazu Meyer/Streinz § 50
Rn. 1 ff.; → § 51 Rn. 2 ff.). Diesbezügliche vorsätzliche oder fahrlässige Verstöße sind in **§ 60 Abs. 2
Nr. 23** als Ordnungswidrigkeit definiert.

5. Verstöße gegen Verbringungs- und vergleichbare Verbote. Verstöße gegen das Verbringungs- 18
verbot aus **§ 53 Abs. 1 S. 1** erfüllen den Tatbestand des § 59 Abs. 1 Nr. 19, wenn das **Verbringungs-**
verbot aus dem Verstoß gegen eine Vorschrift resultiert, die dem Schutz der Gesundheit des Verbrauchers dient (→ § 59 Rn. 53 f.). In den **sonstigen Fällen** stellt ein Verstoß gegen das Verbringungsverbot aus **§ 53 Abs. 1 S. 1** eine Ordnungswidrigkeit nach **§ 60 Abs. 2 Nr. 24** dar.

Nach Maßgabe des **§ 57 Abs. 2 Nr. 2** besteht **für Futtermittel ein Ausfuhrverbot,** soweit das 19
Futtermittel nicht den Anforderungen der FutMV (= Nr. 320 des Kommentars) oder sonstigen auf der
Grundlage von § 23 Nr. 1 Buchst. a ergangenen Verordnungen (→ § 58 Rn. 18) entspricht. Vorsätzliche
und fahrlässige Verstöße gegen dieses Verbot erfüllen den Ordnungswidrigkeitentatbestand des **§ 60
Abs. 2 Nr. 25.**

6. Verstöße gegen Rechtsverordnungen oder vollziehbare Anordnungen (§ 60 Abs. 2 20
Nr. 26). § 60 Abs. 2 Nr. 26 stellt eine **Blankettvorschrift mit Rückverweisungsklausel** (→ Vorb.
Rn. 26) dar. Sie erfasst **auch Verstöße gegen vollziehbare Anordnungen,** die auf der Grundlage
entsprechender Rechtsverordnungen ergangen ist (vgl. dazu iE → § 58 Rn. 34 ff.). Der Regelungsbereich der jeweiligen Rechtsverordnung folgt aus den Ermächtigungsnormen und ist dort näher
konkretisiert.

Zwischenzeitlich existieren mehrere Rechtsverordnungen, die auf § 60 Abs. 2 Nr. 26 rückverweisen: 21

– § 6 Abs. 6, 7 AromenV (= Nr. 140 des Kommentars)	– § 26 Abs. 7, 8 DiätV (= Nr. 270 des Kommentars)
– § 17 Abs. 3 ButterV (= Nr. 238 des Kommentars)	– § 7 Abs. 2, 2a MilchErzV (= Nr. 530 des Kommentars)
– § 17 Abs. 5, 6 MinTafWV (= Nr. 545 des Kommentars)	– § 13 Abs. 5 FleischV (= Nr. 311 des Kommentars)
– § 6 Abs. 4 NemV (= Nr. 565 des Kommentars)	– § 7 Abs. 4 NKV (= Nr. 570 des Kommentars)
– § 7 Abs. 2, 3 ZVerkV (= Nr. 845 des Kommentars)	– § 24 Abs. 2, 3 Tier-LMHV (= Nr. 725 des Kommentars)
– § 4 Abs. 1 KonsumMV (= Nr. 455 des Kommentars)	– § 10 Abs. 3, 4 ZZulV (= Nr. 850 des Kommentars)
– § 6 Abs. 3 HonigV (= Nr. 400 des Kommentars)	– § 5 Abs. 3 FruchtsaftV (= Nr. 317 des Kommentars)
– § 5 Abs. 3 KakaoV (= Nr. 430 des Kommentars)	– § 5 Abs. 3 KaffeVO (= Nr. 425 des Kommentars)
– § 5 Abs. 3 KonfV (= Nr. 450 des Kommentars)	– § 30 Abs. 6–8 KäseV (= Nr. 435 des Kommentars)
– § 17 Abs. 2 LMEV (= Nr. 495 des Kommentars)	– § 8 Abs. 6 LMBestrV (= Nr. 490 des Kommentars)
– § 7 Abs. 4, 5 MilchErzV (= Nr. 530 des Kommentars)	– § 10 Abs. 3 LMKV (= Nr. 502 des Kommentars)
– § 5 Abs. 6 RHmV (= Nr. 625 des Kommentars)	– § 10 LMHV (= Nr. 500 des Kommentars)
– § 7 Abs. 3, 4 TLMV (= Nr. 740 des Kommentars)	– § 7 Abs. 4 THV (= Nr. 720 des Kommentars)
– § 5 Abs. 3 ZuckerArt.V (= Nr. 840 des Kommentars)	

III. Ordnungswidrigkeiten nach § 60 Abs. 3

1. Schutzzweck und Systematik der Tatbestände. § 60 Abs. 3 wurde zunächst durch das 22
1. ÄndG (→ Vorb. Rn. 6) neugefasst und teilweise um neue Tatbestände erweitert. **§ 60 Abs. 3 Nr. 1
Buchst. a** definiert Verstöße gegen das aus Art. 15 Abs. 1 iVm Abs. 2 Spielgelstrich 1 Alt. 2 BasisVO

folgende – in Deutschland unmittelbar geltende – **Verkehrsverbot hinsichtlich bestimmter Futtermittel** (→ Rn. 24) als Ordnungswidrigkeiten und vervollständigt insoweit die Ahndung von Verstößen gegen die Verbote des Art. 15 BasisVO (→ § 58 Rn. 40). Daneben werden in **§ 60 Abs. 3 Nr. 1 Buchst. b–g** (bisher § 60 Abs. 3 Nr. 2–7) vorsätzliche und fahrlässige Verstöße gegen unmittelbar aus der BasisVO folgende Mitwirkungspflichten in den dort vorgesehenen Überwachungssystemen als Ordnungswidrigkeiten definiert. Im Vergleich zur früheren Rechtslage wurde mit dem 1. ÄndG auch die nicht vollständige Einleitung eines Verfahrens nach Art. 19 Abs. 1 S. 1 BasisVO in **§ 60 Abs. 3 Nr. 1 Buchst. d** aufgenommen (vgl. BT-Drs. 16/8100, 23). Mit dem **2. ÄndG** (→ Vorb. Rn. 6) wurde daüber hinaus der jetzige § 60 Abs. 3 Nr. 1 Buchst. e eingefügt, die bisherigen § 60 Abs. 3 Nr. 1 Buchst. e und f wurden § 60 Abs. 3 Nr. 1 Buchst. f und g. Daneben wurden § 60 Abs. 3 Nr. 1 Buchst. h und i anstelle des bisherigen § 60 Abs. 3 Nr. 1 Buchst. g eingefügt. Über diese Änderungen hinaus wurden mit dem 2. ÄndG auch Verstöße gegen die **VO (EG) Nr. 767/2009** mit in § 60 Abs. 3 Nr. 1 aufgenommen.

23   § 60 Abs. 3 Nr. 2 wurde mit dem ÄndG (→ Vorb. Rn. 6) auf Vorschlag in der Gegenäußerung der Bundesregierung neu eingefügt. Insoweit soll eine differenzierte Bewehrung von Verstößen gegen Vorschriften der **VO (EG) Nr. 396/2005,** wie sie bereits in § 59 Abs. 1 Nr. 6 und § 60 Abs. 2 Nr. 8 hinsichtlich anderer Ge- und Verbote der Verordnung vorgesehen ist, auch für Verstöße gegen Art. 19 VO (EG) Nr. 396/2005 eingeführt werden (BT-Drs. 16/8100, 33). Zuletzt wurde mit dem **3. ÄndG** (→ Vorb. Rn. 6) § 60 Abs. 3 Nr. 3 aufgenommen, der bestimmte Verstöße gegen die VO (EU) Nr. 10/ 2011 (→ Rn. 70d) als Ordnungswidrigkeiten definiert.

24   **2. Verstöße gegen Art. 15 BasisVO (§ 60 Abs. 3 Nr. 1a).** § 60 Abs. 3 Nr. 1a vervollständigt – auch mit der durch das 2. ÄndG (→ Rn. 22) erfolgten Einbeziehung von Art. 4 Abs. 1 VO (EG) Nr. 767/2009 – im Futtermittelrecht die Sanktionen bei Verstößen gegen die Verkehrs- und Verfütterungsverbote aus Art. 15 BasisVO. Während vorsätzlich bzw. fahrlässige Verstöße gegen Art. 15 Abs. 1 iVm Art. 15 Abs. 2 Spielgelstrich 1 in **§ 58 Abs. 2 Nr. 2 bzw. § 58 Abs. 6** unter Strafe gestellt sind, soweit die Verbote **zum Schutze der Gesundheit des Menschen** (→ § 58 Rn. 40) dienen und **§ 59 Abs. 2 Nr. 1b** Verstöße gegen **Art. 15 Abs. 1 iVm Art. 15 Abs. 2 Spielgelstrich 2 BasisVO** unter Strafe stellt (→ § 59 Rn. 73), definiert § 60 Abs. 3 Nr. 1a vorsätzliche und fahrlässige Verstöße gegen Art. 15 Abs. 1 iVm Art. 15 Abs. 2 Spielgelstrich 1 BasisVO, soweit dieser Verbote **zum Schutze der Gesundheit des Tieres** statuiert, als Ordnungswidrigkeit. Zum Begriff der Gesundheitsbeeinträchtigung → § 58 Rn. 4 ff.

25   **3. Verstöße gegen Art. 18 BasisVO (§ 60 Abs. 3 Nr. 1b und c).** Die **Rückverfolgbarkeit** (vgl. Art. 3 Nr. 15 BasisVO) eines Lebens- oder Futtermittels, eines der Lebensmittelgewinnung dienenden Tieres sowie der anderen in Art. 3 Nr. 15 BasisVO genannten Stoffe ist sicherzustellen, um einen effizienten Verbraucherschutz zu gewährleisten (Meyer/Streinz BasisVO Art. 18 Rn. 1). **Art. 18 BasisVO statuiert** – auch mit der durch das 2. ÄndG (→ Rn. 22) erfolgten Einbeziehung von Art. 5 Abs. 1 VO (EG) Nr. 767/2009 – **insoweit Mindeststandards,** um ein Lebensmittel usw durch alle Stufen der Lebensmittelkette verfolgen zu können (wegen der weiteren Einzelheiten s. Meyer/Streinz BasisVO Art. 18 Rn. 4 ff.).

26   Nach Art. 18 Abs. 3 S. 2 BasisVO sind in diesem Zusammenhang die Lebensmittel- und Futtermittelunternehmer (vgl. Art. 3 Nr. 3 und Nr. 6 BasisVO) zunächst verpflichtet, die diesbezüglich **relevanten Informationen** auf Aufforderung der zuständigen Behörde mitzuteilen. Darüber hinaus besteht die Pflicht, dass in den Unternehmen die Voraussetzungen geschaffen werden, die zur Auskunftserteilung erforderlich sind (Art. 18 Abs. 2 UAbs. 2 BasisVO).

27   Vorsätzliche oder fahrlässige Verstöße gegen diese Pflichten erfüllen die Ordnungswidrigkeitentatbestände nach § 60 Abs. 3 Nr. 1b und c. Zu beachten ist insoweit, dass für die in Erfüllung der aus Art. 18 Abs. 3 S. 2 BasisVO folgenden Pflicht erteilten Informationen nach § 44 Abs. 6 Nr. 2 ein Verwendungsverbot besteht.

28   **4. Verstöße gegen Art. 19 und 20 BasisVO (§ 60 Abs. 3 Nr. 1d–i).** Art. 19 und 20 BasisVO statuieren im Interesse der Lebensmittel- und Futtermittelsicherheit **Pflichten** der Lebensmittel- und Futtermittelunternehmer (vgl. Art. 3 Nr. 3 und Nr. 6 BasisVO) **zur Rücknahme, zum Rückruf und zur Information der Verbraucher sowie zur Unterrichtung der zuständigen Behörden** (wegen der Einzelheiten vgl. Meyer/Streinz BasisVO Art. 19 Rn. 3 ff., → Vorb. Rn. 49 und → § 58 Rn. 81). Verletzt der Unternehmer diese Pflichten vorsätzlich oder fahrlässig, verwirklicht er je nach der konkreten Pflichtverletzung die Tatbestände des § 60 Abs. 3 Nr. 1d–i. Erfüllt der Täter durch Verstöße gegen die Pflichten aus Art. 19, 20 BasisVO einen Straftatbestand durch Unterlassen (→ Vorb. Rn. 49), wird die gleichzeitig gegebene Ordnungswidrigkeit nach § 60 Abs. 3 verdrängt (§ 21 Abs. 1 OWiG).

29   **5. Verstöße gegen Art. 19 VO (EG) Nr. 396/2005.** Art. 19 der **VO (EG) Nr. 396/2005** (PestizidrückstädeHöchstgehaltsVO) enthält ein **Verarbeitungsverbot** (einschließlich des Mischens) für bestimmte (im Anh. I der VO angeführte) Lebens- und Futtermittel. Vgl. → § 59 Rn. 74 f. Verstöße gegen das dort statuierte Herstellungsverbot erfüllen den objektiven Tatbestand des **§ 60 Abs. 3 Nr. 2** wenn es sich bei dem betroffenen Erzeugnis um ein **Futtermittel** (→ Vorb. Rn. 42) handelt. Verstöße

gegen das aus Art. 19 PestizidrückständeHöchstgehaltsVO bestehende Verbot bezüglich Lebensmittel stellen eine Straftat nach § 59 Abs. 2 Nr. 2 dar (→ § 59 Rn. 75).

6. Verstöße gegen Art. 15 und Art. 16 VO (EU) Nr. 10/2011. Die VO (EU) Nr. 10/2011 **29a** (→ § 59 Rn. 70d) regelt die Verwendung von **Materialien und Gegenständen aus Kunststoff, die dazu bestimmt sind, mit Lebensmittel in Berührung zu kommen.** Nach Art. 4 der VO (EU) Nr. 10/2011 dürfen diese nur in den Verkehr gebracht werden, wenn sie den dort angeführten Voraussetzungen entsprechen. Insbesondere sieht Art. 4 Buchst. e VO (EU) Nr. 10/2011 vor, dass die Materialien und Gegenstände den Art. 5 ff. der VO (EU) Nr. 10/2011 entsprechen müssen. Verstöße gegen dieses Verkehrsverbot, soweit es daraus folgt, dass die nach Art. 15 VO (EU) Nr. 10/2011 erforderliche **Konformitätserklärung** fehlt, erfüllen den objektiven Tatbestand des – mit dem 3. ÄndG (→ Vorb. Rn. 6) eingefügten – **§ 60 Abs. 3 Nr. 3 Buchst. a.** Daneben definiert **§ 60 Abs. 2 Nr. 3 Buchst. b** Verstöße gegen die den Unternehmer treffende Belegpflicht nach **Art. 16 VO (EU) Nr. 10/2011** als Ordnungswidrigkeit.

IV. Ordnungswidrigkeiten nach § 60 Abs. 4

1. Allgemeines. § 60 Abs. 4 entspricht im Hinblick auf Reglungstechnik und Zweck § 58 Abs. 3. **30** Insoweit kann auf die Kommentierung zu § 58 Abs. 3 (→ § 58 Rn. 41 ff.), die auch bei § 60 Abs. 4 sinngemäß gilt, verwiesen werden.

2. Tatbestände die auf § 60 Abs. 4 verweisen:

– § 7 Abs. 5 TLMV (=Nr. 740 des Kommentars)	– § 1 Abs. 1 LMRStV (= Nr. 505 des Kommentars)
– § 2 LMRStV	– § 3 Abs. 4, LMRStV
– § 4 LMRStV	– § 5 LMRStV
– § 7 Abs. 3 LMRStV	– § 12 Abs. 7 BedGstV (= Nr. 200 des Kommentars)

C. Rechtsfolgen der Tat

I. Geldbuße

§ 60 Abs. 5 sieht für die Ahndung der einzelnen Ordnungswidrigkeiten der vorausgehenden Absätze **31** ein **gestuftes System** vor, das mit dem **2. ÄndG** (→ Vorb. Rn. 6) verschärft wurde.

Danach können die **Ordnungswidrigkeiten nach § 60 Abs. 1 Nr. 1** nunmehr mit Geldbuße **bis** **32** **zu 100.000 EUR** geahndet werden (§ 60 Abs. 5 Nr. 1). Bei den Ordnungswidrigkeiten, für die § 60 Abs. 5 Nr. 2 Geldbuße bis zu **50.000 EUR** vorsieht, ist zu beachten, dass die die Ordnungswidrigkeiten nach **§ 60 Abs. 1 Nr. 2** allein bei fahrlässigem Handeln gegeben sind, während die weiteren Tatbestände des § 60 Abs. 5 Nr. 2 sowohl vorsätzlich als auch fahrlässig verwirklicht werden können. Hinsichtlich dieser Ordnungswidrigkeiten reduziert sich daher der Höchstbetrag der Geldbuße für fahrlässiges Handeln auf die Hälfte der angedrohten Geldbuße (**§ 17 Abs. 2 OWiG**). Daher beträgt der Bußgeldrahmen für Ordnungswidrigkeiten nach **§ 60 Abs. 1 Nr. 2** und für die **weiteren in § 60 Abs. 5 Nr. 2 angeführten Ordnungswidrigkeiten, soweit diese vorsätzlich verwirklicht wurden,** 5–50.000 EUR, während die neben § 60 Abs. 1 Nr. 2 in § 60 Abs. 5 Nr. 2 genannten Tatbestände **im Falle fahrlässigen Handelns** mit Geldbuße von 5–25.000 EUR geahndet werden können. Zuletzt gilt § 17 Abs. 2 OWiG auch für die nach § 60 Abs. 5 Nr. 3 mit Geldbuße bis zu 20.000 EUR zu ahnenden Tatbestände, bei denen es sich um **§ 60 Abs. 2 Nr. 19–23; Nr. 26b; Abs. 3 Nr. 2 sowie Abs. 4 Nr. 1b sowie Nr. 2b** handelt. Hier beträgt der Bußgeldrahmen für vorsätzliche Ordnungswidrigkeiten 5–20.000 EUR und der für fahrlässige Ordnungswidrigkeiten 5–10.000 EUR.

IÜ gelten für die Bemessung der Geldbuße die **Vorgaben von § 17 Abs. 3 und 4 OWiG.** Sie hat **33** sich an der Bedeutung der Ordnungswidrigkeiten und dem Vorwurf, den der Täter trifft sowie den wirtschaftlichen Verhältnissen zu orientieren. Die Geldbuße soll den wirtschaftlichen Vorteil, den der Täter aus der Ordnungswidrigkeit gezogen hat, übersteigen.

II. Weitere Rechtsfolgen

Neben der Verhängung der Geldbuße kommt als weitere Rechtsfolge zunächst die **Einziehung der** **34** **Beziehungsgegenstände** (vgl. hierzu die Kommentierung zu § 61) und der **Verfall des Taterlöses** (§ 29a OWiG) in Betracht, nicht aber die Einziehung solcher Gegenstände, die durch die Tat hervorgebracht wurden oder zur Begehung bzw. Vorbereitung der Tat gebraucht worden oder bestimmt gewesen sind (§ 22 Abs. 1 OWiG, vgl. Zipfel/Rathke LebensmittelR/*Dannecker* § 61 Rn. 92). Handelt es sich bei dem Unternehmen in dessen Geschäftsbetrieb die Straftat begangen wurde, um eine juristische Person oder eine Personenvereinigung, kommt nach **§ 30 OWiG** eine Geldbuße auch gegen diese in Betracht. Werden durch einen lebensmittelrechtlich relevanten Sachverhalt **mehrere Bußgeldtatbestände verwirklicht,** bestimmen sich die konkurrenzrechtlichen Verhältnisse der Tatbestände untereinander grds. nach den **allgemeinen Vorschriften (§§ 19 ff. OWiG; → § 58** Rn. 82 ff., die sinngemäß gelten).

§ 61 Einziehung

[1] **Gegenstände, auf die sich eine Straftat nach § 58 oder § 59 oder eine Ordnungswidrigkeit nach § 60 bezieht, können eingezogen werden.** [2] **§ 74a des Strafgesetzbuches und § 23 des Gesetzes über Ordnungswidrigkeiten sind anzuwenden.**

1   Nach **§§ 74 ff. StGB,** die neben § 61 anwendbar sind (Zipfel/Rathke LebensmittelR/*Dannecker* Rn. 84), ist die Einziehung solcher Gegenstände möglich, die durch die Tat hervorgebracht wurden **(producta sceleris)** oder die zur Begehung bzw. Vorbereitung der Tat gebraucht worden oder bestimmt gewesen sind **(instrumenta sceleris).** Zu den bei Ordnungswidrigkeiten isV § 60 einziehbaren Gegenstände → Rn. 34. Nicht von § 74 Abs. 1 StGB erfasst werden die sog **Beziehungsgegenstände,** sprich solche, die notwendiger Gegenstand der Tat selbst sind (vgl. allgemein Fischer StGB § 74 Rn. 10). Diese können aber **nach § 61 S. 1** eingezogen werden, soweit die weiteren **Voraussetzungen des § 74 Abs. 2 und 3 StGB** bzw. des **§ 22 Abs. 2 und 3 OWiG gegeben sind** (vgl. § 74 Abs. 4 StGB; Zipfel/Rathke LebensmittelR/*Dannecker* Rn. 50 mwN).

2   **Gegenstände isV § 61** sind dabei wie auch bei § 74 StGB einerseits **Sachen.** Darüber hinaus sind von diesem Tatbestandsmerkmal aber **auch nicht körperliche Gegenstände, insbes. Rechte,** erfasst (BGH NStZ 1991, 456; OLG Karlsruhe NJW 1974, 710). Zwischen dem Gegenstand und der Tat muss eine **unmittelbare Beziehung** bestehen. Fehlt es daran, scheidet eine Einziehung nach § 61 aus. Beziehungsgegenstände isV § 61 sind dabei sämtliche Handlungsobjekte der lebensmittelrechtlichen Straf- und Bußgeldvorschriften, sprich die **Lebensmittel, Futtermittel, kosmetischen Mittel** und **Bedarfsgegenstände der Zuwiderhandlung** (Zipfel/Rathke LebensmittelR/*Dannecker* Rn. 45 ff.).

3   Grundsätzlich für jede Form der Einziehung gilt, dass nur solche Gegenstände eingezogen werden können, wenn der Täter oder Teilnehmer zur Zeit der letzten tatrichterlichen Entscheidung (BGHSt 8, 12) **Eigentümer oder Rechtsinhaber** ist (§ 74 Abs. 2 Nr. 1 StGB; § 22 Abs. 2 Nr. 1 OWiG). Ausnahmen sehen zunächst § 74 Abs. 2 Nr. 2 StGB; § 22 Abs. 2 Nr. 2 OWiG vor (sog Sicherungseinziehung, vgl. Fischer StGB § 74 Rn. 13 ff.). Darüber hinaus ist eine **Dritteinziehung** unter den Voraussetzungen der § 74a StGB, § 23 OWiG nach **richterlichem Ermessen** zulässig. Erforderlich ist insoweit, dass das Gesetz auf die entsprechende Vorschrift verweist. Dem entspricht § 61 S. 2.

490. Verordnung über die Behandlung von Lebensmitteln mit Elektronen-, Gamma- und Röntgenstrahlen, Neutronen oder ultravioletten Strahlen (Lebensmittelbestrahlungsverordnung – LMBestrV)

Vom 14. Dezember 2000 (BGBl. I S. 1730) FNA 2125-40-79

Zuletzt geändert durch Art. 62 Zehnte ZuständigkeitsanpassungsVO vom 31.8.2015 (BGBl. I S. 1474)

– Auszug –

Vorbemerkung

§ 8 LFGB sieht aus Gründen des **vorbeugenden Gesundheitsschutzes** für die Bestrahlung von 1 Lebensmittel mit ionisierenden oder ultravioletten Strahlen **Verbote mit Erlaubnisvorbehalt** vor (→ LFGB § 59 Rn. 7 ff.). Die **LMBestrV** regelt die insoweit erforderliche **Zulassung einzelner Bestrahlungsarten** für bestimmte Lebensmittel. Insoweit werden auch die **RL 1999/2/EG** des Europäischen Parlaments und des Rates v. 22.2.1999 zur Angleichung der Rechtsvorschriften der Mitgliedstaaten über mit ionisierenden Strahlen behandelte Lebensmittel und Lebensmittelbestandteile und die **RL 1999/3/EG** des Europäischen Parlaments und des Rates v. 22.2.1999 über die Festlegung einer Gemeinschaftsliste von mit ionisierenden Strahlen behandelten Lebensmitteln und Lebensmittel-bestandteilen in nationales Recht umgesetzt.

Nach **§ 1 Abs. 1** ist insoweit die Bestrahlung von getrockneten aromatischen Kräutern und Gewür- 2 zen mit den in der Anlage zu § 1 aufgeführten Elektronen-, Gamma- und Röntgenstrahlen zugelassen, zudem lässt **§ 1 Abs. 4** die Behandlung durch direkte Einwirkung mit ultravioletten Strahlen zur Entkeimung von Trinkwasser, der Oberfläche von Obst- und Gemüseerzeugnissen sowie von Hartkäse bei der Lagerung zu. Darüber hinaus ist nach **§ 1 Abs. 3** die Bestrahlung sowie die Behandlung von Lebensmitteln mit Neutronen zu Kontroll- und Messzwecken und nach **§ 1 Abs. 5** die bei der Entkeimung von Luft durch ultraviolette Strahlen auftretende indirekte Einwirkung auf Lebensmittel zugelassen.

Bei Bestrahlungen iSv § 1 Abs. 1 sind die **in § 1 Abs. 2 näher beschriebenen Bedingungen** zu 3 beachten zudem ist die Bestrahlung nach Maßgabe von **§ 3 kenntlich** zu machen. **§ 4** statuiert eine **Zulassungspflicht** für sog Bestrahlungsanlagen. Deren Betreiber treffen nach **§ 5** bestimmte **Auf-zeichnungspflichten**.

§ 2 regelt die Anforderungen, unter denen **bestrahlte Lebensmittel aus Drittländern eingeführt** 4 werden dürfen. Werden diese nicht angesprochen, besteht ein **Verkehrsverbot** für das gewerbsmäßige (→ Vorb. LFGB Rn. 30) Inverkehrbringen (→ Vorb. LFGB Rn. 45). **§ 3** statuiert Pflichten zur Kenn-zeichnung der bestrahlten Erzeugnisse. In diesem Zusammenhang ist zu beachten, dass am 13.12.2014 **die LMIV** (→ Vorb. LFGB Rn. 12; → LFGB § 59 Rn. 14, 21 ff.) in Kraft trat. In Folge dessen soll nach Maßgabe von Art. 6 LMIV-AnpassungsVO (Anhang zur LMKV = Nr. 502 dieses Kommentars, → LMKV Anh. Rn. 5) **§ 3 an die neue Rechtslage angepasst** werden, was bei Straftaten nach § 8 Abs. 2 und entsprechenden Ordnungswidrigkeiten nach § 8 Abs. 5 zu beachten ist.

§ 8 Straftaten, Ordnungswidrigkeiten

(1) Nach § 59 Abs. 1 Nr. 21 Buchstabe a des Lebensmittel- und Futtermittelgesetzbuches wird bestraft, wer entgegen § 1 Abs. 2 Satz 1 Nr. 1 oder 2 eine Bestrahlung durchführt.

(2) Nach § 59 Abs. 1 Nr. 21 Buchstabe a des Lebensmittel- und Futtermittelgesetzbuches wird bestraft, wer entgegen § 3 Abs. 1 Satz 1, auch in Verbindung mit Satz 2, ein dort genanntes Lebensmittel nicht, nicht richtig, nicht vollständig, nicht in der vorgeschriebenen Weise oder nicht rechtzeitig kenntlich macht.

(3) Nach § 59 Abs. 1 Nr. 21 Buchstabe a des Lebensmittel- und Futtermittelgesetzbuches wird bestraft, wer entgegen § 2 Abs. 1 ein dort genanntes Lebensmittel in den Verkehr bringt.

(4) Nach § 59 Abs. 1 Nr. 21 Buchstabe a des Lebensmittel- und Futtermittelgesetzbuches wird bestraft, wer entgegen § 4 Abs. 1 Satz 1 eine Bestrahlungsanlage verwendet.

(5) Nach § 60 Abs. 1 des Lebensmittel- und Futtermittelgesetzbuches handelt ordnungs-widrig, wer eine in den Absätzen 1, 2, 3 oder 4 bezeichnete Handlung fahrlässig begeht.

(6) Ordnungswidrig im Sinne des § 60 Abs. 2 Nr. 26 Buchstabe a des Lebensmittel- und Futtermittelgesetzbuches handelt, wer vorsätzlich oder fahrlässig

1. **entgegen § 2 Abs. 2 ein Lebensmittel in den Verkehr bringt oder**
2. **entgegen § 5 eine Aufzeichnung nicht, nicht richtig oder nicht vollständig führt oder nicht oder nicht mindestens fünf Jahre aufbewahrt.**

1   **1. Straftaten nach § 59 Abs. 1 Nr. 21 Buchst. a LFGB.** Durch die **Rückverweisung auf § 59 Abs. 1 Nr. 21 Buchst. a** (→ LFGB § 59 Rn. 58) in § 8 Abs. 1–4 werden **vorsätzliche** (→ LFGB § 58 Rn. 47 ff.) **Verstöße gegen die Behandlungsgebote** des § 1 Abs. 2 S. 1 Nr. 1 und 2 (Abs. 1); **die Kennzeichnungspflichten** aus § 3 (Abs. 2), das **Inverkehrbringen entgegen dem Verkehrsverbot des § 2 Abs. 1** hinsichtlich aus Drittländern eingeführter Lebensmittel (Abs. 3) und die **Zulassungspflicht** für Bestrahlungsanlagen nach § 4 Abs. 1 (Abs. 4) unter Strafe gestellt (vgl. zu den einzelnen Ge- und Verboten auch → Vorb. Rn. 3 f.). Zur Verantwortlichkeit im Lebensmittelstrafrecht → Vorb. LFGB Rn. 29 ff.

2   Nach **§ 59 Abs. 1 LFGB** können die Straftaten nach § 8 Abs. 1–4 **mit Freiheitsstrafe bis zu einem Jahr oder mit Geldstrafe** geahndet werden. Der Versuch ist ebenso wenig wie fahrlässiges Handeln unter Strafe gestellt. Die Qualifikation des § 59 Abs. 4 LFGB (→ LFGB § 59 Rn. 74a) findet keine Anwendung. Neben der Verhängung von Geld- oder Freiheitsstrafe kommen als weitere Rechtsfolgen die **Einziehung** der Tatgegenstände (vgl. hierzu die Kommentierung zu § 61 LFGB), der **Verfall** des Tatertöses (§§ 73 ff. StGB) und die Anordnung eines **Berufsverbotes** (§§ 70 ff. StGB; vgl. BGH LMRR 2007, 84) in Betracht. Bei juristischen Personen und Personenvereinigungen kommt zudem eine Verbandsgeldbuße nach § 30 OWiG in Betracht. Zu den Konkurrenzen → LFGB § 59 Rn. 85.

3   **2. Ordnungswidrigkeiten nach § 8 Abs. 5 und 6.** Mit der **Rückverweisung auf § 60 Abs. 1 LFGB** (→ LFGB § 60 Rn. 4 f.) in **§ 8 Abs. 5** wird die **fahrlässige Begehung** (→ LFGB § 58 Rn. 60 ff.) der in § 8 Abs. 1–4 bezeichneten Handlungen als Ordnungswidrigkeit definiert. Die Verordnung wurde bisher noch nicht an das abgestufte System in § 60 Abs. 1 und 5 LFGB (vgl. insoweit → LFGB § 60 Rn. 31 f.) angepasst, das mit dem Gesetz zur Änderung des Lebensmittel- und Futtermittelgesetzbuchs sowie anderer Vorschriften v. 29.6.2009 (BGBl. I 1659), das am 4.7.2009 in Kraft getreten ist (→ Vorb. LFGB Rn. 6), eingeführt wurde. Da die in § 8 Abs. 1–4 bezeichneten Handlungen Straftaten nach § 59 Abs. 1 Nr. 21 Buchst. a LFGB darstellen, wird der **Verweis in § 8 Abs. 5 als solcher auf § 60 Abs. 1 Nr. 2 LFGB zu verstehen sein.** Danach können Ordnungswidrigkeiten iSv § 8 Abs. 5 nach der ab dem 4.8.2011 geltenden Fassung des § 60 Abs. 5 Nr. 2 LFGB (vgl. zur Änderung der Geldbußenrahmen in § 60 Abs. 5 LFGB → LFGB § 60 Rn. 32) mit Geldbuße iHv bis zu **50.000 EUR** geahndet werden. Im Übrigen gelten für die Bemessung der Geldbuße die Vorgaben von § 17 Abs. 3 und 4 OWiG. Zu den weiteren Rechtsfolgen → LFGB § 60 Rn. 33 f.

4   Mit **Rückverweisung auf § 60 Abs. 2 Nr. 26a** (→ LFGB § 60 Rn. 20) in **§ 8 Abs. 6 Nr. 1** werden vorsätzliche (→ LFGB § 58 Rn. 47 ff.) und fahrlässige (→ LFGB § 58 Rn. 60 ff.) **Verstöße gegen das Verkehrsverbot des § 2 Abs. 2** (→ Vorb. Rn. 4), das hinsichtlich solcher aus Drittländern eingeführter Lebensmittel besteht, bei denen die **erforderlichen Begleitpapiere iSv § 2 Abs. 2** fehlen, als Ordnungswidrigkeiten definiert. Weiter definiert die Rückverweisung in § 8 Abs. 6 Nr. 2 **Verstöße gegen die in § 5 statuierten Aufzeichnungspflichten** (→ Vorb. Rn. 3) als Ordnungswidrigkeiten. Demnach können **vorsätzliche Verstöße iSv** § 8 Abs. 6 nach der ab dem 4.8.2011 geltenden Fassung des § 60 Abs. 5 Nr. 2 LFGB (vgl. zur Änderung der Geldbußenrahmen in § 60 Abs. 5 LFGB → LFGB § 60 Rn. 32) mit **Geldbuße bis zu 50.000 EUR** geahndet werden; handelt der Betroffene **fahrlässig** sieht das Gesetz **Geldbuße bis zu 25.000 EUR** (§ 17 Abs. 2 OWiG) vor. Zu den weiteren Rechtsfolgen → LFGB § 60 Rn. 33 f.

495. Verordnung über die Durchführung der veterinärrechtlichen Kontrollen bei der Einfuhr und Durchfuhr von Lebensmitteln tierischen Ursprungs aus Drittländern sowie über die Einfuhr sonstiger Lebensmittel aus Drittländern (Lebensmitteleinfuhr-Verordnung – LMEV)

In der Fassung der Bekanntmachung vom 15. September 2011 (BGBl. I S. 1860) FNA 2125-44-7

Zuletzt geändert durch Art. 9 Abs. 1 G zur Neuorganisation der Zollverwaltung vom 3.12.2015 (BGBl. I S. 2178)

– Auszug –

Vorbemerkung

Die LMEV regelt die **Durchführung der Kontrollen bei der Einfuhr und der Durchfuhr** von **1** Lebensmitteln tierischen Ursprungs (§ 2 S. 1 Nr. 1), Lebensmittel (→ Vorb. LFGB Rn. 37 ff.), die unter Verwendung von Lebensmitteln tierischen Ursprungs hergestellt (→ Vorb. LFGB Rn. 46 ff.) worden sind und lebenden Tieren (§ 4 Abs. 1 Nr. 1 LFGB). **Einfuhr** ist das Verbringen (§ 2 S. 1 Nr. 4; vgl. Zipfel/Rathke LebensmittelR/*Rathke* § 1 Rn. 7 ff.; → LFGB § 58 Rn. 21) der erfassten Erzeugnisse von einem Drittland (§ 2 S. 1 Nr. 8) in das Inland. **Durchfuhr** ist nach § 2 S. 1 Nr. 9 das Verbringen ohne dass die Erzeugnisse eingeführt werden. Dies ist der Fall, wenn die Absicht fehlt, die Ware in den freien Verkehr im Inland zu bringen (vgl. Zipfel/Rathke LebensmittelR/*Rathke* § 2 Rn. 35 f.).

Bei der Einfuhr von Lebensmitteln sind neben den Vorschriften der LMEV die Bestimmungen der **2** **VO (EG) Nr. 178/2002** (BasisVO; → Vorb. LFGB Rn. 1 ff.), der **VO (EG) Nr. 136/2004** mit Verfahren für die Veterinärkontrollen von aus Drittländern eingeführten Erzeugnissen an den Grenzkontrollstellen der Gemeinschaft vom 22.1.2004 sowie teilweise die **VO (EG) Nr. 852/2004** mit grundlegenden Vorschriften für die Lebensmittelhygiene und die **VO (EG) Nr. 853/2004** (vgl. LMStRV = Nr. 505 des Kommentars) mit spezifischen Hygienevorschriften für Lebensmittel tierischen Ursprungs sowie die **VO (EG) Nr. 854/2004** mit besonderen Verfahrensvorschriften für die amtliche Überwachung von zum menschlichen Verzehr bestimmten Erzeugnissen tierischen Ursprungs zu beachten, die der LMEV vorgehen (vgl. Zipfel/Rathke LebensmittelR/*Rathke* § 1 Rn. 4). Straftat- und Ordnungswidrigkeitentatbestände im Zusammenhang mit der Einfuhr von Lebensmittel finden sich zudem in § 59 LFGB (→ LFGB § 59 Rn. 52), § 60 Abs. 2 Nr. 24 LFGB (→ LFGB § 60 Rn. 18) und den §§ 8, 11–15 LMStRV (= Nr. 505 des Kommentars).

Die Voraussetzungen einer **zulässigen Einfuhr** für Lebensmittel tierischen Ursprungs, Lebensmittel, **3** die unter Verwendung von Lebensmitteln tierischen Ursprungs hergestellt worden sind, und lebende Tiere sind in den §§ 3 ff. geregelt. § 3 regelt das **Verfahren bei Anzeigen nach Art. 2 Abs. 1 VO (EG) Nr. 136/2004.** Insbesondere ist die Anzeige einen Werktag vor Eintreffen der Sendung (§ 2 S. 1 Nr. 2) an der Grenzkontrollstelle (§ 5 Abs. 1 Nr. 2) zu übermitteln. Nach § 5 Abs. 1 besteht ein **Einfuhrverbot,** wenn die dort genannten Voraussetzungen nicht eingehalten sind. Grundsätzlich (Ausnahmen § 5 Abs. 2) ist insoweit eine **Einfuhruntersuchung nach Maßgabe von § 7** durchzuführen. Für Lebensmittel tierischen Ursprungs statuiert § 6 dort näher beschriebene Voraussetzungen, **Einfuhrverbote für lebende Tiere** bestehen nach Maßgabe von § 4. Ein **eigenständiges Einfuhr- und Verbringungsverbot** sieht zudem § 13 vor, soweit durch nicht unmittelbar geltenden Rechtsakt der Europäischen Gemeinschaft auf Grundlage der in § 13 Abs. 1 genannten Rechtsakte entsprechende Beschränkungen ausgesprochen wurden. § 9 regelt das Verfahren bei **Durchfuhren** (→ Rn. 1).

Durch die Dritte Verordnung zur Änderung der LMEV vom 20.4.2011 (BGBl. I 651 ff.) wurde mWz **3a** 30.4.2011 der nunmehrige Abschnitt 3 mit Vorschriften für Lebensmittel (→ Vorb. LFGB §§ 58–61 Rn. 37 ff.) nicht tierischen Ursprungs neu eingefügt. Die bisher in § 15 vorgesehenen Ausnahmeregelungen wurden in § 18 überführt. Die Straf- und Bußgeldvorschriften, die sich bisher in §§ 16, 17 befanden, sind nunmehr in §§ 19, 20 enthalten. Gleichzeitig wurde § 19 LMEV nF um einen Tatbestand in § 19 Nr. 4 erweitert. In § 20 wurde zudem der neue Tatbestand in § 20 Abs. 2 Nr. 5a eingefügt. Mit der Vierten Verordnung zur Änderung der vom 30.11.2011 (BGBl. I 2399 ff.) wurde sodann mWz 7.12.2011 der nunmehrige Abschnitt 4 mit Vorschriften für bestimmte Lebensmittel iSv Art. 4 VO (EG) Nr. 1135/2009 und Art. 1 VO (EU) Nr. 258/2010 (namentlich solcher mit Ursprung oder Herkunft China bzw. Indien) eingefügt und in Folge dessen § 19 LMEV nF um zwei weitere Tatbestände in § 19 Nr. 5, 6 erweitert. In § 20 wurden zudem die neuen Tatbestände des § 20 Abs. 2 Nr. 1a, Nr. 12a eingefügt.

§ 19 Straftaten

Nach § 59 Absatz 1 Nummer 21 Buchstabe a des Lebensmittel- und Futtermittelgesetzbuches wird bestraft, wer

1. entgegen § 4 Satz 1, auch in Verbindung mit Satz 2, lebende Tiere einführt,
2. entgegen § 13 Absatz 1 Satz 1, auch in Verbindung mit Satz 3, Lebensmittel einführt oder
   sonst verbringt,
3. entgegen § 13a Fleisch einführt,
4. entgegen § 16 Absatz 1 Satz 1, auch in Verbindung mit Satz 3, Lebensmittel einführt oder
   sonst verbringt,
5. entgegen § 17a Absatz 1 ein dort genanntes Lebensmittel oder einen dort genannten Stoff
   als Lebensmittel einführt oder
6. entgegen § 17b Absatz 1 einen dort genannten Stoff als Lebensmittel oder ein dort genanntes Lebensmittel einführt.

1   **1. Straftaten nach § 19.** Mit der Rückverweisung auf **§ 59 Abs. 1 Nr. 21 Buchst. a LFGB**
(→ LFGB § 59 Rn. 58) in § 19 Nr. 1–3 werden **vorsätzliche Verstöße** (→ LFGB § 58 Rn. 47 ff.)
gegen **Einfuhrverbote für lebende Tiere** nach § 4 S. 1 und spezielle **Einfuhr- und Verbringungs-**
verbote nach § 13 Abs. 1 S. 1 (→ Vorb. Rn. 3) sowie § 13a für **Lebensmittel tierischen Ursprungs**
unter Strafe gestellt. In dem mWz 30.4.2011 neu eingefügten § 19 Nr. 4 (→ Vorb. Rn. 3a) werden
vorsätzliche Verstöße gegen das **Einfuhr- und Verbringungsverbot für Lebensmittel** (→ **Vorb.**
LFGB §§ 58–61 Rn. 37 ff.) nicht tierischen Ursprungs unter Strafe gestellt. Verstöße gegen die in
§ 17a Abs. 1, § 17b Abs. 1 enthaltenen **Verbringungsverbote für bestimmte Lebensmittel aus**
China (§ 17a; vgl. auch § 13 LMStRV = Nr. 505 dieses Kommentars) und **Indien** (§ 17b, vgl. auch
§§ 13, 14 LMStRV = Nr. 505 dieses Kommentars) sind mWz 7.12.2011 nach **§ 19 Nr. 5, 6** strafbar.
Zum Begriff der Einfuhr und des Verbringens → Vorb. Rn. 1. Zur Verantwortlichkeit im Lebensmittelstrafrecht im Allgemeinen → Vorb. LFGB Rn. 29 ff. Zur Person des Verbringers → LFGB § 59 Rn. 54.

2   **2. Rechtsfolgen.** Nach § 59 Abs. 1 LFGB können die Straftaten nach § 19 mit **Freiheitsstrafe bis**
zu einem Jahr oder mit Geldstrafe geahndet werden. Der Versuch ist ebenso wenig wie fahrlässiges
Handeln (vgl. § 17 Abs. 1) unter Strafe gestellt. Die Qualifikation des § 59 Abs. 4 LFGB (→ LFGB § 59
Rn. 74a) findet keine Anwendung. Neben der Verhängung von Geld- oder Freiheitsstrafe kommen als
weitere Rechtsfolgen die **Einziehung** der Tatgegenstände (vgl. hierzu die Kommentierung zu § 61
LFGB), der **Verfall** des Taterlöses (§§ 73 ff. StGB) und die Anordnung eines **Berufsverbotes** (§§ 70 ff.
StGB; vgl. BGH LMRR 2007, 84) in Betracht. Bei juristischen Personen und Personenvereinigungen
kommt zudem eine Verbandsgeldbuße nach § 30 OWiG in Betracht. Zu den Konkurrenzen → LFGB
§ 59 Rn. 85.

§ 20 Ordnungswidrigkeiten

(1) Wer eine in § 19 bezeichnete Handlung fahrlässig begeht, handelt nach § 60 Absatz 1
Nummer 2 des Lebensmittel- und Futtermittelgesetzbuches ordnungswidrig.

(2) Ordnungswidrig im Sinne des § 60 Absatz 2 Nummer 26 Buchstabe b des Lebensmit-
tel- und Futtermittelgesetzbuches handelt, wer vorsätzlich oder fahrlässig

1. entgegen § 3 Satz 1 eine Anzeige nicht oder nicht rechtzeitig übermittelt,
1a. entgegen § 3a ein Schiffs- oder Flugzeugmanifest nicht, nicht richtig, nicht vollständig,
   nicht in der vorgeschriebenen Weise oder nicht rechtzeitig vorlegt,
2. entgegen § 5 Absatz 1 Nummer 1 ein Lebensmittel oder ein lebendes Tier einführt,
3. entgegen § 6 Absatz 1 Nummer 1, 2 oder 3 Buchstabe b oder c oder Nummer 4 ein
   Lebensmittel einführt,
4. entgegen § 7 Absatz 2 Satz 2 oder § 11 Absatz 1 Satz 2 Nummer 4 eine dort genannte
   Behörde oder Grenzkontrollstelle nicht, nicht richtig, nicht vollständig, nicht in der
   vorgeschriebenen Weise oder nicht rechtzeitig unterrichtet,
5. entgegen § 9 Absatz 1 Satz 1 eine Sendung von Lebensmitteln tierischen Ursprungs oder
   lebenden Tieren in das Inland verbringt,
5a. entgegen § 9 Absatz 3 Nummer 2 eine Sendung nicht richtig transportiert,
6. ohne Registrierung nach § 11 Absatz 1 Satz 1 ein Seeschiff ausrüstet,
7. entgegen § 11 Absatz 1 Satz 2 Nummer 1 eine Meldung nicht, nicht richtig, nicht vollständig oder nicht rechtzeitig macht,
8. entgegen § 11 Absatz 1 Satz 2 Nummer 2 Halbsatz 1 eine Sendung liefert,
9. entgegen § 11 Absatz 1 Satz 2 Nummer 3 Halbsatz 1 eine Anzeige nicht, nicht richtig,
   nicht vollständig oder nicht rechtzeitig erstattet,
10. entgegen § 11 Absatz 2 Satz 1 eine Sendung von Lebensmitteln tierischen Ursprungs
   befördert,

11. entgegen § 11 Absatz 2 Satz 3 die Lieferung einer Sendung nicht, nicht richtig oder nicht rechtzeitig bestätigt,

12. entgegen § 11 Absatz 2 Satz 4 eine Bescheinigung nicht oder nicht rechtzeitig übermittelt,

12a. entgegen § 17a Absatz 4 Satz 1 oder § 17b Absatz 5 Satz 1 eine Mitteilung nicht, nicht richtig, nicht vollständig oder nicht rechtzeitig übermittelt,

13. entgegen § 18 Absatz 3 Satz 3 ein Lebensmittel nicht oder nicht rechtzeitig der Beseitigung zuführt und nicht oder nicht rechtzeitig in ein Drittland verbringt oder

14. entgegen § 18 Absatz 4 Satz 3 ein Lebensmittel tierischen Ursprungs nicht oder nicht rechtzeitig der Beseitigung zuführt.

1. Ordnungswidrigkeiten nach § 20 Abs. 1. Handelt der Täter in den Fällen des § 19 (→ § 19   **1** Rn. 1 f.) **fahrlässig** (→ LFGB § 58 Rn. 60 ff.), verwirklicht er den Bußgeldtatbestand des **§ 20 Abs. 1.** Danach können Ordnungswidrigkeiten nach der ab dem 4.8.2011 geltenden Fassung des § 60 Abs. 5 Nr. 2 LFGB (vgl. zur Änderung der Geldbußenrahmen in § 60 Abs. 5 LFGB → LFGB § 60 Rn. 32) mit **Geldbuße bis zu 50.000 EUR** geahndet werden. IÜ gelten für die Bemessung der Geldbuße die Vorgaben von § 17 Abs. 3 u. 4 OWiG. Zu den weiteren Rechtsfolgen → LFGB § 60 Rn. 33 f.

2. Ordnungswidrigkeiten nach § 20 Abs. 2. Mit **Rückverweisung auf § 60 Abs. 2 Nr. 26**   **2** **Buchst. b LFGB** (→ LFGB § 60 Rn. 20) in **§ 20 Abs. 2** werden **vorsätzliche** (→ LFGB § 58 Rn. 47 ff.) und **fahrlässige** (→ LFGB § 58 Rn. 60 ff.) Verstöße gegen im Tatbestand näher beschriebenen Ge- und Verbote im Zusammenhang mit der Ein- bzw. Durchfuhr als Ordnungswidrigkeiten definiert. Der Tatbestandskatalog des § 20 Abs. 2 knüpft insoweit an den in §§ 3 ff. statuierten Voraussetzungen an. Insoweit kann zunächst auf → Vorb. Rn. 3, 3a verwiesen werden. § 20 Abs. 2 Nr. 13 und 14 knüpft demgegenüber an aus § 18 Abs. 3 S. 3 und 18 Abs. 4 S. 3 folgende Beseitigungspflichten an, die bestehen, wenn aufgrund der jeweiligen Ausnahmeregelung in § 18 Abs. 3 S. 1 und Abs. 4 S. 1 grds. nicht einführbare Lebensmittel eingeführt wurden.

Vorsätzliche Ordnungswidrigkeiten iSv § 20 Abs. 2 können nach der ab dem 4.8.2011 geltenden   **3** Fassung des § 60 Abs. 5 Nr. 3 LFGB (vgl. zur Änderung der Geldbußenrahmen in § 60 Abs. 5 LFGB → LFGB § 60 Rn. 32) mit **Geldbuße bis zu 20.000 EUR** geahndet werden; handelt der Betroffene fahrlässig sieht das Gesetz **Geldbuße bis 10.000 EUR** (§ 17 Abs. 2 OWiG) vor. Zu den weiteren Rechtfolgen → LFGB § 60 Rn. 33 f.

500. Verordnung über Anforderungen an die Hygiene beim Herstellen, Behandeln und Inverkehrbringen von Lebensmitteln (Lebensmittelhygiene-Verordnung – LMHV)

In der Fassung der Bekanntmachung vom 21. Juni 2016 (BGBl. I S. 1469)

FNA 2125-44-6

– Auszug –

Vorbemerkung

1   Die LMHV dient der Regelung spezifischer **lebensmittelhygienischer Fragen** sowie der **Umsetzung und Durchführung von Rechtsakten der Europäischen Gemeinschaft** auf dem Gebiet der Lebensmittelhygiene (§ 1). Bei den maßgeblichen Rechtsakten handelt es sich dabei insbes. um die die **VO (EG) Nr. 852/2004** mit grundlegenden Vorschriften für die Lebensmittelhygiene und die **VO (EG) Nr. 853/2004** mit spezifischen Hygienevorschriften für Lebensmittel tierischen Ursprungs (vgl. hinsichtlich dieser VOen LMStRV = Nr. 505 des Kommentars). Sowohl die gemeinschaftsrechtlichen Rechtsakte als auch die LMHV (und neben ihr die Tier-LMHV = Nr. 725 des Kommentars) streben im Interesse des **Gesundheitsschutzes** (→ Vorb. LFGB Rn. 10 f.) bei der Herstellung und dem Umgang mit Lebensmitteln bestmöglichste hygienische Bedingungen an. Vor dem Hintergrund der **unmittelbaren Geltung der vorgenannten gemeinschaftsrechtlichen** Rechtsakte beschränkt sich der Anwendungsbereich der Vorschriften der LMHV auf Regelungen, die nach der gemeinschaftsrechtlichen Konzeption den Mitgliedstaaten überlassen sind bzw. zu denen die Mitgliedstaaten ggü. der Gemeinschaft verpflichtet sind (sa *Kraus* ZLR 2013, 229; *Martell* LMuR 2012, 49).

2   Nach der **allgemeinen Hygienevorschrift in § 3** dürfen Lebensmittel (→ Vorb. LFGB Rn. 37 ff.) nur so hergestellt (→ Vorb. LFGB Rn. 46 f.), behandelt (→ Vorb. LFGB Rn. 48) oder in den Verkehr gebracht (→ Vorb. LFGB Rn. 45) werden, dass sie bei Beachtung der im Verkehr erforderlichen Sorgfalt der Gefahr einer **nachteiligen Beeinflussung** (§ 2 Abs. 1 Nr. 1) nicht ausgesetzt sind (vgl. auch *Kraus* ZLR 2010, 413). Nach § 4 dürfen zudem **leicht verderbliche Lebensmittel** (§ 2 Abs. 1 Nr. 2) nur von Personen hergestellt, behandelt oder in den Verkehr gebracht werden, die über dort näher konkretisierte Fachkenntnisse verfügen. § 5 trifft Regelungen für die Abgabe kleiner Mengen in § 5 Abs. 2 näher **bestimmter Primärerzeugnisse, für die** Art. 1 Abs. 2 Buchst. c der VO (EG) Nr. 852/2004 gilt. § 6 reglementiert die **Herstellung bestimmter traditioneller Lebensmittel** unter hygienerechtlichen Gesichtspunkten, **§§ 7, 8** treffen spezielle Vorschriften für die Beförderung von flüssigen Ölen und Fetten sowie von Rohzucker in Seeschiffen und diesbezügliche **Nachweispflichten.**

3   Durch die Erste Verordnung zur Änderung von Vorschriften zur Durchführung des gemeinschaftlichen Lebensmittelhygienerechts v. 11.5.2010 (BGBl. I 612) wurde **§ 6a neu eingefügt,** diese Vorschrift ist indes nicht von bußgeldrechtlicher Relevanz.

§ 10 Ordnungswidrigkeiten

Ordnungswidrig im Sinne des § 60 Absatz 2 Nummer 26 Buchstabe a des Lebensmittel- und Futtermittelgesetzbuches handelt, wer vorsätzlich oder fahrlässig

1. entgegen § 3 Satz 1 Lebensmittel herstellt, behandelt oder in den Verkehr bringt,
2. entgegen § 3 Satz 2 mit einem lebenden Tier umgeht,
3. entgegen § 4 Absatz 1 Satz 1 ein leicht verderbliches Lebensmittel herstellt, behandelt oder in den Verkehr bringt,
4. entgegen § 5 Absatz 1 Satz 1 in Verbindung mit Anlage 2 Nummer 2 Buchstabe g Umhüllungen oder Verpackungen nicht richtig lagert,
5. entgegen § 5 Absatz 1 Satz 1 in Verbindung mit Anlage 2 Nummer 3 Buchstabe c nicht sicherstellt, dass dort genannte Personen nicht mit Primärerzeugnissen umgehen,
6. entgegen § 8 Absatz 2 Satz 1 oder Absatz 3 einen dort genannten Nachweis nicht, nicht richtig, nicht vollständig oder nicht rechtzeitig übergibt oder nicht, nicht richtig oder nicht vollständig mit sich führt,
7. entgegen § 8 Absatz 2 Satz 2 die dort bezeichnete Angabe nicht, nicht richtig, nicht vollständig oder nicht rechtzeitig anbringt,
8. entgegen § 8 Absatz 4 Satz 1 oder 3 einen dort genannten Nachweis nicht oder nicht mindestens ein Jahr aufbewahrt oder
9. entgegen § 8 Absatz 5 einen dort genannten Nachweis nicht, nicht vollständig oder nicht rechtzeitig vorlegt.

Sackreuther

Mit **Rückverweisung auf § 60 Abs. 2 Nr. 26 Buchst. a LFGB** (→ LFGB § 60 Rn. 20) in § 10 werden **vorsätzliche** (→ LFGB § 58 Rn. 47 ff.) und **fahrlässige** (→ LFGB § 58 Rn. 60 ff.) Verstöße gegen die im Tatbestand näher konkretisierten **Herstellungs-, Behandlungs- und Verkehrsverbote** als Ordnungswidrigkeiten definiert. Der Tatbestandskatalog des § 10 knüpft insoweit an den in §§ 3 ff. statuierten Voraussetzungen an. Insoweit kann zunächst auf → Vorb. LMHV Rn. 2 verwiesen werden. Demnach können **vorsätzliche Verstöße iSv § 10** nach der ab dem 4.8.2011 geltenden Fassung des § 60 Abs. 5 Nr. 2 LFGB (vgl. zur Änderung der Geldbußenrahmen in § 60 Abs. 5 LFGB → LFGB § 60 Rn. 32) mit Geldbuße bis zu 50.000 EUR geahndet werden; handelt der Betroffene fahrlässig sieht das Gesetz Geldbuße bis 25.000 EUR (§ 17 Abs. 2 OWiG) vor.

502. Verordnung über die Kennzeichnung von Lebensmitteln (Lebensmittel-Kennzeichnungsverordnung – LMKV)

In der Fassung der Bekanntmachung vom 15. Dezember 1999 (BGBl. I S. 2464) FNA 2125-40-25

Zuletzt geändert durch Art. 2 VO zur Änd. der DiätVO und der Lebensmittel-KennzeichnungsVO vom 25.2.2014 (BGBl. I S. 218)

– Auszug –

Vorbemerkung

1 Die LMKV trifft bisher die **grundsätzlichen Vorschriften des nationalen Lebensmittel-Kennzeichnungsrechts,** die allgemein, neben den speziallebensmittelrechtlichen Regelungen des Kennzeichnungsrechts (zB in § 19 DiätVO; § 4 NemV etc, vgl. insoweit § 2) und den ergänzenden allgemeinen lebensmittelrechtlichen Kennzeichnungsvorschriften (LKV; FPV) stehen. Nach Art. 24 LMIV-AnpassungsVO (vgl. unten Anhang) wird die LMKV in Folge des Inkrafttretens der LMIV am 13.12.2014 (→ Vorb. LFGB Rn. 12; → LFGB § 59 Rn. 14, 21 ff.) ebenso wie die NKV (= Nr. 570 des Kommentars) aufgehoben werden. Sie definiert bis dahin die **Grundbegriffe des Kennzeichnungsrechts** wie die Verkehrsbezeichnung (§ 4), Verzeichnis der Zutaten (§ 6), Mindesthaltbarkeitsdatum (§ 7) etc, auf die auch in den Spezialgesetzen rückverwiesen wird und regelt die diesbezüglichen Voraussetzungen. Die LMKV setzt die **RL 2000/13/EG** des europäischen Parlaments und des Rates v. 20.3.2000 zur Angleichung der Rechtsvorschriften der Mitgliedstaaten über die Etikettierung und Aufmachung von Lebensmitteln sowie die Werbung hierfür **(sog Etikettierungs-RL)** in nationales Recht um. Richtlinie und LMKV sollen – **auch im Interesse des Gesundheitsschutzes** (vgl. *Hagenmeyer,* Lebensmittel-Kennzeichnungsverordnung, Kommentar, 2. Aufl. 2006, Teil A LMKV Einf. Rn. 3 mwN; → Vorb. LFGB Rn. 10 f.) – dabei die **Unterrichtung und Information des Verbrauchers sicherstellen,** damit dieser in die Lage versetzt wird, sich selbst über die angebotenen Produkte und ihre wesentlichen Eigenschaften zu informieren. Darüber hinaus dienen die Vorschriften der LMKV ebenso wie die Etikettierungs-RL, dem **Schutz des Verbrauchers vor Täuschung und Irreführung** (OVG Magdeburg StoffR 2005, 177; → Vorb. LFGB Rn. 12 f.) und tragen dadurch zur **Lauterkeit des Wettbewerbs** bei.

2 Nach § 1 gelten die Vorschriften der LMKV für die **Kennzeichnung von Lebensmitteln** (→ Vorb. LFGB Rn. 37 ff.) in Fertigpackungen, die dazu bestimmt sind, an Verbraucher (§ 3 Nr. 4 LFGB) abgegeben zu werden. Der Begriff der **Fertigpackung** ist in **§ 6 Abs. 1 EichG** definiert. Danach sind Fertigpackungen Erzeugnisse in Verpackungen beliebiger Art, die in **Abwesenheit des Käufers** abgepackt und verschlossen werden, wobei die **Menge des darin enthaltenen Erzeugnisses ohne Öffnen** oder merkliche Änderung der Verpackung **nicht verändert werden kann.** Fertigpackungen iSd LMKV müssen insoweit Lebensmittel enthalten. Verantwortlich für die Einhaltung der Vorschriften der LMKV ist grundsätzlich der Erstinverkehrbringer (Zipfel/Rathke LebensmittelR/*Rathke* § 1 Rn. 32 ff.; *Hagenmeyer,* Lebensmittel-Kennzeichnungsverordnung, Kommentar, 2. Aufl. 2006, Teil A LMKV § 1 Rn. 8). Darüber hinaus treffen auch die anderen Glieder der Lebensmittelkette entsprechende, wenngleich abgestufte Verpflichtungen (Zipfel/Rathke LebensmittelR/*Rathke* § 1 Rn. 37; *Hagenmeyer,* Lebensmittel-Kennzeichnungsverordnung, Kommentar, 2. Aufl. 2006, Teil A LMKV § 1 Rn. 8 ff.; einschränkend OLG Düsseldorf LMRR 2000, 141; OLG Köln ZLR 2002, 250; → LFGB § 58 Rn. 70 ff.). Zur Anwendbarkeit der LMKV **im Internet** vgl. OLG Düsseldorf BeckRS 2008, 21705.

3 Die **wesentlichen Kennzeichnungselemente,** die erforderlich sind, damit ein Lebensmittel in einer Fertigpackung in den Verkehr gebracht werden darf, sind in **§ 3** geregelt. Danach müssen grds. (Ausnahmen in § 3 Abs. 2 u. 5) Angaben betreffend die **Verkehrsbezeichnung** nach Maßgabe des **§ 4,** der **Name oder die Firma und die Anschrift des Herstellers,** des **Verpackers oder** eines in einem Mitgliedstaat der Europäischen Union oder in einem anderen Vertragsstaat des Abkommens über den Europäischen Wirtschaftsraum niedergelassenen **Verkäufers,** das **Verzeichnis der Zutaten** nach Maßgabe der **§§ 5 u. 6** (zu Ausnahmen vgl. OLG Hamburg LRE 1957, 117), das **Mindesthaltbarkeitsdatum** bzw. das **Verbrauchsdatum** (§§ 7, 7a) sowie **weitere spezielle Angaben** (vgl. § 3 Abs. 1 Nr. 5–8) vorhanden sein, anderenfalls besteht ein **Verkehrsverbot** für das gewerbsmäßige (→ Vorb. LFGB Rn. 30) Inverkehrbringen (→ Vorb. LFGB Rn. 45). Nach § 3 Abs. 3 S. 1 sind die Angaben grds. (Ausnahmen: Abs. 3 S. 2; Abs. 4 u. 6) auf der Fertigpackung oder einem mit ihr verbundenen Etikett **an gut sichtbarer Stelle in deutscher Sprache, leicht verständlich, deutlich lesbar und unverwischbar** (vgl. hierzu KG NJW-RR 1994, 45) anzubringen. Ob diesen Anforderungen entsprochen wurde, ist aus der Sicht eines Durchschnittverbrauchers zu bestimmen (vgl. OLG München

GRUR 1986, 86; OLG Karlsruhe ZLR 1994, 397; OLG Koblenz ZLR 1990, 421; und ZLR 1986, 438; LG München LMuR 2008, 102).

§ 10 [Straftaten und Ordnungswidrigkeiten]

(1) Nach § 59 Abs. 1 Nr. 21 Buchstabe a des Lebensmittel- und Futtermittelgesetzbuches wird bestraft, wer entgegen § 3 Abs. 1 Nr. 1a oder Nr. 8 Buchstabe a oder § 7a Abs. 4 ein Lebensmittel gewerbsmäßig in den Verkehr bringt.

(2) Wer eine nach Absatz 1 bezeichnete Handlung fahrlässig begeht, handelt nach § 60 Abs. 1 des Lebensmittel- und Futtermittelgesetzbuches ordnungswidrig.

(3) Ordnungswidrig im Sinne des § 60 Abs. 2 Nr. 26 Buchstabe a des Lebensmittel- und Futtermittelgesetzbuches handelt, wer vorsätzlich oder fahrlässig entgegen § 3 Abs. 1 Nr. 1, 2, 3, 4, 5, 6, 7 oder 8 Buchstabe b jeweils in Verbindung mit Abs. 3 Satz 1 oder 3 Lebensmittel in Fertigpackungen gewerbsmäßig in den Verkehr bringt, die nicht oder nicht in der vorgeschriebenen Weise mit den dort vorgeschriebenen Angaben gekennzeichnet sind.

1. Straftaten nach § 10 Abs. 1. Mit der Rückverweisung auf § 59 Abs. 1 Nr. 21 Buchst. a LFGB **1** (→ LFGB § 59 Rn. 58) werden **vorsätzliche** (→ LFGB § 58 Rn. 47 ff.) **Verstöße gegen Verkehrsverbote,** die bei Missachtung besonderer Kennzeichnungspflichten (§ 3 Abs. 1 Nr. 1 Buchst. a oder Nr. 8 Buchst. a) oder nach Ablauf des Verbrauchsdatums gegeben sind, unter Strafe gestellt. Diesen Verkehrsverboten ist gemeinsam, dass sie **in besonderem Umfang auch dem Gesundheitsschutz des Verbrauchers** dienen. Zur Tathandlung des Inverkehrbringens → Vorb. LFGB Rn. 45. Zum Tatbestandsmerkmal der Gewerbsmäßigkeit → Vorb. LFGB Rn. 30. Zur Verantwortlichkeit im Lebensmittelstrafrecht → Vorb. LFGB Rn. 29 ff.

§ 59 Abs. 1 LFGB sieht zur Ahndung von Straftaten iSv § 10 **Geldstrafe oder Freiheitsstrafe bis 2 zu einem Jahr** vor (→ LFGB § 59 Rn. 83 f.). Neben der Verhängung von Geld- oder Freiheitsstrafe kommen als weitere Rechtsfolgen die **Einziehung** der Tatgegenstände (vgl. hierzu § 61 LFGB), der **Verfall** des Täterlöses (§§ 73 ff. StGB) und die Anordnung eines **Berufsverbotes** (§§ 70 ff. StGB; BGH LMRR 2007, 84) in Betracht. Zu den Konkurrenzen → LFGB § 59 Rn. 85.

2. Ordnungswidrigkeiten nach § 10 Abs. 2 u. 3. Mit der **Rückverweisung auf § 60 Abs. 1 3 LFGB** (→ LFGB § 60 Rn. 4 f.) in § 10 Abs. 2 wird die **fahrlässige Begehung** (→ LFGB § 58 Rn. 60 ff.) der **in § 10 Abs. 1 bezeichneten Handlungen** als Ordnungswidrigkeit definiert. Hinsichtlich des objektiven Tatbestandes → Rn. 1. Die Verordnung wurde bisher noch nicht an das abgestufte System in § 60 Abs. 1 u. 5 LFGB (→ LFGB § 60 Rn. 31 f.) angepasst, das mit dem Gesetz zur Änderung des Lebensmittel- und Futtermittelgesetzbuchs sowie anderer Vorschriften v. 29.6.2009 (BGBl. I 659), das am 4.7.2009 in Kraft getreten ist (→ Vorb. LFGB Rn. 6), eingeführt wurde. Da die in § 10 Abs. 1 bezeichneten Handlungen Straftaten nach § 59 Abs. 1 Nr. 21 Buchst. a LFGB darstellen, wird der **Verweis in § 10 Abs. 2 als solcher auf § 60 Abs. 1 Nr. 2 LFGB zu verstehen sein.** Danach können Ordnungswidrigkeiten iSv § 10 Abs. 2 nach der ab dem 4.8.2011 geltenden Fassung des § 60 Abs. 5 Nr. 2 LFGB (vgl. zur Änderung der Geldbußenrahmen in § 60 Abs. 5 LFGB → LFGB § 60 Rn. 32) mit Geldbuße iHv bis zu **50.000 EUR** geahndet werden. IÜ gelten für die Bemessung der Geldbuße die Vorgaben von § 17 Abs. 3 u. 4 OWiG. Zu den weiteren Rechtsfolgen → LFGB § 60 Rn. 33 f.

Mit **Rückverweisung auf § 60 Abs. 2 Nr. 26 Buchst. a LFGB** (→ LFGB § 60 Rn. 20) in § 10 **4** Abs. 3 werden **vorsätzliche und fahrlässige Verstöße gegen Verkehrsverbote,** die aus Missachtung der Kennzeichnungspflichten nach § 3 Abs. 1 u. 3 (→ Vorb. LKMV Rn. 3) resultieren, als Ordnungswidrigkeiten definiert. Entsprechen die Erzeugnisse diesen Vorgaben nicht, dürfen sie nicht gewerbsmäßig in den Verkehr gebracht werden (→ Rn. 1). **Vorsätzliche** (→ Rn. 1) **Verstöße** iSv § 10 Abs. 3 können nach der ab dem 4.8.2011 geltenden Fassung des § 60 Abs. 5 Nr. 2 LFGB (vgl. zur Änderung der Geldbußenrahmen in § 60 Abs. 5 LFGB → LFGB § 60 Rn. 32) mit **Geldbuße bis zu 50.000 EUR** geahndet werden; handelt der Betroffene **fahrlässig** sieht das Gesetz **Geldbuße bis zu 25.000 EUR** (§ 17 Abs. 2 OWiG) vor. Zu den weiteren Rechtsfolgen → LFGB § 60 Rn. 33 f.

Anhang

Verordnung zur Durchführung unionsrechtlicher Vorschriften betreffend die Information der Verbraucher über Lebensmittel (EU-Lebensmittelinformations-Durchführungsverordnung – LMIDV)

Vorbemerkung

A. Die LMIV

1   Am **13.12.2014** trat die VO (EU) Nr. 1169/2011 des Europäischen Parlaments und des Rates betreffend die Information der Verbraucher über Lebensmittel und zur Änderung der VO (EG) Nr. 1924/2006 und VO (EG) Nr. 1925/2006 des Europäischen Parlaments und des Rates und zur Aufhebung der RL 87/250/EWG der Kommission, der RL 90/496/EWG des Rates, der RL 1999/10/EG der Kommission, der RL 2000/13/EG des Europäischen Parlaments und des Rates, der RL 2002/67/EG und 2008/5/EG der Kommission und der VO (EG) Nr. 608/2004 der Kommission v. 25.10.2011 (ABl. 2011 L 304, 18; nachfolgend **LMIV**) in Kraft (→ Vorb. LFGB Rn. 12; → LFGB § 59 Rn. 14, 21 ff.; sa *Bruggmann* LMuR 2014, 45; *Praekel* LMuR 2014, 189; *Domeier* LMuR 2014, 225).

2   Sie enthält **horizontale Regelungen,** die für sämtliche Erzeugnisse gelten, wobei der Schwerpunkt bei der **Lebensmittelinformation** liegt (Voit/Grube LMIV/*Grube* Einf. Rn. 1). Neben die insoweit vorrangigen Vorschriften im Zusammenhang mit der Lebensmittelinformation auf allen Stufen der Lebensmittelkette (Art. 1 Abs. 3 LMIV) treten aber Informationsvorgaben aus anderen Regelungsbereichen sowie spezielle lebensmittelrechtliche Vorgaben (vgl. Voit/Grube LMIV/*Grube* Einf. Rn. 3 und Voit/Grube LMIV/*Grube* Art. 1 Rn. 67, 68). Die LMIV tritt an Stelle der „Etikettierungsrichtlinie" (RL 2000/13/EG).

3   Die LMIV gliedert sich in sieben Kapitel, wobei Kap. I den Gegenstand und Anwendungsbereich der LMIV (Art. 1 LMIV) sowie die maßgeblichen Begriffe (Art. 2 LMIV) und Kap. II die allgemeinen Grundsätze der Information über Lebensmittel bestimmen. Nach **Art. 3 LMIV** dienen die Vorschriften der LMIV den althergebrachten Grundsätzen des Lebensmittelrechts (→ Vorb. LFGB § 58 Rn. 8 ff.), nämlich dem **Gesundheits- und Täuschungsschutz** (Voit/Grube LMIV/*Grube* Art. 3 Rn. 13 ff.). Daneben treten die **Sicherung der Warenverkehrsfreiheit** sowie der sonstigen Interessen der Lebensmittelerzeuger (Voit/Grube LMIV/*Grube* Art. 3 Rn. 21 ff.). **Art. 4** LMIV statuiert die **Grundsätze der Lebensmittelinformation,** namentlich werden dort die Kategorien definiert, die bei verpflichtenden Lebensmittelinformation zu berücksichtigen sind. Hierbei handelt es sich namentlich um **Informationen zu Identität und Zusammensetzung,** Eigenschaften oder sonstigen Merkmalen des Lebensmittels (Voit/Grube LMIV/*Grube* Art. 4 Rn. 9 ff.), **Informationen zum Schutz der Gesundheit der Verbraucher** und zur sicheren Verwendung eines Lebensmittels (Voit/Grube LMIV/*Grube* Art. 4 Rn. 12 ff.), und hierbei insbes. auch um Informationen zur Zusammensetzung, die für die Gesundheit bestimmter Gruppen von Verbrauchern schädlich sein könnte **(Allergie- und Unverträglichkeitshinweise;** vgl. Voit/Grube LMIV/*Grube* Art. 4 Rn. 16), um **Informationen zur Haltbarkeit, Lagerung und sicheren Verwendung** (Voit/Grube LMIV/*Grube* Art. 4 Rn. 19 ff.) sowie um **Informationen zu ernährungsphysiologischen Eigenschaften** (Voit/Grube LMIV/*Grube* Art. 4 Rn. 30 ff.).

4   Den **Kernbereich der LMIV stellen die Kap. III u. IV** dar. In Kap. III sind die allgemeinen Anforderungen an die Information über Lebensmittel und Pflichten der Lebensmittelunternehmer definiert. Namentlich findet sich in **Art. 7 LMIV der Grundsatz der Lauterkeit der Informationspraxis** (→ LFGB § 59 Rn. 14, 21 ff.). In Art. 8 LMIV sind die **Verantwortlichkeiten** geregelt (→ LFGB § 59 Rn. 14). In **Kap. IV** finden sich die **verpflichtenden Informationen über Lebensmittel** (→ Vorb. LFGB § 58 Rn. 37 ff.). Zuletzt finden sich in Kap. V Regelungen zu freiwilligen Informationen über Lebensmittel. Kap. VI regelt das Verhältnis zu einzelstaatlichen Vorschriften und statuiert in **Art. 38 Abs. 1 LMIV** den **Vorrang der LMIV** und das Verbot einzelstaatlicher Regelungen im Bereich der Harmonisierung (Voit/Grube LMIV/*Voit* Art. 38 Rn. 3 ff.). Soweit der Bereich des Lebensmittelinformationsrechts nicht vollharmonisiert ist, erlaubt Art. 38 Abs. 2 den Erlass einzelstaatlicher Vorschriften, die indes nicht die Warenverkehrsfreiheit (→ Vorb. LFGB § 58 Rn. 1) beeinträchtigen dürfen (vgl. Voit/Grube LMIV/*Voit* Art. 38 Rn. 8). Art. 39 ff. LMIV eröffnet dann in bestimmten Bereichen zusätzliche Möglichkeiten der einzelstaatlichen Reglementierung des Lebensmittelinformationsrechts.

B. Umsetzung der LMIV in das nationale Recht

Zur **Umsetzung der LMIV** soll eine „Verordnung zur Anpassung nationaler Rechtsvorschriften an **5** die VO (EU) Nr. 1169/2011 betreffend die Information der Verbraucher über Lebensmittel" (nachfolgend LMIV-AnpassungsVO) ergehen. Im Mittelpunkt der Verordnung steht die Ausgestaltung der sich unmittelbar aus der LMIV ergebenden Pflicht zur Angabe der in Anh. II der LMIV aufgelisteten Stoffe oder Erzeugnisse, die Allergien oder Unverträglichkeiten auslösen, auch bei loser Ware. Daneben wird mit der Verordnung das nationale Recht an die Vorgaben der LMIV angepasst, insbes. gleichlautendes und entgegenstehendes nationales Recht aufgehoben sowie ergänzende nationale Durchführungsvorschriften geschaffen. Dabei wird von den in der LMIV eingeräumten mitgliedstaatlichen Regelungsbefugnissen Gebrauch (→ Rn. 4) gemacht. Der Kernbereich der neuen nationalen Regelungen im Bereich der Lebensmittelinformation ergibt sich dabei aus Art. 1 LMIV-AnpassungsVO, mit dem die **Verordnung zur Durchführung unionsrechtlicher Vorschriften betreffend die Information der Verbraucher über Lebensmittel (LMIDV) eingeführt** wurde. Daneben finden sich in den Art. 2–22 LMIV-AnpassungsVO Regelungen zur Änderung und Anpassung einzelner lebensmittelrechtlicher Vorschriften. Mit Art. 24 LMIV-AnpassungsVO werden **die bisherige LMKV (vgl. Nr. 502 des Kommentars) und die NKV (vgl. Nr. 570 des Kommentars) aufgehoben.**

Das **Gesetzgebungsverfahren verzögerte sich allerdings,** die LMIV-AnpassungsVO konnte nicht **6** – wie vorgesehen – zum 13.12.2014 in Kraft treten konnte. Mit Blick auf den bestehenden Handlungsbedarf im Zusammenhang mit den Regelungen zur Art und Weise der Allergenkennzeichnung loser Ware, wurde aus dem Entwurf der LMIV-AnpassungsVO dieser Bereich herausgelöst und vorab durch eine separate vorläufige Verordnung (Vorläufige Lebensmittelinformations-Ergänzungsverordnung – **VorlLMIEV**) geregelt. Dieser Verordnung des BMEL hat der Bundesrat am 28.11.2014 zugestimmt; sie trat am 13.12.2014 in Kraft.

C. Die LMIDV

Die LMIDV regelt nach Maßgabe von **§ 1 Abs. 1 LMIDV** die Durchführung von Rechtsakten der **7** Europäischen Union betreffend die allgemeinen Grundsätze, Anforderungen und Zuständigkeiten für die Information über Lebensmittel und insbes. deren Kennzeichnung, soweit nicht Rechtsvorschriften für bestimmte Lebensmittel eine von den Vorschriften dieser Verordnung abweichende oder zusätzliche Kennzeichnung vorschreiben. Sie gilt nach § 1 Abs. 2 für Lebensmittel (→ Vorb. LFGB § 58 Rn. 37 ff.) zur Abgabe an den Endverbraucher und Anbieter von Gemeinschaftsverpflegung (Art. 2 Abs. 2 Buchst. d LMIV).

Nach **§ 2 LMIDV** sind die verpflichtenden Informationen über Lebensmittel und die danach vor- **8** geschriebenen Kennzeichnungen **in deutscher Sprache** anzugeben. § 3 LMIDV sieh Sonderregelungen für das Zutatenverzeichnis für Bier vor. In § **4 LMIDV** finden sich im Wesentlichen die – vorab mit der **VorlLMIEV** (→ Rn. 6) eingeführten – Regelungen zur **Art und Weise der Allergenkennzeichnung loser Ware. § 5 LMIDV** statuiert **Anzeigepflichten** für Lebensmittelunternehmer (Art. 3 Abs. 3 VO (EG) Nr. 178/2002), die Lebensmittel mit nach Art. 35 LMIV zulässigen weiteren Formen der Angaben und der Darstellung in den Verkehr bringen (vgl. Voit/Grube LMIV/*Voit* Art. 35 Rn. 5 ff.) wollen. **§ 6 LMIDV** statuiert **Verkehrsverbote,** die Lebensmittel, die den in § 6 LMIV konkretisierten Anforderungen der Lebensmittelinformation nach Vorschriften der LMIV nicht entsprechen.

§ 7 LMIDV Straftaten und Ordnungswidrigkeiten

(1) Nach § 59 Absatz 1 Nummer 21 Buchstabe a des Lebensmittel- und Futtermittelgesetzbuchs wird bestraft, wer entgegen § 6 Nummer 2 Buchstabe a, Nummer 9 oder Nummer 17 Buchstabe b ein Lebensmittel gewerbsmäßig in den Verkehr bringt.

(2) Wer eine in Absatz 1 bezeichnete Handlung fahrlässig begeht, handelt nach § 60 Absatz 1 Lebensmittel- und Futtermittelgesetzbuch ordnungswidrig.

(3) Ordnungswidrig im Sinne des § 60 Absatz 2 Nummer 26 Buchstabe a des Lebensmittel- und Futtermittelgesetzbuchs handelt, wer vorsätzlich oder fahrlässig

1. entgegen
   a) § 3 Satz 1 oder § 4, jeweils auch in Verbindung mit § 5 Absatz 1, oder
   b) § 5 Absatz 2, 3, 4 oder 5, jeweils auch in Verbindung mit § 3 Satz 1,
ein Lebensmittel gewerbsmäßig an den Verbraucher abgibt,
2. entgegen
   a) § 6 Nummer 1, 2 Buchstabe b, Nummer 3, 4, 5, 6, 7, 8, 10, 11, 12, 13, 14 oder Nummer 15 oder
   b) § 6 Nummer 16 oder 17 Buchstabe a oder Buchstabe c
ein Lebensmittel gewerbsmäßig in den Verkehr bringt.

(4) Ordnungswidrig im Sinne des § 60 Absatz 4 Nummer 2 Buchstabe a des Lebensmittel- und Futtermittelgesetzbuchs handelt, wer gegen die Verordnung (EU) Nr. 1169/2011 verstößt, indem er vorsätzlich oder fahrlässig

1. entgegen Artikel 8 Absatz 3 der Verordnung (EU) Nr. 1169/2011 ein Lebensmittel abgibt oder
2. entgegen Artikel 8 Absatz 4 Satz 1 der Verordnung (EU) Nr. 1169/2011 eine Änderung der Informationen zu einem Lebensmittel vornimmt.

1   **1. Straftaten nach § 7 Abs. 1 LMIDV.** Mit der Rückverweisung auf **§ 59 Abs. 1 Nr. 21 Buchst. a LFGB** (→ LFGB § 59 Rn. 58) in **§ 7 Abs. 1 LMIDV** werden **vorsätzliche** (→ LFGB § 58 Rn. 47 ff.) Verstöße gegen im Tatbestand näher konkretisierte Verkehrsverbote nach § 6 LMIDV (→ Vorb. LMKV Anh. Rn. 8) unter Strafe gestellt. Namentlich handelt es sich dabei um Verkehrsverbote, die daraus resultieren, dass der **Hinweis „aufgetaut"** nach Art. 9 Abs. 1 Buchst. a iVm Art. 17 Anh. VI Teil A Nr. 2 S. 1 LMIV **fehlt,** das **Verbrauchsdatum abgelaufen** ist (vgl. Voit/Grube LMIV/*Grube* Art. 24 Rn. 58 ff.) oder der **Hinweis auf Phytosterine, Phytosterinester, Phytostanole oder Phytostanolester fehlt** (vgl. Voit/Grube LMIV/*Grube* Art. 10 Rn. 53 ff.). Zur Tathandlung des Inverkehrbringens → Vorb. LFGB Rn. 45. Zur Verantwortlichkeit im Lebensmittelstrafrecht → Vorb. LFGB Rn. 29 ff.

2   Nach § 59 Abs. 1 LFGB können die Straftaten nach § 7 Abs. 1 LMIDV mit **Freiheitsstrafe bis zu einem Jahr oder mit Geldstrafe** geahndet werden. Der Versuch ist ebenso wenig wie fahrlässiges Handeln (→ Rn. 5) unter Strafe gestellt. Die Qualifikation des § 59 Abs. 4 LFGB (→ LFGB § 59 Rn. 74a) findet keine Anwendung. Wegen der weiteren Rechtsfolgen → LFGB § 59 Rn. 83 f. Zu den Konkurrenzen → LFGB § 59 Rn. 85.

3   **2. Ordnungswidrigkeiten nach § 7 Abs. 2 LMIDV.** Mit der **Rückverweisung auf § 60 Abs. 1 LFGB** (→ LFGB § 60 Rn. 4 f.) in **§ 7 Abs. 2 LMIDV** wird die **fahrlässige Begehung** (→ LFGB § 58 Rn. 60 ff.) der in § 7 Abs. 1 LMIDV bezeichneten Handlungen (→ Rn. 1) als Ordnungswidrigkeit definiert. Die Verordnung orientiert sich nicht an dem **abgestuften System in § 60 Abs. 1 u. 5 LFGB** (→ LFGB § 60 Rn. 31 f.). Da die in § 7 Abs. 1 LMIDV bezeichneten Handlungen Straftaten nach § 59 Abs. 1 Nr. 21 Buchst. a LFGB darstellen, wird der **Verweis in § 7 Abs. 2 LMIDV als solcher auf § 60 Abs. 1 Nr. 2 LFGB zu verstehen sein.** Danach können Ordnungswidrigkeiten iSv § 7 Abs. 2 LMIDV nach § 60 Abs. 5 Nr. 2 LFGB mit Geldbuße iHv bis zu **50.000 EUR** geahndet werden. Zu den weiteren Rechtsfolgen → LFGB § 60 Rn. 34.

4   **3. Ordnungswidrigkeiten nach § 7 Abs. 3 LMIDV.** Mit Rückverweisung auf **§ 60 Abs. 2 Nr. 2 Buchst. a LFGB** (→ LFGB § 60 Rn. 20) in **§ 7 Abs. 3 LMIDV** werden **vorsätzliche und fahrlässige Verstöße gegen** im Tatbestand näher konkretisierte **Verkehrsverbote** als Ordnungswidrigkeiten definiert. Die diesbezüglichen Verkehrsverbote resultieren dabei einerseits aus **Verstößen gegen § 3 LMIDV** (im Zusammenhang mit Bier, → Vorb. LMKV Anh. Rn. 8), **gegen § 4 LMIDV** (im Zusammenhang mit der Kennzeichnung, insbes. lose abgegebener Lebensmittel; → Vorb. LMKV Anh. Rn. 6) **und § 5 LMIDV** (bei Verstoß gegen die in § 5 LMDIV statuierte Anzeigepflicht, → Vorb. LKMV Anh. Rn. 8). Daneben treten die Verkehrsverbote aus § 6 (→ Vorb. LMKV Anh. Rn. 8), soweit sie nicht von § 7 Abs. 1 LMIDV erfasst sind (→ Rn. 1). Teilweise (namentlich aufgrund der Inbezugnahme von § 4 Abs. 1 LMIDV in § 7 Abs. 3 Nr. 1 LMIDV) kommt es insoweit zu Überschneidungen, wobei die speziellere Vorschrift darstellt. Nach § 7 Abs. 3 LMIDV können **vorsätzliche** (→ LFGB § 58 Rn. 47 ff.) **Verstöße** mit **Geldbuße bis zu 50.000 EUR** (§ 60 Abs. 5 Nr. 2 LFGB) geahndet werden; handelt der Betroffene **fahrlässig** sieht das Gesetz **Geldbuße bis zu 25.000 EUR** (§ 17 Abs. 2 OWiG) vor. Zu den weiteren Rechtsfolgen → LFGB § 60 Rn. 33 f.

5   **4. Ordnungswidrigkeiten nach § 7 Abs. 4 LMIDV.** Mit Rückverweisung auf **§ 60 Abs. 2 Nr. 2 Buchst. a LFGB** (→ LFGB § 60 Rn. 20) in **§ 7 Abs. 4 LMIDV** werden **vorsätzliche und fahrlässige Verstöße gegen** das Verkehrsverbot nach Art. 8 Abs. 3 LMIV und das Verbot nach Art. 8 Abs. 4 S. 1 LIMV als Ordnungswidrigkeiten definiert. Nach **Art. 8 Abs. 3 LMIV** dürfen Lebensmittelunternehmer (Art. 3 Abs. 3 VO (EG) Nr. 178/2002), die **nicht als Vermarkter** die Verantwortung für die Einhaltung der Lebensmittelinformation tragen (→ LFGB § 59 Rn. 14), Lebensmittel nicht abgeben (vgl. zum Inverkehrbringen → Vorb. LFGB Rn. 45), wenn sie erkennen oder erkennen müssten, dass **den Vorgaben des Lebensmittelinformationsrechts nicht genüge getan ist** (Voit/Grube LMIV/*Voit* Art. 8 Rn. 30 ff.). Insoweit können unterschiedliche Kombination von Vorsatz und Fahrlässigkeit gegeben sein. Nach **Art. 8 Abs. 4 S. 1 LMIV** ist Lebensmittelunternehmer, die nicht Vermarkter sind, untersagt, die **Lebensmittelinformation zu verändern,** wenn dies den Verbrauch irreführen (→ LFGB § 59 Rn. 21 ff.) könnte (Voit/Grube LMIV/*Voit* Art. 8 Rn. 45 ff.).

6   Nach § 7 Abs. 4 können **vorsätzliche** (→ LFGB § 58 Rn. 47 ff.) **Verstöße** mit **Geldbuße bis zu 50.000 EUR** (§ 60 Abs. 5 Nr. 2 LFGB) geahndet werden; handelt der Betroffene **fahrlässig** sieht das Gesetz **Geldbuße bis zu 25.000 EUR** (§ 17 Abs. 2 OWiG) vor. Zu den weiteren Rechtsfolgen → LFGB § 60 Rn. 33 f.

505. Verordnung zur Durchsetzung lebensmittelrechtlicher Rechtsakte der Europäischen Gemeinschaft (Lebensmittelrechtliche Straf- und Bußgeldverordnung – LMRStrafVO)

In der Fassung der Bekanntmachung vom 4. Mai 2016 (BGBl. I S. 1166)

FNA 2125-44-3

– Auszug –

Vorbemerkung

Die Straftatbestände in **§ 58 Abs. 3 Nr. 2 LFGB** und **§ 59 Abs. 3 Nr. 2 LFGB** sehen vor, dass sich 1
auch der strafbar macht, wer unmittelbar geltenden **Vorschriften in Rechtsakten der Europäischen Gemeinschaft zuwiderhandelt,** die inhaltlich den in § 58 Abs. 1 Nr. 1–17 LFGB und § 59 Abs. 1 Nr. 1–19 LFGB bezeichneten Geboten oder Verboten oder einer Regelung entsprechen, zu der die in § 58 Abs. 1 Nr. 18 und § 59 Abs. 1 Nr. 21 LFGB genannten Vorschriften ermächtigen (sog **Öffnungsklauseln;** → LFGB § 58 Rn. 41). Nämliches ist sinngemäß im Bußgeldtatbestand des § 60 Abs. 4 LFGB für den Bereich der lebensmittelrechtlichen Ordnungswidrigkeiten geregelt. Weitere Voraussetzung ist indes, dass eine auf Grundlage von § 62 LFGB erlassene Rechtsvorschrift auf die vorgenannten Straf- bzw. Bußgeldtatbestände zurückverweist. Neben einzelnen Tatbeständen in den lebensmittelrechtlichen Spezialgesetzen (zB § 6 Abs. 2 KmV; § 7 Abs. 1 THV) finden sich die danach **erforderlichen Rückverweisungen** in der LMRStV. Dieser kommt **allein der Zweck** zu, die Vorschriften der **gemeinschaftsrechtlichen Rechtsakte zu benennen,** deren Missachtung die in den Blankettstraf- bzw. bußgeldtatbeständen vorgesehene Sanktion nach sich zieht. Eigene materiell-rechtliche Regelungen enthält die LMRStV im Gegensatz zu anderen lebensmittelrechtlichen Spezialgesetzen nicht.

Mit der Straf- bzw. Bußgeldbewehrung der Verstöße gegen gemeinschaftsrechtliche Rechtsakte 2
kommt der nationale Gesetz- bzw. Verordnungsgeber der aus **Art. 17 Abs. 3 VO (EG) Nr. 178/2002;** sog BasisVO (→ Vorb. LFGB Rn. 2 f., 8) folgenden Verpflichtung nach, dass die lebensmittelrechtlichen Verkehrspflichten strafrechtlich flankiert werden sollen, um der Befolgung besonderen Nachdruck zu verleihen. Im Hinblick auf das zeitintensive formelle Gesetzgebungsverfahren hat sich der Gesetzgeber der vorliegenden Regelungstechnik bedient, um im flexibleren Verordnungswege auf eventuelle Änderungen im Gemeinschaftsrecht reagieren zu können (→ LFGB § 58 Rn. 41).

Neben der zwingenden Rückverweisung auf § 58 Abs. 3 Nr. 2, § 59 Abs. 3 Nr. 2 bzw. § 60 Abs. 4 3
Nr. 2 LFGB ist in den vorgenannten Blankettatbeständen (→ Vorb. LFGB Rn. 19 ff.) weiter vorausgesetzt, dass der gemeinschaftsrechtliche Rechtsakt inhaltlich der in den Tatbeständen näher bezeichneten Regelungsmaterien entspricht (sog **Entsprechungsklausel**). Als gemeinschaftsrechtliche Rechtsakte kommen hierbei lediglich **VOen iSv Art. 288 Abs. 2 AEUV** in Betracht (→ Vorb. LFGB Rn. 23). Zum Vorgehen bei der Prüfung, ob die gemeinschaftsrechtliche Verordnung der Entsprechungsklausel im Einzelfall genügt → LFGB § 58 Rn. 42 ff.

Vor diesem Hintergrund (→ Rn. 1) liegt es in der Natur der LMStrV, dass diese einem steten Wandel 4
unterworfen ist. Seit dem Inkrafttreten der LMStrV wurden die ursprünglichen Tatbestände daher mehrfach geändert und neugefasst, zudem wurden zwischenzeitlich den ursprünglich acht Einzelparagrafen acht neue hinzugefügt. Vor diesem Hintergrund ist mit Blick auf **§ 2 StGB, § 4 OWiG die Rechtslage zur Begehung der Tat und bei der Entscheidung sorgsam zu prüfen.** Zu Beginn der Einzelvorschriften findet sich insoweit jeweils eine kurze Darstellung der Rechtsentwicklung. Verkompliziert wird die Rechtsanwendung zudem dadurch, dass teilweise die in den Vorschriften in Bezug genommenen gemeinschaftsrechtlichen Verordnungen bereits wieder aufgehoben wurden oder außer Kraft traten, an deren Stellen neue, aber oftmals inhaltsgleiche EU-Verordnungen treten. Der europäische Gesetzgeber ordnet in solchen Konstellationen oftmals an, dass Bezugnahmen auf die bisherige, inhaltsgleiche VO nach Maßgabe sog Entsprechungstabellen als Bezugnahme auf die aufgehobene Verordnung gelten (vgl. zB Art. 15 VO (EU) Nr. 2015/1375). Insoweit werden Bedenken gegen die Bestimmtheit der auf die vorhergehende VO verweisenden Blankettatbestände geäußert (→ Vorb. LFGB Rn. 25). Zutreffend ist in diesem Zusammenhang sicher, dass der europäische Gesetzgeber durch solche Entsprechungstabellen nicht den Willen des deutschen Gesetzgebers ersetzen kann. Auch unter Berücksichtigung des Parlamentsvorbehalts und des Demokratieprinzips ist aber zu sehen, dass jedenfalls bei inhaltsgleichen neuen gemeinschaftsrechtlichen Verordnungen es gerade dem im noch nicht angepassten Blankett zum Ausdruck gebrachten Willen des nationalen Gesetzgebers entspricht, Verstöße gegen Ver- bzw. Gebote, die sich identisch in der bisherigen und der neuen EU-VO finden, zu ahnden. Unter

diesem Gesichtspunkt ist daher ein Verstoß gegen Art. 103 Abs. 2 GG nicht zwingend anzunehmen. Aber auch für den Normadressaten ist bei einer solchen Verweisungstechnik noch hinreichend sichergestellt, dass er die Strafbarkeit bei einem Verstoß gegen ein Ge- oder Verbot erkennen und sein Verhalten demgemäß ausrichten kann. Dies gilt um so mehr, als es sich bei dem Normadressaten im Rahmen der LMStrV ganz überwiegend um Lebensmittelunternehmer handelt, die ohnehin verpflichtet sind, die nationale und europäische Gesetzeslage aufmerksam zu verfolgen. Von daher spricht einiges dafür, auch Verweise auf aufgehobene gemeinschaftsrechtliche Verordnungen als ausreichend zu erachten, wenn an deren Stelle eine inhaltsgleiche, mit Entsprechungstabelle versehene neue VO tritt.

5   Auch wenn aufgrund von Verstößen gegen den Bestimmtheitsgrundsatz Tatbestände der LMStrV ins Leere verweisen, ist aber zu prüfen, ob der materiell gegebene Verstoß gegen europäische Ver- bzw. Gebote des Lebensmittelrechts von den lebensmittelrechtlichen Grundtatbeständen erfasst ist. Dies ist insbes. bei Taten im Zusammenhang mit **Einfuhrverboten** (§§ 11, 12, 14) der Fall. Insoweit ist mit in den Blick zu nehmen, ob anderweitige **Straftaten oder Ordnungswidrigkeiten im Zusammenhang mit der Einfuhr** von Lebensmittel usw in Betracht kommen, vgl. insoweit auch § 59 Abs. 1 Nr. 19 LFGB (→ LFGB § 59 Rn. 52), § 60 Abs. 2 Nr. 24 LFGB (→ LFGB § 60 Rn. 18) sowie die Vorschriften der LMEV.

§ 1 Durchsetzung bestimmter Vorschriften der Verordnung (EG) Nr. 999/2001

(1) Nach § 58 Abs. 3 Nummer 2, Absatz 4 bis 6 des Lebensmittel- und Futtermittelgesetzbuches wird bestraft, wer gegen die Verordnung (EG) Nr. 999/2001 verstößt, indem er vorsätzlich oder fahrlässig

1. **als Verfügungsberechtigter über Schlachttiere oder frisches Fleisch entgegen Artikel 8 Absatz 1 Satz 1 in Verbindung mit Anhang V Nummer 1 und 4.1 Buchstabe a oder b spezifizierte Risikomaterialien nicht oder nicht richtig entfernt,**
2. **entgegen Anhang V Nummer 5 Knochen oder nicht entbeintes Fleisch von Rindern, Schafen oder Ziegen für die Gewinnung von Separatorenfleisch verwendet,**
3. **entgegen Anhang V Nummer 6 das zentrale Nervengewebe bei Rindern, Schafen oder Ziegen nach dem Betäuben zerstört oder**
4. **als Verfügungsberechtigter über Schlachttiere entgegen Anhang V Nummer 7 Zungen von Rindern nicht durch einen Schnitt quer durch den Zungengrund vor dem Zungenfortsatz des Zungenbeinkörpers gewinnt.**

(2) Ordnungswidrig im Sinne des § 60 Absatz 4 Nummer 2 Buchstabe a des Lebensmittel- und Futtermittelgesetzbuches handelt, wer gegen die Verordnung (EG) Nr. 999/2001 verstößt, indem er als Verfügungsberechtigter über Schlachttiere vorsätzlich oder fahrlässig

1. **entgegen Anhang V Nummer 8.1 Kopffleisch von Rindern nicht gem. einem von der zuständigen Behörde anerkannten Kontrollsystem gewinnt oder**
2. **entgegen Anhang V Nummer 11.3 Satz 1 in Verbindung mit Satz 2 Buchstabe a oder b ein Kontrollsystem für die Entfernung der Wirbelsäule nicht oder nicht richtig einrichtet.**

1   **1. Aufgabe und Zweck der VO (EG) Nr. 999/2001.** Die VO (EG) Nr. 999/2001 des Europäischen Parlaments und des Rates v. 22.5.2001 mit Vorschriften zur Verhütung, Kontrolle und Tilgung bestimmter transmissibler spongiformer Enzephalopathien (TSE) wurde als **Reaktion auf das seit Beginn/Mitte der 1990er Jahre festgestellte Auftreten von Varianten der TSE** bei Mensch und Tier, insbes. die spongiforme Rinderenzephalopathie (BSE) und einer neuen Variante der Creutzfeldt-Jakob-Krankheit beim Menschen, erlassen. Sie dient dem **Schutz der menschlichen Gesundheit** (→ Vorb. LFGB Rn. 10 f.), der durch Vorschriften über die Verhütung, Kontrolle und Tilgung der Erscheinungsformen der TSE erreicht werden soll. Ausgehend von den Ursachen der Verbreitung der TSE, betreffen die Vorschriften der Verordnung in der Hauptsache die Produktion und das Inverkehrbringen von lebenden Tieren und tierischen Erzeugnissen. Hierbei liegt ein Schwerpunkt auf der **Ausweisung** bestimmter Wiederkäuergewebe als **spezifiziertes Risikomaterial und dessen Entsorgung,** um dessen **Verwendung bei der Herstellung von Nahrungs-, Futter- oder Düngemittel zu verhindern.** Daneben wird durch die Verordnung – insbes. auch im Hinblick auf Einfuhren aus Drittländern – ein **Melde- und Prüfwesen** installiert, um die Verordnungszwecke zu erreichen.

§ 1 dient der Durchsetzung der Vorschriften dieser Verordnung. Er **trat am 22.9.2006 in Kraft** und wurde bisher lediglich mit der **1. ÄndVO (BGBl. 2008 I 22)** geändert (→ Vorb. Rn. 4 f.).

2   **2. Straftaten nach § 1 Abs. 1.** Mit der Rückverweisung auf § 58 Abs. 3 Nr. 2, Abs. 4–6 LFGB werden zunächst **vorsätzliche** (→ LFGB § 58 Rn. 47 ff.) und **fahrlässige** (→ LFGB § 58 Rn. 60 ff.) **Verstöße** gegen das **Entfernungs- und Beseitigungs-Gebot** des Art. 8 Abs. 1 S. 1 iVm Anh. V Nr. 1 u. 4.1 Buchst. a oder b VO (EG) Nr. 999/2001 (in der die Risikomaterialien näher bestimmt werden) unter Strafe gestellt (§ 1 Abs. 1 Nr. 1). Daneben treten vorsätzliche und fahrlässige Verstöße gegen die unmittelbar in den benannten Anhängen enthaltenen **Verbote, die sich ebenfalls auf Risikomateria-**

lien beziehen (§ 1 Abs. 1 Nr. 2 und 3) sowie das **Gewinnungsgebot in Anh. V Nr. 7 VO (EG) Nr. 999/2001 bezüglich Rinderzungen** (§ 1 Abs. 1 Nr. 4). Täter kann in den Fällen der § 1 Abs. 1 Nr. 2 und 3 jeder sein, der gegen das Verbot verstößt. In den Fällen § 1 Abs. 1 Nr. 1 u. 4 kann Täter nur der jeweils Verfügungsberechtigte sein. Zur Verantwortlichkeit im Lebensmittelstrafrecht → Vorb. LFGB Rn. 29 ff. Zu den Rechtsfolgen → LFGB § 58 Rn. 54 ff., zu den Konkurrenzen → LFGB § 58 Rn. 82.

3. Ordnungswidrigkeiten nach § 1 Abs. 2. Mit der Rückverweisung auf § 60 Abs. 4 Nr. 2   **3** Buchst. a LFGB werden **vorsätzliche und fahrlässige Verstöße** (→ Rn. 2) gegen **Ge- und Verbote,** die hinsichtlich der in den Bezug genommenen Anhängen vorgesehenen **Kontrollsysteme** bestehen. Bei der Gewinnung von Kopffleisch (Anh. V Nr. 8.1 VO (EG) Nr. 999/2001) soll das Kontrollsystem eine Kontaminierung des Kopffleisches mit Gewebe des zentralen Nervensystems vermeiden. Das Kontrollsystem iSv Anh. V Nr. 11.3 VO (EG) Nr. 999/2001 besteht für die Entfernung der Wirbelsäule bei Rindern. Verantwortlich ist insoweit der Betreiber von Schlachthöfen, Zerlegungsbetrieben und anderen Orten, wo spezifiziertes Risikomaterial entfernt wird (vgl. Anh. V Nr. 11.1 VO (EG) Nr. 999/2001). Vorsätzliche Ordnungswidrigkeiten iSv § 1 Abs. 2 können nach der ab dem 4.8.2011 geltenden Fassung des § 60 Abs. 5 Nr. 2 LFGB (vgl. zur Änderung der Geldbußenrahmen in § 60 Abs. 5 LFGB → LFGB § 60 Rn. 32) mit **Geldbuße bis zu 50.000 EUR** geahndet werden; handelt der Betroffene **fahrlässig** sieht das Gesetz **Geldbuße bis zu 25.000 EUR** (§ 17 Abs. 2 OWiG) vor. Zu den weiteren Rechtsfolgen → LFGB § 60 Rn. 33 f.

§ 2 Durchsetzung bestimmter Vorschriften der Verordnung (EG) Nr. 852/2004

Ordnungswidrig im Sinne des § 60 Absatz 4 Nr. 2 Buchstabe a des Lebensmittel- und Futtermittelgesetzbuches handelt, wer gegen die Verordnung (EG) Nr. 852/2004 verstößt, indem er vorsätzlich oder fahrlässig

1. **entgegen Artikel 4 Absatz 1 in Verbindung mit Anhang I Teil A Nummer 8 Buchstabe a oder b oder Nummer 9 Buchstabe a nicht oder nicht richtig Buch führt,**
2. **entgegen Artikel 4 Absatz 2 in Verbindung mit Anhang II Kapitel I Nummer 10 ein Reinigungs- oder Desinfektionsmittel lagert,**
3. **entgegen Artikel 4 Absatz 2 in Verbindung mit Anhang II Kapitel II Nummer 3 Satz 2 eine Vorrichtung zum Waschen von Lebensmitteln nicht sauber hält,**
4. **entgegen Artikel 4 Absatz 2 in Verbindung mit Anhang II Kapitel IV**
   a) **Nummer 1 einen Transportbehälter oder einen Container nicht sauber oder nicht instand hält,**
   b) **Nummer 4 Satz 1 ein Lebensmittel in einem anderen als dort genannten Container oder Tank befördert,**
   c) **Nummer 4 Satz 2 einen Container nicht als Beförderungsmittel für Lebensmittel ausweist oder**
   d) **Nummer 5 einen Transportbehälter oder einen Container nicht, nicht richtig oder nicht rechtzeitig reinigt,**
5. **entgegen Artikel 4 Absatz 2 in Verbindung mit Anhang II Kapitel V Nummer 1 Buchstabe a Gegenstände, Armaturen oder Ausrüstungen, mit denen Lebensmittel in Berührung kommen, nicht oder nicht richtig reinigt,**
6. **entgegen Artikel 4 Absatz 2 in Verbindung mit Anhang II Kapitel VI Nummer 2 Satz 1 Lebensmittelabfälle, ungenießbare Nebenerzeugnisse oder andere Abfälle nicht richtig lagert,**
7. **entgegen Artikel 4 Absatz 2 in Verbindung mit Anhang II Kapitel VII Nummer 4 Satz 1 oder 2 Eis nicht richtig herstellt, nicht richtig behandelt oder nicht richtig lagert oder**
8. **entgegen Artikel 4 Absatz 2 in Verbindung mit Anhang II Kapitel IX Nummer 2 oder 8 einen Rohstoff, eine Zutat oder einen dort genannten Stoff nicht richtig lagert.**

1. Aufgabe und Zweck der VO (EG) Nr. 852/2004. Die VO (EG) Nr. 852/2004, die die grund-   **1** legenden gemeinschaftsrechtlichen **Lebensmittelhygienevorschriften** enthält (vgl. Art. 1 Abs. 1 VO (EG) Nr. 852/2004), ist Teil des sog gemeinschaftsrechtlichen Hygienepakets, zu dem darüber hinaus die VO (EG) Nr. 853/2004 (vgl. § 3) sowie die RL 2004/41/EG zählen (vgl. Zipfel/Rathke LebensmittelR/*Rathke* VO (EG) Nr. 852/2004 Vorb. Rn. 1 mwN zu hygienerechtlichen Vorschriften des Gemeinschaftsrechts). Die in den Mitgliedstaaten unmittelbar Geltung beanspruchenden Vorschriften der Verordnungen traten an Stelle der bis zu deren Inkrafttreten am 1.1.2006 geltenden nationalen hygienerechtlichen Vorschriften (zB des FlHG, der LMHV 1991 und der MilchV). Neben die gemeinschaftsrechtlichen Hygienevorschriften treten die durch die Verordnung zur Durchführung von Vorschriften des gemeinschaftlichen Lebensmittelhygienerechts neu erlassenen Verordnungen (zB die LMHV = Nr. 500 des Kommentars und die Tier-LMHV = Nr. 725 des Kommentars).

Art. 1 VO (EG) Nr. 852/2004 bestimmt, dass die Hauptverantwortung für die Lebensmittelhygiene   **2** bei den **Lebensmittelunternehmern** (vgl. Art. 3 Nr. 3 VO (EG) Nr. 178/2002; auch → Vorb. LFGB

Rn. 29 ff.) und insoweit auf allen Stufen der Lebensmittelkette (→ LFGB § 58 Rn. 70 ff.) liegt (vgl. auch Art. 3 VO (EG) Nr. 852/2004). In **Art. 2** VO (EG) Nr. 852/2004 finden sich die wesentlichen **Begriffsbestimmungen,** insbes. die Legaldefinition von **Lebensmittelhygiene,** worunter alle Maßnahmen und Vorkehrungen zu verstehen sind, die notwendig sind, um Gefahren unter Kontrolle zu bringen und zu gewährleisten, dass ein Lebensmittel (→ Vorb. LFGB Rn. 37 ff.) unter Berücksichtigung seines Verwendungszweck für den menschlichen Verzehr tauglich (→ LFGB § 59 Rn. 16 ff.) ist. **Art. 4 VO (EG) Nr. 852/2004** enthält iVm den **Anhängen I und II allgemeine und spezifische Hygienevorschriften** (vgl. auch *Kraus* ZLR 2010, 413), Art. 5, 6 VO (EG) Nr. 852/2004 statuieren Verpflichtungen der Lebensmittelunternehmer im Zusammenhang mit innerbetrieblichen (beruhend auf den HACCP-Grundsätzen, vgl. insoweit Zipfel/Rathke LebensmittelR/*Dannecker* LFGB Vor §§ 58–62 Rn. 205 ff.) und behördlichen Kontrollen. Die VO (EG) Nr. 852/2004 dient dem **Schutz der Gesundheit des Verbrauchers** (→ Vorb. LFGB Rn. 10 f.).

§ 2 dient der Durchsetzung der Vorschriften dieser Verordnung. Er **trat am 22.9.2006 in Kraft.** Er wurde seither nicht geändert.

3 **2. Die einzelnen Tatbestände.** Mit der Rückverweisung auf § 60 Abs. 4 Nr. 2 Buchst. a LFGB werden **vorsätzliche** (→ LFGB § 58 Rn. 47 ff.) und **fahrlässige** (→ LFGB § 58 Rn. 60 ff.) **Verstöße gegen** die im Tatbestand näher konkretisierten **Hygienevorschriften** des Art. 4 VO (EG) Nr. 852/2004 iVm den diesbezüglichen Anhängen VO (EG) Nr. 852/2004 als Ordnungswidrigkeiten definiert. **Art. 4 Abs. 1** VO (EG) Nr. 852/2004 statuiert dabei Verpflichtungen der Lebensmittelunternehmer, die in der **Primärproduktion** (vgl. Art. 2 Abs. 2 VO (EG) Nr. 852/2004 iVm Art. 3 Nr. 17 BasisVO) tätig sind, **Art. 4 Abs. 2** VO (EG) Nr. 852/2004 erfasst Lebensmittelunternehmer, die auf den **Produktions-, Verarbeitungs- und Vertriebsstufen** von Lebensmittel tätig sind. Neben den Ordnungswidrigkeiten iSv § 2 kommen – je nach Intensität des Verstoßes – auch Straftaten nach § 59 LFGB in Betracht (→ LFGB § 59 Rn. 32 und 60 ff.), die die Ordnungswidrigkeiten verdrängen (§ 21 Abs. 1 OWiG). Vorsätzliche Ordnungswidrigkeiten iSv § 2 können nach der ab dem 4.8.2011 geltenden Fassung des § 60 Abs. 5 Nr. 2 LFGB (vgl. zur Änderung der Geldbußenrahmen in § 60 Abs. 5 LFGB → LFGB § 60 Rn. 32) mit **Geldbuße bis zu 50.000 EUR** geahndet werden; handelt der Betroffene **fahrlässig** sieht das Gesetz **Geldbuße bis zu 25.000 EUR** (§ 17 Abs. 2 OWiG) vor.

§ 3 Durchsetzung bestimmter Vorschriften der Verordnung (EG) Nr. 853/2004

(1) Nach § 58 Absatz 3 Nummer 2, Absatz 4 bis 6 des Lebensmittel- und Futtermittelgesetzbuches wird bestraft, wer gegen die Verordnung (EG) Nr. 853/2004 verstößt, indem er vorsätzlich oder fahrlässig entgegen Artikel 3 Absatz 1 in Verbindung mit Anhang III

1. **Abschnitt V Kapitel II Nummer 1 oder 3 nicht sicherstellt, dass die verwendeten Rohstoffe die dort genannten Bedingungen und Anforderungen erfüllen,**
2. **Abschnitt VI Nummer 1 nicht sicherstellt, dass ein dort genanntes Teil für die Herstellung von Fleischerzeugnissen nicht verwendet wird,**
3. **Abschnitt VII**
   a) **Kapitel II Teil A Nummer 1 lebende Muscheln erntet,**
   b) **Kapitel II Teil A Nummer 2 in Verbindung mit Kapitel V Nummer 2 lebende Muscheln für den unmittelbaren menschlichen Verzehr in den Verkehr bringt,**
   c) **Kapitel II Teil A Nummer 3 lebende Muscheln zum menschlichen Verzehr in Verkehr bringt,**
   d) **Kapitel II Teil C Nummer 2 Satz 2 Buchstabe c lebende Muscheln nicht mindestens über einen Zeitraum von zwei Monaten in Meerwasser lagert,**
   e) **Kapitel IX Nummer 1 in Verbindung mit Kapitel V Nummer 2 Kammmuscheln in den Verkehr bringt oder**
   f) **Kapitel IX Nummer 3 Satz 1 Kammmuscheln für den menschlichen Verzehr in den Verkehr bringt,**
4. **Abschnitt VIII Kapitel III Teil D Nummer 1 in Verbindung mit Nummer 2 nicht sicherstellt, dass ein Rohstoff oder ein Enderzeugnis einer dort genannten Gefrierbehandlung unterzogen wird,**
4a. **Abschnitt VIII Kapitel IV Teil B Nummer 1 Satz 1**
   a) **Buchstabe a nicht sicherstellt, dass ein Rohstoff von einem dort genannten Betrieb oder Fischereifahrzeug stammt, oder**
   b) **Buchstabe b nicht sicherstellt, dass ein Rohstoff aus einem Fischereierzeugnis stammt, das genusstauglich ist,**
5. **Abschnitt VIII Kapitel V**
   a) **Teil C in Verbindung mit Anhang II Abschnitt II Kapitel I Nummer 1 Satz 1 der Verordnung (EG) Nr. 2074/2005 ein unverarbeitetes Fischereierzeugnis, das den TVB-N-Grenzwert überschreitet,**
   b) **Teil D Satz 2 ein Fischereierzeugnis für den menschlichen Verzehr oder**

c) Teil E Nr. 1 Satz 1 oder Nummer 2 Satz 1 ein dort genanntes Fischereierzeugnis in Verkehr bringt,

6. Abschnitt IX Kapitel I Teil I Nummer 4 in Verbindung mit Nummer 1 Buchstabe a, c bis e oder Nummer 2 oder Teil II B Nummer 1 Buchstabe b Halbsatz 2 Rohmilch, Kolostrum oder Milch für den menschlichen Verzehr verwendet,

7. Abschnitt XI Nummer 3 Frösche oder Schnecken für den menschlichen Verzehr bearbeitet,

8. Abschnitt XII Kapitel II Nummer 2 ein Lösungsmittel gebraucht,

9. Abschnitt XIV

a) Kapitel I Nummer 1 in Verbindung mit Nummer 3 oder 4 Gelatine herstellt,

b) Kapitel I Nummer 2 bei der Herstellung von Gelatine Häute oder Felle verwendet oder

c) Kapitel IV nicht sicherstellt, dass beim Inverkehrbringen von Gelatine die dort genannten Rückstandsgrenzwerte eingehalten sind oder

10. Abschnitt XV

a) Kapitel I Nummer 1 in Verbindung mit Nummer 3 oder 4 Kollagen herstellt,

b) Kapitel I Nummer 2 bei der Herstellung von Kollagen Häute oder Felle verwendet oder

c) Kapitel IV nicht sicherstellt, dass beim Inverkehrbringen von Kollagen die dort genannten Rückstandsgrenzwerte eingehalten sind.

(2) Nach § 59 Absatz 3 Nummer 2 Buchstabe a des Lebensmittel- und Futtermittelgesetzbuches wird bestraft, wer gegen die Verordnung (EG) Nr. 853/2004 verstößt, indem er entgegen Artikel 3 Absatz 1 in Verbindung mit Anhang III

1. Abschnitt I Kapitel I Nummer 2 oder Abschnitt II Kapitel I Nummer 2 ein Tier zum Schlachthof befördert oder

2. Abschnitt IV Kapitel II Nummer 8 Buchstabe b in Verbindung mit Artikel 5 Nummer 1 Buchstabe d in Verbindung mit Anhang I Abschnitt IV Kapitel VIII der Verordnung (EG) Nr. 854/2004 frei lebendes Großwild in den Verkehr bringt.

(3) Wer eine in Absatz 2 bezeichnete Handlung fahrlässig begeht, handelt nach § 60 Absatz 1 des Lebensmittel- und Futtermittelgesetzbuches ordnungswidrig.

(4) Ordnungswidrig im Sinne des § 60 Absatz 4 Nummer 2 Buchstabe a des Lebensmittel- und Futtermittelgesetzbuches handelt, wer gegen die Verordnung (EG) Nr. 853/2004 verstößt, indem er vorsätzlich oder fahrlässig

1. entgegen Artikel 3 Absatz 1 in Verbindung mit Anhang II Abschnitt III

a) Nummer 1 in Verbindung mit Nummer 2 oder 3 ein Tier in Räumlichkeiten eines Schlachthofes zulässt,

b) Nummer 5 Satz 1 eine Information nicht, nicht richtig oder nicht rechtzeitig zur Verfügung stellt oder

c) Nummer 6 Satz 1 den amtlichen Tierarzt nicht oder nicht rechtzeitig in Kenntnis setzt,

1a. entgegen Artikel 3 Absatz 1 in Verbindung mit Anhang II Abschnitt IV Nummer 2 nicht dafür sorgt, dass der zuständigen Behörde eine dort genannte Information zur Verfügung gestellt wird,

2. entgegen Artikel 3 Absatz 1 in Verbindung mit Anhang III Abschnitt I

a) Kapitel IV Nummer 2 Buchstabe a Fleisch für den menschlichen Verzehr verwendet,

b) Kapitel IV Nummer 8 einen Schlachtkörper oder einen Körperteil nicht vollständig enthäutet,

c) Kapitel IV Nummer 9 Satz 1 ein Schwein nicht, nicht richtig oder nicht rechtzeitig entborstet,

d) Kapitel IV Nummer 20 eine Einrichtung nicht, nicht richtig oder nicht rechtzeitig reinigt, nicht, nicht richtig oder nicht rechtzeitig wäscht oder nicht, nicht richtig oder nicht rechtzeitig desinfiziert,

e) Kapitel V Nummer 2 Satz 2 Buchstabe b, auch in Verbindung mit Abschnitt IV Kapitel II Nummer 9, nicht sicherstellt, dass Fleisch auf einer nicht höheren als dort genannten Temperatur gehalten wird oder

f) Kapitel VII Nummer 5 Fleisch nicht richtig lagert oder nicht richtig befördert,

3. entgegen Artikel 3 Absatz 1 in Verbindung mit Anhang III Abschnitt II

a) Kapitel I Nummer 3 Satz 2 einen Transportbehälter nicht, nicht richtig oder nicht rechtzeitig reinigt, nicht, nicht richtig oder nicht rechtzeitig wäscht oder nicht, nicht richtig oder nicht rechtzeitig desinfiziert,

b) Kapitel IV Nummer 1 Buchstabe a Fleisch für den menschlichen Verzehr verwendet,

c) Kapitel IV Nummer 10 Satz 1 ein Tier schlachtet,

d) Kapitel IV Nummer 10 Satz 2 Halbsatz 2 einen Schlachtraum nicht, nicht richtig oder nicht rechtzeitig reinigt oder nicht, nicht richtig oder nicht rechtzeitig desinfiziert,

e) Kapitel V Nummer 1 Buchstabe b, auch in Verbindung mit Abschnitt IV Kapitel III Nummer 7, nicht sicherstellt, dass die Temperatur des Fleisches auf höchstens 4 °C gehalten wird,

 f) Kapitel V Nummer 4, auch in Verbindung mit Abschnitt IV Kapitel III Nummer 7, Fleisch nicht richtig lagert oder nicht richtig befördert,

 g) Kapitel VI Satz 1 ohne Genehmigung der zuständigen Behörde Geflügel im Haltungsbetrieb schlachtet,

 h) Kapitel VI Nummer 6 oder 7 als Lebensmittelunternehmer, der in seinem Haltungsbetrieb Geflügel schlachtet, einem Schlachtkörper die Erklärung oder die Bescheinigung nicht oder nicht rechtzeitig beifügt oder

 i) Kapitel VI Nummer 8 Satz 2 ein Tier nicht, nicht richtig oder nicht rechtzeitig ausweidet,

4. entgegen Artikel 3 Absatz 1 in Verbindung mit Anhang III Abschnitt IV

 a) Kapitel II Nummer 4 Buchstabe c Kopf oder Eingeweide nicht oder nicht vollständig beim Wildkörper belässt oder

 b) Kapitel II Nummer 6 das Übereinanderlegen von Wildkörpern nicht vermeidet oder

 c) Kapitel II Nummer 8 Buchstabe a frei lebendes Großwild enthäutet oder in den Verkehr bringt,

5. entgegen Artikel 3 Absatz 1 in Verbindung mit Anhang III Abschnitt V Kapitel III

 a) Nummer 1 Satz 2 nicht sicherstellt, dass das Fleisch nicht eine höhere als die dort genannte Temperatur aufweist und nur nach Bedarf in den Arbeitsraum gebracht wird,

 b) Nummer 2 Buchstabe b Hackfleisch oder Fleischzubereitungen aus gekühltem Fleisch nach Ablauf der dort genannten Fristen herstellt,

 c) Nummer 2 Buchstabe c Satz 1 Hackfleisch oder Fleischzubereitungen nicht, nicht richtig oder nicht rechtzeitig umhüllt, nicht, nicht richtig oder nicht rechtzeitig verpackt, nicht, nicht richtig oder nicht rechtzeitig kühlt oder nicht, nicht richtig oder nicht rechtzeitig gefriert,

 d) Nummer 2 Buchstabe c Satz 2 eine dort genannte Temperatur bei der Lagerung oder Beförderung nicht einhält oder

 d) Nummer 5 Hackfleisch, Fleischzubereitungen oder Separatorenfleisch nach dem Auftauen wieder einfriert,

6. entgegen Artikel 3 Absatz 1 in Verbindung mit Anhang III Abschnitt VII

 a) Kapitel I Nummer 1 lebende Muscheln in den Verkehr bringt,

 b) Kapitel I Nummer 3 in Verbindung mit Nummer 4 lebende Muscheln befördert,

 c) Kapitel I Nummer 6 eine Abschrift des Registrierscheins nicht oder nicht mindestens zwölf Monate aufbewahrt,

 d) Kapitel II Teil B Nummer 1 Satz 2 Buchstabe d oder Teil C Nummer 1 Satz 1 ein anderes als dort genanntes Gebiet nutzt,

 e) Kapitel II Teil C Nummer 3 nicht, nicht richtig oder nicht vollständig Buch führt,

 f) Kapitel IV Teil A Nummer 1 lebende Muscheln nicht von Schlamm oder angesammelten Schmutzpartikeln befreit,

 g) Kapitel IV Teil A Nummer 6 in einem Reinigungsbecken Krebstiere, Fische oder andere Meerestiere hält,

 h) Kapitel IV Teil A Nummer 7 als Lebensmittelunternehmer, der lebende Muscheln reinigt, ein Packstück nicht mit einem Etikett versieht,

 i) Kapitel VI Nummer 1 Austern nicht richtig umhüllt oder nicht richtig verpackt,

 j) Kapitel VII Nummer 3 oder Kapitel IX Nummer 4 Buchstabe b in Verbindung mit Kapitel VII Nummer 3 ein dort bezeichnetes Etikett nicht oder nicht mindestens 60 Tage aufbewahrt oder

 k) Kapitel VIII Nummer 2 lebende Muscheln in Wasser eintaucht oder mit Wasser besprengt,

7. entgegen Artikel 3 Absatz 1 in Verbindung mit Anhang III Abschnitt VIII

 a) Kapitel III Teil A Nummer 1 Satz 1 ein Erzeugnis nicht, nicht richtig oder nicht rechtzeitig lagert,

 b) Kapitel III Teil D Nummer 4 Buchstabe a ein dort genanntes Fischereierzeugnis in den Verkehr bringt,

 c) Kapitel III Teil D Nummer 4 Buchstabe b Satz 1 nicht sicherstellt, dass ein dort genanntes Fischereierzeugnis von einem dort genannten Fanggrund oder von einer dort genannten Fischzucht stammt,

 d) Kapitel V Teil D Satz 1 nicht sicherstellt, dass ein Fischereierzeugnis einer Sichtkontrolle unterzogen wird,

 e) Kapitel VII Nummer 2 Halbsatz 1 ein Fischereierzeugnis nicht richtig lagert oder

 f) Kapitel VIII Nummer 1 Buchstabe b Halbsatz 1 ein Fischereierzeugnis nicht auf der dort genannten Temperatur hält,

8. entgegen Artikel 3 Absatz 1 in Verbindung mit Anhang III Abschnitt IX

 a) Kapitel I Teil II A Nummer 4 Satz 1 eine Oberfläche nicht, nicht richtig oder nicht rechtzeitig reinigt,

 b) Kapitel I Teil II A Nummer 4 Satz 2 einen Behälter oder einen Tank nicht, nicht richtig oder nicht mindestens einmal pro Arbeitstag reinigt oder nicht, nicht richtig oder nicht mindestens einmal pro Arbeitstag desinfiziert,

c) Kapitel I Teil II B Nummer 2 Buchstabe a Milch nicht, nicht richtig oder nicht rechtzeitig abkühlt,

d) Kapitel I Teil II B Nummer 2 Buchstabe b Kolostrum nicht getrennt lagert, nicht, nicht richtig oder nicht rechtzeitig abkühlt oder nicht, nicht richtig oder nicht rechtzeitig einfriert,

e) Kapitel II Teil I Nummer 1 Buchstabe a nicht sicherstellt, dass Milch auf die dort genannte Temperatur gekühlt und auf dieser Temperatur gehalten wird,

f) Kapitel II Teil I Nummer 1 Buchstabe b nicht sicherstellt, dass Kolostrum auf die dort genannte Temperatur gekühlt wird oder eingefroren bleibt und auf dieser Temperatur gehalten wird oder

g) Kapitel III Satz 1 in Verbindung mit Satz 2 eine Verpackung nicht, nicht richtig oder nicht rechtzeitig versiegelt,

9. entgegen Artikel 3 Absatz 1 in Verbindung mit Anhang III Abschnitt X

a) Kapitel II Teil III Nummer 1 für die Herstellung von Eiprodukten andere als dort genannte Eier aufschlägt,

b) Kapitel II Teil III Nummer 3 Satz 1 für die Herstellung von Eiprodukten die dort genannten Eier nicht getrennt bearbeitet oder nicht getrennt verarbeitet,

c) Kapitel II Teil III Nummer 3 Satz 2 eine Ausrüstung nicht, nicht richtig oder nicht rechtzeitig reinigt oder nicht, nicht richtig oder nicht rechtzeitig desinfiziert,

d) Kapitel II Teil III Nummer 4 für die Herstellung von Eiprodukten Eiinhalt durch Zentrifugieren oder Zerdrücken von Eiern gewinnt oder zur Gewinnung von Eiweißresten leere Schalen zentrifugiert oder

e) Kapitel II Teil III Nummer 7 Satz 2 Flüssigei vor der Verarbeitung länger als 48 Stunden lagert,

10. entgegen Artikel 3 Absatz 1 in Verbindung mit Anhang III Abschnitt XI Nummer 5 Froschschenkel nicht, nicht richtig oder nicht rechzeitig abwäscht, nicht, nicht richtig oder nicht rechtzeitig abkühlt, nicht, nicht richtig oder nicht rechtzeitig einfriert oder nicht, nicht richtig oder nicht rechtzeitig verarbeitet,

11. entgegen Artikel 3 Absatz 1 in Verbindung mit Anhang III Abschnitt XIII Nummer 1 Buchstabe a oder b Tierdärme, -blasen oder -mägen in den Verkehr bringt,

12. entgegen Artikel 3 Absatz 1 in Verbindung mit Anhang III Abschnitt XIII Nummer 2 Satz 2 ein dort genanntes Erzeugnis nicht richtig aufbewahrt,

13. entgegen Artikel 4 Absatz 1 Buchstabe a in Verbindung mit Anhang III Abschnitt I Kapitel II Nummer 2 Buchstabe d oder e, Nummer 3, 5 oder 8, Kapitel III Nummer 1, 2, 4 oder 5, Abschnitt II Kapitel II Nummer 1 oder 2 Buchstabe b, d oder e, Nummer 3, 4 oder 5, Kapitel III Nummer 1 Buchstabe a, b, d oder e oder Nummer 2, Abschnitt V Kapitel I Nummer 1, 2, 4 oder 5, Abschnitt VIII Kapitel I Teil I A Nummer 1, Teil I B Nummer 1 oder 3 oder Teil I C Nummer 2, Kapitel III Teil B in Verbindung mit Kapitel I Teil I C Nummer 2, Abschnitt XI Nummer 2 oder Abschnitt XII Kapitel I Nummer 1 oder 2 Buchstabe a oder b oder entgegen Artikel 4 Absatz 1 Buchstabe b ein Erzeugnis tierischen Ursprungs in den Verkehr bringt oder

14. einer vollziehbaren Anordnung nach Anhang III Abschnitt I Kapitel IV Nummer 5 oder 12 oder Kapitel VI Nummer 8 oder Abschnitt II Kapitel IV Nummer 2 oder 6 zuwiderhandelt.

(5) Ordnungswidrig im Sinne des § 60 Absatz 4 Nummer 2 Buchstabe b des Lebensmittel- und Futtermittelgesetzbuches handelt, wer gegen die Verordnung (EG) Nr. 853/2004 verstößt, indem er vorsätzlich oder fahrlässig

1. entgegen Artikel 5 Absatz 1, auch in Verbindung mit Artikel 5 Nr. 2 Satz 1 in Verbindung mit Anhang I Abschnitt I Kapitel III Nummer 2 bis 5 und 7 der Verordnung (EG) Nr. 854/2004, ein Erzeugnis tierischen Ursprungs in den Verkehr bringt oder

2. entgegen Artikel 5 Absatz 3, auch in Verbindung mit Artikel 5 Nummer 2 Satz 1 in Verbindung mit Anhang I Abschnitt I Kapitel III Nummer 2 bis 5 und 7 der Verordnung (EG) Nr. 854/2004, ein Genusstauglichkeitskennzeichen entfernt.

---

1. Aufgabe und Zweck der VO (EG) Nr. 853/2004. Auch die VO (EG) Nr. 853/2004 zählt zu **1** dem gemeinschaftsrechtlichen Hygienepaket (→ § 2 Rn. 1) und enthält **spezifische Hygienevorschriften für Lebensmittel** (→ Vorb. LFGB Rn. 37 ff.) **tierischen Ursprungs,** die von Lebensmittelunternehmen (vgl. Art. 3 Nr. 3 VO (EG) Nr. 178/2002) einzuhalten sind. Der Begriff Lebensmittel tierischen Ursprungs ist **weit auszulegen** (Zipfel/Rathke LebensmittelR/*Rathke* VO (EG) Nr. 853/2004 Art. 1 Rn. 4 vgl. auch Ziff. 8.1 des Anhangs I zu VO (EG) Nr. 853/2004). Bei diesen Lebensmitteln sind spezifische Vorschriften erforderlich, da dort häufig mikrobiologische oder chemische Gefahren für die Gesundheit der Verbraucher bestehen. Die **allgemeinen Verpflichtungen** der Lebensmittelunternehmer in diesem Bereich werden in **Art. 3 iVm den Anhängen II und III** VO (EG) Nr. 853/2004 statuiert. **Art. 4 Abs. 1 VO (EG) Nr. 853/2004 regelt** die **Voraussetzungen für das Herstellen, Behandeln und Inverkehrbringen** von Erzeugnissen tierischen Ursprungs und insoweit insbes. auch **Zulassungs- bzw. Registrierungserfordernisse für Betriebe,** die Erzeugnisse tierischen Ursprungs be- oder verarbeiten. Werden die diesbezüglichen Voraussetzungen nicht eingehalten, besteht ein **Verkehrsverbot** für die Erzeugnisse. **Art. 5 VO** (EG) Nr. 853/2004 regelt bestimmte **Kennzeichnungspflichten** (Genusstauglichkeitskennzeichnung nach Maßgabe der VO (EG) Nr. 854/2004; vgl. § 4 bzw. Identitätskennzeichnung nach Anh. II Abschn. I VO (EG) Nr. 853/2004), bei deren Fehlen ebenfalls ein **Verkehrsverbot** besteht. **Art. 6 VO** (EG) Nr. 853/2004 regelt die Voraussetzungen der **Einfuhr** (→ LFGB § 58 Rn. 74) von Erzeugnissen tierischen Ursprungs. Zuletzt statuiert **Art. 7** VO (EG) Nr. 853/2004 **Buchführungs- und Dokumentationspflichten.**

§ 3 dient der Durchsetzung der Vorschriften dieser Verordnung. Er **trat am 22.9.2006 in Kraft** und wurde bisher mit der **1. ÄndVO (BGBl. 2008 I 22), der 3. ÄndVO (BGBl. 2009 I 394), der 4. ÄndVO (BGBl. 2010 I 818), der 6. ÄndVO (BGBl. 2012 I 2014) und der 8. ÄndVO (BGBl. 2016 I 180)** geändert (→ Vorb. Rn. 4 f.).

2   **2. Tatbestände des § 3.** Mit der Rückverweisung auf § 58 Abs. 3 Nr. 2, Abs. 4–6 LFGB in **§ 3 Abs. 1** werden **vorsätzliche** (→ LFGB § 58 Rn. 47 ff.) und **fahrlässige** (→ LFGB § 58 Rn. 60 ff.) **Verstöße gegen** die aus Art. 3 Abs. 1 VO (EG) Nr. 853/2004 iVm Anh. III folgenden **besonderen Hygieneverpflichtungen** des Lebensmittelunternehmers unter Strafe gestellt, die bezüglich der in den genannten Abschnitten aufgeführten Lebensmittel und Erzeugnisse bestehen. Die Vorschriften betreffen besonders **dem Verderb anfällige Erzeugnisse,** wie Hackfleisch, Muscheln, Fischereierzeugnisse uÄ, weshalb den spezifischen Hygienevorschriften besondere Bedeutung zukommt. Zur Verantwortlichkeit im Lebensmittelstrafrecht → Vorb. LFGB Rn. 29 ff. Zu den Rechtsfolgen → LFGB § 58 Rn. 54 f., 60, zu den Konkurrenzen → LFGB § 58 Rn. 82.

3   Mit der Rückverweisung auf § 59 Abs. 3 Nr. 2 Buchst. a LFGB in **§ 3 Abs. 2** werden vorsätzliche (→ LFGB § 58 Rn. 47 ff.) Verstöße gegen die aus Art. 3 Abs. 1 VO (EG) Nr. 853/2004 iVm Anh. III folgenden **besonderen Hygieneverpflichtungen** des Lebensmittelunternehmers unter Strafe gestellt, die **im Zusammenhang mit der Herstellung und Verarbeitung von Fleisch** bestehen. Konkret wird das genehmigungslose Befördern von Tieren unter Strafe gestellt, die Krankheitssymptome zeigen oder aus Herden stammen, die bekanntermaßen mit Krankheitserregern kontaminiert sind (Nr. 1), und das Inverkehrbringen (→ Vorb. LFGB Rn. 45) von erlegtem frei lebendem Großwild (vgl. Anh. I Nr. 1. 5 und 1.8 zur VO (EG) Nr. 853/2004), das keiner abschließenden Untersuchung gem. der VO (EG) Nr. 854/2004 (vgl. § 4) unterzogen wurde. Der Versuch ist eben so wenig wie fahrlässiges Handeln unter Strafe gestellt. Die Qualifikation des § 59 Abs. 4 LFGB (→ LFGB § 59 Rn. 74a) findet keine Anwendung. Zu den weiteren Rechtsfolgen → LFGB § 59 Rn. 83 f.

4   Mit der Rückverweisung auf § 60 Abs. 1 LFGB in **§ 3 Abs. 3** wird die **fahrlässige Begehung** (→ LFGB § 58 Rn. 60 ff.) der in § 3 Abs. 2 bezeichneten Handlungen als Ordnungswidrigkeit definiert. Die Verordnung wurde bisher noch nicht an das abgestufte System in§ 60 Abs. 1 und 5 LFGB (→ LFGB § 60 Rn. 31 f.) angepasst, das mit dem Gesetz zur Änderung des Lebensmittel- und Futtermittelgesetzbuchs sowie anderer Vorschriften v. 29.6.2009 (BGBl. I 1659), das am 4.7.2009 in Kraft getreten ist (→ Vorb. LFGB Rn. 6), eingeführt wurde. Da die in § 3 Abs. 2 bezeichneten Handlungen Straftaten nach § 59 Abs. 3 Nr. 2 Buchst. a LFGB darstellen, wird der **Verweis in § 3 Abs. 3 als solcher auf § 60 Abs. 1 Nr. 2 LFGB zu verstehen sein.** Danach können Ordnungswidrigkeiten iSv § 3 Abs. 3 nach der ab dem 4.8.2011 geltenden Fassung des § 60 Abs. 5 Nr. 2 LFGB (vgl. zur Änderung der Geldbußenrahmen in § 60 Abs. 5 LFGB → LFGB § 60 Rn. 32) mit Geldbuße iHv bis zu **50.000 EUR** geahndet werden. IÜ gelten für die Bemessung der Geldbuße die Vorgaben von § 17 Abs. 3 u. 4 OWiG. Zu den weiteren Rechtsfolgen → LFGB § 60 Rn. 33 f.

5   Die durch die Rückverweisung auf § 60 Abs. 4 Nr. 2 Buchst. a LFGB in **§ 3 Abs. 4** definierten Ordnungswidrigkeiten betreffen zunächst **vorsätzliche und fahrlässige Verstöße** geringeren Unrechtsgehalts im Zusammenhang mit dem **Informationsfluss in der Lebensmittelkette** (Nr. 1), der **Schlacht-, Zerlegungs- und Entbeinungshygiene** (Nr. 2), dem **Umgang mit Fleisch von Geflügel und Hasentieren** (Nr. 3) und dem **Fleisch von frei lebendem Wild** (Nr. 4). Darüber hinaus werden Verstöße gegen Vorschriften, die **besonders verderbanfällige Erzeugnisse** (→ Rn. 2) betreffen (Nr. 5–8), nach Einschätzung des Verordnungsgebers, aber nicht von solchem Gewicht sind, dass sie strafbewehrt werden müssen, erfasst. § 3 Abs. 4 Nr. 9–12 betrifft Verstöße gegen Hygienevorschriften hinsichtlich des **Umgangs mit Eiern und Eiprodukte** (Nr. 9), **Froschschenkel** (Nr. 10) und **Mägen, Blasen und Därme** (Nr. 11, 12). § 3 Abs. 4 Nr. 13 definiert Verstöße gegen **Verkehrsverbote iSv Art. 4 Abs. 1 Buchst. a** VO (EG) Nr. 853/2004 als Ordnungswidrigkeiten, die daraus resultieren, dass Erzeugnisse tierischen Ursprungs in **Betrieben** bearbeitet oder behandelt worden sind, die **nicht den im Tatbestand näher konkretisierten Anforderungen** an die jeweilige Ausstattung **entsprechen.** Zuletzt definiert § 3 Abs. 4 Nr. 14 **Verstöße gegen vollziehbare Anordnungen** (→ LFGB § 58 Rn. 34 ff.), die seitens des amtlichen Tierarztes oder der zuständigen Behörde auf Grundlage der im Tatbestand benannten Vorschriften ergangen sind, als Ordnungswidrigkeit. Vorsätzliche Ordnungswidrigkeiten iSv § 3 Abs. 4 können nach der ab dem 4.8.2011 geltenden Fassung des § 60 Abs. 5 Nr. 2 LFGB (vgl. zur Änderung der Geldbußenrahmen in § 60 Abs. 5 LFGB → LFGB § 60 Rn. 32) mit **Geldbuße bis zu 50.000 EUR** geahndet werden; handelt der Betroffene **fahrlässig** sieht das Gesetz **Geldbuße bis zu 25.000 EUR** (§ 17 Abs. 2 OWiG) vor. Zu den weiteren Rechtsfolgen → LFGB § 60 Rn. 33 f.

Durch die Rückverweisungen auf § 60 Abs. 4 Nr. 2 Buchst. b LFGB in **§ 3 Abs. 5** werden **vor-** 6
sätzliche und fahrlässige Verstöße im Zusammenhang mit den **Kennzeichnungspflichten nach**
Art. 5 VO (EG) Nr. 853/2004 (→ Rn. 1) als Ordnungswidrigkeiten definiert. Es handelt sich einerseits
um Verstöße gegen das aus Art. 5 VO (EG) Nr. 853/2004 folgende Verkehrsverbot für tierische Erzeugnisse ohne **Genusstauglichkeits- oder Identitätskennzeichen** (Nr. 1) und andererseits um das
rechtswidrige Entfernen eines Genusstauglichkeitskennzeichens (Nr. 2). Vorsätzliche Ordnungswidrigkeiten iSv § 3 Abs. 5 können nach der ab dem 4.8.2011 geltenden Fassung des § 60 Abs. 5 Nr. 3 LFGB
(vgl. zur Änderung der Geldbußenrahmen in § 60 Abs. 5 LFGB → LFGB § 60 Rn. 32) mit **Geldbuße**
bis zu 20.000 EUR geahndet werden; handelt der Betroffene **fahrlässig** sieht das Gesetz **Geldbuße bis**
zu 10.000 EUR (§ 17 Abs. 2 OWiG) vor. Zu den weiteren Rechtsfolgen → LFGB § 60 Rn. 33 f.

§ 4 Durchsetzung bestimmter Vorschriften der Verordnung (EG) Nr. 854/2004

Ordnungswidrig im Sinne des § 60 Absatz 4 Nummer 2 Buchstabe a des Lebensmittel-
und Futtermittelgesetzbuches handelt, wer vorsätzlich oder fahrlässig einer vollziehbaren
Anordnung nach Artikel 8 in Verbindung mit Anhang IV Kapitel II Nummer 2 Satz 1 der
Verordnung (EG) Nr. 854/2004 zuwiderhandelt.

Die VO (EG) Nr. 854/2004 legt besondere Verfahrensvorschriften für die **amtliche Überwachung** 1
von Erzeugnissen tierischen Ursprungs (→ § 3 Rn. 1) fest. Die amtliche Überwachung ist erforderlich, um nachzuprüfen, ob die Lebensmittelunternehmer (vgl. Art. 3 Nr. 3 VO (EG) Nr. 178/2002) die
Hygienevorschriften einhalten und die Kriterien und Ziele des Gemeinschaftsrechts erfüllen. Insoweit
werden die **Zwecke der VO (EG) Nr. 853/2004 (vgl. § 3) mittelbar weiterverfolgt**.
  § 4 dient der Durchsetzung der Vorschriften dieser Verordnung. Er **trat am 22.1.2008 in Kraft** und
wurde bisher nicht geändert (→ Vorb. Rn. 4 f.).
  Durch die Rückverweisung auf **§ 60 Abs. 4 Nr. 2 Buchst. a LFGB** werden **vorsätzliche** (→ LFGB 2
§ 58 Rn. 47 ff.) und **fahrlässige** (→ LFGB § 58 Rn. 60 ff.) **Zuwiderhandlungen gegen** die im Tatbestand näher konkretisierten **vollziehbare Anordnungen** als Ordnungswidrigkeiten definiert. Die in
Bezug genommenen vollziehbaren Anordnungen dienen der **Sicherstellung der Einhaltung hygie-**
nerechtlicher Vorschriften im Zusammenhang mit dem **Vertrieb von Rohmilch**, bei der die
Kriterien hinsichtlich des Gehaltes an Keimen und/oder somatischen Zellen nicht eingehalten wurden.
Zu den Anforderungen, die insoweit an die vollziehbare Anordnung zu stellen sind → LFGB § 58
Rn. 34 ff. Vorsätzliche Ordnungswidrigkeiten iSv § 4 können nach der ab dem 4.8.2011 geltenden
Fassung des § 60 Abs. 5 Nr. 2 LFGB (vgl. zur Änderung der Geldbußenrahmen in § 60 Abs. 5 LFGB
→ LFGB § 60 Rn. 32) mit **Geldbuße bis zu 50.000 EUR** geahndet werden; handelt der Betroffene
fahrlässig sieht das Gesetz **Geldbuße bis zu 25.000 EUR** (§ 17 Abs. 2 OWiG) vor. Zu den weiteren
Rechtsfolgen → LFGB § 60 Rn. 33 f.

§ 5 Durchsetzung bestimmter Vorschriften der Verordnung (EG) Nr. 2073/2005

(1) Nach § 58 Absatz 3 Nr. 2, Absatz 4 bis 6 des Lebensmittel- und Futtermittelgesetz-
buches wird bestraft, wer vorsätzlich oder fahrlässig entgegen Artikel 7 Absatz 3 der Ver-
ordnung (EG) Nr. 2073/2005 eine Partie Separatorenfleisch verwendet.

(2) Ordnungswidrig im Sinne des § 60 Absatz 4 Nummer 2 Buchstabe a des Lebensmittel-
und Futtermittelgesetzbuches handelt, wer vorsätzlich oder fahrlässig entgegen Artikel 7
Absatz 1 Unterabsatz 1 in Verbindung mit Absatz 2 Satz 1 der Verordnung (EG) Nr. 2073/
2005 ein Erzeugnis oder eine Partie Lebensmittel nicht oder nicht rechtzeitig vom Markt
nimmt oder nicht oder nicht rechtzeitig zurückruft.

1. Aufgabe und Zweck der VO (EG) Nr. 2073/2005. Die VO (EG) Nr. 2073/2005 regelt 1
mikrobiologische Kriterien für Lebensmittel (→ Vorb. LFGB Rn. 37 ff.), um zu verhindern, dass
Lebensmittel Mikroorganismen oder deren Toxine oder Metaboliten in Mengen enthalten, die ein **für**
die menschliche Gesundheit (→ Vorb. LFGB Rn. 10 f.) ein **unannehmbares Risiko** darstellen. Vor
diesem Hintergrund sieht Art. 7 Abs. 3 VO 2073/2005 vor, dass Separatorenfleisch (vgl. Anh. I
Nr. 1.14 VO (EG) Nr. 853/2004; EuGH LMuR 2014, 240), das nach den in Anh. III Abschn. V
Kap. III Nummer 3 der VO (EG) Nr. 853/2004 genannten Verfahren hergestellt wurde und ein unbe-
friedigendes Ergebnis hinsichtlich Salmonellen aufweist, in der Lebensmittelkette nur noch zur Herstellung von wärmebehandelten Fleischerzeugnissen (Anh. I Nr. 7.1 VO (EG) Nr. 853/2004) in Betrieben verwendet werden darf, die gem. der Verordnung (EG) Nr. 853/2004 zugelassen sind. Ein **unbe-**
friedigendes Ergebnis ist dabei gegeben, wenn Salmonellen in einer Probeneinheit nachgewiesen
werden (vgl. Art. 7 Abs. 1 iVm Anh. I Kap. 1 Nr. 1.7 VO (EG) Nr. 2073/2005).

§ 5 dient der Durchsetzung der Vorschriften dieser Verordnung. Er **trat am 22.9.2006** (seinerzeit als § 4 aF, vgl. 1. ÄndVO – BGBl. 2008 I 22) **in Kraft** und wurde bisher nicht geändert (→ Vorb. Rn. 4 f.).

1a   **2. Straftaten nach § 5 Abs. 1.** Mit der Rückverweisung auf § 58 Abs. 3 Nr. 2, Abs. 4–6 LFGB in § **5 Abs. 1** werden **vorsätzliche** (→ LFGB § 58 Rn. 47 f.) und **fahrlässige** (→ LFGB § 58 Rn. 60 ff.) **Verstöße** gegen Art. 7 Abs. 3 der VO (EG) Nr. 2073/2005 unter Strafe gestellt. Straftaten nach dieser Vorschrift können im Regelfall mit **Freiheitsstrafe bis zu drei Jahren oder Geldstrafe und in besonders schweren Fällen** (→ **LFGB § 58 Rn. 56**) **mit Freiheitsstrafe von sechs Monaten bis zu fünf Jahren geahndet werden.** Zur Verantwortlichkeit im Lebensmittelstrafrecht → Vorb. LFGB Rn. 29 ff. Zu den weiteren Rechtsfolgen → LFGB § 58 Rn. 54 ff., 60, zu den Konkurrenzen → LFGB § 58 Rn. 82.

2   **3. Ordnungswidrigkeiten nach § 5 Abs. 2.** Durch die Rückverweisung auf § 60 Abs. 4 Nr. 2 Buchst. a LFGB in § **5 Abs. 2** werden **vorsätzliche und fahrlässige Verstöße gegen** die **Rücknahme- oder Rückrufverpflichtungen nach Art. 19 BasisVO** (→ LFGB § 58 Rn. 81) als Ordnungswidrigkeiten definiert. Die Verpflichtungen treten ein, wenn die Untersuchung anhand der Lebensmittelsicherheitskriterien nach Anh. I Kap. 1 VO (EG) Nr. 2073/2005 nach den Vorgaben hinsichtlich der Interpretation der Untersuchungsergebnisse **unbefriedigende Ergebnisse** liefert. Bei Verstößen gegen Art. 19 BasisVO s. auch → LFGB § 59 Rn. 64a und → LFGB § 60 Rn. 28 ff. Vorsätzliche Ordnungswidrigkeiten iSv § 5 Abs. 2 können nach der ab dem 4.8.2011 geltenden Fassung des § 60 Abs. 5 Nr. 2 LFGB (vgl. zur Änderung der Geldbußenrahmen in § 60 Abs. 5 LFGB → LFGB § 60 Rn. 32) mit **Geldbuße bis zu 50.000 EUR** geahndet werden; handelt der Betroffene **fahrlässig** sieht das Gesetz **Geldbuße bis zu 25.000 EUR** (§ 17 Abs. 2 OWiG) vor. Zu den weiteren Rechtsfolgen → LFGB § 60 Rn. 33 f.

§ 6 Durchsetzung bestimmter Vorschriften der Verordnung (EG) Nr. 2074/2005

Ordnungswidrig im Sinne des § 60 Absatz 4 Nummer 2 Buchstabe a des Lebensmittel- und Futtermittelgesetzbuches handelt, wer vorsätzlich oder fahrlässig entgegen Anhang II Abschnitt I Kapitel II Nr. 1 Satz 3 in Verbindung mit Satz 4 oder Nr. 2 Satz 1 der Verordnung (EG) Nr. 2074/2005 Fisch oder Fischfilets nicht, nicht richtig oder nicht rechtzeitig einer Sichtkontrolle unterzieht.

1   Die VO (EG) Nr. 2074/2005 legt **Durchführungsvorschriften** für bestimmte Erzeugnisse iSd VO (EG) Nr. 853/2004 (vgl. § 3), VO (EG) Nr. 854/2004 (vgl. § 4) und VO (EG) Nr. 852/2004 (vgl. § 1) fest. Durch die Rückverweisung auf § **60 Abs. 4 Nr. 2 Buchst. a LFGB** werden **vorsätzliche** (→ LFGB § 58 Rn. 47 ff.) und **fahrlässige** (→ LFGB § 58 Rn. 60 ff.) **Verstöße gegen Durchführungsvorschriften** hinsichtlich Fisch und Fischfilets als Ordnungswidrigkeiten definiert. § 6 **trat am 22.9.2006** (seinerzeit als § 5 aF, vgl. 1. ÄndVO – BGBl. 2008 I 22) **in Kraft** und wurde bisher nicht geändert (→ Vorb. Rn. 3 f.).

2   Konkret werden von § 6 Verstöße gegen die in Anh. II Abschn. I Kap. II Nr. 1 S. 3 iVm S. 4 bzw. in Nr. 2 S. 1 VO (EG) Nr. 2074/2005 statuierte **Pflicht zur Sichtkontrolle** erfasst. Sichtkontrolle ist die nicht destruktive Untersuchung von Fischen oder Fischereierzeugnissen mit oder ohne optische Vergrößerung bei für die Sehkraft des Menschen guten Lichtverhältnissen, erforderlichenfalls auch mittels Durchleuchtung (Anh. II Abschn. I Kap. I Nr. 2 VO (EG) Nr. 2074/2005). Sie sind **an einer repräsentativen Anzahl von Proben** vorzunehmen und sollen überprüfen, ob sich Parasiten in Fischereierzeugnissen befinden. Vorsätzliche Ordnungswidrigkeiten iSv § 6 können nach der ab dem 4.8.2011 geltenden Fassung des § 60 Abs. 5 Nr. 2 LFGB (vgl. zur Änderung der Geldbußenrahmen in § 60 Abs. 5 LFGB → LFGB § 60 Rn. 32) mit **Geldbuße bis zu 50.000 EUR** geahndet werden; handelt der Betroffene **fahrlässig** sieht das Gesetz **Geldbuße bis zu 25.000 EUR** (§ 17 Abs. 2 OWiG) vor. Zu den weiteren Rechtsfolgen → LFGB § 60 Rn. 33 f.

§ 7 Durchsetzung bestimmter Vorschriften der Verordnung (EG) Nr. 124/2009

Nach § 58 Absatz 3 Nummer 2, Absatz 4 bis 6 des Lebensmittel- und Futtermittelgesetzbuches wird bestraft, wer gegen die Verordnung (EG) Nr. 124/2009 verstößt, indem er vorsätzlich oder fahrlässig

1. **entgegen Artikel 1 Absatz 1 Unterabsatz 1 ein Lebensmittel in den Verkehr bringt oder**
2. **entgegen Artikel 1 Absatz 1 Unterabsatz 3 ein Lebensmittel mit einem anderen Lebensmittel vermischt.**

1   **1. Aufgabe und Zweck der VO (EG) Nr. 124/2009.** Die VO (EG) Nr. 124/2009 legt insbes. durch Art. 1 iVm dem Anhang zur VO (EG) Nr. 124/2009 Höchstgehalte an Kokzidiostatika und

Histomonostatika in Lebensmittel fest. Kokzidiostatika und Histomonostatika sind Futtermittelzusatz-stoffe zur Abtötung von Protozoen bzw. zur Hemmung deren Wachstums. Art. 1 VO (EG) Nr. 124/2009 statuiert einerseits ein Verkehrsverbot (→ Vorb. LFGB Rn. 45) für Lebensmittel (→ Vorb. LFGB Rn. 37 ff.), bei denen die sich aus dem Anhang zu Art. 1 VO (EG) Nr. 124/2009 ergebenden Höchst-gehalte überschritten sind und andererseits ein Vermischungsverbot (→ Vorb. LFGB Rn. 47) für solche Lebensmittel mit unbelasteten Lebensmittel. § 7 dient der Durchsetzung der Vorschriften dieser Ver-ordnung. Er trat am 13.4.2013 (seinerzeit als § 8 aF; vgl. BGBl. 2013 I 757)in Kraft und wurde bisher inhaltlich nicht geändert (→ Vorb. Rn. 4 f.). Seit dem 16.2.2016 tritt er an die Stelle des bisherigen § 7, der Verstöße gegen die VO (EG) Nr. 2075/2005 im Zusammenhang mit Trichinenuntersuchung zum Gegenstand hatte und dessen materiell identischen Regelungen sich nach Anpassung an die geänderte Verordnungslage nunmehr in § 16 finden (vgl. BGBl. 2016 I 180; s. § 16).

2. Straftaten nach § 7. Mit der Rückverweisung auf § 58 Abs. 3 Nr. 2, Abs. 4–6 LFGB in **§ 7 2** werden **vorsätzliche** (→ LFGB § 58 Rn. 47 ff.) und **fahrlässige** (→ LFGB § 58 Rn. 60 ff.) **Verstöße** gegen Art. 1 der VO (EG) Nr. 124/2009 unter Strafe gestellt. Vorsätzliche Straftaten nach dieser Vor-schrift können im Regelfall mit **Freiheitsstrafe bis zu drei Jahren oder Geldstrafe und in besonders schweren Fällen** (→ LFGB § 58 Rn. 56) **mit Freiheitsstrafe von sechs Monaten bis zu fünf Jahren geahndet werden.** Handelt der Täter fahrlässig sieht das Gesetz Geldstrafe oder Freiheitsstrafe bis zu einem Jahr vor. Zur Verantwortlichkeit im Lebensmittelstrafrecht → Vorb. LFGB Rn. 29 ff. Zu den weiteren Rechtsfolgen → LFGB § 58 Rn. 54 ff., 60, zu den Konkurrenzen → LFGB § 58 Rn. 82.

§ 8 Durchsetzung bestimmter Vorschriften der Verordnung (EG) Nr. 669/2009

Ordnungswidrig im Sinne des § 60 Absatz 4 Nummer 2 Buchstabe b des Lebensmittel-und Futtermittelgesetzbuches handelt, wer vorsätzlich oder fahrlässig entgegen Artikel 6 Unterabsatz 2 der Verordnung (EG) Nr. 669/2009 als Lebensmittelunternehmer oder als sein Vertreter das dort genannte Dokument nicht, nicht richtig, nicht vollständig oder nicht rechtzeitig übermittelt.

1. Aufgabe und Zweck der VO (EG) Nr. 669/2009. Die VO (EG) Nr. 669/2009 enthält **Durch-** **1** **führungsvorschriften** für die VO (EG) Nr. 882/2004 im Hinblick auf verstärkte amtliche Kontrollen bei der Einfuhr (→ LFGB § 59 Rn. 52) bestimmter Futtermittel und Lebensmittel nicht tierischen Ursprungs. Mit der VO (EG) Nr. 882/2004 wurden harmonisierte allgemeine Gemeinschaftsvorschrif-ten für amtliche Kontrollen, einschließlich amtlicher Kontrollen beim Verbringen von Futtermitteln und Lebensmitteln aus Drittländern, festgelegt. § 8 dient der Durchsetzung der Vorschriften dieser Verord-nung. Er trat **am 26.6.2010 in Kraft** und wurde bisher mit der **6. ÄndVO (BGBl. 2012 I 2014)** inhaltlich geändert (→ Vorb. Rn. 4 f.). Zwischen dem 13.4.2013 und dem 15.2.2016 fand sich der Tatbestand allerdings in § 9 (vgl. BGBl. 2016 I 180).

Durch die Rückverweisung auf § 60 Abs. 4 Nr. 2 Buchst. b LFGB werden **vorsätzliche** (→ LFGB **2** § 58 Rn. 47 ff.) und **fahrlässige** (→ LFGB § 58 Rn. 60 ff.) **Verstöße gegen die Pflichten zur Vor-abinformation** nach Art. 6 der VO (EG) Nr. 669/2009 als Ordnungswidrigkeiten definiert. Konkret werden Verstöße gegen die in Art. 6 UAbs. 2 VO (EG) Nr. 669/2009 statuierte Pflicht zur Übermitt-lung von Teil I des gemeinsamen Dokuments (Art. 3 Buchst. a VO (EG) Nr. 669/2009) für die Einfuhr, die mindestens einen Arbeitstag vor dem tatsächlichen Eintreffen der Sendung erfolgen muss, erfasst. Vorsätzliche Ordnungswidrigkeiten nach § 9 können nach der ab dem 4.8.2011 geltenden Fassung des § 60 Abs. 5 Nr. 3 LFGB (vgl. zur Änderung der Geldbußenrahmen in § 60 Abs. 5 LFGB → LFGB § 60 Rn. 32) mit **Geldbuße bis zu 20.000 EUR** geahndet werden; handelt der Betroffene **fahrlässig** sieht das Gesetz **Geldbuße bis zu 10.000 EUR** (§ 17 Abs. 2 OWiG) vor. Zu den weiteren Rechtsfolgen → LFGB § 60 Rn. 33 f.

§ 9 Durchsetzung bestimmter Vorschriften der Verordnung (EG) Nr. 931/2011

Ordnungswidrig im Sinne des § 60 Absatz 4 Nummer 2 Buchstabe a des Lebensmittel-und Futtermittelgesetzbuches handelt, wer vorsätzlich oder fahrlässig entgegen Artikel 3 Absatz 1 in Verbindung mit Absatz 3 Unterabsatz 2 Satz 1 der Verordnung (EU) Nr. 931/2011 nicht sicherstellt, dass der zuständigen Behörde eine dort genannte Information zur Verfügung gestellt wird.

1. Aufgabe und Zweck der VO (EG) Nr. 931/2011. Die VO (EG) Nr. 931/2011 trifft – auf **1** Grundlage von Art. 18 Abs. 5 VO (EG) Nr. 178/2002 (sog BasisVO; → Vorb. LFGB Rn. 3) Regelun-gen zur Rückverfolgbarkeit von **Lebensmittel** (→ Vorb. LFGB Rn. 37 ff.) tierischen Ursprungs. In Artikel 18 der BasisVO sind die allgemeinen Grundsätze für die Rückverfolgbarkeit von Lebensmitteln festgelegt. Er sieht vor, dass die Rückverfolgbarkeit von Lebensmitteln in allen Produktions-, Verarbeitungs- und Vertriebsstufen sicherzustellen ist. Außerdem schreibt er vor, dass Lebensmittelunternehmer in der Lage sein müssen, jede Person festzustellen, von der sie ein Lebensmittel erhalten haben. Solche Unternehmer müssen auch in der Lage sein, diejenigen Unternehmen festzustellen, an die ihre Erzeugnisse geliefert worden sind. Diese Informationen sind den zuständigen Behörden auf Aufforderung zur Verfügung zu stellen. Die Vorschrift dient der Gewährleistung der Lebensmittelsicherheit und der Zuverlässigkeit der Verbraucherinformationen. Die VO (EU) Nr. 931/2011 legt bestimmte Regeln speziell für den Sektor der Lebensmittel tierischen Ursprungs fest; insbes. sollen zusätzliche Informationen über Volumen oder Menge des Lebensmittels tierischen Ursprungs, eine Bezugsnummer zur Identifizierung der Partie, der Charge bzw. der Sendung, eine ausführliche Beschreibung des Lebensmittels und das Datum der Versendung angegeben werden. Vor diesem Hintergrund statuiert Art. 3 der VO (EU) Nr. 931/2011 verschiedene den Lebensmittelunternehmer (Art. 3 Nr. 3 BasisVO) treffende Informationspflichten, die diesen Zwecken dienen.

2 § 9 dient der Durchsetzung der Vorschriften dieser Verordnung. Er **trat am 20.9.2012** (zunächst als § 12 aF, vgl. ÄndVO BGBl. 2013 I 757, später dann als § 13; vgl. 7. ÄndVO – BGBl. 2015 I 571) **in Kraft.** Ab dem 11.4.2015 trat er an die Stelle des bisherigen § 10, der Verstöße gegen die VO (EG) Nr. 1135/2009 im Zusammenhang mit der Einfuhr von Lebensmitteln aus China zum Gegenstand hatte. Seit dem 16.2.2016 findet sich der Tatbestand in § 9, nachdem die bisher dort angesiedelte Vorschrift zu § 8 wurde (vgl. BGBl. 2016 I 180; → § 8 Rn. 1). Inhaltlich wurde die Vorschrift (auch im Vergleich zu den bisherigen Fassungen in §§ 12, 13 und 10) nicht geändert (→ Vorb. Rn. 4 f.).

3 **2. Ordnungswidrigkeiten nach § 9.** Durch die Rückverweisung auf **§ 60 Abs. 4 Nr. 2 Buchst. a LFGB** (→ LFGB § 60 Rn. 30) werden **vorsätzliche** (→ LFGB § 58 Rn. 47 ff.) und **fahrlässige** (→ LFGB § 58 Rn. 60 ff.) **Zuwiderhandlungen gegen** die in Art. 3 Abs. 1 VO 931/2011 näher konkretisierten Informationspflichten, die den Lieferanten von Lebensmittel tierischen Ursprungs (vgl. Art. 2 VO Nr. 853/2004) ggü. dem belieferten Lebensmittelunternehmer und ggf. der zuständigen Behörde treffen (namentlich hinsichtlich der Beschreibung, des Volumens, der beteiligten Lebensmittelunternehmer und der Identifizierung), als Ordnungswidrigkeit definiert. Vorsätzliche Ordnungswidrigkeiten iSv § 10 können nach § 60 Abs. 5 Nr. 2 LFGB mit **Geldbuße bis zu 50.000 EUR** geahndet werden; handelt der Betroffene **fahrlässig** sieht das Gesetz **Geldbuße bis zu 25.000 EUR** (§ 17 Abs. 2 OWiG) vor. Zu den weiteren Rechtsfolgen → LFGB § 60 Rn. 33 f.

§ 10 Durchsetzung bestimmter Vorschriften der Durchführungsverordnung (EU) Nr. 208/2013

Ordnungswidrig im Sinne des § 60 Absatz 4 Nummer 2 Buchstabe a des Lebensmittel- und Futtermittelgesetzbuches handelt, wer vorsätzlich oder fahrlässig entgegen Artikel 3 Absatz 4 der Durchführungsverordnung (EU) Nr. 208/2013 der zuständigen Behörde eine dort genannte Angabe nicht, nicht richtig, nicht vollständig oder nicht rechtzeitig zur Verfügung stellt.

1 **1. Aufgabe und Zweck der DurchführungsVO (EU) Nr. 208/2013.** Die VO (EU) Nr. 208/2013 trifft – auf Grundlage von Art. 18 Abs. 5 VO (EG) Nr. 178/2002 (sog BasisVO; → Vorb. LFGB Rn. 3) – Regelungen zur Rückverfolgbarkeit von **Sprossen und Samen zur Erzeugung von Sprossen** (vgl. Art. 1, 2 VO 208/2013), nachdem es im Jahr 2011 zu Infektionen durch Shiga-Toxin bildende E. coli (STEC) gekommen war, als deren wahrscheinlichster Auslöser der Verzehr von eben solchen Sprossen ermittelt worden war. In Artikel 18 der BasisVO sind die allgemeinen Grundsätze für die Rückverfolgbarkeit von Lebensmitteln festgelegt. Er sieht vor, dass die Rückverfolgbarkeit von Lebensmitteln in allen Produktions-, Verarbeitungs- und Vertriebsstufen sicherzustellen ist. Außerdem schreibt er vor, dass Lebensmittelunternehmer in der Lage sein müssen, jede Person festzustellen, von der sie ein Lebensmittel erhalten haben. Solche Unternehmer müssen auch in der Lage sein, diejenigen Unternehmen festzustellen, an die ihre Erzeugnisse geliefert worden sind. Diese Informationen sind den zuständigen Behörden auf Aufforderung zur Verfügung zu stellen. Die Vorschrift dient der Gewährleistung der Lebensmittelsicherheit und der Zuverlässigkeit der Verbraucherinformationen. Vor diesem Hintergrund statuieren **Art. 3, 4 der VO (EU) Nr. 208/2013** verschiedene die Lebensmittelunternehmer (Art. 3 Nr. 3 BasisVO) treffende **Aufzeichnungs- und Informationspflichten,** im Zusammenhang mit der Produktion, dem Handel und der Einfuhr von Sprossen und solchen Samen, die diesen Zwecken dienen.

§ 10 dient der Durchsetzung der Vorschriften dieser Verordnung. Er **trat am 16.2.2016** in Kraft (vgl. BGBl. I 180) und an die Stelle des bisherigen § 10, nachdem dieser zu § 9 wurde (→ § 9 Rn. 1).

2 **2. Ordnungswidrigkeiten nach § 10.** Durch die Rückverweisung auf **§ 60 Abs. 4 Nr. 2 Buchst. a LFGB** (→ LFGB § 60 Rn. 30) werden **vorsätzliche** (→ LFGB § 58 Rn. 47 ff.) und **fahrlässige** (→ LFGB § 58 Rn. 60 ff.) **Zuwiderhandlungen gegen** die in Art. 3 Abs. 4 VO (EU) Nr. 208/2013 statuierte Pflicht der Lebensmittelunternehmer (Art. 3 Nr. 3 BasisVO), den zuständigen Behörden bestimmte, in Art. 3 Abs. 1 VO (EU) Nr. 208/2013 näher konkretisierte Informationen zur

Verfügung zu stellen, als Ordnungswidrigkeit definiert. Voraussetzung ist insoweit aber stets, dass es zuvor zu einer entsprechenden Anfrage der zuständigen Behörde kam. Vorsätzliche Ordnungswidrigkeiten iSv § 10 können nach § 60 Abs. 5 Nr. 2 LFGB mit **Geldbuße bis zu 50.000 EUR** geahndet werden; handelt der Betroffene **fahrlässig** sieht das Gesetz **Geldbuße bis zu 25.000 EUR** (§ 17 Abs. 2 OWiG) vor. Zu den weiteren Rechtsfolgen → LFGB § 60 Rn. 33 f.

§ 11 Durchsetzung bestimmter Vorschriften der Durchführungsverordnung (EU) Nr. 322/2014

Ordnungswidrig im Sinne des § 60 Absatz 4 Nummer 2 Buchstabe b des Lebensmittel- und Futtermittelgesetzbuches handelt, wer vorsätzlich oder fahrlässig entgegen Artikel 9 Absatz 2 der Durchführungsverordnung (EU) Nr. 322/2014 als Lebensmittelunternehmer oder als sein Vertreter das dort genannte Dokument nicht, nicht richtig, nicht vollständig oder nicht rechtzeitig übermittelt.

1. Aufgabe und Zweck der DurchführungsVO (EU) Nr. 322/2014. Die VO (EU) Nr. 322/2014 **1** trifft – auf Grundlage von Art. 53 VO (EG) Nr. 178/2002 (sog BasisVO; → Vorb. LFGB Rn. 3) – Sondervorschriften für die Einfuhr (→ LFGB § 59 Rn. 52) von in Art. 1 VO (EU) Nr. 322/2014 näher bestimmten Lebensmitteln (→ Vorb. LFGB Rn. 37 ff.) und Futtermitteln (→ Vorb. LFGB Rn. 42) deren Ursprung oder Herkunft Japan ist und die nach März 2011 geerntet oder verarbeitet wurden bzw. Japan verließen. Hintergrund der Verordnung ist der Reaktorunfall in Fukushima im März 2011 und die daraus resultierende nukleare Kontamination von aus Japan stammenden Erzeugnisse. Dem hiermit einhergehenden Gesundheitsrisiko begegnet die VO (EU) Nr. 322/2014 insbes., indem sie in Art. 4 iVm Anh. II VO (EU) Nr. 322/2014 bei der Einfuhr (→ LFGB § 59 Rn. 52) der Erzeugnisse Höchstgrenzen für deren Strahlenbelastungen festsetzt und die Vorlage bestimmter Bescheinigungen sowie nach Art. 9 VO (EU) Nr. 322/2014 die Vorabinformation zur Voraussetzung für die rechtmäßige Einfuhr macht. Wird diesen Vorschriften nicht entsprochen, besteht nach Art. 3 VO (EU) Nr. 322/2014 ein Einfuhrverbot.

§ 11 dient der Durchsetzung der Vorschriften dieser Verordnung. Er **trat am 13.4.2013 – damals als** **2** **§ 14 in Kraft** und hatte seinerzeit Verstöße gegen die inhaltsgleichen Vorschiften der **VO (EU) Nr. 996/2012 zum Gegenstand,** die allerdings nach Art. 17 VO (EU) Nr. 996/2012 lediglich **bis zum 31.3.2014 galt.** Am 1.4.2014 trat die **VO (EU) Nr. 322/2014 in Kraft, (BGBl. 2016 I 180).** Die Verweisung in § 11 ging für sich (auch unter Berücksichtigung von § 14 aF (jetzt § 17)) zwischen dem 1.4.2014 bis zur Neufassung des § 11 mWv 11.4.2015 gleichwohl ins Leere (→ Vorb. LFGB Rn. 25). Taten die nach dem 31.3.2014 und vor dem 11.4.2015 begangen wurden, können daher nicht geahndet werden. Mit Wirkung ab dem **16.2.2016** wurde der Tatbestand neugefasst (vgl. BGBl. 2016 I 180; sa → Vorb. Rn. 4 f.).

2. Ordnungswidrigkeiten nach § 11. Durch die Rückverweisung auf **§ 60 Abs. 4 Nr. 2** **3** **Buchst. b LFGB** (→ LFGB § 60 Rn. 30) werden **vorsätzliche** (→ LFGB § 58 Rn. 47 ff.) und **fahrlässige** (→ LFGB § 58 Rn. 60 ff.) **Verstöße im Zusammenhang mit den Pflichten zur Vorabinformation** nach Art. 9 VO (EU) Nr. 322/2014 (→ Rn. 1) als Ordnungswidrigkeiten definiert. Bisher war der Verstoß gegen die Vorabmitteilung nach Art. 9 Abs. 1 VO (EU) Nr. 322/2014 als Ordnungswidrigkeit definiert. Dieser wurde indes uU bereits entsprochen, wenn die Ankunft fristgemäß mitgeteilt worden war. Ein Verstoß gegen die in Art. 9 Abs. 2 VO (EU) Nr. 322/2014 statuierte Pflicht zur Übermittlung des GDE iSv Art. 3 Buchst. a der VO (EU) Nr. 669/2009 war demgegenüber jedenfalls nicht explizit durch § 11 bußgeldbewehrt. Vor diesem Hintergrund ist die Neufassung (→ Rn. 1) des § 11 zu sehen, der jetzt ausdrücklich den Verstoß gegen Art. 9 Abs. 2 VO (EU) Nr. 322/2014 als Ordnungswidrigkeit definiert. Dieser Neufassung kommt indes lediglich klarstellende Funktion zu. Verstöße gegen die Pflicht aus Art. 9 Abs. 2 VO (EU) Nr. 322/2014 waren bereits in der alten Fassung durch die Tathandlung „nicht vollständig" erfasst, da die Pflicht aus Art. 9 Abs. 1 VO (EU) Nr. 322/2014 durch Art. 9 Abs. 2 VO (EU) Nr. 322/2014 konkretisiert wurde. **Vorsätzliche** Ordnungswidrigkeiten nach § 11 können nach § 60 Abs. 5 Nr. 3 LFGB (vgl. zur Änderung der Geldbußenrahmen in § 60 Abs. 5 LFGB → LFGB § 60 Rn. 32) mit **Geldbuße bis zu 20.000 EUR** geahndet werden; handelt der Betroffene **fahrlässig** sieht das Gesetz **Geldbuße bis zu 10.000 EUR** (§ 17 Abs. 2 OWiG) vor. Zu den weiteren Rechtsfolgen → LFGB § 60 Rn. 33 f. Siehe zu **Straftaten und Ordnungswidrigkeiten im Zusammenhang mit der Einfuhr** von Lebensmittel usw auch § 59 Abs. 1 Nr. 19 LFGB (→ LFGB § 59 Rn. 52), § 60 Abs. 2 Nr. 24 LFGB (→ LFGB § 60 Rn. 18).

§ 12 Durchsetzung bestimmter Vorschriften der Durchführungsverordnung (EU) Nr. 884/2014

Ordnungswidrig im Sinne des § 60 Absatz 4 Nummer 2 Buchstabe b des Lebensmittel- und Futtermittelgesetzbuches handelt, wer gegen die Durchführungsverordnung (EU)

Nr. 884/2014 verstößt, indem er als Lebensmittelunternehmer oder als sein Vertreter vorsätzlich oder fahrlässig

1. entgegen Artikel 7 Absatz 2 das dort genannte Dokument nicht, nicht richtig, nicht vollständig oder nicht rechtzeitig übermittelt oder
2. entgegen Artikel 7 Absatz 4 Satz 1 in Verbindung mit Satz 2 die zuständige Behörde nicht, nicht richtig, nicht vollständig oder nicht rechtzeitig informiert.

1   **1. Aufgabe und Zweck der VO (EU) Nr. 884/2014.** Die VO (EU) Nr. 884/2014 trifft – auf Grundlage von Art. 53 VO (EG) Nr. 178/2002 (sog BasisVO; → Vorb. LFGB Rn. 3) – Sondervorschriften für die Einfuhr (→ LFGB § 59 Rn. 52) von in Art. 1 VO (EU) Nr. 884/2014 näher bestimmten Lebensmittel (→ Vorb. LFGB Rn. 37 ff.; hier namentlich für Nüsse, Erdnüsse, Pistazien und Erzeugnisse hieraus) deren Ursprung oder Herkunft Brasilien, China, Ägypten, der Iran, die Türkei oder die USA ist. Hintergrund der Verordnung sind dabei Erkenntnisse, dass hinsichtlich der vorgenannten Lebensmittel mit entsprechendem Ursprung oder Herkunft das Risiko einer Aflatoxin-Kontamination besteht. Dem hiermit einhergehenden Gesundheitsrisiko begegnet die VO (EU) Nr. 884/2014 insbes., indem sie in Art. 4, 5 VO (EU) Nr. 884/2014 bei der Einfuhr (→ LFGB § 58 Rn. 74) die Vorlage bestimmter Bescheinigungen sowie nach Art. 7 VO (EU) Nr. 884/2014 die Vorabinformation zur Voraussetzung für die rechtmäßige Einfuhr macht. Wird diesen und den weiteren Vorschriften der VO (EU) Nr. 884/2014 nicht entsprochen, besteht nach Art. 3 VO (EU) Nr. 884/2014 ein Einfuhrverbot.

2   § 12 dient der Durchsetzung der Vorschriften dieser Verordnung. Er **trat am 7.12.2011** (seinerzeit als § 11 aF, vgl. ÄndVO – BGBl. 2013 I 757) **in Kraft.** Bis zum 11.4.2015 wurden dort aber Verstöße gegen die – im Wesentlichen inhaltsgleiche – Vorgänger-VO (EG) Nr. 1152/2009, als Ordnungswidrigkeiten definiert. Die VO (EG) Nr. 1152/2009 wurde indes durch **Art. 15 Abs. 1 VO (EU) Nr. 884/2014 mit Wirkung ab dem 2.9.2014 aufgehoben.** In Art. 15 Abs. 2 VO (EU) Nr. 884/2014 findet sich indes eine Entsprechungsklausel. IÜ trifft die VO (EU) 884/2014 der VO (EG) Nr. 1152/2009 vergleichbare Regelungen. Insoweit ging die Verweisung in § 12 zwar bis zum 11.4.2015 ins Leere, mit Blick auf die Entsprechungsklausel in Art. 15 Abs. 2 VO (EU) Nr. 884/2014 ist aber **auch für die Zeit zwischen dem 2.9.2014 und dem 10.4.2015 dem Bestimmtheitsgrundsatz Genüge getan.** (→ Vorb. LFGB Rn. 25; → Vorb. Rn 4).

3   **2. Ordnungswidrigkeiten nach § 12.** Durch die Rückverweisung auf § 60 Abs. 4 Nr. 2 Buchst. b LFGB (→ LFGB § 60 Rn. 30) werden **vorsätzliche** (→ LFGB § 58 Rn. 47 ff.) und **fahrlässige** (→ LFGB § 58 Rn. 60 ff.) **Verstöße gegen die Pflichten zur Vorabinformation** nach Art. 7 VO (EU) Nr. 884/2014 (→ Rn. 1) als Ordnungswidrigkeiten definiert. **Vorsätzliche** Ordnungswidrigkeiten nach § 12 können nach § 60 Abs. 5 Nr. 3 LFGB (vgl. zur Änderung der Geldbußenrahmen in § 60 Abs. 5 LFGB → LFGB § 60 Rn. 32) mit **Geldbuße bis zu 20.000 EUR** geahndet werden; handelt der Betroffene **fahrlässig** sieht das Gesetz **Geldbuße bis zu 10.000 EUR** (§ 17 Abs. 2 OWiG) vor. Zu den weiteren Rechtsfolgen → LFGB § 60 Rn. 33 f. Siehe zu **Straftaten und Ordnungswidrigkeiten im Zusammenhang mit der Einfuhr** von Lebensmittel usw auch § 59 Abs. 1 Nr. 19 LFGB (→ LFGB § 59 Rn. 52), § 60 Abs. 2 Nr. 24 LFGB (→ LFGB § 60 Rn. 18).

§ 13 Durchsetzung bestimmter Vorschriften der Durchführungsverordnung (EU) Nr. 885/2014

Ordnungswidrig im Sinne des § 60 Absatz 4 Nummer 2 Buchstabe b des Lebensmittel- und Futtermittelgesetzbuches handelt, wer vorsätzlich oder fahrlässig entgegen Artikel 7 Absatz 2 der Durchführungsverordnung (EU) Nr. 885/2014 das dort genannte Dokument nicht, nicht richtig, nicht vollständig oder nicht rechtzeitig übermittelt.

1   **1. Aufgabe und Zweck der VO (EU) Nr. 885/2014.** Die VO (EU) Nr. 885/2014 trifft – auf Grundlage von Art. 53 VO (EG) Nr. 178/2002 (sog BasisVO; → Vorb. LFGB Rn. 3) – Sondervorschriften für die Einfuhr (→ LFGB § 59 Rn. 52) von in Art. 1 VO (EU) Nr. 885/2014 näher bestimmten Lebensmittel (→ Vorb. LFGB Rn. 37 ff.; hier namentlich Okra und Curryblätter) deren Ursprung oder Herkunft Indien ist. Hintergrund der Verordnung sind dabei Erkenntnisse, dass hinsichtlich der vorgenannten Lebensmittel mit entsprechendem Ursprung die zulässigen Höchstgehalte für Pestizidrückstände oft – teils in erheblichem Umfang – überschritten wurden, weshalb die Einfuhr dieser Lebensmittel ein Risiko für die menschliche Gesundheit darstellt. Allen Sendungen mit Curryblättern und Okra aus Indien sind daher nach Maßgabe der **Art. 4, 5 VO (EU) Nr. 885/2014** Bescheinigungen beizulegen, aus denen hervorgeht, dass von den Erzeugnissen Proben genommen wurden und dass deren Analyse auf Pestizidrückstände ergeben hat, dass sie den Unionsvorschriften entsprochen wird. Um eine effektive Kontrolle der Einfuhren sicherzustellen, statuiert **Art. 7 VO (EU) Nr. 885/2014** zudem die **Pflicht zur Vorabinformation** der zuständigen Behörden.

§ 13 dient der Durchsetzung der Vorschriften dieser Verordnung. Er **trat am 11.4.2015** (anstelle des **2** bisherigen § 13, der sich jetzt in § 10 findet, → § 10 Rn. 2) **in Kraft** (vgl. 7. ÄndVO BGBl. 2015 I 571) und wurde bisher nicht geändert (→ Vorb. Rn. 4 f.).

2. Ordnungswidrigkeiten nach § 13. Durch die Rückverweisung auf § 60 Abs. 4 Nr. 2 Buchst. b **3** LFGB (→ LFGB § 60 Rn. 30) werden **vorsätzliche** (→ LFGB § 58 Rn. 47 ff.) und **fahrlässige** (→ LFGB § 58 Rn. 60 ff.) **Verstöße gegen die Pflichten zur Vorabinformation** nach Art. 7 VO (EU) Nr. 885/2014 (→ Rn. 1) als Ordnungswidrigkeiten definiert. **Vorsätzliche** Ordnungswidrigkeiten nach § 13 können nach § 60 Abs. 5 Nr. 3 LFGB (vgl. zur Änderung der Geldbußenrahmen in § 60 Abs. 5 LFGB → LFGB § 60 Rn. 32) mit **Geldbuße bis zu 20.000 EUR** geahndet werden; handelt der Betroffene **fahrlässig** sieht das Gesetz **Geldbuße bis zu 10.000 EUR** (§ 17 Abs. 2 OWiG) vor. Zu den weiteren Rechtsfolgen → LFGB § 60 Rn. 33 f. Siehe zu **Straftaten und Ordnungswidrigkeiten im Zusammenhang mit der Einfuhr** von Lebensmittel usw auch § 59 Abs. 1 Nr. 19 LFGB (→ LFGB § 59 Rn. 52), § 60 Abs. 2 Nr. 24 LFGB (→ LFGB § 60 Rn. 18).

§ 14 Durchsetzung bestimmter Vorschriften der Durchführungsverordnung (EU) 2015/175

Ordnungswidrig im Sinne des § 60 Absatz 4 Nummer 2 Buchstabe b des Lebensmittel- und Futtermittelgesetzbuches handelt, wer vorsätzlich oder fahrlässig entgegen Artikel 7 Absatz 2 Satz 2 der Durchführungsverordnung (EU) 2015/175 als Lebensmittelunternehmer oder als sein Vertreter das dort genannte Dokument nicht, nicht richtig, nicht vollständig oder nicht rechtzeitig übermittelt.

1. Aufgabe und Zweck der VO (EU) Nr. 2015/175. Die VO (EU) Nr. 2015/175 trifft – auf **1** Grundlage von Art. 53 VO (EG) Nr. 178/2002 (sog BasisVO; → Vorb. LFGB Rn. 3) – Sondervorschriften für die Einfuhr (→ LFGB § 59 Rn. 52) von in Art. 1 VO (EU) Nr. 2015/175 näher konkretisiertes Guarkernmehl dessen Ursprung oder Herkunft Indien ist. Hintergrund der Verordnung sind dabei Erkenntnisse, dass Guarkernmehl, dessen Ursprung oder Herkunft Indien war, in der Vergangenheit einen hohen Gehalt von Pentchlorphenol und Dioxin aufwies. Dem hiermit einhergehenden Gesundheitsrisiko begegnet die VO (EU) Nr. 2015/175 insbes., indem sie in Art. 4 ff. VO (EU) Nr. 2015/175 bei der Einfuhr (→ LFGB § 58 Rn. 74) bestimmte Verfahren statuiert und insbesondere nach Art. 7 VO (EU) Nr. 2015/175 die Vorabinformation zur Voraussetzung für die rechtmäßige Einfuhr macht. Wird diesen und den weiteren Vorschriften der VO (EU) Nr. 884/2014 nicht entsprochen, besteht nach Art. 3 VO (EU) Nr. 2015/175 ein Einfuhrverbot.

§ 14 dient der Durchsetzung der Vorschriften dieser Verordnung. Er **trat am 16.2.2016 in Kraft 2** (BGBl. I 180).

2. Ordnungswidrigkeiten nach § 14. Durch die Rückverweisung auf § 60 Abs. 4 Nr. 2 Buchst. b **3** LFGB (→ LFGB § 60 Rn. 30) werden **vorsätzliche** (→ LFGB § 58 Rn. 47 ff.) und **fahrlässige** (→ LFGB § 58 Rn. 60 ff.) **Verstöße gegen die Pflichten zur Vorabinformation** nach Art. 7 Abs. 2 VO (EU) Nr. 2015/175 (→ Rn. 1) als Ordnungswidrigkeiten definiert. **Vorsätzliche** Ordnungswidrigkeiten nach § 14 können nach § 60 Abs. 5 Nr. 3 LFGB (vgl. zur Änderung der Geldbußenrahmen in § 60 Abs. 5 LFGB → LFGB § 60 Rn. 32) mit **Geldbuße bis zu 20.000 EUR** geahndet werden; handelt der Betroffene **fahrlässig** sieht das Gesetz **Geldbuße bis zu 10.000 EUR** (§ 17 Abs. 2 OWiG) vor. Zu den weiteren Rechtsfolgen → LFGB § 60 Rn. 33 f. Siehe zu **Straftaten und Ordnungswidrigkeiten im Zusammenhang mit der Einfuhr** von Lebensmittel usw auch § 59 Abs. 1 Nr. 19 LFGB (→ LFGB § 59 Rn. 52), § 60 Abs. 2 Nr. 24 LFGB (→ LFGB § 60 Rn. 18).

§ 15 Durchsetzung bestimmter Vorschriften der Durchführungsverordnung (EU) 2015/943

(1) Nach § 59 Absatz 3 Nummer 2 Buchstabe a des Lebensmittel- und Futtermittelgesetzbuches wird bestraft, wer entgegen Artikel 2 der Durchführungsverordnung (EU) 2015/943 ein dort genanntes Lebensmittel einführt.

(2) Wer eine in Absatz 1 bezeichnete Handlung fahrlässig begeht, handelt nach § 60 Absatz 1 Nummer 2 des Lebensmittel- und Futtermittelgesetzbuches ordnungswidrig.

1. Aufgabe und Zweck der VO (EU) Nr. 2015/943. Die VO (EU) Nr. 2015/943 statuiert – auf **1** Grundlage von Art. 53 VO (EG) Nr. 178/2002 (sog BasisVO; → Vorb. LFGB Rn. 3) – für getrocknete Bohnen (vgl. Art. 1 VO (EU) Nr. 2015/943) deren Ursprung Nigeria ist, ein Einfuhrverbot (Art. 2 VO (EU) Nr. 2015/943). Hintergrund der Verordnung sind dabei Erkenntnisse, dass entsprechende Bohnen Kontaminationen mit Pestiziden aufweisen, die ernste Gesundheitsrisiken begründen.

2   § 15 dient der Durchsetzung der Vorschriften dieser Verordnung. Er **trat am 16.2.2016 in Kraft** (BGBl. I 180).

3   **2. Straftaten nach § 15 Abs. 1.** Durch die Rückverweisung auf § 59 Abs. 3 Nr. 2 Buchs. a LFGB (→ LFGB § 59 Rn. 71 ff.) werden **vorsätzliche** (→ LFGB § 58 Rn. 47 ff.) Verstöße gegen das in Art. 2 VO (EU) Nr. 2015/943 statuierte Einfuhrverbot unter Strafe gestellt. Die Tat kann mit Geldstrafe oder mit Freiheitsstrafe bis zu einem Jahr geahndet werden. Der Versuch ist ebenso wenig wie fahrlässiges Handeln unter Strafe gestellt. Die Qualifikation des § 59 Abs. 4 LFGB (→ LFGB § 59 Rn. 74a) findet keine Anwendung. Zu den weiteren Rechtsfolgen → LFGB § 59 Rn. 83 f.

4   **3. Ordnungswidrigkeiten nach § 15 Abs. 2.** Die Rückverweisung auf § 60 Abs. 1 Nr. 2 LFGB definiert **fahrlässige** (→ LFGB § 58 Rn. 60 ff.) **Verstöße** gegen das **Einfuhrverbot** nach Art. Art. 2 VO (EU) Nr. 2015/943 als Ordnungswidrigkeiten. Danach können Ordnungswidrigkeiten iSv § 15 Abs. 2 nach § 60 Abs. 5 Nr. 2 mit Geldbuße iHv bis zu **50.000 EUR** geahndet werden. Zu den weiteren Rechtsfolgen → LFGB § 60 Rn. 33 f.

§ 16 Durchsetzung bestimmter Vorschriften der Durchführungsverordnung (EU) 2015/1375

(1) Nach § 59 Absatz 3 Nummer 2 Buchstabe a des Lebensmittel- und Futtermittelgesetzbuches wird bestraft, wer entgegen Artikel 13 Absatz 1 der Durchführungsverordnung (EU) 2015/1375 Fleisch einführt.

(2) Wer eine in Absatz 1 bezeichnete Handlung fahrlässig begeht, handelt nach § 60 Absatz 1 Nummer 2 des Lebensmittel- und Futtermittelgesetzbuches ordnungswidrig.

(3) Ordnungswidrig im Sinne des § 60 Absatz 4 Nummer 2 Buchstabe a des Lebensmittel- und Futtermittelgesetzbuches handelt, wer vorsätzlich oder fahrlässig entgegen Artikel 2 Absatz 3 Unterabsatz 1 der Durchführungsverordnung (EU) 2015/1375 einen Schlachtkörper zerlegt.

1   **1. Aufgabe und Zweck der VO (EU) Nr. 2015/1375.** Die VO (EU) Nr. 2015/1375 enthält spezifische Vorschriften für die amtlichen **Fleischuntersuchungen auf Trichinen,** die erforderlich sind, um Erkrankungen des Menschen durch den Verzehr von Fleisch vorzubeugen, das mit Trichinen (vgl. Art. 1 VO (EU) Nr. 2015/1375) infiziert ist. **Die Verordnung trat an Stelle der bisherigen VO (EG) Nr. 2075/2005 am 31.8.2015 in Kraft.** Die materiellen Vorschriften beider Verordnungen sind identisch. Demgemäß findet sich in Art. 15 VO (EU) Nr. 2015/1375 die Anordnung, dass Bezugnahmen auf die VO (EG) Nr. 2075/2005 nach Maßgabe der Entsprechungstabelle in Anhang V der VO (EU) Nr. 2015/1375 als Bezugnahme auf die VO (EU) Nr. 2015/1375 gelten. § 16 dient der Durchsetzung der Vorschriften dieser Verordnung. Er **trat am 16.2.2016 in Kraft** und an Stelle des bisherigen § 7 (→ § 7 Rn. 1; s. BGBl. 2016 I 180. Auch diese Tatbestände sind in materieller Hinsicht identisch, so dass zwischen beiden Unrechtskontinuität (vgl. allg. Fischer StGB § 2 Rn. 5) angenommen werden kann. Vor diesem Hintergrund und mit Blick auf die von der Entsprechungsklausel in Art. 15 VO (EU) Nr. 2015/1375 erfassten Verweisung in § 7 aF auf die materiellen Vorschriften in der VO (EG) Nr. 2075/2005 bestehen auch in der Zeit zwischen dem Außerkrafttreten der VO (EG) Nr. 2075/2005 und dem Inkrafttreten des § 16 grundsätzlich keine Strafbarkeitslücken. Lediglich im Zusammenhang mit § 16 Abs. 3 sind Verstöße gegen Art. 2 Abs. 3 VO (EU) Nr. 2015/1375 im Zusammenhang mit Pferden erst ab dem 16.2.2016 als Ordnungswidrigkeit ahndbar (→ Vorb. Rn. 4 f.).

2   **2. Straftaten nach § 16 Abs. 1.** Durch die Rückverweisung auf § 59 Abs. 3 Nr. 2 Buchst. a LFGB werden **vorsätzliche** (→ LFGB § 58 Rn. 47 ff.) **Verstöße gegen das Einfuhrverbot in Art. 13 Abs. 1** der VO (EU) Nr. 2015/1375 unter Strafe gestellt. Wird entsprechendes Fleisch ohne die erforderliche Trichinenuntersuchung **eingeführt** (→ LFGB § 59 Rn. 52), ist der Tatbestand des § 16 Abs. 1 erfüllt. Die Tat kann mit Geldstrafe oder Freiheitsstrafe bis zu einem Jahr geahndet werden. Der Versuch ist ebenso wenig wie fahrlässiges Handeln unter Strafe gestellt. Die Qualifikation des § 59 Abs. 4 LFGB (→ LFGB § 59 Rn. 74a) findet keine Anwendung. Zu den weiteren Rechtsfolgen → LFGB § 59 Rn. 83 f.

3   **3. Ordnungswidrigkeiten nach § 16 Abs. 2.** Die Rückverweisung auf § 60 Abs. 1 Nr. 2 LFGB definiert **fahrlässige** (→ LFGB § 58 Rn. 60 ff.) **Verstöße** gegen das **Einfuhrverbot** nach Art. 13 Abs. 1 der VO (EG) Nr. 2015/1375 als Ordnungswidrigkeiten. Zum objektiven Tatbestand → Rn. 2. Danach können Ordnungswidrigkeiten iSv § 16 Abs. 2 mit Geldbuße iHv bis zu **50.000 EUR** geahndet werden. Zu den weiteren Rechtsfolgen → LFGB § 60 Rn. 33 f.

4   **4. Ordnungswidrigkeiten nach § 16 Abs. 3.** Mit der Rückverweisung auf § 60 Abs. 4 Nr. 2 Buchst. a LFGB werden **vorsätzliche und fahrlässige Verstöße** gegen das Verbot in Art. 2 Abs. 3 der VO (EU) Nr. 2015/1375 als Ordnungswidrigkeiten definiert. Danach dürfen Schlachtkörper von Haus-

schweinen und Pferden (→ Rn. 1) nicht weitergehend als in der Vorschrift zugelassen zerlegt werden. Dadurch soll die **Rückverfolgbarkeit und die Zuordnung** der Ergebnisse einer Trichinenuntersuchung **sichergestellt** werden. Vorsätzliche Ordnungswidrigkeiten nach § 16 Abs. 3 können nach § 60 Abs. 5 Nr. 2 LFGB mit **Geldbuße bis zu 50.000 EUR** geahndet werden; handelt der Betroffene **fahrlässig** sieht das Gesetz **Geldbuße bis zu 25.000 EUR** (§ 17 Abs. 2 OWiG) vor. Zu den weiteren Rechtsfolgen → LFGB § 60 Rn. 33 f.

507. Los-Kennzeichnungs-Verordnung (LKV)

Vom 23. Juni 1993 (BGBl. I S. 1022) FNA 2125-40-52

Zuletzt geändert durch Art. 4 G zur Neuregelung des gesetzlichen Messwesens vom 25.7.2013 (BGBl. I S. 2722)

– Auszug –

Vorbemerkung

1 Die LKV setzte zunächst die **RL 89/396/EWG** des Rates v. 14.6.1989 über Angaben oder Marken, mit denen sich das Los, zu dem ein Lebensmittel gehört, feststellen lässt, in nationales Recht um, die zwischenzeitlich durch die RL 2011/91/EU ersetzt wurde. Nach dem Inhalt beider Richtlinien soll mit der Angabe des Loses, zu dem ein Lebensmittel gehört, für eine **bessere Information über die Identität der Waren** gesorgt werden. Die Angabe soll Auskunft geben, falls Lebensmittel Gegenstand eines Streitfalls sind oder eine Gefahr für die Gesundheit der Verbraucher darstellen. Demnach kommt der Loskennzeichnung weniger die Aufgabe zu, dem Verbraucher unmittelbar Informationen zu verschaffen. Sie dient vielmehr – zumindest mittelbar – dem Gesundheitsschutz des Verbrauchers, da sie insbes. Rückrufaktionen der Betriebe oder behördliche Warnungen ermöglicht (vgl. Zipfel/Rathke LebensmittelR/*Rathke* Vorb. LKV Rn. 4).

2 Als **Teil des Lebensmittelkennzeichnungsrechts** trat die LKV bisher neben die Lebensmittelkennzeichnungsverordnung (LMKV) und die Fertigpackungsverordnung. Ab dem 13.12.2014 tritt insoweit indes die LMIV in Kraft (→ Vorb. LFGB Rn. 12; → LFGB § 59 Rn. 14, 21 ff.). Da die LKV aber weniger der unmittelbaren Information des Verbrauchers, sondern vielmehr der Durchführung späterer Maßnahmen (namentlich Rückrufaktionen) dient (vgl. Zipfel/Rathke LebensmittelR/*Rathke* Vorb. LKV Rn. 4), wirkt sich die LMIV nicht unmittelbar auf die LKV aus. Demgemäß ist die LKV weder auf Lebensmittel in Fertigpackungen, noch auf Lebensmittel im Allgemeinen beschränkt, die an den Endverbraucher abgegeben werden (Zipfel/Rathke LebensmittelR/*Rathke* Vorb. LKV Rn. 3). Vielmehr ist die diesbezügliche Kennzeichnungspflicht auch für Lebensmittel für gewerbliche Weiterverarbeiter erforderlich (Zipfel/Rathke LebensmittelR/*Rathke* Vorb. LKV Rn. 3). Nach § 1 Abs. 1 dürfen Lebensmittel (→ Vorb. LFGB Rn. 37 ff.) grds. nur in den Verkehr gebracht werden (→ Vorb. LFGB Rn. 45), soweit sie mit sie mit einer Angabe gekennzeichnet sind, aus der das Los zu ersehen ist. **Los** ist nach § 1 **Abs. 2** die Gesamtheit von Verkaufseinheiten eines Lebensmittels, das unter praktisch gleichen Bedingungen erzeugt, hergestellt oder verpackt wurde (Zipfel/Rathke LebensmittelR/*Rathke* § 1 Rn. 4 ff.). **Fehlt die Angabe** über das Los besteht mithin grds. (zu den Ausnahmen vgl. § 2) **ein Verkehrsverbot.** Wie die Kennzeichnung vorzunehmen ist, regelt § 3. Danach muss die Losangabe **gut sichtbar, deutlich lesbar und unverwischbar** angebracht sein (Zipfel/Rathke LebensmittelR/*Rathke* § 3 Rn. 7 f.). Bei der Beurteilung ob den diesbezüglichen Anforderungen an die Wahrnehmbarkeit entsprochen wurde, ist auf die Fähigkeiten des Durchschnittsverbrauchers abzustellen (OLG München GRUR 1986, 86; LG München LMuR 2008, 102).

§ 5 Ordnungswidrigkeiten

Ordnungswidrig im Sinne des § 60 Abs. 2 Nr. 26 Buchstabe a des Lebensmittel- und Futtermittelgesetzbuches handelt, wer vorsätzlich oder fahrlässig Lebensmittel in den Verkehr bringt, die entgegen § 1 Abs. 1 in Verbindung mit § 3 nicht oder nicht in der vorgeschriebenen Weise gekennzeichnet sind.

1 Mit der **Rückverweisung auf § 60 Abs. 2 Nr. 26 Buchst. a LFGB** (→ LFGB § 60 Rn. 20) in § 5 werden vorsätzliche (→ Vorb. LFGB Rn. 47 ff.) und fahrlässige (→ LFGB § 58 Rn. 60 ff.) **Verstöße gegen das Verkehrsverbot des § 1 Abs. 1 und die Kennzeichnungspflichten des § 3** (→ Vorb. Rn. 2) als Ordnungswidrigkeit definiert. Zur **Verantwortlichkeit im Lebensmittelstrafrecht** → Vorb. LFGB Rn. 29 ff.

2 Soweit der Täter vorsätzlich handelt, kann die Ordnungswidrigkeit nach der ab dem 4.8.2011 geltenden Fassung des § 60 Abs. 5 Nr. 2 LFGB (vgl. zur Änderung der Geldbußenrahmen in § 60 Abs. 5 LFGB → LFGB § 60 Rn. 32) mit Geldbuße iHv bis zu **50.000 EUR** geahndet werden. Handelt der Betroffene fahrlässig sieht das Gesetz **Geldbuße bis zu 25.000 EUR** (§ 17 Abs. 2 OWiG) vor. Zu den weiteren Rechtsfolgen → LFGB § 60 Rn. 34.

510. Gesetz zur Durchführung der Rechtsakte der Europäischen Union über Qualitätsregelungen betreffend garantiert traditionelle Spezialitäten und fakultative Qualitätsangaben (Lebensmittelspezialitätengesetz – LSpG)

Vom 29. Oktober 1993
(BGBl. I S. 1814)

FNA 2125-42

Zuletzt geändert durch Art. 1 Erstes ÄndG vom 16.1.2016 (BGBl. I S. 50)

– Auszug –

Vorbemerkung

Das LSpG dient der Durchführung der **VO (EU) Nr. 1151/2012 des Europäischen Parlaments** **1** **und des Rates v. 21.11.2012 über Qualitätsregelungen für** Agrarerzeugnisse und Lebensmitteln (ABl. Nr. L 343 S. 1) in der jeweils geltenden Fassung sowie der zu ihrer Durchführung erlassenen Rechtsakte der Europäischen Gemeinschaft (§ 1 Abs. 1). Die insoweit in Bezug genommene VO (EU) Nr. 1151/2012 trat mWv 3.1.2013 an Stelle der VO (EG) Nr. 509/2006 des Rates v. 20.3.2006 über die garantiert traditionellen Spezialitäten bei Agrarerzeugnissen und Lebensmitteln. **Nach Art. 58 Abs. 2** der VO (EU) Nr. 1151/2012 **gelten in materieller Hinsicht die** Bezugnahmen auf die aufgehobene Verordnung als Bezugnahmen auf diese Verordnung und sind gemäß der Entsprechungstabelle in Anhang II zu lesen. Insoweit bestehen im Hinblick auf den Grundsatz der Bestimmtheit der Tatbestände (Art. 103 Abs. 2 GG) Bedenken, da das **LSpG erst mWv 23.1.2016 an die veränderte gemein-schaftsrechtliche Rechtslage angepasst wurde** (→ Vorb. LFGB Rn. 25).

In **materieller Hinsicht** will die VO (EU) Nr. 1151/2012 die Erzeuger von Agrarerzeugnissen und **2** Lebensmittel dabei unterstützen, den Käufer und Verbraucher über Produkteigenschaften zu informieren. Gleichzeitig soll aber der **Schutz des Verbrauchers vor missbräuchlichen Praktiken** und der **redliche Handel** gewährleistet werden. Dies soll insbes. dadurch erreicht werden, dass Qualitätsregelungen eingeführt werden, die die Grundlage für Festlegung und Schutz von Namen und Angaben mit wertsteigernden Merkmalen und Eigenschaften bieten (Art. 1 Abs. 2 VO (EU) Nr. 1151/2012) Vor diesem Hintergrund statuiert die VO (EU) Nr. 1151/2012 in den Art. 4 ff. VO (EU) Nr. 1151/2012 die Voraussetzungen und Kriterien, die erfüllt sein müssen, damit eine geschützte Ursprungsbezeichnung, geschützte geografische Angabe oder eine garantierte traditionelle Spezialität angenommen werden kann.

Im **LSpG** sind in den **§§ 2, 4 und 5 verfahrensrechtliche Fragen** im Zusammenhang mit der **3** Durchführung der VO (EU) Nr. 1151/2012 geregelt, die durch die Vorschriften der Lebensmittelspezialitätenverordnung (LSpV) auf nationaler Ebene ergänzt werden. § 3 regelt Unterlassungs- und Schadensersatzansprüche soweit gegen die Vorgaben der VO (EU) Nr. 1151/2012 verstoßen wird. § 3a verbietet Lebensmittel (→ Vorb. LFGB Rn. 37 ff.) und Agrarerzeugnisse, unter dem Namen einer garantiert traditionellen Spezialität, mit einem entsprechenden Zeichen (vgl. Art. 23 Abs. 2 VO (EU) Nr. 1151/2012) oder unter Verwendung des Begriffs „Geschützte traditionelle Spezialität" in den Verkehr zu bringen (→ Vorb. LFGB Rn. 45), wenn das Erzeugnis nicht der betreffenden Produktspezifikation entspricht.

§ 7 Strafvorschriften

(1) Mit Freiheitsstrafe bis zu einem Jahr oder mit Geldstrafe wird bestraft, wer entgegen § 3a ein Lebensmittel oder Agrarerzeugnis in Verkehr bringt.

(2) Der Versuch ist strafbar.

1. Allgemeines. Der **mWv 23.1.2016 neugefasste Straftatbestand** (zur früheren Rechtslage vgl. **1** Vorauflage), stellt nunmehr nur noch **Verstöße gegen das Verkehrsverbot aus § 3a** (→ Vorb. Rn. 3) unter Strafe. Aufgrund der vollständigen Neufassung können vor dem 23.1.2016 begangene Verstöße gegen § 3a – trotz der Entsprechungsklausel in Art. 58 Abs. 2 VO (EU) Nr. 1151/2012 (→ Vorb. Rn. 1) – nicht geahndet werden, da § 7 aF gänzlich andere Tathandlungen sanktionierte.

2. Straftaten nach § 7 Abs. 1. Nach § 7 Abs. 1 können **vorsätzliche** (→ Vorb. LFGB Rn. 47 ff.) **2** Verstöße gegen das Verkehrsverbot des § 3a mit **Freiheitsstrafe bis zu einem Jahr oder mit Geld-**

strafe geahndet werden. Zur **Verantwortlichkeit im Lebensmittelstrafrecht** vgl. → Vorb. LFGB Rn. 29 ff. Nach **§ 7 Abs. 2 ist auch der Versuch** diesbezüglicher Vergehen strafbar. Als weitere Rechtsfolge sieht **§ 9** die Einziehung vor. Zu den weiteren Rechtsfolgen → LFGB § 59 Rn, 83 f.; zu den Konkurrenzen → LFGB § 59 Rn. 85.

§ 8 Bußgeldvorschriften

(1) Ordnungswidrig handelt, wer eine der in § 7 Abs. 1 bezeichneten Handlungen fahrlässig begeht.

(2) Ordnungswidrig handelt, wer vorsätzlich oder fahrlässig

1. entgegen § 4 Abs. 3, auch in Verbindung mit Abs. 4,
    a) das Betreten von Geschäftsräumen, Grundstücken, Verkaufseinrichtungen oder Transportmitteln oder deren Besichtigung nicht gestattet,
    b) die zu besichtigenden Agrarerzeugnisse oder Lebensmittel nicht so darlegt, daß die Besichtigung ordnungsgemäß vorgenommen werden kann,
    c) die erforderliche Hilfe bei der Besichtigung nicht leistet,
    d) Proben nicht entnehmen läßt,
    e) geschäftliche Unterlagen nicht oder nicht vollständig vorlegt oder nicht prüfen läßt oder
    f) eine Auskunft nicht, nicht richtig oder nicht vollständig erteilt,
2. einer nach § 2 Abs. 2 oder § 4 Abs. 6 erlassenen Rechtsverordnung zuwiderhandelt, soweit sie für einen bestimmten Tatbestand auf diese Bußgeldvorschrift verweist.

(2a) „Ordnungswidrig handelt, wer vorsätzlich oder fahrlässig ein Erzeugnis als „garantiert traditionelle Spezialität" in Verkehr bringt, ohne dass vor der erstmaligen Vermarktung eine Kontrolle nach Artikel 37 Absatz 1 Satz 1 der Verordnung (EU) Nr. 1151/2012 des Europäischen Parlaments und des Rates vom 21. November 2012 über Qualitätsregelungen für Agrarerzeugnisse und Lebensmittel (ABl. L 343 vom 14.12.2012, S. 1) durchgeführt wurde.

(3) Die Ordnungswidrigkeit kann in Fällen des Absatzes 1 mit einer Geldbuße bis zu fünfundzwanzigtausend Euro und in den Fällen der Absätze 2 und 2a mit einer Geldbuße bis zu zehntausend Euro geahndet werden.

1   **1. Ordnungswidrigkeiten nach § 8 Abs. 1:** § 8 Abs. 1 definiert **fahrlässige Verstöße** (→ Vorb. LFGB Rn. 60 ff.) gegen das Verkehrsverbot aus § 3a (→ Vorb. Rn. 3) als Ordnungswidrigkeit. Insoweit kann hinsichtlich des objektiven Tatbestandes auf die Kommentierung zu § 7 verwiesen werden. Ordnungswidrigkeiten nach diesem Tatbestand können nach § 8 Abs. 3 mit **Geldbuße bis zu 25.000 EUR** geahndet werden.

2   **2. Ordnungswidrigkeiten nach § 8 Abs. 2:** Nach § 8 Abs. 2 Nr. 1 kann gegen die Verantwortlichen von Betrieben, die Agrarerzeugnisse oder Lebensmittel herstellen oder in den Verkehr bringen, bei vorsätzlichem Handeln ein Bußgeld bis zu 10.000 EUR (§ 8 Abs. 3) und bei fahrlässigem Handeln ein Bußgeld bis zu 5.000 EUR (§ 17 Abs. 2 OWiG) verhängt werden, wenn diese gegen ihre **Mitwirkungs- und Duldungspflichten nach § 4 Abs.** verstoßen,. Daneben kommt die Einziehung nach § 9 in Betracht. Rechtsverordnungen iSv **§ 8 Abs. 2 Nr. 2** wurden demgegenüber bisher noch nicht erlassen.

3   **3. Ordnungswidrigkeiten nach § 8 Abs. 3:** § 8 Abs. 3 wurde **mWv 23.1.2016 eingefügt.** Er definiert vorsätzliche und fahrlässige Verstöße gegen das aus Art. 37 Abs. 1 S. 1 VO (EU) Nr. 1151/2012 folgende Gebot, Erzeugnisse, die als „garantiert traditionelle Spezialität" in den Verkehr gebracht werden sollen (→ Vorb. LFGB Rn. 45), einer Kontrolle zu unterziehen, als Ordnungswidrigkeit. Im Unterschied zur Tathandlung iSd § 7 Abs. 1 weisen die Erzeugnisse in diesen Fällen aber die Eigenschaften der Spezialität auf. Bei vorsätzlichem Handeln kann ein Bußgeld bis zu 10.000 EUR (§ 8 Abs. 3) und bei fahrlässigem Handeln ein solches bis zu 5.000 EUR (§ 17 Abs. 2 OWiG) verhängt werden. Daneben kommt die Einziehung nach § 9 in Betracht.

§ 9 Einziehung

[1] Ist eine Straftat nach § 7 Abs. 1 oder 2 oder eine Ordnungswidrigkeit nach § 8 Abs. 1 oder 2 begangen worden, so können Gegenstände, auf die sich die Straftat oder Ordnungswidrigkeit bezieht, und Gegenstände, die zu ihrer Begehung oder Vorbereitung gebraucht worden oder bestimmt gewesen sind, eingezogen werden. [2] § 74a des Strafgesetzbuchs und § 23 des Gesetzes über Ordnungswidrigkeiten sind anzuwenden.

Vgl. dazu die Kommentierung bei **§ 5 ÖkoKennzG** (= Nr. 580 des Kommentars), die vorliegend sinngemäß gilt.

515. Verordnung über Margarine- und Mischfetterzeugnisse (Margarine- und Mischfettverordnung – MargMFV)

Vom 31. August 1990 (BGBl. I S. 1989) FNA 7842-11

Zuletzt geändert durch Art. 9 VO zur Änd. und Aufh. von VO im Milchbereich sowie zur Änd. der Margarine- und
MischfettVO vom 17.12.2010 (BGBl. I S. 2132)

– Auszug –

Vorbemerkung

Die Vorschriften MargMFV gelten für die Durchführung der Rechtsakte der Europäischen Gemein- 1
schaften über die Normen für Streichfette mit Ausnahme der Milchstreichfette. Hierbei handelte es sich
zunächst um **VO (EG) Nr. 2991/94** des Rates v. 5.12.1994 mit Normen für Streichfette. Die VO (EG)
Nr. 2991/94 wurde **mWv 1.7.2008** durch Art. 201 Abs. 1 Buchst. c der VO (EG) Nr. 1234/2007
aufgehoben und die Vorschriften in die **VO (EG) Nr. 1234/2007** überführt. Die VO (EG) Nr. 1234/
2007 wurde zwar mWz 1.1.2014 durch Art. 230 Abs. 1 VO (EU) Nr. 1308/2013 aufgehoben. An ihre
Stelle treten die Vorschriften der VO (EU) Nr. 1308/2013. Insoweit dient die Bezugnahme in § 1 indes
lediglich der Konkretisierung des Anwendungsbereiches, ohne dass eine Verordnung explizit angeführt
wird, so dass der Bestimmtheitsgrundsatz – unbeschadet der Entsprechungsklausel in Art. 230 Abs. 2
VO (EU) Nr. 1308/2013 – durch den Wegfall der VO (EG) Nr. 1234/2007 nicht verletzt ist (BGH
NStZ 2014, 329; → Vorb. LFGB Rn. 25). Daneben tritt die **VO (EG) Nr. 445/2007** der Kommission
v. 23.4.2007 mit bestimmten Durchführungsbestimmungen zur VO (EG) Nr. 2991/94 des Rates mit
Normen für Streichfette und zur VO (EWG) Nr. 1898/87 des Rates über den Schutz der Bezeichnung
der Milch und Milcherzeugnisse bei ihrer Vermarktung. Die gemeinschaftsrechtlichen Vorschriften
verfolgen den Zweck eine **eindeutige und unterscheidbare Klassifizierung** zu schaffen und **Vorschriften über die Bezeichnung** zu erlassen, um die Stabilität der betreffenden Agrarmärkte zu
gewährleisten und zu einem angemessenen Lebensstandard der landwirtschaftlichen Bevölkerung beizutragen. Durch die Klassifizierung aller in Frage kommenden Erzeugnisse soll zudem dem Verbraucher
eine von ihm zu treffende Wahl zwischen konkurrierenden Erzeugnissen erleichtert werden. Die Vorschriften dienen insoweit auch dem **Schutz des Verbrauchers vor Irreführung und Täuschung**
(→ Vorb. LFGB Rn. 12 f.).

Vor diesem Hintergrund sieht § 3 vor, dass Margarineschmalz oder Mischfettschmalz, das den in der 2
Anlage der MargMFV vorgeschriebenen Anforderungen nicht entspricht, nicht in den Verkehr gebracht
werden darf. § 4 regelt spezielle **Kennzeichnungspflichten.** Zuletzt regelt § 5 die Voraussetzungen,
unter denen **ausländische Erzeugnisse,** die nicht den Vorschriften der MargMFV entsprechen, in
Deutschland in den Verkehr gebracht werden dürfen. Dies ist grds. der Fall, wenn sie nach den Rechtsvorschriften des Herstellungslandes hergestellt und dort verkehrsfähig sind. Soweit diese ausländischen
Erzeugnisse in wesentlichen charakteristischen Merkmalen von inländischen Erzeugnissen abweichen,
statuiert § 5 Abs. 2 zudem eine **besondere Kennzeichnungspflicht,** nach der die Beschreibung der
Abweichung auf der Fertigpackung oder dem Hinweisschild deutlich lesbar anzugeben ist.

Im Zusammenhang mit den Vorschriften der MargMFV zur Kennzeichnung ist zu beachten, dass am 3
13.12.2014 die LMIV (→ Vorb. LFGB Rn. 12; → LFGB § 59 Rn. 14, 21 ff.) in Kraft trat. In Folge
dessen soll nach Maßgabe von Art. 12 LMIV-AnpassungsVO (vgl. Anhang zur LMKV = Nr. 502 dieses
Kommentars, → LMKV Anh. Rn. 5) §§ 4, 5 neugefasst und an die Vorgaben der LMIV angepasst
werden.

§ 6 Straftaten und Ordnungswidrigkeiten

(1) Nach § 59 Abs. 1 Nr. 21 Buchstabe a des Lebensmittel- und Futtermittelgesetzbuches
wird bestraft, wer entgegen § 5 Abs. 2 Satz 1 ausländisches Margarineschmalz oder ausländisches Mischfettschmalz, das nicht oder nicht in der vorgeschriebenen Weise kenntlich
gemacht ist, in den Verkehr bringt.

(2) Wer eine in Absatz 1 bezeichnete Handlung fahrlässig begeht, handelt nach § 60 Abs. 1
des Lebensmittel- und Futtermittelgesetzbuches ordnungswidrig.

(3) Ordnungswidrig im Sinne des § 9 Absatz 2 Nummer 2 des Milch- und Margarinegesetzes handelt, wer vorsätzlich oder fahrlässig entgegen § 3 Margarineschmalz oder Mischfettschmalz in den Verkehr bringt.

(4) Ordnungswidrig im Sinne des § 9 Absatz 2 Nummer 4 des Milch- und Margarinegesetzes handelt, wer vorsätzlich oder fahrlässig gegen die Verordnung (EG) Nr. 1234/2007 des
Rates vom 22. Oktober 2007 über eine gemeinsame Organisation der Agrarmärkte und mit
Sondervorschriften für bestimmte landwirtschaftliche Erzeugnisse (Verordnung über die
einheitliche GMO) (ABl. L 299 vom 16.11.2007, S. 1), die zuletzt durch die Verordnung (EG)
Nr. 513/2010 der Kommission vom 15. Juni 2010 (ABl. L 150 vom 16.6.2010, S. 40) geändert
worden ist, verstößt, indem er

1. entgegen Anhang XV Abschnitt I Nummer 1 ein dort genanntes Erzeugnis abgibt, das den
   in der Anlage zu Anhang XV genannten Anforderungen nicht genügt,
2. entgegen Anhang XV Abschnitt I Nummer 2 Satz 1 eine dort genannte Verkehrsbezeichnung für ein dort genanntes Erzeugnis nicht verwendet,
3. entgegen Anhang XV Abschnitt I Nummer 2 Satz 2 eine dort genannte Verkehrsbezeichnung für ein anderes als ein dort genanntes Erzeugnis verwendet oder
4. entgegen Anhang XV Abschnitt III Nummer 2 einen Hinweis gibt, der ein dort genanntes
   Erzeugnis betrifft und einen anderen Fettgehalt nennt, bedingt oder vermuten lässt.

1   **1. Straftaten nach § 6 Abs. 1.** Mit der Rückverweisung auf **§ 59 Abs. 1 Nr. 21 Buchst. a** LFGB
(→ LFGB § 59 Rn. 58) in § 6 Abs. 1 wird das **vorsätzliche** (→ LFGB § 58 Rn. 47 ff.) Inverkehrbringen (→ Vorb. LFGB Rn. 45) von ausländischem Margarineschmalz oder ausländischem Mischfettschmalz unter Strafe gestellt, wenn dessen Abweichung nicht in der vorgeschriebenen Weise kenntlichgemacht wird (→ Vorb. Rn. 2).

2   Nach § 59 Abs. 1 LFGB können die Straftaten nach § 6 Abs. 1 mit **Freiheitsstrafe bis zu einem
Jahr oder mit Geldstrafe** geahndet werden. Der Versuch ist ebenso wenig wie fahrlässiges Handeln
(→ Rn. 3) unter Strafe gestellt. Die Qualifikation des § 59 Abs. 4 LFGB (→ LFGB § 59 Rn. 74a) findet
keine Anwendung. Zu den weiteren Rechtsfolgen → LFGB § 59 Rn. 83 f. Zu den Konkurrenzen
→ LFGB § 59 Rn. 85.

3   **2. Ordnungswidrigkeiten nach § 6 Abs. 2.** Handelt der Täter in den Fällen des § 6 Abs. 1
fahrlässig (→ LFGB § 58 Rn. 60 ff.), verwirklicht er den Bußgeldtatbestand des **§ 6 Abs. 2.** Die
Verordnung wurde bisher noch nicht an das abgestufte System in § 60 Abs. 1 und 5 LFGB (vgl. insoweit
→ LFGB § 60 Rn. 31 f.) angepasst, das mit dem Gesetz zur Änderung des Lebensmittel- und Futtermittelgesetzbuchs sowie anderer Vorschriften v. 29.6.2009 (BGBl. I 1659), das am 4.7.2009 in Kraft
getreten ist (→ Vorb. LFGB Rn. 6), eingeführt wurde. Da die in § 6 Abs. 1 bezeichneten Handlungen
Straftaten nach § 59 Abs. 1 Nr. 21 Buchst. a LFGB darstellen, wird der **Verweis in § 6 Abs. 2 als
solcher auf § 60 Abs. 1 Nr. 2 LFGB zu verstehen sein.** Danach können Ordnungswidrigkeiten iSv
§ 6 Abs. 2 nach der ab dem 4.8.2011 geltenden Fassung des § 60 Abs. 5 Nr. 2 LFGB (vgl. zur Änderung
der Geldbußenrahmen in § 60 Abs. 5 LFGB → LFGB § 60 Rn. 32) mit Geldbuße iHv bis zu **50.000
EUR** geahndet werden. Im Übrigen gelten für die Bemessung der Geldbuße die Vorgaben von § 17
Abs. 3 u. 4 OWiG. Zu den weiteren Rechtsfolgen → LFGB § 60 Rn. 33 f.

4   **3. Ordnungswidrigkeiten nach § 6 Abs. 3.** § 6 Abs. 3 wurde durch die VO zur Anpassung
lebensmittelhygiene- und tierseuchenrechtlicher Vorschriften an den Lissabon-Vertrag v. 14.7.2010
(BGBl. I 929) dahingehend geändert, dass die bisherige Rückverweisung auf § 14 Abs. 2 Nr. 2 Milch-
MargG durch die nunmehrige Rückverweisung auf § 9 Abs. 2 Nr. 2 MilchMargG ersetzt wurde. Die
bisherige **Rückverweisung** auf § 14 Abs. 2 Nr. 2 MilchMargG erwies sich zwischen dem 25.3.2009
und dem 22.7.2010 im Hinblick auf den verfassungsrechtlichen Bestimmtheitsgrundsatz als problematisch. Der in dieser Zeit von § 6 Abs. 3 aF in Bezug genommene § 14 Abs. 2 MilchMargG nF stellte
keinen Bußgeldtatbestand mit Rückverweisungsklausel dar (vgl. insoweit → MilchMargG § 9 Rn. 5
mwN).

5   In materieller Hinsicht werden in **§ 6 Abs. 3 vorsätzliche** (→ LFGB § 58 Rn. 47 ff.) und **fahrlässige** (→ LFGB § 58 Rn. 60 ff.) **Verstöße** gegen das insbes. **dem Schutz des Verbrauchers vor
Täuschung und Irreführung** dienende **Verkehrsverbot des § 3** (→ Vorb. Rn. 2) als Ordnungswidrigkeit definiert. Zur Tathandlung des Inverkehrbringens → Vorb. LFGB Rn. 45.

6   **4. Ordnungswidrigkeiten nach § 6 Abs. 4.** § 6 Abs. 4 wurde durch Art. 9 der Verordnung zur
Änderung und Aufhebung von Verordnungen im Milchbereich (BGBl. 2010 I 2132) mit Wirkung ab
dem 23.12.2010 eingefügt. Mit ihm werden durch Rückverweisung auf § 9 Abs. 2 Nr. 4 MilchMargG
(→ MilchMargG § 9 Rn. 8) Verstöße gegen die Kennzeichnungsvorgaben in Anh. XV der VO (EG)
Nr. 1234/2007 als Ordnungswidrigkeiten definiert. In Folge der Aufhebung der VO (EG) Nr. 1234/
2007 mWz 1.1.2014 durch Art. 230 Abs. 1 VO (EU) Nr. 1308/2013 (→ Vorb. Rn. 1) **geht § 6 Abs. 4
ab diesem Datum – unbeschadet der Entsprechungsklausel in Art. 230 Abs. 2 VO (EU)
Nr. 1308/2013 – ins Leere** (→ Vorb. LFGB Rn. 25).

7   In materieller Hinsicht werden in **§ 6 Abs. 4 vorsätzliche** (→ LFGB § 58 Rn. 47 ff.) und **fahrlässige** (→ LFGB § 58 Rn. 60 ff.) **Verstöße** gegen die insbes. **dem Schutz des Verbrauchers vor
Täuschung und Irreführung** dienenden **Verkehrs- und Kennzeichnungsverbote sowie Verwen-**

dungsgebote nach Art. 78 iVm Anh. VII VO (EU) Nr. 1308/2013 als Ordnungswidrigkeit definiert. Demnach können **vorsätzliche** (→ LFGB § 58 Rn. 47 ff.) **Verstöße** iSv § 6 Abs. 3 mit **Geldbuße bis zu 10.000 EUR** (§ 60 Abs. 5 Nr. 3 LFGB) und **fahrlässige** (→ LFGB § 58 Rn. 60 ff.) **Verstöße** iSv § 6 Abs. 3 mit **Geldbuße bis 5.000 EUR** (§ 17 Abs. 2 OWiG; → LFGB § 60 Rn. 33 f.) geahndet werden. Daneben kommt die **Einziehung** nach § 11 MilchMargG in Betracht.

520. Gesetz über den Schutz von Marken und sonstigen Kennzeichen (Markengesetz – MarkenG)

Vom 25. Oktober 1994 (BGBl. I S. 3082, ber. 1995 S. 156) FNA 423-5-2

Zuletzt geändert durch Art. 4 G zur Änd. des DesignG und weiterer Vorschriften des gewerblichen Rechtsschutzes vom 4.4.2016 (BGBl. I S. 558)

– Auszug –

§ 143 Strafbare Kennzeichenverletzung

(1) Wer im geschäftlichen Verkehr widerrechtlich

1. entgegen § 14 Abs. 2 Nr. 1 oder 2 ein Zeichen benutzt,
2. entgegen § 14 Abs. 2 Nr. 3 ein Zeichen in der Absicht benutzt, die Unterscheidungskraft oder die Wertschätzung einer bekannten Marke auszunutzen oder zu beeinträchtigen,
3. entgegen § 14 Abs. 4 Nr. 1 ein Zeichen anbringt oder entgegen § 14 Abs. 4 Nr. 2 oder 3 eine Aufmachung oder Verpackung oder ein Kennzeichnungsmittel anbietet, in den Verkehr bringt, besitzt, einführt oder ausführt, soweit Dritten die Benutzung des Zeichens
   a) nach § 14 Abs. 2 Nr. 1 oder 2 untersagt wäre oder
   b) nach § 14 Abs. 2 Nr. 3 untersagt wäre und die Handlung in der Absicht vorgenommen wird, die Ausnutzung oder Beeinträchtigung der Unterscheidungskraft oder der Wertschätzung einer bekannten Marke zu ermöglichen,
4. entgegen § 15 Abs. 2 eine Bezeichnung oder ein Zeichen benutzt oder
5. entgegen § 15 Abs. 3 eine Bezeichnung oder ein Zeichen in der Absicht benutzt, die Unterscheidungskraft oder die Wertschätzung einer bekannten geschäftlichen Bezeichnung auszunutzen oder zu beeinträchtigen,

wird mit Freiheitsstrafe bis zu drei Jahren oder mit Geldstrafe bestraft.

(2) Handelt der Täter in den Fällen des Absatzes 1 gewerbsmäßig oder als Mitglied einer Bande, die sich zur fortgesetzten Begehung solcher Taten verbunden hat, so ist die Strafe Freiheitsstrafe von drei Monaten bis zu fünf Jahren.

(3) Der Versuch ist strafbar.

(4) In den Fällen des Absatzes 1 wird die Tat nur auf Antrag verfolgt, es sei denn, daß die Strafverfolgungsbehörde wegen des besonderen öffentlichen Interesses an der Strafverfolgung ein Einschreiten von Amts wegen für geboten hält.

(5) ¹Gegenstände, auf die sich die Straftat bezieht, können eingezogen werden. ²§ 74a des Strafgesetzbuchs ist anzuwenden. ³Soweit den in § 18 bezeichneten Ansprüchen auf Vernichtung im Verfahren nach den Vorschriften der Strafprozeßordnung über die Entschädigung des Verletzten (§§ 403 bis 406c der Strafprozeßordnung) stattgegeben wird, sind die Vorschriften über die Einziehung nicht anzuwenden.

(6) ¹Wird auf Strafe erkannt, so ist, wenn der Verletzte es beantragt und ein berechtigtes Interesse daran dartut, anzuordnen, daß die Verurteilung auf Verlangen öffentlich bekanntgemacht wird. ²Die Art der Bekanntmachung ist im Urteil zu bestimmen.

Übersicht

A. Allgemeines

Marken machen Märkte. Zweck einer Marke ist die Sicherung der Unterscheidbarkeit von Firmen 1
und ihren Erzeugnissen. Der Kunde kann nur dann frei entscheiden, wenn er unterscheiden kann.
Benutzen mehrere Unternehmen gleiche oder zumindest verwechslungsfähige Kennzeichen, ist ein
freier Leistungswettbewerb nicht mehr möglich. Funktionen der Marke sind somit gleichermaßen
Unterscheidung, Herkunft, Qualität und Werbung – „a brand is a promise to the customer". Zuweilen
vermittelt die Marke auch „metaphysische" Werte (Kult, Image). Sie dient so nicht nur der Individualisierung und Abgrenzung gleichartiger Produkte, sondern trägt auch dem subjektiven Abgrenzungs-
bedürfnis des Kunden Rechnung – es findet sozusagen ein Imagetransfer vom Hersteller an den Käufer
statt. Der Wert einer Marke soll so wirtschaftlich bis in den mittleren zweistelligen Milliardenbereich
gehen.

B. Strafbare Markenverletzung

I. Schutzmöglichkeiten

1. Entstehung des Markenschutzes. Der Markenschutz entsteht gem. § 4 im Normalfall durch die 2
Eintragung eines Zeichens als Marke in das vom Deutschen Patent- und Markenamt geführte Register.
Innerhalb Deutschlands genießt aber auch eine nach der GMV beim HABM eingetragene Gemein-
schaftsmarke ebenso Schutz wie eine iRd Madrider Abkommens über die internationale Registrierung
von Marken (MMA) sowie dem Protokoll zu diesem Abkommen (PMMA) über die WIPO auf
Deutschland erstreckte im Ausland eingetragene Marke. Markenschutz kann jedoch auch entstehen
durch die Benutzung eines Zeichens im geschäftlichen Verkehr, soweit dieses innerhalb beteiligter
Verkehrskreise als Marke Verkehrsgeltung erworben hat, oder durch die iSd Art. 6 bis PVÜ notorische
Bekanntheit einer Marke. Die Eintragung kann auch als Kollektivmarke erfolgen (§§ 97 ff.; Art. 64 ff.
GMV).

Inhaber von eingetragenen und angemeldeten Marken können sein natürliche und juristische Per- 3
sonen sowie Personengesellschaften, sofern sie mit der Fähigkeit ausgestattet sind, Rechte zu erwerben
und Verbindlichkeiten einzugehen (§ 7). Marken können verkauft und lizenziert werden (§ 30), unabhängig vom Betrieb.

Der Zeitrang einer Marke bestimmt sich gem. § 6 nach dem Anmeldetag – nicht der späteren 4
Eintragung –, wobei der Schutz in Einzelfällen auch vorverlegt werden kann (Priorität). Dies hat
Bedeutung, falls sich im Streit auf beiden Seiten Kennzeichen gegenüber stehen, bei denen dann in der
Regel die ältere Kennzeichnung obsiegen wird.

Die originäre **Schutzdauer** einer Marke (zehn Jahre, § 47 Abs. 1) ist zeitlich in Zehn-Jahres- 5
Schritten perpetuierbar, vorausgesetzt, die Verlängerungsgebühren werden bezahlt; ansonsten wird die
Marke gelöscht (§ 47). Gelöscht wird eine Marke auch, wenn der Inhaber vor dieser Zeit auf die Marke
verzichtet (§ 48).

2. Markenformen. Als Marke können alle Zeichen, insbes. Wörter einschließlich Personennamen, 6
Abbildungen, Buchstaben, Zahlen, Hörzeichen, dreidimensionale Gestaltungen einschließlich der Form
einer Ware oder ihrer Verpackung sowie sonstige Aufmachungen einschließlich Farben und Farbzusam-
menstellungen geschützt werden (§ 3 Abs. 1). Auch Kombinationen dieser Markenformen (zB Wort-
Bild-Marken) sind möglich. Voraussetzung ist jedoch stets, dass diese geeignet sind, Waren oder Dienst-

leistungen eines Unternehmens von denjenigen anderer Unternehmen zu unterscheiden (dazu s. im Folgenden). Voraussetzung ist auch, dass sich die Marke grafisch darstellen lässt (§ 8 Abs. 1).

7   **3. Ausschlussgründe.** Ausgeschlossen sind Zeichen, deren Form durch die Art der Ware selbst bedingt ist, zur Erreichung einer technischen Wirkung erforderlich ist oder der Ware einen wesentlichen Wert verleiht (§ 3 Abs. 2). Letztlich ist also schutzunfähig „die Ware selbst", die sich nicht selbst kennzeichnen kann.

8   **4. Absolute Schutzhindernisse.** Das Bestehen oder Nichtbestehen absoluter Schutzhindernisse ist im Eintragungsverfahren von Amts wegen zu berücksichtigen. Liegen Schutzhindernisse dieser Art vor, führt dies zur Nichteintragung der Marke. Wird eine Marke entgegen der nachstehenden Regeln eingetragen, kann sie nachträglich iRd Regeln des § 50 gelöscht werden. Diese Löschung wirkt ex tunc (§ 52 Abs. 2), beseitigt also die Strafbarkeit (Ingerl/Rohnke Rn. 5).

9   **a) Fehlende Unterscheidungskraft.** Von der Eintragung ausgeschlossen sind Marken, denen für die Waren oder Dienstleistungen jegliche Unterscheidungskraft fehlt (§ 8 Abs. 2 Nr. 1). Dies gilt allein dann nicht, wenn die Marke sich zuvor infolge ihrer Benutzung für die in Redestehenden Waren/Dienstleistungen in den beteiligten Verkehrskreisen durchgesetzt hat (§ 8 Abs. 3).

10   Unterscheidungskraft ist die Fähigkeit, die Ware, für die die Eintragung beantragt wird, als von einem bestimmten Unternehmen stammend zu kennzeichnen und diese Ware somit von denjenigen anderer Unternehmen zu unterscheiden (EuGH GRUR 1999, 723 – Chiemsee). Es ist die einer Marke inne-wohnende (konkrete) Eignung, vom Verkehr als Unterscheidungsmittel für die von der Marke erfassten Waren oder Dienstleistungen eines Unternehmens gegenüber solchen anderer Unternehmen aufgefasst zu werden (BGH GRUR 2002, 1070 – Bar jeder Vernunft). An dieser fehlt es, wenn ein Zeichen rein beschreibend für die umfassten Waren oder Dienstleistungen ist. So wäre zB der Begriff Cabrio für ein offenes Auto rein beschreibend. Als Marke für einen Schokoriegel wäre es jedoch unproblematisch schutzfähig. Einzelheiten und Rspr. bei Ingerl/Rohnke § 8 Rn. 108 ff.; Fezer MarkenR § 8 Rn. 36 ff.

11   **b) Freihaltebedürfnis.** Von der Eintragung ausgeschlossen sind auch Marken, die ausschließlich aus Zeichen oder Angaben bestehen, die im Verkehr zur Bezeichnung der Art, der Beschaffenheit, der Menge, der Bestimmung, des Wertes, der geografischen Herkunft, der Zeit der Herstellung der Waren oder der Erbringung der Dienstleistungen oder zur Bezeichnung sonstiger Merkmale der Waren oder Dienstleistungen dienen können (§ 8 Abs. 2 Nr. 2). Dies gilt allein dann nicht, wenn die Marke sich zuvor infolge ihrer Benutzung für die in Rede stehenden Waren/Dienstleistungen in den beteiligten Verkehrskreisen durchgesetzt hat (§ 8 Abs. 3).

12   Die Differenz zur fehlenden Unterscheidungskraft – die Begriffe überschneiden sich, da freihalte-bedürftige Angaben in der Regel keine Unterscheidungskraft besitzen (der Begriff Cabrio ist für ein offenes Auto zugleich freihaltebedürftig) – liegt im Grundsatz darin, dass die Unterscheidungskraft subjektiv verstanden wird, während das Freihaltebedürfnis primär objektiv darauf abstellt, ob im Interesse der Mitbewerber die Benutzung der Bezeichnung auch in kennzeichenmäßiger Form möglich bleiben soll (Ingerl/Rohnke § 8 Rn. 200). Einzelheiten und Rspr. bei Ingerl/Rohnke § 8 Rn. 196 ff.; Fezer MarkenR § 8 Rn. 298 ff.

13   **c) Sonstige Schutzhindernisse.** Ein Markenschutz ist ferner ausgeschlossen für Marken,
    – die ausschließlich aus Zeichen oder Angaben bestehen, die im **allgemeinen Sprachgebrauch** oder in den redlichen und ständigen Verkehrsgepflogenheiten zur Bezeichnung der Waren oder Dienst-leistungen üblich geworden sind (Nr. 3), es sei denn, die Marke hat sich in den beteiligten Verkehrs-kreisen durchgesetzt (§ 8 Abs. 3),
    – die geeignet sind, das Publikum insbesondere über die Art, die Beschaffenheit oder die geografische Herkunft der Waren oder Dienstleistungen zu **täuschen** (Nr. 4),
    – die gegen die öffentliche Ordnung oder die gegen die guten Sitten verstoßen (Nr. 5),
    – die Staatswappen, Staatsflaggen oder andere staatliche Hoheitszeichen oder Wappen eines inländischen Ortes oder eines inländischen Gemeinde- oder weiteren Kommunalverbandes enthalten (Nr. 6; resp. eine Nachahmung gem. § 8 Abs. 4 S. 1),
    – die amtliche Prüf- oder Gewährzeichen enthalten, die nach einer Bekanntmachung des Bundes-ministeriums der Justiz im Bundesgesetzblatt von der Eintragung als Marke ausgeschlossen sind (Nr. 7; resp. eine Nachahmung gem. § 8 Abs. 4 S. 1),
    – die Wappen, Flaggen oder andere Kennzeichen, Siegel oder Bezeichnungen internationaler zwischen-staatlicher Organisationen enthalten, die nach einer Bekanntmachung des Bundesministeriums der Justiz im Bundesgesetzblatt von der Eintragung als Marke ausgeschlossen sind (Nr. 8; resp. eine Nach-ahmung gem. § 8 Abs. 4 S. 1),
    – deren Benutzung ersichtlich nach sonstigen Vorschriften im öffentlichen Interesse untersagt werden kann (Nr. 9), oder
    – die bösgläubig angemeldet worden sind (Nr. 10).

14   § 8 Abs. 2 Nr. 6, 7 und 8 sind nicht anzuwenden, wenn der Anmelder befugt ist, in der Marke eines der dort aufgeführten Zeichen zu führen, selbst wenn es mit einem anderen der dort aufgeführten

Zeichen verwechselt werden kann; Nr. 7 ist ferner nicht anzuwenden, wenn die Waren oder Dienstleistungen, für die die Marke angemeldet worden ist, mit denen, für die das Prüf- oder Gewährzeichen eingeführt ist, weder identisch noch diesen ähnlich sind; Nr. 8 ist ferner nicht anzuwenden, wenn die angemeldete Marke nicht geeignet ist, beim Publikum den unzutreffenden Eindruck einer Verbindung mit der internationalen zwischenstaatlichen Organisation hervorzurufen (§ 8 Abs. 4).

Ebenfalls von Amts wegen zu beachten ist das Vorhandensein einer identischen oder verwechslungs- **15** fähigen notorisch bekannten Marken nach Art. 6 bis PVÜ (§ 10).

d) Nachträgliche Löschung wegen Entwicklung zur gebräuchlichen Bezeichnung. Die Ein- **16** tragung wird auf Antrag wegen Verfalls gelöscht, wenn die Marke sich infolge des Verhaltens oder der Untätigkeit des Inhabers im geschäftlichen Verkehr zur gebräuchlichen Bezeichnung der Waren oder Dienstleistungen, für die sie eingetragen ist, entwickelt hat (§ 49 Abs. 2 Nr. 1). Versäumt also der Markeninhaber, seine Marke dagegen zu verteidigen, dass andere Anbieter sie als Gattungsbezeichnung verwenden, geht er des Schutzes letztlich verlustig. Die Wirkung der Marke endet bei Verfall gem. § 52 Abs. 1 ex-nunc.

5. Relative Schutzhindernisse. Angemeldete oder eingetragene Marken, also Zeichen mit älterem **17** Zeitrang, sind bei Anmeldung als lediglich relative Schutzhindernisse zu betrachten. Die Eintragung einer Marke kann gem. § 9 gelöscht werden, wenn es sich um eine identische Marke mit identischem Waren-/Dienstleistungsbezug oder um eine aufgrund der Nähe der Zeichen und der Waren/Dienstleistungen verwechslungsfähige Marke handelt. Gleiches gilt bei bekannten Zeichen, wenn sich die Anmeldung trotz nicht ähnlicher Waren/Dienstleistungen so anlehnt, dass die Benutzung der neuen Marke die Unterscheidungskraft oder die Wertschätzung der bekannten Marke ohne rechtfertigenden Grund in unlauterer Weise ausnutzen oder beeinträchtigen würde.

Kollisionsgefahren werden vom Amt allerdings weder geprüft noch gerügt. Sie können nur vom **18** Inhaber des älteren Zeichens im Widerspruchsverfahren (§ 42), im Wege der Löschungsklage (§ 51) oder des gerichtlichen Markenverfahrens über § 14 geltend gemacht werden. Sie sind für die Bestandskraft einer Marke daher unerheblich, solange dies nicht geschieht, und können im Strafverfahren wegen einer Verletzung eines ungeachtet älterer Rechte eingetragenen jüngeren Zeichens grds. nicht als Verteidigungseinwand vorgebracht werden. Allerdings beseitigt die Löschung einer Marke mit Rückwirkung (§§ 43 Abs. 4, 52 Abs. 2) auf den Tatzeitpunkt auch die Strafbarkeit (Ingerl/Rohnke Rn. 5).

Weitere relative Hindernisse ergeben sich, wenn ein anderer vor dem für den Zeitrang der einge- **19** tragenen Marke maßgeblichen Tag Rechte an einer Marke erworben hat und diese ihn berechtigen, die Benutzung der eingetragenen Marke im gesamten Bundesgebiet zu untersagen (§ 12). Gleiches gilt, wenn es sich um ein sonstiges Recht mit gleichem Schutzumfang handelt, insbes. ein Namensrecht, ein Recht an der eigenen Abbildung, ein Urheberrecht, eine Sortenbezeichnung, eine geografische Herkunftsangabe oder ein sonstiges gewerbliches Schutzrecht (§ 13).

II. Ausschließlichkeitsrechte des Markeninhabers

1. Ansprüche. Der Markeninhaber besitzt gem. § 14 ein Ausschließlichkeitsrecht. Dritten ist es **20** untersagt, ohne Zustimmung des Inhabers der Marke im geschäftlichen Verkehr

– ein mit der Marke identisches Zeichen für Waren oder Dienstleistungen zu benutzen, die mit denjenigen identisch sind, für die sie Schutz genießt (§ 14 Abs. 2 Nr. 1),

– ein Zeichen zu benutzen, wenn wegen der Identität oder Ähnlichkeit des Zeichens mit der Marke und **21** der Identität oder Ähnlichkeit der durch die Marke und das Zeichen erfassten Waren oder Dienstleistungen für das Publikum die Gefahr von Verwechslungen besteht, einschließlich der Gefahr, dass das Zeichen mit der Marke gedanklich in Verbindung gebracht wird (§ 14 Abs. 2 Nr. 2), oder

– ein mit der Marke identisches Zeichen oder ein ähnliches Zeichen für Waren oder Dienstleistungen zu **22** benutzen, die nicht denen ähnlich sind, für die die Marke Schutz genießt, wenn es sich bei der Marke um eine im Inland bekannte Marke handelt und die Benutzung des Zeichens die Unterscheidungskraft oder die Wertschätzung der bekannten Marke ohne rechtfertigenden Grund in unlauterer Weise ausnutzt oder beeinträchtigt (§ 14 Abs. 2 Nr. 3). Um in den Genuss eines auf nichtähnliche Waren oder Dienstleistungen erweiterten Schutzes zu kommen, muss die eingetragene Marke einem bedeutenden Teil des Publikums bekannt sein, das von den durch die Marke erfassten Waren oder Dienstleistungen betroffen ist (EuGH WRP 1999, 1130 – Chevy). Denn nur wenn die Marke einen genügenden Bekanntheitsgrad hat, kann das Publikum, wenn es mit der jüngeren Marke konfrontiert wird, bei nichtähnlichen Waren oder Dienstleistungen eine Verbindung zwischen den beiden Marken herstellen, so dass die ältere Marke beeinträchtigt werden kann (BGH GRUR 2002, 340 – Fabergé). Zur Feststellung der Bekanntheit s. Fezer MarkenR § 14 Rn. 751 ff.; Ingerl/Rohnke § 14 Rn. 1309 ff.

Sind die Voraussetzungen des § 14 Abs. 2 erfüllt, so ist es gem. § 14 Abs. 3 insbes. untersagt, das **23** Zeichen auf Waren oder ihrer Aufmachung oder Verpackung anzubringen, unter dem Zeichen Waren anzubieten, in den Verkehr zu bringen oder zu den genannten Zwecken zu besitzen, unter dem Zeichen

Dienstleistungen anzubieten oder zu erbringen, unter dem Zeichen Waren einzuführen oder auszuführen sowie das Zeichen in Geschäftspapieren oder in der Werbung zu benutzen.

24 § 14 Abs. 4 untersagt ferner, ohne Zustimmung des Inhabers der Marke im geschäftlichen Verkehr

– ein mit der Marke identisches Zeichen oder ein ähnliches Zeichen auf Aufmachungen oder Verpackungen oder auf Kennzeichnungsmitteln wie Etiketten, Anhängern, Aufnähern oder dergleichen anzubringen,

25 – Aufmachungen, Verpackungen oder Kennzeichnungsmittel, die mit einem mit der Marke identischen Zeichen oder einem ähnlichen Zeichen versehen sind, anzubieten, in den Verkehr zu bringen oder zu den genannten Zwecken zu besitzen oder

26 – Aufmachungen, Verpackungen oder Kennzeichnungsmittel, die mit einem mit der Marke identischen Zeichen oder einem ähnlichen Zeichen versehen sind, einzuführen oder auszuführen,

wenn die Gefahr besteht, dass die Aufmachungen oder Verpackungen zur Aufmachung oder Verpackung oder die Kennzeichnungsmittel zur Kennzeichnung von Waren oder Dienstleistungen benutzt werden, hinsichtlich deren Dritten die Benutzung des Zeichens nach den § 14 Abs. 2–3 untersagt wäre.

27 Weitere zivilrechtliche Ansprüche des Markeninhabers (insbesondere auf Auskunft und Schadensersatz) regeln §§ 14 Abs. 6–7, 16–19c.

28 **2. Bestimmung der Verwechslungsgefahr.** Die Fälle echter Markenpiraterie und die Kennzeichnung identischer Waren mit identischen Zeichen sind recht einfach festzustellen. Anders ist es beim Schutz gegen Verwechslungen in § 14 Abs. 2 Nr. 2. Der Bestimmung der Verwechslungsgefahr kommt in den Fällen der Benutzung ähnlicher Zeichen bzw. ähnlicher Waren und Dienstleistungen entscheidende Bedeutung zu. Eine Verwechslungsgefahr besteht, wenn das Publikum sich in Bezug auf die Herkunft der betreffenden Waren oder Dienstleistungen täuschen kann.

29 **a) Kennzeichnungskraft.** Der für die Bestimmung der Verwechslungsgefahr zu bestimmende Schutzbereich einer Marke ist zunächst abhängig von der Kennzeichnungskraft des Zeichens. Eingetragene Marken verfügen in der Regel über eine durchschnittliche Kennzeichnungskraft, doch kann sich diese je nach Eigenart (Fantasie) des Zeichens auch höher bzw. geringer ausfallen. Dazu kommt, dass eine hohe Bekanntheit der Marke geeignet ist, die Kennzeichnungskraft zu steigern. Die Schwächung einer Marke kann andererseits auch durch eine beträchtliche Anzahl benutzter Drittmarken herbeigeführt werden, die sich bereits im Ähnlichkeitsbereich befinden. In jedem Fall jedoch gilt: Je größer der Schutzbereich einer Marke, desto größer sind die Anforderungen an andere Kennzeichnungen, sich von dieser Marke entweder hinsichtlich des Zeichens oder hinsichtlich der betroffenen Waren bzw. Dienstleistungen entfernt zu halten. Die Verwechslungsgefahr wird umso größer, je größer die Kennzeichnungskraft der älteren Marke ist (EuGH GRUR 1998, 387 – Sabel/Puma).

30 **b) Ähnlichkeit der Waren bzw. Dienstleistungen.** Bei der Beurteilung der Ähnlichkeit der betroffenen Waren oder Dienstleistungen sind alle erheblichen Faktoren zu berücksichtigen, die das Verhältnis zwischen den Waren oder Dienstleistungen kennzeichnen. Zu diesen Faktoren gehören insbes. deren Art, Verwendungszweck und Nutzung sowie ihre Eigenart als miteinander konkurrierende oder einander ergänzende Waren oder Dienstleistungen (EuGH GRUR 1998, 922 – Canon). Zur Spruchpraxis s. umfassend *Richter/Stoppel*, Die Ähnlichkeit von Waren und Dienstleistungen, 16. Aufl. 2014.

31 **c) Ähnlichkeit der Zeichen.** Die umfassende Beurteilung der Verwechslungsgefahr impliziert eine gewisse Wechselbeziehung zwischen den in Betracht kommenden Faktoren, insbes. der Ähnlichkeit der Marken und der Ähnlichkeit der damit gekennzeichneten Waren oder Dienstleistungen; so kann ein geringer Grad der Ähnlichkeit der gekennzeichneten Waren oder Dienstleistungen durch einen höheren Grad der Ähnlichkeit der Marken ausgeglichen werden und umgekehrt (EuGH GRUR 1998, 922 – Canon).

32 Die Nähe zweier Zeichen kann sich jeweils unabhängig von den anderen Faktoren klanglich, optisch oder nach dem Sinn eines Zeichens ergeben. Dabei können zB zwei optisch nicht verwechselbare Zeichen ohne weiteres allein über ihre akustische Nähe verwechslungsfähig werden. Die optische Nähe kann sich bei der Wortmarke aus schriftbildlicher Ähnlichkeit, insbesondere am Wortanfang ergeben (Rspr.-Nachw. bei Ingerl/Rohnke § 14 Rn. 864). Bei der klanglichen Nähe kommt es tendenziell vor allem auf Vokalfolgen an (Rspr.-Nachw. bei Ingerl/Rohnke § 14 Rn. 885 ff.), während die begriffliche Nähe voraussetzt, dass beide Marken einen für das Publikum vergleichbaren Sinngehalt haben (Rspr.-Nachw. bei Ingerl/Rohnke § 14 Rn. 914).

33 Bei der umfassenden Beurteilung ist hinsichtlich der Ähnlichkeit der betreffenden Marken im Bild, im Klang oder in der Bedeutung auf den **Gesamteindruck** abzustellen, den die Marken hervorrufen, wobei insbesondere ihre unterscheidungskräftigen und dominierenden Elemente zu berücksichtigen sind (s. etwa EuG BeckRS 2014, 82609 Rn. 25). Es kommt für die umfassende Beurteilung der Verwechslungsgefahr entscheidend darauf an, wie die Marke auf den Durchschnittsverbraucher dieser Art von Waren oder Dienstleistungen wirkt. Der Durchschnittsverbraucher nimmt eine Marke aber normaler-

weise als Ganzes wahr und achtet nicht auf die verschiedenen Einzelheiten (EuGH GRUR 1998, 387 – Sabel/Puma).

Zu den komplexen Einzelheiten und zur ausführlichen Spruchpraxis von Markenämtern und Ge- **34** richten s. Ingerl/Rohnke § 14 Rn. 361 ff.; Fezer MarkenR § 14 Rn. 222 ff.

III. Benutzungszwang

Ein weiteres Grundprinzip des Markenrechts ist der Benutzungszwang. Ansprüche können grds. nur **35** geltend gemacht werden, wenn der Markeninhaber die Marke innerhalb der letzten **fünf Jahre** für die eingetragenen Waren oder Dienstleistungen benutzt hat (§ 25 Abs. 1); dies wird im Verfahren allerdings nicht von Amts wegen, sondern nur auf Einrede berücksichtigt (§ 25 Abs. 2). Die Benutzung der Marke mit Zustimmung des Inhabers durch einen Lizenznehmer gilt als Benutzung (§ 26 Abs. 2). Die Benutzung muss ernsthaft sein, kann auch in unwesentlich abgewandelter Form geschehen (§ 26 Abs. 3) und hat grds. spätestens fünf Jahre nach Eintragung der Marke (§ 25 Abs. 1) bzw. nach Abschluss eines Widerspruchsverfahrens (§ 26 Abs. 5) zu beginnen **(Benutzungsschonfrist).** Nähere Anforderungen regelt § 26. Nichtbenutzung führt zur Löschungsreife, was bedeutet, dass die Marke auf Antrag wegen Verfalls (ex-nunc; § 52 Abs. 1) gelöscht werden kann (§ 49 Abs. 1).

IV. Rechtmäßige Benutzung durch Dritte

Weitere Schranken für den (straf)rechtlichen Markenschutz ergeben sich aus §§ 21–24. Keine wider- **36** rechtliche, sondern eine vom Gesetz gestattete Markenbenutzung liegt insbesondere vor, wenn die Voraussetzungen der §§ 23, 24 gegeben sind. Es handelt sich um rechtshindernde Einwendungen, so dass die Beweislast grds. den handelnden Dritten trifft (BGH GRUR 2000, 879 – stüssy; Ingerl/Rohnke § 23 Rn. 127, § 24 Rn. 88 ff.).

1. Benutzung von Namen und beschreibenden Angaben sowie Ersatzteilgeschäft (§ 23). Der Inhaber einer Marke oder einer geschäftlichen Bezeichnung hat nicht das Recht, einem Dritten zu **37** untersagen, im geschäftlichen Verkehr – sofern diese Benutzung nicht gegen die guten Sitten verstößt –

– dessen Namen oder Anschrift zu benutzen,

– ein mit der Marke oder der geschäftlichen Bezeichnung identisches Zeichen oder ein ähnliches **38** Zeichen als Angabe über Merkmale oder Eigenschaften von Waren oder Dienstleistungen, wie insbesondere ihre Art, ihre Beschaffenheit, ihre Bestimmung, ihren Wert, ihre geografische Herkunft oder die Zeit ihrer Herstellung oder ihrer Erbringung, zu benutzen, oder

– die Marke oder die geschäftliche Bezeichnung als Hinweis auf die Bestimmung einer Ware, ins- **39** besondere als Zubehör oder Ersatzteil, oder einer Dienstleistung zu benutzen, soweit die Benutzung dafür notwendig ist. Auch eine ansonsten zulässige Nutzung muss aber offen zutage treten. Eine Beeinflussung von Internet-Suchmaschinen durch die im Quelltext versteckte Verwendung von fremden Markennamen etwa ist auch dann nicht gestattet, wenn der Dritte solche Waren zulässigerweise vertreibt (BGH GRUR 2007, 65 – Impuls; CR 2007, 589 – AIDOL auch hinsichtlich § 24).

2. Erschöpfung (§ 24). Eine weitere Schranke des Kennzeichenschutzes ist die Erschöpfung einer **40** Marke. Diese liegt in Bezug auf ein konkretes Stück einer Ware vor, das vom Markeninhaber bzw. mit seiner Zustimmung in den Verkehr gebracht wurde. Dies gilt aufgrund des Grundsatzes **europaweiter Erschöpfung** auch dann, wenn dies in einem anderen Staat der EU bzw. des EWR geschehen ist. Eine Ausnahmeregelung findet sich allein für die Fälle, in denen sich der Markeninhaber einer Markenbenutzung im Zusammenhang mit dem weiteren Vertrieb der Waren aus berechtigten Gründen widersetzt, insbesondere wenn der Zustand der Waren nach ihrem Inverkehrbringen verändert oder verschlechtert ist. Vielfältige Rechtsprechung hat sich in Bezug auf die Veränderung, insbesondere das Umverpacken von Waren herausgebildet, die vielfach Parallelimporte von Arzneimitteln betraf (s. Ingerl/Rohnke § 24 Rn. 65 ff.; Fezer MarkenR § 24 Rn. 45 ff., 74 ff.).

3. Bestandskraft der Eintragung einer Marke mit jüngerem Zeitrang. Der Markeninhaber hat **41** nicht das Recht, die Benutzung einer eingetragenen Marke mit jüngerem Zeitrang für die Waren oder Dienstleistungen, für die sie eingetragen ist, zu untersagen, wenn ein Antrag auf Löschung der Eintragung der Marke mit jüngerem Zeitrang zurückgewiesen worden ist oder zurückzuweisen wäre, weil die Marke bei Anmeldung der jüngeren Marke noch nicht bekannt war (§ 22 Abs. 1 Nr. 1). Gleiches gilt, wenn dies deshalb der Fall ist, weil die Eintragung der älteren Marke am Tag der Veröffentlichung der jüngeren Marke wegen Verfalls oder wegen absoluter Schutzhindernisse hätte gelöscht werden können (§ 22 Abs. 1 Nr. 2).

4. Verwirkung. Die zivilrechtliche Regelung der Verjährung in § 20 ist für die strafrechtlichen **42** Fragen unerheblich (Ingerl/Rohnke Rn. 9). Bedeutung hat aber die Frage der Verwirkung von Ansprüchen, da eine Strafbarkeit zivilrechtsakzessorisch ist. Soweit ein Anspruch nach § 14 über § 21 verwirkt ist, kommt eine Strafbarkeit nicht mehr in Betracht.

43 Dabei hat der Markeninhaber nicht das Recht, die Benutzung einer eingetragenen Marke mit jüngerem Zeitrang für die Waren oder Dienstleistungen, für die sie eingetragen ist, zu untersagen, soweit er die Benutzung der Marke während eines Zeitraums von fünf aufeinanderfolgenden Jahren in Kenntnis dieser Benutzung geduldet hat, es sei denn, dass die Anmeldung der Marke mit jüngerem Zeitrang bösgläubig vorgenommen worden ist (§ 21 Abs. 1). Gleiches gilt hinsichtlich der Benutzung einer Marke iSd § 4 Nr. 2 oder 3, einer geschäftlichen Bezeichnung oder eines sonstigen Rechts iSd § 13 (insbes. Namensrechte, das Recht an der eigenen Abbildung, Urheberrechte, Sortenbezeichnungen, geografische Herkunftsangaben und sonstige gewerbliche Schutzrechte) mit jüngerem Zeitrang, soweit die Benutzung dieses Rechts während eines Zeitraums von fünf aufeinanderfolgenden Jahren in Kenntnis dieser Benutzung von ihm geduldet wurde, es sei denn, dass der Inhaber dieses Rechts im Zeitpunkt des Rechtserwerbs bösgläubig war (§ 21 Abs. 2).

V. Strafbare Handlungen

44 **1. Identitätsschutz und Verwechslungsschutz.** Strafbar handelt, wer im geschäftlichen Verkehr widerrechtlich entgegen § 14 Abs. 2 Nr. 1 oder 2 ein Zeichen benutzt (§ 143 Abs. 1 Nr. 1), zunächst also, wer ohne Zustimmung des Inhabers der Marke im geschäftlichen Verkehr mit der Marke identisches Zeichen für identische Waren oder Dienstleistungen benutzt (Nr. 1). Gleiches gilt für denjenigen, der ein identisches Zeichen für ähnliche Waren bzw. Dienstleistungen, ein ähnliches Zeichen für identische Waren/Dienstleistungen oder aber ein ähnliches Zeichen für ähnliche Waren/Dienstleistungen benutzt, wenn dies dazu führt, dass für das Publikum die Gefahr von Verwechslungen besteht, einschließlich der Gefahr, dass das Zeichen mit der Marke gedanklich in Verbindung gebracht wird. Eine Benutzung liegt dann insbesondere vor, wenn das Zeichen auf Waren oder ihrer Aufmachung oder Verpackung angebracht wird, wenn unter dem Zeichen Waren angeboten, in Verkehr gebracht oder zu diesem Zweck besessen werden, unter dem Zeichen Dienstleistungen angeboten oder erbracht werden, unter dem Zeichen Waren ein- bzw. ausgeführt werden sowie wenn das Zeichen in Geschäftspapieren oder in der Werbung benutzt wird (§ 14 Abs. 3).

45 **2. Bekanntheitsschutz.** Strafbar handelt ferner, wer im geschäftlichen Verkehr widerrechtlich entgegen § 14 Abs. 2 Nr. 3 ein Zeichen in der Absicht benutzt, die Unterscheidungskraft oder die Wertschätzung einer bekannten Marke auszunutzen oder zu beeinträchtigen (§ 143 Abs. 1 Nr. 2), mithin wenn ein Dritter ohne Zustimmung des Markeninhabers im geschäftlichen Verkehr ein mit der Marke identisches oder ähnliches Zeichen für Waren oder Dienstleistungen benutzt, die zwar nicht denen ähnlich sind, für die die Marke Schutz genießt, doch durch die die Unterscheidungskraft oder die Wertschätzung der bekannten Marke ohne rechtfertigenden Grund in unlauterer Weise ausgenutzt oder beeinträchtigt wird.

46 **3. Markenrechtsverletzende Vorbereitungshandlung.** Strafbar handelt schließlich gem. § 143 Abs. 1 Nr. 3, wer im geschäftlichen Verkehr widerrechtlich entgegen § 14 Abs. 4 Nr. 1 ein Zeichen anbringt oder entgegen § 14 Abs. 4 Nr. 2 oder 3 eine Aufmachung oder Verpackung oder ein Kennzeichnungsmittel anbietet, in den Verkehr bringt, besitzt, einführt oder ausführt, soweit Dritten die Benutzung des Zeichens iRd Identitäts- bzw. Verwechslungsschutzes untersagt wäre oder iRd Bekanntheitsschutzes die Handlung in der Absicht vorgenommen wird, die Ausnutzung oder Beeinträchtigung der Unterscheidungskraft oder der Wertschätzung einer bekannten Marke zu ermöglichen. Strafbar ist in diesen Fällen also, ohne Zustimmung des Inhabers der Marke im geschäftlichen Verkehr das identische bzw. ähnliche Zeichen auf Aufmachungen oder Verpackungen oder auf Kennzeichnungsmitteln wie Etiketten, Anhängern, Aufnähern oder dergleichen anzubringen, diese in den Verkehr zu bringen oder zu den genannten Zwecken zu besitzen sowie diese ein- bzw. auszuführen.

47 **4. Weitere Voraussetzungen.** Da der markenstrafrechtliche Schutz **zivilrechtsakzessorisch** ist, ist Voraussetzung einer strafbaren Handlung auch, dass keine der beschriebenen markenrechtlichen Schrankenbestimmungen die Benutzung gestattet. Die Löschung einer Marke mit Rückwirkung beseitigt die Strafbarkeit und ist Wiederaufnahmegrund nach § 359 Nr. 4 und 5 StPO (Ingerl/Rohnke Rn. 5). Die **Löschung** wegen Verfalls erfolgt mit Wirkung **ex nunc,** diejenige wegen Nichtigkeit mit Wirkung **ex tunc** (§ 52). Will der Angeklagte Löschungsklage erheben, kann das Strafverfahren nach § 262 StPO ausgesetzt werden (Ingerl/Rohnke Rn. 5).

C. Strafbare Verletzung geschäftlicher Bezeichnungen

I. Geschützte geschäftliche Bezeichnungen

48 Als geschäftliche Bezeichnungen werden Unternehmenskennzeichen und Werktitel geschützt (§ 5 Abs. 1).

49 **1. Unternehmenskennzeichen. Unternehmenskennzeichen** sind Zeichen, die im geschäftlichen Verkehr als Name, als Firma oder als besondere Bezeichnung eines Geschäftsbetriebs oder eines Unter-

nehmens benutzt werden; der besonderen Bezeichnung eines Geschäftsbetriebs stehen solche Geschäftsabzeichen und sonstige zur Unterscheidung des Geschäftsbetriebs von anderen Geschäftsbetrieben
bestimmte Zeichen gleich, die innerhalb beteiligter Verkehrskreise als Kennzeichen des Geschäftsbetriebs
gelten (§ 5 Abs. 2). Der Schutz geht beim Handeln im geschäftlichen Verkehr dem aus § 12 BGB, § 37
HGB vor. Er ist unabhängig von Eintragungen im Handelsregister.

Geschützt sind mithin die Firma bzw. der **Name** eines Unternehmens sowie auch einzelne Bestand-   **50**
teile und Firmenschlagwörter, vorausgesetzt allerdings stets, dass diese unterscheidungskräftig sind. Dies
wiederum setzt voraus, dass der **Bestandteil** geeignet ist, als Name des Unternehmens zu wirken
(Ingerl/Rohnke § 5 Rn. 24 mwN). Selbst **Firmenschlagwörter** oder Abkürzungen, die nicht Bestandteil des eigentlichen Firmennamens sind, genießen als besondere Geschäftsbezeichnung Schutz,
wenn sie vom Betrieb zu dessen Kennzeichnung herausgestellt verwendet werden. Selbst Establissement-
bezeichnungen (zB im Hotel- und Gaststättengewerbe) gehören hierher (BGH GRUR 1995, 507 –
City-Hotel). Je nach Unterscheidungskraft wird der Schutzbereich gegenüber Verwechslungen in diesen
Fällen allerdings sehr gering sein. Fehlt dem Kennzeichen ursprünglich die Namensfunktion, kann
Schutz dennoch als **Geschäftsabzeichen** (Logos, Werbesprüche, Hausfarben, Domainname) entstehen,
wenn der Verkehr einen Hinweis auf den Verwender sieht (Ingerl/Rohnke § 5 Rn. 31 mwN; Fezer
MarkenR Einl. G Rn. 36 ff.). Im Gegensatz zu Unternehmenskennzeichen mit Namensfunktion, die
originär unterscheidungskräftig sind, können Geschäftsabzeichen und sonstige Zeichen demnach erst
dann Schutz genießen, wenn sie Verkehrsgeltung erlangt haben. Diese muss innerhalb der beteiligten
Verkehrskreise erreicht werden.

2. Titelschutz. Werktitel sind die Namen oder besonderen Bezeichnungen von Druckschriften,   **51**
Filmwerken, Tonwerken, Bühnenwerken oder sonstigen vergleichbaren Werken (§ 5 Abs. 3). Der Titelschutz entsteht durch die Ingebrauchnahme des Titels, wobei dieser Schutz vorverlegt werden kann,
wenn der Inhaber eine Titelschutzanzeige in einem der branchenüblichen Publikationsorgane schaltet
und innerhalb einer angemessenen Frist die Benutzung tatsächlich aufnimmt (BGH GRUR 1989, 760 –
Titelschutzanzeige). Die Anzeige muss auch nicht durch den Inhaber des Rechts erfolgen, sondern kann
auch durch einen Rechtsanwalt ohne Nennung des Rechtsinhabers geschehen (BGH GRUR 1989, 760
– Titelschutzanzeige). Die angemessene Frist beträgt in der Regel sechs Monate, kann aber je nach
Publikationsform auch bis zu einem Jahr betragen (Ingerl/Rohnke § 5 Rn. 88 mwN). Der Titelschutz
endet mit Aufgabe des Gebrauchs, Wegfall der Verkehrsgeltung (falls er nur aufgrund dieser geschützt
war) oder durch Änderung von Werk und Titel.

II. Ausschließlichkeitsrechte des Inhabers (§ 15)

Der Erwerb des Schutzes einer geschäftlichen Bezeichnung gewährt ihrem Inhaber ein ausschließ-   **52**
liches Recht, entsprechend dem Inhaber einer Marke. Dieses regelt § 15. Diese Norm bestimmt in
Abs. 4 und 5 Unterlassungs- und Schadensersatzansprüche. Diese bestehen gem. § 15 Abs. 2 gegenüber
der unbefugten Benutzung eines identischen oder Ähnliches Zeichens im geschäftlichen Verkehr, wenn
dies geeignet ist, Verwechslungen mit der geschützten Bezeichnung hervorzurufen. Darüber hinaus gibt
§ 15 Abs. 3 wiederum einen Schutz für den Inhaber einer bekannten geschäftlichen Bezeichnung, deren
identische oder ähnliche Benutzung auch ohne Verwechslungsgefahr dann untersagt ist, wenn die
Benutzung des Zeichens die Unterscheidungskraft oder die Wertschätzung der geschäftlichen Bezeichnung ohne rechtfertigenden Grund in unlauterer Weise ausnutzt oder beeinträchtigt. Die Regeln für die
Feststellung dieser Beeinträchtigungen entsprechen denen bei Marken in § 14.

Auch gegenüber diesen Rechten können die oben beschriebenen **Schrankenregelungen** des Mar-   **53**
kenrechts in §§ 21–24 ins Feld geführt werden, die auch eine Strafbarkeit ausschließen.

III. Strafbare Handlungen (§ 143 Abs. 1 Nr. 4 und 5)

1. Benutzung einer Bezeichnung oder eines Zeichens entgegen § 15 Abs. 2. Strafrechtlich   **54**
bedeutsam ist also zunächst der **Identitäts- und Verwechslungsschutz.** Es ist untersagt, die geschäftliche Bezeichnung oder ein ähnliches Zeichen im geschäftlichen Verkehr unbefugt in einer Weise zu
benutzen, die geeignet ist, Verwechslungen mit der geschützten Bezeichnung hervorzurufen (§ 143
Abs. 1 Nr. 4 iVm § 15 Abs. 2).

2. Benutzung einer Bezeichnung oder eines Zeichens entgegen § 15 Abs. 3. Strafrechtlich   **55**
relevant ist auch der **Bekanntheitsschutz.** Handelt es sich bei der geschäftlichen Bezeichnung um eine
im Inland bekannte geschäftliche Bezeichnung, so ist es untersagt, die geschäftliche Bezeichnung oder
ein ähnliches Zeichen auch ohne Verwechslungsgefahr im geschäftlichen Verkehr zu benutzen, soweit
die Benutzung des Zeichens die Unterscheidungskraft oder die Wertschätzung der geschäftlichen
Bezeichnung ohne rechtfertigenden Grund in unlauterer Weise ausnutzt oder beeinträchtigt (§ 143
Abs. 1 Nr. 5 iVm § 15 Abs. 3). Die Strafbarkeit setzt in diesem Fall voraus, dass die Benutzung in der
Absicht geschieht, die Unterscheidungskraft oder die Wertschätzung einer bekannten geschäftlichen
Bezeichnung auszunutzen oder zu beeinträchtigen.

D. Gewerbs- und Bandengewerbsmäßigkeit (§ 143 Abs. 2)

I. Gewerbsmäßigkeit (Alt. 1)

56 Bei § 143 Abs. 2 Nr. 1 handelt es sich um eine **Strafverschärfung,** die das Strafmaß des § 143a Abs. 1 bei gewerbsmäßigem Handeln empfindlich erhöht und die Tat zugleich zu einem Offizialdelikt macht. Der subjektive Tatbestand des Grunddelikts wird durch die Qualifikation nicht berührt. Es genügt weiterhin dolus eventualis. Die Gewerbsmäßigkeit ist ein persönliches strafschärfendes Merkmal iSd § 28 Abs. 2 StGB. Ein Teilnehmer ist mithin nur dann ebenfalls nach § 143 Abs. 2 Alt. 1 strafbar, wenn auch er gewerbsmäßig gehandelt hat.

57 Der Begriff Gewerbsmäßigkeit ist im Markenrecht ebenso zu bestimmen wie in anderen Strafvorschriften (BGH NJW 2004, 1674 (1679) – CD-Export). Gewerbsmäßiges Handeln im Sinne der Norm liegt dann vor, wenn der Täter die Tat begeht, um sich durch wiederholte, ggf. auch fortgesetzte Begehung eine fortlaufende **Einnahmequelle** von einiger Dauer und einigem Umfang zu verschaffen (BGHSt 1, 383). Dabei genügt die unerlaubte Verwertung etwa von Piratenware in einem Gewerbebetrieb hierfür noch nicht (vgl. Dreier/Schulze § 108a Rn. 5). Umgekehrt muss der Täter aber auch keinen eigenen Gewerbebetrieb besitzen; auch ein bloßer Nebenerwerb genügt (vgl. Dreier/Schulze § 108a Rn. 5). Keine Bedingung für das Vorliegen von Gewerbsmäßigkeit ist das Unterhalten eines kriminellen Geschäfts oder das Auftreten als typischer Markenpirat (vgl. Dreier/Schulze § 108a Rn. 5). Eine regelmäßige Verkaufstätigkeit bei Internet-Auktionen kann ein gewerbsmäßiges Handeln begründen, wenn sich diese auf Piratenware und andere rechtsverletzende Gegenstände bezieht.

II. Bandenmitgliedschaft (Alt. 2)

57a Auch wenn der Täter als Mitglied einer Bande handelt, unterliegt sein Handeln der Strafverschärfung des § 143 Abs. 2. Hierdurch wird die Tat gleichzeitig zu einem Offizialdelikt. Die Bandenmitgliedschaft ist eine Qualifikation, die in der abstrakten Gefährlichkeit der Bande begründet ist, die mit Blick auf die Zukunft entsteht (BGHSt 46, 361).

Der Begriff der Bande setzt hier den Zusammenschluss von mindestens drei Personen voraus, die sich mit dem Willen verbunden haben, künftig für eine gewisse Dauer mehrere selbstständige, im Einzelnen noch ungewisse Markenrechtsstraftaten zu begehen (BGHSt 46, 321). Hierauf muss sich auch der Vorsatz des Einzelnen beziehen (BGH NStZ 1996, 442). Das Bestehen einer Bande setzt keine gegenseitig bindende Verpflichtung voraus (BGH NStZ 2006, 574); der Wechsel von Mitgliedern schadet grundsätzlich nicht (BGH – 2 StR 276/77). Ferner ist es nicht erforderlich, dass sich sämtliche Mitglieder einer Bande persönlich verabredet haben oder sich untereinander kennen (BGHSt 50, 160). Auch eine persönliche (zB familiäre) Bindung steht einer Bandenabrede nicht entgegen (BGH NStZ 2007, 339).

E. Strafverfolgung

58 Nur die vorsätzliche Begehung ist strafbar (§ 15 StGB), in den Fällen des Bekanntheitsschutzes muss auch über den einfachen Vorsatz hinaus eine Beeinträchtigungs- oder Ausnutzungsabsicht gegeben sein (Ingerl/Rohnke Rn. 4). Der **Versuch** der Tat ist strafbar (§ 143 Abs. 3). Das nicht gewerbsmäßige Handeln wird **nur auf Antrag** verfolgt, es sei denn, dass die Strafverfolgungsbehörde wegen des besonderen öffentlichen Interesses an der Strafverfolgung ein Einschreiten von Amts wegen für geboten hält (§ 143 Abs. 4). **Antragsberechtigt** (§§ 77 ff. StGB) sind der Markeninhaber sowie ein Inlandsvertreter (§ 96). Der Lizenznehmer ist es nicht (arg. § 30 Abs. 3; Fezer MarkenR Rn. 37; Ingerl/Rohnke Rn. 7). Die gewerbsmäßige Begehung nach § 143 Abs. 2 ist **Offizialdelikt.** Die **Verjährungsfrist** beträgt fünf Jahre nach Beendigung der Verletzungshandlung (§§ 78 Abs. 3 Nr. 5, 78a StGB).

59 Gegenstände, auf die sich die Straftat bezieht, können eingezogen werden. § 74a des Strafgesetzbuchs ist anzuwenden, doch sind, soweit den Ansprüchen auf Vernichtung (§ 18) im Verfahren über die Entschädigung des Verletzten (§§ 403–406c StPO) stattgegeben wird, Vorschriften über die Einziehung nicht anzuwenden (§ 143 Abs. 5). Wird auf Strafe erkannt, so ist, wenn der Verletzte es beantragt und ein berechtigtes Interesse daran dartut, anzuordnen, dass die Verurteilung auf Verlangen öffentlich bekanntgemacht wird; die Art der Bekanntmachung ist im Urteil zu bestimmen (§ 143 Abs. 6).

§ 143a Strafbare Verletzung der Gemeinschaftsmarke

(1) Wer die Rechte des Inhabers einer Gemeinschaftsmarke nach Artikel 9 Absatz 1 Satz 2 der Verordnung (EG) Nr. 207/2009 des Rates vom 26. Februar 2009 über die Gemeinschaftsmarke (kodifizierte Fassung) (ABl. L 78 vom 24.3.2009, S. 1) verletzt, indem er trotz eines Verbotes und ohne Zustimmung des Markeninhabers im geschäftlichen Verkehr

1. ein mit der Gemeinschaftsmarke identisches Zeichen für Waren oder Dienstleistungen benutzt, die mit denjenigen identisch sind, für die sie eingetragen ist,
2. ein Zeichen benutzt, wenn wegen der Identität oder Ähnlichkeit des Zeichens mit der Gemeinschaftsmarke und der Identität oder Ähnlichkeit der durch die Gemeinschaftsmarke und das Zeichen erfassten Waren oder Dienstleistungen für das Publikum die Gefahr von Verwechslungen besteht, einschließlich der Gefahr, dass das Zeichen mit der Marke gedanklich in Verbindung gebracht wird, oder
3. ein mit der Gemeinschaftsmarke identisches Zeichen oder ein ähnliches Zeichen für Waren oder Dienstleistungen benutzt, die nicht denen ähnlich sind, für die die Gemeinschaftsmarke eingetragen ist, wenn diese in der Gemeinschaft bekannt ist und das Zeichen in der Absicht benutzt wird, die Unterscheidungskraft oder die Wertschätzung der Gemeinschaftsmarke ohne rechtfertigenden Grund in unlauterer Weise auszunutzen oder zu beeinträchtigen,

wird mit Freiheitsstrafe bis zu drei Jahren oder mit Geldstrafe bestraft.

(2) § 143 Abs. 2 bis 6 gilt entsprechend.

§ 143a Abs. 1 statuiert eine eigenständige Strafnorm für die Verletzung von Gemeinschaftsmarken. **1** Sachlich unterscheidet sie sich sachlich zunächst nicht von § 143, wenn sowohl Identitätsschutz (Nr. 1) als auch Verwechslungsschutz (Nr. 2) ebenso wie Bekanntheitsschutz (Nr. 3) strafbewehrt werden. Auch sind § 143 Abs. 2–6 entsprechend anwendbar. Für die oben beschriebenen Schranken des deutschen Markenrechts finden sich in der GMV entsprechende Regeln.

Die Strafbarkeit ist entsprechend Art. 9 GMV davon abhängig, dass die Handlung trotz eines Verbotes **2** und ohne Zustimmung des Markeninhabers im geschäftlichen Verkehr vorgenommen wird. Auch diese Formulierung geht aber inhaltlich nicht über die Anforderungen des § 143 hinaus; insbes. wird kein ausdrücklich ausgesprochenes Verbot verlangt (Ingerl/Rohnke § 143a Rn. 2; Fezer MarkenR Rn. 6). Letztlich unterscheidet sich also die Strafbarkeit nicht von der bei der Verletzung nationaler Marken gem. § 143.

§ 144 Strafbare Benutzung geographischer Herkunftsangaben

(1) Wer im geschäftlichen Verkehr widerrechtlich eine geographische Herkunftsangabe, einen Namen, eine Angabe oder ein Zeichen

1. entgegen § 127 Abs. 1 oder 2, jeweils auch in Verbindung mit Abs. 4 oder einer Rechtsverordnung nach § 137 Abs. 1, benutzt oder
2. entgegen § 127 Abs. 3, auch in Verbindung mit Abs. 4 oder einer Rechtsverordnung nach § 137 Abs. 1, in der Absicht benutzt, den Ruf oder die Unterscheidungskraft einer geographischen Herkunftsangabe auszunutzen oder zu beeinträchtigen,

wird mit Freiheitsstrafe bis zu zwei Jahren oder mit Geldstrafe bestraft.

(2) Ebenso wird bestraft, wer entgegen Artikel 13 Abs. 1 Buchstabe a oder Buchstabe b der Verordnung (EG) Nr. 510/2006 des Rates vom 20. März 2006 zum Schutz von geographischen Angaben und Ursprungsbezeichnungen für Agrarerzeugnisse und Lebensmittel (ABl. EU Nr. L 93 S. 12) im geschäftlichen Verkehr

1. eine eingetragene Bezeichnung für ein dort genanntes Erzeugnis verwendet oder
2. sich eine eingetragene Bezeichnung aneignet oder sie nachahmt.

(3) Der Versuch ist strafbar.

(4) Bei einer Verurteilung bestimmt das Gericht, daß die widerrechtliche Kennzeichnung der im Besitz des Verurteilten befindlichen Gegenstände beseitigt wird oder, wenn dies nicht möglich ist, die Gegenstände vernichtet werden.

(5) ¹Wird auf Strafe erkannt, so ist, wenn das öffentliche Interesse dies erfordert, anzuordnen, daß die Verurteilung öffentlich bekanntgemacht wird. ²Die Art der Bekanntmachung ist im Urteil zu bestimmen.

A. Geografische Herkunftsangaben

„Geographische Herkunftsangaben liegen an der Schnittstelle zwischen Juristerei und gutem Ge- **1** schmack. Es sind Kennzeichen im Rechtssinne und Sinnbilder von Lebensfreude. Sie durchziehen die kulinarische Landschaft von Champagner über die Spreewälder Gurken und Thüringer Rostbratwurst bis zum Parmegiano Reggiano. Sie stehen auch außerhalb der Gaumenfreuden meist für eine besondere Qualität: Meissner Porzellan, Solinger Messer, Brüsseler Spitzen, Jenaer Glas sind nur einige Bespiele" (*Omsels*, Geographische Herkunftsangaben, 2007, V).

2   Geografische Herkunftsangaben kennzeichnen Waren oder Dienstleistungen nach ihrer geografischen Herkunft. Sie sind Kennzeichnungsmittel und erfüllen damit eine vergleichbare Funktion wie Marken. Sie zeigen nicht die betriebliche, sondern die regionale Herkunft an. Sie sind damit also keine individuellen Schutzrechte, sondern können von allen Unternehmen in diesem Gebiet oder an diesem Ort genutzt werden. Sie verkörpern einen kollektiven Goodwill, der allen berechtigten Unternehmen gemeinsam zusteht. Die hierzulande bekannteste Angabe ist insoweit wohl der Slogan „Made in Germany" (Amtl. Begr. Bl f. PMZ 1994 (SH), 45, 110).

B. Geschützte Namen, Angaben und Zeichen

3   Geografische Herkunftsangaben iSd MarkenG sind die Namen von Orten, Gegenden, Gebieten oder Ländern sowie sonstige Angaben oder Zeichen, die im geschäftlichen Verkehr zur Kennzeichnung der geografischen Herkunft von Waren oder Dienstleistungen benutzt werden (§ 126 Abs. 1). Dem Schutz als geografische Herkunftsangaben sind solche Namen, Angaben oder Zeichen nicht zugänglich, bei denen es sich um Gattungsbezeichnungen handelt; dies sind solche Bezeichnungen, die zwar eine Angabe über die geografische Herkunft enthalten oder von einer solchen Angabe abgeleitet sind, die jedoch ihre ursprüngliche Bedeutung verloren haben und als Namen von Waren oder Dienstleistungen oder als Bezeichnungen oder Angaben der Art, der Beschaffenheit, der Sorte oder sonstiger Eigenschaften oder Merkmale von Waren oder Dienstleistungen dienen (§ 126 Abs. 2).

I. Geschützte geografische Herkunftsangaben (§ 126 Abs. 1)

4   Die §§ 126 ff. sind im Kern ein Irreführungsschutz (Ingerl/Rohnke § 126 Rn. 2). Die Verkehrsauffassung ist daher der Maßstab und entscheidet auch darüber, ob eine Angabe als eine geografische Herkunftsangabe verstanden wird, ob der Angabe eines Orts oder Gebietes, einer Gegend oder eines Landes bzw. sonstigen Angaben oder Zeichen also eine Herkunftsfunktion zukommt oder nicht (vgl. BGH GRUR 1999, 252 (255) – Warsteiner II). Maßstab ist die Auffassung des durchschnittlich informierten und verständigen Verbrauchers (BGH GRUR 2002, 160 (162) – Warsteiner III).

II. Arten geografischer Herkunftsangaben

5   **Unmittelbare** geografische Herkunftsangaben zeigen schon im Namen die Herkunft des Produkts an (Lübecker Marzipan, Aachener Printen, Nürnberger Lebkuchen, Parmaschinken, Rocquefort). **Mittelbare** geografische Herkunftsangaben sind Kennzeichen, an denen man den geografischen Ursprung erkennt, ohne dass er ausdrücklich genannt wird (Nationalfarben, Wahrzeichen, Bocksbeutel-Flasche, die Bezeichnung Kölsch; *Omsels,* Geographische Herkunftsangaben, 2007, Rn. 15 f.; Ingerl/Rohnke § 126 Rn. 6).

6   **Qualifizierte** Herkunftsangaben bezeichnen wie die einfache Herkunftsangabe zunächst die Herkunft, doch wird ihnen über die geografische Ursprungsangabe auch eine Angabe über Qualität oder Beschaffenheit der Ware oder Dienstleistung beigemessen. Sie kommen insbesondere dann vor, wenn es um ortsgebundene Naturstoffe geht (BGH GRUR 1987, 430 – Havanna; BGH GRUR 1969, 280 – Scotch Whisky).

7   Keine Herkunftsangaben sind Fantasienamen, selbst wenn sie auf reale Orte Bezug nehmen (*Omsels,* Geographische Herkunftsangaben, 2007, Rn. 22; zB Piemont-Kirsche).

III. Keine Gattungsbezeichnung (§ 126 Abs. 2)

8   Gattungsbezeichnungen bezeichnen die Art oder Sorte eines Produkts oder seine sonstigen Eigenschaften oder Merkmale und nicht seine Herkunft. Eine Herkunftsangabe kann sich dabei auch zu einer Gattungsbezeichnung entwickeln (zB Camembert, Pils, Kassler). Die Entwicklung einer Herkunftsbezeichnung zu einer Gattungsangabe und umgekehrt ist fließend (*Omsels,* Geographische Herkunftsangaben, 2007, Rn. 17; Ingerl/Rohnke § 126 Rn. 15).

C. Schutzinhalt und strafbare Benutzung

9   Die Reichweite des Schutzes geografischer Herkunftsangaben bestimmt § 127. Die zivilrechtlichen Ansprüche wegen einer Verletzung und der Benutzung von Namen, Angaben oder Zeichen im geschäftlichen Verkehr entgegen dieser Norm regelt § 128 Abs. 1, der den in § 8 Abs. 3 UWG Berechtigten bei Wiederholungsgefahr einen Unterlassungsanspruch gewährt. Der berechtigte Nutzer der geografischen Herkunftsangabe kann bei zumindest fahrlässigem Handeln gem. § 128 Abs. 2 Schadensersatz verlangen. Die Strafbarkeit gem. § 144 Abs. 1 bestimmt sich entsprechend zivilrechtsakzessorisch wie folgt. Der (auch strafrechtliche) Schutz einer Bezeichnung kann sich dabei auch aus einer Rechtsverordnung nach § 137 ergeben (insbes. der SolingenV; Fezer MarkenR § 137 Rn. 5).

I. Unrichtige Benutzung einfacher Herkunftsangaben (§ 127 Abs. 1)

Geografische Herkunftsangaben dürfen im geschäftlichen Verkehr nicht für Waren oder Dienstleis- 10 tungen benutzt werden, die nicht aus dem Ort, der Gegend, dem Gebiet oder dem Land stammen, das durch die geografische Herkunftsangabe bezeichnet wird, wenn bei der Benutzung solcher Namen, Angaben oder Zeichen für Waren oder Dienstleistungen anderer Herkunft eine Gefahr der Irreführung über die geografische Herkunft besteht (§ 127 Abs. 1). Die Benutzung entgegen dieser Norm ist strafbar gem. § 144 Abs. 1 Nr. 1.

II. Unrichtige Benutzung für Produkte ohne besondere Eigenschaften (§ 127 Abs. 2)

Haben die durch eine geografische Herkunftsangabe gekennzeichneten Waren oder Dienstleistungen 11 besondere Eigenschaften oder eine besondere Qualität, so darf die geografische Herkunftsangabe im geschäftlichen Verkehr für die entsprechenden Waren oder Dienstleistungen dieser Herkunft nur benutzt werden, wenn die Waren oder Dienstleistungen diese Eigenschaften oder diese Qualität aufweisen (§ 127 Abs. 2). Die Benutzung entgegen dieser Norm ist strafbar gem. § 144 Abs. 1 Nr. 1.

III. Schutz des besonderen Rufs einer Herkunftsangabe (§ 127 Abs. 3)

Genießt eine geografische Herkunftsangabe einen besonderen Ruf, so darf sie im geschäftlichen 12 Verkehr für Waren oder Dienstleistungen anderer Herkunft auch dann nicht benutzt werden, wenn eine Gefahr der Irreführung über die geografische Herkunft nicht besteht, sofern die Benutzung für Waren oder Dienstleistungen anderer Herkunft geeignet ist, den Ruf der geografischen Herkunftsangabe oder ihre Unterscheidungskraft ohne rechtfertigenden Grund in unlauterer Weise auszunutzen oder zu beeinträchtigen (§ 127 Abs. 3).

Der Schutz der geografischen Herkunftsangabe mit besonderem Ruf aus § 127 Abs. 3 setzt nicht 13 voraus, dass die geschützte Angabe markenmäßig verwendet wird. Er kann auch eingreifen, wenn eine in besonderer Weise mit Qualitätsvorstellungen verbundene Herkunftsangabe (hier: Champagner) in einem Werbeslogan in einer Weise benutzt wird, die geeignet ist, den Ruf dieser Herkunftsangabe ohne rechtfertigenden Grund in unlauterer Weise auszunutzen und zu beeinträchtigen. (BGH GRUR 2002, 426 – Champagner bekommen, Sekt bezahlen).

Strafbar ist es, entgegen § 127 Abs. 3 eine geografische Herkunftsangabe in der Absicht zu benutzen, 14 den Ruf oder die Unterscheidungskraft einer geografischen Herkunftsangabe auszunutzen oder zu beeinträchtigen (§ 144 Abs. 1 Nr. 2).

IV. Ähnliche Angaben (§ 127 Abs. 4)

Der (auch strafrechtliche) Schutz nach § 127 Abs. 1–3 greift auch dann, wenn Namen, Angaben oder 15 Zeichen benutzt werden, die der geschützten geografischen Herkunftsangabe ähnlich sind oder wenn die geografische Herkunftsangabe mit Zusätzen benutzt wird. Dies gilt allerdings bei einfachen Herkunftsangaben nach § 127 Abs. 1 nur dann, wenn trotz der Abweichung oder der Zusätze eine Gefahr der Irreführung über die geografische Herkunft besteht sowie beim Schutz eines besonderen Rufes nach § 127 Abs. 3 nur, wenn trotz der Abweichung oder der Zusätze die Eignung zur unlauteren Ausnutzung oder Beeinträchtigung des Rufes oder der Unterscheidungskraft der geografischen Herkunftsangabe besteht.

D. Schutz nach der VO (EG) Nr. 510/2006

Die VO (EG) Nr. 510/2006 (ABl. 2006 L 93, 12), die frühere Normen ersetzt (VO (EG) Nr. 2081/ 16 92 und VO (EG) Nr. 692/2003) schafft einen einheitlichen europäischen Schutz geografischer Angaben im Bereich Agrar und Landwirtschaft (ausgenommen Weinbau und Spirituosen wegen anderweitiger Regelungen, Art. 1 Abs. 1 S. 2 der VO). Der Schutz setzt die **Eintragung** in das **Register** der geschützten Ursprungsbezeichnungen und der geschützten geografischen Angaben, das von der EU-Kommission geführt wird, voraus (ausf. Fezer MarkenR Vor § 130 Rn. 1 ff.). Das Verfahren wird in Deutschland vom Deutschen Patent- und Markenamt durchgeführt (§§ 130–133).

Die zivilrechtlichen Ansprüche wegen einer Verletzung und der Benutzung von eingetragenen 17 Namen, Angaben oder Zeichen im geschäftlichen Verkehr entgegen dieser Norm regelt § 135 iVm Art. 8, 13 der VO, der den in § 8 Abs. 3 UWG Berechtigten bei Wiederholungsgefahr einen Unterlassungsanspruch gewährt. Der berechtigte Nutzer der geografischen Herkunftsangabe kann bei zumindest fahrlässigem Handeln gem. §§ 135, 128 Abs. 2 Schadensersatz verlangen.

Strafbar nach § 144 Abs. 2 handelt, wer entgegen Art. 13 Abs. 1 lit. a oder lit. b der VO (EG) 18 Nr. 510/2006 im geschäftlichen Verkehr eine eingetragene Bezeichnung für ein dort genanntes Erzeugnis verwendet (§ 144 Abs. 2 Nr. 1) oder sich eine eingetragene Bezeichnung aneignet oder sie nachahmt (§ 144 Abs. 2 Nr. 2).

E. Strafverfolgung

19   Der Versuch ist strafbar (§ 144 Abs. 3). Bei einer Verurteilung bestimmt das Gericht, dass die widerrechtliche Kennzeichnung der im Besitz des Verurteilten befindlichen Gegenstände beseitigt wird oder, wenn dies nicht möglich ist, die Gegenstände vernichtet werden (§ 144 Abs. 4). Wird auf Strafe erkannt, so ist, wenn das öffentliche Interesse dies erfordert, anzuordnen, dass die Verurteilung öffentlich bekanntgemacht wird; die Art der Bekanntmachung ist im Urteil zu bestimmen (§ 144 Abs. 5).

20   Zur Anwendbarkeit deutschen Zivilrechts (das damit auch die Strafbarkeit begründen kann) im grenzüberschreitenden Bereich ungeachtet des Herkunftslandprinzips aus § 3 TMG s. BGH GRUR 2007, 67 – Pietra di Soln mAnm *Omsels* jurisPR–WettbR 1/2007 Anm. 4.

§ 145 Bußgeldvorschriften

(1) Ordnungswidrig handelt, wer im geschäftlichen Verkehr widerrechtlich in identischer oder nachgeahmter Form

1. ein Wappen, eine Flagge oder ein anderes staatliches Hoheitszeichen oder ein Wappen eines inländischen Ortes oder eines inländischen Gemeinde- oder weiteren Kommunalverbandes im Sinne des § 8 Abs. 2 Nr. 6 ,
2. ein amtliches Prüf- oder Gewährzeichen im Sinne des § 8 Abs. 2 Nr. 7 oder
3. ein Kennzeichen, ein Siegel oder eine Bezeichnung im Sinne des § 8 Abs. 2 Nr. 8

zur Kennzeichnung von Waren oder Dienstleistungen benutzt.

(2) Ordnungswidrig handelt, wer vorsätzlich oder fahrlässig

1. entgegen § 134 Abs. 3, auch in Verbindung mit Abs. 4,
   a) das Betreten von Geschäftsräumen, Grundstücken, Verkaufseinrichtungen oder Transportmitteln oder deren Besichtigung nicht gestattet,
   b) die zu besichtigenden Agrarerzeugnisse oder Lebensmittel nicht so darlegt, daß die Besichtigung ordnungsgemäß vorgenommen werden kann,
   c) die erforderliche Hilfe bei der Besichtigung nicht leistet,
   d) Proben nicht entnehmen läßt,
   e) geschäftliche Unterlagen nicht oder nicht vollständig vorlegt oder nicht prüfen läßt oder
   f) eine Auskunft nicht, nicht richtig oder nicht vollständig erteilt oder
2. einer nach § 139 Abs. 1 erlassenen Rechtsverordnung zuwiderhandelt, soweit sie für einen bestimmten Tatbestand auf diese Bußgeldvorschrift verweist.

(3) Die Ordnungswidrigkeit kann in den Fällen des Absatzes 1 mit einer Geldbuße bis zu zweitausendfünfhundert Euro und in den Fällen des Absatzes 2 mit einer Geldbuße bis zu zehntausend Euro geahndet werden.

(4) In den Fällen des Absatzes 1 ist § 144 Abs. 4 entsprechend anzuwenden.

(5) Verwaltungsbehörde im Sinn des § 36 Abs. 1 Nr. 1 des Gesetzes über Ordnungswidrigkeiten ist in den Fällen des Absatzes 1 das Bundesamt für Justiz.

A. Allgemeines

1   § 145 enthält zwei voneinander unabhängige Bußgeldtatbestände. Während Abs. 1 im Interesse der Allgemeinheit die Nachahmung staatlicher oder amtlicher Symbole und Bezeichnungen zur Ordnungswidrigkeit erklärt, bewehrt § 145 Abs. 2 die Mitwirkungs- und Duldungspflichten von Betriebsinhabern und -leitern bei Kontrollen im Agrar- und Lebensmittelbereich gem. §§ 134, 139.

B. Staatliche und amtliche Symbole und Bezeichnungen (Abs. 1)

2   Die in § 145 Abs. 1 erwähnten Zeichen und Symbole, deren widerrechtliche Benutzung im geschäftlichen Verkehr hier für ordnungswidrig erklärt wird, sind bereits als Marke nicht schutzfähig, was sich aus den in Bezug genommenen Regelungen in § 8 Abs. 2 ergibt. Der Betroffene muss auch nicht versucht haben, das betreffende Zeichen anzumelden. Um die Allgemeinheit vor einer Verwirrung hinsichtlich des Vorhandenseins staatlicher Bezüge und einer Verwässerung von staatlichen Prüfzeichen zu schützen, ist deren unbefugte Verwendung nicht nur wettbewerbsrechtlich unlauter (§§ 3, 5 UWG), sondern auch ordnungswidrig.

3   Der Norm unterfällt, wer im geschäftlichen Verkehr widerrechtlich in identischer oder nachgeahmter Form folgende Zeichen oder Symbole zur Kennzeichnung von Waren oder Dienstleistungen benutzt:

– solche, die Staatswappen, Staatsflaggen oder andere staatliche Hoheitszeichen oder Wappen eines
inländischen Ortes oder eines inländischen Gemeinde- oder weiteren Kommunalverbandes enthalten
(§ 8 Abs. 2 Nr. 6),

– solche, die ein amtliches Prüf- oder Gewährzeichen enthalten, das nach einer Bekanntmachung des **4**
Bundesministeriums der Justiz im Bundesgesetzblatt von der Eintragung als Marke ausgeschlossen ist
(§ 8 Abs. 2 Nr. 7) oder

– solche, die Wappen, Flaggen oder andere Kennzeichen, Siegel oder Bezeichnungen internationaler **5**
zwischenstaatlicher Organisationen enthalten, die nach einer Bekanntmachung des Bundesministeriums
der Justiz im Bundesgesetzblatt von der Eintragung als Marke ausgeschlossen sind (§ 8 Abs. 2 Nr. 8).

Widerrechtlich ist die Benutzung, wenn sie ohne Genehmigung der zuständigen in- bzw. auslän- **6**
dischen Behörde erfolgt.

C. Verletzung von Mitwirkungs- und Duldungspflichten (Abs. 2)

§ 134 regelt Überwachung und Mitwirkungspflichten bei der Durchführung von Kontrollen zur VO **7**
(EG) Nr. 510/2006 zum Schutz von Ursprungsbezeichnungen und geografischen Angaben für Agrar-
erzeugnisse und Lebensmittel. Soweit es zu dieser Überwachung und Kontrolle erforderlich ist, können
die Beauftragten der zuständigen Stellen gem. § 134 Abs. 2 bei Betrieben, die Agrarerzeugnisse oder
Lebensmittel in Verkehr bringen oder herstellen (§ 3 Nr. 1 und 2 LFGB) oder innergemeinschaftlich
verbringen, einführen oder ausführen, während der Geschäfts- oder Betriebszeit Geschäftsräume und
Grundstücke, Verkaufseinrichtungen und Transportmittel betreten und dort Besichtigungen vornehmen,
Proben gegen Empfangsbescheinigung entnehmen (auf Verlangen des Betroffenen ist ein Teil der Probe
oder, falls diese unteilbar ist, eine zweite Probe amtlich verschlossen und versiegelt zurückzulassen),
Geschäftsunterlagen einsehen und prüfen und Auskunft verlangen. Diese Befugnisse erstrecken sich auch
auf Agrarerzeugnisse oder Lebensmittel, die an öffentlichen Orten, insbesondere auf Märkten, Plätzen,
Straßen oder im Umherziehen in den Verkehr gebracht werden. Dies gilt entsprechend für denjenigen, der
die Agrarerzeugnisse oder Lebensmittel für den Betriebsinhaber innergemeinschaftlich verbringt, einführt
oder ausführt, wenn die Überwachung bei der Einfuhr oder bei der Ausfuhr erfolgt (§ 134 Abs. 4).

Gem. § 134 Abs. 3 sind Inhaber oder Leiter der Betriebe verpflichtet, das Betreten der Geschäfts- **8**
räume und Grundstücke, Verkaufseinrichtungen und Transportmittel sowie die dort vorzunehmenden
Besichtigungen zu gestatten, die zu besichtigenden Agrarerzeugnisse oder Lebensmittel selbst oder durch
andere so darzulegen, dass die Besichtigung ordnungsgemäß vorgenommen werden kann, selbst oder
durch andere die erforderliche Hilfe bei Besichtigungen zu leisten, die Proben entnehmen zu lassen, die
geschäftlichen Unterlagen vorzulegen, prüfen zu lassen und Auskünfte zu erteilen.

Diese Pflicht ist bußgeldbewehrt, falls die hier verpflichteten Personen vorsätzlich oder fahrlässig das **9**
Betreten von Geschäftsräumen, Grundstücken, Verkaufseinrichtungen oder Transportmitteln oder deren
Besichtigung nicht gestatten, die zu besichtigenden Agrarerzeugnisse oder Lebensmittel nicht so darlegen, dass die Besichtigung ordnungsgemäß vorgenommen werden kann, die erforderliche Hilfe bei der
Besichtigung nicht leisten, Proben nicht entnehmen lassen, geschäftliche Unterlagen nicht oder nicht
vollständig vorlegen oder nicht prüfen lassen oder eine Auskunft nicht, nicht richtig oder nicht vollständig erteilen. Gleiches gilt, wenn sie einer nach § 139 Abs. 1 erlassenen Rechtsverordnung zuwiderhandeln, soweit diese für einen bestimmten Tatbestand auf diese Bußgeldvorschrift verweist. Letzteres ist
bislang nicht geschehen.

Der zur Erteilung einer Auskunft Verpflichtete kann die Auskunft allein auf solche Fragen verweigern, **10**
deren Beantwortung ihn selbst oder einen der in § 383 Abs. 1 Nr. 1–3 ZPO bezeichneten Angehörigen
der Gefahr strafrechtlicher Verfolgung oder eines Verfahrens nach dem OWiG aussetzen würde (§ 134
Abs. 5).

D. Verfolgung

Die Bedeutung des § 145 Abs. 1 zeigt sich in der Höhe des zu verhängenden Bußgeldes. Die **11**
Ordnungswidrigkeit kann in den Fällen der widerrechtlichen Nutzung staatlicher bzw. amtlicher
Zeichen und Symbole mit einer Geldbuße bis zu 250.000 EUR geahndet werden; in den Fällen des
§ 145 Abs. 2 sieht das Gesetz lediglich einen Rahmen von 10.000 EUR vor (§ 145 Abs. 3). § 145
Abs. 1 steigert damit das für die allgemein unbefugte Verwendung von Bundes- bzw. Landesflaggen und
-zeichen in § 124 OWiG vorgesehene Bußgeld (1.000 EUR gem. Art. 6 EGStGB) erheblich, da es sich
hier um Taten mit wirtschaftlichem Interessenhintergrund handelt.

Erforderlich für Fälle des § 145 Abs. 1 ist Vorsatz, da die fahrlässige Begehung nicht gesondert im **12**
Gesetz benannt ist (§ 10 OWiG). Dolus eventualis genügt. Ein Verstoß gegen § 145 Abs. 2 kann auch
fahrlässig begangen werden. Bei einer Verurteilung bestimmt das Gericht, dass die widerrechtliche
Kennzeichnung der im Besitz des Verurteilten befindlichen Gegenstände beseitigt wird oder, wenn dies
nicht möglich ist, die Gegenstände vernichtet werden (§ 145 Abs. 4 iVm § 144 Abs. 4). Verwaltungsbehörde iSd § 36 Abs. 1 Nr. 1 OWiG ist in den Fällen des § 145 Abs. 1 das Bundesamt für Justiz.

530. Verordnung über Milcherzeugnisse (Milcherzeugnisverordnung – MilchErzV)

Vom 15. Juli 1970 (BGBl. I S. 1150) FNA 7842-2-5

Zuletzt geändert durch Art. 17 G zur Neuregelung des gesetzlichen Messwesens vom 25.7.2013 (BGBl. I S. 2722)

– Auszug –

Vorbemerkung

1   Die MilchErzV verfolgt einerseits die **Förderung der Erzeugung, der Qualität und des Absatzes** der erfassten Erzeugnisse, anderseits dient sie auch **originär lebensmittelrechtlichen Zwecken** (→ Vorb. LFGB Rn. 8 ff.), also dem Schutz der Gesundheit des Verbrauchers und dessen Schutz vor Täuschung und Irreführung.

2   **§ 1 definiert iVm Anl. 1** insoweit die **Erzeugnisse,** die der Verordnung unterliegen. Hierbei handelt es sich um Sauermilch-, Joghurt-, Kefir-, Buttermilch-, Sahne-, ungezuckerte und gezuckerte Kondensmilch-, Trockenmilch-, Molken-, Milchzucker- und Milcheiweiß-, Milch- und Molkenmisch- sowie Milchfetterzeugnisse (vgl. auch Zipfel/Rathke LebensmittelR/*Rathke* § 1 Rn. 12 ff.; Erbs/Kohlhaas/*Rohnfelder/Freytag* § 1 Rn. 6 ff.). Voraussetzung dafür, dass diese Erzeugnisse unter die MilchErzV fallen ist weiter, dass sie zur Verwendung als Lebensmittel (→ Vorb. LFGB Rn. 37 ff.) bestimmt sind. Im Übrigen findet die MilchErzV nach § 1 Abs. 2 Anwendung beim gewerbsmäßig (→ Vorb. LFGB Rn. 29 f.) Herstellen (→ Vorb. LFGB Rn. 46) und Inverkehrbringen (→ Vorb. LFGB Rn. 45).

3   **§ 2** enthält Vorschriften über die **Herstellung und Verpackung,** §§ 3 und 4 regelt die **Kennzeichnung,** der unter die MilchErzV fallenden Erzeugnisse. In **§ 3 Abs. 1** wird ein **Verkehrsverbot** statuiert, wenn diese **Kennzeichnungsvorschriften nicht beachtet** werden. Soweit die MilchErzV Vorschriften zur Kennzeichnung beinhaltet, ist zu beachten, dass am 13.12.2014 die **LMIV** (→ Vorb. LFGB Rn. 12; → LFGB § 59 Rn. 14, 21 ff.) in Kraft trat. In Folge dessen soll nach Maßgabe von Art. 22 LMIV-AnpassungsVO (vgl. Anhang zur LMKV = Nr. 502 des Kommentars, → LMKV Anh. Rn. 5) **§ 7b** eingefügt werden, der den Vorrang der LMIV statuiert. **§ 5** regelt die **Zulassung von Zusatzstoffen,** die zu anderen als technologischen Zwecken verwendet werden. Zuletzt regelt **§ 6** die Voraussetzungen, unter denen **ausländische Erzeugnisse,** die nicht den Vorschriften der MilchErzV entsprechen, in Deutschland in den Verkehr gebracht werden dürfen. Dies ist der Fall, wenn sie nach den Rechtsvorschriften des Herstellungslandes hergestellt und dort verkehrsfähig sind. Soweit diese ausländischen Erzeugnisse in wesentlichen charakteristischen Merkmalen von inländischen Erzeugnissen abweichen, statuiert **§ 6 Abs. 2** zudem eine **besondere Kennzeichnungspflicht.**

§ 7 Straftaten und Ordnungswidrigkeiten

(1) Nach § 58 Abs. 1 Nr. 18, Abs. 4 bis 6 des Lebensmittel- und Futtermittelgesetzbuches wird bestraft, wer entgegen § 2 Abs. 1 ungezuckerte Kondensmilch in den Verkehr bringt.

(2) Nach § 59 Abs. 1 Nr. 21 Buchstabe a des Lebensmittel- und Futtermittelgesetzbuches wird bestraft, wer bei dem Herstellen von Milcherzeugnissen, die dazu bestimmt sind, in den Verkehr gebracht zu werden, Zusatzstoffe über die in § 5 Abs. 1 Satz 2 festgesetzten Höchstmengen hinaus verwendet.

(2a) Nach § 59 Abs. 1 Nr. 21 Buchstabe a des Lebensmittel- und Futtermittelgesetzbuches wird bestraft, wer entgegen § 6 Abs. 2 Satz 1 ausländische Milcherzeugnisse, die nicht oder nicht in der vorgeschriebenen Weise kenntlich gemacht sind, in den Verkehr bringt.

(3) Wer eine in Absatz 2 oder 2a bezeichnete Handlung fahrlässig begeht, handelt nach § 60 Abs. 1 des Lebensmittel- und Futtermittelgesetzbuches ordnungswidrig.

(4) Ordnungswidrig im Sinne des § 60 Abs. 2 Nr. 26 Buchstabe a des Lebensmittel- und Futtermittelgesetzbuches handelt, wer vorsätzlich oder fahrlässig

1. [*aufgehoben*]
2. entgegen § 2 Abs. 1b Säure-Nährkasein, Labnährkasein oder Nährkaseinat herstellt,
3. entgegen § 2 Abs. 4 Nr. 1 Milcherzeugnisse in den Verkehr bringt oder
4. entgegen § 2 Abs. 5 dort bezeichnete Milcherzeugnisse unverpackt oder in Behältnissen in den Verkehr bringt, die den dort bezeichneten Anforderungen nicht entsprechen.

(5) Ordnungswidrig im Sinne des § 60 Abs. 2 Nr. 26 Buchstabe a des Lebensmittel- und Futtermittelgesetzbuches handelt, wer vorsätzlich oder fahrlässig entgegen § 3 Abs. 1 in Verbindung mit Abs. 2 Satz 1 Nr. 1 bis 5, Abs. 2a, 5 Satz 1 oder 2 oder Abs. 7 Satz 1 Nr. 1 Milcherzeugnisse, die nicht oder nicht in der vorgeschriebenen Weise gekennzeichnet sind, in den Verkehr bringt.

(6) Ordnungswidrig im Sinne des § 9 Absatz 2 Nummer 2 des Milch- und Margarinegesetzes handelt, wer vorsätzlich oder fahrlässig
1. Milcherzeugnisse entgegen § 2 Abs. 2 herstellt oder entgegen § 2 Abs. 4 Nr. 2 in den Verkehr bringt oder
2. entgegen § 3 Abs. 1 in Verbindung mit Abs. 2 Satz 1 Nr. 6, Abs. 5 Satz 1 oder 3 oder Abs. 7 Satz 1 Nr. 2 Milcherzeugnisse, die nicht oder nicht in der vorgeschriebenen Weise gekennzeichnet sind, in den Verkehr bringt.

1. Straftaten nach § 7 Abs. 1. Mit der Rückverweisung **auf § 58 Abs. 1 Nr. 18 LFGB** (→ LFGB **1** § 58 Rn. 37) in **§ 7 Abs. 1** werden **vorsätzliche** (→ LFGB § 58 Rn. 47 ff.) und **fahrlässige** (→ LFGB § 58 Rn. 60 ff.) Verstöße gegen das dem **Gesundheitsschutz dienende** im Tatbestand näher konkretisierte Verkehrsverbot unter Strafe gestellt, das gegeben ist, wenn bei der Wärmebehandlung die spezifischen gemeinschaftsrechtlichen Hygienevorschriften nicht eingehalten wurden. Zur Tathandlung des „Inverkehrbringens" → Vorb. LFGB Rn. 45. Zur Verantwortlichkeit im Lebensmittelstrafrecht → Vorb. LFGB Rn. 29 ff.

Nach § 58 Abs. 1 LFGB können vorsätzliche Verstöße **mit Geldstrafe oder mit Freiheitsstrafe bis 2 zu drei Jahren** geahndet werden (→ LFGB § 58 Rn. 54 f.), wobei auch der Versuch strafbar ist (§ 58 Abs. 4 LFGB; → LFGB § 58 Rn. 53). In besonders schweren Fällen (§ 58 Abs. 5 LFGB) sieht das Gesetz Freiheitsstrafe von sechs Monaten bis fünf Jahre vor (→ LFGB § 58 Rn. 56 ff.). Nach § 7 Abs. 1 iVm § 58 Abs. 6 LFGB kann **fahrlässiges Handeln mit Geldstrafe oder Freiheitsstrafe bis zu einem Jahr** geahndet werden kann. Zu den Konkurrenzen → LFGB § 58 Rn. 82 ff.

2. Straftaten nach § 7 Abs. 2 u. 2a. Mit der Rückverweisung auf **§ 59 Abs. 1 Nr. 21 Buchst. a 3 LFGB** (→ LFGB § 59 Rn. 58) in § 7 Abs. 2 und 2a werden **vorsätzliche** (→ LFGB § 58 Rn. 47 ff.) Verstöße gegen die **Zusatzstoffhöchstmengen-Vorschriften** des § 5 beim Herstellen (→ Vorb. LFGB Rn. 46 ff.) von Milcherzeugnissen (Abs. 2) sowie gegen das Verkehrsverbot für **ausländische Milcherzeugnisse**, die nicht die erforderliche spezielle **Kennzeichnung** iS § 6 Abs. 2 S. 1 aufweisen (→ Vorb. Rn. 3; Abs. 2a), unter Strafe gestellt. Zur Tathandlung des Verwendens → LFGB § 58 Rn. 31; zum Inverkehrbringen → Vorb. LFGB Rn. 45. Zur Verantwortlichkeit im Lebensmittelstrafrecht → Vorb. LFGB Rn. 29 ff.

Nach § 59 Abs. 1 LFGB können die Straftaten nach § 7 Abs. 2 u. 2a mit **Freiheitsstrafe bis zu 4 einem Jahr oder mit Geldstrafe** geahndet werden. Der Versuch ist ebenso wenig wie fahrlässiges Handeln (→ Rn. 5) unter Strafe gestellt. Die Qualifikation des § 59 Abs. 4 LFGB (→ LFGB § 59 Rn. 74a) findet keine Anwendung. Wegen der weiteren Rechtsfolgen → LFGB § 59 Rn. 83 f. Zu den Konkurrenzen → LFGB § 59 Rn. 85.

3. Ordnungswidrigkeiten. Handelt der Täter in den Fällen des **§ 7 Abs. 2 u. 2a fahrlässig 5** (→ LFGB § 58 Rn. 60 ff.), verwirklicht er den Bußgeldtatbestand des **§ 7 Abs. 3.** Die Verordnung wurde bisher noch nicht an das abgestufte System in § 60 Abs. 1 und 5 LFGB (→ LFGB § 60 Rn. 31 f.) angepasst, das mit dem Gesetz zur Änderung des Lebensmittel- und Futtermittelgesetzbuchs sowie anderer Vorschriften v. 29.6.2009 (BGBl. I 1659), das am 4.7.2009 in Kraft getreten ist (→ Vorb. LFGB Rn. 6), eingeführt wurde. Da die in § 7 Abs. 2 u. 2a bezeichneten Handlungen Straftaten nach § 59 Abs. 1 Nr. 21 Buchst. a LFGB darstellen, wird der **Verweis in § 7 Abs. 3 als solcher auf § 60 Abs. 1 Nr. 2 LFGB zu verstehen sein.** Danach können Ordnungswidrigkeiten iSv § 7 Abs. 3 nach der ab dem 4.8.2011 geltenden Fassung des § 60 Abs. 5 Nr. 2 LFGB (vgl. zur Änderung der Geldbußenrahmen in § 60 Abs. 5 LFGB → LFGB § 60 Rn. 32) mit Geldbuße iHv bis zu **50.000 EUR** geahndet werden. IÜ gelten für die Bemessung der Geldbuße die Vorgaben von § 17 Abs. 3 u. 4 OWiG. Zu den weiteren Rechtsfolgen → LFGB § 60 Rn. 33 f.

Mit Rückverweisung auf **§ 60 Abs. 2 Nr. 26 Buchst. a LFGB** (→ LFGB § 60 Rn. 20) in **§ 7 6 Abs. 4 u. 5** werden **vorsätzliche und fahrlässige Verstöße gegen** das **Herstellungsgebot** des § 2 Abs. 1b (§ 7 Abs. 4 Nr. 2) für Säure,-Nährkasein, Labnährkasein und Nährkaseinat und **das Verkehrsverbot,** das aus der Missachtung über die Herstellung resultiert (§ 7 Abs. 4 Nr. 3), **Verstöße gegen die Verpackungsvorschriften** für Kondensmilch- und Trockenmilcherzeugnisse (§ 7 Abs. 4 Nr. 4) und Verstöße gegen **das Verkehrsverbot,** das aus der Missachtung der im Tatbestand näher konkretisierten Kennzeichnungsvorschriften (→ Vorb. Rn. 3) resultiert (§ 7 Abs. 5), als Ordnungswidrigkeiten definiert. Demnach können **vorsätzliche** (→ LFGB § 58 Rn. 47 ff.) **Verstöße** nach der ab dem 4.8.2011 geltenden Fassung des § 60 Abs. 5 Nr. 2 LFGB (vgl. zur Änderung der Geldbußenrahmen in § 60 Abs. 5 LFGB → LFGB § 60 Rn. 32) mit **Geldbuße bis zu 50.000 EUR** geahndet werden; handelt der Betroffene **fahrlässig** sieht das Gesetz **Geldbuße bis zu 25.000 EUR** (§ 17 Abs. 2 OWiG) vor. Zu den weiteren Rechtsfolgen → LFGB § 60 Rn. 33 f.

7   **§ 7 Abs. 6** wurde durch die VO zur Anpassung lebensmittelhygiene- und tierseuchenrechtlicher Vorschriften an den Lissabon-Vertrag v. 14.7.2010 (BGBl. I 929) dahingehend geändert, dass die bisherige Rückverweisung auf § 14 Abs. 2 Nr. 2 MilchMargG durch die nunmehrige Rückverweisung auf § 9 Abs. 2 Nr. 2 MilchMargG ersetzt wurde. Die bisherige **Rückverweisung** auf § 14 Abs. 2 Nr. 2 MilchMargG erwies sich zwischen dem 25.3.2009 und dem 22.7.2010 im Hinblick auf den verfassungs-rechtlichen Bestimmtheitsgrundsatz als problematisch. Der in dieser Zeit von § 7 Abs. 6 aF in Bezug genommene § 14 Abs. 2 MilchMargG nF stellte keinen Bußgeldtatbestand mit Rückverweisungsklausel dar (→ MilchMargG § 9 Rn. 5 mwN). In materieller Hinsicht werden in **§ 7 Abs. 6** vorsätzliche (→ LFGB § 58 Rn. 47 ff.) und fahrlässige (→ LFGB § 58 Rn. 60 ff.) **Verstöße gegen das Herstel-lungsgebot** des § 2 Abs. 2 und das **Verkehrsverbot**, das aus der Missachtung dieser Vorschriften über die Herstellung resultiert (Nr. 1) **sowie** Verstöße gegen das Verkehrsverbot, das aus der **Missachtung der im Tatbestand näher konkretisierten Kennzeichnungsvorschriften** (→ Vorb. Rn. 3) resultiert (Nr. 2), als Ordnungswidrigkeiten definiert. Demnach können **vorsätzliche** (→ LFGB § 58 Rn. 47 ff.) **Verstöße** iSv § 7 Abs. 6 nach § 9 Abs. 3 MilchMargG mit **Geldbuße bis zu 10.000 EUR** (§ 60 Abs. 5 Nr. 3 LFGB) und **fahrlässige** (→ LFGB § 58 Rn. 60 ff.) **Verstöße** iSv § 7 Abs. 6 mit **Geldbuße bis 5.000 EUR** (§ 17 Abs. 2 OWiG; → LFGB § 60 Rn. 33 f.) geahndet werden. Daneben kommt die **Einziehung** nach § 11 MilchMargG in Betracht.

532. Verordnung über die Güteprüfung und Bezahlung der Anlieferungsmilch (Milch-Güteverordnung)

Vom 9. Juli 1980 (BGBl. I S. 878) FNA 7842-1-7

Zuletzt geändert durch Art. 1 VO zur Änd. und Aufh. von VO im Milchbereich sowie zur Änd. der Margarine- und MischfettVO vom 17.12.2010 (BGBl. I S. 2132)

– Auszug –

Vorbemerkung

Im Interesse des **Schutzes der Gesundheit des Verbrauchers** (→ Vorb. LFGB Rn. 10) haben **1** Molkereien und Milchsammelstellen jede Anlieferungsmilch (§ 1 Abs. 2) zur Bewertung der Güte auf ihren Fettgehalt, die bakteriologische Beschaffenheit, den Gehalt an somatischen Zellen und den Gefrierpunkt nach Maßgabe des § 2 Abs. 1–8 untersuchen zu lassen oder zu untersuchen. Die Anlieferungsmilch ist aufgrund der Untersuchungsergebnisse nach § 2 Abs. 3 S. 1 in Klassen einzustufen (§ 3). Die Molkereien oder Milchsammelstellen haben die Ergebnisse der Untersuchungen nach § 2 und die Einstufung nach § 3 laufend aufzuzeichnen (§ 5). Verstöße gegen diese Pflichten sind in § 7 als Ordnungswidrigkeiten definiert.

§ 7 Ordnungswidrigkeiten

Ordnungswidrig im Sinne des § 30 Abs. 1 Nr. 9 des Milch- und Fettgesetzes handelt, wer vorsätzlich oder fahrlässig
1. **entgegen § 1 Abs. 1 oder § 2 Abs. 1 bis 5 Satz 1 oder Abs. 8 die Anlieferungsmilch nicht oder nicht in der vorgeschriebenen Weise untersuchen lässt oder untersucht,**
2. **einer Mitteilungspflicht nach § 2 Abs. 10 zuwiderhandelt,**
3. **entgegen § 3 Anlieferungsmilch nicht oder nicht ordnungsgemäß bewertet oder**
4. **entgegen § 5 Abs. 1 Satz 1, Abs. 2 oder 3 Aufzeichnungen nicht, nicht richtig oder nicht vollständig macht, nicht aufbewahrt oder der zuständigen Stelle nicht vorlegt.**

1. Tatbestände des § 7. Mit Rückverweisung auf § 30 Abs. 1 Nr. 9 MilchFettG (→ MilchFettG **1** § 30 Rn. 1) in § 7 werden unterschiedliche **vorsätzliche** (→ LFGB § 58 Rn. 47 ff.) und **fahrlässige** (→ LFGB § 58 Rn. 60 ff.) **Verstöße** gegen die **Untersuchungs-, Klassifizierungs- und Aufzeichnungspflichten** nach der MilchGV als Ordnungswidrigkeit definiert.

Während **§ 7 Nr. 1** Verstöße gegen die **grundlegenden Untersuchungspflichten** erfasst, handelt **2** nach **§ 7 Nr. 2** ordnungswidrig, wer gegen die **Mitteilungspflicht** verstößt, die gegeben ist, wenn in der Anlieferungsmilch (§ 1 Abs. 2) Hemmstoffe, ein erhöhter Keimgehalt oder ein erhöhter Gehalt an somatischen Zellen festgestellt werden. **§ 7 Nr. 3** erfasst Verstöße gegen die aus § 3 folgende **Klassifizierungspflicht**, **§ 7 Nr. 4** Verstöße gegen die aus § 5 folgende **Aufzeichnungs- und Aufbewahrungspflichten** hinsichtlich der Ergebnisse der Untersuchungen nach § 2 und die Einstufung nach § 3.

2. Rechtsfolgen. Nach § 30 Abs. 2 MilchFettG können Ordnungswidrigkeiten iSv § 7 **bei vor-** **3** **sätzlichem Handeln** mit Geldbußen **bis zu 25.000 EUR** sowie bei **fahrlässige** Zuwiderhandlungen mit **Geldbußen bis zu 12.500 EUR** geahndet werden (§ 17 Abs. 2 OWiG). IÜ gelten für die Bemessung der Geldbuße die Vorgaben von § 17 Abs. 3 u. 4 OWiG. Neben der Verhängung der Geldbuße kommt die **Einziehung** nach § 30 Abs. 3 MilchFettG in Betracht. Insoweit sind indes lediglich die sog **Beziehungsgegenstände,** nicht aber die Tatmittel und solche Gegenstände erfasst, die durch die Tat hervorgebracht wurden (producta sceleris).

535. Gesetz über Milch, Milcherzeugnisse, Margarineerzeugnisse und ähnliche Erzeugnisse (Milch- und Margarinegesetz)

Vom 25. Juli 1990 (BGBl. I S. 1471) FNA 7842-10

Zuletzt geändert durch Art. 5 Zweites G zur Änd. agrarmarktrechtlicher Bestimmungen vom 16.1.2016
(BGBl. I S. 52)

– Auszug –

Vorbemerkung

1 Mit dem Milch- und Margarinegesetz v. 25.7.1990 wurden die Vorschriften betreffend Milch, Milcherzeugnisse, Margarineerzeugnisse und ähnliche Erzeugnisse (namentlich die mit Milch und Milcherzeugnissen verwechselbaren Erzeugnisse), die bis dahin in unterschiedlichen Gesetzen geregelt waren, in einem Gesetz zusammengefasst. Die Neuregelung erfolgte insbesondere als **Reaktion auf ein Urteil des EuGH** v. 11.5.1989 (EuGH NJW 1989, 2184), in dem festgestellt wurde, dass § 36 des damals geltenden Milchgesetzes mit den Bestimmungen des EWG-Vertrages über den freien Warenverkehr nicht vereinbar ist. Dies hatte zur Folge, dass Hersteller und Anbieter aus den Mitgliedstaaten der EU seitdem befugt waren, Milchersatzerzeugnisse auf dem deutschen Markt anzubieten. Für deutsche Anbieter galt § 36 demgegenüber fort. Diese sog Umkehrdiskriminierung sollte mit dem neuen Gesetz beseitigt werden (vgl. BT-Drs. 11/7236).

2 In der Folge wurde das **Milch- und Margarinegesetz mehrfach geändert,** daneben wirkte sich mittelbar die Aufhebung der MilchVO aus (vgl. Erbs/Kohlhaas/*Rohnfelder/Freytag* Vorb. Rn. 2). Das Gesetz wurde durch Art. 13 des Dritten Mittelstandsentlastungsgesetz v. 17.3.2009 (BGBl. I 550 (553)) geändert. Wesentlich ist insoweit, dass der bisherige Zweite Abschnitt des Gesetzes aufgehoben wurde und insoweit insbesondere der in § 4 Abs. 1 S. 1 vorgesehene **Erlaubnisvorbehalt für den Betrieb eines milchwirtschaftlichen Unternehmens entfallen** ist. Der Wegfall des Zweiten Abschnitts brachte **umfangreiche redaktionelle Änderungen** mit sich. Die bisher in §§ 13, 14 geregelten Straf- und Bußgeldtatbestände finden sich nunmehr in §§ 8, 9. Inhaltlich entfiel der bisherige § 14 Abs. 2 Nr. 3, der Verstöße gegen die §§ 4, 5 als Ordnungswidrigkeiten definierte. Zu den Problemen im Zusammenhang mit der Rückverweisungsklausel in § 9 Abs. 2 Nr. 2 → § 9 Rn. 5.

3 Nach Wegfall des Erlaubnisvorbehaltes für den Betrieb eines milchwirtschaftlichen Unternehmens (§ 4 aF), der neben wirtschaftspolitischen Zielen auch der Sicherung hygienischer Mindestbedingungen diente (vgl. Zipfel/Rathke LebensmittelR/*Rathke,* 136. EL. 2009, § 4 aF Rn. 1; Erbs/Kohlhaas/*Rohnfelder/Freytag,* 177. Aufl. 2009, § 4 aF Rn. 1), dient das Milch- und Margarinegesetzes zunächst vornehmlich der **Förderung der Güte und des Absatzes durch Schaffung einheitlicher Sorten zum Schutze des Milcherzeugers und des Herstellers von Milcherzeugnissen** (Zipfel/Rathke, LebensmittelR/*Rathke,* 136. EL. 2009, § 7 aF Rn. 5). Dies wird insbesondere durch § 3 erreicht (der § 7 MilchMarG aF im Wesentlichen entspricht), der der Ermächtigung zu Standardisierungsmaßnahmen enthält. Die **Standards** stellen dabei einerseits Maßnahmen zum Schutz und zur wirtschaftlichen Förderung des Herstellers dar (Zipfel/Rathke LebensmittelR/*Rathke* § 3 Rn. 1), sind aber auch **von lebensmittelrechtlicher Bedeutung** (Zipfel/Rathke LebensmittelR/*Rathke* § 3 Rn. 1); die Zwecke des Milch- und Margarinegesetzes und die allgemeinen lebensmittelrechtlichen Zwecke (Gesundheits- und Täuschungsschutz des Verbrauchers, → Vorb. LFGB Rn. 10 ff.) können sich dabei überschneiden (Erbs/Kohlhaas/*Rohnfelder/Freytag* § 3 Rn. 1).

4 Die **Erzeugnisse, die in den Anwendungsbereich des Gesetzes** fallen, werden abschließend in **§ 1 Abs. 1** benannt. Hierbei handelt es sich um Milch, Milcherzeugnisse, Margarineerzeugnisse, Mischfetterzeugnisse und mit Milch und Milcherzeugnissen verwechselbare Erzeugnisse, soweit sie für den menschlichen Verzehr bestimmt sind. **Verzehren** ist dabei die Aufnahme der Erzeugnisse durch Essen, Kauen, Trinken sowie durch jede sonstige Zufuhr von Stoffen in den Magen des Menschen (§ 3 Nr. 5 LFGB). Ob die erforderliche Bestimmung gegeben ist, ist nach der an objektiven Merkmalen anknüpfenden Auffassung des durchschnittlich informierten, aufmerksamen Verbrauchers zu beurteilen (BGH LMRR 2002, 70; 2002, 11; 1995, 1; → Vorb. LFGB Rn. 37 ff. und → LFGB § 59 Rn. 16 ff.).

5 Nach **§ 2 Abs. 1 Nr. 1** ist Milch, das durch ein- oder mehrmaliges Melken gewonnene Erzeugnis der normalen Eutersekretion von zur Milcherzeugung gehaltenen Tierarten. Der Gesetzgeber orientierte sich dabei an der Begriffsbestimmung in **Art. 2 Abs. 1 der VO (EWG) Nr. 1898/87** (vgl. jetzt Ziff. II 1. des Anhangs XII zu Art. 114 Abs. 1 der VO (EG) Nr. 1234/07 – Verordnung über die einheitliche GMO), nach der allerdings über den Wortlaut des § 2 Abs. 2 Nr. 1 hinaus weiter erforder-

Sackreuther

lich ist, dass der Milch keine Stoffe entzogen oder zugesetzt werden. IRd Milch- und Margarinegesetzes ist demgegenüber unbeachtlich, ob ein Stoff zugesetzt oder entzogen wurde (Erbs/Kohlhaas/*Rohnfelder/ Freytag* § 2 Rn. 1; Zipfel/Rathke LebensmittelR/*Rathke* § 2 Rn. 2). IÜ fällt unter den Milchbegriff nicht nur Kuhmilch, sondern auch Milch von anderen Tierarten.

Milcherzeugnisse sind nach **§ 2 Nr. 2** ausschließlich **aus Milch hergestellte** (→ Vorb. LFGB **6** Rn. 46 ff.) Erzeugnisse, denen auch andere Stoffe zugesetzt werden können, sofern diese nicht verwendet werden, um einen Milchbestandteil vollständig oder teilweise zu ersetzen. **Ziff. II 2a des Anhangs XII zu Art. 114 Abs. 1 der VO (EG) Nr. 1234/07** nennt insoweit ua Molke, Rahm, Butter, Buttermilch, Casein, Käse, Joghurt und Kefir (OLG Köln LRE 36, 341; 39, 328; LG München LRE 52, 159).

Margarineerzeugnisse sind einerseits nach **§ 2 Abs. 1 Nr. 3a** Erzeugnisse im Sinne des **Teils B** **7** **der Anlage zu Anh. XV der VO (EG) Nr. 1234/2007.** Die VO (EG) Nr. 1234/2007 wurde zwar mit Wirkung zum 1.1.2014 durch Art. 230 Abs. 1 VO (EU) Nr. 1308/2013 aufgehoben. Insoweit dient die Bezugnahme indes lediglich der Konkretisierung des Begriffes, so dass der Bestimmtheitsgrundsatz – unbeschadet der Entsprechungsklausel in Art. 230 Abs. 2 VO (EU) Nr. 1308/2013 – durch den Wegfall der bisher in Bezug genommenen Verordnung nicht verletzt ist (vgl. BGH NStZ 2014, 329; → Vorb. LFGB Rn. 25). Nach der Legaldefinition handelt es sich bei Margarineerzeugnissen demnach um Erzeugnisse in Form einer festen, plastischen Emulsion, überwiegend nach dem Typ Wasser in Öl, die aus festen und/oder flüssigen pflanzlichen und/oder tierischen Fetten gewonnen wurden, für die menschliche Ernährung geeignet sind, und deren Milchfettgehalt im Enderzeugnis höchstens 3 % des Fettgehalts beträgt. **Abhängig vom Fettgehalt** kann dabei zwischen **Margarine** (mit einem Fettgehalt von mindestens 80 % und weniger als 90 %), **Dreiviertelfettmargarine** (einem Fettgehalt von mindestens 60 % und höchstens 62 %), **Halbfettmargarine** (Fettgehalt von mindestens 39 % und höchstens 41 %) sowie **Streichfetten** unterschieden werden. Letztere können Fettgehalte aufweisen, die entweder weniger als 39 %, mehr als 41 % und weniger als 60 % oder mehr als 62 % und weniger als 80 % betragen. Diese Fettgehalte sind bei den Streichfetten jeweils anzugeben. Daneben zählt zu den Margarineerzeugnissen nach § 2 Abs. 1 Nr. 3b auch **Margarineschmalz** (auch Schmelzmargarine). Dabei handelt es sich nach **Ziff. I der Anlage zur Margarine- und Mischfettverordnung** um ein aus genusstauglichen Fettstoffen pflanzlicher oder tierischer Herkunft hergestelltes Erzeugnis, das keine Emulsion ist, aromatisiert wird und in der Regel kräftig gelb ist; der Fettgehalt beträgt mindestens 99 %, der Gehalt an Milchfett höchstens 3 % (vgl. auch Zipfel/Rathke LebensmittelR/*Rathke* § 2 Rn. 10a).

Mischfetterzeugnisse sind nach **§ 2 Abs. 1 Nr. 4a** zunächst Erzeugnisse iSd **Teils C der Anlage** **8** **zu Anh. XV der VO (EG) Nr. 1234/2007** (vgl. zum Wegfall der VO EG) Nr. 1234/2007 → Rn. 7). Hierbei handelt es sich um Erzeugnisse in Form einer festen, plastischen Emulsion, überwiegend nach dem Typ Wasser in Öl, die aus festen und/oder flüssigen pflanzlichen und/oder tierischen Fetten gewonnen wurden, für die menschliche Ernährung geeignet sind und deren Milchfettgehalt im Enderzeugnis zwischen 10 % und 80 % des Fettgehalts beträgt. Entsprechend der Unterscheidung bei den Margarineerzeugnissen kann insoweit zwischen **Mischfett, Dreiviertelmischfett, Halbmischfett und Mischstreichfett** unterschieden werden. Nach **§ 2 Abs. 1 Nr. 4b** tritt daneben das **Mischfettschmalz** (Schmelzmischfett), bei dem es sich um nach **Ziff. II der Anlage zur Margarine- und Mischfettverordnung** um ein aus genusstauglichen Fettstoffen pflanzlicher und tierischer Herkunft hergestelltes Erzeugnis handelt, das keine Emulsion ist und einen Milchfettanteil am Gesamtfett zwischen 10 % bis 80 % sowie einen Fettgehalt von mindestens 99 % aufweist (vgl. auch Zipfel/Rathke LebensmittelR/*Rathke* § 2 Rn. 11).

Letztlich fallen mit Milch oder Milcherzeugnissen **verwechselbare Erzeugnisse** (sog Milchimitate) **9** nach **§ 1 Abs. 1 Nr. 4** in den Anwendungsbereich des Gesetzes. Hierbei handelt es sich nach der Legaldefinition in **§ 2 Abs. 1 Nr. 5** um Erzeugnisse, die wegen übereinstimmender charakteristischer Eigenschaften mit Milch oder Milcherzeugnissen verwechselt werden können. Im Hinblick auf die Verwechslungsgefahr ist dabei auf eine **an objektiven Merkmalen anknüpfenden Auffassung** eines durchschnittlich informierten, aufmerksamen Verbrauchers abzustellen (→ LFGB § 59 Rn. 16 ff.). **Anknüpfungseigenschaften** können insoweit etwa die **Konsistenz** und das **Aussehen** sein (vgl. Erbs/Kohlhaas/*Rohnfelder/Freytag* § 2 Rn. 13; Zipfel/Rathke LebensmittelR/*Rathke* § 2 Rn. 14 ff.).

Von den Bestimmungen des Gesetzes ausgenommen sind Erzeugnisse iSv § 1 Abs. 1, soweit **10** sie zur Lieferung außerhalb des Geltungsbereichs des Gesetzes oder für die Ausrüstung von Seeschiffen bestimmt sind. Eine Lieferung außerhalb des Geltungsbereichs des Gesetzes ist gegeben, wenn sie ins Ausland einschließlich der EU-Mitgliedstaaten erfolgen soll (Zipfel/Rathke LebensmittelR/*Rathke* § 1 Rn. 5; Erbs/Kohlhaas/*Rohnfelder/Freytag* § 1 Rn. 2). Der Geltungsbereich des Gesetzes umfasst auch Freizonen und Freihäfen sowie die deutschen Gebiete, die in einem ausländischen Zollgebiet angeschlossen sind (Büsigen, Insel Helgoland), nicht aber solche ausländischen Hoheitsgebiete, die dem deutschen Zollgebiet angeschlossen sind (Erbs/Kohlhaas/*Rohnfelder/Freytag* § 1 Rn. 2; Zipfel/Rathke LebensmittelR/*Rathke* § 1 Rn. 5). Demgegenüber sind die Erzeugnisse, die zur Ausrüstung von Seeschiffen bestimmt sind, auch dann von den Bestimmungen des Gesetzes befreit, wenn es sich bei den Seeschiffen um deutsche Schiffe, und somit um deutsches Hoheitsgebiet handelt (Erbs/Kohlhaas/*Rohnfelder/Freytag* § 1 Rn. 5; Zipfel/Rathke LebensmittelR/*Rathke* § 1 Rn. 4a).

11   Ob eine entsprechende Bestimmung gegeben ist, richtet sich nach den **konkreten Umständen des Einzelfalles,** wobei die Bestimmung des einzelnen Erzeugnisses auch nach außen mit hinreichender Sicherheit erkennbar sein muss (Erbs/Kohlhaas/*Rohnfelder/Freytag* § 1 Rn. 3 f.; Zipfel/Rathke LebensmittelR/*Rathke* § 1 Rn. 4). Erforderlich ist lediglich, dass die Erzeugnisse **für das Ausland bestimmt** sind, ohne dass bereits ein konkreter Abnehmer feststehen müsste (Zipfel/Rathke LebensmittelR/*Rathke* § 1 Rn. 4). Die Vorratshaltung der Erzeugnisse ohne konkrete Zweckbestimmung reicht insoweit aber nicht aus (Zipfel/Rathke LebensmittelR/*Rathke* § 1 Rn. 4). Regelmäßig ist eine hinreichend erkennbare Zweckbestimmung gegeben, wenn die Sicherungsmaßnahmen nach § 1 Abs. 2 S. 2 gegeben sind (Zipfel/Rathke LebensmittelR/*Rathke* § 1 Rn. 4).

12   Um Verwechslungen und Missbräuche zu vermeiden, fordert § 1 Abs. 2 S. 2 **Sicherungsmaßnahmen** (getrennte Haltung, Kenntlichmachung) für solche Erzeugnisse, die iSv § 1 Abs. 2 S. 1 eine abweichende Zweckbestimmung haben und den Vorschriften des Milch- und Margarinegesetzes nicht entsprechen. Dem Erfordernis der getrennten Haltung ist entsprochen, wenn gewährleistet ist, dass Verwechslungen, auch für Betriebsangehörige, ausgeschlossen sind, wobei hierfür aber keine Lagerung in unterschiedlichen Räumen erforderlich ist (Zipfel/Rathke LebensmittelR/*Rathke* § 1 Rn. 8; Erbs/Kohlhaas/*Rohnfelder/Freytag* § 1 Rn. 4). Eine hinreichende Kenntlichmachung ist gegeben, wenn die abweichende Zweckbestimmung deutlich lesbar und eindeutig ist (zB „zur Ausfuhr bestimmt"; „nur zur Lieferung ins Ausland bestimmt" oder „nicht für den Inlandsverkehr"; vgl. Zipfel/Rathke LebensmittelR/*Rathke* § 1 Rn. 9; Erbs/Kohlhaas/*Rohnfelder/Freytag* § 1 Rn. 4). Allgemein gilt, dass die **Anforderungen an die Kennzeichnung umso höher sind, je geringer die räumliche Trennung** der verschiedenen Erzeugnisse ist (*Zipfel/Rathke* § 1 Rn. 8). Weder erforderlich noch ausreichend ist demgegenüber eine Kennzeichnung der Abweichung von einer gesetzlich vorgeschriebenen oder verkehrsüblichen Beschaffenheit (Zipfel/Rathke LebensmittelR/*Rathke* § 1 Rn. 9; Erbs/Kohlhaas/*Rohnfelder/Freytag* § 1 Rn. 4).

13   **Erzeugnisse iSv § 1 Abs. 2 S. 1** sind indes nur von den Vorschriften des Milch- und Margarinegesetzes sowie der nach diesem Gesetz erlassenen Rechtsverordnung befreit. **Allgemeine und andere spezielle lebensmittelrechtliche Vorschriften** (sa § 13) gelten ungeachtet der Zweckbestimmung (vgl. Zipfel/Rathke LebensmittelR/*Rathke* § 1 Rn. 6, 7; Erbs/Kohlhaas/*Rohnfelder/Freytag* § 1 Rn. 5).

14   **Weitere Begriffsbestimmungen** finden sich in § 2 Abs. 1 Nr. 6–9 sowie in § 2 Abs. 2. Die Definitionen in § 2 Abs. 1 Nr. 6, 7 und 8 hinsichtlich der Begriffe Herstellen, Behandeln und Inverkehrbringen sind identische mit den allgemeinen lebensmittelrechtlichen Begriffsbestimmungen (→ Vorb. LFGB Rn. 45 ff.).

15   Vom Begriff des **milchwirtschaftlichen Unternehmens** (§ 2 Abs. 1 Nr. 9) sind alle Erzeuger-, Be- und Verarbeitungsbetriebe sowie Milchsammelstellen erfasst, nicht aber Weiterverarbeitungsbetriebe, dh solche, die Milch zur Herstellung anderer Lebensmittel (→ Vorb. LFGB Rn. 37 ff.) verwenden (Zipfel/Rathke LebensmittelR/*Rathke* § 2 Rn. 21; Erbs/Kohlhaas/*Rohnfelder/Freytag* § 2 Rn. 15). Die Definition des Begriffs Verbraucher iSv § 2 Abs. 2 ist identisch mit der in § 3 Nr. 4 LFGB.

§ 8 Strafvorschriften

Mit Freiheitsstrafe bis zu einem Jahr oder mit Geldstrafe wird bestraft, wer

1. *[aufgehoben]*
2. **einer unmittelbar geltenden Vorschrift in Rechtsakten der Europäischen Gemeinschaft oder der Europäischen Union, die dem Schutz der Bezeichnungen der nach § 1 Abs. 1 Nr. 1 bis 3 im Anwendungsbereich dieses Gesetzes liegenden Erzeugnisse dient, soweit eine Rechtsverordnung nach § 10 Nr. 1 für einen bestimmten Tatbestand auf diese Strafvorschrift verweist,**

zuwiderhandelt.

A. Allgemeines

1   Im Zuge der redaktionellen Änderungen des Gesetzes durch Art. 13 des Dritten Mittelstandsentlastungsgesetz v. 17.3.2009 (BGBl. I 550 (553); → Vorb. Rn. 2), wurde die bisher in § 13 aF enthaltene Strafvorschrift zu § 8, die Ermächtigungsgrundlage für rückverweisende Rechtsverordnungen findet sich nunmehr in § 10 Nr. 1 (bisher § 15 Nr. 1 aF). § 13 Nr. 2 aF erfasste ursprünglich Verstöße gegen die Bezeichnungsschutzbestimmungen des Art. 3 Abs. 1 S. 1 und Abs. 2 der **Verordnung (EG) Nr. 1898/87.** Durch das **Erste ÄndG v. 7.7.1998** (BGBl. I 1798) wurde § 13 Nr. 2 aF „zu einer Blankettvorschrift umformuliert, um neben der genannten Bezeichnungsschutzverordnung die in der Streichfettverordnung und in künftigen Verordnungen verankerten Vorschriften zum Schutz der Bezeichnungen der Milch, Milcherzeugnisse sowie Margarine und Mischfetterzeugnisse bewehren zu können" (BT-Drs. 13/9535).

Rechtsverordnungen nach nach § 10 Nr. 1 sind bisher noch nicht ergangen. Zwar sieht § 15 Nr. 1 eine Übergangsregelung vor, die allerdings aufgrund redaktioneller Versehen bereits nicht hinreichend bestimmt sein dürfte, da dort auf die bisherige Ermächtigungsnorm in § 15 Nr. 1 aF verwiesen wird (→ Vorb. LFGB Rn. 25; **aA** Erbs/Kohlhaas/*Rohnfelder/Freytag* Rn. 5).

Der ehemals in **§ 13 Nr. 1 aF** enthaltene Tatbestand, der Verstöße gegen den Bezeichnungsschutz 2 nach § 9 Abs. 1 aF unter Strafe stellte, wurde durch Art. 3 Nr. 1 des Gesetzes zur Neuordnung des Lebensmittel- und Futtermittelrechts v. 1.9.2005 **aufgehoben.** Zur Vermeidung von Strafbarkeitslücken gilt § 13 Nr. 1 iVm § 9 Abs. 1 in der zum 6.9.2005 geltenden Fassung fort (§ 1 Abs. 1 Nr. 6 Übergangs G; → Vorb. LFGB Rn. 4; vgl. Erbs/Kohlhaas/*Rohnfelder/Freytag* Rn. 5). Danach dürfen bei sog **Milchimitate** iSv § 1 Abs. 1 Nr. 4 (→ Vorb. Rn. 9), die unter Verwendung von Milch oder Milcherzeugnissen und von Erzeugnissen, die Milchbestandteile ersetzen, hergestellt werden, in ergänzenden Hinweisen auf die Herstellung und Zusammensetzung die wesentlichen Bestandteile nur in absteigender Reihenfolge ihres Gewichtsanteils, bezogen auf die Trockenmasse, angegeben werden. Dabei ist hinsichtlich der Fette und Eiweiße, die nicht der Milch entstammen, jeweils auf den Gesamtgehalt dieser Fett- bzw. Eiweißbestandteile abzustellen. Die der Milch entstammenden Bestandteile dürfen nicht besonders hervorgehoben werden.

B. Objektive Tatbestandsvoraussetzungen

I. Allgemeines

Mit **§ 8 Nr. 2** schuf der Gesetzgeber – vergleichbar der Reglung in § 58 Abs. 3 LFGB – eine 3 **Öffnungsklausel** hinsichtlich unmittelbar geltender Vorschriften des Gemeinschaftsrechts. Vgl. insoweit → LFGB § 58 Rn. 41 ff. Die bei § 58 Abs. 3 LFGB gegebene Entsprechungsklausel wird in § 8 Nr. 2 durch eine – ähnlich strukturierte – Zweckbestimmungsklausel ersetzt.

II. Anwendung der Zweckbestimmungsklausel

Ausgehend von der Funktion, die der Zweckbestimmungsklausel zukommt und die darin besteht, 4 sicherzustellen, dass insbesondere die Voraussetzungen, unter denen eine Handlung strafbar ist, durch den parlamentarischen Gesetzgeber bestimmt wurde, ist bei der Prüfung, ob eine Handlung nach § 8 Nr. 2 strafbar ist, zu ermitteln, ob die gemeinschaftsrechtliche Vorschrift inhaltlich hinreichend deutlich zum Ausdruck bringt, dass sie dem Schutz der Bezeichnung von Milch und Milcherzeugnissen, Margarineerzeugnissen oder Mischfetterzeugnissen dient (Erbs/Kohlhaas/*Rohnfelder/Freytag* Rn. 3). Dies ist jedenfalls bei den Art. 114, 115 der VO (EG) Nr. 1234/07 iVm Anh. XII, XIII bzw. XV der Fall.

Bei den gemeinschaftsrechtlichen Vorschriften, die durch Verordnung nach § 10 Nr. 1 im Falle der 5 Zuwiderhandlung strafbewehrt sein sollen, muss es sich um unmittelbar geltende Rechtsakte der Europäischen Gemeinschaft handeln. Dies ist lediglich bei Verordnungen iSv Art. 288 Abs. 1 AEUV der Fall (Erbs/Kohlhaas/*Rohnfelder/Freytag* Rn. 2). Rechtsverordnungen iSv § 10 Nr. 1 sind bisher noch nicht erlassen worden. Zur Übergangsrechtslage → Rn. 1.

C. Subjektiver Tatbestand

Nach § 8 Nr. 2 sind **nur vorsätzliche Zuwiderhandlungen** strafbar (§ 15 StGB), wobei **bedingter** 6 **Vorsatz genügt.** Maßgebliches Bezugsobjekt des Vorsatzes ist dabei zunächst das jeweilige Erzeugnis (§ 1 Abs. 1; → Vorb. Rn. 5 ff.). Daneben treten die weiteren Tatbestandsmerkmale der **blankettausfüllenden** (→ Vorb. LFGB Rn. 19 ff.) gemeinschaftsrechtlichen Verordnung, deren Missachtung durch eine Verordnung iSv § 10 Nr. 1 strafbewehrt wird. Vgl. zum Vorsatz im Lebensmittelstrafrecht darüber hinaus allg. → LFGB § 58 Rn. 47 ff.

D. Rechtsfolgen

§ 8 sieht **Freiheitsstrafe bis zu einem Jahr oder Geldstrafe** vor. Der Strafrahmen bestimmt sich 7 dabei nach den allgemeinen Vorschriften der §§ 38 ff. StGB. Für die Zumessung der Strafe werden insbesondere der Grad der Gefährdung des geschützten Rechtsguts, die Art der Ausführung und die tatursächlichen Motive von Bedeutung sein. Neben der Verhängung von Geld- oder Freiheitsstrafe kommen als weitere Rechtsfolgen die **Einziehung** der Tatgegenstände (vgl. hierzu die Kommentierung von § 11 unten), der **Verfall** des Tatlöses (§§ 73 ff. StGB) und – in besonders gelagerten Fällen – die Anordnung eines **Berufsverbotes** (§§ 70 ff. StGB; BGH LMRR 2007, 84) in Betracht. Zu den Konkurrenzen → LFGB § 59 Rn. 85.

§ 9 Bußgeldvorschriften

(1) Ordnungswidrig handelt, wer fahrlässig eine in § 8 bezeichnete Handlung begeht.

(2) Ordnungswidrig handelt, wer vorsätzlich oder fahrlässig

1. entgegen § 1 Abs. 2 Satz 2 dort genannte Erzeugnisse nicht getrennt hält oder nicht kenntlich macht,
2. einer Rechtsverordnung nach § 3 Abs. 1 und 2 Satz 1 Nr. 2 zuwiderhandelt, soweit sie für einen bestimmten Tatbestand auf diese Bußgeldvorschrift verweist, oder
3. einer vollziehbaren Anordnung auf Grund einer Rechtsverordnung nach § 3 Abs. 2 Satz 2 zuwiderhandelt, soweit die Rechtsverordnung für einen bestimmten Tatbestand auf diese Bußgeldvorschrift verweist,
4. einer unmittelbar geltenden Vorschrift in Rechtsakten der Europäischen Gemeinschaft oder der Europäischen Union zuwiderhandelt, die inhaltlich einer Regelung entspricht, zu der § 3 ermächtigt, soweit eine Rechtsverordnung nach § 10 Nr. 2 für einen bestimmten Tatbestand auf diese Bußgeldvorschrift verweist.

(3) Die Ordnungswidrigkeit kann in den Fällen des Absatzes 1 mit einer Geldbuße bis zu fünfundzwanzigtausend Euro, in den Fällen des Absatzes 2 mit einer Geldbuße bis zu zehntausend Euro geahndet werden.

A. Allgemeines

1   Im Zuge der redaktionellen Änderungen des Gesetzes durch Art. 13 des Dritten Mittelstandsentlastungsgesetz v. 17.3.2009 (BGBl. I 550 (553); → Vorb. Rn. 2), wurden die bisher in § 14 aF enthaltenen Bußgeldtatbestände in § 9 überführt, die Ermächtigungsgrundlage für rückverweisende Rechtsverordnungen iSv § 9 Abs. 2 Nr. 4 finden sich nunmehr in § 10 Nr. 2 (bisher § 15 Nr. 2 aF). Der Wegfall des in § 4 aF enthaltenen Erlaubnisvorbehaltes für den Betrieb milchwirtschaftlicher Unternehmen führte zum **Wegfall des bisherigen diesbezüglichen Bußgeldtatbestandes in § 14 Abs. 2 Nr. 3.** An dessen Stelle trat in § 9 Abs. 2 Nr. 3 der neue Bußgeldtatbestand der Zuwiderhandlung gegen vollziehbare Anordnungen (→ Rn. 6). Nach **§ 1 Abs. 1 Nr. 6 LFÜG** (vgl. dazu → Vorb. LFGB Rn. 4) gilt § 14 Abs. 2 Nr. 2 und Nr. 4, soweit jeweils auf § 3 verwiesen wird in der zum 6.9.2005 geltenden Fassung fort.

2   § 9 gliedert sich in drei Absätze. § 9 Abs. 1 definiert fahrlässige Zuwiderhandlungen iSv § 8, § 9 Abs. 2 vorsätzliche und fahrlässige Verstöße gegen § 1 Abs. 2 S. 2, gegen bestimmte Rechtsverordnungen und unmittelbar geltende gemeinschaftsrechtliche Vorschriften sowie gegen vollziehbare Anordnungen als Ordnungswidrigkeiten. § 9 Abs. 3 bestimmt die Rechtsfolgen.

B. Die einzelnen Tatbestände
I. Fahrlässige Zuwiderhandlungen iSv § 8

3   Verstößt der Täter fahrlässig gegen eine Verordnung der EG, die dem Schutz der Bezeichnung von Milch und Milcherzeugnissen, Margarineerzeugnissen oder Mischfetterzeugnissen dient, und verweist – was bisher nicht der Fall ist (→ § 8 Rn. 1) – eine Rechtsverordnung nach § 10 Nr. 2 auf § 9 Abs. 1, ist der Bußgeldtatbestand des § 9 Abs. 1 erfüllt. Zur Tatbestandsmäßigkeit der Handlung → § 8 Rn. 3 ff.; zur Fahrlässigkeit → LFGB § 58 Rn. 60 ff.

II. Verstoß gegen § 1 Abs. 2 S. 2

4   Sowohl vorsätzliche (→ § 8 Rn. 6) als auch fahrlässige (→ Rn. 3) Verstöße gegen die **Haltungs- und Kennzeichnungspflichten nach § 1 Abs. 2 S. 2** (→ Vorb. Rn. 10 ff.) sind in § 9 Abs. 2 Nr. 1 als Ordnungswidrigkeit definiert. Die Tathandlung kann dabei einerseits im **Unterlassen der getrennten Haltung bzw. der Kennzeichnung** oder andererseits in einer **unzulänglichen Trennung bzw. Kennzeichnung** bestehen. Darüber hinaus ist erforderlich, dass die **Erzeugnisse nicht den Vorschriften des Gesetzes** entsprechen.

III. Verstoß gegen eine Rechtsverordnung nach § 3 Abs. 1 und 2 S. 1 Nr. 2

5   § 9 Abs. 2 Nr. 2 stellt eine **Blankettvorschrift mit Rückverweisungsklausel** (→ Vorb. LFGB § 58 Rn. 26) dar. Der Reglungsbereich der jeweiligen Rechtsverordnung folgt aus den Ermächtigungsnormen und ist dort näher konkretisiert. In der geltenden Fassung, die auf die redaktionellen Änderungen des Gesetzes durch Art. 13 des Dritten Mittelstandsentlastungsgesetz v. 17.3.2009 (BGBl. I 550 (553); → Vorb. Rn. 2) zurückgeht, kommen allein Rechtsverordnungen in Betracht, die auf Grundlage von § 3 Abs. 1 und 2 S. 1 Nr. 2 nF ergangen sind. Die **Rechtsverordnungen, die in materieller Hinsicht rückverweisende Bußgeldtatbestände enthalten** (vgl. § 17 Abs. 1 ButterVO, § 4 Abs. 2

KonsMilchKV; § 31 Abs. 1 und 2 KäseVO; § 6 Abs. 3 MargMFV; § 7 Abs. 6 MilchErzV), beruhen allesamt – soweit iRd Bußgeldtatbestandes relevant – auf § 7 aF, der im Wesentlichen inhaltsgleich durch § 3 Abs. 1 ersetzt wurde. Mag dieser Umstand für sich genommen im Hinblick auf die Bestimmtheit der rückverweisenden Bußgeldtatbestände noch unbeachtlich sein, bestanden in der Zeit zwischen dem 25.3.2009 und dem 22.7.2010 im Hinblick darauf, dass bisher **die rückverweisenden Bußgeldtatbestände noch nicht an die neue Gesetzesfassung angepasst worden waren,** Bedenken, ob dem verfassungsrechtlichen Bestimmtheitsgrundsatz entsprochen wurde (vgl. zu vergleichbaren Fällen redaktioneller Versehen des Gesetz- bzw. Verordnungsgebers BGH NStZ 2001, 379; BVerfG wistra 2003, 255; BVerfGE 97, 157 (167); sa LK-StGB/*Dannecker* StGB § 1 Rn. 167 ff.). Erst mit der VO zur Anpassung lebensmittelhygiene- und tierseuchenrechtlicher Vorschriften an den Lissabon-Vertrag v. 14.7.2010 (BGBl. I 929) wurden die erforderlichen redaktionellen Änderungen vorgenommen. Bestehen nunmehr keine Bedenken mehr im Hinblick auf die Bestimmtheit der rückverweisenden Bußgeldtatbestände, stellt sich jetzt indes die Frage, ob § 4 Abs. 3 OWiG einer Ahndung der vor dem 22.7.2010 beendeten Ordnungswidrigkeiten entgegensteht. Unrechtskontinuität (vgl. BGHSt 26, 167 (172)) zwischen beiden Tatbestandsfassungen ist jedenfalls gegeben. Die eventuell bestehende Ahndungslücke im vorgenannten Zeitraum resultierte zudem nicht aus einer gesetzgeberischen Wertung, sondern lediglich auf einem redaktionellen Versehen (vgl. in diesem Zusammenhang BVerfG NJW 1990, 1103). § 1 Abs. 1 Nr. 6 LFÜG ist in diesem Zusammenhang demgegenüber nicht anwendbar, da dieser auf Verweise in § 14 Abs. 2 S. 2 aF auf § 3 aF beschränkt ist. IÜ kann auf die Kommentierung der Bußgeldtatbestände in den einzelnen Rechtsverordnungen verwiesen werden.

IV. Verstoß gegen eine vollziehbare Anordnung aufgrund einer Rechtsverordnung nach § 3 Abs. 2 S. 2

Der neu durch Art. 13 des Dritten Mittelstandsentlastungsgesetz v. 17.3.2009 (BGBl. I 550 (553); **6** → Vorb. Rn. 2) mit Wirkung zum 25.3.2009 eingeführte Bußgeldtatbestand in § 9 Abs. 3 Nr. 3 definiert **vorsätzliche** (→ § 8 Rn. 6) und **fahrlässige** (→ Rn. 3) **Verstöße gegen eine vollziehbare Anordnung,** die aufgrund einer Rechtsverordnung nach **§ 3 Abs. 2 S. 2** ergangen ist, als Ordnungswidrigkeit. § 3 Abs. 2 S. 1 sieht vor, dass in Rechtsverordnungen Anforderungen an die Sachkunde für die in einem milchwirtschaftlichen Unternehmen für den milchwirtschaftlichen Betrieb Verantwortlichen bestimmt werden können. Daneben können nach § 3 Abs. 2 S. 2 in solchen Verordnungen Vorschriften aufgenommen werden, nach denen dem Verantwortlichen durch entsprechende Anordnungen das **Führen eines milchwirtschaftlichen Betriebes ganz oder teilweise untersagt oder nur unter Auflagen gestattet werden kann,** wenn bestimmte Anforderungen nicht entsprochen oder dies nicht nachgewiesen ist.

Eine Ordnungswidrigkeit nach § 9 Abs. 3 Nr. 3 setzt zunächst eine vollziehbare Anordnung auf der **7** vorgenannten Grundlage, sprich einen Verwaltungsakt iSv § 35 VwVfG, voraus, der verwaltungsrechtlich vollstreckbar ist (vgl. Schönke/Schröder/*Heine/Hecker* StGB § 330d Rn. 15). Die Anordnung muss darüber hinaus so bestimmt gefasst sein, dass der Anordnungsadressat das strafrechtliche Verbotene mit hinreichender Sicherheit erkennen kann (vgl. *Möhrenschlager* NStZ 1994, 513 (515)). Mit dem Verstoß gegen die Anordnung ist der objektive Tatbestand des §§ 9 Abs. 2 Nr. 3 erfüllt. Wird die Anordnung danach wegen Rechtswidrigkeit aufgehoben, ist dies für die Strafbarkeit bedeutungslos (vgl. *Fischer* StGB § 330 Rn. 8 mwN; sa Schönke/Schröder/*Heine/Hecker* StGB Vorb. §§ 324 ff. Rn. 21). Dies ist verfassungsrechtlich nicht zu beanstanden (BVerfG NJW 1990, 37).

V. Verstoß gegen eine unmittelbar geltende Vorschrift in Rechtsakten der Europäischen Gemeinschaft

Ähnlich wie § 8 Nr. 2 (→ § 8 Rn. 3 ff.) wird durch § 9 Abs. 2 Nr. 4 eine **Öffnungsklausel 8** geschaffen, um Verstöße gegen Verordnungen der Europäischen Gemeinschaft ahnden zu können. Anders als in § 8 Nr. 2 wird der Regelungsgehalt der gemeinschaftsrechtlichen Rechtsakte nicht näher bestimmt. Die verfassungsrechtlich erforderliche Konkretisierung des Tatbestandes wird durch eine Entsprechungsklausel (bezogen auf § 3) gewährleistet. Diese Regelungstechnik entspricht der in § 58 Abs. 3 Nr. 2 LFGB, weshalb insoweit auf die diesbezügliche Kommentierung verwiesen werden kann (→ LFGB § 58 Rn. 41 ff.).

C. Rechtsfolgen

§ 9 Abs. 3 sieht für die Ahndung der einzelnen Ordnungswidrigkeiten der vorausgehenden Absätze **9** ein **gestuftes System** vor. Danach können Ordnungswidrigkeiten nach **§ 9 Abs. 1** mit Geldbuße bis zu **25.000 EUR** geahndet werden. Ordnungswidrigkeiten nach **§ 9 Abs. 2** können bei **vorsätzlichem Handeln mit Geldbußen bis zu 10.000 EUR** sowie bei **fahrlässige Zuwiderhandlungen** iSv § 9 Abs. 2 **mit Geldbußen bis zu 5.000 EUR** geahndet werden (§ 17 Abs. 2 OWiG). IÜ gelten für die

Bemessung der Geldbuße die Vorgaben von § 17 Abs. 3 und 4 OWiG. Neben der Verhängung der Geldbuße kommt die Einziehung nach § 11 in Betracht.

§ 10 Ermächtigung

Das Bundesministerium für Ernährung und Landwirtschaft wird ermächtigt, soweit dies zur Durchsetzung der Rechtsakte der Europäischen Gemeinschaft erforderlich ist, durch Rechtsverordnung ohne Zustimmung des Bundesrates die Tatbestände zu bezeichnen, die

1. als Straftat nach § 8 Nr. 2 zu ahnden sind oder
2. als Ordnungswidrigkeit nach § 9 Abs. 2 Nr. 4 geahndet werden können.

Vgl. insoweit die Ausführungen bei → § 8 Rn. 3 ff. und → § 9 Rn. 8.

§ 11 Einziehung

[1] **Gegenstände, auf die sich eine Straftat nach § 8 oder eine Ordnungswidrigkeit nach § 9 bezieht, können eingezogen werden.** [2] **§ 74a des Strafgesetzbuches und § 23 des Gesetzes über Ordnungswidrigkeiten sind anzuwenden.**

§ 11 entspricht § 61 LFGB. Auf die diesbezügliche Kommentierung wird verwiesen (→ LFGB § 61 Rn. 1 ff.).

540. Gesetz über den Verkehr mit Milch, Milcherzeugnissen und Fetten (Milch- und Fettgesetz)

In der Fassung der Bekanntmachung vom 10. Dezember 1952 (BGBl. I S. 811) FNA 7842-1

Zuletzt geändert durch Art. 397 Zehnte ZuständigkeitsanpassungsVO vom 31.8.2015 (BGBl. I S. 1474)

– Auszug –

Vorbemerkung

Das MilchFettG trifft vornehmlich **marktordnungsrechtliche Vorschriften,** insbesondere im Hin- **1** blick auf bestimmte **Liefer- und Abnahmepflichten.** Nach **§ 1 Abs. 1** sind **Milcherzeuger** (**§ 4** Abs. 3) grundsätzlich (Ausnahme nach Maßgabe von § 1 Abs. 3) verpflichtet, Milch (mit Ausnahme von Vorzugsmilch; § 1 Abs. 2; → Vorb. MilchMarG Rn. 5) und Sahne (Rahm; vgl. § 1 Abs. 5), die sie in den Verkehr bringen (→ Vorb. LFGB Rn. 45), an die **Molkerei** (**§ 4** Abs. 4), die von der obersten Landesbehörde für Ernährung und Landwirtschaft) bestimmt wird, zu liefern. Damit einher geht die aus **§ 1 Abs. 4** folgende Abnahmepflicht der Molkereien. Diese sind nach **§ 2 Abs. 2 S. 1** ihrerseits verpflichtet, Milch, entrahmte Milch, Buttermilch und geschlagene Buttermilch an die von der obersten Landesbehörde bestimmten Milchhändler oder Molkereien zu liefern. Die Lieferung an andere Milchhändler oder Molkereien ist nach **§ 2 Abs. 2 S. 2** unzulässig. Entsprechend der Abnahmepflicht der Molkereien statuiert **§ 2 Abs. 1** für Milchhändler und Molkereien, soweit es sich bei diesen um Abnehmer der Erzeugnisse handelt, Milch, entrahmte Milch, Buttermilch und geschlagene Buttermilch nur von Molkereien, die von der obersten Landesbehörde bestimmt werden, zu beziehen. Daneben sieht **§ 5** vor, dass die obersten Landesbehörden Molkereien zur Sicherung der Versorgung oder zur Annähe-rung der wirtschaftlichen Ergebnisse verpflichten können, bestimmte Mengen an Milch, entrahmter Milch, Buttermilch und geschlagener Buttermilch an andere Molkereien zu liefern oder von anderen Molkereien abzunehmen. Soweit **Butter, Schweine- oder Butterschmalz, Margarine** (→ Vorb. MilchMarG Rn. 7 f.), Kunstspeisefette oder sonstige raffinierte sowie raffinierte und gehärtete pflanzli-che und tierische Öle und Fette und die daraus hergestellten Speisefette und Speiseöle, insbesondere auch Plattenfette, **eingeführt,** dh aus einem Drittland, das nicht Mitglied der Europäischen Gemein-schaft ist, in die Bundesrepublik verbracht werden (→ LFGB § 58 Rn. 21), hat sie der **Einführer** vor der Zoll- oder Grenzabfertigung der Bundesanstalt für landwirtschaftliche Marktordnung **zum Kauf an-zubieten** (§ 16 Abs. 1). Macht dieser von dem **Übernahmerecht keinen Gebrauch,** so dürfen die Erzeugnisse im Bundesgebiet weder in den Verkehr gebracht noch verarbeitet (→ Vorb. LFGB Rn. 47) oder sonst verwertet werden (§ **16** Abs. 3 S. 2).

Neben den Liefer- und Abnahmepflichten **ermächtigt das Gesetz** einerseits in verschiedenen Vor- **2** schriften **zum Erlass von Rechtsverordnungen,** die insbes. dem Zweck dienen, die **Güte von Milch** einschließlich Trinkmilch und Milcherzeugnissen **zu fördern und zu erhalten** (vgl. § 10 f.). Es trifft darüber hinaus auch eigene materielle Regelungen. Einerseits wird in **§ 11 Abs. 2** festgelegt, dass die **Einstellung des Fettgehaltes** von Milch nur durch näher bezeichnete Molkereien (§ 11 Abs. 2 S. 2) bei entsprechender Zulassung nach Maßgabe von § 11 Abs. 2 S. 1 erfolgen darf. Weiter sieht das Gesetz in **§§ 25, 27** bestimmte **Buchführungs- und Auskunftspflichten** vor, um die Überwachung der Einhaltung der materiellen Vorschriften zu ermöglichen.

§ 30 Ordnungswidrigkeiten

(1) Ordnungswidrig handelt, wer vorsätzlich oder fahrlässig

1. der Lieferpflicht nach § 1 Abs. 1, § 2 Abs. 2 oder § 5 zuwiderhandelt,
2. der Bezugspflicht nach § 2 Abs. 1 oder der Abnahmepflicht nach § 1 Abs. 4 Satz 1 oder nach § 5 oder dem Verbot des § 1 Abs. 4 Satz 2 oder des § 2 Abs. 2 Satz 2 oder des § 2 Abs. 3 zuwiderhandelt,
3. als Milchhändler oder Großverbraucher ohne Erlaubnis der obersten Landesbehörde Milch oder Sahne (Rahm) im Sinne von § 1 Abs. 5 von einem Milcherzeuger bezieht,
4. den Fettgenalt von Trinkmilch entgegen der Bestimmung des § 11 Abs. 2 einstellt,
5. die Bestimmungen des § 16 Abs. 1 oder Abs. 3 Satz 2, die Buchführungspflicht nach § 25 verletzt oder einer Auflage nach § 16 Abs. 4 zuwiderhandelt,
6. *[aufgehoben]*

7. die Auskünfte, zu denen er nach § 27 dieses Gesetzes und nach den §§ 1 bis 3 der Verordnung über Auskunftspflicht vom 13. Juli 1923 (Reichsgesetzbl. I S. 699, 723) verpflichtet ist, ganz oder teilweise verweigert oder nicht in der gesetzten Frist erteilt oder unrichtige oder unvollständige Angaben macht,

8. die Einsicht in Geschäftsbriefe, Geschäftsbücher oder sonstige Unterlagen oder die Besichtigung oder die Untersuchung von Betriebseinrichtungen oder -räumen den Beauftragten der auskunftsberechtigten Stellen (§ 27 Abs. 1 und 2) verweigert oder sie dabei behindert,

9. einer Rechtsverordnung nach den §§ 6, 10, 12 Abs. 9, §§ 13 oder 24 Abs. 2 Nr. 3, soweit sie für einen bestimmten Tatbestand auf diese Bußgeldvorschrift verweist, oder einer auf Grund dieses Gesetzes ergangenen vollziehbaren Verfügung zuwiderhandelt.

(2) Die Ordnungswidrigkeit kann mit einer Geldbuße bis zu fünfundzwanzigtausend Euro geahndet werden.

(3) Gegenstände, auf die sich die Ordnungswidrigkeit bezieht, können eingezogen werden.

(4) Verwaltungsbehörde im Sinne des § 36 Abs. 1 Nr. 1 des Gesetzes über Ordnungswidrigkeiten ist die vom Bundesministerium durch Rechtsverordnung bestimmte Stelle, soweit dieses Gesetz nicht von Landesbehörden ausgeführt wird.

1   **1. Die Tatbestände des § 30 Abs. 1.** In § 30 Abs. 1 Nr. 1–8 werden **vorsätzliche** (→ LFGB § 58 Rn. 47 ff.) und **fahrlässige** (→ LFGB § 58 Rn. 60 ff.) Verstöße gegen die in den einzelnen Tatbeständen näher konkretisierten Ge- und Verbote, die in den vorhergehenden Abschnitten des MilchFettG statuiert werden, als Ordnungswidrigkeiten definiert. Insoweit handelt es sich um **Blankettbußgeldtatbestände** (→ Vorb. LFGB Rn. 19 ff.). Zur Verantwortlichkeit im Lebensmittelstrafrecht → Vorb. LFGB Rn. 29 ff. **§ 30 Abs. 1 Nr. 9** stellt eine **Blankettvorschrift mit Rückverweisungsklausel** (→ Vorb. LFGB Rn. 26) dar. Sie erfasst auch **Verstöße gegen vollziehbare Anordnungen,** die auf der Grundlage entsprechender Rechtsverordnungen ergehen (→ LFGB § 58 Rn. 35). Der Reglungsbereich der jeweiligen Rechtsverordnung folgt aus den Ermächtigungsnormen (→ Vorb. Rn. 2) und ist dort näher konkretisiert (s. insoweit auch § 17 Abs. 2 ButterV = Nr. 238 des Kommentars; § 7 MilchGV = Nr. 532 des Kommentars; § 31 Abs. 3 KäseV = Nr. 435 des Kommentars).

2   **Verstöße gegen die Liefer- und Abnahmepflichten** (→ Vorb. Rn. 1) sind in **§ 30 Abs. 1 Nr. 1–3** und **Nr. 5 Alt. 1** als Ordnungswidrigkeiten definiert. Soweit in § 30 Abs. 1 Nr. 1 und Nr. 2a auch Verstöße gegen die besonderen Liefer- und Abnahmepflichten nach § 5 aufgenommen sind, ist weiter erforderlich, dass die obersten Landesbehörden entsprechende Pflichten auf Grundlage von § 5 statuiert haben. **§ 30 Abs. 1 Nr. 4** erfasst **Verstöße im Zusammenhang mit der Einstellung des Fettgehaltes** von Trinkmilch (§ 11 Abs. 1; auch → Vorb. Rn. 2). Insoweit handelt einerseits tatbestandsmäßig, wer die Einstellung ohne Zulassung nach § 11 Abs. 2 S. 1 vornimmt. Andererseits ist der Tatbestand erfüllt, wenn die Einstellung durch andere als die in § 11 Abs. 2 S. 1 genannten Molkereien erfolgt. **§ 30 Abs. 1 Nr. 5 Alt. 2** definiert Verstöße gegen die Verkehrs- und Verwendungsverbote hinsichtlich eingeführter Butter usw nach § 16 Abs. 3 S. 2 (→ Vorb. Rn. 1) als Ordnungswidrigkeiten. **§ 30 Abs. 1 Nr. 5 Alt. 3; Nr. 7 u. 8** definiert **Verstöße gegen die Buchführungs- und Auskunftspflichten** (→ Vorb. Rn. 2) als Ordnungswidrigkeiten. Nach **§ 30 Abs. 1 Nr. 5 Alt. 4** handelt der tatbestandsmäßig, der **Auflagen nach § 16 Abs. 4** im Zusammenhang mit der Einfuhr von Butter usw zuwiderhandelt. Bei dem Verweis auf § 16 Abs. 4 liegt indes ein **redaktionelles Versehen** vor. Die Ermächtigung zur Erteilung entsprechender Auflagen findet sich in § 16 Abs. 5. Insoweit bestehen Bedenken, ob dem verfassungsrechtlichen **Bestimmtheitsgrundsatz** entsprochen wird (vgl. zu vergleichbaren Fällen redaktioneller Versehen des Gesetz- bzw. Verordnungsgebers NStZ 2001, 379; BVerfG wistra 2003, 255; BVerfGE 97, 157 (167); sa LK-StGB/*Dannecker* StGB § 1 Rn. 167 ff.).

3   **2. Rechtsfolgen.** Nach § 30 Abs. 2 können Ordnungswidrigkeiten bei **vorsätzlichem Handeln mit Geldbußen bis zu 25.000 EUR** sowie bei **fahrlässige Zuwiderhandlungen mit Geldbußen bis zu 12.500 EUR** geahndet werden (§ 17 Abs. 2 OWiG). IÜ gelten für die Bemessung der Geldbuße die Vorgaben von § 17 Abs. 3 u. 4 OWiG. Neben der Verhängung der Geldbuße kommt die **Einziehung** nach § 30 Abs. 3 in Betracht. Insoweit sind indes lediglich die sog **Beziehungsgegenstände,** nicht aber die Tatmittel und solche Gegenstände erfasst, die durch die Tat hervorgebracht wurden (producta sceleris).

545. Verordnung über natürliches Mineralwasser, Quellwasser und Tafelwasser (Mineral- und Tafelwasser-Verordnung – MinTafWV)

Vom 1. August 1984 (BGBl. I S. 1036) BGBl. III/FNA 2125-40-33

Zuletzt geändert durch Art. 1 Fünfte ÄndVO vom 22.10.2014 (BGBl. I S. 1633)

– Auszug –

Vorbemerkung

Die MinTafWV setzte ursprünglich die **RL 80/777/EWG** des Rates v. 15.7.1980 zur Angleichung **1** der Rechtsvorschriften der Mitgliedstaaten über die Gewinnung von und den Handel mit natürlichen Mineralwässern in nationales Recht um. Zwischenzeitlich wurde diese Richtlinie aufgehoben und mWv 16.7.2009 durch die **RL 2009/54/EG** des Europäischen Parlaments und des Rates v. 18.6.2009 über die Gewinnung von und den Handel mit natürlichen Mineralwässern ersetzt. Neben diese Richtlinie treten die **RL 2003/40/EG** der Kommission v. 16.5.2003 zur Festlegung des Verzeichnisses, der Grenzwerte und der Kennzeichnung der Bestandteile natürlicher Mineralwässer und der Bedingungen für die Behandlung natürlicher Mineralwässer und Quellwässer mit ozonangereicherter Luft sowie die **VO (EU) Nr. 115/2010** der Kommission v. 9.2.2010 zur Festlegung der Bedingungen für die Verwendung von aktiviertem Aluminiumoxid zur Entfernung von Fluorid aus natürlichen Mineralwässern und Quellwässern. Die gemeinschaftsrechtlichen Rechtsakte sind von der Erwägung getragen, dass Regelungen über natürliche Mineralwasser sowohl die **Gesundheit der Verbraucher schützen** (→ Vorb. LFGB Rn. 10 f.), als auch die **Irreführung der Verbraucher verhindern** (→ Vorb. LFGB Rn. 12 f.) sollen. Darüber hinaus soll ein **fairer Handel** sichergestellt werden, namentlich dadurch, dass jeder Mitgliedstaat verpflichtet ist, auf seinem Gebiet den Handel mit natürlichen Mineralwässern zuzulassen, die jeder andere Mitgliedstaat als solche anerkannt hat. Der freie Warenverkehr im EU-Binnenmarkt soll zum anderen durch Erlass **gemeinsamer Vorschriften** insbesondere hinsichtlich der **mikrobiologischen Beschaffenheit** und der für bestimmte Mineralwässer zu verwendenden **besonderen Bezeichnungen** gefördert werden.

Vor diesem gemeinschaftsrechtlichen Hintergrund enthält die Verordnung Vorschriften, die die **2 Gewinnung, Beschaffenheit, Verpackung und Kennzeichnung** von Mineralwasser, Quellwasser und Tafelwasser sowie in Fertigpackungen abgefülltes sonstiges Trinkwasser regeln (vgl. *Zipfel/Rathke* Vorb. MinTafWV Rn. 10c). In den §§ 2–9 sind die Anforderungen für **natürliches Mineralwasser** (§ 2; vgl. Zipfel/Rathke LebensmittelR/*Rathke* § 2 Rn. 6 ff.; Erbs/Kohlhaas/*Kalf* § 2 Rn. 3 ff.; sa BGH LMuR 2013, 49; NJW-RR 1990, 1187; BVerwG NVwZ-RR 2009, 795; VGH Mannheim LMuR 2013, 172; EuGH EuZW 1998, 639; EuGH LMaR 2015, 153; LMUR 2016, 12) geregelt. Die §§ 10–15 haben **Quellwasser** (§ 10 Abs. 1; s. Zipfel/Rathke LebensmittelR/*Rathke* § 10 Rn. 4 ff.; Erbs/Kohlhaas/*Kalf* § 10 Rn. 1) und **Tafelwasser** (§ 10 Abs. 2; vgl. Zipfel/Rathke LebensmittelR/*Rathke* § 10 Rn. 7; Erbs/Kohlhaas/*Kalf* § 10 Rn. 2 zur Abgrenzung zum Mineralwasser vgl. BGH NJW-RR 2002, 1615; OLG Karlsruhe WRP 2003, 548) zum Regelungsgegenstand.

Natürliches Mineralwasser bedarf der **amtlichen Anerkennung nach § 3.** Fehlt diese, besteht nach **3** § 3 Abs. 1 S. 1 für das gewerbsmäßige (→ Vorb. LFGB Rn. 30) Inverkehrbringen (→ Vorb. LFGB Rn. 45) ein **Verkehrsverbot.** In den jeweiligen Abschnitten für natürliches Mineralwasser einerseits und Quell- und Tafelwasser andererseits werden dann hinsichtlich der jeweiligen Erzeugnisse bestimmte **mikrobiologische Anforderungen** (§ 4; § 13), Vorschriften für die **Gewinnung und Herstellung** (§§ 5, 6; §§ 11, 12) sowie die **Verpackung und Kennzeichnung** (§ 8; § 14) statuiert. Insbesondere im Interesse des Gesundheitsschutzes bestehen nach **§ 5 Abs. 3 bzw. 12 Abs. 2 Gewinnungs- und Abfüllverbote,** wenn die mikrobiologischen Anforderungen nicht eingehalten werden. Sowohl für natürliches Mineralwasser als auch für Quell- und Tafelwasser bestehen darüber hinaus Verbote für in § 9 (vgl. Zipfel/Rathke LebensmittelR/*Rathke* § 9 Rn. 4 ff.; Erbs/Kohlhaas/*Kalf* § 9 Rn. 2 ff.) bzw. in § 15 (vgl. Zipfel/Rathke LebensmittelR/*Rathke* § 15 Rn. 5 ff.; Erbs/Kohlhaas/*Kalf* § 15 Rn. 3 ff.) näher beschriebene **irreführende Angaben** (→ LFGB § 59 Rn. 16 ff.). In diesem Zusammenhang ist zu beachten, dass am 13.12.2014 die LMIV (→ Vorb. LFGB Rn. 12; → LFGB § 59 Rn. 14, 21 ff.) in Kraft trat. Bei den Vorschriften der MinTafWV, die die Kennzeichnung der von ihr erfassten Erzeugnisse zu Gegenstand haben, handelt es sich um solche, die den Vorschriften der LMIV nach Maßgabe von Art. 1 Abs. 4 LMIV im Grundsatz als speziellere Vorschriften vorgehen (vgl. Voit/Grube LMIV/*Grube* Art. 1 Rn. 67 f.).Daneben statuiert **§ 16 weitere Verkehrsverbote** bei Verstößen gegen die vorausgehenden Vorschriften der MinTafWV (vgl. Zipfel/Rathke LebensmittelR/*Rathke* § 16 Rn. 4 ff.).

§ 17 Straftaten und Ordnungswidrigkeiten

(1) Nach § 58 Abs. 1 Nr. 18, Abs. 4 bis 6 des Lebensmittel- und Futtermittelgesetzbuches wird bestraft, wer vorsätzlich oder fahrlässig

1. entgegen § 5 Abs. 3 oder § 12 Abs. 2 natürliches Mineralwasser oder Quellwasser gewinnt oder abfüllt,
2. a) entgegen § 16 Nr. 2 natürliches Mineralwasser, Quellwasser oder Tafelwasser,
   b) entgegen § 16 Nr. 4, 5 oder 5a natürliches Mineralwasser,
   c) entgegen § 16 Nummer 6a Buchstabe a oder Nummer 6b Buchstabe a ein natürliches Mineralwasser oder ein Quellwasser,
   d) entgegen § 16 Nr. 7 Tafelwasser oder
   e) entgegen § 16 Nr. 9 Quellwasser

in den Verkehr bringt.

(2) Nach § 59 Abs. 1 Nr. 21 Buchstabe a des Lebensmittel- und Futtermittelgesetzbuches wird bestraft, wer entgegen § 8 Abs. 8 Nr. 2 oder 3 natürliches Mineralwasser in den Verkehr bringt, bei dem der vorgeschriebene Hinweis nicht oder nicht in der vorgeschriebenen Weise angebracht ist.

(3) Nach § 59 Abs. 1 Nr. 21 Buchstabe a des Lebensmittel- und Futtermittelgesetzbuches wird bestraft, wer

1. entgegen
   a) § 8 Absatz 8 Nummer 1 oder Nummer 3 ein natürliches Mineralwasser oder
   b) § 14 Absatz 6 ein Quellwasser

in den Verkehr bringt,

2. einer Vorschrift des § 9 oder des 15, auch in Verbindung mit § 18, über irreführende Angaben zuwiderhandelt oder
3. entgegen § 16 Nr. 1 oder 6 natürliches Mineralwasser, Quellwasser oder Tafelwasser in den Verkehr bringt.

(4) Wer eine in Absatz 2 oder 3 bezeichnete Handlung fahrlässig begeht, handelt nach § 60 Abs. 1 des Lebensmittel- und Futtermittelgesetzbuches ordnungswidrig.

(5) Ordnungswidrig im Sinne des § 60 Abs. 2 Nr. 26 Buchstabe a des Lebensmittel- und Futtermittelgesetzbuches handelt, wer vorsätzlich oder fahrlässig

1. natürliches Mineralwasser
   a) entgegen § 7 Abs. 1 Satz 1 nicht am Quellort abfüllt oder
   b) entgegen § 7 Abs. 1 Satz 2 nicht in Fertigpackungen oder entgegen § 7 Abs. 2 in Fertigpackungen, die den dort vorgeschriebenen Anforderungen nicht entsprechen, in den Verkehr bringt,
1a. entgegen § 8 Abs. 7 natürliches Mineralwasser in den Verkehr bringt,
2. entgegen § 12 Abs. 3 Quellwasser nicht am Quellort abfüllt,
3. entgegen 16 Nr. 3 natürliches Mineralwasser oder Quellwasser oder
4. entgegen § 16 Nummer 6a Buchstabe b oder Nummer 6b Buchstabe b natürliches Mineralwasser oder Quellwasser

in den Verkehr bringt.

(6) Ordnungswidrig im Sinne des § 60 Abs. 2 Nr. 26 Buchstabe b des Lebensmittel- und Futtermittelgesetzbuches handelt, wer vorsätzlich oder fahrlässig entgegen § 3 Abs. 1 Satz 1 natürliches Mineralwasser in den Verkehr bringt, das nicht amtlich anerkannt ist.

1   **1. Straftaten nach § 17 Abs. 1.** Mit der **Rückverweisung auf § 58 Abs. 1 Nr. 18 LFGB** (→ LFGB § 58 Rn. 37) in **§ 17 Abs. 1** werden **vorsätzliche** (→ LFGB § 58 Rn. 47 ff.) und **fahrlässige** (→ LFGB § 58 Rn. 60 ff.) **Verstöße gegen** die Gewinnungs- und Abfüllungsverbote aus **§ 5 Abs. 3 und § 12 Abs. 2** sowie Verstöße gegen die im Tatbestand näher konkretisierten **Verkehrsverbote des § 16** (→ Vorb. Rn. 3) unter Strafe gestellt. Zur Tathandlung des Inverkehrbringens → Vorb. LFGB § 58 Rn. 45. Zur Verantwortlichkeit im Lebensmittelstrafrecht → Vorb. LFGB § 58 Rn. 29 ff.

2   Demnach können **vorsätzliche Verstöße** mit **Geldstrafe oder mit Freiheitsstrafe bis zu drei Jahren geahndet** werden (→ LFGB § 58 Rn. 54 f.), wobei auch der **Versuch** strafbar ist (§ 58 Abs. 4; → LFGB § 58 Rn. 53). In **besonders schweren Fällen** (vgl. § 58 Abs. 5 LFGB) sieht das Gesetz **Freiheitsstrafe von sechs Monaten bis fünf Jahre** vor (→ LFGB § 58 Rn. 56 ff.). Nach § 17 Abs. 1 MinTafWV iVm § 58 Abs. 6 LFGB ist **fahrlässiges Handeln** strafbar, das mit **Geldstrafe oder Freiheitsstrafe bis zu einem Jahr geahndet** (→ LFGB § 58 Rn. 60) werden kann. Zu den Konkurrenzen → LFGB § 58 Rn. 82 ff.

3   **2. Straftaten nach § 17 Abs. 2 und 3.** Mit der Rückverweisung auf **§ 59 Abs. 1 Nr. 21 Buchst. a LFGB** (→ LFGB § 59 Rn. 58) in **§ 13 Abs. 2 und 3** werden **vorsätzliche** (→ LFGB § 58 Rn. 47 ff.) **Verstöße gegen Verkehrsverbote, die auf Verstößen gegen spezielle Kennzeichnungspflichten**

beruhen oder wegen **irreführender Angaben** (→ Vorb. Rn. 3) bestehen, unter Strafe gestellt. Zur Tathandlung des Inverkehrbringens → Vorb. LFGB § 58 Rn. 45. Das Gesetz sieht insoweit **Freiheitsstrafe bis zu einem Jahr oder Geldstrafe vor.** Die Qualifikation des § 59 Abs. 4 LFGB (→ LFGB § 59 Rn. 74a) findet keine Anwendung. Fahrlässiges Handeln ist nicht strafbar, sondern nach § 17 Abs. 4 als Ordnungswidrigkeit zu ahnden (→ Rn. 4). Auch eine Versuchsstrafbarkeit besteht nicht. Zu den Konkurrenzen → LFGB § 59 Rn. 85.

3. Ordnungswidrigkeiten nach § 17 Abs. 4–6. Handelt der Täter in den Fällen des **§ 17 Abs. 2** **4 oder 3 fahrlässig** (→ LFGB § 58 Rn. 60 ff.), verwirklicht er den Bußgeldtatbestand des § 17 Abs. 4. Die Verordnung wurde bisher noch nicht an das abgestufte System in § 60 Abs. 1 und 5 LFGB (→ LFGB § 60 Rn. 31 f.) angepasst, das mit dem Gesetz zur Änderung des Lebensmittel- und Futtermittelgesetzbuchs sowie anderer Vorschriften vom 29.6.2009 (BGBl. I 1659), das am 4.7.2009 in Kraft getreten ist (→ Vorb. LFGB Rn. 6), eingeführt wurde. Da die in § 17 Abs. 2 und 3 bezeichneten Handlungen Straftaten nach § 59 Abs. 1 Nr. 21 Buchst. a LFGB darstellen, wird der **Verweis in § 17 Abs. 4 als solcher auf § 60 Abs. 1 Nr. 2 LFGB zu verstehen sein.** Danach können Ordnungswidrigkeiten iSv § 17 Abs. 4 nach der ab dem 4.8.2011 geltenden Fassung des § 60 Abs. 5 Nr. 2 LFGB (vgl. zur Änderung der Geldbußenrahmen in § 60 Abs. 5 LFGB → LFGB § 60 Rn. 32) mit Geldbuße iHv bis zu **50.000 EUR** geahndet werden. Im Übrigen gelten für die Bemessung der Geldbuße die Vorgaben von § 17 Abs. 3 und 4 OWiG. Zu den weiteren Rechtsfolgen → LFGB § 60 Rn. 33 f.

Mit **Rückverweisung auf § 60 Abs. 2 Nr. 26 Buchst. a LFGB** (→ LFGB § 60 Rn. 20) in § 17 **5** Abs. 5 werden **vorsätzliche** (→ LFGB § 58 Rn. 47 ff.) und **fahrlässige** (→ LFGB § 58 Rn. 60 ff.) Verstöße gegen die im Tatbestand näher konkretisierten **Herstellungs- und Verkehrsverbote** als Ordnungswidrigkeiten definiert. Zur Tathandlung des Inverkehrbringens → Vorb. LFGB Rn. 45. Demnach können **vorsätzliche Verstöße iSv § 17 Abs. 5** nach der ab dem 4.8.2011 geltenden Fassung des § 60 Abs. 5 Nr. 2 LFGB (vgl. zur Änderung der Geldbußenrahmen in § 60 Abs. 5 LFGB → LFGB § 60 Rn. 32) mit **Geldbuße bis zu 50.000 EUR** (§ 60 Abs. 5 Nr. 2 LFGB), **fahrlässige Verstöße iSv § 17 Abs. 5** mit **Geldbuße bis 25.000 EUR** (§ 17 Abs. 2 OWiG) geahndet werden.

Zuletzt handelt nach **§ 17 Abs. 6** aufgrund **Rückverweisung auf § 60 Abs. 2 Nr. 26 Buchst. b 6 LFGB** (→ LFGB § 60 Rn. 20) ordnungswidrig, wer ohne amtliche Anerkennung (→ Vorb. Rn. 3) natürliches Mineralwasser in den Verkehr bringt. Insoweit sieht das Gesetz für **vorsätzliche Verstöße** iSv § 17 Abs. 6 nach der ab dem 4.8.2011 geltenden Fassung des § 60 Abs. 5 Nr. 3 LFGB (vgl. zur Änderung der Geldbußenrahmen in § 60 Abs. 5 LFGB → LFGB § 60 Rn. 32) **Geldbuße bis zu 20.000 EUR** vor; handelt der Betroffene fahrlässig kann die Tat mit **Geldbuße bis zu 10.000 EUR** (§ 17 Abs. 2 OWiG) geahndet werden.

550. Gesetz über Medizinprodukte
(Medizinproduktegesetz – MPG)

In der Fassung der Bekanntmachung vom 7. August 2002 (BGBl. I S. 3146) FNA 7102-47

Zuletzt geändert durch Art. 278 Zehnte ZuständigkeitsanpassungsVO vom 31.8.2015 (BGBl. I S. 1474)

– Auszug –

Vorbemerkung

1   **1. Entstehung.** Das Gesetz über Medizinprodukte (Medizinproduktegesetz – MPG) datiert v. 2.8.1994. Es wurde durch das Zweite Gesetz zur Änderung des Medizinproduktegesetzes (2. MP-ÄndG) v. 13.12.2001 (BGBl. I 3586) neu gefasst und zuletzt durch Gesetz v. 24.7.2010 (BGBl. I 983) gesetzlich geändert; Änderungen im Bereich von Rechtsverordnungen kommen hinzu (vgl. *Heil/Schulze* MPR 2014, 206 ff.). Das Medizinproduktegesetz beruht auf den **Vorgaben des Gemeinschaftsrechts** zur Schaffung eines einheitlichen Marktes für Medizinprodukte im Bereich des Europäischen Wirtschaftsraumes, insbes. der RL 93/42 EWG über Medizinprodukte v. 14.6.1993 (ABl. 1993 L 169, zuletzt geändert durch RL 2005/50 v. 11.8.2005, ABl. 2005 L 210 und RL 2007/47/EG v. 5.9.2007, ABl. 2007 L 247). Vorher waren für Medizinprodukte verschiedene gesetzliche Regelungen maßgeblich, insbes. das Arzneimittelgesetz, das Lebensmittel- und Bedarfsgegenständegesetz, das Gerätesicherheitsgesetz, die Röntgenverordnung, die Strahlenschutzverordnung und das Eichgesetz. Durch das 2. MPÄndG ist der **Anwendungsbereich des Heilmittelwerbegesetzes auf Medizinprodukte erweitert** worden.

2   **2. Ziele.** Ziel des Medizinproduktegesetz ist die **Herstellung eines hohen technischen Standards** für Medizinprodukte im Interesse der Verbraucher und Nutzer **innerhalb des freien Warenverkehrs,** ferner der **Schutz von Patienten** und Anwendern der Medizinprodukte vor gesundheitlichen Nachteilen und Gefahren im Umgang mit Medizinprodukten (§ 1). Bezweckt sind die Produktsicherheit und der Verbraucherschutz. Medizinprodukte sollen technisch und medizinisch unbedenklich sein, sie sollen ihren medizinischen Zweck erfüllen können und die Patienten und Anwender sowie Dritte sollen vor Schäden bei der Anwendung bewahrt werden. Dazu erfolgt eine **Klassifizierung** und **klinische Bewertung** von Medizinprodukten vor dem Inverkehrbringen. Die Nachweispflichten des Herstellers unterscheiden sich nach verschiedenen Risikoklassen. Den Nachweis der Zweckbestimmung kann der Hersteller durch eine **klinische Prüfung** erbringen, deren Voraussetzungen denjenigen bei der klinischen Prüfung von Arzneimitteln ähneln. Ferner sollen **Nebenwirkungen,** die unter den normalen Einsatzbedingungen auftreten können, festgestellt werden.

3   **3. Medizinprodukte als Gegenstand der Regelungen.** Medizinprodukte sind Apparate, Vorrichtungen, Instrumente, Software, Stoffe und andere Gegenstände, die der Erkennung, Verhütung, Überwachung, Behandlung und Linderung von Krankheiten oder Behinderungen, der Empfängnisregulierung, der Untersuchung, ferner der Ersetzung und Veränderung des anatomischen Aufbaus oder eines physiologischen Vorgangs zu dienen bestimmt sind und deren bestimmungsgemäße Hauptwirkung im oder am menschlichen Körper weder durch pharmakologisch oder immunologisch wirkende Mittel noch durch Metabolismus erreicht wird, deren Wirkung aber durch solche Mittel unterstützt werden kann (§ 3 Abs. 1). Das Medizinproduktegesetz gilt nicht für Arzneimittel (§ 2 Abs. 1 AMG), kosmetische Mittel (§ 2 Abs. 5 LFBG), menschliches Blut, Blutprodukte, Plasma oder Blutzellen menschlichen Ursprungs oder dies enthaltende Produkte, Transplantate, Gewebe oder Zellen menschlichen Ursprungs oder Produkte, die dies enthalten (§ 2 Abs. 5). Medizinprodukte können aber Arzneimittel enthalten (§ 3 Abs. 2). Wären zB nikotinhaltige Verbrauchsstoffe in elektrischen Zigaretten Präsentationsarzneimittel, wenn sie nach ihrer Aufmachung und Darbietung zur Raucherentwöhnung bestimmt sind, so wäre auch die Vorrichtungen zum Verbrauch und das Zubehör als Medizinprodukte anzusehen. E-Zigaretten bestehen aus einem Mundstück, einem Akku, einem elektrischen Verneblier und einer Wechsel-Kartusche, in der sich eine – oft auch nikotinhaltige – Flüssigkeit (Liquid) befindet. Im Regelfall handelt es sich aber um Genussmittel, nicht um Arzneimittel (BVerwG NVwZ 2015, 749 ff. mAnm *Müller;* BVerwG PharmR 2015, 252 (257 ff.); BVerwG NVwZ 2015, 425 ff. mit Aufs. *Schink* StoffR 2015, 72 ff.; BGH BeckRS 2016, 02554) und diese enthaltende Medizinprodukte.

§ 40 Strafvorschriften

(1) Mit Freiheitsstrafe bis zu drei Jahren oder mit Geldstrafe wird bestraft, wer

1. entgegen § 4 Abs. 1 Nr. 1 ein Medizinprodukt in den Verkehr bringt, errichtet, in Betrieb nimmt, betreibt oder anwendet,
2. entgegen § 6 Abs. 1 Satz 1 ein Medizinprodukt, das den Vorschriften der Strahlenschutzverordnung oder der Röntgenverordnung unterliegt oder bei dessen Herstellung ionisierende Strahlen verwendet wurden, in den Verkehr bringt oder in Betrieb nimmt,
3. entgegen § 6 Abs. 2 Satz 1 in Verbindung mit einer Rechtsverordnung nach § 37 Abs. 1 ein Medizinprodukt, das den Vorschriften der Strahlenschutzverordnung oder der Röntgenverordnung unterliegt oder bei dessen Herstellung ionisierende Strahlen verwendet wurden, mit der CE-Kennung versieht,
4. entgegen § 14 Satz 2 ein Medizinprodukt betreibt oder anwendet.

(2) Der Versuch ist strafbar.

(3) [1] In besonders schweren Fällen ist die Strafe Freiheitsstrafe von einem Jahr bis zu zehn Jahren. [2] Ein besonders schwerer Fall liegt in der Regel vor, wenn der Täter durch eine der in Absatz 1 bezeichneten Handlungen

1. die Gesundheit einer großen Zahl von Menschen gefährdet,
2. einen anderen der Gefahr des Todes oder einer schweren Schädigung an Körper oder Gesundheit aussetzt oder
3. aus grobem Eigennutz für sich oder einen anderen Vermögensvorteile großen Ausmaßes erlangt.

(4) Handelt der Täter in den Fällen des Absatzes 1 fahrlässig, so ist die Strafe Freiheitsstrafe bis zu einem Jahr oder Geldstrafe.

A. Regelungscharakter

Die Regelung besteht in Abs. 1 aus **Blankettstrafnormen,** die durch **Verhaltensregeln des zwei-** **1** **ten Abschnitts** des Medizinproduktegesetzes ausgefüllt werden (Binnenverweisung), im Fall des Abs. 1 Nr. 3 aber auch durch eine **Rechtsverordnung** iSv § 37 Abs. 1 über Konformitätsbescheinigungen und Sonderverfahren. Gegen die Bestimmtheit dieser Blankettstrafnormen iSv Art. 103 Abs. 2 GG bestehen zum Teil Bedenken (DLRT/*Tag* §§ 40–43 Rn. 4). Problematisch ist jedenfalls die zum Teil versteckte **Verweisung auf EG-Verordnungen** in ergänzenden Vorschriften, die in § 40 freilich nicht unmittelbar in Bezug genommen wurden. Sobald die EU-Richtlinien, etwa über die Grundlegenden Anforderungen iSv § 7, geändert werden, reißt eine ausdrückliche Verweisungskette, sobald die Richtlinie der Europäischen Union geändert wird. Verwendet der Gesetzgeber Blankettstrafnormen, so sind diese allerdings für sich genommen mit Art. 103 Abs. 2 GG vereinbar, wenn der Tatbestand schon im Blankettgesetz oder in einer Bezugsnorm desselben Gesetzes so hinreichend umschrieben ist, dass die Möglichkeit der Ahndung daraus vorausgesehen werden kann und weiteres das Blankett ausfüllenden Normen nur gewisse Spezifizierungen des Tatbestandes überlassen bleiben (BGHSt 42, 79 (84)). Ob dies etwa bei der unbefugten Anbringung der CE-Kennzeichnung nach § 40 Abs. 1 Nr. 3 iVm §§ 6 Abs. 2, 7 und iVm den in § 7 genannten Richtlinien der Europäischen Union der Fall ist, erscheint weiter zweifelhaft.

B. Die Regelungen im Einzelnen

I. Verbot im Umgang mit bedenklichen Medizinprodukten (Abs. 1 Nr. 1)

Die Strafnorm ahndet Verstöße gegen das Verbot im Umgang mit bedenklichen Medizinprodukten **2** (Erbs/Kohlhaas/*Ambs* Rn. 1). Nach § 4 Abs. 1 Nr. 1 ist es verboten, Medizinprodukte in den Verkehr zu bringen, zu errichten, in Betrieb zu nehmen, zu betreiben oder anzuwenden, wenn der begründete Verdacht besteht, dass sie **die Sicherheit und die Gesundheit** der Patienten, der Anwender oder Dritter (auch) **bei sachgemäßer und zweckentsprechender Anwendung,** Instandhaltung und ihrer Zweckbestimmung entsprechender Verwendung über ein **nach den Erkenntnissen der medizinischen Wissenschaften vertretbares Maß** hinausgehend unmittelbar oder mittelbar **gefährden.** Der Verstoß hiergegen ist ein abstraktes Gefährdungsdelikt. Gleichsam als vertypter Fall des Gefahrenverdachts (Rehmann/Wagner/*Wagner* § 4 Rn. 5) ist nach § 4 Abs. 1 Nr. 2 geregelt, dass das **Datum abgelaufen** ist, bis zu dem eine gefahrlose Anwendung nachweislich möglich ist. Auch dann ist es verboten, Medizinprodukte in den Verkehr zu bringen, zu errichten, in Betrieb zu nehmen, zu betreiben oder anzuwenden. Die **Verbote dienen der präventiven Abwehr von** möglichen **Gefahren,** die von Medizinprodukten für die Patienten, Anwender oder Dritte ausgehen können (Erbs/Kohlhaas/*Ambs* § 4 Rn. 1; Rehmann/Wagner/*Wagner* § 4 Rn. 1).

Es handelt sich um ein generelles Verbot, das aber durch bestimmte Tatbestandsmerkmale eingegrenzt **3** ist und insoweit auch als Anknüpfungspunkt für die Blankettstrafnorm des **Abs. 1 Nr. 1** der vorliegenden Vorschrift ausreichend bestimmt erscheint. Es kann nicht jedes Risiko ausgeschlossen werden (DLRT/*Lippert* § 4 Rn. 11), deshalb knüpft die Verbotsregelung an den begründeten Verdacht einer Gefährdung an. Eine konkrete Gefahr für Leib und Leben von Patienten oder Anwendern von Medizinprodukten muss nicht eingetreten oder nachgewiesen sein; es genügt ein Gefahrenverdacht (Erbs/Kohlhaas/*Ambs* Rn. 7). Der begründete **Verdacht einer Gefahr** nach § 4 Abs. 1 Nr. 1 muss auf **bestimmte Tatsachen** gestützt sein (Erbs/Kohlhaas/*Ambs* § 4 Rn. 2 und Rn. 7; Rehmann/Wagner/*Wagner* § 4 Rn. 25), aus denen sich eine **konkrete Wahrscheinlichkeit der unmittelbaren oder mittelbaren Gefährdung** von Patienten, Anwendern oder Dritten **bei sachgemäßer Anwendung** des Medizinprodukts entsprechend der Zweckbestimmung ergibt (AnwK-MedR/*Edelhauser* § 4 Rn. 5, 8). Unsachgemäße Anwendung oder Instandhaltung scheidet als Gefahrenquelle im Sinne der Verbotsnorm aus. Mittelbare Gefahren können sich daraus ergeben, dass sich der Patient wegen eines Mangels des Medizinprodukts weiterer riskanter Behandlungsmaßnahmen, insbes. einer ergänzenden Operation, unterziehen muss (Erbs/Kohlhaas/*Ambs* § 4 Rn. 2). Eine weitere Konkretisierung der für den Tatbestand erforderlichen und ausreichenden Gefährdung ergibt sich, wenn daran angeknüpft wird, dass ein Risiko **nach den Erkenntnissen der medizinischen Wissenschaft nicht mehr vertretbar** erscheint. Erforderlich ist eine Abwägung von Risiken und Nutzen (Rehmann/Wagner/*Wagner* § 4 Rn. 28). Mit der Anknüpfung an den Stand der wissenschaftlichen Erkenntnisse nimmt die Norm den Wandel der Verhältnisse auf. Die Prüfung der Vertretbarkeit kann danach weiter konkretisiert werden, so dass die Norm wohl noch dem Bestimmtheitsgebot aus Art. 103 Abs. 2 GG genügt (entsprechend zu § 95 Abs. 1 Nr. 1 AMG BVerfG NStZ 2000, 595 (596); BGHSt 43, 336 (342 ff.)), wenngleich hier – anders als bei § 95 Abs. 1 Nr. 1 AMG – Richtlinien zur klinischen Beurteilung noch nicht ebenso ausgearbeitet sind wie im Arzneimittelrecht.

4 Nicht alle Medizinprodukte müssen ein **Verfalldatum** tragen. Ist dies aber der Fall, dann gilt das Medizinprodukt nach Ablauf des Verbrauchsdatums, welches der Hersteller auf dem Medizinprodukt anbringt, als nicht mehr sicher. Dann ist es verboten, Medizinprodukte in den Verkehr zu bringen, zu errichten, in Betrieb zu nehmen, zu betreiben oder anzuwenden. Der Verstoß gegen dieses Verbot ist allerdings nur eine Ordnungswidrigkeit nach § 42 Abs. 2 Nr. 1.

5 Tathandlung nach Abs. 1 Nr. 1 iVm § 4 Abs. 1 Nr. 1 ist zunächst das verbotswidrige **Inverkehrbringen,** das nach § 3 Nr. 11 S. 1 in jeder entgeltlichen oder unentgeltlichen Abgabe an andere besteht und insoweit enger als der Begriff des Inverkehrbringens im Arzneimittelrecht definiert ist. Ausgenommen ist zudem die Abgabe zur klinischen Prüfung, die Abgabe von In-vitro-Diagnostika zur Leistungsbewertungsprüfung, sowie die erneute Abgabe nach Inbetriebnahme durch andere Personen, es sei denn dass das Medizinprodukt für einen anderen aufbereitet und an diesen zurückgegeben wird. Ein Inverkehrbringen kann auch durch **Unterlassen** bewirkt werden, wenn der Täter iSv § 13 StGB zum Handeln verpflichtet ist (Erbs/Kohlhaas/*Ambs* Rn. 3). Eine Rechtspflicht zum Handeln kann im Sinne einer Verkehrssicherungspflicht durch eine vom Hersteller oder Händler zu vertretende Gefahr begründet werden; auch Berufspflichten der Ärzte oder Apotheker können eine Garantenstellung begründen (DLRT/*Tag* §§ 40–43 Rn. 7). **Errichten** als weitere Handlungsform umfasst die Handlungen, die nach der Herstellung und vor der Inbetriebnahme im Einflussbereich des Anwenders vorgenommen werden, um das Medizinprodukt aufzustellen, zu montieren oder einzubauen (Erbs/Kohlhaas/*Ambs* Rn. 5; Rehmann/Wagner/*Wagner* § 4 Rn. 11). **Inbetriebnahme** kennzeichnet die Phase, in der das Medizinprodukt für den Anwender als ein zur zweckentsprechenden Anwendung bereites Erzeugnis erstmals zur Verfügung steht (§ 3 Nr. 12). Bei aktiven implantierbaren Medizinprodukten gilt die Abgabe an das medizinische Personal zur Implantation als Inbetriebnahme. **Betreiben** ist die Ausübung der tatsächlichen Sachherrschaft im anwendungsbereiten Zustand; auf das Eigentum kommt es nach herrschender Meinung nicht an (Erbs/Kohlhaas/*Ambs* Rn. 4; DLRT/*Lippert* § 4 Rn. 7; Rehmann/Wagner/*Wagner* § 4 Rn. 15). **Anwenden** ist der tatsächliche bestimmungsgemäße Einsatz des Medizinprodukts am Patienten oder bei Implantaten die Implantation.

II. Inverkehrbringen oder Inbetriebnehmen radioaktiver Medizinprodukte ohne CE-Kennzeichnung (Abs. 1 Nr. 2)

6 Den Straftatbestand nach **Abs. 1 Nr. 2** erfüllt derjenige, der entgegen § 6 Abs. 2 S. 1 ein Medizinprodukt, das den Vorschriften der Strahlenschutzverordnung oder der Röntgenverordnung unterliegt oder bei dessen Herstellung ionisierende Strahlen verwendet wurden, in den Verkehr bringt oder in Betrieb nimmt. Nach § 6 Abs. 1 dürfen Medizinprodukte, von Ausnahmen abgesehen, **nur mit der CE-Kennzeichnung** in den Verkehr gebracht oder in Betrieb genommen werden (Erbs/Kohlhaas/*Ambs* Rn. 9). Von Abs. 1 Nr. 2 der vorliegenden Vorschrift erfasst wird daher das Inverkehrbringen (§ 3 Nr. 11) oder die Inbetriebnahme eines Medizinproduktes ohne CE-Kennzeichnung, sofern das Medizinprodukt der **VO über den Schutz vor Schäden durch ionisierende Strahlen** (Strahlenschutzverordnung v. 13.10.1976, BGBl. I 2905, ber. BGBl. 1977 I 184, 269, Neufassung v. 20.7.2001, BGBl. I 1714; ber. BGBl. 2002 I 1459, zuletzt geänd. durch Gesetz v. 29.8.2008, BGBl. I 1793 (1796)) oder der **VO über den Schutz vor Schäden durch Röntgenstrahlung** (Röntgenverordnung idF v.

1.3.1973, BGBl. I 173, Neubekanntmachung v. 30.4.2003, BGBl. I 604) unterliegt. Gleiches gilt für Medizinprodukte, **bei deren Herstellung ionisierende Strahlen verwendet wurden.**

III. Unerlaubtes Versehen mit einer CE-Kennzeichnung (Abs. 1 Nr. 3)

Gemäß § 6 Abs. 2 dürfen Medizinprodukte nur dann mit der CE-Kennzeichnung versehen werden, **7** wenn **die Grundlegenden Anforderungen** nach **§ 7 iVm den dort bezeichneten EU-Richtlinien** erfüllt und das **Konformitätsbewertungsverfahren** nach der Medizinprodukteverordnung durchgeführt worden ist. Die in § 7 aufgeführten Richtlinien enthalten jeweils in ihren Anhängen umfassende Regelungen. Den Straftatbestand nach Abs. 1 Nr. 3 erfüllt derjenige, der entgegen § 6 Abs. 2 S. 1 iVm einer Rechtsverordnung nach § 37 Abs. 1 ein **Medizinprodukt, das den Vorschriften der Strahlenschutzverordnung oder der Röntgenverordnung unterliegt** oder **bei dessen Herstellung ionisierende Strahlen verwendet wurden, mit der CE-Kennung versieht,** obwohl die Voraussetzungen dafür nicht vorliegen.

IV. Betrieb und Anwendung mangelhafter Medizinprodukte, durch die Patienten, Beschäftigte oder Dritte gefährdet werden können (Abs. 1 Nr. 4)

Eine Straftat nach Abs. 1 Nr. 4 begeht, wer entgegen § 14 S. 2 ein Medizinprodukt betreibt oder **8** anwendet. Medizinprodukte dürfen nicht **betrieben oder angewendet** werden, wenn sie **Mängel** aufweisen, durch die Patienten, Beschäftigte oder Dritte gefährdet werden können (§ 14 S. 2). Ein **Mangel** liegt vor, wenn die Ist-Beschaffenheit des Medizinprodukts von der Soll-Beschaffenheit abweicht (Rehmann/Wagner/*Wagner* § 8). Bei Medizinprodukten wird die Sollbeschaffenheit vor allem durch die Grundlegenden Anforderungen nach § 7 bestimmt. Auch die Anforderungen der Verordnung über das Errichten, Betreiben und Anwenden von Medizinprodukten (Medizinprodukte-Betreiberverordnung v. 29.7.1998, BGBl. I 1762) sind einzuhalten. Mängel, durch die Patienten, Beschäftigte oder Dritte gefährdet werden können, führen zu einem Betriebs- oder Anwendungsverbot. Es genügt eine **abstrakte Gefährdung** (Erbs/Kohlhaas/*Ambs* Rn. 13). Erforderlich ist aber auch hier ein **begründeter Gefahrenverdacht,** der demjenigen nach § 4 Abs. 1 Nr. 1 ähnelt, aber auch unterhalb dieser Schwelle liegen kann.

C. Tatbegehung und Rechtsfolgen
I. Versuch (Abs. 2)

Nach Abs. 2 ist der Versuch des Vergehens nach der vorliegenden Vorschrift strafbar (§ 23 Abs. 1 **9** StGB), wobei aber der Anwendungsbereich der vollendeten Vergehenstatbestände weit vorgelagert ist und den Bereich der Versuchsstrafbarkeit stark einengt (DLRT/*Tag* §§ 40–43 Rn. 14). Konstruktiv gelten die allgemeinen Regeln der §§ 22 ff. StGB, so dass der Tatentschluss des Täters bestimmt ist und der objektive Versuchstatbestand davon abhängt, ob der Täter nach seiner Vorstellung von der Begehung der Tat unmittelbar ansetzt. Im Einzelfall ist auch die Frage des Rücktritts vom Versuch zu prüfen (Spickhoff/*Lücker* Rn. 2).

II. Vorsatz und Fahrlässigkeit (Abs. 1 und 4)

Vergehen nach Abs. 1 setzen Vorsatz voraus, wobei aber **alle Vorsatzarten** vom bedingten Vorsatz bis **10** zur Absicht in Frage kommen, Der Täter muss den Tatbestand nicht zutreffend unter die Strafnorm einschließlich der das Blankett ausfüllenden Verhaltensnorm subsumieren, aber den rechtlich-sozialen Sinngehalt nach Laienart erfasst haben (DLRT/*Tag* §§ 40–43 Rn. 11). Nach **Abs. 4** kann aber auch **Fahrlässigkeit** bestraft werden (Erbs/Kohlhaas/*Ambs* Rn. 19; Spickhoff/*Lücker* Rn. 4), wofür das Gesetz einen niedrigeren Strafrahmen vorsieht. Fahrlässigkeit besteht auch hier in der Verletzung einer **Sorgfaltspflicht** und der objektiven sowie individuellen **Vorhersehbarkeit** und **Vermeidbarkeit** der Tatbestandserfüllung (Rehmann/Wagner/*Rehmann* Rn. 4). Die genaue Abgrenzung von bedingtem Vorsatz und bewusster Fahrlässigkeit ist auch im Medizinproduktestrafrecht gegebenenfalls von besonderer Bedeutung (DLRT/*Tag* §§ 40–43 Rn. 12).

III. Besonders schwere Fälle (Abs. 3)

Abs. 3 trifft eine Regelung für besonders schwere Fälle mit verschiedenen Regelbeispielen. Die **11** Bestimmung gilt **nur für vorsätzlich begangene Vergehen,** nicht für die Fahrlässigkeitstaten nach Abs. 4. Der Vorsatz muss sich auf die Regelbeispiele in ähnlicher Weise wie auf Tatbestandsmerkmale beziehen, damit diese Erschwerungsgründe dem Täter zugerechnet werden können (DLRT/*Tag* §§ 40–43 Rn. 11). Das Vorliegen eines besonders schweren Falles bewirkt aber, anders als eine Qualifikation, **keine Änderung des Deliktscharakters,** auch wenn der Strafrahmen demjenigen eines Verbrechens gleichkommt. Die Vorschrift enthält **Regelbeispiele,** die **verschiedene Fallgruppen** betreffen, aber nicht abschließend sein sollen. Dh, dass auch unbenannte besonders schwere Fälle vorkommen können, während andererseits **trotz Erfüllung eines Regelbeispiels nicht notwendigerweise der Sonderstrafrahmen anzuwenden** ist. Die Binnensystematik des Gesetzes weist darauf hin, dass **auch beim Versuch** des Vergehens (Abs. 2) ein besonders schwerer Fall (Abs. 3) in Frage kommen kann. Der Sonderstrafrahmen (Freiheitsstrafe von einem Jahr bis zu zehn Jahren) überschneidet sich zum Teil mit dem Normalstrafrahmen (Freiheitsstrafe bis zu drei Jahren oder Geldstrafe), ist andererseits in Ober- und Untergrenze deutlich erhöht. Sofern nicht von seiner **Unbestimmtheit** iSv Art. 103 Abs. 2 GG ausgegangen wird (allg. *Esko Horn,* Die besonders schweren Fälle und Regelbeispiele im Strafgesetzbuch, 2001, 58 ff.), ist mit Blick auf die massive Anhebung des Strafniveaus jedenfalls eine restriktive Anwendung angezeigt.

12   Der Wortlaut des Gesetzes gestattet die Annahme, dass **unbenannte besonders schwere Fälle** in Betracht kommen (Erbs/Kohlhaas/*Ambs* Rn. 14; DLRT/*Tag* §§ 40–43 Rn. 28 f.). Die Erfüllung des Regelbeispiels indiziert das Vorliegen eines besonders schweren Falles (BGH NJW 2004, 2394 (2395)). Das gilt auch dann, wenn das Regelbeispiel erfüllt ist, obwohl die Tat selbst im Versuchsstadium stecken geblieben war. Die anschließende Gesamtabwägung aller Umstände dient der Überprüfung, ob die Ausnahmestrafrahmen trotz der gesetzlichen Vermutung ausnahmsweise nicht anzuwenden ist. Jedenfalls wenn das der Fall ist, kann die Erfüllung des Regelbeispiels immer noch bei der Strafzumessung im engeren Sinne ins Gewicht fallen. Auch im Hinblick auf Art. 103 Abs. 2 GG problematisch sind die unbenannten Strafrahmenänderungen, weil sie unbestimmt erscheinen, weil sie praktisch nur eine fakultative Ausdehnung des Normalstrafrahmens ohne gesetzlich vorausbestimmte Prüfkriterien darstellen. Sie greifen nach der Rspr. ein, wenn die Tat unter Berücksichtigung der Täterpersönlichkeit im Ganzen so sehr von den „erfahrungsgemäß gewöhnlich vorkommenden Fällen" an Strafwürdigkeit abweicht, dass die Anwendung des Normalstrafrahmens unangemessen erscheint. Erforderlich ist insoweit auch bei der Strafrahmenbestimmung eine **Gesamtwürdigung von Tat und Täterpersönlichkeit.** Zu prüfen sind alle der Tat vorausgehenden, sie begleitenden oder ihr nachfolgenden Umstände, soweit sie für das Bild von Tat und Täter von Bedeutung sind (Erbs/Kohlhaas/*Ambs* Rn. 14). „Gewöhnlich vorkommende Fälle" fehlen aber bisher mangels veröffentlichter Rspr. zu § 40, so dass der genannte Maßstab ohne empirische Basis bleibt. Die Strafrahmenwahl wird praktisch nur intuitiv vorgenommen.

13   Mit der für alle Straftatbestände in Abs. 1 geltenden Regelung, dass im Fall der **Gefährdung der Gesundheit einer großen Zahl von Menschen** in der Regel ein besonders schwerer Fall vorliegen soll (Abs. 3 S. 2 Nr. 1), verwendet der Gesetzgeber einen unbestimmten Rechtsbegriff innerhalb einer ihrerseits als Regelbeispiel relativ unbestimmten Strafrahmenbestimmung. Unklar bleibt zudem der Grad der Gefahr, da einerseits der Grundtatbestand ein abstraktes Gefährdungsdelikt, andererseits die konkrete Gefährdung iSv Abs. 3 S. 2 Nr. 1 auf die Nähe zum Tod oder einer schweren Schädigung an Körper oder Gesundheit bezogen ist. Es genügt also grundsätzlich bei Abs. 3 S. 2 Nr. 1 auch eine abstrakte Gefährdung. Andererseits erscheint die Größe der **Zahl** der gefährdeten Menschen nach dem zu § 306b Abs. 1 StGB entwickelten Rechtsprechungsmodell (BGHSt 44, 175 (177 f.)) **variabel, je nachdem wie konkret oder abstrakt ihre Gefährdung im Einzelfall ist** (zu Recht krit. Erbs/Kohlhaas/*Ambs* Rn. 15). Da indes der Gesetzgeber hier im Gegensatz zum Fall des § 306b Abs. 1 StGB, zu dem alleine bisher eine höchstrichterliche Entscheidung vorliegt, keine Qualifikationsnorm geschaffen und auch im Detail andere Begriffe und Anknüpfungspunkte verwendet hat, wird durch die Unklarheit des Regeltatbestands nur die Unbestimmtheit der Regelung unterstrichen. Eine zuverlässige Bestimmung der Größe der Zahl der gefährdeten Menschen vermag im Grenzbereich nicht zu gelingen (DLRT/*Tag* §§ 40–43 Rn. 30).

14   Kaum genauer bestimmt ist das Regelbeispiel der **Gefahr des Todes oder der schweren Schädigung an Körper oder Gesundheit** (Abs. 3 S. 2 Nr. 1). Hier ist eine **konkrete Gefahr** vorauszusetzen sein (Spickhoff/*Lücker* Rn. 3), ohne dass es notwendigerweise auf die Zahl der gefährdeten Personen ankommt (Erbs/Kohlhaas/*Ambs* Rn. 17). Konkret ist die Gefahr, wenn es praktisch nur vom Zufall abhängt, ob die **schwere Folge** eintritt oder ausbleibt. Schwer ist ein Körper- oder Gesundheitsschaden, wenn er die Lebensführung nicht nur unerheblich beeinträchtigt und dauerhaft vorliegt oder bei vorübergehenden Erscheinungen besonders gravierende Auswirkungen auf die Befindlichkeit hat. Auf den tatsächlichen Eintritt der schweren Folge kommt es nicht an, wobei dieser aber gegebenenfalls erst recht als Regelfall des besonders schweren Falles eines Arzneimittelvergehens erscheint.

15   Nach Abs. 3 S. 2 Nr. 1 liegt in der Regel ein besonders schwerer Fall vor, wenn der Täter **aus grobem Eigennutz** für sich oder einen anderen **Vermögensvorteile großen Ausmaßes erlangt.** Auch hier bleibt iE unklar, wann Vermögensvorteile ein großes Ausmaß erlangen (DLRT/*Tag* §§ 40–43 Rn. 32). Grober Eigennutz soll vorliegen, wenn der Täter sich von dem Vorteilsstreben in einem besonders anstößigen Maß leiten lässt. Damit wird aber die Unbestimmtheit des Ausmaßfaktors nur um die Hinzufügung eines weiteren unbestimmten Begriffes erweitert. Die Möglichkeit zur Gewichtung erscheint zudem ambivalent. Wenn der Täter Gesundheitsgefahren für Patienten wegen eines erheblichen Vermögensvorteils in Kauf nimmt, ist das eher nachvollziehbar als wenn er denselben Effekt bereits für geringen Gewinn herbeiführt. Eine plausible Korrelation zwischen der Größe des Vorteils und der Anstößigkeit des Strebens lässt sich in einer kommerzialisierten Welt kaum begründen. Im Vordergrund muss daher der numerische Umfang des Gewinns stehen.

IV. Konkurrenzen

Mit vorsätzlichen **Körperverletzungs- und Tötungsdelikten** ist Tateinheit möglich, ebenso mit **16** fahrlässiger Körperverletzung oder fahrlässiger Tötung. Eine Körperverletzung kann auch durch pflichtwidriges **Unterlassen** der Abwehr einer Gefährdung durch ein bedenkliches Medizinprodukt begangen werden (Erbs/Kohlhaas/*Ambs* Rn. 20). **§ 95 AMG** und die vorliegende Vorschrift schließen sich grundsätzlich gegenseitig aus, soweit es um dieselbe Sache geht, weil ein Gegenstand nicht zugleich Arzneimittel und Medizinprodukt sein kann.

§ 41 Strafvorschriften

Mit Freiheitsstrafe bis zu einem Jahr oder mit Geldstrafe wird bestraft, wer

1. **entgegen § 4 Abs. 2 Satz 1 in Verbindung mit Satz 2 ein Medizinprodukt in den Verkehr bringt,**
2. **entgegen § 6 Abs. 1 Satz 1 ein Medizinprodukt, das nicht den Vorschriften der Strahlenschutzverordnung oder der Röntgenverordnung unterliegt oder bei dessen Herstellung ionisierende Strahlen nicht verwendet wurden, in den Verkehr bringt oder in Betrieb nimmt,**
3. **entgegen § 6 Abs. 2 Satz 1 in Verbindung mit einer Rechtsverordnung nach § 37 Abs. 1 ein Medizinprodukt, das nicht den Vorschriften der Strahlenschutzverordnung oder der Röntgenverordnung unterliegt oder bei dessen Herstellung ionisierende Strahlen nicht verwendet wurden, mit der CE-Kennzeichnung versieht,**
4. **entgegen § 20 Absatz 1 Satz 1 oder Satz 4 Nummer 1 bis 6 oder Nummer 9, jeweils auch in Verbindung mit § 20 Absatz 4 oder Absatz 5 oder § 21 Nummer 1 oder entgegen § 22b Absatz 4 mit einer klinischen Prüfung beginnt, eine klinische Prüfung durchführt oder eine klinische Prüfung fortsetzt,**
5. **entgegen § 24 Satz 1 in Verbindung mit § 20 Absatz 1 Satz 1 oder Satz 4 Nummer 1 bis 6 oder Nummer 9, jeweils auch in Verbindung mit § 20 Absatz 4 oder Absatz 5, oder entgegen § 24 Satz 1 in Verbindung mit § 22b Absatz 4 mit einer Leistungsbewertungsprüfung beginnt, eine Leistungsbewertungsprüfung durchführt oder eine Leistungsbewertungsprüfung fortsetzt oder**
6. **einer Rechtsverordnung nach § 37 Abs. 2 Satz 2 zuwiderhandelt, soweit sie für einen bestimmten Tatbestand auf diese Strafvorschrift verweist.**

A. Regelungscharakter

Auch die vorliegende Vorschrift enthält, ebenso wie § 40, **Blankettstraftatbestände,** die auf Ver- **1** haltensnormen, vor allem aus dem verwaltungsrechtlichen Teil des Medizinproduktegesetzes, verweisen. Binnenverweisungen auf Anknüpfungsnormen innerhalb des Medizinproduktegesetzes und statische Verweisungen auf externe Regelungen erscheinen dabei prinzipiell unbedenklich. Problematisch sind dagegen **dynamische Verweisungen** und **Verweisungen auf Rechtsverordnungen** mit Rückverweisungsvorbehalt. wie in Nr. 6 der vorliegenden Vorschrift. Erstere wirken zumindest im Einzelfall unbestimmt iSv § 103 Abs. 2 GG, bei letzteren begibt sich der parlamentarische Strafgesetzgeber partiell seiner Kompetenz zur Festlegung der Strafbarkeit zugunsten des Verordnungsgebers, der die Strafnorm durch Vornahme oder Unterlassen der Rückverweisung aktivieren oder ausschalten kann, so dass der Parlamentsvorbehalt für Strafgesetze aus Art. 103 Abs. 2, 104 Abs. 1 GG in Frage gestellt ist (zum Parallelproblem des § 52 Abs. 2 Nr. 1 VTabakG iVm § 6 Abs. 1 TabV BGH BeckRS 2016, 02553; aA zum entsprechenden Problem des § 95 Abs. 1 Nr. 2a iVm § 6a AMG *Freund* FS Rössner 2015, 579 (580 ff.)).

Der **Strafrahmen** der vorliegenden Strafnorm ist **niedriger** als derjenige nach § 40 Abs. 1, weil das **2** Gefahrenpotenzial vom Gesetzgeber in seiner Vorausbewertung mit dem gesetzlichen Strafrahmen geringer eingeschätzt wird. Vergehen sind hier auch **nur vorsätzliche Verstöße** gegen die Verhaltensnormen (Spickhoff/*Lücker* Rn. 1), während bei fahrlässigem Handeln nur eine Ordnungswidrigkeit anzunehmen ist (§ 42 Abs. 1). Die **Versuchsstrafbarkeit** ist hier nicht gesondert angeordnet, so dass sie nach § 23 Abs. 1 StGB **entfällt.**

B. Die Regelungen im Einzelnen

I. Inverkehrbringen eines Medizinprodukts mit irreführender Bezeichnung, Angabe oder Aufmachung (Nr. 1)

Nach § 4 Abs. 2 S. 1 ist es verboten, Medizinprodukte in den Verkehr zu bringen, wenn sie **mit 3 irreführender Bezeichnung, Angabe oder Aufmachung** versehen sind. Irreführend ist die Bezeichnung, Angabe oder Aufmachung, wenn diese geeignet ist, bei dem Anwender **unrichtige Vorstel-**

lungen über wesentliche Eigenschaften des Medizinprodukts hervorzurufen (AnwK-MedR/*Edel-hauser* § 4 Rn. 15). Das Gesetz nennt als **Beispiele** Medizinprodukte, denen eine medizinische oder technische Leistung beigelegt werden, die sie nicht haben, ferner den Fall, in dem fälschlich der Eindruck erweckt wird, dass ein Erfolg mit Sicherheit erwartet werden kann oder dass nach bestimmungsgemäßem oder längerem Gebrauch keine schädlichen Wirkungen eintreten, schließlich den Fall, in dem zur Täuschung über die in den Grundlegenden Anforderungen festgelegten Produkteigenschaften geeignete Bezeichnungen, Angaben oder Aufmachungen verwendet werden, die für die Bewertung des Medizin-produkts mitbestimmend sind. Dieser Beispielskatalog ist nicht abschließend. Die Irreführung muss sich aus einer objektiv unrichtigen Bezeichnung, aus falschen Angaben oder aus der Aufmachung des Medizinprodukts ergeben, **nicht aus einer** davon getrennten **Werbung**, die nach dem Heilmittel-werbegesetz zu beurteilen ist. Die Bezeichnung, Angabe oder Aufmachung muss nur zur Irreführung **geeignet** sein; es kommt nicht darauf an, ob tatsächlich ein Irrtum bei einem Abnehmer hervorgerufen wird. Maßgebend ist die Verkehrsauffassung des Abnehmerkreises, für den das Medizinprodukt bestimmt ist (Erbs/Kohlhaas/*Ambs* Rn. 1). Eine **Täuschungsabsicht** ist **nicht erforderlich** (Erbs/Kohlhaas/ *Ambs* Rn. 6).

II. Inverkehrbringen oder Inbetriebnehmen nicht radioaktiver Medizinprodukte ohne CE-Kennzeichnung (Nr. 2)

4   Den Straftatbestand nach **Nr. 2** erfüllt derjenige, der entgegen § 6 Abs. 2 S. 1 ein Medizinprodukt, das nicht den Vorschriften der Strahlenschutzverordnung oder der Röntgenverordnung unterliegt und bei dessen Herstellung auch keine ionisierenden Strahlen verwendet wurden (andernfalls gilt § 40 Abs. 1 Nr. 2), in den Verkehr bringt oder in Betrieb nimmt. Nach § 6 Abs. 1 dürfen Medizinprodukte, von Ausnahmen abgesehen, **nur mit der CE-Kennzeichnung** in den Verkehr gebracht oder in Betrieb genommen werden (AnwK-MedR/*Edelhauser* § 6 Rn. 5). Von Nr. 2 der vorliegenden Vorschrift erfasst wird daher das Inverkehrbringen (§ 3 Nr. 11) oder die Inbetriebnahme eines Medizinproduktes ohne CE-Kennzeichnung. Die fehlerhafte Anbringung der CE-Kennzeichnung ist nur eine Ordnungswidrig-keit nach § 42 Abs. 2 Nr. 2.

III. Unerlaubtes Versehen mit einer CE-Kennzeichnung (Nr. 3)

5   Gemäß § 6 Abs. 2 dürfen Medizinprodukte nur dann mit der CE-Kennzeichnung versehen werden, wenn **die Grundlegenden Anforderungen** nach **§ 7 iVm den dort bezeichneten EU-Richtlinien** erfüllt und das **Konformitätsbewertungsverfahren** nach der Medizinprodukteverordnung durch-geführt worden ist. Die in § 7 aufgeführten Richtlinien enthalten in ihren Anhängen umfassende Regelungen. Den Straftatbestand nach Nr. 3 erfüllt derjenige, der entgegen § 6 Abs. 2 S. 1 iVm einer Rechtsverordnung nach § 37 Abs. 1 ein Medizinprodukt, das nicht den Vorschriften der Strahlenschutz-verordnung oder der Röntgenverordnung unterliegt und bei dessen Herstellung keine ionisierende Strahlen verwendet wurden (andernfalls gilt § 40 Abs. 1 Nr. 3), **mit der CE-Kennung versieht,** obwohl die Voraussetzungen dafür nicht vorliegen.

IV. Fehlerhaftes Durchführen der klinischen Prüfung (Nr. 4)

6   Strafbar macht sich, wer entgegen § 20 Abs. 1 S. 1 oder S. 4 Nr. 1–6 oder Nr. 9, jeweils auch iVm § 20 Abs. 4 oder 5 oder § 21 Nr. 1 oder entgegen § 22b Abs. 4 mit einer klinische Prüfung beginnt, sie durchführt oder fortsetzt. § 20 betrifft die klinische Prüfung an gesunden Menschen, § 21 diejenige an Kranken (Erbs/Kohlhaas/*Ambs* Rn. 12) im Rahmen von klinischen Versuchen oder Versuchen in der Arztpraxis. Die Fassung der Strafnorm hat zuletzt redaktionelle Änderungen erfahren (BT-Drs. 12/1297, 22).

7   Nach § 20 Abs. 1 S. 4 Nr. 1 ist bei klinischen Prüfungen von Medizinprodukten an gesunden Menschen die Verhältnismäßigkeit zwischen Risiko und voraussichtlicher Bedeutung des Medizinpro-duktes für die Heilkunde bestimmend (Erbs/Kohlhaas/*Ambs* Rn. 14). Die Abwägung kann nur ein Arzt vornehmen. Er muss sich dabei an medizinisch-ethischen Maßstäben orientieren. Nach § 20 Abs. 1 S. 4 Nr. 2 ist ferner die vorherige Einwilligung des Probanden nach sachgemäßer Aufklärung erforderlich. Die jederzeit widerrufliche Einwilligung muss höchstpersönlich und schriftlich von einer geschäfts-fähigen Person erteilt sein. Die Einwilligung Minderjähriger erfolgt gemäß § 20 Abs. 4 Nr. 4 gegebe-nenfalls durch den gesetzlichen Vertreter oder Betreuer. An in einer Anstalt verwahrten Personen darf eine klinische Prüfung nicht durchgeführt werden. Der Leiter der klinischen Prüfung, der ein appro-bierter Arzt sein muss, muss über eine zweijährige praktische Prüfungserfahrung verfügen. Ferner ist eine **sicherheitstechnische Unbedenklichkeitsbescheinigung** erforderlich (§ 20 Abs. 1 S. 4 Nr. 6). Der klinischen Prüfung des Medizinprodukts muss eine **biologische Sicherheitsprüfung** unter Labor-bedingungen vorangegangen sein; darüber ist der **Leiter der klinischen Prüfung** vor der Durch-führung **zu informieren** (§ 20 Abs. 1 S. 4 Nr. 7). Es muss ein dem jeweiligen Stand der wissenschaft-lichen Erkenntnisse entsprechender **Prüfplan vorhanden** sein (§ 20 Abs. 1 S. 4 Nr. 8). Nach § 20

Abs. 1 S. 4 Nr. 9 bedarf es einer **Patientenversicherung. Bei Minderjährigen** (§ 20 Abs. 4) und **Schwangeren** (§ 20 Abs. 5) ist die klinische Prüfung ausschließlich zur Diagnose und Vorbeugung von Krankheiten zugelassen, die bei dem Probanden oder dem ungeborenen Kind indiziert sind. Ferner dürfen keine ausreichenden Prüfergebnisse bei Erwachsenen oder nicht schwangeren Personen zu erwarten sein. Nach § 21 dürfen **klinische Prüfungen an kranken Personen nur** durchgeführt werden, wenn die Anwendung des zu prüfenden Medizinprodukts **zur individuellen Lebensrettung, Heilung oder Linderung des Leidens des Probanden** indiziert ist. Mit der klinischen Prüfung darf nach § 20 Abs. 7 erst begonnen werden, wenn den zuständigen Behörden davon Anzeige erstattet wurde. Der Inhalt der notwendigen Anzeigen folgt aus § 20 Abs. 6. Außerdem ist die zustimmende Stellungnahme einer Ethikkommission erforderlich.

Der **Straftatbestand** bezieht sich auf den Nachweis der sicherheitstechnischen Unbedenklichkeit 8
(§ 20 Abs. 1 S. 4 Nr. 6), die Informierung des Prüfungsleiters über die biologische Sicherheitsprüfung und die technische Unbedenklichkeit (§ 20 Abs. 1 S. 4 Nr. 7), das Vorhandensein des Prüfplans (§ 20 Abs. 1 S. 4 Nr. 8) und das Vorhandensein der Patientenversicherung (§ 20 Abs. 1 S. 4 Nr. 9), ferner bei minderjährigen, schwangeren und kranken Probanden auf den eingeschränkten Zweck nach §§ 20 Abs. 4 und 5, 21 Abs. 1 Nr. 1.

V. Fehlerhaftes Durchführen der Leistungsbewertungsprüfung (Nr. 5)

Die Bestimmung wurde durch ÄndG v. 13.12.2001 (BGBl. I 3586) eingefügt. Sie betrifft die Leis- 9
tungsbewertung von In-Vitro-Diagnostika nach § 24 S. 1 iVm mit § 20 Abs. 1 S. 4 Nr. 1–6 oder 9, Abs. 4 oder 5. Strafbar macht sich danach, wer eine Leistungsbewertungsprüfung durchführt, die nicht diesen Voraussetzungen entspricht.

VI. Verstoß gegen eine zurückverweisende Rechtsverordnung (Nr. 6)

Nach Nr. 6 soll bestraft werden, wer einer Rechtsverordnung nach § 37 Abs. 2 S. 2 zuwiderhandelt, 10
soweit diese für einen bestimmten Tatbestand auf diese Strafvorschrift verweist. Eine Rechtsverordnung in diesem Sinne ist etwa die **Verordnung über die Verschreibungspflicht von Medizinprodukten** idF vom 21.8.2002 (BGBl. I 3393). Die Anknüpfung des Blankettstraftatbestandes an eine Regelung des Verordnungsgebers für den Fall, dass die Rechtsverordnung auf den Straftatbestand verweist, entspricht nicht ohne weiteres dem Parlamentsvorbehalt aus Art. 103 Abs. 2, 104 Abs. 1 S. 1 GG und ist daher nach zum Teil vertretener Ansicht iSv Art. 103 Abs. 2 GG verfassungswidrig (→ Rn. 1).

C. Tatbegehung und Rechtsfolgen

Die Tat nach der vorliegenden Vorschrift kann nur vorsätzlich begangen werden. Im Fall von Fahr- 11
lässigkeit liegt nach § 42 Abs. 1 nur eine Ordnungswidrigkeit vor (Erbs/Kohlhaas/*Ambs* Rn. 28; Spick-hoff/*Lücker* Rn. 1). Der Versuch der Tat ist nicht strafbar. Der Strafrahmen beträgt Freiheitsstrafe bis zu einem Jahr oder Geldstrafe. Die Strafverfolgung verjährt in drei Jahren.

§ 42 Bußgeldvorschriften

(1) Ordnungswidrig handelt, wer eine der in § 41 bezeichneten Handlungen fahrlässig begeht.

(2) Ordnungswidrig handelt auch, wer vorsätzlich oder fahrlässig

1. entgegen § 4 Abs. 1 Nr. 2 ein Medizinprodukt in den Verkehr bringt, errichtet, in Betrieb nimmt, betreibt oder anwendet,
2. entgegen § 9 Abs. 3 Satz 1 eine CE-Kennzeichnung nicht richtig oder nicht in der vorgeschriebenen Weise anbringt,
3. entgegen § 10 Abs. 1 Satz 2 oder Abs. 3 Satz 1, auch in Verbindung mit Satz 2, jeweils in Verbindung mit einer Rechtsverordnung nach § 37 Abs. 1, eine Erklärung nicht, nicht richtig, nicht vollständig oder nicht rechtzeitig abgibt,
4. entgegen § 10 Abs. 4 Satz 2 einem Medizinprodukt eine Information nicht beifügt,
5. entgegen § 11 Absatz 2 Satz 1 oder Absatz 3a ein Medizinprodukt abgibt,
6. entgegen § 12 Abs. 1 Satz 1 in Verbindung mit einer Rechtsverordnung nach § 37 Abs. 1 eine Sonderanfertigung in den Verkehr bringt oder in Betrieb nimmt,
7. entgegen § 12 Abs. 2 Satz 1 oder Abs. 3 Satz 1 ein Medizinprodukt abgibt,
8. entgegen § 12 Abs. 4 Satz 1 ein Medizinprodukt ausstellt,
9. entgegen § 12 Abs. 4 Satz 3 ein In-vitro-Diagnostikum anwendet,
10. entgegen § 20 Abs. 1 Satz 4 Nr. 7 oder 8, jeweils auch in Verbindung mit § 21 Nr. 1, eine klinische Prüfung durchführt,
11. entgegen § 25 Abs. 1 Satz 1, Abs. 2, 3 oder 4 oder § 30 Abs. 2 Satz 1 eine Anzeige nicht, nicht richtig, nicht vollständig oder nicht rechtzeitig erstattet,

12. entgegen § 26 Abs. 4 Satz 1 eine Maßnahme nicht duldet oder eine Person nicht unterstützt,

13. entgegen § 30 Abs. 1 einen Sicherheitsbeauftragten nicht oder nicht rechtzeitig bestimmt,

14. entgegen § 31 Abs. 1 Satz 1, auch in Verbindung mit Satz 2, eine Tätigkeit ausübt,

15. entgegen § 31 Abs. 4 eine Mitteilung nicht, nicht richtig, nicht vollständig oder nicht in der vorgeschriebenen Weise aufzeichnet oder nicht oder nicht rechtzeitig übermittelt oder

16. einer Rechtsverordnung nach § 37 Abs. 1, 2a, 3, 4 Satz 1 oder 3, Abs. 5 Nr. 1, 1a, 2 Buchstabe a oder b Doppelbuchstabe bb oder Nr. 3, Abs. 7 oder 8 Satz 1 oder einer vollziehbaren Anordnung auf Grund einer solchen Rechtsverordnung zuwiderhandelt, soweit die Rechtsverordnung für einen bestimmten Tatbestand auf diese Bußgeldvorschrift verweist.

(3) Die Ordnungswidrigkeit kann mit einer Geldbuße bis zu 25 000 Euro geahndet werden.

A. Regelungscharakter

1   Die vorliegende Vorschrift **ergänzt die strafrechtlichen Bestimmungen** der §§ 40, 41 um **Bußgeldtatbestände** als **mindere Form der Sanktionierung** von Verstößen gegen verwaltungsrechtliche Verhaltensnormen (DLRT/*Tag* §§ 40–43 Rn. 35). Eine Ordnungswidrigkeit liegt danach dann vor, wenn eine der in § 41 genannten Handlungen fahrlässig begangen wird (Abs. 1) oder aber einer der in Abs. 2 genannten Tatbestände **vorsätzlich oder fahrlässig** erfüllt wird. Der Bußgeldtatbestand bezweckt prinzipiell in gleicher Weise wie die Straftatbestände den **Rechtsgüterschutz,** wenngleich an die Verletzung der Verhaltensnormen nur eine mindere Sanktionsform angeknüpft wird.

B. Die Regelungen im Einzelnen

2   Abs. 1 erklärt fahrlässige Verstöße gegen die in § 41 genannten Verhaltensnormen zu Ordnungswidrigkeiten. Fahrlässig handelt, wer die im Umgang mit Medizinprodukten erforderliche Sorgfalt außer Acht lässt, die zu beachten er verpflichtet und nach seinen persönlichen Kenntnissen und Fähigkeiten in der Lage ist (Erbs/Kohlhaas/*Ambs* Rn. 2). An die Sorgfalt der Personen, die am Umgang mit Medizinprodukten beteiligt sind, werden strenge Anforderungen gestellt.

3   Abs. 2 enthält einen Katalog mit 16 Arten von Ordnungswidrigkeiten. Diese sind wiederum als **Blaketttatbestände** ausgestaltet, die teils auf Verhaltensnormen innerhalb des Arzneimittelgesetzes, teils aber auch auf Rechtsverordnungen verweisen. Insgesamt ist die Regelung komplex und **unübersichtlich.** Nach Art. 103 Abs. 2 GG (§ 3 OWiG) entfällt der Bußgeldtatbestand, wenn eine in Bezug genommene Rechtsverordnung geändert wird und die Bezugnahme danach nicht mehr passt. Im Übrigen bestehen wegen der Komplexität der Regelungen vielfach Bedenken gegen die ausreichende Bestimmtheit der Bußgeldregeln (DLRT/*Tag* §§ 40–43 Rn. 37).

4   Nach **Abs. 2 Nr. 1** handelt ordnungswidrig, wer ein Medizinprodukt in den Verkehr bringt, errichtet, in Betrieb nimmt, betreibt oder anwendet, obwohl das Verfalldatum abgelaufen ist. **Abs. 2 Nr. 2** betrifft die fehlerhafte Anbringung der CE-Kennzeichnung, die nach § 9 Abs. 3 S. 1 deutlich sichtbar, gut lesbar und dauerhaft auf dem Medizinprodukt und gegebenenfalls auf der Handelspackung sowie auf der Gebrauchsanweisung anzubringen ist. **Täter** ist die nach § 9 Abs. 2 zur Kennzeichnung verpflichtete Person. **Abs. 2 Nr. 3** bezeichnet es als Ordnungswidrigkeit, wenn eine durch Rechtsverordnung geforderte Erklärung des Verantwortlichen für die Zusammensetzung des Systems oder der Bewertungseinheit beim erstmaligen Inverkehrbringen und der zweckentsprechenden Inbetriebnahme nicht, nicht richtig, nicht vollständig oder nicht rechtzeitig abgibt. Einen Bußgeldtatbestand erfüllt nach **Abs. 2 Nr. 4,** wer bei der Zusammensetzung von Medizinprodukten, Systemen oder Behandlungseinheiten eine Information nicht beifügt, die nach Nr. 11–15 Anh. I RL 90/385/EWG, Nr. 13.1., 13.3., 13.4., 13.6 Anh. I RL 93/42/EWG oder Nr. 8.1, 8.3., 8.4, 8.5, 8.7 Anh. I RL 98/79/EG erforderlich ist. Ordnungswidrig handelt gemäß **Abs. 2 Nr. 5,** wer Medizinprodukte an den Anwender ohne Gebrauchsanweisung in deutscher Sprache (§ 11 Abs. 2 S. 1; ausgenommen im Fall des § 11 Abs. 2 S. 2) abgibt, oder wer gegen das Gebot verstößt, In-vitro-Diagnostika zur Erkennung von HIV-Infektionen nur an Ärzte, ambulante und stationäre Einrichtungen im Gesundheitswesen, Großhandel und Apotheken oder Gesundheitsbehörden abzugeben (§ 11 Abs. 3a). Einen Tatbestand nach **Abs. 2 Nr. 6** erfüllt derjenige, der Sonderanfertigungen in den Verkehr bringt oder in Betrieb nimmt, obwohl die Grundlegenden Anforderungen nicht erfüllt sind oder das Konformitätsbewertungsverfahren nicht durchgeführt wurde. Den Bußgeldtatbestand nach **Abs. 2 Nr. 7** erfüllt, wer Medizinprodukte, die zur klinischen Prüfung bestimmt sind, oder In-vitro-Diagnostika für Leistungsbewertungsprüfungen an Personen abgibt, die nicht als Ärzte, Zahnärzte oder sonst für die Prüfungen geeignete Personen abgibt. Bei aktiven implantierbaren Medizinprodukten müssen zudem die besonderen Anforderungen nach RL 90/385/EWG, bei sonstigen Medizinprodukten die Anforderungen nach RL 93/42/EWG erfüllt sein.

Medizinprodukte, die nicht die Voraussetzungen für das Inverkehrbringen oder erstmalige Inverkehrbringen erfüllen, dürfen nur ausgestellt werden, wenn sie entsprechend gekennzeichnet sind; ein Ausstellen ohne Kennzeichnung mit einem sichtbaren Schild, ist eine Ordnungswidrigkeit nach **Abs. 2 Nr. 8.** Ausgestellte In-vitro-Diagnostika dürfen an Proben von Ausstellungsbesuchern nicht angewendet werden; wer dagegen verstößt, erfüllt den Tatbestand von **Abs. 2 Nr. 9.** Die Durchführung einer klinischen Prüfung ohne Unterrichtung des Leiters über die biologische Sicherheitsprüfung und die technische Unbedenklichkeit (§ 20 Abs. 1 S. 4 Nr. 7) und ohne Prüfplan ist eine Ordnungswidrigkeit nach **Abs. 2 Nr. 10.** Die Verletzung der allgemeinen Anzeigepflichten beim erstmaligen Inverkehrbringen von Medizinprodukten, beim Zusammensetzen von Systemen oder Behandlungseinheiten, beim Inverkehrbringen von In-vitro-Diagnostika oder bei der Bestimmung eines Sicherheitsbeauftragten stellt eine Ordnungswidrigkeit nach **Abs. 2 Nr. 11** dar. Wer in einem Betrieb, der Medizinprodukte herstellt, prüft, verpackt, ausstellt, in Verkehr bringt, errichtet, betreibt, anwendet oder aufbereitet, als Betriebsinhaber oder Eigentümer eine Überwachungsmaßnahme nicht duldet oder eine Person dabei nicht unterstützt, erfüllt den Tatbestand des **Abs. 2 Nr. 12.** Ordnungswidrig iSv **Abs. 2 Nr. 13** ist es, wenn ein Sicherheitsbeauftragter in einem Herstellungsbetrieb nicht oder nicht rechtzeitig bestimmt wird. Wer als Medizinprodukteberater tätig wird, ohne ausreichend sachkundig, informiert und gegebenenfalls eingewiesen zu sein, erfüllt den Bußgeldtatbestand nach **Abs. 2 Nr. 14.** Der Medizinprodukteberater hat Mitteilungen über Nebenwirkungen, wechselseitige Beeinflussungen, Fehlfunktionen, technische Mängel, Gegenanzeigen, Verfälschungen oder sonstige Risiken bei Medizinprodukten aufzuzeichnen und dem Verantwortlichen mitzuteilen; wenn er dagegen verstößt, erfüllt er den Tatbestand von **Abs. 2 Nr. 15.** Ordnungswidrig iSv **Abs. 2 Nr. 16** handelt schließlich, wer einer Rechtsverordnung nach § 37 Abs. 1, 2a, 3, 4 S. 1 oder 3, Abs. 5 Nr. 1, 2 Buchst. a oder b Doppelbuchst. bb oder Nr. 3, Abs. 7 oder 8 S. 1 oder einer vollziehbaren Anordnung aufgrund einer solchen Rechtsverordnung zuwiderhandelt, soweit die Rechtsverordnung für einen bestimmten Tatbestand auf diese Bußgeldvorschrift verweist. Einschlägige Rechtsverordnungen (zu jüngeren Änderungen *Heil/Schulze* MPR 2014, 206 ff.) sind die Verordnung über das Errichten, Betreiben und Anwenden von Medizinprodukten (v. 29.7.1998, BGBl. I 1762; neu bekanntgemacht am 21.8.2002, BGBl. I 3396, zuletzt geänd. durch Art. 3 VO v. 11.12.2014, BGBl. I 2010), die Medizinprodukte-Verordnung (v. 20.12.2001, BGBl. I 3854, zuletzt geändert durch Verordnung v. 10.5.2010, BGBl. I 542), die Verordnung über die Vertriebswege für Medizinprodukte (v. 17.12.1997, BGBl. I 3148, zuletzt geändert durch VO v. 31.10.2006, BGBl. I 2407) sowie die Verordnung über die Verschreibungspflicht von Medizinprodukten in der Fassung der Bekanntmachung v. 21.8.2002, BGBl. I 3393, zuletzt geändert durch Art. 4 VO v. 19.12.2014, BGBl. I 2371).

C. Begehung der Ordnungswidrigkeit und Rechtsfolgen

Die Ordnungswidrigkeit nach Abs. 1 wird **fahrlässig** begangen, diejenige nach Abs. 2 **vorsätzlich** 5 **oder fahrlässig** (§ 10 OWiG). Ein **Irrtum** über die tatsächlichen Voraussetzungen der Tatbestandsmerkmale, zu denen auch Merkmale der das Blankett ausfüllenden Verhaltensregeln gehören, führt zu einem den Vorsatz ausschließenden Tatbestandsirrtum (Erbs/Kohlhaas/*Ambs* Rn. 26), der aber die Möglichkeit einer Fahrlässigkeit unberührt lässt (§ 11 OWiG). Rechtsunkenntnis kann einen Verbotsirrtum begründen (§ 11 Abs. 2 OWiG), wobei es darauf ankommt, ob er vermeidbar war oder nicht. Im ersteren Fall entfällt der Tatbestand der Ordnungswidrigkeit, im letzteren Fall kann nur die Geldbuße gemildert werden.

Für die **Beteiligung mehrerer** an einer Ordnungswidrigkeit ist der Einheitstäterbegriff nach § 14 6 OWiG zu beachten (Erbs/Kohlhaas/*Ambs* Rn. 25; DLRT/*Tag* §§ 40–43 Rn. 40). Täter kann eigentlich nur eine Person sein, die als Hersteller, Importeur, Händler, Vertreiber, Leiter einer klinischen Prüfung oder als Anwender den besonderen Pflichten des Medizinproduktegesetzes unterliegt. Weil das Bußgeldrecht von einem Einheitstäterbegriff ausgeht, gibt es keine Teilnehmer, sondern nur Täter. Derjenige, der an der Tat des Herstellers, Importeurs, Händlers, Vertreibers, Leiters einer klinischen Prüfung oder Anwenders vorsätzlich beteiligt ist, kann demnach auch Täter sein. Eine fahrlässige Nebentäterschaft durch Teilnahme gibt es nicht (Erbs/Kohlhaas/*Ambs* Rn. 25).

Die **vorsätzlich begangene Ordnungswidrigkeit** kann mit einer **Geldbuße** von **5 bis zu 25.000** 7 **EUR** geahndet werden (Abs. 3). **Bei fahrlässigen Ordnungswidrigkeiten** reicht der Bußgeldrahmen **bis zu 12.500 EUR** (§ 17 Abs. 2 OWiG). Eine **Überschreitung der Höchstgrenze** ist nach Maßgabe von § 17 Abs. 4 OWiG bei Gewinnsucht und hohem Erlös **möglich,** wenn der nach dem Bruttoprinzip ermittelte Vorteil durch die Ordnungswidrigkeit höher ist als der Bußgeldhöchstbetrag (Erbs/Kohlhaas/*Ambs* Rn. 32).

Die **Verfolgungsverjährung** tritt bei vorsätzlichen Ordnungswidrigkeiten nach drei Jahren ein (§ 31 8 Abs. 2 Nr. 1 OWiG), bei fahrlässigen iSv § 42 Abs. 2 nach zwei Jahren (§ 31 Abs. 2 Nr. 2 OWiG; DLRT/*Tag* §§ 40–43 Rn. 43).

§ 43 Einziehung

[1]Gegenstände, auf die sich eine Straftat nach § 40 oder § 41 oder eine Ordnungswidrigkeit nach § 42 bezieht, können eingezogen werden. [2]§ 74a des Strafgesetzbuches und § 23 des Gesetzes über Ordnungswidrigkeiten sind anzuwenden.

1   Die Vorschrift gestattet sowohl bei Straftaten als auch bei Ordnungswidrigkeiten nach dem Medizinprodukterecht die Einziehung der Beziehungsgegenstände (Spickhoff/*Lücker* Rn. 1), also vor allem der Medizinprodukte, auf die sich die Handlung bezieht. Die Einziehung hat zuvörderst Sicherungscharakter, zum Teil aber auch Sanktionscharakter und ist deshalb bei dem Rechtsfolgenausspruch im Übrigen zu berücksichtigen. Bei der Einziehungsentscheidung ist der Grundsatz der Verhältnismäßigkeit zu beachten (Rehmann/Wagner/*Rehmann* Rn. 1; DLRT/*Tag* §§ 40–43 Rn. 45).

2   Voraussetzung der Einziehung ist das Vorliegen einer vorsätzlichen oder fahrlässigen Straftat oder Ordnungswidrigkeit, in den Fällen des § 40 auch ein versuchtes Vergehen (Erbs/Kohlhaas/*Ambs* Rn. 1). Bei einer nicht schuldhaft begangen rechtswidrigen Handlung kommt eine Sicherungseinziehung in Frage (§ 74 Abs. 3 StGB, § 22 Abs. 3 OWiG). S. 2 ermöglicht die Einziehung bei einem an der Tat nicht Beteiligten, sofern die Voraussetzungen der § 74a StGB oder § 23 OWiG vorliegen (Rehmann/Wagner/*Rehmann* Rn. 2).

555. Verordnung zum Schutze der Mütter am Arbeitsplatz (MuSchArbV)

Vom 15. April 1997 (BGBl. I S. 782) FNA 8052-1-1

Zuletzt geändert durch Art. 5 Abs. 9 VO zur Neufassung der GefahrstoffVO und zur Änd. sprengstoffrechtl.
VO vom 26.11.2010 (BGBl. I S. 1643)

– Auszug –

Vorbemerkung

Grundlage der Verordnung zum Schutze der Mütter am Arbeitsplatz (MuSchArbV) war die Mutter- **1** schutzRL 92/85 EWG, welche durch das am 1.1.1997 in Kraft getretene Gesetz zur Änderung des Mutterschaftsrechts v. 20.12.1996 (BGBl. I 2110) umgesetzt wurde und dann durch diese Verordnung ergänzt wurde.

Die MuSchArbV regelt die näheren Einzelheiten der Verpflichtungen von Arbeitgebern zur Unter- **2** richtung insbes. von werdenden oder stillenden Müttern über die Ergebnisse der Beurteilung der Arbeitsbedingungen und daraus resultierender Gefährdungen und über die zu ergreifenden Schutzmaß- nahmen für Sicherheit und Gesundheitsschutz am Arbeitsplatz (§ 2), die notwendigerweise vorher zu erfüllende Verpflichtung zur Beurteilung von Gefährdungen für werdende und stillende Mütter (§ 1) sowie zur Durchführung der notwendigen Schutzmaßnahmen.

Des Weiteren erwächst daraus die Verpflichtung des Arbeitgebers, entweder Arbeitsbedingungen **3** umzugestalten, möglicherweise auch notwendige Arbeitsplatzwechsel herbeizuführen und bei besonde- ren Gefährdungssituationen auch ein Beschäftigungsverbot (§ 5) zu beachten.

Die Straf- und Ordnungswidrigkeiten nach § 6 ergänzen die Sanktionsregelungen des § 21 MuSchG **4** und betreffen Nichteinhaltung der dem Arbeitsgeber in dieser Verordnung auferlegten Verpflichtungen (Ordnungswidrigkeiten nach § 6 Abs. 1–3) sowie solche Verstöße, durch welche zusätzlich noch Leben, Gesundheit oder Arbeitskraft einer Frau gefährdet werden (Straftaten nach § 6 Abs. 4 u. 5).

§ 6 Straftaten und Ordnungswidrigkeiten

(1) Ordnungswidrig im Sinne des § 25 Abs. 1 Nr. 1 des Arbeitsschutzgesetzes handelt, wer vorsätzlich oder fahrlässig entgegen § 2 eine werdende oder stillende Mutter nicht, nicht richtig oder nicht vollständig unterrichtet.

(2) Ordnungswidrig im Sinne des § 21 Abs. 1 Nr. 4 des Mutterschutzgesetzes handelt, wer vorsätzlich oder fahrlässig entgegen § 3 Abs. 3 oder § 5 Abs. 1 Satz 1 Nr. 1, 2, 3, 4 oder 6 eine werdende oder stillende Mutter beschäftigt.

(3) Ordnungswidrig im Sinne des § 26 Abs. 1 Nr. 8 Buchstabe b des Chemikaliengesetzes handelt, wer vorsätzlich oder fahrlässig entgegen § 5 Abs. 1 Satz 1 Nr. 5 eine gebärfähige Arbeitnehmerin beschäftigt.

(4) Wer vorsätzlich oder fahrlässig durch eine in Absatz 2 bezeichnete vorsätzliche Hand- lung eine Frau in ihrer Arbeitskraft oder Gesundheit gefährdet, ist nach § 21 Abs. 3, 4 des Mutterschutzgesetzes strafbar.

(5) Wer vorsätzlich oder fahrlässig durch eine in Absatz 3 bezeichnete Handlung das Leben oder die Gesundheit einer Frau gefährdet, ist nach § 27 Abs. 2 bis 4 des Chemikaliengesetzes strafbar.

A. Regelungscharakter

Bei den Regelungen des Abs. 1 handelt es sich um **Blankettvorschriften,** deren Regelungsgehalt **1** sich erst in Zusammenschau mit den Normen ergibt, auf die sie Bezug nehmen. Dabei sind leichtere Verstöße als Ordnungswidrigkeiten zu ahnden (Abs. 1–3), während zusätzlich herbeigeführte Gefähr- dungen der Frau die Handlungen zu Straftaten qualifizieren können (Abs. 4 u. 5).

B. Die Regelungen im Einzelnen

I. Tathandlungen nach Abs. 1: Unterbliebene, nicht richtige oder nicht vollständige Unterrichtung werdender oder stillender Mütter

2   Die **Unterrichtungsverpflichtungen ggü. werdenden oder stillenden Müttern** nach § 2 treten neben die allgemeine Unterweisungs- und Unterrichtungspflicht nach dem Arbeitsschutzgesetz. Die Unterrichtung dient der Prävention vor Schäden und dem berechtigten Informationsbedürfnis der betroffenen Frauen, jedoch wird die fehlende Unterrichtung ggü. (noch) nicht schwangeren Frauen, wozu der Arbeitgeber ebenfalls nach § 2 verpflichtet ist, nicht als Ordnungswidrigkeit eingestuft.

3   Die vorsätzliche oder fahrlässige **Verletzung der Unterrichtungspflicht** nach § 2, welche immer dann gegeben ist, sobald diese nicht zutreffend und vollständig erfolgt, kann als Ordnungswidrigkeit geahndet werden. Gem. § 25 Abs. 2 iVm Abs. 1 Nr. 1 ArbSchG kann die zu verhängende Geldbuße bis zu 5.000 EUR betragen.

II. Tathandlungen nach Abs. 2: Verbotene Beschäftigung von werdenden oder stillenden Müttern

4   Ist infolge der Arbeitsbedingungen **Sicherheit oder Gesundheit** von werdenden oder stillenden Müttern und damit auch des Kindes **gefährdet,** dann hat der Arbeitgeber die erforderlichen Maßnahmen zu treffen, damit eine solche Gefährdung ausgeschlossen ist (§ 3 Abs. 1). Ist ein hierzu erforderlicher Arbeitsplatzwechsel nicht möglich oder zumutbar, führt dies so lange zu einem **Beschäftigungsverbot,** wie es zum Schutz von Sicherheit und Gesundheit der Betroffenen erforderlich ist (§ 3 Abs. 3). In solchen Fällen sind die Arbeitnehmerinnen von der Beschäftigung freizustellen.

5   An Arbeitsstellen, an denen insbes. mit speziellen **Gefahrstoffen** hantiert wird, ist eine Beschäftigung von werdenden oder stillenden Müttern ausgeschlossen (§ 5 Abs. 1 S. 1).

6   Wird gegen diese in Abs. 2 näher bezeichneten **Beschäftigungsverbote** vorsätzlich oder fahrlässig verstoßen, liegt eine Ordnungswidrigkeit vor, welche mit einer Geldbuße bis zu fünfzehntausend Euro geahndet werden kann (§ 21 Abs. 1 Nr. 4 iVm Abs. 2 MuSchG).

III. Tathandlungen nach Abs. 3: Verbotene Beschäftigung einer gebärfähigen Arbeitnehmerin

7   Nach § 5 Abs. 1 S. 1 Nr. 5 dürfen Arbeitnehmerinnen in gebärfähigem Alter nicht beim **Umgang mit Gefahrstoffen** beschäftigt werden, die Blei oder Quecksilberalkyle enthalten, wenn der Grenzwert überschritten wird.

8   Der **vorsätzliche oder fahrlässige Verstoß** gegen das vorgenannte Beschäftigungsverbot kann mit einer Geldbuße bis 50.000 EUR geahndet werden (§ 26 Abs. 1 Nr. 8 Buchst. b iVm Abs. 2 ChemG).

IV. Straftaten nach Abs. 4: Verbotene Beschäftigung von werdenden oder stillenden Müttern unter Gefährdung von Arbeitskraft oder Gesundheit

9   Begeht ein Täter den Tatbestand nach Abs. 2 und beschäftigt werdende oder stillende Mütter entgegen einem bestehenden Beschäftigungsverbot, wird aus der Ordnungswidrigkeit dann eine **Straftat,** wenn die betroffene **Frau** infolge der Beschäftigung **in ihrer Arbeitskraft oder Gesundheit gefährdet** wird.

10   Die subjektiven Voraussetzungen erfordern, dass die **verbotene Beschäftigung vorsätzlich** erfolgt, wobei bedingter Vorsatz ausreicht. Die **Gefährdung** kann allerdings nicht nur **vorsätzlich** sondern **auch fahrlässig** herbeigeführt werden.

11   Die **Strafandrohung** liegt bei vorsätzlich herbeigeführter Gefährdung bis zu einem Jahr Freiheitsstrafe oder Geldstrafe, bei fahrlässig herbeigeführter Gefährdung bei Freiheitsstrafe bis zu sechs Monaten oder Geldstrafe bis zu einhundertachtzig Tagessätzen (§ 21 Abs. 3 u. 4 MuSchG).

V. Straftaten nach Abs. 5: Verbotene Beschäftigung einer gebärfähigen Arbeitnehmerin unter Gefährdung von Leben oder Gesundheit

12   Begeht ein Täter den Tatbestand nach Abs. 3 und beschäftigt eine gebärfähige Arbeitnehmerin entgegen dem sich aus § 5 Abs. 1 S. 1 Nr. 5 ergebenden Beschäftigungsverbot, wird aus der Ordnungswidrigkeit dann eine **Straftat,** wenn infolge der Beschäftigung **Leben oder Gesundheit** der betroffenen Frau **gefährdet** wird.

13   Die subjektiven Voraussetzungen erfordern im Gegensatz zur Tatbestandsregelung des Abs. 4 nicht, dass die verbotene Beschäftigung nur vorsätzlich erfolgen kann, so dass auch Fahrlässigkeit insoweit ausreicht, was allerdings iRd Strafzumessung zu berücksichtigen sein wird. Die **Gefährdung** kann ebenso nicht nur **vorsätzlich,** sondern **auch fahrlässig** herbeigeführt werden.

Die **Strafandrohung** liegt bei insgesamt vorsätzlicher Begehung bei Freiheitsstrafe bis zu fünf Jahren 14
oder Geldstrafe (§ 27 Abs. 2 ChemG), bei (zumindest teilweiser) fahrlässiger Begehung bei Freiheitsstrafe bis zu zwei Jahren oder Geldstrafe (§ 27 Abs. 4 ChemG).

Auch der Versuch der Tat nach Abs. 5 ist strafbar (§ 27 Abs. 3 ChemG). 15

C. Sonstiges

Die Bestimmungen dieser Verordnung zum Schutz von werdenden oder stillenden Müttern, im Fall 16
des § 5 Abs. 1 S. 1 Nr. 5 auch zum Schutz von Frauen im gebärfähigen Alter, können bei Verstößen
nicht nur als Ordnungswidrigkeiten und Straftaten nach § 6 sanktioniert werden. Sie begründen auch
arbeitsvertragliche Pflichten des Arbeitgebers ggü. der einzelnen Frau. Zudem sind diese als
Schutzgesetze iSv § 823 Abs. 2 BGB einzustufen, weshalb bei Pflichtverstößen **Schadensersatzansprüche** gem. § 823 Abs. 1 u. 2 BGB sowie nach § 280 Abs. 1 BGB sowohl **zugunsten der Frau**
als auch **zugunsten des betroffenen,** ggf. auch noch ungeborenen, **Kindes,** gegeben sein können.

Die **Verfolgungsverjährung** beträgt hinsichtlich der **Straftaten** nach § 6 Abs. 5 fünf Jahre (§ 78 17
Abs. 3 Nr. 4 StGB); Straftaten nach § 6 Abs. 4 verjähren in drei Jahren (§ 78 Abs. 3 Nr. 5 StGB). Für
die Verfolgungsverjährung der **Ordnungswidrigkeiten** nach Abs. 1–3 gelten die Vorschriften der
§§ 31 ff. OWiG.

560. Gesetz zum Schutze der erwerbstätigen Mutter
(Mutterschutzgesetz – MuSchG)

In der Fassung der Bekanntmachung vom 20. Juni 2002 (BGBl. I S. 2318) FNA 8052-1

Zuletzt geändert durch Art. 6 Pflege-Neuausrichtungs-G vom 23.10.2012 (BGBl. I S. 2246)

– Auszug –

Vorbemerkung

1   **1. Ziele und Anwendungsbereich des MuSchG.** Das Gesetz zum Schutze der erwerbstätigen Mutter (Mutterschutzgesetz – MuSchG) gilt nach seinem § 1 für Frauen, die in einem Arbeitsverhältnis stehen, sowie für weibliche in Heimarbeit Beschäftigte (vgl. § 1 Abs. 1 HAG) und ihnen nach § 1 Abs. 2 HAG gleichgestellte Personen, soweit sie am Stück mitarbeiten (s. insoweit ergänzend § 24). Ziel des MuSchG ist es zum einen, Leben und Gesundheit von Mutter und Kind vor Gefahren zu bewahren sowie die (werdende) Mutter vor schwanger- und mutterschaftsbedingten Entgelteinbußen und dem Verlust des Arbeitsplatzes zu schützen (BeckOK ArbR/*Leopold* § 1 Rn. 1; ErfK/*Schlachter* § 1 Rn. 1). Vor allem Verstöße gegen die wegen des erstgenannten Anliegens aufgestellten Pflichten des Arbeitgebers sind durch § 21 bußgeldbewehrt bzw. unter Strafe gestellt. Derzeit wird eine umfassende Reform des MuSchG diskutiert (s. den Gesetzentwurf der Bundesregierung v. 6.5.2016; BR-Drs. 230/16).

2   **2. Inhalt des MuSchG.** Das MuSchG enthält Bestimmungen zur Gestaltung des Arbeitsplatzes werdender und stillender Mütter (§ 2), Beschäftigungsverbote (§§ 3–8), Regelungen zur Kündigung ggü. und von Frauen während der Schwangerschaft und nach der Entbindung (§§ 9–10) sowie zu Leistungen bei Schwangerschaft und Mutterschaft (§§ 11–17), unter anderem Arbeitsentgelt bei Beschäftigungsverboten, Mutterschaftsgeld und Erholungsurlaub. Die Durchführung des Gesetzes durch dessen Auslage sowie Auskünfte ggü. den zuständigen Aufsichtsbehörden richten sich nach den §§ 18–20.

3   **3. Straftaten und Ordnungswidrigkeiten.** § 21 Abs. 1 ahndet diverse Pflichtverletzungen des Arbeitgebers (besonderes persönliches Merkmal iSd § 28 Abs. 2 StGB, § 14 Abs. 1 OWiG; Erbs/Kohlhaas/*Ambs* § 21 Rn. 6) als **Ordnungswidrigkeit.** Dazu zählen Missachtungen der Beschäftigungsverbote (§ 21 Abs. 1 Nr. 1–5), Verstöße gegen die Mitteilungspflicht nach § 5 (§ 21 Abs. 1 Nr. 6), die Freistellungspflicht für Untersuchungen gem. § 16 (§ 21 Abs. 1 Nr. 7) und die Auslage- und Auskunftspflichten nach §§ 18 f. (§ 21 Abs. 1 Nr. 8). In den Fällen einer vorsätzlichen Handlung nach den § 21 Abs. 1 Nr. 1–5 liegt eine Straftat vor, wenn die werdende oder stillende Mutter durch die Beschäftigung vorsätzlich (§ 21 Abs. 3) oder fahrlässig (§ 21 Abs. 4) in ihrer Arbeitskraft oder Gesundheit gefährdet wird. Die Schwangere selbst wird im Falle ihrer Beteiligung an dem Verhalten des Arbeitgebers nach den Grundsätzen der notwendigen Teilnahme weder mit einem Bußgeld belegt noch bestraft. Dies gilt selbst dann, wenn von ihr die Initiative für den Verstoß gegen das MuSchG ausgegangen sein sollte (Erbs/Kohlhaas/*Ambs* § 21 Rn. 9; BeckOK ArbR/*Leopold* § 21 Rn. 1; ErfK/*Schlachter* § 21 Rn. 2).

§ 21 Straftaten und Ordnungswidrigkeiten

(1) Ordnungswidrig handelt der Arbeitgeber, der vorsätzlich oder fahrlässig

1. **den Vorschriften der §§ 3, 4 Abs. 1 bis 3 Satz 1 oder § 6 Abs. 1 bis 3 Satz 1 über die Beschäftigungsverbote vor und nach der Entbindung,**
2. **den Vorschriften des § 7 Abs. 1 Satz 1 oder Abs. 2 Satz 2 über die Stillzeit,**
3. **den Vorschriften des § 8 Abs. 1 oder 3 bis 5 Satz 1 über Mehr-, Nacht- oder Sonntagsarbeit,**
4. **den auf Grund des § 4 Abs. 4 erlassenen Vorschriften, soweit sie für einen bestimmten Tatbestand auf diese Bußgeldvorschrift verweisen,**
5. **einer vollziehbaren Verfügung der Aufsichtsbehörde nach § 2 Abs. 5, § 4 Abs. 5, § 6 Abs. 3 Satz 2, § 7 Abs. 3 oder § 8 Abs. 5 Satz 2 Halbsatz 1,**
6. **den Vorschriften des § 5 Abs. 1 Satz 3 über die Benachrichtigung,**
7. **der Vorschrift des § 16 Satz 1, auch in Verbindung mit Satz 2, über die Freistellung für Untersuchungen oder**
8. **den Vorschriften des § 18 über die Auslage des Gesetzes oder des § 19 über die Einsicht, Aufbewahrung und Vorlage der Unterlagen und über die Auskunft**

zuwiderhandelt.

(2) Die Ordnungswidrigkeit nach Absatz 1 Nr. 1 bis 5 kann mit einer Geldbuße bis zu fünfzehntausend Euro, die Ordnungswidrigkeit nach Absatz 1 Nr. 6 bis 8 mit einer Geldbuße bis zu zweitausendfünfhundert Euro geahndet werden.

(3) Wer vorsätzlich eine der in Absatz 1 Nr. 1 bis 5 bezeichneten Handlungen begeht und dadurch die Frau in ihrer Arbeitskraft oder Gesundheit gefährdet, wird mit Freiheitsstrafe bis zu einem Jahr oder mit Geldstrafe bestraft.

(4) Wer in den Fällen des Absatzes 3 die Gefahr fahrlässig verursacht, wird mit Freiheitsstrafe bis zu sechs Monaten oder mit Geldstrafe bis zu einhundertachtzig Tagessätzen bestraft.

A. Ordnungswidrigkeit gem. § 21 Abs. 1, 2

I. Die Bußgeldtatbestände im Einzelnen

1. Verstöße gegen die Beschäftigungsverbote der §§ 3–8. § 21 Abs. 1 bewehrt vor allem Miss- **1** achtungen der §§ 3 ff. mit einem Bußgeld. **Nr. 1** regelt zunächst die Beschäftigungsverbote vor und nach der Entbindung. Demnach begeht eine Ordnungswidrigkeit, wer werdende Mütter trotz **ärztlich bezeugter Gefahren** (die Bescheinigung ist konstitutiv für das individuelle, absolute Beschäftigungsverbot; BAG NZA 1999, 763 (765); 2004, 257 (259); BeckOK ArbR/*Leopold* § 3 Rn. 12; ErfK/ *Schlachter* § 3 Rn. 8) für Leben oder Gesundheit von Mutter oder Kind entgegen § 3 Abs. 1 weiterhin beschäftigt. Gleiches gilt bei einem Verstoß gegen das generelle Beschäftigungsverbot des § 3 Abs. 2 für die letzten **sechs Wochen vor** dem mutmaßlichen Datum der **Entbindung.** Insoweit darf aber die Beschäftigung fortgesetzt werden, wenn sich die Schwangere ausdrücklich (und jederzeit widerruflich) zur Arbeitsleistung bereit erklärt (sog relatives Beschäftigungsverbot).

Ein weiteres, durch § 21 Abs. 1 Nr. 1 bußgeldbewehrtes Beschäftigungsverbot enthält § 4, der unter **2** anderem die Beschäftigung werdender Mütter mit **schweren körperlichen Arbeiten** und **Arbeiten mit schädlichen Einwirkungen** untersagt (§ 4 Abs. 1), die § 4 Abs. 2 im Einzelnen, wenngleich nicht abschließend („insbesondere") aufzählt. Ausdrücklich verboten ist schließlich durch § 4 Abs. 3 die Beschäftigung von werdenden Müttern mit Akkord- und Fließarbeit. Insoweit kann die Aufsichtsbehörde im Einzelfall oder generell für einen Betrieb jedoch Ausnahmen bewilligen, wenn Art und Tempo der Arbeit eine Beeinträchtigung der Gesundheit von Mutter oder Kind nicht befürchten lassen (§ 4 Abs. 3 S. 2 u. 3).

§ 6 enthält schließlich Beschäftigungsverbote für Mütter **nach der Entbindung.** Nach § 6 Abs. 1 **3** S. 1 dürfen Mütter bis zum Ablauf von acht Wochen, bei Früh- und Mehrlingsgeburten bis zum Ablauf von zwölf Wochen nach der Entbindung nicht beschäftigt werden. Eine Frühgeburt liegt vor, wenn das (bei Mehrlingsgeburten: schwerste) Kind bei der Geburt weniger als 2500g wiegt, trotz des höheren Geburtsgewichtes noch nicht voll ausgebildete Reifezeichen aufweist oder wegen verfrühter Beendigung der Schwangerschaft einer wesentlich erweiterten Pflege bedarf (BAG NZA 1997, 764 f.; Erbs/ Kohlhaas/*Ambs* § 6 Rn. 4; BeckOK ArbR/*Leopold* § 6 Rn. 4; *Marburger* BB 1997, 521 (522)). Eine Mehrlingsgeburt setzt voraus, dass in einem Geburtsakt mehr als ein Kind (lebend oder tot) geboren wird (Erbs/Kohlhaas/*Ambs* § 6 Rn. 4; *Buchner/Becker* § 6 Rn. 32; BeckOK ArbR/*Leopold* § 6 Rn. 5; ErfK/*Schlachter* § 6 Rn. 2). Bei Frühgeburten und sonstigen vorzeitigen Entbindungen verlängert sich die Frist zudem, unabhängig von dem Gesundheitszustand der Mutter (ErfK/*Schlachter* § 6 Rn. 4), um denjenigen Zeitraum, der von der sechswöchigen Schutzfrist nach § 3 Abs. 2 vor der Entbindung nicht in Anspruch genommen werden konnte (§ 6 Abs. 1 S. 2). § 6 Abs. 1 S. 3 u. 4 enthalten Sonderregelungen beim Tod des Kindes. Nach dem individuellen Beschäftigungsverbot des § 6 Abs. 2 dürfen Frauen, die in den ersten Monaten nach der Entbindung nach ärztlichem Zeugnis nicht voll leistungsfähig sind, nicht zu einer ihre Leistungsfähigkeit übersteigenden Arbeit herangezogen werden. § 6 Abs. 3 stellt generelle Beschäftigungsverbote für (tatsächlich; Erbs/Kohlhaas/*Ambs* § 6 Rn. 12; ErfK/ *Schlachter* § 6 Rn. 6) stillende Mütter in Bezug auf bestimmte, abschließend aufgezählte Arbeiten des § 4 auf.

Stillenden Müttern ist zudem gem. § 7 Abs. 1 S. 1 auf ihr Verlangen die zum Stillen erforderliche Zeit **4** freizugeben, die mindestens aber zweimal täglich eine halbe Stunde oder einmal täglich eine Stunde umfassen muss. Die **Stillzeit** darf dabei nicht vor- oder nachgearbeitet und ebenso wenig auf die in anderen Vorschriften wie dem Arbeitszeitgesetz (ArbZG) festgesetzten Ruhepausen angerechnet werden (§ 7 Abs. 2 S. 2). Verstöße gegen diese Bestimmungen stellen eine Ordnungswidrigkeit nach § 21 Abs. 1 **Nr. 2** dar. Nicht bußgeldbedroht ist die fehlende Gewährung der erweiterten Stillzeiten nach der Sollvorschrift des § 7 Abs. 1 S. 2.

§ 21 Abs. 1 **Nr. 3** ahndet Zuwiderhandlungen gegen § 8 als Ordnungswidrigkeit. Nach dem gene- **5** rellen Beschäftigungsverbot des § 8 Abs. 1 dürfen werdende und stillende Mütter nicht mit **Mehrarbeit** (s. dazu § 8 Abs. 2), nicht in der Nacht zwischen 20 und 6 Uhr und nicht an Sonn- und Feiertagen beschäftigt werden. Ausnahmen vom **Nachtarbeitsverbot** für bestimmte Beschäftigungen enthält § 8 Abs. 3, Abweichungen vom **Sonn- und Feiertagsarbeitsverbot** § 8 Abs. 4. Für werdende oder stillende Mütter, die in Heimarbeit Beschäftigte oder ihnen Gleichgestellte sind, darf gem. § 8 Abs. 5

S. 1 **Heimarbeit** nur in solchem Umfang und mit solchen Fertigungsfristen ausgegeben werden, dass sie von der werdenden Mutter voraussichtlich während einer achtstündigen Tagesarbeitszeit, von der stillenden Mutter voraussichtlich während einer 7 1/4-stündigen Tagesarbeitszeit an Werktagen ausgeführt werden kann.

6   Um Gesundheitsgefährdungen der werdenden oder stillenden Mütter und ihrer Kinder zu vermeiden, ermächtigt § 4 Abs. 4 die Bundesregierung, mit Zustimmung des Bundesrates durch **Rechtsverordnung** Arbeiten zu bestimmen, die unter die Beschäftigungsverbote des § 4 Abs. 1 und 2 fallen (§ 4 Abs. 4 Nr. 1), bzw. weitere Beschäftigungsverbote für werdende und stillende Mütter vor und nach der Entbindung zu erlassen (§ 4 Abs. 4 Nr. 2). **Zuwiderhandlungen** gegen diese Bestimmungen erfasst der Ordnungswidrigkeitentatbestand des § 21 Abs. 1 **Nr. 4,** sofern und soweit die jeweiligen Vorschriften auf diese Bußgeldvorschrift verweisen.

7   Eine Verweisung auf § 21 Abs. 1 Nr. 4 enthält derzeit – soweit ersichtlich – lediglich § 6 Abs. 2 der Verordnung zum Schutze der Mütter am Arbeitsplatz **(MuSchArbV).** Danach handelt **ordnungswidrig,** wer vorsätzlich oder fahrlässig entgegen § 3 Abs. 3 MuSchArbV trotz negativer Beurteilung der Arbeitsbedingungen für die Sicherheit und Gesundheit der betroffenen Arbeitnehmerinnen und fehlender Möglichkeit oder Zumutbarkeit eines Arbeitsplatzwechsels werdende oder stillende Mütter weiter beschäftigt. Gleiches gilt bei Verstößen gegen die besonderen Beschäftigungsbeschränkungen des § 5 Abs. 1 S. 1 Nr. 1, 2, 3, 4 u. 6 MuSchArbV. Wer durch eine vorsätzliche Handlung nach § 6 Abs. 2 MuSchArbV vorsätzlich oder fahrlässig eine Frau in ihrer Arbeitskraft oder Gesundheit gefährdet, verwirklicht darüber hinaus gem. **§ 6 Abs. 4 MuSchArbV** den **Straftatbestand** nach § 21 Abs. 3 bzw. Abs. 4.

8   § 21 Abs. 1 **Nr. 5** ahndet **Zuwiderhandlungen gegen vollziehbare** (→ ArbSchG § 25 Rn. 5; Erbs/Kohlhaas/*Ambs* Rn. 35 f.) **Verfügungen** der Aufsichtsbehörde (§ 20 Abs. 1) als Ordnungswidrigkeit. Solche Anordnungen im Einzelfall kann die Aufsichtsbehörde erlassen für im Hinblick auf die Gestaltung des Arbeitsplatzes zu treffende Vorkehrungen und Maßnahmen zum Schutz von Leben und Gesundheit werdender und stillender Mütter (§ 2 Abs. 5), die Reichweite der Beschäftigungsverbote des § 4 Abs. 1–3 für werdende Mütter (§ 4 Abs. 5) bzw. für stillende Mütter (§ 6 Abs. 3 S. 2), Zahl, Lage und Dauer der Stillzeiten und die Einrichtung von Stillräumen (§ 7 Abs. 3) sowie die Arbeitsmenge bei werdenden und stillenden Müttern, die in Heimarbeit Beschäftigte oder ihnen Gleichgestellte sind (§ 8 Abs. 5 S. 2 Hs. 1).

9   **2. Verstöße gegen die Mitteilungspflicht nach § 5.** Nach § 5 Abs. 1 S. 1 sollen werdende Mütter dem Arbeitgeber ihre Schwangerschaft und den mutmaßlichen Tag der Entbindung mitteilen, sobald ihnen ihr Zustand bekannt ist. Der Arbeitgeber hat sodann die zuständige Aufsichtsbehörde (§ 20) unverzüglich, dh ohne schuldhaftes Zögern, von der **Mitteilung** der werdenden Mutter zu benachrichtigen (§ 5 Abs. 1 S. 3). Ansonsten begeht er eine Ordnungswidrigkeit nach § 21 Abs. 1 **Nr. 6.** Die Benachrichtigung dient dem Zweck, der Aufsichtsbehörde die Ausübung ihrer Kontrollbefugnis und die Überprüfung zu ermöglichen, ob ggf. Anordnungen für den jeweiligen Einzelfall zu treffen sind (Erbs/Kohlhaas/*Ambs* § 5 Rn. 11).

10   **3. Verstöße gegen die Freistellungspflicht für Untersuchungen gem. § 16.** § 21 Abs. 1 **Nr. 7** erfasst Missachtungen der **Freistellungspflicht für Untersuchungen** nach § 16. Danach hat der Arbeitgeber die Frau für die Zeit (bezahlt) freizustellen, die zur Durchführung der Untersuchungen im Rahmen der Leistungen der gesetzlichen Krankenversicherung **bei Schwangerschaft und Mutterschaft** erforderlich ist (§ 16 S. 1). Dies gilt entsprechend zugunsten von Frauen, die nicht in der gesetzlichen Krankenversicherung versichert sind (§ 16 S. 2).

11   **4. Verstöße gegen Auslage- und Auskunftspflichten nach §§ 18, 19.** Der Ordnungswidrigkeitentatbestand des § 21 Abs. 1 **Nr. 8** erfasst Zuwiderhandlungen des Arbeitgebers gegen seine **Auslage- und Auskunftspflichten** nach den §§ 18, 19. Gem. § 18 Abs. 1 ist in Betrieben und Verwaltungen, in denen regelmäßig mehr als drei Frauen beschäftigt werden, ein **Abdruck des MuSchG** an geeigneter Stelle (vgl. dazu *Buchner/Becker* § 18 Rn. 42 f.; BeckOK ArbR/*Leopold* § 18 Rn. 9; ErfK/*Schlachter* § 18 Rn. 3; → ArbZG § 22 Rn. 14) zur Einsicht auszulegen oder auszuhängen. Bei Heimarbeit muss – unabhängig von einer bestimmten Beschäftigtenzahl (BeckOK ArbR/*Leopold* § 18 Rn. 5; ErfK/*Schlachter* § 18 Rn. 2) – ein Abdruck des MuSchG in den Räumen der Ausgabe und Abnahme an geeigneter Stelle zur Einsicht auslegen oder aushängen (§ 18 Abs. 2).

12   Zudem ist der Arbeitgeber nach § 19 Abs. 1 verpflichtet, der Aufsichtsbehörde auf Verlangen die zur Erfüllung ihrer Aufgaben erforderlichen **Angaben wahrheitsgemäß und vollständig** zu unterbreiten sowie alle diesbezüglichen **Unterlagen,** aus denen ua Namen, Beschäftigungsart und -zeiten der werdenden und stillenden Mütter sowie Lohn- und Gehaltszahlungen ersichtlich sind, **zur Einsicht vorzulegen oder einzusenden.** Eine Pflicht zur Erstellung oder Beschaffung der Unterlagen wird dadurch nicht begründet (BeckOK ArbR/*Leopold* § 19 Rn. 7; ErfK/*Schlachter* § 19 Rn. 2). § 19 Abs. 2 sieht für die Unterlagen eine Aufbewahrungspflicht von zwei Jahren nach der letzten Eintragung vor.

II. Innerer Tatbestand

Die Ordnungswidrigkeiten des § 21 Abs. 1 können sowohl vorsätzlich als auch fahrlässig begangen **13** werden. Fahrlässigkeit des Arbeitgebers ist etwa dann anzunehmen, wenn er sich trotz des erkennbaren Zustands der Schwangeren nicht über deren Schwangerschaft informiert und sie unter Verstoß gegen ein Beschäftigungsverbot nach wie vor zur (bisherigen) Arbeit heranzieht (Erbs/Kohlhaas/*Ambs* Rn. 40).

III. Geldbuße

Verstöße gegen Beschäftigungsverbote nach § 21 Abs. 1 Nr. 1–5 können mit einer Geldbuße bis zu **14** 15.000 EUR, Ordnungswidrigkeiten nach § 21 Abs. 1 Nr. 6–8 mit einer Geldbuße bis zu 2.500 EUR geahndet werden (§ 21 Abs. 2). Bei fahrlässigem Handeln betragen die Höchstgrenzen 7.500 bzw. 1.250 EUR (§ 17 Abs. 2 OWiG).

IV. Verjährung

Nach § 31 Abs. 2 Nr. 2 OWiG tritt die Verfolgungsverjährung für die Ordnungswidrigkeiten nach **15** § 21 Abs. 1 Nr. 1–5 sowohl bei vorsätzlichem als auch fahrlässigem Handeln nach zwei Jahren ein. Bei Ordnungswidrigkeiten nach § 21 Abs. 1 Nr. 6–8 beträgt die Verjährungsfrist jeweils ein Jahr (§ 31 Abs. 2 Nr. 3 OWiG).

V. Verfolgungsbehörde

Die Verfolgung von Ordnungswidrigkeiten obliegt den nach Landesrecht zuständigen Aufsichtsbehör- **16** den (§ 20 Abs. 1), in der Regel den Gewerbeaufsichtsämtern.

B. Straftaten nach § 21 Abs. 3, 4

I. Objektiver Tatbestand

Vorsätzliche Verstöße gegen Beschäftigungsverbote nach § 21 Abs. 1 Nr. 1–5 stellen gem. § 21 Abs. 3 **17** eine Straftat dar, wenn dadurch die Beschäftigte in ihrer Arbeitskraft oder Gesundheit gefährdet wird. **Gesundheit** bedeutet den unversehrten körperlichen, geistigen und seelischen Zustand der Arbeitneh-merin, **Arbeitskraft** die – von Natur aus vorhandene oder durch Ausbildung und Übung erworbene oder zu erwerbende – geistige und körperliche Fähigkeit, Arbeit zu leisten; vgl. hierzu Erbs/Kohlhaas/*Ambs* Rn. 49; → ArbZG § 23 Rn. 2. Die notwendige **konkrete Gefahr** liegt vor, wenn deren Realisierung nach der Lebenserfahrung nahe liegt. Einer Verwirklichung der Gefahr bedarf es nicht (Erbs/Kohlhaas/*Ambs* Rn. 50; BeckOK ArbR/*Leopold* Rn. 5; ErfK/*Schlachter* Rn. 4); vgl. iÜ → ArbSchG § 26 Rn. 6.

II. Subjektiver Tatbestand

Erforderlich ist zumindest **bedingter Vorsatz,** der auch die durch die Beschäftigung hervorgerufene **18** konkrete Gefährdung von Arbeitskraft oder Gesundheit der Beschäftigten erfassen muss. Dies setzt voraus, dass der Arbeitgeber die Umstände kennt und billigt, aus denen die Gefahr erwächst. Auf das Ausbleiben einer Beeinträchtigung zu vertrauen, schließt zwar den Verletzungs-, nicht aber den **Gefähr-dungsvorsatz** aus; → ArbSchG § 26 Rn. 8. Allerdings genügt es gem. § 21 Abs. 4, dass die Gefahr lediglich **fahrlässig** verursacht wird.

III. Rechtsfolge

Die Straftat nach § 21 Abs. 3 kann mit Freiheitsstrafe bis zu einem Jahr oder mit Geldstrafe bestraft **19** werden. Bei Vorsatz-Fahrlässigkeits-Kombinationen nach § 21 Abs. 4 wird der Strafrahmen auf Frei-heitsstrafe bis zu sechs Monaten oder Geldstrafe bis zu 180 Tagessätzen halbiert.

IV. Konkurrenzen

Tateinheitlich begangene Ordnungswidrigkeiten nach § 21 Abs. 1 Nr. 1–5 werden durch die Strafta- **20** ten nach § 21 Abs. 3 u. 4 verdrängt (§ 21 Abs. 1 S. 1 OWiG).

V. Verjährung

Straftaten nach § 21 Abs. 3 u. 4 verjähren gem. § 78 Abs. 3 Nr. 5 StGB in drei Jahren. **21**

565. Verordnung über Nahrungsergänzungsmittel (Nahrungsergänzungsmittelverordnung – NemV)

Vom 24. Mai 2004 (BGBl. I S. 1011) FNA 2125-40-92

Zuletzt geändert durch Art. 64 Zehnte ZuständigkeitsanpassungsVO vom 31.8.2015
(BGBl. I S. 1474)

– Auszug –

Vorbemerkung

1   Die NemV setzt die Vorgaben der **RL 2002/46/EG** des Europäischen Parlaments und des Rates v. 10.6.2002 zur Angleichung der Rechtsvorschriften der Mitgliedstaaten über Nahrungsergänzungsmittel in deutsches Recht um. Nach der RL 2002/46 soll durch Regelungen betreffend die Nahrungsergänzungsmittel ein **hohes Schutzniveau für die Verbraucher gewährleistet** und **ihre Wahl durch bestimmte Kennzeichnungsvorschriften erleichtert** werden (vgl. EuGH LMuR 2010, 121; sa *Delewski* LMuR 2010, 1 ff.). Die Vorschriften betreffend die Nahrungsergänzungsmittel dienen somit sowohl dem **Gesundheitsschutz** (→ Vorb. LFGB Rn. 10 f.), als auch dem Schutz des Verbrauchers vor Täuschung und Irreführung (→ Vorb. LFGB Rn. 12 f.). Die RL 2002/46/EG legte zunächst nur **spezifische Vorschriften für Vitamine und Mineralstoffe** fest, die als Zutaten für Nahrungsergänzungsmittel verwendet werden. Spezifische Vorschriften über **andere Nährstoffe** als Vitamine und Mineralstoffe oder über andere Stoffe mit ernährungsspezifischer oder physiologischer Wirkung, die als Zutaten von Nahrungsergänzungsmitteln Verwendung finden, sollten zu einem späteren Zeitpunkt festgelegt werden, sofern ausreichende und sachgerechte wissenschaftliche Daten über diese Stoffe vorliegen. Zwischenzeitlich wurde die RL 2002/46/EG durch die **RL 2006/37/EG** der Kommission v. 30.3.2006 ergänzt. Daneben tritt die **VO (EG) Nr. 1925/2006** des Europäischen Parlaments und des Rates v. 20.12.2006 über den Zusatz von Vitaminen und Mineralstoffen sowie bestimmten anderen Stoffen zu Lebensmitteln, die indes nach **Art. 1 Abs. 2** VO (EG) Nr. 1925/2006 nicht für Nahrungsergänzungsmittel nach der RL 2002/46/EG gilt (vgl. auch Zipfel/Rathke LebensmittelR/*Rathke* Vorb. NemV Rn. 16a; OVG Münster LRE 56, 240).

2   **Nahrungsergänzungsmittel** ist nach § 1 Abs. 1 ein **Lebensmittel** (→ Vorb. LFGB Rn. 37 ff.), das ein **Konzentrat von Nährstoffen** (OVG Münster LRE 53, 97) oder sonstigen Stoffen mit **ernährungsspezifischer oder physiologischer Wirkung** (vgl. OLG Hamm LMuR 2010, 179) allein oder in Zusammensetzung darstellt, dazu **bestimmt** ist, die allgemeine **Ernährung zu ergänzen** und **in dosierter Form,** insbesondere in Form von Kapseln, Pastillen, Tabletten, Pillen und anderen ähnlichen Darreichungsformen, Pulverbeuteln, Flüssigampullen, Flaschen mit Tropfeinsätzen und ähnlichen Darreichungsformen von Flüssigkeiten und Pulvern **zur Aufnahme in abgemessenen kleinen Mengen,** in den Verkehr gebracht (→ Vorb. LFGB Rn. 45) wird (vgl. zu den weiteren Einzelheiten Zipfel/Rathke LebensmittelR/*Rathke* § 1 Rn. 5 ff.; Erbs/Kohlhaas/*Kalf* § 1 Rn. 11 ff.; Kügel/Hahn/Delewski NemV § 1 Rn. 8 ff.). Als schwierig erweist sich insoweit gerade im Bereich der Nahrungsergänzungsmittel die **Abgrenzung** zwischen Lebensmitteln, zu denen die Nahrungsergänzungsmittel zählen, und **Arzneimitteln.** Insoweit kann auf die Ausführungen im → Vorb. LFGB Rn. 41 verwiesen werden (vgl. iÜ die aktuelle Rspr. speziell zu den Nahrungsergänzungsmitteln: EuGH LMRR 2005, 2; BVerwG LMuR 2012, 166; OLG Düsseldorf Magazindienst 2010, 167; OLG Hamburg LMuR 2009, 161; ZLR 2009, 246; 2007, 104; OLG Frankfurt a. M. ZLR 2010, 96; sa *Delewski* LMuR 2010, 1; *Schroeder* ZLR 2005, 411; *Mahn* ZLR 2005, 529).

3   Nahrungsergänzungsmittel dürfen nach § 2 gewerbsmäßig (→ Vorb. LFGB Rn. 30) nur in einer **Fertigpackung** (vgl. § 6 Abs. 1 EichG) in den Verkehr gebracht werden (→ Vorb. LFGB Rn. 45), wenn zudem den **besonderen Kennzeichnungsvorschriften des § 4** (vgl. zu den weiteren Einzelheiten Zipfel/Rathke LebensmittelR/*Rathke* § 4 Rn. 6 ff.; Erbs/Kohlhaas/*Kalf* § 4 Rn. 3 ff.; Kügel/Hahn/Delewski NemV § 4 Rn. 18 ff.; sa OLG Schleswig Magazindienst 2009, 339; OVG Magdeburg LMuR 2011, 17) entsprochen wird. Diese Vorschriften sollen die erforderliche Information des Verbrauchers sicherstellen. Hinzu tritt mittelbar einer **vorsorgender Gesundheitsschutz** (Erbs/Kohlhaas/*Kalf* § 4 Rn. 4). In diesem Zusammenhang ist zu beachten, dass am 13.12.2014 die LMIV (→ Vorb. LFGB Rn. 12; → LFGB § 59 Rn. 14, 21 ff.) in Kraft trat. In Folge dessen soll nach Maßgabe von Art. 12 LMIV-AnpassungsVO (vgl. Anhang zur LMKV = Nr. 502 des Kommentars, → LMKV Anh. Rn. 5) **§§ 2, 4 an die neue Rechtslage angepasst** werden, was bei der Anwendung des § 6 zu beachten ist.

§ 3 regelt – in der seit dem 31.10.2013 geltenden Fassung (zur alten Rechtslage vgl. die Vorauf.) – im 4
Interesse des Gesundheitsschutzes, welche **Stoffe bei der Herstellung eines Nahrungsergänzungs-
mittels verwendet** werden dürfen. § 3 Abs. 1 nimmt insoweit auf die in **Anhang 1 der RL 2002/46/
EG** aufgeführten Nährstoffe Bezug, § 3 Abs. 2 statuiert Anforderungen an die Reinheit der nach
Anhang 2 der RL 2002/46/EG zulässiger Weise verwendbaren Stoffe bei der Herstellung von
Nahrungsergänzungsmitteln.

Nach § 5 sind Nahrungsergänzungsmittel vor ihrem ersten Inverkehrbringen dem Bundesamt für 5
Verbraucherschutz und Lebensmittelsicherheit anzuzeigen, damit die Einhaltung der Vorgaben
der NemV ausreichend überwacht werden kann (vgl. zu den weiteren Einzelheiten Erbs/Kohlhaas/*Kalf*
§ 5 Rn. 3 ff.; Kügel/Hahn/Delewski NemV § 5 Rn. 4 ff.).

§ 6 Straftaten und Ordnungswidrigkeiten

**(1) Nach § 58 Abs. 1 Nr. 18, Abs. 4 bis 6 des Lebensmittel- und Futtermittelgesetzbuches
wird bestraft, wer vorsätzlich oder fahrlässig entgegen § 3 Abs. 1 einen Nährstoff verwendet.**

**(2) Nach § 59 Abs. 1 Nr. 21 Buchstabe a des Lebensmittel- und Futtermittelgesetzbuches
wird bestraft, wer entgegen § 4 Abs. 2 Nr. 3 oder Absatz 4 ein Nahrungsergänzungsmittel
gewerbsmäßig in den Verkehr bringt.**

**(3) Wer eine in Absatz 2 bezeichnete Handlung fahrlässig begeht, handelt nach § 60 Ab-
satz 1 Nummer 2 des Lebensmittel- und Futtermittelgesetzbuches ordnungswidrig.**

**(3a) Ordnungswidrig im Sinne des § 60 Absatz 2 Nummer 26 Buchstabe a des Lebens-
mittel- und Futtermittelgesetzbuches handelt, wer vorsätzlich oder fahrlässig entgegen § 5
Absatz 1, auch in Verbindung mit Absatz 2, eine Anzeige nicht, nicht richtig, nicht vollständig oder nicht rechtzeitig erstattet.**

**(4) Ordnungswidrig im Sinne des § 60 Abs. 2 Nr. 26 Buchstabe b des Lebensmittel- und
Futtermittelgesetzbuches handelt, wer vorsätzlich oder fahrlässig entgegen § 2, § 4 Absatz 2
Nummer 1, 2, 4 oder Nummer 5 oder Absatz 3 Satz 1 ein Nahrungsergänzungsmittel ge-
werbsmäßig in den Verkehr bringt.**

1. Straftaten nach § 6 Abs. 1. Mit der **Rückverweisung auf § 58 Abs. 1 Nr. 18 LFGB** (→ LFGB 1
§ 58 Rn. 37) in § 6 Abs. 1 werden **vorsätzliche** (→ LFGB § 58 Rn. 47 ff.) und **fahrlässige** (→ LFGB
§ 58 Rn. 60 ff.) **Verstöße** gegen die dem Gesundheitsschutz dienenden **Verwendungsverbote des § 3
Abs. 1** (→ Vorb. Rn. 4) unter Strafe gestellt. Der das Blankett des § 6 Abs. 1 ausfüllende § 3 wurde
mWv 31.10.2013 (BGBl. 2013 I 3889) umfassend geändert (→ Vorb. Rn. 4). Mit Blick auf § 2 Abs. 3
StGB ist daher die Rechtslage zur Tatzeit und zur Zeit der Ahndung sorgsam zu prüfen. Zur Tathandlung des Verwendens → LFGB § 58 Rn. 31. Zur Verantwortlichkeit im Lebensmittelstrafrecht → Vorb.
LFGB Rn. 29 ff.

Demnach können **vorsätzliche Verstöße** mit **Geldstrafe oder mit Freiheitsstrafe bis zu drei** 2
Jahren geahndet werden (→ LFGB § 58 Rn. 54 f.), wobei auch der Versuch strafbar ist (§ 58 Abs. 4
LFGB; → LFGB § 58 Rn. 53). In **besonders schweren Fällen** (vgl. § 58 Abs. 5 LFGB) sieht das
Gesetz **Freiheitsstrafe von sechs Monaten bis fünf Jahre** vor (hierzu → LFGB § 58 Rn. 56 ff.). Nach
§ 6 Abs. 1 ist auch **fahrlässiges Handeln** strafbar, das mit **Geldstrafe oder Freiheitsstrafe bis zu
einem Jahr** geahndet werden kann (→ LFGB § 58 Rn. 60). Zu den Konkurrenzen → LFGB § 58
Rn. 82 ff.

2. Straftaten nach § 6 Abs. 2. Mit der **Rückverweisung auf § 59 Abs. 1 Nr. 21 Buchst. a** 3
LFGB (→ LFGB § 59 Rn. 58) in § 6 Abs. 2 wird das **vorsätzliche gewerbsmäßige** (→ Vorb. LFGB
Rn. 30) **Inverkehrbringen** (→ Vorb. LFGB Rn. 45) von Nahrungsergänzungsmitteln **ohne den nach
§ 4 Abs. 2 Nr. 3 erforderlichen Warnhinweis** "Die angegebene empfohlene tägliche Verzehrmenge
darf nicht überschritten werden" sowie – seit dem 31.10.2013 (vgl. BGBl. I 3889) – das **vorsätzliche
gewerbsmäßige** (→ Vorb. LFGB Rn. 30) **Inverkehrbringen** (→ Rn. 1) von Nahrungsergänzungsmitteln, die mit unzutreffenden Angaben iSv § 4 Abs. 4 versehen sind bzw. beworben werden, unter
Strafe gestellt.

Das Gesetz sieht insoweit **Freiheitsstrafe bis zu einem Jahr oder Geldstrafe** vor. Der Versuch ist 4
ebenso wenig wie fahrlässiges Handeln (→ Rn. 5) unter Strafe gestellt. Die Qualifikation des § 59 Abs. 4
LFGB (→ LFGB § 59 Rn. 74a) findet keine Anwendung. Zu den weiteren Rechtsfolgen → LFGB § 59
Rn. 83 f. Zu den Konkurrenzen → LFGB § 59 Rn. 85.

3. Ordnungswidrigkeiten nach § 6 Abs. 3. Mit der **Rückverweisung auf § 60 Abs. 1 LFGB** 5
(→ LFGB § 60 Rn. 4 f.) in § 6 Abs. 3 wird die **fahrlässige Begehung** (→ LFGB § 58 Rn. 60 ff.) der **in
§ 6 Abs. 2 bezeichneten Handlungen** als Ordnungswidrigkeit definiert. Hinsichtlich des objektiven
Tatbestandes → Rn. 3. Ordnungswidrigkeiten iSv § 6 Abs. 3 können nach der ab dem 4.8.2011
geltenden Fassung des § 60 Abs. 5 Nr. 2 LFGB (vgl. zur Änderung der Geldbußenrahmen in § 60
Abs. 5 LFGB → LFGB § 60 Rn. 32) mit Geldbuße iHv bis zu **50.000 EUR** geahndet werden. IÜ gelten

für die Bemessung der Geldbuße die Vorgaben von § 17 Abs. 3 und 4 OWiG. Zu den weiteren Rechtsfolgen → LFGB § 60 Rn. 33 f.

5a   **4. Ordnungswidrigkeiten nach § 6 Abs. 3a.** Mit der – mWz 31.10.2013 (BGBl. I 3889) einge-fügten – **Rückverweisung auf** § 60 Abs. 2 Nr. 26 Buchst. a LFGB (→ LFGB § 60 Rn. 20) in § 6 Abs. 3a werden **vorsätzliche** (→ LFGB § 58 Rn. 47 ff.) **und fahrlässige** (→ LFGB § 58 Rn. 60 ff.) **Verstöße** gegen die Anzeigepflicht nach § 5 (→ Vorb. Rn. 5) als Ordnungswidrigkeit definiert. **Vor-sätzliche** Ordnungswidrigkeiten iSv § 6 Abs. 3a können nach der ab dem 4.8.2011 geltenden Fassung des § 60 Abs. 5 Nr. 2 LFGB (vgl. zur Änderung der Geldbußenrahmen in § 60 Abs. 5 LFGB → LFGB § 60 Rn. 32) mit **Geldbuße bis zu 50.000 EUR** geahndet werden; handelt der Betroffene **fahrlässig** sieht das Gesetz **Geldbuße bis zu 25.000 EUR** (§ 17 Abs. 2 OWiG) vor. IÜ gelten für die Bemessung der Geldbuße die Vorgaben von § 17 Abs. 3 und 4 OWiG. Zu den weiteren Rechtsfolgen → LFGB § 60 Rn. 33 f.

6   **5. Ordnungswidrigkeiten nach § 6 Abs. 4.** Mit Rückverweisung auf § 60 Abs. 2 Nr. 26 Buchst. b LFGB (→ LFGB § 60 Rn. 20) in § 6 Abs. 4 werden **vorsätzliche und fahrlässige Verstöße** gegen das Verkehrsverbot des § 2 für Nahrungsergänzungsmittel, die nicht in einer Fertigpackung abgepackt sind (→ Vorb. Rn. 3) sowie (seit dem 31.1.0.2013; vgl. BGBl. I 3889) gegen die Verkehrs-verbote, die aus Verstößen gegen die speziellen Kennzeichnungspflichten nach § 4 Abs. 2 Nr. 1, 2 u. 4 (namentlich zur Verkehrsmenge; → Rn. 5) sowie § 4 Abs. 3 S. 1 resultieren, als Ordnungswidrigkeiten definiert.

7   Insoweit sieht das Gesetz für **vorsätzliche Verstöße** iSv § 6 Abs. 4 nach der ab dem 4.8.2011 geltenden Fassung des § 60 Abs. 5 Nr. 3 LFGB (vgl. zur Änderung der Geldbußenrahmen in § 60 Abs. 5 LFGB → LFGB § 60 Rn. 32) **Geldbuße bis zu 20.000 EUR** vor; handelt der Betroffene fahrlässig kann die Tat mit **Geldbuße bis zu 10.000 EUR** (§ 17 Abs. 2 OWiG) geahndet werden. Zu den weiteren Rechtsfolgen → LFGB § 60 Rn. 33 f.

570. Verordnung über nährwertbezogene Angaben bei Lebensmitteln und die Nährwertkennzeichnung von Lebensmitteln (Nährwert-Kennzeichnungsverordnung – NKV)

Vom 25. November 1994 (BGBl. I S. 3526) FNA 2125-40-58

Zuletzt geändert durch Art. 1 Erste ÄndVO vom 1.10.2009 (BGBl. I S. 3221)

– Auszug –

Vorbemerkung

Mit der NKV werden bisher die Vorgaben der **RL 90/496/EWG** des Rates v. 24.9.1990 über die **1** Nährwertkennzeichnung von Lebensmitteln in nationales Recht umgesetzt. Nach Art. 24 LMIV-AnpassungsVO (vgl. Anhang zur LMKV; Nr. 502 des Kommentars) wird die NKV in Folge des Inkrafttretens der LMIV am 13.12.2014 (→ Vorb. LFGB Rn. 12; → LFGB § 59 Rn. 14, 21 ff.) ebenso wie die LMKV (= Nr. 502 des Kommentars) aufgehoben werden. Zur sich daran anschließenden Rechtslage vgl. Anhang zur LMKV.

Nach der RL 90/496/EWG soll eine angemessene Nährwertkennzeichnung von Lebensmitteln dazu beitragen, die **Verbraucher bei der Wahl einer geeigneten, auf individuelle Bedürfnisse abgestellten Ernährung zu unterstützen.** Hierbei soll zum Nutzen der Verbraucher einerseits und zur Vermeidung möglicher technischer Handelsschranken andererseits die Nährwertkennzeichnung in einer **gemeinschaftsweit angewandten Standardform** erfolgen, wobei die **Kennzeichnung einfach und leicht verständlich** sein soll. Zwischenzeitlich wurde die Richtlinie insbesondere durch die **RL 2008/100/EG** der Kommission vom 28.10.2008 ergänzt. Daneben tritt die **VO (EG) Nr. 1924/2006** über nährwert- oder gesundheitsbezogene Angaben über Lebensmittel (sog **Health-Claims-VO;** → LFGB § 59 Rn. 76 ff.).

Die NKV regelt insoweit die **nährwertbezogenen Angaben im Verkehr mit Lebensmitteln 2** (→ Vorb. LFGB Rn. 37 ff., s. auch Erbs/Kohlhaas/*Kalf* § 1 Rn. 1 ff.; Zipfel/Rathke LebensmittelR/ *Rathke* § 1 Rn. 7 ff.) **und in der Werbung** für Lebensmittel sowie die **Nährwertkennzeichnung** (§ 2 Nr. 2; vgl. Erbs/Kohlhaas/*Kalf* § 2 Rn. 10; Zipfel/Rathke LebensmittelR/*Rathke* § 2 Rn. 37 ff.) von Lebensmitteln, soweit sie **zur Abgabe an Verbraucher** bestimmt sind (§ 1). **Nährwertbezogene Angaben** sind jede im Verkehr mit Lebensmitteln oder in der Werbung für Lebensmittel erscheinende Darstellung oder Aussage, mit der erklärt, suggeriert oder mittelbar zum Ausdruck gebracht wird, dass ein Lebensmittel aufgrund seines Energiegehaltes oder Nährstoffgehaltes besondere Nährwerteigenschaften besitzt (§ 2 Nr. 1; Erbs/Kohlhaas/*Kalf* § 2 Rn. 3 ff.; Zipfel/Rathke LebensmittelR/*Rathke* § 2 Rn. 5 ff.). Sie dürfen nach **§ 3** nur insoweit verwendet werden, als sie sich auf den Brennwert oder auf die in § 2 Nr. 2 aufgeführten Nährstoffe, Nährstoffgruppen, deren Bestandteile oder auf Kochsalz beziehen.

Demnach zulässige nährwertbezogene Angaben müssen die in **§ 4** angeführte **Nährwertkennzeich-** **3** **nung** angeben (Erbs/Kohlhaas/*Kalf* § 4 Rn. 3 ff.; Zipfel/Rathke LebensmittelR/*Rathke* § 4 Rn. 5 ff.) und in der in **§ 5 geregelten Art und Weise** erfolgen (Erbs/Kohlhaas/*Kalf* § 5 Rn. 5 ff.; Zipfel/ Rathke LebensmittelR/*Rathke* § 5 Rn. 4 ff.; vgl. allgemein im Hinblick auf § 5 Abs. 7 LMKV Nr. 502 des Kommentars). **§ 6** sieht **Verbote für bestimmte Hinweise** im Verkehr mit Lebensmitteln und in der Werbung vor (Erbs/Kohlhaas/*Kalf* § 6 Rn. 4 ff.; Zipfel/Rathke LebensmittelR/*Rathke* § 6 Rn. 9 ff.). Namentlich sind die sog Schlankheitswerbung sowie die Verwendung der in § 6 Abs. 2 u. 3 näher konkretisierten Angaben hinsichtlich des Brennwertes (§ 2 Nr. 3; zB kalorienarm uä) verboten, soweit die in Abs. 2, 3 aufgestellten Grenzwerte überschritten werden (vgl. OLG Schleswig Magazindienst 2009, 344; OLG Hamburg LMuR 2007, 83; LRE 51, 110; OLG Hamm ZLR 2003, 108; vgl. insoweit auch Zipfel/Rathke LebensmittelR/*Rathke* Vor § 1 Rn. 4 zur Rechtslage nach Inkrafttreten der Health-Claims-VO).

§ 7 Straftaten und Ordnungswidrigkeiten

(1) Nach § 59 Abs. 1 Nr. 21 Buchstabe a des Lebensmittel- und Futtermittelgesetzbuches wird bestraft, wer Lebensmittel gewerbsmäßig in den Verkehr bringt, bei denen ein Gehalt an Zusatzstoffen entgegen § 6 Abs. 3 Satz 2 nicht oder nicht in der vorgeschriebenen Weise kenntlich gemacht ist.

(2) Nach § 59 Abs. 1 Nr. 21 Buchstabe a des Lebensmittel- und Futtermittelgesetzbuches wird bestraft, wer gewerbsmäßig im Verkehr mit Lebensmitteln oder in der Werbung für Lebensmittel entgegen § 3 oder § 6 Abs. 1 Satz 1, Abs. 2 oder 3 Satz 1 Bezeichnungen, Angaben oder Aufmachungen verwendet.

(3) Wer eine in Absatz 1 oder 2 bezeichnete Handlung fahrlässig begeht, handelt nach § 60 Abs. 1 des Lebensmittel- und Futtermittelgesetzbuches ordnungswidrig.

(4) Ordnungswidrig im Sinne des § 60 Abs. 2 Nr. 26 Buchstabe a des Lebensmittel- und Futtermittelgesetzbuches handelt, wer vorsätzlich oder fahrlässig entgegen § 4 Abs. 1 oder 3 Satz 1 oder 2 oder § 5 Abs. 2 Satz 1, Abs. 3, 4, 5, 6 oder 7 Satz 1 oder 3 Lebensmittel ohne die vorgeschriebene Kennzeichnung gewerbsmäßig in den Verkehr bringt.

1   **1. Straftaten nach § 7 Abs. 1 und 2. § 7 Abs. 1 und 2** stellt durch die **Rückverweisung auf § 59 Abs. 1 Nr. 21 Buchst. a LFGB** (→ LFGB § 59 Rn. 58) **vorsätzliche** (→ LFGB § 58 Rn. 47 ff.) **Verstöße** gegen aus **§§ 3 und 6 folgenden Verkehrs- bzw. Verwendungsverbote** unter Strafe. § 6 Abs. 3 S. 2 bestimmt, dass bei Lebensmitteln, die zur Verwendung als Mahlzeit oder anstelle einer Mahlzeit bestimmt sind, bestimmte **Eisenverbindungen** als Zusatzstoffe zugelassen sind. Die **zugesetzte Menge** ist in entsprechender Anwendung des § 17 Abs. 1 iVm § 25 Abs. 1 Nr. 2 der DiätV **anzugeben,** anderenfalls darf das Lebensmittel nicht in den Verkehr gebracht werden. Vorsätzliche Verstöße hiergegen sind nach **§ 7 Abs. 1** strafbar. **§ 7 Abs. 2** ist einerseits erfüllt, wenn entgegen **§ 3 andere als dort genannte nährwertbezogene Angaben** (→ Vorb. Rn. 2) gemacht werden. Darüber hinaus erfasst **§ 7 Abs. 2 Verstöße gegen das Verbot der Schlankheitswerbung** (§ 6 Abs. 1 S. 1) sowie das Inverkehrbringen von Lebensmitteln mit **Brennwertangaben,** ohne dass die in § 6 Abs. 2, 3 S. 1 vorgegebenen Brennwerte eingehalten werden (→ Vorb. Rn. 3).

2   § 59 Abs. 1 LFGB sieht zur Ahndung von Straftaten iSv § 7 Abs. 1 und 2 **Geldstrafe oder Freiheitsstrafe bis zu einem Jahr** vor (→ LFGB § 59 Rn. 83 f.). Neben der Verhängung von Geld- oder Freiheitsstrafe kommen als weitere Rechtsfolgen die **Einziehung** der Tatgegenstände (vgl. hierzu § 61 LFGB), der **Verfall** des Taterlöses (§§ 73 ff. StGB) und die Anordnung eines **Berufsverbotes** (§§ 70 ff. StGB; BGH LMRR 2007, 84) in Betracht. Zu den Konkurrenzen → LFGB § 59 Rn. 85.

3   **2. Ordnungswidrigkeiten nach § 7 Abs. 3 und 4.** Mit der **Rückverweisung auf § 60 Abs. 1 LFGB** (→ LFGB § 60 Rn. 4 f.) in § 7 Abs. 3 wird die **fahrlässige Begehung** (→ LFGB § 58 Rn. 60 ff.) der in § 7 Abs. 1 und 2 bezeichneten Handlungen als Ordnungswidrigkeit definiert. Hinsichtlich des objektiven Tatbestandes → Rn. 1. Die Verordnung wurde bisher noch nicht an das abgestufte System in § 60 Abs. 1 und 5 LFGB (→ LFGB § 60 Rn. 31 f.) angepasst, das mit dem Gesetz zur Änderung des Lebensmittel- und Futtermittelgesetzbuchs sowie anderer Vorschriften vom 29.6.2009 (BGBl. I 1659), das am 4.7.2009 in Kraft getreten ist (→ Vorb. LFGB Rn. 6), eingeführt wurde. Da die in § 7 Abs. 1 und 2 bezeichneten Handlungen Straftaten nach § 59 Abs. 1 Nr. 21 Buchst. a LFGB darstellen, wird der **Verweis in § 7 Abs. 3 als solcher auf § 60 Abs. 1 Nr. 21 LFGB zu verstehen sein.** Danach können Ordnungswidrigkeiten iSv § 7 Abs. 3 nach der ab dem 4.8.2011 geltenden Fassung des § 60 Abs. 5 Nr. 2 LFGB (vgl. zur Änderung der Geldbußenrahmen in § 60 Abs. 5 LFGB → LFGB § 60 Rn. 32) mit Geldbuße iHv bis zu **50.000 EUR** geahndet werden. Im Übrigen gelten für die Bemessung der Geldbuße die Vorgaben von § 17 Abs. 3 und 4 OWiG. Zu den weiteren Rechtsfolgen → LFGB § 60 Rn. 33 f.

4   Mit der **Rückverweisung auf § 60 Abs. 2 Nr. 26 Buchst. a LFGB** (→ LFGB § 60 Rn. 20) in § 7 Abs. 4 werden **vorsätzliche** (→ LFGB § 58 Rn. 47 ff.) **und fahrlässige** (→ LFGB § 58 Rn. 60 ff.) **Verstöße gegen die Kennzeichnungsvorschriften der §§ 4, 5** (→ Vorb. Rn. 3) als Ordnungswidrigkeit definiert. Vorsätzliche Ordnungswidrigkeiten nach diesen Tatbeständen können nach der ab dem 4.8.2011 geltenden Fassung des § 60 Abs. 5 Nr. 2 LFGB (vgl. zur Änderung der Geldbußenrahmen in § 60 Abs. 5 LFGB → LFGB § 60 Rn. 32) mit **Geldbuße bis zu 50.000 EUR** geahndet werden; handelt der Betroffene **fahrlässig** sieht das Gesetz **Geldbuße bis zu 25.000 EUR** (§ 17 Abs. 2 OWiG) vor. Zu den weiteren Rechtsfolgen → LFGB § 60 Rn. 33 f.

575. Verordnung zur Durchführung gemeinschaftsrechtlicher Vorschriften über neuartige Lebensmittel und Lebensmittelzutaten (Neuartige Lebensmittel- und Lebensmittelzutaten-Verordnung – NLV)

In der Fassung der Bekanntmachung vom 14. Februar 2000 (BGBl. I S. 123) FNA 2125-43

Zuletzt geändert durch Art. 3 G zur Änd. des GentechnikG, des EG-Gentechnik-DurchführungsG und der Neuartige Lebensmittel- und Lebensmittelzutaten-VO vom 1.4.2008 (BGBl. I S. 499 iVm Bek. S. 919)

– Auszug –

Vorbemerkung

Die Vorschriften der NLV dienen der **Durchführung der VO (EG) Nr. 258/97** des Europäischen **1** Parlaments und des Rates v. 27.1.1997 über neuartige Lebensmittel und neuartige Lebensmittelzutaten (sa *Delewski/Grube/Karsten* LMuR 2014, 125) und teilweise (in § 3) der Ergänzung der diesbezüglichen Vorschriften. Die VO (EG) 258/97 sieht vor, dass neuartige Lebensmittel und neuartige Lebensmittelzutaten zum **Schutz der öffentlichen Gesundheit** (→ Vorb. LFGB Rn. 10 f.) einer einheitlichen **Sicherheitsprüfung** in einem Gemeinschaftsverfahren unterzogen werden, bevor sie in der Gemeinschaft in den Verkehr gebracht werden (vgl. *Hegele* ZLR 2010, 317 ff.). Unbeschadet der übrigen Anforderungen in gemeinschaftlichen Rechtsvorschriften an die Etikettierung von Lebensmitteln sind in der VO (EG) 258/97 **zusätzliche spezifische Etikettierungsanforderungen** festgelegt, um dem Verbraucher die notwendigen Informationen zur Verfügung zu stellen. Insoweit dient die auch dem **Schutz des Verbrauchers vor Irreführung und Täuschung** (→ Vorb. LFGB Rn. 12 f.). In diesem Zusammenhang ist zu beachten, dass am 13.12.2014 die **LMIV** (→ Vorb. LFGB Rn. 12; → LFGB § 59 Rn. 14, 21 ff.) in Kraft trat. In Folge dessen soll nach Maßgabe von Art. 14 LMIV-AnpassungsVO (vgl. Anhang zur LMKV = Nr. 502 des Kommentars, → LMKV Anh. Rn. 5) **§ 3 Abs. 4 gestrichen** werden. Bei den Vorschriften der NLV handelt es sich – soweit sie die Kennzeichnung von Lebensmittelmitte betreffen – um solche, die den Vorschriften der LMIV nach Maßgabe von Art. 1 Abs. 4 LMIV im Grundsatz als speziellere Vorschriften vorgehen (vgl. *Voit/Grube* LMIV/*Grube* Art. 1 Rn. 67 f.).

Die **Begriffe** der neuartigen Lebensmittel und neuartigen Lebensmittelzutaten sind in **Art. 1 VO 2 (EG) Nr. 258/97** definiert (Ausnahmen finden sich in Art. 2 VO (EG) Nr. 258/97). Maßgeblich ist nach Art. 1 Abs. 2 VO (EG) Nr. 258/97 insoweit, dass das Lebensmittel bzw. die Zutat bisher in der EG **noch nicht in nennenswertem Umfang für den menschlichen Verzehr verwendet wurde** und einer der in Art. 1 Abs. 2 Buchst. a–f aufgeführten Gruppe von Erzeugnissen zuzurechnen ist (vgl. hierzu BGH ZLR 2005, 435; 2009, 233; GRUR 2008; 625; OLG München ZMuR 2010, 132; OLG Köln LMuR 2011, 131; VG Braunschweig LMuR 2013, 106; OLG Celle LMuR 2014, 101; VGH München LMuR 2014, 109; sa *Zipfel/Rathke* LebensmittelR/*Rathke* VO (EG) Nr. 258/97 Art. 1 Rn. 4 ff.). Zum Begriff des Lebensmittels → Vorb. LFGB Rn. 37 ff. Lebensmittelzutaten sind solche iSd Art. 6 Abs. 4 Buchst. a der RL 2000/13/EG.

§§ 1, 2 enthalten **Ausführungsvorschriften** zur VO (EG) Nr. 258/97. Die **wesentlich Vorschrift 3** der NLV stellt § 3 dar, der die **Voraussetzungen des Inverkehrbringens und die Kennzeichnung** der in den Anwendungsbereich der VO (EG) Nr. 258/97 fallenden Erzeugnisse regelt. Neben die Vorschriften der NLV treten die allgemeinen horizontalen Vorschriften des Lebensmittelrechts, die durch die NLV nicht berührt werden (*Zipfel/Rathke* LebensmittelR/*Rathke* Vorb. Rn. 6 f.). Die in Art. 6 Abs. 4 Buchst. c der RL 2000/13/EG ausgenommenen Stoffe fallen indes in den Anwendungsbereich der NLV, da insoweit unterschiedliche Schutzzwecke bestehen (*Zipfel/Rathke* LebensmittelR/*Rathke* VO (EG) Nr. 258/97 Art. 1 Rn. 15 f.).

§ 3 Abs. 1 statuiert ein nationales **Verkehrsverbot** (vgl. BR-Drs. 86/98; insoweit krit. *Zipfel/ 4 Rathke* LebensmittelR/*Rathke* § 3 Rn. 3) für neuartige Lebensmittel und neuartige Lebensmittelzutaten, soweit **keine Genehmigung iSv Art. 3 Abs. 2 VO (EG) Nr. 258/97** erteilt worden ist. **Ausnahmen** von diesem Genehmigungserfordernis sieht **§ 3 Abs. 2** für bestimmte, dort näher bezeichnete Erzeugnisse vor. Bei diesen genügt die **Anzeige des Inverkehrbringens**. Fehlt diese, dürfen auch diese Erzeugnisse nicht in den Verkehr gebracht werden. Darüber hinaus begründet **§ 3 Abs. 3** für neuartige Lebensmittel und neuartige Lebensmittelzutaten, die die Anforderungen von § 3 Abs. 1 erfüllen, ein eigenständiges **Verkehrsverbot, soweit die Kennzeichnung der Erzeugnissen nicht den Anforde-**

rungen von Art. 8 Abs. 1 VO (EG) Nr. 258/97 entsprechen (vgl. insoweit iE Zipfel/Rathke LebensmittelR/*Rathke* Art. 8 VO (EG) 258/97 Rn. 3 ff.; *Loosen* ZLR 2000, 434).

§ 7 Straftaten

(1) Nach § 59 Abs. 1 Nr. 21 Buchstabe a des Lebensmittel- und Futtermittelgesetzbuches wird bestraft, wer

1. ohne Genehmigung nach § 3 Abs. 1 oder
2. entgegen § 3 Abs. 2

ein Lebensmittel oder eine Lebensmittelzutat in den Verkehr bringt.

(2) Nach § 59 Abs. 1 Nr. 21 Buchstabe a des Lebensmittel- und Futtermittelgesetzbuches wird bestraft, wer entgegen § 3 Abs. 3 ein Lebensmittel oder eine Lebensmittelzutat in den Verkehr bringt.

1   **1. Tatbestandsvoraussetzungen.** Mit der **Rückverweisung auf § 59 Abs. 1 Nr. 21 Buchst. a LFGB** (→ LFGB § 59 Rn. 58) in **§ 7** werden **vorsätzliche** (→ Vorb. LFGB Rn. 47 ff.) **Verstöße gegen** die sowohl dem Gesundheitsschutz als auch dem Schutz des Verbrauchers vor Irreführung und Täuschung dienenden **Verkehrsverbote des § 3** (→ Vorb. Rn. 4) unter Strafe gestellt. Zur Tathandlung des **Inverkehrbringens** → Vorb. LFGB Rn. 45. Zur Verantwortlichkeit im Lebensmittelstrafrecht → Vorb. LFGB Rn. 29 ff.

2   **2. Rechtsfolgen.** § 59 Abs. 1 LFGB sieht zur Ahndung von Straftaten iSv § 7 **Geldstrafe oder Freiheitsstrafe bis zu einem Jahr** vor (→ LFGB § 59 Rn. 83 f.). Der Versuch ist ebenso wenig wie fahrlässiges Handeln unter Strafe gestellt. Die Qualifikation des § 59 Abs. 4 LFGB (→ LFGB § 59 Rn. 74a) findet keine Anwendung. Neben der Verhängung von Geld- oder Freiheitsstrafe kommen als weitere Rechtsfolgen die **Einziehung** der Tatgegenstände (vgl. hierzu die Kommentierung zu § 61 LFGB), der **Verfall** des Taterlöses (§§ 73 ff. StGB) und die Anordnung eines **Berufsverbotes** (§§ 70 ff. StGB; BGH LMRR 2007, 84) in Betracht. Zu den Konkurrenzen → LFGB § 59 Rn. 85.

§ 8 Ordnungswidrigkeiten

Wer eine in § 7 bezeichnete Handlung fahrlässig begeht, handelt nach § 60 Abs. 1 des Lebensmittel- und Futtermittelgesetzbuches ordnungswidrig.

1   Mit der **Rückverweisung auf § 60 Abs. 1 LFGB** (→ LFGB § 60 Rn. 4 f.) in **§ 8** wird die **fahrlässige Begehung** (→ LFGB § 58 Rn. 60 ff.) der in § 7 bezeichneten Handlungen als Ordnungswidrigkeit definiert. Insoweit kann hinsichtlich der jeweils maßgeblichen objektiven Tatbestände auf die Kommentierung zu § 7 verwiesen werden (→ § 7 Rn. 1).

2   Die Verordnung wurde bisher noch nicht an das abgestufte System in § 60 Abs. 1 und 5 LFGB (vgl. insoweit → LFGB § 60 Rn. 31 f.) angepasst, das mit dem Gesetz zur Änderung des Lebensmittel- und Futtermittelgesetzbuchs sowie anderer Vorschriften vom 29.6.2009 (BGBl. I 1659), das am 4.7.2009 in Kraft getreten ist (→ Vorb. LFGB Rn. 6), eingeführt wurde. Da die in § 7 bezeichneten Handlungen Straftaten nach § 59 Abs. 1 Nr. 21 Buchst. a LFGB darstellen, wird der **Verweis in § 8 als solcher auf § 60 Abs. 1 Nr. 2 LFGB zu verstehen sein.** Danach können Ordnungswidrigkeiten iSv § 8 nach der ab dem 4.8.2011 geltenden Fassung des § 60 Abs. 5 Nr. 2 LFGB (vgl. zur Änderung der Geldbußenrahmen in § 60 Abs. 5 LFGB → LFGB § 60 Rn. 32) mit Geldbuße iHv bis zu **50.000 EUR** geahndet werden. Im Übrigen gelten für die Bemessung der Geldbuße die Vorgaben von § 17 Abs. 3 u. 4 OWiG. Zu den weiteren Rechtsfolgen → LFGB § 60 Rn. 33 f.

580. Gesetz zur Einführung und Verwendung eines Kennzeichens für Erzeugnisse des ökologischen Landbaus (Öko-Kennzeichengesetz – ÖkoKennzG)

In der Fassung der Bekanntmachung vom 20. Januar 2009 (BGBl. I S. 78) FNA 7847-21

Zuletzt geändert durch Art. 404 Zehnte ZuständigkeitsanpassungsVO vom 31.8.2015 (BGBl. I S. 1474)

– Auszug –

Vorbemerkung

Das Öko-Kennzeichengesetz schafft die **gesetzliche Grundlage für das Öko-Kennzeichen,** das **1** nach Maßgabe des Gesetzes an Lebensmitteln angebracht werden kann. Mit dieser speziellen Kennzeichnung soll der **Verbraucher in die Lage versetzen werden, zuverlässig zu erkennen,** ob ein Erzeugnis **aus ökologischem Landbau** stammt. Ergänzt wird das Öko-Kennzeichnungsgesetz durch die **Öko-Kennzeichnungsverordnung,** die auf Grundlage von § 2 erlassen wurde und die Einzelheiten in Bezug auf die Gestaltung und Verwendung des Kennzeichens regelt. Daneben tritt das Öko-LandbauG (= Nr. 585 des Kommentars), das der Durchführung der **VO (EG) Nr. 834/2007** des Rates v. 28.5.2007 über die ökologische/biologische Produktion und die Kennzeichnung von ökologischen/biologischen Erzeugnissen und zur Aufhebung der VO (EWG) Nr. 2092/91 (ABl. 2007 L 189, 1) sowie der zu ihrer Durchführung erlassenen Rechtsakte der Europäischen Gemeinschaft dient.

Die **Voraussetzungen,** unter denen ein Lebensmittel das **Öko-Kennzeichen tragen darf,** sind **2** nunmehr in der in der VO (EG) Nr. 834/2007 geregelt, auf die § 1 Abs. 1 (BGH LMuR 2013, 49). Bezug nimmt. Mit dieser Verordnung wurde die VO (EWG) Nr. 2092/91 des Rates v. 24.5.1991, die die bisher die Grundlagen für die Kennzeichnung schaffte, aufgehoben (→ Vorb. ÖkoLandbauG Rn. 1).

Nach **Art. 1 Abs. 2 der VO (EG) Nr. 834/2007** kommen als **kennzeichnungsfähige Erzeug- 3 nisse** insbesondere **Lebensmittel pflanzlichen oder tierischen Ursprungs** sowie **Futtermittel** und **Saatgut** in Betracht (vgl. EuGH LMuR 2015, 13; EuGH –Schlussantrag der Generalanwältin LMuR 2014, 148). Diese dürfen nach Art. 23 Abs. 2 VO (EG) Nr. 834/2007 als aus ökologischer/biologischer Produktion stammend gekennzeichnet werden, wenn die **materiellen Voraussetzungen, die in den Art. 3 ff. der VO (EG) Nr. 834/2007** geregelt sind, gegeben sind. Zusammenfassend (vgl. auch Erbs/Kohlhaas/*Freytag* Vorb. ÖkoKennzG Rn. 7) sind die wesentlichen Voraussetzungen für die Öko-Kennzeichnung eines Erzeugnisses, dass die Produktion auf der Grundlage einer Kreislaufwirtschaft mit möglichst geschlossenen Nährstoffzyklen (vgl. Art. 2 Buchst. t VO (EG) Nr. 834/2007) erfolgt (Art. 4 Buchst. a VO (EG) Nr. 834/2007), bei der die Verwendung externer Produktionsmittel beschränkt ist (Art. 4 Buchst. b VO (EG) Nr. 834/2007) und die weitestgehend („Verwendung in Ausnahmefällen") ohne chemisch-synthetische Produktionsmittel auskommt (Art. 4 Buchst. c VO (EG) Nr. 834/2007). Diese allgemeinen Grundsätze sind in den **Art. 5 ff. VO (EG) Nr. 834/2007 in spezifischen Grundsätzen** und in den **Art. 9 ff. VO (EG) Nr. 834/2007 in Produktionsvorschriften** für die unterschiedlichen Produktionsstufen **konkretisiert.** Durch Einhaltung dieser Vorgaben sollen nach Art. 3 VO (EG) Nr. 834/2007 das **ökologische Gleichgewicht und die Artenvielfalt gesichert** und gefördert werden, um **qualitativ hochwertige Erzeugnisse** zu produzieren. Dabei sind **Boden, Wasser und Luft zu schützen,** der Energieverbrauch ist zu vermindern und die **Rohstoffreserven** sind zu **schonen** (vgl. Art. 3 VO (EG) Nr. 834/2007).

Aufgrund der gemeinschaftsrechtlichen Regelung der Voraussetzungen für die Vergabe des Öko- **4** Kennzeichens steht das Öko-Kennzeichen auch den **Erzeugnissen** mit Ursprung **aus einem anderen Mitgliedstaat** der Europäischen Gemeinschaft offen; es ist nicht ausschließlich deutschen Erzeugnissen vorbehalten (Erbs/Kohlhaas/*Freytag* Vorb. ÖkoKennzG Rn. 3, 10). Nach Maßgabe der Art. 32 ff. VO (EG) 834/2007 und bei Einhaltung der grundsätzlich geltenden Vorschriften für die Vergabe des Kennzeichens können **auch Erzeugnisse mit Ursprung in einem Drittland** mit dem Öko-Kennzeichen versehen werden (vgl. Erbs/Kohlhaas/*Freytag* Vorb. ÖkoKennzG Rn. 10).

Zu beachten ist, dass neben dem Öko-Kennzeichen auf Grundlage des Gesetzes ein **markenrecht- 5 lich geschütztes Ökokennzeichen** existiert, das in der Gestaltung dem gesetzlichen Kennzeichen (vgl. Anlage 1 der Öko-KennzeichenV) entspricht. Auch die materiellen Anforderungen entsprechen denen des Gesetzes (vgl. Erbs/Kohlhaas/*Freytag* Vorb. ÖkoKennzG Rn. 4 f.).

Aufgrund der Zunahme von Erzeugnissen des ökologischen/biologischen Landbaus in Deutschland **6** und den Mitgliedstaaten der EG und der wachsenden Verbrauchernachfrage nehmen die **Rechtsvorschriften über die ökologische/biologische Produktion einen zunehmend wichtigen Stellen-**

wert in der agrarpolitischen Strategie ein und stehen in enger Beziehung zu den Entwicklungen auf den Agrarmärkten. Um einen **fairen Wettbewerb** und einen ordnungsgemäß **funktionierenden Binnenmarkt** für ökologische/biologische Erzeugnisse zu gewährleisten und das **Vertrauen der Verbraucher** in als ökologisch/biologisch gekennzeichnete Erzeugnisse zu wahren und zu rechtfertigen schafft die VO (EG) Nr. 834/2007 einen neuen Rechtsrahmen für ökologische/biologische Erzeugnisse. Darüber hinaus sollen Voraussetzungen geschaffen werden, unter denen sich dieser Sektor entsprechend den jeweiligen Produktions- und Marktentwicklungen fortentwickelt. Insbesondere soll durch die Vorgaben des Gemeinschafsrechts mehr Transparenz, Verbrauchervertrauen und eine harmonisierte Sichtweise in Bezug auf das ökologische/biologische Produktionskonzept geschaffen werden.

Diesen auf gemeinschaftsrechtlicher beruhenden Zwecken dienen die Vorschriften des ÖkoKennzG und des ÖLG, wobei in diesem Zusammenhang insbesondere der **Schutz des Verbrauchers vor Irreführung und Täuschung** (→ Vorb. LFGB Rn. 12 f.) im Mittelpunkt steht. Indem die rechtswidrige Verwendung von Kennzeichen sanktioniert wird, wird mittelbar auch für faire Wettbewerbsbedingungen Sorge getragen.

§ 3 Strafvorschriften

Mit Freiheitsstrafe bis zu einem Jahr oder mit Geldstrafe wird bestraft, wer

1. **entgegen § 1 Abs. 1 oder 2 Nr. 1, jeweils in Verbindung mit einer Rechtsverordnung nach § 2 Abs. 2 Satz 1 Nr. 1, ein Erzeugnis in den Verkehr bringt oder**
2. **entgegen § 1 Abs. 2 Nr. 2 ein Erzeugnis oder einen Gegenstand in den Verkehr bringt.**

1   **1. Allgemeines.** In der für das Nebenstrafrecht typischen Form der **Blankettvorschrift** (→ Vorb. LFGB Rn. 19 ff.) sanktionieren die Straftatbestände des § 3 **vorsätzliche** (→ Rn. 5) **Verstöße** gegen die **Verkehrsverbote des § 1 Abs. 2,** um deren Beachtung nachhaltig sicherzustellen. Die Tatbestände werden dabei durch die in Bezug genommenen, blankettausfüllenden verwaltungsrechtlichen Normen ausgefüllt und erweisen sich insoweit als streng akzessorisch (Erbs/Kohlhaas/*Freytag* Rn. 2). Bei den Straftaten handelt es sich um **abstrakte Gefährdungsdelikte** (→ Vorb. LFGB Rn. 27), dh ein über die Tathandlung hinausgehender Erfolgseintritt ist für die Vollendung der Tat nicht erforderlich. Insbesondere ist **nicht erforderlich,** dass der **Verbraucher** durch die Verwendung des Kennzeichens **getäuscht wird** und einem Irrtum erliegt, vielmehr genügt (auch im Fall des § 3 Nr. 2), die **Gefahr der Irreführung.** Der Versuch der in § 3 aufgenommenen Vergehen (§ 12 StGB) ist demgegenüber mangels Strafbewehrung nicht strafbar (§ 22 Abs. 1 StGB). Täter kann jeder sein, der die Tathandlung (→ Rn. 2 ff.) verwirklicht. Ein gewerbliches Handeln ist vom Gesetz nicht vorausgesetzt, wird in der Regel aber gegeben sein. Zur **Verantwortlichkeit im Lebensmittelstrafrecht** → Vorb. LFGB Rn. 29 ff.

2   **2. Tathandlungen.** Entsprechend dem in § 1 Abs. 2 statuierten Verkehrsverbot knüpfen beide Tatbestände des § 3 an **das Inverkehrbringen** von Erzeugnissen (→ Vorb. Rn. 3) an. Das Öko-Kennzeichnungsgesetz selbst enthält keine Legaldefinition dieses Begriffes. Unter Berücksichtigung der Verbote in Art. 23 Abs. 2 VO (EG) Nr. 834/2007 („Kennzeichnen" und „Werben"), die nach den diesbezüglichen Begriffsbestimmungen in Art. 2 Abs. k und im Wesentlichen auf den Warenabsatz abstellen, kann auch insoweit – wie bisher (s. Erbs/Kohlhaas/*Freytag* § 1 Rn. 9) – der **allgemeine lebensmittelrechtliche Begriff** zugrunde gelegt werden (→ Vorb. LFGB Rn. 45).

3   Nach **§ 3 Nr. 1** macht sich strafbar, wer vorsätzlich (→ Rn. 5) **andere als in § 1 Abs. 1 bezeichnete Erzeugnisse mit dem Öko-Kennzeichen in den Verkehr bringt.** Demnach wird von diesem Tatbestand einerseits das Inverkehrbringen von solchen Agrarerzeugnissen und Lebensmitteln (→ Vorb. LFGB Rn. 37 ff.) erfasst, die konventionell, dh nicht den Vorgaben der Art. 3 ff. der VO (EG) Nr. 834/2007 entsprechend (→ Vorb. Rn. 3), gewonnen (→ Vorb. LFGB Rn. 47) bzw. hergestellt (→ Vorb. LFGB Rn. 46) wurden. Darüber hinaus sind **alle Waren** erfasst, bei denen es sich nicht um Erzeugnisse iSv Art. 1 Abs. der VO (EG) Nr. 834/2007 (→ Vorb. Rn. 3) handelt, die also unabhängig von ihrer Produktion bereits **ihrer Art nach nicht mit dem Öko-Kennzeichen versehen werden können** (Zipfel/Rathke LebensmittelR/*Rathke* § 1 Rn. 13).

4   Demgegenüber erfasst **§ 3 Nr. 2** die Fälle, in denen ein Erzeugnis oder ein sonstiger Gegenstand mit einer Kennzeichnung versehen wird, die **dem Öko-Kennzeichen nachgemacht, diesem also ähnlich ist** (Zipfel/Rathke LebensmittelR/*Rathke* § 1 Rn. 19), und die darüber hinaus **zur Irreführung** über die Art der Erzeugung, die Zusammensetzung oder andere verkehrswesentliche Eigenschaften des gekennzeichneten Erzeugnisses oder Gegenstandes **geeignet ist.** Zur Irreführungsgefahr und der insoweit maßgeblichen Beurteilungsgrundsätze → LFGB § 59 Rn. 16 ff., 21 ff. (vgl. auch Zipfel/Rathke LebensmittelR/*Rathke* § 1 Rn. 21). Da durch das Verbot des § 1 Nr. 2 insbesondere auch die Integrität des Öko-Kennzeichens als solches geschützt werden soll, erstreckt sich das Verbot auch auf grundsätzlich kennzeichnungsfähige Erzeugnisse (Zipfel/Rathke LebensmittelR/*Rathke* § 1 Rn. 18, 22; Erbs/Kohlhaas/*Freytag* § 1 Rn. 21 f.).

3. Subjektiver Tatbestand. Nach § 3 ist nur derjenige strafbar, der vorsätzlich handelt (§ 15 StGB; 5
vgl. auch § 4 Abs. 1), wobei **bedingter Vorsatz genügt** (Erbs/Kohlhaas/*Freytag* Rn. 4). Das Vorliegen
des subjektiven Tatbestandes bestimmt sich dabei nach den allgemeinen Grundsätzen. Zu den insoweit
im Lebensmittelstrafrecht bestehenden Besonderheiten → LFGB § 58 Rn. 47 ff.

4. Rechtsfolgen. § 3 sieht **Freiheitsstrafe bis zu einem Jahr oder Geldstrafe** vor. Der Straf- 6
rahmen bestimmt sich dabei nach den allgemeinen Vorschriften der §§ 38 ff. StGB. Für die Zumessung
der Strafe werden insbesondere der Grad der Gefährdung des geschützten Rechtsguts, die Art der
Ausführung und die tatursächlichen Motive von Bedeutung sein. Neben der Verhängung von Geld-
oder Freiheitsstrafe kommen als weitere Rechtsfolgen die **Einziehung** der Tatgegenstände (→ § 5
Rn. 1 ff.), der **Verfall** des Taterlöses (§§ 73 ff. StGB) und die Anordnung eines **Berufsverbotes**
(§§ 70 ff. StGB; BGH LMRR 2007, 84) in Betracht. Zu den Konkurrenzen → LFGB § 59 Rn. 85.

§ 4 Bußgeldvorschriften

(1) Ordnungswidrig handelt, wer eine der in § 3 bezeichneten Handlungen fahrlässig begeht.

(2) Ordnungswidrig handelt, wer vorsätzlich oder fahrlässig einer Rechtsverordnung nach
§ 2 Abs. 1 oder 2 Satz 1 Nr. 2 oder einer vollziehbaren Anordnung auf Grund einer solchen
Rechtsverordnung zuwiderhandelt, soweit die Rechtsverordnung für einen bestimmten Tatbestand auf diese Bußgeldvorschrift verweist.

(3) Die Ordnungswidrigkeit kann mit einer Geldbuße bis zu dreißigtausend Euro geahndet
werden.

1. Allgemeines. § 4 definiert – wie § 3 in Gestalt von **abstrakten Gefährdungsdelikten** – die 1
Bußgeldtatbestände des ÖkoKennzG. Während § 4 Abs. 1 die fahrlässige Begehung der in § 3
enthaltenen Straftatbestände als Ordnungswidrigkeit definiert, ist den Tatbeständen des § 4 Abs. 2
sowohl vorsätzliches als auch fahrlässiges Handeln bußgeldbewehrt. Zur **Verantwortlichkeit im
Lebensmittelstrafrecht** → Vorb. LFGB Rn. 29 ff.

2. Ordnungswidrigkeiten nach § 4 Abs. 1. Nach § 4 Abs. 1 handelt der ordnungswidrig, der die 2
in § 3 bezeichneten Handlungen fahrlässig begeht. Insoweit kann hinsichtlich der jeweils maßgeblichen
objektiven Tatbestände auf die Kommentierung zu § 3 (→ § 3 Rn. 2 ff.) verwiesen werden.

3. Ordnungswidrigkeiten nach § 4 Abs. 2. § 4 Abs. 2 stellt eine **Blankettvorschrift mit Rück-** 3
verweisungsklausel (→ Vorb. LFGB Rn. 26) dar. Bisher findet sich ein rückverweisender Bußgeldtatbestand lediglich in **§ 4 ÖkoKennzV.** Dort sind vorsätzliche oder fahrlässige **Verstöße gegen die
Anzeigepflichten nach § 3 ÖkoKennzV** als Ordnungswidrigkeiten definiert. Nach § 3 Abs. 1 Öko-
KennzV hat der, der für Erzeugnisse nach § 1 Abs. 1 (→ Vorb. Rn. 3) das Öko-Kennzeichen verwenden
(vgl. § 2 ÖkoKennzV) will, dies der Bundesanstalt für Landwirtschaft und Ernährung vor dem erstmaligen Verwenden nach dem Muster des Formblattes in Anlage 2 der ÖkoKennzV anzuzeigen.
Nämliches gilt für den, der vor dem Inkrafttreten der ÖkoKennzV das markenrechtlich geschützte Öko-
Kennzeichen (→ Vorb. Rn. 5) verwendet hat. Die diesbezügliche Anzeige war bis zum 1.5.2002 zu
erstatten. Wird diese **Anzeige nicht, nicht richtig oder nicht rechtzeitig erstattet,** ist der Tatbestand des § 4 ÖkoKennzV erfüllt.

Weitere auf § 4 Abs. 2 rückverweisende Bußgeldtatbestände existieren zur Zeit nicht, insbesondere 4
auch keine solchen, die für den Fall der Zuwiderhandlung gegen eine vollziehbare Anordnung, die
aufgrund einer Rechtsverordnung nach § 2 Abs. 1 oder 2 S. 1 Nr. 2 erlassen wurde, auf § 4 Abs. 2
zurückverweisen (für Fälle der Zuwiderhandlung gegen eine vollziehbare Anordnung vgl. allg. → LFGB
§ 58 Rn. 35).

4. Subjektiver Tatbestand. Während der Bußgeldtatbestand in **§ 4 Abs. 1 nur bei fahrlässigem** 5
Handeln verwirklicht ist, erfasst **§ 4 Abs. 2** sowohl das **vorsätzliche** als auch das **fahrlässige** Handeln.
Hinsichtlich den Voraussetzungen des vorsätzlichen Handelns kann auf die Ausführungen bei → § 3
Rn. 5 ff. und hinsichtlich des fahrlässigen Handelns auf die bei → LFGB § 58 Rn. 60 ff. verwiesen
werden.

5. Rechtsfolgen. Nach § 4 Abs. 3 können die Ordnungswidrigkeiten mit **Geldbuße bis zu 30.000** 6
EUR geahndet werden. Insoweit ist zu beachten, dass die Ordnungswidrigkeit nach § 4 Abs. 1 allein bei
fahrlässigem Handeln gegeben ist, während Ordnungswidrigkeiten nach § 4 Abs. 2 sowohl vorsätzlich
als auch fahrlässig verwirklicht werden können. Hinsichtlich der **Ordnungswidrigkeiten nach § 4
Abs. 2** reduziert sich daher der Höchstbetrag der Geldbuße für **fahrlässiges Handeln** auf die Hälfte der
angedrohten Geldbuße (§ 17 Abs. 2 OWiG), mithin auf **15.000 EUR.**

Im Übrigen gelten für die Bemessung der Geldbuße die Vorgaben von § 17 Abs. 3 und 4 OWiG. Sie 7
hat sich an der Bedeutung der Ordnungswidrigkeiten und dem Vorwurf, der den Täter trifft, sowie den

wirtschaftlichen Verhältnissen zu orientieren. Die Geldbuße soll den wirtschaftlichen Vorteil, den der Täter aus der Ordnungswidrigkeit gezogen hat, übersteigen. Zu den weiteren Rechtsfolgen → LFGB § 60 Rn. 34.

§ 5 Einziehung

¹**Ist eine Straftat nach § 3 oder eine Ordnungswidrigkeit nach § 4 begangen worden, so können**
1. **Gegenstände, auf die sich die Straftat oder Ordnungswidrigkeit bezieht, und**
2. **Gegenstände, die zu ihrer Begehung oder Vorbereitung gebraucht worden oder bestimmt gewesen sind, eingezogen werden.**
²**§ 74a des Strafgesetzbuchs und § 23 des Gesetzes über Ordnungswidrigkeiten sind anzuwenden.**

1   Nach §§ 74 ff. StGB ist die Einziehung solcher Gegenstände möglich, die durch die Tat hervorgebracht wurden **(producta sceleris)** oder die zur Begehung bzw. Vorbereitung der Tat gebraucht worden oder bestimmt gewesen sind **(Tatmittel; instrumenta sceleris)**. Nicht von § 74 Abs. 1 StGB erfasst werden die sog **Beziehungsgegenstände**, sprich solche, die notwendiger Gegenstand der Tat selbst sind (vgl. allgemein Fischer StGB § 74 Rn. 10). Diese können aber **nach § 5 Abs. 1 Nr. 1** eingezogen werden, soweit die weiteren **Voraussetzungen des § 74 Abs. 2 und 3 StGB** bzw. des **§ 22 Abs. 2 und 3 OWiG gegeben sind** (vgl. § 74 Abs. 4 StGB; Zipfel/Rathke LebensmittelR/*Dannecker* LFGB § 61 Rn. 50 mwN). Neben der Erstreckung auf die Beziehungsgegenstände in § 5 Nr. 1 kommt § 5 Nr. 2 eigenständige Bedeutung nur bei Ordnungswidrigkeiten nach § 4 zu, da insoweit **für Tatmittel** die nach § 22 Abs. 1 OWiG erforderliche Zulassung gegeben ist.

2   **Gegenstände iSv § 5** sind dabei wie auch bei § 74 StGB einerseits **Sachen**. Darüber hinaus sind von diesem Tatbestandsmerkmal aber **auch nicht körperliche Gegenstände, insbesondere Rechte,** erfasst (BGH NStZ 1991, 456; OLG Karlsruhe NJW 1974, 710). Zwischen dem Gegenstand und der Tat muss eine **unmittelbare Beziehung** bestehen. Fehlt es daran, scheidet eine Einziehung nach § 5 aus. Beziehungsgegenstände iSv § 5 sind dabei sämtliche Handlungsobjekte der vorausgehenden Straf- und Bußgeldvorschriften (vgl. Zipfel/Rathke LebensmittelR/*Dannecker* LFGB § 61 Rn. 45 ff.).

3   Grundsätzlich für jede Form der Einziehung gilt, dass nur solche Gegenstände eingezogen werden können, wenn der Täter oder Teilnehmer zur Zeit der letzten tatrichterlichen Entscheidung (BGHSt 8, 12) **Eigentümer oder Rechtsinhaber** ist (§ 74 Abs. 2 Nr. 1 StGB; § 22 Abs. 2 Nr. 1 OWiG). Ausnahmen sehen zunächst § 74 Abs. 2 Nr. 2 StGB; § 22 Abs. 2 Nr. 2 OWiG vor (sog Sicherungseinziehung, vgl. Fischer StGB § 74 Rn. 13 ff.). Darüber hinaus ist eine **Dritteinziehung** unter den Voraussetzungen der § 74a StGB, § 23 OWiG nach **richterlichem Ermessen** zulässig. Erforderlich ist insoweit, dass das Gesetz auf die entsprechende Vorschrift verweist. Dem entspricht § 5 Abs. 2.

585. Gesetz zur Durchführung der Rechtsakte der Europäischen Gemeinschaft auf dem Gebiet des ökologischen Landbaus (Öko-Landbaugesetz – ÖLG)

Vom 7. Dezember 2008 (BGBl. I S. 2358) FNA 7847-31

Zuletzt geändert durch Art. 408 Zehnte ZuständigkeitsanpassungsVO vom 31.8.2015
(BGBl. I S. 1474)

– Auszug –

Vorbemerkung

Das ÖLG dient – neben dem ÖkoKennzG (= Nr. 580 des Kommentars) – der **Durchführung der 1 VO (EG) Nr. 834/2007** des Rates v. 28.6.2007 über die ökologische/biologische Produktion und die Kennzeichnung von ökologischen/biologischen Erzeugnissen und zur Aufhebung der VO (EWG) Nr. 2092/91 (ABl. 2007 L 189, 1) sowie der zu ihrer Durchführung erlassenen Rechtsakte der Europäischen Gemeinschaft (§ 1). Bei den zur Durchführung der VO (EG) 834/2007 erlassenen Rechtsakte handelt es sich insbesondere um die **VO (EG) Nr. 889/2008** der Kommission v. 5.9.2008 mit Durchführungsvorschriften zur **VO (EG) Nr. 834/2007** des Rates über die ökologische/biologische Produktion und die Kennzeichnung von ökologischen/biologischen Erzeugnissen hinsichtlich der ökologischen/biologischen Produktion, Kennzeichnung und Kontrolle und die VO (EG) Nr. 1235/2008 der Kommission v. 8.12.2008 mit Durchführungsvorschriften zur VO (EG) Nr. 834/2007 des Rates hinsichtlich der Regelung der Einfuhren von ökologischen/biologischen Erzeugnissen aus Drittländern. Durch die VO (EG) 834/2007 (vgl. hierzu EuGH LMuR 2015, 13; EuGH –Schlussantrag der Generalanwältin, LMuR 2014, 148) wurden **weitreichende Änderungen** an den gemeinschaftlichen Rahmenvorschriften **auf dem Gebiet des ökologischen Landbaus** vorgenommen, die eine Anpassung des ÖLG und eine Änderung des Öko-Kennzeichengesetzes notwendig machten. Dem wurde mit dem **Gesetz zur Anpassung von Vorschriften auf dem Gebiet des ökologischen Landbaus** an die VO (EG) Nr. 834/2007 des Rates v. 28.6.2007 über die ökologische/biologische Produktion und die Kennzeichnung von ökologischen/biologischen Erzeugnissen und zur Aufhebung der VO (EWG) Nr. 2092/91 v. 7.12.2008 (BGBl. I 2358), das **am 1.1.2009 in Kraft trat,** entsprochen.

Gemeinsam mit dem ÖkoKennzG dient das ÖLG der **Sicherstellung eines fairen Wettbewerb**s 2 und eines ordnungsgemäß funktionierenden Binnenmarktes für ökologische/biologische Erzeugnisse, um so das **Vertrauen der Verbraucher** in als ökologisch/biologisch gekennzeichnete Erzeugnisse zu wahren und zu rechtfertigen (vgl. zum Gesetzeszweck auch → Vorb. ÖkoKennzG Rn. 6).

§ 12 Strafvorschriften

(1) Mit Freiheitsstrafe bis zu einem Jahr oder mit Geldstrafe wird bestraft, wer gegen die Verordnung (EG) Nr. 834/2007 des Rates vom 28. Juni 2007 über die ökologische/biologische Produktion und die Kennzeichnung von ökologischen/biologischen Erzeugnissen und zur Aufhebung der Verordnung (EWG) Nr. 2092/91 (ABl. EU Nr. L 189 S. 1) verstößt, indem er

1. eine in Artikel 23 Abs. 1 Satz 1 oder 2 genannte Bezeichnung in der Verkehrsbezeichnung eines Erzeugnisses nach Artikel 1 Abs. 2 Satz 1 Buchstabe b verwendet, obwohl die Anforderungen des Artikels 23 Abs. 4 Satz 1 Buchstabe a nicht erfüllt werden,
2. entgegen Artikel 23 Abs. 2 Satz 1 eine Bezeichnung nach Artikel 23 Abs. 1 Satz 1 oder 2 bei der Kennzeichnung oder Werbung oder in den Geschäftspapieren für ein Erzeugnis verwendet, das die Vorschriften der Verordnung (EG) Nr. 834/2007 nicht erfüllt,
3. entgegen Artikel 23 Abs. 2 Satz 2 eine Bezeichnung oder Kennzeichnungs- oder Werbepraktiken verwendet, die den Verbraucher oder Nutzer irreführen können, oder
4. entgegen Artikel 23 Abs. 3 eine Bezeichnung nach Artikel 23 Abs. 1 Satz 1 oder 2 für ein Erzeugnis verwendet, das eine dort genannte Kennzeichnung oder einen dort genannten Hinweis tragen muss.

(2) Ebenso wird bestraft, wer entgegen § 6 Abs. 3 ein Erzeugnis in den Verkehr bringt.

A. Allgemeines

1   Im Gegensatz zu § 3 ÖkoKennzG, der vorsätzliche Verstöße gegen die Vorschriften des ÖkoKennzG, insbesondere das Inverkehrbringen (→ ÖkoKennzG § 3 Rn. 2 ff.) eines Erzeugnisses (→ Vorb. Öko-KennzG Rn. 3), an dem insoweit rechtswidrig das Öko-Kennzeichen iSv § 1 Abs. 1 ÖkoKennzV iVm Anlage 1 ÖkoKennzV angebracht ist, unter Strafe stellt und daher lediglich mittelbar (über die Bezugnahme auf die Verkehrsverbote des § 1 Abs. 2 ÖkoKennzG) an die Vorschriften der VO (EG) 834/2007 anknüpft, werden in **§ 12 Abs. 1** als zentralem Straftatbestand des ÖLG **unmittelbare Verstöße gegen die VO (EG) Nr. 834/2007 sanktioniert.** Insoweit handelt es sich bei § 12 Abs. 1 um einen **Blankettstraftatbestand,** der mit unmittelbar geltenden Vorschriften des Gemeinschaftsrechts ausgefüllt wird (→ Vorb. LFGB Rn. 19 ff.) und Verstöße hiergegen ahndet. Mit Blick auf § 3 ÖkoKennzG stellt § 12 Abs. 1 die allgemeinere Vorschrift dar, die unabhängig davon erfüllt werden kann, ob ein Öko-Kennzeichen iSv § 1 Abs. 1 ÖkoKennzV iVm Anlage 1 ÖkoKennzV verwendet wird. Daneben erfasst **§ 12 Abs. 2** Verstöße gegen das **nationale Verkehrsverbot des § 6 Abs. 3,** das wiederum lediglich mittelbar an die Vorschriften der VO (EG) Nr. 834/2007 anknüpft.

B. Die einzelnen Tathandlungen des § 12 Abs. 1

I. Unzulässige Verwendung von Bezeichnungen nach Art. 23 Abs. 1 S. 1, 2 VO (EG) Nr. 834/2007

2   Den Straftatbeständen in § 12 Abs. 1 Nr. 1, 2 und 4 ist gemeinsam, dass sie die **Verwendung einer Bezeichnung iSv Art. 23 Abs. 1 S. 1 oder 2 VO (EG) Nr. 834/2007** unter Strafe stellen, soweit weitere Voraussetzungen hinzutreten. Nach Art. 23 Abs. 1 S. 1 VO (EG) Nr. 834/2007 gilt ein Erzeugnis als mit Bezug auf die ökologische/biologische Produktion gekennzeichnet, wenn in der Etikettierung, der Werbung oder den Geschäftspapieren das Erzeugnis (→ Vorb. ÖkoKennzG Rn. 3), seine Zutaten (vgl. Art. 2 Buchst. r VO (EG) Nr. 834/2007 iVm Art. 6 Abs. 4 RL 2000/13/EG) oder die Futtermittelausgangserzeugnisse (vgl. Art. 18 Abs. 3 VO (EG) Nr. 834/2007) **mit Bezeichnungen versehen werden,** die dem Käufer **den Eindruck vermitteln,** dass sie **nach den Vorschriften der VO (EG) Nr. 834/2007 gewonnen** wurden. Art. 23 Abs. 1 S. 2 VO (EG) Nr. 834/2007 konkretisiert dies dahingehend, dass die **im Anhang der VO (EG) Nr. 834/2007 aufgeführten Bezeichnungen,** daraus abgeleitete Bezeichnungen und Verkleinerungsformen wie „Bio-" und „Öko-", allein oder kombiniert bei der Kennzeichnung (vgl. Art. 2 Buchst. k VO (EG) Nr. 834/2007) von Erzeugnissen und der Werbung für sie nur verwendet werden dürfen, wenn diese Erzeugnisse die mit der VO (EG) Nr. 834/2007 oder im Einklang mit ihr erlassenen Vorschriften erfüllen. Ob eine Bezeichnung den Eindruck vermittelt, dass ein Erzeugnis usw nach den Vorschriften der Verordnung gewonnen wurde, bestimmt sich dabei nach der **Auffassung des angesprochenen Verkehrskreises** (→ LFGB § 59 Rn. 16 ff.), wobei dies nicht zwingend der Endverbraucher sein muss, wie ein Vergleich mit Art. 23 Abs. 2 S. 2 VO (EG) Nr. 834/2007 zeigt. Angesichts des in **Art. 23 Abs. 2 S. 2 VO (EG) Nr. 834/2007** enthaltenen **Irreführungsverbots** ist im Hinblick auf Art. 23 Abs. 1 VO (EG) Nr. 834/2007 weiter zu fordern, dass der vermittelte Eindruck das **allein mögliche Verständnis der Bezeichnung** darstellt. Hierbei erweist sich der Übergang zu Irreführungseignung iSv Art. 23 Abs. 2 S. 2 VO (EG) Nr. 834/2007 (→ Rn. 6) als fließend. Angesichts der in beiden Richtungen gegebenen Strafbewehrung bei Verstößen gegen die Verwendungsverbote, ist die Unterscheidung letztlich ohne praktische Relevanz.

3   Die Verwendung einer Bezeichnung iSv Art. 23 Abs. 1 S. 1, 2 VO (EG) Nr. 834/2007 ist dann zunächst in **§ 12 Abs. 1 Nr. 1** strafbewehrt, wenn sie **in der Verkehrsbezeichnung** (vgl. § 4 LMKV sowie nunmehr Art. 17 Abs. 1 LMIV) eines verarbeiteten landwirtschaftlichen Erzeugnisses, das zur Verwendung als Lebensmittel (→ Vorb. LFGB Rn. 37 ff.) bestimmt ist, erfolgt, ohne dass die verarbeiteten Lebensmittel die Anforderungen des **Art. 19 VO (EG) Nr. 834/2007 erfüllen** und ohne, dass mindestens 95 Gewichtsprozent der Zutaten landwirtschaftlichen Ursprungs ökologisch/biologischer Herkunft sind.

4   Weiter ist nach **§ 12 Abs. 1 Nr. 2** die **Verwendung einer Bezeichnung** iSv Art. 23 Abs. 1 S. 1, 2 VO (EG) Nr. 834/2007 dann **strafbewehrt,** wenn sie bei der Kennzeichnung (vgl. Art. 2 Buchst. k VO (EG) Nr. 834/2007), der Werbung (vgl. Art. 2 Buchst. m VO (EG) Nr. 834/2007) oder in den Geschäftspapieren für ein Erzeugnis (→ Vorb. ÖkoKennzG Rn. 3) erfolgt, das die jeweiligen Voraussetzungen der VO (EG) Nr. 834/2007 (vgl. ÖkoKennzG Rn. 3) nicht erfüllt.

5   Zuletzt ist nach **§ 12 Abs. 1 Nr. 4** die Verwendung einer Bezeichnung iSv Art. 23 Abs. 1 S. 1, 2 VO (EG) Nr. 834/2007 strafbar, wenn sie für ein Erzeugnis (→ Vorb. ÖkoKennzG Rn. 3) erfolgt, das durch oder aus **genetisch veränderten Organismen** (vgl. Art. 2 Buchst. t VO (EG) Nr. 834/2007) hergestellt wurde oder solche Organismen enthält.

II. Verstoß gegen Art. 23 Abs. 2 S. 2 VO (EG) Nr. 834/2007

6   Über die in § 12 Abs. 1 Nr. 1, 2 und 4 strafbewehrten Verstöße gegen die Verbote der Verwendung von Bezeichnungen iSv Art. 23 Abs. 1 S. 1, 2 VO (EG) Nr. 834/2007 hinaus ist nach Art. 23 Abs. 2

S. 2 VO (EG) Nr. 834/2007 auch die **Verwendung solcher Bezeichnungen verboten, die den Verbraucher dahingehen irreführen können,** dass das betreffende Erzeugnis oder die zu seiner Produktion verwendeten Zutaten die Vorschriften der VO (EG) Nr. 834/2007 erfüllen. Zum Begriff der Irreführungsgefahr → LFGB § 59 Rn. 21 ff.; → ÖkoKennzG § 3 Rn. 4. Vorsätzliche Verstöße gegen dieses Verbot sind nach **§ 12 Abs. 1 Nr. 3** strafbar.

C. Verstoß gegen § 6 Abs. 3

Nach **§ 6 Abs. 1** sind die Vorschriften der VO (EG) Nr. 834/2007 auf Arbeitsgänge in gewerbsmäßig **7** (→ LFGB Vorb. Rn. 30) betriebenen, **gemeinschaftlichen Verpflegungseinrichtungen** (vgl. Art. 2 Buchst. aa VO (EG) Nr. 834/2007) anzuwenden, wenn hierbei Erzeugnisse aufbereitet (vgl. Art. 2 Buchst. i VO (EG) Nr. 834/2007) werden, die iSv Art. 23 Abs. 1 S. 1, 2 VO (EG) Nr. 834/2007 gekennzeichnet (vgl. Art. 2 Buchst. k VO (EG) Nr. 834/2007) sind (→ Rn. 2) und in den Verkehr gebracht werden (→ ÖkoKennzG Rn. 2). Davon ausgehend dürfen nach **§ 6 Abs. 3** Erzeugnisse in gewerbsmäßig betriebenen, gemeinschaftlichen Verpflegungseinrichtungen mit Bezug auf die ökologische oder biologische Produktion nur dann in den Verkehr gebracht werden, wenn die Voraussetzungen einer ökologischen oder biologischen Produktion nach Maßgabe der VO (EG) Nr. 834/2007 erfüllt sind. Für Erzeugnisse, die diesen Anforderungen nicht entsprechen, besteht ein spezifisches **Verkehrsverbot.** Vorsätzliche Verstöße gegen das Verkehrsverbot erfüllen den Straftatbestand des **§ 12 Abs. 2.**

D. Subjektiver Tatbestand

Nach § 12 ist nur derjenige strafbar, der vorsätzlich handelt (§ 15 StGB; vgl. auch § 13 Abs. 1), wobei **8** bedingter Vorsatz genügt. Das Vorliegen des subjektiven Tatbestandes bestimmt sich dabei nach den allgemeinen Grundsätzen. Zu den insoweit im Lebensmittelstrafrecht bestehenden Besonderheiten → LFGB § 58 Rn. 47 ff.

E. Rechtsfolgen

§ 12 Abs. 1 sieht **Freiheitsstrafe bis zu einem Jahr oder Geldstrafe** vor. Der Strafrahmen **9** bestimmt sich dabei nach den allgemeinen Vorschriften der §§ 38 ff. StGB. Für die Zumessung der Strafe werden insbesondere der Grad der Gefährdung des geschützten Rechtsguts, die Art der Ausführung und die tatursächlichen Motive von Bedeutung sein. Neben der Verhängung von Geld- oder Freiheitsstrafe kommen als weitere Rechtsfolgen die **Einziehung** der Tatgegenstände (vgl. hierzu die Kommentierung von § 14 unten), der **Verfall** des Tatrlöses (§§ 73 ff. StGB) und die Anordnung eines **Berufsverbotes** (§§ 70 ff. StGB; BGH LMRR 2007, 84) in Betracht. Zu den Konkurrenzen → LFGB § 59 Rn. 85.

§ 13 Bußgeldvorschriften

(1) Ordnungswidrig handelt, wer eine der in § 12 bezeichneten Handlungen fahrlässig begeht.

(2) Ordnungswidrig handelt, wer gegen die Verordnung (EG) Nr. 834/2007 verstößt, indem er vorsätzlich oder fahrlässig

1. **eine in Artikel 23 Abs. 1 Satz 1 oder 2 genannte Bezeichnung im Verzeichnis der Zutaten und im selben Sichtfeld wie die Verkehrsbezeichnung eines Erzeugnisses nach Artikel 1 Abs. 2 Satz 1 Buchstabe b verwendet, obwohl die Anforderungen des Artikels 23 Abs. 4 Satz 1 Buchstabe c nicht erfüllt werden,**

1a. **entgegen § 5 Abs. 2 Satz 2 eine Änderung nicht, nicht richtig, nicht vollständig oder nicht rechtzeitig einträgt,**

2. **eine in Artikel 23 Abs. 1 genannte Bezeichnung verwendet, obwohl die Anforderungen des Artikels 24 Abs. 1 Satz 1 nicht erfüllt werden,**

3. **entgegen Artikel 23 Abs. 4 Satz 1 Buchstabe b eine Bezeichnung nach Artikel 23 Abs. 1 Satz 1 oder 2 nicht nur im Verzeichnis der Zutaten verwendet,**

4. **entgegen Artikel 27 Abs. 5 Buchstabe d eine Mitteilung auf Ersuchen der Behörde nicht, nicht richtig oder nicht vollständig macht oder die Behörde nicht, nicht richtig, nicht vollständig oder nicht rechtzeitig unterrichtet,**

5. **entgegen Artikel 28 Abs. 1 Satz 1 Buchstabe a, auch in Verbindung mit Satz 2 oder 3 oder einer Rechtsverordnung nach § 11 Abs. 1 Nr. 3 dieses Gesetzes, eine Meldung nicht, nicht richtig, nicht vollständig oder nicht rechtzeitig macht oder**

6. **entgegen Artikel 28 Abs. 1 Satz 1 Buchstabe b, auch in Verbindung mit Satz 2 oder 3, sein Unternehmen nicht, nicht richtig oder nicht rechtzeitig dem Kontrollsystem nach Artikel 27 unterstellt.**

(3) Ordnungswidrig handelt, wer vorsätzlich oder fahrlässig

1. entgegen § 5 Abs. 2 Satz 1 ein Verzeichnis nicht, nicht richtig oder nicht vollständig führt,

1a. entgegen § 5 Absatz 2 Satz a eine Änderung nicht, nicht richtig, nicht vollständig oder nicht rechtzeitig einträgt,

2. entgegen § 5 Abs. 3 Satz 2 oder 4 oder Abs. 4 Satz 1 die zuständige Behörde, ein Unternehmen oder die Bundesanstalt für Landwirtschaft und Ernährung nicht, nicht richtig oder nicht rechtzeitig unterrichtet,

3. entgegen § 5 Abs. 3 Satz 3 eine Mitteilung nicht, nicht richtig, nicht vollständig oder nicht rechtzeitig macht,

4. entgegen § 8 Abs. 1 eine Auskunft nicht, nicht richtig, nicht vollständig oder nicht rechtzeitig erteilt oder

5. entgegen § 8 Abs. 3 eine Maßnahme nicht duldet, ein Erzeugnis nicht, nicht richtig oder nicht rechtzeitig darlegt, die erforderliche Hilfe nicht oder nicht rechtzeitig leistet oder eine Unterlage nicht oder nicht rechtzeitig vorlegt.

(4) Die Ordnungswidrigkeit kann in den Fällen des Absatzes 1 mit einer Geldbuße bis zu dreißigtausend Euro, in den übrigen Fällen mit einer Geldbuße bis zu zwanzigtausend Euro geahndet werden.

A. Allgemeines

1 § 13 definiert – wie § 12 in Gestalt von **abstrakten Gefährdungsdelikten** – die Bußgeldtatbestände des ÖLG. Während § 13 Abs. 1 die fahrlässige Verwirklichung der in § 12 enthaltenen Straftatbestände als Ordnungswidrigkeit definiert, ist den Tatbeständen des § 13 Abs. 2 und 3 sowohl vorsätzliches als auch fahrlässiges Handeln bußgeldbewehrt.

B. Ordnungswidrigkeiten nach § 13 Abs. 1

2 Nach **§ 13 Abs. 1** handelt der ordnungswidrig, der die in § 12 bezeichneten Handlungen fahrlässig begeht. Insoweit kann hinsichtlich der jeweils maßgeblichen objektiven Tatbestände auf die Kommentierung zu § 12 (→ § 12 Rn. 2 ff.) verwiesen werden.

C. Ordnungswidrigkeiten nach § 13 Abs. 2

3 **§ 13 Abs. 2** definiert verschiedene **Verstöße gegen Vorschriften der VO (EG) Nr. 834/2007** als Ordnungswidrigkeiten. Die Bußgeldtatbestände in § 13 Abs. 2 **Nr. 1–3** knüpfen dabei ebenfalls an der Verwendung einer Bezeichnung iSv Art. 23 Abs. 1 VO (EG) Nr. 834/2007 (vgl. dazu → § 12 Rn. 2) für bestimmte Erzeugnisse (→ Vorb. ÖkoKennzG Rn. 3) an, ohne dass die in den Tatbeständen näher konkretisierten weiteren Voraussetzungen eingehalten werden. IE handelt es ich insoweit um folgende Verstöße:

Verstoß gegen	Tathandlung
Art. 23 Abs. 4 S. 1 Buchst. c i	Verwendung der Bezeichnung im Zutatenverzeichnis (vgl. § 6 LMKV sowie nunmehr Art. 18 LMIV) oder im Sichtfeld der Verkehrsbezeichnung (→ § 12 Rn. 3) bei verarbeiteten landwirtschaftlichen Erzeugnissen, die zur Verwendung als Lebensmittel bestimmt sind, ohne dass die Hauptzutat ein Erzeugnis der Jagd oder der Fischerei ist
Art. 23 Abs. 4 S. 1 Buchst. c ii	Verwendung der Bezeichnung im Zutatenverzeichnis (vgl. § 6 LMKV sowie nunmehr Art. 18 LMIV) oder im Sichtfeld der Verkehrsbezeichnung (→ § 12 Rn. 3) bei verarbeiteten landwirtschaftlichen Erzeugnissen, die zur Verwendung als Lebensmittel bestimmt sind, wenn andere Zutaten landwirtschaftlichen Ursprungs enthalten sind, die nicht ausschließlich ökologisch/biologischer Herkunft sind
Art. 23 Abs. 4 S. 1 Buchst. c iii	Verwendung der Bezeichnung im Zutatenverzeichnis (vgl. § 6 LMKV sowie nunmehr Art. 18 LMIV) oder im Sichtfeld der Verkehrsbezeichnung (→ § 12 Rn. 3) bei verarbeiteten landwirtschaftlichen Erzeugnissen, die zur Verwendung als Lebensmittel bestimmt sind, wenn die Lebensmittel die Anforderungen des Art. 19 Abs. 1, 2 Buchst. a, b und d VO (EG) Nr. 834/2007 nicht erfüllen
Art. 24 Abs. 1 S. 1 Buchst. a	Verwendung der Bezeichnung, ohne dass die erteilte Codenummer der Kontrollbehörde (Art. 27 Abs. 10) in der Kennzeichnung enthalten ist
Art. 24 Abs. 1 S. 1 Buchst. b	Verwendung der Bezeichnung, ohne dass bei vorverpackten Lebensmitteln auf der Verpackung auch das Gemeinschaftslogo nach Art. 25 Abs. 1 erscheint

Verstoß gegen	Tathandlung
Art. 24 Abs. 1 S. 1 Buchst. c	Verwendung der Bezeichnung bei Verwendung des Gemeinschaftslogos, ohne dass im selben Sichtfeld auch der Ort der Erzeugung der landwirtschaftlichen Ausgangsstoffe („EU-Landwirtschaft", „Nicht-EU-Landwirtschaft", „EU-/Nicht-EU-Landwirtschaft") erscheint
Art. 23 Abs. 4 S. 1 Buchst. b	Verwendung der Bezeichnung im Zutatenverzeichnis (vgl. § 6 LMKV sowie nunmehr Art. 18 LMIV) bei verarbeiteten landwirtschaftlichen Erzeugnissen, die zur Verwendung als Lebensmittel bestimmt sind, wenn die Lebensmittel die Anforderungen des Art. 19 Abs. 1, 2 Buchst. a, b und d VO (EG) Nr. 834/2007 nicht erfüllen

Weiter sind in § 13 Abs. 2 **Nr. 4–6** Verstöße gegen die Vorschriften als Ordnungswidrigkeiten **4** definiert, die der Kontrolle der Einhaltung der Verpflichtungen gemäß der VO (EG) Nr. 834/2007 im Einklang mit der VO (EG) Nr. 882/2004 dienen. Insoweit eröffnet die VO (EG) Nr. 834/2007 den Mitgliedstaaten die Möglichkeit, die gemeinschaftsrechtlich **vorgeschriebenen Kontrollen der Betriebe des ökologischen Landbaus** von den **zuständigen Behörden oder von zugelassenen privaten Kontrollstellen** durchführen zu lassen. In Ausübung dieser Wahlmöglichkeit bestimmt das Öko-Landbaugesetz, dass die Kontrollen **in Deutschland in weiten Teilen privaten Kontrollstellen** vorbehalten sind. Die nach der VO (EG) Nr. 834/2007 erforderliche Zulassung der privaten Stellen erfolgt durch die Bundesanstalt für Landwirtschaft und Ernährung (BLE; vgl. § 2 Abs. 2, § 4), die auch für die Überwachung der Kontrollstellen zuständig ist. IE handelt es sich in diesem Zusammenhang um folgende Verstöße:

Verstoß gegen	Tathandlung
Art. 27 Abs. 5 Buchst. d	Unterlassen der Mitteilung der Ergebnisse durchgeführter Kontrollen durch die Kontrollstelle an die zuständige Behörde
Art. 28 Abs. 1 S. 1 Buchst. a	Unterlassen der Meldung der Tätigkeit an die zuständigen Behörden durch den Unternehmer, der Erzeugnisse (→ Vorb. ÖkoKennzG Rn. 3) erzeugt, aufbereitet, lagert, aus einem Drittland einführt oder ausführt
Art. 28 Abs. 1 S. 1 Buchst. b	Unterlassen der Unterstellung des Unternehmens, das Erzeugnisse (→ Vorb. ÖkoKennzG Rn. 3) erzeugt, aufbereitet, lagert, aus einem Drittland einführt oder in Verkehr bringt, unter das Kontrollsystem nach Art. 27

D. Ordnungswidrigkeiten nach § 13 Abs. 3

Auch die in § 13 Abs. 3 definierten Bußgeldtatbestände, die **Verstöße gegen Vorschriften in den** **5** **§§ 5, 8** sanktionieren, stehen im Zusammenhang mit den Kontrollsystemen (→ Rn. 4). Während **§ 5** **Pflichten der Kontrollstellen** regelt, sind in **§ 8 die Pflichten der Unternehmen** (§ 6 Abs. 2) **und der Kontrollstellen gegenüber den zuständigen Behörden** statuiert. Diese Duldungs-, Mitwirkungs-, Aufzeichnungs- und Informationspflichten sind zur effektiven Durchführung der Überwachung erforderlich. Vor diesem Hintergrund enthält § 13 Abs. 3 folgende Tatbestände, wobei § 13 Abs. 3 Nr. 1a mWz 1.12.2013 eingefügt wurde:

Verstoß gegen	Tathandlung
§ 5 Abs. 2 S. 1	Unterlassen des Führens des Verzeichnisses der in ihre Kontrollen einbezogenen Unternehmen durch die Kontrollstelle
§ 5 Abs. 2 S. 2	Unterlassen der Publikation von Änderungen des Verzeichnisses der in ihre Kontrollen einbezogenen Unternehmen durch die Kontrollstelle bzw. falsche Publikationen
§ 5 Abs. 3 S. 2	Unterlassen der Unterrichtung der zuständigen Behörde bei der Feststellung von Unregelmäßigkeiten oder Verstößen iSv Art. 30 bei kontrollierten Unternehmen durch die Kontrollstelle
§ 5 Abs. 3 S. 4	Unterlassen der Unterrichtung der zuständigen Behörde bei der Feststellung von Unregelmäßigkeiten oder Verstößen iSv Art. 30 bei ausländischen Unternehmen durch die Kontrollstelle
§ 5 Abs. 4 S. 1	Unterlassen der Unterrichtung der Unternehmen, der zuständigen Behörde und der BLE bei Einstellung der Tätigkeit durch die Kontrollstelle

Verstoß gegen	Tathandlung
§ 5 Abs. 3 S. 3	Unterlassen der Unterrichtung der zuständigen Kontrollstelle bei der Feststellung von Unregelmäßigkeiten oder Verstößen iSv Art. 30 bei anderen, als kontrollierten Unternehmen durch die Kontrollstelle
§ 8 Abs. 1	Verstoß gegen die Auskunftspflicht durch Unternehmen oder Kontrollstellen gegenüber der zuständigen Behörde
§ 8 Abs. 3	Verstoß gegen die Duldungs- und Mitwirkungspflicht durch Unternehmen oder Kontrollstellen gegenüber der zuständigen Behörde

E. Subjektiver Tatbestand

6   Während der Bußgeldtatbestand in **§ 13 Abs. 1** nur **bei fahrlässigem Handeln** verwirklicht ist, erfasst § 13 Abs. 2 und 3 sowohl das vorsätzliche als auch das fahrlässige Handeln. Hinsichtlich den Voraussetzungen des vorsätzlichen Handelns kann auf die Ausführungen bei → § 12 Rn. 8 f. und hinsichtlich des fahrlässigen Handelns auf die bei → LFGB § 58 Rn. 60 ff. verwiesen werden.

F. Rechtsfolgen

7   Nach **§ 13 Abs. 4** können Ordnungswidrigkeiten iSv § 13 Abs. 1 mit **Geldbuße bis zu 30.000 EUR** geahndet werden. **Ordnungswidrigkeiten nach § 13 Abs. 2 und 3** können bei vorsätzlichem Handeln mit Geldbuße bis 20.000 EUR geahndet werden. Hinsichtlich der Ordnungswidrigkeiten nach § 13 Abs. 2 u. 3 **reduziert sich der Höchstbetrag der Geldbuße für fahrlässiges Handeln** auf die Hälfte der angedrohten Geldbuße (§ 17 Abs. 2 OWiG), mithin auf **10.000 EUR.**

8   IÜ gelten für die Bemessung der Geldbuße die Vorgaben von § 17 Abs. 3 und 4 OWiG. Sie hat sich an der Bedeutung der Ordnungswidrigkeiten und dem Vorwurf, der den Täter trifft sowie den wirtschaftlichen Verhältnissen zu orientieren. Die Geldbuße soll den wirtschaftlichen Vorteil, den der Täter aus der Ordnungswidrigkeit gezogen hat, übersteigen. Zu den weiteren Rechtsfolgen → LFGB § 60 Rn. 34.

§ 14 Einziehung

¹Ist eine Straftat nach **§ 12** oder eine Ordnungswidrigkeit nach **§ 13 Abs. 1, 2** oder **3** begangen worden, so können Gegenstände, auf die sich die Straftat oder die Ordnungswidrigkeit bezieht, und Gegenstände, die zu ihrer Begehung oder Vorbereitung gebraucht worden oder bestimmt gewesen sind, eingezogen werden. ²**§ 74a des Strafgesetzbuchs und § 23 des Gesetzes über Ordnungswidrigkeiten sind anzuwenden.**

Die Vorschrift entspricht **§ 5 ÖkoKennzG.** Vergleiche insoweit die Kommentierung dort (= Nr. 580 des Kommentars).

590. Ölschadengesetz (ÖlSG)

Vom 30. September 1988 (BGBl. I S. 1770, FNA 2129-18)

Zuletzt geändert durch Art. 7 G über die internationale Zusammenarbeit zur Durchführung von Sanktionsrecht der Vereinten Nationen und über die internationale Rechtshilfe auf Hoher See sowie zur Änd. seerechtlicher Vorschriften vom 25.11.2015 (BGBl. I S. 2095)

– Auszug –

Vorbemerkung

Das **ÖlSG** enthält ergänzende Regelungen zur nationalen Ausführung verschiedener internationaler 1
Abkommen. Seine Straf- und Bußgeldnormen betreffen Fälle fehlender oder mangelhafter Versicherung oder Verstöße gegen die Pflicht zum Mitführen entsprechender Versicherungsnachweise.

Verliert ein Seeschiff Öl, regeln internationale Abkommen die zivilrechtliche Haftung der Verant- 2
wortlichen für entstehende Ölverschmutzungsschäden. Ist ein **Öltanker** Schadensverursacher, kommt ein mit der Internationalen Schifffahrtsorganisation (International Maritime Organization, IMO) abgestimmtes, zweiteiliges Haftungssystem zur Anwendung: Neben eine verschuldensunabhängige Haftung des Schiffseigners nach dem **Haftungsübereinkommen 1992** tritt ggf. eine Ausfall- und Ergänzungshaftung auf Grundlage des **Fondsübereinkommen 1992** mit **Zusatzfondsübereinkommen 2003**. Hat ein **anderes Schiff** den Schaden durch auslaufendes Öl verursacht, wird die Haftung durch das **Bunkerölübereinkommen** geregelt.

Damit dieses Haftungssystem effektiv sein kann, müssen alle Seeschiffe gegen potentielle Ölverschmutzungsschäden versichert sein. Die entsprechenden Bescheinigungen sind für Kontrollen an Bord mitzuführen.

1. Dem Gesetz zugrunde liegende internationale Abkommen. Die Haftung bei Ölverschmutzung auf See ist durch folgende Abkommen geregelt:

a) Haftungsübereinkommen 1992. Internationales Übereinkommen über die zivilrechtliche Haf- 3
tung für Ölverschmutzungsschäden idF der Neufassung v. 23.4.1996 (BGBl. II 670), zuletzt geänd. durch Rechtsausschuss IMO (Internationale Schifffahrts-Organisation) v. 18.10.2000 (BGBl. II 944), im Folgenden: **ÖlHÜ 1992.**

Das ÖlHÜ 1992 begründet eine **Gefährdungshaftung** des **Schiffseigentümers** für alle Ölverschmutzungsschäden, die von seinen Tankschiffen (Öltankern, Oil-Bulk-Ore-Schiffen) im Hoheitsgebiet eines Vertragsstaates des Abkommens ausgehen. Der **persönliche Anwendungsbereich** der Haftungsregelungen des ÖlHÜ 1992 beschränkt sich auf den **Eigentümer des Seeschiffs.** Exkulpationsmöglichkeiten des Eigentümers regelt Art. III ÖlHÜ 1992. Der Eigentümer kann seine zivilrechtliche Haftung zudem summenmäßig auf einen Höchstbetrag pro Schadensereignis begrenzen (Art. V ÖlHÜ 1992). Die Haftungsbeschränkung wird durch die Einrichtung eines Haftungsfonds erreicht (Art. V Abs. 3 ÖlHÜ 1992). Der Eigentümer kann sich auf die Haftungsbegrenzung jedoch nicht berufen, wenn er den eingetretenen Schaden vorsätzlich oder leichtfertig verursacht hat (Art. V Abs. 2 ÖlHÜ 1992, vgl. auch § 435 HGB).

b) Fondsübereinkommen 1992. Internationales Übereinkommen v. 27.11.1992 über die Errich- 4
tung eines Internationalen Fonds zur Entschädigung für Ölverschmutzungsschäden (BGBl. 1992 II 1150, zuletzt geänd. durch Rechtsausschuss IMO v. 18.10.2000 (BGBl. II 947), im Folgenden: **ÖlFÜ 1992.**

Durch das ÖlFÜ 1992 wurde aus Beiträgen der Mineralölwirtschaft parallel zum ÖlHÜ 1992 ein internationaler Entschädigungsfonds gebildet. Dieser ermöglicht auch dann eine Entschädigung, wenn ein Ölverschmutzungsschaden nicht vollumfänglich durch das ÖlHÜ 1992 ersetzt werden kann. Dieser Fall kann zB eintreten, wenn ein Haftungsausschluss eingreift, wenn die Haftungshöchstgrenzen überschritten sind oder wenn eine Ölverschmutzung durch ein nicht identifizierbares oder nicht versichertes Tankschiff verursacht wurde.

c) Zusatzfondsübereinkommen 2003. Protokoll von 2003 zum Internationalen Übereinkommen 5
von 1992 über die Errichtung eines Internationalen Fonds zur Entschädigung für Ölverschmutzungsschäden (BGBl. 2003 II 1290), im Folgenden: **ÖlFÜ 2003.** Mit derselben Zielrichtung wurde als finanzielle Ergänzung zu den Haftungs- und Fondsübereinkommen von 1992 ein weiterer von der Mineralölwirtschaft finanzierter Fonds zur Entschädigung von Ölverschmutzungsschäden eingerichtet.

6   **d) Bunkeröl-Übereinkommen.** Internationales Übereinkommen von 2001 über die zivilrechtliche Haftung für Schäden durch Bunkerölverschmutzung, BGBl. 2001 II 578 – im Folgenden: **BunkerölÜ**, in Kraft für Deutschland seit 21.11.2008; dazu *Ramming* VersR 2007, 306; Liste der Zeichnerstaaten unter www.imo.org. Die Havarie des Holzfrachters „Pallas" vor der deutschen Nordseeküste im Jahr 1998 hat gezeigt, dass erhebliche Ölverschmutzungsgefahren auch vom Schiffstreibstoff anderer Schiffe ausgehen können, die keine Öltanker iSd ÖlHÜ 1992 sind. Die Regelungen des ÖlHÜ 1992 sowie des ÖlFÜ 1992 mit ÖlFÜ 2003 gelten aber nur für Schiffe, die zum Transport von Öl als Bulkladung bestimmt sind (vgl. Art. I Abs. 1 ÖlHÜ 1992). Diese Regelungslücke wurde 2001 durch das BunkerölÜ geschlossen. Art. 1 Nr. 5 BunkerölÜ regelt den Ersatz von finanziellen Verlusten und Sachschäden (nicht von Personenschäden, da sich „Verschmutzung" nur auf Sachen bezieht, vgl. *Ramming* VersR 2007, 308), die außerhalb eines Seeschiffs durch auslaufendes **Bunkeröl** (Öl, das zum Betrieb des Schiffes verwendet wird, zB Treibstoff, Hilfsdiesel) entstehen. Dem Abkommen unterfallen Seeschiffe (keine Binnenschiffe) mit mehr als 1.000 Bruttoregistertonnen (Faustformel: ab Küstenmotorschiff von etwa 100m Länge), die deutsche Häfen anlaufen. Zur Versicherung verpflichtet ist der eingetragene Eigentümer. Eine zivilrechtliche Haftung kann darüber hinaus auch den nicht eingetragenen Schiffseigentümer, Reeder, (Time-, Voyage- oder Bareboat-)Charterer und Ausrüster treffen. Betroffene Schiffe müssen einen ausreichenden Versicherungsschutz gegen Ölschäden haben und die entsprechende Bescheinigung an Bord mitführen. Das Vorliegen der Versicherung sowie deren Leistungsfähigkeit werden amtlich überprüft. Zuständig für die Überwachung und Ahndung von Verstößen ist das Bundesamt für Seeschifffahrt und Hydrographie (BSH), das auch die nach dem BunkerölÜ vorgesehenen internationalen Ölhaftungsbescheinigungen (CLC-BC) ausstellt. Geschädigte können einen Direktanspruch gegen den Versicherer geltend machen.

Literatur zur zivilrechtlichen Haftung: *Altfuldisch,* Haftung und Entschädigung nach Tankerunfällen auf See, 1997 (zgl. Diss. Hamburg 1996); *Ganten,* Entschädigung für Ölverschmutzungsschäden aus Tankerunfällen, Hansa 1980, 553; *Ganten,* Die Regulierungspraxis des internationalen Ölschadenfonds, VersR 1989, 329; *Ganten,* Internationale Gefahrguthaftung beim Seetransport, TranspR 1997, 397; *Hasche/Sethmann,* Die Haftung des Schiffseigentümers nach dem Bunkerölübereinkommen, DVIS-Schriften 2009, Heft 104, 9; *Herber,* Das Internationale Übereinkommen über die Haftung für Schäden durch Ölverschmutzung auf See, RabelsZ 34 (1980), 223 (252); *Jessen,* Was ist ein „Schiff"?, VersR 2014, 670; *Ramming,* Das Bunkeröl-Übereinkommen, VersR 2007, 306; *Ramming,* Nr. 73 Internationalprivatrechtliche Fragen der Haftungsbeschränkung, HmbSchRZ 2009, 181; *Renger,* Haftung und Entschädigung für Ölverschmutzungsschäden auf See, TranspR 1993, 132; *Renger,* Zur Haftung und Entschädigung bei Gefahrgut- und Ölverschmutzungsschäden auf See, FS E. Lorenz, 1994, 433; *Rinio,* Die zivilrechtliche Haftung für Ölverschmutzungsschäden nach Tankerunfällen im internationalen System, NuR 1997, 22.

7   **2. Anwendungsbereich und Ziel des ÖlSG.** Das ÖlSG setzt für seine Wirksamkeit die Geltung der genannten Abkommen voraus. Es wurde geschaffen, um durch § 1 Abs. 2 die Anwendbarkeit von Bestimmungen des ÖlHÜ 1992 sowie des BunkerölÜ in **sachlicher** Hinsicht auch auf Seeschiffe auszudehnen, die nicht im Schiffsregister eines Vertragsstaats dieser Abkommen eingetragen sind oder nicht die Flagge eines den Übereinkommen beigetretenen Landes führen dürfen. **Örtlich** wird die Geltung der genannten Abkommen auf den gesamten Geltungsbereich des ÖlSG erstreckt, ohne dass Schiffe einen Hafen anlaufen müssen. Sie gelten damit auch für Schiffe im Transit-Verkehr, etwa durch den Nord-Ostsee-Kanal. Die Straf- und Bußgeldvorschriften des ÖlSG beziehen sich allein auf Seeschiffe.

8   **Ziel** des ÖlSG ist die Sicherstellung der innerstaatlichen Anwendbarkeit der genannten Abkommen und damit das effektive Funktionieren des Versicherungssystems bei Ölschäden. Von § 7 und § 8 **geschützte Rechtsgüter** sind damit reflexartig auch die Rechtsgüter der durch Ölverschmutzung Geschädigten.

§ 7 Strafvorschrift

(1) Wer als Eigentümer mit einem Seeschiff, für das die in Artikel VII Abs. 1 des Haftungsübereinkommens von 1992 oder in § 2 Abs. 1 vorgeschriebene Versicherung oder sonstige finanzielle Sicherheit nicht besteht, mehr als zweitausend Tonnen Öl als Bulkladung befördert oder befördern läßt, wird mit Freiheitsstrafe bis zu zwei Jahren oder mit Geldstrafe bestraft.

(2) Wer entgegen Artikel 7 Abs. 1 des Bunkeröl-Übereinkommens oder § 2 Abs. 2 Satz 1, jeweils in Verbindung mit § 2 Abs. 2 Satz 2, eine Versicherung oder sonstige finanzielle Sicherheit nicht aufrechterhält, wird mit Freiheitsstrafe bis zu einem Jahr oder mit Geldstrafe bestraft.

(3) Handelt der Täter in den Fällen des Absatzes 1 fahrlässig, so ist die Strafe Freiheitsstrafe bis zu einem Jahr oder Geldstrafe.

A. Allgemeines

I. Rechtsgut

Ziel der in § 7 angesprochenen Versicherungspflicht ist die tatsächliche Verfügbarkeit der Haftungs- 1
beträge, damit bei Umweltschäden durch Ölverschmutzungen eine effektive Beseitigung und Entschädigung gewährleistet ist. § 7 hat demnach eine doppelte Schutzrichtung: **Geschütztes Rechtsgut** ist zum
einen die **Umwelt** als **Allgemeingut,** zum anderen aber auch das **Eigentum** als **Individualrechtsgut.**
Es erscheint sachgerecht, das Fehlen einer Versicherung oder sonstigen finanziellen Sicherheit mit Strafe
zu bewehren und nicht nur als Ordnungswidrigkeit zu ahnden. Die ggü. § 6 PflVersG (Betreiben eines
unversicherten Kraftfahrzeugs) erhöhte Strafdrohung (dort nur Freiheitsstrafe bis zu einem Jahr oder
Geldstrafe) ist durch die signifikante Umweltrelevanz des § 7 zu rechtfertigen. Der ursprünglich geplante
Gleichlauf der Strafdrohungen von § 329 StGB (Gefährdung schutzbedürftiger Gebiete) und § 7 wurde
durch ein gesetzgeberisches Versehen mit der zum 27.6.1994 erfolgten Anhebung des Strafrahmens in
§ 329 StGB auf drei Jahre aufgehoben.

II. Auslegung

Die Vorschriften des ÖlSG sind in Zusammenschau mit den Regelungen des ÖlHÜ 1992, des ÖlFÜ 2
1992, ÖlFÜ 2003 sowie des BunkerölÜ auszulegen.

B. Die Regelungen im Einzelnen

I. Tankschiffe ohne Versicherung gegen Schäden durch ausgelaufenes Öl (§ 7 Abs. 1)

1. Tatbestand. § 7 ist ein **Sonderdelikt** für den zur Aufrechterhaltung der Versicherung verpflichte- 3
ten Eigentümer eines Seeschiffs im Geltungsbereich des ÖlSG, das mehr als 2.000 Tonnen Öl als
Bulkladung befördert.

a) Eigentümer. Eigentümer ist die Person, auf deren Namen ein Schiff in das Schiffsregister einge- 4
tragen ist. Liegt keine Eintragung vor, ist Eigentümer die Person, der das Schiff gehört. Ist ein Staat
Eigentümer und wird ein Schiff von einer Gesellschaft betrieben, die in dem betreffenden Staat als
Ausrüster oder Reeder des Schiffes eingetragen ist, gilt diese Gesellschaft als Eigentümer (vgl. Art. I
Nr. 3 ÖlHÜ 1992).

Nicht Eigentümer ist der bloße Kapitän. Die Differenzierung zwischen „befördern" und „befördern 5
lassen" trägt allein der Tatsache Rechnung, dass der Eigentümer in den meisten Fällen die Beförderung
durch Dritte durchführen lassen wird. Eine Formulierung im ursprünglichen Gesetzesentwurf, die die
Strafbarkeit ausdrücklich auch auf andere Personen, etwa den Kapitän oder den das Schiff betreibenden
Bareboat-Charterer, erstreckte, wurde im Gesetzgebungsverfahren vom BT auf Empfehlung des BR und
auf Anregung der BReg explizit wieder gestrichen. Dies trägt den gem. Art. VII Abs. 1, 4 ÖlHÜ 1992
im Vergleich zu § 3 Abs. 1 unterschiedlichen Pflichten von Eigentümer und Kapitän Rechnung: Nur
der Schiffseigentümer, nicht aber der Kapitän ist zur Aufrechterhaltung einer Versicherung verpflichtet.

b) Seeschiff, das 2.000 Tonnen Öl als Bulkladung transportiert. Seeschiff ist nach Art. I Nr. 1 6
ÖlHÜ 1992 ein Seefahrzeug jeder Art, das zur Beförderung (zumindest auch) von Öl als Bulkladung
gebaut oder hergerichtet ist. Erfasst sind damit vor allem Öltanker (für nicht zum Öltransport bestimmte
Schiffe vgl. § 7 Abs. 2). Zur Schiffsdefinition *Jessen* VersR 2014, 670.

Öl ist nach der Definition in Art. I Nr. 5 ÖlHÜ 1992 beständiges Kohlenwasserstoffmineralöl (Bei- 7
spiele: Rohöl, Heizöl, schweres Dieselöl, Schmieröl), das als **Bulkladung** (dh Massengut-Transport) als
Ladung oder in den Bunkern des Schiffes befördert wird. Kann ein Schiff konstruktionsbedingt neben
Öl auch andere Ladung befördern, wird es als Schiff iSd § 7 Abs. 1 nur während der Zeit angesehen, in
der es tatsächlich Öl als Bulkladung befördert sowie während jeder Fahrt, die auf eine solche Beförderung folgt, sofern nicht der Nachweis gelingt, dass es keine Öl-Rückstände als Bulkladung an Bord
hat.

c) Befördern oder befördern lassen ohne Versicherung. Der Eigentümer muss 2.000 Tonnen Öl 8
als Bulkladung befördern oder befördern lassen, ohne dass eine entsprechende **Versicherung** gegen
Ölschäden besteht. Neben einer konventionellen Versicherung kann sich der Schiffseigentümer auch
durch **sonstige finanzielle Sicherheiten** absichern. Als solche anerkannt sind gem. Art. VII Abs. 1
ÖlHÜ 1992 zB eine Bankbürgschaft oder eine von einem internationalen Schadenersatzfonds ausgestellte Bescheinigung über die nach Art. V Abs. 1 ÖlHÜ 1992 festgesetzten (summenmäßig pro Schadensfall
in Abhängigkeit von der Schiffsgröße beschränkten) Haftungsbeträge.

Das Vorliegen einer Versicherung oder eines Äquivalents ist durch eine **Ölhaftungsbescheinigung** 9
nachzuweisen. Diese wird nach § 2 Abs. 3, 4 ÖlSG iVm § 3 Abs. 1 u. 2 Ölhaftungsbescheinigungs-

Verordnung (ÖlHBV, Verordnung über die Ausstellung von Bescheinigungen nach dem Ölschadengesetz v. 30.5.1996, BGBl. I 707, zuletzt geänd. durch Art. 29 Nr. 1 G v. 25.7.2013 (BGBl. I 2749) unter
den dort genauer geregelten Voraussetzungen (Antrag mit Erklärungen) erteilt. **Zuständig** für das
Ausstellen der Ölhaftungsbescheinigung ist das Bundesamt für Seeschifffahrt und Hydrographie, § 2
ÖlHBV.

10   **2. Rechtsfolge.** Rechtsfolge eines **vorsätzlichen** Verstoßes gegen die Versicherungspflicht nach
Abs. 1 ist Freiheitsstrafe bis zu zwei Jahren oder Geldstrafe. Handelt der Täter **fahrlässig**, kann gem.
Abs. 3 auf Freiheitsstrafe bis zu einem Jahr oder Geldstrafe erkannt werden.

II. Sonstige Schiffe ohne Versicherung gegen Schäden durch ausgelaufenes Öl (§ 7 Abs. 2)

11   **1. Tatbestand.** § 7 Abs. 1 BunkerölÜ verpflichtet den eingetragenen Eigentümer eines in das Schiffs-
register eines Vertragsstaats eingetragenen Schiffes ab einer Bruttoraumzahl von 1.000 (entspricht
Küstenmotorschiff von etwa 100 m Länge), eine Pflichtversicherung oder finanzielle Sicherheit (zB
Bürgschaft einer Bank oder eines anderen Finanzinstituts) aufrechtzuerhalten, um die Haftung des
Eigentümers bei Ölverschmutzungsschäden betragsmäßig zumindest in den Grenzen zu gewährleisten,
die nationale oder internationale Vorschriften oder Übereinkommen vorsehen.

12   § 2 Abs. 2 S. 1 erweitert den persönlichen und sachlichen Anwendungsbereich der Vorschrift auf alle
Eigentümer, deren Schiffe mit einer Raumzahl (RZ, Bezeichnung des Raumgehalts eines Schiffes; seit
1994 Ersatz für die Registertonne) von 1.000 weder im Schiffsregister eines Vertragsstaats des BunkerölÜ
eingetragen sind noch die Flagge eines der Vertragsstaaten führen dürfen.

13   **a) Eigentümer.** Adressat der Vorschrift ist der **eingetragene Eigentümer** eines Seeschiffs. Liegt
keine Eintragung vor, gilt als Eigentümer derjenige, dem das Schiff gehört. Ist ein Staat Eigentümer und
wird das Schiff von einer Gesellschaft betrieben, die in dem betreffenden Staat als Ausrüster oder Reeder
des Schiffes eingetragen ist, gilt diese Gesellschaft als Eigentümerin (vgl. Art. 1 Nr. 4 BunkerölÜ). Vor
dem Hintergrund der Entstehung des ÖlSG (→ Rn. 3 ff., 7) und der Tatsache, dass das BunkerölÜ
später entstanden ist und damit Abs. 2 später ins Gesetz aufgenommen wurde, ist auch hier weder der
Kapitän noch der Bareboat-Charterer als Adressat der Vorschrift anzusehen. Dies korrespondiert mit
den Regelungen des BunkerölÜ, die eine klare Trennung zwischen dem „Schiffseigentümer" (unter
Einschluss des Bareboat-Charterers, Art. 1 Nr. 3 BunkerölÜ) und dem „eingetragenen Eigentümer"
(Art. 1 Nr. 4 BunkerölÜ) vornehmen und nur letzteren zur Aufrechterhaltung einer Versicherung
verpflichten.

14   **b) Schiff.** Schiff ist jede Art von Seeschiff oder seegängigem Gerät (vgl. Art. 1 Nr. 1 BunkerölÜ).

15   **c) Nichtaufrechterhalten der Versicherung.** Erforderlich ist eine Versicherung oder sonstige
finanzielle Sicherheit iSd Art. 7 BunkerölÜ. Deren Mindesthöhe beläuft sich je Schadensereignis auf die
Summe der Beträge, auf die der Schiffseigentümer seine Haftung nach Art. 6 Abs. 1 des Übereinkommens v. 19.11.1976 über die Beschränkung der Haftung für Seeforderungen (§ 486 HGB, Haftungs-
beschränkungsübereinkommen, BGBl. 1976 II 786, geänd. durch Prot. v. 2.5.1996, BGBl. II 790) in
der für Deutschland jeweils gültigen Fassung beschränken kann (dazu *Ramming* VersR 2007, 315 ff.). Die
Versicherung wird ebenfalls durch eine Ölhaftungsbescheinigung iSd § 2 Abs. 3, 4 iVm § 3 Abs. 1 u. 2
ÖlHBV nachgewiesen.

16   Strafbar ist vorsätzliches Handeln. Der fahrlässige Verstoß ist gem. § 8 Abs. 2 als Ordnungswidrigkeit
ausgestaltet.

17   **2. Rechtsfolge.** Bei einem **vorsätzlichen** Verstoß gegen § 7 Abs. 2 ist die Sanktion Freiheitsstrafe
bis zu einem Jahr oder Geldstrafe, die **fahrlässige** Tatbegehung ist gem. § 8 Abs. 2 iVm Abs. 3 als
Ordnungswidrigkeit mit einer Geldbuße bis zu 25.000 EUR bewehrt.

18   **3. Konkurrenzen.** Die Regelungen des § 7 können – wenn es bereits zu einer Ölverschmutzung
gekommen ist – mit Bußgeldbestimmungen der Verordnung über das umweltgerechte Verhalten in der
Seeschifffahrt (See-Umweltverhaltensverordnung – **SeeUmwVerhV**) v. 13.8.2014 (BGBl. I 1371), dort
insbes. § 23 Abs. 1 Nr. 7 iVm § 6 SeeUmwVerhV konkurrieren. Die SeeUmwVerhV hat die bis
20.8.2014 geltende Verordnung über Zuwiderhandlungen gegen das Internationale Übereinkommen
von 1973 zur Verhütung der Meeresverschmutzung durch Schiffe und gegen das Protokoll von 1978 zu
diesem Übereinkommen (MARPOL-Zuwiderhandlungsverordnung – **MARPOL–ZuwV**) abgelöst.
Ebenfalls konkurrieren können die Bußgeldvorschriften des § 103 WHG und des § 10 HoheSeeEinbrG,
zuletzt geänd. durch Art. 1 G v. 4.6.2013, BGBl. I 1471. Ferner können die allgemeinstrafrechtlichen
Regelungen der § 324 und § 329 Abs. 2 Nr. 2 StGB einschlägig sein.

§ 8 Bußgeldvorschrift

(1) Ordnungswidrig handelt, wer vorsätzlich oder fahrlässig

1. einer Rechtsverordnung nach § 2 Abs. 5 Nr. 1 oder Nr. 2 zuwiderhandelt, soweit sie für einen bestimmten Tatbestand auf diese Bußgeldvorschrift verweist,
2. entgegen § 3 Abs. 1 Satz 1, auch in Verbindung mit Satz 3, nicht eine dort genannte Bescheinigung an Bord gibt,
3. entgegen § 3 Abs. 1 Satz 2, auch in Verbindung mit Satz 3, nicht eine dort genannte Bescheinigung an Bord mitführt oder auf Verlangen vorweist,
4. entgegen § 5 Abs. 2 erforderliche Angaben nicht, nicht richtig oder nicht vollständig macht.

(2) Ferner handelt ordnungswidrig, wer eine in § 7 Abs. 2 bezeichnete Handlung fahrlässig begeht.

(3) Die Ordnungswidrigkeit kann im Falle des Absatzes 1 Nr. 1 und des Absatzes 2 mit einer Geldbuße bis zu fünfundzwanzigtausend, in den Fällen des Absatzes 1 Nr. 2 bis 4 mit einer Geldbuße bis zu fünftausend Euro geahndet werden.

A. Vorbemerkungen

Die in Abs. 1 genannten, **vorsätzlichen** und **fahrlässig** zu verwirklichenden **Bußgeldtatbestände** 1 ergänzen die Strafvorschrift des § 7. Im Kern geht es um den durch eine sog Ölhaftungsbescheinigung zu führenden Nachweis, dass für ein Seeschiff eine Versicherung iSd § 2 ÖlSG iVm ÖlHÜ 1992 bzw. BunkerölÜ abgeschlossen wurde. Die Behandlung der genannten Verhaltensweisen als bloße Ordnungswidrigkeit ist gerechtfertigt, weil sie die materielle Erfüllung der Entschädigungspflicht nicht gefährden und die Auswirkungen ggü. einer Verletzung der Versicherungspflicht selbst weniger gravierend erscheinen. Eine Ahndung bleibt aber grds. erforderlich, weil die in Nr. 1–3 in Bezug genommenen Normen die Kontrolle des Bestehens der Versicherung erst ermöglichen. Entsprechendes gilt für Nr. 4, deren Befolgung die Voraussetzung für eine ordnungsgemäße Durchführung des Fondsübereinkommens darstellt.

Abs. 1 Nr. 1 ist als **Blankettvorschrift** ausgestaltet, da auf eine außerhalb des ÖlSG erlassene Rechts- 2 verordnung Bezug genommen wird (konkret: **Ölhaftungsbescheinigungs-Verordnung – ÖlHBV**), die ihrerseits für konkrete Verhaltensweisen auf diese Bußgeldvorschrift verweist.

Abs. 2 unterstellt fahrlässige Handlungen iSv § 7 Abs. 2 als Ordnungswidrigkeit einer Bußgelddro- 3 hung.

Eine spezielle **Zuständigkeitsregelung** enthält § 7 Abs. 2 ÖlHBV. Zuständige Verwaltungsbehörde 4 für die Verfolgung und Ahndung von Bußgeldtatbeständen iSd Abs. 1 Nr. 1 iVm 7 Abs. 1 HaftBeschV sowie Abs. 1 Nr. 2–4 ist danach das Bundesamt für Seeschifffahrt und Hydrographie in Hamburg. Die Zuständigkeit für Ordnungswidrigkeiten nach Abs. 2 bestimmt sich nach allgemeinen Grundsätzen (§ 36 Abs. 1 Nr. 2 lit. b OWiG).

B. Die Regelungen im Einzelnen

I. § 8 Abs. 1

1. **§ 8 Abs. 1 Nr. 1: Verstoß gegen Meldepflicht.** Relevante Rechtsverordnung iSd Abs. 1 Nr. 1 5 ist die Verordnung über die Ausstellung von Bescheinigungen nach dem Ölschadengesetz (**Ölhaftungsbescheinigungs-Verordnung – ÖlHBV**) v. 30.5.1996 (BGBl. I 707, zuletzt geänd. durch Art. 29 Nr. 1 G v. 25.7.2013, BGBl. I 2749), iK seit 1.6.1996. **Objektiver Tatbestand:** Nach § 7 Abs. 1 ÖlHBV handelt ordnungswidrig iSd Abs. 1 Nr. 1, wer als 6 **Eigentümer** eines Seeschiffs entgegen § 5 ÖlHBV dem Bundesamt für Seeschifffahrt und Hydrographie eine vorzeitige Beendigung der Sicherheit **nicht oder nicht unverzüglich mitteilt.** Gleiches gilt für die nicht unverzügliche Mitteilung einer Änderung, die zum Entfall der Erteilungsvoraussetzungen des § 2 Abs. 4 für die Ölhaftungsbescheinigung führen würde. Die materiell-rechtlichen Voraussetzungen für die Erteilung der Ölhaftungsbescheinigung (Nachweis einer Versicherung oder sonstigen finanziellen Sicherheit) enthalten § 2 Abs. 4 iVm Abs. 1 und Abs. 2 bzw. alternativ Art. VII Abs. 1 ÖlHÜ 1992 oder Art. 7 BunkerölÜ. Die formalen Nachweisvoraussetzungen sind in §§ 3, 4 ÖlHBV geregelt.

Zuständigkeit: Nach § 7 Abs. 2 ÖlHBV ist die Zuständigkeit für die Verfolgung und Ahndung von 7 Ordnungswidrigkeiten iSd § 5 Abs. 1 ÖlHBV auf das Bundesamt für Seeschifffahrt und Hydrographie übertragen.

Strafe: Ein Verstoß gegen die Mitteilungspflicht berührt die materielle Erfüllung der Entschädigungs- 8 pflicht, wodurch der ggü. den Nr. 2–4 erhöhte Bußgeldrahmen bis zu 25.000 EUR gerechtfertigt ist.

9   **2. § 8 Abs. 1 Nr. 2: Verstoß gegen Nachweispflicht.** Um eine Versicherung oder sonstige finanzielle Sicherheit nach dem ÖlSG nachweisen zu können, hat gem. § 3 Abs. 1 S. 1 der Eigentümer eines Seeschiffs die Bescheinigung iSv § 2 Abs. 3 mit an Bord zu geben. Gleiches gilt gem. § 3 Abs. 1 S. 1 iVm S. 3 für Bescheinigungen iSv Art. VII Abs. 12 ÖlHÜ 1992 bzw. Art. 7 Abs. 14 BunkerölÜ.

10   Rechtsfolge eines Verstoßes ist Geldbuße bis zu 5.000 EUR. Die im Vergleich zu Abs. 1 Nr. 1 geringere Bußgelddrohung kann damit erklärt werden, dass das Nichtvorhandensein einer Bescheinigung an Bord nach § 3 Abs. 2 ein Verbot der Beförderung oder des Umschlags von Ladung nach sich ziehen kann und dies als Drohung bereits ausreicht. Zuständig für ein solches Verbot wäre die See-Berufsgenossenschaft, § 4 Abs. 2 Nr. 1.

11   **Zuständig** für Verfolgung und Ahndung ist gem. § 7 Abs. 2 ÖlHBV das Bundesamt für Seeschifffahrt und Hydrographie.

12   **3. § 8 Abs. 1 Nr. 3: Verstoß gegen Mitführ- und Vorlagepflicht.** Die eher formale Verpflichtung des Kapitäns, die Versicherungs-Bescheinigung an Bord mitzuführen bzw. auf Verlangen vorzuweisen, ist eine die Kontrolle der Einhaltung der Versicherungspflicht erleichternde Regelung. Ein Verstoß ist deshalb nur als Ordnungswidrigkeit ausgestaltet. Als Strafdrohung reicht aus den bei → Rn. 1 genannten Gründen eine Geldbuße bis zu 5.000 EUR aus.

13   **Zuständig** ist auch hier gem. § 7 Abs. 2 ÖlHBV das Bundesamt für Seeschifffahrt und Hydrographie.

14   **4. § 8 Abs. 1 Nr. 4: Verstoß gegen Ölmeldepflicht.** Nr. 4 ermöglicht die Durchführung und Überwachung des ÖlFÜ 1992. Die Zahlungsverpflichtungen der Schiffseigentümer an den Ölfonds von 1992 bzw. den Zusatzfonds von 2003 richten sich nach den erhaltenen Ölmengen, die ggü. dem BM für Wirtschaft und Technologie zu deklarieren sind. Die Formalitäten des Verfahrens regelt die hierfür erlassene **Ölmeldeverordnung – ÖlmeldV.**

Verordnung zur Ermittlung der zum Internationalen Entschädigungsfonds für Ölverschmutzungsschäden nach dem Ölschadengesetz beitragspflichtigen Ölmengen v. 10.6.1996, BGBl. I 812); zuletzt geänd. durch Art. 36 G v. 21.12.2000, BGBl. I 1956, iK seit 20.6.1996.

15   **Rechtsfolge** einer fehlenden, fehlerhaften oder unvollständigen Erklärung iSv § 5 Abs. 2 ist eine Geldbuße bis zu 5.000 EUR. Nachdem korrekte Angaben wesentlich zum Funktionieren des Beitragssystems beitragen, ist eine Ahndung als Ordnungswidrigkeit erforderlich. Die im Vergleich zu Nr. 1 geringere Bußgelddrohung erklärt sich durch die Möglichkeit des Bundesamts, fehlende oder nicht nachgewiesene Ölmengen nach § 5 Abs. 3 zu schätzen.

16   **Zuständig** für Verfolgung und Ahndung ist das Bundesamt für Seeschifffahrt und Hydrographie.

II. § 8 Abs. 2

17   Die fahrlässige Erfüllung des Tatbestands des § 7 Abs. 2 ist als Ordnungswidrigkeit ausgestaltet und gem. Abs. 3 mit 500.000 EUR bußgeldbewehrt. Die Regelung eines Verstoßes gegen die Versicherungspflicht bei sonstigen Seeschiffen als bloße Ordnungswidrigkeit kann mit dem ggü. Schäden durch spezifische Öltanker geringeren Schadensrisiko erklärt werden.

18   **Zuständige Behörde** ist auch hier seit 4.7.2013 (durch VO v. 27.6.2013, BGBl. I 1926) gem. § 7 Abs. 2 ÖlHBV das Bundesamt für Seeschifffahrt und Hydrographie.

III. Konkurrenzen

19   Vgl. → § 7 Rn. 18.

595. Patentgesetz (PatG)

In der Fassung der Bekanntmachung vom 16. Dezember 1980 (BGBl. 1981 I S. 1) FNA 420-1

Zuletzt geändert durch Art. 2 G zur Änd. des DesignG und weiterer Vorschriften des gewerblichen Rechtsschutzes vom 4.4.2016 (BGBl. I S. 558)

– Auszug –

§ 142 [Strafvorschriften]

(1) [1] Mit Freiheitsstrafe bis zu drei Jahren oder mit Geldstrafe wird bestraft, wer ohne die erforderliche Zustimmung des Patentinhabers oder des Inhabers eines ergänzenden Schutzzertifikats (§§ 16a, 49a)

1. ein Erzeugnis, das Gegenstand des Patents oder des ergänzenden Schutzzertifikats ist (§ 9 Satz 2 Nr. 1), herstellt oder anbietet, in Verkehr bringt, gebraucht oder zu einem der genannten Zwecke entweder einführt oder besitzt oder
2. ein Verfahren, das Gegenstand des Patents oder des ergänzenden Schutzzertifikats ist (§ 9 Satz 2 Nr. 2), anwendet oder zur Anwendung im Geltungsbereich dieses Gesetzes anbietet.

[2] Satz 1 Nr. 1 ist auch anzuwenden, wenn es sich um ein Erzeugnis handelt, das durch ein Verfahren, das Gegenstand des Patents oder des ergänzenden Schutzzertifikats ist, unmittelbar hergestellt worden ist (§ 9 Satz 2 Nr. 3).

(2) Handelt der Täter gewerbsmäßig, so ist die Strafe Freiheitsstrafe bis zu fünf Jahren oder Geldstrafe.

(3) Der Versuch ist strafbar.

(4) In den Fällen des Absatzes 1 wird die Tat nur auf Antrag verfolgt, es sei denn, daß die Strafverfolgungsbehörde wegen des besonderen öffentlichen Interesses an der Strafverfolgung ein Einschreiten von Amts wegen für geboten hält.

(5) [1] Gegenstände, auf die sich die Straftat bezieht, können eingezogen werden. [2] § 74a des Strafgesetzbuches ist anzuwenden. [3] Soweit den in § 140a bezeichneten Ansprüchen im Verfahren nach den Vorschriften der Strafprozeßordnung über die Entschädigung des Verletzten (§§ 403 bis 406c) stattgegeben wird, sind die Vorschriften über die Einziehung nicht anzuwenden.

(6) [1] Wird auf Strafe erkannt, so ist, wenn der Verletzte es beantragt und ein berechtigtes Interesse daran dartut, anzuordnen, daß die Verurteilung auf Verlangen öffentlich bekanntgemacht wird. [2] Die Art der Bekanntmachung ist im Urteil zu bestimmen.

Literatur: *Gruhl,* Gewerbliche Schutzrechte: Patent- und Musterrechte, in: Müller-Gugenberger, Wirtschaftsstrafrecht, 6. Aufl. 2015, § 55 Rn. 31 ff.; *Ann,* Strafbarkeit vorsätzlicher Schutzrechtsverletzung: Patente und ergänzende Schutzzertifikate, in: Kraßer/Ann, Patentrecht, 7. Aufl. 2016, § 38 I; *Möller,* Produkt- und Markenpiraterie, in: Wabnitz/Janovsky, Handbuch des Wirtschafts- und Steuerstrafrechts, 4. Aufl. 2014, Kap. 17; *Nentwig,* Patent- und Gebrauchsmusterstrafrecht, in: Achenbach/Ransiek/Rönnau, Handbuch Wirtschaftsstrafrecht, 4. Aufl. 2015, 1487 ff.

Übersicht

A. Allgemeines

I. Anwendbarkeit älterer Strafvorschriften; Entstehungsgeschichte

1 Die Strafvorschrift, die zugleich durch Art. 1 Nr. 64 GPatG (v. 26.7.1979, BGBl. I 1269) neu gefasst worden war, erhielt ihre geltende Bezeichnung als § 142 PatG durch die Neubekanntmachung v. 16.12.1980 (BGBl. 1981 I 1). § 142 findet **nur** auf **seit dem 1.1.1981** angemeldete Patente Anwendung; für **zuvor eingereichte** verbleibt es bei der Anwendung der bis dahin geltenden Vorschriften (Art. 12 Abs. 1 GPatG), hier mithin des § 49 aF. Art. 12 Abs. 1 GPatG geht § 2 StGB vor, so dass für den Zeitraum vor dem 1.1.1981 auch die seinerzeit durch §§ 49, 30 Abs. 1 S. 2 erfasste Benutzung einer durch das Patentamt bekannt gemachten Anmeldung schon vor Erteilung des Patents strafbar geblieben ist (Busse/Keukenschrijver/*Keukenschrijver* Rn. 4).

Angesichts der **Schutzdauer**, die für bis zum 31.12.1977 angemeldete Patente 18 Jahre (§ 10 Abs. 1 S. 1 PatG 1968), in Folge der Änderung durch Art. IV Nr. 8 IntPatÜG (v. 21.6.1976, BGBl. II 649) für seit dem 1.1.1978 angemeldete 20 Jahre beträgt (§ 16), dürfte die tatbestandliche Anwendbarkeit des § 49 aF auf die widerrechtliche Benutzung vor 1981 angemeldeter Patente heute aber nur mehr von akademischem Interesse sein.

2 Der **Strafrahmen** des § 142 Abs. 1 sah vor dem 1.7.1990 Freiheitsstrafe von bis zu einem Jahr oder Geldstrafe vor. Mit seiner Erhöhung wurde auch der **Qualifikationstatbestand** in § 142 Abs. 2 eingeführt und die Strafbarkeit des **Versuchs** durch § 142 Abs. 3 begründet (Art. 4 Nr. 2 PrPG v. 7.3.1990, BGBl. I 422). Außerdem handelte es sich bis zu diesem Zeitpunkt um ein absolutes **Antragsdelikt,** § 142 Abs. 2 aF.

Die Neuregelungen durch das PrPG verfolgten das Ziel, durch Schaffung gleich lautender Strafbestimmungen für alle gewerblichen Schutzrechte die Voraussetzungen für eine schnelle und wirkungsvolle Bekämpfung planmäßig, gezielt und massenhaft begangener Schutzrechtsverletzungen zu schaffen (Begr. d. GE d. BReg, BT-Drs. 11/4792, 15).

3 Durch Art. 1 Nr. 6 des PatÄndG v. 23.3.1993 (BGBl. I 366) wurde mit Wirkung v. 1.4.1993 neben dem Patent auch das neu geschaffene **ergänzende Schutzzertifikat** in den Anwendungsbereich der Norm einbezogen.

II. Weitere patentrechtliche Strafvorschriften

4 Das PatG enthält neben § 142 eine **weitere Strafvorschrift** in § 52 Abs. 2 (nicht genehmigte Anmeldung einer geheimzuhaltenden Erfindung im Ausland). Eine Parallelvorschrift betr. die unzulässige unmittelbare Anmeldung eines Geheimpatents beim Europäischen Patentamt findet sich in Art. II § 14 IntPatÜG. Von einer Kommentierung der Vorschriften wird hier entsprechend der Zwecksetzung dieses Werks abgesehen, da sie nicht zum Zuständigkeitsbereich der Wirtschaftsstrafkammer, sondern demjenigen des Staatsschutzsenats beim OLG gehören (§ 120 Abs. 1 Nr. 3 GVG).

III. Praktische Bedeutung

5 Die **praktische Relevanz** der Vorschrift gilt heute – im Gegensatz zur Zeit vor dem 1. Weltkrieg – allgemein als gering (vgl. Benkard PatG/*Grabinski/Zülch* Rn. 1; Busse/Keukenschrijver/*Keukenschrijver* Rn. 1; Fitzner/Lutz/Bodewig/*Pitz* Rn. 1 ff.; Achenbach/Ransiek/Rönnau WirtschaftsStR-HdB/*Nentwig* Teil 11 Kap. 2 Rn. 4). Höchstrichterliche Rspr. ist seit RG GRUR 1933, 288 nicht veröffentlicht worden. Das wird nur zum Teil mit dem bis 1990 geltenden niedrigen Strafrahmen und der früheren Ausgestaltung als absolutes Antragsdelikt erklärt werden können. Denn auch nach den Neuregelungen durch das PrPG (→ Rn. 2) scheinen Geschädigte einer Patentverletzung den Sachverhalt nur selten zur Kenntnis der Strafverfolgungsbehörden zu bringen, so dass nur vereinzelt Ermittlungsverfahren eingeleitet werden. Allerdings dürften strafrechtlich relevante Verletzungshandlungen im Bereich des Patentrechts schon deshalb seltener sein als insbes. dem des Urheber- und des Markenrechts, weil der erforderliche technische Aufwand in der Regel wesentlich höher und die erzielbare Gewinnspanne wesentlich geringer sind (so schon *v. Gravenreuth* GRUR 1983, 349 (350 f.); and aber für den pharmazeutischen Markt *Kröger/Bausch* GRUR 1997, 321; Fitzner/Lutz/Bodewig/*Pitz* Rn. 2). Soweit außerdem auf die fortgeltende Ausgestaltung als Privatklagedelikt (→ Rn. 68) mit der Folge des § 376 StPO hingewiesen wird (Benkard PatG/*Grabinski/Zülch* Rn. 1; Achenbach/Ransiek/Rönnau Wirtschafts-StR-HdB/*Nentwig* Teil 11 Kap. 2 Rn. 4), darf nicht übersehen werden, dass dies nur für den Grundtatbestand, nicht aber für die durch das PrPG geschaffene Qualifikation nach § 142 Abs. 2 gilt (OLG Celle wistra 2010, 494).

Über gelegentliche Versuche einer Inanspruchnahme strafrechtlichen Rechtsschutzes im Zusammenhang mit Messestreitigkeiten, insbes. durch Patentverwertungsgesellschaften gegenüber asiatischen Importeuren und Ausstellern, berichten neuerdings *Köklü/Kuhn* WRP 2011, 1411 (1412).

B. Grundtatbestand

I. Gegenstand der Tat

1. Tatobjekt. Gegenstand der strafbaren Handlungen nach § 142 Abs. 1 können sein: a) nach den **6** Vorschriften des PatG erteilte (deutsche) Patente, b) für Deutschland erteilte europäische Patente, c) erstreckte DDR-Patente, d) ergänzende Schutzzertifikate.

a) Patente. Patente werden für Erfindungen auf allen Gebieten der Technik erteilt, sofern sie neu **7** sind, auf einer erfinderischen Tätigkeit beruhen und gewerblich anwendbar sind (§ 1 Abs. 1). Nähere Regelungen zu diesen Tatbestandsvoraussetzungen finden sich in §§ 1–5.

Zuständig für die Erteilung sind die Prüfungsstellen des Deutschen Patent- und Markenamts (§§ 26 **8** Abs. 1, 27 Abs. 1 Nr. 1, 49 Abs. 1). Das Verfahren richtet sich nach §§ 34 ff. iVm den Vorschriften der PatV (v. 1.9.2003, BGBl. I 1702, zul. geändert durch Art. 3 Dritte VO z. Änd. d. MarkenV u. anderer Verordnungen v. 10.12.2012, BGBl. I 2630). Die gesetzlichen Wirkungen des Patents treten mit der Veröffentlichung der Erteilung im Patentblatt ein (§ 58 Abs. 1 S. 3).

Das Patent hat die Wirkung, dass allein der Patentinhaber befugt ist, die patentierte Erfindung iRd **9** geltenden Rechts zu benutzen (§ 9 S. 1). §§ 9 S. 2, 10 zählen die einzelnen Verbietungsrechte, die dem Inhaber gegen Dritte zustehen, enumerativ auf.

Die näheren Einzelheiten des materiellen Patent- und des Patentverfahrensrechts sind für den Straf- **10** rechtsanwender angesichts der Verwaltungsakzessorietät des Straftatbestands kaum von Interesse (→ Rn. 37 ff.). Insofern wird auf die Kommentierungen des PatG von *Benkard* (11. Aufl. 2015), *Mes* (4. Aufl. 2015), *Fitzner/Lutz/Bodewig* (4. Aufl. 2012), *Busse/Keukenschrijver* (7. Aufl. 2013) und *Schulte* (9. Aufl. 2014) verwiesen.

b) Europäische Patente. Mit dem **europäischen Patent** stellt das Europäische Patentübereinkom- **11** men (EPÜ) einen alternativen und dem nationalen konkurrierenden Anmeldeweg für Patente zur Verfügung. Die Bundesrepublik hat dem EPÜ durch Art. I Nr. 3 IntPatÜG (v. 21.6.1976, BGBl. II 649) zugestimmt. Es ist für die Bundesrepublik gem. Art. 169 Abs. 1 EPÜ am 1.6.1978 in Kraft getreten (Bek. d. BMJ v. 30.10.1978, BGBl. II 1296).

Das europäische Patent kann für einen oder als sog Bündelpatent für mehrere Mitgliedstaaten der **12** derzeit (Stand 1.10.2010) 38 Mitglieder umfassenden Europäischen Patentorganisation erteilt werden, zudem auf Antrag Wirkung in einem der derzeit zwei Erstreckungsstaaten (Bosnien-Herzegowina und Montenegro) entfalten. Es hat in jedem Vertragsstaat, für den es erteilt worden ist, dieselbe Wirkung und unterliegt denselben Vorschriften wie ein in diesem Staat erteiltes nationales Patent (Art. 2 Abs. 2 EPÜ).

Die materiellen Voraussetzungen der Erteilung eines europäischen Patents nach Art. 52–57 EPÜ **13** entsprechen (in Folge der Angleichung des PatG durch das IntPatÜG) im Wesentlichen denen des nationalen Patentrechts. Zuständig für die Erteilung ist die Prüfungsabteilung des Europäischen Patentamts (Art. 4 Abs. 3 S. 2, 18 Abs. 1, 97 Abs. 1 EPÜ). Die Entscheidung über die Erteilung eines europäischen Patents wird an dem Tag wirksam, an dem der Hinweis auf die Erteilung im europäischen Patentblatt bekannt gemacht wird (Art. 97 Abs. 3 EPÜ).

Das europäische Patent gewährt seinem Inhaber ab diesem Zeitpunkt in jedem Vertragsstaat, für den **14** es erteilt ist, dieselben Rechte, die ihm ein in diesem Staat erteiltes nationales Patent gewähren würde (Art. 64 Abs. 1, 2 EPÜ).

Zur zukünftigen Anwendbarkeit der Vorschriften des EPGÜ auch auf die europäischen (Bündel-)Patente bisherigen Rechts → Rn. 22c.

15   **c) DDR-Patente.** Die mit Wirkung für das Beitrittsgebiet erteilten **DDR-Patente** (Ausschließungs- und Wirtschaftspatente) sind erst durch § 4 ErstrG (v. 23.4.1992, BGBl. I 938) zum 1.5.1992 auf das übrige Bundesgebiet erstreckt worden. Zum gleichen Zeitpunkt wurde durch § 1 ErstrG umgekehrt die Wirkung eines für das alte Bundesgebiet erteilten Patents auf das Beitrittsgebiet erstreckt. Eine Benutzung im alten Bundesgebiet vor dem 1.5.1992 verletzte mithin ein DDR-Patent nicht, ebenso wenig umgekehrt eine Benutzung im Beitrittsgebiet vor dem 1.5.1992 ein mit Wirkung für das frühere Bundesgebiet erteiltes Patent.

16   **d) Ergänzende Schutzzertifikate.** Seit 1993 kann nach § 16a Abs. 1 S. 1 für das Patent nach Maßgabe von EG-Verordnungen ein ergänzender Schutz beantragt werden, der sich an den Ablauf des Patents nach § 16 unmittelbar anschließt **(ergänzendes Schutzzertifikat).** Die Regelung trägt der Tatsache Rechnung, dass staatliche Genehmigungsverfahren, die der Zulassung eines Stoffes oder Verfahrens für den Verkehr vorausgehen, zu einer Einschränkung der effektiven Nutzungszeit des zuvor auf das Erzeugnis erteilten Patents führen können (Benkard PatG/*Grabinski* § 16a Rn. 6; *Fitzner*/Lutz/ Bodewig § 16a Rn. 2, 8).

17   Einschlägige Verordnungen sind die VO (EWG) Nr. 1768/92 des Rates v. 18.6.1992 über die Schaffung eines ergänzenden Schutzzertifikats für Arzneimittel (ABl. 1992 L 182, 1) und die VO (EG) Nr. 1610/96 des Europäischen Parlaments und des Rates v. 23.7.1996 über die Schaffung eines ergänzenden Schutzzertifikats für Pflanzenschutzmittel (ABl. 1996 L 198, 30). Wegen des näheren Inhalts beider VOen wird auf die Kommentierung durch Benkard PatG/*Grabinski* § 16a Rn. 8 ff. verwiesen.

18   Die Erteilung eines ergänzenden Schutzzertifikats ist sowohl für ein nach dem PatG erteiltes als auch für ein europäisches Patent möglich. Zuständig für die Erteilung ist gem. Art. 9 Abs. 1 beider VOen iVm § 49a PatG in beiden Fällen die Patentabteilung des Deutschen Patent- und Markenamts.

19   Das ergänzende Schutzzertifikat gilt ab Ablauf der Laufzeit des Grundpatents für eine Dauer, die dem Zeitraum zwischen der Einreichung der Anmeldung für das Grundpatent und dem Zeitpunkt der ersten Genehmigung für das Inverkehrbringen in der Gemeinschaft entspricht, abzüglich eines Zeitraums von fünf Jahren, jedoch höchstens fünf Jahre vom Zeitpunkt seines Wirksamwerdens an (Art. 13 Abs. 1, 2 beider VOen).

20–22   **2. Gemeinschaftspatent; Europäisches Einheitspatent. a) Gemeinschaftspatent.** Bemühungen zur Schaffung eines Gemeinschaftspatents, das im Gegensatz zum europäischen Patent kein Bündel nationaler Patente, sondern ein einheitliches, im Gesamtgebiet der EU geltendes supranationales Schutzrecht darstellen sollte, sind Jahrzehnte lang ohne Erfolg geblieben. Das GPÜ ist weder idF v. 15.12.1975 noch in der durch die Vereinbarung über Gemeinschaftspatente von 1989 geänderten Fassung in Kraft getreten. Auch eine Kommissionsinitiative aus dem Jahr 2000 blieb ohne Erfolg (zu näheren Einzelheiten vgl. Vorauflage Rn. 20–22; z Entwicklung zusammenfassend Fitzner/Lutz/*Bodewig* Einl. Rn. 64 ff.; Benkard PatG/*Tochtermann* Internat Teil Rn. 153 ff.; Osterrieth PatR Rn. 183 ff.).

22a   **b) Europäisches Einheitspatent.** Aufbauend auf dem zunächst gescheiterten Entwurf aus dem Jahr 2000, gelang aber in neuerer Zeit eine Einigung über die Schaffung eines **Europäischen Patents mit einheitlicher Wirkung (Europäisches Einheitspatent)** unter Einschluss von 25 der 28 Mitgliedstaaten. Eine Einführung durch eine für das gesamte Gebiet der EU geltende Regelung scheiterte zwar am Widerstand Italiens und Spaniens in der Frage des Sprachenregimes für die Patentschriften. Die Grundlage für das Einheitspatent ist aber auf dem Weg der „Verstärkten Zusammenarbeit" gem. Art. 20 EUV und Art. 326 ff. AEUV ohne Beteiligung Spaniens, Polens und Kroatiens (das der Union erst zum 1.7.2013 beigetreten ist) geschaffen worden (Polen wirkt an der Verstärkten Zusammenarbeit mit, hat das EPGÜ aber vorerst nicht unterzeichnet; Italien wirkt umgekehrt zwar nicht mit, hat aber unterzeichnet). Sie findet sich in den Verordnungen VO (EU) Nr. 1257/12 des Europäischen Parlaments und des Rates v. 17.12.2012 über die Umsetzung der Verstärkten Zusammenarbeit im Bereich der Schaffung eines einheitlichen Patentschutzes (ABl. 2012 L 361, 1) und VO (EU) Nr. 1260/12 des Rates v. 17.12.2012 über die Umsetzung der Verstärkten Zusammenarbeit im Bereich der Schaffung eines einheitlichen Patentschutzes im Hinblick auf die anzuwendenden Übersetzungsregelungen (ABl. 2012 L 361, 89).

22b   Der Anmeldeweg entspricht demjenigen des europäischen (Bündel-)Patents bisherigen Rechts; die einheitliche Wirkung wird aufgrund einer Registrierung des Anmelders eintreten. Während Art. 3 Abs. 1 der VO (EU) Nr. 1257/12 anordnet, dass das Europäische Patent, das mit den gleichen Ansprüchen für alle teilnehmenden Mitgliedstaaten erteilt wird, einheitliche Wirkung in den teilnehmenden Mitgliedstaaten haben wird, überlässt Art. 5 Abs. 1 die materielle Ausgestaltung der Rechte aus dem Einheitspatent aber weitgehend dem nationalen Recht. Die Regeln des nationalen Rechts, auf die hier verwiesen wird, sind diejenigen des Übereinkommens über ein Einheitliches Patentgericht (EPGÜ) v. 19.2.2013 (ABl. 2013 C 175, 1), die außerhalb des Rechtsrahmens der EU durch einen Staatsvertrag der teilnehmenden Mitgliedstaaten gesetzt wurden und in den Unterzeichnerstaaten in gleichlautendes nationales Recht umgesetzt werden müssen. Das EPGÜ enthält ungeachtet seiner Bezeichnung neben der Schaffung eines für das neue Patent zuständigen Gerichtssystems auch alle wesentlichen materiellrechtlichen Vorschriften für das neue Einheitspatent. Der ungewöhnlich anmutende Weg einer Regelung des materiellen Patentrechts außerhalb des EU-Rechtsrahmens beruht auf dem Bestreben, die Zuständigkeit des EuGH für deren Auslegung zu verhindern. Der Ratifikationsprozess zum EPGÜ ist derzeit noch nicht abgeschlossen; ob er durch die bevorstehende Volksbefragung über den Austritt Großbritanniens gefährdet wird, bleibt abzuwarten. Da das Inkrafttreten der beiden EU-Verordnungen an dasjenige des EPGÜ gekoppelt worden ist, ist das gesamte Einheitspatentsystem derzeit noch nicht in Kraft und noch kein Europäisches Einheitspatent erteilt (Darstellungen zum bisherigen Verlauf der Einführung bei Fitzner/Lutz/*Schauwecker* IntPatÜG Einf. Rn. 11 ff.; *Luginbühl* GRUR Int. 2013, 305; *Eck* GRUR Int. 2014, 114).

Nach Art. 3 Buchst. c EPGÜ werden nach Inkrafttreten dessen Bestimmungen auch für die Europäi-   **22c** schen Bündelpatente bisherigen Rechts gelten. Zwar ist in Art. 83 Abs. 3 EPGÜ eine „Opt-out-Regelung" für die Inhaber bisher oder Anmelder zukünftig vor Ablauf einer Übergangszeit erteilter europäischer Patente vorgesehen, mit der aber nur die ausschließliche Zuständigkeit des Einheitlichen Patentgerichts ausgeschlossen werden kann, nicht aber die Anwendung des materiellen Rechts des EPGÜ auch auf bestehende europäische Patente.

Der strafrechtliche Schutz von Patenten, deren Wirkungen sich nach den Bestimmungen des EPGÜ   **22d** richten, bedarf im Zuge des für Deutschland derzeit nicht abgeschlossenen Ratifizierungsprozesses noch einer Regelung; das EPGÜ selbst trifft keine Bestimmungen über einen strafrechtlichen Rechtsschutz durch die teilnehmenden Staaten.

3. Straffreie Handlungen. Nicht strafbar ist die Verletzung eines für Deutschland erteilten Schutz-   **23** rechts im Ausland (Territorialitätsprinzip; vgl. Mes § 9 Rn. 9 ff.), eines ausländischen Patents oder ergänzenden Schutzzertifikats oder eines europäischen Patents, das nicht auch für Deutschland erteilt ist, ebenso wenig die Benutzung nach Ablauf der Schutzdauer des Patents (§ 16) oder ergänzenden Schutzzertifikats oder nach seinem Erlöschen (§ 20). Ebenfalls nicht strafbar ist die Benutzung der offen gelegten Patentanmeldung vor Erteilung des Patents (vgl. BGHZ 107, 161 ff.; BGH GRUR 1993, 460 (464)).

4. Gesetzliche Einschränkungen des Patentschutzes. Die **gesetzlichen Einschränkungen** der   **24** Wirkung des Patentschutzes durch **§§ 11–13, 123 Abs. 5–7** (vgl. zu näheren Einzelheiten auch Achenbach/Ransiek/Rönnau WirtschaftsStR-HdB/*Nentwig* Teil 11 Kap. 2 Rn. 10–15) beanspruchen auch für die strafrechtliche Bewertung Bedeutung. Das Vorliegen eines der Fälle dieser Vorschriften wirkt auch für das Strafrecht tatbestandsausschließend (Benkard PatG/*Grabinski/Zülch* Rn. 2; Busse/ Keukenschrijver/*Keukenschrijver* Rn. 12; Schulte/*Rinken/Kühnen* Rn. 6; vgl. auch d. Begr. d. GE d. BReg z GPatG, BT-Drs. 8/2087, 40):

a) § 11. § 11 betrifft Ausnahmetatbestände zum Ausgleich der Interessen der Allgemeinheit mit   **25** denen des Patentinhabers. Von großer praktischer Bedeutung ist die Ausnahme von Handlungen, die im **privaten Bereich** zu **nichtgewerblichen Zwecken** vorgenommen werden (Nr. 1). Da Patente der Förderung der technischen Entwicklung dienen sollen, erstreckt sich ihre Wirkung zudem nicht auf Handlungen zu **Versuchszwecken** (Nr. 2); Spezialregelungen existieren darüber hinaus für den Bereich der Pflanzenzucht und der Arzneimittelforschung (Nr. 2a, 2b). Im Interesse der Gesundheitsförderung sind die unmittelbare **Einzelzubereitung** von Arzneimitteln in Apotheken und die zugehörigen Handlungen patentfrei, um die Rezepturfreiheit des Arztes nicht zu beschränken (Nr. 3). Die Nr. 4–6 der Vorschrift betreffen die bauliche Ausrüstung ausländischer Schiffe, Luft- und Landfahrzeuge.

b) Vor- und Weiterbenutzungsrecht. § 12 statuiert aus Billigkeitsgründen ein **Vorbenutzungs-**   **26** **recht.** Patente können nur für Erfindungen erteilt werden, die neu sind (§ 1 Abs. 1), also nicht zum Stand der Technik gehören (§ 3 Abs. 1 S. 1). Zum Stand der Technik gehören nur Kenntnisse, die der Öffentlichkeit zugänglich gemacht worden sind (§ 3 Abs. 1 S. 2). Hatte ein Dritter bereits vor Anmeldung des Patents die geschützte Erfindung in Benutzung genommen oder die dazu erforderlichen Veranstaltungen getroffen, ohne die Lehre des Patents der Öffentlichkeit zugänglich zu machen (bei spielsweise zum Schutz eines Betriebsgeheimnisses), so soll die Fortsetzung seiner Benutzung nicht durch die Wirkung des Patents sanktioniert werden. § 12 begründet deshalb eine relative Unwirksamkeit des Patents im Verhältnis des Inhabers zum Vorbenutzer. Erforderlich für die Entstehung des Vorbenutzungs rechts sind über die ausdrücklich in § 12 genannten Voraussetzungen hinaus redlicher Erfindungsbesitz (Benkard PatG/*Schewen* § 12 Rn. 8 ff.; Busse/Keukenschrijver/*Keukenschrijver* § 12 Rn. 15 ff.; Fitzner/ Lutz/Bodewig/*Ensthaler* § 12 Rn. 3) und, soweit nur Veranstaltungen zur Benutzung getroffen worden sind, der ernstliche Wille, die Benutzung alsbald aufzunehmen (Benkard PatG/*Scharen* § 12 Rn. 13; Busse/Keukenschrijver/*Keukenschrijver* § 12 Rn. 32; Fitzner/Lutz/Bodewig/*Ensthaler* § 12 Rn. 3).

§ 123 Abs. 5–7 begründet ein entsprechendes Weiterbenutzungsrecht des *gutgläubigen* Benutzers für Fälle der Wiedereinsetzung des Inhabers in den vorigen Stand nach Erlöschen des Patents oder der Patentanmeldung.

c) Benutzungsanordnung. § 13 betrifft Beschränkungen der Wirkung des Patents im Interesse der   **27** öffentlichen Wohlfahrt oder der Sicherheit des Bundes im Wege eines Verwaltungsakts **(Benutzungs- anordnung).**

28   **5. Keine Tatbestandsmäßigkeit.** Auch die **Zustimmung** des Inhabers schließt schon nach dem Gesetzeswortlaut die Tatbestandsmäßigkeit der Verletzungshandlung aus (Benkard PatG/*Grabinski/Zülch* Rn. 2; Busse/Keukenschrijver/*Keukenschrijver* Rn. 17; Fitzner/Lutz/Bodewig/*Pitz* Rn. 11; Schulte/ *Rinken/Kühnen* Rn. 5). Zur Tatprovokation durch den Inhaber vgl. RGSt 23, 363 ff.

29   Nicht strafbar ist auch, wer als **Mitinhaber** das Schutzrecht ohne die Zustimmung der anderen Inhaber nutzt, weil er nach § 743 Abs. 2 BGB zu diesem Gebrauch berechtigt ist (BGHZ 162, 342 (344 ff.); Fitzner/Lutz/Bodewig/*Pitz* Rn. 19).

Dagegen erfüllt der **Lizenznehmer,** der die Grenzen der ihm durch den Lizenzgeber eingeräumten Befugnis überschreitet, den Tatbestand (Busse/Keukenschrijver/*Keukenschrijver* Rn. 24).

30   **6. Eingriff in den Schutzbereich.** Der Täter muss den Erfindungsgedanken des Patents tatsächlich benutzt haben. Dies ist dann der Fall, wenn sich der Gegenstand seiner Benutzung ganz oder teilweise mit dem Gegenstand der patentierten Erfindung deckt und deshalb in diese eingreift (RG GRUR 1933, 288). Um das festzustellen, ist der **Schutzbereich** des Patents zu klären und sodann ein Vergleich des Erfindungsgegenstands mit der beanstandeten Ausführungsform anzustellen.

31   **a) § 14.** Der Schutzbereich bestimmt sich nach **§ 14,** der nach allgemeiner Auffassung auch für § 142 Abs. 1 PatG heranzuziehen ist (Benkard PatG/*Grabinski/Zülch* Rn. 2; Busse/Keukenschrijver/*Keukenschrijver* Rn. 9; Fitzner/Lutz/Bodewig/*Pitz* Rn. 9; Mes Rn. 5; Schulte/*Rinken/Kühnen* Rn. 6), durch die Patentansprüche, zu deren Auslegung die Beschreibung und die Zeichnung heranzuziehen sind (vgl. die zusammenfassende Darstellung bei Achenbach/Ransiek/Rönnau WirtschaftsStR-HdB/*Nentwig* Teil 11 Kap. 2 Rn. 23 ff.). Die Patentansprüche sind nach § 34 Abs. 3 Nr. 3 Gegenstand der Patent- anmeldung; in ihnen hat der Anmelder (durch Worte oder Formeln) anzugeben, was als patentfähig unter Schutz gestellt werden soll. Sie werden als Bestandteil der Patentschrift mit der Erteilung des Patents durch das Patentamt veröffentlicht (§§ 32 Abs. 3 S. 1, 58 Abs. 1 S. 2).

32   **b) Äquivalente Verwirklichung des Patentanspruchs.** Bei der Durchführung des Vergleichs mit der verletzenden Ausführungsart ist zu beachten, dass nach der zivilgerichtlichen Rechtsprechung nicht nur die wortsinngemäße, identische oder gegenständliche Verwirklichung des beanspruchten Gegen- stands den Schutzbereich verletzt, sondern auch die inhaltsgleiche oder gleichwertige (**„äquivalente"**) **Verwirklichung des Patentanspruchs** (vgl. etwa BGHZ 98, 12 (18 f.); 142, 7 (16); Benkard PatG/ *Scharen* § 14 Rn. 57 u. 91 mwN; zusf. Darstellung der Voraussetzungen bei Achenbach/Ransiek/ Rönnau WirtschaftsStR-HdB/*Nentwig* Teil 11 Kap. 2 Rn. 35: techn. Gleichwirkung, Auffindbar- keit f. d. Fachmann, patentrechtliche Gleichwertigkeit). Im Fall lediglich äquivalenter Verwirklichung liegt eine Patentverletzung allerdings nicht vor, wenn die betreffende Ausführungsform mit Rücksicht auf den Stand der Technik keine patentfähige Erfindung iSd § 4 S. 1 darstellt (BGHZ 98, 12 (21 f.)). In diesem Fall ist daher keine Patentverletzung gegeben, wenn die Ausführungsform gegenüber dem relevanten Stand der Technik insgesamt nicht neu oder nicht erfinderisch war (Benkard PatG/*Scharen* § 14 Rn. 125 ff.)

33   Inwieweit die Bewertung äquivalenter Verwirklichungsformen als patentverletzend und die Über- tragung dieser zivilrechtlichen Schutzbereichsbestimmung auf den Straftatbestand den Beschränkungen durch das strafrechtliche Bestimmtheitsgebot und das Analogieverbot standhalten, ist in Ermangelung einschlägiger strafrechtlicher Rspr. ungeklärt (hierzu näher Busse/Keukenschrijver/*Keukenschrijver* Rn. 10 f.).

34   **c) Abhängiges Patent.** Wenn und soweit die Benutzung der Lehre eines prioritätsjüngeren Patents nur unter gleichzeitiger Benutzung derjenigen eines Schutzrechts älterer Priorität möglich ist (**abhängi- ges Patent),** stellt sie – ungeachtet der Wirksamkeit der Patentierung – eine Verletzung des älteren Schutzrechts dar (BGHZ 112, 140 (150 ff.); 142, 7 (16 ff.); vgl. zu Einzelheiten Benkard PatG/*Scharen* § 9 Rn. 75 ff.; Fitzner/Lutz/Bodewig/*Ensthaler* § 9 Rn. 9 ff.).

35   **d) Hinzuziehung von Sachverständigen.** Die Ermittlung des Schutzbereichs im Einzelfall und der Vergleich mit der beanstandeten Ausführungsform gehören wegen der eigenartigen Verknüpfung recht- licher und technischer Fragen zu den schwierigsten Problemen des Patentrechts (Benkard PatG/*Scharen* § 14 Rn. 5; vgl. auch *Hesse* GA 1968, 225 (230 ff.)). Die erforderlichen Feststellungen sind, sofern es nicht um in technischer Hinsicht außergewöhnlich einfach gelagerte Fälle geht, regelmäßig nur unter Hinzuziehung von **Sachverständigen** zu treffen (Achenbach/Ransiek/Rönnau WirtschaftsStR-HdB/ *Nentwig* Teil 11 Kap. 2 Rn. 38). Wegen der näheren Einzelheiten muss auf die Kommentierungen des § 14 in den Spezialkommentaren zum PatG (→ Rn. 10) verwiesen werden. Zur Einholung von Gut- achten des Dt. Patent- u. Markenamtes auf Ersuchen der StA oder des Gerichts vgl. § 29 Abs. 1.

36   In dieser Schwierigkeit dürfte einer der Gründe dafür liegen, dass es im Patentrecht nur selten zu strafrechtlichen Verurteilungen kommt (Achenbach/Ransiek/Rönnau WirtschaftsStR-HdB/*Nentwig* Teil 11 Kap. 2 Rn. 38). Von dem hohen Grad an Komplexität der zu treffenden Feststellungen geht ein nicht zu vernachlässigender Anreiz aus, auch bei Sachverhalten nicht ganz geringer Unrechts- und Schuldschwere auf den Privatklageweg zu verweisen oder von den Möglichkeiten der §§ 153, 153a StPO Gebrauch zu machen. Vorzugswürdig wird hier sein, den äußeren Sachverhalt auszuermitteln und den Verletzten in geeigneten Fällen dann unter Anwendung des § 154d StPO (im Hauptverfahren: § 262 Abs. 2 StPO) auf die Geltendmachung seiner Ansprüche vor den Zivilgerichten zu verweisen. Die Strafverfolgungsbehörden und Strafgerichte können sich auf diesem Weg die überlegene Sachkenntnis und Erfahrung der ständig mit Patentverletzungsverfahren befassten Zivilgerichte zunutze machen. Dem Verletzten ist das Ergebnis der staatsanwaltschaftlichen Ermittlungen über § 406e StPO zugänglich.

7. Tatbestandswirkung der Patenterteilung. Die Strafbarkeit knüpft allein an den Verwaltungsakt **37** der Patenterteilung an. Als Ausfluss seiner **Tatbestandswirkung** ist es dem Strafrechtsanwender bei der Beurteilung des als patentverletzend beanstandeten Handelns – nicht anders als dem Richter des zivilgerichtlichen Patentverletzungsverfahrens – verwehrt zu überprüfen, ob das Patentamt im Erteilungsverfahren die Voraussetzungen der Schutzfähigkeit des Patents zutreffend beurteilt hat (Benkard PatG/ *Scharen* § 9 Rn. 61 und § 14 Rn. 6; Benkard PatG/*Rogge*/*Kober-Dehm* § 22 Rn. 7; KK-StPO/*Kuckein* StPO § 262 Rn. 6; anders wohl *Köklü*/*Kuhn* WRP 2011, 1412 (1414): Verpflichtung der Ermittlungsbehörden zu summarischer Prüfung der Rechtsbeständigkeit). Diese Überprüfung ist dem Einspruchsverfahren vor dem Patentamt nach §§ 59 ff. iVm § 21 sowie dem Patentnichtigkeitsverfahren vor dem Patentgericht nach §§ 81 ff. iVm § 22 vorbehalten. Der Straf- wie der Verletzungsrichter darf sich der Ermittlung des Schutzbereichs eines bestehenden Patentanspruchs nicht mit der Begründung entziehen, dieser Anspruch oder das Patent sei nach seiner Überzeugung vernichtungsreif.

Verteidigt sich der Angeklagte mit der Nichtigkeit des Patents iSd § 22, so ist – abgesehen von **38** Evidenzfällen – nach § 262 Abs. 2 StPO vorzugehen und ihm unter **Aussetzung** der Hauptverhandlung eine Frist zur Erhebung der Nichtigkeitsklage zu setzen bzw. auf das Urteil in einem bereits angestrengten Nichtigkeitsverfahren zu warten. Das dem Gericht durch § 262 Abs. 2 StPO eingeräumte pflichtgemäße Ermessen verdichtet sich hier zu einer Verpflichtung zur Aussetzung (Benkard PatG/*Grabinski*/ *Zülch* Rn. 3; KK-StPO/*Kuckein* StPO § 262 Rn. 8; so auch schon RGSt 7, 146 (149 f.); 48, 419 (421)). Entsprechendes gilt für den Fall der Widerruflichkeit im Einspruchsverfahren oder den der rückwirkenden Beschränkung des Patentanspruchs (§ 64 Abs. 1 Alt. 2), der die Verletzungsform nun nicht mehr deckt.

Führt das betreffende Verfahren in der Tat zu der **ex-tunc** wirkenden Vernichtung, dem Widerruf oder der Beschränkung des Patents, so wird eine zuvor begangene patentverletzende Benutzung nachträglich straflos (RGSt 14, 261 ff.; 30, 187 (188)). Dies soll nach RGSt 42, 340 auch noch in der Revisionsinstanz zu beachten sein (zw.). Zur Wiederaufnahme → Rn. 71.

Demgegenüber ist das Erlöschen des Patents oder seiner gesetzlichen Wirkung **ex-nunc** (§§ 16, 20; **39** etwa in Folge ausbleibender Zahlung der Jahresgebühr gem. § 20 Abs. 1 Nr. 2) auf die Strafbarkeit zuvor begangener Verletzungshandlungen ohne Einfluss (Benkard PatG/*Grabinski*/*Zülch* Rn. 3; Busse/ Keukenschrijver/*Keukenschrijver* Rn. 15; Achenbach/Ransiek/Rönnau WirtschaftsStR-HdB/*Nentwig* Teil 11 Kap. 2 Rn. 18; so auch schon RGSt 7,146 (148)).

II. Tathandlungen

1. Systematik. Die zivilrechtlichen Tatbestände der unmittelbaren und mittelbaren Patentverletzung **40** (§§ 9, 10) sind durch das GPatG (→ Rn. 1) neu gefasst worden und entsprechen denjenigen des GPÜ 1975 (→ Rn. 20–22).

Die strafbaren Tathandlungen des § 142 Abs. 1 entsprechen denjenigen der **unmittelbaren Patent- 41 verletzung** nach der zivilrechtlichen Regelung des § 9 S. 2. Dies gilt für das Verhältnis von § 142 Abs. 1 Nr. 2 zu § 9 S. 2 Nr. 2 allerdings nur in objektiver Hinsicht: Die Offensichtlichkeitsklausel des § 9 S. 2 Nr. 2 („… wenn … auf Grund der Umstände offensichtlich ist, dass …") ist für den Straftatbestand nicht übernommen worden, weil es sich bei § 142 Abs. 1 um ein Vorsatzdelikt handelt (vgl. d. Begr. d. GE d. BReg z GPatG, BT-Drs. 8/2087, 39 f.).

Die zivilrechtlichen Tatbestände der **mittelbaren Patentverletzung** nach § 10, die Vorbereitungs- **42** handlungen im Vorfeld der unmittelbaren patentverletzenden Benutzung betreffen, sind dagegen als solche nicht strafbewehrt (Schulte/*Rinken*/*Kühnen* Rn. 5; Kritik hieran bei Achenbach/Ransiek/Rönnau WirtschaftsStR-HdB/*Nentwig* Teil 11 Kap. 2 Rn. 53). Die strafrechtliche Verantwortlichkeit des vorsätzlich handelnden mittelbaren Patentverletzers ist allerdings unter dem Gesichtspunkt der Beteiligung an der Straftat eines unmittelbaren Patentverletzers nach den allgemeinen Regeln der §§ 25 ff. StGB zu prüfen (vgl. d. Begr. d. GE d. BReg z GPatG BT-Drs. 8/2087, 40; sa *König* Mitt. 2000, 10 (14 ff.)).

2. § 142 Abs. 1 S. 1 Nr. 1. Die Vorschrift erfasst bestimmte Modalitäten des Umgangs mit einem **43** Erzeugnis, das Gegenstand des Patents oder ergänzenden Schutzzertifikats ist (**Sach- oder Erzeugnispatent;** vgl. Benkard PatG/*Bacher* § 1 Rn. 12 ff.; Benkard PatG/*Scharen* § 9 Rn. 31 ff.):

a) Herstellen. Der Begriff umfasst die gesamte Tätigkeit, durch die das Erzeugnis geschaffen wird, **44** von ihrem Beginn an. Der Tatbestand ist also schon mit **Beginn** dieser Tätigkeit vollendet, nicht erst mit der Vornahme des letzten, die Vollendung des geschützten Erzeugnisses unmittelbar herbeiführenden Tätigkeitsaktes (RGZ 40, 78 (19); BGHZ 2, 387 (391); 128, 220 (225 f.)). **Nicht** zur Herstellung gehören dagegen **Vorbereitungshandlungen,** wie etwa die Erstellung von Zeichnungen RGSt 11,

241 ff.), Entwürfen oder Modellen oder die Materialbeschaffung (zu näheren Einzelheiten Benkard PatG/*Scharen* § 9 Rn. 29).

45   Ob auch schon die **Herstellung von Teilen** des geschützten Erzeugnisses den Tatbestand erfüllen kann, wenn die Teile nicht ohne weiteres auch außerhalb der geschützten Gesamtvorrichtung verwendbar sind, weil sie eine Ausgestaltung erhalten haben, die sie durch ihre erfindungsgemäße Anpassung an die geschützte Gesamtvorrichtung von anderen vergleichbaren Einzelteilen unterscheidet und sie dadurch in eine unmittelbare Beziehung zum Erfindungsgegenstand setzt (**„erfindungsfunktionelle Individualisierung"**), ist insbes. im Hinblick auf den systematischen Zusammenhang mit § 10 umstritten (vgl. einerseits Benkard PatG/*Scharen* § 9 Rn. 33 f.; Busse/Keukenschrijver/*Keukenschrijver* § 9 Rn. 65 ff.; Fitzner/Lutz/Bodewig/*Ensthaler* § 9 Rn. 30f; andererseits Schulte/*Rinken/Kühnen* § 9 Rn. 47f; Mes § 9 Rn. 28 f.).

46   Der Tatbestand umfasst nicht nur die erstmalige, sondern auch die **Neu-** oder **Wiederherstellung** des geschützten Erzeugnisses, etwa nach Beschädigung oder Demontage. Allerdings steht demjenigen, der ein mit Zustimmung des Patentinhabers in den Verkehr gebrachtes erfindungsgemäßes Erzeugnis erworben hat, nach dem Grundsatz der Erschöpfung des Patentrechts (→ Rn. 59) ein Recht zum bestimmungsgemäßen Gebrauch zu, zu dem auch die Erhaltung und Erneuerung der Gebrauchstauglichkeit gehört. Für die – im Einzelfall schwierige – Abgrenzung zu der dem Patentinhaber allein vorbehaltenen Wiederherstellung ist maßgeblich, ob die getroffenen Maßnahmen noch die Identität des bereits in den Verkehr gebrachten konkreten patentgeschützten Erzeugnisses wahren oder der Schaffung eines neuen erfindungsgemäßen Erzeugnisses wirtschaftlich gleichkommen (BGHZ 159, 76 (89 f.); vgl. näher Benkard PatG/*Scharen* § 9 Rn. 36; Fitzner/Lutz/Bodewig/*Ensthaler* § 9 Rn. 34 ff.).

47   **b) Anbieten.** Der Begriff ist nicht im rechtsgeschäftlichen Sinne des Vertragsangebots zu verstehen, sondern umfasst jede Handlung, die das Zustandekommen eines späteren **Geschäfts** über ein unter Schutz stehendes Erzeugnis **ermöglichen** oder **fördern** soll, das die Benutzung dieses Erzeugnisses einschließt, gleichgültig, ob die Überlassung im Wege der Eigentumsübertragung oder miet-, leih- oder pachtweise erfolgen soll (BGHZ 167, 374 (377); BGH GRUR 2003, 1031 (1032)), und die einem Dritten **erkennbar** machen soll, dass der Abschluss eines solchen Geschäfts mit ihm angestrebt wird (Benkard PatG/*Scharen* § 9 Rn. 41). Praktisch relevant sind hier insbes. Werbemaßnahmen. Auf einen Erfolg im Sinne eines Vertragsabschlusses oder gar eines Inverkehrbringens kommt es nicht an (BGHZ 113, 159 (163) mwN; Benkard PatG/*Scharen* § 9 Rn. 40). Der Tatbestand wird sowohl durch die Abgabe als auch durch den Zugang des Angebots verwirklicht (Benkard PatG/*Scharen* § 9 Rn. 43).

Ob das geschützte Erzeugnis zur Zeit der Tathandlung real existiert, unmittelbar verkehrsfähig und beim Anbietenden vorrätig ist, ist ohne Belang (Benkard PatG/*Scharen* § 9 Rn. 40 mwN), ebenso, ob der Anbietende tatsächlich zur Herstellung oder Lieferung bereit und fähig ist (BGH GRUR 2003, 1031 (1032); OLG Karlsruhe GRUR 2014, 59 (62)).

Auch ein Angebot, das sich allein auf den Abschluss von Geschäften oder Lieferungen nach bevorstehendem Ablauf der Schutzdauer bezieht, erfüllt den Tatbestand (BGHZ 170, 115 (118 f.); OLG Karlsruhe GRUR 2014, 59 (62)), ebenso das im Inland erfolgende Angebot der Lieferung im Ausland (Benkard PatG/*Scharen* § 9 Rn. 43; Schulte/*Rinken/Kühnen* § 9 Rn. 62; Hoppe-Jänisch GRUR 2014, 1163 (1167)). Zur Problematik im Inland abrufbarer ausländischer Internetangebote und dem Erfordernis eines wirtschaftlich relevanten Inlandsbezugs vgl. Schulte/*Rinken/Kühnen* § 9 Rn. 63; BGH NJW 2005, 1435 (1436) (zum Markenrecht).

48   **c) Inverkehrbringen.** Der Begriff umfasst jede Handlung, durch die das geschützte Erzeugnis tatsächlich in die **Verfügungsgewalt** einer anderen Person **übergeht** und damit in den Handelsverkehr eintritt, der Umsatz- und Veräußerungsgeschäfte zum Gegenstand hat (Benkard PatG/*Scharen* § 9 Rn. 44; Hoppe-Jänisch GRUR 2014, 1163 (1166 f.)). Ein Rechtsübergang ist nicht erforderlich.

Veräußerung und Versendung der Ware vom Inland in das Ausland ist strafbares Inverkehrbringen im Inland (RGSt 10, 349 (351 f.); 36, 178 (180); für das Zivilrecht auch BGHZ 23, 100 (103 ff.)). Ebenso ist umgekehrt die Veräußerung und Versendung vom Ausland in das Inland Inverkehrbringen durch den ausländischen Versender, sofern die Ware im Inland in die Verfügungsgewalt des Importeurs gelangt (RGSt 10, 349 (351); 21, 205 (207 f.)), also nicht bei bloßer Durchfuhr mit Verfügungsgewalt nur des Spediteurs oder Frachtführers (BGHZ 23, 100 (103 ff.); näher Benkard PatG/*Scharen* § 9 Rn. 45).

49   **d) Gebrauchen.** Gebrauchen ist jede **bestimmungsgemäße Verwendung** des geschützten Erzeugnisses (Benkard PatG/*Scharen* § 9 Rn. 46; Busse/Keukenschrijver/*Keukenschrijver* § 9 Rn. 78). Gutgläubiger Eigentumserwerb, der nicht auf ein mit Zustimmung des Schutzrechtsinhabers erfolgtes Inverkehrbringen zurückgeht, schließt den Tatbestand nicht aus. Von besonderer Bedeutung für diese Tatbestandsalternative ist der Ausschluss von Handlungen zu nichtgewerblichen Zwecken im privaten Bereich von der Schutzwirkung des Patents nach § 11 Nr. 1 (→ Rn. 25).

50   **e) Einführen.** Einführen ist das **Verbringen** des geschützten Erzeugnisses vom Ausland in das **Inland,** bei dem der Handelnde die tatsächliche Verfügungsgewalt im Inland behält oder erlangt (Mes § 9 Rn. 51). Soweit zT allein auf ein Erlangen der tatsächlichen Verfügungsgewalt im Inland abgestellt wird (Benkard PatG/*Scharen* § 9 Rn. 47; Fitzner/Lutz/Bodewig/*Ensthaler* § 9 Rn. 50; Achenbach/

Ransiek/Rönnau WirtschaftsStR-HdB/*Nentwig* Teil 11 Kap. 2 Rn. 45), ist dies missverständlich: Ein Wechsel der Verfügungsgewalt ist nicht erforderlich und stellt für den Versender bereits ein Inverkehrbringen dar (→ Rn. 48).

Die Einfuhr ist nur tatbestandsmäßig, wenn sie **zum Zwecke** des Anbietens, Inverkehrbringens oder Gebrauchens im Inland erfolgt.

f) Besitzen. Besitzen ist das **Innehaben der tatsächlichen Verfügungsgewalt** über das geschützte **51** Erzeugnis im wirtschaftlichen Sinn (Benkard PatG/*Scharen* § 9 Rn. 48; Fitzner/Lutz/Bodewig/*Ensthaler* § 9 Rn. 51; Schulte/*Rinken/Kühnen* § 9 Rn. 70). Der Begriff ist aus Art. 29 Buchst. a GPÜ 1975 (→ Rn. 20–22) übernommen und daher nicht deckungsgleich mit dem zivilrechtlichen Besitzbegriff der §§ 854 ff. BGB.

Der Besitz ist nur tatbestandsmäßig, wenn er zu dem Zweck des Anbietens, Inverkehrbringens oder Gebrauchens im Inland erfolgt (BGHZ 182, 245 (252)).

3. § 142 Abs. 1 S. 1 Nr. 2. Die Vorschrift erfasst bestimmte Modalitäten des Umgangs mit einem **52** Verfahren, das Gegenstand des Patents oder ergänzenden Schutzzertifikats ist (**Verfahrenspatent;** vgl. Benkard PatG/*Bacher* § 1 Rn. 27 ff.):

a) Anwenden. Anwenden ist der **bestimmungsgemäße Gebrauch** des Verfahrens durch voll- **53** ständiges Ausführen der im Patentanspruch vorgesehenen Maßnahmen (Busse/Keukenschrijver/*Keukenschrijver* § 9 Rn. 85; Fitzner/Lutz/Bodewig/*Ensthaler* § 9 Rn. 63; Schulte/*Rinken/Kühnen* § 9 Rn. 73; Achenbach/Ransiek/Rönnau WirtschaftsStR-HdB/*Nentwig* Teil 11 Kap. 2 Rn. 48; vgl. auch BGHZ 107, 46 (53 f.)). Es entspricht dem Gebrauchen beim Sach- oder Erzeugnispatent. Vorbereitungshandlungen für den Gebrauch, wie etwa die Herrichtung von Gegenständen für die Benutzung des patentierten Verfahrens, gehören nicht zur Anwendung (BGHZ 116, 122 (127 f.)). Bei einem Verwendungspatent, einem Unterfall des Verfahrenspatents, der durch die Verwendung einer – uU zuvor schon bekannten – Vorrichtung oder eines Erzeugnisses zu einem bestimmten Zweck gekennzeichnet ist, ist eine Anwendung des geschützten Verfahrens aber bereits dann gegeben, wenn die Vorrichtung oder das Erzeugnis objektiv auf die geschützte Verwendungsweise ausgerichtet, dh augen- oder sinnfällig hergerichtet ist (BGHZ 68, 156 (161); 88, 209 (216 f.); Benkard PatG/*Scharen* § 9 Rn. 50; Mes § 9 Rn. 56).

b) Anbieten zur Anwendung. Der Tatbestand **entspricht** dem des Anbietens beim **Erzeugnis- 54 patent** (→ Rn. 47); er umfasst das In-Aussicht-Stellen einer Anwendung des Verfahrens sowohl durch den Anbietenden selbst als auch auf dessen Veranlassung durch einen Dritten (Benkard PatG/*Scharen* § 9 Rn. 52; Fitzner/Lutz/Bodewig/*Ensthaler* § 9 Rn. 66).

Anders als beim Erzeugnispatent ist nur das Anbieten des Verfahrens **zur Verwendung im Inland** strafbar, nicht dagegen, das Verfahren im Inland zur Anwendung im Ausland anzubieten (so zum zivilrechtl. Verbot schon RGZ 75, 128 (130); 149, 102 (105 f.)).

Der Tatbestand ist im Hinblick auf die subjektiven Voraussetzungen des § 9 S. 2 Nr. 2 Alt. 2 und wegen des Fehlens einer dem § 10 Abs. 3 entsprechenden Regelung bei § 9 einschränkend dahin auszulegen, dass das Angebot zu einer Anwendung nicht erfasst wird, die auch ohne die Zustimmung des Patentinhabers erlaubt ist (*Krieger* GRUR 1980, 687 (690); Busse/Keukenschrijver/*Keukenschrijver* § 9 Rn. 92; Schulte/*Rinken/Kühnen* § 9 Rn. 78). Das betrifft insbes. die Fälle des § 11 Nr. 1–3 (→ Rn. 25). Dass damit das Anbieten einer Anwendung zu **nichtgewerblichen Zwecken** im **privaten Bereich** wegen § 11 Nr. 1 den Tatbestand nicht erfüllt, stellt insbes. für den Bereich durch Verfahrenspatente geschützter Software eine bedeutsame Einschränkung des Patentschutzes dar (*Esslinger/Betten* CR 2000, 18 (20); Benkard PatG/*Scharen* § 9 Rn. 51).

4. § 142 Abs. 1 S. 2. Die Vorschrift nimmt Bezug auf § 9 S. 2 Nr. 3, der eine praktisch bedeutsame **55** Erweiterung des Schutzes von Verfahrenspatenten auf ein **Herstellungsverfahren** oder ein anderes Verfahren, durch das körperliche Sachen neu geschaffen werden, darstellt (RGSt 46 (263); BGHZ 110, 82 (87); Benkard PatG/*Scharen* § 9 Rn. 53 f.): Die durch das Verfahren unmittelbar hergestellten Erzeugnisse genießen denselben Schutz, als seien sie durch ein Erzeugnispatent geschützt. Damit wird der Inhaber eines inländischen Verfahrenspatents auch vor der Einfuhr und dem Inlandsvertrieb von Erzeugnissen geschützt, die im Ausland nach dem für ihn im Inland geschützten Verfahren hergestellt werden (BGHZ 41, 231 (238)). Die Tathandlungen entsprechen denen beim Erzeugnispatent nach § 142 Abs. 1 S. 1 Nr. 1 (→ Rn. 43 ff.).

Die Beschränkung auf **unmittelbar** durch das Verfahren hergestellte Erzeugnisse soll eine zu weite **56** Ausdehnung des Patentschutzes und daraus folgende zu starke Beschränkung des freien Warenverkehrs verhindern. Insbesondere sollen nicht auch Gegenstände erfasst werden, die mit Stoffen zusammen verarbeitet sind, die nach einem Verfahrenspatent hergestellt worden sind (RGSt 42, 357 f.; 46, 262 (263)). Im Einzelfall schwierige Probleme kann das Erfordernis der Unmittelbarkeit aufwerfen, wenn es um ein Erzeugnis geht, das etwa durch Be- oder Verarbeitung des zunächst geschaffenen Verfahrenserzeugnisses oder dessen Vermischung mit anderen Produkten entstanden ist (vgl. näher Benkard PatG/*Scharen* § 9 Rn. 55 f.).

57   Der Tatbestand ist nicht erfüllt, wenn ein identisches Erzeugnis unter Anwendung eines **anderen Herstellungsverfahrens** als des geschützten hergestellt wird (vgl. BGHZ 57, 1 (24); 73, 183 (186)). Zivilrechtlich begründet allerdings die Vermutungsregelung des § 139 Abs. 3 PatG, wonach bei einem Verfahren zur Herstellung neuer Erzeugnisse ein von einem anderen hergestelltes identisches Erzeugnis als nach dem patentierten Verfahren hergestellt gilt, eine Beweislastumkehr zu Gunsten des Patentinhabers. Die Regelung findet aber im Hinblick auf die Unschuldsvermutung keine Anwendung auf den Straftatbestand (Benkard PatG/*Grabinski/Zülch* § 139 Rn. 119; Achenbach/Ransiek/Rönnau WirtschaftsStR-HdB/*Nentwig* Teil 11 Kap. 2 Rn. 52).

III. Vorsatz; Irrtum

58   Strafbar ist nur die **vorsätzliche** Schutzrechtsverletzung (§ 15 StGB); **bedingter** Vorsatz genügt. Der **Irrtum** über Bestand und Inhalt des verletzten Schutzrechts ist Tatbestandsirrtum nach § 16 Abs. 1 StGB (*Hesse* GA 1968, 225 (236); Benkard PatG/*Grabinski/Zülch* Rn. 7; Busse/Keukenschrijver/*Keukenschrijver* Rn. 19; aA *Witte* GRUR 1958, 419 f.: Verbotsirrtum). Die unzutreffende Erwartung, das Patent werde sich als rückwirkend vernichtbar erweisen, berührt den Vorsatz bei Tatbegehung nicht (OLG Düsseldorf GRUR 1982, 35; Fitzner/Lutz/Bodewig/*Pitz* Rn. 13).

IV. Rechtswidrigkeit

59   Neben die Rechtfertigungsgründe des allgemeinen Strafrechts tritt als praktisch bedeutsam der patentrechtliche Rechtfertigungsgrund der **Erschöpfung** (Benkard PatG/*Grabinski/Zülch* Rn. 5). Hat der Schutzrechtsinhaber oder mit seiner Zustimmung ein Dritter das geschützte Erzeugnis im Inland oder in einem Land der EU oder des EWR in den Verkehr gebracht, so ist sein Patentrecht an diesem Erzeugnis erschöpft. Jedermann steht es frei, dieses Erzeugnis zu gebrauchen, anzubieten, in Verkehr zu bringen, zu besitzen oder einzuführen, weil es mit dem willentlichen Inverkehrbringen im patentrechtlichen Sinne gemeinfrei geworden ist (BGHZ 143, 268 (270 ff.); BGH NJW-RR 1997, 421 f.; jeweils mwN; vgl. zu näheren Einzelheiten auch Benkard PatG/*Scharen* § 9 Rn. 15 ff.; Busse/Keukenschrijver/*Keukenschrijver* § 9 Rn. 142 ff.; Fitzner/Lutz/Bodewig/*Ensthaler* § 9 Rn. 68 ff.). Das Recht zur (auch Neu- oder Wieder-)Herstellung bleibt allerdings dem Inhaber des Schutzrechts vorbehalten (BGH GRUR 1959, 232 (234); 1973, 518 (520); Benkard PatG/*Scharen* § 9 Rn. 24; → Rn. 46).

C. Qualifikation (Abs. 2)

60   Der Qualifikationstatbestand sieht einen erhöhten Strafrahmen für Fälle **gewerbsmäßigen** Handelns vor. Gewerbsmäßigkeit bezeichnet auch hier nicht etwa die in Ausübung eines Gewerbebetriebs begangene vorsätzliche Patentverletzung (so aber *Dt. Vereinigung für gewerblichen Rechtsschutz und Urheberrecht* GRUR 1989, 29 (30 f.)), sondern ist nicht anders als bei anderen Straftatbeständen zu verstehen als die Absicht, sich aus wiederholter Tatbegehung eine nicht nur vorübergehende Einnahmequelle von einigem Umfang zu verschaffen (vgl. d. Begr. d. GE d. BReg z PrPG, BT-Drs. 11/4792, 24; Benkard PatG/*Grabinski/Zülch* Rn. 8; Fitzner/Lutz/Bodewig/*Pitz* Rn. 17). Bestrebungen, stattdessen einen besonderen Qualifikationstatbestand der Produktpiraterie im Sinne einer identischen oder nahezu identischen Nachahmung einer fremden Ware zu schaffen (*Dt. Vereinigung für gewerblichen Rechtsschutz und Urheberrecht* GRUR 1989, 29 (31 u. 34)), haben sich nicht durchgesetzt (vgl. BT-Drs. 11/4792, 18).

D. Versuch (Abs. 3)

61   Der Versuch ist seit Inkrafttreten des PrPG strafbar (→ Rn. 2). Damit sollte zur effektiveren Bekämpfung von Produktpiraterie ein früheres Einschreiten der Strafverfolgungsbehörde ermöglicht werden. Der GE d. BReg z PrPG (BT-Drs. 11/4792, 24) nennt beispielhaft Fälle, in denen Einzelteile eines Produkts, die als solche nicht durch ein Schutzrecht geschützt sind, bis zuletzt getrennt gehalten und erst kurz vor dem Verkauf oder Vertrieb zu einer dann schutzrechtsverletzenden Ware zusammengefügt werden. Das überzeugt allerdings wenig, weil bis zum Beginn des Zusammenfügens noch nicht von einem unmittelbaren Ansetzen zur Herstellung iSd § 22 StGB gesprochen werden kann und die Strafbarkeit des Anbietens ohnehin nicht davon abhängt, ob das angebotene Erzeugnis tatsächlich existiert (→ Rn. 47). Von einem praxisrelevanten Anwendungsbereich des Versuchstatbestands wird für keine der Tatbestandsalternativen ausgegangen werden können, auch nicht für die des Herstellens, die bereits mit Beginn der auf Erschaffung des Erzeugnisses gerichteten Tätigkeit vollendet ist (→ Rn. 44).

     Von einer Beschränkung der Versuchsstrafbarkeit auf den Qualifikationstatbestand wurde abgesehen, da sich zu Beginn der Ermittlungen oft nicht einschätzen lasse, ob die Voraussetzungen eines qualifizierten Versuchs gegeben seien (BT-Drs. 11/4792, 24).

E. Täterschaft und Teilnahme

Die Beurteilung von Täterschaft und Teilnahme richtet sich nach allgemeinen strafrechtlichen Regeln 62
(§§ 25 ff., 14 StGB). Zur strafrechtlichen Verantwortlichkeit des vorsätzlich handelnden mittelbaren
Patentverletzers iSd § 10 → Rn. 42. Nicht als Täter in Betracht kommt angesichts des klaren Wortlauts
der Inhaber des verletzten Schutzrechts selbst, selbst wenn er sich durch Vergabe eines Nießbrauchs oder
einer ausschließlichen Lizenz der gesamten Ausübung des Rechts entäußert hat (Benkard PatG/ *Grabin-*
ski/ *Zülch* Rn. 10; Busse/Keukenschrijver/ *Keukenschrijver* Rn. 24; Fitzner/Lutz/Bodewig/ *Pitz* Rn. 19;
aA für § 39 Abs. 1 SortSchG Leßmann/Würtenberger SortenschutzR § 7 Rn. 242).

Die Tatbestandsalternative des Inverkehrbringens erfüllt nur der Veräußerer, nicht der Erwerber
(BGHZ 100, 249 (250 f.)). Dessen Beteiligung stellt eine notwendige Teilnahme dar mit der Folge, dass
der Erwerber auch unter dem Gesichtspunkt der Teilnahme an der Tat des Veräußerers straflos bleibt,
soweit er nicht über die notwendige Teilnahme hinaus tätig wird (vgl. allg. Fischer StGB Vor § 25
Rn. 7).

Zur Annahme mittelbarer Täterschaft bei vorsätzlich patentverletzender Lieferung an arglose Abnehmer Fitzner/Lutz/Bodewig/ *Pitz* Rn. 20.

F. Konkurrenzen

Die **konkurrenz**rechtliche Beurteilung richtet sich nach allgemeinen Regeln. Neben den Tatbestän- 63
den des Kernstrafrechts ist bei der Prüfung auch an diejenigen der §§ 17–19 UWG zu denken (Busse/
Keukenschrijver/ *Keukenschrijver* Rn. 26). Da ein und dieselbe Ware durch mehrere gewerbliche Schutzrechte geschützt sein kann, sind auch die dafür jeweils einschlägigen Strafvorschriften, insbes. § 25
GebrMG, § 51 DesignG und §§ 143 ff. MarkenG, in Betracht zu ziehen (Wabnitz/Janovsky WirtschaftsStR–HdB/ *Möller* Kap. 17 Rn. 16 f.). Soweit die verschiedenen Schutzrechte ein und dieselbe
Erfindung schützen – was insbes. im Verhältnis zwischen Patent und Gebrauchsmuster und zwischen
nationalem und europäischem Patent der Fall sein kann – wird die tateinheitliche Verwirklichung
mehrerer Tatbestände nicht strafschärfend berücksichtigt werden dürfen (Benkard PatG/ *Grabinski*/ *Zülch*
Rn. 18 aE; Busse/Keukenschrijver/ *Keukenschrijver* Rn. 36).

Dass die Verwirklichung verschiedener Tatbestandsalternativen des § 142 Abs. 1 S. 1 Nr. 1 in Bezug 64
auf das gleiche Erzeugnis unter dem Gesichtspunkt der **Bewertungseinheit** zu einer Tat im Rechtssinne
zusammengefasst werden müsste (Benkard PatG/ *Grabinski*/ *Zülch* Rn. 18), erscheint als zweifelhaft.
Weder die Tatbestandsalternative des Anbietens noch die des Inverkehrbringens fassen – anders als die
des Handeltreibens im Betäubungsmittelstrafrecht – sämtliche auf den Güterumsatz mit dem patentverletzenden Erzeugnis gerichteten Handlungen zu einer einheitlichen Tat zusammen. Allerdings hat die
Rechtsprechung eine Bewertungseinheit von Erwerb und Veräußerung auch bei den Absatzdelikten des
Betäubungsmittelstrafrechts (Veräußern und Abgeben) bejaht (BGH NStZ 1997, 243; BGH StV 1997,
636 f.; 431). Dies stößt jedoch wegen der fehlenden Anbindung an die Handlungsbeschreibung des
gesetzlichen Tatbestands auf Bedenken (vgl. näher LK–StGB/ *Rissing-van Saan* StGB Vor § 52 Rn. 45;
MüKoStGB/ *v. Heintschel-Heinegg* StGB § 52 Rn. 44). Vielmehr dürften die Tatbestandsalternativen des
Einführens oder Besitzens im Falle der Verwirklichung des vom Täter beabsichtigten Zwecks als Durchgangsdelikte (vgl. LK–StGB/ *Rissing-van Saan* StGB Vor § 52 Rn. 131 ff.) subsidiär zu denen des Anbietens, Inverkehrbringens oder Gebrauchens sein.

G. Verfahrensrecht

I. Strafantrag (Abs. 4)

Für den Grundtatbestand ist der **Strafantrag** Prozessvoraussetzung, es sei denn, dass die Strafver- 65
folgungsbehörde wegen des **besonderen öffentlichen Interesses** an der Strafverfolgung ein Einschreiten von Amts wegen für geboten hält (vgl. z Einzelheiten d. Prüfung Fischer StGB § 230 Rn. 3 ff.).
Nach Nr. 261a RiStBV ist das besondere öffentliche Interesse insbes. dann anzunehmen,

„wenn der Täter einschlägig vorbestraft ist, ein erheblicher Schaden droht oder eingetreten ist, die Tat den
Verletzten in seiner wirtschaftlichen Existenz bedroht oder die öffentliche Sicherheit oder die Gesundheit der
Verbraucher gefährdet ist".

Für den Strafantrag gelten die allgemeinen Regeln der §§ 77 ff. StGB. Antragsberechtigt als Verletzter 66
ist der Inhaber des Schutzrechts. Bei Wechsel der Inhaberschaft ist nach § 30 Abs. 3 S. 2 die Eintragung
in das Patentregister maßgeblich für die Antragsberechtigung. Mängel der Eintragung können aber
jedenfalls bis zum Ablauf der Antragsfrist geheilt werden (RG Bl f. PMZ 1911, 29 (30); weitergehend
Reimer SortG, 2. Aufl. 1958, § 49 Rn. 4: bis zur Hauptverhandlung; aA Klauer/Möhring/ *Hesse* § 49
Anm. 6). Bei Übertragung der Ausübung durch Erteilung einer ausschließlichen Lizenz oder eines
Nießbrauchs ist Verletzter (auch oder sogar ausschließlich) der Lizenznehmer oder Nießbraucher (RGSt
11, 266 (267)). Antragsberechtigt ist auch der Insolvenzverwalter des Inhabers (RGSt 35, 149 f.). Für

eine juristische Person, Personengesellschaft oÄ sind deren gesetzliche oder satzungsgemäße Vertreter antragsberechtigt (Fischer StGB § 77 Rn. 2a), bei der oHG aber auch alle anderen Gesellschafter (RGSt 41, 103 f.), auch noch nach Eintritt in die Liquidation (RGSt 41, 377 (379 f.)). Vertretung in der Erklärung wie gewillkürte Vertretung im Willen ist möglich (Fischer StGB § 77 Rn. 21 f.). Zur Strafantragstellung durch einen ausländischen Verletzten vgl. die ausdrückliche Regelung in § 25 Abs. 1.

67   Der Qualifikationstatbestand des § 142 Abs. 2 ist **Offizialdelikt** (OLG Celle wistra 2010, 494). Hier ist das öffentliche Interesse an der Strafverfolgung schon wegen des erhöhten Unrechts- und Schuldgehalts, aber auch wegen der hier regelmäßig eintretenden großen Schäden für die Volkswirtschaft gegeben (so d. Begr. d. GE d. BReg z PrPG, BT-Drs. 11/4792, 25).

II. Privatklage

68   Der Grundtatbestand – nicht aber die Qualifikation nach Abs. 2 (OLG Celle wistra 2010, 494) – ist nach § 374 Abs. 1 Nr. 8 StPO **Privatklagedelikt.** Die Staatsanwaltschaft erhebt die öffentliche Klage nur, wenn dies im **öffentlichen Interesse** liegt (§ 376 StPO; → Rn. 36), und verweist den Verletzten ansonsten auf den Privatklageweg. Nach Nr. 261 RiStBV ist das öffentliche Interesse in der Regel zu bejahen,

„wenn eine nicht nur geringfügige Schutzrechtsverletzung vorliegt. Zu berücksichtigen sind dabei insbesondere das Ausmaß der Schutzrechtsverletzung, der eingetretene oder drohende wirtschaftliche Schaden und die vom Täter erstrebte Bereicherung."

Im Wege der Privatklage kann auch die **selbstständige** Anordnung der **Einziehung** nach § 76a StGB verfolgt werden, § 440 StPO.

III. Nebenklage

69   Sowohl Grundtatbestand als auch Qualifikation sind nebenklagefähig, § 395 Abs. 1 Nr. 6 StPO.

IV. Adhäsionsverfahren

70   Die Verfolgung zivilrechtlicher Ansprüche im Adhäsionsverfahren nach §§ 403 ff. StPO ist möglich (sa § 142 Abs. 5 S. 3), jedoch wegen der ausschließlichen Zuständigkeit der Landgerichte nach § 143 Abs. 1 nicht im Strafverfahren vor dem AG (Löwe/Rosenberg/*Hilger* StPO § 403 Rn. 16; *Rieß/Hilger* NStZ 1987, 145 (156), Fn. 244; *Köckerbauer* NStZ 1994, 305 (306); aA *Lührs* GRUR 1994, 264 (267); *Hansen/Wolff-Rojczyk* GRUR 2009, 644 (646); offen gelassen bei Busse/Keukenschrijver/*Keukenschrijver* Rn. 49; und damit wegen § 25 Nr. 1 GVG hier auch nicht im Privatklageverfahren. Dagegen schließt eine Zuständigkeitskonzentration für Zivilverfahren nach § 143 Abs. 2 die Zuständigkeit der Wirtschaftsstrafkammer eines anderen Landgerichts zur Durchführung des Adhäsionsverfahrens nicht aus (*Hansen/Wolff-Rojczyk* GRUR 2009, 644 (646); anders als Voraufl. zweifelnd jetzt auch Busse/Keukenschrijver/*Keukenschrijver* Rn. 49); denn die Wirtschaftsstrafkammer ist wegen § 74c Abs. 1 S. 1 Nr. 1 GVG ebenfalls ein für Patentverletzungssachen zuständiger Spezialspruchkörper.

V. Wiederaufnahme

71   Die nachträgliche, **ex-tunc** wirkende Vernichtung, der Widerruf oder die Beschränkung des Schutzrechts, das die abgeurteilte Verletzungsform nun nicht mehr deckt, ist Wiederaufnahmegrund nach § 359 Nr. 5 StPO (Benkard PatG/*Grabinski/Zülch* Rn. 3; Busse/Keukenschrijver/*Keukenschrijver* Rn. 54; Fitzner/Lutz/Bodewig/*Pitz* Rn. 8; Achenbach/Ransiek/Rönnau WirtschaftsStR-HdB/*Nentwig* Teil 11 Kap. 2 Rn. 20).

VI. Tenorierung

72   Im Verurteilungsfall ist in die Urteilsformel eine die jeweilige Verwirklichungsform möglichst genau charakterisierende **rechtliche Bezeichnung** der Tat aufzunehmen, also nicht nur „Vergehen gegen das Patentgesetz", sondern zB „Herstellen eines Erzeugnisses, das Gegenstand eines Patents ist" (vgl. Meyer-Goßner/Schmitt/*Appl*, Die Urteile in Strafsachen, 29. Aufl. 2014, Rn. 42). Auch die Verwirklichung des Qualifikationstatbestands ist durch Aufnahme des Adjektivs **„gewerbsmäßig"** in die rechtliche Bezeichnung der Tat zu kennzeichnen (Meyer-Goßner/Schmitt/*Appl*, Die Urteile in Strafsachen, 29. Aufl. 2014, Rn. 48).

H. Einziehung; Verfall

I. Einziehung

73   Die **Einziehung** von Gegenständen, die durch die Tat hervorgebracht oder zu ihrer Begehung oder Vorbereitung gebraucht worden oder bestimmt gewesen sind, und ihrer Surrogate richtet sich nach

§§ 74 ff. StGB. Diese Vorschriften gelten aber nicht für **Beziehungsgegenstände,** die nicht Werkzeuge für oder Produkte der Tat gewesen sind, sondern deren notwendiger Gegenstand selbst (BGHSt 10, 28 (29 f.); → StGB § 74 Rn. 21). Für Handelswaren, die Gegenstand einer Tat nach § 142 Abs. 1 gewesen sind, ohne dass der Täter sie gebraucht oder hervorgebracht hat – was alle Tatbestandsalternativen außer der des Herstellens betrifft –, bringt **Abs. 5 S. 1** eine entsprechende Erweiterung der Einziehungsmöglichkeit. Auch für die Einziehung von Beziehungsgegenständen gelten wegen § 74 Abs. 4 StGB die Voraussetzungen des § 74 Abs. 2, 3 StGB; § 142 Abs. 5 S. 2 eröffnet aber die **erweiterte** Möglichkeit einer **Dritteinziehung** nach § 74a StGB. Soweit dem Vernichtungs- oder Rückrufanspruch des Verletzten aus § 140a im Adhäsionsurteil stattgegeben wird, unterbleibt die Einziehung, § 142 Abs. 5 S. 3.

Die Einziehung kann auch im objektiven Verfahren nach § 76a StGB, § 440 StPO erfolgen.

II. Verfall

Die Anordnung des **Verfalls** des aus der Tat Erlangten, der gezogenen Nutzungen und Surrogate **74** richtet sich nach den allgemeinen Regeln der §§ 73 ff. StGB. Der Verfallsanordnung wird in Patentverletzungsfällen regelmäßig § 73 Abs. 1 S. 2 StGB entgegenstehen *(Hansen/Wolff-Rojczyk* GRUR 2007, 468 (472)).

III. Maßnahmen der Zollbehörden

Umfangreiche Spezialregelungen über Beschlagnahme und Einziehung patentverletzender Erzeug- **75** nisse durch die Zollbehörden enthält § 142a (zu Einzelheiten vgl. Benkard PatG/*Grabinski/Zülch* § 142a Rn. 2 u. 16 ff.; Fitzner/Lutz/Bodewig/*Voß* § 142a Rn. 2 u. 12 ff.). Diese sind nachrangig gegenüber den inhaltlich ähnlichen gemeinschaftsrechtlichen Regelungen nach der VO (EG) Nr. 1383/2003 des Rates v. 22.7.2003 (ABl. 2003 L 196, 7 – inzwischen ersetzt durch die VO (EU) Nr. 608/2013 v. 12.6.2013, ABl. 2013 L 151, 15) iVm dem im Jahr 2008 eingefügten § 142b.

I. Bekanntmachung der Verurteilung (Abs. 6)

Die Bekanntmachung der Verurteilung kann nur angeordnet werden, wenn auf Strafe gegen einen **76** Erwachsenen oder einen nicht nach Jugendstrafrecht behandelten Heranwachsenden (§§ 6 Abs. 1 S. 2, 105 Abs. 1 JGG) erkannt wird. Voraussetzung ist ein Antrag des Verletzten; für die Antragsberechtigung gilt das zu → Rn. 66 Ausgeführte entsprechend. Das Übergehen des Antrags kann mit der Revision beanstandet werden, allerdings wegen § 400 Abs. 1 StPO nicht vom Nebenkläger (sa d. Begr. d. GE d. BReg z PrPG, BT-Drs. 11/4792, 26; zur Bekanntmachung durch das Revisionsgericht selbst vgl. BGHSt 3, 73 (76)). Weitere Voraussetzung ist die Darlegung eines berechtigten Interesses, das insbes. bei Marktverwirrung, durch die Tat hervorgerufener Unsicherheit bei den Abnehmern und einer daraus folgenden Beeinträchtigung und Entwertung des Schutzrechts zu bejahen sein wird (Benkard PatG/*Grabinski/Zülch* Rn. 21; zu § 39 Abs. 6 SortSchG auch Leßmann/Würtenberger SortenschutzR § 7 Rn. 255). Liegen diese Voraussetzungen vor, steht dem Gericht kein Ermessen zu. Umfang und Art der Bekanntmachung sind im Urteil zu bestimmen, Abs. 6 S. 2 (z Einzelheiten vgl. Fischer StGB § 200 Rn. 4 ff.). Nach Nr. 261b S. 1 RiStBV hat der Staatsanwalt darauf hinzuwirken, dass der Name des Verletzten in die Urteilsformel aufgenommen wird. Die Vollziehung der Anordnung erfolgt nur auf – fristgebundenes – Verlangen des Verletzten, § 463c Abs. 2 StPO. Vgl. zu den Aufgaben der Vollstreckungsbehörde iÜ Nr. 261b S. 2 RiStBV, § 59 StVollstrO.

600. Pfandbriefgesetz (PfandBG)

Vom 22.5.2005 (BGBl. I S. 1373) FNA 7628-8

Zuletzt geändert durch Art. 5 AbwicklungsmechanismusG6 vom 2.11.2015 (BGBl. I S. 1864)

– Auszug –

Literatur: *Bundesanstalt für Finanzdienstleistungen (BaFin)*, Jahresbericht 2007; *Bundesanstalt für Finanzdienstleistungen (BaFin)*, Jahresbericht 2008; *Bundesanstalt für Finanzdienstleistungen (BaFin)*, Jahresbericht 2015; *Bellinger/Kerl*, Hypothekenbankgesetz, Kommentar, 4. Aufl. 1995 (zitiert Bellinger/Kerl); *Habersack/Mülbert/Schlitt* (Hrsg.), Unternehmensfinanzierung am Kapitalmarkt, 3. Aufl. 2013 (zitiert Habersack/Mülbert/Schlitt Unternehmensfinanzierung/*Bearbeiter*); *Koppmann*, Die besondere Sicherheit des Pfandbriefs in der Insolvenz der Pfandbriefbank, WM 2006, 305; *Schimansky/Bunte/Lwowski* (Hrsg.), Bankrechts-Handbuch, 4. Aufl. 2011 (zitiert Schimansky/Bunte/Lwowski BankR-HdB/*Bearbeiter*); *Smola*, PfandBG, 2. Aufl. 2014; *Verband deutscher Pfandbriefbanken (vdp)* (Hrsg.), Der Pfandbrief 2008/2009; *Verband deutscher Pfandbriefbanken (vdp)* (Hrsg.), Der Pfandbrief 2014/2015.

Vorbemerkung

A. Pfandbriefgesetz

1   Das Pfandbriefgesetz **(PfandBG)** v. 22.5.2005 (BGBl. I 1373), das am 19.7.2005 in Kraft trat, regelt das **Pfandbriefgeschäft.** Es handelt sich um ein Bankgeschäft (§ 1 Abs. 1 Nr. 1a KWG), das in der Ausgabe von gedeckten Schuldverschreibungen (Covered Bonds) unter der Bezeichnung **Hypothekenpfandbriefe, Öffentliche Pfandbriefe, Schiffspfandbriefe** und **Flugzeugpfandbriefe** besteht (vgl. § 1 Abs. 1 S. 2 Nr. 1–4, Abs. 3). Das PfandBG enthält neben Regelungen zu Anwendungsbereich, Erlaubnis und Aufsicht (§§ 1–3) spezielle Vorschriften zur Pfandbriefemission (§§ 4–11), zu Deckungswerten (§§ 12–26f.), zum Pfandbriefgeschäft (§§ 27, 28), zu Arrest, Zwangsvollstreckung und Insolvenz (§§ 29–36a), zu Rechtsbehelfen und Zuwiderhandlungen (§§ 37–40) sowie Schlussvorschriften (§§ 41–53).

2   **Vorgänger** des PfandBG waren das Hypothekenbankgesetz v. 13.7.1899 (HBG), das Gesetz über die Pfandbriefe und verwandten Schuldverschreibungen öffentlich-rechtlicher Kreditanstalten v. 21.12.1927 (ÖPG) sowie das Gesetz über Schiffspfandbriefbanken v. 14.3.1933 (SchBkG). **Anlass** für die Ablösung durch das PfandBG und die Vereinheitlichung der Rechtsgrundlagen für Hypothekenpfandbriefe, Öffentliche Pfandbriefe und Schiffspfandbriefe gab der **Wegfall von Anstaltslast und Gewährträgerhaftung** für Sparkassen und Landesbanken zum 19.7.2005, der eine umfassende Neuordnung des Pfandbriefwesens erforderlich machte (RegE BT-Drs. 15/4321, 26). Die staatlichen Garantien hatten den begünstigten Kreditinstituten Wettbewerbsvorteile in Form niedrigerer Refinanzierungskosten gewährt und wurden deshalb durch Klage der EU-Kommission vom April 2000 vor dem EuGH als eine unzulässige Beihilfe angegangen, die als Wettbewerbsverzerrung gegen Art. 87 EGV (heute Art. 107 AEUV) verstößt. Die sog **Brüsseler Konkordanz** v. 17.7.2001 sah als Kompromiss die Abschaffung der Staatsgarantien nach einer Übergangszeit vor (näher Schimansky/Bunte/Lwowski BankR-HdB/*Stöcker* § 87 Rn. 8).

3   Das PfandBG wurde seit der Einführung mehrfach geändert, um es fortzuentwickeln und neuen EU-Richtlinien anzupassen. So brachte das Gesetz zur Fortentwicklung des Pfandbriefrechts **(PfandBG-Novelle 2009)** v. 20.3.2009 (BGBl. I 607) mWv 26.3.2009 nicht nur Maßnahmen zur weiteren Verbesserung der Pfandbriefqualität – insbes. auf Anregung der BaFin die Einführung eines gesetzlichen Mindest-Liquiditätspuffers von 180 Tagen (vgl. *BaFin,* Jahresbericht 2008, 111) – sowie verwaltungstechnische Erleichterungen, sondern eröffnete vor allem die Möglichkeit der Emission von **Flugzeugpfandbriefen.** Das **Gesetz zur Umsetzung der geänderten Bankenrichtlinie** und der **geänderten Kapitaladäquanzrichtlinie** v. 19.11.2010 (BGBl. I 1592) führte mWv 25.11.2010 zu redaktionellen Änderungen und stärkte die Stellung des Sachwalters im Falle der Insolvenz einer Pfandbriefbank. Die **Deckungsmasse** wird nunmehr als Teilbank der insolventen Pfandbriefbank begriffen, so dass der Sachwalter als Leiter eines Kreditinstitutes auftreten kann.

3a   Mit dem **Restrukturierungsgesetz** v. 9.12.2010 wurde § 36a mWv 1.1.2011 eingeführt, um klarzustellen, dass im Falle der Reorganisation oder Restrukturierung der Pfandbriefbank für das Pfandbriefgeschäft die (schützenden) §§ 29–36 anzuwenden sind (RegE BT-Drs. 15/4321, 84). Das **CRD-IV-Umsetzungsgesetz** v. 28.8.2013 (BGBl. I 3395) hatte wesentliche Änderungen zur Folge. So wurde ua § 4a geändert, der die Relevanz von **Umschuldungsklauseln** in den Emissionsbedingungen öffentlicher Anleihen für die Deckungsfähigkeit von Pfandbriefen regelt, und außerdem wurden Erweiterungen der Transparenzangaben (§ 28) und Änderungen beim Sachwalter vorgenommen. Die Einrichtung des **Einheitlichen Aufsichtsmechanismus** bei der EZB (Single Supervisory Mechanism – SSM) dürfte weiteren Änderungsbedarf zur Folge haben, da zum Schutz der Pfandbriefgläubiger sicherzustellen ist, dass die besondere öffentliche Aufsicht umfassend in der Zuständigkeit der BaFin verbleibt, selbst wenn die Pfandbriefbanken künftig der Solvenzaufsicht durch den SSM unterliegen (vgl. *BaFin,* Jahresbericht 2013, 81 f.).

B. Pfandbriefstrafrecht

Das Pfandbriefstrafrecht (iwS) wird durch die Strafvorschrift des § 38 und die Bußgeldvorschrift des **4** § 39 konstituiert, die schwere Zuwiderhandlungen gegen Vorschriften des PfandBG sanktionieren. Diese Vorschriften entsprechen § 37, § 38 HBG aF, § 38, § 39 SchBkG aF (RegE BR-Drs. 15/4321, 37). Ergänzend erklärt **§ 40** – entsprechend § 39a HBG aF, § 41 Abs. 1 SchBkG aF – die BaFin zur zuständigen Verwaltungsbehörde für das Bußgeldverfahren. Besondere Regelungen zur Strafbarkeit des Treuhänders, die früher § 36 HBG aF – ein Spezialtatbestand der Untreue – vorgesehen hatte (hierzu Bellinger/Kerl HBG § 37 Rn. 2 ff.), sind auch im PfandBG nicht mehr vorhanden, da sich die Strafbarkeit aus dem allgemeinen Untreuetatbestand (§ 266 StGB) ergibt.

C. Pfandbriefsystem

Das Pfandbriefsystem, das seinen **Ursprung** in einer „Cabinets-Ordre" Friedrichs des Großen im Jahr **5** 1769 hat, mit der die Geldnot nach dem siebenjährigen Krieg behoben werden sollte (Habersack/ Mülbert/Schlitt Unternehmensfinanzierung/*Hagen* § 23 Rn. 4), ist für den Finanzplatz Deutschland **von systemischer Bedeutung.** Pfandbriefe haben eine **Schlüsselrolle** am Markt für gedeckte Schuldverschreibungen (covered bonds) (*vdp,* Der Pfandbrief 2014/15, 25). Vor der schweren Finanzkrise, die im Jahre 2007 durch außerordentlich hohe Verluste im US-Subprimegeschäft ausgelöst worden war, hatten deutsche Pfandbriefe einen Anteil von 44 % am **globalen Covered Bond Markt** (BT-Drs. 16/ 11130, 26) und stellten dort nicht nur das größte Segment, sondern verfügten im Vergleich zu anderen Covered Bonds (zB Spanische Cedulas, UK Structured Covered Bonds) auch über die besten Refinanzierungskonditionen. Diese Sonderstellung, in der sich die hohe Sicherheit von Pfandbriefen widerspiegelt, kam zudem darin zum Ausdruck, dass die Finanzkrise das Pfandbriefgeschäft im Jahr 2008 zunächst nur leicht beeinträchtigen konnte und es erst im weiteren Verlauf – vorübergehend – zu starken Einbrüchen kam (*BaFin,* Jahresbericht 2008, 119). Es überrascht daher nicht, dass der Pfandbrief als das **„Vorzeigeprodukt"** des Finanzplatzes Deutschland gilt (vgl. *Koppmann* WM 2006, 305; Schimansky/ Bunte/Lwowski BankR-HdB/*Stöcker* § 87 Rn. 1, 119: „Finanzprodukt par excellence"; „Benchmark für die Gesetzgebung zu Covered Bonds") und heute in den meisten europäischen Rechtsordnungen wieder Gesetze über pfandbrieffähnliche Produkte existieren (Schimansky/Bunte/Lwowski BankR-HdB/*Stöcker* § 87 Rn. 3).

Die **Größe des Pfandbriefmarktes** nimmt allerdings seit Jahren ab, auch wenn Deutschland **5a** weiterhin das Land mit dem höchsten Gesamtvolumen ist (*vdp,* Der Pfandbrief 2014/15, 35). Waren im Jahr 2007 noch Pfandbriefe im Nennwert von 888,6 Mrd. EUR im Umlauf, davon als „Jumbopfandbriefe" (dh als Einzelemissionen von mind. 1 Mrd. EUR) im Nennwert von 312,4 Mrd. EUR, betrug das Gesamtvolumen Ende März 2014 nur noch 435,5 Mrd. EUR. Hierbei entfielen auf Namenspfandbriefe 47,8 %, auf „Benchmark-Pfandbriefe" (Einzelemissionen von mind. 500 Mio. EUR) 25,7 % und auf „Sub-Benchmark-Pfandbriefe" 26,5 %. Im Jahr 2015 betrug der Erstabsatz von Hypothekenpfandbriefen (incl. Schiffs- und Flugzeugpfandbriefen) 42,6 Mrd. EUR und von Öffentlichen Pfandbriefen 15,5 Mrd. EUR, also insgesamt nur 58,1 Mrd. EUR (vgl. *BaFin,* Jahresbericht 2015, 151). Die **Gründe für den Rückgang** sind vor allem in der strukturellen Veränderung der Staatsfinanzierung und der damit verbundenen Verringerung der Emission Öffentlicher Pfandbriefe zu erblicken, darüber hinaus machen aber auch immer engere Spreads und geringere Renditen die Anlage und den Handel mit hochwertigen Schuldtiteln zu einer „ziemlichen Herausforderung"; für viele Anleger steht das andauernde Niedrigzinsumfeld in deutlichem Gegensatz zu ihren Renditezielen (*vdp,* Der Pfandbrief 2014/ 15, 26). Die wichtigste Investorengruppe waren 2014 (Januar bis Mai) Banken (59,9 %), gefolgt von Fonds (22,8 %), Zentralbanken (12,4 %) und Versicherungen (3,7 %), wobei deutsche Anleger mit etwa 70 % die größte Käufergruppe darstellten (*vdp,* Der Pfandbrief 2014/15, 25 f.). In **jüngerer Zeit** stößt vor allem der Einsatz Öffentlicher Pfandbriefe zur Refinanzierung staatlich garantierter Exportfinanzierungen auf Interesse (*BaFin,* Jahresbericht 2015, 123).

Das hohe Vertrauen in den Pfandbrief resultiert aus der **hohen Sicherheit des Pfandbriefsystems,** **6** dem das KWG und das PfandBG einen soliden Rahmen geben (Habersack/Mülbert/Schlitt Unternehmensfinanzierung/*Hagen* § 23 Rn. 7 ff.). So darf das Pfandbriefgeschäft nur von **Pfandbriefbanken** betrieben werden, dh Kreditinstituten, deren Geschäftsbetrieb das Pfandbriefgeschäft umfasst (§ 1 Abs. 1 S. 1). Das Betreiben des Pfandbriefgeschäfts setzt die **schriftliche Erlaubnis** nach § 32 Abs. 1 KWG durch die BaFin voraus (vgl. § 2 Abs. 1 S. 1); ausgeschlossen ist damit der Betrieb einer Pfandbriefbank in der Rechtsform des Einzelkaufmanns (vgl. § 2b Abs. 1 KWG). Pfandbriefbanken werden deshalb in der Praxis nur durch Kapitalgesellschaften (zB Eurohypo AG), eingetragene Genossenschaften (Münchener Hypothekenbank eG), Anstalten des öffentlichen Rechts (zB Sparkasse KölnBonn) und Körperschaften des öffentlichen Rechts (zB Landesbank Baden-Württemberg) betrieben. Zusätzlich sind **strenge Anforderungen** zu erfüllen (vgl. iE § 2 Abs. 1 S. 2 Nr. 1–5), die eine hohe Bonität und den ernsthaften Betrieb des Pfandbriefgeschäfts sicherstellen: Kernkapital von mindestens 25 Mio. EUR; Erlaubnis für das Kreditgeschäft; Risikomanagementsystem; Nachweis des Vorhabens des regelmäßigen und nachhaltigen Betriebs mit einem Geschäftsplan; angemessener organisatorischer Aufbau und angemessene Ausstattung. Im Jahre 2015 besaßen – wie im Vorjahr – lediglich 80 Kreditinstitute eine derartige Erlaubnis (*BaFin,* Jahresbericht 2015, 132). Zudem werden die Pfandbriefbanken durch die BaFin, die zwei „Pfandbriefkompetenzcenter" (I: Grundsatzfragen; II: Deckungsprüfungen) eingerichtet hat (Schimansky/Bunte/Lwowski BankR-HdB/*Stöcker* § 87 Rn. 13), **besonders geprüft und beaufsichtigt** (vgl. § 3).

7   **Pfandbriefe** sind mündelsicher und weisen idR die höchste Bonitätsbewertung (AAA) auf. Als Bankschuldverschreibungen mit regelmäßigen Zinszahlungen, verfügen sie über eine **hohe Insolvenzfestigkeit** (Habersack/Mülbert/Schlitt Unternehmensfinazierung/*Hagen* § 23 Rn. 31 ff.; *Koppmann* WM 2006, 305; Schimansky/Bunte/Lwowski BankR-HdB/*Stöcker* § 87 Rn. 61 ff.). Im Fall der Insolvenz der Pfandbriefbank steht den Pfandbriefgläubigern mit der Gesamtheit der in das Deckungsregister eingetragenen Deckungswerte zusätzlich eine **Deckungsmasse** als rechtlich unselbstständiges Sondervermögen zur Verfügung (vgl. §§ 12 ff.), aus der diese gesondert und vorrangig befriedigt werden (**Trennungsprinzip,** vgl. § 30 Abs. 1). Diese Deckungsmasse ist von hoher Qualität, da sie sich aus Darlehen zusammensetzt, die mit Forderungen gegen staatliche Stellen besichert sind bzw. nur bis zur Höhe von 60 % des jeweiligen Beleihungswerts der Immobilien, Schiffe oder Flugzeuge zur Deckung benutzt werden dürfen (**Vorsichtsprinzip).** Der Beleihungswert wird hierbei anhand der durch die BaFin erlassenen Beleihungswertermittlungsverordnung (**BelWertV**) v. 12.5.2006 (BGBl. I 1175) konservativ festgesetzt. Die Pfandbriefbank muss die **jederzeitige Deckung** sicherstellen (iE § 5). Vorgeschrieben ist nicht nur Deckungskongruenz, sondern es muss ua eine sichernde Überdeckung von 2 % bestehen. Die **Einhaltung** der strengen Deckungsvorgaben überwacht ein unabhängiger Treuhänder (§§ 7 ff.). Zusätzlich erfolgt stichprobenartig und regelmäßig alle zwei Jahre eine Deckungsprüfung durch die BaFin (iE § 3). Die hohe Insolvenzfestigkeit zeigt sich auch daran, dass die Pfandbriefe im Fall der Insolvenz der Pfandbriefbank nicht vorzeitig fällig werden und gerichtlich ein Sachwalter bestellt wird (iE § 30 Abs. 2). Nur dann, wenn während der Sachverwaltung die Deckungsmasse ebenfalls insolvent werden sollte, wird über deren Vermögen auf Antrag der BaFin ein gesondertes Insolvenzverfahren eröffnet (vgl. § 30 Abs. 6 S. 2).

8   Als Folge dieser traditionell **starken Sicherungen** des Pfandbriefsystems ist – trotz Kriegen, Weltkriegen und Wirtschaftskrisen – noch nie ein deutscher Pfandbrief ausgefallen. Der bislang einzige Konkurs einer Pfandbriefbank datiert auf das Jahr 1900 (*Koppmann* WM 2006, 305). Im Jahr 2008 gerieten – freilich nicht wegen des Pfandbriefgeschäfts – im Zuge der **schweren Finanzkrise** zwei Pfandbriefemittenten in erhebliche Schieflage und mussten (Düsseldorfer Hypothekenbank AG) mittels Übernahme durch die private Kreditwirtschaft bzw. (Hypo Real Estate-Gruppe) mit staatlichen Garantiezusagen in dreistelliger Milliardenhöhe und mit direkten Hilfen aus dem im Oktober 2008 eingerichteten Finanzmarktstabilisierungsfonds (Sonderfonds Finanzmarktstabilisierung – SoFFin) gerettet werden (*BaFin,* Jahresbericht 2008, 117; Tiedemann WirtschaftsStR BT Rn. 315a). Seit dem Jahr 2010 hat die **europäische Staatsschuldenkrise** die Bilanzen und die Risikotragfähigkeit der Institute belastet. Im Jahr 2013 ließen zwar die Anspannungen an den internationalen Finanzmärkten nach, allerdings verstärkte das anhaltend niedrige Zinsniveau die Ertragsschwäche der vornehmlich auf dem Gebiet der Staatsfinanzierung tätigen Pfandbriefbanken; zudem bestanden erhöhte sektorale Kreditrisiken, etwa infolge stark gesunkener Fracht- und Charterraten im Schiffsfinanzierungsgeschäft. Im Jahr 2015 stieg erstmals seit dem Jahr 2008 der Pfandbriefabsatz (*BaFin,* Jahresbericht 2015, 150).

D. Pfandbriefkriminalität

9   In der **gerichtlichen Praxis** haben die §§ 38–39 **bislang keine Bedeutung** erlangt. Straf- und Bußgeldverfahren sind nicht bekannt. **Grund** hierfür dürfte neben den strengen gesetzlichen Regelungen vor allem die regelmäßige Deckungsprüfung durch die BaFin sein, die Verstöße effektiv vorbeugt (Achenbach/Ransiek/Rönnau WirtschaftsStR-HdB/*Schröder* Teil 10 Kap. 3 Rn. 176). So führt die BaFin für das Jahr 2007 (*BaFin,* Jahresbericht 2007, 130) an, dass die Pfandbriefbanken das Deckungsgeschäft „im Wesentlichen ordnungsgemäß handhaben"; in Einzelfällen hätten sich Beanstandungen bei der Beleihungswertermittlung ergeben, die auch zu Deckungskorrekturen führten, wobei es aber wegen der (sichernden) Überdeckung zu keinen Problemen bei der Deckungskongruenz gekommen sei. Auch im Jahr 2008 gab es Beanstandungen seitens der BaFin, Bußgelder wurden jedoch nicht verhängt (*BaFin,* Jahresbericht 2008, 130). Im Jahr 2013 nahm die BaFin 13 gesetzlich bedingte Deckungsprüfungen vor, wobei es offenbar zu keinen Beanstandungen kam (vgl. *BaFin,* Jahresbericht 2015, 153). Verstöße gegen das PfandBG dürften daher in der Praxis zwar – wohl vor allem in Krisenzeiten – vorkommen, haben aber bislang in keinem Fall die Schwelle der §§ 38, 39 erreicht. Das Pfandbriefstrafrecht hat somit bislang vor allem eine **Appell-, Warn- und Abschreckungsfunktion** (vgl. auch Smola Rn. 1).

§ 38 Strafvorschriften

Mit Freiheitsstrafe bis zu einem Jahr oder mit Geldstrafe wird bestraft, wer
1. **entgegen § 4 Abs. 7 Satz 1 Pfandbriefe in den Verkehr bringt,**
2. **wissentlich entgegen § 4 Abs. 7 Satz 2 über einen dort genannten Wert verfügt oder**
3. **entgegen § 5 Abs. 1 Satz 3 einen Ersatzwert nicht oder nicht rechtzeitig in das Deckungs-register einträgt.**

A. Allgemeines

Die Strafvorschrift des § 38 erfasst drei verschiedene Arten von **Verstößen gegen Vorschriften des** 1
PfandBG, die die Deckungskongruenz betreffen und das Pfandbriefsystem gefährden.

§ 38 schützt das **Vermögen** der Erwerber von Pfandbriefen (Achenbach/Ransiek/Rönnau Wirt- 2
schaftsStR-HdB/*Schröder* Teil 10 Kap. 3 Rn. 176; Wabnitz/Janovsky WirtschaftsStR-HdB/*Knierim*
Kap. 10 Rn. 303) und bezweckt damit den Individualschutz der Anleger. Zugleich wird der Schutz des
Vertrauens in die Sicherheit des Pfandbriefs gewährleistet, dh das **Pfandbriefsystem** geschützt (Kollek-
tivschutz), das für den Finanzplatz Deutschland von systemischer Bedeutung ist (→ Vorb. Rn. 5). § 38 ist
Schutzgesetz iSd § 823 Abs. 2 BGB.

§ 38 ist ein **unechtes Blankettdelikt,** das sowohl **schlichte Tätigkeitsdelikte** (Nr. 1, Nr. 2) als 3
auch ein **echtes Unterlassungsdelikt** (Nr. 3) regelt. In Bezug auf das Schutzgut ist die Vorschrift ein
abstraktes Gefährdungsdelikt, da der Tatbestand weder einen Vermögensschaden noch eine konkrete
Vermögensgefährdung der Anleger voraussetzt. IÜ ist § 38 ein **echtes Sonderdelikt** (→ Rn. 35).

§ 38 hat bislang **keine gerichtspraktische Bedeutung** (→ Vorb. Rn. 9). Wegen Verstößen gegen die 4
Deckungsvorschriften kam es zwar während der Geltung der §§ 11, 12 HBG aF vereinzelt zu Strafverfahren, allerdings wurden diese wegen (Kredit-)Untreue (§ 266 StGB) geführt (krit. Wabnitz/Janov-
sky WirtschaftsStR-HdB/*Knierim* Kap. 10 Rn. 301).

Die **kriminalpolitische Notwendigkeit** des § 38 steht außer Frage, da die Vorschrift bereits im 5
Vorfeld der Vermögensdelikte Schutz bietet und damit einen eigenständigen Anwendungsbereich hat.
Der durch die Vorschrift gewährte Schutz ist für das Pfandbriefsystem von zentraler Bedeutung. § 38
entfaltet vor allem **generalpräventive Wirkung.** Kritisch ist aber anzumerken, dass aus heutiger Sicht
die für § 38 vorgesehene **Strafe** angesichts der systemischen Bedeutung des Pfandbriefsystems (→ Vorb.
Rn. 5) und auch im Vergleich zu anderen Vermögensdelikten **verhältnismäßig niedrig** erscheint.

B. Die Regelungen im Einzelnen

Die **drei Tatalternativen** des § 38 schützen die **Deckungskongruenz** und damit das **zentrale** 6
Qualitätsmerkmal von Pfandbriefen (→ Vorb. Rn. 7).

I. In Verkehr bringen nicht vorschriftsmäßig gedeckter Pfandbriefe (§ 38 Nr. 1)

Bestraft wird nach dem **Tatbestand** des § 38 Nr. 1, wer entgegen § 4 Abs. 7 S. 1 für eine Pfandbrief- 7
bank Pfandbriefe in den Verkehr bringt, deren Betrag nicht durch die im jeweiligen Deckungsregister
eingetragenen Werte vorschriftsmäßig gedeckt ist.

§ 38 Nr. 1 sichert die **Einhaltung der gesetzlichen Deckungsvorgaben.** 8

Als **Täter** kommen nur Personen in Betracht, die **für eine Pfandbriefbank** Pfandbriefe in den 9
Verkehr bringen (Sonderdelikt). Da das Pfandbriefgeschäft von Kreditinstituten betrieben wird, die in
der Rechtsform einer juristischen Person oder Personenvereinigung organisiert sind (→ Vorb. Rn. 6),
können gemäß § 14 StGB nur die **organschaftlichen, gesetzlichen** und **bestimmte gewillkürte**
Vertreter Täter sein. Zum Täterkreis zählen daher neben Vorständen und Geschäftsführern auch
Geschäftsleiter und mit der Ausgabe von Pfandbriefen ausdrücklich betraute, eigenverantwortlich
handelnde Angestellte (insbes. Prokuristen, Handlungsbevollmächtigte) (Bellinger/Kerl HBG § 37
Rn. 9).

Es existieren **vier Pfandbriefgattungen,** denen unterschiedliche Deckungsmassen zugrunde liegen 10
und die unterschiedliche Bezeichnungen tragen (§ 1 Abs. 2 S. 2 Nr. 1–4): Pfandbriefe, Hypothekenpfandbriefe (Deckungsmasse: Hypotheken); Kommunalschuldverschreibungen, Kommunalobligationen,
Öffentliche Pfandbriefe (Deckungsmasse: Forderungen gegen staatliche Stellen); Schiffspfandbriefe
(Deckungsmasse: Schiffshypotheken); Flugzeugpfandbriefe (Deckungsmasse: Registerpfandrechte nach
§ 1 des Gesetzes über Rechte an Luftfahrzeugen oder ausländische Flugzeughypotheken).

Nicht vorschriftsmäßig gedeckt sind die Pfandbriefe, wenn sie die **gesetzlichen Deckungsvor-** 11
gaben (hierzu eing. Schimansky/Bunte/Lwowski BankR-HdB/*Stöcker* § 87 Rn. 16 ff.) **nicht erfüllen:**
Erstens muss die jederzeitige Deckung nach dem Barwert sichergestellt sein (**barwertige Deckung, § 4**
Abs. 1 Hs. 1); maßgebend ist hierbei die aufgrund von § 4 Abs. 6 seitens der BaFin erlassene Pfandbrief-
Barwertverordnung **(PfandBarwertV)** v. 14.7.2005 (BGBl. I 2165). Zweitens muss der Barwert der
eingetragenen Deckungswerte den Gesamtbetrag der zu deckenden Verbindlichkeiten um 2 % über-

steigen **(sichernde Überdeckung)** (§ 4 Abs. 1 Hs. 2); diese Überdeckung muss aus besonders liquiden Vermögenswerten bestehen (iE § 4 Abs. 1 S. 2). Drittens ist zur Sicherung der kurzfristigen Liquidität für die nächsten 180 Tage eine liquide Mindestreserve einzukalkulieren **(Liquiditätsdeckung)** (vgl. iE § 4 Abs. 1a), um sicherzustellen, dass die in den nächsten Monaten fällig werdenden Pfandbriefe zeitgerecht bedient werden können (BT-Drs. 16/11130, 30). Viertens muss der jeweilige Gesamtbetrag der im Umlauf befindlichen Pfandbriefe einer Gattung auch in Höhe des Nennwertes jederzeit durch Werte von mindestens gleicher Höhe gedeckt sein **(nennwertige Deckung,** § 4 Abs. 2). Fünftens müssen, soweit Derivate als Deckung verwendet werden, die Verbindlichkeiten der Pfandbriefbank begründen, auch die Ansprüche der Vertragspartner gedeckt sein **(derivative Deckung,** § 4 Abs. 3).

12   Alle **Deckungswerte,** die zur Deckung der Pfandbriefe sowie der Ansprüche aus Derivaten nach § 4 Abs. 3 verwendet werden, müssen einzeln **im Deckungsregister eingetragen** sein, das für die jeweilige Pfandbriefgattung von der Pfandbriefbank geführt wird (vgl. § 5 Abs. 1 S. 1); es genügt nicht, wenn sie nur im Vermögen der Pfandbriefbank vorhanden sind (vgl. Bellinger/Kerl HBG § 37 Rn. 13). Das Deckungsregister ist für das Pfandbriefsystem von **grundlegender Bedeutung,** da es sicherstellt, dass für jeden Pfandbrief genau zurückverfolgt werden kann, durch welche Vermögenswerte eine Absicherung besteht (Schimansky/Bunte/Lwowski BankR-HdB/*Stöcker* § 87 Rn. 21). **Einzelheiten zu Form und Inhalt** regelt die aufgrund von § 5 Abs. 3 durch die BaFin erlassene Deckungsregisterverordnung **(DeckRegV)** v. 25.8.2006 (BGBl. I 2074 ff.). Danach ist das Deckungsregister in Papierform oder elektronisch zu führen (§ 2 Abs. 1 DeckRegV); es ist vor unberechtigtem Zugriff, Beschädigung und Zerstörung besonders zu schützen (§ 3 DeckRegV); es sind Haupt- und Unterregister zu führen (§ 4 DeckRegV); nachträgliche Änderungen, die grds. unzulässig sind, müssen jederzeit erkennbar sein (§ 5 DeckRegV). Die **Eintragung** der Deckungswerte unterliegt sehr detaillierten Regelungen (iE §§ 8 ff. DeckRegV).

13   **In den Verkehr gebracht** sind Pfandbriefe, wenn sie den Verfügungsbestand der Pfandbriefbank in der Weise verlassen haben, dass ein anderer tatsächlich in die Lage versetzt ist, mit ihnen nach Belieben umzugehen (vgl. Achenbach/Ransiek/Rönnau WirtschaftsStR-HdB/*Schröder* Teil 10 Kap. 3 Rn. 180; Bellinger/Kerl HBG § 37 Rn. 11). Der Begriff ist nicht identisch mit dem des „in Umlauf bringens" (Smola Rn. 2). Das „in den Verkehr bringen" erfolgt idR durch **Veräußerung** der Pfandbriefe, kann aber auch durch **Verpfändung** geschehen (Achenbach/Ransiek/Rönnau WirtschaftsStR-HdB/*Schröder* Teil 10 Kap. 3 Rn. 180; Bellinger/Kerl HBG § 37 Rn. 12). Das **Volumen** der in Verkehr gebrachten Pfandbriefe ist irrelevant. Ein hohes Volumen ist aber iRd Strafzumessung von Bedeutung (Achenbach/Ransiek/Rönnau WirtschaftsStR-HdB/*Schröder* Teil 10 Kap. 3 Rn. 181).

14   Erfasst ist nicht nur die **Erstausgabe** von Pfandbriefen, sondern auch die **Wiederausgabe** von zwischenzeitlich zurückgenommenen Pfandbriefen (Achenbach/Ransiek/Rönnau WirtschaftsStR-HdB/*Schröder* Teil 10 Kap. 3 Rn. 181; Bellinger/Kerl HBG § 37 Rn. 12).

II. Nachteilige Verfügung über eingetragene Deckungswerte (§ 38 Nr. 2)

15   Nach dem **Tatbestand des** § 38 Nr. 2 wird bestraft, wer wissentlich entgegen § 4 Abs. 7 S. 2 für die Pfandbriefbank über einen im Deckungsregister eingetragenen Wert durch Veräußerung oder Belastung zum Nachteil der Pfandbriefgläubiger oder der Gläubiger von Ansprüchen aus Derivategeschäften nach § 4 Abs. 3 verfügt, obwohl die übrigen im jeweiligen Register eingetragenen Werte zur vorschriftsmäßigen Deckung der Pfandbriefe und der Ansprüche aus Derivategeschäften nicht genügen.

16   § 38 Nr. 2 schützt vor der **Auszehrung der Deckungsmasse.**

17   **Täter** können nur Personen sein, die für eine Pfandbriefbank über einen im Deckungsregister eingetragenen Wert verfügen dürfen, dh diesbezüglich **Verfügungsmacht** haben (Sonderdelikt). Der Täterkreis deckt sich damit im Wesentlichen mit dem des § 38 Nr. 1, dh einbezogen sind organschaftliche, gesetzliche und bestimmte angekürte **Vertreter** (→ Rn. 9).

18   **Verfügen** ist eng zu verstehen. Verboten ist durch § 4 Abs. 7 S. 2 nur die unmittelbare Einwirkung auf einen **im Deckungsregister eingetragenen Wert** (→ Rn. 12) durch **Veräußerung** oder **Belastung.** Tatbestandsmäßig ist allein das **dingliche Rechtsgeschäft** (Achenbach/Ransiek/Rönnau WirtschaftsStR-HdB/*Schröder* Teil 10 Kap. 3 Rn. 183; Bellinger/Kerl HBG § 37 Rn. 18), dh das Verfügungsgeschäft. **Nicht erfasst** sind das Verpflichtungsgeschäft und andere Verfügungen (Bellinger/Kerl HBG § 37 Rn. 16). Ob die Verfügung entgeltlich oder unentgeltlich erfolgt, ist ohne Bedeutung (Bellinger/Kerl HBG § 37 Rn. 17).

19   Die Verfügung muss **zum Nachteil** der Pfandbriefgläubiger oder der Gläubiger von Ansprüchen aus Derivaten erfolgen, dh die **vorhandene Deckung verringern.**

20   Darüber hinaus muss eine **Unterdeckung** (Achenbach/Ransiek/Rönnau WirtschaftsStR-HdB/*Schröder* Teil 10 Kap. 3 Rn. 184; Bellinger/Kerl HBG § 37 Rn. 19) in der Form bestehen, dass die übrigen eingetragenen Deckungswerte zur Deckung der entsprechenden Pfandbriefe einschließlich der Ansprüche aus Derivategeschäften nicht genügen. Ob die Unterdeckung zum Zeitpunkt der Verfügung bereits vorlag oder Folge der Verfügung ist, spielt keine Rolle (Achenbach/Ransiek/Rönnau WirtschaftsStR-HdB/*Schröder* Teil 10 Kap. 3 Rn. 184). **Nicht erfüllt** ist der Tatbestand, wenn trotz nachteiliger Verfügung noch eine ausreichende Deckung besteht (Achenbach/Ransiek/*Schröder* Teil 10

Kap. 3 Rn. 184; Bellinger/Kerl HBG § 37 Rn. 19; Wabnitz/Janovsky WirtschaftsStR-HdB/*Knierim* Kap. 10 Rn. 303).

Wissentlich bedeutet, dass der Täter subjektiv mit **dolus directus 2. Grades** handeln muss (Achen- **21** bach/Ransiek/Rönnau WirtschaftsStR-HdB/*Schröder* Teil 10 Kap. 3 Rn. 185; Bellinger/Kerl HBG § 37 Rn. 9). Er muss **sicher wissen,** dass die Verfügung sowohl nachteilig für die Gläubiger ist als auch eine Unterdeckung besteht. Dolus eventualis genügt nicht.

III. Nichteintragung von Ersatzwerten (§ 38 Nr. 3)

Den **Tatbestand** des § 38 Nr. 3 erfüllt, wer entgegen § 5 Abs. 1 S. 3 bei der Rückzahlung eines zur **22** Deckung benötigten Wertes nicht oder nicht rechtzeitig einen Ersatzwert in das Deckungsregister einträgt, obwohl er für die Eintragung der Deckungswerte verantwortlich ist.

§ 38 Nr. 3 sichert die **ausreichende Deckung** im Falle der **Rückzahlung von Deckungswerten.** **23** Die Deckungsmasse ist dynamisch ausgestaltet und wird aktiv verwaltet. Werden Kredite getilgt, müssen sie durch neue Kredite ersetzt werden, damit die gesetzlichen Deckungsvorgaben gewahrt bleiben.

Täter können nur Personen sein, die durch die Pfandbriefbank **zur Eintragung** der Deckungswerte **24** in das Deckungsregister (→ Rn. 12) **besonders ermächtigt sind** (vgl. § 2 Abs. 2 S. 1 DeckRegV) (Sonderdelikt). Die Sonderstellung dieser Personen gelangt auch darin zum Ausdruck, dass ihre Ermächtigung sowie etwaige Veränderungen zu dokumentieren sind und die Dokumentation nach Widerruf der Ermächtigung für jede Person mindestens fünf Jahre aufzubewahren ist (§ 2 Abs. 2 DeckRegV).

Vorausgesetzt wird, dass es sich um einen **zur Deckung „benötigten" Wert** handelt, dh nach der **25** Rückzahlung muss eine **Unterdeckung** bestehen. Nicht erfasst sind daher die Fälle, in denen zwar eine Rückzahlung erfolgt, aber die Deckung weiterhin ausreichend ist (Achenbach/Ransiek/Rönnau WirtschaftsStR-HdB/*Schröder* Teil 10 Kap. 3 Rn. 187; Wabnitz/Janovsky WirtschaftsStR/*Knierim* Kap. 10 Rn. 303).

Tatbestandsmäßig ist es, wenn die **Eintragung** des Ersatzwertes **nicht** oder **nicht rechtzeitig** erfolgt. **26** Diesbezüglich fordert § 5 Abs. 1 S. 3 die unverzügliche Eintragung, dh ohne schuldhaftes Zögern (vgl. § 121 BGB) sofort nach Austragung des Wertes, der wegen Rückzahlung auszutragen ist (Smola Rn. 3). Steht zu diesem Zeitpunkt kein Ersatzwert zur Verfügung, muss dieser unverzüglich beschafft und anschließend eingetragen werden (Smola Rn. 3). Erfasst ist nicht nur der Fall, dass überhaupt keine Eintragung erfolgt, sondern auch der Fall, dass – obwohl im ordentlichen Geschäftsgang eingetragen werden konnte – erst verspätet eingetragen wird (Bellinger/Kerl HBG § 37 Rn. 20). Eine verspätete Eintragung kann die bereits eingetretene Vollendung nicht beseitigen.

IV. Innere Tatseite

§ 38 setzt **vorsätzliches** Handeln voraus. **Dolus eventualis** genügt nicht nur bei § 38 Nr. 3 **27** (Achenbach/Ransiek/Rönnau WirtschaftsStR-HdB/*Schröder* Teil 10 Kap. 3 Rn. 188), sondern – im Gegensatz zum früheren § 37 HBG, der insoweit Wissentlichkeit forderte – auch bei § 38 Nr. 1. Demgegenüber verlangt § 38 Nr. 2 **Wissentlichkeit** (→ Rn. 21). Das Vorliegen besonderer Absichten ist nicht vorausgesetzt.

Dolus eventualis liegt bei § 38 Nr. 1, Nr. 3 nicht bereits dann vor, wenn der Täter die nahe liegende **28** Möglichkeit der nicht bzw. nicht mehr vorschriftsmäßigen Deckung erkennt und trotzdem die Pfandbriefe in Verkehr bringt bzw. die Eintragung unterlässt, sondern er muss sich auch mit der Unterdeckung abgefunden (Achenbach/Ransiek/Rönnau WirtschaftsStR-HdB/*Schröder* Teil 10 Kap. 3 Rn. 188) bzw. diese gebilligt haben. Davon ist insbes. dann auszugehen, wenn er ein **sehr hohes Risiko** der Tatbestandsverwirklichung eingeht.

Ein **Tatbestandsirrtum,** der den Vorsatz ausschließt (vgl. § 16 Abs. 1 StGB), liegt zB dann vor, **29** wenn der Täter sich über einen **tatsächlichen Sachverhalt irrt,** der die Unterdeckung des Pfandbriefs begründet.

Ein **Verbotsirrtum,** der nur im Falle der Unvermeidbarkeit die Schuld ausschließt und im Falle der **30** Vermeidbarkeit lediglich die Möglichkeit der Strafmilderung nach § 49 Abs. 1 StGB eröffnet (vgl. § 17 S. 1, S. 2 StGB), liegt zB dann vor, wenn der Täter bei voller Sachverhaltskenntnis **in Verkennung der Rechtslage** annahm, die Deckung des Pfandbriefs verringern zu dürfen. An die **Unvermeidbarkeit** stellt die Rspr. (vgl. nur BGHSt 2, 194 (201); 21, 18 (20)) allerdings hohe Ansprüche, da der Täter bei der ihm nach den Umständen sowie seinem Lebens- und Berufskreis zuzumutenden Gewissensanspannung sowie bei Ausschöpfung der ihm zur Verfügung stehenden Erkenntnismittel nicht in der Lage gewesen sein darf, das Unrecht einzusehen. Für den **herausgehobenen Täterkreis** des § 38, der sich mit den rechtlichen Grenzen seiner Berufstätigkeit eingehend vertraut machen muss, gilt damit ein **strenger Maßstab.**

V. Versuch, Vollendung und Beendigung

31   § 38 ist ein **Vergehen.** Der **Versuch** ist mangels ausdrücklicher Bestimmung (vgl. § 23 Abs. 1 StGB) **nicht strafbar.**

32   Eine Tat nach § **38 Nr. 1** (in Verkehr bringen) ist **vollendet,** wenn eine andere Person tatsächlich in die Lage versetzt wurde, mit den Pfandbriefen nach Belieben umzugehen. Zugleich ist die Tat auch **beendet,** da bei einem abstrakten Gefährdungsdelikt (→ Rn. 3) die Tat bereits mit dem Abschluss der Ausführungshandlung beendet ist (vgl. Fischer StGB § 78a Rn. 13 mwN).

33   Entsprechend sind Taten nach § **38 Nr. 2** (Verfügung) **vollendet** und zugleich **beendet,** wenn das Verfügungsgeschäft abgeschlossen ist.

34   Eine Tat nach § **38 Nr. 3** (Nichteintragung) ist **vollendet,** wenn im ordentlichen Geschäftsgang die mögliche Eintragung des Ersatzwertes nicht erfolgte. **Beendet** ist die Tat hingegen erst dann, wenn die Eintragung vorgenommen wurde oder sie sich erledigt hat, da bei einem echten Unterlassungsdelikt (→ Rn. 3) erst in diesem Zeitpunkt die Handlungspflicht entfällt (vgl. Fischer StGB § 78a Rn. 14 mwN).

VI. Täterschaft und Teilnahme

35   § 38 ist trotz der Formulierung („wer") ein **echtes Sonderdelikt. Täter** können nur bestimmte Personen sein, die für eine Pfandbriefbank Pfandbriefe in den Verkehr bringen oder über Deckungswerte verfügen bzw. zur Eintragung der Deckungswerte besonders ermächtigt sind (→ Rn. 9, 17, 24). Andere Personen können nur Teilnehmer sein. Im Falle der **Mittäterschaft** muss jeder Mittäter die besondere Täterqualifikation aufweisen. Auf **Teilnehmer** findet § 28 Abs. 1 StGB Anwendung, so dass die Strafe nach § 49 Abs. 1 StGB zu mildern ist, wenn der Anstifter oder Gehilfe die besondere Täterqualifikation nicht selbst aufweist.

VII. Konkurrenzen

36   **Tateinheit** kann zu anderen Delikten bestehen, die ebenfalls Vermögensschutz gewährleisten. Zu denken ist an **Betrug** (§ 263 StGB), wenn in Bereicherungsabsicht getäuscht wird und durch die Unterdeckung ein Vermögensschaden beim Anleger (hierzu Bellinger/Kerl HBG § 37 Rn. 12) entsteht, und an **Kapitalanlagebetrug** (§ 264a StGB), wenn in Zusammenhang mit dem Vertrieb von Pfandbriefen im Emissionsprospekt falsche Angaben gemacht werden (Achenbach/Ransiek/Rönnau WirtschaftsStR-HdB/*Schröder* Teil 10 Kap. 3 Rn. 189). Außerdem ist Tateinheit zur **Untreue** (§ 266 StGB) denkbar, wenn ein schwerwiegender Verstoß gegen die gesetzlichen Deckungsvorgaben einen Vermögensnachteil der Pfandbriefbank begründet (Wabnitz/Janovsky WirtschaftsStR-HdB/*Knierim* Kap. 10 Rn. 304), und zur **Unterschlagung** (§ 246 StGB), wenn Deckungswerte unterschlagen werden (Bellinger/Kerl HBG § 37 Rn. 20).

VIII. Verjährung

37   Die **Verfolgungsverjährung** beträgt **drei Jahre** (vgl. § 78 Abs. 3 Nr. 5 StGB). Sie **beginnt,** sobald die Tat beendet (→ Rn. 32 ff.) ist. Sie **ruht,** solange nach dem Gesetz die Verfolgung nicht begonnen oder nicht fortgesetzt werden kann (§ 78b Abs. 1 Nr. 2 StGB). **Unterbrochen** wird sie durch die in § 78c Abs. 1 StGB aufgeführten Verfahrenshandlungen. Die **absolute** Verfolgungsverjährung beträgt **sechs Jahre** (vgl. § 78c Abs. 3 S. 2 StGB).

38   Die **Vollstreckungsverjährung** richtet sich nach der rechtskräftig verhängten **Strafe** und kann **drei, fünf** oder **zehn Jahre** betragen (vgl. § 79 Abs. 3 Nr. 4, Nr. 5 StGB). Sie **beginnt** mit Rechtskraft (§ 79 Abs. 6 StGB) und **ruht,** solange nach dem Gesetz die Vollstreckung nicht begonnen oder fortgesetzt werden kann, Aufschub, Unterbrechung, Aussetzung zur Bewährung bzw. Zahlungserleichterung bewilligt ist (§ 79a Nr. 1–3 StGB).

C. Verfahren und Rechtsfolgen

39   Taten nach § 38 sind **Offizialdelikte** und werden **von Amts wegen** verfolgt. Im ersten Rechtszug ist die **Wirtschaftsstrafkammer** zuständig, wenn der Fall einen besonderen Umfang oder eine besondere Bedeutung hat (vgl. § 74c Abs. 1 Nr. 2 GVG iVm § 74 Abs. 1, § 24 Abs. 1 Nr. 3 GVG).

40   Für den **Täter** des § 38 beträgt die **Freiheitsstrafe** von einem Monat (vgl. § 38 Abs. 2 StGB) bis zu einem Jahr. Die **Geldstrafe** reicht von 5 bis zu 360 Tagessätzen, die Höhe eines Tagessatzes beträgt mindestens 1 EUR und höchstens 30.000 EUR (§ 40 Abs. 2 S. 3 StGB). **Beide Strafen** können gemeinsam verhängt werden, wenn sich der Täter durch die Tat bereichert oder zu bereichern versucht hat (vgl. § 41 StGB).

41   Der **Anstifter** wird gleich dem Täter bestraft (§ 26 StGB). Die Strafe des **Gehilfen** ist nach § 49 Abs. 1 StGB zu mildern (§ 27 Abs. 2 S. 2 StGB). Zählt der Teilnehmer nicht zum Täterkreis des § 38, ist wegen der Anwendung von § 28 Abs. 1 StGB (→ Rn. 35) die Strafe (erneut) zu mildern.

§ 39 Bußgeldvorschriften

(1) Ordnungswidrig handelt, wer vorsätzlich oder fahrlässig entgegen § 4 Abs. 7 Satz 3 Pfandbriefe in den Verkehr bringt.

(2) Die Ordnungswidrigkeit kann mit einer Geldbuße bis zu einhunderttausend Euro geahndet werden.

A. Allgemeines

§ 39 betrifft das **Inverkehrbringen von Pfandbriefen ohne Bescheinigung** des Treuhänders über 1
das Vorhandensein der vorschriftsmäßigen Deckung und über die Eintragung in das Deckungsregister
(vgl. § 8 Abs. 1, Abs. 2). Die Bußgeldvorschrift erfasst damit einen **schwerwiegenden Verstoß,** der bis
zum 1.10.1968 sogar als Vergehen unter Strafe gestellt war (hierzu Bellinger/Kerl HBG § 38 Rn. 1 f.),
aber vom Gesetzgeber nicht mehr als strafwürdig angesehen wurde und wird. Geschützt wird das
Vertrauen in die Sicherheit des Pfandbriefs und damit das **Pfandbriefsystem.** Ein unmittelbarer
Individualschutz ist nicht bezweckt.

Die Vorschrift schützt das **Vertrauen in die Sicherheit des Pfandbriefs** und damit das **Pfandbrief-** 2
system. Ein unmittelbarer Individualschutz ist nicht bezweckt.

§ 39 ist ein **unechtes Blankettdelikt,** das ein **schlichtes Tätigkeitsdelikt** enthält. In Bezug auf das 3
Schutzgut handelt es sich um ein **abstraktes Gefährdungsdelikt,** da das Vertrauen in die Sicherheit des
Pfandbriefs nicht beeinträchtigt sein muss. Auch § 39 ist ein **echtes Sonderdelikt** (→ Rn. 7).

Die Vorschrift hat gegenwärtig nur **geringe praktische Bedeutung** (→ Vorb. Rn. 9). 4

Die **ordnungspolitische Notwendigkeit** des § 39 ist zu bejahen, selbst wenn die praktische 5
Bedeutung gegenwärtig gering ist, da durch die Erfassung eines schweren Ordnungsverstoßes das Pfand-
briefsystem geschützt wird, das für den Finanzplatz Deutschland von systemischer Bedeutung ist
(→ Vorb. Rn. 5). § 39 entfaltet bislang vor allem **generalpräventive Wirkung.**

B. Die Regelung im Einzelnen

I. Inverkehrbringen von Pfandbriefen ohne Bescheinigung

Nach dem **Tatbestand des § 39 Abs. 1** handelt ordnungswidrig, wer entgegen § 4 Abs. 7 S. 3 6
Pfandbriefe ohne die nach § 8 Abs. 3 S. 1 erforderliche Bescheinigung des Treuhänders über das
Vorhandensein der vorschriftsmäßigen Deckung und über die Eintragung in das entsprechende De-
ckungsregister vorsätzlich oder fahrlässig in den Verkehr bringt.

Als **Täter** kommen grds. nur solche Personen in Betracht, die für eine Pfandbriefbank Pfandbriefe in 7
den Verkehr bringen können, so dass es sich trotz der Formulierung („wer") um ein **echtes Sonderdelikt** handelt. Täter können damit gemäß der Regelung der Organ- und Vertreterhaftung des § 9 OWiG,
die inhaltlich § 14 StGB entspricht, grds. nur die **organschaftlichen, gesetzlichen** und **bestimmte
gewillkürte Vertreter** sein (→ § 38 Rn. 9). Darüber hinaus können allerdings wegen des Einheitstäterbegriffs des OWiG auch **andere Personen,** die sich an der Tat beteiligen, als Beteiligte Täter sein,
sofern wenigstens ein Tatbeteiligter die geforderte besondere Täterqualifikation aufweist (→ Rn. 19 f.).

Pfandbriefen **fehlt die erforderliche Bescheinigung** des Treuhänders über das Vorhandensein der 8
vorschriftsmäßigen Deckung und über die Eintragung in das Deckungsregister, wenn sie **nicht vorhanden** ist. Ohne Bedeutung ist es, dass eine Prüfung tatsächlich stattgefunden hat und die Pfandbriefbank die Deckungsvorschriften eingehalten und die Deckungswerte eingetragen hat (Bellinger/Kerl
HBG § 38 Rn. 4). An der erforderlichen Bescheinigung fehlt es auch dann, wenn die Unterschrift des
Treuhänders gefälscht oder ohne Zustimmung des Treuhänders dessen Faksimilestempel benutzt wurde
(Bellinger/Kerl HBG § 38 Rn. 4). Hingegen **fehlt es nicht** an der Bescheinigung, wenn diese **vorhanden,** aber (materiell) unrichtig ist, weil der Treuhänder die Prüfung nicht oder nicht ordnungsgemäß durchgeführt hat; in diesen Fällen kann aber der Treuhänder nach § 266 StGB (Untreue) strafbar
sein (Bellinger/Kerl HBG § 38 Rn. 5).

In Verkehr gebracht sind die Pfandbriefe, wenn ein anderer tatsächlich in die Lage versetzt ist, mit 9
ihnen nach Belieben umzugehen (→ § 38 Rn. 13).

II. Innere Tatseite

§ 39 erfasst nicht nur **Vorsatz,** sondern auch **Fahrlässigkeit.** Besondere Absichten werden nicht 10
vorausgesetzt.

In Bezug auf den **Vorsatz** genügt **dolus eventualis.** Da auch fahrlässiges Handeln strafbar ist, hat die 11
häufig schwierige Abgrenzung zur bewussten Fahrlässigkeit nur geringe praktische Bedeutung.

Ein **Tatbestandsirrtum,** der den Vorsatz ausschließt (vgl. § 11 Abs. 1 S. 1 OWiG), liegt vor, wenn 12
der Täter sich über den **tatsächlichen Sachverhalt** irrt, also zB annimmt, die erforderliche Bescheini-

gung sei vorhanden; hiervon unberührt bleibt allerdings die Strafbarkeit wegen **Fahrlässigkeit** (vgl. § 11 Abs. 1 S. 2 OWiG).

13   Ein **Verbotsirrtum** liegt vor, wenn dem Täter zB die Vorschriften der § 4 Abs. 7 S. 3, § 8 Abs. 3 unbekannt sind. Ist der Verbotsirrtum **unvermeidbar,** handelt der Täter nicht vorwerfbar (§ 11 Abs. 2 OWiG). Angesichts der **strengen Anforderungen** (→ § 38 Rn. 30) dürfte jedoch in der Praxis die erfolgreiche Berufung auf einen unvermeidbaren Verbotsirrtum ausscheiden. Für den **vermeidbaren** Verbotsirrtum fehlt eine ausdrückliche Regelung, nach allgM (vgl. nur Göhler/*Gürtler* OWiG § 11 Rn. 29 mwN) kann jedoch die Geldbuße in analoger Anwendung des § 17 S. 2 StGB gemildert werden.

14   **Fahrlässigkeit** bedeutet die unbewusste oder ungewollte, aber pflichtwidrige Verwirklichung des Tatbestands (KK-OWiG/*Rengier* § 10 Rn. 15 ff. mwN). Da § 39 **alle Fahrlässigkeitsformen** erfasst, ist die Differenzierung nach dem Schweregrad (leichte Fahrlässigkeit bis Leichtfertigkeit) und der Kenntnis des Täters (bewusst; unbewusst) nur für die Zumessung der Geldbuße von Bedeutung.

III. Versuch, Vollendung und Beendigung

15   Der **Versuch** kann mangels ausdrücklicher Bestimmung (vgl. § 10 Abs. 1 OWiG) **nicht geahndet** werden.

16   Die Tat ist **vollendet** und zugleich **beendet,** wenn eine andere Person tatsächlich in die Lage versetzt wurde, mit den Pfandbriefen nach Belieben umzugehen (→ § 38 Rn. 32).

IV. Täterschaft und Beteiligung

17   Das Ordnungswidrigkeitenrecht folgt zur Vereinfachung der Rechtsanwendung dem **Einheitstäterprinzip.** Beteiligen sich mehrere an einer Ordnungswidrigkeit, handelt jeder ordnungswidrig (§ 14 Abs. 1 S. 1 OWiG).

18   **Täter** des § 39 ist zunächst derjenige, der die **besondere Täterqualifikation** (→ Rn. 7) selbst aufweist und die Tat vorsätzlich oder fahrlässig begeht. Auch vorsätzlich handelnde Mittäter, die die besondere Täterqualifikation selbst aufweisen, sind idS Täter.

19   Darüber hinaus können weitere Personen nach § 14 Abs. 1 S. 1 OWiG als **Beteiligte** Täter sein. Die Beteiligung setzt allerdings einen **vorsätzlichen Tatbeitrag zu der vorsätzlichen und rechtswidrigen Tat** eines anderen (Bezugstat) voraus (BGHSt 31, 309 (311 ff.); Göhler/*Gürtler* OWiG § 14 Rn. 5b). Diese restriktive Auslegung verhindert im Vergleich zum Strafrecht eine Überdehnung, so dass weder ein fahrlässiger Tatbeitrag zu einer vorsätzlichen Tat noch ein vorsätzlicher Tatbeitrag zu einer fahrlässigen Tat genügen. Daher muss der Täter der Bezugstat vorsätzlich und rechtswidrig eine Tat nach § 39 begehen; Vorwerfbarkeit fordert § 14 Abs. 3 S. 1 OWiG nicht (limitierte Akzessorietät). Der vorsätzliche Tatbeitrag des Beteiligten muss diese Bezugstat zumindest physisch oder psychisch fördern (KK-OWiG/*Rengier* OWiG § 14 Rn. 22 f.).

20   Falls der Beteiligte die **besondere Täterqualifikation nicht selbst aufweist,** reicht es aus, dass eine Person, die einen **vorsätzlichen Tatbeitrag** leistet, die Täterqualifikation besitzt. Denn § 14 Abs. 1 S. 2 OWiG lässt es ausreichen, dass besondere persönliche Merkmale iSd § 9 Abs. 1 OWiG, die die Möglichkeit der Ahndung begründen, nur bei einem Beteiligten vorliegen („Täterschaft ohne Täterqualität"; „fiktive Täterschaft"). Dabei muss es sich nach hM (vgl. nur Göhler/*Gürtler* OWiG § 14 Rn. 12a mwN) nicht einmal um den „Hauptbeteiligten" handeln. Daher können iRd § 39 auch **untergeordnete Mitarbeiter** der Pfandbriefbank und **externe Personen** – insbes. Treuhänder – (Beteiligungs-) Täter sein.

V. Konkurrenzen

21   **Tateinheit** (§ 19 OWiG) liegt vor, wenn dieselbe Handlung § 39 mehrmals verletzt, dh hierdurch mehrere Pfandbriefe ohne die erforderliche Bescheinigung in Verkehr gebracht werden. In diesem Fall wird nur **eine einzige Geldbuße** festgesetzt. Demgegenüber ist im Falle von **Tatmehrheit** (§ 20 OWiG) gemäß dem Kumulationsprinzip **jede Geldbuße gesondert festzusetzen.**

22   Ist die Tat gleichzeitig eine **Straftat,** gelangt ausschließlich das Strafgesetz zur Anwendung (vgl. § 21 Abs. 1 S. 1 OWiG, **Subsidiarität**). Zu denken ist insbes. an eine Strafbarkeit aus § 38 Nr. 1 (vgl. Bellinger/Kerl HBG § 38 Rn. 4) wegen Inverkehrbringens nicht vorschriftsmäßig gedeckter Pfandbriefe.

23   Wird im Strafverfahren **keine Strafe verhängt,** kann die Tat jedoch als Ordnungswidrigkeit verfolgt werden (vgl. § 21 Abs. 2 OWiG). Dies ist der Fall, wenn eine Einstellung nach § 170 Abs. 2, § 153 oder § 153b StPO, aber auch nach § 154 StPO (BGHSt 41, 385 (390 f.); Göhler/*Gürtler* OWiG § 21 Rn. 27; aA KK-OWiG/*Mitsch* OWiG § 21 Rn. 31), erfolgt. Hingegen ist bei einer Einstellung nach § 153a StPO eine weitere Verfolgung ausgeschlossen, da eine Entscheidung über die Sache vorliegt. Die Verfolgung ist auch bei einem rechtskräftigen Freispruch nicht mehr möglich (vgl. § 84 Abs. 1 OWiG),

da das Gericht die angeklagte Tat zugleich unter dem rechtlichen Gesichtspunkt einer Ordnungswidrigkeit beurteilt hat (vgl. § 82 Abs. 1 OWiG).

VI. Verjährung

Die **Verfolgungsverjährung** beträgt **drei Jahre** (vgl. § 31 Abs. 2 Nr. 1 OWiG). Sie **beginnt,** sobald **24** die Handlung beendet ist (§ 31 Abs. 3 OWiG), **ruht,** solange nach dem Gesetz die Verfolgung nicht begonnen oder nicht fortgesetzt werden kann (§ 32 Abs. 1 S. 1 OWiG), und wird **unterbrochen** durch die in § 33 Abs. 1 OWiG genannten Verfahrenshandlungen. Die Grenze der **absoluten Verjährung** beträgt **sechs Jahre** (vgl. § 33 Abs. 3 S. 2 OWiG).

Die **Vollstreckungsverjährung** richtet sich nach der festgesetzten **Geldbuße** und beträgt bei **25** Geldbußen von mehr als 1.000 EUR **fünf Jahre,** sonst **drei Jahre** (§ 34 Abs. 2 Nr. 1, Nr. 2 OWiG). Sie **beginnt** mit Rechtskraft der Entscheidung (§ 34 Abs. 3 OWiG) und **ruht,** solange die Vollstreckung nicht begonnen oder nicht fortgesetzt werden kann, die Vollstreckung ausgesetzt oder Zahlungserleichterung bewilligt ist (§ 34 Abs. 4 Nr. 1–3 OWiG).

C. Verfahren und Rechtsfolgen

Taten nach § 39 werden von der **BaFin** im Bußgeldverfahren gemäß dem **Opportunitätsprinzip** **26** verfolgt (→ Rn. 6).

Der **Mindestbetrag** der Geldbuße beträgt 5 EUR (§ 17 Abs. 1 OWiG). § 39 Abs. 2 legt in **27** Abänderung des Regelbußgeldrahmens (§ 17 Abs. 1 OWiG: 1.000 EUR) den **Höchstbetrag** auf 100.000 EUR fest. Dies gilt allerdings nur bei **vorsätzlichem** Handeln. Bei **Fahrlässigkeit** beträgt der Höchstbetrag 50.000 EUR (vgl. § 17 Abs. 2 OWiG). Der Mindestbetrag ist für die leichtesten, das Höchstmaß für die schwersten Fälle vorgesehen.

Der **Bußgeldrahmen** wurde im Hinblick auf den Unrechtsgehalt der Tat und die wirtschaftliche **28** Leistungsfähigkeit eines Teils der Normadressaten im Vergleich zu § 38 HBG, § 39 SchBkG aF **verdoppelt** (RegE BR-Drs. 15/4321, 37). Der Höchstbetrag reflektiert damit nicht nur die hohe Bedeutung des Pfandbriefsystems, sondern trägt auch dem Umstand Rechnung, dass manche Adressaten nur durch Androhung empfindlicher Geldbußen zur Erfüllung ihrer gesetzlichen Pflichten anzuhalten sind.

Grundlage der **Zumessung** bilden die Bedeutung der Ordnungswidrigkeit und der Vorwurf, der den **29** Täter trifft (§ 17 Abs. 3 S. 1 OWiG). Die **Bedeutung der Ordnungswidrigkeit** richtet sich nach dem sachlichen Gehalt und Umfang der Tat (vgl. Göhler/*Gürtler* OWiG § 17 Rn. 16). Der **Vorwurf, der den Täter trifft,** bemisst sich vorrangig nach der Bedeutung der Ordnungswidrigkeit. Zusätzlich sind besondere Umstände (zB einschlägige Vortaten, besonders verwerfliche Motive) einzubeziehen. Die **wirtschaftlichen Verhältnisse** des Täters können ebenfalls berücksichtigt werden (vgl. § 17 Abs. 3 S. 2 OWiG), wobei Einkommen und Vermögen zum Zeitpunkt der Entscheidung über die Bußgeldbemessung maßgebend sind (KK-OWiG/*Mitsch* OWiG § 17 Rn. 85). Darüber hinaus dürfen auch **weitere Umstände** (zB Nachtatverhalten, Berufswechsel) nachrangig Berücksichtigung finden (Göhler/ *Gürtler* OWiG § 17 Rn. 15, 26 ff. mwN).

Die Geldbuße soll den wirtschaftlichen Vorteil übersteigen, den der Täter gezogen hat (§ 17 Abs. 4 **30** S. 1 OWiG, **Vorteilsabschöpfung**). Reicht das gesetzliche Höchstmaß nicht aus, kann es überschritten werden (§ 17 Abs. 4 S. 2 OWiG). Unter **wirtschaftlichem Vorteil,** der nicht unmittelbar aus der Ordnungswidrigkeit gezogen worden sein muss, ist nicht nur ein monetärer Gewinn, sondern sind auch sonstige Vorteile wirtschaftlicher Art. zu verstehen (vgl. Göhler/*Gürtler* OWiG § 17 Rn. 39b, 40). Maßgebend ist der Vergleich der Vermögenslage vor und nach der Tat, wobei die bislang hM (KK-OWiG/*Mitsch* OWiG § 17 Rn. 119 mwN) das **Nettoprinzip** anwendet, dh Kosten und Aufwendungen abzieht. Um Widersprüche zum Verfall (§ 29a OWiG) zu vermeiden, wendet die Gegenauffassung (Göhler/*Gürtler* OWiG § 17 Rn. 38 f. mwN) das **Bruttoprinzip** an.

Durch die Anwendung des Kumulationsprinzips (→ Rn. 21), können sich erhebliche **Summie- 31 rungseffekte** ergeben. **Unbilligen Härten** ist durch die Begrenzung der Einzelgeldbußen zu begegnen, um insgesamt verhältnismäßig und schuldangemessen zu sanktionieren.

§ 40 Verwaltungsbehörde

Verwaltungsbehörde im Sinne des § 36 Abs. 1 Nr. 1 des Gesetzes über Ordnungswidrigkeiten ist die Bundesanstalt für Finanzdienstleistungsaufsicht.

A. Zuständigkeit

§ 40 legt fest, dass die **BaFin** für die Verfolgung und Ahndung von Ordnungswidrigkeiten nach § 39 **1** **primär sachlich zuständig** iSv § 36 Abs. 1 Nr. 1 OWiG ist. Als einzige sachlich zuständige Behörde ist die BaFin damit zugleich **örtlich zuständig.**

2   Die **Konzentration des Bußgeldverfahrens** bei der BaFin – einer bundesunmittelbaren, rechtsfähigen Anstalt des öffentlichen Rechts (§ 1 Abs. 1 FinDAG) – ist **sachgerecht,** da eine Verfahrensbeschleunigung erreicht und eine besonders sachkundige Behörde geschaffen wird.

3   Ausnahmsweise ist die **StA** für die Verfolgung zuständig. Zum einen besteht eine **primäre Zuständigkeit,** wenn die Tat nach § 39 **mit einer Straftat zusammentrifft,** dh eine prozessuale Tat (vgl.
Göhler/*Gürtler* OWiG § 41 Rn. 3) bildet (§ 40 OWiG). Die BaFin gibt daher das Verfahren an die StA
ab, wenn Anhaltspunkte für eine Straftat vorliegen (§ 41 Abs. 1 OWiG); sieht die StA später von einem
Strafverfahren ab, gibt sie die Sache zurück (§ 41 Abs. 2 OWiG). Zum anderen besteht bis zum Erlass
eines Bußgeldbescheids grds. die Möglichkeit der Übernahme der Verfolgung **(sekundäre Zuständigkeit),** sofern eine mit § 39 **zusammenhängende Straftat** verfolgt wird (vgl. § 42 Abs. 1 OWiG). IdR
dürfte allerdings eine Übernahme ausscheiden, da sie nur stattfinden soll, wenn dies sachdienlich
erscheint (vgl. § 42 Abs. 2 OWiG); die Befassung der StA mit Ordnungswidrigkeiten, für die eine
Verfolgungsbehörde mit besonderer Sachkunde zuständig ist, dient jedoch grds. nicht der Sache (vgl.
auch RiStBV Nr. 277 Abs. 2).

B. Bußgeldverfahren

4   Die **Befugnis zur Verfolgung** (§ 35 Abs. 1 OWiG) gestattet es der BaFin, selbstständig und eigenverantwortlich zu ermitteln. Die Befugnis **zur Ahndung** (§ 35 Abs. 2 OWiG) erlaubt es, über die Tat
selbstständig zu entscheiden und Geldbußen einschließlich Nebenfolgen festzusetzen.

5   Für das **Bußgeldverfahren** gelten grds. die Vorschriften über das Strafverfahren sinngemäß, wobei
der BaFin die gleichen Rechte und Pflichten wie der StA bei der Verfolgung von Straftaten zustehen
(vgl. § 46 Abs. 1, Abs. 2 OWiG). Zu den **Befugnissen** zählen: Verfahrenseinleitung; Vornahme von
Ermittlungsmaßnahmen, soweit nach § 46 Abs. 2–5 OWiG nicht ausgeschlossen, modifiziert oder dem
Richter vorbehalten. **Ermittlungsmaßnahmen** sind insbes. Ladung und Vernehmung, Durchsuchung
und Beschlagnahme.

6   Im gesamten Bußgeldverfahren gilt das **Opportunitätsprinzip,** dh die Verfolgung einer Tat liegt im
pflichtgemäßen Ermessen (§ 47 Abs. 1 S. 1 OWiG). Dies gilt nicht nur für die Verfahrenseinleitung, den
Umfang der Verfolgung und den Einsatz von Aufklärungsmitteln (Göhler/*Seitz* OWiG § 47 Rn. 5, 24),
sondern auch für die Verfahrenseinstellung (vgl. § 47 Abs. 1 S. 2 OWiG). Bei der **Ermessensausübung**
(eing. Göhler/*Seitz* OWiG § 47 Rn. 7 ff.) ist abzuwägen, ob unter Berücksichtigung der Bedeutung der
Tat, des Vorwurfs, der den Täter trifft, und der erstrebten Zielrichtung die Verfolgung angebracht ist.
Leitgedanken bilden Gleichheits- und Verhältnismäßigkeitsgrundsatz. Alle wesentlichen Umstände des
Falles sind einzubeziehen, insbes. Auswirkungen der Tat, Einstellung des Betroffenen zur Rechtsord-
nung, Wiederholungsgefahr, Nachtatverhalten und Schadenswiedergutmachung.

7   Das Bußgeldverfahren endet mit der **Einstellung** oder dem Erlass eines **Bußgeldbescheides**
(§§ 65 ff. OWiG), wenn die BaFin nach Sachverhaltsaufklärung und Anhörung des Betroffenen eine Tat
nach § 39 für erwiesen, Verfolgungshindernisse für nicht gegeben und die Ahndung für geboten
erachtet.

C. Einspruch und Zwischenverfahren

8   Gegen den Bußgeldbescheid kann der Betroffene innerhalb von zwei Wochen nach Zustellung
Einspruch (§ 67 OWiG) bei der BaFin einlegen. Dort findet zunächst das **Zwischenverfahren** (§ 69
OWiG) statt, in dem nicht nur die Zulässigkeit des Einspruchs geprüft, sondern auch eine erneute
Sachprüfung stattfindet **(Doppelprüfung).** Nimmt die BaFin den Bußgeldbescheid nicht zurück, über-
sendet sie die Akten über die StA an das zuständige Gericht.

D. Gerichtliches Verfahren

9   Für das Bußgeldverfahren gilt Frankfurt a. M. als Sitz der BaFin (vgl. § 1 Abs. 3 S. 2 FinDAG).
Zuständig für das gerichtliche Verfahren ist daher das **AG Frankfurt a. M.,** dort ein **Einzelrichter** (vgl.
§ 68 Abs. 1 OWiG). Das Verfahren richtet sich grds. nach den Vorschriften, die nach einem Einspruch
gegen einen Strafbefehl gelten (§ 71 Abs. 1 OWiG). **Verfahrensgrundlage** bildet der Bußgeldbescheid,
Prüfungsgegenstand ist die Begründetheit des Vorwurfs.

E. Rechtsbeschwerdeverfahren

10   Sofern die Rechtsbeschwerde zulässig ist (iE § 79 OWiG), ist das **OLG Frankfurt a. M.** zuständiges
Rechtsbeschwerdegericht, dort der **Bußgeldsenat** (vgl. § 79 Abs. 3 S. 1 OWiG, § 121 Abs. 1 Nr. 1a
GVG und § 80a OWiG). Das Verfahren richtet sich grds. nach den Vorschriften über die Revision im
Strafverfahren. Erhoben werden können **Verfahrensrügen** und die **allg. Sachrüge** (§ 79 Abs. 3 S. 1
OWiG, § 344 Abs. 1, Abs. 2 StPO).

605. Gesetz zum Schutz der Kulturpflanzen (Pflanzenschutzgesetz – PflSchG)

In der Fassung der Bekanntmachung vom 6. Februar 2012 (BGBl. I S. 148, ber. S. 1281) FNA 7823-7

Zuletzt geändert durch Art. 375 Zehnte ZuständigkeitsanpassungsVO vom 31.8.2015 (BGBl. I S. 1474)

– Auszug –

Vorbemerkung

1. Entstehung und Ziele des Gesetzes. Ausgehend von der Erkenntnis, dass zur nachhaltigen **1** Sicherung der natürlichen Lebensgrundlagen fachübergreifende Konzepte unerlässlich sind und dem Schutz des Bodens in diesem Kontext als „Querschnittsaufgabe des Umweltschutzes" eine besondere Bedeutung zukommt (vgl. Bodenschutzkonzeption der Bundesregierung vom Februar 1985, BT-Drs. 10/2977, 5, 18, 26 ff., 44 f., 50), verfolgten bereits die Vorgängervorschriften des PflSchG v. 15.9.1986 (BGBl. I 1505) idF v. 14.5.1998 (BGBl. I 971, ber. 1527, 3512) einen **integrierten Ansatz** (vgl. § 2 Nr. 2), bei dem durch eine Kombination von Verfahren der **Einsatz chemischer Pflanzenschutzmittel** unter vorrangiger Berücksichtigung biologischer, biotechnischer, pflanzenzüchterischer sowie anbau- und kulturtechnischer Belange auf das **notwendige Maß** beschränkt wird. Die Minderung des Eintrags schädlicher Stoffe (zB Cadmium, Schwermetalle, Nitrat, persistente organische Verbindungen) bezweckt dabei zunächst den (Nutz-)Pflanzen- und Vorratsschutz vor Schadorganismen und Krankheiten (§ 1 Nr. 1, 2 iVm § 2 Abs. 1 Nr. 1), soll sich aber zugleich – reflexartig und gleichwohl vorrangig (vgl. Kloepfer UmweltR § 19 Rn. 179 f.; *Rehbinder* NuR 1987, 68 ff.) – positiv auf die **Gesundheit** von Mensch und Tier (vgl. Kloepfer UmweltR § 19 Rn. 179), das **Grundwasser** (§ 3 Abs. 1 S. 1 Nr. 3, § 13 Abs. 1 Nr. 1) und den **Boden** (§ 2 Abs. 1 Nr. 6) auswirken. Zur Harmonisierung des PflSchG mit dem ChemG vgl. *Rehbinder* NuR 1983, 249 ff. (256 f.).

Das PflSchG ist auf der Grundlage des Gesetzes zur Neuordnung des Pflanzenschutzrechts v. 6.2.2012 **1a** (BGBl. I 148) vollständig neu gefasst worden; es ist am 14.2.2012 in Kraft getreten. Die Neufassung war insbes. zur Umsetzung der RL 2009/128/EG über einen Aktionsrahmen der Gemeinschaft für die nachhaltige Verwendung von Pestiziden (ABl. 2009 L 309, 71) sowie der RL 2009/143/EG (ABl. 2009 L 318, 23) erforderlich geworden.

2. Grundlagen und Instrumente des Pflanzenschutzes. Das PflSchG setzt dabei vor allem auf **2** strenge Regeln für Verkehr und Anwendung von Pflanzenschutzmitteln. Die Anwendung von Pflanzenschutzmitteln, die Beratung Dritter, das gewerbsmäßige Inverkehrbringen sowie das Inverkehrbringen von Pflanzenschutzmitteln über das Internet setzen nunmehr die Erteilung eines sog **Sachkundenachweises** voraus (§ 9 Abs. 1). Die Kompetenzen sind dabei durch regelmäßige Wahrnehmung von Fort- und Weiterbildungsmaßnahmen zu untermauern (§ 9 Abs. 4).

Eine wesentliche Neuregelung haben die Bestimmungen über die **Zulassung von Pflanzenschutz- 2a mitteln** erfahren. Dabei setzt das Gesetz den von der VO (EG) Nr. 1107/2009 (ABl. 2009 L 309, 1) vorgegebenen gestuften Ansatz um: Während Wirkstoffe als solche auf europäischer Ebene genehmigt werden, ist die Zulassung eines konkreten Pflanzenschutzmittels den nationalen Zulassungsbehörden vorbehalten, wobei freilich der Antrag auf Zulassung für mehrere Länder einer bestimmten Zone gleichzeitig gestellt werden kann (sog **zonale Zulassung**). Auf der Grundlage einer solchen Zulassung ist das Pflanzenschutzmittel sodann auch von den Zulassungsbehörden anderer Länder der betreffenden Zone zuzulassen **(gegenseitige Anerkennung).** Dabei beschränkt sich das PflSchG im Wesentlichen auf Bestimmungen zur Zuständigkeit der nationalen Behörden, während das Zulassungsverfahren und die Voraussetzungen einer Zulassung Gegenstand der unmittelbar anwendbaren VO (EG) Nr. 1107/ 2009 sind.

Auf der Grundlage der RL 2009/128/EG (ABl. 2009 L 309, 71) waren Bestimmungen zur **Anwen- 2b dung von Pflanzenschutzmitteln** vorzusehen, die sich nunmehr im 4. Abschnitt des Gesetzes (§§ 12–22) finden.

3. Flankierende Bestimmungen. Pflanzenschutz-Sachkundeverordnung 2013 (PflSchSachkV; **3** BGBl. I 1953); Pflanzenschutzmittelverordnung 2013 (PflSchMV; BGBl. I 74); Pflanzenschutz–Anwendungsverordnung 1992 (PflSchAnwV; BGBl. I 1887); Bienenschutzverordnung 1992 (BienenSchV; BGBl. 1992 I 1410); Rückstands-Höchstmengenverordnung 1999 (RHmV; BGBl. I 2082, ber. 2002 I 1004); Maissaatgut/Pflanzenschutzmittel-Verordnung 2009 (MaisPflSchMV; BAnz. 2009 Nr. 23, 519); diverse Schädlingsbekämpfungs–Verordnungen nach § 3 (bspw. SchildlV v. 20.4.1972; BGBl. I 629).

§ 68 Bußgeldvorschriften

(1) Ordnungswidrig handelt, wer vorsätzlich oder fahrlässig

1. einer vollziehbaren Anordnung nach § 3 Absatz 1 Satz 3, § 8, § 13 Absatz 3, § 16 Absatz 2 Satz 2, § 20 Absatz 3 Satz 4, § 20 Absatz 4 Satz 2, § 23 Absatz 5 oder § 60 Satz 2 zuwiderhandelt,
2. entgegen § 3 Absatz 3 ein Tier oder eine Pflanze verwendet,
3. einer Rechtsverordnung nach
   a) § 6 Absatz 1 Nummer 1 bis 3, 5 bis 15 oder Nummer 16 oder Absatz 3 Satz 1, § 7 Absatz 1 Satz 1 oder Satz 2 Nummer 1 oder Nummer 2 Buchstabe a, b, e, g oder Buchstabe h, § 14 Absatz 1 Nummer 1 Buchstabe b, Nummer 2, 3, 4 oder 5, Absatz 2 oder Absatz 4 Satz 1, § 16 Absatz 4 Satz 1 Nummer 1, auch in Verbindung mit § 16 Absatz 5 Satz 1 oder Satz 2, § 16 Absatz 4 Satz 1 Nummer 2, § 25 Absatz 3, § 31 Absatz 6 Nummer 4 oder Nummer 5, § 32 Absatz 4 oder § 40 Absatz 2 oder
   b) § 7 Absatz 1 Satz 2 Nummer 2 Buchstabe c, d oder Buchstabe f oder Absatz 2 Nummer 1 oder

einer vollziehbaren Anordnung auf Grund einer solchen Rechtsverordnung zuwiderhandelt, soweit die Rechtsverordnung für einen bestimmten Tatbestand auf diese Bußgeldvorschrift verweist,

4. entgegen § 9 Absatz 1 ein Pflanzenschutzmittel anwendet, über den Pflanzenschutz berät, eine Person anleitet oder beaufsichtigt oder ein Pflanzenschutzmittel gewerbsmäßig oder über das Internet in Verkehr bringt,
5. entgegen § 9 Absatz 2 Satz 3 einen Sachkundenachweis nicht oder nicht rechtzeitig vorlegt,
6. entgegen § 10 Satz 1, auch in Verbindung mit einer Rechtsverordnung nach § 10 Satz 2, entgegen § 24 Absatz 1 Satz 1, auch in Verbindung mit einer Rechtsverordnung nach § 24 Absatz 1 Satz 2, oder entgegen § 24 Absatz 2 Satz 1, auch in Verbindung mit einer Rechtsverordnung nach § 24 Absatz 2 Satz 2, eine Anzeige nicht, nicht richtig, nicht vollständig oder nicht rechtzeitig erstattet,
7. entgegen § 12 Absatz 1, Absatz 2 Satz 1 oder Satz 2, Absatz 3 Satz 1 oder Absatz 4 Satz 2, § 16 Absatz 3, § 17 Absatz 1 Satz 1 oder § 18 Absatz 1 ein Pflanzenschutzmittel anwendet,
8. entgegen § 12 Absatz 3 Satz 2 Nummer 1 oder 2 im Haus- und Kleingartenbereich ein Pflanzenschutzmittel anwendet,
9. entgegen § 13 Absatz 2 Nummer 1 einem wild lebenden Tier nachstellt, es fängt, verletzt oder tötet oder seine Entwicklungsformen aus der Natur entnimmt, beschädigt oder zerstört,
10. entgegen § 13 Absatz 2 Nummer 2 ein wild lebendes Tier erheblich stört,
11. entgegen § 13 Absatz 2 Nummer 3 eine Fortpflanzungs- oder Ruhestätte aus der Natur entnimmt, beschädigt oder zerstört,
12. entgegen § 13 Absatz 2 Nummer 4 eine wild lebende Pflanze oder ihre Entwicklungsformen aus der Natur entnimmt oder sie oder ihren Standort beschädigt oder zerstört,
13. entgegen § 19 Absatz 1, auch in Verbindung mit einer Rechtsverordnung nach Absatz 2, Saatgut, Pflanzgut oder ein Kultursubstrat verwendet oder ausbringt,
14. entgegen § 20 Absatz 3 Satz 3 oder Absatz 4 Satz 3 eine Anzeige nicht, nicht richtig, nicht vollständig oder nicht rechtzeitig macht,
15. entgegen § 23 Absatz 1 Satz 1 ein Pflanzenschutzmittel abgibt,
16. entgegen § 23 Absatz 2 Satz 1 ein Pflanzenschutzmittel in Verkehr bringt,
17. entgegen § 23 Absatz 3 den Erwerber nicht, nicht richtig, nicht vollständig oder nicht rechtzeitig unterrichtet,
18. entgegen § 23 Absatz 4 Satz 1 eine Information nicht, nicht richtig, nicht vollständig oder nicht rechtzeitig zur Verfügung stellt,
19. entgegen § 25 Absatz 1 Satz 1 ein Pflanzenschutzmittel ausführt,
20. entgegen § 25 Absatz 2 Satz 1 Nummer 1 oder Nummer 2, auch in Verbindung mit Satz 2, ein Pflanzenschutzmittel oder ein Kultursubstrat nicht getrennt hält,
21. entgegen § 26 ein Lebensmittel, ein Futtermittel, Saatgut, Pflanzgut oder ein Kultursubstrat, nicht getrennt hält,
22. entgegen § 27 Absatz 2 Satz 2 oder Absatz 3 Satz 2 ein Pflanzenschutzmittel nicht, nicht vollständig oder nicht rechtzeitig annimmt,
23. entgegen § 30 Absatz 2, § 31 Absatz 2, auch in Verbindung mit einer Rechtsverordnung nach § 31 Absatz 6 Nummer 1, 2 oder Nummer 3, entgegen § 45 Absatz 2 oder entgegen § 47 Absatz 1 ein Pflanzenschutzmittel ohne die vorgeschriebene Kennzeichnung in den Verkehr bringt oder innergemeinschaftlich verbringt,
24. entgegen § 32 Absatz 1 Saatgut, Pflanzgut oder ein Kultursubstrat in Verkehr bringt,
25. entgegen § 42 Absatz 1 oder § 43 einen Zusatzstoff in Verkehr bringt,

26. entgegen § 45 Absatz 1 ein Pflanzenstärkungsmittel in Verkehr bringt,
27. entgegen § 45 Absatz 2 ein Pflanzenstärkungsmittel ohne die erforderliche Kennzeichnung in Verkehr bringt,
28. entgegen § 45 Absatz 3 Satz 1 eine Mitteilung nicht, nicht richtig, nicht vollständig oder nicht rechtzeitig macht,
29. entgegen § 46 Absatz 1 Satz 1 ein Pflanzenschutzmittel in Verkehr bringt,
30. entgegen § 49 Absatz 1 Satz 1 Rechnungen, Kaufbelege und Lieferscheine nicht aufbewahrt,
31. entgegen § 49 Absatz 1 Satz 2 Angaben entfernt, unkenntlich macht, überdeckt oder unterdrückt,
32. einer vollziehbaren Anordnung nach § 49 Absatz 2 zuwiderhandelt,
33. entgegen § 49 Absatz 3 Satz 1 eine Anzeige nicht, nicht richtig, nicht vollständig oder nicht rechtzeitig macht,
34. entgegen § 49 Absatz 4 Satz 1 eine Aufzeichnung nicht, nicht richtig oder nicht vollständig führt,
35. entgegen § 49 Absatz 4 Satz 2 eine Aufzeichnung nicht oder nicht rechtzeitig zugänglich macht,
36. entgegen § 53 einen Hinweis nicht, nicht richtig oder nicht vollständig gibt,
37. entgegen § 63 Absatz 1 Satz 1 eine Auskunft nicht, nicht richtig oder nicht vollständig oder nicht rechtzeitig erteilt,
38. entgegen § 63 Absatz 2 Satz 3 oder Absatz 3 Satz 2 eine Maßnahme nicht duldet oder eine mit der Überwachung beauftragte Person nicht unterstützt oder
39. entgegen § 64 Absatz 1 Satz 1, 2 oder Satz 3, jeweils auch in Verbindung mit einer Rechtsverordnung nach § 64 Absatz 2, eine Meldung nicht, nicht richtig, nicht vollständig oder nicht rechtzeitig macht.

(2) Ordnungswidrig handelt, wer gegen die Verordnung (EG) Nr. 1107/2009 des Europäischen Parlaments und des Rates vom 21. Oktober 2009 über das Inverkehrbringen von Pflanzenschutzmitteln und zur Aufhebung der Richtlinien 79/117/EWG und 91/414/EWG des Rates (ABl. L 309 vom 24.11.2009, S. 1) verstößt, indem er vorsätzlich oder fahrlässig

1. entgegen Artikel 28 Absatz 1 ein Pflanzenschutzmittel in Verkehr bringt,
2. ohne Genehmigung nach Artikel 54 Absatz 1 Satz 1 ein Experiment oder einen Versuch durchführt,
3. entgegen Artikel 66 Absatz 1 Satz 1 für ein nicht zugelassenes Pflanzenschutzmittel wirbt oder
4. entgegen Artikel 67 Absatz 1 Satz 1 oder Satz 2 eine Aufzeichnung nicht, nicht richtig, nicht vollständig oder nicht für die vorgeschriebene Dauer führt.

(3) Die Ordnungswidrigkeit kann in den Fällen des Absatzes 1 Nummer 1, 2, 3 Buchstabe a, Nummer 4, 6, 7, 9 bis 12, 17, 23 bis 25 und 29 und des Absatzes 2 Nummer 1 bis 3 mit einer Geldbuße bis zu fünfzigtausend Euro, in den übrigen Fällen mit einer Geldbuße bis zu zehntausend Euro, geahndet werden.

(4) Pflanzen, Pflanzenerzeugnisse, Kultursubstrate, Pflanzenschutzmittel, Pflanzenstärkungsmittel und Zusatzstoffe, auf die sich eine Ordnungswidrigkeit nach Absatz 1 Nummer 3 Buchstabe a, Nummer 7, 13, 21 bis 28 oder Absatz 2 Nummer 1 bezieht, können eingezogen werden.

(5) Verwaltungsbehörde im Sinne des § 36 Absatz 1 Nummer 1 des Gesetzes über Ordnungswidrigkeiten ist in den Fällen des Absatzes 1 Nummer 31 bis 35 und 39 und des Absatzes 2 Nummer 2 das Bundesamt für Verbraucherschutz und Lebensmittelsicherheit.

A. Die Tatbestände nach Abs. 1, Abs. 2

I. Verstöße gegen Rechtsverordnungen (Abs. 1 Nr. 3)

Die Regelung des Abs. 1 Nr. 3 erfasst insbes. Zuwiderhandlungen gegen die FeuerbrandV (BGBl. **1** 1985 I 2551), die ScharkaV (BGBl. 1971 I 804), die SJSchildlV (BGBl. 1972 I 629), die BienenSchV (BGBl. 1992 I 1410), die BlauschTabV (BGBl. 1978 I 502), die NelkenwV (BGBl. 1976 I 1149), die KartkrebsBekVO (BGBl. 2010 I 1006), die RingfBekVO (BGBl. 2001 I 1006), die AGOZV (BGBl. 1998 I 1322), PflBeschauV (BGBl. 2000 I 337) und die PflSchAnwV (BGBl. 1992 I 1887).

Die Verordnung zur Bekämpfung des Westlichen Maiswurzelbohrers v. 10.7.2008 ist aufgrund der **1a** VO v. 21.7.2014 (BGBl. I 1204) mWv 26.7.2014 aufgehoben worden. Hintergrund der Aufhebung ist die Streichung des Westlichen Maiswurzelbohrers aus Anhang I der RL 2000/29/EG mit der Folge, dass eine Bekämpfung des Schadorganismus nach den allgemeinen pflanzenschutzrechtlichen Regelungen zu erfolgen hat (BT-Drs. 197/14, 3).

II. Verstöße gegen vollziehbare Anordnungen (Nr. 1, 3, 32)

2   Nach § 3 Abs. 1 S. 1 darf Pflanzenschutz nur nach **guter fachlicher Praxis** durchgeführt werden. Dazu zählt zunächst die Einhaltung der allgemeinen Grundsätze des integrierten Pflanzenschutzes des Anh. III der RL 2009/128/EG v. 21.10.2009 (ABl. 2009 L 309, 71), die Durchführung von Maßnahmen zur Gesunderhaltung und Qualitätssicherung von Pflanzen und Pflanzenerzeugnissen, daneben aber auch Maßnahmen zum Schutz und zur Abwehr von Gefahren, die durch die Anwendung, das Lagern und den sonstigen Umgang mit Pflanzenschutzmitteln oder durch andere Maßnahmen des Pflanzenschutzes entstehen können (§ 3 Abs. 1 S. 2). Vor diesem Hintergrund enthält die Regelung des § 3 Abs. 1 S. 3 eine Ermächtigung zur Anordnung von Maßnahmen, die der Erfüllung der genannten Anforderungen dienen. Nach Abs. 1 Nr. 1 bußgeldbewehrt sind Verstöße gegen derartige behördliche Anordnungen. Soweit sich Zuwiderhandlungen gegen die Grundsätze der guten fachlichen Praxis im Pflanzenschutz nicht auf eine behördliche Anordnung zurückführen lassen, sind sie von der Bußgeldnorm des § 68 Abs. 1 Nr. 1 nicht erfasst (Erbs/Kohlhaas/*Metzger* § 3 Rn. 8).

2a   Die Vorschrift des § 8 enthält eine der Bekämpfung von Schadorganismen sowie zur Verhütung der Ein- oder Verschleppung und der Ansiedlung von Schadorganismen dienende Ermächtigung zur Anordnung behördlicher Pflanzenschutzmaßnahmen. Entsprechende Ermächtigungen im Kontext der Anwendung von Pflanzenschutzmitteln und dem Gebrauch von Pflanzenschutzgeräten finden sich in § 13 Abs. 3 und § 16 Abs. 2 S. 2. Zuwiderhandlungen sind bußgeldbewehrt **(Nr. 1).**

2b   Nach § 23 Abs. 5 soll die zuständige Behörde die Abgabe von Pflanzenschutzmitteln im Handel ganz oder teilweise für eine Dauer von bis zu fünf Jahren untersagen, wenn der Abgebende wiederholt gegen die Bestimmungen des PflSchG oder gegen unmittelbar geltende supranationale Rechtsakte verstoßen hat.

2c   Von Abs. 1 Nr. 1 erfasst werden ferner behördliche Anordnungen nach § 60, die der Beseitigung festgestellter oder der Verhütung künftiger Rechtsverstöße dienen und sich thematisch auf die Anwendung oder das Inverkehrbringen von Pflanzenschutzmitteln oder die Einfuhr oder Verbringung von Schadorganismen oder Befallgegenständen beziehen.

2d   Anordnungen des Bundesamtes für Verbraucherschutz und Lebensmittelsicherheit im Einzugsbereich des **Parallelhandels** mit Pflanzenschutzmitteln nach Art. 52 VO (EG) Nr. 1107/2009 (zum Prinzip der gegenseitigen Anerkennung → Rn. 2a) sind nach § 49 Abs. 2 vorgesehen.

III. Dokumentations-, Anzeige- und Informationspflichten (insbes. Abs. 1 Nr. 6, 14, 17, 18, 28, 33, Abs. 2 Nr. 4)

3   **1. Dokumentation.** Ordnungswidrig nach **Abs. 2 Nr. 4** handelt, wer nach Art. 67 Abs. 1 S. 1, S. 2 VO (EG) Nr. 1107/2009 vorgeschriebene Aufzeichnung nicht, nicht richtig, nicht vollständig oder nicht für die vorgeschriebene Dauer führt. Nach der in Bezug genommenen Bestimmung ist vorgesehen, dass Hersteller, Lieferanten, Händler, Einführer und Ausführer von Pflanzenschutzmitteln über mindestens 5 Jahre Aufzeichnungen über die Pflanzenschutzmittel führen, die sie herstellen, einführen, ausführen, lagern oder in Verkehr bringen. Darüber hinaus ist beruflichen Verwendern von Pflanzenschutzmitteln eine mindestens drei Jahre umfassende Dokumentation über die von ihnen verwendeten Pflanzenschutzmittel aufgegeben, die sich insbes. auf die Bezeichnung des Pflanzenschutzmittels, den Zeitpunkt der Verwendung, die verwendete Menge, die behandelte Fläche und die betroffene Kulturpflanze zu beziehen hat.

4   **2. Anzeige-, Mitteilungs- und Erklärungspflichten.** Die Anwendung von Pflanzenschutzmitteln für Dritte (§ 10 S. 1 Alt. 1), die gewerbliche oder unternehmerische Beratung über ihre Anwendung (§ 10 S. 1 Alt. 2), das Inverkehrbringen und ihre Einfuhr (§ 24 Abs. 1) sowie Vermittlungs- und Hilfeleistungstätigkeiten (§ 24 Abs. 2) sind vor Aufnahme entsprechender Aktivitäten anzuzeigen. Die Nicht- oder nicht rechtzeitige, sowie die unrichtige oder unvollständige Anzeige sind nach Abs. 1 Nr. 6 ordnungswidrig.

Gleiches gilt für Verspätungen, Unrichtigkeiten oder sonstige Unzulänglichkeiten der von Abs. 1 Nr. 14, 28 und 33 umfassten Anzeigen und Mitteilungen (§ 20 Abs. 3 S. 3, Abs. 4 S. 3: Inverkehrbringen und Anwendung von Pflanzenschutzmitteln zu Versuchszwecken; § 45 Abs. 3 S. 1: erstmaliges Inverkehrbringen eines Pflanzenstärkungsmittels; § 49 Abs. 3 S. 1: neue Erkenntnisse zu Auswirkungen eines Pflanzenschutzmittels auf die Gesundheit von Mensch und Tier sowie den Naturhaushalt beim Parallelhandel).

Das obligatorische Erklärungsverfahren vor dem erstmaligen Inverkehrbringen von **Pflanzenschutzgeräten** ist mit Gesetz zur Neuordnung des Pflanzenschutzrechts v. 6.2.2012 mit Wirkung zum 14.2.2012 entfallen. Maßgeblich waren insoweit die durch die RL 2009/127/EG vorgesehenen Anforderungen an die Umwelteigenschaften von Pflanzenschutzgeräten, deren Prüfung bislang im Rahmen des genannten Verfahrens erfolgte (BR-Drs. 520/11, 120 f.).

5   **3. Unterrichtung des Erwerbers.** Nach § 23 Abs. 3 hat der Abgebende bei der Abgabe von Pflanzenschutzmitteln über die bestimmungsgemäße Anwendung sowie insb. über Verbote und Be-

schränkungen zu unterrichten. Nicht-beruflichen Anwendern ist darüber hinaus eine Information über die Risiken der Anwendung von Pflanzenschutzmitteln für Mensch, Tier und Naturhaushalt zur Verfügung zu stellen (§ 23 Abs. 4 S. 1). Verstöße sind nach Abs. 1 Nrn. 17 und 18 mit Bußgeld bedroht.

4. Kooperation. Die zur Durchführung des Gesetzes erforderlichen Auskunfts-, Prüfungs- und **6** Überwachungsbefugnisse der zuständigen Behörden und die korrespondierenden Auskunfts- und Duldungspflichten ergeben sich aus § 63. Verstöße hiergegen werden nach Abs. 1 Nrn. 37, 38 sanktioniert, soweit nicht der Betroffene Auskünfte nach § 63 Abs. 5 verweigern kann (zur Reichweite des Auskunftsverweigerungsrechts ausführlich Erbs/Kohlhaas/*Metzger* § 63 Rn. 17 ff.).

IV. Umgang und Verkehr mit Pflanzenschutz-, Pflanzenstärkungsmitteln und Zusatz- und Wirkstoffen sowie Pflanzenschutzgeräten

1. Pflanzenschutzmittel. Pflanzenschutzmittel (Herbizide, Insektizide, Fungizide) sind dazu be- **7** stimmt, Pflanzen, insbes. Kulturpflanzen zu schützen und die Qualität von Pflanzenerzeugnissen zu sichern. Der Verkehr mit ihnen und ihre Verwendung sind zulassungsbedürftig (Art. 28 VO (EG) Nr. 1107/2009; § 12). Zum Prinzip der gegenseitigen Anerkennung → Rn. 2a). Dabei gilt ein Pflanzenschutzmittel, das in keinem anderen Mitgliedstaat der Europäischen Union oder keinem Vertragsstaat des Abkommens über den Europäischen Wirtschaftsraum zugelassen worden ist, auch dann nicht als zugelassen, wenn es mit einem in Deutschland zugelassenen Pflanzenschutzmittel übereinstimmt (§ 28 Abs. 2). Eine Anwendung des Pflanzenschutzmittels ist nur bei Vorliegen einer Zulassung und unter Einhaltung der Anwendungsbestimmungen zulässig. Im Haus- und Kleingartenbereich ist die Anwendung von Pflanzenschutzmitteln nur zulässig, soweit die Anwendung durch nichtberufliche Anwender zugelassen ist oder die Eignung zur Anwendung in diesem Bereich durch das Bundesamt für Verbraucherschutz und Lebensmittelsicherheit festgestellt worden ist, § 12 Abs. 3 S. 2. Verstöße sind nach Abs. 2 Nr. 1 und Abs. 1 Nr. 7, 8 bußgeldbewehrt.

Um eine hinreichende Beratung des Käufers über die Anwendung von Pflanzenschutzmitteln zu **7a** gewährleisten (BT-Drs. 17/7317, 50), ist das **Inverkehrbringen** von Pflanzenschutzmitteln durch Automaten oder durch andere Formen der Selbstbedienung nach § 23 Abs. 2 S. 1 (verfassungsrechtlich unbedenklich, BVerwG NVwZ-RR 2010, 97) nicht vorgesehen. Der das Verbot flankierende Bußgeldtatbestand findet sich in Abs. 1 Nr. 16.

Eine weitere – nach § 74 Abs. 7 freilich erst seit dem 26.11.2015 anzuwendende – Bestimmung über das Inverkehrbringen von Pflanzenschutzmitteln enthält § 23 Abs. 1 S. 1. Danach dürfen Pflanzenschutzmittel, die nur für die berufliche Anwendung zugelassen sind, seit dem genannten Termin nur abgegeben werden, wenn der Erwerber über einen Sachkundenachweis im Sinn des § 9 Abs. 1 verfügt. Vor diesem Hintergrund und weil auch fahrlässige Verstöße nach Abs. 1 Nr. 15 mit Bußgeld bedroht sind, hat sich der Abgebende nach § 23 Abs. 1 S. 2 beim Inverkehrbringen entsprechender Erzeugnisse in geeigneter Weise vom Sachkundenachweis des Erwerbers zu überzeugen.

Besondere Einschränkungen in Bezug auf die **Anwendung** von Pflanzenschutzmitteln sind in § 13 **7b** vorgesehen, die der Umsetzung der FFH-Richtlinie und der Vogelschutz-Richtlinie dienen. So ist es etwa nach § 13 Abs. 2 S. 1 Nr. 1 bei der Anwendung von Pflanzenschutzmitteln verboten, wild lebenden Tieren der besonders geschützten Arten nachzustellen, sie zu fangen, zu verletzen oder zu töten oder ihre Entwicklungsformen aus der Natur zu entnehmen, zu beschädigen oder zu zerstören. Darüber hinaus ist untersagt, wild lebende Tiere der streng geschützten Arten und der europäischen Vogelarten während der Fortpflanzungs-, Aufzucht-, Mauser-, Überwinterungs- und Wanderungszeiten erheblich zu stören (§ 13 Abs. 2 S. 1 Nr. 2; wobei zur Überschreitung der Erheblichkeitsschwelle nach § 13 Abs. 2 S. 2 eine Verschlechterung des Erhaltungszustandes der lokalen Population erforderlich ist), Fortpflanzungs- oder Ruhestätten der wild lebenden Tiere der besonders geschützten Arten aus der Natur zu entnehmen, zu beschädigen oder zu zerstören (§ 13 Abs. 2 S. 1 Nr. 3) oder wild lebende Pflanzen der besonders geschützten Arten oder ihre Entwicklungsformen aus der Natur zu entnehmen, sie oder ihre Standorte zu beschädigen oder zu zerstören (§ 13 Abs. 2 S. 1 Nr. 4). Ein Rechtsverstoß nach dem PflSchG liegt freilich jeweils nur dann vor, wenn die beeinträchtigende Tathandlung einen thematischen Bezug zum Pflanzenschutz aufweist. Dies setzt indessen keine unmittelbare Einwirkung durch Mittel des Pflanzenschutzes voraus (vgl. Erbs/Kohlhaas/*Metzger* § 13 Rn. 6 zur Störung durch Lärm eines Ausbringungsgerätes). Ausnahmen auf der Grundlage einer behördlichen Genehmigung sieht § 13 Abs. 4 vor. Die zugehörigen Bußgeldtatbestände finden sich in Abs. 1 Nr. 9–12. Soweit einzelne der in Art. 4 Abs. 2 oder in Anh. I der RL 2009/147/EG über die Erhaltung der wild lebenden Vogelarten genannten Arten betroffen sind, ist der Straftatbestand nach § 69 Abs. 2 Nr. 1 zu beachten (→ § 69 Rn. 21 ff.).

Spezielle Kennzeichnungsvorschriften für die zur **Ausfuhr** bestimmten Pflanzenschutzmittel ergeben **7c** sich aus § 25 Abs. 1. Handelt es sich um nicht – nach den Bestimmungen der VO (EG) Nr. 1107/2009 – zugelassene Pflanzenschutzmittel oder entspricht die Kennzeichnung nicht den Vorschriften des § 31 Abs. 2, sind sie nach § 25 Abs. 2 von den zur Anwendung im Inland bestimmten Pflanzenschutzmitteln getrennt zu halten und entsprechend kenntlich zu machen. Verstöße sind nach Abs. 1 Nr. 19, 20 bußgeldbewehrt.

7d   Ist die Zulassung zurückgenommen, widerrufen oder wird nach Ablauf der Zulassung festgestellt, dass die Voraussetzungen für einen Widerruf oder eine Rücknahme der Zulassung vorgelegen hätten, soll das Bundesamt für Verbraucherschutz und Lebensmittelsicherheit die **Rückgabe** der betroffenen Pflanzenschutzmittel an den Zulassungsinhaber, den Einführer oder dessen Vertreter (im Falle der Rücknahme oder eines Widerrufs nach § 49 Abs. 2 S. 1 Nr. 3–5 VwVfG auch an den Betrieb, der die Pflanzenschutzmittel zu gewerblichen Zwecken in Verkehr gebracht hat, § 27 Abs. 3) anordnen, § 27 Abs. 2. Wer als Zulassungsinhaber, Einführer oder dessen Vertreter Pflanzenschutzmittel unter Verstoß gegen eine solche Anordnung des Bundesamtes nicht, nicht vollständig oder nicht rechtzeitig annimmt, handelt nach Abs. 1 Nr. 22 ordnungswidrig.

7e   Die **Werbung** für nicht zugelassene Pflanzenschutzmittel ist nach Art. 66 VO (EG) 1107/2009 untersagt. Das Verbot ist über Abs. 2 Nr. 3 bußgeldrechtlich abgesichert.

8   **2. Pflanzenstärkungsmittel, Pflanzenschutzgeräte, Saat- und Pflanzgut, Kultursubstrate. Saatgut, Pflanzgut** oder **Kultursubstrate** (vgl. § 2 Nr. 12), die ein Pflanzenschutzmittel enthalten oder denen ein Pflanzenschutzmittel anhaftet, dürfen nach § 19 Abs. 1 nur ausgebracht oder verwendet werden, wenn sie – jenseits einer 18-monatigen Aufbrauchfrist für Mittel mit widerrufener oder beendeter Zulassung nach § 12 Abs. 5 – zum Zeitpunkt der Ausbringung oder Verwendung zu diesem Zweck rechtmäßig in den Verkehr gebracht werden dürfen, § 19 Abs. 1. Die korrespondierende Bußgeldnorm für Verstöße gegen § 19 Abs. 1 findet sich in Abs. 1 Nr. 13.

Das Inverkehrbringen von **Pflanzenstärkungsmitteln** (§ 2 Nr. 10) setzt nach § 45 Abs. 1 zunächst voraus, dass bei bestimmungsgemäßer und sachgerechter Anwendung oder als Folgen einer solchen Anwendung keine schädlichen Auswirkungen auf Gesundheit von Mensch und Tier und auf das Grundwasser sowie keine sonstigen nicht vertretbaren Auswirkungen auf den Naturhaushalt zu erwarten sind. Besondere Kennzeichnungsvorschriften für Pflanzenstärkungsmittel sind nach § 45 Abs. 2 vorgesehen. Zuwiderhandlungen sind nach Abs. 1 Nr. 26, 27 ordnungswidrig.

Anforderungen an die Umwelteigenschaften von **Pflanzenschutzgeräten** sind der RL 2009/127/EG zu entnehmen. Ob die Geräte diese Anforderungen erfüllen, ist vom Hersteller im Zuge der Prüfung zur CE-Kennzeichnung zu untersuchen (BT-Drs. 17/7317, 56). Soweit mit der Zulassung eines Pflanzenschutzmittels besondere Anforderungen an die zu verwendenden Pflanzenschutzgeräte festgelegt werden, darf die Anwendung nach § 16 Abs. 3 nur mit solchen Geräten erfolgen, die diese Anforderungen erfüllen. In der Betriebsanleitung des Pflanzenschutzgerätes ist nach § 53 auf diese Anforderungen und die jeweils einzuhaltenden Betriebsbedingungen hinzuweisen. Unzulänglichkeiten bei der Erteilung derartiger Hinweise unterfallen dem Bußgeldtatbestand nach Abs. 1 Nr. 36.

B. Sanktion (Abs. 3) und Nebenfolgen (Abs. 4)

9   Nach Abs. 3 ist für Rechtsverstöße in den Fällen des Abs. 1 Nr. 1, 2, 3 Buchst. a, Nr. 4, 6, 7, 9–12, 17, 23–25 und 29 sowie des Abs. 2 Nr. 1–3 eine Geldbuße von bis zu fünfzigtausend Euro vorgesehen. In den übrigen Fällen sind Zuwiderhandlungen mit einem Bußgeld von bis zu zehntausend Euro bedroht.

Die **Einziehung** von Pflanzen, Pflanzenerzeugnissen, Kultursubstraten, Pflanzenschutzmitteln, Pflanzenstärkungsmitteln und Zusatzstoffen als Beziehungsgegenstände von Ordnungswidrigkeiten nach Abs. 1 Nr. 3 Buchst. a, Nr. 7, 13, 21–28 oder Abs. 2 Nr. 1 ist in Abs. 4 vorgesehen. Die Voraussetzungen des § 22 OWiG sind zu beachten.

C. Verfahren

10   Sachlich **zuständige Verwaltungsbehörde** (§ 36 Abs. 1 Nr. 1 OWiG) ist nach Abs. 5 in ausgewählten Fällen das Bundesamt für Verbraucherschutz und Lebensmittelsicherheit. Im Übrigen obliegt die Ahndung von Rechtsverstößen den nach landesrechtlichen Bestimmungen zuständigen Behörden, vgl. etwa § 4 Abs. 6 OWiZuVO (Baden-Württemberg), § 94 Abs. 1 Nr. 2 ZustV (Bayern), §§ 1 ff. RhPfPflSchZuVO (Rheinland-Pfalz).

§ 69 Strafvorschriften

(1) Mit Freiheitsstrafe bis zu fünf Jahren oder mit Geldstrafe wird bestraft, wer

1. **entgegen § 6 Absatz 5 einen Schadorganismus verbreitet,**
2. **einer Rechtsverordnung nach § 14 Absatz 1 Nummer 1 Buchstabe a oder einer vollziehbaren Anordnung auf Grund einer solchen Rechtsverordnung zuwiderhandelt, soweit sie für einen bestimmten Tatbestand auf diese Strafvorschrift verweist,**
3. **entgegen § 14 Absatz 5 ein Pflanzenschutzmittel innergemeinschaftlich verbringt oder in Verkehr bringt oder**

4. eine in § 68 Absatz 1 Nummer 8, 9, 10 oder Nummer 11 bezeichnete vorsätzliche Handlung begeht, die sich auf ein Tier oder eine Pflanze einer streng geschützten Art bezieht.

(2) Mit Freiheitsstrafe bis zu drei Jahren oder mit Geldstrafe wird bestraft, wer

1. entgegen § 13 Absatz 2 Nummer 1 ein wild lebendes Tier einer besonders geschützten Art, die in Artikel 4 Absatz 2 oder in Anhang I der Richtlinie 2009/147/EG des Europäischen Parlaments und des Rates vom 30. November 2009 über die Erhaltung der wildlebenden Vogelarten (ABl. L 20 vom 26.1.2010, S. 7) aufgeführt ist, tötet oder seine Entwicklungsformen aus der Natur entnimmt oder zerstört oder

2. entgegen § 31 Absatz 5 Satz 1 Nummer 1 ein Pflanzenschutzmittel herstellt, innergemeinschaftlich verbringt oder in Verkehr bringt.

(3) Mit Freiheitsstrafe bis zu einem Jahr oder mit Geldstrafe wird bestraft, wer entgegen § 31 Absatz 5 Satz 1 Nummer 2 ein Pflanzenschutzmittel herstellt, innergemeinschaftlich verbringt oder in Verkehr bringt.

(4) Erkennt der Täter in den Fällen des Absatzes 1 Nummer 4 oder des Absatzes 2 Nummer 1 leichtfertig nicht, dass sich die Handlung auf ein Tier oder eine Pflanze einer dort genannten Art bezieht, so ist die Strafe Freiheitsstrafe bis zu einem Jahr oder Geldstrafe.

(5) Die Tat ist nicht nach Absatz 1 Nummer 4, Absatz 2 Nummer 1 oder Absatz 4 strafbar, wenn die Handlung eine unerhebliche Menge der Exemplare betrifft und unerhebliche Auswirkungen auf den Erhaltungszustand der Art hat.

(6) Der Versuch ist in den Fällen des Absatzes 1 Nummer 1, 2 und 3 strafbar.

(7) Pflanzenschutzmittel, auf die sich eine Straftat nach Absatz 1 Nummer 2, Absatz 2 Nummer 2 oder Absatz 3 bezieht, können eingezogen werden.

A. Einleitung

Die Vorschrift des § 69 enthält ein nach dem einschlägigen Strafrahmen abgestuftes Sanktionensystem **1** im Kontext pflanzenschutzrechtlicher Maßnahmen und Handlungen. Dabei reicht das Höchstmaß möglicher Freiheitsstrafen von 5 Jahren nach Abs. 1 bis zu 1 Jahr für leichtere Rechtsverstöße nach Abs. 4. Die Bestimmung erfasst – anders als die Bußgeldvorschriften des § 68 – lediglich vorsätzliche Rechtsverstöße, wobei freilich in Abs. 4 eine – vorsätzlichen Handlungen strukturell nahestehende (vgl. Erbs/Kohlhaas/*Metzger* Rn. 13) – Vorsatz-Leichtfertigkeits-Kombination vorgesehen ist.

Der einer inhaltlichen Erschließung der Regelungsmaterie nicht sonderlich zuträglichen Verweisungstechnik auf die Vorschriften des nationalen und supranationalen materiellen Pflanzenschutzrechts **1a** mag es geschuldet sein, dass der Wortlaut der Regelung trotz frühzeitiger Berichtigung (BGBl. 2012 I 1281) inhaltlich noch immer nicht vollständig dem Willen des historischen Gesetzgebers entspricht (→ Rn. 17 f.). Dies ist in strafrechtlichen Zusammenhängen vor allem deshalb misslich, weil sich der Gesetzgeber wegen Art. 103 Abs. 2 GG trotz offenbarer Fassungsversehen und in Anbetracht der einer korrigierenden Auslegung entgegenstehenden Wortlautschranke (vgl. Lackner/Kühl StGB, 28. Aufl. 2014, § 1 Rn. 6) in diesem Kontext unbedingt beim Wort nehmen lassen muss.

B. Tatbestände nach Abs. 1–4

I. Gefährdung von Pflanzen und Pflanzenbeständen durch Verbreitung von Schadorganismen (Abs. 1 Nr. 1)

1. Schadorganismen. Schadorganismen, ein anthropozentrisch gefärbter und damit aus ökologischer **2** Sicht nicht unproblematischer Begriff (zum anthropo-ökozentrischen Ansatz des Umweltrechts siehe *Westphal* JuS 2000, 339), sind nach Art. 3 Nr. 7 VO (EG) Nr. 1107/2009 zunächst alle Arten, Stämme und Biotypen von Pflanzen, Tieren oder Krankheitserregern, die für Pflanzen oder Pflanzenerzeugnisse schädlich sind. Die über diese europarechtlich geprägte Begriffsbestimmung hinausgehende Definition nach § 6 Abs. 4 findet im Einzugsbereich des § 6 Abs. 5 demgegenüber keine Anwendung (ebenso Erbs/Kohlhaas/*Metzger* § 6 Rn. 16).

2. Verbreiten. Schadorganismen verbreitet, wer durch seine Handlung den räumlichen Wirkbereich **3** solcher Organismen vergrößert, dh eine Vergrößerung ihres Ausbreitungsgebiets bewirkt. Die Verstärkung eines vorhandenen Befalls ohne lokale Effekte genügt nicht (vgl. Erbs/Kohlhaas/*Metzger* § 6 Rn. 17). Der Tatbestand ist dabei nicht auf einzelne Umweltmedien beschränkt; vielmehr kommen als Wirkpfade – der Eigenart der betreffenden Schadorganismen folgend – Luft, Wasser (Grund- und Oberflächenwasser) und Boden, daneben aber auch die Pflanzen- und Tierwelt selbst in Betracht. Zielgerichtetes Handeln ist nicht erforderlich. Es genügt das Anstoßen eines Geschehens (zB durch unsachgemäßen Umgang bzw. unsachgemäße Entsorgung), das zur unkontrollierten bzw. nicht mehr kontrollierbaren Ausbreitung führt. Handeln durch Unterlassen – dh bspw. (bedingt) vorsätzliches Geschehenlassen – ist möglich.

4   **3. Gefährdung von Pflanzenbeständen.** Die Tathandlung – das Verbreiten von Schadorganismen – muss zu einer Gefährdung von Pflanzenbeständen besonders geschützter Arten im Sinne des § 7 Abs. 2 Nr. 13 BNatSchG (§ 6 Abs. 5 Nr. 1), von fremden Pflanzenbeständen von bedeutendem Wert (§ 6 Abs. 5 Nr. 2) oder von Pflanzenbeständen von bedeutendem Wert für Naturhaushalt oder Landschaftsbild (§ 6 Abs. 5 Nr. 3) geführt haben.

4a   **a) Pflanzen** iSd Gesetzes sind nach § 2 Nr. 3 lebende Pflanzen und lebende Teile von Pflanzen einschließlich der Früchte und Samen. Der Begriff des **Bestand**es hat neben einer räumlichen und zeitlichen (iSv *„dauerhaft"*) auch eine quantitative Komponente. Ausgehend hiervon, sind sowohl solitäre Gewächse im natürlichen Umfeld (ähnlich Erbs/Kohlhaas/*Lorz* § 39 aF Rn. 6) als auch lediglich übergangsweise (etwa in Pflanzenlagern) beherbergte Pflanzen nicht erfasst. Die Gefährdung einzelner Arten hingegen genügt.

5   **b) Besonders geschützte (Pflanzen-)Arten iSd § 7 Abs. 2 Nr. 13 BNatSchG** sind die in Anh. A und B der VO (EG) Nr. 338/97 (ABl. 1997 L 61, 1; 1997 L 100, 72; 1997 L 298, 70; 2006 L 113, 26), Anh. 4 der RL 92/43/EWG und die in der Bundesartenschutzverordnung (BArtSchV; BGBl. 2005 I 258 (269)) aufgeführten.

6   **c)** Die Gefährdung **fremder** (dh im Eigentum Dritter – also regelmäßig dem Grundstückseigentümer, § 94 Abs. 1 BGB – stehender) Pflanzenbestände behandelt § 6 Abs. 5 Nr. 3. Ein Pflanzenbestand ist dann von **bedeutendem** (materiellen) **Wert,** wenn sein Verkehrswert eine bestimmte (indes keineswegs feststehende) Betragsschwelle übersteigt. Diese dürfte in Anlehnung an § 315 (vgl. Fischer StGB § 315 Rn. 16 f.; ausf. Schönke/Schröder/*Heine/Bosch* StGB Vor §§ 306 ff. Rn. 15), § 306 (vgl. MüKoStGB/*Radtke* StGB § 306 Rn. 18) zu bestimmen und also bei jedenfalls 1.300 EUR (vgl. auch Fischer StGB § 69 Rn. 29) erreicht sein, weil § 6 Abs. 5 Nr. 2 auf eine natur- bzw. artenschutzrechtliche Anknüpfung gänzlich verzichtet, dh ideelle/ökologische Wertmaßstäbe (mit Blick auf § 6 Abs. 5 Nr. 3) vollständig ausklammert (aA Erbs/Kohlhaas/*Metzger* § 6 Rn. 20). Vieles spricht dafür, nach Maßgabe der Erwägungen des 4. Strafsenats in seinem Beschluss v. 28.9.2010 (4 StR 245/10; BGH NStZ 2011, 215) die Wertgrenze bereits bei 750 EUR zu veranschlagen.

7   **d)** Pflanzenbestände sind – unabhängig davon, nach finanziellen Kriterien wertvoll sind – dann von **bedeutendem Wert für Naturhaushalt oder Landschaftsbild** (§ 6 Abs. 5 Nr. 3), wenn ihnen Wert und Bedeutung (so Erbs/Kohlhaas/*Lorz* § 39 aF Rn. 9) für die den Standort prägenden biologischen Funktionen, die Stoff- und Energieflüsse und die landschaftlichen Strukturen (Naturhaushalt, vgl. § 7 Abs. 1 Nr. 2 BNatSchG) oder die durch das Bodenprofil, die Oberflächen- und Gewässerstruktur, und insbes. den Vegetationsbestand geprägte, sinnlich wahrnehmbare Erscheinung der Landschaft (Landschaftsbild, vgl. Landmann/Rohmer BNatSchG § 18 Rn. 13; *Gassner* NuR 1989, 61 f.) zugesprochen werden kann. Eine Beeinträchtigung des Landschaftsbildes liegt nach BVerwG NVwZ 1991, 367 vor, wenn die Veränderung von einem für die Schönheiten der natürlich gewachsenen Landschaft aufgeschlossenen Durchschnittsbetrachter als nachteilig empfunden wird. Die Gefahr einer erheblichen oder nachhaltigen Beeinträchtigung des Landschaftsbildes (vgl. § 14 Abs. 1 BNatSchG) ist nicht erforderlich.

8   **e)** Die Verbreitung von Schadorganismen muss (nachweisbar) eine **konkrete Gefahr** für die genannten Schutzgüter herbeigeführt haben. Bleibt ein Schaden aus, ist stets erforderlich, dass die Wahrscheinlichkeit des Schadenseintritts – auf Basis einer objektiv nachträglichen Prognose (vgl. BGH NStZ 1985, 263 (264)) – größer gewesen ist als die seines Ausbleibens. Aus der Tathandlung allein darf hierauf jedenfalls nicht geschlossen werden (aA Erbs/Kohlhaas/*Metzger* § 6 Rn. 22). Das Urteil muss sich mit dem konkreten Geschehensablauf auseinandersetzen, bei dem der Eintritt eines Schadens nahe gelegen hätte (vgl. BGHSt 18, 272; BGH NZV 1995, 364).

9   **4. Vorsatz.** Erforderlich ist vorsätzliches Handeln. Der **Vorsatz** muss sich auf sämtliche Tatbestandsmerkmale des Abs. 1 Nr. 1 und also insbes. die Schädigungseignung der verbreiteten Organismen beziehen sowie – in mindestens bedingter Ausprägung – auf die konkrete Gefährdung geschützter Rechtsgüter (Gefährdungsvorsatz; vgl. BGHSt 22, 67; MüKoStGB/*Pegel* StGB § 315c Rn. 108) und die kausalitätsrelevanten Umstände umfassen. Notwendig ist, dass der Täter den Bedeutungsgehalt der Verbreitungshandlung zutreffend einschätzt; konkrete naturwissenschaftliche Vorstellungen über die Wirkungsweise muss er indes nicht haben. Der Vorsatz kann fehlen, wenn der Täter im Rahmen des § 6 Abs. 5 Nr. 2 den objektiven Wert des gefährdeten Pflanzenbestandes unzutreffend einschätzt.

10   **5. Versuch, Vollendung, Beendigung.** Der **Versuch** ist nach Abs. 6 mit Strafe bedroht. Voraussetzung ist, dass der Täter nach Maßgabe seines Tatplans unmittelbar zur Tat ansetzt. Dies ist der Fall, sobald Handlungen vorgenommen wurden, die im Falle ungestörten Fortgangs in die Tatbestandsverwirklichung unmittelbar einmünden (Fischer StGB § 22 Rn. 10 mwN), die also mit der Verbreitung von Schadorganismen (→ Rn. 2 f.) in direktem räumlichen und zeitlichen Zusammenhang stehen (vgl. nur BGH NStZ 1989, 473). Auf die wegen der biologischen Wirkmechanismen im Einzelfall nicht unerhebliche Zeitspanne zwischen dieser Handlung und dem tatbestandlichen Zwischenerfolg der Verbreitung kommt es dabei nicht an.

   Ein **Rücktritt** ist nach den allgemeinen Regeln (§ 24 StGB) möglich. Mit der Gefährdung der nach § 6 Abs. 5 Nr. 1–3 geschützten Pflanzenbestände (→ Rn. 4 ff.) ist die Tat **vollendet;** ein Rücktritt scheidet aus. Weil die Tat – ohne dass es auf den ggf. nachfolgenden Eintritt eines Schadens ankäme – zugleich **beendet** ist (vgl. BGHSt 32, 294; OLG Düsseldorf NJW 1989, 537), beginnt zu diesem Zeitpunkt die Verjährung (§ 78a S. 1 StGB).

6. Konkurrenzen. Tateinheit ist – insbes. in den Fällen des Abs. 1 Nr. 1 iVm § 6 Abs. 5 Nr. 2 – **11** möglich mit § 303 StGB (vgl. MüKoStGB/ *Wieck-Noodt* StGB § 303 Rn. 19 – Ausstreuen von Unkrautsamen auf einem Feld) und § 304 StGB, weil als Naturdenkmale im Sinne des § 28 BNatSchG auch Naturschöpfungen in Betracht kommen, die unter den Begriff des Pflanzenbestandes subsumiert werden können (Baumgruppen, Hutewälder, Orchideenstandorte; vgl. Landmann/Rohmer BNatSchG § 28 Rn. 4 mwN). Darüber hinaus kommt Tateinheit mit § 71 BNatSchG in Betracht.

II. Zuwiderhandlungen gegen Rechtsverordnungen nach § 14 Abs. 1 Nr. 1 Buchst. a oder vollziehbare Anordnungen (Abs. 1 Nr. 2)

1. Bei den in Bezug genommenen **Rechtsverordnungen nach** § 14 Abs. 1 Nr. 1 Buchst. a **12** handelt es sich um solche, die die Einfuhr, das Inverkehrbringen, das innergemeinschaftliche Verbringen und die Anwendung bestimmter Pflanzenschutzmittel oder von Pflanzenschutzmitteln mit bestimmten Stoffen verbieten, beschränken oder von einer Genehmigung abhängig machen. Entsprechende Regelungen enthält etwa die **Pflanzenschutz-Anwendungsverordnung** v. 10.11.1992 (BGBl. I 1887), die bspw. für Pflanzenschutzmittel auf der Grundlage bestimmter in den Anlagen 1 und 2 aufgeführter Stoffe vollständige oder eingeschränkte Anwendungsverbote vorsieht. Der erforderliche Verweis auf die Vorschrift des § 69 Abs. 1 Nr. 2 findet sich in § 8 Abs. 1 PflSchAnwV.

2. Vorsatz, Versuch. In subjektiver Hinsicht setzt eine Strafbarkeit nach Abs. 1 Nr. 2 vorsätzliches **13** Handeln voraus. Versuchte Zuwiderhandlungen sind nach Abs. 6 mit Strafe bedroht.

3. Einziehung. Pflanzenschutzmittel, auf die sich eine strafbare Handlung nach Abs. 1 Nr. 2 bezieht, **14** können nach Abs. 7 eingezogen werden.

III. Verbringen und Inverkehrbringen entgegen § 14 Abs. 5 (Abs. 1 Nr. 3)

1. Verkehrsverbote. Die Regelung des § 14 Abs. 5 enthält das Verbot, Pflanzenschutzmittel auf der **15** Grundlage einer bestimmten stofflichen Zusammensetzung nach Maßgabe einer Verordnung im Sinne des § 14 Abs. 1 Nr. 1 Buchst. a (→ Rn. 12) innergemeinschaftlich zu verbringen oder in den Verkehr zu bringen. Dabei nimmt die Vorschrift solche Erzeugnisse in den Blick, deren Anwendung durch die genannte Verordnung vollständig verboten ist. Ein entsprechendes **vollständiges Anwendungsverbot** sieht § 1 der PflSchAnwV für die in der Anlage 1 aufgeführten Stoffe (namentlich für *Acrylnitril, Aldrin, Aramit, Arsenverbindungen, Atrazin, Binapacryl, Bleiverbindungen, Bromacil, Cadmiumverbindungen, Captafol, Carbaryl, Chlordan, Chlordecone (Kepone), Chlordimeform, Chloroform, Chlorpikrin, Crimidin, DDT (1,1,1-Trichlor-2,2-bis(4-chlorphenyl) -ethan und seine Isomeren), 1,2-Dibromethan, 1,2-Dichlorethan, 1,3-Dichlorpropen, Dicofol mit einem Gehalt von weniger als 780g je kg p.p'-Dicofol oder mehr als 1g je kg DDT oder DDT-Verbindungen, Dieldrin, Dinoseb, seine Acetate und Salze, Endrin, Ethylenoxid, Fluoressigsäure und ihre Derivate, HCH, technisch, Heptachlor, Hexachlorbenzol, Isobenzan, Isodrin, Kelevan, Lindan, Maleinsäurehydrazid und seine Salze, andere als Cholin-, Kalium- und Natriumsalz, Maleinsäurehydrazid-Cholin-, -Kalium- und Natriumsalz mit einem Gehalt von mehr als 1 mg je kg freies Hydrazin, ausgedrückt als Säureäquivalent, Morfamquat, Nitrofen, Pentachlorphenol, Polychlorterpene, Quecksilberverbindungen, Quintozen, Selenverbindungen, 2,4 (5)-T und Tetrachlorkohlenstoff*) vor.

2. Vorsatz, Versuch. In subjektiver Hinsicht setzt eine Strafbarkeit nach Abs. 1 Nr. 2 vorsätzliches **16** Handeln voraus. Versuchte Zuwiderhandlungen sind nach Abs. 6 mit Strafe bedroht.

IV. Strafbare Anwendungsverstöße (Abs. 1 Nr. 4)

1. Wille des historischen Gesetzgebers. Nach dem Willen des historischen Gesetzgebers, der **17** insbes. aus dem Gesetzentwurf der BReg. zur Neuordnung des Pflanzenschutzrechts (BT-Drs. 17/7317) deutlich wird, sollte der Straftatbestand des Abs. 1 Nr. 4 auf solche in § 68 Abs. 1 aufgeführten Handlungen bezogen werden, die ihrerseits auf die Regelung des § 13 Abs. 2 Nr. 1–4 verweisen und also thematisch im Einzugsbereich der Anwendungsverbote zum Schutz wild lebender Arten (→ § 68 Rn. 7b) siedeln. Nach dem Gesetzentwurf (BT-Drs. 17/7317, 34) handelte es sich tatsächlich um die Nr. 8–11 der Vorschrift des § 68 Abs. 1.

2. Tatsächlicher Regelungsgehalt. Allerdings hat sich die Zählung der Tatbestände nach § 68 **18** Abs. 1 durch Einführung des aktuell als Nr. 8 geführten Tatbestandes zur Anwendung von Pflanzenschutzmitteln im Haus- und Kleingartenbereich nach Maßgabe einer Beschlussempfehlung des Ausschusses für Ernährung, Landwirtschaft und Verbraucherschutz zum Gesetzentwurf (BT-Drs. 17/7671, 23 insoweit verändert, als dass sich die artenschützenden Anwendungsverbote nach § 13 Abs. 2 nunmehr in den Nr. 9–12 der Regelung des § 68 Abs. 1 finden. Folglich geht der Verweis auf § 68 Abs. 1 Nr. 8

selbst für den Fall rechtlich ins Leere, dass sich ein haus- oder kleingärtnerischer Anwendungsverstoß auf eine streng geschützte Tier- oder Pflanzenart bezieht, während die Entnahme einer streng geschützten wild lebenden Pflanze oder ihrer Entwicklungsform, oder über die Beschädigung oder Zerstörung ihres Standortes entgegen § 13 Abs. 2 Nr. 4 im Zusammenhang mit der Anwendung von Pflanzenschutzmitteln von der Strafvorschrift des § 69 Abs. 1 Nr. 4 nicht erfasst wird.

19 **3. Vorsatz, Leichtfertigkeit.** In subjektiver Hinsicht setzt § 69 Abs. 1 Nr. 4 vorsätzliches Handeln voraus. Die leichtfertige Verkennung des Bezuges einschlägiger Handlungen auf Tiere oder Pflanzen der genannten Art eröffnet den Anwendungsbereich der Vorschrift des § 69 Abs. 4 mit einem Strafrahmen von bis zu einem Jahr.

20 **4. Minima-Klausel.** Zu beachten ist ferner die nach Abs. 5 einschlägige Minima-Klausel, die auf die RL 2008/99/EG über den strafrechtlichen Schutz der Umwelt zurückgeht (ABl. 2008 L 328, 28 (30); dort: *„mit Ausnahme der Fälle, in denen die Handlung eine unerhebliche Menge dieser Exemplare betrifft und unerhebliche Auswirkungen auf den Erhaltungszustand der Art hat"*) und die als Strafausschließungsgrund (Erbs/Kohlhaas/*Metzger* Rn. 14) erst zur Anwendung gelangt, wenn die tatbestandlichen Voraussetzungen vollständig vorliegen.

V. Artenschutzbezogene Rechtsverstöße gegen § 13 Abs. 2 Nr. 1 (Abs. 2 Nr. 1)

21 **1. Tathandlungen.** Nach § 13 Abs. 2 Nr. 1 ist es untersagt, wild lebenden Tieren der besonders geschützten Arten nachzustellen, sie zu fangen, zu verletzen oder zu töten oder ihre Entwicklungsformen aus der Natur zu entnehmen, zu beschädigen oder zu zerstören. Wegen § 13 Abs. 2 ist ferner erforderlich, dass die einschlägige Tathandlung einen Bezug zur Anwendung von Pflanzenschutzmitteln aufweist (*„Bei der Anwendung von Pflanzenschutzmitteln ist es verboten, ... "*).

22 **2. Tatobjekte.** Der Straftatbestand bezieht sich allein auf wild lebende Tiere der besonders geschützten Arten, die in Art. 4 Abs. 2 oder in Anh. I der RL 2009/147/EG (ABl. 2010 L 20, 7) aufgeführt sind.

23 **3. Minima-Klausel.** Obgleich nach der weiten Fassung des Tatbestandes nach Abs. 2 Nr. 1 bereits die Tötung (nur) eines Exemplars einer in → Rn. 22 genannten Tierart ausreichend ist, ist eine Strafbarkeit nach Abs. 5 ausgeschlossen, wenn die Handlung eine (nur) unerhebliche Menge der Exemplare betrifft und (nur) unerhebliche Auswirkungen auf den Erhaltungszustand der Art hat. Ob eine Überschreitung der so definierten Erheblichkeitsschwelle vorliegt, ist nach Maßgabe der Wirkspezifika der jeweiligen Tathandlungen für jede betroffene Art zu untersuchen und ggf. in den Urteilsgründen niederzulegen. Vgl. auch → Rn. 20.

VI. Herstellen, innergemeinschaftliche Verbringung und Inverkehrbringen von gefälschten und falsch gekennzeichneten Pflanzenschutzmitteln (Abs. 2 Nr. 2, Abs. 3)

24 **1. Schutzgut.** Der Straftatbestand des Abs. 2 Nr. 2 soll die Anwendung nicht zugelassener Pflanzenschutzmittel verhindern (vgl. BT-Drs. 17/7317, 58) und schützt so sowohl vor den Auswirkungen einer solchen Handlung auf die Gesundheit des Anwenders und den Naturhaushalt. Dabei hat der Gesetzgeber die von gefälschten Pflanzenschutzmitteln ausgehenden besonderen Gefahren (§ 31 Abs. 5 S. 1 Nr. 1: *„hinsichtlich ihrer Identität oder Herkunft falsch gekennzeichnet"*) in Abs. 2 Nr. 2 mit einer erhöhten Strafdrohung von bis zu 3 Jahren belegt, während er Irreführungen in anderer Hinsicht (§ 31 Abs. 5 S. 1 Nr. 2: *„in anderer Weise mit irreführender Bezeichnung, Angabe oder Aufmachung versehen"*) nach Abs. 3 mit einer Freiheitsstrafe von bis zu einem Jahr geahndet wissen möchte.

25 **2. Pflanzenschutzmittel-Fälschung.** Fälschungsqualität iSd § 31 Abs. 5 Nr. 1 haben nur solche Pflanzenschutzmittel, die hinsichtlich ihrer Identität oder ihrer Herkunft falsch gekennzeichnet sind. **Identität**stäuschungen können sich dabei auf den Gehalt an Wirkstoffen und Beistoffsubstanzen, auf die physikalischen und insbes. chemischen Eigenschaften eines Erzeugnisses und darüber hinaus auf etwaige störende Eigenschaften (etwa Verunreinigungen oder sonstige wesentliche Qualitätsmängel) beziehen, soweit diesen Eigenschaften ihrerseits eine identitätsstiftende (lat. *idem* = derselbe/dasselbe) Bedeutung zukommt. Falschkennzeichnungen in Bezug auf die **Herkunft** betreffen demgegenüber etwa Angaben zum Hersteller, zum Herstellungsland und zum Inhaber der pflanzenschutzrechtlichen Zulassung. Freilich genügt nicht jede kennzeichnungsbezogene Unzulänglichkeit, etwa die Angabe eines falschen – zum nämlichen Konzernverbund gehörenden – Unternehmens (vgl. dazu etwa *Rehmann* AMG § 4 Rn. 47). Erforderlich ist vielmehr stets eine mit Blick auf die unter → Rn. 24 angesprochenen Aspekte normativ belangvolle Abweichung der Kennzeichnung von den tatsächlichen Verhältnissen.

26 **3. Sonstige Irreführung.** Die Regelung des § 31 Abs. 5 S. 1 Nr. 2 verbietet das Herstellen, die innergemeinschaftliche Verbringung und das Inverkehrbringen von Pflanzenschutzmitteln, die in anderer Weise als hinsichtlich ihrer Identität oder ihrer Herkunft (→ Rn. 25) mit einer irreführenden

Bezeichnung, Angabe oder Aufmachung versehen sind. Einen Anhalt, welche Art von Falschkennzeichnungen von dieser Verbotsvorschrift erfasst sein sollen, gibt die Bestimmung des § 31 Abs. 5 S. 2. Danach liegt eine Irreführung insbes. dann vor, wenn fälschlich der Eindruck erweckt wird, dass es sich um ein zugelassenes Pflanzenschutzmittel oder um ein Pflanzenschutzmittel handelt, für das eine Genehmigung zum Parallelhandel erteilt worden ist.

Der Begriff der **Bezeichnung** ist eigenschaftsbezogen und betrifft damit die das Erzeugnis kenn- 27 zeichnenden Merkmale. **Angaben** sind an den Erwerber oder Verbraucher gerichtete produktbezogene Mitteilungen, während der Begriff der **Aufmachung** die äußere Präsentation des Erzeugnisses hinsichtlich Verpackung, Bebilderung und Farbgebung umfasst.

Wesentlich ist sämtlichen erfassten Kennzeichnungsmängeln ihre Eignung, bei den angesprochenen 28 Erwerber- und Verbraucherkreisen – unter Berücksichtigung der Verkehrsanschauung und nach Maßgabe der Vorstellungen eines *normal informierten, angemessen aufmerksamen und verständigen Durchschnittsverbrauchers* (vgl. etwa EuGH EuR 2000, 251) – eine normativ belangvolle (→ Rn. 24) Fehlvorstellung hervorzurufen. Jenseits dieser Schwelle sind marken- und wettbewerbsrechtliche Rechtsverstöße denkbar, die eine pflanzenschutzrechtliche Strafbarkeit für sich genommen nicht auszulösen geeignet sind.

4. Einziehung. Pflanzenschutzmittel, auf die sich eine Straftat nach Abs. 2 Nr. 2 oder Abs. 3 bezieht, 29 können nach Abs. 7 eingezogen werden.

610. Verordnung über Stoffe mit pharmakologischer Wirkung (PharmstoffV)

In der Fassung der Bekanntmachung vom 8. Juli 2009 (BGBl. I S. 1768) FNA 2125-40-12

– Auszug –

Vorbemerkung

1   Die PharmStoffV dient der **Umsetzung der RL 96/22/EG** des Rates v. 29.4.1996 über das Verbot der Verwendung bestimmter Stoffe mit hormonaler bzw. thyreostatischer Wirkung und von β-Agonisten in der tierischen Erzeugung, die zuletzt durch die RL 2008/97/EG geändert worden ist. Die Richtlinie verfolgt den Zweck, die **Gesundheit des Verbrauchers** vor den Gefahren, die aus der Verwendung von bestimmten, in der Richtlinie näher benannten Stoffen mit pharmakologischer Wirkung drohen, **zu schützen.** Insoweit werden der Besitz und die Verabreichung von Stoffen mit pharmakologischer Wirkung an Tiere sowie das Inverkehrbringen der genannten Stoffe zu diesem Zweck untersagt. Darüber hinaus wird die Verwendung anderer Stoffe, die grds. zulässig ist, geregelt. Wartezeiten, die nach der zulässigen Zuführung von Stoffen mit pharmakologischer Wirkung einzuhalten sind, bevor die behandelten Tiere geschlachtet werden, werden durch die Richtlinie harmonisiert. Daneben treten zum Schutz der Gesundheit der Verbraucher die Regelungen der **VO (EWG) Nr. 2377/90** des Rates v. 26.6.1990 zur Schaffung eines Gemeinschaftsverfahrens für die Festsetzung von Höchstmengen für Tierarzneimittelrückstände in Nahrungsmitteln tierischen Ursprungs, die Verbote und Höchstmengen für Rückstände von Stoffen mit pharmakologischer Wirkung statuiert (→ LFGB § 58 Rn. 9 ff.).

2   In Umsetzung der Vorgaben der RL 96/22/EG sieht § 1 vor, dass die in **Anlage 1 aufgeführten Stoffe** (zB Stoffe mit antimikrobieller Wirkung wie Antibiotika, Stoffe mit proteolytischer Wirkung) **Tieren, die der Lebensmittelgewinnung dienen** (→ LFGB § 58 Rn. 18 f.) für in der Anlage 1 genannte Anwendungsgebiete nicht zugeführt werden dürfen. § 2 sieht vor, dass die in den Anlage 2 und 3 aufgeführten Stoffe (zB Stoffe mit östrogener oder androgener Wirkung, Beta-Agonisten mit anaboler Wirkung sowie Testosteron, Progesteron oder Derivate dieser Stoffe) Tieren, die der Gewinnung von Lebensmitteln dienen, nur zugeführt werden dürfen, wenn diese Tiere in den Anlagen bezeichnet sind. **§ 3 Abs. 1** statuiert ein **Verkehrsverbot für Lebensmittel** (→ Vorb. LFGB Rn. 37 ff.), die von Tieren gewonnen wurden, denen unter Missachtung der §§ 1, 2 Stoffe zugeführt wurden. Darüber hinaus statuiert **§ 3 Abs. 2** ein **Verkehrsverbot** für die Stoffe selbst, soweit sie für nicht zugelassene oder verbotene Anwendungen in den Verkehr gebracht werden. Ob insoweit im konkreten Fall eine verbotene Anwendung anzunehmen ist (wobei innere Vorbehalte der Beteiligten unbeachtlich sind), kann sich aus der den Stoffen beigefügten Gebrauchsanweisung oder sonstigen Angaben im Zusammenhang mit dem Vertrieb des Stoffes und den diesbezüglichen Begleitumständen ergeben (vgl. Zipfel/Rathke LebensmittelR/*Rathke* § 3 Rn. 5).

3   **Zuführen eines Stoffes** iSd vorgenannten Vorschriften ist jede Handlung, die den Stoff in oder auf (zB durch Einreibungen) den tierischen Körper verbringt (Zipfel/Rathke LebensmittelR/*Rathke* § 2 Rn. 16). Sowohl für die Anwendungsverbote der §§ 1, 2, als auch für das daran anknüpfende Verkehrsverbot ist unbeachtlich, dass Stoffe möglicherweise schon vor der Schlachtung im tierischen Körper metabolisiert oder abgebaut werden und damit chemisch nicht mehr nachweisbar sind (BGHSt 25, 1; VGH München ZLR 1990, 82).

§ 5 [Ordnungswidrigkeiten]

[1]Nach § 58 Absatz 1 Nummer 18, Absatz 4 bis 6 des Lebensmittel- und Futtermittelgesetzbuches wird bestraft, wer

1. entgegen § 1 in Anlage 1 aufgeführte Stoffe den in Anlage 1 bezeichneten Tieren für die dort genannten Anwendungsgebiete zuführt,
2. entgegen § 2 dort genannte Stoffe den dort genannten Tieren zuführt,
3. entgegen § 3 Absatz 1 Lebensmittel in den Verkehr bringt oder
4. entgegen § 3 Absatz 2 dort genannte Stoffe in den Verkehr bringt.

[2]Wer eine in Satz 1 bezeichnete Handlung fahrlässig begeht, ist nach § 58 Absatz 6 des Lebensmittel- und Futtermittelgesetzbuches strafbar.

Mit der **Rückverweisung auf § 58 Abs. 1 Nr. 18 LFGB** (→ LFGB § 58 Rn. 37) in § 5 S. 1 werden **vorsätzliche** (→ LFGB § 58 Rn. 47 ff.) und **fahrlässige** (→ LFGB § 58 Rn. 60 ff.) Verstöße gegen die im Tatbestand näher konkretisierten, dem **Gesundheitsschutz des Verbrauchers** dienenden **Verkehrs- und Verwendungsverbote der §§ 1–3** (→ Vorb. Rn. 2) unter Strafe gestellt (die amtliche Überschrift „Ordnungswidrigkeiten" trifft insoweit nicht zu). Da fahrlässiges Handeln bereits in § 5 S. 1 erfasst ist, ist § 5 S. 2 überflüssig. Zur Tathandlung des Inverkehrbringens → Vorb. LFGB Rn. 45. Zur Tathandlung des Zuführens → Vorb. Rn. 3. Auch der Versuch ist nach § 58 Abs. 4 LFGB strafbar (→ LFGB § 58 Rn. 53). Zu den Rechtsfolgen → LFGB § 58 Rn. 54 ff.

612. Gesetz über die Bereitstellung von Produkten auf dem Markt (Produktsicherheitsgesetz – ProdSG)

Vom 8.11.2011 (BGBl. I S. 2178, ber. 2012 I S. 131) FNA 8053-8

Zuletzt geändert durch Art. 435 Zehnte ZuständigkeitsanpassungsVO v. 31.8.2015 (BGBl. I S. 1474)

– Auszug –

Vorbemerkung

1 **1. Entstehung des Gesetzes als Nachfolgeregelung des GPSG aF.** Das ProdSG löste zum 1.12.2011 das Gesetz über technische Arbeitsmittel und Verbraucherprodukte (Geräte- und Produktsicherheitsgesetz – GPSG) ohne Übergangsfrist ab. Bereits das Geräte- und Produktsicherheitsgesetz diente in erster Linie der Umsetzung europäischer Produktsicherheitsrichtlinien und führte die Vorschriften des Gerätesicherheitsgesetzes (GSG) und des Produktsicherheitsgesetzes (ProdSG) zusammen (BT-Drs. 15/1620). Ein Reformbedarf ergab sich insbes. daraus, dass der europäische Gesetzgeber schon im Jahr 2008 seinen Mitte der 80er Jahre eingeführten „Neuen Ansatz" bei der Harmonisierung technischer Vorgaben für Produkte (sog „new approach") unter dem Schlagwort „new legislative framework" grdl. reformiert und in diesem Rahmen die europäische Verordnung (EG) Nr. 765/2008 zur Akkreditierung und Marktüberwachung und den Beschluss Nr. 768/2008/EG über einen gemeinsamen Rechtsrahmen für die Vermarktung von Produkten erlassen hatte (*Kapoor/Klindt* EuZW 2008, 649 ff.; *Kapoor/Klindt* EuZW 2009, 134 ff.). Die Vorgaben der Verordnung (EG) Nr. 765/2008, die auf eine Vereinheitlichung und effektivere Gestaltung des europäischen Produktsicherheitsrechts abzielten, galten bereits seit dem 1.1.2010 unmittelbar in den Mitgliedstaaten der EU. Eine Anpassung des GPSG aF war demnach dringend erforderlich (*Kapoor/Klindt* sprechen in diesem Zusammenhang davon, dass die Reform des GPSG aF in erster Linie ein „Update" auf europarechtliche Vorgaben und eine Angleichung an die auf europäischer Ebene diesbzgl. verwendete Terminologie darstelle, *Kapoor/Klindt* NVwZ 2012, 719). So enthalten allein elf der neuen Vorschriften im Abschnitt 3 und 4 des ProdSG nahezu inhaltsgleich Regelungen aus der europäischen VO (EG) Nr. 765/2008. Ein Anwachsen der Paragraphenanzahl von 21 im GPSG aF auf 40 im ProdSG überrascht vor diesem Hintergrund nicht. Der Gesetzgeber nutzte die Chance der Neukonfiguration jedoch auch, um Schwächen des GPSG aF zu beseitigen. So wurden insbes. auch die Bußgeld- und Strafvorschriften mit Neukonzipierung des Gesetzes verschärft. Statt Bußgeldobergrenzen von 3.000 EUR bzw. 30.000 EUR im GPSG aF gelten im ProdSG Bußgeldobergrenzen von 10.000 EUR bzw. 100.000 EUR, die im Falle eines wirtschaftlichen Vorteils noch überschritten werden können (§ 17 Abs. 4 OWiG). Ferner fand eine Erweiterung der Bußgeldvorschriften dahingehend statt, dass neue Tatbestände in den Katalog des § 39 aufgenommen wurden, der nunmehr 17 Nummern enthält, während im § 19 GPSG aF nur 11 Tatbestandsvarianten aufgezählt wurden (zu den 17 Nummern des iE → § 39 Rn. 2 ff.). So finden sich im § 39 heute zB auch Bußgeldvorschriften bzgl. der Beifügung einer Gebrauchsanleitung in deutscher Sprache (Nr. 2), der Kennzeichnung von Verbraucherprodukten mit den Kontaktdaten des Herstellers, des Bevollmächtigten bzw. des Einführers (Nr. 3), der fehlenden CE-Kennzeichnung eines Produktes (Nr. 6), der Verwendung des GS-Zeichens nach Entzug und Aussetzung der Zuerkennung (Nr. 9) und der fehlenden Überprüfung des Einführers eines Produkts mit GS-Zeichen, ob eine Zuerkennung vorliegt (Nr. 11). Ob mit dieser Erweiterung auch eine größere praktische Bedeutung der Ordnungswidrigkeiten- und Straftatbestände des ProdSG einhergehen wird, bleibt abzuwarten (zu der eher mangelnden praktischen Bedeutung der Ordnungswidrigkeitentatbestände bisher *Schucht* DVBl 2013, 760 (766)).

2 **2. Anwendungsbereich des ProdSG.** Das ProdSG ist das zentrale Gesetz für die Vermarktung von Non-Food-Produkten in Deutschland. Es stellt quasi den allgemeinen Teil des nationalen Produktsicherheitsrechts dar, der durch diverse Spezialvorschriften im besonderen Teil ergänzt wird. Durch dieses Zusammenspiel ergibt sich eine komplexe juristische Materie, die mit zahlreichen nationalen und europäischen Rechtsvorschriften verknüpft ist (*Kapoor/Klindt* NVwZ 2012, 719).

3 Gemäß § 1 Abs. 1 u. 4 gelten die Vorschriften des ProdSG, wenn im Rahmen einer Geschäftstätigkeit Produkte auf dem Markt bereitgestellt, ausgestellt oder erstmals verwendet werden, soweit in anderen Rechtsvorschriften nicht entsprechende oder weitergehende Regelungen vorgesehen sind. Bereits die entsprechende Vorschrift im GPSG aF stieß auf Kritik, da es bei der Umsetzung der Allgemeinen Produktsicherheitsrichtlinie 2001/95/EG nicht darum gehen könne, dass andere Vorschriften „weitergehende" Regelungen enthalten, sondern entscheidend sei, ob eine abschließende lex specialis vorliege. Diese habe auch dann Vorrang, wenn ihre Anforderungen hinter denen des ProdSG zurückblieben

Grommes

(*Kapoor/Klindt* NVwZ 2012, 719 (720 f.); laut *Tremml/Luber* kommen auch landesrechtliche Regelungen als leges speciales in Betracht. Zwar habe der Bund von seiner Gesetzgebungskompetenz iRd konkurrierenden Gesetzgebung Gebrauch gemacht, doch enthalte § 1 Abs. 4 S. 1 keine Beschränkung auf bundesgesetzliche Regelungen, *Tremml/Luber* NJW 2013, 262). Ferner gilt das ProdSG für die Errichtung oder den Betrieb bestimmter überwachungsbedürftiger Anlagen, die gewerblichen oder wirtschaftlichen Zwecken dienen oder durch die Beschäftigte gefährdet werden können (§ 1 Abs. 2). Explizit ausgenommen aus dem Anwendungsbereich des ProdSG sind dagegen ua Antiquitäten (§ 1 Abs. 3 Nr. 1), ausdrücklich als instandsetzungsbedürftig ausgewiesene Gebrauchtprodukte (§ 1 Abs. 3 Nr. 2) oder Lebensmittel- und Medizinprodukte (§ 1 Abs. 3 Nr. 4 bzw. Nr. 5).

Zum Zwecke der Harmonisierung mit europarechtlichen Vorgaben definierte der Gesetzgeber mit **4** Einführung des ProdSG in § 2 einige **Rechtsbegriffe** neu. So verzichtet das ProdSG zB auf den im GPSG noch verwendeten Begriff des „technischen Arbeitsmittels". Das ProdSG definiert den Begriff **„Produkt"** in § 2 Nr. 22 als Waren, Stoffe oder Zubereitungen, die durch einen Fertigungsprozess hergestellt worden sind. Damit erfasst der Produktbegriff des ProdSG neben den technischen Arbeitsmitteln auch erstmals nicht-verwendungsfertige Bauteile, Stoffe und Zubereitungen aus dem B2B-Bereich, die ausschließlich dazu bestimmt sind, weiterverarbeitet zu werden (*Kapoor/Klindt* NVwZ 2012, 719 (720); krit. zu dieser Erweiterung des Produktbegriffs *Schucht* DVBl 2013, 760 (762)). Eine Unterkategorie zum „Produkt" iSd § 2 Nr. 22 stellt das in § 2 Nr. 26 (inhaltlich unverändert im Vergleich zum GPSG aF) definierte „Verbraucherprodukt" dar. Neu ist dagegen der Begriff der „Wirtschaftsakteure", worunter man laut § 2 Nr. 29 Hersteller, Bevollmächtigte, Einführer und Händler versteht. Außerdem verwendet das ProdSG den Begriff „Risiko" statt wie das GPSG aF den Begriff „Gefahr" und definiert diesen in § 2 Nr. 23 als „die Kombination aus der Eintrittswahrscheinlichkeit einer Gefahr und der Schwere des möglichen Schadens".

3. Vom Produktsicherheitsgesetz erfasste Handlungen. Das GPSG aF unterschied zwischen **5** dem „erstmaligen Inverkehrbringen" und dem „Inverkehrbringen" (§ 2 Abs. 8 GPSG aF) eines Produkts, während das ProdSG nun auf die Begriffe **„Bereitstellung eines Produktes auf dem Markt"** und **„Inverkehrbringen"** abstellt, wobei es unter „Inverkehrbringen" die erstmalige Bereitstellung des Produktes auf dem Markt versteht (§ 2 Nr. 15).

Bzgl. der Sicherheitsanforderungen beim Bereitstellen von Produkten auf dem Markt ist zu differen- **6** zieren zwischen europäisch harmonisierten (§ 3 Abs. 1) und europäisch nicht harmonisierten Produkten (§ 3 Abs. 2). Zweitere dürfen die Sicherheit und Gesundheit von Personen bei bestimmungsgemäßer oder vorhersehbarer Verwendung nicht gefährden, § 3 Abs. 2, während erstere darüber hinaus auch die in den jeweiligen EG-Richtlinien statuierten Anforderungen erfüllen müssen, § 3 Abs. 1.

Als misslungen wird häufig die neue Regelung des § 3 Abs. 2 S. 3 bezeichnet, die für **gebrauchte 7 Produkte** bestimmt, dass die Möglichkeit, einen höheren Sicherheitsgrad zu erreichen, oder die Verfügbarkeit anderer Produkte, die ein geringeres Risiko darstellen, kein ausreichender Grund seien, ein Produkt als gefährlich anzusehen. Diese Vorschrift löst § 4 Abs. 3 GPSG aF ab, in dem für gebrauchte Produkte festgelegt war, dass diese den Anforderungen entsprechen mussten, die zu dem Zeitpunkt ihres erstmaligen Inverkehrbringens galten. Da der Gesetzgeber in der Gesetzesbegründung zum ProdSG ausführt, dass sich die alte Regelung des § 4 Abs. 3 GPSG aF grundsätzlich bewährt habe und mit der neuen Regelung das gleiche Ziel erreicht werde (BT-Drs. 17/6276, 42), ist davon auszugehen, dass diese Anforderungen auch iRd § 3 Abs. 2 S. 3 weitergelten, obwohl die Formulierung der Sicherheitsanforderungen hier deutlich weniger konkret formuliert ist als noch in der Regelung des § 4 Abs. 3 GPSG aF.

Für **Verbraucherprodukte** sind in § 6 wie auch schon in § 5 GPSG aF in Umsetzung der All- **8** gemeinen Produktsicherheitsrichtlinie 2001/95/EG einige besondere Schutzvorschriften bzgl. Informationen, Warnungen, Anbringung der Kontaktdaten des Herstellers ua enthalten. Scheinbar eine Verschärfung ggü. der Regelung im GPSG enthält dabei § 6 Abs. 1 S. 2, der vorschreibt, dass die Kontaktanschrift des Herstellers bzw. Importeurs grundsätzlich auf dem Produkt selber anzubringen sei, und nur, falls dies nicht möglich ist, auch ein Anbringen auf der Verpackung erlaubt. Diese strikte Vorgabe wird jedoch durch § 6 Abs. 1 S. 3 dahingehend relativiert, dass es aus Gründen der Verhältnismäßigkeit wohl auch weiterhin ausreichen wird, die Kontaktdaten ausschließlich auf der Verpackung zu vermerken, wenn ein Anbringen auf dem Produkt selber mit unverhältnismäßigem Aufwand oder Kosten verbunden ist. Diese Auslegung wird auch durch die Gesetzesbegründung untermauert, laut der eine Verschärfung der Anforderungen diesbzgl. nicht beabsichtigt gewesen sei (BT-Drs. 17/6276, 42 f.; *Schucht* DVBl 2013, 760 (762 f.)). Eine unmissverständliche Klarstellung liegt dagegen mit dem Begriff „Kontaktanschrift" vor, da diese Vokabel eine vollständige postalische Anschrift fordert und damit die Angabe einer Email- oder Internetadresse nicht ausreichen lässt (*Kapoor/Klindt* NVwZ 2012, 719 (722)).

Zur Stärkung des **GS-Zeichens** als eigenständigem Qualitätsmerkmal neben dem CE-Zeichen hat **9** der Gesetzgeber in § 20 festgelegt, dass ein GS-Zeichen nur noch zuerkannt werden darf, wenn die Anforderungen an seine Zuerkennung im Einzelfall höher sind als an die zur Vergabe des CE-Zeichens, § 20 Abs. 2. Ferner müssen bei Verbraucherprodukten vor Zuerkennung die Voraussetzungen des § 6 eingehalten werden. Auch müssen hier vom Ausschuss für Produktsicherheit ermittelte Spezifikationen beachtet werden. So soll sichergestellt werden, dass neueste sicherheitstechnische Erkenntnisse auch schon vor Eingang in eine entsprechende gesetzliche Regelung beachtet werden. Zur weiteren Stärkung des GS-Siegels verpflichtet § 22 Abs. 5 den Einführer von Produkten aus dem EWR-Ausland erstmals, das tatsächliche Bestehen eines GS-Siegels zu überprüfen und diese Überprüfung zu dokumentieren. Ein Verstoß hiergegen ist gemäß § 39 Abs. 1 Nr. 11 bußgeldbewehrt. Neben der Entziehung des GS-Zeichens nach § 21 Abs. 5 S. 2 kommt bei erheblichen Zweifeln an der rechtmäßigen Zuerkennung auch eine Aussetzung selbiger gemäß § 21 Abs. 5 S. 4 in Betracht. Ersatzlos gestrichen wurde die Regelung des § 8 Abs. 2 S. 4 GPSG aF, in der eine Vermutung dahingehend festgelegt war, dass mit einem GS-Zeichen versehene Produkte den Anforderungen an Sicherheit und Gesundheit des GPSG aF sowie anderen Rechtsvorschriften entsprachen (zu dieser in Anbetracht der Intention des Gesetzgebers, das GS-Zeichen zu stärken, überraschenden Neuerung *Polly/Lach* BB 2012, 71 (73)). Detaillierte Vorgaben zur Gestaltung des GS-Zeichens enthält die Anlage zum ProdSG.

10   Die Regelungen zur **Marktüberwachung** des GPSG aF wurden ebenfalls grdl. novelliert und den Vorgaben der europäischen VO (EG) Nr. 765/2008 in den §§ 24 ff. angepasst, in denen unter anderem in § 26 Abs. 1 festgelegt wird, dass in jedem Bundesland 0,5 Stichproben pro 1.000 Einwohner auf ihre Übereinstimmung mit den Vorgaben des ProdSG hin zu überprüfen sind, um eine einheitliche Überprüfung der Richtlinien zu gewährleisten. Die Marktüberwachungsbehörden sind zu diesem Zwecke dazu befugt, die entsprechenden Geschäftsräume zu betreten und Proben zu entnehmen, und die Wirtschaftsakteure haben diese Maßnahmen zu dulden und den Marktüberwachungsbehörden die erforderlichen Auskünfte zu erteilen, § 28 Abs. 1, 2, 4. Mangelnde Kooperation hierbei seitens der Wirtschaftsakteure ist in § 39 Abs. 1 Nr. 12 und Nr. 13 mit Bußgeld bedroht.

11   Vorschriften zu **überwachungsbedürftigen Anlagen** enthalten nunmehr die §§ 34 ff. (Verordnungsermächtigung, Befugnisse der zuständigen Behörden, Zutrittsrecht, Prüfung und Überwachung, Aufsichtsbehörden).

12   **4. Verordnungen.** § 8 Abs. 1 enthält eine Verordnungsermächtigung, um Spezialregelungen für gewisse Produktgattungen zu treffen. Hierunter zählen vor allem elektrische Betriebsmittel iSd 1. ProdSV (BGBl. 1979 I 629), Spielzeug iSd 2. ProdSV (BGBl. 2011 I 1350, 1470), einfache Druckbehälter iSd 6. ProdSV (BGBl. 1992 I 1171), Gasverbrauchseinrichtungen iSd 7. ProdSV (BGBl. 1993 I 133), persönliche Schutzausrüstungen iSd 8. ProdSV (BGBl. 1997 I 316), Maschinen oder unvollständige Maschinen iSd 9. ProdSV (BGBl. 1993 I 704), Sportboote iSd 10. ProdSV (BGBl. 2004 I 1605), Geräte und Schutzsysteme zur bestimmungsgemäßen Verwendung in explosionsgefährdeten Bereichen iSd 11. ProdSV (BGBl. 1996 I 1914), Aufzüge iSd 12. ProdSV (BGBl. 1998 I 1393), Aerosolpackungen iSd 13. ProdSV (BGBl. 2002 I 3777, 3805) und Druckgeräte iSd 14. ProdSV (BGBl. 2002 I 3777, 3806).

Ferner enthalten die §§ 34, 37 Verordnungsermächtigungen bzgl. der Errichtung, Inbetriebnahme, Änderung und Überprüfung überwachungsbedürftiger Anlagen.

§ 39 Bußgeldvorschriften

(1) **Ordnungswidrig handelt, wer vorsätzlich oder fahrlässig**

1. **entgegen § 3 Absatz 3 einen Hinweis nicht, nicht richtig, nicht vollständig oder nicht rechtzeitig gibt,**
2. **entgegen § 3 Absatz 4 eine Gebrauchsanleitung nicht, nicht richtig, nicht vollständig, nicht in der vorgeschriebenen Weise oder nicht rechtzeitig mitliefert,**
3. **entgegen § 6 Absatz 1 Satz 1 Nummer 2 einen Namen oder eine Kontaktanschrift nicht, nicht richtig, nicht vollständig oder nicht rechtzeitig anbringt,**
4. **entgegen § 6 Absatz 4 Satz 1 die zuständige Marktüberwachungsbehörde nicht, nicht richtig, nicht vollständig oder nicht rechtzeitig unterrichtet,**
5. **entgegen § 7 Absatz 1 in Verbindung mit Artikel 30 Absatz 5 Satz 1 der Verordnung (EG) Nr. 765/2008 des Europäischen Parlaments und des Rates vom 9. Juli 2008 über die Vorschriften für die Akkreditierung und Marktüberwachung im Zusammenhang mit der Vermarktung von Produkten und zur Aufhebung der Verordnung (EWG) Nr. 339/93 des Rates (ABl. L 218 vom 13.8.2008, S. 30) eine Kennzeichnung, ein Zeichen oder eine Aufschrift auf einem Produkt anbringt,**
6. **entgegen § 7 Absatz 2 ein Produkt auf dem Markt bereitstellt,**
7. **einer Rechtsverordnung nach**
   a) **§ 8 Absatz 1 Satz 2 Nummer 1 oder Nummer 3 oder § 34 Absatz 1 Nummer 2, 4 oder Nummer 5 oder**
   b) **§ 8 Absatz 1 Satz 2 Nummer 2 oder § 34 Absatz 1 Nummer 1**
   oder einer vollziehbaren Anordnung auf Grund einer solchen Rechtsverordnung zuwiderhandelt, soweit die Rechtsverordnung für einen bestimmten Tatbestand auf diese Bußgeldvorschrift verweist,
8. **einer vollziehbaren Anordnung nach**
   a) **§ 11 Absatz 1 Satz 1 oder Satz 2, § 26 Absatz 2 Satz 2 Nummer 1 oder Nummer 3 oder § 37 Absatz 7 Satz 2 zuwiderhandelt oder**

b) § 26 Absatz 2 Satz 2 Nummer 2, 4, 6 bis 8 oder Nummer 9 oder Absatz 4 Satz 1 zuwiderhandelt,

9. entgegen § 22 Absatz 2 Satz 2 oder Absatz 4 ein dort genanntes Zeichen verwendet oder mit ihm wirbt,

10. entgegen § 22 Absatz 3 eine Vorgabe der Anlage Nummer 1, 2, 3, 4, 7, 8 Satz 1, Nummer 9 Satz 2 oder Satz 3 oder Nummer 10 nicht beachtet,

11. entgegen § 22 Absatz 5 Satz 2 eine Prüfung nicht, nicht richtig, nicht vollständig oder nicht rechtzeitig dokumentiert,

12. entgegen § 28 Absatz 4 Satz 1 eine Maßnahme nicht duldet oder eine Marktüberwachungsbehörde oder einen Beauftragten nicht unterstützt,

13. entgegen § 28 Absatz 4 Satz 2 eine Auskunft nicht, nicht richtig, nicht vollständig oder nicht rechtzeitig erteilt,

14. entgegen § 36 Satz 1 eine Anlage nicht oder nicht rechtzeitig zugänglich macht, eine Prüfung nicht gestattet, eine Arbeitskraft oder ein Hilfsmittel nicht oder nicht rechtzeitig bereitstellt, eine Angabe nicht, nicht richtig, nicht vollständig oder nicht rechtzeitig macht oder eine Unterlage nicht oder nicht rechtzeitig vorlegt,

15. entgegen § 38 Absatz 1 Satz 2 in Verbindung mit § 22 Absatz 2 Satz 6 des Arbeitsschutzgesetzes eine Maßnahme nicht duldet,

16. einer unmittelbar geltenden Vorschrift in Rechtsakten der Europäischen Gemeinschaft oder der Europäischen Union zuwiderhandelt, die inhaltlich einem in
a) Nummer 8 Buchstabe b oder
b) den Nummern 1 bis 6, 8 Buchstabe a oder den Nummern 11 bis 13
bezeichneten Gebot oder Verbot entspricht, soweit eine Rechtsverordnung nach Absatz 3 für einen bestimmten Tatbestand auf diese Bußgeldvorschrift verweist, oder

17. einer unmittelbar geltenden Vorschrift in Rechtsakten der Europäischen Gemeinschaft oder der Europäischen Union oder einer vollziehbaren Anordnung auf Grund einer solchen Vorschrift zuwiderhandelt, die inhaltlich einer Regelung entspricht, zu der die in
a) Nummer 7 Buchstabe a oder
b) Nummer 7 Buchstabe b
genannten Vorschriften ermächtigen, soweit eine Rechtsverordnung nach Absatz 3 für einen bestimmten Bußgeldtatbestand auf diese Bußgeldvorschrift verweist.

(2) Die Ordnungswidrigkeit kann in den Fällen des Absatzes 1 Nummer 7 Buchstabe a, Nummer 8 Buchstabe b, Nummer 9, 16 Buchstabe a und Nummer 17 Buchstabe a mit einer Geldbuße bis zu hunderttausend Euro, in den übrigen Fällen mit einer Geldbuße bis zu zehntausend Euro geahndet werden.

(3) Die Bundesregierung wird ermächtigt, soweit es zur Durchsetzung von Rechtsakten der Europäischen Gemeinschaft oder der Europäischen Union erforderlich ist, durch Rechtsverordnung ohne Zustimmung des Bundesrates die Tatbestände zu bezeichnen, die als Ordnungswidrigkeit nach Absatz 1 Nummer 16 und 17 geahndet werden können.

1. Tatbestand. a) Allgemeines. § 39 führt insges. 17 Ordnungswidrigkeitentatbestände auf und **1** erweitert damit den in § 19 GPSG aF enthaltenen Katalog um sechs Nummern. Gestärkt werden sollte vor allem das GS-Zeichen in seiner wirtschaftlichen Bedeutung bei der Vermarktung von Produkten. Neu aufgenommen wurden zB Regelungen zum Verstoß gegen die Pflicht zur Kennzeichnung aufzustellender Produkte (Nr. 1), zum Verstoß gegen die Pflicht zur Beifügung einer Gebrauchsanleitung in deutscher Sprache (Nr. 2), zum Verstoß gegen Kennzeichnungspflichten von Verbraucherprodukten mit der Kontaktanschrift des Herstellers, Bevollmächtigten bzw. Einführers (Nr. 3), zum Verstoß gegen die Pflicht zur CE-Kennzeichnung eines Produkts (Nr. 6) sowie Regelungen bei Verwendung eines GS-Zeichens nach Entzug oder Aussetzung der Zuerkennung (Nr. 9), bei fehlender Bescheinigung über die Zuerkennung des GS-Zeichens und bei fehlender Überprüfung des Einführers eines Produktes mit GS-Zeichen, ob eine Zuerkennung wirklich vorliegt (Nr. 11).
Erfasst werden sowohl vorsätzliches als auch fahrlässiges Handeln (zu den Rechtsfolgen → Rn. 20).

b) Die Tatbestände im Einzelnen. Nr. 1–3 erfassen Verstöße des Wirtschaftsakteurs gegen gewisse **2** **Hinweispflichten** des ProdSG, die dem Schutz des Abnehmers dienen.
So handelt nach **§ 39 Abs. 1 Nr. 1** ordnungswidrig, wer entgegen § 3 Abs. 3 für den Fall, dass der Schutz von Sicherheit und Gesundheit erst durch die Art der Aufstellung des Produkts gewährleistet werden kann, einen entsprechenden Hinweis nicht, nicht richtig, nicht vollständig oder nicht rechtzeitig erteilt.

§ 39 Abs. 1 Nr. 2 erfasst Zuwiderhandlungen gegen § 3 Abs. 4, der vorschreibt, dass einem Produkt, **3** bei dessen Verwendung, Ergänzung oder Instandhaltung bestimmte Regeln zu beachten sind, um den Schutz von Sicherheit und Gesundheit zu gewährleisten, eine Gebrauchsanleitung in deutscher Sprache beigefügt sein muss, falls keine Spezialvorschriften in den nach § 8 erlassenen Rechtsverordnungen existieren.

4   Nach § 39 Abs. 1 Nr. 3 ist ein Verstoß gegen die Pflicht des § 6 Abs. 1 S. 1 Nr. 2 bußgeldbewehrt, wonach der Hersteller, sein Bevollmächtigter und der Einführer den Namen und die Kontaktanschrift des Herstellers oder, sofern dieser nicht im Europäischen Wirtschaftsraum ansässig ist, den Namen und die Kontaktanschrift des Bevollmächtigten oder des Einführers an dem Produkt anbringen müssen, wobei unter Kontaktanschrift die vollständige Postanschrift des Herstellers bzw. Bevollmächtigten oder Importeurs zu verstehen ist (dazu, dass diese Verpflichtung gerade nicht den einzelnen Händler trifft, *Molitoris/Klindt* NJW 2014, 1567). Eine E-Mail- oder Internetadresse genügt hier gerade nicht (*Kapoor/Klindt* NVwZ 2012, 719 (722)). Entgegen des Wortlautes von § 6 Abs. 1 S. 2, der die Anbringung der Anschrift auf dem Produkt selber fordert, soweit dies nicht unmöglich ist, erscheint es jedoch aus Gründen der Verhältnismäßigkeit auch weiterhin ausreichend, wenn die Daten auf der Verpackung vermerkt sind, falls eine Anbringung auf dem Produkt selber mit übermäßigem Aufwand oder Kosten verbunden wären (Gauger/Hartmannsberger wollen eine Verlagerung auf die Verpackung sogar aus „gestalterischen Gründen" zulassen, *Gauger/Hartmannsberger* NJW 2014, 1137 (1139)). Eine Verschärfung der Vorschriften des GPSG aF war hier gerade nicht beabsichtigt (BT-Drs. 17/6276, 42 f.; *Schucht* DVBl 2013, 760 (762 f.)).

5   **Nr. 4, 12, 13** betreffen die Kooperation des Wirtschaftsakteurs mit den **Marktüberwachungsbehörden.** Nach § 39 Abs. 1 Nr. 4 stellt es eine Ordnungswidrigkeit dar, wenn gegen die Pflichten aus § 6 Abs. 4 S. 1 verstoßen wird. § 6 Abs. 4 S. 1 verpflichtet den Hersteller, Bevollmächtigten und Importeur dazu, unverzüglich die an ihrem Geschäftssitz zuständige Marktüberwachungsbehörde zu informieren, wenn sie wissen oder aufgrund der ihnen vorliegenden Informationen wissen müssen, dass ein Verbraucherprodukt, das sie auf dem Markt bereitgestellt haben, ein Risiko für Sicherheit und Gesundheit von Personen darstellt. Sie haben die Marktüberwachungsbehörde auch darüber zu informieren, welche Maßnahmen sie getroffen haben, um dieses Risiko zu vermeiden. Mit dieser Offenbarungspflicht soll die Marktaufsicht auf den Wissensstand der Normadressaten gebracht werden und verhindert werden, dass zu Tage getretene Sicherheitsgefahren in Eigenregie behoben werden (*Gauger/Hartmannsberger* NJW 2014, 1137 (1140 f.)). Um ein Verschweigen aus Angst vor Sanktionen zu verhindern, bestimmt § 6 Abs. 4 S. 3, dass eine solche Unterrichtung nicht zur strafrechtlichen Verfolgung des Unterrichtenden oder für ein Ordnungswidrigkeitenverfahren gegen den Unterrichtenden verwendet werden darf. Fraglich erscheint, ob sich dieses Verwendungsverbot nur auf die konkret gemeldeten Informationen bezieht, oder ob es sich auch auf alle Tatsachen im Zusammenhang mit dieser Meldung bezieht, auch wenn die Verwaltungsbehörde diese selbstständig ermittelt hat.

6   Nach § 28 Abs. 1 und Abs. 2 dürfen die Marktüberwachungsbehörden oder deren Beauftragte zum Zwecke der Überwachung zB Geschäftsräume betreten, Produkte überprüfen und Proben entnehmen. Wer diese Maßnahmen nicht entsprechend § 28 Abs. 4 S. 1 duldet bzw. die Marktüberwachungsbehörden und deren Beauftragte hierbei nicht unterstützt, handelt gemäß **§ 39 Abs. 1 Nr. 12** ordnungswidrig.

7   Auch bußgeldbewehrt ist gemäß **§ 39 Abs. 1 Nr. 13** ein Verstoß gegen die in § 28 Abs. 4 S. 2 festgelegte Pflicht, den Marktüberwachungsbehörden und deren Beauftragten die für ihre Aufgabenerfüllung erforderlichen Auskünfte zu erteilen.

8   **Nr. 5, 6** sollen den ordnungsgemäßen Gebrauch des CE-Zeichens sicherstellen.
So handelt gemäß **§ 39 Abs. 1 Nr. 5** ordnungswidrig, wer entgegen § 7 Abs. 1 iVm Art. 30 Abs. 5 S. 1 der VO (EG) Nr. 765/2008 des Europäischen Parlaments und des Rates v. 9.7.2008 über die Vorschriften für die Akkreditierung und Marktüberwachung im Zusammenhang mit der Vermarktung von Produkten und zur Aufhebung der VO (EWG) Nr. 339/93 des Rates (ABl. 2008 L 218, 30) eine Kennzeichnung, ein CE-Zeichen oder eine Aufschrift auf einem Produkt anbringt.

9   Darüber hinaus stellt es eine Ordnungswidrigkeit nach **§ 39 Abs. 1 Nr. 6** dar, wenn ein Produkt bereitgestellt wird, das zu Unrecht mit dem CE-Zeichen versehen ist (§ 7 Abs. 2 Nr. 1) oder dem die CE-Kennzeichnung fehlt, obwohl eine solche durch eine Rechtsverordnung nach § 8 Abs. 1 oder eine andere Rechtsvorschrift vorgeschrieben wäre (§ 7 Abs. 2 Nr. 2).

10   Nach **Nr. 7, 8, 16 u. 17** handelt ordnungswidrig, wer bestimmten Rechtsverordnungen, vollziehbaren Anordnungen oder unmittelbar geltenden Vorschriften der Europäischen Gemeinschaft oder der Europäischen Union oder einer vollziehbaren Anordnung aufgrund einer solchen Vorschrift zuwiderhandelt.
§ 8 Abs. 1 ermächtigt die Bundesministerien für Arbeit und Soziales, für Wirtschaft und Energie, für Ernährung und Landwirtschaft, für Umwelt, Naturschutz, Bau und Reaktorsicherheit, für Verkehr und digitale Infrastruktur und der Verteidigung zum Erlass bestimmter Rechtsverordnungen. Gegenstand dieser Verordnungen können nach § 8 Abs. 1 S. 2 Nr. 1 Anforderungen an die Beschaffenheit von Produkten, die Bereitstellung von Produkten auf dem Markt, das Ausstellen von Produkten, die erstmalige Verwendung von Produkten, die Kennzeichnung von Produkten oder die Konformitätsbewertungsstellen sein. Ferner ermöglicht § 8 Abs. 1 S. 2 Nr. 3 den Erlass von Verordnungen zu Handlungspflichten von Konformitätsbewertungsstellen. Ein Verstoß gegen eine solche Rechtsverordnung oder gegen eine aufgrund einer solchen Rechtsverordnung erlassene vollziehbare Anordnung ist gemäß **§ 39 Abs. 1 Nr. 7a** bußgeldbewehrt, wenn die Rechtsverordnung für einen bestimmten Tatbestand auf den § 39 verweist. Ebenso ordnungswidrig handelt bei einem entsprechenden Verweis in der Verordnung, wer einer Rechtsverordnung zu überwachungsbedürftigen Anlagen nach § 34 Abs. 1 Nr. 2, 4 oder

Nr. 5 oder einer hierauf beruhenden vollziehbaren Anordnung zuwiderhandelt. Eine Anordnung ist dabei vollziehbar, wenn sie entweder bestandskräftig ist oder die sofortige Vollziehbarkeit angeordnet wurde (zum Sofortvollzug § 80 Abs. 2 Nr. 4 VwGO). Auf die Rechtmäßigkeit der Anordnung kommt es dabei regelmäßig nicht an (→ SprengG § 41 Rn. 22).

Ferner stellt es eine Ordnungswidrigkeit dar, wenn gegen eine Rechtsverordnung nach § 8 Abs. 1 **11** S. 2 Nr. 2 über produktbezogene Aufbewahrungs- und Mitteilungspflichten oder nach § 34 Abs. 1 Nr. 1 oder gegen eine hierauf beruhende vollziehbare Anordnung verstoßen wird, wenn die betreffende Rechtsverordnung auf § 39 verweist, **§ 39 Abs. 1 Nr. 7b.**

Die Differenzierung zwischen den verschiedenen Verordnungen in § 39 Abs. 1 Nr. 7a einerseits und § 39 Abs. 1 Nr. 7b andererseits ist erforderlich, da nach § 39 Abs. 2 unterschiedliche Bußgeldhöchstgrenzen gelten: Für Verstöße gegen § 39 Abs. 1 Nr. 7a bis zu 100.000 EUR, für Verstöße gegen § 39 Abs. 1 Nr. 7b bis zu 10.000 EUR.

Ordnungswidrig handelt auch, wer einer vollziehbaren Anordnung nach § 11 Abs. 1 S. 1 oder S. 2 **12** (Befugnisse der Befugnis erteilenden Behörde), § 26 Abs. 2 S. 2 Nr. 1 oder Nr. 3 (diverse Maßnahmen der Marktüberwachungsbehörden wie zB Untersagung der Ausstellung eines Produktes, das den Anforderungen von § 3 Abs. 5 nicht entspricht) oder § 37 Abs. 7 S. 2 (Anordnungen der Befugnis erteilenden Behörde ggü. den zugelassenen Überwachungsstellen) zuwiderhandelt, **§ 39 Abs. 1 Nr. 8a** oder wer gegen eine vollziehbare Anordnung nach § 26 Abs. 2 S. 2 Nr. 2, 4, 6–8 oder Nr. 9 (diverse Maßnahmen der Marktüberwachungsbehörde wie zB die Anordnung der Rücknahme eines auf dem Markt bereitgestellten Produktes) oder § 26 Abs. 4 S. 1 (Anordnung der Rücknahme oder des Rückrufs von Produkten, wenn diese ein ernstes Risiko insbes. für die Sicherheit und Gesundheit von Personen darstellen) verstößt, **§ 39 Abs. 1 Nr. 8b.** Auch hier erfordert die unterschiedliche Bußgeldhöchstgrenze nach § 39 Abs. 2 eine Differenzierung zwischen den Verstößen gegen Anordnungen nach § 39 Abs. 1 Nr. 8a und § 39 Abs. 1 Nr. 8b.

Bußgeldbewehrt ist ferner die Zuwiderhandlung gegen eine unmittelbar geltende Vorschrift in **13** Rechtsakten der Europäischen Gemeinschaft oder der Europäischen Union, die inhaltlich einem in § 39 Abs. 1 Nr. 8b oder Nr. 1–6, 8a oder Nr. 11–13 bezeichneten Gebot oder Verbot entspricht, **§ 39 Abs. 1 Nr. 16a, b,** soweit eine Rechtsverordnung nach § 39 Abs. 3 für einen bestimmten Tatbestand auf diese Bußgeldvorschrift verweist. Auch hier liegt die Unterscheidung zwischen den in § 39 Abs. 1 Nr. 16a und den in § 39 Abs. 1 Nr. 16b genannten Geboten und Verboten in der verschiedenen Bußgeldhöchstgrenze in § 39 Abs. 2 begründet.

Schließlich handelt auch ordnungswidrig, wer einer unmittelbar geltenden Vorschrift in Rechtsakten **14** der Europäischen Gemeinschaft und der Europäischen Union oder einer vollziehbaren Anordnung aufgrund einer solchen Vorschrift zuwiderhandelt, die inhaltlich einer Regelung entspricht, zu der die in § 39 Abs. 1 Nr. 7a, b genannten Vorschriften ermächtigen, soweit auch hier ein entsprechender Verweis auf § 39 vorliegt, **§ 39 Abs. 1 Nr. 17a, b.** Erneut ist aufgrund der unterschiedlichen Bußgeldhöchstwerte nach § 39 Abs. 2 eine Differenzierung nach in § 39 Abs. 1 Nr. 7a und § 39 Abs. 1 Nr. 7b genannten Regelungen erforderlich.

Nr. 9–11 dienen dem Schutz des GS-Zeichens. **15**

Nach **§ 39 Abs. 1 Nr. 9** handelt ordnungswidrig, wer entgegen § 22 Abs. 2 S. 2 ein GS-Zeichen verwendet oder mit ihm wirbt, obwohl er keine entsprechende Bescheinigung § 21 Abs. 2 hat oder ihm die GS-Stelle die Zuerkennung nach § 21 Abs. 5 S. 2 entzogen oder nach § 21 Abs. 5 S. 4 ausgesetzt hat. Ferner handelt der Hersteller ordnungswidrig, wenn er ein Zeichen verwendet oder mit ihm wirbt, das mit dem GS-Zeichen verwechselt werden kann (§ 22 Abs. 4).

Bußgeldbewehrt ist gemäß **§ 39 Abs. 1 Nr. 10** außerdem die Nichtbeachtung der Vorgaben aus der **16** Anlage zur Gestaltung des GS-Zeichens in Nr. 1, 2, 3, 4, 7, 8 S. 1, 9 S. 2 oder S. 3 oder Nr. 10, die genaue Vorschriften zur grafischen Gestaltung des GS-Zeichens enthalten.

Der Importeur ist verpflichtet, bevor er ein Produkt mit einem GS-Zeichen auf den Markt bringt, die **17** Rechtmäßigkeit der GS-Kennzeichnung zu prüfen und dies zu dokumentieren, § 22 Abs. 5. Eine mangelnde, nicht richtige, nicht vollständige oder nicht rechtzeitige Dokumentation der Prüfung des Importeurs, ob tatsächlich eine Bescheinigung nach § 21 Abs. 2 vorliegt, stellt nach **§ 39 Abs. 1 Nr. 11** ebenfalls eine Ordnungswidrigkeit dar.

Nr. 14 u. 15 betreffen Pflichtverstöße im Zusammenhang mit überwachungsbedürftigen Anlagen. **18**

So handelt gemäß **§ 39 Abs. 1 Nr. 14** ordnungswidrig, wer entgegen seiner Verpflichtung aus § 36 S. 1 eine überwachungsbedürftige Anlage den Beauftragten der Überwachungsstellen, denen die Prüfung der Anlage obliegt, die Anlage nicht oder nicht rechtzeitig zugänglich macht, die Prüfung nicht gestattet, die hierfür erforderlichen Arbeitskräfte und Hilfsmittel nicht bereitstellt oder für die Prüfung erforderliche Angaben nicht, nicht richtig, nicht vollständig oder nicht rechtzeitig macht, oder entsprechende Unterlagen nicht, nicht richtig, nicht vollständig oder nicht rechtzeitig zur Verfügung stellt.

Nach **§ 39 Abs. 1 Nr. 15** liegt ferner eine Ordnungswidrigkeit bei mangelnder Duldung einer **19** Maßnahme nach § 38 Abs. 1 S. 2 iVm § 22 Abs. 2 S. 6 des Arbeitsschutzgesetzes vor.

2. Rechtsfolgen. Die Ordnungswidrigkeit nach Abs. 1 kann in den Fällen der Nr. 7a (→ Rn. 10), 8b **20** (→ Rn. 12), 9 (→ Rn. 15), 16a (→ Rn. 13) und 17a (→ Rn. 14) mit einer Geldbuße bis zu 100.000

EUR geahndet werden. IÜ kommt eine Geldbuße bis zu 10.000 EUR in Betracht. Die Bußgeldhöchstwerte wurden damit verglichen mit denen des GPSG (30.000 und 3.000 EUR) erheblich angehoben.
Handelt der Täter fahrlässig, ist das Höchstmaß der Geldbuße auf die Hälfte der genannten Beträge
begrenzt, § 17 Abs. 2 OWiG.

§ 40 Strafvorschriften

**Mit Freiheitsstrafe bis zu einem Jahr oder mit Geldstrafe wird bestraft, wer eine in § 39
Absatz 1 Nummer 7 Buchstabe a, Nummer 8 Buchstabe b, Nummer 9, 16 Buchstabe a oder
Nummer 17 Buchstabe a bezeichnete vorsätzliche Handlung beharrlich wiederholt oder
durch eine solche vorsätzliche Handlung Leben oder Gesundheit eines anderen oder fremde
Sachen von bedeutendem Wert gefährdet.**

1   **1. Schutzgut und Deliktsnatur. Primäre Schutzgüter** des § 40 sind einerseits das **Leben** und die
Gesundheit dritter Personen, andererseits fremdes **Eigentum.** Die Vornahme der aufgeführten, abstrakt gefährlichen (und deshalb bußgeldbewehrten) Handlungen mündet in die Strafbarkeit, wenn sie
der Täter beharrlich wiederholt („Wiederholungstatbestand"; **schlichtes Handlungsdelikt**) oder hierdurch eine Gefährdung dieser Rechtsgüter herbeigeführt wird („Gefährdungstatbestand"; **konkretes
Gefährdungsdelikt**). Die Vorschrift orientiert sich an § 20 GPSG aF.

     Da dem GS-Zeichen durchaus eine gewisse Werbewirksamkeit zugesprochen werden kann, erfüllt die
Vorschrift bei einem entsprechenden Verstoß gemäß § 39 Abs. 1 Nr. 9 zugleich **wettbewerbsschüt-
zende** Funktion.

2   **2. Einzelheiten. a) Tathandlungen.** Strafbewehrt sind Zuwiderhandlungen gegen Rechtsverordnungen nach § 8 Abs. 1 S. 2 Nr. 1 oder 3 sowie nach § 34 Abs. 1 Nr. 2, 4 oder 5 und gegen vollziehbare Anordnungen aufgrund dieser Rechtsverordnungen (§ 39 Abs. 1 Nr. 7a) sowie nach § 26 Abs. 2
S. 2 Nr. 2, 4, 6–8, 9 oder Abs. 4 S. 1 (§ 39 Abs. 1 Nr. 8b). Tathandlung im Sinne des § 40 kann ferner
ein Verstoß gegen eine unmittelbar geltende Vorschrift in Rechtsakten der Europäischen Gemeinschaft
oder der Europäischen Union sein, die inhaltlich einem in § 39 Abs. 1 Nr. 8b aufgeführten Gebot oder
Verbot entspricht, soweit eine Rechtsverordnung nach § 39 Abs. 3 für einen bestimmten Tatbestand auf
§ 39 verweist. Ebenso strafbewehrt sind Zuwiderhandlungen gegen unmittelbar geltende Vorschriften in
Rechtsakten der Europäischen Gemeinschaft oder der Europäischen Union oder gegen eine vollziehbare
Anordnung aufgrund einer solchen Vorschrift, die inhaltlich einer Regelung entspricht, zu der die in
§§ 8 Abs. 1 S. 2 Nr. 1, 3, 34 Abs. 1 Nr. 2, 4, 5 genannten Vorschriften ermächtigen. Erforderlich ist
auch hier wieder der Verweis auf die Bußgeldvorschriften des ProdSG. Darüber hinaus erfasst § 40 die
missbräuchliche Verwendung des GS-Zeichens (§ 39 Abs. 1 Nr. 9). Erforderlich ist, dass der Täter die
missbilligten Handlungen beharrlich wiederholt (→ Rn. 3) oder durch sein Handeln Leben oder Gesundheit eines anderen oder fremde Sachen von bedeutendem Wert gefährdet (→ Rn. 4).

3   **b) Wiederholungstatbestand.** Der Täter wiederholt den Rechtsverstoß beharrlich, wenn er das
gesetzliche Verbot immer wieder übertritt, seine Handlungsweise von einer besonderen Hartnäckigkeit
und Gleichgültigkeit ggü. der Rechtsordnung geprägt ist und bei wertender Gesamtbetrachtung unter
Einbeziehung früherer gleichartiger oder vergleichbarer Rechtsverstöße die Prädikate „unbelehrbar"
oder „standhaft" verdient. Beharrlichkeit ist besonderes persönliches Merkmal iSd § 28 Abs. 2 StGB.

4   **c) Gefährdungstatbestand.** Das **Leben und** die **Gesundheit** eines anderen (nicht also des Täters
oder eines Tatbeteiligten) sind (konkret) gefährdet, wenn die Wahrscheinlichkeit des Schadenseintritts –
auf der Basis einer objektiv nachträglichen Prognose – größer ist als die seines Ausbleibens. Andere sind
dabei auch die dem Lager des Herstellers zuzuordnenden Personen und insbes. Arbeitnehmer, weil der
Anwendungsbereich des ProdSG wegen der Einbeziehung des Ausstellens von Produkten (§ 1 Abs. 1)
und der Errichtung überwachungsbedürftiger Anlagen (§ 1 Abs. 2) auch für Tätigkeiten eröffnet ist, die
ihre typische Gefährlichkeit im unternehmensinternen Bereich entfalten können.

     Die Gefährdung **fremder Sachen** (nicht tätereigene wie insbes. Produktionsmittel) führt nur dann
zur Strafbarkeit, wenn es sich um solche von bedeutendem Wert handelt. Die Wertgrenze dürfte auch
hier bei etwa 1.300 EUR liegen; vgl. zur parallelen Problematik bei § 69 Abs. 2 Nr. 3 StGB (Fischer
StGB § 69 Rn. 29).

     Bloße **Kausalität** zwischen der Handlung und der eingetretenen Gefahr iSd conditio-sine-qua-non-
Formel genügt nicht; zwischen dem Eintritt der Gefahr und dem Schutzzweck der verletzten Rechtsnorm muss vielmehr ein **innerer Zusammenhang** bestehen. Im Falle der missbräuchlichen Verwendung des GS-Zeichens müssen daher die Regeln des GS-Zuerkennungsverfahrens und damit vor allem
die Eigenschaften des Produkts in Beziehung zu der eingetretenen Rechtsgutsgefährdung gebracht
werden können. Nicht ausreichend wäre es etwa, wenn wegen der missbräuchlichen Verwendung des
GS-Zeichens behördliche Maßnahmen gegen Dritte veranlasst sind, die sich ihrerseits nachteilig auf
fremde Sachen (bspw. die zwischenzeitlich weiterveräußerten Produkte selbst) auswirken.

d) Rechtswidrigkeit vollziehbarer Anordnungen. Wegen der **Rechtsgrundfunktion** vollzieh- **5** barer Anordnungen, ist während ihrer Wirksamkeit ein „Durchgriff" auf die materielle Rechtslage ausgeschlossen und daher auch dem Strafrichter die Überprüfung ihrer Rechtmäßigkeit – zumindest auf der tatbestandlichen Ebene – verwehrt. Zur nachträglichen Aufhebung behördlicher Anordnungen → UmweltHG § 21 Rn. 11.

e) Vorsatz. Der **Vorsatz** muss sich auch auf die konkrete Gefährdung geschützter Rechtsgüter **6** beziehen (Gefährdungsvorsatz; BGHSt 22, 67; sa MüKoStGB/*Pegel* StGB § 315c Rn. 108). Ein Irrtum über die Vollziehbarkeit behördlicher Anordnungen im Falle eines Widerspruchs ist Verbotsirrtum nach § 17 StGB (OLG Hamm DAR 1957, 25; OLG Düsseldorf VM 1976, 26; anders BGH NJW 1989, 1939 mAnm *Dölp* NStZ 1989, 475).

615. Gesetz über die Rechnungslegung von bestimmten Unternehmen und Konzernen (Publizitätsgesetz – PublG)

Vom 15. August 1969 (BGBl. I S. 1189, ber. 1970 I S. 1113) FNA 4120-7

Zuletzt geändert durch Art. 4 VG-Richtlinie-UmsetzungsG vom 24.5.2016 (BGBl. I S. 1190)

– Auszug –

Vorbemerkung

A. Regelungszweck

1   Das PublG regelt die Rechnungslegungs- und Offenbarungspflichten von Unternehmen (→ Rn. 3–15) und Konzernen (→ Rn. 25–36), die nicht als Kapitalgesellschaften organisiert und daher nicht nach deren spezialgesetzlichen Regelungen zur Offenlegung ihres Jahresabschlusses verpflichtet sind. Bis zur Einführung des Gesetzes war die Publizitätspflicht allein von der Rechtsform abhängig und traf daher Aktiengesellschaften (AG), Kommanditgesellschaften auf Aktien (KGaA), Gesellschaften mit beschränkter Haftung (GmbH) sowie Genossenschaften (eG) oder den Versicherungsverein auf Gegenseitigkeit. Nachdem vor allem aus Gläubigerschutzgründen ein Interesse an der Offenlegung des Jahresabschlusses besteht, sind die Rechnungslegungs- und Offenbarungspflichten nunmehr an die Unternehmensgröße gekoppelt (HK-KapMStrafR/*Südbeck* § 17 Nr. 4 Alt. 1 Rn. 369 ff.). Die Frage, ob ein Großunternehmen (→ Rn. 16) iSd PublG besteht, bestimmt sich zum einen nach der Bilanzsumme, zum anderen nach dem Jahresumsatz und nach der Arbeitnehmerzahl. Hauptanwendungsfall sind vor allem einzelkaufmännische Unternehmen, offene Handelsgesellschaften (oHG) und Kommanditgesellschaften (KG).

B. Anwendungsbereich

2   Der Anwendungsbereich des PublG bezieht sich einerseits (§§ 1–10) auf bestimmte Arten von Unternehmen, andererseits (§§ 11–16) auf bestimmte Arten von Konzernen.

I. Unternehmen

3   **1. Unternehmen iSd PublG (§ 3 Abs. 1).** Der Begriff des **Unternehmens** ist, wie auch in §§ 11 Abs. 1 Nr. 4b, 14 Abs. 2 S. 2 StGB oder in § 130 Abs. 1 OWiG, weit auszulegen. Erforderlich ist im Regelfall eine nicht nur vorübergehende Zusammenfassung mehrerer Personen unter Einsatz von Sachmitteln in einem gewissen räumlichen Zusammenhang unter einer Leitung und zur Erreichung eines bestimmten, nicht unbedingt wirtschaftlichen, Zwecks (→ StGB § 264 Rn. 29–32).

4   § 3 Abs. 1 beschränkt den Anwendungsbereich dabei auf bestimmte Rechtsformen.

5   **a) Personenhandelsgesellschaften.** Zunächst sind die sog **Personenhandelsgesellschaften,** also oHG und KG, erfasst (§ 3 Abs. 1 Nr. 1 Alt. 1). Dabei ist zu beachten, dass hierunter nur solche fallen, die nicht ohnehin nach handelsrechtlichen Vorschriften zur Offenlegung verpflichtet sind (§§ 264a, 264b HGB).

6   **b) Einzelkaufmann.** Außerdem kann auch ein **Einzelkaufmann** ein Unternehmen betreiben (§ 3 Abs. 1 Nr. 1 Alt. 2). Mehrere Handelsgeschäfte (§ 343 Abs. 1 HGB) eines Einzelkaufmanns sind, auch wenn sie nicht unter der gleichen Firma (§ 17 Abs. 1 HGB) betrieben werden, nur ein Unternehmen iSd Gesetzes (§ 1 Abs. 5).

7   **c) Sonstige Rechtsformen.** Hinzu kommen **Vereine,** deren Zweck auf einen wirtschaftlichen Geschäftsbetrieb gerichtet ist (§ 3 Abs. 1 Nr. 3) sowie rechtsfähige Stiftung des **bürgerlichen Rechts,** die ein Gewerbe betreiben (§ 3 Abs. 1 Nr. 4) und Körperschaften, Stiftungen oder Anstalten des **öffentlichen Rechts,** die Kaufmann nach § 1 HGB oder aufgrund Eintragung im Handelsregister gemäß § 2 HGB sind (§ 3 Abs. 1 Nr. 5).

8   **2. Ausnahmen (§ 3 Abs. 2 und Abs. 3).** Vom PublG nicht erfasst werden – trotz Erfüllung der Voraussetzungen des § 3 Abs. 1 – bestimmte in Abs. 2 und Abs. 3 genannte Unternehmen.
Dabei handelt es sich um:

9   – Unternehmen in der Rechtsform der **Genossenschaft** (§ 3 Abs. 2 Nr. 1),

– Unternehmen ohne eigene Rechtspersönlichkeit einer Gemeinde, eines Gemeindeverbands oder eines   10
   kommunalen Zweckverbands (§ 3 Abs. 2 Nr. 1a), die sog Regiebetriebe und kommunalen Eigen-
   betriebe (vgl. bspw. Art. 88 BayGO),
– Verwertungsgesellschaften nach dem UrhWahrnG (§ 3 Abs. 2 Nr. 2),   11
– Kreditinstitute iSd § 340 HGB (§ 3 Abs. 2 Nr. 3 Alt. 1),   12
– die in § 2 Abs. 1 Nr. 1, 2 und 4 KWG genannten Institutionen (Deutsche Bundesbank, Kreditanstalt 13
   für Wiederaufbau, private und öffentlich-rechtliche Versicherungsunternehmen) (§ 3 Abs. 2
   Nr. 3 Alt. 2),
– Versicherungsunternehmen iSd § 341 HGB (§ 3 Abs. 2 Nr. 3 Alt. 3),   14
– Unternehmen iSd § 3 Abs. 1, die sich **in Abwicklung** befinden (§ 3 Abs. 3).   15

3. Anwendungsvoraussetzungen (§ 1 Abs. 1–4). Das Unternehmen iSd § 3 Abs. 1 muss darüber   16
hinaus aufgrund seines Geschäftsbetriebs ein sog **Großunternehmen** darstellen. Davon ist auszugehen,
wenn der Geschäftsbetrieb einen erheblichen Umfang übersteigt, der sich nach bestimmten, in § 1
Abs. 1 Nr. 1–3 abschließend geregelten Kriterien richtet. Diese stellen jeweils **Schwellenwerte** dar.

a) Zeitpunkt. In **zeitlicher Hinsicht** ist auf drei aufeinander folgende Geschäftsjahre, genauer auf   17
den Tag des Ablaufs des jeweiligen Geschäftsjahres, den Abschlussstichtag, abzustellen (§ 1 Abs. 1). Trifft
für den Abschlussstichtag das Merkmal nach § 1 Abs. 1 Nr. 2 oder das Merkmal nach § 1 Abs. 1 Nr. 3
zu, hat das Unternehmen (→ Rn. 3–15) zur Feststellung, ob auch das Merkmal nach § 1 Abs. 1 Nr. 1
zutrifft, eine Jahresbilanz nach § 5 Abs. 2 aufzustellen.

b) Schwellenwerte. Die **Schwellenwerte** sind auf die Bilanzsumme, den Jahresumsatz und die   18
Arbeitnehmerzahl des Unternehmens (→ Rn. 3–15) bezogen und müssen nicht alle drei kumulativ
vorliegen. Vielmehr reicht aus, wenn jeweils mindestens zwei der drei nachstehenden Merkmale
zutreffen (§ 1 Abs. 1):

aa) Bilanzsumme. Die **Bilanzsumme** einer auf den Abschlussstichtag aufgestellten Jahresbilanz   19
übersteigt 65 Mio. EUR (§ 1 Abs. 1 Nr. 1).

Gemäß § 1 Abs. 2 S. 1 Hs. 1 ist die Jahresbilanz gemäß § 5 Abs. 2 aufzustellen. Bei Unternehmen   20
(→ Rn. 3–15), die darin Beträge für von ihnen geschuldete Verbrauchssteuern oder Monopolabgaben
unter Rückstellungen oder Verbindlichkeiten angesetzt haben, ist eine entsprechende Kürzung um diese
Beträge vorzunehmen (§ 1 Abs. 2 S. 2 Hs. 2).

bb) Umsatzerlöse. Die **Umsatzerlöse** des Unternehmens (→ Rn. 3–15) in den zwölf Monaten vor   21
dem Abschlussstichtag übersteigen 130 Mio. EUR (§ 1 Abs. 1 Nr. 2).

Ausweislich § 1 Abs. 2 S. 3 gilt für die Ermittlung der Umsatzerlöse § 277 Abs. 1 HGB, jedoch mit   22
der Maßgabe, dass auch die in den Umsatzerlösen enthaltenen Verbrauchssteuern oder Monopolabgaben
abzusetzen sind. Werden Umsatzerlöse in fremder Währung ausgewiesen, sind sie nach dem amtlichen
Kurs in Euro umzurechnen (§ 1 Abs. 2 S. 4).

cc) Arbeitnehmeranzahl. Das Unternehmen (→ Rn. 3–15) beschäftigt in den zwölf Monaten vor   23
dem Abschlussstichtag durchschnittlich mehr als fünftausend **Arbeitnehmer** (§ 1 Abs. 1 Nr. 3).

Die durchschnittliche Zahl der Arbeitnehmer berechnet sich nach § 1 Abs. 2 S. 5. Zunächst ist für   24
jeden Monat des Geschäftsjahres die Zahl der Arbeitnehmer zu ermitteln. Die so ermittelten Monats-
werte sind zu addieren und zum Abschlussstichtag durch zwölf zu teilen. Zu den Arbeitnehmern zählen
dabei sowohl die zu ihrer Berufsausbildung Beschäftigten als auch die im Ausland eingesetzten Arbeitskräfte.

II. Konzerne

1. Konzern iSd PublG (§ 11 Abs. 1). Der Begriff des Konzerns ist im PublG nicht eigens festgelegt.   25
Es kann jedoch auf den in § 18 AktG definierten Konzernbegriff zurückgegriffen werden, der über das
Aktienrecht hinaus auch in allen übrigen Rechtsbereichen Geltung findet.

Gemäß § 18 Abs. 1 S. 1 AktG liegt ein **Konzern** vor, wenn ein herrschendes und ein oder mehrere   26
abhängige Unternehmen (→ Rn. 3–15) unter der einheitlichen Leitung des herrschenden Unternehmens (→ Rn. 3–15) zusammengefasst sind. Die einzelnen Unternehmen (→ Rn. 3–15) sind Konzernunternehmen. Von einheitlicher Leitung ist auszugehen, wenn die verbundenen Unternehmen
(→ Rn. 3–15) zu einer Planungseinheit zusammengefasst werden und sich die Leitungstätigkeit mindestens auf einen wesentlichen unternehmerischen Entscheidungsbereich, bspw. Beschaffung, Produktion,
Absatz, Finanzen, Personalpolitik, bezieht (BGH NJW 1995, 2989).

Gemäß § 11 Abs. 1, Abs. 3 S. 1 trifft die Rechnungslegungs- und Offenbarungspflicht jedoch nur das   27
Mutterunternehmen, nicht jedoch jedes einzelne Konzernunternehmen. Die in § 11 Abs. 1, Abs. 3
S. 1 enthaltene Legaldefinition des Mutterunternehmens iSd PublG ist je nach Ort der Hauptnieder-
lassung verschieden. Befindet sich der Sitz des Unternehmens (→ Rn. 3–15) im **Inland,** ist es ein
Mutterunternehmen, wenn es unmittelbar oder mittelbar einen beherrschenden Einfluss auf ein anderes
Unternehmen (→ Rn. 3–15) ausübt (§ 11 Abs. 1). Befindet sich die Hauptniederlassung dagegen im

Ausland und hat das im Ausland befindliche Hauptunternehmen unmittelbar oder mittelbar einen beherrschenden Einfluss auf ein anderes Unternehmen (→ Rn. 3–15), welches wiederum über ein oder mehrere zum Konzern gehörende Unternehmen (→ Rn. 3–15) mit Sitz (Hauptniederlassung) im Inland andere Unternehmen (→ Rn. 3–15) beherrscht, ist Mutterunternehmen iSd PublG das der Konzernleitung am nächsten stehende Unternehmen (→ Rn. 3–15). Die Rechnungslegungs- und Offenbarungspflichten beziehen sich im letzteren Fall nur auf den Teilkonzern im Inland.

28   **2. Ausnahmen (§ 11 Abs. 5).** Gemäß § 11 Abs. 5 sind Konzerne vom PublG nicht erfasst:

29   – wenn das Mutterunternehmen eine **AG** ist (§ 11 Abs. 5 S. 1 Alt. 1),

30   – wenn das Mutterunternehmen eine **KGaA** ist (§ 11 Abs. 5 S. 1 Alt. 2),

31   – wenn das Mutterunternehmen eine **GmbH** ist (§ 11 Abs. 5 S. 1 Alt. 3),

32   – wenn das Mutterunternehmen ein **Kreditinstitut** im Sinne des § 340 HGB ist (§ 11 Abs. 5 S. 1 Alt. 4),

33   – wenn das Mutterunternehmen eine der in § 2 Abs. 1 Nr. 1, 2 und 4 KWG genannten Institutionen (Deutsche Bundesbank, Kreditanstalt für Wiederaufbau, private und öffentlich-rechtliche Versicherungsunternehmen) ist (§ 11 Abs. 5 S. 1 Alt. 5),

34   – wenn das Mutterunternehmen ein **Versicherungsunternehmen** iSd § 341 HGB ist (§ 11 Abs. 5 S. 1 Alt. 6),

35   – wenn das Mutterunternehmen als Personenhandelsgesellschaft nach § 3 Abs. 1 Nr. 1 den ersten Abschnitt des PublG nicht anzuwenden hat (§ 11 Abs. 5 S. 1 Alt. 7),

36   – wenn sich der Gewerbebetrieb einer Personenhandelsgesellschaft oder eines Einzelkaufmanns auf die Vermögensverwaltung beschränkt und nicht die Aufgaben der Konzernleitung wahrnimmt (§ 11 Abs. 5 S. 2).

37   **3. Anwendungsvoraussetzungen (§ 11 Abs. 1, Abs. 3).** Wie schon bei den Unternehmen (→ Rn. 3–15) hängt auch die Publizitätspflicht der von § 11 erfassten Konzernmutterunternehmen von bestimmten **Schwellenwerten** ab.

38   **a) Zeitpunkt.** In **zeitlicher Hinsicht** ist auf drei aufeinander folgende Konzernabschlussstichtage (§ 11 Abs. 1) abzustellen; im Falle der Hauptniederlassung im Ausland sind die Abschlussstichtage des Mutterunternehmens entscheidend (§ 11 Abs. 3 S. 1).

39   **b) Schwellenwerte.** Die **Schwellenwerte** sind im Falle des Sitzes des Mutterunternehmens (→ Rn. 27), der sog Hauptniederlassung, im Inland, auf den Konzernabschluss bezogen (§ 11 Abs. 1). Im Falle der Hauptniederlassung im Ausland kommt es gemäß § 11 Abs. 3 S. 1 auf den Teilkonzernabschluss an. Ist das Mutterunternehmen (→ Rn. 27) nicht zur Bilanzierung verpflichtet, so ist der Abschlussstichtag des größten Unternehmens (→ Rn. 3–15) mit Sitz im Inland maßgebend (§ 11 Abs. 2 S. 2). Wie bei den Unternehmen (→ Rn. 3–15), müssen auch für Konzerne (→ Rn. 25–36) die Schwellenwerte nicht kumulativ gegeben sein; es genügt, wenn jeweils mindestens zwei der drei nachstehenden Merkmale zutreffen (§ 11 Abs. 1, Abs. 3 S. 1).

40   **aa) Bilanzsumme.** Die **Bilanzsumme** einer auf den Abschlussstichtag aufgestellten (Teil-)Konzernbilanz übersteigt 65 Mio. EUR (§ 11 Abs. 1 Nr. 1).

41   Die (Teil-)Konzernbilanz ist nach § 13 Abs. 2 zu erstellen. Bei Unternehmen (→ Rn. 3–15), die darin Beträge für von ihnen geschuldete Verbrauchssteuern oder Monopolabgaben unter Rückstellungen oder Verbindlichkeiten angesetzt haben, ist eine entsprechende Kürzung um diese Beträge vorzunehmen (§§ 11 Abs. 2 S. 1 Hs. 1, 1 Abs. 2 S. 2 Hs. 2).

42   **bb) Umsatzerlöse.** Die **Umsatzerlöse** einer auf den Konzernabschlussstichtag aufgestellten Konzerngewinn- und -verlustrechnung in den zwölf Monaten vor dem Abschlussstichtag übersteigen 130 Mio. EUR (§ 11 Abs. 1 Nr. 2).

43   Für die Ermittlung der Umsatzerlöse gelten über § 11 Abs. 2 S. 1 Hs. 2 die S. 3 und 4 des § 1 Abs. 2 sinngemäß (→ Rn. 22).

44   **cc) Arbeitnehmeranzahl.** Die Konzernunternehmen mit Sitz im Inland haben in den zwölf Monaten vor dem (Teil-)Konzernabschlussstichtag insgesamt durchschnittlich mehr als fünftausend **Arbeitnehmer** beschäftigt (§ 11 Abs. 1 Nr. 3). Die Berechnung vollzieht sich gemäß § 11 Abs. 2 S. 1 Hs. 2 wie bei den Unternehmen (→ Rn. 3–15) entsprechend § 1 Abs. 2 S. 5 (→ Rn. 24).

C. Sanktionenkatalog

45   Das PublG beinhaltet neben den eigentlich wesentlichen Normen über die Offenlegungspflichten zum Zwecke deren Einhaltung einen ausdifferenzierten Sanktionenkatalog.

46   So schaffen die §§ 17, 18 und 19 nebenstrafrechtliche **Straftatbestände,** die sich einerseits an den Unternehmensverantwortlichen richten (§ 17), andererseits aber auch bestimmtes Fehlverhalten der Abschlussprüfer oder ihrer Gehilfen mit Strafe belegen (§§ 18, 19).

Hinzu kommen die beiden **Ordnungswidrigkeitentatbestände** des § 20 Abs. 1 und Abs. 2, die 47
Bußgelder von 5 EUR (§ 17 Abs. 1 OWiG) bis 50.000 EUR vorsehen (§ 20 Abs. 3). Verwaltungsbehörde iSd § 36 Abs. 1 Nr. 1 OWiG ist das Bundesamt für Justiz (§ 20 Abs. 4).

Abgesehen hiervon sieht § 10 mit der **Nichtigkeit** des Jahresabschlusses eine nicht straf- oder buß- 48
geldrechtliche Sanktion unter den in § 10 S. 1 Nr. 1 und 2 definierten Voraussetzungen vor. Der
Jahresabschluss oder seine Änderung sind nichtig, wenn entweder überhaupt nicht geprüft (§ 10 S. 1
Nr. 1) oder zwar geprüft worden ist, jedoch nicht von einem tauglichen Abschlussprüfer (§ 10 Abs. 1
Nr. 2). Die Nichtigkeit nach § 10 S. 1 Nr. 2 kann indes nur in den zeitlichen Grenzen des § 10 S. 2
geltend gemacht werden. Die Frist beträgt sechs Monate und wird mit der Bekanntmachung im
elektronischen Bundesanzeiger in Lauf gesetzt. Ist bei Ablauf der Frist eine Klage auf Feststellung der
Nichtigkeit des Jahresabschlusses rechtshängig, verlängert sie sich, bis über die Klage rechtskräftig entschieden ist oder sie sich auf andere Weise endgültig erledigt hat (§§ 10 S. 3, 256 Abs. 6 S. 2 AktG).
Hiernach ist der Jahresabschluss zwar immer noch nichtig, eine Berufung darauf indes nicht mehr
möglich.

§ 21 S. 1 ermächtigt das Bundesamt für Justiz, gegen die gesetzlichen Vertreter (§ 4 Abs. 1 S. 1) eines 49
Unternehmens (→ Rn. 3–15) oder eines Mutterunternehmens (→ Rn. 27), beim Einzelkaufmann ge-
gen den Inhaber oder seinen gesetzlichen Vertreter (→ § 17 Rn. 6–8), die entgegen § 9 Abs. 1 oder § 15
Abs. 1 pflichtwidrig die Offenlegung im elektronischen Bundesanzeiger unterlassen, ein **Ordnungsgeld**
gemäß § 335 HGB zwischen 2.500 und 25.000 EUR (§ 335 Abs. 1 S. 4 HGB) festzusetzen. Das
Ordnungsgeld kann gemäß § 21 S. 2 entsprechend § 335 Abs. 1 S. 2 HGB auch gegen das Unterneh-
men (→ Rn. 3–15) und/oder den Konzern (→ Rn. 25–36) selbst verhängt werden. Es fließt dem
Bundesamt für Justiz zu (§ 335 Abs. 1 S. 5 HGB).

§ 17 Unrichtige Darstellung

**Mit Freiheitsstrafe bis zu drei Jahren oder mit Geldstrafe wird bestraft, wer als gesetzlicher
Vertreter (§ 4 Abs. 1 Satz 1) eines Unternehmens oder eines Mutterunternehmens, beim
Einzelkaufmann als Inhaber oder dessen gesetzlicher Vertreter,**

1. **die Verhältnisse des Unternehmens im Jahresabschluss oder Lagebericht unrichtig wiedergibt oder verschleiert,**
1a. **zum Zwecke der Befreiung nach § 9 Abs. 1 Satz 1 in Verbindung mit § 325 Abs. 2a
Satz 1, Abs. 2b des Handelsgesetzbuchs einen Einzelabschluss nach den in § 315a Abs. 1
des Handelsgesetzbuchs genannten internationalen Rechnungslegungsstandards, in dem
die Verhältnisse des Unternehmens unrichtig wiedergegeben oder verschleiert worden
sind, vorsätzlich oder leichtfertig offen legt,**
2. **die Verhältnisse des Konzerns oder Teilkonzerns im Konzernabschluß, Konzernlagebericht, Teilkonzernabschluß oder Teilkonzernlagebericht unrichtig wiedergibt oder verschleiert,**
3. **zum Zwecke der Befreiung nach § 11 Abs. 6 Satz 1 Nr. 1 in Verbindung mit den §§ 291
und 292 des Handelsgesetzbuchs einen Konzernabschluß, Konzernlagebericht, Teilkonzernabschluß oder Teilkonzernlagebericht, in dem die Verhältnisse des Konzerns oder
Teilkonzerns unrichtig wiedergegeben oder verschleiert worden sind, vorsätzlich oder
leichtfertig offenlegt oder**
4. **in Aufklärungen oder Nachweisen, die nach § 2 Abs. 3 Satz 4 in Verbindung mit § 145
Abs. 2 und 3 des Aktiengesetzes, § 6 Abs. 1 Satz 2 in Verbindung mit § 320 Abs. 1, 2 des
Handelsgesetzbuchs, § 12 Abs. 3 Satz 3 in Verbindung mit § 2 Abs. 3 Satz 4 und § 145
Abs. 2 und 3 des Aktiengesetzes oder § 14 Abs. 1 Satz 2 in Verbindung mit § 320 Abs. 3
des Handelsgesetzbuchs einem Abschlußprüfer des Unternehmens, eines verbundenen
Unternehmens, des Konzerns oder des Teilkonzerns zu geben sind, unrichtige Angaben
macht oder die Verhältnisse des Unternehmens, eines Tochterunternehmens, des Konzerns oder des Teilkonzerns unrichtig wiedergibt oder verschleiert.**

Übersicht

A. Allgemeines

I. Schutzgut

1   Das von § 17 geschützte Rechtsgut ist das Vertrauen all jener, die mit dem Unternehmen (→ Vorb. Rn. 3–24) und/oder Konzern (→ Vorb. Rn. 25–44) in wirtschaftlichen oder rechtlichen Beziehungen, gleich welcher Art, stehen in die Richtigkeit und Vollständigkeit bestimmter Informationen über die Verhältnisse des Unternehmens (→ Vorb. Rn. 3–24 und/oder Konzerns (→ Vorb. Rn. 25–36). Umfasst sind mithin sowohl die Gesellschafter oder Arbeitnehmer als auch Außenstehende, wie bspw. Abschlussprüfer, Kreditgeber, Gläubiger und Lieferanten (BGH wistra 1996, 348).

2   Die Vorschrift weist zwei Schutzrichtungen auf: § 17 Nr. 1, 1a, 2 und 3 schützen vor Falschinformationen über die Verhältnisse des Unternehmens (→ Vorb. Rn. 3–24) /Konzerns (→ Vorb. Rn. 25–44), § 17 Nr. 4 stellt sicher, dass Angaben gegenüber Abschlussprüfern den tatsächlichen Umständen entsprechen.

3   Die Regelung des § 17 entspricht § 331 HGB und §§ 399, 400 AktG.

II. Rechtsnatur

4   Ein über die unrichtigen Darstellungen (§ 17 Nr. 1, 1a, 2, 3, 4 Alt. 2 und 3) oder die falschen Angaben (§ 17 Nr. 4 Alt. 1) hinausgehender Erfolgseintritt, zB ein Vermögensschaden oder zumindest eine Vermögensgefährdung, ist schon nach dem Wortlaut des § 17 nicht erforderlich. Aber auch die in § 17 Nr. 1a und Nr. 3 bezweckten Befreiungen sind nur besondere subjektiven Merkmale in Form einer Absicht (→ Rn. 93–95) und müssen nicht tatsächlich eintreten. Vielmehr begründet allein das in den Tathandlungen des unrichtigen Wiedergebens oder Verschleierns oder des Offenlegens zum Ausdruck kommende Handlungsunrecht die Strafbarkeit, so dass es sich um ein **abstraktes Gefährdungsdelikt** handelt, das von der Unaufrichtigkeit des gesetzlichen Vertreters oder Inhabers geprägt wird.

III. Täterkreis

5   Bei § 17 handelt es sich um ein echtes **Sonderdelikt,** das nur vom gesetzlichen Vertreter (§ 4 Abs. 1 S. 1) eines Unternehmens (→ Vorb. Rn. 3–24) oder eines Mutterunternehmens (→ Vorb. Rn. 27) oder bei einem einzelkaufmännischen Betrieb (Unternehmen, Konzern) von dessen Inhaber oder seinem gesetzlichen Vertreter begangen werden kann.

6   **1. Gesetzlicher Vertreter (§ 4 Abs. 1 S. 1).** Wer **gesetzlicher Vertreter** in Unternehmen (→ Vorb. Rn. 3–24) und/oder Konzern (→ Vorb. Rn. 25–44) ist, bestimmt sich nach dessen Rechtsform. Ist das Unternehmen (→ Vorb. Rn. 3–24) oder der Konzern (→ Vorb. Rn. 25–44) als juristische Person organisiert, sind die Mitglieder des vertretungsberechtigten Organs (zB § 35 GmbHG, § 26 BGB) die gesetzlichen Vertreter (§ 4 Abs. 1 S. 1 Nr. 1). Handelt es sich dagegen um eine Personenhandelsgesellschaft, vertreten die gemäß §§ 125, 164 HGB vertretungsberechtigten Gesellschafter (§ 4 Abs. 1 S. 1 Nr. 2).

7   Entscheidend ist nur die **tatsächliche** Stellung oder Tätigkeit als gesetzlicher Vertreter. Auf die Wirksamkeit der Bestellung kommt es nicht an (→ Rn. 13–16).

Damit **endet** die Organstellung auch nicht mit ihrer im Gesetz vorgesehenen rechtlichen Aufhebung, **8** sondern erst mit der tatsächlichen Aufgabe des Amtes durch den Inhaber (HK-KapMStrafR/*Südbeck* AktG § 399 Rn. 20).

Im Falle eines einzelkaufmännisch betriebenen Unternehmens (→ Vorb. Rn. 3–24) oder Konzerns **9** (→ Vorb. Rn. 25–44) kann gemäß § 4 Abs. 1 S. 2 entweder der **Inhaber** selbst Täter sein oder – für den Fall seiner Geschäftsunfähigkeit – sein gesetzlicher Vertreter, bspw. die Eltern (§ 1629 BGB), der Vormund (§ 1793 BGB) oder der Betreuer (§ 1902 BGB). Kein tauglicher Täter ist dagegen der Prokurist oder Handlungsbevollmächtigte des Einzelunternehmens, weil es sich dabei um eine rechts-geschäftliche Vertretung mit gesetzlich typisiertem Inhalt (§§ 49, 54 HGB) handelt.

2. Mehrgliedrige Vertretung. Besteht das vertretungsberechtigte Organ der juristischen Person aus **10** **mehreren Personen** oder hat die Personenhandelsgesellschaft mehrere zur Vertretung berechtigte Gesellschafter, ist der jeweils handelnde gesetzliche Vertreter jedenfalls Täter iSd § 17.

Nachdem in solchen Mehrpersonengremien zwar nicht zwingend, jedoch regelmäßig die Verant- **11** wortung in verschiedene Zuständigkeitsbereiche aufgeteilt ist, stellt sich die Frage der strafrechtlichen Verfolgbarkeit der **nicht zuständigen Mitglieder.** Durch positives Tun werden sie nicht strafbar; zu prüfen ist eine Unterlassenstäterschaft gemäß § 13 StGB. Sowohl die Garantenstellung als auch die Garantenpflicht ergeben sich dabei bereits aus der objektiven Vertreterstellung und den daraus folgenden Informations- und Handlungspflichten (RGSt 13, 235; BGHSt 31, 264 (277); 37, 106; BGH wistra 1990, 97 (98); MüKoHGB/*Quedenfeld* HGB § 331 Rn. 22). Erfährt ein an sich nicht zuständiges Mitglied also von Unregelmäßigkeiten der zuständigen Vertreter oder drängen sich ihm Umstände auf, die auf ein solches Verhalten hinweisen, muss es sich informieren und gegebenenfalls agieren, indem es bspw. den Aufsichtsrat oder ein ihm vergleichbares Gremium einschaltet, das Registergericht in Kenntnis setzt oder die unrichtigen Angaben oder Darstellungen korrigiert (HK-KapMStrafR/*Südbeck* AktG § 399 Rn. 27).

Die vorgenannten Grundsätze gelten auch, wenn ein Vertreter von den übrigen bei der Fassung eines **12** rechtswidrigen Beschlusses überstimmt wird (RGSt 38, 195).

3. Strohmann und faktisches Organ. Da iRd § 17 nur die tatsächliche Stellung oder Tätigkeit als **13** gesetzlicher Vertreter (→ Rn. 6–8) und/oder Inhaber (→ Rn. 9) entscheidend ist, können auch von den Unternehmensinhabern eingeschaltete **Strohleute** (BGHSt 21, 205) oder nur **faktische Organe** strafbar sein.

Ohne Bedeutung ist daher, ob der Gesellschaftsvertrag gültig oder nichtig (RGSt 34, 412; 37, 25 (27); **14** 43, 407 (413)), die gegebenenfalls erforderliche Handelsregistereintragung erfolgt (RGSt 34, 412), der Bestellungsakt mit Mängeln behaftet (RGSt 16, 269; 29, 383; 64, 81 (84); 71, 112; 72, 191; BGHSt 3, 32 (37); 6, 314 (315); BGH GA 1971, 36) oder der gesetzliche Vertreter rechtswirksam mit Vertretungs-macht ausgestattet worden ist (BGHSt 3, 32 (37); 21, 101 (103); 31, 118; BGH wistra 1984, 178; OLG Düsseldorf NJW 1988, 3166; zu allem MüKoHGB/*Quedenfeld* HGB § 331 Rn. 13–19; HK-KapM-StrafR/*Südbeck* AktG § 399 Rn. 20).

Maßgeblich ist allein, dass der Täter seine Organstellung angetreten und aufgenommen hat und – mit **15** Duldung des entsprechenden Aufsichtsorgans – nach außen als gesetzlicher Vertreter auftritt.

Dies gilt selbst dann, wenn eigentlich andere Personen für das Amt rechtswirksam bestellt sind und **16** dieses auch ausüben (BGH StV 1984, 461).

4. Mittäterschaft, mittelbare Täterschaft. Die spezifische Täterqualifikation gilt nicht nur für den **17** Einzeltäter, sondern auch für die Mit- oder die mittelbare Täterschaft.

IRd mittelbaren Täterschaft leitet sich die gemäß § 25 Abs. 1 Alt. 2 StGB erforderliche Überlegen- **18** heit des Hintermannes über das Werkzeug idR aus der **Organisationsherrschaft** her. Die ursprünglich für die Zurechnung innerhalb staatlicher Machtapparate geschaffene und auf mafiaähnliche kriminelle Organisationen ausgeweitete Figur, ist mittlerweile auch für Unternehmen (→ Vorb. Rn. 3–24) und/oder Konzerne (→ Vorb. Rn. 25–44) bei hierarchisch strukturierter betrieblicher Organisation mit regelhaften Abläufen anerkannt (BGHSt 37, 106; 40, 218 (236); 43, 232; 45, 270 (296); 48, 77 (331, 342); 49, 147 (163); Fischer StGB § 25 Rn. 7, 7a mwN).

5. Teilnahme. Personen, die die Tätereigenschaft nicht erfüllen, können allenfalls iRd **Teilnahme** **19** als Anstifter (§ 26 StGB) oder Gehilfe (§ 27 StGB) strafbar werden.

Voraussetzung hierfür ist aufgrund der **Akzessorietät** der Teilnahme, dass eine vorsätzliche und **20** rechtswidrige Haupttat eines tauglichen Täters gegeben ist.

Anstifter ist bspw., wer den gesetzlichen Vertreter oder Inhaber durch das In-Aussicht-Stellen einer **21** Belohnung oder durch bloßes Überreden zu einer falschen Angabe oder unrichtigen Darstellung bewegt.

Gehilfe ist, wer dem Organ bei der Tatbestandserfüllung zuarbeitet, indem er zB gefälschte Unterla- **22** gen anfertigt oder übergibt, oder wer das ohnehin zur Tat entschlossene Organ in seinem Vorhaben psychisch bestärkt.

B. Kommentierung im Einzelnen

I. Objektiver Tatbestand

23 **1. Falschinformation über Verhältnisse des Unternehmens (§ 17 Nr. 1).** Durch § 17 Nr. 1 soll vor Falschinformationen über die Verhältnisse des Unternehmens (→ Vorb. Rn. 3–24) geschützt werden. Eine entsprechende Vorschrift für den Anwendungsbereich der Konzerne (→ Vorb. Rn. 25–44) enthält § 17 Nr. 2 (→ Rn. 49–58).

24 **a) Bezugsgegenstand.** Bezugsgegenstand der Falschinformation ist sowohl der Jahresabschluss als auch der Lagebericht eines Unternehmens iSd § 6 Abs. 1.

25 Der **Jahresabschluss** besteht gemäß § 242 Abs. 3 HGB aus der Bilanz und der Gewinn- und Verlustrechnung.

26 Der **Lagebericht** ist in § 289 HGB definiert. Er hat insbes. den Geschäftsverlauf einschließlich des Geschäftsergebnisses und die Lage der Gesellschaft so darzustellen, dass ein den tatsächlichen Verhältnissen entsprechendes Bild vermittelt wird. Darüber hinaus hat er eine ausgewogene und umfassende, dem Umfang und der Komplexität der Geschäftstätigkeit entsprechende Analyse des Geschäftsverlaufs und der Lage der Gesellschaft zu enthalten.

27 **b) Tathandlung.** Die **Tathandlung** der auf den Jahresabschluss (→ Rn. 25) und/oder den Lagebericht (→ Rn. 26) bezogenen Falschinformation unterteilt sich in die unrichtige Wiedergabe (→ Rn. 28–36) einerseits und die Verschleierung (→ Rn. 37–39) andererseits. Bezüglich der Abgrenzung sind die Übergänge fließend. Da beide Alternativen gleichberechtigt nebeneinander stehen, ist eine genaue Einordnung in der Regel nicht erforderlich.

28 **aa) Unrichtige Wiedergabe. Unrichtig wiedergegeben** sind Verhältnisse, wenn ihre Darstellung und die hierdurch geschilderte Situation des Unternehmens (→ Vorb. Rn. 3–24) den objektiven Gegebenheiten nicht entsprechen. Gemeint ist hiermit die unrichtige Darstellung der Verhältnisse (→ Rn. 29).

29 Hinsichtlich der **Verhältnisse** kommt es auf objektive Faktoren, also Tatsachen und Werturteile, an (BayObLG wistra 1987, 191). Unter Werturteilen versteht man Bewertungen, Beurteilungen, Schätzungen und Prognosen. Diese müssen für die Beurteilung der vergangenen, gegenwärtigen und zukünftigen wirtschaftlichen Situation des Unternehmens (→ Vorb. Rn. 3–24) von Bedeutung sein und daher einen wirtschaftlichen Bezug haben. Bloße soziale oder politische Umstände scheiden aus (MüKoHGB/*Quedenfeld* HGB § 331 Rn. 41).

30 **Tatsachenbehauptungen** sind unrichtig, wenn sie mit der Wirklichkeit nicht übereinstimmen.

31 **Werturteile** sind unrichtig, wenn sie nach der einheitlichen Einschätzung einschlägiger Fachleute offensichtlich nicht der wirklichen Sachlage entsprechen oder wenn sie auf objektiv falschen Tatsachen beruhen (HK-KapMStrafR/*Südbeck* HGB § 331 Rn. 30). Schon die Berücksichtigung und Anwendung einer wissenschaftlichen Mindermeinung lässt somit die Unrichtigkeit und damit den Tatbestand entfallen (MüKoHGB/*Quedenfeld* HGB § 331 Rn. 36).

32 Ohne Bedeutung ist, ob die Verhältnisse als zu günstig oder zu ungünstig dargestellt werden, weil beides Auswirkungen auf den geschützten Personenkreis (→ Rn. 1) haben kann. So werden bspw. durch zu positive Darstellungen Gläubiger zur Ausreichung von Darlehen angehalten; durch zu negative Verhältnisse können Gesellschafter oder Mitarbeiter zu Gewinnbeteiligungsverzichten bewegt werden, auf die sie eigentlich Anspruch hätten (MüKoHGB/*Quedenfeld* HGB § 331 Rn. 38).

33 Hinsichtlich des Jahresabschlusses (→ Rn. 25) orientiert sich die Beurteilung der Richtigkeit an den Aufstellungsgrundsätzen des § 243 Abs. 1 HGB, die einer ordnungsmäßigen Buchführung entsprechen müssen (§ 243 Abs. 1 HGB). Ein Jahresabschluss (→ Rn. 25) muss sämtliche Vermögensgegenstände, Schulden, Rechnungsabgrenzungsposten sowie Aufwendungen und Erträge enthalten (§ 246 Abs. 1 S. 1 HGB).

34 Bezüglich des Lageberichts (→ Rn. 26) ist § 289 Abs. 1 S. 2 HGB zu beachten, nach dem dieser eine ausgewogene und umfassende, dem Umfang und der Komplexität der Geschäftstätigkeit entsprechende Analyse des Geschäftsverlaufs und der Lage der Gesellschaft beinhalten muss. In der Analyse sind die für die Geschäftstätigkeit bedeutsamsten finanziellen Leistungsindikatoren einzubeziehen, unter Bezugnahme auf die im Jahresabschluss (→ Rn. 25) ausgewiesenen Beträge und Angaben zu erläutern (§ 289 Abs. 1 S. 3 HGB) sowie die voraussichtliche Entwicklung mit ihren wesentlichen Chancen und Risiken zu beurteilen und zu erklären (§ 289 Abs. 1 S. 4 Hs. 1 HGB). Die Inhalte der § 289 Abs. 2–4 HGB sind zu beachten.

35 Nach Maßgabe dessen (→ Rn. 33, 34) sind **Beispiele** für die Unrichtigkeit somit insbes. die falsche Bewertung von Außenständen, die Aufnahme fremder Vermögensgegenstände, die Nichtaufnahme von Gesellschaftseigentum oder ihrer Verbindlichkeiten sowie die Manipulation des Warenbestands (RGSt 14, 80; 21, 172; 36, 436; 37, 433; 38, 1; 41, 293; 43, 407; 62, 357; 66, 425; 67, 349; BGHSt 13, 382; MüKoHGB/*Quedenfeld* HGB § 331 Rn. 34).

Die Wiedergabe kann auch durch **Unterlassen** iSd § 13 StGB geschehen. Das ist insbes. der Fall, **36** wenn der Täter davon absieht, die Unrichtigkeit der Wiedergabe zu offenbaren, obwohl er hierzu aufgrund seiner Stellung als gesetzlicher Vertreter (→ Rn. 6–8) verpflichtet ist. Davon ist auszugehen, wenn ein gesetzlicher Vertreter erfährt, dass ein anderer die Verhältnisse des Unternehmens (→ Vorb. Rn. 3–24) unrichtig darstellte, er dennoch hiergegen nicht einschreitet oder wenn er zunächst im Glauben ist, die eigenen Angaben entsprechen der tatsächlichen Sach- und/oder Rechtslage, deren Unrichtigkeit indes später erkennt und trotzdem nichts unternimmt (BGH wistra 2002, 58 (61)).

bb) Verschleierung. Die **Verschleierung** betrifft die Klarheit und Übersichtlichkeit der Darstellung **37** (RGSt 37, 434) und setzt voraus, dass die Verhältnisse des Unternehmens (→ Vorb. Rn. 3–24) im Jahresabschluss (→ Rn. 25) oder Lagebericht (→ Rn. 26) zwar objektiv richtig, also der Wirklichkeit entsprechend, wiedergegeben sind, ihre Erkennbarkeit hingegen so beeinträchtigt ist, dass sie für den sachverständigen Leser nur schwer oder überhaupt nicht zu erkennen sind und so die Gefahr einer falschen Beurteilung der wirtschaftlichen Lage des Unternehmens (→ Vorb. Rn. 3–24) besteht (RGSt 18, 332; 37, 393; 68, 346; MüKoHGB/*Quedenfeld* HGB § 331 Rn. 39; HK-KapMStrafR/ *Südbeck* HGB § 331 Rn. 34).

Nachdem der Jahresabschluss (→ Rn. 25) gemäß § 243 Abs. 2 HGB klar und übersichtlich erstellt **38** sein muss und Posten der Aktivseite nicht mit Posten der Passivseite, Aufwendungen nicht mit Erträgen, Grundstücksrechte nicht mit Grundstückslasten verrechnet werden dürfen (§ 246 Abs. 2 S. 1 HGB) sowie der Lagebericht (→ Rn. 26) ein den tatsächlichen Verhältnissen entsprechendes Bild vermitteln muss (§ 289 Abs. 1 S. 1 HGB), ist von einem Verschleiern bspw. auszugehen bei unzulässiger Saldierung von Forderungen und Verbindlichkeiten oder bei dem Zusammenziehen nicht zusammengehörender Posten.

Auch in dieser Variante ist eine **Unterlassensstrafbarkeit** (§ 13 StGB) möglich, wenn der erkannten **39** Gefahr der falschen wirtschaftlichen Beurteilung durch den in Garantenstellung stehenden gesetzlichen Vertreter (→ Rn. 6–8) entgegen seiner Garantenpflicht nicht abgeholfen wird.

2. Offenlegung eines unrichtigen Einzelabschlusses nach internationalen Rechnungs- 40 legungsstandards (§ 17 Nr. 1a). § 17 Nr. 1a schützt vor der Offenlegung eines Einzelabschlusses nach internationalen Rechnungslegungsstandards, der die Verhältnisse des Unternehmens (→ Vorb. Rn. 3–24) unrichtig wiedergibt (→ Rn. 44) oder verschleiert (→ Rn. 44).

a) Tatgegenstand. Tatgegenstand ist der Einzelabschluss eines Unternehmens (→ Vorb. Rn. 3–24) **41** nach internationalen Rechnungslegungsstandards gemäß IAS, die in § 315a Abs. 1 HGB genannt sind und die gemäß §§ 9 Abs. 1 S. 1 PublG, 325 Abs. 2a S. 2 HGB vollumfänglich eingehalten sein müssen.

aa) Keine Pflicht zur Aufstellung eines Einzelabschlusses. Eine Pflicht zur Aufstellung eines **42** solchen Einzelabschlusses besteht nicht. Die Unternehmen (→ Vorb. Rn. 3–24) haben aber gemäß §§ 9 Abs. 1 S. 1 PublG, 325 Abs. 2a S. 1, Abs. 2b HGB die Möglichkeit, die Offenlegung des Jahresabschlusses (→ Rn. 25) durch die Offenlegung eines solchen Einzelabschlusses zu ersetzen und sich dadurch von der eigentlichen Offenlegungspflicht zu befreien.

bb) Inhalt des Einzelabschlusses. Inhalt des Einzelabschlusses sind die wirtschaftlichen Verhältnisse **43** (→ Rn. 29) des Unternehmens (→ Vorb. Rn. 3–24).

Diese müssen in dem Rechenwerk entweder **unrichtig wiedergegeben** oder **verschleiert** sein. Die **44** Begriffe entsprechen den in § 17 Nr. 1 genannten (→ Rn. 28–39).

Maßstab für die Unrichtigkeit als Abweichung von den objektiven Gegebenheiten sind allerdings **45** nicht die Bewertungsansätze des § 243 HGB, sondern die nach IAS in Verbindung mit den in § 315a Abs. 2 HGB genannten Vorschriften.

b) Tathandlung. Als Tathandlung sieht § 17 Nr. 1a die **Offenlegung** vor. **46**

Diese ist seit dem Inkrafttreten des EHUG (BGBl. 2006 I 2553) zum 1.1.2007 nicht mehr in § 325 **47** HGB legal definiert. Man versteht hierunter nach heute geltender Definition einen Vorgang der Informationsvermittlung an einen unbestimmten Personenkreis (MüKoHGB/*Fehrenbacher* HGB § 325 Rn. 2).

Voraussetzung dafür ist die Bekanntmachung im elektronischen Bundesanzeiger (vgl. § 325 Abs. 2 **48** HGB). Lediglich für – nicht in den Anwendungsbereich des PublG fallende (§ 3 Abs. 1) – bestimmte Kapitalgesellschaften oder den diesen gleichgestellten Personenhandelsgesellschaften (§ 264a HGB) kommt hinzu noch die Einreichung von Unterlagen bei dem Betreiber des elektronischen Bundesanzeigers (vgl. § 325 Abs. 1 HGB).

3. Falschinformation über Verhältnisse des Konzerns oder Teilkonzerns (§ 17 Nr. 2). § 17 **49** Nr. 2 entspricht dem für Unternehmen (→ Vorb. Rn. 3–24) geschaffenen § 17 Nr. 1 (→ Rn. 23–39) und schützt vor Falschinformationen über die Verhältnisse des Konzerns (→ Vorb. Rn. 25–44) oder Teilkonzerns.

50   **a) Bezugsgegenstände.** Bezugsgegenstände der Falschinformation sind der Konzernabschluss (→ Rn. 51), der Konzernlagebericht (→ Rn. 52), der Teilkonzernabschluss (→ Rn. 53) oder der Teilkonzernlagebericht (→ Rn. 53).

51   Der **Konzernabschluss** besteht gemäß § 297 Abs. 1 S. 1 HGB aus der Konzernbilanz, der Konzern-Gewinn- und Verlustrechnung, dem Konzernanhang, der Kapitalflussrechnung und dem Eigenkapitalspiegel. Er kann fakultativ um eine Segmentberichterstattung erweitert werden (§ 297 Abs. 1 S. 2 HGB).

52   Im **Konzernlagebericht** sind der Geschäftsverlauf einschließlich des Geschäftsergebnisses und die Lage des Konzerns darzustellen (§ 315 Abs. 1 S. 1 HGB).

53   Für den **Teilkonzernabschluss** und den **Teilkonzernlagebericht** gelten die vorgenannten Erwägungen mit der Maßgabe, dass sie sich nicht auf den Konzern als ganzen, sondern nur auf einen Teil hiervon beziehen.

54   **b) Tathandlungen.** Die **Tathandlungen** bestehen in der unrichtige Wiedergabe einerseits und der Verschleierung andererseits.

55   **aa) Unrichtige Wiedergabe.** Hinsichtlich der Einzelheiten der **unrichtigen Wiedergabe** gelten die Ausführungen zu § 17 Nr. 1 entsprechend (→ Rn. 28–32, 36).

56   Zur Beurteilung der Richtigkeit des Konzernabschlusses (→ Rn. 51) sind jedoch die Maßstäbe des § 297 HGB zu beachten. Die Vermögens-, Finanz- und Ertragslage der einbezogenen Unternehmen (→ Vorb. Rn. 3–24) ist so darzustellen, als ob diese Unternehmen (→ Vorb. Rn. 3–24) insgesamt ein einziges Unternehmen (→ Vorb. Rn. 3–24) wären (§ 297 Abs. 3 S. 1 HGB). Der Konzernabschluss (→ Rn. 51) muss unter Beachtung der Grundsätze ordnungsmäßiger Buchführung ein den tatsächlichen Verhältnissen entsprechendes Bild der Vermögens-, Finanz- und Ertragslage des Konzerns vermitteln (§ 297 Abs. 2 S. 2 HGB). Kann der Konzernabschluss aufgrund besonderer Umstände ausnahmsweise nicht ein den tatsächlichen Verhältnissen entsprechendes Bild vermitteln, so sind hierzu im Konzernanhang zusätzliche Angaben zu machen (§ 297 Abs. 2 S. 3 HGB).

57   Für den Konzernlagebericht (→ Rn. 52) sind die Anforderungen in § 315 Abs. 1 und Abs. 2 HGB niedergelegt. Insbesondere ist er so darzustellen, dass ein den tatsächlichen Verhältnissen entsprechendes Bild vermittelt wird (§ 315 Abs. 1 S. 1 HGB).

58   **bb) Verschleierung.** Die **Verschleierung** betrifft die Klarheit und Übersichtlichkeit der Darstellung. Der Konzernabschluss (→ Rn. 51) ist gemäß § 297 Abs. 2 S. 1 HGB klar und übersichtlich aufzustellen. Dasselbe gilt für den Konzernlagebericht (→ Rn. 52). Hinsichtlich der Einzelheiten wird auf die Ausführungen zu § 17 Nr. 1 verwiesen (→ Rn. 37, 39).

59   **4. Offenlegung eines unrichtigen (Teil-)Konzernabschlusses oder (Teil-)Konzernlageberichts (§ 17 Nr. 3).** Der Schutzbereich des § 17 Nr. 3 betrifft die der Offenlegung eines befreienden (Teil-)Konzernabschlusses (→ Rn. 51) oder (Teil-)Konzernlageberichts (→ Rn. 52) mit unrichtigem oder verschleierndem Inhalt innewohnende Gefahr für alle, die mit dem (Teil-)Konzern (→ Vorb. Rn. 25–44) in wirtschaftlichem Kontakt stehen oder dies beabsichtigen (→ Rn. 1).

60   **a) Tatgegenstand.** Tatgegenstand des § 17 Nr. 3 ist ein Konzernabschluss (→ Rn. 51), Konzernlagebericht (→ Rn. 52), Teilkonzernabschluss (→ Rn. 53) oder Teilkonzernlagebericht (→ Rn. 53), der nach §§ 11 Abs. 6 S. 1 Nr. 1 PublG, 291 HGB oder aufgrund § 292 HGB aufgestellt wurde.

61   **aa) Ausnahme gemäß §§ 11 Abs. 6 S. 1 Nr. 1 PublG, 291 HGB.** Gemäß §§ 11 Abs. 6 S. 1 Nr. 1 PublG, 291 HGB wird ein inländisches Mutterunternehmen (→ Vorb. Rn. 27), das seinerseits das Tochterunternehmen eines Mutterunternehmens (→ Vorb. Rn. 27) mit Sitz in einem EU-Mitgliedstaat oder einem anderen Vertragsstaat des Abkommens über den Europäischen Wirtschaftsraums ist, von der Pflicht zur Aufstellung eines Konzernabschlusses (→ Rn. 51) oder Konzernlageberichts (→ Rn. 52) befreit, wenn ein den Anforderungen des § 291 Abs. 2 HGB entsprechender Konzernabschluss (→ Rn. 51) und Konzernlagebericht (→ Rn. 52) seines Mutterunternehmens (→ Vorb. Rn. 27) einschließlich des Bestätigungsvermerks oder des Vermerks über dessen Versagung nach den für den entfallenden Konzernabschluss (→ Rn. 51) und Konzernlagebericht (→ Rn. 52) maßgeblichen Vorschriften in deutscher Sprache offen gelegt wird und keine Ausnahmeregelungen des § 291 Abs. 3 HGB einschlägig ist.

62   **bb) Ausnahme gemäß § 292 HGB.** Dieselbe Möglichkeit eröffnet § 292 HGB für das inländische Mutterunternehmen bei befreienden Konzernabschlüssen und Konzernlageberichten eines ausländischen Mutterunternehmens mit Sitz außerhalb der EU und außerhalb des Europäischen Wirtschaftsraums.

63   **cc) Inhalte der Abschlüsse oder Lageberichte.** Inhalt der jeweiligen Abschlüsse oder Lageberichte sind die wirtschaftlichen Verhältnisse (→ Rn. 55, 56) des Konzerns (→ Vorb. Rn. 25–44) oder Teilkonzerns.

64   Diese müssen in dem Rechenwerk entweder **unrichtig wiedergegeben** oder **verschleiert** sein. Die Begriffe entsprechen den in § 17 Nr. 2 genannten (→ Rn. 55, 58).

b) Tathandlung. Als Tathandlung sieht § 17 Nr. 3 die **Offenlegung** vor (→ Rn. 46–48). Diese kann **65** sowohl durch das befreite Tochterunternehmen als auch durch das Mutterunternehmen (→ Vorb. Rn. 27) erfolgen. Täter sind dann die jeweils handelnden gesetzlichen Vertreter (→ Rn. 6–8) des einen oder des anderen, je nachdem, wer die Offenlegung vorgenommen hat.

5. Falsche Angaben gegenüber Abschlussprüfern (§ 17 Nr. 4 Alt. 1). Der Tatbestand des § 17 **66** Nr. 4 Alt. 1 stellt falsche Angaben gegenüber Abschlussprüfern (→ Rn. 83) unter Strafe.

a) Tatgegenstand. Tatgegenstand dieser Variante sind Aufklärungen (→ Rn. 68) und Nachweise **67** (→ Rn. 69), die nach den Vorschriften des PublG dem Abschlussprüfer (→ Rn. 83) gegenüber (→ Rn. 84) abzugeben sind, auf deren Mitteilung die Prüfer also einen Auskunftsanspruch hat.

aa) Aufklärungen. Aufklärungen sind Erklärungen jeder Art und in jeder Form, die für die Prüfung **68** entscheidende Informationen enthalten und zur Klärung und Vermeidung von Zweifelsfragen oder Widersprüchen erforderlich sind (HK-KapMStrafR/*Südbeck* § 17 Nr. 4 Alt. 1 Rn. 16; HGB § 331 Nr. 4 Alt. 1 Rn. 27).

bb) Nachweise. Nachweise sind Unterlagen, die den vom Prüfer untersuchten Bereich betreffen, **69** bspw. Urkunden, Schriften, Inventurlisten (BGHSt 13, 382 (383); HK-KapMStrafR/*Südbeck* § 17 Nr. 4 Alt. 1 Rn. 16; HGB § 331 Nr. 4 Alt. 1 Rn. 27).

cc) Auskunftsanspruch. Die Informationspflicht des gesetzlichen Vertreters (→ Rn. 6–8) und damit **70** korrespondierend der **Auskunftsanspruch** des Abschlussprüfers (→ Rn. 83) bestimmt sich nach den in § 17 Nr. 4 genannten Verweisungsnormen der §§ 2 Abs. 3 S. 4 PublG, 145 Abs. 2, Abs. 3 AktG, §§ 6 Abs. 1 S. 2 PublG, 320 Abs. 1, Abs. 2 HGB, § 12 Abs. 3 S. 3 PublG oder §§ 14 Abs. 1 S. 2 PublG, 320 Abs. 3 HGB. Er bezieht sich auf alle Aufklärungen und Nachweise, die für eine sorgfältige Prüfung erforderlich sind.

dd) Zeitpunkt. In **zeitlicher Hinsicht** sind nur solche Aufklärungen (→ Rn. 68) und Nachweise **71** (→ Rn. 69) erfasst, die während der Abschlussprüfung erfolgen. Diejenigen, die bereits im Vorfeld oder erst im Nachhinein erfolgen, sind nicht mehr tatbestandsmäßig und führen daher nicht zur Strafbarkeit.

b) Unrichtige Angaben. In diesen Aufklärungen (→ Rn. 68) oder Nachweisen (→ Rn. 69) müssen **72** unrichtige (→ Rn. 77–80) Angaben (→ Rn. 73) gemacht (→ Rn. 74–80) werden.

aa) Angaben. Unter **Angaben** ist jede schriftliche oder mündliche ausdrückliche oder konkludente **73** Gedankenerklärung über das Vorliegen oder Nichtvorliegen bestimmter, auf die in den Verweisungsnormen geregelten Auskunftspflichten bezogener Tatsachen zu verstehen (BGH NJW 2003, 2179 (2181); wistra 2006, 262 (264)). Neben Tatsachen kommen aber auch Werturteile, zB Schätzungen, Bewertungen, Prognosen, in Betracht, wenn sie einen objektivierbaren Inhalt haben (HK-KapMStrafR/ *Südbeck* AktG § 399 Rn. 29).

bb) Machen. Gemacht ist eine Angabe (→ Rn. 73), wenn sie iRd Prüfverfahrens und nicht nur **74** anlässlich vorbereitender Erklärungen oder erst hernach (→ Rn. 71) bei dem Abschlussprüfer (→ Rn. 83) oder einer von diesem eingeschalteten Hilfsperson (→ Rn. 84) einging und der Täter das Geschehen tatherrschaftlich aus der Hand gab (BGHSt 34, 265 (267)). Auf die Kenntnisnahme kommt es nur an, wenn die Angabe (→ Rn. 73) mündlich erfolgte; im Falle der Schriftlichkeit reicht es, dass die Angabe (→ Rn. 73) so in den Machtbereich des Empfängers gelangte, dass unter normalen Umständen mit dessen Kenntnisnahme zu rechnen ist. Gingen die unrichtigen (→ Rn. 77–80) Angaben (→ Rn. 73) zunächst bei einer unzuständigen Stelle ein, wird die Tat erst mit der Weiterleitung an die zuständige Stelle vollendet.

Eine Strafbarkeit kann auch durch **Unterlassen** gemäß § 13 StGB begründet werden, wenn der zur **75** Aufklärung verpflichtete Täter davon absieht, die Unrichtigkeit der Angaben zu offenbaren, obwohl er hierzu aufgrund seiner Stellung als gesetzlicher Vertreter (→ Rn. 6–8) verpflichtet ist. Das ist insbes. der Fall, wenn ein gesetzlicher Vertreter erfährt, dass ein anderer unrichtige (→ Rn. 77–80) Angaben (→ Rn. 73) machte und hiergegen nicht einschritt oder wenn er zunächst im Glauben ist, die eigenen Angaben (→ Rn. 73) entsprechen der tatsächlichen Sach- und/oder Rechtslage, deren Unrichtigkeit indes später erkennt und dennoch nichts unternimmt. Letzteres kann bspw. vorkommen, wenn der gesetzliche Vertreter (→ Rn. 6–8) einen Mitarbeiter mit der Zusammenstellung der Aufklärungen oder Nachweise beauftragt, die er dann ungeprüft an den Abschlussprüfer (→ Rn. 83) weiterleitet und zeitlich später die Unrichtigkeit (→ Rn. 77–80) oder Unvollständigkeit (→ Rn. 80) erkennt.

Die **Verweigerung** der vom Abschlussprüfer (→ Rn. 83) verlangten Angaben (→ Rn. 73) ist nicht **76** tatbestandsmäßig und straflos, weil § 17 Nr. 4 Alt. 1 nur die Richtigkeit, Vollständigkeit und Klarheit der Information für den Abschlussprüfer (→ Rn. 83), nicht aber die Erfüllung der Auskunftspflicht schützt (MüKoHGB/*Quedenfeld* HGB § 331 Rn. 68).

cc) Unrichtige Angaben. Unrichtig sind Angaben (→ Rn. 73), die – unabhängig von der Vor- **77** stellung des Täters – objektiv unwahr sind, dh mit der Wirklichkeit nicht übereinstimmen, weil in ihnen objektiv nicht gegebene Tatsachen und/oder Werturteile als gegeben und/oder objektiv gegebene

Tatsachen und/oder Werturteile als nicht gegeben bezeichnet werden (BGHSt 34, 111 (115); BayObLG MDR 1989, 1014).

78   Bei **Tatsachen** liegt dies vor, wenn sich der Inhalt der Angabe (→ Rn. 73) nicht mit der Wirklichkeit deckt.

79   Bei **Werturteilen** ist von Unrichtigkeit auszugehen, wenn sie auf falschen tatsächlichen Grundlagen aufbauen, oder wenn die tatsächlichen oder rechtlichen Schlussfolgerungen, auf denen sie beruhen, ihrerseits falsch sind.

80   Die **Unvollständigkeit** der Angaben (→ Rn. 73) ist im Tatbestand zwar nicht ausdrücklich als Alternative zur Unrichtigkeit aufgeführt. Doch auch das Verschweigen erheblicher Umstände macht Angaben (→ Rn. 73) unrichtig, weil hierdurch ein falsches Gesamtbild vermittelt wird (BGH NStZ 2006, 625 (627, 628); wistra 2006, 26; HK-KapMStrafR/*Südbeck* § 17 Nr. 4 Alt. 1 Rn. 14). Erheblich sind Umstände, wenn im Wirtschaftsleben nach Treu und Glauben und unter Berücksichtigung der Verkehrssitte eine Informationserteilung zu erwarten gewesen wäre (RGSt 40, 285).

81   **dd) Täuschung nicht erforderlich.** Eine Täuschung des Adressaten setzt § 17 Nr. 4 Alt. 1 hingegen nicht voraus. Das ergibt sich insbes. schon aus der Rechtsnatur als abstraktes Gefährdungsdelikt (→ Rn. 4).

82   **c) Adressat der Auskunftspflicht.** Adressat der Auskunftspflicht ist ausweislich des Wortlauts des § 17 Nr. 4 der Abschlussprüfer (→ Rn. 83).

83   **aa) Abschlussprüfer.** Der Begriff des **Abschlussprüfers** ist in §§ 6 Abs. 1, 14 Abs. 1 S. 1 geregelt und entspricht dem des § 319 Abs. 1 HGB, welcher über die Verweisung in § 6 Abs. 1 S. 2 sinngemäß auch für das PublG gilt. Danach kommen sowohl Wirtschaftsprüfer als auch Wirtschaftsprüfungsgesellschaften in Betracht, die öffentlich bestellt sind (§ 1 Abs. 1 S. 1 WirtschPrüfO) und über eine wirksame Bescheinigung über die Teilnahme an der Qualitätskontrolle nach § 57a WirtschPrüfO verfügen, es sei denn, die Wirtschaftsprüferkammer erteilte eine Ausnahmegenehmigung (§ 319 Abs. 1 S. 3 HGB). Zudem darf kein Ausschlussgrund des § 319 Abs. 2, Abs. 3, Abs. 4 HGB vorliegen. Unter den Voraussetzungen des § 319 Abs. 1 S. 2 HGB können auch vereidigte Buchprüfer (§ 128 Abs. 1 S. 1 Hs. 1 WirtschPrüfO) und Buchprüfungsgesellschaften (§ 128 Abs. 1 S. 2 WirtschPrüfO) Abschlussprüfer sein. § 14 Abs. 2 S. 1 ermöglicht den Genossenschaften als Konzernmutterunternehmen die Möglichkeit, den **Prüfungsverband,** dem die Genossenschaft angehört, als Abschlussprüfer einzuschalten. Zu den näheren Einzelheiten → § 18 Rn. 5–10.

84   **bb) Weitere Adressaten.** Die Angaben (→ Rn. 73) müssen nicht unmittelbar dem Abschlussprüfer (→ Rn. 83) gegenüber gemacht werden. Erforderlich ist vielmehr lediglich, dass sie einer seinem Sphärenkreis zuzurechnenden Person, die mit Prüfungsaufgaben betraut ist, zugehen und den Abschlussprüfer (→ Rn. 83) damit zumindest **mittelbar** erreichen (MüKoHGB/*Quedenfeld* HGB § 331 Rn. 63; HK-KapMStrafR/*Südbeck* § 17 Nr. 4 Alt. 1 Rn. 17; HGB § 331 Nr. 4 Alt. 1 Rn. 29 mwN). Hierunter fällt bspw. der sog **Prüfungsgehilfe** (zum Begriff → § 18 Rn. 11–14).

85   **6. Unrichtige Darstellung gegenüber Abschlussprüfern (§ 17 Nr. 4 Alt. 2 und 3).** Die Alt. 2 und 3 des § 17 Nr. 4 sollen sicherstellen, dass gegenüber Abschlussprüfern (→ Rn. 83) in Aufklärungen oder Nachweisungen die Verhältnisse des Unternehmens (→ Vorb. Rn. 3–24), Konzerns (→ Vorb. Rn. 25–44) oder Teilkonzerns korrekt und unverschleiert wiedergegeben werden.

86   **a) Bezugsgegenstand.** Bezugsgegenstand der Falschinformation sind Aufklärungen oder Nachweise, die einem Abschlussprüfer (→ Rn. 83) gegenüber abzugeben sind. Hierfür und für die Adressatenstellung des Abschlussprüfers (→ Rn. 83) gelten die Ausführungen iRd § 17 Nr. 4 Alt. 1 (→ Rn. 67–71 und 82–84).

87   **b) Tathandlung.** Für die **Tathandlungen** der unrichtigen Wiedergabe und der Verschleierung gelten die Ausführungen zu § 17 Nr. 1 (→ Rn. 27–39) für das Unternehmen (→ Vorb. Rn. 3–24) und § 17 Nr. 2 (→ Rn. 54–58) für den Konzern (→ Vorb. Rn. 25–44) oder Teilkonzern entsprechend.

II. Subjektiver Tatbestand

88   **1. Vorsatz.** Auf Ebene des subjektiven Tatbestands verlangt § 17 in allen Varianten grds. Vorsatz.

89   Eine wichtige Rolle spielt dabei der ausreichende (BGH GA 1977, 340 (342)) **bedingte Vorsatz.** Davon ist auszugehen, wenn der gesetzliche Vertreter (→ Rn. 6–8) oder Inhaber (→ Rn. 9) die Möglichkeit einer unrichtigen Darstellung oder falschen Angabe (→ Rn. 73) erkennt, die Tatsache aber gleichwohl wiedergibt, verschleiert oder offenlegt.

90   **2. Fahrlässigkeit.** § 17 Nr. 1a und Nr. 3 ordnen daneben eine Fahrlässigkeitsstrafbarkeit an (§ 15 StGB), die eine gesteigerte Form der **Leichtfertigkeit** erfordert.

91   Für die Abgrenzung der Leichtfertigkeit von sonstiger – nicht ausreichender – Fahrlässigkeit gelten die allgemeinen Grundsätze. Sie ist nur bei eindeutig groben Verstößen anzunehmen und als besonders schwere Sorgfaltspflichtverletzung bei gesteigerter Vorhersehbarkeit definiert (BGHSt 14, 255; 33, 67;

43, 168; BGHZ 10, 16; Fischer StGB § 15 Rn. 20). Leichtfertig handelt demnach, wer grob fahrlässig nicht bedenkt oder sich darüber hinwegsetzt, dass die Voraussetzungen des § 17 Nr. 1a und Nr. 3 vorliegen. Dem Täter ist mithin ein Leichtfertigkeitsvorwurf zu machen, wenn er die ihm obliegende Prüfungs-, Erkundigungs-, Informations- oder Aufsichtspflicht gröblich verletzt.

Davon ist bspw. auszugehen, wenn der gesetzliche Vertreter (→ Rn. 6–8) oder Inhaber (→ Rn. 9) sich **92** eine von einem Angestellten vorbereitete Erklärung zu eigen macht, deren Unrichtigkeit auf den ersten Blick zu erkennen ist oder wenn er ungeprüft die Angaben (→ Rn. 73) eines Angestellten übernimmt, dem die hierfür erforderlichen Kenntnisse und Erfahrungen fehlen (BGHSt 106, 204; OLG Hamburg NStZ 1984, 218, 219). Wurde hingegen ein einschlägig qualifizierter Mitarbeiter oder gar ein externer Fachmann, zB ein spezialisierter Rechtsanwalt oder ein spezialisierter Steuerberater, beauftragt, der zudem ausreichend informiert ist, erfüllte der gesetzliche Vertreter (→ Rn. 6–8) oder Inhaber (→ Rn. 9) idR seine Sorgfaltspflicht. Leichtfertig handelt des Weiteren, wer sich um die Befreiungsvoraussetzungen nicht oder nur oberflächlich kümmert oder sich über die Frage der Vollständigkeit keine Gedanken macht.

3. Besondere Absichten. **§ 17 Nr. 1a und Nr. 3** begründen zudem zusätzliche besondere sub- **93** jektive Merkmale, die über den Vorsatz (→ Rn. 88, 89) oder die Leichtfertigkeit (→ Rn. 90–92) hinaus vorliegen müssen.

In § 17 Nr. 1a muss der Täter zum Zwecke der Befreiung nach §§ 9 Abs. 1 S. 1 PublG, 325 Abs. 2a **94** S. 1, Abs. 2b HGB handeln. Es muss ihm also iSe Absicht durch die Offenlegung zielgerichtet auf die beantragte Befreiung ankommen (BGHSt 18, 246 (248); 21, 283 (284); 35, 325 (327); HK-KapM-StrafR/*Südbeck* AktG § 399 Rn. 53). Die Verfolgung anderer Zwecke erfüllt den Tatbestand nicht. Auf die Zweckerreichung kommt es schon wegen des Charakters des § 17 als abstraktes Gefährdungsdelikt (→ Rn. 4) nicht an.

In § 17 Nr. 3 muss sich die vorbeschriebene Absicht (→ Rn. 94) zielgerichtet auf die Befreiung nach **95** § 11 Abs. 6 S. 1 Nr. 1 PublG, §§ 291, 292 HGB beziehen.

4. Irrtumsproblematik. Die irrige Annahme eines der Tatbestandsmerkmale des § 17 führt zum **96** **Tatbestandsirrtum** (§ 16 StGB), der vorliegend zur Folge hat, dass die Strafbarkeit mangels Versuchs- (→ Rn. 100) und grundsätzlicher Fahrlässigkeitsstrafbarkeit (→ Rn. 90) gänzlich entfällt, außer dem Täter kann in den Fällen des § 17 Nr. 1a und Nr. 3 ein Leichtfertigkeitsvorwurf gemacht werden (→ Rn. 91, 92).

Ein **Tatbestandsirrtum** liegt insbes. vor, wenn der Täter meint, eine von ihm gemachte Angabe **97** (→ Rn. 73) unterfalle nicht der gesetzlichen Auskunftspflicht oder wenn er in tatsächlicher Hinsicht über die Unrichtigkeit der jeweiligen Angaben (→ Rn. 73) irrt. Daneben liegt er vor, wenn der Täter in der irrigen Annahme, bestimmte Vermögensgegenstände seien nicht bilanzierungspflichtig, diese nicht in den Jahresabschluss (→ Rn. 25, 51, 53) aufnahm und diesen dennoch für richtig hält (MüKoHGB/*Quedenfeld* HGB § 331 Rn. 81).

Glaubt der gesetzliche Vertreter (→ Rn. 6–8) oder Inhaber (→ Rn. 9) hingegen fälschlicherweise, ihm **98** stehe ein Schweigerecht hinsichtlich der Auskunftspflicht zu, unterliegt er einem **Verbotsirrtum** gemäß § 17 StGB. Das ist auch der Fall, wenn er irrig annimmt, als bloß faktisches Organ nicht zur Auskunft verpflichtet zu sein, oder wenn er meint, die Nichtaufnahme bilanzierungspflichtiger Vermögensgegen-stände in den Jahresabschluss (→ Rn. 25, 51, 53) oder Lagebericht (→ Rn. 26, 52, 53) sei gerechtfertigt (MüKoHGB/*Quedenfeld* HGB § 331 Rn. 81). In diesen Fällen kommt es auf die Vermeidbarkeit an. Ist sie gegeben, bleibt der Irrtum unbeachtlich mit der Folge der Strafbarkeit.

C. Sonstiges

I. Vollendung, Beendigung und Versuch

Die Tat des § 17 Nr. 1 und Nr. 2 ist **vollendet** mit Zugang des Jahresabschlusses (→ Rn. 25, 51, 53) **99** oder Lageberichts (→ Rn. 26, 52, 53) bei den Empfängern, wobei es auf eine Kenntnisnahme aufgrund des Charakters des § 17 als abstraktes Gefährdungsdelikt (→ Rn. 4) nicht ankommt. § 17 Nr. 4 schließ-lich ist vollendet mit Zugang der Aufklärungen oder Nachweise (Alt. 1) oder der Verhältnisse des Unternehmens (→ Vorb. Rn. 3–24), Konzerns (→ Vorb. Rn. 25–44) oder Teilkonzern (Alt. 2 und 3) bei dem Abschlussprüfer (→ Rn. 83) oder zumindest in seinem Machtbereich (→ Rn. 84). Auf die Kennt-nisnahme kommt es auch hierbei nicht an.

Vor diesem Zeitpunkt ist nur **Versuch** möglich, der jedoch gemäß §§ 12 Abs. 2, 23 Abs. 2 StGB **100** nicht mit Strafe bedroht ist.

Beendigung tritt hinsichtlich § 17 Nr. 1 und Nr. 2 ein, sobald der jeweilige Adressat Kenntnis vom **101** Jahresabschluss (→ Rn. 25, 51, 53) oder Lagebericht (→ Rn. 26, 52, 53) nahm, hinsichtlich § 17 Nr. 4, sobald der Abschlussprüfer (→ Rn. 83) Kenntnis vom Inhalt der Aufklärung oder der Nachweisung (§ 17 Nr. 4 Alt. 1) oder von den Verhältnissen des Unternehmens (→ Vorb. Rn. 3–24), Konzerns (→ Vorb. Rn. 25–44) oder Teilkonzerns (§ 17 Nr. 4 Alt. 2 und 3) erlangt.

102   Hinsichtlich § 17 Nr. 1a und Nr. 3 fallen Vollendung und Beendigung zusammen und liegen mit der Offenlegung (→ Rn. 46–48, 65), also mit der Bekanntmachung im elektronischen Bundesanzeiger gemäß § 325 Abs. 2 HGB, vor. Der erstrebte Zweck der Befreiung muss, weil es sich um ein abstraktes Gefährdungsdelikt (→ Rn. 4) handelt, nicht erreicht werden.

II. Verjährung

103   Die Frist für die **Verfolgungsverjährung** beträgt gemäß § 78 Abs. 3 Nr. 4 StGB fünf Jahre. Die **Vollstreckungsverjährung** hingegen richtet sich nach § 79 Abs. 3 StGB und ist von der Höhe des tatsächlich ausgeurteilten Strafmaßes abhängig.

III. Gerichtliche Zuständigkeit

104   Für den Fall der Zuständigkeit des Landgerichts nach § 74 Abs. 1 GVG als Gericht des ersten Rechtszugs und nach § 74 Abs. 3 GVG für die Verhandlung und Entscheidung über das Rechtsmittel der Berufung gegen die Urteile des Schöffengerichts sieht § 74c Abs. 1 Nr. 1 GVG die Spezialzuständigkeit einer **Wirtschaftsstrafkammer** vor. Für die Berufungen gegen Urteile des Strafrichters verbleibt es bei der Regelzuständigkeit der Strafkammer (§ 74 Abs. 3 GVG).

105   Aufgrund der Strafdrohung des § 17, der ein Vergehen darstellt und im Höchstmaß Freiheitsstrafe von drei Jahren vorsieht, kommt eine Zuständigkeit des Landgerichts im ersten Rechtszug jedoch nur bei der Annahme der besonderen Bedeutung im Sinne des § 24 Abs. 1 Nr. 3 GVG in Betracht. Bedeutsamer wird die Zuständigkeit der Wirtschafsstrafkammer daher vielmehr als Berufungsgericht iSd § 74 Abs. 3 GVG werden.

IV. Berufsverbot (§§ 70–70b StGB)

106   IdR wird wegen des mit der Verwirklichung des § 17 verbundenen Missbrauchs des Berufes oder Gewerbes ein Berufsverbot unter den Voraussetzungen des § 70 Abs. 1 StGB zu verhängen sein.

V. Konkurrenzen

107   **1. Mehrere Tathandlungen nach § 17.** Mehrere Tathandlungen gemäß § 17 stellen, soweit sie nebeneinander gleichzeitig erfüllt sind, immer nur eine einheitliche Verletzung dar. Tatmehrheit ist denkbar, wenn die Handlungsalternativen nacheinander, bspw. in unterschiedlichen Wirtschaftsjahren, erfolgen. Insofern gelten die allgemeinen Regeln über Tateinheit (§ 52 StGB) und Tatmehrheit (§ 53 StGB).

108   **2. Verhältnis zu anderen Straftatbeständen.** § 17 ist in seinem Anwendungsbereich lex specialis gegenüber anderen Normen, die unrichtige Darstellungen oder falsche Angaben unter Strafe stellen, insbes. zu § 331 HGB oder §§ 399, 400 AktG.

109   Im Hinblick auf Straftatbestände des StGB kann die Tathandlung des § 17 tateinheitlich oder tatmehrheitlich verwirklicht werden. Insbesondere ist Tateinheit möglich mit den Vermögensdelikten des Betrugs (§ 263 StGB), Subventions- (§ 264 StGB), Kapitalanlage- (§ 264a StGB), Kreditbetrugs (§ 265b StGB) oder der Untreue (§ 266 StGB).

§ 18 Verletzung der Berichtspflicht

(1) Mit Freiheitsstrafe bis zu drei Jahren oder mit Geldstrafe wird bestraft, wer als Prüfer nach diesem Gesetz oder als Gehilfe eines solchen Prüfers über das Ergebnis der Prüfung falsch berichtet oder erhebliche Umstände im Bericht verschweigt.

(2) Handelt der Täter gegen Entgelt oder in der Absicht, sich oder einen anderen zu bereichern oder einen anderen zu schädigen, so ist die Strafe Freiheitsstrafe bis zu fünf Jahren oder Geldstrafe.

A. Allgemeines

I. Schutzgut

1   Das von § 18 geschützte Rechtsgut ist das im PublG vorgesehene **Prüfungssystem**, dessen Wirksamkeit und Effektivität, die durch falsche oder aufgrund Verschweigens erheblicher Umstände verfälschte Berichte (→ Rn. 16) unterlaufen würden. Die Vorschrift entspricht § 332 HGB und teilweise § 403 AktG.

II. Rechtsnatur

Einen über das falsche Berichten (→ Rn. 17, 18) oder Verschweigen erheblicher Umstände **2** (→ Rn. 19, 20) hinausgehenden Erfolgseintritt setzt § 18 nicht voraus. Allein das in der Tathandlung zum Ausdruck kommende Handlungsunrecht begründet die Strafbarkeit. Somit handelt es sich um ein **abstraktes Gefährdungsdelikt,** das von der Unaufrichtigkeit des Prüfers (→ Rn. 5–10) und dessen abweichender Darstellung im Bericht (→ Rn. 16) geprägt wird (MüKoHGB/*Quedenfeld* HGB § 332 Rn. 3; HK-KapMStrafR/*Janssen* HGB § 332 Rn. 9).

III. Täterkreis

Bei § 18 handelt es sich um ein echtes **Sonderdelikt,** das nicht vom Unternehmens- und/oder **3** Konzernverantwortlichen begangen werden kann, sondern ausschließlich von den dort genannten Personen. Nur der Prüfer (→ Rn. 5–10) nach diesem Gesetz oder ein Gehilfe (→ Rn. 11–14) eines solchen Prüfers sind taugliche Täter (MüKoHGB/*Quedenfeld* HGB § 332 Rn. 4; HK-KapMStrafR/ *Janssen* HGB § 332 Rn. 10). Die spezifische Täterqualifikation gilt sowohl für die Einzel- als auch für die Mit- oder mittelbare Täterschaft (→ § 17 Rn. 17, 18).

Personen, die die Tätereigenschaft nicht erfüllen, können entweder als Täter der §§ 203, 204 StGB **4** oder iRd **Teilnahme** als Anstifter (§ 26 StGB) oder Gehilfe (§ 27 StGB) strafbar werden, wenn eine vorsätzliche und rechtswidrige Haupttat eines tauglichen Täters gegeben ist.

1. Prüfer. a) Begriff des Prüfers. Der Prüferbegriff ist in §§ 6 und 14 geregelt und bezieht sich **5** ausschließlich auf den sog **Abschlussprüfer** (§ 6 Abs. 1, 14 Abs. 1 S. 1). Der Abschlussprüfer ist der des § 319 Abs. 1 HGB, welcher über die Verweisung in § 6 Abs. 1 S. 2 sinngemäß auch für das PublG gilt. Danach kommen sowohl Wirtschaftsprüfer als auch Wirtschaftsprüfungsgesellschaften in Betracht, die öffentlich bestellt sind (§ 1 Abs. 1 S. 1 WPO) und über eine wirksame Bescheinigung über die Teilnahme an der Qualitätskontrolle nach § 57a WPO verfügen, es sei denn, die Wirtschaftsprüferkammer erteilte eine Ausnahmegenehmigung (§ 319 Abs. 1 S. 3 HGB). Sie dürfen zudem nicht aufgrund Besorgnis der Befangenheit (§ 319 Abs. 2) oder kraft Gesetzes ausgeschlossen sein (§ 319 Abs. 3, Abs. 4 HGB). Bei mittelgroßen GmbHs (§ 267 Abs. 2 HGB) und mittelgroßen Personenhandelsgesellschaften iSd § 264a Abs. 1 HGB können auch vereidigte Buchprüfer (§ 128 Abs. 1 S. 1 Hs. 1 WPO) und Buchprüfungsgesellschaften (§ 128 Abs. 1 S. 2 WPO) den Jahresabschluss prüfen (§ 319 Abs. 1 S. 2 HGB).

§ 14 Abs. 2 S. 1 ermöglicht den Genossenschaften als Konzernmutterunternehmen die Möglichkeit, **6** die Abschlussprüfung des Konzernabschlusses (→ § 17 Rn. 51, 53) durch den **Prüfungsverband,** dem die Genossenschaft angehört, vornehmen zu lassen. Dadurch wird dieser Täter iSd § 18.

Die strafrechtliche Verantwortlichkeit der als Mitarbeiter bei juristischen Personen als Abschlussprüfer **7** (Wirtschaftsprüfungsgesellschaft, Buchprüfungsgesellschaft, Prüfungsverband) beschäftigten natürlichen Personen regelt § 14 StGB (HK-KapMStrafR/*Janssen* Rn. 7). Für die Geschäftsführer oder geschäftsführenden Gesellschafter gilt § 14 Abs. 1 StGB, für die Berufsträgermitarbeiter (Wirtschaftsprüfer, Buchprüfer) ohne Organstellung § 14 Abs. 2 StGB. Nichtberufsträger sind Gehilfen iSd § 18.

b) Wahl und Ernennung in Unternehmen. Die **Wahl und Ernennung** der Abschlussprüfer in **8** **Unternehmen** (→ Vorb. Rn. 3–24) regelt § 6 Abs. 3. Bei Personenhandelsgesellschaften bestimmen grds. die Gesellschafter den Prüfer (§ 6 Abs. 3 S. 1). Eine abweichende Regelung kann durch Gesetz, bspw. § 2 Abs. 3, die Satzung oder den Gesellschaftsvertrag getroffen werden. So kann die Bestimmung insbes. auch dem Geschäftsführer überlassen werden. Handelt es sich um das Unternehmen (→ Vorb. Rn. 3–24) eines Einzelkaufmanns, so bestellt dieser den Abschlussprüfer (§ 6 Abs. 3 S. 2). Bei anderen Unternehmen (→ Vorb. Rn. 3–24) wird der Abschlussprüfer, sofern über seine Bestellung nichts anderes bestimmt ist, vom Aufsichtsrat gewählt; hat das Unternehmen (→ Vorb. Rn. 3–24) keinen Aufsichtsrat, so treten die gesetzlichen Vertreter an seine Stelle (§ 6 Abs. 3 S. 3).

Für den Anwendungsbereich der **Konzerne** (→ Vorb. Rn. 25–44) fehlt eine unmittelbare Regelung **9** für die Bestellung der Abschlussprüfer. Nach § 14 Abs. 1 S. 2 Hs. 2 gilt jedoch § 6 Abs. 3 sinngemäß, so dass es für die Frage der Prüferwahl auf die Rechtsform des Mutterunternehmens (→ Vorb. Rn. 27) ankommt.

c) Mängel bei der Prüferbestellung. Mängel bei der Prüferbestellung führen nur dann zum Aus- **10** schluss der Strafbarkeit wegen fehlender Täterqualität, wenn jegliche Bestellungshandlung des zuständigen Organs (→ Rn. 8, 9) fehlt, mithin bei angemaßter Prüfertätigkeit (MüKoHGB/*Quedenfeld* HGB § 332 Rn. 8; HK-KapMStrafR/*Janssen* HGB § 332 Rn. 22) oder wenn der Person oder Gesellschaft die Qualifikation des § 319 Abs. 1 HGB erkennbar fehlt, bspw. im Falle der Beauftragung eines Steuerberaters (MükoHGB/*Quedenfeld* HGB § 332 Rn. 7; HK-KapMStrafR/*Janssen* HGB § 332 Rn. 22). Alle anderen Bestellungsmängel sind ohne Bedeutung, sobald eine Prüfung tatsächlich vorgenommen wurde. Das gilt insbes. bei der Bestellung eines Buchprüfers für eine GmbH oder Personenhandelsgesellschaft, die die Voraussetzungen der §§ 319 Abs. 1 S. 2, 264a Abs. 1, 267 Abs. 2 HGB nicht erfüllt (→ Rn. 5).

11   **2. Gehilfe eines Prüfers. Gehilfe** ist jede Person, die dem Prüfer (→ Rn. 5–10) bei seiner Prüfungstätigkeit in welcher Weise und in welcher Position – als Angestellter oder freier Mitarbeiter – auch immer unterstützt.

12   Die von einigen Stimmen in der Literatur vertretene Auffassung, auch der Gehilfe müsse eine prüfungsspezifische Tätigkeit ausüben (MüKoHGB/*Quedenfeld* HGB § 332 Rn. 9 mwN), überzeugt nicht, weil schon der diesbezüglich eindeutige und weit gefasste Wortlaut des § 18 hiergegen spricht. Somit sind zB auch Schreibkräfte, Büroangestellte oder Hilfskräfte, die unterstützende und assistierende Tätigkeiten verüben, Gehilfen iSd (HK-KapMStrafR/*Janssen* HGB § 332 Rn. 24 mwN).

13   Nicht Gehilfen eines Prüfers (→ Rn. 5–10) sind indes die **Mitarbeiter des geprüften Unternehmens,** da die Prüfung nach dem Willen und der Regelung des Gesetzes von außen kommt und von außenstehenden Personen geleistet wird (MüKoHGB/*Quedenfeld* HGB § 332 Rn. 11). In Betracht kommt jedoch deren Strafbarkeit wegen Teilnahme in Form der Anstiftung (§ 26 StGB) oder Beihilfe (§ 27 StGB).

14   Eine Identität des Gehilfenbegriffs mit dem Beihilfebegriff des § 27 StGB besteht nicht. Somit ist vor allem die dem StGB innewohnende Akzessorietät zwischen Haupttat und Beihilfehandlung nicht erforderlich. Der Prüfungsgehilfe kann daher auch losgelöst vom Prüfer, mithin bei einem rechtmäßig handelnden Prüfer, strafbar werden.

B. Kommentierung im Einzelnen

I. Grundtatbestand (§ 18 Abs. 1)

15   **1. Tathandlungen.** Der Grundtatbestand des § 18 Abs. 1 sieht zwei Handlungsvarianten vor. Zum einen wird bestraft, wer über das Ergebnis der Prüfung falsch berichtet (§ 18 Abs. 1 Alt. 1), zum anderen, wer erhebliche Umstände im Bericht (→ Rn. 16) verschweigt (§ 18 Abs. 1 Alt. 2).

16   **a) Prüfungsbericht.** Gemeinsam ist beiden Tathandlungen ihr Bezug zu dem **Prüfungsbericht.** Hierunter versteht man das **schriftlich** (§§ 6 Abs. 1 S. 2, 14 Abs. 1 S. 2 PublG iVm § 321 Abs. 1 S. 1 HGB) festgehaltene Ergebnis der Überprüfung des Abschlussprüfers (→ Rn. 5–10). Mündliche Äußerungen fallen ebenso wenig hierunter wie ergänzende schriftliche oder mündliche Äußerungen außerhalb des Berichts, egal ob vor, während oder nach dem Prüfvorgang (MüKoHGB/*Quedenfeld* HGB § 332 Rn. 23; HK-KapMStrafR/*Janssen* HGB § 332 Rn. 31). Gegenstand der Untersuchung ist bei Unternehmen (→ Vorb. Rn. 3–24) deren Jahresabschluss (→ § 17 Rn. 25) und deren Lagebericht (→ § 17 Rn. 26) (§ 6 Abs. 1 S. 1). Bei einzelkaufmännischen Unternehmen (→ Vorb. Rn. 3–24) oder dem Unternehmen (→ Vorb. Rn. 3–24) einer Personenhandelsgesellschaft kommt gemäß § 6 Abs. 2 zudem die Einhaltung der Voraussetzungen des § 5 Abs. 4 hinzu. Im Anwendungsbereich der Konzerne (→ Vorb. Rn. 25–44) ist über den Konzernabschluss (→ § 17 Rn. 51) oder Teilkonzernabschluss (→ § 17 Rn. 53) unter Einbeziehung des Konzernlageberichts (→ § 17 Rn. 52) oder des Teilkonzernlageberichts (→ § 17 Rn. 53) zu berichten.

17   **b) Falsch berichtet.** Falsch berichtet der Prüfer (→ Rn. 5–10) oder sein Gehilfe (→ Rn. 11–14), wenn das von ihm ausgearbeitete Testat vom Ergebnis der Prüfung abweicht. Dabei kommt es nicht auf die objektive Richtigkeit, also das tatsächliche Vorliegen der im Prüfbericht (→ Rn. 16) genannten Umstände an. Entscheidend ist vielmehr, ob zwischen den subjektiven Feststellungen des Abschlussprüfers (→ Rn. 5–10) auf der einen und dem schriftlich festgehaltenen Prüfungsergebnis auf der anderen Seite Übereinstimmung besteht. Somit macht sich der Abschlussprüfer (→ Rn. 5–10), der zwar einen objektiv unrichtigen Prüfbericht (→ Rn. 16) erstellt, dessen Ergebnis aber seiner Prüfung entspricht, nicht strafbar, weil er dann dennoch zutreffend über seine eigenen Feststellungen iRd Abschlussprüfung berichtet. Andererseits ist der Tatbestand des § 18 Abs. 1 Alt. 1 erfüllt, wenn der Bericht (→ Rn. 16) zwar objektiv richtig ist, jedoch nicht mit den Prüfungsfeststellungen übereinstimmt. Unrichtigkeit liegt zudem vor, wenn ein Prüfvorgang vorgetäuscht wird, der tatsächlich nicht stattfand, indem der Abschlussprüfer (→ Rn. 5–10) entweder fiktive oder ihm von den Auftraggebern vorgegebene Feststellungen mitteilt (OLG Karlsruhe WM 1985, 940).

18   Auf die Erheblichkeit der unrichtigen Berichterstattung kommt es iRd § 18 Abs. 1 Alt. 1 nicht an. Der Wortlaut ist insoweit eindeutig und weicht von den Voraussetzungen des § 18 Abs. 1 Alt. 2 ab. Der Umfang der Prüfpflicht ist bereits in §§ 6 Abs. 1 S. 1, 14 Abs. 1 S. 1 genannt (→ Rn. 16). Hierdurch ist auch eine Aussage zur Wesentlichkeit getroffen. Umstände, die außerhalb des Prüfungsbereichs liegen, müssen nicht mitgeteilt werden, so dass es auf deren richtige oder unrichtige Wiedergabe nicht ankommt.

19   **c) Verschweigen erheblicher Umstände.** Verschweigen erheblicher Umstände im Bericht (§ 18 Abs. 1 Alt. 2) bedeutet die Nichterwähnung von Umständen und Sachverhalten, die dem Prüfer (→ Rn. 5–10) bei der Prüfung bekannt wurden und durch deren Nichterwähnung der Prüfbericht

(→ Rn. 16) unvollständig und lückenhaft wird. Nachdem das Testat schriftlich erstellt werden muss (→ Rn. 16), führt eine nur mündliche Korrektur durch den Täter nicht zur Straflosigkeit. Die Aufdeckung des verschwiegenen Umstandes muss vielmehr schriftlich erfolgen und im Prüfbericht (→ Rn. 16) selbst noch enthalten sein. Eine zeitlich nachfolgende Berichtigung hat – ohne Rücksicht auf ihre Schriftform – keine Auswirkungen mehr auf die Tatbestandserfüllung.

Die iRd § 18 Abs. 1 Alt. 2 erforderliche Erheblichkeit beurteilt sich nach ihrer Auswirkung auf das **20** Prüfungsergebnis (MüKoHGB/*Quedenfeld* HGB § 332 Rn. 24). **Erheblich** sind die verschwiegenen Umstände, wenn sie sich auf den jeweiligen Prüfungsumfang (→ Rn. 16) beziehen und ihre Nichterwähnung zu einer für den Prüfbericht (→ Rn. 16) wesentlichen Abweichung führt.

2. Vorsatz. § 18 Abs. 1 setzt mangels gesetzlich angeordneter Fahrlässigkeitsstrafbarkeit in subjektiver **21** Hinsicht **Vorsatz** voraus (§ 15 StGB).

Eine wichtige Rolle spielt dabei der **bedingte Vorsatz,** der vorliegt, wenn der Abschlussprüfer **22** (→ Rn. 5–10) oder sein Gehilfe (→ Rn. 11–14) die Möglichkeit einer unrichtigen Berichterstattung (→ Rn. 17, 18) oder des Verschweigens erheblicher Umstände (→ Rn. 19, 20) erkennt, gleichwohl aber den Prüfbericht (→ Rn. 16) erstattet. Hiervon ist insbes. auszugehen, wenn zwischen der Prüfungsfeststellung und der Berichterstattung eine längere Zeitspanne verstrichen ist und der Abschlussprüfer (→ Rn. 5–10) das Testat dennoch, ohne erneute Überprüfung und ohne Erwähnung dieses Umstandes, erteilt. Gleiches gilt bei Prüfern (→ Rn. 5–10), die trotz konkreter Anhaltspunkte für das Vorliegen von weiteren, noch ungeprüften Vorgängen, ohne weitergehende Prüfungshandlungen den Abschlussbericht ohne Einschränkungen erstatten.

Die irrige Annahme eines der Tatbestandsmerkmale des § 18 Abs. 1 führt zum **Tatbestandsirrtum 23** (§ 16 StGB), der zur Folge hat, dass die Strafbarkeit mangels Versuchs- (→ Rn. 39) und Fahrlässigkeitsstrafbarkeit (→ Rn. 21) gänzlich entfällt. Ein Tatbestandsirrtum liegt insbes. vor, wenn der Täter über den Sachverhalt, der die Unrichtigkeit (→ Rn. 17, 18) des Prüfberichts (→ Rn. 16) begründet oder über die Erheblichkeit des verschwiegenen Umstandes (→ Rn. 19, 20) irrt. § 16 StGB ist aber auch erfüllt bei irriger Annahme, der unrichtig dargestellte Umstand unterliege nicht der Prüfpflicht.

Glaubt der Abschlussprüfer hingegen, in gewissem Umfang unrichtige Angaben machen zu dürfen, **24** liegt ein **Verbotsirrtum** gemäß § 17 StGB vor.

II. Qualifikation (§ 18 Abs. 2)

§ 18 Abs. 2 sieht einen selbstständigen Qualifikationstatbestand vor, der den Grundtatbestand des § 18 **25** Abs. 1 beim Handeln des Täters gegen Entgelt oder in Bereicherungs- oder Schädigungsabsicht im Strafrahmen deutlich aufwertet. Somit ist vorausgesetzt, dass der Täter iSd § 18 Abs. 1 (→ Rn. 3–14) zunächst eine Tathandlung iSd § 18 Abs. 1 (→ Rn. 15–20) begeht, zu der dann jedoch zusätzlich die jeweiligen Qualifikationsmerkmale hinzukommen müssen.

In **subjektiver Hinsicht** ist, wie schon beim Grundtatbestand, Vorsatz erforderlich (→ Rn. 21–24). **26** Soweit die Qualifikationstatbestände Absicht erfordern, ist ein zielgerichtetes Handeln zumindest mit dem Zwischenziel der Bereicherung oder Schädigung erforderlich.

Die Qualifikationsmerkmale der Bereicherungsabsicht oder Schädigungsabsicht stellen, weil sie per- **27** sonenbezogen sind, strafschärfende besondere persönliche Merkmale (§ 14 Abs. 1 StGB) iSd **§ 28 Abs. 2 StGB** dar. Somit gilt die Strafschärfung und mithin die Qualifikationsstrafbarkeit nur für den Beteiligten – Täter oder Teilnehmer – bei dem diese Merkmale in eigener Person vorliegen. Das Handeln gegen Entgelt (→ Rn. 28, 29) dagegen ist tatbezogen und unterfällt nicht dem § 28 Abs. 2 StGB.

1. Entgeltlichkeit (§ 18 Abs. 2 Alt. 1). Das Merkmal **Entgelt** ist in § 11 Abs. 1 Nr. 9 StGB **28** legaldefiniert als eine in einem Vermögensvorteil bestehende Gegenleistung. Damit sind rein immaterielle Vorteile oder sonstige Bevorzugungen oder Begünstigungen ohne Vermögenswert ausgeschlossen.

Voraussetzung ist ein gegenseitiges Abhängigkeitsverhältnis zwischen der Tathandlung und der Ent- **29** geltvereinbarung. Die Straftat des § 18 Abs. 1 muss also aufgrund einer Vereinbarung im Hinblick auf eine vermögenswerte Gegenleistung erbracht werden oder sollen. Auf die rechtliche Gültigkeit kommt es nicht an. Auch die tatsächliche Erbringung der Gegenleistung ist nicht zwingend erforderlich, solange nur der Abschlussprüfer im Hinblick auf die Vereinbarung handelt (BGH NStZ 1995, 540; 2004, 683; BGH NJW 2000, 3726; Fischer StGB § 11 Rn. 31; MüKoHGB/*Quedenfeld* HGB § 332 Rn. 44). Aus diesem Grund ist das normale und übliche Prüferhonorar kein Entgelt iSd Qualifikation.

Ohne Belang ist zudem, dass der Täter (→ Rn. 3–14) eine Bereicherung anstrebt oder erreicht. **30**

2. Bereicherungsabsicht (§ 18 Abs. 2 Alt. 2). Die Absicht des Abschlussprüfers (→ Rn. 5–10) **31** oder seines Gehilfen (→ Rn. 11–14), **sich oder einen anderen zu bereichern,** setzt voraus, dass der Täter einen, und sei es auch nur mittelbaren (BGHSt 32, 61 (64)), Vermögensvorteil für sich oder jede beliebige sonstige Person anstrebt. Dass der Vorteil tatsächlich auch erreicht wird, ist schon nach dem Wortlaut nicht erforderlich. Zudem handelt es sich bei § 18 um ein abstraktes Gefährdungsdelikt (→ Rn. 2).

32   Die Begriffe der Bereicherungsabsicht und des Vermögensvorteils sind mit den iRd Betrugstatbestands des § 263 StGB verwendeten vergleichbar. Der erstrebte Vermögensvorteil muss insbes. **rechtswidrig** sein, was sich schon aus der unzulässigen Verknüpfung zwischen Vorteilsstreben und Pflichtverletzung ergibt (MüKoHGB/*Quedenfeld* HGB § 332 Rn. 46; HK-KapMStrafR/*Janssen* HGB § 332 Rn. 44). Nicht rechtswidrig ist das übliche Prüferhonorar, da der Täter (→ Rn. 3–14) hierauf einen Anspruch hat.

33   Die Bereicherung muss das End- oder zumindest ein Zwischenziel des Prüfers (→ Rn. 5–10) oder seines Gehilfen (→ Rn. 11–14) sein.

34   **3. Schädigungsabsicht (§ 18 Abs. 2 Alt. 3).** Die Absicht, einen anderen zu schädigen, ist gegeben, wenn der Täter (→ Rn. 3–14) mit seinem Handeln einem anderen (→ Rn. 35) einen Nachteil zufügen will.

35   **Anderer** kann hierbei jede beliebige dritte Person sein, so dass nicht zwingend ein Bezug zum geprüften Unternehmen (→ Vorb. Rn. 3–24) oder Konzern (Vorb. → Rn. 25–44) bestehen muss.

36   **Schaden** meint nicht nur den Vermögensschaden. Vielmehr ist jede Art von Nachteil, auch der immaterielle, erfasst. Es genügt bspw. das Bestreben des Abschlussprüfers (→ Rn. 5–10), mit seinem Handeln, das Ansehen einer anderen Person, und sei es seines Arbeitgebers im Falle der Tätigkeit für eine Wirtschaftsprüfungsgesellschaft, zu schädigen. Eine Bereicherung und/oder ein Vorteil muss mit dem Schaden nicht korrespondieren.

37   Die Schädigung muss das End- oder zumindest ein Zwischenziel des Täters (→ Rn. 3–14) sein. Auf den Eintritt des angestrebten Erfolgs kommt es nach dem Wortlaut des abstrakten Gefährdungsdelikts (→ Rn. 2) nicht an.

C. Sonstiges

I. Vollendung, Beendigung und Versuch

38   Die Tat des § 18 ist mit dem Zugang des Prüfungsberichts (→ Rn. 16) bei zumindest einem gesetzlichen Vertreter (→ § 17 Rn. 6–8) des Unternehmens (§ 7) oder Mutterunternehmens (→ Vorb. Rn. 27) im Falle des Konzerns (§ 14 Abs. 3) oder bei dem Inhaber im Falle einzelkaufmännischer Ausgestaltung (→ § 17 Rn. 9) **vollendet,** ohne dass es auf eine tatsächliche Kenntnisnahme ankommt. Der Bericht muss nur so in den Machtbereich des Empfängers gelangt sein, dass unter normalen Umständen jederzeit mit dessen Kenntnisnahme zu rechnen ist.

39   Vor diesem Zeitpunkt ist nur **Versuch** möglich, der indes gemäß §§ 12 Abs. 2, 23 Abs. 2 StGB nicht mit Strafe bedroht ist.

40   **Beendigung** tritt ein, sobald der letzte aller möglichen Empfänger von dem Bericht (→ Rn. 16) tatsächlich Kenntnis nahm.

II. Verjährung

41   Die Frist für die **Verfolgungsverjährung** beträgt gemäß § 78 Abs. 3 Nr. 4 StGB für den Grundtatbestand und die Qualifikation jeweils fünf Jahre. Die **Vollstreckungsverjährung** hingegen richtet sich nach § 79 Abs. 3 StGB und ist von der Höhe des tatsächlich ausgeurteilten Strafmaßes abhängig.

III. Gerichtliche Zuständigkeit

42   Für den Fall der Zuständigkeit des Landgerichts nach § 74 Abs. 1 GVG als Gericht des ersten Rechtszugs und nach § 74 Abs. 3 GVG für die Verhandlung und Entscheidung über das Rechtsmittel der Berufung gegen die Urteile des Schöffengerichts sieht § 74c Abs. 1 Nr. 1 GVG die Spezialzuständigkeit einer **Wirtschaftsstrafkammer** vor. Für die Berufungen gegen Urteile des Strafrichters verbleibt es bei der Regelzuständigkeit der Strafkammer (§ 74 Abs. 3 GVG).

43   Aufgrund der Strafdrohung des § 18 Abs. 1, der ein Vergehen darstellt und im Höchstmaß Freiheitsstrafe von drei Jahren vorsieht, kommt eine Zuständigkeit des Landgerichts im ersten Rechtszug jedoch nur bei der Annahme der besonderen Bedeutung iSd § 24 Abs. 1 Nr. 3 GVG in Betracht. Bedeutsamer wird die Zuständigkeit der Wirtschaftsstrafkammer daher vielmehr als Berufungsgericht iSd § 74 Abs. 3 GVG werden.

44   Hinsichtlich der Qualifikation des § 18 Abs. 2, der zwar ebenfalls Vergehen ist, ist aufgrund der Straferwartung von bis zu fünf Jahren Freiheitsstrafe eher mit Anklagen vor der Wirtschaftsstrafkammer zu rechnen.

IV. Berufsverbot (§§ 70–70b StGB)

45   IdR wird wegen des mit der Verwirklichung des § 18 verbundenen Missbrauchs des Berufes ein Berufsverbot unter den Voraussetzungen des § 70 Abs. 1 StGB zu verhängen sein.

V. Konkurrenzen

1. Mehrere Tathandlungen nach § 18. Mehrere Tathandlungen gemäß § 18 stellen, soweit sie 46
gleichzeitig und nebeneinander verwirklicht sind, nur eine einheitliche Verletzung der Berichtspflicht
dar. Tatmehrheit ist denkbar, wenn die Handlungsalternativen nebeneinander, bspw. in verschiedenen
Prüfvorgängen oder Geschäftsjahren, erfolgen. Insoweit gelten die allgemeinen Regeln zu Tateinheit
(§ 52 StGB) und Tatmehrheit (§ 53 StGB).

2. Verhältnis zu anderen Straftatbeständen. § 18 ist in seinem Anwendungsbereich lex specialis 47
gegenüber anderen Normen, die die Verletzung von Berichtspflichten unter Strafe stellen, insbes. zu
§ 332 HGB oder § 403 AktG.

Im Hinblick auf Straftatbestände des StGB geht § 18 den §§ 203, 204 StGB im Wege der Spezialität 48
vor. Außerdem kann die Tathandlung des § 18 eine Beihilfehandlung (§ 27 StGB), zB zu einem Betrug
(§ 263 StGB), Subventions- (§ 264 StGB), Kapitalanlage- (§ 264a StGB), Kreditbetrug (§ 265b StGB),
einer Untreue (§ 266 StGB) oder den Insolvenzdelikten (§§ 283–283d StGB) sein. Voraussetzung ist
dabei allerdings, dass der Täter (→ Rn. 3–14) des § 18 weiß, dass der testierte Jahresabschluss zur
Erlangung des Vorteils erforderlich ist und er die vorsätzliche und rechtswidrige Haupttat nach dem
StGB fördern will. Denkbar ist darüber hinaus auch eine tatmehrheitliche täterschaftliche Verwirklichung der Straftatbestände des StGB.

§ 19 Verletzung der Geheimhaltungspflicht

(1) **Mit Freiheitsstrafe bis zu einem Jahr oder mit Geldstrafe wird bestraft, wer ein Geheim-
nis des Unternehmens (Konzernleitung, Teilkonzernleitung), namentlich ein Betriebs- oder
Geschäftsgeheimnis, das ihm in seiner Eigenschaft als Prüfer nach diesem Gesetz oder als
Gehilfe eines solchen Prüfers bekannt geworden ist, unbefugt offenbart.**

(2) **¹Handelt der Täter gegen Entgelt oder in der Absicht, sich oder einen anderen zu
bereichern oder einen anderen zu schädigen, so ist die Strafe Freiheitsstrafe bis zu zwei Jahren
oder Geldstrafe. ²Ebenso wird bestraft, wer ein Geheimnis der in Absatz 1 bezeichneten Art,
namentlich ein Betriebs- oder Geschäftsgeheimnis, das ihm unter den Voraussetzungen des
Absatzes 1 bekannt geworden ist, unbefugt verwertet.**

(3) **Die Tat wird nur auf Antrag des Unternehmens (Konzernleitung, Teilkonzernleitung)
verfolgt.**

A. Allgemeines

I. Schutzgut

§ 19 schützt das **Geheimhaltungsinteresse** der Konzernleitung oder Teilkonzernleitung an den 1
Geheimnissen der Konzerne (→ Vorb. Rn. 25–44), Teilkonzerne oder der damit verbundenen Unter-
nehmen (→ Vorb. Rn. 3–24). Geheiminteressen nur mittelbar Betroffener, bspw. Arbeitnehmer oder
Gläubiger, fallen nicht hierunter (MüKoHGB/*Quedenfeld* HGB § 333 Rn. 4; HK-KapMStrafR/*Janssen*
Rn. 3; HGB § 333 Rn. 4). Die Vorschrift entspricht § 333 HGB und teilweise § 404 AktG.

II. Rechtsnatur

§ 19 ist ein **abstraktes Gefährdungsdelikt,** das weder einen Schadenseintritt noch eine konkrete 2
Gefährdung erfordert, sondern allein im unbefugten Offenbaren oder Verwerten des Betriebs- oder
Geschäftsgeheimnisses begründet liegt (MüKoHGB/*Quedenfeld* HGB § 333 Rn. 3; HK-KapMStrafR/
Janssen HGB § 333 Rn. 6).

III. Täterkreis

Der Täterkreis ist – wie auch bei § 18 – beschränkt auf die Prüfer im Sinne des PublG (→ § 18 3
Rn. 5–10) oder ihre Gehilfen (→ § 18 Rn. 11–14). Damit handelt es sich um ein echtes **Sonderdelikt,**
das nicht vom Unternehmens- und/oder Konzernverantwortlichen begangen werden kann (BT-Drs. 5/
3197, 26). Hinsichtlich der Einzelheiten wird auf die Kommentierung zu § 18 (→ § 18 Rn. 3–14)
verwiesen. Personen, die nicht dem Täterkreis des § 19 unterfallen, können entweder nach den Regeln
der Teilnahme (§§ 26, 27 StGB) oder als Täter nach §§ 203, 204 StGB strafbar sein.

B. Kommentierung im Einzelnen

I. Grundtatbestand (§ 19 Abs. 1)

4   **1. Tathandlung.** Der Grundtatbestand des § 19 Abs. 1 stellt das unbefugte (→ Rn. 17) Offenbaren (→ Rn. 13–16) eines Geheimnisses des Unternehmens (Konzernleitung, Teilkonzernleitung), namentlich eines Betriebs- oder Geschäftsgeheimnisses, das dem Täter in seiner Eigenschaft als Prüfer (→ § 18 Rn. 5–10) oder als Gehilfe (→ § 18 Rn. 11–14) eines Prüfers bekannt geworden (→ Rn. 10–12) ist, unter Strafe.

5   **a) Geheimnis.** Schon nach dem Wortlaut des § 19 Abs. 1 ist das **Geheimnis** begrenzt auf Betriebs- oder Geschäftsgeheimnisse. Nicht das Geheimnis als solches, sondern nur in Verbindung mit dem technischen Betrieb oder dem kaufmännischen Geschäft des Unternehmens (→ Vorb. Rn. 3–24) oder Konzerns (→ Vorb. Rn. 25–44) unterfällt dem strafrechtlichen Schutz. Eine genaue Unterscheidung, ob Betriebs- oder Geschäftsgeheimnis vorliegt ist nicht erforderlich, da beide dem gleichen Schutz unterliegen.

6   Für die Definition des Geheimnisses gilt nicht der iRd § 93 StGB entwickelte sog materielle Geheimnisbegriff, bei dem die Tatsache ihres Gehalts wegen und ohne Rücksicht auf einen Geheimhaltungswillen einzelner unter Verschluss zu halten ist. Vielmehr ist er in Anlehnung an § 17 UWG **personell relativ** zu verstehen. **Geheimnis** ist damit jede Tatsache, die im Zusammenhang mit einem Geschäftsbetrieb steht, nur einem eng begrenzten und vom Betriebsinhaber bestimmten Personenkreis bekannt oder zugänglich ist und deren Geheimhaltung dem Willen und berechtigten Interesse des Betriebsinhabers entspricht (BGH GRUR 1961, 40 (43); MüKoHGB/*Quedenfeld* HGB § 333 Rn. 10; HK-KapMStrafR/*Janssen* HGB § 333 Rn. 14).

7   In **sachlicher** Hinsicht muss ein Geheimhaltungsinteresse hinsichtlich Tatsachen bestehen, die einen Bezug zu dem Geschäftsbetrieb des Unternehmens (→ Vorb. Rn. 3–24) oder Konzerns (→ Vorb. Rn. 25–44) aufweisen. Davon ist auszugehen, wenn durch die Preisgabe die Position des Betriebsinhabers im Geschäftsleben gefährdet oder zerstört oder die Position des Unternehmens (→ Vorb. Rn. 3–24) im Wettbewerb beeinträchtigt würde, mit anderen Worten, wenn die Offenbarung oder Verwertung geeignet ist, dem Unternehmen (→ Vorb. Rn. 3–24) oder Konzern (→ Vorb. Rn. 25–44) einen materiellen oder immateriellen Schaden zuzufügen. Auf den tatsächlichen Schadenseintritt kommt es hingegen nicht an (BGHSt 41, 140 (142); BGH MDR 1996, 918). Vom Geheimhaltungsinteresse sind insbes. Jahresabschlüsse (RGSt 29, 426 (430)), Geschäftsplanungen (RGSt JW 1906, 497 Nr. 15), Konstruktionen, Patente, beabsichtigte Vertragsabschlüsse, Preislisten, Kalkulationsunterlagen, Mitarbeiterverzeichnisse, Personalakten, Lohn- und Gehaltslisten, Zahlungs- und Rabattbedingungen, Gesellschafter-, Vorstands- und Aufsichtsratsbeschlüsse, Bankverbindlichkeiten und Beteiligungsverhältnisse umfasst (MüKoHGB/*Quedenfeld* HGB § 333 Rn. 16). Auch sittenwidrige oder rechtswidrige oder in sittenwidriger oder rechtswidriger Weise erworbene Tatsachen können ein Betriebs- oder Geschäftsgeheimnis darstellen (MüKoHGB/*Quedenfeld* HGB § 333 Rn. 13; HK-KapMStrafR/*Janssen* HGB § 333 Rn. 18).

8   In **personeller** Hinsicht darf die Tatsache nicht offenkundig sein. Der vom Betriebsinhaber bestimmte Kreis der Geheimnisträger darf nicht so weit gezogen sein, dass eine Geheimhaltung praktisch nicht mehr möglich ist. Ein außenstehender Dritter darf sie nicht auf legalem Wege in Erfahrung bringen können.

9   Unter **Geheimhaltungswillen** ist der Wille des zuständigen Organs im Unternehmen (→ Vorb. Rn. 3–24) oder Konzern (→ Vorb. Rn. 25–44) zu verstehen, die geschäfts- oder betriebsbezogenen Tatsachen nicht Kreisen außerhalb des Unternehmens (→ Vorb. Rn. 3–24) oder Konzerns (→ Vorb. Rn. 25–44) bekannt zu machen. Er muss nicht ausdrücklich bekannt gemacht werden. Vielmehr wird er sich im Regelfall aus dem objektiven Geheimhaltungsinteresse ergeben. Ein entgegenstehender Offenbarungswillen lässt den Geheimhaltungswillen entfallen (MüKoHGB/*Quedenfeld* HGB § 333 Rn. 13).

10   **b) Bekanntwerden.** Das Geheimnis (→ Rn. 5–9) muss dem Täter **in seiner Eigenschaft als** Prüfer (→ § 18 Rn. 5–10) oder als Gehilfe eines Prüfers (→ § 18 Rn. 11–14) bekannt geworden sein.

11   Kenntnisse über geheim zu haltende Tatsachen, die der Täter (→ Rn. 3) im Rahmen anderweitiger Befassung bei dem zu prüfenden Unternehmen (→ Vorb. Rn. 3–24) oder Konzern (→ Vorb. Rn. 25–44), bspw. außerdienstlich oder anlässlich einer beratenden Tätigkeit, erwarb, fallen damit aus dem Anwendungsbereich des § 19 heraus. Insoweit ist jedoch eine Strafbarkeit nach § 203 StGB zu prüfen.

12   Darauf, dass der Täter zur Zeit der Offenbarung dieses Geheimnisses (→ Rn. 5–9) noch Abschlussprüfer (→ § 18 Rn. 5–10) oder Prüfungsgehilfe (→ R 18 Rn. 11–14) ist, kommt es nicht an. Nur bei Kenntniserlangung muss er diese Eigenschaft besessen haben.

13   **c) Offenbaren. Offenbart** ist das Geheimnis (→ Rn. 5–9), wenn es zur Zeit der Tat noch geheim ist und in einer Art und Weise bekannt gemacht wird, die seine Ausnutzung – gleich in welcher Form – ermöglicht. Hierbei kommt es insbes. auf die Art der Information an. Bei auf Datenträgern (Schriftstück,

Diskette, USB-Stiften) verkörperten Tatsachenmitteilungen reicht aus, dass sie dem Empfänger zugegangen sind, er also unter normalen Umständen die Möglichkeit der Kenntnisnahme hat. Ob er tatsächlich Kenntnis erlangt, ist irrelevant. Bei mündlicher oder fernmündlicher Weitergabe reicht das bloße Aussprechen aus. Verschlüsselte Nachrichten müssen zumindest entschlüsselt sein; auch hier ist die tatsächliche Informationserlangung nicht erforderlich. Das tatsächliche Ausnutzen ist nicht erforderlich, weil § 19 ein abstraktes Gefährdungsdelikt darstellt (→ Rn. 2).

Das Geheimnis (→ Rn. 5–9) muss zur Zeit der Tat noch bestehen; es darf dem Empfänger mithin **14** noch nicht bekannt sein (BGH NJW 1995, 1623; Fischer StGB § 203 Rn. 30). Vom Tatbestand erfasst sind auch Fälle, in denen eine bereits bestehende Vermutung oder ein kursierendes Gerücht durch die Offenbarung zur Gewissheit erstarken (RGSt 25, 5 (7); 38, 62 (65)).

Auf die Person des Mitteilungsempfängers kommt es dagegen nicht an, solange ihm die Tatsache noch **15** unbekannt ist (→ Rn. 14). Es kann sich hierbei um einen außenstehenden Dritten handeln (BGH NJW 1980, 898), aber auch um einen selbst zugunsten des Geheimnisinhabers zur Verschwiegenheit Verpflichteten, zB Rechtsanwalt, Steuerberater oder Wirtschaftsprüfer, handeln, weil auch dieser außerhalb des Unternehmens (→ Vorb. Rn. 3–24) oder Konzerns (→ Vorb. Rn. 25–44) steht und somit Dritter ist (BGHZ 116, 269 (272); BGH NStZ 1995, 187 (188)). Selbst eine Weitergabe an einen Mitarbeiter des geprüften Geschäftsbetriebs ist tatbestandsmäßig, wenn und soweit dieser kein Zugangsrecht zu der fraglichen Information hat (OLG Frankfurt a. M. NStZ-RR 1997, 69).

Die Offenbarung kann auch durch Unterlassen erfolgen, da den Prüfer (→ § 18 Rn. 5–10) und seinen **16** Gehilfen (→ § 18 Rn. 11–14) hinsichtlich der ihnen überlassenen Betriebs- oder Geschäftsgeheimnisse (→ Rn. 5–9) eine Garantenstellung iSd § 13 StGB trifft. Strafbar ist insoweit die Nichtverhinderung der Einsichtnahme durch Dritte oder die Ermöglichung einer solchen bspw. durch Nichtsicherung eines PC oder offenes Umherliegenlassen an frei zugänglichen Stellen.

d) Unbefugt. Der Täter muss das Betriebs- oder Geschäftsgeheimnis (→ Rn. 5–9) **unbefugt** offen- **17** baren. Hierbei handelt es sich um ein echtes Tatbestandsmerkmal, nicht nur um eine Ausformung der Rechtswidrigkeit. Unbefugt handelt der Abschlussprüfer (→ § 18 Rn. 5–10) oder der Prüfungsgehilfe (→ § 18 Rn. 11–14), wenn er keine Erlaubnis des Verfügungsberechtigten zur Weitergabe des Geheimnisses (→ Rn. 5–9) besitzt. Die befugte Weitergabe ist demnach nicht strafbar. Ein beim zuständigen Organ festgestellter Offenbarungswille lässt zum einen schon den Status als Geheimnis entfallen (→ Rn. 9), zum anderen ist in ihm, genauso wie in einer Ermächtigung zur Weitergabe im Einzelfall, ein tatbestandsausschließendes Einverständnis zu sehen. Die Entbindung von der Verschwiegenheitspflicht kann allerdings nur durch das zuständige Organ erklärt werden.

2. Vorsatz. § 19 Abs. 1 setzt mangels gesetzlich angeordneter Fahrlässigkeitsstrafbarkeit in subjektiver **18** Hinsicht **Vorsatz** voraus (§ 15 StGB). Die Einordnung als Geheimnis (→ Rn. 5–9) oder als unbefugt (→ Rn. 17) muss der Täter lediglich im sachgedanklichen Mitbewusstsein vollziehen; eine rechtliche Einordnung ist nicht erforderlich (HK-KapMStrafR/*Janssen* HGB § 333 Rn. 29).

Die irrige Annahme eines der Tatbestandsmerkmale des § 19 Abs. 1 führt zum **Tatbestandsirrtum** **19** (§ 16 StGB), der vorliegend zur Folge hat, dass eine Strafbarkeit mangels Versuchs- (→ Rn. 35) und Fahrlässigkeitsstrafbarkeit (→ Rn. 18) gänzlich entfällt. Ein Tatbestandsirrtum liegt insbes. vor, wenn der Täter annimmt, dass die offenbarte Tatsache noch geheim ist, obwohl sie in Wirklichkeit bereits allgemein oder zumindest dem Empfänger bekannt ist (Fischer StGB § 203 Rn. 30). Hinsichtlich der Befugnis zur Weitergabe liegt ein Tatbestandsirrtum vor, wenn der Täter irrig die Zustimmung des zuständigen Organs annimmt oder über diese Zuständigkeit irrt.

Weiß der Täter hingegen, dass sein Offenbaren (→ Rn. 13–16) unbefugt (→ Rn. 17) erfolgt, geht er **20** jedoch davon aus, dass ein nicht vorhandener Rechtfertigungsgrund vorliegt, ist ein **Verbotsirrtum** gemäß § 17 StGB gegeben und es kommt auf die Frage der Vermeidbarkeit an.

II. Qualifikation (§ 19 Abs. 2)

§ 19 Abs. 2 sieht zwei selbstständige Qualifikationstatbestände zum Grundtatbestand des § 19 Abs. 1 **21** vor.

1. Handeln gegen Entgelt, in Bereicherungs- oder Schädigungsabsicht (§ 19 Abs. 1 S. 1). Bezüglich der Qualifikation des § 19 Abs. 1 S. 1 muss zunächst der Grundtatbestand des § 19 Abs. 1 in **22** objektiver (→ Rn. 4–17) sowie subjektiver (→ Rn. 18–20) Hinsicht erfüllt sein. Er wird durch das Handeln des Täters (→ Rn. 3) gegen Entgelt oder in Bereicherungs- oder Schädigungsabsicht im Strafrahmen deutlich aufgewertet.

Hinsichtlich der Merkmale Entgeltlichkeit, Bereicherungsabsicht und Schädigungsabsicht bestehen **23** keine Unterschiede zu § 18 Abs. 2 (→ § 18 Rn. 28–37).

Die Qualifikationsmerkmale müssen vom **Vorsatz** erfasst sein, wobei iRd Entgeltvariante bedingter **24** Vorsatz genügt. Soweit die Qualifikation Bereicherungs- oder Schädigungsabsicht erfordert, ist ein zielgerichtetes Handeln zumindest mit dem Zwischenziel der Bereicherung oder Schädigung erforderlich.

25   Die Bereicherungs- oder Schädigungsabsicht stellen, weil sie personenbezogen sind, strafschärfende besondere persönliche Merkmale (§ 14 Abs. 1 StGB) iSd **§ 28 Abs. 2 StGB** dar. Somit gilt die Strafschärfung und mithin die Qualifikationsstrafbarkeit nur für den Beteiligten – Täter oder Teilnehmer – bei dem diese Merkmale in eigener Person vorliegen. Das Handeln gegen Entgelt dagegen ist tatbezogen und unterfällt nicht dem § 28 Abs. 2 StGB.

26   **2. Unbefugtes Verwerten (§ 19 Abs. 2 S. 2).** § 19 Abs. 2 S. 2 beinhaltet genau genommen nicht eine Qualifikation des Grundtatbestands, sondern einen eigenständigen, mit erhöhter Strafandrohung versehenen Tatbestand der Verwertung des unter den Voraussetzungen des § 19 Abs. 1 gewonnenen Geheimniswissens.

27   Insoweit kann für die Tatbestandsmerkmale des Betriebs- oder Geschäftsgeheimnisses (→ Rn. 5–9) sowie für das Bekanntwerden in der Eigenschaft als Prüfer oder als Prüfungsgehilfe (→ Rn. 10–12) und für die Unbefugtheit (→ Rn. 17) auf die Ausführungen zu § 19 Abs. 1 verwiesen werden.

28   Die Tathandlung besteht im **Verwerten.** Hierunter fällt jede Nutzung des Geheimnisses (→ Rn. 5–9), die über das bloße Kennen und Besitzen hinausgeht und zum Zwecke der Gewinnerzielung für sich selbst oder für Dritte erfolgt (RGSt 63, 205 (207)). Die Verwertung ist mithin die wirtschaftliche Ausbeutung des Geheimnisses (→ Rn. 5–9), die die Gefahr eines immateriellen oder materiellen Schadens für das Unternehmen (→ Vorb. Rn. 3–24) oder den Konzern (→ Vorb. Rn. 25–44) begründet (MK-HGB/*Quedenfeld* HGB § 333 Rn. 22; HK-KapMStrafR/*Janssen* HGB § 333 Rn. 27). Auf eine tatsächliche Gewinnerzielung kommt es dabei ebenso wenig an wie auf eine tatsächliche Entreicherung des Geheimnisinhabers (→ Rn. 2). Erschöpft sich die Verwertung in der bloßen Offenbarung (→ Rn. 13–16) des Geheimnisses (→ Rn. 5–9), ist der Täter nur nach § 19 Abs. 1 oder unter den Voraussetzungen des § 19 Abs. 2 S. 1 nach dieser Qualifikation strafbar. Hinsichtlich der **Unbefugtheit** gelten die Ausführungen zu → Rn. 17.

29   Auf der subjektiven Seite ist **Vorsatz** (→ Rn. 18–20) erforderlich, wobei bedingter Vorsatz genügt.

C. Sonstiges

I. Strafantrag (Abs. 3)

30   Bei dem Straftatbestand des § 19 handelt es sich um ein **absolutes Antragsdelikt.** Die Tat wird nur auf Antrag verfolgt (§ 19 Abs. 3). Die Bejahung des besonderen öffentlichen Interesses an der Strafverfolgung durch die Staatsanwaltschaft ist nicht vorgesehen.

31   **Antragberechtigt** iSd § 77 StGB sind gemäß § 19 Abs. 3 ausschließlich das Unternehmen (→ Vorb. Rn. 3–24), die Konzernleitung und/oder Teilkonzernleitung, mithin deren gesetzliche Vertreter iSd § 4 Abs. 1 S. 1 Nr. 1 und Nr. 2 (→ § 17 Rn. 6–16). Dies dient vor allem der Sicherung des von § 19 geschützten Geheimhaltungsinteresses (→ Rn. 1) des Unternehmens (→ Vorb. Rn. 3–24) und/oder Konzerns (→ Vorb. Rn. 25–44), da in einem möglichen öffentlichen Strafprozess auch das verletzte Geheimnis (→ Rn. 5–9) zur Sprache käme (HK-KapMStrafR/*Janssen* HGB § 333 Rn. 5). Eine analoge Anwendung des § 6 Abs. 3 zugunsten der Gesellschafter scheidet aus, weil § 77 StGB eindeutig auf die gesetzliche Vertretung nach dem BGB, HGB, GmbHG usw abhebt, so dass die Gesellschafter einzig durch die Auswechslung der gesetzlichen Vertreter (→ § 17 Rn. 6–16) Einfluss auf die Antragberechtigung nehmen können (HK-KapMStrafR/*Janssen* Rn. 15, 17). Sind mehrere Personen zur Vertretung berechtigt, kommt es auf die Art der Vertretungsmacht an. Besteht Gesamtvertretung, sind nur alle gesetzlichen Vertreter gemeinsam zur Strafantragstellung berechtigt. Im Falle der Einzelvertretung hat jeder ein eigenes und selbstständiges Antragsrecht (§ 77 Abs. 4 StGB).

32   Die dreimonatige **Antragsfrist** des § 77b Abs. 1 S. 1 StGB beginnt mit der Kenntnis des gesetzlichen Vertreters (→ § 17 Rn. 6–16) von der Tat und der Person des Täters (§ 77b Abs. 2 S. 1 StGB). Bei Installation mehrerer gesetzlicher Vertreter kommt es auf die Vertretungsform nicht an. Entscheidend ist sowohl bei der Gesamt- wie auch bei der Einzelvertretung stets die Kenntnis des letzten Mitglieds (§ 77b Abs. 4 StGB).

33   Die **Rücknahme** des Strafantrags durch den Antragberechtigten (→ Rn. 31) – mit der Kostenfolge des § 470 StPO – ist gemäß § 77d Abs. 1 S. 2 StGB bis zum rechtskräftigen Abschluss des Strafverfahrens möglich. Ein zurückgenommener Antrag kann nicht nochmals gestellt werden (§ 77d Abs. 1 S. 2 StGB).

II. Vollendung, Beendigung, Versuch

34   Die Tat des § 19 Abs. 1 **(Offenbaren)** ist mit Zugang des Geheimnisses (→ Rn. 5–9) bei zumindest einem außenstehenden Dritten **vollendet.** Auf die tatsächliche Kenntnisnahme kommt es nicht an; es reicht vielmehr, dass der Empfänger unter normalen Umständen jederzeit davon Kenntnis nehmen könnte (→ Rn. 13–16).

35   Vor diesem Zeitpunkt ist nur **Versuch** möglich, der gemäß §§ 12 Abs. 2, 23 Abs. 2 StGB nicht mit Strafe bedroht ist.

Das **Offenbaren** iSd § 19 Abs. 1 (→ Rn. 13–16) ist **beendet,** sobald der letzte aller möglichen 36
Empfänger von dem Geheimnis tatsächlich Kenntnis nahm.

Die **Vollendung** hinsichtlich § 19 Abs. 2 S. 2 fällt idR mit der **Beendigung** zusammen. Die **Ver-** 37
wertung (→ Rn. 26) tritt endgültig ein, wenn der Täter (→ Rn. 3) nach seiner Vorstellung von der Tat
die notwendigen Handlungen unternahm, um die wirtschaftliche Nutzung zu erreichen, er also den
letzten Verwertungsakt abschloss. Auf die tatsächliche Gewinnerzielung kommt es nicht an (→ Rn. 2, 28).

III. Verjährung

Die Frist für die **Verfolgungsverjährung** beträgt hinsichtlich des Grundtatbestands des § 19 Abs. 1 38
gemäß § 78 Abs. 3 Nr. 5 StGB drei Jahre und hinsichtlich der Qualifikation des § 19 Abs. 2 fünf Jahre
(§ 78 Abs. 3 Nr. 4 StGB). Die **Vollstreckungsverjährung** richtet sich nach § 79 Abs. 3 StGB und ist
von der Höhe des tatsächlich ausgeurteilten Strafmaßes abhängig.

IV. Gerichtliche Zuständigkeit

Im Bereich der eher seltenen (→ Rn. 40, 41) Zuständigkeit des Landgerichts nach § 74 Abs. 1 oder 39
Abs. 3 GVG besteht gemäß § 74c Abs. 1 Nr. 1 GVG die Spezialzuständigkeit der **Wirtschaftsstraf-**
kammern (→ § 18 Rn. 42).

Aufgrund der Strafdrohung des § 19 Abs. 1, der ein Vergehen darstellt und im Höchstmaß Freiheits- 40
strafe von einem Jahr vorsieht, wird eine Anklage idR vor dem Strafrichter erfolgen. Eine Ausnahme
wegen der besonderen Bedeutung iSd § 24 Abs. 1 Nr. 3 GVG ist nur selten denkbar.

Dasselbe gilt hinsichtlich der Qualifikation des § 19 Abs. 2, der – ebenfalls Vergehen – neben der 41
Geldstrafe, eine Höchststrafdrohung von bis zu zwei Jahren Freiheitsstrafe normiert.

V. Berufsverbot (§§ 70–70b StGB)

IdR wird wegen des mit der Verwirklichung des § 19 verbundenen Missbrauchs des Berufes ein 42
Berufsverbot unter den Voraussetzungen des § 70 Abs. 1 StGB zu verhängen sein.

VI. Konkurrenzen

1. Mehrere Tathandlungen nach § 19. Das unbefugte Offenbaren (→ Rn. 13–16) iSd § 19 Abs. 1 43
und das unbefugte Verwerten (→ Rn. 28) des Geheimnisses (→ Rn. 5–9) nach § 19 Abs. 2 S. 2 sind
eigenständige und voneinander unabhängige Delikte, die sowohl im Verhältnis der Tateinheit (§ 52
StGB) als auch der Tatmehrheit (§ 53 StGB) stehen können. Lediglich die Offenbarung (→ Rn. 13–16)
gegen Entgelt oder in Bereicherungs- und Schädigungsabsicht (§ 19 Abs. 2 S. 1) ist eine besondere Art
der Verwertung (→ Rn. 26) und verdrängt diese im Wege der Spezialität. Die mehrfache und zeitlich
nacheinander erfolgende Offenbarung (→ Rn. 13–16) gegenüber verschiedenen Personen, erfüllt den
Tatbestand des § 19 Abs. 1 mehrfach iSd § 53 StGB.

2. Verhältnis zu anderen Straftatbeständen. § 19 ist in seinem Anwendungsbereich lex specialis 44
gegenüber anderen Normen, die die Verletzung von Geheimhaltungspflichten unter Strafe stellen,
insbes. zu § 333 HGB oder § 404 AktG.

Im Hinblick auf Straftatbestände des StGB geht § 19 den §§ 203, 204 StGB im Wege der Spezialität 45
vor. Tateinheit kann insbes. bestehen mit §§ 242, 246, 266 StGB. Hat sich der Täter (→ Rn. 3) einen
Gegenstand, der ein Geheimnis (→ Rn. 5–9) verkörpert, zB einen Konstruktionsplan oder einen Datenträger, rechtswidrig zugeeignet, ist die anschließende Verwertung gemäß § 19 Abs. 2 S. 2 mitbestrafte
Nachtat (MüKoHGB/*Quedenfeld* HGB § 333 Rn. 38).

§ 20 Bußgeldvorschriften

(1) Ordnungswidrig handelt, wer als gesetzlicher Vertreter (§ 4 Abs. 1 Satz 1) eines Unternehmens oder eines Mutterunternehmens, beim Einzelkaufmann als Inhaber oder dessen
gesetzlicher Vertreter,

1. bei der Aufstellung oder Feststellung des Jahresabschlusses einer Vorschrift
   a) des § 243 Abs. 1 oder 2, der §§ 244, 245, 246, 247, 248, 249 Abs. 1 Satz 1 oder Abs. 2, des
      § 250 Abs. 1 oder Abs. 2 oder des § 251 des Handelsgesetzbuchs über Form oder Inhalt,
   b) des § 253 Abs. 1 Satz 1, 2, 3 oder Satz 4, Abs. 2 Satz 1, auch in Verbindung mit Satz 2,
      Absatz 3 Satz 1, 2, 3, 4 oder Satz 5, Abs. 4 oder Abs. 5 des Handelsgesetzbuchs über die
      Bewertung;
   c) *[aufgehoben]*
   d) des § 5 Abs. 1 Satz 2 in Verbindung mit einer Vorschrift des § 264 Absatz 1a, des § 265
      Abs. 2, 3, 4 oder 6, der §§ 266, 268 Absatz 3, 4, 5, 6 oder Absatz 7, der §§ 272, 274 oder
      des § 275 oder des § 277 des Handelsgesetzbuchs über die Gliederung oder

e) des § 5 Abs. 2 Satz 2 in Verbindung mit § 284 oder des § 285 Nummer 1 bis 4, 7 bis 13, 15a, 17 bis 33 oder Nummer 34 des Handelsgesetzbuchs über die im Anhang zu machenden Angaben,

2. bei der Aufstellung des Konzernabschlusses oder Teilkonzernabschlusses einer Vorschrift des § 13 Abs. 2 Satz 1 in Verbindung mit einer Vorschrift

   a) des § 294 Abs. 1 des Handelsgesetzbuchs über den Konsolidierungskreis,

   b) des § 297 Absatz 1a, 2 oder 3 oder des § 298 Abs. 1 in Verbindung mit den §§ 244, 245, 246, 247, 248, 249 Abs. 1 Satz 1 oder Abs. 2, des § 250 Abs. 1 oder Abs. 2 oder dem § 251 des Handelsgesetzbuchs über Inhalt oder Form des Konzernabschlusses,

   c) des § 300 des Handelsgesetzbuchs über die Konsolidierungsgrundsätze oder das Vollständigkeitsgebot,

   d) des § 308 Abs. 1 Satz 1 in Verbindung mit den in Nummer 1 Buchstabe b bezeichneten Vorschriften des Handelsgesetzbuchs, des § 308 Abs. 2 oder des § 308a des Handelsgesetzbuchs über die Bewertung,

   e) des § 311 Abs. 1 Satz 1 in Verbindung mit § 312 des Handelsgesetzbuchs über die Behandlung assoziierter Unternehmen oder

   f) des § 308 Abs. 1 Satz 3, des § 313 oder des § 314 des Handelsgesetzbuchs über die im Konzernanhang zu machenden Angaben,

3. bei der Aufstellung des Lageberichts der Vorschrift des § 5 Abs. 2 Satz 2 in Verbindung mit § 289 Abs. 1 des Handelsgesetzbuchs über den Inhalt des Lageberichts,

4. bei der Aufstellung des Konzernlageberichts oder des Teilkonzernlageberichts der Vorschrift des § 13 Abs. 2 Satz 3 in Verbindung mit § 315 Abs. 1 des Handelsgesetzbuchs über den Inhalt des Konzernlageberichts,

5. bei der Offenlegung, Veröffentlichung oder Vervielfältigung einer Vorschrift des § 9 Abs. 1 oder des § 15 Abs. 2, jeweils in Verbindung mit § 328 des Handelsgesetzbuchs über Form oder Inhalt oder

6. einer aufgrund des § 5 Abs. 3 oder des § 13 Abs. 4, jeweils in Verbindung mit § 330 Satz 1 des Handelsgesetzbuchs, erlassenen Rechtsverordnung, soweit sie für einen bestimmten Tatbestand auf diese Bußgeldvorschrift verweist,

zuwiderhandelt.

(2) Ordnungswidrig handelt auch, wer entgegen § 2 Abs. 2 oder § 12 Abs. 2 die dort vorgeschriebene Erklärung beim Betreiber des elektronischen Bundesanzeigers oder der Aufsichtsbehörde nicht oder nicht rechtzeitig einreicht.

(3) Die Ordnungswidrigkeit kann mit einer Geldbuße bis zu fünfzigtausend Euro geahndet werden.

(4) Verwaltungsbehörde im Sinn des § 36 Abs. 1 Nr. 1 des Gesetzes über Ordnungswidrigkeiten ist in den Fällen der Absätze 1 und 2 das Bundesamt für Justiz.

Übersicht

A. Allgemeines
I. Schutzgut

Das von § 20 geschützte Rechtsgut ist das Vertrauen in die Richtigkeit und Vollständigkeit bestimmter **1**
Informationen über die Verhältnisse eines Unternehmens (→ Vorb. Rn. 3–24) oder Konzerns (→ Vorb.
Rn. 25–44). Die Vorschrift entspricht hinsichtlich § 20 Abs. 1 der Regelung des § 334 Abs. 1 HGB.
Durch § 20 Abs. 2 werden bestimmte Pflichtverletzungen bereits im Vorfeld der Offenlegungspflichten
mit Geldbuße bedroht.

II. Täterkreis

Bei § 20 handelt es sich um ein echtes **Sonderdelikt,** das nur vom gesetzlichen Vertreter (§ 4 Abs. 1 **2**
S. 1) eines Unternehmens (→ Vorb. Rn. 3–24) oder eines Mutterunternehmens (→ Vorb. Rn. 27) oder
bei einem einzelkaufmännischen Betrieb (Unternehmen (→ Vorb. Rn. 3–24), Konzern (→ Vorb.
Rn. 25–44)) von dessen Inhaber (→ § 17 Rn. 9) oder seinem gesetzlichem Vertreter (→ § 17 Rn. 6–8)
begangen werden kann.

Für den Bereich des § 20 Abs. 1 ist dies ausdrücklich im Wortlaut festgelegt. Im Anwendungsbereich **3**
des § 20 Abs. 2 ergibt sich der eingeschränkte Täterkreis aus dem Wortlaut der Verweisungsnormen des
§ 2 Abs. 2 und § 12 Abs. 2, die sich an die gesetzlichen Vertreter richten.

Für den Begriff des **gesetzlichen Vertreters** gelten die Ausführungen zu § 17 (→ § 17 Rn. 6–8). **4**

Wegen des aufgrund § 14 Abs. 1 OWiG im Ordnungswidrigkeitenrecht geltenden Einheitstäter- **5**
begriffs – die Begriffe der Anstiftung oder Beihilfe sind dem OWiG fremd – können jedoch
auch Personen, die die Tätereigenschaft (→ Rn. 2, 3) nicht besitzen, sich aber an der Tat beteiligen, mit
Geldbuße belegt werden, wenn zumindest einer der Tatbeteiligten ein gesetzlicher Vertreter (→ § 17
Rn. 6–8) ist.

B. Kommentierung im Einzelnen
I. Ordnungswidrigkeiten des § 20 Abs. 1

Der Ordnungswidrigkeitentatbestand des § 20 Abs. 1 sanktioniert Pflichtverletzungen der dort ge- **6**
nannten Täter (→ Rn. 2–5) im Hinblick auf die Bilanzierungspflichten.

Die enumerative Aufzählung der Verstöße in sechs Nummern ist – schon als Folge des verfassungs- **7**
rechtlich normierten Bestimmtheitsgebots des Art. 103 Abs. 2 GG, das auch für den Bereich der
Ordnungswidrigkeiten gilt – **abschließend.** Eine Zuwiderhandlung gegen andere als die dort genannten Bilanzierungsvorschriften kann nicht mit einer Geldbuße geahndet werden. Sanktionslos bleibt
zudem die Nichtbeachtung der Vorschriften über die Eröffnungsbilanz, die Sonderabschlüsse oder die
Buchführung außerhalb der Bilanz.

1. Tathandlung. Die allen Alternativen des § 20 Abs. 1 zugrunde liegende Tathandlung ist das **8**
Zuwiderhandeln gegen, also die Nichtbeachtung des numerus clausus der dort genannten Vorschriften,
die sich auf die Aufstellung oder Feststellung des Jahresabschlusses (→ § 17 Rn. 25), die Aufstellung des
(Teil-)Konzernabschlusses (→ § 17 Rn. 51, 53), Lageberichts (→ § 17 Rn. 26) oder (Teil-)Konzernlage-
berichts (→ § 17 Rn. 52, 53), die Form und den Inhalt der Offenlegung (→ § 17 Rn. 46–48, 65),
Veröffentlichung oder Vervielfältigung der genannten Rechenwerke oder eine Rechtsverordnung beziehen.

Maßstab ist hierbei das Verständnis eines sach- und bilanzkundigen Lesers. Erst wenn sich dieser **9**
aufgrund der in den jeweiligen Darstellungen enthaltenen Informationen und Werten kein den tatsächlichen Gegebenheiten entsprechendes Bild machen kann, handelte der Täter (→ Rn. 2–5) den Vorschriften zuwider (MüKoHGB/*Quedenfeld* HGB § 334 Rn. 34).

2. § 20 Abs. 1 Nr. 1. a) Bezugsgegenstand. Bezugsgegenstand des § 20 Abs. 1 Nr. 1 ist der **10**
Jahresabschluss (§ 242 Abs. 3 HGB) eines Unternehmens (→ Vorb. Rn. 3–24), mithin dessen Bilanz und
Gewinn- und Verlustrechnung (→ § 17 Rn. 25). Eine vergleichbare Regelung für den Konzernabschluss
enthält § 20 Abs. 1 Nr. 2 (→ Rn. 59–99).

b) Aufstellung. Die Verstöße müssen anlässlich der **Aufstellung** des Jahresabschlusses (→ § 17 **11**
Rn. 25) erfolgen. Hierunter versteht man die Übernahme der Ergebnisse der Buchführung in den
Jahresabschluss (→ § 17 Rn. 25). Sie ist in § 5 Abs. 1 geregelt. Nur vorbereitende Abschlussbuchungen
in der Bilanz und der Gewinn- und Verlustrechnung genügen nicht. Aus diesem Grund bleiben allein
Zuwiderhandlungen gegen die Vorschriften über die ordnungsgemäße Buchführung außer Betracht,
wenn sie letztlich nicht in den Jahresabschluss (→ § 17 Rn. 25) übernommen werden.

c) Feststellung. Der Aufstellung des Jahresabschlusses (→ § 17 Rn. 25) gleichgestellt ist seine **Fest-** **12**
stellung (§ 8 Abs. 2). Diese ist in § 8 geregelt und beinhaltet den rechtsgeschäftlichen Akt seiner

Anerkennung durch die hierfür zuständigen Personen. Diese sind idR die gesetzlichen Vertreter (→ § 17 Rn. 6–8) und der gegebenenfalls installierte Aufsichtsrat (§ 8 Abs. 1 S. 1) oder die Gesellschafterversammlung (§ 8 Abs. 1 S. 2). Obliegt die Entscheidung einer Einzelperson, liegt die Feststellung in ihrer Unterschriftsleistung begründet; im Falle einer Gremienentscheidung ist die jeweilige Stimmabgabe iRd dann erforderlichen Abstimmung Feststellung iSd § 20 Abs. 1 Nr. 1.

13 **d) Verstöße.** Die in § 20 Abs. 1 Nr. 1 abschließend (→ Rn. 7) aufgezählten Normen betreffen verschiedene Bereiche der Aufstellung und Feststellung des Jahresabschlusses (→ § 17 Rn. 25). Mit Bußgeld bedroht sind Verstöße gegen:

14 **aa) Form und Inhalt.** Vorschriften über **Form und Inhalt** (§ 20 Abs. 1 Nr. 1 Buchst. a), nämlich:

15 (1) die Grundsätze der ordnungsgemäßen Buchführung gemäß § 243 Abs. 1 HGB, wobei nur eindeutig anerkannte und unbestrittene Grundsätze dem strafrechtlichen Bestimmtheitsgebot genügen,
16 (2) die Klarheit und Übersichtlichkeit gemäß § 243 Abs. 2 HGB,
17 (3) die Sprache und Währungseinheit gemäß § 244 HGB,
18 (4) die Unterzeichnung gemäß § 245 HGB,
19 (5) die Vollständigkeit gemäß § 246 Abs. 1 HGB,
20 (6) das Verrechnungsverbot gemäß § 246 Abs. 2 HGB,
21 (7) der Inhalt der Bilanz gemäß § 247 HGB,
22 (8) die Bilanzierungsverbote gemäß § 248 HGB,
23 (9) die Rückstellungen für ungewisse Verbindlichkeiten und drohende Verluste aus schwebenden Geschäften gemäß § 249 Abs. 1 S. 1 HGB,
24 (10) die Rückstellungsverbote gemäß § 249 Abs. 2 S. 1 HGB,
25 (11) die Rückstellungsauflösungsverbote bei Weiterbestand des Rückstellungsgrundes gemäß § 249 Abs. 2 S. 2 HGB,
26 (12) die aktiven Rechnungsabgrenzungsposten gemäß § 250 Abs. 1 S. 1 HGB,
27 (13) die passiven Rechnungsabgrenzungsposten gemäß § 250 Abs. 2 HGB und
28 (14) der Vermerk über die Haftungsverhältnisse unter der Bilanz gemäß § 251 HGB.

29 **bb) Bewertung.** Vorschriften über die **Bewertung** (§ 20 Abs. 1 Nr. 1 Buchst. b), nämlich:

30 (1) die Wertansätze für Vermögensgegenstände gemäß § 253 Abs. 1 S. 1 HGB,
31 (2) die Wertansätze für Verbindlichkeiten und Rückstellungen gemäß § 253 Abs. 1 S. 2 HGB,
32 (3) die Wertansätze für Altersversorgungsverpflichtungen gemäß § 253 Abs. 1 S. 3 HGB,
33 (4) die Wertansätze für gemäß § 246 Abs. 2 S. 2 HGB zu verrechnende Vermögensgegenstände, die dem Zugriff aller übrigen Gläubiger entzogen sind und ausschließlich der Erfüllung von Schulden aus Altersversorgungs- oder vergleichbaren langfristig fälligen Verpflichtungen dienen (§ 253 Abs. 1 S. 4 HGB),
34 (5) die Minderung der Wertansätze für Rückstellungen für Altersversorgungs- oder vergleichbare langfristig fällige Verpflichtungen gemäß § 253 Abs. 2 S. 2 HGB,
35 (6) die Minderung der Anschaffungs- und Herstellungskosten für das Anlagevermögen um planmäßige Abschreibungen gemäß § 253 Abs. 3 S. 1, 2, 3 und 4 HGB,
36 (7) die Abschreibung bei Vermögensgegenständen des Umlaufvermögens gemäß § 253 Abs. 4 HGB und
37 (8) das Verbot der Beibehaltung von niedrigeren Wertansätzen nach § 253 Abs. 3 S. 3, 4–15 und Abs. 4 bei Wegfall der Minderungsgründe gemäß § 253 Abs. 5 HGB.

38 Erforderlich ist in den vorgenannten Fällen, dass die Verstöße gegen die Bewertungsvorschriften zu **unvertretbaren** Ergebnissen führen. Dies ist bereits dann anzunehmen, wenn die Auswirkungen der Über- oder Unterbewertung nur geringfügig sind; auf Erheblichkeit kommt es nicht an.

39 **cc) Gliederung.** Vorschriften über die **Gliederung** (§ 20 Abs. 1 Nr. 1 Buchst. d), die über § 5 Abs. 1 S. 2 gelten, nämlich:

40 (1) die Angabe der Firma, des Sitzes, des Registergerichts, der Handelsregisternummer und die etwaige Liquidation oder Abwicklung gemäß § 264 Abs. 1a HGB,
41 (2) die Angabe entsprechender Beträge des vorangegangenen Geschäftsjahres bei jedem Bilanzposten gemäß § 265 Abs. 2 HGB,
42 (3) der Vermerk der Mitzugehörigkeit zu anderen Posten gemäß § 265 Abs. 3 HGB,
43 (4) die Gliederung und Ergänzung bei mehreren Geschäftszweigen gemäß § 265 Abs. 4 HGB,
44 (5) die Anpassung der Gliederung an die Besonderheiten des Unternehmens zur Schaffung eines klaren und übersichtlichen Jahresabschlusses gemäß § 265 Abs. 6 HGB,
45 (6) die Gliederung der Bilanz gemäß § 266 HGB,
46 (7) der Ausweis eines nicht durch Eigenkapital gedeckten Fehlbetrags gemäß § 268 Abs. 3 HGB,
47 (8) der Vermerk des Betrags von Forderungen mit Restlaufzeiten von mehr als einem Jahr gemäß § 268 Abs. 4 HGB,
48 (9) der Vermerk des Betrags von Verbindlichkeiten mit einer Restlaufzeit bis zu einem Jahr gemäß § 268 Abs. 5 HGB,

(10) der gesonderte Ausweis eines Disagios im aktiven Rechnungsabgrenzungsposten nach § 250 Abs. 3 **49**
HGB gemäß § 268 Abs. 6 HGB,

(11) der gesonderte Ausweis von Haftungsverhältnissen nach § 251 HGB gegenüber verbundenen **50**
Unternehmen gemäß § 268 Abs. 7 HGB,

(12) der Ausweis des Eigenkapitals gemäß § 272 HGB, **51**

(13) der gesonderte Ausweis von Rückstellungen für latente Steuern im Sinne des § 266 Abs. 3 E HGB **52**
gemäß § 274 HGB,

(14) die Gliederung der Gewinn- und Verlustrechnung gemäß § 275 HGB und **53**

(15) der Ausweis bestimmter Posten der Gewinn- und Verlustrechnung gemäß § 277 HGB. **54**

Zur Tatbestandsverwirklichung reicht auch ein nur geringfügiger Verstoß aus. Auf eine besondere **55**
Schwere kommt es nicht an.

dd) Sonstige. Vorschriften über die sonstigen im **Anhang** zu machenden Angaben (§ 20 Abs. 1 **56**
Nr. 1 Buchst. e), die über § 5 Abs. 2 S. 2 gelten, nämlich

(1) die Erläuterung zum Jahresabschluss gemäß § 284 HGB und **57**

(2) die sonstigen Pflichtangaben gemäß § 285 Nr. 1–4, Nr. 7–13, Nr. 15a, Nr. 17–33, Nr. 34 HGB. **58**

3. § 20 Abs. 1 Nr. 2. a) Bezugsgegenstand. Bezugsgegenstand des § 20 Abs. 1 Nr. 2 ist der **59**
Konzernabschluss oder Teilkonzernabschluss (§ 297 Abs. 1 HGB), mithin die (Teil-)Konzernbilanz, die
(Teil-)Konzerngewinn- und -verlustrechnung, der (Teil-)Konzernanhang, die Kapitalflussrechnung, der
Eigenkapitalspiegel und fakultativ die Segmentberichterstattung (→ § 17 Rn. 51, 53). Eine vergleichbare
Regelung für den Jahresabschluss eines Unternehmens (→ Vorb. Rn. 3–24) enthält § 20 Abs. 1 Nr. 1
(→ Rn. 10–58) mit der Ausnahme, dass es dort auch anlässlich der Feststellung des Jahresabschlusses
(→ § 17 Rn. 25) zu Verstößen kommen kann. Der Konzernabschluss (→ § 17 Rn. 51) braucht hingegen
nicht festgestellt zu werden.

b) Aufstellung. Aufstellung bedeutet die Übernahme der Ergebnisse der Buchführung in den (Teil-) **60**
Konzernabschluss (→ § 17 Rn. 51, 53). Sie ist in § 13 Abs. 1 geregelt. Für die Einzelheiten gelten die
Ausführungen zu § 20 Abs. 1 Nr. 1 entsprechend (→ Rn. 11).

c) Verstöße. Die in § 20 Abs. 1 Nr. 2 abschließend (→ Rn. 7) aufgezählten Normen betreffen **61**
verschiedene Bereiche der Aufstellung des Konzernabschlusses. Mit Bußgeld bedroht sind Verstöße
gegen die gemäß § 13 Abs. 2 S. 1 geltenden.

aa) Konsolidierungskreis. Vorschriften über den Konsolidierungskreis, mithin die Einbeziehung **62**
des Mutterunternehmens und Tochterunternehmens in den Konzernabschluss gemäß § 294 Abs. 1
HGB (§ 20 Abs. 1 Nr. 2 Buchst. a).

bb) Form und Inhalt. Vorschriften über **Form und Inhalt** (§ 20 Abs. 1 Nr. 2 Buchst. b), nämlich: **63**

(1) die Angabe der Firma, des Sitzes, des Registergerichts, der Handelsregisternummer des Mutter- **64**
konzerns (→ Vorb. Rn. 27) und die etwaige Liquidation oder Abwicklung des Mutterkonzerns
(→ Vorb. Rn. 27) gemäß § 297 Abs. 1a HGB,

(2) die Klarheit und Übersichtlichkeit des Konzernabschlusses (§ 297 Abs. 2 S. 1 HGB) einschließlich **64a**
der Grundsätze der ordnungsgemäßen Buchführung (§ 297 Abs. 2 S. 2 HGB),

(3) die zusätzlichen Angaben im Konzernanhang gemäß § 297 Abs. 2 HGB, **65**

(4) die einheitliche Darstellung der Vermögens-, Finanz- und Ertragslage der einbezogenen Unterneh- **66**
men gemäß § 297 Abs. 3 S. 1 HGB,

(5) die Angabe und Begründung der Abweichungen von den Konsolidierungsmethoden des vorher- **67**
gehenden Konzernabschlusses (§ 297 Abs. 3 S. 2 HGB) gemäß § 297 Abs. 3 S. 3 HGB,

(6) die Sprache und Währungseinheit gemäß §§ 298 Abs. 1, 244 HGB, **68**

(7) die Unterzeichnung gemäß §§ 298 Abs. 1, 245 HGB, **69**

(8) die Vollständigkeit gemäß §§ 298 Abs. 1, 246 Abs. 1 HGB, **70**

(9) das Verrechnungsverbot gemäß §§ 298 Abs. 1, 246 Abs. 2 HGB, **71**

(10) der Inhalt der Bilanz gemäß §§ 298 Abs. 1, 247 HGB, **72**

(11) die Bilanzierungsverbote gemäß §§ 298 Abs. 1, 248 HGB, **73**

(12) die Rückstellungen für ungewisse Verbindlichkeiten und drohende Verluste aus schwebenden **74**
Geschäften gemäß §§ 298 Abs. 1, 249 Abs. 1 S. 1 HGB,

(13) die Rückstellungsverbote gemäß §§ 298 Abs. 1, 249 Abs. 2 S. 1 HGB, **75**

(14) die Rückstellungsauflösungsverbote bei Weiterbestand des Rückstellungsgrundes gemäß §§ 298 **76**
Abs. 1, 249 Abs. 2 S. 2 HGB,

(15) die aktiven Rechnungsabgrenzungsposten gemäß §§ 298 Abs. 1, 250 Abs. 1 S. 1 HGB, **77**

(16) die passiven Rechnungsabgrenzungsposten gemäß §§ 298 Abs. 1, 250 Abs. 2 HGB und **78**

(17) der Vermerk über die Haftungsverhältnisse unter der Bilanz gemäß §§ 298 Abs. 1, 251 HGB. **79**

cc) Konsolidierungsgrundsätze und Vollständigkeitsgebot. Vorschriften über die **Konsolidie-** **80**
rungsgrundsätze und das **Vollständigkeitsgebot** des § 300 HGB (§ 20 Abs. 1 Nr. 2 Buchst. c).

81   **dd) Bewertung.** Vorschriften über die **Bewertung** (§ 20 Abs. 1 Nr. 2 Buchst. d), nämlich:

82   (1) die Wertansätze für Vermögensgegenstände gemäß §§ 308 Abs. 1 S. 1, 253 Abs. 1 S. 1 HGB,

83   (2) die Wertansätze für Verbindlichkeiten und Rückstellungen gemäß §§ 308 Abs. 1 S. 1, 253 Abs. 1 S. 2 HGB,

84   (3) die Wertansätze für Altersversorgungsverpflichtungen gemäß §§ 308 Abs. 1 S. 1, 253 Abs. 1 S. 3 HGB,

85   (4) die Wertansätze für gemäß § 246 Abs. 2 S. 2 HGB zu verrechnende Vermögensgegenstände, die dem Zugriff aller übrigen Gläubiger entzogen sind und ausschließlich der Erfüllung von Schulden aus Altersversorgungs- oder vergleichbaren langfristig fälligen Verpflichtungen dienen gemäß §§ 308 Abs. 1 S. 1, 253 Abs. 1 S. 4 HGB,

86   (5) die Minderung der Wertansätze für Rückstellungen von mehr als einem Jahr gemäß §§ 308 Abs. 1 S. 1, 253 Abs. 2 S. 1 HGB,

87   (6) die Minderung der Wertansätze für Rückstellungen für Altersversorgungs- oder vergleichbare langfristig fällige Verpflichtungen gemäß §§ 308 Abs. 1 S. 1, 253 Abs. 2 S. 2 HGB,

88   (7) die Minderung der Anschaffungs- und Herstellungskosten für das Anlagevermögen um planmäßige Abschreibungen gemäß §§ 308 Abs. 1 S. 1, 253 Abs. 3 S. 1, 2 und 3 HGB,

89   (8) die Abschreibung bei Vermögensgegenständen des Umlaufvermögens gemäß §§ 308 Abs. 1 S. 1, 253 Abs. 4 HGB,

90   (9) das Verbot der Beibehaltung von niedrigeren Wertansätzen nach § 253 Abs. 3 S. 3 und 4 und Abs. 4 bei Wegfall der Minderungsgründe gemäß §§ 308 Abs. 1 S. 1, 253 Abs. 5 HGB,

91   (10) die Neubewertung nach der Bewertungsmethode des Konzernabschlusses bei abweichenden Bewertungsmethoden im Jahresabschluss von Mutter- und Tochterunternehmen gemäß § 308 Abs. 2 HGB und

92   (11) die Umrechnung von auf fremde Währung lautenden Abschlüssen gemäß § 308a HGB.

93   Erforderlich ist auch für den Fall des (Teil-)Konzernabschlusses (→ § 17 Rn. 51, 53), dass die Verstöße zu **unvertretbaren** Ergebnissen führen (→ Rn. 38).

94   **ee) Behandlung assoziierter Unternehmen.** Vorschriften über die **Behandlung assoziierter Unternehmen** (§ 20 Abs. 1 Nr. 2 Buchst. e) gemäß § 311 Abs. 1 S. 1, 312 HGB.

95   Ein **assoziiertes Unternehmen** ist ein solches, über dem bei seiner Einbeziehung in den Konzernabschluss (→ § 17 Rn. 51, 53) ein maßgeblicher Einfluss auf die Geschäfts- und Finanzpolitik eines nicht einbezogenen Unternehmens (→ Vorb. Rn. 3–24), an dem das Unternehmen nach § 271 Abs. 1 HGB beteiligt ist, ausgeübt wird (§ 303 Abs. 1 S. 1 HGB).

96   **ff) Sonstige.** Vorschriften über die im **Konzernanhang** zu machenden Angaben (§ 20 Abs. 1 Nr. 2 Buchst. f), nämlich:

97   (1) die Angabe und Begründung von Abweichungen von den auf den Jahresabschluss des Mutterunternehmens angewandten Bewertungsmethoden gemäß § 308 Abs. 1 S. 3 HGB,

98   (2) die Erläuterung der Konzernbilanz und der Konzerngewinn- und -verlustrechnung gemäß § 313 HGB und

99   (3) die sonstigen Pflichtangaben gemäß § 314 HGB.

100   **4. § 20 Abs. 1 Nr. 3. a) Bezugsgegenstand.** Bezugsgegenstand des § 20 Abs. 1 Nr. 3 ist der Lagebericht (→ § 17 Rn. 26) eines Unternehmens (→ Vorb. Rn. 3–24) iSd § 289 HGB, der den Geschäftsverlauf, das Geschäftsergebnis und die Lage der Gesellschaft beinhaltet (→ § 17 Rn. 26). Eine vergleichbare Regelung für den Konzernlagebericht (→ § 17 Rn. 52) oder den Teilkonzernlagebericht (→ § 17 Rn. 53) enthält § 20 Abs. 1 Nr. 4 (→ Rn. 103–105).

101   **b) Aufstellung.** Der Pflichtenverstoß muss anlässlich der **Aufstellung** des Lageberichts (→ § 17 Rn. 26) erfolgen. Ausweislich §§ 5 Abs. 2 S. 2 PublG, 289 Abs. 1 S. 5 HGB ist hierunter die Versicherung der zum Täterkreis gehörenden Personen (→ Rn. 2–5) zu verstehen, dass die vorbeschriebenen Inhalte des Lageberichts (→ Rn. 100) nach bestem Wissen so dargestellt sind, wie es § 289 Abs. 1 S. 1–4 HGB erfordern (→ Rn. 102).

102   **c) Verstöße.** Die in § 20 Abs. 1 Nr. 3 abschließend (→ Rn. 7) genannte und zu beachtende Norm, deren Zuwiderhandlung tatbestandsmäßig ist und zur Verhängung der Geldbuße führt, ist der Pflichtenkatalog des über § 5 Abs. 2 S. 2 geltenden § 289 Abs. 1 S. 1–4 HGB. Die Darstellung des Geschäftsverlaufs, Geschäftsergebnisses und der Lage der Gesellschaft hat so zu erfolgen, dass sie ein den tatsächlichen Verhältnissen entsprechendes Bild vermittelt (§ 289 Abs. 1 S. 1 HGB) und eine ausgewogene und umfassende, dem Umfang und der Komplexität der Geschäftstätigkeit entsprechende Analyse dieser Inhalte widerspiegelt (§ 289 Abs. 1 S. 2 HGB). Die für die Geschäftstätigkeit bedeutsamsten finanziellen Leistungsindikatoren sind zu benennen und zu erläutern (§ 289 Abs. 1 S. 3 HGB). Auf etwaige Risiken der künftigen Entwicklung ist einzugehen (§ 289 Abs. 1 S. 4 HGB).

5. § 20 Abs. 1 Nr. 4. a) Bezugsgegenstand. Bezugsgegenstand des § 20 Abs. 1 Nr. 4 ist der   **103**
Konzern- oder Teilkonzernlagebericht iSd § 315 Abs. 1 S. 1 HGB, der den Geschäftsverlauf einschließlich des Geschäftsergebnisses und die Lage des Konzerns (→ Vorb. Rn. 25–44) abbildet (→ § 17 Rn. 52,
53). Eine vergleichbare Regelung für den Lagebericht (→ § 17 Rn. 26) eines Unternehmens (→ Vorb.
Rn. 3–24) enthält § 20 Abs. 1 Nr. 3 (→ Rn. 100–102).

b) Aufstellung. Der Pflichtenverstoß muss anlässlich der **Aufstellung** des (Teil-)Konzernlageberichts   **104**
(→ § 17 Rn. 52, 53) erfolgen. Die Aufstellung beinhaltet die gemäß §§ 13 Abs. 2 S. 3 PublG, 315
Abs. 1 S. 6 HGB erforderliche Versicherung der mit dem Täterkreis des § 20 identischen Personen
(→ Rn. 2–5), dass die iRd Bezugsgegenstandes beschriebenen Bestandteile (→ Rn. 103) so dargestellt
sind, wie es § 315 Abs. 1 S. 1–5 HGB erfordern (→ Rn. 105).

c) Verstöße. Die in § 20 Abs. 1 Nr. 4 abschließend (→ Rn. 7) genannte und zu beachtende Norm,   **105**
bei deren Nichtbeachtung der Tatbestand erfüllt ist, ist der über § 13 Abs. 2 S. 3 geltende § 315 Abs. 1
HGB. Danach hat die Aufstellung so zu erfolgen, dass sie ein den tatsächlichen Verhältnissen entsprechendes Bild vermittelt (§ 315 Abs. 1 S. 1 HGB) und eine ausgewogene und umfassende, dem
Umfang und der Komplexität der Geschäftstätigkeit entsprechende Analyse des Geschäftsverlaufs und
der Lage des Konzerns (→ Vorb. Rn. 25–44) enthält (§ 315 Abs. 1 S. 2 HGB). Die für die Geschäftstätigkeit bedeutsamsten finanziellen Leistungsindikatoren sind in die Analyse einzubeziehen und unter
Beachtung von § 315 Abs. 1 S. 4 HGB zu erläutern (§ 315 Abs. 1 S. 3 HGB). Zudem ist die voraussichtliche Entwicklung des Konzerns (→ Vorb. Rn. 25–44) einschließlich ihrer wesentlichen Chancen
und Risiken zu beurteilen und zu erläutern (§ 315 Abs. 1 S. 5 HGB).

6. § 20 Abs. 1 Nr. 5. Während § 20 Abs. 1 Nr. 1–4 Pflichtverletzungen bei der Aufstellung der   **106**
Abschlüsse oder Lageberichte sanktioniert, betrifft die Regelung des § 20 Abs. 1 Nr. 5 Verstöße
hinsichtlich der Form und des Inhalts deren erfolgter Offenlegung (→ Rn. 109), Veröffentlichung
(→ Rn. 110) oder Vervielfältigung (→ Rn. 110).

Die gänzliche Unterlassung der Offenlegung (→ Rn. 109) hingegen erfüllt den Tatbestand nicht.   **107**
Insofern besteht lediglich die Möglichkeit der Verhängung eines Ordnungsgeldes gemäß § 21 S. 1
(→ Vorb. Rn. 49).

a) Bezugsgegenstand. Bezugsgegenstand ist im Anwendungsbereich der Unternehmen (→ Vorb   **108**
Rn. 3–24) der Jahresabschluss und die sonst in § 325 HGB genannten Unterlagen, insbes. der Lagebe-
richt (§ 9 Abs. 1). Für den Bereich der Konzerne (→ Vorb. Rn. 25–44) sind dies der Konzernabschluss,
der Teilkonzernabschluss, der Konzernlagebericht oder Teilkonzernlagebericht (§ 15 Abs. 2). Für die
Begriffe Jahresabschluss, Lagebericht, (Teil-)Konzernabschluss und (Teil-)Konzernlagebericht gelten die
Ausführungen zu § 17 (→ § 17 Rn. 25, 26, 51, 52, 53).

b) Offenlegung. Die **Offenlegung** ist nicht mehr in § 325 HGB legaldefiniert (→ § 17 Rn. 47).   **109**
Man versteht hierunter nach heute geltender Definition einen Vorgang der Informationsvermittlung an
einen unbestimmten Personenkreis, die im elektronischen Bundesanzeiger zu erfolgen hat (→ § 17
Rn. 48).

Die **Veröffentlichung** oder **Vervielfältigung** ist die Bekanntmachung in anderer Weise als durch   **110**
Offenlegung (→ Rn. 109). Sie ist regelmäßig entweder im Gesellschaftsvertrag oder in der Satzung
festgelegt.

c) Form und Inhalt. Die bei einer solchen Bekanntmachung einzuhaltende **Form** und der hierfür   **111**
notwendige **Inhalt** bestimmt sich nach § 328 HGB, der über § 9 Abs. 1 für die Jahresabschlüsse (→ § 17
Rn. 25) oder Lageberichte (→ § 17 Rn. 26) der Unternehmen nach dem PublG (→ Vorb. Rn. 3–24)
und über § 15 Abs. 2 für die Abschlüsse (→ § 17 Rn. 51, 53) und Lageberichte (→ § 17 Rn. 52, 53)
derartiger Konzerne (→ Vorb. Rn. 25–44) gilt.

7. § 20 Abs. 1 Nr. 6. Bezugsgegenstand des § 20 Abs. 1 Nr. 6 sind Rechtsverordnungen, die   **112**
aufgrund §§ 5 Abs. 3 PublG, 330 S. 1 HGB für Unternehmen (→ Vorb. Rn. 3–24) oder aufgrund §§ 13
Abs. 4 PublG, 330 S. 1 HGB für Konzerne oder Teilkonzerne (→ Vorb. Rn. 25–44) erlassen wurden
und auf § 20 Abs. 1 verweisen.

Gemäß § 330 S. 1 HGB ist das Bundesministerium der Justiz im Einvernehmen mit dem Bundes-   **113**
ministerium der Finanzen und dem Bundesministerium für Wirtschaft und Technologie ermächtigt,
durch Rechtsverordnung, die nicht der Zustimmung des Bundesrates bedarf, Formblätter vorzuschreiben oder andere Vorschriften für die Gliederung des Jahresabschlusses (→ § 17 Rn. 25) oder des
Konzernabschlusses (→ § 17 Rn. 51) oder den Inhalt des Anhangs, des Konzernanhangs, des Lageberichts (→ § 17 Rn. 26) oder des Konzernlageberichts (→ § 17 Rn. 52) zu erlassen, wenn der Geschäftszweig eine von den allgemeingültigen Regelungen des § 5 Abs. 1, Abs. 2, Abs. 2a, Abs. 4 und Abs. 5
oder § 13 Abs. 2 und Abs. 3 abweichende Gliederung des Jahresabschlusses oder des Konzernabschlusses
erfordert.

II. Ordnungswidrigkeiten im Vorfeld der Offenlegungspflicht
(§ 20 Abs. 2)

114   § 20 Abs. 2 betrifft bestimmte Versäumnisse der tauglichen Täter (→ Rn. 2–5) im Vorfeld der eigentlichen Offenlegungspflicht. Bezugspunkt sind somit Unternehmen (→ Vorb. Rn. 3–24) und/oder Konzerne (→ Vorb. Rn. 25–44), die die Voraussetzungen des § 1 Abs. 1 oder § 11 Abs. 1 noch nicht vollständig erfüllen, weil sie die dort genannten Schwellenwerte entweder erstmals oder jedenfalls noch nicht für drei aufeinander folgende Abschlussstichtage erfüllen.

115   **1. Tathandlung.** Tathandlung ist die Nichteinreichung (→ Rn. 116) oder die verspätete Einreichung (→ Rn. 117) der in § 2 Abs. 2 oder § 12 Abs. 2 vorgeschriebenen Erklärungen bei dem Betreiber des elektronischen Bundesanzeigers, damit dieser sie verarbeiten und veröffentlichen kann.

116   **Nicht eingereicht** sind die Erklärungen, wenn sie dem Adressaten gegenüber überhaupt nicht erfolgen. Für das Einreichen ist auf den Zugang bei der zuständigen Stelle abzustellen, so dass es auf eine Kenntnisnahme dort nicht ankommt. Die Mitteilung muss dabei in elektronischer Form des § 12 Abs. 2 HGB erfolgen (§§ 2 Abs. 2 S. 1, 12 Abs. 2 S. 1).

117   Die **Verspätung** bestimmt sich nach der zeitlichen Vorgabe des § 2 Abs. 2 und des § 12 Abs. 2. Danach müssen die Erklärungen unverzüglich, also – entsprechend der Legaldefinition des § 121 Abs. 1 S. 1 BGB – ohne schuldhaftes Zögern erfolgen. Dem Täter (→ Rn. 2–5) wird dadurch eine den Umständen des Einzelfalls angemessene Zeitspanne eingeräumt, in der er seiner Offenbarungspflicht nachkommen kann, ohne den Ordnungswidrigkeitentatbestand zu erfüllen.

118   **2. Pflichten des § 2 Abs. 2.** Gemäß § 2 Abs. 2 S. 1 müssen die gesetzlichen Vertreter (→ § 17 Rn. 6–8) eines Unternehmens (→ Vorb. Rn. 3–24), das erstmals für einen Abschlussstichtag mindestens zwei der drei Schwellenwerte des § 1 Abs. 1 (→ Vorb. Rn. 16–24) überschreitet und somit die Qualifikation als Großunternehmen zu erreichen scheint, dies dem Betreiber des elektronischen Bundesanzeigers elektronisch (§ 12 Abs. 2 HGB) mitteilen.

119   Eine entsprechende Erklärung ist nach § 2 Abs. 2 S. 2 auch für jeden der beiden folgenden Abschlussstichtage einzureichen, wenn auch zu diesen Zeitpunkten die Merkmale eines Großunternehmens erreicht sind.

120   Die gesetzlichen Vertreter (→ § 17 Rn. 6–8) haben die beiden vorstehenden Erklärungen überdies unverzüglich (→ Rn. 117) nach ihrer Einreichung im elektronischen Bundesanzeiger bekannt machen zu lassen (§ 2 Abs. 2 S. 3).

121   Soweit § 2 Abs. 2 S. 1 einen Verweis auf die Merkmale des § 1 Abs. 3 und § 2 Abs. 2 S. 2 auf die Merkmale des § 1 Abs. 3 oder Abs. 4 enthält und eine Erklärungspflicht hieran anknüpft, geht dies ins Leere, weil die Regelungen des § 1 Abs. 3 und 4 weggefallen sind. Eine redaktionelle Anpassung des § 2 Abs. 2 an die geltende Rechtslage wäre daher wünschenswert. Zu einer bußgeldrechtlichen Ahndung kann es schon aufgrund der diesbezüglich fehlenden Bestimmtheit der Ordnungswidrigkeitennorm nicht mehr kommen.

122   **3. Pflichten des § 12 Abs. 2.** § 12 Abs. 2 begründet für den Bereich der Konzerne (→ Vorb. Rn. 25–44) eine dem § 2 Abs. 2 entsprechende Pflicht zur Mitteilung an den elektronischen Bundesanzeiger (→ Rn. 118–121). Verpflichtet werden hierdurch die gesetzlichen Vertreter (→ § 17 Rn. 6–8) des jeweiligen Mutterunternehmens (→ Vorb. Rn. 27), für dessen Abschlussstichtag erstmals und/oder in den beiden folgenden Geschäftsjahren mindestens zwei der drei Schwellenwerte des § 11 Abs. 1 (→ Vorb. Rn. 37–44) überschritten sind (§ 12 Abs. 2 S. 1 und 2).

123   Über den Verweis in § 12 Abs. 2 S. 3 auf § 2 Abs. 2 S. 3 besteht für diese Mutterunternehmen (→ Vorb. Rn. 27) auch eine Pflicht zur unverzüglichen (→ Rn. 120, 117) elektronischen Bekanntmachung.

III. Subjektiver Tatbestand

124   Zur Tatbestandsverwirklichung ist in subjektiver Hinsicht, sowohl im Fall des § 20 Abs. 1, als auch im Fall des § 20 Abs. 2 **Vorsatz** erforderlich. Bedingter Vorsatz genügt insoweit. Eine fahrlässige Begehung ist nach dem Wortlaut des Gesetzes nicht bußgeldbewehrt und damit nicht sanktionierbar (§ 10 OWiG).

125   Die Irrtumsregelungen sind in § 11 OWiG enthalten. Die irrige Annahme eines der Tatbestandsmerkmale des § 20 führt zum **Tatbestandsirrtum** (§ 11 Abs. 1 OWiG), der vorliegend zur Folge hat, dass eine Sanktion gänzlich entfällt, weil der Versuch (→ Rn. 128) und die Fahrlässigkeit (→ Rn. 124) nicht mit Bußgeld bedroht sind. Ein Tatbestandsirrtum liegt insbes. vor, wenn der Täter (→ Rn. 2–5) über den Inhalt und die Reichweite der in § 20 in Bezug genommenen Bilanzierungsvorschriften irrt.

126   Fehlt dem Täter (→ Rn. 2–5) bei Begehung der Handlung die Einsicht, etwas Unerlaubtes zu tun, namentlich weil er das Bestehen oder die Anwendbarkeit einer Rechtsvorschrift nicht kennt, so handelt es sich um einen **Verbotsirrtum** gemäß § 11 Abs. 2 OWiG, bei dem es für die Frage der Verfolgbarkeit auf die Vermeidbarkeit ankommt.

C. Sonstiges

I. Vollendung, Beendigung und Versuch

Vollendung hinsichtlich § 20 Abs. 1 Nr. 1 und 2 in der Aufstellungsvariante tritt ein mit der Über- **127** nahme der Buchführungsergebnisse in den Jahres- (→ § 17 Rn. 25) oder Konzernabschluss (→ § 17 Rn. 51, 53). Die Feststellung des § 20 Abs. 1 Nr. 1 ist vollendet mit der Unterschriftsleistung oder Stimmabgabe. In § 20 Abs. 1 Nr. 3 und 4 vollendet die Versicherung die Aufstellung des (Konzern-) Lageberichts (→ § 17 Rn. 26, 52, 53). Bei § 20 Abs. 1 Nr. 5 bestimmt sich der Zeitpunkt der Vollendung nach den dort in Bezug genommenen Rechtsverordnungen.

Vor diesem Zeitpunkt käme nur eine Ahndung wegen **Versuchs** in Betracht, die vorliegend allerdings **128** ausscheidet, weil § 20 eine solche nicht vorsieht (§ 13 Abs. 2 OWiG).

Von **Beendigung** ist auszugehen, wenn der (Konzern-)Jahresabschluss (→ § 17 Rn. 25, 51, 53) und/ **129** oder (Konzern-)Lagebericht (→ § 17 Rn. 26, 52, 53) endgültig vorliegt. Die Feststellungsalternative des § 20 Abs. 1 Nr. 1 ist mit dem Ende der Abstimmung beendet.

In § 20 Abs. 1 Nr. 6 fallen Vollendung und Beendigung zusammen und liegen mit der Offenlegung **130** (→ Rn. 109), also mit der Bekanntmachung im elektronischen Bundesanzeiger gemäß § 325 Abs. 2 HGB, vor.

II. Verjährung

Die Frist für die **Verfolgungsverjährung** beträgt gemäß § 31 Abs. 2 Nr. 1 OWiG für beide Ord- **131** nungswidrigkeitentatbestände jeweils drei Jahre. Die **Vollstreckungsverjährung** hingegen richtet sich nach § 34 Abs. 2 OWiG und ist von der Höhe der tatsächlich verhängten Geldbuße abhängig.

III. Zuständigkeit

Für die Verfolgung von Ordnungswidrigkeiten ist gemäß § 35 Abs. 1 Hs. 1 OWiG grds. die **Ver-** **132** **waltungsbehörde** (§ 36 OWiG) zuständig. Im Anwendungsbereich des PublG ist Verwaltungsbehörde aufgrund gesetzlicher Anordnung gemäß §§ 36 Abs. 1 Nr. 1 OWiG, 20 Abs. 4 PublG das Bundesamt für Justiz.

Im Falle des **Einspruchs** des Betroffenen gegen den Bußgeldbescheid der Verwaltungsbehörde ist **133** gemäß § 68 Abs. 1 S. 1 OWiG das Amtsgericht, in dessen Bezirk die Verwaltungsbehörde ihren Sitz hat, zur Entscheidung berufen.

Gegen dessen Entscheidungen ist als **Rechtsmittel** unter den Voraussetzungen des § 79 OWiG oder **134** im Falle deren Zulassung durch das Beschwerdegericht (§ 80 OWiG) die Rechtsbeschwerde zu den Bußgeldsenaten des Oberlandesgerichts (§ 80a OWiG) gegeben.

IV. Sanktion (§ 20 Abs. 3)

Der in § 20 Abs. 3 festgelegte **Bußgeldrahmen** bewegt sich zwischen 5 EUR (§ 17 Abs. 1 OWiG) **135** und 50.000 EUR.

Abweichend hiervon kann unter den Voraussetzungen des § 17 Abs. 4 OWiG eine höhere Geldbuße **136** festgesetzt werden, wenn der Täter aus dem ordnungswidrigen Handeln einen feststellbaren wirtschaftlichen Vorteil zog.

V. Konkurrenzen

1. Mehrere Tathandlungen nach § 20. Sind mehrere der Ordnungswidrigkeitentatbestände des **137** § 20 erfüllt, können diese entweder in Tateinheit (§ 19 OWiG) oder in Tatmehrheit (§ 20 OWiG) stehen. Entscheidend ist jeweils, ob sie durch ein und dieselbe Handlung oder durch mehrere Handlungen verwirklicht werden.

Tatmehrheitlich verwirkte Geldbußen werden im Ordnungswidrigkeitenrecht – anders als im Straf- **138** recht – nicht mit einer nach den Regeln des § 53 StGB gebildeten Gesamtgeldbuße geahndet. Vielmehr wird für jeden Tatbestand eine eigene Geldbuße ausgeworfen und diese anschließend addiert (Kumulationsprinzip).

2. Zusammentreffen mit einer Straftat. Ist eine Handlung gleichzeitig iSv **Tateinheit** Straftat und **139** Ordnungswidrigkeit, so wird nur das Strafgesetz angewendet und von der Ordnungswidrigkeit abgesehen (§ 21 Abs. 1 S. 1 OWiG). Auf die in der Bußgeldvorschrift angedrohten Nebenfolgen kann jedoch daneben erkannt werden (§ 21 Abs. 1 S. 2 OWiG). Wird indes von der Verhängung einer Strafe nach dem Strafgesetz abgesehen, kann die Handlung als Ordnungswidrigkeit geahndet werden (§ 21 Abs. 2 OWiG).

140   Liegt hingegen zwischen Straf- und Ordnungswidrigkeitentatbestand **Tatmehrheit** vor, kann entweder neben der Strafe eine Geldbuße verhängt oder von der Verfolgung der Ordnungswidrigkeit gemäß § 47 Abs. 2 OWiG abgesehen werden.

141   **3. Besonderheit des § 30 OWiG.** § 30 OWiG ermöglicht es, gegen das Unternehmen (→ Vorb. Rn. 3–24) oder den Konzern (→ Vorb. Rn. 25–44) allein oder neben dem Täter des § 20 (→ Rn. 2–5) ein eigenständiges Bußgeld festzusetzen, wenn der Täter als vertretungsberechtigtes Organ einer juristischen Person oder als Mitglied eines solchen Organs (§ 30 Abs. 1 Nr. 1 OWiG) oder als vertretungsberechtigter Gesellschafter einer rechtsfähigen Personengesellschaft (§ 30 Abs. 1 Nr. 3 OWiG) eine Straftat oder Ordnungswidrigkeit beging, durch die Pflichten, welche die juristische Person oder die Personenvereinigung treffen, verletzt wurden oder die juristische Person oder die Personenvereinigung bereichert wurde oder werden sollte.

142   Die Bußgeldhöhe richtet sich nach § 30 Abs. 2, Abs. 3 OWiG.

620. Rennwett- und Lotteriegesetz (RennwLottG)

Vom 8. April 1922 (RGBl. I S. 393) BGBl. III/FNA 611-14

Zuletzt geändert durch Art. 236 Zehnte ZuständigkeitsanpassungsVO vom 31.8.2015 (BGBl. I S. 1474)

– Auszug –

§ 5 [Strafvorschriften]

(1) Wer ohne Erlaubnis ein Totalisatorunternehmen betreibt oder gewerbsmäßig Wetten abschließt oder vermittelt, wird mit Freiheitsstrafe bis zu zwei Jahren oder mit Geldstrafe bestraft.

(2) *[aufgehoben]*

§ 6 [Gewerbsmäßige Wetten]

(1) [1] Wer gewerbsmäßig zum Abschluß oder zur Vermittlung von Wetten auffordert oder sich erbietet oder Angebote zum Abschluß oder zur Vermittlung solcher Wetten entgegennimmt, wird mit Freiheitsstrafe bis zu sechs Monaten oder mit Geldstrafe bis zu einhundertachtzig Tagessätzen bestraft. [2] Unter dieses Verbot fallen nicht Aufforderungen, Erbieten und Angebote der zugelassenen Wettunternehmer sowie der Personen, deren sich die Wettunternehmer mit Genehmigung der nach Landesrecht zuständigen Behörde zum Abschluß und zur Vermittlung von Wetten bedienen, soweit diese Personen bei der Abwicklung von Wettgeschäften im Auftrag des Wettunternehmers handeln.

(2) *[aufgehoben]*

§ 7 [Bußgeldvorschriften]

(1) Ordnungswidrig handelt, wer als Buchmacher oder dessen Gehilfe außerhalb der Örtlichkeiten, für welche die Erlaubnis erteilt ist (§ 2 Abs. 2), Wetten abschließt oder vermittelt oder Angebote dazu entgegennimmt.

(2) Ordnungswidrig handelt ferner, wer
1. ohne zugelassener Unternehmer eines Totalisators oder zugelassener Buchmacher zu sein, außerhalb der Örtlichkeiten des Totalisatorunternehmens oder der Örtlichkeiten, für welche die Erlaubnis erteilt ist (§ 2 Abs. 2), öffentlich oder durch Verbreiten von Schriften, Ton- oder Bildträgern, Abbildungen oder Darstellungen zum Abschluß von Wetten auffordert,
2. gegen Entgelt Voraussagen über den Ausgang von Rennen verbreitet oder
3. in seinen Räumen, die für das Unternehmen eines Totalisators oder eines Buchmachers nicht zugelassen sind, den Abschluß oder die Vermittlung von Wetten duldet.

(3) Absatz 2 Nr. 2 gilt nicht für redaktionelle Veröffentlichungen in einer periodisch erscheinenden Druckschrift, soweit diese nicht ausschließlich oder überwiegend der Verbreitung von Voraussagen dient.

(4) Die Ordnungswidrigkeit kann mit einer Geldbuße bis zu fünftausend Euro geahndet werden.

§ 10 [Steuersatz für Totalisatorwetten]

(1) Von den am Totalisator gewetteten Beträgen hat der Unternehmer des Totalisators eine Steuer von 5 vom Hundert zu entrichten.

(2) Diese Steuer ist auch dann zu entrichten, wenn ausschließlich Mitglieder bestimmter Vereine zum Wetten zugelassen werden.

(3) Die Steuerschuld entsteht mit dem Schlusse der Annahme von Wetteinsätzen.

§ 11 [Steuersatz bei Buchmacherwetten]

(1) Der Buchmacher hat von jeder bei ihm abgeschlossenen Wette eine Steuer von 5 vom Hundert des Wetteinsatzes zu entrichten.

(2) Die Steuerschuld entsteht, wenn die Wette verbindlich geworden ist (§ 4 Abs. 2), spätestens jedoch mit der Entscheidung des Rennens, auf das sich die Wette bezieht.

§ 12 [Entstehen der Steuerschuld]

Die Steuerschuld entsteht ohne Rücksicht darauf, ob das Totalisatorunternehmen erlaubt oder der Buchmacher zugelassen war.

§ 13 [Steuerschuldner, Fälligkeit]

(1) [1]Steuerschuldner ist der Unternehmer des Totalisators (§ 1) oder der Buchmacher (§ 2). [2]Die Steuer ist innerhalb einer Woche nach Ablauf jedes halben Kalendermonats zu entrichten, sofern sie nicht durch Verwendung und Entwertung von Stempelzeichen erhoben wird.

(2) Der Reichsminister der Finanzen bestimmt, wie die Steuer entrichtet wird, insbesondere ob und in welcher Weise Stempelzeichen zu verwenden sind.

§ 16 [Totalisator]

(1) [1]Die Rennvereine, die einen Totalisator betreiben, erhalten vorbehaltlich des Absatzes 2 eine Zuweisung in Höhe von bis zu 96 vom Hundert des Aufkommens der Totalisatorsteuer nach § 10 und der Buchmachersteuer nach § 11. [2]Sie haben die Beträge zu Zwecken der öffentlichen Leistungsprüfungen für Pferde zu verwenden. [3]Die nach Landesrecht zuständigen Behörden setzen die Anteile der Rennvereine fest und treffen die erforderlichen Bestimmungen. [4]Die Anteile können für die einzelnen Rennvereine unterschiedlich bemessen werden. [5]Sie dürfen nicht über das hinausgehen, was erforderlich ist, um die Nettokosten der Durchführung der öffentlichen Leistungsprüfungen für Pferde durch den jeweiligen Rennverein zu decken.

(2) Absatz 1 findet keine Anwendung auf das Aufkommen der Totalisatorsteuer nach § 10, das mittels Erlaubnissen nach § 1 Absatz 4 erzielt wird, und auf das Aufkommen der Buchmachersteuer nach § 11, das durch den Abschluss oder die Vermittlung von Wetten aus Anlass von Pferderennen im Ausland erzielt wird.

§ 18 [Befreiungen]

Von der Besteuerung ausgenommen sind

1. Ausspielungen
   a) bei denen Ausweise nicht erteilt werden oder
   b) bei denen der Gesamtpreis der Lose einer Ausspielung den Wert von 650 Euro nicht übersteigt,
   es sei denn, daß der Veranstalter ein Gewerbetreibender oder Reisegewerbetreibender im Sinne des Gewerberechts ist oder daß die Gewinne ganz oder teilweise in barem Geld bestehen;
2. von den zuständigen Behörden genehmigte Lotterien und Ausspielungen, bei denen der Gesamtpreis der Lose einer Lotterie oder Ausspielung
   a) bei Lotterien und Ausspielungen zu ausschließlich gemeinnützigen, mildtätigen oder kirchlichen Zwecken den Wert von 40 000 Euro,
   b) in allen anderen Fällen den Wert von 240 Euro
nicht übersteigt.

§ 22 [Entrichtung der Steuer]

Der Reichsminister der Finanzen bestimmt, wie die Steuer zu entrichten ist, insbesondere ob und in welcher Weise Stempelzeichen zu verwenden sind.

§ 23 [Hinterziehung]

Wegen Hinterziehung wird auch bestraft, wer im Inland den Vertrieb unversteuerter (§ 21) ausländischer Lose oder ausländischer Ausweise über Ausspielungen besorgt.

625. Verordnung über Höchstmengen an Rückständen von Pflanzenschutz- und Schädlingsbekämpfungsmitteln, Düngemitteln und sonstigen Mitteln in oder auf Lebensmitteln (Rückstands-Höchstmengenverordnung – RHmV)

In der Fassung der Bekanntmachung vom 21. Oktober 1999 (BGBl. I S. 2082, ber. 2002 S. 1004)
FNA 2125-40-55

Zuletzt geändert durch Art. 3 VO zur Begrenzung von Kontaminanten und zur Änd. und Aufheb. anderer lebensmittelrechtl. VOen vom 19.3.2010 (BGBl. I S. 286)

– Auszug –

Vorbemerkung

1   Die RHmV setzt in § 1 iVm den dort genannten Anlagen **Höchstmengen an Rückständen von Pflanzenschutz- und Schädlingsbekämpfungsmitteln** fest, die in oder auf Lebensmitteln (→ LFGB Vorb. Rn. 37 ff.) beim gewerbsmäßigen (→ Vorb. LFGB Rn. 30) Inverkehrbringen (→ Vorb. LFGB Rn. 45) nicht überschritten sein dürfen. Vgl. zur Aufgabe der RHmV und zu den Rechtsfolgen bei Überschreitung der Höchstwerte auch → LFGB § 59 Rn. 10 ff. Insoweit setzt die RHmV gemein-schaftsrechtliche Rechtsakte (vgl. die Nachw. bei Zipfel/Rathke LebensmittelR/*Rathke* Vorb. RHmV Rn. 18 ff.) in nationales Recht um, trifft insoweit aber auch abweichende Bestimmungen (vgl. § 3a). In § 2 wird die **Bestimmung der Höchstmengen bei zusammengesetzten Lebensmitteln** konkreti-siert, § 3 trifft Regelungen wie mit Lebensmittel, bei denen überhöhte Rückstände gegeben sind, zu verfahren ist. Insbesondere wird in § 3 Abs. 4 eine **besondere Kennzeichnungspflicht** statuiert. Weitere besondere Kennzeichnungspflichten sieht § 3b bei der Behandlung von Zitrusfrüchten mit Thiabendazol vor. Zur **Art und Weise der Kennzeichnung** (vgl. § 3b Abs. 3 S. 1) kann auf die Ausführungen in der Kommentierung der LMKV (= Nr. 502 des Kommentars, dort → Vorb. LMKV § 10 Rn. 3) verwiesen werden.

2   Die RHmV – insbesondere auch die Straftatbestände in § 5 – wurden durch die Verordnung zur Begrenzung von Kontaminanten in Lebensmitteln und zur Änderung oder Aufhebung anderer lebens-mittel-rechtlicher Verordnungen v. 19.3.2010 (BGBl. I 286) **mit Wirkung v. 27.3.2010 nicht un-erheblich geändert.** Die bisher in § 5 Abs. 1 und 1a RHmV aF sowie in § 5 Abs. 4 RHmV aF enthaltenen Tatbestände bei Verstößen gegen Vorschriften der Verordnung (EG) Nr. 1881/2006 wurden aufgehoben und in die KmV (= Nr. 440 des Kommentars) überführt. Bei den verbleibenden Straf- und Bußgeldtatbestände handelt es sich um Blankettvorschriften (→ Vorb. LFGB Rn. 19 ff.), die nunmehr nur noch durch die vorausgehenden Vorschriften der RHmV ausgefüllt werden.

§ 5 Straftaten und Ordnungswidrigkeiten

(1) Nach § 59 Abs. 1 Nr. 21 Buchstabe a des Lebensmittel- und Futtermittelgesetzbuches wird bestraft, wer entgegen § 3b Abs. 1 bei der gewerbsmäßigen Abgabe von Lebensmitteln an den Verbraucher den Gehalt des Stoffes nicht, nicht richtig, nicht vollständig oder nicht in der vorgeschriebenen Weise kenntlich macht.

(2) Nach § 59 Abs. 1 Nr. 21 Buchstabe b des Lebensmittel- und Futtermittelgesetzbuches wird bestraft, wer entgegen § 1 Abs. 6 Satz 1, auch in Verbindung mit § 2, Lebensmittel in den Verkehr bringt.

(3) Wer eine in Absatz 1 oder 2 bezeichnete Handlung fahrlässig begeht, handelt nach § 60 Abs. 1 des Lebensmittel- und Futtermittelgesetzbuches ordnungswidrig.

(3a) *[aufgehoben]*

(4) Ordnungswidrig im Sinne des § 60 Abs. 2 Nr. 26 Buchstabe a des Lebensmittel- und Futtermittelgesetzbuches handelt, wer vorsätzlich oder fahrlässig entgegen § 3 Abs. 4 Le-bensmittel nicht oder nicht in der vorgeschriebenen Weise kenntlich macht.

1   **1. Straftaten nach § 5 Abs. 1 und Abs. 2. § 5 Abs. 1** stellt durch die **Rückverweisung auf § 59 Abs. 1 Nr. 21 Buchst. a LFGB** (→ LFGB § 59 Rn. 58) **vorsätzliche** (→ LFGB § 58 Rn. 47 ff.) **Verstöße** gegen die aus **§ 3b Abs. 1 folgende besondere Kennzeichnungspflicht** (→ Vorb. Rn. 2) unter Strafe. § 59 Abs. 1 LFGB sieht zur Ahndung von Straftaten iSv § 5 Abs. 1 **Geldstrafe oder**

Freiheitsstrafe bis zu einem Jahr vor (→ LFGB § 59 Rn. 83 f.). Die Qualifikation des § 59 Abs. 4 LFGB (→ LFGB § 59 Rn. 74a) findet keine Anwendung. Neben der Verhängung von Geld- oder Freiheitsstrafe kommen als weitere Rechtsfolgen die **Einziehung** der Tatgegenstände (vgl. hierzu § 61 LFGB), der **Verfall** des Täterlöses (§§ 73 ff. StGB) und die Anordnung eines **Berufsverbotes** (§§ 70 ff. StGB; BGH LMRR 2007, 84) in Betracht. Zu den Konkurrenzen → LFGB § 59 Rn. 85.

Die nämlichen Rechtsfolgen sieht § 5 Abs. 2 durch **Rückverweisung auf § 59 Abs. 1 Nr. 21** **2** **Buchst. b LFGB** für **vorsätzliche Verstöße** gegen das **Verkehrsverbot des § 1 Abs. 6** vor. Dieses neben den Verkehrsverboten des § 9 LFGB (→ LFGB § 59 Rn. 10 ff.) stehende Verbot ist gegeben, wenn die Überschreitung der Rückstandshöchstmengen von Einwirkungen aus der Umwelt und nicht aus der Behandlung der Lebensmittel mit Pflanzenschutzmitteln etc herrührt.

2. Ordnungswidrigkeiten nach § 5 Abs. 3 und Abs. 4. Mit der **Rückverweisung auf § 60** **3** **Abs. 1 LFGB** (→ LFGB § 60 Rn. 4 f.) in § 5 Abs. 3 wird die **fahrlässige Begehung** (→ LFGB § 58 Rn. 60 ff.) der in § 5 Abs. 1 und 2 bezeichneten Handlungen als Ordnungswidrigkeit definiert. Hinsichtlich des objektiven Tatbestandes → Rn. 1 f. Die Verordnung wurde bisher noch nicht an das abgestufte System in § 60 Abs. 1 u. 5 LFGB (→ LFGB § 60 Rn. 31 f.) angepasst, das mit dem Gesetz zur Änderung des Lebensmittel- und Futtermittelgesetzbuchs sowie anderer Vorschriften v. 29.6.2009 (BGBl. I 1659), das am 4.7.2009 in Kraft getreten ist (→ Vorb. LFGB Rn. 6), eingeführt wurde. Da die in § 5 Abs. 1 u. 2 bezeichneten Handlungen Straftaten nach § 59 Abs. 1 Nr. 21 LFGB darstellen, wird der **Verweis in § 5 Abs. 3 als solcher auf § 60 Abs. 1 Nr. 2 LFGB zu verstehen sein.** Danach können Ordnungswidrigkeiten iSv § 5 Abs. 3 nach der ab dem 4.8.2011 geltenden Fassung des § 60 Abs. 5 Nr. 2 LFGB (vgl. zur Änderung der Geldbußenrahmen in § 60 Abs. 5 LFGB → LFGB § 60 Rn. 32) mit Geldbuße bis zu 50.000 EUR geahndet werden. Im Übrigen gelten für die Bemessung der Geldbuße die Vorgaben von § 17 Abs. 3 und 4 OWiG. Zu den weiteren Rechtsfolgen → LFGB § 60 Rn. 33 f.

Mit der **Rückverweisung auf § 60 Abs. 2 Nr. 26 Buchst. a LFGB** (→ LFGB § 60 Rn. 20) in § 5 **4** Abs. 4 werden **vorsätzliche** (→ LFGB § 58 Rn. 47 ff.) und **fahrlässige** (→ LFGB § 58 Rn. 60 ff.) Verstöße gegen die Kennzeichnungspflichten nach § 3 Abs. 4 (→ Vorb. Rn. 2) als Ordnungswidrigkeit definiert. Ordnungswidrigkeiten nach diesen Tatbeständen können bei vorsätzlichen **Verstößen** nach der ab dem 4.8.2011 geltenden Fassung des § 60 Abs. 5 Nr. 2 LFGB (vgl. zur Änderung der Geldbußenrahmen in § 60 Abs. 5 LFGB → LFGB § 60 Rn. 32) mit Geldbuße bis zu 50.000 EUR geahndet werden; handelt der Betroffene fahrlässig sieht das Gesetz Geldbuße bis 25.000 EUR (§ 17 Abs. 2 OWiG) vor.

630. Gesetz zur Durchführung der Rechtsakte der Europäischen Gemeinschaft über die besondere Etikettierung von Rindfleisch und Rindfleischerzeugnissen und über die Verkehrsbezeichnung und Kennzeichnung von Fleisch von bis zu zwölf Monate alten Rindern (Rindfleischetikettierungsgesetz – RiFlEtikettG)

Vom 26. Februar 1998 (BGBl. I S. 380) FNA 7847-19

Zuletzt geändert durch Art. 1 Viertes ÄndG vom 8.7.2015 (BGBl. I S. 1165)

– Auszug –

Vorbemerkung

1   Das RiFlEtikettG dient der **Durchführung der Rechtsakte der Europäischen Gemeinschaft** über die Etikettierung von Rindfleisch und Rindfleischerzeugnissen sowie über die Verkehrsbezeichnung und Kennzeichnung von Fleisch von bis zu zwölf Monate alten Rindern (§ 1), die im Zuge der **BSE-Krise** ergangen sind, um das Vertrauen der Verbraucher in die Qualität von Rindfleisch und Rindfleischerzeugnissen zu stärken und deren **Irreführungen zu vermeiden,** ein **hohes Schutzniveau der öffentlichen Gesundheit** zu erhalten sowie die **Stabilität des Rindfleischmarktes** dauerhaft zu verbessern. Entsprechende gemeinschaftsrechtliche Vorschriften fanden sich zunächst in der VO (EG) Nr. 820/97. Diese wurde durch die – nunmehr maßgebliche – **VO (EG) Nr. 1760/2000** des Europäischen Parlaments und des Rates v. 17.7.2000 zur Einführung eines Systems zur Kennzeichnung und Registrierung von Rindern und über die Etikettierung von Rindfleisch und Rindfleischerzeugnissen sowie zur Aufhebung der VO (EG) Nr. 820/97 des Rates ersetzt. Neben die VO (EG) Nr. 1760/2000 treten die **VO (EG) Nr. 1825/2000** der Kommission v. 25.8.2000 mit Durchführungsvorschriften zur VO (EG) Nr. 1760/2000 des Europäischen Parlaments und des Rates hinsichtlich der Etikettierung von Rindfleisch und Rindfleischerzeugnissen, die **VO (EG) Nr. 911/2004** der Kommission v. 29.4.2004 zur Umsetzung der VO (EG) Nr. 1760/2000 des Europäischen Parlaments und des Rates in Bezug auf Ohrmarken, Tierpässe und Bestandsregister, die **VO (EG) Nr. 1082/2003** der Kommission v. 23.6.2003 mit Durchführungsvorschriften zur VO (EG) Nr. 1760/2000 des Europäischen Parlaments und des Rates für die Mindestkontrollen im Rahmen des Systems zur Kennzeichnung und Registrierung von Rindern sowie die ursprünglich noch auf VO (EG) Nr. 820/97 gestützte **VO (EG) Nr. 494/98** der Kommission v. 27.2.1998 mit Durchführungsvorschriften zu der VO (EG) Nr. 820/97 des Rates im Hinblick auf die Anwendung von verwaltungsrechtlichen Mindestsanktionen im Rahmen des Systems zur Kennzeichnung und Registrierung von Rindern.

2   Ausgehend vom Zweck der VO (EG) Nr. 1760/2000 (→ Rn. 1) wurde durch diese einerseits für die Stufe der Erzeugung ein **System zur Kennzeichnung und Registrierung für Rinder** (Art. 3–6 VO (EG) Nr. 1760/2000) eingeführt und andererseits für die Stufe der Vermarktung eine besondere, auf objektiven Kriterien beruhende gemeinschaftliche **Etikettierungsregelung für den Rindfleischsektor** geschaffen (Art. 11–20 VO (EG) Nr. 1760/2000), um bei der Vermarktung von Rindfleisch ein Höchstmaß an Transparenz sicherzustellen. Dadurch soll der Verbraucher durch eine angemessene und klare Etikettierung über die Erzeugnisse informiert werden. Darüber hinaus werden die **Mitgliedstaaten verpflichtet,** einerseits einen zügigen und wirksamen **Informationsaustausch** untereinander zu gewährleisten, andererseits angemessene und wirksame **Kontrollen** durchzuführen und bei Verstößen gegen diese Verordnung **angemessene Sanktionen** vorzusehen. Dem dienen auf nationaler Ebene die Vorschriften des RiFlEtikettG, die durch die **Verordnung über die Etikettierung von Rindfleisch** (Rindfleischetikettierungsverordnung – RiFlEtikettV) und die **Verordnung zur Durchführung des Rindfleischetikettierungsrechts** (Rindfleischetikettierungs-Strafverordnung – RiFlEtikettStrV) konkretisiert und ergänzt werden. Die maßgeblichen **Begriffsbestimmungen** finden sich insoweit in Art. 2, 3 und 12 der VO (EG) Nr. 1760/2000, in Art. 1a der VO (EG) Nr. 1825/2000 und in § 1 der RiFlEtikettV.

§ 10 Strafvorschriften

(1) Mit Freiheitsstrafe bis zu einem Jahr oder mit Geldstrafe wird bestraft, wer einer unmittelbar geltenden Vorschrift in Rechtsakten der Europäischen Gemeinschaft oder der Europäischen Union im Anwendungsbereich des § 1 Abs. 1 zuwiderhandelt, soweit eine Rechtsverordnung nach Absatz 3 für einen bestimmten Tatbestand auf diese Strafvorschrift verweist.

(2) Der Versuch ist strafbar.

(3) Das Bundesministerium wird ermächtigt, soweit es zur Durchsetzung der Rechtsakte der Europäischen Gemeinschaft oder der Europäischen Union erforderlich ist, durch Rechtsverordnung ohne Zustimmung des Bundesrates die Tatbestände zu bezeichnen, die als Straftat nach Absatz 1 zu ahnden sind.

1. Allgemeines. Mit § 10 Abs. 1 statuiert der Gesetzgeber eine dem § 58 Abs. 3 LFGB entsprechen- **1** de **Öffnungsklausel** hinsichtlich unmittelbar geltender Vorschriften des Gemeinschaftsrechts. Zum Zweck und der Anwendung solcher Öffnungsvorschriften → LFGB § 58 Rn. 41 ff. Die dortigen Ausführungen gelten für den vorliegenden Straftatbestand sinngemäß. Entsprechende Tatbestände mit Rückverweisung finden sich in der **RiFlEtikettStrV** (→ Vorb. Rn. 2).

Mit Blick auf die tatbestandsmäßige Weite von § 10 Abs. 1 iVm § 1 Abs. 1 wurden allerdings Bedenken hinsichtlich der Bestimmtheit des Tatbestandes geäußert (vgl. LG Berlin NZWiSt 2016, 112; s. auch *Bülte* NZWiSt 2016, 117; *Hoven* NStZ 2016, 377). Mit Beschluss v. 21.9.2016 (2 BvL 1/15) hat das BVerfG festgestellt, dass die Vorschrift mit Art. 103 Abs. 2 GG und Art. 80 Abs. 1 S. 2 GG unvereinbar und nichtig ist. Bis auf Weiteres sind Verstöße gegen die VO daher nicht strafbar.

2. Die Tatbestände der RiFlEtikettStrV. Die ursprünglich drei Straftatbestände der RiFlEti- **2** kettStrV **differenzierten** zunächst in §§ 1, 2 RiFlEtikettStrV zwischen den beiden in den **Art. 11 ff. VO (EG) Nr. 1760/2000 vorgesehenen Etikettierungsystemen,** dem **Gemeinschaftssystem** zur obligatorischen Etikettierung von Rindfleisch (Art. 13–15 VO (EG) Nr. 1760/2000) und dem **Freiwilligen Etikettierungssystem** (Art. 16–18 VO (EG) Nr. 1760/2000). Während bei den Verstößen gegen die Vorschriften des Gemeinschaftssystems zur obligatorischen Etikettierung das Unterlassen der jeweiligen Etikettierung bzw. die falsche, nicht vollständige oder nicht rechtzeitige Etikettierung strafbewehrt ist (§ 1 RiFlEtikettStrV), war nach § 2 RiFlEtikettStrV der strafbar, der sich des Freiwilligen Etikettierungssystems bedient, ohne dass die diesbezüglichen in Art. 16, 17 VO (EG) Nr. 1760/2000 aufgestellten Voraussetzungen, namentlich im Hinblick auf die insoweit erforderliche Genehmigung nach Art. 16 VO (EG) Nr. 1760/2000 gegeben sind. Zur Verantwortlichkeit im Lebensmittelstrafrecht → Vorb. LFGB Rn. 29 ff. Der mWz 1.7.2010 eingefügte § 2a RiFlEtikettStrV dient demgegenüber der Durchsetzung der Angaben bei der Etikettierung von Fleisch von bis zu zwölf Monate alten Rindern. § 2 RiFlEtikettStrV wurde mWz 1.8.2015 aufgehoben.

a) Verstoß gegen die Etikettierungspflichten nach Art. 13 ff. VO (EG) Nr. 1760/2000 (§ 1 **3** **RiFlEtikettStrV).** Nach § 1 RiFlEtikettStrV iVm § 10 Abs. 1 RiFlEtikettG macht sich der **Marktteilnehmer** (vgl. § 2 Abs. 1 Nr. 2 UWG bzw. die Verantwortlichen von Organisationen iSv Art. 12 Spiegelstrich 3 VO (EG) Nr. 1760/2000 strafbar, wenn sie Rindfleisch usw in der Gemeinschaft vermarkten, ohne den in Art. 13 bzw. 15 VO (EG) Nr. 1760/2000 sowie in den weiteren in § 1 RiFlEtikettStrV angeführten Vorschriften statuierten **Anforderungen an die Etikettierung** zu entsprechen. § 1 RiFlEtikettStrV unterscheidet insoweit zwischen der Vermarktung von **Rindfleisch** (§ 1 Abs. 1 Nr. 1 RiFlEtikettStrV; vgl. Art. 12 Spiegelstrich 1 VO (EG) Nr. 1760/2000 iVm Anhang I Teil XV zur VO (EG) Nr. 1234/2007); **Rinderhackfleisch** (§ 1 Abs. 1 Nr. 2 RiFlEtikettStrV; vgl. Art. 1a Buchst. a VO (EG) Nr. 1825/2000) und in die Gemeinschaft **eingeführtes Rindfleisch** (§ 1 Abs. 1 Nr. 3 RiFlEtikettStrV), für die jeweils nach Maßgabe der Art. 13–15 VO (EG) Nr. 1760/2000 **unterschiedliche Anforderungen** an die Etikettierung gestellt werden.

(einstweilen frei) **4**

b) Verstoß gegen die Etikettierungspflichten bei Fleisch von bis zu zwölf Monaten alten **4a** **Rindern (§ 2a RiFlEtikettStrV).** Mit der mWz 1.7.2010 eingefügten Vorschrift werden Verstöße gegen die in § 2a RiFlEtikettStrV näher beschriebenen Pflichten im Zusammenhang mit der Etikettierung von Fleisch von bis zu zwölf Monaten alten Rindern unter Strafe gestellt. Indes ging der Verweis in § 2a Abs. 1 RiFlEtikettStrV zeitweise ins Leere, da der dort in Bezug genommene Anhang XIa der VO (EG) Nr. 1234/2007 mWz 1.1.2014 aufgehoben wurde. Ein entsprechender Anhang findet sich jetzt allerdings in Anhang VII Teil 1 der VO (EU) Nr. 1308/2013 (→ LFGB Vor §§ 59–61 Rn. 25). Zwischenzeitlich wurde § 2a RiFlEtikettStrV mWz 1.8.2015 der neuen Rechtslage angepasst. Darüber hinaus macht sich nach § 2a Abs. 2 RiFlEtikettStrV der Inhaber eines Schlachtbetriebes strafbar, wenn er gegen die aus Art. 4 Abs. 1 VO (EG) Nr. 566/2008 folgenden Kennzeichnungspflichten verstößt.

3. Subjektiver Tatbestand und Versuch. Nach §§ 1, 2 RiFlEtikettStrV iVm § 10 Abs. 1 RiFlEti- **5** kettG macht sich nur strafbar, wer **vorsätzlich** handelt. Hierbei reicht **bedingter Vorsatz** aus. Zu den Anforderungen an den Vorsatz im Lebensmittelstrafrecht → LFGB § 58 Rn. 47 ff. Die dortigen Ausführungen gelten insoweit hier sinngemäß. Nach § 10 Abs. 2 ist auch der Versuch des Verstoßes gegen die Etikettierungspflichten strafbar. Vgl. insoweit die Ausführungen bei → LFGB § 58 Rn. 53, die vorliegend sinngemäß gelten.

4. Rechtsfolgen. § 10 Abs. 1 sieht **Freiheitsstrafe bis zu einem Jahr oder Geldstrafe** vor. Der **6** Strafrahmen bestimmt sich dabei nach den allgemeinen Vorschriften der §§ 38 ff. StGB. Für die

Zumessung der Strafe werden insbesondere der Grad der Gefährdung des geschützten Rechtsguts, die Art der Ausführung und die tatursächlichen Motive von Bedeutung sein. Trotz der in den letzten Jahren in der Öffentlichkeit diskutierten Lebensmittelskandale sollten generalpräventive strafschärfende Strafzumessungsüberlegungen restriktiv gehandhabt werden. Neben der Verhängung von Geld- oder Freiheitsstrafe kommen als weitere Rechtsfolgen die **Einziehung** der Tatgegenstände (→ § 12 Rn. 1 ff.), der **Verfall** des Täterlöses (§§ 73 ff. StGB) und die Anordnung eines Berufsverbotes (§§ 70 ff. StGB; BGH LMRR 2007, 84) in Betracht. Zu den Konkurrenzen → LFGB § 59 Rn. 85.

§ 11 Bußgeldvorschriften

(1) Ordnungswidrig handelt, wer eine der in § 10 Abs. 1 bezeichneten Handlungen fahrlässig begeht.

(2) Ordnungswidrig handelt, wer vorsätzlich oder fahrlässig

1. *(aufgehoben)*
2. entgegen § 4a Abs. 3 Nr. 1 oder 2, jeweils auch in Verbindung mit Abs. 4 eine dort genannte Maßnahme nicht duldet oder bei einer Besichtigung nicht mitwirkt oder
3. einer Rechtsverordnung nach § 3a Abs. 3, § 4a Abs. 6 oder § 8 Abs. 1 oder einer vollziehbaren Anordnung auf Grund einer solchen Rechtsverordnung zuwiderhandelt, soweit die Rechtsverordnung für einen bestimmten Tatbestand auf diese Bußgeldvorschrift verweist.

(3) Die Ordnungswidrigkeit kann in den Fällen des Absatzes 1 mit einer Geldbuße bis zu fünfundzwanzigtausend Euro in den übrigen Fällen mit einer Geldbuße bis zu zehntausend Euro geahndet werden.

1   **1. Ordnungswidrigkeiten nach § 11 Abs. 1.** Nach § 11 Abs. 1 handelt der ordnungswidrig, der die in § 10 Abs. 1 bezeichneten Handlungen fahrlässig begeht. Insoweit kann hinsichtlich der jeweils maßgeblichen objektiven Tatbestände auf die Kommentierung zu § 10 (→ § 10 Rn. 2 ff.) verwiesen werden.

2   **2. Ordnungswidrigkeiten nach § 11 Abs. 2. § 4a Abs. 3** sieht im Verwaltungsverfahren verschiedene **Duldungs-, Mitwirkungs- und Übermittlungspflichten** der **Verantwortlichen in Betrieben,** die Fleisch, genießbare Schlachtnebenerzeugnisse, Zubereitungen von Fleisch oder Zubereitungen von genießbaren Schlachtnebenerzeugnissen in den Verkehr bringen, und bei **privaten Kontrollstellen** während der Geschäfts- und Betriebszeit vor, um die Überwachung der Einhaltung der Vorschriften des RiFlEtikettG sicherzustellen. Verstöße gegen diese Pflichten sind nach **§ 11 Abs. 2 Nr. 2** bußgeldbewehrt.

3   **§ 11 Abs. 2 Nr. 3** stellt eine **Blankettvorschrift mit Rückverweisungsklausel** (→ Vorb. LFGB Rn. 26) dar. Die maßgeblichen rückverweisenden Bußgeldtatbestände finden sich dabei in **§ 10 RiFlEtikettV.** Dort werden verschiedene Verstöße gegen Vorschriften der RiFlEtikettV als Ordnungswidrigkeiten definiert. Die bisher in § 10 Nr. 3–8 enthaltenen Tatbestände wurden mWz 1.8.2015 aufgehoben.

4   Die in **§ 10 Nr. 1 und 2 RiFlEtikettV** näher umschriebenen Pflichtverstöße bestehen im Zusammenhang mit den **Aufzeichnungs- und Aufbewahrungspflichten,** die den Marktteilnehmer (vgl. Art. 12 VO (EG) Nr. 1760/2000) nach § 2 RiFlEtikettV treffen, um die Herkunft und Verbleib von Schlachttieren und Fleisch nachvollziehen zu können. Erfüllt der Aufzeichnungspflichtige die ihm obliegenden Pflichten nicht, ist der Tatbestand des § 10 Nr. 1 RiFlEtikettV erfüllt. Werden die Aufbewahrungspflichten verletzt, ist der der Tatbestand des § 10 Nr. 2 RiFlEtikettV verwirklicht.

5   Nach § 9a RiFlEtikettV bestehen bei Schlachtkörpern von weniger als zwölf Monate alten Rindern bestimmte Kennzeichnungspflichten nach Maßgabe von § 3 Rinderschlachtkörper-Handelsklassenverordnung, die den Marktteilnehmer (Rn. 4) treffen. Zudem bestehen für diesen nach § 9b RiFlEtikettV bestimmte Auslobungspflichten. Verstöße gegen diese Pflichten sind in § 10 Nr. 9, 10 RiFlEtikettV als Ordnungswidrigkeiten definiert.

6   **3. Subjektiver Tatbestand.** Während die Bußgeldtatbestände in § 11 Abs. 1 nur bei fahrlässigem Handeln verwirklicht sind, erfasst § 11 Abs. 2 sowohl das vorsätzliche als auch das fahrlässige Handeln. Hinsichtlich den Voraussetzungen des vorsätzlichen Handelns → LFGB § 58 Rn. 47 ff.; hinsichtlich der Voraussetzungen fahrlässigen Handelns → LFGB § 58 Rn. 60 ff.

7   **4. Rechtsfolgen.** Nach § 11 Abs. 3 können die Ordnungswidrigkeiten nach **§ 11 Abs. 1 mit Geldbuße bis zu 25.000 EUR** und solche nach **§ 11 Abs. 2 mit Geldbuße bis zu 10.000 EUR** geahndet werden. Insoweit ist zu beachten, dass die Ordnungswidrigkeiten nach § 11 Abs. 2 sowohl vorsätzlich als auch fahrlässig verwirklicht werden können. Hinsichtlich der Ordnungswidrigkeiten nach § 11 Abs. 2 reduziert sich daher der Höchstbetrag der Geldbuße für fahrlässiges Handeln auf die Hälfte der angedrohten Geldbuße **(§ 17 Abs. 2 OWiG),** mithin auf 5.000 EUR. Im Übrigen gelten für die

Bemessung der Geldbuße die Vorgaben von § 17 Abs. 3 und 4 OWiG. Daneben kommt die **Einziehung** nach § 12 (→ § 12 Rn. 1 ff.) in Betracht.

§ 12 Einziehung

[1] **Ist eine Straftat nach § 10 Abs. 1 oder 2 oder eine Ordnungswidrigkeit nach § 11 Abs. 1 oder 2 begangen worden, so können Gegenstände, auf die sich die Straftat oder Ordnungswidrigkeit bezieht, und Gegenstände, die zu ihrer Begehung oder Vorbereitung gebraucht worden oder bestimmt worden sind, eingezogen werden.** [2] **§ 74a des Strafgesetzbuches und § 23 des Gesetzes über Ordnungswidrigkeiten sind anzuwenden.**

Nach §§ 74 ff. StGB ist die Einziehung solcher Gegenstände möglich, die durch die Tat hervorgebracht wurden **(producta sceleris)** oder die zur Begehung bzw. Vorbereitung der Tat gebraucht worden oder bestimmt gewesen sind **(Tatmittel; instrumenta sceleris).** Nicht von § 74 Abs. 1 StGB erfasst werden die sog **Beziehungsgegenstände,** sprich solche, die notwendiger Gegenstand der Tat selbst sind (vgl. allgemein Fischer StGB § 74 Rn. 10). Diese können aber **nach § 12 S. 1 Alt. 1** eingezogen werden, soweit die weiteren **Voraussetzungen des § 74 Abs. 2 und 3 StGB** bzw. des **§ 22 Abs. 2 und 3 OWiG** gegeben sind (vgl. § 74 Abs. 4 StGB; Zipfel/Rathke LebensmittelR/*Dannecker* LFGB § 61 Rn. 50 mwN). Neben der Erstreckung auf die Beziehungsgegenstände in § 12 S. 1 Alt. 1 kommt § 12 S. 1 Alt. 2 eigenständige Bedeutung nur bei Ordnungswidrigkeiten nach § 11 zu, da insoweit **für Tatmittel** die nach § 22 Abs. 1 OWiG erforderliche Zulassung gegeben ist. 1

Gegenstände iSv § 12 sind dabei wie auch bei § 74 StGB einerseits **Sachen.** Darüber hinaus sind von diesem Tatbestandsmerkmal aber **auch nicht körperliche Gegenstände, insbesondere Rechte,** erfasst (BGH NStZ 1991, 456; OLG Karlsruhe NJW 1974, 710). Zwischen dem Gegenstand und der Tat muss eine **unmittelbare Beziehung** bestehen. Fehlt es daran, scheidet eine Einziehung nach § 12 aus. Beziehungsgegenstände iSv § 12 sind dabei sämtliche Handlungsobjekte der vorausgehenden Straf- und Bußgeldvorschriften (vgl. Zipfel/Rathke LebensmittelR/*Dannecker* LFGB § 61 Rn. 45 ff.). 2

Grundsätzlich für jede Form der Einziehung gilt, dass nur solche Gegenstände eingezogen werden können, wenn der Täter oder Teilnehmer zur Zeit der letzten tatrichterlichen Entscheidung (BGHZ 8, 12) **Eigentümer oder Rechtsinhaber** ist (§ 74 Abs. 2 Nr. 1 StGB; § 22 Abs. 2 Nr. 1 OWiG). Ausnahmen sehen zunächst § 74 Abs. 2 Nr. 2 StGB; § 22 Abs. 2 Nr. 2 OWiG vor (sog Sicherungseinziehung, vgl. Fischer StGB § 74 Rn. 13 ff.). Darüber hinaus ist eine **Dritteinziehung** unter den Voraussetzungen der § 74a StGB, § 23 OWiG nach **richterlichem Ermessen** zulässig. Erforderlich ist insoweit, dass das Gesetz auf die entsprechende Vorschrift verweist. Dem entspricht § 12 S. 2. 3

635. Gesetz zur Ausführung der Verordnung (EG) Nr. 1435/2003 des Rates vom 22. Juli 2003 über das Statut der Europäischen Genossenschaft (SCE) (SCE-Ausführungsgesetz – SCEAG)

Vom 14. August 2006 (BGBl. I S. 1911) FNA 4125-11

Zuletzt geändert durch Art. 18 G für die gleichberechtigte Teilhabe von Frauen und Männern an Führungspositionen in der Privatwirtschaft und im öffentlichen Dienst vom 24.4.2015 (BGBl. I S. 642)

– Auszug –

Vorbemerkung

Literatur (Auswahl): *Beuthien,* Die Europäische Genossenschaft als gesellschaftsrechtliche Herausforderung – Was muss ein Genossenschaftsrecht leisten?, ZfgG 1957, 3; *Breit,* Societas Europaea (SE) und Societas Cooperativa Europaea (SCE), 2010; *Cerioni,* Das Statut der Europäischen Gesellschaft (SE) und das Statut der Europäischen Genossenschaft (SCE): Ein Vergleich zwischen zwei neuen supranationalen Statuten, EuLF 2004, 296; *Düwell,* Das Gesetz zur Einführung der Europäischen Genossenschaft und zur Änderung des Genossenschaftsrechts, FA 2006, 330; *El Mahdi,* Die Europäische Genossenschaft, DB 2004, 967; *Krebs,* Gründung der Europäischen Genossenschaft (SCE) durch Rechtsformwechsel, EWS 2012, 407; *Schulze/Wiese,* Die SCE mit Sitz in Deutschland und die Reform des deutschen Genossenschaftsrechts, ZfgG 1956, 108; *Steding,* Die Europäische Genossenschaft – eine Bereicherung des Unternehmensrechts?, NL-BzAR 2008, 370; *Wagner,* Europäische Gesellschaftsformen, AnwBl 2009, 409.

1   **1. Entstehung des Gesetzes.** Das SCE-Ausführungsgesetz (SCEAG) v. 14.8.2006 (BGBl. I 1911), zuletzt substantiell geändert durch Art. 7 des Gesetzes v. 30.7.2009 (BGBl. I 2479) ergänzt die unmittelbar geltende VO (EG) Nr. 1435/2003 des Rates v. 22.7.2003 über das Statut der Europäischen Genossenschaft (SCE) (ABl. 2003 L 207, 1). Das SCEAG ist Teil des Gesetzes zur Einführung der Europäischen Genossenschaft und zur Änderung des Genossenschaftsrechts, mit dem zugleich das Gesetz über die Beteiligung der Arbeitnehmer und Arbeitnehmerinnen in einer Europäischen Genossenschaft (SCE-Beteiligungsgesetz – SCEBG) in Kraft trat und das Genossenschaftsrecht insgesamt umfassend reformiert wurde.

2   **2. Die Europäische Genossenschaft.** Mit der Einführung der *Societas Cooperativa Europaea* (SCE) wollte der Gemeinschaftsgesetzgeber die Voraussetzungen für ein **grenzüberschreitendes Tätigwerden** von Genossenschaften im gesamten Gemeinschaftsgebiet schaffen, nachdem die bis dahin bestehenden europäischen Vereinigungsformen, die Europäische Wirtschaftliche Interessenvereinigung (EWIV) und die Europäische Gesellschaft (SE), den Besonderheiten der genossenschaftlichen Tätigkeit nicht gerecht geworden waren. Denn die Tätigkeit der EWIV muss mit der wirtschaftlichen Tätigkeit ihrer Mitglieder zusammenhängen und darf nur eine Hilfstätigkeit hierzu bilden; die SE bezweckt die Erwirtschaftung einer Dividende und richtet sich an den Kapitalmarkt. Genossenschaftliches Wirtschaften, das sich durch den **besonderen Fördercharakter** ggü. den Mitgliedern auszeichnet, ließ sich durch diese Instrumente nicht erfassen.

3   Als Querschnittprodukt verschiedener europäischer Rechtstraditionen weist die SCE, die sich eher am Recht der Aktiengesellschaft orientiert, dem deutschen Genossenschaftsrecht bis dahin fremde Elemente auf, die im Zuge der Anpassung des nationalen Rechts **in das GenG übernommen** wurden. Dies gilt insbes. für die fehlende Beschränkung auf wirtschaftliche Förderzwecke, die Beteiligungsmöglichkeit auch für investierende Mitglieder und die Festsetzung eines Mindestkapitals.

4   Gemeinschaftsrechtliche Bedenken bestehen nicht. Die vom Europäischen Parlament gegen die VO (EG) Nr. 1435/2003 erhobene Nichtigkeitsklage, mit der das Parlament die Rechtsgrundlage für den Erlass der VO (Art. 308 EGV (= Art. 352 AEUV) anstelle von Art. 95 EGV (= Art. 114 AEUV), wie ursprünglich Gegenstand der Beratungen) beanstandet hatte, wurde vom EuGH abgewiesen (Slg. 2006, I-3733). Mit dem Ablauf der in der Verordnung enthaltenen Übergangsfrist steht die Europäische Genossenschaft damit seit dem 18.8.2006 als Rechtsform zur Verfügung. Sie hat in ihrer **Firma** den Zusatz SCE zu führen.

5   **a) Gründung.** Den nach Art. 2 der Verordnung über das Statut der SCE (VO (EG) Nr. 1435/2003) vorgesehenen fünf Gründungsmöglichkeiten ist gemeinsam, dass sie ein **mehrstaatliches Element** aufweisen müssen. Die SCE kann originär von mindestens fünf natürlichen Personen gegründet werden, deren Wohnsitze in mindestens zwei Mitgliedstaaten liegen. Sind an der originären Gründung auch juristische Personen beteiligt, so sind ebenfalls mindestens fünf Gründungsmitglieder nötig, deren Wohnsitze in mindestens zwei verschiedenen Mitgliedstaaten liegen bzw. die dem Recht mindestens zweier verschiedener Mitgliedstaaten unterliegen. Findet die originäre Gründung ohne Beteiligung einer natürlichen Person statt, genügt es, wenn sich mindestens zwei juristische Personen, die dem Recht

verschiedener Mitgliedstaaten unterliegen, zusammenfinden. Daneben kann die Gründung durch Ver-
schmelzung von bestehenden nationalen Genossenschaften erfolgen, sofern wiederum mindestens zwei
Rechtsordnungen berührt sind. Schließlich kommt die Gründung durch Umwandlung einer nationalen
Genossenschaft in Betracht, wenn diese seit mindestens zwei Jahren eine dem Recht eines anderen
Mitgliedstaats unterliegende Niederlassung oder Tochtergesellschaft unterhält.

Die Gründungsmitglieder müssen eine **Satzung** mit dem in Art. 5 der VO (EG) Nr. 1435/2003 6
vorgegebenen Mindestinhalt beschließen. Mit der **Eintragung** in das hierfür vorgesehene Register, in
Deutschland gem. § 3 SCEAG in das Genossenschaftsregister, erlangt die SCE Rechtspersönlichkeit,
Art. 18 der VO. Die Eintragung richtet sich nach den für Aktiengesellschaften geltenden Vorschriften
und kann gem. Art. 11 Abs. 2 der VO erst erfolgen, wenn die erforderlichen Beschlüsse über die
Beteiligung der Arbeitnehmer nach dem SCEBG gefasst sind oder die Frist für die Aushandlung
einer entsprechenden Vereinbarung abgelaufen ist. Zum SCEBG s. dort. Die SCE unterliegt gem. Art. 8
dem Recht der VO (EG) Nr. 1435/2003 sowie ergänzend den Satzungsregelungen, soweit die VO dies
zulässt, im Übrigen dem SCEAG, dem für die eG geltenden GenG und dem für die Satzung einer eG
geltenden Recht.

b) Organstruktur. Wie bei der Europäischen Aktiengesellschaft (SE) stehen für die SCE **zwei** 7
Organisationsformen zur Wahl: sie kann über eine **dualistische Organstruktur** verfügen, bei der
die Geschäftsführung einem von einem Aufsichtsorgan überwachten und von diesem strikt getrennten
Leitungsorgan obliegt, oder eine **monistische Organstruktur** aufweisen, bei der sämtliche Leitungs-
aufgaben durch ein einheitliches Verwaltungsorgan wahrgenommen werden, Art. 36 ff. der VO (EG)
Nr. 1435/2003. Indem § 22 SCEAG jedoch auch für das monistische System die Bestellung von einem
oder mehreren geschäftsführenden Direktoren vorschreibt, hat der Gesetzgeber diese Variante dem
dualistischen System angenähert (*Schulze/Wiese* ZfgG 1956, 120). Die Mitglieder der Führungsorgane
werden für einen in der Satzung festgelegten Zeitraum bestellt, der sechs Jahre nicht überschreiten darf.

Das Organ der stimmberechtigten Mitglieder ist die **Generalversammlung,** wobei im Grundsatz 8
jedes Mitglied unabhängig von der Zahl seiner Anteile eine Stimme hat. In gewissen Grenzen kann die
Satzung bestimmen, dass sich die Zahl der zugeteilten Stimmen nach der Beteiligung des Mitglieds
richtet; nicht nutzenden Mitgliedern dürfen nicht mehr als 25 % der gesamten Stimmrechte zustehen,
Art. 59 der VO (EG) Nr. 1435/2003. Bestimmte Geschäfte können einer Ermächtigung durch die
Generalversammlung oder im dualistischen System des Aufsichtsorgans bzw. im monistischen System des
Verwaltungsorgans vorbehalten bleiben, Art. 48 der VO.

c) Finanzverfassung und Anteilsübertragung. Die SCE muss ein **Mindestkapital** von 30.000 9
EUR aufweisen, wobei die Satzung auch einen höheren Betrag festsetzen kann. Außerdem muss die
Satzung einen Betrag festlegen, den das Grundkapital bei Rückzahlung von Geschäftsguthaben ausschei-
dender Mitglieder nicht unterschreiten und der ebenfalls nicht niedriger als 30.000 EUR sein darf,
Art. 3 der VO (EG) Nr. 1435/2003. Würde eine Rückzahlung zur Unterschreitung des vorgeschriebenen Mindestbetrages führen, muss sie ausgesetzt und kann sie erst im folgenden Geschäftsjahr berück-
sichtigt werden. Durch sukzessive Einzahlungen oder den Beitritt neuer Mitglieder kann das Grundkapital erhöht werden, ohne dass es einer Satzungsänderung oder Bekanntmachung bedarf. Gleiches gilt
für die Herabsetzung durch teilweise oder vollständige Rückzahlung des Geschäftsguthabens bis zur
Grenze des satzungsmäßigen Mindestbetrages. Die SCE kann sich zudem gem. Art. 64 der VO (EG)
Nr. 1435/2003 durch die Ausgabe von Wertpapieren, die keine Geschäftsanteile sind, und durch
Schuldverschreibungen Fremdkapital beschaffen.

Der **Erwerb der Mitgliedschaft** in der SCE durch natürliche oder juristische Personen bedarf der 10
Zustimmung des Leitungs- oder des Verwaltungsorgans, wobei die Satzung gem. Art. 14 der VO (EG)
Nr. 1435/2003 auch investierende (nicht nutzende) Mitglieder zulassen kann. Bareinlagen müssen zum
Zeitpunkt der Beteiligung zu 25 %, Sacheinlagen vollständig erbracht sein. Die Mitgliedschaft endet
durch Austritt, Ausschluss, Tod oder Auflösung einer juristischen Person, sowie – wenn von der Satzung
vorgesehen – durch Übertragung der Geschäftsanteile. Von diesem Fall abgesehen, führt die Beendigung
der Mitgliedschaft zu einem Anspruch auf Rückzahlung der Geschäftsanteile des betreffenden Mitglieds,
der binnen einer Frist von höchstens drei Jahren zu erfüllen ist, Art. 16 der VO (EG) Nr. 1435/2003.

d) Auflösung, Liquidation und Zahlungsunfähigkeit. Hinsichtlich der „Auflösung, Liquidation, 11
Zahlungsunfähigkeit, Zahlungseinstellung und ähnlicher Verfahren" verweist Art. 72 der VO (EG)
Nr. 1435/2003 auf das nach dem Recht des Sitzstaates für Genossenschaften geltende Recht. Unterschiede zur eG bestehen danach nicht. Daneben sieht Art. 73 der VO (EG) Nr. 1435/2003 iVm § 35
SCEAG die Auflösung auf Antrag jeder Person mit berechtigtem Interesse oder der nach § 63 GenG
zuständigen obersten Landesbehörde durch das Registergericht vor, wenn die Gründungsvoraussetzun-
gen nicht erfüllt waren, die SCE nicht über das erforderliche Mindestkapital von 30.000 EUR verfügt
oder es bei der Gründung durch Verschmelzung an der erforderlichen Kontrolle gefehlt hat. Schließlich
kann eine SCE frühestens zwei Jahre nach ihrer Eintragung und nach Genehmigung der ersten beiden
Jahresabschlüsse in eine **nationale eG** nach dem Recht des Sitzmitgliedstaats umgewandelt werden.

12   **3. Relevanz der SCE.** Die SCE hat bislang **kaum praktische Bedeutung** erlangt. Stand August 2015 weist das deutsche Genossenschaftsregister acht Europäische Genossenschaften aus, die je zur Hälfte monitisch und dualistisch organisiert sind; die Webseite der EWIV listet Stand 16.3.2015 unter Einschluss von Liechtenstein 27 SCEs in acht verschiedenen Ländern, von denen 9 ihren Sitz in der Slowakischen Republik haben (www.libertas-institut.com/wp-content/uploads/2014/05/sce-list.pdf). Damit haben sich die Vorbehalte der Literatur gegen diese Gesellschaftsform bestätigt, die angesichts der eher lokal und regional verwurzelten Genossenschaften kein Bedürfnis nach einer grenzüberschreitenden Kooperationsform gesehen hatte (*Wagner* AnwBl 2009, 415, *Steding* NL-BzAR 2008, 373; Lang/ Weidmüller/*Schaffland/Schulte,* 37. Aufl. 2011, Einf. Rn. 44). An der fehlenden Relevanz dürfte sich auch auf absehbare Zeit nichts ändern (vgl. auch *Krebs* EWS 2012, 416).

§ 36 Straf- und Bußgeldvorschriften

(1) ¹Die Strafvorschriften der §§ 147 bis 151 des Genossenschaftsgesetzes, des § 15a Abs. 4 und 5 der Insolvenzordnung, des § 340 m in Verbindung mit den §§ 331 bis 333 des Handelsgesetzbuchs und der §§ 313 bis 315 des Umwandlungsgesetzes sowie die Bußgeldvorschriften des § 152 des Genossenschaftsgesetzes und des § 340n des Handelsgesetzbuchs gelten auch für die Europäische Genossenschaft im Sinn des Artikels 8 Abs. 1 Buchstabe c Nr. ii der Verordnung (EG) Nr. 1435/2003. ²Soweit sie

1. Mitglieder des Vorstands,
2. Mitglieder des Aufsichtsrats oder
3. Mitglieder des vertretungsberechtigten Organs

einer Genossenschaft betreffen, gelten sie bei der Europäischen Genossenschaft mit dualistischem System in den Fällen der Nummern 1 und 3 für die Mitglieder des Leitungsorgans und in den Fällen der Nummer 2 für die Mitglieder des Aufsichtsorgans. ³Bei der Europäischen Genossenschaft mit monistischem System gelten sie in den Fällen des Satzes 2 Nr. 1 und 3 für die geschäftsführenden Direktoren und in den Fällen des Satzes 2 Nr. 2 für die Mitglieder des Verwaltungsrats.

(2) Mit Freiheitsstrafe bis zu drei Jahren oder mit Geldstrafe wird bestraft, wer

1. als Vorstandmitglied entgegen § 9 Satz 2,
2. als Mitglied des Leitungsorgans einer Europäischen Genossenschaft mit dualistischem System oder als geschäftsführender Direktor einer Europäischen Genossenschaft mit monistischem System entgegen § 11 Abs. 3 Nr. 1 oder
3. als geschäftsführender Direktor einer Europäischen Genossenschaft mit monistischem System entgegen § 17 Abs. 2 Satz 1, auch in Verbindung mit § 26 Satz 2

eine Versicherung nicht richtig abgibt.

A. Regelungscharakter

1   Vorbild für die in § 36 verwandte Regelungstechnik ist § 53 SEAG (BT-Drs. 16/1025, 62). In Abs. 1 werden die einschlägigen Straf- und Bußgeldvorschriften aus dem GenG, der InsO, dem HGB und dem UmwG auf die SCE übergeleitet; wegen der Einzelheiten wird auf die dortige Kommentierung verwiesen. Abs. 2 übernimmt die Parallelregelung des § 53 Abs. 3 SEAG. Sämtliche Delikte sind **Vergehen,** der **Versuch ist nicht strafbar.** Je nach dualistischer oder monistischer Struktur der SCE gelten die Straf- und Bußgeldvorschriften für die Mitglieder des Leitungs- und Aufsichtsorgans oder die Mitglieder des Verwaltungsrats und die geschäftsführenden Direktoren.

B. Die Regelungen im Einzelnen

I. Straftaten gemäß § 36 Abs. 1 S. 1

2   **1. § 36 Abs. 1 S. 1 iVm §§ 147–151 GenG. a) § 147 GenG.** § 147 Abs. 1 GenG sanktioniert die Abgabe einer **unrichtigen schriftlichen Versicherung** nach § 79a Abs. 5 GenG ggü. dem Registergericht. Bestraft wird, wer wahrheitswidrig versichert, dass bei dem Beschluss zur Fortsetzung einer aufgelösten SCE noch nicht mit der Verteilung des verbliebenen Vermögens an die Mitglieder begonnen worden sei. Täter kann nur ein Mitglied des Leitungsorgans im dualistischen System oder ein geschäftsführender Direktor im monistischen System sein.

3   § 36 Abs. 1 S. 1 iVm § 147 Abs. 2 Nr. 1 GenG erfasst die **unrichtige oder verschleiernde Darstellung der Verhältnisse der SCE,** namentlich über deren **Vermögen, Mitglieder und Haftsummen.** Als Tathandlung kommen neben Vorträgen und Auskünften ggü. den Mitgliedern auf der Generalversammlung auch Pressemitteilungen in Betracht; die Vorschrift entspricht § 400 AktG. Im Anwendungsbereich von § 340m HGB, also bei Betrieb eines Kredit- oder Finanzdienstleistungsinstituts, wird die Norm von § 331 Abs. 1 Nr. 1 und 1a HGB verdrängt. Zum Konkurrenzverhältnis → Rn. 10.

Die unrichtige oder verschleiernde Wiedergabe der Genossenschaftsverhältnisse iRd **turnusmäßigen** 4
Prüfung der SCE, die gem. § 34 bei der SCE in gleicher Weise wie bei der eG vorzunehmen ist, ist
über § 147 Abs. 2 Nr. 2 GenG strafbewehrt. Die Vorschrift wendet sich an Mitglieder des Leitungsorgans und geschäftsführende Direktoren, weil nur sie gem. § 57 Abs. 1 GenG dem Prüfer ggü. zu
Aufklärungen und Nachweisen verpflichtet sind. Betreibt die SCE ein Kredit- oder Finanzdienstleistungsinstitut, ist § 340m iVm § 331 Nr. 4 HGB *lex specialis.*

Anders als bei § 147 Abs. 1 GenG können Verstöße gegen § 147 Abs. 2 GenG auch von Mitgliedern 5
des Aufsichtsorgans oder des Verwaltungsrats begangen werden. Nur die vorsätzliche Tatbegehung ist
strafbar. Die Strafdrohung reicht von Geldstrafe bis Freiheitsstrafe bis zu drei Jahren.

b) § 148 GenG. § 36 Abs. 1 S. 1 iVm § 148 GenG sanktioniert Verstöße gegen § 33 GenG, also die 6
Verpflichtung, unverzüglich die Generalversammlung einzuberufen, wenn die Aufstellung der
Bilanz einen Verlust ergibt, der durch die Hälfte des Gesamtbetrags der Geschäftsguthaben und die
Rücklagen nicht gedeckt ist, und ihr dies anzuzeigen. Die Tat ist ein **echtes Unterlassungsdelikt** und
kann nur von Mitgliedern des Leitungsorgans oder – im monistischen System – von geschäftsführenden
Direktoren begangen werden. Gem. § 148 Abs. 2 GenG ist auch die **fahrlässige Unterlassung** strafbar;
der Strafrahmen sieht für die vorsätzliche wie fahrlässige Tatbegehung Freiheitsstrafe bis zu drei Jahren
oder Geldstrafe vor.

c) § 150 GenG. Die Vorschrift normiert die Strafbarkeit der **Prüfer** und ihrer Gehilfen, die bei der 7
genossenschaftlichen Pflichtprüfung über das Ergebnis der Prüfung **falsch berichten** oder **erhebliche
Umstände in ihrem Bericht verschweigen.** Nicht nur der schriftliche Prüfungsbericht gem. § 58
GenG wird erfasst, sondern auch der mündliche Bericht ggü. den Organen der SCE. Die Tat ist ein
Sonderdelikt und mit Freiheitsstrafe bis zu drei Jahren oder Geldstrafe bedroht. Handelt der Täter
gegen Entgelt oder mit Bereicherungs- oder Schädigungsabsicht, ist die Qualifikation des § 150 Abs. 2
GenG mit einer Strafdrohung bis fünf Jahre Freiheitsstrafe verwirklicht.

d) § 151 GenG. § 36 Abs. 1 S. 1 iVm § 151 GenG sanktioniert die unbefugte **Offenbarung eines** 8
Geheimnisses, namentlich eines Betriebs- oder Geschäftsgeheimnisses, mit Freiheitsstrafe bis zu einem
Jahr oder Geldstrafe. Täter des **Sonderdelikts** kann nur sein, wem das Geheimnis als Prüfer oder dessen
Gehilfe oder als Mitglied von Leitungs-, Aufsichts- oder Verwaltungsorgan oder als geschäftsführendem
Direktor bekannt geworden ist. Zum Zeitpunkt der Offenbarung brauchen diese besonderen persönli-
chen Merkmale nicht mehr vorzuliegen (Lang/Weidmüller/*Cario,* 37. Aufl. 2011, GenG § 151 Rn. 7).
Die Qualifikation in Abs. 2, die im Höchstmaß mit zwei Jahren Freiheitsstrafe bedroht ist, erfasst die
Tatbegehung gegen Entgelt, in Bereicherungs- oder Schädigungsabsicht sowie die unbefugte Verwer-
tung des Geheimnisses.

Die Tat auch nach Abs. 2 wird nur auf **Antrag** (§§ 77 ff. StGB) verfolgt. Antragsberechtigt ist grds. 9
das geschäftsführungsbefugte Organ, also das Leitungsorgan oder die geschäftsführenden Direktoren.
Wird die Tat aus diesem Kreis heraus begangen, ist das Aufsichts- bzw. das Verwaltungsorgan antragsbefugt. Betreibt die SCE ein Kredit- oder Finanzdienstleistungsinstitut, wird die Vorschrift, soweit sie
Prüfer und ihre Gehilfen betrifft, von § 340m iVm § 333 HGB verdrängt.

2. § 36 Abs. 1 S. 1 iVm §§ 340m, 331–333 HGB. Die von §§ 147 Abs. 2, 150, 151 GenG 10
inkriminierten Handlungen werden in gleicher Weise von den Straftatbeständen der § 331 Nr. 1, 1a, 4,
§§ 332, 333 HGB erfasst; Tathandlung und Sanktionen sind gleich. Soweit die Genossenschaft ein
Kredit- oder Finanzdienstleistungsinstitut betreibt, bestimmen § 147 Abs. 2 GenG und § 151
Abs. 1 GenG darum ausdrücklich den **Vorrang der HGB-Normen,** deren Anwendungsbereich über
§ 340m HGB eröffnet ist. In § 150 GenG fehlt ein solcher Verweis. Auch insoweit ist jedoch von einem
Vorrang von § 332 HGB auszugehen, wenn es sich um die Prüfung einer Genossenschaftsbank handelt
(aA HK-KapMStrafR/*Janssen* GenG § 150 Rn. 14). Denn § 340m HGB geht auf das Bankbilanzricht-
liniengesetz v. 30.11.1990 (BGBl. 2570) zurück, mit dem der Gesetzgeber ua die RL 86/635/EWG des
Rates v. 8. Dezember 1986 über den Jahresabschluss und den konsolidierten Abschluss von Banken und
anderen Finanzinstituten (ABl. 1986 L 372, 1) umgesetzt hat, die rechtsformunabhängig für alle Gesellschaften sowohl des öffentlichen als auch des privaten Rechts die Aufstellung von Jahres- und ggf.
Konzernabschlüssen, die einheitliche Prüfung durch zugelassene Abschlussprüfer und die Offenlegung
des festgestellten Jahresabschlusses und Lageberichts vorsieht. Da die §§ 331 ff. HGB für Kreditinstitute,
die Kapitalgesellschaften sind, ohnehin schon galten, sollten die Vorschriften im Interesse der Gleichbehandlung nun auf alle Kreditinstitute angewendet werden (BT-Drs. 616/89, 26). § 340m HGB verdrängt
somit – unabhängig von einer deklaratorischen Klarstellung – nach dem Willen des Gesetzgebers die
älteren Vorschriften des GenG (iErg ebenso MüKoHGB/*Quedenfeld* HGB § 340m Rn. 2).

§ 331 Nr. 2–4 HGB enthält über den Regelungsgehalt von § 147 Abs. 2 GenG hinausgehende 11
Tatbestandmodalitäten bei unrichtiger Darstellung der tatsächlichen Verhältnisse, sei es innerhalb eines
Konzerns (Nr. 2, 3) oder in Lageberichten (Nr. 3a). Solange wie bisher kein Kreditinstitut als SCE
betrieben wird, kommt dem der Verweis auf § 340m HGB iVm mit §§ 331 ff. HGB keine praktische
Bedeutung zu.

12   **3. § 36 Abs. 1 S. 1 iVm §§ 313–315 UmwG.** Eine Strafbarkeit nach diesen Vorschriften kommt nur in Betracht, wenn eine SCE durch Verschmelzung oder Umwandlung gegründet wird (vgl. hierzu *Krebs* EWS 2012, 407). **Strukturell entsprechen** die Vorschriften im Wesentlichen den in § 36 SCEAG in Bezug genommenen Regelungen der **§§ 147 Abs. 2, 150, 151 GenG** und **§§ 331–333 HGB.** Auch die Strafvorschriften des UmwG erfassen die unrichtige Darstellung in einem nach dem UmwG vorgesehenen Bericht (§ 313 UmwG), die Verletzung der Berichtspflicht durch den eingeschalteten Prüfer oder seinen Gehilfen (§ 314 UmwG) und das unbefugte Offenbaren von Betriebs- oder Geschäftsgeheimnissen, die anlässlich der Umwandlung bekannt geworden sind (§ 315 UmwG); die angedrohten Strafen sind gleich.

13   Hinzu kommt in **§ 314a UmwG** die Strafbewehrung von Falschangaben des Vertretungsorgans ggü. dem Registergericht nach § 122k Abs. 1 S. 3 UmwG, wonach allen Gläubigern der übertragenden Gesellschaft bzw. in unserem Fall Genossenschaft Sicherheit geleistet worden sei, wenn die durch Verschmelzung zu gründende SCE nicht deutschem Recht unterliegt. Die Vorschrift hat insoweit einen mit **§ 36 Abs. 2 Nr. 1 identischen Regelungsgehalt.** Zum Verhältnis der beiden Strafvorschriften zueinander → Rn. 17.

14   **4. § 36 Abs. 1 S. 1 iVm § 15a Abs. 4, 5 InsO.** Nachdem die mit dem MoMiG eingeführte Regelung des § 15a InsO überwiegend unmittelbare Anwendung findet, hat ihre Erwähnung in § 36 Abs. 1 S. 1 in erster Linie für die **Strafbarkeit von Mitgliedern des Verwaltungsorgans** im monistischen System Bedeutung (vgl. BT-Drs. 16/6140, 60). Denn die Mitglieder des Vertretungsorgans der SCE, also die Mitglieder des Leitungsorgans im dualistischen System (Art. 37 Abs. 1 der VO (EG) Nr. 1435/2003) und die geschäftsführenden Direktoren im monistischen System (§ 23), unterfallen unmittelbar dem Wortlaut der Strafvorschrift des § 15a Abs. 4 iVm Abs. 1 S. 1 InsO. Hinsichtlich der Mitglieder des Aufsichtsorgans im dualistischen System dürfte sich die Strafbarkeit ebenfalls unmittelbar aus § 15a Abs. 4 iVm Abs. 3 InsO ergeben, wo von Mitgliedern des Aufsichtsrats die Rede ist; die Verweisung wirkt hier allenfalls klarstellend. Strafbegründend wirkt sie allerdings für die Mitglieder des Verwaltungsorgans, weil Art. 103 Abs. 2 GG eine entsprechende Anwendung von § 15a InsO auf die dem deutschen Recht fremde monistische Organisationsform ausschließt. Die Strafdrohung reicht von Geldstrafe bis zu Freiheitsstrafe bis zu drei Jahren.

II. Straftaten gem. § 36 Abs. 2

15   Abs. 2 erfasst zunächst die **Abgabe falscher Versicherungen** ggü. dem Registergericht bei der Gründung durch Verschmelzung oder bei einer Sitzverlegung der SCE. Hinzu kommen falsche Versicherungen über persönliche Eigenschaften geschäftsführender Direktoren im monistischen System.

16   **1. Falsche Versicherung über Sicherheitsleitungen bei Verschmelzung. § 36 Abs. 2 Nr. 1** sanktioniert über die Verweisung auf § 9 S. 2 **falsche Versicherungen bei Gründung einer SCE durch Verschmelzung,** wenn deren künftiger **Sitz im Ausland** liegt. In diesem Fall müssen die Vorstandmitglieder der übertragenden Genossenschaft gem. § 9 S. 2 dem Registergericht versichern, dass allen Gläubigern, die entsprechend § 11 Abs. 1 und 2 Anspruch auf Sicherheitsleistung haben, eine angemessene **Sicherheit geleistet** wurde. Anspruch auf Sicherheitsleistung haben diejenigen Gläubiger, deren Forderungen vor oder bis zu 15 Tage nach Offenlegung des Verschmelzungsplans entstanden sind und die binnen zwei Monaten nach dessen Offenlegung ihren Anspruch nach Grund und Höhe schriftlich angemeldet und glaubhaft gemacht haben, dass durch die Verschmelzung die Erfüllung ihrer Forderungen gefährdet ist. Die Versicherung ist Voraussetzung dafür, dass die nach Art. 29 Abs. 2 der VO (EG) Nr. 1435/2003 erforderliche Bescheinigung ausgestellt wird, ohne die die zu gründende SCE im Ausland nicht eingetragen werden kann, Art. 31 Abs. 2 der VO (EG) Nr. 1435/2003. Die Versicherung ist auch dann nicht richtig abgegeben, wenn sie unvollständig ist und etwa nicht alle Gläubiger nennt. Täter kann nur ein Vorstandsmitglied der übertragenden Genossenschaft sein.

17   § 36 Abs. 2 Nr. 1 unterscheidet sich danach weder in der Tatbestandsbeschreibung noch in der Strafandrohung von § 36 Abs. 1 S. 1 iVm **§ 314a UmwG.** Die **Doppelung** erklärt sich dadurch, dass § 314a UmwG erst nach Inkrafttreten des SCEAG mit dem Zweiten Gesetz zur Änderung des Umwandlungsgesetzes v. 19.4.2007 (BGBl. I 542) geschaffen wurde, wobei sich der Gesetzgeber an § 53 Abs. 3 SEAG betreffend die Europäische Gesellschaft orientiert hat (BT-Drs. 16/2919, 20), der auch für § 36 Abs. 2 Nr. 1 Vorbild war (BT-Drs. 16/1025, 62). Dass die Einfügung des Tatbestandes in das UmwG wegen der pauschalen Verweisung in § 36 Abs. 1 auch für die SCE wirkt, ist dabei offenbar übersehen worden. Aus der Gesetzgebungsgeschichte folgt damit, dass sich ein Vorrang der einen über die andere Norm nicht ausmachen lässt; die eine Vorschrift ist spezieller, weil explizit auf die SCE bezogen, die andere dafür jünger. Beide dürften darum **nebeneinander anwendbar** sein, was jedoch bei gleichem Tatunrecht und gleicher Strafdrohung ohne Auswirkungen für den Täter ist.

18   **2. Falsche Versicherung über Sicherheitsleistungen bei Sitzverlegung. § 36 Abs. 2 Nr. 2 G** stellt die Abgabe **falscher Versicherungen im Zusammenhang mit einer Sitzverlegung** unter Strafe. Wie bei der Gründung durch Verschmelzung haben Gläubiger, deren Forderungen 15 Tage vor

oder nach Offenlegung des Verlegungsplans entstanden sind, gem. § 11 Anspruch auf Sicherheitsleistung, wenn sie ihren Anspruch rechtzeitig angemeldet und einen möglichen Forderungsausfall durch die Sitzverlegung glaubhaft gemacht haben. Als Anwendungsfall nennt die BT-Drs. (16/1025, 57) den Gläubigern drohende Gefahren aus einer Vermögensverlagerung, die eine spätere Durchsetzung ihrer Forderungen faktisch erschweren können. Täter können nur die Mitglieder des Leitungsorgans im dualistischen System oder geschäftsführende Direktoren im monistischen System sein.

3. Falsche Versicherung über persönliche Eigenschaften geschäftsführender Direktoren. 19
Geschäftsführende Direktoren im monistischen System können sich darüber hinaus nach **§ 36 Abs. 2 Nr. 3** strafbar machen, wenn sie in der Anmeldung der SCE zur Eintragung in das Genossenschaftsregister entgegen § 17 Abs. 2 unrichtig versichern, dass **keine Umstände vorliegen, die ihrer Bestellung nach der VO (EG) Nr. 1435/2003 entgegenstehen,** und dass sie über ihre unbeschränkte Auskunftspflicht ggü. dem Gericht belehrt wurden.

Die Vorschrift erscheint wenig stimmig und dürfte auch bei einer größeren Verbreitung der SCE mit 20
monistischem System kaum praktische Bedeutung erlangen (→ Rn. 23, 24). Sie orientiert sich am Aktienrecht und versucht, die dortigen Regelungen wie bei der Europäischen Gesellschaft (SE) zu übernehmen. Anders als dort fehlen aber Regelungen für die SCE mit **dualistischem System,** etwa durch einen Verweis auf § 399 Abs. 1 Nr. 6 AktG, wie er in § 53 Abs. 2 SEAG enthalten ist. Der Gesetzgeber hat sich vielmehr auf die Übernahme der Parallelregelung des § 53 Abs. 3 SEAG beschränkt (BT-Drs. 16/1025, 62) und so hinsichtlich der Mitglieder des Leitungsorgans im dualistischen System eine **nicht gerechtfertigte Strafbarkeitslücke** entstehen lassen.

Nach § 3 wird die SCE nach den für Aktiengesellschaften geltenden Vorschriften in das Genossen- 21
schaftsregister eingetragen, so dass damit ua auf §§ 36 ff. AktG verwiesen wird (BT-Drs. 16/1025, 58); § 17 Abs. 2 S. 1 ist insofern *lex specialis* zu § 37 Abs. 2 S. 1 AktG, der eine Versicherung über persönliche Verhältnisse von Vorständen einer AG vorsieht. In der VO (EG) Nr. 1435/2003 finden sich indessen **keine mit den Bestimmungen des AktG (§ 76) vergleichbaren Regelungen,** die einer Übernahme von Leitungsaufgaben entgegenstehen. Art. 46 Abs. 2 1. Spiegelstrich verweist vielmehr auf das jeweils für Genossenschaften geltende Recht zurück, wenn er festlegt, dass diejenigen Personen nicht Mitglieder des entsprechenden Organs der SCE sein können, die nach dem Recht des Sitzstaats der SCE dem Leitungs-, Aufsichts- oder Verwaltungsorgan einer dem Recht dieses Staats unterliegenden Genossenschaft nicht angehören dürfen. Ausgeschlossen sind nach dem 2. Spiegelstrich außerdem Personen, die infolge einer Gerichts- oder Verwaltungsentscheidung eines Mitgliedstaats dem Leitungs-, Aufsichts- oder Verwaltungsorgan einer dem Recht eines Mitgliedstaats der Gemeinschaft unterliegenden Genossenschaft nicht angehören dürfen.

Hierin liegt eine weitere Ungereimtheit des SCEAG. Denn auf die Mitglieder des Leitungsorgans 22
einer dualistisch organisierten SCE findet über die allgemeine Verweisung in Art. 11 Abs. 1 der VO (EG) Nr. 1435/2003 iVm § 3 mangels einer speziellen Regelung zum Umfang der Versicherungspflicht § 37 Abs. 2 AktG Anwendung und damit der detaillierte Ausschlusskatalog des § 76 Abs. 3 S. 2 Nr. 2, 3, S. 3 AktG – unabhängig davon, dass es an der Strafbewehrung von Verstößen gegen eine insoweit fehlerhafte Versicherung fehlt (→ Rn. 20). Art. 46 Abs. 2 der VO (EG) Nr. 1435/2003 verweist jedoch nur auf die Ausschlussgründe nach den nationalen Genossenschaftsrechten, so dass es aus gemeinschaftsrechtlicher Sicht für die Heranziehung der weitergehenden Ausschlussgründe des AktG keine Grundlage gibt. Die Regelung dürfte daher europarechtlich nicht zu halten sein.

Art. 46 Abs. 2 1. Spiegelstrich der VO (EG) Nr. 1435/2003 nimmt auf die **persönlichen Voraus-** 23
setzungen für Vorstandsmitglieder nach dem GenG Bezug. Danach können **nur Mitglieder einer SCE** zu geschäftsführenden Direktoren bestimmt werden, vgl. § 9 Abs. 2 S. 1 GenG. § 37 Abs. 1 S. 1 GenG, wonach Vorstandsmitglieder nicht zugleich Mitglieder der Aufsichtsrats sein dürfen, findet keine (entsprechende) Anwendung, weil § 22 Abs. 1 S. 2 ausdrücklich zulässt, dass Mitglieder des Verwaltungsrats der SCE zu geschäftsführenden Direktoren bestellt werden können, sofern die Mehrheit des Verwaltungsrats weiterhin aus nicht geschäftsführenden Mitgliedern besteht. Eine falsche Versicherung ggü. dem Registergericht kommt danach nur in Betracht, wenn sie die diesbezüglichen Verhältnisse unzutreffend wiedergibt, wobei Fälle, in denen es an der Mitgliedschaft des geschäftsführenden Direktors in der SCE fehlt, kaum auftreten dürften.

Im Unterschied zu Art. 46 Abs. 2 1. Spiegelstrich der VO (EG) Nr. 1435/2003 verweist die Aus- 24
schlussregelung im 2. Spiegelstrich ihrem Wortlaut nach nicht nur auf das Recht des Sitzstaats der SCE, sondern auf das **Recht aller Mitgliedstaaten der Gemeinschaft:** Wann immer eine Gerichts- oder Verwaltungsentscheidung in einem Mitgliedstaat in einem anderen dazu führt, dass die Person von der Mitgliedschaft in einem Führungsorgan einer Genossenschaft ausgeschlossen werden kann, gilt dies auch für die SCE, unabhängig davon, wo sie ihren Sitz hat. Damit erstreckt sich die von § 17 Abs. 2 S. 1 geforderte Versicherung auf die Überprüfung anhand sämtlicher Genossenschaftsrechte innerhalb der EU. Sollten dem geschäftsführenden Direktor insoweit Fehler unterlaufen laufen, dürfte ihm in aller Regel ein den Vorsatz ausschließender Tatbestandirrtum (§ 16 StGB) zuzubilligen sein.

Nicht nur bei der Gründung einer SCE (mit monistischem System) sondern auch bei der Bestellung 25
eines neuen oder weiteren geschäftsführenden Direktors besteht gem. § 26 S. 2 eine Verpflichtung, dem

Registergericht ggü. eine Versicherung gem. § 17 Abs. 2 abzugeben. Die Aufnahme der Vorschrift in § 36 Abs. 2 Nr. 3 stellt klar, dass Falschangaben auch insoweit eine Strafbarkeit nach sich ziehen können.

III. Ordnungswidrigkeiten gem. § 36 Abs. 1 S. 1

26   **1. § 36 Abs. 1 S. 1 iVm § 152 GenG.** § 152 GenG will unberechtigte Einflussnahmen auf Beschlüsse der Generalversammlung verhindern, indem er sowohl den Stimmenverkauf als auch den Stimmenkauf sanktioniert. Eine Vertreterversammlung entspr. § 43a GenG gibt es bei der SCE nicht. Soweit das Statut in Art. 63 der VO (EG) Nr. 1435/2003 die Wahl von Vertretern durch in der Satzung vorgesehene Sektor- oder Sektionsversammlungen vorsieht, bilden diese Vertreter gem. Art. 63 Abs. 2 S. 2 Hs. 2 der VO (EG) Nr. 1435/2003 selbst die Generalversammlung der SCE, so dass die Beeinflussung ihres Abstimmungsverhaltens auf diese Weise erfasst ist.

27   Für die Tatbestandsvarianten des Forderns (Nr. 1) und Anbietens (Nr. 2) eines Vorteils ist es unerheblich, ob der Adressat auf das Ansinnen eingeht oder nicht; ausreichend ist, dass der Täter, der in § 152 Nr. 1 GenG nur der Stimmberechtigte, in Nr. 2 dagegen jedermann sein kann, ein bestimmtes Abstimmungsverhalten in Aussicht stellt oder verlangt, wozu auch die Enthaltung zählt.

28   Die OWi kann mit einer Geldbuße bis zu 10.000 Euro geahndet werden; zuständig ist gem. § 36 Abs. 2 OWiG die oberste Landesbehörde, idR das Wirtschaftsministerium (vgl. §§ 63, 64 GenG, Lang/Weidmüller/*Cario*, 37. Aufl. 2011, GenG § 152 Rn. 2).

29   **2. § 36 Abs. 1 S. 1 iVm § 340n HGB.** Die Vorschrift gilt – wie die über § 340m HGB eröffneten Straftatbeständen des HGB – nur für ein in der Rechtsform der SCE betriebenes **Kredit- oder Finanzdienstleistungsinstitut,** wie es derzeit in Deutschland nicht existiert. Sie enthält zahlreiche Ordnungswidrigkeitentatbestände im Zusammenhang mit der Erstellung von Jahres-, Zwischen- und Konzernabschlüssen.

30   § 340n Abs. 1 Nr. 1a–d HGB betrifft **Verstöße gegen gesetzliche Vorgaben zu Form, Inhalt, Bewertung, Gliederung** und die im Anhang zu machenden Angaben bei der Aufstellung oder Feststellung eines **Jahresabschlusses** oder der Aufstellung eines Zwischenabschlusses. Nr. 2a–f nimmt Bezug auf die besonderen formellen Anforderungen an einen **Konzernabschluss.** Täter können (über die Verweisung auf § 1 Abs. 2 S. 1 KWG) sowohl Mitglieder des Leitungsorgans im dualistischen System oder geschäftsführende Direktoren im monistischen System als auch (über § 36 Abs. 1 S. 2 und 3) Mitglieder des Aufsichtsorgans oder des Verwaltungsorgans sein.

31   § 340n Abs. 2 HGB erfasst die Erstellung eines Bestätigungsvermerks zu einem Abschluss durch einen kraft Gesetzes **ausgeschlossenen Abschlussprüfer,** wobei die Vorschrift ihrerseits auf die diversen Ausschlussgründe des HGB in der Person des Prüfers oder anderer, an der Wirtschaftsprüfungsgesellschaft oder dem Prüfverband beteiligter Personen verweist.

32   Verstöße gegen die Abschlussvorschriften können mit einem Bußgeld bis 50.000 EUR geahndet werden (§ 340n Abs. 3 HGB). Zuständige Verwaltungsbehörde ist die BaFin (§ 340n Abs. 4 HGB).

640. Gesetz über die Beteiligung der Arbeitnehmer und Arbeitnehmerinnen in einer Europäischen Genossenschaft (SCE-Beteiligungsgesetz – SCEBG)

Vom 14. August 2006 (BGBl. I S. 1917) FNA 801-16

– Auszug –

Vorbemerkung

Literatur (Auswahl): *Breit,* Societas Europaea (SE) und Societas Cooperativa Europaea (SCE), 2010; *Engels,* Fortentwicklung des Betriebsverfassungsrechts außerhalb des Betriebsverfassungsgesetzes, Teil I, ArbuR 2009, 10; *Habersack,* Grundsatzfragen der Mitbestimmung in SE und SCE sowie bei grenzüberschreitender Verschmelzung, ZHR 171 (2007), 613; *Pulte,* Beteiligungsrechte des Betriebsrats außerhalb der Betriebsverfassung, NZA-RR 2008, 113.

1. Entstehung des Gesetzes. Das SCE-Beteiligungsgesetz ist Teil des Gesetzes zur Einführung der 1 Europäischen Genossenschaft und zur Änderung des Genossenschaftsrechts v. 14.8.2006 (BGBl. I 1911) und dient der Umsetzung der RL 2003/72/EG des Rates v. 22.7.2003 zur Ergänzung des Status der Europäischen Genossenschaft hinsichtlich der Beteiligung der Arbeitnehmer (ABl. 2003 L 207, 25). Allgemein zur Europäischen Genossenschaft (SCE) s. die Vorbemerkungen zu § 36 SCEAG. Wie schon das Ausführungsgesetz orientiert sich auch das SCE-Beteiligungsgesetz an den Regelungen zur Europäischen Gesellschaft (SE), was sowohl Intention des Gemeinschafts- als auch des nationalen Gesetzgebers war (*Engels* ArbuR 2009, 24; BT-Drs. 16/1025, 62).

2. Ziel und Anwendungsbereich. Ziel der Regelung ist es nach § 1 Abs. 1, einer SCE die 2 **erworbenen Rechte der Arbeitnehmer auf Beteiligung an Unternehmensentscheidungen zu sichern.** Maßgeblich für die Ausgestaltung der Beteiligungsrechte in der SCE sind damit die bestehenden Beteiligungsrechte in den beteiligten juristischen Personen, die die SCE gründen.

Das SCEBG gilt für eine SCE mit Sitz in Deutschland. Seine Regelungen kommen **nur zur** 3 **Anwendung,** wenn an der Gründung mindestens zwei juristische Personen beteiligt sind oder die Gründer (natürliche Personen, auch in Kombination mit einer juristischen Person) in ihren Betrieben einschließlich der Tochtergesellschaften insgesamt mindestens 50 Arbeitnehmer beschäftigen, die aus mehreren Mitgliedstaaten kommen, §§ 40, 41 Abs. 1. Beschäftigen sie insgesamt weniger als oder nur in einem Mitgliedstaat mindestens 50 Arbeitnehmer, gilt das nationale Mitbestimmungsrecht, es sei denn, mindestens ein Drittel der Arbeitnehmer der SCE einschließlich ihrer Tochtergesellschaften und Betriebe beantragen die Anwendung der §§ 1–39 oder die SCE überschreitet später die Schwelle von 50 Arbeitnehmern, § 41 Abs. 2, 3.

3. Grundzüge der Arbeitnehmerbeteiligung nach dem SCEBG. Wegen der Vielfalt der Mit- 4 bestimmungssysteme in Europa setzt das SCEBG im Einklang mit der Richtlinie auf eine **individuelle Vereinbarung über die Beteiligung der Arbeitnehmer** in der SCE, die zwischen den Leitungen der an der Gründung beteiligten juristischen Personen und einem von den Arbeitnehmern zu bildenden **besonderen Verhandlungsgremium** ausgehandelt wird. Zusammensetzung des Verhandlungsgremiums und Verhandlungsverfahren sind in §§ 11 ff. im Einzelnen geregelt.

§ 21 legt **Mindestanforderungen für den Inhalt der Vereinbarung** fest. Außer im Falle der 5 Gründung einer SCE durch Umwandlung kann die Vereinbarung auch eine Minderung der Mitbestimmungsrechte zur Folge haben, § 15 Abs. 3, § 21 Abs. 5. Abhängig davon, wie viele von der SCE-Gründung betroffene Arbeitnehmer bereits Mitbestimmungsrechte innehatten, ist für eine **Absenkung des Standards** eine qualifizierte Zwei-Drittel-Mehrheit der Mitglieder des Verhandlungsgremiums erforderlich, die mindestens zwei Drittel der Arbeitnehmer in mindestens zwei Mitgliedstaaten vertritt; im Übrigen beschließt das Verhandlungsgremium mit einfacher Mehrheit, § 15 Abs. 2. Als Minderung der Mitbestimmungsrechte gilt wie auch bei der SE die Herabsetzung des Anteils der Arbeitnehmervertreter im Aufsichts- oder Verwaltungsorgan ggü. dem höchsten Niveau der in der SCE aufgehenden Gesellschaften sowie die Einschränkung des Rechts, Mitglieder des Aufsichts- oder Verwaltungsorgans zu wählen, zu bestellen, zu empfehlen oder abzulehnen, § 15 Abs. 4.

Die Vereinbarung ist ein **Kollektivvertrag *sui generis*,** der entgegenstehende Bestimmungen der 6 Satzung der SCE nicht verdrängen kann. Art. 11 Abs. 4 der VO (EG) Nr. 1435/2003 des Rates v. 22.7.2003 über das Statut der Europäischen Genossenschaft (SCE) (ABl. 2003 L 207, 1) verlangt für den Fall eines Widerspruchs zwischen geltender Satzung und der geschlossenen Vereinbarung vielmehr, die Satzung soweit erforderlich zu ändern (vgl. *Habersack* ZHR 171 (2007), 628 ff.).

7   Das Verhandlungsgremium kann gem. § 16 auch beschließen, **keine Verhandlungen** aufzunehmen oder die Verhandlungen abzubrechen. In diesem Fall kommen gem. § 49 Abs. 1 Nr. 2 iVm § 16 Abs. 1 die ansonsten ausgeschlossenen Regelungen des Europäischen Betriebsräte-Gesetzes zur Anwendung.

8   Kommt es binnen der für die Verhandlungen vorgesehenen Frist von sechs Monaten (die einvernehmlich auf maximal ein Jahr verlängert werden kann) nicht zu einer Einigung, greifen die **Auffangregelungen** der §§ 22 ff. ein, die eine Beteiligung der Arbeitnehmer kraft Gesetzes anordnen. Für die Errichtung des SCE-Betriebsrats gelten gem. § 23 Abs. 1 die Regelungen für die Wahl und Zusammensetzung des besonderen Verhandlungsgremiums entsprechend. Die Amtszeit der SCE-Betriebsräte beträgt vier Jahre; nach Ablauf dieser Zeit hat der SCE-Betriebsrat außerdem darüber zu befinden, ob nicht doch eine Vereinbarung gem. § 21 geschlossen werden soll, § 26 Abs. 1.

9   Der so gebildete **SCE-Betriebsrat** ist gem. §§ 28 f. über die Entwicklung der Geschäftslage und die Perspektiven der SCE mindestens einmal jährlich **zu unterrichten und** dazu **anzuhören**, über außergewöhnliche Umstände, die die Interessen der Arbeitnehmer in erheblichem Umfang berühren, auch außerhalb der turnusmäßigen Sitzungen. **Mitbestimmungsrechte,** die in § 2 Abs. 12 legal definiert sind als das Recht, einen Teil der Mitglieder des Aufsichts- oder Verwaltungsorgans der SCE zu wählen oder zu bestellen oder wenigstens deren Bestellung zu empfehlen oder abzulehnen, kommen dem SCE-Betriebsrat neben dem Unterrichtungs- und Anhörungsanspruch nur zu, wenn schon vor der Gründung eine bestimmte Mindestanzahl der betroffenen Arbeitnehmer (je nach Gründungsform 25 oder 50 %) Mitbestimmungsrechte innehatte, § 34. Stellt der SCE-Betriebsrat Mitglieder im Aufsichts- oder Verwaltungsorgan, regelt § 36 die Verteilung der Sitze auf die Mitgliedstaaten, in denen Mitglieder zu wählen oder zu bestellen sind. Die SCE ist damit keine originär mitbestimmte Gesellschaftsform (Tschöpe ArbR-HdB/*Westhoff,* B. Unternehmensmitbestimmung Rn. 131). In **Tendenzunternehmen,** die unmittelbar und überwiegend politischen, koalitionspolitischen, konfessionellen, karitativen, erzieherischen, wissenschaftlichen oder künstlerischen Bestimmungen oder Zwecken der Berichterstattung oder Meinungsäußerung dienen, findet eine Mitbestimmung gem. § 39 Abs. 1 nicht statt.

§ 47 Strafvorschriften

   (1) Mit Freiheitsstrafe bis zu zwei Jahren oder mit Geldstrafe wird bestraft, wer

1. **entgegen § 43 Abs. 2, auch in Verbindung mit Abs. 4, ein Betriebs- oder Geschäftsgeheimnis verwertet oder**
2. **entgegen § 45 Satz 1 eine Europäische Genossenschaft dazu missbraucht, Arbeitnehmern Beteiligungsrechte zu entziehen oder vorzuenthalten.**

   (2) Mit Freiheitsstrafe bis zu einem Jahr oder mit Geldstrafe wird bestraft, wer

1. **entgegen § 43 Abs. 2, auch in Verbindung mit Abs. 4, ein Betriebs- oder Geschäftsgeheimnis offenbart,**
2. **entgegen § 46 Nr. 1 oder 2 eine dort genannte Tätigkeit behindert, beeinflusst oder stört oder**
3. **entgegen § 46 Nr. 3 eine dort genannte Person benachteiligt oder begünstigt.**

   (3) Handelt der Täter in den Fällen des Absatzes 2 Nr. 1 gegen Entgelt oder in der Absicht, sich oder einen anderen zu bereichern oder einen anderen zu schädigen, so ist die Strafe Freiheitsstrafe bis zu zwei Jahren oder Geldstrafe.

   (4) [1]Die Tat wird nur auf Antrag verfolgt. [2]In den Fällen des Absatzes 1 Nr. 2 und des Absatzes 2 Nr. 2 und 3 sind das besondere Verhandlungsgremium, der SCE-Betriebsrat, die Mehrheit der Arbeitnehmervertreter im Rahmen eines Verfahrens zur Unterrichtung und Anhörung, jedes Mitglied des Aufsichts- oder Verwaltungsorgans, eine im Unternehmen vertretene Gewerkschaft sowie die Leitungen antragsberechtigt.

A. Regelungscharakter

1   Die den Vorschriften des Europäischen Betriebsräte-Gesetzes nachgebildete (BT-Drs. 16/1025, 80) **Blankettvorschrift** fasst unterschiedliche Verbotsnormen des SCEBG zusammen und sieht, je nach Schwere des Verstoßes, unterschiedliche Strafdrohungen bis zu zwei Jahren Freiheitsstrafe vor. Die Taten sind **Vergehen** und werden sämtlich nur auf **Antrag** (§§ 77 ff. StGB) verfolgt; der **Versuch** ist nicht strafbar. Sanktioniert werden zum einen bestimmte Verhaltensweisen der SCE-Betriebsratsmitglieder (Abs. 1 Nr. 1, Abs. 2 Nr. 1, auch iVm Abs. 3), zum anderen bestimmte Formen der Behinderung ihrer Tätigkeit (Abs. 1 Nr. 2, Abs. 2 Nr. 2 und 3).

B. Die Regelungen im Einzelnen

I. Verwertung oder Offenbarung von Betriebs- oder Geschäftsgeheimnissen

1. Verwertung von Betriebs- oder Geschäftsgeheimnissen (§ 47 Abs. 1 Nr. 1). Die Vorschrift **2** bedroht die Verwertung von Betriebs- oder Geschäftsgeheimnissen mit Freiheitsstrafe bis zu zwei Jahren oder Geldstrafe. Der **Begriff des Betriebs- oder Geschäftsgeheimnisses** entspricht dem des Betriebsverfassungsgesetzes und des AktG. Die **Verwertung** setzt eigennütziges Handeln des Täters voraus, also die wirtschaftliche Nutzung des Geheimnisses selbst zum Zwecke der Gewinnerzielung (vgl. MüKoAktG/*Jacobs* SEBG § 45 Rn. 4). Die Vorschrift kommt immer dann zur Anwendung, wenn die Verwertung ohne Offenbarung des Geheimnisses ggü. Dritten erfolgt, ansonsten greift § 47 Abs. 3 SCEBG (vgl. MüKoAktG/*Jacobs* SEBG § 45 Rn. 6).

Die Tat ist ein **Sonderdelikt** und kann nur von denjenigen begangen werden, die nach § 43 Abs. 2 **3** und 4 einer **besonderen Geheimhaltungspflicht** unterliegen. Hinsichtlich der Betriebs- und Geschäftsgeheimnisse, die ihnen wegen ihrer Zugehörigkeit zu einem SCE-Betriebsrat bekannt geworden sind, sind alle seine Mitglieder und Ersatzmitglieder auch aus anderen Mitgliedstaaten (BT-Drs. 16/1025, 79) gem. § 43 Abs. 2 zur Vertraulichkeit auch nach ihrem Ausscheiden aus dem Betriebsrat verpflichtet; nach Abs. 4 trifft die gleiche Pflicht auch die Mitglieder des besonderen Verhandlungsgremiums (→ Vorb. Rn. 4), die Arbeitnehmervertreter der SCE, ihrer Tochtergesellschaften iSv § 2 Abs. 3 und ihrer Betriebe, andere Arbeitnehmervertreter, die in sonstiger Weise an einem Verfahren zu Unterrichtung und Anhörung (Begriffsbestimmung in § 2 Abs. 10, 11) teilnehmen sowie Sachverständige und Dolmetscher. Dies gilt allerdings nur, wenn die Betriebs- oder Geschäftsgeheimnisse von der Leitung der SCE **ausdrücklich als geheimhaltungsbedürftig bezeichnet** worden sind, was beachtliche Irrtümer (§§ 16, 17 StGB) potentieller Täter ausschließen dürfte. Die Leitungen der beteiligten juristischen Personen und der SCE sind zur Offenbarung derartiger Geheimnisse allerdings nur verpflichtet, soweit bei Zugrundelegung objektiver Kriterien deren Gefährdung ausgeschlossen ist, § 43 Abs. 1.

§ 43 Abs. 3 nimmt die Weitergabe von **Informationen innerhalb des SCE-Betriebsrats,** ggü. **4** anderen Arbeitnehmervertretern von Unternehmensteilen, soweit in der Vereinbarung gem. § 21 vorgesehen, und ggü. zur Unterstützung herangezogenen Dolmetschern und Sachverständigen von der Verschwiegenheitsverpflichtung aus, was auch im Rahmen von § 47 – trotz der ausdrücklichen Nennung nur von § 43 Abs. 2 – zu berücksichtigen ist. Verfassungsrechtliche Bedenken bestehen nicht, weil Abs. 3 die Verbotsnorm einschränkt und damit zugunsten des Täters wirkt. Eine § 43 Abs. 3 vergleichbare Regelung enthält § 43 Abs. 5 für den in Abs. 4 genannten Personenkreis.

Verstöße gegen Geheimhaltungspflichten von **Arbeitnehmervertretern im Aufsichts- oder Ver- 5 waltungsorgan** sind gem. § 36 Abs. 1 SCEAG iVm § 151 GenG, 333 HGB, 314 UmwG mit Strafe bedroht, s. dort.

2. Offenbarung von Betriebs- oder Geschäftsgeheimnissen (§ 47 Abs. 2 Nr. 1, § 47 Abs. 3). **6** Die geringere Strafdrohung von maximal einem Jahr Freiheitsstrafe bei **Offenlegung** von Betriebs- und Geschäftsgeheimnissen im Unterschied zu deren Verwertung rechtfertigt sich aus der fehlenden Eigennützigkeit der Tat (BT-Drs. 16/1025, 79). Demzufolge sieht die **Qualifikation** des Abs. 3 wieder einen höheren, Abs. 1 entsprechenden Strafrahmen vor, wenn der Täter **gegen Entgelt** oder in **Bereicherungs- oder Schädigungsabsicht** (dolus eventualis genügt insoweit nicht) handelt.

II. Straftaten nach § 47 Abs. 1 Nr. 2, Abs. 2 Nr. 2, 3

1. Missbrauch der SCE zur Entziehung oder Beschränkung von Beteiligungsrechten (§ 47 7 Abs. 1 Nr. 2). Die Norm soll durch ihre erhöhte Strafdrohung von Freiheitsstrafe bis zu zwei Jahren oder Geldstrafe vor allem **präventive Wirkung** entfalten. Weil es aus gesellschaftsrechtlichen Gründen in den Fällen des Missbrauchs nur eingeschränkt möglich sei, vollzogene grenzüberschreitende Maßnahmen rückgängig zu machen, setzt der Gesetzgeber auf Abschreckung, um seiner in der RL 2003/72/EG geregelten Verpflichtung zur Missbrauchsverhinderung zu genügen (BT-Drs. 16/1025, 80). Der Begriff des Missbrauchs ist vage und kann durch die gesetzliche Vermutung in § 45 S. 2 nicht konkretisiert werden. Zum einen verweist § 47 Abs. 1 Nr. 2 ausdrücklich auf § 45 S. 1. Zum anderen begegnete es vor dem Hintergrund des Grundsatzes *in dubio pro reo* **verfassungsrechtlichen Bedenken,** den Nachweis für die fehlende Missbräuchlichkeit eines Verhaltens lediglich aufgrund bestimmter struktureller Änderungen der SCE binnen Jahresfrist nach ihrer Gründung dem Täter aufzubürden (ebenso MüKoAktG/*Jacobs* SEBG § 45 Rn. 5 mwN). Die Rechtsprechung wird daher eine eigene Definition des Missbrauchs entwickeln müssen, wobei ein Rückgriff auf Art. 13 der RL 2003/72/EG (nicht 14 wie in der BT-Drs.), der dieselbe Terminologie enthält, nicht weiterhilft. Dabei ist zu berücksichtigen, dass § 15 Abs. 3 und § 18 Abs. 3 besondere Verfahren für die Minderung bestehender Beteiligungsrechte vorsehen. Ein Missbrauch dürfte gegeben sein, wenn hiervon ohne nachvollziehbaren Grund gezielt zur Beschneidung der Beteiligungsrechte abgewichen wird.

8   Die **Täterschaft** ist nicht auf Mitglieder von Leitungen iSv § 2 Abs. 5, also von Organen unmittelbar an der Gründung der SCE beteiligter juristischer Personen oder der SCE selbst beschränkt (so aber MüKoAktG/*Jacobs* SEBG § 45 Rn. 2), auch wenn dies faktisch am Nächsten liegen dürfte. In Betracht kommen insbes. auch natürliche Personen mit Betrieben, die die für die Anwendung des SCEBG erforderliche Mindestanzahl von Arbeitnehmern beschäftigen, § 41 Abs. 1.

9   **2. Verstöße gegen § 46 (§ 47 Abs. 2 Nr. 2 und 3).** § 47 Abs. 2 Nr. 2 und 3 SCEBG stellt Verstöße gegen die in § 46 normierten Bestimmungen zum Errichtungs- und Tätigkeitsschutz der Arbeitnehmervertretungen innerhalb der SCE und während der Gründungsphase unter Strafe.

10   **§ 47 Abs. 2 Nr. 2** nimmt dabei auf § 46 Nr. 1 und 2 Bezug. **§ 46 Nr. 1 schützt die Bildung** des besonderen Verhandlungsgremiums, die Errichtung eines SCE-Betriebsrats, die Einführung eines Verfahrens zur Unterrichtung und Anhörung nach § 21 Abs. 2 (betrifft den Fall, dass vereinbarungsgemäß kein SCE-Betriebsrat gebildet wird) sowie die Wahl, Bestellung, Empfehlung oder Ablehnung der Arbeitnehmervertreter im Aufsichts- oder Verwaltungsorgan. Die Tathandlung besteht darin, die Errichtung dieser Gremien zu behindern, zu stören oder sie durch Zufügung oder Androhung von Nachteilen oder durch Gewährung und Versprechen von Vorteilen zu beeinflussen. Über **§ 46 Nr. 2** ist die **Störung und Behinderung der Tätigkeit** der schon in Nr. 1 genannten Personengruppen, also des besonderen Verhandlungsgremiums, des SCE-Betriebsrats, der Arbeitnehmervertreter nach § 21 Abs. 2 und der Arbeitnehmervertreter im Aufsichts- oder Verwaltungsorgan, unter Strafe gestellt. Die Taten sind mit Freiheitsstrafe bis zu einem Jahr oder mit Geldstrafe bedroht; Täter kann wie bei Verstößen gegen § 46 Nr. 1 jedermann sein.

11   **§ 47 Abs. 2 Nr. 3** erfasst Verstöße gegen **§ 46 Nr. 3** und stellt damit die **Benachteiligung oder Begünstigung** von Mitgliedern oder Ersatzmitgliedern des besonderen Verhandlungsgremiums, des SCE-Betriebsrats, eines Arbeitnehmervertreters nach § 21 Abs. 2 oder eines Arbeitnehmervertreters im Aufsichts- oder Verwaltungsorgan wegen seiner dort ausgeübten Tätigkeit unter Strafe.

III. Antragsbefugnis

12   Sämtliche Straftaten nach § 47 werden **nur auf Antrag** verfolgt, § 47 Abs. 4 S. 1. Da bei der Verletzung von Beteiligungsrechten und Störung der Tätigkeit der Vertretungsgremien ein größerer Kreis an Verletzten in Betracht kommt, zählt S. 2 klarstellend die Personen und Gremien auf, die in diesen Fällen antragsberechtigt sind (BT-Drs. 16/1025, 80): das besondere Verhandlungsgremium, der SCE-Betriebsrat, die Mehrheit der Arbeitnehmervertreter im Rahmen eines Verfahrens zur Unterrichtung und Anhörung (§ 21 Abs. 2), jedes Mitglied des Aufsichts- oder Verwaltungsorgans, im Unternehmen vertretene Gewerkschaften und die Leitungen iSv § 2 Abs. 5.

§ 48 Bußgeldvorschriften

   (1) Ordnungswidrig handelt, wer

1. **entgegen § 4 Abs. 1 oder § 5 Abs. 5 Satz 2 eine Information nicht, nicht richtig, nicht vollständig oder nicht rechtzeitig gibt oder**
2. **entgegen § 28 Abs. 1 Satz 1 oder § 29 Abs. 1 Satz 1 den SCE-Betriebsrat nicht, nicht richtig, nicht vollständig oder nicht in der vorgeschriebenen Weise unterrichtet.**

   (2) Die Ordnungswidrigkeit kann mit einer Geldbuße bis zu zwanzigtausend Euro geahndet werden.

1   **1. Regelungscharakter.** Die **Blankettvorschrift** sanktioniert die Verletzung wesentlicher Auskunfts- und Informationspflichten durch die Leitungen mit einem Bußgeld. Der Gesetzgeber hielt eine angemessene Sanktionsmöglichkeit für geboten, weil eine gerichtliche Durchsetzung derartiger Ansprüche vor den Arbeitsgerichten zwar möglich, aber vielfach nicht rechtzeitig zu erreichen sei (BT-Drs. 16/1025, 80). Entsprechende Regelungen finden sich in § 121 BetrVG, § 45 EBRG und § 46 SEBG. Nur für **vorsätzliche, vollendete Taten** können mit Geldbuße bis 20.000 EUR geahndet werden. Sachlich zuständig ist gem. § 36 Abs. 1 Nr. 2a OWiG das jeweilige Landesarbeitsministerium, wobei für Baden-Württemberg, Bayern, Hessen, Niedersachsen, Nordrhein-Westfalen, Rheinland-Pfalz, Sachsen und Sachsen-Anhalt abweichende Regelungen gelten (vgl. BeckOK ArbR/*Werner* BetrVG § 121 Rn. 8 mwN).

2   **2. Die Tatbestände im Einzelnen. a) Verstoß gegen Informationspflichten (§ 48 Abs. 1 Nr. 1).** § 48 Abs. 1 Nr. 1 betrifft Verstöße gegen bestimmte **Informationspflichten während der Gründung** der SCE. Ist die Gründung durch mindestens zwei juristische Personen oder durch Umwandlung geplant, müssen die Leitungen der beteiligten Unternehmen gem. § 4 Abs. 1 die jeweilige Arbeitnehmervertretungen und Sprecherausschüsse, hilfsweise die Arbeitnehmer selbst, **über das Gründungsvorhaben informieren.** Art und Weise und Zeitpunkt der Information (unaufgefordert und unverzüglich nach Offenlegung des Verschmelzungsplans, nach Erstellung der Satzung oder nach

Offenlegung des Umwandlungsplans) sind ebenfalls geregelt. § 4 Abs. 2 konkretisiert die nach § 4 Abs. 1 bestehende Informationspflicht inhaltlich.

§ 5 Abs. 5 S. 2 normiert weitere Informationspflichten, wenn **während der Tätigkeit des beson-** 3 **deren Verhandlungsgremiums** Änderungen in der Struktur oder Arbeitnehmerzahl der beteiligten juristischen Personen, der betroffenen Tochtergesellschaften oder betroffenen Betriebe eintreten, aufgrund derer die konkrete Zusammensetzung des besonderen Verhandlungsgremiums zu ändern ist.

Täter können nur **Mitglieder der zuständigen Leitungen** iSv § 2 Abs. 5 sein, also der Organe der 4 unmittelbar an der Gründung beteiligten juristischen Personen, die die Geschäfte der juristischen Person führen und zu ihrer Vertretung berechtigt sind. Ordnungswidrig handelt, wer den genannten Informationspflichten nicht, nicht richtig, nicht vollständig oder nicht rechtzeitig nachkommt.

b) Verstoß gegen Unterrichtungspflichten (§ 48 Abs. 1 Nr. 2). Die in § 28 Abs. 1 S. 1 und § 29 5 Abs. 1 S. 1 normierten **Unterrichtungspflichten** treffen die Leitungen der SCE, so dass nur deren Mitglieder, also gem. § 2 Abs. 5 Mitglieder des Leitungsorgans im dualistischen System oder geschäftsführende Direktoren im monistischen System, Täter der Ordnungswidrigkeit sein können. **§ 28 Abs. 1 S. 1** bestimmt, dass der SCE-Betriebsrat **mindestens einmal jährlich** von der Leitung in einer gemeinsamen Sitzung über die Entwicklung der Geschäftslage und die Perspektiven der SCE unter rechtzeitiger Vorlage der erforderlichen Unterlagen, die in S. 2 näher konkretisiert werden, zu unterrichten (und anzuhören) ist. **§ 29 Abs. 1 S. 1** verpflichtet die Leitung darüber hinaus zur rechtzeitigen Unterrichtung über **außergewöhnliche Umstände,** die erhebliche Auswirkungen auf die Interessen der Arbeitnehmer haben. Als solche gelten gem. S. 2 die Verlegung oder Verlagerung von Unternehmen, Betrieben oder wesentlichen Betriebsteilen, die Stilllegung von Unternehmen, Betrieben oder wesentlichen Betriebsteilen und Massenentlassungen.

Der **Begriff der Unterrichtung** ist in § 2 Abs. 10 definiert als die Unterrichtung des SCE-Betriebs- 6 rats oder anderer Arbeitnehmervertreter durch die Leitung der SCE über Angelegenheiten, die die SCE selbst oder eine ihrer Tochtergesellschaften oder einen ihrer Betriebe in einem anderen Mitgliedstaat betreffen oder die über die Befugnisse der zuständigen Organe auf der Ebene des einzelnen Mitgliedstaats hinausgehen. Zeitpunkt, Form und Inhalt der Unterrichtung sind dabei so zu wählen, dass es den Arbeitnehmervertretern möglich ist, zu erwartende Auswirkungen eingehend zu prüfen und ggf. eine Anhörung mit der Leitung der SCE vorzubereiten.

645. Gesetz zur Bekämpfung der Schwarzarbeit und illegalen Beschäftigung (Schwarzarbeitsbekämpfungsgesetz – SchwarzArbG)

Vom 23.7.2004 (BGBl. I, 1842) FNA 453-22

Zuletzt geändert durch Art. 2 G zur Änd. des FreizügG/EU und weiterer Vorschriften v. 2.12.2014 (BGBl. I, 1922)

§ 8 Bußgeldvorschriften

(1) Ordnungswidrig handelt, wer

1. a) entgegen § 60 Abs. 1 Satz 1 Nr. 1 des Ersten Buches Sozialgesetzbuch eine Tatsache, die für eine Leistung nach dem Sozialgesetzbuch erheblich ist, nicht richtig oder nicht vollständig anzeigt,

b) entgegen § 60 Abs. 1 Satz 1 Nr. 2 des Ersten Buches Sozialgesetzbuch eine Änderung in den Verhältnissen, die für eine Leistung nach dem Sozialgesetzbuch erheblich ist, nicht, nicht richtig, nicht vollständig oder nicht rechtzeitig mitteilt,

c) entgegen § 8a des Asylbewerberleistungsgesetzes die Aufnahme einer Erwerbstätigkeit nicht, nicht richtig, nicht vollständig oder nicht rechtzeitig meldet,

d) der Verpflichtung zur Anzeige vom Beginn des selbstständigen Betriebes eines stehenden Gewerbes (§ 14 der Gewerbeordnung) nicht nachgekommen ist oder die erforderliche Reisegewerbekarte (§ 55 der Gewerbeordnung) nicht erworben hat oder

e) ein zulassungspflichtiges Handwerk als stehendes Gewerbe selbstständig betreibt, ohne in die Handwerksrolle eingetragen zu sein (§ 1 der Handwerksordnung)
und Dienst- oder Werkleistungen in erheblichem Umfang erbringt oder

2. Dienst- oder Werkleistungen in erheblichem Umfang ausführen lässt, indem er eine oder mehrere Personen beauftragt, die diese Leistungen unter vorsätzlichem Verstoß gegen eine in Nummer 1 genannte Vorschrift erbringen.

(2) Ordnungswidrig handelt, wer vorsätzlich oder fahrlässig

1. entgegen § 2a Abs. 1 ein dort genanntes Dokument nicht mitführt oder nicht oder nicht rechtzeitig vorlegt,

2. entgegen § 2a Abs. 2 den schriftlichen Hinweis nicht oder nicht für die vorgeschriebene Dauer aufbewahrt oder nicht oder nicht rechtzeitig vorlegt,

3. entgegen
a) § 5 Abs. 1 Satz 1 oder 2 oder
b) § 5 Abs. 2 Satz 1
eine Prüfung oder das Betreten eines Grundstücks oder eines Geschäftsraumes nicht duldet oder bei einer Prüfung nicht mitwirkt,

4. entgegen § 5 Abs. 1 Satz 4 ein dort genanntes Dokument nicht oder nicht rechtzeitig vorlegt oder

5. entgegen § 5 Abs. 3 Satz 1 Daten nicht, nicht richtig, nicht vollständig, nicht in der vorgeschriebenen Weise oder nicht rechtzeitig übermittelt.

(3) Die Ordnungswidrigkeit kann in den Fällen des Absatzes 1 Nr. 1 Buchstabe a bis c sowie Nr. 2 in Verbindung mit Nr. 1 Buchstabe a bis c mit einer Geldbuße bis zu dreihunderttausend Euro, in den Fällen des Absatzes 1 Nr. 1 Buchstabe d und e in Verbindung mit Nr. 1 Buchstabe d und e mit einer Geldbuße bis zu fünfzigtausend Euro, in den Fällen des Absatzes 2 Nr. 3 Buchstabe a und Nr. 5 mit einer Geldbuße bis zu dreißigtausend Euro, in den Fällen des Absatzes 2 Nr. 1 mit einer Geldbuße bis zu fünftausend Euro und in den übrigen Fällen mit einer Geldbuße bis zu tausend Euro geahndet werden.

(4) ¹Absatz 1 findet keine Anwendung für nicht nachhaltig auf Gewinn gerichtete Dienst- oder Werkleistungen, die

1. von Angehörigen im Sinne des § 15 der Abgabenordnung oder Lebenspartnern,

2. aus Gefälligkeit,

3. im Wege der Nachbarschaftshilfe oder

4. im Wege der Selbsthilfe im Sinne des § 36 Abs. 2 und 4 des Zweiten Wohnungsbaugesetzes in der Fassung der Bekanntmachung vom 19. August 1994 (BGBl. I 2137) oder als Selbsthilfe im Sinne des § 12 Abs. 1 Satz 2 des Wohnraumförderungsgesetzes vom 13. September 2001 (BGBl. I 2376), zuletzt geändert durch Artikel 7 des Gesetzes vom 29. Dezember 2003 (BGBl. I 3076),

erbracht werden. ²Als nicht nachhaltig auf Gewinn gerichtet gilt insbesondere eine Tätigkeit, die gegen geringes Entgelt erbracht wird.

(5) Das Bundesministerium der Finanzen wird ermächtigt, durch Rechtsverordnung mit Zustimmung des Bundesrates Vorschriften über Regelsätze für Geldbußen wegen einer Ordnungswidrigkeit nach Absatz 1 oder 2 zu erlassen.

Literaturübersicht: *Bayerische Verwaltungsschule* (Hrsg.), Bekämpfung der Schwarzarbeit, 4. Aufl. 2007; *Berwanger,* Private Putzhilfen und Schwarzarbeit, BB-Special 2/2004, 10; *Brenner,* Die strafrechtliche Bekämpfung der Schwarzarbeit unter besonderer Berücksichtigung wirtschaftlicher Aspekte, 2008; *Briel,* Folgen der Bekämpfung der Schwarzarbeit und einhergehender Steuerhinterziehung, PStR 2004, 226; *Büttner,* Unzulässige Ermittlungen der Zolldienststellen „Finanzkontrolle Schwarzarbeit" in Fällen des Sozialabgabenbetruges, wistra 2006, 251; *Büttner,* Illegale Beschäftigung. Schwarzarbeit, 2012; *Burghardt/Bröckers,* Bezahlung von Schwarzarbeit und Untreuestrafbarkeit, NJW 2015, 903; *Erdmann,* Gesetz zur Bekämpfung der Schwarzarbeit, 1996; *Fehn,* Finanzkontrolle Schwarzarbeit, 2006; *Fehn,* Schwarzarbeitsbekämpfung und Sozialdatenschutz, Kriminalistik, 2004, 787 und 2005, 174; *Fehn,* Grenzen polizeilicher Befugnisse der Finanzkontrolle Schwarzarbeit, Kriminalistik 2004, 559; *Fehn,* Finanzkontrolle Schwarzarbeit, Kriminalistik 2004, 409; *Fehn,* Die Novellierung des Schwarzarbeitsbekämpfungsgesetzes – Ein wichtiger Schritt in die zutreffende Richtung, ZfZ 2004, 218; *Fehn,* Grenzpolizeiliche und allgemein-polizeiliche Eilkompetenz sowie zollrechtliche Zuständigkeit der Finanzkontrolle Schwarzarbeit?, ZfZ 2005, 362; *Fehn,* Gesetzliche, nicht gefühlte Ermittlungskompetenz der Finanzkontrolle Schwarzarbeit, Kriminalistik 2008, 444; *Jerger,* Von der Nichtigkeit zur Wirksamkeit zurück zur Nichtigkeit des gesamten Vertrages bei Schwarzarbeit, NZBau 2013, 608; *Joecks,* Bekämpfung der Schwarzarbeit und damit zusammenhängender Steuerhinterziehung, wistra 2004, 441; *Karl,* Die Strafbarkeit des Arbeitgebers bei illegaler Beschäftigung ausländischer Arbeitnehmer, StV 2003, 696; *Kossens,* Das Gesetz zur Intensivierung der Bekämpfung der Schwarzarbeit und damit zusammenhängender Steuerhinterziehung, BB-Spezial 2/2004, 2; *Kraft/Adamski,* Schwarzarbeit am Bau – Übersicht, Gefahren und Lösungsansätze, NZBau 2011, 321; *Lechner/Strunz,* Bekämpfung der Schwarzarbeit, 4. Aufl. 2007; *Marschall,* Bekämpfung illegaler Beschäftigung, 3. Aufl. 2003; *Möller/Retemeyer,* Entdeckt die FKS Steuerhinterziehungen – Sperrwirkungen nach § 371 Abs. 2 Nr. 2 AO?, PStR 2013, 239; *Möller,* Die Bekämpfung der Schwarzarbeit und der illegalen Beschäftigung, StBp 2014, 228; *Mosbacher,* Straffreie illegale Ausländerbeschäftigung (und andere Überraschungen zum neuen Jahr), wistra 2005, 54; *Mössmer/Moosburger,* Gefühlte Ermittlungskompetenz der Finanzkontrolle Schwarzarbeit, wistra 2007, 55; *Neumann/Kahle/Miersch,* Ist eine Vermögensabschöpfung bei Schwarzarbeit im Handwerk möglich? GewA 2010, 193; *Rixen,* Arbeitsgenehmigungsrechtliche Probleme bei Entsendung ausländischer Arbeitnehmer zur Anlagenmontage im Inland, BB 2001, 1681; *Siegle,* Probleme bei der Bekämpfung der illegalen Beschäftigung mit den Mitteln des Straf- und Ordnungswidrigkeitenrechts, 1998; *Spatschek/Wulf/Fraedrich,* Schwarzarbeit heute – Die neue Rechtslage aus steuer- und strafrechtlicher Sicht, DStR 2005, 129; *Spatschek/Fraedrich,* Schwarzarbeit auf dem Bau, NZBau 2007, 673; *Spatschek/Wulf,* Praktische Fragen zu den Verfahrensvorschriften des SchwarzArbG, PStR 2005, 40 ff.; *Stamm,* Kehrtwende des BGH bei der Bekämpfung der Schwarzarbeit, NJW 2014, 2145; *Wegner,* Bekämpfung der Schwarzarbeit und damit zusammenhängender Steuerhinterziehung, DB 2004, 758; *Westphal/Stoppa,* Ausländerrecht für die Polizei, 3. Aufl. 2007.

S. auch die Literaturhinweise bei § 404 SGB III, §§ 95 ff. AufenthG und §§ 15 ff. AÜG.

A. Allgemeines

Die Norm enthält sämtliche **Bußgeldtatbestände** des SchwarzArbG. Die letzten erheblichen Änderungen brachte das Zweite Gesetz zur Änderung des Vierten Buches Sozialgesetzbuch und anderer Gesetze v. 21.12.2008 (BGBl. I 2933) mWz 1.1.2009. Dadurch wurden die Bußgeldtatbestände in § 8 Abs. 2 Nr. 1 u. 2 neu eingeführt, in Abs. 2 die früheren Nr. 1–3 in Nr. 3–5 umbenannt und Abs. 3 entsprechend angepasst. Die Einführung von weitgehenden Mitführungs- und Vorlagepflichten von Ausweispapieren in bestimmten besonders gefährdeten Branchen zum Jahresbeginn 2009 wird durch die neuen Bußgeldvorschriften in Abs. 2 Nr. 1 u. 2 flankiert. **1**

Ermittelt und verfolgt werden die aufgezählten Ordnungswidrigkeiten vornehmlich von der „Finanzkontrolle Schwarzarbeit". Das SchwarzArbG enthält in §§ 2 ff. die zentralen Aufgaben- und Befugnisnormen für die Behörden der Zollverwaltung, denen die **Finanzkontrolle Schwarzarbeit** (FKS) anvertraut ist (vgl. hierzu insg. Ignor/Mosbacher ArbStrafR-HdB/*Fehn*/*Mosbacher* § 19 Rn. 1 ff.). Mit rund 6.500 Beschäftigten bekämpft die Finanzkontrolle Schwarzarbeit in Deutschland die illegale Beschäftigung und Schwarzarbeit. Die Finanzkontrolle Schwarzarbeit ist bundesweit flächendeckend an 113 Standorten vertreten. Die operativen Einheiten der FKS sind die Sachgebiete C (Kontrollen, soweit die Prävention im Rahmen der Bekämpfung von Schwarzarbeit und illegaler Beschäftigung betroffen ist), E (Prüfung und Ermittlung von Tatbeständen der Schwarzarbeit und illegalen Beschäftigung) und F (Ahndung, soweit Bußgeldnormen der Bekämpfung von Schwarzarbeit und illegaler Beschäftigung betroffen sind) von bundesweit 43 Hauptzollämtern. Die Rechts- und Fachaufsicht liegt bei bundesweit fünf Bundesfinanzdirektionen (Nord in Hamburg, Mitte in Potsdam, West in Köln, Südwest in Neustadt/Weinstraße und Südost in Nürnberg). Die fachlichen Vorgaben werden durch die Zentrale Facheinheit für die Bekämpfung von Schwarzarbeit und illegaler Beschäftigung innerhalb der Bundesfinanzdirektion West erteilt. Die strategische Steuerung erfolgt durch die Zollabteilung des Bundesministeriums der Finanzen (vgl. hierzu näher auch Ignor/Mosbacher ArbStrafR-HdB/*Fehn*/*Mosbacher* § 19 Rn. 1 ff.). **Schwarzarbeit** leistet nach der **Legaldefinition** in § 1 Abs. 2, wer Dienst- oder Werkleistungen erbringt oder ausführen lässt und dabei als Arbeitgeber, Unternehmer oder versicherungspflichtiger Selbstständiger seine sich aufgrund der Dienst- oder Werkleistungen ergebenden sozialversicherungsrechtlichen Melde-, Beitrags- oder Aufzeichnungspflichten nicht erfüllt (Nr. 1), als Steuerpflichtiger seine sich aufgrund der Dienst- oder Werkleistungen ergebenden steuerlichen Pflichten nicht erfüllt (Nr. 2), als Empfänger von Sozialleistungen seine sich aufgrund der Dienst- oder Werkleistungen **2** ergebenden Mitteilungspflichten ggü. dem Sozialleistungsträger nicht erfüllt (Nr. 3), als Erbringer von Dienst- oder Werkleistungen seiner sich daraus ergebenden Verpflichtung zur Anzeige vom Beginn des selbstständigen Betriebes eines stehenden Gewerbes gemäß § 14 GewO nicht nachgekommen ist oder die erforderliche Reisegewerbekarte § 55 GewO nicht erworben hat (Nr. 4) oder als Erbringer von Dienst- oder Werkleistungen ein zulassungspflichtiges Handwerk als stehendes Gewerbe selbstständig betreibt, ohne nach § 1 der Handwerksordnung in der Handwerksrolle eingetragen zu sein (Nr. 5).

3   Die Angehörigen der Finanzkontrolle Schwarzarbeit des Zolls sind bei der Verfolgung von Straftaten im Rahmen ihrer Zuständigkeit Ermittlungspersonen der Staatsanwaltschaft mit den Kompetenzen der Polizeivollzugsbeamten nach der StPO und dürfen daher im Rahmen der strafprozessrechtlichen Vorgaben auch Durchsuchungen, Beschlagnahmen, Vernehmungen, vorläufige Festnahmen und Verhaftungen durchführen. Auch die (unmittelbaren) „Zusammenhangstaten" werden zur Verfolgung zugewiesen (hierzu näher auch Ignor/Mosbacher ArbStrafR-HdB/*Fehn/Mosbacher* § 19 Rn. 10 ff.). Die Vollzugsbeamten der Finanzkontrolle Schwarzarbeit können bei Zusammenhangstaten den ersten Angriff zur Sicherung der Beweislage bis zur Übernahme des Vorgangs durch die originär zuständige Behörde vornehmen. Bei der **Verfolgung von Ordnungswidrigkeiten** nehmen die Zollbehörden als Verwaltungsbehörde die Stellung der Staatsanwaltschaft ein.

B. Die Tatbestände im Einzelnen

I. Die Bußgeldtatbestände in Abs. 1

4   **1. Anwendungsbereich. a) Dienst- und Werkleistungen erheblichen Umfangs. Gemeinsame einschränkende Voraussetzung** der Bußgeldtatbestände in Abs. 1 ist, dass Dienst- oder Werkleistungen in erheblichem Umfang erbracht werden. Verfassungsrechtliche Bedenken wegen der Unbestimmtheit dieses einschränkenden Merkmals sind (auch im Hinblick auf die Rspr. des 5. Strafsenats des BGH zur möglichen Verfassungswidrigkeit des früheren § 370a AO wegen des Merkmals „in großem Ausmaß", BGH NJW 2004, 90) nicht angebracht (aA HK-SchwarzArbG/*Fehn* §§ 8, 9 Rn. 11 u. 32). Anders als im früheren § 370a AO geht es hier nicht um die schwerwiegende Frage, ob ein Vergehen durch das Vorliegen des Merkmals zum Verbrechen qualifiziert wird, zumal derartige ausfüllungsbedürftige Mengenbegriffe dem Strafzumessungsrecht auch sonst nicht fremd sind (vgl. nur §§ 263 Abs. 3 S. 2 Nr. 2, 267 Abs. 3 S. 2 Nr. 2 StGB, noch deutlicher bei § 29a BtMG: „nicht geringe Menge").

5   Die Beurteilung der **Erheblichkeit** von Dienst- oder Werkleistungen richtet sich nach **objektiven Maßstäben** unter Berücksichtigung aller Umstände des Einzelfalls (OLG Düsseldorf GewArch 2000, 289). Bei Dienstleistungen kommt es darauf an, ob die Arbeitskraft des Betroffenen für eine nicht zu kurze Zeit voll, überwiegend oder laufend in Anspruch genommen wird (vgl. Erbs/Kohlhaas/*Ambs* Rn. 21 u. 23; OLG Düsseldorf GewA 2000, 202; OLG Saarbrücken GewA 1979, 93). Bei Werkleistungen ist auf den Umfang des erstellten Werkes abzustellen (Erbs/Kohlhaas/*Ambs* Rn. 22). Dienst- oder Werkleistungen mehrerer Schwarzarbeiter, die gemeinsam tätig sind, können bei der Frage der Erheblichkeit im Rahmen von Abs. 1 Nr. 1 (anders als bei Abs. 1 Nr. 2, s. dessen Wortlaut) nicht zusammengerechnet werden. Nach dem Wortlaut von Abs. 1 Nr. 1 („wer … erbringt") kommt es darauf an, dass der Auskunftspflichtige selbst Dienst- oder Werkleistungen in erheblichem Umfang erbringt. Eine unerhebliche Mitwirkung an einem großen Werk reicht deshalb nicht aus (aA Erbs/Kohlhaas/*Ambs* Rn. 22).

6   Ein **erheblicher Umfang** in diesem Sinne wird wohl dann anzunehmen sein, wenn die Entgelt- oder Zeitgrenzen für eine geringfügige Beschäftigung bzw. selbstständige Tätigkeit iSv § 8 SGB IV überschritten werden (vgl. Erbs/Kohlhaas/*Ambs* Rn. 23 mwN, vgl. auch HK-SchwarzArbG/*Fehn* §§ 8, 9 Rn. 10 mwN). Eine geringfügige Beschäftigung bzw. eine geringfügige selbstständige Tätigkeit liegt nach § 8 Abs. 1 SGB IV vor, wenn das Arbeitsentgelt regelmäßig im Monat 450 EUR nicht übersteigt (§ 8 Abs. 1 Nr. 1 SGB IV) oder die Beschäftigung innerhalb eines Kalenderjahres auf längstens zwei Monate oder 50 Arbeitstage nach ihrer Eigenart begrenzt zu sein pflegt oder im Voraus vertraglich begrenzt ist, es sei denn, dass die Beschäftigung berufsmäßig ausgeübt wird und ihr Entgelt 450 EUR im Monat übersteigt (§ 8 Abs. 1 Nr. 2 SGB IV). Hierbei sind gem. § 8 Abs. 2 SGB IV mehrere geringfügige Beschäftigungen nach § 8 Abs. 1 Nr. 1 oder Nr. 2 SGB IV sowie geringfügige Beschäftigungen nach Nr. 1 mit Ausnahme einer geringfügigen Beschäftigung nach Nr. 1 und nicht geringfügige Beschäftigungen zusammenzurechnen. Eine geringfügige Beschäftigung liegt nicht mehr vor, sobald die Voraussetzungen des § 8 Abs. 1 SGB IV entfallen. Verdient also der betreffende Schwarzarbeiter mehr als 450 EUR im Monat oder ist er innerhalb eines Kalenderjahres mehr als zwei Monate oder mehr als 50 Arbeitstage beschäftigt, wird ein erheblicher Umfang naheliegen. Von einem erheblichen Umfang ist jedenfalls dann auszugehen, wenn Dienst- oder Werkleistungen über einen zusammenhängenden Zeitraum von 3 Monaten in Vollbeschäftigung erbracht werden oder das gezahlte Entgelt bei 3.000 EUR liegt (vgl. HK-SchwarzArbG/*Fehn* §§ 8, 9 Rn. 10 mwN). Bereits im Zeitpunkt des Verstoßes gegen die Auskunftspflicht muss die Tätigkeit einen erheblichen Umfang angenommen haben.

7   **b) Ausschluss bei bestimmten, nicht nachhaltig auf Gewinn gerichteten Leistungen. Nicht nachhaltig auf Gewinn gerichtete Dienste oder Werkleistungen,** die von Angehörigen oder

Lebenspartnern (Nr. 1), aus Gefälligkeit (Nr. 2), im Wege der Nachbarschaftshilfe (Nr. 3) oder im Wege der Selbsthilfe im Sinne des Wohnungsbaugesetzes oder des Wohnraumförderungsgesetzes erbracht werden, scheiden als Anknüpfungspunkt für eine Ordnungswidrigkeit nach Abs. 1 aus. Als nicht nachhaltig auf Gewinn gerichtet gilt dabei insbes. eine Tätigkeit, die gegen geringes Entgelt erbracht wird (Abs. 4 S. 2). Diese Ausnahmevorschrift entspricht derjenigen in § 1 Abs. 3, wonach solche Tätigkeiten keine „Schwarzarbeit" sind. Ein geringes Entgelt ist etwa anzunehmen, wenn die Bezahlung für eine einmalige Dienstleistung 100 EUR nicht übersteigt, also die Leistungserbringung nicht vornehmlich auf dem finanziellen Anreiz, sondern auf der persönlichen Verbundenheit beruht (vgl. HK-SchwarzArbG/ *Fehn* § 1 Rn. 35 mwN); bei wiederholter Tätigkeit wird allerdings auch bei solchen Beträgen eine nachhaltig auf Gewinn gerichtete Leistung anzunehmen sein. Eine derartige geringe Entlohnung führt nicht schon für sich gesehen zum Ausschluss der Ordnungswidrigkeiten nach Abs. 1, sondern nur, wenn die Leistung von bestimmten (privilegierten) Personen oder in einem bestimmten (privilegierten) Kontext erbracht wird.

Zu den **privilegierten Personen** gehören alle Angehörige iSv § 15 AO. Das sind nach § 15 Abs. 1 **8** AO der Verlobte, auch im Sinne des Lebenspartnerschaftsgesetzes (Nr. 1), der Ehegatte oder Lebenspartner (Nr. 2), Verwandte und Verschwägerte gerader Linie (Nr. 3), Geschwister (Nr. 4), Kinder der Geschwister (Nr. 5), Ehegatten oder Lebenspartner der Geschwister und Geschwister der Ehegatten oder Lebenspartner (Nr. 6), Geschwister der Eltern (Nr. 7), Personen, die durch ein auf längere Dauer angelegtes Pflegeverhältnis mit häuslicher Gemeinschaft wie Eltern und Kind miteinander verbunden sind (Pflegeeltern und Pflegekinder, Nr. 8). Die Angehörigeneigenschaft gilt nach § 15 Abs. 2 AO auch dann weiter, wenn in den Fällen der Nr. 2, 3 u. 6 die die Beziehung begründende Ehe bzw. Lebenspartnerschaft nicht mehr besteht, in den Fällen der Nr. 3–7 die Verwandtschaft oder Schwägerschaft durch Annahme als Kind erloschen ist und im Fall der Nr. 8 die häusliche Gemeinschaft nicht mehr besteht, sofern die Personen weiterhin wie Eltern und Kind miteinander verbunden sind.

Ganz allgemein als sozialadäquat im zwischenmenschlichen Bereich angesehen und deshalb ebenfalls **9** privilegiert sind Leistungen, die aus **„Gefälligkeit"** erbracht werden. Solche Tätigkeiten sollen auch im Arbeitsüberwachungsrecht keine negativen Folgen zeitigen. Die Gefälligkeit zeichnet sich einerseits durch das Fehlen einer synallagmatischen Leistungsbeziehung, andererseits durch ein deutliches Überwiegen des Gebens aus. Aus Gefälligkeit handelt, wer aus Selbstlosigkeit, im Rahmen gesellschaftlicher Gepflogenheiten oder in Notlagen Hilfeleistungen für andere erbringt (HK-SchwarzArbG/*Fehn* § 1 Rn. 36 mwN). Eine Gefälligkeit muss nicht unbedingt unentgeltlich sein, sofern der Gefälligkeitscharakter deutlich überwiegt (vgl. HK-SchwarzArbG/*Fehn* § 1 Rn. 36 mwN). Die Privilegierung der **Nachbarschaftshilfe** beruht auf der räumlichen Nähe, die gegenseitige Hilfsbereitschaft fördert. Die Verbundenheit in gemeinsamer Wohnsituation ist ein besonders wichtiger Grund, sich gegenseitig Gefälligkeiten zu erweisen, ohne dass dies zwingend auf Gegenseitigkeit beruhen muss (vgl. HK-SchwarzArbG/*Fehn* § 1 Rn. 36 mwN).

Eine besondere **privilegierte Form der Hilfe** ist diejenige der staatlich geförderten Hilfe beim **10** Wohnungsbau. Nach § 36 des Zweiten Wohnungsbaugesetzes (Wohnungsbau- und Familienheimgesetz) wird Eigenleistung durch Selbsthilfe honoriert. Zur **Selbsthilfe** gehören nach § 36 Abs. 2 die Arbeitsleistungen, die zur Durchführung eines Bauvorhabens erbracht werden, von dem Bauherrn selbst, von seinen Angehörigen oder anderen unentgeltlich oder auf Gegenseitigkeit. Nach § 36 Abs. 4 steht dem Bauherrn bei einem Kaufeigenheim, einer Trägerkleinsiedlung, einer Kaufeigentumswohnung und einer Genossenschaftswohnung der Bewerber gleich. Es wäre widersprüchlich, wenn die gesetzlich geförderte gegenseitige Hilfe beim Eigenheimbau als Schwarzarbeit verfolgt werden könnte. Gemäß § 12 Abs. 1 des Wohnraumförderungsgesetzes können Maßnahmen, bei denen Bauherren in Selbsthilfe tätig werden oder bei denen Mieter von Wohnraum Leistungen erbringen, durch die sie im Rahmen des Mietverhältnisses Vergünstigungen erlangen, durch die Förderung bevorzugt werden. Gemäß der Definition in § 12 Abs. 1 S. 2 sind Selbsthilfe die Arbeitsleistungen, die zur Durchführung der geförderten Maßnahmen vom Bauherrn selbst, seinen Angehörigen oder von anderen unentgeltlich oder auf Gegenseitigkeit oder von Mitgliedern von Genossenschaften erbracht werden.

2. Verstoß gegen Anzeige- und Meldepflichten nach § 60 Abs. 1 S. 1 Nr. 1 u. 2 SGB I, § 8a 11 AsylbLG. Die Tathandlung besteht bei § 8 Abs. 1 Nr. 1 Buchst. a–c (neben der Erbringung von Dienst- oder Werkleistungen in erheblichem Umfang) in einem Verstoß gegen die Auskunftspflichten aus § 60 Abs. 1 S. 1 Nr. 1 u. 2 SGB I oder § 8a Asylbewerberleistungsgesetz. Gemäß **§ 60 SGB I** hat, wer Sozialleistungen beantragt oder erhält, alle Tatsachen anzugeben, die für die Leistung erheblich sind, und auf Verlangen des zuständigen Leistungsträgers der Erteilung der erforderlichen Auskünfte durch Dritte zuzustimmen (**Anzeigepflicht,** § 60 Abs. 1 S. 1 Nr. 1 SGB I) und Änderungen in den Verhältnissen, die für die Leistung erheblich sind oder über die im Zusammenhang mit der Leistung Erklärungen abgegeben worden sind, unverzüglich mitzuteilen (**Meldepflicht,** § 60 Abs. 1 S. 1 Nr. 2 SGB I). Nicht umfasst von dem Bußgeldtatbestand sind aufgrund der eindeutig auf § 60 Abs. 1 S. 1 Nr. 1 u. 2 SGB I beschränkten Verweisung die übrigen Pflichten, die § 60 SGB I enthält, insbes. diejenigen nach § 60 Abs. 1 S. 1 Nr. 3 SGB I, wonach derjenige, der Sozialleistungen beantragt oder erhält auch Beweismittel zu bezeichnen und auf Verlangen des zuständigen Leistungsträgers Beweisurkunden vorzulegen oder ihrer Vorlage zuzustimmen hat. Gleiches gilt, soweit § 60 Abs. 1 S. 2 SGB I die entsprechende Geltung von § 60 Abs. 1 S. 1 SGB I für denjenigen anordnet, der Leistungen zu erstatten hat; in derartigen Fällen ist die Verletzung der Anzeige- oder Mitteilungspflicht nicht nach dem SchwarzArbG bußgeldbewehrt.

12   Gemäß **§ 8a AsylbLG** haben die nach dem AsylBLG Leistungsberechtigten, die eine unselbstständige oder selbstständige Erwerbstätigkeit aufnehmen, dies spätestens am dritten Tag nach Aufnahme der Erwerbstätigkeit der zuständigen Behörde zu melden **(Meldepflicht)**. Nicht ganz einfach zu beantworten ist dabei allerdings schon die Frage, ob der Betroffene zu den Leistungsberechtigten gehört. Hierzu zählen nach § 1 AsylBLG alle Ausländer, die sich tatsächlich im Bundesgebiet aufhalten und die eine Aufenthaltsgestattung nach dem AsylVfG besitzen, die über einen Flughafen einreisen wollen und denen die Einreise nicht oder noch nicht gestattet ist, die wegen des Krieges in ihrem Heimatland eine Aufenthaltserlaubnis nach § 23 Abs. 1 oder § 24 AufenthG oder eine Aufenthaltserlaubnis nach § 25 Abs. 4 S. 1, Abs. 4a oder Abs. 5 AufenthG oder eine Duldung nach § 60a AufenthG besitzen, die vollziehbar ausreisepflichtig sind, auch wenn eine Abschiebungsandrohung noch nicht oder nicht mehr vollziehbar ist, die Ehegatten, Lebenspartner oder minderjährige Kinder der zuvor genannten Personen sind, ohne dass sie selbst die dort genannten Voraussetzungen erfüllen, oder die einen Folgeantrag nach § 71 AsylVfG oder einen Zweitantrag nach § 71a AsylVfG stellen. Gemäß § 1 Abs. 2 AsylbLG entfällt die Leistungsberechtigung für die Zeit, für die den genannten Personen ein anderer Aufenthaltstitel als die Aufenthaltserlaubnis mit einer Gesamtgeltungsdauer von mehr als sechs Monaten erteilt worden ist. Nach § 1 Abs. 3 AsylbLG endet die Leistungsberechtigung mit der Ausreise oder mit Ablauf des Monats, in dem die Leistungsvoraussetzung entfällt oder das Bundesamt für Migration und Flüchtlinge den Ausländer als Asylberechtigten anerkannt oder ein Gericht das Bundesamt zur Anerkennung verpflichtet hat, auch wenn die Entscheidung noch nicht unanfechtbar ist.

13   Der Verstoß gegen die Meldepflicht aus § 8a AsylbLG wird zudem nach **§ 13 AsylbLG** sanktioniert. Danach kann mit Geldbuße bis zu 5.000 EUR geahndet werden, wer vorsätzlich oder fahrlässig entgegen § 8a AsylbLG eine Meldung nicht, nicht richtig, nicht vollständig oder nicht rechtzeitig erstattet. Im Verhältnis zu § 13 AsylbLG ist § 8 Abs. 1 Nr. 1 Buchst. c spezieller, weil er nur die vorsätzliche Zuwiderhandlung und diese auch nur dann erfasst, wenn zusätzlich Dienst- oder Werkleistungen in erheblichem Umfang erbracht werden. Dafür differieren die Bußgeldrahmen erheblich. Die Ordnungswidrigkeit nach § 8 Abs. 1 Nr. 1 Buchst. c kann mit Geldbuße bis zu 300.000 EUR geahndet werden. Diese ganz erhebliche Differenz zu § 13 AsylbLG überzeugt nicht.

14   Eine **Einschränkung der sozialrechtlichen Auskunftspflichten** ergibt sich durch § 65 SGB I, der Grenzen der Mitwirkung normiert (HessLSG BeckRS 2013, 68087; vgl. auch *Spatschek/Wulf/Friedrich* DStR 2005, 129 (136)). Nach § 65 Abs. 1 SGB I besteht die Auskunftspflicht iSv § 60 SGB I nicht, soweit ihre Erfüllung nicht in einem angemessenen Verhältnis zu der in Anspruch genommenen Sozialleistung oder ihrer Erstattung steht (Nr. 1), ihre Erfüllung dem Betroffenen aus einem wichtigen Grund nicht zugemutet werden kann (Nr. 2) oder der Leistungsträger sich durch einen geringeren Aufwand als der Antragsteller oder Leistungsberechtigte die erforderlichen Kenntnisse selbst beschaffen kann (Nr. 3). Gerade § 65 Abs. 1 Nr. 3 SGB I zeigt, dass keine Auskunftspflicht besteht, soweit der Leistungsträger selbst über die notwendigen Informationen verfügt. Insoweit kommt es nicht auf die Kenntnis des einzelnen Bearbeiters an, sondern darauf, ob die Information irgendwo beim Leistungsträger vorliegt; der Leistungsträger gilt insoweit als organisatorische Einheit, zumal der Auskunfts- oder Meldepflichtige keinen Einfluss auf die innerbetriebliche Organisation des Leistungsträgers hat und organisatorische Mängel bei der Informationsweitergabe nicht zu seinen Lasten gehen dürfen.

15   Wichtiger als diese Einschränkungen ist die aus dem **Grundsatz der Selbstbelastungsfreiheit** abgeleitete Beschränkung in § 65 Abs. 3 SGB I. Danach können Angaben verweigert werden, die dem Antragsteller, dem Leistungsberechtigten oder ihnen nahe stehende Personen iSv § 383 Abs. 1 Nr. 1–3 ZPO die Gefahr zuziehen würde, wegen einer Straftat oder einer Ordnungswidrigkeit verfolgt zu werden. Hierzu können insbes. Straftaten und Ordnungswidrigkeiten nach §§ 95 ff. AufenthG und §§ 85 f. AsylVfG oder nach §§ 370 ff. AO, das Vorenthalten und Veruntreuen von Arbeitsentgelt nach § 266a StGB oder gewerberechtliche Bußgeldtatbestände zählen. Nahe stehende Personen iSv § 383 Abs. 1 Nr. 1–3 ZPO sind der Verlobte des Antragstellers oder Leistungsberechtigten (gleiches gilt beim Versprechen, eine Lebenspartnerschaft zu begründen), der Ehegatte, auch wenn die Ehe nicht mehr besteht, der Lebenspartner, auch wenn die Lebenspartnerschaft nicht mehr besteht und diejenigen, die mit dem Auskunftspflichtigen oder dem Leistungsberechtigten in gerader Linie verwandt oder verschwägert, in der Seitenlinie bis zum dritten Grad verwandt oder bis zum zweiten Grad verschwägert sind oder waren.

16   Fraglich ist, ob sich der Verpflichtete **ausdrücklich** auf die Einschränkung seiner Mitwirkungspflicht **berufen** und die Auskunft auf die in Betracht kommenden Fragen ausdrücklich verweigern muss (dafür KG 16.10.2000 – 2 Ss 236/00 mwN; so auch OLG Bamberg GewA 2013, 2012 = OLG Bamberg wistra 2013, 288 zur Auskunftsverweigerung nach § 5 Abs. 1 S. 3). Überzeugender erscheint es, dass der Grundsatz der Selbstbelastungsfreiheit bereits den Umfang der Auskunftspflicht einschränkt, soweit es – wie hier – um Unterlassungsdelikte geht. Denn es ist dem Auskunftspflichtigen nach der Dogmatik der Unterlassungsdelikte nicht zuzumuten, sich selbst oder eine ihm nahe stehende Personen durch wahr-

heitsgemäße Angaben der Begehung einer Straftat oder einer Ordnungswidrigkeit zu bezichtigen. Unzumutbares verlangt das Recht indes nicht (BGH NStZ 2002, 547). Müsste der Auskunftspflichtige ggü. dem Sozialleistungsträger ausdrücklich erklären, er werde keine Angaben tätigen, weil er sich hierdurch einer Straftat verdächtig mache, liefe der Grundsatz der Selbstbelastungsfreiheit in vielen Fällen leer.

Eine § 65 Abs. 3 SGB I entsprechende **Einschränkung der Mitteilungspflicht aus § 8a AsylbLG** 17 aus Gründen der Selbstbelastungsfreiheit findet sich zwar nicht im Gesetz. Jedoch können Angaben eines Asylbewerbers, die er in Erfüllung seiner Auskunftspflicht aus § 8a AsylbLG tätigt, nicht für andere Strafverfahren verwertet werden. Die Pflicht, die Aufnahme einer Erwerbstätigkeit gemäß § 8a AsylbLG wahrheitsgemäß und vollständig zu offenbaren, ist nach § 13 AsylbLG mit Bußgeld bis zu 5.000 EUR bewehrt. Ein pflichtgemäßes Verhalten kann indes dazu führen, dass der Ausländer eigene strafbare Handlungen offenbaren muss. Ein Asylbewerber, dem durch Auflage oder durch die Verpflichtung, in einer Aufnahmeeinrichtungen zu wohnen, die Aufnahme einer Erwerbstätigkeit untersagt ist, begeht etwa durch die meldepflichtige Tätigkeit eine Straftat nach § 85 Nr. 4 AsylVfG. Gleiches gilt, wenn der Asylbewerber mit seiner Tätigkeit einer Aufenthaltsbeschränkung zuwiderhandelt (vgl. §§ 85 Nr. 2, 86 AsylVfG). Zumutbar ist eine solche sanktionsbewehrte Auskunftspflicht nach der Rspr. des BVerfG nur, wenn sie mit einem strafprozessualen Verwertungsverbot einhergeht, weil niemand gezwungen werden darf, sich selbst einer Straftat zu bezichtigen (BVerfGE 56, 37 (49 ff.); BVerfG NStZ 1995, 599 f.; BVerfG NJW 2005, 352).

Der Leistungsbezieher hat seine **Mitteilungspflicht erfüllt,** wenn die Mitteilung die bearbeitende 18 Stelle des Leistungsträgers erreicht (OLG Karlsruhe NStZ 2004, 584). Der Eingang bei der zuständigen Behörde reicht aus, ein Eingang beim konkret zuständigen Mitarbeiter ist nicht erforderlich. Die Auskunftspflichten nach § 60 Abs. 1 S. 1 Nr. 1 und Nr. 2 SGB I beziehen sich nur auf solche Umstände, die für die jeweilige Leistung **erheblich** sind. Hierzu zählen insbes. Einkünfte (auch aus Schwarzarbeit), wenn diese den Leistungsanspruch auszuschließen oder vermindern können. Die Erheblichkeit in diesem Sinne ist vom Gericht festzustellendes Tatbestandsmerkmal, auf das sich auch der Vorsatz beziehen muss. Welche Angaben jeweils erheblich sind, ergibt sich aus den gesetzlichen Voraussetzungen für die Gewährung der einzelnen Sozialleistungen und den entsprechenden Ausschlusstatbeständen. Keine Rolle spielt die Erheblichkeit hingegen bei einem Verstoß gegen die Meldepflicht aus § 8a AsylbLG. Hat der Auskunftspflichtige seine Mitteilungspflicht erfüllt und erkennt er, dass der Leistungsträger aus der mitgeteilten Veränderung nicht die notwendigen Konsequenzen zieht, ist er nicht verpflichtet, die Mitteilung zu wiederholen (OLG Karlsruhe NStZ 2004, 584; aA OLG Stuttgart Die Justiz 1992, 185; KG BeckRS 2014, 09086; OLG Düsseldorf 17.12.1980 – 2 Ss 746/80).

3. Verstoß gegen Anzeigepflicht bei stehendem Gewerbe (§ 14 GewO) und gegen Pflicht 19 **zum Erwerb der Reisegewerbekarte (§ 55 GewO).** Gemäß § 14 GewO muss derjenige, der den **selbstständigen Betrieb eines stehenden Gewerbes,** einer Zweigniederlassung oder einer unselbstständigen Zweigstelle anfängt, dies der zuständigen Behörde gleichzeitig anzeigen **(Anzeigepflicht).** Das Gleiche gilt nach § 14 GewO, wenn der Betrieb verlegt wird, der Gegenstand des Gewerbes gewechselt oder auf Waren oder Leistungen ausgedehnt wird, die bei Gewerbebetrieben der angemeldeten Art nicht geschäftsüblich sind, oder der Betrieb aufgegeben wird. Demnach ist nicht nur der Beginn, sondern auch jede wesentliche Änderung anzeigepflichtig (OLG Düsseldorf GewA 1991, 198). Dies gilt nach § 14 Abs. 2 GewO auch für den Handel mit Arzneimitteln, mit Losen von Lotterien und Ausspielungen sowie mit Bezugs- und Anteilscheinen auf solche Lose und für den Betrieb von Wettannahmestellen aller Art. Selbstständig betreibt ein Gewerbe, wer sich auf eigene Rechnung und in eigener Verantwortlichkeit selbstständig gewerblich betätigt, also weder für Rechnung und im Namen eines anderen handelt, noch als gewerblicher Arbeiter oder Angestellter tätig ist (vgl. Erbs/Kohlhaas/*Ambs* Rn. 9 mwN). Stehendes Gewerbe ist alles, was nicht unter das Reisegewerbe fällt; gleiches gilt für Messen, Ausstellungen und Märkte (vgl. Erbs/Kohlhaas/*Ambs* Rn. 10 mwN). Die Anzeigepflicht wird erfüllt, wenn der Anzeigepflichtige der zuständigen Behörde den Sachverhalt mitteilt. Nach Sinn und Zweck der Bußgeldvorschrift wird nur der Verstoß gegen die Anzeigepflicht als solche (das „Ob" der Anzeige), nicht gegen die Form der Anzeige (das „Wie" der Anzeige) sanktioniert. Die besonders geregelten Pflichten zur Erfüllung der Anzeigepflicht durch eine bestimmte Art und Weise der Anzeige (vgl. § 14 Abs. 3 u. 4 GewO) sind deshalb keine bußgeldbewehrten Pflichten.

Gem. § 55 Abs. 2 GewO bedarf, wer ein Reisegewerbe betreibt, der Erlaubnis; diese wird in Form 20 der **Reisegewerbekarte** erteilt. Ein Reisegewerbe betreibt nach § 55 Abs. 1 GewO, wer gewerbsmäßig ohne vorhergehende Bestellung außerhalb seiner gewerblichen Niederlassung (vgl. § 4 Abs. 3 GewO) oder ohne eine solche zu haben, Waren feilbietet oder Bestellungen aufsucht (vertreibt) oder ankauft, Leistungen anbietet oder Bestellungen auf Leistungen aufsucht oder unterhaltende Tätigkeiten als Schausteller oder nach Schaustellerart ausübt. Der Verstoß gegen die Erlaubnispflicht liegt vor, wenn der Betreffende das Reisegewerbe beginnt, ohne dass ihm die Reisegewerbeerlaubnis erteilt wurde. Ob er im körperlichen Besitz der Reisegewerbeerlaubnis ist oder nicht, ist unerheblich; sanktioniert wird nur der Verstoß gegen die Erlaubnispflicht, nicht gegen eine Mitführungspflicht. Soweit die Verstöße gegen Mitteilungspflichten nach §§ 14, 55 GewO auch nach §§ 146 Abs. 3 Nr. 1, 145 Abs. 1 Nr. 1 GewO bußgeldbewehrt sind, geht das SchwarzArbG als spezielleres Gesetz vor (vgl. Erbs/Kohlhaas/*Ambs* Rn. 12 mwN).

21   **4. Betrieb eines zulassungspflichtigen Handwerks ohne Eintrag in die Handwerksrolle.** Nach § 1 Abs. 1 HwO ist der selbstständige Betrieb eines zulassungspflichtigen Handwerks als stehendes Gewerbe nur den in der Handwerksrolle eingetragenen natürlichen und juristischen Personen und Personengesellschaften (Personenhandelsgesellschaften und Gesellschaften des bürgerlichen Rechts) gestattet. Gemäß § 1 Abs. 2 HwO ist ein Gewerbebetrieb ein Betrieb eines zulassungspflichtigen Handwerks, wenn er handwerksmäßig betrieben wird und ein Gewerbe vollständig umfasst, das in der Anlage A zur HwO aufgeführt ist, oder Tätigkeiten ausgeübt werden, die für dieses Gewerbe wesentlich sind (wesentliche Tätigkeiten). Keine wesentlichen Tätigkeiten sind insbes. solche, die in einem Zeitraum von bis zu drei Monaten erlernt werden können, zwar eine längere Anlernzeit verlangen, aber für das Gesamtbild des betreffenden zulassungspflichtigen Handwerks nebensächlich sind und deswegen nicht die Fertigkeiten und Kenntnisse erfordern, auf die die Ausbildung in diesem Handwerk hauptsächlich ausgerichtet ist, oder nicht aus einem zulassungspflichtigen Handwerk entstanden sind. Die Ausübung mehrerer unwesentlicher Tätigkeiten ist zulässig, es sei denn, die Gesamtbetrachtung ergibt, dass sie für ein bestimmtes zulassungspflichtiges Handwerk wesentlich sind.

22   Gemäß Anlage A zur HwO sind **folgende Handwerke zulassungspflichtig** (BGBl. 2003 I 2945 f.): Maurer und Betonbauer, Ofen- und Luftheizungsbauer, Zimmerer, Dachdecker, Straßenbauer, Wärme-, Kälte- und Schallschutzisolierer, Brunnenbauer, Steinmetzen und Steinbildhauer, Stuckateure, Maler und Lackierer, Gerüstbauer, Schornsteinfeger, Metallbauer, Chirurgiemechaniker, Karosserie- und Fahrzeugbauer, Feinwerkmechaniker, Zweiradmechaniker, Kälteanlagenbauer, Informationstechniker, Kraftfahrzeugtechniker, Landmaschinenmechaniker, Büchsenmacher, Klempner, Installateur und Heizungsbauer, Elektrotechniker, Elektromaschinenbauer, Tischler, Boots- und Schiffbauer, Seiler, Bäcker, Konditoren, Fleischer, Augenoptiker, Hörgeräteakustiker, Orthopädietechniker, Orthopädieschuhmacher, Zahntechniker, Friseure, Glaser, Glasbläser und Glasapparatebauer, Vulkaniseure und Reifenmechaniker.

23   Einen **Verstoß** gegen die Zulassungspflicht begeht jeder, der eines der genannten zulassungspflichtigen Handwerke als selbstständiges Gewerbe betreibt, ohne zu diesem Zeitpunkt in die Handwerksrolle eingetragen zu sein. Die Gesamtheit der Aktivitäten im Rahmen eines Handwerksbetriebs stellt eine Dauerordnungswidrigkeit dar (vgl. Erbs/Kohlhaas/*Ambs* Rn. 13 mwN). Bei verschiedenen Tätigkeiten kommt es darauf an, ob diese in den Kernbereich eines zulassungspflichtigen Handwerks fallen (vgl. Erbs/Kohlhaas/*Ambs* Rn. 13 mwN). Ein handwerksfähiger Betrieb liegt nicht vor, wenn die handwerklichen Tätigkeiten im Vergleich zu den übrigen Tätigkeiten aus Sicht eines vollhandwerklichen Betriebs nur als unbedeutend und unwesentlich erscheinen (vgl. Erbs/Kohlhaas/*Ambs* Rn. 13 mwN). Im Bußgeldurteil sind deshalb Feststellungen zu Art und Umfang der erbrachten handwerklichen Tätigkeiten notwendig (OLG Düsseldorf GewA 2001, 346; vgl. auch OLG Hamm PStR 2008, 130; AG Tübingen BeckRS 2011, 19912). Die Feststellungen sind für jeden Auftrag nach Art, Umfang, Zeit und Ort zu treffen (OLG Hamm BeckRS 2009, 06756 mwN). Der Verstoß gegen die Zulassungspflicht ist auch nach § 117 Abs. 1 S. 1 GewO bußgeldbewehrt; das spezielle SchwarzArbG geht in der Regel vor. Sind dessen Voraussetzungen allerdings nicht erfüllt, kann nach § 117 GewO geahndet werden (OLG Düsseldorf GewA 2001, 346).

24   **5. Beauftragung von Personen, die Ordnungswidrigkeiten nach Nr. 1 begehen.** Bußgeldbewehrt ist nicht nur die Tätigkeit des „Schwarzarbeiters", der unter Verstoß gegen Zulassungs-, Mitteilungs- oder Anzeigepflichten Dienst- oder Werkleistungen in erheblichem Umfang erbringt, sondern nach § 8 Abs. 1 Nr. 2 auch die **Beauftragung** solcher Personen. Voraussetzung ist, dass eine oder mehrere Personen beauftragt werden und diese Dienst- oder Werkleistungen erheblichen Umfangs erbringen. Die Erheblichkeit des Umfangs bemisst sich bei Dienst- oder Werkverträgen entsprechend dem unterschiedlichen Inhalt der Verpflichtung gemäß §§ 611, 631 BGB, wobei es auf objektive Maßstäbe ankommt (OLG Hamm BeckRS 2009, 06756). Für die Erheblichkeit kommt es entscheidend auf den Umfang der Tätigkeit des oder der „Schwarzarbeiter" im Rahmen der Leistungserbringung an. Hierfür reicht etwa nicht aus, wenn im Rahmen eines Großauftrags von erheblichem Umfang nur ein „Schwarzarbeiter" geringfügige Tätigkeiten erbringt. Von Belang ist für die Frage der Erheblichkeit nicht nur der einzelne Auftrag, sondern die Auftragsabwicklung des Unternehmens insgesamt. Kommt es zur gemeinsamen Errichtung eines Werks durch mehrere „Schwarzarbeiter", bemisst sich die Erheblichkeit nach dem Gesamtumfang (vgl. Erbs/Kohlhaas/*Ambs* Rn. 24).

25   Der **Vorsatz** muss sich darauf beziehen, dass der Beauftragte einen vorsätzlichen Verstoß gegen Abs. 1 begeht; Fahrlässigkeit reicht insoweit nicht, allerdings bedingter Vorsatz. Dieser wird häufig schwer nachweisbar sein. Denn grds. obliegen dem Auftraggeber keine verdachtsunabhängigen Verpflichtungen, sich um die Erfüllung gesetzlicher Pflichten seiner Auftragnehmer zu kümmern (BGH wistra 2005, 390 zu § 404 Abs. 1 SGB III). Der Auftraggeber muss ernsthaft bei Dienst- oder Werkverträgen es für möglich halten und billigend in Kauf nehmen, dass sein Auftragnehmer vorsätzlich gegen eine Anzeige-, Mitteilungs- oder Zulassungspflicht nach Abs. 1 verstößt; wer davon keine Kenntnis hat, handelt nicht ordnungswidrig (OLG Düsseldorf GewA 2000, 202). Der bedingte Vorsatz wird häufig aus den Umständen der Leistungserbringung gefolgert werden können (billigste Angebote, unprofessionelles Auftreten, Auftragnehmer ist ersichtlich an anrechnungsfreiem „Zuverdienst" interessierter Leistungsempfänger, häufige Zusammenarbeit, persönliche Kenntnis der näheren Lebensumstände des Auftragnehmers).

II. Die Bußgeldtatbestände in Abs. 2

Die zum 1.1.2009 **neu eingeführten** (→ Rn. 1) Bußgeldtatbestände in § 8 Abs. 2 Nr. 1 u. 2 ahnden **26** den Verstoß gegen die in § 2a zur besseren Bekämpfung von Schwarzarbeit in bestimmten, besonders dafür anfälligen Branchen neu eingeführten Pflichten. Gemäß § 2a Abs. 1 sind bei der Erbringung von Dienst- oder Werkleistungen die in bestimmten Wirtschaftsbereichen oder Wirtschaftszweigen tätigen Personen verpflichtet, ihren Personalausweis, Pass, Passersatz oder Ausweisersatz **mitzuführen** und den Behörden der Zollverwaltung auf Verlangen vorzulegen, nämlich im Baugewerbe, im Gaststätten- und Beherbergungsgewerbe, im Personenbeförderungsgewerbe, im Speditions-, Transport- und damit verbundenen Logistikgewerbe, im Schaustellergewerbe, bei Unternehmen der Forstwirtschaft, im Gebäudereinigungsgewerbe, bei Unternehmen, die sich am Auf- und Abbau von Messen und Ausstellungen beteiligen und in der Fleischwirtschaft. Ergänzt wird dies durch die Verpflichtung des Arbeitgebers gemäß § 2a Abs. 2. Danach hat der Arbeitgeber in den genannten Branchen jeden seiner Arbeitnehmer nachweislich und schriftlich auf die Pflicht nach § 2a Abs. 1 hinzuweisen, diesen Hinweis für die Dauer der Erbringung der Dienst- oder Werkleistungen aufzubewahren und auf Verlangen bei Prüfungen der FKS nach § 2 Abs. 1 vorzulegen. Die Mitführ- und Vorlagepflicht ist auf den Zeitraum der Arbeitsleistung beschränkt (vgl. Erbs/Kohlhaas/*Ambs* Rn. 29) und betrifft nur Arbeitnehmer im eigentlichen Sinne, nicht dagegen selbstständig Tätige oder arbeitnehmerähnliche Personen. Umgekehrt ist nur ein Arbeitgeber verpflichtet, den Nachweis nach § 2a Abs. 2 aufzubewahren und vorzulegen. Insoweit kann auf die Kommentierung zu § 404 SGB III verwiesen werden (→ SGB III § 404 Rn. 29 ff.).

Den **Verstoß gegen Mitwirkungs-, Duldungs-, Vorlage- und Übermittlungspflichten** bei **27** Prüfungen der FKS gemäß § 2 wird nach § 8 Abs. 2 Nr. 3–5 (bis 31.12.2008: Nr. 1–3) geahndet. Voraussetzung ist zunächst, dass eine Prüfung der FKS nach § 2 vorliegt (hierzu näher Ignor/Mosbacher ArbStrafR-HdB/*Fehn/Mosbacher* § 19 Rn. 11 ff.). Weil die FKS sowohl präventiv als auch nach § 14 repressiv bei Prüfungen vorgehen kann, ist besonders wichtig, beide Formen der Prüfung zu unterscheiden. Die präventive, verdachtsunabhängige Prüfung der FKS schlägt spätestens dann in eine repressive, nach der StPO zu bewertende Prüfung um, wenn sich den prüfenden Beamten ganz konkret der Verdacht von Straftaten oder Ordnungswidrigkeiten aufdrängt oder sie einzelne Geprüfte wie Beschuldigte behandeln, etwa strafprozessuale Zwangsmaßnahmen gegen sie ergreifen. Die Behörden der Zollverwaltung prüfen gemäß § 2 Abs. 1, ob die sich aus den Dienst- oder Werkleistungen ergebenden Pflichten nach § 28a SGB IV erfüllt werden oder wurden, aufgrund der Dienst- oder Werkleistungen Sozialleistungen nach dem SGB II oder SGB III oder Leistungen nach dem Altersteilzeitgesetz zu Unrecht bezogen werden oder wurden, die Angaben des Arbeitgebers, die für die Sozialleistungen nach dem SGB III erheblich sind, zutreffend bescheinigt wurden, Ausländer nicht entgegen § 284 Abs. 1 SGB III oder § 4 Abs. 3 S. 1 u. 2 AufenthG und nicht zu ungünstigeren Arbeitsbedingungen als vergleichbare deutsche Arbeitnehmer oder Arbeitnehmerinnen beschäftigt werden oder wurden, oder entgegen § 4 Abs. 3 S. 1 u. 2 AufenthG mit entgeltlichen Dienst- oder Werkleistungen beauftragt werden oder wurden oder Arbeitsbedingungen nach Maßgabe des AEntG und des Mindestarbeitsbedingungengesetzes eingehalten werden oder wurden. Die Prüfung der Erfüllung steuerlicher Pflichten obliegt hingegen den zuständigen Landesfinanzbehörden. Lediglich zur Erfüllung ihrer Mitteilungspflicht nach § 6 Abs. 1 S. 1 iVm Abs. 3 Nr. 4 darf die FKS prüfen, ob Anhaltspunkte dafür bestehen, dass Steuerpflichtige den sich aus den Dienst- oder Werkleistungen ergebenden steuerlichen Pflichten nicht nachgekommen sind. Eine von vornherein lediglich auf die Erfüllung steuerlicher Pflichten abstellende Prüfung der FKS wäre von § 2 nicht gedeckt und würde keine bußgeldbewehrten Pflichten auslösen.

Die **bußgeldbewehrten Duldungs- und Mitwirkungspflichten** ergeben sich aus § 5. Danach **28** haben Arbeitgeber, Arbeitnehmer und Arbeitnehmerinnen, Auftraggeber und Dritte, die bei einer Prüfung nach § 2 Abs. 1 angetroffen werden, die Prüfung zu dulden und dabei mitzuwirken, insbes. für die Prüfung erhebliche Auskünfte zu erteilen und die in den § 3 und § 4 genannten Unterlagen vorzulegen (§ 5 Abs. 1 S. 1). In den Fällen des § 3 Abs. 1 u. 2 sowie des § 4 Abs. 1 u. 2 haben sie auch das Betreten des Grundstücks und der Geschäftsräume zu dulden (§ 5 Abs. 1 S. 2). In Fällen des § 4 Abs. 3 haben die Auftraggeber, die nicht Unternehmer iSd § 2 des UStG sind, eine Prüfung nach § 2 Abs. 1 zu dulden und dabei mitzuwirken, insbes. die für die Prüfung erheblichen Auskünfte zu erteilen und die in § 4 Abs. 3 genannten Unterlagen vorzulegen (§ 5 Abs. 2 S. 1). Ausländer treffen besondere Pflichten: Sie sind nach § 5 Abs. 1 S. 4 verpflichtet, ihren Pass, Passersatz oder Ausweisersatz und ihren Aufenthaltstitel, ihre Duldung oder ihre Aufenthaltsgestattung den Behörden der Zollverwaltung auf Verlangen vorzulegen und, sofern sich Anhaltspunkte für einen Verstoß gegen ausländerrechtliche Vorschriften ergeben, zur Weiterleitung an die zuständige Ausländerbehörde zu überlassen. In Datenverarbeitungsanlagen gespeicherte Daten haben der Arbeitgeber und der Auftraggeber auszusondern und den Behörden der Zollverwaltung auf deren Verlangen auf automatisiert verarbeitbaren Datenträgern oder in Listen zu übermitteln (§ 5 Abs. 3 S. 1).

29   Während **Dulden** ein passives Verhalten ohne die Prüfung störende, verzögernde oder hindernde Handlungen beschreibt (wer duldet, tut nichts), ist unter **Mitwirkung** ein die Prüfungsmaßnahme aktiv förderndes Verhalten zu verstehen. Ein Verstoß gegen die Duldungspflicht kommt also nur bei aktivem Tun (Widerstand gegen die Prüfungshandlungen der FKS), ein Verstoß gegen die Mitwirkungspflicht nur beim Unterlassen in Betracht. Im letzteren Fall muss zuvor die FKS ganz konkret eine bestimmte Mitwirkung von dem Betroffenen verlangen. Eine Ordnungswidrigkeit liegt nur vor, wenn der Betroffene dieser konkreten und im Rahmen des gesetzlichen Prüfauftrags erteilten Anweisung zuwiderhandelt.

30   **Keine Auskunftspflichten** bestehen nach § 5 Abs. 1 S. 3, wenn der Betroffene sich selbst oder eine ihm nahe stehende Person (vgl. § 383 Abs. 1 Nr. 1–3 ZPO) der Gefahr der Verfolgung wegen einer Straftat oder Ordnungswidrigkeit aussetzt; gleiches muss entsprechend für sonstige Mitwirkungspflichten gelten. Die Verweigerung der Auskünfte kann sich auf alle Fragenbereiche oder auf bestimmte einzelne Fragen beziehen, umfasst allerdings nicht das Recht, die Personalien zu verweigern. Einer Begründung bedarf die Verweigerung der Auskunft nicht. Bei ihrer Aufgabenerfüllung nach § 2 Abs. 1 unterliegt die FKS keiner generellen Verpflichtung zu einer Belehrung über das Auskunftsverweigerungsrecht. Anlass zur Belehrung besteht aber, wenn sich die Vermutung einer Straftat oder Ordnungswidrigkeit aufdrängt. Stoßen die FKS-Beamten bei ihrer Prüfung auf einen Sachverhalt, der den Verdacht einer Straftat begründet, befinden sie sich zeitgleich auf dem Gebiet der StPO; bußgeldbewehrte Mitwirkungs-, Auskunfts- und Vorlagepflichten entfallen damit. Das Auskunftsverweigerungsrecht setzt voraus, dass der Betroffene unter ausdrücklicher **Berufung** hierauf seine Auskunft verweigert (OLG Bamberg GewA 2013, 212 = wistra 2013, 288 = BeckRS 2013, 05393, zw.).

C. Rechtsfolgen

31   Nach § 8 Abs. 3 sind die Ordnungswidrigkeiten mit Bußgeldern bis zu 300.000 EUR bewehrt. Diese außerordentliche Höhe soll generalpräventiv wirken. Grundlage für die Zumessung der Geldbuße sind nach § 17 Abs. 3 OWiG die Bedeutung der Ordnungswidrigkeit und der Vorwurf, der den Täter trifft. Die Bedeutung der Ordnungswidrigkeit bemisst sich unter anderem nach dem mit ihr einhergehenden **wirtschaftlichen Vorteil** für den Betroffenen (vgl. zum Umfang der hier erforderlichen Feststellungen OLG Hamm GewA 2002, 424). Der Bußgeldrichter muss sich deshalb in den Urteilsgründen ausreichend mit den wirtschaftlichen Verhältnissen des Betroffenen beschäftigen sowie eingehend erörtern, welchen wirtschaftlichen Vorteil der Betroffene aus der Schwarzarbeit gezogen hat (OLG Hamm PStR 2002, Beilage 1 zu Heft 3).

§ 9 Erschleichen von Sozialleistungen im Zusammenhang mit der Erbringung von Dienst- oder Werkleistungen

Wer eine in § 8 Abs. 1 Nr. 1 Buchstabe a, b oder c bezeichnete Handlung begeht und dadurch bewirkt, dass ihm eine Leistung nach einem dort genannten Gesetz zu Unrecht gewährt wird, wird mit Freiheitsstrafe bis zu drei Jahren oder mit Geldstrafe bestraft, wenn die Tat nicht in § 263 des Strafgesetzbuches mit Strafe bedroht ist.

A. Allgemeines

1   Die Norm schützt das Vermögen von Leistungsträgern (gem. § 12 SGB I Körperschaften, Anstalten und Behörden, die zuständig für Sozialleistungen sind), die Sozialleistungen oder Leistungen nach dem AsylbLG erbringen. Typischerweise ist der Sozialleistungsbetrug Begleitphänomen von Schwarzarbeit. Es handelt sich um ein Erfolgsdelikt, das durch Tun (Falschangaben) wie durch Unterlassen (Nichtangaben) begangen werden kann. Die **kriminalpolitische Bedeutung** von § 9 ist **gering, weil** der Anwendungsbereich der Strafnorm aufgrund der Subsidiaritätsklausel zu § 263 StGB sehr klein ist (vgl. Erbs/Kohlhaas/*Ambs* SchwarzArbG Vorb. Rn. 6). Nach der Gesetzesbegründung soll mit § 9 praktischen Schwierigkeiten begegnet werden, die bei der Anwendung von § 263 StGB etwa hinsichtlich des Nachweises der Bereicherungsabsicht bestehen. Indes muss der Vorsatz des Täters auch bei § 9 auf den Erfolgseintritt bezogen sein, also die unrechtmäßige Leistungsgewährung erfassen. Zutreffend hat bereits der Bundesrat in seiner Stellungnahme zum Gesetzesentwurf darauf hingewiesen, dass es sich dabei um ein Scheinproblem handelt, weil es nur schwer vorstellbar ist, dass jemand den Tatbestand des § 9 erfüllt, ohne zugleich einen Betrug zu begehen (BT-Drs. 15/2948, 13; vgl. auch *Spatschek/Wulf/Fraedrich* DStR 2005, 129 (136)). Weil es sich in Verbindung mit § 8 Abs. 1 Nr. 1 Buchst. a–c um einen unechten Mischtatbestand handelt, also der dort genannten Ordnungswidrigkeiten bei unrechtmäßiger Leistungsgewährung zur Straftat qualifiziert, ist auch hier einschränkende Voraussetzung, dass **Dienst- oder Werkleistungen in erheblichem Umfang** erbracht werden (→ Rn. 4 ff.).

B. Tatbestand

Die Tathandlung besteht (neben der Erbringung von Dienst- oder Werkleistungen in erheblichem **2** Umfang) in einem **Verstoß gegen die Auskunftspflichten** aus § 60 Abs. 1 Nr. 1 u. 2 SGB I oder § 8a AsylbLG. Insoweit kann auf die Kommentierung zu § 8 verwiesen werden (→ Rn. 11 ff.). Durch den Verstoß gegen die Mitteilungspflicht muss der Täter erreichen, dass ihm eine Leistung nach einem der Bücher des SGB oder dem Asylverfahrensgesetz zu Unrecht gewährt wird **(Taterfolg)**. Dieser notwendige **kausale Zusammenhang** liegt nicht vor, wenn es aus anderen Gründen zur fehlerhaften Leistungsgewährung kommt. In seiner Struktur ähnelt der Tatbestand insoweit dem Betrug, weil auch hier dem Grunde nach eine täuschungsbedingte Vermögensverfügung vorausgesetzt wird, ohne dass allerdings Täuschung und Irrtum festgestellt werden müssten.

Die Leistung muss **dem Auskunftspflichtigen selbst** gewährt werden. Dies ergibt sich eindeutig aus **3** dem Wortlaut der Norm („ihm … gewährt wird"). Nur der Auskunftspflichtige kann nämlich eine Ordnungswidrigkeit nach § 8 Abs. 1 Nr. 1 Buchst. a–c begehen. Anders als beim Betrug reicht es damit nicht aus, dass ein Dritter aufgrund eines Verstoßes gegen die Mitteilungspflicht Leistungen zu Unrecht erhält.

Täter kann nur der Auskunftspflichtige selbst sein, weil nur ihn die Auskunftspflicht nach § 60 Abs. 1 **4** Nr. 1 oder 2 SGB I oder § 8a AsylbLG trifft. Täter kann zudem nur der Leistungsempfänger selbst sein, nicht jedoch ein Dritter, weil § 9 voraussetzt, dass dem Auskunftspflichtigen selbst eine Leistung zu Unrecht gewährt wird. Es handelt sich insoweit um ein Sonderdelikt. Mittelbare Täterschaft ist ausgeschlossen.

Der **Auftraggeber von Schwarzarbeit** kann wegen Anstiftung oder Beihilfe zu einer Straftat nach **5** § 9 strafbar sein. Voraussetzung ist hier im subjektiven Bereich die zumindest billigende Inkaufnahme, dass der Schwarzarbeiter seinen Auskunftspflichten zuwider handelt und hierdurch unrechtmäßig Sozialleistungen bezieht. Unproblematisch wird der Vorsatznachweis in denjenigen Fällen sein, in denen der Auftraggeber positive Kenntnis davon besitzt, dass der Beauftragte Sozialleistungen empfängt, die sich durch die Erzielung von Einkünften im Umfang der Einnahmen vermindern; in diesen Fällen liegt es nahe, dass der Schwarzarbeiter seine Einkünfte ggü. den Sozialleistungsträger verschweigt, weil nicht anzunehmen ist, dass er iErg ohne Entgelt Dienst- oder Werkleistungen in erheblichem Umfang erbringt. Ein Auftraggeber, der Dienst- oder Werkleistungen in erheblichem Umfang ausführen lässt, begeht nach § 8 Abs. 1 Nr. 2 eine Ordnungswidrigkeit, wenn er Personen beauftragt, die diese Leistungen unter vorsätzlichem Verstoß gegen ihre Auskunftspflicht aus § 8 Abs. 1 Nr. 1 erbringen. Von diesem Bußgeldtatbestand ist nur vorsätzliches Handeln erfasst (§ 10 OWiG); der Auftraggeber muss also zumindest billigend in Kauf nehmen, dass der Beauftragte seinen Auskunftspflichten zuwiderhandelt.

Der Täter muss **vorsätzlich** handeln (§ 15 StGB). Bedingter Vorsatz reicht bei allen Tatbestands- **6** merkmalen aus. Der Vorsatz muss sich nicht nur auf die Auskunftspflicht und deren Verletzung beziehen, sondern auch darauf, dass die Sozialleistung zu Unrecht gewährt wird und dies gerade auf der Verletzung der Auskunftspflicht („dadurch") beruht. Wer glaubt, er habe aus anderen Gründen einen Anspruch auf die erlangte Sozialleistung oder die Leistung werde ihm unabhängig von dem Verstoß gegen die Auskunftspflicht ausgezahlt, handelt nicht vorsätzlich (§ 16 Abs. 1 StGB). Anders als beim Betrug ist eine Bereicherungsabsicht nicht notwendig. Wer aber weiß, dass er auf eine durch Verstoß gegen eine Mitteilungspflicht erlangte Sozialleistung keinen Anspruch hat, bei dem liegt in aller Regel Bereicherungsabsicht vor. Fälle, in denen diese ausnahmsweise trotz Vorsatz bezüglich einer unrechtmäßigen Leistungserlangung ausscheiden soll, sind praktisch nicht vorstellbar.

C. Sonstiges

Der Versuch ist nicht strafbar. Der einfache Verstoß gegen Mitteilungspflichten wird unter den **7** Voraussetzungen des § 8 Abs. 1 Nr. 1 als **Ordnungswidrigkeit** mit Geldbuße bis zu 300.000 EUR, im Übrigen nach den Bußgeldvorschriften der einzelnen Bücher des Sozialgesetzes (vgl. § 63 SGB II, § 404 SGB III, § 111 SGB IV, § 307 SGB V, § 320 SGB VI, § 209 SGB VII, § 104 SGB VIII, § 156 SGB IX und § 121 SGB XI) bzw. nach § 13 AsylbLG geahndet.

Die Norm ist **gesetzlich zum Betrug subsidiär**. Die Anwendbarkeit von § 263 StGB ist also stets **8** zuerst zu prüfen. Fälle, in denen der vorsätzliche Verstoß eines Leistungsempfängers gegen gesetzliche Mitteilungspflichten mit der vom Vorsatz umfassten Folge hierdurch erlangten unrechtmäßigen Leistungsbezuges nicht zugleich einen Betrug durch Unterlassen darstellt, sind kaum vorstellbar. Auch der Betrugsversuch geht der Anwendung von § 9 vor. In diesen Fällen kann es dazu kommen, dass der Strafrahmen für den versuchten Betrug durch Unterlassen infolge der doppelten Möglichkeit einer Strafrahmenverschiebung gem. § 13 Abs. 2 und § 23 Abs. 2 StGB iVm § 49 Abs. 1 StGB niedriger ausfällt als der Strafrahmen des § 9.

Bestraft wird eine Tat nach § 9 mit **Freiheitsstrafe bis zu drei Jahren oder Geldstrafe**. Einer **9** Anordnung des Verfalls nach § 73 StGB wird hinsichtlich der bezogenen Sozialleistung regelmäßig der

Ersatzanspruch des geschädigten Sozialleistungsträgers (vgl. § 50 SGB X) entgegenstehen (§ 73 Abs. 1 S. 2 StGB). Die Anordnung des Verfalls gegen den durch Schwarzarbeit begünstigten Auftraggeber ist bei der Sozialleistungserschleichung nach § 9 wie beim Sozialleistungsbetrug nach § 263 StGB nicht möglich (LG Kleve wistra 2005, 274; aA AG Kleve wistra 2005, 272, jeweils zu § 263 StGB).

§ 10 Beschäftigung von Ausländern ohne Genehmigung oder ohne Aufenthaltstitel und zu ungünstigen Arbeitsbedingungen

(1) **Wer vorsätzlich eine in § 404 Abs. 2 Nr. 3 des Dritten Buches Sozialgesetzbuch bezeichnete Handlung begeht und den Ausländer zu Arbeitsbedingungen beschäftigt, die in einem auffälligen Missverhältnis zu den Arbeitsbedingungen deutscher Arbeitnehmer und Arbeitnehmerinnen stehen, die die gleiche oder eine vergleichbare Tätigkeit ausüben, wird mit Freiheitsstrafe bis zu drei Jahren oder mit Geldstrafe bestraft.**

(2) ¹**In besonders schweren Fällen des Absatzes 1 ist die Strafe Freiheitsstrafe von sechs Monaten bis zu fünf Jahren.** ²**Ein besonders schwerer Fall liegt in der Regel vor, wenn der Täter gewerbsmäßig oder aus grobem Eigennutz handelt.**

A. Allgemeines

1   Die Strafnorm schützt den **inländischen Arbeitsmarkt** vor nachteiligen Auswirkungen, die bei einer unkontrollierten Beschäftigung ausländischer Arbeitnehmer zu befürchten sind (vgl. Ignor/Mosbacher ArbStrafR-HdB/*Mosbacher* § 4 Rn. 134). Der gesetzliche Beschäftigungsvorrang deutscher Arbeitssuchender und ihnen gleichgestellter Ausländer soll damit wirksam gewährleistet sowie Ausländerbeschäftigung und Aufnahmefähigkeit des Arbeitsmarktes stärker in Einklang gebracht werden (BT-Drs. 13/4941, 206). Die Strafnorm dient auch unmittelbar dem Schutz des Ausländers, der sich wegen der illegalen Beschäftigung nicht zur Wahrung seiner sozialen Rechte an die dafür zuständigen Institutionen und Behörden wenden kann (OLG Frankfurt a. M. NStZ-RR 2005, 184 (185)).

2   Die **kriminalpolitische Bedeutung** der Strafnorm ist erheblich. In den verfügbaren Datenbanken findet sich zwar kaum eine Hand voll von Entscheidungen zu diesem Straftatbestand bzw. der entsprechenden Vorgängernorm. Allerdings ist das Dunkelfeld – wie stets bei Delikten ohne konkretes „Opfer", bei denen die unmittelbar Beteiligten einvernehmlich handeln – besonders hoch. In den regelmäßigen Berichten der Bundesregierung über die Auswirkungen des Gesetzes zur Bekämpfung der illegalen Beschäftigung (vgl. zuletzt den 12. Bericht der Bundesregierung über die Auswirkungen des Gesetzes zur Bekämpfung der illegalen Beschäftigung v. 27.9.2013, BT-Drs. 17/14800) finden sich ausführliche Informationen über die tatsächlichen und rechtlichen Entwicklungen bei Schwarzarbeit und illegaler Beschäftigung.

3   Die Strafnormen über die Beschäftigung von Ausländern ohne Genehmigung waren bis zum Inkrafttreten des Gesetzes zur Intensivierung der Bekämpfung der Schwarzarbeit und damit zusammenhängenden Steuerhinterziehung am 1.8.2004 im Arbeitsförderungsrecht geregelt, und zwar bis zum 1.1.1998 in §§ 229, 229a AFG, sodann in §§ 406, 407 SGB III. Ihre jetzige Fassung haben § 10 und § 11 durch das Gesetz zur Änderung des Aufenthaltsgesetzes und weiterer Gesetze (v. 14.3.2005 BGBl. I 721) und das Gesetz zur Umsetzung aufenthalts- und asylrechtlicher Richtlinien der Europäischen Union (v. 19.8.2007 BGBl. I 1970) erhalten. Aufgrund unzureichender Reaktion auf die Verfassungswidrigkeit des Zuwanderungsgesetzes im ersten Gesetzgebungsverfahren (v. 20.6.2002 BGBl. I 1946; hierzu BVerfGE 106, 310) und mangelnder Abstimmung parallel betriebener Gesetzgebungsvorhaben im zweiten Gesetzgebungsverfahren des Zuwanderungsgesetzes kam es bei den Straftatbeständen der illegalen Ausländerbeschäftigung zu zwei **Fehlverweisungen,** die unmittelbare Auswirkungen auf die Strafbarkeit hatten und auch zur Straflosigkeit in bestimmten Altfällen gemäß § 2 Abs. 3 StGB führen (hierzu näher *Mosbacher* wistra 2005, 54 ff.; dem folgend HK-SchwarzArbG/*Fehn* §§ 10, 11 Rn. 3).

4   Ergebnis der verschiedenen gesetzgeberischen Versehen ist die **Straffreiheit für bestimmte Altfälle** (näher *Mosbacher* wistra 2005, 54 ff.): Alle Taten iSd jetzigen § 10 (§ 406 Abs. 1 SGB III aF), die bis zum 31.12.2003 beendet worden sind, sind straffrei. Dies gilt auch für alle bis zum 17.3.2005 beendeten Taten iSv §§ 10, 11 Abs. 1 Nr. 1, soweit nicht die vom jetzigen § 284 SGB III erfassten Staatsangehörigen der zum 1.5.2005 neu beigetretenen osteuropäischen Staaten bzw. ihre Familienangehörigen betroffen sind. Ermittlungs- oder Strafverfahren, die derartige Altfälle betreffen, sind ohne weiteres einzustellen. Geahndet können solche Taten allerdings uU als Ordnungswidrigkeiten nach § 404 Abs. 2 Nr. 3 SGB III. Bei bis zum 17.3.2005 beendeten Taten, die die vom § 284 SGB III erfassten osteuropäischen Unionsbürger betreffen, ist aufgrund des europarechtlichen Verbots, Unionsbürger allein wegen ihrer Unionszugehörigkeit schlechter als Ausländer aus Drittstaaten zu behandeln, zumindest an eine Einstellung des Verfahrens wegen geringer Schuld gemäß §§ 153, 153a StPO, wenn nicht gar an entsprechende Straffreiheit zu denken (BGH wistra 2014, 26).

B. Tatbestand

Voraussetzung ist zunächst die **vorsätzliche Begehung einer Ordnungswidrigkeit** nach § 404 **5** Abs. 2 Nr. 3 SGB III. Insoweit kann auf die dortige Kommentierung verwiesen werden (→ SGB III § 404 Rn. 20 ff.). Diese Ordnungswidrigkeit wird zur Straftat, wenn die Beschäftigung des Ausländers – wie häufig – zu besonders ungünstigen Bedingungen erfolgt. Insoweit handelt es sich in Verbindung mit § 404 Abs. 2 Nr. 3 SGB III um einen unechten Mischtatbestand. Tathandlung ist die Beschäftigung zu ungünstigen Bedingungen. Der ausländische Arbeitnehmer muss seine Arbeit also schon aufgenommen haben, der bloße Vertragsschluss reicht hierfür nicht. Die **ungünstigen Arbeitsbedingungen,** zu denen der Ausländer nicht beschäftigt werden darf, sind im Gesetz nicht festgelegt, sondern ergeben sich erst aus einem Vergleich. Insoweit gilt das Gleiche wie bei § 15a AÜG (→ AÜG § 15a Rn. 2 ff. mwN). IErg muss zumindest zur Vergleichsgruppe eine negative Abweichung von einem Drittel oder mehr bestehen (→ AÜG § 15a Rn. 2 ff. mwN). Wie die praktische Erfahrung zeigt, ist dies bei illegaler Ausländerbeschäftigung regelmäßig der Fall.

Täter einer solchen Straftat kann nur der **Arbeitgeber** sein. Ohne Rücksicht auf die zivilrechtliche **6** Wirksamkeit etwaiger Verträge muss zumindest ein faktisches Arbeitsverhältnis vorliegen (OLG Frankfurt a. M. NStZ-RR 2005, 184). Bei der Arbeitgebereigenschaft handelt es sich um ein objektiv-täterbezogenes, strafbegründendes besonderes persönliches Merkmal iSd § 14 Abs. 1 StGB (vgl. Schönke/Schröder/*Perron* StGB § 14 Rn. 5, 8, 10 f. mwN). Wer als vertretungsberechtigtes **Organ** einer juristischen Person oder als Mitglied eines solchen Organs, als vertretungsberechtigter Gesellschafter einer Personenhandelsgesellschaft oder als gesetzlicher Vertreter eines anderen handelt, gilt gemäß § 14 Abs. 1 Nr. 1–3 StGB auch dann als Arbeitgeber in diesem Sinne, wenn nur der Vertretene eigentlich Arbeitgeber ist. Gemäß § 14 Abs. 2 StGB gilt das gleiche für jemanden, der von dem Inhaber eines Betriebs oder Unternehmens oder einem sonst dazu Befugten beauftragt ist, den Betrieb ganz oder zum Teil zu leiten, oder zumindest in eigener Verantwortung Aufgaben wahrzunehmen, die dem Inhaber des Betriebs obliegen (vgl. zu den Einzelheiten Schönke/Schröder/*Perron* StGB § 14 Rn. 14 ff. mwN). Auch ein **„faktischer Geschäftsführer"** kann in diesem Sinne Arbeitgeber sein (BGHSt 47, 318; 51, 224, beide zu § 266a StGB). Faktischer Geschäftsführer ist nach der von den Strafsenaten des BGH in stRspr vertretenen Definition derjenige, der die Geschäftsführung mit Einverständnis der Gesellschafter ohne förmliche Bestellung faktisch übernommen hat, tatsächlich ausübt und ggü. dem formellen Geschäftsführer eine überragende Stellung einnimmt oder zumindest das deutliche Übergewicht hat (BGH NJW 2013, 3303 ff.). Parteien kraft Amtes wie der Testamentsvollstrecker oder der Insolvenzverwalter sind im Falle der Beschäftigung eines Arbeitnehmers selbst Arbeitgeber (Erbs/Kohlhaas/*Ambs* Rn. 2).

Bei der legalen **Arbeitnehmerüberlassung** gilt der Verleiher, bei der Überlassung ohne die nach § 1 **7** AÜG erforderliche Genehmigung gemäß §§ 9 Abs. 1, 10 Abs. 1 AÜG der Entleiher als Arbeitgeber, auf den in diesem Falle § 10 und nicht § 15a AÜG Anwendung findet (BGH wistra 1988, 27; OLG Hamm BB 1981, 122). Der Entleiher von Arbeitnehmern gilt gemäß § 10 Abs. 1 AÜG als Arbeitgeber, wenn der Verleiher nicht über die nach § 1 AÜG erforderliche Erlaubnis verfügt, weil dann nach § 9 Nr. 1 AÜG der Vertrag zwischen Verleiher und Leiharbeitnehmer unwirksam ist und nach § 10 Abs. 1 S. 1 AÜG ein Arbeitsverhältnis zwischen dem Entleiher und dem Arbeitnehmer als zustande gekommen gilt. Ist der ausländische Arbeitnehmer nicht im Besitz der erforderlichen Genehmigung, kommt für den Entleiher bei ungenehmigter Arbeitnehmerüberlassung eine Ordnungswidrigkeit nach § 16 Abs. 1 Nr. 1a AÜG (in Tateinheit mit § 404 Abs. 1 Nr. 3 SGB III) in Betracht (BGH wistra 1988, 27; BayObLG wistra 1995, 278 f.; NStZ-RR 1996, 149 f.; wistra 2001, 189 f., auch zur Frage der Beteiligung in diesem Fall). Bei legaler Arbeitnehmerüberlassung kann sich der Entleiher dagegen nach § 15a AÜG strafbar machen oder eine Ordnungswidrigkeit nach § 16 Abs. 1 Nr. 2 AÜG begehen, wenn er Ausländer beschäftigt, die nicht über eine hierzu erforderliche Genehmigung verfügen.

Die nach der Tatbestandsfassung notwendigerweise in das Tatgeschehen einbezogenen Personen **8** (notwendige Beteiligte) sind nicht wegen Teilnahme strafbar, sofern sich ihr Handeln auf das bloße Mitwirken an der vorausgesetzten Tatbestandsverwirklichung beschränkt (Achenbach/Ransiek/Rönnau WirtschaftsStR-HdB/*Mosbacher* Teil 12 Kap. 5 Rn. 24). Der **ausländische Arbeitnehmer** kann also grds. nicht wegen der Beteiligung an einer Straftat nach § 10 zur Verantwortung gezogen werden, sondern allenfalls wegen einer eigenen nach § 11 Abs. 1 Nr. 2 Buchst. a oder c oder wegen einer Ordnungswidrigkeit nach § 404 Abs. 2 Nr. 4 SGB III bzw. § 98 Abs. 3 Nr. 1 AufenthG.

Strafbar ist nur **vorsätzliches Handeln.** Bei Fahrlässigkeit liegt allerdings eine Ordnungswidrigkeit **9** nach § 404 Abs. 2 Nr. 3 SGB III vor, die mit Geldbuße bis zu 250.000 EUR geahndet werden kann. Der Vorsatz des Arbeitgebers muss sich nicht nur auf die Ausländereigenschaft und die eine Beschäftigung begründenden Tatsachen beziehen, sondern auch auf die Beschäftigung „ohne erforderliche Arbeitsgenehmigung" bzw. „ohne einen erforderlichen Aufenthaltstitel" (OLG Koblenz wistra 1999, 198). Nach § 4 Abs. 3 S. 4 AufenthG ist jeder, der im Bundesgebiet einen Ausländer beschäftigt oder mit nachhaltigen entgeltlichen Dienst- und Werkleistungen beauftragt, zur Prüfung verpflichtet, ob der Ausländer diese Beschäftigung oder Erwerbstätigkeit ausüben darf. Ein Verstoß gegen die Prüfpflicht kann auf Eventualvorsatz hindeuten. Die Staatsangehörigkeit eines Arbeitnehmers, dessen Muttersprache Deutsch ist, muss ein Betriebsübernehmer indes nicht überprüfen (BayObLG DB 1975, 112). Auch diejenigen Umstände, die das auffällige Missverhältnis begründen, müssen vom Vorsatz erfasst werden. Insbes. muss dem Arbeitgeber bewusst sein, dass deutsche Arbeitnehmer eine vergleichbare Arbeit in der Regel unter erheblich besseren Arbeitsbedingungen ausüben. Hat der Täter hiervon keine oder nur unzutreffende Vorstellungen, nach denen ein auffälliges Missverhältnis nicht vorläge, kommt ein vorsatzausschließender Tatbestandsirrtum nach § 16 Abs. 1 StGB in Betracht. Ein **Irrtum über die Arbeitgebereigenschaft** soll nach Auffassung des BGH bei Tatsachenkenntnis regelmäßig ein bloßer (zumeist vermeidbarer) Verbotsirrtum sein (BGH wistra 2010, 29 mwN). Zu weiteren Fragen im Rahmen der Irrtumslehre vgl. die Kommentierung bei § 404 SGB III (→ SGB III § 404 Rn. 39 ff. mwN).

C. Besonders schwere Fälle, Rechtsfolgen

10   Der Strafrahmen für eine Beschäftigung von Ausländern zu ungünstigen Bedingungen ist § 10 Abs. 2 zu entnehmen, wenn ein besonders schwerer Fall vorliegt; dafür ist eine Freiheitsstrafe von sechs Monaten bis zu fünf Jahren vorgesehen. Ein besonders schwerer Fall liegt nach § 10 Abs. 2 in der Regel vor, wenn der Täter **gewerbsmäßig** oder aus **grobem Eigennutz** handelt. In der Gesetzesbegründung heißt es hierzu, die Feststellung dieser Merkmale könne sich auf die bereits vorhandene Rechtsprechung und Literatur stützen, die zu den Vorschriften ergangen ist, in denen die gleichen Begriffe verwendet werden (BT-Drs. 7/3100, 6). Vgl. hierzu die Kommentierung zu § 15 AÜG (→ AÜG § 15 Rn. 18 ff. mwN). Voraussetzung der Gewerbsmäßigkeit ist nicht, dass der gesamte Geschäftsbetrieb auf rechtswidrige Gewinnerzielung ausgerichtet ist, sondern es reicht hierfür die Absicht, im Rahmen einer normalen kaufmännischen Tätigkeit bei sich wiederholt bietenden Gelegenheiten durch Taten nach § 10 Abs. 1 einen nicht unerheblichen Gewinn zu erzielen (Erbs/Kohlhaas/*Ambs* Rn. 11).

11   Der **Versuch** ist nicht strafbar, da es sich um ein Vergehen handelt und die Versuchsstrafbarkeit nicht ausdrücklich angeordnet ist; in Frage kommt allenfalls eine Versuchsstrafbarkeit nach § 233 Abs. 2 StGB (→ StGB § 233 Rn. 1 ff.). Der einfache Verstoß gegen die Genehmigungspflicht der Beschäftigung von Ausländern wird als Ordnungswidrigkeit nach § 404 Abs. 2 Nr. 3 SGB III mit Geldbuße bis zu 500.000 EUR geahndet. Gleiches gilt nach § 98 Abs. 2a AufenthG, wenn es sich um die ungenehmigte Beauftragung eines Ausländers mit nachhaltigen entgeltlichen Dienst- oder Werkleistungen handelt. Was bei der ungenehmigten Ausländerbeschäftigung an wirtschaftlichen Werten erlangt wird, unterliegt dem **Verfall** gemäß §§ 73 ff. StGB. Zur Sicherstellung des Verfalls kann gemäß § 111d Abs. 1 StPO der dingliche Arrest in das Vermögen angeordnet werden, etwa in die Werklohnforderungen ggü. dem Bauherrn beim unerlaubten Einsatz ausländischer Arbeitnehmer auf der Baustelle (LG Aachen 19.12.1995 – 63 Qs 301/95).

12   Weitere Rechtsfolge ist nach Maßgabe von § 21 Abs. 1 S. 1 Nr. 1 der regelmäßige **Ausschluss von öffentlichen Aufträgen** bei einer Verurteilung wegen einer Straftat nach § 10 zu Freiheitsstrafe von mehr als drei Monaten oder zu Geldstrafe von mehr als 90 Tagessätzen. Das Gleiche gilt, wenn der Arbeitgeber wegen einer Ordnungswidrigkeit nach § 404 Abs. 1 oder Abs. 2 Nr. 3 SGB III mit einer Geldbuße von mindestens 2.500 EUR belegt worden ist. Wichtige Rechtsfolge ist zudem die **Kostenhaftung des Arbeitgebers** nach § 66 Abs. 5 AufenthG und die Haftung nach §§ 98a AufenthG (→ SGB III § 404 Rn. 47 ff. mwN). Dies gilt (infolge einer Fehlverweisung) allerdings nicht für Arbeitgeber, die Unionsbürger oder deren freizügigkeitsberechtigte Familienangehörige sind (näher *Mosbacher* wistra 2005, 54).

13   Die ungenehmigte Ausländerbeschäftigung und das Vorenthalten von Arbeitnehmerbeiträgen zur Sozialversicherung nach § 266a StGB sind mehrere Taten im verfahrensrechtlichen Sinne (BGH NStZ 1988, 77; StV 1990, 295; vgl. aber auch OLG Oldenburg BeckRS 2010, 17931; OLG Stuttgart NStZ 1982, 514), weshalb regelmäßig **Tatmehrheit** insoweit und auch in Hinblick auf Verstöße gegen § 370 AO vorliegen dürfte. Mit den durch die Beschäftigung begangenen Verstößen gegen das AufenthG oder AsylVfG besteht in der Regel Tateinheit. Die bei einer Straftat nach § 10 mitverwirklichte Ordnungswidrigkeit nach § 404 Abs. 2 Nr. 3 SGB III tritt gemäß § 21 Abs. 1 OWiG stets zurück. Eine Ausnahme hiervon gilt nach § 21 Abs. 2 OWiG, wenn Strafe nicht verhängt wird. Aus welchem Grund Strafe nicht verhängt wird, ist unerheblich; neben dem Fehlen von Tatbestandsmerkmalen kann auch das Vorliegen von Strafausschließungsgründen oder Verfolgungshindernissen wie etwa Immunität die Straflosigkeit begründen (Lemke/Mosbacher OWiG § 21 Rn. 15 ff.).

§ 10a Beschäftigung von Ausländern ohne Aufenthaltstitel, die Opfer von Menschenhandel sind

Mit Freiheitsstrafe bis zu drei Jahren oder mit Geldstrafe wird bestraft, wer entgegen § 4 Absatz 3 Satz 2 des Aufenthaltsgesetzes einen Ausländer beschäftigt und hierbei eine Lage ausnutzt, in der sich der Ausländer durch eine gegen ihn gerichtete Tat eines Dritten nach § 232 oder 233 des Strafgesetzbuchs befindet.

1. Allgemeines. Die Strafvorschrift wurde mWz 26.11.2011 durch das Gesetz zur Umsetzung auf- **1**
enthaltsrechtlicher Richtlinien der Europäischen Union und zur Anpassung nationaler Rechtsvorschiften an den EU-Visakodex (v. 22.11.2011, BGBl. I 2258) eingefügt. Dies diente der Umsetzung von Art. 9 Abs. 1 Buchst. d der RL 2009/52/EG des Europäischen Parlaments und des Rates v. 18.6.2009 über Mindeststandards für Sanktionen und Maßnahmen gegen Arbeitgeber, die Drittstaatsangehörige ohne rechtmäßigen Aufenthalt beschäftigen (sog **Sanktionsrichtlinie,** ABl. 2009 L 168, 24). Systematisch handelt es sich um eine Qualifikation des Bußgeldtatbestandes in § 404 Abs. 2 Nr. 3 SGB III in Form eines unechten Mischtatbestandes. Die Ordnungswidrigkeit der unerlaubten Ausländerbeschäftigung wird dadurch zur Straftat, dass der Arbeitgeber eine Situation ausnutzt, in der sich der Ausländer durch gegen ihn gerichteten Menschenhandel eines anderen nach §§ 232, 233 StGB befindet.

2. Tatbestand. Die **Tathandlung** besteht in der unerlaubten **Beschäftigung** eines Ausländers unter **2**
Verstoß gegen § 4 Abs. 3 S. 2 AufenthG. Hierfür kann auf die Kommentierung zu § 404 Abs. 2 Nr. 3 SGB III verwiesen werden (→ SGB III § 404 Rn. 20 ff.). Erfasst wird gem. § 15 StGB allerdings nur die vorsätzliche Beschäftigung (→ SGB III § 404 Rn. 37 f.). Der beschäftigte Ausländer muss **Opfer** einer Straftat nach § 232 oder § 233 StGB **(Menschenhandel)** geworden ist und der Arbeitgeber die hierdurch geschaffen Lage zur illegalen Ausländerbeschäftigung ausnutzen. § 232 StGB erfasst den Menschenhandel zum Zweck der sexuellen Ausbeutung. Nach § 232 Abs. 1 S. 1 StGB macht sich strafbar, wer eine andere Person unter Ausnutzung einer Zwangslage oder der Hilflosigkeit, die mit ihrem Aufenthalt in einem fremden Land verbunden ist, zur Aufnahme oder Fortsetzung der Prostitution oder dazu bringt, sexuelle Handlungen, durch die sie ausgebeutet wird, an oder vor dem Täter oder einem Dritten vorzunehmen oder von dem Täter oder einem Dritten an sich vornehmen zu lassen. Gemäß § 232 Abs. 1 S. 2 StGB wird ebenso bestraft, wer eine Person unter 21 Jahren zur Aufnahme oder Fortsetzung der Prostitution oder zu den sonst in Satz 1 bezeichneten sexuellen Handlungen bringt. Weitere eigenständige Tathandlungen enthält § 232 Abs. 4 StGB. Danach ist strafbar, wer eine andere Person mit Gewalt, durch Drohung mit einem empfindlichen Übel oder durch List zur Aufnahme oder Fortsetzung der Prostitution oder zu den sonst in Absatz 1 bezeichneten sexuellen Handlungen bringt (Abs. 4 Nr. 1) oder wer sich einer anderen Person mit Gewalt, durch Drohung mit einem empfindlichen Übel oder durch List bemächtigt, um sie zur Aufnahme oder Fortsetzung der Prostitution oder zu den sonst in Absatz 1 bezeichneten sexuellen Handlungen zu bringen (Abs. 4 Nr. 2). Ganz ähnlich konstruiert ist § 233 StGB (Menschenhandel zum Zweck der Ausbeutung der Arbeitskraft, → § 233 Rn. 1 ff.).

Der Arbeitgeber muss bei der illegalen Ausländerbeschäftigung die **Lage ausnutzen,** in der sich der **3**
Ausländer durch eine gegen ihn gerichtete (und zumindest durch die Tat nach § 10a vollendete) Straftat nach §§ 232, 233 StGB befindet (vgl. näher MüKoStGB/*Mosbacher* Rn. 8 ff.). „**Ausnutzen**" in diesem Sinne liegt vor, wenn die durch eine Straftat nach §§ 232, 233 StGB geschaffene Lage (zumindest) mitursächlich für die illegale Ausländerbeschäftigung ist und die kausale Verknüpfung zwischen Lage und Beschäftigung gerade durch Handlungen des Täters hergestellt wird. Ausreichend hierfür ist, dass die dem Arbeitnehmer bekannte Vortat die Ansprechbarkeit des Ausländers für eine illegale Beschäftigung erleichtert, etwa dass der Arbeitgeber von Vortäter einer Tat nach §§ 232, 233 StGB den Ausländer gleichsam „überlassen" bekommt (auch als „Dritter" iSv § 233 Abs. 1 S. 1 StGB) oder sich bei seinem Beschäftigungsangebot die wirtschaftlich oder soziale Not des durch Menschenhandel beeinträchtigten Ausländers zunutze macht. Die Lage des Ausländers muss sich durch die Vortat des Menschenhandels jedenfalls schlechter (und damit für illegale Beschäftigung anfälliger) darstellen als zuvor. Wer lediglich die allgemeine Not illegal im Ausland untergetauchter Ausländer für eine Beschäftigung nutzt, diese Notlage sich durch etwaige vorherige Menschenhandelstaten aber weder verschlechtert noch sonst verändert hat, nutzt nicht eine Lage aus, in der sich der Ausländer durch eine Straftat nach §§ 232, 233 StGB befindet, sondern eine Lage, in der sich der Ausländer auch ohne eine solche Straftat befindet. Es muss sich also durch die Vortat eine **spezifisch** darauf beruhende **Änderung** der Lage des Ausländers ergeben haben, die Anknüpfungspunkt der illegalen Beschäftigung wird. Zwar dürfen an die Feststellung dieses oftmals auf der Hand liegenden Zusammenhangs keine übertriebenen Anforderungen gestellt werden – schließlich ist Ergebnis eines Menschenhandels regelmäßig die Beeinträchtigung der Entschließungsfreiheit des Ausländers –, allerdings versteht sich dieser Zusammenhang auch nicht stets von selbst und ist in den Urteilsgründen deshalb zu erörtern.

Täter kommt grds. nur ein **Arbeitgeber** in Betracht, wobei zumindest – ohne Rücksicht auf die **4**
zivilrechtliche Wirksamkeit etwaiger Verträge – ein faktisches Arbeitsverhältnis vorliegen muss. Täter der Vortat muss ein **„Dritter"** sein, weshalb eine Strafbarkeit nach § 10a ausscheidet, wenn der Arbeitgeber selbst als (Allein-, Mit- oder mittelbarer) Täter gegen §§ 232, 233 StGB verstoßen hat. Hat der Arbeitgeber indes nur Anstiftung oder Beihilfe zu einer Tat nach §§ 232, 233 StGB begangen, etwa auch in Form einer Förderung des Menschenhandels nach § 233a StGB, bleibt eine Strafbarkeit nach § 10a möglich (vgl. näher MüKoStGB/*Mosbacher* Rn. 13). Bleibt unklar, ob der Arbeitgeber täterschaftlich an der Vortat beteiligt war, hat er aber sicher den Tatbestand des § 10a erfüllt, ist er im Wege der **Postpendenz** nur nach § 10a zu verurteilen. Strafbar ist nur vorsätzliches Handeln. Der Versuch ist nicht strafbewehrt.

§ 11 Erwerbstätigkeit von Ausländern ohne Genehmigung oder ohne Aufenthaltstitel in größerem Umfang oder von minderjährigen Ausländern

(1) Wer

1. gleichzeitig mehr als fünf Ausländer entgegen § 284 Abs. 1 des Dritten Buches Sozialgesetzbuch oder entgegen § 4 Abs. 3 Satz 2 des Aufenthaltsgesetzes beschäftigt oder mit Dienst- oder Werkleistungen beauftragt oder
2. eine in
   a) § 404 Abs. 2 Nr. 3 des Dritten Buches Sozialgesetzbuch,
   b) § 404 Abs. 2 Nr. 4 des Dritten Buches Sozialgesetzbuch,
   c) § 98 Abs. 2a des Aufenthaltsgesetzes oder
   d) § 98 Abs. 3 Nr. 1 des Aufenthaltsgesetzes
   bezeichnete vorsätzliche Handlung beharrlich wiederholt oder
3. entgegen § 4 Absatz 3 Satz 2 des Aufenthaltsgesetzes eine Person unter 18 Jahren beschäftigt,

wird mit Freiheitsstrafe bis zu einem Jahr oder mit Geldstrafe bestraft.

(2) Handelt der Täter in den Fällen des Absatzes 1 Nummer 1, Nummer 2 Buchstabe a oder Buchstabe c oder Nummer 3 aus grobem Eigennutz, ist die Strafe Freiheitsstrafe bis zu drei Jahren oder Geldstrafe.

1   **1. Allgemeines.** Bei der Strafvorschrift handelt es sich um eine Qualifikation der Bußgeldtatbestände in § 404 Abs. 2 Nr. 3 u. 4 SGB III bzw. § 98 Abs. 2a und Abs. 3 Nr. 1 AufenthG in Form eines **unechten Mischtatbestandes.** Zum Normzweck, zur kriminalpolitischen Bedeutung, der Gesetzesentwicklung und zur Straffreiheit für bestimmte Altfälle: → § 10 Rn. 1 ff. MWz 28.8.2007 wurde die Strafnorm durch das Gesetz zur Umsetzung aufenthalts- und asylrechtlicher Richtlinien der Europäischen Union (v. 19.8.2007, BGBl. I 1970; Gesetzesbegründung BT-Drs. 16/5065) erheblich geändert. Neu eingeführt wurden die Straftatbestände in § 11 Abs. 1 Nr. 2 Buchst. c und d, erweitert wurde § 11 Abs. 1 Nr. 1 um die Beauftragung mit Dienst- oder Werkleistungen. MWz 26.11.2011 wurde § 11 Abs. 1 Nr. 3 durch das Gesetz zur Umsetzung aufenthaltsrechtlicher Richtlinien der Europäischen Union und zur Anpassung nationaler Rechtsvorschiften an den EU-Visakodex (v. 22.11.2011, BGBl. I 2258) eingefügt. Dies diente der Umsetzung von Art. 9 Abs. 1 Buchst. e der RL 2009/52/EG des Europäischen Parlaments und des Rates v. 18.6.2009 über Mindeststandards für Sanktionen und Maßnahmen gegen Arbeitgeber, die Drittstaatsangehörige ohne rechtmäßigen Aufenthalt beschäftigen (sog **Sanktionsrichtlinie,** ABl. 2009 L 168, 24

2   **2. Tatbestand.** Die Tathandlung besteht bei § 11 Abs. 1 Nr. 1 **(illegale Beschäftigung in größerem Umfang)** in der Beschäftigung oder Beauftragung von gleichzeitig mindestens sechs Ausländern, die nicht über eine erforderliche Genehmigung verfügen. Für die Beschäftigung kann auf → SGB III § 404 Rn. 21 ff. verwiesen werden. MWz 28.8.2007 ist durch das Gesetz zur Umsetzung aufenthalts- und asylrechtlicher Richtlinien der Europäischen Union (v. 19.8.2007, BGBl. I 1970) der Beschäftigung die Beauftragung mit Dienst- oder Werkleistungen gleichgestellt worden. Beauftragung meint den Abschluss eines Dienstvertrages iSv §§ 611 ff. BGB oder Werkvertrages iSv §§ 631 ff. BGB durch übereinstimmende Willenserklärungen, nicht den einseitigen „Auftrag". Andere Vertragsarten wie etwa Maklerverträge oder Geschäftsbesorgungsverträge werden vom Wortlaut der Norm nicht erfasst. Zwar sind die Dienst- oder Werkleistungen in § 11 Abs. 1 Nr. 1 nicht näher einschränkend spezifiziert. Aus systematischen Gründen ist dieses Tatbestandsmerkmal aber wie in § 4 Abs. 3 S. 4 und § 98 Abs. 2a AufenthG auszulegen (vgl. deshalb näher die Kommentierung bei → AufenthG § 98 Rn. 5 ff.). Erfasst wird iErg also nur die Beauftragung mit nachhaltigen entgeltlichen Dienst- oder Werkleistungen. Nur mit einer solchen Auslegung wird auch der aus innersystematischen Gründen gebotene Gleichklang mit § 11 Abs. 1 Nr. 2 Buchst. c gewährleistet. Der Vorsatz muss im Zeitpunkt der Tathandlung, also der „Beauftragung", vorliegen. Erkennt der Auftraggeber erst später, dass er entgegen § 4 Abs. 3 S. 2 AufenthG einen Ausländer beauftragt hat, führt dies nach der Tatbestandsfassung nicht zur Vorsatztat.

3   Die Zahl der gleichzeitig unerlaubt ohne Arbeitsgenehmigung beschäftigten oder beauftragten ausländischen Arbeitnehmer muss **mehr als fünf** betragen. Bei Altfällen ist Folgendes zu beachten: Bis zum Inkrafttreten des Gesetzes zur Erleichterung der Bekämpfung von illegaler Beschäftigung und Schwarzarbeit (v. 23.7.2002, BGBl. I 2787) am 1.8.2002 war weiteres Tatbestandsmerkmal die Beschäftigung über mindestens 30 Kalendertage. Da dieser Tatbestand bis zum 1.8.2002 enger gefasst war, ist die Altfassung für bis zum 31.7.2002 beendete Taten in aller Regel als milderes Gesetz iSv § 2 Abs. 3 StGB anzusehen.

4   Tathandlung von § 11 Abs. 1 Nr. 2 Buchst. a **(beharrliche Wiederholung der illegalen Ausländerbeschäftigung)** ist zunächst die vorsätzliche Beschäftigung eines Ausländers ohne erforderliche Genehmigung. Insoweit gilt die Kommentierung zu → SGB III § 404 Rn. 21 ff. Diese vorsätzliche Tat muss beharrlich wiederholt werden. Hierzu kann auf die Kommentierung zum gleichlautenden Merkmal in § 15a Abs. 2 Nr. 2 AÜG verwiesen werden (→ AÜG § 15a Rn. 8 f. mwN). Die Tathandlung in

§ 11 Abs. 1 Nr. 2 Buchst. b **(beharrliche Wiederholung der illegalen unselbstständigen Ausländererwerbstätigkeit)** ist das Spiegelbild der beharrlichen illegalen Ausländerbeschäftigung. Zur Beharrlichkeit → AÜG § 15a Rn. 8 f.; im Übrigen gilt für den ausländischen Arbeitnehmer das zum Arbeitgeber Ausgeführte entsprechend.

Die **beharrliche Wiederholung der illegalen Beauftragung von Ausländern mit Dienst- oder 5 Werkleistungen** wird durch § 11 Abs. 1 Nr. 2 Buchst. c gesondert sanktioniert. Die mWz 28.8.2007 neu eingeführte Strafnorm (→ Rn. 1) stellt erstmals die beharrliche illegale Beauftragung von Ausländern mit nachhaltigen entgeltlichen Dienst- oder Werkleistungen, die der Ausländer auf Gewinnerzielung gerichtet ausübt, unter Strafe. Zur Beharrlichkeit → AÜG § 15a Rn. 8 f., zur Beauftragung mit nachhaltigen entgeltlichen Dienst- oder Werkleistungen → AufenthG § 98 Rn. 5 ff.

Die **beharrliche Wiederholung der illegalen selbstständigen Erwerbstätigkeit durch Auslän- 6 der** (§ 11 Abs. 1 Nr. 2 Buchst. d) wurde mWz 28.8.2007 neu sanktioniert. Die Strafnorm knüpft an die neue Bußgeldvorschrift in § 98 Abs. 3 Nr. 1 AufenthG an (→ AufenthG § 98 Rn. 8). Danach handelt ordnungswidrig, wer entgegen § 4 Abs. 3 S. 1 AufenthG eine selbstständige Tätigkeit ausübt. § 4 Abs. 3 S. 1 AufenthG bestimmt, dass Ausländer eine Erwerbstätigkeit nur ausüben dürfen, wenn der Aufenthaltstitel sie dazu berechtigt. Diese Änderung dient der Wiederherstellung der Sanktionierung einer unerlaubten Ausübung einer selbständigen Erwerbstätigkeit; die Möglichkeit einer Sanktionierung war mit Inkrafttreten des AufenthG entfallen (BT-Drs. 16/5065, 381). **Tathandlung** ist die vorsätzliche Ausübung einer selbstständigen Tätigkeit entgegen § 4 Abs. 3 S. 1 AufenthG. Abzugrenzen ist die selbstständige Tätigkeit als Teilbereich der Erwerbstätigkeit zur unselbstständigen Tätigkeit, also der Beschäftigung (vgl. § 2 Abs. 2 AufenthG), und zum genehmigungsfreien Gefälligkeitsverhältnis (zu letzterem → SGB III § 404 Rn. 29). Bleibt nach Ausschöpfung aller Beweismittel offen, ob der Ausländer einer selbstständigen oder unselbstständigen Tätigkeit nachgegangen ist (dies kommt häufiger bei Prostitutionsausübung vor), kommt eine Ahndung im Wege ungleichartiger Wahlfeststellung zwischen § 11 Abs. 1 Nr. 2 Buchst. b und d in Betracht. Zur Beharrlichkeit → AÜG § 15a Rn. 8 f.

MWz 26.11.2011 wurde als neuer Straftatbestand § 11 Abs. 1 Nr. 3 eingefügt (→ Rn. 1). Strafbar ist 6a danach die Beschäftigung eines unter 18 Jahre alten, also **minderjährigen Ausländers**, der entgegen § 4 Abs. 3 S. 2 AufenthG nicht über den für eine Beschäftigung erforderlichen Aufenthaltstitel verfügt. Nicht erfasst ist die unerlaubte Beschäftigung noch nicht ganz freizügigkeitsberechtigter Unionsbürger, da diese grds. den Regelungen des AufenthG nicht unterfallen (§ 1 Abs. 2 Nr. 1 AufenthG). Ebenso wenig betrifft der Straftatbestand die Beauftragung eines minderjährigen Ausländers mit entgeltlichen Werkleistungen. Der – ansonsten weitgehend unerheblichen, weil in der Strafbarkeit angeglichenen (→ Rn. 2, 6) – Unterscheidung zwischen Beschäftigung und Beauftragung eines Ausländers kommt insoweit wieder eine Bedeutung zu. Bei ausbeuterischer Beschäftigung von Minderjährigen wird regelmäßig eine Strafbarkeit nach § 233 Abs. 1 S. 2 StGB nahe liegen.

Nach § 11 Abs. 2 werden Straftaten iSv § 11 Abs. 1 Nr. 1 und Nr. 2 Buchst. a und c sowie Nr. 3 bei 7 grobem Eigennutz qualifiziert; ausgenommen sind lediglich Straftaten ausländischer Arbeitnehmer nach Absatz 1 Nr. 2 Buchst. b und d. Im Gegensatz zu § 10 Abs. 2 handelt es sich bei § 11 Abs. 2 um einen echten Qualifikationstatbestand. Liegt grober Eigennutz in dem bei § 10 Abs. 2 erläuterten Sinne vor (→ § 10 Rn. 35), ist der Täter ohne Abwägungsmöglichkeit nach dem **Qualifikationstatbestand** mit Freiheitsstrafe bis zu drei Jahren oder mit Geldstrafe zu bestrafen.

Der **grobe Eigennutz** kann sich alleine weder aus der gleichzeitigen Beschäftigung von mehr als fünf 8 Ausländern noch aus einer beharrlichen Wiederholung der unerlaubten Ausländerbeschäftigung ergeben, weil dies die Voraussetzungen des Grundtatbestandes sind. Ebenso wenig reicht für die Annahme groben Eigennutzes die Nichtabführung von Sozialversicherungsbeiträgen aus, weil die Nichtanmeldung zur Sozialversicherung auch alleine der Verschleierung der unerlaubten Ausländerbeschäftigung dienen kann.

Strafbar ist nur vorsätzliches Handeln. Bei **fahrlässigem Handeln** kommt lediglich eine Ordnungs- 9 widrigkeit nach § 404 Abs. 2 Nr. 3 oder 4 SGB III bzw. § 98 Abs. 2a und Abs. 3 Nr. 1 AufenthG in Betracht. Der **Vorsatz** muss sich sowohl auf die Ausländereigenschaft, die Beschäftigung bzw. Beauftragung und das Fehlen der erforderlichen Arbeitsgenehmigung beziehen wie auch auf die sonstigen Merkmale, die das ordnungswidrige Handeln zum strafbaren qualifizieren. Wer etwa denkt, es würden nur fünf Ausländer gleichzeitig für ihn arbeiten, unterfällt einem vorsatzausschließenden Tatbestandsirrtum gemäß § 16 Abs. 1 StGB.

650. Gesetz zur Ausführung der Verordnung (EG) Nr 2157/2001 des Rates vom 8. Oktober 2001 über das Statut der Europäischen Gesellschaft (SE) (SE-Ausführungsgesetz – SEAG)

Vom 22. Dezember 2004 (BGBl. I S. 3675) FNA 4121-4

Zuletzt geändert durch Art. 14 G für die gleichberechtigte Teilhabe von Frauen und Männern an Führungspositionen in der Privatwirtschaft und im öffentlichen Dienst vom 24.4.2015 (BGBl. I S. 642)

Vorbemerkung

1 **1. Entstehung des Gesetzes.** Das SEAG wurde zusammen mit dem SEBG (Gesetz über die Betei-ligung der Arbeitnehmer in einer SE; → SEBG §§ 45, 46 Vorb.) als Bestandteil des Einführungsgesetzes zur Europäischen Gesellschaft (SEEG) am 22.12.2004 (BGBl. I 3675) erlassen und trat am 14.2.2005 in Kraft. Das SEAG ist Bestandteil des Statutes zur Europäischen Gesellschaft (SE – Societas Europaea), vgl. Art. 9 Abs. 1 Nr. 1c SE-VO (VO (EG) Nr. 2157/2001 des Rates v. 8.10.2001 über das Statut der Europäischen Gesellschaft (SE), ABl. 2001 L 294, 1–21).

2 **2. Die Europäische Gesellschaft (SE – Societas Europaea).** Die Rechtsform einer SE soll europaweit tätigen Unternehmen die Möglichkeit geben, mit nur einer einzigen Gesellschaft zu operie-ren, anstatt mit einer Konzernstruktur bestehend aus Holding- und Tochtergesellschaften. Dies soll eine Reduzierung derjenigen Kosten ermöglichen, die durch zusätzliche Management-Ebenen und den Aufbau einer Konzernstruktur entstehen (Erwägungsgründe 1, 4, 10 SE-VO; Lutter/Hommelhoff/Teichmann/*Lutter* SE-VO Einl. Rn. 32, 40; *Hopt* ZIP 1998, 96 (100)). Zur Entwicklung der SE: Manz/Mayer/Schröder/*Schröder* Europäische Aktiengesellschaft Vorb. Rn. 1 ff.

3 **Rechtsquellen** für die SE in herabsteigender Reihenfolge der **Normenhierarchie** gem. Art. 9 Abs. 1 SE-VO sind (Lutter/Hommelhoff/Teichmann/*Lutter* SE-VO Einl. Rn. 1, 30; Jannott/Froder-mann EuropAG-HdB/*Kienast* Kap. 2 Rn. 12):
– Die **Verordnung über das Statut der Europäischen Gesellschaft,** Art. 9 Abs. 1 lit. a SE-VO. Gegenstand dieser unmittelbar geltenden Verordnung ist das Gesellschaftsrecht der SE; die SE-VO enthält demgemäß Regelungen zur Gründung, Rechtsnatur und Struktur der SE. Die SE-VO trat zum 8.10.2004 (Art. 70 SE-VO) in Kraft.
– Die **Satzung der SE,** soweit dies die SE-VO ausdrücklich zulässt, Art. 9 Abs. 1 lit. b SE-VO.
– Die **nationalen Rechtsvorschriften,** die die Mitgliedstaaten speziell für die SE erlassen haben, Art. 9 Abs. 1 lit. c i SE-VO. Dazu gehören im deutschen Recht das **SEAG** sowie das **SEBG,** die als Art. 1 und Art. 2 des SEEG erlassen wurden.
– Das **nationale Aktienrecht** des jeweiligen Sitzstaates der SE, Art. 9 Abs. 1 lit. c ii SE-VO.
– Auf einer letzten Stufe können Satzungsbestimmungen der SE herangezogen werden, die nach dem Aktienrecht des Sitzstaates zulässig und von der SE-VO nicht verboten sind, Art. 9 Abs. 1 lit. c iii SE-VO.

4 Die SE ist eine **Handelsgesellschaft mit eigener Rechtspersönlichkeit,** deren Kapital in Aktien zerlegt ist und für deren Verbindlichkeiten nur das Gesellschaftsvermögen haftet, Art. 1 Abs. 1–2 SE-VO; sie weist damit die gleichen Begriffsmerkmale wie die deutsche Aktiengesellschaft auf (*Thoma/Leuering* NJW 2002, 1449 (1450); Lutter/Hommelhoff/Teichmann/*Lutter* SE-VO Art. 1 Rn. 1; Manz/Mayer/Schröder/*Schröder* Vorb. Rn. 41 ff.).

5 Art. 2 SE-VO sieht einen **numerus clausus der Gründungsformen** vor (*Thoma/Leuering* NJW 2002, 1449 (1450)), nämlich die Gründung einer SE (ausf. MüKoAktG/*Schäfer* SE-VO Art. 17–37):
– durch Verschmelzung bestehender Aktiengesellschaften und sonstiger Gesellschaften mit beschränkter Haftung iSd Art. 2 Abs. 1, 17–31 SE-VO,
– als Holding-SE, Art. 2 Abs. 2, 32 SE-VO,
– als Tochter-SE, Art. 2 Abs. 3, 35 SE-VO,
– durch Umwandlung, Art. 2 Abs. 4, 37 SE-VO.

6 Die SE verfügt über **zwei bzw. drei Organe.** Dazu gehört zunächst eine **Hauptversammlung** der Aktionäre (Art. 38 lit. a SE-VO). Wurde ein aus dem deutschen Recht bekanntes **dualistisches System** gewählt, bestehen daneben ein **Leitungsorgan** (Art. 39 SE-VO) und ein **Aufsichtsorgan** (Art. 40 SE-VO), was dem Vorstand und Aufsichtsrat einer deutschen AG entspricht. Soweit dagegen ein aus dem anglo-amerikanischen Rechtskreis bekanntes **monistisches System** gewählt wurde, existiert neben der Hauptversammlung ein einheitliches **Verwaltungsorgan** (Art. 43 SE-VO), auch bezeichnet als „board of directors"; innerhalb dieses Organs werden dann **geschäftsführende Direktoren** bestellt (Art. 43

Abs. 1 S. 1 SE-VO). Das Wahlrecht zwischen den beiden Organisationssystemen wird durch Bestimmungen in der Satzung der SE ausgeübt, Art. 38 lit. b SE-VO.

Die SE gewinnt immer mehr an **praktischer Bedeutung.** So stieg ihre Zahl von noch 70 im Juni 7 2007 auf 383 im Oktober 2009 und auf 2613 im Juli 2016, von denen 292 ihren Sitz in Deutschland haben (Quelle: http://ecdb.worker-participation.eu/index.php).

3. Ziel und Zweck des Gesetzes. Das SEAG dient der Ausführung der SE-VO. Zwar gilt die SE- 8 VO unmittelbar in jedem Mitgliedstaat (Art. 288 AEUV) und bedurfte insoweit nicht der Umsetzung. Allerdings enthält die SE-VO Regelungsaufträge und Wahlrechte für den nationalen Gesetzgeber, so dass dem Gesetzgeber ein Ausführungsgesetz unerlässlich schien (BT-Drs. 15/3405, 1; Lutter/Hommelhoff/ *Lutter* Einl. SE-VO Rn. 4).

4. Gegenstand des Gesetzes. Die Vorschriften des SEAG enthalten die SE-VO ergänzende Rege- 9 lungen zur Eintragung (§§ 1 ff.), Gründung (§§ 5 ff.), Sitzverlegung (§§ 12 ff.), zum Aufbau (§§ 15 ff.) sowie zur Auflösung (§ 52) der SE. **§ 53** enthält schließlich **Straf- und Bußgeldvorschriften.**

§ 53 Straf- und Bußgeldvorschriften

(1) ¹Die Strafvorschriften des § 399 Abs. 1 Nr. 1 bis 5 und Abs. 2, des § 400 und der §§ 402 bis 404 des Aktiengesetzes, der §§ 331 bis 333 des Handelsgesetzbuchs und der §§ 313 bis 315 des Umwandlungsgesetzes sowie die Bußgeldvorschriften des § 405 des Aktiengesetzes und des § 334 des Handelsgesetzbuchs gelten auch für die SE im Sinne des Artikels 9 Abs. 1 Buchstabe c Doppelbuchstabe ii der Verordnung. ²Soweit sie

1. Mitglieder des Vorstands,
2. Mitglieder des Aufsichtsrats oder
3. Mitglieder des vertretungsberechtigten Organs einer Kapitalgesellschaft

betreffen, gelten sie bei der SE mit dualistischem System in den Fällen der Nummern 1 und 3 für die Mitglieder des Leitungsorgans und in den Fällen der Nummer 2 für die Mitglieder des Aufsichtsorgans. ³Bei der SE mit monistischem System gelten sie in den Fällen der Nummern 1 und 3 für die geschäftsführenden Direktoren und in den Fällen der Nummer 2 für die Mitglieder des Verwaltungsrats.

(2) ¹Die Strafvorschriften des § 399 Abs. 1 Nr. 6 und des § 401 des Aktiengesetzes gelten im Sinne des Artikels 9 Abs. 1 Buchstabe c Doppelbuchstabe ii der Verordnung auch für die SE mit dualistischem System. ²Soweit sie Mitglieder des Vorstands betreffen, gelten sie für die Mitglieder des Leitungsorgans.

(3) Mit Freiheitsstrafe bis zu drei Jahren oder mit Geldstrafe wird bestraft, wer

1. als Vorstandsmitglied entgegen § 8 Satz 2,
2. als Mitglied des Leitungsorgans einer SE mit dualistischem System oder als geschäftsführender Direktor einer SE mit monistischem System entgegen § 13 Abs. 3,
3. als geschäftsführender Direktor einer SE mit monistischem System entgegen § 21 Abs. 2 Satz 1 oder § 46 Abs. 2 Satz 1 oder
4. als Abwickler einer SE mit monistischem System entgegen Artikel 9 Abs. 1 Buchstabe c Doppelbuchstabe ii der Verordnung in Verbindung mit § 266 Abs. 3 Satz 1 des Aktiengesetzes

eine Versicherung nicht richtig abgibt.

(4) Ebenso wird bestraft, wer bei einer SE mit monistischem System

1. als Mitglied des Verwaltungsrats entgegen § 22 Abs. 5 Satz 1 die Hauptversammlung nicht oder nicht rechtzeitig einberuft oder ihr den Verlust nicht, nicht richtig, nicht vollständig oder nicht rechtzeitig anzeigt oder
2. als Mitglied des Verwaltungsrats entgegen § 22 Abs. 5 Satz 2 in Verbindung mit § 15a Abs. 1 Satz 1 der Insolvenzordnung

die Eröffnung des Insolvenzverfahrens nicht oder nicht rechtzeitig beantragt.

(5) Handelt der Täter in den Fällen des Absatzes 4 fahrlässig, so ist die Strafe Freiheitsstrafe bis zu einem Jahr oder Geldstrafe.

A. Allgemeines

I. Anwendbarkeit nationalen Straf- und Ordnungswidrigkeitenrechts auf eine SE

Die SE ist keine Rechtsform des deutschen Gesellschaftsrechts, sondern eine **supranationale** Rechts- 1 form (NK-SE/*Schröder* Vorb. Rn. 39), auf die das Recht der Mitgliedstaaten mangels Gesetzgebungskompetenz an sich keine Anwendung findet.

Allerdings liegt gerade das Strafrecht außerhalb des Anwendungsbereiches der Verordnung, so dass das 2 nationale Strafrecht grds. auch auf die SE angewendet werden kann, wenn es nicht gegen sonstiges vorrangiges Gemeinschaftsrecht verstößt (*Schlösser* NZG 2008, 126 (127); vgl. auch *Schlösser* wistra 2006, 81 (84)). Anwendbar sind also die speziell für die SE geschaffenen und daneben grds. auch alle sonstigen Straf- und Ordnungswidrigkeitentatbestände.

II. Systematik

3   Innerhalb des § 53 ist zu differenzieren: **§ 53 Abs. 1, 2** erklärt Straf- und Bußgeldvorschriften des deutschen AktG, HGB und UmwG für **entsprechend anwendbar**. Allein **§ 53 Abs. 3, 4** enthält dagegen **eigenständige Straftatbestände**.

4   Eine weitere Differenzierung kann vorgenommen werden in Bezug auf die innere Organisation der SE nach einem **dualistischen** oder **monistischen** System (→ Vorb. Rn. 6). Die einzelnen Vorschriften gelten entweder sowohl für eine SE mit monistischem *und* dualistischem System (§ 53 Abs. 1) oder jeweils nur für eine SE mit monistischem (§ 53 Abs. 4) *oder* dualistischem System (§ 53 Abs. 2).

5   Vorbild für die Regelungstechnik in § 53 sind die § 335b HGB, § 408 AktG (BT-Drs. 15/3405, 40).

B. Die Regelungen im Einzelnen

I. Entsprechende Anwendung von Straf- und Bußgeldvorschriften (§§ 53 Abs. 1, 2)

6   **1. § 53 Abs. 1. a) Auf die SE anzuwendende Straf- und Bußgeldvorschriften.** § 53 Abs. 1 S. 1 erklärt die Straf- und Bußgeldvorschriften der **§§ 399 Abs. 1 Nr. 1–5, Abs. 2, 400, 402–404, 405 AktG** und der **§§ 331–333 HGB** sowie die Strafvorschriften der **§§ 313–315 UmwG** für entsprechend anwendbar. Die Verweisungsvorschrift gilt sowohl für eine SE mit **monistischem** als auch mit **dualistischem System.** Zum Norminhalt s. die entspr. Kommentierungen.

7   **b) Übertragung der Tätereigenschaft, § 53 Abs. 1 S. 2, 3.** Die in § 53 Abs. 1 für anwendbar erklärten Straf- und Bußgeldvorschriften sind überwiegend Sonderdelikte. Soweit diese Normen als taugliche Täter vorsehen: die Mitglieder des Vorstandes (§ 53 Abs. 1 S. 2 Nr. 1), des Aufsichtsrates (§ 53 Abs. 1 S. 2 Nr. 2) oder des vertretungsberechtigten Organs (§ 53 Abs. 1 S. 2 Nr. 3) einer Kapitalgesellschaft, überträgt § 53 Abs. 1 S. 2, 3 diese spezifische Täterqualifikation auf die Organe der SE. Eine solche „**Übersetzungsregelung**" ist notwendig – auch im Hinblick auf Art. 103 Abs. 2 GG –, weil die SE weder den Begriff des Vorstands noch des Aufsichtsrats (§§ 76, 95 ff. AktG) kennt (*Schlösser* NZG 2008, 126 (127)).

– Gilt in einer SE ein **dualistisches System** (→ Vorb. Rn. 6) und finden die für anwendbar erklärten Sonderdelikte Anwendung auf die Mitglieder des Vorstandes oder des vertretungsberechtigten Organs der Kapitalgesellschaft, sind gem. § 53 Abs. 1 S. 2 taugliche Täter die Mitglieder des Leitungsorgans (Art. 39 SE-VO); finden die Sonderdelikte Anwendung auf Mitglieder des Aufsichtsrats, so sind taugliche Täter die Mitglieder des Aufsichtsorgans (Art. 40 SE-VO), § 53 Abs. 1 S. 2.

– Gilt in einer SE ein **monistisches System** (→ Vorb. Rn. 6) und finden die für anwendbar erklärten Sonderdelikte Anwendung auf die Mitglieder des Vorstandes oder des vertretungsberechtigten Organs der Kapitalgesellschaft, sind gem. § 53 Abs. 1 S. 2 taugliche Täter die geschäftsführenden Direktoren (Art. 43 Abs. 1 S. 1 SE-VO); finden die Sonderdelikte Anwendung auf Mitglieder des Aufsichtsrats, sind taugliche Täter die Mitglieder des Verwaltungsrates (Art. 40 SE-VO), § 53 Abs. 1 S. 3.

8   Sofern in den für anwendbar erklärten Sonderdelikten insbes. eine Täterschaft des Abwicklers oder des Prüfers der SE begründet wird, bedarf es keiner § 53 Abs. 1 S. 2, 3 entsprechenden Übersetzungsregelung. In Bezug auf die Liquidation und Abwicklung der SE sowie auf die Erstellung des Jahresabschlusses unterliegt die SE weitgehend den Vorschriften des entsprechenden Sitzstaates (Art. 63, 61 SE-VO; Lutter/Hommelhoff/Teichmann/*Lutter* SE-VO Einl. Rn. 45, 47), so dass zumindest für eine SE mit Sitz in Deutschland die entsprechenden Vorschriften des AktG für Abwickler und Prüfer per se gelten (§§ 262 ff., §§ 150 ff. AktG).

9   **2. § 53 Abs. 2.** Die Vorschrift des § 53 Abs. 2 S. 1 erklärt außerdem die Strafvorschriften der **§§ 399 Abs. 1 Nr. 6, 401 AktG** für anwendbar, allerdings nur für eine SE mit einem **dualistischem System.** Soweit diese Strafvorschriften des AktG für Mitglieder des Vorstandes gelten, überträgt § 53 Abs. 2 S. 2 die Täterqualifikation auf die Mitglieder des Leitungsorgans (Art. 39 SE-VO). Zum Norminhalt s. die entspr. Kommentierungen.

II. Eigenständige Strafvorschriften für die SE (§ 53 Abs. 3, 4)

10   **1. Unrichtige Abgabe von Versicherungen (§ 53 Abs. 3). a) Allgemeines.** In § 53 Abs. 3 wird die Abgabe von unrichtigen Versicherungen unter Strafe gestellt. Der Inhalt der jeweiligen Tatbestände, insbes. der Inhalt der unrichtigen Versicherung, setzt sich zusammen aus der Norm des § 53 Abs. 3 Nr. 1–4 und den dort genannten Ausfüllungsvorschriften als Gegenstand der unrichtigen Versicherung **(blankettartige Tatbestände).**

Die Tatbestände des § 53 Abs. 3 Nr. 1–4 sind ausschließlich **abstrakte Gefährdungsdelikte,** da der **11** Eintritt eines Gefährdungserfolges oder Schadens durch die Abgabe der unrichtigen Versicherung nicht erforderlich ist.

Täter des § 53 Abs. 3 Nr. 1–4 können nur die jeweils genannten Personen sein. Es handelt sich um **12** **echte Sonderdelikte** mit entsprechenden Konsequenzen für Täterschaft und Teilnahme: Wer die Täterqualifikation nicht erfüllt, kann nur Gehilfe sein; wer sie erfüllt, ist nach hM unabhängig von den üblichen Abgrenzungskriterien von Täterschaft und Teilnahme immer Täter. Die jeweilige Tat, die Abgabe einer unrichtigen Versicherung, kann daneben auch nur eigenhändig verwirklicht werden, da jeder für seine eigene Person Erklärungen abgibt. Andere taugliche Täterpersonen können bezüglich der Versicherung einer tauglichen Täterperson demgemäß nur Gehilfen, nicht Täter sein **(eigenhändiges Delikt).**

Der Inhalt des Begriffs der **unrichtigen Versicherung** ergibt sich durch einen Rückgriff auf den **13** Begriff der falschen Versicherung in § 156 StGB und den Begriff der falschen Angaben in einer Versicherung nach § 399 Abs. 1 Nr. 6 AktG (*Schlösser* NZG 2008, 126 (128)). Dies bedeutet, dass eine unrichtige Versicherung nicht einen Fehler bei der Ableistung der Versicherung betrifft, sondern die Abgabe einer Versicherung zur Folge hat, eine unrichtige, falsche Aussage (BeckOK StGB/*Kudlich* StGB § 156 Rn. 4; LK-StGB/*Ruß* StGB § 156 Rn. 11; Fischer StGB § 156 Rn. 10; MüKoAktG/*Schaal* AktG § 399 Rn. 202, 55; HK-KapMStrafR/*Südbeck* AktG § 399 Rn. 137, 27). Eine Versicherung ist also dann unrichtig, wenn sie mit dem tatsächlich erfolgten objektiven Geschehen nicht übereinstimmt (BGHSt 7, 147 (148); Fischer StGB § 153 Rn. 4; MüKoAktG/*Kropff* AktG § 399 Rn. 202, 55); es ist mit der hM von einem **objektiven Wahrheitsbegriff** auszugehen; auf das Vorstellungsbild des Täters von der Unrichtigkeit kommt es demgemäß nicht an (zur abw. subjektiven Theorie und Pflichttheorie LK-StGB/*Ruß* StGB Vor §§ 153 ff. Rn. 9 ff.).

b) Unrichtige Abgabe einer Versicherung entgegen § 8 S. 2 (§ 53 Abs. 3 Nr. 1). Der in § 53 **14** Abs. 3 Nr. 1 enthaltene strafrechtliche Schutz entfaltet Wirkung im Rahmen der Gründung einer SE durch **Verschmelzung** von Aktiengesellschaften (Art. 2 Abs. 1, 17–31 SE-VO) und bezieht sich auf **Versicherungen in Bezug auf den Gläubigerschutz.** Geschütztes **Rechtsgut** ist das **Interesse der Gläubiger** an der Befriedigung ihrer Ansprüche (*Schlösser* NZG 2008, 126 (127)).

Tauglicher **Täter** des § 53 Abs. 3 Nr. 1 kann nur das **Mitglied des Vorstands** einer Aktiengesell- **15** schaft sein, die mit einer anderen Gesellschaft verschmolzen werden soll.

Gegenstand der Tathandlung ist eine **Versicherung entgegen § 8 S. 2.** § 8 S. 2 erfordert die **16** Abgabe einer Versicherung, dass allen Gläubigern, die einen Anspruch auf Sicherheitsleistung haben, eine angemessene Sicherheit geleistet wurde. Hintergrund dieser Versicherungspflicht sind die **§§ 8 S. 1 iVm 13 Abs. 1, 2.** Sie geben allen Gläubigern einen Anspruch auf Sicherheitsleistung gegen eine übertragende inländische Aktiengesellschaft, wenn der zukünftige Sitz der in Entstehung befindlichen SE im Ausland sein soll, § 8 S. 1. Zusätzlich müssen für einen Anspruch auf Sicherheitsleistung die Voraussetzungen des § 13 Abs. 1, 2 vorliegen: die Gläubiger haben glaubhaft zu machen, dass durch den Sitz der zukünftigen SE im Ausland die Erfüllung ihrer Forderungen gefährdet wird und diese Forderungen müssen vor oder bis zu 15 Tage nach Offenlegung des Verlegungsplans entstanden sein (ausf. Jannott/Frodermann EuropAG-HdB/*Kienast* Kap. 2 Rn. 12). Grund dieses besonderen Gläubigerschutzes war die Überlegung des Gesetzgebers, dass im Falle eines Sitzes der SE im Ausland die Rechtsverfolgung besonders erschwert wird (BT-Drs. 15/3405, 33 ff.; MüKoAktG/*Schäfer* SE-VO Art. 24 Rn. 10; zu Zweifeln an der Regelungskompetenz des deutschen Gesetzgebers Lutter/Hommelhoff/ Teichmann/*Bayer* SE-VO Art. 24 Rn. 15); eine Anwendung von § 22 UmwG wurde für nicht ausreichend erachtet, da damit nur ein nachrangiger Gläubigerschutz erreicht würde (BT-Drs. 15/3405, 33).

Zur **Tathandlung** der **Abgabe einer unrichtigen Versicherung** → Rn. 13. Eine unrichtige Ver- **17** sicherung liegt demgemäß vor, wenn entgegen des tatsächlichen Geschehens versichert wird, dass den anspruchsberechtigten Gläubigern gem. §§ 8 S. 1, 13 Abs. 1, 2 angemessene Sicherheit geleistet wurde. Der Umfang der Pflicht zur Versicherung ergibt sich ausschließlich aus §§ 8 S. 1, 13 Abs. 1, 2; darüber hinausgehende unrichtige Angaben werden nicht erfasst.

Adressat der unrichtigen Versicherung ist das **zuständige Gericht;** dies ist das Registergericht **18** (Lutter/Hommelhoff/Teichmann/*Bayer* SE-VO Art. 25 Rn. 10).

c) Unrichtige Abgabe einer Versicherung entgegen § 13 Abs. 3 (§ 53 Abs. 3 Nr. 2). Die **19** Vorschrift des § 53 Abs. 3 Nr. 2 betrifft Fälle, in denen die **SE ihren Sitz ins Ausland verlegt** und bezieht sich auf Versicherungen in Bezug auf den Gläubigerschutz. Geschütztes **Rechtsgut** ist wie bei § 53 Abs. 3 Nr. 1 das **Interesse der Gläubiger** an der Befriedigung ihrer Ansprüche (→ Rn. 14).

Taugliche **Täter** des § 53 Abs. 3 Nr. 2 können bei einer SE mit **dualistischem System** nur die **20** **Mitglieder des Leitungsorgans,** bei einer SE mit **monistischem System** nur die **geschäftsführenden Direktoren** sein.

Gegenstand der Tathandlung ist eine unrichtige Versicherung entgegen **§ 13 Abs. 3.** § 13 Abs. 1, 2 **21** gibt allen Gläubigern einen Anspruch auf Sicherheitsleistung nach den og Voraussetzungen (→ Rn. 16), wenn eine SE ihren Sitz ins Ausland verlegt. Auch hier ging der deutsche Gesetzgeber davon aus, dass die Rechtsverfolgung für die Gläubiger besonders erschwert wird (BT-Drs. 15/3405, 35).

22   Zur **Tathandlung** der **Abgabe einer unrichtigen Versicherung** → Rn. 13. Eine unrichtige Versicherung ist demgemäß gegeben, wenn entgegen der abgegebenen Erklärung nach dem tatsächlichen Geschehen keine angemessene Sicherheit geleistet wurde.

23   Adressat der unrichtigen Versicherung ist das **zuständige Gericht,** das Registergericht (Lutter/Hommelhoff/*Bayer* SE-VO Art. 25 Rn. 10).

24   d) **Unrichtige Abgabe einer Versicherung entgegen § 21 Abs. 2 S. 1 oder § 46 Abs. 2 S. 1 (§ 53 Abs. 3 Nr. 3) – Eignungsschwindel.** § 53 Abs. 3 Nr. 3 schließt die **Lücke,** die § 53 Abs. 2 dadurch entstehen lässt, dass § 399 Abs. 1 Nr. 6 Hs. 1 AktG (**„Eignungsschwindel"**) nur für eine SE mit dualistischem System für entsprechend anwendbar erklärt wird. Auf eine SE mit **monistischem System** findet er keine Anwendung. Für die Auslegung von § 53 Abs. 3 Nr. 3 kann § 399 Abs. 1 Nr. 6 Hs. 1 AktG hingegen entsprechend herangezogen werden (*Schlösser* NZG 2008, 126 (128)).

25   § 53 Abs. 3 Nr. 3 greift ein im Zusammenhang mit der Eintragung von neu bestellten geschäftsführenden Direktoren einer gerade gegründeten (§ 21 Abs. 2 S. 1) oder einer schon bestehenden (§ 46 Abs. 2 S. 1) SE. Geschütztes **Rechtsgut** ist das Vertrauen der Allgemeinheit, konkret der Gesellschaftsgläubiger oder sonstiger interessierter Personen in die Wahrhaftigkeit der Handelsregistereintragungen und deren Grundlagen (Erbs/Kohlhaas/*Schaal* AktG § 399 Rn. 92; MüKoAktG/*Schaal* AktG § 399 Rn. 197). In diesem Umfang dürfte § 53 Abs. 3 Nr. 3, ähnlich wie § 399 Abs. 1 Nr. 6 AktG, **Schutzgesetz** iSd § 823 Abs. 2 BGB sein (zu § 399 Abs. 1 Nr. 6 AktG: MüKoAktG/*Schaal* AktG § 399 Rn. 198).

26   **Täter** des § 53 Abs. 3 Nr. 3 kann nur der **geschäftsführende Direktor** einer SE mit monistischem System sein (echtes Sonderdelikt, entspr. Erbs/Kohlhaas/*Schaal* AktG § 399 Rn. 94; → AktG § 399 Rn. 47).

27   **Gegenstand** der Tathandlung ist gem. **§ 21 Abs. 2 S. 1** die Abgabe der Versicherung durch die bei Gründung der SE bestellten geschäftsführenden Direktoren, dass keine Umstände vorliegen, die ihrer Bestellung nach § 40 Abs. 1 S. 4 iVm § 76 Abs. 3 AktG entgegenstehen und dass sie über ihre diesbezügliche unbeschränkte Auskunftspflicht ggü. dem Gericht belehrt wurden. Diese Pflicht ist inhaltsgleich zur Pflicht aus § 37 Abs. 2 S. 1 AktG, die von § 399 Nr. 6 AktG in Bezug genommen wird; weiterführend daher → AktG § 399 Rn. 48 ff.; MüKoAktG/*Schaal* AktG § 399 Rn. 203 ff. **Gegenstand** der Tathandlung ist auch die Versicherung gem. **§ 46 Abs. 2 S. 1** durch neu bestellte geschäftsführende Direktoren einer bereits bestehenden SE; die Pflicht entspricht inhaltlich der Versicherung nach § 21 Abs. 2 S. 1.

28   Zur **Tathandlung** der **Abgabe einer unrichtigen Versicherung** → Rn. 13, 22. Die Tathandlung erfolgt ggü. dem **zuständigen Gericht,** dem Registergericht (→ Rn. 18, 23).

29   e) **Unrichtige Abgabe einer Versicherung entgegen Art. 9 Abs. 1 lit. c ii SE-VO iVm § 266 Abs. 3 S. 1 AktG (§ 53 Abs. 3 Nr. 4).** Auch § 53 Abs. 3 Nr. 4 hat eine **lückenfüllende Funktion** in Bezug auf die Nichtanwendbarkeit von § 399 Abs. 1 Nr. 6 Hs. 2 AktG auf eine **SE mit monistischem System,** § 53 Abs. 2. Entsprechend kann § 399 Abs. 1 Nr. 6 AktG zur Auslegung herangezogen werden (*Schlösser* NZG 2008, 126 (128)).

30   Der Schutz des § 53 Abs. 3 Nr. 4 greift ein im Zusammenhang mit der Eintragung von Abwicklern einer in Auflösung befindlichen SE ins Handelsregister. Für die Auflösung gelten die Vorschriften des deutschen AktG, soweit die SE ihren Sitz in Deutschland hat, Art. 63 SE-VO. Geschütztes **Rechtsgut** ist das Vertrauen der Allgemeinheit in die Richtigkeit des Handelsregisters; § 53 Abs. 3 Nr. 3 ist in diesem Umfang Schutzgesetz gem. § 823 Abs. 2 BGB (zu § 399 Abs. 1 Nr. 6 AktG: MüKoAktG/*Schaal* AktG § 399 Rn. 198).

31   **Täter** des § 53 Abs. 3 Nr. 4 ist der **Abwickler** der sich in Auflösung befindlichen SE.

32   **Gegenstand** der Tathandlung ist die Abgabe einer Versicherung der Abwickler gem. Art. 9 Abs. 1 lit. c ii SE-VO iVm § 266 Abs. 3 S. 1 AktG, dass keine Umstände vorliegen, die ihrer Bestellung nach § 266 Abs. 3 S. 1 AktG entgegenstehen und dass sie über ihre unbeschränkte Auskunftspflicht ggü. dem Gericht belehrt wurden; s. zum Pflichteninhalt oben → Rn. 27.

33   **Tathandlung** ist die Abgabe einer unrichtigen Versicherung entgegen Art. 9 Abs. 1 lit. c ii SE-VO iVm § 266 Abs. 3 S. 1 AktG. Zum Begriff der Abgabe einer unrichtigen Versicherung s. → Rn. 13, 22.

34   2. **Pflichtverletzungen bei Verlust, Zahlungsunfähigkeit oder Überschuldung (§ 53 Abs. 4).** a) **Allgemeines.** § 54 Abs. 4 hat ähnlich wie § 53 Abs. 3 Nr. 3, 4 eine **lückenfüllende Funktion** inne. Nach § 53 Abs. 2 ist § 401 AktG nur auf die SE mit dualistischem, nicht aber auf eine solche mit monistischem System anwendbar. Der seit 1.1.2008 einheitlich in § 15a Abs. 4, 5 InsO geregelte Tatbestand der unterlassenen Insolvenzantragsstellung ist ebenfalls wohl – zumindest nach Ansicht des Gesetzgebers – nur auf eine SE mit dualistischem System anwendbar, da der Wortlaut des § 15a Abs. 1 InsO nur die Mitglieder des Vertretungsorgans als taugliche Täter nennt. Während die Mitglieder des Leitungsorgans in einer SE mit dualistischem System unproblematisch als Mitglieder des Vertretungsorgans qualifiziert werden können (MüKoAktG/*Reichert*/*Brandes* SE-VO Art. 39 Rn. 8), gilt dies nach

der deutschen Ausführungsregelung innerhalb des Verwaltungsorganes einer SE mit monistischem System nur für die geschäftsführenden Direktoren (vgl. Art. 43 SE-VO iVm § 41 Abs. 1 SEAG; dazu und zur Kritik an der durch § 41 Abs. 1 vorgenommenen Aufteilung der Vertretungsbefugnis MüKo-AktG/*Reichert*/*Brandes* SE-VO Art. 43 Rn. 16 ff.). Weshalb § 15a InsO deshalb nicht direkt auf die vertretungsberechtigten geschäftsführenden Direktoren anwendbar sein soll und der Gesetzgeber aufgrund der weit gefassten Anwendbarkeit des § 15a Abs. 1 InsO auf alle vertretungsberechtigten Organe juristischer Personen nicht auf § 53 Abs. 4 Nr. 2 und die Ausfüllungsvorschrift des § 22 Abs. 4 S. 2 verzichtet hat, erschließt sich aus den Gesetzesmaterialien nicht. § 53 Abs. 4 Nr. 2 kommt allerdings zumindest in Bezug auf die Anwendbarkeit dieser Vorschrift auf alle, auch die nicht vertretungsberechtigten Mitglieder des Verwaltungsrates ergänzende bzw. lückenfüllende Bedeutung zu.

§§ 401 AktG, 15a Abs. 1, 5 InsO können für die Auslegung des § 53 Abs. 4 entsprechend herangezogen werden (*Schlösser* NZG 2008, 126 (128)).

Die Vorschriften des § 53 Abs. 4 sind **echte Unterlassungsdelikte,** da jeweils ein bestimmtes **35** Unterlassen unter Strafe gestellt ist (BGHSt 14, 280 zu §§ 64, 84 Abs. 1 GmbHG aF; Erbs/Kohlhaas/*Schaal* AktG § 401 Rn. 4). Die Tatbestände setzen sich zusammen aus § 53 Abs. 4 und den dort genannten Ausfüllungsvorschriften; es handelt sich damit um **blankettartige Tatbestände** (MüKo-AktG/*Schaal* AktG § 401 Rn. 9). In beiden Fällen des § 53 Abs. 4 kommt es nicht auf den Eintritt eines Gefährdungserfolges oder eines Schadens an, so dass § 53 Abs. 4 als ein **abstraktes Gefährdungsdelikt** zu qualifizieren ist (vgl. Hopt/Wiedemann/*Otto* AktG § 401 Rn. 6; BGH NJW 1960, 1677 zu § 84 GmbHG aF).

Täter des § 53 Abs. 4 sind nur die Mitglieder des Verwaltungsrates einer SE mit monistischem System **36** **(echtes Sonderdelikt).**

b) Unterlassene Einberufung der Hauptversammlung und Verlustanzeige (§ 53 Abs. 4 37 Nr. 1). § 53 Abs. 4 Nr. 1 gewährleistet die Einhaltung der Schutzvorschrift des § 22 Abs. 5 S. 1, die bei einem drohenden Verlust von Grundkapital eine Pflicht zur Einberufung der Hauptversammlung und eine Anzeigepflicht statuiert. Es soll insbes. den Gefahren vorgebeugt werden, die sich daraus ergeben, dass die SE als eigene Rechtspersönlichkeit nur mit dem Gesellschaftsvermögen haftet (BGH NJW 1959, 623; MüKoAktG/*Schaal* AktG § 401 Rn. 3). **Geschütztes Rechtsgut** ist das Interesse der Aktionäre der SE an einer wirtschaftlichen gesunden Gesellschaft (Erbs/Kohlhaas/*Schaal* AktG § 401 Rn. 3).

Gegenstand der Tathandlung des § 53 Abs. 4 Nr. 1 ist die Pflicht aus **§ 22 Abs. 5 S. 1.** § 22 Abs. 5 **38** S. 1 erfordert die Einberufung der Hauptversammlung, wenn bei Aufstellung der Jahresbilanz oder einer Zwischenbilanz oder bei pflichtmäßigem Ermessen anzunehmen ist, dass ein Verlust in Höhe der Hälfte des Grundkapitals besteht. Außerdem ist dieser Verlust der Hauptversammlung unverzüglich anzuzeigen. Diese Einberufungs- und Anzeigepflichten entsprechen inhaltlich den Einberufungs- und Anzeigepflichten aus § 92 Abs. 1 AktG für die Vorstandsmitglieder einer AG; ausf. → AktG § 401 Rn. 5 f.

Eine **Tathandlung** ist gegeben, wenn die Hauptversammlung entgegen § 22 Abs. 5 S. 1 **nicht 39** (→ AktG § 401 Rn. 7 ff.) **oder nicht rechtzeitig einberufen** wird oder der Verlust iSd § 22 Abs. 5 S. 1 **nicht** (→ AktG § 401 Rn. 7 ff.), **nicht richtig, nicht vollständig oder nicht rechtzeitig angezeigt** wird. Die Anzeige ist nicht richtig, wenn sie inhaltlich falsch ist, nicht vollständig, wenn sie nicht alle gesetzlich vorgeschriebenen Angaben und Informationen enthält und nicht rechtzeitig, wenn sie nicht unverzüglich erfolgt. Anders als § 401 Abs. 1 AktG enthält § 53 Abs. 4 Nr. 1 ausdrücklich die Tathandlung des nicht rechtzeitigen Einberufens der Hauptversammlung sowie die Tathandlungen der nicht rechtzeitigen, nicht richtigen oder nicht vollständigen Anzeige. Es handelt sich dabei wohl eher um überflüssige Klarstellungen, da sich bereits aus § 22 Abs. 5 S. 1 die Pflicht zur rechtzeitigen Einberufung der Hauptversammlung sowie zur rechtzeitigen, richtigen (= wahrheitsgemäßen) und vollständigen Anzeige des Verlustes ergibt.

c) Unterlassener Insolvenzantrag (§ 53 Abs. 4 Nr. 2). § 53 Abs. 4 Nr. 2 soll die rechtzeitige **40** Stellung des Antrags auf Eröffnung des Insolvenzverfahrens gewährleisten. **Geschütztes Rechtsgut** des § 53 Abs. 4 Nr. 2 sind die Interessen der Gesellschaftsgläubiger und aller anderen Personen, die rechtliche oder wirtschaftliche Beziehungen zu ihr unterhalten (→ InsO § 15a Rn. 3).

Gegenstand der Tathandlung des § 53 Abs. 4 Nr. 2 ist die Pflicht zur Stellung des Insolvenzantrages **41** nach Maßgabe des § 22 Abs. 5 S. 2 iVm § 15a Abs. 1 S. 1 InsO. Danach hat bei Zahlungsunfähigkeit oder Überschuldung der Gesellschaft der Verwaltungsrat ohne schuldhaftes Zögern, spätestens aber drei Wochen nach Eintritt der Zahlungsunfähigkeit oder Überschuldung, einen Insolvenzantrag zu stellen. Weiterführend → InsO § 15a Rn. 51 ff., 70 ff.

Tathandlung des § 53 Abs. 4 Nr. 2 ist das Unterlassen oder die nicht rechtzeitige Beantragung der **42** Eröffnung des Insolvenzverfahrens entgegen § 22 Abs. 5 S. 2 iVm § 15a Abs. 1 S. 1 InsO. Zu den Tathandlungen des § 15a Abs. 4 InsO → InsO § 15a Rn. 107 ff. Anders als § 15a Abs. 4 InsO nennt § 53 Abs. 4 Nr. 2 nicht die nicht richtige Stellung des Insolvenzantrages als taugliche Tathandlung. Wenngleich dies auf ein gesetzgeberisches Versehen zurückzuführen sein mag, ist – im Hinblick auf Art. 103 Abs. 2 GG – eine Bestrafung wegen nicht richtiger Stellung des Insolvenzantrages nicht möglich.

C. Tatbegehung und Rechtsfolgen

43   Bezüglich der Tatbegehung und der Rechtsfolgen für die gem. § 53 Abs. 1 S. 2 für anwendbar erklärten Vorschriften des AktG, HGB und UmwG s. die diesbezügliche Kommentierung.

44   Die Straftatbestände des § 53 **Abs. 3** müssen **vorsätzlich** verwirklicht werden.

45   Im Rahmen des § 53 **Abs. 4** ist, wie auch bei § 401 Abs. 1, 2 AktG und § 15a Abs. 1, 4, 5 InsO, neben **vorsätzlichem** Handeln auch **fahrlässiges** Handeln unter Strafe gestellt, § 53 Abs. 5.

46   Der **Versuch** der Tatbestände in § 53 Abs. 3, 4 ist nicht strafbar, da es sich jeweils nur um Vergehen handelt (§§ 23 Abs. 1, 12 Abs. 1, 2 StGB).

655. Gesetz über die Beteiligung der Arbeitnehmer in einer Europäischen Gesellschaft (SE-Beteiligungsgesetz – SEBG)

Vom 22. Dezember 2004 (BGBl. I S. 3675) FNA 801-15

– Auszug –

Vorbemerkung

1. Entstehung des Gesetzes. Das SEBG wurde zusammen mit dem SEAG (→ SEAG § 53 Vorb.) als   1
Bestandteil des Einführungsgesetzes zur Europäischen Gesellschaft (SEEG) am 22.12.2004 (BGBl. I
3675) erlassen und trat am 14.2.2005 in Kraft. Das SEBG ist Bestandteil des Statutes zur Europäischen
Gesellschaft (SE – Societas Europaea), vgl. Art. 9 Abs. 1 Nr. 1c SE-VO.

2. Die Europäische Gesellschaft (SE – Societas Europaea). Zur Europäischen Gesellschaft   2
→ SEAG § 53 Vorb. Rn. 2 ff.

3. Ziel und Zweck des Gesetzes. Das SEBG dient der Ausführung der Richtlinie 201/86/EG des   3
Rates v. 8.10.2001 zur Ergänzung des Statuts der Europäischen Gesellschaft hinsichtlich der Beteiligung
der Arbeitnehmer (ABl. 2001 L 294, 22 ff.). Ziel des Gesetzes ist gem. § 1 Abs. 1 S. 2, bei Gründung
einer SE die erworbenen Rechte der Arbeitnehmer auf Beteiligung an Unternehmensentscheidungen
zu sichern (weiterführend Lutter/Hommelhoff/Teichmann/*Oetker* § 1 Rn. 5 ff.).

4. Gegenstand des Gesetzes. Das SEBG enthält neben Allgemeinen Vorschriften (§§ 1 ff.) Vor-   4
schriften zu einem **Besonderen Verhandlungsgremium** (§§ 4 ff.). Das Besondere Verhandlungsgremium ist ein gesetzliches Gründungsorgan (MüKoAktG/*Jacobs* § 4 Rn. 2), das bei Gründung einer SE
bzw. bei strukturellen Änderungen (§ 18 Abs. 3 S. 1) gebildet wird, um eine Vereinbarung über die
Beteiligung der Arbeitnehmer in der SE abzuschließen (§ 4 Abs. 1 S. 2). Es handelt sich dabei nicht um
auf ein auf Dauer gebildetes Organ, sondern um ein *ad-hoc-Gremium*, dessen Amtszeit mit Abschluss
einer Vereinbarung (§§ 4 Abs. 1 S. 2, 21) oder dem Beschluss, keine Verhandlungen zu eröffnen oder
diese zu abzubrechen (§ 16 Abs. 1), endet (MüKoAktG/*Jacobs* § 4 Rn. 2).

Im Abschnitt Beteiligung der Arbeitnehmer in der SE (§§ 21 ff.) sind daneben die Aufgaben des **SE-**   5
Betriebsrates (§§ 22 ff.) und der **Arbeitnehmervertretung** iSd § 1 Abs. 6 (§§ 34 ff.) geregelt. **§§ 45,
46** enthalten schließlich **Straf- und Bußgeldvorschriften.**

§ 45 Strafvorschriften

(1) Mit Freiheitsstrafe bis zu zwei Jahren oder mit Geldstrafe wird bestraft, wer

1. **entgegen § 41 Abs. 2, auch in Verbindung mit Abs. 4, ein Betriebs- oder Geschäftsgeheimnis verwertet oder**
2. **entgegen § 43 Satz 1 eine SE dazu missbraucht, Arbeitnehmern Beteiligungsrechte zu
entziehen oder vorzuenthalten.**

(2) Mit Freiheitsstrafe bis zu einem Jahr oder mit Geldstrafe wird bestraft, wer

1. **entgegen § 41 Abs. 2, auch in Verbindung mit Abs. 4, ein Betriebs- oder Geschäftsgeheimnis offenbart,**
2. **entgegen § 44 Nr. 1 oder 2 eine dort genannte Tätigkeit behindert, beeinflusst oder stört
oder**
3. **entgegen § 44 Nr. 3 eine dort genannte Person benachteiligt oder begünstigt.**

**(3) Handelt der Täter in den Fällen des Absatzes 2 Nr. 1 gegen Entgelt oder in der Absicht,
sich oder einen anderen zu bereichern oder einen anderen zu schädigen, so ist die Strafe
Freiheitsstrafe bis zu zwei Jahren oder Geldstrafe.**

**(4) [1]Die Tat wird nur auf Antrag verfolgt. [2]In den Fällen des Absatzes 1 Nr. 2 und des
Absatzes 2 Nr. 2 und 3 sind das besondere Verhandlungsgremium, der SE-Betriebsrat, die
Mehrheit der Arbeitnehmervertreter im Rahmen eines Verfahrens zur Unterrichtung und
Anhörung, jedes Mitglied des Aufsichts- oder Verwaltungsorgans, eine im Unternehmen
vertretene Gewerkschaft sowie die Leitungen antragsberechtigt.**

A. Allgemeines
I. Anwendbarkeit nationalen Strafrechts auf eine SE

1   Zur Anwendbarkeit nationalen Strafrechts auf eine SE → SEAG § 53 Rn. 1 f.

II. Systematik

2   § 45 enthält in den Abs. 1 und 2 eigenständige Strafvorschriften für die SE. Diese Strafvorschriften sind jeweils **blankettartig** gefasst, da sich der Norminhalt nur in Zusammenschau mit den dort genannten Ausfüllungsvorschriften ergibt.
      § 45 **Abs. 3** enthält einen Qualifikationstatbestand. § 45 **Abs. 4** regelt den Strafantrag.

B. Die Regelungen im Einzelnen
I. Verletzung von Geheimnissen (§ 45 Abs. 1 Nr. 1, Abs. 2 Nr. 2)

3   § 45 Abs. 1 Nr. 1, Abs. 2 Nr. 2 bestraft die Verwertung (Abs. 1 Nr. 1) bzw. das Offenbaren (Abs. 2 Nr. 2) von Betriebs- und Geschäftsgeheimnissen im Zusammenhang mit der Zugehörigkeit zum SE-Betriebsrat, zum Besonderen Verhandlungsgremium (→ Vorb. Rn. 4) bzw. im Zusammenhang mit der Eigenschaft als Arbeitnehmervertreter.
      Die beiden Vorschriften sind an §§ 43 f. EBRG, diese wiederum an **§ 120 BetrVG** angelehnt, die daher sinngemäß zur Auslegung herangezogen werden können (BT-Drs. 15/3505, 57; *Schlösser* NZG 2008, 126 (128); MüKoAktG/*Jacobs* Rn. 1). Herangezogen werden kann daneben der zu § 120 BetrVG inhaltsgleiche § 35 SprAuG.

4   Das **Verwerten** eines Geheimnisses stellt zum Offenbaren eines Geheimnisses eine Strafschärfung in Form der **Qualifikation** dar, ebenso wie das Handeln gegen Entgelt oder in Bereicherungs- bzw. Schädigungsabsicht (§ 45 Abs. 3). § 45 Abs. 1 Nr. 1, Abs. 2 Nr. 2 sind **Erfolgsdelikte** (BeckOK ArbR/*Werner* BetrVG § 120 Vorb.).

5   **Geschütztes Rechtsgut** ist das (Individual-)Interesse der SE an der Geheimhaltung bestimmter Tatsachen (ErfK/*Kania* BetrVG § 120 Rn. 1; GK-BetrVG/*Oetker* BetrVG § 120 Rn. 7; aA zu § 120 BetrVG *Tag* BB 2001, 1578 (1580): auch Allgemeininteresse an der Funktionsfähigkeit der Institution „Betriebsrat").

6   Nach § 45 Abs. 1 Nr. 1, Abs. 2 Nr. 2 iVm § 41 Abs. 2, Abs. 4 ergibt sich, dass nur die genannten Geheimnisträger **Täter** sein können. Es sind dies die **Mitglieder und Ersatzmitglieder eines SE-Betriebsrats** (§ 41 Abs. 2 S. 1; gem. § 41 Abs. 2 S. 2 auch nach ihrem Ausscheiden), die **Mitglieder und Ersatzmitglieder des besonderen Verhandlungsgremiums** (§ 41 Abs. 4 Nr. 1), die **Arbeitnehmervertreter der SE,** ihrer Tochtergesellschaften und Betriebe (§ 41 Abs. 4 Nr. 2), die Arbeitnehmervertreter, die in sonstiger Weise an einem Verfahren zur Unterrichtung und Anhörung teilnehmen (§ 41 Abs. 4 Nr. 3) sowie die Sachverständigen und Dolmetscher (§ 41 Abs. 4 Nr. 4). § 45 Abs. 1 Nr. 1, Abs. 2 Nr. 2 ist also ein **Sonderdelikt** (Ulmer/Habersack/Henssler/*Habersack* Rn. 2; Lutter/Hommelhoff/Teichmann/*Oetker* Rn. 6) mit entsprechenden Konsequenzen für Täterschaft und Teilnahme: Wer die Täterqualifikation nicht erfüllt, kann nur Gehilfe sein; wer sie erfüllt ist nach hM unabhängig von den üblichen Abgrenzungskriterien für Täterschaft und Teilnahme immer Täter.

7   **Gegenstand** der Tathandlung ist ein **Betriebs- oder Geschäftsgeheimnis** iSd §§ 45 Abs. 1 Nr. 1, Abs. 2 Nr. 1 iVm 41 Abs. 2. Es handelt sich dabei um Tatsachen, Erkenntnisse und Unterlagen, die im Zusammenhang mit dem technischen Betrieb oder der wirtschaftlichen Betätigung des Unternehmens stehen, nur einem eng begrenzten Personenkreis bekannt, also nicht offenkundig sind, nach dem bekundeten Willen der SE (Unternehmen) geheim gehalten werden sollen und deren Geheimhaltung für den Betrieb oder das Unternehmen wichtig ist (ErfK/*Kania* BetrVG § 79 Rn. 2 ff.; → SprAuG § 35 Rn. 3 auch zur Unterscheidung zwischen Geschäfts- und Betriebsgeheimnissen). Weitergehend zum Begriff ErfK/*Kania* BetrVG § 79 Rn. 2; GK-BetrVG/*Oetker* BetrVG § 79 Rn. 10 ff. Erforderlich ist insbes., dass dem Täter das Geheimnis **wegen der Zugehörigkeit zum SE-Betriebsrat** (bzw. gem. § 41 Abs. 4 zum Besonderen Verhandlungsgremium, als Arbeitnehmervertreter etc) **bekannt** geworden und von der Leitung der SE **ausdrücklich als geheimhaltungsbedürftig bezeichnet** worden ist, § 41 Abs. 2 („formelle Geheimhaltungserklärung"; Lutter/Hommelhoff/Teichmann/*Oetker* Rn. 4; Nagel/Freis/Kleinsorge, Die Beteiligung der Arbeitnehmer in der Europäischen Gesellschaft – SE, 2005, SEBG § 45 Rn. 2). Ist dies nicht der Fall, so ist ggf. eine Bestrafung aus **§ 17 UWG** möglich (BeckOK ArbR/*Werner* BetrVG § 120 Rn. 3).

8   Die Tathandlung muss erfolgen in Bezug auf Personen ggü. denen die Geheimhaltungspflicht besteht, §§ 45 Abs. 1 Nr. 1, Abs. 2 Nr. 1, 41 Abs. 2, Abs. 4, Abs. 3. Die **Geheimhaltungspflicht** besteht **grds. ggü. jedermann,** außer ggü. den in § 41 Abs. 3 genannten Personen.

Tathandlung ist das **Offenbaren** (Abs. 2 Nr. 1) bzw. das **Verwerten** (Abs. 1 Nr. 1) eines Geschäfts- **9** oder Betriebsgeheimnisses. Offenbaren ist die ohne Zustimmung des Geheimnisträgers erfolgte Mitteilung an Dritte, denen das Geheimnis nicht bekannt gewesen ist; ein Geheimnis wird verwertet, wenn es wirtschaftlich ausgenutzt wird; koalitionspolitische Ziele genügen nicht, MüKoAktG/*Jacobs* Rn. 4; → SprAuG § 35 Rn. 8 ff.; ErfK/*Kania* BetrVG § 120 Rn. 3, 5. Weitergehend zu diesen beiden Begriffen *Fitting* BetrVG § 120 Rn. 3; Richardi/*Annuß* BetrVG § 120 Rn. 11 ff.; DKKW/*Trümner* BetrVG § 120 Rn. 10.

II. Beschränkung von Arbeitnehmerbeteiligungsrechten (§ 45 Abs. 1 Nr. 2)

§ 45 Abs. 1 Nr. 2 bestraft den Missbrauch der Rechtsform einer SE zur Entziehung und Vorent- **10** haltung von Arbeitnehmerbeteiligungsrechten. Hintergrund dieser Vorschrift, die im BetrVG keine Entsprechung findet, ist, dass in einer SE potentiell geringere Arbeitnehmerbeteiligungsrechte bestehen als in einer deutschen AG (*Schlösser* NZG 2008, 126 (128)). Es soll der Tatsache Rechnung getragen werden, dass gesellschaftsrechtliche Gründe es regelmäßig nicht gestatten, vollzogene grenzüberschreitende Maßnahmen rückgängig zu machen (BT-Drs. 15/3405, 57; Lutter/Hommelhoff/Teichmann/ *Oetker* Rn. 8). Der präventiven Wirkung einer Strafandrohung von bis zu zwei Jahren soll daher besondere Bedeutung zukommen. **Geschütztes Rechtsgut** ist das Interesse der Arbeitnehmer an einer angemessenen Beteiligung.

Täter des § 45 Abs. 1 Nr. 2 kann nach dem Wortlaut jedermann sein. Allerdings setzt das Erfordernis **11** des Missbrauchs einer SE voraus, dass der Täter einen gewissen Einfluss auf die Gründung oder Umstrukturierung einer SE hat. Demgemäß werden nur Führungs- und Leitungspersonen als Täter in Betracht kommen.

Tathandlung ist der **Missbrauch einer SE** entgegen § 43, der Art. 11 der Richtlinie (BT-Drs. 15/ **12** 3405, 57) umsetzt.

Was konkret unter einem Missbrauch einer SE zum Entzug oder Vorenthalten von Arbeitnehmerbeteiligungsrechten zu verstehen ist, ist bislang ungeklärt; sowohl der deutsche Gesetzgeber (BT-Drs. 15/ 3405, 57) als auch der europäische Richtliniengeber (*Schlösser* NZG 2008, 126 (128) mwN) haben den Begriffsinhalt offen gelassen. Der deutsche Gesetzgeber hat lediglich zu beachten gegeben, dass bei einer Konkretisierung des Missbrauchsbegriffs zu berücksichtigen sei, dass die Verordnung gerade die grenzüberschreitende wirtschaftliche Tätigkeit erleichtern wolle. Die Nutzung der vorgesehenen Handlungsmöglichkeiten allein, einschließlich etwa der ausdrücklich vorgesehenen Sitzverlegung, werde daher den Vorwurf des Missbrauchs nicht begründen können (BT-Drs. 15/3405, 57). Tw. wird wegen der Unbestimmtheit diese Norm als verfassungswidrig erachtet (so *Grobys* NZA 2004, 779 (781)); jedenfalls ist der Tatbestand eng auszulegen und entsprechend nur erfüllt, wenn die Gründung einer SE bzw. deren strukturelle Änderung gerade zumindest auch darauf angelegt ist, Arbeitnehmerbeteiligungsrechte zu entziehen bzw. diese vorzuenthalten (NK-SE/*Kleinmann*/*Kujath* Rn. 8).

Es wird zumindest ein Entzug oder ein Vorenthalten der Beteiligungsrechte von Arbeitnehmern zu fordern sein; eine Minderung der Rechte genügt nicht (Lutter/Hommelhoff/Teichmann/*Oetker* § 43 Rn. 5). Darüber hinaus wird gefordert, dass keine sachliche Rechtfertigung für die Gründung oder strukturelle Änderung der SE erkennbar sein darf (Lutter/Hommelhoff/Teichmann/*Oetker* § 43 Rn. 5; krit. *Rehberg* ZGR 2005, 859 (871)). Eine daneben notwendige Konkretisierung ist nur im Einzelfall möglich. Aufgrund dieser Unbestimmtheit bestehen erhebliche verfassungsrechtliche Bedenken (ausf. *Schlösser* NZG 2008, 126 (128)).

Für das Vorliegen eines Missbrauchs stellt § 43 S. 2 eine Vermutung auf, wenn ohne Durchführung eines Verfahrens nach § 18 Abs. 3 innerhalb eines Jahres nach Gründung der SE strukturelle Änderungen stattfinden, die bewirken, dass den Arbeitnehmern Beteiligungsrechte vorenthalten oder entzogen werden. Allerdings verweist § 45 Abs. 1 Nr. 2 nicht auf diese Vermutungsregel. Zwar mag der systematische Zusammenhang des § 43 – sein S. 2 konkretisiert S. 1 – dafür sprechen, die Vermutungsregel auch zur Bestimmung eines Missbrauchs iSd § 45 Abs. 1 Nr. 2 anzuwenden; allerdings verstößt diese Regel gegen den im Rechtsstaatsprinzip verankerten Grundsatz des in dubio pro reo, wenn der handelnden Person nicht der Gegenbeweis gelingt (MüKoAktG/*Jacobs* Rn. 5; *Grobys* NZA 2004, 781; vgl. auch *Ihrig*/*Wagner* BB 2004, 1758: „brisante Regelung"). Im Ergebnis ist – in Einklang auch mit dem Wortlaut des § 45 Abs. 1 Nr. 2 – die Vermutungsregel des § 43 S. 2 nicht anzuwenden (*Grobys* NZA 2005, 84, 91 Fn. 49; Ulmer/Habersack/Henssler/*Habersack* Rn. 3; Lutter/Hommelhoff/Teichmann/*Oetker* Rn. 10 mwN).

Im subjektiven Tatbestand ist neben Vorsatz erforderlich, dass in der **Absicht** gehandelt wird, **13** Arbeitnehmern Beteiligungsrechte zu entziehen oder vorzuenthalten. Im Hinblick auf die Unbestimmtheit des objektiven Tatbestands ist diese Absicht eng auszulegen. Das Entziehen oder Vorenthalten von Arbeitnehmerrechten muss der zentrale Beweggrund für die Gründung oder Umstrukturierung der SE sein; es genügt nicht, wenn auch andere Ziele von Gewicht verfolgt werden (*Schlösser* NZG 2008, 126 (128)).

III. Schutz von Arbeitnehmerbeteiligungsorganen und ihren Mitgliedern
(§ 45 Abs. 2 Nr. 2, 3)

14   § 45 Abs. 2 Nr. 2, 3 entspricht dem für die Auslegung maßgeblichen § 119 BetrVG und § 42 EBRG (BT-Drs. 15/3405, 57) sowie → SprAuG § 34. Es handelt sich mithin sämtlich um **Erfolgsdelikte** (BeckOK ArbR/*Werner* BetrVG § 119 Rn. 1, 5, 8).

15   Geschütztes **Rechtsgut** ist das ungestörte Zustandekommen und die Funktionsfähigkeit von Vertretergremien (Nr. 2) sowie die ungestörte Tätigkeit der Mitglieder der Vertretergremien (Nr. 3) (*Pasewaldt* ZIS 2007, 75 mwN).

16   **Täter** des § 45 Abs. 2 Nr. 1, 2 iVm § 44 kann **jedermann** sein, also nicht nur Organmitglieder der SE, sondern auch leitende Angestellte, Arbeitnehmer und außenstehende Dritte, wie Funktionäre von Arbeitgeberverbänden oder Gewerkschaften (ErfK/*Kania* BetrVG § 119 Rn. 1).

17   **1. §§ 45 Abs. 2 Nr. 2 Alt. 1 iVm 44 Nr. 1 – Errichtungsschutz. Gegenstand** der Tathandlung des § 45 Abs. 2 Nr. 2 Alt. 1 ist die Pflicht zu einem uneingeschränkten **Errichtungsschutz** gem. **§ 44 Nr. 1,** wodurch va die Bildung eines besonderen Verhandlungsgremiums, die Errichtung eines SE-Betriebsrates sowie die Wahl bzw. Bestellung von Arbeitnehmervertretern in das Aufsichts- oder Verwaltungsorgan der SE abgesichert werden sollen (MüKoAktG/*Jacobs* § 44 Rn. 4). Diese Vorgänge dürfen weder behindert noch durch Zufügung oder Androhung von Nachteilen oder durch Gewährung oder Versprechen von Vorteilen beeinflusst werden.
     Tathandlung ist iVm § 44 Nr. 1 das Behindern oder Beeinflussen einer der dort genannten Tätigkeiten. Eine **Behinderung** ist zu bejahen, wenn die Wahlbeteiligten infolge eines Zustandes unmittelbar oder mittelbar in der Ausübung ihrer betriebsverfassungsrechtlichen Rechte und Pflichten dauernd oder vorübergehend eingeschränkt werden (BeckOK ArbR/*Werner* BetrVG § 119 Rn. 2 mwN). Unter eine unzulässige **Beeinflussung** fällt alles, was in sittlich anstößiger Weise durch Zufügung oder Androhung von Nachteilen oder durch Gewährung oder Versprechung von Vorteilen die Stimmabgabe und das Wahlergebnis beeinflussen kann (ErfK/*Kania* BetrVG § 119 Rn. 2). Weitergehend für beide Tathandlungen und zu Beispielen DKKW/*Trümner* BetrVG § 119 Rn. 5 ff.; Wlotzke/Preis/Kreft BetrVG § 119 Rn. 13 ff.

18   **2. §§ 45 Abs. 2 Nr. 2 Alt. 2 iVm 44 Nr. 2 – Tätigkeitsschutz. Gegenstand** der Tathandlung des §§ 45 Abs. 2 Nr. 2 Alt. 2 ist die Pflicht zu einem **Tätigkeitsschutz** iSd § 44 Nr. 2. Die Tätigkeit des besonderen Verhandlungsgremiums, des SE-Betriebsrats und der Arbeitnehmervertreter darf nicht behindert oder gestört werden.
     Tathandlung ist iVm § 44 Nr. 2 das **Behindern** oder **Stören** iSd § 44 Abs. 1, wobei eine Unterscheidung zwischen beiden Tatbestandsalternativen nicht sinnvoll und auch schwer möglich ist. Ein Behindern oder Stören ist jede unzulässige Erschwerung oder Verhinderung der Tätigkeit der og Vertreter, sei es durch ein aktives Tun oder ein Unterlassen entgegen bestehender Mitwirkungspflichten (Fitting BetrVG § 78 Rn. 9; → BetrVG § 119 Rn. 8 m. Bsp.).

19   **3. §§ 45 Abs. 2 Nr. 3 iVm 44 Nr. 3 – Benachteiligungs- und Begünstigungsverbot. Gegenstand** der Tathandlung des § 45 Abs. 2 Nr. 2 ist die Pflicht gem. § 44 Nr. 3, ein (Ersatz-)Mitglied des besonderen Verhandlungsgremiums, des SE-Betriebsrats oder einen Arbeitnehmervertreter wegen seiner Tätigkeit nicht zu benachteiligen oder zu begünstigen.
     Tathandlung ist das **Benachteiligen** oder **Begünstigen** dieser Personen wegen ihrer Tätigkeit. Eine Benachteiligung ist gegeben, wenn die betroffene Person in tatsächlicher, persönlicher oder wirtschaftlicher Hinsicht im Vergleich zu anderen und um ihrer Amtstätigkeit willen schlechter gestellt wird (DKKW/*Trümner* BetrVG § 119 Rn. 8). Eine Begünstigung ist demgemäß gegeben, wenn die betroffene Person im Vergleich zu anderen besser gestellt wird. Weitergehend BeckOK ArbR/*Werner* BetrVG § 119 Rn. 7 ff.

C. Tatbegehung und Rechtsfolgen

20   § 45 Abs. 3 sieht, wie auch § 120 Abs. 3 S. 1 BetrVG, eine **Qualifikation** des § 45 Abs. 2 Nr. 1 vor, wenn der Täter gegen Entgelt oder in Bereicherungs- bzw. Schädigungsabsicht handelt; s. MüKoStGB/*Joecks* BetrVG § 120 Rn. 22 ff.

21   Die Straftatbestände des § 45 Abs. 1, Abs. 2 müssen **vorsätzlich** verwirklicht werden; eine fahrlässige Begehungsweise genügt nicht.

22   Der **Versuch** ist nicht strafbar, da es sich jeweils nur um Vergehen handelt (§§ 23 Abs. 1, 12 Abs. 1 StGB).

23   § 45 ist ein **Antragsdelikt,** § 45 Abs. 4 S. 1. Die Antragsberechtigung iSd § 77 Abs. 1 StGB ergibt sich aus § 45 Abs. 4 S. 2.

§ 46 Bußgeldvorschriften

(1) Ordnungswidrig handelt, wer

1. entgegen § 4 Abs. 2 oder § 5 Abs. 4 Satz 2, jeweils auch in Verbindung mit § 18 Abs. 4, eine Information nicht, nicht richtig, nicht vollständig oder nicht rechtzeitig gibt oder
2. entgegen § 28 Abs. 1 Satz 1 oder § 29 Abs. 1 Satz 1 den SE-Betriebsrat nicht, nicht richtig, nicht vollständig, nicht in der vorgeschriebenen Weise oder nicht rechtzeitig unterrichtet.

(2) Die Ordnungswidrigkeit kann mit einer Geldbuße bis zu zwanzigtausend Euro geahndet werden.

A. Allgemeines

I. Anwendbarkeit nationalen Ordnungswidrigkeitenrecht auf eine SE

Zur Anwendbarkeit nationalen Ordnungswidrigkeitenrechts auf eine SE entspr. → SEAG § 53 **1** Rn. 1 f.

II. Systematik

§ 46 enthält in **Abs. 1** zwei eigenständige Ordnungswidrigkeitentatbestände für die SE. Diese Ord- **2** nungswidrigkeitenvorschriften sind jeweils **blankettartig** gefasst, da sich der Norminhalt nur in Zusammenschau mit den dort genannten Ausfüllungsvorschriften ergibt. § 46 **Abs. 2** bestimmt die maximale Höhe der Geldbuße.

B. Die Regelungen im Einzelnen

I. Verletzung von Informationspflichten (§ 46 Abs. 1 Nr. 1)

§ 46 Abs. 1 Nr. 1 ist anwendbar im Zusammenhang mit der Gründung einer SE bzw. ihrer Um- **3** strukturierung und betrifft die Information von Arbeitnehmervertretern bzw. Arbeitnehmern über die geplanten Maßnahmen. Parallelvorschrift ist § 121 BetrVG. Geschütztes **Rechtsgut** sind die Arbeitnehmerinteressen an einer hinreichenden Mitbestimmung (ErfK/*Kania* BetrVG § 121 Rn. 1).

Täter des § 46 Abs. 1 Nr. 1 sind iVm §§ 4 Abs. 2, 5 Abs. 4 S. 2, 18 Abs. 4 entweder die Leitungs- **4** personen der Gesellschaften, die beabsichtigen, sich zu einer SE zu verschmelzen (va Vorstand einer AG) oder die Leitungspersonen der schon gegründeten SE. § 46 Abs. 1 Nr. 1 ist demnach ein **Sonderdelikt** (Ulmer/Habersack/Henssler/*Habersack* Rn. 2; → Rn. 5).

Gegenstand der Tathandlung des § 46 Abs. 1 Nr. 1 sind die **Informationspflichten gem. §§ 4** **5** **Abs. 2, 5 Abs. 4 S. 2 iVm § 18 Abs. 4.** Danach haben die Leitungen der og Gesellschaften bzw. die Leitung der SE va die Arbeitnehmervertreter bzw. die Arbeitnehmer zu informieren, wenn eine SE gegründet werden soll bzw., wenn Strukturmaßnahmen geplant sind (ausf. Lutter/Hommelhoff/Teichmann/*Oetker* § 4 Rn. 17 ff., § 5 Rn. 20). Adressaten der zu erteilenden Information sind die in §§ 4 Abs. 2, 5 Abs. 4 S. 2 iVm § 18 Abs. 4 genannten Personen.

Tathandlung ist die Nichtabgabe, die nicht richtige, nicht vollständige, nicht ordnungsgemäße oder **6** nicht rechtzeitige Abgabe der zu erteilenden Information ggü. den jeweiligen Informationsadressaten. Eine Nichtabgabe ist gegeben, wenn die Information gänzlich unterbleibt (echtes Unterlassungsdelikt), eine nicht richtige, wenn die Information objektiv falsch ist und eine nicht vollständige, wenn die Information lückenhaft erteilt wird. Die ordnungsgemäße Information bestimmt sich nach den in §§ 4 Abs. 2, 5 Abs. 4 S. 2 iVm § 18 Abs. 4 vorgeschriebenen Umständen der Informationserteilung. Eine Informationsabgabe ist nicht rechtzeitig, wenn sie nicht unverzüglich nach Offenlegung der entsprechenden Gründungs- und Umstrukturierungspläne erteilt wird.

II. Verletzung von Berichtspflichten (§ 46 Abs. 1 Nr. 2)

§ 46 Abs. 1 Nr. 2 findet Anwendung im Zusammenhang mit Berichtspflichten ggü. dem SE- **7** Betriebsrat.

Täter des § 46 Abs. 1 Nr. 2 sind nur die Mitglieder der Leitung der SE; § 46 Abs. 1 Nr. 2 ist **8** demnach ein **Sonderdelikt.**

Gegenstand der Tathandlung des § 46 Abs. 1 Nr. 2 sind die **Berichtspflichten gem. §§ 28 Abs. 1** **9** **S. 1, 29 Abs. 1 S. 1.** Gem. § 28 Abs. 1 S. 1 hat die Leitung der SE den SE-Betriebsrat mindestens einmal jährlich in einer gemeinsamen Sitzung über die Entwicklung der Geschäftslage und die Perspektiven der SE unter rechtzeitiger Vorlage der erforderlichen Unterlagen zu unterrichten (§ 28 Abs. 1 S. 1). Gem. § 29 Abs. 1 S. 1 besteht zudem eine Berichtspflicht über außergewöhnliche Umstände, die erhebliche Auswirkungen auf die Interessen der Arbeitnehmer haben, wie Massenentlassungen oder Betriebsstilllegungen (§ 29 Abs. 1 S. 2).

10   **Tathandlung** ist die Nichtabgabe, die nicht richtige, nicht vollständige, nicht ordnungsgemäße oder nicht rechtzeitige Abgabe des zu erteilenden Berichts; zu diesen Tathandlungen → Rn. 6. Der Inhalt eines ordnungsgemäßen Bericht bestimmt sich nach § 28 Abs. 1 S. 2, Abs. 3.

C. Tatbegehung und Rechtsfolgen

11   Die Tatbestände des § 46 Abs. 1 Nr. 1, 2 müssen **vorsätzlich** verwirklicht werden (§ 10 OWiG). Ein Versuch ist nicht möglich, da die Versuchsstrafbarkeit nicht ausdrücklich angeordnet ist, § 13 Abs. 2 OWiG.

12   Die Höhe der zu verhängenden Geldbuße beträgt mindestens 5 EUR (§ 17 Abs. 1 OWiG) und höchstens 20.000 EUR (§ 46 Abs. 2).

661. Sozialgesetzbuch (SGB) Drittes Buch (III)
– Arbeitsförderung –

Vom 24. März 1997 (BGBl. I, 594) FNA 860-3

Zuletzt geändert durch Art. 3 G zum Schutz von Kindern und Jugendlichen vor den Gefahren des Konsums von elektronischen Zigaretten und elektronischen Shishas v. 3.3.2016 (BGBl. I S. 369)

– Auszug –

§ 404 Bußgeldvorschriften *(Auszug)*

(1) Ordnungswidrig handelt, wer als Unternehmerin oder Unternehmer Dienst- oder Werkleistungen in erheblichem Umfang ausführen lässt, indem sie oder er eine andere Unternehmerin oder einen anderen Unternehmer beauftragt, von dem sie oder er weiß oder fahrlässig nicht weiß, dass diese oder dieser zur Erfüllung dieses Auftrags

1. entgegen § 284 Absatz 1 oder § 4 Absatz 3 Satz 2 des Aufenthaltsgesetzes eine Ausländerin oder einen Ausländer beschäftigt oder
2. eine Nachunternehmerin oder einen Nachunternehmer einsetzt oder zulässt, dass eine Nachunternehmerin oder ein Nachunternehmer tätig wird, die oder der entgegen § 284 Absatz 1 oder § 4 Absatz 3 Satz 2 des Aufenthaltsgesetzes eine Ausländerin oder einen Ausländer beschäftigt.

(2) Ordnungswidrig handelt, wer vorsätzlich oder fahrlässig

1. entgegen § 42 Absatz 4 oder § 287 Abs. 3 sich die dort genannte Gebühr oder den genannten Aufwendungsersatz erstatten lässt *[...]*
3. entgegen § 284 Abs. 1 oder § 4 Abs. 3 Satz 2 des Aufenthaltsgesetzes eine Ausländerin oder einen Ausländer beschäftigt,
4. entgegen § 284 Abs. 1 oder § 4 Abs. 3 Satz 1 des Aufenthaltsgesetzes eine Beschäftigung ausübt,
5. entgegen § 39 Abs. 2 Satz 3 des Aufenthaltsgesetzes eine Auskunft nicht richtig erteilt, *[. . .].*

(3) Die Ordnungswidrigkeit kann in den Fällen der Absätze 1 und 2 Nr. 3 mit einer Geldbuße bis zu fünfhunderttausend Euro, in den Fällen des Absatzes 2 Nr. 1, 5 bis 9 und 11 bis 13 mit einer Geldbuße bis zu dreißigtausend Euro, in den Fällen des Absatzes 2 Nr. 2, 4, 16, 26 und 27 mit einer Geldbuße bis zu fünftausend Euro, in den übrigen Fällen mit einer Geldbuße bis zu zweitausend Euro geahndet werden.

Literaturübersicht: *Banafische* ua (Hrsg.), Sozialgesetzbuch III: SGB III, Arbeitsförderung, Lehr- und Praxiskommentar, 2. Aufl. 2015; *Bayerische Verwaltungsschule* (Hrsg.), Bekämpfung der Schwarzarbeit, 4. Aufl. 2007; *Berchtold,* Illegale Ausländerbeschäftigung nach der Neufassung von § 7 SGB IV, NZS 2012, 481; *Brand* (Hrsg.), SGB III – Sozialgesetzbuch Arbeitsförderung, Kommentar, 7. Aufl. 2015; *Brenner,* Die strafrechtliche Bekämpfung der Schwarzarbeit unter besonderer Berücksichtigung wirtschaftlicher Aspekte, 2008; *Bünte/Knödler,* Recht der Arbeitsmigration – die nicht selbständige Beschäftigung ausländischer Arbeitnehmer nach dem Zuwanderungsgesetz, NZA 2008, 743; *Büttner,* Unzulässige Ermittlungen der Zolldienststellen „Finanzkontrolle Schwarzarbeit" in Fällen des Sozialabgabenbetruges, wistra 2006, 251; *Büttner,* Illegale Beschäftigung. Schwarzarbeit,2012; *Eydner,* Der neue § 233 StGB – Ansätze zum Verständnis der „Ausbeutung der Arbeitskraft", NStZ 2006, 10; *Jofer/Weiß,* Risiken und Grenzen der Strafbarkeit beim Einsatz ausländischer Arbeitskräfte im Rahmen von Werkverträgen mit Subunternehmern, StraFo 2007, 277; *Fehn,* Finanzkontrolle Schwarzarbeit, 2006; *Fehn,* Schwarzarbeitsbekämpfung und Sozialdatenschutz, Kriminalistik 2004, 787 und 2005, 174; *Fehn,* Grenzen polizeilicher Befugnisse der Finanzkontrolle Schwarzarbeit, Kriminalistik 2004, 509; *Fehn,* Finanzkontrolle Schwarzarbeit, Kriminalistik 2004, 409; *Fehn,* Die Novellierung des Schwarzarbeitsbekämpfungsgesetzes – Ein wichtiger Schritt in die zutreffende Richtung, ZfZ 2004, 218; *Fischer-Lescano, Kocher, Nassibi* ua (Hrsg.), Arbeit in der Illegalität: Die Rechte von Menschen ohne Aufenthaltspapiere, 2012; *Freckmann,* Greencard ist nicht alles: Beschäftigung von Ausländern in Deutschland, BB 2000, 1402; *Joecks,* Bekämpfung der Schwarzarbeit und damit zusammenhängender Steuerhinterziehung, wistra 2004, 441; *Jofer/Weiß,* Risiken und Grenzen der Strafbarkeit beim Einsatz ausländischer Arbeitskräfte im Rahmen von Werkverträgen mit Subunternehmern, StraFo 2007, 277; *Karl,* Die Strafbarkeit des Arbeitgebers bei illegaler Beschäftigung ausländischer Arbeitnehmer, StV 2003, 696; *Körner,* Pflegekräfte aus Osteuropa – Licht ins Dunkel der Schwarzarbeit? NZS 2011, 370; *Körner,* Haftungsrisiko Sozialversicherung – Beitragsrechtliche Folgen der Schwarzarbeit, NJW 2014, 584; *Kossens,* Das Gesetz zur Intensivierung der Bekämpfung der Schwarzarbeit und damit zusammenhängender Steuerhinterziehung, BB-Spezial 2/2004, 2; *Lechner/Strunz,* Bekämpfung der Schwarzarbeit, 4. Aufl. 2007; *Marschall,* Bekämpfung illegaler Beschäftigung, 3. Aufl. 2003; *Mosbacher,* Straffreie illegale Ausländerbeschäftigung (und andere Überraschungen zum neuen Jahr), wistra 2005, 54; *Mosbacher,* Keine Straffreiheit für Altfälle unerlaubter Beschäftigung von Unionsbürgern, NStZ 2015, 255; *Mutschler/Schmidt-De Caluwe/Coseriu* (Hrsg.), Sozialgesetzbuch III, Arbeitsförderung, 5. Aufl. 2013; *Rixen,* Arbeitsgenehmigungsrechtliche Probleme bei Entsendung ausländischer Arbeitnehmer zur Anlagenmontage im Inland, BB 2001, 1681; *Schnabel,* Folgen der neuesten Rechtsprechung des Bundesgerichtshofs zum Ausländergesetz bzw.

Aufenthaltsgesetz, wistra 2005, 446; *Siegle,* Probleme bei der Bekämpfung der illegalen Beschäftigung mit den Mitteln des Straf- und Ordnungswidrigkeitenrechts, 1998; *Spatschek/Wulf/Fraedrich,* Schwarzarbeit heute – Die neue Rechtslage aus steuer- und strafrechtlicher Sicht, DStR 2005, 129; *Wegner,* Bekämpfung der Schwarzarbeit und damit zusammenhängender Steuerhinterziehung, DB 2004, 758; *Westphal/Stoppa,* Ausländerrecht für die Polizei, 3. Aufl. 2007; *Windhorst,* Unerlaubte Einreise von LKW-Fahrern – Auswirkungen der „EU-Fahrerbescheinigung", NZV 2004, 281.

Vgl. auch die Literaturangaben zu §§ 95 ff. AufenthG, zu §§ 15 ff. AÜG und zu §§ 10 ff. SchwarzArbG.

Übersicht

A. Einleitung

1   Die Bußgeldvorschrift enthält eine Vielzahl von verschiedenen Bußgeldtatbeständen. Die Kommentierung beschränkt sich auf diejenigen Ordnungswidrigkeiten, die in Zusammenhang mit **illegaler Ausländerbeschäftigung** als Teilgebiet des Wirtschaftsstrafrechts stehen. Dabei handelt es sich um folgende Tatbestände: mittelbare illegale Ausländerbeschäftigung (§ 404 Abs. 1), unerlaubte Gebührenerstattung bei ausländischen Werkvertragsarbeitnehmern (§ 404 Abs. 2 Nr. 1), einfache illegale Ausländerbeschäftigung (§ 404 Abs. 2 Nr. 3), einfache illegale Ausländererwerbstätigkeit (§ 404 Abs. 2 Nr. 4), Falschauskünfte des Arbeitgebers bei Ausländerbeschäftigung (§ 404 Abs. 2 Nr. 5). In den regelmäßigen Berichten der Bundesregierung über die Auswirkungen des Gesetzes zur Bekämpfung der illegalen Beschäftigung (vgl. zuletzt den 12. Bericht v. 27.9.2013, BT-Drs. 17/14800, den 11. Bericht v. 3.7.2009, BT-Drs. 16/13768 und den 10. Bericht v. 20.7.2005, BT-Drs. 15/5934) finden sich ausführliche Informationen über die tatsächlichen und rechtlichen Entwicklungen bei Schwarzarbeit und illegaler Beschäftigung.

B. Mittelbare illegale Ausländerbeschäftigung (Abs. 1)

I. Allgemeines

2   Nach der **Gesetzesbegründung** erfolgte die Einstellung der früher im SchwarArbG geregelten Vorschrift in das SGB III, weil die Norm rechtssystematisch zum Recht der illegalen Ausländerbeschäftigung gehört (BT-Drs. 13/4941, 156). Die Vorschrift ähnelt § 5 Abs. 2 AEntG. Die mittelbare illegale Ausländerbeschäftigung ist als **eigenständige Bußgeldvorschrift** ausgestaltet, weil eine sozialrechtliche Grundnorm, an die die Bußgeldvorschrift anknüpfen könnte, innerhalb des SGB III einen Fremdkörper darstellen würde (BT-Drs. 13/4941, 156). Die Änderung des Fahrlässigkeitsmaßstabs wurde damit begründet, dass nach altem Recht der Nachweis der Leichtfertigkeit im Sinne grober Achtlosigkeit gerade in Bereichen wie dem Baugewerbe, wo die Einschaltung von Sub- und Subsubunternehmern an der Tagesordnung sei, eine wirksame Bekämpfung der illegalen Ausländerbeschäftigung erschwere.

Bußgeldbewehrt ist nach dieser Vorschrift die **Beauftragung** eines anderen Unternehmers **(Nach-** 3
unternehmer) in Kenntnis oder fahrlässiger Unkenntnis der Tatsache, dass dieser zur Erfüllung des
Auftrags Ausländer ohne erforderliche Arbeitsgenehmigung-EU bzw. ohne erforderlichen Aufenthaltstitel beschäftigt (vgl. § 404 Abs. 1 Nr. 1) oder dass dieser einen weiteren Nachunternehmer **(Sub-**
unternehmer) einsetzt oder zulässt, dass ein Subunternehmer tätig wird, der Ausländer ohne erforderliche Arbeitsgenehmigung-EU bzw. ohne erforderlichen Aufenthaltstitel beschäftigt (vgl. § 404 Abs. 1
Nr. 2). Mit dieser Regelung soll verhindert werden, dass ein Arbeitgeber, der nicht selbst Ausländer
ohne erforderliche Arbeitsgenehmigung einsetzt, den wirtschaftlichen Vorteil aus der illegalen Ausländerbeschäftigung ganz oder teilweise dadurch erhält, dass er den Auftrag ganz oder teilweise an Nachunternehmer vergibt, die ihre günstigen Angebote nur infolge illegaler Ausländerbeschäftigung abgeben
können (vgl. BT-Drs. 12/7563, 7 ff.). Die Ausdehnung der Bußgeldvorschrift auf die illegale Beschäftigung durch etwaige Sub-(sub-)unternehmer des vom Unternehmen beauftragten Nachunternehmers
(§ 404 Abs. 1 Nr. 2) soll die Möglichkeit der Ahndung bei dem mittelbar verantwortlichen und zumeist
von illegaler Beschäftigung wirtschaftlich profitierenden Auftraggeber schaffen, unabhängig davon, wie
weit die Auftragskette reicht (BT-Drs. 12/7563, 7 ff.).

II. Objektiver Tatbestand

Voraussetzung der beiden Anwendungsfälle des § 404 Abs. 1 ist zunächst, dass ein Unternehmer 4
Dienst- und Werkleistungen in erheblichem Umfang von einem anderen Unternehmer ausführen lässt.
Unternehmer in diesem Sinne sind natürliche und juristische Personen, für deren Rechnung das
Unternehmen infolge planmäßiger und dauerhafter Tätigkeiten betrieben wird (vgl. BSG GewArch
1993, 21). Im Gegensatz zum ursprünglichen Gesetzesentwurf (BT-Drs. 12/7583, 3) werden Privat-
personen hiervon nicht erfasst, weil es als unzumutbar angesehen wurde, dass dieser Personenkreis bei der
Vergabe von Werkaufträgen besondere Sorgfaltspflichten hinsichtlich der Beschäftigung von Ausländern
tragen soll.

Gegenstand der Beauftragung muss die **Ausführung von Dienst- oder Werkleistungen in erheb-** 5
lichem Umfang sein. Die Erheblichkeit des Umfangs bemisst sich bei Dienst- oder Werkverträgen
entsprechend dem unterschiedlichen Inhalt der Verpflichtung gemäß §§ 611, 631 BGB, wobei es auf
objektive Maßstäbe ankommt (GK-SGB III/*Ambs* Rn. 45e). Aufgrund der Unbestimmtheit der Tatbestandsfassung wird man einen erheblichen Umfang nur dann annehmen können, wenn in den
beteiligten Verkehrskreisen über eine solche Erheblichkeit keine ernsthaften Zweifel bestehen (Gagel/
Thommes Rn. 14). Aus Sinn und Zweck der Verbotsnorm ergibt sich, dass es für die Erheblichkeit
entscheidend auf den Umfang der Tätigkeit des oder der ausländischen Arbeitnehmer im Rahmen der
Leistungserbringung ankommen muss. Hierfür reicht etwa nicht aus, wenn im Rahmen eines Großauftrags von erheblichem Umfang nur ein illegal beschäftigter ausländischer Arbeitnehmer geringfügige
Tätigkeiten erbringt (aA Gagel/*Thommes* Rn. 15). Bei Dienstverträgen kommt es unter Berücksichtigung der Besonderheiten und Gebräuche des jeweiligen Gewerbes zur Ermittlung der Erheblichkeit
darauf an, ob die Arbeitskraft des Betroffenen für eine nicht zu kurze Zeit voll, überwiegend oder
laufend in Anspruch genommen wird (GK-SGB III/*Ambs* Rn. 45b). Bei Werkverträgen ist der Umfang
des erstellten Werks entscheidend, weil nach § 631 BGB nur der Leistungserfolg, nicht aber die hierfür
benötigte Arbeitskraft Vertragsinhalt ist (GK-SGB III/*Ambs* Rn. 45c).

Entscheidend für die Frage der **Erheblichkeit des Umfangs** ist nicht nur der einzelne Auftrag, 6
sondern die Auftragsabwicklung des Unternehmens insgesamt, wenn etwa der Unternehmer häufig
kleinere derartige Aufträge an einen Nachunternehmer vergibt, der diese mit einem illegal beschäftigten
Ausländer erfüllt (GK-SGB III/*Ambs* Rn. 45e; Gagel/*Thommes* Rn. 14 f.). Kommt es zur gemeinsamen
Errichtung eines Werks durch mehrere illegale Beschäftigte oder in kleineren Teilabschnitten, bemisst
sich die Erheblichkeit nach dem Gesamtumfang (GK-SGB III/*Ambs* Rn. 45c). Tätigkeiten für mehrere
Auftraggeber werden bei der Prüfung der Erheblichkeit zusammengefasst, wenn sie bei natürlicher
Betrachtungsweise einen einheitlichen Vorgang bilden (GK-SGB III/*Ambs* Rn. 45c).

Die **Regelung** in **§ 404 Abs. 1 Nr. 1** betrifft die Konstellation, dass ein Hauptunternehmer einen 7
Nachunternehmer beauftragt und hierbei weiß oder fahrlässig nicht weiß, dass dieser Ausländer ohne die
erforderliche Genehmigung zur Auftragserfüllung einsetzt. Der auftraggebende Unternehmer muss nicht
seinerseits durch einen Dritten mit der Erbringung von Dienst- und Werkleistungen beauftragt sein,
sodass etwa auch ein Bauträger als Erstauftraggeber Unternehmer im Sinne von § 404 Abs. 1 Nr. 1 sein
kann (GK-SGB III/*Ambs* Rn. 45 f.).

Die **Regelung** in **§ 404 Abs. 1 Nr. 2** erfasst die Fälle, in denen der beauftragte Nachunternehmer 8
seinerseits Subunternehmer zur Erfüllung des Auftrags einsetzt oder deren Tätigkeit zulässt, die ihrerseits
ausländische Arbeitnehmer ohne erforderliche Arbeitsgenehmigung beschäftigen. Die erste Alternative
von § 404 Abs. 1 Nr. 2 betrifft die einfache Konstellation, dass der Nachunternehmer sich seinerseits
zur Erfüllung des Auftrags eines Subunternehmers bedient, der Ausländer ohne erforderliche Arbeitsgenehmigung beschäftigt. Mit der zweiten Alternative des § 404 Abs. 1 Nr. 2 sollen dagegen alle
Auftragsstufen der bis zu siebenstufigen Nachunternehmerketten erfasst werden (GK-SGB III/*Ambs*
Rn. 45g). Der vom Unternehmer direkt beauftragte Nachunternehmer muss dabei zulassen, dass zweite,

dritte, vierte usw Subunternehmer tätig werden, die ihrerseits illegal Ausländer beschäftigen (Gagel/ *Thommes* Rn. 12). Entgegen dem zu weit geratenen Wortlaut reicht es dabei nicht aus, dass der jeweilige Subunternehmer überhaupt illegal Ausländer beschäftigt, sondern diese müssen gerade zur Erfüllung des ursprünglichen Auftrags und in erheblichem Umfang tätig werden. Der beauftragte Nachunternehmer oder die jeweiligen Subunternehmer können auch Firmen mit Sitz im Ausland sein, die jeweils ausländische Arbeitnehmer nach Deutschland entsenden (GK-SGB III/*Ambs* Rn. 45 f.).

III. Subjektiver Tatbestand

9   Die Bußgeldvorschrift enthält eine Vorsatz-Vorsatz- und eine Vorsatz-Fahrlässigkeits-Kombination. Grds. kann der Tatbestand nur vorsätzlich verwirklicht werden, weil die fahrlässige Begehung nicht ausdrücklich mit Geldbuße bedroht ist (§ 10 OWiG). Der **Vorsatz** muss sich allerdings nur auf die Beauftragung eines anderen Unternehmers mit Dienst- oder Werkleistungen in erheblichem Umfang und die Ausführung dieses Auftrags beziehen. Bezüglich der Kenntnis von der illegalen Beschäftigung ausländischer Arbeitnehmer durch den Nachunternehmer oder von dem Einsatz bzw. dem Zulassen weiterer Subunternehmer, die ihrerseits Ausländer ohne erforderliche Arbeitsgenehmigung beschäftigen, ist sowohl vorsätzliches als auch fahrlässiges Handeln bußgeldbewehrt. Fahrlässige Unkenntnis liegt nicht in jedem Fall unterlassener Prüfung beim Nach- oder Subunternehmer vor.

10   Grds. obliegen dem Auftraggeber **keine verdachtsunabhängigen Verpflichtungen,** sich um die Rechtmäßigkeit der Beschäftigungsverhältnisse seines Auftragnehmers zu kümmern (*Heil* BB 1999, 2609 (2611); aA Gagel/*Thommes* Rn. 13; offen gelassen von BGH wistra 2005, 390; vgl. auch AG München BeckRS 2011, 23481). Dies wird durch die Gesetzesbegründung bestärkt. Danach reicht die bloße gedankliche Möglichkeit, dass ein Subunternehmer oder dessen Subunternehmer ausländische Arbeitnehmer ohne erforderliche Genehmigung beschäftigt, für den Vorwurf der Fahrlässigkeit nicht aus. Anders soll dies aber sein, wenn bei oder nach Vertragsschluss zwischen Hauptunternehmer und Subunternehmer objektive Anhaltspunkte für Verstöße des Vertragspartners oder des von diesem eingesetzten Nachunternehmens auftreten; diesen müsse der Hauptunternehmer nachgehen. Dabei sei zu berücksichtigen, dass die Kontrollmöglichkeiten des Hauptunternehmers in Bezug auf das Nachunternehmen und dessen Subunternehmen aus rechtlichen wie auch aus Wettbewerbsgesichtspunkten begrenzt seien und sich der organisatorische und bürokratische Mehraufwand der Unternehmen in vertretbaren Grenzen halten müsse. Der Hauptunternehmer werde ggf. seinen Vertragspartner auffordern müssen, dass dieser einen bestehenden Verdacht ausräumt und das Vorliegen der Genehmigung für die beschäftigten genehmigungspflichtigen Ausländer nachweist (BT-Drs. 13/8994, 66).

11   Ohne konkrete Anhaltspunkte für eine illegale Beschäftigung durch Nach- und Subunternehmen, besteht mangels sozialrechtlicher Verpflichtungsnorm **keine allgemeine Prüfungspflicht** des Unternehmers (vgl. auch AG München BeckRS 2011, 23481). Anders verhält es sich hingegen bei der unmittelbaren Ausländerbeschäftigung, für die § 4 Abs. 3 S. 4 AufenthG eine ausdrückliche Prüfungspflicht normiert. Anhaltspunkte für eine mögliche illegale Beschäftigung durch Nach- oder Subunternehmer, die zu entsprechenden Nachforschungen Anlass geben, können etwa auffallend niedrige Löhne, der überwiegende bzw. ausschließliche Einsatz nicht deutschsprachiger Ausländer, schlechte Arbeitsbedingungen, mangelhafte Ausrüstung, keine Betriebsstätte im Inland, frühere Auffälligkeiten oder die Verweigerung einer internen Kontrolle sein (*Heil* BB 1999, 2609 (2612)). In der Baubranche sind entsprechende Vertragsklauseln in allgemeinen Vertragsbedingungen, wonach der Nachunternehmer versichert, den Auftrag ohne illegal beschäftigte ausländische Arbeitnehmer durchzuführen, und sich zugleich zur Einhaltung der erforderlichen Sorgfalt insoweit hinsichtlich etwaiger Subunternehmer verpflichtet, bereits weit verbreitet (vgl. zu den Möglichkeiten der Vertragsgestaltung näher *Heil* BB 1999, 2609 (2611)). In aller Regel wird der Unternehmer dieser vertraglichen Erklärung vertrauen können, es sei denn, ihm sind Umstände bekannt, die Anlass zu begründeten Zweifeln geben. Der Bundesgerichtshof hat die Frage einer allgemeinen Prüfungspflicht offen gelassen (BGH wistra 2005, 390). Wenn man eine Verpflichtung zu einer verdachtsunabhängigen Überprüfung annimmt, muss aus den Urteilsgründen erkennbar sein, dass der Betroffene bei zumutbarem Vorgehen die Verstöße aufgedeckt hätte (BGH wistra 2005, 390).

12   Die **Kenntnis** oder fahrlässige Unkenntnis muss **im Zeitpunkt der Beauftragung** des Nachunternehmers vorliegen. Dies ergibt sich aus dem Wortlaut „... indem er einen anderen Unternehmer beauftragt, von dem er weiß oder fahrlässig nicht weiß ..." Die Tathandlung des Unternehmers ist die Beauftragung als solche in Kenntnis oder fahrlässiger Unkenntnis der Tatsache, dass der Beauftragte oder sein Subunternehmer illegal Ausländer zur Auftragsabwicklung einsetzt. Diese Beauftragung muss dann zu einer Ausführung der beauftragten Arbeiten führen, was die missverständlich passive Formulierung „ausführen lässt" klarstellt, sodass eine Beauftragung ohne nachfolgende Ausführung lediglich einen folgenlosen Versuch darstellt (§ 13 Abs. 2 OWiG). Etwaige Prüfungspflichten des Unternehmers bei konkreten Anhaltspunkten für eine illegale Beschäftigung bestehen also nur bis zur Beauftragung (unzutreffend daher die Gesetzesbegründung in BT-Drs. 13/8994, 66; zweifelhaft deshalb auch BGH wistra 2005, 390). Eine spätere Kenntnis oder fahrlässige Unkenntnis der illegalen Beschäftigung ist dagegen unschädlich. Nachfolgende Prüfpflichten kommen auch nicht etwa nach § 8 OWiG wegen

einer Unterlassenshaftung in Betracht, weil die Beauftragung des Nachunternehmers weder einen Erfolg iSd § 8 OWiG darstellt, noch ein Unterlassen der Verwirklichung des gesetzlichen Tatbestandes durch ein Tun entspräche (vgl. *Göhler/Gürtler* OWiG § 8 Rn. 1). In der Sanktionspraxis spielt die Vorschrift eine geringere Rolle, weil es zum einen, wie erwähnt, keine sozialrechtliche Norm gibt, die dem Hauptunternehmer bestimmte Prüfungspflichten auferlegt oder ein bestimmtes Handeln verbietet, und zum anderen der Nachweis des subjektiven Tatbestandes häufig nicht erbracht werden kann (vgl. BGH wistra 2005, 390).

IV. Rechtsfolgen

Die vorsätzliche Zuwiderhandlung wird mit Geldbuße bis zu 500.000 EUR geahndet (§ 404 Abs. 3). **13** Die **Kostenhaftung** des § 66 Abs. 4 AufenthG für Abschiebungs- und Zurückschiebungskosten trifft im Falle des § 404 Abs. 1 Nr. 2 regelmäßig nicht den Unternehmer als Auftraggeber, sondern nur den Subunternehmer, da ihm allein aufgrund seiner rechtlichen und tatsächlichen Einwirkungsmöglich-keiten auf den Arbeitnehmer die Beschäftigung zugerechnet werden kann (*Hailbronner* AufenthG § 66 Rn. 12). Ausnahmsweise kommt eine Haftung des Hauptunternehmers in Betracht, wenn es sich nicht um ein echtes Subunternehmerverhältnis, sondern um eine verdeckte Beschäftigung des ausländischen Arbeitnehmers durch den Hauptunternehmer selbst handelt (BVerwG EZAR 137 Nr. 11). Besondere **finanzielle Risiken** treffen nach dem ab 26.11.2011 geltenden § 98a AufenthG Auftraggeber, wenn Subunternehmer illegal Ausländer beschäftigen (hierzu näher Gesetzesbegründung in BT-Drs. 17/5470, 28 f.). Gemäß § 98a Abs. 1 AufenthG ist ein Arbeitgeber verpflichtet, dem Ausländer, den er ohne die nach § 284 Abs. 1 erforderliche Genehmigung oder ohne die nach § 4 Abs. 3 AufenthG erforderliche Berechtigung zur Erwerbstätigkeit beschäftigt hat, die vereinbarte Vergütung zu zahlen. Für die Ver-gütung wird vermutet, dass der Arbeitgeber den Ausländer drei Monate beschäftigt hat. Nach § 98a Abs. 2 AufenthG ist als vereinbarte Vergütung die übliche Vergütung anzusehen, es sei denn, der Arbeitgeber hat mit dem Ausländer zulässigerweise eine geringere oder eine höhere Vergütung ver-einbart. Für die Erfüllung dieser Zahlungspflichten können auch vorgeschaltete Unternehmer oder Generalunternehmer haften: Gemäß § 98a Abs. 3 AufenthG haftet ein Unternehmer, der einen anderen Unternehmer mit der Erbringung von Werk- oder Dienstleistungen beauftragt, für die Erfüllung der Verpflichtung dieses Unternehmers nach § 98a Abs. 1 AufenthG wie ein Bürge, der auf die Einrede der Vorausklage verzichtet hat. Nach § 98a Abs. 4 AufenthG gilt § 98a Abs. 3 AufenthG entsprechend für den Generalunternehmer und alle zwischengeschalteten Unternehmer ohne unmittelbare vertragliche Beziehung zu dem Arbeitgeber, es sei denn, dem Generalunternehmer oder dem zwischengeschalteten Unternehmer war nicht bekannt, dass der Arbeitgeber Ausländer ohne die erforderliche Genehmigung oder den erforderlichen Aufenthaltstitel beschäftigt hat. Die Haftung nach § 98a Abs. 3 und 4 AufenthG entfällt, wenn der Unternehmer nachweist, dass er aufgrund sorgfältiger Prüfung davon ausgehen konnte, dass der Arbeitgeber keine Ausländer ohne die erforderliche Genehmigung oder den erforderli-chen Aufenthaltstitel beschäftigt hat (§ 98a Abs. 5 AufenthG). Aufgrund eines gesetzgeberischen Ver-sehens gelten weder die Kostenhaftung nach § 66 AufenthG noch die Haftung nach § 98a ff. AufenthG für Unionsbürger und ihre freizügigkeitsberechtigten Familienangehörigen, weil diese grds. vom An-wendungsbereich des AufenthG ausgenommen sind (§ 1 Abs. 2 Nr. 1 AufenthG) und § 11 Abs. 1 FreizügG/EU keine Anwendung dieser Haftungsnormen anordnet.

C. Gesetzeswidrige Einforderung der Arbeitserlaubnisgebühr vom ausländischen Arbeitnehmer oder Dritten (Abs. 2 Nr. 1)

I. Allgemeines

Die Vorschrift entspricht dem früheren § 229 Abs. 2 AFG. Durch Gesetz v. 23.7.2002 (BGBl. I 2787) **14** ist mWz 1.8.2002 eine Umnummerierung von § 404 Abs. 2 Nr. 5 SGB III aF in § 404 Abs. 2 Nr. 1 erfolgt. Die Höhe des Bußgeldes beträgt nunmehr bis zu 30.000 EUR. **Zweck des Bußgeldtat-bestandes ist der Schutz des ausländischen Arbeitnehmers** durch das Verbot von Rückzahlungen der vom Arbeitgeber zu tragenden Arbeitserlaubnisgebühr, des Aufwandersatzes oder der Auslandsver-mittlungsgebühr. Das Verbot der Erstattung von Dritten soll eine Umgehung dahingehend verhindern, dass der Arbeitgeber seine Zahlungspflicht etwa auf Verwandte oder Bekannte des ausländischen Arbeitnehmers abwälzt (GK-SGB III/*Ambs* Rn. 60).

II. Objektiver Tatbestand

Verboten ist nach Abs. 2 Nr. 1 die **Erstattung der sog Arbeitserlaubnisgebühr** nach § 287 **15** Abs. 3. Diese Gebühr wird gemäß § 287 Abs. 1 als arbeitsmarktpolitisches Steuerungselement für die Aufwendungen erhoben, die der Bundesagentur und den Behörden der Zollverwaltung bei der Durch-führung der zwischenstaatlichen Vereinbarungen über die Beschäftigung von Arbeitnehmern auf der Grundlage von Werkverträgen in Zusammenhang mit dem Antragsverfahren und der Überwachung der Einhaltung der Vereinbarungen entstehen. Hierzu zählen nach § 287 Abs. 2 insbesondere Aufwendungen für die Prüfung der werkvertraglichen Grundlagen, für die Prüfung der Voraussetzungen für die Beschäftigung ausländischer Arbeitnehmer, für die Zusicherung, Erteilung und Aufhebung der Zustimmung zur Erteilung einer Aufenthaltserlaubnis zum Zwecke der Beschäftigung oder der Arbeitserlaubnis-EU, für die Überwachung der Einhaltung der für die Ausführung eines Werkvertrages festgesetzten Zahl der Arbeitnehmer und für die Überwachung der Einhaltung der für die Arbeitgeber nach den Vereinbarungen bei der Beschäftigung ihrer Arbeitnehmer bestehenden Pflichten einschließlich der Durchführung der dafür erforderlichen Prüfungen nach § 2 Abs. 1 Nr. 4 SchwarzArbG durch die Behörden der Zollverwaltung. Verboten und bußgeldbewehrt ist auch das Sich-Erstatten-Lassen des bei der Arbeitsvermittlung von der Agentur für Arbeit dem Arbeitgeber in besonderen Fällen in Rechnung gestellten Positionen **Aufwendungsersatz** oder **Auslandsvermittlungsgebühr** (vgl. § 42 Abs. 4).

16   Unter den Begriff des **Sich-Erstatten-Lassens** fällt nicht nur eine Zahlung des Arbeitnehmers auf Anforderung des Arbeitgebers, sondern auch der Einbehalt des entsprechenden Betrages vom Lohn (GK-SGB III/*Ambs* Rn. 63). Da es auf das Einverständnis des ausländischen Arbeitnehmers mit der Gebührenerstattung aus generalpräventiven Gründen nicht ankommen kann, darf der Arbeitgeber auch keine freiwilligen Zahlungen des Arbeitnehmers entgegennehmen (vgl. GK-SGB III/*Ambs* Rn. 63), sondern muss ein entsprechendes Ansinnen zurückweisen. Der Begriff der Erstattung passt vom Wortlaut eher auf den Fall, dass der Arbeitgeber bereits die entsprechende Gebühr beglichen hat, weil es sonst nichts zu „erstatten" gibt. Vom möglichen Wortsinn gedeckt und vom Regelungszweck geboten dürfte überdies eine Auslegung sein, wonach auch die Einforderung eines Geldbetrages vor Gebührenerhebung zum Zwecke der Unkostendeckung den Bußgeldtatbestand verwirklicht. Aufgrund der Fassung der Verbotsnormen des § 287 Abs. 3 und § 42 Abs. 4, auf die § 404 Abs. 2 Nr. 1 verweist, handelt bereits ordnungswidrig, wer schon nur einen Teil der Arbeitsvermittlungsgebühr – gleich in welcher Höhe – erstatten lässt, weil sich nach § 287 Abs. 3 und § 42 Abs. 4 der Arbeitgeber die Gebühr weder ganz noch teilweise erstatten lassen darf.

17   In Hinblick auf den Schutzzweck der Norm ist der **Begriff des Dritten** im Wege teleologischer Reduktion dahingehend einschränkend auszulegen, dass es sich um Personen „aus dem Lager" des ausländischen Arbeitnehmers handeln muss (vgl. auch Krekeler/Werner Unternehmer Rn. 787). Ansonsten wäre etwa auch ein junger Unternehmer der Bußgelddrohung unterworfen, dem seine Eltern als Dritte in der Existenzgründerphase die Arbeitserlaubnisgebühr erstatten.

III. Vorsatz und Fahrlässigkeit

18   Zumeist dürfte bei derartigen Fällen eine **Vorsatztat** in Betracht kommen, bei der allenfalls die Frage des Verbotsirrtums wegen Normunkenntnis relevant werden kann. Insoweit haben es die Arbeitsagenturen in der Hand, bei einer entsprechenden Gebührenanforderung über die gesetzlichen Bestimmungen aufzuklären und etwa ausdrücklich auf das Erstattungsverbot des § 287 Abs. 3 und in § 42 Abs. 4 hinzuweisen.

IV. Rechtsfolgen

19   Die vorsätzliche Zuwiderhandlung wird mit **Geldbuße** bis zu 30.000 EUR geahndet (§ 404 Abs. 3), die fahrlässige gemäß § 17 Abs. 2 OWiG im Höchstsatz mit 15.000 EUR. Die Vorschriften in § 287 Abs. 3 und § 42 Abs. 4 stellen aufgrund ihres Schutzzwecks jeweils Schutzgesetze im Sinne des § 823 Abs. 2 BGB dar, so dass der ausländische Arbeitnehmer und etwaige von der Norm begünstigte Dritte einen zivilrechtlichen Rückzahlungsanspruch gegen den Arbeitgeber besitzen.

D. Vorsätzliche oder fahrlässige Beschäftigung eines Arbeitnehmers ohne Arbeitsgenehmigung oder ohne Aufenthaltstitel (Abs. 2 Nr. 3)

I. Einleitung

20   Die Vorschrift enthält den **Grundtatbestand der illegalen Ausländerbeschäftigung,** auf den die Strafnormen in §§ 10 ff. SchwarzArbG Bezug nehmen. Die für Ordnungswidrigkeiten beachtlichen Höchstbeträge der Bußgelddrohung (500.000 EUR bei Vorsatz, 250.000 EUR bei Fahrlässigkeit) zeigen, dass der Gesetzgeber einem Verstoß gegen das Arbeitsgenehmigungsrecht ein erhebliches Gewicht beimisst (vgl. BT-Drs. 13/4941, 222).

II. Objektiver Tatbestand

21   Der Bußgeldtatbestand knüpft an das Verbot der Beschäftigung eines Ausländers ohne Aufenthaltstitel (§ 4 Abs. 3 S. 1 AufenthG) oder ohne Arbeitsgenehmigung-EU (§ 284 Abs. 1) an. Der **Begriff der Beschäftigung** bezeichnet ein tatsächliches Verhalten, so dass etwa der Abschluss eines Arbeitsvertrages noch nicht darunter fällt. Ob eine Beschäftigung vorliegt, ist im Einzelfall in Abgrenzung zur genehmigungsfreien selbstständigen Tätigkeit und zur unentgeltlichen Gefälligkeit zu ermitteln. In der Regel darf die Beschäftigung erst aufgenommen werden, wenn der Arbeitnehmer im Besitz des Aufenthaltstitels

oder der schriftlich erteilten Arbeitsgenehmigung-EU ist (vgl. auch BGH wistra 1988, 158). Demgemäß ist nach § 284 Abs. 2 S. 2 die Genehmigung vor Aufnahme der Beschäftigung einzuholen.

1. Genehmigungspflicht der Beschäftigung. a) Grundsätze. Für **Ausländer** gilt grds. ein prä-   **22** ventives **Verbot der Beschäftigung mit Erlaubnisvorbehalt** (Achenbach/Ransiek/Rönnau Wirt-schaftsStR-HdB/*Mosbacher* Teil 12 Kap. 5 Rn. 12 mwN). Sinn und Zweck der Genehmigungspflicht ist die Kontrolle und Steuerung der Beschäftigung von Ausländern im Bundesgebiet aus arbeitsmarkt-politischen Gründen, um die bei einer unkontrollierten Beschäftigung ausländischer Arbeitnehmer zu befürchtenden nachteiligen Auswirkungen auf den inländischen Arbeitsmarkt zu verhindern. Der gesetzliche Vermittlungs- und Beschäftigungsvorrang deutscher Arbeitssuchender und diesen gleich-gestellter Ausländer soll hierdurch wirksam gewährleistet, Ausländerbeschäftigung und Aufnahmefähig-keit des Arbeitsmarktes sollen stärker in Einklang gebracht werden (vgl. BT-Drs. 13/4941, 206). Die Zulassung ausländischer Beschäftigter hat sich an den Erfordernissen des Wirtschaftsstandorts Deutsch-land unter Berücksichtigung der Verhältnisse auf dem Arbeitsmarkt und dem Erfordernis zu orientieren, die Arbeitslosigkeit wirksam zu bekämpfen (vgl. § 18 Abs. 1 S. 1 AufenthG). Die Ahndbarkeit wegen illegaler Ausländerbeschäftigung setzt voraus, dass der betreffende Ausländer nicht über die für die jeweilige Tätigkeit erforderliche **Genehmigung** verfügt. Entscheidend kommt es also darauf an, ob der betreffende Ausländer (persönlicher Anwendungsbereich) sowie die betreffende Tätigkeit (sachlicher Anwendungsbereich) der Genehmigungspflicht unterliegt und eine etwa erforderliche Genehmigung wirksam erteilt, noch nicht abgelaufen, erloschen oder widerrufen ist.

b) Persönlicher Anwendungsbereich. Der persönliche Anwendungsbereich der Genehmigungs-   **23** pflicht ergibt sich entweder aus § 4 Abs. 3 AufenthG oder aus § 284 Abs. 1 S. 1. Nach § 4 Abs. 3 S. 1 AufenthG dürfen Ausländer eine Erwerbstätigkeit nur ausüben, wenn der Aufenthaltstitel sie dazu berechtigt. Gemäß § 4 Abs. 3 S. 2 AufenthG dürfen Ausländer nur beschäftigt oder mit anderen entgeltlichen Dienst- oder Werkleistungen beauftragt werden, wenn sie einen solchen Aufenthaltstitel besitzen. **Ausländer** ist nach § 2 Abs. 1 AufenthG jeder, der nicht Deutscher im Sinne des Art. 116 Abs. 1 GG ist, also auch ein Staatenloser oder jemand mit ungeklärter Staatsangehörigkeit. § 284 Abs. 1 normiert die Genehmigungspflicht bei der Beschäftigung von Staatsangehörigen (und ihren Familien-angehörigen) von Kroatien, das zum 1.7.2014 der EU beigetreten ist, soweit nach Maßgabe des EU-Beitrittsvertrages noch Übergangsregelungen hinsichtlich der Arbeitnehmerfreizügigkeit Anwendung finden (also bis höchstens 2020).

Der Grundsatz der Genehmigungspflicht für alle im Bundesgebiet aufhältlichen Ausländer gemäß § 4   **24** Abs. 3 AufenthG findet nach § 1 Abs. 2 AufenthG keine Anwendung auf Ausländer, deren Rechts-stellung vom dem Gesetz über die allgemeine Freizügigkeit von Unionsbürgern geregelt ist. Dabei handelt es sich um **Unionsbürger** und ihre freizügigkeitsberechtigten Familienangehörigen sowie Staatsangehörige der EWR-Staaten Island, Liechtenstein und Norwegen (vgl. §§ 1, 12 FreizügG/EU); hinzukommen aufgrund des mit der EU und deren Mitgliedstaaten geschlossenen Freizügigkeitsabkom-mens Staatsbürger der Schweiz und ihre Familienangehörigen. Nicht anwendbar ist § 4 Abs. 3 Auf-enthG nach § 1 Abs. 2 AufenthG auch auf Ausländer, die nach § 18 bis § 20 GVG nicht der deutschen Gerichtsbarkeit unterliegen oder die nach Maßgabe völkerrechtlicher Verträge für den diplomatischen und konsularischen Verkehr und für die Tätigkeit internationaler Organisationen und Einrichtungen von bestimmten Beschränkungen befreit sind.

Grds. ist also die Beschäftigung von Staatsbürger der Unions- und EWR-Staaten sowie ihrer freizügig-   **25** keitsberechtigten Familienangehörigen genehmigungsfrei. Die Befreiung von der Genehmigungspflicht gilt seit 1.5.2011 auch für die Bürger der zum 1.5.2005 neu beigetretenen **osteuropäischen Mitglied-staaten der EU,** auf die zuvor bis zum 30.4.2011 nach Maßgabe des EU-Beitrittsvertrages abweichende Regelungen als Übergangsregelungen der Arbeitnehmerfreizügigkeit Anwendung fanden (Estland, Lett-land, Litauen, Polen, Ungarn, Tschechische Republik, Slowakische Republik und Slowenien). Für Unionsbürger der am 1.1.2007 der EU neu beigetretenen Staaten **Bulgarien und Rumänien** gilt seit 1.1.2014 die volle Arbeitnehmerfreizügigkeit; zuvor war für deren Beschäftigung zumeist eine Arbeits-erlaubnis- bzw. Arbeitsberechtigung-EU erforderlich. Für Unionsbürger und ihre freizügigkeitsberech-tigten Familienangehörigen aus dem zum 1.7.2014 der Europäischen Union beigetretenen Mitgliedstaat **Kroatien** galten bis 30.6.2015 Sonderregelungen gemäß § 284 Abs. 1 (soweit nach Maßgabe des EU-Beitrittsvertrages abweichende Regelungen als Übergangsregelungen der Arbeitnehmerfreizügigkeit Anwendung finden), weshalb sie auch nicht von der Arbeitsgenehmigungspflicht bei unselbstständiger Beschäftigung befreit waren (vgl. auch *Kraft/Adamski* NZBau 2011, 321 (323)). War ein solcher Beitrittsstaatsangehöriger vor dem 1.1.2007 (bei den oben genannten Staaten vor dem 1.5.2004 bzw. bei Kroatien vor dem 1.7.2014) bereits mindestens zwölf Monate auf dem deutschen Arbeitsmarkt zugelassen, genießt er allerdings ab dem Beitrittsdatum Arbeitnehmerfreizügigkeit (VGH Kassel InfAuslR 2004, 425; vgl. auch *Westphal/Stoppa* InfAuslR 2004, 133). Aufgrund des zum 30.6.2015, 1.1.2014 bzw. 1.5.2011 wirksam werdenden Eintritts voller Arbeitnehmerfreizügigkeit für die Staatsangehörigen der genannten osteuropäischen Staaten stellt sich die Frage, ob bis dahin begangene Ordnungswidrigkeiten oder Straftaten aufgrund des Vorrangs milderen Rechts straf- oder ahndungsfrei bleiben (so *Fromm* WiRO 2011, 114; *Thuengerthal/Geißer* NZWiSt 2014, 412; *Thuengerthal/Rothenhöfer* wistra 2014, 417;

aA allerdings BGH wistra 2012, 28; 2014, 23; OLG Bamberg wistra 2014, 199 f.; *Mosbacher* NStZ 2015, 255). Dies ist nicht der Fall, weil es sich entweder um eine bloße Änderung des persönlichen Anwendungsbereichs handelt, was keine iSv § 2 Abs. 3 StGB oder § 4 Abs. 3 OWiG relevante Änderung des Norminhalts darstellt (vgl. hierzu näher *Mosbacher* wistra 2005, 54; *Mosbacher* NStZ 2015, 255; BGHSt 50, 105; BGH NStZ 2005, 408; OLG Celle NStZ-RR 2008, 245 (246)), oder aufgrund der von vornherein beschränkten zeitlichen Geltung der Genehmigungspflicht um ein Zeitgesetz im Sinne von § 2 Abs. 4 StGB, das auch nach dem Außerkrafttreten weiter anzuwenden ist. Entscheidend kommt es deshalb allein darauf an, ob die Beschäftigung des betreffenden Ausländers zur Tatzeit genehmigungspflichtig war und ob in diesem Fall der erforderliche Genehmigung vorlag oder nicht (ausf. hierzu *Mosbacher* NStZ 2015, 255). Familienangehörige von EU- und EWR-Bürgern, die Angehörige eines Drittstaats sind, genießen nur unter besonderen Bedingungen Freizügigkeit und benötigen dann keine Genehmigung für ihre Beschäftigung (vgl. §§ 2 ff. FreizügG/EU). Wer etwa als Ehegatte oder unterhaltspflichtiges Kind bei einem EU-Bürger im Bundesgebiet wohnt, ist nach § 2 Abs. 2 Nr. 7 iVm § 3 FreizügG/EU gemeinschaftsrechtlich freizügigkeitsberechtigt, weshalb auf ihn die Vorschriften des AufenthG über die Genehmigungspflicht einer Beschäftigung keine Anwendung finden (§ 1 Abs. 2 Nr. 1 AufenthG).

26   Die europarechtliche Freizügigkeit für Dienstleistungen aus anderen EU-Staaten erfordert ein Entfallen der Genehmigungspflicht auch für **Drittausländer,** die als **Werkarbeitnehmer** bei einem im EU-Ausland ansässigen Unternehmen beschäftigt sind und eine Arbeitsgenehmigung dieses Staates besitzen (vgl. *Gutmann* AnwBl 2000, 482 ff.). Gleiches gilt für den grenzüberschreitenden Personen- und Güterverkehr: Wer als Arbeitnehmer einer Firma mit Sitz in einem EU- Staat über die dort erforderliche Arbeitsgenehmigung verfügt, soll nicht noch zusätzlich um die entsprechende Erlaubnis in einem anderen Mitgliedstaat nachsuchen müssen. Es soll vielmehr ausreichen, dass die entsprechende Tätigkeit im Sitzstaat des Unternehmens rechtmäßig ist (vgl. BayObLG NStZ-RR 2002, 342 (343); vgl. zur „EU-Fahrerbescheinigung" auch *Windhorst* NZV 2004, 281 ff.). Die näheren Einzelheiten dieser Dienstleistungserbringung durch Drittstaatsangehörige regelt nunmehr (seit 1.7.2013) § 21 BeschV. Danach bedarf keiner Zustimmung die Erteilung eines Aufenthaltstitels an Personen, die von einem Unternehmen mit Sitz in einem Mitgliedstaat der Europäischen Union oder einem Vertragsstaat des Abkommens über den Europäischen Wirtschaftsraum in dem Sitzstaat des Unternehmens ordnungsgemäß beschäftigt sind und zur Erbringung einer Dienstleistung vorübergehend in das Bundesgebiet entsandt werden. Gemäß § 30 Nr. 3 BeschV gilt eine Tätigkeit nach § 21 BeschV, die von Ausländerinnen und Ausländern, die in einem anderen Mitgliedstaat der Europäischen Union die Rechtsstellung eines langfristig Aufenthaltsberechtigten innehaben, bis zu drei Monate innerhalb eines Zeitraums von zwölf Monaten ausgeübt werden, nicht als Beschäftigung iSd AufenthG. Eine derartige Tätigkeit ist deshalb genehmigungsfrei.

27   Besonderheiten können sich aufgrund der Rechtsprechung des EuGH zur unmittelbaren Geltung des Assoziationsratsbeschlusses v. 19.9.1980 (ARB 1/80, vgl. hierzu die Allgemeinen Anwendungshinweise des *Bundesministeriums des Innern* v. 2.5.2002: AAH-ARB 1/80) für **türkische Arbeitnehmer** ergeben; unter bestimmten Voraussetzungen nehmen sie an der europarechtlichen Freizügigkeit teil. Nach der stRspr des EuGH besitzen Art. 6 Abs. 1 und Art. 7 ARB 1/80 in den Mitgliedsstaaten der EU unmittelbare Wirkung (grundlegend: EuGH Slg. 1990, I-3461; vgl. auch EuGH InfAuslR 2003, 41). Türkische Staatsangehörige, die die dort genannten Voraussetzungen erfüllen, also etwa nach vier Jahren ordnungsgemäßer Beschäftigung freien Zugang zu jeder gewählten Beschäftigung haben, genießen kraft Gesetzes ein Recht auf Aufenthalt und Arbeit (Nr. 2.1.1 AAH-ARB 1/80). Die Erwerbstätigkeit eines solchermaßen begünstigten türkischen Arbeitnehmers oder eines Familienangehörigen ist – sofern die Voraussetzungen der Art. 6 oder Art. 7 ARB 1/80 vorliegen – ohne weiteres erlaubt und deshalb nicht genehmigungspflichtig. Unter welchen Voraussetzungen das assoziationsrechtliche Recht auf Aufenthalt und Erwerbstätigkeit entsteht, kann im Einzelfall schwierig festzustellen sein. IE wird hierfür auf die umfangreichen Allgemeinen Anwendungshinweise des Bundesministeriums des Innern (insbes. Nr. 2 und 3 AAH-ARB 1/80) sowie die einschlägigen Kommentierungen verwiesen. Bei der Frage, welches Recht auf türkische Arbeitnehmer Anwendung findet, gilt nach der Rechtsprechung des EuGH Art. 41 Abs. 1 des Zusatzprotokolls zum Assoziierungsabkommen EWG/Türkei unmittelbar (EuGH NVwZ-Beil 2000, 139). Danach ist den Mitgliedstaaten die Einführung neuer nationaler Beschränkungen in der Niederlassungsfreiheit und dem Aufenthaltsrecht der türkischen Staatsangehörigen ab dem Zeitpunkt des Inkrafttretens des Protokolls (1.1.1973) verboten. Gleiches gilt für die in der Vorschrift ebenfalls genannte Dienstleistungsfreiheit. Ob türkische Arbeitnehmer – wie etwa bei einer deutschen Firma angestellte LKW-Fahrer im grenzüberschreitenden Verkehr – einer Arbeitsgenehmigung bedürfen oder nicht, ist durch einen Vergleich mit der am 1.1.1973 geltenden Rechtslage festzustellen. Ergibt sich dabei, dass die entsprechende Tätigkeit nach der am 1.1.1973 geltenden Rechtslage keiner Genehmigung bedurfte, ist die Beschäftigung auch heute erlaubnisfrei (LSG BW NVwZ-Beil. 2000, 152).

28   Nach der Systematik des Aufenthaltsrechts sind einzelne Tätigkeiten oder Tätigkeiten einzelner Personen nicht genehmigungspflichtig, weil sie **nicht als Beschäftigung iSd AufenthG gelten.** Die aufgrund der Ermächtigung in § 42 Abs. 1 Nr. 4 AufenthG ergangene Grundnorm in § 30 BeschV besagt, dass Tätigkeiten nach § 3 BeschV (Führungskräfte), die bis zu sechs Monaten innerhalb eines

Zeitraums von zwölf Monaten ausgeübt werden, sowie Tätigkeiten nach den §§ 5, 14–18, 19 Abs. 1 sowie den §§ 20, 22 und 23 BeschV, die bis zu drei Monate innerhalb eines Zeitraums von zwölf Monaten ausgeübt werden, sowie Dienstleistungserbringungen nach § 21 BeschV binnen des gleichen Zeitraums oder Tätigkeiten von Personen, die nach den §§ 23–30 AufenthV vom Erfordernis eines Aufenthaltstitels befreit sind, nicht als Beschäftigung im Sinne des AufenthG gelten. In persönlicher Hinsicht genehmigungsfrei ist demnach unter bestimmten Voraussetzungen insbesondere die Beschäftigung von zivilem Flugpersonal, zivilem Schiffspersonal, von Personen bei den Vertretungen ausländischer Staaten, von freizügigkeitsberechtigten Schweizer Staatsbürgern, von Rettungsfliegern und Durchreisenden. Auf die Vorschriften sei hier wegen der Einzelheiten verwiesen; iE sind die Ausnahmetatbestände nicht unkompliziert formuliert. Zwar nimmt § 284 nicht unmittelbar auf diese Ausnahmeregelungen Bezug. Deren Anwendbarkeit ergibt sich jedoch aus dem in § 284 Abs. 6 S. 1 normierten Günstigkeitsprinzip.

c) Sachlicher Anwendungsbereich. Der sachliche Anwendungsbereich der Genehmigungspflicht 29 ergibt sich zum einen aus dem Begriff der Beschäftigung, denn nur diese ist genehmigungspflichtig. Der **Begriff der Beschäftigung** ist in § 7 Abs. 1 S. 1 SGB IV definiert; diese Definition gilt gemäß § 1 Abs. 1 S. 2 SGB IV auch für die Vorschriften über die Arbeitsförderung, also auch für §§ 284, 404. Auf § 7 SGB IV verweist auch § 2 Abs. 2 AufenthG. Nach § 7 Abs. 1 S. 1 SGB IV ist Beschäftigung die nichtselbstständige Arbeit, insbesondere in einem Arbeitsverhältnis. Anhaltspunkte für eine Beschäftigung sind nach § 7 Abs. 1 S. 2 SGB IV eine Tätigkeit nach Weisungen und eine Eingliederung in die Arbeitsorganisation des Weisungsgebers. Unter Beschäftigung iSv § 284 Abs. 1 und § 4 Abs. 3 AufenthG ist damit jede Art abhängiger Tätigkeit im Rahmen eines privatrechtlichen Ausbildungs-, Arbeits- oder Heimarbeitsverhältnisses zu verstehen (Achenbach/Ransiek/Rönnau WirtschaftsStR-HdB/*Mosbacher* Teil 12 Kap. 5 Rn. 12 mwN). Arbeitnehmer und damit jedenfalls Beschäftigter im Sinne von § 284 Abs. 1 und § 4 Abs. 3 AufenthG ist nach der Definition der Rspr. jeder, der aufgrund eines privatwirtschaftlichen Vertrages im Dienste eines anderen zur Leistung weisungsgebundener, fremdbestimmter Arbeit in persönlicher Abhängigkeit verpflichtet ist (BAG NZA 2004, 808; OLG Hamm NStZ-RR 1998, 121).

Abzugrenzen ist diese Art abhängiger Beschäftigung demnach entsprechend den besonderen Um- 29a ständen des Einzelfalls von der **selbstständigen Tätigkeit** und der unentgeltlichen **Gefälligkeit.** Anhaltspunkte für ein genehmigungsfreies Gefälligkeitsverhältnis sind Unentgeltlichkeit und fehlende Dienstverpflichtung. Beides kann etwa vorliegen, wenn ein unentgeltlich aufgenommener Gast sich lediglich für die ihm gewährte Kost und Logis durch Erbringung von Hilfeleistungen revanchiert (OLG Hamm NStZ-RR 2001, 180 f.). Allerdings können Sachbezüge wie Unterkunft und Verpflegung auch ein Entgelt für eine genehmigungspflichtige Beschäftigung darstellen, weil es auf die Form der Gegenleistung für die Frage der Entgeltlichkeit grds. nicht ankommt (KG BeckRS 2014, 10294). Wird keinerlei Entgelt gezahlt, liegt kein Beschäftigungsverhältnis vor; bei der Beschäftigung naher Verwandter muss ein Entgelt demnach über bloße Unterhaltsleistungen deutlich hinausgehen (OLG Hamm NStZ 2008, 532). Ist die Vereinbarung über die Unentgeltlichkeit der Beschäftigung nach zivilrechtlichen Grundsätzen unwirksam und hätte ein Entgelt bezahlt werden müssen, kann allerdings eine (unerlaubte) Beschäftigung vorliegen (vgl. OLG Oldenburg NStZ-RR 2010, 217). Die persönliche Abhängigkeit eines Arbeitnehmers, die ihn vom Selbstständigen unterscheidet, ist wesentlich darin begründet, dass er seine Tätigkeit nicht frei gestalten und seine Arbeitszeit nicht frei bestimmen kann, sondern einem Zeit, Dauer, Ort und Art der Arbeitsausführung umfassenden Weisungsrecht seines Arbeitgebers unterliegt. Notwendig ist eine Gesamtschau der hierzu im Arbeits- und Sozialrecht entwickelten Abgrenzungskriterien (vgl. Ignor/Mosbacher ArbStrafR-HdB/*Mosbacher* § 4 Rn. 30 mwN). Auf den Umfang der vereinbarten Beschäftigung kommt es für die Frage der Genehmigungspflicht grds. nicht an, weil ein Arbeitsverhältnis auch nur für die Dauer von einigen Tagen begründet werden kann. Die Genehmigungspflicht betrifft nur eine **Beschäftigung im Inland.** Die §§ 284 ff. und § 4 Abs. 3 AufenthG bezwecken allein den Schutz des inländischen Arbeitsmarkts.

Ausnahmen in sachlicher Hinsicht: Eine wesentliche Einschränkung der Genehmigungspflicht in 30 sachlicher Hinsicht ergibt sich aus § 30 Nr. 2 BeschV. Die **Befreiungstatbestände** nach § 30 Nr. 2 BeschV iVm §§ 5, 14–18, 19 Abs. 1 sowie den §§ 20, 22 und 23 BeschV betreffen nur **Tätigkeiten, die bis zu drei Monate** innerhalb eines Zeitraums von zwölf Monaten im Bundesgebiet ausgeübt werden und folgenden Inhalt haben:

Die Tätigkeit durch das wissenschaftliche Personal von Hochschulen und von Forschungs- und Entwicklungseinrichtungen, durch Gastwissenschaftlerinnen und Gastwissenschaftler an einer Hochschule oder an einer öffentlich-rechtlichen oder überwiegend aus öffentlichen Mitteln finanzierten oder als öffentliches Unternehmen in privater Rechtsform geführten Forschungseinrichtung, durch Ingenieurinnen und Ingenieure sowie Technikerinnen und Techniker als technische Mitarbeiterinnen und Mitarbeiter im Forschungsteam einer Gastwissenschaftlerin oder eines Gastwissenschaftlers, durch Lehrkräfte öffentlicher Schulen oder staatlich genehmigter privater Ersatzschulen oder anerkannter privater Ergänzungsschulen oder durch Lehrkräfte zur Sprachvermittlung an Hochschulen (§ 5 BeschV); Beschäftigungen, die nicht in erster Linie dem Erwerb dienen, sondern vorwiegend aus karitativen oder religiösen

Gründen getätigt werden oder innerhalb eines gesetzlich geregelten oder von der Europäischen Gemein-schaftaufgelegten freiwilligen Dienstes erbracht werden, und Ferienbeschäftigungen von Studierenden und Schülern ausländischer Hochschulen und Fachschulen, die von der Bundesagentur für Arbeit vermittelt worden sind (§ 14 BeschV); Praktika zu Weiterbildungszwecken unter bestimmten Voraus-setzungen (§ 15 BeschV); Saisonbeschäftigungen in der Landwirtschaft und in Sägewerken, wenn diese aufgrund einer Absprache mit der Bundesagentur für Arbeit vermittelt worden sind (§ 15a BeschV); Schaustellergehilfen, wenn diese aufgrund einer Absprache mit der Bundesagentur für Arbeit vermittelt worden sind; Haushaltshilfen und Pflegekräfte, wenn diese aufgrund einer Absprache mit der Bundes-agentur für Arbeit vermittelt worden sind (§ 15c BeschV); Geschäftsreisende unter bestimmten Voraus-setzungen (§ 16 BeschV); Fachkräfte eines international tätigen Konzerns, die im Inland betrieblich weitergebildet werden (§ 17 BeschV); für einen ausländischen Arbeitgeber tätige Journalisten, deren Tätigkeit vom Presse- und Informationsamt der Bundesregierung anerkannt ist oder die unter Beibehal-tung ihres Auslandswohnsitzes nur vorübergehend im Inland tätig werden (§ 18 BeschV); die Tätigkeit der von ihrem ausländischen Arbeitgeber für bis zu drei Monate innerhalb eines Zeitraums von zwölf Monaten in das Inland entsandten Arbeitnehmer, die entweder gewerblichen Zwecken dienende Maschinen, Anlagen und Programme der elektronischen Datenverarbeitung, die bei ihrem Arbeitgeber bestellt worden sind, aufstellen oder montieren, in ihre Bedienung einweisen, sie warten oder reparieren (§ 19 Abs. 1 S. 1 Nr. 1 BeschV, vgl. zu den häufigen Abgrenzungsproblemen bei Montagearbeiten *Rixen* BB 2001, 1681 ff.), die erworbene Maschinen, Anlagen und sonstige Sachen abnehmen oder in ihre Bedienung eingewiesen werden (§ 19 Abs. 1 S. 1 Nr. 2 BeschV, vgl. zum Begriff der „Abnahme" BayObLG EZAR 311 Nr. 1), die eine erworbene, gebrauchte Anlage zum Zweck des Wiederaufbaus im Sitzstaat des Arbeitgebers demontieren (§ 19 Abs. 1 S. 1 Nr. 3 BeschV), die unternehmenseigene Messestände oder Messestände für ein im Sitzstaat des Arbeitgebers ansässiges ausländisches Unterneh-men auf- und abbauen oder betreuen (§ 19 Abs. 1 S. 1 Nr. 4 BeschV) oder die im Rahmen von Exportlieferungs- und Lizenzverträgen einen Betriebslehrgang absolvieren (§ 19 Abs. 1 S. 1 Nr. 5 BeschV); bei Nr. 1 und 3 ist Voraussetzung der Befreiung jedoch, dass der Arbeitgeber der Bundes-agentur für Arbeit die Beschäftigungen vor deren Aufnahme angezeigt hat (§ 19 Abs. 1 S. 2 BeschV); die Tätigkeit des Fahrpersonals eines Arbeitgebers im Ausland im grenzüberschreitenden Güterverkehr, soweit das Unternehmen seinen Sitz in einem EU- oder EWR-Staat hat und dem Arbeitgeber für seine Drittstaatsangehörige eine Fahrerbescheinigung ausgestellt wurde oder – für eine Dauer von bis zu drei Monaten in einem Jahr – soweit das Unternehmenseinen Sitz in einem anderen Staat hat und das Fahrzeug im Sitzstaat des Arbeitgebers zugelassen ist (vgl. hierzu auch *Windhorst* NZV 2004, 281 ff.); dies gilt im grenzüberschreitenden Personenverkehr mit Omnibussen ohne Fahrerbescheinigungen auch dann, wenn das Fahrzeug im Inland zugelassen ist (§ 20 Abs. 1 BeschV); im grenzüberschreitenden Schienenverkehr gelten diese Bestimmungen ohne Fahrerbescheinigungen auch ungeachtet der Zulas-sung des Fahrzeuges (§ 20 Abs. 2 BeschV); Personen einschließlich des Hilfspersonals, die unter Beibe-haltung ihres Wohnsitzes im Ausland in Vorträgen oder Darbietungen von besonderem wissenschaftli-chen oder künstlerischen Wert oder bei Darbietungen sportlichen Charakters tätig werden (§ 22 Nr. 1 BeschV); die Tätigkeit im Rahmen von Festspielen oder Musik- und Kulturtagen, im Rahmen von Gastspielen oder von ausländischen Film- und Fernsehproduktionen (§ 22 Nr. 2 BeschV); Tagesdarbie-tungen bis zu 15 Tage im Jahr (§ 7 Nr. 3 BeschV; vgl. zum Begriff der Tagesdarbietung BayObLG EZAR Nr. 355 Nr. 15); die Tätigkeit von mindestens 16 Jahre alten Berufssportlern oder Berufstrainern bei einem Einsatz in deutschen Sportvereinen oder vergleichbaren sportlichen Einrichtungen, sofern ein bestimmtes Bruttogehalt gezahlt wird und die sportliche Qualifikation von Verbandsseite bestätigt wird (§ 22 Nr. 4 BeschV; vgl. zu Berufsfußballern VG Aachen InfAuslR 2001, 234 f.; SG Münster InfAuslR 2000, 504; zu Sportlern allg. *Wiehe/Schmuck* NJW 2010, 481 ff.); die Tätigkeit von Fotomodellen, Werbetypen, Mannequins und Dressmen, wenn der Arbeitgeber der Bundesagentur für Arbeit die Beschäftigungen vor deren Aufnahme angezeigt hat (§ 22 Nr. 5 BeschV); die Tätigkeit von Reiseleitern mit Wohnsitz im Ausland bei der Betreuung ausländischer Reisegruppen (§ 22 Nr. 6 BeschV); die Tätigkeit von Dolmetschern mit Wohnsitz im Ausland bei der Teilnahme an Besprechungen oder Verhandlungen (§ 22 Nr. 6 BeschV); die Tätigkeit von den jeweiligen Organisationskomitees akkreditierten Teilnehmer internationaler Sportveranstaltungen, soweit die Bundesregierung Durch-führungsgarantien übernommen hat, insbesondere die Tätigkeit der Repräsentanten, der Spieler, der offiziellen Verbandspartner, der offiziellen Lizenzpartner und der Medienvertreter einschließlich des technischen Personal (§ 23 BeschV).

31   **2. Vorliegen einer wirksamen Genehmigung.** Die erforderliche Genehmigung ist **vor der Auf-nahme der Beschäftigung** einzuholen (§ 284 Abs. 2). Der Abschluss eines Arbeitsvertrages bleibt ebenso genehmigungsfrei wie dessen Anbahnung. Ist eine Genehmigung erforderlich, kann sie entweder als Aufenthaltstitel nach § 4 Abs. 3 AufenthG oder als Arbeitsgenehmigung-EU nach § 284 Abs. 1 erteilt worden sein. Ausreichend sind jedoch auch eine Aufenthaltsgestattung (§ 55 AsylVfG) oder Duldung (§ 60a AufenthG), wenn diese ausdrücklich zur Ausübung der Beschäftigung berechtigen (vgl. § 61 Abs. 2 AsylVfG, § 32 BeschV; vgl. auch § 15 Abs. 1 AÜG). In dem Genehmigungsverfahren ist nach §§ 39–41 AufenthG grds. die Bundesagentur für Arbeit zu beteiligen; deren Zustimmung ist für die Erteilung eines Aufenthaltstitels notwendig, wenn dieser dem Ausländer die Ausübung einer Beschäftigung erlaubt (§ 39 Abs. 1 S. 1 AufenthG). Nur eine wirksam erteilte und im Beschäftigungszeitraum noch wirksame Arbeitsgenehmigung (auch in Form eines Aufenthaltstitels) berechtigt zur genehmigungspflichtigen Beschäftigung eines Ausländers. Erlischt die Arbeitsgenehmigung oder der Aufenthaltstitel, liegt ab diesem Zeitpunkt eine Beschäftigung ohne erforderliche Arbeitsgenehmigung vor (zu den Erlöschensgründen und Beschränkungsmöglichkeiten näher Ignor/Mosbacher ArbStrafR-HdB/*Mosbacher* § 4 Rn. 47 ff.).

Die Erteilung eines Aufenthaltstitels oder eine Arbeitsgenehmigung-EU kann aus verschiedenen **32** Gründen **rechtswidrig** sein, wobei sich jeweils die Frage stellt, ob die Genehmigung gleichwohl wirksam ist oder nicht. Nach den allgemeinen verwaltungsrechtlichen Grundsätzen (vgl. für das Verwaltungsverfahren nach dem SGB III die §§ 39 ff. SGB X; für das sonstige Verwaltungsverfahren §§ 43 ff. VwVfG) ist ein Verwaltungsakt auch dann wirksam, wenn er etwa durch Täuschung, Drohung oder Bestechung erlangt wurde. Dies ergibt sich im Umkehrschluss aus § 48 Abs. 2 S. 3 Nr. 1 VwVfG bzw. § 45 Abs. 2 Nr. 1 SGB X (vgl. BGHSt 50, 105 zur „Tatbestandswirkung von Verwaltungsakten"; Täuschung durch bewusste Falschangaben zur Lohnhöhe: BayObLG NStZ-RR 1996, 278 f.). Ein in dieser Weise rechtswidrig ergangener Verwaltungsakt kann lediglich gemäß § 48 VwVfG zurückgenommen werden. Anders als im Aufenthaltsrecht (§ 95 Abs. 2 Nr. 2 AufenthG) gibt es im Arbeitsgenehmigungsrecht allerdings keinen Straftatbestand, der die Erlangung einer Arbeitsgenehmigung-EU iSv § 284 durch Falschangaben sanktioniert (näher hierzu *Schnabel* wistra 2005, 446 (447 ff.)), oder bei Erschleichen eines Aufenthaltstitels dies dem Handeln ohne Aufenthaltstitel gleichstellt (vgl. § 95 Abs. 6 AufenthG). Von Anfang an unwirksam ist die Erteilung einer Arbeitsgenehmigung nur dann, wenn die Nichtigkeitsgründe des § 44 Abs. 1, Abs. 2 VwVfG vorliegen (hierzu näher Ignor/Mosbacher ArbStrafR-HdB/*Mosbacher* § 4 Rn. 45). Enthält die Arbeitsgenehmigung eine vom Gesetz nicht vorgesehene Beschränkung, ist sie zwar rechtswidrig, aber nicht nichtig, was sich mildernd auf die zu verhängende Geldbuße auswirken muss (BayObLG NStZ-RR 1999, 182 f.).

Ein Verstoß gegen § 404 Abs. 2 Nr. 3 kann auch dann vorliegen, wenn zwar eine Arbeitsgenehmi **33** gung-EU oder ein entsprechender Aufenthaltstitel vorliegt, die ausgeübte Beschäftigung aber nicht von der Genehmigung gedeckt wird (Zweifel hat hieran – allerdings zu Unrecht – *Schnabel* wistra 2005, 446 ff.). Die Zustimmung zur Ausländerbeschäftigung kann nach § 39 Abs. 4 AufenthG die **Dauer** und die berufliche Tätigkeit festlegen sowie die Beschäftigung auf bestimmte Betriebe oder Bezirke **beschränken** (vgl. hierzu iE Ignor/Mosbacher ArbStrafR-HdB/*Mosbacher* § 4 Rn. 49).

Die **Arbeitserlaubnis-EU** kann im Gegensatz zur grds. unbeschränkten **Arbeitsberechtigung-EU 34** nach § 284 Abs. 3 iVm § 39 Abs. 4 AufenthG befristet und zudem auf bestimmte Betriebe, Berufsgruppen, Wirtschaftszweige oder Bezirke beschränkt und je nach Lage des Arbeitsmarktes nur für eine bestimmte Tätigkeit in einem bestimmten Betrieb erteilt werden. Wer einen ausländischen Arbeitnehmer außerhalb dieses Geltungsbereichs oder in einem nicht von der Genehmigung erfassten Betrieb bzw. mit einer nicht gestatteten Tätigkeit beschäftigt, kann sich nach § 404 Abs. 2 Nr. 3 ordnungswidrig verhalten, weil eine für die konkrete Tätigkeit erforderliche Genehmigung nicht vorliegt (vgl. OLG Hamm NJW 1974, 2100; OLG Düsseldorf NStZ-RR 2000, 89 (90); zweifelnd *Schnabel* wistra 2005, 446 ff.).

3. Täterschaft und Teilnahme. Täter einer solchen Ordnungswidrigkeit kann nach dem Einheits- **35** täterbegriff des § 14 OWiG jeder sein, der sich an der Ordnungswidrigkeit beteiligt, sofern es zu einer rechtswidrigen Verwirklichung des Tatbestandes kommt. Wer also den Arbeitgeber zu einer illegalen Beschäftigung anstiftet oder ihm dabei behilflich ist, kann ebenfalls als Täter einer Ordnungswidrigkeit nach § 404 Abs. 2 Nr. 3 mit einer Geldbuße belegt werden. Erforderlich ist hierfür, dass eine für die Verwirklichung des Bußgeldtatbestandes ursächliche oder zumindest fördernde Beteiligung vorsätzlich begangen wurde und auch eine vorsätzliche Verletzung des Tatbestandes durch den Arbeitgeber vorliegt (BGHSt 31, 309; Lemke/Mosbacher OWiG § 14 Rn. 4; BGH wistra 2001, 189 f.). Bei einem bloß fahrlässigen Tatbeitrag oder einer nur fahrlässigen Verwirklichung des Tatbestandes durch den Arbeitgeber kommt lediglich eine fahrlässige Nebentäterschaft in Betracht (Göhler/*Gürtler* OWiG § 14 Rn. 7 mwN). Die nach der Tatbestandsfassung notwendigerweise in das Tatgeschehen einbezogenen Personen (notwendige Beteiligte) sind nicht nach § 14 OWiG verantwortlich, sofern sich ihr Handeln auf das bloße Mitwirken an der vorausgesetzten Tatbestandsverwirklichung beschränkt (Göhler/*Gürtler* OWiG § 14 Rn. 8). Der ausländische Arbeitnehmer kann also grds. nicht wegen der Beteiligung an einem Verstoß gegen § 404 Abs. 2 Nr. 3 zur Verantwortung gezogen werden. Er begeht aber selbst eine Ordnungswidrigkeit nach § 404 Abs. 2 Nr. 4.

Der **Entleiher von Arbeitnehmern** gilt gemäß § 10 Abs. 1 AÜG als Arbeitgeber, wenn der **36** Verleiher nicht die nach § 1 AÜG erforderliche Erlaubnis hat, weil dann nach § 9 Nr. 1 AÜG der Vertrag zwischen Verleiher und Leiharbeitnehmer unwirksam ist und nach § 10 Abs. 1 S. 1 AÜG ein Arbeitsverhältnis zwischen dem Entleiher und dem Arbeitnehmer als zustande gekommen gilt (vgl. zur Abgrenzung der unerlaubten Arbeitnehmerüberlassung zu einem Werkvertrag die Leitsatzentscheidung BGH NJW 2003, 1821 ff.). Eine nach § 1b S. 1 AÜG unzulässige Arbeitnehmerüberlassung im Baugewerbe führt hingegen nicht zu einem Arbeitsverhältnis zwischen Entleiher und Leiharbeitnehmer (vgl.

BAGE 120, 352). Fehlt die erforderliche Erlaubnis, kommt für den Entleiher eine Ordnungswidrigkeit nach § 16 Abs. 1 Nr. 1a AÜG in Tateinheit mit eine Tat nach § 404 Abs. 2 Nr. 3 und nicht nach § 16 Abs. 1 Nr. 2 AÜG in Betracht (vgl. BGH wistra 1988, 27; BayObLG wistra 1995, 278). Bei legaler Arbeitnehmerüberlassung kann sich der Entleiher dagegen nach § 15a AÜG strafbar machen oder eine OWi nach § 16 Abs. 1 Nr. 2 AÜG begehen, wenn er Ausländer im Rahmen der Leiharbeit tätig werden lässt, die nicht über eine hierfür erforderliche Genehmigung verfügen.

III. Vorsatz und Fahrlässigkeit

37   **1. Vorsatz.** Der **Vorsatz** besteht im Wissen und Wollen der zum gesetzlichen Tatbestand gehörenden objektiven Merkmale. Das intellektuelle Wissenselement und das voluntative Willenselement sind bei den drei üblicherweise unterschiedenen Vorsatzformen unterschiedlich stark ausgeprägt. Ein vorsätzliches Handeln liegt etwa vor, wenn der Arbeitgeber gerade darauf abzielt, einen Ausländer ohne Arbeitsgenehmigung-EU bzw. ohne Aufenthaltstitel zu beschäftigen, etwa weil er nur deshalb einen niedrigeren Lohn zahlen kann (Absicht), sicher weiß, dass der ausländische Arbeitnehmer keine Arbeitsgenehmigung-EU bzw. keinen Aufenthaltstitel besitzt, obgleich er eine solche für diese Art von Tätigkeit benötigt (sicheres Wissen), oder ernsthaft mit der Möglichkeit rechnet, dass der ausländische Arbeitnehmer nicht im Besitz einer erforderlichen Genehmigung ist, und dies billigend in Kauf nimmt oder sich zumindest um des erstrebten Ziel willen damit abfindet, etwa weil er auf jeden Fall billige Arbeitskräfte beschäftigen will (bedingter Vorsatz, Eventualvorsatz).

Im Einzelfall kann ein vorsätzliches Handeln des Arbeitgebers schwer nachweisbar sein, weil den Behörden im Bestreitensfalle selten geeignete Beweismittel wie etwa belastende Zeugenaussagen des ausländischen Arbeitnehmers oder anderer Beschäftigter oder eindeutige schriftliche Aufzeichnungen des Arbeitgebers zur Verfügung stehen. Gerade die betreffenden ausländischen Arbeitnehmer fallen häufig als mögliche Zeugen für ein Bußgeld- oder Strafverfahren aus, weil sie beim Fehlen eines gültigen Aufenthaltstitels oftmals in ihr Heimatland ab- oder zurückgeschoben werden oder freiwillig dorthin ausreisen, um einer Abschiebung zu entgehen. In solchen und in sonstigen **zweifelhaften Fällen** wird die Verwaltungsbehörde Ordnungswidrigkeiten regelmäßig nicht wegen vorsätzlichen, sondern wegen **fahrlässigen Verstoßes** gegen § 404 Abs. 2 Nr. 3 verfolgen. Eine Wahlfeststellung zwischen vorsätzlichem und fahrlässigem Handeln kommt nicht in Betracht, so dass der verbleibenden Zweifeln Fahrlässigkeit anzunehmen ist (Lemke/Mosbacher OWiG § 10 Rn. 9).

38   **2. Irrtumslehre.** Ein vorsätzliches Handeln liegt gemäß § 11 Abs. 1 OWiG nicht vor, wenn der Täter bei der Begehung einer Handlung einen Umstand nicht kennt, der zum gesetzlichen Tatbestand gehört. Zu unterscheiden ist dieser **Irrtum** über Tatbestandsmerkmale, der den Vorsatz ausschließt (Tatbestandsirrtum), von der infolge Rechtsirrtums fehlenden Einsicht, etwas Unerlaubtes zu tun (§ 11 Abs. 2 OWiG: Verbotsirrtum). Die Abgrenzung beider Bereiche ist gerade im Ordnungswidrigkeitenrecht schwierig. Zu den Tatbestandsmerkmalen gehören grds. sämtliche Umstände, die in die Tatbestandsbeschreibung ausdrücklich aufgenommen sind, gleich ob es sich um rechtliche oder tatsächliche Merkmale handelt (Lemke/Mosbacher OWiG § 11 Rn. 6). Im Rahmen des § 404 Abs. 2 Nr. 3 gehören hierzu die Merkmale „Beschäftigung" und „Ausländer" sowie aufgrund der Inbezugnahme auch der Inhalt von § 4 Abs. 3 S. 1 AufenthG und § 284 Abs. 1. Ein **Irrtum über die Arbeitgebereigenschaft** – etwa in Fällen der Scheinselbstständigkeit – soll nach der Rspr. des BGH bei Tatsachenkenntnis regelmäßig ein bloßer Verbotsirrtum sein (BGH wistra 2010, 29).

39   In den Fällen des **Irrtums über das Genehmigungserfordernis** ist nach der Rspr. des BGH differenzierend nach den jeweils in Betracht kommenden Tatbeständen zu entscheiden. Dabei kommt es darauf an, ob die Genehmigung nur der Kontrolle eines im Allgemeinen sozialadäquaten Verhaltens dienen soll und die Tat ihren Unwert erst aus dem Fehlen der Genehmigung herleitet – Tatbestandsirrtum – oder ob es sich um ein grds. wertwidriges Verhalten handelt, das im Einzelfall aufgrund der Genehmigung erlaubt ist – Verbotsirrtum (BGH NStZ 1993, 594 (595); wistra 2003, 65). Die Genehmigungspflicht bei der Ausländerbeschäftigung stellt ein präventives Verbot mit Erlaubnisvorbehalt, kein repressives Verbot mit Befreiungsvorbehalt dar (GK-SGB III/*Sprung* § 284 Rn. 2). Die Beschäftigung eines Ausländers im Bundesgebiet ist daher kein grds. wertwidriges Verhalten, sondern leitet ihren Unwert erst aus dem Fehlen der erforderlichen Genehmigung her. Handelt es sich bei dem verwaltungsrechtlichen Verbot – wie hier – um ein präventives Verbot mit Erlaubnisvorbehalt, stellt die Unkenntnis von der Genehmigungspflicht regelmäßig einen Tatbestandsirrtum dar (OLG Frankfurt a. M. StraFo 2006, 78). Ein Irrtum über die Erforderlichkeit eines Aufenthaltstitels oder einer Arbeitsgenehmigung, der sich im Gegensatz zum unbeachtlichen Subsumtionsirrtum im Rahmen der tatsächlichen Grundlagen und der Parallelwertung in der Laiensphäre bewegt, dürfte sich daher regelmäßig als Tatbestandsirrtum darstellen (vgl. Göhler/*Gürtler* OWiG § 11 Rn. 21 mwN).

40   Wer etwa aufgrund falscher Angaben des Arbeitnehmers irrtümlich davon ausgeht, dass dieser Deutscher ist, handelt gemäß § 11 Abs. 1 S. 1 OWiG nicht vorsätzlich, weil er nicht weiß, dass er einen Ausländer beschäftigt. Wenn dieser **Irrtum auf Fahrlässigkeit beruht,** etwa weil der Arbeitgeber sich trotz mangelnder Sprachkenntnis des Arbeitnehmers der Einsicht verschließt, dass der Arbeitnehmer

ausländischer Staatsangehöriger sein könnte, kommt allenfalls eine Ahndung als fahrlässige Tat in Betracht (vgl. § 11 Abs. 1 S. 2 OWiG). Wer dagegen in Unkenntnis der Genehmigungspflicht denkt, Ausländer benötigten generell keine Arbeitserlaubnis, irrt sich lediglich über die gesetzliche Wertung und ist nur dann gemäß § 11 Abs. 2 OWiG entschuldigt, wenn er diesen Irrtum nicht vermeiden konnte. Denkt der Arbeitgeber, sein aus Serbien stammender Arbeitnehmer benötige keine Arbeitserlaubnis, weil Serbien schon zur EU gehöre, irrt er sich im Tatsächlichen (EU-Zugehörigkeit von Serbien) und subsumiert richtig, weil EU-Bürger keine Arbeitsgenehmigung benötigen. In diesem Fall liegt daher ein vorsatzausschließender Tatbestandsirrtum nahe.

Gerade im Bereich der Ordnungswidrigkeiten kommt dem **Verbotsirrtum** ein besonderer Stellen- 41 wert zu, weil er hier sehr viel häufiger als im Strafrecht anzutreffen ist (Göhler/*Gürtler* OWiG § 11 Rn. 21). Nach § 11 Abs. 2 OWiG handelt derjenige nicht vorwerfbar, dem die Einsicht fehlt, etwas Unerlaubtes zu tun, weil er insbesondere das Bestehen oder die Anwendbarkeit einer Rechtsvorschrift nicht kennt, und er diesen Irrtum nicht vermeiden konnte. Für die Einsicht, etwas Unerlaubtes zu tun, genügt ein laienhaftes oder latentes Wissen, die Handlung könne gegen rechtliche Normen verstoßen (Lemke/Mosbacher OWiG § 11 Rn. 15). Auch bei Unrechtszweifeln kann eine Unrechtseinsicht vorliegen, weil nur das Fehlen der Vorstellung, Unerlaubtes zu tun, bei Unvermeidbarkeit des Irrtums zum Vorsatzausschluss führen kann (Lemke/Mosbacher OWiG § 11 Rn. 16).

Für die **Nichtvermeidbarkeit** kommt es darauf an, ob dem Betroffenen aufgrund seiner Persönlich- 42 keit, seinem Bildungsgrad und seiner Stellung im Lebens- und Berufskreis nach Lage der Dinge Bedenken hinsichtlich der Zulässigkeit seines Handelns kommen mussten (Lemke/Mosbacher OWiG § 11 Rn. 18). Sobald Anlass zu Zweifeln an der Zulässigkeit des Handelns besteht, trifft den Betroffenen eine Prüfungs- und Erkundigungspflicht, deren Ausmaß von der Größe und Bedeutung des Unternehmens abhängt (Lemke/Mosbacher OWiG § 11 Rn. 18; Göhler/*Gürtler* OWiG § 11 Rn. 26). Prüfungs- und Erkundigungspflichten bestehen dann nicht, wenn die zuständige Verwaltungsbehörde gegen ein objektiv rechtswidriges Verhalten trotz Kenntnis der Sachlage nicht einschreitet, weil der Betroffene dann darauf vertrauen kann, dass er sich nicht unerlaubt verhält (Göhler/*Gürtler* OWiG § 11 Rn. 24 mwN; vgl. hierzu auch *Hofmann/Mosbacher* NStZ 2006, 249 (251); diesen Gesichtspunkt übersieht im Rahmen der Fahrlässigkeitsprüfung wohl BayObLG NStZ-RR 1998, 250 (251), das eine Erkundigungspflicht aus Ingerenz annimmt).

3. Fahrlässigkeit. Fahrlässig handelt, wer einen Tatbestand rechtswidrig und vorwerfbar verwirklicht, 43 ohne die Verwirklichung zu erkennen oder zu wollen (Fischer StGB § 15 Rn. 12a). Eine solche unbewusste oder ungewollte, aber pflichtwidrige Tatbestandsverwirklichung liegt vor, wenn der Täter diejenige Sorgfalt, zu der er nach den Umständen und seinen persönlichen Fähigkeiten verpflichtet und imstande ist, außer Acht lässt und deshalb entweder die Möglichkeit einer Tatbestandsverwirklichung nicht voraussieht (unbewusste Fahrlässigkeit) oder sie zwar voraussieht, aber pflichtwidrig darauf vertraut, dass sie nicht eintreten werde (bewusste Fahrlässigkeit; Göhler/*Gürtler* OWiG § 10 Rn. 6; Lemke/Mosbacher OWiG § 10 Rn. 7). Die einzelnen Elemente der Fahrlässigkeitsprüfung sind im Regelfall bei Tätigkeitsdelikten die vorliegenden objektive Pflichtwidrigkeit, die objektive Vorhersehbarkeit der Tatbestandsverwirklichung und die subjektive Vorhersehbarkeit und Vermeidbarkeit der Tatbestandsverwirklichung (Lemke/Mosbacher OWiG § 10 Rn. 10 ff. mwN).

Regelmäßig **indiziert** bei Tätigkeitsdelikten wie der illegalen Ausländerbeschäftigung ohne Arbeits- 44 genehmigung-EU bzw. ohne Aufenthaltstitel die Verwirklichung des Bußgeldtatbestandes die objektive **Pflichtwidrigkeit des Handelns,** weil die zu erfüllenden Sorgfaltspflichten gerade von dem Bußgeldtatbestand festgelegt werden (Göhler/*Gürtler* OWiG § 10 Rn. 9; Lemke/Mosbacher OWiG § 10 Rn. 8). Bei Tätigkeitsdelikten regelmäßig unproblematisch ist auch die notwendige objektive Vorhersehbarkeit der Tatbestandsverwirklichung, die nur ausnahmsweise bei außergewöhnlichen Umständen entfällt (Lemke/Mosbacher OWiG § 10 Rn. 12). In subjektiver Hinsicht erfordert der Fahrlässigkeitsvorwurf, dass der konkrete Täter nach seinen individuellen persönlichen Fähigkeiten bei Begehung der Tat in der Lage war, die Tatbestandsverwirklichung zu erkennen und zu vermeiden (Göhler/*Gürtler* OWiG § 10 Rn. 14; Lemke/Mosbacher OWiG § 10 Rn. 15). Bei der Prüfung des subjektiven Fahrlässigkeitsvorwurfs können persönliche Beeinträchtigungen wie etwa Intelligenzmängel, Gedächtnisschwächen, Wissenslücken, Erfahrungsmängel oder Altersabbau beachtlich sein (Göhler/*Gürtler* OWiG § 10 Rn. 14; Lemke/Mosbacher OWiG § 10 Rn. 15). Wer sich allerdings in Kenntnis dieser Schwächen auf Handlungen einlässt, die er voraussehbar nicht meistern kann, kann gerade dadurch vorwerfbar fahrlässig handeln (Übernahmeverschulden; Göhler/*Gürtler* OWiG § 10 Rn. 14; Lemke/Mosbacher OWiG § 10 Rn. 15). Ein des Lesens nicht kundiger Arbeitgeber kann also auch dann fahrlässig handeln, wenn er ein für ihn nicht entzifferbares Stück Papier ohne weiteres als Arbeitsgenehmigung akzeptiert.

Die Rspr. hat folgende **Grundsätze zur Fahrlässigkeit der ungenehmigten Ausländerbeschäf-** 45 **tigung** aufgestellt (anhand des alten Rechts): „Der Arbeitgeber, der einen Ausländer beschäftigen will, der zur Arbeitsaufnahme eine Genehmigung gem. § 284 benötigt, hat vor dessen Beschäftigung zu prüfen, ob der Betreffende im Besitz einer Arbeitserlaubnis nach § 285 oder einer Arbeitsberechtigung nach § 286 ist. Ferner hat er ihren Inhalt zur Kenntnis zu nehmen, um eine etwaige inhaltliche oder zeitliche Beschränkung beachten zu können. Der Arbeitgeber verstößt deswegen in aller Regel zumindest fahrlässig gegen § 404 Abs. 2 Nr. 2, wenn er einen Ausländer beschäftigt, der von Anfang an nicht im Besitz einer Genehmigung nach § 284 war oder wenn er bei dessen Beschäftigung die inhaltlichen oder zeitlichen Schranken einer solchen Genehmigung nicht einhält. Dagegen ist er im Allgemeinen nur aus konkretem Anlass, nicht dagegen ganz allgemein und in regelmäßigen Zeitabständen zu der Prüfung verpflichtet, ob eine derartige Genehmigung abweichend von ihrem ursprünglichen Inhalt von der Arbeitsverwaltung und im Nachhinein zeitlich und/oder inhaltlich beschränkt oder etwa widerrufen wurde oder ob sie zwischenzeitlich erloschen ist" (BayObLG NStZ-RR 2000, 339). Nunmehr normiert § 4 Abs. 3 S. 4 AufenthG ausdrücklich Prüfpflichten bei der unmittelbaren Beschäftigung und Beauftragung von Ausländern: „Wer im Bundesgebiet einen Ausländer beschäftigt oder mit nachhaltigen entgeltlichen Dienst- oder Werkleistungen beauftragt, die der Ausländer auf Gewinnerzielung gerichtet ausübt, muss prüfen, ob die Voraussetzungen nach Satz 2 oder Satz 3 vorliegen." Durch die Einführung dieser Prüfpflicht wollte der Gesetzgeber ausdrücklich den Maßstab der Fahrlässigkeit im Sinne des § 404 konkretisieren. Zudem muss der Arbeitgeber nach § 4 Abs. 3 S. 5 AufenthG für die Dauer der Beschäftigung eines Ausländers eine Kopie des Aufenthaltstitels oder der Bescheinigung über die Aufenthaltsgestattung oder über die Aussetzung der Abschiebung des Ausländers in elektronischer Form oder in Papierform aufbewahren.

IV. Rechtsfolgen

46   Die vorsätzliche Zuwiderhandlung wird mit Geldbuße bis zu 500.000 EUR geahndet (§ 404 Abs. 3), die fahrlässige gemäß § 17 Abs. 2 OWiG im Höchstsatz mit 250.000 EUR. Grundlage für die Zumessung der Geldbuße sind nach § 17 Abs. 3 OWiG die Bedeutung der Ordnungswidrigkeit und der Vorwurf, der den Täter trifft. Die Bedeutung der Ordnungswidrigkeit bemisst sich unter anderem nach dem mit ihr einhergehenden wirtschaftlichen Vorteil für den Betroffenen (vgl. zum Umfang der hier erforderlichen Feststellungen OLG Hamm GewArch 2002, 424). Der Bußgeldrichter muss sich deshalb in den Urteilsgründen ausreichend mit den wirtschaftlichen Verhältnissen des Betroffenen beschäftigen sowie eingehend erörtern, welchen **wirtschaftlichen Vorteil** der Betroffene aus der illegalen Beschäftigung des ausländischen Arbeitnehmers gezogen hat (vgl. OLG Hamm PStR 2002, Beilage 1 zu Heft 3).

47   Wer einen Ausländer als Arbeitnehmer beschäftigt hat, dem die Ausübung einer Erwerbstätigkeit nach dem AufenthG oder dem SGB III nicht erlaubt war, haftet gemäß § 66 Abs. 4 AufenthG für die Kosten der Abschiebung (§ 58 AufenthG) oder Zurückschiebung (§ 57 AufenthG) des Ausländers, und zwar noch vor dem Ausländer selbst (vgl. § 66 Abs. 4 S. 3 AufenthG). Eine Ausnahme von dem **Grundsatz der Kostenhaftung** besteht allerdings infolge fehlender Verweisung für Unionsbürger und ihre freizügigkeitsberechtigten Familienangehörigen (vgl. § 1 Abs. 2 Nr. 1 AufenthG iVm § 11 FreizügG/EU; näher *Mosbacher* wistra 2005, 54). Voraussetzung der Kostenhaftung ist nicht, dass die Beschäftigung als Ordnungswidrigkeit oder Straftat nach dem SGB III, dem SchwarzArbG oder dem AufenthG geahndet wird. Nach den tatsächlichen Verhältnissen muss es sich bei der Tätigkeit des Ausländers um eine abhängige, fremdbestimmte Arbeitsleistung handeln, was die Rechtsprechung etwa bei einem verhältnismäßig selbstständig arbeitenden und nur kurz beschäftigten Obstpflücker ebenso angenommen hat wie bei einer am Umsatz beteiligten Animierdame (Renner/Bergmann/Dienelt/*Bauer* AufenthG § 66 Rn. 11 mwN; LG Darmstadt NJW 1996, 1913 – Putzhilfe). Arbeitgeber im Sinne des § 66 Abs. 4 AufenthG ist ein solcher im arbeitsrechtlichen Sinne.

48   Die **Haftung entfällt** nach § 66 Abs. 4a AufenthG, wenn der Arbeitgeber seinen Prüfpflichten nach § 4 Abs. 3 S. 4 und 5 AufenthG (→ Rn. 45) sowie seiner Meldepflicht nach § 28a SGB IV iVm den §§ 6, 7 und 13 der Datenerfassungs- und -übermittlungsVO oder nach § 18 AEntsG nachgekommen ist, es sei denn, er hatte Kenntnis davon, dass der Aufenthaltstitel oder die Bescheinigung über die Aufenthaltsgestattung oder die Aussetzung der Abschiebung des Ausländers gefälscht war. Ein Verschulden von Angestellten wird dem Arbeitgeber gemäß § 278 BGB zugerechnet. Zwischen dem zur Beschäftigung genutzten unerlaubten Aufenthalt und der Abschiebung muss ein **Zusammenhang** in der Art bestehen, dass gerade der illegale Aufenthalt Grund für die Abschiebung war, woran es etwa fehlen kann, wenn nach Beschäftigungsende eine zwischenzeitliche Aufenthaltslegalisierung erfolgte (BVerwGE 59, 13 (15 ff.)). Nicht erforderlich ist, dass gerade die Beschäftigung für die Nichtausreise des Ausländers und die folgende Abschiebung mitursächlich war (BVerwG NVwZ 1987, 1086).

49   Mehrere Arbeitgeber haften als **Gesamtschuldner.** Die Verwaltungsbehörde muss nicht sämtliche in Betracht kommenden Kostenschuldner ermitteln. Sie entscheidet nach pflichtgemäßem Ermessen, wen sie als Kostenschuldner in Anspruch nimmt (BVerwGE 59, 13 (18 f.); VGH Kassel NVwZ-RR 1995, 111). Die vom Arbeitgeber zu tragenden **Kosten** umfassen nach § 67 Abs. 1 AufenthG die notwendigen Beförderungs- und sonstigen Reisekosten, die bei der Vorbereitung und Durchführung der Ab- oder Zurückschiebung entstehenden Verwaltungskosten einschließlich der Kosten für Abschiebehaft, für Übersetzungen, für die Unterbringung, die Verpflegung und die sonstige Versorgung des Ausländers sowie sämtliche für eine erforderliche Begleitung entstehenden Kosten einschließlich der Personalkosten. Dass schon eine geringfügige Beschäftigung ein erhebliches Kostenrisiko in sich trägt, zeigt eine Entscheidung des OVG Lüneburg, wonach einem Arbeitgebergewinn iHv 50–60 DM Abschiebekosten

iHv fast 5.000 DM gegenüberstanden und das Gericht dies nicht für unverhältnismäßig hielt (OVG Lüneburg EZAR 137 Nr. 12). Wegen der vom Gesetz bezweckten Abschreckung kommt eine Kostenhaftung auch bei einer nur stundenweisen Beschäftigung oder einer Beschäftigung über sehr kurze Zeit in Betracht (LG Darmstadt NJW 1996, 1913). Die Kosten werden von der nach §71 AufenthG zuständigen Behörde durch Leistungsbescheid gemäß §87 Abs. 3 AufenthG in Höhe der tatsächlichen Kosten erhoben. Die Ansprüche verjähren gemäß §70 Abs. 1 AufenthG sechs Jahre nach Fälligkeit.

Weitere Rechtsfolge ist nach Maßgabe des §21 Abs. 1 S. 1 Nr. 1 SchwarzArbG der regelmäßige **50** **Ausschluss von öffentlichen Aufträgen,** wenn der Arbeitgeber wegen einer Ordnungswidrigkeit nach §404 Abs. 1 oder Abs. 2 Nr. 3 mit einer Geldbuße von mindestens 2.500 EUR belegt worden ist. Seit 26.11.2011 regelt ein neuer Abschnitt im AufenthG weitere **Rechtsfolgen bei illegaler Beschäftigung.** Nach §98a AufenthG ist der Arbeitgeber bei illegaler Ausländerbeschäftigung regelmäßig zur Zahlung der vereinbarten Vergütung verpflichtet, wobei vermutet wird, dass der Arbeitgeber den Ausländer drei Monate beschäftigt hat (vgl. auch §7 Abs. 4 SGB IV). Für die Erfüllung der Zahlungspflichten können auch vorgeschaltete Unternehmer oder Generalunternehmer haften, sofern sie nicht sorgfältig geprüft haben. Nach §98b AufenthG können bei nicht ganz unerheblichen Verstößen gegen §404 Abs. 2 Nr. 3 oder §§10 ff. SchwarzArbG Subventionen abgelehnt werden; einen Ausschluss von der Vergabe öffentlicher Aufträge in diesen Fällen normiert §98c AufenthG.

V. Konkurrenzen

Die fahrlässige Beschäftigung mehrerer ausländischer Arbeitnehmer in unterschiedlichen Zeiträumen **51** in einem unmittelbaren räumlichen und zeitlichen Zusammenhang ohne eine erforderliche Arbeitsgenehmigung kann eine einzige Gesetzesverletzung im Sinne einer natürlichen **Handlungseinheit** im Sinne des §19 OWiG darstellen, wenn der Vorwurf darauf beruht, dass der Arbeitgeber sich aus fortwährender Nachlässigkeit nicht hinreichend über die gesetzlichen Bestimmungen informiert hat bzw. sich die Beschäftigungen als Verletzung derselben betriebsbezogenen Pflicht aus einheitlicher Motivation darstellen (OLG Bamberg NStZ-RR 2014, 154; OLG Hamm NStZ 2000, 487 (488); OLG Braunschweig NdsRpfl 2000, 236; vgl. auch OLG Düsseldorf NStZ-RR 2000, 89 (90) zur Tatmehrheit). In einem derartigen Fall wird nach Auffassung des OLG Bamberg durch den Erlass eines Bußgeldbescheides die einheitliche prozessuale Tat iSd §264 StPO auch dann nicht unterbrochen, wenn bei dem Betroffenen bis zu diesem Zeitpunkt von einem unvermeidbaren Verbotsirrtum auszugehen ist; mangels Zäsur sei dann auch der Zeitraum nach Erlass des Bußgeldbescheides Gegenstand der tatrichterlichen Urteilsfindung (OLG Bamberg NStZ-RR 2014, 154). Mit durch die Beschäftigung begangenen Verstößen gegen das AufenthG oder AsylVfG besteht in der Regel Tateinheit. Der Verstoß gegen §404 Abs. 2 Nr. 3 und das Vorenthalten von Arbeitnehmerbeiträgen zur Sozialversicherung nach §266a StGB sind mehrere Taten im verfahrensrechtlichen Sinne (BGH NStZ 1988, 77; StV 1990, 295; OLG Nürnberg wistra 2012, 450; OLG Hamm BeckRS 2011, 08307; aA OLG Oldenburg BeckRS 2010, 17931; OLG Stuttgart NStZ 1982, 514), weshalb regelmäßig Tatmehrheit insoweit und auch in Hinblick auf Verstöße gegen §370 AO vorliegen dürfte.

E. Vorsätzliche oder fahrlässige Ausübung einer Beschäftigung ohne Arbeitsgenehmigung-EU oder ohne Aufenthaltstitel (Abs. 2 Nr. 4)

Diese Vorschrift stellt das **Spiegelbild zur illegalen Ausländerbeschäftigung** gemäß §404 Abs. 2 **52** Nr. 3 dar und entspricht dem früheren §229 Abs. 1 Nr. 1 AFG. Wegen der Einzelheiten kann im Wesentlichen auf die Kommentierung zu §404 Abs. 2 Nr. 3 verwiesen werden (→ Rn. 20 ff.). Die beträchtliche Erhöhung der Bußgeldhöchstgrenze von 1.000 DM auf nunmehr 5.000 EUR gemäß §404 Abs. 3 hat der Gesetzgeber mit der Notwendigkeit begründet, dem Unrechtsgehalt dieser Ordnungswidrigkeit Rechnung zu tragen (BT-Drs. 13/4941, 156). Für Ordnungswidrigkeiten des Arbeitgebers kann der ausländische Arbeitnehmer regelmäßig nicht als Beteiligter im Sinne des §14 Abs. 1 OWiG zur Mitverantwortung gezogen werden, weil es sich hierbei um einen Fall der notwendigen Teilnahme handelt (vgl. Göhler/*Gürtler* OWiG §14 Rn. 8; Lemke/*Mosbacher* OWiG §14 Rn. 7).

Wie bei §404 Abs. 2 Nr. 3 erfordert der Tatbestand eine **Beschäftigung** entgegen §284 Abs. 1 **53** oder entgegen §4 Abs. 3 AufenthG, so dass keine Ordnungswidrigkeit vorliegen kann, wenn der betreffende Ausländer aufgrund seines ausländerrechtlichen Status oder der Art der ausgeübten Tätigkeit von der Genehmigungspflicht befreit ist. Die Ausübung der Beschäftigung betrifft ein rein tatsächliches Verhalten, das in der konkreten Art und Weise nach Zeit, Ort, Betrieb und Art der Beschäftigung der erteilten Genehmigung entsprechen muss (vgl. OLG Hamm NJW 1974, 2100). Wegen der weiteren Einzelheiten wird auf die Erläuterungen zu §404 Abs. 2 Nr. 3 verwiesen (→ Rn. 20 ff.).

Für den Ausländer kann mangelnde Rechtskenntnis und die Herkunft aus einem Kulturkreis, der **54** entsprechende Rechtsvorschriften nicht vorsieht, Ursache für einen **Verbotsirrtum** sein (vgl. näher *Laubenthal/Baier* GA 2000, 205 ff.). Im Rahmen der Unvermeidbarkeitsprüfung wird es regelmäßig auf die besonderen Umstände des Einzelfalls ankommen. Zwar ist es durchaus fraglich, ob ein Ausländer beim Eintritt in die deutsche Rechtsgemeinschaft verpflichtet ist, sich über deren allgemeines Normgefüge zu orientieren (*Laubenthal/Baier* GA 2000, 205 (220)). Im Regelfall wird die fehlende Kenntnis von der Genehmigungspflicht aber auf Fahrlässigkeit beruhen, da die Beschäftigung von Ausländern wohl in fast allen Ländern erheblichen Einschränkungen unterworfen sein dürfte und nach Deutschland einreisender Ausländer nicht davon ausgehen kann, dass gerade hier solche Beschränkungen nicht bestehen.

55   Die vorsätzliche Zuwiderhandlung wird mit **Geldbuße** bis zu 5.000 EUR geahndet (§ 404 Abs. 3), die fahrlässige gemäß § 17 Abs. 2 OWiG im Höchstsatz mit 2.500 EUR. Gemäß § 55 Abs. 2 Nr. 2 AufenthG kann ein Ausländer ausgewiesen werden, der einen nicht nur vereinzelten oder geringfügigen Verstoß gegen Rechtsvorschriften begangen hat. Rechtsvorschriften in diesem Sinne sind auch die Vorschriften über die Notwendigkeit eines entsprechenden Aufenthaltstitels nach § 4 Abs. 3 AufenthG. Demgemäß kann eine Ordnungswidrigkeit nach § 404 Abs. 2 Nr. 4 einen **Ausweisungsgrund** darstellen, wenn der Verstoß gegen die Arbeitsgenehmigungspflicht häufiger vorkommt oder es sich um einen nicht unerheblichen Verstoß handelt. Da in Zeiten eines angespannten Arbeitsmarktes und des vermehrten Auftretens illegaler Beschäftigung ein erhebliches öffentliches Interesse an der Verhinderung illegaler Erwerbstätigkeit besteht (vgl. BVerwGE 61, 32), kommt uU schon beim einmaligen Verstoß gegen die Genehmigungspflicht eine Ausweisung aus generalpräventiven Gründen in Betracht, sofern es sich nicht um einen Bagatellverstoß handelt (vgl. aber auch VG Düsseldorf InfAuslR 2012, 362; VG München BeckRS 2011, 30313). Der Verstoß gegen die Genehmigungspflicht muss weder als Ordnungswidrigkeit geahndet noch schuldhaft begangen worden sein, weil es insoweit alleine auf die objektive Rechtswidrigkeit ankommt. Fehlendes Verschulden wie etwa im Fall der Täuschung über die Zulässigkeit der Erwerbstätigkeit durch den deutschen Arbeitgeber wird aber in der Regel auf die Geringfügigkeit des Verstoßes hindeuten und zumindest im Rahmen des Ermessens zu berücksichtigen sein (BVerwGE 61, 32; vgl. auch VG Düsseldorf InfAuslR 2012, 362). Weitere Rechtsfolge kann die Versagung der Zustimmung zur Ausländerbeschäftigung in einem späteren Genehmigungsverfahren gemäß § 40 Abs. 2 Nr. 1 AufenthG, der Widerruf der Zustimmung nach §§ 41, 40 Abs. 2 Nr. 2 AufenthG und in der Folge der Widerruf des entsprechenden Aufenthaltstitels nach § 52 Abs. 2 AufenthG sein.

F. Vorsätzliche oder fahrlässige Erteilung unrichtiger Auskünfte über Arbeitsbedingungen bei Ausländerbeschäftigung (Abs. 2 Nr. 5)

56   Begründet wurde die Einführung des Bußgeldtatbestandes in § 404 Abs. 2 Nr. 5 (bis 1.8.2002: Nr. 4) damit, dass unrichtige Angaben des Arbeitgebers über das Arbeitsentgelt, die Arbeitszeiten und die sonstigen Arbeitsbedingungen zu unrechtmäßiger Genehmigungen führen und hierdurch die Beschäftigungsmöglichkeiten für bevorrechtigte Arbeitnehmer erheblich beeinträchtigt werden (BT-Drs. 13/8012, 25). Ähnlich wie etwa bei § 95 Abs. 2 Nr. 2 AufenthG soll mit dieser Vorschrift die **Bußgeldlücke geschlossen** werden, die dadurch entsteht, dass eine mit Falschangaben erschlichene Genehmigung gleichwohl formell wirksam ist und die Ahndung wegen illegaler Ausländerbeschäftigung hindert (vgl. BayObLG NStZ-RR 1996, 278 f.; GK-SGB III/*Ambs* Rn. 59a). Gleichzeitig ergibt sich im Umkehrschluss, dass eine durch Täuschung erlangte Arbeitsgenehmigung grds. wirksam ist und die Anwendung von § 404 Abs. 2 Nr. 3 ausschließt (GK-SGB III/*Ambs* Rn. 59a; vgl. auch BGH NJW 2005, 2095 ff.).

57   Die **Tathandlung** besteht darin, dass entgegen § 39 Abs. 2 S. 3 AufenthG eine Auskunft nicht richtig erteilt wird. Gemäß § 39 Abs. 2 S. 3 AufenthG hat der Arbeitgeber, bei dem ein Ausländer beschäftigt werden soll, der dafür eine Zustimmung durch die Bundesagentur für Arbeit benötigt, Auskunft über Arbeitsentgelt, Arbeitszeiten und sonstige Arbeitsbedingungen zu erteilen. Diese Auskünfte über Arbeitsbedingungen (Oberbegriff) und hierbei insbesondere Arbeitsentgelt und Arbeitszeiten sind deshalb von Bedeutung, weil im Zustimmungsverfahren ua gemäß § 39 Abs. 2 S. 1 AufenthG geprüft werden muss, ob der Ausländer nicht zu ungünstigeren Bedingungen beschäftigt werden soll als vergleichbare deutsche Arbeitnehmer. **Falschauskünfte** über Arbeitsbedingungen im Verfahren zur Vergabe der **Arbeitsgenehmigung-EU** nach § 284 sind nach dieser Vorschrift nicht bußgeldbewehrt. Denn in § 39 Abs. 2 S. 3 AufenthG wird allein auf die für die Arbeitsgenehmigung-EU nicht passende Zustimmungspflicht abgestellt. § 404 Abs. 2 Nr. 5 verweist lediglich auf § 39 AufenthG, nicht aber auch auf § 284 Abs. 3. Vielmehr haben Gesetzesänderungen ausdrücklich § 284 Abs. 3 aus dem Anwendungsbereich von § 404 Abs. 2 Nr. 5 herausgenommen.

58   **Verweigert** der Arbeitgeber die entsprechenden **Angaben,** wird dies nicht von § 404 Abs. 2 Nr. 5 erfasst (GK-SGB III/*Sprung* § 284 Rn. 35). Die Behörde kann ihn allenfalls gemäß §§ 20 ff. SGB X im Rahmen der Amtsaufklärung als Zeugen nach § 21 Abs. 1 Nr. 2, Abs. 3 S. 1 SGB X hören, weil der Arbeitgeber zu Erteilung dieser Auskünfte verpflichtet ist. Von § 404 Abs. 2 Nr. 5 erfasst werden zudem weder Drohungen noch Falschangaben, die sich auf andere Tatsachen als Arbeitsbedingungen beziehen.

59   Unter den Begriff der **Arbeitsbedingungen** fallen alle Rechte und Pflichten, die für die Ausgestaltung des konkreten Arbeitsverhältnisses bestimmend sind wie etwa die Art der ausgeübten Tätigkeit, Einsatzorte, Urlaubsanspruch, Sachbezüge, Wohnungsgewährung, Zulagen, Kündigungsregelungen und Arbeitsplatzgestaltung (vgl. GK-SGB III/*Ambs* Rn. 59b). Da eine Auskunft im Gegensatz zur

Anzeige nur auf Verlangen des Arbeitsamts zu erteilen ist, muss dieses Auskunftsverlangen hinreichend bestimmt und klar sein, wofür eine schlichte Anfrage auch dann nicht reicht, wenn die Auskunftserteilung – wie hier – gesetzlich vorgeschrieben ist (GK-SGB III/*Ambs* Rn. 59c mwN). Ausreichend, aber auch notwendig ist mit Blick auf den Schutzzweck der Norm, dass die Falschangaben dem Arbeitsamt bekannt werden, weil in diesem Fall eine Beeinträchtigung der geschützten Rechtsgüter droht. Soweit die Falschauskunft den Adressaten nicht erreicht, handelt es sich gemäß § 13 Abs. 2 OWiG um einen folgenlosen Versuch. Ein Täuschungserfolg ist nach dem eindeutigen Wortlaut und auch in Hinblick auf den Normzweck nicht notwendig.

Die Ordnungswidrigkeit kann vorsätzlich und fahrlässig begangen werden, wobei **Fahrlässigkeit** bei 60 objektiven Falschangaben in aller Regel anzunehmen sein wird, da dem Arbeitgeber mit dem ausdrücklichen Auskunftsverlangen deutlich vor Augen geführt wird, dass er sich um eine wahrheitsgemäße Auskunft bemühen muss. Die vorsätzliche Zuwiderhandlung wird mit Geldbuße bis zu 30.000 EUR geahndet (§ 404 Abs. 3), die fahrlässige gemäß § 17 Abs. 2 OWiG im Höchstsatz mit 15.000 EUR. Weil ein Verstoß gegen die Auskunftspflicht dem Arbeitgeber noch keinen unmittelbaren Vermögensvorteil bringt, kann bei einer derartigen Ordnungswidrigkeit nicht der Verfall gemäß § 29a OWiG angeordnet werden (OLG Stuttgart NStZ-RR 2003, 121 f.).

665. Fünftes Buch Sozialgesetzbuch – Gesetzliche Krankenversicherung – (SGB V)

Vom 20. Dezember 1988 (BGBl. I S. 2477) FNA 860-5

Zuletzt geändert durch Art. 3 G zur Bekämpfung von Korruption im Gesundheitswesen vom 30.5.2016 (BGBl. I S. 1254)

– Auszug –

Vorbemerkung

1   Das SGB V regelt die Verhältnisse, Leistungen und Organisation der gesetzlichen Krankenkassen sowie ihre Rechtsbeziehungen zu Leistungsempfängern und weiteren Leistungserbringern.

§ 306 Zusammenarbeit zur Verfolgung und Ahndung von Ordnungswidrigkeiten

[1] **Zur Verfolgung und Ahndung von Ordnungswidrigkeiten arbeiten die Krankenkassen insbesondere mit der Bundesagentur für Arbeit, den Behörden der Zollverwaltung, den Rentenversicherungsträgern, den Trägern der Sozialhilfe, den in § 71 des Aufenthaltsgesetzes genannten Behörden, den Finanzbehörden, den nach Landesrecht für die Verfolgung und Ahndung von Ordnungswidrigkeiten nach dem Schwarzarbeitsbekämpfungsgesetz zuständigen Behörden, den Trägern der Unfallversicherung und den für den Arbeitsschutz zuständigen Landesbehörden zusammen, wenn sich im Einzelfall konkrete Anhaltspunkte ergeben für**

1. **Verstöße gegen das Schwarzarbeitsbekämpfungsgesetz,**
2. **eine Beschäftigung oder Tätigkeit von nichtdeutschen Arbeitnehmern ohne den erforderlichen Aufenthaltstitel nach § 4 Abs. 3 des Aufenthaltsgesetzes, eine Aufenthaltsgestattung oder eine Duldung, die zur Ausübung der Beschäftigung berechtigen, oder eine Genehmigung nach § 284 Abs. 1 des Dritten Buches,**
3. **Verstöße gegen die Mitwirkungspflicht nach § 60 Abs. 1 Satz 1 Nr. 2 des Ersten Buches gegenüber einer Dienststelle der Bundesagentur für Arbeit, einem Träger der gesetzlichen Unfall- oder Rentenversicherung oder einen Träger der Sozialhilfe oder gegen die Meldepflicht nach § 8a des Asylbewerberleistungsgesetzes,**
4. **Verstöße gegen das Arbeitnehmerüberlassungsgesetz,**
5. **Verstöße gegen die Vorschriften des Vierten und des Siebten Buches über die Verpflichtung zur Zahlung von Beiträgen, soweit sie im Zusammenhang mit den in den Nummern 1 bis 4 genannten Verstößen stehen,**
6. **Verstöße gegen Steuergesetze,**
7. **Verstöße gegen das Aufenthaltsgesetz.**

[2] **Sie unterrichten die für die Verfolgung und Ahndung zuständigen Behörden, die Träger der Sozialhilfe sowie die Behörden nach § 71 des Aufenthaltsgesetzes.** [3] **Die Unterrichtung kann auch Angaben über die Tatsachen enthalten, die für die Einziehung der Beiträge zur Kranken- und Rentenversicherung erforderlich sind.** [4] **Die Übermittlung von Sozialdaten, die nach den §§ 284 bis 302 von Versicherten erhoben werden, ist unzulässig.**

Literatur: *Becker/Kingreen,* SGB V, 4. Aufl. 2014 (zitiert Becker/Kingreen/*Bearbeiter*); *Hänlein/Kruse/Schuler,* Sozialgesetzbuch V, 4. Aufl. 2012 (zitiert Hänlein/Kruse/Schuler/*Bearbeiter*); Kasseler Kommentar zum Sozialversicherungsrecht, 88. EL 2015 (zitiert KassKomm/*Bearbeiter*); *Krauskopf,* Soziale Krankenversicherung, Pflegeversicherung, 89. EL 2015 (zitiert *Krauskopf*/Bearbeiter); *ohne Verf.,* Wirkungen des Ordnungswidrigkeiten- und Strafrechts auf das Handeln der Versicherungsträger, SVFAng 1992, 49 ff.

A. Entstehung und Normzweck der Vorschrift

I. Entstehung

1   Die Vorschrift entspricht § 317b RVO. Der später hinzugefügte S. 4 stellt klar, dass der Datenschutz des Zehnten Kapitels auch für die Zusammenarbeit der Krankenkassen mit anderen Behörden im Rahmen dieser Vorschrift gilt (vgl. Begr. RegE, BR-Drs. 200/88, 239 zu § 313). Die Hauptzollämter und Rentenversicherungsträger sind durch 1. SGB III-ÄndG (BT-Drs. 13/8653) mWv 1.1.1998 als zur Zusammenarbeit verpflichtete Stellen hinzugefügt worden. Zu weiteren Änderungen KassKomm/*Peters* Rn. 1.

II. Normzweck

§ 306 statuiert die Zusammenarbeit von Krankenkassen mit anderen Stellen bei Verfolgung und **2** Ahndung von Ordnungswidrigkeiten, wenn konkrete Anhaltspunkte für die in S. 1 Nr. 1–7 benannten Verstöße bestehen. Parallelvorschriften in den einzelnen Gesetzen stellen auch die reziproke Zusammenarbeit sicher. **Ziel der Vorschrift** ist nach der GBegr. die Bekämpfung von illegaler Beschäftigung, Beitragshinterziehung und Leistungsmissbrauch durch über die allgemeine Amtshilfe hinausgehende Zusammenarbeit und Unterrichtung (vgl. BT-Drs. 13/8653, 29).

B. Die einzelnen Regelungen

I. Zusammenarbeit, S. 1

§ 306 S. 1 stellt die **Zusammenarbeit** der Krankenkassen mit den in S. 1 Nr. 1–7 genannten Stellen **3** und Behörden sicher. Auch in einigen der in Bezug genommenen Vorschriften finden sich inhalts- oder sogar wortgleiche Normen, die ihrerseits eine reziproke Zusammenarbeit sicherstellen. Konkret sind dies §§ 2 Abs. 2, 6, 13 SchwarzArbG, § 23 Abs. 3 ArbSchG, § 90 Abs. 1, 2 AufenthG, § 18 AÜG, § 211 SGB VII, § 139b Abs. 7 u. 8 GewO. Eine Zusammenarbeit der Sozialleistungsträger ist darüber hinaus in weiteren sozialrechtlichen Vorschriften niedergelegt (vgl. § 86 SGB X; Befugnis zur Datenübermittlung in §§ 70, 71 SGB X).

Konkrete **Ausgestaltungsarten** der Zusammenarbeit sind in S. 1 nicht vorgegeben. Es kommen **4** diverse Formen der Zusammenarbeit in Betracht: Neben rein informatorischen Formen der Zusammenarbeit (Akteneinsicht, Übersendung von Akten, bloße Auskunftserteilung) sind zB auch gemeinsame Maßnahmen und Arbeitsgruppen bis hin zu Verwaltungsvereinbarungen über konkrete Formen der Zusammenarbeit denkbar (vgl. Krauskopf/*Baier* Rn. 4).

II. Unterrichtung, S. 2–4

§ 306 S. 2 statuiert neben der Pflicht zur Zusammenarbeit eine **Unterrichtungspflicht,** die über die **5** reine Amtshilfe hinausgeht. Bereits bei einem hinreichend konkreten Tatverdacht hinsichtlich der Erfüllung eines Bußgeldtatbestandes sind die Krankenkassen verpflichtet, den in S. 1 genannten Stellen entsprechende Mitteilungen zu machen. Wie die Behörde Kenntnis von entsprechenden Tatsachen erhält, ist grds. irrelevant.

Nach § 306 S. 3 können auch Tatsachen mitgeteilt werden, die für die Einziehung der Beiträge zur **6** Kranken- und Rentenversicherung erforderlich sind. Die Pflicht zur Zusammenarbeit und Unterrichtung ist jedoch beschränkt durch den Bezug zu konkreten Tatbeständen des insoweit abschließenden S. 1 (Krauskopf/*Baier* Rn. 5 f.). Eine Erstreckung auf andere OWi-Tatbestände findet nicht statt.

§ 306 S. 4 zieht die **Grenze der Kenntniserlangung** bei der Unterrichtungspflicht (→ Rn. 6) mit **7** dem Verbot der Übermittlung von Versicherten- und Leistungsdaten iSd §§ 284–302, so dass der gesetzgeberisch geforderten Einhaltung des Datenschutzes Genüge getan ist.

§ 307 Bußgeldvorschriften

(1) Ordnungswidrig handelt, wer entgegen § 291a Abs. 8 Satz 1 eine dort genannte Gestattung verlangt oder mit dem Inhaber der Karte eine solche Gestattung vereinbart.

(2) Ordnungswidrig handelt, wer vorsätzlich oder leichtfertig

1.
   a) als Arbeitgeber entgegen § 204 Abs. 1 Satz 1, auch in Verbindung mit Absatz 2 Satz 1, oder
   b) entgegen § 204 Abs. 1 Satz 3, auch in Verbindung mit Absatz 2 Satz 1, oder § 205 Nr. 3 oder
   c) als für die Zahlstelle Verantwortlicher entgegen § 202 Absatz 1 Satz 1
   eine Meldung nicht, nicht richtig, nicht vollständig oder nicht rechtzeitig erstattet,
2. entgegen § 206 Abs. 1 Satz 1 eine Auskunft oder eine Änderung nicht, nicht richtig, nicht vollständig oder nicht rechtzeitig erteilt oder mitteilt oder
3. entgegen § 206 Abs. 1 Satz 2 die erforderlichen Unterlagen nicht, nicht vollständig oder nicht rechtzeitig vorlegt.

(3) Die Ordnungswidrigkeit kann in den Fällen des Absatzes 1 mit einer Geldbuße bis zu fünfzigtausend Euro, in den übrigen Fällen mit einer Geldbuße bis zu zweitausendfünfhundert Euro geahndet werden.

Literatur: *Roßnagel/Hornung,* Forschung à la Card? Grenzen und Vorschläge für eine Nutzung der elektronischen Gesundheitskarte zur medizinischen Forschung, MedR 2008, 538.

A. Entstehung der Vorschrift

1   Die **geltende Fassung** des **Abs. 1** ist mWv 1.1.2004 eingeführt worden durch GKV-Modernisie-rungsG (GMG) v. 14.11.2003, BGBl. I 2190, zuletzt geänd. durch Art. 1 G v. 15.12.2004 BGBl. I 3445. **Abs. 2 und 3** sind zunächst als Abs. 1 und 2 mWv 1.1.1989 durch Art. 1 G v. 20.12.1988 (BGBl. I 2477 (2482); zuletzt geänd. durch Art. 4 G v. 14.4.2010, BGBl. I 410) eingeführt u. mWv 1.1.2004 zu Abs. 2 und 3 geworden.

B. Verlangen nach oder Vereinbarung einer Gestattung entgegen § 291a Abs. 8 S. 1 (Abs. 1)

2   Ordnungswidrig iSd Abs. 1 handelt, wer entgegen § 291a Abs. 8 S. 1 eine Gestattung zum Zugriff auf dort aufgeführte personenbezogene Daten an andere als in § 291a Abs. 4 S. 1 und Abs. 5a S. 1 genannte Personen verlangt oder eine solche Gestattung vereinbart.

I. Normzweck und geschütztes Rechtsgut

3   **Ziel** der Einführung der Regelung in Abs. 1 war die Schaffung einer Bußgeldvorschrift bereits für Handlungen im Vorfeld eines verbotenen Zugriffs (Erheben, Verarbeiten und Nutzen) auf personenbezogene Daten nach § 291a Abs. 2 Nr. 1 und Abs. 3 (vgl. BT-Drs. 15/1525, 151 zu Nr. 180). Auf diese Weise sanktioniert Abs. 1 bereits das Ausüben von Druck auf den Karteninhaber (Versicherten) bzw. das Ausnutzen bestimmter Drucksituationen, um die Nutzung der in § 291a Abs. 2 S. 1 Nr. 1 und Abs. 3 S. 1 genannten Daten auf der eGesundheitskarte zu anderen als in § 291a Abs. 8 S. 1 genannten Zwecken und anderen als in § 291a Abs. 4 S. 1 bezeichneten Personen zu gestatten. **Geschütztes Rechtsgut** der Vorschrift ist damit das allgemeine Persönlichkeitsrecht des Karteninhabers.

II. Tatobjekt

4   **Daten nach § 291a Abs. 2 S. 1 Nr. 1** sind neben Lichtbild (ab Vollendung des 15. Lebensjahrs) und Unterschrift des Versicherten in bestimmter maschinell weiterverarbeitbarer Form die Bezeichnung der ausstellenden Krankenkasse (mit Kennzeichen für die Kassenärztliche Vereinigung, in deren Bezirk das Mitglied seinen Wohnsitz hat), Familienname und Vorname des Versicherten, Geburtsdatum, Geschlecht, Anschrift, Krankenversichertennummer, Versichertenstatus, Zuzahlungsstatus, Tag des Beginns des Versicherungsschutzes, bei befristeter Gültigkeit der Karte das Datum des Fristablaufs, ggf. zusätzlich Angaben für die Übermittlung ärztlicher Verordnungen in elektronischer und maschinell verwertbarer Form. **Daten nach § 291a Abs. 3 S. 1** sind medizinische Daten, soweit sie für die Notfallversorgung erforderlich sind, Befunde, Diagnosen, Therapieempfehlungen sowie Behandlungsberichte in elektronischer und maschinell verwertbarer Form für einrichtungsübergreifende, fallbezogene Kooperation (elektronischer Arztbrief), Daten des Medikationsplans nach § 31a einschließlich Daten zur Prüfung der Arzneimitteltherapiesicherheit, Daten über Befunde, Diagnosen, Therapiemaßnahmen, Behandlungsberichte sowie Impfungen für eine fall- und einrichtungsübergreifende Dokumentation über den Patienten (elektronische Patientenakte), durch von Versicherten selbst oder für sie zur Verfügung gestellte Daten sowie Daten über in Anspruch genommene Leistungen und deren vorläufige Kosten für die Versicherten (§ 305 Abs. 2, Patientenquittung).

III. Tathandlung

5   Der Verstoß gegen Abs. 1 wird begangen durch unberechtigtes Verlangen oder eine Vereinbarung, den Zugriff auf personenbezogene Daten iSv Abs. 2 S. 1 Nr. 1 oder Abs. 3 S. 1 anderen als in § 291a Abs. 4 S. 1 genannten Personen zu gestatten. Er kann sich aus einem gesetzlich nicht gestatteten Zugriffszweck oder mangelnder Empfangsberechtigung für die genannten Daten ergeben.

6   **Verlangen** ist die Aufforderung zur Gestattung. Das (vertragliche oder quasivertragliche) ordnungswidrige **Vereinbaren** einer Gestattung kann sich bspw. durch die Nutzung entsprechender AGB ergeben.

7   Von § 291a Abs. 8 S. 1 allein **gestatteter Zugriffs- und Verwendungszweck** ist die Versorgung der Versicherten, einschließlich der Abrechnung der zum Zwecke der Versorgung erbrachten Leistungen.

8   **Empfangsberechtigte Personen** nach § 291a Abs. 4 S. 1 sind **hinsichtlich Daten nach § 291a Abs. 2 S. 1 Nr. 1** ausschließlich Ärzte, Zahnärzte, Apotheker, Apothekerassistenten, Pharmazieingenieure, Apothekenassistenten, Personen, die bei den bisher Genannten oder in einem Krankenhaus als berufsmäßige Gehilfen oder zur Vorbereitung auf den Beruf tätig sind, soweit dies iRd von ihnen zulässigerweise zu erledigenden Tätigkeiten erforderlich ist und der Zugriff unter Aufsicht der Genannten erfolgt, sowie sonstige Erbringer ärztlich verordneter Leistungen; **hinsichtlich Daten nach § 291a Abs. 3 S. 1 Nr. 1–5** ausschließlich Ärzte, Zahnärzte, Apotheker, Apothekerassistenten, Pharmazie-

ingenieure, Apothekenassistenten, Personen, die bei den bisher Genannten oder in einem Krankenhaus als berufsmäßige Gehilfen oder zur Vorbereitung auf den Beruf tätig sind, soweit dies iRd von ihnen zulässigerweise zu erledigenden Tätigkeiten erforderlich ist und der Zugriff unter Aufsicht der Genannten erfolgt, Psychotherapeuten sowie hinsichtlich Daten nach § 291a Abs. 3 S. 1 Nr. 1 beschränkt auf lesenden Zugriff auch Angehörige eines anderen Heilberufs, der für die Berufsausübung oder die Führung der Berufsbezeichnung eine staatlich geregelte Ausbildung erfordert.

IV. Innere Tatseite

Erforderlich zur Erfüllung der inneren Tatseite des Abs. 1 ist mind. **Vorsatz** iSv dolus eventualis (dazu **9** KK-OWiG/*Rengier* § 10; Bohnert/Krenberger/Krumm OWiG § 10; → StGB § 15 Rn. 13 ff.).

V. Strafverfolgung (Abs. 3)

Die Tat nach Abs. 1 kann als Ordnungswidrigkeit mit einer Geldbuße bis zu 50.000 EUR geahndet **10** werden. **Zuständig** für die Verfolgung sind nach § 36 Abs. 1 Nr. 1 OWiG iVm § 112 Abs. 1 Nr. 1 SGB IV die Versicherungsträger. Die Geldbußen fließen der Kasse des Versicherungsträgers zu (§ 112 Abs. 3 SGB IV, Abweichung von § 90 Abs. 2 OWiG).

Die **Verjährung** richtet sich nach allgemeinen Regeln für Erfolgsdelikte. Sie beginnt mit Vollendung **11** der Tat.

B. Verletzung von Melde-, Auskunfts- und Mitteilungspflichten (Abs. 2)
I. Normzweck und geschütztes Rechtsgut

Die Vorschrift des Abs. 2 (ehem. Abs. 1 bis 1.1.2004, → Rn. 1) übernimmt die seinerzeit in § 530 **12** RVO geregelten OWi-Tatbestände, soweit diese nicht bereits durch das G über die Einordnung der Meldevorschriften und des Einzugs des Gesamtsozialversicherungsbeitrages (MeldePflG v. 20.12.1988, BGBl. I 2330) in das SGB überführt waren, und ergänzte sie um eine Bußgeldbewehrung neu geschaffener Melde-, Auskunfts- und Mitteilungspflichten (vgl. Begr. RegE-GRG, BR-Drs. 200/88, 239 zu § 314).

Geschütztes Rechtsgut der Norm ist das Vermögen sowie die Funktionstüchtigkeit der Kranken- **13** kassen und damit auch das Funktionieren des Sozialstaats.

II. Tathandlungen

Sanktioniert werden unzureichende Statusmeldungen über Einkommensverhältnisse von Versicher- **14** ten. Eine Ordnungswidrigkeit iSd Abs. 2 liegt vor, wenn folgende Meldungen bzw. Vorlagen an die Krankenkasse unterlassen, nicht richtig, nicht vollständig oder nicht rechtzeitig vorgenommen werden:

1. Nr. 1 lit. a. Die von § 204 Abs. 1 S. 1 geforderte Mitteilung des **AG** eines versicherungspflichtig **15** Beschäftigten über Beginn und Ende von dessen **Wehrdienst** (Wehrdienst, Wehrübung oder Dienst- leistung nach Viertem Abschnitt des SoldG, dh Übungen (§ 61 SoldG), besondere Auslandsverwendun- gen (§ 62 SoldG), Hilfeleistung im Innern (§ 63 SoldG) oder im Ausland (§ 63a SoldG), unbefristete Übung, die von der Bundesregierung als Bereitschaftsdienst angeordnet worden ist, oder unbefristeter Wehrdienst im Spannungs- und Verteidigungsfall) oder dessen **Zivildienst** (§ 204 Abs. 2 S. 1).

2. Nr. 1 lit. b. Die unzureichende Mitteilung von **sonstigen, nicht versicherungspflichtig be-** **16** **schäftigten Versicherten** über Beginn oder Beendigung ihres **Wehr- oder Zivildienstes** (§ 204 Abs. 1 S. 3) oder von Versicherungspflichtigen, die **Empfänger von Versorgungsbezügen** (Rente der gesetzlichen Rentenversicherung oder vergleichbarer Einnahmen) sind, über Beginn, Höhe und Veränderungen ihres Arbeitseinkommens (§ 205 Nr. 3).

3. Nr. 1 lit. c. Die von § 202 Abs. 1 S. 1 geforderte Mitteilung des **Verantwortlichen der Zahl-** **17** **stelle** für Versorgungsleistungen **an die Krankenkasse** über **Veränderungen der Versorgungsbezü-** **ge** eines Versorgungsempfängers (Beginn, Ende, Höhe).

4. Nr. 2. Die § 206 Abs. 1 S. 1 nicht entsprechende, insbes. nicht unverzügliche, **Auskunftsertei-** **18** **lung** eines **Versicherten** über alle für die Feststellung der Versicherungs- und Beitragspflicht und für die Durchführung der der Krankenkasse übertragenen Aufgaben erforderlichen Tatsachen sowie über **Änderungen in den Verhältnissen,** die für die Feststellung der Versicherungs- und Beitragspflicht erheblich sind und nicht durch Dritte gemeldet werden.

5. Nr. 3. Die § 206 Abs. 1 S. 2 nicht entsprechende, weil nicht unverzügliche oder nicht vollständige **19** **Vorlage von Unterlagen** durch einen Versicherten bei der Krankenkasse in ihren Geschäftsräumen, aus denen sich eine Änderung von Tatsachen oder Verhältnissen bzgl. der Feststellung der Beitrags- und Versicherungspflicht des Versicherten ergibt.

III. Tatvollendung

20   Die **Vollendung** tritt mit Bekanntgabe einer unzureichenden Mitteilung oder Vorlage oder dann ein, wenn die Mitteilung oder Vorlage nicht unverzüglich bei Kenntniserlangung des maßgeblichen Sachverhalts erfolgt. **Beendet** ist die Tat erst, wenn die Mitteilung oder Vorlage in ordnungsgemäßer Weise nachgeholt wird oder die Behörde auf andere Weise Kenntnis von allen erheblichen Tatsachen erhält.

IV. Innere Tatseite

21   Eine Tathandlung nach Abs. 2 kann sowohl vorsätzlich (mind. dolus eventualis, dazu KK-OWiG/ *Rengier* § 10; Bohnert/Krenberger/Krumm OWiG § 10; → StGB § 15 Rn. 13 ff.) als auch leichtfertig erfolgen. **Leichtfertigkeit** ist ein erhöhter Grad an bewusster (BGH StV 1994, 480) oder unbewusster (BGH NStZ-RR 2000, 367) Fahrlässigkeit, der ungefähr der groben Fahrlässigkeit des Zivilrechts entspricht (BeckOK StGB/*Kudlich* StGB § 15 Rn. 32; Schönke/Schröder/*Sternberg-Lieben* StGB § 15 Rn. 106). Erforderlich ist, dass der Täter die im Verkehr erforderliche Sorgfalt in besonders schwerem Maße verletzt und dasjenige unbeachtet lässt, was jedem hätte einleuchten müssen (vgl. Lackner/Kühl/ *Kühl* StGB § 15 Rn. 55; MüKoStGB/*Duttge* StGB § 15 Rn. 188; → StGB § 15 Rn. 19 ff.). Abzustellen ist auf die persönlichen Kenntnisse und Fähigkeiten des konkreten Täters.

V. Strafverfolgung (Abs. 3)

22   Eine Tat nach Abs. 2 kann als Ordnungswidrigkeit mit einer Geldbuße bis zu 2.500 EUR geahndet werden. **Zuständig** für die Verfolgung ist nach § 36 Abs. 1 Nr. 1 OWiG iVm § 112 Abs. 1 Nr. 1 SGB IV der Versicherungsträger. Die Geldbußen fließen der Kasse des Versicherungsträgers zu (§ 112 Abs. 3 SGB IV, Abweichung von § 90 Abs. 2 OWiG).

23   Die **unvollständige** Mitteilung oder Vorlage ist ein Erfolgsdelikt, so dass die Verfolgungsverjährung mit Erfolgseintritt, dh Vollendung, beginnt. Bei der **unterlassenen** Mitteilung oder Vorlage beginnt die Verjährungsfrist erst mit dem Wegfall der Handlungspflicht, also bei Beendigung der Tat.

§ 307a Strafvorschriften

(1) Mit Freiheitsstrafe bis zu drei Jahren oder mit Geldstrafe wird bestraft, wer entgegen § 171b Absatz 2 Satz 1 die Zahlungsunfähigkeit oder die Überschuldung nicht, nicht richtig oder nicht rechtzeitig anzeigt.

(2) Handelt der Täter fahrlässig, so ist die Strafe Freiheitsstrafe bis zu einem Jahr oder Geldstrafe.

Literatur: *Pfohl/Sichert/Otto*, Die Pflicht zur Anzeige bei Insolvenz (§ 171b Abs. 2 SGB V) – Bestand, Mangel und Folgen der Erklärung des Vorstands der Krankenkasse, NZS 2011, 8.

I. Regelungsgegenstand und Ziel der Vorschrift

1   **Regelungsgegenstand** der Norm ist die Strafbarkeit von Kassenvorständen bei Nichtanzeige der Insolvenz (§ 171b Abs. 2 S. 1). Die **geltende Fassung** des § 307a wurde mWv 30.7.2010 durch G v. 24.7.2010 (BGBl. I 983) als eigene Norm in das eingefügt. Vorläufer war § 307a Abs. 4, der mWv 1.1.2010 durch das Gesetz zur Weiterentwicklung der Organisationsstrukturen in der gesetzlichen Krankenversicherung (GKV-OrgWG) v. 15.12.2008 (BGBl. I 2426) mWv 1.1.2010 eingefügt wurde. Durch das GKV-OrgWG gilt seit dem 1.1.2010 die Insolvenzordnung nicht mehr nur für bundesunmittelbare, sondern nach Maßgabe der §§ 171b ff. jetzt für alle Krankenkassen (vgl. § 171b Abs. 1, 2). Die Vorschrift des Abs. 1 stellt die **Missachtung der** in § 171b Abs. 2 S. 1 für Kassenvorstände statuierten **Insolvenzanzeigepflicht** unter Strafe. Sie bedeutet eine Verlagerung der klassischerweise beim Verwaltungsrat angesiedelten Verantwortung für die finanzielle Liquidität der Kasse (§§ 70 Abs. 1, 33 Abs. 3 SGB IV) auf den Vorstand (Hänlein/Kruse/Schuler/*Roß* Rn. 2).

2   Das SGB V enthält abweichend von der allgemeinen Regelung des § 13 Abs. 1 InsO keine Antragsberechtigung für Kassen und damit auch keine Verpflichtung, bei Insolvenz, drohender Insolvenz oder Überschuldung selbst einen Insolvenzantrag zu stellen. Hierzu befugt ist allein die zuständige Aufsichtsbehörde (§§ 90, 90a SGB IV). Damit diese ihre Aufgabe erfüllen kann, statuiert § 171b Abs. 2 S. 1 eine Pflicht für Kassenvorstände, eine drohende Insolvenz oder Überschuldung der Aufsichtsbehörde mitzuteilen. Die Einhaltung der Anzeigepflicht ist durch Abs. 1 strafbewehrt. Diese Regelung hat Vorbilder im Recht der Privatversicherung und des Kreditwesens. Sie korrespondiert mit entsprechenden Vorschriften des VAG (§ 141 iVm § 88 Abs. 2 VAG) und KWG (§ 55 iVm § 46b Abs. 1 S. 1 KWG).

3   **Ziel** der 2010 neu eingefügten Strafvorschrift (vgl. Begr. BR-Drs. 348/08, 33) ist die Sicherung des Antragsprivilegs der Aufsichtsbehörde hinsichtlich der Einleitung des Insolvenzverfahrens (§ 171b Abs. 3 S. 1 SGB V).

Geschütztes Rechtsgut ist das Vertrauen der Öffentlichkeit, speziell der Kassenpatienten, in die **4** Wirksamkeit der materiellen Staatsaufsicht über die Krankenkassen.

II. Täterschaft und Teilnahme

Der Anwendungsbereich des Abs. 1 ist durch die Reichweite der Informations- und Anzeigepflicht **5** des Vorstands (vgl. § 171b Abs. 2 S. 1, vgl. BT-Drs. 16/9559, 25) begrenzt. Taugliche **Täter** sind daher nur Mitglieder des Vorstands (vgl. § 35a SGB IV) einer Krankenkasse, nicht hingegen Mitglieder des Verwaltungsrates oder sonstige bei der Kasse Beschäftigte ohne Vorstandsfunktion. Die Pflicht trifft jedes einzelne Vorstandsmitglied. Die Stellung als Vorstand ist ein **besonderes persönliches Merkmal** iSd § 28 Abs. 1 StGB, das die Strafbarkeit begründet. Für einen Teilnehmer (Anstifter oder Gehilfe), der diese Eigenschaft nicht besitzt, ist die Strafe nach § 28 Abs. 1 StGB zu mildern. Als Anstifter oder Gehilfen kommen zB Verwaltungsratsmitglieder oder sonstige bei der Kasse Beschäftigte in Betracht, wenn sie Vorstandsmitglieder anweisen oder darin bestärken, die erforderliche Anzeige zu unterlassen.

III. Tathandlung

Eine Straftat iSd Abs. 1 begeht, wer als Vorstand eine erforderliche Insolvenzanzeige nicht, nicht **6** richtig oder nicht rechtzeitig abgibt.

1. Zahlungsunfähigkeit oder Überschuldung. Die Verweisnorm des § 171b Abs. 2 S. 1 statuiert **7** eine Pflicht zur Insolvenzanzeige bei **Zahlungsunfähigkeit** einer Krankenkasse oder im Fall ihrer **Überschuldung.** Zur drohenden Zahlungsunfähigkeit → Rn. 10.

Zahlungsunfähigkeit ist nach der Legaldefinition des § 17 Abs. 2 S. 1 InsO das nicht nur vorüber- **8** gehende Unvermögen, bestehende Zahlungsverpflichtungen bei Fälligkeit zu erfüllen (BGH NJW 2000, 154 mwN; → StGB Vorb. § 283–283d Rn. 37 ff.).

Überschuldung tritt ein, wenn das Vermögen des Schuldners die bestehenden Verbindlichkeiten **9** nicht mehr deckt, § 19 Abs. 2 S. 1 InsO. Der Rechtsbegriff der Überschuldung ist im Zusammenhang mit Krankenkassen zu modifizieren: Bislang war die Bildung von Rückstellungen für Verbindlichkeiten aus Altersvorsorgezusagen nicht zwingend vorgeschrieben. Die meisten Krankenkassen wären daher bereits mit Einführung der Insolvenzfähigkeit überschuldet. Aus diesem Grund sollen am 31.12.2009 bestehende Verbindlichkeiten der Krankenkassen aus Altersversorgungsverpflichtungen sowie Verpflichtungen aus Darlehen, die zur Ablösung von Verpflichtungen gegenüber einer öffentlich-rechtlichen Einrichtung zur betrieblichen Altersversorgung aufgenommen worden sind, bei der Bewertung der Überschuldung nicht berücksichtigt werden (Abs. 2 S. 1 iVm § 171d Abs. 1, vgl. BT-Drs. 16/9559, 20). Hinsichtlich später entstehender und damit zu berücksichtigender Verbindlichkeiten aus Altersvorsorgezusagen ist der Ausgleich durch das gem. § 171e aufzubauende Deckungskapital zu beachten.

Die **Nichtanzeige drohender Zahlungsunfähigkeit,** die § 171b Abs. 2 S. 1 ebenfalls aufführt, ist **10** richtigerweise **nicht strafbar,** da sie in § 307a nicht aufgeführt ist. Drohende Zahlungsunfähigkeit liegt nach § 18 Abs. 2 InsO vor, wenn der Schuldner voraussichtlich nicht in der Lage sein wird, bestehende Zahlungspflichten im Zeitpunkt der Fälligkeit zu erfüllen (→ StGB Vorb. § 283–283d Rn. 37 ff.). Zwar entnimmt Abs. 1 die Informationspflichten § 171b Abs. 1 S. 1, der auch drohende Zahlungsunfähigkeit als anzeigepflichtigen Sachverhalt nennt. Der frühere Wortlaut des aufgehobenen § 307a Abs. 4 verwies allerdings zur Strafbegründung nur auf „in § 55 KWG genannte" Sachverhalte, also Zahlungsunfähigkeit und Überschuldung. Zwar ist auch bzgl. § 55 KWG unklar, ob sich dieser nur auf diese beiden Sachverhalte beschränkt oder durch seinen umfassenden Verweis auf § 46b S. 1 KWG auch die drohende Überschuldung erfasst (dafür Erbs/Kohlhaaas/*Häberle* KWG § 55 Rn. 7). Der Fall des Abs. 1 iVm § 171b Abs. 2 S. 1 liegt aber klarer als der des § 55 KWG: Dort ist die drohende Zahlungsunfähigkeit erst in § 46b S. 1 Hs. 2 KWG geregelt, so dass der Verweis auf den gesamten § 46b S. 1 KWG möglicherweise – aus der Gesetzesbegründung (BT-Drs. 15/1653) lassen sich keine Erkenntnisse gewinnen – als redaktionelles Versehen des Gesetzgebers gewertet werden kann. Die Nichtanzeige drohender Zahlungsunfähigkeit ist folglich nicht von bei § 307a Abs. 1 erfasst.

Dieses Ergebnis wird durch einen Vergleich mit § 64 Abs. 1 GmbHG bestätigt: Eine Pflicht zur **11** Insolvenzantragstellung besteht nur bei Zahlungsunfähigkeit oder Überschuldung. Bei drohender Zahlungsunfähigkeit ist der Insolvenzantrag gem. § 18 InsO fakultativ; ein Unterlassen nicht straf- oder bußgeldbewehrt (vgl. auch Erbs/Kohlhaas/*Häberle* KWG § 55 Rn. 7). IErg ist ein Verstoß der in § 171b Abs. 1 S. 2 statuierten Pflicht zur Anzeige drohender Insolvenz gegenüber der Aufsichtsbehörde nicht straf- oder bußgeldbewehrt.

2. Rechtzeitigkeit der Anzeige. Die Anzeige muss **unverzüglich,** dh ohne schuldhaftes Zögern, **12** nach Feststellung des maßgebenden Sachverhalts erfolgen.

3. Inhalt der Anzeige. Gem. § 171b Abs. 1 S. 1 sind der Insolvenzanzeige **aussagefähiger Unter-** **13** **lagen** beizufügen (dazu *Pfohl/Sichert/Otto* NZS 2011, 8. Ob auch eine rechtzeitige Anzeige ohne solche Unterlagen die Strafbarkeit begründet, ist zumindest zweifelhaft. Sinn der Regelung ist, dass die Aufsichtsbehörde in die Lage versetzt wird, rechtzeitig den Insolvenzantrag zu stellen. Hierfür müssen ihr die wesentlichen Unterlagen zur Verfügung stehen, um die Zahlungsunfähigkeit oder die Überschuldung zu erkennen, zu bewerten und den Insolvenzantrag stellen zu können.

14   Die Sachlage unterscheidet sich daher nicht grdl. von der der Insolvenzantragstellung selbst. Beim Tatbestand der Insolvenzverschleppung in § 15a Abs. 4 iVm Abs. 1 InsO findet die Vorlage von Unterlagen zwar nicht explizit Erwähnung. Sie ergibt sich aber indirekt aus dem allgemeinen Erfordernis, einen zulässigen Antrag zu stellen. Für den alten Tatbestand der Insolvenzverschleppung (§ 84 Abs. 1 Nr. 2 aF GmbHG) begründete daher das Fehlen von weiteren Unterlagen beim Insolvenzantrag keine Strafbarkeit (BayObLG NStZ 2000, 595).

15   Bei der Insolvenzanzeige gegenüber der Aufsichtsbehörde kommt es nicht nur auf das zeitliche Moment an, sondern auch auf die Grundlage der Insolvenzanzeige. Erst durch die Mitteilung der maßgebenden Fakten wird die Aufsichtsbehörde in die Lage versetzt, selbst Insolvenzantrag zu stellen.

16   Der unbestimmte Rechtsbegriff „aussagefähig" ist daher so zu lesen, dass das mitgelieferte Material zumindest so beschaffen sein muss, dass sich die für die Insolvenzantragstellung maßgebenden Informationen daraus entnehmen lassen und die Aufsichtsbehörde in die Lage versetzt wird, ihrerseits Insolvenzantrag zu stellen und ihrer Verpflichtung nachzukommen (**aA** für § 55 KWG Erbs/Kohlhaas/*Häberle* KWG § 55 Rn. 8).

IV. Innere Tatseite

17   Der Verstoß gegen die Insolvenzantragspflicht kann vorsätzlich (Abs. 1) oder fahrlässig (Abs. 2) begangen werden. Mit direktem Vorsatz (**dolus directus,** → StGB § 15 Rn. 12) handelt, wer weiß oder als sicher voraussieht, dass er den gesetzlichen Tatbestand verwirklicht. Mit Eventualvorsatz (**dolus eventualis)** handelt, wer die Verwirklichung des Tatbestandes für möglich hält und damit einverstanden ist oder es zumindest billigend in Kauf nimmt (→ StGB § 15 Rn. 13 ff.). Fahrlässig handelt, wer die Sorgfalt außer Acht lässt, zu der er nach den Umständen des Einzelfalls und seinen persönlichen Verhältnissen und Fähigkeiten verpflichtet und imstande ist, und wer deshalb den Eintritt der Tatbestandsverwirklichung nicht erkennt, aber hätte erkennen können (**unbewusste Fahrlässigkeit)** oder die Tatbestandserfüllung zwar für möglich hält, aber auf ihren Nichteintritt vertraut (**bewusste Fahrlässigkeit).** Zur Fahrlässigkeit → StGB § 15 Rn. 23 ff.).

V. Tatvollendung

18   Die **Vollendung** tritt bereits dann ein, wenn die Anzeige nicht unverzüglich bei Entdeckung des maßgeblichen Sachverhalts erfolgt. **Beendet** ist die Tat, wenn die Anzeige entweder nachgeholt wird oder die Zahlungsunfähigkeit oder Überschuldung nicht mehr besteht. Beihilfe ist bis zur Beendigung der Tat möglich.

19   Ein Versuch der Tat ist nach allgemeinen Regeln nicht strafbar, § 23 Abs. 1 StGB.

VI. Konkurrenzen

20   Da Krankenkassen selbst keinen Insolvenzantrag stellen können bzw. dazu nicht befugt sind, besteht kein Konkurrenzverhältnis der Regelung zu den – rechtsformabhängigen – eigentlichen Insolvenzverschleppungsdelikten (§§ 84 GmbHG, 401 Abs. 1 Nr. 2 AktG, 148 Abs. 1 Nr. 2 GenG, 130b HGB).

VII. Strafverfolgung

21   Die Straftat ist ein **Offizialdelikt,** zu ihrer Verfolgung ist kein Strafantrag erforderlich. Das Delikt ist trotz inhaltlicher Nähe zu § 74 Abs. 1 S. 1 Nr. 1 GVG (Insolvenzordnung) bzw. Parallelität zu einer Regelung im KWG und im VAG, die eine Zuständigkeit gem. § 74 Abs. 1 S. 1 Nr. 2 GVG begründen, **keine Wirtschaftsstrafsache.**

22   Der **Strafrahmen** beträgt bei vorsätzlichem Verhalten Freiheitsstrafe bis zu drei Jahren oder Geldstrafe (Abs. 1), bei Fahrlässigkeit Freiheitsstrafe bis zu einem Jahr oder Geldstrafe (Abs. 2). Der Strafrahmen entspricht damit exakt dem vergleichbarer Vorschriften wie § 331 Abs. 2, 3 VAG oder § 55 KWG.

VIII. Verjährung

23   Die Frist für Verfolgungsverjährung beträgt bei vorsätzlich begangenen Straftaten fünf Jahre (§ 78 Abs. 3 Nr. 4 StGB), bei Fahrlässigkeit drei Jahre (§ 78 Abs. 3 Nr. 5 StGB). Die unterlassene Insolvenzanzeige stellt ein echtes Unterlassungsdelikt dar. Der Lauf der Verjährungsfrist beginnt daher erst beim Entfall der Handlungspflicht. Da die Insolvenzanzeige auch nach dem Zeitpunkt (wenn auch ohne Möglichkeit eines nachträglichen Wegfalls des Tatbestandes) nachgeholt werden kann, beginnt die Frist erst bei Nachholung der Anzeige oder wenn die (drohende) Zahlungsunfähigkeit oder Überschuldung überwunden ist (BGHSt 28, 371 (380)).

§ 307b Strafvorschriften

(1) **Mit Freiheitsstrafe bis zu einem Jahr oder mit Geldstrafe wird bestraft, wer entgegen § 291a Absatz 4 Satz 1 oder Absatz 5a Satz 1 erster Halbsatz oder Satz 2 auf dort genannte Daten zugreift.**

(2) **Handelt der Täter gegen Entgelt oder in der Absicht, sich oder einen Anderen zu bereichern oder einen Anderen zu schädigen, so ist die Strafe Freiheitsstrafe bis zu drei Jahren oder Geldstrafe.**

(3) ¹**Die Tat wird nur auf Antrag verfolgt.** ²**Antragsberechtigt sind der Betroffene, der Bundesbeauftragte für den Datenschutz oder die zuständige Aufsichtsbehörde.**

Literatur: *Hornung,* Die digitale Identität, Dissertation, 2005.

I. Entstehung und Normzweck der Vorschrift

Regelungsgegenstand der Abs. 1–3 ist der **Zugriff auf gespeicherte Daten der elektronischen** 1 **Gesundheitskarte (eGesundheitskarte).** Die Regelung der Abs. 1–3 wurde mWv 1.1.2004 durch G v. 14.11.2003 (BGBl. I 2190) als § 307a eingeführt und durch Art. 1 Nr. 7 G v. 24.7.2010 als § 307b gefasst. In Abs. 1 wurde mWv 1.11.2012 durch G v. 12.7.2012 (BGBl. I 1504) der Bezug auf Abs. 5a S. 1 erster Hs. und S. 2 neu aufgenommen (vgl. Begr. in BT-Drs. 17/1930, 18 f. Nach der amtl. Begr. (BT-Drs. 15/1525, 151) folgt die Norm in den Abs. 1–3 den allgemeinen Regelungen der §§ 43, 44 BDSG sowie der §§ 85, 85a SGB X, jedoch wird das Sanktionsniveau erhöht: Das unbefugte Erheben, Verarbeiten und Nutzen von Sozialdaten (§ 67 Abs. 1 SGB X) ist bereits allgemein gem. § 85 Abs. 2 SGB X als Ordnungswidrigkeit bußgeldbewehrt. Kommt ein Handeln gegen Entgelt, in Bereicherungs- oder Schädigungsabsicht hinzu, ist dies gem. § 85a Abs. 1 SGB X mit Freiheitsstrafe oder Geldstrafe sanktioniert. Mit § 307a wird bereits der nach § 291a Abs. 4 S. 1 unzulässige **Zugriff** auf Daten der eGesundheitskarte unter Strafe gestellt.

Schutzgut der Abs. 1–3 sind die auf der eGesundheitskarte (§ 291a) gespeicherten Daten sowie das 2 allgemeine Persönlichkeitsrecht des Karteninhabers (dazu SG Berlin ZD 2014, 207).

II. Tathandlung und Tatobjekt

1. Tathandlung. Tathandlung ist der **Zugriff auf** die auf der eGesundheitskarte gespeicherten 3 **Daten entgegen § 291a Abs. 4 S. 1 oder Abs. 5 S. 1 Hs. 1 oder S. 2.** Diese erlauben ausschließlich einem bestimmten Personenkreis (→ Rn. 6) den Zugriff auf die in der eGesundheitskarte gespeicherten Daten (→ Rn. 4 f.). **Zugriff** ist der vollzogene Zugang zu geschützten Daten. Ohne Bedeutung für die Strafbarkeit ist, was mit den Daten nach dem Zugriff geschieht, ob sie zB genutzt oder weiterverarbeitet werden und welche Auswirkungen der Zugriff auf den Betroffenen hat. Mit dem Zugriff eng verbunden ist die Datenerhebung, die per definitionem der Beschaffung gleichkommt (vgl. § 67 Abs. 5 SGB X).

2. Tatobjekt. Taugliches **Tatobjekt** sind auf einer eGesundheitskarte gespeicherte **Daten.** 4

Die eGesundheitskarte enthält neben der Unterschrift und einem Lichtbild des Versicherten in einer 5 für eine maschinelle Übertragung auf die für die vertragsärztliche Versorgung vorgesehenen Abrechnungsunterlagen und Vordrucke (§ 295 Abs. 3 Nr. 1 u. 2) geeigneten Form (vorbehaltlich § 291a) ausschließlich folgende Angaben: Bezeichnung der ausstellenden Krankenkasse einschließlich eines Kennzeichens für die Kassenärztliche Vereinigung, in deren Bezirk das Mitglied seinen Wohnsitz hat; Familienname und Vorname des Versicherten; Geburtsdatum; Geschlecht; Anschrift; Krankenversichertennummer; Versichertenstatus, für Versichertengruppen nach § 267 Abs. 2 S. 4 in einer verschlüsselten Form; Zuzahlungsstatus; Tag des Beginns des Versicherungsschutzes; bei befristeter Gültigkeit der Karte das Datum des Fristablaufs. Die eGesundheitskarte nimmt ferner Angaben für die Übermittlung ärztlicher Verordnungen in elektronischer und maschinell verwertbarer Form auf (zum Recht auf informationelle Selbstbestimmung im Zusammenhang mit der eGesundheitskarte SG Berlin ZD 2014, 207).

Folgende **Personen** haben, soweit es zur Versorgung der Versicherten erforderlich ist, ein **Zugriffs-** 6 **recht** auf die auf der eGesundheitskarte gespeicherten Daten, um diese zu konkreten Zwecken zu erheben, zu verarbeiten oder zu nutzen:

Zum Zwecke des Erhebens, Verarbeitens oder Nutzens mittels der elektronischen Gesundheitskarte 7 dürfen, soweit es zur Versorgung der Versicherten erforderlich ist, auf Gesundheitskarten-Daten (Inhalt nach § 291 Abs. 2) zur Übermittlung ärztlicher Verordnungen in elektronischer und maschinell verwertbarer Form ausschließlich zugreifen: Ärzte, Zahnärzte, Apotheker, Apothekerassistenten, Pharmazieingenieure, Apothekenassistenten sowie Personen, die bei den Genannten oder in einem Krankenhaus als berufsmäßige Gehilfen oder zur Vorbereitung auf den Beruf tätig sind, soweit dies iRd von ihnen zulässigerweise zu erledigenden Tätigkeiten erforderlich ist und der Zugriff unter Aufsicht der Genannten erfolgt, sowie sonstige Erbringer ärztlich verordneter Leistungen. Der Zugriff auf medizinische Daten, soweit sie für die Notfallversorgung erforderlich sind, wie Befunde, Diagnosen, Therapieempfehlungen sowie Behandlungsberichte in elektronischer und maschinell verwertbarer Form für eine einrichtungsübergreifende, fallbezogene Kooperation (elektronischer Arztbrief), auf Daten zur Prüfung der Arzneimitteltherapiesicherheit, Daten über Befunde, Diagnosen, Therapiemaßnahmen, Behandlungsberichte sowie Impfungen für eine fall- und einrichtungsübergreifende Dokumentation über den Patienten (elektronische Patientenakte) sowie auf von Versicherten selbst oder für sie zur Verfügung gestellte Daten ist ausschließlich Ärzten, Zahnärzten, Apothekern, Apothekerassistenten, Pharmazieingenieuren, Apothekenassistenten sowie Personen, die bei den Genannten oder in einem Krankenhaus als berufsmäßige Gehilfen oder zur Vorbereitung auf den Beruf tätig sind, soweit dies iRd von ihnen zulässigerweise zu erledigenden Tätigkeiten erforderlich ist und der Zugriff unter Aufsicht der Genannten erfolgt, sowie sonstigen Erbringern ärztlich verordneter Leistungen und Psychotherapeuten gestattet, in Notfällen auch Angehörigen eines anderen Heilberufs, der für die Berufsausübung oder die Führung der Berufsbezeichnung eine staatlich geregelte Ausbildung erfordert.

Zum Zwecke des Erhebens, Verarbeitens oder Nutzens mittels der eGesundheitskarte dürfen, soweit es zur Versorgung erforderlich ist, auf Erklärungen der Versicherten zur Organ- und Gewebespende, Hinweise der Versicherten auf das Vorhandensein und den Aufbewahrungsort von Erklärungen zur Organ- und Gewebespende sowie Hinweise der Versicherten auf das Vorhandensein und den Aufbewahrungsort von Vorsorgevollmachten oder Patientenverfügungen nach § 1901a BGB Ärzte, Personen, die bei Ärzten oder in einem Krankenhaus als berufsmäßige Gehilfen oder zur Vorbereitung auf den Beruf tätig sind, soweit dies iRd von ihnen zulässigerweise zu erledigenden Tätigkeiten erforderlich ist und der Zugriff unter Aufsicht eines Arztes erfolgt, in Verbindung mit einem elektronischen Heilberufsausweis, der über eine Möglichkeit zur sicheren Authentifizierung und über eine qualifizierte elektronische Signatur verfügt, zugreifen. Ohne Einverständnis der betroffenen Person dürfen diese Zugriffsberechtigte auf Erklärungen der Versicherten zur Organ- und Gewebespende oder Hinweise der Versicherten auf das Vorhandensein und den Aufbewahrungsort von Erklärungen zur Organ- und Gewebespende allerdings nur zugreifen, nachdem der Tod nach § 3 Abs. 1 S. 1 Nr. 2 TPG festgestellt wurde und der Zugriff zur Klärung erforderlich ist, ob die verstorbene Person in die Entnahme von Organen oder Gewebe eingewilligt hat, auf Hinweise der Versicherten auf das Vorhandensein und den Aufbewahrungsort von Vorsorgevollmachten oder Patientenverfügungen nach § 1901a BGB in Verbindung mit einem elektronischen Heilberufsausweis darf der Zugriff nur erfolgen, wenn eine ärztlich indizierte Maßnahme unmittelbar bevorsteht und die betroffene Person nicht fähig ist, in die Maßnahme einzuwilligen.

8   Anderen als den genannten Personen ist der Zugriff auf die in der eGesundheitskarte gespeicherten Daten untersagt, der verbotswidrige Zugriff strafbewehrt.

III. Innerer Tatbestand

9   Erforderlich, aber auch ausreichend, ist vorsätzliches Handeln (dolus eventualis, → StGB § 15 Rn. 13 ff.). Eine Regelvermutung, dass bei einem unzulässigen Zugriff auf Daten der eGesundheitskarte von vorsätzlichem Handeln auszugehen ist, weil dem Täter regelmäßig bekannt sein dürfte, dass diese Daten für andere Zwecke gespeichert sind und er kein Zugriffsrecht besitzt, existiert nicht (**aA** Krauskopf/*Baier* Rn. 4, 5).

IV. Qualifikation: Handeln gegen Entgelt oder in Bereicherungs- oder Schädigungsabsicht (Abs. 2)

10   Abs. 2 enthält eine Qualifikation zu Abs. 1, wenn die Handlung objektiv gegen Entgelt oder subjektiv in Bereicherungs- oder Schädigungsabsicht vorgenommen wird. Die Regelung entspricht § 203 Abs. 5 StGB.

11   **1. Handeln gegen Entgelt, Abs. 2 Var. 1. Entgelt** ist jede in einem Vermögensvorteil (→ StGB § 263 Rn. 118; Fischer StGB § 263 Rn. 105 ff.) bestehende Gegenleistung (vgl. § 11 Abs. 1 Nr. 9 StGB; dazu BGH NStZ 2006, 444). Ein **Handeln gegen Entgelt** liegt vor bei ausdrücklicher oder zumindest konkludenter Vereinbarung einer vermögenswerten Gegenleistung, ohne Rücksicht darauf, ob eine Bereicherung angestrebt wird oder nicht. Nicht erforderlich ist, dass die Vereinbarung rechtlich wirksam ist oder dass tatsächlich geleistet wird (vgl. zu § 11 Abs. 1 Nr. 9 StGB BGH NStZ 1995, 540; NJW 2000, 3726). Eine rein einseitige Erwartung einer Gegenleistung genügt nicht.

12   **2. Handeln in Bereicherungsabsicht, Abs. 2 Var. 2.** Für ein **Handeln in Bereicherungsabsicht** ist die Absicht erforderlich, für sich oder einen anderen durch die Tathandlung einen **Vermögensvorteil** (§ 11 Abs. 1 Nr. 9 StGB) zu erlangen. Dies braucht nicht der einzige Beweggrund des Täters zu sein, es genügt, wenn es ein Ziel von mehreren ist. Für **Absicht** ist zielgerichtetes Handeln notwendig. Ein kehrseitiger Schaden braucht nicht einzutreten. Die angestrebte Bereicherung braucht **nicht rechtswidrig** zu sein.

13   Dies ist freilich bei gleichlautenden Regelungen im StGB **umstr.** (vgl. bei § 203 Abs. 5 StGB (Rechtswidrigkeit nicht erforderlich) → StGB § 263 Rn. 80; BGH NStZ 1993, 538; Fischer StGB § 203 Rn. 50; Lackner/Kühl/*Kühl* StGB § 203 Rn. 28; LK-StGB/*Schünemann* StGB § 203 Rn. 163; MüKoStGB/*Cierniak* StGB § 203 Rn. 135; NK-StGB/*Kargl* StGB § 203 Rn. 83; Schönke/Schröder/*Lenckner/Eisele* StGB § 203 Rn. 74; **aA** (Vermögensvorteil muss

rechtswidrig sein) Schönke/Schröder/*Lenckner,* 27. Aufl. 2006, StGB § 203 Rn. 74; bei § 271 Abs. 3 StGB (Rechtswidrigkeit nicht erforderlich) RGSt 52, 93; Fischer StGB § 271 Rn. 18b; **aA** (Rechtswidrigkeit erforderlich) Schönke/Schröder/*Cramer*/*Heine* StGB § 271 Rn. 43; Lackner/Kühl/*Kühl* StGB § 271 Rn. 11; SK-StGB/*Hoyer* StGB § 271 Rn. 34; MüKoStGB/*Erb* StGB § 271 Rn. 49; NK-StGB/*Puppe* StGB § 271 Rn. 61; Rengier StrafR BT II § 37 Rn. 27).

3. Handeln in Schädigungsabsicht. Für ein **Handeln in Schädigungsabsicht** muss der Täter **14** einer anderen Person einen Nachteil zufügen wollen. Auf eine Vermögensschädigung braucht sich die Absicht nicht zu beziehen, Ziel kann **jeder Nachteil** sein (zB Verletzung im Ehranspruch, vgl. für gleichlautenden § 271 Abs. 3 StGB RGSt 33, 137; 53, 268). Der Schaden braucht weder rechtswidrig zu sein noch muss ihm kehrseitig ein Vorteil des Täters entsprechen. Geschädigter kann auch ein Dritter sein. Unter **Absicht** ist zielgerichtetes Handeln zu verstehen, so dass der Nachteil notwendige Folge der Tat sein soll.

V. Strafverfolgung (Abs. 3)

Eine Tat nach Abs. 1 und 2 wird nur auf Antrag (§ 77 StGB) verfolgt (zum Strafantrag als Prozess- **15** voraussetzung im OWi-Verfahren vgl. MüKoStGB/*Mitsch* StGB Vor §§ 77 ff. Rn. 10 ff.). Die **Antragsberechtigten** sind abschließend in S. 2 aufgezählt. **Betroffener** ist, auf wessen Daten zugegriffen wurde (vgl. § 67 Abs. 1 S. 1 SGB X). Antragsberechtigt ist ferner der **Bundesbeauftragte für den Datenschutz** (§§ 22 ff. BDSG, www.bfdi.bund.de) sowie die **zuständige Aufsichtsbehörde.** Ein besonderes öffentliches Interesse für die Antragstellung durch den Bundesbeauftragten für den Datenschutz oder die zuständige Aufsichtsbehörde ist formal nicht erforderlich. Eine Verpflichtung zur Rücksichtnahme auf die Belange des Betroffenen, wenn dieser auf eine Antragstellung verzichtet hat, besteht nicht (**aA** Krauskopf/*Baier* Rn. 8).

Die **Antragsfrist** beträgt drei Monate nach Kenntniserlangung von Tat und Person des Täters (§ 77b **16** StGB) und läuft unabhängig für jeden Antragsberechtigten (§ 77c Abs. 3 StGB). Die **Rücknahme** des Strafantrags ist bis zum rechtskräftigen Abschluss des Verfahrens möglich (§ 77d StGB).

Der **Strafrahmen** für ein Delikt nach Abs. 1 beträgt bei vorsätzlichem Verhalten Freiheitsstrafe bis zu **17** einem Jahr oder Geldstrafe, für die Qualifikation nach Abs. 2 Freiheitsstrafe bis zu drei Jahren oder Geldstrafe.

668. Sozialgesetzbuch (SGB) Achtes Buch (VIII)
– Kinder- und Jugendhilfe –

In der Fassung der Bekanntmachung vom 11. September 2012 (BGBl. I S. 2022)
FNA 860-8

Zuletzt geändert durch Art. 1 G zur Verbesserung der Unterbringung, Versorgung und Betreuung ausländischer Kinder und Jugendlicher vom 28.10.2015 (BGBl. I S. 1802))

– Auszug –

Vorbemerkung

1   Die Vorschriften des **SGB VIII** sind 1990 im Rahmen einer grundlegenden Neuordnung des Jugendhilferechts durch das **Gesetz zur Neuordnung des Kinder- und Jugendhilferechts** (Kinder- und Jugendhilfegesetz – KJHG) v. 26.6.1990 (BGBl. I 1163) entstanden, wobei der Schwerpunkt der damaligen Neuregelung auf der Differenzierung des Leistungssystems der Jugendhilfe lag. Die bis dahin dominierenden Hilfen zur Erziehung – insbes. außerhalb der eigenen Familie – sollten zugunsten eines weit gefächerten Leistungsspektrums abgebaut werden, welches die Bereiche der Jugend- und Jugendsozialarbeit und des erzieherischen Kinder- und Jugendschutzes, der Förderung der Erziehung in der Familie sowie der Förderung von Kindern in Tageseinrichtungen und in Tagespflege umfasst (BR-Drs. 503/89, 39). Insbesondere die letztgenannten Ziele, die Sicherung des Angebots an Tagesbetreuung im Osten sowie der Betreuungsausbau im Westen im Interesse der Vereinbarkeit von Familienleben und Arbeitswelt war ein Hauptanliegen der Neuregelungen des **Gesetzes zur Weiterentwicklung der Kinder- und Jugendhilfe** (Kinder- und Jugendhilfeweiterentwicklungsgesetz – KICK) v. 8.9.2005 (BGBl. I 2729), auf welchem auch die Fassung der Neubekanntmachung v. 14.12.2006 (BGBl. I 3134) beruht. Die Änderungen und die Neubekanntmachung v. 11.9.2012 ist auf die Regelungen in Art. II des Gesetzes zur Kooperation und Information im Kinderschutz – KKG v. 22.12.2011 (BGBl. I 2975) zurückzuführen, welche allerdings die nachgenannten Straf- und Bußgeldvorschriften nicht betroffen hat.

2   Die **Straf- und Bußgeldvorschriften** des SGB VIII (§§ 104, 105) waren ursprünglich in der Fassung von 1990 im Wesentlichen inhaltsgleich als §§ 93, 94 aufgeführt.

3   **Geschützte Rechtsgüter** der Vorschriften sind die **Einhaltung eines Erlaubnisvorbehalts** für die **Kindertagespflege außerhalb des Haushalts des Erziehungsberechtigten** (§ 43) bzw. einer **Vollzeitpflege** (§ 44) sowie von **Einrichtungen zur Betreuung von Kindern oder Jugendlichen – ganztägig oder für einen Teil des Tages** (§ 45), welcher der präventiven Abwehr von Gefahren für das Wohl von Kindern und Jugendlichen dient (BR-Drs. 503/89, 81) und wodurch die Geeignetheit von mit der Pflege befassten Personen gesichert werden soll. Aus gleichen Gründen sollen Meldeverpflichtungen und Auskunftserteilungen durch Bußgeldandrohung gesichert werden. Werden durch näher aufgeführte Taten darüber hinaus Kinder und Jugendliche in ihrer körperlichen, geistigen oder sittlichen Entwicklung schwer gefährdet oder liegen beharrliche Verstöße vor, sind diese als Straftaten zu sanktionieren.

§ 104 Bußgeldvorschriften

(1) Ordnungswidrig handelt, wer

1. ohne Erlaubnis nach § 43 Absatz 1 oder § 44 Absatz 1 Satz 1 ein Kind oder einen Jugendlichen betreut oder ihm Unterkunft gewährt,

2. entgegen § 45 Absatz 1 Satz 1, auch in Verbindung mit § 48a Absatz 1, ohne Erlaubnis eine Einrichtung oder eine sonstige Wohnform betreibt oder

3. entgegen § 47 eine Anzeige nicht, nicht richtig, nicht vollständig oder nicht rechtzeitig erstattet oder eine Meldung nicht, nicht richtig, nicht vollständig oder nicht rechtzeitig macht oder

4. entgegen § 97a Absatz 4 vorsätzlich oder fahrlässig als Arbeitgeber eine Auskunft nicht, nicht richtig oder nicht vollständig erteilt.

(2) Die Ordnungswidrigkeiten nach Absatz 1 Nummer 1, 3 und 4 können mit einer Geldbuße bis zu fünfhundert Euro, die Ordnungswidrigkeit nach Absatz 1 Nummer 2 kann mit einer Geldbuße bis zu fünfzehntausend Euro geahndet werden.

1. Regelungscharakter. Bei den Regelungen des Abs. 1 handelt es sich um **Blankettvorschriften,** 1
deren Regelungsgehalt sich erst in Zusammenschau mit den Normen ergibt, auf die sie Bezug nehmen.
Aus der Höhe der Bußgeldandrohungen des Abs. 2 folgt, dass der Gesetzgeber Verstöße nach Abs. 1
Nr. 2 als besonders schwerwiegend einstuft.

2. Die Regelungen im Einzelnen. a) Tathandlungen nach Abs. 1 Nr. 1: Kindertagespflege 2
oder Vollzeitpflege ohne Erlaubnis. Normadressaten des Abs. 1 Nr. 1 sind **Personen,** die ein
Kind oder bis zu fünf fremde Kinder außerhalb des Haushalts des Erziehungsberechtigten während eines
Teils des Tages und mehr als 15 Stunden wöchentlich gegen Entgelt länger als drei Monate betreuen
(§ 43 Abs. 1). Ebenso betrifft dies Personen, die ein Kind oder einen Jugendlichen über Tag und Nacht
in ihrem Haushalt aufnehmen (**Pflegepersonen;** § 44 Abs. 1 S. 1), sofern keine Ausnahme nach § 44
Abs. 1 S. 2 gegeben ist.

Die Pflegeaufgaben übernehmenden Personen sollen bestimmte Geeignetheitskriterien erfüllen, wes- 3
halb die Tätigkeit an eine Erlaubnis der zuständigen Behörde gebunden ist. In den Fällen des § 44 Abs. 1
S. 1 soll durch die Erlaubnis zusätzlich das Wohl des Kindes oder des Jugendlichen in der Pflegestelle
gewährleistet sein (§ 44 Abs. 2).

Werden in vorgenannten Fällen Kinder oder Jugendliche betreut oder ihnen Unterkunft gewährt, 4
ohne dass eine entsprechende Erlaubnis vorliegt, ist dies als **Ordnungswidrigkeit mit einer Geldbuße**
bis zu fünfhundert Euro zu ahnden (§ 104 Abs. 1 Nr. 1 iVm Abs. 2).

b) Tathandlungen nach Abs. 1 Nr. 2: Betreiben einer Einrichtung zur Betreuung von Kin- 5
dern oder Jugendlichen oder einer sonstigen betreuten Wohnform ohne Erlaubnis. Norm-
adressaten des Abs. 1 Nr. 2 sind **Träger von Einrichtungen,** in der Kinder oder Jugendliche ganztägig oder für einen Teil des Tages betreut werden oder Unterkunft erhalten. Diese bedürfen zum
Betrieb der Einrichtung einer **Erlaubnis,** soweit es sich nicht um nach § 45 Abs. 1 S. 2 erlaubnisfreie
Einrichtungen handelt, welche aufgrund anderer Bestimmungen einer Aufsicht unterstehen, bspw.
Jugendfreizeiteinrichtungen, Jugendbildungseinrichtungen, Jugendherbergen oder Schullandheime.

Der **Erlaubnisvorbehalt** dient der präventiven Abwehr von Gefahren für das Wohl von Kindern und 6
Jugendlichen, wobei die Größe der Einrichtung keine Rolle spielt, so dass auch Kleineinrichtungen oder
Kleinheime einer Erlaubnis bedürfen. Gegebenenfalls können auch zusätzlich nachträgliche Auflagen
erfolgen (§ 45 Abs. 2 S. 5).

Der **Erlaubnisvorbehalt** gilt in gleicher Weise für den **Betrieb einer sonstigen Wohnform,** in der 7
Kinder oder Jugendliche betreut werden oder Unterkunft erhalten (§ 48a Abs. 1).

Werden in vorgenannten Fällen Einrichtungen oder sonstige Wohnformen betrieben, ohne 8
dass eine erforderliche Erlaubnis vorliegt, ist dies als Ordnungswidrigkeit mit einer Geldbuße
bis zu fünfzehntausend Euro zu ahnden (§ 104 Abs. 1 Nr. 2 iVm Abs. 2). Zu berücksichtigen
ist weiter, dass in Fällen, in denen zusätzlich leichtfertig ein Kind oder ein Jugendlicher in seiner
körperlichen, geistigen oder sittlichen Entwicklung schwer gefährdet oder die vorsätzliche Handlung
beharrlich wiederholt wird, dies nach § 105 als Straftat zu bestrafen ist (vgl. § 105).

c) Tathandlungen nach Abs. 1 Nr. 3: Unterlassene, nicht zutreffende, unvollständige oder 9
nicht rechtzeitige Erstattung einer Anzeige oder Meldung. Normadressaten des Abs. 1 Nr. 3
sind **Träger von erlaubnispflichtigen Einrichtungen.** Diese haben der zuständigen Behörde die
Betriebsaufnahme unter Angabe von Name und Anschrift des Trägers, Art und Standort der Einrichtung, Zahl der verfügbaren Plätze sowie Namen und berufliche Ausbildung des Leiters und der Betreu-
ungskräfte sowie auch die bevorstehende Schließung der Einrichtung unverzüglich anzuzeigen. Daneben
sind auch Änderungen der vorstehend bezeichneten Angaben sowie der Konzeption der zuständigen
Behörde unverzüglich zu melden, schließlich noch einmal jährlich die Zahl der belegten Plätze (§ 47).

Werden nach § 47 erforderliche Anzeigen nicht, nicht richtig, nicht vollständig oder nicht rechtzeitig 10
erstattet oder Meldungen nicht, nicht richtig, nicht vollständig oder nicht rechtzeitig gemacht, ist dies als
Ordnungswidrigkeit mit einer Geldbuße bis zu fünfhundert Euro zu ahnden (§ 104 Abs. 1 Nr. 3
iVm Abs. 2).

d) Tathandlungen nach Abs. 1 Nr. 4: Unterlassene, nicht zutreffende, oder nicht vollständi- 11
ge Erteilung von Auskünften durch Arbeitgeber. Die dieser Ordnungswidrigkeit zugrundeliegende
Vorschrift des § 97a Abs. 4 beruht darauf, dass Leistungsverpflichtete ebenso wie Leistungsberechtigte
vielmals nicht bereit sind, Auskünfte iRd Vorschriften des Kinder- und Jugendhilferechts über Einkünfte
überhaupt oder rechtzeitig oder vollständig abzugeben. Um die dadurch entstehende Lücke zu schließen, ist ersatzweise der Arbeitgeber der eigentlich zur Auskunft verpflichteten Person gehalten, dem
örtlichen Träger über die Art des Beschäftigungsverhältnisses und den Arbeitsverdienst dieser Person
Auskunft zu geben.

Kommt ein Arbeitgeber vorsätzlich oder fahrlässig der Verpflichtung zur Auskunft nicht, nicht richtig, 12
nicht vollständig nach, ist dies als **Ordnungswidrigkeit mit einer Geldbuße bis zu 500 EUR** zu
ahnden (§ 104 Abs. 1 Nr. 4 iVm Abs. 2).

§ 105 Strafvorschriften

Mit Freiheitsstrafe bis zu einem Jahr oder mit Geldstrafe wird bestraft, wer

1. **eine in § 104 Absatz 1 Nummer 1 oder 2 bezeichnete Handlung begeht und dadurch leichtfertig ein Kind oder einen Jugendlichen in seiner körperlichen, geistigen oder sittlichen Entwicklung schwer gefährdet oder**
2. **eine in § 104 Absatz 1 Nummer 1 oder 2 bezeichnete vorsätzliche Handlung beharrlich wiederholt**

1   **1. Regelungscharakter.** Die Strafnorm des § 105 hat die Besonderheit, dass hiermit ggü. der Ordnungswidrigkeitenvorschrift des § 104 keine neuen oder andere Verstöße sanktioniert werden, sondern es sich wegen einer eingetretenen zusätzlichen Gefährdung bzw. besonders nachhaltigen wiederholten Verstößen der Sache nach um schwere Fälle handelt, welche als Straftaten mit Freiheitsstrafe bis zu einem Jahr oder Geldstrafe bedroht sind.

2   **2. Die Regelungen im Einzelnen. a) Tatalternative Abs. 1 Nr. 1: Leichtfertige Gefährdung eines Kindes oder eines Jugendlichen in dessen Entwicklung.** Werden Pflegestellen oder Einrichtungen ohne die erforderliche Erlaubnis betrieben, liegt insoweit eine Ordnungswidrigkeit vor (→ § 104 Rn. 2 ff.). Wird aber ein Kind oder ein Jugendlicher zugleich leichtfertig in seiner körperlichen, geistigen oder sittlichen **Entwicklung schwer gefährdet,** ist dieses Verhalten als Straftat zu sanktionieren.

3   Vorsatz ist nicht erforderlich; vielmehr reicht es aus, dass die Gefährdung **leichtfertig** herbeigeführt worden ist.

4   **b) Tatalternative Abs. 1 Nr. 2: Beharrliche Tatwiederholung.** Werden Ordnungswidrigkeiten nach § 104 Abs. 1 Nr. 1 oder 2, also Betreiben von Pflegestellen oder Einrichtungen ohne die erforderliche Erlaubnis, **vorsätzlich** und beharrlich wiederholt, ist dieses Verhalten nicht mehr als Ordnungswidrigkeit, sondern ebenfalls als Straftat zu sanktionieren.

5   **3. Sonstiges. a) Rechtsfolgen.** Die Tat kann mit Freiheitsstrafe bis zu einem Jahr oder Geldstrafe bestraft werden.

6   **b) Verfolgungsverjährung.** Die Verfolgungsverjährung beträgt drei Jahre (§ 78 Abs. 3 Nr. 5 StGB).

7   **c) Konkurrenzen.** Liegt eine Straftat nach § 105 vor, werden denselben Sachverhalt betreffende Ordnungswidrigkeiten nach § 104 im Wege der Spezialität verdrängt.

669. Sozialgesetzbuch (SGB) Neuntes Buch (IX) – Rehabilitation und Teilhabe behinderter Menschen –

Vom 19. Juni 2001 (BGBl. I S. 1046) FNA 860-9

Zuletzt geändert durch Art. 452 Zehnte ZuständigkeitsanpassungsVO vom 31.8.2015 (BGBl. I S. 1474)

– Auszug –

Vorbemerkung

1. Ziele des SGB IX. Das Neunte Buch des Sozialgesetzbuches zur Rehabilitation und Teilhabe 1
behinderter Menschen (SGB IX) wurde als Art. 1 des Gesetzes v. 19.6.2001 (BGBl. I 1046) verabschiedet und trat größtenteils zum 1.7.2001 in Kraft. Es hat unter anderem zum Ziel, das Recht der
Rehabilitation behinderter Menschen weiter zu entwickeln und in einem eigenen Buch des Sozialgesetzbuches zusammenzufassen, um dadurch das Benachteiligungsverbot des Art. 3 Abs. 3 S. 2 GG im
Bereich der Sozialpolitik zu gewährleisten (BR-Drs. 49/01, 276).

2. Inhalt des SGB IX. Das SGB IX besteht aus zwei Teilen. Der **Erste Teil** (§§ 1–67) enthält 2
Regelungen für behinderte und von Behinderung bedrohte Menschen (s. § 2 Abs. 1). Sie erhalten nach
dem SGB IX und den für die Rehabilitationsträger (zB die gesetzlichen Krankenkassen, die Bundesagentur für Arbeit oder die Träger der gesetzlichen Unfall- oder Rentenversicherung; vgl. iE § 6 Abs. 1)
geltenden Normen **Leistungen,** um ihre Selbstbestimmung und gleichberechtigte Teilhabe am Leben
in der Gesellschaft zu fördern, Benachteiligungen zu vermeiden oder ihnen entgegenzuwirken. Dabei
wird den besonderen Bedürfnissen behinderter und von Behinderung bedrohter Frauen und Kinder
Rechnung getragen (§ 1).

Zu den Leistungen zählen die **Leistungen zur Teilhabe** (hierzu §§ 17 ff.), dh notwendige Sozialleistungen, die den 3
in § 4 Abs. 1 beschriebenen Zielen dienen, unter anderem die Behinderung sowie Einschränkungen der Erwerbsfähig-
keit oder die Pflegebedürftigkeit abwenden, beseitigen oder mindern, die Teilhabe am Arbeitsleben entsprechend den
Neigungen und Fähigkeiten dauerhaft sichern oder die persönliche Entwicklung ganzheitlich fördern und die Teilhabe
am Leben in der Gesellschaft sowie eine möglichst selbstständige und selbstbestimmte Lebensführung ermöglichen oder
erleichtern sollen. Dementsprechend unterscheidet das SGB IX gem. seinem § 5 vier Leistungsgruppen, namentlich
Leistungen zur medizinischen Rehabilitation (§§ 26 ff.), Leistungen zur Teilhabe am Arbeitsleben (§§ 33 ff.), unter-
haltssichernde und andere ergänzende Leistungen (§§ 44 ff.) sowie Leistungen zur Teilhabe am Leben in der Gemeinschaft (§§ 55 ff.).

Der **Zweite Teil** des SGB IX enthält besondere Regelungen zur Teilhabe schwerbehinderter oder 4
ihnen gleichgestellter behinderter Menschen. Eine **Schwerbehinderung** liegt ab einem Grad der
Behinderung von wenigstens 50 vor. Weitere Voraussetzung ist, dass die behinderte Person ihren Wohnsitz, ihren gewöhnlichen Aufenthalt oder ihre Beschäftigung auf einem Arbeitsplatz iSd § 73 rechtmäßig
in dessen Geltungsbereich hat (§ 2 Abs. 2). Schwerbehinderten Menschen sollen behinderte Menschen
mit einem Grad der Behinderung von weniger als 50, aber wenigstens 30 (eine Sonderregelung für
Jugendliche und junge Erwachsene enthält insoweit § 68 Abs. 4) **gleichgestellt** werden, wenn sie
infolge ihrer Behinderung ohne die Gleichstellung einen geeigneten Arbeitsplatz iSd § 73 nicht erlangen
oder nicht behalten können (§ 2 Abs. 3). Die Gleichstellung erfolgt nach § 68 Abs. 2 aufgrund einer
Feststellung nach § 69 auf Antrag des behinderten Menschen durch die Bundesagentur für Arbeit.
Das sog Schwerbehindertenrecht im Zweiten Teil des SGB IX verfolgt das Ziel, dem Benachtei- 5
ligungsverbot aus Art. 3 Abs. 3 S. 2 GG bei Beschäftigungsverhältnissen Rechnung zu tragen (BR-Drs.
49/01, 288). Dementsprechend werden den Arbeitgebern Beschäftigungspflichten (§§ 71 ff.) und sonstige Pflichten (§§ 80 ff.) auferlegt und erfahren schwerbehinderte Menschen Kündigungsschutz nach
den §§ 85 ff. Weitere Regelungen betreffen die Wahl der Schwerbehindertenvertretung (§§ 93 ff.),
Integrationsprojekte (§§ 132 ff.) und Werkstätten für behinderte Menschen (§§ 136 ff.), die unentgeltliche Beförderung im öffentlichen Personenverkehr (§§ 145 ff.) und die Ausgestaltung des Arbeitsverhältnisses, zB in Bezug auf Mehrarbeit und Zusatzurlaub (§ 122 ff.). Für die Durchführung des Zweiten
Teils sind die Integrationsämter der Länder und die Bundesagentur für Arbeit in enger Zusammenarbeit
zuständig (§§ 101 ff.). Integrationsfachdienste iSd §§ 109 ff. können hieran beteiligt werden.

3. Straftaten und Ordnungswidrigkeiten. Die Sanktionsvorschriften der §§ 155 f. ahnden be- 6
stimmte Verstöße gegen die Regelungen des Zweiten Teils des SGB IX. So stellt das Sonderdelikt des
§ 155 die **Offenbarung und Verwertung von Geheimnissen** durch Vertrauenspersonen schwer-
hinderter Menschen iSd § 96 unter Strafe. Die Bußgeldtatbestände des § 156 betreffen **Verletzungen
der Beschäftigungspflicht** des Arbeitgebers sowie seiner **Mitwirkungs- und Unterrichtungs-**

pflichten, die ihm das SGB IX für das Zusammenwirken mit der Bundesagentur für Arbeit und den Integrationsämtern auferlegt.

§ 155 Strafvorschriften

(1) Wer unbefugt ein fremdes Geheimnis, namentlich ein zum persönlichen Lebensbereich gehörendes Geheimnis oder ein Betriebs- oder Geschäftsgeheimnis, offenbart, das ihm als Vertrauensperson schwerbehinderter Menschen anvertraut worden oder sonst bekannt geworden ist, wird mit Freiheitsstrafe bis zu einem Jahr oder mit Geldstrafe bestraft.

(2) [1]Handelt der Täter gegen Entgelt oder in der Absicht, sich oder einen anderen zu bereichern oder einen anderen zu schädigen, so ist die Strafe Freiheitsstrafe bis zu zwei Jahren oder Geldstrafe. [2]Ebenso wird bestraft, wer unbefugt ein fremdes Geheimnis, namentlich ein Betriebs- oder Geschäftsgeheimnis, zu dessen Geheimhaltung er nach Absatz 1 verpflichtet ist, verwertet.

(3) Die Tat wird nur auf Antrag verfolgt.

A. Allgemeines

1   Die Strafvorschrift des § 155 schützt den persönlichen Lebens- und Geheimbereich schwerbehinderter Menschen sowie die Betriebs- und Geschäftsgeheimnisse des Arbeitgebers (Erbs/Kohlhaas/*Ambs* Rn. 2; BeckOK SozR/*Jabben* Rn. 1). § 155 ist inhaltlich im Wesentlichen identisch, weitgehend sogar wortlautgleich mit § 203 Abs. 1 u. 5, § 204 Abs. 1, und § 205 Abs. 1 S. 1 StGB, so dass ergänzend auf die Kommentierungen zu diesen Vorschriften verwiesen werden kann.

B. Tatbestand

I. Objektiver Tatbestand

2   **1. Täter.** Täter des Sonderdelikts des § 155 sind ausschließlich **Vertrauenspersonen schwerbehinderter Menschen** (besonderes persönliches Merkmal iSd § 28 StGB). Dies umfasst nicht nur die Vertrauenspersonen in Betrieben und Dienststellen (§ 94 Abs. 1 S. 1) sowie an Gerichten und Staatsanwaltschaften (§ 94 Abs. 1 S. 2 u. 3), sondern auch die besonderen Vertrauenspersonen der Konzern-, Gesamt-, Bezirks- und Hauptschwerbehindertenvertretungen (§ 97). Als Vertreter der Schwerbehinderten haben sie die Aufgabe, die Eingliederung schwerbehinderter Menschen in den Betrieb oder die Dienststelle zu fördern, ihre Interessen zu vertreten und ihnen beratend und helfend zur Seite zu stehen (§ 95 Abs. 1 S. 1). § 96 Abs. 7 begründet eine **Verschwiegenheitspflicht** der Vertrauenspersonen über der Bedeutung oder dem Inhalt nach vertrauliche persönliche Verhältnisse und Angelegenheiten von Beschäftigten iSd § 73, die ihnen wegen ihres Amtes bekannt geworden sind (S. 1 Nr. 1). Ebenso wenig dürfen sie Betriebs- oder Geschäftsgeheimnisse, die ihnen wegen ihres Amtes bekannt geworden und vom Arbeitgeber ausdrücklich als geheimhaltungsbedürftig bezeichnet sind, offenbaren oder verwerten (S. 1 Nr. 2). Diese Pflichten gelten nach § 96 Abs. 7 S. 2 auch noch nach dem Ausscheiden aus dem (Ehren-)Amt.

3   Vertrauenspersonen schwerbehinderter Menschen wird gem. § 96 Abs. 3 S. 1 die gleiche persönliche Rechtsstellung, insbes. der gleiche Kündigungs-, Versetzungs- und Abordnungsschutz zuteil wie Mitgliedern des Betriebs-, Personal-, Staatsanwalts- oder Richterrates. Wenn und soweit es zur Durchführung ihrer Aufgaben erforderlich ist, werden die Vertrauenspersonen von ihrer beruflichen Tätigkeit ohne Minderung des Arbeitsentgelts oder der Dienstbezüge befreit (§ 96 Abs. 4 S. 1). Gem. § 96 Abs. 6 haben die Vertrauenspersonen zum Ausgleich für ihre Tätigkeit, die aus betriebsbedingten oder dienstlichen Gründen außerhalb der Arbeitszeit durchzuführen ist, Anspruch auf entsprechende Arbeits- oder Dienstbefreiung unter Fortzahlung des Arbeitsentgelts oder der Dienstbezüge.

4   **2. Tatgegenstand.** Tatgegenstand des § 155 ist das **fremde Geheimnis,** dh eine Tatsache, die nur einem Einzelnen oder einem beschränkten Personenkreis bekannt ist und an deren Geheimhaltung der Betroffene ein sachlich begründetes und daher schutzwürdiges Interesse hat (Erbs/Kohlhaas/*Ambs* Rn. 2). Dem Charakter einer Information als Geheimnis steht nicht entgegen, dass es vereinzelt oder als Gerücht bereits bekannt geworden ist (vgl. BGHSt 20, 342 (383); Fischer StGB § 203 Rn. 5). Offenkundige Tatsachen, von denen verständige und erfahrene Menschen ohne weiteres Kenntnis haben oder von denen sie sich jederzeit durch Benutzung allgemein zugänglicher, zuverlässiger Quellen unschwer überzeugen können, sind hingegen nicht geschützt (vgl. BGHSt 48, 28 (30) = BGH NJW 2003, 226 (227); Fischer StGB § 203 Rn. 10a; BeckOK StGB/*Weidemann* § 203 Rn. 11).

5   Bei **Betriebs- und Geschäftsgeheimnissen** ist außer dem objektiven Geheimhaltungsinteresse (→ Rn. 4) ein entsprechender Geheimhaltungswille des Arbeitgebers sowie im Hinblick auf § 96 Abs. 7 S. 1 Nr. 2 die ausdrückliche Bezeichnung als geheimhaltungsbedürftig erforderlich. Entscheidend ist insoweit nicht die Wortwahl, sondern der erklärte Wille des Arbeitgebers (Erbs/Kohlhaas/*Ambs* Rn. 2).

Während sich Betriebsgeheimnisse eher auf die Erreichung des Betriebszwecks beziehen (zB Fabrikationsverfahren, Konstruktionsunterlagen, technische Geräte und Maschinen), betreffen Geschäftsgeheimnisse den kaufmännischen Geschäftsverkehr (zB Kundenlisten, Jahresabschlüsse, Preisberechnungen).

Geheimnisse im Sinne des § 155 sind nur dann geschützt, wenn sie der Vertrauensperson in Ausübung **6** ihrer Funktion (**„als Vertrauensperson"**) anvertraut oder sonst bekannt geworden sind. Dies ist bei Vertrauensleuten dadurch möglich, dass sie an den Sitzungen des Betriebs- und Personalrats teilnehmen dürfen (§ 95 Abs. 4), ein besonderes Recht auf Unterrichtung und auf Anhörung (§ 95 Abs. 2) sowie auf Einsicht in die Personalakten haben (Erbs/Kohlhaas/*Ambs* § 96 Rn. 4; Neumann/Pahlen/Majerski-Pahlen/*Pahlen* § 96 Rn. 20). **Anvertraut** bedeutet, einen anderen in ein Geheimnis unter Umständen einzuweihen, aus denen sich eine Pflicht zur Verschwiegenheit ergibt (Erbs/Kohlhaas/*Ambs* Rn. 4; vgl. auch OLG Köln NStZ 1983, 412; Fischer StGB § 203 Rn. 8). Das Auffangmerkmal **„sonst bekannt geworden"** ist in allen Fällen gegeben, in denen die Vertrauensperson auf andere Weise als durch das Anvertrauen Kenntnis von dem Geheimnis erlangt (Erbs/Kohlhaas/*Ambs* Rn. 4; vgl. auch OLG Köln NJW 2000, 3656 (3657)).

3. Tathandlung. Tathandlung des § 155 Abs. 1 ist das **Offenbaren,** dh jede Mitteilung des fremden **7** Geheimnisses an einen Dritten. Dem Empfänger darf das Geheimnis allerdings nicht bekannt sein; dies bedeutete bei abweichender Vorstellung des Täters nur einen (straflosen) Versuch (vgl. Fischer StGB § 203 Rn. 30). Eine etwaige Verschwiegenheitspflicht des Empfängers steht der Strafbarkeit nicht entgegen (vgl. Fischer StGB § 203 Rn. 30b; BeckOK StGB/*Weidemann* § 203 Rn. 32).

Der eigenständige Straftatbestand des § 155 **Abs. 2 S. 2** stellt – in Anlehnung an § 204 Abs. 1 StGB **8** – das **Verwerten** eines fremden Geheimnisses unter Strafe. Ausreichend ist jede wirtschaftliche Ausnutzung des Geheimnisses auf andere Weise als durch Offenbaren zum Zwecke der Gewinnerzielung (vgl. Schönke/Schröder/*Lenckner/Eisele* StGB § 204 Rn. 5 u. 6). Anwendungsbereich der Vorschrift werden, wie die ausdrückliche Nennung verdeutlicht, vor allem Betriebs- und Geschäftsgeheimnisse sein. Tauglicher Tatgegenstand sind aber auch zum persönlichen Lebensbereich gehörende Geheimnisse.

Offenbaren und Verwerten müssen jeweils **unbefugt** erfolgen. Dabei handelt es sich nach hM um ein **9** Merkmal mit Doppelfunktion, da die Zustimmung des Geheimnisinhabers bereits den Tatbestand ausschließt, anderweitige Befugnisse hingegen rechtfertigende Wirkung entfalten (vgl. Schönke/Schröder/*Lenckner/Eisele* StGB § 203 Rn. 21; BeckOK StGB/*Weidemann* StGB § 203 Rn. 33; **aA** Erbs/Kohlhaas/*Ambs* Rn. 3: generell rechtfertigende Wirkung). So gelten die Verschwiegenheitspflichten gem. § 96 Abs. 7 S. 3 etwa nicht ggü. der Bundesagentur für Arbeit, den Integrationsämtern und den Rehabilitationsträgern, soweit deren Aufgaben den schwerbehinderten Menschen ggü. es erfordern, ferner nicht ggü. den Vertrauenspersonen in den Stufenvertretungen (§ 97) sowie ggü. den in § 79 Abs. 1 BetrVG und den in den entsprechenden Vorschriften des Personalvertretungsrechtes genannten Vertretungen, Personen und Stellen.

II. Subjektiver Tatbestand

Der subjektive Tatbestand erfordert zumindest **bedingten Vorsatz,** der sich insbes. auf den Geheim- **10** nischarakter der offenbarten Tatsache, aber auch auf das Offenbaren beziehen muss.

C. Rechtsfolge

Das Offenbaren von Geheimnissen nach § 155 Abs. 1 wird mit **Freiheitsstrafe bis zu einem Jahr** **11** oder Geldstrafe bestraft. Der Strafrahmen entspricht dem der korrespondierenden Strafvorschrift des § 203 Abs. 1 StGB. Bei der Qualifikation gem. § 155 **Abs. 2** S. 1 erhöht sich – wie bei § 203 Abs. 5 StGB – die Höchststrafe auf **Freiheitsstrafe bis zu zwei Jahren.** Derselbe Strafrahmen gilt – entsprechend dem Pendant in § 204 Abs. 1 StGB – für die Geheimnisverwertung nach § 155 Abs. 2 S. 2.

Objektives Qualifikationsmerkmal des § 155 Abs. 2 S. 1 ist das Handeln gegen Entgelt, subjektives **12** Qualifikationsmerkmal die Absicht, sich oder einen anderen zu bereichern oder einen anderen zu schädigen. **Entgelt** ist jede in einem Vermögensvorteil bestehende Gegenleistung (vgl. § 11 Abs. 1 Nr. 9 StGB). Immaterielle Vorteile genügen demnach nicht (Erbs/Kohlhaas/*Ambs* Rn. 5). Ausreichend ist, dass die Tat gegen Entgelt auszuführen. Der vermögenswerte Vorteil selbst muss nicht entrichtet werden (Erbs/Kohlhaas/*Ambs* Rn. 5). Ebenso wenig ist erforderlich, dass der Täter seine – nicht notwendig auf einen rechtswidrigen Vorteil gerichtete (vgl. Fischer StGB § 203 Rn. 50; BeckOK StGB/*Weidemann* StGB § 203 Rn. 50) – **Bereicherungs- oder Schädigungsabsicht** in die Tat umsetzen kann (Erbs/Kohlhaas/*Ambs* Rn. 5). Die Vorschrift entspricht somit dem Qualifikationstatbestand des § 203 Abs. 5 StGB.

D. Konkurrenzen

Tateinheit ist möglich mit § 17 UWG sowie mit §§ 203, 204 StGB. § 44 BDSG tritt hingegen im **13** Wege der Subsidiarität zurück.

E. Verjährung

14   Die Verjährungsfrist für den Geheimnisverrat nach § 155 Abs. 1 beträgt gem. § 78 Abs. 3 Nr. 5 StGB drei Jahre, bei der Qualifikation bzw. der Geheimnisverwertung nach § 155 Abs. 2 fünf Jahre (§ 78 Abs. 3 Nr. 4 StGB).

F. Prozessuales

15   Nach § 155 Abs. 3 wird die Tat nur auf Antrag verfolgt **(absolutes Antragsdelikt).** Antragsberechtigt ist jeder Betroffene, dessen persönliche Verhältnisse von der Vertrauensperson offenbart worden sind (Erbs/Kohlhaas/*Ambs* Rn. 6; Kossens/von der Heide/Maaß/*Kossens* Rn. 8). Mit dem Tod des Verletzten erlischt das Antragsrecht. Eine Regelung wie in § 205 Abs. 2 StGB, wonach das Antragsrecht auf die Angehörigen übergeht, fehlt in § 155.

§ 156 Bußgeldvorschriften

(1) Ordnungswidrig handelt, wer vorsätzlich oder fahrlässig

1. **entgegen § 71 Abs. 1 Satz 1, auch in Verbindung mit einer Rechtsverordnung nach § 79 Nr. 1, oder § 71 Abs. 1 Satz 3 schwerbehinderte Menschen nicht beschäftigt,**
2. **entgegen § 80 Abs. 1 ein Verzeichnis nicht, nicht richtig, nicht vollständig oder nicht in der vorgeschriebenen Weise führt oder nicht oder nicht rechtzeitig vorlegt,**
3. **entgegen § 80 Abs. 2 Satz 1 oder Abs. 4 eine Anzeige nicht, nicht richtig, nicht vollständig, nicht in der vorgeschriebenen Weise oder nicht rechtzeitig erstattet,**
4. **entgegen § 80 Abs. 5 eine Auskunft nicht, nicht richtig, nicht vollständig oder nicht rechtzeitig erteilt,**
5. **entgegen § 80 Abs. 7 Einblick in den Betrieb oder die Dienststelle nicht oder nicht rechtzeitig gibt,**
6. **entgegen § 80 Abs. 8 eine dort bezeichnete Person nicht oder nicht rechtzeitig benennt,**
7. **entgegen § 81 Abs. 1 Satz 4 oder 9 eine dort bezeichnete Vertretung oder einen Beteiligten nicht, nicht richtig, nicht vollständig oder nicht rechtzeitig unterrichtet,**
8. **entgegen § 81 Abs. 1 Satz 7 eine Entscheidung nicht erörtert, oder**
9. **entgegen § 95 Abs. 2 Satz 1 die Schwerbehindertenvertretung nicht, nicht richtig, nicht vollständig oder nicht rechtzeitig unterrichtet oder nicht oder nicht rechtzeitig hört.**

(2) Die Ordnungswidrigkeit kann mit einer Geldbuße bis zu 10 000 Euro geahndet werden.

(3) Verwaltungsbehörde im Sinne des § 36 Abs. 1 Nr. 1 des Gesetzes über Ordnungswidrigkeiten ist die Bundesagentur für Arbeit.

(4) § 66 des Zehnten Buches gilt entsprechend.

(5) [1]**Die Geldbuße ist an das Integrationsamt abzuführen.** [2]**Für ihre Verwendung gilt § 77 Abs. 5.**

A. Tatbestand

I. Täter

1   Möglicher Täter der Ordnungswidrigkeitentatbestände des § 156 ist allein der **Arbeitgeber** (besonderes persönliches Merkmal iSd § 14 OWiG). Er wird zwar nicht ausdrücklich genannt, ist aber alleiniger Adressat derjenigen Vorschriften, deren Missachtung in Abs. 1 Nr. 1–9 als Anknüpfung für ein Bußgeld herangezogen wird.

II. Die Bußgeldtatbestände im Einzelnen

2   **1. Verstoß gegen die Beschäftigungspflicht.** Gem. § 71 Abs. 1 S. 1 sind sowohl private als auch öffentliche Arbeitgeber dazu verpflichtet, auf **wenigstens 5 % der Arbeitsplätze** schwerbehinderte Menschen zu beschäftigen, wenn sie jahresdurchschnittlich monatlich mindestens 20 Arbeitsplätze haben. **Arbeitgeber** in diesem Sinne sind sämtliche Personen, die andere Menschen in einem privatrechtlichen Arbeitsverhältnis oder einem öffentlich-rechtlichen Dienstverhältnis beschäftigen. Öffentlicher Arbeitgeber ist jede juristische Person des öffentlichen Rechts (BeckOK SozR/*Jabben* § 71 Rn. 3). Für den Umfang der Beschäftigungspflicht ist – wie das Abstellen auf den Arbeitgeber verdeutlicht – nicht die Größe des einzelnen Betriebs maßgeblich, sondern die Gesamtanzahl der Arbeitsplätze bei dem jeweiligen Arbeitgeber (BVerwG NZA 1990, 192; NZA-RR 2004, 406; Erbs/Kohlhaas/*Ambs* § 71 Rn. 5; BeckOK SozR/*Jabben* § 71 Rn. 3; Neumann/Pahlen/Majerski-Pahlen/*Neumann*

§ 71 Rn. 13). Dementsprechend richtet auch § 71 Abs. 3 den Arbeitgeberbegriff in der öffentlichen Verwaltung an Organisationseinheiten aus (BeckOK SozR/*Jabben* § 71 Rn. 4). Der Begriff des Arbeitsplatzes bestimmt sich nach § 73, nach dessen Abs. 1 auch Beamten-, Richter- und Ausbildungsverhältnisse einen Arbeitsplatz iSd Teils 2 des SGB IX darstellen. Die Beschäftigungspflicht ist nur erfüllt, wenn der Arbeitgeber den Schwerbehinderten auch tatsächlich tätig werden lässt und sich nicht lediglich mit seiner Einstellung begnügt (Erbs/Kohlhaas/*Ambs* Rn. 16; Kossens/von der Heide/Maaß/*Kossens* Rn. 7; Neumann/Pahlen/Majerski-Pahlen/*Pahlen* Rn. 22).

Von dieser grundsätzlichen Pflichtquote gibt es zwei **Abweichungen.** Zum einen senkt § 71 Abs. 1 **3** S. 3 die Anforderungen insoweit, als Arbeitgeber mit jahresdurchschnittlich monatlich weniger als 40 Arbeitsplätzen jahresdurchschnittlich je Monat nur einen schwerbehinderten Menschen, Arbeitgeber mit jahresdurchschnittlich monatlich weniger als 60 Arbeitsplätzen jahresdurchschnittlich je Monat zwei schwerbehinderte Menschen beschäftigen müssen. Zum anderen kann die Bundesregierung nach § 79 Nr. 1 durch Rechtsverordnung mit Zustimmung des Bundesrates die Pflichtquote nach dem jeweiligen Bedarf an Arbeitsplätzen für schwerbehinderte Menschen auf einen Prozentsatz von 4 bis 10 % ändern. Dabei kann die Pflichtquote für öffentliche Arbeitgeber höher festgesetzt werden als für private Arbeitgeber.

Verletzungen der durch § 71 Abs. 1 normierten Beschäftigungspflicht, dh eine Unterschreitung der **4** dort oder durch Rechtsverordnung bestimmten Pflichtquote, stellen gem. § 156 Abs. 1 **Nr. 1** eine Ordnungswidrigkeit dar. Den Arbeitgeber kann dabei weder entlasten, dass sein Betrieb keine für schwerbehinderte Menschen geeigneten Arbeitsplätze enthält, noch dass ihm das Arbeitsamt keine (geeigneten) schwerbehinderten Menschen zugewiesen hat. Vielmehr trifft den Arbeitgeber die Pflicht, seinen Betrieb entsprechend für die mögliche Beschäftigung Schwerbehinderter einzurichten (Erbs/ Kohlhaas/*Ambs* Rn. 16; Neumann/Pahlen/Majerski-Pahlen/*Pahlen* Rn. 23) und sich auch selbst um die Besetzung dieser Arbeitsplätze zu kümmern, um die gesetzlichen Vorgaben zu erfüllen (Neumann/ Pahlen/Majerski-Pahlen/*Pahlen* Rn. 25). Ebenso wenig schließt die Zahlung einer Ausgleichsabgabe nach § 77 eine Geldbuße aus, da ihr kein Bußgeldcharakter zuteilwird (Erbs/Kohlhaas/*Ambs* Rn. 16; Neumann/Pahlen/Majerski-Pahlen/*Pahlen* Rn. 24). Nicht erfasst sind hingegen Verstöße gegen § 71 Abs. 1 S. 2, wonach schwerbehinderte Frauen bei der Vergabe der Arbeitsplätze besonders zu berücksichtigen sind. Dieser Norm kommt somit nur Appellcharakter zu (BeckOK SozR/*Jabben* § 71 Rn. 7; Neumann/Pahlen/Majerski-Pahlen/*Neumann* § 71 Rn. 23).

2. Pflichtverstöße beim Zusammenwirken der Arbeitgeber mit der Bundesagentur für 5 Arbeit und den Integrationsämtern. § 156 Abs. 1 Nr. 2–6 ahnden einzelne Zuwiderhandlungen gegen die Vorgaben des § 80 für das Zusammenwirken der Arbeitgeber mit der Bundesagentur für Arbeit und den Integrationsämtern. So sieht zunächst § 80 Abs. 1 eine **Dokumentations- und Vorlagepflicht** vor. Danach haben die Arbeitgeber, gesondert für jeden Betrieb und jede Dienststelle, ein **Verzeichnis der** bei ihnen beschäftigten schwerbehinderten, ihnen gleichgestellten behinderten Menschen und sonstigen **anrechnungsfähigen Personen** laufend zu führen und dieses den für den Sitz des Betriebes oder der Dienststelle zuständigen Vertretern oder Vertreterinnen der Bundesagentur für Arbeit und des Integrationsamtes auf Verlangen vorzulegen. Wer das Verzeichnis überhaupt nicht, nicht richtig oder nicht vollständig bzw. nicht in der vorgeschriebenen Weise (dh unter Verwendung des Vordrucks gem. § 80 Abs. 6; Erbs/Kohlhaas/*Ambs* § 80 Rn. 5; BeckOK SozR/*Gutzeit* § 80 Rn. 6; Neumann/ Pahlen/Majerski-Pahlen/*Neumann* § 80 Rn. 5) führt, begeht ebenso eine Ordnungswidrigkeit nach § 156 Abs. 1 **Nr. 2** wie derjenige Arbeitgeber, der das Verzeichnis den zuständigen Behörden nicht oder nicht rechtzeitig vorlegt.

Eine **Anzeigepflicht** statuiert § 80 Abs. 2 S. 1. Arbeitgeber müssen demnach der für ihren Sitz **6** zuständigen Agentur für Arbeit einmal jährlich, spätestens bis zum 31.3., für das vorangegangene Kalenderjahr diejenigen, nach Monaten aufgegliederten Daten anzeigen, die **zur Berechnung des Umfangs der Beschäftigungspflicht,** zur Überwachung ihrer Erfüllung und der Ausgleichsabgabe notwendig sind. Für Arbeitgeber, die keine Arbeitsplätze für schwerbehinderte Menschen zur Verfügung zu stellen haben, entsteht eine solche Anzeigepflicht nur nach Aufforderung durch die Bundesagentur für Arbeit im Rahmen ihrer repräsentativen fünfjährlichen Teilerhebung (§ 80 Abs. 4). Der Ordnungswidrigkeitentatbestand des § 156 Abs. 1 **Nr. 3** ist verwirklicht, wenn der Arbeitgeber die erforderliche Anzeige nicht, nicht richtig oder nicht vollständig, nicht in der vorgeschriebenen Weise (dh auch hier unter Verwendung des Vordrucks gem. § 80 Abs. 6; Erbs/Kohlhaas/*Ambs* § 80 Rn. 6; BeckOK SozR/ *Gutzeit* § 80 Rn. 9; Neumann/Pahlen/Majerski-Pahlen/*Neumann* § 80 Rn. 16) oder nicht rechtzeitig erstattet. Nicht rechtzeitig erfolgt die Anzeige, wenn sie nicht – unaufgefordert (BeckOK SozR/*Gutzeit* § 80 Rn. 7) – bis zum 31.3. vorgenommen wird. Der in § 80 Abs. 3 genannte Stichtag des 30.6. ermöglicht der Bundesagentur für Arbeit lediglich, die notwendigen Daten in einem Feststellungsbescheid selbst zu bestimmen.

Zudem muss der Arbeitgeber der Bundesagentur für Arbeit und dem Integrationsamt auf Verlangen **7** gem. § 80 Abs. 5 **Auskünfte** erteilen, die **zur Durchführung der besonderen Regelungen zur Teilhabe** schwerbehinderter und ihnen gleichgestellter behinderter Menschen **am Arbeitsleben** notwendig sind. Die anfordernde Behörde muss dabei glaubhaft machen, dass sie die Auskünfte zur

Erfüllung ihrer gesetzlichen Aufgaben benötigt (Erbs/Kohlhaas/*Ambs* § 80 Rn. 7; BeckOK SozR/*Gutzeit* § 80 Rn. 13; Neumann/Pahlen/Majerski-Pahlen/*Neumann* § 80 Rn. 18). Auch hier liegt eine Ordnungswidrigkeit vor, wenn die Auskunft nicht, nicht richtig oder nicht vollständig bzw. nicht rechtzeitig erteilt wird (§ 156 Abs. 1 **Nr. 4**).

8   Gem. § 80 Abs. 7 müssen die Arbeitgeber den Beauftragten der Bundesagentur für Arbeit und des Integrationsamtes auf Verlangen **Einblick in ihren Betrieb oder ihre Dienststelle geben,** soweit es **im Interesse der schwerbehinderten Menschen** erforderlich ist und Betriebs- oder Dienstgeheimnisse nicht gefährdet werden. Der Arbeitgeber muss dabei nicht nur den Einblick dulden, sondern auf Verlangen die Räume auch zeigen oder die Berechtigten auf andere Weise bei der Erfüllung ihrer Aufgabe unterstützen (Erbs/Kohlhaas/*Ambs* § 80 Rn. 11). Wer diesen Einblick nicht oder nicht rechtzeitig gibt, erfüllt den Ordnungswidrigkeitentatbestand des § 156 Abs. 1 **Nr. 5.**

9   § 80 Abs. 8 bestimmt, dass die Arbeitgeber der für den Sitz des Betriebes oder der Dienststelle zuständigen Agentur für Arbeit und dem Integrationsamt die gewählten **Vertrauenspersonen** der schwerbehinderten Menschen (§ 94 Abs. 1 S. 1–3 sowie § 97 Abs. 1–5) sowie die bestellten **Beauftragten** für die Angelegenheiten der schwerbehinderten Menschen (§ 98 S. 1) **zu benennen** haben. Die Mitteilung muss an beide genannten zuständigen Stellen erfolgen (Erbs/Kohlhaas/*Ambs* Rn. 21; Kossens/von der Heide/Maaß/*Kossens* Rn. 13; Neumann/Pahlen/Majerski-Pahlen/*Pahlen* Rn. 32). Geschieht dies nicht oder nicht rechtzeitig, dh nicht unverzüglich, also ohne schuldhaftes Zögern, nach der Wahl bzw. Bestellung, liegt eine Ordnungswidrigkeit nach § 156 Abs. 1 **Nr. 6** vor.

10   **3. Pflichtverstöße bei der Neubesetzung freier Arbeitsplätze.** Bei der **Besetzung freier Arbeitsplätze** verpflichtet § 81 Abs. 1 den Arbeitgeber – unter Beteiligung der Schwerbehindertenvertretung nach § 95 Abs. 2 und Anhörung der in § 93 genannten Vertretungen (§ 81 Abs. 1 S. 6) – zu prüfen, ob schwerbehinderte Menschen eingestellt werden können, insbes. solche, die der Bundesagentur für Arbeit arbeitslos oder arbeitsuchend gemeldet sind. Die Arbeitgeber müssen daher frühzeitig Verbindung mit der Agentur für Arbeit aufnehmen und erhalten Vorschläge für geeignete Bewerber. Über die **Vermittlungsvorschläge sowie** über **vorliegende Bewerbungen** schwerbehinderter Menschen haben die Arbeitgeber die Schwerbehindertenvertretung und die in § 93 genannten Vertretungen unmittelbar nach Eingang **zu unterrichten** (§ 81 Abs. 1 S. 4). Eine Beteiligungspflicht ggü. der Schwerbehindertenvertretung entsteht lediglich dann nicht, wenn der schwerbehinderte Bewerber deren Beteiligung ausdrücklich ablehnt (§ 81 Abs. 1 S. 10).

11   Eine **Unterrichtungspflicht** trifft den Arbeitgeber auch in Bezug auf seine **Entscheidung** über die Besetzung des freien Arbeitsplatzes. Gem. § 81 Abs. 1 S. 9 sind alle Beteiligten vom Arbeitgeber über die getroffene Entscheidung unter Darlegung der Gründe unverzüglich, dh ohne schuldhaftes Zögern, zu unterrichten. Wer die Mitteilung über die Vermittlungsvorschläge und Bewerbungen nach § 81 Abs. 1 S. 4 oder über die Entscheidung nach § 81 Abs. 1 S. 9 nicht, nicht richtig oder nicht vollständig bzw. nicht rechtzeitig, dh nicht unmittelbar nach Eingang bzw. nicht unverzüglich vornimmt, verwirklicht den Ordnungswidrigkeitentatbestand des § 156 Abs. 1 **Nr. 7.**

12   Bevor der Arbeitgeber endgültig über die Besetzung des freien Arbeitsplatzes entscheidet, muss er unter den Voraussetzungen des § 81 Abs. 1 S. 7 seine **beabsichtigte Entscheidung** mit der Schwerbehindertenvertretung und den in § 93 genannten Vertretungen unter Darlegung der Gründe **erörtern.** Diese Pflicht trifft den Arbeitgeber aber nur, wenn er seine Beschäftigungspflicht nicht erfüllt und die Schwerbehindertenvertretung oder eine in § 93 genannte Vertretung mit der beabsichtigten Entscheidung nicht einverstanden ist. Erfolgt die Erörterung nicht (bzw. ohne oder lediglich mit nicht ausreichender Darlegung der Gründe; Neumann/Pahlen/Majerski-Pahlen/*Neumann* § 81 Rn. 8), stellt dies eine Ordnungswidrigkeit nach § 156 Abs. 1 **Nr. 8** dar.

13   **4. Verstoß gegen die generelle Beteiligungspflicht der Schwerbehindertenvertretung.** Damit die Schwerbehindertenvertretung ihre Aufgaben nach § 95 Abs. 1 erfüllen kann, sieht § 95 Abs. 2 S. 1 ihre umfangreiche Beteiligung vor. Der Arbeitgeber hat die Vertretung demnach in allen Angelegenheiten, die einen einzelnen oder die schwerbehinderten Menschen als Gruppe berühren, **unverzüglich und umfassend zu unterrichten und** vor einer Entscheidung **anzuhören.** Dazu zählen insbes. Einstellungen, Kündigungen, Bewerbungen, Versetzungen, Abordnungen und Umgruppierungen, aber auch dienstliche Beurteilungen, Arbeitsplatzverlegungen, Parkplatzregelungen und allgemeine organisatorische Maßnahmen (Erbs/Kohlhaas/*Ambs* § 95 Rn. 2; Neumann/Pahlen/Majerski-Pahlen/*Pahlen* § 95 Rn. 10). Unterrichtet der Arbeitgeber die Schwerbehindertenvertretung nicht, nicht richtig oder nicht vollständig bzw. nicht rechtzeitig, begeht er eine Ordnungswidrigkeit nach § 156 Abs. 1 **Nr. 9.** Gleiches gilt, wenn er die Vertretung vor seiner Entscheidung nicht oder nicht rechtzeitig anhört. Zum Anhörungsrecht gehört auch, die Stellungnahme der unterrichteten Schwerbehindertenvertretung, die in angemessener Frist abzugeben ist, entgegenzunehmen und im Rahmen seiner Entscheidung zu würdigen, nicht aber, ihr zu folgen (Erbs/Kohlhaas/*Ambs* § 95 Rn. 3; Neumann/Pahlen/Majerski-Pahlen/*Pahlen* § 95 Rn. 11). Verstöße gegen die in § 95 Abs. 2 S. 1 Hs. 2 aufgestellte Mitteilungspflicht erfasst der Tatbestand des § 156 Abs. 1 Nr. 9 hingegen nicht.

III. Innerer Tatbestand

Die Ordnungswidrigkeiten des § 156 Abs. 1 kann der Arbeitgeber **sowohl vorsätzlich als auch** 14
fahrlässig begehen. Fahrlässigkeit kommt insbes. in Betracht, wenn der Arbeitgeber verkennt, dass die
Auskünfte nach § 80 Abs. 5 zur Durchführung der besonderen Regelungen zur Teilhabe schwerbehinderter und ihnen gleichgestellter behinderter Menschen am Arbeitsleben notwendig sind (§ 156 Abs. 1
Nr. 4), oder er irrigerweise bei einem Einblick in seinen Betrieb oder in seine Dienststelle Betriebs-
oder Dienstgeheimnisse für gefährdet hält (§ 156 Abs. 1 Nr. 5), und sich somit jeweils in einem vorsatzausschließenden Tatumstandsirrtum befindet (Erbs/Kohlhaas/*Ambs* Rn. 19 f.).

B. Geldbuße

§ 156 **Abs. 2** sieht für die Ordnungswidrigkeiten des Abs. 1 eine Geldbuße bis zu 10.000 EUR vor. 15
Bei fahrlässigem Handeln des Arbeitgebers beträgt das Höchstmaß 5.000 EUR (§ 17 Abs. 2 OWiG).

Geldbußen sind gem. § 156 Abs. 5 S. 1 an das jeweilige (Landes-)**Integrationsamt** iSd § 101 Abs. 1 16
Nr. 1 abzuführen (zu den Aufgaben des Integrationsamtes s. § 102). Sie dürfen nur für besondere
Leistungen zur Förderung der Teilhabe schwerbehinderter Menschen am Arbeitsleben einschließlich
begleitender Hilfe im Arbeitsleben nach § 102 Abs. 1 Nr. 3 verwendet werden. Persönliche und
sächliche Kosten der Verwaltung und Kosten des Verfahrens dürfen hiervon nicht bestritten werden
(§ 156 Abs. 5 S. 2 iVm § 77 Abs. 5).

Die **Vollstreckung** der Bußgelder richtet sich nach § 156 **Abs. 4** SGB IX iVm § 66 SGB X. 17

C. Verjährung

Die Verfolgungsverjährung für die Ordnungswidrigkeiten nach § 156 Abs. 1 tritt gem. § 31 Abs. 2 18
Nr. 2 OWiG sowohl bei vorsätzlicher als auch bei fahrlässiger Begehung nach zwei Jahren ein.

D. Verfolgungsbehörde

Für die Verfolgung der Ordnungswidrigkeiten nach § 156 Abs. 1 sachlich zuständige Verwaltungs- 19
behörde iSd § 36 Abs. 1 Nr. 1 OWiG ist gem. § 156 **Abs. 3** die **Bundesagentur für Arbeit** (zu ihren
Aufgaben s. § 104).

670. Zehntes Buch Sozialgesetzbuch – Sozialverwaltungsverfahren und Sozialdatenschutz – (SGB X)

In der Fassung der Bekanntmachung vom 18. Januar 2001 (BGBl. I S. 130) FNA 860-10-1

Zuletzt geändert durch Art. 12 DatenaustauschverbesserungsG vom 2.2.2016 (BGBl. I S. 130)

– Auszug –

Literatur: *Binne,* Das neue Recht des Sozialdatenschutzes, NZS 1995, 97; *Bohnert,* Der beschuldigte Amtsträger zwischen Aussagefreiheit und Verschwiegenheitspflicht, NStZ 2004, 301.

Vorbemerkung

1   Die Straf- und Bußgeldvorschriften des SGB X (§§ 85, 85a) sind zuletzt durch G v. 5.8.2010 (BGBl. I 1127) mWv 11.8.2010 geändert worden. dabei wurden in Abs. 1 die Nr. 1a u. 1b eingefügt, in Abs. 2 die Nr. 6 angefügt und der Bußgeldrahmen in Abs. 3 S. 1 von 25.000 EUR auf 50.000 EUR sowie in Hs. 2 von 250.000 EUR auf 300.000 EUR angehoben. Schließlich wurden in Abs. 3 die S. 2 u. 3 angefügt. Hintergrund ist eine Anpassung an die Bußgeldtatbestände des Bundesdatenschutzgesetzes. Nach § 43 Abs. 1 Nr. 2 und § 43 Abs. 2 Nr. 7 BDSG sind nunmehr Verstöße gegen die Vorschriften der Auftragsdatenverarbeitung (§ 80 Abs. 2 S. 2 u. 4) bzw. gegen die Informationspflicht bei unrechtmäßiger Kenntniserlangung von Sozialdaten (§ 83a) bußgeldbewehrt (BT-Drs. 17/1664, 16).

2   **Geschütztes Rechtsgut** der Vorschriften sind konkret die bei einer der in § 35 SGB I genannten Stellen gespeicherten Sozialdaten und die bei ihrer Bearbeitung einzuhaltenden Verfahrensregelungen. Ziel der Norm iwS ist damit der Datenschutz, genauer: das auch grundrechtlich geschützte Recht auf informationelle Selbstbestimmung (Erbs/Kohlhaas/*Wache* § 85 Rn. 1).

§ 85 Bußgeldvorschriften

(1) Ordnungswidrig handelt, wer vorsätzlich oder fahrlässig

1. entgegen § 78 Abs. 1 Satz 1 Sozialdaten verarbeitet oder nutzt, wenn die Handlung nicht nach Absatz 2 Nr. 5 geahndet werden kann,
1a. entgegen § 80 Absatz 2 Satz 2 einen Auftrag nicht richtig, nicht vollständig oder nicht in der vorgeschriebenen Weise erteilt,
1b. entgegen § 80 Absatz 2 Satz 4 sich nicht vor Beginn der Datenverarbeitung von der Einhaltung der beim Auftragnehmer getroffenen technischen und organisatorischen Maßnahmen überzeugt,
2. entgegen § 80 Abs. 4, auch in Verbindung mit § 67d Abs. 4 Satz 2, Sozialdaten anderweitig verarbeitet, nutzt oder länger speichert oder
3. entgegen § 81 Abs. 4 Satz 1 dieses Gesetzes in Verbindung mit § 4f Abs. 1 Satz 1 oder 2 des Bundesdatenschutzgesetzes, diese jeweils auch in Verbindung mit § 4f Abs. 1 Satz 3 und 6 des Bundesdatenschutzgesetzes, einen Beauftragten für den Datenschutz nicht oder nicht rechtzeitig bestellt.

(2) Ordnungswidrig handelt, wer vorsätzlich oder fahrlässig

1. unbefugt Sozialdaten, die nicht allgemein zugänglich sind, erhebt oder verarbeitet,
2. unbefugt Sozialdaten, die nicht allgemein zugänglich sind, zum Abruf mittels automatisierten Verfahrens bereithält,
3. unbefugt Sozialdaten, die nicht allgemein zugänglich sind, abruft oder sich oder einem anderen aus automatisierten Verarbeitungen oder nicht automatisierten Dateien verschafft,
4. die Übermittlung von Sozialdaten, die nicht allgemein zugänglich sind, durch unrichtige Angaben erschleicht,
5. entgegen § 67c Abs. 5 Satz 1 oder § 78 Abs. 1 Satz 1 Sozialdaten für andere Zwecke nutzt, indem er sie an Dritte weitergibt oder
6. entgegen § 83a Satz 1 eine Mitteilung nicht, nicht richtig, nicht vollständig oder nicht rechtzeitig macht.

(3) ¹Die Ordnungswidrigkeit kann im Falle des Absatzes 1 mit einer Geldbuße bis zu fünfzigtausend Euro, in den Fällen des Absatzes 2 mit einer Geldbuße bis zu dreihunderttausend Euro geahndet werden. ²Die Geldbuße soll den wirtschaftlichen Vorteil, den der

Täter aus den Ordnungswidrigkeiten gezogen hat, übersteigen. ³Reichen die in Satz 1 genannten Beträge hierfür nicht aus, so können sie überschritten werden.

A. Tathandlungen

Bei den Regelungen des Abs. 1 und Abs. 2 handelt es sich um Blankettvorschriften (zur verfassungs- **1**
mäßigen Bestimmtheit bei § 43 BDSG, Auernhammer BDSG § 43 Rn. 5 mwN). Ihr konkreter
Regelungsgehalt erklärt sich bezüglich Tatbestandsmäßigkeit und Rechtswidrigkeit nicht aus sich selbst
heraus, sondern ergibt sich erst in Zusammenschau mit den Normen, auf die sie Bezug nehmen. Die
Aufteilung in Abs. 1 u. 2 ergibt sich daraus, dass die Regelungen in Abs. 1 Verstöße gegen formell-
rechtliche Datenschutzvorschriften sanktionieren, während mit Abs. 2 Verstöße gegen materiell-rechtliche Schutzvorschriften zum Datenschutz geahndet werden können.

I. Tathandlungen nach Abs. 1

**1. Abs. 1 Nr. 1: Verarbeitung oder Nutzung von Sozialdaten entgegen § 78 Abs. 1 S. 1. 2
Normadressaten** des Abs. 1 Nr. 1 sind **Personen oder Stellen iSd § 78 Abs. 1 S. 1,** die nicht in
§ 35 SGB I („Grundnorm" des Sozialdatenschutzes, BT-Drs. 8/4022, 80) genannt und denen Sozialdaten übermittelt worden sind. § 78 Abs. 1 S. 1 erfasst Datenempfänger außerhalb des Sozialleistungs-
bereichs, vor allem private Stellen. Er gilt somit für Dritte iSv § 67 Abs. 10 S. 2. Diese dürfen Sozialdaten nur zu dem Zweck verarbeiten oder nutzen, zu dem sie ihnen befugt übermittelt worden sind und
unterliegen damit derselben Zweckbindungs- und Geheimhaltungspflicht wie die in § 35 SGB I
genannten Personen und Stellen. In § 35 SGB I konkret genannt (vgl. dazu LPK–SGB I/*Krahmer*,
2. Aufl. 2008, SGB I § 35 Rn. 15; *Mrozynski,* 2. Aufl. 2003, SGB I § 35 Rn. 9) und damit im
Umkehrschluss **nicht Normadressaten** sind Sozialleistungsträger, Verbände der Leistungsträger, Arbeitsgemeinschaften der Leistungsträger und ihrer Verbände, die Datenstelle der Träger der Rentenversicherung, die im SGB I genannten öffentlich-rechtlichen Vereinigungen, gemeinsame Servicestel-
len, Integrationsfachdienste, die Künstlersozialkasse, die Versicherungsämter und Gemeindebehörden
sowie die anerkannten Adoptionsvermittlungsstellen (§ 2 Abs. 2 AdVermiG), soweit sie Aufgaben nach
SGB I wahrnehmen, sowie Stellen, die Aufgaben nach § 67c Abs. 3 (Aufsichts-, Kontroll-, Disziplinar-,
Rechnungsprüfungs- und Prüftätigkeiten; dazu v. Wulffen/Schütze/*Bieresborn* § 67c Rn. 11) wahr-
nehmen. Ebenfalls in § 35 SGB I erwähnt und damit von Abs. 1 Nr. 1 nicht erfasst sind Behörden der
Zollverwaltung, soweit sie Aufgaben nach § 2 SchwArbG und nach § 66 durchführen (dazu amtl. Begr.
BT-Drs. 12/5187, 40) sowie die Deutsche Post AG, soweit sie mit der Berechnung oder Auszahlung von
Sozialleistungen betraut ist.

Täter kann **jedermann** („wer") sein, der **bei den genannten Stellen tätig** ist, nicht aber der **3**
Betroffene selbst, weil er über seine Daten disponieren darf. Vor dem Hintergrund eines umfassenden
Datenschutzes erfasst die weite Formulierung alle Personen, die beim und im Auftrag vom Datenempfänger tätig werden. Neben dem eigenen Personal gehören folglich auch Auftragnehmer und Beschäftigte der genannten Stellen zum möglichen Täterkreis (vgl. Auernhammer BDSG § 43 Rn. 6).

Sozialdaten sind nach der Legaldefinition in § 67 Abs. 1 S. 1 Einzelangaben über persönliche oder **4**
sachliche Verhältnisse einer bestimmten oder bestimmbaren natürlichen Person (Betroffener), die von
einer in § 35 SGB I genannten Stelle (→ Rn. 1) im Hinblick auf ihre Aufgaben nach dem SGB X
erhoben, verarbeitet oder genutzt werden. **Einzelangaben** sind Informationen, die sich auf einen
Betroffenen beziehen oder geeignet sind, einen Bezug zu ihm herzustellen. Die Tendenz, unter „Sozialdaten" nur solche Daten als vom Sozialgeheimnis geschützt anzusehen, die einen Zusammenhang mit
der „eigentlichen Kernaufgabe" aufweisen (so *Schöning* DAngVers 1994, 202; ähnl. *Binne* NZS 1995, 98),
ist angesichts des Ziels eines möglichst umfassenden Datenschutzes abzulehnen. Geschützt sind damit zB
auch personenbezogene Daten über die im Verfahren konsultierten Ärzte und Gutachter.

Verarbeiten umfasst nach § 67 Abs. 6 folgende Tathandlungen in Bezug auf Sozialdaten, ungeachtet **5**
der dabei angewendeten Verfahren: das Speichern (Erfassen, Aufnehmen oder Aufbewahren auf einem
Datenträger zur weiteren Verarbeitung oder Nutzung, § 67 Abs. 6 S. 2 Nr. 1), Verändern (inhaltliches
Umgestalten, § 67 Abs. 6 S. 2 Nr. 2), Übermitteln (Bekanntgeben gespeicherter oder durch Datenverarbeitung gewonnener (dann nicht notwendig gespeicherter) Sozialdaten an einen Dritten durch Weitergabe, Gewährung der Einsichtnahme oder des Abrufs, § 67 Abs. 6 S. 2 Nr. 3), Sperren (mindestens
teilweises Untersagen der weiteren Verarbeitung oder Nutzung durch entsprechende Kennzeichnung,
§ 67 Abs. 6 S. 2 Nr. 4) sowie das Löschen (Unkenntlichmachen, § 67 Abs. 6 S. 2 Nr. 5) von Sozialdaten.

Nutzen ist jede Verwendung von Sozialdaten, soweit es sich nicht um Verarbeitung handelt, auch die **6**
Weitergabe innerhalb der verantwortlichen Stelle (§ 67 Abs. 7).

Liegt das zusätzliche objektive Merkmal unbefugter Weitergabe von Sozialdaten an Dritte und damit **7**
eine Ordnungswidrigkeit gem. Abs. 2 Nr. 5 mit erheblich höherem Bußgeldrahmen vor, ist Abs. 1
Nr. 1 nur **subsidiär** anwendbar.

8   **2. Abs. 1 Nr. 1a: Verstoß gegen Vorschriften über Auftragsdatenverarbeitung iSv § 80 Abs. 2 S. 2.** Ordnungswidrig iSv Abs. 1 Nr. 1a handelt, wer gegen die Regelungen zur Auftragsdaten-verwaltung iSv **§ 80 Abs. 2 S. 2** verstößt, insbes. einen Datenverarbeitungsauftrag nicht richtig, nicht vollständig oder nicht in der vorgeschriebenen Weise erteilt. Der Auftrag ist **schriftlich** (dazu von v. Wulffen/Schütze/*Bieresborn* § 67b Rn. 13) unter Festlegung folgender Rahmenbedingungen zu erteilen: Abs. 2 S. 2 **Nr. 1:** der Gegenstand und die Dauer des Auftrags, **Nr. 2:** der Umfang, die Art und der Zweck der vorgesehenen Erhebung, Verarbeitung oder Nutzung von Daten, die Art der Daten und der Kreis der Betroffenen, **Nr. 3:** die nach § 78a zu treffenden technischen und organisatorischen Maßnahmen, **Nr. 4:** die Berichtigung, Löschung und Sperrung von Daten, **Nr. 5:** die bestehenden Pflichten des Auftragnehmers, insbes. die von ihm vorzunehmenden Kontrollen, **Nr. 6:** die etwaige Berechtigung zur Begründung von Unterauftragsverhältnissen, **Nr. 7:** die Kontrollrechte des Auftrag-gebers und die entsprechenden Duldungs- und Mitwirkungspflichten des Auftragnehmers, **Nr. 8:** mit-zuteilende Verstöße des Auftragnehmers oder der bei ihm beschäftigten Personen gegen Vorschriften zum Schutz von Sozialdaten oder gegen die im Auftrag getroffenen Festlegungen, **Nr. 9:** der Umfang der Weisungsbefugnisse, die sich der Auftraggeber gegenüber dem Auftragnehmer vorbehält sowie unter **Nr. 10:** die Rückgabe überlassener Datenträger und die Löschung beim Auftragnehmer gespeicherter Daten nach Beendigung des Auftrags.

9   **3. Abs. 1 Nr. 1b: Verstoß gegen Pflicht zur Einhaltung der erforderlichen technischen und organisatorischen Maßnahmen.** Ordnungswidrig iSv Abs. 1 Nr. 1b handelt, wer sich entgegen § 80 Abs. 2 S. 4 nicht vor Beginn der Datenverarbeitung von der Einhaltung der beim Auftragnehmer getroffenen technischen und organisatorischen Maßnahmen (vgl. § 78a) überzeugt. Es soll sichergestellt werden, dass beim Auftragnehmer dieselben Anforderungen umgesetzt werden wie beim Auftraggeber und damit das Schutzniveau entsprechend hoch bleibt.

10   **4. Abs. 1 Nr. 2: Verarbeitung oder Nutzung von Sozialdaten entgegen § 80 Abs. 4.** Abs. 1 Nr. 2 sanktioniert die unbefugte anderweitige Verarbeitung, Nutzung oder längere Speicherung von Sozialdaten entgegen § 80 Abs. 4. Danach darf der Auftragnehmer ihm zur Datenverarbeitung über-lassene Sozialdaten nicht für andere Zwecke verarbeiten oder nutzen und nicht länger speichern als der Auftraggeber **schriftlich** bestimmt. Nach § 67d Abs. 4 S. 2 gilt dies entsprechend auch bei Auftragser-teilung an Vermittlungsstellen.

11   **5. Abs. 1 Nr. 3: Fehlende oder nicht rechtzeitige Bestellung eines Datenschutzbeauftrag-ten.** Nach Abs. 1 Nr. 3 handelt ordnungswidrig, wer nicht oder nicht rechtzeitig einen internen Datenschutzbeauftragten (DSB) bestellt. **Normadressaten** und damit verpflichtet zur schriftlichen Bestellung eines DSB sind öffentliche und nicht-öffentliche Stellen, die personenbezogene Daten auto-matisiert verarbeiten (§ 4f Abs. 1 S. 1 BDSG). Bei nicht-automatisierter Datenverarbeitung ist zur Bestellung verpflichtet, wer in der Regel mindestens 20 Personen – hierzu gehören nach der amtl. Begr. (BT-Drs. 16/1407, 10) auch Leiharbeitnehmer und freie Mitarbeiter (krit. Gola/Schomerus/*Gola/ Klug/Körffer* BDSG § 4f Rn. 10a) – beschäftigt. Konkret genannt sind nach § 81 Abs. 4 S. 1 die in § 35 SGB I genannten Stellen (→ Rn. 1) sowie die Vermittlungsstellen nach § 67d Abs. 4. Soweit nicht-öffentliche Stellen automatisierte Verarbeitungen vornehmen, die einer Vorabkontrolle unterliegen, oder personenbezogene Daten geschäftsmäßig zum Zweck der Übermittlung, der anonymisierten Übermitt-lung oder für Zwecke der Markt- oder Meinungsforschung automatisiert verarbeiten, haben sie un-abhängig von der Anzahl der mit der automatisierten Verarbeitung beschäftigten Personen einen Beauf-tragten für den Datenschutz zu bestellen (§ 4f Abs. 1 S. 6 BDSG). In der Privatwirtschaft wird der Unternehmensinhaber bzw. die Unternehmensleitung einer juristischen Person, der das Unternehmen gehört, verpflichtet (Gola/Schomerus/*Gola/Klug/Körffer* BDSG § 4f Rn. 8).

12   **Nicht rechtzeitig** erfolgt die Bestellung, wenn bei öffentlichen Stellen nicht bereits mit Aufnahme der Tätigkeit bzw. mit Entstehen der Voraussetzungen (Gola/Schomerus/*Gola/Klug/Körffer* BDSG § 4f Rn. 15), bei nicht-öffentlichen Stellen binnen eines Monats danach noch kein DSB bestellt ist (§ 4f Abs. 1 S. 2 BDSG). Angesichts der regulatorischen Unschärfe („in der Regel") ist bei der Einhaltung der Monatsfrist eine kurzfristige Überschreitung zu dulden, jedenfalls dann, wenn die Bestellung bereits in die Wege geleitet wurde (iErg ebenso Erbs/Kohlhaas/*Ambs* BDSG § 43 Rn. 6; für den parallelen § 43 Abs. 1 Nr. 2 BDSG iErg ebenso Gola/Schomerus/*Gola* BDSG § 43 Rn. 6).

13   Als **nicht** (scil: ordnungsgemäß) **bestellt** kann ein DSB auch dann gelten, wenn die Bestellung entgegen § 4f Abs. 1 S. 1 BDSG mündlich erfolgte, dem DSB die zur Erfüllung seines Amtes erforderliche Qualifikation oder Sachkunde fehlt oder er aus anderen Gründen zur Aufgabenerfüllung ungeeignet oder nicht in der Lage ist (zB aufgrund ständiger Überlastung); (zu den Bestellungsvoraussetzungen hinsichtlich Fachkunde und Zuverlässigkeit Gola/Schomerus/*Gola/Klug/Körffer* BDSG § 4f Rn. 17 ff., 20 ff.).

II. Tathandlungen nach Abs. 2

14   Abs. 2 Nr. 1–4 begründet einen erhöhten Schutz für nicht allgemein zugängliche Sozialdaten. Abs. 2 Nr. 5 kann dagegen, da das einschränkende Tatbestandsmerkmal der „nicht allgemein zugänglichen

Sozialdaten" hier nicht genannt ist, auch in Bezug auf allgemein zugängliche Sozialdaten begangen werden (Erbs/Kohlhaas/*Wache* Rn. 3).

Allgemein zugänglich sind gem. § 10 Abs. 5 S. 2 Daten, die jedermann, sei es ohne oder nach **15** vorheriger Anmeldung, Zulassung oder Entrichtung eines Entgelts, nutzen kann. **Nicht allgemein zugänglich** sind Daten daher dann, wenn sie weder allgemein bekannt noch ohne weiteres wahrnehmbar oder von jedermann genutzt werden können.

1. Abs. 2 Nr. 1: Erheben oder Verarbeiten nicht allgemein zugänglicher Sozialdaten. Erhe- 16 ben bezeichnet das Beschaffen von Daten über den Betroffenen (§ 67 Abs. 5; zur heimlichen Informationsbeschaffung bei Dritten über Lebensverhältnisse eines SGB II-Anspruchstellers SG Düsseldorf AuR 2006, 33 = BeckRS 2005, 43963), zum **Verarbeiten** → Rn. 5.

2. Abs. 2 Nr. 2: Zum Abruf bereithalten nicht allgemein zugänglicher Sozialdaten. Abs. 2 **17** Nr. 2 verbietet das Bereithalten nicht allgemein zugänglicher Sozialdaten zum Abruf. **Abrufen** ist eine Übermittlung elektronisch oder automatisiert gespeicherter oder durch Datenverarbeitung gewonnener Dateien zur Einsichtnahme, zB via Online-Verbindung. Es bezieht sich allein auf Daten, die in automatisierter, abrufbarer Form vorgehalten werden. Ein **Bereithalten** zum Abruf (vgl. § 67 Abs. 6 Nr. 3b) liegt nicht erst bei der Übermittlung oder Kenntnisnahme vor, sondern bereits dann, wenn Dritten die Möglichkeit eingeräumt wird, nicht allgemein zugängliche (→ Rn. 13) Sozialdaten (→ Rn. 4) abzurufen. Es handelt sich damit um ein abstraktes Gefährdungsdelikt.

3. Abs. 2 Nr. 3: Abrufen oder Verschaffen nicht allgemein zugänglicher Sozialdaten. Abs. 2 **18** Nr. 3 ist erfüllt, wenn der Täter unbefugt nicht allgemein zugängliche (→ Rn. 13) Sozialdaten (→ Rn. 4) abruft oder sich oder einem anderen aus automatisierter Verarbeitung oder nicht automatisierten Dateien verschafft. Zum **Abrufen** → Rn. 15. Ein **Verschaffen** liegt in jeglichem Zugriff auf Daten in einer Datei, der zur Herrschaft über die Daten führt. Nicht erforderlich ist, dass die maßgeblichen Daten abgespeichert oder aufgezeichnet waren oder werden. Ausreichend ist zB auch die bloße Kenntnisnahme. Geschützt sind diesbezüglich Sozialdaten ungeachtet der bei der Speicherung angewendeten Verfahren und unabhängig von eventuellen Sicherheitsmechanismen. Ordnungswidrig ist sowohl das eigennützige als auch das fremdnützige Verschaffen.

4. Abs. 2 Nr. 4: Erschleichen der Übermittlung von nichtöffentlichen Sozialdaten. Abs. 2 **19** Nr. 4 erfasst das Erschleichen der Übermittlung nichtöffentlicher Sozialdaten durch unrichtige Angaben, also das Vortäuschen einer Wirklichkeit nicht bestehenden Zugriffsbefugnis durch Falschangabe oder Vorspiegeln von Identität oder bestehender Zugriffsberechtigung. Erfasst sind damit auch Fälle von Datenbeschaffung durch „Hacker", die mit korrekten Zugangsdaten operieren, ohne aber zum Datenzugriff befugt zu sein (Erbs/Kohlhaas/*Wache* Rn. 4; zum gleichlautenden § 43 BDSG, Gola/Schomerus/*Gola* BDSG § 43 Rn. 23).

5. Abs. 2 Nr. 5: Weitergabe von Sozialdaten an Dritte. Abs. 2 Nr. 5 verbietet die **zweckwid- 20 rige Nutzung** von allgemein oder nicht allgemein zugänglichen Sozialdaten durch Weitergabe an Dritte, wenn die Sozialdaten für wissenschaftliche Forschung oder Planung im Sozialleistungsbereich erhoben oder gespeichert wurden (§ 67c Abs. 5 S. 1) oder an Personen oder Stellen, die keine Leistungsträger (§ 78 Abs. 1 S. 1) sind, mit einer bestimmten Zweckbindung übermittelt wurden. **Normadressaten** sind damit die in § 35 SGB I genannten Stellen bzw. Dritte, denen Daten iSv § 78 Abs. 1 S. 1 zu einem bestimmten Zweck übermittelt wurden.

6. Abs. 2 Nr. 6: Verstoß gegen Informationspflicht bei unrechtmäßiger Kenntniserlangung 21 von Sozialdaten. Abs. 2 Nr. 6 sanktioniert Verstöße gegen die mit G v. 5.8.2010 (BGBl. I 1127) durch § 83a eingeführte Informationspflicht bei unrechtmäßiger Kenntniserlangung von Sozialdaten. Danach sind Stellen iSv § 35 Abs. 1 SGB I zur unverzüglichen Mitteilung an die zuständigen Aufsichtsbehörden (vgl. § 90 SGB IV) verpflichtet, wenn ihnen zur Kenntnis gelangt, dass bei ihr gespeicherte besondere Arten personenbezogener Daten unrechtmäßig übermittelt oder auf sonstige Weise Dritten unrechtmäßig zur Kenntnis gelangt sind und wenn schwerwiegende Beeinträchtigungen für die Rechte oder schutzwürdigen Interessen der Betroffenen drohen. § 42a S. 2–6 BDSG sind entsprechend anwendbar.

Zu den **besonderen Arten personenbezogener Daten** gehören nach § 67 Abs. 12 Angaben über die rassische und ethnische Herkunft, politische Meinungen, religiöse oder philosophische Überzeugungen, Gewerkschaftszugehörigkeit, Gesundheit oder Sexualleben.

III. Innere Tatseite

Die Ordnungswidrigkeiten nach Abs. 1 u. 2 können sowohl vorsätzlich (dolus eventualis genügt) als **22** auch fahrlässig (zur subjektiven Tatseite vgl. § 10 OWiG) verwirklicht werden. Sind dritte Personen an der zur Ordnungswidrigkeit führenden Handlung beteiligt, die nicht Verantwortliche der verantwortlichen Stelle oder deren Vertreter sind, kommt § 14 OWiG zur Anwendung (Erbs/Kohlhaas/*Wache* Rn. 6).

IV. Rechtswidrigkeit und Schuld

23   Abs. 1 u. 2 setzen jeweils ein rechtswidriges Verhalten voraus. Ein tatbestandsmäßiges Verhalten erfolgt unbefugt bzw. rechtswidrig, soweit es keine gesetzliche Befugnis oder Einwilligung des Betroffenen gibt, die die Rechtswidrigkeit entfallen lässt (Verbot mit Erlaubnisvorbehalt). Eine solche **Befugnis** kann sich aus den Regelungen der §§ **67a–78** ergeben.

24   Neben der Rechtswidrigkeit muss das Verhalten auch vorwerfbar (schuldhaft) sein.

V. Irrtümer

25   Es gelten die allgemeinen Grundsätze. Kennt der Täter Umstände nicht, die zum gesetzlichen Tatbestand gehören, begründet dies einen den Vorsatz ausschließenden **Tatbestandsirrtum** (§ 11 Abs. 1 OWiG). Der ebenfalls zur Ahndung als Ordnungswidrigkeit führende Fahrlässigkeitsvorwurf bleibt allerdings ggf. bestehen. Bei einem unvermeidbaren **Verbotsirrtum** (§ 11 Abs. 2 OWiG) entfällt die Ahndung wegen einer Ordnungswidrigkeit.

B. Rechtsfolgen und Sonstiges
I. Rechtsfolge

26   Nach Abs. 3 S. 1 können Ordnungswidrigkeiten nach Abs. 1 mit einer Geldbuße von 5 EUR (§ 17 OWiG) bis zu 50.000 EUR, die nach Abs. 2 mit Geldbuße bis zu 300.000 EUR geahndet werden. Ziel ist, dass die Geldbuße den aus der Ordnungswidrigkeit gezogenen wirtschaftlichen Vorteil übersteigt, Abs. 3 S. 2. Reichen die Beträge nach Abs. 3 S. 1 hierfür nicht aus, zB weil der wirtschaftliche Vorteil größer als die maximal mögliche Geldbuße ist, können die Beträge überschritten werden, Abs. 3 S. 3. Die Werte sind daher in bestimmten Konstellationen nur als Orientierungsgröße zu verstehen.

27   Eine Qualifikation (Straftatbestand) zu Abs. 2 findet sich in § 85a Abs. 1.

II. Konkurrenzen

28   Je nach Tatbestandsvariante bei vorsätzlicher Begehungsweise Tateinheit möglich mit Delikten zum Schutz von Geheimnissen (§§ 202, 202a, 202b, 202c, 203 Abs. 2, 204, 206 StGB), Eigentumsdelikten (§§ 242, 243 Abs. 1 Nr. 1, 2, 246 StGB), Urkundsdelikten (§§ 263a, 267, 268, 269, 270, 274 Abs. 1 Nr. 2 StGB) sowie Sachbeschädigungsdelikten (§§ 303a, 303b StGB). § 44 BDSG tritt im Regelfall gem. § 1 Abs. 3 BDSG als subsidiär zurück.

29   Trifft der **Inhaber** eines im Auftrag Sozialdaten verarbeitenden Unternehmens vorsätzlich oder fahrlässig nicht die erforderlichen Aufsichtsmaßnahmen, um Verstöße gegen § 85 zu unterbinden, kann auch ihn nach § 130 Abs. 1 OWiG der Vorwurf ordnungswidrigen Verhaltens treffen. Da Sozialversicherungsträger keine Unternehmen iSv § 130 Abs. 2 OWiG sind, findet § 130 Abs. 1 OWiG auf Organmitglieder von Sozialversicherungsträgern keine Anwendung, wenn diese für andere Stellen iSv § 35 Abs. 1 SGB I Auftragsdatenverarbeitung durchführen (LPK-SGB X/*Seidel* Rn. 2). Anwendbar auf juristische Personen des öffentlichen Rechts – insoweit auch auf Träger der Sozialverwaltung – ist jedoch § 30 OWiG (GK-SGB X/*Walz* Rn. 13). Sind mehrere an einer ordnungswidrigen Handlung beteiligt, handelt jeder ordnungswidrig, § 14 OWiG.

III. Zuständige Verwaltungsbehörde

30   Nach § 36 Abs. 1 Nr. 1 OWiG **zuständige Verwaltungsbehörde** ist die fachlich zuständige oberste Landesbehörde bzw. das fachlich zuständige Bundesministerium, soweit nicht von der Möglichkeit einer Zuständigkeitsübertragung auf eine andere Behörde gem. § 36 Abs. 2 oder Abs. 3 OWiG Gebrauch gemacht wurde.

§ 85a Strafvorschriften

   (1) Wer eine in § 85 Abs. 2 bezeichnete vorsätzliche Handlung gegen Entgelt oder in der Absicht, sich oder einen anderen zu bereichern oder einen anderen zu schädigen, begeht, wird mit Freiheitsstrafe bis zu zwei Jahren oder mit Geldstrafe bestraft.

   (2) ¹Die Tat wird nur auf Antrag verfolgt. ²Antragsberechtigt sind der Betroffene, die verantwortliche Stelle, der Bundesbeauftragte für den Datenschutz oder der zuständige Landesbeauftragte für den Datenschutz.

Literatur: Vgl. zunächst → Vorb. Rn. 1 f.; *Tiedemann*, Datenübermittlung als Straftatbestand, NJW 1981, 945.

1   **1. Gegenstand der Norm und Schutzgut.** Die zuletzt durch G v. 18.5.2001 (BGBl. I 904) mWv 19.5.2001 neu gefasste Norm enthält in Abs. 1 eine Qualifikation zu § 85 Abs. 2 und in Abs. 2 eine auf

Abs. 1 bezogene Strafantragsregelung. Genauer handelt es sich um einen **unechten Mischtatbestand** (dazu Göhler/*Gürtler* OWiG Vor § 1 Rn. 36; KK-OWiG/*Rogall* OWiG Vor § 1 Rn. 11), dessen Grundtatbestände eine Ordnungswidrigkeit (§ 85) darstellen, die bei vorsätzlicher Ausführung durch Hinzutreten zusätzlicher strafbegründender Merkmale objektiver oder subjektiver Art zu einem Straftatbestand (§ 85a) qualifiziert werden. **Schutzgut** des Abs. 1 ist wie bei § 85 der Datenschutz iwS bzw. das Recht auf informationelle Selbstbestimmung.

2. Tatbestandsvoraussetzungen. In folgenden drei Fällen werden die Regelungen des § 85 Abs. 2 **2** zu Straftaten qualifiziert: wenn der Täter (objektiv) gegen Entgelt (§ 11 Abs. 1 Nr. 9 StGB) oder (subjektiv) in der Absicht handelt, sich oder einen anderen zu bereichern oder einen anderen zu schädigen. Die fast wortgleiche Regelung zu Abs. 1 findet sich in verschiedenen Vorschriften wieder (vgl. §§ 203 Abs. 5, 235 Abs. 4 Nr. 2, 271 Abs. 3 StGB). Der Tatbestand kann von **jedermann** begangen werden. Ein strafbarer **Versuch** ist nach allgemeinen Regelungen nicht möglich.

a) Handeln gegen Entgelt. Die Tatbestandsvoraussetzungen des § 85 Abs. 2 entsprechen in objektiver **3** Hinsicht zunächst denen des § 85 Abs. 2 (→ § 85 Rn. 2 ff.). Bei Var. 1 muss jedoch objektiv ein **Handeln gegen Entgelt** (§ 11 Abs. 1 Nr. 9 StGB) hinzukommen. **Entgelt** ist jede in einem Vermögensvorteil (→ StGB § 263 Rn. 118; Fischer StGB § 263 Rn. 105 ff.) bestehende Gegenleistung (§ 11 Abs. 1 Nr. 9 StGB; dazu BGH NStZ 2006, 444). Entgeltlich wird ein Handeln aufgrund ausdrücklicher oder zumindest konkludenter Vereinbarung einer vermögenswerten Gegenleistung, ohne Rücksicht darauf, ob eine Bereicherung angestrebt wird oder nicht. Nicht erforderlich ist, dass die Vereinbarung rechtlich wirksam ist oder dass tatsächlich geleistet wird (vgl. zu § 11 Abs. 1 Nr. 9 StGB BGH NStZ 1995, 540; NJW 2000, 3726). Eine rein einseitige Erwartung einer Gegenleistung genügt nicht.

b) Handeln mit speziellen Absichten. Der Vorsatz (§ 15 StGB, dolus eventualis genügt) muss das **4** Bewusstsein umfassen, dass es sich um geschützte Sozialdaten handelt. Hinzukommen muss bei Var. 2 Bereicherungsabsicht, bei Var. 3 Schädigungsabsicht.

aa) Handeln in Bereicherungsabsicht. Erforderlich für Var. 2 ist die Absicht, durch die Tathand- **5** lung für sich oder einen anderen einen **Vermögensvorteil** (§ 11 Abs. 1 Nr. 9 StGB) zu erlangen. Dies braucht nicht der einzige Beweggrund des Täters zu sein, es genügt, wenn es ein Ziel von mehreren ist. Für **Absicht** ist zielgerichtetes Handeln notwendig. Ein kehrseitiger Schaden braucht nicht einzutreten. Vor dem Hintergrund eines möglichst hohen Schutzstandards für das auch grundrechtlich geschützte Recht auf informationelle Selbstbestimmung ergibt sich, dass die beabsichtigte Bereicherung **nicht rechtswidrig** sein muss, um den Tatbestand zu erfüllen.

Ob die angestrebte Bereicherung **rechtswidrig** sein muss, ist bei den gleichlautenden Regelungen im StGB **umstr.** **6** (vgl. bei § 203 Abs. 5 StGB (Rechtswidrigkeit nicht erforderlich) BGH NStZ 1993, 538; Fischer StGB § 203 Rn. 50; Lackner/Kühl/*Heger* StGB § 203 Rn. 28; LK-StGB/*Schünemann* StGB § 203 Rn. 163; MüKoStGB/*Cierniak* StGB § 203 Rn. 135; NK-StGB/*Kargl* StGB § 203 Rn. 83; **aA** (Vermögensvorteil muss rechtswidrig sein) Schönke/Schröder/*Lenckner/Eisele* StGB § 203 Rn. 74; bei § 271 Abs. 3 StGB (Rechtswidrigkeit nicht erforderlich) RGSt 52, 93; Fischer StGB § 271 Rn. 18b; **aA** (Rechtswidrigkeit erforderlich) Schönke/Schröder/*Heine/Schuster* StGB § 271 Rn. 43; Lackner/Kühl/*Heger* StGB § 271 Rn. 11; SK-StGB/*Hoyer* StGB § 271 Rn. 34; MüKoStGB/*Erb* StGB § 271 Rn. 49; NK-StGB/*Puppe* StGB § 271 Rn. 61; Rengier StrafR BT II § 37 Rn. 27).

bb) Handeln in Schädigungsabsicht. Für Var. 3 bedarf es eines **Handelns in Schädigungs-** **7** **absicht.** Diese braucht sich nicht auf eine Vermögensschädigung zu beziehen, es genügt **jeder Nachteil** (zB Verletzung im Ehranspruch, vgl. für gleichlautenden § 271 Abs. 3 StGB: RGSt 33, 137; 53, 268). Der Schaden braucht weder rechtswidrig zu sein noch muss ihm kehrseitig ein Vorteil des Täters entsprechen. Geschädigter kann auch ein Dritter sein. Für die **Absicht** ist zielgerichtetes Handeln erforderlich, so dass der Nachteil notwendige Folge der Tat ist.

c) Irrtümer. Für Irrtümer gelten die allgemeinen Grundsätze. So kommt ein Verbotsirrtum (§ 17 **8** StGB) in Betracht, wenn der Täter irrtümlich davon ausging, zur Erhebung etc von Sozialdaten berechtigt gewesen zu sein. Ein Tatbestandsirrtum (§ 16 StGB) ist nach allgemeinen Regeln möglich, wenn der Täter nicht wusste, dass es sich um Sozialdaten handelte.

3. Konkurrenzen und Strafverfolgung. a) Konkurrenzen. Je nach Tatbestandsvariante kommen **9** verschiedene konkurrierende Straftatbestände in Betracht. **Tateinheit** ist möglich mit Delikten zum Schutz von Geheimnissen (§§ 202, 202a, 202b, 203 Abs. 2, 204, 206, 353a StGB), Eigentumsdelikten (§§ 242, 243 Abs. 1 Nr. 1, 2, 246 StGB), Urkundsdelikten (§§ 263a, 267, 268, 269, 270, 274 StGB) sowie Sachbeschädigungsdelikten (§§ 303a, 303b StGB). § 44 BDSG tritt im Regelfall gem. § 1 Abs. 3 BDSG als subsidiär zurück.

b) Strafrahmen (Abs. 1). Die Tat kann mit Freiheitsstrafe bis zu zwei Jahren oder Geldstrafe bestraft **10** werden.

11   **c) Strafantrag (Abs. 2).** Die Tat wird nach Abs. 2 nur auf Antrag (§ 77 StGB) verfolgt (zum Strafantrag als Prozessvoraussetzung vgl. KK-OWiG/*Wache* OWiG Vor § 53 Rn. 46). Die Antragsberechtigten sind abschließend in Abs. 2 aufgezählt. **Betroffener** ist, wessen Daten durch die Norm geschützt werden (vgl. § 67 Abs. 1 S. 1). **Verantwortliche Stelle** (§ 67 Abs. 9) ist jede Person oder Stelle, die Sozialdaten für sich selbst erhebt, verarbeitet oder nutzt oder dies durch andere im Auftrag vornehmen lässt. Bei Erhebung, Verarbeitung und Nutzung von Sozialdaten durch einen Leistungsträger iSv § 12 SGB I ist dieser verantwortliche Stelle. Ist der Leistungsträger eine Gebietskörperschaft, sind verantwortliche Stelle die Organisationseinheiten, die eine Aufgabe nach einem der besonderen Teile des SGB funktional durchführen.

Die **Antragsfrist** beträgt drei Monate nach Kenntniserlangung von Tat und Person des Täters (§ 77b StGB). Die **Rücknahme** des Strafantrags ist bis zum rechtskräftigen Abschluss des Verfahrens möglich (§ 77d StGB). Eine dem § 205 Abs. 2 StGB entsprechende Regelung existiert für § 85a nicht. Stirbt der Antragsberechtigte, geht das Antragsrecht daher **nicht** auf die Angehörigen oder die Erben über (vgl. § 77 Abs. 2 S. 1 StGB: „in den Fällen, die das Gesetz bestimmt").

675. Sortenschutzgesetz (SortSchG)

In der Fassung der Bekanntmachung vom 19. Dezember 1997 (BGBl. I S. 3164) FNA 7822-7

Zuletzt geändert durch Art. 8 G zur Änd. des DesignG und weiterer Vorschriften des gewerblichen Rechtsschutzes vom 4.4.2016 (BGBl. I S. 558)

– Auszug –

§ 39 Strafvorschriften

(1) Mit Freiheitsstrafe bis zu drei Jahren oder mit Geldstrafe wird bestraft, wer

1. **entgegen § 10 Abs. 1, auch in Verbindung mit Abs. 2, Vermehrungsmaterial einer nach diesem Gesetz geschützten Sorte, eine Pflanze, ein Pflanzenteil oder ein Erzeugnis erzeugt, für Vermehrungszwecke aufbereitet, in den Verkehr bringt, einführt, ausführt oder aufbewahrt oder**

2. **entgegen Artikel 13 Abs. 1 in Verbindung mit Abs. 2 Satz 1, auch in Verbindung mit Abs. 4 Satz 1 oder Abs. 5, der Verordnung (EG) Nr. 2100/94 des Rates vom 27. Juli 1994 über den gemeinschaftlichen Sortenschutz (ABl. EG Nr. L 227 S. 1) Material einer nach gemeinschaftlichem Sortenschutzrecht geschützten Sorte vermehrt, zum Zwecke der Vermehrung aufbereitet, zum Verkauf anbietet, in den Verkehr bringt, einführt, ausführt oder aufbewahrt.**

(2) Handelt der Täter gewerbsmäßig, so ist die Strafe Freiheitsstrafe bis zu fünf Jahren oder Geldstrafe.

(3) Der Versuch ist strafbar.

(4) In den Fällen des Absatzes 1 wird die Tat nur auf Antrag verfolgt, es sei denn, daß die Strafverfolgungsbehörde wegen des besonderen öffentlichen Interesses an der Strafverfolgung ein Einschreiten von Amts wegen für geboten hält.

(5) [1] Gegenstände, auf die sich die Straftat bezieht, können eingezogen werden. [2] § 74a des Strafgesetzbuches ist anzuwenden. [3] Soweit den in § 37a bezeichneten Ansprüchen im Verfahren nach den Vorschriften der Strafprozeßordnung über die Entschädigung des Verletzten (§§ 403 bis 406c) stattgegeben wird, sind die Vorschriften über die Einziehung nicht anzuwenden.

(6) [1] Wird auf Strafe erkannt, so ist, wenn der Verletzte es beantragt und ein berechtigtes Interesse daran dartut, anzuordnen, daß die Verurteilung auf Verlangen öffentlich bekanntgemacht wird. [2] Die Art der Bekanntmachung ist im Urteil zu bestimmen.

Literatur (Auswahl): I. Kommentierungen: *Keukenschrijver*, SortSchG, 2001; *Wuesthoff/Leßmann/Wendt*, SortSchG, 2. Aufl. 1990.

Wegen der Parallelität zu **§ 142 PatG** kann zu vielen Einzelfragen auf die Ausführungen der dort aufgeführten **Kommentierungen** zurückgegriffen werden.

II. Zusammenfassende Darstellungen: *Fitzner*, Sortenschutz, in Fitzner/Lutz/Bodewig, Patentrechtskommentar, 4. Aufl. 2012, Anh. zu § 2a PatG; *Gruhl*, Gewerbliche Schutzrechte: Patent- und Musterrechte, in Müller-Gugenberger, Wirtschaftsstrafrecht, 6. Aufl. 2015, § 55 Rn. 51 ff.; *Leßmann/Würtenberger*, Straf- und ordnungsrechtliche Folgen der Sortenschutzverletzung, in Leßmann/Würtenberger, Deutsches und europäisches Sortenschutzrecht, 2. Aufl. 2009, § 7 Rn. 229 ff.

Vgl. allgemein zum Strafrechtsschutz der gewerblichen Schutzrechte auch *Möller*, Produkt- und Markenpiraterie, in Wabnitz/Janovsky, Handbuch des Wirtschafts- und Steuerstrafrechts, 4. Aufl. 2014, Kap. 17; *Nentwig*, Patent- und Gebrauchsmusterstrafrecht, in Achenbach/Ransiek/Rönnau, Handbuch Wirtschaftsstrafrecht, 4. Aufl. 2015, 1487 ff.

Übersicht

A. Allgemeines

I. Entstehungsgeschichte

1   Ein Strafrechtsschutz gegen Sortenschutzverstöße fand sich erstmals in § 49 SortSchG 1968 (v. 20.5.1968, BGBl. I 429). Die Strafvorschrift erhielt ihre geltende Bezeichnung als § 39 durch das SortSchG 1985 (v. 11.12.1985, BGBl. I 2170).

2   Der **Strafrahmen** des § 39 Abs. 1 sah vor dem 1.7.1990 Freiheitsstrafe von bis zu einem Jahr oder Geldstrafe vor. Mit seiner Erhöhung wurde auch der **Qualifikationstatbestand** in § 39 Abs. 2 eingeführt und die Strafbarkeit des **Versuchs** durch § 39 Abs. 3 begründet (Art. 7 Nr. 7 PrPG v. 7.3.1990, BGBl. I 422). Außerdem handelte es sich bis zu diesem Zeitpunkt um ein absolutes **Antragsdelikt**, § 39 Abs. 2 aF.

    Die Neuregelungen durch das PrPG verfolgten das Ziel, durch Schaffung gleich lautender Strafbestimmungen für alle gewerblichen Schutzrechte die Voraussetzungen für eine schnelle und wirkungsvolle Bekämpfung planmäßig, gezielt und massenhaft begangener Schutzrechtsverletzungen zu schaffen (Begr. d. GE d. BReg, BT-Drs. 11/4792, 15).

3   Die heutige Tatbestandsfassung des § 39 Abs. 1 geht auf das G zur Änd. des SortSchG v. 17.7.1997 (BGBl. I 1854) zurück. Neben der Anpassung an die neugefassten zivilrechtlichen Tatbestände der Sortenschutzverletzung in § 10 wurde damit zum 25.7.1997 erstmals auch der Sortenschutz nach dem gemeinschaftlichen Sortenschutzrecht in den Anwendungsbereich der Straftatbestände aufgenommen (§ 39 Abs. 1 Nr. 2).

II. Praktische Bedeutung

4   Die **praktische Relevanz** des Strafrechtsschutzes der gewerblichen Schutzrechte gilt heute allgemein als gering (vgl. Benkard PatG/*Grabinski/Zülch* PatG § 142 Rn. 1; Busse/Keukenschrijver/*Keukenschrijver* PatG § 142 Rn. 1; Fitzner/Lutz/Bodewig/*Pitz* PatG § 142 Rn. 1 ff.; Achenbach/Ransiek/ Rönnau WirtschaftsStR-HdB/*Nentwig* XI 2 Rn. 4). Höchstrichterliche Rspr. ist seit RG GRUR 1933, 288 nicht veröffentlicht worden.

    Dem entspricht, dass auch die Literatur zum Sortenschutzrecht die Strafbewehrung bis 1990 als praktisch bedeutungslos bewertete (vgl. etwa *Wuesthoff/Leßmann/Wendt*, SortSchG, 2. Aufl. 1990, Rn. 1). Diese Einschätzung hat sich infolge der Änderungen durch das PrPG (→ Rn. 2) – im Gegensatz zur auch seither kaum veränderten Beurteilung etwa für das Patent- und Gebrauchsmusterstrafrecht (→ PatG § 142 Rn. 5; → GebrMG § 25 Rn. 6) – in gewissem Umfang gewandelt. So bezeichnen *Leßmann/Würtenberger* (SortenschutzR § 7 Rn. 229) das Strafverfahren als bewährtes schnelles und wirksames Mittel, um gegen bereits erfolgte Verletzungen vorzugehen und etwaigen Verletzungshandlungen abschreckend entgegenzuwirken. Insbes. in Fällen, in denen lediglich starke Indizien für Schutzrechtsverletzungen vorlägen, die aber für eine erfolgreiche zivilrechtliche Rechtsverfolgung nicht ausreichten, sei die Strafbestimmung ein erfolgreiches Hilfsmittel auch zur Durchsetzung der zivilrechtlichen Ansprüche. Soweit dies zutrifft, ist angesichts der völligen Parallelität mit der materiell- und verfahrensrechtlichen Regelung des § 142 PatG nicht recht erkennbar, worin der sachliche Grund für den Unterschied zur sehr skeptischen Beurteilung der Wirksamkeit des Strafrechtsschutzes gegen Patentverletzungen und der dort sehr zurückhaltenden praktischen Handhabung besteht.

B. Grundtatbestand
I. Gegenstand der Tat

1. § 39 Abs. 1 Nr. 1. Gegenstand der strafbaren Handlungen nach § 39 Abs. 1 **Nr. 1** können sein: **5**
a) Vermehrungsmaterial einer **nach dem SortSchG geschützten Sorte,** b) sonstige Pflanzen oder
Pflanzenteile, wenn zu ihrer Erzeugung Vermehrungsmaterial einer solchen Sorte verwendet wurde,
und unmittelbar aus solchen Pflanzen oder Pflanzenteilen gewonnene Erzeugnisse.

a) Sortenschutz. Sortenschutz nach dem SortSchG wird für eine Pflanzensorte erteilt, wenn sie **6**
unterscheidbar, homogen, beständig, neu und durch eine eintragbare Sortenbezeichnung bezeichnet
(§ 1 Abs. 1) und nicht Gegenstand eines gemeinschaftlichen Sortenschutzes ist (§ 1 Abs. 2; Art. 92
Abs. 1 GSortV). Nähere Regelungen zu den Tatbestandsvoraussetzungen des § 1 Abs. 1 finden sich in
§§ 3–7.

aa) Begründung und Dauer. Zuständig für die Erteilung sind die Prüfabteilungen des Bundes- **7**
sortenamtes (§§ 16, 18 Abs. 1 Nr. 1, Abs. 2 Nr. 1, 19 Abs. 1). Das Verfahren richtet sich nach §§ 21 ff.
iVm den Vorschriften der BSAVfV (v. 28.9.2004, BGBl. I 2552, zul. geänd. durch Art. 1, 2 Zehnte
ÄndVO v. 28.11.2014 (BGBl. I 1937). Die Entscheidung über die Erteilung erfolgt gem. § 21 im
förmlichen Verwaltungsverfahren, so dass ergänzend die Vorschriften der §§ 63–69, 71 VwVfG Anwendung finden.
Die gesetzlichen Wirkungen des Sortenschutzes **treten** mit der Zustellung des Erteilungsbescheides
an den Antragsteller **ein** (§§ 43 Abs. 1 S. 1, 69 Abs. 2 S. 1 VwVfG; vgl. Leßmann/Würtenberger
SortenschutzR § 5 Rn. 129 und 404). Die Eintragung in die Sortenschutzrolle nach § 28 Abs. 1 und
deren Bekanntmachung im Blatt für Sortenwesen nach § 28 Abs. 4 haben lediglich deklaratorische
Funktion (Keukenschrijver § 28 Rn. 5; Leßmann/Würtenberger SortenschutzR § 5 Rn. 399 und § 7
Rn. 7).
Der Schutz **endet** mit Ablauf des 25., bei Hopfen, Kartoffel, Rebe und Baumarten des 30. auf die
Erteilung folgenden Kalenderjahres (§ 13).

bb) Wirkung. Die Erteilung des Sortenschutzes hat die **Wirkung,** dass allein der Sortenschutz- **8**
inhaber berechtigt ist, die in § 10 Abs. 1 enumerativ aufgezählten Benutzungshandlungen vorzunehmen.
Es handelt sich um ein dem Recht aus § 9 S. 1 PatG angenähertes **Ausschließlichkeitsrecht,** das
allerdings im Hinblick auf die Anforderungen an den Schutz lebender Materie in Einzelheiten inhaltlich
erheblich abweicht (Leßmann/Würtenberger SortenschutzR § 3 Rn. 3).

cc) Erweiterung (§ 10 Abs. 2). § 10 Abs. 2 **erweitert** den Schutzbereich des Sortenschutzes, auch **9**
mit Wirkung für den Straftatbestand, über die geschützte Sorte hinaus auf:
(1) im Wesentlichen von der geschützten Sorte **abgeleitete Sorten,** wenn die Ausgangssorte selbst **10**
keine im Wesentlichen abgeleitete Sorte ist (§ 10 Abs. 2 Nr. 1). Eine Sorte ist dann eine im Wesentlichen abgeleitete Sorte, wenn für ihre Züchtung oder Entdeckung vorwiegend die Ausgangssorte oder
eine andere Sorte, die selbst von der Ausgangssorte abgeleitet ist, als Ausgangsmaterial verwendet wurde,
sie deutlich unterscheidbar ist und sie in der Ausprägung der Merkmale, die aus dem Genotyp oder einer
Kombination von Genotypen der Ausgangssorte herrühren, abgesehen von Unterschieden, die sich aus
der verwendeten Ableitungsmethode ergeben, mit der Ausgangssorte im Wesentlichen übereinstimmt
(§ 10 Abs. 3). Welcher Grad an genetischer Übereinstimmung mit der Ausgangssorte erforderlich ist, ist
eine sortenspezifisch zu beantwortende Tatfrage (Leßmann/Würtenberger SortenschutzR § 3 Rn. 28).
Die Erweiterung des Schutzbereichs greift nicht für im Wesentlichen abgeleitete Sorten, für die bis zum
24.7.1997 Sortenschutz nach dem SortSchG beantragt oder erteilt worden war (§ 41 Abs. 6).
(2) Sorten, die sich von der geschützten Sorte nicht deutlich unterscheiden lassen (§ 10 Abs. 2 Nr. 2). **11**
Das ist lediglich eine gesetzliche Klarstellung eines an sich selbstverständlichen Gedankens.
(3) Sorten, deren Erzeugung die fortlaufende Verwendung der geschützten Sorte erfordert (§ 10 **12**
Abs. 2 Nr. 3). Das betrifft die **Erhaltungszüchtung** insbes. von Heterosissorten, bei denen schon beim
ersten Nachbau genetische Entartung des Vermehrungsmaterials auftritt und deren Erhaltung die fortlaufende Verwendung von Vermehrungsmaterial der geschützten Sorte zu erneuten Kreuzungsakten
erfordert (besonders bei Mais). Dass die Schutzfähigkeit der fortlaufend verwendeten geschützten Sorte
auch die Erhaltungszüchtung erfasst, steht nicht im Widerspruch zum Züchterprivileg des § 10a Abs. 1
Nr. 3 (→ Rn. 35), weil es hier nicht um die Weiterzüchtung einer neuen, sondern um die Erhaltung
einer bereits vorhandenen Sorte geht (Leßmann/Würtenberger SortenschutzR § 3 Rn. 31).

dd) Einzelheiten. Die näheren Einzelheiten der Erteilungsvoraussetzungen und des Sortenschutz- **13**
verfahrensrechts sind für den Strafrechtsanwender angesichts der Verwaltungsakzessorietät des Straftatbestands (→ Rn. 46 f.) kaum von Interesse. Insofern wird auf die Kommentierung des SortSchG von
Keukenschrijver (2001) sowie auf die detaillierten Erläuterungen im Handbuch des Sortenschutzrechts
von Leßmann/Würtenberger (2. Aufl. 2009) verwiesen.

14   **b) Schutzobjekte. aa) Vermehrungsmaterial. Vermehrungsmaterial** der geschützten Sorte (§ 39 Abs. 1 Nr. 1 iVm § 10 Abs. 1 Nr. 1) sind die Pflanzen und Pflanzenteile einschließlich Samen, die für die Erzeugung von Pflanzen oder sonst zum Anbau bestimmt sind (§ 2 Nr. 2). Nicht zum Vermehrungsmaterial zählen also Pflanzen und Pflanzenteile, die nicht zum Anbau bestimmt sind, wie zB verkaufsfertige Topfpflanzen oder Schnittblumen (Fitzner/Lutz/Bodewig/*Fitzner* PatG Anh. zu § 2a Rn. 23; Keukenschrijver § 2 Rn. 13; Leßmann/Würtenberger SortenschutzR § 3 Rn. 10). Die Bestimmung zur Vermehrung wird entweder von der Natur geschaffen (**geborenes Saatgut,** zB Rübensamen) oder beruht auf menschlicher Entschließung, der Widmung (**gekorenes Saatgut).** Sie ist nicht mit einer dahingehenden Absicht des Vertreibers gleichzusetzen, sondern ist ein objektives, durch äußere Umstände feststellbares Tatbestandsmerkmal, das sich bereits beim Vertrieb zeigen kann, uU aber auch erst beim Abnehmer vollzieht (BGHZ 102, 373 (376 ff.); Fitzner/Lutz/Bodewig/*Fitzner* PatG Anh. zu § 2a Rn. 24).

15   **bb) Sonstige Pflanzen, Pflanzenteile und hieraus unmittelbar gewonnene Erzeugnisse.** Die aus der Beschränkung auf zur Vermehrung bestimmtes Material resultierende „Zierpflanzenproblematik" wird seit 1997 (zur früheren Rechtslage *Wuesthoff/Leßmann/Wendt,* SortSchG, 2. Aufl. 1990, § 10 Rn. 7) durch die Erweiterung des Ausschließlichkeitsrechts auf sonstige **Pflanzen, Pflanzenteile** und **hieraus unmittelbar gewonnene Erzeugnisse** (§ 39 Abs. 1 Nr. 1 iVm § 10 Abs. 1 Nr. 2) gelöst, zu deren Erzeugung Vermehrungsmaterial der geschützten Sorte verwendet worden ist.

16   **(1)** Unmittelbar gewonnen sind solche Erzeugnisse, die aus Pflanzen oder Pflanzenteilen der Sorte gewonnen sind, ohne dass – abgesehen von Hilfsstoffen – eine Verarbeitung mit anderen Erzeugnissen erfolgt ist; auf die Zahl der Veredelungsschritte kommt es dagegen nicht an. Beispiele sind Mehl, Grieß, Schrot, Extrakt, Stärke, Öl, Saft, Fasern, nicht dagegen etwa Konfitüren, Fertiggerichte oder Textilien (Keukenschrijver § 10 Rn. 44).

17   **(2)** Sonstige Pflanzen, Pflanzenteile und unmittelbar hieraus gewonnene Erzeugnisse unterliegen dem Sortenschutz allerdings nur, wenn zu ihrer Erzeugung Vermehrungsmaterial ohne Zustimmung des Sortenschutzinhabers verwendet wurde und wenn dieser keine Gelegenheit hatte, sein Sortenschutzrecht hinsichtlich dieser Verwendung des Vermehrungsmaterials geltend zu machen. Mit dieser sog **„Kaskadenlösung"** wird der Inhaber veranlasst, die Ansprüche aus seinem Schutzrecht zum frühestmöglichen Zeitpunkt, nämlich auf der Stufe des Vermehrungsmaterials, geltend zu machen (Begr. d. GE d. BReg, BT-Drs. 13/7038, 13). Im Strafverfahren bedarf es also der positiven Feststellung, dass es dem Sortenschutzinhaber nicht möglich war, bereits auf der Erzeugungs- oder der frühest möglichen Vertriebsstufe – im Inland – sein Sortenschutzrecht geltend zu machen. Praktisch in Betracht kommt hier vor allem die Einfuhr von Enderzeugnissen aus vom Inhaber nicht lizenzierter Auslandsvermehrung (vgl. zum Ganzen Keukenschrijver § 10 Rn. 40 ff.; Leßmann/Würtenberger SortenschutzR § 3 Rn. 12 ff.).

18   **c) Sortenschutz in der DDR.** In der **DDR** wurde Sortenschutz nach Maßgabe der Sortenschutz-VO v. 22.3.1972 (GBl. II 1972, 213, abgedr. in BlPMZ 1973, 210 ff.) gewährt. Die damit mit Wirkung für das Beitrittsgebiet erteilten Schutzrechte sind erst durch § 4 ErstrG (v. 23.4.1992, BGBl. I 938) zum 1.5.1992 auf das übrige Bundesgebiet erstreckt worden. Zum gleichen Zeitpunkt wurde durch § 1 ErstrG umgekehrt die Wirkung eines für das alte Bundesgebiet erteilten Sortenschutzes auf das Beitrittsgebiet erstreckt. Eine Verwertung im alten Bundesgebiet vor dem 1.5.1992 verletzte mithin ein DDR-Schutzrecht nicht, ebenso wenig umgekehrt eine Verwertung im Beitrittsgebiet vor dem 1.5.1992 ein mit Wirkung für das frühere Bundesgebiet erteiltes Schutzrecht.

19   **d) Räumliche und zeitliche Grenzen. Nicht strafbar** ist die Verletzung eines für Deutschland erteilten Schutzrechts im Ausland (Territorialitätsprinzip; vgl. Keukenschrijver § 10b Rn. 5) oder eines ausländischen Sortenschutzes, ebenso wenig die Benutzung nach Ablauf der Schutzdauer des Sortenschutzes (§ 13) oder nach seiner Beendigung (§ 31). Ebenfalls nicht strafbar ist die Benutzung im Zeitraum zwischen der Bekanntmachung des Erteilungsantrags und der Erteilung des Sortenschutzes (Keukenschrijver § 37 Rn. 32; Leßmann/Würtenberger SortenschutzR § 5 Rn. 202 f. und § 7 Rn. 7; vgl. zum Patentrecht BGHZ 107, 161 ff.; BGH GRUR 1993, 460 (464)).

20   **2. § 39 Abs. 1 Nr. 2. Gegenstand** der strafbaren Handlungen nach § 39 Abs. 1 **Nr. 2** kann sein das Material einer **nach gemeinschaftlichem Sortenschutz** geschützten Sorte. Gemeinschaftlicher Sortenschutz wird gewährt nach den Bestimmungen der im Gesetzestext bezeichneten EG- (heute EU-) Verordnung, der GSortV. Der parallel zu den einzelstaatlichen Bestimmungen existierende gemeinschaftliche Sortenschutz wurde 1994 eingeführt, um angesichts der nicht harmonisierten nationalen Regelungen die Erteilung eines gemeinschaftsweiten Schutzrechts mit einheitlicher Wirkung zu ermöglichen. Dementsprechend handelt es sich, anders als beim europäischen Patent (→ PatG § 142 Rn. 12), nicht um ein Bündel nationaler Schutzrechte, sondern um ein supranationales Schutzrecht mit einheitlicher Wirkung im Gesamtgebiet der Gemeinschaft (Art. 2 GSortV).

21   **a) Gemeinschaftlicher Sortenschutz.** Die **Voraussetzungen** der Erteilung des gemeinschaftlichen Sortenschutzes nach Art. 6 GSortV entsprechen im Grundsatz denen des § 1 Abs. 1 (→ Rn. 6), allerdings nicht in jedem Detail ihrer näheren Ausgestaltung durch Art. 7–10, 63 GSortV.

aa) Begründung und Dauer. Zuständig für die Erteilung ist das Gemeinschaftliche Sortenamt 22
(Art. 4, 30 (35) Abs. 1 u. 2, 61, 62 GSortV). Das Verfahren richtet sich nach Art. 49 ff., 75 ff. GSortV
sowie der auf der Grundlage des Art. 114 GSortV erlassenen Durchführungsverordnung, der Verordnung
(EG) Nr. 874/09 der Kommission v. 17.9.2009 (ABl. 2009 L 251, 3).

Der Zeitpunkt des **Beginns** des Sortenschutzes wird im Register für gemeinschaftliche Sortenschutz- 23
rechte eingetragen (Art. 87 Abs. 2 Buchst. e GSortV).

Der Schutz **endet** mit Ablauf des 25., bei Sorten von Reben und Baumarten des 30. auf die Erteilung 24
folgenden Kalenderjahres (Art. 19 Abs. 1 GSortV). Art. 19 Abs. 2 GSortV räumt die Möglichkeit einer
Verlängerung dieser Fristen für bestimmte Gattungen und Arten um bis zu 5 Jahre ein. Zur Verkürzung
der Schutzdauer für Sorten, für die bei Inkrafttreten der GSortV ein nationaler Sortenschutz bestand, vgl.
Art. 116 Abs. 4 vierter Anstrich GSortV.

bb) Wirkung. Die Erteilung des gemeinschaftlichen Sortenschutzes hat nach Art. 13 Abs. 1 GSortV 25
die **Wirkung,** dass allein der Sortenschutzinhaber berechtigt ist, die in Art. 13 Abs. 2 GSortV enumerativ aufgezählten Benutzungshandlungen vorzunehmen.

cc) Erweiterung (Art. 13 Abs. 5 GSortV). Art. 13 Abs. 5 GSortV **erweitert** den Schutzbereich 26
des Sortenschutzes, auch mit Wirkung für den Straftatbestand, in gleicher Weise wie § 10 Abs. 2, 3
(→ Rn. 9 ff.); die geringfügigen Unterschiede zur nationalen Regelung sind rein sprachlicher Natur.
Die Erweiterung des Schutzbereichs greift nicht für im Wesentlichen abgeleitete Sorten, deren Bestehen
vor dem Zeitpunkt des Inkrafttretens der GSortV (1.9.1994) allgemein bekannt war (Art. 116 Abs. 4
erster Anstrich GSortV).

dd) Einzelheiten. Wegen der näheren Einzelheiten der Erteilungsvoraussetzungen und des gemein- 27
schaftlichen Sortenschutzverfahrensrechts ist auf die Erläuterungen im Handbuch des Sortenschutzrechts
von Leßmann/Würtenberger (2. Aufl. 2009) zu verweisen.

b) Material. Material der geschützten Sorte (§ 39 Abs. 1 Nr. 2 SortSchG iVm Art. 13 Abs. 2 S. 1, 28
Abs. 4 GSortV) sind:

aa) die **Sortenbestandteile,** dh ganze Pflanzen oder Teile von Pflanzen, soweit diese Teile wieder 29
ganze Pflanzen erzeugen können (Art. 5 Abs. 3 GSortV). Das sind solche Pflanzenteile, die den vollständigen Satz der Gene einer ganzen Pflanze enthalten, so dass hieraus eine ganze Pflanze mit ihren
sortenspezifischen Merkmalen gewonnen werden kann (Leßmann/Würtenberger SortenschutzR § 2
Rn. 60 u. § 3 Rn. 16).

bb) das **Erntegut,** dh Pflanzen oder Pflanzenteile der geschützten Sorte ohne diese Eigenschaft 30
(Leßmann/Würtenberger SortenschutzR § 3 Rn. 17). Erntegut unterliegt dem gemeinschaftlichen
Sortenschutz aber nur, wenn es dadurch gewonnen wurde, dass Sortenbestandteile der geschützten Sorte
ohne Zustimmung verwendet wurden, und der Sortenschutzinhaber nicht hinreichend Gelegenheit
hatte, sein Recht im Zusammenhang mit den genannten Sortenbestandteilen geltend zu machen
(Art. 13 Abs. 3 GSortV). Das entspricht der „Kaskadenlösung" des nationalen Rechts (→ Rn. 17).

cc) Art. 13 Abs. 4 GSortV eröffnet die Möglichkeit, durch eine Bestimmung der Durchführungsver- 31
ordnung auch **unmittelbar aus Material der geschützten Sorte gewonnene Erzeugnisse** in den
Begriff des Materials einzubeziehen. Das ist bisher nicht geschehen, so dass der gemeinschaftliche
Sortenschutz insofern eine gegenüber dem nationalen nach §§ 10 Abs. 1 Nr. 2, 39 Abs. 1 Nr. 1 bedeut-
same Einschränkung erfährt. Die Bezugnahme auf Abs. 4 S. 1 des Art. 13 GSortV in § 39 Abs. 1 Nr. 2
SortSchG läuft damit derzeit leer.

c) Räumliche und zeitliche Grenzen. Der territoriale Schutzbereich des gemeinschaftlichen 32
Sortenschutzes ist das Gebiet der EG (seit 1.12.2009: EU). Die Verbietungsrechte des Art. 13 Abs. 2
GSortV stehen dem Sortenschutzinhaber mithin im gesamten Gebiet der EU zu, so dass auch aus
ausländischen Verletzungshandlungen zivilrechtliche Ansprüche resultieren können. Nach Maßgabe des
Art. 101 Abs. 2 GSortV können deshalb deutsche Zivilgerichte ohne weiteres mit Ansprüchen aus im
Ausland begangenen Verletzungshandlungen gegen einen Sortenschutz nach gemeinschaftlichem Sor-
tenschutzrecht befasst werden.

Der Strafrechtsschutz des § 39 Abs. 1 Nr. 2 ist damit allerdings nicht synchronisiert: Gem. § 3 StGB
gilt das deutsche Strafrecht für Taten, die im Inland begangen werden, bei denen also Handlungs- oder
Erfolgsort im Inland liegen (§ 9 Abs. 1 StGB). Die GSortV ist als EU-Verordnung auch kein zwischen-
staatliches Abkommen iSd § 6 Nr. 9 StGB, das die Anwendung des Weltrechtsprinzips begründen
würde. Nur unter den Voraussetzungen des § 7 StGB wird § 39 Abs. 1 Nr. 2 auch auf – innerhalb des
territorialen Schutzbereichs des gemeinschaftlichen Sortenschutzes begangene – Auslandstaten anzuwenden sein.

Nicht strafbar ist auch hier die Benutzung im Zeitraum zwischen der Bekanntmachung des Erteilungsantrags und der Erteilung des Sortenschutzes (vgl. Art. 95 GSortV).

3. Gesetzliche Einschränkungen des Sortenschutzes. Die **gesetzlichen Einschränkungen** der 33
Wirkung des Sortenschutzes durch **§§ 10a, 12** sowie die **gemeinschaftsrechtlichen** durch **Art. 14,
15, 29 GSortV** beanspruchen auch für die strafrechtliche Bewertung Bedeutung. Das Vorliegen eines

der Fälle dieser Vorschriften wirkt auch für das Strafrecht tatbestandsausschließend (vgl. zur Parallelfrage im Patentrecht → PatG § 142 Rn. 24 mwN):

34   **a) § 10a Abs. 1 SortSchG, Art. 15 GSortV. § 10a Abs. 1 SortSchG, Art. 15 GSortV** betreffen Ausnahmetatbestände zum Ausgleich der Interessen der Allgemeinheit mit denen des Schutzrechtsinhabers. Vom Schutzbereich ausgenommen sind Handlungen, die im **privaten Bereich** zu **nichtgewerblichen Zwecken** vorgenommen werden (§ 10a Abs. 1 Nr. 1 SortSchG, Art. 15 Buchst. a GSortV). Wegen des systematischen Zusammenhangs zur Nachbauregelung des § 10a Abs. 2 S. 1 SortSchG u. Art. 14 GSortV, die nur die Verwendung des nachgebauten Ernteguts im eigenen Betrieb privilegiert (→ Rn. 35), sind die unentgeltliche Weitergabe und der – von Landwirten seit jeher weithin praktizierte (Leßmann/Würtenberger SortenschutzR § 3 Rn. 53) – **Tausch** von Saatgut nicht von der Ausnahme umfasst (str.; vgl. Keukenschrijver § 10a Rn. 3; Leßmann/Würtenberger SortenschutzR § 3 Rn. 41 mwN).

34a   Da der Sortenschutz der Förderung der Entwicklung neuer Sorten dienen soll, erstreckt sich seine Wirkung zudem nicht auf Handlungen zu **Versuchszwecken** (§ 10a Abs. 1 Nr. 2 SortSchG, Art. 15 Buchst. b GSortV) und zur **Züchtung neuer Sorten** (§ 10a Abs. 1 Nr. 3; etwas weiter Art. 15 Buchst. c, d GSortV: „Züchtung, Entdeckung und Entwicklung"). Dieses Züchterprivileg, das von der Abhängigkeitsregelung des Patent- und Gebrauchsmusterrechts abweicht (→ PatG § 142 Rn. 34 u. → GebrMG § 25 Rn. 27), umfasst neben der Verwendung des vorhandenen biologischen Materials zur Schaffung neuer Sorten ausdrücklich auch deren Verwendung zu den in § 10 Abs. 1 SortSchG, Art. 13 Abs. 2–4 GSortV genannten Benutzungshandlungen. Das Züchterprivileg greift aber nicht, wenn Ergebnis der Züchtung lediglich eine der in § 10 Abs. 2 SortSchG, Art. 13 Abs. 5 GSortV genannten Sorten ist (→ Rn. 9 ff., 26), dasjenige nach gemeinschaftlichem Sortenschutzrecht auch dann nicht, wenn die neue Sorte oder das Material dieser Sorte durch ein Eigentumsrecht geschützt ist, das keine dem Art. 13 Abs. 5 GSortV (→ Rn. 26) vergleichbare Erweiterung des Schutzbereichs enthält.

35   **b) „Landwirteprivileg". § 10a Abs. 2–7** nimmt vom Sortenschutz Erntegut aus, das ein Landwirt durch Anbau von Vermehrungsmaterial einer geschützten Sorte im eigenen Betrieb gewonnen hat und dort als Vermehrungsmaterial verwendet **(Nachbau).** Art. 14, 15 Buchst. e GSortV enthalten für den gemeinschaftlichen Sortenschutz eine im Wesentlichen inhaltsgleiche Regelung. Sie bedeutet, dass der Landwirt ohne Erlaubnis des Sortenschutzinhabers einen Teil seiner Ernte einbehalten und im nächsten Jahr auf seinen Feldern als Saatgut benutzen kann. Die Regelung ist auf die in dem Verzeichnis der Anlage zum SortSchG bzw. in Art. 14 Abs. 2 GSortV aufgeführten Sorten beschränkt und betrifft damit derzeit Hafer, Gerste, Roggen, Triticale, Weich- und Hartweizen, Spelz, Gelbe Lupine, Blaue Luzerne, Futtererbse, Alexandriner und Persischen Klee, Ackerbohne, Saatwicke, Raps, Rübsen, Lein außer Faserlein/Flachs und Kartoffel, nur für den gemeinschaftlichen Sortenschutz außerdem Kichererbse, Kanariengras und Reis sowie nur für Portugal Einjähriges und Welsches Weidelgras. Hybride und synthetische Sorten sind vom Landwirteprivileg ausgeschlossen. Der Nachbau ist nur dann vom Sortenschutz ausgenommen, wenn der Landwirt den Zahlungs- und Auskunftspflichten nach § 10a Abs. 3–6 bzw. nach Art. 14 Abs. 3 GSortV iVm der Durchführungsverordnung der Kommission Nr. 1768/95 v. 24.7.1995 (ABl. 1995 L 173, 14), geänd. durch VO Nr. 2605/98 v. 3.12.1998 (ABl. 1998 L 328, 6), nachkommt (vgl. zu Einzelheiten Keukenschrijver § 10a Rn. 11 ff.; Leßmann/Würtenberger SortenschutzR § 3 Rn. 52 ff.).

36   **c) Zwangsnutzungsrechte.** § 12 SortSchG Art. 29 iVm Art. 15 Buchst. e GSortV betreffen **Zwangsnutzungsrechte** an geschützten Sorten im öffentlichen Interesse. Die Regelungen dienen hauptsächlich der Wahrung öffentlicher Belange in Notzeiten und haben deshalb bisher kaum praktische Bedeutung erlangt (Leßmann/Würtenberger SortenschutzR § 3 Rn. 77). Zur Erteilung eines Zwangsnutzungsrechts für den Inhaber einer im Wesentlichen abgeleiteten Sorte vgl. Art. 29 Abs. 5 GSortV.

37   **d) Kein Vorbenutzungsrecht.** Ein **Vorbenutzungsrecht** nach dem Vorbild des § 12 PatG (vgl. Komment → PatG § 142 Rn. 26) kennt das Sortenschutzrecht nicht (Keukenschrijver § 10a Rn. 43).

38   **4. Keine Tatbestandsmäßigkeit.** Auch die **Zustimmung** des Inhabers schließt entsprechend den auch sonst im Bereich des gewerblichen Rechtsschutzes geltenden Grundsätzen die Tatbestandsmäßigkeit der Verletzungshandlung aus (Leßmann/Würtenberger SortenschutzR § 7 Rn. 237, anders aber Rn. 239 aE; für das Patentrecht auch Benkard PatG/*Grabinski/Zülch* PatG § 142 Rn. 2; Busse/Keukenschrijver/*Keukenschrijver* PatG § 142 Rn. 17; Fitzner/Lutz/Bodewig/*Pitz* PatG § 142 Rn. 11). Bei Handlungen mit sonstigen Pflanzen und Pflanzenteilen und unmittelbar hieraus gewonnenen Erzeugnissen nach § 10 Abs. 1 S. 2 bzw. mit Erntegut nach Art. 13 Abs. 3 GSortV schließt bereits die Zustimmung des Inhabers zur ursprünglichen Verwendung des Vermehrungsmaterials bzw. der Sortenbestandteile die Tatbestandsmäßigkeit auch der nachfolgenden Tathandlungen aus. Zur Tatprovokation durch den Inhaber vgl. RGSt 23, 363 ff.

39   Nicht strafbar ist auch, wer als **Mitinhaber** das Schutzrecht ohne die Zustimmung der anderen Inhaber nutzt, weil er nach § 743 Abs. 2 BGB zu diesem Gebrauch berechtigt ist (vgl. zum Patentrecht BGHZ 162, 342 (344 ff.); aA Leßmann/Würtenberger SortenschutzR § 7 Rn. 242).

Dagegen erfüllt der **Lizenznehmer,** der die Grenzen der ihm durch den Lizenzgeber eingeräumten Befugnis überschreitet, den Tatbestand (vgl. zum Patentrecht Busse/Keukenschrijver/*Keukenschrijver* PatG § 142 Rn. 24).

5. Eingriff in den Schutzbereich. Der Täter muss in den **Schutzbereich** des erteilten Sorten- **40** schutzes eingegriffen haben.

Ob dies der Fall ist, ergibt sich aus dem Vergleich der Ausprägungsmerkmale der benutzten Sorte mit **41** den Merkmalskombinationen der geschützten Sorte, wie sie im Erteilungsbeschluss und seinen Ergänzungen beschrieben sind (Leßmann/Würtenberger SortenschutzR § 7 Rn. 14).

a) Äquivalenz- oder Toleranzbereich der geschützten Sorte. Bei der Durchführung des Ver- **42** gleichs ist – neben der Berücksichtigung von Handlungen mit im Wesentlichen abgeleiteten Sorten (§ 10 Abs. 2 Nr. 1, Abs. 3; Art. 13 Abs. 5 Buchst. a, Abs. 6 GSortV) – zu beachten, dass nach zivilgerichtlicher Rspr. ein **Äquivalenz-** oder **Toleranzbereich** der geschützten Sorte existiert. Er umfasst begrenzte Abweichungen von der geschützten Sorte im Rahmen zu erwartender und zu tolerierender Variationen, bedingt vor allem durch unterschiedliche ökologische Verhältnisse verschiedener Anbaugebiete oder unterschiedliche Kultivierungsmethoden (OLG Frankfurt a. M. Mitt. 1982, 213 (214); OLG Düsseldorf GRUR-RR 2004, 281 (282); Keukenschrijver § 10 Rn. 48 f.; Leßmann/Würtenberger SortenschutzR § 3 Rn. 6; jeweils mwN). Die Einzelheiten sind wenig klar.

Inwieweit die Bewertung der Benutzung von Sorten aus dem Toleranzbereich als schutzrechtsver- **43** letzend und die Übertragung dieser zivilrechtlichen Schutzbereichsbestimmung auf den Straftatbestand den Beschränkungen durch das strafrechtliche Bestimmtheitsgebot und das Analogieverbot standhalten, ist in Ermangelung einschlägiger strafrechtlicher Rechtsprechung ungeklärt. Ähnliche Zweifel können für die Übertragung des Strafrechtsschutzes auf die Benutzung im Wesentlichen abgeleiteter Sorten angemeldet werden (vgl. allerdings z Strafrechtsschutz d. Äquivalenzbereichs v. Patenten Busse/Keukenschrijver/*Keukenschrijver* PatG § 142 Rn. 10 f.).

b) Hinzuziehung von Sachverständigen. Die Ermittlung des Schutzbereichs im Einzelfall und der **44** Vergleich der angegriffenen Verletzungsform mit der geschützten gehören wegen der eigenartigen Verknüpfung rechtlicher und biologisch-technischer Fragen zu den schwierigsten Problemen des Sortenschutzrechts. Die erforderlichen Feststellungen sind regelmäßig nur unter Hinzuziehung von **Sachverständigen** zu treffen (vgl. für das Patentrecht Achenbach/Ransiek/Rönnau WirtschaftsStR-HdB/ *Nentwig* Teil 11 Kap. 2 Rn. 38). Wegen der näheren Einzelheiten muss auf die Erläuterungen des § 3 SortSchG, Art. 7 GSortV in den Spezialwerken zum Sortenschutzrecht (→ Rn. 13) verwiesen werden. Eine dem § 29 Abs. 1 PatG entsprechende Regelung über die Einholung von Gutachten der Erteilungsbehörde durch Gerichte und Staatsanwaltschaften treffen das SortSchG und das gemeinschaftliche Sortenschutzrecht nicht.

In dieser Schwierigkeit dürfte einer der Gründe dafür liegen, dass es im Sortenschutzrecht nur selten **45** zu strafrechtlichen Verurteilungen kommt (Achenbach/Ransiek/Rönnau WirtschaftsStR-HdB/*Nentwig* Teil 11 Kap. 2 Rn. 38). Von dem hohen Grad an Komplexität der zu treffenden Feststellungen geht ein nicht zu vernachlässigender Anreiz aus, auch bei Sachverhalten nicht ganz geringer Unrechts- und Schuldschwere auf den Privatklageweg zu verweisen oder von den Möglichkeiten der §§ 153, 153a StPO Gebrauch zu machen. Vorzugswürdig wird hier sein, den äußeren Sachverhalt auszuermitteln und den Verletzten in geeigneten Fällen dann unter Anwendung des § 154d StPO (im Hauptverfahren: § 262 Abs. 2 StPO) auf die Geltendmachung seiner Ansprüche vor den Zivilgerichten zu verweisen. Die Strafverfolgungsbehörden und Strafgerichte können sich auf diesem Weg die überlegene Sachkenntnis und Erfahrung der mit Sortenschutzverletzungsverfahren befassten Zivilgerichte zunutze machen. Dem Verletzten ist das Ergebnis der staatsanwaltschaftlichen Ermittlungen über § 406e StPO zugänglich.

6. Tatbestandswirkung des Sortenschutzes. Die Strafbarkeit knüpft allein an den Verwaltungsakt **46** der Erteilung des Sortenschutzes an. Als Ausfluss seiner **Tatbestandswirkung** ist es dem Strafrechtsanwender bei der Beurteilung des als schutzverletzend beanstandeten Handelns – nicht anders als dem Richter des zivilgerichtlichen Sortenschutzverletzungsverfahrens – verwehrt zu überprüfen, ob das Sortenamt im Erteilungsverfahren die Voraussetzungen der Schutzfähigkeit der Sorte zutreffend beurteilt hat (BGH GRUR 1967, 419 (423); Keukenschrijver § 37 Rn. 34; Leßmann/Würtenberger SortenschutzR § 7 Rn. 9; KK-StPO/*Kuckein* StPO § 262 Rn. 6; anders für das Patentrecht wohl *Köklü/Kuhn* WRP 2011, 1412 (1414): Verpflichtung der Ermittlungsbehörden zu summarischer Prüfung der Rechtsbeständigkeit). Diese Überprüfung ist nach nationalem Sortenschutzrecht dem Verfahren über den Widerspruch gegen den Erteilungsbeschluss vor dem Widerspruchsausschuss des Bundessortenamtes nach §§ 68 ff. VwGO iVm § 18 Abs. 3 SortSchG bzw. dem Beschwerdeverfahren vor dem Bundespatentgericht nach §§ 34, 36 SortSchG iVm §§ 73 ff. PatG, nach Eintritt der Bestandskraft der Rücknahme- bzw. Widerrufsentscheidung des Bundessortenamtes nach § 31 Abs. 2 S. 1 sowie dem Verfahren über den Widerspruch und die Beschwerde hiergegen vorbehalten; das gemeinschaftliche Sortenschutzrecht stellt die Verfahren über Nichtigkeitserklärung oder Aufhebung des Sortenschutzes vor dem Gemeinschaftlichen Sortenamt nach Art. 20, 21 GSortV zur Verfügung, gegen dessen Entscheidung die Beschwerdekammer des Amtes nach Art. 67 ff. GSortV angerufen werden kann. Der Straf- wie der

Verletzungsrichter darf sich der Ermittlung des Schutzbereichs eines bestehenden Sortenschutzes nicht mit der Begründung entziehen, der Sortenschutz sei nach seiner Überzeugung vernichtungsreif. Für den Verletzungsrichter spricht dies das gemeinschaftliche Sortenschutzrecht in Art. 105 GSortV ausdrücklich aus.

47   Verteidigt sich der Angeklagte damit, die Voraussetzungen des Sortenschutzes hätten zur Zeit der verfolgten Verletzungshandlung nicht vorgelegen, so ist – abgesehen von Evidenzfällen – analog § 262 Abs. 2 StPO vorzugehen und ihm unter **Aussetzung** der Hauptverhandlung eine Frist zur Stellung eines entsprechenden Antrags an das zuständige Sortenamt zu setzen bzw. auf die Entscheidung in einem bereits angestrengten Verfahren zu warten. Das dem Gericht durch § 262 Abs. 2 StPO eingeräumte pflichtgemäße Ermessen verdichtet sich hier zu einer Verpflichtung zur Aussetzung (KK-StPO/*Kuckein* StPO § 262 Rn. 8; Leßmann/Würtenberger SortenschutzR § 7 Rn. 252; für das Patentrecht Benkard PatG/*Grabinski/Zülch* PatG § 142 Rn. 3; sa schon RGSt 7, 146 (149 f.); 48, 419 (421)).

Führt das betreffende Verfahren in der Tat zu der **ex-tunc** wirkenden Rücknahme des Sortenschutzes nach § 31 Abs. 2, zur Nichtigkeitserklärung nach Art. 20 GSortV oder zur Aufhebung eines gemeinschaftlichen Sortenschutzes, deren Rückwirkung auf einen vor der Verletzungshandlung liegenden Zeitpunkt angeordnet wird (Art. 21 Abs. 1 S. 2 GSortV), so wird eine zuvor begangene schutzrechtsverletzende Verwertung nachträglich straflos (Leßmann/Würtenberger SortenschutzR § 7 Rn. 234; vgl. auch RGSt 14, 261 ff.; 30, 187 (188)). Dies soll nach RGSt 42, 340 auch noch in der Revisionsinstanz zu beachten sein (zw.). Zur Wiederaufnahme → Rn. 78.

48   Demgegenüber ist der Widerruf des nationalen Sortenschutzes (§ 31 Abs. 3, 4) oder die Aufhebung eines gemeinschaftlichen Sortenschutzes mit Wirkung **ex-nunc** (Art. 21 Abs. 1 S. 1, Abs. 2 GSortV) – die nicht nur wegen fehlender Homogenität oder Beständigkeit der Sorte, sondern insbes. auch wegen Ausbleibens der Zahlung der Gebühren für die Aufrechterhaltung erfolgen kann – auf die Strafbarkeit zuvor begangener Verletzungshandlungen ohne Einfluss (Leßmann/Würtenberger SortenschutzR § 7 Rn. 234; unklar deswegen Rn. 252: Freispruch, wenn im Laufe des Strafverfahrens das Sortenschutzrecht beendet wird; vgl. für den Patentschutz auch schon RGSt 7, 146 (148)).

II. Tathandlungen

49   Die strafbaren Tathandlungen des **§ 39 Abs. 1** entsprechen den zivilrechtlichen Verbietungstatbeständen des § 10 Abs. 1, 2 SortSchG und des Art. 13 Abs. 2 S. 1, Abs. 5 GSortV (hier mit einer unter → Rn. 59 erörterten Ausnahme).

50   **1. Nationaler Sortenschutz: § 39 Abs. 1 Nr. 1. a) Erzeugen.** Der Begriff umfasst in Anlehnung an den Herstellungsbegriff im Patent- und Gebrauchsmusterrecht (→ PatG § 142 Rn. 44) die gesamte Tätigkeit, durch die das Erzeugnis geschaffen wird, von ihrem Beginn an. Der Tatbestand ist also schon mit **Beginn** dieser Tätigkeit vollendet, nicht erst mit Eintritt des Erzeugungserfolges. Erfasst ist im Gegensatz zu früherem Recht auch die Erzeugung von Vermehrungsmaterial, das nicht zum Inverkehrbringen bestimmt ist (Begr. d. GE d. BReg SortSchÄndG, BT-Drs. 13/7038, 12 f.). Die Erzeugung betrifft bei generativ vermehrbaren Arten vor allem die Herstellung von Samen, bei Pflanzen, die üblicherweise vegetativ vermehrt werden, vor allem die von Pflanzen und Pflanzenteilen (Leßmann/ Würtenberger SortenschutzR § 3 Rn. 33).

51   **b) Aufbereiten für Vermehrungszwecke.** Hier werden **Vorbereitung**shandlungen **des Erzeugens** wie Beizen, Reinigen, Sortieren oder sonstiges Konfektionieren zu Vollendungstatbeständen aufgewertet (*Keukenschrijver* § 10 Rn. 31). Die Zuweisung schon solcher Handlungen allein an den Sortenschutzinhaber soll zur effektiven Vermeidung von Schutzrechtsverletzungen beitragen (Leßmann/ Würtenberger SortenschutzR § 3 Rn. 33).

52   **c) Inverkehrbringen.** Das zuvor verwendete Tatbestandsmerkmal des Vertreibens wurde durch das SortSchG 1985 aus Gründen der Angleichung an andere Gesetze (zB DüngemittelG, FuttermittelG) durch das des **Inverkehrbringen**s ersetzt. Der Begriff umfasst das Anbieten, Vorrätighalten zur Abgabe, Feilhalten und jedes Abgeben an andere (§ 2 Nr. 3). Er reicht damit wesentlich weiter als das entsprechende Tatbestandsmerkmal im Recht der übrigen gewerblichen Schutzrechte. Erfasst sind also nur nicht alle Handlungen, durch die der geschützte Gegenstand tatsächlich in die **Verfügungsgewalt** einer anderen Person **übergeht (Abgeben),** sondern auch ein weit gefasstes Feld von Vorbereitungshandlungen hierzu:

53   **Feilhalten** ist das äußerlich erkennbare Bereitstellen zum Zwecke des Verkaufs an das Publikum (BGHSt 23, 386 (388 ff.); BGH BeckRS 1993, 31090538; sehr unklar – zumal unter Verwechslung mit „Freihalten" – Fitzner/Lutz/Bodewig/*Fitzner* PatG Anh. § 2a Rn. 27).

Neben dem Feilhalten war das **Anbieten** schon in die Definition des früheren Tatbestandsmerkmals des Vertreibens durch das SortSchG 1968 aufgenommen worden, um klarzustellen, dass auch schriftliche und mündliche Einzelangebote, Rundschreiben, Kataloge usw unter den Oberbegriff fallen (Begr. d. GE d. BReg, BT-Drs. 5/1630, 52). Ob der geschützte Gegenstand zur Zeit der Tathandlung real existiert, unmittelbar verkehrsfähig und beim Anbietenden vorrätig ist, ist ohne Belang (vgl. zum Patentrecht Benkard PatG/*Scharen* PatG § 9 Rn. 40 mwN), ebenso, ob der Anbietende tatsächlich zur Erzeugung oder Lieferung bereit und fähig ist (BGH GRUR 2003, 1031 (1032); OLG Karlsruhe GRUR 2014, 59 (62)). Auch ein Angebot, das sich allein auf den Abschluss von Geschäften oder Lieferungen nach bevorstehendem Ablauf der Schutzdauer bezieht, erfüllt den Tatbestand (BGHZ 170, 115 (118 f.); OLG Karlsruhe GRUR 2014, 59 (62)), ebenso das im Inland erfolgende Angebot der Lieferung im Ausland (Benkard PatG/*Scharen* PatG § 9 Rn. 43; Schulte/*Rinken/Kühnen* PatG § 9 Rn. 62; *Hoppe-Jänisch* GRUR 2014, 1163 (1167)). Zur Problematik im Inland abrufbarer ausländischer Internetangebote und dem Erfordernis eines wirtschaftlich relevanten Inlandsbezugs vgl. Schulte/*Rinken/Kühnen* PatG § 9 Rn. 63; BGH NJW 2005, 1435 (1436) (zum Markenrecht).

Die Tatbestandsalternative des **Vorrätighaltens zur Abgabe** entstammt Vorbildern aus dem Lebens- **54** mittel- und Bedarfsgegenständerecht und ist dem Recht der gewerblichen Schutzrechte ansonsten fremd (sehr krit. zu ihrer Aufnahme *Wuesthoff/Leßmann/Wendt*, SortSchG, 2. Aufl. 1990, § 2 Rn. 4; ähnl. Busse/Keukenschrijver/*Keukenschrijver* PatG § 9 Rn. 77: „missglückt"). Sie erfasst bereits den – für Dritte nicht notwendig erkennbaren – Besitz der geschützten Sache mit der Absicht, sie entgeltlich oder unentgeltlich an andere weiterzugeben. Die Absicht fehlt, wenn die Sache lediglich für einen anderen verwahrt wird oder wenn eine weitere Bearbeitung oder Behandlung vorgesehen ist (Zipfel/Rathke LebensmittelR/*Boch* WeinG § 2 Rn. 94); dann ist aber an § 10 Abs. 1 Nr. 1 Buchst. b (Aufbewahren zu einem der unter Buchst. a genannten Zwecke) zu denken (→ Rn. 58).

Veräußerung und Versendung der Ware vom Inland in das Ausland ist strafbares Inverkehrbringen in **55** Form des Abgebens im Inland (Leßmann/Würtenberger SortenschutzR § 3 Rn. 35; RGSt 10, 349 (351 f.); 36, 178 (180); für das Zivilrecht auch BGHZ 23, 100 (103 ff.); unklar *Keukenschrijver* § 10 Rn. 36 u. 37). Ebenso ist umgekehrt die Veräußerung und Versendung vom Ausland in das Inland Inverkehrbringen durch den ausländischen Versender, sofern die Ware im Inland in die Verfügungsgewalt des Importeurs gelangt (RGSt 10, 349 (351); 21, 205 (207 f.)), also nicht bei bloßer Durchfuhr mit Verfügungsgewalt nur des Spediteurs oder Frachtführers (*Keukenschrijver* § 10 Rn. 37; Leßmann/Würtenberger SortenschutzR § 3 Rn. 35; BGHZ 23, 100 (103 ff.)).

d) Einführen. Einführen ist das **Verbringen** des geschützten Erzeugnisses vom Ausland in das **56** **Inland,** bei dem der Handelnde die tatsächliche Verfügungsgewalt im Inland behält oder erlangt (*Mes* PatG § 9 Rn. 50). Soweit zT allein auf ein Erlangen der tatsächlichen Verfügungsgewalt im Inland abgestellt wird (Leßmann/Würtenberger SortenschutzR § 3 Rn. 35), ist dies missverständlich: Ein Wechsel der Verfügungsgewalt ist nicht erforderlich und stellt für den Versender bereits ein Inverkehrbringen dar (→ Rn. 55).

Anders als nach §§ 9 S. 2 Nr. 1, 142 Abs. 1 S. 1 Nr. 1 PatG ist nicht erforderlich, dass die Einfuhr zum Zwecke des Inverkehrbringens erfolgt.

e) Ausführen. Ausführen ist das **Verbringen** des geschützten Erzeugnisses vom Inland in das **Aus-** **57** **land.** Ein Wechsel der Verfügungsgewalt ist nicht erforderlich und stellt für den Versender bereits ein Inverkehrbringen dar (→ Rn. 55).

Dass der Export in einen anderen EWR-Vertragsstaat wegen Art. 81 f. EGV/Art. 101 f. AEUV nicht vom Begriff der Ausfuhr erfasst sein, aber stets Inverkehrbringen darstellen soll (*Keukenschrijver* § 10 Rn. 36 unter Bezugnahme auf *Wuesthoff/Leßmann/Würtenberger*, Handbuch zum deutschen und europäischen Sortenschutz, 1. Aufl. 1999, Rn. 338), trifft nicht zu: Denn Inverkehrbringen in Form des Abgebens setzt einen Wechsel der tatsächlichen Verfügungsgewalt voraus. Der Tatbestand des Ausführens hat damit einen eigenen Anwendungsbereich in Fällen, in denen die Verfügungsgewalt im Zuge der Verbringung ins Ausland nicht wechselt und der Absatz erst durch eine dortige Vertriebsorganisation des Exporteurs erfolgen soll: Denn (inländisches) Inverkehrbringen liegt hier wegen der territorialen Begrenzung des Schutzrechts (→ Rn. 19) nicht vor.

Die Ausfuhr von vermehrungsfähigem Material einer nach § 10 Abs. 1, auch iVm Abs. 2, geschützten Sorte, in ein **Land, in dem die betreffende Sorte nicht geschützt werden kann,** stellt selbst dann eine rechtswidrige Verletzungshandlung dar, wenn das Material vom Sortenschutzinhaber oder mit seiner Zustimmung in den Verkehr gebracht worden ist oder wenn es von solchem Material stammt, so dass das Sortenschutzrecht des Inhabers an diesem Material erschöpft ist (→ Rn. 67). Dies gilt nicht, wenn das ausgeführte Material zum Anbau bestimmt ist, § 10b Nr. 2.

f) Aufbewahren. Aufbewahren entspricht dem Besitzen iSd §§ 9 S. 2 Nr. 1, 142 Abs. 1 S. 1 Nr. 1 **58** PatG: Es ist das **Innehaben der tatsächlichen Verfügungsgewalt** über das geschützte Erzeugnis im wirtschaftlichen Sinn (Keukenschrijver § 10 Rn. 39; Leßmann/Würtenberger SortenschutzR § 3 Rn. 36).

Das Aufbewahren ist nur tatbestandsmäßig, wenn es zu dem Zweck des Erzeugens, Aufbereitens zur Vermehrung oder der Ein- oder Ausfuhr erfolgt (§ 10 Abs. 1 Nr. 1 Buchst. b). Aufbewahren zum Zweck des Inverkehrbringens stellt wegen der Legaldefinition des § 2 Nr. 3 bereits Inverkehrbringen in Gestalt des Vorrätighaltens zur Abgabe dar (Leßmann/Würtenberger SortenschutzR § 3 Rn. 36; → Rn. 54).

59 **2. Gemeinschaftlicher Sortenschutz: § 39 Abs. 1 Nr. 2. a) Vermehren. Vermehrung** ist in Art. 13 Abs. 2 S. 1 Buchst. a GSortV definiert als „Fortpflanzung". Es handelt sich um einen Unterfall des in dieser zivilrechtlichen Vorschrift ebenfalls genannten Erzeugens. Dass die Strafvorschrift auf die Erzeugung im Wege der Fortpflanzung beschränkt worden ist, bedeutet, dass trotz ihrer ausdrücklichen Bezugnahme auf Art. 13 Abs. 4 GSortV die Erzeugung von unmittelbar aus Material der geschützten Sorte gewonnenen Erzeugnissen nicht strafbar wäre, sondern erst die Verwirklichung einer der weiteren Tatbestandsalternativen des § 39 Abs. 1 Nr. 2. Das würde ggf. einen Verstoß des nationalen Gesetzgebers gegen die Verpflichtung aus Art. 107 GSortV zur Sicherstellung eines Strafrechtsschutzes darstellen, der dem bei Verletzung eines nationalen Sortenschutzes entspricht. Da von der durch Art. 13 Abs. 4 S. 1, 3 GSortV vorgesehenen Möglichkeit einer Einbeziehung der unmittelbar gewonnenen Erzeugnisse in den Schutzbereich des gemeinschaftlichen Sortenschutzes bisher kein Gebrauch gemacht wurde (→ Rn. 31), ist das aber derzeit bedeutungslos.

60 **b) Aufbereiten zum Zwecke der Vermehrung.** Das Tatbestandsmerkmal entspricht dem des Aufbereitens für Vermehrungszwecke in §§ 10 Abs. 1 Nr. 1 Buchst. a, 39 Abs. 1 Nr. 1 (→ Rn. 51).

61 **c) Anbieten zum Verkauf.** Nach der Legaldefinition in § 2 Nr. 3 ist bereits jegliches Anbieten zur Abgabe an andere vom Begriff des Inverkehrbringens erfasst. Da Art. 13 Abs. 2 S. 1 Buchst. c, d GSortV als zivilrechtliche Verbietungstatbestände aber das Anbieten zum Verkauf einerseits und den Verkauf oder das sonstige Inverkehrbringen andererseits anführt, wird man den Tatbestand ungeachtet § 2 Nr. 3 hier im Sinne der GSortV auszulegen haben, weil das Merkmal samt seiner Beschränkung auf Verkaufszwecke sonst leer liefe. Der Strafrechtsschutz nach § 39 Abs. 1 Nr. 2 umfasst damit, anders als der nach § 39 Abs. 1 Nr. 1, nicht das Anbieten zu unentgeltlicher oder tauschweiser Abgabe. Das dürfte keinen Verstoß gegen Art. 107 GSortV mit der Verpflichtung zur Sicherstellung gleichwertigen Strafrechtsschutzes darstellen, da es hier um die Frage geht, welche Handlungen überhaupt eine Verletzung eines gemeinschaftlichen Sortenschutzes darstellen.

62 **d) Inverkehrbringen.** Das Tatbestandsmerkmal wird aus den in → Rn. 61 genannten Gründen nicht im Sinne der Legaldefinition des § 2 Nr. 3 ausgelegt werden dürfen. Erfasst sind hier, wie der Vergleich von Art. 13 Abs. 2 S. 1 Buchst. c u. d GSortV ergibt, nur Handlungen, durch der geschützte Gegenstand – entgeltlich oder unentgeltlich – tatsächlich in die **Verfügungsgewalt** einer anderen Person **übergeht**. Nicht erfasst ist dagegen das Anbieten, Vorrätighalten zur Abgabe oder Feilhalten, weil sonst die Tatbestandsalternative des Anbietens zum Verkauf leer liefe. Zur Frage eines Verstoßes gegen Art. 107 GSortV → Rn. 59 aE.

63 **e) Einführen.** Erfasst ist, wie sich aus Art. 13 Abs. 2 S. 1 Buchst. f GSortV ergibt, das Einführen in das **Gebiet der EG** (seit 1.12.2009: EU). IÜ gelten die Ausführungen zu → Rn. 55, 56 entsprechend. Zu den sich aus §§ 3 ff. StGB ergebenden Beschränkungen des Strafrechtsschutzes → Rn. 32.

64 **f) Ausführen.** Erfasst ist, wie sich aus Art. 13 Abs. 2 S. 1 Buchst. e GSortV ergibt, das Ausführen aus dem **Gebiet der EG** (seit 1.12.2009: EU). IÜ gelten die Ausführungen zu → Rn. 55, 57 entsprechend. Zu den sich aus §§ 3 ff. StGB ergebenden Beschränkungen des Strafrechtsschutzes → Rn. 32.

Die Ausfuhr von Sortenbestandteilen einer nach Art. 13 Abs. 1, auch iVm Abs. 5, GSortV geschützten Sorte in ein **Drittland, in dem die betreffende Sorte nicht geschützt werden kann,** stellt selbst dann eine rechtswidrige Verletzungshandlung dar, wenn das Material vom Sortenschutzinhaber oder mit seiner Zustimmung im Gebiet der EU abgegeben worden ist oder wenn es von solchem Material stammt, so dass das Sortenschutzrecht des Inhabers an diesem Material erschöpft ist (→ Rn. 67). Dies gilt nicht, wenn das ausgeführte Material zum Endverbrauch bestimmt ist, Art. 16 Buchst. b GSortV.

65 **g) Aufbewahren.** Der Begriff entspricht dem der §§ 10 Abs. 1 Nr. 1 Buchst. b, 39 Abs. 1 Nr. 1 (→ Rn. 57).

Das Aufbewahren ist nur tatbestandsmäßig, wenn es zu dem Zweck des Erzeugens oder Vermehrens, des Aufbereitens zur Vermehrung, des Anbietens zum Verkauf, des Verkaufs oder sonstigen Inverkehrbringens oder der Ausfuhr aus der oder der Einfuhr in die EU erfolgt (Art. 13 Abs. 2 S. 1 Buchst. g GSortV). Wegen der letztgenannten Verweisung auch auf Art. 13 Abs. 2 S. 1 Buchst. f GSortV stellt es also bereits eine strafbare Schutzrechtsverletzung dar, wenn ein im Gebiet der EU befindlicher Importeur geschütztes Material außerhalb der EU zum Zweck der späteren Einfuhr in deren Gebiet aufbewahrt, ohne bereits Vertriebsaktivitäten im Gebiet der EU entfaltet zu haben.

III. Vorsatz; Irrtum

66 Strafbar ist nur die **vorsätzliche** Schutzrechtsverletzung (§ 15 StGB); **bedingter** Vorsatz genügt. Der **Irrtum** über Bestand und Inhalt des verletzten Schutzrechts ist wie beim Patentschutz Tatbestandsirrtum nach § 16 Abs. 1 StGB (*Leßmann*/*Würtenberger* SortenschutzR § 7 Rn. 239; *Hesse* GA 1968, 225 (236); *Benkard* PatG/*Grabinski*/*Zülch* PatG § 142 Rn. 7; *Busse*/*Keukenschrijver*/*Keukenschrijver* PatG § 142 Rn. 19; aA *Witte* GRUR 1958, 419 f.: Verbotsirrtum). Die unzutreffende Erwartung, der betreffende Sortenschutz werde sich als rückwirkend vernichtbar erweisen, berührt den Vorsatz bei

Tatbegehung nicht (so zum Patentrecht OLG Düsseldorf GRUR 1982, 35; Fitzner/Lutz/Bodewig/*Pitz* PatG § 142 Rn. 13).

IV. Rechtswidrigkeit

Neben die Rechtfertigungsgründe des allgemeinen Strafrechts tritt als praktisch bedeutsam der sorten- **67** schutzrechtliche Rechtfertigungsgrund der **Erschöpfung,** der anders als im übrigen Recht der gewerblichen Schutzrechte durch § 10b SortSchG, Art. 16 GSortV ausdrücklich kodifiziert ist. Hat der Schutzrechtsinhaber oder mit seiner Zustimmung ein Dritter das Material der geschützten Sorte im Inland oder in einem Land der EU oder des EWR (vgl. *Keukenschrijver* § 10b Rn. 5; Leßmann/Würtenberger SortenschutzR § 3 Rn. 86 f.) in den Verkehr gebracht, so ist sein Schutzrecht an diesem Material erschöpft. Jedermann steht es frei, es zu einer der sonst dem Schutzinhaber durch § 10 Abs. 1 SortSchG, Art. 13 Abs. 2 S. 1 GSortV vorbehaltenen Handlungen zu gebrauchen, weil es mit dem willentlichen Inverkehrbringen im sortenschutzrechtlichen Sinne gemeinfrei geworden ist (vgl. zu näheren Einzelheiten Leßmann/Würtenberger SortenschutzR § 3 Rn. 82 ff.). Für eine erneute Erzeugung von Vermehrungsmaterial (§ 10b Nr. 1) bzw. eine weitere Vermehrung der betreffenden Sorte (Art. 16 Buchst. a GSortV) gilt dies allerdings nur, wenn der Sortenschutzinhaber durch eine entsprechende Bestimmung bei Abgabe des Materials auch hierzu sein Einverständnis erteilt hat. IÜ kann der Schutzrechtsinhaber sich auch sonst Teilbereiche seines Ausschließlichkeitsrechts vorbehalten und dem Lizenznehmer nur Ausschnitte davon einräumen (Leßmann/Würtenberger SortenschutzR § 3 Rn. 84).

C. Qualifikation (Abs. 2)

Der Qualifikationstatbestand sieht einen erhöhten Strafrahmen für Fälle **gewerbsmäßigen** Handelns **68** vor. Gewerbsmäßigkeit bezeichnet auch hier nicht etwa die in Ausübung eines Gewerbebetriebs begangene vorsätzliche Sortenschutzverletzung (so aber *Deutsche Vereinigung für gewerblichen Rechtsschutz und Urheberrecht* GRUR 1989, 29 (30 f.)), sondern ist nicht anders als bei anderen Straftatbeständen zu verstehen als die Absicht, sich aus wiederholter Tatbegehung eine nicht nur vorübergehende Einnahmequelle von einigem Umfang zu verschaffen (vgl. Begr. d. GE d. BReg PrPG, BT-Drs. 11/4792, 24; *Leßmann/Würtenberger* SortenschutzR § 7 Rn. 241). Bestrebungen, stattdessen einen besonderen Qualifikationstatbestand der Produktpiraterie im Sinne einer identischen oder nahezu identischen Nachahmung einer fremden Ware zu schaffen (*Deutsche Vereinigung für gewerblichen Rechtsschutz und Urheberrecht* GRUR 1989, 29 (31 u. 34)), haben sich nicht durchgesetzt (vgl. BT-Drs. 11/4792, 18).

D. Versuch (Abs. 3)

Der Versuch ist seit Inkrafttreten des PrPG strafbar (→ Rn. 2). Damit sollte zur effektiveren Bekämp- **69** fung von Produktpiraterie ein früheres Einschreiten der Strafverfolgungsbehörde ermöglicht werden. Der GE d. BReg zPrPG (BT-Drs. 11/4792, 24) nennt beispielhaft Fälle, in denen Einzelteile eines Produkts, die als solche nicht durch ein Schutzrecht geschützt sind, bis zuletzt getrennt gehalten und erst kurz vor dem Verkauf oder Vertrieb zu einer dann schutzrechtsverletzenden Ware zusammengefügt werden. Das Beispiel trifft den Sortenschutz schon im Ansatz nicht. Angesichts der außerordentlich weitgefassten Formulierung der strafbaren Verletzungshandlungen, die nicht nur die Aufbewahrung sortenschutzverletzenden Materials, sondern schon Vertriebsvorbereitungen unabhängig davon erfasst, ob das schutzverletzende Gut tatsächlich überhaupt bereits existiert (→ Rn. 53), ist ein praktischer Anwendungsbereich der Versuchsstrafbarkeit nicht erkennbar (ähnl. Leßmann/Würtenberger SortenschutzR § 7 Rn. 243).

Von einer Beschränkung der Versuchsstrafbarkeit auf den Qualifikationstatbestand wurde abgesehen, da sich zu Beginn der Ermittlungen oft nicht einschätzen lasse, ob die Voraussetzungen eines qualifizierten Versuchs gegeben seien (BT-Drs. 11/4792, 24).

E. Täterschaft und Teilnahme

Die Beurteilung von Täterschaft und Teilnahme richtet sich nach allgemeinen strafrechtlichen Regeln **70** (§§ 25 ff., 14 StGB). Nicht als Täter in Betracht kommt angesichts des klaren Wortlauts des § 10 Abs. 1 SortSchG, Art. 13 Abs. 2 GSortV der Inhaber des verletzten Schutzrechts selbst, selbst wenn er sich durch Vergabe eines Nießbrauchs oder einer ausschließlichen Lizenz der gesamten Ausübung des Rechts entäußert hat (vgl. zum Patentrecht Benkard PatG/*Grabinski/Zülch* PatG § 142 Rn. 10; Busse/Keukenschrijver/*Keukenschrijver* PatG § 142 Rn. 24; Fitzner/Lutz/Bodewig/*Pitz* PatG § 142 Rn. 19; aA Leßmann/Würtenberger SortenschutzR § 7 Rn. 242).

Die Tatbestandsalternative des Inverkehrbringens erfüllt nur der Veräußerer, nicht der Erwerber (BGHZ 100, 249 (250 f.)). Dessen Beteiligung stellt eine notwendige Teilnahme dar mit der Folge, dass der Erwerber auch unter dem Gesichtspunkt der Teilnahme an der Tat des Veräußerers straflos bleibt, soweit er nicht über die notwendige Teilnahme hinaus tätig wird (vgl. allgemein Fischer StGB Vor § 25 Rn. 7).

Zur Annahme mittelbarer Täterschaft bei vorsätzlich schutzrechtsverletzender Lieferung an arglose Abnehmer Fitzner/Lutz/Bodewig/*Pitz* PatG § 142 Rn. 20.

F. Konkurrenzen

71   Die konkurrenzrechtliche Beurteilung richtet sich nach allgemeinen Regeln. Neben den Tatbeständen des Kernstrafrechts ist bei der Prüfung auch an diejenigen der §§ 17–19 UWG zu denken (vgl. Busse/Keukenschrijver/*Keukenschrijver* PatG § 142 Rn. 26). Da ein und dieselbe Ware durch mehrere gewerbliche Schutzrechte geschützt sein kann (vgl. etwa zur Patentierbarkeit von biologischem Material und biologischen Verfahren §§ 2a, 9a PatG), sind auch die dafür jeweils einschlägigen Strafvorschriften, insbes. § 142 PatG, § 25 GebrMG, § 51 DesignG und §§ 143 ff. MarkenG, in Betracht zu ziehen (Wabnitz/Janovsky WirtschaftsStR-HdB/*Möller* Kap. 17 Rn. 16 f.).

Soweit für den Fall der Verwirklichung verschiedener Tatbestandsalternativen des § 39 Abs. 1 Nr. 1 oder 2 auf die Kriterien des Fortsetzungszusammenhangs hingewiesen wird (Leßmann/Würtenberger SortenschutzR § 7 Rn. 236), ist das durch BGHSt 40, 138 überholt.

Dass mehrere Tathandlungen in Bezug auf das gleiche Material stets unter dem Gesichtspunkt der **Bewertungseinheit** zu einer Tat im Rechtssinne zusammengefasst werden müssten (so für das Patentrecht Benkard PatG/*Grabinski*/*Zülch* PatG § 142 Rn. 18), erscheint als zweifelhaft. Weder die Tatbestandsalternative des Inverkehrbringens noch die des Anbietens zum Verkauf fassen – anders als die des Handeltreibens im Betäubungsmittelstrafrecht – sämtliche auf den Güterumsatz mit dem schutzrechtsverletzenden Material gerichteten Handlungen zu einer einheitlichen Tat zusammen. Allerdings hat die Rechtsprechung eine Bewertungseinheit von Erwerb und Veräußerung auch bei den Absatzdelikten des Betäubungsmittelstrafrechts (Veräußern und Abgeben) bejaht (BGH NStZ 1997, 243; StV 1997, 636 f.; 1999, 431). Dies stößt jedoch wegen der fehlenden Anbindung an die Handlungsbeschreibung des gesetzlichen Tatbestands auf Bedenken (vgl. näher LK-StGB/*Rissing-van Saan* StGB Vor § 52 Rn. 45; MüKoStGB/*v. Heintschel-Heinegg* StGB § 52 Rn. 44). Eine Bewertungseinheit wird vielmehr nur bei § 39 Abs. 1 Nr. 1 im Falle der Verwirklichung mehrerer der durch § 2 Nr. 3 definierten Unterfälle des Inverkehrbringens in Frage kommen, die insgesamt eine einheitliche Tat des Inverkehrbringens darstellt.

Die Tatbestandsalternative des Aufbewahrens dürfte im Falle der Verwirklichung des vom Täter beabsichtigten Zwecks als Durchgangsdelikt (vgl. LK-StGB/*Rissing-van Saan* StGB Vor § 52 Rn. 131 ff.) subsidiär zu derjenigen der verwirklichten Handlung sein. Entsprechendes gilt für das Verhältnis des Aufbereitens für Vermehrungszwecke bzw. zum Zwecke der Vermehrung zum späteren Erzeugen bzw. Vermehren sowie bei § 39 Abs. 1 Nr. 2 des Anbietens zum Verkauf zum späteren Inverkehrbringen.

G. Verfahrensrecht

I. Strafantrag (Abs. 4)

72   Für den Grundtatbestand ist der **Strafantrag** Prozessvoraussetzung, es sei denn, dass die Strafverfolgungsbehörde wegen des **besonderen öffentlichen Interesses** an der Strafverfolgung ein Einschreiten von Amts wegen für geboten hält (vgl. zu Einzelheiten der Prüfung *Fischer* StGB § 230 Rn. 3 ff.). Nach Nr. 261a RiStBV ist das besondere öffentliche Interesse insbes. dann anzunehmen,

„wenn der Täter einschlägig vorbestraft ist, ein erheblicher Schaden droht oder eingetreten ist, die Tat den Verletzten in seiner wirtschaftlichen Existenz bedroht oder die öffentliche Sicherheit oder die Gesundheit der Verbraucher gefährdet ist".

73   Für den Strafantrag gelten die allgemeinen Regeln der §§ 77 ff. StGB. Antragsberechtigt als Verletzter ist der Inhaber des Schutzrechts. Bei Wechsel der Inhaberschaft eines Sortenschutzes nach nationalem Recht ist nach § 28 Abs. 3 S. 2 die Eintragung in die Sortenschutzrolle maßgeblich für die Antragsberechtigung. Mängel der Eintragung können aber jedenfalls bis zum Ablauf der Antragsfrist geheilt werden (RG Bl f. PMZ 1911, 29 (30); weitergehend *Reimer* PatG, 2. Aufl. 1958, § 49 Rn. 4: bis zur Hauptverhandlung; aA Klauer/Möhring/*Hesse* PatG § 49 Anm. 6). Für den Übergang eines Schutzrechts nach gemeinschaftlichem Sortenschutz ist die Eintragung in das Register für gemeinschaftliche Sortenschutzrechte ohnehin konstitutiv (Art. 23 Abs. 4 S. 1 GSortV). Bei Übertragung der Ausübung durch Erteilung einer ausschließlichen Lizenz oder eines Nießbrauchs ist Verletzter (auch oder sogar ausschließlich) der Lizenznehmer oder Nießbraucher (RGSt 11, 266 (267); Leßmann/Würtenberger SortenschutzR § 7 Rn. 245). Antragsberechtigt ist auch der Insolvenzverwalter des Inhabers (RGSt 35, 149 f.). Für eine juristische Person, Personengesellschaft oÄ sind deren gesetzliche oder satzungsgemäße Vertreter antragsberechtigt (Fischer StGB § 77 Rn. 2a; Leßmann/Würtenberger SortenschutzR § 7 Rn. 245), bei der oHG aber auch alle anderen Gesellschafter (RGSt 41, 103 f.), auch noch nach Eintritt in die Liquidation (RGSt 41, 377 (379 f.)). Vertretung in der Erklärung wie gewillkürte Vertretung im Willen ist möglich (*Fischer* StGB § 77 Rn. 21 f.; Leßmann/Würtenberger SortenschutzR § 7 Rn. 245). Zur Strafantragstellung durch einen ausländischen Verletzten vgl. § 15 Abs. 2.

Der Qualifikationstatbestand des § 39 Abs. 2 ist **Offizialdelikt** (OLG Celle wistra 2010, 494 zu § 142 **74**
Abs. 2 PatG). Hier ist das öffentliche Interesse an der Strafverfolgung schon wegen des erhöhten
Unrechts- und Schuldgehalts, aber auch wegen der hier regelmäßig eintretenden großen Schäden für die
Volkswirtschaft gegeben (so Begr. d. GE d. BReg zPrPG, BT-Drs. 11/4792, 25).

II. Privatklage

Der Grundtatbestand – nicht aber die Qualifikation nach Abs. 2 (OLG Celle wistra 2010, 494 zu **75**
§ 142 Abs. 2 PatG) – ist nach § 374 Abs. 1 Nr. 8 StPO **Privatklagedelikt.** Die Staatsanwaltschaft
erhebt die öffentliche Klage nur, wenn dies im **öffentlichen Interesse** liegt (§ 376 StPO; → Rn. 45),
und verweist den Verletzten ansonsten auf den Privatklageweg. Nach Nr. 261 RiStBV ist das öffentliche
Interesse in der Regel zu bejahen,

> „wenn eine nicht nur geringfügige Schutzrechtsverletzung vorliegt. Zu berücksichtigen sind dabei insbes. das
> Ausmaß der Schutzrechtsverletzung, der eingetretene oder drohende wirtschaftliche Schaden und die vom Täter
> erstrebte Bereicherung".

Im Wege der Privatklage kann auch die **selbstständige** Anordnung der **Einziehung** nach § 76a
StGB verfolgt werden, § 440 StPO.

III. Nebenklage

Sowohl Grundtatbestand als auch Qualifikation sind nebenklagefähig, § 395 Abs. 1 Nr. 6 StPO. **76**

IV. Adhäsionsverfahren

Die Verfolgung zivilrechtlicher Ansprüche im Adhäsionsverfahren nach §§ 403 ff. StPO ist möglich **77**
(sa § 39 Abs. 5 S. 3), jedoch wegen der ausschließlichen Zuständigkeit der Landgerichte nach § 38
Abs. 1, 4 nicht im Strafverfahren vor dem AG (Löwe/Rosenberg/*Hilger* StPO § 403 Rn. 16; *Rieß/Hilger*
NStZ 1987, 145 (156, Fn. 244); *Köckerbauer* NStZ 1994, 305 (306); aA *Lührs* GRUR 1994, 264 (267);
Hansen/Wolff-Rojczyk GRUR 2009, 644 (646); offen gelassen bei Busse/Keukenschrijver/*Keukenschrijver*
PatG § 142 Rn. 49), und damit wegen § 25 Nr. 1 GVG hier auch nicht im Privatklageverfahren.
Dagegen schließt eine Zuständigkeitskonzentration für Zivilverfahren nach § 38 Abs. 2, 4 die Zustän-
digkeit der Wirtschaftsstrafkammer eines anderen Landgerichts zur Durchführung des Adhäsionsverfah-
rens nicht aus (*Hansen/Wolff-Rojczyk* GRUR 2009, 644 (646); anders als Voraufl. zweifelnd jetzt auch
Busse/Keukenschrijver/*Keukenschrijver* PatG § 142 Rn. 49); denn die Wirtschaftsstrafkammer ist wegen
§ 74c Abs. 1 S. 1 Nr. 1 GVG ebenfalls ein für Sortenschutzverletzungssachen zuständiger Spezialspruchkörper.

V. Wiederaufnahme

Die nachträgliche, *ex-tunc* wirkende Rücknahme, Nichtigkeitserklärung oder Aufhebung des Schutz- **78**
rechts, das die abgeurteilte Verletzungsform nun nicht mehr deckt, ist Wiederaufnahmegrund nach
§ 359 Nr. 5 StPO (Leßmann/Würtenberger SortenschutzR § 7 Rn. 234; vgl. auch Benkard PatG/
Grabinski/Zülch PatG § 142 Rn. 3; Busse/Keukenschrijver/*Keukenschrijver* PatG § 142 Rn. 54; Achen-
bach/Ransiek/Rönnau WirtschaftsStR-HdB/*Nentwig* XI 2 Rn. 20).

VI. Tenorierung

Im Verurteilungsfall ist in die Urteilsformel eine die jeweilige Verwirklichungsform möglichst genau **79**
charakterisierende **rechtliche Bezeichnung** der Tat aufzunehmen, also nicht nur „Vergehen gegen das
Sortenschutzgesetz", sondern zB „Erzeugen von Vermehrungsmaterial einer nach dem SortSchG
geschützten Sorte" (vgl. Meyer-Goßner/Schmitt/*Appl*, Die Urteile in Strafsachen, 29. Aufl. 2014,
Rn. 42). Auch die Verwirklichung des Qualifikationstatbestands ist durch Aufnahme des Adjektivs
„gewerbsmäßig" in die rechtliche Bezeichnung der Tat zu kennzeichnen (Meyer-Goßner/Schmitt/
Appl, Die Urteile in Strafsachen, 29. Aufl. 2014, Rn. 48).

H. Einziehung; Verfall

I. Einziehung

Die **Einziehung** von Gegenständen, die durch die Tat hervorgebracht oder zu ihrer Begehung oder **80**
Vorbereitung gebraucht worden oder bestimmt gewesen sind, und ihrer Surrogate richtet sich nach
§§ 74 ff. StGB. Diese Vorschriften gelten aber nicht für **Beziehungsgegenstände,** die nicht Werkzeuge
für oder Produkte der Tat gewesen sind, sondern deren notwendiger Gegenstand selbst (BGHSt 10, 28
(29 f.); → StGB § 74 Rn. 21). Für Handelswaren, die Gegenstand einer Tat nach § 39 Abs. 1 gewesen
sind, ohne dass der Täter sie gebraucht oder hervorgebracht hat – was alle Tatbestandsalternativen außer

der des Erzeugens bzw. Vermehrens betrifft –, bringt **Abs. 5 S. 1** eine entsprechende Erweiterung der Einziehungsmöglichkeit. Auch für die Einziehung von Beziehungsgegenständen gelten wegen § 74 Abs. 4 StGB die Voraussetzungen des § 74 Abs. 2, 3 StGB; § 39 **Abs. 5 S. 2** eröffnet aber die **erweiterte** Möglichkeit einer **Dritteinziehung** nach § 74a StGB. Soweit dem Vernichtungs- oder Rückrufanspruch des Verletzten aus § 37a im Adhäsionsurteil stattgegeben wird, unterbleibt die Einziehung, § 39 **Abs. 5 S. 3.**

Die Einziehung kann auch im objektiven Verfahren nach § 76a StGB, § 440 StPO erfolgen.

II. Verfall

81   Die Anordnung des **Verfalls** des aus der Tat Erlangten, der gezogenen Nutzungen und Surrogate richtet sich nach den allgemeinen Regeln der §§ 73 ff. StGB. Der Verfallsanordnung wird in Sortenschutzverletzungsfällen regelmäßig § 73 Abs. 1 S. 2 StGB entgegenstehen *(Hansen/Wolff-Rojczyk* GRUR 2007, 468 (472)).

III. Maßnahmen der Zollbehörden

82   Umfangreiche Spezialregelungen über Beschlagnahme und Einziehung sortenschutzverletzender Erzeugnisse durch die Zollbehörden enthält § 40a (Einzelheiten vgl. Leßmann/Würtenberger SortenschutzR § 7 Rn. 265 ff.; Benkard PatG/*Grabinski/Zülch* PatG § 142a Rn. 2 u. 16 ff.; Fitzner/Lutz/ Bodewig/*Voß* PatG § 142a Rn. 2 u. 12 ff.). Diese sind nachrangig gegenüber den inhaltlich ähnlichen gemeinschaftsrechtlichen Regelungen nach der VO (EG) Nr. 1383/2003 des Rates v. 22.7.2003 (ABl. 2003 L 196, 7 – inzwischen ersetzt durch die VO (EU) Nr. 608/2013 v. 12.6.2013, ABl. 2013 L 151, 15) iVm § 40 b.

I. Bekanntmachung der Verurteilung (Abs. 6)

83   Die Bekanntmachung der Verurteilung kann nur angeordnet werden, wenn auf Strafe gegen einen Erwachsenen oder einen nicht nach Jugendstrafrecht behandelten Heranwachsenden (§§ 6 Abs. 1 S. 2, 105 Abs. 1 JGG) erkannt wird. Voraussetzung ist ein Antrag des Verletzten; für die Antragsberechtigung gilt das zu → Rn. 73 Ausgeführte entsprechend. Das Übergehen des Antrags kann mit der Revision beanstandet werden, allerdings wegen § 400 Abs. 1 StPO nicht vom Nebenkläger (s. auch Begr. d. GE d. BReg zPrPG, BT-Drs. 11/4792, 26; zur Bekanntmachung durch das Revisionsgericht selbst vgl. BGHSt 3, 73 (76)). Weitere Voraussetzung ist die Darlegung eines berechtigten Interesses, das insbes. bei Marktverwirrung, durch die Tat hervorgerufener Unsicherheit bei den Abnehmern und einer daraus folgenden Beeinträchtigung und Entwertung des Schutzrechts zu bejahen sein wird (Leßmann/Würtenberger SortenschutzR § 7 Rn. 255; Benkard PatG/*Grabinski/Zülch* PatG § 142 Rn. 21). Liegen diese Voraussetzungen vor, steht dem Gericht kein Ermessen zu. Umfang und Art der Bekanntmachung sind im Urteil zu bestimmen, Abs. 6 S. 2 (Einzelheiten vgl. Fischer StGB § 200 Rn. 4 ff.). Nach Nr. 261b S. 1 RiStBV hat der Staatsanwalt darauf hinzuwirken, dass der Name des Verletzten in die Urteilsformel aufgenommen wird. Die Vollziehung der Anordnung erfolgt nur auf – fristgebundenes – Verlangen des Verletzten, § 463c Abs. 2 StPO. Vgl. zu den Aufgaben der Vollstreckungsbehörde iÜ Nr. 261b S. 2 RiStBV, § 59 StVollstrO.

J. Ordnungswidrigkeiten im Verkehr mit Saatgut und Vermehrungsmaterial

84   Zahlreiche Ordnungswidrigkeitentatbestände betreffend den Verkehr mit Saatgut und Vermehrungsmaterial geschützter wie nicht geschützter Sorten enthält § 60 Abs. 1 des Saatgutverkehrsgesetzes – SaatG (idF v. 16.7.2004, BGBl. I 1673, zul. geänd. durch Art. 372, 626 Abs. 6 Zehnte ZuständigkeitsanpassungsVO v. 31.8.2015 (BGBl. I 1474).

§ 40 Bußgeldvorschriften

(1) **Ordnungswidrig handelt, wer vorsätzlich oder fahrlässig**

1. **entgegen § 14 Abs. 1 Vermehrungsmaterial einer nach diesem Gesetz geschützten Sorte in den Verkehr bringt, wenn hierbei die Sortenbezeichnung nicht oder nicht in der vorgeschriebenen Weise angegeben ist,**
2. **entgegen § 14 Abs. 3 eine Sortenbezeichnung einer nach diesem Gesetz geschützten Sorte oder eine mit ihr verwechselbare Bezeichnung für eine andere Sorte derselben oder einer verwandten Art verwendet oder**
3. **entgegen Artikel 17 Abs. 1, auch in Verbindung mit Abs. 3, der Verordnung (EG) Nr. 2100/94 des Rates vom 27. Juli 1994 über den gemeinschaftlichen Sortenschutz (ABl. EG Nr. L 227 S. 1) die Bezeichnung einer nach gemeinschaftlichem Sortenschutzrecht**

geschützten Sorte nicht, nicht richtig, nicht vollständig oder nicht in der vorgeschriebenen Weise verwendet.

(2) Die Ordnungswidrigkeit kann mit einer Geldbuße bis zu fünftausend Euro geahndet werden.

(3) ¹Gegenstände, auf die sich die Ordnungswidrigkeit bezieht, können eingezogen werden. ²§ 23 des Gesetzes über Ordnungswidrigkeiten ist anzuwenden.

(4) Verwaltungsbehörde im Sinne des § 36 Abs. 1 Nr. 1 des Gesetzes über Ordnungswidrigkeiten ist das Bundessortenamt.

A. Tatbestand

I. Tathandlungen

1. Unterlassene Benutzung der Sortenbezeichnung einer nach dem SortSchG geschützten Sorte: § 40 Abs. 1 Nr. 1. Nach § 14 Abs. 1 S. 1 Hs. 1 darf Vermehrungsmaterial einer nach dem Gesetz geschützten Sorte nur in den Verkehr gebracht werden, wenn hierbei die Sortenbezeichnung angegeben ist. Der Verstoß gegen diese Verpflichtung stellt eine Ordnungswidrigkeit gem. § 40 Abs. 1 Nr. 1 Alt. 1 dar.   **1**
Bei schriftlicher Angabe der Sortenbezeichnung muss diese leicht erkennbar und deutlich lesbar sein, § 14 Abs. 1 S. 1 Hs. 2. Der Verstoß stellt eine Ordnungswidrigkeit nach § 40 Abs. 1 Nr. 1 Alt. 2 dar.

Die Sanktionierung der Ordnungsvorschrift des § 14 Abs. 1 S. 1 findet ihre Rechtfertigung darin,   **2** dass es sich bei der Sortenbezeichnung iSd § 7 um die Gattungsbezeichnung der Sorte handelt, die sie gegenüber Pflanzen anderer Sorten der gleichen Art oder Gattung individualisiert (Leßmann/Würtenberger SortenschutzR § 2 Rn. 161 und § 3 Rn. 94). Durch den **Benutzungszwang** wird sichergestellt, dass Vermehrungsmaterial der Sorte über den gesamten Vertriebsweg bis zur Kultivierung des Endproduktes eindeutig identifizierbar ist. Außerdem soll verhindert werden, dass im Verkehr für ein und dieselbe Sorte verschiedene Sortenbezeichnungen verwendet werden (Leßmann/Würtenberger SortenschutzR § 3 Rn. 95 mwN). Die Verpflichtung trifft deshalb auch den Sortenschutzinhaber selbst (Keukenschrijver Rn. 5; Leßmann/Würtenberger SortenschutzR § 7 Rn. 258).

Zum Begriff des **Vermehrungsmaterials** (§ 2 Nr. 2) → § 39 Rn. 14.   **3**
Der Begriff des **Inverkehrbringens** ist weiter als das entsprechende Tatbestandsmerkmal im Recht   **4** der übrigen gewerblichen Schutzrechte; er umfasst nach § 2 Nr. 3 außer jedem Abgeben an andere auch Vertriebsbemühungen in Gestalt des Anbietens, Vorrätighaltens zur Abgabe und Feilhaltens. Zu Einzelheiten der tatbestandlichen Handlungen → § 39 Rn. 52 ff. Wie und wem gegenüber auch bei äußerlich nicht erkennbarem bloßem Vorrätighalten zur Abgabe die Sortenbezeichnung angegeben werden könnte, erschließt sich allerdings nicht, zumal Schriftlichkeit der Angabe nicht vorgeschrieben ist.

Nicht tatbestandsmäßig ist das Unterlassen der Benutzung der Sortenbezeichnung bei Inverkehr-   **5** bringen **im privaten Bereich zu nichtgewerblichen Zwecken** (§ 14 Abs. 1 S. 1 Hs. 1). Zur Reichweite dieser Ausnahme → § 39 Rn. 34.

Die Verpflichtung aus § 14 Abs. 1 S. 1 gilt auch für ein Inverkehrbringen **nach Ablauf** des Sorten-   **6** schutzes (§ 14 Abs. 1 S. 2). Weil es sich um die Gattungsbezeichnung der Sorte handelt, muss deren Vermehrungsmaterial auch nach diesem Zeitpunkt – ohne zeitliche Begrenzung – weiter mit der Sortenbezeichnung gekennzeichnet werden, um ihre Identifizierungsfunktion zu gewährleisten (Leßmann/Würtenberger SortenschutzR § 3 Rn. 99). Allerdings ist die Vorschrift insoweit in der Praxis bedeutungslos, da sich wesentlich mehr ungeschützte Pflanzensorten als geschützte im Handel befinden, die frei von einer Benutzungspflicht für Sortenbezeichnungen verwertet werden können, und weil das Bundessortenamt als zuständige Verwaltungsbehörde (§ 40 Abs. 4) deshalb kaum hinreichende Möglichkeiten hat, die Einhaltung des Zwangs zur Weiterverwendung der Sortenbezeichnung auch nach Ablauf des Sortenschutzes zu überwachen (Leßmann/Würtenberger SortenschutzR § 7 Rn. 258).

2. Unzulässige Benutzung der Sortenbezeichnung einer geschützten Sorte: § 40 Abs. 1   **7** **Nr. 2.** Nach § 14 Abs. 3 darf die Sortenbezeichnung einer geschützten Sorte oder einer Sorte, für die von einem anderen Verbandsmitglied ein Züchterrecht erteilt worden ist, oder eine mit ihr verwechselbare Bezeichnung nicht für eine andere Sorte derselben oder einer verwandten Art verwendet werden. Der Verstoß gegen diese Verpflichtung ist eine Ordnungswidrigkeit nach § 40 Abs. 1 Nr. 2.

Verbandsmitglied ist ein Staat, der oder eine zwischenstaatliche Organisation, die Mitglied des   **8** Internationalen Verbandes zum Schutz von Pflanzenzüchtungen ist (§ 2 Nr. 6). Die Vorschrift erfasst also sowohl die unzulässige Verwendung der Sortenbezeichnung einer nach dem SortSchG geschützten Sorte als auch einer nach ausländischem oder zwischenstaatlichem Recht geschützten Sorte.

Sie erfasst, anders als § 40 Abs. 1 Nr. 1, nicht nur die unzulässige Verwendung zur Bezeichnung von   **9** Vermehrungsmaterial, sondern auch **Konsumgut** der geschützten Sorte (Keukenschrijver § 14 Rn. 19 mwN zur Rspr.).

Für eine **andere Sorte** verwendet ist die Sortenbezeichnung dann, wenn sich die Ware nach der   **10** Verkehrsauffassung **ganz oder teilweise** nicht mehr als solche der geschützten Sorte darstellt, mithin auch bei Verwendung der Bezeichnung für nicht sortenreine Erzeugnisse (Keukenschrijver § 14 Rn. 17 und 19). Zum Begriff der **verwandten Art** vgl. § 7 Abs. 2 S. 2. Das Bundessortenamt hat durch seine Bek. 3/88 bekannt gemacht, dass es als verwandt diejenigen Arten ansieht, die nach den Empfehlungen des Internationalen Verbandes zum Schutz von Pflanzenzüchtungen in einer Klasse zusammengefasst sind. Die „Klassenliste" ist abgedruckt bei *Wuesthoff/Leßmann/Wendt,* SortSchG 2. Aufl. 1990, § 26 Rn. 24.

11   **3. Unterlassene oder unzureichende Benutzung der Sortenbezeichnung einer nach gemeinschaftlichem Sortenschutz geschützten Sorte: § 40 Abs. 1 Nr. 3.** Nach Art. 17 Abs. 1 S. 1 GSortV muss derjenige die nach Art. 63 GSortV festgesetzte Sortenbezeichnung verwenden, der **im Gebiet der Gemeinschaft** Sortenbestandteile einer nach Art. 13 Abs. 1, 5 GSortV geschützten Sorte **zu gewerblichen Zwecken** anbietet oder an andere abgibt. Bei schriftlichem Hinweis muss die Sortenbezeichnung leicht erkennbar und deutlich lesbar sein (Art. 17 Abs. 1 S. 2 GSortV). Erscheint zusammen mit der Sortenbezeichnung ein Warenzeichen, ein Handelsname oder eine ähnliche Angabe, so muss diese Bezeichnung leicht als solche erkennbar sein (Art. 17 Abs. 1 S. 3 GSortV). Der Verstoß gegen eine dieser Verpflichtungen ist Ordnungswidrigkeit nach § 40 Abs. 1 Nr. 3.

12   Zum Zweck des Benutzungszwangs → Rn. 2, zum Begriff des Sortenbestandteils → § 39 Rn. 29.

13   Wegen der Beschränkung auf Anbieten und Abgeben an andere erfasst der Zwang zur Benutzung der Sortenbezeichnung hier, anders als nach §§ 14 Abs. 1 S. 1, 40 Abs. 1 Nr. 1 für Vermehrungsmaterial einer nach dem SortSchG geschützten Sorte, nicht auch schon das Vorrätighalten zur Abgabe.

14   Die Verpflichtungen aus Art. 17 Abs. 1 GSortV gelten auch für Angebote und Abgaben **nach Beendigung** des gemeinschaftlichen Sortenschutzes (Art. 17 Abs. 3 GSortV). Zu den Gründen und der praktischen Bedeutung → Rn. 6.

II. Vorwerfbarkeit; Versuch

15   Erfasst sind bei allen Tatbestandsvarianten **vorsätzliche** und **fahrlässige** Begehung, bei keiner dagegen der **Versuch** (§ 13 Abs. 2 OWiG).

B. Rechtsfolgen

I. Geldbuße (§ 40 Abs. 2)

16   § 40 Abs. 2 sieht, abweichend von § 17 Abs. 1 OWiG, ein Höchstmaß der Geldbuße von 5.000 EUR vor. Bei fahrlässiger Begehung reduziert sich das Höchstmaß auf 2.500 EUR (§ 17 Abs. 2 OWiG). Zu weiteren Einzelheiten der Zumessung vgl. § 17 Abs. 3, 4 OWiG.

II. Einziehung (§ 40 Abs. 3)

17   § 40 Abs. 3 eröffnet unter den Voraussetzungen des § 22 Abs. 2, 3 OWiG die Möglichkeit der Anordnung der Einziehung von Gegenständen, auf die sich die Ordnungswidrigkeit bezieht. Dass die Einziehungsanordnung sich auf Kennzeichnungsmittel wie Etiketten oder Aufkleber und auf Verpackungsmaterial erstrecken dürfe, nicht aber auf das Vermehrungsgut selbst (so Keukenschrijver Rn. 12; Leßmann/Würtenberger SortenschutzR § 7 Rn. 264), erscheint in beiderlei Richtung als zweifelhaft. § 40 Abs. 3 ordnet gerade nicht die Einziehbarkeit von Gegenständen an, die durch die Ordnungswidrigkeit hervorgebracht oder zu ihrer Begehung oder Vorbereitung gebraucht worden oder bestimmt gewesen sind (producta und instrumenta sceleris, vgl. § 74 Abs. 1 StGB), sondern die von **Beziehungsgegenständen** (näher zur Abgrenzung → StGB § 74 Rn. 13 ff. und 21). Solche notwendigen Gegenstände der Tat selbst sind aber jedenfalls bei § 40 Abs. 1 Nr. 1 und 3 das Vermehrungsmaterial, das in den Verkehr gebracht, und die Sortenbestandteile, die angeboten oder an andere abgegeben werden.
    Nach § 40 Abs. 3 S. 2 ist unter den Voraussetzungen des § 23 OWiG auch die erweiterte Einziehung zulässig.

C. Zuständigkeit der Verwaltungsbehörde (§ 40 Abs. 4)

18   § 40 Abs. 4 enthält die Regelung der sachlichen Zuständigkeit der Verwaltungsbehörde für die Verfolgung und Ahndung nach §§ 35, 36 Abs. 1 Nr. 1 OWiG. Wegen des Sitzes des Bundessortenamtes in Hannover ist für das Verfahren über den Einspruch gegen den Bußgeldbescheid stets das Amtsgericht Hannover zuständig (§ 68 Abs. 1 S. 1 OWiG).

680. Gesetz über Sprecherausschüsse der leitenden Angestellten (Sprecherausschußgesetz – SprAuG)

Vom 20. Dezember 1988 (BGBl. I S. 2312) FNA 801-11

Zuletzt geändert durch Art. 222 Neunte ZuständigkeitsanpassungsVO vom 31.10.2006 (BGBl. I S. 2407)

– Auszug –

Vorbemerkung

1. Ziele des SprAuG. Das Gesetz über Sprecherausschüsse der leitenden Angestellten (Sprecher- 1
ausschußgesetz – SprAuG) wurde am 20.12.1988 als Art. 2 des Gesetzes zur Änderung des Betriebs-
verfassungsgesetzes, über Sprecherausschüsse der leitenden Angestellten und zur Sicherung der Montan-
Mitbestimmung verkündet (BGBl. I 2312) und trat am 1.1.1989 in Kraft. Mit dem Erlass des SprAuG
sollte auch leitenden Angestellten, die durch den Betriebsrat nicht vertreten werden, eine **betriebliche
Interessenvertretung** gegeben werden (BT-Drs. 11/2503, 22). Zu diesem Zweck bestimmt das
SprAuG in seinem § 1 die Wahl von **Sprecherausschüssen** der leitenden Angestellten, wenn ein
Betrieb in der Regel mindestens zehn leitende Angestellte beschäftigt. § 2 sieht eine vertrauensvolle
Zusammenarbeit von Sprecherausschuss und Arbeitgeber unter Beachtung der geltenden Tarifverträge
zum Wohl der leitenden Angestellten und des Betriebs vor. Vor Abschluss einer Betriebs- oder sonstigen
Vereinbarung mit dem Betriebsrat, die rechtliche Interessen der leitenden Angestellten berührt, hat der
Arbeitgeber den Sprecherausschuss rechtzeitig anzuhören.

Leitender Angestellter ist gemäß der Legaldefinition in (§ 1 iVm) § 5 Abs. 3 S. 2 BetrVG, „wer nach Arbeits- 2
vertrag und Stellung im Unternehmen oder im Betrieb 1. zur selbständigen Einstellung und Entlassung von im
Betrieb oder in der Betriebsabteilung beschäftigten Arbeitnehmern berechtigt ist oder 2. Generalvollmacht oder
Prokura hat und die Prokura auch im Verhältnis zum Arbeitgeber nicht unbedeutend ist oder 3. regelmäßig sonstige
Aufgaben wahrnimmt, die für den Bestand und die Entwicklung des Unternehmens oder eines Betriebs von Bedeutung
sind und deren Erfüllung besondere Erfahrungen und Kenntnisse voraussetzt, wenn er dabei entweder die Entscheidun-
gen im Wesentlichen frei von Weisungen trifft oder sie maßgeblich beeinflusst; dies kann auch bei Vorgaben insbesondere aufgrund von Rechtsvorschriften, Plänen oder Richtlinien sowie bei Zusammenarbeit mit anderen leitenden
Angestellten gegeben sein.“

2. Inhalt des SprAuG. Das SprAuG ist in sechs Teile gegliedert. An die allgemeinen Vorschriften in 3
Teil 1 (§§ 1 und 2) schließen sich im Zweiten Teil (§§ 3–24) insbesondere Bestimmungen über die
Wahl, Zusammensetzung und Amtszeit des Sprecherausschusses (§§ 3–10) und dessen Geschäftsführung (§§ 11–14) an. Teil 3 (§§ 25–32) regelt sodann die **Mitwirkung der leitenden Angestellten.** Der vierte Teil enthält besondere Vorschriften für die Seeschifffahrt (§ 33), der sechste Teil
schließlich Übergangs- und Schlussvorschriften (§§ 37–39).

Der fünfte Teil besteht aus den beiden **Straftatbeständen** des § 34 (Straftaten gegen Vertretungs- 4
organe der leitenden Angestellten und ihre Mitglieder) und § 35 (Verletzung von Geheimnissen) sowie
dem **Ordnungswidrigkeitentatbestand** des § 36, der Verletzungen der Unterrichtungs- und Mitteilungspflichten nach den §§ 30–32 mit Bußgeld ahndet.

§ 34 Straftaten gegen Vertretungsorgane der leitenden Angestellten und ihre Mitglieder

(1) Mit Freiheitsstrafe bis zu einem Jahr oder mit Geldstrafe wird bestraft, wer

1. eine Wahl des Sprecherausschusses oder des Unternehmenssprecherausschusses behindert
   oder durch Zufügung oder Androhung von Nachteilen oder durch Gewährung oder Versprechen von Vorteilen beeinflußt,
2. die Tätigkeit des Sprecherausschusses, des Gesamtsprecherausschusses, des Unternehmenssprecherausschusses oder des Konzernsprecherausschusses behindert oder stört oder
3. ein Mitglied oder ein Ersatzmitglied des Sprecherausschusses, des Gesamtsprecherausschusses, des Unternehmenssprecherausschusses oder des Konzernsprecherausschusses um
   seiner Tätigkeit willen benachteiligt oder begünstigt.

(2) Die Tat wird nur auf Antrag des Sprecherausschusses, des Gesamtsprecherausschusses,
des Unternehmenssprecherausschusses, des Konzernsprecherausschusses, des Wahlvorstands
oder des Unternehmers verfolgt.

A. Allgemeines

1 Die Strafvorschrift des § 34 ist an **§ 119 BetrVG** angelehnt und stimmt mit ihr auch im Wortlaut weitgehend überein, so dass im Wesentlichen auf die Kommentierung zu § 119 BetrVG verwiesen werden kann. Beide Vorschriften verfolgen das Ziel, die Tätigkeit der jeweiligen Vertretungen sicherzustellen (vgl. BeckOK ArbR/*Werner* Einl. BetrVG § 119).

B. Tatbestand

I. Objektiver Tatbestand

2 Der einzige Unterschied zwischen § 34 und § 119 BetrVG besteht in den unterschiedlichen Organen, die vor unlauteren Einflussnahmen von außen geschützt werden sollen. Während sich § 119 BetrVG auf Betriebsverfassungsorgane und ihre Mitglieder bezieht, sind Gegenstand des § 34 die verschiedenen **Sprecherausschüsse.** Während sich Abs. 1 Nr. 1 zur Behinderung oder Beeinflussung von Wahlen auf den Sprecherausschuss (§§ 3–14) und den Unternehmenssprecherausschuss (§ 20 SprAuG) beschränkt, erfassen Abs. 1 Nr. 2 und 3 auch den Gesamt- (§§ 16–19) und den Konzernsprecherausschuss (§§ 21–24), dessen Mitglieder nicht gewählt, sondern von den (Gesamt-)Sprecherausschüssen entsendet werden.

3 § 34 **Abs. 1 Nr. 1** erfasst Einwirkungen auf die **Wahl des Sprecher-** (§§ 3–10) bzw. **Unternehmenssprecherausschusses** (§ 20). Das Erfolgsdelikt ist erst dann verwirklicht, wenn es tatsächlich zu einer Behinderung oder unzulässigen Beeinflussung der Wahl gekommen ist. Eine Tätigkeit, die nur darauf gerichtet oder dazu geeignet ist, genügt somit nicht (vgl. Richardi BetrVG/*Annuß* BetrVG § 119 Rn. 13; Wlotzke/Preis/Kreft/*Preis* BetrVG § 119 Rn. 14; BeckOK ArbR/*Werner* BetrVG § 119 Rn. 1). **Behindern** bedeutet, die Wahlbeteiligten unmittelbar oder mittelbar in der Ausübung ihres Wahlrechts dauernd oder vorübergehend einzuschränken. Dies setzt nicht voraus, die Wahl, sei es den Wahlvorgang selbst, die Wahl vorbereitende Maßnahmen (wie zB die Bestellung des Wahlvorstands) oder die Auszählung bzw. die Feststellung des korrekten Ergebnisses der Wahl, zu verhindern (OLG Braunschweig NStZ-RR 2000, 93; Richardi BetrVG/*Annuß* BetrVG § 119 Rn. 12; BeckOK ArbR/*Werner* BetrVG § 119 Rn. 2). Ausreichend ist vielmehr, diese Vorgänge objektiv zu erschweren oder zu verzögern (vgl. BeckOK ArbR/*Werner* BetrVG § 119 Rn. 2). In Betracht kommen nicht nur Handlungen des Arbeitgebers oder dessen Vertreter, sondern auch behindernde Verhaltensweisen der leitenden Angestellten, Arbeitnehmer oder außenstehender Dritter wie Angehöriger der Arbeitgeberverbände und der Gewerkschaften (vgl. ErfK/*Kania* BetrVG § 119 Rn. 1). Eine Wahlbehinderung liegt etwa in dem Austausch von Stimmzetteln nach Stimmabgabe (OLG Braunschweig NStZ-RR 2000, 93) oder in der eigenmächtigen Streichung von Namen und Unterschriften aus einer Wählerliste (vgl. Richardi BetrVG/*Annuß* BetrVG § 119 Rn. 15). Der Tatbestand kann auch durch Unterlassen begangen werden (vgl. Richardi BetrVG/*Annuß* BetrVG § 119 Rn. 14; Wlotzke/Preis/Kreft/*Preis* BetrVG § 119 Rn. 15; BeckOK ArbR/*Werner* BetrVG § 119 Rn. 1). Die bloße Stimmenthaltung des leitenden Angestellten stellt mangels Wahlpflicht keine Behinderung der Wahl dar (vgl. Richardi BetrVG/*Annuß* BetrVG § 119 Rn. 14; ErfK/*Kania* BetrVG § 119 Rn. 2; Wlotzke/Preis/Kreft/*Preis* BetrVG § 119 Rn. 15; BeckOK ArbR/*Werner* BetrVG § 119 Rn. 2).

4 Eine **Beeinflussung** der Wahl ist anzunehmen bei jeder sachwidrigen Beeinträchtigung durch die Zufügung oder Androhung von Nachteilen oder durch Gewährung oder Versprechen von Vorteilen. Es reicht aus, dass die Einflussnahme geeignet ist, die freie Willensbildung auszuschließen oder zu erschweren. Hingegen bedarf es weder einer tatsächlichen Beeinflussung des Wahlergebnisses noch einer Begünstigung oder Benachteiligung (vgl. BeckOK ArbR/*Werner* BetrVG § 119 Rn. 3). Beispiele für eine strafbare Einflussnahme sind der Kauf von Stimmen oder die Androhung von negativen Folgen oder das Versprechen von besonderen Zuwendungen für den Fall der Wahl (vgl. BeckOK ArbR/*Werner* BetrVG § 119 Rn. 4). Werbung für bestimmte Kandidaten ist aber grds. zulässig. Der Arbeitgeber hat sich allerdings streng neutral zu verhalten (vgl. BeckOK ArbR/*Werner* BetrVG § 119 Rn. 3; s. hierzu auch BGH NJW 2011, 88 (94)).

5 **Abs. 1 Nr. 2** stellt unter Strafe, die Tätigkeit des (Gesamt-, Unternehmens-, Konzern-)Sprecherausschusses zu behindern oder zu stören. Auch hier handelt es sich um ein Erfolgsdelikt, so dass es objektiv zu einer Störung oder Behinderung der Organtätigkeit gekommen sein muss (vgl. Wlotzke/Preis/Kreft/*Preis* BetrVG § 119 Rn. 24; BeckOK ArbR/*Werner* BetrVG § 119 Rn. 5). Dies kann beispielsweise geschehen durch die Weigerung des Arbeitgebers, mit dem Sprecherausschuss zusammenzuarbeiten, oder das ausgesprochene Verbot, sich an ihn zu wenden, bzw. die Aufforderung zum Rücktritt unter Androhung, ansonsten Zulagen zu streichen (vgl. ErfK/*Kania* BetrVG § 119 Rn. 3; BeckOK ArbR/*Werner* BetrVG § 119 Rn. 6). Nicht ausreichend ist die pflichtwidrige, aber unbewusste Nichtbeteiligung an mitbestimmungspflichtigen Angelegenheiten (vgl. Richardi BetrVG/*Annuß* BetrVG § 119 Rn. 21; ErfK/*Kania* BetrVG § 119 Rn. 3). An Mitglieder der Sprecherausschüsse richtet sich der Straftatbestand nicht. Insoweit stellen die Ausschlussverfahren nach § 9 (iVm § 20 Abs. 1 S. 2), § 17 und

§ 22 abschließende Regelungen dar (vgl. Richardi BetrVG/*Annuß* BetrVG § 119 Rn. 20; ErfK/*Kania* BetrVG § 119 Rn. 3; BeckOK ArbR/*Werner* BetrVG § 119 Rn. 5).

Während sich Abs. 1 Nr. 2 auf die Tätigkeiten der Sprecherausschüsse bezieht, erstreckt sich **Abs. 1** **6** **Nr. 3** auf **Benachteiligungen und Begünstigungen der** einzelnen **Mitglieder** und (nach eA amtierender; vgl. BeckOK ArbR/*Werner* BetrVG § 119 Rn. 7; **aA** Wlotzke/Preis/Kreft/*Preis* BetrVG § 119 Rn. 28) Ersatzmitglieder der Ausschüsse (§ 10, ggf. iVm § 20 Abs. 1 S. 2 bzw. § 24 Abs. 1, sowie § 16 Abs. 3). Da auch § 34 Abs. 1 Nr. 3 ein Erfolgsdelikt darstellt, bedarf es zu seiner Verwirklichung des Eintritts einer Begünstigung bzw. Benachteiligung (vgl. BeckOK ArbR/*Werner* BetrVG § 119 Rn. 8). Dazu ist erforderlich, dass das betroffene Mitglied in tatsächlicher, persönlicher oder wirtschaftlicher Hinsicht schlechter bzw. besser als andere leitende Angestellte gestellt wird (vgl. BeckOK ArbR/*Werner* BetrVG § 119 Rn. 8). Schließlich muss dies **um seiner Tätigkeit willen** erfolgen. Es bedarf daher eines ursächlichen Zusammenhangs zwischen der Mitgliedschaft im Sprecherausschuss und seiner Benachteiligung bzw. Begünstigung, wofür in der Regel eine tatsächliche Vermutung besteht (vgl. BeckOK ArbR/*Werner* BetrVG § 119 Rn. 8). Auch hier wendet sich das Verbot nicht an die Mitglieder der Sprecherausschüsse selbst, deren Pflichtverletzungen, insbesondere durch Annahme einer Begünstigung, allerdings wiederum ein Ausschlussverfahren nach sich ziehen können (vgl. Richardi BetrVG/*Annuß* BetrVG § 119 Rn. 27; ErfK/*Kania* BetrVG § 119 Rn. 4; BeckOK ArbR/*Werner* BetrVG § 119 Rn. 7).

II. Subjektiver Tatbestand

Erforderlich und ausreichend ist **bedingter Vorsatz.** **7**

C. Rechtsfolge

Straftaten gegen die Sprecherausschüsse und ihre Mitglieder nach § 34 werden mit **Freiheitsstrafe** **8** **bis zu einem Jahr** oder mit Geldstrafe bestraft.

D. Konkurrenzen

Zwischen § 34 Abs. 1 Nr. 1 und 2 sowie zwischen Nr. 2 und 3 ist Tateinheit möglich, ebenso wegen **9** der unterschiedlichen Schutzzwecke zwischen § 34 Abs. 1 SprAuG und § 240 StGB (vgl. Wlotzke/ Preis/Kreft/*Preis* BetrVG § 119 Rn. 38).

E. Verjährung

Straftaten nach § 34 verjähren gemäß § 78 Abs. 3 Nr. 5 StGB nach drei Jahren. **10**

F. Prozessuales

Gemäß § 34 **Abs.** 2 bedarf die Verfolgung der Tat eines Strafantrags, dessen Fehlen die Staatsanwalt- **11** schaft nicht durch die Bejahung eines besonderen öffentlichen Interesses überwinden kann **(absolutes Antragsdelikt).** Antragsberechtigt sind neben dem (Gesamt-, Unternehmens-, Konzern-)Sprecherausschuss auch der Wahlvorstand (vgl. § 7 SprAuG) und der Unternehmer. Bei korruptiven Vorgängen innerhalb eines Unternehmens (zB Begünstigung eines Ausschussmitgliedes durch den Arbeitsdirektor) obliegt es dem Unternehmer selbst, ob er die Vorfälle aufdecken und dadurch eine bestimmte, auf die Einhaltung der Rechtsordnung gerichtete Unternehmenspolitik verwirklichen will. Diese Grundlagenentscheidung ist daher keine Angelegenheit des Betriebs eines Handelsgewerbes iSd § 49 Abs. 1 HGB, so dass Prokuristen hier nicht dazu berechtigt sind, für das Unternehmen einen Strafantrag zu stellen (BGH NStZ 2009, 694 (697) zu § 119 Abs. 2 BetrVG).

§ 35 Verletzung von Geheimnissen

(1) Wer unbefugt ein fremdes Betriebs- oder Geschäftsgeheimnis offenbart, das ihm in seiner Eigenschaft als Mitglied oder Ersatzmitglied des Sprecherausschusses, des Gesamtsprecherausschusses, des Unternehmenssprecherausschusses oder des Konzernsprecherausschusses bekanntgeworden und das vom Arbeitgeber ausdrücklich als geheimhaltungsbedürftig bezeichnet worden ist, wird mit Freiheitsstrafe bis zu einem Jahr oder mit Geldstrafe bestraft.

(2) Ebenso wird bestraft, wer unbefugt ein fremdes Geheimnis eines leitenden Angestellten oder eines anderen Arbeitnehmers, namentlich ein zu dessen persönlichen Lebensbereich gehörendes Geheimnis, offenbart, das ihm in seiner Eigenschaft als Mitglied oder Ersatzmitglied des Sprecherausschusses oder einer der in Absatz 1 genannten Vertretungen bekanntgeworden ist und über das nach den Vorschriften dieses Gesetzes Stillschweigen zu bewahren ist.

(3) ¹Handelt der Täter gegen Entgelt oder in der Absicht, sich oder einen anderen zu bereichern oder einen anderen zu schädigen, so ist die Strafe Freiheitsstrafe bis zu zwei Jahren oder Geldstrafe. ²Ebenso wird bestraft, wer unbefugt ein fremdes Geheimnis, namentlich ein Betriebs- oder Geschäftsgeheimnis, zu dessen Geheimhaltung er nach den Absätzen 1 oder 2 verpflichtet ist, verwertet.

(4) Die Absätze 1 bis 3 sind auch anzuwenden, wenn der Täter das fremde Geheimnis nach dem Tode des Betroffenen unbefugt offenbart oder verwertet.

(5) ¹Die Tat wird nur auf Antrag des Verletzten verfolgt. ²Stirbt der Verletzte, so geht das Antragsrecht nach § 77 Abs. 2 des Strafgesetzbuches auf die Angehörigen über, wenn das Geheimnis zum persönlichen Lebensbereich des Verletzten gehört; in anderen Fällen geht es auf die Erben über. ³Offenbart der Täter das Geheimnis nach dem Tode des Betroffenen, so gilt Satz 2 entsprechend.

A. Allgemeines

1   Das Sonderdelikt des § 35 stellt die Verletzung von Geheimnissen durch (Ersatz-)Mitglieder der Sprecherausschüsse unter Strafe. Abgesehen von dem dadurch gebildeten Täterkreis entspricht die Vorschrift in Inhalt und Wortlaut dem Straftatbestand des **§ 120 BetrVG.** Auch hier dient die Vorschrift dem Schutz des Individualinteresses an der Geheimhaltung bestimmter Tatsachen (vgl. ErfK/*Kania* BetrVG § 120 Rn. 1).

B. Tatbestand

I. Objektiver Tatbestand

2   **1. Täter.** Täter der Sonderdelikte des § 35 sind ausschließlich **Mitglieder und Ersatzmitglieder des** (Gesamt-, Unternehmens-, Konzern-)**Sprecherausschusses** (besonderes persönliches Merkmal iSd § 28 StGB; vgl. BeckOK ArbR/*Werner* Einl. BetrVG § 120).

3   **2. Tatgegenstand. a) Fremdes Betriebs- oder Geschäftsgeheimnis.** Tatgegenstand ist in Abs. 1 das fremde Betriebs- oder Geschäftsgeheimnis. Hierzu zählen alle im Zusammenhang mit einem Geschäftsbetrieb stehenden Tatsachen, die nur einem begrenzten Personenkreis bekannt, also nicht offenkundig sind, und nach dem Willen des Arbeitgebers und im Rahmen eines berechtigten wirtschaftlichen Interesses geheim gehalten werden sollen (vgl. BAGE 55, 96 (101) = NZA 1988, 63; Richardi BetrVG/*Thüsing* BetrVG § 79 Rn. 4; BeckOK ArbR/*Werner* BetrVG § 79 Rn. 1). Betriebsgeheimnisse betreffen dabei eher die Erreichung des Betriebszwecks (zB Fabrikationsverfahren, Konstruktionsunterlagen, technische Geräte und Maschinen), während sich Geschäftsgeheimnisse auf den kaufmännischen Geschäftsverkehr beziehen (zB Kundenlisten, Jahresabschlüsse, Preisberechnungen; vgl. Richardi BetrVG/*Thüsing* BetrVG § 79 Rn. 5; BeckOK ArbR/*Werner* BetrVG § 79 Rn. 2 f.).

4   Das Geheimnis muss dem Täter in seiner Eigenschaft **als Mitglied** des Vertretungsorgans der leitenden Angestellten bekannt geworden sein. Es bedarf also eines Zusammenhangs zwischen der Ausübung der Sondereigenschaft und der Kenntniserlangung. Fehlt es an diesem Zusammenhang, kommt allerdings eine gemäß § 17 UWG strafbare Verletzung arbeitsvertraglicher Pflichten in Betracht (vgl. BeckOK ArbR/*Werner* BetrVG § 120 Rn. 3).

5   Einschränkend verlangt § 35 Abs. 1, dass der Arbeitgeber das Geheimnis **ausdrücklich als geheimhaltungsbedürftig bezeichnet** hat. Unerheblich ist, ob die Erklärung schriftlich oder mündlich erfolgt. Es reicht zudem aus, dass in der Erklärung der Geheimhaltungswille deutlich zum Ausdruck kommt. Hingegen genügt es – anders als nach § 17 UWG – nicht, dass sich der Geheimhaltungswille nur aus den Umständen ergibt (vgl. Richardi BetrVG/*Thüsing* BetrVG § 79 Rn. 6 f.; BeckOK ArbR/*Werner* BetrVG § 79 Rn. 4 f.).

6   **b) Geheimnis eines leitenden Angestellten oder eines anderen Arbeitnehmers.** Abs. 2 schützt individuelle **Geheimnisse**, dh Tatsachen, die nur einem beschränkten Personenkreis bekannt sind, deren Geheimhaltung der leitende Angestellte oder Arbeitnehmer will und woran er ein – objektives – berechtigtes Interesse hat (vgl. ErfK/*Kania* BetrVG § 120 Rn. 4; Wlotzke/Preis/Kreft/*Preis* BetrVG § 120 Rn. 20; BeckOK ArbR/*Werner* BetrVG § 120 Rn. 7). Erfasst sind fremde Geheimnisse eines leitenden Angestellten (→ Vorb. Rn. 2) oder **eines** anderen **Arbeitnehmers** (ggf. auch nur eines Bewerbers; vgl. Richardi BetrVG/*Annuß* BetrVG § 120 Rn. 19; BeckOK ArbR/*Werner* BetrVG § 120 Rn. 7), namentlich Geheimnisse aus dessen persönlichem Lebensbereich (zB Familienverhältnisse, Vorstrafen, Krankheiten, Beurteilungen und Lohnhöhe; vgl. ErfK/*Kania* BetrVG § 120 Rn. 4; BeckOK ArbR/*Werner* BetrVG § 120 Rn. 7).

7   Entgegen § 203 StGB sind die Geheimnisse der Arbeitnehmer aber nicht uneingeschränkt, sondern nur dann geschützt, wenn über sie **nach** den Vorschriften des **SprAuG Stillschweigen zu bewahren** ist. Dies gilt nach § 26 Abs. 2 S. 3 für den Inhalt der Personalakten, die ein leitender Angestellter unter Hinzuziehung eines Mitglieds des Sprecherausschusses einsieht, sowie nach § 31 Abs. 3 für die per-

sönlichen Verhältnisse und Angelegenheiten, die einem Mitglied des Sprecherausschusses im Rahmen personeller Maßnahmen bekannt werden.

3. Tathandlungen. Tathandlung nach **Abs. 1** und **Abs. 2** ist das **Offenbaren,** dh jede Mitteilung **8** des Geheimnisses an einen Dritten, der nicht dem Sprecherausschuss angehört (vgl. ErfK/*Kania* BetrVG § 120 Rn. 3; BeckOK ArbR/*Werner* BetrVG § 120 Rn. 5). Dies kann sowohl mündlich als auch schriftlich sowie durch die Gewährung von Einsicht in das Geheimnis beherbergende Unterlagen erfolgen (vgl. Richardi BetrVG/*Annuß* BetrVG § 120 Rn. 11; BeckOK ArbR/*Werner* BetrVG § 120 Rn. 5). Ein Offenbaren setzt aber voraus, dass der Empfänger das Geheimnis nicht bereits kannte. Ansonsten liegt allenfalls ein (strafloser) Versuch vor (vgl. Richardi BetrVG/*Annuß* BetrVG § 120 Rn. 11; ErfK/*Kania* BetrVG § 120 Rn. 3; BeckOK ArbR/*Werner* BetrVG § 120 Rn. 5). Ob der Empfänger seinerseits zur Verschwiegenheit verpflichtet ist, bleibt für die Strafbarkeit ohne Belang (vgl. Richardi BetrVG/*Annuß* BetrVG § 120 Rn. 11; Wlotzke/Preis/Kreft/*Preis* BetrVG § 120 Rn. 10; BeckOK ArbR/*Werner* BetrVG § 120 Rn. 6).

Nach dem eigenständigen Straftatbestand in **Abs. 3 S. 2** wird mit Freiheitsstrafe bis zu zwei Jahren **9** oder Geldstrafe bestraft, wer das ihm bekannt gewordene Geheimnis, zu dessen Geheimhaltung er nach Abs. 1 oder 2 verpflichtet ist, **verwertet.** Verwerten umfasst sämtliche Handlungen, die das Geheimnis wirtschaftlich zum Zwecke der Gewinnerzielung auf andere Weise als durch Offenbaren ausnutzen (vgl. Richardi BetrVG/*Annuß* BetrVG § 120 Rn. 12; Wlotzke/Preis/Kreft/*Preis* BetrVG § 120 Rn. 12; BeckOK ArbR/*Werner* BetrVG § 120 Rn. 5).

Offenbarung und Verwertung können auch noch nach Beendigung der Mitgliedschaft erfolgen, **10** solange der notwendige Zusammenhang zwischen Mitgliedschaft und Kenntnisnahme des Geheimnisses durch den Täter (→ Rn. 4) gewahrt ist (vgl. BeckOK ArbR/*Werner* BetrVG § 120 Rn. 3). Gemäß **Abs. 4** steht der Strafbarkeit wegen Geheimnisverletzung durch Offenbarung oder Verwertung des Geheimnisses nicht entgegen, dass der Betroffene zuvor verstorben ist.

Die Tathandlungen müssen **unbefugt** vorgenommen werden, dh ohne Erlaubnis des Betroffenen **11** erfolgen und nicht durch ein Recht zur Offenbarung bzw. Verwertung gedeckt sein (vgl. Richardi BetrVG/*Annuß* BetrVG § 120 Rn. 13). Hierbei handelt es sich nach hM um ein Merkmal mit Doppelfunktion, da die Zustimmung des Geheimnisinhabers bereits den Tatbestand ausschließt, anderweitige Befugnisse hingegen rechtfertigende Wirkung entfalten (vgl. Schönke/Schröder/*Lenckner/Eisele* StGB § 203 Rn. 21; BeckOK StGB/*Weidemann* StGB § 203 Rn. 33; aA BeckOK ArbR/*Werner* BetrVG § 120 Rn. 6: generell tatbestandsausschließend; ErfK/*Kania* BetrVG § 120 Rn. 3: generell rechtfertigend).

II. Subjektiver Tatbestand

Der Täter muss bzgl. der Tatbestände von Abs. 1 und 2 mit zumindest **bedingtem Vorsatz** handeln. **12** Der Vorsatz muss sich vor allem auf den Geheimnischarakter der offenbarten Tatsache erstrecken, bei Abs. 1 zudem auf deren ausdrückliche Bezeichnung durch den Arbeitgeber als geheimhaltungsbedürftig, bei Abs. 2 auf diejenigen Umstände, welche die Schweigepflicht nach dem SprAuG begründen.

C. Rechtsfolge

Die Geheimnisverletzung durch Offenbaren nach **Abs. 1 und 2** (ggf. iVm Abs. 4) wird mit **Frei-** **13** **heitsstrafe bis zu einem Jahr** oder Geldstrafe bestraft. Dies entspricht den Strafrahmen der korrespondierenden Vorschriften des § 120 Abs. 1 und 2 BetrVG sowie des § 203 StGB. Bei der Qualifikation des **§ 35 Abs. 3 S. 1** verdoppelt sich – vgl. auch § 120 Abs. 3 S. 1 BetrVG – die Höchststrafe auf **Freiheitsstrafe bis zu zwei Jahren.** Der erhöhte Strafrahmen von Freiheitsstrafe bis zu zwei Jahren oder Geldstrafe gilt ebenso – s. auch § 120 Abs. 3 S. 2 BetrVG und § 204 Abs. 1 StGB – für die Verwertung von Geheimnissen nach § 35 **Abs. 3 S. 2.**

Die **Qualifikation des § 35 Abs. 3 S. 1** setzt voraus, dass der Täter bei der Geheimnisverletzung **14** nach Abs. 1 oder 2 entweder gegen Entgelt oder in der Absicht gehandelt hat, sich oder einen anderen zu bereichern oder einen anderen zu schädigen. Der Qualifikationstatbestand entspricht § 120 Abs. 3 S. 1 BetrVG sowie § 203 Abs. 5 StGB. **Entgelt** (objektives Qualifikationsmerkmal) umfasst jede in einem Vermögensvorteil bestehende Gegenleistung (vgl. § 11 Abs. 1 Nr. 9 StGB). Bei der **Bereicherungs- oder Schädigungsabsicht** als subjektivem Qualifikationsmerkmal ist nicht erforderlich, dass Bereicherung oder Schaden tatsächlich eintreten (vgl. Richardi BetrVG/*Annuß* BetrVG § 120 Rn. 23; Wlotzke/Preis/Kreft/*Preis* BetrVG § 120 Rn. 23).

D. Konkurrenzen

Mit § 17 UWG sowie mit §§ 203, 204 StGB ist Tateinheit möglich (vgl. Richardi BetrVG/*Annuß* **15** BetrVG § 120 Rn. 29 und 32; Wlotzke/Preis/Kreft/*Preis* BetrVG § 120 Rn. 30). § 44 BDSG tritt hingegen im Wege der Subsidiarität zurück (vgl. Richardi BetrVG/*Annuß* BetrVG § 120 Rn. 31; Wlotzke/Preis/Kreft/*Preis* BetrVG § 120 Rn. 31).

E. Verjährung

16   Die Verletzung von Geheimnissen gemäß § 35 Abs. 1 und 2 verjährt nach drei Jahren (§ 78 Abs. 3 Nr. 5 StGB), die Qualifikation des § 35 Abs. 3 S. 1 bzw. die Geheimnisverwertung nach § 35 Abs. 3 S. 2 nach fünf Jahren (§ 78 Abs. 3 Nr. 4 StGB).

F. Prozessuales

17   Gemäß § 35 Abs. 5 S. 1 wird die Tat nur auf Antrag des Verletzten, dh bei Abs. 1 des Arbeitgebers und bei Abs. 2 des Arbeitnehmers, verfolgt **(absolutes Antragsdelikt)**. Stirbt der Verletzte, so geht das Antragsrecht nach § 77 Abs. 2 StGB auf dessen Angehörige über, wenn das Geheimnis zum persönlichen Lebensbereich des Verletzten gehört, ansonsten auf dessen Erben (§ 35 Abs. 5 S. 2; vgl. auch § 120 Abs. 5 S. 2 BetrVG und § 205 Abs. 2 S. 1 und 2 StGB). Entsprechendes gilt, wenn der Täter das Geheimnis nach dem Tode des Betroffenen offenbart (§ 35 Abs. 5 S. 3).

§ 36 Bußgeldvorschriften

(1) Ordnungswidrig handelt, wer eine der in § 30 Satz 1, § 31 Abs. 1 oder § 32 Abs. 1 Satz 1 oder Abs. 2 Satz 1 genannten Unterrichtungs- oder Mitteilungspflichten nicht, wahrheitswidrig, unvollständig oder verspätet erfüllt.

(2) Die Ordnungswidrigkeit kann mit einer Geldbuße bis zu zehntausend Euro geahndet werden.

A. Allgemeines

1   Die Bußgeldvorschrift des § 36 ist an den Ordnungswidrigkeitentatbestand des § 121 BetrVG angelehnt. Weitere ähnliche Bestimmungen finden sich in § 45 EBRG und § 156 Abs. 1 Nr. 7 und 9 SGB IX (→ SGB IX § 156 Rn. 11 und 13). Geahndet werden die abschließend aufgezählten Verstöße gegen die im Abschnitt der §§ 30–32 (Mitwirkungsrechte der leitenden Angestellten) genannten **Unterrichtungs- und Mitteilungspflichten.**

B. Tatbestand

I. Unterrichtungs- und Mitteilungspflichten

2   Unter anderem ist der Arbeitgeber nach § 30 S. 1 dazu verpflichtet, den Sprecherausschuss über Änderungen der Gehaltsgestaltung und sonstiger **allgemeiner Arbeitsbedingungen** (zB Dauer und Lage der Arbeitszeit, Urlaubsregelungen, Verschwiegenheitspflichten, Wettbewerbsverbote, Reisekosten- und Spesenregelungen; ErfK/*Oetker* § 30 Rn. 4) sowie über die Einführung oder Änderung allgemeiner **Beurteilungsgrundsätze zu unterrichten.** Wie viele leitende Angestellte hiervon tatsächlich betroffen sind, bleibt unerheblich (ErfK/*Oetker* § 30 Rn. 1). Die Mitteilung muss **rechtzeitig** geschehen, so dass sich der Sprecherausschuss mit der Maßnahme noch entsprechend ihrer Bedeutung befassen und der Arbeitgeber seine Vorschläge und Bedenken berücksichtigen kann (ErfK/*Oetker* § 30 Rn. 7).

3   § 31 Abs. 1 sieht vor, dass eine beabsichtigte Einstellung oder personelle Veränderung eines leitenden Angestellten dem Sprecherausschuss rechtzeitig **mitzuteilen** ist. **Einstellungen** erfassen neben der Neueinstellung im engeren Sinne auch Beförderungen und Weiterbeschäftigungen über die vertraglich vereinbarten Altersgrenzen hinaus (ErfK/*Oetker* § 31 Rn. 3). Als **personelle Veränderung** zählt jede Änderung der Arbeitsaufgabe oder der Stellung eines leitenden Angestellten, zB Versetzungen, Umgruppierungen, Veränderungen der Leitungsaufgaben, Erteilung und Entzug handelsrechtlicher Vollmachten sowie das Ausscheiden eines leitenden Angestellten (ErfK/*Oetker* § 31 Rn. 4). Die Information über angestrebte personelle Maßnahmen soll dem Sprecherausschuss ermöglichen, die Belange der leitenden Angestellten in personellen Angelegenheiten wirksam zu vertreten (BT-Drs. 11/2503, 43). Daher muss die Mitteilung zum einen sämtliche Umstände erfassen, deren Kenntnis die Aufgabenwahrnehmung durch den Sprecherausschuss erfordert (ErfK/*Oetker* § 31 Rn. 5). Zum anderen muss die Mitteilung so **rechtzeitig** geschehen, dass der Sprecherausschuss ausreichend Gelegenheit hat, die Belange des Betroffenen und der übrigen leitenden Angestellten vorzutragen (ErfK/*Oetker* § 31 Rn. 5).

4   Schließlich bestehen auch in **wirtschaftlichen Angelegenheiten** Unterrichtungspflichten. Gemäß **§ 32 Abs. 1 S. 1** muss der Unternehmer den Sprecherausschuss mindestens einmal im Kalenderhalbjahr über die wirtschaftlichen Angelegenheiten des Betriebs und des Unternehmens **unterrichten,** soweit dadurch nicht die Betriebs- oder Geschäftsgeheimnisse des Unternehmens gefährdet werden. Zu den wirtschaftlichen Angelegenheiten iSd § 106 Abs. 3 BetrVG zählen ua die wirtschaftliche und finanzielle Lage des Unternehmens, die Produktions- und Absatzlage, Rationalisierungsvorhaben, Fragen des betrieblichen Umweltschutzes, die Einschränkung, Stilllegung oder Verlegung von Betrieben oder Betriebsteilen sowie sonstige Vorgänge und Vorhaben, welche die Interessen der Arbeitnehmer des Unternehmens wesentlich berühren können. Sinn und Zweck der Unterrichtungspflicht ist es, dem Sprecherausschuss einen allgemeinen Einblick in die wirtschaftlichen Angelegenheiten zu verschaffen und ihm zu ermöglichen, wirtschaftliche Nachteile für die leitenden Angestellten abzuwenden (ErfK/ *Oetker* § 32 Rn. 1). Die Unterrichtungspflicht gilt nicht für Tendenzbetriebe und Religionsgemeinschaften iSd § 118 Abs. 1 BetrVG (§ 32 Abs. 1 S. 2).

Ebenso ist gemäß **§ 32 Abs. 2 S. 1** der Sprecherausschuss vom Unternehmer über **geplante Be-** **5** **triebsänderungen** iSd § 111 BetrVG rechtzeitig und umfassend zu unterrichten, sofern diese auch wesentliche (wirtschaftliche; ErfK/ *Oetker* § 32 Rn. 9) Nachteile für leitende Angestellte zur Folge haben können. Als Betriebsänderungen gelten gemäß § 111 S. 3 BetrVG die Einschränkung, Stilllegung und Verlegung des ganzen Betriebs oder von wesentlichen Betriebsteilen, der Zusammenschluss mit anderen Betrieben oder die Spaltung von Betrieben, grundlegende Änderungen der Betriebsorganisation, des Betriebszwecks oder der Betriebsanlagen sowie die Einführung grdl. neuer Arbeitsmethoden und Fertigungsverfahren. Die Unterrichtung muss **rechtzeitig und umfassend** erfolgen, so dass der Sprecherausschuss auf das Ob und Wie der geplanten Betriebsänderung noch Einfluss nehmen kann (vgl. BeckOK ArbR/ *Besgen* BetrVG § 111 Rn. 30). Dies ist dann nicht mehr der Fall, wenn sich der Unternehmer schon auf eine konkrete Maßnahme in allen Einzelheiten festgelegt hat (vgl. ErfK/ *Kania* BetrVG § 111 Rn. 22).

II. Tathandlung

Ein bußgeldpflichtiger Verstoß gegen die in §§ 30 S. 1, 31 Abs. 1, 32 Abs. 1 S. 1 und Abs. 2 S. 1 **6** genannten Unterrichtungs- oder Mitteilungspflichten liegt vor, wenn diese Pflichten überhaupt nicht, wahrheitswidrig oder unvollständig bzw. verspätet erfüllt werden. **Wahrheitswidrig** ist eine Mitteilung oder Unterrichtung etwa dann, wenn der Arbeitgeber oder Unternehmer Prognosen abgibt, die im Widerspruch zu seiner inneren Überzeugung stehen (vgl. BeckOK ArbR/ *Werner* BetrVG § 121 Rn. 2). Als **unvollständig** ist eine Mitteilung anzusehen, die nicht alle Umstände enthält, die der Zweck der Information erfordert. Dies gilt insbesondere, wenn wesentliche Aspekte verschwiegen und dadurch der Inhalt der Unterrichtung verfälscht wird (vgl. Richardi BetrVG/ *Annuß* BetrVG § 121 Rn. 7; BeckOK ArbR/ *Werner* BetrVG § 121 Rn. 2). **Verspätet** erfolgt eine Mitteilung, wenn sie gemessen an ihrem Zweck nicht rechtzeitig ergeht und dadurch dem Erklärungsempfänger die uneingeschränkte und sinnvolle Wahrnehmung seiner gesetzlichen Rechte verwehrt (vgl. BeckOK ArbR/ *Werner* BetrVG § 121 Rn. 3).

III. Innerer Tatbestand

Bezüglich der Verletzung der Unterrichtungs- oder Mitteilungspflichten ist zumindest **bedingter** **7** **Vorsatz** erforderlich (§ 10 OWiG).

C. Geldbuße

Ordnungswidrigkeiten nach § 36 Abs. 1 können mit einer Geldbuße **bis zu 10.000 EUR** geahndet **8** werden (§ 36 Abs. 2).

D. Konkurrenzen

Bedeutet die Verletzung einer Unterrichtungs- oder Mitteilungspflicht zugleich die Begehung einer **9** Straftat, zB nach § 34 Abs. 1 Nr. 2, verdrängt diese die verwirklichte Ordnungswidrigkeit (§ 21 Abs. 1 S. 1 OWiG).

E. Verjährung

Nach § 31 Abs. 2 Nr. 2 OWiG tritt die Verfolgungsverjährung für die Ordnungswidrigkeiten nach **10** § 36 Abs. 1 nach zwei Jahren ein.

F. Verfolgungsbehörde

Für die Verfolgung der Ordnungswidrigkeiten nach § 36 Abs. 1 ist die fachlich zuständige oberste **11** Landesbehörde (§ 36 Abs. 1 Nr. 2 lit. a OWiG) zuständig.

685. Gesetz über explosionsgefährliche Stoffe
(Sprengstoffgesetz – SprengG)

In der Fassung der Bekanntmachung vom 10. September 2002 (BGBl. I S. 3518) FNA 7134-2

Zuletzt geändert durch Art. 289 und Art. 626 Abs. 4 Zehnte ZuständigkeitsanpassungsVO vom 31.8.2015 (BGBl. I S. 1474)

– Auszug –

Vorbemerkung

1   **1. Anwendungsbereich und Abgrenzung.** Das SprengG gilt gem. § 1 Abs. 1 für den **Umgang, den Verkehr mit und die Einfuhr von explosionsgefährlichen Stoffen** (→ § 41 Rn. 2), soweit sie zur Verwendung als Explosivstoffe oder als pyrotechnische Sätze bestimmt sind, sowie im Anwendungsbereich des Abschnitts V (Umgang und Verkehr im nicht gewerblichen Bereich) auch für explosionsgefährliche Stoffe mit anderer Zweckbestimmung. Zur Anwendung des SprengG auf explosionsfähige Stoffe, pyrotechnische Sätze und Zündmittel vgl. § 1 Abs. 2 bis Abs. 3a. Das Gesetz gilt **nicht** für die **Bundeswehr,** die in der Bundesrepublik stationierten **ausländischen Streitkräfte,** die **Vollzugspolizeien,** den **Zollgrenzdienst** sowie die für die **Kampfmittelbeseitigung** zuständigen Behörden, § 1 Abs. 4 Nr. 1. Zur Beförderung explosionsgefährlicher Stoffe vgl. § 1 Abs. 4 Nr. 2 und Abs. 5. Ergänzende Vorschriften enthalten die §§ 1–5 der Ersten Verordnung zum SprengG idF der Bekanntmachung v. 31.1.1991 (BGBl. I 169; 1. SprengV).

2   Zum Verhältnis der Strafvorschriften nach §§ 40, 42 zu den Sprengstoffdelikten des StGB (§§ 308, 310 StGB) vgl. Erbs/Kohlhaas/*Steindorf* § 40 Rn. 27; MüKoStGB/*Heinrich* § 40 Rn. 106; Schönke/Schröder/*Heine/Bosch* StGB § 310 Rn. 11 jeweils mwN; zu den durch das Vorliegen einer Anschlagsabsicht qualifizierten Verschärfungen nach § 89a StGB vgl. *Sieber* NStZ 2009, 361.

2. Viertes Gesetz zur Änderung des Sprengstoffgesetzes

3   Durch das Vierte Gesetz zur Änderung des Sprengstoffgesetzes v. 17.7.2009 (BGBl. I 2062) sind die Vorschriften den europäischen Vorgaben weiter angepasst worden. Hervorzuheben ist dabei im hier relevanten Kontext insbes. die RL 2004/57/EG der Kommission v. 23.4.2004 zur Definition pyrotechnischer Gegenstände und bestimmter Munition für Zwecke der RL 93/15/EWG des Rates zur Harmonisierung der Bestimmungen über das Inverkehrbringen und die Kontrolle von Explosivstoffen für zivile Zwecke (ABl. L 127 S. 73), nach der pyrotechnische Sätze als Explosivstoffe zu betrachten sind und in deren Folge das EG-Konformitätsnachweisverfahren für Explosivstoffe auf bisher nationaler Zulassung unterliegende pyrotechnische Gegenstände erstreckt wurde. Die Regelung des § 5 wurde daher neu gefasst, § 5a (der der Trennung von nationalem Zulassungs- und europäischem Konformitätsbewertungsverfahren geschuldet war) aufgehoben. Der Neuregelung zum Opfer gefallen sind auch die Bußgeldtatbestände des § 41 Abs. 1 Nr. 3a und 3b, 11 und 13. Bereits jetzt ist allerdings eine „grundlegende Neuordnung" des Sprengstoffrechts in den Blick genommen, die vor allem der Fortentwicklung des europäischen Rechts notwendig werdenden Anpassungsbedarf – auch und gerade in Bezug auf die maßgeblichen technischen Regelungen – Rechnung tragen soll (vgl. BT-Drs. 16/12597 S. 34). In den Jahren 2011, 2013 und 2015 erfolgten jedoch nur Gesetzesänderungen bzgl. Verkündigungen, Bekanntmachungen, im Rahmen der Strukturreform des Gebührenrechts des Bundes und der Zehnten ZuständigkeitsanpassungsVO (BGBl. I 3044; BGBl. I 3154; BGBl. I 1474).

4   **3. Straftatbestände nach § 40 (Strafbarer Umgang und Verkehr sowie strafbare Einfuhr).** Die Vorschrift des § 40 regelt insbes. den strafbaren Umgang und Verkehr mit sowie die strafbare Einfuhr von explosionsgefährlichen Stoffen und erfasst dabei inhaltlich Verstöße gegen die sprengstoffrechtlichen „Kardinalpflichten". Dies betrifft vor allem den **unerlaubten** Verkehr, Umgang oder Erwerb explosionsgefährlicher Stoffe (Abs. 1), die unerlaubte Einfuhr, Durchfuhr und das unerlaubte Verbringen derartiger Stoffe und bspw. den ungenehmigten Betrieb eines Sprengstofflagers (Abs. 2). Wegen der Einzelheiten wird auf die einschlägige Kommentarliteratur (Apel/Keusgen § 40; Erbs/Kohlhaas/*Steindorf* § 40; MüKoStGB/*Heinrich* § 40; *Hinze/Runkel/Schmidt,* Waffenrecht, 7. Aufl. 2011, § 40) Bezug genommen.

§ 41 Ordnungswidrigkeiten

(1) Ordnungswidrig handelt, wer vorsätzlich oder fahrlässig

1. entgegen § 2 Abs. 1 eine Anzeige nicht, nicht richtig, nicht vollständig oder nicht rechtzeitig erstattet,

1a. entgegen § 2 Abs. 4 Satz 1 Stoffe vertreibt, anderen überlässt oder verwendet,

1b. entgegen § 2 Abs. 4 Satz 2 oder 3 explosionsgefährliche Stoffe einem anderen überlässt, ohne ihm einen Abdruck des Feststellungsbescheides zu übergeben,

1c. entgegen § 5 Absatz 1 Satz 1 in Verbindung mit einer Rechtsverordnung nach § 6 Absatz 1 Nummer 2 Buchstabe a oder Buchstabe c Explosivstoffe oder pyrotechnische Gegenstände einführt, verbringt, in Verkehr bringt, vertreibt, anderen überlässt oder verwendet,

1d. entgegen § 5 Absatz 1 Satz 4 Explosivstoffe oder pyrotechnische Gegenstände in Verkehr bringt oder anderen überlässt,

2. ohne Zulassung nach § 5 Absatz 3 Satz 1, auch in Verbindung mit einer Rechtsverordnung nach § 6 Abs. 1 Nr. 1, sonstige explosionsgefährliche Stoffe oder Sprengzubehör einführt, verbringt, vertreibt, anderen überlässt oder verwendet,

3. einer vollziehbaren Auflage nach § 5 Absatz 4 Satz 2 oder Satz 3, § 10 oder § 17 Abs. 3 oder einer vollziehbaren Anordnung nach § 32 Abs. 1, 2, 3, 4 oder 5 Satz 1, § 32a Abs. 1 Satz 4, Abs. 2 Satz 1 oder Abs. 4 nicht, nicht vollständig oder nicht rechtzeitig nachkommt,

3a. *[aufgehoben]*

3b. *[aufgehoben]*

4. eine Anzeige nach § 12 Abs. 1 Satz 3, § 14, § 21 Abs. 4 Satz 1 oder 2, § 26 Abs. 1 oder Abs. 2 Satz 1 oder § 35 Abs. 1 Satz 1 nicht, nicht richtig, nicht vollständig oder nicht rechtzeitig erstattet,

4a. entgegen § 15 Absatz 1 Satz 2 Halbsatz 1 in Verbindung mit einer Rechtsverordnung nach § 25 Nummer 5 einen Nachweis nicht oder nicht rechtzeitig erbringt,

5. entgegen § 15 Abs. 3 Satz 1 explosionsgefährliche Stoffe bei den zuständigen Behörden nicht anmeldet oder auf Verlangen nicht vorführt,

5a. entgegen § 15 Abs. 6 Satz 1 und 2 die Verbringungsgenehmigung nicht oder nicht rechtzeitig vorlegt,

6. gegen die Aufzeichnungspflicht nach § 16 Abs. 1 verstößt,

7. ohne Genehmigung nach § 17 Abs. 1 ein Lager errichtet oder wesentlich ändert,

8. als verantwortliche Person nach § 19 Abs. 1 Nr. 3 oder 4 Buchstabe a tätig wird, ohne einen Befähigungsschein zu besitzen,

9. gegen die Vorschrift des § 21 Abs. 2 oder 3 über die Bestellung verantwortlicher Personen verstößt,

10. explosionsgefährliche Stoffe vertreibt, verbringt oder anderen überlässt, ohne als verantwortliche Person bestellt zu sein (§ 22 Abs. 1 Satz 1),

11. *[aufgehoben]*

12. gegen die Vorschrift des § 23 über das Mitführen von Urkunden verstößt,

12a. entgegen § 24 Abs. 1 Satz 2 eine Anleitung oder den Stand der Technik nicht oder nicht richtig anwendet,

13. *[aufgehoben]*

14. gegen die Vorschrift des § 31 Abs. 2 Satz 4 über die Duldung der Nachschau verstößt,

15. eine für den Umgang oder Verkehr verantwortliche Person weiterbeschäftigt, obwohl ihm dies durch vollziehbare Verfügung nach § 33 untersagt worden ist,

16. einer Rechtsverordnung nach § 6 Abs. 1, § 16 Abs. 3, § 25 oder § 29 Nr. 1 Buchstabe b, Nummer 2 oder 3 zuwiderhandelt, soweit sie für einen bestimmten Tatbestand auf diese Bußgeldvorschrift verweist.

17. entgegen einer landesrechtlichen Vorschrift über den Umgang oder den Verkehr mit explosionsgefährlichen Stoffen, auf den das Sprengstoffgesetz vom 25. August 1969 nicht anzuwenden war, oder entgegen einer auf Grund einer solchen Rechtsvorschrift ergangenen vollziehbaren Anordnung mit explosionsgefährlichen Stoffen umgeht, diese Stoffe erwirbt, vertreibt oder anderen überlässt, soweit die Rechtsvorschrift für einen bestimmten Tatbestand auf diese Bußgeldvorschrift verweist; die Verweisung ist nicht erforderlich, wenn die Rechtsvorschrift vor Inkrafttreten dieses Gesetzes erlassen worden ist.

(1a) Ordnungswidrig handelt, wer vorsätzlich oder fahrlässig eine in § 40 Absatz 1 Nummer 3 oder Absatz 2 Nummer 3 bezeichnete Handlung in Bezug auf einen nach § 5 Absatz 1 Satz 1 konformitätsbewerteten oder nach § 47 Absatz 2 oder Absatz 4 zugelassenen pyrotechnischen Gegenstand begeht.

(2) Die Ordnungswidrigkeit kann in den Fällen des Absatzes 1 Nr. 1, 1b, 4, 6 oder 12 sowie 16, soweit sich die Rechtsverordnung auf Auskunfts-, Mitteilungs- oder Anzeigepflichten bezieht, mit einer Geldbuße bis zu zehntausend Euro, in den übrigen Fällen des Absatzes 1 und in den Fällen des Absatzes 1a mit einer Geldbuße bis zu fünfzigtausend Euro geahndet werden.

(3) Wird eine Zuwiderhandlung nach Absatz 1 Nummer 5a oder Nummer 12 von einem Unternehmen begangen, das im Geltungsbereich des Gesetzes weder seinen Sitz noch eine geschäftliche Niederlassung hat, und hat auch der Betroffene im Geltungsbereich des Gesetzes keinen Wohnsitz, so ist Verwaltungsbehörde im Sinne des § 36 Absatz 1 Nummer 1 des Gesetzes über Ordnungswidrigkeiten das Bundesamt für Güterverkehr.

A. Einleitung

1   Die §§ 41 und 42 enthalten ein **gestaffeltes Sanktionssystem,** das von Geldbuße bis zu 10.000 EUR in den Fällen des § 41 Abs. 1 Nr. 1, 1b, 4, 6, 12, 16 (für Auskunfts-, Mitteilungs- oder Anzeigepflichten) über Geldbuße bis zu 50.000 EUR in den übrigen Fällen des § 41 Abs. 1 und in den Fällen des Abs. 1a bis hin zur Strafbarkeit bei **vorsätzlichen** Zuwiderhandlungen in den Fällen des § 41 Abs. 1 Nr. 1a, 1c, 1d, 2, 3 oder 15 und des § 41 Abs. 1a reicht, wenn der Täter eine Gefahr für das Leben oder die Gesundheit eines anderen oder für fremde Sachen von bedeutendem Wert herbeiführt (§ 42; vgl. dort → Rn. 1). Die Vorschrift des § 41 begegnet sowohl im Hinblick auf ihren Regelungsgegenstand als auch in systematischer Hinsicht Bedenken. Letztere betreffen insbes. den aufgrund des 4. SprengGÄndG eingefügten Abs. 1a, der – als redaktionelle Anpassung gedacht (vgl. BT-Drs. 16/12597 S. 43) – eigentlich der Aufzählung des Abs. 1 hätte zugeschlagen werden müssen, obgleich dies freilich die Übersichtlichkeit der Regelung insgesamt kaum befördert hätte. Zudem ist die Vorschrift mit ihren 17 (bzw. vielmehr 18) Punkten ein weiteres anschauliches Beispiel für den anhaltenden Trend, Bußgeldtatbestände als Allheilmittel (miss-) zu verstehen, ohne die Umsetzung europäischer Vorgaben nur halbherzig anmutet (zu den Risiken einer allzu weitgehenden Bußgeldbewehrung vgl. auch *Fischer* in Protokoll Nr. 16/134 zur öffentlichen Anhörung „Verständigung im Strafverfahren" v. 25.3.2009, S. 48 f.; vgl. auch *Weber* ZStW 92 (1980), 313 ff.).

2   **Explosionsgefährlich** sind Stoffe (feste oder flüssige Stoffe und Zubereitungen, § 1 Abs. 1 S. 1) dann, wenn sie durch eine nicht außergewöhnliche thermische, mechanische oder andere Beanspruchung zur Explosion gebracht werden können, wobei nach § 1 Abs. 1 S. 2 nur solche Stoffe als explosionsgefährlich gelten, die sich bei der Durchführung der Prüfverfahren nach Anhang Teil A.14 der VO (EG) Nr. 440/2008 der Kommission v. 30.5.2008 als explosionsgefährlich erwiesen haben. Zu weiteren Legaldefinitionen (Explosivstoffe, pyrotechnische Sätze, pyrotechnische Gegenstände, Zündmittel usw.) vgl. § 3.

B. Die Tatbestände im Einzelnen

I. Umgang, Einfuhr, Erwerb, Verbringung, Inverkehrbringen, Vertrieb, Überlassung, Verwendung

3   Die Vorschriften des Abs. 1 Nr. 1a, 1b, 1c, 1d, 2, 17 und Abs. 1a enthalten Regelungen zu Umgang, Einfuhr, Erwerb, Inverkehrbringen, Vertrieb, Überlassung und Verwendung von Explosiv- und gleichgestellten Stoffen und Gegenständen.

4   Bußgeldbewehrt sind nach Abs. 1 **Nr. 1a–1b** Zuwiderhandlungen gegen die Vorschriften des § 2 betreffend **neue sonstige explosionsgefährliche Stoffe.** Nach § 2 Abs. 1 hat derjenige, der einen in einer Liste nach § 2 Abs. 6 nicht aufgeführten (neuen sonstigen explosionsgefährlichen) Stoff einführt, aus einem anderen Mitgliedstaat der EU in den Geltungsbereich dieses Gesetztes verbringt oder herstellt und ihn vertreiben, anderen überlassen oder verwenden will, dies der **Bundesanstalt für Materialforschung und -prüfung** unverzüglich **anzuzeigen** und auf Verlangen eine **Stoffprobe** vorzulegen, bzgl. derer die Bundesanstalt für Materialforschung und -prüfung sodann innerhalb von zwei Monaten Feststellungen zur Explosionsgefährlichkeit trifft und ggf. einen **Feststellungsbescheid** erlässt. Die Feststellung der Explosionsgefährlichkeit ist im Bundesanzeiger bekannt zu machen, § 2 Abs. 3 S. 6. **Vor der Feststellung** darf der Stoff weder vertrieben noch anderen überlassen oder verwendet werden (§ 2 Abs. 4 S. 1). **Vor der Bekanntmachung** der Feststellung im Bundesanzeiger ist bei der Überlassung durch den Hersteller oder Einführer ein **Abdruck des Feststellungsbescheides** zu übergeben (§ 2 Abs. 4 S. 2).

5   Die Bußgeldtatbestände des Abs. 1 **Nr. 1c und 1d** sind Ausfluss der mit dem 4. SprengGÄndG erfolgten Neufassung des § 5 (→ Vorb. Rn. 3). Sie betreffen zunächst **Explosivstoffe** (dh die in der **Explosivstoffliste nach Anlage III** aufgeführten Stoffe und Gegenstände, die nach der RL 93/15/ EWG des Rates v. 5.4.1993 (ABl. 1993 L 121, 20) in der jeweils geltenden Fassung als solche betrachtet werden oder diesen in Zusammensetzung und Wirkung ähnlich sind; aus straf- und bußgeldrechtlicher Sicht ist der Ähnlichkeitsbegriff eng auszulegen, da anderenfalls die Bestimmtheit der Norm mit Aussicht auf Erfolg in Zweifel gezogen werden könnte). Ferner werden **pyrotechnische Gegenstände** erfasst, dh solche Gegenstände, die Vergnügungs- oder technischen Zwecken dienen und in denen explosionsgefährliche Stoffe oder Stoffgemische enthalten sind, die dazu bestimmt sind, unter Ausnutzung der hierin enthaltenen Energie Licht-, Schall-, Rauch-, Nebel-, Heiz-, Druck- oder Bewegungswirkungen zu erzeugen (§ 3 Abs. 1 Nr. 2). Nach § 5 Abs. 1 S. 1 dürfen die genannten Stoffe und Gegenstände nur eingeführt, verbracht, in Verkehr gebracht, vertrieben, anderen überlassen oder verwendet werden, wenn ein **Konformitätsnachweis** erbracht ist und sie mit einem **CE-Zeichen** versehen sind. Konformität setzt dabei voraus, dass die **Baumuster** den **grundlegenden Anforderungen** nach Anhang I der RL 93/15/EWG – für Explosivstoffe – oder nach Anhang I der RL 2007/23/EG v. 23.5.2007 (ABl. 2007 L 154, 1) – für pyrotechnische Gegenstände – und die Produkte selbst den Baumustern entsprechen. Beides ist durch eine Bescheinigung nachzuweisen. Nach § 5 Abs. 1 S. 4 ist die CE-Kennzeichnung nicht konformer Explosivstoffe und pyrotechnischer Gegenstände und das Inverkehrbringen sowie das Überlassen an andere außerhalb der Betriebsstätte untersagt. Die letztgenannten Verbote sind nach Abs. 1 Nr. 1d bußgeldbewehrt; die bloße unberechtigte Kennzeichnung ist davon indes nicht betroffen.

Nach § 5 Abs. 3 S. 1 dürfen **sonstige explosionsgefährliche Stoffe** und **Sprengzubehör** nur 6
eingeführt, verbracht, vertrieben, anderen überlassen oder **verwendet** werden, wenn sie ihrer
Zusammensetzung, Beschaffenheit und Bezeichnung nach von der Bundesanstalt für Materialforschung
und -prüfung zugelassen worden oder durch Rechtsverordnung (vgl. 1., 2. und 3. SprengV; → Rn. 25)
nach § 6 Abs. 1 Nr. 1 allgemein zugelassen sind. **Nr. 2** bedroht die genannten Handlungen mit
Geldbuße, wenn sie **ohne Zulassung** vorgenommen werden. Zur Möglichkeit einer Ausnahmebewilligung auf Antrag des Herstellers oder Einführers vgl. § 5 Abs. 5.

Nr. 17 bezieht Verstöße gegen landesrechtliche Vorschriften über den Umgang oder den Verkehr mit explosions- 7
gefährlichen Stoffen, auf die das SprengG v. 25.8.1969 nicht anzuwenden war, sowie gegen vollziehbare Anordnungen
aufgrund einer solchen Rechtsnorm in den Katalog bußgeldbewehrter Zuwiderhandlungen ein. Die Regelung hat
keine praktische Bedeutung mehr (Apel/Keusgen Rn. 2.17).

Die Regelung des § 41 Abs. 1a ist Ausfluss einer „redaktionellen Anpassung" durch das 4. Spreng- 8
GÄndG (BT-Drs. 16/12597); gleichwohl wird der Gegenstand der Vorschrift nicht auf den ersten Blick
deutlich, sondern erschließt sich erst unter Rückgriff auf die Regelung des § 40 Abs. 5. Hiernach sind
Handlungen nach § 40 Abs. 1 Nr. 3 (Erwerb von und Umgang mit explosionsgefährlichen Stoffen ohne
Erlaubnis nach § 27 Abs. 1) und Handlungen nach § 40 Abs. 2 Nr. 3 (Vertrieb und Überlassung an
Nichtberechtigte, Jugendliche unter 18 Jahren, im Reisegewerbe oder auf Veranstaltungen im Sinne des
Titels IV der GewO – Messen, Ausstellungen, Märkte) nicht strafbar, wenn sie sich auf einen nach § 5
Abs. 1 S. 1 konformitätsbewerteten (→ Rn. 5) oder nach § 47 Abs. 2 oder Abs. 4 zugelassenen pyro-
technischen Gegenstand beziehen. Die Lücke, die § 40 Abs. 5 reißt, schließt die Vorschrift des § 41
Abs. 1a sowohl für vorsätzliche als auch für fahrlässige Handlungen.

II. Verstoß gegen Anzeige-, Dokumentations- und Kooperationspflichten

Die Vorschriften des Abs. 1 Nr. 1, 4, 4a, 5, 5a, 6, 12 und 14 enthalten Regelungen zu Verstößen 9
gegen Anzeige-, Dokumentations- und Kooperationspflichten im Umgang mit Explosivstoffen und
gleichgestellten Gegenständen.

Nr. 1: Zur Anzeigepflicht nach § 2 Abs. 1 für neue sonstige explosionsgefährliche Stoffe gegenüber 10
der Bundesanstalt für Materialforschung und -prüfung, → Rn. 4.

Nach **Nr. 4** handelt ordnungswidrig, wer die nach § 12 Abs. 1 S. 3 (**Betriebsfortführung** nach dem 11
Tode des Erlaubnisinhabers), § 14 (**Aufnahme** des Betriebes, **Eröffnung** einer Zweigniederlassung
oder unselbständigen Zweigstelle, **Einstellung** oder Schließung, **Bestellung** oder Abberufung einer
für die Leitung zuständigen Person, Änderung der **Vertretung**sverhältnisse bei juristischen Personen),
§ 21 Abs. 4 S. 1 oder 2 (**Bestellung und Abberufung einer** nach § 19 Abs. 1 Nr. 3 und 4 **verantwortlichen Person** – zB Aufsichtspersonen, Sprengberechtigte, Betriebsmeister und Lagerverwal-
ter), § 26 Abs. 1 oder Abs. 2 S. 1 (**Abhandenkommen** von explosionsgefährlichen Stoffen, **Unfälle**
gegenüber der zuständigen Behörde und dem Träger der gesetzlichen Unfallversicherung) oder § 35
Abs. 1 S. 1 (**Verlust** von **Erlaubnisbescheid, Befähigungsschein** oder deren Ausfertigung) erforderliche Anzeige nicht, nicht richtig, nicht vollständig oder nicht rechtzeitig erstattet.

Wer explosionsgefährliche Stoffe **einführen** oder **verbringen** will, hat neben seiner Berechtigung zu 12
Umgang und Erwerb (§ 15 Abs. 1 S. 1) auch nachzuweisen, dass das von ihm in den oder durch den
Geltungsbereich des Gesetzes gebrachte Produkt eine **Zuordnung zu einer Lager- oder Verträglich-
keitsgruppe** besitzt. Hintergrund der Sanktionsnorm ist der Umstand, dass bei Einfuhren und Ver-
bringungsvorgängen über die Binnengrenzen regelmäßig Transporte mit nicht oder falsch gekennzeichneten explosionsgefährlichen Stoffen und insbes. pyrotechnischen Gegenständen festgestellt werden
(BT-Drs. 16/12597, 43).

Im Falle der **Einfuhr oder Durchfuhr explosionsgefährlicher Stoffe** sind diese nach § 15 Abs. 3 13
S. 1 bei der nach § 15 Abs. 5 zuständigen Überwachungsbehörde anzumelden und auf Verlangen
vorzuführen; Zuwiderhandlungen sind nach Abs. 1 **Nr. 5** bußgeldbewehrt.

Nr. 5a: Explosivstoffe dürfen nach § 15 Abs. 6 S. 1 nur verbracht werden, wenn der **Verbringungs**- 14
vorgang genehmigt wurde; eine Ausfertigung der **Genehmigung**surkunde ist mitzuführen und auf
Verlangen vorzulegen, § 15 Abs. 6 S. 2.

Nr. 6 erfasst Verstöße gegen die **Aufzeichnung**spflicht nach § 16 Abs. 1. Hiernach hat der Erlaub- 15
nisinhaber ein **Verzeichnis** zu führen, aus dem Art und Menge, Herkunft und Verbleib explosionsgefährlicher Stoffe hervorgehen. Einzelheiten zum Inhalt, zur Aufbewahrung und Vorlage des Verzeichnisses ergeben sich aus Abschnitt X (§§ 41–44) der 1. SprengV idF der Bekanntmachung v. 31.1.1991
(BGBl. I 169).

Nach **Nr. 12** handelt ordnungswidrig, wer als verantwortliche Person beim **Umgang oder Verkehr** 16
mit explosionsgefährlichen Stoffen **außerhalb des eigenen Betriebes** entgegen § 23 die **Erlaubnis-
urkunde** oder den **Befähigungsschein** nicht mitführt oder auf Verlangen vorlegt.

Nr. 14: Nach § 31 Abs. 1 haben der Inhaber des Betriebes, die mit der Leitung beauftragten sowie 17
die nach § 27 erlaubnispflichtigen Personen die für die Durchführung des Gesetzes erforderlichen

Auskünfte zu erteilen. Flankierend ist die zuständige Behörde nach § 31 Abs. 2 S. 1 und 2 befugt, Grundstücke, Betriebsanlagen, Geschäftsräume, Beförderungsmittel und (zur Verhütung dringender Gefahren) sogar Wohnräume der Auskunftspflichtigen zu betreten, dort Prüfungen und Besichtigungen vorzunehmen und ggf. Proben zu entnehmen. Der Auskunftspflichtige hat diese Maßnahmen nach § 31 Abs. 2 S. 4 zu dulden; Verstöße gegen die **Duldungspflicht** sind bußgeldbewehrt. Zu rein passivem Verhalten vgl. Apel/Keusgen Rn. 2.14.

III. Bestellung und Beschäftigung verantwortlicher Personen

18   Das SprengG macht wesentliche Rechte und Pflichten im Umgang mit explosionsgefährlichen Stoffen davon abhängig, ob jemand als „verantwortliche Person" iSd § 19 tätig wird. Verantwortliche Personen sind nach § 21 Abs. 1 in der Anzahl zu bestellen, die nach dem Umfang des Betriebes und der Art der Tätigkeit erforderlich ist, um einen sicheren Umgang und Verkehr mit explosionsgefährlichen Stoffen zu gewährleisten. Zum Teil (vgl. § 20) ist ein Befähigungsschein erforderlich; die persönlichen Voraussetzungen ergeben sich aus § 21 Abs. 2 und 3. Zuwiderhandlungen werden von Abs. 1 **Nr. 8 und 9** erfasst.

19   Explosionsgefährliche Stoffe dürfen nach § 22 Abs. 1 S. 1 nur von verantwortlichen Personen vertrieben oder anderen überlassen werden. Gegen die Vorschrift des § 41 Abs. 1 **Nr. 10** verstößt, wer die maßgeblichen Handlungen ohne die erforderliche Bestellung vornimmt.

20   Bei Beschäftigung einer verantwortlichen Person ohne erforderlichen Befähigungsschein (§ 33 Abs. 1) oder bei Vorliegen eines Versagungsgrundes nach § 8 Abs. 1 (Unzuverlässigkeit, mangelnder Fachkundenachweis, mangelnde persönliche Eignung oder Nichtvollendung des 21. Lebensjahres; § 33 Abs. 2) kann die Beschäftigung untersagt werden. Zuwiderhandlungen gegen vollziehbare (bestandskräftige oder sofort vollziehbare, vgl. Apel/Keusgen Rn. 2.15; → Rn. 22) Untersagungsverfügungen sind nach Abs. 1 **Nr. 15** bußgeldbewehrt.

IV. Verstoß gegen vollziehbare Auflagen und Anordnungen

21   Die Nr. 3, 15 und 17 des Abs. 1 erfassen Zuwiderhandlungen gegen vollziehbare Verfügungen, Anordnungen oder Auflagen (vgl. § 36 Abs. 2 Nr. 4 VwVfG; akzessorischer Verwaltungsakt) der mit der Umsetzung des SprengG befassten zuständigen Behörden. Bußgeldbewehrt sind dabei nach **Nr. 3** Verstöße gegen vollziehbare Auflagen nach § 5 Abs. 4 S. 2 oder 3 (Zulassung von sonstigen explosionsgefährlichen Stoffen und Sprengzubehör), § 10 (Erlaubnis) oder § 17 Abs. 3 (Lagergenehmigung) und vollziehbare Anordnungen nach § 32 Abs. 1 (Schutzvorschriften), Abs. 2 (Einstellungsanordnung), Abs. 3 und Abs. 4 (Untersagungsverfügung), oder Abs. 5 S. 1 (Verwendungsuntersagung, Verbleibsnachweis) und § 32a Abs. 1 S. 4, Abs. 2 S. 1 oder Abs. 4 (mangelhafte explosionsgefährliche Stoffe und mangelhaftes Sprengzubehör). Der Tatbestand ist erfüllt, wenn der Täter der Anordnung oder Auflage nicht, nicht vollständig oder nicht rechtzeitig nachkommt. Zu Verstößen gegen **Nr. 15** s. → Rn. 20, zu **Nr. 17** s. → Rn. 7.

22   Erforderlich ist stets, dass die Verfügung, Anordnung oder Auflage **vollziehbar**, dh bestandskräftig geworden oder sofort vollziehbar ist (zur Anordnung des Sofortvollzuges vgl. § 80 Abs. 2 Nr. 4 VwGO; zur isolierten Anfechtung von Auflagen vgl. Schoch/Schneider/Bier/*Pietzcker* VwGO § 42 Rn. 132). Wegen der **Rechtsgrundfunktion des Verwaltungsaktes,** die während seiner Wirksamkeit einen „Durchgriff" auf das materielle Recht ausschließt (*Stelkens/Bonk/Sachs,* Verwaltungsverfahrensgesetz: VwVfG, 8. Aufl. 2014, VwVfG § 35 Rn. 42), ist dem Strafrichter die Überprüfung der Rechtmäßigkeit – jedenfalls bis zur Aufhebung der Anordnung – verwehrt (hM; vgl. schon BGH NJW 1969, 2023; sa die Nachw. bei Lackner/Kühl/*Heger* StGB § 325 Rn. 8; Fischer StGB § 330d Rn. 8). Zur Diskussion um einen besonderen Strafaufhebungsgrund bei (verwaltungs-)gerichtlicher Feststellung der Rechtswidrigkeit oder bei Aufhebung der Anordnung → UmweltHG § 21 Rn. 11, 14.

V. Ungenehmigte Errichtung oder Veränderung eines Lagers

23   Ordnungswidrig handelt (Abs. 1 **Nr. 7**), wer ohne Genehmigung nach § 17 Abs. 1 ein Lager, dh eine abgeschlossene, besonders gesicherte, ortsfeste und ortsveränderliche (vgl. Apel/Keusgen § 17 Rn. 3.1) Aufbewahrungsstätte, in der explosionsgefährliche Stoffe zu gewerblichen Zwecken aufbewahrt werden sollen, errichtet (§ 17 Abs. 1 Nr. 1) oder wesentlich (vgl. § 17 Abs. 6) ändert (§ 17 Abs. 1 Nr. 2). Ausreichend ist nach § 17 Abs. 1 S. 3 eine Genehmigung nach § 4 BImSchG, sofern das Lager Bestandteil einer nach § 4 BImSchG genehmigungsbedürftigen Anlage ist (zur Konzentrationswirkung der immissionsschutzrechtlichen Genehmigung vgl. *Odendahl* NVwZ 2002, 686 f.). Die sprengstoffrechtliche Genehmigung entfaltet nach § 17 Abs. 1 S. 2 ihrerseits Konzentrationswirkung, insbes. für bau-

rechtliche Genehmigungserfordernisse. Einzelheiten zur Errichtung und Ausstattung eines Lagers sind der Zweiten Verordnung zum SprengG (2. SprengV; → Rn. 25) zu entnehmen.

VI. Verstoß gegen Verwendungsanleitungen oder den Stand der Technik

Zum Schutz vor Gefahren beim Umgang und beim Verkehr mit explosionsgefährlichen Stoffen sind **24** neben den anerkannten Regeln der Sicherheitstechnik insbes. die von den Herstellern und den nach dem SprengG zuständigen Stellen festgelegten Anleitungen zur Verwendung zu befolgen, § 24 Abs. 1 S. 2. Die mangelnde Berücksichtigung solcher **Verwendungsanleitungen** ist nach **Nr. 12a** bußgeldbewehrt. Mit der durch das 4. SprengGÄndG (→ Vorb. Rn. 3) erfolgten Ergänzung ist nunmehr auch die Beachtung des Standes der Technik in den Kanon bußgeldbewehrter Pflichten aufgenommen worden.

VII. Verstoß gegen Rechtsverordnung

Nr. 16 erfasst Zuwiderhandlungen gegen die auf der Basis des SprengG erlassenen Rechtsverord- **25** nungen. Die in Bezug genommenen Bußgeldvorschriften sind § 46 der Ersten Verordnung zum SprengG idF der Bekanntmachung v. 31.1.1991 (BGBl. I 169), zuletzt geändert durch Art. 290 der Zehnten ZuständigkeitsanpassungsVO v. 31.8.2015 (BGBl. I 1474; **1. SprengV**),
§ 7 der Zweiten Verordnung zum SprengG idF der Bekanntmachung v. 10.9.2002 (BGBl. I 3543), zuletzt geändert durch Art. 2 der Verordnung v. 26.11.2010 (BGBl. I 1643; **2. SprengV**) und § 4 der Dritten Verordnung zum SprengG v. 23.6.1978 (BGBl. I 783; **3. SprengV**), zuletzt geändert durch Art. 21 G zur Förderung der elektronischen Verwaltung sowie zur Änd. weiterer Vorschriften v. 25.7.2013 (BGBl. I 2749). IE s. MüKoStGB/*Heinrich* Rn. 41 ff.

VIII. Zuständigkeit nach Abs. 3

Bei Verstößen gegen die Regelungen des Abs. 1 Nr. 5a (→ Rn. 14) und Nr. 12 (→ Rn. 16) ist **26** Verwaltungsbehörde iSd § 36 Abs. 1 Nr. 1 OWiG das **Bundesamt für Güterverkehr,** wenn die Zuwiderhandlung von einem Unternehmen begangen wird, das im Inland weder seinen Sitz noch eine geschäftliche Niederlassung unterhält und wenn auch der Betroffene im Inland keinen Wohnsitz hat. Die Vorschrift lehnt sich an die Regelungen der §§ 21 Abs. 2 GÜKG und 10 Abs. 3, 9a Abs. 5 Gefahrgutbeförderungsgesetz an und vollzieht die Erweiterung der Zuständigkeit des Bundesamtes infolge der Änderung des § 11 Abs. 2 GÜKG nach (BT-Drs. 16/12597, 43).

§ 42 Strafbare Verletzung von Schutzvorschriften

Wer durch eine in § 41 Absatz 1 Nummer 1a, 1c, 1d, 2, 3 oder Nummer 15 oder eine in § 41 Absatz 1a bezeichnete vorsätzliche Handlung das Leben oder die Gesundheit eines anderen oder fremde Sachen von bedeutendem Wert gefährdet, wird mit Freiheitsstrafe bis zu einem Jahr oder mit Geldstrafe bestraft.

Während die Vorschrift des § 41 sowohl vorsätzliches als auch fahrlässiges Handeln erfasst, setzt die **1** Regelung des § 42 ausdrücklich **vorsätzliches** Handeln voraus. Der Täter muss durch sein Verhalten (→ § 41 Rn. 4, 5, 6, 20, 21; dass die Bezugnahme auf § 41 Nr. 15 auf einem Redaktionsversehen beruht, kann nach Inkrafttreten des 4. SprengGÄndG nicht mehr guten Gewissens vertreten werden, so auch MüKoStGB/*Heinrich* Rn. 3) eine **konkrete Gefahr** (vgl. MüKoStGB/*Heinrich* Rn. 2 mwN; zum Begriff Schönke/Schröder/*Sternberg-Lieben*/*Hecker* StGB § 315c Rn. 31 ff.) für **das Leben oder die Gesundheit eines anderen** (vgl. MüKoStGB/*Heinrich* Rn. 3; Erbs/Kohlhaas/*Steindorf* Rn. 1) oder für **fremde Sachen** (Erbs/Kohlhaas/*Steindorf* Rn. 1) von bedeutendem Wert (unabhängig von den Eigentumsverhältnissen wohl nicht der explosionsgefährlichen Stoffe selbst, vgl. Schönke/Schröder/*Sternberg-Lieben*/*Hecker* StGB § 315c Rn. 31 ff.) herbeigeführt haben. Mit dem Eintritt der konkreten Gefahr ist die Tat **vollendet.** Die Verursachung eines Schadens ist allein für die Strafzumessung von Bedeutung. Eine spezialgesetzliche Norm zur **tätigen Reue** sieht das SprengG nicht vor; die entsprechende Anwendung etwa der Vorschriften der §§ 83a, 306e, 314a, 320 und 330b StGB kommt nicht in Betracht. Insoweit liegt (nicht zuletzt in Anbetracht der durchaus moderaten Strafdrohung) weder eine planwidrige Regelungslücke vor, noch lassen sich die genannten Regelungen hierzu auf einen allgemeinen Rechtsgedanken zurückführen (vgl. *Krack* NStZ 2001, 505 ff.).

Gegen **juristische Personen** oder **Personenvereinigungen** kann nach § 30 OWiG eine **Geldbuße** **2** verhängt werden.

§ 43 Einziehung

¹Ist eine Straftat nach § 40 oder § 42 oder eine Ordnungswidrigkeit nach § 41 begangen worden, so können

1. **Gegenstände, auf die sich die Straftat oder Ordnungswidrigkeit bezieht, und**
2. **Gegenstände, die zu ihrer Begehung oder Vorbereitung gebraucht worden oder bestimmt gewesen sind,**

eingezogen werden. ²§ 74a des Strafgesetzbuchs und § 23 des Gesetzes über Ordnungswidrigkeiten sind anzuwenden.

1   Die Vorschrift stellt die Einziehung von **Beziehungsgegenständen** (Nr. 1; die Objekte der Zuwiderhandlung; vgl. MüKoStGB/*Heinrich* Rn. 1; Schönke/Schröder/*Eser* StGB § 74 Rn. 12a; also insbes. unerlaubt hergestellte oder nicht ordnungsgemäß gekennzeichnete explosionsgefährliche Gegenstände (Apel/Keusgen Rn. 3), die zur Begehung oder Vorbereitung der Tat **gebrauchten** (Nr. 2 Alt. 1; dh verwendeten) oder **bestimmt gewesenen** (Nr. 2 Alt. 2; also vorgesehenen und dazu bereitgestellten; sog *instrumenta sceleris*) Gegenstände für die von § 40 (→ Vorb. Rn. 4), § 41 und § 42 erfassten Rechtsverstöße in das Ermessen des Gerichts. Nach S. 2 sind in diesen Fällen § 74a StGB und § 23 OWiG anzuwenden, mit der Folge, dass unter den dort genannten Voraussetzungen (→ StGB § 74a Rn. 1 ff.; Bohnert/Krenberger/Krumm OWiG § 23 Rn. 6 ff.) auch **täterfremde Gegenstände** eingezogen werden können (dazu MüKoStGB/*Heinrich* Rn. 2).

2   Zur Einziehung nach § 74 Abs. 2 Nr. 2 StGB und § 22 Abs. 2 Nr. 2 OWiG vgl. Apel/Keusgen Rn. 7.

690. StBerG/BRAO/WPO

Steuerberatungsgesetz (StBerG)

In der Fassung der Bekanntmachung vom 4. November 1975 (BGBl. I S. 2735) FNA 610-10

Zuletzt geändert durch Art. 36 G zur Umsetzung der RL 2013/55/EU vom 18.4.2016 (BGBl. I S. 886)

– Auszug –

§ 119 Rechtskraftwirkung eines ablehnenden Beschlusses

Ist die Eröffnung des Hauptverfahrens durch einen nicht mehr anfechtbaren Beschluß abgelehnt, so kann der Antrag auf Einleitung des berufsgerichtlichen Verfahrens nur auf Grund neuer Tatsachen oder Beweismittel und nur innerhalb von fünf Jahren, seitdem der Beschluß rechtskräftig geworden ist, erneut gestellt werden.

Bundesrechtsanwaltsordnung (BRAO)

Vom 1. August 1959 (BGBl. I S. 565) BGBl. III/FNA 303-8

Zuletzt geändert durch Art. 3 G zur Umsetzung der RL über alternative Streitbeilegung in Verbraucherangelegenheiten und zur Durchführung der VO über Online-Streitbeilegung in Verbraucherangelegenheiten vom 19.2.2016 (BGBl. I S. 254)

– Auszug –

§ 118 Verhältnis des anwaltsgerichtlichen Verfahrens zum Straf- oder Bußgeldverfahren

(1) ¹Ist gegen einen Rechtsanwalt, der einer Verletzung seiner Pflichten beschuldigt wird, wegen desselben Verhaltens die öffentliche Klage im strafgerichtlichen Verfahren erhoben, so kann gegen ihn ein anwaltsgerichtliches Verfahren zwar eingeleitet, es muß aber bis zur Beendigung des strafgerichtlichen Verfahrens ausgesetzt werden. ²Ebenso muß ein bereits eingeleitetes anwaltsgerichtliches Verfahren ausgesetzt werden, wenn während seines Laufes die öffentliche Klage im strafgerichtlichen Verfahren erhoben wird. ³Das anwaltsgerichtliche Verfahren ist fortzusetzen, wenn die Sachaufklärung so gesichert erscheint, daß sich widersprechende Entscheidungen nicht zu erwarten sind, oder wenn im strafgerichtlichen Verfahren aus Gründen nicht verhandelt werden kann, die in der Person des Rechtsanwalts liegen.

(2) Wird der Rechtsanwalt im gerichtlichen Verfahren wegen einer Straftat oder einer Ordnungswidrigkeit freigesprochen, so kann wegen der Tatsachen, die Gegenstand der gerichtlichen Entscheidung waren, ein anwaltsgerichtliches Verfahren nur dann eingeleitet oder fortgesetzt werden, wenn diese Tatsachen, ohne den Tatbestand einer Strafvorschrift oder einer Bußgeldvorschrift zu erfüllen, eine Verletzung der Pflichten des Rechtsanwalts enthalten.

(3) ¹Für die Entscheidung im anwaltsgerichtlichen Verfahren sind die tatsächlichen Feststellungen des Urteils im Strafverfahren oder Bußgeldverfahren bindend, auf denen die Entscheidung des Gerichts beruht. ²In dem anwaltsgerichtlichen Verfahren kann ein Gericht jedoch die nochmalige Prüfung solcher Feststellungen beschließen, deren Richtigkeit seine Mitglieder mit Stimmenmehrheit bezweifeln; dies ist in den Gründen der anwaltsgerichtlichen Entscheidung zum Ausdruck zu bringen.

(4) ¹Wird ein anwaltsgerichtliches Verfahren nach Absatz 1 Satz 3 fortgesetzt, ist die Wiederaufnahme des rechtskräftig abgeschlossenen anwaltsgerichtlichen Verfahrens auch zulässig, wenn die tatsächlichen Feststellungen, auf denen die Verurteilung oder der Freispruch im anwaltsgerichtlichen Verfahren beruht, den Feststellungen im strafgerichtlichen Verfahren widersprechen. ²Den Antrag auf Wiederaufnahme des Verfahrens kann die Staatsanwaltschaft

oder der Rechtsanwalt binnen eines Monats nach Rechtskraft des Urteils im strafgerichtlichen Verfahren stellen.

Gesetz über eine Berufsordnung der Wirtschaftsprüfer (Wirtschaftsprüferordnung – WPO)

In der Fassung der Bekanntmachung vom 5. November 1975 (BGBl. I S. 2803) FNA 702-1

Zuletzt geändert durch Art. 12 AbschlussprüfungsreformG vom 10.5.2016 (BGBl. I S. 1142)

– Auszug –

§ 83 *Verhältnis des berufsgerichtlichen Verfahrens zum Straf- oder Bußgeldverfahren (Fassung bis 16.6.2016)*

(1) Wird der Wirtschaftsprüfer im gerichtlichen Verfahren wegen einer Straftat oder einer Ordnungswidrigkeit freigesprochen, so kann wegen der Tatsachen, die Gegenstand der gerichtlichen Entscheidung waren, ein berufsgerichtliches Verfahren nur dann eingeleitet oder fortgesetzt werden, wenn diese Tatsachen, ohne den Tatbestand einer Strafvorschrift oder einer Bußgeldvorschrift zu erfüllen, eine Verletzung der Pflichten des Wirtschaftsprüfers enthalten.

(2) [1] Für die Entscheidung im berufsgerichtlichen Verfahren sind die tatsächlichen Feststellungen des Urteils im Strafverfahren oder Bußgeldverfahren bindend, auf denen die Entscheidung des Gerichts beruht. [2] In dem berufsgerichtlichen Verfahren kann ein Gericht jedoch die nochmalige Prüfung solcher Feststellungen beschließen, deren Richtigkeit seine Mitglieder mit Stimmenmehrheit bezweifeln; dies ist in den Gründen der berufsgerichtlichen Entscheidung zum Ausdruck zu bringen.

§ 83 Verhältnis des berufsgerichtlichen Verfahrens zum Straf- oder Bußgeldverfahren *(Fassung ab 17.6.2016)*

[1] Werden Berufsangehörige im gerichtlichen Verfahren wegen einer Straftat oder einer Ordnungswidrigkeit verurteilt oder freigesprochen, so sind für die Entscheidung im berufsgerichtlichen Verfahren die tatsächlichen Feststellungen des Urteils im Strafverfahren oder Bußgeldverfahren bindend, auf denen die Entscheidung des Gerichts beruht. [2] In dem berufsgerichtlichen Verfahren kann ein Gericht jedoch die nochmalige Prüfung solcher Feststellungen beschließen, deren Richtigkeit seine Mitglieder mit Stimmenmehrheit bezweifeln; dies ist in den Gründen der berufsgerichtlichen Entscheidung zum Ausdruck zu bringen.

695. Gesetz zum vorsorgenden Schutz der Bevölkerung gegen Strahlenbelastung (Strahlenschutzvorsorgegesetz – StrVG)

Vom 19. Dezember 1986 (BGBl. I S. 2610) FNA 2129-16

Zuletzt geändert durch Art. 91 Zehnte ZuständigkeitsanpassungsVO vom 31.8.2015 (BGBl. I S. 1474)

– Auszug –

Vorbemerkung

1. Entstehung und Ziele des Gesetzes. Das Gesetz zum vorsorgenden Schutz der Bevölkerung **1** gegen Strahlenbelastungen (StrVG) v. 19.12.1986 (BGBl. I 2610) enthält einerseits Bestimmungen zur Überwachung der Radioaktivität in der Umwelt (§ 1 Nr. 1). Andererseits bezweckt es, sowohl die Strahlenexposition der Menschen als auch die radioaktive Kontamination der Umwelt im Falle von Ereignissen mit radiologischen Auswirkungen durch angemessene Maßnahmen so gering wie möglich zu halten (§ 1 Nr. 2; zum sog Minimierungsgebot vgl. Kloepfer UmweltR § 4 Rn. 28 mwN) und ist daher als spezielles Immissionsschutzrecht (Kloepfer UmweltR § 15 Rn. 5) einzustufen.

Das Strahlenschutzvorsorgegesetz ist die gesetzgeberische Reaktion auf die Erfahrungen im Zusam- **2** menhang mit der Explosion des Kernreaktors im ukrainischen Tschernobyl 1986. Zur Verunsicherung der Bevölkerung beigetragen hatten seinerzeit insbes. die zT widersprüchlichen Empfehlungen und Grenzwertfestsetzungen in Bund und Ländern (vgl. *Rengeling* DVBl 1987, 204). Ausgehend hiervon soll durch die bundesweite Erhebung von Daten über die radioaktive Belastung der Umwelt, die bundeseinheitliche Festlegung der Messmethoden und die zentrale Sammlung, Aufbereitung und Bewertung aller Messdaten das Fundament für ein effektives und koordiniertes Vorgehen aller beteiligten Dienststellen in Bund und Ländern gelegt werden. Die erhobenen Daten sind zugleich unabdingbare Voraussetzung für die Festlegung von Dosis- und Kontaminationswerten und darauf aufbauende Maßnahmen und Empfehlungen nach kerntechnischen Unfällen und vergleichbaren Ereignissen (BT-Drs. 10/6082).

Der Gesetzentwurf der Fraktionen der CDU/CSU und FDP (BT-Drs. 10/6082), der von der SPD **3** insbes. wegen mangelnder Beteiligung der Länder bei Eilverordnungen und wegen Bedenken betreffend die Bestimmtheit von Begriffen (bspw. „Dosiswerte" und „Kontaminationswerte"; vgl. dazu → Rn. 10) abgelehnt worden war, hatte – anders als in der Beschlussempfehlung des Ausschusses für Umwelt, Naturschutz und Reaktorsicherheit (BT-Drs. 10/6639), die damit einer Anregung des Bundesrates folgte, – die Strafvorschrift des § 13 und die Möglichkeit der Einziehung nach § 15 noch nicht vorgesehen. Ihre Einführung folgte vergleichenden Erwägungen mit Blick auf die Vorschriften des Lebensmittel- und Bedarfsgegenständegesetzes (vgl. BR-Drs. 428/86; nunmehr §§ 58 ff. LFGB, §§ 51 ff. VTabakG).

Mit dem Ersten Gesetz zur Änderung des Strahlenschutzvorsorgegesetzes v. 8.4.2008 (BGBl. I 686) **4** sind bestehende Strafbarkeitslücken im Hinblick auf unmittelbar geltendes Gemeinschaftsrecht durch Neufassung des § 13 geschlossen worden (vgl. BT-Drs. 16/6232; vgl. dazu aber → § 13 Rn. 14 f.). Darüber hinaus ist das Höchstmaß der Geldbuße nach § 14 Abs. 3 auf 50.000 EUR (vgl. auch § 62 Abs. 4 BImSchG) angehoben worden.

2. Instrumente der Strahlenschutzvorsorge. a) Aufgaben des Bundes. Nach § 2 Abs. 1 obliegt **5** dem Bund insbes. die flächendeckende und großräumige Überwachung der Medien Luft und Wasser sowie die Ermittlung der Gamma-Ortsdosisleistung als Grundlage eines bundesweiten Frühwarnsystems. In diesem Kontext ist der Bund auch zuständig für die Entwicklung und Festlegung von Probenahme-, Analyse-, Mess- und Berechnungsverfahren, die Zusammenfassung, Aufbereitung und Bewertung der Daten unter Einbeziehung von Meldungen aus den Ländern und dem Ausland, die Erstellung von Ausbreitungsprognosen sowie die Entwicklung von Entscheidungshilfesystemen.

b) Aufgaben der Länder. Die Länder beteiligen sich an der Erhebung der Daten durch Über- **6** wachung der Radioaktivität in Lebensmitteln, Bedarfsgegenständen, Arznei- und Futtermitteln, im Trink- und Grundwasser, im Boden und in Pflanzen und teilen ihre Erkenntnisse der Zentralstelle des Bundes mit.

c) Betretungsrecht und Probenahme. Nach § 12 sind die Beauftragten der zuständigen Behörde **7** zur Bestimmung der Radioaktivität und zur Entnahme von Proben berechtigt, Grundstücke sowie Betriebs- und Geschäftsräume zu betreten. Während der Gesetzentwurf zur Verhütung dringender Gefahren für die öffentliche Sicherheit und Ordnung noch ein Betretungsrecht für Wohnungen und für Betriebs- und Geschäftsräume auch außerhalb der Betriebs- und Arbeitszeit vorsah (vgl. BT-Drs. 10/

6082), ist diese Regelung – mit Blick auf ihre voraussichtliche praktische Bedeutung (vgl. BT-Drs. 10/6639) – nicht in den gesetzlichen Befugniskatalog aufgenommen worden.

8   **d) Integriertes Mess- und Informationssystem (IMIS).** Die durch Bund und Länder ermittelten Daten der Umweltradioaktivität werden beim Bundesamtes für Strahlenschutz (vgl. Gesetz über die Errichtung eines Bundesamtes für Strahlenschutz v. 9.10.1989, BGBl. I 1830), zusammengetragen (§ 4 Abs. 1), stehen den zuständigen Landesbehörden so direkt zur Verfügung (§ 4 Abs. 2) und bilden damit zugleich eine Grundlage für den jährlichen Parlamentsbericht des Bundesministeriums für Umwelt, Naturschutz und Reaktorsicherheit (§ 5 Abs. 2).

9   **e) Verordnungsermächtigung.** Das Bundesministerium für Umwelt, Naturschutz und Reaktorsicherheit kann durch Rechtsverordnung Dosis- und Kontaminationswerte festlegen, soweit sie sich nicht aus Verordnungen der Europäischen Union ergeben (§ 6 Abs. 1). Zur Einhaltung der festgesetzten Dosis- und Kontaminationswerte kann der Verkehr mit Lebensmitteln, Tabakerzeugnissen, Bedarfsgegenständen und Futtermitteln, Abfällen und sonstigen Gegenständen durch Rechtsverordnung verboten oder beschränkt werden (§ 7; → § 13 Rn. 5). Rechtsverordnungen nach §§ 6 und 7 bedürfen im Regelfall der Zustimmung des Bundesrates (§ 6 Abs. 2 S. 1, § 7 Abs. 4); Eilverordnungen können im Falle von Ereignissen mit nicht unerheblichen radiologischen Auswirkungen auch ohne Zustimmung des Bundesrates erlassen werden. Die Handlungsfähigkeit der Exekutive soll so auch im Ereignisfall sichergestellt werden (vgl. BT-Drs. 10/6639).

10   Die im Gesetzgebungsverfahren aufgeworfene Frage nach der hinreichenden Bestimmtheit der Begriffe „Dosiswert" und „Kontaminationswert" und damit nach der notwendigen Konkretisierung des Regelungsprogramms der zu erlassenden Rechtsverordnungen (→ Rn. 3) ist durch Inbezugnahme des Gesetzeszwecks nach § 1 Nr. 2 (→ Rn. 1) und die dort enthaltene Forderung nach Beachtung des Standes der Wissenschaft entschärft worden (vgl. BT-Drs. 10/6639; dazu auch Kloepfer UmweltR § 15 Rn. 155).

11   **f) Befugnisse im grenzüberschreitenden Verkehr.** Nach § 8 können die mit der Kontrolle des grenzüberschreitenden Verkehrs beauftragten Behörden die zur Einhaltung festgelegter Kontaminationswerte und die zur Überwachung von Verboten und Beschränkungen erforderlichen Maßnahmen treffen. Hierzu zählen neben der Dekontamination von Fahrzeugen und Gegenständen ihre Zurückweisung, das Anhalten von Warensendungen, die Unterrichtung der zuständigen Verwaltungsbehörden und die Anordnung, Warensendungen der zuständigen Behörde vorzuführen. Diese Eingriffsbefugnisse sollen insbes. bei kerntechnischen Unfällen und sonstigen Ereignisfällen im Ausland zur Anwendung kommen.

12   **g) Empfehlungen des Bundesministeriums.** Das Bundesministerium für Umwelt, Naturschutz und Reaktorsicherheit kann zur Minimierung der Strahlenexposition der Bevölkerung und der Kontamination der Umwelt (§ 1 Nr. 2) nach § 9 bestimmte Verhaltensweisen (bspw. den Verzicht auf bestimmte Lebensmittel) empfehlen. Bei Ereignissen mit örtlich begrenzten Auswirkungen kann die zuständige oberste Landesbehörde Empfehlungen an die Bevölkerung richten.

Obgleich für solche Empfehlungen eine einfachgesetzliche Rechtsgrundlage prinzipiell nicht erforderlich ist, sich die Ermächtigung hierzu vielmehr aus dem staatlichen Informationsauftrag und einer verfassungsunmittelbaren Verpflichtung zum Schutz der Menschenwürde und der Gesundheit der Bürger ableiten lässt (vgl. etwa BVerwG NJW 1991, 1770 (1771); 1989, 3269 ff.; krit. *Gröschner* DVBl 1990, 619; *Gusy* JZ 1989, 1003 (1004); *Wahl/Masing* JZ 1990, 533 (553 ff.); *Zuck* MDR 1988, 1020 f.; s. dazu auch *Schatzschneider* NJW 1991, 3202 f.; *Schulte*, Schlichtes Verwaltungshandeln 1995, 139 ff.), bot sie sich vorliegend – den aus dem Reaktorunfall von Tschernobyl gezogenen Lehren gehorchend – zum Zwecke einer eindeutigen Kompetenzverteilung geradezu an (→ Rn. 1; sa BT-Drs. 10/6082), um künftig widersprüchliche Empfehlungen der Behörden in Bund und Ländern zu vermeiden. Ob es hierfür jedoch erforderlich war, den Ländern jede Befugnis zur Erteilung von Empfehlungen im Falle von Ereignissen mit überregionalen Auswirkungen vorzuenthalten, darf bezweifelt werden (vgl. etwa *Czajka* NVwZ 1987, 559; krit. zur „Monopolisierung von Informationskompetenzen" im Umweltrecht auch *Lübbe-Wolff* NJW 1987, 2708).

13   **3. Verwaltungsbehörden des Bundes.** Zur Erfüllung des gesetzlichen Auftrages bedient sich der Bund des Bundesamtes für Strahlenschutz mit Sitz in Salzgitter (vgl. Gesetz über die Errichtung eines Bundesamtes für Strahlenschutz v. 9.10.1989, BGBl. I 1830), des Deutschen Wetterdienstes (bspw. Überwachung der Radioaktivität in Niederschlägen), der Physikalisch-Technischen Bundesanstalt (bspw. Entwicklung von Probenahme-, Analyse-, Mess- und Berechnungsverfahren), der Bundesanstalt für Gewässerkunde (bspw. Ermittlung der Radioaktivität in Bundeswasserstraßen betreffend die Bereiche Wasser, Schwebstoffe, Sediment), des Bundesamtes für Seeschifffahrt und Hydrologie (bspw. Ermittlung der Radioaktivität in Nord- und Ostsee betreffend die Bereiche Meerwasser, Schwebstoffe, Sediment), des Johann Heinrich von Thünen-Instituts, Bundesforschungsinstitut für Ländliche Räume, Wald und Fischerei (bspw. Ermittlung der Radioaktivität in Meeresorganismen in Nord- und Ostsee) und des Max Rubner-Instituts, Bundesforschungsinstitut für Ernährung und Lebensmittel (bspw. Leitstelle zur Überwachung der Umweltradioaktivität für die Bereiche Lebensmittel, Futter-

mittel, Pflanzen und Boden). Zur Aufgabenverteilung iE vgl. § 11 Abs. 1–12. Darüber hinaus ist die Übertragung von Aufgaben auf selbstständige Bundesoberbehörden und bundesunmittelbare Körperschaften und Anstalten des öffentlichen Rechts durch Rechtsverordnung der Bundesregierung vorgesehen, § 11 Abs. 13.

§ 13 Strafvorschriften

Mit Freiheitsstrafe bis zu einem Jahr oder mit Geldstrafe wird bestraft, wer

1. **einer Rechtsverordnung nach § 7 Abs. 1, 2 oder 3 zuwiderhandelt, soweit sie für einen bestimmten Tatbestand auf diese Strafvorschrift verweist,**
2. **entgegen Artikel 6 Abs. 1 Satz 1 der Verordnung (Euratom) Nr. 3954/87 des Rates vom 22. Dezember 1987 zur Festlegung von Höchstwerten an Radioaktivität in Nahrungsmitteln und Futtermitteln im Falle eines nuklearen Unfalls oder einer anderen radiologischen Notstandssituation (ABl. EG Nr. L 371 S. 11), geändert durch die Verordnung (Euratom) Nr. 2218/89 des Rates vom 18. Juli 1989 (ABl. EG Nr. L 211 S. 1, Nr. L 223 S. 27), ein Nahrungsmittel oder Futtermittel auf den Markt bringt, bei dem ein Höchstwert überschritten wird, der durch eine im Bundesanzeiger veröffentlichte Verordnung des Europäischen Gemeinschaftsrechts nach Artikel 2 oder 3 festgelegt wird,**
3. **entgegen Artikel 2 der Verordnung (EWG) Nr. 2219/89 des Rates vom 18. Juli 1989 über besondere Bedingungen für die Ausfuhr von Nahrungsmitteln und Futtermitteln im Falle eines nuklearen Unfalls oder einer anderen radiologischen Notstandssituation (ABl. EG Nr. L 211 S. 4) ein Nahrungsmittel oder Futtermittel ausführt, dessen radioaktive Kontamination über einem Höchstwert liegt, der durch eine im Bundesanzeiger veröffentlichte Verordnung des Europäischen Gemeinschaftsrechts nach Artikel 2 oder 3 der Verordnung (Euratom) Nr. 3954/87 festgelegt wird, oder**
4. **entgegen Artikel 2 der Verordnung (EWG) Nr. 737/90 des Rates vom 22. März 1990 über die Einfuhrbedingungen für landwirtschaftliche Erzeugnisse mit Ursprung in Drittländern nach dem Unfall im Kernkraftwerk Tschernobyl (ABl. EG Nr. L 82 S. 1), zuletzt geändert durch die Verordnung (EG) Nr. 806/2003 des Rates vom 14. April 2003 (ABl. EU Nr. L 122 S. 1, Nr. L 138 S. 49), ein dort genanntes Erzeugnis in den freien Verkehr verbringt.**

A. Überblick

I. Deliktsnatur

Die Vorschrift sanktioniert Verhaltensweisen, denen – wie etwa dem Inverkehrbringen kontaminierter 1 Lebens- und Futtermittel (Nr. 2) – typischerweise eine besondere Gefährlichkeit für die Gesundheit der Bevölkerung (→ Vorb. Rn. 1) zugeschrieben werden kann. Sie ist daher **abstraktes Gefährdungsdelikt.** Vor dem Hintergrund fortschreitender wissenschaftlicher Erkenntnisse im Bereich des Strahlenschutzes kommt dabei den jeweils normierten Grenz- und Höchstwerten radioaktiver Belastung eine entscheidende Bedeutung zu. Der **„Gegenbeweis der Ungefährlichkeit"** (vgl. dazu etwa Schönke/ Schröder/*Heine/Bosch* StGB Vor §§ 306 ff. Rn. 4; krit. hierzu etwa Roxin StrafR AT I § 11 Rn. 128; *Schünemann* JA 1975, 797) ist nicht zugelassen. Unabhängig davon, dass dieser „Gegenbeweis der Ungefährlichkeit" schon mit Blick auf den Grundsatz „in dubio pro reo" nicht unproblematisch ist (*Kindhäuser*, Aufgeklärte Kriminalpolitik oder Kampf gegen das Böse, 273; Roxin StrafR AT I § 11 Rn. 128; *Schünemann* JA 1975, 797), wäre die Strafnorm wegen auftretender Beweisschwierigkeiten praktisch zum Scheitern verurteilt und ihre Legitimation angesichts des sich hierdurch ergebenden „strukturellen Vollzugsdefizits" (vgl. dazu etwa BVerfG NJW 2004, 1022 ff.; *Meyer* DÖV 2005, 551) gänzlich zweifelhaft.

II. Vorsatz und Fahrlässigkeit

Erfasst wird nur vorsätzliches Handeln; bedingter Vorsatz genügt. Fahrlässige Verstöße werden als 2 Ordnungswidrigkeit verfolgt, § 14 Abs. 1 (→ § 14 Rn. 1). Der Vorsatz fehlt etwa dann, wenn der Täter verkennt, dass die von ihm in Verkehr gebrachten (Nr. 2) oder ausgeführten (Nr. 3) Nahrungs- oder Futtermittel die maßgeblichen Höchstwerte radioaktiver Kontamination überschreiten. Die mangelnde Kenntnis einschlägiger Höchstwerte ist **Verbotsirrtum;** ob er trotz Veröffentlichung der zugehörigen Verordnungen des Europäischen Gemeinschaftsrechts im Bundesanzeiger (vgl. Nr. 2, 3; dazu → Rn. 9, 13) **vermeidbar** ist, bedarf individueller Beurteilung.

Auf den Umstand der Veröffentlichung der unmittelbar anwendbaren Vorschriften des Europäischen Gemeinschaftsrechts im Bundesanzeiger (vgl. Nr. 2, 3) – als **objektive Bedingung der Strafbarkeit** – brauchen sich weder Vorsatz noch Fahrlässigkeit (vgl. § 14) zu beziehen.

III. Versuch und Rechtsfolgen der Tat

3   Eine Versuchsstrafbarkeit ist nicht vorgesehen. Geht der Täter irrtümlich davon aus, dass die von ihm in Verkehr gebrachten (Nr. 2) oder ausgeführten (Nr. 3) Erzeugnisse maßgebliche Höchstwerte radioaktiver Kontamination überschreiten (umgekehrter Tatbestandsirrtum) oder hält er unzutreffende Höchstwerte für einschlägig (umgekehrter Verbotsirrtum), bleibt er daher straflos.

4   Fehlverhalten nach § 13 kann mit Freiheitsstrafe bis zu 1 Jahr oder mit Geldstrafe sanktioniert werden. Dabei kommt der Geldstrafe ggü. einer kurzfristigen Freiheitsstrafe grundsätzlich Vorrang zu, § 47 Abs. 1 StGB. Bei der Strafzumessung ist zu berücksichtigen, dass der Unrechtsgehalt der Tat maßgeblich davon abhängt, inwieweit der abstrakt gefährliche Verstoß gegen die strafbewehrten Verbotsnormen die Gesundheitsgefahren vergrößert oder zumindest zu einer Erhöhung der Strahlenexposition einzelner Betroffener geführt hat.

Gegenstände, auf die sich eine Straftat nach § 13 bezieht, können nach § 15 eingezogen werden (→ § 15).

B. Zuwiderhandlungen im Einzelnen

I. Zuwiderhandlungen gegen Rechtsverordnungen nach § 7 Abs. 1, 2 oder 3 (Nr. 1)

5   Eine Rechtsverordnung der in Nr. 1 genannten Art war die *Verordnung des Bundesministers für Naturschutz und Reaktorsicherheit, des Bundesministers für Jugend, Familie, Frauen und Gesundheit und des Bundesministers für Ernährung, Landwirtschaft und Forsten zur Strahlenschutzvorsorge bei infolge der Ereignisse von Tschernobyl radioaktiv kontaminierten landwirtschaftlichen Erzeugnissen* v. 30.10.1987 (BAnz. 1987 Nr. 205, 39). Nach der am 1.11.1987 in Kraft und (mit Inkrafttreten der Folgeregelung zur VO (EWG) Nr. 1707/86 (ABl. 1986 L 146, 88), der VO (EWG) Nr. 3955/87 des Rates über die Einfuhrbedingungen für landwirtschaftliche Erzeugnisse mit Ursprung in Drittländern nach dem Unfall im Kernkraftwerk Tschernobyl v. 22.12.1987, ABl. 1987 L 371, 14) bereits am 30.12.1987 außer Kraft getretenen VO (vgl. auch OLG Celle LMRR 1990, 40) war das Inverkehrbringen landwirtschaftlicher Erzeugnisse und Lebensmittel, die die in Art. 3 der VO (EWG) Nr. 1707/86 festgesetzten Kontaminationswerte überschritten, strafbewehrt. Fahrlässiges Handeln war nach § 2 Abs. 2 der Rechtsverordnung als Ordnungswidrigkeit verfolgbar. Die EU-Höchstwerte für Cäsium 134 und 137 waren nach der VO (EWG) Nr. 1707/86 für Milch, Milcherzeugnisse und Lebensmittel für Kleinkinder (bis zum 6. Lebensmonat) auf 370 Bq/kg und für alle anderen betroffenen Erzeugnisse auf 600 Bq/kg festgesetzt worden.

Aktuell existiert **keine einschlägige Rechtsverordnung** nach Nr. 1. Es bleibt aber stets zu prüfen, ob die Vorschriften des Lebensmittel-, Bedarfsgegenstände- und Futtermittelgesetzbuches (LFGB) eingreifen (zu §§ 17 Abs. 1 Nr. 1, 52, 53 LMBG vgl. OLG Celle LMRR 1990, 40 – Inverkehrbringen radioaktiv belasteter Maronen).

II. Verstoß gegen Art. 6 Abs. 1 S. 1 der VO (Euratom) Nr. 3954/87 (Nr. 2)

6   Die Regelung der Nr. 2 sanktioniert Verstöße gegen unmittelbar geltendes Gemeinschaftsrecht. Die *VO (Euratom) Nr. 3954/87 des Rates v. 22.12.1987 zur Festlegung von Höchstwerten an Radioaktivität in Nahrungsmitteln und Futtermitteln im Falle eines nuklearen Unfalls oder einer anderen radiologischen Notstandssituation* (ABl. 1987 L 371, 11; in Kraft getreten am 2.1.1988; vgl. Art. 8) verfolgt das in Art. 2 Buchstabe b) des Vertrages zur Gründung der Europäischen Atomgemeinschaft (EAG-Vertrag) formulierte Ziel, gemeinschaftseinheitliche Sicherheitsnormen für den Gesundheitsschutz der Bevölkerung und der Arbeitskräfte aufzustellen. Sie soll die Grundlage dafür schaffen, dass die Gemeinschaft bei einem nuklearen Unfall oder einer vergleichbaren Notsituation Höchstwerte von Radioaktivität in Nahrungs- und Futtermitteln festlegen kann und bestimmt das hierbei einzuhaltende Verfahren.

Die vom europäischen Parlament erhobene Nichtigkeitsklage ist mit Urteil des EuGH v. 4.10.1991 (C-70/88) abgewiesen worden. Das Europäische Parlament hatte insbes. geltend gemacht, die VO sei zu Unrecht auf Art. 31 EAG-Vertrag gestützt worden; geeignete Rechtsgrundlage sei vielmehr Art. 100a EWG-Vertrag, weil das in Art. 6 Abs. 1 S. 1 vorgesehene Verbot des Inverkehrbringens belasteter Nahrungs- und Futtermittel mindestens auch Züge einer Harmonisierungsmaßnahme im Sinne von Art. 100a EWG-Vertrag trage. Der EuGH ist dieser Ansicht entgegengetreten. Das Verbot sei Voraussetzung für die wirksame Anwendung der zulässigen Höchstwerte; die Harmonisierung der Bedingungen für den freien Warenverkehr sei ausgehend hiervon nicht mehr als bloßer Rechtsreflex.

7   **Verordnungsverfahren:** Wenn die Umstände es erfordern, erlässt die Kommission nach Art. 2 der VO (Euratom) Nr. 3954/87 unverzüglich nach Erhalt einer offiziellen Mitteilung von einem Unfall oder einer anderen radiologischen Notstandssituation eine VO zur Anwendung der in der Anlage zur VO (Euratom) Nr. 3954/87 festgeschriebenen Höchstwerte für Nahrungs- und Futtermittel und unterbreitet dem Rat nach Konsultation mit Sachverständigen innerhalb eines Monats einen Vorschlag für eine VO zur Bestätigung oder Anpassung der Höchstwerte (Art. 3 Abs. 1 VO (Euratom) Nr. 3954/87),

wobei sie neben Aspekten des Gesundheitsschutzes auch wirtschaftliche und soziale Kriterien berücksichtigt (Art. 3 Abs. 2 VO (Euratom) Nr. 3954/87). Die aufgrund einer VO nach Art. 2 geltenden
Höchstwerte bleiben bis zum Inkrafttreten der Bestätigung- oder Anpassungsverordnung des Rates
anwendbar, Art. 3 Abs. 4 VO (Euratom) Nr. 3954/87. Sowohl Verordnungen nach Art. 2 als auch
solche nach Art. 3 sind befristet.

Nahrungsmittel sind nach Art. 1 Abs. 2 Hs. 1 der VO solche Erzeugnisse, die entweder unmittelbar **8**
oder nach ihrer Verarbeitung für den menschlichen Verzehr bestimmt sind. **Futtermittel** im Sinne der
VO sind Erzeugnisse, die allein für den tierischen Verzehr bestimmt sind, Art. 1 Abs. 2 Hs. 2. Sie dürfen
nach **Art. 6 Abs. 1 S. 1** der VO (Euratom) Nr. 3954/87 nicht auf den Markt gebracht werden, wenn
sie die im Verfahren nach Art. 2 oder Art. 3 der VO (Euratom) Nr. 3954/87 festgelegten Höchstwerte
überschreiten.

Aus Drittländern eingeführte Nahrungs- oder Futtermittel gelten nach Art. 6 Abs. 1 S. 2 als auf den
Markt gebracht, wenn sie im Zollgebiet der Gemeinschaft in einem anderen Zollverfahren als dem
Versandverfahren abgefertigt wurden.

Objektive Bedingung der Strafbarkeit ist, dass die maßgebliche Höchstwerte-VO nach Art. 2 **9**
oder 3 der VO (Euratom) Nr. 3954/87 im Bundesanzeiger veröffentlicht wurde. Die gegen objektive
Strafbarkeitsbedingungen gelegentlich erhobenen rechtsgrundsätzlichen Einwände (etwa aus der Perspektive des Schuldprinzips, s. dazu *Safferling,* Vorsatz und Schuld 2008, 122 ff. mwN) werden hier
dadurch relativiert, dass die Veröffentlichung im Bundesanzeiger einerseits jedenfalls nicht schuldindiffe-
rent ist (zur Frage der Vermeidbarkeit mangelnder Kenntnis einschlägiger Höchstwerte → Rn. 2),
andererseits aber kein Element materiellen Unrechts enthält.

III. Verstoß gegen Art. 2 der VO (EWG) Nr. 2219/89 (Nr. 3)

Ausgehend von der Erkenntnis, dass es nicht vertretbar ist, im Falle eines nuklearen Unfalls oder einer **10**
vergleichbaren Notstandssituation Erzeugnisse mit erhöhtem Kontaminationsgrad zur **Ausfuhr in
Drittländer** zuzulassen und zudem unter derartigen Bedingungen eine differenzierte Behandlung von
Erzeugnissen nach ihrer Bestimmung nur unter besonderen Schwierigkeiten überhaupt praktikabel
wäre, war seit Erlass der VO (Euratom) Nr. 3954/87 (→ Rn. 6 ff.) vorgesehen, besondere Vorschriften
zur Ausfuhr von Nahrungsmitteln zu verabschieden, vgl. *VO (EWG) Nr. 2219/89 des Rates* v.
*18.7.1989 über besondere Bedingungen für die Ausfuhr von Nahrungsmitteln und Futtermitteln im Falle eines
nuklearen Unfalls oder einer anderen radiologischen Notstandssituation* (ABl. 1989 L 211, 4; in Kraft getreten
am 25.7.1989). Weil die VO (Euratom) Nr. 3954/87 neben Nahrungsmitteln aus Gründen des Gesundheitsschutzes auch Futtermittel erfasst (→ Rn. 6 ff.), war es erforderlich auch die Ausfuhrbedingungen
hierauf zu erstrecken.

Die **Begriffsbestimmung** des Art. 1 Abs. 2 der VO (EWG) Nr. 2219/89 für Nahrungs- und **11**
Futtermittel entspricht derjenigen der VO (Euratom) Nr. 3954/87 (→ Rn. 8).

Verboten ist nach Art. 2 der VO (EWG) Nr. 2219/89 die Ausfuhr von Nahrungs- und Futtermitteln, **12**
deren radioaktive Kontamination über den Höchstwerten liegt, die gemäß den Art. 2 und 3 der VO
(Euratom) Nr. 3954/87 Anwendung finden (zum Verordnungsverfahren nach der VO (Euratom)
Nr. 3954/87 → Rn. 7).

Auch die Strafbarkeit nach der Verbotsnorm der Nr. 3 setzt als **objektive Bedingung der Strafbar-** **13**
keit die Veröffentlichung der Höchstwerte-VO nach Art. 2 oder 3 der VO (Euratom) Nr. 3954/87 im
Bundesanzeiger voraus (→ Rn. 9).

IV. Verstoß gegen Art. 2 der VO (EWG) Nr. 737/90 (Nr. 4)

Die mit dem Ersten Gesetz zur Änderung des Strahlenschutzvorsorgegesetzes v. 8.4.2008 (BGBl. I **14**
686) eingeführte Nr. 4 sah mit Wirkung ab dem 12.4.2008 eine strafrechtliche Verfolgung für den Fall
vor, dass der Täter ein in der VO (EWG) Nr. 737/90 genanntes Erzeugnis in den freien Verkehr bringt.
Die in Bezug genommene *VO (EWG) Nr. 737/1990 des Rates* v. *22.3.1990 über die Einfuhrbedingungen
für landwirtschaftliche Erzeugnisse mit Ursprung in Drittländern nach dem Unfall im Kernkraftwerk Tschernobyl*
(ABl. 1990 L 82, 1; gültig ab 1.4.1990; vgl. Art. 8) ist indes **mWz 18.8.2008** durch die *VO (EG)
Nr. 733/2008 des Rates* v. *15.7.2008 über die Einfuhrbedingungen für landwirtschaftliche Erzeugnisse mit
Ursprung in Drittländern nach dem Unfall im Kernkraftwerk Tschernobyl* (ABl. 2008 L 201, 1 ff.) **aufgehoben
und neu gefasst** worden. Ungeachtet dessen, dass diese Neufassung im Wesentlichen Klarheits- und
Übersichtlichkeitserwägungen geschuldet war (vgl. ABl. 2008 L 201, 1), scheidet eine Bestrafung unter
Zugrundelegung der VO (EG) Nr. 733/2008 aus Bestimmtheitsgründen aus (vgl. OLG Koblenz NStZ
1989, 188 f. – Vergehen gegen das WeinG). Die bloße inhaltliche Übereinstimmung der genannten
Verordnungen genügt für sich genommen nicht; auch eine Auslegung der Strafbestimmung dahin, dass
ab dem 18.8.2008 auf die VO (EG) Nr. 733/2008 Bezug genommen werde, kommt wegen Art. 103
Abs. 2 GG nicht in Betracht (vgl. zur parallelen Problematik beim WeinG: BGH NJW 1977, 1600 f.).

Der Gesetzgeber ist daher erneut dazu aufgerufen, bestehende Strafbarkeitslücken zu schließen **15**
(→ Vorb. Rn. 4). Ein dynamischer Verweis auf das jeweils in Kraft befindliche Gemeinschaftsrecht ist

dabei jedoch – wiederum mit Blick auf das Bestimmtheitsgebot – nicht das Mittel der Wahl (vgl. OLG Koblenz NStZ 1989, 188 f. mwN; dort auch zur Frage einer Verordnungsermächtigung zur deklaratorischen Anpassung einer Strafnorm an das jeweils geltende Gemeinschaftsrecht; sa Erbs/Kohlhaas/*Rohnfelder/Freytag* MilchmargG § 12 Rn. 2 f.).

§ 14 Bußgeldvorschriften

(1) **Ordnungswidrig handelt, wer eine der in § 13 bezeichneten Handlungen fahrlässig begeht.**

(2) **Ordnungswidrig handelt auch, wer vorsätzlich oder fahrlässig einer vollziehbaren Anordnung nach § 8 Abs. 1 Satz 1 Nr. 1 oder 2 zuwiderhandelt.**

(3) **Die Ordnungswidrigkeit kann mit einer Geldbuße bis zu fünfzigtausend Euro geahndet werden.**

1 **1. Der Tatbestand des Abs. 1.** Nach Abs. 1 handelt ordnungswidrig, wer eine der in § 13 bezeichneten Handlungen (→ § 13 Rn. 5–15) **fahrlässig** begeht. Weil derzeit einerseits keine Rechtsverordnung der in § 13 Nr. 1 bezeichneten Art existiert (→ § 13 Rn. 5) und andererseits die in § 13 Nr. 4 aufgeführte VO (EWG) Nr. 737/90 zwischenzeitlich aufgehoben worden ist (→ § 13 Rn. 14 f.), kommen als potentielle Anknüpfungspunkte ordnungsrechtlicher Verfolgung derzeit lediglich das Inverkehrbringen (§ 13 Nr. 2) und die Ausfuhr (§ 13 Nr. 3) kontaminierter Nahrungs- oder Futtermittel (→ § 13 Rn. 8) in Betracht. Erforderlich ist jedoch in beiden Fällen der Erlass einer gemeinschaftsrechtlichen Höchstwerte-VO nach einem nuklearen Unfall oder einer anderen radiologischen Notstandssituation (→ § 13 Rn. 7) und deren Veröffentlichung im Bundesanzeiger (→ § 13 Rn. 9, 13).

2 **2. Der Tatbestand des Abs. 2.** Bußgeldbewehrt sind nach Abs. 2 **vorsätzliche und fahrlässige** Zuwiderhandlungen gegen vollziehbare Anordnungen der mit der Kontrolle des grenzüberschreitenden Verkehrs beauftragten Behörden (→ Vorb. Rn. 11). Auf die Rechtmäßigkeit der behördlichen Anordnung kommt es dabei grundsätzlich nicht an (sog Verwaltungsrechts-Akzessorietät; aA *Bischof,* Deutsches Bundesrecht, 1989, StrVG § 14 Rn. 3; sa *Wüterich* NStZ 1987, 106 ff.; zum Meinungsstand ausf. Schönke/Schröder/*Heine/Hecker* StGB Vor §§ 324 ff. Rn. 15 ff.).

3 **3. Rechtsfolgen.** Vorsätzliche Verstöße gegen vollziehbare Anordnungen im Sinne des Abs. 2 können nach Abs. 3 mit Geldbuße bis zu 50.000 EUR geahndet werden. Für fahrlässige Handlungen nach Abs. 1 und Abs. 2 beträgt das Höchstmaß der Geldbuße 25.000 EUR, § 17 Abs. 2 OWiG. Gegenstände, auf die sich die Ordnungswidrigkeit bezieht, können nach § 15 eingezogen werden.

§ 15 Einziehung

[1] **Gegenstände, auf die sich eine Straftat nach § 13 oder eine Ordnungswidrigkeit nach § 14 beziehen, können eingezogen werden.** [2] **§ 74a des Strafgesetzbuches und § 23 des Gesetzes über Ordnungswidrigkeiten sind anzuwenden.**

Die Vorschrift stellt die Einziehung von **Beziehungsgegenständen** (die Objekte der Zuwiderhandlung; vgl. Schönke/Schröder/*Eser* StGB § 74 Rn. 12a; also insbes. kontaminierter Nahrungs- und Futtermittel, → § 13 Rn. 6 ff., 10 f.) in das Ermessen des Gerichts. Nach S. 2 sind § 74a StGB und § 23 OWiG anzuwenden, mit der Folge, dass unter den dort genannten Voraussetzungen (dazu → StGB § 74a Rn. 1 ff.; Bohnert/Krenberger/Krumm OWiG § 23 Rn. 6 ff.) auch **täterfremde Gegenstände** eingezogen werden können.

700. Gesetz zur Sicherstellung des Embryonenschutzes im Zusammenhang mit Einfuhr und Verwendung menschlicher embryonaler Stammzellen (Stammzellgesetz – StZG)

Vom 28. Juni 2002 (BGBl. I S. 2277) FNA 2121-61

Zuletzt geändert durch Art. 2 Abs. 29 und Art. 4 Abs. 16 G zur Strukturreform des Gebührenrechts des Bundes vom 7.8.2013 (BGBl. I S. 3154)

– Auszug –

Literatur: *Beck,* Stammzellforschung und Strafrecht, 2006; *Brewe,* Embryonenschutz und Stammzellgesetz, 2006; *Dahs/Müssig,* Wissenschaft(ler) in der Strafrechtsfalle? Zu den strafrechtlichen Auswirkungen des Stammzell-Gesetzes, MedR 2003, 617; *Dederer,* Stammzellgesetz, 2012; *Eser/Koch,* Forschung mit humanen embryonalen Stammzellen im In- und Ausland. Rechtsgutachten zu den strafrechtlichen Grundlagen und Grenzen der Gewinnung, Verwendung und des Imports sowie der Beteiligung daran durch Veranlassung, Förderung und Beratung. Gutachten für die Deutsche Forschungsgemeinschaft, Weinheim, 2003; *Gehrlein,* Das Stammzellgesetz im Überblick, NJW 2002, 3680; *Hilgendorf,* Strafbarkeitsrisiken bei der Stammzellforschung mit Auslandskontakten, ZRP 2006, 22; *Huwe,* Strafrechtliche Grenzen der Forschung an menschlichen Embryonen und embryonalen Stammzellen: eine Untersuchung zu ESchG und StZG unter besonderer Berücksichtigung internationalstrafrechtlicher Bezüge, 2006; *Kreß,* Forschung an pluripotenten Stammzellen, MedR 2015, 387; *Miller/Rackow,* Transnationale Täterschaft und Teilnahme – Beteiligungsdogmatik und Strafanwendungsrecht, ZStW 117 (2005), 379; *Schwarz,* Strafrechtliche Grenzen der Stammzellenforschung, MedR 2003, 158; *Taupitz,* Die Aufgaben der Zentralen Ethik-Kommission für Stammzellforschung, in: FS H.-L. Schreiber, 2003, 903; *Taupitz,* Erfahrungen mit dem Stammzellgesetz, JZ 2007, 113; *Valerius,* Stammzellgesetz und grenzüberschreitende Forschung, NStZ 2008, 121.

Vorbemerkung

1. Regelungsgegenstand des Gesetzes. Regelungsgegenstand des StZG sind die Einfuhr und **1** Verwendung menschlicher embryonaler Stammzellen in Deutschland in Form eines strafbewehrten **Verbots mit Erlaubnisvorbehalt** (vgl. § 4 Abs. 1 bzw. § 4 Abs. 2 iVm § 6) zum Zwecke der Forschung. (BT-Drs. 14/8846, 8 (11)). Das Gesetz regelt neben den Genehmigungsvoraussetzungen auch die Bestimmung der zuständigen Genehmigungsbehörde sowie die Einrichtung einer Ethik-Kommission für Stammzellenforschung (ZES) und deren Aufgaben (§ 8 Abs. 4 iVm ZES V, vgl. BT-Drs. 14/8846, 11). In den **Anwendungsbereich** des Gesetzes fallen die Einfuhr und die Verwendung im Inland befindlicher embryonaler Stammzellen (§ 2).

2. Ziel und Entstehung des Gesetzes. Ziel des Gesetzes ist die Gewährleistung eines gerechten **2** Ausgleichs der Achtung der Menschenwürde in Abwägung mit der Forschungsfreiheit (vgl. § 1). Das Gesetz bezweckt zudem eine strafrechtliche Ergänzung des Embryonenschutzgesetzes (ESchG), dessen strafrechtliche Vorschriften auf die Einfuhr menschlicher Embryonalzellen aus dem Ausland und Verwendung in Deutschland keine Anwendung findet. Diese „Lücke" sollte mit dem StZG geschlossen und so das vom EschG normierte Schutzniveau gesichert werden (BT-Drs. 14/8394, 8; zu gesetzgeberischer Entstehungsgeschichte und Hintergrund des StZG *Catenhusen,* Jahrbuch für Wissenschaft und Ethik 8, 2003, 275; *Dederer* StZG Einl.).

Eines der zentralen Probleme der Urfassung des StZG war die Beurteilung von Beteiligungskonstella- **3** tionen mit Auslandsbezug. Auf das StZG sind die §§ 3–7, 9 StGB uneingeschränkt anwendbar (BeckOK StGB/*v. Heintschel-Heinegg* § 9 Rn. 13.1). Es bestand damit eine latente Strafbarkeitsdrohung wegen Teilnahme oder mittäterschaftlicher Mitwirkung an der Forschung von im Ausland befindlichen Stammzellen, die nicht nach Deutschland eingeführt oder generell verwendet werden durften.

Diese Probleme wurden vom Gesetzgeber mit dem **Stammzelländerungsgesetz (StZÄndG)** v. **4** 14.8.2008 (BGBl. I 1708), in Kraft getreten mWv 21.8.2008, beseitigt. Dem Vorschlag des federführenden Ausschusses, § 9 Abs. 2 S. 2 StGB für nicht anwendbar zu erklären (vgl. Alternativlösung in BT-Drs. 16/7981, 3) oder § 13 ganz zu streichen (so ein Ges-E in BT-Drs. 16/7982, 2) ist der BT ebenso wenig gefolgt wie dem Vorschlag, die Genehmigungspflicht abzuschaffen (so ein Ges-E in BT-Drs. 16/7983, 2). Vielmehr ist die Lösung des StZÄndG, den Anwendungsbereich des Gesetzes auf solche Stammzellen zu beschränken, die sich im Inland befinden (vgl. BT-Drs. 16/7981, 3). Hierfür wurde in § 2 klargestellt, dass die Geltung des Stammzellgesetzes insgesamt auf das Inland beschränkt ist. In § 13 Abs. 1 S. 1 wurde zusätzlich der Passus „sich im Inland befinden" hinsichtlich der Verwendung embryonaler Stammzellen aufgenommen.

Diese tatbestandliche Begrenzung schließt nunmehr sowohl eine Beteiligungsstrafbarkeit als auch eine **5** mittäterschaftliche Begehungsweise bei der Forschung von im Ausland befindlichen Stammzellen aus.

Eine im StZG aufgeführte Handlung, die im Ausland vorgenommen wird, kann nun einem im Inland Handelnden auch nicht mehr (mittäterschaftlich) als eigene zugerechnet werden. Eine Strafbarkeit nach dem Embryonenschutzgesetz (ESchG) für die Mitwirkung an ausländischer verbrauchender Embryonenforschung zur Gewinnung von embryonalen Stammzellen bleibt hiervon jedoch unberührt (vgl. BT-Drs. 16/7981, 6).

§ 13 Strafvorschriften

(1) ¹Mit Freiheitsstrafe bis zu drei Jahren oder mit Geldstrafe wird bestraft, wer ohne Genehmigung nach § 6 Abs. 1
1. embryonale Stammzellen einführt oder
2. embryonale Stammzellen, die sich im Inland befinden, verwendet.
²Ohne Genehmigung im Sinne des Satzes 1 handelt auch, wer auf Grund einer durch vorsätzlich falsche Angaben erschlichenen Genehmigung handelt. ³Der Versuch ist strafbar.

(2) Mit Freiheitsstrafe bis zu einem Jahr oder mit Geldstrafe wird bestraft, wer einer vollziehbaren Auflage nach § 6 Abs. 6 Satz 1 oder 2 zuwiderhandelt.

1　**1. Einführen oder Verwenden embryonaler Stammzellen ohne Genehmigung (Abs. 1).** Nur Stammzellen, die **aus menschlichen Embryonen** gewonnen wurden, unterfallen dem **Anwendungsbereich des StZG.** Stammzellen können derzeit auf verschiedene Weise gewonnen werden: aus wenige Tage alten Embryonen (im Blastozystenstadium) nach künstlicher Befruchtung (embryonale Stammzellen, → Rn. 4), aus abgegangenen Föten oder solchen nach Schwangerschaftsabbrüchen (embryonale Keimzellen), aus Nabelschnurblut (neonatale Stammzellen) und aus adultem, dh ausdifferenziertem Gewebe des menschlichen Organismus (adulte Stammzellen). Zum Stand der Forschung vgl. Unterrichtung der Bundesregierung, Zweiter und Dritter Erfahrungsbericht der Bundesregierung über die Durchführung des StZG (Zweiter und Dritter Stammzellbericht), BT-Drs. 16/4050 und 16/12 956). **Nicht erfasst** vom Anwendungsbereich des StZG sind damit Stammzellen, die aus embryonalen Keimzellen, aus abgegangenen Embryonen bzw. Föten oder solchen aus Schwangerschaftsabbrüchen gewonnen wurden, adulte Stammzellen und tierische Zellen (vgl. BT-Drs. 14/8394, 8).

2　**Stammzellen** iSd StZG sind nach der Definition in § 3 Nr. 1 alle menschlichen Zellen, die die Fähigkeit besitzen, sich in entsprechender Umgebung selbst durch Zellteilung zu vermehren, und die sich selbst oder ihre Tochterzellen unter geeigneten Bedingungen zu Zelltypen des menschlichen Körpers unterschiedlicher Spezialisierung entwickeln können (pluripotente Stammzellen). In **Abgrenzung zu Embryonen** sind Stammzellen nicht totipotent, können sich also nicht zu einem Individuum entwickeln.

3　**Embryonale Stammzellen** iSd StZG sind nach § 3 Nr. 2 alle aus Embryonen gewonnenen pluripotenten Stammzellen, die extrakorporal erzeugt und nicht zur Herbeiführung einer Schwangerschaft verwendet worden sind oder einer Frau vor Abschluss ihrer Einnistung in der Gebärmutter entnommen wurden.

4　Taugliche **Täter** einer Straftat nach § 13 sind alle Personen, die in der Stammzellforschung tätig sind. Ob darunter bei Abs. 1 nur die Adressaten der Genehmigungpflicht aus § 6 Abs. 1 bzw. in Abs. 2 die Adressaten der vollziehbaren Auflage iSd § 6 Abs. 6 S. 1, 2 fallen (so Dederer StZG Rn. 1; ebenso Spickhoff/*Müller-Terpitz* Rn. 4) ist zweifelhaft. Adressaten der Genehmigungpflicht können formal auch Universitäten und andere Forschungseinrichtungen als juristische Personen sein, so dass als taugliche Täter in diesem Zusammenhang alle Wissenschaftler in Betracht kommen, die im Rahmen eines genehmigungspflichtigen, aber nicht genehmigten Forschungsprojekts arbeiten. Sinnvoll mit dem Gesetzeszweck eines strafrechtlichen Verbots mit Erlaubnisvorbehalt vereinbar ist vielmehr, dass taugliche Täter alle in der Stammzellforschung Tätigen sein können, sofern sie nicht im Rahmen eines nach § 6 Abs. 1 genehmigten Forschungsprojekt tätig werden.

5　**a) Ohne Genehmigung nach § 6 Abs. 1 (Abs. 1 S. 1).** Übergreifendes Merkmal des Abs. 1 ist die **fehlende Genehmigung** nach § 6 Abs. 1. Jede Einfuhr und Verwendung embryonaler Stammzellen bedarf einer behördlichen Genehmigung. Ziel dieser Regelung ist zum einen die Prüfung der Genehmigungsvoraussetzungen, zum anderen die Rechtssicherheit der Forscher für ihre Arbeiten (BT-Drs. 14/8394, 9). Die **Genehmigungsvoraussetzungen** ergeben sich aus § 6 Abs. 2–4 (Abs. 2: formelle Voraussetzungen; Abs. 3: Verwaltungsverfahren für Einfuhr und Verwendung; Abs. 4: materielle Genehmigungsvoraussetzungen). Liegen die Genehmigungsvoraussetzungen vor, besteht ein Rechtsanspruch auf ihre Erteilung.

6　Einer fehlenden Genehmigung iSv Abs. 1 tatbestandlich gleichzustellen ist auch der Fall, dass eine Genehmigung nach § 6 Abs. 6 unter einer Bedingung, Auflage oder Befristung erteilt wurde, die Bedingung aber nicht eingetreten oder die Befristung abgelaufen ist und die **Genehmigung** damit **nicht in Kraft gesetzt** oder die Voraussetzungen rückwirkend **wieder entfallen** ist. In Betracht kommt auch, dass eine einmal erteilte Genehmigung nach § 6 Abs. 6 S. 2 **widerrufen** wurde.

Ein tatbestandsmäßiges Handeln ohne Genehmigung liegt auch dann vor, wenn eine Genehmigung 7 zwar behördlich zu erteilen ist, die Entscheidung der Behörde nach § 6 Abs. 5 jedoch trotz Ablaufs der vorgegebenen Erteilungsfrist nicht abgewartet wird.

Zuständige Behörde und damit Adressatin eines Genehmigungsantrags ist das Robert Koch-Institut 8 (RKI) in Berlin (§ 7 Abs. 1 S. 1 StZG iVm § 1 ZESV). Das RKI hat seinerseits die Zentrale Ethik-Kommission für Stammzellenforschung (ZEK) zu beteiligen (zu Einzelheiten zur Zusammenarbeit vgl. § 13 ZESV). § 8 Abs. 4 StZG: ZESV.

b) Abs. 1 S. 1 Nr. 1: Einführen embryonaler Stammzellen. Unter **Einfuhr** ist nach § 3 Nr. 5 9 das Verbringen embryonaler Stammzellen in das Gebiet der Bundesrepublik Deutschland zu verstehen.

c) Abs. 1 S. 1 Nr. 2: Verwenden im Inland befindlicher embryonaler Stammzellen. Ver- 10 **wenden** bezeichnet einen zweckgerichteten Gebrauch. Auch die **Lagerung** vom Zeitpunkt der Einfuhr bis zur erstmaligen Verwendung oder zwischen verschiedenen Forschungsvorhaben ist von einer Genehmigung umfasst (vgl. BT-Drs. 14/8394, 8) und erfüllt damit bei fehlender Genehmigung den Tatbestand. **Keine** Verwendung in diesem Sinne ist die bloße **Zerstörung.** 11

Zum **Inland** vgl. § 3 StGB.

d) Handeln aufgrund erschlichener Genehmigung (Abs. 1 S. 2). Nur eine materiell wirksame 12 Genehmigung kann die Einfuhr und Verwendung von Stammzellen rechtfertigen. Eine durch bewusst und vorsätzlich falsche Angaben erschlichene Genehmigung erfüllt diese Voraussetzungen nicht. **Tat-handlung** ist damit die Einfuhr oder Verwendung von Stammzellen aufgrund einer erschlichenen Genehmigung. Die Fassung der Norm orientierte sich ausweislich der Gesetzesbegründung (BT-Drs. 14/8394, 11) an anderen parallelen Vorschriften wie zB § 34 Abs. 8 AWG oder § 330d Nr. 5 StGB.

Erschleichen der Genehmigung ist als Merkmal erfüllt, wenn **bewusst und vorsätzlich** falsche 13 Angaben im Genehmigungsantrag gemacht werden, was **kausal** zur Genehmigungserteilung geführt hat, obwohl die Voraussetzungen für die Erteilung zu diesem Zeitpunkt nicht vorgelegen hatten. **Fahr-lässig** falsche Angaben, selbst bei grober Fahrlässigkeit, erfüllen den Tatbestand **nicht.**

e) Strafbarer Versuch (Abs. 1 S. 3). Der **Versuch** des Vergehens ist strafbar, Abs. 1 S. 3. 14

f) Rechtsfolge. Rechtsfolge einer Straftat nach Abs. 1 ist Freiheitsstrafe bis zu drei Jahre oder 15 Geldstrafe.

2. Zuwiderhandlung gegen vollziehbare Auflage nach § 6 Abs. 6 S. 1 oder S. 2 (Abs. 2). 16 **Tathandlung** ist die Zuwiderhandlung gegen eine vollziehbare Auflage nach § 6 Abs. 6 S. 1 oder S. 2. Nach § 6 Abs. 6 S. 1 kann eine Genehmigung für den Antragsteller bereits **bei Erteilung** mit **Auflagen** versehen werden. Nach § 6 Abs. 6 S. 2 kann eine Genehmigung **auch noch nachträglich** zur Erfüllung oder Einhaltung der Genehmigungsvoraussetzungen mit einer Auflage verbunden werden. Ein Verstoß gegen eine Auflage führt jedoch erst zur Strafbarkeit, wenn die Auflage **vollziehbar** ist. **Vollziehbar** wird eine Auflage mit Unanfechtbarkeit oder wenn die sofortige Vollziehung angeordnet worden ist (§ 80 Abs. 2 Nr. 4 VwGO).

Mögliche **Rechtsfolgen** eines Vergehens nach Abs. 2 sind Freiheitsstrafe bis zu einem Jahr oder 17 Geldstrafe.

§ 14 Bußgeldvorschriften

(1) Ordnungswidrig handelt, wer

1. entgegen § 6 Abs. 2 Satz 2 eine dort genannte Angabe nicht richtig oder nicht vollständig macht oder
2. entgegen § 12 Satz 1 eine Anzeige nicht, nicht richtig, nicht vollständig oder nicht recht-zeitig erstattet.

(2) Die Ordnungswidrigkeit kann mit einer Geldbuße bis zu fünfzigtausend Euro geahndet werden.

1. Abs. 1 Nr. 1: Verstoß gegen Pflicht zur Informationsangabe iSd § 6 Abs. 2 S. 2. Tathand- 1 **lung** iSv Abs. 1 Nr. 1 ist die unrichtige oder unvollständige Angabe von zur Erteilung der Genehmi-gung gem. § 6 erforderlichen Informationen. Nach § 6 Abs. 2 S. 2 hat ein Antragsteller in seinem schriftlichen Antrag auf Genehmigung insbes. folgende Angaben zu machen: Nr. 1: den **Namen** und die **berufliche Anschrift** der für das Forschungsvorhaben verantwortlichen Person, Nr. 2: eine **Be-schreibung des Forschungsvorhabens** einschließlich wissenschaftlich begründeter Darlegung, dass das Forschungsvorhaben den Anforderungen nach § 5 (Voraussetzungen für Forschung an embryonalen Stammzellen) entspricht, Nr. 3: eine **Dokumentation** der für die Einfuhr oder Verwendung vorgesehe-nen embryonalen Stammzellen darüber, dass die Voraussetzungen nach § 4 Abs. 2 Nr. 1 (Herkunft der Embryonen) erfüllt sind; der Dokumentation steht der Nachweis gleich, der belegt, dass die embryona-len Stammzellen mit denjenigen identisch sind, die in einem wissenschaftlich anerkannten, öffentlich zugänglichen und durch staatliche oder staatlich autorisierte Stellen geführten Register eingetragen sind, und durch diese Eintragung die Voraussetzungen nach § 4 Abs. 2 Nr. 1 (ua zulässige Gewinnung im Herkunftsland vor dem 1.5.2007 aus unentgeltlich extrakorporal erzeugten Embryonen, Kryokonservierung) erfüllt sind.

2   **Tauglicher Täter** ist der Antragsteller der Genehmigung iSd § 6.

3   **2. Abs. 1 Nr. 2: Verstoß gegen Anzeigepflicht iSd § 12 S. 1. Tathandlung** iSv Abs. 1 Nr. 2 ist die unterlassene, nicht richtige, nicht vollständige oder nicht rechtzeitige Anzeige unter Verstoß gegen § 12 S. 1. Die entsprechende Pflicht zur unverzüglichen (§ 121 Abs. 1 S. 1 BGB analog: ohne schuldhaftes Zögern) Anzeige bezieht sich auf wesentliche **nachträgliche** (nach Antragstellung oder Genehmigung eingetretene) **Änderungen,** die die Zulässigkeit von Einfuhr und Verwendung der Stammzellen und damit die Genehmigungsfähigkeit des geplanten Forschungsvorhabens betreffen (zB Änderungen in der Bewertung oder der Zielsetzung des Forschungsvorhabens, sofern in ethischer Hinsicht eine Überprüfung der vorhandenen Bewertung erforderlich scheint, vgl. BT-Drs. 14/8394, 10).

4   **Nicht** von der nachträglichen Anzeigepflicht erfasst sind Sachverhalte, die die Genehmigungspflicht für ein eigenständiges, neues Forschungsvorhaben auslösen. Hier kann eine neue Genehmigung beantragt werden.

5   Das Erfordernis einer Anzeige iSv § 12 S. 1 ermöglicht einerseits die behördliche Prüfung der Genehmigungsvoraussetzungen und vermittelt andererseits dem Forscher Rechtssicherheit für seine Arbeiten (BT-Drs. 14/8394, 9).

6   **Tauglicher Täter** ist der zur Anzeige Verpflichtete. Dies ist derjenige, der im Genehmigungsantrag als für das Forschungsprojekt Verantwortlicher eingetragen ist (§ 6 Abs. 2 S. 2 Nr. 1).

7   **3. Innere Tatseite.** Der **innere Tatbestand** erfordert **vorsätzliches** Handeln (§ 10 OWiG).

8   **4. Rechtsfolge und Zuständigkeit. Rechtsfolge** einer Zuwiderhandlung gegen § 14 ist nach Abs. 2 Geldbuße von 5 EUR (§ 17 Abs. 1 OWiG) bis zu 50.000 EUR. Grundlage für die Zumessung der Geldbuße sind nach § 17 Abs. 3 OWiG die Bedeutung der OWi und der den Täter treffende Vorwurf. Bei nicht geringfügigen OWi kommen auch die wirtschaftlichen Verhältnisse des Täters als Zumessungskriterium in Betracht, bei geringfügigen idR nicht, es sei denn, es liegt ein Ausnahmefall vor. Die Geldbuße soll nach § 17 Abs. 4 OWiG den wirtschaftlichen Vorteil, den der Täter aus der Begehung der OWi gezogen hat, übersteigen. Soweit das gesetzliche Höchstmaß hierzu nicht ausreicht, so kann es überschritten werden.

9   Die **Zuständigkeit** für die Verfolgung und Ahndung von Ordnungswidrigkeiten nach § 14 Abs. 1 ist auf das Robert Koch-Institut übertragen, § 1 Abs. 2 ZESV.

702. Tabakerzeugnisgesetz (TabakerzG)

Vom 4. April 2016 (BGBl. I S. 569) FNA 2125-12

– Auszug –

Vorbemerkung

1. Entstehungsgeschichte des Gesetzes. Die Vorschriften zu Tabakerzeugnissen fanden sich ur- **1** sprünglich in dem Lebensmittel- und Bedarfsgegenständegesetz (LMBG). Durch das Gesetz zur Neuordnung des Lebensmittel- und Futtermittelrechts v. 1.9.2005 (BGBl. I 2618) wurde das LMBG aufgehoben und in das Lebensmittel- und Futtermittelgesetzbuch (LFGB) umgewandelt. Das LFGB enthielt allerdings keine Vorschriften über Tabakerzeugnisse. Das „Vorläufige Tabakgesetz" entstand formal infolge der vorgenannten Neuordnung als Änderung des Lebensmittel- und Bedarfsgegenständegesetz (Art. 5 des Neuordnungsgesetzes) und wurde anschließend mehrfach verändert. So nahm beispielsweise das Gesetz zur Bereinigung von Bundesrecht im Zuständigkeitsbereich des Bundesministeriums für Ernährung, Landwirtschaft und Verbraucherschutz v. 13.4.2006 (BGBl. I 855) terminologische Anpassungen und solche insbesondere bei den Straf- und Bußgeldvorschriften vor. Das 1. ÄndG v. 21.12.2006 (BGBl. I 3365) fügte Werbe- und Sponsoringverbote und entsprechende Ausnahmen ein. Das Zweite Gesetz zur Änderung des Vorläufigen Tabakgesetzes v. 6.7.2010 (BGBl. I 848) diente der Umsetzung der RL 2007/65/EG des Europäischen Parlaments und des Rates v. 11.12.2007 zur Änderung der RL 89/552/EWG des Rates zur Koordinierung bestimmter Rechts- und Verwaltungsvorschriften der Mitgliedstaaten über die Ausübung der Fernsehtätigkeit (Audiovisuelle-Mediendienste-Richtlinie – AVMD-RL) in deutsches Recht.

Mit der **RL 2014/40/EU** des Europäischen Parlaments und des Rates v. 3.4.2014 zur Angleichung **2** der Rechts- und Verwaltungsvorschriften der Mitgliedstaaten über die Herstellung, die Aufmachung und den Verkauf von Tabakerzeugnissen und verwandten Erzeugnissen **(EU-Tabakrichtlinie)** sind die Mitgliedstaaten verpflichtet worden, bis zum 20.5.2016 entsprechende Vorschriften zu erlassen. Die Bundesregierung hat am 11.1.2016 einen entsprechenden Gesetzentwurf in den Bundestag eingebracht (BT-Drs 18/7218), der am 4.4.2016 verabschiedet worden ist (BGBl. I 569). Nachdem der EuGH in von Unternehmen der Tabakindustrie und der Republik Polen angestrengten Verfahren mit drei Urteilen vom 4.5.2016 (C–358/14, BeckRS 2016, 80847; C–477/14, BeckRS 2016, 80848; C–547/14, BeckRS 2016, 80849; s. a. die Besprechung hierzu von *Nettesheim* EuZW 2016, 578) die Tabak-Richtlinie für gültig erklärt und das BVerfG mit Beschluss vom 18.5.2016 (1 BvR 895/16, becklink 2003341) einen insbes. gegen die Werbevorschriften des TabakerzG gerichteten Eilantrag eines Tabakerzeugnisherstellers abgelehnt hatte, konnte das das VTabak ersetzende TabakerzG am 20.5.2016 in Kraft treten (vgl. zu den Auswirkungen für die Tabakindustrie: *Zechmeister* GRUR-Prax 2016, 212).

Grundlegende Änderungen haben sich in erster Linie für die Herstellung von Tabakerzeugnissen im Hinblick auf verbotene Inhaltsstoffe (§ 5) ergeben. Das bisher grundsätzlich geltende Verwendungsverbot mit Erlaubnisvorbehalt (§ 20 VTabakG) ist durch eine Verbotsregelung ersetzt worden. Ferner sind erweiterte, gesundheitsbezogene Warnhinweise auf der Verpackung (§ 6) vorgesehen und erstmals spezifische Regelungen für elektronische Zigaretten geschaffen worden (§ 13 ff.). Die bisher in der TabakProdV und in der TabakV normierten weitgehend technischen und vom jeweils aktuellen Stand der Wissenschaft abhängigen Parameter sind durch Verordnungsermächtigungen und darauf beruhende Vorschriften in der Tabakerzeugnisverordnung (TabakerzV) geregelt.

Am 28.6.2016 hat die Bundesregierung einen **Gesetzesentwurf zur Änderung des TabakerzG** in **3** den Bundestag eingebracht (BT-Drs. 18/8962). Damit sollen auch nikotinfreie elektronische Zigaretten und Nachfüllbehälter durch Gleichstellung mit nikotinhaltigen Erzeugnissen reguliert werden. Ferner ist beabsichtigt, für Tabakerzeugnisse, elektronische Zigaretten und Nachfüllbehälter zusätzliche Werberegeln (Verbot der Außenwerbung, Einschränkung der Kinowerbung) einzuführen. Zudem soll die Regelung zu Pflanzenschutzmitteln in oder auf Tabakerzeugnissen überarbeitet werden.

2. Inhalt und Aufbau des Gesetzes. Das Tabakerzeugnisgesetz bietet die gesetzliche Grundlage für **4** die Verarbeitung und das Inverkehrbringen von Tabakprodukten und – dies ist im Vergleich zum VTabakG neu – elektronischen Zigaretten als „verwandte Erzeugnisse" (§§ 13 ff.). Neben eigenen in **§ 2 normierten Begriffsbestimmungen** übernimmt das Gesetz im Wege der in § 1 enthaltenen Verweisung die **in Art. 2 der Tabakrichtlinie dargestellten Definitionen.** Das Gesetz regelt den Schutz der Verbraucher vor Gesundheitsschäden, unabhängig von den ohnehin mit dem Tabakkonsum verbundenen Gesundheitsgefährdungen, sowie den Schutz vor Irreführung. Zu dem Gesundheitsschutz gehören die im Tabakerzeugnisgesetz normierten Werbe- und Sponsoringverbote in den §§ 18 ff. Das

Tabakerzeugnisgesetz findet – wie zuvor das VTabakG durch die Tabakproduktverordnung (Tabak-ProdV) und die Tabakverordnung (TabakV) – Ergänzung in der **Verordnung über Tabakerzeugnisse und verwandte Erzeugnisse (TabakerzV) v. 27.4.2016** (BGBl. I 980), die bereits am 21.6.2016 durch die Erste Verordnung zur Änderung der Tabakerzeugnisverordnung eine Ergänzung erfahren hat (BGBl. I. 1468). Insgesamt sichert daher das Tabakerzeugnisgesetz vorrangig den Verbraucherschutz.

5   Das Tabakerzeugnisgesetz sieht in den §§ 34, 35 Straf- bzw. Bußgeldvorschriften für Verstöße gegen bundesrechtliche und in § 34 Abs. 2 und § 35 Abs. 3 solche gegen – bislang nicht existentes – unmittelbar geltendes Gemeinschaftsrecht vor. Die Straf- und Bußgeldtatbestände weisen eine Vielzahl von Zitaten weiterer, im Folgenden nicht abgedruckter Vorschriften des Tabakerzeugnisgesetzes auf. Diese Vorschriften werden in der Kommentierung in ihrem wesentlichen Inhalt wiedergegeben, ohne dass dies das Studium des vollständigen Gesetzestextes ersetzt.

6   Das Gesetz normiert auf der einen Seite eigene Straftatbestände. Auf der anderen Seite enthält es aber auch eine Reihe von Ermächtigungen, die es dem Verordnungsgeber ermöglichen, Rechtsverordnungen zu erlassen und somit weitere strafbewehrte Tatbestände zu schaffen. Dem Schutzzweck des Tabakerzeugnisgesetzes folgend eröffnen diese Ermächtigungen meist jedoch nur weitere Maßnahmen zum Verbraucher- und Gesundheitsschutz und nicht etwa zur Durchsetzung fiskalischer oder wirtschaftlicher Interessen der Bundesrepublik Deutschland. Lücken in der Bußgeldbewehrung und Strafbarkeitslücken entstehen daher nicht.

7   Von großer Relevanz für die Hersteller von Tabakerzeugnissen sind die in **§ 47** angeführten **Übergangsregelungen,** die weit überwiegend bis zum 20. Mai 2017 und nur in einer Fallkonstellation bis zum 20.5.2024 reichen. Im Hinblick auf die praktische Relevanz soll der in § 47 als zeitlicher Anknüpfungspunkt für die Übergangsregel festgelegte Rechtszustand zum **Stichtag 20.5.2016** nur bei der im Zusammenhang mit einer Ordnungswidrigkeit nach § 35 Abs. 2 Nr. 2 zu erörternden **Warnhinweispflicht nach § 6** kommentiert werden.

8   Ferner ist auf **Übergangsregelungen in § 34 TabakerzV** hinzuweisen. Diese betreffen Zigaretten und Tabake zum Selbstdrehen und die aufgrund § 7 Abs. 2 Nr. 1–4 TabakerzG in §§ 19–23 TabakerzV angeordneten Regelungen im Zusammenhang mit der Rückverfolgbarkeit von Tabakerzeugnissen und dem an Verpackungen anzubringenden Sicherheitsmerkmal.

9   **3. Vorbemerkung zu den § 34 Abs. 2 und § 35 Abs. 3.** Die Regelungen enthalten **Blankettvorschriften,** die es ermöglichen, Verstöße gegen unmittelbar geltendes europäisches Gemeinschaftsrecht durch Rechtsverordnung als Straftat oder Ordnungswidrigkeit zu ahnden. Diese Blankettvorschriften bezeichnen die Straf- und Bußgeldtatbestände der §§ 34 und 35, an die für inhaltsgleiche Verstöße gegen Gemeinschaftsrecht angeknüpft werden kann. Auf eine Erläuterung der nachfolgend in Bezug genommenen Straf- und Bußgeldtatbestände der § 34 Abs. 2 und § 35 Abs. 3 wird im Hinblick darauf, dass bislang keine unmittelbar geltenden europarechtlichen Regelungen geschaffen worden sind, an dieser Stelle verzichtet und auf die Kommentierung der einzelnen Tatbestände Bezug genommen. § 37 enthält die notwendige Ermächtigung, diese Blankettvorschriften auszufüllen.

10   Die Schaffung von **Blankettstrafgesetzen** ist grundsätzlich zulässig. In ihnen werden nicht die konkreten Straftatbestände sondern allein die Strafbarkeitsvoraussetzungen sowie Art und Maß der Strafe normiert (BVerfGE 75, 329 (342)). Die offene Formulierung der §§ 34 Abs. 2, 35 Abs. 3 wirft jedoch Bedenken hinsichtlich des strafrechtlichen Bestimmtheitsgebotes in Art. 103 Abs. 2 GG auf, der auch für Blankettstrafgesetze gilt (BVerfGE 14, 245 (252); 37, 209; 41, 314; 75, 342; 78, 374). Die Vorschriften selbst enthalten keine strafrechtlich bewerten Tatbestände, sondern sind ausschließlich Verweisungsnormen. Dies birgt für den Rechtsanwender und den betroffenen Normadressaten vielfache Schwierigkeiten in den Bereichen der Normenklarheit und der Vorhersehbarkeit strafrechtlicher Folgen sowie der Bewertbarkeit eigenen normtreuen Verhaltens. Die hinreichende Bestimmbarkeit kann vorliegend letztlich nur unter dem Gesichtspunkt bejaht werden, dass konkret für Unternehmer, die sich mit Tabakwaren und den dazugehörigen Bedarfsgegenständen befassen, ein überschaubares Feld der EU-Rechtsakte eröffnet und daher eine Übersichtlichkeit und die Einhaltung von Normen in zumutbarer Weise letztlich gewährleistet werden kann (insoweit zust. Erbs/Kohlhaas/*Rohnfelder/Freytag* VTabakG § 60 Rn. 2; aA *Hoven* NStZ 2016, 377 noch zu § 52 Abs. 2 VTabakG; Zipfel/Rathke LebensmittelR/*Dannecker* LFGB Vor §§ 58–62 Rn. 55).

§ 34 Strafvorschriften

   (1) Mit Freiheitsstrafe bis zu einem Jahr oder mit Geldstrafe wird bestraft, wer

   1. entgegen § 4 Absatz 1, auch in Verbindung mit einer Rechtsverordnung nach § 4 Absatz 2, eine Zigarette herstellt oder in den Verkehr bringt,
   2. entgegen § 5 Absatz 1 Nummer 1 in Verbindung mit einer Rechtsverordnung nach § 5 Absatz 2 Satz 1 Nummer 1 oder 2 eine Zigarette oder Tabak zum Selbstdrehen in den Verkehr bringt,
   3. entgegen § 5 Absatz 1 Nummer 2 Filter, Papier oder eine Kapsel in den Verkehr bringt,

4. entgegen
   a) § 5 Absatz 1 Nummer 3 oder 4 in Verbindung mit einer Rechtsverordnung nach § 5 Absatz 2 Satz 1 Nummer 3 oder 4,
   b) § 8 Absatz 1 Nummer 2 in Verbindung mit einer Rechtsverordnung nach § 8 Absatz 2 Nummer 2 oder
   c) § 11 ein Tabakerzeugnis in den Verkehr bringt,
5. einer Rechtsverordnung nach § 9 oder § 26 Absatz 1 Nummer 4 oder einer vollziehbaren Anordnung aufgrund einer solchen Rechtsverordnung zuwiderhandelt, soweit die Rechtsverordnung für einen bestimmten Tatbestand auf diese Strafvorschrift verweist,
6. ohne Zulassung nach § 12 Absatz 1 ein neuartiges Tabakerzeugnis in den Verkehr bringt,
7. entgegen
   a) § 13 Absatz 1 Nummer 1 in Verbindung mit einer Rechtsverordnung nach § 13 Absatz 2,
   b) § 13 Absatz 1 Nummer 2 oder 3 oder
   c) § 14 Absatz 1 Satz 1, Absatz 2 oder 3 Satz 1 in Verbindung mit einer Rechtsverordnung nach § 14 Absatz 3 Satz 2 eine elektronische Zigarette oder einen Nachfüllbehälter in den Verkehr bringt,
8. entgegen
   a) § 18 Absatz 1 Nummer 1 in Verbindung mit einer Rechtsverordnung nach § 25 Absatz 2 Satz 1, b)§ 18 Absatz 1 Nummer 2 oder
   c) § 23 Absatz 2 Nummer 1 in Verbindung mit einer Rechtsverordnung nach § 23 Absatz 1 Nummer 1 Buchstabe a oder d
   ein Erzeugnis in den Verkehr bringt,
9. entgegen § 18 Absatz 2 Satz 1, auch in Verbindung mit § 18 Absatz 4 oder 5 Satz 1, ein Tabakerzeugnis, eine elektronische Zigarette, einen Nachfüllbehälter oder ein pflanzliches Raucherzeugnis in den Verkehr bringt,
10. entgegen § 18 Absatz 3, auch in Verbindung mit § 18 Absatz 4, ein Tabakerzeugnis, eine elektronische Zigarette oder einen Nachfüllbehälter in den Verkehr bringt,
11. entgegen § 18 Absatz 5 Satz 2 ein pflanzliches Raucherzeugnis in den Verkehr bringt,
12. entgegen § 22 Absatz 1 Nummer 1 ein Altersüberprüfungssystem nicht oder nicht richtig verwendet,
13. ohne Registrierung nach § 22 Absatz 1 Nummer 2 Fernabsatz betreibt oder
14. entgegen § 24 oder § 26 Absatz 2 in Verbindung mit einer Rechtsverordnung nach § 26 Absatz 1 Nummer 1 bis 3 oder 5 einen Bedarfsgegenstand in den Verkehr bringt.

(2) Ebenso wird bestraft, wer einer unmittelbar geltenden Vorschrift in Rechtsakten der Europäischen Union zuwiderhandelt, die inhaltlich

1. einem in Absatz 1 Nummer 1 bis 4 Buchstabe a oder Nummer 7 genannten Gebot oder Verbot entspricht, oder
2. einer Regelung entspricht, zu der die in Absatz 1 Nummer 5 genannten Vorschriften ermächtigen,

soweit eine Rechtsverordnung nach § 37 Nummer 1 für einen bestimmten Tatbestand auf diese Strafvorschrift verweist.

A. Regelungsgehalt des § 34

Nach **§ 34 Abs. 1** sind allein **vorsätzlich** begangene Zuwiderhandlungen gegen bestimmte Vorschriften des Tabakerzeugnisgesetzes sowie darauf gestützte Rechtsverordnungen, welche vorrangig zum Schutz der Verbraucher zu erlassen sind, strafbar. **Fahrlässiges** Handeln kann nur als Ordnungswidrigkeit nach § 35 geahndet werden. **1**

Anders als noch in §§ 51 ff. VTabakG gibt es keine Strafrahmenverschiebung wegen Vorliegens eines besonders schweren Falles. Der Strafrahmen reicht von Geldstrafe bis zu einer Freiheitsstrafe von einem Jahr. Eine ausdrückliche Bestimmung der Strafbarkeit wegen Versuchs im Sinne von § 23 Abs. 1 StGB ist nicht erfolgt. Die Vorschrift regelt im **Wesentlichen das Inverkehrbringen von Erzeugnissen.** Nach Art. 2 Nr. 40 der Tabakrichtlinie handelt es sich dabei um die entgeltliche oder unentgeltliche Bereitstellung von Produkten – unabhängig vom Ort ihrer Herstellung – für Verbraucher, die sich in der Union befinden, auch mittels Fernabsatz; im Fall von grenzüberschreitendem Fernabsatz gilt das Produkt als in dem Mitgliedstaat in Verkehr gebracht, in dem sich der Verbraucher (definiert in Art. 2 Nr. 35 der Tabakrichtlinie) befindet. Nach § 1 Abs. 1 S. 2 TabakerzG gilt diese Definition mit der Maßgabe, dass die „Bereitstellung von Produkten" jede Abgabe eines Produkts zum Vertrieb, Verbrauch oder zur Verwendung auf dem Gemeinschaftsmarkt im Rahmen einer Geschäftstätigkeit umfasst. Damit wird insbesondere auch die Lagerhaltung erfasst und die Definition des Inverkehrbringens an den Begriff „Bereitstellen auf dem Markt" iSd VO (EG) Nr. 765/2008 über die Vorschriften für die Akkreditierung und Marktüberwachung im Zusammenhang mit der Vermarktung von Produkten angepasst (vgl. BT-Drs. 18/7218, 35). **2**

Die Bestimmung regelt in Abs. 1 Nr. 1–6 Tabakerzeugnisse erfassende Verstöße und in Abs. 1 Nr. 7 solche, die elektronische Zigaretten und Nachfüllbehälter als verwandte Erzeugnisse betreffen. Die **3**

Werbe- und Exportregelungen in Abs. 1 Nr. 8–13 umfassen beide Gruppen, derweil Abs. 1 Nr. 14 sich nur auf Bedarfsgegenstände bezieht. Die Kommentierung folgt zur Übersichtlichkeit der Reihenfolge, in der die in Bezug genommenen Vorschriften in § 34 aufgenommen sind.

4   Nach **§ 34 Abs. 2** wird mit Freiheitsstrafe bis zu einem Jahr oder mit Geldstrafe ebenfalls bestraft, wer einer unmittelbar geltenden Vorschrift in Rechtsakten der Europäischen Union zuwiderhandelt, die inhaltlich einer der genannten Regelungen entspricht. Voraussetzung ist, dass eine Rechtsverordnung nach § 37 Nr. 1 für einen bestimmten Tatbestand auf die in Abs. 2 festgelegten Sanktionsnormen verweist.

B. Verstöße gegen Emissionswerte gemäß § 4 (§ 34 Abs. 1 Nr. 1)

5   Die in **§ 4 Abs. 1** enthaltene Regelung setzt Art. 3 der Tabakrichtlinie um und entspricht der bisherigen Bestimmung in § 2 TabakProdV. Danach dürfen Zigaretten nur in der Weise hergestellt oder in den Verkehr gebracht werden, dass pro Zigarette nicht die **Emissionswerte** von 10 mg Teergehalt, 1mg Nikotingehalt und 10mg Kohlenmonoxidgehalt überschritten wird. Die Höchstmengenbegrenzung findet nur auf **Zigaretten** Anwendung. Eine Zigarette ist nach Art. 2 Nr. 10 der Tabakrichtlinie eine Tabakrolle, die mittels eines Verbrennungsprozesses konsumiert werden kann und die in Art. 3 Abs. 1 der RL 2011/64/EU als Tabakstrang, der sich unmittelbar zum Rauchen eignet und in eine Zigarettenpapierhülse geschoben oder mit einem Zigarettenpapierblättchen umhüllt werden kann ohne Zigarre oder Zigarillo zu sein, näher definiert ist.

6   **§ 4 Abs. 2** enthält eine Verordnungsermächtigung zur Festlegung weiterer Emissionshöchstwerte. Nach dem Willen des Gesetzgebers können diese in Umsetzung von Art. 3 Abs. 3 der Tabakrichtlinie für **Zigaretten aber auch für andere Tabakerzeugnisse** bestimmt werden (vgl. BT-Drs 18/7218, 37).

C. Verstöße gegen Inhaltsstoffverbote gemäß § 5 (§ 34 Abs. 1 Nr. 2, 3, 4)

I. § 5 Abs. 1 Inhaltsstoffe

7   In **§ 5 Abs. 1 Nr. 1a** wird Art. 7 Abs. 1 der Tabakrichtlinie umgesetzt. Danach wird das Inverkehrbringen von Zigaretten und Tabak zum Selbstdrehen mit einem **charakteristischen Aroma** verboten, da dieses möglicherweise den Einstieg in den Tabakkonsum erleichtert oder die Konsumgewohnheiten beeinflusst (Erwägungsgrund 16 der RL 2014/40/EU). Dies betrifft unter anderem die Mentholzigarette (nach Angaben des Deutschen Zigarettenverbandes – abrufbar unter www.zigarettenverband.de/de/273/POSITIONEN/EU-Tabakprodukt-Richtlinie; Stand 20.8.2016 – weist diese einen konstanten Marktanteil von unter 3 % auf). Denn der Begriff des „charakteristischen Aromas" wird in Art. 2 Nr. 25 der Tabakrichtlinie definiert als einen von Tabakgeruch bzw. -geschmack unterscheidbaren Geruch oder Geschmack, der durch einen Zusatzstoff oder eine Kombination von Zusatzstoffen erzeugt wird – unter anderem Früchte, Gewürze, Kräuter, Alkohol, Süßigkeiten, Menthol oder Vanille – und der vor oder beim Konsum des Tabakerzeugnisses bemerkbar ist.

8   Das Verbot von Tabakerzeugnissen mit einem charakteristischen Aroma untersagt zwar die Verwendung einzelner Zusatzstoffe nicht vollständig, zwingt aber die Hersteller, den **Zusatzstoff** oder die Kombination von Zusatzstoffen so weit zu reduzieren, dass dies dem Tabakerzeugnis kein charakteristisches Aroma verleiht. Die Verwendung von Zusatzstoffen, die bei der Herstellung von Tabakerzeugnissen benötigt werden, etwa Zucker als Ersatz für während des Trocknungsprozesses verlorengegangenen Zucker, sollte zulässig sein, solange diese Zusatzstoffe nicht zu einem charakteristischen Aroma führen oder das Suchtpotenzial, die Toxizität oder die CMR-Eigenschaften (krebserregende, erbgutverändernde oder fortpflanzungsschädigende Eigenschaften) erhöhen (Erwägungsgrund 17 der RL 2014/40/EU).

9   Mit **§ 5 Abs. 1 Nr. 1b** wird Art. 7 Abs. 7 S. 1 der Tabakrichtlinie umgesetzt. Danach ist es verboten, die Attraktivität von Zigaretten und von Tabak zum Selbstdrehen durch Aromatisierung der Bestandteile (etwa Filter, Papiere, Packungen, Kapseln) oder Beeinflussung des Aromas mittels technischer Mechanismen zu steigern.

10   In **§ 5 Abs. 1 Nr. 2** wird Art. 7 Abs. 7 S. 2 der Tabakrichtlinie umgesetzt. Der Nikotin- und Tabakgehalt im Erzeugnis darf nicht dadurch erhöht werden, dass einzelne Bestandteile wie Filter, Papier und Kapseln Tabak oder Nikotin enthalten.

11   Mit **§ 5 Abs. 1 Nr. 3** wird Art. 7 Abs. 9 der Tabakrichtlinie umgesetzt. Es ist untersagt, Tabakerzeugnissen Stoffe in solchen Mengen zuzusetzen, die das Suchtpotenzial, die Toxizität oder die CMR-Eigenschaften (krebserregende, erbgutverändernde oder fortpflanzungsschädigende Eigenschaften) beim Konsum messbar erhöhen.

12   In **§ 5 Abs. 1 Nr. 4** ist ein Verkehrsverbot für solche Tabakerzeugnisse normiert, die einer nach Abs. 2 Nr. 3 oder 4 erlassenen Rechtsverordnung nicht entsprechen.

II. § 5 Abs. 2 Ermächtigungen

Die Vorschrift des **§ 5 Abs. 2** beinhaltet Ermächtigungen zur Festlegung charakteristischer Aromen, **13** zur Regelung des Inverkehrbringens von Tabakerzeugnissen mit bestimmten Inhaltsstoffen oder mit bestimmten Mengen an Inhaltsstoffen, zur Festsetzung von Höchstmengen für Inhaltsstoffe und zur Regelung des zugrundeliegenden Verfahrens. Der Verordnungsgeber hat von dieser Möglichkeit soweit Gebrauch gemacht, dass er in der Anlage 1 zu § 4 TabakerzV Vitamine, Koffein und Taurin als Zusatzstoffe verboten hat.

Gemäß Art. 7 Abs. 3 der Tabakrichtlinie wird das Verfahren für die Bestimmung von Tabakerzeug- **14** nissen mit einem charakteristischen Aroma im Wege von Durchführungsrechtsakten der Kommission festgelegt. Entsprechende Umsetzungen sind in der TabakerzV erfolgt; zuletzt mit der Ersten Verordnung zur Änderung der TabakerzV v. 21.6.2016 (BGBl. I 1468), die in § 5a TabakerzV hinsichtlich des Verfahrens auf die Durchführungsverordnung (EU) 2016/779 der Kommission v. 18.5.2016 verweist.

D. Verstöße gegen das Bestrahlungsverbot gemäß § 8 (§ 34 Abs. 1 Nr. 4b)

§ 8 entspricht dem bisherigen § 13 des VTabakG. Unverändert ist die Bestrahlung von Tabakerzeug- **15** nissen mit **ultravioletten oder ionisierenden Strahlen verboten** und das Inverkehrbringen eines entsprechenden Erzeugnisses untersagt. Die Bestrahlung mit Elektronen-, Gamma- und Röntgenstrahlen sowie die bei der Entkeimung von Luft durch ultraviolette Strahlen auftretende indirekte Einwirkung auf Lebensmittel ist jedoch zugelassen. Dies ergibt sich aus § 1 der Lebensmittelbestrahlungsverordnung (BGBl. 2000 I 1730).

E. Tabakerzeugnisse zum oralen Gebrauch gemäß § 11 (§ 34 Abs. 1 Nr. 4c)

Durch **§ 11** wird Art. 17 der Tabakrichtlinie umgesetzt. Danach ist es verboten, Tabakerzeugnisse **16** zum oralen Gebrauch in den Verkehr zu bringen. Nach Art. 2 Nr. 8 der Tabakrichtlinie handelt es sich bei Tabakerzeugnissen zum oralen Gebrauch um solche – mit Ausnahme von Erzeugnissen, die zum Inhalieren oder Kauen bestimmt sind –, die ganz oder teilweise aus Tabak bestehen und die in Pulver- oder Granulatform oder in einer Kombination aus beiden Formen, insbesondere in Portionsbeuteln oder porösen Beuteln, angeboten werden. Hierzu zählt der in Skandinavien als **Snus** und in Österreich auch als Snüs bekannte Oraltabak, der für die Dauer von bis zu einer Stunde hinter Ober- oder Unterlippe platziert wird.

F. Verstöße gegen Pflanzenschutzmittelverbote gemäß § 9 (§ 34 Abs. 1 Nr. 5)

§ 9 enthält im Zusammenhang mit dem Einsatz von Pflanzenschutzmitteln Ermächtigungen für die **17** Festlegung von Rückstandshöchstgehalten und für Verkehrsverbote. Dabei kann der Verordnungsgeber für Pflanzenschutzmittel und deren **Abbau- und Reaktionsprodukte** Höchstmengen festsetzen, die in oder auf Tabakerzeugnissen beim Inverkehrbringen nicht überschritten sein dürfen. Die Festsetzung von Höchstmengen ist nur zulässig, soweit dies zum Schutz der Gesundheit erforderlich ist. Die typischen Risiken des Tabakgenusses müssen dabei unberücksichtigt bleiben (vgl. BT-Drs. 18/7218, 38). Ebenso darf das Inverkehrbringen von Tabakerzeugnissen verboten werden, bei denen oder bei deren Ausgangsstoffen bestimmte Pflanzenschutzmittel angewendet worden sind. Der Verordnungsgeber hat von der Ermächtigung in § 5 TabakerzV Gebrauch gemacht.

G. Verstöße gegen Verordnungen nach § 26 (§ 34 Abs. 1 Nr. 5)

§ 26 entspricht weitgehend dem bisherigen § 32 VTabakG. Auf § 26 gestützte Vorschriften können **18** konkrete **Herstellungs-, Behandlungs- und Verkehrsverbote sowie Verkehrsbeschränkunge**n regeln, soweit es erforderlich ist, um eine Gefährdung der Sicherheit und Gesundheit von Personen zu verhüten.

Gem. **§ 26 Abs. 1 Nr. 1** kann die Verwendung bestimmter Stoffe, Stoffgruppen und Stoffgemische **19** bei dem Herstellen oder Behandeln von bestimmten Bedarfsgegenständen verboten oder beschränkt werden.

Nach **§ 26 Abs. 1 Nr. 2** kann vorgeschrieben werden, dass für das Herstellen bestimmter Bedarfs- **20** gegenstände oder einzelner Teile von ihnen nur bestimmte Stoffe verwendet werden dürfen.

§ 26 Abs. 1 Nr. 3 eröffnet die Möglichkeit, die Anwendung bestimmter Verfahren bei dem Her- **21** stellen von bestimmten Bedarfsgegenständen zu verbieten oder zu beschränken.

Nach **§ 26 Abs. 1 Nr. 4** können Höchstmengen für Stoffe festgesetzt werden, die aus bestimmten **22** Bedarfsgegenständen auf Verbraucher einwirken oder übergehen können. Des Weiteren können auch Höchstmengen für Stoffe festgesetzt werden, die beim Herstellen, Behandeln oder Inverkehrbringen von bestimmten Bedarfsgegenständen in oder auf diesen vorhanden sein dürfen.

23   Nach § 26 Abs. 1 Nr. 5 können durch Rechtsverordnung Reinheitsanforderungen für bestimmte Stoffe festgesetzt werden, die bei der Herstellung bestimmter Bedarfsgegenstände verwendet werden.

24   Gem. § 26 Abs. 2 dürfen Bedarfsgegenstände, die einer nach § 32 Abs. 1 Nr. 1–3 oder Nr. 5 erlassenen Rechtsverordnung nicht entsprechen, nicht in den Verkehr gebracht werden.

H. Verstöße gegen die Zulassungspflicht nach § 12 Abs. 1 (§ 34 Abs. 1 Nr. 6)

25   Die Vorschrift des § 12 Abs. 1 macht von der in Art. 19 Abs. 3 S. 1 der Tabakrichtlinie vorgesehenen Option Gebrauch, wonach die Mitgliedstaaten für **neuartige Tabakerzeugnisse** ein Zulassungssystem einführen können. Es handelt sich um ein **Verbotsprinzip mit Erlaubnisvorbehalt.** Neuartige Tabakerzeugnisse definiert die Tabakrichtlinie in Art. 2 Nr. 13 als solche, die nach dem 19.5.2014 in den Verkehr gebracht werden und nicht in eine der nachstehenden Kategorien fallen: Zigaretten, Tabak zum Selbstdrehen, Pfeifentabak, Wasserpfeifentabak, Zigarren, Zigarillos, Kautabak, Schnupftabak und Tabak zum oralen Gebrauch. Diese Einschränkung dürfte den Anwendungsbereich erheblich einschränken (vgl. *Zechmeister* GRUR-Prax 2016, 212 (213)).

26   Gleichwohl sollen die weiteren Regelungen für das **Zulassungsverfahren** nach § 12 kurz angesprochen werden. § 12 Abs. 2 regelt die Zuständigkeit für die Zulassung. Danach entscheidet das Bundesamt für Verbraucherschutz und Lebensmittelsicherheit im Einvernehmen mit dem Bundesamt für Wirtschaft und Ausfuhrkontrolle. Abs. 3 regelt die Versagungsgründe. Die Zulassungsvoraussetzungen richten sich danach, ob das betreffende neuartige Tabakerzeugnis als Rauchtabakerzeugnis oder als rauchloses Tabakerzeugnis einzustufen ist. Die Zulassung ist nur zu versagen, wenn die für das Erzeugnis geltenden rechtlichen Anforderungen nicht erfüllt werden. Bei einem Wegfall der Zulassungsvoraussetzungen nach Abs. 3 verpflichtet Abs. 4 zum Widerruf der Zulassung. Abs. 5 ermächtigt das Bundesministerium für Ernährung und Landwirtschaft zur näheren Regelung des Zulassungsverfahrens im Verordnungswege; dies ist in § 9 TabakerzV umgesetzt worden.

I. Verstöße betreffend elektronische Zigaretten und Nachfüllbehälter nach §§ 13, 14 (§ 34 Abs. 1 Nr. 7)

27   § 13 Abs. 1 setzt die Vorgaben des Art. 20 Abs. 3c–e der Tabakrichtlinie um und bestimmt in Bezug auf die **Inhaltsstoffe** die Voraussetzungen, unter denen **elektronische Zigaretten und Nachfüllbehälter** in den Verkehr gebracht werden dürfen.

28   Nach Art. 2 Nr. 16 der Tabakrichtlinie ist eine „**elektronische Zigarette**" ein Erzeugnis, das zum Konsum nikotinhaltigen Dampfes mittels eines Mundstücks verwendet werden kann, oder jeder Bestandteil dieses Produkts, einschließlich einer Kartusche, eines Tanks, und des Gerätes ohne Kartusche oder Tank. Elektronische Zigaretten können Einwegprodukte oder mittels eines Nachfüllbehälters oder eines Tanks nachfüllbar sein oder mit Einwegkartuschen nachgeladen werden.

29   Ein „**Nachfüllbehälter**" ist nach Art. 2 Nr. 17 der Tabakrichtlinie ein Behältnis, das nikotinhaltige Flüssigkeit enthält, die zum Nachfüllen einer elektronischen Zigarette verwendet werden kann.

30   Nach § 13 Abs. 1 Nr. 1–3 dürfen elektronische Zigaretten und Nachfüllbehälter nur in den Verkehr gebracht werden, wenn sie den Anforderungen einer nach Abs. 2 Nr. 1–3 erlassenen Rechtsverordnung genügen, bei der Herstellung der zu verdampfenden Flüssigkeit nur **Inhaltsstoffe von hoher Reinheit** verwendet werden, wobei bis auf technisch unvermeidbare Spuren keine anderen Stoffe als diese reinen Inhaltsstoffe enthalten sein dürfen, und bei der Herstellung der zu verdampfenden Flüssigkeit außer Nikotin nur Inhaltsstoffe verwendet werden, die in erhitzter und nicht erhitzter Form kein Risiko für die menschliche Gesundheit darstellen.

31   § 13 Abs. 2 enthält eine Ermächtigung, für elektronische Zigaretten und Nachfüllbehälter die Verwendung bestimmter **Inhaltsstoffe** allgemein oder für bestimmte Zwecke sowie die Anwendung bestimmter Verfahren beim Herstellen oder Behandeln zu verbieten oder zu beschränken, die Höchstmengen für den Gehalt an bestimmten Inhaltsstoffen festzusetzen und Vorschriften über den Reinheitsgrad von Inhaltsstoffen zu erlassen. Der Verordnungsgeber hat von dieser Möglichkeit soweit Gebrauch gemacht, dass er in der Anlage 2 zu § 28 TabakerzV Vitamine, Koffein und Taurin als Inhaltsstoffe verboten hat.

32   § 14 Abs. 1 setzt die Vorgaben des Art. 20 Abs. 3a und b der Tabakrichtlinie um und bestimmt in Bezug auf die **Beschaffenheit** die Voraussetzungen, unter denen **elektronische Zigaretten und Nachfüllbehälter** in den Verkehr gebracht werden dürfen.
      Das ist nur zulässig, wenn die Nachfüllbehälter ein Volumen von höchstens 10 Millilitern haben, die elektronischen Einwegzigaretten oder Einwegkartuschen ein Volumen von höchstens 2 Millilitern haben und dabei jeweils die nikotinhaltige zu verdampfende Flüssigkeit keinen Nikotingehalt von mehr als 20 Milligramm pro Milliliter hat.

33   § 14 Abs. 2 setzt die Vorgaben des Art. 20 Abs. 3f der Tabakrichtlinie um und bestimmt, dass elektronische Zigaretten nur in den Verkehr gebracht werden dürfen, wenn die Nikotindosis unter normalen Gebrauchsbedingungen auf einem gleichmäßigen Niveau abgegeben wird.

§ 14 Abs. 3 S. 1 setzt die Vorgaben des Art. 20 Abs. 3g der Tabakrichtlinie um. Danach dürfen   34
elektronische Zigaretten und Nachfüllbehälter nur in den Verkehr gebracht werden, wenn sie kinder-
und manipulationssicher sowie bruch- und auslaufsicher sind und über einen Mechanismus für eine
auslauffreie Nachfüllung verfügen.

§ 14 Abs. 3 S. 1 S. 2 enthält Verordnungsermächtigungen zur Regelung technischer Anforderungen. Danach können für elektronische Zigaretten und Nachfüllbehälter technische Anforderungen an
die Kinder-, Manipulations-, Bruch- und Auslaufsicherheit festgelegt sowie Anforderungen an eine
auslauffreie Nachfüllung bestimmt werden.

J. Verstöße gegen Verbote zum Schutz vor Täuschung nach §§ 18 (§ 34 Abs. 1 Nr. 8a und b–11)

§ 18 ist die zentrale Vorschrift für den Schutz des Verbrauchers vor Täuschungen.   35

§ 18 Abs. 1 Nr. 1 verbietet das Inverkehrbringen von Erzeugnissen, die für den **Konsum nicht
geeignet** sind. Der Schutzbereich umfasst nach der Legaldefinition in § 2 Nr. 1 Tabakerzeugnisse und
verwandte Erzeugnisse. Zu letzteren gehören nach § 2 Nr. 2 elektronische Zigaretten, Nachfüllbehälter
und pflanzliche Raucherzeugnisse. Zudem verbietet § 18 Nr. 1 das Inverkehrbringen von Erzeugnissen,
die entgegen dem aus § 25 folgenden Verbot dadurch **verunreinigt** worden sind, dass Stoffe von
Bedarfsgegenständen (nach § 2 Nr. 9 sind dies Packungen, Behältnisse oder sonstige Umhüllungen, die
dazu bestimmt sind, mit Erzeugnissen in Berührung zu kommen) auf sie übergegangen sind.

§ 18 Abs. 1 Nr. 2a untersagt das Inverkehrbringen von nachgemachten Erzeugnissen ohne **Kennt-**   36
lichmachung. Ein Nachmachen liegt nur dann vor, wenn die Substanz des Tabakerzeugnisses verändert
wurde.

§ 18 Abs. 1 Nr. 2b verwehrt das nicht offenlegte Inverkehrbringen von Erzeugnissen, die hinsichtlich ihrer Beschaffenheit von der **Verkehrsauffassung abweichen** und dadurch in ihrem Wert, insbes.
ihrem Genusswert oder in ihrer Brauchbarkeit nicht unerheblich gemindert sind. Beachtet man den
Schutzzweck des TabakerzG als Maßnahme zum Gesundheits- und Verbraucherschutz dürfte eine niedrigere Konzentration an Nikotin zB den Genusswert des Tabakproduktes erheblich mindern, was sich
aber beim Verbraucher gerade nicht als Gesundheitsschädigung niederschlagen kann. Demzufolge fallen
unter diese Vorschrift eher physikalische Beeinträchtigungen wie zB Feuchtigkeit, Modrigkeit oder
geringe Stopfdichte des Tabakerzeugnisses.

§ 18 Abs. 1 Nr. 2c verbietet ein Inverkehrbringen von Erzeugnissen, die geeignet sind, den **Anschein** einer besseren als der tatsächlichen Beschaffenheit zu erwecken.

Die Vorschrift des § 18 Abs. 2 S. 1 selbst betrifft nur Tabakerzeugnisse und verbietet das Inverkehr-   37
bringen unter **irreführender Bezeichnung oder Aufmachung** in den Verkehr zu bringen oder für
Tabakerzeugnisse allgemein oder im Einzelfall mit irreführenden Darstellungen oder Aussagen zu
werben. Die Strafnorm des § 34 Abs. 1 Nr. 9 umfasst darüber hinaus nach Maßgabe von § 18 Abs. 4
oder Abs. 5 S. 1 elektronische Zigaretten, Nachfüllbehälter und pflanzliche Raucherzeugnisse.

So ist es insbesondere verboten, Tabakerzeugnissen den **Anschein eines Arzneimittels** zu geben,
ihnen Wirkungen beizulegen, die ihnen nach Erkenntnissen der Wissenschaft nicht zukommen oder
nicht hinreichend gesichert sind, oder aber über wertbestimmende Faktoren wie Herkunft, Menge,
Gewicht, Haltbarkeit, Zeitpunkt der Herstellung oder Abpackung täuschende Angaben zu machen.

K. Verstöße gegen Rechtsverordnungen zum Schutz der Gesundheit nach § 23 Abs. 2 Nr. 1 (§ 34 Abs. 1 Nr. 8c)

Nach **§ 23 Abs. 2 Nr. 1** dürfen Erzeugnisse nicht in Verkehr gebracht werden, die die Anforderun-   38
gen einer nach **§ 23 Abs. 1 Nr. 1a oder d** erlassenen Rechtsverordnung nicht erfüllen.

§ 23 Abs. 1 Nr. 1a eröffnet die Möglichkeit des Verbots oder der Beschränkung der Anwendung
bestimmter Verfahren bei dem Herstellen oder Behandeln von Erzeugnissen.

§ 23 Abs. 1d enthält die Ermächtigung, Vorschriften über die Beschaffenheit und den Wirkungsgrad
von Gegenständen und Mitteln zur Verringerung des Gehaltes an bestimmten Stoffen in bestimmten
Tabakerzeugnissen oder in deren Rauch zu erlassen, sowie die Verwendung solcher Gegenstände oder
Mittel vorzuschreiben. Häufigster Anwendungsfall in der Praxis dürfte in diesem Zusammenhang der
Einsatz von Zigarettenfiltern sein.

L. Verstöße beim grenzüberschreitenden Fernabsatz nach 22 Abs. 1 Nr. 1 und 2 (§ 34 Abs. 1 Nr. 12, 13)

§ 22 Abs. 1 Nr. 1 setzt Art. 18 Abs. 4 der Tabakrichtlinie um. Danach ist beim Fernabsatz an   39
Verbraucher in der EU ein **Altersüberprüfungssystem** zu verwenden, das beim Verkauf kontrolliert, ob
der bestellende Verbraucher das jeweils für seinen Aufenthaltsbereich vorgeschriebene Mindestalter hat.

§ 22 Abs. 1 Nr. 2 beruht auf Art. 18 Abs. 1 S. 4 iVm Art. 20 Abs. 6 der Tabakrichtlinie und erlaubt
den grenzüberschreitenden Fernabsatz von Erzeugnissen nur, wenn zuvor eine **Registrierung** bei der

zuständigen Behörde erfolgt ist. Nach Absatz 2 hat eine Registrierung bei der zuständigen Behörde am Ort der Geschäftstätigkeit und bei den zuständigen Behörden der Mitgliedstaaten zu erfolgen, in denen der Fernabsatz stattfindet oder beabsichtigt ist. Die Nrn. 1–3 regeln die verschiedenen Konstellationen in Abhängigkeit vom jeweiligen Ort der Geschäftstätigkeit.

M. Verstöße im Zusammenhang mit Bedarfsgegenständen nach §§ 24, 26 Abs. 2 (§ 34 Abs. 1 Nr. 14)

I. Verstöße nach § 24 (Bedarfsgegenstände)

40   Die Regelung des § 24 betrifft Bedarfsgegenstände. Nach der Legaldefinition in § 2 Nr. 9 handelt es sich hierbei um Packungen, Behältnisse oder sonstige Umhüllungen, die dazu bestimmt sind, mit Erzeugnissen in Berührung zu kommen.

In Anlehnung an den bisherigen § 30 VTabakG ist es nach § 24 zum Schutz der Sicherheit und Gesundheit von Personen verboten, Gegenstände oder Mittel als Bedarfsgegenstände in den Verkehr zu bringen, die bei bestimmungsgemäßem oder vorauszusehendem Gebrauch geeignet sind, die Gesundheit durch ihre stoffliche Zusammensetzung, insbesondere durch toxikologisch wirksame Stoffe oder durch Verunreinigungen, zu schädigen.

II. Verstöße nach § 26 Abs. 2 (Bedarfsgegenstände)

41   Nach **§ 26 Abs. 2** dürfen Bedarfsgegenstände, die einer nach **§ 26 Abs. 1 Nr. 1–3 oder Nr. 5** erlassenen Rechtsverordnung nicht entsprechen, nicht in den Verkehr gebracht werden.

Gem. **§ 26 Abs. 1 Nr. 1** kann die Verwendung bestimmter Stoffe, Stoffgruppen und Stoffgemische bei dem Herstellen oder Behandeln von bestimmten Bedarfsgegenständen verboten oder beschränkt werden.

Nach **§ 26 Abs. 1 Nr. 2** kann vorgeschrieben werden, dass für das Herstellen bestimmter Bedarfsgegenstände oder einzelner Teile von ihnen nur bestimmte Stoffe verwendet werden dürfen.

§ 26 Abs. 1 Nr. 3 eröffnet die Möglichkeit, die Anwendung bestimmter Verfahren bei dem Herstellen von bestimmten Bedarfsgegenständen zu verbieten oder zu beschränken.

Nach **§ 26 Abs. 1 Nr. 5** können Reinheitsanforderungen für bestimmte Stoffe festgesetzt werden, die bei der Herstellung bestimmter Bedarfsgegenstände verwendet werden.

N. Verstöße gegen unmittelbar geltende Vorschriften in Rechtsakten der EU nach §§ 34 Abs. 1 Nr. 1–4a, 5, 7 (§ 34 Abs. 2)

42   Die Regelung enthält eine Blankettvorschrift, die es ermöglicht, Verstöße gegen unmittelbar geltendes europäisches Gemeinschaftsrecht durch Rechtsverordnung als Straftat zu ahnden. Auf eine Erläuterung der in Bezug genommenen Straftatbestände des § 34 Abs. 2 wird im Hinblick darauf, dass bislang keine unmittelbar geltenden europarechtlichen Regelungen geschaffen worden sind, an dieser Stelle verzichtet und auf die Kommentierung der einzelnen Tatbestände Bezug genommen. § 37 Nr. 1 enthält die notwendige Ermächtigung, diese Blankettvorschrift auszufüllen.

§ 35 Bußgeldvorschriften

(1) Ordnungswidrig handelt, wer eine in § 34 bezeichnete Handlung fahrlässig begeht.

(2) Ordnungswidrig handelt, wer vorsätzlich oder fahrlässig

1. einer Rechtsverordnung nach
   a) § 5 Absatz 2 Satz 1 Nummer 5, § 6 Absatz 2 Nummer 2, § 10 Absatz 2 Nummer 1, § 15 Absatz 2 Nummer 4, § 23 Absatz 1 Nummer 1 Buchstabe b, c oder e oder § 26 Absatz 1 Nummer 6,
   b) § 7 Absatz 2 Satz 2 Nummer 1, 2 oder 3,
   c) § 7 Absatz 2 Satz 2 Nummer 4 oder § 10 Absatz 2 Nummer 2

oder einer vollziehbaren Anordnung aufgrund einer solchen Rechtsverordnung zuwiderhandelt, soweit die Rechtsverordnung für einen bestimmten Tatbestand auf diese Bußgeldvorschrift verweist,

2. entgegen
   a) § 6 Absatz 1 in Verbindung mit einer Rechtsverordnung nach § 6 Absatz 2 Nummer 1 oder
   b) § 7 Absatz 1 in Verbindung mit einer Rechtsverordnung nach § 7 Absatz 2 Satz 1,

ein Tabakerzeugnis in den Verkehr bringt,

3. entgegen § 10 Absatz 1 Satz 1 in Verbindung mit § 10 Absatz 1 Satz 2 die Anwendung einer Bestrahlung nicht kenntlich macht,
4. entgegen § 15 Absatz 1 in Verbindung mit einer Rechtsverordnung nach § 15 Absatz 2 Nummer 1, 2 oder 3 eine elektronische Zigarette oder einen Nachfüllbehälter in den Verkehr bringt,
5. entgegen § 16 Absatz 3 Satz 1, auch in Verbindung mit § 16 Absatz 4 Satz 1, eine dort genannte Behörde nicht, nicht richtig, nicht vollständig oder nicht rechtzeitig unterrichtet,
6. entgegen § 17 Absatz 1 in Verbindung mit einer Rechtsverordnung nach § 17 Absatz 2 ein pflanzliches Raucherzeugnis in den Verkehr bringt,
7. entgegen § 19 Absatz 1 oder 2 Satz 1, auch in Verbindung mit Absatz 3, für ein Tabakerzeugnis, eine elektronische Zigarette oder einen Nachfüllbehälter wirbt,
8. entgegen § 19 Absatz 4 oder 5 ein dort genanntes Hörfunkprogramm oder eine dort genannte Veranstaltung oder Aktivität sponsert,
9. entgegen § 20 audiovisuelle kommerzielle Kommunikation betreibt,
10. entgegen § 21 Absatz 1, auch in Verbindung mit einer Rechtsverordnung nach § 21 Absatz 2, eine dort genannte werbliche Information verwendet,
11. entgegen § 23 Absatz 2 Nummer 2 in Verbindung mit einer Rechtsverordnung nach § 23 Absatz 1 Nummer 1 Buchstabe f ein Erzeugnis in den Verkehr bringt,
12. entgegen § 32 Satz 1 eine dort genannte Maßnahme nicht duldet oder die Marktüberwachungsbehörde oder einen Beauftragten nicht unterstützt oder
13. entgegen § 32 Satz 2 eine Auskunft nicht, nicht richtig, nicht vollständig oder nicht rechtzeitig erteilt.

(3) Ordnungswidrig handelt, wer einer unmittelbar geltenden Vorschrift in Rechtsakten der Europäischen Union zuwiderhandelt, die inhaltlich

1. einer Regelung entspricht, zu der die in Absatz 2 Nummer 1
   a) Buchstabe a,
   b) Buchstabe b oder
   c) Buchstabe c
   genannten Vorschriften ermächtigen, oder
2. einem in Absatz 2
   a) Nummer 2, 3 oder 5 oder
   b) Nummer 4 oder 10

genannten Gebot oder Verbot entspricht, soweit eine Rechtsverordnung nach § 37 Nummer 2 für einen bestimmten Tatbestand auf diese Bußgeldvorschrift verweist.

(4) Die Ordnungswidrigkeit kann in den Fällen des Absatzes 2 Nummer 1 Buchstabe b und des Absatzes 3 Nummer 1 Buchstabe b mit einer Geldbuße bis zu fünfzigtausend Euro, in den Fällen der Absätze 1, 2 Nummer 1 Buchstabe a, Nummer 2, 3, 5 bis 9 und des Absatzes 3 Nummer 1 Buchstabe a und Nummer 2 Buchstabe a mit einer Geldbuße bis zu dreißigtausend Euro, in den Fällen des Absatzes 2 Nummer 4 und 10 und des Absatzes 3 Nummer 2 Buchstabe b mit einer Geldbuße bis zu zehntausend Euro und in den übrigen Fällen mit einer Geldbuße bis zu fünftausend Euro geahndet werden.

Übersicht

A. Regelungsgehalt des § 35

1   Gem. **§ 35 Abs. 1** sind die fahrlässigen Verstöße, die in § 34 spiegelbildlich als Vorsatztaten bestraft werden, als Ordnungswidrigkeiten zu ahnden. **§ 35 Abs. 2** normiert Ordnungswidrigkeiten bei fahr-lässigen und vorsätzlichen Zuwiderhandlungen. Dabei ist die gebündelte Aufzählung von Vorschriften nicht – wie dies zu wünschen gewesen wäre – durchgängig systematisch nach thematischen Aspekten erfolgt. Nach **§ 35 Abs. 3** handelt ebenfalls ordnungswidrig, wer einer unmittelbar geltenden Vorschrift in Rechtsakten der Europäischen Union zuwiderhandelt, die inhaltlich einer der genannten Regelungen entspricht. Voraussetzung ist, dass eine Rechtsverordnung nach § 37 Nr. 2 für einen bestimmten Tat-bestand auf die in Abs. 3 festgelegten Sanktionsnormen verweist. **§ 35 Abs. 4** enthält Regelungen zum Bußgeldrahmen.

B. Verstöße gegen das Inverkehrbringen betreffende Rechtsverordnungen/ vollziehbare Anordnungen (§ 35 Abs. 2 Nr. 1a)

I. § 5 Abs. 2 S. 1 Nr. 5 (Inhaltsstoffe)

2   § 5 Abs. 2 S. 1 Nr. 5 enthält Ermächtigungen zur **ergänzenden Ausgestaltung des Verfahrens,** welches nach § 5 Abs. 2 S. 1 Nr. 1, 2 zur Festlegung **charakteristischer Aromen** bei Zigaretten und Tabaken zum Selbstdrehen anzuwenden ist. Das eigentliche Verfahren für die Bestimmung von Tabak-erzeugnissen mit einem charakteristischen Aroma obliegt zur Schaffung einer Rechtseinheitlichkeit nach Art. 7 Abs. 3 der Tabakrichtlinie im Wege von Durchführungsrechtsakten der Kommission. Entspre-chende Umsetzungen sind zuletzt mit der Ersten Verordnung zur Änderung der TabakerzV v. 21.6.2016 (BGBl. I 1468) erfolgt, die in **§ 5a TabakerzV** hinsichtlich des Verfahrens auf die Durchführungsver-ordnung (EU) 2016/779 der Kommission v. 18.5.2016 verweist.

II. § 6 Abs. 2 Nr. 2 (Verpackung)

3   Nach § 6 Abs. 2 Nr. 2 kann der Verordnungsgeber zur Regelung des Inverkehrbringens von Tabak-erzeugnissen **bestimmte Einheiten** und **Packungen** einer **bestimmten Art oder Größe** vorschrei-ben. Eine entsprechende Regelung ist in **§ 10 TabakerzV** getroffen worden. Danach dürfen nur quaderförmige Packungen aus Karton oder einem weichen Material mit mindestens 20 Zigaretten in den Verkehr gebracht werden. Der Tabak zum Selbstdrehen darf nur in Mengen von mindestens 30g und nur in quader- oder zylinderförmigen Packungen oder Beuteln in den Verkehr gebracht werden.

III. § 10 Abs. 2 Nr. 1 (Kenntlichmachung)

§ 10 Abs. 2 Nr. 1 enthält eine Ermächtigung zur Regelung der Kenntlichmachung von Tabakerzeug- 4
nissen, in denen oder auf denen **Abbau- oder Reaktionsprodukte von Pflanzenschutzmitteln**
enthalten sind oder bei denen oder bei deren Ausgangsstoffen bestimmte Pflanzenschutzmittel angewendet worden sind.

IV. § 15 Abs. 2 Nr. 4 (Inhaltsangaben)

Dem Verordnungsgeber ist es nach § 15 Abs. 2 Nr. 4 möglich, vorzuschreiben, dass im Verkehr mit 5
elektronischen Zigaretten und Nachfüllbehältern Angaben über den **Gehalt an bestimmten Inhalts-**
stoffen zu machen sind. Eine entsprechende Regelung ist in § 27 Abs. 1 TabakerzV erfolgt. Danach
sind alle Inhaltsstoffe in absteigender Reihenfolge ihres Gewichtsanteils auf Packungen und Außenverpackungen aufzulisten.

V. § 23 Abs. 1 Nr. 1b, c oder e (Messverfahren, Prüflaboratorien, zulässige Inhaltsangaben)

Nach § 23 Abs. 1 Nr. 1b kann der Verordnungsgeber **Untersuchungsverfahren** festlegen, nach 6
denen der Gehalt an bestimmten Stoffen in Erzeugnissen oder in deren Emissionen zu bestimmen ist.
Eine entsprechende Regelung ist in § 1 TabakerzV normiert worden. Danach sind zur Bestimmung von
Emissionswerten im Einzelnen angeführte Verfahren nach DIN angeordnet worden.

§ 23 Abs. 1 Nr. 1c erlaubt es, vorzuschreiben, dass diese Verfahren nur von dafür zugelassenen 7
Prüflaboratorien durchgeführt werden. Ferner dürfen die an diese Prüflaboratorien zu stellenden Anforderungen, insbesondere hinsichtlich Eignungsprüfungen, laufender Schulung sowie Zuverlässigkeit
und Unabhängigkeit, festgelegt sowie das Verfahren für die Zulassung geregelt werden. Entsprechende
detaillierte Regelungen sind in § 2, 3 TabakerzV aufgenommen worden.

Nach § 23 Abs. 1 Nr. 1e ist es dem Verordnungsgeber möglich, vorzuschreiben, unter welchen 8
Voraussetzungen Angaben verwendet werden dürfen, die sich auf den Gehalt an bestimmten Stoffen in
Erzeugnissen oder in deren Emissionen beziehen.

VI. § 26 Abs. 1 Nr. 6 (Bedarfsgegenstände)

Die Vorschrift erlaubt es, vorzuschreiben, dass und wie der **Gehalt an bestimmten Stoffen** in 9
bestimmten Bedarfsgegenständen oder bei bestimmten Bedarfsgegenständen eine **Beschränkung des**
Verwendungszwecks kenntlich zu machen ist. Bedarfsgegenstände sind nach der Legaldefinition in § 2
Nr. 9 Packungen, Behältnisse oder sonstige Umhüllungen, die dazu bestimmt sind, mit Erzeugnissen in
Berührung zu kommen.

C. Verstöße gegen die Rückverfolgbarkeit und das Sicherheitsmerkmal betreffende Rechtsverordnungen/vollziehbare Anordnungen (§ 35 Abs. 2 Nr. 1b)

§ 7 Abs. 2 S. 2 Nr. 1 ermächtigt zur Benennung der Informationen, die über das **individuelle** 10
Erkennungsmerkmal verfügbar sein müssen, und zur Festlegung, wer zu deren **Erfassung und Über-**
mittlung verpflichtet ist. Der Verordnungsgeber hat dies in § 19 **TabakerzV** umgesetzt. Danach
müssen die Hersteller und Importeure von Tabakerzeugnissen das individuelle Erkennungsmerkmal
anbringen. Dieses darf weder verwischbar noch ablösbar sein und weder verdeckt noch getrennt werden.
Es muss Informationen zum Tag und Ort der Herstellung, zur Herstellungsstätte und Angaben zur
Identifizierung der Maschine enthalten, die zur Herstellung verwendet wurde. Zudem müssen die
Arbeitsschicht oder der Zeitpunkt der Herstellung, eine Produktbeschreibung, der vorgesehene Versandweg und Absatzmarkt sowie Name, Anschrift und die elektronischen Kontaktdaten des Importeurs
angegeben werden.

Mit § 7 Abs. 2 S. 2 Nr. 2 wird das Bundesministerium für Ernährung und Landwirtschaft in 11
Umsetzung des Art. 15 Abs. 7 der Tabakrichtlinie ermächtigt, die Hersteller zur Bereitstellung der für
die **Rückverfolgung von Tabakerzeugnissen** notwendigen technischen Ausrüstung zu verpflichten.
Der Verordnungsgeber hat dies in § 20 **TabakerzV** umgesetzt. Danach müssen die Wirtschaftsakteure
mit Ausnahme der Händler, die Tabakerzeugnisse unmittelbar an den Verbraucher abgeben, sicherstellen,
dass Informationen zum tatsächlichen Versandweg einschließlich aller genutzten Lager sowie des Versandorts und -datums sowie die Namen und Anschriften aller Abnehmer in der Vertriebskette und die
Rechnungs- und Bestellnummer sowie die Zahlungsbelege aller Käufer in der Vertriebskette mit dem
Sicherheitsmerkmal verknüpft werden. Die Hersteller haben die Informationen schriftlich aufzuzeichnen und der zuständigen Behörde und den Zollbehörden auf Verlangen vorzulegen.

12   Durch **§ 7 Abs. 2 S. 2 Nr. 3** ist es möglich, zur Gewährleistung von Unabhängigkeit und Transparenz des Systems für die Rückverfolgung Hersteller und Importeure zu verpflichten, **Verträge mit einem unabhängigen Dritten über die Datenspeicherung** zu schließen und die Einzelheiten zu regeln. So können Hersteller insbesondere verpflichtet werden, die Tätigkeiten des mit der Datenspeicherung beauftragten Dritten von einem externen Prüfer auf ihre Kosten überwachen zu lassen. Der Verordnungsgeber hat dies in **§ 21 TabakerzV** umgesetzt. Danach müssen von der Kommission zugelassene unabhängige Dritte die in der Vorschrift detailliert beschriebenen Aufgaben übernehmen. Zudem werden die Hersteller nach **§ 22 TabakerzV** verpflichtet, auf ihre Kosten einen von der Kommission zugelassenen **externen Prüfer** zur Überwachung der Verwaltung des vom unabhängigen Dritten nach § 21 TabakerzV eingerichteten Datenspeichers zu benennen.

13   **§ 34 Abs. 1 TabakerzV** enthält eine **Übergangsregelung** und erklärt, dass die **§§ 19–23 TabakerzV** für Zigaretten und Tabak zum Selbstdrehen erst **ab dem 20.5.2019** und für **andere Tabakerzeugnisse** erst **ab dem 20.5.2024** Anwendung finden.

D. Verstöße gegen die Rückverfolgbarkeit und die Kenntlichmachung betreffende Rechtsverordnungen/vollziehbare Anordnungen (§ 35 Abs. 2 Nr. 1c)

14   Nach **§ 7 Abs. 2 S. 2 Nr. 4** können Wirtschaftsakteure (Legaldefinition in § 2 Nr. 4) durch Rechtsverordnung verpflichtet werden, Aufzeichnungen über die Vertriebskette zu führen und aufzubewahren. Der Verordnungsgeber hat dies in **§ 20 TabakerzV** umgesetzt. Nach 34 **Abs. 1 TabakerzV** ist **§ 20 TabakerzV** für Zigaretten und Tabak zum Selbstdrehen erst **ab dem 20.5.2019** und für **andere Tabakerzeugnisse** erst **ab dem 20.5.2024** anwendbar.

15   **§ 10 Abs. 2 Nr. 2** enthält eine Ermächtigung, vorzuschreiben, dass Tabakerzeugnissen bestimmte Angaben, insbesondere über die Anwendung von Stoffen im Sinne von § 9 (Pflanzenschutzmittel), beizufügen sind.

E. Verstöße gegen die Warnhinweispflicht und das Sicherheitsmerkmal (§ 35 Abs. 2 Nr. 2)

I. Warnhinweispflicht nach § 6

16   Die mit § 6 und der darauf beruhenden TabakerzV **erheblich ausgeweiteten Warnhinweispflichten** dürften die mit Einführung des TabakerzG relevantesten Veränderungen darstellen. Nach § 35 Abs. 2 Nr. 2 handelt ordnungswidrig, wer vorsätzlich oder fahrlässig entgegen den daraus folgenden Warnhinweisvorschriften ein Tabakerzeugnis in den Verkehr bringt.

17   Mit **§ 6 Abs. 1** werden für alle Tabakerzeugnisse **gesundheitsbezogene Warnhinweise** auf Packungen und Außenverpackungen vorgeschrieben. Nach Abs. 2 Nr. 1 dürfen durch Rechtsverordnung für die jeweiligen Erzeugnisse die Gestaltung und der Inhalt der gesundheitsbezogenen Warnhinweise, die technischen Details zu deren Anbringung und Platzierung sowie die Aufmachung und der Inhalt der Packungen geregelt werden.

18   Der Verordnungsgeber hat diese Vorgaben in **§§ 11–17 TabakerzV** umgesetzt. Im Einzelnen handelt es sich um folgende Regelungen:

19   1. **§ 11 TabakerzV (Allgemeine Vorschriften zur Kennzeichnung von Tabakerzeugnissen).** Die Vorschrift regelt die **Gestaltung und Anbringung** der gesundheitsbezogenen Warnhinweise nach den §§ 12 bis 17 auf Packungen und Außenverpackungen von Tabakerzeugnissen. Wesentlich ist nach § 11 unter anderem, dass die gesundheitsbezogenen Warnhinweise in **deutscher Sprache** verfasst werden und nicht mit Kommentaren, Umschreibungen oder Bezugnahmen versehen werden. Die Hinweise dürfen **weder verwischbar noch ablösbar** sein; bei anderen Tabakerzeugnissen als Zigaretten und Tabak zum Selbstdrehen in Beuteln dürfen die gesundheitsbezogenen Warnhinweise mittels Aufklebern aufgebracht werden, diese dürfen nicht entfernt werden können. Die Hinweise dürfen zum Zeitpunkt des Inverkehrbringens **nicht teilweise oder vollständig verdeckt** oder getrennt werden und sind innerhalb der für sie vorgesehenen Fläche mit einem **schwarzen, 1 Millimeter breiten Rahmen** zu umranden.

20   2. **§ 12 TabakerzV (Kennzeichnung von Zigaretten, Tabak zum Selbstdrehen und Wasserpfeifentabak).** Nach dieser Vorschrift dürfen die genannten Tabakerzeugnisse nur in den Verkehr gebracht werden, wenn Packungen und Außenverpackungen den **allgemeinen Warnhinweis** „Rauchen ist tödlich", die Informationsbotschaft „Tabakrauch enthält über 70 Stoffe, die erwiesenermaßen krebserregend sind." und **kombinierte Text-Bild-Warnhinweise** tragen.

21   3. **§ 13 TabakerzV (Allgemeiner Warnhinweis und Informationsbotschaft bei Zigaretten, Tabak zum Selbstdrehen und Wasserpfeifentabak).** Nach **§ 13 Abs. 1** TabakerzV müssen die Hinweise nach § 12 jeweils 50 Prozent der für sie vorgesehenen Flächen einnehmen und sind in

Helvetika fett, schwarz auf weißem Hintergrund, zentriert und bei quaderförmigen Packungen und Außenverpackungen parallel zur Seitenkante aufzudrucken. In den Abs. 2 und 3 sind Bestimmungen für die Platzierung bei quaderförmigen bzw bei Kappenschachteln enthalten. Für Tabak zum Selbstdrehen sieht § 13 Abs. 4 eigenständige Regeln nach Maßgabe des Art. 2 Abs. 1 und Art. 3 iVm Nr. 1, 2 und 4 des Anhangs des Durchführungsbeschlusses (EU) 2015/1735 der Kommission vom 24.9.2015 vor.

4. § 14 TabakerzV (Kombinierte Text-Bild-Warnhinweise bei Zigaretten, Tabak zum 22 Selbstdrehen und Wasserpfeifentabak). Nach § 14 Abs. 1 sind die kombinierten Text-Bild-Warnhinweise nach § 12 Nr. 3 TabakerzV dem Anhang II der Tabakrichtlinie in der jeweils geltenden Fassung zu entnehmen. Von einem Abdruck wird an dieser Stelle abgesehen. Format, Layout, Gestaltung und Proportionen richten sich nach Art. 2 bis 4 iVm Nr. 1 bis 4 des Anhangs des Durchführungsbeschlusses (EU) 2015/1842 der Kommission vom 9. Oktober 2015. Die Warnhinweise sind **jährlich** so zu wechseln, dass sie in gleicher Anzahl auf den Packungen erscheinen, und durch folgende Information zur Raucherentwöhnung zu ergänzen: „Wollen Sie aufhören? Die BZgA hilft: Tel.: 0800 8 313131 (kostenfrei), www.rauchfrei-info.de".

In § 14 Abs. 2 sind detaillierte Regelungen zur Anbringung der kombinierten Text-Bild-Warnhin- 23 weise hinsichtlich Größe, Anzahl und Platzierung normiert. So müssen sie auf jeder Verpackung zweimal verwendet werden.

Nach § 14 Abs. 3 können die kombinierten Text-Bild-Warnhinweise **bis zum 20.5.2019** bei 24 Packungen aus Karton auf der Rückseite und bei Packungen aus weichem Material direkt unterhalb einer an der Oberkante für das Steuerzeichen beginnenden Fläche angebracht werden.

5. § 15 TabakerzV (Kennzeichnung von anderen Rauchtabakerzeugnissen als Zigaretten, 25 Tabak zum Selbstdrehen und Wasserpfeifentabak). Nach § 15 dürfen **andere Rauchtabakerzeugnisse** als Zigaretten, Tabak zum Selbstdrehen und Wasserpfeifentabak nur in den Verkehr gebracht werden, wenn Packungen und Außenverpackungen den **allgemeinen Warnhinweis** „Rauchen ist tödlich" **und** einen der in Anhang I der Tabakrichtlinie in der jeweils geltenden Fassung enthaltenen **Text-Warnhinweise** enthalten. Derzeit sind dies:

(1) Rauchen verursacht 9 von 10 Lungenkarzinomen.
(2) Rauchen verursacht Mund-, Rachen- und Kehlkopfkrebs.
(3) Rauchen schädigt Ihre Lunge.
(4) Rauchen verursacht Herzanfälle.
(5) Rauchen verursacht Schlaganfälle und Behinderungen.
(6) Rauchen verstopft Ihre Arterien.
(7) Rauchen erhöht das Risiko, zu erblinden.
(8) Rauchen schädigt Zähne und Zahnfleisch.
(9) Rauchen kann Ihr ungeborenes Kind töten.
(10) Wenn Sie rauchen, schaden Sie Ihren Kindern, Ihrer Familie, Ihren Freunden.
(11) Kinder von Rauchern werden oft selbst zu Rauchern.
(12) Das Rauchen aufgeben – für Ihre Lieben weiterleben.
(13) Rauchen mindert Ihre Fruchtbarkeit.
(14) Rauchen bedroht Ihre Potenz.DE L 127/34 Amtsblatt der Europäischen Union 29.4.2014

Zudem ist nach § 15 Abs. 2 TabakerzV der allgemeine Warnhinweis durch die Information zur Raucherentwöhnung „Wollen Sie aufhören? Die BZgA hilft: Tel.: 0800 8 313131 (kostenfrei), www.rauchfrei-info.de" zu ergänzen.

6. § 16 TabakerzV (Allgemeiner Warnhinweis und Text-Warnhinweis bei anderen Rauch- 26 tabakerzeugnissen als Zigaretten, Tabak zum Selbstdrehen und Wasserpfeifentabak). Für andere Rauchtabakerzeugnisse als Zigaretten, Tabak zum Selbstdrehen und Wasserpfeifentabak sieht § 16 TabakerzV gesonderte Anforderungen für die Warnhinweise nach § 15 TabakerzV vor.

7. § 17 TabakerzV (Kennzeichnung rauchloser Tabakerzeugnisse). Nach § 17 TabakerzV 27 dürfen **rauchlose Tabakerzeugnisse** nur in den Verkehr gebracht werden, wenn die Packungen und Außenverpackungen den gesundheitsbezogenen Warnhinweis tragen: „Dieses Tabakerzeugnis schädigt Ihre Gesundheit und macht süchtig." Dieser Warnhinweis muss auf den zwei größten Flächen der Packung und der Außenverpackung angebracht werden und den Anforderungen des § 13 Abs. 1 Nr. 2 genügen und parallel zum Haupttext ausgerichtet werden.

8. Gemäß § 47 bis zum 20.5.2016 geltende Warnhinweispflichten für Altprodukte. Wie oben 28 (→ Vorb. Rn. 5) angekündigt, soll im Hinblick auf die Übergangsregelung in § 47 der bis zum 20.5.2016 geltende Rechtszustand zu den Warnhinweisen dargestellt werden.

§ 21 Abs. 1 Nr. 1f VTabakG ermächtigte den Verordnungsgeber, vorzuschreiben, dass im Verkehr 29 mit bestimmten Tabakerzeugnissen oder in der Werbung für bestimmte Tabakerzeugnisse **Warnhinweise oder sonstige warnende Aufmachungen** Sicherheitsvorkehrungen oder Ratschläge für die Gesundheit zu verwenden waren.

Mit dieser Ermächtigung, die neben reinen Warnhinweisen auch Ratschläge und Sicherheitsvorkehrungen umfasste, wurde die RL 2001/37/EG des Europäischen Parlaments und des Rates v. 5.6.2001 über die Herstellung, die Aufmachung und den Verkauf von Tabakerzeugnissen umgesetzt. Die beim Inverkehrbringen von Tabakerzeugnissen anzuwendenden Warnhinweise waren in § 7 TabakProdV v. 20.11.2002 (BGBl. I 4434) – zuletzt geändert durch Art. 63 Zehnte ZuständigkeitsanpassungsVO v. 31.8.2015 (BGBl. I 1474) – iVm Nr. 1–14 der Anlage geregelt.

30   § 7 Abs. 1 S. 1 TabakProdV schrieb bei dem gewerbsmäßigen Inverkehrbringen von zum Rauchen bestimmter Tabakerzeugnisse bestimmte Warnhinweise vor, die zu verwenden waren. Auf jeder Verpackung waren wahlweise einer der Hinweise „Rauchen kann tödlich sein", „Rauchen ist tödlich" oder „Rauchen fügt Ihnen und den Menschen in Ihrer Umgebung erheblichen Schaden zu" aufzubringen. Die allgemeinen Warnhinweise waren nach dieser Vorschrift in regelmäßigen Abständen abwechselnd auf den Packungen zu verwenden. Genauere Regelungen, in welchen zeitlichen Abständen diese Warnhinweise zu verwenden sind, enthielt diese Vorschrift nicht.

31   § 7 Abs. 2 TabakProdV bestimmte, dass Tabakerzeugnisse nur dann gewerbsmäßig in den Verkehr gebracht werden durften, wenn sie **zusätzlich** zu den oben genannten Warnhinweisen einen der in der Anlage zur TabakProdV aufgeführten 14 Warnhinweise aufwiesen. Dieser Warnhinweis war auf der verbleibenden, nicht von dem Warnhinweis nach § 7 Abs. 1 S. 1 TabakProdV belegten Breitseite der Packung anzubringen. Die Warnhinweise warenabwechselnd, jedoch nicht in bestimmter Reihenfolge und bestimmten zeitlichen Abständen anzubringen.

32   Die Warnhinweise waren mit Art. 1 der Zweiten Verordnung zur Änderung der Tabakprodukt-Verordnung v. 24.6.2013 (BGBl. I 1944) zum 5.7.2013 verändert worden und lauteten seither:

1. Rauchen verursacht 9 von 10 Lungenkarzinomen.
2. Rauchen verursacht Mund-, Rachen- und Kehlkopfkrebs.
3. Rauchen schädigt Ihre Lunge.
4. Rauchen verursacht Herzanfälle.
5. Rauchen verursacht Schlaganfälle und Behinderungen.
6. Rauchen verstopft Ihre Arterien.
7. Rauchen erhöht das Risiko zu erblinden.
8. Rauchen schädigt Zähne und Zahnfleisch.
9. Rauchen kann Ihr ungeborenes Kind töten.
10. Wenn Sie rauchen, schaden Sie Ihren Kindern, Ihrer Familie, Ihren Freunden.
11. Kinder von Rauchern werden oft selbst zu Rauchern.
12. Das Rauchen aufgeben – für Ihre Lieben weiterleben. Hier finden Sie Hilfe, wenn Sie das Rauchen aufgeben möchten: Bundeszentrale für gesundheitliche Aufklärung (BZgA) Tel.: 0800 8 313131, www.rauchfrei-info.de
13. Rauchen mindert Ihre Fruchtbarkeit.
14. Rauchen bedroht Ihre Potenz.

33   Aufgrund der mit Art. 1 der Dritten Verordnung zur Änderung der Tabakprodukt-Verordnung v. 16.7.2014 (BGBl. I 1053) erfolgten Änderung von § 11 durften allerdings Packungen von Tabakerzeugnissen, die **bis zum 20.5.2016** hergestellt wurden, noch bis zum Ablauf des 20.5.2017 mit folgenden – bis zum 5.7.2013 maßgeblichen – Hinweisen in den Verkehr gebracht werden:

1. Raucher sterben früher.
2. Rauchen führt zur Verstopfung der Arterien und verursacht Herzinfarkte und Schlaganfälle.
3. Rauchen verursacht tödlichen Lungenkrebs.
4. Rauchen in der Schwangerschaft schadet ihrem Kind.
5. Schützen sie Kinder – lassen sie sie nicht Ihren Tabakrauch einatmen!
6. Ihr Arzt oder Apotheker kann Ihnen dabei helfen, das Rauchen aufzugeben.
7. Rauchen macht sehr schnellabhängig: Fangen Sie gar nicht erst an!
8. Wer das Rauchen aufgibt, verringert das Risiko tödlicher Herz- und Lungenerkrankungen.
9. Rauchen kann zu einem langsamen und schmerzhaften Tod führen.
10. Hier finden Sie Hilfe, wenn Sie das Rauchen aufgeben möchten: Bundeszentrale für gesundheitliche Aufklärung (BZgA) Tel.: 0 18 05–31 31 31, www.rauchfrei-info.de.
11. Rauchen kann zu Durchblutungsstörungen führen und verursacht Impotenz.
12. Rauchen lässt Ihre Haut altern.
13. Rauchen kann die Spermatozoen schädigen und schränkt die Fruchtbarkeit ein.
14. Rauch enthält Benzol, Nitrosamine, Formaldehyd und Blausäure.

34   Gemäß § 7 Abs. 3 durften Tabakerzeugnisse, die nicht zum Rauchen bestimmt sind, nur gewerbsmäßig in den Verkehr gebracht werden, wenn sie den Warnhinweis aufwiesen: „Dieses Tabakerzeugnis kann Ihre Gesundheit schädigen und macht abhängig." Tabakerzeugnisse, die nicht zum Rauchen bestimmt sind, sind insbes. Kau- und Schnupftabak sowie andere zum oralen Gebrauch bestimmte Tabakerzeugnisse.

II. Sicherheitsmerkmal § 7

Nach **§ 7 Abs. 1** dürfen Tabakerzeugnisse nur in den Verkehr gebracht werden, wenn deren 35 Packungen, um die Rückverfolgbarkeit und Echtheit von Tabakerzeugnissen zu gewährleisten, ein **individuelles Erkennungsmerkmal** und ein **fälschungssicheres Sicherheitsmerkmal** tragen.

§ 7 Abs. 2 S. 1 ermächtigt dazu Inhalt, Art und Weise, Umfang und das **Verfahren der Kenn-** 36 **zeichnung** mit einem individuellen Erkennungsmerkmal und einem fälschungssicheren Sicherheits- merkmal zu regeln. Der Verordnungsgeber hat dies in § 19 TabakerzV umgesetzt. Danach müssen die Hersteller und Importeure von Tabakerzeugnissen das individuelle Erkennungsmerkmal anbringen. Dieses darf weder verwischbar noch ablösbar sein und weder verdeckt noch getrennt werden. Es muss Informationen zum Tag und Ort der Herstellung, zur Herstellungsstätte und Angaben zur Identifizie- rung der Maschine enthalten, die zur Herstellung verwendet wurde. Zudem müssen die Arbeitsschicht oder der Zeitpunkt der Herstellung, eine Produktbeschreibung, der vorgesehene Versandweg und Absatzmarkt sowie Name, Anschrift und die elektronischen Kontaktdaten des Importeurs angegeben werden.

§ 34 Abs. 1 TabakerzV enthält eine **Übergangsregelung** und erklärt, dass die **§§ 19–23 Taba-** 37 **kerzV** für Zigaretten und Tabak zum Selbstdrehen erst **ab dem 20.5.2019** und für **andere Tabak- erzeugnisse** erst **ab dem 20.5.2024** Anwendung finden.

F. Verstöße gegen die Kenntlichmachung einer Bestrahlung (§ 35 Abs. 2 Nr. 3)

§ 10 Abs. 1 schreibt vor, dass die Bestrahlung, die auf der Grundlage einer Rechtsverordnung nach 38 § 8 Abs. 2 Nr. 1 erfolgt ist, kenntlich zu machen ist. Das Gesetz legt die Art und Weise oder den Umfang dieser Kenntlichmachungspflicht nicht fest. Nach dem Sinn und Zweck des Gesetzes als Maß- nahme des Verbraucherschutzes ist jedoch zumindest zu fordern, dass der Konsument der Kennzeich- nung **hinreichend sichere** Feststellungen zu Art und Umfang der Bestrahlung entnehmen kann. § 10 Abs. 1 S. 2 enthält zudem die Ermächtigung, in diesen Rechtsverordnung die Art der Kenntlichma- chung zu regeln sowie Ausnahmen von den Verpflichtungen zur Kenntlichmachung zuzulassen, soweit dies mit dem Verbraucherschutz vereinbar ist.

In § 10 Abs. 2 wird das Bundesministerium ermächtigt, im Einvernehmen mit dem Bundesministeri- 39 um für Wirtschaft und Energie und mit Zustimmung des Bundesrates durch Rechtsverordnung Vor- schriften über die Kenntlichmachung von Stoffen im Sinne des § 9 zu erlassen (Nr. 1) und vorzuschrei- ben, dass Tabakerzeugnissen bestimmte Angaben – insbes. über die Anwendung der Stoffe – beizufügen sind (Nr. 2). Diese Ermächtigungen gelten nur für die Fälle, in denen die Erfordernisse des Verbraucher- schutzes vorliegen.

G. Verstöße beim Inverkehrbringen von elektronischen Zigaretten und Nachfüllbehältern (§ 35 Abs. 2 Nr. 4)

Nach **§ 15 Abs. 1 Nr. 1** dürfen elektronische Zigaretten und Nachfüllbehälter nur mit einem 40 **Beipackzettel** in den Verkehr gebracht werden. Zudem müssen nach **§ 15 Abs. 1 Nr. 2** Packungen und Außenverpackungen von elektronischen Zigaretten und Nachfüllbehältern einen **gesundheits- bezogenen Warnhinweis** tragen und den Anforderungen an Aufmachung und Gestaltung und zu weiteren produktspezifischen Angaben und Hinweisen genügen.

§ 15 Abs. 2 Nr. 1–3 ermächtigen dazu, den Inhalt und die Aufmachung des Beipackzettels sowie die 41 Gestaltung und den Inhalt des gesundheitsbezogenen Warnhinweises sowie technische Details zu dessen Anbringung und Platzierung zu regeln. Ferner können die Anforderungen an Aufmachung und Gestaltung von Packungen und Außenverpackungen sowie an produktspezifische Angaben und Hin- weise beschrieben werden.

Der Verordnungsgeber hat dies in **§§ 26, 27 TabakerzV** umgesetzt. Nach **§ 26 TabakerzV** sind Hersteller und Importeure von elektronischen Zigaretten und Nachfüllbehältern zur Erstellung des **Beipackzettels** nach § 15 Abs. 1 Nr. 1 verpflichtet. Der Beipackzettel muss in deutscher Sprache verfasst, allgemein verständlich und gut lesbar sein (**§ 26 Abs. 2 TabakerzV**).

Im Einzelnen müssen folgende Angaben enthalten sein (**§ 26 Abs. 1 TabakerzV**): **Gebrauchs- und** 42 **Aufbewahrungsanleitungen,** Gegenanzeigen und Warnhinweise für diejenigen Verbrauchergruppen, die bei der Verwendung der elektronischen Zigarette oder des Nachfüllbehälters stärker gefährdet sind als andere, einschließlich eines Hinweises, dass das Erzeugnis nicht für Nichtraucher empfohlen wird, und dass die Abgabe an sowie die Verwendung durch Kinder und Jugendliche untersagt sind. Ferner müssen Angaben zu möglichen nachteiligen **Auswirkungen auf die Gesundheit,** zur suchterzeugenden Wirkung und zu toxikologischen Daten erteilt werden. Ebenso sind Name, Anschrift und die elektro- nischen **Kontaktdaten des Herstellers,** Importeurs oder einer vom Hersteller oder Importeur zu bestimmenden, in der Europäischen Union ansässigen verantwortlichen juristischen oder natürlichen Person und die in Art. 2 Abs. 2 des Durchführungsbeschlusses (EU) 2016/586 der Kommission v. 14.4.2016 genannten Informationen anzuführen.

43   § 27 Abs. 1 TabakerzV verpflichtet den Hersteller oder Importeur zur Aufbringung einer **Liste** auf Packungen und Außenverpackungen. Dabei sind Angaben zu allen Inhaltsstoffen und zum Nikotingehalt und zur Nikotinabgabe pro Dosis zu tätigen. Ebenso werden Hinweis verlangt, aus dem das Los zu ersehen ist, zu dem die elektronische Zigarette oder der Nachfüllbehälter gehört, und dass das Erzeugnis nicht in die Hände von Kindern gelangen darf. Die Packungen und Außenverpackungen müssen daneben den gesundheitsbezogenen **Warnhinweis** tragen: „Dieses Produkt enthält Nikotin: einen Stoff, der sehr stark abhängig macht." Dieser Warnhinweis muss auf den zwei größten Flächen der Packung und der Außenverpackung angebracht werden, jeweils 30 Prozent dieser Flächen einnehmen und den Anforderungen des § 13 Abs. 1 Nr. 2 TabakerzV (→ Rn. 21) genügen und parallel zum Haupttext ausgerichtet werden.

H. Verstöße gegen Informationspflichten bei elektronischen Zigaretten und Nachfüllbehältern (§ 35 Abs. 2 Nr. 5)

44   § 16 Abs. 3 S. 1 enthält die behördliche **Notifikationspflicht** für die nationalen Marktüberwachungsbehörden. Hersteller, Importeure und sonst verantwortliche juristische und natürliche Personen haben die zuständigen Behörden unverzüglich und von sich aus zu informieren, wenn sie wissen oder anhand der ihnen vorliegenden Informationen oder ihrer Erfahrung wissen müssen, dass eine von ihnen in den Verkehr gebrachte elektronische Zigarette oder ein Nachfüllbehälter ein Risiko für die Sicherheit und Gesundheit von Personen darstellen.

45   § 16 Abs. 4 S. 1 normiert eine **Kooperationsverpflichtung** für Hersteller, Importeur oder eine sonst verantwortliche juristische oder natürliche Person mit der Marktüberwachung der Mitgliedstaaten. Danach sind der Marktüberwachungsbehörde alle Informationen zur Verfügung zu stellen, damit die Behörde Maßnahmen zur Abwendung von Risiken ergreifen kann.

I. Verstöße beim Inverkehrbringen von pflanzlichen Raucherzeugnissen (§ 35 Abs. 2 Nr. 6)

46   § 17 Abs. 1 regelt, dass pflanzliche Raucherzeugnisse nur in den Verkehr gebracht werden dürfen, wenn Packungen und Außenverpackungen gesundheitsbezogene Warnhinweise tragen.

47   Durch § 17 Abs. 2 wird das Bundesministerium für Ernährung und Landwirtschaft ermächtigt, durch Rechtsverordnung Gestaltung und Inhalt des gesundheitsbezogenen **Warnhinweises** sowie technische Details zu dessen Anbringung und Platzierung zu regeln.

48   Der Verordnungsgeber hat dies in § 30 TabakerzV umgesetzt. Danach dürfen pflanzliche Raucherzeugnisse nur in den Verkehr gebracht werden, wenn die Packungen und Außenverpackungen den Warnhinweis tragen: „Das Rauchen dieses Produkts schädigt Ihre Gesundheit." Der Hinweis muss an Packungen und Außenverpackungen auf der äußeren Vorder- und der äußeren Rückseite angebracht werden, jeweils 30 Prozent dieser Flächen einnehmen und den Anforderungen des § 13 Abs. 1 Nr. 2 (→ Rn. 21) genügen.

J. Verstöße gegen Werbeverbote (§ 35 Abs. 2 Nr. 7)

49   Das in § 19 geregelte Werbeverbot erfasst alle Tabakerzeugnisse, aber naturgemäß nicht eine rein **redaktionelle Berichterstattung.**
      § 19 Abs. 1 enthält ein Verbot der Werbung im Hörfunk. Nach § 19 Abs. 2 S. 1 ist die Werbung für Tabakerzeugnisse, elektronische Zigaretten und Nachfüllbehälter in der Presse und anderen gedruckten Veröffentlichungen verboten.

50   § 19 Abs. 2 S. 2 enthält **zwei Ausnahmen** vom Verbot. Diese Ausnahmetatbestände entsprechen inhaltlich den in Art. 3 Abs. 1 S. 1 der RL 2003/33/EG genannten Ausnahmen vom Werbeverbot des Art. 3 Abs. 1 S. 2 und setzen damit die Vorgaben der Tabakwerberichtlinie um. Entsprechend dem Erwägungsgrund 4 der Richtlinie soll damit die Werbung auf diejenigen Magazine und Zeitschriften beschränkt sein, die sich nicht an die breite Öffentlichkeit richten, wie zB Veröffentlichungen, die ausschließlich für im Tabakhandel tätige Personen bestimmt sind oder auf Veröffentlichungen, die in Drittländern gedruckt und herausgegeben werden und nicht hauptsächlich für den Gemeinschaftsmarkt bestimmt sind sowie sonstige Veröffentlichungen, die sich in ihrem redaktionellen Inhalt ausschließlich an ein spezifisches Publikum richten.

51   Nach § 19 Abs. 3 gelten für die Werbung in Diensten der Informationsgesellschaft dieselben Verbote wie die in Abs. 2 für gedruckte Veröffentlichungen genannten.

K. Verstöße gegen Werbe- und Sponsoringverbote (§ 35 Abs. 2 Nr. 8)

52   § 19 Abs. 4 enthält ein allgemeines Verbot des Sponsorings von **Hörfunkprogrammen.**
53   Nach § 19 Abs. 5 ist das Sponsoring von **Veranstaltungen** mit grenzüberschreitender Wirkung für Tabakerzeugnisse, elektronische Zigaretten und Nachfüllbehälter verboten.

L. Verstöße gegen das Werbeverbot in audiovisuellen Mediendiensten (§ 35 Abs. 2 Nr. 9)

§ 20 regelt das Verbot der Werbung in audiovisuellen Mediendiensten, welches naturgemäß nicht eine **54** rein **redaktionelle Berichterstattung** umfasst.

Der Begriff „audiovisuelle kommerzielle Kommunikation" beinhaltet nach Art. 1 Abs. 1h der RL 2010/13/EU des Europäischen Parlaments und des Rates v. 10.3.2010 zur Koordinierung bestimmter Rechts- und Verwaltungsvorschriften der Mitgliedstaaten über die Bereitstellung audiovisueller Mediendienste unter anderem **Fernsehwerbung, Sponsoring, Teleshopping und Produktplatzierung.**

M. Verstöße gegen das Verbot von Werbung mit qualitativen Zielen (§ 35 Abs. 2 Nr. 10)

Nach § 21 Abs. 1 Nr. 1–4 ist es verboten, im Verkehr mit Tabakerzeugnissen oder in der Werbung **55** Informationen zu verwenden, durch die der **Eindruck erweckt** wird, dass der Genuss oder die bestimmungsgemäße Verwendung von Tabakerzeugnissen gesundheitlich unbedenklich oder geeignet ist, die Funktion des Körpers, die Leistungsfähigkeit oder das Wohlbefinden günstig zu beeinflussen oder solche Informationen zu verwenden, die ihrer Art nach besonders dazu geeignet sind, Jugendliche oder Heranwachsende zum Konsum zu veranlassen oder darin zu bestärken oder die das Inhalieren des Tabakrauches als nachahmenswert erscheinen lassen. Weiter ist es verboten, Informationen zu verwenden, die den Eindruck erwecken, dass die Inhaltsstoffe natürlich oder naturrein seien.

§ 21 Abs. 2 enthält eine Ermächtigung für das Bundesministerium, im Einvernehmen mit dem **56** Bundesministerium für Wirtschaft und Energie und mit Zustimmung des Bundesrates, durch Rechtsverordnung Vorschriften zur Durchführung der Verbote des § 21 Abs. 1 zu erlassen, soweit es für den Verbraucherschutz erforderlich ist. Insbesondere können dabei die **Art,** der **Umfang** oder die **Gestaltung der Werbung** durch bestimmte Werbemittel oder an bestimmten Orten geregelt werden (Nr. 1). Ebenso können die Verwendung von Darstellungen oder Äußerungen von Angehörigen bestimmter Personengruppen verboten oder beschränkt werden (Nr. 2).

N. Verstöße gegen Mitteilungspflichten (§ 35 Abs. 2 Nr. 11)

Nach § 23 Abs. 2 Nr. 2 wird das Bundesministerium für Ernährung und Landwirtschaft ermächtigt, **57** Vorschriften zu bestimmten Mitteilungspflichten und zur **Vorlage von Studien** zu erlassen sowie Einzelheiten des Verfahrens und des Formats der Mitteilungen zu regeln. Dies dient der Umsetzung der Art. 5, 6, 20 Abs. 2 und 22 der Tabakrichtlinie 2014/40/EU und des Durchführungsbeschlusses (EU) 2015/2186 der Kommission v. 25.11.2015 sowie des Durchführungsbeschlusses (EU) 2015/2183 der Kommission v. 24.11.2015.

Der Verordnungsgeber hat hiervon in §§ 6 und 7 TabakerzV Gebrauch gemacht und umfangreiche, **58** detailliert beschriebene Mitteilungs- und Studien- sowie Informationspflichten geregelt.

O. Verstöße gegen Duldungs- und Mitwirkungspflichten (§ 35 Abs. 2 Nr. 12)

§ 32 S. 1 legt den nach § 3 verpflichteten Wirtschaftsakteuren (nach der Legaldefinition in § 2 Nr. 4: **59** Hersteller, Bevollmächtigte, Importeure, Händler sowie jeder sonstige Akteur innerhalb der Liefer- und Vertriebskette von Erzeugnissen), die von Überwachungsmaßnahmen nach § 31 Abs. 1–3 betroffen sind, korrespondierende Duldungs- und Mitwirkungspflichten auf.

Die Regelung des § 31 Abs. 1 enthält Betretensrechte, Besichtigungs- und Prüfbefugnisse und eine **60** Kostentragungsregelung.

Nach § 31 Abs. 2 sind die Marktüberwachungsbehörden berechtigt, Proben zu entnehmen, Muster zu verlangen sowie Unterlagen und Informationen anzufordern. § 31 Abs. 3 regelt die Gegenprobenahme.

P. Verstöße gegen Auskunftspflichten (§ 35 Abs. 2 Nr. 13)

Nach § 32 S. 2 sind die nach § 3 verpflichteten Wirtschaftsakteure (nach der Legaldefinition in § 2 **61** Nr. 4: Hersteller, Bevollmächtigte, Importeure, Händler sowie jeder sonstige Akteur innerhalb der Liefer- und Vertriebskette von Erzeugnissen), dazu verpflichtet, auf Verlangen der Marktüberwachungsbehörde die Auskünfte zu erteilen, die für deren **Aufgabenerfüllung** erforderlich sind.

Q. Verstöße gegen unmittelbar geltende Vorschriften in Rechtsakten der EU nach §§ 35 Abs. 2 Nr. 1a–c, Abs. 2 Nr. 2–4, 10 (§ 35 Abs. 3)

62   Die Regelung enthält eine Blankettvorschrift, die es ermöglicht, Verstöße gegen unmittelbar geltendes europäisches Gemeinschaftsrecht durch Rechtsverordnung als Ordnungswidrigkeit zu ahnden. Auf eine Erläuterung der in Bezug genommenen Tatbestände des § 35 Abs. 3 wird im Hinblick darauf, dass bislang keine unmittelbar geltenden europarechtlichen Regelungen geschaffen worden sind, an dieser Stelle verzichtet und auf die Kommentierung der einzelnen Tatbestände Bezug genommen. § 37 Nr. 2 enthält die notwendige Ermächtigung, diese Blankettvorschrift auszufüllen.

R. Bußgeldrahmen (§ 35 Abs. 4)

63   § 35 Abs. 4 enthält Regelungen zum Bußgeldrahmen. Dieser sieht – bei von einer Mindesthöhe von 5 EUR gemäß § 17 Abs. 1 OWiG – im Regelfall Geldbußen in Höhe von bis zu 5.000 EUR vor und erreicht durch eine Staffelung (10.000 EUR; 30.000 EUR) für jeweils gesondert bezeichnete Tatbestände eine Höhe von bis zu 50.000 EUR.

§ 36 Einziehung

    [1] Gegenstände, auf die sich eine Straftat nach § 34 oder eine Ordnungswidrigkeit nach § 35 Absatz 1, 2 oder 3 bezieht, können eingezogen werden. [2] § 74a des Strafgesetzbuches und § 23 des Gesetzes über Ordnungswidrigkeiten sind anzuwenden.

1   **1. Regelungsinhalt. a) Verhältnis zu §§ 74 ff. StGB.** Bei § 36, der sich auf die Straftaten nach § 34 und nur die Ordnungswidrigkeiten gem. §§ 35 Abs. 1–3 bezieht, handelt es sich um eine besondere gesetzliche Vorschrift iSd § 74 Abs. 4 StGB. § 36 ist demnach neben der unmittelbar nach § 74 StGB eröffneten Einziehung anwendbar. Die Einziehung ist ihrem Wesen nach **kein einheitliches Rechtsinstitut.** Soweit sie einen Täter oder Teilnehmer trifft, ohne dass die Voraussetzungen des § 74 Abs. 2 Nr. 2 StGB gegeben sind, handelt es sich um eine Strafe. Die Anordnung ist insoweit eine Strafzumessungsentscheidung. In den Fällen der Einziehung nach § 74 Abs. 3 StGB handelt es sich um eine reine Sicherungsmaßnahme (ausf. Fischer StGB § 74 Rn. 1 ff.).

2   § 74 Abs. 2 und 3 StGB sind anwendbar. Die Bestimmungen des § 74c StGB (Einziehung des Wertersatzes), § 74e StGB (Wirkung der Einziehung), § 74d StGB (Einziehung von Schriften und Unbrauchbarmachen) sowie § 74f StGB (Entschädigung) sind unmittelbar anwendbar.

3   **b) Verhältnis zu §§ 22 ff. OWiG.** Anders als § 74 StGB bietet § 22 Abs. 1 OWiG keine selbstständige unmittelbare Einziehungsmöglichkeit. Vielmehr muss gem. § 22 Abs. 1 OWiG die Einziehung gesetzlich zugelassen sein. Diesem Gesetzesvorbehalt ist durch § 36 genüge getan.

    § 22 Abs. 2 und Abs. 3 OWiG sind anwendbar. Ebenfalls anwendbar sind § 24 OWiG (Grundsatz der Verhältnismäßigkeit), § 25 OWiG (Einziehung des Wertersatzes) sowie § 26 (Wirkung der Einziehung). Die Möglichkeit der erweiterten Einziehung gem. § 23 StGB ist durch § 36 S. 2 erlaubt.

4   **2. Voraussetzungen der Einziehung.** Die Einziehung ist nur möglich, wenn eine Straftat nach § 34 oder eine Ordnungswidrigkeit gem. § 35 Abs. 1–3 vorliegt. Die weiteren Voraussetzungen der § 74 Abs. 2 StGB und § 22 Abs. 2 OWiG, die unmittelbar anzuwenden sind, müssen ebenfalls vorliegen. Die Einziehung ist demnach nur zulässig, wenn die Gegenstände zur Zeit der Entscheidung dem Täter oder Teilnehmer gehören oder zustehen und die Gegenstände nach ihrer Art und den Umständen die Allgemeinheit gefährden oder die Gefahr besteht, dass sie der Begehung rechtswidriger Taten dienen werden. In den beiden letzten Fällen ist die Einziehung gem. § 74 Abs. 3 StGB beziehungsweise § 22 Abs. 3 OWiG auch statthaft, wenn der Täter ohne Schuld gehandelt hat.

5   **3. Einziehungsgegenstände. Einziehungsgegenstände** sind alle Gegenstände und Mittel, auf die sich eine Zuwiderhandlung bezieht. Dies werden in den vorliegenden Zusammenhang vorrangig Tabakerzeugnisse und Bedarfsgegenstände sein, die gesundheitsschädlich oder minderwertig sind. § 36 umfasst jedoch dem Wortlaut nach nur Gegenstände, auf die sich die Tat unmittelbar bezieht. Gegenstände und Mittel, die zur Tatbegehung oder zur Vorbereitung der Tat gebraucht oder bestimmt gewesen sind, können daher nur über § 74 Abs. 1 StGB eingezogen werden.

6   Verpackungsmittel sind **Bedarfsgegenstände** (§ 2 Nr. 9). Sie können schon deshalb Einziehungsgegenstände sein, wenn sie selbst Gegenstand der Tat und damit zB gesundheitsgefährdend sind. Bildet aber eine Verpackung mit dem Tabakerzeugnis eine wirtschaftliche Einheit in der Weise, dass das Tabakerzeugnis nicht ohne Beeinträchtigung oder Änderung seines Charakters, seiner Gebrauchsfähigkeit oder seines Verkehrswertes von der Packung getrennt werden kann (BGHSt 7, 78 (80)), mithin die Packung das Tabakerzeugnis überhaupt erst verkehrsfähig macht, so muss sich die Einziehung auch auf diese Gegenstände beziehen (vgl. Erbs/Kohlhaas/*Rohnfelder/Freytag* Rn. 4).

4. Einziehungsanordnung. a) Einziehungsanordnung im Straf- und Bußgeldverfahren. Die 7
Anordnung der Einziehung liegt im pflichtgemäßen Ermessen des Gerichts. Das **Ermessen** ist durch
den Grundsatz der Verhältnismäßigkeit grds. eingeschränkt (§ 74b StGB und § 24 OWiG). Die Ermessensentscheidung ist nachprüfbar. Die Einziehungsgegenstände sind nach Art und Menge, Aufbewahrungsort und Eigentümer genau zu bezeichnen, damit bei der Vollstreckung keine Unklarheiten entstehen.

Die Einziehung richtet sich gegen den **Täter.** Dies ist selbst dann der Fall, wenn eine andere Person 8
betroffen ist, der der Gegenstand gehört oder der er zusteht. Eine solche Person ist Einziehungsbeteiligter
gem. § 431 StPO. Dem tatunbeteiligten Eigentümer stehen gegen die Einziehung der Sache jedoch
dieselben Rechte zu wie dem Täter. Ein Rechtsmittel kann auf die Einziehung beschränkt werden,
wenn sie ausschließlich Sicherungscharakter hat. Wenn sie allein oder zugleich Strafcharakter hat, ist eine
Beschränkung allein dann zulässig, wenn ein Einfluss auf die Strafbemessung ausgeschlossen ist (Fischer
StGB § 74 Rn. 21b).

b) Einziehungsanordnung im selbstständigen Verfahren. Über die Einziehung kann auch in 9
einem gesonderten Verfahren gem. §§ 440, 441 StPO entschieden werden, wenn ein Hauptsacheverfahren nicht durchgeführt wird. Das **selbstständige Einziehungsverfahren** ersetzt jedoch nicht die im
Hauptsacheverfahren versäumte Einziehungsanordnung (vgl. Erbs/Kohlhaas/*Rohnfelder/Freytag* Rn. 8).
Die Durchführung des Einziehungsverfahrens liegt im Ermessen der Staatsanwaltschaft. Im Bußgeldverfahren ist die Möglichkeit der gesonderten Einziehung durch § 27 OWiG eröffnet.

§ 37 Ermächtigungen

**Das Bundesministerium wird ermächtigt, soweit dies zur Durchsetzung der Rechtsakte
der Europäischen Union erforderlich ist, durch Rechtsverordnung mit Zustimmung des
Bundesrates die Tatbestände zu bezeichnen, die**
1. als Straftat nach § 34 Abs. 2 zu ahnden sind oder
2. als Ordnungswidrigkeit nach § 35 Abs. 3 geahndet werden können.

§ 37 ermächtigt das Bundesministerium für Ernährung und Landwirtschaft, die einzelnen straf- und 1
bußgeldbewehrten Tatbestände des Gemeinschaftsrechts durch Rechtsverordnung zu bezeichnen.

§ 47 Übergangsregelungen

(1) Tabakerzeugnisse und pflanzliche Raucherzeugnisse, die
1. vor dem 20. Mai 2016
  a) hergestellt oder
  b) in den freien Verkehr gebracht und gekennzeichnet wurden und
2. den bis dahin geltenden Vorschriften entsprechen,
**dürfen noch bis zum 20. Mai 2017 in den Verkehr gebracht werden oder im Verkehr ver-
bleiben.**

(2) Elektronische Zigaretten oder Nachfüllbehälter, die
1. vor dem 20. November 2016
  a) hergestellt oder
  b) in den freien Verkehr gebracht und gekennzeichnet wurden und
2. den bis dahin geltenden Vorschriften entsprechen,
**dürfen noch bis zum 20. Mai 2017 in den Verkehr gebracht werden oder im Verkehr ver-
bleiben.**

**(3) § 7 ist für Zigaretten und für Tabak zum Selbstdrehen ab dem 20. Mai 2019 und für die
übrigen Tabakerzeugnisse ab dem 20. Mai 2024 anzuwenden.**

**(4) § 5 Absatz 1 Nummer 1 Buchstabe a ist für Zigaretten und Tabake zum Selbstdrehen,
deren unionsweite Verkaufsmengen 3 Prozent oder mehr einer bestimmten Erzeugniskategorie ausmachen, ab dem 20. Mai 2020 anzuwenden.**

**(5) Bis zum Erlass einer Rechtsverordnung nach § 6 Absatz 2 Nummer 2 gilt § 25 Absatz 2
des Tabaksteuergesetzes vom 15. Juli 2009 (BGBl. I S. 1870), das zuletzt durch Artikel 12 des
Gesetzes vom 3. Dezember 2015 (BGBl. I S. 2178) geändert worden ist, fort.**

§ 47 Abs. 1 setzt Art. 30 der Tabakrichtlinie um und regelt für Tabakerzeugnisse und pflanzliche 1
Raucherzeugnisse eine Übergangsfrist für das Inverkehrbringen oder den Verbleib im Verkehr bis zum
20.5.2017, wenn das Produkt vor dem 20.5.2016 **nach den bis dahin geltenden Vorschriften**
hergestellt oder in den Verkehr gebracht und gekennzeichnet worden ist.

2   § 47 Abs. 2 setzt ebenfalls Art. 30 der Tabakrichtlinie um und regelt für elektronische Zigaretten und Nachfüllbehälter eine Übergangsfrist für das Inverkehrbringen oder den Verbleib im Verkehr bis zum 20.5.2017, wenn das Produkt vor dem 20.11.2016 **nach den bis dahin geltenden Vorschriften** hergestellt oder in den Verkehr gebracht und gekennzeichnet worden ist.

3   **Im Gesetzesentwurf der Bundesregierung zur Änderung des TabakerzG v. 28.6.2016** (BT-Drs. 18/8962) ist in Art. 1 Nr. 14a eine Änderung vorgesehen. Danach soll zur Klarstellung (BT-Drs. 18/8962, 16) in § 47 Abs. 2 Nr. 2 das Wort „dahin" durch die Wörter „zum 20. Mai 2016" ersetzt werden. Dies ist notwendig, da die aktuelle Formulierung „vor dem 20. November 2016" als Anknüpfungszeitpunkt für eine Übergangsregelung zu einer seit dem 20.5.2016 eingetretenen Gesetzesänderung das gesetzgeberische Anliegen nicht umsetzen kann.

4   **§ 47 Abs. 3** enthält Übergangsfristen für die Regelungen zu Rückverfolgbarkeit und Sicherheitsmerkmal nach § 7. Für Zigaretten und Tabak zum Selbstdrehen sind diese Regelungen ab dem 20. Mai 2019 anzuwenden, für die anderen Tabakerzeugnisse ab dem 20.5.2024.

5   Nach **§ 47 Abs. 4** findet das Verbot des Inverkehrbringens von Tabaken zum Selbstdrehen, die nach § 5 Abs. 1 Nr. 1a ein charakteristisches Aroma haben und deren unionsweite Verkaufsmengen 3% oder mehr einer bestimmten Erzeugniskategorie ausmachen, erst ab dem 20.5.2020 Anwendung. Dies dient der Umsetzung von Art. 7 Abs. 14 der Tabakrichtlinie.

6   § 47 Abs. 5 regelt, dass § 25 Abs. 2 des Tabaksteuergesetzes solange fortgilt, bis eine Rechtsverordnung nach § 6 Abs. 2 Nr. 2 zur Regelung des Mindestinhalts von Packungen erlassen worden ist.

703. Verordnung zur Umsetzung der Richtlinie über Tabakerzeugnisse und verwandte Erzeugnisse (TabakerzV)

Vom 27. April 2016
(BGBl. I S. 980) FNA 2125-12-1

Zuletzt geändert durch die Erste Verordnung zur Änderung der Tabakerzeugnisverordnung vom 21. Juni 2016
(BGBl. I S. 1468)

– Auszug –

Vorbemerkung

Die Tabakerzeugnisverordnung enthält im Wesentlichen **Verfahrensvorschriften** im Zusammen- **1** hang mit der Einhaltung von Emissionswerten in Tabakerzeugnissen **und Vorschriften zu Warnhinweisen** über die Gefahren des Tabakkonsums. Die Verordnung dient der Umsetzung der RL des Europäischen Parlaments und des Rates 2014/40/EU v. 3.4.2014 zur Angleichung der Rechts- und Verwaltungsvorschriften der Mitgliedstaaten über die Herstellung, die Aufmachung und den Verkauf von Tabakerzeugnissen und verwandten Erzeugnissen **(Tabakrichtlinie)** und der Aufhebung der Richtlinie des Europäischen Parlaments und des Rates 2001/37/EG v. 5.6.2001 zur Angleichung der Rechts- und Verwaltungsvorschriften der Mitgliedstaaten über die Herstellung, die Aufmachung und den Verkauf von Tabakerzeugnissen. Sie **ergänzt** damit die Vorschriften des Tabakerzeugnisgesetzes (TabakerzG) vom 4.4.2016. Das TabakerzG trat am 20.5.2016 (→ Vorb. TabakerzG Rn. 2) an die Stelle der tabakrechtlichen Vorschriften des aufgehobenen Vorläufigen Tabakgesetzes (VTabakG).

Das Tabakerzeugnisgesetz enthält in §§ 34, 35 Ermächtigungen, die teilweise bereits im VTabakG enthalten waren und die es dem Verordnungsgeber nach § 37 TabakerzG ermöglichen, ergänzende Straf- und Bußgeldtatbestände zu schaffen. In der Tabakerzeugnisverordnung hat der Verordnungsgeber von dieser Ermächtigung bislang nur mit weiteren Ordnungswidrigkeitentatbeständen Gebrauch gemacht.

Die Tabakerzeugnisverordnung beruht auf § 5 Abs. 2 S. 1 Nr. 1, 2, 3 und 5, § 6 Abs. 2, § 7 Abs. 2 **2** S. 2 Nr. 1 bis 4, § 9 Nr. 1, § 12 Abs. 5, § 13 Abs. 2 Nr. 1, § 14 Abs. 3 S. 2 Nr. 1 und 2, § 15 Abs. 2, § 17 Abs. 2, § 21 Abs. 2 Nr. 1, § 22 Abs. 6 Nr. 1, § 23 Abs. 1 Nr. 1b, c und f sowie § 46 TabakerzG. Die Tabakerzeugnisverordnung enthält in § 33 Verweisungen auf die bei bestimmten Zuwiderhandlungen anwendbaren Bußgeldtatbestände des Tabakerzeugnisgesetzes.

Die **Definition der einzelnen Begriffe** richtet sich – wie für die Vorschriften des TabakerzG – nach § 2 TabakerzG und dem gemäß § 1 Abs. 1 TabakerzG für Begriffsbestimmungen anzuwendenden Art. 2 Nr. 3 Tabakrichtlinie (Richtlinie des Europäischen Parlaments und des Rates 2014/40/EU vom 3.4.2014 zur Angleichung der Rechts- und Verwaltungsvorschriften der Mitgliedstaaten über die Herstellung, die Aufmachung und den Verkauf von Tabakerzeugnissen und verwandten Erzeugnissen)

Die Verordnung dient im Wesentlichen dem **Schutz des Verbrauchers** vor Gesundheitsschäden. **3** Neben der Beschränkung schädlicher Inhaltsstoffe in den Tabakerzeugnissen will der Verordnungsgeber den Verbraucher insbesondere durch die Kennzeichnungspflichten mit **Warnhinweisen** auf den Umverpackungen der Tabakerzeugnisse auf die besonderen Gefahren des Tabakkonsums hinweisen und so ggf. zu einer selbstständigen, an eigenen gesundheitlichen Belangen orientierten Regulierung seines Konsumverhaltens bewegen. Mit Umsetzung der Tabakrichtlinie sind ua die **Kennzeichnungspflichten** gegenüber den Regelungen der früheren TabakProdV erheblich erweitert worden. Daneben regelt die Tabakerzeugnisverordnung **Mitteilungs- und Informationspflichten** der Hersteller und Importeure gegenüber den Aufsichtsbehörden.

Die VO gilt für alle **Tabakerzeugnisse, elektronische Zigaretten und Nachfüllbehälter sowie** **4** **pflanzliche Raucherzeugnisse.** Zu diesen „pflanzlichen Raucherzeugnissen" zählen nach Art. 2 Nr. 15 der Tabakrichtlinie Erzeugnisse auf der Grundlage von Pflanzen, Kräutern oder Früchten, die keinen Tabak enthalten und mittels eines Verbrennungsprozesses konsumiert werden können.

Die Vorschriften betreffen vor allem die **Warnhinweise.** Verstöße hiergegen sind vom Gesetzgeber **bereits im TabakerzG als Ordnungswidrigkeit** eingestuft worden (→ TabakerzG § 35 Rn. 16 ff.). Die bislang in der Tabakerzeugnisverordnung normierten Bußgeldtatbestände in § 33 zitieren weitere, im Folgenden nicht abgedruckte Vorschriften der Tabakerzeugnisverordnung. Diese Vorschriften werden in der Kommentierung in ihrem wesentlichen Inhalt wiedergegeben, ohne dass dies das Studium des vollständigen Gesetzestextes ersetzt.

§ 33 Ordnungswidrigkeiten

(1) Ordnungswidrig im Sinne des § 35 Absatz 2 Nummer 1 Buchstabe a des Tabakerzeugnisgesetzes handelt, wer
vorsätzlich oder fahrlässig

1. **entgegen § 10 Absatz 1 oder 3 eine Zigarette oder Tabak zum Selbstdrehen in den Verkehr bringt oder**

2. **entgegen § 27 Absatz 1 Satz 1 eine Liste mit den Angaben nach § 27 Absatz 1 Satz 2 Nummer 1 oder 2 nicht,**
nicht richtig, nicht vollständig oder nicht rechtzeitig anbringt.

(2) Ordnungswidrig im Sinne des § 35 Absatz 2 Nummer 1 Buchstabe b des Tabakerzeugnisgesetzes handelt, wer
vorsätzlich oder fahrlässig entgegen

1. **§ 19 Absatz 1 ein individuelles Erkennungsmerkmal nicht oder nicht rechtzeitig anbringt oder**

2. **§ 20 Absatz 1 nicht sicherstellt, dass eine dort genannte Information bereitgestellt wird.**

(3) Ordnungswidrig im Sinne des § 35 Absatz 2 Nummer 1 Buchstabe c des Tabakerzeugnisgesetzes handelt, wer
vorsätzlich oder fahrlässig entgegen § 20 Absatz 4 Satz 1 eine Information nicht oder nicht rechtzeitig vorlegt.

A. Regelungsgehalt

1 Zum näheren Regelungsgehalt des § 35 TabakerzG wird auf die Kommentierung zu dieser Vorschrift verwiesen. Die Bußgeldandrohung des § 35 Abs. 4 TabakerzG sieht für Verstöße nach § 33 Abs. 1 iVm § 35 Abs. 2 Nr. 1a TabakerzG jeweils eine Geldbuße bis zu 30.000 EUR vor. Für eine Ordnungswidrigkeit gemäß § 33 Abs. 2 iVm § 35 Abs. 2 Nr. 1b TabakerzG reicht der Bußgeldrahmen danach bis 50.000 EUR und bei einer Ordnungswidrigkeit nach § 33 Abs. 3 iVm § 35 Abs. 2 Nr. 1c ist eine Geldbuße von bis zu 5.000 EUR vorgesehen.

B. Ordnungswidrigkeiten nach § 33 Abs. 1 (iVm § 35 Abs. 2 Nr. 1a TabakerzG)

I. Verstöße gegen Mindestmengen und Packungsformen (§ 33 Abs. 1 Nr. 1)

2 **1. Mindestmenge.** Gemäß § 33 Abs. 1 Nr. 1 iVm § 35 Abs. 2 Nr. 1a TabakerzG wird der vorsätzliche oder fahrlässige Verstoß gegen **Mindestmengen** (nach § 10 Abs. 1: 20 Zigaretten; nach § 10 Abs. 3: 30 Gramm Tabak zum Selbstdrehen) beim Inverkehrbringen als Ordnungswidrigkeit geahndet.

3 Das „Inverkehrbringen" ist in Art. 2 Nr. 40 der Tabakrichtlinie definiert als die entgeltliche oder unentgeltliche Bereitstellung von Produkten – unabhängig vom Ort ihrer Herstellung – für Verbraucher, die sich in der Union befinden, auch mittels Fernabsatz; im Fall von grenzüberschreitendem Fernabsatz gilt das Produkt als in dem Mitgliedstaat in Verkehr gebracht, in dem sich der Verbraucher befindet.

Nach Art. 2 Nr. 10 der Tabakrichtlinie ist eine „Zigarette" eine Tabakrolle, die mittels eines Verbrennungsprozesses konsumiert werden kann und die in Art. 3 Abs. 1 der RL 2011/64/EU des Rates als Tabakstrang, der sich unmittelbar zum Rauchen eignet und in eine Zigarettenpapierhülse geschoben oder mit einem Zigarettenpapierblättchen umhüllt werden kann ohne Zigarre oder Zigarillo zu sein, näher definiert ist.

„Tabak zum Selbstdrehen" ist nach Art. 2 Nr. 3 der Tabakrichtlinie ein Tabak, der von Verbrauchern oder Verkaufsstellen zum Fertigen von Zigaretten verwendet werden kann.

4 **2. Packungsformen.** Gemäß § 33 Abs. 1 Nr. 1 iVm § 35 Abs. 2 Nr. 1a TabakerzG dürfen nach § 10 Abs. 1 **Zigaretten** nur in quaderförmigen Packungen und nach § 10 Abs. 3 **Tabak zum Selbstdrehen** nur in quader- oder zylinderförmigen **Packungen** oder in **Beuteln** in den Verkehr gebracht werden.

5 Eine „Packung" ist nach Art. 2 Nr. 30 der Tabakrichtlinie die kleinste Einzelverpackung eines Tabakerzeugnisses oder verwandten Erzeugnisses, die in Verkehr gebracht wird.

Nach Art. 2 Nr. 31 der Tabakrichtlinie handelt es sich bei einem „Beutel" um eine Packung Tabak zum Selbstdrehen – entweder in Form einer rechteckigen Tasche mit einer Klappe, die die Öffnung bedeckt, oder in Form eines Standbeutels.

II. Verstöße gegen Kennzeichnungspflichten (§ 33 Abs. 1 Nr. 2)

6 Nach § 33 Abs. 1 Nr. 2 iVm § 35 Abs. 2 Nr. 1a TabakerzG wird der vorsätzliche oder fahrlässige Verstoß gegen aus § 27 Abs. 1 S. 1 folgende **Kennzeichnungspflichten** als Ordnungswidrigkeit geahndet.

Gemäß 27 Abs. 1 S. 1 sind **Hersteller und Importeure** von **elektronischen Zigaretten und Nachfüllbehältern** verpflichtet, vor dem Inverkehrbringen eine **Liste** auf Packungen und Außenverpackungen von elektronischen Zigaretten und Nachfüllbehältern aufzubringen. Diese Liste muss nach § 27 Abs. 1 S. 2 Nr. 1 und 2 Angaben zu allen **Inhaltsstoffen** in absteigender Reihenfolge ihres Gewichtsanteils und zum **Nikotingehalt** sowie zur **Nikotinabgabe pro Dosis** enthalten.

„**Hersteller**" ist nach Art. 2 Nr. 37 der Tabakrichtlinie definiert als jede natürliche oder juristische 7
Person, die ein Produkt herstellt bzw. entwickeln oder herstellen lässt und dieses Produkt unter ihrem eigenen Namen oder ihrer eigenen Marke vermarktet.

Nach Art. 2 Nr. 39 der Tabakrichtlinie ist „**Importeur**" der Eigentümer oder eine Person, die die Verfügungsgewalt über die Tabakerzeugnisse oder die verwandten Erzeugnisse hat, die in das Gebiet der Union gelangt sind.

Eine „**elektronische Zigarette**" ist gemäß Art. 2 Nr. 16 der Tabakrichtlinie ein Erzeugnis, das zum Konsum nikotinhaltigen Dampfes mittels eines Mundstücks verwendet werden kann, oder jeder Bestandteil dieses Produkts, einschließlich einer Kartusche, eines Tanks, und des Gerätes ohne Kartusche oder Tank. Elektronische Zigaretten können Einwegprodukte oder mittels eines Nachfüllbehälters oder eines Tanks nachfüllbar sein oder mit Einwegkartuschen nachgeladen werden.

Nach Art. 2 Nr. 17 der Tabakrichtlinie ist ein „**Nachfüllbehälter**" ein Behältnis, das nikotinhaltige Flüssigkeit enthält, die zum Nachfüllen einer elektronischen Zigarette verwendet werden kann.

Der Begriff „**Inhaltsstoff**" umfasst nach Art. 2 Nr. 18 der Tabakrichtlinie Tabak, einen Zusatzstoff sowie jeden in einem endgültigen Tabakerzeugnis oder verwandten Erzeugnis vorhandenen Stoff oder Bestandteil, einschließlich Papier, Filter, Druckerfarben, Kapseln und Kleber.

„**Nikotin**" bezeichnet nach Art. 2 Nr. 19 der Tabakrichtlinie die Nikotinalkaloide.

C. Ordnungswidrigkeiten nach § 33 Abs. 2 (iVm § 35 Abs. 2 Nr. 1b TabakerzG)

I. Verstöße gegen die Anbringung eines individuellen Erkennungsmerkmals (§ 33 Abs. 2 Nr. 1)

Gemäß § 33 Abs. 2 Nr. 1 iVm § 35 Abs. 2 Nr. 1b TabakerzG wird der vorsätzliche oder fahrlässige 8
Verstoß eines Herstellers oder Importeurs von Tabakerzeugnissen gegen die Anbringungspflicht eines **individuellen Erkennungsmerkmals** nach § 7 Abs. 1 Nr. 1 TabakerzG beim Inverkehrbringen als Ordnungswidrigkeit geahndet.

Das **individuelle Erkennungsmerkmal** muss nach § 19 Abs. 2 Informationen zum Tag und Ort 9
der Herstellung, zur Herstellungsstätte sowie Angaben zur Identifizierung der Maschine, die zur Herstellung verwendet wurde, zur Arbeitsschicht oder den Zeitpunkt der Herstellung enthalten. Zudem müssen eine Produktbeschreibung, der vorgesehene Absatzmarkt und Versandweg sowie Name, Anschrift und elektronische Kontaktdaten des Importeurs mitgeteilt werden. Weiter darf es weder verwischbar noch ablösbar sein und weder verdeckt noch getrennt werden.

Nach Art. 2 Nr. 17 der Tabakrichtlinie ist ein „**Tabakerzeugnis**" ein Erzeugnis, das konsumiert 10
werden kann und das, auch teilweise, aus genetisch verändertem oder genetisch nicht verändertem Tabak besteht. Nach § 2 Nr. 1 TabakerzG umfasst der Begriff „**Erzeugnis**" neben Tabakerzeugnissen auch „**verwandte Erzeugnisse**". Zu diesen zählen nach § 2 Nr. 2 TabakerzG **elektronische Zigaretten, Nachfüllbehälter** und **pflanzliche Raucherzeugnisse**.

II. Verstöße gegen Maßnahmen zur Rückverfolgbarkeit (§ 33 Abs. 2 Nr. 2)

Gemäß § 20 Abs. 1 haben Wirtschaftsakteure mit Ausnahme der Händler, die Tabakerzeugnisse 11
unmittelbar an den Verbraucher abgeben, sicherzustellen, dass **Informationen** zum tatsächlichen Versandweg einschließlich aller genutzten Lager sowie des Versandorts und -datums, die Namen und Anschriften aller Abnehmer in der Vertriebskette und die Rechnungs- und Bestellnummer sowie Zahlungsbelege aller Käufer in der Vertriebskette **bereitgestellt** werden und mit dem **individuellen Erkennungsmerkmal** nach § 7 Abs. 1 Nr. 1 des TabakerzG elektronisch **verknüpft** werden.

Gemäß § 33 Abs. 2 Nr. 2 iVm § 35 Abs. 2 Nr. 1b TabakerzG werden vorsätzlich oder fahrlässig begangene Verstöße gegen diese Pflichten als Ordnungswidrigkeit geahndet.

Nach § 2 Nr. 4 TabakerzG zählen zu den **Wirtschaftsakteuren** die Hersteller, Bevollmächtigten, 12
Importeure, Händler sowie jeder sonstige Akteur innerhalb der Liefer- und Vertriebskette von Erzeugnissen.

D. Verstoß gegen die Aufzeichnungs- und Vorlagepflicht (§ 33 Abs. 3)

Gemäß § 33 Abs. 3 iVm § 35 Abs. 2 Nr. 1c TabakerzG handelt ordnungswidrig, wer vorsätzlich oder 13
fahrlässig entgegen § 20 Abs. 4 S. 1 eine Information nicht oder nicht rechtzeitig anlegt.

Nach § 20 Abs. 4 S. 1 haben alle **Wirtschaftsakteure** die in § 20 Abs. 1 genannten Informationen (tatsächlicher Versandweg einschließlich aller genutzten Lager sowie des Versandorts und -datums, Namen und Anschriften aller Abnehmer in der Vertriebskette und Rechnungs- und Bestellnummer sowie Zahlungsbelege aller Käufer in der Vertriebskette) **schriftlich aufzuzeichnen** und der zuständigen Behörde und den Zollbehörden **auf Verlangen vorzulegen.**

14   Nach § 2 Nr. 10 TabakerzG sind als die „**Zollbehörden**" die für die Kontrolle der Außengrenzen zuständigen Behörden zu verstehen.

§ 34 Übergangsregelungen

(1) Die §§ 19 bis 23 sind für Zigaretten und Tabak zum Selbstdrehen ab dem 20. Mai 2019 und für die übrigen Tabakerzeugnisse ab dem 20. Mai 2024 anzuwenden.

(2) Tabak zum Selbstdrehen in Beuteln, der
1. vor dem 20. Mai 2018
   a) hergestellt oder
   b) in den freien Verkehr gebracht und
2. nach § 13 Absatz 4 Satz 3 gekennzeichnet wurde,

darf noch bis zum 20. Mai 2019 in den Verkehr gebracht werden oder im Verkehr verbleiben.

A. Regelungsgehalt

1   Die Vorschrift enthält für Hersteller, Importeure und Wirtschaftsakteure wichtige Übergangsregelungen in Bezug auf die nach den §§ 19–23 zu erfüllenden Anforderungen zur Rückverfolgbarkeit und zum Sicherheitsmerkmal (Abs. 1) sowie auf das Inverkehrbringen von Tabaken zum Selbstdrehen in Beuteln (Abs. 2).

B. § 34 Abs. 1

2   Hersteller, Importeure und Wirtschaftsakteure von Zigaretten und Tabak zum Selbstdrehen müssen beim jeweiligen **Inverkehrbringen** die nach den §§ **19–23** zu erfüllenden Anforderungen zur Rückverfolgbarkeit und zum Sicherheitsmerkmal erst **ab dem 20.5.2019** und für **übrige Tabakerzeugnisse erst ab dem 20.5.2024** erfüllen.

3   Nach § 2 Nr. 4 TabakerzG zählen zu dem Oberbegriff „**Wirtschaftsakteur**" die Hersteller, Bevollmächtigten, Importeure, Händler sowie jeder sonstige Akteur innerhalb der Liefer- und Vertriebskette von Erzeugnissen. Im Rahmen von **§ 20** sind die **Händler ausgenommen,** die Tabakerzeugnisse unmittelbar an den Verbraucher abgeben.

„**Hersteller**" ist nach Art. 2 Nr. 37 der Tabakrichtlinie definiert als jede natürliche oder juristische Person, die ein Produkt herstellt bzw. entwickeln oder herstellen lässt und dieses Produkt unter ihrem eigenen Namen oder ihrer eigenen Marke vermarktet.

Nach Art. 2 Nr. 39 der Tabakrichtlinie ist „**Importeur**" der Eigentümer oder eine Person, die die Verfügungsgewalt über die Tabakerzeugnisse oder die verwandten Erzeugnisse hat, die in das Gebiet der Union gelangt sind.

Nach Art. 2 Nr. 10 der Tabakrichtlinie ist eine „**Zigarette**" eine Tabakrolle, die mittels eines Verbrennungsprozesses konsumiert werden kann und die in Art. 3 Abs. 1 der Richtlinie 2011/64/EU des Rates als Tabakstrang, der sich unmittelbar zum Rauchen eignet und in eine Zigarettenpapierhülse geschoben oder mit einem Zigarettenpapierblättchen umhüllt werden kann ohne Zigarre oder Zigarillo zu sein, näher definiert ist.

„**Tabak zum Selbstdrehen**" ist nach Art. 2 Nr. 3 der Tabakrichtlinie ein Tabak, der von Verbrauchern oder Verkaufsstellen zum Fertigen von Zigaretten verwendet werden kann.

4   Nach Art. 2 Nr. 17 der Tabakrichtlinie ist ein „**Tabakerzeugnis**" ein Erzeugnis, das konsumiert werden kann und das, auch teilweise, aus genetisch verändertem oder genetisch nicht verändertem Tabak besteht. Nach § 2 Nr. 1 TabakerzG umfasst der Begriff „**Erzeugnis**" neben Tabakerzeugnissen auch „**verwandte Erzeugnisse**". Zu diesen zählen nach § 2 Nr. 2 TabakerzG **elektronische Zigaretten, Nachfüllbehälter und pflanzliche Raucherzeugnisse.**

„Pflanzliche Raucherzeugnisse" sind nach Art. 2 Nr. 15 der Tabakrichtlinie Erzeugnisse auf der Grundlage von Pflanzen, Kräutern oder Früchten, die keinen Tabak enthalten und mittels eines Verbrennungsprozesses konsumiert werden können.

C. § 34 Abs. 2

5   § 34 Abs. 2 betrifft das Inverkehrbringen von Tabaken zum Selbstdrehen in Beuteln mit Warnhinweisen.

„Tabak zum Selbstdrehen" ist nach Art. 2 Nr. 3 der Tabakrichtlinie ein Tabak, der von Ver-   **6**
brauchern oder Verkaufsstellen zum Fertigen von Zigaretten verwendet werden kann.

Nach Art. 2 Nr. 31 der Tabakrichtlinie handelt es sich bei einem **„Beutel"** um eine Packung Tabak zum Selbstdrehen – entweder in Form einer rechteckigen Tasche mit einer Klappe, die die Öffnung bedeckt, oder in Form eines Standbeutels.

Ein bis **vor dem 20.5.2018 hergestellter oder in den freien Verkehr** gebrachter Tabak zum   **7**
Selbstdrehen im Beutel darf noch **bis zum 20.5.2019** in den Verkehr gebracht oder im Verkehr verbleiben. Dies allerdings nur, wenn er nach **§ 13 Abs. 4 S. 3** mit entsprechend gekennzeichnet wurde.

Nach **§ 13 Abs. 4 S. 3** kann die Anbringung des allgemeinen Warnhinweises und der Informations-botschaft (§§ 13 Abs. 1, 12) bei Tabak zum Selbstdrehen in rechteckigen Wickelbeuteln, die aus Poly-ethylen, Polypropylen oder Laminatmaterial hergestellt sind, bis zum 20. Mai 2018 gemäß Art. 2 Abs. 2 iVm Nr. 3 des Anhangs des Durchführungsbeschlusses (EU) 2015/1735 vom 24.9.2015 erfolgen.

705. Tabakprodukt-Verordnung (TabakProdV)

Vom 20. November 2002
(BGBl. I S. 4434) FNA 2125-40-83

*Gegenstandslos und ersetzt durch die Verordnung zur Umsetzung der Richtlinie über Tabakerzeugnisse
und verwandte Erzeugnisse (TabakerzV) vom 27. April 2016 (BGBl. I, 980)*

– Auszug –

Vorbemerkung

1 Die TabakProdV ist durch die zum 20.5.2016 gemäß Art. 8 Abs. 3 des Gesetzes zur Umsetzung der RL über Tabakerzeugnisse und verwandte Erzeugnisse vom 4.4.2016 (BGBl. I 569) erfolgte Aufhebung des VTabakG gegenstandslos und im Zuge des am 20.5.2016 erfolgten Inkrafttretens des Gesetzes über Tabakerzeugnisse und verwandte Erzeugnisse (Tabakerzeugnisgesetz –TabakerzG) durch die TabakerzV ersetzt worden. Zur rechtlichen Beurteilung von bis zum 19.5.2016 entstandenen Sachverhalten werden die relevanten Vorschriften weiterhin erläutert.

1a Die Tabakproduktverordnung enthielt im Wesentlichen Vorschriften zur Begrenzung der Rauchinhaltsstoffe in Tabakprodukten und Vorschriften zu Warnhinweisen über die Gefahren des Tabakkonsums. Mit der Verordnung wurde die RL 2001/37/EG des Europäischen Parlaments und des Rates v. 5.6.2001 zur Angleichung der Rechts- und Verwaltungsvorschriften der Mitgliedstaaten über die Herstellung, die Aufmachung und den Verkauf von Tabakerzeugnissen (ABl. 2001 L 194, 26) in deutsches Recht umgesetzt. Sie ergänzte damit neben der weitgehend europarechtlich unbeeinflussten Tabakverordnung (TabakV) die Vorschriften des Vorläufigen Tabakgesetzes (VTabakG) idF des Gesetzes zur Neuordnung des Lebensmittel- und Futtermittelrechts v. 1.9.2005 (BGBl. I 2618). Das VTabakG trat an die Stelle der tabakrechtlichen Vorschriften des aufgehobenen Lebensmittel- und Bedarfsgegenständegesetzes (LMBG), das durch das Lebensmittel- und Futtermittelgesetzbuch (LFBG) ersetzt wurde (→ Vorb. VTabakG Rn. 1 ff.). Das Vorläufige Tabakgesetz enthielt eine Reihe von Ermächtigungen, die bereits im LMBG enthalten waren und die es dem Verordnungsgeber ermöglichten, ergänzende Straf- und Bußgeldtatbestände zu schaffen. Mit der Tabak-Produktverordnung hatte der Verordnungsgeber von diesen Ermächtigungen Gebrauch gemacht. Die Tabak-Produktverordnung beruhte auf § 21 Abs. 1 Nr. 1 Buchst. c–f und h–j sowie Nr. 2 iVm § 19 Abs. 1 Nr. 2 Buchst. b und Abs. 1 Nr. 4 Buchst. c und des § 22 Abs. 3 des Lebensmittel- und Bedarfsgegenständegesetzes idF der Bekanntmachung v. 9.9.1997 (BGBl. I 2296), von denen § 19 Abs. 1 und § 22 Abs. 3 durch Art. 42 Nr. 4 der VO v. 29.10.2001 (BGBl. I 2785) und § 21 Abs. 1 zuletzt durch Art. 2 des Gesetzes v. 8.8.2002 (BGBl. I 3116) geändert worden waren, iVm § 1 des Zuständigkeitsanpassungsgesetzes v. 16.8.2002 (BGBl. I 3165) und dem Organisationserlass v. 22.10.2002 (BGBl. I 4206). Die Tabak-Produktverordnung enthielt Verweisungen auf die bei bestimmten Zuwiderhandlungen anwendbaren Straf- und Bußgeldtatbestände des Vorläufigen Tabakgesetzes. Sie umfasste daher nur die Fälle, in denen solche Verweisungen nach diesem Gesetz erforderlich waren.

2 Die Verordnung diente im Wesentlichen dem Schutz des Verbrauchers vor Gesundheitsschäden. Neben der Beschränkung schädlicher Inhaltsstoffe in den Tabakerzeugnissen wollte der Verordnungsgeber den Verbraucher durch die Kennzeichnungspflichten mit Warnhinweisen auf den Umverpackungen der Tabakerzeugnisse auf die besonderen Gefahren des Tabakkonsums hinweisen und so ggf. zu einer selbstständigen, an eigenen gesundheitlichen Belangen orientierten Regulierung seines Konsumverhaltens bewegen.

3 Die VO galt für alle Tabakerzeugnisse, wobei sich in einzelnen Vorschriften besonders gekennzeichnete Regelungen speziell für Zigaretten befanden. Diese Vorschriften betrafen vor allem die Begrenzung, Kennzeichnung und Angabe der Rauchinhaltsstoffe Teer, Nikotin und Kohlenmonoxid. Die Straf- und Bußgeldtatbestände wiesen eine Vielzahl von Zitaten weiterer, im Folgenden nicht abgedruckter Vorschriften der Tabak-Produktverordnung auf. Diese Vorschriften werden in der Kommentierung in ihrem wesentlichen Inhalt wiedergegeben, ohne dass dies das Studium des vollständigen Gesetzestextes erübrigt.

§ 10 Straftaten und Ordnungswidrigkeiten (aufgehoben mit Ablauf des 19.5.2016)

(1) [1] Nach § 52 Abs. 2 Nr. 1 des vorläufigen Tabakgesetzes wird bestraft, wer vorsätzlich entgegen § 2 Zigaretten unter Nichteinhaltung der dort vorgesehenen Höchstgehalte an Teer, Nikotin oder Kohlenmonoxid gewerbsmäßig herstellt. [2] Wer eine in Satz 1 bezeichnete Handlung fahrlässig begeht, handelt nach § 53 Abs. 1 des Vorläufigen Tabakgesetzes ordnungswidrig.

(2) Ordnungswidrig im Sinne des § 53 Abs. 2 Nr. 1 Buchstabe c des Vorläufigen Tabakgesetzes handelt, wer vorsätzlich oder fahrlässig entgegen § 6 Abs. 1 Satz 1, § 7 Abs. 1 Satz 1, Abs. 2 Satz 1, Abs. 3 Satz 1 oder § 8 Abs. 4 Packungen von Zigaretten, Packungen von Tabakerzeugnissen oder Tabakerzeugnisse in den Verkehr bringt.

(3) Ordnungswidrig im Sinne des § 54 Abs. 2 Nr. 1 des Vorläufigen Tabakgesetzes handelt, wer vorsätzlich oder fahrlässig entgegen § 5 Abs. 1 eine Mitteilung nicht, nicht richtig, nicht vollständig, nicht in der vorgeschriebenen Weise oder nicht rechtzeitig macht.

A. Straf- und Bußgeldvorschriften nach dem VTabakG

Zum näheren Regelungsgehalt der §§ 52–54 VTabakG wird auf die Kommentierung zu diesen 1
Vorschriften verwiesen. Die Strafandrohung des § 52 Abs. 2 Nr. 1 VTabakG weist einen Strafrahmen bis zu einem Jahr Freiheitsstrafe oder Geldstrafe aus. § 53 Abs. 3 VTabakG sieht eine Geldbuße bis zu 25.000 EUR vor. § 54 Abs. 3 VTabakG sieht für eine Ordnungswidrigkeit nach § 54 Abs. 2 VTabakG eine Geldbuße von bis zu 5.000 EUR vor.

B. Definitionen

Herstellen ist in § 7 VTabakG legal definiert. Herstellen bedeutet dabei das Gewinnen, Herstellen, 2
Zubereiten, Be- und Verarbeiten der Ware. Die Wortwahl wurde dem § 7 LMBG entnommen und passt daher terminologisch nur bedingt auf die Spezialform des Tabakerzeugnisses. Als Gewinnen im Sinne des Gesetzes dürfte hierbei die Aufzucht der Tabakpflanzen gelten. Die weiteren Legaldefinitionen des Herstellens, Zubereitens, Be- und Verarbeitens betreffen sodann die anschließende Umwandlung des pflanzlichen Naturproduktes in die Tabakware.

Das **Inverkehrbringen** ist ebenfalls in § 7 VTabakG gesetzlich definiert. „Inverkehrbringen" ist 3
danach das Anbieten, Vorrätighalten zum Verkauf oder zur sonstigen Abgabe, Feilhalten und jedes Abgeben an andere. „Anbieten" ist jede Erklärung, die präsentierte Ware an Dritte abzugeben. Das Anbieten umfasst daher auch Werbemaßnahmen für die Ware. In diesem Zusammenhang sind daher die besonderen Vorschriften zu den Werbeverboten des § 21a VTabakG (→ VTabakG § 53 Rn. 18) bedeutsam. Das „Vorrätighalten zum Verkauf" umfasst den Besitz der Ware mit der subjektiven Absicht, diese Ware zu verkaufen. Die Verkaufsabsicht muss noch nicht nach außen erkennbar hervorgetreten sein. Sie ist jedoch Tatbestandsmerkmal und ist daher nachzuweisen. Die „sonstige Abgabe" umfasst jegliche Abgabe, die nicht Verkauf ist. Hierunter fällt insbes. die geschenkweise Überlassung der Ware. Das „Feilhalten" ist das äußerlich erkennbare Bereithalten der Ware zum Zwecke des Verkaufs (BGHSt 23, 286 (288); BGH NJW 2014, 326 (327)).

Gewerbsmäßig ist jede im Rahmen eines Gewerbes oder zu gewerblichen Zwecken vorgenommene 4
Tätigkeit, ohne dass es auf eine Entgeltlichkeit oder Gewinnerzielungsabsicht ankommt.

Der Begriff der **Tabakerzeugnisse** ist in § 3 VTabakG gesetzlich definiert und gemäß § 1 Nr. 1 auch 5
in der TabakProdV zugrunde gelegt. Tabakerzeugnisse sind aus Rohtabak oder unter Verwendung von Rohtabak hergestellte Erzeugnisse, die zum Rauchen, Kauen oder anderweitigen oralen Gebrauch oder zum Schnupfen bestimmt sind (Abs. 1).

Gemäß § 3 Abs. 2 Nr. 1–3 VTabakG sind den Tabakerzeugnissen eine Reihe von Produkten gleichgestellt. Hierzu gehören Rohtabak sowie Tabakerzeugnissen ähnliche Waren, die zum Rauchen, Kauen oder anderweitigen oralen Gebrauch oder zum Schnupfen bestimmt sind (Nr. 1). Tabakähnliche Waren sind Waren, die aus anderen Pflanzen als aus der Tabakpflanze hergestellt werden. Nicht zu Tabakwaren ähnlichen Erzeugnissen zählen Liquids, die mittels elektrischer Zigaretten verdampft werden (OVG Münster BeckRS 2014, 59275). Die bereits oben (→ Rn. 2) erwähnte (Tabak-)RL 2014/40/EU des Europäischen Parlaments und des Rates v. 3.4.2014 (ABl. 2014 L 127, 1) enthält gesonderte Regelungen für elektronische Zigaretten. Weiterhin sind Zigarettenpapier, Kunstblätter und sonstige mit dem Tabakerzeugnis fest verbundene Bestandteile – mit Ausnahme von Zigarrenmundstücken sowie Rauchfilter aller Art – den Tabakerzeugnissen gleich gestellt (Nr. 2). Das Zigarettenpapier sowie die Kunstumblätter werden in der Regel mitgeraucht, so dass sie den Tabakerzeugnissen gleich gestellt werden. Dies trifft auf Mundstücke und Filter nicht zu, obwohl sie mit den Tabakerzeugnissen in der Regel gleichermaßen fest verbunden sind.

Ausdrücklich gesetzlich von der Definition für Tabakerzeugnisse ausgenommen sind gemäß § 3 Abs. 3 VTabakG Erzeugnisse, die der Linderung von Asthmabeschwerden dienen. Solche Asthmazigaretten sind Arzneimittel.

C. Straftaten gemäß § 10

Gemäß § 10 Abs. 1 S. 1 iVm § 52 Abs. 2 Nr. 1 VTabakG wird derjenige bestraft, der bei der 6
gewerbsmäßigen Herstellung von Zigaretten die in § 2 vorgeschriebenen Höchstmengen an Teer, Nikotin und Kohlenmonoxid vorsätzlich nicht einhält.

7   Gemäß **§ 2 Nr. 1–3** sind pro Zigarette der Teergehalt auf 10 mg, der Nikotingehalt auf 1 mg und der Kohlenmonoxidgehalt auf 10 mg begrenzt. Die Höchstmengenbegrenzung findet nur auf Zigaretten Anwendung. Zigaretten sind Tabakerzeugnisse, die aus einem umhüllten Feinschnittstrang bestehen. Feinschnitt ist geschnittener oder auf sonstige Art zerkleinerter Tabak, dessen Teile ein Mindestmaß oder beide Mindestmaße für Pfeifentabak unterschreiten.

D. Ordnungswidrigkeiten gemäß § 10

I. Verstoß gegen die Höchstmengenbegrenzung (§ 10 Abs. 1 S. 2)

8   Gemäß **§ 10 Abs. 1** iVm **§ 53 Abs. 1** VTabakG wird der fahrlässige Verstoß gegen die Höchstmengenbegrenzung bei der gewerbsmäßigen Herstellung von Zigaretten als Ordnungswidrigkeit geahndet.

II. Verstoß gegen Kennzeichnungspflichten (§ 10 Abs. 2 Var. 1)

9   Nach **§ 10 Abs. 2 Var. 1** iVm **§ 53 Abs. 2 Nr. 1** VTabakG werden vorsätzliche und fahrlässige Verstöße gegen Kennzeichnungspflichten gemäß **§ 6** als Ordnungswidrigkeiten geahndet.

10   Gemäß **§ 6 Abs. 1 S. 1** dürfen Zigaretten nur dann gewerbsmäßig in den Verkehr gebracht werden, wenn die nach § 3 gemessenen Teer-, Nikotin-, und Kohlenmonoxidgehalte im Rauch der Zigarette auf einer Schmalseite der Verpackung aufgedruckt sind. Der Aufdruck auf der Schmalseite ist zwingend. Die Schmalseite ist die Seite parallel zur Breitseite. Ober- und Unterseite sind daher nicht geeignet, um diese gesetzliche Bestimmung zu erfüllen. Die Angaben müssen zudem mindestens 10 % der betreffenden Fläche einnehmen.

III. Verstoß gegen Warnhinweispflichten (§ 10 Abs. 2 Var. 2)

11   Gemäß **§ 10 Abs. 2 Var. 2** iVm **§ 53 Abs. 2 Nr. 1** VTabakG werden vorsätzliche und fahrlässige Verstöße gegen Warnhinweispflichten gemäß **§ 7** als Ordnungswidrigkeiten geahndet.

12   **§ 7 Abs. 1 S. 1** schreibt bei dem gewerbsmäßigen Inverkehrbringen von zum Rauchen bestimmter Tabakerzeugnisse bestimmte Warnhinweise vor, die zu verwenden sind. Auf jeder Verpackung sind wahlweise und mindestens einer der Hinweise „Rauchen kann tödlich sein", „Rauchen ist tödlich" oder „Rauchen fügt Ihnen und den Menschen in Ihrer Umgebung erheblichen Schaden zu" aufzubringen. Die allgemeinen Warnhinweise sind nach dieser Vorschrift in regelmäßigen Abständen abwechselnd auf den Packungen zu verwenden. Genauere Regelungen, in welchen zeitlichen Abständen diese Warnhinweise zu verwenden sind, enthält diese Vorschrift nicht.

13   **§ 7 Abs. 2** bestimmt, dass Tabakerzeugnisse nur dann gewerbsmäßig in den Verkehr gebracht werden dürfen, wenn sie zusätzlich zu den oben genannten Warnhinweisen einen der in der Anlage zur TabakProdV aufgeführten 14 Warnhinweise aufweisen. Dieser Warnhinweis ist auf der verbleibenden, nicht von dem Warnhinweis nach § 7 Abs. 1 S. 1 belegten Breitseite der Packung anzubringen. Die Warnhinweise sind abwechselnd, jedoch nicht in bestimmter Reihenfolge und bestimmten zeitlichen Abständen anzubringen.

Die Warnhinweise sind mit Art. 1 der Zweiten Verordnung zur Änderung der Tabakprodukt-Verordnung v. 24.6.2013 (BGBl. I 1944) zum 5.7.2013 verändert worden und lauten seither:

1. Rauchen verursacht 9 von 10 Lungenkarzinomen.
2. Rauchen verursacht Mund-, Rachen- und Kehlkopfkrebs.
3. Rauchen schädigt Ihre Lunge.
4. Rauchen verursacht Herzanfälle.
5. Rauchen verursacht Schlaganfälle und Behinderungen.
6. Rauchen verstopft Ihre Arterien.
7. Rauchen erhöht das Risiko zu erblinden.
8. Rauchen schädigt Zähne und Zahnfleisch.
9. Rauchen kann Ihr ungeborenes Kind töten.
10. Wenn Sie rauchen, schaden Sie Ihren Kindern, Ihrer Familie, Ihren Freunden.
11. Kinder von Rauchern werden oft selbst zu Rauchern.
12. Das Rauchen aufgeben – für Ihre Lieben weiterleben. Hier finden Sie Hilfe, wenn Sie das Rauchen aufgeben möchten: Bundeszentrale für gesundheitliche Aufklärung (BZgA) Tel.: 0800 8 313131, www.rauchfrei-info.de
13. Rauchen mindert Ihre Fruchtbarkeit.
14. Rauchen bedroht Ihre Potenz.

Aufgrund der mit Art. 1 der Dritten Verordnung zur Änderung der Tabakprodukt-Verordnung v. 16.7.2014 (BGBl. I 1053) erfolgten Änderung von § 11 dürfen allerdings Packungen von Tabakerzeugnissen, die bis zum 20.5.2016 hergestellt werden, noch bis zum Ablauf des 20.5.2017 mit folgenden – bis zum 5.7.2013 maßgeblichen – Hinweisen in den Verkehr gebracht werden:

1. Raucher sterben früher.
2. Rauchen führt zur Verstopfung der Arterien und verursacht Herzinfarkte und Schlaganfälle.
3. Rauchen verursacht tödlichen Lungenkrebs.
4. Rauchen in der Schwangerschaft schadet ihrem Kind.
5. Schützen sie Kinder – lassen sie sie nicht Ihren Tabakrauch einatmen!
6. Ihr Arzt oder Apotheker kann Ihnen dabei helfen, das Rauchen aufzugeben.
7. Rauchen macht sehr schnellabhängig: Fangen Sie gar nicht erst an!
8. Wer das Rauchen aufgibt, verringert das Risiko tödlicher Herz- und Lungenerkrankungen.
9. Rauchen kann zu einem langsamen und schmerzhaften Tod führen.
10. Hier finden Sie Hilfe, wenn Sie das Rauchen aufgeben möchten: Bundeszentrale für gesundheitliche Aufklärung (BZgA) Tel.: 0 18 05–31 31 31, www.rauchfrei-info.de.
11. Rauchen kann zu Durchblutungsstörungen führen und verursacht Impotenz.
12. Rauchen lässt Ihre Haut altern.
13. Rauchen kann die Spermatozoen schädigen und schränkt die Fruchtbarkeit ein.
14. Rauch enthält Benzol, Nitrosamine, Formaldehyd und Blausäure.

Gemäß **§ 7 Abs. 3** dürfen Tabakerzeugnisse, die nicht zum Rauchen bestimmt sind, nur gewerbs-   **14** mäßig in den Verkehr gebracht werden, wenn sie den Warnhinweis aufweisen: „Dieses Tabakerzeugnis kann Ihre Gesundheit schädigen und macht abhängig." Tabakerzeugnisse, die nicht zum Rauchen bestimmt sind, sind insbes. Kau- und Schnupftabak sowie andere zum oralen Gebrauch bestimmte Tabakerzeugnisse.

IV. Verstöße gegen die Umsetzung der Kennzeichnungspflichten (§ 10 Abs. 2 Var. 3)

Gemäß **§ 10 Abs. 2 Var. 3** iVm **§ 53 Abs. 2 Nr. 1** VTabakG werden vorsätzliche und fahrlässige   **15** Verstöße gegen die Umsetzungsbestimmungen der Warnhinweispflichten gemäß § 8 als Ordnungswidrigkeiten geahndet.

§ 8 Abs. 4 iVm § 8 Abs. 1–3 bestimmt die Anforderungen an die Art der Kennzeichnung von   **16** Rauchinhaltsstoffen (§ 6 Abs. 1) und Warnhinweisen (§ 7 Abs. 1). Die Kennzeichnung hat danach in bestimmter Schriftart- und Größe in deutscher Sprache zu erfolgen (§ 8 Abs. 1 Nr. 5). Der Aufdruck hat in der Schriftart Helvetica im Fettdruck und schwarzer Farbe auf weißem Untergrund zu erfolgen (§ 8 Abs. 1 Nr. 1). Die Angaben sind in Kleinschrift, mit Ausnahme des ersten Buchstabens des Hinweises anzubringen; hiervon darf nur dann abgewichen werden, wenn Gründe der Rechtschreibung dies erfordern (§ 8 Abs. 1 Nr. 2). Der Aufdruck muss zentriert auf der für den Wortlaut bestimmten Fläche parallel zur Oberkante der Packung angebracht werden (§ 8 Abs. 1 Nr. 3). Weiterhin sind die Kennzeichnungen – außer in den Fällen der nicht zum Rauchen bestimmten Tabakerzeugnisse (§ 7 Abs. 3) – mit schwarzen Balken zu umranden, der mindestens drei Millimeter und höchstens vier Millimeter breit ist und die Lesbarkeit des Warnhinweises in keiner Weise beeinträchtigt (§ 8 Abs. 1 Nr. 4). Die Hinweise nach § 7 Abs. 1 und Abs. 3 müssen mindestens 30 % der Außenfläche der entsprechenden Breitseite haben. Der Warnhinweis nach § 7 Abs. 2 muss mindestens 40 % der Breitseite einnehmen. Die Größe der Warnhinweise variiert je nach einer von einer gängigen Zigarettenpackung abweichenden Größe der Verpackung. Die Hinweise müssen zudem unablösbar und unabwischbar auf der Verpackung angebracht werden. Sie dürfen nicht durch andere Angaben oder Bildzeichen beim Öffnen der Packung verdeckt, unlesbar oder getrennt werden. Auf den Verpackungen anderer Tabakerzeugnisse als Zigaretten dürfen die Hinweise auch mittels Aufkleber angebracht werden, sofern dieser nicht ablösbar ist.

V. Verstöße gegen Mitteilungspflichten (§ 10 Abs. 3)

Gemäß **§ 10 Abs. 3** iVm **§ 54 Abs. 2 Nr. 1** VTabakG werden vorsätzliche und fahrlässige Verstöße   **17** gegen Dokumentationspflichten gemäß § 5 als Ordnungswidrigkeiten geahndet.

Nach **§ 5 Abs. 1** muss der Hersteller und Einführer von Tabakerzeugnissen der zuständigen Behörde   **18** nach den Vorgaben des § 5 Abs. 3 S. 1 in einer nach Markennamen und Art gegliederten Liste alle bei der Herstellung der einzelnen Tabakerzeugnisse verwendeten Zusatzstoffe einschließlich der Mengen in absteigender Reihenfolge ihres Gewichtsanteils mitteilen. Bei Zigaretten sind zusätzlich der Teer-, Nikotin- und Kohlenmonoxidgehalt im Rauch anzugeben.

Einführer im Sinne dieser Art. 6 der RL 2001/37/EG umsetzenden Vorschrift ist allein derjenige,   **19** der Tabakerzeugnisse aus Drittstaaten in das Gebiet der europäischen Gemeinschaft importiert. Dies entspricht dem gemeinschaftsrechtlichen Verständnis der Einfuhr als das Verbringen der Ware aus Drittländern in das Gebiet der Gemeinschaft oder der Vertragsstaaten. Nicht erfasst sind daher Importeure, die lediglich Tabakerzeugnisse aus einem anderen Mitglieds- oder Vertragsstaat der Europäischen Union nach Deutschland einführen(vgl. Zipfel/Rathke LebensmittelR/*Rathke* § 5 Rn. 4).

von Häfen   2579

20　　Die Angaben sind vollständig zu machen. Insbes. entbinden Betriebsgeheimnisse nicht von der Mitteilungspflicht. Für solche Fälle sieht § 5 Abs. 3 vor, dass bei der Veröffentlichung der Listen solchen Geschäftsgeheimnissen hinreichend Rechnung zu tragen ist.

21　　Die Angaben müssen der zuständigen Behörde rechtzeitig gemacht werden. Die Mitteilungen haben gemäß § 5 Abs. 3 S. 1 bis zum 30.11. eines Jahres zu erfolgen.

710. Verordnung über Tabakerzeugnisse
(Tabakverordnung – TabakV)

Vom 20. Dezember 1977 (BGBl. I 2831) FNA 2125-40-18

*Gegenstandslos und ersetzt durch die Verordnung zur Umsetzung der Richtlinie über Tabakerzeugnisse
und verwandte Erzeugnisse (TabakerzV) vom 27. April 2016 (BGBl. I S. 980)*

– Auszug –

Vorbemerkung

Die TabakV ist durch die zum 20.5.2016 gemäß Art. 8 Abs. 3 des Gesetzes zur Umsetzung der RL **1**
über Tabakerzeugnisse und verwandte Erzeugnisse vom 4.4.2016 (BGBl. I 569) erfolgte Aufhebung des
VTabakG gegenstandslos und im Zuge des am 20.5.2016 erfolgten Inkrafttretens des Gesetzes über
Tabakerzeugnisse und verwandte Erzeugnisse (Tabakerzeugnisgesetz –TabakerzG) durch die TabakerzV
ersetzt worden. Zur rechtlichen Beurteilung von bis zum 19.5.2016 entstandenen Sachverhalten werden
die relevanten Vorschriften weiterhin erläutert.

Die Tabakverordnung (TabakV) regelte die Herstellung und das Inverkehrbringen von Tabakerzeug- **1a**
nissen. Sie ergänzte damit neben der Tabakprodukt-Verordnung (TabakProdV) die Vorschriften des
Vorläufigen Tabakgesetzes (VTabakG) idF des Gesetzes zur Neuordnung des Lebensmittel- und Futtermittelrechts v. 1.9.2005 (BGBl. I 2618). Das VTabakG trat an die Stelle der tabakrechtlichen Vorschriften des aufgehobenen Lebensmittel- und Bedarfsgegenständegesetzes (LMBG), das durch das
Lebensmittel- und Futtermittelgesetzbuch (LFGB) ersetzt wurde (→ Vorb. VTabakG Rn. 1 ff.). Das
Vorläufige Tabakgesetz enthielt eine Reihe von Ermächtigungen, die bereits im LMBG enthalten waren
und die es dem Verordnungsgeber ermöglichten, ergänzende Straf- und Bußgeldtatbestände zu schaffen.

Mit der TabakV hatte der Verordnungsgeber von diesen Ermächtigungen Gebrauch gemacht. Die **2**
TabakV beruhte auf §§ 9 Abs. 1 Nr. 5, 20 Abs. 3, 21 Abs. 1 Nr. 1 Buchst. a und Nr. 2 iVm § 19 Nr. 4
Buchst. b sowie § 22 Abs. 2 S. 2 des Lebensmittel- und Bedarfsgegenständegesetzes v. 15.9.1974 (BGBl.
1975 I 1946). Die TabakV enthielt Verweisungen auf die bei bestimmten Zuwiderhandlungen anwendbaren Straf- und Bußgeldtatbestände des Vorläufigen Tabakgesetzes. Sie umfasste daher nur die Fälle, in
denen solche Verweisungen nach diesem Gesetz erforderlich waren. Die Verordnung stellte anders als die
TabakProdV, mit der eine Vielzahl von EU-Richtlinien in deutsches Recht umgesetzt wurde, vorwiegend nationales Recht dar.

Die Straf- und Bußgeldtatbestände wiesen eine Vielzahl von Zitaten weiterer, im Folgenden nicht **3**
abgedruckter Vorschriften der TabakV auf. Diese Vorschriften werden in der Kommentierung in ihrem
wesentlichen Inhalt wiedergegeben, ohne dass dies das Studium des vollständigen Gesetzestextes erübrigt.

§ 6 [Straftaten, Ordnungswidrigkeiten] (aufgehoben mit Ablauf des 19.5.2016)

(1) Nach § 52 Abs. 2 Nr. 1 des Vorläufigen Tabakgesetzes wird bestraft, wer

**1. bei dem gewerbsmäßigen Herstellen von Tabakerzeugnissen, die dazu bestimmt sind, in den Verkehr
gebracht zu werden,**
   **a) in Anlage 1 aufgeführte Stoffe über die in § 1 Abs. 2 festgesetzten Höchstmengen hinaus oder unter
   Verstoß gegen die in § 1 Abs. 3 festgesetzten Reinheitsanforderungen oder**
   b) entgegen § 2 Abs. 1 Geruchs- oder Geschmacksstoffe
   verwendet,
**2. Tabakerzeugnisse gewerbsmäßig in den Verkehr bringt, bei denen ein Gehalt an Stoffen entgegen § 3
Abs. 2 bis 5 oder 6 nicht oder nicht in der vorgeschriebenen Weise kenntlich gemacht ist, oder**
3. Tabakerzeugnisse entgegen einem Verbot des § 5 oder 5a gewerbsmäßig in den Verkehr bringt.

**(2) Wer eine in Absatz 1 bezeichnete Handlung fahrlässig begeht, handelt nach § 53 Abs. 1 des
Vorläufigen Tabakgesetzes ordnungswidrig.**

A. Strafvorschriften der § 52 Abs. 2 Nr. 1 und § 53 Abs. 1 VTabakG

Zum näheren Regelungsgehalt der §§ 52, 53 VTabakG wird auf die Kommentierung zu diesen **1**
Vorschriften verwiesen. Die Strafandrohung des § 52 Abs. 2 Nr. 1 VTabakG weist einen Strafrahmen

bis zu einem Jahr Freiheitsstrafe oder Geldstrafe aus. § 53 Abs. 3 VTabakG sieht eine Geldbuße bis zu 25.000 EUR vor.

B. Definitionen

2   **Herstellen** ist in § 7 VTabakG legal definiert. Herstellen bedeutet dabei das Gewinnen, Herstellen, Zubereiten, Be- und Verarbeiten der Ware. Die Wortwahl wurde dem § 7 LMBG entnommen und passt daher terminologisch nur bedingt auf die Spezialform des Tabakerzeugnisses. Als Gewinnen iSd Gesetzes dürfte hierbei die Aufzucht der Tabakpflanzen gelten. Die weiteren Legaldefinitionen des Herstellens, Zubereitens, Be- und Verarbeitens betreffen sodann die anschließende Umwandlung des pflanzlichen Naturproduktes in die Tabakware.

3   Das **Inverkehrbringen** ist ebenfalls in § 7 VTabakG gesetzlich definiert. „Inverkehrbringen" ist danach das Anbieten, Vorrätighalten zum Verkauf oder zur sonstigen Abgabe, Feilhalten und jedes Abgeben an andere. „Anbieten" ist jede Erklärung, die präsentierte Ware an Dritte abzugeben. Das Anbieten umfasst daher auch Werbemaßnahmen für die Ware. In diesem Zusammenhang sind daher die besonderen Vorschriften zu den Werbeverboten des § 21a VTabakG (→ VTabakG § 53 Rn. 18) bedeutsam. Das „Vorrätighalten zum Verkauf" umfasst den Besitz der Ware mit der subjektiven Absicht, diese Ware zu verkaufen. Die Verkaufsabsicht muss noch nicht nach außen erkennbar hervorgetreten sein. Sie ist jedoch Tatbestandsmerkmal und ist daher nachzuweisen. Die „sonstige Abgabe" umfasst jegliche Abgabe, die nicht Verkauf ist. Hierunter fällt insbes. die geschenkweise Überlassung der Ware. Das „Feilhalten" ist das äußerlich erkennbare Bereithalten der Ware zum Zwecke des Verkaufs (BGHSt 23, 286 (288); BGH NJW 2014, 326 (327)).

4   **Gewerbsmäßig** ist jede im Rahmen eines Gewerbes oder zu gewerblichen Zwecken vorgenommene Tätigkeit, ohne dass es auf eine Entgeltlichkeit oder Gewinnerzielungsabsicht ankommt.

5   Der Begriff der **Tabakerzeugnisse** ist in § 3 VTabakG gesetzlich definiert. Tabakerzeugnisse sind aus Rohtabak oder unter Verwendung von Rohtabak hergestellt Erzeugnisse, die zum Rauchen, Kauen oder anderweitigen oralen Gebrauch oder zum Schnupfen bestimmt sind (Abs. 1).

    Gem. § 3 Abs. 2 Nr. 1–3 VTabakG sind den Tabakerzeugnissen eine Reihe von Produkten gleichgestellt. Hierzu gehören Rohtabak sowie Tabakerzeugnissen ähnliche Waren, die zum Rauchen, Kauen oder anderweitigen oralen Gebrauch oder zum Schnupfen bestimmt sind (Nr. 1). Tabakähnliche Waren sind Waren, die aus anderen Pflanzen als aus der Tabakpflanze hergestellt werden. Nicht zu Tabakwaren ähnlichen Erzeugnissen zählen Liquids, die mittels elektrischer Zigaretten verdampft werden (OVG Münster BeckRS 2014, 59275). Weiterhin sind Zigarettenpapier, Kunstumblätter und sonstige mit dem Tabakerzeugnis fest verbundene Bestandteile – mit Ausnahme von Zigarrenmundstücken sowie Rauchfiltern aller Art – den Tabakerzeugnissen gleich gestellt (Nr. 2). Das Zigarettenpapier sowie die Kunstumblätter werden in der Regel mitgeraucht, so dass sie den Tabakerzeugnissen gleich gestellt werden. Dies trifft auf Mundstücke und Filter nicht zu, obwohl sie mit den Tabakerzeugnissen in der Regel gleichermaßen fest verbunden sind.

    Ausdrücklich gesetzlich von der Definition für Tabakerzeugnisse ausgenommen sind gem. § 3 Abs. 3 VTabakG Erzeugnisse, die der Linderung von Asthmabeschwerden dienen. Solche Asthmazigaretten sind Arzneimittel.

C. Straftaten gem. § 6 Abs. 1

Verstöße gegen die Vorschriften für Inhaltsstoffe und Höchstmengenfestsetzung (§ 6 Abs. 1 Nr. 1a Var. 1)

6   Gem. § 6 Abs. 1 Nr. 1a iVm § 52 Abs. 2 Nr. 1 VTabakG wird bestraft, wer beim gewerbsmäßigen Herstellen von Tabakerzeugnissen bestimmte festgesetzte Höchstmengen für Inhaltsstoffe überschreitet. Die Höchstmengen sind gem. § 1 Abs. 2 in der Anl. 1 zur TabakV aufgeführt. Die Anl. 1 ist in Teil A (zugelassene Stoffe) und Teil B (vorübergehend zugelassene Stoffe) gegliedert. Die Anl. 1 enthält in Teil A Nr. 1–13 die Stoffe, die zur Herstellung von Tabakerzeugnissen zulässig sind und in Nr. 14 solche Zusätze, die bei Kau- und Schnupftabak sowie für weißes Schnupfpulver erlaubt sind. Die Stoffe Nr. 113 sind nur für den jeweils genau benannten Verwendungszweck zulässig, zu dem sie in der Anl. 1 aufgeführt sind. Deshalb sind einige auch mehrfach unter verschiedenen Gliederungspunkten der Anl. 1 aufgeführt. Während Nr. 1 der Anl. 1 allgemein zugelassene Stoffe zur Herstellung von Tabakerzeugnissen enthält, regeln die Nr. 2–13 bestimmte Verwendungszwecke. Aufgeführt sind dort:

    Feuchthaltemittel (Nr. 2), Klebe-, Haft und Verdickungsmittel (Nr. 3), Weißbrand- und Flottbrandmittel (Nr. 4), Stoffe für Kunstumblatt und Zigarettenpapier (Nr. 5), Stoffe für Filter von Zigaretten, Zigarettenspitzen, Zigarren, Zigarrenspitzen und Tabakpfeifen (Nr. 6), Stoffe für Filterumhüllungen, Mundstücke und Filter-(Mundstücks-)belag (Nr. 7), Stoffe für Heißschmelzstoffe zum Kleben von Filterumhüllungen, Mundstücken und Filter-(Mundstücks-)belag (Nr. 8), Konservierungsstoffe (Nr. 9), Farbstoffe (Nr. 10),

Weichmacher für Farben und Lacke zum Bedrucken von Zigarettenpapier, Zigarettenfiltern, Filterumhüllungen, Mundstücken und Filter-(Mundstücks-)belag (Nr. 11), Bindemittel für Druckfarben und Lacke von Filterumhüllungen, Mundstücken und Filter-(Mundstücks-)belag (Nr. 12) sowie Stoffe für Aufdrucke auf Zigarettenpapier, Mundstücks- und Filter-(Mundstücks-)belag (Nr. 13).

Feuchthaltemittel sind notwendig, um den Genusswert des Tabakproduktes zu erhalten. Sie dienen **7** dazu, die Haltbarkeit des Tabaks bei der Herstellung und Lagerung zu gewährleisten.

Weißbrand- und Flottbrandmittel dienen der Verbesserung der Glimmfähigkeit. Sie sollen den Ver- **8** brennungs- und Verschwelungsprozess steuern, um eine schwelstoffarme und gleichmäßige Verbrennung zu erreichen.

Konservierungsstoffe sind – insbes. bei dem Einsatz von Feuchthaltemitteln – erforderlich, um die **9** Tabakerzeugnisse vor Schimmelbefall zu schützen. Bei Zigaretten und Zigarren besteht eine Verwendungseinschränkung dahingehend, dass die Konservierungsstoffe nur für Tabakfolien und Zigarettennahtleim zulässig sind. IÜ besteht eine – im Falle ihres Fehlens strafbewehrte – Kennzeichnungspflicht gem. § 3 Abs. 2 bei der Verwendung in Kautabak, schwarzem Rolltabak und Schnupftabak.

Der Einsatz von Farbstoffen dient der Verschönerung der Tabakerzeugnisse. Dies kann jedoch eine **10** Irreführung iSd § 17 Nr. 2c VTabakG darstellen, der durch eine entsprechende Kennzeichnung entgegengewirkt werden kann. Fehlt im Falle von Zigarren die gem. § 3 Abs. 5 erforderliche Kenntlichmachung der in der Anl. 1 unter Nr. 10a aufgeführten Farbstoffe ist der Straftatbestand des § 6 Abs. 1 Nr. 2 unter den weiteren dort genannten Voraussetzungen erfüllt.

Bei einer Reihe der vorbenannten Stoffe ist die zulässige Höchstmenge in der Anl. 1 zur TabakV **11** aufgeführt. Andere Stoffe enthalten keine Höchstmengenangaben. Dies bedeutet jedoch nicht, dass diese Stoffe in unbegrenzter Höhe zulässig wären. Die Höchstmenge ist entweder durch die allgemeinen Vorschriften zur Verwendung von Zusatzstoffen gemäß §§ 14, 30 ff. VTabakG beschränkt oder ergibt sich aus dem Verwendungszweck, für den die einzelnen Stoffe in der Anlage aufgeführt sind.

In Anl. 1 Teil B sind weitere Zusatzstoffe aufgeführt, die vorläufig zugelassen sind. Die Zulassung gilt **12** gemäß § 1 Abs. 1 S. 2 jedoch nur bis zum 19.5.2016.

1. Verstöße gegen Reinheitsanforderungen (§ 6 Abs. 1 Nr. 1a Var. 2). Gem. § 6 Abs. 1 Nr. 1a **13** iVm § 52 Abs. 2 Nr. 1 VTabakG wird bestraft, wer den gewerbsmäßigen Herstellen von Tabakerzeugnissen gegen bestimmte festgesetzte Reinheitsanforderungen verstößt. Gem. § 1 Abs. 3 sind die Reinheitsanforderungen an die in der Anl. 1 zur TabakV benannten Stoffe zu beachten. Teilweise sind diese Reinheitsanforderungen in der Anl. 1 aufgeführt. Soweit keine Angaben hierzu enthalten sind, bestimmen sich die Anforderungen nach der Zusatzstoff-Verkehrsverordnung idF v. 28.3.2011 (BGBl. I 530). Maßgebend zur Bestimmung der Reinheitsanforderungen ist die jeweils strengere Regelung.

2. Verstöße gegen Bestimmungen zur Verwendung von Geruchs- und Geschmacksstoffen 14 (§ 6 Abs. 1 Nr. 1b). Gem. § 6 Abs. 1 Nr. 1b iVm § 52 Abs. 2 Nr. 1 VTabakG macht sich strafbar, wer Bestimmungen zur Verwendung von Geschmacks- und Geruchsstoffen verletzt. Die Verwendung von Geruchs- und Geschmacksstoffen ist in § 2 geregelt.

§ 2 Abs. 1 ergänzt § 20 Abs. 2 des VTabakG. § 20 Abs. 2 VTabakG erlaubt grds. die Verwendung **15** von Geruchs- und Geschmacksstoffen natürlicher Herkunft und solchen, die den natürlichen Stoffen chemisch gleich sind. Gem. § 2 Abs. 1 sind jedoch bestimmte Stoffe bei dem gewerbsmäßigen Herstellen von Tabakerzeugnissen nicht erlaubt, die in der Anl. 2 Nr. 1 und 2 zur TabakV aufgeführt sind. Die Anl. 2 zur TabakV weist die generell verbotenen Geruchs- und Geschmacksstoffe aus.

§ 2 Abs. 2 und 3 enthalten Sonderregeln für Schnupftabak. § 2 Abs. 2 erlaubt den an sich gem. § 2 **16** Abs. 1 iVm Anl. 2 Nr. 1 verbotenen Campher in einer Höchstmenge von zwei Gramm in 100 Gramm Schnupftabak. Die Verwendung von entcumarinisierten Tonkabohnen für Schnupftabak (Anl. 1 Teil A Nr. 14 Buchst. b) bleibt gem. § 2 Abs. 3 unberührt. Ansonsten gehören Tonkabohnen gemäß Nr. 2 der Anl. 2 zu den verbotenen Geruchs- und Geschmacksstoffen. Andere Tabakerzeugnisse sind von diesen Ausnahmen im Umkehrschluss nicht betroffen.

3. Verstöße gegen Kennzeichnungspflichten (§ 6 Abs. 1 Nr. 2). Gem. § 6 Abs. 1 Nr. 2 iVm **17** § 52 Abs. 2 Nr. 1 VTabakG wird bestraft, wer gegen bestimmte Kennzeichnungspflichten verstößt. Die Kenntlichmachungspflichten sind in § 3 geregelt.

Die § 3 Abs. 2–5 verpflichten zur Kennzeichnung bestimmter Tabakerzeugnisse soweit diese Kon- **18** servierungsstoffe, Farbstoffe oder Saccharin enthalten. § 3 Abs. 6 regelt die Anforderungen an die Kennzeichnungspflicht. Hiernach müssen die Warnhinweise auf den Packungen, Behältnissen oder sonstigen Umhüllungen deutlich sichtbar in leicht lesbarer Schrift angebracht werden. Dabei ist anzumerken, dass bestimmte Tabakerzeugnisse (Zigaretten, Zigarren, Zigarillos und Rauchtabak) bei der Abgabe gem. § 16 Abs. 1 iVm § 1 Abs. 2 des Tabaksteuergesetzes dem Verpackungszwang unterliegen, während andere Tabakerzeugnisse (Kautabak, schwarzer Rolltabak und Schnupftabak) keinem Verpackungszwang unterliegen. Folglich gilt die Kennzeichnungspflicht nur für Tabakerzeugnisse, die auch tatsächlich in einer Verpackung abgegeben werden, auf denen diese Warnhinweise angebracht werden können.

19 **4. Verstöße gegen Verkehrsverbote der §§ 5, 5a (§ 6 Abs. 1 Nr. 3).** Gem. § 6 Abs. 1 Nr. 3 iVm § 52 Abs. 2 Nr. 1 VTabakG macht sich strafbar, wer bestimmte Verkehrsverbote verletzt. Die Verkehrsverbote ergeben sich aus den §§ 5, 5a.

20 § 5 TabakV enthält ein Verkehrsverbot zum Schutz des Verbrauchers vor Irreführung und verbietet das gewerbsmäßige Inverkehrbringen von Tabakerzeugnissen, die bestimmten Anforderungen nicht genügen. § 5 Nr. 1–4 behandeln die Verwendung von Tabakfolien. Tabakfolien sind gebundene Tabakpflanzenteile, die auch andere Inhaltsstoffe als Tabak enthalten. Tabakfolien müssen selbst mindestens 75 % Tabak enthalten, damit überhaupt ein Tabakerzeugnis vorliegt. Der Gesamtanteil einer danach zulässigen Tabakfolie am Tabakerzeugnis ist wiederum auf 25 % begrenzt. § 5 Nr. 5 verbietet das chemische Bleichen von Tabakerzeugnissen, um dem Kunden nicht den optisch möglicherweise angenehmeren hellen anstatt eines an sich dunklen Tabaks vorzuspiegeln.

§ 5 Nr. 6 u. 7 verbieten das Färben von Zigaretten- und Rauchtabak (mit Ausnahme des schwarzen Rolltabaks).

§ 5 Nr. 8 regelt die Zulässigkeit zur Verwendung von Kunstumblättern bei Zigarren.

21 Gem. § 5a ist es verboten, Tabakerzeugnisse die zum anderweitigen oralen Gebrauch als Rauchen oder Kauen bestimmt sind, gewerbsmäßig in den Verkehr zu bringen. Rauchen ist das Inhalieren von brennendem Tabak in den Mundraum. Zum Kauen bestimmt sind Tabakerzeugnisse, die als Kautabak in Form von Rollen, Stangen, Streifen, Würfeln oder Platten in den Verkehr gebracht werden. Das Verbot des § 5a erfasst insbes. Produkte, die durch Saugen oder Lutschen konsumiert werden, ohne Kautabak zu sein. Diese Vorschrift dient insbes. dem Kinder- und Jugendschutz, da neuartige Tabakerzeugnisse zum oralen Gebrauch besonders anziehend auf diese Bevölkerungsgruppen wirken.

D. Ordnungswidrigkeiten gem. § 6 Abs. 2

22 Die vorsätzlichen, nach § 6 Abs. 1 iVm § 52 Abs. 2 Nr. 1 VTabakG strafbewehrten Verstöße werden im Falle von lediglich vorliegender Fahrlässigkeit gem. § 6 Abs. 2 iVm § 53 Abs. 1 VTabakG als Ordnungswidrigkeiten geahndet.

715. Gesetz zur Regelung des Transfusionswesens (Transfusionsgesetz – TFG)

In der Fassung der Bekanntmachung vom 28. August 2007 (BGBl. I S. 2169) FNA 2121-52

Zul. geänd. durch Art. 12 G zur Änd. arzneimittelrechtlicher und anderer Vorschriften vom 17.7.2009 (BGBl. I S. 1990)

– Auszug –

Vorbemerkung

Das Gesetz zur Regelung des Transfusionswesens (TransfusionsG – TFG) v. 1.7.1998 ist am 7.7.1998 **1** in Kraft getreten (hierzu: *Deutsch* NJW 1998, 3377). Es hat mit dem 1. TFG-ÄndG v. 10.2.2005 (BGBl. I 234) und dem GewebeG v. 20.7.2007 (BGBl. I 1574; hierzu: *Parzeller/Zedler/Rüdiger* RMed 2007, 293) wesentliche Änderungen erfahren und wurde am 28.8.2007 (BGBl. I 2169) mWz 1.8.2007 neu bekannt gemacht. Zu den zugrunde liegenden Rechtsquellen s. MüKoStGB/*Tag* Vor §§ 1 ff. Rn. 2.

§ 31 Strafvorschriften

Mit Freiheitsstrafe bis zu einem Jahr oder mit Geldstrafe wird bestraft, wer entgegen § 5 Abs. 3 S. 1 nicht dafür sorgt, dass die spendende Person vor der Freigabe der Spende auf die dort genannten Infektionsmarker untersucht wird.

Zweck des TFG ist nach **§ 1,** zur Gewinnung von Blut und Blutbestandteilen von Menschen und zur **1** Anwendung von Blutprodukten am Menschen (dies auch bei Produkten tierischer Herkunft, vgl. MüKoStGB/*Tag* TFG § 1 Rn. 1) für eine sichere Gewinnung von Blut und Blutbestandteilen und für eine gesicherte und sichere Versorgung der Bevölkerung mit Blutprodukten zu sorgen (sa BGH NJW 2000, 2754 (2756)) und deshalb die Selbstversorgung auf der Basis der freiwilligen und unentgeltlichen Blutspende mit Blut und Plasma zu fördern. Der Gesetzgeber hat damit als Reaktion auf den sog Blutspendeskandal des Jahres 1993 (hierzu Schlussbericht des 3. Untersuchungsausschusses, BT-Drs. 12/8591 sowie *Lippert* MedR 2012, 522) ausdrücklich die Sicherheit der gewonnenen Blutprodukte in den Mittelpunkt der Regelungen gesetzt. Dieses Ziel wird durch den Vergehenstatbestand des § 31, der die Nichteinhaltung der nach § 5 Abs. 3 vorgeschriebenen Testungen sanktioniert, strafrechtlich abgesichert (BT-Drs. 13/9594, 27). **Schutzgüter** sind sowohl die Sicherheit des Empfängers, als auch die des Spenders (MüKoStGB/*Tag* § 5 Rn. 1). Vom Anwendungsbereich des Gesetzes **nicht erfasst** sind die in § 28 bezeichneten Gegenstände (zu Injektionen eines homöopathischen Eigenblutprodukts vgl. BGH NJW 2012, 684).

§ 5 Abs. 3 S. 1 idF v. 23.7.2009 verlangt, dass die Spende erst freigegeben werden darf, wenn die **2** spendende Person **auf Infektionskrankheiten getestet** worden ist (zum generellen Ausschluss von Personengruppen vgl. *Pühler/Hübner* MedR 2015, 699). Es ist eine Testung auf alle nach dem Stand der medizinischen Wissenschaft und Technik erforderlichen Infektionsmarker vorzunehmen, wobei auch die Testung auf das jeweilige Virus selbst erfasst ist (BT-Drs. 13/9594, 18). Unverzichtbares Minimum ist eine Prüfung auf HIV sowie Hepatitis B und C, jedoch geht der einzuhaltende Stand der medizinischen Wissenschaft und Technik hierüber hinaus. Diesen hat die Bundesärztekammer auf der Grundlage von § 12 idF v. 1.7.1998 in Kap. 2.4.1 der Hämotherapie-RL (zul. geänd. 16.4.2010, BAnz. 2010 Nr. 101a; sa http://www.bundesaerztekammer.de/) festgestellt. Die Einhaltung des Standes der Erkenntnisse der medizinischen Wissenschaft und Technik wird bei Beachtung dieser RL widerlegbar vermutet (§ 12a Abs. 2). Das BMG hat von seiner VO-Ermächtigung nach § 12 bislang keinen Gebrauch gemacht.

Die Untersuchung muss vor der **Freigabe** der Charge, also ihrer Kennzeichnung als freigegeben iSd § 16 AMWHVO (v. 3.11.2006, BGBl. I 2523), abgeschlossen sein. Die Untersuchungspflicht besteht nur, soweit es sich bei der von einem Menschen entnommenen Menge an Blut bzw. Blutbestandteilen um eine **Spende** iSd § 2 Nr. 1 handelt, diese selbst also Wirkstoff (§ 4 Abs. 19 AMG) oder Arzneimittel (§ 2 AMG) ist oder zur Herstellung von Wirkstoffen oder Arzneimitteln und anderen Produkten zur Anwendung beim Menschen bestimmt ist. Auch extrakorporal entnommenes Blut (zB Nabelschnurblut) kann Spende idS sein (MüKoStGB/*Tag* § 2 Rn. 1; Deutsch/Bender/Eckstein/Zimmermann TransfusionsR Rn. 706 ff.), ebenso Eigenblut (MüKoStGB/*Tag* § 2 Rn. 3). Bei **Eigenblutspenden** richtet sich das Untersuchungsprogramm abweichend von § 5 Abs. 3 S. 1 nach den Besonderheiten dieser Entnahmen (§ 5 Abs. 3 S. 2, s. auch Kap. 2.8.1.3 Hämotherapie-RL). Eine Übertragung der

Untersuchung auf ein anderes Laboratorium führt nicht zu einer Befreiung von der Verantwortlichkeit nach § 5 Abs. 3 S. 1, es sei denn, die Verantwortung wird vertraglich auf eine sachkundige Person iSd § 14 AMG des Auftragnehmers übertragen (Deutsch/Bender/Eckstein/Zimmermann TransfusionsR Rn. 624).

3   § 31 ist ein **Sonderdelikt**; Täter kann nur sein, wem vom Hersteller schriftlich (§ 12 Abs. 1 S. 1 u. 2 AMWHV) als sachkundige Person nach § 14 AMG die Leitung der Qualitätskontrolle (§ 12 Abs. 1 S. 4 AMWHV) übertragen wurde (zur Übergangsvorschrift § 141 Abs. 3 AMG: Deutsch/Bender/Eckstein/Zimmermann TransfusionsR Rn. 343 ff.). Sorgt die sachkundige Person nach § 14 AMG **vorsätzlich** nicht für die Untersuchung (zur fahrlässigen Begehung → § 32 Rn. 2), ist der Vergehenstatbestand erfüllt. Die Vorschrift erfasst aktives Tun und Unterlassen, der Schwerpunkt der Vorwerfbarkeit liegt jedoch im Regelfall in der aktiven Handlung der Freigabe der Spende (MüKoStGB/*Tag* Rn. 8). § 31 ist ein **abstraktes Gefährdungsdelikt**, es kommt nicht darauf an, ob die nicht getestete Spende viral belastet oder ob ein aus ihr hergestelltes Medikament bedenklich iSd § 5 AMG ist (BR-Drs. 851/97, 29). Der Versuch ist, weil Vergehenstatbestand, nicht strafbar (§ 23 Abs. 1 StGB).

4   **Konkurrenzen:** Tateinheit mit §§ 223 ff., 229, 211 ff. StGB kommt in Betracht (Lippert/Flegel Rn. 3; sa MüKoStGB/*Tag* Rn. 16).

§ 32 Bußgeldvorschriften

(1) Ordnungswidrig handelt, wer eine in § 31 bezeichnete Handlung fahrlässig begeht.

(2) Ordnungswidrig handelt, wer vorsätzlich oder fahrlässig

1. entgegen § 4 S. 1 Nr. 2 eine Spendeeinrichtung betreibt,
2. entgegen § 8 Abs. 2 S. 1 Nr. 4 oder 6, jeweils auch in Verbindung mit § 9 Abs. 1 S. 2, ein Immunisierungsprogramm oder eine Vorbehandlung durchführt oder
3. einer Rechtsverordnung nach § 12 S. 1 oder einer vollziehbaren Anordnung aufgrund einer solchen Rechtsverordnung zuwiderhandelt, soweit die Rechtsverordnung für einen bestimmten Tatbestand auf diese Bußgeldvorschrift verweist.

(3) Die Ordnungswidrigkeit kann im Falle des Abs. 1 mit einer Geldbuße bis zu fünfundzwanzigtausend Euro und in den Fällen des Abs. 2 mit einer Geldbuße bis zu zehntausend Euro geahndet werden.

1   **1. Regelungscharakter.** Der Gesetzgeber hat die in § 32 aufgeführten Verstöße gegen Sorgfaltspflichten als Ordnungswidrigkeitstatbestände ausgestaltet. Für sie gelten nach § 2 OWiG die Regelungen des OWiG ergänzend.

2   **2. Die Regelungen im Einzelnen. a) Fahrlässige Verwirklichung von § 31 (Abs. 1 iVm §§ 31, 5 Abs. 3).** Handelt die den objektiven Tatbestand des § 31 verwirklichende Person nicht mit Vorsatz, sondern nur fahrlässig, ist der Bußgeldtatbestand des Abs. 1 erfüllt. Dies kommt insbesondere bei objektiv und subjektiv vorwerfbaren Irrtümern über den Umfang des Testprogramms in Betracht. Im Übrigen gelten zur Abgrenzung die allgemeinen Regelungen des StGB (→ StGB § 15 Rn. 14 ff.). Das festsetzbare Bußgeld beträgt bis zu 25.000 EUR (Abs. 3). Verfolgungsverjährung tritt nach drei Jahren ein (§ 31 Abs. 2 Nr. 1 OWiG).

b) Fehlende ärztliche Leitung einer Spendeeinrichtung (Abs. 2 Nr. 1 iVm § 4 Abs. 1 Nr. 2).
3   Nach § 2 Nr. 2 ist eine **Spendeeinrichtung** eine Einrichtung, die Spenden entnimmt oder deren Tätigkeit auf die Entnahme von Spenden und, soweit die Spenden zur Anwendung bestimmt sind, deren Testung, Verarbeitung, Lagerung und das Inverkehrbringen gerichtet ist. Deren Betreiber hat eine **leitende ärztliche Person** zu bestellen, die erforderliche Sachkunde nach dem Stand der medizinischen Wissenschaft besitzt (§ 4 Nr. 2). Nach Kap. 1.4.2.1 der Hämotherapie-RL (→ § 31 Rn. 3) muss die leitende ärztliche Person grds. über eine Facharztanerkennung für Transfusionsmedizin verfügen. Dabei genügt es, wenn die Qualifikationsanforderungen bei der medizinischen Leitung der Einrichtung erfüllt sind, es ist nicht erforderlich, dass auch die Gesamtleitung der Spendeeinrichtung einer ärztlichen Person obliegt (MüKoStGB/*Tag* § 4 Rn. 3). Handelt es sich um eine Einrichtung zur präoperativen Gewinnung autologer Blutkomponenten, muss die leitende ärztliche Person über die in Kap. 2.8.5 Hämotherapie-RL aufgeführten Qualifikationen (mindestens sechsmonatige transfusionsmedizinische Erfahrung oder mindestens einjährige Tätigkeit in der Herstellung von autologen Blutzubereitungen) verfügen (Kap. 1.4.2.3 Hämotherapie-RL).

Die Handlungsformen eines Verstoßes gegen das Gebot ärztlicher Leitung umfassen **Vorsatz und Fahrlässigkeit** (→ StGB § 15 Rn. 7 ff.). Die Verantwortlichen der Einrichtung bzw. ihres Trägers haftet nach § 9 OWiG. Das festzusetzende Bußgeld beträgt bei Vorsatz bis zu 10.000 EUR (Abs. 3), bei Fahrlässigkeit bis zu 5.000 EUR (Abs. 3 iVm § 17 Abs. 2 OWiG). Die Verfolgungsverjährung beträgt zwei Jahre (§ 31 Abs. 2 Nr. 2 OWiG).

c) Verstöße bei der Durchführung von Immunisierungen und Stammzellseparationen 4 (Abs. 2 Nr. 2 iVm § 8 Abs. 2 S. 1 Nr. 4 u. 6, § 9 Abs. 1 S. 2). Für die Herstellung einiger spezifischer Immunglobuline wird Plasma verwendet, welches einen hohen Grad an Antikörpern bestimmter Spezifität aufweist. Dieses muss zum Teil durch **Hyperimmunisierung** gesunder Spender gewonnen werden. Das Immunisierungsverfahren wird in § 8 geregelt. Ein solches Programm darf (ua) nur durchgeführt werden, wenn ein dem Stand der medizinischen Wissenschaft entsprechender **Immunisierungsplan** vorliegt (§ 8 Abs. 2 S. 1 Nr. 4). Er betrifft im Wesentlichen die Vorgehensweise der Immunisierung und muss Aussagen zu ihrem Zweck, ihren Folgen und möglichen Nutzen enthalten. Der Stand der medizinischen Wissenschaft wird durch die Hyperimmunplasma-RL der Bundesärztekammer näher beschrieben, es handelt sich jedoch nicht um eine RL iSd § 12a (Deutsch/Bender/Eckstein/Zimmermann TransfusionsR Rn. 641), weshalb die Vermutungsregel des § 12a Abs. 2 (→ § 31 Rn. 2) nicht gilt. Zudem muss der (im Regelfall nach Landesrecht zu bestimmenden) zuständigen Behörde **Anzeige** über die Durchführung des Immunisierungsprogramms erstattet werden (§ 8 Abs. 2 S. 1 Nr. 6). Sind mehrere Spendeeinrichtungen beteiligt, hat die Anzeige bei allen betroffenen zuständigen Behörden zu erfolgen. Unterlagen müssen jedoch nicht eingereicht werden (BR-Drs. 851/97, 20), die Übermittlung von personenbezogenen Daten ist untersagt (§ 8 Abs. 2 S. 2).

Ist eine gezielte Entnahme von Stamm- und Vorläuferzellen aus dem peripheren Blut **(Blutstamm- 5 zellseparation)** vorgesehen, müssen die spendenden Personen vorbehandelt werden, um eine Steigerung der Stammzellmenge zu erreichen. Das hierbei einzuhaltende Verfahren regelt § 9. Es gilt für jede Art von Vorbehandlung vor einer Separation, die so geartet ist, dass die nachfolgende Spende ohne eine medikamentöse Vorbehandlung nicht oder nicht mit ausreichendem Erfolg durchführbar wäre (Deutsch/Bender/Eckstein/Zimmermann TransfusionsR Rn. 674). Der zuständigen Behörde muss **Anzeige** gemacht werden (§ 9 Abs. 1 S. 2 iVm § 8 Nr. 6). Daneben muss ein **Vorbehandlungsplan** vorliegen (§ 9 Abs. 1 S. 2 iVm § 8 Nr. 4). Der Stand der medizinischen Wissenschaft wird für diese Verfahren durch die RL zur Transplantation peripherer Blutstammzellen der Bundesärztekammer (http://www.bundesaerztekammer.de) näher beschrieben; es handelt sich hierbei nicht um eine RL iSd § 12a (Deutsch/Bender/Eckstein/Zimmermann TransfusionsR Rn. 686), weshalb die Vermutungsregel des § 12a Abs. 2 (→ § 31 Rn. 2) nicht gilt.

Die Handlungsformen eines Verstoßes gegen die Anforderungen aus § 8 Abs. 2 S. 2 Nr. 4 (Immuni- 6 sierungs- bzw. Vorbehandlungsplan) und Nr. 6 (Behördenanzeige) umfassen **Vorsatz und Fahrlässigkeit** (vgl. zur Abgrenzung die Kommentierung → StGB § 15 Rn. 14). **Täter** kann sowohl die das konkrete Immunisierungs- bzw. Vorbehandlungsprogramm leitende ärztliche Person als auch die leitende ärztliche Person der Spendeeinrichtung iSd § 4 S. 1 Nr. 2 sein, sofern sie ihre organisatorischen Pflichten verletzt hat (Erbs/Kohlhaas/*Pelchen* § 8 Rn. 5). Das festzusetzende Bußgeld beträgt bei Vorsatz bis zu 10.000 EUR (Abs. 3), bei Fahrlässigkeit bis zu 5.000 EUR (Abs. 3 iVm § 17 Abs. 2 OWiG). Die Verfolgungsverjährung beträgt zwei Jahre (§ 31 Abs. 2 Nr. 2 OWiG).

d) Verstöße gegen VO (Abs. 2 Nr. 3 iVm § 12 S. 1). Abs. 2 Nr. 3 wurde erst mWz 1.8.2007 7 durch das GewebeG (→ Rn. 1 der Vorb.) eingefügt. Von seiner VO-Ermächtigung nach § 12 hat das BMG bislang keinen Gebrauch gemacht, weshalb die Vorschrift keine praktische Relevanz entfaltet.

720. Verordnung über die Verwendung von Extraktionslösungsmitteln und anderen technischen Hilfsstoffen bei der Herstellung von Lebensmitteln (Technische Hilfsstoff-Verordnung – THV)

Vom 8. November 1991 (BGBl. I S. 2100) FNA 2125-40-44

Zuletzt geändert durch Art. 4 VO zur Anpassung von Verordnungen nach dem BMELV-Vertrag von Lissabon-AnpassungsG vom 13.12.2011 (BGBl. I S. 2720)

– Auszug –

Vorbemerkung

1   Mit der THV wurden verschiedene gemeinschaftsrechtliche Richtlinien, insbesondere aber die **RL 88/344/EWG** zur Angleichung der Rechtsvorschriften der Mitgliedstaaten über Extraktionslösungsmittel, die bei der Herstellung von Lebensmitteln und Lebensmittelzutaten verwendet werden, in deutsches Recht umgesetzt. Diese Richtlinie wurde zwischenzeitlich durch die **RL 2009/32/EG ersetzt,** ohne dass es zu wesentlichen inhaltlichen Änderungen kam. Nach der Richtlinie sollen Rechtsvorschriften über Extraktionslösungsmittel, die bei der Herstellung (→ Vorb. LFGB Rn. 46 ff.) von Lebensmitteln (→ Vorb. LFGB Rn. 37 ff.) verwendet werden, erlassen werden, die in erster Linie den Erfordernissen der menschlichen Gesundheit, aber innerhalb der Grenzen des **Gesundheitsschutzes** (→ Vorb. LFGB Rn. 10 f.) auch wirtschaftlichen und technischen Anforderungen Rechnung tragen sollen. Unter dem Gesichtspunkt des Gesundheitsschutzes sollen die Bedingungen für die Verwendung von Extraktionslösungsmittel und die Höchstwerte für deren Rückstände in Lebensmitteln und Lebensmittelzutaten festgelegt werden.

2   Im Umsetzung der Richtlinie werden in §§ 2, 2a (iVm Anlagen 1 bis 3 und 5) bestimmte **Extraktionslösungsmittel und technische Hilfsstoffe zugelassen.** Deren Verwendung (→ LFGB § 58 Rn. 31) wird § 3 dergestalt eingeschränkt, dass sie nicht zur Überschreitung von **Restgehalthöchstmengen** in Lebensmitteln, die unter Verwendung dieser Stoffe hergestellt wurden, führen dürfen. Die Höchstmengenregelung bezieht sich nicht auf den Gehalt bei dem Herstellen, sondern auf den Gehalt nach Abschluss der Herstellung (Zipfel/Rathke LebensmittelR/*Rathke* § 3 Rn. 4). § 4 statuiert ein **Verwendungsverbot** für Extraktionslösungsmittel bei der gewerbsmäßigen (→ Vorb. LFGB Rn. 30) Herstellung von Lebensmitteln, wenn die Extraktionslösungsmittel den **Reinheitsanforderungen** die dort iVm Anlage 4 festgesetzt sind, nicht entsprechen. § 6 statuiert in diesem Zusammenhang spezifische **Kennzeichnungspflichten.** Extraktionslösungsmittel sind dabei nach § 1 Abs. 1 Stoffe, die bei der Herstellung von Lebensmitteln zur Extraktion verwendet und aus dem Enderzeugnis wieder entfernt werden, die jedoch unbeabsichtigte, aber technisch unvermeidbare Rückstände oder Umwandlungsprodukte in den Lebensmitteln hinterlassen können.

§ 7 Straftaten und Ordnungswidrigkeiten

(1) *[aufgehoben]*

(2) Nach § 59 Abs. 1 Nr. 21 Buchstabe a des Lebensmittel- und Futtermittelgesetzbuches wird bestraft, wer entgegen § 3 Abs. 1 oder § 4 Satz 1 Stoffe als Extraktionslösungsmittel oder entgegen § 3 Abs. 2 Stoffe der Anlage 5 verwendet.

(3) Wer eine in Absatz 2 bezeichnete Handlung fahrlässig begeht, handelt nach § 60 Abs. 1 des Lebensmittel- und Futtermittelgesetzbuches ordnungswidrig.

(4) Ordnungswidrig im Sinne des § 60 Abs. 2 Nr. 26 Buchstabe a des Lebensmittel- und Futtermittelgesetzbuches handelt, wer vorsätzlich oder fahrlässig

1. entgegen § 4 Satz 2 Ethanol verwendet oder
2. entgegen § 6 Abs. 1 in Verbindung mit Abs. 2 Satz 1 Stoffe als Extraktionslösungsmittel in den Verkehr bringt, die nicht oder nicht in der vorgeschriebenen Weise gekennzeichnet sind.

1   1. Straftaten nach § 7 Abs. 2. Mit der **Rückverweisung auf § 59 Abs. 1 Nr. 21 Buchst. a LFGB** (→ LFGB § 59 Rn. 58) in § 7 Abs. 2 werden **vorsätzliche** (→ LFGB § 58 Rn. 47) **Verstöße gegen** die dem **Gesundheitsschutz** dienenden **Verwendungsverbote** in § 3 Abs. 1 und 2 sowie in

§ 4 S. 1 (→ Vorb. Rn. 2) unter Strafe gestellt. Während dies in § 3 Abs. 1 und § 4 S. 1 im Hinblick auf Art. 103 Abs. 2 GG hinreichend bestimmt zum Ausdruck kommt, bestehen insoweit hinsichtlich § 3 Abs. 2 Bedenken, da dort jedenfalls kein explizites Verwendungsverbot statuiert wird. Zur Verantwortlichkeit im Lebensmittelstrafrecht → Vorb. LFGB Rn. 29 ff.

§ 59 Abs. 1 LFGB sieht zur Ahndung von Straftaten iSv § 7 Abs. 2 **Geldstrafe oder Freiheitsstrafe 2 bis zu einem Jahr** vor. Die Qualifikation des § 59 Abs. 4 LFGB (→ LFGB § 59 Rn. 74a) findet keine Anwendung. Neben der Verhängung von Geld- oder Freiheitsstrafe kommen als weitere Rechtsfolgen die **Einziehung** der Tatgegenstände (vgl. hierzu § 61 LFGB), der **Verfall** des Täterlöses (§§ 73 ff. StGB) und die Anordnung eines **Berufsverbotes** (§§ 70 ff. StGB; BGH LMRR 2007, 84) in Betracht (vgl. darüber hinaus → LFGB § 59 Rn. 83 f.). Zu den Konkurrenzen → LFGB § 59 Rn. 85.

2. Ordnungswidrigkeiten nach § 7 Abs. 3, 4. Mit der **Rückverweisung auf § 60 Abs. 1 LFGB 3** (→ LFGB § 60 Rn. 4 f.) in **§ 7 Abs. 3** wird die **fahrlässige Begehung** (→ LFGB § 58 Rn. 60 ff.) der in § § 7 Abs. 2 bezeichneten Handlungen als Ordnungswidrigkeit definiert. Die Verordnung wurde bisher noch nicht an das abgestufte System in § 60 Abs. 1 und 5 LFGB (vgl. insoweit → LFGB § 60 Rn. 31 f.) angepasst, das mit dem Gesetz zur Änderung des Lebensmittel- und Futtermittelgesetzbuchs sowie anderer Vorschriften v. 29.6.2009 (BGBl. I 1659), das am 4.7.2009 in Kraft getreten ist (→ Vorb. LFGB Rn. 6), eingeführt wurde. Da die in § 7 Abs. 2 bezeichneten Handlungen Straftaten nach § 59 Abs. 1 Nr. 21 Buchst. a LFGB darstellen, wird der **Verweis in § 7 Abs. 3 als solcher auf § 60 Abs. 1 Nr. 2 LFGB zu verstehen sein.** Danach können Ordnungswidrigkeiten iSv § 7 Abs. 3 nach der ab dem 4.8.2011 geltenden Fassung des § 60 Abs. 5 Nr. 2 LFGB (vgl. zur Änderung der Geldbußenrahmen in § 60 Abs. 5 LFGB → LFGB § 60 Rn. 32) mit **Geldbuße bis zu 50.000 EUR** geahndet werden. IÜ gelten für die Bemessung der Geldbuße die Vorgaben von § 17 Abs. 3 u. 4 OWiG. Zu den weiteren Rechtsfolgen → LFGB § 60 Rn. 33 f.

Mit **Rückverweisung auf § 60 Abs. 2 Nr. 26a LFGB** (→ LFGB § 60 Rn. 20) in § 7 Abs. 4 **4** werden vorsätzliche und fahrlässige Verstöße gegen das **Verwendungsverbot nach § 4 S. 2** und das **Verkehrsverbot, das aus Missachtung der Kennzeichnungspflichten nach § 6 Abs. 2 S. 1 iVm § 6 Abs. 1 resultiert,** als Ordnungswidrigkeit definiert. Zum Verwendungsverbot → Vorb. Rn. 2. § 6 Abs. 1 untersagt das gewerbsmäßige (→ Vorb. LFGB Rn. 30) Inverkehrbringen (→ Vorb. LFGB Rn. 45). Ob eine Kennzeichnung iSv § 6 Abs. 2 leicht erkennbar, deutlich lesbar und unverwischbar angebracht ist, bestimmt sich nach den Wahrnehmungsmöglichkeiten eines Durchschnittverbrauchers (OLG München GRUR 1986, 86; LG München LMuR 2008, 102). **Vorsätzliche Ordnungswidrigkeiten** iSv § 7 Abs. 4 können nach der ab dem 4.8.2011 geltenden Fassung des § 60 Abs. 5 Nr. 2 LFGB (vgl. zur Änderung der Geldbußenrahmen in § 60 Abs. 5 LFGB → LFGB § 60 Rn. 32) mit Geldbuße bis zu 50.000 EUR geahndet werden; handelt der Betroffene fahrlässig sieht das Gesetz Geldbuße bis 25.000 EUR (§ 17 Abs. 2 OWiG) vor. Vgl. auch → LFGB § 60 Rn. 31 ff.

725. Verordnung über Anforderungen an die Hygiene beim Herstellen, Behandeln und Inverkehrbringen von bestimmten Lebensmitteln tierischen Ursprungs (Tierische Lebensmittel-Hygieneverordnung – Tier-LMHV)

Vom 8. August. 2007 (BGBl. I S. 1816, 1828) FNA 7832-7-1

Zuletzt geändert durch Art. 2 Dritte VO zur Änd. von Vorschriften zur Durchführung des gemeinschaftlichen Lebensmittelhygienerechts vom 8.3.2016 (BGBl. I S. 444)

– Auszug –

Vorbemerkung

1   Die Tier-LMHV dient nach § 1 der Regelung von **Fragen** des Herstellens, Behandelns und Inver-
kehrbringens sowie der **Umsetzung und Durchführung von Rechtsakten der Europäischen
Gemeinschaft** auf dem Gebiet der Lebensmittelhygiene bei Lebensmittel tierischen Ursprungs (§ 2
Abs. 1 Nr. 1). Bei den maßgeblichen Rechtsakten handelt es sich dabei insbesondere um die die **VO
(EG) Nr. 852/2004** mit grundlegenden Vorschriften für die Lebensmittelhygiene und die **VO (EG)
Nr. 853/2004** mit spezifischen Hygienevorschriften für Lebensmittel tierischen Ursprungs (vgl. hin-
sichtlich dieser VOen LMStRV = Nr. 505 des Kommentars). Sowohl die gemeinschaftsrechtlichen
Rechtsakte als auch die Tier-LMHV (und neben ihr die LMHV = Nr. 500 des Kommentars) streben im
Interesse des **Gesundheitsschutzes** (→ Vorb. LFGB Rn. 10 f.) bei der Herstellung und dem Umgang
mit Lebensmitteln bestmöglichste hygienische Bedingungen an. Vor dem Hintergrund der **unmittelbaren Geltung der vorgenannten gemeinschaftsrechtlichen** Rechtsakte beschränkt sich der Anwendungsbereich der Vorschriften der Tier-LMHV auf Regelungen, die nach der gemeinschaftsrechtlichen Konzeption den Mitgliedstaaten überlassen bzw. zu denen die Mitgliedstaaten gegenüber der
Gemeinschaft verpflichtet sind.

2   Nach den Begriffsbestimmungen in § 2 trifft **Abschnitt 2** (§§ 3–5) iVm den Anlagen 1 bis 4 Reglungen für die **Abgabe kleiner Mengen** von Primärerzeugnissen und anderen Lebensmitteln tierischen
Ursprungs (zB hinsichtlich der Abgabe von Eiern aus eigener Herstellung; Fischereierzeugnisse aus
eigenem Fang und kleine Mengen von erlegtem Wild). **Abschnitt 3** (§§ 6–8) iVm der Anlage 5
statuiert Anforderungen an den **Einzelhandel, Abschnitt 4** (§§ 9–15) iVm den Anlagen 6 bis 8
Anforderungen an das Herstellen, Behandeln und Inverkehrbringen von Lebensmitteln im **Anwendungsbereich der VO (EG) Nr. 853/2004** (zB über die Zulassung von Betrieben iSv Art. 4 Abs. 2
VO (EG) 853/2004; das Verbot der Zerlegung und Verarbeitung von Fleisch in Schlachträumen und
Regelungen der Abgabe von Wild an Wildbearbeitungsbetriebe). Zuletzt statuiert **Abschnitt 5**
(§§ 16–22) iVm Anlage 9 **gemeinsame Anforderungen** an die Abgabe kleiner Mengen von Lebens-
mitteln, den Einzelhandel und das Herstellen, Behandeln und Inverkehrbringen von Lebensmitteln im
Anwendungsbereich der VO (EG) 853/2004 (zB § 16 Warnhinweis „Vor dem Verzehr durcherhitzen";
Verbot der Abgabe von Rohmilch in § 17 Abs. 1).

3   Durch die **Erste Verordnung zur Änderung von Vorschriften zur Durchführung des gemeinschaftlichen Lebensmittelhygienerechts** vom 11.5.2010 (BGBl. I 612) erfuhr die Tier-
LMHV weitreichende Änderungen. Die §§ 2a ff. betreffend Hausschlachtungen und Großwild für
eigenen Verbrauch wurden in Folge der diesbezüglichen Änderung des LFGB (BR-Drs. 80/10, 26)
neu eingefügt. § 2b führt die bisher geltenden Regelungen des § 1 Abs. 1 S. 3 Nr. 1 und Abs. 2 S. 2
FleischHygieneG fort. Daneben wurden §§ 13a, 16a, 16b; 19a; 20a (der dem bisherigen § 7 EiProdV
entspricht), § 22 Abs. 1a (der dem bisherigen § 1 Abs. 4 S. 4 FleischHygieneG entspricht) neu eingefügt. Weitere Änderungen brachte die **Zweite Verordnung zur Änderung von Vorschriften zur
Durchführung des gemeinschaftlichen Lebensmittelhygienerechts** vom 11.11.2010 mWz
23.11.2010 (BGBl. I 1537) mit sich. Mit dieser Verordnung wurden insbesondere die §§ 4a und 12a
neu eingefügt. Weiter wurde die TierLMHV durch Art. 1 der Ersten Verordnung zur Änderung der
TierLMHV mWz 25.11.2011 (BGBl. I 2233) und in der Folge noch mehrfach geändert. Insbesondere
mWv 17.3.2016 wurden auch die Straf- und Ordnungswidrigkeitentatbestände neu gefasst. Vor
diesem Hintergrund ist im Hinblick auf § 2 Abs. 3 StGB und § 4 Abs. 3 OWiG bei Anwendung der
jeweils einschlägigen Vorschriften die im Einzelfall **zur Tatzeit geltende Rechtslage sorgfältig zu
prüfen.**

§ 23 Straftaten

(1) Nach § 58 Abs. 1 Nr. 18, Abs. 4 bis 6 des Lebensmittel- und Futtermittelgesetzbuches wird bestraft, wer vorsätzlich oder fahrlässig

1. entgegen § 5 Abs. 2 kleine Mengen der dort bezeichneten lebenden Muscheln abgibt,
2. entgegen § 5 Abs. 3 Nr. 2 kleine Mengen von erlegtem Wild abgibt,
3. entgegen § 8 Eiprodukte, Flüssigei, Hackfleisch, Fleischzubereitungen aus Hackfleisch oder Fleischerzeugnisse herstellt oder ein Lebensmittel in den Verkehr bringt,
4. entgegen § 12a Absatz 2 Fleisch von Schalenwild abgibt,
5. entgegen § 17 Abs. 1 Rohmilch oder Rohrahm abgibt,
6. entgegen § 18 Abs. 2 Satz 1 oder 3 dort bezeichnete Tiere nicht von der Gewinnung von Vorzugsmilch ausschließt oder in einen Bestand Vorzugsmilch liefernder Tiere einstellt,
7. entgegen § 20a Absatz 1 Satz 1 oder Absatz 2 Satz 1 ein dort bezeichnetes Lebensmittel an Verbraucher abgibt,
8. entgegen § 22 Absatz 1 Fleisch in den Verkehr bringt,
9. entgegen § 22 Absatz 1a Fleisch zum Zwecke des menschlichen Verzehrs gewinnt oder in den Verkehr bringt oder
10. entgegen § 22 Abs. 3 Eier an Verbraucher abgibt.

(2) Nach § 59 Abs. 1 Nr. 21 Buchstabe a des Lebensmittel- und Futtermittelgesetzbuches wird bestraft, wer

1. entgegen § 4 Absatz 3 Satz 3 einen Tierkörper oder Fleisch in den Verkehr bringt,
2. entgegen § 5 Abs. 1 Satz 1 kleine Mengen von Fischereierzeugnissen abgibt,
3. entgegen § 5 Abs. 3 Nr. 1 kleine Mengen von erlegtem Wild abgibt,
4. entgegen § 15 Abs. 4 Satz 1 in Verbindung mit Satz 2 Nr. 3 ein Fischereierzeugnis ohne den dort bezeichneten Hinweis abgibt,
5. entgegen § 16 Satz 1 die dort bezeichneten Lebensmittel in Fertigpackungen in den Verkehr bringt,
6. entgegen § 16a ein dort bezeichnetes Lebensmittel an Verbraucher abgibt oder
7. entgegen § 22 Abs. 2 Geflügelfleisch in den Verkehr bringt.

A. Straftaten nach § 23 Abs. 1

1 Mit der **Rückverweisung auf § 58 Abs. 1 Nr. 18 LFGB** (→ LFGB § 58 Rn. 37) in **§ 23 Abs. 1** werden **vorsätzliche** (→ LFGB § 58 Rn. 47 ff.) und **fahrlässige** (→ LFGB § 58 Rn. 60 ff.) **Verstöße gegen** die die im Tatbestand näher konkretisierten **Verkehrsverbote und Behandlungsgebote** unter Strafe gestellt. Zu den Tathandlungen → Vorb. LFGB Rn. 45 ff. Zur Verantwortlichkeit im Lebensmittelstrafrecht → Vorb. LFGB Rn. 29 ff.

2 Demnach können **vorsätzliche Verstöße** mit **Geldstrafe oder mit Freiheitsstrafe bis zu drei Jahren** geahndet werden (→ LFGB § 58 Rn. 54 f.), wobei auch der **Versuch** strafbar ist (§ 58 Abs. 4; → LFGB Rn. 53). In **besonders schweren Fällen** (vgl. → LFGB § 58 Rn. 56 ff.). Nach § 23 Abs. 1 iVm § 58 Abs. 6 LFGB ist **fahrlässiges Handeln** strafbar, das mit **Geldstrafe oder Freiheitstrafe bis zu einem Jahr geahndet** (→ LFGB § 58 Rn. 60) werden kann. Zu den Konkurrenzen → LFGB § 58 Rn. 82 ff.

B. Straftaten nach § 23 Abs. 2

3 Mit der Rückverweisung auf **§ 59 Abs. 1 Nr. 21 Buchst. a LFGB** (→ LFGB § 59 Rn. 58) in § 23 Abs. 2 werden **vorsätzliche** (→ LFGB § 58 Rn. 47 ff.) **Verstöße gegen** die die im Tatbestand näher konkretisierten **Verkehrsverbote und Behandlungsgebote** unter Strafe gestellt. Zu den Tathandlungen → Vorb. LFGB Rn. 45 ff. Zur Verantwortlichkeit im Lebensmittelstrafrecht → Vorb. LFGB Rn. 29 ff.

4 Nach § 59 Abs. 1 LFGB können die Straftaten nach § 23 Abs. 2 mit **Freiheitsstrafe bis zu einem Jahr oder mit Geldstrafe** geahndet werden. Der Versuch ist ebenso wenig wie fahrlässiges Handeln (vgl. § 24 Abs. 1) unter Strafe gestellt. Die Qualifikation des § 59 Abs. 4 LFGB (→ LFGB § 59 Rn. 74a) findet keine Anwendung. Zu den weiteren Rechtsfolgen → LFGB § 59 Rn. 83 f. Zu den Konkurrenzen → LFGB § 59 Rn. 85.

§ 24 Ordnungswidrigkeiten

(1) Wer eine in § 23 Abs. 2 bezeichnete Handlung fahrlässig begeht, handelt nach § 60 Abs. 1 des Lebensmittel- und Futtermittelgesetzbuches ordnungswidrig.

(2) Ordnungswidrig im Sinne des § 60 Abs. 2 Nr. 26 Buchstabe a des Lebensmittel- und Futtermittelgesetzbuches handelt, wer vorsätzlich oder fahrlässig

1. entgegen § 2b Absatz 1 Nummer 2 oder Absatz 2 Satz 1 das Wild nicht, nicht richtig oder nicht rechtzeitig anmeldet,
2. entgegen § 2c Absatz 1 Satz 1 oder Absatz 2 Fleisch oder Wild zubereitet oder be- oder verarbeitet,
3. entgegen § 3 Abs. 1 Satz 1 Nr. 1 oder 2, jeweils in Verbindung mit Anlage 1 Nr. 1.4 Satz 1, nicht Trinkwasser verwendet,
4. entgegen § 3 Abs. 1 Satz 1 Nr. 2 in Verbindung mit Anlage 1 Nr. 3.3 oder 3.4 Satz 1 Austern nicht richtig aufbewahrt oder lebende Muscheln befördert oder abgibt,
5. entgegen § 3 Abs. 1 Satz 1 Nr. 4 in Verbindung mit Anlage 3 Nr. 1, 2, 3 oder 5 Fleisch von Geflügel oder Hasentieren gewinnt oder behandelt,
6. entgegen § 3 Abs. 1 Satz 1 Nr. 5 in Verbindung mit
   a) Anlage 4 Nr. 1.1 Kleinwild nicht oder nicht rechtzeitig aufbricht oder nicht oder nicht rechtzeitig ausweidet oder
   b) Anlage 4 Nr. 1.4 Halbsatz 1 Eingeweide nicht oder nicht richtig kennzeichnet,
7. entgegen § 4 Abs. 1 Satz 1 kleine Mengen von erlegtem Wild oder Fleisch von erlegtem Wild abgibt,
8. entgegen § 4 Abs. 2 Satz 1, auch in Verbindung mit Satz 3, Wild nicht, nicht richtig oder nicht rechtzeitig zu den dort bezeichneten amtlichen Untersuchungen anmeldet,
9. entgegen § 4a Nummer 1 einen Tierkörper in den Verkehr bringt,
10. entgegen § 5 Abs. 1 Satz 2 eine Angabe nicht, nicht richtig, nicht vollständig oder nicht rechtzeitig macht,
11. entgegen § 7 Satz 1 in Verbindung mit Anlage 5
    a) Kapitel I Nr. 1.4 unverpacktes Fleisch nicht getrennt von verpacktem Fleisch lagert,
    b) Kapitel I Nr. 2.2 Fleisch nicht auf den dort genannten Temperaturen hält,
    c) Kapitel I Nr. 3.1 Satz 1 oder 2 Großwild in der Decke tieffriert oder nicht oder nicht rechtzeitig enthäutet,
    d) Kapitel I Nr. 3.1 Satz 3 Wildkörper von Kleinwild nicht oder nicht rechtzeitig ausweidet,
    e) Kapitel I Nr. 3.2 Satz 1 unverpacktes Fleisch nicht richtig lagert oder nicht richtig befördert,
    f) Kapitel II Nr. 1.2 oder 1.3 Hackfleisch oder Fleischzubereitungen herstellt,
    g) Kapitel II Nr. 2.1, 2.2.2 oder 3.1 Satz 1 Fleisch für die Herstellung von Hackfleisch oder Fleischzubereitungen verwendet,
    h) Kapitel II Nr. 3.3 Satz 1 Hackfleisch oder Fleischzubereitungen nicht oder nicht rechtzeitig umhüllt oder nicht oder nicht rechtzeitig verpackt oder nicht oder nicht rechtzeitig kühlt oder nicht oder nicht rechtzeitig gefriert,
    i) Kapitel II Nr. 3.3 Satz 2 eine dort bezeichnete Temperatur nicht einhält,
    j) Kapitel II Nr. 3.4 Hackfleisch oder Fleischzubereitungen einfriert,
    k) Kapitel III Nr. 1 Fleisch für die Herstellung von Fleischerzeugnissen verwendet,
    l) Kapitel IV Nr. 2.2.1 oder 2.2.4 Satz 1 Schalen von Eiern oder Rohstoffe für die Herstellung von Eiprodukten oder Flüssigei verwendet oder
    m) Kapitel V Nr. 1.1 Milch zur Herstellung von Milcherzeugnissen verwendet,
12. entgegen § 10 Absatz 1 eine dort genannte Information nicht, nicht richtig, nicht vollständig oder nicht rechtzeitig übermittelt,
13. entgegen § 10 Absatz 4 Satz 1 oder Satz 2 einen Nachweis nicht, nicht richtig oder nicht vollständig führt,
14. entgegen § 10 Absatz 4 Satz 3 einen Nachweis nicht oder nicht mindestens zwölf Monate aufbewahrt oder nicht oder nicht rechtzeitig der zuständigen Behörde vorlegt,
15. entgegen § 12 Abs. 1 einen Tierkörper befördert,
16. entgegen § 15 Abs. 3 Satz 1 Fleisch, Nebenprodukte der Schlachtung, Wildkörper oder Separatorenfleisch lagert oder befördert,
17. entgegen § 15 Abs. 4 Satz 1 in Verbindung mit Satz 2 Nr. 1 oder 2 ein Fischereierzeugnis abgibt,
18. entgegen § 18 Abs. 2 Satz 2 eine Untersuchung nicht, nicht richtig oder nicht rechtzeitig durchführt,
19. entgegen § 21 Abs. 1 eine Überprüfung nicht, nicht richtig oder nicht rechtzeitig durchführt oder
20. entgegen § 21 Abs. 1, 2 oder 3 einen Nachweis nicht, nicht richtig oder nicht vollständig führt.

(3) Ordnungswidrig im Sinne des § 60 Abs. 2 Nr. 26 Buchstabe b des Lebensmittel- und Futtermittelgesetzbuches handelt, wer vorsätzlich oder fahrlässig

1. entgegen § 4a Nummer 2 einen Tierkörper in den Verkehr bringt,
2. entgegen § 12 Abs. 2 Satz 1 Fleisch von Huftieren in den Verkehr bringt,
3. entgegen § 15 Abs. 1 als Haustiere gehaltene Huftiere abgibt oder
4. entgegen § 15 Abs. 2 ein Identitätskennzeichen nicht richtig befestigt oder nicht richtig aufdruckt.

1. Ordnungswidrigkeiten nach § 24 Abs. 1. Handelt der Täter in den Fällen des § 23 Abs. 2 **1** (→ § 23 Abs. 2 Rn. 3) **fahrlässig** (→ LFGB § 58 Rn. 60 ff.), verwirklicht er den Bußgeldtatbestand des **§ 24 Abs. 1.** Die Verordnung wurde bisher noch nicht an das abgestufte System in § 60 Abs. 1 und 5 LFGB (→ LFGB § 60 Rn. 31 f.) angepasst, das mit dem Gesetz zur Änderung des Lebensmittel- und Futtermittelgesetzbuchs sowie anderer Vorschriften v. 29.6.2009 (BGBl. I 1659), das am 4.7.2009 in Kraft getreten ist (→ Vorb. LFGB Rn. 6), eingeführt wurde. Da die in § 23 Abs. 2 bezeichneten Handlungen Straftaten nach § 59 Abs. 1 Nr. 21 Buchst. a LFGB darstellen, wird der **Verweis in § 24 Abs. 1 als solcher auf § 60 Abs. 1 Nr. 2 LFGB zu verstehen sein.** Danach können Ordnungswidrigkeiten iSv § 24 Abs. 1 nach der ab dem 4.8.2011 geltenden Fassung des § 60 Abs. 5 Nr. 2 LFGB (vgl. zur Änderung der Geldbußenrahmen in § 60 Abs. 5 LFGB → LFGB § 60 Rn. 32) mit **Geldbuße bis zu 50.000 EUR** geahndet werden. Im Übrigen gelten für die Bemessung der Geldbuße die Vorgaben von § 17 Abs. 3 und 4 OWiG. Zu den weiteren Rechtsfolgen → LFGB § 60 Rn. 33 f.

2. Ordnungswidrigkeiten nach § 24 Abs. 2. Mit **Rückverweisung auf § 60 Abs. 2 Nr. 26 2 Buchst. a LFGB** (→ LFGB § 60 Rn. 20) in § 24 Abs. 2 werden **vorsätzliche** (→ LFGB § 58 Rn. 47 ff.) und **fahrlässige** (→ LFGB § 58 Rn. 60 ff.) **Verstöße gegen** die die im Tatbestand näher konkretisierten **Verkehrsverbote und Behandlungsgebote** unter Strafe gestellt. Zu den Tathandlungen → Vorb. LFGB Rn. 45 ff. Zur Verantwortlichkeit im Lebensmittelstrafrecht → Vorb. LFGB Rn. 29 ff. Demnach können **vorsätzliche Verstöße iSv § 24 Abs. 2** nach der ab dem 4.8.2011 geltenden Fassung des § 60 Abs. 5 Nr. 2 LFGB (vgl. zur Änderung der Geldbußenrahmen in § 60 Abs. 5 LFGB → LFGB § 60 Rn. 32) mit **Geldbuße bis zu 50.000 EUR** geahndet werden; handelt der Betroffene fahrlässig sieht das Gesetz **Geldbuße bis 25.000 EUR** (§ 17 Abs. 2 OWiG) vor.

3. Ordnungswidrigkeiten nach § 24 Abs. 3. Mit **Rückverweisung auf § 60 Abs. 2 Nr. 26 3 Buchst. b LFGB** (→ LFGB § 60 Rn. 20) in § 24 Abs. 3 werden **vorsätzliche** (→ LFGB § 58 Rn. 47 ff.) und **fahrlässige** (→ LFGB § 58 Rn. 60 ff.) **Verstöße gegen** die die im Tatbestand näher konkretisierten **Verkehrsverbote und Behandlungsgebote** unter Strafe gestellt. Zu den Tathandlungen → Vorb. LFGB Rn. 45 ff. Zur Verantwortlichkeit im Lebensmittelstrafrecht → Vorb. LFGB Rn. 29 ff. **Vorsätzliche Ordnungswidrigkeiten** iSv § 24 Abs. 3 können nach der ab dem 4.8.2011 geltenden Fassung des § 60 Abs. 5 Nr. 3 LFGB (vgl. zur Änderung der Geldbußenrahmen in § 60 Abs. 5 LFGB → LFGB § 60 Rn. 32) mit **Geldbuße bis zu 20.000 EUR** geahndet werden; handelt der Betroffene fahrlässig sieht das Gesetz **Geldbuße bis 10.000 EUR** (§ 17 Abs. 2 OWiG) vor. Zu den weiteren Rechtsfolgen → LFGB § 60 Rn. 33 f.

730. Gesetz zur Vorbeugung vor und Bekämpfung von Tierseuchen (Tiergesundheitsgesetz – TierGesG)

In der Fassung der Bekanntmachung vom 22. Mai 2013 (BGBl. I 2013 S. 1324) FNA 7831-14

Zuletzt geändert durch Art. 8 Abs. 12 G zur Neuorganisation der Zollverwaltung vom 3.12.2015 (BGBl. I S. 2178)

– Auszug –

Vorbemerkung

1   Das TierGesG beinhaltet eine Neukonzeption des TierSG (hierzu die 1. Aufl.) und ersetzt dieses ab dem Zeitpunkt seines **Inkrafttretens zum 1.5.2014** (§ 45 Abs. 1). Hinsichtlich der Straf- und Bußgeldtatbestände enthält es im Vergleich zur früheren Rechtslage keine wesentlichen Änderungen; zu den Änderungen iÜ vgl. die Begründung **BT-Drs. 17/12032, 30 ff.** Vorrangiger **Gesetzeszweck** ist nach wie vor die wirksame **Vorbeugung und Bekämpfung** von Tierseuchen bei vom Menschen gehaltenen Tieren; in diesem Rahmen dient es auch der Erhaltung und Förderung der Gesundheit von Vieh und Fischen, soweit diese der landwirtschaftlichen Erzeugung dienen (§ 1). **Tierseuchen** sind Krankheiten oder Infektionen mit Krankheitserregern, die bei Tieren auftreten und auf natürlichem Wege mittelbar oder unmittelbar durch ein übertragbares Agens auf Tiere oder auf Menschen (Zoonosen) übertragen werden (§ 2 Nr. 1), unabhängig davon, ob bei Tieren oder dem Menschen klinische Erscheinungen auftreten oder nicht und bei denen die Möglichkeit ihrer seuchenartigen Verschleppung und das Auftreten bei Tieren besteht (sa BT-Drs. 17/12032, 3). Die Regelungen beziehen sich zwar in erster Linie auf Maßnahmen zur Vorbeugung vor und Bekämpfung von Seuchen **bei Haustieren** (§ 2 Nr. 3) **und** fischereilich genutzten **Fischen** (§ 2 Nr. 5). Letzte umfassen Süßwasserfische und Fische, die im Meerwasser oder Brackwasser gehalten werden, einschließlich ihrer Eier und Sperma sowie Krebs- und Weichtiere einschließlich ihrer Hälterung zur Abgabe im Einzelhandel. Maßnahmen iSd Gesetzes sind aber nicht auf diese beschränkt sondern können zur Bekämpfung jeder Art von Tierseuche bei Wildtieren angeordnet werden, um Haustiere und Fische iSd § 2 Nr. 3 und 5 zu schützen (vgl. BT-Drs. 17/12032, 32). Zu den Haustieren zählen alle vom Menschen gehaltenen Tiere, also neben den Nutztieren (**Vieh** iSv § 2 Nr. 4) auch domestizierte Wildtiere, Bienen, Hummeln, Zootiere sowie Hunde und Katzen. **Adressaten** sind in erster Linie die **Tierhalter,** also Besitzer von Vieh und Fischen (§ 3 iVm § 2 Nr. 18) sowie Personen, die – im Regelfall, jedoch nicht ausschließlich – im Rahmen ihrer Berufsausübung solche Tiere in Obhut haben oder in sonstiger Weise dafür verantwortlich sind. **Zuständig** für die Durchführung sind, soweit nichts anderes geregelt ist, die jeweils zuständigen Landesbehörden (§ 24 Abs. 1 S. 1), das Nähere richtet sich nach den jeweiligen Zuständigkeits-VO der Länder. Ihnen obliegt auch die Überwachung (§ 24 Abs. 1 S. 2).

2   Das Gesetz enthält Vorschriften über **die Ein- und Ausfuhr** sowie den grenzüberschreitenden **Transport** innerhalb der EG von lebenden und toten Tieren bzw. ihrer Teile, Erzeugnisse, Rohstoffe und Abfälle (§§ 13 u. 14), ferner über **im Inland anzuwendende Maßnahmen** zur **Vorbeugung** vor u. **Bekämpfung** von Tierseuchen (§§ 4–10). Seine Vorschriften werden ergänzt durch eine Vielzahl von Rechtsverordnungen des BMEL und der Länder. Die Einhaltung der wesentlichen Verhaltensanforderungen wird durch **Straftatbestände,** welche besonders gefährliche Verhaltensweisen beim Umgang mit erkrankten Tieren oder belastetem Material bzw. mit Seren, Impfstoffen und Antigenen (§ 31) unter Strafe stellen, abgesichert. Daneben enthält das Gesetz in § 32 eine Fülle von **Bußgeldtatbeständen,** welche neben einer fahrlässigen Verwirklichung des § 31 sonstige Verstöße gegen gesetzliche oder durch VO bestimmte Verhaltensanforderungen oder gegen vollziehbare behördliche Anordnungen erfassen.

§ 31 Strafvorschriften

(1) Mit Freiheitsstrafe bis zu zwei Jahren oder mit Geldstrafe wird bestraft, wer

1. entgegen § 13 Absatz 1 Satz 1 ein Tier, ein totes Tier, ein Teil eines Tieres oder ein Erzeugnis innergemeinschaftlich verbringt, einführt oder durchführt oder

2. einer Rechtsverordnung nach § 14 Absatz 2 Nummer 1 oder einer vollziehbaren Anordnung auf Grund einer solchen Rechtsverordnung zuwiderhandelt, soweit die Rechtsverordnung für einen bestimmten Tatbestand auf diese Strafvorschrift verweist.

(2) Mit Freiheitsstrafe bis zu einem Jahr oder mit Geldstrafe wird bestraft, wer

1. entgegen § 11 Absatz 1 Satz 1 oder Absatz 2 Satz 1 ein immunologisches Tierarzneimittel oder ein In-vitro-Diagnostikum in den Verkehr bringt oder anwendet oder
2. ohne Erlaubnis nach § 12 Absatz 1 Satz 1 ein immunologisches Tierarzneimittel oder ein In-vitro-Diagnostikum herstellt.

(3) In den Fällen des Absatzes 1 ist der Versuch strafbar.

(4) Wer in den Fällen des Absatzes 1, auch in Verbindung mit Absatz 3, absichtlich eine Gefährdung von Tierbeständen herbeiführt, wird mit Freiheitsstrafe von sechs Monaten bis zu fünf Jahren bestraft.

(5) Wer eine in Absatz 1 bezeichnete Handlung fahrlässig begeht, wird mit Freiheitsstrafe bis zu einem Jahr oder mit Geldstrafe bestraft.

A. Regelungscharakter

Die Vergehensvorschrift erfasst Verhaltensweisen beim Umgang mit **seuchenbelasteten Tieren oder** 1 **Materialien,** die im Hinblick auf die unkontrollierte Verbreitung übertragbarer Krankheiten besonders gefährlich sind. Sie ersetzt die früheren Straftatbestände in §§ 74 u. 75 TierSG, ohne diese wesentlich umzugestalten. In **subjektiver Hinsicht** erfassen die Tatbestände Vorsatz und bzgl. der von Abs. 1 erfassten Verhaltensweisen Fahrlässigkeit (Abs. 5). Ein objektiv und subjektiv vorwerfbarer Irrtum über das Vorliegen objektiver Tatbestandselemente schließt eine Fahrlässigkeitsstrafbarkeit nicht aus (§ 16 Abs. 1 S. 2 StGB; zum Irrtum bei Blankettvorschriften → StGB § 16 Rn. 14, 22). Eine Versuchsstrafbarkeit (→ StGB § 22 Rn. 2 ff.) ist in allen Fällen vorsätzlicher Begehung des Abs. 1 strafbar (Abs. 3); es kommt dann eine Strafmilderung nach §§ 23 Abs. 2, 49 Abs. 1 StGB in Betracht. Die **Verjährungsfrist** beträgt bei vorsätzlicher Tatbegehung des Abs. 1 (auch iVm Abs. 3 oder 4) fünf Jahre (§ 78 Abs. 1 Nr. 4 StGB), iÜ drei Jahre (§ 78 Abs. 1 Nr. 5 StGB).

B. Die Regelungen im Einzelnen

I. Verbringen, Ein- oder Durchführen seuchenkranker oder verdächtiger lebender oder toter Tiere oder ihrer Teile oder Erzeugnisse (Abs. 1 Nr. 1)

§ 13 Abs. 1 S. 1 verbietet das innergemeinschaftliche Verbringen sowie die Einfuhr, Ausfuhr und 2 Durchfuhr **seuchenkranker und verdächtiger lebender Tieren** sowie von deren Erzeugnissen (§ 13 Abs. 1 S. 1 Nr. 1). Als **Erzeugnisse** (§ 2 Nr. 15a) kommen zB Molkereiprodukte, Fleisch- oder Wollwaren in Betracht. Hierunter fallen aber auch vom Tier herrührende Ausgangsmaterialien, etwa Rohmilch, Felle, Rohwolle oder Eier sowie tierische Ausscheidungsprodukte (BT-Drs. 17/12032, 34). Ebenfalls verboten ist die Ein- und Ausfuhr von **toten Tieren,** Tierteilen und Erzeugnissen, die **zurzeit des Todes seuchenkrank oder verdächtig** gewesen oder die an einer Tierseuche verendet sind (§ 13 Abs. 1 S. 1 Nr. 2) und von **sonstigen Gegenständen oder Stoffen,** von denen nach den Umständen des Falles konkret anzunehmen ist, dass sie Träger von Tierseuchenerregern sein können (§ 13 Abs. 1 S. 1 Nr. 3 iVm § 2 Nr. 15b). Ob die vom kranken oder verdächtigen Tier stammenden Gegenstand selbst ansteckungsverdächtig sind, ist grds. unerheblich (sa → Rn. 4). Der Begriff „Tier" erfasst alle Arten von Tieren und ist nicht auf die in § 2 benannten beschränkt (Erbs/Kohlhaas/*Pelchen* TierSG § 6 Rn. 2).

Ein innergemeinschaftliches **Verbringen** liegt in jedem Transportvorgang aus einem anderen Mit- 3 gliedstaat der EU nach Deutschland bzw. aus Deutschland in einen anderen Mitgliedstaat, wobei es ausreichend ist, dass ein Verbringen im Inland zum Zwecke des Verbringens nach einem anderen Mitgliedstaat erfolgt (§ 2 Nr. 11). Die **Einfuhr** erfasst das Verbringen aus einem Staat, der nicht der EU angehört (§ 2 Nr. 10 – Drittland) in das Gebiet der Gemeinschaft (§ 2 Nr. 12), eine Berührung des deutschen Hoheitsgebietes ist insoweit nicht erforderlich (BT-Drs. 12/3201, 28). Demgegenüber setzt die **Ausfuhr** (§ 2 Nr. 13) ein Verbringen aus dem Inland in ein Drittland voraus, ein Transport ohne Berührung des deutschen Hoheitsgebiets genügt nicht. Der Begriff der **Durchfuhr** wurde in § 2 Nr. 14 neu aufgenommen, um Gefahren zu begegnen, die mit dem Transport und der damit erforderlichen Haltung im Inland verbunden sind (BT-Drs. 17/12032, 34). Sie erfasst die Einfuhr zum Zwecke unmittelbarer Ausfuhr. Als **verdächtig** gelten nach § 2 Nr. 6 Tiere, an denen sich Erscheinungen zeigen, die den Ausbruch einer Tierseuche befürchten lassen (seuchenverdächtige Tiere, § 2 Nr. 7), sowie Tiere, die solche Erscheinungen zwar nicht zeigen, bei denen aber nicht auszuschließen ist, dass sie den Ansteckungsstoff aufgenommen haben (ansteckungsverdächtige Tiere, § 2 Nr. 8).

Das Verbot des § 13 Abs. 1 S. 1 erfährt **Einschränkungen:** Es gilt nicht für Erzeugnisse, die so 4 behandelt worden sind, dass die **Abtötung** von Seuchenerregern **sichergestellt** ist (§ 13 Abs. 1 S. 2). Für **Fische** iSv § 2 Nr. 5 gilt es nur insoweit, als durch eine VO nach § 14 Abs. 1 oder einen unmittelbare geltenden Rechtsakt der EU das innergemeinschaftliche Verbringen oder die Einfuhr und Ausfuhr geregelt ist (§ 13 Abs. 1 S. 4); einschlägig ist § 14 Binnenmarkt-TierseuchenschutzV v. 6.4.2005 (BGBl. I 997).

II. Zuwiderhandeln gegen VO (Abs. 1 Nr. 2)

5   § 14 Abs. 2 Nr. 1 beinhaltet eine VO-Ermächtigung zur Regelung des innergemeinschaftlichen Verbringens und der Einfuhr (→ Rn. 3) von vermehrungsfähigen Tierseuchenerregern, immunologischer Tierarzneimittel (§ 2 Nr. 16) oder In-Vitro-Diagnostika (§ 2 Nr. 17), die unter Verwendung von Krankheitserregern oder auf biotechnischem, biochemischem oder synthetischem Weg hergestellt werden. In Betracht kommt namentlich ein Verstoß gegen § 8 der Tierseuchenerreger-EinfuhrVO (v. 13.12.1982, BGBl. I 1728).

III. strafbarer Umgang mit Tierarzneimitteln und Diagnostika (Abs. 2)

6   Abs. 2 ersetzt § 75 TierSG und betrifft Verhaltensweisen im Umgang mit **immunologischen Tierarzneimitteln** und **In-vitro-Diagnostika** (§ 2 Nr. 16 und 17). Die Vorschrift erfordert in allen Varianten **Vorsatz** (zur Fahrlässigkeit → § 32 Rn. 3). Die Rechtsfolgen sind Geldstrafe oder Freiheitsstrafe von einem Monat (§ 38 Abs. 2 StGB) bis zu einem Jahr. Der **Versuch** ist nicht strafbar.

7   **Nr. 1:** Nach § 11 Abs. 1 S. 1 dürfen immunologische Tierarzneimittel iSd § 2 Nr. 16 nur in den Verkehr gebracht oder angewendet werden, wenn sie entweder vom Paul-Ehrlich-Institut **zugelassen** sind oder ihr in Verkehr bringen durch Rechtsakt der EG oder der EU **genehmigt** wurde (zu Ausnahmen vgl. § 11 Abs. 1 S. 2). Entsprechendes gilt für In-vitro-Diagnostika zur Untersuchung des Vorliegens einer aufgrund einer VO anzeigepflichtigen Tierseuche oder meldepflichtigen oder mitteilungspflichtigen Tierkrankheit. Diese dürfen nur nach Zulassung durch das Friedrich-Löffler-Institut in Verkehr gebracht oder angewendet werden (§ 11 Abs. 2 S. 1, zu Ausnahmen vgl. § 11 Abs. 2 S. 2 sowie BT-Drs. 17/12032, 38). Der Verstoß gegen § 11 Abs. 1 S. 1 oder Abs. 2 S. 1 ist tatbestandsmäßig.

8   **Nr. 2:** Die **Herstellung,** also das Gewinnen, das Anfertigen, das Zubereiten, das Be- oder Verarbeiten, das Umfüllen einschließlich Abfüllen, das Abpacken, das Kennzeichnen und die Freigabe (§ 4 Abs. 14 AMG), von immunologischen Tierarzneimitteln und In-vitro-Diagnostika setzt eine **Erlaubnis** der zuständigen Behörde voraus, wenn diese Tätigkeit gewerbsmäßig (vgl. dazu → StGB § 233 Rn. 34) oder berufsmäßig zum Zwecke des Inverkehrbringens oder der Anwendung in eigenen Tierbeständen geschieht (§ 12 Abs. 1 S. 1). Über die Regelungen des TierSG hinaus sind nunmehr auch die Hersteller von bestandspezifischen Impfstoffen dem Genehmigungserfordernis unterworfen (BT-Drs. 17/12032, 39). Ein Herstellen ohne die erforderliche Erlaubnis erfüllt den Vergehenstatbestand, wobei die Organe, Gesellschafter oder Vertreter nach § 14 Abs. 1 StGB haften. Der Begriff des **Anwendens** entspricht dem des AMG und erfasst die Anwendung am und im tierischen Körper (vgl. § 2 Nr. 1 AMG).

IV. Absichtliches Herbeiführen einer Gefährdung von Tierbeständen (Abs. 4)

9   Der Qualifikationstatbestand greift ein, wenn es dem Täter darauf ankommt, durch eine der in Abs. 1 beschriebenen Handlungen eine konkrete Gefährdung eines Tierbestandes zu bewirken, wobei es ausreicht, dass diese versucht wird. **Absicht** ist auch dann gegeben, wenn der Täter den von ihm erwünschten Gefährdungserfolg nicht für sicher aber für möglich hält. Ebenso, wenn die Gefährdung lediglich ein notwendiges Zwischenziel darstellt. Erforderlich ist der Eintritt einer **konkreten Gefahr** (vgl. hierzu Schönke/Schröder/*Heine/Bosch* StGB Vor §§ 306 ff. Rn. 5) für einen **Tierbestand.** Ein Tierbestand ist eine Einheit von Tieren derselben Art, die räumlich zusammen gehalten oder gemeinsam ver- und entsorgt werden.

V. Rechtsfolgen

10   Im Falle einer vorsätzlichen Begehung eröffnet Abs. 1 einen **Strafrahmen** von Geldstrafe oder Freiheitsstrafe von einem Monat (§ 38 Abs. 2 StGB) bis zu zwei Jahren. Der Qualifikationstatbestand des Abs. 4 (→ Rn. 9) hat einen Strafrahmen von bis zu fünf Jahren Freiheitsstrafe. **Fahrlässiges** Verhalten (→ StGB § 15 Rn. 19 ff.; Fischer StGB § 15 Rn. 12 ff.) ist in allen Varianten des Abs. 1 mit Geldstrafe oder Freiheitsstrafe bis zu einem Jahr bedroht (Abs. 5).

§ 32 Bußgeldvorschriften

(1) Ordnungswidrig handelt, wer eine in § 31 Absatz 2 bezeichnete Handlung fahrlässig begeht.

(2) Ordnungswidrig handelt, wer vorsätzlich oder fahrlässig

1. entgegen § 4 Absatz 1 Satz 1 in Verbindung mit einer Rechtsverordnung nach § 4 Absatz 4 Satz 1, jeweils auch in Verbindung mit § 4 Absatz 2 oder Absatz 3 oder einer Rechtsverordnung nach § 4 Absatz 4 Satz 2, eine Anzeige nicht, nicht richtig, nicht vollständig oder nicht rechtzeitig erstattet,
2. entgegen § 4 Absatz 1 Satz 2, auch in Verbindung mit § 4 Absatz 2, ein krankes oder verdächtiges Tier von einem dort genannten Ort nicht fernhält,

3. einer vollziehbaren Anordnung nach § 5 Absatz 1 Satz 1, auch in Verbindung mit § 5 Satz 2 oder Satz 5, nach § 5 Absatz 3 Satz 1, § 8 Absatz 2, § 24 Absatz 3 Satz 2 oder Satz 3 oder § 38 Absatz 11 zuwiderhandelt,

4. einer Rechtsverordnung nach
   a) nach § 6 Absatz 1, auch in Verbindung mit § 38 Absatz 9 erster Halbsatz oder § 39 Absatz 2 erster Halbsatz Nummer 1, nach § 6 Absatz 1, auch in Verbindung mit § 38 Absatz 10 Satz 1 erster Halbsatz, auch in Verbindung mit § 39 Absatz 2 zweiter Halbsatz, nach § 26 Absatz 1, 2 oder Absatz 3, jeweils auch in Verbindung mit § 38 Absatz 9 erster Halbsatz oder § 39 Absatz 2 erster Halbsatz Nummer 5, oder nach § 26 Absatz 1, 2 oder Absatz 3, jeweils auch in Verbindung mit § 38 Absatz 10 Satz 1 erster Halbsatz, auch in Verbindung mit § 39 Absatz 2 zweiter Halbsatz,
   b) nach § 6 Absatz 2, auch in Verbindung mit § 38 Absatz 9 erster Halbsatz oder § 39 Absatz 2 erster Halbsatz Nummer 1, oder nach § 10 Absatz 2, auch in Verbindung mit § 38 Absatz 9 erster Halbsatz,
   c) nach § 7, auch in Verbindung mit § 39 Absatz 2 erster Halbsatz Nummer 2, nach § 11 Absatz 3 Nummer 3 oder § 12 Absatz 6 Nummer 2, 3 oder Nummer 4 oder
   d) nach § 14 Absatz 1 Satz 1 Nummer 1, nach § 14 Absatz 1 Satz 2 Nummer 1 oder Nummer 4, jeweils auch in Verbindung mit § 39 Absatz 1 Satz 2 oder nach § 39 Absatz 1 Satz 1

   oder einer vollziehbaren Anordnung auf Grund einer solchen Rechtsverordnung zuwiderhandelt, soweit die Rechtsverordnung für einen bestimmten Tatbestand auf diese Bußgeldvorschrift verweist,

5. entgegen § 13 Absatz 2 ein lebendes oder totes Tier, ein Teil eines Tieres oder ein Erzeugnis verbringt,

6. entgegen § 24 Absatz 4 Satz 1 eine Auskunft nicht, nicht richtig, nicht vollständig oder nicht rechtzeitig erteilt,

7. entgegen § 24 Absatz 9 eine Maßnahme nicht duldet oder eine Person nicht unterstützt oder

8. einer unmittelbar geltenden Vorschrift in Rechtsakten der Europäischen Gemeinschaft oder der Europäischen Union im Anwendungsbereich dieses Gesetzes zuwiderhandelt, soweit eine Rechtsverordnung nach Absatz 4 für einen bestimmten Tatbestand auf diese Bußgeldvorschrift verweist.

(3) Die Ordnungswidrigkeit kann mit einer Geldbuße bis zu dreißigtausend Euro geahndet werden.

(4) Das Bundesministerium wird ermächtigt, soweit dies zur Durchsetzung der Rechtsakte der Europäischen Gemeinschaft oder der Europäischen Union erforderlich ist, durch Rechtsverordnung ohne Zustimmung des Bundesrates die Tatbestände zu bezeichnen, die als Ordnungswidrigkeit nach Absatz 2 Nummer 8 geahndet werden können.

A. Vorbemerkung

Die Vorschrift erfasst Handlungen gegen Verhaltensanforderungen im Zusammenhang mit dem **Umgang mit Tieren oder Arzneimitteln,** mit denen zwar keine kriminelle Verletzung der Schutzgüter verbunden ist, die im Hinblick auf ihre Gefährlichkeit gleichwohl einer Sanktion in Form eines Bußgeldes bedürfen. Abs. 1 erfasst die **fahrlässige Verwirklichung** der in **§ 31 Abs. 2** beschriebenen objektiven Verhaltensweisen. Abs. 2 betrifft **Verstöße** gegen **behördliche Anordnungen, Rechtsverordnungen,** ausgewählte Bestimmungen des **TierGesG** sowie unmittelbar anwendbare **Rechtsakte der EG oder der EU.** 1

Die **Verjährung** beträgt in den Fällen des Abs. 1 sowie in Fällen vorsätzlicher Verwirklichung der Tatbestände des Abs. 2 jeweils drei Jahre (§ 31 Abs. 2 Nr. 1 OWiG), bei fahrlässiger Begehung der Tatbestände des Abs. 2 jeweils zwei Jahre (§§ 31 Abs. 2 Nr. 2, 17 Abs. 2 OWiG). 2

B. Die Regelungen im Einzelnen

I. Fahrlässige Begehung einer der in § 31 Abs. 2 beschriebenen Handlung (Abs. 1)

Die fahrlässige Begehung der Handlungen des § 31 Abs. 2 Nr. 1 u. 2 (→ § 31 Rn. 2, 6) ist als OWi-Tatbestand ausgestaltet. 3

II. Verstoß gegen Anzeige- und Fernhaltepflichten (Abs. 2 Nr. 1 und 2)

§ 4 Abs. 1 S. 1 verpflichtet den Besitzer (§ 2 Nr. 16 iVm § 854 BGB) betroffener Tiere im Falle des Ausbruchs einer aufgrund einer VO nach § 4 Abs. 4 anzeigepflichtigen Tierseuche oder des begründeten Verdachts auf einen solchen Ausbruch, der zuständigen (Landes-)behörde (§ 24) **unverzüglich Anzeige** zu machen. Diese muss die in § 4 Abs. 1 S. 1 aufgeführten Angaben enthalten. Hierdurch soll sichergestellt werden, dass die zuständige Behörde möglichst frühzeitig Zugriff erhält und geeignete 4

Maßnahmen gegen eine Ausbreitung der Seuche einleiten kann. Es genügt, wenn entsprechende Symptome bei nur einem Tier des betroffenen Bestandes erkennbar werden. Ferner sind kranke oder verdächtige (§ 2 Nr. 6) Tiere von Orten fernzuhalten, an denen mit einer Ansteckung fremder Tiere gerechnet werden muss (§ 4 Abs. 1 S. 2); in Bezug auf eigene (gesunde) Tiere besteht keine Fernhaltepflicht. Die gleiche Verpflichtung trifft Personen, die neben dem Besitzer in besonderer Verantwortung für die betroffenen Tieren stehen (§ 4 Abs. 2). Erhalten die in § 4 Abs. 3 aufgeführten Personen (insbes. Tierärzte) im Rahmen ihrer beruflichen Tätigkeit positive Kenntnis vom Ausbruch einer anzeigepflichtigen Tierseuche oder von Erscheinungen, die einen solchen Ausbruch befürchten lassen, erstreckt sich die Pflicht zur unverzüglichen Anzeige auch auf sie. In zeitlicher Hinsicht verlangt § 4 eine Anzeige ohne schuldhaftes Zögern; diese kann auch formfrei erfolgen (Erbs/Kohlhaas/*Pelchen* TierSG § 9 Rn. 13).

5   Wer als Verpflichteter eine solche **Anzeige nicht, nicht richtig, nicht vollständig** oder **schuldhaft verspätet** erstattet oder ein krankes oder verdächtiges Tier nicht von Orten, an denen die Gefahr einer Ansteckung fremder Tiere besteht, fernhält, erfüllt den Bußgeldtatbestand. Im Hinblick auf den Zweck der Vorschrift erlischt jedoch die Anzeigepflicht, sobald die zuständige Behörde auf anderem Wege Kenntnis vom anzuzeigenden Sachverhalt erhalten hat.

III. Zuwiderhandeln gegen vollziehbare Anordnungen und Rechtsverordnungen (Abs. 2 Nr. 3 und 4)

6   Die Vorschrift erfasst Verstöße gegen **vollziehbare Anordnungen** einer Verwaltungsbehörde, die aufgrund iE aufgeführter Normen oder einer VO, die auf diese Vorschrift verweist, erlassen wurde. Im Hinblick auf die **Verwaltungsakzessorietät** (→ StGB Vor § 324–330d Rn. 13 ff.; Fischer StGB Vor § 324 ff. Rn. 6 ff.) kommt es lediglich auf die formelle verwaltungsrechtliche Wirksamkeit der Anordnung und nicht auf das Vorliegen der sachlichen Voraussetzungen für die betreffende Anordnung an (RGSt 48, 254 (255)); von deren näherer Darstellung wird deshalb hier abgesehen. Zu prüfen ist im OWi-Verfahren lediglich, ob ein entsprechender vollziehbarer wirksamer Verwaltungsakt der zuständigen Behörde (→ Vorb. Rn. 1) zum Zeitpunkt der Tathandlung vorlag. Die Bußgeldbewehrtheit entfällt nicht rückwirkend dadurch, dass die Anordnung später – etwa in einem Anfechtungsverfahren – aufgehoben wird (zum Streitstand bei späteren Fortfall des Verwaltungsakts Fischer StGB Vor § 324 ff. Rn. 7 sowie Schönke/Schröder/*Heine* StGB Vor § 324 ff. Rn. 21). Im OWi-Verfahren muss die rechtskräftige Entscheidung über einen Widerspruch oder eine Anfechtungsklage nicht abgewartet werden (BGHSt 23, 86 (91)). **Vollziehbarkeit** ist gegeben, wenn die Anordnung bestandskräftig ist, ihre Anfechtung keine aufschiebende Wirkung hat (insbes. in den in § 37 aufgeführten Fällen) oder ihre sofortige Vollziehbarkeit nach § 80 Abs. 2 Nr. 4 VwGO angeordnet wurde. Eine vollziehbare Anordnung schließt auch die im Rahmen von Ausnahmegenehmigungen festgesetzten Auflagen ein (BT-Drs. 7/4919, 18).
    Ein Zuwiderhandeln gegen die nachfolgend beschriebenen Anordnungen erfüllt im Falle ihrer Vollziehbarkeit jeweils den Bußgeldtatbestand:

7   **1. Erstmaßnahmen bei Ausbruch oder Verdacht des Ausbruchs einer Tierseuche (Nr. 3 iVm § 5 TierSG).** Im Falle des Ausbruchs oder des Verdachts auf einen Ausbruch einer Tierseuche hat die zuständige Behörde die Absonderung, erforderlichenfalls auch die Einsperrung und Bewachung der betroffenen Haustiere (§ 2 Nr. 3) bzw. Fische anzuordnen (§ 5 Abs. 1 S. 1 u. 2). Solche Maßnahmen können aber auch bei nichtanzeigepflichtigen Tierseuchen angeordnet werden (§ 5 Abs. 1 S. 5). Darüber hinaus kann die zuständige Behörde auch die Durchführung bestimmter diagnostischer Maßnahmen an einem verdächtigen Tier durchführen lassen, wenn anders eine Gewissheit über den Ausbruch einer Tierseuche nicht zu erlangen ist (§ 5 Abs. 3 S. 1).

8   **2. Anordnung zum Schutz gegen allgemeine Gefährdungen (Nr. 3 iVm §§ 8 Abs. 2, 24 Abs. 3 S. 2 u. 3; 38 Abs. 11).** Nach § 8 Abs. 1 u. 2 kann die zuständige Behörde iRd Erforderlichen Schutzgebiete einrichten und Maßnahmen für die Nutzung, Verbringung und Verwertung bestimmter, für eine Tierseuche empfänglicher Tiere anordnen. Sie kann ferner die in § 24 Abs. 3 S. 2 aufgeführten Maßregeln zum Schutz gegen die allgemeine Gefährdung durch Tierseuchen anordnen, soweit diese erforderlich sind, um Verdachtsfälle oder Verstöße auszuräumen (vgl. BT-Drs. 17/12032, 43). Ferner kann sie einem Tierhalter das Halten von Tieren untersagen, wenn dieser nach § 31 rechtskräftig verurteilt ist oder aufgrund einer rechtskräftig festgestellten OWi nach § 32 die erforderliche Zuverlässigkeit nicht besitzt (§ 24 Abs. 3 S. 3). § 38 Abs. 11 erlaubt der zuständigen Behörde zur Vorbeugung von Tierseuchen und deren Bekämpfung bestimmte Verfügungen zu erlassen, soweit durch VO eine Regelung nicht getroffen worden ist oder eine durch VO getroffene Regelung nicht entgegensteht. IE handelt es sich um Maßnahmen zur Vorbeugung vor und Bekämpfung von Tierseuchen (§ 6) bzw. der Feststellung von Tierseuchenfreiheit (§ 9), bezüglich des Monitoring (§ 10) und der Überwachung (§ 26 Abs. 1–3).

3. Anordnungen aufgrund VO (Nr. 4). Die Vorschrift erfasst Zuwiderhandlungen gegen vollzieh- 9
bare Anordnungen bzw. Auflagen, die auf der Grundlage einer VO ergangen sind, wenn und soweit
diese auf Abs. 2 Nr. 4 zurückverweist. Solche Rückverweise finden sich in den folgenden VO des
BMEL:
- § 16 Abs. 1 Aujeszkysche KrankheitsVO v. 20.12.2005 (BGBl. I 3609),
- § 13 BHV1-VO v. 20.12.2005 (BGBl. I 3520),
- § 26 BienenseuchenVO v. 3.11.2004 (BGBl. I 2738),
- § 41 Binnenmarkt-TierseuchenschutzVO v. 6.4.2005 (BGBl. I 997),
- § 8 Blauzungenschutz-VO v. 22.3.2002 (BGBl. I 1241),
- § 23 Brucellose-VO v. 20.12.2005 (BGBl. I 3601),
- § 6 BVDV-Verordnung v. 4.10.2010 (BGBl. I 388),
- § 5 EG-Blauzungenbekämpfung-DurchführungsVO v. 24.9.2008 (BGBl. I 1905),
- § 13 Abs. 2 Einhufer-BlutarmutVO v. 4.10.2010 (BGBl. I 1326),
- § 29 Fischseuchen-VO v. 24.11.2008 (BGBl. I 2315),
- § 64 Geflügelpest-VO v. 8.5.2013 (BGBl. I 1212),
- § 37 Geflügel-Salmonellen-VO v. 17.7.2014 (BGBl. I 58),
- § 4 TierkrankheitenmeldeVO v. 11.2.2011 (BGBl. I 252),
- § 10 MilzbrandschutzVO v. 23.5.1991 (BGBl. I 1172),
- § 34 MKS-VO v. 20.12.2005 (BGBl. I 3573),
- § 5 Nord-Ostsee-Kanal-TierseuchenschutzVO v. 19.7.1983 (BGBl. I 1015),
- § 13 Rinder-Deckinfektionen-VO v. 20.12.2005 (BGBl. I 3512),
- § 12 Rinder-Leukose-VO v. 13.3.1997 (BGBl. I 458),
- § 8 Rinder-SalmonelloseVO v. 14.11.1991 (BGBl. I 2118),
- § 12 Schweinehaltungshygiene-VO v. 2.4.2014 (BGBl. I 326),
- § 25 Abs. 1 SchweinepestVO v. 29.9.2011 (BGBl. I 1959),
- § 47 Tierimpfstoff-VO v. 24.10.2006 (BGBl. I 2355)
- § 10 Tierseuchenerreger-VO v. 25.11.1985 (BGBl. I 2123),
- § 15 Tollwut-VO v. 4.10.2010 (BGBl. I 1313),
- § 9 TSE-Resistenzzucht-VO v. 17.10.2005 (BGBl. I 3028),
- § 17 Tuberkulose-VO v. 12.7.2013 (BGBl. I 2445; 2014, 47),
- § 15 VO z. Schutz gegen die Vesikuläre Schweinekrankheit v. 11.4.2001 (BGBl. I 604),
- § 46 Viehverkehrs-VO v. 3.3.2010 (BGBl. I 203),

Mit dem am 24.10.2015 in Kraft getretenen Gesetz zur Änderung des Fischetikettierungsgesetzes und 10
des Tiergesundheitsgesetzes (BGBl. I 1736) wurden bis dahin bestehende Bewehrungslücken geschlossen (BT-Drs. 18/4892, 11). § 14 Abs. 3 enthält eine Ermächtigung für die Landesregierungen mit
Delegationsbefugnis, durch VO zur Erleichterung des kleinen Grenzverkehrs einschließlich des Grenz-
weideverkehrs Ausnahmen zu bestimmen. Das Eingreifen einer solchen Ausnahmeregelung führt zum
Tatbestandsausschluss.

IV. Verstoß gegen Verbringungsverbote (Abs. 2 Nr. 5 iVm § 13 Abs. 2)

§ 13 Abs. 2 untersagt das Verbringen lebender oder toter Tiere, von Teilen von Tieren oder ihren 11
Erzeugnissen nach anderen Mitgliedstaaten, soweit sie Vorschriften des Bestimmungsmitgliedstaates nicht
entsprechen, die strengere Anforderungen als das deutsche Recht stellen und die das Bundesministerium
bekannt gemacht hat. Die Vorschrift soll dafür sorgen, dass beim innergemeinschaftlichen Verbringen
etwaigen strengeren veterinärrechtlichen Vorschriften des Bestimmungsstaates Rechnung getragen wird
(BT-Drs. 12/3201, 29). Der Verstoß ist bußgeldbewehrt.

V. Verstoß gegen Auskunfts- und Duldungspflichten (Abs. 2 Nr. 6 u. 7 iVm § 24 Abs. 4 S. 1 u. Abs. 9)

Natürliche und juristische Personen sowie nicht rechtsfähige Personenvereinigungen sind verpflichtet, 12
den zuständigen Behörden auf Verlangen die Auskünfte zu erteilen, die zur Durchführung der behördlichen Aufgaben erforderlich sind (§ 24 Abs. 4 S. 1). Die Verweigerung von Auskünften, die von dieser
Zweckbindung nicht erfasst sind, bleibt sanktionsfrei. Für die juristische Person haftet nach § 9 Abs. 1
Nr. 1 OWiG ihr vertretungsberechtigtes Organ. Wer eine solche Auskunft nicht, nicht richtig oder nicht
vollständig erteilt, erfüllt den OWi-Tatbestand des Abs. 2 Nr. 6. Allerdings besteht nach § 24 Abs. 4 S. 2
ein Auskunftsverweigerungsrecht hinsichtlich solcher Fragen, durch deren wahrheitsgemäße Beantwortung der Verpflichtete sich selbst oder einen seiner Angehörigen (iSv § 383 Abs. 1 Nr. 1–3 ZPO) der
Gefahr strafrechtlicher Verfolgung oder eines OWi-Verfahrens aussetzen würde.

§ 24 Abs. 9 beinhaltet eine Duldungsverpflichtung für den Verfügungsberechtigten und den Besitzer
hinsichtlich der in § 24 Abs. 3, 5–8 S. 1 bezeichneten behördlichen Maßnahmen. Diese betreffen
insbesondere Rückruf-, Betretungs-, Untersuchungs- und Verbotsrechte der zuständigen Behörde und
der von ihr beauftragten Personen. Die Normadressaten haben ferner die mit der Durchführung dieser

Maßnahmen beauftragten Personen zu unterstützen und geschäftliche Unterlagen vorzulegen. Ein Verstoß gegen diese Verpflichtungen erfüllt den Tatbestand des Abs. 2 Nr. 7.

VI. Verstoß gegen Rechtsakte der EG oder EU (Abs. 2 Nr. 8)

13 Abs. 2 Nr. 8 betrifft im Anwendungsbereich des Gesetzes vorgenommene Verstöße gegen unmittelbar anwendbare Rechtsakte der EG oder der EU. Erforderlich ist jedoch die Existenz einer VO des BMEL (Abs. 4), die auf Abs. 2 Nr. 8 verweist. Solche Regelungen enthalten:

– § 41 Abs. 5–9 Binnenmarkt-TierseuchenschutzVO v. 6.4.2005 (BGBl. I 997),
– § 1 EG-TSE-BußgeldVO v. 27.7.2001 (BGBl. I 2022),
– § 37 Abs. 2 Geflügel-Salmonellen-VO v. 17.1.2014 (BGBl. I 58),
– § 46 Abs. 2 u. Abs. 3 ViehverkehrsVO v. 3.3.2010 (BGBl. I 203).

C. Rechtsfolgen

14 Die OWi sind in den Fällen des Abs. 1 sowie bei vorsätzlicher Begehung der Tatbestände des Abs. 2 mit **Geldbuße** von bis zu 30.000 EUR bewehrt (Abs. 3). In den Fällen fahrlässiger Begehung der Tatbestände des Abs. 2 kann eine Geldbuße von bis zu 15.000 EUR verhängt werden (Abs. 3 iVm § 17 Abs. 2 OWiG).

§ 33 Einziehung

Gegenstände, auf die sich eine Straftat nach § 31 oder eine Ordnungswidrigkeit nach § 32 Abs. 2 Nr. 4 Buchstabe d bezieht, können eingezogen werden.

1 Die Vorschrift gestattet die Einziehung von sog **Beziehungsgegenständen** (insbes. von seuchenbelasteten Material oder von Impfstoffen), also von solchen Sachen und Rechten, die den notwendigen Gegenstand der Tat selbst, aber nicht deren Produkt darstellen. Die weiteren Voraussetzungen der §§ 74 Abs. 2 u. Abs. 3, 74b StGB bzw. §§ 22 Abs. 2 u. Abs. 3, 24 OWiG sind zu beachten. Es muss sich also um eine Einziehung von Tatbeteiligtenrechten oder eine Sicherungseinziehung handeln (Einzelheiten → StGB § 74 Rn. 21). Bei nur fahrlässiger Verwirklichung des § 32 Abs. 2 Nr. 4 Buchst. d ist eine Einziehung mangels ausdrücklicher gesetzlicher Regelung nicht möglich.

735. Telekommunikationsgesetz (TKG)

Vom 22. Juni 2004

(BGBl. I S. 1190) FNA 900-15

Zuletzt geändert durch Art. 14 WSV-Zuständigkeitsanpassungsgesetz vom 24.5.2016 (BGBl. I S. 1217)

– Auszug –

Vorbemerkung

1. Entstehung des Gesetzes. Das Telekommunikationsgesetz v. 22.6.2004 (BGBl. I 1190) ersetzte **1** das Telekommunikationsgesetz v. 25.7.1996 (BGBl. I 1120) und setzte zugleich mit den erfolgten Neuregelungen verschiedene Richtlinien des europäischen Parlaments und des Rates in nationales Recht um (vgl. hierzu Scheuerle/Mayen/*Scheuerle* Einf. Rn. 1 f.).

2. Ziele und Zweck der gesetzlichen Regelungen. Hauptziele des Telekommunikationsgesetzes **2** sind es, die Rahmenbedingungen für Telekommunikationsdienstleister und -dienstleistungen so zu gestalten und zu regulieren, dass ein funktionsfähiger Wettbewerb im Bereich der Telekommunikation möglich ist. Daneben sollen effiziente Infrastrukturen entstehen, so dass die angebotenen Dienstleistungen fortlaufend gewährleistet werden können. Die Möglichkeiten der Telefonie und des Internetzugangs für jedermann, an jedem Standort, zu erschwinglichen Preisen sind als Grundversorgungsstandard einer zeitgemäßen Lebenshaltung gefasst (Beck TKG/*Cornils* Einf. Rn. 4). Letztlich dienen allen diesen Zielen auch die in §§ 148, 149 normierten Straf- und Bußgeldvorschriften.

3. Gegenstand der gesetzlichen Straf- und Bußgeldvorschriften. Der Blankettstraftatbestand **3** des § 148 knüpft an die besonderen Normen der §§ 89, 90 an und sanktioniert vorsätzliche und teilweise auch fahrlässige Verstöße gegen die dort näher bezeichneten Verbote. Die in § 149 aufgeführten Bußgeldvorschriften ergänzen die Regulierungsbestimmungen des Gesetzes um die Möglichkeit der Festsetzung von Bußgeldern bei Verstößen gegen diese Bestimmungen und ermöglichen auf diese Weise deren erleichterte Durchsetzung.

§ 148 Strafvorschriften

(1) Mit Freiheitsstrafe bis zu zwei Jahren oder mit Geldstrafe wird bestraft, wer

1. entgegen § 89 Satz 1 oder 2 eine Nachricht abhört oder den Inhalt einer Nachricht oder die Tatsache ihres Empfangs einem anderen mitteilt oder
2. entgegen § 90 Abs. 1 Satz 1 eine dort genannte Sendeanlage oder eine sonstige Telekommunikationsanlage
   a) besitzt oder
   b) herstellt, vertreibt, einführt oder sonst in den Geltungsbereich dieses Gesetzes verbringt.

(2) Handelt der Täter in den Fällen des Absatzes 1 Nr. 2 Buchstabe b fahrlässig, so ist die Strafe Freiheitsstrafe bis zu einem Jahr oder Geldstrafe.

A. Regelungscharakter

Bei § 148 handelt es sich um einen **Blankettstraftatbestand,** dh der jeweilige Tatbestand ergibt sich **1** erst bei Heranziehung der darin genannten Bezugsnormen. Hierbei handelt es sich einerseits um § 89 S. 1 u. 2 sowie um § 90 Abs. 1 S. 1:

§ 89 TKG Abhörverbot, Geheimhaltungspflicht der Betreiber von Empfangsanlagen

[1]Mit einer Funkanlage dürfen nur Nachrichten, die für den Betreiber der Funkanlage, Funkamateure im Sinne des Gesetzes über den Amateurfunk vom 23. Juni 1997 (BGBl. I S. 1494), die Allgemeinheit oder einen unbestimmten Personenkreis bestimmt sind, abgehört werden. [2]Der Inhalt anderer als in Satz 1 genannter Nachrichten sowie die Tatsache ihres Empfangs dürfen, auch wenn der Empfang unbeabsichtigt geschieht, auch von Personen, für die eine Pflicht zur Geheimhaltung nicht schon nach § 88 besteht, anderen nicht mitgeteilt werden. [3]§ 88 Abs. 4 gilt entsprechend. [4]Das Abhören und die Weitergabe von Nachrichten auf Grund besonderer gesetzlicher Ermächtigung bleiben unberührt.

§ 90 TKG Missbrauch von Sende- oder sonstigen Telekommunikationsanlagen

(1) ¹ Es ist verboten, Sendeanlagen oder sonstige Telekommunikationsanlagen zu besitzen, herzustellen, zu vertreiben, einzuführen oder sonst in den Geltungsbereich dieses Gesetzes zu verbringen, die ihrer Form nach einen anderen Gegenstand vortäuschen oder die mit Gegenständen des täglichen Gebrauchs verkleidet sind und auf Grund dieser Umstände oder auf Grund ihrer Funktionsweise in besonderer Weise geeignet und dazu bestimmt sind, das nicht öffentlich gesprochene Wort eines anderen von diesem unbemerkt abzuhören oder das Bild eines anderen von diesem unbemerkt aufzunehmen. ² Das Verbot, solche Anlagen zu besitzen, gilt nicht für denjenigen, der die tatsächliche Gewalt über eine solche Anlage

1. *als Organ, als Mitglied eines Organs, als gesetzlicher Vertreter oder als vertretungsberechtigter Gesellschafter eines Berechtigten nach Absatz 2 erlangt,*
2. *von einem anderen oder für einen anderen Berechtigten nach Absatz 2 erlangt, sofern und solange er die Weisungen des anderen über die Ausübung der tatsächlichen Gewalt über die Anlage auf Grund eines Dienst- oder Arbeitsverhältnisses zu befolgen hat oder die tatsächliche Gewalt auf Grund gerichtlichen oder behördlichen Auftrags ausübt,*
3. *als Gerichtsvollzieher oder Vollzugsbeamter in einem Vollstreckungsverfahren erwirbt,*
4. *von einem Berechtigten nach Absatz 2 vorübergehend zum Zwecke der sicheren Verwahrung oder der nicht gewerbsmäßigen Beförderung zu einem Berechtigten erlangt,*
5. *lediglich zur gewerbsmäßigen Beförderung oder gewerbsmäßigen Lagerung erlangt,*
6. *durch Fund erlangt, sofern er die Anlage unverzüglich dem Verlierer, dem Eigentümer, einem sonstigen Erwerbsberechtigten oder der für die Entgegennahme der Fundanzeige zuständigen Stelle abliefert,*
7. *von Todes wegen erwirbt, sofern er die Anlage unverzüglich einem Berechtigten überlässt oder sie für dauernd unbrauchbar macht,*
8. *erlangt, die durch Entfernen eines wesentlichen Bauteils dauernd unbrauchbar gemacht worden ist, sofern er den Erwerb unverzüglich der Bundesnetzagentur schriftlich anzeigt, dabei seine Personalien, die Art der Anlage, deren Hersteller- oder Warenzeichen und, wenn die Anlage eine Herstellungsnummer hat, auch diese angibt sowie glaubhaft macht, dass er die Anlage ausschließlich zu Sammlerzwecken erworben hat.*
(...)

B. Die Regelungen im Einzelnen

I. Verstoß gegen § 89 S. 1 oder 2

2   **1. Unerlaubtes Abhören einer Nachricht.** Der hier nicht näher definierte **Begriff des „Abhörens"** erschließt sich aus der Bedeutung des § 201 Abs. 2 StGB, wonach es sich bei dem Verhalten des Täters um ein willensgesteuertes, gezieltes Verhalten in der Bedeutung eines „Horchens" oder „Ausforschen" handeln muss. Ein zufälliges Mithören kann daher allenfalls dann tatbestandsmäßig sein, wenn der Zuhörende für das Abhörgerät verantwortlich ist oder es (auch versehentlich) eingeschaltet hat (MüKoStGB/*Graf* StGB § 201 Rn. 30).

3   Tatbestandsmäßig ist das unerlaubte Abhören mittels einer **Funkanlage,** worunter alle elektrischen Sende- und Empfangsanlagen fallen, zwischen denen eine Informationsübertragung ohne Verbindungsleitungen stattfinden kann Scheuerle/Mayen/*Zerres* § 89 Rn. 3); hierunter fallen auch neue Techniken, bspw. Bluetooth.

4   **Verboten** ist das Abhören von Nachrichten, welche nicht für den Betreiber der Funkanlage, für Funkamateure, die Allgemeinheit oder einen in anderer Weise unbestimmten Personenkreis **bestimmt** sind (BayObLG NStZ 1999, 308 = MMR 1999, 359). Bei **Nachrichten** handelt es sich um Informationen, welche übermittelt werden.

2. Mitteilen einer Nachricht oder der Tatsache des Empfangs einer Nachricht ggü. anderen.

5   Die Tatbestandsalternative des Mitteilens ist dann gegeben, wenn die unbefugt empfangene Nachricht einem Dritten **als Information weitergegeben** wird, wobei dies nicht nur im privaten Umfeld oder gar heimlich erfolgen kann; vielmehr erfüllt auch eine öffentliche Mitteilung über Presse, Medien oder Internet diesen Begehungsform (vgl. hierzu auch MüKoStGB/*Graf* StGB § 201 Rn. 35). Im Übrigen muss der Täter weder die Nachricht selbst empfangen haben, noch ist erforderlich, dass der Andere die Information in ihrer Bedeutung erfasst.

6   Derjenige, welcher von der Nachricht erfährt, ohne sie selbst empfangen zu haben, bleibt allerdings solange straflos, als er diese nicht selbst weitergibt. Auch die **Nutzung der Nachricht für eigene Zwecke** ist von dieser Vorschrift nicht erfasst.

7   Nicht nur der Inhalt der unbefugt abgehörten Nachricht ist geschützt, sondern erfasst wird auch der **Umstand des unerlaubten Empfangs.** Daher reicht auch die Mitteilung an einen anderen, dass eine bestimmte Nachricht unerlaubt empfangen wurde.

8   Nur **vorsätzliches Verhalten** wird hinsichtlich der beiden vorgenannten Tatbestandsalternativen bestraft. Die Strafandrohung beträgt bis zu **zwei Jahre Freiheitsstrafe oder Geldstrafe.**

II. Verstoß gegen § 90 Abs. 1 S. 1

9   **1. Unerlaubter Besitz von Sende- oder sonstigen Telekommunikationsanlagen.** Nach § 90 Abs. 1 S. 1 ist der **Besitz von Sendeanlagen oder sonstigen Telekommunikationsanlagen nicht grundsätzlich untersagt.** Das Verbot knüpft daran, dass solche Anlagen **getarnt** sind und dabei

andere Gegenstände vortäuschen, so dass sie deshalb in besonderer Weise geeignet sind, unbemerkt das nicht öffentlich gesprochene Wort eines anderen von diesem unbemerkt abzuhören. Soweit entsprechende Anlagen nur infolge ihrer Größe unauffällig platziert werden können, ohne dass eine besondere Tarnung verwendet wird, unterfallen sie entsprechend dem Wortlaut der Vorschrift nicht dem Verbot des §90 (Beck TKG/*Bock* §90 Rn. 11).

Das Verbot des Besitzes betrifft alle Personen, welche nicht unter den dort näher aufgeführten **9a** Ausnahmekatalog gem. §90 Abs. 1 S. 2 oder die Ausnahmen nach §90 Abs. 2 fallen. Allein der verbotene Besitz erfüllt den Straftatbestand nach §148 Abs. 1 Nr. 2a.

2. Herstellen, Vertreiben, Einfuhr oder sonstiges Verbringen von Sende- oder sonstigen 10 Telekommunikationsanlagen. In gleicher Weise strafbar ist das **Herstellen** von entsprechenden Anlagen, deren **Einfuhr** oder das **sonstige Verbringen** in den Geltungsbereich dieses Gesetzes nach §148 Abs. 1 Nr. 2b.

3. Vorsatz und Fahrlässigkeit. Diese Tatbestandsalternativen können nicht nur vorsätzlich, sondern **11** hinsichtlich der Begehungsmodalitäten nach §148 Abs. 1 Nr. 2b (→ Rn. 10) auch fahrlässig begangen werden. Die Strafandrohung bei vorsätzlicher Begehung beträgt bis zu zwei Jahre Freiheitsstrafe oder Geldstrafe, bei fahrlässigem Handeln des Täters in den Fällen des Abs. 1 Nr. 2b Freiheitsstrafe bis zu einem Jahr oder Geldstrafe (§148 Abs. 2). Bei einem Irrtum des Täters über das Erlaubtsein des Besitzes oder der Berechtigung zum Abhören handelt es sich um einen Verbotsirrtum (→ Rn. 12 mwN), so dass die Tatbestandserfüllung hiervon nicht betroffen ist.

III. Rechtswidrigkeit und Schuld

Bei Verstoß gegen die Verbotsnormen der §§89, 90 ist das Vorliegen der Rechtswidrigkeit grund- **12** sätzlich indiziert. Allerdings sind durchaus Fälle denkbar, in welchen der Täter in einem rechtfertigenden Notstand (§34 StGB) oder in einem entschuldigenden Notstand (§35 StGB) handelt. Geht ein Täter irrig davon aus, er sei zum Betreiben der Funkanlage oder zum Abhören der Funknachrichten berechtigt, handelt es sich um einen nach §17 StGB zu behandelnden Verbotsirrtum (BayObLG MMR 1999, 359 mAnm *Bär* MMR 1999, 361 f.).

IV. Verjährung

Die Verfolgungsverjährung beträgt hinsichtlich der Straftaten nach §148 Abs. 1 Nr. 1 u. 2 fünf Jahre **13** (§78 Abs. 3 Nr. 4 StGB); soweit es sich um eine Fahrlässigkeitstat handelt verjährt diese in drei Jahren (§78 Abs. 3 Nr. 5 StGB).

V. Konkurrenzen

Die Tatbestände können in Tateinheit stehen mit den entsprechenden Vorschriften des §201 StGB **14** (MüKoStGB/*Graf* StGB §201 Rn. 62). Die möglichen Taten nach Abs. 1 Nr. 1 stehen ebenfalls in Tateinheit, es sei denn, der Täter hat den Weitergabeentschluss erst gefasst, nachdem er die Aufnahme gemacht hatte (MüKoStGB/*Graf* StGB §201 Rn. 61). Entsprechend ist es zu beurteilen, wenn er eine Aufnahme mehrfach hintereinander Dritten zugänglich macht. Der unerlaubte Besitz einer der bezeichneten Anlagen nach Abs. 1 Nr. 2a stellt einer Dauerstraftat dar, welche verschiedene Abhörmaßnahmen zu einer Tat klammert. Demgegenüber sind die Herstellungs- und Verbringungstatbestände nach Abs. 1 Nr. 2b mit dem Erreichen des Erfolgs regelmäßig vollendet, so dass späteres Abhören mit einer solchen Anlage durch denselben Täter eine realkonkurrierende neue Tat darstellt.

§149 Bußgeldvorschriften

(1) Ordnungswidrig handelt, wer vorsätzlich oder fahrlässig

1. entgegen §4 eine Information nicht, nicht richtig, nicht vollständig oder nicht rechtzeitig zur Verfügung stellt,
2. entgegen §6 Abs. 1 eine Meldung nicht, nicht richtig, nicht vollständig, nicht in der vorgeschriebenen Weise oder nicht rechtzeitig macht,
3. entgegen §17 Satz 2 eine Information weitergibt,
4. einer vollziehbaren Anordnung nach
   a) §20 Absatz 1, 2 oder Absatz 3 Satz 1, §23 Abs. 3 Satz 2, §29 Abs. 1 Satz 1 Nr. 1 oder Abs. 2 Satz 1 oder 2, §37 Abs. 3 Satz 2, auch in Verbindung mit §38 Abs. 4 Satz 4, §38 Abs. 4 Satz 2, auch in Verbindung mit §39 Abs. 3 Satz 1 oder §42 Abs. 4 Satz 1, auch in Verbindung mit §18 Abs. 2 Satz 2,
   b) §46 Absatz 9 Satz 1, §67 Absatz 1 Satz 1, 2, 6 oder 7 oder §109 Absatz 4 Satz 3 oder Satz 5,
   c) §29 Abs. 1 Satz 2, §39 Abs. 3 Satz 2, §65 oder §127 Absatz 2 Satz 1 Nummer 1, Satz 2 und 3 zuwiderhandelt,

5. *[aufgehoben]*

6. ohne Genehmigung nach § 30 Absatz 1 Satz 1, Absatz 2 Satz 2 zweiter Fall oder § 39 Abs. 1 Satz 1 ein Entgelt erhebt,

7. entgegen § 38 Abs. 1 Satz 1 oder 3 oder § 39 Abs. 3 Satz 4 ein Entgelt oder eine Entgeltmaßnahme nicht, nicht richtig, nicht vollständig oder nicht rechtzeitig zur Kenntnis gibt,

7a. einer Rechtsverordnung nach § 41a Absatz 1 oder einer vollziehbaren Anordnung auf Grund einer solchen Rechtsverordnung zuwiderhandelt, soweit die Rechtsverordnung für einen bestimmten Tatbestand auf diese Bußgeldvorschrift verweist,

7b. entgegen § 43a Absatz 1 Satz 1 eine Information nicht, nicht richtig oder nicht vollständig zur Verfügung stellt,

7c. entgegen § 45k Absatz 1 Satz 1 eine Leistung ganz oder teilweise verweigert,

7d. einer Rechtsverordnung nach § 45n Absatz 1 oder einer vollziehbaren Anordnung auf Grund einer solchen Rechtsverordnung zuwiderhandelt, soweit die Rechtsverordnung für einen bestimmten Tatbestand auf diese Bußgeldvorschrift verweist,

7e. entgegen § 45p Absatz 1 Satz 1, auch in Verbindung mit Satz 2, eine Information nicht, nicht richtig, nicht vollständig oder nicht rechtzeitig zur Verfügung stellt,

7f. entgegen § 45p Absatz 2 den Teilnehmer nicht, nicht richtig oder nicht vollständig unterrichtet,

7g. entgegen § 46 Absatz 1 Satz 1, auch in Verbindung mit Satz 3, nicht sicherstellt, dass die Leistung beim Anbieterwechsel gegenüber dem Teilnehmer nicht unterbrochen wird,

7h. entgegen § 46 Absatz 1 Satz 2 den Telekommunikationsdienst unterbricht,

8. entgegen § 47 Abs. 1 Teilnehmerdaten nicht, nicht richtig, nicht vollständig oder nicht rechtzeitig zur Verfügung stellt,

9. entgegen § 50 Abs. 3 Nr. 4 eine Anzeige nicht, nicht richtig, nicht vollständig oder nicht rechtzeitig erstattet,

10. ohne Frequenzzuteilung nach § 55 Abs. 1 Satz 1 eine Frequenz nutzt,

11. ohne Übertragung nach § 56 Absatz 2 Satz 1 ein deutsches Orbit- oder Frequenznutzungsrecht ausübt,

12. einer vollziehbaren Auflage nach § 60 Abs. 2 Satz 1 zuwiderhandelt,

13. einer Rechtsverordnung nach § 66 Abs. 4 Satz 1 oder einer vollziehbaren Anordnung auf Grund einer solchen Rechtsverordnung zuwiderhandelt, soweit die Rechtsverordnung für einen bestimmten Tatbestand auf diese Bußgeldvorschrift verweist,

13a. entgegen § 66a Satz 1, 2, 5, 6, 7 oder 8 eine Angabe nicht, nicht richtig oder nicht vollständig macht,

13b. entgegen § 66a Satz 3 die Preisangabe zeitlich kürzer anzeigt,

13c. entgegen § 66a Satz 4 einen Hinweis nicht, nicht richtig, nicht vollständig oder nicht rechtzeitig gibt,

13d. entgegen § 66b Abs. 1 Satz 1, auch in Verbindung mit Abs. 1 Satz 4 oder 5 oder Abs. 3 Satz 1, § 66b Abs. 1 Satz 3, auch in Verbindung mit Abs. 1 Satz 4 oder 5 oder § 66b Abs. 2 oder 3 Satz 2 einen dort genannten Preis nicht, nicht richtig, nicht vollständig oder nicht rechtzeitig ansagt,

13e. entgegen § 66c Abs. 1 Satz 1, auch in Verbindung mit Satz 2, den dort genannten Preis nicht, nicht richtig, nicht vollständig oder nicht rechtzeitig anzeigt,

13f. entgegen § 66d Abs. 1 oder 2 die dort genannte Preishöchstgrenze nicht einhält,

13g. entgegen § 66e Abs. 1 Satz 1, auch in Verbindung mit Satz 2, eine Verbindung nicht oder nicht rechtzeitig trennt,

13h. entgegen § 66f Abs. 1 Satz 1 einen Dialer einsetzt,

13i. entgegen § 66g Absatz 1 eine Warteschleife einsetzt,

13j. entgegen § 66g Absatz 2 nicht sicherstellt, dass der Anrufende informiert wird,

13k. entgegen § 66j Absatz 1 Satz 2 R-Gesprächsdienste anbietet,

13l. entgegen § 66k Absatz 1 Satz 1 nicht sicherstellt, dass eine vollständige Rufnummer übermittelt und gekennzeichnet wird,

13m. entgegen § 66k Absatz 1 Satz 3 eine Rufnummer oder eine Nummer für Kurzwahl-Sprachdienste übermittelt,

13n. entgegen § 66k Absatz 1 Satz 4 eine übermittelte Rufnummer verändert,

13o. entgegen § 66k Absatz 2 eine Rufnummer oder eine Nummer für Kurzwahl-Sprachdienste aufsetzt oder übermittelt,

14. entgegen § 87 Abs. 1 Satz 1 oder § 110 Abs. 1 Satz 2 oder 3 eine Mitteilung nicht, nicht richtig, nicht vollständig oder nicht rechtzeitig macht,

15. entgegen § 90 Abs. 3 für eine Sendeanlage oder eine sonstige Telekommunikationsanlage wirbt,

16. entgegen § 95 Abs. 2 oder § 96 Abs. 2 oder Abs. 3 Satz 1 Daten erhebt oder verwendet,

17. entgegen § 96 Abs. 1 Satz 3 oder § 97 Abs. 3 Satz 2 Daten nicht oder nicht rechtzeitig löscht,

17a. ohne Einwilligung nach § 98 Abs. 1 Satz 2 in Verbindung mit Satz 1 Daten verarbeitet,

17b. entgegen § 98 Absatz 1 Satz 2, auch in Verbindung mit Satz 5, eine Information nicht, nicht richtig, nicht vollständig oder nicht rechtzeitig gibt,

17c. entgegen § 102 Abs. 2 die Rufnummernanzeige unterdrückt oder veranlasst, dass diese unterdrückt wird,

18. entgegen § 106 Abs. 2 Satz 2 Daten oder Belege nicht oder nicht rechtzeitig löscht,

19. entgegen § 108 Absatz 1 Satz 1, auch in Verbindung mit Absatz 2, nicht sicherstellt, dass eine unentgeltliche Notrufverbindung möglich ist,

19a. entgegen § 108 Absatz 1 Satz 2, auch in Verbindung mit Absatz 2, oder einer Rechtsverordnung nach Absatz 3 Satz 1 Nummer 2, nicht sicherstellt, dass eine Notrufverbindung hergestellt wird,

20. entgegen § 108 Absatz 1 Satz 3, auch in Verbindung mit Absatz 2, oder einer Rechtsverordnung nach Absatz 3 Satz 1 Nummer 3, nicht sicherstellt, dass die Rufnummer des Anschlusses übermittelt wird, oder die dort genannten Daten übermittelt oder bereitgestellt werden,

21. entgegen § 109 Absatz 4 Satz 2 oder Satz 6 ein Sicherheitskonzept nicht oder nicht rechtzeitig vorlegt,

21a. entgegen § 109 Absatz 5 Satz 1 Nummer 1 eine Mitteilung nicht, nicht richtig, nicht vollständig oder nicht rechtzeitig macht,

21b. entgegen § 109a Absatz 1 Satz 1 oder Satz 2 die Bundesnetzagentur, den Bundesbeauftragten für den Datenschutz und die Informationsfreiheit oder einen Betroffenen nicht, nicht richtig, nicht vollständig oder nicht rechtzeitig benachrichtigt,

21c. entgegen § 109a Absatz 3 Satz 1 das dort genannte Verzeichnis nicht, nicht richtig oder nicht vollständig führt,

22. entgegen § 110 Abs. 1 Satz 1 Nr. 1 oder 1a in Verbindung mit einer Rechtsverordnung nach § 110 Abs. 2 Nr. 1 Buchstabe a eine technische Einrichtung nicht vorhält oder eine organisatorische Maßnahme nicht trifft,

23. entgegen § 110 Abs. 1 Satz 1 Nr. 2 Buchstabe b eine dort genannte Stelle nicht oder nicht rechtzeitig benennt,

24. entgegen § 110 Abs. 1 Satz 1 Nr. 3 einen Nachweis nicht oder nicht rechtzeitig erbringt,

25. entgegen § 110 Abs. 1 Satz 1 Nr. 4 eine Prüfung nicht gestattet,

26. entgegen § 110 Abs. 1 Satz 1 Nr. 5 die Aufstellung oder den Betrieb eines dort genannten Gerätes nicht duldet oder den Zugang zu einem solchen Gerät nicht gewährt,

27. entgegen § 110 Abs. 5 Satz 3 einen Mangel nicht oder nicht rechtzeitig beseitigt,

28. entgegen § 110 Abs. 6 Satz 1 einen Netzabschlusspunkt nicht, nicht in der vorgeschriebenen Weise oder nicht rechtzeitig bereitstellt,

29. entgegen § 111 Abs. 1 Satz 1, auch in Verbindung mit Satz 2 oder Satz 3, oder § 111 Abs. 1 Satz 4 dort genannte Daten nicht, nicht richtig, nicht vollständig oder nicht rechtzeitig erhebt, nicht, nicht richtig, nicht vollständig oder nicht rechtzeitig speichert oder nicht, nicht richtig, nicht vollständig oder nicht rechtzeitig berichtigt,

30. entgegen § 111 Abs. 2 Satz 1, auch in Verbindung mit Satz 2, Daten nicht oder nicht rechtzeitig erhebt oder nicht, nicht richtig, nicht vollständig oder nicht rechtzeitig übermittelt,

30a. entgegen § 111 Abs. 4 Daten nicht oder nicht rechtzeitig löscht,

31. entgegen § 112 Abs. 1 Satz 5 nicht gewährleistet, dass die Bundesnetzagentur Daten aus den Kundendateien abrufen kann,

32. entgegen § 112 Abs. 1 Satz 6 nicht sicherstellt, dass ihm Abrufe nicht zur Kenntnis gelangen können,

33. entgegen § 113 Absatz 2 Satz 1 zweiter Halbsatz Daten nach § 113 Absatz 1 Satz 2 übermittelt,

34. entgegen § 113 Absatz 4 Satz 1 dort genannte Daten nicht, nicht richtig, nicht vollständig oder nicht rechtzeitig übermittelt,

35. entgegen § 113 Absatz 4 Satz 2 Stillschweigen nicht wahrt,

36. entgegen § 113b Absatz 1, auch in Verbindung mit § 113b Absatz 7, Daten nicht, nicht richtig, nicht vollständig, nicht in der vorgeschriebenen Weise nicht für die vorgeschriebene Dauer oder nicht rechtzeitig speichert,

37. entgegen § 113b Absatz 1 in Verbindung mit § 113a Absatz 1 Satz 2 nicht sicherstellt, dass die dort genannten Daten gespeichert werden, oder eine Mitteilung nicht, nicht richtig, nicht vollständig oder nicht rechtzeitig macht,

38. entgegen § 113b Absatz 8 Daten nicht oder nicht rechtzeitig löscht oder nicht sicherstellt, dass die Daten rechtzeitig gelöscht werden,

39. entgegen § 113c Absatz 2 Daten für andere als die genannten Zwecke verwendet,

40. entgegen § 113d Satz 1 nicht sicherstellt, dass Daten gegen unbefugte Kenntnisnahme und Verwendung geschützt werden,

41. entgegen § 113e Absatz 1 nicht sicherstellt, dass jeder Zugriff protokolliert wird,

42. entgegen § 113e Absatz 2 Protokolldaten für andere als die genannten Zwecke verwendet,

43. entgegen § 113e Absatz 3 nicht sicherstellt, dass Protokolldaten rechtzeitig gelöscht werden,
44. entgegen § 113g Satz 2 das Sicherheitskonzept nicht oder nicht rechtzeitig vorlegt oder
45. entgegen § 114 Abs. 1 Satz 1 oder § 127 Abs. 1 Satz 1 eine Auskunft nicht, nicht richtig, nicht vollständig oder nicht rechtzeitig erteilt.

(1a) Ordnungswidrig handelt, wer gegen die Verordnung (EG) Nr. 717/2007 des Europäischen Parlaments und des Rates vom 27. Juni 2007 über das Roaming in öffentlichen Mobilfunknetzen in der Gemeinschaft und zur Änderung der Richtlinie 2002/21/EG (ABl. L 171 vom 29.6.2007, S. 32), die durch die Verordnung (EG) Nr. 544/2009 (ABl. L 167 vom 29.6.2009, S. 12) geändert worden ist, verstößt, indem er vorsätzlich oder fahrlässig

1. als Betreiber eines besuchten Netzes dem Betreiber des Heimatnetzes eines Roamingkunden ein höheres durchschnittliches Großkundenentgelt als das in Artikel 3 Absatz 2 Satz 2 genannte Entgelt berechnet,
2. als Heimatanbieter seinem Roamingkunden für die Abwicklung eines regulierten Roaminganrufs ein höheres Endkundenentgelt als das in Artikel 4 Absatz 2 Satz 3 genannte Entgelt berechnet,
3. als Betreiber eines besuchten Netzes dem Betreiber des Heimatnetzes eines Roamingkunden für die Abwicklung einer aus dem betreffenden besuchten Netz abgehenden regulierten SMS-Roamingnachricht ein höheres als das in Artikel 4a Absatz 1 genannte Großkundenentgelt berechnet,
4. als Heimatanbieter eines Roamingkunden für die Abwicklung einer vom Kunden versendeten SMS-Roamingnachricht ein höheres Endkundenentgelt als das in Artikel 4b Absatz 2 genannte Entgelt berechnet,
5. als Betreiber eines besuchten Netzes dem Betreiber des Heimatnetzes eines Roamingkunden für die Abwicklung regulierter Datenroamingnetze über das betreffende besuchte Netz ein höheres durchschnittliches Großkundenentgelt als das in Artikel 6a Absatz 4 Buchstabe a Satz 1 genannte Entgelt berechnet oder
6. entgegen Artikel 7 Absatz 4 Satz 2 eine Information nicht, nicht richtig, nicht vollständig oder nicht rechtzeitig übermittelt.

(2) ¹Die Ordnungswidrigkeit kann wie folgt geahndet werden:

1. in den Fällen des Absatzes 1 Nummer 4 Buchstabe a, Nummer 6, 10, 22, 27, 31 und 36 bis 40 mit einer Geldbuße bis zu fünfhunderttausend Euro,
2. in den Fällen des Absatzes 1 Nummer 7a, 16 bis 17a, 18, 26, 29, 30a, 33 und 41 bis 43 mit einer Geldbuße bis zu dreihunderttausend Euro,
3. in den Fällen des Absatzes 1 Nummer 4 Buchstabe b, Nummer 7b bis 7d, 7g, 7h, 12 bis 13b, 13d bis 13o, 15, 17c, 19 bis 21, 21b, 30 und 44 sowie des Absatzes 1a Nummer 1 bis 5 mit einer Geldbuße bis zu hunderttausend Euro,
4. in den Fällen des Absatzes 1 Nummer 7, 8, 9, 11, 17b, 21a, 21c, 23 und 24 mit einer Geldbuße bis zu fünfzigtausend Euro und
5. in den übrigen Fällen des Absatzes 1 sowie im Fall des Absatzes 1a Nummer 6 mit einer Geldbuße bis zu zehntausend Euro.

²Die Geldbuße soll den wirtschaftlichen Vorteil, den der Täter aus der Ordnungswidrigkeit gezogen hat, übersteigen. ³Reichen die in Satz 1 genannten Beträge hierfür nicht aus, so können sie überschritten werden.

(3) Verwaltungsbehörde im Sinne des § 36 Abs. 1 Nr. 1 des Gesetzes über Ordnungswidrigkeiten ist die Bundesnetzagentur.

Übersicht

A. Regelungscharakter

1   Die in § 149 Abs. 1 näher festgelegten Ordnungswidrigkeiten sanktionieren einzelne Verstöße gegen verschiedene Reglementierungs- und Regulierungsvorschriften des Gesetzes. Die Möglichkeit der Festsetzung von Bußgeldern bei Verstößen gegen die genannten Bestimmungen dient der erleichterten Durchsetzung dieser Vorschriften. Die ursprünglichen Regelungen nach Abs. 1 Nr. 33–39 hatten keine Wirkung mehr, nachdem das BVerfG mit Urteil v. 2.3.2010 (1 BvR 256/08 ua = JA 2010, 391) die Vorschriften § 113a und § 113b für nichtig erklärt (BGBl. 2010 I 272; NJW 2010, 833 ff. Rn. 106) und

der Gesetzgeber die Regelungen aufgehoben hatte. Nunmehr gelten für Verstöße gegen die neu eingeführten Regelungen zur Höchstspeicherfristen die Vorschriften Nr. 36–44.

B. Die Regelungen im Einzelnen

Die in Abs. 1 Nr. 1–45 näher aufgeführten Bußgeldtatbestände folgen in der Reihenfolge der Be- 2
gehungsmöglichkeiten der Aufzählung der Regulierungsvorschriften im TKG. Nur zusammen mit
diesen einzelnen Vorschriften kann der jeweilige Bußgeldtatbestand näher bestimmt werden. Insoweit
muss es aber aus Kapazitätsgründen im Rahmen dieser Kommentierung dabei verbleiben, nur in aller
Kürze auf die Einzelvorschriften zu verweisen.

I. Die einzelnen Bußgeldtatbestände

1. Abs. 1 Nr. 1 iVm § 4. Verletzung von Berichtspflichten von Telekommunikationsnetzbetreiber 3
und Telekommunikationsdienstleister ggü. der Bundesnetzagentur.

2. Abs. 1 Nr. 2 iVm § 6 Abs. 1. Verletzung von Meldepflichten ggü. der Bundesnetzagentur. 4

3. Abs. 1 Nr. 3 iVm § 17 S. 2. Unerlaubte Weitergabe von Informationen aus Verhandlungen über 5
Netzzugänge an Dritte, welche Wettbewerbsvorteile mit sich bringen können.

4. Abs. 1 Nr. 4. Zuwiderhandlungen gegen bestimmte vollziehbare Anordnungen der Bundesnetz- 6
agentur.

5. Abs. 1 Nr. 5. *[aufgehoben].* 7

6. Abs. 1 Nr. 6 iVm § 30 Abs. 1 S. 1 und Abs. 2 S. 2 oder § 39 Abs. 1 S. 1. Verlangen 8
bestimmter Entgelte für Telekommunikationsleistungen ohne vorherige Genehmigung durch die Bundesnetzagentur.

7. Abs. 1 Nr. 7 iVm § 38 Abs. 1 S. 1 oder 3 oder § 39 Abs. 3 S. 4. Verletzung der Pflicht zur 9
Kenntnisgabe bestimmter Entgelte ggü. der Bundesnetzagentur.

7a. Abs. 1 Nr 7a. Zuwiderhandlungen entgegen bestimmten vollziehbaren Anordnungen bzw. 10
einer **Rechtsverordnung nach § 41a Abs. 1.**

7a. Abs. 1 Nr 7b. Keine zureichende Bereitstellung bestimmter **Vertragsinformationen** entspre- 11
chend § 43a Abs. 1 S. 1.

7a. Abs. 1 Nr 7c. Teilweise oder völlige Verweigerung einer **Vertragsleistung an Teilnehmer** 12
entgegen § 45k Abs. 1 S. 1 und entsprechende Rechtsgrundlage.

7a. Abs. 1 Nr 7d. Zuwiderhandlungen entgegen einer **Rechtsverordnung nach § 45n Abs. 1** 13
oder einer vollziehbaren Anordnung aufgrund einer solchen Rechtsverordnung.

7a. Abs. 1 Nr 7e. Keine zureichende Bereitstellung bestimmter **Entgeltinformationen** über Leis- 14
tungen Dritter entsprechend § 45p Abs. 1 S. 1 u. 2.

7a. Abs. 1 Nr 7f. Keine zureichende **Unterrichtung eines Teilnehmers** entsprechend § 45p 15
Abs. 2.

7a. Abs. 1 Nr 7g. Keine Sicherstellung einer ununterbrochenen Leistung gegenüber dem 16
Teilnehmer auch bei einem Anbieterwechsel entgegen § 46 Abs. 1 S. 1 u. 3.

7a. Abs. 1 Nr 7h. Unterbrechung des Telekommunikationsdienstes entgegen § 46 Abs. 1 S. 2. 17

8. Abs. 1 Nr. 8 iVm § 47 Abs. 1. Fehlende, nicht richtige oder vollständige oder nicht rechtzeitige 18
Mitteilung von Teilnehmerdaten ggü. öffentlich zugänglichen Auskunftsdiensten und Teilnehmerver-
zeichnissen.

9. Abs. 1 Nr. 9 iVm § 50 Abs. 3 Nr. 4. Fehlende oder nicht rechtzeitige Erstattung bestimmter 19
Entgeltanzeigen ggü. der Bundesnetzagentur.

10. Abs. 1 Nr. 10 iVm § 55 Abs. 1 S. 1. Widerrechtliche Nutzung einer Frequenz ohne vorherige 20
Frequenzzuteilung durch die Bundesnetzagentur.

11. Abs. 1 Nr. 11 iVm § 56 Abs. 2 S. 1. Ausübung eines deutschen Orbit- oder Frequenznut- 21
zungsrecht ohne vorherige Übertragung durch die Bundesnetzagentur.

12. Abs. 1 Nr. 12 iVm § 60 Abs. 2 S. 1. Zuwiderhandlung ggü. einer vollziehbaren Auflage im 22
Zusammenhang mit einer Frequenzzuteilung.

23   **13. Abs. 1 Nr. 13 iVm § 66 Abs. 4 S. 1.** Zuwiderhandlungen gegen eine Rechtsverordnung oder eine vollziehbare Anordnung aufgrund einer solchen Rechtsverordnung im Zusammenhang mit der Zuweisung und Verwaltung von Nummernräumen von Telekommunikationsnetzen.

24   **13a. Abs. 1 Nr. 13a iVm § 66a S. 1, 2, 6, 7 oder 8.** Unterlassen vorgeschriebener Preisangaben bei Werbung für Kommunikationsdienstleistungen ggü. Endverbrauchern.

25   **13b. Abs. 1 Nr. 13b iVm § 66a S. 3.** Zu kurze Anzeige einer vorgeschriebenen Preisangabe.

26   **13c. Abs. 1 Nr. 13c iVm § 66a S. 4.** Fehlender oder nicht richtiger oder unvollständiger Hinweis darauf, dass mit der Inanspruchnahme einer Leistung ein Dauerschuldverhältnis abgeschlossen wird.

27   **13d. Abs. 1 Nr. 13d iVm 66b.** Fehlende, nicht richtige, nicht vollständige oder nicht rechtzeitige Preisansage vor Inanspruchnahme bestimmter Dienste.

28   **13e. Abs. 1 Nr. 13e iVm § 66c Abs. 1 S. 1 und 2.** Fehlende, nicht richtige, nicht vollständige oder nicht rechtzeitige Anzeige des Preises von Kurzwahl-Datendiensten sowie nichtsprachgestützten Neuartigen Diensten (insbes. SMS-/MMS-Dienste sowie mobiler Klingeltonvertrieb) vor deren Inanspruchnahme und ab einem Preis von 2 EUR pro Inanspruchnahme.

29   **13 f. Abs. 1 Nr. 13f iVm § 66d Abs. 1 oder 2.** Nichteinhaltung der Preishöchstgrenze von 3 EUR pro Minute für zeitabhängig über Rufnummern für Premiumdienste abgerechnete Dienstleistungen sowie von 30 EUR für zeitunabhängig über Rufnummern für Premiumdienste abgerechnete Dienstleistungen, es sei denn, der Kunde hat sich durch ein entsprechendes Verfahren zuvor legitimiert (Abs. 3).

30   **13g. Abs. 1 Nr. 13g iVm § 66e Abs. 1 S. 1 und S. 2.** Unterbliebene oder nicht rechtzeitige Trennung einer Verbindung entgegen § 66e Abs. 1 S. 1, auch iVm S. 2.

31   **13h. Abs. 1 Nr. 13h iVm § 66f Abs. 1 S. 1.** Unerlaubter Einsatz von Anwählprogrammen (Dialer), wodurch Premium-Dienste von anderen, neutralen Nummern für den Teilnehmer unerkannt angerufen und abgerechnet werden könnten.

32   **13i. Abs. 1 Nr. 13i iVm § 66g Abs. 1.** Unerlaubter Einsatz einer Warteschleife, wodurch Teilnehmer unnötig lange Zeit in Warteschleifen vor dem tatsächlichen Zustandekommen der gewünschten Telekommunikation verbringen müssen und deshalb erhöhte Entgelte zu entrichten sind.

33   **13j. Abs. 1 Nr. 13j iVm § 66g Abs. 2.** Nicht sichergestellte Information des Anrufers über voraussichtliche Dauer einer Warteschleife entgegen § 66g Abs. 2 und die Kosten des Anrufs.

34   **13k. Abs. 1 Nr. 13k iVm § 66j Abs. 1 S. 2.** Unzulässiges Angebot von R-Gesprächsdiensten mit Zahlungen an den Anrufer entgegen § 66j Abs. 1 S. 2.

35   **13l. Abs. 1 Nr. 13l iVm § 66k Abs. 1 S. 1.** Nicht sichergestellte Übermittlung einer vollständigen national signifikanten Rufnummer bei Telekommunikationsdiensten entsprechend § 66k Abs. 1 S. 1.

36   **13m. Abs. 1 Nr. 13m iVm § 66k Abs. 1 S. 3.** Übermittlung einer Telefonnummer für Kurzwahl-Sprachdienste oder anderer Sonderrufnummern entgegen § 66k Abs. 1 S. 3.

37   **13n. Abs. 1 Nr. 13n iVm § 66k Abs. 1 S. 4.** Unerlaubte Veränderung einer übermittelten Rufnummer entgegen § 66k Abs. 1 S. 4.

38   **13o. Abs. 1 Nr. 13o iVm § 66k Abs. 2.** Nach § 66k Abs. 2 unerlaubtes Aufsetzen oder Übermitteln einer Rufnummer ohne Nutzungsrecht.

39   **14. Abs. 1 Nr. 14 iVm § 87 Abs. 1 S. 1 oder 110 Abs. 1 S. 2 oder 3.** Keine ausreichende oder rechtzeitige Mitteilung entgegen § 87 Abs. 1 S. 1 oder § 110 Abs. 1 S. 2 oder 3.

40   **15. Abs. 1 Nr. 15 iVm § 90 Abs. 3.** Verbotenes Werben für Sendeanlagen oder eine sonstige Telekommunikationsanlage.

41   **16. Abs. 1 Nr. 16 iVm § 95 Abs. 2 oder 96 Abs. 2 oder Abs. 3 S. 1.** Verbotene Erhebung oder Verwendung von Bestandsdaten oder gespeicherten Verkehrsdaten von Teilnehmern.

42   **17. Abs. 1 Nr. 17 iVm § 96 Abs. 1 S. 3 oder § 97 Abs. 3 S. 2.** Unterlassung der gesetzlich angeordneten Löschung von Daten von Teilnehmern oder nicht rechtzeitige Löschung solcher Daten

43   **17a. Abs. 1 Nr. 17a iVm § 98 Abs. 1 S. 2.** Verarbeitung von Daten bei Inanspruchnahme von Diensten mit Zusatznutzen ohne Einwilligung des Nutzers

44   **17b. Abs. 1 Nr. 17b iVm § 98 Abs. 1 S. 2 u. 5.** Keine zureichende oder rechtzeitige Information bei Diensten mit Zusatznutzen an den Nutzer gemäß § 98 Abs. 1 S. 2, auch iVm S. 5.

45   **17c. Abs. 1 Nr. 17c iVm § 102 Abs. 2.** Unterdrückung der Rufnummernanzeige bei Werbeanrufen entgegen § 102 Abs. 2 unterdrückt oder Veranlassung anderer, die Rufnummer zu unterdrücken.

18. Abs. 1 Nr. 18 iVm § 106 Abs. 2 S. 2. Unterlassene oder nicht rechtzeitige Löschung von 46 Daten und Belegen beim Telegrammdienst.

19. Abs. 1 Nr. 19 iVm § 108 Abs. 1 S. 1, auch iVm Abs. 2. Fehlende oder nicht den Vor- 47 schriften entsprechende Bereitstellung einer Notrufmöglichkeit.

19a. Abs. 1 Nr. 19a iVm § 108 Abs. 1 S. 2, auch iVm Abs. 2 oder einer Rechtsverordnung 48 **nach Abs. 3 Nr. 1.** Keine Sicherstellung, dass eine Notrufverbindung entspr. § 108 erforderlichenfalls hergestellt wird.

20. Abs. 1 Nr. 20 iVm § 108 Abs. 1 S. 3, auch iVm Abs. 2, oder einer Rechtsverordnung 49 **nach § 108 Abs. 3 S. 1 Nr. 3.** Nicht sichergestellte Übermittlung der Rufnummer eines Anschlusses oder der Übermittlung bzw. Bereitstellung der näher bezeichneten Daten.

21. Abs. 1 Nr. 21 iVm § 109 Abs. 4 S. 2 oder S. 6. Fehlende oder nicht rechtzeitige Vorlage von 50 Sicherheitskonzepten an die Bundesnetzagentur.

21a. Abs. 1 Nr. 21a iVm § 109 Abs. 5 S. 1. Nicht richtige, nicht rechtzeitige oder unterbliebene 51 Mitteilung über Sicherheitsverletzungen einschließlich Störungen von Telekommunikationsnetzen oder -diensten an die Bundesnetzagentur.

21b. Abs. 1 Nr. 21b iVm § 109a Abs. 1 S. 1 oder S. 2. Keine unverzügliche Benachrichtigung 52 der Bundesnetzagentur und der Bundesbeauftragten für den Datenschutz im Fall einer Verletzung des Schutzes personenbezogener Daten.

21c. Abs. 1 Nr. 21c iVm § 109a Abs. 3 S. 1. Nicht richtige oder nicht vollständige Führung eines 53 Verzeichnisses der Verletzungen des Schutzes personenbezogener Daten.

22. Abs. 1 Nr. 22 iVm § 110 Abs. 1 S. 1 Nr. 1 oder 1a iVm einer Rechtsverordnung nach 54 **§ 110 Abs. 2 Nr. 1 Buchst. a.** Fehlende Vorhaltung technischer Einrichtungen zur Umsetzung gesetzlich vorgesehener Maßnahmen zur Überwachung der Telekommunikation und/oder fehlende organisatorische Vorkehrungen für die unverzügliche Umsetzung solcher Maßnahmen ggf. Bereitstellung von erforderlichen automatischen Steuerungsmöglichkeiten in diesem Zusammenhang.

23. Abs. 1 Nr. 23 iVm § 110 Abs. 1 S. 1 Nr. 2 Buchst. b. Fehlende oder nicht rechtzeitige 55 Benennung einer im Inland gelegenen Stelle, welche für den Telekommunikationsanlagenbetreiber für diesen bestimmte Anordnungen zur Überwachung der Telekommunikation entgegen nehmen kann.

24. Abs. 1 Nr. 24 iVm § 110 Abs. 1 S. 1 Nr. 3. Nicht oder nicht rechtzeitig erbrachter unent- 56 geltlicher Nachweis an die Bundesnetzagentur bzgl. der technischen Einrichtungen sowie organisatorischen Vorkehrungen bzgl. Telekommunikationsüberwachungsmaßnahmen.

25. Abs. 1 Nr. 25 iVm § 110 Abs. 1 S. 1 Nr. 4. Fehlende Gestattung einer erneuten unentgeltli- 57 chen Prüfung durch die Bundesnetzagentur der technischen und organisatorischen Vorkehrungen im Zusammenhang mit Überwachungsmaßnahmen.

26. Abs. 1 Nr. 26 iVm § 110 Abs. 1 S. 1 Nr. 5. Nichtgestattung der Aufstellung oder des Betriebs 58 von Geräten zur Durchführung bestimmter Überwachungsmaßnahmen oder des Zugangs zu solchen Geräten.

27. Abs. 1 Nr. 27 iVm § 110 Abs. 5 S. 3. Fehlende oder nicht rechtzeitige Beseitigung eines 59 Mangels an technischen oder organisatorischen Vorkehrungen im Zusammenhang mit Überwachungsmaßnahmen.

28. Abs. 1 Nr. 28 iVm § 110 Abs. 6 S. 1. Fehlende Bereitstellung, Bereitstellung nicht in der 60 vorgeschriebenen Weise oder nicht rechtzeitig Bereitstellung eines Netzabschlusspunkts.

29. Abs. 1 Nr. 29 iVm § 111 Abs. 1 S. 1, auch iVm Abs. 2 oder S. 3, oder § 111 Abs. 1 S. 4. 61 Fehlende, nicht richtige, nicht vollständige oder nicht rechtzeitige Erhebung von Daten für Auskunftsersuchen der Sicherheitsbehörden; nicht erfolgte, nicht richtige, nicht vollständige oder nicht rechtzeitige Speicherung solcher Daten; nicht erfolgte, nicht richtige, nicht vollständige oder nicht rechtzeitige Berichtigung solcher Daten.

30. Abs. 1 Nr. 30 iVm § 111 Abs. 2 S. 1, auch iVm S. 2. Nicht oder nicht rechtzeitig erhobene 62 Daten oder nicht, nicht richtig, nicht vollständig oder nicht rechtzeitig übermittelte Daten für Auskunftsersuchen von Sicherheitsbehörden, wenn sich der Diensteanbieter eines Vertriebspartners bedient.

30a. Abs. 1 Nr. 30a iVm § 111 Abs. 4. Nicht oder nicht rechtzeitige Löschung von Daten in 63 bestimmten Konstellationen des § 111 Abs. 4.

31. Abs. 1 Nr. 31 iVm § 112 Abs. 1 S. 5. Fehlende Gewährleistung der Möglichkeit für die 64 Bundesnetzagentur, Daten aus den Kundendateien abrufen zu können.

65   32. **Abs. 1 Nr. 32 iVm § 112 Abs. 1 S. 6.** Fehlende Sicherstellung durch Maßnahmen, dass Abrufe im Automatisierten Auskunftsverfahren dem Verpflichteten nicht bekannt werden.

66   33. **Abs. 1 Nr. 33 iVm § 113 Abs. 2 S. 1 Hs. 2.** Unerlaubte Übermittlung von Daten in den genannten Fällen.

67   34. **Abs. 1 Nr. 34 iVm § 113 Abs. 4 S. 1.** Keine, nicht richtige, nicht vollständige oder nicht rechtzeitige Übermittlung von Daten nach dem Auskunftsverfahren.

68   35. **Abs. 1 Nr. 35 iVm § 113 Abs. 4 S. 2.** Keine Wahrung des Stillschweigens ggü. Kunden oder Dritten über Auskunftserteilungen.

69   36. **Abs. 1 Nr. 36 iVm § 113b Abs. 1, auch iVm Abs. 7.** Keine, nicht richtige, nicht vollständige, nicht in der vorgeschriebenen oder für die vorgeschriebene Dauer oder nicht rechtzeitig erfolgte Speicherung von „Vorratsdaten".

70   37. **Abs. 1 Nr. 37 iVm § 113b Abs. 1 und § 113a Abs. 1 S. 2.** Keine Sicherstellung einer ordnungsgemäßen Speicherung von Vorratsdaten oder Abgabe einer entsprechenden Mitteilung.

71   38. **Abs. 1 Nr. 38 iVm § 113b Abs. 8.** Keine oder keine rechtzeitige Löschung von Daten; keine Sicherstellung einer rechtzeitigen Datenlöschung.

72   39. **Abs. 1 Nr. 39 iVm § 113c Abs. 2.** Verwendung von Daten für nicht zugelassene Zwecke.

73   40. **Abs. 1 Nr. 40 iVm § 113d S. 1.** Keine Sicherstellung der Daten gegen unbefugte Kenntnisnahme und Verwendung.

74   41. **Abs. 1 Nr. 41 iVm § 113e Abs. 1.** Keine Sicherstellung der Protokollierung jedes Zugriffs auf die Daten.

75   42. **Abs. 1 Nr. 42 iVm § 113e Abs. 2.** Verwendung der Protokolldaten für andere als die vorgesehenen Zwecke.

76   43. **Abs. 1 Nr. 43 iVm § 113e Abs. 3.** Keine Sicherstellung einer rechtzeitigen Löschung der Protokolldaten.

77   44. **Abs. 1 Nr. 44 iVm § 113g S. 2.** Keine rechtzeitige Vorlage eines Sicherheitskonzepts.

78   45. **Abs. 1 Nr. 45 iVm § 114 Abs. 1 S. 1 oder § 127 Abs. 1 S. 1.** Keine Erteilung einer richtigen oder vollständigen Auskunft über die Strukturen der Telekommunikationsdienste und -netze sowie bevorstehende Änderungen ggü. dem Bundesministerium für Wirtschaft und Technologie oder vollständige Unterlassung einer Auskunft.

II. Regelungen des Abs. 2

79   Die **Regelungen in Abs. 1a** betreffen im Wesentlichen unzutreffende Entgeltberechnungen bei **Roamingkunden** im Ausland und sollen insoweit hier nicht weiter kommentiert werden.

III. Versuch, Rechtsfolgen, Verjährung

80   Der **Versuch** der Bußgeldtatbestände des § 149 Abs. 1 unterliegt gemäß § 13 Abs. 2 OWiG nicht der Ahndung.

81   Je nach Schwere der einzelnen Verstöße sind **Bußgelder** für die weniger gewichtigen Verstöße (meist Nebenpflichten) von bis zu 10.000 EUR (Abs. 2 Nr. 5) bis zum Höchstmaß von 500.000 EUR angedroht (Abs. 2 Nr. 1). Bei nur **fahrlässiger** Begehung einer der Ordnungswidrigkeiten kann, da insoweit nicht bezüglich der Höhe der Geldbuße unterschieden ist, maximal nur die Hälfte des jeweiligen Höchstbetrages festgesetzt werden (§ 17 Abs. 2 OWiG).

82   Nach Abs. 2 S. 2 soll die Geldbuße so festgesetzt werden, dass sie den wirtschaftlichen Vorteil, welchen ein Täter aus der Ordnungswidrigkeit gezogen hat, übersteigt. Ist dies wegen der Höchstbeträge nicht möglich, ermöglicht Abs. 2 S. 3 entsprechend der Regelung des § 17 Abs. 4 OWiG ein Überschreiten des jeweiligen Höchstbetrages, allerdings nur zur Abschöpfung des rechtswidrigen wirtschaftlichen Vorteils, dh nach Abschöpfung des wirtschaftlichen Vorteils gilt die jeweilige Höchstgrenze für die Bemessung der Geldbuße.

83   Für die **Verfolgungsverjährung** gelten die Vorschriften der §§ 31 ff. OWiG.

IV. Zuständige Bußgeldbehörde

84   Die für die Überwachung der Reglementierungen dieses Gesetzes zuständige Behörde ist die **Bundesnetzagentur.** Daher ist es folgerichtig, wenn ihr auch die Verfolgung der Ordnungswidrigkeiten und Festsetzung der Bußgelder übertragen ist.

740. Verordnung über tiefgefrorene Lebensmittel (TLMV)

In der Fassung der Bekanntmachung vom 22.2.2007(BGBl. I S. 258) FNA 2125-40-43

Zuletzt geändert durch Art. 3 VO zur Anpassung von Verordnungen nach dem BMELV-Vertrag von Lissabon-AnpassungsG vom 13.12.2011 (BGBl. I S. 2720)

– Auszug –

Vorbemerkung

Mit der TLMV wurde die **RL 89/108/EWG** des Rates v. 21.12.1988 in deutsches Recht umgesetzt. **1**
Daneben traten zunächst die **RL 92/1/EWG** der Kommission zur Überwachung der Temperaturen von tiefgefrorenen Lebensmitteln in Beförderungsmitteln sowie Einlagerungs- und Lagereinrichtungen v. 13.1.1992 und **die RL 92/2/EWG** der Kommission zur Festlegung des Probenahmeverfahrens und des gemeinschaftlichen Analyseverfahrens für die amtliche Kontrolle der Temperaturen von tiefgefrorenen Lebensmitteln. Die RL 92/1/EWG wurde mit der **VO (EG) Nr. 37/2005** der Kommission v. 12.1.2005 zur Überwachung der Temperaturen von tief gefrorenen Lebensmitteln in Beförderungsmitteln sowie Einlagerungs- und Lagereinrichtungen aufgehoben.

Tiefgefrorene Lebensmittel (→ Vorb. LFGB Rn. 37 ff.) sind solche, die einem **geeigneten Ge- 2 frierprozess** (Tiefgefrieren) unterzogen worden sind, bei dem der Bereich der maximalen Kristallisation entsprechend der Art des Lebensmittels so schnell wie nötig durchschritten wird, mit der Wirkung, dass die Temperatur des Lebensmittels an allen seinen Punkten nach der thermischen Stabilisierung mindestens minus 18 Grad Celsius beträgt, und mit einem **Hinweis darauf, dass sie tiefgefroren sind,** in den Verkehr gebracht werden (vgl. Zipfel/Rathke LebensmittelR/*Domeier* § 1 Rn. 4 ff.). Diese müssen den **Qualitätsanforderungen des § 2 Abs. 1** entsprechen, beim Tiefgefrieren sind dabei die **Gebote in § 2 Abs. 2 und 3** zu beachten. § 2 Abs. 4 statuiert die Pflicht zur Einhaltung einer **ununterbrochenen Kühlkette** (vgl. Zipfel/Rathke LebensmittelR/*Domeier* § 2 Rn. 14 ff.). Nur wenn die Vorgaben in § 1 Abs. 1 Nr. 1 und § 2 eingehalten wurden, dürfen Lebensmittel mit den Angaben „tiefgefroren", „tiefgekühlt", „Tiefkühlkost" oder „gefrostet" gewerbsmäßig (→ Vorb. LFGB Rn. 30) in den Verkehr gebracht werden (§ 3). Zur Sicherung der ununterbrochenen Kühlkette sieht § 2a bestimmte **Lufttemperaturmessungen** vor. § 4 statuiert die Anforderungen an die **Verpackung** von tiefgefrorenen Lebensmitteln (vgl. Zipfel/Rathke LebensmittelR/*Domeier* § 4 Rn. 10 ff.), §§ 5 f. regeln die spezielle **Kennzeichnung,** deren konkrete Ausgestaltung davon abhängt, ob die Lebensmittel zur Abgabe an Verbraucher bestimmt sind. Werden die Kennzeichnungsvorschriften missachtet, besteht ein Verkehrsverbot. In diesem Zusammenhang ist zu beachten, dass am 13.12.2014 die LMIV (→ Vorb. LFGB Rn. 12; → LFGB § 59 Rn. 14, 21 ff.) in Kraft trat. In Folge dessen soll nach Maßgabe von Art. 5 LMIV-AnpassungsVO (→ vgl. Anhang zur LMKV = Nr. 502 dieses Kommentars, → LMKV Anh. Rn. 5) §§ 2, 4, 5 und 6 an die neue Rechtslage angepasst werden, was bei Anwendung des § 7 zu beachten ist.

§ 7 Straftaten und Ordnungswidrigkeiten

(1) Nach § 59 Abs. 1 Nr. 21 Buchstabe a des Lebensmittel- und Futtermittelgesetzbuches wird bestraft, wer entgegen § 3 Lebensmittel, die den dort bezeichneten Anforderungen nicht entsprechen, mit einer dort genannten Angabe in den Verkehr bringt.

(2) Wer eine in Absatz 1 bezeichnete Handlung fahrlässig begeht, handelt nach § 60 Abs. 1 des Lebensmittel- und Futtermittelgesetzbuches ordnungwidrig.

(3) Ordnungswidrig im Sinne des § 60 Abs. 2 Nr. 26 Buchstabe a des Lebensmittel- und Futtermittelgesetzbuches handelt, wer vorsätzlich oder fahrlässig

1. entgegen § 2a Abs. 1, auch in Verbindung mit Abs. 2 Satz 1, nicht sicherstellt, dass die Lufttemperatur gemessen und aufgezeichnet wird, oder
2. entgegen § 5 oder § 6 tiefgefrorenes Lebensmittel, die nicht oder nicht in der vorgeschriebenen Weise gekennzeichnet sind,

in den Verkehr bringt.

(4) Ordnungswidrig im Sinne des § 60 Abs. 2 Nr. 26 Buchstabe b des Lebensmittel- und Futtermittelgesetzbuches handelt, wer vorsätzlich oder fahrlässig entgegen § 4 ein tiefgefrorenes Lebensmittel in den Verkehr bringt.

(5) Ordnungswidrig im Sinne des § 60 Abs. 4 Nr. 2 Buchstabe a des Lebensmittel- und Futtermittelgesetzbuches handelt, wer vorsätzlich oder fahrlässig entgegen Artikel 2 Abs. 3 der Verordnung (EG) Nr. 37/2005 der Kommission vom 12. Januar 2005 zur Überwachung der Temperaturen von tiefgefrorenen Lebensmitteln in Beförderungsmitteln sowie Einlagerungs- und Lagereinrichtungen (ABl. EU Nr. L 10 S. 18, Nr. L 153 S. 43) eine Aufzeichnung nicht oder nicht mindestens ein Jahr aufbewahrt.

1   **1. Straftaten nach § 7 Abs. 1.** Mit der Rückverweisung auf **§ 59 Abs. 1 Nr. 21 Buchst. a** LFGB (→ LFGB § 59 Rn. 58) in **§ 7 Abs. 1** wird das **vorsätzliche** (→ LFGB § 58 Rn. 47 ff.) **Inverkehrbringen** (→ Vorb. LFGB Rn. 45) **von Lebensmitteln** mit den Bezeichnungen „tiefgefroren", „tiefgekühlt", „Tiefkühlkost" oder „gefrostet" unter Strafe gestellt, wenn die Voraussetzungen des § 3 (→ Vorb. Rn. 2) nicht eingehalten wurden. Das Gesetz sieht insoweit **Freiheitsstrafe bis zu einem Jahr oder Geldstrafe vor** (→ LFGB § 59 Rn. 83 f.). Der Versuch ist ebenso wenig wie fahrlässiges Handeln unter Strafe gestellt. Die Qualifikation des § 59 Abs. 4 LFGB (→ LFGB § 59 Rn. 74a) findet keine Anwendung.

2   **2. Ordnungswidrigkeiten nach § 7 Abs. 2–5.** Handelt der Täter in den Fällen des **§ 7 Abs. 1** **fahrlässig** (→ LFGB § 58 Rn. 60 ff.), verwirklicht er den Bußgeldtatbestand des **§ 7 Abs. 2.** Die Verordnung wurde bisher noch nicht an das abgestufte System in § 60 Abs. 1 u. 5 LFGB (→ LFGB § 60 Rn. 31 f.) angepasst, das mit dem Gesetz zur Änderung des Lebensmittel- und Futtermittelgesetzbuchs sowie anderer Vorschriften v. 29.6.2009 (BGBl. I 1659), das am 4.7.2009 in Kraft getreten ist (→ Vorb. LFGB Rn. 6), eingeführt wurde. Da die in § 7 Abs. 1 bezeichneten Handlungen Straftaten nach § 59 Abs. 1 Nr. 21 Buchst. a LFGB darstellen, wird der **Verweis in §§ 7 Abs. 2 als solcher auf § 60 Abs. 1 Nr. 2 LFGB zu verstehen sein.** Danach können Ordnungswidrigkeiten iSv § 7 Abs. 2 nach der ab dem 4.8.2011 geltenden Fassung des § 60 Abs. 5 Nr. 2 LFGB (vgl. zur Änderung der Geldbußenrahmen in § 60 Abs. 5 LFGB → LFGB § 60 Rn. 32) mit Geldbuße iHv bis zu **50.000 EUR** geahndet werden. Im Übrigen gelten für die Bemessung der Geldbuße die Vorgaben von § 17 Abs. 3 und 4 OWiG. Zu den weiteren Rechtsfolgen → LFGB § 60 Rn. 33 f.

3   Mit **Rückverweisung auf § 60 Abs. 2 Nr. 26 Buchst. a** LFGB (→ LFGB § 60 Rn. 20) in **§ 7 Abs. 3** werden **vorsätzliche** (→ LFGB § 58 Rn. 47 ff.) und **fahrlässige** (→ LFGB § 58 Rn. 60 ff.) **Verstöße gegen** die zur Sicherung der ununterbrochenen Kühlkette statuierte **Pflicht zur Lufttemperaturmessung** (→ Vorb. Rn. 3) sowie gegen die **Verkehrsverbote, die aus der Missachtung der Kennzeichnungspflichten nach §§ 5, 6 folgen** (→ Vorb. Rn. 2), als Ordnungswidrigkeiten definiert. Zur Tathandlung des Inverkehrbringens → Vorb. LFGB Rn. 45. Demnach können **vorsätzliche Verstöße iSv § 7 Abs. 3** nach der ab dem 4.8.2011 geltenden Fassung des § 60 Abs. 5 Nr. 2 LFGB (vgl. zur Änderung der Geldbußenrahmen in § 60 Abs. 5 LFGB → LFGB § 60 Rn. 32) mit **Geldbuße bis zu 50.000 EUR** geahndet werden; handelt der Betroffene **fahrlässig** sieht das Gesetz **Geldbuße bis zu 25.000 EUR** (§ 17 Abs. 2 OWiG) vor. Zu den weiteren Rechtsfolgen → LFGB § 60 Rn. 33 f.

4   **§ 7 Abs. 4** definiert mit **Rückverweisung auf § 60 Abs. 2 Nr. 26 Buchst. b** LFGB (→ LFGB § 60 Rn. 20) **Verstöße gegen** die aus § 4 Pflichten zur ordnungsgemäßen **Verpackung** (→ Vorb. Rn. 2) als Ordnungswidrigkeit, die bei **vorsätzlichen Verstößen** nach der ab dem 4.8.2011 geltenden Fassung des § 60 Abs. 5 Nr. 3 LFGB (vgl. zur Änderung der Geldbußenrahmen in § 60 Abs. 5 LFGB → LFGB § 60 Rn. 32) mit **Geldbuße bis zu 20.000 EUR** geahndet werden; handelt der Betroffene **fahrlässig** sieht das Gesetz **Geldbuße bis zu 10.000 EUR** (§ 17 Abs. 2 OWiG) vor. Zu den weiteren Rechtsfolgen → LFGB § 60 Rn. 33 f.

5   Zuletzt definiert **§ 7 Abs. 5** mit **Rückverweisung auf § 60 Abs. 4 Nr. 2 Buchst. a** LFGB (→ LFGB § 60 Rn. 30) vorsätzliche und fahrlässige Verstöße gegen die in **Art. 2 Abs. 3 der VO (EG) Nr. 37/2005** statuierten **Aufzeichnungspflichten** als Ordnungswidrigkeit. **Vorsätzliche Verstöße** können hier nach der ab dem 4.8.2011 geltenden Fassung des § 60 Abs. 5 Nr. 2 LFGB (vgl. zur Änderung der Geldbußenrahmen in § 60 Abs. 5 LFGB → LFGB § 60 Rn. 32) mit **Geldbuße bis zu 50.000 EUR** geahndet werden; handelt der Betroffene **fahrlässig** sieht das Gesetz **Geldbuße bis zu 25.000 EUR** (§ 17 Abs. 2 OWiG) vor. Zu den weiteren Rechtsfolgen → LFGB § 60 Rn. 33 f.

745. Gesetz über die Spende, Entnahme und Übertragung von Organen und Geweben (Transplantationsgesetz – TPG)

In der Fassung der Bekanntmachung vom 4. September 2007 (BGBl. I S. 2206) FNA 212-2

Zuletzt geändert durch Art. 5d G zur Beseitigung sozialer Überforderung bei Beitragsschulden in der Krankenversicherung vom 15.7.2013 (BGBl. I S. 2423)

– Auszug –

Neuere Literatur (Auswahl): *Dannecker/Streng-Baunemann,* Verschaffung des Wartelistenzugangs für Alkoholiker entgegen den Organallokations-Richtlinien, NStZ 2014, 673; *Duttge/Neitzke,* Zum Spannungsfeld zwischen Intensivtherapie und Organtransplantation, GesR 2015, 705; *Hillenkamp,* Wann ist die Einwilligung in eine Lebendorganspende (LOS) „nicht freiwillig"?, MedR 2016, 109; *Höfling,* Transplantationsmedizin und dead donor rule, MedR 2013, 407; *Nickel/Schmidt-Preisigke/Sengler,* TPG, 2001; *König,* Strafbarer Organhandel, 1999; *Pawlowski,* Die strafrechtliche Bewertung der Organtransplantation, 2007; *Lilie,* 10 Jahre Transplantationsgesetz, FS E. Müller 2008, 395; *Kudlich,* Die strafrechtliche Aufarbeitung des „Organspende-Skandals", NJW 2013, 917; *Oğlakcıoğlu,* Aus aktuellem Anlass: Zum strafbaren Handeltreiben mit Organen gem. §§ 17, 18 HRRS 2012, 381; *Otto,* Das Recht der Organ- und Gewebetransplantation in Deutschland, JURA 2012, 745; *Rissing-van Saan,* Der sog. „Transplantationsskandal" – eine strafrechtliche Zwischenbilanz, NStZ 2014, 233; *Schroth,* Die strafrechtlichen Tatbestände des TPG, JZ 1997, 1149; *Schroth,* Das Organhandelsverbot, FS Roxin 2001, 869; *Schroth,* Die rechtswirksame Einwilligung in die Lebendspende, FS Hassemer 2010, 787; *Schroth,* Spenderautonomie und Schadensvermeidung, MedR 2012, 570; *Schroth,* § 19 Abs. 2a – ein missglückter medizinstrafrechtlicher Schnellschuss, MedR 2013, 645; *Schroth/Hofmann,* Die strafrechtliche Beurteilung der Manipulation bei der Leberallokation, NStZ 2014, 436; *Sickor,* Der Genehmigungsvorbehalt für Richtlinien nach § 16 TPG, GesR 2014, 204.

Vorbemerkung

1. Entstehung. Mit dem Gesetz über die Spende, Entnahme und Übertragung von Organen (TPG) **1** v. 5.11.1997 (BGBl. I 2631), das am 1.12.1997 in Kraft getreten ist, fand in Deutschland der Bereich der Transplantationsmedizin erstmals eine spezialgesetzliche Regelung. Das am 1.8.2007 in Kraft getretene Gesetz über Qualität und Sicherheit von menschlichen Geweben und Zellen v. 20.7.2007 – GewebeG – (BGBl. I 1574; hierzu *Parzeller/Zedler/Rüdiger* RMed 2007, 293) modifizierte und erweiterte den Anwendungsbereich auf menschliche Zellen; das TPG wurde am 4.9.2007 unter der aktuellen Bezeichnung neu bekannt gemacht (BGBl. I 2206) und nochmals geändert durch das am 23.7.2009 in Kraft getretene Gesetz v. 17.7.2009 (BGBl. I 1990). MWz 1.8.2012 (BGBl. I 1601) wurden in Umsetzung europarechtlicher Vorgaben (vgl. RL 2010/53/EU v. 7.7.2010; hierzu *Otto* JURA 2012, 745 (749)) ua erweiterte Qualitäts- und Sicherheitsstandards für Entnahmekrankenhäuser und Transplantationszentren festgesetzt (hierzu BT-Drs. 17/7376) und mit zum 1.11.2012 in Kraft getretenen Gesetz (v. 12.7.2012, BGBl. I 1504) die sog Entscheidungslösung eingeführt. Zuletzt wurden durch Art. 5a des Gesetzes v. 15.7.2013 (BGBl. I 2423) weitere ärztliche Dokumentationspflichten durch eine Ergänzung in § 19 strafrechtlich abgesichert. Daneben wurde in § 16 Abs. 3 ein Genehmigungsvorbehalt für die nach § 16 Abs. 1 von der Bundesärztekammer festzustellenden Richtlinien zum Stand der Erkenntnisse der medizinischen Wissenschaft eingefügt (krit. *Sickor* GesR 2014, 204). Zentrale Strafvorschrift ist nach wie vor das **Verbot des Handeltreibens** mit **menschlichen Organen und Geweben,** die einer Heilbehandlung zu dienen bestimmt sind (zu tierischen Organen MüKoStGB/*Tag* § 1 Rn. 9). Daneben werden bestimmte unrechtmäßige Handlungen bei der **Entnahme und Übertragung** von menschlichen Organen unter Strafe gestellt.

2. Gegenstand des Gesetzes. Das TPG hat nach dem durch Gesetz v. 12.7.2012 (BGBl. I 1504) neu **2** gefassten § 1 Abs. 1 zum Ziel, die **Bereitschaft zur Organspende** zu fördern, was nach Auffassung des Gesetzgebers insbes. durch die Einführung der sog Entscheidungslösung erreicht werden soll (vgl. hierzu BT-Drs. 17/9030, 14). Zugleich enthält es Regelungen für die **Spende und Entnahme** von **menschlichen Organen und Geweben** von **toten oder lebenden** Spendern zum Zwecke der Übertragung, für die Durchführung der Übertragung sowie für die zu ihrer Vorbereitung erforderlichen Maßnahmen (§ 1 Abs. 2). Die ursprünglich vorhandene Beschränkung auf Entnahmen zum Zwecke der Übertragung auf andere Menschen wurde mit dem GewebeG aufgehoben. Erfasst wird seither auch die sog autologe Transplantation, also die Entnahme zum Zweck der Rückübertragung an den Spender. **Ausgenommen sind** Gewebe, die einer Person entnommen werden, um sie innerhalb ein- und desselben chirurgischen Eingriffs zurück zu übertragen (§ 1 Abs. 3 Nr. 1), bspw. die Entnahme einer Vene im Rahmen einer Bypassoperation. Ebenfalls nicht erfasst ist die Entnahme von Blut und Blutbestandteilen (§ 1 Abs. 3 Nr. 2), insofern ist das TFG (→ TFG § 31 Rn. 1) einschlägig. Das Gesetz bestimmt ferner ein generelles Verbot des Handels mit menschlichen Organen (§ 1 Abs. 2 S. 2).

3   Die Begriffe **Organ und Gewebe** werden in § 1a Nr. 1 u. 4 legaldefiniert (dazu BR-Drs. 543/06, 51). Als Organ gelten auch Organteile und einzelne Gewebe und Zellen eines Organs, wenn diese zum gleichen Zweck wie das Organ übertragen und nicht extrakorporal verwendet werden, mit Ausnahme solcher Gewebe, die zur Herstellung von Arzneimitteln für neuartige Therapien im Sinne des § 4 Abs. 9 AMG bestimmt sind. Organe sind insbes. Herz, Niere, Leber, Bauchspeicheldrüse und Darm. Die Haut wird hingegen vom Organbegriff des TPG ausdrücklich ausgenommen (§ 1a Nr. 1), weshalb sie, obgleich medizinisch ein Organ, rechtlich als Gewebe zu qualifizieren ist. Der Begriff des Gewebes umfasst seit der Neufassung des TPG durch das GewebeG auch einzelne menschliche Zellen und Zellansammlungen (§ 1a Nr. 4), bspw. Augenhornhaut, Knochen, Knorpel und Knochenmark. Erfasst sind nunmehr auch Keimzellen (etwa im Rahmen einer sog „Samenspende") sowie embryonale und fetale Organe und Gewebe, nicht jedoch der Embryo selbst. Ein Anwendungsbereich bleibt in diesem Bereich jedoch nur, wenn die insoweit vorrangigen Vorschriften des EmbryonenschutzG und des StammzellenG eine Gewinnung und Übertragung von Organen oder Geweben erlauben.

4   **3. Regelungsgegenstände.** Das TPG bezweckt neben der Förderung der Bereitschaft zur Spende (§ 1 Abs. 1) eine rechtliche, organisatorische und gesundheitliche Absicherung der Transplantation lebenswichtiger menschlicher Organe, Organteile und Gewebe, von der Spende über die Entnahme und Vermittlung bis zur Übertragung auf den Empfänger. Das durch § 1 Abs. 2 S. 2 in den Anwendungsbereich des Gesetzes einbezogene und durch die § 17, 18 näher ausgestaltete Verbot des Organ- und Gewebehandels soll nach der amtlichen Begründung (BT-Drs. 13/4355, 15, 29) der Gefahr entgegenwirken, dass aus eigensüchtigen wirtschaftlichen Motiven die gesundheitliche Notlage lebensgefährlich Erkrankter in wucherischer oder sonst besonders verwerflicher Weise ausgenutzt wird. Zugleich sollen die finanziellen Anreize für potentielle Lebendspender unterbunden und einer skrupellosen Ausnutzung vorhandener wirtschaftlicher Notlagen, insbes. in Ländern der sog Dritten Welt, entgegen gewirkt werden. **Schutzobjekte** sind neben der körperlichen Integrität des Lebenden die durch Art. 1 Abs. 1 GG garantierte Menschenwürde, die über den Tod hinaus Schutzwirkung entfaltet, sowie das Pietäts-gefühl der Allgemeinheit. Sowohl der auf Gewinnerzielung gerichtete Verkauf von Organen oder Gewebe als auch deren Spende gegen Entgelt sind mit Art. 1 Abs. 1 GG nicht vereinbar. Ferner soll das Verbot der Gefahr entgegenwirken, dass sich die Verteilung menschlicher Organe und Gewebe nicht an der therapeutischen Notwendigkeit, sondern an der finanziellen Leistungsfähigkeit des Empfängers ausrichtet (krit. zum Schutzbereich *Schroth* FS Roxin, 2001, 870 ff.; *Höfling/Bernsmann/Sickor* § 18 Rn. 5). Die in § 19 enthaltenen weiteren Strafvorschriften sichern das Selbstbestimmungsrecht des Spenders, über das „ob" einer Entnahme zu entscheiden, sowie die körperliche Integrität des Lebend-spenders. Ferner enthält das TPG Strafvorschriften, die den Geheimhaltungsschutz absichern.

    Der Gesetzgeber hatte bei der Einführung des Gesetzes die Vorstellung, durch größere Rechts-sicherheit dem Rückgang der Spendebereitschaft entgegen wirken zu können (BT-Drs. 13/4355, 10). Diese Hoffnung erfüllte sich jedoch allenfalls zum Teil (sa *Bausch/Kohlmann* NJW 2008, 1562). So stieg die Anzahl der Personen, denen postmortal ein Organ entnommen wurde, von 1.079 im Jahr 1997 auf 1.313 im Jahr 2007 um bis zum Jahr 2013 wieder auf 876 zu sinken (Quelle: Deutsche Stiftung Organtransplantation); die Anzahl der Lebendspenden von Nieren erhöhte sich von 279 (1997) auf 567 (2007) (Bericht d. BReg. v. 30.6.2009, BT-Drs. 16/13740, 23, 88) und sank bis zum Jahr 2013 wieder auf 234 ab (Quelle: Deutsche Stiftung Organtransplantation). Allerdings ging es dem Gesetzgeber ursprünglich auch nicht um eine möglichst optimale „Organversorgung". Vielmehr sollte der Schutz vor unzulässiger Organentnahme sowie die Aufklärung und Information der Bevölkerung über Organent-nahme im Mittelpunkt des Gesetzes stehen (BT-Drs. 13/8017, 26). Erst durch das Gesetz zur Einführung der Entscheidungslösung im Jahr 2012 wurde die Förderung der Bereitschaft zur Organspende zum Zwecke einer besseren Versorgung mit menschlichen Organen und Geweben zum gesetzlichen Ziel erhoben.

§ 17 Verbot des Organ- und Gewebehandels

(1) ¹Es ist verboten, mit Organen oder Geweben, die einer Heilbehandlung eines anderen zu dienen bestimmt sind, Handel zu treiben. ²Satz 1 gilt nicht für

1. die Gewährung oder Annahme eines angemessenen Entgelts für die zur Erreichung des Ziels der Heilbehandlung gebotenen Maßnahmen, insbesondere für die Entnahme, die Konservierung, die weitere Aufbereitung einschließlich der Maßnahmen zum Infektions-schutz, die Aufbewahrung und die Beförderung der Organe oder Gewebe, sowie

2. Arzneimittel, die aus oder unter Verwendung von Organen oder Geweben hergestellt sind und den Vorschriften über die Zulassung nach § 21 des Arzneimittelgesetzes, auch in Verbindung mit § 37 des Arzneimittelgesetzes, oder der Registrierung nach § 38 oder § 39a des Arzneimittelgesetzes unterliegen oder durch Rechtsverordnung nach § 36 des Arzneimittelgesetzes von der Zulassung oder nach § 39 Abs. 3 des Arzneimittelgesetzes von der Registrierung freigestellt sind, oder Wirkstoffe im Sinne des § 4 Abs. 19 des Arzneimittelgesetzes, die aus oder unter Verwendung von Zellen hergestellt sind.

(2) Ebenso ist verboten, Organe oder Gewebe, die nach Absatz 1 Satz 1 Gegenstand verbotenen Handeltreibens sind, zu entnehmen, auf einen anderen Menschen zu übertragen oder sich übertragen zu lassen.

§ 18 Organ- und Gewebehandel

(1) Wer entgegen § 17 Abs. 1 Satz 1 mit einem Organ oder Gewebe Handel treibt oder entgegen § 17 Abs. 2 ein Organ oder Gewebe entnimmt, überträgt oder sich übertragen lässt, wird mit Freiheitsstrafe bis zu fünf Jahren oder mit Geldstrafe bestraft.

(2) Handelt der Täter in den Fällen des Absatzes 1 gewerbsmäßig, ist die Strafe Freiheitsstrafe von einem Jahr bis zu fünf Jahren.

(3) Der Versuch ist strafbar.

(4) Das Gericht kann bei Organ- oder Gewebespendern, deren Organe oder Gewebe Gegenstand verbotenen Handeltreibens waren, und bei Organ- oder Gewebeempfängern von einer Bestrafung nach Absatz 1 absehen oder die Strafe nach seinem Ermessen mildern (§ 49 Abs. 2 des Strafgesetzbuchs).

A. Regelungscharakter

Die §§ 17 und 18 stellen den gewinnorientierten Umgang mit Organen oder Geweben (§ 17 Abs. 1) **1** und die Entnahme, das Übertragen sowie das sich Übertragenlassen von iSv § 17 Abs. 1 gehandelten Organen oder Geweben (§ 17 Abs. 2) unter der Voraussetzung unter Strafe, dass das Transplantat zum therapeutischen Einsatz im Rahmen einer **Heilbehandlung** einer **anderen** Person als der Täter bestimmt ist, gleichgültig ob es sich um eine Spende von einer lebenden Person (§§ 8 ff.) oder eine postmortale Entnahme (§§ 3 ff.) handelt. Unter den Begriff der Heilbehandlung fällt auch ein Einsatz nach pharmazeutischer Weiterbehandlung als Arzneimittel. **Nicht erfasst** sind Entnahmen zu anderen Zwecken, etwa zur Rückübertragung auf den Spender, zu Zwecken der Ausbildung, der Forschung, zur Herstellung von Kosmetika oder zur Feststellung der Todesursache (BT-Drs. 13/4355, 29; MüKoStGB/ *Tag* Rn. 12). Mit den zu diesen anderen Zwecken entnommenen Organen und Geweben darf folglich gehandelt werden (Schroth/König/Gutmann/Oduncu/*König* § 18 Rn. 15). Verboten ist hingegen grds. die Abgabe von Organen, Organteilen, Geweben oder Zellen an pharmazeutische Unternehmen zum Zweck der Herstellung von Arzneimitteln (vgl. aber die Ausnahmevorschrift des § 17 Abs. 1 S. 2 Nr. 2). Bis zum 1.8.2007 waren Knochenmark sowie embryonale und fetale Organe oder Gewebe (§ 1 Abs. 2 in der bis 31.7.2007 geltenden Fassung) sowie menschliche Zellen, wie DNA-Teile, Ei- und Samenzellen, vom Anwendungsbereich des TPG ausgenommen (→ Vorb. Rn. 1), weshalb deren Handel bis zur Neufassung straffrei war. § 18 setzt in sämtlichen Modalitäten **Vorsatz** (→ StGB § 15 Rn. 7 ff.) voraus.

B. Die Regelungen im Einzelnen

I. Das Handelsverbot nach § 17 Abs. 1 iVm § 18 Abs. 1 Alt. 1

Der Begriff des **Handeltreibens** entspricht dem des **BtMG** (BT-Drs. 13/4355, 29 f.) einschränkend **2** *Rissing-van Saan* NStZ 2014, 233 (238); abl. *Oğlakcıoğlu* HRRS 2012, 381 (385); vgl. auch LG Essen GesR 2015, 414 (415) zu § 95 Abs. 1 AMG). Er ist weit auszulegen und umfasst alle eigennützigen Bemühungen, die darauf gerichtet sind, den Güterumsatz von Organen oder Geweben zu ermöglichen oder zu fördern, selbst wenn es sich nur um eine einmalige oder auch nur vermittelnde Tätigkeit handelt (BGHSt 50, 252 (258), zu § 29 BtMG). Vollendetes Handel treiben ist bereits dann gegeben, wenn der Täter in ernsthafte, über das Stadium bloßer Anfragen hinausgehende Verhandlungen über den Umsatz des zum gewinnbringenden Weiterverkauf bestimmten Transplantats eintritt, etwa per Telefax bei Krankenhäusern Organe anbietet (LG München I NJW 2002, 2655). Typische Handlungsformen sind ferner Entnahme, Aufbewahrung, Aufbereitung oder Transport des Transplantats (vgl. § 17 Abs. 1 S. 2 Nr. 1). Nicht erforderlich ist es, dass es zum angestrebten Umsatz tatsächlich kommt (Spickhoff/*Middel*/ *Scholz* § 17 Rn. 5). Es gelten jedoch auch insoweit die allgemeinen Regeln zur Abgrenzung von Täterschaft und Teilnahme (hierzu Fischer StGB Vor § 25 Rn. 1). Abzustellen ist darauf, welche Bedeutung dem Beitrag der jeweiligen Beteiligten innerhalb des Gesamtgeschäfts zukommt (BGH NJW 2007, 1220). Täter kann danach auch der Arzt sein, der einen Gegenstand verbotenen Handelns überträgt. **Eigennützig** handelt, wer sich vom Streben nach Gewinn leiten lässt oder sich sonst irgendeinen Vorteil, auf den kein Anspruch hat und der ihn materiell oder immateriell besser stellt, erwartet. Zur weiteren Auslegung kann auf die zum BtMG ergangene Rspr. zurückgegriffen werden (BT-Drs. 13/4355, 29).

Dem **Organspender** ist jeder, auf einen Gewinn oder sonstigen Vorteil gerichteter Umsatz verboten. Die Entgeltklausel des § 17 Abs. 1 S. 2 Nr. 1 (→ Rn. 3) greift für ihn nicht. Es kommt nicht darauf an, ob die (versprochene) Entnahme zu Lebzeiten oder nach dem Tod des Spenders durchgeführt werden soll. Das Verbot gilt nicht nur für klassische Kaufpreiszahlungen, sondern auch bei Fallgestaltungen, in denen der Empfänger dem mit ihm verwandten Spender sonstige Zuwendungen, etwa in Form einer Erbschaft, verspricht. Ob dies mit dem (erweiterten) Schutzzweck des Gesetzes vereinbar ist, erscheint zweifelhaft (*Schroth* JZ 1997, 1149 (1150)), eine Beschränkung der Strafbarkeit wird in diesen Fällen über § 18 Abs. 4 vorzunehmen sein. Der Spender der sog Cross-Over-Lebendspende handelt idR nicht eigennützig (Schroth/König/Gutmann/Oduncu §§ 17, 18 Rn. 31 mwN; Nickel/Schmidt-Preisigke/Sengler § 18 Rn. 4; aA offenbar *Edelmann* VersR 1999, 1067; zweifelnd *Schroth* JZ 1997, 1149 (1151)). Der Ausgleich von materiellen Einbußen, die unmittelbar mit der Spende verbunden sind (Krankenhauskosten, Verdienstausfall), oder die Übernahme der Kosten für eine angemessene Absicherung (Abschluss einer Berufsunfähigkeitsversicherung etc) stellen keinen Vorteil in diesem Sinne dar (BT-Drs. 13/4355, 30; zu weiteren Einzelheiten Schroth/König/Gutmann/Oduncu/*König* § 18 Rn. 26 ff.; *Schroth* FS Roxin, 2001, 884 ff.). Der **Organempfänger** ist als Erwerber entsprechend der im BtMG geltenden Systematik nicht wegen (mit-)täterschaftlichen Handeltreibens strafbar. Dies ergibt sich auch aus dem Wortlaut des § 17 Abs. 1 S. 1, wonach das Handelsobjekt zur Heilbehandlung eines *anderen* bestimmt sein muss. Denkbar bleibt jedoch eine Beteiligung am Organhandel eines Dritten, soweit der Erwerber nicht als notwendiger Teilnehmer (hierzu Fischer StGB Vor § 25 Rn. 6) straffrei bleibt, etwa wenn er den Spender nachdrücklich zur Spende drängt (Schroth/König/Gutmann/Oduncu/*König* § 18 Rn. 33). Im Grundsatz erfasst sind sämtliche Tätigkeiten, die im Rahmen **ärztlicher oder pflegerischer Leistungen** gegen Entgelt erbracht werden; eine Beschränkung erfolgt in diesen Fällen über § 17 Abs. 1 S. 2 Nr. 1.

3   **Nicht** gegen das **Handelsverbot** verstößt derjenige, der lediglich ein **angemessenes Entgelt** für die zur Erreichung des Ziels der Heilbehandlung **gebotenen Maßnahmen** gewährt bzw. annimmt (§ 17 Abs. 1 S. 2 Nr. 1), wobei es nicht darauf ankommt, ob das Transplantat rechtmäßig erlangt wurde (Schroth/König/Gutmann/Oduncu/*König* § 18 Rn. 47). Im Hinblick auf den weiten Begriff des Handeltreibens sind die Merkmale des Gewährens und Annehmens auch auf Handlungen im Vorfeld, wie das Anbieten, Versprechen oder Fordern eines angemessenen Entgelts auszudrücken. Der Ausnahmetatbestand privilegiert in erster Linie Personen, die im Rahmen ihres Arbeitsverhältnisses oder sonst entgeltliche Leistungen bei der Vorbereitung oder Durchführung einer Transplantation erbringen (Ärzte, Laborangestellte, Transporteure) und für die – entgegen der Entwurfsbegründung (BT-Drs. 13/4355, 30) – ansonsten das Handelsverbot gelten würde. Die Maßnahmen müssen aber geboten, also medizinisch indiziert sein. Es verbleibt jedoch bei dem Grundsatz, dass ein Entgelt für das **Organ oder Gewebe selbst nicht** verlangt oder entrichtet werden darf. Der Begriff des Entgelts erfasst jeden vermögenswerten Vorteil. Als „angemessen" sieht der Gesetzgeber (BT-Drs. 13/4355, 30) insbes. die üblichen Vergütungen an, die in den Vereinbarungen mit den Leistungsträgern der Sozialversicherungen oder durch bzw. aufgrund Gesetz oder Rechtsverordnung bestimmt sind. Im Übrigen ist auf die im deutschen und europäischen Gesundheitswesen marktüblichen Vergütungen abzustellen. Die Frage der Üblichkeit ist ggf. sachverständig festzustellen, wobei Pauschalierungen zulässig sind.

4   Das Handelsverbot gilt auch, soweit die zu Therapiezwecken bestimmten Organe und Gewebe zugleich dem Arzneimittelbegriff des § 2 AMG unter fallen. Die Vorschrift trägt dem Umstand Rechnung, dass bestimmte Organ- oder Gewebeteile als zugelassenes Arzneimittel nach dem AMG entgeltlich abgegeben, mithin gehandelt werden dürfen. Dieser Handel ist nach § 17 Abs. 1 S. 2 Nr. 2 **nicht verboten** und straffrei, wenn es sich um ein **zulassungs- oder registrierungspflichtiges Arzneimittel** handelt oder wenn es durch Rechtsverordnung von der **Zulassung oder Registrierung befreit** ist; erlaubt ist ferner ein Handel mit Zellen, wenn diese zur Herstellung eines **Wirkstoffs** (§ 4 Abs. 19 AMG) verwendet werden. Die Ausnahmevorschrift greift jedoch erst ab der Fertigstellung des verkehrsfähigen Arzneimittels ein; für dieses gelten dann die Zulassungs- und Registrierungsvorschriften des AMG. Bis zum Abschluss des Herstellungsstadiums bleibt ein Handel mit den dem TPG unterliegenden Bestandteilen, insbes. deren Verkauf an oder Ankauf durch pharmazeutische Unternehmen, grds. verboten (Schroth/König/Gutmann/Oduncu/*König* § 18 Rn. 13). Wird nicht für das Organ oder Gewebe selbst sondern für (gebotene) Tätigkeiten im Zusammenhang mit Entnahme und Transplantation ein Entgelt verlangt oder gewährt, gilt die Ausnahmevorschrift des § 17 Abs. 1 S. 2 Nr. 1 auch hier. § 17 Abs. 1 S. 2 Nr. 2 gilt nicht für Organe iSv § 1a Nr. 1, die ohne weitere pharmazeutische Veränderung auf einen Menschen übertragen werden sollen (vgl. § 2 Abs. 3 Nr. 8 AMG), ferner nicht für Gewebe, die innerhalb eines Behandlungsvorgangs einer Person entnommen werden, um auf diese rückübertragen zu werden (§ 4a S. 1 Nr. 3 AMG). Ansonsten gelten Gewebe, insbes. Augenhornhäute, Hautstücke, Blutgefäße oder Herzklappen, auch dann als Arzneimittel, wenn sie nicht in einem pharmazeutischen Prozess verarbeitet werden (BT-Drs. 543/06, 84); sie können damit von § 17 Abs. 1 S. 2 Nr. 2 grds. erfasst sein.

II. Die Verbote des § 17 Abs. 2 iVm § 18 Abs. 1 Alt. 2

5   § 17 Abs. 2 erfasst Modalitäten, die zwar nicht selbst verbotenen Organhandel darstellen, mit denen aber typischer Weise mittelbar eine **Förderung des Handels** verbunden ist. Die Vorschrift richtet sich

in erster Linie, aber nicht ausschließlich, an die mit der Entnahme und Übertragung von Handelsobjekten iSd § 17 Abs. 1 S. 1 befassten Mediziner, die nicht aus Eigennutz oder nur gegen ein angemessenes Entgelt iSv § 17 Abs. 1 S. 2 Nr. 1 (aA Schroth/König/Gutmann/Oduncu/*König* § 18 Rn. 56, der von einer Sperrwirkung des § 17 Abs. 1 S. 2 Nr. 1 u. 2 auch hinsichtlich § 17 Abs. 2 ausgeht) handeln und damit nicht Täter des § 17 Abs. 1 S. 1 sein können; eine Begrenzung der Strafbarkeit kann hier über das Vorsatzelement und §§ 34, 35 StGB (→ Rn. 8) erfolgen. Daneben wird für den Empfänger das Sich-Übertragenlassen eines gehandelten Organs oder Gewebes unter Strafe gestellt, auch wenn dieser als notwendiger Teilnehmer nach §§ 17 Abs. 1, 18 Abs. 1 Alt. 1 straflos bleibt. Eine Beschränkung des Tatbestandes ergibt sich auch hier aus dem Vorsatzelement, das sich auch auf das Nichteingreifen der Ausschlusstatbestände des § 17 Abs. 1 S. 2 Nr. 1 u. 2 beziehen muss. Der Organhandel muss zum Zeitpunkt der Tathandlung zumindest versucht und darf noch nicht beendet sein („… Gegenstand … sind.“). Eine Beendigung ist entspr. der zum BtMG ergangenen Rspr. (ua BGH NStZ 2008, 465 mwN) anzunehmen, wenn Geld- und Warenfluss „zur Ruhe" gekommen sind.

III. Der gewerbsmäßige Organ- und Gewebehandel, § 18 Abs. 2

Der Verbrechenstatbestand des § 18 Abs. 2, der Freiheitsstrafe von einem Jahr bis zu fünf Jahren **6** vorsieht, soll der Entstehung und Ausweitung eines illegalen Organ- und Gewebehandels entgegenwirken. Gewerbsmäßig handelt, wer sich durch wiederholte Tatbegehung eine fortlaufende Einnahmequelle von einiger Dauer und einigem Umfang zu verschaffen sucht. Zur Auslegung des Merkmals der Gewerbsmäßigkeit kann im Übrigen auf die zum Betäubungsmittelstrafrecht ergangene Rechtsprechung des BGH (ua NStZ 1998, 89) zurückgegriffen werden (BT-Drs. 13/8017, 44). Der Versuch des Qualifikationstatbestandes ist nach § 23 Abs. 1 Alt. 1 StGB strafbar.

IV. Versuchsstrafbarkeit, § 18 Abs. 3

Strafbar ist auch der Versuch des Vergehenstatbestandes des Abs. 1. Aufgrund der Weite des Begriffs **7** des Handeltreibens (vgl. BGH NStZ 2006, 171) bleibt dort für eine Versuchsstrafbarkeit wenig Raum. Ansonsten gelten die allgemeinen Grundsätze (→ StGB § 22 Rn. 13 ff.; Fischer StGB § 22 Rn. 3 ff.).

V. Rechtfertigung und Schuldausschluss

Auf Seiten des **Spenders** scheidet eine Anwendung der §§ 34, 35 StGB regelmäßig daran, dass auch **8** eine uneigennützige Spende möglich sein wird. Für den **Empfänger** kann bei Würdigung des Einzelfalls eine Rechtfertigung (§ 34 StGB) oder Entschuldigung (§ 35 StGB) eingreifen, wenn ihm bei bestehender Lebensgefahr oder drohendem schweren Gesundheitsschaden ein Zuwarten nicht zumutbar ist (vgl. BT-Drs. 13/4355, 31). Der Gesetzgeber hat sich jedoch in Kenntnis der besonderen Lage, in der sich der Empfänger von Transplantaten regelmäßig befinden, für eine Pönalisierung entschieden (sa § 18 Abs. 4), weshalb von §§ 34, 35 StGB nur sehr restriktiv Gebrauch gemacht werden kann. Auch für den die Transplantation durchführenden **Arzt** und seine Hilfskräfte wird in extremen Fällen krisenhafter Zuspitzung eine Notstandsrechtfertigung bejaht werden können (Schroth/König/Gutmann/Oduncu/*König* § 18 Rn. 63; *Dittrich,* Organentnahme und Rechtfertigung durch Notstand?, 2003, 135).

VI. Strafmilderung und Absehen von Strafe, § 18 Abs. 4

Die Privilegierung ermöglicht eine fakultative Strafmilderung oder ein Absehen von Strafe für **9** Empfänger und Spender von Organen und Gewebe. Die Regelung gibt über die Eigenschaft des Täters als Empfänger oder Spender hinaus keine normativen Vorgaben. Die von der zugrunde liegenden Beschlussempfehlung (BT-Drs. 13/8017, 217) als Begründung herangezogenen besonderen Motivlagen – gesundheitliche Notlage beim Erwerber bzw. wirtschaftliche Not beim Spender – dürften in den allermeisten Fällen des Organhandels festzustellen sein. Dieses Kriterium ist deshalb kaum geeignet, den Anwendungsbereich näher einzugrenzen. Die Vereinbarkeit der Vorschrift mit Art. 103 GG wird im Hinblick auf den Bestimmtheitsgrundsatz aus diesen Gründen bezweifelt (Schroth/König/Gutmann/Oduncu/*König* § 18 Rn. 66; *Schroth* JZ 1997, 1551; MüKoStGB/*Tag* Rn. 37). Ähnlich wie bei § 236 Abs. 5 StGB dürfte zur näheren Eingrenzung auf das Maß der Schuld abzustellen sein, welches durch eine auf Seiten des Täters bestehende Notlage verringert sein kann. Beim Spender ist in diesem Zusammenhang auch an § 60 StGB zu denken, der ebenfalls ein Absehen von Strafe ermöglicht, wenn die (gesundheitlichen) Folgen der Tat für ihn so schwer sind, dass die Verhängung einer Strafe offensichtlich verfehlt wäre.

VII. Konkurrenzen

Wie im Betäubungsmittelstrafrecht werden die vom Begriff des Handeltreibens erfassten Teilakte zu **10** einer Bewertungseinheit zusammengefasst. Zwischen der Teilnahme des **Empfängers** am verbotenen Handel treiben eines anderen und dem täterschaftlich verwirklichten §§ 17 Abs. 2, 18 besteht Idealkonkurrenz. Liegt die Teilnahme des **Arztes** gerade in der Entnahme oder Übertragung, so tritt die Teilnahme am Handel treiben hinter dem täterschaftlich verwirklichten §§ 17 Abs. 2, 18 zurück (Höfling/*Bernsmann*/*Sickor* § 18 Rn. 78).

Eine wirksame Einwilligung nach dem TPG führt nach hM (Fischer StGB § 228 Rn. 24a mwN; aA *Schroth* JZ 1997, 1149 (1152)) im Umfang ihrer Reichweite zum Entfall der Rechtswidrigkeit konkurrierender Körperverletzungsdelikte (§ 228 StGB); fehlt eine wirksame Einwilligung, können diese, ebenso wie die §§ 211 ff. StGB sowie § 222 und § 229 StGB, ideal konkurrieren. § 261 StGB tritt hinter § 18 Abs. 2 zurück (Schroth/König/Gutmann/Oduncu/*König* § 18 Rn. 72).

VIII. Auslandstaten

11   § 5 Nr. 15 StGB erstreckt die deutsche Strafbarkeit auf Taten des Organ- und Gewebehandels (§ 18 Abs. 1, 2), die im Ausland von Deutschen begangen werden. Darauf, ob die Tat am Tatort strafbar wäre, kommt es nicht an. Damit kann ein Deutscher, der sich im Ausland ein gehandeltes Organ einsetzen lässt, nach deutschem Strafrecht verfolgt werden.

§ 19 Weitere Strafvorschriften

(1) Wer

1. entgegen § 8 Abs. 1 Satz 1 Nr. 1 Buchstabe a oder Buchstabe b oder Nr. 4 oder § 8c Abs. 1 Nr. 1 oder Nr. 3, Abs. 2 Satz 1, auch in Verbindung mit Abs. 3 Satz 2, oder § 8c Abs. 3 Satz 1 ein Organ oder Gewebe entnimmt,
2. entgegen § 8 Abs. 1 Satz 2 ein Organ entnimmt oder
3. entgegen § 8b Abs. 1 Satz 1, auch in Verbindung mit Abs. 2, ein Organ oder Gewebe zur Übertragung auf eine andere Person verwendet oder menschliche Samenzellen gewinnt,

wird mit Freiheitsstrafe bis zu fünf Jahren oder mit Geldstrafe bestraft.

(2) Wer entgegen § 3 Abs. 1 Satz 1 oder Abs. 2, § 4 Abs. 1 Satz 2 oder § 4a Abs. 1 Satz 1 ein Organ oder Gewebe entnimmt, wird mit Freiheitsstrafe bis zu drei Jahren oder mit Geldstrafe bestraft.

(2a) Mit Freiheitsstrafe bis zu zwei Jahren oder mit Geldstrafe wird bestraft, wer absichtlich entgegen § 10 Absatz 3 Satz 2 den Gesundheitszustand eines Patienten erhebt, dokumentiert oder übermittelt.

(3) Wer

1. entgegen § 2 Abs. 4 Satz 1 oder Satz 3 eine Auskunft erteilt oder weitergibt,
2. entgegen § 13 Abs. 2 eine Angabe verwendet oder
3. entgegen § 14 Abs. 2 Satz 1, auch in Verbindung mit Satz 2, oder Satz 3 personenbezogene Daten offenbart oder verwendet,

wird mit Freiheitsstrafe bis zu einem Jahr oder mit Geldstrafe bestraft.

(4) In den Fällen der Absätze 1, 2 und 2a ist der Versuch strafbar.

(5) Handelt der Täter in den Fällen des Absatzes 2 fahrlässig, ist die Strafe Freiheitsstrafe bis zu einem Jahr oder Geldstrafe.

A. Regelungscharakter

1   Das TPG stellt differenzierte Regelungen für die Entnahme beim Verstorbenen (§ 3) und beim Lebenden (§ 8) zur Verfügung. Der Begriff der **Entnahme** bedeutet nach der Legaldefinition des § 1a Nr. 6 die Gewinnung von Organen oder Geweben. Damit ist nicht nur ein Entfernen aus dem Köperinneren gemeint. Erfasst ist jede Form der unmittelbaren Gewinnung durch Eingriff im oder am menschlichen Körper, wie auch die mittelbare extrakorporale Gewinnung, etwa im Fall von Sektions- und Operationsresten (BT-Drs. 16/3146, 24); eine Entnahme liegt bspw. auch im Abtrennen von Gliedmaßen, etwa der Hand (Schroth/König/Gutmann/Oduncu § 1 Rn. 12). Vor der Einfügung der Legaldefinition des § 1a Nr. 6 durch das GewebeG (→ Vorb. Rn. 1) wurde vertreten, dass es eines aktiven Ablösevorgangs vom Körper bedürfe, Abstoßungsvorgänge sollten nicht genügen (Nickel/Schmidt-Preisigke/Sengler § 1 Rn. 2). Eine solche Einschränkung ist § 1a Nr. 6 nicht zu entnehmen. Eine „Gewinnung" von Geweben erfolgt vielmehr jedenfalls dann, wenn der Abstoßungsvorgang zielgerichtet herbeigeführt wird, wie etwa bei der Gewinnung von Samenzellen. Die Einhaltung der jeweils zentralen Verfahrensvorschriften wird für die **Lebendspende** durch Abs. 1 und für die Entnahme beim **Verstorbenen** durch Abs. 2 strafrechtlich gesichert. Der erst 2013 neu eingefügte Abs. 2a stellt das gezielt unrichtige Feststellen des Gesundheitszustandes eines potentiellen Empfängers unter Strafe. Abs. 3 sanktioniert Verstöße gegen den **Geheimhaltungsschutz**. Eine **Auslandstrafbarkeit** kommt unter den Voraussetzungen des § 5 Nr. 12 StGB (Amtsträgereigenschaft; hierzu Fischer StGB § 5 Rn. 12) in Betracht.

B. Die Regelungen im Einzelnen

I. § 19 Abs. 1 (Entnahme beim lebenden Spender)

Eine Entnahme beim lebenden Spender kann stets nur dann straffrei bleiben, wenn absehbar ist, dass **2** dieser hierdurch nicht zu Tode kommen wird; ansonsten greifen die Regelungen der §§ 211 ff. StGB, insbes. § 216 StGB, ein. Die Entnahme von Organen beim Lebendspender bleibt damit in der Praxis im Wesentlichen auf die Nierenspende beschränkt. Die weiteren Voraussetzungen ergeben sich aus den §§ 8–8c, wobei die §§ 8b und 8c erst durch das GewebeG (→ Vorb. Rn. 1) eingefügt wurden. Während Abs. 1 Nr. 1 u. 2 ausschließlich die Übertragung von Organen und Geweben zum Gegenstand haben, wird in Nr. 3 auch die Entnahme von Samenzellen im Rahmen einer medizinisch unterstützen Befruchtung strafrechtlich flankiert. Ein Verstoß gegen die in Abs. 1 aufgeführten Verfahrensvoraus-setzungen, insbes. das Einwilligungserfordernis, kann nicht nach § 34 StGB gerechtfertigt sein (Höfling/ *Bernsmann/Sickor* § 18 Rn. 56; Fischer StGB § 168 Rn. 15). Der Versuch ist strafbar (Abs. 4). **Fahr-lässiges Verhalten** führt – anders als bei Abs. 2 – **nicht** zur Strafbarkeit.

1. § 19 Abs. 1 Nr. 1. Strafbar macht sich, wer die Entnahme von Organen oder Geweben zum **3** Zweck der Übertragung auf eine andere Person vornimmt, obwohl der Spender **nicht volljährig oder nicht einwilligungsfähig** ist (§ 8 Abs. 1 S. 1 Nr. 1a), nicht in verständlicher Form durch einen Arzt über die in § 8 Abs. 2 S. 1 Nr. 1–6 bezeichneten Gegenstände **aufgeklärt** wurde oder nicht frei von Willensmängeln und ausdrücklich **eingewilligt** hat (§ 8 Abs. 2 S. 1 Nr. 1b; zur Einwilligung *Fateh-Moghadam,* Die Einwilligung in die Lebendorganspende, 2008; *Schroth* FS Hassemer, 2010, 787 (790 ff.); *Hillenkamp,* Wann ist die Einwilligung in eine Lebendorganspende (LOS) „nicht freiwillig"?, MedR 2016, 109; zu möglichen Willensmängeln Schroth/König/Gutmann/Oduncu/*König* Rn. 82 ff.) sowie, wenn der Eingriff nicht von einem **Arzt** vorgenommen wird (§ 8 Abs. 1 S. 1 Nr. 4). Ein Verstoß gegen das Schriftformerfordernis des § 8 Abs. 2 S. 4 berührt die Wirksamkeit der Einwilligung nicht. Die Entnahme von Knochenmark ist unter den Voraussetzungen des § 8a abweichend von § 8 Abs. 1 S. 1 Nr. 1a auch beim Minderjährigen erlaubt.

Geht es um eine Entnahme zum Zwecke der **Rückübertragung,** so wird das Fehlen einer der folgenden Voraussetzungen bestraft: Die einwilligungsfähige Person wurde nicht vorher nach den Erfordernissen des § 8 Abs. 2 S. 1 u. 2 aufgeklärt oder hat nicht wirksam eingewilligt (§ 8c Abs. 1 Nr. 1) oder die Entnahme und Rückübertragung wurde nicht durch einen Arzt vorgenommen (§ 8c Abs. 1 Nr. 3). Entsprechendes gilt, wenn bei einer Person, die nicht einwilligungsfähig ist, der gesetzliche Vertreter bzw. Bevollmächtigte nicht entspr. § 8 Abs. 2 S. 1 u. 2 aufgeklärt wurde oder nicht zugestimmt hat (§ 8c Abs. 2 S. 1).

Ferner wird die Entnahme von Organen oder Geweben zum Zwecke der Rückübertragung bei einem lebenden **Fötus oder Embryo** bestraft, wenn die damit schwangere Frau nicht aufgeklärt wurde (§ 8c Abs. 3 S. 1, § 8 Abs. 2 S. 1 u. 2) oder nicht eingewilligt hat oder die Entnahme nicht durch einen Arzt durchgeführt wird (§ 8c Abs. 3 S. 1 iVm § 8 Abs. 1 S. 1 Nr. 3). Aufgrund der gesetzlichen Verweisung auf § 8c Abs. 3 S. 1, der wiederum auf § 8c Abs. 1 S. 1 Nr. 2 verweist, wird in dieser Fallkonstellation zudem die Entnahme oder Rückübertragung unter Strafe gestellt, die nicht im Rahmen einer medizinischen Behandlung erfolgen oder nicht nach dem allgemein anerkannten Stand der medizinischen Wissenschaft für diese Behandlung erforderlich sind.

2. § 19 Abs. 1 Nr. 2. Bei der Lebendspende von **nicht regenerationsfähigen Organen** (insbes. **4** Niere), ist der mögliche Spenderkreis auf das engere persönliche Umfeld des Empfängers beschränkt (krit. hierzu MüKoStGB/*Tag* Rn. 1; *Schroth* MedR 2012, 570 (573)). Für Gewebe gilt diese Ein-schränkung des Spenderkreises nicht. Wer entgegen der Beschränkung ein Organ entnimmt, macht sich nach Abs. 1 Nr. 2 strafbar, selbst wenn der Spender nach hinreichender Aufklärung in die Entnahme eingewilligt hatte. Die Entnahme ist nach § 8 Abs. 1 S. 2 nur zulässig, wenn der Empfänger Verwandter ersten oder zweiten Grades (§ 1589 BGB), Ehegatte, eingetragener Lebenspartner (§ 1 LPartG) oder Verlobter ist oder wenn er dem Spender in besonderer persönlicher Verbundenheit offenkundig nahe steht. Das letztgenannte Kriterium wirft aufgrund seiner Unbestimmtheit erhebliche Auslegungsfragen auf. Nach der Gesetzesbegründung zeichnet sich die „besondere persönliche Verbundenheit" regelmäßig durch innere als auch äußere Merkmale aus, wie eine gemeinsame Wohnung oder häufige Kontakte (BT-Drs. 13/4355, 20; 13/8017, 42). Es bedarf eines Assoziationsgrades in äußerer und innerer Hinsicht, bei dem sich – wie etwa bei Verwandten – typischerweise die Vermutung aufstellen lässt, dass der Entschluss zur Organspende ohne Ausübung von Druck oder äußerem Zwang bewirkt und frei von finanziellen Erwägungen getroffen wurde (Einzelheiten Nickel/Schmidt-Preisigke/Sengler § 8 Rn. 14 ff.; *Edelmann* VersR 1999, 1066; zur Cross-over-Spende Schroth/König/Gutmann/Oduncu/ *König* Rn. 188); die Vorschrift verstößt nicht gegen den Bestimmtheitsgrundsatz (BVerfG NJW 1999, 3399). Weil eine Strafbarkeit wegen fahrlässiger Begehung nicht gegeben ist, führt ein Irrtum über das Bestehen eines solchen Näheverhältnisses regelmäßig zum Strafbarkeitsausschluss. Am Vorsatz dürfte es regelmäßig fehlen, wenn die bei den Landesärztekammern einzurichtende Kommission (§ 8 Abs. 3 S. 2) zugestimmt hat. Zum Eingreifen von § 34 StGB bei einem Verstoß gegen § 8 Abs. 1 S. 2 Schroth/König/Gutmann/Oduncu/*König* Rn. 197.

5   **3. § 19 Abs. 1 Nr. 3.** Wurde ein Organ oder Gewebe einer lebenden Person im Rahmen einer medizinischen Behandlung entnommen, die aus anderen Gründen als einer unmittelbaren Übertragung des Organs oder Gewebes vorgenommen wurde, so setzt seine Übertragung voraus, dass die Person einwilligungsfähig ist, entsprechend § 8 Abs. 2 S. 1 u. 2 aufgeklärt wurde und eingewilligt hat, § 8b Abs. 1 S. 1. Als Beispiele nennt der Gesetzentwurf Operationsreste oder die Plazenta (BT-Drs. 543/06, 65). Dieselben Anforderungen gelten für menschliche Samenzellen, die für eine medizinisch unterstützte Befruchtung bestimmt sind, § 8b Abs. 2. Das Fehlen einer dieser Voraussetzungen führt zu einer Strafbarkeit nach Abs. 1 Nr. 3. Die Person muss nicht volljährig sein. Die Anwesenheit eines Arztes bei der Entnahme ist nicht erforderlich.

6   **4. Konkurrenzen.** Tateinheit zwischen den verschiedenen Modalitäten des Abs. 1 ist möglich. Das Verhältnis zu den §§ 223 ff. StGB hat der Gesetzgeber ausdrücklich offen gelassen (BT-Drs. 13/8017, 44) und ist in den Einzelheiten noch weitgehend ungeklärt. Kommt zum Verstoß gegen Abs. 1 ein Behandlungsfehler hinzu, besteht mit den §§ 223, 224, 226, 227, 229 StGB Tateinheit, ebenso beim Fehlen einer wirksamen Einwilligung (Nickel/Schmidt-Preisigke/Sengler, Rn. 15; MüKoStGB/*Tag* § 1 Rn. 18; aA Schroth/König/Gutmann/Oduncu/*König* Rn. 170 (Gesetzeskonkurrenz), der jedoch bei Fahrlässigkeit § 229 StGB als nicht verdrängt ansieht). Tateinheit mit §§ 212 StGB ist möglich.

II. § 19 Abs. 2 (Entnahme beim toten Spender)

7   Abs. 2 stellt Verstöße gegen ausgewählte Verfahrensregeln bei der Entnahme von Organen und Geweben beim toten Spender unter Strafe. Insbes. werden das Selbstbestimmungsrecht des potentiellen Spenders bzw. die Entscheidungsbefugnisse der Angehörigen und sonst legitimierter Personen geschützt. Der Tatbestand kann **vorsätzlich und fahrlässig** verwirklicht werden. Im Falle vorsätzliche Begehung beträgt die **Strafandrohung** Geldstrafe oder Freiheitsstrafe bis zu drei Jahren, bei Fahrlässigkeit Geldstrafe oder Freiheitsstrafe bis zu einem Jahr. Hat der mögliche Spender einer Entnahme ausdrücklich widersprochen, kommt eine Rechtfertigung nach § 34 StGB nicht in Betracht (Schroth/König/Gutmann/Oduncu/*König* Rn. 22); zur mutmaßlichen Einwilligung s. MüKoStGB/*Tag* Rn. 12 f.

8   **1. Entscheidungslösung.** Der Gesetzgeber hat sich zunächst für die sog **„erweiterte Zustimmungslösung"** entschieden, deren Verfassungsgemäßheit das BVerfG (NJW 1999, 3403; abl. *Rixen* NJW 1999, 3389) bestätigt hat. Danach ist eine postmortale Entnahme von Organen oder Geweben nur zulässig, wenn eine entsprechende ausdrückliche Einwilligung des möglichen Spenders, der zumindest 16 Jahre (§ 2 Abs. 2 S. 3) alt sein muss, vorliegt (§ 3 Abs. 1 Nr. 1). Sie ist stets unzulässig, wenn er der Entnahme widersprochen hatte (§ 3 Abs. 2 Nr. 1). Mit Gesetz v. 12.7.2012 (BGBl. I 1504) wollte der Gesetzgeber insbes. mittels Aufklärungsmaßnahmen erreichen, dass jeder potentielle Spender eine ausdrückliche Entscheidung für oder gegen eine postmortale Organentnahme trifft und dokumentiert, sog Entscheidungslösung (vgl. BT-Drs. 17/9030, 4). Eine Änderung der straf-/bußgeldrechtlich relevanten Regelungen war damit nicht verbunden.

Liegt dem Arzt eine schriftliche Erklärung (Einwilligung oder Widerspruch) nicht vor, hat er weiterhin zunächst den nächsten Angehörigen des Verstorbenen zu befragen, ob diesem eine Willensäußerung des potentiellen Spenders bekannt ist (§ 4 Abs. 1 S. 1). Wer „nächster Angehöriger" ist, bestimmt sich ebenso wie die Reihenfolge der Heranziehung nach § 1a Nr. 5. Erst wenn eine ausdrückliche Erklärung des potentiellen Spenders nicht ermittelt werden kann, entscheidet der nächste Angehörige (§ 4 Abs. 1 S. 2) unter Beachtung des mutmaßlichen Willens des möglichen Spenders (§ 4 Abs. 1 S. 2 u. 4). Hatte der nächste Angehörige in den letzten zwei Jahren vor dem Tod des möglichen Spenders zu diesem keinen Kontakt, scheidet er als Entscheidungsträger aus (§ 4 Abs. 2 S. 1); die Bestimmtheit des Begriffs „Kontakt" erscheint fraglich. Neben den nächsten Angehörigen kann eine volljährige Person, die potentiellen Spender bis zu seinem Tod in besonderer persönlicher Verbundenheit offenkundig nahe gestanden hat, treten (§ 4 Abs. 2 S. 5; → Rn. 4). Ob allein die Nichtbeachtung der Unterrichtungs- und Hinweispflichten des Arztes (§ 4 Abs. 1 S. 2 u. 5) eine Strafbarkeit auslöst, wird mit Recht bezweifelt (Schroth/König/Gutmann/Oduncu Rn. 32; Nickel/Schmidt-Preisigke/Sengler § 3 Rn. 19). Sofern der Verstorbene zu Lebzeiten eine Person bestimmt hat, die über die Entnahme entscheiden soll, tritt diese an die Stelle des nächsten Angehörigen (§ 4 Abs. 3). Eine **Entnahme gegen oder ohne die erforderliche rechtswirksame Einwilligung** des potentiellen Spenders bzw. Zustimmung der ersatzweise berufenen Personen löst eine Strafbarkeit nach Abs. 2 aus.

9   **2. Fehlende Feststellung des Todes.** Nach Abs. 2 macht sich ferner strafbar, wer ein Organ oder Gewebe entnimmt, ohne dass der **Tod** des Spenders nach Regeln, die dem Stand der Erkenntnisse der medizinischen Wissenschaft entsprechen, **festgestellt** ist (§ 3 Abs. 1 Nr. 2) oder wer die Entnahme durchführt, bevor (zumindest) der Gesamthirntot (zur Diskussion über den Todesbegriff *Schreiber* FS Amelung, 2009, 487; *Höfling* MedR 2013, 407), also der endgültige, nicht behebbare Ausfall der Gesamtfunktion des Großhirns, des Kleinhirns und des Hirnstamms, nach Verfahrensregeln, die dem

Stand der Erkenntnisse der medizinischen Wissenschaft entsprechen, festgestellt ist (§ 3 Abs. 2 Nr. 2). Die erste Alternative hat ggü. der zweiten keinen weitergehenden Anwendungsbereich (Schroth/König/Gutmann/Oduncu/*König* Rn. 3). Abzustellen ist auf die förmliche Feststellung, allein das objektive Vorliegen des Hirntods führt nicht zur Straffreiheit. Die Einhaltung des Standes der Erkenntnisse der medizinischen Wissenschaft wird vermutet, wenn die entsprechenden Richtlinien der Bundesärztekammer (RL zur Feststellung des Hirntods DÄBl 95 (1998), A 1861) beachtet worden sind (§ 16 Abs. 1 S. 2; weiterführend Höfling/*Bernsmann*/*Sickor* Rn. 65 ff.). Die zum Teil weitergehenden Anforderungen des § 5 werden strafrechtlich nicht geschützt; in Betracht kommt aber eine Ordnungswidrigkeit nach § 20 Abs. 1 Nr. 1 (→ § 20 Rn. 3).

3. Fehlende Qualifikation. Strafbar macht sich auch, wer den Eingriff vornimmt, ohne ein im Sinne 10 des Approbationsrechts zugelassener **Arzt** (§ 3 Abs. 1 Nr. 3) oder eine sonst qualifizierte und unter der Verantwortung oder fachlichen Weisung eines Arztes handelnde Person (§ 3 Abs. 1 S. 2) zu sein.

4. Besonderheiten beim toten Embryo oder Fötus. Geht es um eine Entnahme beim **toten** 11 **Embryo oder Fötus,** die erst seit Geltung des GewebeG erfasst ist, bedarf es neben der Todesfeststellung (§ 4a Abs. 1 S. 1 Nr. 1) und der ärztlichen Vornahme bzw. Überwachung (§ 4a Abs. 1 S. 1 Nr. 3, S. 2 iVm § 3 Abs. 1 S. 2) der Aufklärung und Einwilligung der Frau, die mit dem Embryo oder Fötus schwanger gewesen war (§ 4a Abs. 1 S. 1 Nr. 2). Ein Fehlen dieser Voraussetzungen löst ebenfalls die Strafbarkeit nach Abs. 2 aus.

5. Rechtfertigung. Eine ausdrücklich erklärte Weigerung kann durch Rechtfertigungsgründe iSv 12 **§ 34 StGB** nicht überwunden werden. Fehlt es lediglich an einer Erklärung, wird § 34 StGB für möglich gehalten (Lackner/Kühl/*Heger* StGB § 168 Rn. 4a), jedenfalls wenn die Entnahme zur konkreten Rettung eines Menschen geeignet und notwendig ist (Nickel/Schmidt-Preisigke/Sengler Rn. 8; Fischer StGB § 168 Rn. 15).

6. Konkurrenzen. § 168 Abs. 1 Alt. 1 StGB tritt im Wege der Spezialität hinter Abs. 2 zurück 13 (Fischer StGB § 168 Rn. 26; MüKoStGB/*Tag* § 1 Rn. 12; Höfling/*Bernsmann*/*Sickor* Rn. 105; aA Nickel/Schmidt-Preisigke/Sengler Rn. 9 – Tateinheit). Weil Abs. 2 iVm § 3 eine Entnahme beim toten Menschen voraussetzt, kommt eine Tateinheit mit Körperverletzungs- oder Tötungsdelikten hinsichtlich des Spenders allenfalls dann in Betracht, wenn bereits die Tötung dem Zweck der späteren Organentnahme dienen soll. Bei Bevorzugung eines Empfängers ggü. anderen auf der Warteliste befindlichen Patienten wird eine Strafbarkeit wegen eines (versuchten) Tötungsdelikts diskutiert (vgl. OLG Braunschweig NStZ 2013, 593; *Rissing-van Saan* NStZ 2014, 233; *Böse* ZJS 2014, 117; *Schroth*/*Hofmann* NStZ 2014, 486; *Dannecker*/*Streng-Baunemann* NStZ 2014, 673). Eigentumsdelikte scheiden in Fällen unbefugter Organentnahme regelmäßig aus (Schroth/König/Gutmann/Oduncu/*König* Rn. 41; aA Höfling/*Bernsmann*/*Sickor* Rn. 102).

III. § 19 Abs. 2a

Ziel der durch Art. 5a des Gesetzes v. 15.7.2013 (BGBl. I 2423) als Reaktion auf den sog Organ- 13a verteilungsskandal der Jahre 2012/2013 (vgl. hierzu *Höfling* DRiZ 2012, 332; *Kudlich* NJW 2013, 917; *Rissing-van Saan* NStZ 2014, 233 (234)) neu eingefügten Bestimmung ist der Schutz potentieller Organ- und Gewebeempfänger vor **Manipulationen** bei der **Organverteilung** (krit. zur Art der Umsetzung *Schroth* MedR 2013, 645) sowie die Sicherheit und Zuverlässigkeit der Transplantationsmedizin und das Vertrauen der Allgemeinheit hierauf (*Rissing-van Saan* NStZ 2014, 233 (238)).

Nach § 12 Abs. 3 S. 2 muss jeder potentielle Organempfänger zuvor auf eine Warteliste der Transplantationszentren aufgenommen worden sein, um legal ein Spenderorgan erhalten zu können. Die nähere Ausgestaltung der Regelungen zur Aufnahme in die Liste und zur Organisation der weiteren Vermittlung hat der Gesetzgeber durch § 16 Abs. 1 Nr. 2 und 5 der Bundesärztekammer übertragen (vgl. bspw. deren Richtlinien zur Organtransplantation gem. § 16 Abs. 1 S. 1 Nr. 2 u. 5; www.bundesaerztekammer.de/richtlinien). Nach diesen Richtlinien bemessen sich auch der „Rang", den ein Patient auf der Liste einnimmt und damit die Wahrscheinlichkeit, rechtzeitig das benötigte Organ zugeteilt zu erhalten. Eine unrichtige Erhebung, Dokumentation oder Übermittlung des Gesundheitszustandes eines Transplantationsbedürftigen, um diesem einen besseren „Rang" zu verschaffen, führt dabei zwangsläufig zu einer Verzögerung der Behandlung anderer Bedürftiger. Bis zur Einführung der Bestimmung konnten solche Handlungen allenfalls von den Tötungs- bzw. Körperverletzungtatbeständen erfasst sein (vgl. hierzu OLG Braunschweig NStZ 2013, 593; *Schroth* NStZ 2013, 437; *Kudlich* NJW 2013, 917; *Rissing-van Saan* NStZ 2014, 233; *Schroth*/*Hofmann* NStZ 2014, 486; aA *Oğlakcıoğlu* HRRS 2012, 381 (387) (auch Handel treiben)). Mit Blick auf das geschützte Allgemeinrechtsgut können diese Vorschriften nunmehr tateinheitlich konkurrieren.

Die Vorschrift erfasst allein **absichtliches Verhalten** im Hinblick auf die Manipulationshandlung. Der **Versuch** ist nach Abs. 4 strafbar. Der Strafrahmen umfasst Geldstrafe oder Freiheitsstrafe bis zu zwei Jahren.

IV. § 19 Abs. 3

14   Abs. 3 sanktioniert **Verstöße gegen Geheimhaltungsbestimmungen** und eröffnet einen Strafrahmen von Geldstrafe oder Freiheitsstrafe von einem Monat (§ 38 Abs. 2 StGB) bis zu einem Jahr. Der Versuch ist ebenso nicht strafbar, wie eine fahrlässige Begehung. Die in Abs. 3 des TPG idF v. 5.11.1997 enthaltene Subsidiaritätsklausel wurde durch das GeweG gestrichen, weil angesichts des inhaltlich über § 203 StGB hinausgehenden Regelungsgehalts Ahndungslücken nicht zu befürchten seien (BT-Drs. 16/5443, 56). Eine inhaltliche Änderung dürfte dies nicht bedeuten, es ist weiter davon auszugehen, dass Abs. 3 von § 203 StGB verdrängt wird (aA Höfling/*Bernsmann/Sickor* Rn. 106 − lex specialis); Abs. 3 lebt aber auf, wenn bei § 203 StGB der erforderliche Strafantrag (§ 205 StGB) fehlt (aA offenbar MüKoStGB/*Tag* Rn. 24).

15   **Nr. 1 iVm § 2 Abs. 3 S. 1 oder 3** betrifft die unberechtigte Erteilung oder Weitergabe von Auskünften aus dem **Organ- und Gewebespenderegister** (§ 2 Abs. 3). Weil das BMG ein solches Register noch nicht eingerichtet hat, läuft die Vorschrift leer. Seine Einführung ist jedoch vorgesehen (vgl. BT-Drs. 18/8209).

16   **Nr. 2 iVm § 13 Abs. 2** betrifft die Verwendung von Angaben aus den **Begleitpapieren** des Transplantats und der vorhandenen, von der Koordinierungsstelle zu verschlüsselnden (§ 13 Abs. 1) **personenbezogenen Daten des Spenders.** Die Koordinierungsstelle hat dafür Sorge zu tragen, dass eine Identifizierung des Spenders eines Transplantats nicht möglich ist. Eine gemeinsame Verwendung der sich aus den Begleitpapieren ergebenden Angaben mit den Daten des Spenders, insbes. in Form des Zusammenführens und Weitergebens an das Transplantationszentrum, in dem die Übertragung auf den Empfänger vorgenommen wird, ist grds. verboten und nach Nr. 2 strafbewehrt; sie ist nur dann erlaubt, wenn dies zur Abwehr einer zu befürchtenden gesundheitlichen Gefährdung des Organempfängers erforderlich ist. Anstelle der Koordinierungsstelle haften deren leitende Verantwortliche, § 14 StGB.

17   **Nr. 3 iVm § 14 Abs. 2 S. 1** betrifft die Geheimhaltungspflicht der **im Transplantationsverfahren beteiligten Personen.** Diese dürfen persönliche Daten der Spender und der Empfänger, sowie von Personen, die über eine beabsichtigte oder in Frage kommende Organ- oder Gewebeentnahme unterrichtet worden sind (§ 14 Abs. 2 S. 2), nicht offenbaren (§ 14 Abs. 2 S. 1). Eine Verwendung zu anderen, als den im TPG genannten Zwecken, erfüllt den Tatbestand. Das Verbot richtet sich an die Personen, die beteiligt sind an der Erteilung der Auskunft aus dem (noch einzurichtenden) Organ- und Gewebespenderegister (§ 2 Abs. 4) mit Ausnahme des Erklärenden selbst, an der Stellungnahme der Gutachterkommission bei der Lebendspende (§ 8 Abs. 3 S. 2) sowie an den für Transplantationszentren und andere Krankenhäusern nach § 11 Abs. 4 S. 1 vorgeschriebenen Mitteilungs-, Unterrichtungs- oder Übermittlungsvorgängen. Täter des Abs. 3 Nr. 3 können ferner sämtliche Personen sein, die an der Organ- oder Gewebeentnahme, der Organvermittlung oder –übertragung oder der Gewebeentnahme oder der Gewebeabgabe oder –übertragung beteiligt sind.

§ 20 Bußgeldvorschriften

(1) Ordnungswidrig handelt, wer vorsätzlich oder fahrlässig

1. entgegen § 5 Abs. 2 Satz 3 oder Abs. 3 Satz 3 eine Aufzeichnung nicht, nicht richtig, nicht vollständig oder nicht rechtzeitig macht,
2. entgegen § 8d Abs. 1 Satz 2 Nr. 3 in Verbindung mit einer Rechtsverordnung nach § 16a Satz 2 Nr. 3 nicht sicherstellt, dass eine Laboruntersuchung durchgeführt wird,
3. entgegen § 8d Abs. 2 in Verbindung mit einer Rechtsverordnung nach § 16a Satz 2 Nr. 1 eine Gewebeentnahme, eine Gewebeabgabe, eine damit verbundene Maßnahme oder eine dort genannte Angabe nicht, nicht richtig, nicht vollständig oder nicht rechtzeitig dokumentiert,
4. entgegen § 9 Absatz 1 oder Absatz 2 Satz 1 oder Satz 3 ein Organ entnimmt oder überträgt,
5. entgegen § 9 Absatz 2 Satz 2 ein Organ überträgt, ohne dass die Entnahme des Organs durch die Koordinierungsstelle organisiert wurde,
6. entgegen § 10 Absatz 2 Nummer 4 nicht, nicht richtig, nicht vollständig oder nicht rechtzeitig feststellt, dass die Organ- und Spendercharakterisierung nach § 10a Absatz 1 abgeschlossen ist oder die Bedingungen für den Transport nach § 10a Absatz 3 Satz 1 eingehalten sind,
7. entgegen § 10 Absatz 2 Nummer 5 die Organübertragung nicht, nicht richtig, nicht vollständig oder nicht rechtzeitig dokumentiert,
8. entgegen § 10a Absatz 1 Satz 1 nicht sicherstellt, dass ein Organ nur unter den dort genannten Voraussetzungen für eine Übertragung freigegeben wird,
9. entgegen § 13a in Verbindung mit einer Rechtsverordnung nach § 16a Satz 2 Nr. 1 nicht dafür sorgt, dass ein übertragenes Gewebe dokumentiert wird,
10. entgegen § 13b Satz 1 in Verbindung mit einer Rechtsverordnung nach § 16a Satz 2 Nr. 4 einen Qualitäts- oder Sicherheitsmangel oder eine schwerwiegende unerwünschte Re-

aktion nicht, nicht richtig, nicht rechtzeitig oder nicht vollständig dokumentiert oder eine Meldung nicht, nicht richtig, nicht vollständig oder nicht rechtzeitig macht oder

11. einer Rechtsverordnung nach § 10a Absatz 4 Satz 1, § 13 Absatz 4 oder § 16a Satz 1 oder einer vollziehbaren Anordnung auf Grund einer solchen Rechtsverordnung zuwiderhandelt, soweit die Rechtsverordnung für einen bestimmten Tatbestand auf diese Bußgeldvorschrift verweist.

(2) Die Ordnungswidrigkeit kann mit einer Geldbuße bis zu dreißigtausend Euro geahndet werden.

A. Regelungscharakter

Die Bestimmung erfasst die nach Ansicht und Willen des Gesetzgebers im Vergleich zu § 19 weniger   1 sanktionsbedürftigen Verstöße gegen Aufzeichnungs-, Dokumentations- und Informationspflichten. Mit diesen ist in der Regel zugleich eine Verletzung ärztlicher Berufspflichten verbunden, welche die entsprechenden berufsrechtlichen Folgen auslösen. § 20 wurde durch das GewebeG (→ Vorb. Rn. 1) erweitert und neu gefasst. Das BMG hat auf der Grundlage von § 16a durch VO v. 26.3.2008 (BGBl. I 512) die Anforderungen an Qualität und Sicherheit der Entnahme von Geweben und deren Übertragung nach dem TPG (TPG-GewVO) näher konkretisiert. Mit Gesetz v. 21.7.2012 (BGBl. I 1601) wurde Abs. 1 Nr. 4 neu gefasst und die Nr. 5, 6, und 8 neu eingefügt. Die Regelungen des OWiG gelten ergänzend (§ 2 OWiG). Die Zuständigkeit der zur Verfolgung u. Ahndung berufenen Behörden bestimmt sich nach Landesrecht (bspw. § 6 AGTPG (GVBl.-RP 1999, 424)).

B. Die Regelungen des § 20 Abs. 1 im Einzelnen

Sämtliche Modalitäten des § 20 erfassen sowohl **Vorsatz als auch Fahrlässigkeit.** Die festzusetzende   2 Geldbuße kann in allen Fällen bei vorsätzlicher Begehung bis zu 30.000 EUR (Abs. 2) und bei Fahrlässigkeit 15.000 EUR (Abs. 2 iVm § 17 Abs. 2 OWiG) betragen. In den Fällen des § 20 Abs. 1 Nr. 2, 3, 7 sowie 9–11 kann eine Geldbuße ggf. auch gegen die juristische Person oder Personenvereinigung festgesetzt werden. Die **Verfolgungsverjährung** beträgt drei Jahre (§ 31 Abs. 2 Nr. 1 OWiG).

I. Aufzeichnung über Todesfeststellung (Nr. 1)

Die Untersuchungsergebnisse zur Feststellung des Todes (§ 3 Abs. 1 Nr. 2) bzw. des Gesamthirntodes   3 (§ 3 Abs. 2 Nr. 2) des potentiellen Spenders sowie ihr Zeitpunkt sind von den beteiligten Ärzten unter Angabe der zugrunde liegenden Untersuchungsbefunde unverzüglich jeweils in einer Niederschrift aufzuzeichnen und zu unterschreiben, § 5 Abs. 2 S. 3. Entsprechendes gilt für die Todesfeststellung nach § 4a Abs. 1 Nr. 1 beim Embryo oder Fötus, § 5 Abs. 3 S. 3. Ein beteiligter Arzt, der diese Aufzeichnung nicht, nicht richtig oder unvollständig oder nicht rechtzeitig erstellt, handelt ordnungswidrig nach Abs. 1 Nr. 1; der Anwendungsbereich ist auf die nach § 5 Abs. 1 an der Todesfeststellung zu beteiligenden Ärzte beschränkt.

II. Untersuchungspflichten der Gewebeeinrichtungen (Nr. 2)

Gewebeeinrichtungen iSv § 1a Nr. 8, die Gewebe entnehmen oder untersuchen, haben sicherzustel-   4 len, dass die für Gewebespender nach dem Stand der medizinischen Wissenschaft und Technik erforderlichen Laboruntersuchungen durchgeführt werden und zwar in einem Untersuchungslabor, dem eine Erlaubnis nach den Vorschriften des AMG erteilt wurde, § 8d Abs. 1 S. 2 Nr. 3 iVm § 8e. Dies gilt sowohl bei der Lebendspende als auch bei der Entnahme von Geweben beim Toten. Der Umfang der erforderlichen Untersuchungen bemisst sich nach § 4 TPG-GewVO (→ Rn. 1), der auf die Anl. 3 Nr. 1 zur TPG-GewVO verweist. Für Keimzellen ergibt sich das Untersuchungsprogramm aus § 6 Abs. 1 S. 2 TPG-GewVO iVm Anl. 4 Nr. 1 u. 3 sowie § 6 Abs. 2 S. 3 TPG-GewVO iVm Anl. 4 Nr. 2 u. 3. Der OWi-Tatbestand ist gegeben, wenn die Gewebeeinrichtung die Durchführung dieser Laboruntersuchungen nicht sicherstellt; ihre Verantwortlichen haften über § 9 OWiG.

III. Dokumentationspflichten der Gewebeeinrichtung (Nr. 3)

Die Gewebeeinrichtung iSv § 1a Nr. 8 hat jede Gewebeentnahme und -abgabe und die damit   5 verbundenen Maßnahmen zu dokumentieren. Nimmt sie diese Dokumentation nicht, nicht vollständig oder nicht rechtzeitig vor, ist der OWi-Tatbestand erfüllt; die Verantwortlichen der Gewebeeinrichtung sind über § 9 OWiG zu bestimmen. Die Regelung soll vor allem eine lückenlose Rückverfolgung sicherstellen, um ggf. die Einleitung erforderlicher Maßnahmen zu ermöglichen (BRDrs. 543/06, 82). Auf welche Gegenstände sich die Dokumentationspflicht erstreckt, ergibt sich aus § 8d Abs. 2 und der TPG-GewVO (→ Rn. 1). Es sind dies neben den Angaben über Produkte und Materialien, die mit den entnommenen oder abgegebenen Geweben in Berührung kommen, die in die Spenderakte nach § 5 Abs. 1 S. 1 TPG-GewVO aufzunehmenden Daten.

IV. Verfahrensrechtliche Voraussetzungen der Organübertragung (Nr. 4)

6   Eine Entnahme von Herz, Niere, Leber, Lunge, Bauchspeicheldrüse und Darm darf nur in den dafür zugelassenen Entnahmekrankenhäusern iSv § 9a vorgenommen werden. Die Übertragung von Organen verstorbener oder lebender Spender sowie die Entnahme bei lebenden Spendern hat in Transplantationszentren iSv § 10 zu erfolgen (§ 9 Abs. 2). Sofern diese Organe einem toten Spender entnommen wurden und deshalb vermittlungspflichtig sind (§ 1a Nr. 2), müssen sie zudem über eine von den Transplantationszentren organisatorisch getrennte Vermittlungsstelle iSv § 12 (Stiftung Eurotransplant) unter Einhaltung der dort aufgeführten Bestimmungen, insbes. zur Auswahl der Transplantate (§ 12 Abs. 3), vermittelt worden sein (§ 9 Abs. 2 S. 3). Die Bußgeldvorschrift schützt allein die gesetzlichen, nicht auch die aufgrund der §§ 11, 12 geschlossenen vertraglichen Bestimmungen (allg. zu §§ 11, 12 *Böning,* Kontrolle im TPG, 2009); entscheidend ist danach allein die formell wirksame Zulassung als Entnahmekrankenhaus bzw. Transplantationszentrum. Wer bei der Übertragung diese Anforderungen nicht beachtet, handelt ordnungswidrig iSv Abs. 1 Nr. 4. Die Verfassungsmäßigkeit wird im Hinblick auf die Normklarheit bezweifelt (Schroth/König/Gutmann/Oduncu/*König* Rn. 7).

V. Verfahrensrechtliche Voraussetzungen der Organentnahme (Nr. 5)

7   Sind die Organe im Geltungsbereich des TPG entnommen worden, muss die Übertragung zudem unter Beachtung der Regelungen nach § 11 Abs. 4 S. 5 (§ 9 Abs. 2 S. 2), insbes. unter Einschaltung einer Koordinierungsstelle (Deutsche Stiftung Organtransplantation) erfolgen. Erfolgt die Übertragung unter Umgehung der Koordinierungsstelle, ist der Bußgeldtatbestand erfüllt.

VI. Feststellungserfordernisse vor der Übertragung (Nr. 6)

8   Ordnungswidrig handelt zudem, wer entgegen § 10 Abs. 2 Nr. 4 als verantwortliche Person eines Transplantationszentrums vor der Übertragung nicht bzw. unvollständig oder verspätet überprüft, dass die nach § 10a erforderliche Charakterisierung von Organ und Spender abgeschlossen und dokumentiert ist und die Bedingungen für den Transport nach § 10a Abs. 3 S. 1 eingehalten sind.

VII. Dokumentationspflichten der Transplantationszentren (Nr. 7)

9   Die Transplantationszentren iSv § 10 haben jede Organübertragung unverzüglich so zu dokumentieren, dass eine lückenlose Rückverfolgung der Organe vom Spender zum Empfänger ermöglicht wird; handelt es sich um ein vermittlungspflichtiges Organ iSv § 1a Nr. 2, ist die von der Koordinierungsstelle zu bildende Kenn-Nummer (§ 13 Abs. 1 S. 1) anzugeben, § 10 Abs. 2 Nr. 5. Die nach § 9 OWiG Verantwortlichen des Transplantationszentrums handeln ordnungswidrig, wenn die Dokumentation eines entnommenen Organs, nicht vollständig oder nicht rechtzeitig erstellt wird.

VIII. Verstoß gegen Voraussetzungen der Freigabe (Nr. 8)

10   Die von der Koordinierungsstelle beauftragte Person hat unter ärztlicher Beratung und Anleitung sicherzustellen, dass Organe für eine Übertragung nur freigegeben werden, wenn nach ärztlicher Beurteilung die Organ- und Spendercharakterisierung nach dem Stand der medizinischen Wissenschaft und Technik ergeben hat, dass das Organ für eine Übertragung geeignet ist. Gibt die beauftragte Person ein Organ ohne Beachtung dieser Erfordernisse frei, handelt sie ordnungswidrig, insoweit handelt es sich bei der Vorschrift um ein Sonderdelikt.

IX. Dokumentationspflichten der Einrichtungen der medizinischen Versorgung nach Übertragungen (Nr. 9)

11   Entsprechend der Bußgeldbewehrung der Nr. 3 ist der Verstoß gegen die Dokumentationspflichten der Einrichtungen der medizinischen Versorgung iSv § 1a Nr. 9, die sie im Hinblick auf jedes übertragene Gewebe treffen, bußgeldbewehrt. Diese haben nach § 13a dafür Sorge zu tragen, dass der behandelte Arzt die Dokumentation nach Maßgabe des § 7 TPG-GewVO (→ Rn. 1) vornimmt oder vornehmen lässt. Hierdurch soll vor allem eine lückenlose Rückverfolgung sichergestellt werden, um ggf. die Einleitung entsprechender Maßnahmen zu ermöglichen (BR-Drs. 543/06, 83). Sichern die nach § 9 OWiG Verantwortlichen der Einrichtungen die Vornahme der Dokumentation nicht, handeln sie ordnungswidrig.

X. Dokumentations- und Meldepflichten der Einrichtungen der medizinischen Versorgung bei Zwischenfällen oder unerwünschten Reaktionen (Nr. 10)

12   Die Einrichtungen der medizinischen Versorgung iSv § 1a Nr. 9 haben jeden schwerwiegenden Zwischenfall iSv § 63i Abs. 6 AMG der auf die Entnahme, Untersuchung, Aufbereitung, Be- oder

Verarbeitung, Konservierung, Aufbewahrung oder Abgabe einschließlich des Transports der verwendeten Gewebe zurückgeführt werden kann (§ 13b S. 1 Nr. 1) sowie jede schwerwiegende unerwünschte Reaktion (§ 63i Abs. 7 AMG), die bei oder nach der Übertragung der Gewebe beobachtet wurde und mit der Qualität und Sicherheit der Gewebe im Zusammenhang stehen kann (§ 13b S. 1 Nr. 2), unverzüglich zu dokumentieren und an die Gewebeeinrichtung zu melden. Hierbei haben sie die von der Gewebeeinrichtung, von der sie das Gewebe erhalten haben, festgelegten Anforderungen zu beachten und alle Angaben, die für die Rückverfolgbarkeit und für die Qualitäts- und Sicherheitskontrolle erforderlich sind, mitzuteilen. Dies sind mindestens die Bezeichnung und der Kennzeichnungscode des betroffenen Gewebes und Art und Umfang des festgestellten Qualitäts- oder Sicherheitsmangels (§ 8 Abs. 2 TPG-GewVO). Unterlässt die Einrichtung der medizinischen Versorgung die entsprechende Meldung oder erfolgt dies unvollständig oder verspätet, haften ihre Verantwortlichen entsprechend § 9 OWiG.

XI. Zuwiderhandlung gegen VO (Nr. 11)

Die Regelung enthält eine Ermächtigung für Bußgeldvorschriften bei Verstößen gegen die in oder **13** aufgrund einer VO nach den §§ 10a Abs. 4 S. 1, 13 Abs. 4 oder 16a S. 1 aufgestellten Anforderungen. Von der dazu erforderlichen Rückverweisung hat der VO-Geber in der TPG-GewVO keinen Gebrauch gemacht.

750. Verordnung über die Qualität von Wasser für den menschlichen Gebrauch (Trinkwasserverordnung – TrinkwV 2001)

In der Fassung der Bekanntmachung vom 10. März 2016 (BGBl. I S. 459) FNA 2126-13-1

– Auszug –

Vorbemerkung

1   Die TrinkwV setzt die RL **98/83/EG** v. 3.11.1998 über die Qualität von Wasser für den menschlichen Gebrauch in deutsches Recht um. Die Richtlinie verfolgt angesichts der Bedeutung von Wasser für die menschliche Gesundheit den Zweck, die **Qualität von Trinkwasser** für den menschlichen Gebrauch sicherzustellen und zu fördern. Sie legt hierfür auf Gemeinschaftsebene die wesentlichen **Qualitätsstandards** fest, denen das Wasser, das für den menschlichen Gebrauch bestimmt ist, entsprechen muss. **Wasser, das für die Verwendung in der Lebensmittelindustrie bestimmt ist,** wird mit einbezogen, es sei denn, dass die Verwendung solchen Wassers die Genusstauglichkeit des Enderzeugnisses nachweislich nicht beeinflusst. Die Zwecke sollen darüber hinaus durch **Gewässerschutzmaßnahmen,** die die Reinhaltung von Oberflächen- und Grundwasser sicherstellen und durch geeignete Aufbereitungsmaßnahmen erreicht werden, die vor der Bereitstellung des Wassers angewandt werden. Natürliche Mineralwässer und Wässer, die Arzneimittel sind, sind aus dem Anwendungsbereich der Richtlinie herausgenommen, da für sie besondere Regelungen gelten (vgl. Nr. 125 und 545 des Kommentars).

2   Im Umsetzung dieser Vorgaben bestimmt § 1, dass **Zweck der Verordnung** ist, die menschliche **Gesundheit** vor den nachteiligen Einflüssen, die sich aus der Verunreinigung von Wasser ergeben, das für den menschlichen Gebrauch bestimmt ist (vgl. § 3 Nr. 1), durch Gewährleistung seiner Genusstauglichkeit und Reinheit **zu schützen.** Nach den in § 4 statuierten **allgemeinen Anforderungen** muss Wasser für den menschlichen Gebrauch **frei von Krankheitserregern, genusstauglich** und **rein** sein (§ 4 Abs. 1 S. 1). Diese Vorgaben sind erfüllt, wenn das Wasser den Anforderungen der **§ 5–§ 7 iVm mit den Anlagen 1 bis 3** entspricht (§ 4 Abs. 1 S. 2). Zum Begriff des Krankheitserregers vgl. § 2 Nr. 1 IfSG. Genusstauglich ist ein Wasser, das weder gesundheitsschädlich noch geruchlich oder geschmacklich beeinträchtigt ist und auch bei seiner Verwendung zur Herstellung von Lebensmitteln oder anderen Erzeugnissen keine entsprechenden Beeinträchtigungen hervorruft (Zipfel/Rathke LebensmittelR/*Rathke* § 4 Rn. 7).

3   In den folgenden Abschnitten der TrinkwV werden zunächst die Einzelheiten der Aufbereitung von Wasser (§§ 11 f.), sodann (§§ 13–17) die Pflichten des Unternehmers und des sonstigen Inhabers einer Wasserversorgungsanlage (§ 3 Nr. 2) und zuletzt der Überwachung der Einhaltung der vorgehenden Vorschriften geregelt (§§ 18–21). Verstöße gegen einzelne dort statuierte Ver- und Gebote sind in den **Blankettatbeständen** (→ Vorb. LFGB Rn. 19 ff.) des § 24 unter Strafe gestellt bzw. in § 25 als Ordnungswidrigkeiten definiert.

§ 24 Straftaten

(1) **Nach § 75 Absatz 2 und 4 des Infektionsschutzgesetzes wird bestraft, wer als Unternehmer oder als sonstiger Inhaber einer Wasserversorgungsanlage nach § 3 Nummer 2 Buchstabe a, b oder, sofern die Abgabe im Rahmen einer gewerblichen oder öffentlichen Tätigkeit erfolgt, einer Wasserversorgungsanlage nach Buchstabe d oder Buchstabe e oder einer Wasserversorgungsanlage nach Buchstabe f vorsätzlich oder fahrlässig entgegen § 4 Absatz 2 oder § 11 Absatz 7 Satz 2 Wasser als Trinkwasser abgibt oder anderen zur Verfügung stellt.**

(2) **Wer durch eine in § 25 bezeichnete vorsätzliche Handlung eine in § 6 Absatz 1 Nummer 1 des Infektionsschutzgesetzes genannte Krankheit oder einen in § 7 des Infektionsschutzgesetzes genannten Krankheitserreger verbreitet, ist nach § 74 des Infektionsschutzgesetzes strafbar.**

1   **1. Straftaten nach § 24 Abs. 1.** Durch die **Rückverweisung** (→ Vorb. LFGB Rn. 26) **auf § 75 Abs. 2 und Abs. 4 IfSG** werden – unverändert mit Wirkung ab dem 1.11.2011 (vgl. BGBl. I 2370) geltend (zur vorherigen Rechtslage vgl. die Vorauf. dieses Kommentars) – vorsätzliche (§ 75 Abs. 2 IfSG; → LFGB § 58 Rn. 47 ff.) und fahrlässige (§ 75 Abs. 4 IfSG; → LFGB § 58 Rn. 60 ff.) Verstöße gegen die **Verkehrsverbote aus § 4 Abs. 2 und § 11 Abs. 7,** die daraus resultieren, dass das

Trinkwasser nicht den gesetzlichen Anforderungen entspricht (→ Rn. 2), unter Strafe gestellt. Zum Begriff des Abgebens vgl. LFGB → Vorb. Rn. 45 (sa Zipfel/Rathke LebensmittelR/*Rathke* § 4 Rn. 16). Ein tatbestandsmäßiges „zur Verfügung stellen" ist gegeben, wenn einem anderen die Möglichkeit eingeräumt wird, das Wasser körperlich an sich zu nehmen, ohne dass es insoweit eines körperlichen Übergebens bedarf (vgl. Zipfel/Rathke LebensmittelR/*Rathke* § 4 Rn. 19).

Nach § 4 Abs. 2 ist dem Unternehmer (vgl. Art. 3 Nr. 3 der VO (EG) Nr. 178/2002; sa Zipfel/ Rathke LebensmittelR/*Rathke* § 4 Rn. 13) oder dem sonstigen Inhaber einer Wasserversorgungsanlage (§ 3 Nr. 2) verboten Wasser, das den Anforderungen des § 5 Abs. 1–3 und des § 6 Abs. 1 und 2 oder den nach § 9 oder § 10 zugelassenen Abweichungen nicht entspricht, als Wasser für den menschlichen Gebrauch abzugeben oder den anderen zur Verfügung zu stellen. § 11 Abs. 7 verbietet die Abgabe usw von Wasser als Wasser für den menschlichen Gebrauch (→ Vorb. Rn. 2), dem entgegen § 11 Abs. 1 Aufbereitungsstoffe zugesetzt worden sind. Nach § 11 Abs. 1 dürfen zur Aufbereitung (Desinfektion, Denitrifizierung, Enteisenung, Entmanganum sowie Enthärtung, vgl. Zipfel/Rathke LebensmittelR/ *Rathke* § 11 Rn. 5) des Wassers für den menschlichen Gebrauch nur Stoffe verwendet werden, die vom Bundesministerium für Gesundheit in einer Liste im Bundesgesundheitsblatt bekannt gemacht worden sind http://www.umweltbundesamt.de/sites/default/files/medien/479/publikationen/uba_rund_um_das_trinkwasser_ratgeber_web.pdf.

Vorsätzliche Taten sind nach § 75 Abs. 2 iVm Abs. 1 IfSG mit **Freiheitsstrafe bis zu zwei Jahren** 3 **oder mit Geldstrafe** zu ahnden. Für **fahrlässige Taten** sieht § 75 Abs. 4 IfSG **Freiheitsstrafe bis zu einem Jahr oder Geldstrafe** vor.

2. Straftaten nach § 24 Abs. 2. Durch die **Rückverweisung auf § 74 IfSG** wird die **vorsätzliche** 4 **Begehung einer Ordnungswidrigkeit nach § 25** unter Strafe gestellt, wenn als **qualifizierender Umstand** das Verbreiten einer meldepflichtigen Krankheit iSv § 6 Abs. 1 Nr. 1 IfSG (zB Masern, Milzbrand, Typhus abdominalis/Paratyphus) oder eines in § 7 IfSG genannten Krankheitserregers (Ebolavirus, FSME-Virus, Gelbfiebervirus, Hepatitis-Viren A bis E) zur Tathandlung hinzutritt. **Verbreiten** bedeutet die Übertragung der Krankheit bzw. Erreger auf einen anderen mit dem Vorsatz der Ansteckung einer unbestimmten Anzahl von Menschen (Erbs/Kohlhaas/*Pelchen* IfSG § 74 Rn. 3). § 74 IfSG sieht insoweit **Freiheitsstrafe bis zu fünf Jahren oder Geldstrafe** vor.

§ 25 Ordnungswidrigkeiten

Ordnungswidrig im Sinne des § 73 Absatz 1 Nummer 24 des Infektionsschutzgesetzes handelt, wer vorsätzlich oder fahrlässig

1. entgegen § 5 Absatz 5 Satz 2 eine hinreichende Desinfektionskapazität nicht vorhält,
2. einer vollziehbaren Anordnung nach § 9 Absatz 1 Satz 4, auch in Verbindung mit Absatz 5a Satz 3, nach § 9 Absatz 4 Satz 1, Absatz 5a Satz 2 oder Absatz 7 Satz 1 Nummer 1, § 20 Absatz 1 oder § 20a Absatz 3 zuwiderhandelt,
3. entgegen § 13 Absatz 1, auch in Verbindung mit Absatz 4 Satz 2, entgegen § 13 Absatz 4 Satz 1 oder § 16 Absatz 1 Satz 1, 2 oder Satz 3 eine Anzeige nicht, nicht richtig, nicht vollständig oder nicht rechtzeitig erstattet,
4. entgegen § 14 Absatz 1, Absatz 3 Satz 1 oder § 14a Absatz 1 eine Untersuchung nicht, nicht richtig, nicht vollständig oder nicht in der vorgeschriebenen Weise durchführt und nicht, nicht richtig, nicht vollständig oder nicht in der vorgeschriebenen Weise durchführen lässt,
4a. einer vollziehbaren Anordnung nach § 14 Absatz 2 Satz 4 oder Satz 7 zuwiderhandelt,
5. entgegen § 15 Absatz 3 Satz 1 das Untersuchungsergebnis nicht, nicht richtig, nicht vollständig, nicht in der vorgeschriebenen Weise oder nicht rechtzeitig aufzeichnet,
6. entgegen § 15 Absatz 3 Satz 4 oder Satz 5 eine Kopie nicht oder nicht rechtzeitig übersendet oder das Original oder eine dort genannte Ausfertigung nicht oder nicht mindestens zehn Jahre verfügbar hält,
7. entgegen § 15 Absatz 4 Satz 1 eine Untersuchung durchführt,
8. entgegen § 16 Absatz 2 Satz 1 eine Untersuchung oder eine Sofortmaßnahme nicht oder nicht rechtzeitig durchführt und nicht oder nicht rechtzeitig durchführen lässt,
8a. entgegen § 16 Absatz 3 das Gesundheitsamt nicht, nicht richtig, nicht vollständig oder nicht rechtzeitig unterrichtet,
9. entgegen § 16 Absatz 4 Satz 1 oder Satz 3 eine Aufzeichnung nicht, nicht richtig, nicht vollständig, nicht in der vorgeschriebenen Weise oder nicht rechtzeitig macht oder nicht oder nicht mindestens sechs Monate zugänglich hält,
10. entgegen § 16 Absatz 4 Satz 4 einen Aufbereitungsstoff oder dessen Konzentration im Trinkwasser nicht, nicht richtig, nicht vollständig, nicht in der vorgeschriebenen Weise oder nicht rechtzeitig bekannt gibt,
11. entgegen § 16 Absatz 5 Satz 1 einen Maßnahmeplan nicht, nicht richtig, nicht vollständig oder nicht rechtzeitig aufstellt,

11a. entgegen § 16 Absatz 7 Satz 1 Nummer 1 eine dort genannte Untersuchung nicht oder nicht rechtzeitig durchführt und nicht oder nicht rechtzeitig durchführen lässt,

11b. entgegen § 16 Absatz 7 Satz 1 Nummer 2 eine Gefährdungsanalyse nicht oder nicht rechtzeitig erstellt und nicht oder nicht rechtzeitig erstellen lässt,

11c. entgegen § 16 Absatz 7 Satz 1 Nummer 3 eine dort genannte Maßnahme nicht oder nicht rechtzeitig durchführt und nicht oder nicht rechtzeitig durchführen lässt,

11d. entgegen § 16 Absatz 7 Satz 2 das Gesundheitsamt nicht unverzüglich über die ergriffenen Maßnahmen informiert,

11e. entgegen § 16 Absatz 7 Satz 3 eine dort genannte Aufzeichnung nicht führt oder nicht führen lässt,

11 f. entgegen § 16 Absatz 7 Satz 4 eine dort genannte Aufzeichnung nicht oder nicht mindestens zehn Jahre verfügbar hält oder nicht oder nicht rechtzeitig vorlegt,

11g. entgegen § 16 Absatz 7 Satz 6 einen Verbraucher nicht, nicht richtig, nicht vollständig oder nicht rechtzeitig informiert,

11h. entgegen § 17 Absatz 1 eine Anlage nicht richtig plant, nicht richtig baut oder nicht richtig betreibt,

11i. entgegen § 17 Absatz 2 Satz 2 nicht sicherstellt, dass nur Werkstoffe oder Materialien nach § 17 Absatz 2 Nummer 2 oder Nummer 3 verwendet werden,

12. entgegen § 17 Absatz 6 Satz 1 eine Wasserversorgungsanlage mit einem dort genannten Wasser führenden Teil verbindet,

13. entgegen § 17 Absatz 6 Satz 2 oder Satz 3 eine Leitung oder eine Entnahmestelle nicht, nicht richtig oder nicht rechtzeitig kennzeichnet und nicht, nicht richtig oder nicht rechtzeitig kennzeichnen lässt,

14. entgegen § 18 Absatz 3 eine Person nicht unterstützt oder eine Auskunft nicht, nicht richtig, nicht vollständig oder nicht rechtzeitig erteilt,

15. entgegen § 21 Absatz 1 Satz 1 Informationsmaterial nicht, nicht richtig, nicht vollständig oder nicht rechtzeitig übermittelt,

16. entgegen § 21 Absatz 1 Satz 3 oder Absatz 2 einen Verbraucher nicht, nicht richtig, nicht vollständig oder nicht rechtzeitig informiert oder

17. entgegen § 21 Absatz 1 Satz 4 eine Information nicht, nicht richtig, nicht vollständig oder nicht rechtzeitig bekannt macht.

1   Mit der **Rückverweisung auf § 73 Abs. 1 Nr. 24 IfSG** werden vorsätzliche (→ LFGB § 58 Rn. 47 ff.) und fahrlässige (→ LFGB § 58 Rn. 60 ff.) Verstöße gegen die den Unternehmer (→ § 24 Rn. 2) und sonstige Inhaber einer Wasserversorgungsanlage (§ 3 Nr. 2) treffenden, in den einzelnen Tatbeständen näher konkretisierten **Anzeige-, Untersuchungs-, Aufzeichnungs- und Mitwirkungspflichten** als Ordnungswidrigkeiten definiert. Soweit der Tatbestand des § 25 Nr. 2 in objektiver Hinsicht eine Zuwiderhandlung gegen vollziehbare Anordnungen voraussetzt vgl. → LFGB § 58 Rn. 34 ff.

2   **Vorsätzliche Ordnungswidrigkeiten** iSv § 25 können nach § 73 Abs. 1 Nr. 24 iVm Abs. 2 IfSG mit **Geldbuße bis 25.000 EUR** geahndet werden. Für fahrlässige Zuwiderhandlungen kann eine **Geldbuße bis 12.500 EUR (§ 17 Abs. 2 OWiG)** verhängt werden.

755. Umwelthaftungsgesetz (UmweltHG)

Vom 10. Dezember 1990 (BGBl. I S. 2634) FNA 400-9

Zuletzt geändert durch Art. 9 Abs. 5 Versicherungsvertrags-ReformG vom 23.11.2007 (BGBl. I S. 2631)

– Auszug –

Vorbemerkung

1. Entstehung, Ziele und Zweck des Gesetzes. Ausgehend von den verheerenden Umweltkata- **1** strophen des vergangenen Jahrhunderts – Seveso 1976, Sandoz 1986, Tschernobyl 1986, Exxon Valdez 1989 – ergänzt das am 1.1.1991 in Kraft getretene Umwelthaftungsgesetz v. 10.12.1990 (BGBl. I 2634; vgl. auch RegE, BT-Drs. 11/7104) das zersplitterte Rechtsgebiet der umweltbezogenen Gefährdungshaftung (AtG, BBergG, GenTG, HaftpflichtG, LuftVG, StVG, WHG) durch einen weiteren konkurrierenden Spezialtatbestand, der jedoch als zivilrechtlicher Haftungstatbestand (zur öffentlich-rechtlichen Haftung nach dem USchadG vgl. *Ruffert* NVwZ 2010, 1177 ff.) aufgrund verbleibender Schutzlücken deutlich hinter den ursprünglichen Erwartungen zurückbleibt (vgl. *Taupitz* JURA 1992, 118 f.). Dennoch erhebt das UmweltHG einerseits den Anspruch, die Rechtsstellung der Geschädigten zu stärken und andererseits – insbes. durch die Regelungen zum Haftungsumfang (vgl. § 16 Abs. 1) – einen reflexartigen Schutz der Umwelt (hierzu *Taupitz* JURA 1992, 115 f.; zum widersprüchlichen Begriff der Umwelthaftung vgl. *Schmidt-Salzer* NJW 1994, 1306) zu gewährleisten.

2. Absicherung des Haftungstatbestandes durch Erbringung einer Deckungsvorsorge. 2 a) Haftungstatbestand des Umwelthaftungsgesetzes. Die Anlagenhaftung nach §§ 1 ff. begründet einen Tatbestand der verschuldensunabhängigen Gefährdungshaftung (Schimikowski UmwelthaftungsR Rn. 166; vgl. auch *Schmidt-Salzer* NJW 1994, 1309 **verschuldens- und „rechtswidrigkeitsunabhängige Kausalhaftung"**; dazu auch *Deutsch* JZ 1991, 1097 (1098), *Deutsch* NJW 1992, 73; Landsberg/ Lülling § 1 Rn. 6 f.; Niewerth Umwelt-Altlasten S. 158) für von einer Anlage nach Anhang 1 des Gesetzes (zur Haftung in der Bau- und Stilllegungsphase vgl. Schimikowski UmwelthaftungsR Rn. 157 ff.) ausgehende **Personen- oder Sachschäden** (§ 1; nicht indes mittelbare Folge- oder bloße Vermögensschäden, vgl. Niewerth Umwelt-Altlasten S. 159 mwN; Salje/Peter § 19 Rn. 14; Schimikowski UmwelthaftungsR Rn. 162) durch Umwelteinwirkungen (§ 3 Abs. 1; Stoffe, Erschütterungen, Geräusche, Druck, Strahlen, Gase, Dämpfe, Wärme und sonstige Erscheinungen; vgl. dazu *Deutsch* JZ 1991, 1097 (1100); bspw. *Köln* VersR 1995, 674), Schäden also, die **„auf dem Umweltpfad"** (Landmann/Rohmer UmweltR § 1 Rn. 8; Landsberg/Lülling § 1 Rn. 14; *Hager* NJW 1991, 134 (135)), dh über ein Umweltmedium (Boden, Luft oder Wasser) verursacht werden (Niewerth Umwelt-Altlasten S. 155; Schimikowski UmwelthaftungsR Rn. 140 f., 146 „umweltmedien-vermittelt", näher *Taupitz* JURA 1992, 114 f.).

Erforderlich ist, dass ein **Kausalzusammenhang** zwischen dem Emissions- und Immissionssach- **3** verhalt festgestellt werden kann (Schimikowski UmwelthaftungsR Rn. 141; *Schmidt-Salzer* VersR 1992, 793 (796); zu Zurechnungserfordernissen vgl. Landmann/Rohmer UmweltR § 1 Rn. 13 ff.), ohne dass es auf die Vorhersehbarkeit entstehender Gefahrensituationen ankäme. Der Inhaber der Anlage haftet mithin auch für Schäden, die im **„Normalbetrieb"** entstehen (ausf. hierzu *Taupitz* JURA 1992, 116 ff.), wobei allerdings die Haftung für **höhere Gewalt** ausgeschlossen ist, § 4.

Einerseits geht das UmweltHG mit der Einbeziehung körperlicher Gegenstände (Stoffe) über den **4** Anwendungsbereich des § 906 BGB hinaus. Andererseits markiert es den vorläufigen Höhepunkt einer in der systematischen Abkehr von traditionellen Verschuldenshaftungstatbeständen begriffenen Entwicklung (vgl. *Schmidt-Salzer* NJW 1994, 1307; Schimikowski UmwelthaftungsR Rn. 140). Zur Ersatzpflicht für Folgeschäden Dritter bei Beschädigung des eigenen Grundstücks des Anlagenbetreibers vgl. Niewerth Umwelt-Altlasten S. 160 f. Zur rechtspolitischen Bedeutung des Gesetzes auf europäischer Ebene vgl. *Schmidt-Salzer* NJW 1994, 1309.

b) Deckungsvorsorgeverpflichtung nach § 19. Die **Deckungsvorsorgeregelung** nach § 19 **5** trägt der Erkenntnis Rechnung, dass gerade bei Anlagen mit außerordentlichem Gefährdungspotential die Erfüllung der Entschädigungspflichten an einer nicht hinreichenden Leistungsfähigkeit des Ersatzpflichtigen scheitern kann (BT-Drs. 11/7104, 21; dazu Landmann/Rohmer UmweltR § 19 Rn. 4; Salje/Peter § 19 Rn. 3; sa Paschke § 19 Rn. 3) und war deshalb zentrales Anliegen der Reform des Umwelthaftungsrechts (Landsberg/Lülling § 19 Rn. 1). Für Inhaber in Anhang 2 (zu § 19) genannten (besonders gefährlichen, vgl. *Peter* LKV 2007, 494; Schimikowski UmwelthaftungsR Rn. 235) Anlagen ist daher vorgesehen, dass sie zum Erhalt ihrer Leistungsfähigkeit insoweit Vorkehrungen durch

Erbringung einer Deckungsvorsorge treffen. Die Deckungsvorsorge kann dabei durch Abschluss einer **Haftpflichtversicherung** (§ 19 Abs. 2 Nr. 1; zur versicherungsrechtlichen Einstufung s. *Renger* PHI 1992, 87) oder durch eine sog **Freistellungs- oder Gewährleistungsverpflichtung** des Bundes, eines Landes oder eines Kreditinstituts (§ 19 Abs. 2 Nr. 2 u. 3) erfüllt werden (dazu Schimikowski Umwelt-haftungsR Rn. 236). Kommt der Inhaber dieser Verpflichtung nicht nach, kann der Betrieb der Anlage ganz oder teilweise untersagt werden, § 19 Abs. 4.

§ 21 Strafvorschriften

(1) Mit Freiheitsstrafe bis zu einem Jahr oder mit Geldstrafe wird bestraft, wer
1. entgegen § 19 Abs. 1 Satz 1, auch in Verbindung mit einer Rechtsverordnung nach § 20 Abs. 1 Nr. 1 oder 2, nicht oder nicht ausreichende Deckungsvorsorge trifft oder
2. einer vollziehbaren Anordnung nach § 19 Abs. 1 Satz 2 zuwiderhandelt.

(2) Handelt der Täter fahrlässig, so ist die Strafe Freiheitsstrafe bis zu sechs Monaten oder Geldstrafe bis zu einhundertachtzig Tagessätzen.

A. Einleitung

1   Aus strafrechtlicher Sicht fristen die Regelungen des UmweltHG weniger als ein Schattendasein. Dem Verordnungsgeber ist es bislang weder gelungen, die nach § 20 vorgesehene **Rechtsverordnung** zur Regelung der Einzelheiten zur Erbringung der **Deckungsvorsorge** vorzulegen (zu den rechts-politischen und rechtspraktischen Schwierigkeiten beim Erlass einer Deckungsvorsorgeverordnung vgl. *Feldmann* PHI 1994, 162 f.; *Renger* PHI 1992, 93; *Schmidt-Salzer* VersR 1993, 1311 ff.), noch hat sich die in § 19 Abs. 1 iVm Anhang 2 Nr. 1 und 2 verankerte dynamische Verweisung auf die Vorschriften der **Störfall-Verordnung** als sonderlich glücklich erwiesen (vgl. Salje/Peter § 19 Rn. 6). Ausgehend hier-von **läuft die Regelung des § 21 derzeit praktisch leer** (so auch Landmann/Rohmer UmweltR Rn. 1; Paschke § 19 Rn. 2; *Renger* PHI 1992, 86; Schimikowski UmwelthaftungsR Rn. 237 aE; Salje/Peter § 19 Rn. 3, § 20 Rn. 4; Staudinger/*Kohler* UmweltHG § 20 Rn. 1; aA – freilich ohne nähere Begründung – nur *Feldmann* PHI 1994, 162; → Rn. 8).

2   Dies ist zumindest missslich (laut *Peter* LKV 2007, 499 sogar ein „gesetzgeberisches und verfassungs-rechtliches Trauerspiel"), weil die Untätigkeit des Verordnungsgebers einen rechtspolitisch fragwürdigen Zustand hinterlässt und damit zugleich bedenkliche Signalwirkung entfaltet. Der strafrechtlichen Sank-tionierung von Verstößen gegen die Deckungsvorsorgeverpflichtung darf nämlich vor dem Hintergrund einer zunehmenden Entpersonalisierung (*Schmidt-Salzer* NJW 1994, 1311) von unternehmensbezogenen Haftungstatbeständen durch Zurückdrängung des **Verschuldensprinzips** eine wesentliche korrigieren-de Funktion zugesprochen werden. Gründet der Verschuldensvorwurf darauf, dass sich der Handelnde in einer bestimmten Situation anders hätte verhalten können und damit auf Aspekte persönlicher Ver-antwortung (vgl. *Larenz* NJW 1959, 865), versagt die Abschreckung dort, wo die Optimierung des Opferschutzes und die Versicherbarkeit von Risiken (§ 19 Abs. 2 Nr. 1) Haftungstatbestände zum bloßen „Kostenfaktor" degradieren (vgl. *Schmidt-Salzer* NJW 1994, 1311; sa *Taupitz* JURA 1992, 119).

B. Tatbestand des Abs. 1

I. Allgemeines

3   Die Regelung des § 21 Abs. 1 erfasst die vorsätzliche Zuwiderhandlung gegen die nach § 19 Abs. 1 S. 1 „auch in Verbindung mit einer Rechtsverordnung" nach § 20 Abs. 1 Nr. 1 oder 2 vorgesehene Deckungsvorsorgeverpflichtung (zum Leerlaufen der Regelung → Rn. 1 f., 8; zur Befreiung von der Pflicht zur Deckungsvorsorge vgl. § 19 Abs. 3). Die Tatbestandsverwirklichung setzt dabei voraus, dass die Deckungsvorsorge nicht oder nicht in ausreichender Höhe besteht, wobei die zivilrechtlichen Hintergründe (Nichtabschluss, Anfechtung, Auslaufen oder Kündigung des Vertrages; zur Verteilung der Beweislast s. Landmann/Rohmer UmweltR Rn. 5; Salje/Peter Rn. 4; Staudinger/*Kohler* Rn. 2) regel-mäßig unerheblich sind. Weil die Nichterbringung der Deckungsvorsorge **echtes Unterlassungsdelikt** ist, muss anderes dann gelten, wenn etwa die Beendigung der Vertragsbeziehung mit einem Haftpflicht-versicherer auf der mangelnden Leistungsfähigkeit des Unternehmens beruht, dem Täter die Erfüllung der Handlungspflicht also aus tatsächlichen oder rechtlichen Gründen unmöglich ist (vgl. Fischer StGB § 266a Rn. 14 mwN zur parallelen Konstellation im Rahmen des § 266a StGB; anders Landmann/ Rohmer UmweltR Rn. 16; Staudinger/*Kohler* Rn. 9; Salje/Peter Rn. 11; vgl. zur *omissio libera in causa* auch die Nachweise bei Fischer StGB § 266a Rn. 15b).

II. Erfasste Anlagen

Die Regelung erfasst dabei grundsätzlich die folgenden in Anhang 2 aufgeführten Anlagen, wobei die 4 Punkte (1) und (2) in Anbetracht der **missglückten Verweistechnik** (→ Rn. 1) – unabhängig vom Vorliegen einer Deckungsvorsorgeverordnung nach § 20 – ins Leere zielen:

(1) Nr. 1 des Anhangs 2 zum UmweltHG nimmt im Wege einer dynamischen Verweisung (Land- 5 mann/Rohmer UmweltR § 19 Rn. 6; Paschke § 19 Rn. 6; *Peter* LKV 2007, 495; Salje/Peter § 19 Rn. 6; Schimikowski UmwelthaftungsR Rn. 235) auf **Anlagen für die gemäß den §§ 1, 7 der Störfall–Verordnung eine Sicherheitsanalyse anzufertigen ist,** Bezug. Die bei Inkrafttreten des UmweltHG geltende Fassung der Zwölften Verordnung zur Durchführung des Bundes–Immissionsschutzgesetzes (BGBl. 1988 I 625 ff.) umfasste durchweg Anlagen, für die aufgrund ihres (auf bestimmte gefährliche Stoffe nach Anhang 1 zur Störfall-Verordnung bezogenen) spezifischen Gefährdungspotentials eine Genehmigung nach dem BImSchG obligatorisch war. Den Begriff der Sicherheitsanalyse kennt die aktuelle Störfall-Verordnung indes nicht mehr (*Peter* LKV 2007, 495; Landmann/Rohmer UmweltR Vorb. 12. BImSchV Rn. 21 ff.; *Salje/Peter* § 19 Rn. 6). Der nunmehr einschlägige Sicherheitsbericht nach § 9 iVm Anhang II 12. BImSchV ist nicht mehr anlagen- sondern betriebsbereichsbezogen, daher mit der Sicherheitsanalyse alten Rechts konzeptionell nicht vergleichbar und muss daher auch als Basis einer geltungserhaltenden Auslegung ausscheiden (*Peter* LKV 2007, 495; ausf. Salje/Peter § 19 Rn. 7 f.).

(2) Eine ebenfalls inhaltsleere dynamische Bezugnahme (Landmann/Rohmer UmweltR § 19 Rn. 9; 6 Paschke § 19 Rn. 8) enthält Nr. 2 des Anhangs 2 zum UmweltHG, die auf **Verbrennungsrückgewinnungsanlagen** verweist, „soweit in ihnen Stoffe nach Anhang II der Störfall-Verordnung" anfallen oder im Falle einer Störung des bestimmungsgemäßen Betriebsablaufs anfallen können (dazu *Peter* LKV 2007, 495; Salje/Peter § 19 Rn. 9 f.). Nach der Neufassung der Störfall-Verordnung enthält Anhang II nunmehr Stoffangaben nur noch insoweit, als sie für den Sicherheitsbericht nach § 9 der 12. BImSchV relevant sind. Die Ausführungen unter → Rn. 5 gelten daher entsprechend.

(3) Nr. 3 bezieht schließlich **Anlagen zur Herstellung von Zusatzstoffen zu Lacken und** 7 **Druckfarben auf der Basis von Cellulosenitrat,** dessen Stickstoffgehalt bis zu 12,6 vom Hundert beträgt, mit ein (kritisch zur Gefahreinschätzung des Gesetzgebers nach der erfolgten immissionsschutzrechtlichen Umstufung derartiger Anlagen mit Blick auf den aktuellen Stand der Technik *Peter* LKV 2007, 496; Salje/Peter § 19 Rn. 11 mwN).

Gesetzlich wirksam wird die Verpflichtung zur Erbringung einer Deckungsvorsorge erst mit Erlass 8 einer **Rechtsverordnung nach § 20,** die insbes. Umfang und Höhe der Deckungsvorsorge, Anforderungen an Freistellungs- und Gewährleistungsverpflichtungen von Kreditinstituten, das Überwachungsverfahren und die Befugnisse der zuständigen Behörden regeln soll. Eine Verpflichtung zur Erbringung einer Deckungsvorsorge allein auf der Grundlage des § 19 wird dagegen allgemein abgelehnt (vgl. Landmann/Rohmer UmweltR § 20 Rn. 1; Landsberg/Lülling § 20 Rn. 1; Paschke § 19 Rn. 2; *Renger* PHI 1992, 86; Schimikowski UmwelthaftungsR Rn. 237 aE; Staudinger/*Kohler* UmweltHG § 20 Rn. 1; *Taupitz* JURA 1992, 119; *Wellkamp* VersR 2001, 298; *Knopp/Striegl* BB 1992, 2009 (2017); aA *Feldmann* PHI 1994, 162). Selbst wenn sich der Verordnungsgeber also noch zum Erlass einer Deckungsvorsorgeverordnung nach § 20 entschließen könnte (pessimistisch *Salje/Peter* § 19 Rn. 3), würde dies – ohne Änderung der Anlage 2 zum UmweltHG – den Anwendungsbereich des § 19 Abs. 1 S. 1 ohnehin nur für Anlagen nach Nr. 3 des Anhangs 2 zum UmweltHG überhaupt eröffnen.

Gleiches gilt im Übrigen für den Fall der Deckungsvorsorgeverpflichtung auf der Grundlage einer 9 behördlichen Anordnung für nicht mehr betriebene Anlagen nach § 19 Abs. 1 S. 2, weil eine solche Anordnung eine bereits im Zeitpunkt des Betriebes der Anlage bestehende Pflicht zur Erbringung einer Deckungsvorsorge voraussetzt („weiterhin"; vgl. Salje/Peter Rn. 5).

III. Vorsatz

Erforderlich ist, dass der Täter (mindestens bedingt) vorsätzlich handelt. Der Täter muss also sämtliche 10 strafbarkeitsbegründenden Merkmale (insbes. seine eigene Verpflichtung zur Erbringung einer hinreichenden Deckungsvorsorge) kennen und eine Zuwiderhandlung gegen diese Pflichten billigend in Kauf nehmen. Kennt der Täter wesentliche Umstände nicht oder irrt er sich schuldhaft, bleibt eine Bestrafung wegen fahrlässiger Tatbegehung nach Abs. 2 möglich, sofern ihm seine Unkenntnis in strafrechtlich relevanter Weise (vgl. dazu Schönke/Schröder/*Sternberg-Lieben/Schuster* StGB § 16 Rn. 10 ff.) vorgeworfen werden kann. Ein Irrtum über die Vollziehbarkeit einer behördlichen Anordnung nach Abs. 1 Nr. 2 im Falle eines Widerspruchs ist demgegenüber ein Verbotsirrtum nach § 17 StGB (vgl. OLG Hamm DAR 1957, 25; OLG Düsseldorf VM 1976, 26; anders BGH NJW 1989, 1939 mAnm *Dölp;* NStZ 1989, 475 mAnm *Dölp).*

IV. Besonderer Strafaufhebungsgrund

Handelt der Täter in den Fällen des Abs. 1 Nr. 2 einer behördlichen Anordnung nach § 19 Abs. 1 11 S. 2 zuwider und gelingt es ihm, die Anordnung im Verwaltungsrechtsweg aufheben oder ihre Rechtswidrigkeit feststellen zu lassen, will eine Mindermeinung (*Winkelbauer* NStZ 1988, 201 (203); *ders.* DÖV 1988, 723 (726); *Wüterich* NStZ 1987, 106 (108)) – jedenfalls in den Fällen materieller Rechtswidrigkeit (zweifelnd bei Aufhebung wegen formeller Fehler Schönke/Schröder/*Heine*/*Hecker* StGB Vor § 324 ff. Rn. 22 aE) – einen objektiven Strafaufhebungsgrund annehmen. Nach der herrschenden Ansicht ist die nachträgliche Aufhebung eines Verwaltungsaktes für die strafrechtliche Würdigung hingegen ohne Bedeutung (vgl. BGHSt 23, 86; OLG Frankfurt a. M. NJW 1967, 262; *Dölling* JZ 1985, 461 (466); *Laufhütte*/*Möhrenschlager* ZStW 92 (1980), 912 (921)). Dies dürfte – zumindest im vorliegenden Kontext – zutreffend sein, weil der Inhaber einer nicht mehr betriebenen Anlage nach § 2 Abs. 2 unabhängig von einer behördlichen Deckungsvorsorgeanordnung für entstehende Schäden haftet und deshalb auch nach der Aufhebung einer solchen Anordnung mehr als ein bloßer „verwaltungsrechtlicher Ungehorsam" (vgl. dazu Schönke/Schröder/*Schlehofer* StGB Vor §§ 32 ff. Rn. 130) verbleibt.

C. Tatbestand des Abs. 2

12   Handelt der Täter **fahrlässig**, wird er nach Abs. 2 mit Freiheitsstrafe bis zu sechs Monaten oder Geldstrafe bis zu 180 Tagessätzen bestraft. Eine Bestrafung aus dem Fahrlässigkeitsdelikt wird insbes. dann in Betracht zu ziehen sein, wenn der Täter über strafbarkeitsbegründende Tatbestandsmerkmale geirrt hat oder hierüber sonst schuldhaft in Unkenntnis war (§ 16 Abs. 1 S. 2 StGB; vgl. auch Schönke/Schröder/*Sternberg-Lieben*/*Schuster* StGB § 16 Rn. 4, 12 f.; → Rn. 10).

D. Täter und Teilnehmer

I. Inhaber

13   Inhaber einer Anlage ist, wer diese auf eigene Rechnung benutzt, die Verfügungsgewalt besitzt und die Unterhaltskosten aufbringt (Schimikowski UmwelthaftungsR Rn. 155; anders *Mayer* MDR 1991, 813 f., der auf die Ausübung der Herrschaftsgewalt abstellt; vgl. auch *Bigalke,* Die umweltrechtliche Verantwortlichkeit von gesicherten Kreditgebern, 1994, 70 ff. mwN, die wegen der mit der Ausnutzung riskanter Sonderrechte verbundenen Vorteile auf die tatsächlich ausgeübte **„wirtschaftliche Herrschaftsmacht"** abstellt). Den zugrunde liegenden **Eigentum**sverhältnissen kommt mithin lediglich indizielle Bedeutung zu (vgl. *Bigalke,* Die umweltrechtliche Verantwortlichkeit von gesicherten Kreditgebern, 1994, 70 ff.), weshalb auch Leasingnehmer und Betriebspächter (vgl. Schimikowski UmwelthaftungsR Rn. 155) als Inhaber in Betracht kommen, sofern sie nach außen hin Verantwortung für die Anlage übernehmen (vgl. *Bigalke,* Die umweltrechtliche Verantwortlichkeit von gesicherten Kreditgebern, 1994, 71 (75)). Die auf dem finanziellen Engagement eines Kreditgebers basierende potentielle Möglichkeit der Einflussnahme dürfte indes nicht ausreichen (so auch *Bigalke,* Die umweltrechtliche Verantwortlichkeit von gesicherten Kreditgebern, 1994, 72 f.).

II. Stillgelegte Anlagen

14   Nach § 2 Abs. 2 haftet auch derjenige, der zum Zeitpunkt der Einstellung des Betriebes Inhaber der Anlage war. Eine Verpflichtung zur Erbringung einer Deckungsvorsorge besteht allerdings bei stillgelegten Anlagen nur dann, wenn die zuständige Behörde (auf der Basis einer bislang nicht vorliegenden Deckungsvorsorgeverordnung nach § 20, die insbes. Beginn, Umfang und Höhe der Verpflichtung zur Deckungsvorsorge regeln müsste, § 20 Abs. 1 Nr. 1, 2; → Rn. 4 f., 11) aufgrund einer besonderen Gefährlichkeit nach **pflichtgemäßem Ermessen** (Landsberg/Lülling § 19 Rn. 13; vgl. auch Salje/Peter § 19 Rn. 13) eine entsprechende Anordnung trifft, § 19 Abs. 1 S. 2 (zum Maßstab der Gefährlichkeitsbeurteilung Landmann/Rohmer UmweltR § 19 Rn. 11; Paschke § 19 Rn. 10). Eine derartige Anordnung ist **Verwaltungsakt**. Strafrechtlich relevant sind Zuwiderhandlungen gegen solche Anordnungen nach § 21 Abs. 1 Nr. 2 daher nur im Falle ihrer **Vollziehbarkeit** (vgl. Salje/Peter Rn. 6). Maßgebend sind mithin Bestandskraft oder sofortige Vollziehbarkeit (§ 80 Abs. 2 Nr. 4 VwGO; zum vorläufigen Rechtsschutz gegen die Anordnung der sofortigen Vollziehbarkeit vgl. § 80 Abs. 5 VwGO; besondere Regelungen zur sofortigen Vollziehbarkeit durch Verordnung nach § 20 Abs. 1 Nr. 4 sind möglich, vgl. Landmann/Rohmer UmweltR § 19 Rn. 35; Salje/Peter Rn. 7). Auf die Rechtswidrigkeit der behördlichen Anordnung kommt es demgegenüber nicht an (sog **Verwaltungsrechts-Akzessorietät**; zusf. Schönke/Schröder/*Heine*/*Hecker* StGB Vor § 324 ff. Rn. 15 ff.; zu den aus der Verknüpfung von Verwaltungs- und Strafrecht folgenden Problemen sa *Otto* JURA 1991, 308).

III. Handeln für einen anderen

15   Grundsätzlich kommen als Inhaber von Anlagen nach Anhang 2 zum UmweltHG natürliche und juristische Personen in Betracht. Regelmäßig werden derartige Anlagen aber von juristischen Personen oder Personenhandelsgesellschaften betrieben. Da in diesen Fällen sowohl die Anlagenhaftung selbst (*Schmidt-Salzer* NJW 1994, 1309), als auch die mit der Deckungsvorsorge verbundenen Inhaberpflichten unternehmensträgerbezogen sind, der eigentliche Normadressat seine Aufgaben und Pflichten mithin

üblicherweise nicht selbst wahrnehmen kann, daher auf die Handlungen vertretungsberechtigter Organe oder Gesellschafter angewiesen ist und der Grundsatz „keine Strafe ohne Schuld" ohnehin nur Sanktionen gegen natürliche Personen zulässt (vgl. Schönke/Schröder/*Heine*/*Weißer* StGB Vor § 25 Rn. 121 ff.), müssen die strafbarkeitsbegründenden **besonderen persönlichen Merkmale** des primären Normadressaten nach § 14 StGB auf den Vertreter bezogen werden können. Danach sind taugliche Täter neben den **vertretungsberechtigten Organen juristischer Personen** (§ 14 Abs. 1 Nr. 1 StGB; Geschäftsführer, Vorstände, Liquidatoren; zur Verantwortlichkeit bei mehrgliedrigen Organen s. BGH NJW 1990, 2560 „Lederspray", Schönke/Schröder/*Perron* StGB § 14 Rn. 18 ff., Landmann/Rohmer UmweltR Rn. 13; zur faktischen Organ- und Vertreterhaftung nach § 14 Abs. 3 StGB vgl. Schönke/Schröder/*Perron* StGB § 14 Rn. 42, 43), **vertretungsberechtigten Gesellschaftern von Personengesellschaften** (§ 14 Abs. 1 Nr. 2 StGB; nach § 125 HGB alle Gesellschafter einer OHG; nach §§ 161, 170 HGB nur die Komplementäre der KG; zur GmbH & Co. KG s. BGHSt 28, 371) und sonstigen gesetzlichen Vertretern nach § 14 Abs. 1 Nr. 3 StGB (zum Insolvenzverwalter als „Partei kraft Amtes" s. *Hess*/*Weis* InVo 1996, 2 ff.; krit. *Kluth* NZI 2000, 356) auch die **gewillkürten Vertreter** nach § 14 Abs. 2 StGB (Betriebs- oder Betriebsstättenleiter und Betriebsbeauftragte, soweit ihnen die mit der Erbringung der Deckungsvorsorge in Zusammenhang stehenden Aufgaben übertragen sind, Salje/Peter Rn. 10; vgl. auch *Salje* BB 1993, 2297 (2298 ff.)). Zur gestuften Verantwortung bei arbeitsteiliger Wahrnehmung von Aufgaben sa BGH NStZ 2009, 146 mAnm *Bußmann*; NStZ 2009, 386.

§ 22 Bußgeldvorschriften

(1) Ordnungswidrig handelt, wer einer Rechtsverordnung nach § 20 Abs. 1 Nr. 3 bis 6 zuwiderhandelt, soweit sie für einen bestimmten Tatbestand auf diese Bußgeldvorschrift verweist.

(2) Die Ordnungswidrigkeit kann mit einer Geldbuße bis zu 5000 Euro geahndet werden.

Bußgeldbewehrt sind nach § 22 Abs. 1 vorsätzliche (Salje/Peter Rn. 7; Staudinger/*Kohler* Rn. 7) **1** Zuwiderhandlungen gegen Vorschriften einer – bislang noch nicht vorliegenden (→ § 21 Rn. 1 f.) – **Deckungsvorsorgeverordnung,** soweit für bestimmte Pflichten auf diese Bußgeldvorschrift verwiesen wird. Denkbare Anknüpfungspunkte sind dabei die Anforderungen an Freistellungs- und Gewährleistungsverpflichtungen (§ 20 Abs. 1 Nr. 3), Verfahrens- und Überwachungsvorschriften (§ 20 Abs. 1 Nr. 4), die Anzeigepflicht nach § 117 Abs. 2 VVG (§ 20 Abs. 1 Nr. 5) sowie Pflichten des Inhabers, der Versicherungsunternehmen und Kreditinstitute sowie des Bundes und der Länder (vgl. § 19 Abs. 2 Nr. 2) ggü. der zur Überwachung der Deckungsvorsorge berufenen Behörde (§ 20 Abs. 1 Nr. 6).

Nach Abs. 2 können solche Zuwiderhandlungen mit einer Geldbuße von bis zu 5.000 EUR geahndet **2** werden.

760. Umwandlungsgesetz (UmwG)

Vom 28. Oktober 1994 (BGBl. I S. 3210, ber. 1995 S. 428) FNA 4120-9-2

Zuletzt geändert durch Art. 22 G für die gleichberechtigte Teilhabe von Frauen und Männern an Führungspositionen in der Privatwirtschaft und im öffentlichen Dienst vom 24.4.2015 (BGBl. I S. 642)

– Auszug –

Vorbemerkung

1 **1. Entstehung.** Die umwandlungsrechtlichen Strafvorschriften der §§ 313–316 sind (mit Ausnahme von § 314a, → Rn. 2) mit dem **Umwandlungsgesetz (UmwG) zum 1.1.1995** in Kraft getreten (BGBl. 1994 I 3210 (3255 f.)). Mit ihnen hat der Gesetzgeber die in anderen Gesetzen enthaltenen gleichnamigen Tatbestände aufgegriffen und auf den speziellen Regelungskontext des UmwG zugeschnitten. Zu nennen sind hier die iÜ neben §§ 313 ff. unverändert weitergeltenden Strafnormen der §§ 331 ff. HGB, 400 ff. AktG, 82 ff. GmbHG, 147 ff. GenG und 17 ff. PublG, aber auch die im Zuge der Einführung der §§ 313 ff. aufgehobenen §§ 36, 37 KapErhG und 399 Abs. 2 AktG aF Bei der Ausgestaltung der §§ 313 ff. hat sich der Gesetzgeber sowohl sachlich als auch dem Wortlaut nach insbes. **§§ 400, 403, 404, 407 AktG zum Vorbild** genommen (BT-Drs. 12/6699, 171 f.). Die Auslegung, die entsprechende Tatbestandsmerkmale durch Rspr. und Lit. dort und in **§§ 331, 332, 333 HGB** und **§§ 82, 85 GmbHG** erfahren haben, kann daher iRd §§ 313–316 als Maßstab dienen.

2 § 314a wurde im Zuge der Regelung grenzüberschreitender Verschmelzungen von Kapitalgesellschaften im Jahr 2007 in den Katalog der umwandlungsrechtlichen Straftatbestände aufgenommen (BGBl. 2007 I 542 (547)). Die zugleich neu eingefügten §§ 122a ff. ermöglichen deutschen Kapitalgesellschaften in Umsetzung der RL 2005/56/EG v. 26.10.2005 über die Verschmelzung von Kapitalgesellschaften aus verschiedenen Mitgliedstaaten erstmals grenzüberschreitende Verschmelzung mit Kapitalgesellschaften aus anderen Mitgliedstaaten der Europäischen Union (BT-Drs. 16/2919, 1). Dem erhöhten Sicherheitsbedürfnis der Gläubiger einer inländischen Kapitalgesellschaft im Falle der Verschmelzung auf eine Kapitalgesellschaft mit Sitz im Ausland hat der Gesetzgeber dabei durch die neue, nach dem Vorbild des § 53 Abs. 3 Nr. 2 SEAG geschaffene, Strafvorschrift des § 314a Rechnung getragen (BT-Drs. 16/2919, 20).

3 **2. Überblick.** Die Straftatbestände der §§ 313–314a stellen unwahre und unvollständige Angaben im Zusammenhang mit Umwandlungen unter Strafe und dienen so der Einhaltung der Pflichten aus dem UmwG sowie des dort vorgeschriebenen Verfahrens. IE sanktionieren § 313 unrichtige Darstellungen von Personen, die für einen an der Umwandlung beteiligten Rechtsträger handeln, § 314 Verletzungen der Berichtspflicht durch externe Prüfer oder deren Gehilfen und § 314a die Abgabe einer falschen Versicherung ggü. dem Registergericht bei grenzüberschreitenden Verschmelzungen. § 315 enthält einen Sonderstraftatbestand für die Verletzung der Geheimhaltungspflicht im Zusammenhang mit Umwandlungen und § 316 ergänzt die vorgenannten Strafnormen durch eine Zwangsgeldregelung. Unter den Begriff der **Umwandlung** fallen dabei gem. § 1 die Verschmelzung (geregelt in §§ 2–122l), die Spaltung in Form von Aufspaltung, Abspaltung und Ausgliederung (geregelt in §§ 123–173), die Vermögensübertragung (geregelt in §§ 174–189) und der Formwechsel (geregelt in §§ 190–304). Die jeweils **beteiligungsfähigen Rechtsträger** ergeben sich aus §§ 3, 122b, 124, 175 und 191.

4 **3. Anwendungsbereich.** §§ 313 ff. gelten gem. **§ 318** für alle nach Inkrafttreten des UmwG eingeleiteten Umwandlungen. Angesichts des seither verstrichenen Zeitraums dürfte der zuvor geltenden Gesetzeslage keine Bedeutung mehr zukommen. Gem. **§ 53 Abs. 1 S. 1 SEAG** sind die umwandlungsrechtlichen Straftatbestände der §§ 313–315 auf die SE, gem. § 36 Abs. 1 S. 1 SCEAG auch auf die Europäische Genossenschaft anwendbar.

5 Ohne Weiteres anwendbar sind §§ 313 ff. ferner auf die in §§ 122a ff. geregelten Fälle **grenzüberschreitender Verschmelzungen** von Kapitalgesellschaften (→ § 313 Rn. 2), soweit Rechtsträger mit – nach deren satzungsmäßigem Sitz zu bestimmendem – deutschem Gesellschaftsstatut beteiligt sind. Jenseits des Anwendungsbereichs der §§ 122a ff. ist die Zulässigkeit grenzüberschreitender Umwandlungen – zumal aufgrund der Formulierung in § 1 Abs. 1, Rechtsträger „mit Sitz im Inland" könnten umgewandelt werden –, weitgehend ungeklärt. Im Ergebnis wird sie im Hinblick auf die Rspr. des EuGH zur Niederlassungsfreiheit (EuGH NJW 2002, 3614 ff. – Überseering; EuGH NJW 2003, 3331 – Inspire Art; EuGH NJW 2006, 425 ff. – SEVIC) jedenfalls in deren Geltungsbereich zu bejahen, § 1 Abs. 1 mithin dahingehend zu verstehen sein, dass das Erfordernis des inländischen Sitzes bei Umwandlungen unter Beteiligung anderer europäischer Rechtsträger nur für den beteiligten deutschen Rechts-

von Häfen

träger gilt. **Zusammengefasst** scheidet dabei jedoch eine Anwendung der Strafvorschriften der §§ 313 ff. auf Funktionsträger beteiligter ausländischer Rechtsträger mangels Anwendbarkeit deutschen Umwandlungsrechts aus, während eine solche auf Funktionsträger beteiligter inländischer Rechtsträger mangels klarer Regelung der Zulässigkeit und des Verfahrens grenzüberschreitender Umwandlungen jenseits der §§ 122a ff. im Hinblick auf Art. 103 Abs. 2 GG zumindest problematisch erscheint (ausf. etwa KölnKomm UmwG/*Rönnau* Vorb. Rn. 23 ff.).

§ 313 Unrichtige Darstellung

(1) **Mit Freiheitsstrafe bis zu drei Jahren oder mit Geldstrafe wird bestraft, wer als Mitglied eines Vertretungsorgans, als vertretungsberechtigter Gesellschafter oder Partner, als Mitglied eines Aufsichtsrats oder als Abwickler eines an einer Umwandlung beteiligten Rechtsträgers bei dieser Umwandlung**

1. **die Verhältnisse des Rechtsträgers einschließlich seiner Beziehungen zu verbundenen Unternehmen in einem in diesem Gesetz vorgesehenen Bericht (Verschmelzungsbericht, Spaltungsbericht, Übertragungsbericht, Umwandlungsbericht), in Darstellungen oder Übersichten über den Vermögensstand, in Vorträgen oder Auskünften in der Versammlung der Anteilsinhaber unrichtig wiedergibt oder verschleiert, wenn die Tat nicht in § 331 Nr. 1 oder Nr. 1a des Handelsgesetzbuchs mit Strafe bedroht ist, oder**
2. **in Aufklärungen und Nachweisen, die nach den Vorschriften dieses Gesetzes einem Verschmelzungs-, Spaltungs- oder Übertragungsprüfer zu geben sind, unrichtige Angaben macht oder die Verhältnisse des Rechtsträgers einschließlich seiner Beziehungen zu verbundenen Unternehmen unrichtig wiedergibt oder verschleiert.**

(2) **Ebenso wird bestraft, wer als Geschäftsführer einer Gesellschaft mit beschränkter Haftung, als Mitglied des Vorstands einer Aktiengesellschaft, als zur Vertretung ermächtigter persönlich haftender Gesellschafter einer Kommanditgesellschaft auf Aktien oder als Abwickler einer solchen Gesellschaft in einer Erklärung nach § 52 über die Zustimmung der Anteilsinhaber dieses Rechtsträgers oder in einer Erklärung nach § 140 oder § 146 Abs. 1 über die Deckung des Stammkapitals oder Grundkapitals der übertragenden Gesellschaft unrichtige Angaben macht oder seiner Erklärung zugrunde legt.**

A. Allgemeines

I. Entwicklung

§ 313 ist seit Inkrafttreten des UmwG (→ Vorb. Rn. 1) lediglich infolge Gesetzesänderungen in **1** anderen Bereichen angepasst worden. IE wurde 1998 der vertretungsberechtigte Partner iSd PartGG in den Täterkreis aufgenommen (BGBl. 1998 I 1878 (1880)) und 2004 die Subsidiaritätsklausel des Abs. 1 Nr. 1 auf die gleichzeitig neu eingeführte Nr. 1a des § 331 HGB erstreckt (BGBl. 2004 I 3166 (3181)). Aufgrund der Anlehnung der Vorschrift insbes. an **§ 400 AktG, § 82 GmbHG** und **§ 331 HGB** (→ Vorb. Rn. 1) sowie mangels einschlägiger Rspr. wird im Folgenden bei Auslegung der entsprechenden Tatbestandsmerkmale auf zu diesen Vorschriften ergangene Rspr. zurückgegriffen.

II. Schutzzweck

§ 313 dient der Richtigkeit und Vollständigkeit der im Zusammenhang mit einer Umwandlung **2** abgegebenen tatbestandlichen Erklärungen. Seinem Schutzzweck unterfällt dabei zunächst das **Individualinteresse** bestimmter Personengruppen, im Zusammenhang mit Umwandlungen korrekt informiert zu werden. Von der Gesetzesbegründung als geschützte Personengruppen genannt werden in erster Linie die Anteilseigner der an der Umwandlung beteiligten Rechtsträger (BT-Drs. 12/6699, 171) sowie – jedenfalls hinsichtlich der Tatbestandsalternative des Abs. 2 Var. 2 – deren Gläubiger (BT-Drs. 12/ 6699, 172). Gleichzeitig als geschützt anzusehen ist zudem das Vertrauen der **Allgemeinheit** in die Richtigkeit und Vollständigkeit im Umwandlungsverfahren getätigter Erklärungen (str. ebenso Kallmeyer/*Marsch-Barner* Rn. 2; Lutter/Winter/*Kuhlen* Rn. 6; zweifelnd Semler/Stengel/*Taschke* Rn. 7; aA Widmann/Mayer/*Vossius* Rn. 2 f.). Hierfür spricht nicht zuletzt die Ausgestaltung als Offizialdelikt. Der Tatbestand sanktioniert unrichtige Angaben daher ohne Rücksicht darauf, ob sie sich im Einzelfall gerade zu Lasten der Anteilseigner oder Gläubiger des Rechtsträgers auswirken.

III. Praktische Bedeutung

Das Fehlen einschlägiger Rspr. zu § 313 ist neben der bislang recht kurzen Geltungsdauer der **3** Vorschrift durch deren gesetzlich angeordnete Subsidiarität ggü. § 331 HGB sowie das in der Praxis der Strafverfolgung denkbare faktische Zurücktreten (§§ 154, 154a StPO) hinter gleichzeitig verwirklichten Vermögensdelikten erklärbar (vgl. KölnKomm UmwG/*Rönnau* Rn. 4). Die praktische Relevanz ist dennoch angesichts der ohnehin erheblichen und gerade in Zeiten der wirtschaftlichen Krise noch zunehmender Anzahl mit Umwandlungen einhergehender Unternehmensumstrukturierungen keineswegs zu unterschätzen. Im Hinblick auf die von Gesetzes wegen an eine Verurteilung geknüpfte **Rechtsfolge des Ausschlusses vom Amt des GmbH-Geschäftsführers** oder **Vorstandsmitglieds einer AG** (→ Rn. 44) kommt der Verfolgung unter § 313 fallender Verhaltensweisen darüber hinaus durchaus selbstständige Bedeutung neben derjenigen von Vermögensdelikten zu, die einen solchen erst ab einer Freiheitsstrafe von einem Jahr begründen. Daneben ist § 313 Schutzgesetz iSd § 823 Abs. 2 BGB zugunsten der von der jeweiligen Tatbestandsalternative geschützten Personengruppen (→ Rn. 2).

B. Die Tatbestandsvarianten

I. Unrichtige Wiedergabe oder Verschleierung (Abs. 1 Nr. 1)

4   **1. Täter.** Täter iSd Abs. 1 Nr. 1 kann nur eine natürliche Person sein, die in der Funktion als Mitglied eines Vertretungsorgans, vertretungsberechtigter Gesellschafter oder Partner, Mitglied des Aufsichtsrates oder Abwickler für einen an der Umwandlung beteiligten Rechtsträger (→ Vorb. Rn. 3) tätig wird.

5   **a) Organstellung.** Erforderlich ist eine Organstellung. Rechtsgeschäftliche Vertretungsmacht (Prokura, Handlungsvollmacht) ist selbst bei Bekleidung einer exponierten Stellung im Unternehmen nicht ausreichend. Die Organstellung vermittelt Täterqualität unabhängig von der Regelung der Vertretungsmacht im Einzelfall (Einzel-/Gesamtvertretung). Etwaige Beschränkungen der Geschäftsführungsbefugnis im Innenverhältnis haben auf die Täterqualität ebenfalls keinen Einfluss.

6   Als **Mitglied eines Vertretungsorgans** vom möglichen Täterkreis erfasst sind iE die Geschäftsführungsmitglieder einer GmbH sowie die Vorstandsmitglieder einer AG oder eG sowie eines eV, VVaG oder genossenschaftlichen Prüfungsverbands. Einbezogen sind auch die jeweils stellvertretenden Geschäftsführungs- und Vorstandsmitglieder (vgl. § 44 GmbHG, § 94 AktG). Als **vertretungsberechtigte Gesellschafter** fallen die geschäftsführungsbefugten Gesellschafter einer OHG, Komplementäre einer KG oder KGaA und Partner einer PartG in den möglichen Täterkreis. Von der weiteren Tätergruppe der **Aufsichtsratsmitglieder** umfasst sind auch die Mitglieder eines bei der GmbH im Einzelfall fakultativ gebildeten Aufsichtsrats (§ 52 Abs. 1 GmbHG). Aus einem Wortlautvergleich mit § 82 Abs. 2 Nr. 2 GmbHG wird deutlich, dass dagegen Mitglieder eines „ähnlichen Organs" (Verwaltungsrat, Beirat) nicht in den möglichen Täterkreis aufgenommen sind (hM KölnKomm UmwG/*Rönnau* Rn. 31; Semler/Stengel/*Taschke* Rn. 14), wobei es aber zur Abgrenzung nicht auf die Bezeichnung des Gremiums ankommt. Schließlich sind **Abwickler** als mögliche Täter genannt, um dem Umstand Rechnung zu tragen, dass auch aufgelöste Unternehmen unter bestimmten Voraussetzungen an einer Umwandlung beteiligt sein können (§§ 3 Abs. 3, 124 Abs. 2, 191 Abs. 3) und dann durch ihre Liquidatoren vertreten werden.

7   Täterqualität verleiht neben der förmlichen Bestellung ferner die **faktische Ausübung** der Funktion als Mitglied eines Vertretungsorgans oder Abwickler (vgl. BGHSt 46, 62 (64 ff.) zum faktischen GmbH-Geschäftsführer als geeignetem Täter iSd § 82 Abs. 1 Nr. 1 und Nr. 3 GmbHG). Der BGH erkennt in stRspr die strafrechtliche Verantwortlichkeit des faktischen Geschäftsführers einer GmbH (BGHSt 3, 32 (37 f.); 21, 101 (103); 31, 118 (122); 47, 318 (324)) oder GmbH & Co KG (BGHSt 33, 21 (24); 34, 221 (223)) ebenso an wie diejenige des faktischen Vorstandsmitglieds einer AG (BGHSt 21, 101 (104 ff.)) und schließlich des faktischen Liquidators (BGH NStZ 2000, 34 (36)). Deren strafrechtliche Gleichstellung mit dem förmlich bestellten Vertretungsorgan ist angesichts der anderenfalls eröffneten Missbrauchsmöglichkeiten praktische Notwendigkeit und mit dem Wortlaut der gesetzlichen Umschreibung des Täterkreises auch iRd § 313 vereinbar. Dies gilt jedenfalls für die Fälle eines lediglich mit zivilrechtlichen Mängeln behafteten Bestellungsaktes sowie diejenigen eines als konkludenter Bestellungsakt zu wertenden Einverständnisses der Gesellschafter bzw. des Aufsichtsrats mit der tatsächlichen Funktionsausübung oder zumindest der Duldung derselben durch die für die Bestellung maßgeblichen Gesellschaftsorgane. Die bloß einseitige Amtsanmaßung kann Täterqualität dagegen nicht begründen.

8   Die durch faktische Funktionsausübung begründete Täterqualität besteht unabhängig davon, ob das daneben förmlich bestellte Vertretungsorgan bloße Strohmann-Eigenschaft besitzt oder gleichermaßen Tätigkeiten für den Rechtsträger entfaltet, also ein Fall **faktischer Mitorganschaft** vorliegt. Voraussetzung einer solchen ist eine mindestens gleichberechtigte Mitwirkung des faktischen Organs an der Geschäftsführung (str.). Jedenfalls ausreichend ist eine solche in überragender Stellung (BGHSt 31, 118 (122)), die der faktische Geschäftsführer dann einnimmt, wenn er von den acht klassischen Merkmalen im Kernbereich der Geschäftsführung (Bestimmung der Unternehmenspolitik, Unternehmensorganisation, Einstellung von Mitarbeitern, Gestaltung der Geschäftsbeziehungen zu Vertragspartnern, Verhandlung mit Kreditgebern, Gehaltshöhe, Entscheidung der Steuerangelegenheiten, Steuerung der Buchhaltung) mindestens sechs erfüllt (iE BayObLG NJW 1997, 1936). Täterqualität kommt schließlich nicht nur dem faktischen Vertretungsorgan, sondern neben diesem auch dem lediglich als **Strohmann** eingetragenen Vertretungsorgan zu (BGHSt 47, 318 (324 f.)), wobei die Bejahung der Täterqualität freilich noch nichts darüber aussagt, ob dieser im konkreten Fall täterschaftlich gehandelt oder unterlassen (§ 13 StGB) hat.

Ob die gleichen Grundsätze auch für den Täterkreis **vertretungsberechtigter Gesellschafter** und 9
Partner gelten ist umstritten. Zuzugeben ist, dass der Gesetzeswortlaut hier auf den ersten Blick eher
gegen ein solches Verständnis spricht. Gleichwohl sieht der BGH den faktischen Geschäftsführer auch als
„vertretungsberechtigtes" Organ iSd § 14 Abs. 1 Nr. 1 StGB an (BGHSt 47, 318 (324); BGH StV 1984,
462; aA KG NJW-RR 1997, 1126). Berücksichtigt man zudem, dass die Bezeichnung als „vertretungsberechtigter Gesellschafter" hier in erster Linie der Abgrenzung von denjenigen Gesellschaftern dient,
die keine Organstellung bekleiden, überwiegen die Argumente dafür, hier ebenfalls eine faktische
Stellung ausreichen zu lassen (KölnKomm UmwG/*Rönnau* Rn. 36; enger Kallmeyer/*Marsch-Barner*
Rn. 3; Semler/Stengel/*Taschke* Rn. 18).

b) Zusammenhang zwischen Täterstellung und Tathandlung. Tatbestandsmäßig ist das Han- 10
deln einer in den möglichen Täterkreis fallenden Person nur dann, wenn sie gerade in ihrer Eigenschaft
als Funktionsträger des an der Umwandlung beteiligten Rechtsträgers und zwar während des Umwandlungsverfahrens handelt. Erforderlich ist ein Zusammenhang zwischen Täterstellung und Tathandlung.
Privat getätigte Äußerungen sind daher ebenso wenig vom Tatbestand erfasst wie Äußerungen nach
Abschluss des Umwandlungsverfahrens.

2. Tathandlung. Tathandlung ist die unrichtige Wiedergabe oder Verschleierung der Verhältnisse des 11
Rechtsträgers. **Verhältnisse** des Rechtsträgers sind alle Umstände, die für die Beurteilung des Rechtsträgers und dessen künftige Entwicklung im Zusammenhang mit der Umwandlung von Bedeutung sein
können (vgl. RGSt 21, 172; 66, 425 (426)). Tatbestandsmäßig sind dabei nur Angaben über die Verhältnisse **„des"** Rechtsträgers, also desjenigen, für den der Handelnde tätig wird. Der Begriff der Verhältnisse des Rechtsträgers bezieht sich nicht nur auf dessen Vermögenslage, sondern etwa auch auf das
politische, soziale und sonstige Umfeld (BVerfG NJW-RR 2006, 1627 (1628) zu § 331 Nr. 1 HGB;
BVerfG BKR 2007, 38 (39) zu § 400 Abs. 1 Nr. 1 AktG). Ausdrücklich vom Gesetzeswortlaut erwähnt
werden Beziehungen zu verbundenen Unternehmen, die aufgrund der Verweisung in § 8 Abs. 1 S. 3
nach § 15 AktG zu bestimmen sind. Der (gleichwohl bestimmte iSd Art. 103 Abs. 2 GG, vgl. BVerfG
NJW-RR 2006, 1627 (1628) zu § 331 Nr. 1 HGB, BVerfG BKR 2007, 38 (39) zu § 400 Abs. 1 Nr. 1
AktG) Begriff der Verhältnisse des Rechtsträgers ist aufgrund seiner Weite streng am Schutzzweck der
Vorschrift auszulegen. Nicht vom Tatbestand erfasst sind daher Umstände, die bei abstrakter
Betrachtungsweise mangels Bezugs zur Bewertung des Rechtsträgers nicht geeignet sind, sich auf die
Entscheidungen der beteiligten Personengruppen im Umwandlungsverfahren auszuwirken (OLG
Frankfurt a. M. NStZ-RR 2002, 275 (276) zu § 400 Abs. 1 Nr. 1 AktG; zust. KölnKomm UmwG/
Rönnau Rn. 43; Semler/Stengel/*Taschke* Rn. 33; vgl. auch RGSt 21, 172).

Die **Wiedergabe** kann schriftlich oder mündlich, aufgrund gesetzlicher Verpflichtung oder freiwillig, 12
nach außen oder intern erfolgen. Sie ist **unrichtig,** wenn sie objektiv nicht mit der Wirklichkeit
übereinstimmt (Bay NJW-RR 1987, 675 zu § 82 Abs. 1 Nr. 1 GmbHG). Bei der Auslegung ist auf die
Sicht eines mit dem wirtschaftlichen Sachverhalt einer Umwandlung vertrauten Empfängers abzustellen,
also etwa einen bilanzkundigen Betrachter (BGHSt 49, 381 (391) zu § 400 Abs. 1 Nr. 1 AktG).
Unerheblich ist, ob die Lage des Rechtsträgers zu günstig oder zu ungünstig dargestellt wird. Eine
unvollständige Erklärung kann eine unrichtige Wiedergabe sein, wenn von ihr berechtigterweise
Vollständigkeit erwartet wird, wie etwa von der Bilanz und der Gewinn- und Verlustrechnung. Für die
als Tatmittel vorgesehenen Berichte gilt dies jedenfalls dann, wenn sie gemessen an den in der Praxis
entwickelten Berichtsstandards nach Art, Umfang und Tiefe der Darstellung bei einer Gesamtwürdigung
aus Sicht eines verständigen Anteilsinhabers keine geeignete Informationsgrundlage mehr bieten (Köln-
Komm UmwG/*Rönnau* Rn. 53). Schließlich können Schätzungen, Bewertungen oder Prognosen eine
unrichtige Wiedergabe enthalten, wenn die zugrunde gelegten Tatsachen objektiv nicht zutreffen oder
aus diesen eine nicht mehr vertretbare Folgerung gezogen wird.

Verschleiert werden Verhältnisse des Rechtsträgers, wenn sie der Sache nach zutreffend, jedoch der 13
Form nach irreführend, insbes. unnötig unübersichtlich, dargestellt werden. Durch die Verschleierung
wird die Ermittlung der Wahrheit somit lediglich erschwert, während sie aufgrund einer unrichtigen
Wiedergabe unmöglich ist. Auf diese Weise wird dem Täter der Einwand abgeschnitten, eine Darstellung sei zwar „geschickt manipuliert", aber nicht unwahr (KölnKomm UmwG/*Rönnau* Rn. 51).
Die Abgrenzung der Verschleierung zur unrichtigen Wiedergabe ist angesichts fließender Übergänge
schwierig, aufgrund der gesetzlichen Gleichbehandlung jedoch regelmäßig nicht von tragender Bedeutung.

3. Tatmittel. Als Tatmittel erfasst sind zunächst sämtliche Formen der im Gesetz vorgesehenen – 14
schriftlich zu erstattenden – **Umwandlungsberichte,** also der Verschmelzungsbericht (§ 8), der Spaltungsbericht (§ 127), der Übertragungsbericht (§§ 176 ff. iVm §§ 8 bzw. 127) und der Umwandlungsbericht beim Formwechsel (§ 192), die den Anteilseignern der beteiligten Rechtsträger eine Beurteilungsgrundlage für ihre Zustimmung zu der Umwandlung verschaffen sollen (DStR 1991, 127; OLG
Frankfurt a. M. ZIP 2000, 1928 ff.). Unerheblich ist, ob der Bericht im Einzelfall, etwa aufgrund
Verzichts sämtlicher Anteilseigner, entbehrlich gewesen wäre (vgl. § 8 Abs. 3 sowie §§ 41, 45c, 169,
215, 225b). Das Gesetz lässt es genügen, dass es sich um einen im UmwG „vorgesehenen" Bericht

handelt. Dies ist selbst dann der Fall, wenn ein solcher freiwillig erstattet wird. Denn auch dann ist er geeignet, die zu treffende Entscheidung der Anteilseigner zu beeinflussen. Für die Berichterstattung allein zuständig sind die Vertretungsorgane des jeweiligen Rechtsträgers (§§ 8, 127, 192), so dass Aufsichtsratsmitglieder hier als Täter faktisch ausgeschlossen sind. **Nicht** erfasst sind ferner im Zusammenhang mit Umwandlungen zur Neugründung notwendig werdende Gründungsberichte (etwa §§ 58, 75, 138, 144, 159, 165, 170). Für diese ist auf die für die jeweilige Rechtsform geltenden Straftatbestände zurückzugreifen (etwa §§ 399, 400 AktG; § 82 GmbHG).

15 Die als zweite Alternative angesprochenen Darstellungen und Übersichten müssen sich gleichermaßen auf den Vermögensstand beziehen (BVerfG BKR 2007, 38 (39); BGHZ 160, 134 (141) jeweils zu § 400 Abs. 1 Nr. 1 AktG). Zum **Vermögensstand** gehören neben dem aktuellen Bilanzvermögen (Aktiva und Passiva) die Ertragslage und andere für deren künftige Entwicklung bedeutsame Umstände (BVerfG BKR 2007, 38 (39); BGHSt 49, 381 (386 f.) zu § 400 Abs. 1 Nr. 1 AktG; vgl. auch RGSt 66, 425 (426)). **Übersichten** sind – in aller Regel schriftliche – Zusammenstellungen von Daten und Zahlenmaterialien, die einen Gesamtüberblick über das Vermögen des Rechtsträgers geben (BGHSt 49, 381 (388); BGHZ 160, 134 (141) jeweils zu § 400 Abs. 1 Nr. 1 AktG; vgl. auch RGSt 66, 425 (426)). Hierunter fallen insbes. alle Arten von Bilanzen (soweit nicht § 331 Abs. 1 Nr. 1 HGB vorgeht), aber auch jeder andere Status, der eine Vermögensübersicht enthält, sowie Gewinn- und Verlustrechnung (BGHSt 49, 381 (388); BGHZ 160, 134 (141) jeweils zu § 400 Abs. 1 Nr. 1 AktG). **Darstellungen** sind Berichte jeglicher Art, die gleichfalls ein Gesamtbild über die wirtschaftliche Lage des Unternehmens ermöglichen und den **Eindruck einer gewissen Vollständigkeit** erwecken müssen (BGHSt 49, 381 (386, 388); BGHZ 160, 134 (141); BGH NJW 2005, 2450 (2451); BT-Drs. 10/318, 23 jeweils zu § 400 Abs. 1 Nr. 1 AktG; ebenso Semler/Stengel/ *Taschke* Rn. 41; Lutter/Winter/*Kuhlen* Rn. 19; Kallmeyer/ *Marsch-Barner* Rn. 7). In der Lit. zum Teil geäußerte Bedenken gegen die Weite des (gleichwohl iSd Art. 103 Abs. 2 GG- vgl. BVerfG NJW-RR 2006, 1627 (1628) zu § 331 Nr. 1 HGB; BVerfG BKR 2007, 38 (39) zu § 400 Abs. 1 Nr. 1 AktG – bestimmten) Begriffes der Darstellungen verlieren bei dieser Auslegung an Gewicht. Eine Darstellung erfordert keine bestimmte Form. In Betracht kommen neben formlosen Berichten (zB mündliche Auskünfte) auch Zwischenberichte für die Aktionäre, die Öffentlichkeit oder eine Einzelperson (BGHSt 49, 381 (388) zu § 400 Abs. 1 Nr. 1 AktG). Quartalsberichte können je nach Form entweder Übersichten oder Darstellungen über den Vermögensstand sein (BGHSt 49, 381 (388) zu § 400 Abs. 1 Nr. 1 AktG). Unrichtige **Ad-hoc-Mitteilungen** nach § 15 WpHG können ebenfalls Tatmittel sein, dies jedoch nur dann, wenn sich ihr Inhalt nicht auf ein Einzelereignis bezieht (BGHZ 160, 134 (141) zu § 400 Abs. 1 Nr. 1 AktG), sondern Aussagekraft über den Vermögensstand der Gesellschaft besitzt, bspw. im Falle der Veröffentlichung der Halbjahreszahlen (BVerfG BKR 2007, 38 (39); BGHSt 49, 381 (390) zu § 400 Abs. 1 Nr. 1 AktG).

16 Die dritte Alternative nennt als Tatmittel Vorträge oder Auskünfte in der Versammlung der Anteilseigner, soweit es sich um eine der im UmwG zur Fassung des jeweiligen Umwandlungsbeschlusses vorgesehenen **Anteilseignerversammlungen** handelt (§ 13 ggf. iVm §§ 125, 176 ff. sowie § 193). Ein Bezug zum Vermögensstand des Rechtsträgers ist hier nicht erforderlich. Als **Vortrag** genügt jede als ernsthafte Stellungnahme zu verstehende Äußerung, die nicht notwendig Referatscharakter haben muss. Als **Auskünfte** werden dem Fragerecht der Anteilseigner Rechnung tragende Äußerungen erfasst. Irrelevant ist, ob die Tathandlung dort im Rahmen zwingend zu erteilender Auskünfte begangen wird oder die Auskunft verweigert werden hätten können. Wird eine freiwillige Auskunft erteilt, so muss sie richtig sein.

17 **4. Adressat.** Während der Adressat mittels Umwandlungsberichten und Aussagen in der Anteilseignerversammlung begangener Tathandlungen feststeht, ist der Adressatenkreis von Übersichten und Darstellungen über den Vermögensstand nicht ohne Weiteres eingrenzbar. Der Gesetzesbegründung nach in erster Linie erfasst sind freilich die **Anteilseigner** der an der Umwandlung beteiligten Rechtsträger als Adressaten der Tathandlungen iSd Abs. 1 Nr. 1 (vgl. → Rn. 2). Insbes. unter Darstellungen können begrifflich aber ebenso Mitteilungen ggü. einem Organ eines Rechtsträgers, ggü. der Öffentlichkeit oder einer Einzelperson fallen (→ Rn. 15). Hier ist der Adressat einzelfallabhängig zu bestimmen.

II. Unrichtige Wiedergabe oder Verschleierung ggü. Prüfern (Abs. 1 Nr. 2)

18 **1. Täter.** Der mögliche Täterkreis des Abs. 1 Nr. 2 stimmt mit demjenigen des Abs. 1 Nr. 1 (→ Rn. 4 ff.) überein. Darüber hinaus muss auch hier ein Zusammenhang zwischen Täterstellung und Tathandlung bestehen (→ Rn. 10).

19 **2. Tathandlung.** Abs. 1 Nr. 2 erfasst als Tathandlung neben der unrichtigen Wiedergabe (→ Rn. 12) oder Verschleierung (→ Rn. 13) von Verhältnissen des Rechtsträgers (→ Rn. 11) auch **sonstige unrichtige Angaben.** Unter Angaben fallen neben Aussagen über dem Beweis zugängliche Tatsachen, Werturteile in Form von Bewertungen, Schätzungen und Prognosen, soweit sie einen objektivierbaren Kern haben. Diese müssen sich zwar ausweislich des Gesetzeswortlauts nicht auf die Verhältnisse des Rechtsträgers beziehen, gleichwohl aber Relevanz für die Umwandlung aufweisen (→ Rn. 11 aE). Zur Unrichtigkeit der Angaben gilt das Gesagte (→ Rn. 12). Eine Täuschung des Prüfers ist nicht erforder-

lich (→ Rn. 33), tatbestandsmäßig ist daher gleichfalls ein **kollusives Zusammenwirken** mit dem Prüfer (zu den Konkurrenzen in diesem Fall des Zusammentreffens mit § 314 → Rn. 41).

3. Tatmittel. Die Tathandlung muss in Aufklärungen oder Nachweisen enthalten sein, die nach den **20** Vorschriften des UmwG einem Verschmelzungs-, Spaltungs- oder Übertragungsprüfer zu geben sind. **Aufklärungen** sind Erklärungen, die für die Prüfung relevante Informationen enthalten und zur Klärung oder Vermeidung von Zweifelsfragen oder Widersprüchen erforderlich sind. **Nachweise** sind Unterlagen (Belege, Urkunden, Datenträger etc), die den vom Prüfer untersuchten Bereich betreffen.

Voraussetzung ist, dass es sich um eine **Pflichtprüfung** nach dem UmwG handelt. Erfasst sind also **21** Verschmelzungs- (§§ 9–12 iVm §§ 44, 45e, 48, 60, 78, 81 Abs. 2, 100, 122f), Spaltungs- (§ 125 iVm den vorgenannten Vorschriften) und Übertragungsprüfung (§§ 176 ebenfalls iVm den jeweils in Bezug genommenen Vorschriften). Ebenfalls als Pflichtprüfung von Abs. 1 Nr. 2 erfasst ist die Prüfung der Angemessenheit einer Barabfindung (§ 30 Abs. 2 ggf. iVm §§ 125, 208), denn hierauf bezieht sich über § 30 Abs. 2 S. 2 die Auskunftspflicht des § 11 (KölnKomm UmwG/*Rönnau* Rn. 63; Semler/Stengel/ *Taschke* Rn. 55; aA Widmann/Meyer/*Vossius* Rn. 54). Der Formwechsel selbst kennt dagegen keine in den Anwendungsbereich von Abs. 1 Nr. 2 fallende Prüfung. Soweit Auskünfte außerhalb von Pflichtprüfungen betroffen sind, kann eine Strafbarkeit wegen unrichtiger Wiedergabe nach Abs. 1 Nr. 1 in Betracht kommen. **Nicht** erfasst sind ferner die im Zusammenhang mit Umwandlungen zur Neugründung stattfindenden Gründungsprüfungen (etwa §§ 75, 144, 159). Diese werden von den für die jeweilige Rechtsform geltenden strafrechtlichen Parallelvorschriften abschließend geregelt.

Tatbestandsmäßig sind schließlich nur Aufklärungen oder Nachweise, die einem Umwandlungsprüfer **22** „zu geben sind", also solche, die im Rahmen einer gerade dem Täter ggü. dem Prüfer obliegenden **Auskunftspflicht** erteilt werden. Diese ergibt sich über § 11 Abs. 1 S. 1 durch Verweis auf § 320 Abs. 1 S. 2, Abs. 2 S. 1 HGB. Faktisch sind damit Aufsichtsratsmitglieder vom Kreis möglicher Täter iSd Abs. 1 Nr. 2 ausgenommen, für diese kann jedoch eine Strafbarkeit nach Abs. 1 Nr. 1 vorliegen. Die Auskunftspflicht umfasst alle Aufklärungen und Nachweise, die für eine sorgfältige Prüfung notwendig sind. Prüfungsgegenstand ist dabei gem. § 9 Abs. 1 der der Verschmelzung, Spaltung oder Übertragung zugrunde liegende Vertrag oder sein Entwurf, der den allgemeinen Anforderungen der § 5 bzw. § 126 bzw. §§ 176 ff. iVm den vorgenannten Vorschriften sowie speziellen Voraussetzungen für die jeweilige Rechtsform (zB §§ 40, 45b, 46, 80) genügen muss. Geprüft wird das Vertragswerk auf seine Vollständigkeit, die Richtigkeit der in ihm enthaltenen Angaben sowie, als Kernstück der Prüfung, die Angemessenheit des festgelegten Umtauschverhältnisses der Anteile und ggf. die Höhe der baren Zuzahlung (BGH NJW 2003, 970 (972); OLG Frankfurt a. M. ZIP 2000, 1928 ff.). **Freiwillige** Angaben oder solche durch dritte Personen, die zwar Täterqualität besitzen, aber dennoch nicht von der Auskunftspflicht erfasst sind, fallen daher **nicht** unter den Tatbestand; diese können jedoch nach Abs. 1 Nr. 1 strafbar sein.

4. Adressat. Adressat der Tathandlungen iSd Abs. 1 Nr. 2 ist der **Prüfer,** wobei die tatbestands- **23** mäßigen Angaben nicht zwingend unmittelbar diesem ggü. gemacht werden müssen. Es genügt, wenn sie einem dessen Sphäre zuzurechnenden, mit der Prüfungsaufgabe betrauten Prüfungsgehilfen zugehen (KölnKomm UmwG/*Rönnau* Rn. 60, 96).

III. Falsche Versicherung (Abs. 2)

1. Täter. Täter kann ebenso wie iRd Abs. 1 nur eine natürliche Person sein, die für einen an der **24** Umwandlung beteiligten Rechtsträger (→ Vorb. Rn. 3) tätig wird. Darüber hinaus ist der Täterkreis iRd Abs. 2 enger begrenzt, nämlich auf Geschäftsführer einer GmbH, Vorstandsmitglieder einer AG, vertretungsberechtigte Komplementäre einer KGaA oder Abwickler einer der genannten Gesellschaften. Mit erfasst sind wiederum jeweils die stellvertretenden Funktionsträger (vgl. § 44 GmbHG, § 94 AktG). Auch hier begründet bereits die faktische Funktionsausübung Täterqualität (→ Rn. 7 ff.). Zu dem darüber hinaus zu fordernden Zusammenhang zwischen Tätereigenschaft und Tathandlung gilt das Gesagte (→ Rn. 10).

Im Fall einer falschen Versicherung nach § 52 Abs. 1 können Täter die Vertretungsorgane beider an **25** der Verschmelzung beteiligten Rechtsträger sein („dieses Rechtsträgers"), je nachdem bei welchem von ihnen das Zustimmungserfordernis des § 51 greift. Täter einer falschen Versicherung nach §§ 140, 146 Abs. 1 können nach dem Gesetzeswortlaut nur die Vertretungsorgane „der übertragenden Gesellschaft" sein.

2. Tathandlung. Tathandlung ist das Machen oder Zugrundelegen **unrichtiger Angaben 26** (→ Rn. 19). Dabei **macht** der Täter unrichtige Angaben, wenn er objektiv nicht zutreffende Erklärungen abgibt; er **legt** unrichtige Angaben **zugrunde,** wenn er auf objektiv falsche Unterlagen verweist, die iRd Anmeldung der Umwandlung zum Handelsregister eingereicht werden.

3. Tatmittel. Als Tatmittel nennt Abs. 2 zum einen die bei Anmeldung einer Verschmelzung zum **27** Handelsregister abzugebende **Erklärung nach § 52 Abs. 1** über die Zustimmung aller Anteilsinhaber **„dieses"** Rechtsträgers, also desjenigen, für den der Handelnde tätig wird. § 52 Abs. 1 gilt für die

Sonderfälle der Verschmelzung auf eine GmbH als übernehmende Rechtsträgerin, auf deren Geschäftsanteile nicht alle zu leistenden Einlagen in voller Höhe bewirkt sind. Für die Anteilseigner des übertragenden Rechtsträgers, die durch Verschmelzung Anteilseigner der GmbH werden, ist damit das Risiko der Ausfallhaftung des § 24 GmbHG verbunden. Zu deren Schutz sieht § 51 Abs. 1 daher erhöhte Zustimmungserfordernisse vor, auf die sich die tatbestandsmäßige Erklärung nach § 52 Abs. 1 bezieht. Die Verpflichtung zur Abgabe der Erklärung trifft alle Organmitglieder und ist durch diese höchstpersönlich zu erfüllen. Eine Stellvertretung scheidet aus.

28   Zum anderen werden **Erklärungen nach §§ 140, 146 Abs. 1** im Zusammenhang mit der Handelsregisteranmeldung einer Abspaltung oder Ausgliederung über die Deckung des Stammkapitals oder Grundkapitals „der übertragenden Gesellschaft" erfasst. Hintergrund der nach §§ 140, 146 abzugebenden Erklärungen ist der durch die Abspaltung oder Ausgliederung beim übertragenden Rechtsträger bewirkte Vermögensabfluss. Zum Schutz der Gläubiger desselben bezwecken die für die Spaltung aus einer GmbH oder AG vorgesehenen Erklärungen die Sicherstellung, dass bei der Rumpfgesellschaft das in der Satzung ausgewiesene Grund- bzw. Stammkapital durch das nach der Spaltung verbleibende Nettovermögen weiter gedeckt ist, mithin keine Unterbilanz entsteht. Der Auffassung, es sei lediglich eine Erklärung darüber abzugeben, dass die gesetzlichen Mindestanforderungen über die Kapitalausstattung bei der übertragenden Gesellschaft erfüllt sind, wird gerade im Hinblick auf den Wortlaut von § 313 Abs. 2 eine Absage erteilt. Es wird jedoch vertreten, dass die falsche Erklärung jedenfalls dann nicht strafbar sei, wenn das satzungsmäßige Grund- oder Stammkapital zwar unterschritten, das gesetzliche Mindestkapital jedoch weiterhin gedeckt sei (Widmann/Mayer/*Vossius* Rn. 67). Die Erklärung ist eine höchstpersönliche Handlung, so dass Abgabe in unechter Gesamtvertretung ausscheidet (str.). Die Abgabe in vertretungsberechtigter Anzahl reicht aber aus.

29   **4. Adressat.** Adressat der Tathandlungen iSd Abs. 2 ist das **Registergericht.**

IV. Subjektiver Tatbestand

30   § 313 fordert in allen Tatbestandsvarianten vorsätzliches Handeln iSd § 15 StGB. Eine bestimmte Vorsatzform ist nicht vorgeschrieben, ein sich auf alle Tatbestandsmerkmale erstreckender Eventualvorsatz ausreichend. Angesichts der weiten Fassung des objektiven Tatbestands, insbes. in Abs. 1 Nr. 1 (→ Rn. 15), wird dem Vorsatzerfordernis, namentlich der Abgrenzung bedingt vorsätzlichen Handelns von (hier straflosem) bewusst fahrlässigem Handeln große Bedeutung beigemessen (etwa Lutter/Winter/*Kuhlen* Rn. 24; Semler/Stengel/*Taschke* Rn. 69). Ob mindestens vorsätzliches Handeln anzunehmen ist, ist im Wesentlichen Tatfrage (→ Rn. 34, 35) und nach allgemeinen Grundsätzen zu entscheiden.

C. Rechtswidrigkeit

31   Rechtfertigungsgründe sind nur in sehr eingeschränktem Rahmen denkbar. Eine unvollständige (nicht eine objektiv falsche, vgl. RGSt 68, 245 (246)) Erklärung kann gerechtfertigt sein, wenn dem Täter ein **Schweigerecht** zusteht. Hier ist aber zu beachten, dass bei von vornehrein eingeschränkter Berichtspflicht iSd § 8 Abs. 2 aufgrund der damit verbundenen Begründungspflichten bereits keine berechtigte Vollständigkeitserwartung besteht (→ Rn. 12) und daher schon die Tatbestandsmäßigkeit entfällt. IÜ kommt dem Verteidigungsvorbringen, unvollständige oder gar unrichtige Angaben seien erfolgt, um Schaden von der Gesellschaft abzuwenden (§ 34 StGB), regelmäßig keine rechtfertigende Wirkung zu. Bereits der Straftatbestand als solcher verdeutlicht, dass die Publizitätspflichten iRd Umwandlungsverfahrens einem Geheimhaltungsinteresse der Gesellschaft im Normalfall vorgehen (vgl. BGH DStR 1991, 127).

32   **Keine** Rechtfertigung ist des Weiteren möglich durch **Einwilligung** oder gar Weisung der Gesellschafter oder des Aufsichtsrats, da diese über die durch § 313 geschützten Interessen (→ Rn. 2) nicht dispositionsbefugt sind (aA Widmann/Mayer/*Vossius* Rn. 47).

D. Versuch und Vollendung

33   Der Versuch ist nicht strafbar. Vollendet ist die unrichtige Darstellung als Äußerungsdelikt mit **Abgabe** der jeweiligen Erklärung. Dies ist dann der Fall, wenn die Erklärung wenigstens einem bestimmungsgemäßen Empfänger zugeht. IRd Abs. 1 Nr. 1 tritt Tatvollendung demnach mit Zugang des Berichtes, der Darstellung oder Übersicht bei mindestens einem der Adressaten (→ Rn. 17) ein. Bei Vorträgen und Auskünften in der Anteilseignerversammlung ist dies der Fall, sobald die Äußerung erfolgt ist und von mindestens einem Zuhörer wahrgenommen wird. Ebenso ist eine Tat nach Abs. 1 Nr. 2 vollendet, wenn die für die Prüfung bestimmten Aufklärungen und Nachweise dem Prüfer oder einem seiner Sphäre zuzuordnenden Prüfungsgehilfen zugegangen sind (→ Rn. 23). Im Falle des Abs. 2 ist schließlich Tatvollendung mit Eingang der Erklärung beim zuständigen Registergericht gegeben. Kenntnisnahme durch den jeweiligen Adressaten ist aufgrund der Deliktsnatur als **abstraktes Gefährdungsdelikt** ebenso wenig erforderlich, wie eine erfolgreiche Irreführung des Adressaten, eine Beeinflussung des Prüfungsergebnisses (Abs. 1 Nr. 2) oder eine Eintragung im Handelsregister (Abs. 2).

Ein **strafbefreiendes Umkehrverhalten** ist nach diesem Zeitpunkt jeweils nicht mehr möglich (aA 34
Semler/Stengel/*Taschke* Rn. 49, 68; Widmann/Mayer/*Vossius* Rn. 7 für die Möglichkeit einer straf-
ausschließenden Berichtigung bis zum Beginn der Abstimmung über die Umwandlungsmaßnahme in
der Anteilseignerversammlung bzw. bis zur Eintragung im Handelsregister). Zuzugeben ist, dass über die
Strafwürdigkeit etwa einer Äußerung in der Anteilseignerversammlung bei Korrektur noch vor Beginn
der Abstimmung über die Umwandlungsmaßnahme oder einer Erklärung iSd Abs. 2 bei Korrektur noch
vor Eintragung im Handelsregister trotz jeweils gegebener Tatvollendung Zweifel bestehen können. Ein
Strafausschluss lässt sich jedoch rechtsdogmatisch nicht begründen. Eine sachgerechte Lösung wird sich
nur im Einzelfall finden lassen. Praktisch wird es in Fällen zeitgerechter Korrektur oft an einem vorsätzlichen Handeln fehlen. Anderenfalls bleibt eine Berücksichtigung iRd Schuld- (§§ 153 ff. StPO) und
Strafzumessung.

E. Irrtum

Ein vorsatzausschließender **Tatbestandsirrtum iSd § 16 StGB** kommt insbes. betreffend die tatsäch- 35
liche Unrichtigkeit der jeweiligen Angaben in Betracht (vgl. etwa BayObLG NJW-RR 1987, 675). Dies
kann namentlich bei arbeitsteiligen Prozessen der Fall sein, wenn der Unterschreibende den durch einen
Mitarbeiter aufgearbeiteten Informationen vertraut. Bei einem Fehlen jeglicher inhaltlicher Kontrolle
wird aber – je nach Fallgestaltung – dennoch bedingt vorsätzliches Handeln vorliegen. Vorsatzausschließend können ferner für den Fall bewusst unvollständiger Angaben der rechtsirrige Glaube, zu vollständigen Angaben nicht verpflichtet zu sein (BGH NStZ 1993, 442), sowie ein außerstrafrechtlich
begründeter, insbes. auf Verkennung handels- und gesellschaftsrechtlicher Vorschriften beruhender Irrtum wirken.

Nimmt der Täter dagegen in Kenntnis der tatsächlichen Umstände irrig an, aufgrund eines Schweige- 36
rechts zu unrichtigen Angaben berechtigt zu sein, ist ein **Verbotsirrtum iSd § 17 StGB** gegeben.
Einen solchen begründen ferner die irrige Annahme, nur zu günstige Darstellungen der Vermögenslage
seien verboten (→ Rn. 12), sowie die Annahme, angesichts geplanter Sanierungsmaßnahmen die Lage
der Gesellschaft besser darstellen zu können. Macht der Täter iRd Abs. 1 Nr. 1 (nicht Abs. 1 Nr. 2)
freiwillige Angaben, die über den gesetzlich geforderten Umfang hinausgehen, und nimmt er irrig an,
diese seien nicht tatbestandsmäßig, befindet er sich ebenfalls in einem Verbotsirrtum. Gleiches gilt
schließlich für den faktischen Geschäftsführer einer GmbH oder Vorstand einer AG etc, der in der
irrigen Annahme handelt, mangels förmlicher Bestellung nicht vom möglichen Täterkreis des § 313
erfasst zu werden (vgl. BGH StV 1984, 461). Hinsichtlich der Unvermeidbarkeit eines Verbotsirrtums
sind nach allgemeinen Grundsätzen strenge Maßstäbe anzulegen. Bei Organmitgliedern wird man die
Einholung qualifizierten Rechtsrats in Zweifelsfragen erwarten können.

F. Täterschaft und Teilnahme

I. Täterschaftsformen

§ 313 ist ein **echtes Sonderdelikt,** das nur Mitglieder bestimmter Personengruppen als Täter erfüllen 37
können (→ Rn. 4 ff., 18, 24). Eine eigenhändige Tatbestandsverwirklichung setzt nur Abs. 2 voraus
(→ Rn. 27, 28 jeweils aE). IÜ sind die Täterschaftsformen nicht begrenzt. Veranlasst der in den Täterkreis fallende Funktionsträger einen von § 313 nicht erfassten, aber vorsätzlich und mit Unrechtsbewusstsein handelnden Mitarbeiter zu einer Tathandlung, so kann **mittelbare Täterschaft** kraft
Organisationsherrschaft vorliegen. Voraussetzung ist, dass der Beitrag des Hintermanns durch Ausnutzung von Organisationsstrukturen nahezu automatisch zu der gewollten Tatbestandsverwirklichung
durch den Vordermann führt (iE zur Rechtsfigur der mittelbaren Täterschaft kraft Organisationsherrschaft vgl. BGHSt 40, 218 (232 ff.); 45, 270 (296 ff.); zu deren Anwendbarkeit auf Sachverhalte in
Wirtschaftsunternehmen vgl. etwa BGHSt 48, 331 (342)).

Mittäterschaft kommt insbes. bei Entscheidungen mehrköpfiger Gremien in Betracht. Der hierfür 38
neben einem gemeinsamen Tatentschluss zu fordernde objektive Tatbeitrag des Einzelnen liegt dabei
regelmäßig in der Mitwirkung an der Kollegialentscheidung. Mittäterschaft liegt daher etwa dann vor,
wenn sämtliche Geschäftsführer einer GmbH oder Vorstandsmitglieder einer AG einstimmig beschließen, eine unrichtige Darstellung des Vermögensstandes abzugeben, der Beschluss aber nur durch einen
der Abstimmenden eigenhändig ausgeführt wird. Dass ein entsprechender Mehrheitsbeschluss gleichfalls
ohne die Zustimmung des Einzelnen zustande gekommen wäre, entlastet den Zustimmenden nicht.
Denn jeder Einzelne ist verpflichtet, unter vollem Einsatz seiner Mitwirkungsrechte das ihm Mögliche
und Zumutbare zu tun, um den gebotenen Beschluss des Kollegialgremiums herbeizuführen. Diese
Verpflichtung wird durch eine organisationsinterne Zuständigkeitsverteilung grds. nicht berührt (iE zur
Mittäterschaft bei Entscheidungen von Kollegialgremien vgl. BGHSt 37, 106 (123 ff.)).

Denkbar ist schließlich eine Strafbarkeit wegen pflichtwidrigen **Unterlassens** (§ 13 StGB). Aufgrund 39
der tatbestandsmäßig vorausgesetzten Tatmittel wird in aller Regel eine Tatbegehung durch aktives Tun
vorliegen, während gänzliches Unterlassen von Angaben bereits nicht vom Tatbestand erfasst und damit

straflos ist. So liegt etwa in einer unvollständigen Wiedergabe (→ Rn. 12) kein bloßes Unterlassen der vollständigen Angaben, sondern vielmehr eine konkludent unrichtige Wiedergabe. Gleichermaßen stellt die Mitwirkung an einer Kollegialentscheidung aktives Handeln dar (→ Rn. 38), hinter dem das Unterlassen der Herbeiführung des gebotenen Beschlusses zurücktritt. Tatbegehung durch Unterlassen kommt dagegen in Betracht, wenn eine in den möglichen Täterkreis fallende Person an dem Zustandekommen einer falschen Darstellung (etwa aufgrund eines gegen seine Stimme gefassten Mehrheitsbeschlusses in einem Kollegialgremium) nicht mitwirkt, sondern lediglich deren Richtigstellung unterlässt. Des Weiteren ist strafbares Unterlassen möglich, wenn eine zunächst gutgläubig (und somit nicht vorsätzlich) abgegebene Erklärung nicht korrigiert wird, obwohl ihre Unrichtigkeit später entdeckt wurde.

II. Teilnahmeformen

40   Wer nicht in den jeweiligen Täterkreis (→ Rn. 37) fällt, kann nur wegen Teilnahme iSd §§ 26, 27, 28 Abs. 1 StGB strafbar sein. In Betracht kommen hier insbes. ein Handeln durch leitende Angestellte sowie Tatbeiträge von Hauptgesellschaftern oder Beratern. Voraussetzung ist jeweils, dass der Sonderpflichtige mit Unrechtseinsicht handelt. Beruht die unrichtige Darstellung eines Sonderpflichtigen dagegen etwa auf einer Täuschung durch einen Angestellten, entfällt mangels Haupttat die Strafbarkeit des Angestellten als Anstifter oder Gehilfe und mangels Sonderpflicht die Strafbarkeit als mittelbarer Täter. Auskünfte von rechtlichen Beratern können nach allgemeinen Grundsätzen nur dann als strafbare Beihilfeleistungen eingeordnet werden, wenn sie über das wertfreie Aufzeigen von Handlungsalternativen hinausgehen (vgl. BGHSt 46, 107 (112); BGH NStZ 2004, 41 (42 f.)).

G. Konkurrenzen

41   Erfüllt eine Handlung mehrere Tatbestandsalternativen des § 313, kommt je nach den Umständen des Einzelfalls Gesetzeskonkurrenz oder Tateinheit in Betracht. Bei einem Zusammentreffen der generalklauselartigen Tatbestandsvariante einer unrichtigen Darstellung mit den spezielleren Tatbestandsalternativen des Abs. 1 Nr. 2 oder Abs. 2 tritt Abs. 1 Nr. 1 hinter diesen zurück. Die Strafbarkeit wegen Anstiftung zur Verletzung der Berichtspflicht iSd **§ 314** (→ Rn. 19 aE) tritt nicht als mitbestrafte Nachtat hinter Abs. 1 Nr. 2 zurück. Vielmehr ist aus Klarstellungsgründen Idealkonkurrenz anzunehmen (KölnKomm UmwG/*Rönnau* Rn. 101; aA Semler/Stengel/*Taschke* Rn. 81). Bei grenzüberschreitenden Verschmelzungen iSd §§ 122a ff. kommt ferner tatmehrheitliches Zusammentreffen mit **§ 314a** in Betracht.

42   Gesetzlich angeordnet ist die Subsidiarität von Abs. 1 Nr. 1 ggü. **§ 331 Nr. 1** und **Nr. 1a HGB.** Str. ist, ob § 313 in Fällen, in denen § 331 Nr. 1 HGB nicht erfüllt ist, sondern nur eine Ordnungswidrigkeit gem. § 334 Abs. 1 HGB vorliegt, auch hinter dieser zurücktritt (bejahend Kallmeyer/*Marsch-Barner* Rn. 8; Semler/Stengel/*Taschke* Rn. 78; verneinend HK-KapMStrafR/*Südbeck* Rn. 225; Widmann/Mayer/*Vossius* Rn. 75). Soweit darüber hinaus ein Zusammentreffen mit den gesellschaftsrechtlichen Parallelvorschriften, insbes. **§ 400 AktG** und **§ 82 GmbHG**, in Betracht kommt, geht § 313 in seinem speziellen, auf den Umwandlungskontext zugeschnittenen Anwendungsbereich vor. Soweit aber iÜ von §§ 400 AktG, 82 GmbHG erfasste Fälle auch unter den generalklauselartig gefassten Abs. 1 Nr. 1 subsumiert werden können, tritt dieser zurück. Tatmehrheitliches Zusammentreffen ist jedoch bei mit Neugründungen (§§ 36 Abs. 2, 135 Abs. 2) verbundenen Umwandlungsvorgängen denkbar.

43   Mit **Vermögensdelikten** wie Betrug (§ 263 StGB) und Untreue (§ 266 StGB) kommt Idealkonkurrenz in Betracht, wenn unrichtige Angaben gemacht werden, um ein solches vorzubereiten. Gleiches gilt, wenn eine Straftat begangen wird, um eine unrichtige Darstellung zu ermöglichen, etwa eine Urkundenfälschung (§ 267 StGB) zur Täuschung eines Prüfers. Tatmehrheit ist dagegen denkbar, wenn etwa der Entschluss, die tatbestandsmäßigen unrichtigen Angaben zu einer Krediterlangung zu verwenden, erst später gefasst wird.

H. Strafverfolgung

44   § 313 sieht in allen Tatbestandsalternativen Geldstrafe oder Freiheitsstrafe bis zu drei Jahren vor. Von Gesetzes wegen ist an die rechtskräftige Verurteilung ein **Ausschluss vom Vorstandsamt einer AG** durch § 76 Abs. 3 Nr. 3d AktG sowie vom **Geschäftsführeramt einer GmbH** durch § 6 Abs. 2 Nr. 3d GmbHG (vgl. hierzu § 3 EGGmbHG) geknüpft. Bei § 313 handelt es sich um ein **Offizialdelikt,** das von Amts wegen verfolgt wird. Ein Strafantrag ist nicht erforderlich. Die **Verjährung** beginnt nach allgemeinen Grundsätzen mit Tatbeendigung, dh bei Taten nach Abs. 1 Nr. 1 mit inhaltlicher Kenntnisnahme durch einen Adressaten, nach Abs. 1 Nr. 2 mit Erstellung des Prüfberichts, nach Abs. 2 mit Eintragung ins Handelsregister oder deren rechtskräftiger Zurückweisung, und beträgt fünf Jahre (§ 78 Abs. 3 Nr. 4 StGB). Sofern als Gericht des ersten Rechtszugs das Landgericht zuständig ist (§ 74 Abs. 1 GVG), ist für Straftaten nach dem UmwG eine Strafkammer als **Wirtschaftskammer** zuständig (§ 74c Abs. 1 Nr. 1 GVG). Dies gilt auch für die Verhandlung und Entscheidung über das Rechtsmittel der Berufung gegen Urteile des Amtsgerichts (§§ 74 Abs. 3, 74c Abs. 1 S. 1 GVG).

§ 314 Verletzung der Berichtspflicht

(1) **Mit Freiheitsstrafe bis zu drei Jahren oder mit Geldstrafe wird bestraft, wer als Verschmelzungs-, Spaltungs- oder Übertragungsprüfer oder als Gehilfe eines solchen Prüfers über das Ergebnis einer aus Anlaß einer Umwandlung erforderlichen Prüfung falsch berichtet oder erhebliche Umstände in dem Prüfungsbericht verschweigt.**

(2) **Handelt der Täter gegen Entgelt oder in der Absicht, sich oder einen anderen zu bereichern oder einen anderen zu schädigen, so ist die Strafe Freiheitsstrafe bis zu fünf Jahren oder Geldstrafe.**

A. Allgemeines

I. Entwicklung

§ 314 ist seit Inkrafttreten des UmwG (→ Vorb. Rn. 1) unverändert geblieben. Aufgrund der Anleh- **1** nung der Vorschrift insbes. an **§ 403 AktG** und **§ 332 HGB** (→ Vorb. Rn. 1) sowie dem Fehlen einschlägiger Rspr. wird im Folgenden bei Auslegung der entsprechenden Tatbestandsmerkmale auf zu diesen Vorschriften ergangene Rspr. zurückgegriffen.

II. Schutzzweck

Dem Schutzzweck des § 314 unterliegt in erster Linie das individuelle Interesse der Anteilseigner des **2** geprüften Rechtsträgers an der Richtigkeit und Vollständigkeit des vom UmwG vorgesehenen, von einem unabhängigen Prüfer gewissenhaft erstellten Prüfungsberichts als Grundlage ihrer Entscheidung über die Erteilung ihrer Zustimmung. Gleichzeitig vom Schutzzweck erfasst sind ferner das Vertrauen der Gläubiger des geprüften Rechtsträgers (vgl. OLG Düsseldorf NZG 1999, 901 (903) zu § 332 HGB) und schließlich der Allgemeinheit in selbige (Lutter/Winter/*Kuhlen* Rn. 3; Semler/Stengel/*Taschke* Rn. 1).

Dabei dient der Schutzzweck der Norm ausschließlich der **subjektiven Richtigkeit und Voll-** **3** **ständigkeit** des Prüfungsberichts, dh seiner Übereinstimmung mit den vom Prüfer im Rahmen seiner Prüfung getroffenen Feststellungen. Die vorgenannten Personengruppen sollen vor einer vom Wissen des Prüfers abweichenden Darstellung im Prüfungsbericht oder einer vorsätzlich falschen Würdigung des festgestellten Sachverhalts bewahrt werden. Nicht vom Schutzzweck erfasst ist dagegen die objektive Richtigkeit und Vollständigkeit des Prüfungsberichts, also dessen inhaltliche Übereinstimmung mit den tatsächlichen Verhältnissen. Geschützt ist namentlich das Vertrauen in eine „ehrliche" Berichterstattung über das Ergebnis der durchgeführten Prüfung (OLG Düsseldorf NZG 1999, 901 (903) zu § 332 HGB). Insoweit ist § 314 Schutzgesetz iSd § 823 Abs. 2 BGB.

B. Der Straftatbestand

I. Objektiver Tatbestand

1. Täter. Täter iSd § 314 können nur Verschmelzungs-, Spaltungs- oder Übertragungsprüfer (zu den **4** jeweils einschlägigen Regelungen → Rn. 21) sowie deren Gehilfen sein. Der **Prüfer** wird auf Antrag des Vertretungsorgans des Rechtsträgers vom Gericht ausgewählt und bestellt (§ 10 Abs. 1 S. 1). Rechtliche Mängel der Bestellung stehen der Täterqualität nicht entgegen, wenn überhaupt ein Bestellungsakt durch das zuständige Gericht vorliegt und die Prüfertätigkeit faktisch aufgenommen wird (hM Kallmeyer/*Marsch-Barner* Rn. 2; KölnKomm UmwG/*Rönnau* Rn. 8; Lutter/Winter/*Kuhlen* Rn. 4). Das Vorliegen eines Ausschlussgrundes iSd § 319 Abs. 2, Abs. 3 HGB (iVm § 11 Abs. 1 S. 1) steht einer Tätereigenschaft ebenfalls nicht entgegen. Eine bloß einseitige Anmaßung der Prüfungstätigkeit kann dagegen die Tätereigenschaft nicht begründen (KölnKomm UmwG/*Rönnau* Rn. 8). Wird eine **Wirt-** **schaftsprüfungsgesellschaft** bestellt, sind nach § 14 Abs. 1 Nr. 1 StGB deren vertretungsberechtigten Organe sowie bei ausdrücklicher Beauftragung mit der Wahrnehmung der Prüfungsaufgabe in eigene Verantwortung auch angestellten Wirtschaftsprüfer nach § 14 Abs. 2 Nr. 2 StGB in den Täterkreis einbezogen.

Prüfergehilfe ist, wer den Prüfer weisungsgebunden unterstützt. Die Unterstützung muss einen **5** spezifischen Bezug zur Prüfungsaufgabe haben, der Gehilfe also für den Bericht oder Teile davon inhaltlich verantwortlich sein. Nicht vom Täterkreis erfasst sind daher etwa Schreib- oder Bürokräfte sowie IT-Spezialisten. Für sie kommt allenfalls eine Strafbarkeit wegen Teilnahme nach §§ 26, 27 StGB in Betracht. Die Ausstattung des Prüfungsgehilfen mit eigenständiger Täterqualität führt zu **Aus-** **legungsproblemen,** da die Berichterstattung über das Prüfungsergebnis gem. §§ 9 Abs. 1, 12 Abs. 1 in der alleinigen Verantwortung des bestellten Umwandlungsprüfers liegt. Ein etwa herangezogener Prüfergehilfe fällt daher zwar in den möglichen Täterkreis der Norm, kann aber die Tathandlung faktisch nicht eigenhändig begehen. Dennoch ist seine Anerkennung als möglicher Täter erforderlich, um alle strafwürdigen Sachverhaltsgestaltungen abzudecken. Wäre der Prüfergehilfe nicht vom Täterkreis des § 314 erfasst, träte im Falle einer aktiven Irreführung des Prüfers durch den Prüfungsgehilfen Straffreiheit ein, weil eine Teilnahme mangels vorsätzlicher Haupttat, eine mittelbare Täterschaft mangels Täterqualifikation nicht strafbar wäre (→ Rn. 21).

6   Erforderlich ist schließlich ein **Zusammenhang zwischen Täterstellung und Tathandlung** (→ Rn. 10), mithin ein Handeln gerade in der Eigenschaft „als" Prüfer oder Prüfergehilfe und nicht nur gelegentlich der Prüfung.

7   **2. Tatmittel.** Tatmittel ist in beiden Tatbestandsvarianten der die Prüfung abschließende schriftliche Bericht über das Prüfungsergebnis iSd § 12. Voraussetzung ist dabei zunächst, dass sich der Bericht auf eine **Pflichtprüfung** nach dem UmwG (→ Rn. 21) bezieht. Freiwillig, etwa trotz Verzichts iSd § 9 Abs. 3 iVm § 8 Abs. 3 oder Entbehrlichkeit iSd § 9 Abs. 2, durchgeführte Prüfungen sind nicht vom Tatbestand erfasst. Dies gilt dem Gesetzeswortlaut nach unmissverständlich für die erste Tatbestandsvariante des falschen Berichterstattens über das Ergebnis einer aus Anlass einer Umwandlung „erforderlichen" Prüfung, dem Sinnzusammenhang der Formulierung aber ebenso für die zweite Tatbestandsalternative des Verschweigens erheblicher Umstände „im Prüfungsbericht" (Kallmeyer/*Marsch-Barner* Rn. 2; KölnKomm UmwG/*Rönnau* Rn. 13; Lutter/Winter/*Kuhlen* Rn. 6).

8   Ebenfalls von keiner der Tatbestandsalternativen erfasst sind mündliche oder partielle Äußerungen außerhalb des **schriftlichen** Prüfungsberichts. Der umwandlungsrechtliche Terminus des „Berichtens" bezieht sich, wie aus § 12 Abs. 1 deutlich wird, auf die Erstellung des schriftlichen Prüfungsberichts. Darüber hinaus begründet allein der schriftliche Prüfungsbericht einen die Strafandrohung rechtfertigenden Vertrauenstatbestand. Dagegen rechtfertigen die Einbeziehung des zur Berichterstattung in diesem Sinne nicht berufenen Prüfergehilfen in den Täterkreis und die damit verbundenen Auslegungsprobleme (→ Rn. 5) eine Ausweitung über die in § 12 Abs. 1 vorgegebene Terminologie nicht. Diese ist vielmehr auch bei Anknüpfung alleine an den schriftlichen Prüfungsbericht als Tatmittel zu einer vollständigen Abdeckung strafwürdiger Sachverhaltsgestaltungen erforderlich (→ Rn. 21).

9   Dementsprechend sind mündliche Äußerungen selbst dann nicht vom Tatbestand erfasst, wenn sie während der Prüfung oder bei Erläuterung des Prüfungsberichts, also „als" Prüfer getätigt werden. Gleiches gilt für schriftliche, aber nicht von den Berichtspflicht des § 12 umfasste, sowie den schriftlichen Prüfungsbericht nur vorbereitende Stellungnahmen. Ebenso kann schließlich eine vollständige **Nichterstattung** des Berichts nicht tatbestandsmäßig sein, da es dann an einem Objekt fehlt, auf das sich das Vertrauen in die Richtigkeit und Vollständigkeit richten kann.

10   **3. Tathandlung.** Die **falsche Berichterstattung** als Tathandlung bezieht sich bereits dem Gesetzeswortlaut nach nicht auf den Gegenstand der Prüfung, sondern auf **deren Ergebnis.** Falsch ist ein Bericht daher nur dann, wenn er das Prüfungsergebnis unzutreffend wiedergibt, unabhängig davon, ob die iRd Prüfung getroffenen Feststellungen mit der objektiven Sachlage übereinstimmen (→ Rn. 3). Ist der Bericht objektiv falsch, gibt er aber gleichwohl das vom Prüfer Ermittelte zutreffend wieder, fehlt es demnach an einer tatbestandsmäßigen Handlung. So sind bei der Prüfung unterlaufene Fehler nicht geeignet, die Tatbestandsmäßigkeit zu begründen. Ist der Bericht dagegen (zufällig) objektiv richtig, gibt er aber das vom Prüfer Ermittelte falsch wieder, liegt eine falsche Berichterstattung vor. Subjektiv falsch ist ein Prüfungsbericht ferner auch dann, wenn der Prüfer überhaupt nicht geprüft hat oder von Dritten mitgeteilte Angaben ungeprüft übernommen hat, diese folglich unzutreffend als Ergebnis der eigenen Prüfung ausgibt. Verbleibende Unklarheiten sind im Bericht als solche deutlich zu machen (BGH NJW 2003, 970 (972)). Neben vom Prüfungsergebnis nicht gedeckten tatsächlichen Angaben können schließlich Wertungen des Prüfers den Bericht verfälschen, wenn sie aus seinen tatsächlichen Feststellungen nicht mehr vertretbare Schlussfolgerungen ziehen.

11   Wenngleich sich dies aus dem Gesetzeswortlaut nur für die zweite Tatbestandsalternative ergibt, ist nach hM (Lutter/Winter/*Kuhlen* Rn. 7; Semler/Stengel/*Taschke* Rn. 12) auch die falsche Berichterstattung nur dann vom Tatbestand erfasst, wenn sie sich auf einen für die Umwandlung **erheblichen** Umstand bezieht. Erheblich sind insbes. solche Umstände, die für das Umtauschverhältnis der Anteile und dessen Angemessenheit bedeutsam sind (vgl. § 12 Abs. 2).

12   Auch die zweite Tatbestandsalternative des **Verschweigens erheblicher Umstände** bezieht sich auf das Ergebnis der Prüfung. Tatbestandsmäßig ist daher nur das Verschweigen solcher Umstände, die dem Täter im Rahmen seiner Prüfung bekannt geworden sind, auf die sich die Berichtspflicht bezieht und deren Verschweigen Auswirkungen auf das Prüfungsergebnis hat. Auch hier kommt es allein auf die durch den Prüfer im Rahmen seiner Prüfung getroffenen subjektiven Feststellungen an (→ Rn. 3). Erhebliche Umstände, die der Prüfer nicht kennt, kann er nicht bewusst verschweigen, der Bericht ist zwar objektiv unvollständig, aber subjektiv richtig. Aufgrund der Beschränkung auf das Tatmittel des schriftlichen Prüfungsberichts iSd § 12 (→ Rn. 7 ff.) kann sich der Prüfer ferner nicht darauf berufen, die dort verschwiegenen Umstände mündlich oder außerhalb des Prüfungsberichts schriftlich vorgetragen zu haben.

II. Subjektiver Tatbestand

§ 314 setzt vorsätzliches Handeln voraus, wobei ein alle Tatbestandsmerkmale erfassender bedingter **13** Vorsatz genügt.

C. Rechtswidrigkeit

Eine Rechtfertigung ist kaum denkbar. Insbes. gebührt dem in § 314 zum Ausdruck kommenden **14** gesetzgeberischen Interesse an der Wahrheit und Vollständigkeit der Prüfungsberichterstattung im Rahmen einer Interessenabwägung iSd § 34 StGB regelmäßig der Vorrang vor der Verpflichtung des Prüfers ggü. dem Gesellschaftsinteresse an der Geheimhaltung von der Prüfung erfasster Umstände.

D. Qualifikationstatbestand (Abs. 2)

Gegen Entgelt handelt, wer durch ein bereits geleistetes oder zukünftig erwartetes Entgelt zur Tat **15** bestimmt wird. Entgelt ist dabei der Legaldefinition des § 11 Abs. 1 Nr. 9 StGB nach jede in einem Vermögensvorteil bestehende Gegenleistung. Nicht erfasst sind immaterielle Vorteile oder solche, die nicht in einem Austauschverhältnis stehen. Der Vorteil muss gerade für die Tatbegehung gewährt werden, so dass dem für die Prüfung geschuldetem Honorar keine Entgeltqualität zukommt. Ob der vor Tatausführung vereinbarte Sondervorteil tatsächlich gewährt wird, ist irrelevant. Eine Belohnung nach der Tat genügt dagegen ebenso wenig wie eine nachträgliche Zahlungsabrede. In Betracht zu ziehen ist jedoch eine vorherige konkludente Entgeltvereinbarung.

In **Bereicherungsabsicht** handelt, wer durch die Tat einen Vermögensvorteil für sich oder einen **16** anderen erstrebt. Erstreben erfordert Absicht iSv dolus directus ersten Grades. Der tatsächliche Eintritt der Bereicherung ist nicht Tatbestandsvoraussetzung. Darüber hinaus bedarf es – im Gegensatz zum Qualifikationsmerkmal eines Handelns gegen Entgelt – keiner Vergütungsvereinbarung. Umstritten ist, ob die erstrebte Bereicherung rechtswidrig sein muss. Dies ist im Hinblick auf den eindeutigen Gesetzeswortlaut zu verneinen (vgl. BGH NStZ 1993, 538 f.). Strafschärfend wirkt hier nicht die Rechtswidrigkeit des erstrebten Vermögensvorteils, sondern die Inkonnexität zwischen Falschberichterstattung und erstrebten Vermögensvorteil, so dass eine falsche Berichterstattung zum Zwecke der Erzielung des (rechtmäßig) vereinbarten Prüfungshonorar tatbestandsmäßig sein kann (hM KölnKomm UmwG/*Rönnau* Rn. 23; Lutter/Winter/*Kuhlen* Rn. 11, Kallmeyer/*Marsch-Barner* Rn. 10; aA Semler/Stengel/*Taschke* Rn. 23).

In **Schädigungsabsicht** handelt schließlich, wem es darauf ankommt, einem anderen durch die Tat **17** einen Nachteil zuzufügen. Erforderlich ist wiederum dolus directus ersten Grades. Der tatsächliche Schadenseintritt ist nicht Tatbestandsvoraussetzung. Weder dem Wortlaut noch dem Regelungszweck nach ist ferner eine Beschränkung auf das Streben nach einer Vermögensschädigung geboten. Wenngleich meist eine solche beabsichtigt sein wird, genügt jede andere erstrebte Schlechterstellung eines Dritten (hM Lutter/Winter/*Kuhlen* Rn. 11, KölnKomm UmwG/*Rönnau* Rn. 24; Kallmeyer/*Marsch-Barner* Rn. 10; aA Semler/Stengel/*Taschke* Rn. 24), bei dem es sich nicht zwingend um den geprüften Rechtsträger handeln muss.

E. Versuch und Vollendung

Der Versuch ist nicht strafbar. Vollendet ist die Tat, wenn der schriftliche Prüfungsbericht einem der **18** Empfänger, namentlich dem bestellenden Gericht oder dem Vertretungsorgan, das die Bestellung beantragt hat (→ Rn. 4), zugegangen ist. Eine inhaltliche Kenntnisnahme oder Täuschung des Empfängers ist aufgrund der Deliktsnatur als **abstraktes Gefährdungsdelikt** nicht erforderlich. Zu einer nach Vollendung, aber vor Beschlussfassung über die Umwandlung erfolgten Korrektur → § 313 Rn. 34.

F. Irrtum

In beiden Tatbestandsalternativen muss sich der Vorsatz auf das Abweichen des Berichts vom **19** Prüfungsergebnis in einem erheblichen Punkt erstrecken. In Fällen, in denen ein Prüfer über das Ergebnis einer von ihm selbst durchgeführten Prüfung berichtet, wird ein Vorsatz aufgrund des subjektiven Maßstabs (→ Rn. 3, 10, 12) stets gegeben, ein vorsatzausschließender **Tatbestandsirrtum iSd § 16 StGB** somit auszuschließen sein. Denkbar ist ein solcher dagegen bei arbeitsteiliger Durchführung der Prüfung, wenn unzutreffende Angaben eines anderen Prüfers oder Prüfergehilfen durch den Berichtenden gutgläubig übernommen werden (→ Rn. 5, 21). Ein Tatbestandsirrtum kommt ferner in Betracht, wenn der Täter darüber irrt, dass ein Umstand der Berichtspflicht unterliegt.

Ein **Verbotsirrtum iSd § 17 StGB** liegt dagegen vor, wenn der Prüfer über das Ergebnis einer **20** Prüfung berichtet, ohne selbst oder durch einen Prüfungsgehilfen geprüft zu haben, und davon überzeugt ist, dies stünde der Richtigkeit der Berichterstattung im Sinne der Norm nicht entgegen (→ Rn. 10). Ein Irrtum über die Täterstellung ist ebenfalls ein regelmäßig vermeidbarer Verbotsirrtum.

Bei einem Irrtum über die normativen Tatbestandsmerkmale der „Erheblichkeit" eines Umstandes (→ Rn. 11 f.) oder der „Angemessenheit" des Umtauschverhältnisses ist zu unterscheiden, ob der Täter über die zugrunde liegenden Sachverhaltsfeststellungen irrt (dann § 16 StGB) oder aus den zutreffend erkannten Sachverhaltsfeststellungen unzutreffende Schlussfolgerungen zieht (dann § 17 StGB).

G. Täterschaft und Teilnahme

I. Täterschaftsformen

21   § 314 ist ein **echtes Sonderdelikt,** das nur Mitglieder bestimmter Personengruppen als Täter erfüllen können (→ Rn. 4 ff.). Wie gezeigt zählt der **Prüfergehilfe** zwar zum möglichen Täterkreis des § 314, kann aber gleichzeitig die vorausgesetzte Tathandlung nicht eigenhändig begehen (→ Rn. 5). Von der hM wird die Tathandlung deshalb für den Prüfgehilfen dahingehend ausgelegt, dass er den Tatbestand nur dann verwirklicht, wenn er eine falsche oder lückenhafte Berichterstattung in einer einem mittelbaren Täter oder Mittäter vergleichbaren Weise bewirkt. Dies ist dann der Fall, wenn der Gehilfe bei der Vorbereitung des vom Prüfer zu verantwortenden Berichts diesen durch unrichtige Angaben irreführt oder er nicht verhindert, dass ein von ihm falsch oder unvollständig erstellter Prüfungsteil vom Prüfer vorsätzlich in dessen Bericht übernommen wird (Kallmeyer/*Marsch-Barner* Rn. 6; KölnKomm UmwG/*Rönnau* Rn. 10; Lutter/Winter/*Kuhlen* Rn. 13).

22   Beide Tatbestandsalternativen setzen eine tatsächliche (falsche oder unvollständige) Berichterstattung und somit aktives Tun voraus. Dennoch kommt eine Strafbarkeit wegen tatbestandsmäßigen **Unterlassens** in Betracht; dies namentlich dann, wenn der Prüfungsbericht zunächst unvorsätzlich falsch erstattet und der anschließend entdeckte Fehler nicht rechtzeitig, dh vor Beschlussfassung über die Umwandlung, deren Vorbereitung der Prüfungsbericht dient, korrigiert wird. Der für die Berichterstattung verantwortliche Prüfer ist Garant (§ 13 StGB) für die Richtigkeit des Berichts. Dies muss angesichts der Gleichstellung hinsichtlich der Täterqualität im oben aufgezeigten Umfang genauso für den Prüfergehilfe gelten.

II. Teilnahmeformen

23   Wer nicht zum Täterkreis des § 314 gehört, kann nur als Teilnehmer iSd §§ 26, 27 StGB bestraft werden. Im Falle einer erfolgreichen Täuschung des Prüfers etwa durch ein Organ eines beteiligten Rechtsträgers, fehlt es jedoch bereits an einer vorsätzlichen Haupttat. Es kommt dann aber eine Strafbarkeit des Täuschenden nach § 313 Abs. 1 Nr. 2 in Betracht.

H. Konkurrenzen

24   Den beiden Tatbestandsvarianten kommt keine selbstständige Bedeutung zu. Es handelt sich lediglich um unterschiedliche Aspekte einer einheitlichen Verletzung der Berichtspflicht. § 314 ist daher nur einmal verwirklicht, wenn ein Bericht sowohl Unrichtigkeiten als auch Lücken enthält. Wird dagegen in verschiedenen Prüfungsberichten falsch berichtet, liegt idR Tatmehrheit vor. Ggü. den handels- und gesellschaftsrechtlichen Parallelvorschriften (etwa § 403 AktG, § 332 HGB) geht § 314 in seinem Anwendungsbereich vor. Ein tatsächliches oder rechtliches Zusammentreffen wird daher regelmäßig nicht in Betracht kommen. Soll der Bericht zur Begehung von Vermögensdelikten eingesetzt werden, ist Tateinheit zwischen § 314 und der Teilnahme zu diesem Delikt möglich.

I. Strafverfolgung

25   § 314 Abs. 1 sieht Geldstrafe oder Freiheitsstrafe bis zu drei Jahren, der Qualifikationstatbestand des Abs. 2 bis zu fünf Jahren vor. Im Falle eigener Bereicherung (Abs. 2) kommt Geldstrafe neben Freiheitsstrafe in Betracht (§ 41 StGB). Als weitere Rechtsfolgen sind Einziehung (§§ 74 ff. StGB), Verfall (§§ 73 ff. StGB) und die Verhängung eines Berufsverbots (§ 70 StGB) denkbar. Bei § 314 handelt es sich um ein **Offizialdelikt,** das von Amts wegen verfolgt wird. Ein Strafantrag ist nicht erforderlich. Die **Verjährung** beginnt nach allgemeinen Grundsätzen mit Tatbeendigung, dh mit dem Beschluss über die Umwandlung, dessen Vorbereitung die Umwandlungsprüfung dient, und beträgt fünf Jahre (§ 78 Abs. 3 Nr. 4 StGB). Zur Zuständigkeit der **Wirtschaftsstrafkammern** → § 313 Rn. 44.

§ 314a Falsche Angaben

Mit Freiheitsstrafe bis zu drei Jahren oder mit Geldstrafe wird bestraft, wer entgegen § 122k Abs. 1 Satz 3 eine Versicherung nicht richtig abgibt.

A. Allgemeines

I. Entwicklung

§ 314a unterlag seit seiner Aufnahme in den Katalog der umwandlungsrechtlichen Straftatbestände 1
(→ Vorb. Rn. 2) keiner Veränderung.

II. Schutzzweck

Der Tatbestand dient dem erhöhten Schutzbedürfnis der Gläubiger der übertragenden Gesellschaft, 2
deren Interesse an der Erfüllung ihrer Forderungen durch eine grenzüberschreitende Verschmelzung in
erhöhtem Maße gefährdet werden kann (BT-Drs. 16/2919, 17, 20).

B. Der Straftatbestand

I. Objektiver Tatbestand

1. Täterkreis. Der mögliche Täterkreis ist in § 314a nicht näher eingegrenzt. Aus der in Bezug 3
genommenen Vorschrift des § 122k Abs. 1 S. 3 ergibt sich jedoch, dass die dort geregelte Versicherung
durch die **Mitglieder des Vertretungsorgans** (→ § 313 Rn. 5 ff.) des **übertragenden** Rechtsträgers
(→ Vorb. Rn. 3) abzugeben ist, und daher faktisch auch nur diese Personengruppe als Täter in Betracht
kommt. Übertragender Rechtsträger kann im Regelungskontext des § 314a zudem nur eine **deutsche**
Kapitalgesellschaft sein, da die nach § 122k durchzuführende Rechtmäßigkeitskontrolle der Registerge-
richte nur für an grenzüberschreitenden Verschmelzungen beteiligte deutsche Rechtsträger gilt, während
die beteiligten ausländischen Gesellschaften in ihrem jeweiligen Heimatstaat einer entsprechenden
Kontrolle unterliegen (vgl. auch BT-Drs. 16/2919, 17).

2. Tatmittel. Die Tathandlung kann ausschließlich mittels einer **Versicherung iSd § 122k Abs. 1** 4
S. 3 begangen werden. Diese ist im Zuge der Anmeldung einer grenzüberschreitenden Verschmelzung
zum Handelsregister der übertragenden Gesellschaft abzugebenden. Zu versichern ist, dass allen Gläubigern, die nach § 122j einen Anspruch auf Sicherheitsleistung haben, eine angemessene Sicherheit
geleistet wurde. Zur Abgabe der Versicherung verpflichtet sind dem Gesetzeswortlaut nach **alle** Mitglieder des Vertretungsorgans unabhängig von einer internen Zuständigkeitsverteilung. Ein Handeln in
vertretungsberechtigter Zahl oder gar in unechter Gesamtvertretung reicht nicht aus. Die Versicherung
hat folglich jedes der Mitglieder des Vertretungsorgans selbst abzugeben. Es handelt sich um eine höchstpersönliche Rechtshandlung, die nur eigenhändig vorgenommen werden kann (→ Rn. 10).

3. Tathandlung. Tatbestandsmäßig handelt nach dem Gesetzeswortlaut, wer die Versicherung iSd 5
§ 122k Abs. 1 S. 3 „nicht richtig abgibt". Erfasst ist die Abgabe einer falschen Versicherung, **nicht** aber
die **bloße Nichtabgabe** der erforderlichen Versicherung. Letztere hat vielmehr zur Folge, dass die bei
den ausländischen Behörden einzureichende Verschmelzungsbescheinigung vom Registergericht nicht
erteilt wird (§ 122k Abs. 3 S. 4) und die Verschmelzung daher nicht wirksam werden kann. Die
Schaffung eines die Strafandrohung rechtfertigenden Vertrauenstatbestands liegt daher nur in der Abgabe
einer falschen Versicherung ggü. dem Registergericht (vgl. auch BT-Drs. 16/2919, 17).

Falsch ist die Versicherung iSd § 122k Abs. 1 S. 3, wenn sie objektiv nicht mit der Wirklichkeit 6
übereinstimmt. Dies ist nicht nur dann der Fall, wenn zu Unrecht erklärt wird, dass ein bestimmter
Gläubiger eine Sicherheitsleistung erhalten habe, sondern aufgrund des gesetzlich vorgeschriebenen
Umfangs der Versicherung („alle") obendrein dann, wenn lediglich die Sicherheitsleistung an einige der
Gläubiger (insoweit zutreffend) versichert, jedoch zugleich verschwiegen wird, dass andere keine
Sicherheit erhalten haben, die Versicherung also **unvollständig** ist. Ferner ist eine Unrichtigkeit
möglich, wenn die jeweilige Sicherheitsleistung unangemessen ist.

4. Adressat. Adressat ist das zuständige **Registergericht** (§ 122k Abs. 1 S. 1). 7

II. Subjektiver Tatbestand

Vorsätzliches Handeln iSd § 15 StGB ist erforderlich, wobei Eventualvorsatz genügt. 8

C. Vollendung und Versuch

Der Versuch ist nicht strafbar. Die Versicherung ist abgegeben, wenn sie dem zuständigen Registerge- 9
richt, also demjenigen am Sitz der übertragenden Gesellschaft, zugegangen ist, und die Tat damit
vollendet ist. Es reicht nicht aus, dass die Versicherung nur unterzeichnet und abgesandt wurde. Eine
Kenntnisnahme oder erfolgreiche Täuschung des Registergerichts ist aufgrund der Deliktsnatur als
abstraktes Gefährdungsdelikt dagegen nicht erforderlich. Zur Berichtigung einer falschen Versiche-

rung nach Vollendung und vor Einreichen der Verschmelzungsbescheinigung bei den im Ausland zuständigen Stellen iSd § 122k Abs. 3 gelten die Ausführungen zu → § 313 Rn. 34 entsprechend.

D. Irrtum

10　　Irrt der Täter über den Kreis der Gläubiger und geht er deswegen davon aus, dass alle berechtigten Gläubiger eine Sicherheitsleistung erhalten haben, unterliegt er einem vorsatzausschließenden Tatbestandsirrtum iSd § 16 StGB. Geht der Täter dagegen rechtsirrig davon aus, dass ein Gläubiger keinen Anspruch auf Sicherheitsleistung hat, liegt ein Verbotsirrtum iSd § 17 StGB vor. Bei einem Irrtum über die Angemessenheit der Sicherheitsleistung ist zu unterscheiden, ob der Täter über tatsächliche Umstände irrt, die für die Beurteilung der Angemessenheit relevant sind (dann § 16 StGB), oder ob er in Kenntnis der Tatsachengrundlage einen falschen Schluss zieht (dann § 17 StGB).

E. Täterschaft und Teilnahme

11　　Da die Versicherung iSd § 122k Abs. 1 S. 3 **eigenhändig** abzugeben ist (→ Rn. 4), scheidet eine Zurechnung von Tatbeiträgen anderer im Wege mittelbarer Täterschaft oder Mittäterschaft aus. Möglich bleiben Anstiftung und Beihilfe. Wenngleich § 314a ferner voraussetzt, dass überhaupt eine Versicherung abgegeben wird (→ Rn. 5), ist eine Tatbegehung durch **Unterlassen** denkbar. Die Mitglieder des Vertretungsorgans sind Garanten für ihre Richtigkeit. Tatbestandsmäßiges Unterlassen kommt daher in Betracht, wenn eine zunächst unvorsätzlich falsch abgegebene Erklärung nicht korrigiert wird, obwohl der Fehler später erkannt wurde. Diese Garantenpflicht zur Richtigstellung gilt jedenfalls über die Ausstellung der Verschmelzungsbescheinigung iSd § 122k Abs. 2 hinaus bis zur Vorlage bei der zuständigen Stelle des Staates, dessen Recht die übernehmende oder neue Gesellschaft unterliegt iSd § 122k Abs. 3.

F. Konkurrenzen

12　　Tateinheit iSd § 52 StGB kommt in Betracht mit § 313 Abs. 2. Mit § 313 Abs. 1 Nr. 1 ist dagegen Tatmehrheit iSd § 53 StGB denkbar, wenn die unrichtigen Angaben über die Gewährung, die Höhe oder die Angemessenheit der Sicherheit in einem Bericht oder in einer Darstellung über den Vermögensstand wiederholt werden. Ein rechtliches oder tatsächliches Zusammentreffen mit § 314 in einer Person ist dagegen aufgrund des abweichenden Täterkreises nicht möglich. Sofern die Abgabe der unrichtigen Versicherung zur Vorbereitung eines Vermögensdelikts (Betrug, Gläubigerbenachteiligung) zum Nachteil der Gläubiger dient, kommt Tateinheit in Betracht.

G. Strafverfolgung

13　　§ 314a sieht Geldstrafe oder Freiheitsstrafe bis zu drei Jahren vor. § 314a wird als Offizialdelikt von Amts wegen verfolgt. Die Verjährung beträgt fünf Jahre (§ 78 Abs. 3 Nr. 4 StGB) und beginnt mit Einreichung der Verschmelzungsbescheinigung bei den im Ausland zuständigen Stellen. Zur Zuständigkeit der Wirtschaftsstrafkammern → § 313 Rn. 44.

§ 315 Verletzung der Geheimhaltungspflicht

　　(1) Mit Freiheitsstrafe bis zu einem Jahr oder mit Geldstrafe wird bestraft, wer ein Geheimnis eines an einer Umwandlung beteiligten Rechtsträgers, namentlich ein Betriebs- oder Geschäftsgeheimnis, das ihm in seiner Eigenschaft als

1. Mitglied des Vertretungsorgans, vertretungsberechtigter Gesellschafter oder Partner, Mitglied eines Aufsichtsrats oder Abwickler dieses oder eines anderen an der Umwandlung beteiligten Rechtsträgers,
2. Verschmelzungs-, Spaltungs- oder Übertragungsprüfer oder Gehilfe eines solchen Prüfers

bekannt geworden ist, unbefugt offenbart, wenn die Tat im Falle der Nummer 1 nicht in § 85 des Gesetzes betreffend die Gesellschaften mit beschränkter Haftung, § 404 des Aktiengesetzes oder § 151 des Genossenschaftsgesetzes, im Falle der Nummer 2 nicht in § 333 des Handelsgesetzbuchs mit Strafe bedroht ist.

　　(2) [1]Handelt der Täter gegen Entgelt oder in der Absicht, sich oder einen anderen zu bereichern oder einen anderen zu schädigen, so ist die Strafe Freiheitsstrafe bis zu zwei Jahren oder Geldstrafe. [2]Ebenso wird bestraft, wer ein Geheimnis der in Absatz 1 bezeichneten Art, namentlich ein Betriebs- oder Geschäftsgeheimnis, das ihm unter den Voraussetzungen des Absatzes 1 bekannt geworden ist, unbefugt verwertet.

　　(3) [1]Die Tat wird nur auf Antrag eines der an der Umwandlung beteiligten Rechtsträger verfolgt. [2]Hat ein Mitglied eines Vertretungsorgans, ein vertretungsberechtigter Gesellschafter oder Partner oder ein Abwickler die Tat begangen, so sind auch ein Aufsichtsrat oder ein

nicht vertretungsberechtigter Gesellschafter oder Partner antragsberechtigt. ³Hat ein Mitglied eines Aufsichtsrats die Tat begangen, sind auch die Mitglieder des Vorstands, die vertretungsberechtigten Gesellschafter oder Partner oder die Abwickler antragsberechtigt.

A. Allgemeines

I. Entwicklung und Anwendungsbereich

§ 315 ist seit seinem Inkrafttreten (→ Vorb. Rn. 1), mit Ausnahme der Einbeziehung vertretungs- **1** berechtigter Partner einer PartG in den Täterkreis (→ § 313 Rn. 1) und des am 1.1.2016 eingetretenen Wegfalls der Subsidiarität ggü. § 138 VAG aF (G v. 1.4.2015, BGBl. I 434) unverändert geblieben. Der Straftatbestand ist vom Gesetzgeber in enger Anlehnung an die rechtsformabhängigen Geheimnisschutztatbestände, insbes. in **§ 404 AktG, § 85 GmbHG**, formuliert worden (→ Vorb. Rn. 1), deren Auslegung durch Rspr. und Lit. daher als Orientierungshilfe dienen kann. § 315 fasst den durch diese Normen gewährten Schutz zusammen und erweitert ihn, indem er rechtsformunabhängig gilt, beschränkt ihn aber zugleich auf Rechtsträger, die an einer Umwandlung beteiligt sind (BT-Drs. 12/6699, 172). In seinem Anwendungsbereich tritt § 315 im Wege **gesetzlich geregelter Subsidiarität** zurück. Rechtsformunabhängige Geheimnisschutztatbestände enthält neben §§ 203, 204 StGB insbes. **§ 17 UWG**. Von diesem unterscheidet sich § 315 wiederum grdl. einerseits durch den hier vorausgesetzten Umwandlungskontext, andererseits durch die dort vorgeschriebenen Tatmodalitäten und subjektiven Anforderungen.

II. Schutzzweck

§ 315 schützt den Geheimbereich des betroffenen Rechtsträgers als eigenständiges Rechtsgut. Auf- **2** grund der in aller Regel verkörperten Werthaltigkeit, entfaltet der Straftatbestand auch Schutzwirkung zugunsten des Vermögens des Geheimnisträgers. Die Anteilseigner des betroffenen Rechtsträgers profitieren zwar aufgrund ihrer Beteiligung an diesem mittelbar von dem durch § 315 gewährten strafrechtlichen Schutz, sind aber selbst nicht vom Schutzzweck der Norm erfasst. Erst recht dient § 315 hiernach nicht dem Schutz von Arbeitnehmern und Geschäftspartnern des Geheimnisträgers. Diese eingeschränkte Schutzrichtung ergibt sich nicht zuletzt aus der Ausgestaltung als reines Antragsdelikt (Abs. 3). Mit der Antragsberechtigung wird den betroffenen Rechtsträgern die alleinige Dispositionsbefugnis über die Strafverfolgung eingeräumt. Dies ist nur dann konsequent, wenn die Strafvorschrift nur deren Schutz bezweckt. Insoweit ist § 315 Schutzgesetz iSd § 823 Abs. 2 BGB.

III. Praktische Bedeutung

Gemessen an einschlägiger Rspr. ist die praktische Bedeutung des Tatbestandes gering. Auch hier **3** (→ § 313 Rn. 3) liegen mögliche Ursachen in der bislang vergleichsweise kurzen Geltungsdauer des sowie der gesetzlich angeordneten Subsidiarität der Vorschrift. Namentlich werden Umwandlungen unter Beteiligung von – durch die vorrangigen rechtsformabhängigen Parallelvorschriften erfassten (→ Rn. 1) – Kapitalgesellschaften in der Praxis häufiger vorkommen als solche unter Beteiligung exklusiv von § 315 erfasster Rechtsträger, wie Personenhandelsgesellschaften, Vereinen oder Stiftungen. Darüber hinaus wird der Grund für die geringe praktische Relevanz in dem Bestreben der betroffenen Rechtsträger bzw. ihrer Organe zu suchen sein, durch das Absehen von der Stellung eines Strafantrags eine zusätzliche Rufschädigung und Vertiefung des Eingriffes in den Geheimbereich durch die Publizitätswirkung eines Strafverfahrens zu vermeiden.

B. Die Straftatbestände

I. Unbefugte Geheimnisoffenbarung (Abs. 1)

1. Täter. Täter iSd § 315 kann eine natürliche Person sein, die Mitglied eines Vertretungsorgans, **4** vertretungsberechtigter Gesellschafter oder Partner, Mitglied des Aufsichtsrates oder Abwickler **(Nr. 1)** eines an der Umwandlung beteiligten Rechtsträgers ist (→ Vorb. Rn. 3). Darüber hinaus kommen Verschmelzungs-, Spaltungs- oder Übertragungsprüfer sowie deren Gehilfen **(Nr. 2)** als Täter in Betracht. Der Täterkreis des § 315 setzt sich damit aus demjenigen des § 313 Abs. 1 Nr. 1 einerseits und demjenigen des § 314 Abs. 1 (→ § 313 Rn. 4 ff.) andererseits zusammen.

Weiter fordert der Gesetzeswortlaut, dass dem Täter das Geheimnis in dieser Eigenschaft als Funk- **5** tionsträger bekannt geworden ist. Damit knüpft die Tätereigenschaft iSd § 315 an die Funktionsträgerschaft **zum Zeitpunkt der Kenntnisnahme** von dem Geheimnis an. Nicht vom Tatbestand erfasst sind daher Geheimnisse, die der Täter erfahren hat, bevor er die jeweilige Funktion übernommen hat, selbst wenn er sie erst später, dann als Funktionsträger, offenbart oder verwertet. Gleichfalls nicht erfasst sind nach Beendigung der Funktionsträgerschaft, etwa im Ruhestand, zur Kenntnis gelangte Geheimnisse. Eine fortdauernde zivilrechtliche Verschwiegenheitspflicht kann eine Tätereigenschaft im Strafrecht angesichts Art. 103 Abs. 2 GG nicht begründen. Eine Funktionsträgerschaft **zum Zeitpunkt der Tathandlung,** namentlich des Offenbarens oder Verwertens des Geheimnisses, ist dagegen **nicht** erforderlich. Daher kann eine solche lange nach dem Ausscheiden aus der jeweiligen Funktion erfolgende Handlung tatbestandsmäßig sein, soweit der Geheimnischarakter noch erhalten ist (→ Rn. 10).

6   Aufgrund der geforderten **Verknüpfung zwischen Funktionsträgerschaft und Kenntniserlangung** sind schließlich solche Geheimnisse ebenfalls nicht vom Tatbestand erfasst, die dem Funktionsträger privat zur Kenntnis gelangt sind. Nicht erforderlich ist dagegen, dass die Täterqualität durch denjenigen Rechtsträger vermittelt wird, in dessen Geheimbereich eingegriffen wird.

7   **2. Tatgegenstand.** Unter den **Geheimnisbegriff** fallen alle den jeweiligen Rechtsträger betreffenden Tatsachen, die nur einem begrenzten Personenkreis bekannt und damit nicht offenkundig sind, die nach dessen erkennbarem Willen geheim gehalten werden sollen und hinsichtlich derer ein objektiv begründetes Interesse an der Geheimhaltung besteht (vgl. BGHSt 64, 325 (329) zu § 93 Abs. 1 S. 3 AktG; OLG Hamm GmbHR 1988, 218 f. zu § 85 Abs. 1 GmbHG; ferner ausf. zum Geheimnisbegriff → UWG § 17 Rn. 4 ff.). Wenngleich die geheim zuhaltenden Tatsachen in aller Regel aus dem technischen oder kaufmännischen Bereich des Unternehmens herrühren werden, benennt § 315 die hieraus resultierenden Betriebs- und Geschäftsgeheimnisse (im Gegensatz zu § 17 UWG) lediglich als Beispiel. Dem Straftatbestand des § 315 unterfallen darüber hinaus alle Arten von Unternehmensgeheimnissen unabhängig davon, ob sie einen eigenen Vermögenswert haben oder sonst einen wirtschaftlichen Bezug aufweisen. Anders als iRd § 17 UWG sind damit insbes. auch Tatsachen erfasst, an deren Geheimhaltung ein **rein immaterielles Interesse** besteht (vgl. BGH NJW 1996, 2576 zu § 85 GmbHG).

8   Zur Bildung oder Aufgabe des **Geheimhaltungswillens** sind bei juristischen Personen die maßgeblichen natürlichen Personen berufen. Dies sind etwa bei der AG der Vorstand, bei der GmbH in erster Linie die Gesellschafter und nachrangig die Geschäftsführer. Ein sachlich nicht mehr vertretbarer Verzicht ist dabei zugunsten eines objektiven Geheimhaltungsinteresses als unwirksam anzusehen (→ UWG § 17 Rn. 20). Dies gilt hier schon deswegen, weil anderenfalls der potentielle Täter selbst durch willkürlichen Verzicht auf die Geheimhaltung über seine Strafbarkeit nach § 315 bestimmen könnte.

9   Umstritten ist, ob dem Täter das Geheimnis **im Zusammenhang mit einer Umwandlung bekannt geworden** sein muss (vgl. Lutter/Winter/Kuhlen § 315 Rn. 7 Fn. 1; Semler/Stengel/Taschke § 315 Rn. 8). Dem Gesetzeswortlaut ist eine solche vorzugswürdige Einschränkung zwar nicht ausdrücklich zu entnehmen. Bereits die systematische Stellung im legt sie aber nahe. Nicht zuletzt geht der Wille des Gesetzgebers dahin, umwandlungsspezifische Sachverhalte abzudecken. Die Vorbereitung einer Umwandlung, insbes. die Bewertung des Vermögens beteiligter Rechtsträger, erfordert in erhöhtem Maße die Offenlegung von Geheimnissen, die es durch die Erweiterung des strafrechtlichen Geheimnisschutzes zu kompensieren galt (BT-Drs. 12/6699, 172). Diese Auslegung findet darüber hinaus eine Stütze im Gesetzeswortlaut jedenfalls von Abs. 1 Nr. 1, der fordert, dass ein Geheimnis dem Täter als Funktionsträger eines an einer Umwandlung „beteiligten" Rechtsträgers bekannt geworden ist. Für Umwandlungsprüfer als Täter iSd Abs. 1 Nr. 2 kommt dagegen eine Kenntnisnahme in dieser Funktion schon faktisch nur im Zusammenhang mit der Umwandlung in Betracht, weshalb es insoweit keiner Klarstellung im Gesetzeswortlaut bedurfte. Dass die Umwandlung tatsächlich zum Vollzug kommt, ist nicht Voraussetzung. Eine Kenntniserlangung bei deren Vorbereitung ist vom Tatbestand erfasst. Demnach ist für die Tatbestandserfüllung ein **sachlicher Zusammenhang** zwischen Kenntniserlangung und Umwandlung **notwendig.** Das Geheimnis muss jedoch **keinen inhaltlichen Bezug** zur Umwandlung aufweisen.

10   Anders als die Täterqualität begründende (frühere) Funktionsträgereigenschaft, muss der Geheimnischarakter **zum Zeitpunkt der Tathandlung** (noch) gewahrt sein. Es darf also zwischenzeitlich weder Offenkundigkeit eingetreten, noch der Geheimhaltungswille oder das Geheimhaltungsinteresse entfallen sein. Dabei kommt es auf den Rechtsträger an, dem die Information im Zeitpunkt der Tathandlung zusteht. Dass der Geheimnisträger zwischen Bekanntwerden und unbefugtem Offenbaren des Geheimnisses gewechselt hat, namentlich das Geheimnis iRd Umwandlung auf einen anderen Rechtsträger übergegangen ist, berührt die Strafbarkeit nicht.

11   **3. Tathandlung.** Ein Geheimnis **offenbart,** wer es einem Dritten mitteilt, der es noch nicht oder noch nicht sicher kennt, wobei die Information ihren Geheimnischarakter nicht verlieren muss. Es genügt, dass der Kreis der Informierten um eine Person erweitert wird, sogar wenn diese ihrerseits einer Verschwiegenheitspflicht unterliegt (vgl. BGH NStZ 1995, 187; RGSt 29, 5 (7); 38, 62 (65) sowie zu den insoweit übereinstimmenden Voraussetzungen einer Mitteilung als Tathandlung iSd § 17 UWG → UWG § 17 Rn. 29 ff.).

12   **4. Qualifizierte Geheimnisoffenbarung (Abs. 2 S. 1).** Die Voraussetzungen des Qualifikationstatbestandes sind identisch mit denjenigen des § 314 Abs. 2. Auf die dortigen Ausführungen zu den Qualifikationsmerkmalen eines Handelns gegen Entgelt, in Bereicherungs- oder Schädigungsabsicht wird daher Bezug genommen (→ § 314 Rn. 15 ff.).

II. Unbefugte Geheimnisverwertung (Abs. 2 S. 2)

Abs. 2 S. 2 enthält mit der unbefugten Geheimnisverwertung einen ggü. der unbefugten Offenbarung **13** iSd Abs. 1 **eigenständigen Tatbestand**, wobei Täterkreis und Tatgegenstand mit Abs. 1 übereinstimmen (→ Rn. 4 ff. und 7 ff.). **Verwerten** ist jedes wirtschaftliche Nutzen des Geheimnisses zum Zweck der Gewinnerzielung, gleichgültig, ob zum eigenen oder fremden Vorteil (vgl. BGH NStZ 1984, 169 zu § 355 Abs. 1 StGB). Zur Tathandlung des Verwertens iÜ → UWG § 17 Rn. 53 ff.

III. Subjektiver Tatbestand

In subjektiver Hinsicht erfordert § 315 vorsätzliches Handeln iSd § 15 StGB, wobei ein sämtliche **14** Tatbestandsmerkmale umfassender Eventualvorsatz ausreicht. Weitere Absichtserfordernisse enthalten die Grundtatbestände des Abs. 1 und Abs. 2 S. 2 nicht, wohl aber die Qualifikationsmerkmale des Abs. 2 S. 1 (→ Rn. 12).

C. Rechtswidrigkeit (unbefugt)

Die vom Gesetzeswortlaut geforderte Unbefugtheit der Tathandlung ist allgemeines Verbrechens- und **15** damit Rechtswidrigkeitsmerkmal.

I. Auskunftspflichten

Ohne weiteres gerechtfertigt und damit nicht unbefugt ist die Offenbarung eines Geheimnisses, wenn sie **16** der Erfüllung einer gesetzlichen Auskunftspflicht dient. Dies gilt für Auskunfts- und Vorlagepflichten ggü. Abschlussprüfern sowie Verschmelzungs-, Spaltungs- und Übertragungsprüfern gem. § 320 HGB (iVm § 11) ebenso wie umgekehrt für deren Berichterstattung über ihren Prüfungsauftrag (→ § 313 Rn. 31 und → § 314 Rn. 14). Befugt ist gleichermaßen die Erfüllung von Auskunftspflichten etwa des Geschäftsführers einer GmbH ggü. den Gesellschaftern gem. § 51a GmbHG und des Vorstandes einer AG ggü. dem Aufsichtsrat gem. § 90 AktG oder ggü. Aktionären gem. § 131 AktG, die Erfüllung von Unterrichtungs- und Auskunftsrechten von Arbeitnehmervertretungen gem. § 106 Abs. 2 BetrVG sowie von Publizitätspflichten gem. § 15 WpHG. Diesen Offenbarungspflichten gebührt kraft gesetzlicher Wertung der Vorrang ggü. Geheimhaltungsinteressen, ohne dass es einer einzelfallbezogenen Abwägung bedürfte. Zur möglichen Rechtfertigung durch Zeugnis- und Gutachtenspflichten im Straf- und Zivilprozess sowie zur Frage der Rechtfertigung einer Offenbarung bei Erstattung einer Strafanzeige → UWG § 17 Rn 65 ff.

II. Einverständnis und Einwilligung

Zu tatbestandsausschließendem Einverständnis und rechtfertigender Einwilligung gelten wiederum **17** die Ausführungen zu § 17 UWG (→ UWG § 17 Rn. 69) entsprechend. In Fällen einer – nicht von gesetzlichen Mitteilungspflichten gedeckten – Geheimnisoffenbarung ggü. Außenstehenden ist im Hinblick auf eine Geschäftsführungsbefugnis in Betracht zu ziehen, dass ein rechtfertigend wirkendes, **hypothetisches** Einvernehmen des maßgeblichen Organs des betroffenen Rechtsträgers vorliegen kann. Zur Dispositionsbefugnis → Rn. 8.

D. Vollendung und Versuch

Der Versuch ist nicht strafbar. Zum Vollendungszeitpunkt → UWG § 17 Rn. 70. **18**

E. Irrtum

Zur Abgrenzung zwischen Tatbestands- und Verbotsirrtum bei Fehlvorstellungen über den Geheim- **19** nischarakter oder über eine Zustimmung zur Offenbarung → UWG § 17 Rn. 74. IÜ gilt es zu unterscheiden: Geht der Täter etwa irrig von der Zustimmung der maßgeblichen Personen aus, so irrt er über die tatsächlichen Voraussetzungen und unterliegt einem vorsatzausschließenden Irrtum iSd § 16 StGB. Kennt er dagegen die tatsächlichen Umstände und zieht aus diesen den falschen Schluss, weil er etwa irrig annimmt, das strafrechtliche Verbot des § 315 beziehe sich nur auf seine Amtszeit, liegt ein idR vermeidbarer Verbotsirrtum iSd § 17 StGB vor.

F. Täterschaft und Teilnahme

§ 315 ist **echtes Sonderdelikt.** Wer nicht zum Täterkreis gehört, kann nur wegen Teilnahme iSd **20** §§ 26, 26, 28 StGB strafbar sein. Umgekehrt richtet sich die Frage, ob ein vom möglichen Täterkreis erfasster Handelnder als Täter oder Teilnehmer zu bestrafen ist, nach allgemeinen Grundsätzen. Zur denkbaren mittelbaren Täterschaft kraft Organisationsherrschaft → § 313 Rn. 37. Die Zugehörigkeit zum umschriebenen Täterkreis verleiht darüber hinaus in der Regel eine Garantenstellung iSd § 13 StGB.

von Häfen 2651

G. Konkurrenzen

21   Die Tathandlungen des Offenbarens und Verwertens schließen sich nicht zwingend gegenseitig aus, können somit zusammentreffen. Dabei hat eine qualifizierte Geheimnisoffenbarung gem. Abs. 2 S. 1 Vorrang ggü. einer Geheimnisverwertung gem. Abs. 2 S. 2, während diese aufgrund des höheren Strafrahmens einer Offenbarung iSd Abs. 1 vorgeht. Aufgrund **gesetzlich geregelter Subsidiarität** tritt Abs. 1 Nr. 1 hinter § 85 GmbHG, § 404 AktG sowie § 151 GenG und Abs. 1 Nr. 2 hinter § 333 HGB zurück. Die Subsidiarität gilt angesichts des eindeutigen Wortlauts nicht für den Qualifikationstatbestand des Abs. 2 S. 1. Das unbefugte Verwerten iSd Abs. 2 S. 2. § 315 geht seinerseits als spezielle Norm den §§ 203, 204 StGB vor. Im Verhältnis zu § 17 UWG ist dagegen Tateinheit anzunehmen, da dieser durch den höheren Strafrahmen das gesteigerte Handlungsunrecht erfasst. Zu den Tatbeständen des § 38 WpHG und zu §§ 242, 246, 266 StGB kann ebenfalls Idealkonkurrenz bestehen, da diese Delikte andere Rechtsgüter schützen als § 315.

H. Strafverfolgung und Verjährung

I. Mögliche Rechtsfolgen

22   Abs. 1 sieht Geldstrafe oder Freiheitsstrafe bis zu einem Jahr, Abs. 2 eine bis zu zwei Jahre vor.

II. Strafverfolgung auf Antrag (Abs. 3)

23   § 315 ist im Gegensatz zu §§ 313, 314 u. 314a ein **reines Antragsdelikt.** Antragsberechtigt sind nach Abs. 3 S. 1 die an der Umwandlung beteiligten Rechtsträger. Im Einzelfall steht das Antragsrecht aus diesem Kreis nur demjenigen Rechtsträger zu, der in seinem Geheimhaltungsinteresse verletzt ist. Ausgeübt wird das Antragsrecht beim Rechtsträger durch die jeweiligen gesetzlichen Vertretungsorgane. Um die Strafverfolgung in Fällen von **Interessenkonflikten** zu ermöglichen, wird der Kreis der Antragsberechtigten in S. 2 u. 3 erweitert. Keine Antragsberechtigung steht dagegen dem Anteilsinhaber zu. IÜ gelten die allgemeinen Grundsätze zu §§ 77 ff. StGB und § 158 StPO. Hierzu ist lediglich ergänzend auf folgendes hinzuweisen: grds. ist nach Abs. 3 S. 1 das Vertretungsorgan als solches antragsberechtigt. Für die **fristauslösende Kenntniserlangung** ist bei Gesamtvertretung die Kenntnis sämtlicher Mitglieder des Vertretungsorgans erforderlich (vgl. etwa RGSt 47, 338 ff.). Im Gegensatz dazu räumt die Erweiterung zu Abs. 3 S. 2 und 3 das Antragsrecht einzelnen Mitgliedern ein. Hier besteht das Antragsrecht daher für jeden von ihnen selbstständig und unabhängig von dem des anderen. Fristauslösend ist ausschließlich die jeweils eigene Kenntnis (vgl. etwa RGSt 68, 263 (265)).

III. Sonstiges

24   Die Verjährung beträgt bei Handlungen nach Abs. 1 drei Jahre, bei solchen nach Abs. 2 fünf Jahre (§ 78 Abs. 3 Nr. 4, 5 StGB). Zur Zuständigkeit der Wirtschaftsstrafkammer → § 313 Rn. 44.

§ 316 Zwangsgelder

(1) ¹**Mitglieder eines Vertretungsorgans, vertretungsberechtigte Gesellschafter, vertretungsberechtigte Partner oder Abwickler, die § 13 Abs. 3 Satz 3 sowie § 125 Satz 1, § 176 Abs. 1, § 177 Abs. 1, § 178 Abs. 1, § 179 Abs. 1, § 180 Abs. 1, § 184 Abs. 1, § 186 Satz 1, § 188 Abs. 1 und § 189 Abs. 1, jeweils in Verbindung mit § 13 Abs. 3 Satz 3, sowie § 193 Abs. 3 Satz 2 nicht befolgen, sind hierzu von dem zuständigen Registergericht durch Festsetzung von Zwangsgeld anzuhalten. ²Das § 14 des Handelsgesetzbuchs bleibt unberührt. ²Das einzelne Zwangsgeld darf den Betrag von fünftausend Euro nicht übersteigen.**

(2) **Die Anmeldungen einer Umwandlung zu dem zuständigen Register nach § 16 Abs. 1, den §§ 38, 122k Abs. 1, § 122l Abs. 1, §§ 129 und 137 Abs. 1 und 2, § 176 Abs. 1, § 177 Abs. 1, § 178 Abs. 1, § 179 Abs. 1, § 180 Abs. 1, § 184 Abs. 1, §§ 186, 188 Abs. 1, § 189 Abs. 1, §§ 198, 222, 235, 246, 254, 265, 278 Abs. 1, §§ 286 und 296 werden durch Festsetzung von Zwangsgeld nicht erzwungen.**

A. Rechtsnatur

1   § 316 ermächtigt das Registergericht, bestimmte Handlungspflichten der Beteiligten im Zusammenhang mit einer Umwandlung durch Zwangsgelder durchzusetzen. Es handelt sich um eine **außerstrafrechtliche Beugemaßnahme.** Die Androhung und Festsetzung des Zwangsgeldes iSv § 316 fällt in die Zuständigkeit des Registergerichts (→ Rn. 7).

B. Materielle Voraussetzungen der Zwangsgeldfestsetzung

I. Zwangsgeldbewehrte Pflichten

§ 316 konkretisiert die allgemeine Befugnis des Registergerichts, nach § 14 HGB die Pflicht zur 2 Anmeldung zum Handelsregister oder zur Einreichung von Schriftstücken zum Handelsregister durch die Festsetzung von Zwangsgeld zu erzwingen. § 316 enthält in Abs. 1 eine Ergänzung dieser Vorschrift, während § 316 Abs. 2 eine Ausnahme von § 14 HGB regelt. Dieser sich aus § 14 HGB iVm § 316 ergebende Katalog zwangsgeldbewehrter Pflichten ist **abschließend.**

Namentlich ist nach **§ 316 Abs. 1** zusätzlich zu den in § 14 HGB genannten Handlungen die 3 umwandlungsrechtliche Pflicht zwangsgeldbewehrt, einem Anteilseigner auf Verlangen eine Abschrift des der Umwandlung zugrunde liegenden Vertrages bzw. Beschlusses zu erteilen.

§ 316 Abs. 2 nimmt dagegen Anmeldungen von Umwandlungen zur Eintragung im Handelsregister 4 vom Anwendungsbereich des § 14 HGB aus. Eine Durchsetzung per Zwangsgeld ist hier nicht erforderlich, da die Umwandlung erst mit Eintragung wirksam wird (§ 20 Abs. 1) und ein Abweichen des Registerinhalts von der tatsächlichen Rechtslage daher bei unterbleibender Anmeldung nicht eintreten kann. Dies gilt jedoch nicht nur für die Anmeldung als solche (§ 16 Abs. 1), sondern ebenso hinsichtlich der in § 17 normierten Pflicht, bestimmte Unterlagen beizufügen. Denn ist die Hauptpflicht der Anmeldung schon nicht erzwingbar, muss dies für das Beibringen von Unterlagen zum Zwecke einer Anmeldung erst recht gelten (Lutter/Winter/*Kuhlen* Rn. 4).

II. Adressaten der Beugemaßnahme

Ein Zwangsgeld kann nur gegen die vertretungsberechtigten Personen, also nur gegen natürliche 5 Personen festgesetzt werden. Eine Festsetzung gegen den Rechtsträger scheidet aus. Ferner kann ein Zwangsgeld nur bei Verweigerung der Pflichterfüllung festgesetzt werden, nicht dagegen, wenn die betroffene Person zur Mitwirkung bereit, aber zur Vornahme der Handlung nicht in der Lage sind.

III. Sonstiges

Rechtfertigungsgründe können im Einzelfall vorliegen. Verschulden ist aufgrund der Rechtsnatur 6 (→ Rn. 1) nicht erforderlich.

C. Verfahren der Zwangsgeldfestsetzung

I. Zuständigkeit

Das Zwangsgeldverfahren richtet sich nach §§ 388 ff. FamFG. Ausschließlich zuständig ist das Re- 7 gistergericht am Sitz des Rechtsträgers. Die funktionelle Zuständigkeit liegt beim Rechtspfleger.

II. Zwangsgeldfestsetzung

Erlangt der zuständige Rechtspfleger glaubhafte Kenntnis von der Verweigerung einer mittels 8 Zwangsgeld durchsetzbaren Handlung, so erlässt er von Amts wegen eine **Einleitungsverfügung,** in der dem Betroffenen unter Androhung eines konkret bezifferten Zwangsgeldes aufgegeben wird, innerhalb einer bestimmten Frist seiner Verpflichtung nachzukommen oder die Unterlassung mittels Einspruchs zu rechtfertigen (§ 388 Abs. 1 FamFG). Wird die Verpflichtung nicht erfüllt und innerhalb der Frist kein Einspruch eingelegt, wird nach Fristablauf durch **Beschluss das Zwangsgeld festgesetzt** (§ 389 Abs. 1 FamFG). Gleichzeitig ist die Verfügung iSd § 388 Abs. 1 FamFG unter Androhung eines weiteren Zwangsgeldes zu wiederholen.

Das **Zwangsgeld** kann bis zu 5.000 EUR betragen. Eine mehrfache Festsetzung gegen dieselbe 9 Person bei Andauern derselben Pflichtverletzung ist zulässig. Es darf jeweils der gesamte Rahmen ausgeschöpft werden. Die Zwangsgelder werden nicht addiert. Die Höhe richtet sich jeweils nach dem Interesse der Öffentlichkeit an der Vornahme der zu erzwingenden Handlung unter Berücksichtigung der wirtschaftlichen Verhältnisse des Betroffenen (ebenso Kallmeyer/*Marsch-Barner* Rn. 9; aA Widmann/Mayer/*Vossius* Rn. 24).

III. Rechtsbehelfe

Über einen **Einspruch** entscheidet das Gericht, funktionell der Rechtspfleger, das die Einleitungs- 10 verfügung erlassen hat. Der Einspruch schließt die Beschwerde und damit auch die Rechtspflegererinnerung nach § 11 RPflG aus (§ 391 Abs. 1 FamFG). Gegen die Verwerfung des Einspruchs (§ 390 Abs. 4 FamFG) ist ebenso wie gegen die Festsetzung des Zwangsgeldes ohne vorheriges Einspruchsverfahren die **Beschwerde** nach §§ 58 ff. FamFG gegeben (§ 391 Abs. 1 FamFG). Der Einwand, die

Zwangsgeldanordnung sei nicht gerechtfertigt, ist dem Betroffenen dort jedoch abgeschnitten (§ 391 Abs. 2 FamFG). Geltend gemacht werden kann nur noch, dass etwa die Frist zu kurz oder das Zwangsgeld zu hoch bemessen war.

765. Gesetz über Urheberrecht und verwandte Schutzrechte (Urheberrechtsgesetz – UrhG)

Vom 9. September 1965 (BGBl. I S. 1273) FNA 440-1

Zuletzt geändert durch Art. 7 G zur Änd. des DesignG und weiterer Vorschriften des gewerblichen Rechtsschutzes vom 4.4.2016 (BGBl. I S. 558)

– Auszug –

§ 106 Unerlaubte Verwertung urheberrechtlich geschützter Werke

(1) Wer in anderen als den gesetzlich zugelassenen Fällen ohne Einwilligung des Berechtigten ein Werk oder eine Bearbeitung oder Umgestaltung eines Werkes vervielfältigt, verbreitet oder öffentlich wiedergibt, wird mit Freiheitsstrafe bis zu drei Jahren oder mit Geldstrafe bestraft.

(2) Der Versuch ist strafbar.

Übersicht

A. Allgemeines

1   Obgleich das Urheberrechtsgesetz auch Strafnormen enthält, ist die allein zivilrechtliche Verfolgung von Taten in diesem Bereich die Regel. Dies liegt nicht nur daran, dass die §§ 106–108 vornehmlich als Antragsdelikte mit Privatklagemöglichkeit ausgestattet sind. Lange Zeit war auch der Strafrahmen sehr gering und wurde erst angesichts fortschreitender Technisierung und zunehmender Kriminalität im Video- und Computerbereich verschärft. Erst die Urheberrechtsreform 1985 fügte zunächst mit § 108a eine Norm hinzu, die das gewerbsmäßige Handeln mit einem Rahmen von immerhin bis zu fünf Jahren Freiheitsstrafe bedrohte und auch den Versuch unter Strafe stellte. Hiermit war auch das erste Offizialdelikt im UrhG eingeführt worden. Das Produktpirateriegesetz von 1990 verschärfte sodann den Strafrahmen der übrigen Bestimmungen und im Jahre 2003 wurde durch das Gesetz zur Regelung des Urheberrechts in der Informationsgesellschaft mit § 108b eine Norm zum Schutz technischer Maßnahmen geschaffen.

2   Für die Frage der Strafbarkeit insbes. von Raubkopien und ähnlichen Urheberrechtsverletzungen gilt prinzipiell der Vorrang des Urheberstrafrechts. Ohnehin sind allgemeine Tatbestande wie Diebstahl (§ 242 StGB) und Unterlassung (§ 246 StGB) nur auf körperliche Sachen zugeschnitten, weshalb Urheberrechte nicht hierunter fallen. Insofern wäre etwa der Diebstahl einer Diskette sachlich von der durch Verwendung des Diebesgutes im Wege einer Raubkopie zu trennen. Aus dem gleichen Grunde scheiden auch Hehlerei (§ 259 StGB) und Geldwäsche (§ 261 StGB) in den hier behandelten Fällen aus. Auch fällt eine Raubkopie nicht unter § 202a StGB (MüKoStGB/*Graf* StGB § 202a Rn. 67).

3   Das Urheberstrafrecht ist **zivilrechtsakzessorisch,** was bedeutet, dass die Schutzreichweite und die Frage des Bestehens einer gesetzlichen oder vertraglichen Lizenz durch das allgemeine Urheberrecht zu beantworten ist. Die Beurteilung eines urheberstrafrechtlichen Sachverhalts setzt also zwingend die Kenntnis der zivilrechtlichen Fallanalyse voraus.

B. Schutzgegenstand urheberrechtliches Werk

I. Allgemeines

4   Gegenstand der Verletzung muss ein urheberrechtlich geschütztes Werk sein. Dies kann auch in der Form einer Bearbeitung oder Umgestaltung vorliegen.

5   **1. Werke der Literatur, Kunst und Wissenschaft.** Das Urheberrecht schützt grds. allein **kulturelle Schöpfungen.** Hierin unterscheidet es sich von den industriell geprägten gewerblichen Schutzrechten (Patent, Gebrauchs-, Design uÄ). § 1 nennt als Schutzbereich ausdrücklich Werke der Kunst, Literatur und Wissenschaft. Allerdings sind diese Begriffe – spätestens seit der Einfügung von Computerprogrammen in den Schutzbereich – weit zu verstehen (Dreier/Schulze § 1 Rn. 4; Schricker/Loewenheim/*Loewenheim* § 2 Rn. 4). Schutzgegenstand sind letztlich alle individuellen Geisteswerke auf dem Gebiet der Kultur und Informationstechnologie (Rehbinder/Peukert UrhR Rn. 2).

6   **2. Der Werkartenkatalog des § 2 Abs. 1.** Die Begriffe Kunst, Literatur und Wissenschaft werden vom Gesetz in § 2 Abs. 1 Nr. 1–7 noch einmal konkretisiert. Das Gesetz nennt hier beispielhaft zunächst

Sprachwerke. Dies schließt neben Schriftwerken (Poesie und Prosa), Reden und – etwas ungewöhnlicher – auch Computerprogramme ein. Hinzu treten Werke der **Musik,** wobei der Text wiederum eigenständiges Sprachwerk sein kann. Relativ wenig Bedeutung haben hingegen **pantomimische** Werke (inklusive Werken der Tanzkunst), während Werke der **bildenden Künste** und der angewandten Kunst durchaus öfter Gegenstand strafbarer Urheberrechtsverletzungen sind.

Dies gilt aber wiederum weniger für die ebenfalls umfassten Werke der Baukunst. Große Bedeutung 7 haben **Foto–** und **Filmwerke** sowie in Einzelfällen auch **Darstellungen** wissenschaftlicher und technischer Art (Zeichnungen, Pläne, Karten etc). Diese Aufzählung ist aber keineswegs abschließend. Auch **neue Kunstformen,** die sich unter keinen der vorgenannten Beispielsfälle subsumieren lassen sowie multimediale Kombinationen „klassischer" Werkarten genießen Urheberrechtsschutz, wenn sie nur die nachfolgend beschriebenen Voraussetzungen für eine persönliche geistige Schöpfung erfüllen.

3. Persönliche geistige Schöpfung. Werk iSd UrhG und damit schutzfähig sind nach der gesetzli- 8 chen Definition allein **persönliche geistige Schöpfungen** (§ 2 Abs. 2). Diese vom Gesetz ansonsten nicht näher umschriebene Definition bedarf der weiteren Erläuterung.

a) Menschliches Schaffen. Zunächst ist nur **menschliches** Schaffen vom Schutzbereich des Ge- 9 setzes umfasst. Ausgeschlossen sind demzufolge Erzeugnisse von Tieren oder Computern (zB die Erzeugnisse einer Übersetzungsmaschine; Schricker/Loewenheim/*Loewenheim* § 2 Rn. 12, 15; Dreier/ Schulze § 2 Rn. 8). Dabei kommt es urheberrechtlich auch nicht auf den Wert des so entstandenen Arbeitsergebnisses an. Allenfalls wenn sich ein Mensch eines Computers lediglich bedient, um seine schöpferische Tätigkeit auszuleben, kann ein schutzfähiges Werk vorliegen (zB elektronische Musik; Dreier/Schulze § 2 Rn. 8; Schricker/Loewenheim/*Loewenheim* § 2 Rn. 13). Stammt die Schöpfung von der Maschine, scheidet ein Schutz zumindest nach dem UrhG aus – ein möglicher Schutz durch das Wettbewerbsrecht (UWG) bietet hingegen keine Handhabe zur Strafverfolgung.

b) Geistiger Gehalt. Erforderlich ist des Weiteren ein **geistiger Gehalt.** Diesem augenscheinlich 10 wesentlich anmutenden Merkmal ist nicht zu viel Bedeutung beizumessen, denn es hat mit Qualität und intellektuellem Inhalt nichts zu tun. Auch „Unsinn" und „Geschmackloses" kann durchaus urheberrechtlichen Schutz genießen. Geistiger Gehalt bedeutet hier allein, dass ein gedanklicher oder ästhetischer Inhalt zum Ausdruck gebracht wurde und sich der Urheber bei der Entstehung des Werkes etwas „gedacht haben muss" (Rehbinder/Peukert UrhR Rn. 2 Rn. 148). Dieses Kriterium erschließt sich am einfachsten in einem Negativbeispiel: Aleatorische Musik, eine Kunstform, bei der die einzelnen Noten einer Tonfolge erwürfelt werden (alea = lateinisch für Würfel), kann nicht schutzfähig sein, weil die Melodie eben auf keiner geistigen Leistung, sondern allein auf dem Zufall beruht. Auch gedankenlose Spielereien oder sonstige Zufälle (einem Künstler fällt versehentlich der Farbtopf herunter) führen unabhängig vom Ergebnis nicht zu Urheberschutz (Schricker/Loewenheim/*Loewenheim* § 2 Rn. 18). Selbst die erfolgreiche Vermarktung eines solchen Zufalls durch den Künstler begründet keinen urheberrechtlichen Schutz.

c) Form. Der geistige Inhalt muss ferner in einer bestimmten **Form** Ausdruck gefunden haben. Dies 11 wird – obgleich auch die flüchtige mündliche Form hierfür genügen kann (Schricker/Loewenheim /*Loewenheim* § 2 Rn. 20) – in der Regel und schon aus Beweisgründen vor allem eine schriftlich fixierte Form sein. Allerdings genügt auch die Schriftlichkeit nicht allein, um einen Schutz nach dem UrhG zu erlangen. Wesentliches Kriterium für den Urheberschutz ist, dass die Formgebung im konkreten Fall bereits so weit fortgeschritten sein muss, das sie den individuellen Geist des Urhebers auszudrücken vermag (Rehbinder/Peukert UrhR Rn. 2 Rn. 149). An der bloßen **Idee** besteht noch **kein Urheberrecht.** Gleiches gilt für **Methoden** und Techniken des Schaffens. Eine Versform oder ein Stil sind genauso schutzunfähig wie Lösungswege und Algorithmen (Rehbinder/Peukert UrhR Rn. 2 Rn. 149). Das Werk muss allerdings noch nicht vollendet worden sein. Es genügt eine – individuelle – Vor- oder Zwischenstufe (Fragment, Entwurf oÄ), soweit diese nur über das Stadium der Idee hinausgeht (Schricker/Loewenheim /*Loewenheim* § 2 Rn. 22).

d) Individualität und Gestaltungshöhe. Wichtigstes Kriterium ist für das Bestehen urheberrecht- 12 lichen Schutzes jedoch die **Individualität.** Urheberrechtlichen Schutz genießt nur, was das Ergebnis schöpferischer Tätigkeit ist und so die individuelle Prägung seines Urhebers trägt. Diese Prägung muss dabei eine bestimmte Gestaltungs- oder **Schöpfungshöhe** erreichen. Nicht geschützt ist das, was „jeder so machen würde", das rein handwerksmäßige Arbeitsergebnis, das schablonenhaft oder routinemäßig entsteht (BGH GRUR 1991, 529 (530) – Explosionszeichnungen; BGH GRUR 1987, 704 (706) – Warenzeichenlexika; BGH GRUR 1986, 739 (741) – Anwaltsschriftsatz; BGH GRUR 1981, 267 (268) – Dirlada). Das UrhG schließt auf diese Weise Erzeugnisse aus, die aus allgemeinen, insbes. aus allgemein zugänglichen und naheliegenden Inhalten und Formen bestehen, ohne dass der Urheber „etwas Eigenes" hinzugefügt hätte. Das Werk muss „sich unterscheiden". Tut es dies nicht, kommt ein Schutz nach dem UrhG nicht in Betracht. Die Schöpfungshöhe ist dabei aber in erster Linie ein **quantitatives, kein qualitatives** Kriterium (Schricker/Loewenheim/*Loewenheim* § 2 Rn. 24). Ob dem Betrachter ein Werk gefällt, ob er es für geschmacklos oder gar unanständig hält, ist völlig unerheblich. Grenze ist allein die

Ernst 2657

rechtliche Zulässigkeit eines Werkes (Rehbinder/Peukert UrhR Rn. 2 Rn. 55). Ebenfalls keine Rolle spielt es, ob das Werk letztlich einen besonderen Wert besitzt, denn weder sind wertvolle Leistungen allein deshalb urheberrechtlich geschützt, noch setzt das Urheberrecht voraus, dass die schöpferische Tätigkeit tatsächlich wirtschaftlich verwertbar ist.

13   An das Erreichen der Gestaltungshöhe werden im Rahmen der sog **„kleinen Münze"** des Urheberrechts allerdings nur geringe Anforderungen gestellt (BGH GRUR 2002, 958 (959) – Technische Lieferbedingungen; BGH GRUR 1991, 529 (530) – Explosionszeichnungen; BGH GRUR 1981, 267 (268) – Dirlada;). Beim Sprachwerk reicht der Schutz also vom großen Roman oder Gedicht bis zum schwachen Vierzeiler, in der Musik von der klassischen Sinfonie bis zu einfachen Melodien moderner Schlager. Allein wenn nicht einmal die „kleine Münze" erreicht wird, scheidet ein Urheberrechtsschutz aus. Noch darunter liegende Leistungen, insbes. Schlagworte aus der Werbung („nicht immer, aber immer öfter"), können allenfalls **marken-,** in vielen Fällen sogar nur **wettbewerbsrechtlichen Schutz** für sich beanspruchen. Auch folgt aus einem geringen Maß an Eigentümlichkeit jedenfalls nur ein entsprechend enger Schutzumfang bei dem betreffenden Werk (BGH GRUR 1991, 529 (530) – Explosionszeichnungen).

14   Die Frage, welche Anforderungen im Einzelfall an das Erreichen der erforderlichen Schutzhöhe zu stellen sind, hängt wesentlich von der konkreten **Werkart** ab (BGH GRUR 1991, 449 (450) – Betriebssystem). Grds. ist im Rahmen der „kleinen Münze" von einer geringen Schutzhöhe auszugehen. So genügt etwa bei technischen Regelwerken bereits eine Individualität in der sprachlichen Vermittlung (BGH GRUR 2002, 958 (959) – Technische Lieferbedingungen.). Auch bei der angewandten Kunst gilt ungeachtet des Unterbaus eines möglichen Designschutzes mittlerweile nichts anderes, so dass auch für künstlerisch gestaltete Bedarfs- und Gebrauchsgegenstände die gleichen Regeln gelten (seit BGH GRUR 2014, 175 – Geburtstagszug). Im Prozess muss auch die Schutzfähigkeit des Werkes nachgewiesen werden. Der Beweis für das Vorliegen einer persönlichen geistigen Schöpfung erfordert daher grds. die konkrete **Darlegung** der die Urheberrechtsschutzfähigkeit begründenden Elemente (BGH GRUR 1991, 449 (450) – Betriebssystem).

15   **4. Besondere Werkarten. a) Software.** Der urheberrechtliche Schutz ist hinsichtlich fast aller Werkarten sehr weitgehend, was auch den **Schutz von Computerprogrammen** einschließt. Nachdem die frühere Rspr. vor Einführung der §§ 69a ff. den Schutzstandard für Software noch zu hoch angesetzt hatte (BGH GRUR 1985, 1041 (1047) – Inkassoprogramm; BGH GRUR 1991, 449 (451) – Betriebssystem), wurden mit der Einführung des § 69a Abs. 3 auch einfache Programmierarbeiten dem Urheberschutz unterstellt, sofern sie allein individuelle Werke iSd urheberrechtlichen „kleinen Münze" sind. Zum Nachweis dieser Schöpfungshöhe vor Gericht genügt hier im Plagiatsprozess eine globale, pauschale Beschreibung des Programms, aus der hervorgeht, dass es sich nicht um eine völlig banale Gestaltung handelt und es nicht lediglich das Programm eines anderen nachahmt. Eine gesetzliche Vermutung für die Schutzfähigkeit eines Computerprogramms besteht zwar nicht, doch wird bei komplexen Programmen eine tatsächliche Vermutung für eine hinreichende Individualität sprechen (BGH GRUR 2005, 860 (861) – Fash 2000).

16   Alle Computerprogramme, die nicht in Maschinensprache erstellt werden, müssen zunächst in diese übersetzt werden, damit sie ablauffähig sind. Die Ursprungsfassung wird meist als **Source Code** oder Quellcode bezeichnet. Die übersetzte Fassung ist der Objektcode **(Maschinencode).** Bei allen in einer höheren Programmiersprache erstellten Computerprogrammen wird erst durch einen diese Übersetzung leistenden Kompiler oder Interpreter ein ablauffähiges Objektprogramm erzeugt. Dieser Objektcode ist auch für den Fachmann in der Regel nicht lesbar. Er besteht aus Zahlenkolonnen, die sich nicht ohne weiteres in ihrem Sinn erschließen, geschweige denn mit wirtschaftlichem Aufwand analysieren lassen. Bei kompilierbaren Sprachen, bei denen ein Quellprogramm „am Stück" in den Objektcode übersetzt wird, kann der Programmierer das Objektprogramm verkaufen, ohne den Quellcode übergeben zu müssen. Bei interpretierbaren Programmiersprachen werden die einzelnen Schritte Stück für Stück abgearbeitet. Dort wird er sich mit einem Listschutz behelfen, der dem Nutzer den Zugriff auf den Ursprungscode verwehrt. In beiden Fällen ist der Source Code dem Anwender unzugänglich. Eine Verpflichtung zur Übergabe des Quellcodes kann aber vertraglich vereinbart werden.

17   Von sonstigen Softwareprodukten unterscheidet sich die sog Open-Source-Software (bekannteste Fälle: Linux, Apache, aber auch schon seit längerem Gnu-Software) nicht durch die verwendete Programmiersprache oder die Methoden der Programmierung, sondern insbes. im Umfang der von den jeweiligen Erstellern eingeräumten Nutzungsrechte. Als Open-Source-Software gilt jede (system- oder auch anwendungsbezogene) Software, die nicht nur kostenfrei verfügbar gemacht, sondern bei der auch das Verändern und Weiterentwickeln gestattet ist und bei deren Weitergabe daher auch stets der Quellcode beigefügt werden muss (dazu Schricker/Loewenheim/*Spindler* Vor § 69 Rn. 25 ff.; Wandtke/ Bullinger/*Grützmacher* § 69c Rn. 73 ff.).

18   Computerprogramme iSd Urheberrechts sind Programme in jedweder Gestalt (§ 69a Abs. 1). Der Objektcode einer Software ist demnach (das Erreichen der Schöpfungshöhe des § 2 vorausgesetzt) als kompilierte Fassung des Quellcodes – mangels zusätzlicher Leistung aber nicht eigenständig – urheberrechtlich geschützt (§§ 2, 69a; Schricker/Loewenheim/*Loewenheim* § 69a Rn. 10).

b) Datenbanken und andere Sammelwerke. Auch **Sammlungen** von Werken, Daten und **19** anderen unabhängigen Elementen genießen als Sammelwerke gem. § 4 Abs. 1 urheberrechtlichen Schutz, wenn sie aufgrund der **Auswahl oder Anordnung** ihrer Elemente eine persönliche geistige Schöpfung sind (BGH GRUR 1992, 382 (384) – Leitsätze). Ob die einzelnen Elemente selbst urheberrechtlich geschützt sind, ist für die Einordnung der Gesamtheit als Sammelwerk unerheblich (BGH GRUR 1992, 382 (384) – Leitsätze). Der Schutz nach § 4 entsteht an der neu geschaffenen Struktur, deren Schutz vom Urheberrecht an den Einzelwerken zu unterscheiden ist. Entscheidend ist die Form und Art der Sammlung, der Einteilung und Anordnung des dargebotenen Stoffs (BGH GRUR 1980, 227 (230) – Monumenta Germaniae Historica; BGH GRUR 1982, 37 (39) – WK-Dokumentation). Ebenfalls bedarf es der oben beschriebenen Individualität und Gestaltungshöhe. Auch hier gilt jedoch, dass bereits geringe schöpferische Mittel ausreichen, um Urheberrechtsschutz zu erlangen.

Datenbanken iSd § 4 Abs. 2 sind Sammelwerke, deren Elemente systematisch oder methodisch **20** angeordnet und einzeln mit Hilfe elektronischer Mittel oder auf andere Weise zugänglich sind. Zu unterscheiden ist in diesen Fällen allerdings insbes. das einer elektronischen Datenbank zugrunde liegende Softwareprogramm, dessen Schutz sich nach §§ 69a ff. bestimmt (§ 4 Abs. 2 S. 2). Keinen Werkcharakter haben bloß schematische Zusammenstellungen. Diese können allenfalls unter bestimmten Voraussetzungen Leistungsschutz gem. §§ 87a ff. genießen, der über § 108 strafbewehrt ist.

c) Bearbeitungen und Umgestaltungen. Die Umgestaltung eines vorbestehenden Werkes oder die **21** Verbindung einzelner Elemente mit Neuem kann einen **eigenen Urheberschutz** am entstehenden neuen Produkt begründen (§ 3). Auch die Übersetzung eines Werkes oder die Übertragung in eine andere Werk- bzw. Kunstform kann ein eigenes Bearbeiterurheberrecht begründen (BGH GRUR 1998, 680 (682) – Comic-Übersetzungen I). Gleiches gilt für die Neuauflage eines bereits erschienenen Werkes. Zu beachten sind allerdings zwei Dinge: Zum einen handelt es sich bei einer Bearbeitung stets und allein um eine **schöpferische Umgestaltung.** Dies bedeutet, dass die Leistung des Bearbeiters für sich allein die oben beschriebene Schöpfungshöhe erreichen muss – zumindest als „kleine Münze" (BGH NJW 2000, 140 – Comic-Übersetzungen II). Mechanische und routinemäßige Kopien und Wiedergaben sind keine Bearbeitungen (BGH GRUR 1966, 503 (504) – Apfel-Madonna).

Berücksichtigt werden muss schließlich vor Erstellung und Vertrieb einer solchen Bearbeitung, dass **22** der Bearbeiter zunächst vom Urheber des Originals das Recht zur Bearbeitung (**Bearbeitungsrecht,** § 23) erwerben muss. Ist die Bearbeitung illegal erfolgt, kann der Bearbeiter seinerseits keine Rechte hieraus ableiten. Berechtigter (etwa zum Strafantrag) bleibt aber der Urheber des originären Werks.

d) Amtliche Werke. Gesetze, Verordnungen, Erlasse, Gerichtsurteile einschließlich amtlicher Leit- **23** sätze und andere amtliche Veröffentlichungen genießen **keinen urheberrechtlichen Schutz** (§ 5 Abs. 1). Sie können also grds. frei verwertet werden, sofern sie unverändert bleiben (§ 5 Abs. 2). Zu beachten ist allerdings, dass private Publikationen und Zusammenstellungen solcher amtlicher Werke sehr wohl schutzfähig (insbes. gem. § 87a, strafbewehrt über § 108) sein können.

II. Rechtsinhaberschaft und Schutzdauer

1. Rechtsinhaberschaft. a) Alleinurheberschaft oder mehrere Beteiligte. Ist nur eine einzige **24** Person an der Entstehung eines urheberrechtlich geschützten Werkes beteiligt, ist die Zuordnung der Rechte problemlos. Schwieriger wird es, wenn nicht nur einer, sondern mehrere schöpferisch Tätige beteiligt sind. Der Hinweis auf einen schöpferischen Anteil ist hierbei wichtig, denn wer lediglich an der Entstehung eines Werkes beteiligt ist, ohne einen eigenen gestalterischen Beitrag zu leisten, besitzt kein Urheberrecht (zB Gehilfen). Nur derjenige, dessen Beitrag selbst die oben beschriebene Schöpfungshöhe erreicht, kommt als **Miturheber** (§ 8) in Betracht.

Die gemeinsame Werkschöpfung setzt ein gewisses Maß an Zusammenarbeit voraus, wobei aber nicht **25** erforderlich ist, dass die Anteile von ihrem Gewicht und ihrer Bedeutung her gleich groß sind (vgl. BGH GRUR 1998, 673 – Popmusikproduzenten). Werden zwei an sich selbstständige Werke miteinander verbunden, liegt keine Miturheberschaft vor, sondern eine **Werkverbindung** (§ 9; zB Oper = Musik + Text). Bei letzterer behält jeder Schöpfer das Recht an seinem Werkteil und kann dies grds. auch gesondert verwerten. Bei der Miturheberschaft kommt mangels Möglichkeit zur Trennung nur eine gemeinsame **Rechtewahrnehmung** in Betracht, auch wenn im Prozess jeder Miturheber alleine im Namen aller klagen dürfte (gesetzliche Prozessstandschaft; § 8 Abs. 2 S. 3). Strafantragsberechtigt ist aber jeder Miturheber für sich (Dreier/Schulze § 109 Rn. 7).

b) Filmwerke. Die Miturheberschaftsfrage stellt sich bei Filmwerken angesichts der Vielzahl und **26** Vielfalt von Beteiligten in besonderem Maße, zumal sich hier die einzelnen Anteile nur schwer bestimmen lassen. Die hM geht davon aus, dass im Regelfall der Regisseur, insbes. bei Spielfilmen – von der Art des Films ist der Spielraum für schöpferische Leistungen abhängig – aber auch Chefkameramann, Cutter und Mischtonmeister als Urheber in Betracht kommen (BGH GRUR 2002, 961 – Mischtonmeister).

27   **c) Arbeitnehmerwerke.** Der Einfluss von arbeitsvertraglichen Regelungen in der Vertragspraxis des Urheberrechts ist nicht zu unterschätzen. Der ganz überwiegende Teil urheberrechtlich geschützter Werke entsteht heute in Erfüllung von Verpflichtungen aus einem Arbeitsverhältnis. Das klassische Bild des freischaffenden und unabhängigen Künstlers, das vom Gesetzgeber offenbar als Grundlage für das UrhG gesehen wurde, trifft heute einfach nicht mehr zu. Fast 80 % aller Werke – insbes. auch solche der sog „kleinen Münze" – entstehen heute in abhängigen Tätigkeitsverhältnissen (Rehbinder/Peukert UrhR Rn. 2Rn. 624).

28   Nach deutschem Recht ist der **Arbeitnehmer** weiterhin der **Urheber** auch eines für den Arbeitgeber geschaffenen Werkes. Während die dingliche Zuordnung der geschaffenen Werkstücke (§ 950 BGB) den Arbeitgeber begünstigt – der Arbeitgeber also Eigentümer des Werkstücks wird –, verbleibt nach dem Schöpferprinzip des § 7 das Immaterialgut Urheberrecht beim schöpferischen Arbeitnehmer (Rehbinder/Peukert UrhR Rn. 2 Rn. 625 ff.).

29   Dies bedeutet allerdings nicht, dass der Arbeitnehmer auch die **Nutzungsrechte** am Werk besitzt, denn durch den Arbeitsvertrag können – und werden in der Regel – dem **Arbeitgeber** die entsprechenden Verwertungsmöglichkeiten eingeräumt (vgl. § 43). Dies kann auch stillschweigend geschehen. Die Reichweite dieser Einräumung ist dabei im Einzelfall zu bestimmen, wobei auch zwischen während der Arbeitszeit und „außer der Reihe" geschaffenen Werken zu differenzieren ist.

30   **2. Schutzdauer.** Anders als der – je nach Art des Produkts (zB Arzneimittel) recht kurze – auf letztlich zwanzig Jahre begrenzte Schutz für gewerbliche Schutzrecht (§ 16 PatG; § 27 DesignG auf 25 Jahre, in § 23 GebrMG max. zehn Jahre) ist der Schutz nach dem UrhG auch zeitlich sehr umfassend. Er kann allerdings anders als der Markenschutz (§ 47 Abs. 2 MarkenG) nicht perpetuiert werden. Das Urheberrecht erlischt **siebzig Jahre nach dem Tode** des Urhebers (§ 64; bei mehreren Urhebern des Längstlebenden, § 65), weshalb bei erfolgreichen Titeln auch die Erben des Urhebers (§ 28) womöglich ihr Leben lang Tantiemen erhalten. Der Schutz dauert ebenfalls siebzig Jahre – jedoch nur ab Veröffentlichung –, wenn das Werk anonym oder pseudonym publiziert wurde (§ 66).

31   **3. Rechtsnachfolge.** Das Urheberrecht ist zu Lebzeiten nicht übertragbar (§ 29). Eine echte Rechtsnachfolge ist daher nur im Wege der Erbfolge möglich (§ 28). Die Verwertung erfolgt ansonsten allein im Wege der Lizenzierung.

C. Verwertungshandlungen in § 106

I. Allgemeines

32   **1. Interessen und Rechte des Urhebers.** Das Urheberrecht ist ein „Baum mit zwei Wurzeln" (*Ulmer*, Urheber- und Verlagsrecht, 3. Aufl. 1980, 116). Gewöhnlich hat der Urheber sowohl ideelle als auch finanzielle Interessen hinsichtlich der Zukunft seiner Werke. Zum einen benötigt er urheberpersönlichkeitsrechtliche Befugnisse, die seinen Interessen etwa nach Anerkennung der Urheberschaft und Namensnennung Rechnung tragen. Zum anderen will er völlig zu Recht an der Verwertung des von ihm stammenden Erzeugnisses auch materiell beteiligt werden, weshalb ihm die nachfolgend beschriebenen Verwertungsrechte zustehen. Die Verwertungsrechte sind dabei die wesentlichen Grundlagen des urheberrechtlichen Verbietungs- bzw. Vergütungsanspruchs, wobei in der Praxis aus einem gesetzlichen Verbietungsanspruch bei entsprechenden Konditionen oft ein vertraglicher Zahlungsanspruch wird.

33   Als Urheberpersönlichkeitsrechte stehen dem Urheber das **Erstveröffentlichungsrecht** (§ 12), das Recht auf **Anerkennung** der Urheberschaft – niemand darf ihm die Urheberschaft bestreiten bzw. eine vermeintlich eigene anmaßen (§ 13 S. 1) – sowie das Recht auf **Namensnennung** (§ 13 S. 2) zur Seite. Hinzu tritt das Recht, eine **Entstellung** oder sonstige Beeinträchtigung seines Werkes zu verbieten, die geeignet ist, seine berechtigten geistigen oder persönlichen Interessen am Werk zu gefährden (§ 14). Die Missachtung von Urheberpersönlichkeitsrechten ist nicht gesondert strafbar, sondern nur, soweit zugleich Verwertungshandlungen begangen werden.

34   **2. Körperliche und unkörperliche Verwertung.** Die Verwertungsrechte lassen sich zunächst § 15 folgend in zwei Gruppen einteilen: Das Ausschließlichkeitsrecht zur körperlichen Verwertung (§ 15 Abs. 1) und jenes zur öffentlichen Wiedergabe in unkörperlicher Form (§ 15 Abs. 2). Bei der **körperlichen Verwertung** wird jeweils ein konkretes Werkstück erzeugt bzw. weitergegeben. Bei der **unkörperlichen Verwertung** geht es hingegen um die öffentliche Wiedergabe.

35   Die Wiedergabe eines Werkes ist **öffentlich**, wenn sie für eine Vielzahl von Personen bestimmt ist, wobei eine Ausnahme allein für einen abgegrenzten Personenkreis gemacht wird, der darüber hinaus entweder untereinander oder mit dem Veranstalter persönlich verbunden ist (§ 15 Abs. 3). Dazu EuGH C-117/15 Reha Training; EuGH GRUR 2016, 60 SBS/SABAM; BGH GRUR 2016, 278 Hintergrundmusik in Zahnarztpraxen.

36   **3. Neue Nutzungsarten.** Wichtig ist die Feststellung, dass die in den §§ 16 ff. aufgezählten Beispiele keineswegs abschließend sind. Neue Nutzungsarten, die in keine Fallgruppe passen, werden dennoch vom **Auffangtatbestand** des § 15 zugunsten des Urhebers erfasst (Schricker/Loewenheim/*v. Ungern-*

Sternberg § 15 Rn. 17). So war auch die jetzt in § 19a geregelte Online-Nutzung bis zu dessen Einführung schon als unbenannte Nutzungsform iSd § 15 Abs. 2 zu qualifizieren (BGH MMR 2003, 719 (722) – Paperboy). Dies genügt bereits Art. 103 Abs. 2 GG (nulla poena sine lege), so dass eine Tatbestandsverwirklichung auch durch eine Verwertung in einer nicht gesondert benannten Nutzungsform §§ 106 ff. unterfällt.

II. Körperliche Verwertung

1. Vervielfältigungsrecht. Zur körperlichen Verwertung zählt zunächst die **Vervielfältigung** 37 (§ 16). Hierunter fällt jede Herstellung neuer Werkexemplare – auch in Teilen (Dreier/Schulze § 16 Rn. 9). Auch eine Digitalkopie, das Einstellen eines Werks auf einem Server und der Download fallen hierunter. Besonders hervorzuheben ist aber die Tatsache, dass auch die bloße Kopie in den Arbeitsspeicher beim Aufruf eines Programms oder beim Browsing bereits den Tatbestand des § 16 tangiert (Schricker/Loewenheim/*v. Ungern-Sternberg* § 15 Rn. 19 mwN).

2. Verbreitungsrecht. Die **Verbreitung** (§ 17) betrifft grds. alle Fälle, in denen ein Werkexemplar 38 in die Öffentlichkeit gelangt – Verkauf, Vermietung, Verleih und Schenkung. Das Verbreitungsrecht umfasst allerdings schon das bloße Angebot zum Kauf; eine Rechtsverletzung erfordert also letztlich nicht, dass das Werk tatsächlich verkauft wurde. Für den Verkauf von bereits durch den Urheber lizenzierten Werkexemplaren gilt allerdings, dass diese innerhalb der EU und des EWR auch weiterverkauft werden können (**Erschöpfungsgrundsatz; § 17 Abs. 2**). Zur Erschöpfung bei Software (§ 69 Nr. 3 (dazu BGH CR 2000, 1309 – OEM-Version; zur Problematik „Gebrauchtsoftware" vgl. EuGH GRUR 2012, 904; BGH GRUR 2014, 264 – UsedSoft II; LG Hamburg MMR 2014, 102; LG Berlin CR 2014, 400; Schneider/*Spindler* CR 2012, 213).

3. Sonstige körperliche Verwertung. Das Ausstellungsrecht (§ 18) hinsichtlich unveröffentlichter 39 Kunstwerke oder Fotos gehört ebenfalls hierher, ist aber hier von untergeordneter Bedeutung, denn die Norm ist nicht strafbewehrt.

III. Unkörperliche Verwertung

1. Recht auf öffentliche Zugänglichmachung. Große Bedeutung hat das Recht zur Verwendung 40 urheberrechtlich geschützter Werke in öffentlichen Online-Netzen, das vom Gesetz **Recht auf öffentliche Zugänglichmachung** genannt wird (§ 19a). Die Norm hat in der Praxis massiv an Bedeutung gewonnen, denn hier ist vor allen Dingen das Anbieten von urheberrechtlich geschützten Werken im Internet betroffen.

2. Sendung. Beim Senderecht handelt es sich um das Recht, ein Werk durch Funk oder vergleichbare 41 technische Mittel zugänglich zu machen (§ 20). Der Unterschied zur öffentlichen Zugänglichmachung besteht darin, dass erstere der Öffentlichkeit quasi jederzeit möglich ist (§ 19a), während eine Sendung zu einer festgelegten Zeit abläuft, unabhängig davon, ob jemand zusieht bzw. zuhört oder nicht. Bei einer Sendung handelt es sich um einen Zugriffsdienst, während die öffentliche Zugänglichmachung Abrufdienste betrifft.

3. Sonstige öffentliche Wiedergabeformen. Als weitere unkörperliche Verwendung urheber- 42 rechtlicher Werke sind zu nennen je nach Werkart das Vortrags-, Auf- oder Vorführungsrecht (§ 19), das Senderecht (§§ 20 ff.), das Recht der Wiedergabe durch Bild- und Tonträger (§ 21) oder von Funksendungen (§ 22).

IV. Bearbeitungsrecht

1. Bearbeitung oder freie Benutzung. Auch die Umgestaltung eines vorbestehenden Werkes oder 43 die bloße Entnahme und Verwertung einzelner Teile kann eine Urheberrechtsverletzung sein. **Bearbeitungen und andere Umgestaltungen** dürfen nur mit Einwilligung des Urhebers veröffentlicht oder verwertet werden (§ 23). Der Unterschied besteht darin, dass es sich bei einer Bearbeitung um eine schöpferische Umgestaltung handelt, die Leistung des Bearbeiters also für sich allein Schöpfungshöhe erreichen muss. Bearbeitungen im Rechtssinne können auch Übersetzungen oder sogar bloße Fortsetzungen bestehender Werke sein (BGH GRUR 1999, 984 = BGHZ 141, 267 – Laras Tochter). Zulässig ist allenfalls die sog **freie Benutzung** (§ 24), die aber nur dort vorliegt, wo die Individualität des benutzten Werks in den Hintergrund tritt und ggü. derjenigen des neuen Werks verblasst, wobei ein strenger Maßstab angelegt wird (BGH GRUR 1994, 191 (193) – Asterix-Persiflagen). Es kommt beim Vergleich zweier Werke gem. §§ 23, 24 maßgebend auf die Übereinstimmungen an, nicht auf die Unterschiede (BGH GRUR 1991, 531 (532) – Brown Girl I; BGH GRUR 1991, 533 (534) – Brown Girl II; BGH GRUR 1981, 267 (269) – Dirlada). Die Feststellung ist stets eine Frage des Einzelfalls. Falsch sind Schlagworte wie „x Noten bzw. y Takte sind frei" uÄ.

44 **2. Doppelschöpfung und Kryptomnesie.** Sollte es im Einzelfall allerdings zufällig vorkommen, dass zwei Urheber unabhängig voneinander (fast) Gleiches schaffen, erwirbt jeder von ihnen ein selbständiges Urheberrecht an dieser Schöpfung (BGH GRUR 1971, 266 (268 f.) – Magdalenenarie). Kongenialität ist keine Urheberrechtsverletzung – anders als bei gewerblichen Schutzrechten. Dabei wird eine wirklich identische Doppelschöpfung allerdings nach menschlicher Erfahrung kaum eintreten (BGH GRUR 1969, 90 (93) – Rüschenhaube; BGH GRUR 1971, 266 (268) – Magdalenenarie). Im Ähnlichkeitsbereich liegende Gestaltungen können hingegen durchaus kongenial entstehen, was besonders dann gilt, wenn der Spielraum für individuelles Schaffen begrenzt ist und die Individualität nur in bescheidenem Maße zu Tage tritt. Im Bereich der „kleinen Münze" des Urheberrechts werden sich solche Doppelschöpfungen also viel eher finden als bei Werken durchschnittlicher Schöpfungshöhe.

45 Viele vermeintliche Fälle von „Doppelschöpfung" sind aber psychologisch bedingte Irrtümer des Nachschaffenden. Erscheint hingegen dem Nachschaffenden als vermeintlichen zweiten Urheber lediglich als seine eigene Kreation, was er zuvor als verborgene Erinnerung in sein Unterbewusstsein aufgenommen hat, liegt ein Fall der Kryptomnesie vor. Dem Nachschaffenden ist selbst nicht mehr klar, dass er eigentlich nur in der Vergangenheit rezipierte Informationen abruft, weshalb er diese für eigene und demzufolge für neue Gedanken hält. Er besitzt in diesem Fall keinen Vorsatz, eine Urheberrechtsverletzung zu begehen, da dieser voraussetzt, dass der Täter sich des Tatbestandes einer Entlehnung aus einem vorbestehenden Werk oder gar einer vollständigen Kopie desselben bewusst ist. Der vermeintliche Plagiator wird im Zivilprozess, da angesichts der Vielfalt individueller Schaffensmöglichkeiten auf künstlerischem Gebiet in der Regel eine Vermutung für Kryptomnesie und damit ein Anscheinsbeweis gegen eine Doppelschöpfung spricht (BGH GRUR 1988, 810 (811) – Fantasy; BGH GRUR 1991, 533 (535) – Brown Girl II; KG ZUM 2001, 503 (505) – Doppelschöpfung), mangels Verschulden zwar nicht zu Schadensersatz, wohl aber zum Bereicherungsausgleich verurteilt werden. Ein strafrechtlich relevanter Vorsatz ist dann freilich auch nicht gegeben.

D. Gesetzliche Schranken (§§ 44a–60)

I. Allgemeines

46 Eine Strafbarkeit nach § 106 begründen die beschriebenen Verwertungshandlungen nur dann, wenn sie in anderen als den gesetzlich zugelassenen Fällen vorgenommen werden. Das UrhG sieht aus unterschiedlichen Gründen (Kunst, Informationsfreiheit, private Interessen ua) eine Reihe von Beschränkungen vor, die eine Nutzung urheberrechtlich geschützter Werke auch ohne Einwilligung des Berechtigten gestatten. Diese Schranken sind Ausnahmevorschriften und grds. eng auszulegen (BGHZ 150, 6 – Verhüllter Reichstag; BGHZ 126, 313 (316) – Museumskatalog; BGHZ 123, 149 (155) – Verteileranlagen). Wird der zugelassene Zweck überschritten, kann die Verwertungshandlung strafbar sein (Dreier/Schulze Rn. 6). Bei einzelnen Schranken sind zudem weitere Zulässigkeitsvoraussetzungen (Änderungsverbot, Quellenangabe) in den §§ 62 ff. normiert, deren Verletzung allerdings nur zivil-, nicht aber strafrechtliche Folgen zeitigt (Dreier/Schulze Rn. 6).

47 Einige der Schranken setzen eine Entlohnung des Urhebers voraus. Soweit diese Vergütung bereits – etwa bei der privaten Vervielfältigung – vom Hersteller bezahlt wird (§ 54), ist dies strafrechtlich unerheblich. Wenn allerdings der Nutzer selbst für die Verwertungshandlung etwa bei einer Verwertungsgesellschaft eine Vergütung abzuführen hat, ist diese grds. vor Beginn der Handlung, spätestens unverzüglich hernach bei dieser anzuzeigen.

II. Die Schranken im Überblick

48 **1. Vorübergehende Vervielfältigungshandlungen (§ 44a).** Zulässig sind vorübergehende Vervielfältigungshandlungen, die flüchtig oder begleitend sind und einen integralen und wesentlichen Teil eines technischen Verfahrens darstellen und deren alleiniger Zweck es ist, eine Übertragung in einem Netz zwischen Dritten durch einen Vermittler oder eine rechtmäßige Nutzung eines Werkes oder sonstigen Schutzgegenstands zu ermöglichen, und die keine eigenständige wirtschaftliche Bedeutung haben.

49 **2. Rechtspflege und öffentliche Sicherheit (§ 45).** § 45 gestattet es, einzelne Vervielfältigungsstücke von Werken zur Verwendung in Verfahren vor einem Gericht, einem Schiedsgericht oder einer Behörde herzustellen oder herstellen zu lassen. Des Weiteren können Gerichte und Behörden für Zwecke der Rechtspflege und der öffentlichen Sicherheit Bildnisse vervielfältigen oder vervielfältigen lassen. Unter den gleichen Voraussetzungen wie die Vervielfältigung ist in diesen Fällen auch die Verbreitung, öffentliche Ausstellung und öffentliche Wiedergabe der Werke zulässig.

50 **3. Behinderte Menschen (§ 45a).** Zulässig ist die nicht Erwerbszwecken dienende Vervielfältigung eines Werkes für und deren Verbreitung ausschließlich an Menschen, soweit diesen der Zugang zu dem Werk in einer bereits verfügbaren Art der sinnlichen Wahrnehmung aufgrund einer Behinderung nicht möglich oder erheblich erschwert ist, soweit es zur Ermöglichung des Zugangs erforderlich ist. Für die Vervielfältigung und Verbreitung ist dem Urheber eine angemessene Vergütung zu zahlen; ausgenommen ist die Herstellung lediglich einzelner Vervielfältigungsstücke. Der Anspruch kann nur durch eine Verwertungsgesellschaft geltend gemacht werden.

4. Sammlungen für Kirchen-, Schul- oder Unterrichtsgebrauch (§ 46 Abs. 1). Nach der **51** Veröffentlichung zulässig ist die Vervielfältigung, Verbreitung und öffentliche Zugänglichmachung von Teilen eines Werkes, von Sprachwerken oder von Werken der Musik von geringem Umfang, von einzelnen Werken der bildenden Künste oder einzelnen Lichtbildwerken als Element einer Sammlung, die Werke einer größeren Anzahl von Urhebern vereinigt und die nach ihrer Beschaffenheit nur für den Unterrichtsgebrauch in Schulen, in nichtgewerblichen Einrichtungen der Aus- und Weiterbildung oder in Einrichtungen der Berufsbildung oder für den Kirchengebrauch bestimmt ist. Die öffentliche Zugänglichmachung eines für den Unterrichtsgebrauch an Schulen bestimmten Werkes ist stets nur mit Einwilligung des Berechtigten zulässig. In den Vervielfältigungsstücken oder bei der öffentlichen Zugänglichmachung ist deutlich anzugeben, wozu die Sammlung bestimmt ist. Dies alles gilt für Werke der Musik nur, wenn diese Elemente einer Sammlung sind, die für den Gebrauch im Musikunterricht in Schulen mit Ausnahme der Musikschulen bestimmt ist (§ 46 Abs. 2).

Mit der Vervielfältigung oder der öffentlichen Zugänglichmachung darf erst begonnen werden, wenn **52** die Absicht, von der Berechtigung Gebrauch zu machen, dem Urheber oder, wenn sein Wohnort oder Aufenthaltsort unbekannt ist, dem Inhaber des ausschließlichen Nutzungsrechts durch eingeschriebenen Brief mitgeteilt worden ist und seit Absendung des Briefes zwei Wochen verstrichen sind; ist auch der Wohnort oder Aufenthaltsort des Inhabers des ausschließlichen Nutzungsrechts unbekannt, so kann die Mitteilung durch Veröffentlichung im Bundesanzeiger bewirkt werden (§ 46 Abs. 3).

Für diese Verwertung ist dem Urheber eine angemessene Vergütung zu zahlen (§ 46 Abs. 4). Der **53** Urheber kann sie jedoch sogar verbieten, wenn das Werk seiner Überzeugung nicht mehr entspricht, ihm deshalb die Verwertung des Werkes nicht mehr zugemutet werden kann und er ein etwa bestehendes Nutzungsrecht aus diesem Grunde zurückgerufen hat (§ 46 Abs. 5 iVm § 42).

5. Schulfunksendungen (§ 47). Schulen sowie Einrichtungen der Lehrerbildung und der Lehrer- **54** fortbildung dürfen einzelne Vervielfältigungsstücke von Werken, die innerhalb einer Schulfunksendung gesendet werden, durch Übertragung der Werke auf Bild- oder Tonträger herstellen. Das Gleiche gilt für Heime der Jugendhilfe und die staatlichen Landesbildstellen oder vergleichbare Einrichtungen in öffentlicher Trägerschaft (§ 47 Abs. 1). Die Bild- oder Tonträger dürfen nur für den Unterricht verwendet werden. Sie sind spätestens am Ende des auf die Übertragung der Schulfunksendung folgenden Schuljahrs zu löschen, es sei denn, dass dem Urheber eine angemessene Vergütung gezahlt wird (§ 47 Abs. 2).

6. Öffentliche Reden (§ 48). § 48 erlaubt die Vervielfältigung und Verbreitung von Reden über **55** Tagesfragen in Zeitungen, Zeitschriften sowie in anderen Druckschriften oder sonstigen Datenträgern, die im Wesentlichen den Tagesinteressen Rechnung tragen, wenn die Reden bei öffentlichen Versammlungen gehalten oder durch öffentliche Wiedergabe iSv § 19a oder § 20 veröffentlicht worden sind, sowie die öffentliche Wiedergabe solcher Reden (§ 48 Abs. 1 Nr. 1) sowie die Vervielfältigung, Verbreitung und öffentliche Wiedergabe von Reden, die bei öffentlichen Verhandlungen vor staatlichen, kommunalen oder kirchlichen Organen gehalten worden sind (§ 48 Abs. 1 Nr. 2). Unzulässig ist jedoch die Vervielfältigung und Verbreitung der in § 48 Abs. 1 Nr. 2 bezeichneten Reden in Form einer Sammlung, die überwiegend Reden desselben Urhebers enthält (§ 48 Abs. 2).

7. Zeitungsartikel und Rundfunkkommentare (§ 49). Gem. § 49 Abs. 1 zulässig ist die Ver- **56** vielfältigung und Verbreitung einzelner Rundfunkkommentare und einzelner Artikel sowie mit ihnen im Zusammenhang veröffentlichter Abbildungen aus Zeitungen und anderen lediglich Tagesinteressen dienenden Informationsblättern in anderen Zeitungen und Informationsblättern dieser Art sowie die öffentliche Wiedergabe solcher Kommentare, Artikel und Abbildungen, wenn sie politische, wirtschaftliche oder religiöse Tagesfragen betreffen und nicht mit einem Vorbehalt der Rechte versehen sind. Für die Vervielfältigung, Verbreitung und öffentliche Wiedergabe ist dem Urheber eine angemessene Vergütung zu zahlen, es sei denn, dass es sich um eine Vervielfältigung, Verbreitung oder öffentliche Wiedergabe kurzer Auszüge aus mehreren Kommentaren oder Artikeln in Form einer Übersicht handelt. Der Anspruch kann nur durch eine Verwertungsgesellschaft geltend gemacht werden.

Unbeschränkt zulässig ist die Vervielfältigung, Verbreitung und öffentliche Wiedergabe von vermisch- **57** ten Nachrichten tatsächlichen Inhalts und von Tagesneuigkeiten, die durch Presse oder Funk veröffentlicht worden sind; ein durch andere gesetzliche Vorschriften gewährter Schutz bleibt unberührt (§ 49 Abs. 2). Dieser kann uU auch strafrechtlich bewehrt sein (insbes. §§ 87a, 108).

8. Berichterstattung über Tagesereignisse (§ 50). Zur Berichterstattung über Tagesereignisse **58** durch Funk oder durch ähnliche technische Mittel, in Zeitungen, Zeitschriften und in anderen Druckschriften oder sonstigen Datenträgern, die im Wesentlichen Tagesinteressen Rechnung tragen, sowie im Film, ist die Vervielfältigung, Verbreitung und öffentliche Wiedergabe von Werken, die im Verlauf dieser Ereignisse wahrnehmbar werden, in einem durch den Zweck gebotenen Umfang zulässig.

9. Zitate (§ 51). Zulässig ist die Vervielfältigung, Verbreitung und öffentliche Wiedergabe eines **59** veröffentlichten Werkes zum Zweck des Zitats, sofern die Nutzung in ihrem Umfang durch den besonderen Zweck gerechtfertigt ist. Zulässig ist dies insbes., wenn einzelne Werke nach der Veröffentlichung in ein selbstständiges wissenschaftliches Werk zur Erläuterung des Inhalts aufgenommen werden (Nr. 1, wissenschaftliches Großzitat), wenn Stellen eines Werkes nach der Veröffentlichung in einem selbstständigen Sprachwerk angeführt werden (Nr. 2, Kleinzitat; analog anwendbar auf Filmzitate, BGH GRUR 1987, 362 – Filmzitat) oder wenn einzelne Stellen eines erschienenen Werkes der Musik in einem selbstständigen Werk der Musik angeführt werden (Nr. 3, Musikzitat). Wesentliche Voraussetzung eines zulässigen Zitats ist also in jedem Fall das Vorliegen eines hinreichenden Zitatzwecks im Sinne des § 51 und die Angabe der Quelle (§ 63), wobei die Missachtung letzterer nur zivilrechtliche Folgen hat (Dreier/Schulze Rn. 6).

60   **10. Öffentliche Wiedergabe (§ 52).** Gem. § 52 zulässig ist die öffentliche Wiedergabe eines veröffentlichten Werkes, wenn die Wiedergabe keinem Erwerbszweck des Veranstalters dient, die Teilnehmer ohne Entgelt zugelassen werden und im Falle des Vortrags oder der Aufführung des Werkes keiner der ausübenden Künstler eine besondere Vergütung erhält. Für die Wiedergabe ist eine angemessene Vergütung zu zahlen. Die Vergütungspflicht entfällt für Veranstaltungen der Jugendhilfe, der Sozialhilfe, der Alten- und Wohlfahrtspflege sowie für Schulveranstaltungen, sofern sie nach ihrer sozialen oder erzieherischen Zweckbestimmung nur einem bestimmt abgegrenzten Kreis von Personen zugänglich sind. Dies gilt nicht, wenn die Veranstaltung dem Erwerbszweck eines Dritten dient; in diesem Fall hat der Dritte die Vergütung zu zahlen. Zulässig ist die öffentliche Wiedergabe eines erschienenen Werkes auch bei einem Gottesdienst oder einer kirchlichen Feier der Kirchen oder Religionsgemeinschaften. Jedoch hat der Veranstalter dem Urheber eine angemessene Vergütung zu zahlen. Öffentliche bühnenmäßige Darstellungen, öffentliche Zugänglichmachungen und Funksendungen eines Werkes sowie öffentliche Vorführungen eines Filmwerks sind jedoch stets nur mit Einwilligung des Berechtigten zulässig.

61   **11. Öffentliche Zugänglichmachung für Unterricht und Forschung (§ 52a).** Gem. § 52a – seit Wegfall des § 137k zum 1.1.2015 nun tatsächlich unbefristet – zulässig ist die öffentliche Zugänglichmachung von veröffentlichten kleinen Teilen eines Werkes, von Werken geringen Umfangs sowie von einzelnen Beiträgen aus Zeitungen oder Zeitschriften zur Veranschaulichung im Unterricht an Schulen, Hochschulen, nichtgewerblichen Einrichtungen der Aus- und Weiterbildung sowie an Einrichtungen der Berufsbildung ausschließlich für den bestimmt abgegrenzten Kreis von Unterrichtsteilnehmern (§ 52a Abs. 1 Nr. 1) sowie von veröffentlichten Teilen eines Werkes, Werke geringen Umfangs sowie von einzelnen Beiträgen aus Zeitungen oder Zeitschriften ausschließlich für einen bestimmt abgegrenzten Kreis von Personen für deren eigene wissenschaftliche Forschung (§ 52a Abs. 1 Nr. 2), jeweils soweit dies zu dem jeweiligen Zweck geboten und zur Verfolgung nicht kommerzieller Zwecke gerechtfertigt ist. Die öffentliche Zugänglichmachung eines für den Unterrichtsgebrauch an Schulen bestimmten Werkes ist jedoch stets nur mit Einwilligung des Berechtigten zulässig (§ 52a Abs. 2 S. 1). Die öffentliche Zugänglichmachung eines Filmwerkes ist vor Ablauf von zwei Jahren nach Beginn der üblichen regulären Auswertung in Filmtheatern im Geltungsbereich dieses Gesetzes stets nur mit Einwilligung des Berechtigten zulässig (§ 52a Abs. 2 S. 2). Für die nach dieser Norm erlaubte öffentliche Zugänglichmachung ist (über ein Verwertungsgesellschaft) eine angemessene Vergütung zu zahlen (§ 52a Abs. 4).

62   **12. Wiedergabe von Werken an elektronischen Leseplätzen in öffentlichen Bibliotheken, Museen und Archiven (§ 52b).** Zulässig ist, veröffentlichte Werke aus dem Bestand öffentlich zugänglicher Bibliotheken, Museen oder Archive, die keinen unmittelbar oder mittelbar wirtschaftlichen oder Erwerbszweck verfolgen, ausschließlich in den Räumen der jeweiligen Einrichtung an eigens dafür eingerichteten elektronischen Leseplätzen zur Forschung und für private Studien zugänglich zu machen, soweit dem keine vertraglichen Regelungen entgegenstehen. Es dürfen grds. nicht mehr Exemplare eines Werkes an den eingerichteten elektronischen Leseplätzen gleichzeitig zugänglich gemacht werden, als der Bestand der Einrichtung umfasst. Für die Zugänglichmachung ist eine angemessene Vergütung zu zahlen. Der Anspruch kann nur durch eine Verwertungsgesellschaft geltend gemacht werden.

63   **13. Vervielfältigungen zum privaten und sonstigen eigenen Gebrauch (§ 53).** Die bekannteste und für die Allgemeinheit wichtigste Schranke ist § 53, der oftmals irrig als „Recht auf private Vervielfältigung" bezeichnet wird. Diese Norm gestattet in Grenzen **Vervielfältigungen** (insbes. nicht: öffentliche Zugänglichmachung) zum privaten und sonstigen eigenen Gebrauch. Sie trägt der Tatsache Rechnung, dass Rechtsverletzungen im privaten Bereich ohnehin kaum verfolgbar sind. Demzufolge gestattet sie der Gesetzgeber – allerdings unter gleichzeitiger Festschreibung einer Gegenleistung in Form der sog Leerkassetten- und Geräteabgabe (§§ 54 ff.).

64   Die Norm gestattet zunächst einzelne Vervielfältigungen eines Werkes durch eine natürliche Person zum privaten Gebrauch auf beliebigen Trägern, sofern sie weder unmittelbar noch mittelbar Erwerbszwecken dienen, soweit nicht zur Vervielfältigung eine offensichtlich rechtswidrig hergestellte oder öffentlich zugänglich gemachte Vorlage verwendet wird (§ 53 Abs. 1 S. 1). Erlaubt sind nur „einzelne" Kopien – der hat dies auf nicht mehr als **sieben** begrenzt (BGH GRUR 1978, 474 (476) – Vervielfältigungsstücke). Privater Gebrauch ist ferner allein die Benutzung in der **Privatsphäre** des Ver-

vielfältigers oder einer ihm eng verbundenen Person. Beruflicher und gewerblicher Gebrauch – auch nur teilweise – scheiden demnach aus (BGH GRUR 1993, 899 (900) – Dia-Duplikate). Eine juristische Person kommt als Berechtigter des § 53 Abs. 1 gar nicht in Betracht (BGH GRUR 1997, 459 (461) – CB-Infobank I). Diese Schranke gilt insbes. grds. nicht für **Software** (§§ 69a ff.) und **Datenbanken** (§ 53 Abs. 5).

Auch ist es ein ungeschriebenes Tatbestandsmerkmal des § 53, dass das Werkstück, von dem die **65** Vervielfältigung hergestellt wird, rechtmäßig in den Besitz des Vervielfältigers gelangt ist (KG GRUR 1992, 168 (169) – Dia-Kopien), es sich also etwa nicht um ein gestohlenes Exemplar handeln darf. Auch setzt eine rechtmäßige Privatkopie grds. das Vorhandensein einer **legalen Vorlage** voraus. Von einer offensichtlich illegal im Internet vorhandenen Online-Kopie kann demnach keine zulässige Privatkopie gezogen werden (zB **Internet-Tauschbörsen**). Gleiches gilt, wenn der Vervielfältiger unrechtmäßig einen **Kopierschutz** überwindet oder das unrechtmäßige Überwinden eines Kopierschutzes durch einen Dritten ausnutzt. Bei einem **(Online-)Radio** ist zu differenzieren. Während lizenzierte Programme ohne Weiteres privat mitgeschnitten werden dürfen, ist die Kopie der Sendungen eines Piratensenders unzulässig.

Der zur Vervielfältigung Befugte darf die Vervielfältigungsstücke auch durch einen anderen herstellen **66** lassen, sofern dies unentgeltlich geschieht oder es sich um Vervielfältigungen auf Papier oder einem ähnlichen Träger mittels beliebiger photomechanischer Verfahren oder anderer Verfahren mit ähnlicher Wirkung handelt (§ 53 Abs. 1 S. 2).

Nach § 53 Abs. 2 ferner zulässig ist, einzelne Vervielfältigungsstücke eines Werkes herzustellen oder **67** herstellen zu lassen zum **eigenen wissenschaftlichen Gebrauch,** wenn und soweit die Vervielfältigung zu diesem Zweck geboten ist und sie keinen gewerblichen Zwecken dient (Nr. 1), zur Aufnahme in ein **eigenes Archiv,** wenn und soweit die Vervielfältigung zu diesem Zweck geboten ist und als Vorlage für die Vervielfältigung ein eigenes Werkstück benutzt wird (Nr. 2), zur eigenen Unterrichtung über **Tagesfragen,** wenn es sich um ein durch Funk gesendetes Werk handelt (Nr. 3) sowie zum sonstigen eigenen Gebrauch, wenn es sich um kleine Teile eines erschienenen Werkes oder um einzelne Beiträge handelt, die in Zeitungen oder Zeitschriften erschienen sind (Nr. 4a) oder wenn es sich um ein seit mindestens zwei Jahren **vergriffenes Werk** handelt (Nr. 4b). Dies gilt im Fall der Nr. 2 nur, wenn zusätzlich die Vervielfältigung auf Papier oder einem ähnlichen Träger mittels beliebiger photomechanischer Verfahren oder anderer Verfahren mit ähnlicher Wirkung vorgenommen wird oder eine ausschließlich analoge Nutzung stattfindet oder das Archiv im öffentlichen Interesse tätig ist und keinen unmittelbar oder mittelbar wirtschaftlichen oder Erwerbszweck verfolgt. Dies gilt in den Fällen der Nr. 3 und 4 nur, wenn zusätzlich eine der Voraussetzungen der Nr. 1 oder 2 vorliegt.

§ 53 Abs. 3 gestattet es, Vervielfältigungsstücke von kleinen Teilen eines Werkes, von Werken von **68** geringem Umfang oder von einzelnen Beiträgen, die in Zeitungen oder Zeitschriften erschienen oder öffentlich zugänglich gemacht worden sind, zum eigenen Gebrauch zur Veranschaulichung des **Unterrichts** in Schulen, in nichtgewerblichen Einrichtungen der Aus- und Weiterbildung sowie in Einrichtungen der Berufsbildung in der für die Unterrichtsteilnehmer erforderlichen Anzahl (Nr. 1) oder für staatliche **Prüfungen** und Prüfungen in Schulen, Hochschulen, in nichtgewerblichen Einrichtungen der Aus- und Weiterbildung sowie in der Berufsbildung in der erforderlichen Anzahl (Nr. 2) herzustellen oder herstellen zu lassen, wenn und soweit die Vervielfältigung zu diesem Zweck geboten ist. Die Vervielfältigung eines Werkes, das für den Unterrichtsgebrauch an Schulen bestimmt ist, ist stets nur mit Einwilligung des Berechtigten zulässig.

Weitere Beschränkungen der Vervielfältigungsfreiheit finden sich in § 53 Abs. 4 für **Noten** und auch **69** für Kopien aus **Büchern** und **Zeitschriften,** wenn es sich um eine im Wesentlichen vollständige Vervielfältigung handelt, die, soweit sie nicht durch Abschreiben vorgenommen wird, stets nur mit Einwilligung des Berechtigten zulässig ist oder unter den Voraussetzungen des § 53 Abs. 2 S. 1 Nr. 2 oder zum eigenen Gebrauch, wenn es sich um ein seit mindestens zwei Jahren vergriffenes Werk handelt. Ferner sind die **Aufnahme öffentlicher Vorträge, Aufführungen oder Vorführungen** eines Werkes auf Bild- oder Tonträger, die Ausführung von Plänen und Entwürfen zu Werken der bildenden Künste und der Nachbau eines Werkes der Baukunst stets nur mit Einwilligung des Berechtigten zulässig (§ 53 Abs. 7).

Alle Vervielfältigungsstücke dürfen **weder verbreitet noch zu öffentlichen Wiedergaben** benutzt **70** werden (§ 53 Abs. 6 S. 1). Zulässig ist jedoch, rechtmäßig hergestellte Vervielfältigungsstücke von Zeitungen und vergriffenen Werken sowie solche Werkstücke zu verleihen, bei denen kleine beschädigte oder abhanden gekommene Teile durch Vervielfältigungsstücke ersetzt worden sind (§ 53 Abs. 6 S. 2).

14. Kopienversand auf Bestellung (§ 53a). Nach § 53a zulässig ist auf Einzelbestellung die Ver- **71** vielfältigung und Übermittlung einzelner in Zeitungen und Zeitschriften erschienener Beiträge sowie kleiner Teile eines erschienenen Werkes im Wege des Post- oder Faxversands durch öffentliche Bibliotheken, sofern die Nutzung durch den Besteller nach § 53 zulässig ist. Die Vervielfältigung und Übermittlung in sonstiger elektronischer Form ist ausschließlich als grafische Datei und zur Veranschaulichung des Unterrichts oder für Zwecke der wissenschaftlichen Forschung zulässig, soweit dies zur Verfolgung nicht gewerblicher Zwecke gerechtfertigt ist. Die Vervielfältigung und Übermittlung in sonstiger elektronischer Form ist ferner nur dann zulässig, wenn der Zugang zu den Beiträgen oder kleinen Teilen eines Werkes den Mitgliedern der Öffentlichkeit nicht offensichtlich von Orten und zu Zeiten ihrer Wahl mittels einer vertraglichen Vereinbarung zu angemessenen Bedingungen ermöglicht wird. Für die Vervielfältigung und Übermittlung ist dem Urheber eine angemessene Vergütung zu zahlen. Der Anspruch kann nur durch eine Verwertungsgesellschaft geltend gemacht werden.

72 **15. Vervielfältigung durch Sendeunternehmen (§ 55).** Ein Sendeunternehmen, das zur Funksendung eines Werkes berechtigt ist, darf gem. § 55 das Werk mit eigenen Mitteln auf Bild- oder Tonträger übertragen, um diese zur Funksendung über jeden seiner Sender oder Richtstrahler je einmal zu benutzen. Die Bild- oder Tonträger sind spätestens einen Monat nach der ersten Funksendung des Werkes zu löschen. Bild- oder Tonträger, die außergewöhnlichen dokumentarischen Wert haben, brauchen nicht gelöscht zu werden, wenn sie in ein amtliches Archiv aufgenommen werden. Von der Aufnahme in das Archiv ist der Urheber unverzüglich zu benachrichtigen.

73 **16. Benutzung eines Datenbankwerkes (§ 55a).** Zulässig ist die Bearbeitung sowie die Vervielfältigung eines Datenbankwerkes durch den Eigentümer eines mit Zustimmung des Urhebers durch Veräußerung in Verkehr gebrachten Vervielfältigungsstücks des Datenbankwerkes, den in sonstiger Weise zu dessen Gebrauch Berechtigten oder denjenigen, dem ein Datenbankwerk aufgrund eines mit dem Urheber oder eines mit dessen Zustimmung mit einem Dritten geschlossenen Vertrags zugänglich gemacht wird, wenn und soweit die Bearbeitung oder Vervielfältigung für den Zugang zu den Elementen des Datenbankwerkes und für dessen übliche Benutzung erforderlich ist. Wird aufgrund eines Vertrags nach S. 1 nur ein Teil des Datenbankwerkes zugänglich gemacht, so ist nur die Bearbeitung sowie die Vervielfältigung dieses Teils zulässig. Entgegenstehende vertragliche Vereinbarungen sind nichtig.

74 **17. Vervielfältigung und öffentliche Wiedergabe in Geschäftsbetrieben (§ 56).** In Geschäftsbetrieben, in denen Geräte zur Herstellung oder zur Wiedergabe von Bild- oder Tonträgern, zum Empfang von Funksendungen oder zur elektronischen Datenverarbeitung vertrieben oder instand gesetzt werden, ist die Übertragung von Werken auf Bild-, Ton- oder Datenträger, die öffentliche Wahrnehmbarmachung von Werken mittels Bild-, Ton- oder Datenträger sowie die öffentliche Wahrnehmbarmachung von Funksendungen und öffentliche Zugänglichmachungen von Werken zulässig, soweit dies notwendig ist, um diese Geräte Kunden vorzuführen oder instand zu setzen (§ 56 Abs. 1). Allerdings sind nach dieser Norm hergestellte Bild-, Ton- oder Datenträger hernach unverzüglich zu löschen (§ 56 Abs. 2).

75 **18. Unwesentliches Beiwerk (§ 57).** Zulässig ist die Vervielfältigung, Verbreitung und öffentliche Wiedergabe von Werken, wenn sie als unwesentliches Beiwerk neben dem eigentlichen Gegenstand der Vervielfältigung, Verbreitung oder öffentlichen Wiedergabe anzusehen sind.

76 **19. Werke in Ausstellungen, öffentlichem Verkauf und öffentlich zugänglichen Einrichtungen (§ 58).** Die Katalogbildfreiheit des § 58 gestattet die Vervielfältigung, Verbreitung und öffentliche Zugänglichmachung von öffentlich ausgestellten oder zur öffentlichen Ausstellung oder zum öffentlichen Verkauf bestimmten Werken der bildenden Künste und Lichtbildwerken durch den Veranstalter zur Werbung, soweit dies zur Förderung der Veranstaltung erforderlich ist. Zulässig ist ferner die Vervielfältigung und Verbreitung der genannten Werke in Verzeichnissen, die von öffentlich zugänglichen Bibliotheken, Bildungseinrichtungen oder Museen in inhaltlichem und zeitlichem Zusammenhang mit einer Ausstellung oder zur Dokumentation von Beständen herausgegeben werden und mit denen kein eigenständiger Erwerbszweck verfolgt wird.

77 **20. Werke an öffentlichen Plätzen (§ 59).** Die Panoramafreiheit des § 59 gestattet es, Werke, die sich bleibend (dazu BGH GRUR 2002, 605 – Verhüllter Reichstag) an öffentlichen Wegen, Straßen oder Plätzen befinden, mit Mitteln der Malerei oder Grafik, durch Lichtbild oder durch Film zu vervielfältigen, zu verbreiten und öffentlich wiederzugeben. Bei Bauwerken erstrecken sich diese Befugnisse nur auf die äußere Ansicht. Die Vervielfältigungen dürfen nicht an einem Bauwerk vorgenommen werden.

78 **21. Bildnisse (§ 60).** Nach § 60 zulässig ist die Vervielfältigung sowie die unentgeltliche und nicht zu gewerblichen Zwecken vorgenommene Verbreitung eines Bildnisses durch den Besteller des Bildnisses oder seinen Rechtsnachfolger oder bei einem auf Bestellung geschaffenen Bildnis durch den Abgebildeten oder nach dessen Tod durch seine Angehörigen oder durch einen im Auftrag einer dieser Personen handelnden Dritten. Handelt es sich bei dem Bildnis um ein Werk der bildenden Künste, so ist die Verwertung nur durch Lichtbild zulässig. Angehörige in diesem Sinne sind der Ehegatte oder der Lebenspartner und die Kinder oder, wenn weder ein Ehegatte oder Lebenspartner noch Kinder vorhanden sind, die Eltern.

78a **22. Verwaiste Werke (§§ 61 ff.).** Diese Normen gestatten die Vervielfältigung sowie die öffentliche Zugänglichmachung bestimmter Werke, wenn deren Rechtsinhaber auch durch eine sorgfältige Suche nicht festgestellt oder ausfindig gemacht werden können. § 61a stellt strenge Anforderungen an diese Suche, wobei die Nutzung bei nachträglicher Feststellung eines Rechteinhabers gleichwohl umgehend zu beenden ist (§ 61b).

III. Schranken bei Computerprogrammen

Bei urheberrechtlich geschützter Software ergeben sich Verwertungsrechte und Schranken unmittel- **79** bar und grds. allein aus §§ 69a ff. (vgl. Dreier/Schulze § 69 Rn. 3, Vor § 44a Rn. 2). Nach § 69c hat der Rechtsinhaber das ausschließliche Vervielfältigungs-, Änderungs-, Verbreitungsrecht und das ausschließliche Recht zur öffentlichen Wiedergabe eines Computerprogramms einschließlich der öffentlichen Zugänglichmachung.

1. Allgemeine Schranken. Die urheberrechtlichen Schranken sind bei Software erheblich enger als **80** bei anderen Werkarten. Ausnahmen von den zustimmungsbedürftigen Handlungen definieren §§ 69d, 69e, nach denen Vervielfältigung und Bearbeitung zulässig sind, wenn sie für eine bestimmungsgemäße Benutzung des Computerprogramms einschließlich der Fehlerberichtigung durch jeden zur Verwendung eines Vervielfältigungsstücks des Programms Berechtigten notwendig sind (§ 69d Abs. 1; BGH GRUR 2000, 866 – Programmfehlerbeseitigung).

Der zur Verwendung eines Vervielfältigungsstücks eines Programms Berechtigte kann ohne Zustim- **81** mung des Rechtsinhabers das Funktionieren dieses Programms beobachten, untersuchen oder testen, um die einem Programmelement zugrundeliegenden Ideen und Grundsätze zu ermitteln, wenn dies durch Handlungen zum Laden, Anzeigen, Ablaufen, Übertragen oder Speichern des Programms geschieht, zu denen er berechtigt ist (§ 69d Abs. 3). Schließlich gestattet § 69e unter bestimmten Voraussetzungen eine Dekompilierung.

2. Sicherungskopie. Bei Computersoftware – und allein hier – besteht ein eigenes Recht auf **82** Erstellung einer **Sicherungskopie** (§ 69d Abs. 2). Dieses Recht darf auch nicht vertraglich untersagt werden, sofern es für die Sicherung künftiger Benutzung erforderlich ist. Ist eine Sicherheitskopie bereits mitgeliefert worden, ist dieses Recht aber sehr wohl ausgeschlossen (Schricker/Loewenheim/*Loewenheim* § 69d Rn. 19). Hierfür sollte in der Regel auch eine so genannte Recovery-CD genügen. Ausgeschlossen, da nicht erforderlich, ist eine Sicherungskopie ungeachtet des (stets vom Kunden zu tragenden Insolvenzrisikos) auch dann, wenn der Verkäufer die Lieferung einer **Ersatzkopie** vertraglich zusagt (Möhring/Nicolini/*Hoeren* § 69d Rn. 20). Dies kann auch von der Übersendung des (beschädigten) Originaldatenträgers abhängig gemacht werden. Strittig ist allerdings, ob angesichts der hohen Sicherheit jüngerer Speichermedien wirklich bei allen Arten von Datenträgern überhaupt eine Sicherungskopie erforderlich ist (schon bei CD-ROM strittig; ausf. *Marly*, Praxishandbuch Softwarerecht, 6. Aufl. 2014, Rn. 1550 ff.).

Zu beachten bleibt auch, dass eine Sicherungskopie ausschließlich für den Sicherungsfall erstellt wird **83** und **keine Zweitbenutzung** auf einem anderen Rechner – auch nicht durch den gleichen Nutzer – gestattet. Sie soll für den Fall versehentlicher Beschädigung des Originals eine weitere Nutzung ermöglichen. Erlaubt ist daher grds. auch nur eine einzige Kopie zur Sicherung und dies auch allein durch den Eigentümer des Originals (Schricker/Loewenheim/*Loewenheim* § 69d Rn. 17 f.). Ist eine Sicherungskopie aufgrund eines Kopierschutzes nicht möglich, darf dieser den **Kopierschutz** nicht umgehen; er hat aber einen Anspruch auf Beseitigung oder Nachlieferung einer Sicherungskopie (Schricker/Loewenheim/*Loewenheim* § 69d Rn. 19).

3. Abandonware. Als Abandonware werden Softwareprodukte bezeichnet, mit denen die Hersteller **84** kein Geld mehr verdienen, für die **kein Support** mehr angeboten wird und die man allenfalls „gebraucht" von Privat kaufen kann. So sehr allerdings die Bewahrung dieser Produkte für die Nachwelt anmahnenswert ist, so handelt es sich dennoch um urheberrechtlich geschützte Produkte, die bei der Verfolgung von Rechtsverstößen – von der Schadenshöhe abgesehen – nicht anders behandelt werden können als aktuelle Computerprogramme. Die Archivierung kann nur durch Berechtigte erfolgen. Die Sonderregel, die die Vervielfältigung vergriffener Werke unter anderem für den privaten Gebrauch gestattet (§ 53 Abs. 2 Nr. 4b), gilt nicht für Computerprogramme (§ 69c) und Datenbanken (§ 53 Abs. 5; Schricker/Loewenheim/*Loewenheim* § 53 Rn. 12, 68).

E. Einwilligung des Berechtigten (Urhebervertragsrecht)

I. Allgemeines

Der Urheber verdient sein Geld im Normalfall nicht dadurch, dass er ein konkretes Werkexemplar **85** verkauft, sondern dadurch, dass er das Recht zu einer bestimmten Nutzung dieses Werkes einräumt. Der Urheber erhält sein Geld nicht für die (im Falle des Internet zB digitale oder zu digitalisierende) Kopie seines Werkes, sondern in erster Linie für den Abschluss des Nutzungsvertrages mit **Rechtseinräumung.** Die wirksame Rechtseinräumung schließt eine Strafbarkeit nach den §§ 106 ff. aus, da die fehlende Einwilligung Tatbestandsmerkmal ist.

II. Arten der Lizenzierung

86   Die vertragliche Einräumung urheberrechtlicher Nutzungsrechts kann grds. auf zwei verschiedene Arten erfolgen: Zunächst kann der Verwerter die Rechte **unmittelbar** vom Rechteinhaber erwerben. Zu diesem Zwecke wird er einen entsprechenden Vertrag mit diesem abschließen. Er kann aber auch an die für das zu nutzende Werk und seine Nutzung zuständige **Verwertungsgesellschaft** herantreten, sofern diese die Nutzungsrechte an diesem Werk besitzt, insbes. wenn der Urheber Mitglied dieser Verwertungsgesellschaft ist. In Deutschland gibt es derzeit **zwölf Verwertungsgesellschaften:** Die Gesellschaft für musikalische Aufführungsrechte (GEMA, München/Berlin) ist die bekannteste und größte.

III. Reichweite von Lizenzen

87   Diese Nutzungsrechte können unterschiedliche Reichweite besitzen. Sie mögen exklusiv oder einfach sein und können auch zeitlich, inhaltlich (zB auf bestimmte Nutzungsarten) bzw. räumlich beschränkt oder unbeschränkt sein (§ 31 Abs. 1). Aus der Reichweite der Nutzungsrechtseinräumung ergibt sich auch, welche Verwertungshandlungen der Verwerter vornehmen darf, ggf. auch wie oft. Die ausschließliche Lizenz bedingt auch zugleich ein Strafantragsrecht (§ 109).

88   Die Reichweite und Art der eingeräumten Nutzungsrechte kann ausdrücklich durch Rechtseinräumung im Nutzungsvertrag geregelt werden. Ergibt sich aus diesem diese Reichweite nicht eindeutig, ist der Vertrag nach seinem Zweck auszulegen (**Zweckübertragungslehre;** § 31 Abs. 5). Gleiches gilt bei nur mündlich oder konkludent erfolgten Rechtsübertragungen. Bei der Auslegung sind alle Umstände des Vertragsverhältnisses zu berücksichtigen. Jede vom Vertrag nicht umfasste Nutzung muss gesondert genehmigt – und honoriert – werden. Weitere Regeln zum Urhebervertragsrecht enthalten §§ 33 ff. Für bei Vertragsschluss noch **unbekannte Nutzungsarten** gelten Sonderregeln (§ 31a), ebenso für Verträge über künftige Werke (§ 40). Zur Einbeziehung von urheberrechtlichen Klauseln in Allgemeinen Geschäftsbedingungen sowie zur Zulässigkeit abweichender Regeln s. *Ernst* in Ulmer/Brandner/Hensen, AGB-Recht, 12. Aufl. 2016, 1851 ff.

IV. Urheber in Arbeits- und Dienstverhältnissen

89   Die Regeln zur Einräumung von Nutzungsrechten sind auch anzuwenden, wenn der Urheber das Werk in Erfüllung seiner Verpflichtungen aus einem Arbeits- oder Dienstverhältnis geschaffen hat, soweit sich aus dem Inhalt oder dem Wesen des Arbeits- oder Dienstverhältnisses nichts anderes ergibt (§ 43). Allein für den Softwarebereich gilt die Sonderregel des § 69b, nach der, wenn ein Computerprogramm von einem Arbeitnehmer in Wahrnehmung seiner Aufgaben oder nach den Anweisungen seines Arbeitgebers geschaffen wird, ausschließlich der Arbeitgeber zur Ausübung aller vermögensrechtlichen Befugnisse an dem Computerprogramm berechtigt ist, sofern nichts anderes vereinbart wird. Gegebenenfalls ist allerdings zwischen Pflichtwerken und freien Werken zu unterscheiden, also solchen, die ein Arbeitnehmer in seiner Freizeit geschaffen hat.

V. Folgen fehlender Lizenzrechte

90   Hat der Verwerter vor Benutzung des Werks keinen Lizenzvertrag abgeschlossen, ist dieser unwirksam oder überschreitet der Nutzer die ihm eingeräumten Befugnisse, wird das Urheberrecht verletzt. In diesem Fall stehen dem Rechteinhaber nicht nur zivilrechtliche Ansprüche zur Seite, sondern bei Kenntnis der Unwirksamkeit, also vorsätzlichem Handeln, auch das Urheberstrafrecht.

F. Strafrechtliche Verfolgung von Urheberrechtsdelikten

I. Strafantrag und Privatklage

91   **1. Strafantrag.** Das einfache Urheberstrafrecht (§§ 106–108) normiert **Antragsdelikte** (§ 109), es sei denn, es besteht ein besonderes Interesse an der Strafverfolgung (§ 109) oder der Täter handelt gewerbsmäßig (§ 108a). Ist eine Straftat nur auf Antrag verfolgbar, so kann, soweit das Gesetz nichts anderes bestimmt, nur der Verletzte diesen Antrag stellen (§ 77 Abs. 1 StGB), was ab Kenntnis innerhalb der Drei-Monats-Frist des § 77b StGB geschehen kann. Der Strafantrag ist eine Bedingung der Verfolgbarkeit und damit zugleich von Amts wegen zu beachtende Prozessvoraussetzung (BGHSt 6, 155 f.). Fehlt es an dieser und kommt es dennoch zum Verfahren, ist dieses einzustellen (§§ 206a Abs. 1, 260 Abs. 3 StPO).

92   **Strafantragsberechtigt** sind als Verletzte allein der Urheber sowie der Inhaber eines ausschließlichen Nutzungsrechts, nicht aber der Träger bloß einfacher Nutzungsrechte, welcher nicht Träger des angegriffenen Rechtsgutes ist. Schließlich gibt das einfache Nutzungsrecht nur eine Nutzungsbefugnis und kein Einwilligungsrecht (§ 31 Abs. 2 und 3). Auch der Arbeitnehmer, der im Betrieb eine vom Arbeitgeber bei einem Dritten erworbene Software kopiert, kann vom Arbeitgeber nicht urheberstrafrechtlich verfolgt werden.

Fehlt es an einem Strafantrag, ist ein besonderes öffentliches Interesse Voraussetzung einer Strafver- 93
folgung (§ 109). Allein beim besonders gefährlichen und schädlichen Verhalten des **gewerbsmäßigen**
Rechtsbrechers im Sinne des § 108a liegt ein **Offizialdelikt** vor, das auch von Amts wegen verfolgt
wird.

2. Privatklage. Die Urheberrechtsdelikte sind darüber hinaus – was wegen der fehlenden Ermitt- 94
lungsmöglichkeiten bedenklich ist (*Nordemann* NStZ 1982, 372 ff.) – normalerweise (außer bei öffentlichem Interesse, § 376 StPO) nur im **Privatklageverfahren** geltend zu machen (§ 374 Abs. 1 Nr. 8
StPO). Die Staatsanwaltschaft verfolgt Privatklagedelikte nur, wenn ein öffentliches Interesse besteht
(§ 376 StPO). Bei gewerbsmäßigem Handeln (§ 108a) liegt hingegen ein Offizialdelikt vor, das auch
von Amts wegen verfolgt wird. Beim Zusammentreffen mit einem Offizialdelikt ist die Privatklage
ausgeschlossen.

Das **öffentliche Interesse** im Sinne des § 376 StPO, das im Normalfall durch Nr. 86 Abs. 2 RiStBV 95
durch die Störung des Rechtsfriedens über den Lebensbereich des Verletzten definiert wird, wird
bezogen auf Urheberstrafsachen in Nr. 261 RiStBV präzisiert. Ein öffentliches Interesse ist hier in der
Regel zu bejahen, wenn eine nicht nur geringfügige Schutzrechtsverletzung vorliegt, wobei sowohl
Ausmaß der Schutzrechtsverletzung als auch eingetretener bzw. drohender wirtschaftlicher Schaden und
die vom Täter angestrebte Bereicherung zu berücksichtigen sind. Beim unberechtigten Einstellen von
urheberrechtlich geschützten Werken in das WWW ist von einem erheblichen Schadenspotenzial
auszugehen, so dass ein öffentliches Interesse zu bejahen ist. Bei der Weitergabe einzelner Raubkopien
ist dies zu verneinen. Gem. Nr. 261a RiStBV ist ein öffentliches Interesse auch anzunehmen, wenn der
Täter einschlägig vorbestraft ist.

II. Fehlen eines Strafantrages

Beim **Fehlen eines Strafantrages** ist zu beachten, dass die Staatsanwaltschaft in diesem Fall nur dann 96
tätig werden kann, wenn ein **besonderes öffentliches Interesse** an der Strafverfolgung besteht (§ 109).
Diese Steigerung ggü. dem einfachen öffentlichen Interesse wird in Nr. 261a Abs. 1 RiStBV insofern
beispielhaft definiert, als etwa eine einschlägige Vorstrafe, ein erheblicher Schaden (zumindest drohend),
Existenzbedrohung beim Verletzten oder Gefährdung der öffentlichen Sicherheit bzw. Verbraucher-
gesundheit. Wird in diesen Fällen Klage erhoben oder Strafbefehl beantragt, ist in der Anklage bzw. dem
Strafbefehlsantrag das besondere öffentliche Interesse zu erklären (Nr. 261a Abs. 2 RiStBV iVm
Art. 260a Abs. 3).

Für eine Verfolgung ohne Strafantrag kommen daher vor allem in Betracht (*Heghmanns* NStZ 1991, 97
112 (116))
– Taten durch Wiederholungstäter
– Fälle organisierten Handelns, etwa in Computer-Vereinen
– Verbreitung mehrerer Programme gegen Entgelt
– Öffentliches Anbieten ganzer Programmlisten, etwa in Zeitschriften oder online
– Privater Tauschhandel im großen Stil (mehrere hundert)
– Verbreitung besonders wertvoller Programme (ab etwa 10.000 EUR; *Heghmanns* NStZ 1991, 112
　(116) sprach seinerzeit noch von 5–10.000 DM)
– Verbreitung nach Überwinden aufwendiger Kopierschutzverfahren.

§ 107 Unzulässiges Anbringen der Urheberbezeichnung

(1) Wer
1. auf dem Original eines Werkes der bildenden Künste die Urheberbezeichnung (§ 10 Abs. 1)
ohne Einwilligung des Urhebers anbringt oder ein derart bezeichnetes Original verbreitet,
2. auf einem Vervielfältigungsstück, einer Bearbeitung oder Umgestaltung eines Werkes der
bildenden Künste die Urheberbezeichnung (§ 10 Abs. 1) auf eine Art anbringt, die dem
Vervielfältigungsstück, der Bearbeitung oder Umgestaltung den Anschein eines Originals
gibt, oder ein derart bezeichnetes Vervielfältigungsstück, eine solche Bearbeitung oder
Umgestaltung verbreitet,
wird mit Freiheitsstrafe bis zu drei Jahren oder mit Geldstrafe bestraft, wenn die Tat nicht in
anderen Vorschriften mit schwererer Strafe bedroht ist.
(2) Der Versuch ist strafbar.

1. Allgemeines. § 107 Abs. 1 betrifft allein Werke der **bildenden Künste,** bei denen die Signierung 1
eines Originals durch einen Unbefugten (Nr. 1) und das Vortäuschen einer Kopie oder einer Verfälschung als Original (Nr. 2) unter Strafe gestellt wird, wobei bereits der Versuch strafbar ist (§ 107
Abs. 2). Die Norm ist in der Praxis allerdings weitgehend bedeutungslos (*Heinrich* UFITA 2002, 890
(892)).

2 2. Verletzungshandlungen. a) Schutzgegenstand. Die Norm betrifft als Schutzgegenstände allein Werke der bildenden Künste (§ 2 Abs. 1 Nr. 4), nicht aber andere Werkkategorien, obgleich für diese das Recht auf Anerkennung seiner Urheberrecht (§ 13 S. 1) und das Namensnennungsrecht des § 13 S. 2 gleichermaßen gelten. Werke der bildenden Künste schließen nach § 2 Abs. 1 Nr. 4 auch die Werke der Baukunst und der angewandten Kunst und Entwürfe solcher Werke ein, doch hat die Norm bei den speziell genannten Werkarten gar keine Bedeutung mehr. Die Norm gilt aber auch im Bereich digitaler Kunst. Der Einsatz eines Computers schließt das Vorliegen eines Werks der bildenden Kunst (§ 2 Abs. 1 Nr. 4) keineswegs aus, so dass auch digitalisierte Werke von dieser Norm geschützt werden können (Schricker/Loewenheim/*Loewenheim* § 2 Rn. 137).

3 Die Norm bezweckt im Grundsatz einen Schutz gegen Kunstfälschungen, auch wenn dieser allein durch das Urheberrecht keineswegs lückenlos gewährleistet werden kann. Insbes. das Anbringen einer falschen Urheberrechtshinweises auf Werken anderer Urheber (insbes. Behauptung eines prominenten Künstlers zur Wertsteigerung) ist etwa allein über das allgemeine Strafrecht (§§ 267, 263 StGB) erfassbar (Dreier/Schulze Rn. 3).

4 b) Handlungen im Einzelnen. aa) Signieren und Verbreiten des Originals durch einen Unbefugten (Nr. 1). Strafbar ist zunächst, wer auf dem Original eines Werkes der bildenden Künste die Urheberbezeichnung ohne Einwilligung des Urhebers anbringt oder ein derart bezeichnetes Original verbreitet. Bei Werken der bildenden Kunst hat die Urheberbezeichnung insofern eine besondere Funktion, als gem. § 10 Abs. 1 die auf den Vervielfältigungsstücken eines erschienenen Werkes oder auf dem Original eines Werkes der bildenden Künste in der üblichen Weise als Urheber bezeichne Person bis zum Beweis des Gegenteils als Urheber des Werkes angesehen wird.

5 Voraussetzung der Strafbarkeit ist zunächst das Vorliegen des Originals, auf dem selbst die Urheberbezeichnung angebracht wird. Das Signieren etwa eines Begleitpapiers oder eines Rahmens unterfällt § 107 nicht.

6 Aufgrund des Wortlauts („ohne Einwilligung") fällt auch die richtige Urheberbezeichnung hierunter, wenn also das Werk von einem anderen mit dem Namen des richtigen Urhebers „signiert" wird. Das Anbringen einer falschen Urheberbezeichnung ist sowohl nach § 267 StGB als auch von § 107 erfasst (aA Achenbach/Ransiek/Rönnau WirtschaftsStR-HdB/*A. Nordemann* Teil 11 Kap. 2 Rn. 83). Wird eine bereits vorhandene Urheberbezeichnung manipuliert, ist die Norm ebenfalls einschlägig, denn auch in diesem Falle wird unter Entfernung der richtigen zugleich eine neue Urheberbezeichnung angebracht (aA Dreier/Schulze Rn. 5).

7 bb) Vortäuschen eines Originals (Nr. 2). Nr. 2 stellt denjenigen unter Strafe, der auf einem Vervielfältigungsstück, einer Bearbeitung oder Umgestaltung eines Werkes der bildenden Künste die Urheberbezeichnung (§ 10 Abs. 1) auf eine Art anbringt, die dem Vervielfältigungsstück, der Bearbeitung oder Umgestaltung den Anschein eines Originals gibt, oder ein derart bezeichnetes Vervielfältigungsstück, eine solche Bearbeitung oder Umgestaltung verbreitet. Während das Kopieren eines Originals unter § 106 fällt, erfasst § 107 Abs. 1 Nr. 2 zusätzlich allein das Anbringen der Urheberbezeichnung auf der Fälschung.

8 Bei einer Reproduktion wird der Anschein des Originals regelmäßig vorliegen. Bei Bearbeitungen und Umgestaltungen kommt es darauf an, ob hier der Eindruck erweckt wird, es handele sich um einen Entwurf oder eine Bearbeitung durch den Künstler selbst. Zeichnet der (unrechtmäßige) Bearbeiter das Werk im eigenen Namen, ist § 107 Abs. 1 einschlägig (Dreier/Schulze Rn. 11).

9 c) Sonstiges. Es handelt sich bei § 107 um ein Antragsdelikt, soweit kein besonderes Interesse an der Strafverfolgung besteht (§ 109), es sei denn, der Täter handelt gewerbsmäßig (§ 108b). Der Versuch ist strafbar (§ 107 Abs. 2).

§ 108 Unerlaubte Eingriffe in verwandte Schutzrechte

(1) Wer in anderen als den gesetzlich zugelassenen Fällen ohne Einwilligung des Berechtigten

1. **eine wissenschaftliche Ausgabe (§ 70) oder eine Bearbeitung oder Umgestaltung einer solchen Ausgabe vervielfältigt, verbreitet oder öffentlich wiedergibt,**
2. **ein nachgelassenes Werk oder eine Bearbeitung oder Umgestaltung eines solchen Werkes entgegen § 71 verwertet,**
3. **ein Lichtbild (§ 72) oder eine Bearbeitung oder Umgestaltung eines Lichtbildes vervielfältigt, verbreitet oder öffentlich wiedergibt,**
4. **die Darbietung eines ausübenden Künstlers entgegen den § 77 Abs. 1 oder Abs. 2 Satz 1, § 78 Abs. 1 verwertet,**
5. **einen Tonträger entgegen § 85 verwertet,**
6. **eine Funksendung entgegen § 87 verwertet,**
7. **einen Bildträger oder Bild- und Tonträger entgegen §§ 94 oder 95 in Verbindung mit § 94 verwertet,**

8. eine Datenbank entgegen § 87b Abs. 1 verwertet,
wird mit Freiheitsstrafe bis zu drei Jahren oder mit Geldstrafe bestraft.
(2) Der Versuch ist strafbar.

A. Allgemeines

§ 108 Abs. 1 betrifft unerlaubte Eingriffe in **verwandte Schutzrechte,** wobei auch hier der Versuch 1
unter Strafe gestellt ist (§ 108 Abs. 2). Praktische Relevanz besitzen vorliegend insbes. die Rechte der
ausübenden Künstler und Lichtbilder sowie der Tonträger-, Film- und Datenbankhersteller. Verwandte
Schutzrechte – auch Leistungsschutzrechte genannt – gewährleisten über den Schutz der schöpferischen
Urheber hinaus auch denjenigen für nichtschöpferisch tätige Vermittler, insbes. – mit jeweils unterschiedlicher Intention – für Interpreten und Hersteller.

B. Schutzgegenstände

I. Wissenschaftliche Ausgaben (Abs. 1 Nr. 1)

Durch § 70 geschützt sind Ausgaben urheberrechtlich nicht geschützter Werke oder Texte, wenn sie 2
das Ergebnis wissenschaftlich sichtender Tätigkeit darstellen und sich wesentlich von den bisher bekannten Ausgaben der Werke oder Texte unterscheiden. Das Recht steht dem Verfasser der Ausgabe zu (§ 70
Abs. 2) und besteht für 25 Jahre (§ 70 Abs. 3).
Strafrechtlich sanktioniert sind die Vervielfältigung, Verbreitung und öffentliche Wiedergabe sowohl 3
der Ausgabe in ihrer Originalform als auch in Form einer Bearbeitung oder Umgestaltung.

II. Nachgelassene Werke (Abs. 1 Nr. 2)

§ 71 gewährt ein Leistungsschutzrecht demjenigen, der ein nicht erschienenes Werk nach Erlöschen 4
des Urheberrechts erlaubterweise erstmals erscheinen lässt oder erstmals öffentlich wiedergibt. Er hat das
ausschließliche Recht, das Werk zu verwerten. Das Gleiche gilt für nicht erschienene Werke, die im
Geltungsbereich dieses Gesetzes niemals geschützt waren, deren Urheber aber schon länger als siebzig
Jahre tot ist. Das Recht erlischt fünfundzwanzig Jahre nach dem Erscheinen des Werkes – zu berechnen
nach § 69 – oder, wenn seine erste öffentliche Wiedergabe früher erfolgt ist, nach dieser (§ 71 Abs. 3).
Strafrechtlich sanktioniert ist die Verwertung, also alle von §§ 15–23 umfassten Handlungen. Betrof- 5
fen ist also jegliche körperliche oder unkörperliche Verwertung des Werkes inklusive der Bearbeitung.

III. Lichtbilder (Abs. 1 Nr. 3)

Lichtbild ist jedes Bild, das mittels fotografischem oder einem der Fotografie entsprechenden Ver- 6
fahren entstanden ist, ohne dass eine schöpferische Leistung des Fotografen gegeben ist. Dies führt dazu,
dass durch die Kombination des Schutzes von Lichtbildwerken (§ 2 Abs. 1 Nr. 5) und von Lichtbildern
(§ 72) tatsächlich jedes Foto einen Schutz nach dem UrhG genießt. Der Unterschied liegt allein im
Schutzradius (kein Schutz gegen Nachschöpfungen und kürzere Schutzdauer).
Das Recht nach Abs. 1 steht dem Lichtbildner zu, also demjenigen, der das Foto gemacht hat (beim 7
Fotoautomaten zB der Abgebildete selbst). Es erlischt fünfzig Jahre nach dem Erscheinen des Lichtbildes
oder, wenn seine erste erlaubte öffentliche Wiedergabe früher erfolgt ist, nach dieser, jedoch bereits
fünfzig Jahre nach der Herstellung, wenn das Lichtbild innerhalb dieser Frist nicht erschienen oder
erlaubterweise öffentlich wiedergegeben worden ist. Die Frist ist nach § 69 zu berechnen.
Strafrechtlich sanktioniert sind die Vervielfältigung, Verbreitung und öffentliche Wiedergabe eines 8
Lichtbildes selbst sowie auch die einer Bearbeitung oder Umgestaltung hiervon.

IV. Darbietungen ausübender Künstler (Abs. 1 Nr. 4)

1. Interpretenrechte. Ausübender Künstler iSd § 73 ist, wer ein Werk oder eine Ausdrucksform der 9
Volkskunst aufführt, singt, spielt oder auf eine andere Weise darbietet oder an einer solchen Darbietung
künstlerisch mitwirkt. Der ausübende Künstler hat das Recht, in Bezug auf seine Darbietung als solcher
anerkannt zu werden, wobei er grds. bestimmen kann, ob und mit welchem Namen er genannt wird
(§ 74). Er hat auch das Recht, eine Entstellung oder eine andere Beeinträchtigung seiner Darbietung zu
verbieten, die geeignet ist, sein Ansehen oder seinen Ruf als ausübender Künstler zu gefährden (§ 75).
Interpreten sind also insbes. Musiker, Sänger, Schauspieler uä, aber auch etwa Dirigenten und sonstige
künstlerisch Mitwirkende.

2. Strafrechtlich sanktionierte Ausschließlichkeitsrechte. Strafrechtlich bewehrte Ausschließ- 10
lichkeitsrechte gewähren schließlich §§ 77, 78: Der ausübende Künstler hat das ausschließliche Recht,
seine Darbietung auf Bild- oder Tonträger aufzunehmen sowie, den Bild- oder Tonträger, auf den seine
Darbietung aufgenommen worden ist, zu vervielfältigen und zu verbreiten (§ 77). § 27 (Erschöpfung) ist

dabei entsprechend anzuwenden. § 78 gewährt das ausschließliche Recht zur öffentlichen Wiedergabe, iE also der öffentlich Zugänglichmachung, Sendung (soweit die Darbietung nicht erlaubterweise auf Bild- oder Tonträger aufgenommen worden ist, die erschienen oder erlaubterweise öffentlich zugänglich gemacht worden sind) und der öffentlichen Wahrnehmbarmachung außerhalb des Raumes, in dem sie stattfindet (durch Bildschirm, Lautsprecher oder ähnliche technische Einrichtungen).

11   **3. Schutzdauer.** Die Schutzdauer bestimmt sich nach § 82: Ist die Darbietung des ausübenden Künstlers auf einen Bild- oder Tonträger aufgenommen worden, so erlöschen diese Ausschließlichkeitsrechte des ausübenden Künstlers fünfzig Jahre nach dem Erscheinen des Bild- oder Tonträgers oder, wenn dessen erste erlaubte Benutzung zur öffentlichen Wiedergabe früher erfolgt ist, nach dieser. Die Rechte des ausübenden Künstlers erlöschen jedoch bereits 50 Jahre nach der Darbietung, wenn der Bild- oder Tonträger innerhalb dieser Frist nicht erschienen oder erlaubterweise zur öffentlichen Wiedergabe benutzt worden ist. Die Frist endet jeweils zum Jahresende (§ 69).

V. Rechte der Tonträgerhersteller (Abs. 1 Nr. 5)

12   Der Hersteller eines Tonträgers hat das ausschließliche Recht, den Tonträger zu vervielfältigen, zu verbreiten und öffentlich zugänglich zu machen (§ 85 Abs. 1 S. 1). Hiermit wird dessen organisatorische, technische und wirtschaftliche Leistung geschützt. Hierunter fallen nur Tonaufnahmen, während Bild/Ton-Produktionen unter §§ 94, 95 zu fassen sind. Tonträgerhersteller ist grds. das Unternehmen, nicht etwa der einzelne Aufnahmeleiter. Das Recht entsteht – unabhängig vom Inhalt des aufgenommenen Materials – durch die Erstfixierung, nicht aber durch weitere Vervielfältigung eines vorstehenden Tonträgers.

13   Das Recht erlischt 50 Jahre nach dem Erscheinen des Tonträgers. Ist der Tonträger innerhalb von 50 Jahren nach der Herstellung nicht erschienen, aber erlaubterweise zur öffentlichen Wiedergabe benutzt worden, so erlischt das Recht 50 Jahre nach dieser. Ist der Tonträger innerhalb dieser Frist nicht erschienen oder erlaubterweise zur öffentlichen Wiedergabe benutzt worden, so erlischt das Recht 50 Jahre nach der Herstellung des Tonträgers. Die Frist beginnt jeweils zum Jahresende (§ 69).

14   Strafrechtlich sanktioniert sind die Vervielfältigung, Verbreitung und öffentliche Zugänglichmachung der Aufnahme.

VI. Rechte der Sendeunternehmen (Abs. 1 Nr. 6)

15   Funksendung bedeutet das öffentliche Zugänglichmachen durch Rundfunk (Radio und Fernsehen). § 87 gibt dem Sendeunternehmen das ausschließliche und übertragbare Recht, seine Funksendung weiterzusenden und öffentlich zugänglich zu machen (Nr. 1), seine Funksendung auf Bild- oder Tonträger aufzunehmen, Lichtbilder von seiner Funksendung herzustellen sowie die Bild- oder Tonträger oder Lichtbilder zu vervielfältigen und zu verbreiten, ausgenommen das Vermietrecht (Nr. 2) sowie an Stellen, die der Öffentlichkeit nur gegen Zahlung eines Eintrittsgeldes zugänglich sind, seine Funksendung öffentlich wahrnehmbar zu machen (Nr. 3). Das Recht erlischt 50 Jahre nach der ersten Funksendung, beginnend mit dem Jahresende (§ 69).

16   Sendeunternehmen ist nur, wer die Übertragung der Sendung an die Öffentlichkeit kontrolliert und verantwortet, nicht hingegen, wer sie nur technisch durchführt (BGHZ 123, 154 – Verteileranlagen). Die Leistung der Sendeunternehmen kann daneben auch dem strafrechtlich ebenfalls über § 108 sanktionierten Schutz als Lichtbildner oder Filmhersteller unterfallen.

17   Strafrechtlich sanktioniert sind die Weitersendung, öffentliche Zugänglichmachung, die Aufnahme auf Bild- oder Tonträger, die Aufnahme von Lichtbildern der Funksendung sowie die Vervielfältigung und Verbreitung der Bild- oder Tonträger oder Lichtbilder sowie die öffentliche Wahrnehmbarmachung der Sendung gegen Eintrittsgeld (insbes. Public Viewing).

VII. Rechte der Filmhersteller (Abs. 1 Nr. 7)

18   Der Filmhersteller hat das ausschließliche Recht, den Bildträger oder Bild- und Tonträger, auf den das Filmwerk aufgenommen ist, zu vervielfältigen, zu verbreiten und zur öffentlichen Vorführung, Funksendung oder öffentlichen Zugänglichmachung zu benutzen. Der Filmhersteller hat ferner das Recht, jede Entstellung oder Kürzung des Bildträgers oder Bild- und Tonträgers zu verbieten, die geeignet ist, seine berechtigten Interessen an diesem zu gefährden (§ 94). Das Recht ist übertragbar und erlischt fünfzig Jahre nach dem Erscheinen des Bildträgers oder Bild- und Tonträgers oder, wenn seine erste erlaubte Benutzung zur öffentlichen Wiedergabe früher erfolgt ist, nach dieser, jedoch bereits fünfzig Jahre nach der Herstellung, wenn der Bildträger oder Bild- und Tonträger innerhalb dieser Frist nicht erschienen oder erlaubterweise zur öffentlichen Wiedergabe benutzt worden ist. Den gleichen Schutz genießt auch der Hersteller von Laufbildern, also nicht-schöpferischen Filmen (§ 95).

19   Die Leistung des Filmherstellers liegt nicht im künstlerisch-schöpferischen Bereich, sondern in der Übernahme der wirtschaftlichen und organisatorischen Verantwortung (BGH GRUR 1993, 472 – Filmhersteller). Rechtsinhaber ist daher stets der Unternehmer, nicht eine in seinem Auftrag handelnde

Person. Berechtigt ist derjenige, der die Erstaufnahme zu verantworten hat, nicht etwa eine spätere Kopie. Anderes kann gelten, wenn die Kopie verändert wird (zB Synchronisation, Dreier/Schulze § 94 Rn. 15). Schutz können auch Computer- und Videospiele genießen (Fromm/Nordemann/*Nordemann* § 95 Rn. 14).

Strafrechtlich sanktioniert sind die Vervielfältigung, Verbreitung und öffentliche Vorführung, die 20 Funksendung sowie die öffentliche Zugänglichmachung (über § 94 Abs. 1 S. 1). Erfasst ist sowohl die Verwertung des Films in seiner Originalform als auch in gekürzter oder entstellter Form (über § 94 Abs. 1 S. 2).

VIII. Rechte der Datenbankhersteller (Abs. 1 Nr. 8)

Ein eigenes Schutzrecht kommt dem Datenbankhersteller zugute (§§ 87a ff.), zurückgehend auf die 21 EU-Datenbankrichtlinie 96/9/EG. Sie gewähren dem Hersteller einer Datenbank einen 15-jährigen (§ 87d) Schutz sui generis für die zur Herstellung seiner Datenbank erforderlichen Investitionen. Der Schutz besteht unabhängig vom eventuellen urheberrechtlichen Schutz für Datenbankwerke in § 4 Abs. 2. Es werden nach §§ 87a ff. nicht die schöpferische Auswahl und Anordnung des Datenbankinhalts, sondern vielmehr die Investition in die Beschaffung, Sammlung, Überprüfung, Aufbereitung und Darbietung des Inhalts geschützt (Dreier/Schulze Vor § 87a Rn. 1 ff.). Datenbankhersteller im Sinne dieses Gesetzes ist derjenige, der die Investition vorgenommen hat (§ 87a Abs. 2).

§ 87a Abs. 1 S. 1 definiert die Datenbank als eine Sammlung von Werken, Daten oder anderen 22 unabhängigen Elementen, die systematisch oder methodisch angeordnet und einzeln mit Hilfe elektronischer Mittel oder auf andere Weise zugänglich sind und deren Beschaffung, Überprüfung oder Darstellung eine nach Art oder Umfang wesentliche Investition erfordert, wobei dieser Begriff auch eine Sammlung erfasst, die Werke, Daten oder andere Elemente umfasst, die sich voneinander trennen lassen, ohne dass der Wert ihres Inhalts dadurch beeinträchtigt wird, und die eine Methode oder ein System beliebiger Art enthält, mit der bzw. dem sich jedes der Elemente der Sammlung wieder auffinden lässt. Er umfasse dagegen nicht die Mittel, die eingesetzt würden, um die Elemente, aus denen der Inhalt der Datenbank später bestehen soll, erst noch zu erzeugen (dazu EuGH GRUR 2005, 244 – BHB-Pferdewetten, EuGH GRUR 2005, 252 – Fixtures-Fußballspielpläne I, EuGH GRUR 2005, 254 – Fixtures-Fußballspielpläne II; BGH GRUR 2005, 857 – Hit-Bilanz; BGH GRUR 2007, 685 – Gedichttitelliste I).

Dem Datenbankhersteller steht nach § 87a das ausschließliche Recht zu, die Datenbank insgesamt 23 oder einen nach Art oder Umfang wesentlichen Teil der Datenbank zu vervielfältigen, zu verbreiten und öffentlich wiederzugeben (§ 87b Abs. 1 S. 1). Dem stehen wiederholte und systematische Vervielfältigungen auch unwesentlicher Teile der Datenbank gleich, soweit sie einer normalen Auswertung zuwiderlaufen oder die berechtigten Interessen des Datenbankherstellers beeinträchtigen (§ 87b Abs. 1 S. 2).

Die Schranken des Datenbankrechts ergeben sich aus § 87c und dienen insbes. im privaten und 24 wissenschaftlichen Gebrauch und zu Unterrichtszwecken, wobei die Vervielfältigung auch zum privaten Gebrauch dann aufgrund der erhöhten Weiterverbreitungsgefahr ausgeschlossen wird, wenn eine Datenbank mit Hilfe elektronischer Mittel zugänglich ist. Diese Schranken bilden abschließende Sonderregelungen, die §§ 44a ff. gelten nicht (Dreier/Schulze § 87c Rn. 1).

Strafrechtlich sanktioniert sind die Vervielfältigung, Verbreitung und öffentliche Wiedergabe der 25 Datenbank insgesamt sowie eines nach Art oder Umfang wesentlichen Teil der Datenbank. Ferner gilt dies für der Vervielfältigung, Verbreitung oder öffentlichen Wiedergabe eines nach Art oder Umfang unwesentlichen Teils der Datenbank, wenn dies wiederholt und systematisch geschieht, sofern diese Handlungen einer normalen Auswertung der Datenbank zuwiderläuft oder die berechtigten Interessen des Datenbankherstellers unzumutbar beeinträchtigt.

C. Schrankenbestimmungen

Das Nichtvorliegen eines gesetzlichen Gestattungstatbestandes ist auch hier objektives Tatbestands- 26 merkmal („in anderen als den gesetzlich zugelassenen Fällen"). Diese Formulierung nimmt wie bei § 106 Bezug auf die §§ 44a–60. Dies gilt jedoch nicht beim Datenbankhersteller, bei dem sich die Schranken allein aus § 87c ergeben (Dreier/Schulze § 87c Rn. 1).

D. Einwilligung

Auch die Rechte der Leistungsschutzberechtigten sind nach allgemeinen Regeln lizenzierbar. Bei 27 Vorliegen einer Einwilligung des Berechtigten scheidet eine Strafbarkeit aus, da die fehlende Einwilligung Tatbestandsmerkmal ist.

E. Strafverfolgung

28   Es handelt sich bei § 108 um ein Antragsdelikt, soweit kein besonderes Interesse an der Strafverfolgung besteht (§ 109). Ein Offizialdelikt liegt vor, wenn der Täter gewerbsmäßig handelt (§ 108b). Der Versuch ist strafbar (§ 108 Abs. 2).

§ 108a Gewerbsmäßige unerlaubte Verwertung

(1) **Handelt der Täter in den Fällen der §§ 106 bis 108 gewerbsmäßig, so ist die Strafe Freiheitsstrafe bis zu fünf Jahren oder Geldstrafe.**

(2) **Der Versuch ist strafbar.**

1   **1. Allgemeines.** Bei § 108a handelt es sich nicht um einen selbstständigen Straftatbestand, sondern lediglich um eine **Strafverschärfung,** die bei das Strafmaß der §§ 106–108 bei gewerbsmäßigen Handeln empfindlich erhöht und die Tat zugleich zu einem Offizialdelikt macht. Die Gewerbsmäßigkeit ist dabei ein persönliches strafschärfendes Merkmal iSd § 28 Abs. 2 StGB. Ein Teilnehmer ist mithin nur dann nach § 108a strafbar, wenn auch er gewerbsmäßig gehandelt hat.

2   Der Qualifikationstatbestand des § 108a ist im Gegensatz zu den Grundtatbeständen der §§ 106–108 ein **Offizialdelikt** und bedarf demzufolge keines Strafantrages. Nebenklage ist möglich (vgl. § 395 Abs. 2 Nr. 3 StPO).

3   **2. Gewerbsmäßiges Handeln (Abs. 1).** Der Begriff Gewerbsmäßigkeit ist im Urheberrecht ebenso zu bestimmen wie in anderen Strafvorschriften (BGH NJW 2004, 1674 (1679) – CD-Export). Gewerbsmäßiges Handeln im Sinne der Norm liegt dann vor, wenn der Täter die Tat begeht, um sich durch wiederholte, ggf. auch fortgesetzte Begehung eine fortlaufende **Einnahmequelle** von einiger Dauer und einigem Umfang zu verschaffen (BGHSt 1, 383).

4   Dabei genügt die unerlaubte Verwertung etwa von Raubkopien in einem Gewerbebetrieb hierfür noch nicht (Dreier/Schulze Rn. 5). Umgekehrt muss der Täter aber auch keinen eigenen Gewerbebetrieb besitzen; auch ein bloßer Nebenerwerb genügt (Dreier/Schulze Rn. 5). Keine Bedingung für das Vorliegen von Gewerbsmäßigkeit ist das Unterhalten eines kriminellen Geschäfts oder das Auftreten als typischer Urheberrechtspirat (Dreier/Schulze Rn. 5). Eine regelmäßige Verkaufstätigkeit bei Internet-Auktionen kann ein gewerbsmäßiges Handeln begründen, wenn sich diese auf Raubkopien und andere rechtsverletzende Gegenstände bezieht.

5   Der subjektive Tatbestand des Grunddelikts wird durch die Qualifikation nicht berührt. Es genügt weiterhin dolus eventualis (Dreier/Schulze Rn. 7).

6   **3. Versuch (Abs. 2).** Auch der Versuch des qualifizierten Delikts ist strafbar. Dies kann etwa dadurch geschehen, dass der Täter in gewerbsmäßiger Absicht ein Urheberrechtsdelikt zu begehen versucht.

§ 108b Unerlaubte Eingriffe in technische Schutzmaßnahmen und zur Rechtewahrnehmung erforderliche Informationen

(1) **Wer**

1. **in der Absicht, sich oder einem Dritten den Zugang zu einem nach diesem Gesetz geschützten Werk oder einem anderen nach diesem Gesetz geschützten Schutzgegenstand oder deren Nutzung zu ermöglichen, eine wirksame technische Maßnahme ohne Zustimmung des Rechtsinhabers umgeht oder**
2. **wissentlich unbefugt**
   a) **eine von Rechtsinhabern stammende Information für die Rechtewahrnehmung entfernt oder verändert, wenn irgendeine der betreffenden Informationen an einem Vervielfältigungsstück eines Werkes oder eines sonstigen Schutzgegenstandes angebracht ist oder im Zusammenhang mit der öffentlichen Wiedergabe eines solchen Werkes oder Schutzgegenstandes erscheint, oder**
   b) **ein Werk oder einen sonstigen Schutzgegenstand, bei dem eine Information für die Rechtewahrnehmung unbefugt entfernt oder geändert wurde, verbreitet, zur Verbreitung einführt, sendet, öffentlich wiedergibt oder öffentlich zugänglich macht**
   und dadurch wenigstens leichtfertig die Verletzung von Urheberrechten oder verwandten Schutzrechten veranlasst, ermöglicht, erleichtert oder verschleiert,

wird, wenn die Tat nicht ausschließlich zum eigenen privaten Gebrauch des Täters oder mit dem Täter persönlich verbundenen Personen erfolgt oder sich auf einen derartigen Gebrauch bezieht, mit Freiheitsstrafe bis zu einem Jahr oder mit Geldstrafe bestraft.

(2) Ebenso wird bestraft, wer entgegen § 95a Abs. 3 eine Vorrichtung, ein Erzeugnis oder einen Bestandteil zu gewerblichen Zwecken herstellt, einführt, verbreitet, verkauft oder vermietet.

(3) Handelt der Täter in den Fällen des Absatzes 1 gewerbsmäßig, so ist die Strafe Freiheitsstrafe bis zu drei Jahren oder Geldstrafe.

A. Allgemeines

Das klassische Urheberstrafrecht richtet sich zunächst noch nicht gegen das Umgehen von Kopier- **1** schutzsystemen (Cracking), sondern naturgemäß insbes. erst einmal gegen das bloße **Herstellen** und den **Vertrieb** von **Raubkopien.** Die durch das Cracking betroffenen Werke – Software, Audio- und Videostücke – werden jedoch regelmäßig urheberrechtlichen Schutz genießen. Aus diesem Grunde können zumindest im Falle der **Weiterverwendung** der gecrackten Werke ohne Weiteres die §§ 106 ff. Anwendung finden. Der Versuch der Urheberrechtsindustrie, quasi einen technischen Selbstschutz gegen Vervielfältigungshandlungen – gleich ob diese durch die urheberrechtlichen Schrankenregelungen erlaubt oder als Piraterie verboten sind – aufzubauen, war daher lange Zeit rechtlich nicht sanktioniert. Insbes. das allgemeine Strafrecht (zB §§ 202a, 263a, 269, 303a StGB, § 17 UWG) stellt das Über- **2** winden von Kopierschutzmechanismen normalerweise nicht unter Strafe. Inzwischen findet sich seit der Umsetzung der Richtlinie 2001/29/EG des Europäischen Parlaments und des Rates v. 22.5.2001 zur Harmonisierung bestimmter Aspekte des Urheberrechts und der verwandten Schutzrechte in der Informationsgesellschaft (ABl. 2001 L 167, 10) eine Regelung zum Umgang mit Kopierschutzsystemen, die in §§ 95a ff. sowie dieser Strafnorm umgesetzt wurde. Diese Regelung schließt eine **strafrechtliche Verfolgung** bestimmter Cracking-Verfahren und -Täter ein.

I. Urheberinteressen und Kopierschutz

Das Urheberrecht ist – ungeachtet seiner ältesten Wurzeln – immer noch ein Kind der Technik. Erst **3** die Erfindung des Buchdrucks ließ die Notwendigkeit eines Schutzes der Schöpfer kultureller Werke offenbar werden. Aus ihr ergab sich die Erforderlichkeit staatlicher Regulierung, deren Novellierungen ebenfalls fast stets mit technischen Entwicklungen einhergingen. Dabei waren die Gerichte naturgemäß dem Gesetzgeber ein wenig voraus. Dem europäischen Gesetzgeber obliegt freilich in erster Linie die Harmonisierung des nationalen Rechts, doch gibt auch die insoweit umgesetzte Richtlinie ungeachtet dessen eine Vielzahl von technisch bedingten Normen vor, für die es zuvor kein nationales Vorbild gab. Angesichts der unbeschränkten Kopiermöglichkeiten in Originalqualität hat das Interesse der Indus- **4** trie an „**digitalem Selbstschutz**" erheblich zugenommen. Dieser kann im Wesentlichen aus zwei **Zugangskontrollen** und **Kopiersperren** bestehen. Dass damit Kollisionen zu den Nutzerinteressen auftreten müssen, ist offenbar, denn der Kopierschutz wirkt nicht nur gegen illegale Piraterie, sondern auch gegen (bislang) berechtigte Nutzung. Dies gilt auch und gerade für das Recht zur privaten Vervielfältigung (§ 53). So sehr auch die Zulassung von Privatkopien – gegen Vergütung (§§ 54 ff.) – für analoge Werke die einzig sinnvolle Lösung gewesen ist, so problematisch bleibt die Lage auf dem digitalen Markt. Durch das Internet sind Kopien in bisher nicht da gewesener Zahl möglich geworden, so dass der Rechteinhaber verständlicherweise zu Maßnahmen greift, die von vornherein jede Vervielfältigung verhindern. Dass diese Kopierschutzsysteme dabei keinen Unterschied zwischen zulässiger und unzulässiger Nutzung machen können, liegt auf der Hand. Allein sie können verhindern, dass massenhaft neue Vervielfältigungsstücke in Originalqualität entstehen. So ist denn die Regelung des Schutzes solcher technischen Maßnahmen der bemerkenswerteste Part **5** der Novelle. Die §§ 95a–95c setzen die Art. 6 und 7 der **Richtlinie** um. Diese beruhen ihrerseits konkretisierend auf den (allgemein gehaltenen) Verpflichtungen aus den WIPO-Abkommen WCT (Art. 11) und WPPT (Art. 18). Hinzu tritt § 95d, um die Verbraucher hinsichtlich der Folgen entsprechender Schutzmechanismen vorzuwarnen. Der Gesetzestext selbst ist recht unübersichtlich und sprachlich für den Laien kaum zugänglich, da den Verfassern die möglichst wörtliche Umsetzung der Richtlinie geboten schien (Amtl. Begr. zu § 95a, RegE, BT-Drs. 15/38, 26).

II. Abgrenzung zum Zugangskontrolldienstegesetz

Das Urheberrecht kann nur die Frage der **Kopiersperren** regeln. Der parallele Schutz durch **Zu-** **6** **gangskontrollen** wird im Zugangskontrolldiensteschutzgesetz (ZKDSG) behandelt. Zugangskontrolldienste sind technische Verfahren oder Vorrichtungen, die die erlaubte Nutzung eines zugangs-kontrollierten Dienstes ermöglichen (§ 2 Nr. 2 ZKDSG). Solche Dienste können entgeltliche Rundfunk-, Tele- oder auch Mediendienste sein (§ 2 Nr. 1 ZKDSG). Das Gesetz verbietet strafbewehrt (§ 4 iVm § 3 Nr. 1 ZKDSG) die Herstellung, Einfuhr und Verbreitung von Umgehungsvorrichtungen zu gewerbsmäßigen Zwecken, bußgeldbewehrt (§ 5 iVm § 3 Nr. 2 ZKDSG) Besitz, Einrichtung, Wartung und Austausch dieser Vorrichtungen zu gewerbsmäßigen Zwecken und (unbewehrt) die Absatzförderung (§ 3 Nr. 3 ZKDSG). Dies gilt auch dann, wenn der Anbieter einen anderen Zweck angibt und dies auch nur aus Begleitumständen, Gepflogenheiten, dem technischen Verständnis oder aus Hinweisen Dritter erkennbar wird (OLG Frankfurt a. M. GRUR-RR 2003, 287).

7   Hier geht es also um die Überwindung etwa von Pay-TV oder kostenpflichtigen Online-Zugängen im Wege des **Hacking,** was für den Täter selbst schon in **§ 202a StGB** unter Strafe steht (LK-StGB/ *Schünemann* StGB § 202a Rn. 1; Hoeren/Sieber/*Sieber* Kap. 19 Rn. 419). Das ZKDSG weitet die Verantwortlichkeit auf die **Verbreiter** der entsprechenden Vorrichtungen aus. Zum sog Cardsharing s. *Planert* StV 2014, 430.

B. Der Schutz technischer Maßnahmen
I. Schutz technischer Maßnahmen (§ 95a Abs. 1)

8   **1. Definition. a) Wirksame technische Maßnahmen.** § 95a Abs. 2 definiert den Schutzgegenstand der Norm – **wirksame** (nicht: unumgehbare; *Spindler* GRUR 2002, 105 (115 f.)) **technische Maßnahmen** – als Technologien, Vorrichtungen und Bestandteile, die im normalen Betrieb dazu bestimmt sind, bestimmte Verwertungshandlungen – insbes. das Kopieren – durch das UrhG geschützter Werke oder Schutzgegenstände zu verhindern. Neben dem Kopieren sind bereits der Zugang und die Nutzung erfasst (Amtl. Begr. zu § 95a, BT-Drs. 15/38, 26). Schutz entsteht insbes. durch Zugangskontrollen, Verschlüsselung und Kopierschutzvorrichtungen. Technische Schutzmaßnahmen werden unabhängig von der verwendeten Technologie vor Umgehung geschützt. § 95a gilt also sowohl für **Hardware** (zB Dongles) als auch für **Software**-implementierte Schutzmaßnahmen (Amtl. Begr. zu § 95a, BT-Drs. 15/38, 26). Der Einsatz von Geräten zur Umgehung von Hardware-Kopierschutz ist ebenso verboten wie von Kopierprogrammen, die eine softwaregestützte Sicherung umgehen (ausf. hierzu Fromm/Nordemann/*Czychowski* § 95a Rn. 10 ff.).

9   Ein wirksamer Schutz liegt jedoch nur insofern vor, wie er von seiner technischen Wirkung her zu reichen geeignet ist. So ist ein digitaler Kopierschutz machtlos ggü. analogen Kopien. Es ist auch nicht seine Aufgabe, diese zu verhindern. Aus diesem Grunde ist die Anfertigung einer **analogen Kopie** von einem gegen digitale Kopien geschützten Werk (zB durch Aufnahme einer CD mit einem Kassettenrecorder) grds. auch keine Umgehung im Sinne des Gesetzes. Dies gilt auch dann, wenn aus mit Hilfe der analogen Kopie anschließend eine – geringfügig qualitativ beeinträchtigte – neue digitale Kopie entstehen sollte.

10   Keine wirksame technische Maßnahme ist die bloße **Behauptung** (etwa als Aufkleber), dass ein Datenträger „kopiergeschützt sei". Die Kopie eines solchen Datenträgers unterfällt nicht dem § 95a.

11   **b) Technologien zur Umgehung.** Der Begriff **Umgehung** ist **nicht** identisch mit dem Begriff **Überwindung.** Es kommt daher nicht darauf an, ob – in Offline-Kategorien gesprochen – ein Türschloss geöffnet werden muss oder der Täter einfach durchs leicht zugängliche Fenster kommt. Auch eine **1:1-Kopie** („Image") – also das Kopieren der gesamten CD einschließlich des softwaregestützten Kopierschutzes – ist eine Umgehung in diesem Sinne (vgl. Fromm/Nordemann/*Czychowski* § 95a Rn. 38). Gleiches gilt für das **Abgreifen** von digitalen Signalen auf anderem Wege.

12   Keine Technologie zur Umgehung von Kopierschutz ist das einfache Kopierprogramm, das keine solche Umgehungsfunktion besitzt. Daran ändert sich auch durch die Existenz eines **zusätzlichen Patches,** das die Umgehung ermöglichen würde – und für sich genommen unter § 95a Abs. 3 Nr. 1 zu fassen wäre –, nichts. Etwas anderes kann allenfalls in den Fällen in Betracht kommen, in denen der Hersteller des Programms selbst auch dieses Patch produziert, da dann auch hinsichtlich des Basisprogramms unter Umständen an eine Anwendung von § 95a Abs. 3 Nr. 3 zu denken wäre.

13   Auch der **Zugriff** auf den vor dem Lautsprecher noch digitalen Datenstrom beim **Abspielen** eines Datenträgers ist, wenn er zur und unter Vermeidung eines Kopierschutzes erfolgt, als ein Umgehungsakt anzusehen. Nach Sinn und Zweck des Gesetzes ist der Begriff Umgehung auch als solche zu verstehen und nicht bloß als Überwindung.

14   Der Zugriff auf die **analoge Datenausgabe** wird indessen zulässig bleiben. Dies gilt nicht nur für den Fall, dass ein Mikrofon vor den Lautsprecher gehalten wird, sondern auch für die Verbindung des analogen Kopfhörerausgangs mit dem analogen Mikrofonport eines anderen Gerätes. Auf diese Weise entsteht eine (qualitativ beeinträchtigte) analoge Kopie des digitalen Werkes auch dann, wenn die CD kopiergeschützt ist. Diese Form der Vervielfältigung war bislang stets gestattet und bestand auch vor Einführung der Digitaltechnik. Das Gesetz bezog sich nicht auf diese Form der Kopie, denn dann hätte es eine weitergehende Formulierung wählen müssen, da hiergegen ein Kopierschutz ohnehin nicht wirken kann.

15   Schwierig zu beurteilen ist auch die Verwendung von **Korrekturfunktionen** beim Abspielen von Datenträgern, die „Kratzer" und „Aussetzer" schlichtweg ignoriert. Hierbei wird auf die Rohdaten zugegriffen statt auf die Dateien selbst. Viele Kopierschutzarten verwenden „künstliche Fehler", um das Abspielen des Datenträgers im PC zu verhindern. Dass damit gleichzeitig die Verwendung in einer Vielzahl von anderen Abspielgeräten beeinträchtigt werden kann, wird zuweilen auch in Kauf genommen. Das Ignorieren solcher „Fehler" kann damit zugleich den Zweck haben, „echte" Datenfehler zu kaschieren, als auch einen Kopierschutz zu umgehen. Allerdings können schon echte „Kratzer" auch

damit nicht mehr kaschiert werden. Es ist daher zu fragen, wann in diesem Fall tatsächlich von einer vornehmlichen Umgehungsfunktion gesprochen werden kann. Die Korrekturfunktion beim Abspielen einer Audio-CD mag noch zulässig sein, doch ist bei einer entsprechenden Dienstleistung in einem **Brennprogramm** wohl von einem Fall des § 95a Abs. 3 Nr. 2, 3 zu sprechen (dazu Fromm/Nordemann/*Czychowski* § 95a Rn. 38).

c) Keine Geltung für Software. Die §§ 95a–95c finden auf Computerprogramme keine Anwen- 16
dung (§ 69a Abs. 5). Dies ist dadurch bedingt, dass die hier umgesetzte Richtlinie auf Computerprogramme keine Anwendung findet und Abgrenzungsprobleme zu § 69d Abs. 2 (Recht zur Erstellung einer Sicherungskopie) und § 69e (Dekompilierung) vermieden werden sollen. Vgl. auch die spezielle Regel in § 69f Abs. 2. Die meisten Schranken, insbes. eine freie Kopie zum Privatgebrauch, sind bei Software ohnehin vom Gesetz nicht vorgesehen.

d) Strafverfolgung und polizeiliche Gefahrenabwehr. Allein Polizei und Strafverfolgungsbehör- 17
den dürfen die Verbote der Abs. 1 und 3 in Erfüllung ihrer Pflichten ausdrücklich umgehen (§ 95a Abs. 4).

2. Strafbare Handlung nach § 108b Abs. 1 Nr. 1. Technische Schutzmaßnahmen der genannten 18
Art dürfen ohne Zustimmung des Rechteinhabers nicht umgangen werden, um Zugang zum geschützten Werk zu erhalten (§ 95a Abs. 1). Das **Kopieren** eines urheberrechtlich geschützten Werkes oder eines anderen durch das UrhG geschützten Schutzgegenstandes unter Umgehung eines Kopierschutzes ist demnach **verboten.**

Dies gilt ungeachtet der urheberrechtlichen **Schrankenbestimmungen** (§§ 45 ff.), die in bestimm- 19
ten Fällen auch ungefragtes Kopieren – zum Teil gegen Entgelt – gestatten. Zur Durchsetzung dieser Schrankenbestimmungen hat der Gesetzgeber in § 95b eine eigene Norm vorgesehen. Allein Umgehungshandlungen zu wissenschaftlichen Zwecken (zB Kryptografie) werden nicht erfasst (Amtl. Begr. zu § 95a, BT-Drs. 15/38, 26), denn diese beabsichtigen nicht den Zugang zum Werk.

Die Norm setzt eine auf Werkzugang oder Werknutzung gerichtete Umgehungsabsicht voraus – also 20
Bösgläubigkeit –, für deren zivilrechtlichen Nachweis aber regelmäßig die objektive Störereigenschaft ausreicht (Amtl. Begr. zu § 95a, BT-Drs. 15/38, 26). Es genügt allerdings in jedem Fall – auch strafrechtlich – die Kenntnis der Umstände und das daraus resultierende **Kennenmüssen** der unzulässigen Umgehung (§ 95a Abs. 1 aE).

Strafbar ist demnach die **Umgehung** einer Kopierschutzes entgegen § 95 Abs. 1 in der Absicht, sich 21
oder einen anderen Zugang zu einem geschützten Werk zu verschaffen. Bei Gewerbsmäßigkeit wird das Strafmaß erhöht (§ 108b Abs. 3). Es handelt sich um ein Antragsdelikt, soweit kein besonderes Interesse an der Strafverfolgung besteht (§ 109).

3. Straflosigkeit bei privatem Gebrauch. Straflos bleibt allerdings die Tat, die ausschließlich zum 22
eigenen privaten Gebrauch des Täters oder mit dem Täter verbundener Personen erfolgt oder sich auf einen derartigen Gebrauch bezieht (§ 108b Abs. 1 aE). Die **persönliche Verbindung** im Sinne der Norm ist aber in Anlehnung an § 53 eng und allein im Sinne des Familien- und Freundeskreises auszulegen.

II. Schutz der zur Rechtewahrnehmung erforderlichen Informationen (§ 95c)

1. Allgemeines. § 95c verbietet grds. die Veränderung von werkintegrierten Informationen, die der 23
Berechtigte zur Erleichterung der Rechtewahrnehmung angebracht hat. Das Gesetz definiert dies als elektronische Informationen, die das Werk selbst oder den Rechteinhaber identifizieren oder auch Informationen über Nutzungsmodalitäten enthalten (§ 95c Abs. 2; ausf. hierzu Fromm/Nordemann/*Czychowski* § 95c Rn. 6 ff.).

2. Strafbare Handlung nach § 108b Abs. 1 Nr. 2. Strafbar ist die **Entfernung oder Verände-** 24
rung einer Information für die Rechtewahrnehmung nach § 95c Abs. 1 (§ 108 Abs. 1 Nr. 2a).

Ferner ist strafbar die Verbreitung, Einfuhr, Sendung, öffentliche Wiedergabe oder öffentliche Zu- 25
gänglichmachung eines Werkes oder Schutzgegenstandes, bei dem eine Information für die Rechtewahrnehmung entgegen § 95c Abs. 3 unbefugt **entfernt oder verändert wurde** (§ 108 Abs. 1 Nr. 2b).

Dies gilt allerdings in beiden Fällen nur dann, wenn dadurch wenigstens **leichtfertig** die Verletzung 26
von Urheberrechten oder verwandten Schutzrechten veranlasst, ermöglicht, erleichtert oder verschleiert wird.

Straflos bleibt allerdings die Tat, die ausschließlich zum eigenen **privaten Gebrauch** des Täters oder 27
mit dem Täter verbundener Personen erfolgt oder sich auf einen derartigen Gebrauch bezieht (§ 108b Abs. 1 aE). Die persönliche Verbindung im Sinne der Norm ist aber in Anlehnung an § 53 eng und allein iSd Familien- und Freundeskreises auszulegen.

Es handelt sich um ein **Antragsdelikt,** soweit kein besonderes Interesse an der Strafverfolgung besteht 28
(§ 109). Bei Gewerbsmäßigkeit wird das Strafmaß erhöht (§ 108b Abs. 3).

III. Verbot von Cracking-Werkzeugen (Abs. 2 iVm § 95a Abs. 3)

29   **1. Begriffsbestimmung.** § 95a Abs. 3 regelt das **Verbot von Cracking-Werkzeugen,** greift also bereits im Vorfeld der von § 95 Abs. 1 erfassten Handlungen ein. Gemeint sind

– Vorrichtungen, Erzeugnisse oder Bestandteile, die die Umgehung technischer Schutzmaßnahmen beabsichtigen (§ 95a Abs. 3 Nr. 1),

– solche Vorrichtungen, die von der Umgehung abgesehen nur einen begrenzten wirtschaftlichen Nutzen haben (§ 95a Abs. 3 Nr. 2) oder

– hauptsächlich dazu dienen, diese Umgehung zu ermöglichen oder zu erleichtern (§ 95a Abs. 3 Nr. 3).

30   Nicht einfach ist dabei hinsichtlich der Varianten 2 sowie 3 und der Abgrenzung zu erlaubten Geräten und Software, die das Kopieren ebenfalls erleichtern können. Schließlich ist es zuweilen unklar, ob eine Technik hauptsächlich der Umgehung von Kopierschutz dient oder dies nur einer von mehreren „Nutzen" ist. Wenn ein Gerät jedoch **mehrere Funktionalitäten** besitzt, so ist von einem unzulässigen Tatbestand auszugehen, wenn die Hacking-Routine ohne Weiteres entfallen könnte, ohne die übrigen Funktionen zu beeinträchtigen. Entscheidend ist in jedem Fall eine **objektive Betrachtung,** während es auf einen entsprechenden Vorsatz nicht ankommt (Fromm/Nordemann/*Czychowski* § 95a Rn. 46, 48).

31   **2. Verbotene Handlungen.** Verboten sind die **Herstellung, Einfuhr, Verbreitung** (insbes. Verkauf und Vermietung, aber auch Verleih und kostenlose Weitergabe) sowie die **Werbung** für Verkauf oder Vermietung dieser Werkzeuge. Ausdrücklich verboten ist aber auch schon der – zu gewerblichen Zwecken dienende – **Besitz** von Cracking-Werkzeugen oder die Erbringung entsprechender Dienstleistungen. Die bloße **öffentliche Zugänglichmachung** insbes. im Internet ist hier nicht ausdrücklich genannt. Da hier der Verbreitung neben Verkauf und Vermietung genannt wird, ist sie untechnisch zu verstehen (Amtl. Begr. zu § 95a, BT-Drs. 15/38, 26). Zudem wird die eingeschränkte öffentliche Zugänglichmachung ausdrücklich als Ausnahme zu § 95a in § 95b Abs. 1 Nr. 5 genannt. Daher ist davon auszugehen, dass auch die öffentliche Zugänglichmachung vom Verbot erfasst ist (Fromm/ Nordemann/*Czychowski* § 95a Rn. 44).

32   **3. Strafbare Handlung nach § 108b Abs. 2.** Strafbar ist die Herstellung, Einfuhr, Verbreitung, Verkauf und Vermietung eines **Kopierschutzknackers** zu **gewerblichen** Zwecken (entgegen § 95a Abs. 3). Die öffentliche Zugänglichmachung wird hier ungewöhnlicherweise nicht genannt, auch wenn sie zivilrechtlich in § 95a Abs. 3 erfasst ist, weshalb sie straffrei bleibt (Fromm/Nordemann/*Ruttke*/ *Scharringhausen* Rn. 29). Sie unterfällt aber § 111a. Es handelt sich um ein Antragsdelikt, soweit kein besonderes Interesse an der Strafverfolgung besteht (§ 109).

33   Aufgrund des geringeren Unrechtsgehalts lediglich ordnungswidrig, aber immer noch **bußgeldbewehrt** (§ 111a) handelt, wer Kopierschutzknacker **nicht gewerbsmäßig verkauft,** vermietet oder an Personen **weitergibt,** die nicht mit ihm persönlich verbunden sind; sie zu gewerblichen Zwecken **besitzt,** für ihren Verkauf oder die Vermietung **wirbt** oder entsprechende **Dienstleistungen** erbringt.

§ 111a Bußgeldvorschriften

(1) Ordnungswidrig handelt, wer

1. entgegen § 95a Abs. 3
   a) eine Vorrichtung, ein Erzeugnis oder einen Bestandteil verkauft, vermietet oder über den Kreis der mit dem Täter persönlich verbundenen Personen hinaus verbreitet oder
   b) zu gewerblichen Zwecken eine Vorrichtung, ein Erzeugnis oder einen Bestandteil besitzt, für deren Verkauf oder Vermietung wirbt oder eine Dienstleistung erbringt,
2. entgegen § 95b Abs. 1 Satz 1 ein notwendiges Mittel nicht zur Verfügung stellt oder
3. entgegen § 95d Abs. 2 Satz 1 Werke oder andere Schutzgegenstände nicht oder nicht vollständig kennzeichnet.

(2) Die Ordnungswidrigkeit kann in den Fällen des Absatzes 1 Nr. 1 und 2 mit einer Geldbuße bis zu fünfzigtausend Euro und in den übrigen Fällen mit einer Geldbuße bis zu zehntausend Euro geahndet werden.

1   **1. Bußgeldnorm zu § 95a (Abs. 1 Nr. 1).** § 111a Abs. 1 Nr. 1 bietet einen bußgeldrechtlichen Unterbau zu § 108b, also zum strafrechtlichen Schutz gegen Verletzungen des § 95a Abs. 3, der die Herstellung von Vorrichtungen sowie die Erbringung von Dienstleistungen zur Umgehung technischer Schutzmaßnahmen betrifft. Die Ordnungswidrigkeitsvorschrift ergänzt demnach die Strafnorm in § 108b. Aufgrund des geringeren Unrechtsgehalts lediglich ordnungswidrig, aber immer noch bußgeldbewehrt handelt, wer

– Vorrichtungen, Erzeugnisse und Bestandteile zum Umgehen von Kopierschutz **nicht gewerbsmäßig** verkauft, vermietet oder an Personen weitergibt, die nicht mit ihm persönlich verbunden sind;

– Kopierschutzknacker zu gewerblichen Zwecken besitzt;
– für den Verkauf oder die Vermietung von Kopierschutzknackern wirbt;
– entsprechende Dienstleistungen erbringt.

2. Bußgeldnorm zu § 95b (Abs. 1 Nr. 2). Auf der anderen Seite wird in § 111a Abs. 1 Nr. 2 der **2** Rechteinhaber mit Bußgeld bedroht, wenn er entgegen § 95b Abs. 1 S. 1 die Mittel zur Nutzung der Urheberrechtsschranken nicht zur Verfügung stellt.

In den §§ 44a ff. sind diverse **Schranken des Urheberrechts** normiert. Diese dienen dazu, ua im **3** Interesse der Kulturwirtschaft sowie der Allgemeinheit die Nutzung und auch das Kopieren urheberrechtlich geschützter Werke zwar zum Teil gegen Entgelt, aber in jedem Fall auch gegen den Willen des Rechteinhabers zu gestatten. Damit diese Schranken durch den Einsatz von Kopiersperren nicht leer laufen, wurde in Umsetzung des Art. 6 Abs. 4 RL der § 95b formuliert. Soweit diese technischen Maßnahmen eine ansonsten berechtigte Nutzung verhindern, ist den Begünstigten bestimmter Schranken die **Umgehung** des entsprechenden Schutzes zu **ermöglichen.** Es handelt sich dabei um die Schranken des § 45 (Rechtspflege und öffentliche Sicherheit), § 45a (Behinderte), § 46 (beschränkt auf Schul- und Unterrichtsgebrauch), § 47 (Schulfunksendungen), § 53 (Archiv, eigene Unterrichtung und sonstiger eigener Gebrauch, jeweils in Papierform oder nichtwirtschaftlich) und § 55 (Sendeunternehmen) (§ 95b Abs. 1 S. 1). Die Möglichkeit zur privaten Vervielfältigung aus § 53 Abs. 1 ist allerdings nur privilegiert, soweit es um die Vervielfältigung in Papierform oder ähnliche Träger geht, nicht aber auf Bild-, Ton- oder Datenträger.

Wie die Berechtigten ihrer Verpflichtung nachkommen, ist ihnen **freigestellt** (Amtl. Begr. zu § 95b, BT-Drs. 15/38, 27). So mögen etwa Schlüsselinformationen an die durch die Schranken privilegierten Personen und Institutionen weitergegeben werden. Dies kann aber auch auf Verbände beschränkt werden, wenn die Erfüllung der Pflichten damit gesichert ist (Amtl. Begr. zu § 95b, BT-Drs. 15/38, 27). Nicht zuletzt mag auch die Möglichkeit zum Online-Abruf weiterer Vervielfältigungsstücke hinreichend sein (Amtl. Begr. zu § 95b, BT-Drs. 15/38, 27).

Dies bedeutet aber nicht, dass in solchen Fällen die Umgehung eines eingesetzten Kopierschutzes **4** gestattet würde. § 95b gewährt dem Berechtigten der genannten Schrankennormen lediglich einen Anspruch gegen den Hersteller darauf, ihm die zur Wahrnehmung der Rechte benötigten Mittel zur Verfügung zu stellen (§ 95b Abs. 2). Es gibt **keine** Möglichkeit zur **Selbsthilfe,** kein „right to hack" (Amtl. Begr. zu § 95b, BT-Drs. 15/38, 27; *Spindler* GRUR 2002, 105 (117); *Reinbothe* GRUR Int. 2001, 733 (742); *Dreier* ZUM 2002, 28 (39)).

Aus diesem Grunde stellt § 95b Abs. 1 S. 1 die (nicht vertraglich abdingbare (§ 95b Abs. 1 S. 2) **5** Verpflichtung auf, die zur Umgehung erforderlichen Mittel zur Verfügung zu stellen, deren Missachtung hier bußgeldbewehrt wird.

3. Bußgeldnorm zu § 95d (Abs. 1 Nr. 3). Des Weiteren der Rechteinhaber mit Bußgeld bedroht, **6** wenn er entgegen § 95d Abs. 2 S. 1 seinen Kennzeichnungspflichten bezogen auf einen vorhandenen Kopierschutz oder nicht vollständig nachkommt (§ 111a Abs. 1 Nr. 3).

Damit der Käufer über technische Schutzmaßnahmen bei einem Werk sofort informiert ist, gebietet **7** § 95d Abs. 1, dass auf diese deutlich sichtbar und mit Angaben zu den Eigenschaften des Schutzes hingewiesen wird. Das **Kennzeichnungsgebot** dient also dem Verbraucherschutz. Zu Inhalt und Detailliertheit der erforderlichen Angaben s. Fromm/Nordemann/*Czychowski* § 95d Rn. 6 ff. Fehlt ein solcher Hinweis und ist das erworbene Werkstück aus diesem Grunde für den Käufer nicht nutzbar, kann er Gewährleistungsrechte (§§ 434 ff. BGB) geltend machen (Dreier/Schulze § 95d Rn. 4), eine Ordnungswidrigkeit ist es jedoch nicht.

§ 95d Abs. 2 S. 1 hingegen bestimmt, dass in diesen Fällen Firmenname und zustellfähige Anschrift **8** angegeben werden müssen. Diese Norm ist in § 111a Abs. 1 Nr. 3 als Ordnungswidrigkeit bußgeldbewehrt.

770. Gesetz gegen den unlauteren Wettbewerb (UWG)

in der Fassung der Bekanntmachung vom 3. März 2010 (BGBl. I S. 254) FNA 43-7

Zuletzt geändert durch Art. 4 G zur Verbesserung der zivilrechtlichen Durchsetzung von verbraucherschützenden
Vorschriften des Datenschutzrechts vom 17.2.2016 (BGBl. I S. 233)

– Auszug –

Literatur zum UWG allgemein: *Fezer/Büscher/Obergfell*, Lauterkeitsrecht: UWG, Kommentar, 3. Aufl. 2016 (zit. Fezer/Büscher/Obergfell/*Bearbeiter*); *Harte-Bavendamm/Henning-Bodewig*, Gesetz gegen den unlauteren Wettbewerb, 3. Aufl. 2013 (zit. Harte-Bavendamm/Henning-Bodewig/*Bearbeiter*); *Heermann/Schlingloff*, Münchener Kommentar zum Lauterkeitsrecht, Bd. 2, 2. Aufl. 2014 (zit. MüKoUWG/*Bearbeiter*); *Jacobs/Lindacher/Teplitzky*, Großkommentar zum Gesetz gegen den unlauteren Wettbewerb mit Nebengesetzen, Loseblatt, Bd. 1, Kommentierung zu §§ 4 und 6c, Stand: Oktober 1992; Bd. 2, Kommentierung zu §§ 17 bis 19, Stand: Juni 1991 (zit. GK-UWG/*Bearbeiter*); *Köhler/Bornkamm*, Gesetz gegen den unlauteren Wettbewerb, 34. Aufl. 2016; *Ohly/Sosnitza*, Gesetz gegen den unlauteren Wettbewerb, 6. Aufl. 2014; *Teplitzky/Peifer/Leistner*, Großkommentar zum Gesetz gegen den unlauteren Wettbewerb, Bd. 3, 2. Aufl. 2015 (zit. GK-UWG/*Bearbeiter*, 2. Aufl. 2015).

Vorbemerkung

1   **1. Entwicklung.** Das **Gesetz gegen den unlauteren Wettbewerb (UWG)** stammt aus dem Jahr 1909 und wurde durch das UWG v. 3.7.2004 (BGBl. I 1414), in Kraft getreten am 8.7.2004, abgelöst, um unionsrechtliche Vorgaben umzusetzen (BT-Drs. 15/1487, 12). Es erfuhr dann eine neuerliche Reform durch das Erste Gesetz zur Änderung des Gesetzes gegen den unlauteren Wettbewerb v. 22.12.2008 (BGBl. I 2949), in Kraft getreten am 28.12.2008, die wiederum zur Umsetzung der **RL über unlautere Geschäftspraktiken 2005/29/EG** v. 11.5.2005 (im Folgenden UGP-RL) erforderlich geworden war (BT-Drs. 16/10145, 10). Die UGP-RL regelt das Verhältnis zwischen Unternehmen und Verbrauchern (sog Business-to-Consumer- oder B2C-Bereich) abschließend und strebt insoweit eine vollständige Rechtsanpassung an. Da dieses einheitliche Schutzniveau einen freien und ungehemmten Dienstleistungs- und Warenverkehr gewährleisten soll (Art. 4 UGP-RL) und insofern die Grundfreiheiten der Marktteilnehmer schützt, dürfen die **Mitgliedsstaaten keine strengeren als die in der Richtlinie festgelegten Maßnahmen erlassen,** und zwar auch nicht, um ein höheres Verbraucherschutzniveau zu erreichen (EuGH GRUR 2010, 244 (246) – Plus Warenhandelsgesellschaft; EuGH GRUR 2011, 76 (78); EuGH GRUR Int. 2014, 964 (967 f.)). Außerdem beschränkt sich seither der Schutz der Richtlinie über irreführende und vergleichende Werbung 2006/114/EG v. 12.12.2006 (im Folgenden: Irreführungsrichtlinie), die ihrerseits der RL 84/450/EWG v. 10.9.1984 nachfolgte, auf den Konkurrentenschutz (sog Business-to-Business- oder B2B-Bereich). Weitere Änderungen brachten schließlich das Gesetz zur Bekämpfung unerlaubter Telefonwerbung und zur Verbesserung des Verbraucherschutzes bei besonderen Vertriebsformen v. 29.7.2009 (BGBl. I 2413), in Kraft getreten am 4.8.2009, sowie das Zweite Gesetz zur Änderung des Gesetzes gegen den unlauteren Wettbewerb (BGBl. I 2158), in Kraft getreten am 10.12.2015.

2   Im Zuge der **UWG-Reform 2004** wurden die Straftatbestände der irreführenden Werbung (§ 4 UWG 1909) einerseits und der progressiven Kundenwerbung (§ 6c UWG 1909) andererseits gesetzestechnisch in § 16 UWG 2004 zusammengefasst, blieben aber iÜ selbstständig. Die bereits zuvor im UWG 1909 enthaltenen Geheimnisschutztatbestände der §§ 17–19 wurden im Wesentlichen inhaltlich unverändert übernommen (BT-Drs. 15/1487, 26). IRd **UWG-Reform 2008** blieben die Strafvorschriften der §§ 16–19 vollständig unberührt, da insoweit kein Anpassungsbedarf gesehen wurde (BT-Drs. 16/10145, 18). Dabei sind jedoch im Wortlaut der Strafvorschriften zum Teil Begriffe stehen geblieben, die iÜ im Regelungsbereich des Gesetzes ersetzt wurden. So erfordern etwa § 16 Abs. 2 und § 18 Abs. 1 ein Handeln im geschäftlichen Verkehr, obwohl dieses Merkmal im UWG 2004 iÜ im durch den Begriff der Wettbewerbshandlung abgelöst wurde, der seinerseits im UWG 2008 in dem Begriff der geschäftlichen Handlung aufgegangen ist. Ebenso hat der Gesetzgeber in § 16 Abs. 1 zur Beschreibung der Tathandlung den Begriff der irreführenden Werbung beibehalten, während der zivilrechtliche Irreführungstatbestand des § 5 auf irreführende geschäftliche Handlungen ausgeweitet wurde.

3   **2. Überblick.** Das **UWG** enthält eingangs Bestimmungen zur sog Schutzzwecktrias (§ 1) und gesetzliche Definitionen (§ 2). Materiell-rechtliche Zentralnorm des UWG ist die lauterkeitsrechtliche Generalklausel des § 3, die durch die Beispielstatbestände der §§ 4–7 konkretisiert wird. Es folgen Regelungen zu den lauterkeitsrechtlichen Rechtsfolgen und deren Verjährung (§§ 8–11) sowie Verfahrensvorschriften (§§ 12–15), an die sich wiederum die Straf- und Bußgeldvorschriften der §§ 16–20 anschließen.

Die **Straftatbestände des UWG** erfassen besonders gefährliche Verhaltensweisen, bei denen der **4** zivilrechtliche Schutz vor Wettbewerbsverstößen als nicht mehr ausreichend erachtet wird. Es handelt sich dabei um eine Besonderheit, weil das Lauterkeitsrechts grds. deliktsrechtlich ausgeprägt ist. Die Vorschriften haben verschiedene Schutzrichtungen und insoweit jeweils Schutzgesetzcharakter iSd § 823 Abs. 2 BGB. Während § 16 durch die Tatbestände der irreführenden Werbung einerseits (Abs. 1) und der progressiven Kundenwerbung andererseits (Abs. 2) die strafbare Werbung abdeckt, dienen §§ 17–19 dem Geheimnisschutz. Die drei – ebenfalls selbstständigen – Straftatbestände des Geheimnisverrats (§ 17 Abs. 1), der Betriebsspionage (§ 17 Abs. 2 Nr. 1) und der Geheimnishehlerei (§ 17 Abs. 2 Nr. 2) werden dabei durch den in § 18 erfassten Tatbestand der Vorlagenfreibeuterei (§ 18) sowie die Strafbewehrung von Vorbereitungshandlungen in § 19 ergänzt. § 20 enthält eine durch das Gesetz zur Bekämpfung unerlaubter Telefonwerbung und zur Verbesserung des Verbraucherschutzes bei besonderen Vertriebsformen neu eingeführte Bußgeldregelung.

§ 16 Strafbare Werbung

(1) Wer in der Absicht, den Anschein eines besonders günstigen Angebots hervorzurufen, in öffentlichen Bekanntmachungen oder in Mitteilungen, die für einen größeren Kreis von Personen bestimmt sind, durch unwahre Angaben irreführend wirbt, wird mit Freiheitsstrafe bis zu zwei Jahren oder mit Geldstrafe bestraft.

(2) Wer es im geschäftlichen Verkehr unternimmt, Verbraucher zur Abnahme von Waren, Dienstleistungen oder Rechten durch das Versprechen zu veranlassen, sie würden entweder vom Veranstalter selbst oder von einem Dritten besondere Vorteile erlangen, wenn sie andere zum Abschluss gleichartiger Geschäfte veranlassen, die ihrerseits nach der Art dieser Werbung derartige Vorteile für eine entsprechende Werbung weiterer Abnehmer erlangen sollen, wird mit Freiheitsstrafe bis zu zwei Jahren oder mit Geldstrafe bestraft.

Literatur zu § 16: *Alexander*, Die strafbare Werbung in der UWG-Reform, WRP 2004, 407; *Beckemper*, Die Strafbarkeit des Veranstaltens eines Pyramidenspiels nach § 6c UWG, wistra 1999, 169; *Brammsen/Apel*, Strafbare Werbung für „Abo-Fallen", WRP 2011, 1254; *Brammsen/Apel*, Schneeballsysteme nach der 4finance-Entscheidung des EuGH, GRUR Int. 2014, 1119; *Dannecker*, Die Dynamik des materiellen Strafrechts unter dem Einfluss europäischer und internationaler Entwicklungen, ZStW 117 (2005), 697; *Dornis*, Der „Schenkkreis" in der Strafbarkeitslücke? Zum Tatbestandsmerkmal des „geschäftlichen Verkehrs" in § 16 Abs. 2 UWG, WRP 2007, 1303; *Dornis*, Der Anschein eines besonders günstigen Angebots i. S. des § 16 I UWG, GRUR 2008, 742; *Eisele*, Zur Strafbarkeit von sog. „Kostenfallen" im Internet, NStZ 2010, 193; *Endriß*, Strafbare Werbung beim Vertrieb von Zeitschriften, wistra 1989, 90; *Endriß*, Nochmals: Strafbare Werbung beim Vertrieb von Zeitschriften, wistra 1990, 335; *Finger*, Strafbarkeitslücken bei so genannten Kettenbrief-, Schneeball- und Pyramidensystemen, ZRP 2006, 159; *Hecker*, Strafbare Produktwerbung im Lichte des Gemeinschaftsrechts, 2001; *Hecker/Müller*, Europäisches Verbraucherleitbild und Schutz vor irreführenden Geschäftspraktiken, ZWH 2014, 329; *Hernández*, Strafrechtlicher Vermögensschutz vor irreführender Werbung, 1999; *Kempf/Schilling*, Nepper, Schlepper, Bauernfänger – zum Tatbestand strafbarer Werbung (§ 16 Abs. 1 UWG), wistra 2007, 41; *Kugler*, Die strafbare Werbung (§ 16 Abs. 1 UWG) nach der UWG-Reform 2004, 2008; *Krell*, Das Verbot der Verschleifung strafrechtlicher Tatbestandsmerkmale, ZStW 126 (2014), 902; *Kunkel*, Zur praktischen Bedeutung der strafbaren Werbung gemäß § 16 Abs. 1 UWG vor dem Hintergrund der Ausgestaltung als Privatklagedelikt, WRP 2008, 292; *Leible*, Multi-Level-Marketing ist nicht wettbewerbswidrig!, WRP 1998, 18; *Mäsch/Hesse*, Multi-Level-Marketing im straffreien Raum – Veränderungen der strafrechtlichen Beurteilung von Direktvertriebssystemen durch die UWG-Novelle 2004, GRUR 2010, 10; *Ohly*, Nach der Reform ist vor der Reform, GRUR 2014, 1137; *Olesch*, § 16 II UWG: Ein Schiff ohne Wasser, WRP 2007, 908; *Otto*, Die Reform des strafrechtlichen Schutzes vor unwahrer Werbung – Dargestellt am Problem der Bekämpfung unwahrer Werbung für Adressbücher u. ä. Verzeichnisse, GRUR 1979, 90; *Otto*, „Geldgewinnspiele" und verbotene Schneeballsysteme nach § 6c UWG, wistra 1997, 81; *Rengier*, Strafbare Werbung durch Unterlassen, FS Otto, 2007, 727; *Ruhs*, Neue Wege für das Betrugsstrafrecht, FS Rissing-van Saan, 2011, 567; *Scheinfeld*, Betrug durch unternehmerisches Werben?, wistra 2008, 167; *Sosnitza*, Der Einfluss des Gemeinschaftsrechts auf das nationale Recht zum Schutz geografischer Herkunftsangaben in Deutschland, GRUR 2007, 462; *Thume*, Multi-Level-Marketing, ein stets sittenwidriges Vertriebssystem?, WRP 1999, 280; *Vergho*, Der Maßstab der Verbrauchererwartung im Verbraucherschutzstrafrecht, 2009; *Vergho*, Das Leitbild eines verständigen Durchschnittsverbrauchers und das Strafrecht, wistra 2010, 86; *Wegner*, Reform der „Progressiven Kundenwerbung" (§ 6c UWG), wistra 2001, 171; *Wiring*, § 5 UWG über irreführende geschäftliche Handlungen: Eine Norm, die irreführt?, NJW 2010, 580; *Wünsche*, Abgrenzung zulässiger Multi-Level-Marketing-Systeme von unzulässiger Progressiver Kundenwerbung, BB 2012, 273.

Übersicht

A. Strafbare irreführende Werbung (Abs. 1)

I. Allgemeines

1 **1. Entwicklung.** Der heutige Straftatbestand irreführender Werbung geht zurück auf § 4 UWG 1909, der generalklauselartig unwahre und zur Irreführung geeignete Angaben über geschäftliche Verhältnisse unter Strafe stellte und diese in einem nicht abschließenden Katalog gesetzlicher Beispiele näher konkretisierte. IRd UWG-Gesamtreform 2004 (→ Vorb. Rn. 1) wurde der Straftatbestand im Kern inhaltlich unverändert in § 16 Abs. 1 UWG 2004 übernommen, dabei jedoch die Systematik grdl. umgestaltet. Mit der nunmehr als „irreführende Werbung" durch unwahre Angaben beschriebenen Tathandlung **knüpfte der Straftatbestand fortan an den zivilrechtlichen Irreführungstatbestand des § 5 UWG 2004** und die dort genannten Beispiele zur Konkretisierung der tatbestimmenden Bezugsgegenstände irreführender Werbung an. Während der Straftatbestand selbst seither keinen Beispielskatalog möglicher Inhalte der unter Strafe gestellten unwahren und irreführenden Werbeangaben mehr enthält, nannte § 5 Abs. 2 UWG 2004 in Anlehnung an die Vorgaben der Irreführungsrichtlinie 84/450/EWG (BT-Drs. 15/1487, 19) bereits eine ebenfalls nicht abschließende Vielzahl zuvor auf Rspr. beruhender Beispielsfälle. Durch die UWG-Reform 2008 (→ Vorb. Rn. 1) wurde der zivilrechtliche Irreführungstatbestand des § 5 einer umfassenden Neuerung unterzogen, insbes. hat man anknüpfend an die UGP-RL 2005/29/EG (BT-Drs. 16/10145, 23) der Beispielskatalog möglicher Bezugspunkte der Irreführung noch kasuistischer ausgestaltet. Diese Veränderungen in § 5 wirken sich angesichts der aufgezeigten Regelungssystematik auch auf den iÜ mangels Anpassungsbedarfs (BT-Drs. 16/10145, 18) unverändert übernommenen Straftatbestand des § 16 Abs. 1 aus. Das BMJV hat im September 2014 einen Referententwurf eines Zweiten Gesetzes zur Änderung des UWG vorgelegt (dazu *Ohly* GRUR 2014, 1137 ff.). Das Gesetz ist zum 10.12.2005 in Kraft getreten (→ Vorb. Rn. 1) und hat ua in § 5 Abs. 1 S. 1 eine Relevanzklausel eingefügt. Das ist zwar prinzipiell auch für § 16 relevant, weil dieser auf § 5 aufbaut (→ Rn. 4 ff.); die strafrechtliche Beurteilung ändert sich dadurch aber nicht, weil eine Relevanz der Irreführung schon vorher verlangt wurde (→ Rn. 44).

2. Schutzzweck. § 16 stellt sicher, dass der Verbraucher seine Marktentscheidungen auf einer **2** zutreffenden Tatsachengrundlage treffen kann. Geschützt ist damit vorrangig die Dispositionsfreiheit des Verbrauchers, der vor zweckverfehltem und – im Vorfeld einer Betrugsstrafbarkeit gem. § 263 StGB (näher Fezer/Büscher/Obergfell/*Rengier* Rn. 29 ff.; *Ruhs* FS Rissing-van Saan, 2011, 567 (777 f.)) – vermögensschädigendem Mitteleinsatz bewahrt werden soll. Gleichzeitig gewährleistet der Straftatbestand auf diese Weise, dass der Verbraucher seiner marktregulierenden Funktion gerecht werden kann, und erfasst so auch die Interessen von Mitbewerbern und Allgemeinheit am Erhalt eines leistungsfähigen Wettbewerbs (BGHSt 52, 227 (237) – Strafbare Werbung im Versandhandel; BGHSt 27, 293 (294) – Branchen- und Telexverzeichnisse; OLG Celle NJW 1987, 78 (79); OLG Stuttgart NJW 1982, 115 – statt-Preise).

3. Praktische Bedeutung. Trotz der immensen Verbreitung von Publikumswerbung ist die prakti- **3** sche Bedeutung von § 16 Abs. 1 – gemessen an einschlägiger Rspr. (→ Rn. 75 ff.) – eher gering. Dem steht eine enorme Vielzahl an Entscheidungen zum zivilrechtlichen Irreführungstatbestand gegenüber (→ Rn. 51 ff.). Der Grund hierfür ist einerseits, dass § 16 Abs. 1 bei weitem nicht alle Fälle irreführender Werbung unter Strafe stellt, die von § 5 erfasst werden (→ Rn. 6). Andererseits dürfte in einigen Entscheidungen zum zivilrechtlichen Irreführungstatbestand auch eine strafbare irreführende Werbung gegeben sein. Wenn gleichwohl nur in Ausnahmefällen Strafverfahren eingeleitet werden, so mögen hierfür ein vorrangiges Interesse der Betroffenen an der Durchsetzung zivilrechtlicher Abwehr- und Schadensersatzansprüche sowie die Beschränkung des öffentlichen Interesses an der Strafverfolgung auf eindeutige und schwerwiegende Sachverhalte verantwortlich sein (vgl. *Kunkel* WRP 2008, 292 (295)).

II. Verhältnis zu § 5

Durch die mit der UWG-Reform 2004 eingeführte Regelungssystematik (→ Rn. 1) hat der Gesetz- **4** geber zum Ausdruck gebracht, dass er eine irreführende Werbung iSd § 5 UWG 2004 als **Grundvoraussetzung** für die Erfüllung des Straftatbestandes des § 16 Abs. 1 erachtet (BT-Drs. 15/1487, 26). Im zivilrechtlichen Irreführungstatbestand des § 5 wird der Begriff der Werbung jedoch nicht mehr verwendet. Dieser wurde vielmehr dahingehend erweitert, dass er – allgemeiner – jede „irreführende geschäftliche Handlung" erfasst.

Dennoch wollte der Gesetzgeber für § 16 Abs. 1 weiterhin an den zivilrechtlichen Irreführungs- **5** tatbestand des § 5 anknüpfen. Der dort verwendete Begriff der **geschäftlichen Handlung** ist in § 2 Abs. 1 Nr. 1 definiert als Verhalten einer Person zugunsten des eigenen oder eines fremden Unternehmens vor, bei oder nach einem Geschäftsabschluss, das mit der Förderung des Absatzes oder des Bezugs von Waren oder Dienstleistungen oder mit dem Abschluss oder der Durchführung eines Vertrags über Waren oder Dienstleistungen objektiv zusammenhängt. In richtlinienkonformer Auslegung bildet der Begriff der Werbung dabei einen Unterfall der geschäftlichen Handlung iSd § 2 Abs. 1 Nr. 1. Namentlich dient die Definition des § 2 Abs. 1 Nr. 1 der Umsetzung von Art. 2 lit. d der UGP-RL (BT-Drs. 16/10145, 21), der wiederum die Werbung als konkretes Beispiel des dort definierten, im deutschen Gesetzeswortlaut als geschäftliche Handlung übernommenen Begriffs der Geschäftspraktik anführt. **Jede Werbung iSd § 16 Abs. 1 muss daher auch geschäftliche Handlung iSd §§ 2, 5 sein** (ebenso Kilian, Strafbare Werbung, 2011, 81 ff.; *Kugler,* Die strafbare Werbung (§ 16 Abs. 1) nach der UWG-Reform 2004, 2008, 89 ff.; Fezer/Büscher/Obergfell/*Rengier* Rn. 4; Köhler/Bornkamm/ *Bornkamm* Rn. 5; aA *Ruhs,* Strafbare Werbung, 2006, 151). Daraus folgt, dass rein privates und hoheitliches Handeln weiterhin nicht vom Tatbestand erfasst wird. Wenn eine gesetzliche Krankenkasse irreführend wirbt, handelt sie aber nicht rein hoheitlich und fällt damit in den Anwendungsbereich der UGP-RL (EuGH GRUR 2013, 1159; BGH GRUR 2014, 1120 – Betriebskrankenkasse II). Soweit der Begriff der geschäftlichen Handlung darüber hinaus Verhaltensweisen bei und nach Geschäftsabschluss miteinschließt (BT-Drs. 16/10145, 21), während Werbung ausschließlich auf einen Geschäftsabschluss gerichtete Angaben umfasst, hat diese Ausweitung des zivilrechtlichen Irreführungstatbestands für den

Straftatbestand des § 16 Abs. 1 dagegen keine Auswirkungen, da der Gesetzgeber hier den engeren Begriff der Werbung (→ Rn. 8 ff.) beibehalten hat. Die Begriffe der Angaben (→ Rn. 11 ff.) sowie der Irreführung (→ Rn. 28 ff.) verwendet der Gesetzgeber weiterhin übereinstimmend sowohl in § 5 als auch in § 16 Abs. 1.

6   Wie schon nach alter Rechtslage muss eine irreführende Werbung iSd § 5 darüber hinaus folgende **zusätzliche Voraussetzungen** erfüllen, um vom Straftatbestand des § 16 Abs. 1 erfasst zu werden: Strafbar sind irreführende Werbeangaben iSv § 5 nur dann, wenn sie zusätzlich objektiv unwahr sind (→ Rn. 25 ff.), in einer bestimmten Form öffentlich oder zumindest einem unbegrenzten Personenkreis gegenüber verbreitet werden (→ Rn. 84 ff.) und schließlich vorsätzlich und in der Absicht gemacht werden, den Anschein eines besonders günstigen Angebots hervorzurufen (→ Rn. 99 ff.). Nur insoweit hat der Gesetzgeber ein strafwürdiges Gefährdungspotential gesehen.

III. Objektiver Tatbestand

7   **1. Täter.** Täter iSd § 16 Abs. 1 kann jede beliebige Person sein. Die Tatbestandsverwirklichung ist nicht von der Erfüllung bestimmter personengebundener Merkmale abhängig. Es handelt sich um ein Allgemeindelikt.

8   **2. Werben.** Der Begriff des Werbens ist weder im UWG 2008 noch in der UGP-RL definiert. Als Ausgangspunkt kann Art. 2 lit. a der Irreführungsrichtlinie 2006/114/EG dienen. Hiernach ist Werbung jede Äußerung bei der Ausübung eines Handels, Gewerbes, Handwerks oder freien Berufs mit dem Ziel, den Absatz von Waren oder die Erbringung von Dienstleistungen, einschließlich unbeweglicher Sachen, Rechte und Verpflichtungen, zu fördern.

9   Weit auszulegen ist diese am Begriff der Absatzförderung orientierte Definition der Richtlinie im Rahmen von § 16 Abs. 1 insoweit, als auch sog **Nachfragewerbung,** dh die Werbung im Zuge der Nachfrage nach Waren oder Dienstleistungen, erfasst ist (vgl. bereits RGSt 71, 16 (17)). Das gilt beispielsweise für die Werbung von Unternehmen mit unzutreffenden Angaben in Stellenanzeigen (BayObLG GRUR 1974, 400 – Handwerker für den Außendienst) sowie die Werbung eines Händlers der Unterhaltungselektronikbranche, er bezahle den Höchstpreis beim Ankauf von Altgeräten (vgl. OLG Düsseldorf GRUR 1988, 711; OLG Köln WRP 1986, 425). Diese Auslegung steht im Einklang mit einem absatzorientierten Verständnis des Begriffs der Werbung, da regelmäßig auch Nachfragehandlungen mittelbar der Förderung des Absatzes dienen (BGH GRUR 2008, 923 (924) – Faxanfrage im Autohandel; BGH GRUR 2008, 925 (926) – FC Troschenreuth). Zudem nennt § 2 Abs. 1 Nr. 1 ausdrücklich auch den Bezug von Waren und Dienstleistungen als Anknüpfungspunkt für eine geschäftliche Handlung (→ Rn. 5).

10   Von der Definition erfasst sind ferner **Äußerungen Dritter,** soweit sie einen funktionellen Zusammenhang mit einer fremden unternehmerischen Tätigkeit aufweisen, wie etwa Werbeäußerungen von Mitarbeitern eines Unternehmens. Demgegenüber sind rein private oder hoheitliche Äußerungen, die keinen entsprechenden Zusammenhang zu einem Unternehmen aufweisen (sog nichtunternehmerische Drittäußerungen), nicht tatbestandsmäßig. Davon zu unterscheiden ist der Fall, dass sich ein Unternehmer Äußerungen Dritter zu Werbezwecken zu eigen macht, zB durch die werbemäßige Verwendung von Gutachten und wissenschaftlichen Beiträgen (BGH GRUR 1961, 189 (190) – Rippenstreckmetall; BGH GRUR 2002, 633 (634) – Hormonersatztherapie), Kundenzuschriften sowie Zeitungsartikeln und sonstigen Presseveröffentlichungen (BGH GRUR 1966, 92 (94) – Bleistiftsätze). Insoweit ist anerkannt, dass der werbende Unternehmer die darin enthaltenen Angaben wie eigene zu vertreten hat und sich nicht etwa auf die Behauptung zurückziehen kann, bei Zeitungsartikeln gehe der Leser nicht von juristisch einwandfreien Angaben aus (BGH GRUR 1966, 92 (93)).

11   **3. Angaben.** Der Begriff der Angaben stimmt mit demjenigen in § 5 Abs. 1 S. 2 überein. Die von der Rspr. zum zivilrechtlichen Irreführungstatbestand des § 5 UWG 2004 sowie der Vorgängerregelung in § 3 UWG 1909 entwickelten Auslegungskriterien können daher weitgehend übernommen werden.

12   **a) Inhaltliche Anforderungen.** Angaben sind inhaltlich nachprüfbare und dem Beweis zugängliche Aussagen **tatsächlicher Art,** dh Aussagen über konkrete äußere oder innere Geschehnisse oder Zustände der Vergangenheit oder Gegenwart (BGH GRUR 1964, 33 (35) – Bodenbeläge; BGH GRUR 1975, 141 (142) – Unschlagbar; BGH GRUR 1992, 66 (67) – Königlich-Bayerische Weisse; BGH GRUR 1902, 182 (183) – Das Beste jeden Morgen). Der Begriff ist weit auszulegen (BGH GRUR 1963, 482 (483) – Hollywood Duftschaumbad in Anlehnung an BGHZ 3, 270 (273)). Auch Prognosen, Schätzungen, Meinungsäußerungen und Werturteile können daher Angaben enthalten, wenn und soweit sie sich auf einen auf seine objektive Richtigkeit oder Unrichtigkeit hin überprüfbaren sachlichen Kern beziehen (BGHSt 43, 140 – Lavamat II; BGH GRUR 1973, 594 (595) – Ski-Sicherheitsbindung; BGH GRUR 1975, 141 (142) – Unschlagbar).

13   Eine Angabe muss dabei ein **Mindestmaß an Information** enthalten. Werbeaussagen, die ihrem Wortsinn nach inhaltlich nichts aussagen, insbes. keinen Schluss auf tatsächliche Umstände wie etwa Preisstellung, Beschaffenheit oder Herkunft der Ware ermöglichen, sind begrifflich keine Angaben

(BGH GRUR 1964, 33 (35) – Bodenbeläge). Entscheidend ist dabei auch der Kontext der Aussage. So hat der BGH die Äußerung, Linoleum habe „die Schlacht um den Artikel Linoleum gewonnen", mangels konkreten Aussageinhalts nicht als Angabe eingeordnet, weil sie im konkreten Fall lediglich vorangegangene Zahlenangaben und Erläuterungen zusammenfassend umschrieb (BGH GRUR 1964, 33 ff.). Ebenso können Preis und Aufmachung einer Ware über die Einordnung ihrer Bezeichnung als ernsthafte Behauptung über ihre Qualität oder reines Werturteil entscheiden (BGH GRUR 1963, 482 (484) – Hollywood Duftschaumbad).

b) Kaufappelle, nichtssagende Anpreisungen und reklamehafte Übertreibungen. Bloße **14** **Kaufappelle** und **nichtssagende Anpreisungen** besitzen keinen eigenen Informationsgehalt und sind daher keine Angaben iSd § 16 Abs. 1. So ist der ohne weiteren Zusatz verwendete Werbespruch „den und keinen anderen" mangels sachlich nachprüfbarer Aussage lediglich als suggestiv gefasster Kaufappell ohne eigenen Aussagegehalt angesehen worden (BGHZ 43, 140 – Lavamat II). Auch der Verwendung von Phantasiebezeichnungen, dem Wecken positiver Assoziationen durch einen Werbespot mit einem Modell mit sportlicher Figur (BGH GRUR 2002, 182 (184) – Das Beste jeden Morgen) sowie unverbindlichen Luxusbezeichnungen (BGH GRUR 1963, 482 (483) – Hollywood Duftschaumbad) fehlt es idR am Angabencharakter.

Schließlich sind **reklamehafte Übertreibungen,** die offensichtlich nicht ernst genommen werden **15** sollen, in der Regel keine Angaben im Sinne der Vorschrift (BGH GRUR 1902, 182 (183) – Das Beste jeden Morgen). Je nach Fallgestaltung kann aber ein **sachlich nachprüfbarer Tatsachenkern** vorliegen. Beispielsweise enthält die marktschreierisch aufgemachte Werbung für ein Mittel zur „Haarverdopplung binnen zehn Minuten" die nachprüfbare Aussage, dass das Mittel die versprochene Wirkung zumindest im Kern tatsächlich aufweist (BGHSt 34, 199 (201)). Ein humorvolles Wortspiel und der darin offen zutage tretende Sprachwitz können verdeutlichen, dass ein Werbesatz nicht im Sinne einer Sachaussage ernst zu nehmen ist (BGH GRUR 2002, 982 ff. – Die Steinzeit ist vorbei). Jedoch schließt eine humoristische oder satirische Ausgestaltung einen tatsächlichen Kern nicht zwingend aus (BGH GRUR 1997, 227 (228) – Aussehen mit Brille).

c) Alleinstellungs- oder Spitzengruppenwerbung. Von bloßen reklamehaften Übertreibungen **16** ohne eigenen Informationsgehalt abzugrenzen ist die sog Alleinstellungs- oder Spitzengruppenwerbung (zur Irreführungseignung → Rn. 55), durch die der Werbende allgemein oder in bestimmter Weise für sich allein oder mit anderen gemeinsam eine Spitzenstellung auf dem Markt in Anspruch nimmt (BGH GRUR 1969, 415 – Kaffeerösterei; BGH GRUR 1971, 365 – Wörterbuch; BGH GRUR 1983, 779 – Schuhmarkt; BGH GRUR 1998, 951 – Die große deutsche Tages- und Wirtschaftszeitung; BGH GRUR 2004, 786 – Größter Online-Dienst; BGH GRUR 2012, 1053). Die behauptete Allein- oder Spitzenstellung kann sich zB auf die Größe des Unternehmens oder die Beschaffenheit der Ware beziehen, aber auch in der Behauptung von Tiefstpreisen liegen. Dabei genügt es, dass sich die Anpreisung auf irgendeine **quantitativ oder qualitativ messbare** technische oder wirtschaftliche Allein- oder zumindest Besserstellung gegenüber dem Durchschnitt bezieht, die sich auch aus dem Kontext ergeben kann (BGH GRUR 1975, 141 – Unschlagbar; BGH GRUR 2002, 182 (183) – Das Beste jeden Morgen).

Eine Allein- oder Spitzenstellung wird typischerweise mit einem Superlativ behauptet, kann aber auch **17** im Komparativ oder anderen Formulierungen zum Ausdruck gebracht werden, etwa indem ein bestimmter Artikel mit einem Adjektiv mit empfehlender Bedeutung (zB groß, gut, echt) oder mit einer geografischen Bezugsgröße verwendet wird (BGH GRUR 1957, 600 (602) – Westfalen-Blatt; BGH GRUR 1971, 365 (366) – Wörterbuch; BGH GRUR 1983, 779 ff. – Schuhmarkt; BGH GRUR 1998, 951 (952) – Die große deutsche Tages- und Wirtschaftszeitung). Wird ein Superlativ dagegen ohne bestimmten Artikel verwendet, kann die Werbung auch nur als Hinweis auf sehr gute Qualität verstanden werden, ohne dass damit zwingend eine Alleinstellung behauptet wird (KG GRUR 1999, 1021 f. – Beste Auswahl, beste Lage, beste Übersicht). Mit der Verknüpfung von einer Dienstleistung und einem Ortsnamen wird allein noch keine Allein- oder Spitzenstellung behauptet (OLG Hamm GRUR-RR 2013, 222; aA noch OLG Hamm GRUR-RR 2003, 289).

d) Beispiele zur inhaltlichen Abgrenzung. Der Angabencharakter wurde **bejaht** für die Bezeich- **18** nung eines Biers als „Königlich-Bayerische Weisse" oder „Kloster Pilsener" als nachprüfbare Aussage tatsächlicher Art, die auf einen irgendwie gearteten Zusammenhang des Biers zum bayerischen Königtum bzw. zu einer Klosterbrauerei oder klösterlichen Brautradition hinweist (BGH GRUR 1992, 66; 2003, 628). „Hollywood Duftschaumbad" kann je nach den Umständen des Einzelfalls als Qualitätsbehauptung oder geografische Herkunftsangabe verstanden werden (BGH GRUR 1963, 482). Die Bezeichnung als „deutsches Spitzenerzeugnis" enthält Angaben sowohl zur Herkunft des Produkts als auch zur Spitzenstellung auf dem Gesamtmarkt (BGH GRUR 1973, 594). Eine tatsächliche Angabe wurde bejaht für die Werbeaussage „Brillen für alle" (KG GRUR 1990, 631), die Bezeichnungen „Bielefelds große Zeitung" (BGH GRUR 1957, 600), „Größter Schuhmarkt Deutschlands" (BGH GRUR 1983, 779), „größte und modernste Kaffeerösterei Europas" (GRUR 1969, 415), „Das große deutsche Wörterbuch" (BGH GRUR 1971, 365), „Europas größter Onlinedienst" (BGH GRUR 2004,

786), den Werbespruch „weltweit die Nr. 1 in Online und Internet" (OLG Frankfurt a. M. GRUR 2003, 1059), die Bezeichnung von technischen Erzeugnissen, für die es objektive Leistungsmaßstäbe gibt, als „unschlagbar" (BGH GRUR 1975, 141), die Werbung für „unerreicht günstige" Telefongespräche (OLG Hamburg GRUR-RR 2005, 125) sowie die Angabe, es werde zu „radikal gesenkten Preisen" verkauft (BGH GRUR 1979, 781).

19   Ein nachprüfbarer Tatsachenkern wurde auch dem Begriff „Sparvorwahl" entnommen. Zwar suggeriere dieser keine Spitzenstellung iSd preisgünstigsten Vorwahl, enthalte aber die Angabe, der Preis sei im Verhältnis zum allgemeinen Preisniveau günstig (BGH GRUR 2003, 361). Die Anpreisungen „Das Beste jeden Morgen" (BGH GRUR 2002, 182) und „Mutti gibt mir immer nur das Beste" für Baby-Nahrung (BGH GRUR 1965, 363) behaupten mangels fassbarer Maßstäbe keine Alleinstellung, enthalten aber eine objektiv nachprüfbare tatsächliche Aussage insoweit, als das beworbene Produkt qualitativ hochwertig ist und zusammen mit anderen Produkten zur Spitzenklasse der auf dem betreffenden Warengebiet angebotenen Erzeugnisse gehört.

20   **Keine** Angabe tatsächlicher Art enthält der Werbespruch, Linoleum habe „die Schlacht um den Artikel Linoleum gewonnen" (BGH GRUR 1964, 33), ebenso wenig wie die Anpreisungen „Das Beste für Ihren Raum" ohne Zusammenhang zu einem bestimmten Produkt (BGH GRUR 1989, 608), „Die Steinzeit ist vorbei" (BGH GRUR 2002, 982), „Den und keinen anderen" (BGHZ 43, 140), „Die große deutsche Tages- und Wirtschaftszeitung" (BGH GRUR 1998, 951) oder „Deutschlands bestes Einrichtungshaus" (OLG Bamberg GRUR-RR 2003, 344).

21   **e) Ausdrucksform.** Das Gesetz unterscheidet nicht danach, in welcher Form, mit welchem Mittel oder auf welchem Träger eine Angabe kommuniziert wird (Ohly/Sosnitza/*Sosnitza* Rn. 14). Die Ausdrucksform einer Angabe ist daher gleichgültig und der Begriff der Angabe insoweit denkbar weit auszulegen. Eine Angabe kann somit schriftlich oder mündlich, durch Bild oder Ton, ausdrücklich oder konkludent (→ Rn. 93 ff.) gemacht werden (GK-UWG/*Wolters,* 2. Aufl. 2015, Rn. 15). Dies bringt auch § 5 Abs. 3 zum Ausdruck, der klarstellt, dass unter Angaben iSv § 5 Abs. 1 S. 2 auch bildliche Darstellungen und sonstige Veranstaltungen fallen, die darauf zielen und geeignet sind, solche Angaben zu ersetzen.

22   **Beispiele:** Schriftliche Angaben können etwa in Werbebriefen, Werbeanzeigen in Zeitschriften oder auf Plakaten, mündliche Angaben während einer Werbeveranstaltung (BGH GA 1978, 332) oder durch Vertreter gemacht werden (→ Rn. 89). Eine bildliche Angabe kann in einem Werbefilm, in der Abbildung eines großen Fabrikgebäudes auf einem Geschäftsbriefbogen oder eines Mönchs auf dem Etikett einer Bierflasche zu sehen sein, der ein überschäumendes Bierglas hält (BGH GRUR 2003, 628 – Klosterbrauerei). Hühnergegacker in einer Rundfunkwerbung ist als Angabe mittels Ton gewertet worden (BGH GRUR 1961, 544 ff. – Hühnergegacker). Hierunter kann ferner das Einspielen von Tonfolgen, Erkennungsmelodien oder Liedstücken fallen. Schließlich können Angaben sein: Produktbezeichnung oder Bezeichnungen von Warensorten (BGH GRUR 1963, 482 (483) – Hollywood Duftschaumbad), die Verwendung einer besonderen Flasche (BGH GRUR 1971, 313 ff. – Bocksbeutelflasche), der Abdruck unbestellter Anzeigen in einer Zeitung, wenn dadurch eine größere Werbewirksamkeit der Zeitung vorgetäuscht wird (BGH NJW 1997, 1370 = BGH GRUR 1997, 380 – Füllanzeigen) sowie die Ausstellung von Waren oder die Verteilung von Warenproben.

23   **f) Der irreführende Werbevergleich.** Nach § 5 Abs. 3 können irreführende Angaben ferner in einem Werbevergleich enthalten sein (vgl. auch BGH GRUR 2002, 633 (634) – Hormonersatztherapie; BGH GRUR 2008, 443 (445) – Saugeinlagen). Irreführend können dabei sowohl die Angaben betreffend den Werbenden selbst als auch diejenigen zum Mitbewerber und schließlich das Ergebnis des Werbevergleichs sein.

24   **g) Domainbezeichnungen.** Im Internet können Angaben in bestimmten Domainbezeichnungen enthalten sein, da darin sachlich nachprüfbare Aussagen zum Seiteninhalt liegen können (OLG München NJW 2002, 2113 – rechtsanwaelte-dachau.de). Insbes. kann in der Verwendung einer rein beschreibenden Gattungs- oder Branchenbezeichnung als Domain-Name im Einzelfall eine (irreführende) Alleinstellungsbehauptung (→ Rn. 16) zu sehen sein (BGH NJW 2001, 3262 = GRUR 2001, 1061 ff. – Mitwohnzentrale.de). Es kommt darauf an, ob erkennbar ist, dass die gefundene Homepage nicht das gesamte oder zumindest größte Angebot auf dem jeweiligen Markt repräsentiert. Während das etwa bei Verwendung der Gattungsbegriffe „www.rechtsanwaelte.de", „www.autovermietung.de" oder „www.sauna.de" der Fall sei, liege es bei der Verwendung des Domain-Namens „www.mitwohnzentrale.de" nahe, dass es sich bei dem Domaininhaber um den einzigen oder doch den größten Verband von Mitwohnzentralen handele (BGH NJW 2001, 3262 = GRUR 2001, 1061 ff.). Ebenso rufe die Kombination der Berufsbezeichnung „rechtsanwaelte" mit einem Städtenamen aufgrund des örtlichen Bezugs die Vorstellung hervor, unter dieser Domainbezeichnung sei nicht eine einzelne Kanzlei, sondern ein örtliches Anwaltsverzeichnis mit Auflistung sämtlicher Rechtsanwälte in der jeweiligen Stadt vorzufinden (OLG München NJW 2002, 2113). Der durch die Domain-Bezeichnung vermittelte Eindruck einer Alleinstellungs- oder Spitzenstellungsbehauptung kann im Einzelfall durch einen Hinweis auf der ersten sich öffnenden Internetseite ausgeschlossen werden, dass es noch weitere Anbieter gibt (BGH NJW 2001, 3262 (3265) = BGH GRUR 2001, 1061 (1063) – Mitwohnzentrale.de; OLG Hamburg GRUR 2003, 1058 – Mitwohnzentrale.de II).

4. Unwahrheit. a) Objektiver Prüfungsmaßstab. Das Erfordernis der Unwahrheit grenzt die **25** irreführenden Werbeangaben als Tatmittel iSd § 16 Abs. 1 von lediglich zivilrechtlich irreführenden Angaben nach § 5 ab (→ Rn. 6). Die Unwahrheit einer Angabe ist dabei nach einem **rein objektiven** Prüfungsmaßstab zu bestimmen (BGHSt 52, 227 (234) – Strafbare Werbung im Versandhandel; BGH NJW 2002, 3415 – Kaffeefahrten; BGH BB 1954, 299 – Rum-Verschnitt; OLG Celle NStZ-RR 2005, 25 (26); OLG Stuttgart NJW 1982, 115 – statt-Preise; KG JR 1968, 433 – Kredite für jedermann). Eine Angabe ist somit unwahr, wenn ihr tatsächlicher Inhalt nicht mit der objektiven Wahrheit übereinstimmt. Auf die Verkehrsauffassung kommt es insoweit nicht an. Objektiv wahre Angaben sind daher selbst dann nicht vom Straftatbestand erfasst, wenn eine Werbung gezielt darauf angelegt ist, bei den Verkehrskreisen für die sie bestimmt ist, eine irrige Vorstellung auszulösen (BGH NJW 2004, 439 ff. – Mindestverzinsung).

Dies ist mittlerweile beinahe ausnahmslos anerkannt: Während die frühere Rspr. die Frage der **26** Unwahrheit ebenso wie diejenige der Irreführung aus der Sicht der angesprochenen Verkehrskreise beurteilte (so noch GK-UWG/*Otto* § 4 aF Rn. 24 ff. mwN), hatte sich bereits zu § 4 aF die Auffassung durchgesetzt, dass die Unwahrheit von Werbeangaben iRd Straftatbestandes nach einem objektiven Maßstab zu beurteilen ist (vgl. etwa KG JR 1968, 433 – Kredite für jedermann; OLG Stuttgart NJW 1982, 115 – statt-Preise). Heute wird nur noch vereinzelt ein subjektiver Maßstab vertreten (Achenbach/Ransiek/Rönnau WirtschaftsStR-HdB/*Ebert-Weidenfeller* Teil 3 Kap. 3 Rn. 21; Hellmann/Beckemper WirtschaftsStR Rn. 449 f.). Diese Sichtweise ist aber mit der gegenwärtigen Gesetzesfassung nicht mehr vereinbar: § 16 setzt sich seinem klaren Wortlaut nach durch die doppelte Kennzeichnung der Angaben als irreführend *und* unwahr vom zivilrechtlichen Irreführungsverbot des § 5 ab, das auch eine Irreführung durch wahre Angaben kennt. Würde man zur Feststellung der Wahrheit oder Unwahrheit einer Angabe weiterhin auf die – für die Beurteilung der Irreführungseignung relevante (→ Rn. 29) – Verkehrsauffassung abstellen, käme dem zusätzlichen gesetzlichen Merkmal der Unwahrheit der Angaben im Straftatbestand keinerlei Bedeutung mehr zu. Bereits diese klare gesetzliche Trennung gebietet im Hinblick auf **Art. 103 Abs. 2 GG** einen rein objektive Bestimmung der Unwahrheit (*Kempf/Schilling* wistra 2007, 41 (43); Fezer/Büscher/Obergfell/*Rengier* Rn. 40, 63; dazu schon *Hernández,* Strafrechtlicher Vermögensschutz vor irreführender Werbung, 1999, 184). Andernfalls würden beide Merkmale in verfassungsrechtlich unzulässiger Weise (BVerfGE 126, 170 (198)) verschliffen (*Krell* ZStW 126 (2014), 902 (921 f.)).

b) Korrektur unwahrer Angaben. Die Korrektur unwahrer Angaben **an versteckter Stelle 27** beseitigt die Unrichtigkeit der relevanten Werbeaussage nicht. Eine Werbung ist daher auch dann unwahr, wenn die Einschränkung des Hauptwerbetextes in der Anzeige enthalten, praktisch aber nicht wahrnehmbar ist (OLG Celle NStZ-RR 2005, 25 f.) oder unwahre Angaben in Werbeschreiben an optisch schwer zugänglicher Stelle auf der Rückseite erfolgen (BGHSt 52, 227 (234) – Strafbare Werbung im Versandhandel) oder in nachträglich übersandten klein gedruckten „Geschäftsbedingungen" richtig gestellt werden (BGH NJW 2002, 3415 – Kaffeefahrten). Insofern dürften sich die Grundsätze, die die Rspr. zur Täuschung beim Betrug entwickelt hat (BGHSt 47, 1; BGH NJW 2014, 2595 → StGB § 263 Rn. 30), auf § 16 Abs. 1 übertragen lassen (*Eisele* NStZ 2010, 193 (197)). Ein typischer Fall ist auch die Werbung für Dauerschuldverhältnisse, bei denen versteckt darauf hingewiesen wird, dass sich der monatlich fällige Betrag (mehrfach) erhöht (vgl. OLG Köln GRUR-RR 2014, 299).

5. Irreführungseignung. a) Erfordernis nach der UWG-Reform 2008? Während § 5 UWG **28** 2004 ausschließlich auf „irreführende Angaben" abstellte, unwahre Angaben also nur dann erfasste, wenn sie gleichzeitig auch irreführend waren, erfasst § 5 nun ausdrücklich auch „unwahre Angaben". Dabei kann aufgrund des gewählten Wortlauts der Eindruck entstehen, diese verkörperten einen eigenständigen Irreführungsfall (vgl. auch Fezer/*Peifer* § 5 Rn. 234; *Wiring* NJW 2010, 580) und seien somit stets irreführend, ohne dass es einer gesonderten Prüfung ihrer Irreführungseignung bedürfte. So heißt es dort, „eine geschäftliche Handlung ist irreführend, wenn sie unwahre Angaben enthält oder *sonstige* zur Täuschung geeignete Angaben über folgende Umstände enthält (…)". Diese Formulierung wird aber dahingehend verstanden werden müssen, dass unwahre Angaben zwar im Regelfall auch irreführend sind, eine Irreführungseignung im Einzelfall aber gleichwohl nicht ausgeschlossen ist (vgl. etwa *Sosnitza* GRUR 2007, 462 (467); *Wiring* NJW 2010, 580 (581)). Dass jedenfalls iRd Straftatbestandes des § 16 Abs. 1 nicht auf eine Prüfung der Irreführungseignung verzichtet werden kann, ergibt sich ferner aus der aufgezeigten Historie (→ Rn. 1) sowie der insoweit beibehaltenen doppelten Kennzeichnung der tatbestandsmäßigen Werbeangaben als irreführend und unwahr (s. auch Fezer/Büscher/Obergfell/*Rengier* Rn. 79).

b) Begriffsbestimmung. Zur Irreführung geeignet ist eine unwahre Angabe iSd § 16 Abs. 1, **29** wenn sie einen nicht ganz unbeachtlichen Teil der durch die Werbung angesprochenen Verkehrskreise veranlassen kann, sie für wahr zu halten und dadurch getäuscht zu werden (BGH BB 1954, 299 (300) – Rum-Verschnitt; BGH NJW 2002, 3415 (3416) – Kaffeefahrten). Ob eine Werbung irreführend ist, hängt somit nicht davon ab, dass einzelne Adressaten der Werbung tatsächlich getäuscht worden sind oder gar ein Kaufentschluss hervorgerufen worden ist. Ausgestaltet als abstraktes Gefährdungsdelikt, setzt

§ 16 vielmehr lediglich die Gefahr einer Irreführung aufgrund einer entsprechenden Eignung der Werbung voraus (BGHSt 52, 227 (235) – Strafbare Werbung im Versandhandel; BGH NJW 2002, 3415 (3416) – Kaffeefahrten; OLG Köln NJW 1957, 1042). Für die Beurteilung der Irreführungseignung ist, im Gegensatz zu der rein objektiv zu bestimmenden Unwahrheit einer Angabe (→ Rn. 25 f.), die **Verkehrsauffassung** entscheidend. Es kommt darauf an, wie die Werbeaussage vom angesprochenen Publikum verstanden wird und ob dieses Verständnis mit den tatsächlichen Gegebenheiten übereinstimmt. Zur Bestimmung der Irreführungseignung ist daher unter Zugrundelegung des Leitbildes eines durchschnittlich informierten und verständigen Verbrauchers (→ Rn. 30 ff.) in einem ersten Schritt die Zielgruppe der jeweiligen Werbemaßnahme (→ Rn. 33 ff.), in einem zweiten Schritt deren Verständnis von der Werbeaussage (→ Rn. 37 f.) und hiernach die sog Irreführungsquote zu ermitteln (→ Rn. 42 f.). Schließlich ist festzustellen, ob die so ermittelte Irreführung auch Relevanz für die Marktentscheidung der angesprochenen Verbraucher aufweist (→ Rn. 44).

30   **c) Verbraucherleitbild.** Während die frühere Rspr. zur Beurteilung der Irreführungseignung auf die Sichtweise eines flüchtigen Betrachters der Werbemaßnahme abstellte (BGHSt 2, 139 (145); BGH 1954, 299 – Rum-Verschnitt; BGHZ 43, 140 (141 f.) – Lavamat II), legt die stRspr heute in Übereinstimmung mit dem EuGH (vgl. EuGH NJW 1998, 3183 = EuGH GRUR Int. 1998, 795 – Gut Springenheide; EuGH GRUR Int. 2000, 755 (757) – naturrein) einen nach Art des beworbenen Produkts sowie der Werbeangabe differenziert zu erwartenden Verständnishorizont und Aufmerksamkeitsgrad des Verbrauchers zugrunde. Maßstab ist nunmehr das Leitbild eines **durchschnittlich informierten, aufmerksamen und verständigen Verbrauchers,** der das fragliche Werbeverhalten mit einer der Situation angemessenen Aufmerksamkeit verfolgt (BGHZ 156, 250 (252) – Marktführerschaft; BGH NJW-RR 2000, 1490 = GRUR 2000, 619 (621) – Orient-Teppichmuster; BGH NJW 2001, 3262 (3263) = BGH GRUR 2001, 1061 (1063) – Mitwohnzentrale.de; BGH NJW-RR 2002, 329 = BGH GRUR 2002, 182 (183) – Das Beste jeden Morgen; BGH NJW-RR 2003, 1039 = BGH GRUR 2003, 361 (362) – Sparvorwahl; BGH NJW 2004, 439 – Mindestverzinsung; eingehend *Vergho,* Der Maßstab der Verbraucherwartung im Verbraucherschutzstrafrecht, 2009, 53 ff., 162 ff.). Die Typisierung bezieht sich dabei auf alle drei Eigenschaften des Verbrauchers (klarstellend EuGH GRUR Int. 2005, 44 (45); s. auch *Kilian,* Strafbare Werbung, 2011, 60 f.; *Ruhs,* Strafbare Werbung, 2006, 39 f.; *Sack* WRP 2005, 462).

31   Der **Grad der Aufmerksamkeit,** mit dem der durchschnittlich informierte und verständige Verbraucher eine Werbemaßnahme betrachtet, hängt von der jeweiligen Situation ab. Maßgeblich ist neben der Bedeutung der beworbenen Ware auch die Art der Werbung (BGHZ 156, 250 (252 f.) – Marktführerschaft; BGH NJW-RR 2000, 704 (705) = BGH GRUR 2000, 337 (338) – Preisknaller; BGH GRUR 2000, 619 (621) – Orient-Teppichmuster; BGH GRUR 2002, 81 (83) – Anwalts- und Steuerkanzlei). Dabei schließen sich die Begriffe flüchtig und verständig nicht gegenseitig aus (BGH GRUR 2000, 619 (621) – Orient-Teppichmuster). Handelt es sich um eine Werbemaßnahme, die auch der durchschnittlich informierte, aufmerksame und verständige Verbraucher typischerweise nur flüchtig wahrnimmt, so bei eher geringwertigen Waren des täglichen Bedarfs oder dem ersten Durchblättern von Tageszeitungen oder Werbebeilagen, kann die Werbung daher gleichwohl irreführend sein (BGHZ 156, 250 (253) – Marktführerschaft; BGH GRUR 2000, 337 (338) – Preisknaller; BGH GRUR 2000, 619 (621) – Orient-Teppichmuster; BGH GRUR 2002, 81 (83) – Anwalts- und Steuerkanzlei; BGH GRUR 2002, 715 (716) – Scanner-Werbung). Besteht dagegen an einer bestimmten Ware oder Dienstleistung von vornehrein ein Interesse, dann kann von einem höheren Grad an Aufmerksamkeit auszugehen sein, zumal wenn Waren oder Dienstleitungen von nicht ganz unerheblichem Wert und einer nicht nur kurzen Lebensdauer beworben werden (BGH GRUR 2002, 337 (338) – Preisknaller; BGH GRUR 2000, 619 (621) – Orient-Teppichmuster). Diese Maßstäbe gelten auch für Werbung im **Internet.** Die Besonderheit des elektronischen Geschäftsverkehrs, dass der interessierte Internet-Nutzer die benötigten Informationen selbst „aktiv" nachfragen muss, rechtfertigt insoweit nicht die Annahme, der Internetnutzer werde in jedem Fall sämtliche Seiten des Internet-Auftritts des anbietenden Unternehmens zur Kenntnis nehmen (BGH GRUR 2005, 438 (440 f.) – Epson-Tinte; → Rn. 39).

32   Infolge des gewandelten Verbraucherleitbilds, das nunmehr auch in **§ 3 Abs. 2 S. 2** Niederschlag gefunden hat, kann der Bedeutungsgehalt einer Werbeaussage ganz anders zu beurteilen sein, namentlich wenn und weil der verständige Durchschnittsverbraucher weniger dazu neigt, werbemäßige Anpreisungen „für bare Münze zu nehmen". Das gilt es bei älterer Rspr. zu berücksichtigen. So hatte der BGH etwa noch die Angabe „Bielefelds große Zeitung" als unrichtige Behauptung einer Alleinstellung gesehen (BGH GRUR 1957, 600 (602) – Westfalen Blatt), während er die Eigenwerbung der Frankfurter Allgemeinen Zeitung als „Die große Tages- und Wirtschaftszeitung" nicht als irreführend eingeordnet hat, obwohl die Süddeutsche Zeitung eine höhere Auflage hatte. Dem Verkehr sei bekannt, dass auf dem deutschen Zeitungsmarkt mehrere große Zeitungen nebeneinander vorhanden seien. Er könne die Aussage daher auch lediglich dahin verstehen, dass es sich um eine der großen deutschen Zeitungen neben anderen handele (BGH GRUR 1998, 951 (953) – Die große deutsche Tages- und Wirtschaftszeitung).

32a   Die **Übertragbarkeit** des Verbraucherleitbilds **auf das Strafrecht** ist grdl. in Frage gestellt worden (vgl. *Vergho* wistra 2010, 86 ff.). Es habe eine diskriminierende Wirkung, weil es unaufmerksame Verbraucher schutzlos stelle. Ferner bestünden Bedenken wegen des Bestimmtheitsgebots und des Ultima-ratio-Grundsatzes. Diese Kritik überzeugt nicht. Zum einen ist es widersprüchlich, einerseits die Verhältnismäßigkeit unter Hinweis auf das Zivil- und Verwaltungsrecht anzuzweifeln und andererseits eine Ausdehnung des strafrechtlichen Schutzes auf noch so flüchtige Verbraucher zu fordern. Die Kritik richtet sich insoweit letztlich nicht gegen das Verbraucherleitbild, sondern gegen den strafrechtlichen Schutz durch § 16 Abs. 1 als solchen. Ferner geht es nicht um die Diskriminierung irgendwelcher Verbraucher, sondern um eine sachgerechte Einschränkung des strafwürdigen Verhaltens. Außerdem hängt das Verbraucherleitbild von den angesprochenen Zielgruppen ab (→ Rn. 33), sodass bei entsprechender Werbung auch besonders leichtgläubige Verbraucher geschützt sind (*Kilian*, Strafbare Werbung, 2011, 58; *Ruhs*, Strafbare Werbung, 2006, 43, 176, 181; s. auch EuGH GRUR Int. 1990, 459 (460) – Buet). Der Einwand fehlender Bestimmtheit berücksichtigt nicht hinreichend, dass Maßstabsfiguren nicht per se unzulässig sind und insbes. dann verwendet werden können, wenn der Adressatenkreis typischerweise besondere Kenntnisse im geregelten Bereich hat (vgl. LK-StGB/*Dannecker* StGB § 1 Rn. 208, 211). Zudem erscheint zweifelhaft, ob der Gedanke einer größeren Bestimmtheit durch die weitest mögliche Auslegung Art. 103 Abs. 2 GG gerecht wird (vgl. *Krell* ZStW 126 (2014), 902 (906 f.)). Schließlich ist die Anwendung des Verbraucherleitbildes bei grenzüberschreitenden Fällen unionsrechtlich zwingend, weil ein weitergehender Schutz hier die Grundfreiheiten des Werbenden einschränkt (vgl. *Dannecker* ZStW 117 (2005), 697 (706); → Vorb. Rn. 33). Ein zweispuriger Schutz, der bei nationalen Fällen strengere Anforderungen stellt, würde zu einer im Hinblick auf das Verhältnismäßigkeitsprinzip problematischen Inländerdiskriminierung führen (*Dannecker* ZStW 117 (2005), 697 (708 ff., 711); *Hecker*, Strafbare Produktwerbung im Lichte des Gemeinschaftsrechts, 2001, 287; *ders./Müller* ZWH 2014, 329 (335)).

d) Ermittlung der angesprochenen Verkehrskreise. Ob eine Werbeangabe irreführend ist, entscheidet sich allein nach der Auffassung der mit der konkreten Werbemaßnahme angesprochenen **Zielgruppe** (BGHSt 52, 227 (235) – Strafbare Werbung im Versandhandel; BGH BB 1954, 299 – Rum-Verschnitt; BayObLG NJW 1967, 2418; KG JR 1968, 433 – Kredite für jedermann). Der zu erwartende Grad an Aufmerksamkeit, Erfahrung und Sachkunde, mit dem eine Werbeaussage betrachtet wird, kann je nach Art der angebotenen Waren und damit der unterschiedlichen Abnehmerschaft ein ganz verschiedener sein, sodass eine Werbeaussage sehr unterschiedlich beurteilt werden kann (BGHZ 13, 244 (253) – Cupresa-Kunstseide; BGHZ 27, 1 (10 f.) – Emaillelack; BGHZ 156, 250 (256) – Marktführerschaft; BGH GRUR 1997, 925 (926) – Ausgeschiedener Sozius). Werde etwa für „Schlank-Pillen" und „Haarverdicker" gezielt in sog Regenbogenpresse und Trivialromanen geworben, so sei die in erster Linie angesprochene Zielgruppe der Hausfrauen eher unerfahren und leichtgläubig (BGHSt 34, 199 (203)), während beim Durchschnittsverbraucher, der gerne Wein trinkt, eine gewisse Sach- und Fachkunde zur Abgrenzung des Begriffes Weingut von Weinkellereien und Weinhandelsbetrieben vorausgesetzt werden kann und muss (BayObLG GRUR 1972, 659 (660) – Weingut).

Werbung für Waren und Dienstleistungen des täglichen Bedarfs richtet sich idR an das allgemeine Publikum. Sie lässt sich am einfachsten beurteilen, weil hier jedermann – auch der Tatrichter – zu den angesprochenen Verkehrskreisen zählt (→ Rn. 46). Wendet sich eine Werbung dagegen gezielt nur an **Fachkreise,** so entscheiden Auffassung und Sprachgebrauch auf dem betreffenden Fachgebiet (BGHZ 27, 1 (12) – Emaillelack). Es ist also auf das Verständnis eines durchschnittlich informierten, aufmerksamen und verständigen Angehörigen dieser Fachkreise abzustellen (vgl. **§ 3 Abs. 2 S. 2** sowie BGH GRUR 2007, 605 (606) – Umsatzzuwachs). Fachkreise unterscheiden sich vom unkritischen Laien einerseits darin, dass sie aufgrund ihrer Vorbildung und Erfahrung den Aussageinhalt einer Werbemaßnahme leichter erfassen können (BGHZ 27, 1 (12) – Emaillelack; BGH GRUR 1969, 281 – Scotch Whisky; 1966, 448 – Glutamal). Andererseits können sie aber auch durch unrichtige fachliche Angaben irregeführt werden, die für das allgemeine Publikum unbedeutend oder überhaupt nicht erkennbar wären (BGH GRUR 1969, 422 (425) – Kaltverzinkung). Die gegenüber einem Fachpublikum platzierte Werbung eines Pharmaunternehmens muss daher wissenschaftlichen Maßstäben genügen (BGH GRUR 2002, 633 (634) – Hormonersatztherapie). Je nach den Umständen des Einzelfalles ist ferner zu entscheiden, ob eine Fachkreisen gegenüber verwendete Bezeichnung auch an Endverbraucher weitergegeben wird und daher auch diese in die angesprochene Zielgruppe mit einzubeziehen sind (BGHZ 13, 244 (258) – Cupresa-Kunstseide; BGHZ 27, 1 (13) – Emaillelack; BGH GRUR 1961, 545 (547) – Plastic-Folien). Richtet sich die Werbung an **verschiedene** Verkehrskreise, so reicht es aus, wenn einer von ihnen irregeführt wird (BGHZ 156, 250 (256) – Marktführerschaft). Bei der Kapitalanlageberatung ist daher etwa in Betracht zu ziehen, dass sich unter den möglichen Kapitalanlegern auch viele Kleinanleger ohne wirtschaftliche Vorkenntnisse befinden, die durch Angaben über eine Mindestverzinsung irregeführt werden können, deren wahren Gehalt wirtschaftlich denkende Kapitalanleger bei einiger Überlegung erkennen können (BGH NJW 2004, 439 (440) – Mindestverzinsung).

Richtet sich eine Werbung an besonders **schutzwürdige Verbrauchergruppen,** so muss sie erhöhten Anforderungen genügen (vgl. **§ 3 Abs. 2 S. 3**). Das gilt insbes. in dem häufigen Fall, dass sich eine Werbemaßnahme gezielt an ältere und nicht (mehr) berufstätige Personen mit geringem Bildungsniveau richtet, die oft besonders ängstlich und leichtgläubig und etwa für Großzügigkeit und Kundenfreundlichkeit vortäuschende Werbeaussagen besonders empfänglich sind (BGHSt 52, 227 (235) – Strafbare Werbung im Versandhandel; BGH NJW 2002, 3415 (3416) – Kaffeefahrten). Ein weiteres Beispiel sind Werbemaßnahmen, die gezielt ausländische Mitbürger ansprechen, die der deutschen Sprache nicht oder nur eingeschränkt mächtig sind (OLG Celle NStZ-RR 2005, 25 (26)). Ähnliches kann für Werbung gelten, die sich an Jugendliche richtet, wobei zu berücksichtigen ist, dass das beworbene Angebot oft nur von voll geschäftsfähigen Personen rechtswirksam abgeschlossen werden kann (BGH GRUR 2004, 343 (344) – Playstation).

36   Schließlich kann sich die Verkehrsauffassung **regional unterscheiden.** Maßgeblich sind auch hier die Verkehrskreise, an die sich die Werbung richtet. Das sind bei einer regional begrenzten Werbung regelmäßig die Verbraucher des gesamten Bereichs, der von der Werbemaßnahme berührt wird (BGH GRUR 1983, 32 (33) – Stangenglas I). Richtet sich eine Werbung, durch die in manchen Gegenden ein erheblicher Teil des Verkehrs irregeführt wird, ohne regionale Beschränkung an das allgemeine Publikum, ist zu fragen, ob bezogen auf das gesamte Bundesgebiet ein nicht unerheblicher Teil der Verbraucher irregeführt wird (→ Rn. 42 f.). Es reicht auch aus, wenn ein geografisch bestimmter Kreis der Verbraucherschaft getäuscht wird, zB die außerhalb der Küstengebiete wohnende Bevölkerung des Bundesgebiets (BGH BB 1954, 299 – Rum-Verschnitt).

37   **e) Auslegung der Werbeaussage.** Entscheidend ist immer, wie der angesprochene Verkehrskreis die jeweilige Angabe aufgrund des **Gesamteindrucks** der Werbemaßnahme versteht (BGHSt 2, 139 (145); 52, 227 (235) – Strafbare Werbung im Versandhandel; BGHR UWG § 4 aF Irreführung 1; BGH BB 1954, 299 – Rum-Verschnitt; KG JR 1968, 433 – Kredite für jedermann). Einzelne Äußerungen einer in sich geschlossenen Darstellung dürfen deshalb nicht aus dem Zusammenhang gerissen werden (BGH GRUR 1996, 367 (368) – Umweltfreundliches Bauen; BGH GRUR 2003, 800 (803) – Schachcomputerkatalog), es sei denn, dass ein Bestandteil für die Gesamtwirkung bestimmend ist. Nur wenn eine Einzelangabe vom Verkehr ohne Zusammenhang mit dem übrigen Werbetext wahrgenommen wird, ist eine isolierte Beurteilung geboten (BGH GRUR 1998, 951 (952) – Die große deutsche Tages- und Wirtschaftszeitung). Das kann auch dann der Fall sein, wenn sich einzelne Angaben in einer einheitlichen Werbeschrift befinden, aber weder sachlich noch äußerlich erkennbar miteinander verbunden oder aufeinander bezogen sind. Sind in einer Gesamtankündigung mehrere Angaben enthalten, muss jede einzelne Angabe wahr sein.

38   Diese Grundsätze sind auf die sog **Blickfangwerbung** übertragbar, durch die einzelne Angaben einer Gesamtankündigung etwa durch Größe, Schriftbild, Fettdruck oder Druckanordnung besonderes herausgestellt werden und dadurch in besonderem Maße die Aufmerksamkeit des Publikums erwecken. Nach stRspr des BGH darf eine blickfangmäßig herausgestellte Angabe für sich genommen nicht objektiv unrichtig (BGH GRUR 2001, 78 (79) – Falsche Herstellerpreisempfehlung) oder auch nur für den Verkehr missverständlich sein. Wenn der Blickfang selbst zwar nicht objektiv unrichtig ist, aber nur die halbe Wahrheit enthält (zB Kopplungsangebote, → Rn. 93 ff.), so kann das durch einen klaren und unmissverständlichen Hinweis richtig gestellt werden, wenn dieser am Blickfang teilhat und den herausgestellten Angaben zugeordnet werden kann (BGHZ 139, 368 (376) – Handy für 0 DM; BGHZ 151, 84 (91) – Kopplungsangebot I; BGH GRUR 2003, 249 – Preis ohne Monitor). Sofern sich ein durchschnittlicher Verbraucher mit der Art der Werbung ausführlich befasst, kann auch eine Klarstellung in kleiner Schrift ohne Sternchenhinweis ausreichen (BGH NJW 2015, 2263 – Schlafzimmer komplett).

39   Diese Grundsätze gelten auch für die Werbung im **Internet,** etwa bei mehreren Angaben auf verschiedenen Seiten des Internetauftritts eines werbenden Unternehmens (BGH GRUR 2005, 438 (441) – Epson Tinte). Hier kann nicht erwartet werden, dass der Nutzer sämtlichen elektronischen Verweisen (Links) nachgeht (→ Rn. 31). Insofern ist es also zulässig, einzelne Aspekte in den Vordergrund zu rücken; potenziell irreführende Angaben müssen dabei aber hinreichend deutlich und an entsprechender Stelle klargestellt werden (BGH GRUR 2003, 889 (890) – Internet-Reservierungssystem; BGH GRUR 2005, 438 (441) – Epson-Tinte). Bei sog **Kosten- bzw. Abo-Fallen** im Internet ist zu berücksichtigen, dass ein verständiger Durchschnittsverbraucher (→ Rn. 30 ff.) bei Leistungen, die dort üblicherweise unentgeltlich angeboten werden, keinen Anlass hat, an der Unentgeltlichkeit zu zweifeln (OLG Frankfurt a. M. GRUR-RR 2009, 265; *Hecker/Müller* ZWH 2014, 329 (331)). Dagegen rechnet der durchschnittliche Verbraucher bei der Werbeaussage Lieferung „innerhalb 24 Stunden" mit verkehrsüblichen Einschränkungen; die Werbung ist daher nicht irreführend, wenn der Nutzer sich auf der Startseite des Werbenden unschwer über diese informieren kann (BGH GRUR 2012, 81 – Innerhalb 24 Stunden). Zur Frage, ob und wie bei der Werbung für eine Mobilfunk-Daten-Flat auf Einschränkungen hingewiesen werden muss, vgl. OLG Köln GRUR-RR 2014, 125.

40   Bei **mehrdeutigen Werbeaussagen** muss der Werbende zivilrechtlich die verschiedenen Bedeutungen gegen sich gelten lassen (BGH GRUR 1957, 128 (130) – Steinhäger; BGH GRUR 1960, 567 (569) – Kunstglas; BGH GRUR 1975, 141 (142) – Unschlagbar; BGH GRUR 1952, 66 (67) – Königlich-Bayerische Weisse; BGH GRUR 2012, 1053). Das lässt sich auf den Straftatbestand nicht ohne weiteres übertragen; da dort allerdings die Werbeangabe ohnehin unwahr sein muss (→ Rn. 25 f.), wird die Aussage allerdings zumeist eindeutig einzuordnen sein. Wandelt sich das Verständnis einer Angabe im Laufe der Zeit, so ist die Werbung erst dann nicht mehr irreführend, wenn dieser Wandel so weitgehend

vollzogen ist (BGH GRUR 1986, 822 – Lakritz-Konfekt), dass eine andere Auslegung weitgehend ausgeschlossen erscheint.

Irreführend ist schließlich eine Werbung, bei der sich der angesprochene Letztverbraucher bewusst ist, **41** dass er keine gesicherte Kenntnis etwa von der Beschaffenheit einer Ware hat, von einer eigenen Beurteilung daher absieht und lediglich erwartet, dass die Ware so hergestellt ist, wie die damit befassten Fachkreise und Stellen es für die Verwendung der fraglichen Bezeichnung als richtig befunden haben (sog **verweisende Verkehrsauffassung**; BGH GRUR 1967, 30 (32) – Rum-Verschnitt; BGH GRUR 1973, 594 – Ski-Sicherheitsbindung). Das gilt ebenso für Bezeichnungen, bei denen sich der Verbraucher darauf verlässt, dass alle aktuell gültigen inländischen gesetzlichen Vorschriften, an die deren Verwendung – insbes. etwa im Lebensmittelrecht – geknüpft ist, eingehalten werden (BGH GRUR 1958, 32 (33) – Haferschleim; 492 (496) – Eis-Pralinen; BGH GRUR 1968, 387 (388) – Spezialreinigung; KG GRUR 1990, 538 (539) – 70 % Fruchtanteil), sowie für Bezeichnungen aus dem Ausland eingeführter Ware, bei der der Verbraucher die Erwartung hat, dass unter dieser Bezeichnung vertriebene Ware entspreche den im Ausland für ihre Verwendung aufgestellten Herstellungserfordernissen (BGH GRUR 1969, 280 (282) – Scotch Whisky). Hat der Verkehr keine eigene gesicherte Vorstellung, wird aber unter Umständen nicht der Anschein eines besonders günstigen Angebots erweckt (→ Rn. 102).

f) Irreführungsquote. Wann ein **nicht völlig unbeachtlicher Teil der angesprochenen Ver- 42 kehrskreise** irregeführt wird (→ Rn. 29 sowie BT-Drs. 15/1487, 19, sog Irreführungsquote), bestimmt sich unter Berücksichtigung des beworbenen Produkts sowie der angesprochenen Verbraucherkreise im Einzelfall (*Kilian*, Strafbare Werbung, 2011, 74 f.). Ein bestimmter Prozentsatz lässt sich nicht festlegen (aA *Hecker*, Strafbare Produktwerbung im Lichte des Gemeinschaftsrechts, 2001, 319 ff.: wegen Art. 103 Abs. 2 GG sogar nötig). Im Zivilrecht wurde früher idR eine Irreführungsquote von 10–15 % als ausreichend erachtet (BGH GRUR 1992, 66 (68) – Königlich-Bayerische Weisse). Nunmehr soll aufgrund des gewandelten Verbraucherleitbilds (→ Rn. 30 ff.) die erforderliche Quote höher anzusetzen sein (BGH NJW 2004, 439 (440) – Mindestverzinsung; BGH GRUR 2012, 1053 (1054)). Dabei wird jedoch auch im Zivilrecht danach unterschieden, ob die Täuschung lediglich auf einem unrichtigen Verständnis einer an sich zutreffenden Angabe beruht oder durch eine tatsächlich unrichtige Angabe verursacht wird, vor der der Verkehr in höherem Maße und demgemäß durch strengere Anforderungen zu schützen ist (BGH GRUR 1992, 66 (68) – Königlich-Bayerische Weisse; BGH GRUR 1996, 910 (912) – Der meistverkaufte Europas). Bei besonders drastischen Falschdarstellungen soll sich der Werbende auch nicht darauf berufen können, ein Großteil des Publikums habe diese erkannt, weil ein vernünftiger Grund für den gezielten Einsatz der Unwahrheit in der Werbung nicht existieren könne. Das Irreführungsverbot gelte daher für nicht zu rechtfertigende dreiste Lügen selbst dann, wenn sie im konkreten Fall für den Verkehr nicht irreführend sind (BGH GRUR 2001, 78 (79) – Falsche Herstellerpreisempfehlung; BGH GRUR 2002, 715 (716) – Scanner-Werbung; OLG Hamburg GRUR-RR 2002, 202 – Weiß/Grau-Kontrast). Für die vom Straftatbestand allein erfassten Fälle objektiv unwahrer Angaben ist daher mit der Rspr. davon auszugehen, dass aufgrund der erhöhten Schutzwürdigkeit des Verbrauchers eine niedrigere Irreführungsquote ausreichend ist (ebenso *Ruhs*, Strafbare Werbung, 2006, 182; dagegen bezog sich die oben genannte Quote von mindestens 15–20 % auf einen Fall objektiv zutreffender Angaben).

Hinzu kommt, dass sich die Bedeutung der Irreführungsquote angesichts des gewandelten Verbrau- **43** cherleitbildes grdl. geändert hat. Seit es auf den verständigen Durchschnittsverbraucher ankommt, wird dessen Verständnis in der Literatur zum Teil rein normativ – im Sinne einer rechtlich wertenden Betrachtung allein durch den Richter – bestimmt (*Kugler*, Die strafbare Werbung (§ 16 Abs. 1) nach der UWG-Reform 2004, 2008, 69 ff. mwN). Wenngleich der BGH diesen Ansatz (bislang) nicht aufgegriffen hat, treten auch in der Rspr. **normative Erwägungen** gegenüber einer empirisch zu ermittelnden Irreführungsquote zunehmend in den Vordergrund (→ Rn. 46). In der Rspr. des EuGH finden sich beide Elemente (vgl. *auch Ruhs*, Strafbare Werbung, 2006, 38 f. (116, 160 f.); dies. FS Rissing-van Saan, 2011, 567 (570 f., 573 f.)): Teils wird die empirische Wirkung der Angabe eindeutig von der Maßfigur normativ überlagert (EuGH NJW 1995, 3243 – Mars), andererseits lässt es auch der EuGH zu, die Irreführungseignung mit empirischen Mitteln zu ermitteln (EuGH NJW 2000, 1173 – Lifting).

g) Relevanz der Irreführung. Von der Irreführungsquote zu unterscheiden ist schließlich die Frage, **44** ob die Irreführung überhaupt relevant, ob sie also geeignet ist, die Marktentscheidung, insbes. Kaufentscheidung, der Verbraucher zu beeinflussen (BGH BB 1954, 299 (300) – Rum-Verschnitt; BGH GRUR 1991, 852 (855) – Aquavit; BGH GRUR 1992, 66 (69) – Königlich-Bayerische Weisse; BGH GRUR 2000, 239 (241) – Last-Minute-Reise; BGH GRUR 2003, 628 (630) – Klosterbrauerei; BGH GRUR 2012, 1273 (1274 f.)). Dieses Erfordernis ergibt sich zwar nicht aus dem Gesetzeswortlaut des Straftatbestands, fand aber über die Voraussetzung der **Spürbarkeit iSd § 3 Abs. 1** Eingang in den Begriff der irreführenden geschäftlichen Handlung iSd § 5 Abs. 1 und über diesen (→ Rn. 5) in den Terminus des „irreführenden Werbens" in § 16 Abs. 1 (*Kugler*, Die strafbare Werbung (§ 16 Abs. 1) nach der UWG-Reform 2004, 2008, 16; Fezer/Büscher/Obergfell/*Rengier* Rn. 46, 78). Während die Irreführung über Faktoren wie den Preis oder Angaben mit Qualitätsbezug regelmäßig relevant sein wird, können hervorgerufene Fehlvorstellungen auch Merkmale betreffen, die für viele Verbraucher ohne

Bedeutung für die Kaufentscheidung sind (BGH GRUR 2000, 914 (915) – Tageszulassung II). In aller Regel spricht aber eine Verwendung in der Werbung für eine entsprechende Relevanz (BGH GRUR 1992, 66 (69) – Königlich-Bayerische Weisse; BGH GRUR 2003, 628 (630) – Klosterbrauerei). Auch im Strafverfahren wird eine Spürbarkeit in den Fallgruppen des **Anhangs zu § 3 Abs. 3** tendenziell zu bejahen sein (Erbs/Kohlhaas/*Diemer* Rn. 34). Inzwischen ist auch in § 5 Abs. 1 S. 1 ausdrücklich eine Relevanzklausel eingefügt worden (→ Rn. 1).

45   **h) Sachkunde des Tatrichters.** Es ist Aufgabe des Tatrichters festzustellen, wie der angesprochene Personenkreis die jeweiligen Werbeangaben wahrnimmt und einordnet. Das Revisionsgericht ist an diese Feststellungen gebunden und kann nur prüfen, ob der Tatrichter bei der Ermittlung der Auffassung dieses Personenkreises von zutreffenden rechtlichen Erwägungen ausgegangen ist (BGHR UWG § 4 Irreführung 1; KG JR 1968, 433 – Kredite für jedermann). In vielen Fällen wird der Tatrichter dabei in der Lage sein, das Verkehrsverständnis ohne sachverständige Hilfe zu beurteilen, weil er aufgrund seines eigenen Erfahrungswissens selbst über die erforderliche Sachkunde verfügt (BGHZ 156, 250 – Marktführerschaft). Hat das Tatgericht die Verkehrsauffassung trotz fehlender eigener Sachkunde ohne sachverständige Hilfe beurteilt, oder hat es eine mögliche, aber keineswegs selbstverständliche eigene Sachkunde nicht dargelegt, liegt ein Verfahrensfehler vor, der im Revisionsverfahren uneingeschränkt gerügt werden kann.

46   Eine Entscheidung aufgrund **eigener Sachkunde** kommt namentlich dann in Betracht, wenn der Tatrichter selbst zu den angesprochenen Verkehrskreisen zählt, was insbes. bei Gegenständen des täglichen Bedarfs der Fall ist (BGH GRUR 2000, 239 (240) – Last-Minute-Reise; BGH GRUR 2002, 182 (183) – Das Beste jeden Morgen). Das gilt aufgrund des gewandelten Verbraucherleitbilds (→ Rn. 30, 43) unabhängig davon, ob das Gericht im konkreten Fall eine Irreführung aufgrund eigener Sachkunde bejahen oder verneinen möchte (BGHZ 156, 250 (255) – Marktführerschaft; BGH NJW 2002, 1718 (1719) – Elternbriefe; dagegen noch diff. etwa BGH GRUR 1971, 365 (367) – Wörterbuch; BGH GRUR 1998, 951 (953) – Die große deutsche Tages- und Wirtschaftszeitung). In Einzelfällen kann über die Irreführung aber auch von demjenigen entschieden werden, der den in Rede stehenden Artikel im Allgemeinen nicht nachfragt. Ferner können Gerichte, die ständig mit Wettbewerbssachen befasst sind, mitunter aufgrund ihrer besonderen Erfahrung eigenständig beurteilen, wie Fachkreise eine bestimmte Werbeaussage verstehen (BGHZ 156, 250 (255) – Marktführerschaft). Schließlich sind Fälle denkbar, in denen auch die angesprochenen Fachkreise über keine besonderen Kenntnisse und Erfahrungen verfügen, anhand deren sie eine Werbeaussage beurteilen würden, sodass daher auch das Tatgericht sie nach allgemeiner Lebenserfahrung einordnen kann (BGH GRUR 2002, 77 (79) – Rechenzentrum).

47   Reicht die Sachkunde des Tatrichters nicht aus und muss das Verständnis der angesprochenen Verkehrskreise durch Beweiserhebung ermittelt werden, so muss er sich der Hilfe eines **Sachverständigen** bedienen. Andere Beweismittel scheiden aus, denn die Verkehrsauffassung wird anhand von Erfahrungswissen beurteilt, das nicht durch Zeugen-, sondern allein durch Sachverständigenbeweis zu ermitteln ist (BGHZ 156, 250 (254) – Marktführerschaft). In Betracht kommen Sachverständige des Deutschen Industrie- und Handelskammertages oder der einzelnen Industrie- und Handelskammern, aber auch Auskünfte der jeweiligen Fach- und Berufsverbände (Erbs/Kohlhaas/*Diemer* Rn. 42).

48   **6. Bezugspunkte der Irreführung.** Nach § 4 aF mussten sich die unwahren und irreführenden Werbeangaben auf **„geschäftliche Verhältnisse"** beziehen (vgl. noch BGH NJW 2002, 3415 (3416) – Kaffeefahrten). Der Gesetzgeber hat dieses Tatbestandsmerkmal jedoch nicht in § 16 Abs. 1 übernommen und auch die Grundnorm des § 5 verzichtet auf diese Beschränkung. Es ist daher umstr., ob tatbestandsmäßige Werbeangaben weiterhin geschäftliche Verhältnisse betreffen müssen (offen gelassen in BGHSt 52, 227 (235) – Strafbare Werbung im Versandhandel). Dabei geht es vor allem um Angaben zu den persönlichen Lebensverhältnissen, Eigenschaften oder Motiven des Werbenden, die etwa bei Zeitschriftenwerbern (→ Rn. 82) häufig vorkommen, und die mangels Bezug zum beworbenen Produkt oder zu den geschäftlichen Belangen des Betriebs nicht unter die geschäftlichen Verhältnisse subsumiert wurden (BGHSt 36, 389 (392); BayObLG wistra 1991, 119; so auch *Endriß* wistra 1989, 90 (93)). In diesen Fällen wird es jedoch idR an der Absicht fehlen, den Anschein eines besonders günstigen Angebots hervorzurufen (→ Rn. 108), sodass eine Strafbarkeit iErg ohnehin ausscheidet.

49   Eine tatbestandsmäßige unwahre Werbeaussage wird einen der im gesetzlichen **Beispielskatalog des § 5** genannten Bezugspunkte möglicher Irreführung betreffen müssen (ebenso Erbs/Kohlhaas/*Diemer* Rn. 13, 44; Harte-Bavendamm/Henning-Bodewig/*Dreyer* Rn. 7). Auch das ergibt sich zwar nicht zwingend aus dem neuen Gesetzeswortlaut des § 5 Abs. 1 S. 2 (→ Rn. 28). Dieser legt vielmehr nahe, dass es im Gegensatz zur Irreführung durch wahre Angaben „sonstige") unerheblich ist, auf welchen Umstand sich die Unwahrheit bezieht (vgl. auch *Wiring* NJW 2010, 580 (581)). Dennoch wird auch insoweit angesichts der Gesetzgebungshistorie ein Bezug der Irreführung durch unwahre Angaben zum Beispielskatalog des § 5 gewollt gewesen und diese daher nur dann vom Tatbestand erfasst sein, wenn die Irreführung einen dort genannten Bezugspunkt betrifft (aA *Wiring* NJW 2010, 580 f.). Dabei dient der Katalog des § 5 Abs. 1 S. 2 der Umsetzung von Art. 6 Abs. 1 der UGP-RL und ist daher in deren Anwendungsbereich grds. als **abschließende** Regelung zu verstehen (→ Vorb. Rn. 1). Gleichwohl ist er hinsichtlich der Fälle produktbezogener Irreführung (Nr. 1) und unternehmensbezogener Irreführung (Nr. 3) offen formuliert („wie"), sodass auch Einzelfälle erfasst sein können, die nicht aufgelistet sind (Harte-Bavendamm/Henning-Bodewig/*Dreyer* Rn. 7; § 5 B Rn. 95; Fezer/*Peifer* § 5 Rn. 270).

Die folgende Darstellung greift ohne Anspruch auf Vollständigkeit einige besonders relevante Bezugs- 50 punkte der Irreführung aus dem Katalog des § 5 Abs. 1 S. 2 auf und bezieht sich dabei zunächst auf die zivilrechtliche Rspr., soweit diese auf das Strafrecht übertragbar ist. Dabei ist jedoch zu beachten, dass einem vorausgegangenen Zivilurteil in einem anschließenden Strafverfahren **keine Bindungswirkung** zukommt (GK-UWG/*Wolters,* 2. Aufl. 2015, Rn. 31). Beispiele aus der **strafgerichtlichen Praxis** finden sich unter → Rn. 75 ff.

a) Produktbezogene Irreführung (Nr. 1). Produktbezogene Angaben befassen sich mit dem 51 eigentlichen Leistungsgegenstand. Eine produktbezogene Irreführung kann insbes. die Beschaffenheit (→ Rn. 52 ff.) von Waren und Dienstleistungen, deren geografische und betriebliche Herkunft (→ Rn. 57 ff.) oder Herstellungsart (→ Rn. 60), Testergebnisse (→ Rn. 61) sowie die Bevorratung (→ Rn. 62) zum Gegenstand haben. Die Begriffe der Waren und Dienstleistungen sind dabei weit auszulegen. Unter Waren fallen alle Gegenstände des Handels- und Geschäftsverkehrs. Erfasst sind daher auch unbewegliche Sachen, insbes. Grundstücke, und Rechte aller Art, Anlageobjekte, sonstige Immaterialgüter und elektrischer Strom ebenso wie Betriebsgeheimnisse und Werbeideen (GK-UWG/*Otto* § 4 aF Rn. 51). Dienstleistung sind alle geldwerten Leistungen des gewerblichen Lebens, auch wenn sie von Nichtgewerbetreibenden und Freiberuflern, wie Ärzten oder Rechtsanwälten, herrühren. Es muss sich aber immer um wirtschaftlich verwertbare oder zumindest dazu bestimmte Leistungen handeln (GK-UWG/*Otto* § 4 aF Rn. 53). Die Beschränkung auf „wesentliche" Merkmale in der Nr. 1 hat lediglich klarstellende Funktion (vgl. BT-Drs. 16/10145, 23; Ohly/Sosnitza/*Sosnitza* § 5 Rn. 236).

Angaben über die **Beschaffenheit** einer Ware oder gewerblichen Leistung können sich auf all deren 52 Eigenschaften beziehen, die für ihre Brauchbarkeit von Bedeutung sein können (BGH GRUR 1969, 280 (281) – Scotch Whisky). Hierzu gehören Werbeaussagen zur **stofflichen Zusammensetzung** des angebotenen Produkts, wobei unwahre Angaben über diese in aller Regel irreführend sind, da der Verkehr von ihr auf bestimmte Eigenschaften schließt, die für die Kaufentscheidung von wesentlicher Bedeutung sind (BGH GRUR 1961, 361 (364) – Hautleim; GRUR 1969, 280 (282) – Scotch Whisky). Insbes. dürfen künstliche Erzeugnisse nicht mit Bezeichnungen versehen werden, die der Verkehr für Naturprodukte verwendet. Beispiele sind die Bezeichnung von Kunstseide als Seide (BGHZ 13, 244 (254) – Cupresa-Kunstseide), Kunststoff als Kunstglas (BGH GRUR 1960, 567 – Kunstglas), Rum-Verschnitt als Rum (BGH GRUR 1967, 30 – Rum-Verschnitt), von nicht aus Wein oder Weintrauben hergestellten Spirituosen als Weingeist (BGH GRUR 1973, 481 – Weingeist), Aluminiumgeschirr als Silberal (BGH GRUR 1955, 251 – Silberal), Süßwaren aus Kokosfett als Eispraline (BGH GRUR 1958, 492 – Eis-Pralinen), Plastik-Folie durch typische Lederbezeichnungen (BGH GRUR 1961, 545 – Plastic-Folien) und von Schmuck mit einem Goldgehalt von unter 166/1000 als Gold oder Goldschmuck (BGH GRUR 1983, 651 – Feingoldgehalt).

Auch Angaben über **Eigenschaft und Güte** kennzeichnen die Beschaffenheit einer Ware. Hierzu 53 zählen etwa Angaben über Echtheit, Frische und Qualität. Solche Angaben können nicht nur unmittelbar, sondern auch mittelbar durch Symbole, Kennzeichen und Herkunftsangaben gemacht werden. Wird dabei in der Werbung auf **DIN-Normen** Bezug genommen, erwartet der Verkehr auch dann, dass die Ware den normierten Qualitätsanforderungen in jeder Hinsicht entspricht, wenn ihm der genauere Inhalt nicht näher bekannt ist (→ Rn. 41 sowie BGH GRUR 1985, 555 – Abschleppseile; BGH GRUR 1988, 832 (833) – Benzinwerbung). Wie lange ein Produkt als **neu** beworben werden darf, hängt von Branche und Warenart ab (BGH GRUR 1968, 433 (437) – Westfalen Blatt II). Zulässig ist etwa die Bezeichnung aus dem EU-Ausland importierter Fahrzeuge als EG-Neuwagen, wobei jedoch ggf. ein Hinweis auf eine verkürzte Herstellergarantie erfolgen muss (BGH GRUR 1999, 1122 – EG-Neuwagen I sowie → Rn. 74). Vom jeweiligen Produkt hängt auch ab, ob dabei konkludent behauptet wird, es sei noch aktuell; bei hochwertigen Geräten muss tendenziell klargestellt werden, wenn es sich um ein Auslaufmodell handelt (BGH GRUR 1999, 757 (758) – Auslaufmodelle I). Bei **Druckerzeugnissen** können etwa falsche Angaben über die Auflagenhöhe eine Rolle spielen. Zu unterscheiden ist je nach angesprochenem Verkehrskreis (Lesermarkt/Anzeigenkunden; → Rn. 33 f.), ob es auf die gedruckte, verkaufte und tatsächlich verbreitete Auflage ankommt (BGHZ 156, 250 – Marktführerschaft). Werden unbestellte und unbezahlte Füllanzeigen gedruckt, so kann das zu einer Irreführung möglicher Anzeigenkunden über die Werbewirksamkeit der Zeitung führen (BGH NJW 1997, 1370 = GRUR 1997, 380 – Füllanzeigen).

Wirkungsbezogene Angaben gibt es insbes. bei der Werbung für Arznei- und Heilmittel, Diät- und 54 Fitnessprodukte (vgl. hierzu die DiätVO v. 20.6.1963, BGBl. I 415, idF v. 28.4.2005, BGBl. I 1161, sowie die Nährwert-KennzeichnungsVO v. 25.11.1994, BGBl. I 3526, idF v. 22.2.2006, BGBl. I 444, sowie etwa BGH GRUR 1992, 70 (71) – 40% weniger Fett), Kosmetika (BGH GRUR 1997, 537 (538) – Lifting-Creme) und Lebensmittel (vgl. hierzu auch die sondergesetzlichen Irreführungstatbestände des AMG, des HWG und des LFGB, → Rn. 116). In der **Gesundheitswerbung** (vgl. auch Anhang zu § 3 Abs. 3 Nr. 18) gelten aufgrund des hohen Stellenwerts, den die eigene Gesundheit in der Wertschätzung des Verbrauchers hat, sowie der mit einer Irreführung verbundenen erheblichen Gefahren besonders strenge Anforderungen an die Richtigkeit, Eindeutigkeit und Klarheit der Werbeaussagen (BGHZ 47, 259 (261) – Gesunder Genuss; BGH GRUR 1980, 797 – Topfit Boonekamp; BGH GRUR 2002, 182 (185) – Das Beste jeden Morgen; BGH GRUR 2013, 649 (651)). Eine Werbung für Spirituosen mit gesundheitsbezogenen Begriffen ist daher stets irreführend (BGHZ 47, 259 – Gesunder Genuss). Solange wissenschaftlich umstritten ist, welche gesundheitlichen Risiken von sog E-Zigaretten ausgehen, dürfen diese in der Werbung nicht einschränkungslos als gesundheitlich unbedenklich dargestellt werden (OLG Frankfurt a. M. GRUR-RR 2014, 402). Eine Arzneimittelwerbung darf sich nur dann auf eine Studie stützen, wenn diese wissenschaftlichen Standards entspricht und das behauptete Ergebnis eindeutig trägt (BGH GRUR 2013, 649 (651 f.); 2015, 1244). Strenge Maßstäbe gelten auch bei der Werbung mit der **Umweltverträglichkeit** von Produkten, so bei der Benutzung des Umweltzeichens blauer Umweltengel (BGHZ 105, 277). Die Irreführungsgefahr ist hier deshalb besonders hoch, weil auch für den informierten und möglicherweise an Umweltthemen interessierten Durchschnittsverbraucher die Details oft unklar sind, sodass ein gesteigertes Aufklärungsbedürfnis besteht. Irreführend ist etwa die Werbung für ein Papierprodukt mit dem Hinweis „aus Altpapier", obwohl nicht ausschließlich Altpapier zur Herstellung verwendet wurde (BGH GRUR 1991, 546), sowie die Werbung mit dem Hinweis auf Umweltfreundlichkeit, wenn in einem Produkt auch umweltgefährdende Stoffe enthalten sind (BGH GRUR 1991, 550 – Zaunlasur; BGH GRUR 1997, 666 – Umweltfreundliches Reinigungsmittel). Irreführend ist schließlich auch die Werbung einer Tanzschule, die den gewünschten Lernerfolg garantiert (OLG Hamm GRUR-RR 2013, 222).

55   Qualitätsangaben können ferner darin liegen, dass eine **Allein- oder Spitzenstellung** (→ Rn. 16 f.) behauptet wird. Der Werbende muss insoweit einen deutlichen Vorsprung gegenüber seinen Mitbewerbern vorweisen und der Vorsprung muss die Aussicht auf eine gewisse Stetigkeit bieten (BGH GRUR 1998, 951 (952) – Die große deutsche Tages- und Wirtschaftszeitung; BGH GRUR 2002, 182 (183) – Das Beste jeden Morgen; BGH GRUR 2004, 786 (788) – Größter Online-Dienst; BGH GRUR 2012, 1053). Andernfalls wird die Werbung stets zur Irreführung geeignet sein. Beispielsweise ist die Bezeichnung eines Produktes als deutsches Spitzenerzeugnis irreführend, wenn es nach seiner Güte nicht zur Spitzengruppe aller in Deutschland hergestellten Waren dieser Gattung gehört (BGH GRUR 1961, 538 – Feldstecher; BGH GRUR 1973, 594 – Ski-Sicherheitsbindung). Die Bezeichnung als „der meistverkaufte Europas" erfordert aber keine Spitzenstellung auch auf dem Inlandsmarkt (BGH GRUR 1996, 910 – Der meistverkaufte Europas). Zu der Frage, wie der Verkehr die Behauptung, größter Online-Dienst zu sein, auslegen kann (zB Kundenzahl, Leistungsfähigkeit, Nutzungsdauer) s. BGH GRUR 2004, 786 ff. – Größter Online-Dienst.

56   Die Beschaffenheit von Dienstleistungen wird durch **Art und Umfang der Dienstleistung** gekennzeichnet. So muss etwa bei dem Angebot eines Immobilienunternehmens dessen gewerblicher Charakter ersichtlich sein, da anderenfalls Fehlvorstellungen darüber entstehen, dass eine Vermittlungsgebühr anfällt. Wird von einem geprüften Finanzbuchhalter eine „laufende Buchführung" angeboten, so ist das irreführend, weil der angesprochene Verkehrskreis darunter nicht nur die Verbuchung der laufenden Geschäftsvorfälle und die laufende Lohnbuchhaltung versteht (BGH NJW 1987, 2087 (2088)). Die Bezeichnung als Anwalts- und Steuerkanzlei ist irreführend, wenn in der Kanzlei nicht tatsächlich auch Steuerberater tätig sind; das kann klargestellt werden, indem etwa im Briefkopf die Mitglieder beruflich bezeichnet werden (BGH GRUR 2002, 81 – Anwalts- und Steuerkanzlei; BGH GRUR 2014, 496; s. aber auch BGH GRUR 2013, 409). Die Bezeichnung „Rechtsanwalt auch zugelassen am OLG Frankfurt" ist jedenfalls solange nicht zwingend irreführend, wie den angesprochenen Verkehrskreisen nicht bekannt ist, dass die Zulassung am OLG inzwischen eine Selbstverständlichkeit ist (BGH GRUR 2013, 950). Zur Irreführung des Umfangs einer Beratung bei „Umschuldungen" vgl. OLG Bremen WRP 1998, 414, zur Werbung eines Masseurs und medizinischen Bademeisters als „Krankengymnast" BGH NJW-RR 1991, 494. Die Bezeichnung als „Neurologisch/Vaskuläres Zentrum" lässt jedenfalls überdurchschnittliche Kompetenz, Ausstattung und Erfahrung erwarten und ist daher irreführend, wenn es sich um eine bloße Unterabteilung handelt, auf die das nicht zutrifft (BGH GRUR 2012, 942).

57   **Herkunftsangaben** können Aussagen über Personen oder Unternehmen betreffen, die das Produkt herstellen (betriebliche Herkunft), oder den geografischen Raum, aus dem es stammt (geografische Herkunft). Hier spielt der mögliche Wandel der Verkehrsauffassung (→ Rn. 40) eine große Rolle. So können etwa geografische Herkunftsangaben ihren Charakter verlieren und zur Beschaffenheitsangabe oder Gattungsbezeichnung werden (BGHZ 106, 101 – Dresdner Stollen). Schließlich können geografische Herkunftsangaben vom Verkehr als Hinweis auf die Herkunft aus einem bestimmten Unternehmen verstanden werden (BGH GRUR 1958, 39 – Rosenheimer Gummimäntel).

58   Unter einer **geografischen Herkunftsangabe** ist jede unmittelbare oder mittelbare Angabe über die Herkunft aus einem bestimmten räumlichen Bereich zu verstehen, ohne dass es darauf ankommt, ob das fragliche Erzeugnis dort mit besonderen Eigenarten, Eigenschaften oder besonderer Güte hergestellt werden kann. Die Täuschung über die geografische Herkunft ist im Allgemeinen relevant, weil sie eine Beziehung zwischen der gekennzeichneten Ware einerseits und Qualitäts- und Preisvorstellung des Kunden andererseits herstellt und deshalb für die Kaufentscheidung des Verbrauchers bedeutsam ist (BGH GRUR 1982, 564 – Elsässer Nudeln). Soweit Namen von Orten, Gegenden, Gebieten oder

Ländern sowie sonstige Angaben oder Zeichen, die im geschäftlichen Verkehr zur Kennzeichnung der geografischen Herkunft von Waren oder Dienstleistungen dienen, benutzt werden, sind §§ 126 ff., 144 MarkenG jedoch als lex specialis anzusehen (BGH GRUR 2001, 73 (76) – Stich den Buben; vgl. auch *Sosnitza* GRUR 2007, 462), sodass der wettbewerbsrechtliche Irreführungstatbestand nur anwendbar ist, wenn diese Spezialregelungen nicht eingreifen. Das gilt etwa, wenn Orte angegeben werden, die gar nicht mehr existieren, die vom Verkehr aber als personengebundene Herkunftsangabe verstanden werden können (BGH GRUR 1995, 354 – Rügenwalder Teewurst II), oder bei Phantasiebezeichnungen wie „Capri Sonne" (BGH GRUR 1983, 768 (770) – Capri).

Betriebliche Herkunftsangaben (bei Hinzutreten von Verwechslungsgefahr vgl. ferner Anhang zu   **59** § 3 Abs. 3 Nr. 13 sowie § 5 Abs. 2) sind solche, die der Verkehr als Hinweis auf eine bestimmte Herkunftsstätte versteht, mit der er die Vorstellung eines wegen seiner Güte oder Vertrauenswürdigkeit geschätzten Produktes verbindet, zB Firmenzeichen der Fa. Zwilling (BGHZ 5, 189) sowie „Gilette"-Klingen (RGZ 99, 90). Hier ist das wettbewerbsrechtliche Irreführungsverbot unabhängig vom markenrechtlichen Schutz eines Kennzeichens als Vermögensrecht anwendbar, soweit die Verbraucher mit der Marke eine bestimmte Güte assoziieren (BGH GRUR 1997, 754 f. – grau/magenta sowie Art. 6 Abs. 1 lit. b, Abs. 2 lit. a UGP-RL).

Angaben über die **Herstellungsart** beziehen sich auf das dabei angewandte Verfahren. Die Art und   **60** Weise, wie ein Produkt hergestellt wird, kann Auswirkungen auf die Wertschätzung haben. So erwartet der Abnehmer bei handwerklich gefertigter Ware eine andere, qualitativ hochwertigere und individuellere Beschaffenheit als bei industrieller Massenware. Irreführend ist es daher etwa, mit handwerklichen Bezeichnungen für fabrikmäßig oder industriell gefertigte Erzeugnisse zu werben. Dass ein sachkundiger Leser die Unwahrheit schon aus dem Preis ersieht, schließt die Irreführung nicht zwingend aus (→ Rn. 34). Die Bezeichnung „nach Maß" ist als solche mehrdeutig, da es handwerkliche Maßarbeit und industrielle Maßkonfektion gibt. Daher darf aus zivilrechtlicher Sicht nur dann mit dem Zusatz geworben werden, dass Kleidung „nach Maß" angefertigt werde, wenn die Werbung deutlich erkennen lässt, dass keine handwerks-, sondern konfektionsmäßige Arbeit angeboten wird (BGH GRUR 1957, 274). Eine strafrechtlich relevante Irreführung wird jedoch idR nicht vorliegen (→ Rn. 40). Irreführend ist auch die Werbung für eine Vollreinigung, wenn sich die Kleidungsreinigung auf ein verstärktes Kleiderbad beschränkt (BGH GRUR 1963, 203 – Vollreinigung), auch wenn der Reinigungseffekt im Einzelfall gleich ist (BGH GRUR 1968, 387 – Spezialreinigung). Gleiches kann schließlich für den **Zeitpunkt der Herstellung** zutreffen, wenn der Verkehr damit die Vorstellung von besonderer Frische, Fabrikneuheit (→ Rn. 53) oder aber, etwa bei weinhaltigen Getränken, besonderer Qualität aufgrund eines aufwändigen und langwierigen Herstellungsprozesses verbindet.

Angaben über **amtliche und behördliche Prüfungen, Zulassungen oder Testergebnisse** sind   **61** schließlich in hohem Maße geeignet, den Verkehr von der Güte und Brauchbarkeit einer Ware oder Dienstleistung zu überzeugen und in seiner Marktentscheidung zu beeinflussen. Eindeutig irreführend ist die Werbung mit unzutreffenden Angaben zu Testnote oder Testrang. Darauf, ob die amtliche Prüfung zum behaupteten Ergebnis geführt hätte, kommt es für die Beurteilung der Irreführung nicht an. Gleiches gilt, wenn Fehlvorstellungen über die Aktualität des Tests hervorgerufen werden (BGH GRUR 1985, 932 (944) – Veralteter Test). Aber auch als solche zutreffende Untersuchungsergebnisse dürfen nicht dazu verwendet werden, den Eindruck zu erwecken, das Produkt sei überlegen, wenn die Untersuchungsergebnisse das nicht tragen. Den Werbenden treffen daher in gewissem Umfang *zivilrechtliche* Hinweispflichten zu mitgetesteten Konkurrenzprodukten (BGH GRUR 1982, 437 – Test gut; BGH GRUR 2005, 877 – Werbung mit Testergebnis; vgl. aber auch OLG Hamburg GRUR-RR 2014, 160; zur engeren *strafrechtlichen* Beurteilung vgl. jedoch → Rn. 95). Irreführend kann es auch sein, wenn der Eindruck erweckt wird, das Testsiegel beziehe sich auch auf ein weiteres Produkt (BGH NJW 2015, 3777 (3378) – TIP der Woche). Ferner kann irregeführt werden durch ein TÜV-Prüfzeichen für Brillenfassungen (BGH GRUR 1991, 552 – TÜV-Prüfzeichen) sowie das Zeichen „GS = geprüfte Sicherheit", wenn die Genehmigung, dieses Zeichen zu führen, zu Unrecht erteilt worden ist (BGH GRUR 1998, 1043 – GS-Zeichen).

Schließlich kann Werbung über die **Bevorratung** einer Ware, die Dauer ihrer Verfügbarkeit sowie   **62** die sofortige Mitnahmemöglichkeit irreführend sein (vgl. auch Anhang zu § 3 Abs. 3 Nr. 5; → Rn. 67 zu sog Lockvogelangeboten). So ist die Werbung für eine Ware irreführend, die zum persönlichen Gebrauch bestimmt ist, zum angekündigten Zeitpunkt aber nicht oder nicht in genügender Menge im Verkaufslokal vorrätig ist und nicht zur sofortigen Mitnahme bereitsteht, wenn die Werbung diesen Eindruck erweckt (BGH GRUR 2000, 911 (912) – Computerwerbung I; BGH GRUR 2003, 163 – Computerwerbung II jeweils mwN). Das gilt insbes., wenn einzelne Artikel in der Werbung herausgestellt werden, wenn und weil der Verkehr das idR so auffasst, als sei die Ware sofort verfügbar (BGH GRUR 2000, 911 (912) – Computerwerbung I; BGH GRUR 2003, 163 – Computerwerbung II jeweils mwN). Diese Erwartung kann jedoch durch einen entsprechenden Hinweis auf beschränkte Vorratshaltung ausgeräumt werden (BGH GRUR 2004, 343 – Playstation).

b) Anlass- und preisbezogene Irreführung (Nr. 2). Wird in der Werbung ein besonderer **Anlass**   **63** des Verkaufs herausgestellt, versteht der Verkehr das erfahrungsgemäß so, als sei ein besonders preisgünstiger Einkauf möglich (BGH GRUR 2000, 239 (241) – Last-Minute-Reise). Der Werbende darf daher keine unwahren und irreführenden Angaben über den Verkaufsanlass machen, wobei es unerheblich ist, ob im Einzelfall tatsächlich eine günstige Einkaufsmöglichkeit geboten wird oder nicht. So muss bei Sonderverkäufen sowohl der ausdrücklich oder konkludent angekündigte Preisvorteil als auch der vorgegebene Sonderaktionsgrund (Saisonschluss-, Jubiläums- oder Räumungsverkauf, Geschäftsaufgabe, vgl. hierzu auch Anhang zu § 3 Abs. 3 Nr. 15) tatsächlich bestehen.

64 Gleiches gilt für die Werbung mit einer **Bezugsart oder -quelle.** Auch diese versteht der Verkehr erfahrungsgemäß so, dass es um besonders günstige oder Ware einer besonderen Güte gehe. Unter Bezugsart ist dabei der Weg zu verstehen, auf dem eine Ware bezogen wird (Direktimport, ohne Zwischenhändler). Die Bezugsquelle (vgl. auch Anhang zu § 3 Abs. 3 Nr. 19) weist auf die Herkunft der Ware hin, etwa aus einem Nachlass, einer Privatsammlung oder einem übernommenen Fabriklager. Hierunter fällt die Täuschung über die Herstellereigenschaft etwa durch die Werbung „direkt ab Fabrik" (OLG München GRUR 1979, 159), „direkt vom Hersteller" (OLG Düsseldorf GRUR 1965, 192 – Damenledermäntel) oder „Direkt ab Werk! Kein Zwischenhandel" (BGH GRUR 2005, 442 – Direkt ab Werk). Auf eine Großhändlereigenschaft darf nur hingewiesen werden, wenn überwiegend Wiederverkäufer oder gewerbliche Verbraucher und ausnahmsweise Letztverbraucher zu den gewerblichen Abnehmern eingeräumten Preisen beliefert werden (BGHZ 50, 173 – Wiederverkäufer).

65 Wirbt ein Immobilienunternehmer unter einer Kennziffer (Chiffre), einer Telefonnummer oder einer sonstigen Deckadresse gegenüber dem Verbraucher, täuscht er über den **gewerblichen Charakter** seines Angebots (BGH GRUR 1987, 748 – Getarnte Werbung II). Der Verbraucher erwartet hier eine Kaufgelegenheit aus Privathand, die preisgünstiger oder verhandelbarer erscheint, weil die Spanne des Handels entfällt. Auch wenn sich aus dem Angebot der gewerbliche Charakter ergibt, kann es dennoch irreführend sein, wenn und weil nicht deutlich wird, dass es sich um das Angebot eines Maklers handelt, bei dem eine Provision anfällt (BGH GRUR 1991, 324 – Finanz- und Vermögensberater).

66 **Preisbezogen** sind Angaben, auf deren Basis der Preis bestimmt und berechnet wird und die geeignet sind, den Kaufentschluss des angesprochenen Publikums zu beeinflussen. So ist etwa eine Preisherabsetzung irreführend, wenn der höhere Preis niemals oder nur für unangemessen kurze Zeit ernsthaft gefordert wurde (sog **Mondpreise,** BGH GRUR 2000, 337 – Preisknaller). Der Preis darf daher nicht herauf- und herabgesetzt werden, um den Verbraucher irrezuführen (sog **Preisschaukelei,** BGH GRUR 2003, 626 (628) – Umgekehrte Versteigerung II). Die Beweislastregelung des § 5 Abs. 4 gilt im Strafrecht allerdings nicht (*Kugler,* Die strafbare Werbung (§ 16 Abs. 1) nach der UWG-Reform 2004, 2008, 156 ff.; Fezer/Büscher/Obergfell/*Rengier* Rn. 43; *Ruhs,* Strafbare Werbung, 2006, 154). Irreführend können ferner **divergierende Preisankündigungen** etwa in Zeitungs- und Schaufensterwerbung sein (BGH GRUR 1986, 322 – unterschiedliche Preisankündigung). Diese sind aber nicht relevant für die Kaufentscheidung, wenn die Ware zwar im Regal zu einem höheren als dem beworbenen Preis ausgezeichnet wird, an der Kasse aber von vorne herein der niedrigere Preis berechnet wird (BGH GRUR 2008, 442 – Fehlerhafte Preisauszeichnung).

66a Die Werbung mit **Sonderangeboten** ist irreführend, wenn sich der als besonders günstig herausgestellte Preis von den üblicherweise geforderten Preisen nicht unterscheidet (BGH GRUR 1979, 474 – 10-Jahre-Jubiläum) oder sich nicht eindeutig ergibt, ab welchem Zeitpunkt wieder Normalpreise verlangt werden (BGH GRUR 2011, 934 – Original Kanchipur). Bei zusätzlicher Angabe, das Angebot sei nur für einen sehr begrenzten Zeitraum verfügbar, vgl. ferner Anhang zu § 3 Abs. 3 Nr. 7. An festen zeitlichen Grenzen der Rabattaktion muss sich der Werbende grds. festhalten lassen, sodass die Werbung irreführend ist, wenn bereits bei ihrem Erscheinen beabsichtigt war, die Aktion zu verlängern (BGH GRUR 2012, 208 – 10% Geburtstags-Rabatt; BGH GRUR 2014, 91 (93)). Aber auch bei erst nachträglicher Entscheidung zur Verlängerung kann die ursprüngliche Werbung irreführend sein, wenn die Gründe dafür absehbar waren (BGH GRUR 2012, 213 – Frühlings-Special; BGH GRUR 2014, 91 (93)). Bei Preisvergleichsportalen im Internet erwartet der durchschnittlich informierte Nutzer höchstmögliche Aktualität, sodass er irregeführt wird, wenn der tatsächlich verlangte Preis nach einer Preiserhöhung auch nur für einige Stunden über dem im Preisvergleichsportal angegebenen Preis liegt (BGH GRUR 2010, 936 – Espressomaschine).

67 Bei der **Lockvogelwerbung** können irreführende Angaben nicht nur über eine angemessene Bevorratung (→ Rn. 62), sondern auch über das Preisniveau des übrigen Sortiments gemacht werden. Das gilt jedoch nur ausnahmsweise, wenn ein Ausnahmecharakter des Angebots nicht erkennbar gemacht wird (BGHZ 52, 302 – Lockvogel). Mangels unwahrer Angaben kommt jedoch eine Strafbarkeit nach § 16 Abs. 1 kaum in Betracht (vgl. GK-UWG/*Otto* § 4 aF Rn. 74). Irreführend ist ferner das Angebot einer **Warenmehrheit** zu einem im Verhältnis zu den Einzelpreisen ungewöhnlich günstigen Gesamtpreis, wenn die Einzelpreise keine ernsthaft kalkulierten Preise sind, die regelmäßig gefordert und vom Kunden bezahlt werden (BGH GRUR 1984, 212 – unechter Einzelpreis). Ebenso dürfen Sparpackungen nur dann als solche bezeichnet werden, wenn der Packungspreis tatsächlich günstiger ist als die Einzelpreise (BGH GRUR 1985, 392 – Sparpackung).

68 Schließlich sind **Preisgegenüberstellungen** mit der Herstellerempfehlung irreführend, wenn die Empfehlung nicht auf der Grundlage einer ernsthaften Kalkulation als angemessener Verbraucherpreis ermittelt worden ist, der vom Hersteller empfohlene Preis im Zeitpunkt der Bezugnahme nicht als

Verbraucherpreis in Betracht kommt oder die Bezugnahme nicht hinreichend klar und bestimmt ist (BGH GRUR 2000, 436 – Ehemalige Herstellerpreisempfehlung; BGH GRUR 2003, 446 – Preisempfehlung für Sondermodelle). Dagegen ist es nicht irreführend, wenn eine Preisempfehlung nicht als unverbindlich ausgewiesen wird, weil der Verbraucher davon ohnehin nicht ausgeht (BGH GRUR 2007, 603 (604) – UVP). Irreführend bleibt jedoch die Gegenüberstellung mit einer fingierten, widerrufenen oder nicht mehr gültigen Herstellerpreisempfehlung (BGH GRUR 2000, 436 – Ehemalige Herstellerpreisempfehlung; BGH GRUR 2004, 436 f. – Fortfall einer Herstellerpreisempfehlung).

Kopplungsangebote sind irreführend, wenn der Verbraucher über den Wert des tatsächlichen **69** Gesamtangebots getäuscht oder nur unzureichend informiert wird. So dürfen etwa Teilleistungen oder der günstige Preis einer Teilleistung in der Werbung nicht (blickfangmäßig, → Rn. 38) herausgestellt werden, ohne dass dabei gleichzeitig ebenso deutlich auf das Entgelt für den anderen – wirtschaftlich belastenden – Teil des Kopplungsangebots hingewiesen wird (BGHZ 139, 368 (378) – Handy für 0 DM; BGHZ 151, 84 (91) – Kopplungsangebot I; BGH GRUR 2003, 249 – Preis ohne Monitor; BGH GRUR 2003, 538 (539) – Gesamtpreisangebot).

c) Unternehmensbezogene Irreführung (Nr. 3). Die Nr. 3 betrifft insgesamt Angaben über die **70** eigenen persönlichen oder geschäftlichen Verhältnisse des Unternehmers. Soweit fremde geschäftliche Verhältnisse betroffen sind, können diese bei vergleichender Werbung (→ Rn. 23) irreführend sein. Unternehmensbezogene Angaben können die Person, Identität, Eigenschaften, Qualifikation und Rechte eines Unternehmens betreffen.

Für welche Zwecke eine **Auszeichnung** oder Ehrung iE verwendet werden darf, entscheiden Wort- **71** laut und Sinn der Verleihungsurkunde. Eine für gute gewerbliche Leistung allgemein verliehene Auszeichnung darf etwa nicht für einzelne Produkte verwendet werden (BGH GRUR 1961, 193 (196) – Medaillenwerbung). Gegenstand der Irreführung können ferner Titel und Würden sein, sofern sie für die Marktentscheidung des angesprochenen Verkehrskreises relevant sind. Das gilt für die Verwendung unwahrer **akademischer Grade** (vgl. Ohly/Sosnitza/*Sosnitza* § 5 Rn. 583 ff.), wie die Verwendung eines Doktor-Titels im Firmennamen einer GmbH, obwohl kein Gesellschafter über einen solchen verfügt (BGH GRUR 1990, 604 (605) – Dr. S.-Arzneimittel). Dagegen darf ein Professorentitel auf dem Gebiet der Physik bei Werbung für eine medizinische Therapie verwendet werden (BGH GRUR 1995, 612 (613 f.) – Sauerstoff-Mehrschritt-Therapie zu §§ 1, 3 HWG). Die Verwendung des Adjektivs „diplomiert" wird nicht mit „Dipl." gleichgesetzt und weist daher nicht auf einen akademischen Abschluss hin (BGH GRUR 2014, 494). Die Bezeichnung als Fachanwalt setzt eine entsprechende Zusatzqualifikation voraus (BGH GRUR 2007, 807 (808 f.) – Fachanwälte). Auch wenn insofern eine Verwechslungsgefahr besteht, ist aber die Bezeichnung als „Spezialist für Familienrecht" nicht per se unzulässig; es kommt darauf an, ob die Fähigkeiten des Werbenden denen eines Fachanwalts entsprechen (BGH GRUR 2015, 286 – Spezialist für Familienrecht). Bei einem „zertifizierten Testamentsvollstrecker" erwartet die Verkehrsauffassung entsprechende Praxiserfahrung (BGH GRUR 2012, 215 – Zertifizierter Testamentsvollstrecker). Als **Sachverständiger** darf sich nur bezeichnen, wer überdurchschnittliche Sachkunde besitzt (BGH GRUR 1984, 740 (741) – Anerkannter Kfz-Sachverständiger; BGH GRUR 1997, 758 (759) – Selbsternannter Sachverständiger). Ein Verwendungsmonopol für öffentlich bestellte Sachverständige besteht nicht, soweit nicht diese Bezeichnung gewählt wird (BGH GRUR 1984, 740 (741) – Anerkannter Kfz-Sachverständiger; BGH GRUR 1997, 758 (759) – Selbsternannter Sachverständiger). IÜ vgl. etwa die Spezialregelungen der §§ 2a BÄO, 18 WPO, 43 StBerG, 12 BRAO, 3 BApO sowie §§ 32, 39 KWG.

Eine **irreführende Unternehmensbezeichnung** kann etwa „Fabrik" sein. Diese setzt einen indus- **72** triellen Herstellungsbetrieb voraus, wobei die Abgrenzung gegenüber dem Handwerk (vgl. KG GRUR 1976, 640 – Porzellan-Manufaktur) weniger streng, diejenige gegenüber dem bloßen Handel nach einem strengeren Maßstab zu erfolgen hat, sodass nur geringfügiger Zukauf statthaft ist (BGH GRUR 1957, 348 – Klasen-Möbel). Bei einem Unternehmen, in dessen Firma der Bestandteil „Stadtwerke" enthalten ist, geht die Verkehrsauffassung davon aus, es sei zumindest mehrheitlich in kommunaler Hand (BGH GRUR 2012, 1273). Die Werbung mit dem Alter des Unternehmens (sog **Alterswerbung**) erweckt beim angesprochenen Verkehr die positive Assoziation eines traditionsbewussten, seit langem mit Erfolg im Markt tätigen Unternehmens und vermittelt daher den Eindruck von Erfahrung, wirtschaftlicher Leistungskraft und Zuverlässigkeit und damit versteckte Qualitätssignale, die geeignet sind, die Kaufentscheidung zu beeinflussen (BGH GRUR 2003, 628 (629) – Klosterbrauerei mwN). Zur irreführenden Alterswerbung eines Juweliers vgl. eine 100 Jahre nach Gründung übernommene Filialkette BGH GRUR 1981, 69 – Alterswerbung für Filialen. Eine **Allein- oder Spitzenstellungswerbung** kann sich nicht nur auf ein Produkt, sondern auch auf das gesamte Unternehmen beziehen (zB BGH GRUR 1969, 415 – Kaffeerösterei; BGH GRUR 2004, 786 – Größter Online-Dienst). Hier gelten die unter → Rn. 55 dargestellten Grundsätze.

Stets unzulässig ist es, sich irreführend auf ein **Schutzrecht** zu berufen (vgl. Köhler/Bornkamm/ **73** *Bornkamm* § 5 Rn. 5.115 ff.; Ohly/Sosnitza/*Sosnitza* § 5 Rn. 573 ff.). Irreführend wirbt daher, wer mit einem Patent wirbt, das noch nicht erteilt wurde, abgelaufen ist oder für nichtig erklärt wurde. Wer mit einem lediglich angemeldeten Patent wirbt, muss klarstellen, dass eine Erteilung noch nicht erfolgt ist

(OLG Hamburg GRUR 1974, 398). Werbung für eine „gesetzlich geschützte" Ware versteht der Verkehr als Hinweis auf ein bestehendes Patent. Es ist daher irreführend, wenn sie für ein ungeprüft eingetragenes Gebrauchs- oder Geschmacksmuster verwendet wird (OLG München NJWE-WettbR 1997, 37 (38); OLG Düsseldorf GRUR 1978, 437). Die Werbung als „patentiert" ist zulässig, wenn sich der Patentschutz auf die prägenden Teile, nicht aber das gesamte System bezieht (OLG Karlsruhe GRUR 1980, 118).

74   **d) Sonstige.** Nr. 5 und Nr. 7 des Katalogs betreffen in erster Linie nachvertragliche Verhaltensweisen und sind daher für den Straftatbestand nur eingeschränkt relevant (→ Rn. 5). Über Vertragsbedingungen können insbes. **rechnungsähnliche Formulare** über nicht bestellte Ware irreführen, die bei situationsadäquat aufmerksamen Empfängern den Eindruck einer bereits bestehenden Zahlungspflicht hervorrufen (BGH GRUR 1994, 126 f. – Folgeverträge I; BGH GRUR 1995, 358 ff. – Folgeverträge II; BGH GRUR 1998, 415 ff. – Wirtschaftsregister jeweils zu § 1 UWG aF; BGH GRUR 2012, 184 – Branchenbuch Berg; vgl. ferner Anhang zu § 3 Abs. 3 Nr. 22; zur strafrechtlichen Betrachtung → Rn. 83). Ferner können hier Werbeangaben zur **Herstellergarantie** relevant sein. So muss beim Verkauf von aus dem EU-Ausland importierten Fahrzeugen als EG-Neuwagen ggf. ein Hinweis auf eine verkürzte Herstellergarantie erfolgen (BGH GRUR 1999, 1122 – EG-Neuwagen I). Irreführend kann es auch sein, wenn mit besonderen Rechten des Kunden geworben wirbt, die sich aber bereits aus zwingenden gesetzlichen Regelungen – insbes. zum Verbraucherschutz – ergeben (BGH GRUR 2014, 1007 – Geld-Zurück-Garantie III).

75   **7. Beispiele aus der strafrechtlichen Rechtsprechung.** Beispiele aus der strafrechtlichen Rspr. zur Irreführung über **Beschaffenheit, Eigenschaft** und **Wirkungen einer Ware** (→ Rn. 52 ff.) sind die Anpreisung einer Hose aus Zellwolle als aus reiner Wolle (BGHSt 16, 220), der Verkauf von Rum-Verschnitt als Rum (BGH BB 1954, 299 – Rum-Verschnitt), von Schuhen aus minderwertigem Ersatzleder als „Schuhe von prima Qualität" (RGSt 36, 430 (431)), von Schappseide als „reinseidener Velours" (RGSt 40, 438), die Werbung für einen Büstenhalter mit aufblasbarer Gummieinlage mit der Behauptung, er solle eine vollendet schöne Büste und tadellose Figur bewirken (OLG Braunschweig GRUR 1956, 502), die Werbung für ein rein ethisch orientiertes Buch in einer pikante Erotik versprechenden Weise (BayObLG GRUR 1959, 427 – Liebe mal ganz anders), sowie die Bezeichnung einer technischen Anlage als „VDE-geprüft", obwohl nicht die Gesamtanlage, sondern nur Bestandteile einer VDE-Norm entsprechen (OLG Nürnberg GRUR 1990, 141 – Alarmanlage). Über Ursprung und Herstellungsart einer Ware wird irregeführt, wenn Seife als Blindenware beworben wird, die lediglich nach Rezepten eines Blinden fabrikmäßig hergestellt wurde (BGHSt 4, 44). Bei Heil- und Schönheitsmitteln ist die Werbung für ebenso harmlose wie wirkungslose Produkte als „Schlank-Pillen" und Mittel zu „Haarverdoppelung" zu nennen (BGHSt 34, 199, wobei eine Verurteilung nach § 263 StGB in Tateinheit mit §§ 4 UWG aF sowie § 14 HWG und § 96 Abs. 1 Nr. 3 und 5 AMG erfolgt ist, BGH NJW 1987, 388), aus dem Bereich der Haustür- und Vertreterwerbung der Verkauf von Geräten unter der Vorspiegelung, es handele sich um Vorführgeräte für andere Kaufinteressenten (BGHSt 24, 272 – Vorführgeräte).

76   Wegen irreführender Werbung zu **Art und Umfang einer Dienstleistung** (→ Rn. 56) strafbar ist etwa der Betreiber einer Autoreparaturwerkstatt, der unzutreffend angibt, diese erledige alle „Versicherungsabrechnungen" (BayObLG NJW 1967, 2418) sowie der unseriöse Kreditgeber und -vermittler, der mit unzutreffenden Behauptungen wie Kredite „für jedermann" (KG JR 1968, 433) oder mit vermeintlich einfachen Kreditmöglichkeiten zu niedrigen Zinsen (OLG Köln NJW 1957, 1042) wirbt. Irreführend ist weiter die Verwendung eines Briefbogens, in dem vorgespiegelt wird, ein „Institut für Medizinische Begutachtung" erstelle die Gutachten in enger Zusammenarbeit zwischen dem verantwortlichen Juristen und Ärzten (BGHR UWG § 4 aF Irreführung 1). Ein Rechtsanwalt darf im Geschäftsverkehr (Praxisschild, Briefbögen) nicht fälschlich den Anschein einer überörtlichen Anwalts-Sozietät erwecken (BGHSt 37, 220 (222) zu § 43 BRAO unter dem Aspekt irreführender Werbung). Schließlich wurde Strafbarkeit bejaht für die Werbung eines Schlüsselnotdienstes im Telefonbuch unter einer örtlichen Telefonnummer, über die jedoch zu einem Call-Center verbunden wird, das den Auftrag des Kunden an ein auswärtiges Unternehmen weiterleitet (AG Königstein GewArch 2007, 263 Ls.).

77   Beispiele für strafbare irreführende Werbung im Zusammenhang mit in Aussicht gestellten **Erwerbs- und Verdienstmöglichkeiten** (vgl. auch Wabnitz/Janovsky WirtschaftsStR-HdB/Solf Kap. 16 Rn. 6 ff.) sind Anzeigen für Fotomodelle, ohne Hinweis darauf, dass diese erst gegen Bezahlung in einen Katalog aufgenommen werden (BayObLG NStZ 1989, 235), eine vermeintlich lukrative Heimtätigkeit, wenn diese sich nicht in der beworbenen Weise realisieren lässt (OLG Düsseldorf NJW-RR 1990, 875), die Anzeige, dass „Handwerker für den Außendienst gesucht werden", obwohl es um Handelsvertreter für den Möbelverkauf ging (BayObLG GRUR 1974, 400), die Werbung für die Teilnahme an einem System progressiver Kundenwerbung iSd § 16 Abs. 2 (→ Rn. 122 ff.), wenn der Werbende den unrichtigen Eindruck erweckt, dass die Kundenwerbung mit einiger Sicherheit Erfolg haben werde (BGHSt 2, 145; GA 1978, 333; OLG Frankfurt a. M. wistra 1986, 31 ff.), sowie eine Stellenanzeige, bei der eine Festnetz-Telefonnummer angegeben und der Interessent dann an eine wesentlich teurere 0190er-Telefonnummer weiterverbunden wird (AG Achim wistra 2002, 272 ff.).

Beispiel für eine strafbare **unternehmensbezogene Irreführung** (→ Rn. 70 ff.) ist die Bezeichnung **78** eines Betriebes als „Weingut", wenn der Betrieb nicht überwiegend eigene Weinbauerzeugnisse verarbeitet. Die Bezeichnung „Weingut" ist unwahr und zur Irreführung geeignet, wenn 20% und mehr der jährlichen Gesamtproduktion aus fremd erzeugten Weintrauben oder aus deren Erzeugnissen hergestellt werden (BayObLG GRUR 1972, 659).

Eine strafbare **anlassbezogene Irreführung** (→ Rn. 63 ff.) wurde bejaht, wenn besonders günstige **79** Kaufgelegenheiten vorgespielt wurden (vgl. Wabnitz/Janovsky WirtschaftsStR-HdB/*Solf* Kap. 16 Rn. 47 ff.), etwa in Form inszenierter Zwangsversteigerungen (ausführlich dazu *Kugler,* Die strafbare Werbung (§ 16 Abs. 1) nach der UWG-Reform 2004, 2008, 129 ff.) und des Räumungsverkaufsschwindels mit angeblichen Geschäfts- oder Sortimentsaufgaben, insbes. beim Orientteppichhandel (OLG Köln NJW 1976, 1547), sowie der Werbung mit angeblichen **Sonderverkäufen** oder Sonderangeboten (LG Mannheim GRUR 1957, 141). Hierher gehört es auch, wenn bei einem Räumungsverkauf Waren nachgeschoben werden (OLG Celle NJW 1987, 78).

Über die **Bezugsquelle** (→ Rn. 64) wirbt irreführend, wer unzutreffend einen Verkauf „direkt ab **80** Fabrik" behauptet (OLG Oldenburg GRUR 1967, 106 ff.), wer vorteilhafte Vereinbarungen mit der Betriebsleistung vortäuscht, um die Belegschaft als Kunden zu gewinnen (LG Mannheim GRUR 1957, 141), wer unzutreffend behauptet, es sei ein „Großeinkauf" beim Kolonialwarenhändler erfolgt (RGSt 71, 16) oder „der Zwischenhandel sei ausgeschaltet" worden (RGSt 64, 247). Irreführend wirbt auch, wer über die Herkunft aus einem übernommenen Fabriklager täuscht (RGSt 36, 430) oder den **gewerblichen Charakter** „privater" (Klein-)Anzeigen **verschleiert,** etwa die Anzeige für den besonders günstigen Gelegenheitsverkauf eines Privatmannes aufgibt, obwohl ein gewöhnlicher Handelsverkauf zugrunde lag (RGSt 39, 169; 46, 275).

Beispielsfälle für die strafbare **preisbezogene Irreführung** (→ Rn. 66 ff.) sind die Werbung für einen **81** Totalausverkauf mit sog **Mondpreisen,** dh mit zuvor nicht ernsthaft verlangten „statt"-Preisen (RGSt 47, 28 f.; OLG Stuttgart NJW 1982, 115; vgl. ferner Wabnitz/Janovsky WirtschaftsStR-HdB/*Solf* Kap. 16 Rn. 40 ff.) sowie die Gegenüberstellung des angepriesenen mit dem „reellen Wert" (RGSt 37, 266). Ein strafbares irreführendes **Kopplungsangebot** (→ Rn. 69) liegt schließlich vor, wenn für eine Wohnungsvermittlung geworben und dabei verschwiegen wird, dass gleichzeitig Möbel gekauft werden müssen (KG GRUR 1973, 601 – Wohnraum-Angebot), bei unwahren Versprechen über Werbegeschenke, Preisausschreiben, Geldgewinne oder ein „leckeres Mittagessen" zur Buchung einer **Kaffeefahrt** (BGH NJW 2002, 3415) sowie wenn durch **unwahre Gewinnmitteilungen und Geschenkversprechen** Warenbestellungen veranlasst werden sollen (BGHSt 52, 227).

Typisch ist ferner der Schwindel beim **Zeitschriftenvertrieb,** der Werbende finanziere sich durch **82** die Werbetätigkeit sein Studium oder eine Rehabilitationsmaßnahme nach Strafvollzug oder Drogenabhängigkeit. Hier stellt sich zunächst die Frage, ob Angaben über die Beweggründe für die Werbetätigkeit und die beabsichtigte Verwendung seines Verdienstes als rein persönliche Lebensverhältnisse und Motive vom Tatbestand erfasst sind (→ Rn. 48). Der BGH hat anerkannt, dass Angaben von Zeitschriftenwerbern die Preisbemessung und damit auch geschäftliche Verhältnisse betreffen können, wenn der Eindruck vermittelt wird, das Unternehmen lasse dem Adressaten aus sozialen Gründen einen Teil des Gewinns aus dem jeweils verkauften Abonnement zukommen, der über die normale Provision oder sonstige Vergütung hinausgehe (BGHSt 36, 389 (393); BayObLG NStZ 1990, 132 – Zeitschriftenwerber; BGH wistra 1991, 119; vgl. auch *Endriß* wistra 1990, 335). Soweit es daran fehlt, hat der BGH jedenfalls die Eignung verneint, den Anschein eines besonders günstigen Angebots hervorzurufen (→ Rn. 108).

Über **Vertragsbedingungen** kann irregeführt werden, wenn Serien-Werbeschreiben mit rechnungs- **83** ähnlich aufgemachten Angeboten (→ Rn. 74) zugesandt werden, die beim angesprochenen Empfängerkreis den Eindruck vermitteln, der Vertrag sei schon geschlossen und eine Zahlungspflicht bestehe daher bereits. Besonders verbreitet ist diese Vorgehensweise beim Schwindel mit **Adressbüchern** und anderen **Verzeichnissen** (vgl. *Otto* GRUR 1979, 90; ferner *Kugler,* Die strafbare Werbung (§ 16 Abs. 1) nach der UWG-Reform 2004, 2008, 138 ff.), wobei jedoch in der bisherigen Rspr. weniger die irreführende Werbung als der Betrug im Zentrum steht (BGHSt 27, 293; 47, 1; BGH NStZ-RR 2004, 110; BGH NJW 2014, 2595; → § 263 Rn. 30; vgl. auch Anhang zu § 3 Abs. 3 Nr. 22). Für § 16 Abs. 1 wird es auch oft an der Absicht fehlen, den Anschein eines besonders günstigen Angebots hervorzurufen (→ Rn. 100 ff.; vgl. auch *Otto* GRUR 1979, 90 (101); Wabnitz/Janovsky WirtschaftsStR-HdB/*Solf* Kap. 16 Rn. 81 ff., 93; s. auch *Brammsen/Apel* WRP 2011, 1254 (1256 f.)). Zur Irreführung über Vertragsbedingungen zählt ferner das Erschleichen von Unterschriften im Wege der Straßenwerbung für Beitrittserklärungen zu einem Buchclub (OLG Köln GA 1977, 188 (190)).

8. Verbreitung. § 16 Abs. 1 setzt eine Werbeaussage in öffentlichen Bekanntmachungen oder Mit- **84** teilungen voraus, die für einen größeren Personenkreis bestimmt sind. Damit stellt das Gesetz klar, dass vom Straftatbestand nur **Publikumswerbung** erfasst ist, während an Einzelpersonen gerichtete Werbeaussagen, die nicht zur weiteren Verbreitung geeignet und bestimmt sind, vom Anwendungsbereich ausgenommen sind. Angaben, die lediglich individuelle Opfer täuschen sollen, können je nach Fallgestaltung gem. § 263 StGB strafbar sein.

85   **a) Öffentliche Bekanntmachungen.** Öffentliche Bekanntmachungen sind Veröffentlichungen, die sich an einen unbegrenzten Personenkreis, also an **jedermann** richten (RGSt 63, 107 (110)). Dabei genügt es, wenn die Werbebotschaft unbeschränkt zur Kenntnis genommen werden kann. Ob sie auch wahrgenommen, inhaltlich verstanden oder gar befolgt wird, ist unerheblich (Ohly/Sosnitza/*Sosnitza* Rn. 14).

86   **Beispiele** sind Werbeanzeigen in Zeitungen, Zeitschriften und anderen Druckerzeugnissen (RGSt 63, 107 (110); BayObLG GRUR 1959, 427 (428) – Liebe mal ganz anders), Internet-, Fernseh-, Rundfunk- und Kinowerbung, öffentliche Werbeanschläge (RGSt 63, 107 (110)) und -plakate an Litfaßsäulen oder Reklametafeln, Leuchtreklamen, Auto-, Bus- und Bahnaudrucke, Postwurfsendungen, Handzettel, Broschüren, Werbung auf Einkaufstüten und Warenverpackungen sowie durch Warenbezeichnungen, Etiketten auf Weinflaschen (BayObLG GRUR 1972, 659 (660) – Weingut), Werbung auf Bieruntersätzen und Gaststättenschildern.

87   **b) Mitteilungen, die für einen größeren Personenkreis bestimmt sind.** Für einen größeren Personenkreis bestimmt sind Mitteilungen, die sich an einen bestimmten Teil der Öffentlichkeit – idR den Kundenkreis – wenden, der aber kein von vornherein fest begrenzter Personenkreis sein darf. Einen größeren Kreis von Personen bildet daher eine nach Zahl und Persönlichkeit im Voraus **unbestimmte und unbegrenzte Mehrheit an Personen** (RGSt 40, 122 (130); 63, 107 (110)). Dabei muss weder eine bestimmte Zahl erreicht werden, noch müssen die Adressaten dem Werbenden unbekannt sein. Nicht erforderlich ist ferner, dass die Mitteilung tatsächlich zugeht oder zur Kenntnis genommen wird (Müller-Gugenberger WirtschaftsStR/*Gruhl* § 60 Rn. 15). Entscheidend ist allein, dass sie in den Verkehr gebracht wird, um sich zu verbreiten (RGSt 40, 122 (130 f.)). Es genügt daher, wenn etwa ein Prospekt in größeren Mengen hergestellt worden ist, bisher aber nur an einzelne Personen verschickt wurde (→ Rn. 110).

88   Gehen die Mitteilungen zunächst nur einem geschlossenen Personenkreis oder einzelnen Personen zu, so ist entscheidend, ob zu erwarten oder sogar beabsichtigt ist, dass sie sich an einen größeren Personenkreis **weiterverbreiten.** Auch Werbeprospekte, die ein Fabrikant nur an ihm bekannte Groß- und Einzelhändler verteilt, sind daher für einen größeren Personenkreis bestimmt, wenn damit zu rechnen ist, dass sie an Endverbraucher weitergereicht werden (OLG München GRUR 1955, 48 (49)). Ebenso ist es unschädlich, wenn bewusst Personen, insbes. Haustürvertreter oder Telefonverkäufer, zwischengeschaltet werden (BGHSt 24, 272 (273) – Vorführgeräte; BayObLG NStZ 1990, 132 (133) – Zeitschriftenwerber; OLG Oldenburg GRUR 1967, 106 (107) – Wäschefabrik).

89   Die Werbung muss nicht alle Adressaten gleichzeitig erreichen, sondern kann auch **sukzessive** zugehen (RGSt 40, 122 (130); BGHSt 24, 272 ff. – Vorführgeräte; BayObLG NStZ 1990, 132 (133) – Zeitschriftenwerber). Auch gegenüber mehreren Kunden nacheinander abgegebene Erklärungen sind daher nicht als Individualwerbung, sondern als für einen größeren Personenkreis bestimmte Mitteilungen zu werten, wenn sie inhaltlich übereinstimmen. Sie müssen auch nicht völlig gleichförmig sein, insbes. wenn sie mündlich gemacht werden (so noch RGSt 64, 247 (248)). Ausreichend ist vielmehr, dass sie nach **Sinn und Inhalt miteinander übereinstimmen** (BGHSt 24, 272 (273 f.) – Vorführgeräte; BayObLG NStZ 1990, 132 (133) – Zeitschriftenwerber; OLG Frankfurt a. M. GA 1977, 153 (154); OLG Köln GA 1977, 188 (190); so auch *Endriß* wistra 1989, 90 (92)). Das ist nicht der Fall, wenn die unwahren Angaben nur einzelnen Kunden gegenüber gemacht, andere dagegen wahrheitsgemäß unterrichtet werden (OLG Frankfurt a. M. GA 1977, 153 f.). Die Strafbarkeit hängt dann davon ab, ob bereits der unwahr unterrichtete Kundenkreis eine Personenmehrheit iSd Vorschrift ist.

90   **Beispiele** sind aufgrund von Adressdatenbanken in hoher Auflage verschickte Werbesendungen (sog Mailings) mit jeweils standardisiertem Text (BGHSt 52, 227 (234) – Strafbare Werbung im Versandhandel), mündliche Angaben auf einer Informationsveranstaltung mit offenem Teilnehmerkreis (OLG Frankfurt a. M. wistra 1986, 33 f.), Anzeigen in fremdsprachigen inländischen Zeitungen (OLG Celle NStZ-RR 2005, 25 ff.) oder Werbeprospekten (OLG München GRUR 1955, 48 (49)), Angaben in für Vertreter bestimmten Mustermappen (OLG Oldenburg GRUR 1967, 106 ff. – Wäschefabrik), in an einen größeren Kreis von Personen versandten Geschäftspapieren, Preislisten und Angeboten (BayObLG GRUR 1972, 659 (660) – Weingut) oder auf einem Geschäftsbriefkopf (BGHR UWG § 4 Irreführung 1), Plakate an Messeständen und Beihefter in Fachzeitschriften sowie Angaben auf Warenverpackung (RGSt 45, 355 (361); BGHSt 4, 44 f. – Blindenware), Handzetteln (OLG Schleswig WRP 1995, 14 f.) und Kassenbons (RGSt 49, 230 (231)).

91   **c) Abgrenzung.** Eine exakte Abgrenzung der beiden Begriffe ist schwierig. So sind Angaben auf Warenverpackungen in der Rspr. teils als öffentliche Bekanntmachungen (BayObLG GRUR 1972, 659 (660) – Weingut), teils als Mitteilung angesehen worden, die für einen größeren Personenkreis bestimmt ist (RGSt 45, 355 (361)). Letztlich ist eine Abgrenzung aber auch nicht erforderlich, da beide Formen der Verbreitung rechtlich gleich behandelt werden.

92   **9. Verschweigen wesentlicher Umstände.** Bei der Werbung mit unvollständigen Angaben ist aus strafrechtlicher Sicht zu unterscheiden zwischen dem bloßen Unterlassen möglicher Angaben einerseits und der schlüssigen Erklärung einer Unwahrheit durch unvollständige Angaben andererseits. Während

im erstgenannten Fall die strafrechtliche Verantwortlichkeit nach allgemeinen Grundsätzen eine Garantenpflicht voraussetzt, liegt im letztgenannten Fall aus strafrechtlicher Sicht aktives Handeln vor, hinter dem das Unterlassungselement zurücktritt.

a) Konkludent unwahre Angaben. In stRspr und Literatur zu § 263 StGB ist anerkannt, dass **93** unwahre Angaben auch konkludent gemacht werden können, wenn der Täter den maßgeblichen Aspekt zwar nicht explizit behauptet, ihn aber durch sein Verhalten stillschweigend miterklärt (BGHSt 47, 1 (3)). Diese Grundsätze können im Wesentlichen auf den Straftatbestand der irreführenden Publikumswerbung übertragen werden. So geht die Rspr. auch hier davon aus, dass **schlüssig eine unwahre Angabe machen** kann, wer **wesentliche Umstände verschweigt,** soweit der wahre Gehalt der Ware oder Dienstleistung nur erkennbar ist, wenn diese offengelegt werden (BGHSt 2, 139 (145); KG GRUR 1973, 601 – Wohnraum-Angebot; KG JR 1968, 433 (434) – Kredite für jedermann; s. auch GK-UWG/ *Wolters,* 2. Aufl. 2015, Rn. 20). Begründet wird das damit, dass eine Werbung mit derart unvollständigen Angaben ihrer – insoweit entscheidenden (→ Rn. 37) – **Gesamtwirkung** nach unwahr und irreführend ist (krit. *Kilian,* Strafbare Werbung, 2011, 39 ff.; *Rengier* FS Otto, 2007, 727 (731 ff.)). Zum Teil wird das von der einschlägigen Rspr. auch stillschweigend vorausgesetzt (BayObLG NStZ 1989, 235 ff. – Fotomodell). Zur Frage, ob in diesen Fällen der Anschein eines besonders günstigen Angebots hervorgerufen wird → Rn. 103.

Eine konkludent unwahre Werbeangabe liegt aber nicht schon dann vor, wenn zivilrechtliche Hin- **94** weispflichten verletzt werden (vgl. hierzu etwa BGH GRUR 1999, 757 (758) – Auslaufmodell I; BGH GRUR 1999, 760 (761) – Auslaufmodell II; BGH 1122 (1123) – EG-Neuwagen I; BGH GRUR 1999, 1125 (1126) – EG-Neuwagen II; BGH GRUR 2002, 182 (185) – Das Beste jeden Morgen). Vielmehr ist aus strafrechtlicher Sicht zu prüfen, ob das Verhalten des Werbenden so verstanden werden muss, dass er die verschwiegene Tatsache aus der Perspektive eines vernünftigen Durchschnittsverbrauchers miterklärt hat (Köhler/Bornkamm/*Köhler* Rn. 12a; GK-UWG/*Otto* § 4 aF Rn. 40 ff.; Fezer/Büscher/ Obergfell/*Rengier* Rn. 70). Zu beachten ist dabei jedoch, dass Werbung niemals auf eine vollständige und umfassende Information angelegt ist, vielmehr auch der verständige Durchschnittsverbraucher damit rechnet, dass weniger vorteilhafte Eigenschaften eines Produkts vom Werbenden vor allem in der oft gedrängten Darstellung der Werbung verschwiegen werden (BGH GRUR 2002, 182 (185) – Das Beste jeden Morgen). Ob der Werbende mit Täuschungsabsicht wirbt, ist dagegen unerheblich, weil es dem Adressaten nicht bekannt ist und somit für die Verkehrsauffassung keine Rolle spielt (vgl. *Scheinfeld* wistra 2008, 167 (169 ff.)).

Deutlich wird diese Unterscheidung etwa bei der Werbung mit **Testergebnissen:** So kann eine **95** Werbung für ein Produkt mit dem zutreffenden Testergebnis „gut" irreführend sein, wenn dadurch eine unzutreffende Vorstellung über das Abschneiden im Verhältnis zu den Mitbewerbern vermittelt wird (→ Rn. 61), während ihr aus strafrechtlicher Sicht keine konkludente Aussage zur Anzahl der Vergleichsprodukte entnommen wird, die mit dem gleichen Ergebnis oder besser abgeschnitten haben (MüKoUWG/*Brammsen* Rn. 22; GK-UWG/*Otto* Rn. 58; Fezer/Büscher/Obergfell/*Rengier* Rn. 70; aA Hellmann/Beckemper WirtschaftsStR Rn. 449 f.). Ohne Zweifel vom Tatbestand erfasst ist dagegen die Werbung mit unwahren Angaben, die **unzureichend,** etwa an versteckter Stelle **korrigiert** werden (→ Rn. 27, 38).

Beispiele für konkludent unwahre Werbeaussagen im strafrechtlichen Sinne sind die Werbung für eine **96** preisgünstige Wohnung, in der nicht angegeben wird, dass die Vermittlung von einem Möbelkauf abhängig gemacht wird (KG GRUR 1973, 601 – Wohnraum-Angebot), eine Werbeanzeige, mit der Fotomodelle gesucht werden, wobei erhebliche Kosten verschwiegen werden (BayObLG NStZ 1989, 235 ff. – Fotomodell) sowie die Werbung für ein Schneeballsystem (→ Rn. 122), das als erfolgversprechende Verdienstmöglichkeit dargestellt wird (BGHSt 2, 139 (145)). Gleiches soll gelten, wenn im Supermarkt Lebensmittel mit abgelaufenem Haltbarkeitsdatum im normalen Sortiment angeboten werden (OLG Köln GRUR 1988, 920 f. – Mindesthaltbarkeitsdatum; LG Hamm GRUR 1992, 714 f. – Haltbarkeitsdatum).

b) Bloßes Unterlassen vollständiger Angaben. IÜ ist eine strafbare Werbung mit unvollständigen **97** Angaben nur dann gegeben, wenn den Werbenden eine **Garantenstellung iSd § 13 StGB** trifft. Eine solche kann im Regelfall weder aus Treu und Glauben noch aus den – im Zuge der UWG-Reform 2008 ausgeweiteten – zivilrechtlichen Hinweispflichten des § 5a ohne Weiteres abgeleitet werden (Köhler/ Bornkamm/*Köhler* Rn. 12a). Zudem wird es angesichts der von § 16 Abs. 1 zugrunde gelegten, durch Anonymität gekennzeichneten Form der Publikumswerbung (→ Rn. 84) an einer entsprechenden Pflichtenstellung oft fehlen (Fezer/Büscher/Obergfell/*Rengier* Rn. 73). Zu sonstigen Fällen garantenpflichtwidrigen Unterlassens → Rn. 114.

IV. Subjektiver Tatbestand

1. Vorsatz. Erforderlich ist vorsätzliches Handeln iSv § 15 StGB. Bis zur UWG-Novelle 2004 war **98** „wissentliches" Handeln gefordert. Bereits damals hat jedoch die Rspr. Eventualvorsatz ausreichen lassen (vgl. etwa OLG Köln NJW 1957, 1042). Nunmehr kann das Delikt bereits dem Gesetzeswortlaut nach in allen Vorsatzvarianten verwirklicht werden.

2. Absicht, den Anschein eines besonders günstigen Angebots hervorzurufen. a) Absicht.

99 Als zusätzliches subjektives Merkmal erfordert § 16 Abs. 1 die Absicht des Werbenden, den Anschein eines besonders günstigen Angebots hervorzurufen. Das setzt Absicht im technischen Sinne, also zielgerichtetes Vorgehen und damit dolus directus ersten Grades voraus. Die Absicht, den Anschein eines besonders günstigen Angebots hervorzurufen, braucht nicht der alleinige oder wesentliche Beweggrund des Täters zu sein; unschädlich ist es, wenn andere – politische, wissenschaftliche oder sonstige – Zwecke mitverfolgt werden, solange sie nicht als völlig nebensächlich zurücktreten. Der Täter muss keine ökonomischen Ziele verfolgen oder einen Gewinn anstreben, insbes. ist ein Handeln zu Zwecken des Wettbewerbs nicht erforderlich (Müller-Gugenberger WirtschaftsStR/ *Gruhl* § 60 Rn. 40). Irrelevant ist ferner, ob der Anschein tatsächlich geweckt wird. Es reicht aus, wenn der Täter seine Werbeaussage für geeignet hält, die falsche Vorstellung im Publikum hervorzurufen (Achenbach/Ransiek/Rönnau WirtschaftsStR-HdB/*Ebert-Weidenfeller* Teil 3 Kap. 3 Rn. 27). Folglich kommt es auch nicht darauf an, ob er sich die Verwirklichung seines Vorhabens als sichere oder nur mögliche Handlungsfolge vorstellt (BayObLG GRUR 1972, 659 (660) – Weingut).

100 **b) Anschein besonderer Günstigkeit.** Die Absicht des Täters muss darauf gerichtet sein, die Eigenschaften des angebotenen Produkts in einer Weise herauszustellen, die einen **besonderen Anreiz zum Erwerb** bildet (BGHSt 27, 293 (294) – Branchen- und Telexverzeichnisse; BGHR UWG § 4 aF Irreführung 1; BayObLG NStZ 1989, 235 (236) – Fotomodell). Der Anschein der besonderen Günstigkeit muss nicht zwingend in einem materiellen Vorteil liegen. Ein Angebot kann vielmehr auch deshalb besonders günstig erscheinen, weil es ein **geistiges oder ideelles** Bedürfnis des Abnehmers zu befriedigen verspricht (BGHSt 4, 44 ff. – Blindenware; BGHR UWG § 4 Irreführung 1; BayObLG GRUR 1959, 427 f. – Liebe mal ganz anders; BayObLG NStZ 1990, 132 (133) – Zeitschriftenwerber). Der Anschein besonderer Günstigkeit kann daher nicht nur die Preisbemessung betreffen, sondern auch die Beschaffenheit der Ware (BayObLG GRUR 1959, 427 f. – Liebe mal ganz anders) oder Dienstleistung (RGSt 40, 122 (127)), die Warenherkunft (BGHSt 4, 44 (45) – Blindenware), ihre Verfügbarkeit, die Qualifikation des Anbieters einer Dienstleistung (BGHR UWG § 4 Irreführung 1) oder Ware (BayObLG GRUR 1972, 659 (660) – Weingut) oder darin liegen, dass scheinbar keine Vermittlungsgebühr anfällt (KG GRUR 1973, 601 – Wohnraum-Angebot).

101 Der Anschein eines besonders günstigen Angebots setzt nicht voraus, dass das Angebot nur scheinbar günstig ist. Er kann auch dadurch erweckt werden, dass **tatsächlich vorhandene Vorteile** des Angebots durch das Mittel der unwahren Angaben in den Augen des Publikums besonders in Erscheinung treten (BGH 27, 293 (294) – Branchen- und Telexverzeichnisse; BGHR UWG § 4 Irreführung 1; OLG Celle NJW 1987, 78 (79); vgl. auch RGSt 35, 23 f.; 39, 169 (171); 47, 28 f.). Da der Schutzzweck des Straftatbestands sich auch auf die Konkurrenten erstreckt, genügt es, dass ein tatsächlich vorhandener Vorteil in Aussicht gestellt wird, sofern nur durch unlautere Mittel zum Kauf verlockt wird (BGHSt 27, 293 (294) – Branchen- und Telexverzeichnisse; OLG Celle NJW 1987, 78 (79)). Das gilt etwa, wenn im Rahmen eines Ausverkaufs Ware nachgeschoben wird. Auch wenn diese unter erheblichem Preisnachlass und damit tatsächlich besonders günstig veräußert wird, wird das Publikum durch die Ausverkaufswerbung für das Angebot unlauter interessiert (OLG Celle NJW 1987, 78).

102 Für die Frage, worin im Einzelfall ein Vorteil zu sehen ist, sind alle Vorstellungen des **angesprochenen Verkehrskreises** in Betracht zu ziehen (BGHSt 4, 44 (45) – Blindenware; BGH BB 1954, 299 – Rum-Verschnitt; BayObLG GRUR 1959, 427 (428) – Liebe mal ganz anders). Es kommt nicht darauf an, ob die Ware oder Dienstleistung objektiv günstig oder gut ist, sondern allein darauf, ob das beteiligte Käuferpublikum aufgrund des Angebots vorteilhaft erscheinende Eigenschaften der Ware annehmen muss, welche diese in Wirklichkeit nicht aufweist (BayObLG GRUR 1959, 427 (428) – Liebe mal ganz anders; BayObLG GRUR 1972, 659 (660) – Weingut). So wird etwa das Käuferpublikum angebotene Blindenware aus Gründen menschlicher Hilfsbereitschaft für besonders günstig halten, auch wenn die Ware objektiv mit Angeboten kommerzieller Hersteller gleichwertig ist (BGHSt 4, 44 (46)). Gleiches gilt, wenn der eigene Betrieb unzutreffend als Weingut bezeichnet wird, selbst wenn dort tatsächlich Qualitätsweine hergestellt werden (BayObLG GRUR 1972, 659 (660)).

103 Das Angebot des Täters muss idR nicht mit etwaigen Angeboten seiner Konkurrenten verglichen werden (BGHSt 27, 293 (294) – Branchen- und Telexverzeichnisse). In Fällen konkludent unwahrer, weil unvollständiger Angaben (→ Rn. 93 ff.) ist als **Vergleichsmaßstab** auf Angebote abzustellen, die Leistungen der Art zum Inhalt haben, wie sie der Täter in Wirklichkeit erbringen kann und will (BayObLG NStZ 1989, 235 (236) – Fotomodell; KG GRUR 1973, 601 – Wohnraum-Angebot). Das Warenangebot muss für das angesprochene Publikum lediglich als günstige, reizvolle Leistung erscheinen, während die angebotene Leistung tatsächlich weniger günstig ist, mag sie auch sachlich vergleichbar sein (BayObLG NStZ 1989, 235 (236) – Fotomodell).

104 **Kein Anschein eines besonders günstigen Angebots** wird dagegen hervorgerufen, wenn der Täter bei einem iÜ branchenüblichen Angebot allein darüber irreführt, zur Erbringung der angebotenen Leistung bereit und in der Lage zu sein, während er sie in Wahrheit überhaupt nicht oder in einer der Nichtleistung gleichzusetzenden Weise erbringen will. Die Täuschung bezieht sich dann **allein auf die Vertragstreue.** Die Erklärung, vertragstreu sein zu wollen, haftet einem Vertragsangebot aber notwen-

dig an und lässt es daher nicht als besonders günstig erscheinen (GK-UWG/*Wolters*, 2. Aufl. 2015, Rn. 39). Derartige Fälle sind deshalb weder vom Wortlaut noch vom Schutzzweck der Norm erfasst, sodass nicht § 16 Abs. 1, sondern ggf. § 263 StGB einschlägig ist (BGHSt 27, 293 (295) – Branchen- und Telexverzeichnisse). **Kosten-** bzw. **Abo-Fallen** (→ Rn. 39) erwecken normalerweise nicht den Anschein eines besonders günstigen Angebots, weil diese Angebote typischerweise kostenlos sind (*Brammsen/Apel* WRP 2011, 1254, 1257; Fezer/Büscher/Obergfell/*Rengier* Rn. 97a).

c) Zusammenhang zwischen Werbung und beworbener Ware oder Leistung. Das Erfordernis **105** eines Zusammenhangs zwischen Werbung und beworbener Ware oder Leistung ist zwar im Gesetzeswortlaut nicht ausdrücklich niedergelegt, ergibt sich aber daraus, dass der Täter in der Absicht handeln muss, den Anschein eines besonders günstigen Angebots hervorzurufen (BGHSt 52, 227 (236) – Strafbare Werbung im Versandhandel; krit. *Dornis* GRUR 2008, 742 (744 ff.)). Relevant ist das insbes. bei der Lockvogelwerbung (BGHSt 52, 227 ff. – Strafbare Werbung im Versandhandel; BGH NJW 2002, 3415 ff. – Kaffeefahrten; OLG Köln NJW 1965, 265; *Kempf/Schilling* wistra 2007, 41).

Unzweifelhaft ist ein solcher Zusammenhang gegeben, wenn der in der Werbeaussage versprochene **106** Vorteil **rechtlich** vom beabsichtigten Erwerbsgeschäft **abhängig** gemacht wird, sodass der – vermeintliche – Vorteil nur erlangt werden kann, wenn auch die beworbene Ware bezogen oder die beworbene Leistung beansprucht wird (BGHSt 52, 227 (236) – Strafbare Werbung im Versandhandel). Das ist zB der Fall, wenn ausgelobte Geschenke nur übersendet werden, sofern dabei zugleich Waren bestellt werden, wobei die Möglichkeit des Kunden, bei einem Kauf auf Probe die Ware zurückzusenden, den gegebenen rechtlichen Zusammenhang ebenso wenig beseitigt wie ein Widerrufs- und Rückgaberechte bei Fernabsatzverträgen (BGHSt 52, 227 (238) – Strafbare Werbung im Versandhandel; krit. GK-UWG/ *Wolters*, 2. Aufl. 2015, Rn. 40). Gleiches gilt, wenn der Kunde eine kostenpflichtige Werbefahrt buchen muss, um in den „Genuss" angebotener Zusatzleistungen wie eines leckeren Mittagessens, Geschenken oder eines angeblich bereits erzielten Gewinns zu kommen (BGH NJW 2002, 3415 (3416) – Kaffeefahrten).

Soll der Kunde gerade durch den versprochenen Vorteil dazu verleitet werden, die beworbene Waren- **107** oder Dienstleistung zu beanspruchen, reicht auch ein **wirtschaftlicher Zusammenhang** aus. Ein solcher ist namentlich dann gegeben, wenn sich das Kaufangebot und der versprochene Vorteil nach dem Verständnis des Kunden als **einheitliches Angebot** darstellen (BGHSt 52, 227 (236 ff.) – Strafbare Werbung im Versandhandel). Selbst wenn etwa in Fällen von Werbesendungen mit Gewinnmitteilungen und Geschenkversprechen, die zu Warenbestellungen veranlassen sollen, der in Aussicht gestellte Vorteil nicht im rechtlichen Sinne von der Bestellung abhängig gemacht wird, so wird doch die Dispositionsfreiheit des Verbrauchers bei bewusst undurchsichtig gehaltenen Paketen aus Waren und Leistungen und sonst tatsächlich nicht vorhandenen Vorteilen besonders gefährdet. Es liegt nahe, dass der Verbraucher einen Gewinnvorteil oder ein Geschenkversprechen mit dem Warenangebot zusammen sehen und insgesamt von einem günstigen Angebot ausgehen wird. Für die Frage, ob ein einheitliches Angebot vorliegt, ist der Gesamteindruck der Werbeaussage auf den Adressaten (→ Rn. 37) maßgeblich, wobei es entscheidend darauf ankommt, dass nach der Vorstellung des Täters die Entscheidung des Adressaten für das Erwerbsgeschäft unter wirtschaftlichen Gesichtspunkten von dem angepriesenen geldwerten Vorteil beeinflusst wird (BGHSt 52, 227 (237 f.) – Strafbare Werbung im Versandhandel; BGH NJW 2002, 3415 (3416) – Kaffeefahrten).

Dagegen fehlt der erforderliche Zusammenhang zwischen unwahren Angaben und beworbener Ware, **108** wenn ein **Zeitschriftenwerber** lediglich über seine eigenen persönlichen Verhältnisse irreführt (BGHSt 36, 389 (396); → Rn. 48, 82). Das kann anders zu beurteilen sein, wenn der Werber dem Kunden gegenüber behauptet, das Unternehmen lasse ihm aus dem Gewinn des abzuschließenden Abonnementvertrages aus sozialen oder karitativen Gründen eine besondere Gewinnbeteiligung über die übliche Provision oder sonstige Vergütung hinaus zukommen, da dann unwahre Angaben über die Preisbemessung gemacht werden (so BayObLG NStZ 1990, 132 (133); offen gelassen in BGHSt 36, 389 (39 f.)). Hiervon zu unterscheiden sind Fälle, in denen die Befriedigung ideeller Bedürfnisse direkten Bezug zu den Eigenschaften des Produkts (Herstellungsart) aufweist (→ Rn. 75 zu sog Blindenware).

V. Rechtswidrigkeit

Ein klassischer Rechtfertigungsgrund ist kaum denkbar. Insbes. scheidet eine Rechtfertigung unter **109** dem Gesichtspunkt der Abwehr unlauteren Verhaltens Dritter bereits mangels Eignung zur Abwehr eines solchen aus. Außerdem wäre dadurch der Eingriff in den Schutzbereich des Verbrauchers nicht zu rechtfertigen (GK-UWG/*Otto* § 4 aF Rn. 100). Auch unter dem Aspekt einer mutmaßlichen Sozialadäquanz kommt eine Rechtfertigung nicht in Betracht (GK-UWG/*Otto* § 4 aF Rn. 101).

VI. Vollendung und Versuch

Werben ist kein erfolgsgebundenes Verhalten, sondern bereits abgeschlossen, wem mit dem Ver- **110** breitungsakt begonnen wird (→ Rn. 85, 87). Die Tat ist daher vollendet, wenn die unwahren Angaben dem Publikum zugänglich geworden sind, namentlich die Werbemitteilung von mindestens einem der

Umworbenen zur Kenntnis genommen werden kann (RGSt 40, 122 (130)). Da es sich um ein abstraktes Gefährdungsdelikt handelt, ist es nicht erforderlich, dass tatsächlich Kenntnis genommen oder ein Irrtum erregt wird; erst recht muss nicht die konkrete Gefahr eines Schadens bestehen. Unerheblich ist es daher auch, wenn sich der Werbende später bemüht, die unwahren Angaben zu korrigieren. Bei allem, was geschieht, bevor die Angaben verbreitet werden, handelt es sich dagegen nur um – mangels Versuchsstrafbarkeit – straflose Vorbereitungshandlungen. Das gilt etwa, wenn mitwirkende Dritte bei der Aufgabe von Annoncen die unwahren Angaben zur Kenntnis nehmen, ebenso bei Druckereien, externen Grafikern, Werbedesignern usw.

VII. Irrtum

111   Ein vorsatzausschließender **Tatbestandsirrtum iSd § 16 StGB** wirkt zugleich strafausschließend, da § 16 nicht fahrlässig begangen werden kann. Ein solcher Irrtum kommt in Betracht, wenn der Werbende die Angaben für wahr hält, wenn er glaubt, sie seien nicht geeignet, in die Irre zu führen oder er den Adressatenkreis für zu klein hält. Fehlvorstellungen über die Verkehrsauffassung können zu einem ebenfalls vorsatzausschließenden Irrtum über den sozialen Sinngehalt führen (MüKoUWG/*Brammsen* Rn. 66; Fezer/Büscher/Obergfell/*Rengier* Rn. 93). Da Rechtfertigungsgründe praktisch kaum vorkommen (→ Rn. 109), gilt das entsprechend für potenzielle Erlaubnistatbestandsirrtümer.

112   Ein **Verbotsirrtum iSd § 17 StGB** liegt nicht schon dann vor, wenn der Täter keine Kenntnis von der Strafbarkeit seines Verhaltens hat. Rechnet er damit, dass seine Werbemaßnahmen wettbewerbsrechtlich unzulässig sind, so ist ihm auch die Normwidrigkeit seines Verhaltens in Bezug auf die durch § 16 Abs. 1 geschützten Rechtsgüter bewusst. Indiz kann insoweit der Versuch sein, sich den zivilrechtlichen Folgen der Wettbewerbsverstöße durch Umstrukturierungsmaßnahmen zu entziehen (BGHSt 52, 227 (239f.) – Strafbare Werbung im Versandhandel). Gleiches gilt, wenn der Täter bei voller Tatsachenkenntnis irrig annimmt, sein Handeln sei nur ordnungswidrig (OLG Celle NJW 1987, 7f.). IÜ ist die Einlassung des Täters, er habe sein Tun für erlaubt gehalten, bei krasser Unrichtigkeit der Angaben und gleichzeitig umfangreichen Verschleierungsmaßnahmen zumindest eingehend zu prüfen (BGH NJW 2002, 3415 (3417) – Kaffeefahrten). An die Unvermeidbarkeit sind nach allgemeinen Grundsätzen hohe Anforderungen zu stellen. Es ist dem Täter regelmäßig zuzumuten, vor einer Werbeaktion externen Rechtsrat einzuholen, sei es beim zuständigen Fachverband, sei es bei einem Rechtsanwalt.

VIII. Täterschaft und Teilnahme

113   Täter kann jede Person sein (→ Rn. 7), die im eigenen oder fremden Interesse (→ Rn. 10) den Tatbestand vorsätzlich erfüllt. Bei juristischen Personen haften strafrechtlich nach allgemeinen Grundsätzen die handelnden Organe. Neben dem Geschäftsinhaber selbst können Täter auch Angestellte, Beauftragte oder beliebige Dritte sein. Möglich ist sowohl **Mittäterschaft** – etwa neben eigenverantwortlich agierenden Vertretern oder dem Inhaber einer Werbeagentur – als auch **mittelbare Täterschaft** durch den Einsatz uneingeweihter Vertreter oder anderweitig fremd gesteuerter Hilfspersonen – etwa einen Angestellten, der ohne Kenntnis der näheren Umstände auf Weisung seines Dienstherren handelt (vgl. zu beidem OLG Oldenburg GRUR 1967, 106 (107) – Wäschefabrik; zur mittelbaren Täterschaft ferner RGSt 46, 275 (277)).

114   Die ehemals in § 4 Abs. 2 UWG 1909 getroffene Sonderregelung, wonach der Betriebsinhaber schon strafrechtlich verantwortlich sein sollte, wenn er um eine Tathandlung eines Angestellten oder Beauftragten wusste, wurde aufgehoben, weil sie mit dem Schuldgrundsatz unvereinbar war (BT-Drs. 8/2145, 11f.). Der Betriebsinhaber wird jedoch idR **Garant iSd § 13 StGB** sein (vgl. *Rengier* FS Otto, 2007, 727 (728f.) sowie allgemein BGHSt 57, 42), sodass eine strafbare Irreführung durch Unterlassen in Betracht kommt, wenn Angestellte irreführend werben (vgl. BT-Drs. 8/2145, 12). IÜ wird eine Garantenstellung nur in Ausnahmefällen begründbar sein. Denkbar ist Ingerenz, wenn die Angaben zunächst für wahr gehalten werden, dann jedoch weiter geworben wird, nachdem sie als unwahr erkannt wurden; es bedarf dann aber stets einer eingehenden Prüfung, ob es faktisch noch möglich war (etwa bei Veröffentlichung einer Werbeanzeige in einer Zeitung) und zumutbar ist, die Werbung zurückzuziehen (*Rengier* FS Otto, 2007, 727 (730f.)). Gleiches gilt für denjenigen, der eine unwahre und zur Irreführung geeignete Anzeige, die ohne sein Wissen aufgegeben worden ist, nicht zurückzieht.

115   Auch **Teilnahme** ist nach allgemeinen Grundsätzen möglich, etwa durch den Redakteur oder Verleger eines Druckwerks, der die Werbeangaben publiziert, obwohl er erkannt hat oder billigend in Kauf nimmt, dass sie unwahr und irreführend sind. Zudem kommt eine Strafbarkeit nach **Landespressegesetzen** in Betracht (vgl. Köhler/Bornkamm/*Bornkamm* Rn. 22; Müller-Gugenberger WirtschaftsStR/*Gruhl* § 60 Rn. 11; zu dem für einen etwaigen Fahrlässigkeitsvorwurf maßgeblichen zivilrechtlichen Umfang der Prüfungspflicht BGH GRUR 2006, 429ff. – Schlank-Kapseln).

IX. Konkurrenzen

1. Zusammentreffen mit nebenstrafrechtlichen Regelungen der irreführenden Werbung. 116
Mit den nebenstrafrechtlichen Regelungen der irreführenden Werbung etwa in § 8 Abs. 1 Nr. 2 iVm
§ 96 Nr. 3 AMG, § 3 iVm § 14 HWG, § 11 Abs. 1 S. 1 iVm § 59 Abs. 1 Nr. 7 bzw. § 19 iVm § 59
Abs. 1 Nr. 11 LFGB sowie § 25 iVm § 49 Nr. 4 WeinG kommt Tateinheit in Betracht. Die Annahme,
diese würden als Spezialregeln § 16 Abs. 1 im Wege der Gesetzeskonkurrenz vorgehen, würde dem
Umstand nicht gerecht, dass die Tatbestände unterschiedliche Rechtsgüter schützen (BGH BB 1954,
299 (300) – Rum-Verschnitt) und sich in ihrer Ausgestaltung erheblich unterscheiden. Während bei-
spielsweise §§ 25, 49 WeinG irreführende Werbeangaben nur dann erfassen, wenn sie sich auf das
„Erzeugnis" Wein beziehen, bleibt § 16 Abs. 1 daneben auf Angaben über weinfachliche Betriebsform,
Struktur und Aufbau sowie Arbeits- und Produktionsweise des Herstellers anwendbar (BayObLG
GRUR 1972, 659 (660) – Weingut).

2. Zusammentreffen mit progressiver Kundenwerbung iSd § 16 Abs. 2. → Rn. 179. 117

3. Zusammentreffen mit sonstigen Straftatbeständen. Tateinheit iSd § 52 StGB ist insbes. 118
möglich mit Betrug gem. § 263 StGB (BGHSt 16, 220; BGH NJW 1972, 592), wenn aufgrund der
strafbaren irreführenden Werbung – über deren Tatbestand hinaus – tatsächlich ein Vertragsschluss
zustande kommt und dieser einen Vermögensschaden begründet. Der Schaden kann ausbleiben, wenn
mit unwahren Angaben für ein tatsächlich günstiges Angebot geworben wird (→ Rn. 101), sodass
keineswegs immer neben § 16 Abs. 1 auch Betrugsstrafbarkeit gegeben sein muss. Möglich ist ein
Zusammentreffen ferner bei Betrieb einer 0190er-Servicenummer, wenn es dem Betreiber lediglich auf
das „Abkassieren" ankommt, ohne dass er bereit ist, die in Aussicht gestellte Informationsleistung zu
erbringen, insbes. aufgrund der tatbestandsmäßig irreführenden Werbung offen gebliebene Fragen zu
beantworten (BGH NJW 2002, 3415 (3417) – Kaffeefahrten). Hinter Kapitalanlagebetrug gem. § 264a
StGB tritt § 16 Abs. 1 dagegen im Wege der **Gesetzeskonkurrenz** zurück, soweit § 264a StGB den
dort geregelten Sachverhalt erfasst. Das gleiche gilt für §§ 399 Abs. 1 Nr. 3, 400 Abs. 1 Nr. 1 AktG, 82
Abs. 2 Nr. 2 GmbHG sowie §§ 143, 144 MarkenG.

X. Strafverfolgung

1. Mögliche Rechtsfolgen. § 16 Abs. 1 sieht Geldstrafe oder Freiheitsstrafe bis zu zwei Jahren vor. 119
Ferner sind **Einziehung** nach §§ 74 ff. StGB (vgl. OLG Celle NJW 1987, 78 (80): Einziehung im
Räumungsverkauf nachgeschobener Uhren) oder **Verfall** nach §§ 73 ff. StGB denkbar. So unterliegen
Kaufpreiszahlungen als aus der Tat erlangt in vollem Umfang dem Verfall, die durch strafbare Werbemaßnahmen zu Warenbestellungen veranlasste Kunden für diese an den Täter oder einen Drittbegünstigten
leisten (BGHSt 52, 227 (241 ff.) – Strafbare Werbung im Versandhandel). Den Kunden aufgrund der
strafbaren Werbung erwachsende zivilrechtliche Schadensersatzansprüche aus § 823 Abs. 2 BGB iVm
§ 16 Abs. 1 mindern dabei nach § 73 Abs. 1 S. 2 StGB den Verfallsbetrag unabhängig davon, ob die
(erhebliche) Anzahl der geschädigten Personen bekannt ist und die Ansprüche tatsächlich geltend
gemacht werden (BGHSt 52, 227 (243 ff.) – Strafbare Werbung im Versandhandel). Möglich bleibt eine
Verfallsanordnung jedoch bei wirksamem Verzicht oder Verjährung der Ansprüche, wobei diese nach
§ 195 BGB zu bestimmen ist. Im Übrigen gelten die allgemeinen Grundsätze zu §§ 73 ff. StGB, insbes.
das Bruttoprinzip (BGHSt 52, 227 (248) – Strafbare Werbung im Versandhandel).

2. Strafverfolgung von Amts wegen. § 16 Abs. 1 ist **Offizialdelikt** und wird von Amts wegen 120
verfolgt. Öffentliche Klage wird jedoch gem. §§ 374 Abs. 1 Nr. 7, 376 StPO nur dann erhoben, wenn
es im öffentlichen Interesse liegt. Zur Privatklage bzw. zum Anschluss als Nebenkläger im Falle einer
Anklage sind nur die Verletzten befugt. Dies sind jedenfalls die Mitbewerber (§ 2 Abs. 1 Nr. 3), aber
wohl auch die Verbraucher (vgl. § 1). Die Möglichkeit einer Verbandsprivatklage nach § 22 aF besteht
nicht mehr. Nach **Nr. 260 RiStBV** wird das öffentliche Interesse an der Strafverfolgung in der Regel zu
bejahen sein, wenn eine nicht nur geringfügige Rechtsverletzung vorliegt, insbes., wenn durch unrichtige Angaben ein erheblicher Teil der Verbraucher irregeführt werden kann. Eine Verweisung auf den
Privatklageweg soll nur erfolgen, wenn der Verstoß leichter Art ist und nur die Interessen eines eng
umgrenzten Personenkreises berührt sind (vgl. *Kunkel* WRP 2008, 292 (294)).

3. Sonstiges. Die Tat **verjährt** in fünf Jahren (§ 78 Abs. 3 Nr. 4 StGB), beginnend mit ihrer 121
Beendigung, namentlich dem Wegfall der Möglichkeit zur Kenntnisnahme (→ Rn. 85, 87). Bei Druck-
schriften gilt dies etwa, sobald sie der Verkehr erfahrungsgemäß nicht mehr liest (RGZ 46, 51 (55) –
Specialtage), bei Rundfunk- und Fernsehwerbung mit der Absetzung aus dem Programm. Straftaten
nach den Landespressegesetzen verjähren idR in sechs Monaten ab dem ersten Verbreitungsakt. Straf-
verfahren wegen strafbarer Werbung fallen gem. § 74c Abs. 1 Nr. 1 GVG in die **Zuständigkeit der
Wirtschaftskammern,** wenn sie beim Landgericht in erster Instanz anhängig sind, aber auch in der
Berufungsinstanz.

B. Progressive Kundenwerbung (Abs. 2)

I. Allgemeines

122 **1. Entwicklung.** Der Straftatbestand der progressiven Kundenwerbung wurde 1986 durch das 2. WiKG geschaffen und als § 6c in das UWG aufgenommen (BGBl. 1986 I 721 (7269). Zuvor hatte die Rspr. in Einzelfällen eine Strafbarkeit wegen Betrugs (§ 263 StGB), unerlaubter Veranstaltung einer Ausspielung (§ 286 Abs. 2 StGB aF) und irreführender Werbung bejaht (§ 4 aF) (vgl. etwa RGSt 34, 321 (390); 60, 250; BGHSt 2, 79, 139; BGH GA 1978, 332; OLG Frankfurt a. M. wistra 1986, 31). Den Veranstaltern solcher Vertriebssysteme war es jedoch leicht gefallen, diese laufend anzupassen und zu verfeinern und sich dadurch einer Strafbarkeit zu entziehen (BT-Drs. 10/5058, 38). Um damit Schritt halten und auch sog Kettenbriefsysteme erfassen zu können (BT-Drs. 14/2959, 1 f.), wurde im Jahr 2000 im Gesetzeswortlaut klargestellt, dass die in Aussicht gestellten Vorteile nicht notwendig vom Veranstalter gewährt werden müssen, sondern auch durch die neu geworbenen Teilnehmer erlangt werden können (BGBl. 2000 I 1374). Durch die UWG-Reform 2004 wurde der zuvor in § 6c geregelte Straftatbestand der progressiven Kundenwerbung schließlich in § 16 Abs. 2 übernommen (→ Vorb. Rn. 2). Gleichzeitig wurde der geschützte Personenkreis, der früher alle Nichtkaufleute umfasste, auf Verbraucher beschränkt (BGBl. 2004 I 1414 (1418)), weil nur insoweit ein erhebliches Gefährdungspotential gesehen wurde (BT-Drs. 15/1487, 26). Von der UWG-Reform 2008 blieb der Straftatbestand dagegen unberührt.

123 **2. Schutzzweck.** Der Straftatbestand der progressiven Kundenwerbung dient vorrangig dem generalisierenden Schutz geschäftlich unerfahrener Personen vor Täuschung, glücksspielartiger Willensbeeinflussung und Vermögensgefährdung (BT-Drs. 10/5058, 3 f.). Vom Schutzzweck erfasst ist jedoch auch ein allgemeines Interesse an einem unverfälschten Wettbewerb, der durch die unter Strafe gestellten Vertriebsmethoden beeinträchtigt wird (Erbs/Kohlhaas/*Diemer* Rn. 124; GK-UWG/*Otto* § 6c aF Rn. 17; Fezer/Büscher/Obergfell/*Rengier* Rn. 122).

124 **3. Praktische Bedeutung.** Der Straftatbestand des § 16 Abs. 2 ist aufgrund der Vielzahl der aufgelegten Systeme progressiver Kundenwerbung und der dadurch verursachten immensen Schäden äußerst praxisrelevant. Weil solche Systeme sehr gewinnträchtig sind, legen die Veranstalter immer größere Phantasie an den Tag, der Rspr. und Gesetz (→ Rn. 122) Rechnung tragen müssen.

II. Das System progressiver Kundenwerbung und seine typischen Erscheinungsformen

125 **1. Grundidee.** Bei der progressiven Kundenwerbung setzt typischerweise ein Unternehmen Laien für Werbung und Vertrieb ein. Diese werden – meist in psychologisch geschickter Weise – dadurch dazu veranlasst, Waren, Dienstleistungen oder Rechte abzunehmen, dass man ihnen besondere Vorteile in Aussicht stellt, wenn sie weitere Abnehmer dazu bewegen, gleichartige Geschäfte abzuschließen. Diesen werden ihrerseits derartige Vorteile dafür versprochen, weitere Abnehmer zu gewinnen, und so fort. Das System basiert auf dem Prinzip, dass jeder Kunde möglichst viele weitere Kunden gewinnt, die entsprechend verfahren, und sich ein Potenzierungseffekt ergibt.

126 Die Gefahr dieser auf den ersten Blick auch für den Kunden verlockend erscheinenden Geschäftsform liegt darin, dass sich der Kundenkreis in geometrischer Reihe ausweitet und zu einer fortschreitenden Marktverengung bis hin zur Marktverstopfung anschwillt. Da der neu Angeworbene keinen ausreichenden Überblick über den jeweiligen Entwicklungsstand des Systems hat, sind seine Chancen, die oft hohen Aufwendungen für den Systembeitritt durch die Gewinnung neuer Werbeträger zu decken, völlig ungewiss. Während die ersten angeworbenen Kundenwerber oft noch gute Chancen haben, einen Gewinn zu erzielen, besteht ab einer gewissen Progression keine realistische Möglichkeit mehr, weitere Kunden zu werben, bis das System letzten Endes mit mathematischer Gewissheit zusammenbricht.

127 Der großen Masse der Kundenwerber kann es daher systembedingt nicht gelingen, auch nur ihre Aufwendungen zu decken. Ihr Beitritt ist auf diese Weise mit einem erheblichen schadensträchtigen Risiko verbunden, das dem System der progressiven Kundenwerbung **glücksspielartigen Charakter** verleiht (vgl. BT-Drs. 10/5058, 38; BGHSt 2, 139; BGHZ 15, 356 (366 ff.) – Progressive Kundenwerbung). Zusammengefasst hat ein funktionierendes System progressiver Kundenwerbung den Effekt, dass eine Vielzahl von geschäftlich unerfahrenen Personen die eigenen Werbemöglichkeiten überschätzt und sich deshalb in eine Vertriebsorganisation für meist überteuerte Produkte einspannen lässt, wobei Güte und Preiswürdigkeit des vertriebenen Produkts in den Hintergrund treten. IErg liegt der Vorteil des Vertriebes im Wege progressiver Kundenwerbung ausschließlich beim Veranstalter.

128 **2. Organisationsformen.** Mittlerweile gibt es viele Erscheinungsformen progressiver Kundenwerbung. Dabei gibt es jedoch zwei Hauptvarianten, die nach ihrer organisatorischen Konzeption unterschieden werden können:

a) Schneeballsysteme. Beim sog Schneeballsystem werden Kunden durch andere Kunden geworben 129 und bewogen, einen Vertrag mit dem veranstaltenden Unternehmen zu schließen. Das **werbende Unternehmen** schließt den Vertrag sowohl mit den von ihm unmittelbar geworbenen Erstkunden als auch allen sodann vermittelten **weiteren Kunden selbst direkt** ab. Meist handelt es sich um Systeme, die Kunden dazu bewegen, (oft überteuerte) Produkte zu beziehen, indem ihnen in Aussicht gestellt wird, sie könnten leicht selbst neue Kunden anwerben und dadurch ihre Bezugskondition – etwa durch Preisnachlässe, Rabatte oder eine Gutschrift – verbessern.

Beispiel (BGHSt 2, 79): Der Angekl. betrieb einen Versandhandel mit Uhren und Taschen. Der Kunde bestellte einen 130 Gegenstand für 80 DM. Bestellen konnte er nur, weil er einen Bestellschein für 5 DM von einem anwerbenden Kunden erworben hatte. Gleichzeitig mit seiner Bestellung erwarb der Kunde selbst 4 Bestellscheinvordrucke gegen Zahlung von 20 DM, die er nun seinerseits zu je 5 DM an Neukunden weiter vertreiben konnte (womit er also insgesamt 20 DM einnehmen und den selbst für die Bestellscheine ausgegebenen Betrag wettmachen konnte). Sobald ein Vordruckerwerber wiederum eine Bestellung aufgab und dabei ebenfalls 4 Bestellscheinvordrucke für 20 DM erwarb, wurden dem Kunden diese weiteren 20 DM auf seine Bestellung gutgeschrieben. Gelang es dem Kunden, mit allen erworbenen Bestellscheinen so zu verfahren, so wurde ihm folglich auf diesem Weg der gesamte Kaufpreis (4 × 20 DM = 80 DM) gutgeschrieben. Soweit keine (weiteren) Gutschriften mehr bewirkt wurden, war der Restbetrag in bar zu bezahlen. Erst nach Ausgleich des Kontos durch Gutschriften oder Barzahlung wurde die bestellte Ware geliefert.

Weitere Beispiele für Schneeballsysteme: RGSt 34, 140; 60, 250; BGHZ 15, 356 (Kaffeehandel mit 131 20 % Nachlass je geworbener Neukunde); OLG Jena GRUR 2000, 442 (Bonussystem bei Sportwetten).

b) Pyramidensysteme. Das sog Pyramidensystem ist dagegen dadurch gekennzeichnet, dass die vom 132 Veranstalter geworbenen Erstkunden ihrerseits mit weiteren von ihnen geworbenen Kunden gleichartige Verträge abschließen. Das **werbende Unternehmen** selbst schließt in diesen Fällen einen **direkten Vertrag nur mit dem Erstkunden.** In der Regel veranlassen diese Systeme den Kunden, entgeltlich Warenbestände abzunehmen, welche die Grenzen des Eigenbedarfs übersteigen, indem deren leichte und lukrative massenhafte Absetzbarkeit vorgespielt wird. Charakteristisch sind relativ hohe finanzielle Vorkosten bereits für den Systembeitritt sowie oftmals für den zusätzlichen Kauf überteuerter Unterlagen und Kurse. Der Umstand, dass die erzielten Erlöse die getätigten Vorleistungen allenfalls langfristig amortisieren können, wird dabei verschleiert.

Beispiel (OLG Frankfurt a. M. wistra 1986, 31): Die Angesch. organisierten einen Direktvertrieb, an dem sich als 133 „Vertragshändler" beteiligen konnte, wer 60 Flaschen Motoröls mit Teflonzusatz zum Preis von 3.884,40 DM erwarb und einen Seminarvertrag für bis zu 5.000 DM abschloss. Mit dem Beitritt als „Vertragshändler" erwarben die Abnehmer das Recht, ihrerseits weitere „Vertragshändler" anzuwerben. Die drei ersten geworbenen „Vertragshändler" hatte der Werber an seinen Vormann abzugeben, womit er sich zum „Fachhändler" qualifizierte. Warb er weitere „Vertragshändler", blieben diese in seiner „Vertriebsorganisation", der er als „Fachhändler" vorstand. Auch diese „Vertragshändler" konnten wiederum selbst drei neue „Vertragshändler" werben, die sie an ihren „Fachhändler" abzugeben hatten. Sie schieden damit aus dessen Organisation aus, wurden ihrerseits „Fachhändler" und konnten nun ihre eigene Vertriebsorganisation aufbauen, indem sie eigene „Vertragshändler" warben. Für jede Anwerbung erhielten die Werber dabei Prämien, die aus den zu entrichtenden Seminargebühren bestritten wurden.

Weitere Beispiele für Pyramidensysteme: BGH GA 1978, 332 (Vertrieb von Schulungsmaterial); OLG 134 München NJW 1986, 1880 (Vertrieb von Kosmetik und Lederartikeln im Franchise-System); LG Berlin wistra 2004, 317 (Vertrieb von Telekommunikationsverträgen).

c) Kettenelement. Der Gesetzgeber hat ausdrücklich klargestellt, dass sowohl Schneeball- als auch 135 Pyramidensysteme vom Tatbestand erfasst sein sollen (BT-Drs. 10/5058, 39). Strafbegründend und beiden Gestaltungen gemeinsam ist die dem Tatbestand stets **immanente Vorleistung** der geworbenen Kunden, die sich erst durch die Werbung Dritter amortisiert. Beim sog Schneeballsystem leistet der Erstkunde vor, indem er eine Ware erwirbt, wobei in Aussicht gestellt wird, dass er sich von seiner Kaufpreisschuld befreien kann, indem er weitere Kunden wirbt. Beim sog Pyramidensystem nimmt der Erstkunde darüber hinaus Waren ab, für die er nach Art und Menge keine eigene Verwendung hat, und ist deshalb gezwungen, sie direkt oder über weitere angeworbene Kunden zu veräußern. Hierin liegt das strafbegründende sog Kettenelement (→ Rn. 170 ff.) dieser Systeme, durch das die Werbung einen von Stufe zu Stufe fortschreitenden progressiven Charakter erlangt.

3. Abwandlungen ohne Warenabsatz. In seinen Grundformen geht es beim System progressiver 136 Kundenwerbung darum, Waren oder Dienstleistungen abzusetzen. Inzwischen ist der Warenvertrieb aber mehr und mehr in den Hintergrund getreten und hat oftmals nur noch eine Alibirolle. Zum Teil wird auch gar nicht mehr verhehlt, dass es primär darum geht, neue Mitspieler anzuwerben. Abgesetzt wird dann nur noch die bloße Gewinnchance (→ Rn. 163, 167 ff.), weshalb in solchen Systemen ohne Warenabsatz das systemimmanente Gefahrenpotential besonders deutlich zu Tage tritt. Solche Systeme können als Abwandlung von oder Kombination aus Schneeball- und Pyramidensystem (vgl. *Otto* wistra 1997, 81) insbes. in folgenden Formen vorkommen:

a) Kettenbriefsysteme. Zunächst traten warenlose Systeme progressiver Kundenwerbung in Form 137 sog Kettenbriefsysteme auf, denen die namensgebenden Ketten- oder Glücksbriefe zugrunde liegen. In der Regel werden Ranglisten einer bestimmten Anzahl von Personen – neuerdings auch per E-Mail –

versandt. Die Empfänger einer solchen Liste werden aufgefordert, der an oberster Stelle genannten Person einen bestimmten Geldbetrag zu überweisen, sodann den Namen dieser Person zu streichen, den eigenen Namen an unterster Stelle auf die Liste zu setzen, die so geänderte Liste an weitere Adressaten eigener Wahl zu senden und jene aufzufordern, ebenso zu verfahren. Kennzeichnend für diese Form warenloser Systeme sind ein eher kleiner Einstiegspreis, eine einmalige Gewinnausschüttung, wenn die oberste Rangposition erreicht wird, und die in der Zwischenzeit nicht vorhandene Möglichkeit, aktiv Einfluss auf Spielablauf und eigene Gewinnmöglichkeiten zu nehmen. Hier muss für die Strafbarkeit **zwischen** sog **Selbstläufersystemen** und verwalteten oder **zentral gesteuerten Kettenbriefsystemen unterschieden** werden (→ Rn. 157 f.). Strafbar sind nur letztere: Der Unterschied liegt darin, dass bei ihnen die Aktion nicht nur angestoßen und dann sich selbst überlassen, sondern vom Initiator gesteuert wird und eine vom Spielgewinn unabhängige Bearbeitungsgebühr anfällt (Harte-Bavendamm/Henning-Bodewig/*Dreyer* Rn. 68; Ohly/Sosnitza/*Sosnitza* Rn. 34).

138   **Beispiel** für ein **strafloses Selbstläufersystem** (BGHSt 34, 171): Der Angekl. beteiligte sich an einer Kettenbriefaktion namens „Goldkreis", in deren Rahmen der Teilnehmer gegen Zahlung von 100 DM eine Liste mit 12 Namen und eine Broschüre mit den Spielregeln erwerben konnte. Mit dem Erwerb verpflichtete er sich, der auf Platz 1 der Liste aufgeführten Person 100 DM zu überweisen. Er durfte dafür deren Namen von der Liste streichen und seinen eigenen Namen auf Platz 12 anfügen. Die so veränderte Liste sollte er sodann an zwei weitere „verantwortungsbewusste Personen" ebenfalls für jeweils 100 DM verkaufen (womit er den von ihm geleisteten Betrag von 200 DM bereits wettgemacht hat). Diese neuen Mitspieler sollten der nunmehr auf der Liste an erster Stelle stehenden Person jeweils 100 DM übersenden, deren Namen streichen, sich selbst an die letzte Stelle setzen und ihrerseits die Liste jeweils an zwei weitere – von ihnen zu suchende – Mitspieler verkaufen. In der Broschüre wurde erklärt, dass auf diese Art und Weise bei einer erfolgreichen Weiterverbreitung des Kettenbriefes dessen Empfänger allmählich selbst auf Platz 1 vorrücken und dann 819.200 DM erhalten werde.

139   **Beispiel** für ein **strafbares verwaltetes System** (BayObLG GRUR 1991, 245): Der Angekl. entwickelte ein Kettenbriefsystem namens „EASY", in dessen Rahmen Teilnehmerzertifikate in Umlauf gegeben wurden, auf denen sieben Teilnehmer eingetragen waren. Teilnehmer Nr. 7 hatte drei solcher Zertifikate und verkaufte diese an neue Teilnehmer. Jeder neue Teilnehmer musste an den Verkäufer des Zertifikats 60 DM, an den auf Platz 1 eingetragenen Teilnehmer als dessen Spielgewinn weitere 60 DM und außerdem an eine Verwaltungsfirma 40 DM Bearbeitungsgebühr überweisen. In das erworbene Teilnehmerzertifikat hatte er seinen Namen, Adresse und Bankverbindung einzutragen und es anschließend zusammen mit den Überweisungsbelegen an die Verwaltungsfirma zu senden. Von dieser erhielt er drei neue Teilnehmerzertifikate auf denen die bisherigen sieben Teilnehmer jeweils um einen Platz nach oben gesetzt waren, sodass der bisherige Teilnehmer Nr. 1 fehlte und der neue Teilnehmer selbst als Nr. 7 erschien. Als Motor des Ganzen diente die Idee, dass der neue Mitspieler, der insgesamt 160 DM ausgegeben hatte, nunmehr drei Teilnahmezertifikate, zu je 60 DM verkaufte, also bereits 20 DM Gewinn machte und nur noch abwarten musste, bis er auf Platz 1 der Liste angekommen war und auf seinem Bankkonto Gelder eingehen.

140   Weitere Beispiele für Kettenbriefsysteme: OLG Stuttgart wistra 1991, 234 (zentral gesteuertes Kettenbriefsystem „Top 12"); BGH wistra 1990, 165 („Sieg der Logik"); OLG Karlsruhe GRUR 1989, 615 („Karlsbader Goldkreis"); vgl. auch *Finger* ZRP 2006, 159.

141   **b) Schenkkreise.** Eine Abwandlung der Kettenbriefsysteme sind sog Schenkkreise, die dem gleichen Grundprinzip folgen. Ihnen liegen lediglich keine „Briefkontakte", sondern meist in privater Atmosphäre stattfindende „Schenkkreis-Treffen" zugrunde. IÜ ist ebenso wie beim Kettenbriefsystem die Teilnahme davon abhängig, dass an die Person, die an der Rangspitze steht, ein Entgelt „als Geschenk" gezahlt wird, woraufhin diese aus dem Kreis ausscheide. Die neu beigetretenen und damit rangniedrigsten Mitglieder werben nun neue Teilnehmer an und rücken dadurch in höhere Ränge vor. Ziel des Spiels ist es, die Rangspitze zu erklimmen, um selbst beschenkt zu werden. Auch Schenkkreise können dem Tatbestand progressiver Kundenwerbung unterfallen, wenn sie im geschäftlichen Verkehr stattfinden (→ Rn. 159).

142   **Beispiele** zu Schenkkreisen: BGH NJW 2008, 1942; LG Bonn NJW-RR 2005, 490. Aufgrund des faktisch meist kleinen Rahmens an Teilnehmern, konzentriert sich die Rspr. hier auf die zivilrechtliche Rückabwicklung (vgl. auch *Dornis* WRP 2007, 1303).

143   **c) Geldgewinnspiele.** Eine weit gefährlichere Erscheinungsform der von einem Warenumsatz gelösten Systemgestaltung sind sog Geldgewinnspiele. Diese haben sich – begünstigt durch das Internet – aufgrund der vermeintlichen Chance auf schnelle und exorbitante Vermögensteigerung binnen weniger Jahre zur populärsten und verbreitetsten Erscheinungsform progressiver Kundenwerbung entwickelt (vgl. *Otto* wistra 1997, 81). Ihr Ablauf ist dem eines Kettenbriefsystems (→ Rn. 137) ähnlich, unterscheidet sich davon jedoch dadurch, dass er vielschichtiger ist, der Systembeitritt meist mit sehr hohen Kosten verbunden ist und mit **kontinuierlichen Gewinnausschüttungen** gelockt wird. So wird meist gegen einen hohen drei- bis mittleren vierstelligen Euro-Betrag die Teilnahmeberechtigung an einer mehrstufigen Spielergemeinschaft verbunden mit der eigenen Anwerbeberechtigung neuer Mitspieler erworben. Der Einsatz amortisiert sich durch anteilige „Gewinnausschüttungen" für die Anwerbung neuer Mitspieler. Durch eine bestimmte Anzahl von Anwerbungen ist in der Regel ein Systemaufstieg erzielbar, mit dem neben einem erhöhten Gewinnanteil das Recht verbunden ist, an den Werbeerträgen der selbst angeworbenen Spielteilnehmer anteilig zu partizipieren. Dadurch kommt es zu umsatzgekoppelten Geldzuwendungen über mehrere Ebenen. Kennzeichnend sind oft professionell aufgezogene Werbeveranstaltungen mit rhetorisch und psychologisch geschulten Moderatoren, die der Erzeugung einer Atmosphäre kollektiver Euphorie dienen.

Beispiel (BGHSt 43, 270 und OLG Bamberg NStZ-RR 1997, 217): Der Angekl. veranstaltete das „Unternehmer- **144** Spiel LIFE", an dem man sich beteiligen konnte, wenn man einen „Spieleinsatz" in Höhe von 6.500 DM an den Veranstalter zahlte. Dadurch erwarb der neue Spielteilnehmer die Position eines „Einzelhändlers" und war damit berechtigt, seinerseits neue Interessenten für das Spielsystem zu werben, die ebenfalls bereit waren, einen solchen „Spieleinsatz" zu leisten und weitere Mitglieder anzuwerben. Für die ersten drei erfolgreichen Anwerbungen erhielt der „Einzelhändler" vom Veranstalter eine Provision von je 1.500 DM. Mit der vierten erfolgreichen Werbung stieg er zum „Großhändler" auf, wodurch sich seine Provision für jeden neu geworbenen Mitspieler auf 2.500 DM erhöhte. Ferner stand ihm eine zusätzliche mittelbare Provision von 1.000 DM für jeden neuen Mitspieler zu, den ein „Einzelhändler" anwarb, den er zuvor seinerseits angeworben hatte. In entsprechend abgestufter Weise profitierten die höher stehenden Mitglieder durch Folgeprovisionen an der (mittelbaren) Mitgliederwerbung in ihrem „Stamm". Ferner war jedes Mitglied berechtigt, an „Schulungsveranstaltungen" teilzunehmen, mit denen es in die Lage versetzt werden sollte, neue Mitglieder zu werben. Das Spiel wurde vom Veranstalter zentral gesteuert, insbes. vereinnahmte dieser die Spieleinsätze und zahlte die Provisionen aus.

Zu den Nachfolgesystemen „Jump" und „Titan" BGH wistra 2002, 75; OLG Braunschweig NStZ- **145** RR 1998, 251; OLG Rostock NStZ-RR 1998, 467; LG Hamburg NStZ-RR 1997, 57; LG Rostock NStZ-RR 1997, 218; weitere Beispiele für Geldgewinnspiele: BGH NJW 1997, 2314 („World Trading System"); OLG Brandenburg wistra 2003, 74; LG Gießen NJW-RR 1996, 796.

4. Abgrenzung von nicht strafbaren Formen der Laienwerbung. Es war dem Gesetzgeber ein **146** ausdrückliches Anliegen (BT-Drs. 10/5058, 39), den üblichen Einsatz von Laien in der Werbung (zB Werbung für Buchclubs, Abonnements, Versicherungen, Bausparkassen, Kreditkartengesellschaften) aus dem Straftatbestand auszunehmen. Die Abgrenzung richtet sich insbes. nach der **Zielsetzung:** Entscheidend ist, ob es schwerpunktmäßig um **Warenabsatz oder Mitgliedergewinnung** geht (vgl. auch EuGH GRUR 2014, 680 – 4finance). Der straflose Einsatz von Laien in der Werbung unterscheidet sich von der strafbaren progressiven Kundenwerbung dadurch, dass auf normalem Weg Kunden geworben und ihnen Gelegenheit gegeben wird, sich eine Anerkennung in Gestalt einer Prämie oder sonstigen Vergütung zu verdienen, indem sie neue Kunden anwerben. Konkret fehlt es dort an dem das System progressiver Kundenwerbung ausmachenden Kettenelement (→ Rn. 135, 170 ff.). Der Kunde wird lediglich – parallel zur eigenen Warenabnahme und letztlich unabhängig von dieser – als Vermittler tätig, wobei die Vermittlung des Neukunden nicht typischerweise darauf beruht, dass diesem ebenfalls besondere Vorteile versprochen werden und er dadurch veranlasst wird, weitere Kunden zu vermitteln. Im Vordergrund steht weiterhin das Produkt, dessen Qualität und Preiswürdigkeit außer Frage stehen. So erhält der Werber eines Buchclub-Mitglieds zwar eine Anerkennung; jedoch wird typischerweise niemand Mitglied eines Buchclubs, um sich durch Werbung neuer Mitglieder ebenfalls Prämien zu verdienen, sondern um die angebotenen Bücher zu erhalten. Auch das sog Power- bzw. Community-Shopping fällt nicht unter § 16 Abs. 2 (GK-UWG/*Wolters*, 2. Aufl. 2015, Rn. 58).

a) Multi-Level-Marketing-Systeme. Grds. kein Fall progressiver Kundenwerbung ist der im Wege **147** des sog Multi-Level-Marketing-Systems betriebene laiengestützte Direktverkauf von Produkten durch Berater an private Endverbraucher. Auch hier ist der Vertrieb nicht progressiv ausgerichtet, da der Kunde die Produkte regelmäßig nicht wegen versprochener besonderer Vorteile erwirbt, sondern weil es ihm auf die Ware oder Leistung ankommt. Es motivieren das Strukturaufbau des Warenerwerb durch den Laienkundenwerber (vgl. *Thume* WRP 1999, 280 (283)). Die Abnahme wird nicht mit einer Einbindung in den Vertrieb verknüpft (*Leible* WRP 1998, 18 (209)). Sonderzuwendungen sind vielmehr umsatzabhängig und keine Entgelte, die dazu motivieren sollen, Einkaufs-, Warenübernahme- oder Preisrisiken einzugehen.

Beispiel (LG Offenburg WRP 1998, 85): Die Bekl. verkaufte diätetische Lebensmittel und Kosmetika im Direkt- **148** vertrieb (Herbalife) in einer streng hierarchisch gegliederten Organisationsform. Auf der untersten Stufe erfolgte der Verkauf durch Berater, größtenteils Laien, die laut Vertrag die Stellung von selbstständigen Verkaufskommissionären hatten. In höheren Hierarchiestufen verlagerten sich die Tätigkeitsbereiche dagegen immer mehr hin zu Führungs- und Koordinationsaufgaben. Bei der Warenbestellung mussten die Berater bei ihrem jeweiligen Werber eine Sicherheitsleistung abzüglich der umsatzabhängigen Provision bezahlen, die nach Geschäftsabwicklung endgültig dort verblieb. Die Berater durften dabei Produkte und/oder Begleitunterlagen erst dann bei ihrem Werber bestellen, wenn ihnen entsprechende Bestellungen von Kunden oder anderen Beratern vorlagen. Sämtliche Beförderungs- und Vergütungskriterien für den fünfstufigen Karriereaufstieg orientieren sich am persönlichen und am sog Downline-Verkauf. Ebenfalls zu „Herbalife": Wettbewerbswidrigkeit bejahend OLG Hamburg WRP 1986, 41; OLG München WRP 1996, 42.

b) Abgrenzungskriterien. Der Übergang vom straflosen Einsatz von Laien in der Werbung zur **149** strafbaren Eingliederung derselben in ein System progressiver Kundenwerbung ist fließend, die Abgrenzung gerade im Falle der Multi-Level-Marketing-Systeme bisweilen schwierig (vgl. *Wünsche* BB 2012, 273 ff.). Hier wie dort erfolgt der Absatz zum Teil über hierarchisch strukturierte Systeme, bei denen Endverbraucher in den Vertrieb eingespannt werden, indem man ihnen Provisionen verspricht. Der Kunde wird gleichzeitig als Warenendabnehmer und als neuer Vertriebsmittler geworben mit der

Möglichkeit, das Produkt selbst weiter zu veräußern und/oder neue Vertriebsmittler zu werben, um von deren Verkaufserfolg zu profitieren. Aufgrund der vielfältigen Erscheinungsformen dieser Vertriebssysteme, die zum Teil bedenkliche Annäherungen an § 16 Abs. 2 aufweisen, ist stets eine Prüfung im Einzelfall erforderlich (vgl. *Thume* WRP 1999, 280 (286)). **Kennzeichen zulässiger Laienwerbung** sind fehlender Abnahmezwang, fehlende Einstiegskosten, unentgeltliche Schulungen, realisierbare Rückgaberechte, strikt umsatzgebundene Leistungsentgelte für den Vertriebsaufbau (vgl. *Leible* WRP 1998, 18 *Thume* WRP 1999, 280 (283)), ein fehlendes Kettenelement (OLG Frankfurt a. M. GRUR-RR 2012, 77; *Kilian,* Strafbare Werbung, 2011, 106 (140 f.)). Anders liegt der Fall, sobald nicht mehr nur mit der Güte und Preiswürdigkeit der Waren geworben wird, sondern dabei auch der Wunsch der angesprochenen Verkehrskreise ausgenutzt wird, durch Zufall ohne erhebliche Mühen einen Gewinn zu erzielen (Köhler/Bornkamm/*Bornkamm* Rn. 43). Erforderlich ist eine **Gesamtbetrachtung,** wobei es wiederum vor allem darauf ankommt, ob das System primär auf den Warenabsatz abzielt oder ob die Teilnehmergewinnung im Vordergrund steht (OLG Frankfurt a. M. NJOZ 2011, 1482; GRUR-RR 2012, 77; *Wünsche* BB 2012, 273 (275); → Rn. 146).

III. Objektiver Tatbestand

150   **1. Täter. Veranstalter** eines Systems der progressiven Kundenwerbung und damit Täter iSd Abs. 2 ist, wer das System in Gang setzt, organisiert und kontrolliert und somit für dessen Bestand und Fortführung sorgt. Dagegen ist etwa ein Lieferant der Spielmittel, der weder das nachfolgende Gewinnspiel initiiert noch Einfluss auf dessen Verlauf besitzt, nicht Veranstalter im Sinne des Tatbestands (Köhler/Bornkamm/*Bornkamm* Rn. 34). Die Täterschaft ist an keine personengebundenen Merkmale geknüpft. Es handelt sich um ein Allgemeindelikt. Ist Veranstalter, wie heute häufig üblich, eine GmbH, ist nach allgemeinen Grundsätzen der jeweils im Namen der Gesellschaft Handelnde strafrechtlich verantwortlich.

151   Die durch § 16 Abs. 2 geschützten **Kunden** sind hinsichtlich ihres Einstiegsgeschäfts **als notwendige Teilnehmer straflos** (BT-Drs. 10/5058, 39; BGHSt 34, 171 (179)). Etwas anderes gilt, sobald sie so in das Werbesystem integriert sind, dass sie über die notwendige Teilnahme hinaus eigene Anwerbeaktivitäten entfalten (OLG Stuttgart wistra 1990, 165 (166)). Der zunächst als Opfer des Systems geltende **Kunde wird** dann selbst zum **Nutznießer des Systems** und damit zum **Täter.** Nicht ausreichend ist es, wenn ein Kunde sich selbst um den Absatz bemüht, solange er nicht versucht Dritte anzuwerben, denen dabei ihrerseits besondere Vorteile für die Anwerbung weiterer Teilnehmer versprochen werden. Eine erfolgreiche Systemintegration oder tatsächliche Nutzziehung ist dagegen nicht erforderlich (→ Rn. 175; MüKoUWG/*Brammsen* Rn. 105).

152   **2. Geschützter Personenkreis.** Seit der UWG-Reform 2004 ist der durch § 16 Abs. 2 geschützte Personenkreis auf **Verbraucher** beschränkt (→ Rn. 122). Nach § 2 Abs. 2 entspricht der Verbraucherbegriff des UWG demjenigen des § 13 BGB. Hiernach ist Verbraucher jede natürliche Person, die zu Zwecken handelt, die weder ihrer gewerblichen, noch ihrer selbstständigen beruflichen Tätigkeit zuzurechnen sind. Der Verbraucherbegriff des deutschen Rechts ist damit weiter als der unionsrechtliche des Art. 2 lit. a der UGP-RL, wonach kein Verbraucher ist, wer zu gewerblichen, handwerklichen oder beruflichen Zwecken handelt. Natürliche Personen, die nicht zu selbstständigen, sondern sonstigen beruflichen Zwecken handeln, sind hiernach zwar Verbraucher iSd § 13 BGB, nicht aber iSd Art. 2 lit. a der UGP-RL. Das ist aus unionsrechtlicher Sicht unproblematisch: Es ist möglich, den lauterkeitsrechtlichen Verbraucherbegriff auch auf solche Personen zu erstrecken, die keine Verbraucher iSd Richtlinie sind (BT-Drs. 16/10145, 11).

153   Entscheidend ist die **objektiv zu bestimmende Zweckrichtung des Verhaltens** (BGH NJW 2005, 1273; 2008, 435; Harte-Bavendamm/Henning-Bodewig/*Keller* § 2 Rn. 205). Wenn ein Geschäft darauf gerichtet ist, eine gewerbliche oder selbstständige berufliche Tätigkeit aufzunehmen (sog Existenzgründung), ist es kein Geschäft eines Verbrauchers, sondern eines Unternehmers (BGH NJW 2005, 1273; 2008, 435). In jedem Fall muss nicht jede an dem System beteiligte Person Verbraucher sein, es reicht aus, wenn der erste Abnehmer Verbraucher ist (MüKoUWG/*Brammsen* Rn. 117) bzw. die Werbung zumindest auch Verbraucher anspricht und daher verbraucherspezifischen Schutzstandards zu genügen hat (vgl. § 3 Abs. 2 sowie Anhang zu § 3 Abs. 3 Nr. 14). Ferner sind bei Verträgen mit doppelter Zwecksetzung vom Verbraucherbegriff auch Geschäftsmodelle erfasst, die im Regelfall lediglich nebensächliche und ganz untergeordnete gewerbliche oder selbstständige berufliche Zwecke verfolgen.

154   Teils werden Existenzgründer unter Berufung auf eine unionsrechtskonforme Auslegung nicht als Verbraucher iSd § 16 Abs. 2 angesehen (OLG Hamm NStZ-RR 2009, 155; OLG Naumburg OLGSt UWG § 16 Nr. 1; *Kilian,* Strafbare Werbung, 2011, 108 ff.; *Mäsch/Hesse* GRUR 2010, 10 ff.; iErg auch MüKoStGB/*Janssen/Maluga* Rn. 114). Darunter falle nur jede natürliche Person, die im Geschäftsverkehr zu privaten Zwecken handelt. Privat sei dabei, was dem privaten Konsum oder der sonstigen individuellen Bedarfsdeckung und der persönlichen Daseinsvorsorge diene. Nur diese Gruppe bedürfe des besonderen Schutzes des UWG, da sie im Vergleich zu den beruflich oder gewerblich handelnden

Vertragspartnern als wirtschaftlich schwächer und weniger erfahren anzusehen sei. Vor diesem Hintergrund hat das OLG Hamm die Strafbarkeit des Betreibers eines Vertriebssystems nach § 16 Abs. 2 verneint, dem der Vertrieb von Jeanshosen über im Wege von Partnerverträgen gebundene selbstständige Handelsvertreter zugrunde lag. Die Jeanshosen wurden durch die Abnehmer in Paketen von 5 bis 1.150 Jeanshosen erworben, die für den Weiterverkauf bestimmt waren. So war es möglich, weitere Abnehmer anzuwerben, die ebenfalls mit dem Veranstalter Partnerverträge abschlossen und Jeanspakete erwarben sowie weitere Vermittler anwerben und dadurch mittelbare Provisionen aus deren Veräußerungen erzielen konnten. Da die Pakete den Eigenbedarf überschritten und ihr Erwerb sich damit darauf richtete, ein selbstständiges Gewerbe einzurichten (Existenzgründung), sei der Verbraucherbegriff und damit auch § 16 Abs. 2 nicht erfüllt.

Diese Auffassung ist jedoch abzulehnen (so auch BGHSt 57, 174; Köhler/Bornkamm/*Bornkamm* **154a** Rn. 36; MüKoUWG/*Brammsen* Rn. 119; Harte-Bavendamm/Henning-Bodewig/*Dreyer* Rn. 55). Mit Blick auf den Normzweck von § 16 Abs. 2 erscheint es jedenfalls vorzugswürdig, auch existenzgründende Verbraucher zu erfassen, weil und wann auch hier deren Unerfahrenheit ausgenutzt wird, was umso gefährlicher ist, wenn dabei das Ausmaß einer Existenzgründung erreicht wird. Die oben dargelegte Auffassung ist kriminalpolitisch unbefriedigend und mit der Paradoxie verbunden, dass das Gewinnstreben des Opfers, das bei § 16 Abs. 2 ausgenutzt wird, den Anwendungsbereich der Norm weitgehend aushöhlt (*Olesch* WRP 2007, 908 (911): „Schiff ohne Wasser"; s. auch *Kilian,* Strafbare Werbung, 2011, 109). Die vermeintlich unionsrechtskonforme Auslegung erscheint jedenfalls nicht zwingend: Zwar ist die UGP-RL grds. abschließend (→ Vorb. Rn. 1) und ein höheres Schutzniveau in den einzelnen Mitgliedsstaaten würde daher die Grundfreiheiten des Werbenden einschränken, sodass eine weitere Auslegung des nationalen Verbraucherbegriffs gegenüber der UGP-RL durchaus problematisch wäre (aA BGHSt 57, 174 (180)). Entscheidend ist letztlich aber, dass die Verbrauchereigenschaft zum Zeitpunkt der Tathandlung vorliegen muss. Das ist aber bereits die Werbemaßnahme, mit deren Beginn die Tat auch bereits beendet ist (→ Rn. 175). Zu diesem Zeitpunkt sind die Adressaten noch Verbraucher, selbst wenn der Vertragsschluss mit dem Werbenden bereits die Verbraucherstellung beseitigt (BGHSt 56, 174 (178 ff.); aA *Kilian,* Strafbare Werbung, 2011, 110 ff.). Hinzu kommt, dass die Werbung auch Verbraucher erreichen wird, die sich überhaupt nicht zur Existenzgründung motivieren lassen. IU zählt auch die UGP-RL Schneeballsysteme ausdrücklich zu den unter allen Umständen unlauteren Handlungen (Anh. I Nr. 14) und auch der EuGH geht von ihrer Unzulässigkeit aus (EuGH GRUR 2014, 680 – 4finance). Man wird daher nicht annehmen können, dass eine derart weitreichende Einschränkung des § 16 Abs. 2, wie sie sich auf Basis der Gegenmeinung ergibt, unionsrechtlich gewollt ist.

3. Tatumfeld. a) Handeln im geschäftlichen Verkehr. Der Täter muss im geschäftlichen Verkehr **155** handeln. Diesem ist jede Tätigkeit zuzurechnen, die einen beliebigen eigenen oder fremden Geschäftszweck fördern soll, in der „eine Teilnahme am Erwerbsleben zum Ausdruck kommt". (BGHSt 43, 270 (274); BGHR UWG § 6c Geschäftlicher Verkehr 1; OLG Bamberg NStZ-RR 1997, 217; BayObLG GRUR 1991, 245 (246) – Kettenbriefaktion; OLG Karlsruhe GRUR 1989, 615 – Karlsbader Goldkreis; OLG Rostock NStZ 1998, 467). Nicht erfasst ist etwa der Fall, dass privat ein Spiel „Jackpot" veranstaltet wird, wenn der Veranstalter von den Mitspielern keinerlei Entgelt, Gebühr oder ähnliche vermögenswerte Leistung erhält, sich an dem von ihm initiierten Spiel vielmehr wie jeder andere Mitspieler in der Hoffnung beteiligt, durch diese Teilnahme den nach den Spielregeln möglichen Gewinn zu erzielen (BGHR UWG § 6c Geschäftlicher Verkehr 1).

Der Täter muss nicht zu Zwecken des Wettbewerbs handeln (→ Rn. 173); auch ansonsten ist kein **156** spezifischer Wettbewerbsbezug erforderlich (*Alexander* WRP 2004, 407 (413); aA OLG Rostock NStZ 1998, 467; OLG Brandenburg wistra 2003, 74). Der Bezug zum Schutzzweck des § 1 ist schon dadurch gewahrt, dass der Täter im geschäftlichen Verkehr handeln muss (Harte-Bavendamm/Henning-Bodewig/*Dreyer* Rn. 35). Da dieser Begriff im UWG 2008 durch die geschäftliche Handlung iSd § 2 Nr. 1 ersetzt wurde, müssen zugleich deren Voraussetzungen erfüllt sein (→ Rn. 5; → Vorb. Rn. 2).

b) Selbstläufersysteme und zentral verwaltete Systeme. Zu der Frage, ob jemand im geschäftli- **157** chen Verkehr handelt, muss bei Kettenbriefsystemen (→ Rn. 137 ff.) unterschieden werden: Als rein private Rechtsbeziehungen nicht von § 16 Abs. 2 erfasst sind sog **Selbstläufersysteme,** deren Initiator nach der Ingangsetzung nicht weiter tätig wird, die Systeme vielmehr in ihrem weiteren Verlauf sich selbst überlässt und alle weiteren Aktivitäten im Zusammenhang mit Spielfortgang und -verlauf bei den privaten Teilnehmern liegen, die die Kettenbriefe untereinander weitergeben. Die Initiatoren dürfen in solchen Selbstläufersystemen von den Teilnehmern keine – über die Gewinnausschüttung bei Erreichen der ersten Rangstufe hinausgehenden – vermögenswerten Leistungen erhalten oder erstreben. Eine externe Spielkontrolle darf nicht stattfinden (BGHSt 34, 171 (179); BGHR UWG § 6c Geschäftlicher Verkehr 1; die „Strafbarkeitslücke" bei Selbstläufersystemen beanstandet *Finger* ZRP 2006, 159).

Im Gegensatz dazu sind **zentral verwaltete Systeme** dem geschäftlichen Verkehr zuzurechnen. Bei **158** ihnen unterliegen Ablauf und Fortgang des Spiels einer zentralen Kontrolle und Organisation, wofür typischerweise vom Veranstalter Bearbeitungsgebühren erhoben werden. Als zentral verwaltete Aufgaben kommen etwa in Betracht: die Vereinnahmung der Spieleinsätze und Auszahlung von Provisionen über den Veranstalter, die Ausstellung von Teilnahmezertifikaten durch diesen, die Berechnung und Verteilung von Gewinnanteilen, die Werbung und der Vertrieb des Systems, die Auswahl und Bereitstellung von Örtlichkeiten sowie die Organisation und Moderation von (Werbe-)Veranstaltungen (BGHSt 43, 270 (274); OLG Bamberg NStZ-RR 1997, 217; BayObLG GRUR 1991, 245 (246) – Kettenbriefaktion; OLG Karlsruhe GRUR 1989, 615 – Karlsbader Goldkreis; OLG Rostock NStZ 1998, 467; OLG Stuttgart wistra 1991, 234 (235)).

159   Die gleiche Unterscheidung gilt es bei Schenkkreisen (→ Rn. 14 f.) vorzunehmen, wenn sich die Initiatoren nicht darauf beschränken, das System in Gang zu setzen, sich vielmehr aktiv an der Akquisition neuer Mitspieler beteiligen und organisatorische Verantwortung übernehmen. Sie handeln jedenfalls dann im geschäftlichen Verkehr, wenn sie Bearbeitungsgebühren fordern (Köhler/Bornkamm/*Bornkamm* Rn. 35; *Dornis* WRP 2007, 1303 (1305)).

160   **4. Tathandlung. a) Veranlassen zur Abnahme.** Unter **Veranlassen** ist jede Handlung zu verstehen, die geeignet und darauf gerichtet ist, den geschützten Personenkreis dazu zu bewegen, Waren, Dienstleistungen oder Rechte abzunehmen. Der Begriff ist weit auszulegen und erfasst alle Tätigkeiten, die aus der Sicht des Täters geeignet sind, auf den Willen der geschützten Personen Einfluss auszuüben und bei ungestörtem Fortgang – auch noch nach einer Bedenkpause – den Erwerbsentschluss auszulösen. Ausreichend ist etwa die Ankündigung von Verkaufsbesuchen, Produktvorstellungen oder Seminarveranstaltungen. Irrelevant ist, ob die Anwerbung gelungen ist.

161   Die Verbraucher müssen veranlasst werden, die Waren etc **abzunehmen.** Dafür reicht es aus, wenn sie gegen Entgelt gewährt werden sollen, ganz egal, wie dieses bezeichnet wird (Kaufpreis, Gebühr, Unkostenbeteiligung). Der Abnehmer braucht die Ware nicht für sich selbst zu erwerben. Nach Abs. 2 strafbar ist auch, wer andere veranlasst, Waren abzunehmen, die sie ihrerseits im eigenen Namen und auf eigene Rechnung weiterverkaufen, wie etwa im Falle eines in ein Franchise-System eingekleideten Pyramidensystems (vgl. OLG München NJW 1986, 1880 (1881)). Es ist in solchen Fällen aber umstritten, ob der Abnehmer nach der Gesetzesneufassung noch in den geschützten Personenkreis fällt (→ Rn. 152 ff.). Unerheblich ist, ob Warenabnehmern innerhalb eines Pyramidensystems auf dem Papier ein Rückgaberecht für nicht abgesetzte Ware eingeräumt wird. Das folgt aus der Deliktsnatur als Unternehmensdelikt und dem Umstand, dass es aufgrund der systemimmanent zunehmenden Marktverengung gerade dann faktisch nicht mehr möglich sein wird, erfolgreich rückabzuwickeln, wenn dafür Bedarf besteht.

162   **b) Abnahmegegenstand. Ware** ist jedes wirtschaftliche Gut, das Gegenstand des Handels- und Geschäftsverkehrs sein kann (BayObLG GRUR 1991, 245 (246) – Kettenbriefaktion). Erfasst sind bewegliche wie unbewegliche Sachen, Vermögenswerte und Immaterialgüter. Auch bloße Gewinnchancen können daher Waren sein (BayObLG GRUR 1991, 245 f.). **Dienstleistungen** sind alle geldwerten, dh wirtschaftlich verwertbaren oder dazu bestimmten, Leistungen des gewerblichen Lebens (BayObLG GRUR 1991, 245 (246 f.) – Kettenbriefaktion; OLG Bamberg NStZ-RR 1997, 217), auch wenn sie von Nichtgewerbetreibenden (Angehörigen der freien Berufe) herrühren. **Rechte** sind insbes. Patent-, Urheber-, Lizenz- und Markenrechte sowie vermögenswerte Forderungen aller Art. Erfasst ist etwa das Recht des Franchisenehmers, bestimmte Waren oder Dienstleistungen des Franchisegebers zu vertreiben und dabei dessen Image, Namen, Symbole oder sonstige Schutzrechte sowie seine technischen und gewerblichen Erfahrungen zu verwerten (vgl. OLG München NJW 1986, 1880). IE überschneiden sich die vom Gesetz genannten Abnahmegegenstände. Es ist aber auch nicht nötig, sie exakt abzugrenzen. Entscheidend ist, dass es sich um vermögenswerte Gegenstände handelt, die wirtschaftlich verwertbar sind (BGHSt 43, 270 (274)).

163   Bei **warenlosen Systemen** ist Abnahmegegenstand in erster Linie das gegen Entgelt erworbene Mitgliedschaftsrecht, weil es die Befugnis einräumt, weitere Mitglieder einzuwerben, und so dem Mitglied generell die Aussicht auf Gewinn eröffnet (BGHSt 43, 270 (274); OLG Bamberg NStZ-RR 1997, 217). Hinzu kommt in den allein strafbaren Fallgestaltungen verwalteter Systeme (→ Rn. 15 f.) stets der erworbene Anspruch auf – aus den Spielbeiträgen finanzierte – Dienstleistungen organisatorischer Art, die der Betreiber einer Kettenbrief- oder Geldgewinnspielzentrale erbringt, um das gesteuerte System aufrecht zu erhalten; der Initiator kann etwa den Zahlungsverkehr abwickeln oder das Rechnungswesen übernehmen, die erforderlichen Druckerzeugnisse erstellen, eine EDV-Anlage einrichten und betreiben, mit der das System überwacht wird und dergleichen (BGHSt 43, 270 (274 f.); OLG Bamberg NStZ-RR 1997, 217).

164   **5. Tatmittel. a) Versprechen besonderer Vorteile.** Einen besonderen Vorteil **verspricht** bereits, wer zu verstehen gibt, dass er diesen künftig gewähren wird (BGHSt 43, 270 (275)). Es handelt sich dabei um eine einseitige Willenserklärung, die dem Empfänger zur Kenntnis gebracht werden muss. Der Vorteil muss nicht aus einem eigenen Vermögen des Veranstalters stammen. Er kann – was mittlerweile auch im Gesetzeswortlaut klargestellt wurde (→ Rn. 122) – auch von einem Dritten, insbes. einem Mitspieler, gewährt werden (BGHSt 43, 270 (275 f.)).

165   Die für eine erfolgreiche Kundenwerbung versprochenen **Vorteile** können Vergünstigungen jeder Art sein, auf die der Empfänger keinen Anspruch hat und die ihn daher materiell besser stellen. Sie können aus Waren, Leistungen oder Rechten sowie Geld oder anderen vermögenswerten Leistungen bestehen (OLG Bamberg NStZ-RR 1997, 217 (2189)). Der Vorteil braucht auch nicht vom Entgelt für die Waren etc unabhängig zu sein. Es genügt, wenn dieses reduziert wird oder es möglich erscheint, unentgeltlich oder vergünstigt weitere Waren zu beziehen (BT-Drs. 10/5058, 39). So macht sich etwa ein Kaffeehändler nach Abs. 2 strafbar, der dem Käufer eines Pfundes Kaffee die Möglichkeit einräumt, durch Werbung neuer Kunden den Kaufpreis für jeden Neukunden um 20 % des ursprünglichen Kaufpreises zu senken (BGHZ 15, 356 – Progressive Kundenwerbung).

Mit dem Erfordernis eines **besonderen** Vorteils hat der Gesetzgeber den systemtypischen glücksspiel- **166** artigen Charakter (→ Rn. 127) gekennzeichnet. Erfasst sind daher nur solche Vorteile, die **geeignet sind, die typische Dynamik eines Systems progressiver Kundenwerbung in Gang zu setzen** (BT-Drs. 10/5058, 39; BGHSt 43, 270 (275); OLG Bamberg NStZ-RR 1997, 217 (218)). Die vom Veranstalter versprochenen verkaufsabhängigen Vorteile sind das Lockmittel, um den Kunden in das Werbe- und Vertriebssystem einzubinden. Von ihrer Attraktivität hängt die Dynamik des Systems ab. Der Vorteil muss den Vorteilsempfänger daher nach allgemeiner Lebenserfahrung geeignet machen, planmäßig zu versuchen, weitere Kunden anzuwerben. Anderenfalls fehlt der wesenseigene glücksspielartige Charakter. Nicht tatbestandlich sind daher etwa Mengenrabatte für die eigene Abnahme, Leistungsanreize zur Umsatzsteigerung in bestehenden Vertriebsorganisationen sowie die üblichen Handelsmargen im Produktverkauf. Ferner sollen ganz belanglose, geringwertige Vorteile ausgeschieden werden, die nicht über die üblichen Werbegeschenke für erfolgreiche Laienwerbung hinausgehen. Eine feste Wertgrenze kann dabei nicht festgelegt werden, da die Geringwertigkeit stets im Verhältnis zum Waren- bzw. Einstiegspreis zu bestimmen ist (GK-UWG/*Wolters*, 2. Aufl. 2015, Rn. 74).

b) Tatmittel bei nicht warengebundenen Systemen. Nach Wortlaut und Aufbau des Tatbestandes **167** darf der versprochene Vorteil mit der Ware, Leistung oder dem Recht **nicht identisch** sein, zu deren Abnahme mit dem Versprechen veranlasst werden soll (BGHSt 43, 270 (2759; BayObLG GRUR 1991, 245 (246 f.) – Kettenbriefaktion; OLG Bamberg NStZ-RR 1997, 217 (218)). Mit diesem Argument wurde früher für warengebundene Systeme in der Rspr. vertreten, dass die verkaufte Gewinnchance, die bereits Voraussetzung der Ware, Dienstleistung oder des Rechts sei, deswegen nicht gleichzeitig ein besonderer Vorteil iSd Tatbestands sein könne (BayObLG GRUR 1991, 245 (247) – Kettenbriefaktion; OLG Karlsruhe GRUR 1989, 615 (616); OLG Stuttgart wistra 1991, 234 (235); vgl. auch *Otto* wistra 1997, 81 (87)). Diese Rspr. erging jedoch ausdrücklich aufgrund des damaligen Gesetzeswortlaut, nach dem die versprochenen Vorteile nach Auffassung der zitierten Gerichte vom Veranstalter selbst gewährt werden mussten, weshalb die von nachfolgenden Spielteilnehmern gewährten Provisionen als besonderer Vorteil im Sinne der Vorschrift von vornherein ausgeschlossen wurden (BayObLG GRUR 1991, 245 (246)).

Diese Rspr. ist mittlerweile überholt. Schon zur alten Gesetzeslage hatte der BGH in einem obiter **168** dictum klargestellt, dass der besondere Vorteil iSd § 6c aF weder aus dem Vermögen des Veranstalters stammen noch vom Täter selbst gewährt werden muss, und zugleich herausgearbeitet, dass eine Identität zwischen Abnahmegegenstand und versprochenem besonderem Vorteil bei warenlosen Systemen damit nicht besteht (krit. *Otto* wistra 1998, 227). Der versprochene besondere Vorteil besteht hiernach in dem tätigkeits- und erfolgsbedingten Anspruch auf Zahlung von Provision bzw. Folgeprovision, der sich vom erworbenen Mitgliedschaftsrecht (→ Rn. 163) und der daran begründeten Anwartschaft auf Provisionen unterscheidet: Abgenommen werden das Mitgliedschaftsrecht in der Organisation und die sich daraus ergebenden Ansprüche auf bestimmte gewerbliche Leistungen; versprochener Vorteil hingegen ist eine Werbeprämie oder Provision, die den entscheidenden Anreiz für den Erwerb des angebotenen Mitgliedschaftsrechts darstellt (BGHSt 43, 270 (275); OLG Bamberg NStZ-RR 1997, 217 (218)).

Der vom OLG Rostock (NStZ 1998, 467) weiterhin – nunmehr allerdings mit dem Argument eines **169** fehlenden Wettbewerbszusammenhangs (→ Rn. 156, 173) – vertretenen Gegenmeinung hat der Gesetzgeber durch die gerade aus Anlass dieses Meinungsstreites im Jahr 2000 vorgenommene Klarstellung des Gesetzeswortlauts (→ Rn. 122, 164) eine ausdrückliche Absage erteilt (BT-Drs. 14/2959, 12). Es reicht nun aus, wenn ein Vorteil versprochen wird, den ein Dritter gewährt. Gleichwohl geht das OLG Brandenburg (wistra 2003, 74) immer noch von Straflosigkeit aus. Dem kann jedoch bereits aufgrund der dargestellten gesetzlichen Entwicklung nicht gefolgt werden. Anzumerken bleibt, dass auch die vom BayObLG (GRUR 1991, 245 (246 f.) – Kettenbriefaktion) angestellten Strafwürdigkeitsüberlegungen angesichts der Entwicklung warenloser Systeme in den letzten Jahren weg vom vergleichsweise „harmlosen" Kettenbrief hin zu finanzintensiven Geldgewinnspielen (→ Rn. 143 ff.) nicht mehr tragen.

6. Kettenelement. Das Versprechen eines besonderen Vorteils ist schließlich nur dann tatbestands- **170** mäßig, wenn es unter der aufschiebenden Bedingung erfolgt, dass der Empfänger einen oder mehrere Kunden erfolgreich zum Abschluss eines gleichartigen Geschäfts veranlasst. Die Strafbarkeit erfordert eine spezifische Verknüpfung von Werbung und Vertrieb, ein sog Kettenelement. Mit anderen Worten: Das Versprechen besonderer Vorteile ist nur dann strafbedürftig, wenn dem Versprechensempfänger damit zugleich aufgegeben wird, eigene systemerweiternde Mitwirkungsleistungen zu erbringen, die das Vertriebssystem ausweiten. Vom geworbenen Neukunden aus betrachtet ist das Kettenelement danach gegeben, wenn dieser die offerierte Ware etc nur deshalb erwirbt, weil er besondere Vorteile haben wird, wenn er Neukunden anwirbt und diese wiederum unter gleichen Bedingungen weitere Neukunden anwerben. Damit soll unter anderem erreicht werden, dass der übliche Einsatz von Laien in der Werbung (→ Rn. 146) weiter zulässig bleibt. **Bei warenlosen Systemen** ist das Kettenelement **stets erfüllt**. Dort ist es offensichtlich, dass der neue Spielteilnehmer nicht um des bloßen Beitritts willen Mitglied wird, sondern aufgrund der mit dem Eintritt verbundenen Gewinnchance für den Fall, dass er weitere Spieler anwirbt.

171   Mit den Worten „nach der Art dieser Werbung (...) gewährt werden sollen", hat der Gesetzgeber klargestellt, dass der Erstkunde den Zweitkunden und dieser die weiteren Abnehmer zwar **nach der Anlage des Systems** regelmäßig, aber nicht notwendigerweise gerade dadurch zum Vertragsschluss veranlassen muss, dass er ihnen Vorteile in Aussicht stellt. Es muss daher **nicht im konkreten Einzelfall nachgewiesen werden, dass die Ware versprechensbedingt abgenommen wurde** (MüKoUWG/ *Brammsen* § 16 Rn. 130). Es reicht vielmehr aus, wenn das gesamte System typischerweise darauf ausgerichtet ist, dass auch iRd weiteren Werbung der Erstkunde den Zweitkunden und dieser die weiteren Abnehmer regelmäßig gerade dadurch veranlasst, die Gegenstände abzunehmen, indem er dafür Vorteile in Aussicht stellt. (BT-Drs. 10/5058, 39).

172   Um ferner alle **Variationen** von Gegenständen und Vorteilen mit zu erfassen und keine Umgehungsmöglichkeiten zu eröffnen, sind die Formulierungen „gleichartiger Geschäfte" und „entsprechende Vorteile" gewählt worden (BT-Drs. 10/5058, 39).

172a   **7. Kostenpflichtiger Systembeitritt.** Der EuGH hat in einer aktuellen Entscheidung die Auffassung vertreten, ein Absatzförderungssystem sei nur dann ein unzulässiges Schneeballsystem, wenn eigens für den Systembeitritt ein Entgelt fällig werde (EuGH GRUR 2014, 680 (682) – 4finance). Problematisch ist dabei zunächst, dass dieses Erfordernis zwar ausdrücklich in den meisten, aber ua nicht in der deutschen Übersetzung der UGP-RL enthalten ist. Insofern spricht sich der EuGH für eine einheitliche Anwendung der Richtlinie aus. Dabei reiche jeder finanzielle Beitrag unabhängig von seiner Höhe aus. Hinzu kommt aber noch, dass sich § 16 Abs. 2 einerseits und Anh. I Nr. 14 UGP-RL anderseits sich nicht vollständig entsprechen (*Brammsen/Apel* GRUR Int. 2014, 1119 (1123 f.)). Insofern ist vertreten worden, § 16 Abs. 2 könne als genuin nationales Strafrecht autonom ausgelegt werden, sodass die Entscheidung des EuGH keine einschränkende Auslegung erforderlich mache (*Brammsen/Apel* GRUR Int. 2014, 1119 (1122 ff.)). Damit würden jedoch die Grundfreiheiten des Werbenden in einer Weise eingeschränkt, die dem angestrebten einheitlichen Schutzniveau widerspräche. Man wird daher nunmehr § 16 Abs. 2 **unionsrechtskonform auslegen** und somit fordern müssen, dass der **Systembeitritt nur gegen Entgelt** erfolgt.

IV. Subjektiver Tatbestand

173   In subjektiver Hinsicht ist vorsätzliches Handeln iSd § 15 StGB erforderlich, wobei eine bestimmte Vorsatzform nicht vorgeschrieben ist. Eventualvorsatz reicht daher aus. Insbes. ist ein **Handeln zu Zwecken des Wettbewerbs nicht erforderlich** (Umkehrschluss aus §§ 17 ff.; Harte-Bavendamm/ Henning-Bodewig/*Dreyer* Rn. 35; aA *Alexander* WRP 2004, 407 (413)).

V. Rechtswidrigkeit

174   Rechtfertigungsgründe sind kaum denkbar. So kann etwa das Vorbringen, es handele sich um eine unternehmerische Reaktion auf unlauteres Konkurrentenverhalten, ebenso wenig eine Rechtfertigung begründen wie das Vorbringen eigener Absatzprobleme oder drohender Insolvenz (vgl. allgemein Wabnitz/Janovsky/*Dannecker/Bülte* Kap. 1 Rn. 38). Auch die Einwilligung der angeworbenen Teilnehmer sowie das Argument **eigenverantwortlicher Selbstgefährdung** bzw. **einverständlicher Fremdgefährdung** können die Rechtswidrigkeit **nicht** beseitigen, weil die Vorschrift auch ein nicht disponibles Allgemeinrechtsgut schützt. Schließlich wirkt es auch nicht rechtfertigend, dass der Täter selbst durch einen Dritten zum fraglichen System hinzugeworben wurde.

VI. Versuch und Vollendung

175   Da es sich bei § 16 Abs. 2 seinem Wortlaut nach um ein **echtes Unternehmensdelikt** handelt, ist der Versuch der Vollendung gleichgestellt (**§ 11 Nr. 6 StGB**). Die Tat ist somit bereits vollendet, wenn der Täter versucht, das Werbesystem in Gang zu setzen, wobei unmittelbares Ansetzen iSd § 22 StGB ausreicht. Das bedeutet, dass bereits jede Handlung zur Tatvollendung führt, die konkret darauf gerichtet ist, ein solches System einzurichten (BGHSt 56, 174, 179; Fezer/Büscher/Obergfell/*Rengier* Rn. 160a). Nicht erforderlich ist es, dass es dem Veranstalter tatsächlich gelungen ist, Kunden anzuwerben (BT-Drs. 10/5058, 3 f.). Das System muss dazu nicht einmal geeignet sein, solange der Täter es nur für geeignet hält. Auch der untaugliche Versuch ist daher letztlich als vollendete Tat strafbar. Milderungs- und Rücktrittsmöglichkeiten iSd §§ 23, 24 StGB bestehen nicht. Allein Vorbereitungshandlungen bleiben straflos.

VII. Irrtum

Zum Irrtum gelten die allgemeinen Grundsätze. Irrt der Täter zB darüber, dass sich das von ihm in **176** Gang gesetzte Werbe- und Vertriebssystem an den geschützten Personenkreis richtet, oder hält er den versprochenen Vorteil für so geringfügig, dass er nicht geeignet ist, den aleatorischen Lockeffekt auszulösen, liegt ein Tatbestandsirrtum iSd § 16 StGB vor. Geht der Täter dagegen irrig davon aus, bei einem Geldgewinnspiel gehe es im konkreten Fall nicht darum, Rechte abzunehmen oder besondere Vorteile zu gewähren, so befindet er sich in einem Verbotsirrtum iSd § 17 StGB. Dieser soll auch dann vermeidbar sein, wenn das System von einem Hausjuristen für unbedenklich erklärt wurde (OLG Braunschweig BGH NStZ-RR 1998, 251). Zum Zeitpunkt dieser Entscheidung war jedoch die Rechtslage noch nicht höchstrichterlich geklärt. Spätestens seit BGHSt 43, 270 dürften vermeidbare Verbotsirrtümer aber seltener geworden sein.

VIII. Täterschaft und Teilnahme

Bei der progressiven Kundenwerbung bleibt der eigentliche Veranstalter, der das System in Gang setzt, **177** typischerweise im Hintergrund und lässt andere für sich tätig werden. Die ursprünglich im Gesetzestext enthaltene Klarstellung, dass auch derjenige Täter sei, der die tatbestandsmäßige Veranlassung „durch andere" unternehme, wurde mittlerweile gestrichen, da sie letztlich nur den Fall mittelbarer Täterschaft umschrieb. Eine Einschränkung der möglichen Täterschaftsformen war damit nicht verbunden. Eine Bestrafung des eigentlichen Urhebers dieser Art von Werbung als Mittäter oder mittelbarer Täter bleibt je nach Fallgestaltung weiterhin möglich. IÜ kommt Anstiftung nach § 26 StGB in Betracht. Andere (systemexterne) Personen können ebenfalls nach allgemeinen Teilnahmevorschriften strafbar sein. Der Teilnehmer muss nicht selbst am geschäftlichen Verkehr teilnehmen (MüKoUWG/*Brammsen* Rn. 140; Harte-Bavendamm/Henning-Bodewig/*Dreyer* Rn. 53).

IX. Konkurrenzen

1. Innertatbestandliche Konkurrenzen. Bei mehreren auf ein- und dasselbe Absatzsystem gerich- **178** teten Förderungsakten liegt **tatbestandliche Handlungseinheit** vor (BGHSt 43, 270 (273); KG NStZ-RR 2005, 26 (27); OLG Bamberg NStZ-RR 1997, 217; OLG Braunschweig NStZ-RR 1998, 251). Tatbestandsmäßig sind zwar alle Tätigkeitsakte, die dem Vertrieb des Absatzsystems dienen und dazu zählt es auch, wenn das Absatzsystem präsentiert wird. Daraus folgt aber nicht, dass jede Verkaufsveranstaltung oder jeder Versuch, einen Kunden anzuwerben, rechtlich als selbstständige Handlung zu werten wäre. Die Tathandlung des Abs. 2 liegt vielmehr darin, dass ein progressives Absatzsystems gefördert wird. Das ist aber schon begrifflich nur durch mehrere auf dasselbe Absatzsystem gerichtete Akte möglich. Wer mehrere Präsentationen veranstaltet, um dasselbe System zu bewerben, verwirklicht den Tatbestand der progressiven Kundenwerbung daher nur einmal (KG NStZ-RR 2005, 26 (27 f.)).

2. Zusammentreffen mit § 16 Abs. 1. Das Verhältnis zu Abs. 1 ist umstritten: Teils geht man von **179** Tateinheit aus (Köhler/Bornkamm/*Bornkamm* Rn. 52; Harte-Bavendamm/Henning-Bodewig/*Dreyer* Rn. 54); teils wird Abs. 2 als lex specialis angesehen und soll danach Abs. 1 verdrängen (Erbs/Kohlhaas/ *Diemer* Rn. 144; GK-UWG/*Otto* § 6c Rn. 58; Fezer/Büscher/Obergfell/*Rengier* Rn. 168).

3. Zusammentreffen mit anderen Straftatbeständen. Gegenüber §§ 284, 285, 287 StGB ist § 16 **180** Abs. 2 als **lex specialis** anzusehen (MüKoUWG/*Brammsen* Rn. 142; aA Ohly/Sosnitza/*Sosnitza* Rn. 53: Tateinheit). Allerdings sind die Vorschriften ohnehin eher selten neben § 16 Abs. 2 tatbestandlich erfüllt (BGHSt 34, 171 (177 ff.)).
Tateinheit ist möglich mit Betrug gem. § 263 StGB (vgl. etwa OLG Frankfurt a. M. wistra 1986, 31). **181** An eine gleichzeitige Strafbarkeit wegen Betrugs ist insbes. dann zu denken, wenn der Veranstalter eines Geldspiels für sich nicht nur die Einstandszahlungen in Anspruch nimmt, sondern – über Strohleute oder fingierte Namen – zusätzlich die oberen Ränge der Pyramide selbst besetzt. In einem solchen Fall hat sogar der Teilnehmer, der in einem sehr frühen Stadium in das Spiel einsteigt, keine realistische Gewinnchance mehr. Ferner kommt eine tateinheitliche Veruntreuung der zu verwaltenden Gelder gem. § 266 StGB durch den Veranstalter in Betracht.
Tatmehrheit ist insbes. mit (Umsatz-)Steuerhinterziehung denkbar (BGHSt 43, 270 (276); OLG **182** Bamberg NStZ-RR 1997, 217; OLG Rostock NStZ 1998, 467).

X. Strafverfolgung

1. Mögliche Rechtsfolgen. § 16 Abs. 2 sieht Geldstrafe oder Freiheitsstrafe bis zu zwei Jahre vor. **183** Ferner sind Einziehung, Verfall und ein Berufsverbot möglich. So kann bei dem Veranstalter eines zentral gesteuerten Kettenbriefsystems zB der Reingewinn aus dem Verkauf der Zertifikate nach §§ 73 ff. StGB für verfallen erklärt werden (OLG Stuttgart wistra 1990, 165 (166)). Angesichts individueller Opferausgleichs- oder -ersatzansprüche sowie etwaiger Gewinnabschöpfungsansprüche nach § 10 wird für die

Anordnung des Verfalls jedoch oft kein Raum mehr sein. Dies gilt insbes. aufgrund der seit der Entscheidung des OLG Stuttgart mittlerweile gefestigten Rspr. zum Ausschluss der Kondiktionssperre des § 817 S. 2 BGB und der damit verbundenen Anerkennung bereicherungsrechtlicher Rückabwicklungsansprüche.

184   **2. Strafverfolgung von Amts wegen.** § 16 Abs. 2 ist **Offizialdelikt** und wird von Amts wegen verfolgt. Öffentliche Klage wird jedoch gem. §§ 374 Abs. 1 Nr. 7, 376 StPO nur dann erhoben, wenn es im öffentlichen Interesse liegt. Zur Privatklage bzw. zum Anschluss als Nebenkläger im Falle einer Anklage sind nur die Verletzten befugt. Die Möglichkeit einer Verbandsprivatklage nach § 22 aF besteht nicht mehr. Nach **Nr. 260 RiStBV** wird das öffentliche Interesse an der Strafverfolgung in der Regel zu bejahen sein, wenn insgesamt ein hoher Schaden droht, die Teilnehmer einen nicht unerheblichen Beitrag zu leisten haben oder besonders schutzwürdig sind. Eine Verweisung auf den Privatklageweg soll nur erfolgen, wenn der Verstoß leichter Art ist und nur die Interessen eines eng umgrenzten Personenkreises berührt sind.

185   **3. Sonstiges.** Zu **Verjährung** und Zuständigkeit der **Wirtschaftsstrafkammern** → Rn. 121.

§ 17 Verrat von Geschäfts- und Betriebsgeheimnissen

(1) **Wer als eine bei einem Unternehmen beschäftigte Person ein Geschäfts- oder Betriebsgeheimnis, das ihr im Rahmen des Dienstverhältnisses anvertraut worden oder zugänglich geworden ist, während der Geltungsdauer des Dienstverhältnisses unbefugt an jemand zu Zwecken des Wettbewerbs, aus Eigennutz, zugunsten eines Dritten oder in der Absicht, dem Inhaber des Unternehmens Schaden zuzufügen, mitteilt, wird mit Freiheitsstrafe bis zu drei Jahren oder mit Geldstrafe bestraft.**

(2) **Ebenso wird bestraft, wer zu Zwecken des Wettbewerbs, aus Eigennutz, zugunsten eines Dritten oder in der Absicht, dem Inhaber des Unternehmens Schaden zuzufügen,**

1. **sich ein Geschäfts- oder Betriebsgeheimnis durch**
   a) **Anwendung technischer Mittel,**
   b) **Herstellung einer verkörperten Wiedergabe des Geheimnisses oder**
   c) **Wegnahme einer Sache, in der das Geheimnis verkörpert ist,**
   unbefugt verschafft oder sichert oder
2. **ein Geschäfts- oder Betriebsgeheimnis, das er durch eine der in Absatz 1 bezeichneten Mitteilungen oder durch eine eigene oder fremde Handlung nach Nummer 1 erlangt oder sich sonst unbefugt verschafft oder gesichert hat, unbefugt verwertet oder jemandem mitteilt.**

(3) **Der Versuch ist strafbar.**

(4) ¹**In besonders schweren Fällen ist die Strafe Freiheitsstrafe bis zu fünf Jahren oder Geldstrafe.** ²**Ein besonders schwerer Fall liegt in der Regel vor, wenn der Täter**

1. **gewerbsmäßig handelt,**
2. **bei der Mitteilung weiß, dass das Geheimnis im Ausland verwertet werden soll, oder**
3. **eine Verwertung nach Absatz 2 Nummer 2 im Ausland selbst vornimmt.**

(5) **Die Tat wird nur auf Antrag verfolgt, es sei denn, dass die Strafverfolgungsbehörde wegen des besonderen öffentlichen Interesses an der Strafverfolgung ein Einschreiten von Amts wegen für geboten hält.**

(6) **§ 5 Nummer 7 des Strafgesetzbuches gilt entsprechend.**

Literatur zu §§ 17 bis 19: *Beyerbach,* Die geheime Unternehmensinformation, 2012; *Brammsen,* Rechtsgut und Täter der Vorlagenfreibeuterei, wistra 2006, 201; *Bott,* „Grenzenloser" Geheimnisverrat: Der Auslandsbezug bei § 17 UWG, wistra 2015, 342; *Brandau/Gal,* Strafbarkeit des Fotografierens von Messe-Exponaten, GRUR 2009, 118; *Bruch,* Zur Frage der Anwendbarkeit der Strafvorschriften des Gesetzes gegen den unlauteren Wettbewerb (§§ 15, 17, 18 und 20 UWG) bei Verletzung nichtdeutscher Unternehmen durch deutsche Staatsbürger, NStZ 1986, 259; *Buchert,* Der Irrweg der EU-Kommission – Zu den Überlegungen über die Einführung einer staatlichen Whistleblower-Prämie, CCZ 2013, 144; *Dannecker,* Der Schutz von Geschäfts- und Betriebsgeheimnissen, BB 1987, 1614; *Engländer/Zimmermann,* Whistleblowing als strafbarer Verrat von Geschäfts- und Betriebsgeheimnissen?, NZWiSt 2012, 328; *Erb,* Inwieweit schützt § 17 UWG ein ausländisches „Bankgeheimnis"?, FS Roxin II, 2011, 1103; *Fischer-Lescano,* Internationale Regulierung des Whistleblowing-Anpassungsbedarf im dt. Recht, AuR 2016, 4, 48; *Gärtner,* Zum Richtlinienentwurf über den Schutz von Geschäftsgeheimnissen, NZG 2014, 650; *Gaugenrieder,* Einheitliche Grundlage für den Schutz von Geschäftsgeheimnissen in Europa, BB 2014, 1987; *Harte-Bavendamm,* Wettbewerbsrechtliche Aspekte des Reverse Engineering von Computerprogrammen, GRUR 1990, 657; *Hefendehl,* Alle lieben Whistleblowing, FS Amelung, 2009, 617; *Heine,* Der staatliche Ankauf von strafbar erlangten Steuer-Daten deutscher Steuerhinterzieher, FS Roxin, 2011, 1087; *Kalbfus,* Die neuere Rechtsprechung des BGH zum Schutz von Betriebs- und Geschäftsgeheimnissen, WRP 2013, 584; *Kiethe/Hohmann,* Der strafrechtliche Schutz von Geschäfts- und Betriebsgeheimnissen, NStZ 2006, 185; *Koch,* Korruptionsbekämpfung durch Geheimnisverrat? -Strafrechtliche Aspekte des Whistleblowing, ZIS 2008, 500; *Kohlrausch,* Industriespionage, ZStW 50 (1930), 30; *Konopatsch,* Whistleblowing in der Schweiz – Mitteilung an die Presse als ultima ratio, NZWiSt 2012, 217; *Kühne,* Die Verwertbarkeit von illegal erlangten Steuerdaten im Strafverfahren, FS Roxin II, 2011, 1269; *Lampe,* Der strafrechtliche Schutz des Know-how gegen Veruntreuung durch den Vertragspartner (§§ 18, 20 UWG), BB 1977, 1477; *Leuchten,* Der gesetzliche Schutz für Whistleblower rückt näher, ZRP 2012, 142; *McGuire/Joachim/Künzel/Weber,* Der Schutz von Geschäftsgeheimnissen durch Rechte des Geistigen Eigentums und durch das Recht des unlauteren Wettbewerbs, GRUR Int. 2010, 829; *Mengel,* Der Gesetzesentwurf der SPD-Fraktion zum Whistleblowing, CCZ 2012, 146; *Mitsch,* Wertungswidersprüche bei § 18 UWG nF, GRUR 2004, 824; *Mitsch,* Strenge Akzessorietät der Teilnahme und andere Merkwürdigkeiten im neuen § 19 UWG, wistra 2004, 161; *Möller/Walter,* Kontakte als Geschäftsgeheimnis?, AuA 2014, 8; *Noak,* Wettbewerbsneutrale Absichten und § 17 UWG, wistra 2006, 245; *Ohly,* Der Geheimnisschutz im deutschen Recht: heutiger Stand und Perspektiven, GRUR 2014, 1; *Otto,* Verrat von Betriebs- und Geschäftsgeheimnissen, § 17 UWG, wistra 1988, 125; *Planert,* „Einer zahlt, viele genießen" – Die Strafbarkeit von Cardsharing, StV 2014, 430; *Rauer,* Richtlinienentwurf: Europaweit einheitlicher Schutz von Geschäftsgeheimnissen, GRUR-Prax 2014, 2; *Rupp,* Strafrechtlicher Schutz von Computersoft- und Orgware nach §§ 17 ff. UWG unter Berücksichtigung der Reformentwürfe zum UWG, WRP 1985, 676; *Samson/Langrock,* „Pecunia non olet?", wistra 2010, 201; *Sieber,* Ermittlungen in Sachen Liechtenstein – Fragen und erste Antworten, NJW 2008, 881; *Simonet,* Notwendigkeit eines Gesetzes zum Schutz von Whistleblowern?, RdA 2013, 236; *Taeger,* Die Offenbarung von Betriebs- und Geschäftsgeheimnissen, 1988; *Többens,* Wirtschaftsspionage und Konkurrenzausspähung in Deutschland, NStZ 2000, 505; *Többens,* Die Straftaten nach dem Gesetz gegen den unlauteren Wettbewerb (§§ 16–19 UWG), WRP 2005, 552; *Wawrzinek,* Verrat von Geschäfts- und Betriebsgeheimnissen, 2010; *Wolff,* Der verfassungsrechtliche Schutz der Betriebs- und Geschäftsgeheimnisse, NJW 1997, 98; *Wüterich/Breucker,* Wettbewerbsrechtlicher Schutz von Werbe- und Kommunikationskonzepten, GRUR 2004, 389; *Zentek,* Präsentationsschutz – Von der Vorlagenfreibeuterei bis zu Individualvereinbarungen gegen eigenmächtige Verwertungen ungeschützter Entwürfe, WRP 2007, 507.

Übersicht

A. Allgemeines
I. Entwicklung

1   Das Grundgerüst des heutigen § 17 geht zurück auf § 9 UWG 1896, der in Abs. 1 bereits den Geheimnisverrat innerbetrieblichen Personals (heute Abs. 1) und in Abs. 2 die unbefugte Weitergabe und Verwertung gesetzes- oder sittenwidrig erlangter Geschäfts- und Betriebsgeheimnisse (heute Abs. 2 Nr. 2) unter Strafe stellte. Durch das UWG 1909 wurden beide Straftatbestände ohne nennenswerte inhaltliche Änderung in § 17 übernommen. Seine heutige Fassung erhielt § 17 im Jahr 1986 durch das 2. WiKG (BGBl. 1986 I 721 (726)), das insbes. die Betriebsspionage als selbstständige Tatbestandsvariante (Abs. 2 Nr. 1) und die Versuchsstrafbarkeit (Abs. 3) einführte. Durch die UWG-Gesamtreformen 2004 und 2008 blieb die Vorschrift inhaltlich unberührt. Für das geistige Eigentum besteht auch eine völkerrechtliche Verpflichtung der Bundesrepublik zum Geheimnisschutz nach Art. 39 **TRIPS-Abkommen** v. 30.8.1994. Ende 2013 hat die EU-Kommission einen Entwurf für eine Richtlinie zur Verbesserung des Schutzes von Geschäftsgeheimnissen vorgelegt (COM (2013) 813); dazu *Gärtner* NZG 2014, 650 ff.; *Gaugenrieder* BB 2014, 1987 ff.; *Rauer* GRUR-Prax 2014, 2 ff.). Der Vorschlag wurde in einer sog Allgemeinen Ausrichtung vom Rat der Europäischen Union überarbeitet (2013/0402 (COD)). Der Kompromissvorschlag wurde am 14.4.2016 im EU-Parlament verabschiedet.

II. Schutzzweck

2   § 17 schützt in erster Linie den **Geheimbereich** eines Unternehmens vor unredlichen Eingriffen (BGHSt 13, 333 (335); BGHZ 166, 84 (105)). Da dieser in der Regel wirtschaftlichen Wert verkörpert, werden die Straftatbestände des § 17 zum Teil als Vermögensdelikte eingestuft (BayObLG GRUR 1988, 634; MüKoUWG/*Brammsen* Rn. 5 f.). Richtigerweise ist der vom Schutzzweck der Vorschrift erfasste Geheimbereich des Unternehmens jedoch als **eigenständiges Rechtsgut** anzusehen, das nicht allein unter vermögensrechtlichen Aspekten geschützt wird. Neben diesem Individualinteresse des einzelnen Wettbewerbers an der Unversehrtheit seines Geheimbereiches dient § 17 darüber hinaus aber auch dem **Interesse der Allgemeinheit** am Erhalt eines funktionierenden Wettbewerbs als Institution der Wirtschaftsordnung. Dem hat der Gesetzgeber Rechnung getragen, indem er die Möglichkeit einer Strafverfolgung von Amts wegen eingeführt hat (BT-Drs. 10/5058, 41). Umstr. ist, ob das Unternehmensgeheimnis auch durch Art. 14 GG geschützt wird (bejahend Ohly/Sosnitza/*Ohly* Rn. 1; *Wawzrinek,* Verrat von Geschäfts- und Betriebsgeheimnissen, 2010, 82 f.; GK-UWG/*Wolters,* 2. Aufl. 2015, Rn. 1; krit. *Wolff* NJW 1997, 98 ff.; *Beyerbach,* Die geheime Unternehmensinformation, 2012, 182 ff.).

2a   Fraglich ist dabei, ob auch das ausländische Geschäftsgeheimnis von der Strafvorschrift erfasst wird. Dabei geht es nicht um das Strafanwendungsrecht (→ Rn. 88 f.), sondern um die Frage nach dem geschützten Rechtsgut. Auch wenn der Schutz des Geheimnisses als Individualrechtsgut im Vordergrund steht und das Interesse der Allgemeinheit an einem nicht durch Geheimnisverrat verfälschten Wettbewerb eher sekundär ist, so ist das Unternehmensgeheimnis nach der jetzigen gesetzgeberischen Konzeption letztlich nur als Bestandteil des Wettbewerbs geschützt. Das UWG regelt aber nur den inländischen Wettbewerb, sodass **ausländische Geschäftsgeheimnisse nicht geschützt** sind (*Bruch* NStZ 1986, 259 (260); *Kühne* FS Roxin II, 2011, 1269 (1274); *Wedler/Bülte* NZWiSt 2014, 316 (318 f.); iErg auch Wabnitz/Janovsky WirtschaftsStR-HdB/*Möhrenschlager* Kap. 15 Rn. 38; *Samson/Langrock* wistra 2010, 201 (203); aA *Heine* FS Roxin II, 2011, 1087 (1091 f.); *Sieber* NJW 2008, 881). Eine § 299 Abs. 3 StGB entsprechende Regelung gibt es für § 17 gerade nicht. Im Zuge einer unionsrechtskonformen Auslegung ist der Schutz allerdings auf den **Wettbewerb innerhalb der Europäischen Union** zu erstrecken (*Wedler/Bülte* NZWiSt 2014, 316 ff.). Praktisch bedeutsam ist die Frage insbes. für den Ankauf sog **Steuer-CDs** (→ Rn. 18), weil die betroffenen Daten in der Regel von Banken aus der Schweiz und aus Liechtenstein stammen, sodass eine Strafbarkeit nach § 17 richtigerweise ausscheidet.

III. Praktische Bedeutung

3   Der Geheimnisschutz des § 17 ist praktisch äußerst bedeutsam. Die Möglichkeit, ein Geschäfts- oder Betriebsgeheimnis ausschließlich nutzen oder an einen Dritten lizensieren zu können, verkörpert für den Geheimnisträger einen Wettbewerbsvorteil gegenüber Konkurrenten, der für das einzelne Unternehmen von existenzieller Bedeutung sein kann. Gleichzeitig besteht aufgrund eines durch fortschrittliche Informationstechnologien anwachsenden Gefahrenpotentials der Betriebs- und Wirtschafsspionage und steter Erweiterung möglicher Angriffsfelder am Wirtschaftsstandort Deutschland ein ständig zunehmendes Schutzbedürfnis. Diesem können gewerbliche Schutzrechte nicht immer gerecht werden, weil sie angemeldet werden müssen, wobei die Erfindung offen gelegt werden muss; außerdem ist ihr Schutz zeitlich begrenzt (BGHZ 16, 172 (175 f.); BGH GRUR 1963, 207 (210) – Kieselsäure). Die praktische Bedeutung von § 17 zur Kompensation dieses Schutzbedürfnisses schlägt sich in der Rspr. jedoch in erster Linie in seiner Funktion als Schutzgesetz iSv § 823 Abs. 2 BGB ggf. iVm § 1004 BGB zur Begründung zivilrechtlicher Schadensersatz- und Unterlassungsansprüche nieder. Demgegenüber sind

strafrechtliche Ermittlungsverfahren zumeist geprägt durch im Vordergrund stehende zivilrechtliche Interessen sowie die Furcht der betroffenen Unternehmen vor einer zusätzlichen Rufschädigung und Vertiefung des Eingriffs durch die mit einem Strafverfahren verbundene Publizitätswirkung (vgl. etwa *Dannecker* BB 1987, 1614 (1621 f.); *Kiethe/Hohmann* NStZ 2006, 185; Wabnitz/Janovsky WirtschaftsStR–HdB/*Möhrenschlager* Kap. 15 Rn. 2; Tiedemann WirtschaftsStR BT Rn. 232).

B. Geschäfts- und Betriebsgeheimnis

Allen von § 17 umfassten Straftatbeständen ist gemeinsam, dass sie sich auf ein Geschäfts- oder **4** Betriebsgeheimnis als Gegenstand der Tathandlung beziehen. Der Begriff des Geschäfts- oder Betriebsgeheimnisses wurde vom Gesetzgeber bereits in § 9 UWG 1896 verwendet und wird seither in unveränderter Form zur Bezeichnung des Tatobjekts zugrunde gelegt.

I. Begriff

Geschäfts- oder Betriebsgeheimnis ist jede in Beziehung zu dem Geschäftsbetrieb eines Unternehmens stehende Tatsache (II.), die nur einem begrenzten Personenkreis bekannt und damit nicht offenkundig ist (III.), die nach dem erkennbaren Willen des Betriebsinhabers geheim gehalten werden soll, und hinsichtlich derer der Betriebsinhaber deshalb ein berechtigtes Geheimhaltungsinteresse hat, weil eine Aufdeckung der Tatsache geeignet wäre, dem Geheimnisträger wirtschaftlichen Schaden zuzufügen (IV.) (BVerfG NVwZ 2006, 1041 (1042); BGHSt 41, 140 (142); BGH GRUR 1955, 424 (425) – Möbelwachspaste; BGH GRUR 1961, 40 (43) – Wurftaubenpresse; BGH GRUR 2003, 356 (3589 – Präzisionsmessgeräte; BGH GRUR 2006, 1044 (1046) – Kundendatenprogramm; BGH GRUR 2009, 603 (604) – Versicherungsuntervertreter). Dabei fallen unter den Begriff des Geschäftsgeheimnisses geheim zu haltende Tatsachen, die den kaufmännischen Bereich eines Unternehmens betreffen, während sich ein Betriebsgeheimnis auf technische Inhalte bezieht (RGSt 29, 426 (430); 31, 90 (91)). Da das Gesetz Geschäfts- und Betriebsgeheimnisse gleich behandelt, ist die begriffliche Differenzierung letztlich jedoch unerheblich. Es kann daher auch einheitlich von Wirtschafts- oder Unternehmensgeheimnissen gesprochen werden (Köhler/Bornkamm/*Köhler* Rn. 4a; Ohly/Sosnitza/*Ohly* Rn. 5).

Die Richtlinie zur Verbesserung des Schutzes von Geschäftsgeheimnissen (→ Rn. 1) enthält in Art. 2 **5a** Abs. 1 eine Definition des Geschäftsgeheimnisses, die sich im Ausgangspunkt mit den oben genannten Grundsätzen deckt, darüber hinaus aber fordert, dass das Geheimnis Gegenstand von „angemessenen Geheimhaltungsmaßen" ist. Insofern wird der Geheimnisschutz also prinzipiell eingeschränkt (s. auch *Gärtner* NZG 2014, 650 (651)), wobei abzuwarten bleibt, ob und inwiefern sich das auch in praktisch spürbarer Weise auswirken wird.

II. Betriebsbezogenheit

Soweit sich ein Geheimnis iSv § 17 auf eine **Tatsache** beziehen muss, liegt darin keine wesentliche **6** Beschränkung seines Anwendungsbereichs. Werturteile drohen regelmäßig nur dann Gegenstand einer Tathandlung zu werden, wenn sie geäußert wurden. Dann ist aber in dieser mündlichen oder schriftlichen Äußerung eine Tatsache zu sehen, die vom Tatbestand erfasst wird. Tatbestandsmäßig kann daher etwa die Offenbarung des (geheimen) Inhalts eines unternehmensinternen Vermerks sein, der die Ansichten und Meinungen einzelner Abteilungen darstellt.

Der erforderliche **Betriebsbezug** ist gegeben, wenn sich die geheim zu haltende Tatsache aus dem **7** Geschäftsbetrieb des betroffenen Unternehmens als solchem ergibt oder zumindest in unmittelbarer Beziehung dazu steht (OLG Hamm WRP 1993, 118 (119) – Müll II). Dies hat der BGH etwa für durch öffentliche Ausschreibungen erlangte Angebote im Hinblick auf den Geschäftsbetrieb des ausschreibenden Unternehmens bejaht: Sie sind nach den Vorgaben der Ausschreibung errechnet, allein aufgrund einer kaufmännischen Initiative des ausschreibenden Unternehmens entstanden und ermöglichen damit die Vergabe und damit eine in seinen Geschäftsbetrieb fallende Entscheidung (BGHSt 41, 140 (142); BGH NStZ 2014, 325 (326 f.)). Ebenso können Bankkundendaten, insbes. zur fehlenden Kreditwürdigkeit, tauglicher Gegenstand eines durch § 17 geschützten Unternehmensgeheimnisses der Bank, nicht aber des betroffenen Bankkunden sein (BGHZ 166, 84 (105); aA Tiedemann WirtschaftsStR BT Rn. 238, der Geheimnisschutz unter Berufung auf die Schutzzwecktrias des § 1 auch zu Gunsten des Bankkunden bejaht). **Zu verneinen** ist Betriebsbezogenheit dagegen für personenbezogene Tatsachen, wie etwa die Kündigungsabsicht eines Unternehmensmitarbeiters (OLG Stuttgart wistra 1990, 277 ff.) sowie für Daten nicht erwerbswirtschaftlich tätiger öffentlicher Einrichtungen, wie etwa wissenschaftliche Erkenntnisse von Forschungsinstituten des Staates oder Universitäten (MüKoUWG/*Brammsen* Rn. 14; *Rupp* WRP 1985, 676).

Keine Auswirkungen auf die Zuordnung der geheim zu haltenden Tatsache zu dem Betrieb eines **8** bestimmten Unternehmen hat es regelmäßig, wenn Sachen, in denen das Geheimnis verkörpert ist, entsorgt (vgl. OLG Hamm WRP 1993, 118 (120) – Müll II) oder weiterveräußert werden (BayObLG GRUR 1991, 694 (695) – Geldspielautomat; RGZ 149, 329 (332 ff.) – Stiefeleisenpresse). Das Recht an einer geheimen Information folgt nicht dem Recht an der die Information (versteckt) enthaltenden Sache (zur Frage der Offenkundigkeit in diesen Fällen → Rn. 14, zur Frage des Geheimhaltungsinteresses → Rn. 18). Die Beziehung zu einem bestimmten Betrieb kann sich in der Folge aber derart lockern, dass die Tatsache nicht mehr diesem, sondern den allgemeinen Marktverhältnissen zuzuordnen ist. Das gilt etwa für die Störanfälligkeit in Verkehr gebrachter Produkte (OLG Stuttgart GRUR 1982, 315 f. – Gerätewartung).

III. Nichtoffenkundigkeit

9   **Offenkundig** und damit nicht geheim ist eine Tatsache, wenn sie allgemein bekannt oder beliebigem Zugriff derart preisgegeben ist, dass für jeden an ihr Interessierten die Möglichkeit besteht, sich unter Zuhilfenahme lauterer Mittel ohne größere Schwierigkeiten und Opfer von ihr Kenntnis zu verschaffen (BGH GRUR 1958, 297 (299) – Petromax; BayObLG GRUR 1991, 694 (695) – Geldspielautomat; OLG Hamburg GRUR-RR 2001, 137 (139) – PM-Regler).

10   Dabei setzt Offenkundigkeit nicht voraus, dass jedermann Zugriff besitzt; maßgeblich sind die Kenntnisse und Fähigkeiten der jeweiligen **Fachkreise** (BGH GRUR 1966, 152 (153 f.) – Nitrolingual; GRUR 1980, 750 ff. – Pankreaplex II; BGH GRUR 2002, 91 (93) – Spritzgießwerkzeuge; RGZ 65, 333 (335 f.) – Pomril). Der Tatrichter wird sich dementsprechend ggf. eines Sachverständigen zu bedienen haben (vgl. RGSt 61, 273 sowie die vorstehend zitierten Nachweise aus der Rspr.). Der Gegenstand des Geheimnisses muss dem Durchschnittsfachmann **in seiner konkreten Erscheinungsform** und mit seinen besonderen Eigenheiten jederzeit zugänglich sein. Nicht ausreichend ist, dass er durch eigene Arbeit und ohne Kenntnis des Betriebsgeheimnisses ähnliche Leistungen erzielen oder eine in Augenschein genommene Anlage mehr oder weniger identisch nachbauen könnte (BGH GRUR 1958, 297 (2999 – Petromax; BGH GRUR 1961, 40 (42) – Wurftaubenpresse; BGH GRUR 2002, 91 (93) – Spritzgießwerkzeuge). Vielmehr müssen etwa für ein Arzneimittel oder sonstige chemische Zusammensetzungen neben Mengen- und Gewichtsverhältnis der Ausgangsbestandteile auch die einzelnen Schritte des Herstellungsverfahrens bekannt sein (BGH GRUR 1966, 152 (154) – Nitrolingual; BGH GRUR 1980, 750 – Pankreaplex II; BAGE 41, 21 ff. – Thrombosol; OLG Frankfurt a. M. CR 1990, 589 (590) – Zwei-Komponenten-Dichtstoff). In einer **Kundenliste** zusammengestellte Adressen sind demnach offenkundig, wenn sie jederzeit ohne größeren Aufwand aus allgemein zugänglichen Quellen (Telefonbuch) rekonstruiert werden können. Enthält die Kundenliste dagegen zusätzliche aus Geschäftsbeziehungen zu diesen gewonnene Informationen, ist sie in ihrer konkreten Form nicht jederzeit zugänglich und stellt daher ein Geschäftsgeheimnis dar (BGH GRUR 2006, 1044 (1046) – Kundendatenprogramm; BGH GRUR 2009, 603 (604) – Versicherungsuntervertreter; BGH GRUR 2012, 1048 – MOVICOL-Zulassungsantrag). Zum Maßstab, von welchem **Ausmaß** der Aufwand sein muss, vgl. ausführlich OLG Celle WRP 2015, 1009 (1012 ff.) m. krit. Anm. *Kalbfus*).

11   Eine Sache oder ein Verfahren **muss sich nicht vom Stand der Technik abheben,** um geheim zu sein (BGH GRUR 2008, 727 (728) – Schweißmodulgenerator). So genügt es etwa, wenn ein Herstellungsverfahren zum Zeitpunkt der Tathandlung ausschließlich in einem bestimmten Unternehmen bekannt ist, weil es iÜ schon lange keine Verwendung mehr findet und in Vergessenheit geraten ist (RGSt 31, 90 (91); vgl. auch OLG Köln NJW 2000, 3656). Auch wenn das in Rede stehende Herstellungsverfahren als solches bekannt, also nicht „objektiv geheim" oder „absolut neu" ist, kann ein Betriebsgeheimnis vorliegen, sofern geheim ist, dass sich gerade dieses Unternehmen des Verfahrens bedient und vielleicht gerade dadurch besondere Erfolge erzielt, die etwa in der Produktionsgeschwindigkeit, Kostenvorteilen oder der Produktqualität liegen können (BGH GRUR 1955, 424 (425) – Möbelwachspaste; BGH GRUR 1961, 40 (43) – Wurftaubenpresse; RGZ 65, 333 (335) – Pomril; RGZ 149, 329 (334) – Stiefeleisenpresse; OLG Hamm WRP 1993, 36 (38) – Tierohrmarken). Gegenstand des Geheimnisses ist in diesen Fällen nicht das Herstellungsverfahren als solches, sondern dessen Beziehung zum Betrieb. Anders liegt der Fall nur, wenn ein als Betriebsgeheimnis benutztes Verfahren so bekannt ist, dass es für den Fachmann klar ist, dass auch der betreffende Betrieb nach diesem arbeitet (BGH GRUR 1963, 207 (210) – Kieselsäure). Umgekehrt schließt eine Zugehörigkeit zum Stand der Technik im patentrechtlichen Sinne den Geheimnischarakter nicht zwingend aus, da dieser auch eine Fülle von unaufbereiteten Informationen enthält, die nur mit großem Aufwand zugänglich gemacht werden und daher Geheimnischarakter haben können (BGH GRUR 2008, 727 (7299 – Schweißmodulgenerator).

12   Stets geheimnisvernichtend ist die Veröffentlichung in allgemein zugänglichen Medien (BGHZ 166, 84 (105)). So führt eine Publikation in einer inländischen **Fachzeitschrift,** die es dem Leser gestattet, Bezugsgegenstand und Inhalt bestimmungsgemäß in der Praxis anzuwenden, zur Offenkundigkeit (Erbs/Kohlhaas/*Diemer* Rn. 10; Köhler/Bornkamm/*Köhler* Rn. 7; enger RGSt 40, 406 (407)). Gleiches gilt für Verbreitung in Rundfunk, Fernsehen und Internet (vgl. OLG Frankfurt a. M. NJW 1996, 264 – Pay-TV) und – aufgrund patentrechtlich vorgesehener Veröffentlichung – regelmäßig auch für **Patentanmeldungen** (RGSt 40, 406 (407); BHGZ 16, 172 (175); BGH GRUR 1976, 140 (142) – Polyurethan; Celle GRUR 1969, 548 (549) – Abschaltplatte) sowie Bekanntmachungen/Veröffentlichungen von Geschmacks- und Gebrauchsmustern (vgl. hierzu etwa Achenbach/Ransiek/Rönnau WirtschaftsStR-

HdB/*Ebert-Weidenfeller* Teil 3 Kap. 3 Rn. 69). Über den Gegenstand der gewerblichen Schutzrechte und die Frage, ob und inwieweit **neben** einem solchen noch Raum für ein Betriebsgeheimnis ist, ist im Einzelfall zu entscheiden (RGSt 39, 321 (323); 40, 406 (4079; BGH GRUR 1963, 207 (210) – Kieselsäure). Schließlich wird offenkundig, was in öffentlichen strafgerichtlichen Hauptverfahren erörtert wird, selbst wenn dabei keine Zuhörer anwesend waren (vgl. OLG Köln NJW 2000, 3656).

Wird die Tatsache nur gegenüber einer **beschränkten Anzahl von Personen** aufgedeckt, verliert sie **13** dagegen nicht den Charakter eines Geheimnisses (RGSt 29, 426 (4309; 40, 406 (407)). Wie groß diese sein muss, um dem Geheimnis seine Eigenschaft als solches zu nehmen, hängt von den Umständen ab und ist daher im Wesentlichen eine Tat- und Beweisfrage, die nur vom Tatrichter entschieden werden kann (RGSt 38, 108 (1109); 40, 406 (407); 42, 394 (396); BayObLG GRUR 1991, 694 (696) – Geldspielautomat; *Wawrzinek,* Verrat von Geschäfts- und Betriebsgeheimnissen, 2010, 100 f.). Dabei kommt es nicht zwingend auf die Zahl der Mitwisser, sondern darauf an, ob mit Geheimhaltung durch diese gerechnet werden kann und der Geheimnisinhaber den Kreis der Mitwisser unter Kontrolle behält. Eine Information bleibt demnach geheim, wenn sie nur unter dem eigenen Betriebspersonal (BGHSt 41, 140 (143); BGH GRUR 2003, 356 (358) – Präzisionsmessgeräte) oder innerhalb eines Verlagsdruckhauses (BayObLG WRP 2001, 285 (286) – Anzeigenaufträge als Geschäftsgeheimnis; OLG Düsseldorf AfP 1999, 75 (76) – Anzeigenvordrucke; OLG München NJW-RR 1996, 1134) verbreitet wird. Gleiches gilt bei Wissensübermittlungen im Rahmen von Lizenz- (BGH GRUR 1980, 750 (751) – Pankreaplex II) und – je nach den Umständen des Einzelfalls – auch Werkverträgen (BGH GRUR 1964, 31 (32) – Petromax II; OLG Hamm WRP 1993, 36 ff. – Tierohrmarken). Modelle oder Muster, die bei Verkaufsverhandlungen potentiellen Kunden zur Ansicht vorgelegt werden, bleiben gleichfalls geheim (RGSt 42, 394 (396)). Selbst ein (vorheriger) Geheimnisverrat führt nicht zwingend dazu, dass die Information nun nicht mehr geheim ist; entscheidend ist auch hier, inwieweit der Personenkreis, der das Geheimnis kennt, erweitert wird (BayObLG WRP 2001, 285 (286) – Anzeigenaufträge als Geschäftsgeheimnis; LG Freiburg NJW 1990, 2635). Fehlt es bei Kenntnisweitergaben an interessierte Fachkreise dagegen erkennbar an jeglicher Vertraulichkeitsorder, kann die Information dadurch offenkundig werden (BGHZ 82, 369 (373) – Straßendecke II). Kontakte in Karriere-Netzwerken im Internet stellen kein Geheimnis dar, da sie von einem größeren Personenkreis ohne weiteres eingesehen werden können (*Bott/Neukirchen* NZWiSt 2014, 420 f.; *Möller/Walter* AuA 2014, 8 (10); diff. ArbG Hamburg NZWiSt 2014, 419 f.).

Eine Information bleibt geheim, wenn ein das Geheimnis verkörpernder Gegenstand **überlassen, 14** verkauft oder eingebaut wird, solange es der bestimmungsgemäße Gebrauch nicht ohne weiteres ermöglicht, Kenntnis vom Geheimnis zu erlangen (RGZ 149, 329 (332 ff.) – Stiefeleisenpresse; BayObLG GRUR 1991, 694 (695) – Geldspielautomat; OLG Celle GRUR 1969, 548 (549) – Abschaltplatte; OLG Hamburg GRUR-RR 2001, 137 (139) – PM-Regler; LG Freiburg NJW 1990, 2635). Der Geheimnischarakter von Einzelheiten der Konstruktion komplexer Geräte und Maschinen bleibt auch dann erhalten, wenn sich der Erwerber mit ihnen vertraut machen kann, indem er die Maschine zerlegt und ihre Einzelteile technisch untersucht, sofern dies und der Nachbau mit gewissen Schwierigkeiten verbunden ist; eine solche Vorgehensweise erfüllt daher den Tatbestand (sog **Reverse Engineering;** → Rn. 42, 4 f.; RGZ 149, 329 ff. – Stiefeleisenpresse; OLG Celle GRUR 1969, 548 (549) – Abschaltplatte; für den gegenteiligen Fall des dann Offenkundigkeit begründenden Inverkehrbringens von Produkten leicht analysierbarer Bauart vgl. OLG Hamburg GRUR-RR 2001, 137 – PM-Regler). Gleiches gilt für die zeitaufwendige Analyse von Rezepturen (BAGE 41, 21 (29 ff.) – Thrombosol) und Computerprogrammen (*Harte-Bavendamm* GRUR 1990, 657 ff.). Ebenso ist etwa ein Computerprogramm zur Steuerung eines Geldspielautomaten nicht deswegen offenkundig, weil es durch Beobachtung des Spielablaufs mit erheblichem Zeit- und Geldaufwand entschlüsselt werden kann (BayObLG GRUR 1991, 694 (695) – Geldspielautomat). Selbst wenn ein komplexes Produkt auf einer Fachmesse ausgestellt wird, wird seine Wirkungsweise nicht offenkundig, sofern sie im Inneren verborgen und nicht für jeden Besucher durch den bloßen Anblick ersichtlich ist (vgl. *Brandau/Gal* GRUR 2009, 118 (119 f.)).

IV. Geheimhaltungswille und Geheimhaltungsinteresse

Der **Geheimhaltungswille** zählt zu den wesentlichen Merkmalen des Geschäfts- und Betriebs- **15** geheimnisses, weil er ein Unternehmensgeheimnis von einer bloß unbekannten Tatsache unterscheidet. Der Betriebsinhaber muss seinen Willen zur Geheimhaltung nach außen erkennbar gemacht haben. Das kann ausdrücklich geschehen, sich aber auch aus den Umständen ergeben (BGH GRUR 1964, 31 – Petromax II). An die Manifestation des Geheimhaltungswillens sind dabei keine überzogenen Anforderungen zu stellen. Es genügt, wenn sich der Geheimhaltungswille aus der Natur der geheim zu haltenden Tatsache ergibt (BGHSt 41, 140 (142); BGH GRUR 2006, 1044 (1046) – Kundendatenprogramm), es sich um Geschäftsvorgänge handelt, deren Nichtoffenbarung üblich ist, oder bei denen es sich von selbst versteht, dass für den Geschäftsinhaber die Geheimhaltung gewerbliche Bedeutung hat (RGZ 149, 329 (333) – Stiefeleisenpresse; BayObLG GRUR 1991, 694 (698) – Geldspielautomat).

Der Betriebsinhaber muss nicht zwingend Kenntnis von der geheim zu haltenden Tatsache haben. **16** Die Rspr. lässt es ausreichen, wenn er ihm noch unerkannte Entwicklungsergebnisse von Arbeitnehmern im Rahmen ihres Dienstverhältnisses als Geheimnis behandeln würde (BGH GRUR 1955, 402 (403) – Anreißgerät; BGH GRUR 1977, 539 (540) – Prozessrechner). Davon ist etwa bei Entwicklungsarbeiten für komplizierte Geräte ohne weiteres auszugehen (BGH GRUR 1977, 539 (540) – Prozessrechner).

17   An der Geheimhaltung muss der Betriebsinhaber darüber hinaus objektiv ein **berechtigtes wirtschaftliches Interesse** haben (BGHZ 80, 25 (35); BGH GRUR 1955, 424 (426) – Möbelwachspaste; BGH GRUR 1961, 40 (43) – Wurftaubenpresse; OLG Düsseldorf AfP 1999, 75 (76) – Anzeigenvordrucke; OLG Karlsruhe NJW-RR 1993, 1516 (1517) – Original-Code-Nummern; OLG Stuttgart GRUR 1982, 315 (316) – Gerätewartung). Dafür müssten spürbare Auswirkungen auf die Wettbewerbsfähigkeit des Unternehmens oder ein wirtschaftlicher Schaden eintreten, wenn die geheime Tatsache offenbart würde (BGHSt 41, 140 (143); OLG Düsseldorf AfP 1999, 75 (76) – Anzeigenvordrucke). Die Preisgabe des Geheimnisses muss nicht mit an Sicherheit grenzender Wahrscheinlichkeit zu messbaren wirtschaftlichen Einbußen führen; erst recht ist der Nachweis eines konkreten Schadens nicht erforderlich (BGHSt 41, 140 (143)). Vielmehr genügt bereits die ernsthafte Gefahr eines Umsatzrückgangs oder einer Minderung des geschäftlichen Ansehens (BayObLG WRP 2001, 285 (286) – Anzeigenaufträge als Geschäftsgeheimnis). Nicht ausreichend ist dagegen – anders als etwa bei § 85 GmbHG – die Möglichkeit eines rein immateriellen Schadens (BGH NJW 1996, 2576).

18   Dem Geheimnis selbst muss dagegen kein nennenswerter Vermögenswert zukommt. Es reicht, wenn es sich für den Geheimnisinhaber nachteilig auswirken kann, dass Dritte Kenntnis davon erlangen (BGH GRUR 2006, 1044 (1046) – Kundendatenprogramm). Ein Geheimhaltungsinteresse geht mit Entsorgung der betroffenen Informationen (Löschung von Daten, Wegwerfen von Schriftstücken) nicht verloren, wenn nur weiterhin ein materielles Interesse daran besteht, dass sie Dritten nicht zugänglich werden (Köhler/Bornkamm/*Köhler* Rn. 9).

18a   Str. ist, ob die **Gesetzes- oder Sittenwidrigkeit** einer Tatsache (Preisabsprachen, Umweltdelikte, Schmiergeldzahlungen, Steuerhinterziehung) ihrer Einordnung als Wirtschaftsgeheimnis entgegensteht, ob also maW auch das rechtswidrige bzw. illegale Geheimnis geschützt ist. Nach wohl hM kann ein berechtigtes wirtschaftliches Interesse an einer Geheimhaltung (gerade) auch insoweit bestehen (MüKoUWG/*Brammsen* Rn. 24; Köhler/Bornkamm/*Köhler* Rn. 9; *Otto* wistra 1988, 125 (126); Fezer/Büscher/Obergfell/*Rengier* Rn. 21 f.; *Sieber* NJW 2008, 881 (882); *Többens* NStZ 2000, 505 (5069; *ders.* WRP 2005, 552 (556); aA *Engländer/Zimmermann* NZWiSt 2012, 328 (331 ff.); *Erb* FS Roxin II, 2011, 1103 (1105 ff.); Wabnitz/Janovsky WirtschaftsStR-HdB/*Möhrenschlager* Kap. 15 Rn. 10; *Wawzrinek,* Verrat von Geschäfts- und Betriebsgeheimnissen, 2010, 125 ff.). Die Frage hat iRd Diskussionen um sog **Steuer-CDs** und insbes. die Strafbarkeit des **Whistleblowing** neue Relevanz erhalten. Bei Steuer-CDs ist jedoch zu beachten, dass Geheimnisse ausländischer Banken nach zutr. Auffassung nicht von § 17 geschützt sind (→ Rn. 2a). Beim Whistleblowing ist problematisch, dass auf Basis der hM ein sozial erwünschtes Phänomen (s. etwa *Engländer/Zimmermann* NZWiSt 2012, 328 ff.) tatbestandsmäßig sein kann und nur in Einzelfällen eine Rechtfertigung in Betracht kommt (→ Rn. 66). Beim rein altruistischen Whistleblowing fehlt es allerdings an den zusätzlichen Absichtserfordernissen (→ Rn. 58 ff.), sodass der Tatbestand nicht erfüllt ist (*Engländer/Zimmermann* NZWiSt 2012, 328 ff.). IÜ ist zu bedenken, dass es verschiedenste Arten gesetzes- oder sittenwidriger Geheimnisse gibt, denen die pauschale Bezeichnung als „illegal" nicht gerecht wird und die eine differenzierende Behandlung erfordern, die auf Tatbestandsebene kaum geleistet werden kann (*Sieber* NJW 2008, 881 (882); aA wohl *Beyerbach,* Die geheime Unternehmensinformation, 2012, 100 ff.).

19   Der (subjektive) Geheimhaltungswille ist von dem (objektiv zu bestimmenden) Geheimhaltungsinteresse **nicht immer klar abgrenzbar** (vgl. etwa RGSt 29, 426 (430); OLG Celle GRUR 1969, 548 (549) – Abschaltplatte). Einerseits stellt das Erfordernis eines schützenswerten Interesses an der Geheimhaltung ein objektives Korrektiv dar, das dem Geschäftsinhaber die Möglichkeit nehmen soll, willkürlich die Geheimhaltung von Dingen zu verlangen, wenn dafür kein begründetes Interesse besteht, und somit letztlich über die Strafbarkeit nach § 17 zu entscheiden (BGH GRUR 1955, 424 (426) – Möbelwachspaste; OLG Düsseldorf AfP 1999, 75 (76) – Anzeigenvordrucke). Andererseits kann in Fällen, in denen dem Betriebsinhaber ein Geheimnis zusteht, das (noch) nicht zu seiner Kenntnis gelangt ist, ein (objektives) Interesse an der Geheimhaltung bestehen, dessen Verletzung strafwürdig ist, ohne dass der Betriebsinhaber Gelegenheit hatte, einen tatsächlichen Geheimhaltungswillen zu bilden. In diesen Fällen ist der (subjektive) Geheimhaltungswille aus den äußeren Umständen abzuleiten (→ Rn. 16). Aus diesem Grunde wird in der Literatur die Auffassung vertreten, dass allein auf ein objektives Geheimhaltungsinteresse abzustellen sei (MüKoUWG/*Brammsen* Rn. 27 f.; GK-UWG/*Otto* Rn. 18; *ders.* wistra 1988, 125 (127)). Dem ist mindestens insoweit zuzustimmen, als ein aus dem objektiven Geheimhaltungsinteresse ableitbarer **allgemeiner** oder **hypothetischer Geheimhaltungswille** als **ausreichend** zu erachten ist (vgl. auch Köhler/Bornkamm/*Köhler* Rn. 10; *Többens* NStZ 2000, 505 (506); *ders.* WRP 2005, 552 (556)).

V. Dispositionsbefugnis

20   Die Dispositionsbefugnis liegt jeweils beim Geheimnisträger. Bei juristischen Personen und Personengesellschaften wird sie durch die maßgeblichen natürlichen Personen ausgeübt. Bei der Aktiengesellschaft

kommt es daher grds. auf die Willensbildung des Vorstandes an. Bei GmbH und Personenhandelsgesellschaften ist vorrangig die Gesamtheit der Gesellschafter zuständig, subsidiär der Wille der Geschäftsführer maßgeblich. Eine Umgehung der strafbewehrten Verschwiegenheitspflichten ist dadurch zu vermeiden, dass ein sachlich nicht mehr vertretbarer, dem objektiven Interesse der Gesellschaft als Geheimnisträgerin widersprechender Verzicht des zuständigen Organs auf Geheimhaltung aus den vorstehenden Gründen (→ Rn. 19) unbeachtlich ist. Dabei kann in einem pflichtwidrigen Handeln der Organe aufgrund ihrer Eigenschaft als potentielle Täter iSd Abs. 1 (→ Rn. 24) zugleich ein Geheimnisverrat liegen. Im Fall der Insolvenz ist die Befugnis suspendiert und daher auch der Sachwalter nicht zur Aufgabe des Geheimhaltungswillens befugt (BGHZ 16, 172 (176)).

VI. Beispiele aus der Rechtsprechung

Aus dem **kaufmännischen** Bereich: Buchführungsunterlagen, Jahresabschlüsse, Bilanzen, Preislisten, **21** Kalkulationen, Inventuren (RGSt 29, 426 (428, 430)); Preiskalkulationen (RGSt 35, 136 (137); OLG Stuttgart GRUR 1982, 315 (316) – Gerätewartung); Werte und Parameter zur Investitionsermittlung, Kostenkalkulationen, Prozessbeschreibungen und -kosten, Werte zu Umsätzen, Absatzmengen, Kosten und Deckungsbeiträgen, Unterlagen der Buchung, Datenquellen (allerdings bestehen hier Überschneidungen zum technischen Bereich, BVerfG NVwZ 2006, 1041 (1042)); Geschäftsbriefe, Mitarbeiterbewerbungen (OLG Hamm WRP 1993, 118 (120) – Müll II); Geschäftsplanungen (der Plan, in gewisser Art ausgestattete Waren in größerer Menge zu besonders geeigneter Zeit und Gelegenheit plötzlich auf den Markt zu werfen, RGSt 48, 12); Kundenlisten (→ Rn. 10; BGH NJW-RR 1999, 1131 (1132) – Weinberater; BGH WRP 2003, 642 (643 f.) – Weinberater II; BGH GRUR 2006, 1044 (1046) – Kundendatenprogramm; BGH GRUR 2009, 603 (604) – Versicherungsuntervertreter; OLG Saarbrücken GRUR-RR 2002, 359); Vertreter- und Rabattkundenlisten (RGSt 33, 62 (63)); Magnetband mit Kundenadressen (BGH NJW 1992, 177 f.); Bezugsquellen (RGSt 31, 93 (95)); Rechnungen der Zulieferer (BGH GRUR 2003, 356 (358) – Präzisionsmessgeräte); Bankkundendaten, insbes. zur Kreditwürdigkeit (→ Rn. 7; BGHZ 166, 84 (1059); durch öffentliche Ausschreibung erlangte Angebotsunterlagen (→ Rn. 7; BGHSt 41, 140 (142); NStZ 2014, 325 (326 f.)); im Rahmen einer Ausschreibung zur Verfügung stehendes Budget des Auftraggebers, Namensliste der zur Angebotsabgabe aufzufordernden Firmen (BayObLG NJW 1996, 268 (272) – Bieterlisten); Anzeigenauftrag bei einer Zeitung bis zu deren Erscheinen (→ Rn. 13; BayObLG WRP 2001, 285 – Anzeigenaufträge als Geschäftsgeheimnis; OLG Düsseldorf AfP 1999, 75 – Anzeigenvordrucke; OLG München NJW-RR 1996, 1134).

Aus dem **technischen** Bereich: Gipsformen eines Spielwarenfabrikanten (RGSt 39, 83 ff.); Knopf- **22** muster eines Knopffabrikanten (RGSt 31, 90); Musterkollektion (RGSt 38, 108 (110)); Musterbuch nebst Preisverzeichnis (RGSt 42, 394); Musterskizzen von Verzierungen (RGSt 48, 12 ff.); Rezeptur und Herstellungsverfahren für Arzneimittel (→ Rn. 10; BGH GRUR 1966, 152 – Nitrolingual; BGH GRUR 1980, 750 – Pankreaplex II); Aufzeichnungen über chemische Versuche (RGSt 57, 12 ff.); chemische Herstellung und Zusammensetzung von Filmstreifen (RGSt 61, 418); Entwicklungsunterlagen und Prototypen (BGH GRUR 1977, 539 – Prozessrechner); Konstruktionspläne oder auch im Endprodukt verkörperte Konstruktionsdaten zu Aufbau, technischer Zusammensetzung und Funktionsweise eines Produkts oder einer Maschine (BGHZ 38, 391 – Industrieböden; BGH GRUR 1961, 40 ff. – Wurftaubenpresse; BGH GRUR 2003, 356 – Präzisionsmessgeräte; NJW 1984, 239 – Stapel-Automat; RGSt 40, 406; RGZ 149, 329 – Stiefeleisenpresse; OLG Celle GRUR 1969, 548 (549) – Abschaltplatte); Herstellungsverfahren und Unterlagen zu solchen (BGHSt 13, 333; BGHZ 16, 172; 38, 391 – Industrieböden; BGH GRUR 1955, 424 – Möbelwachspaste; BGH GRUR 2002, 91 – Spritzgießwerkzeuge; BGH WRP 1985, 204 – Füllanlage; RGSt 33, 63, 205; RGZ 65, 333 – Pomril; OLG Hamm WRP 1993, 36 – Tierohrmarken); Schaltpläne (BGH GRUR 2008, 727 – Schweißmodulgenerator); Computerprogramme, bei Geldspielautomaten auch der momentane Stand des Programms (BGHSt 40, 331 (335); BayObLG wistra 1994, 149 ff.; BayObLG GRUR 1991, 694 – Geldspielautomat; OLG Celle NStZ 1989, 367; vgl. aber auch BGH wistra 2015, 244 (245)); Verschlüsselungssysteme (vgl. OLG Frankfurt a. M. NJW 1996, 264 – Pay-TV).

C. Die Straftatbestände

§ 17 enthält mit Geheimnisverrat (Abs. 1), Betriebsspionage (Abs. 2 Nr. 1) und Geheimnishehlerei **23** (Abs. 2 Nr. 2) drei selbstständige Tatbestände.

I. Geheimnisverrat (Abs. 1)

1. Täter. Täter eines Geheimnisverrats iSd Abs. 1 kann nur eine in dem Unternehmen beschäftigte **24** Person sein, wobei eine weite Auslegung geboten ist (BGH GRUR 2009, 603 (604) – Versicherungsuntervertreter; BayObLG NJW 1996, 268 (272) – Bieterlisten). Es handelt sich also um ein **Sonderdelikt** (Ohly/Sosnitza/Ohly Rn. 13; Tiedemann WirtschaftsStR BT Rn. 233). Als **Beschäftigter** ist jede Person anzusehen, die ihre Arbeitskraft ganz oder teilweise dem Geschäft eines anderen widmet. Neben

Angestellten jeglicher Qualifikation, Befugnis und Einkommenshöhe fallen in den möglichen Täterkreis demnach – auch faktische (BGH NJW 2000, 2285 ff.) – Geschäftsführer einer GmbH und Vorstände einer Aktiengesellschaft sowie Abwickler und Liquidatoren. Umstr. ist, ob auch Mitglieder des Aufsichtsrats oder eines etwaigen Beirates erfasst sind (bejahend die hM; MüKoUWG/*Brammsen* Rn. 35; Erbs/Kohlhaas/*Diemer* Rn. 18; Köhler/Bornkamm/*Köhler* Rn. 14; Fezer/Büscher/Obergfell/*Rengier* Rn. 28). Aufgrund des weiten Verständnisses kann Täter ferner der Beschäftigte einer Tochtergesellschaft sein, der Geheimnisse der Muttergesellschaft verrät, die er aufgrund seiner Anstellung bei der Tochtergesellschaft erfahren hat (Erbs/Kohlhaas/*Diemer* Rn. 19; Köhler/Bornkamm/*Köhler* Rn. 14; *Otto* wistra 1988, 125 (127); Fezer/Büscher/Obergfell/*Rengier* Rn. 28). Auch der Begriff des beschäftigenden **Unternehmens** ist weit auszulegen und schließt beispielsweise Freiberufler ein (Harte-Bavendamm/ Henning-Bodewig/*Harte-Bavendamm* Rn. 8; Fezer/Büscher/Obergfell/*Rengier* Rn. 27).

25   **Kein** Täter iSd Vorschrift kann dagegen der Geschäftsinhaber selbst sein, mithin auch nicht der Gesellschafter einer Handelsgesellschaft, der Kommanditist einer Kommanditgesellschaft oder der Aktionär einer Aktiengesellschaft, es sei denn er leistet, etwa als Inhaber von Belegschaftsaktien, zusätzlich Dienste für diese. Keine Beschäftigte sind ferner selbstständige Gewerbetreibende (BGH GRUR 2009, 603 (604) – Versicherungsuntervertreter) oder freiberuflich für das Unternehmen tätige Berater (Wirtschaftsprüfer, Steuer- und Unternehmensberater, Rechtsanwälte – anders der Syndikusanwalt). In Betracht kommt dort eine Strafbarkeit nach §§ 203 StGB, 404 AktG, 85 GmbHG, 333 HGB. Ein Handelsvertreter kommt als Täter eines Geheimnisverrats iSd Abs. 1 daher nur dann in Betracht, wenn er nicht selbstständig tätig ist und nach § 84 Abs. 2 HGB als Angestellter gilt (BGH GRUR 2009, 603 (604) – Versicherungsuntervertreter).

26   **2. Tatgegenstand.** Vom Tatbestand des Abs. 1 erfasst sind nur solche Geschäfts- oder Betriebsgeheimnisse (→ Rn. 4 ff.), die dem Täter iRd Dienstverhältnisses anvertraut oder zugänglich geworden sind. **Anvertraut** ist dem Beschäftigten eine Tatsache, wenn sie ihm mitgeteilt wird und er ausdrücklich oder zumindest konkludent verpflichtet wird, sie geheim zu halten (RGSt 13, 60 (62)). Das soll auch gelten, wenn der Beschäftigte die Tatsache in den Betrieb einbringt und sich zur Geheimhaltung verpflichtet (Harte-Bavendamm/Henning-Bodewig/*Harte-Bavendamm* Rn. 9; Köhler/Bornkamm/ *Köhler* Rn. 16). Diese Auslegung dürfte aber die Wortlautgrenze überschreiten (abl. auch Ohly/Sosnitza/*Ohly* Rn. 14; GK-UWG/*Wolters,* 2. Aufl. 2015, Rn. 40). **Zugänglich geworden** ist dem Beschäftigten alles, was ihm sonst aufgrund seines Dienstverhältnisses bekannt geworden ist. Das Dienstverhältnis muss für die Kenntniserlangung **(zumindest mit-)ursächlich** sein. Eine rein zufällige, von dem Dienstverhältnis völlig unabhängige Kenntniserlangung reicht dagegen nicht aus (RGSt 33, 354 (356)).

27   Einen praktisch wichtigen Anwendungsfall stellen Entdeckungen dar, die der Täter selbst im Rahmen seines Beschäftigungsverhältnisses, etwa als sog **Diensterfindungen** (§ 4 ArbNErfG), gemacht hat. Unabhängig davon, ob dieser von der Erfindung Kenntnis hat (→ Rn. 16), wird in einem solchen Fall nicht der Beschäftigte selbst, sondern der ihn beschäftigende Unternehmensinhaber auch Inhaber der geheimen Erfindung. Entscheidend ist, dass der Beschäftigte zum Zeitpunkt der Erfindung im Dienste des Unternehmens stand und in dessen Interesse und mit dessen Mitteln tätig wurde, die Entdeckung also ohne das Dienstverhältnis nicht gemacht worden wäre. Ihm obliegt dann – während der Dauer des Dienstverhältnisses (→ Rn. 34) – eine strafbewehrte Geheimhaltungsverpflichtung (BGH GRUR 1955, 402 (403) – Anreißgerät; BGH GRUR 1977, 539 (540) – Prozessrechner).

28   Zugänglich geworden sind dem Beschäftigten auch Tatsachen, deren Kenntnis er sich selbst **außerhalb des übertragenen Aufgabenbereiches** verschafft. Die Verschwiegenheitsverpflichtung beschränkt sich nicht auf Dinge, mit denen der Beschäftigte innerhalb der Grenzen seines Dienstverhältnisses befasst ist. Sie erstreckt sich auf alle betrieblichen Angelegenheiten, von denen er Kenntnis erlangt, sofern nur gerade die im Dienstverhältnis begründeten Beziehungen für die Kenntniserlangung mitursächlich waren und die Ermittlung des Geheimnisses auf solchem Wege ermöglichten (RGSt 33, 354 (356); *Wawrzinek,* Verrat von Geschäfts- und Betriebsgeheimnissen, 2010, 159 f.; zB durch Bestechung, sonstige Veranlassung anderer Beschäftigter zum Geheimnisverrat, eigene Betriebsspionage oder Diebstahl).

29   **3. Tathandlung. Mitteilung** ist jedes bewusste und gewollte Verhalten, infolge dessen ein Dritter von dem Geheimnis Kenntnis erlangt.

30   Gleichgültig ist, in welcher **Form** die Bekanntgabe des Geheimnisses erfolgt. Dies kann in verkörperter Form (schriftlich, Zugänglichmachen von Unterlagen, Übermitteln elektronisch gespeicherter Daten, Übergabe eines das Geheimnis verkörpernden Prototyps) oder mündlich geschehen. Tatbestandsmäßig ist auch das – geheimnisvernichtende (→ Rn. 12) – öffentliche Bekanntmachen in der Presse (Fachzeitschriften, wissenschaftlichen Werken). An besondere Ausführungsmodalitäten, wie etwa heimliches oder täuschendes Vorgehen, ist die Tatbestandserfüllung nicht gebunden. Auch in einem bloßen Dulden der Kenntnisnahme kann eine Mitteilung liegen. Wird es dabei lediglich unterlassen, eine unbefugte Kenntnisnahme, etwa durch Besichtigung von Maschinen oder Einsichtnahme in Unterlagen, zu verhindern, kommt eine Strafbarkeit nur dann in Betracht, wenn eine entsprechende Garantenstellung bestand (§ 13 StGB). Diese wird sich jedoch, zumindest bei höheren Angestellten, idR

aus dem Dienstverhältnis ergeben (*Kiethe/Hohmann* NStZ 2006, 185 (188); *Többens* NStZ 2000, 505 (507); *ders.* WRP 2005, 552 (557)).

Als **Mitteilungserfolg** ist es erforderlich, dass der Dritte Kenntnis von der Information nimmt; der **31** bloße Zugang reicht nicht aus (Köhler/Bornkamm/*Köhler* Rn. 19; *Többens* NStZ 2000, 505 (508); aA Ohly/Sosnitza/*Ohly* Rn. 15; Fezer/Büscher/Obergfell/*Rengier* Rn. 34). Der Dritte muss dagegen die Information nicht selbst verstehen; es reicht aus, wenn es ihm möglich ist, sie weiterzugeben (RGSt 51, 184 (189); MüKoUWG/*Brammsen* Rn. 43; *Wawrzinek*, Verrat von Geschäfts- und Betriebsgeheimnissen, 2010, 162). Selbst der Täter muss das Geheimnis weder inhaltlich verstanden noch erfolgreich oder erfolglos verwertet haben.

Mitteilungsempfänger kann **jeder beliebige Dritte** sein, dem das Geheimnis nicht zuvor bereits **32** sicher bekannt gewesen ist. Daher reicht es aus, wenn beim Empfänger eine bereits vorhandene Vermutung bestätigt wird. Unerheblich ist, ob es sich bei dem Mitteilungsempfänger um eine außen stehende Person oder einen Betriebsangehörigen handelt, der nicht zum Kreis der Geheimnisträger gehört. Der Mitteilungsempfänger braucht auch keineswegs selbst mit dem Unternehmen in Wettbewerb treten zu wollen (RGSt 33, 6 (7)). Es genügt, dass er bloßer Vermittler ist und den Wettbewerb, den ein Dritter oder der Mitteilende selbst beabsichtigt, fördern will. Dem steht nicht entgegen, dass der Beschäftigte redlich erlangte Kenntnisse nach seinem Ausscheiden aus dem Betrieb verwerten darf (→ Rn. 34), denn die durch die vorherige Mitteilung an einen Dritten zur einstweiligen Aufbewahrung erlangte Kenntnis ist nicht redlich erlangt (RGSt 51, 184 (190)). Bei zufälliger Fehlleitung einer Briefsendung liegt mangels Steuerung durch eine bewusste und gewollte Verhaltensweise des Täters dagegen keine Mitteilung an den tatsächlichen Empfänger vor (RGSt 30, 251). Die Mitteilung an einen **Lockspitzel** ist nicht tatbestandsmäßig, weil sie weder die Information offenkundig machen noch den Wettbewerb beeinträchtigen kann (MüKoUWG/*Brammsen* Rn. 39; Fezer/Büscher/Obergfell/*Rengier* Rn. 34; *Wawrzinek*, Verrat von Geschäfts- und Betriebsgeheimnissen, 2010, 163; aA Erbs/Kohlhaas/*Diemer* Rn. 26; Köhler/Bornkamm/*Köhler* Rn. 20, *Többens* NStZ 2000, 505 (507): Vollendung).

Die **Eigenverwertung** eines Geheimnisses durch den Beschäftigten ist schließlich nur dann von **33** Abs. 1 erfasst, wenn sie mit einer Mitteilung an einen Dritten verbunden ist (vgl. *Rupp* WRP 1985, 676 (681); *Többens* NStZ 2000, 505 (507)). Ist dies nicht der Fall, kommt Strafbarkeit nach Abs. 2 Nr. 2 in Betracht (→ Rn. 52).

4. Tatzeitpunkt. Tatbestandsmäßig sind nur Mitteilungen **während der Geltungsdauer des 34 Dienstverhältnisses.** Die gesetzliche Begrenzung der Geheimhaltungspflicht des Beschäftigten auf diesen Zeitraum beruht auf der Erwägung, dass die Arbeitnehmer nach Ablauf des Arbeitsvertrages ihre redlich und ohne Vertrauensbruch (sonst Abs. 2 Nr. 1 → Rn. 37, 41, 43) erlangten beruflichen Kenntnisse und Fertigkeiten frei, auch zu Zwecken des Wettbewerbs mit dem ehemaligen Arbeitgeber, verwerten dürfen sollen; sie sollen in ihrem Fortkommen nach einem Ausscheiden aus dem Betrieb nicht unbillig behindert werden (BGHZ 38, 391 (396) – Industrieböden; BGH GRUR 1955, 402 (403) – Anreißgerät; BGH GRUR 2002, 91 (92) – Spritzgießwerkzeuge; BGH NJW 1984, 239 – Stapel-Automat; RGSt 44, 152 (15 f.); 61, 273 (274); 75, 75 (80); RGZ 65, 333 (337 f.) – Pomril; MüKoUWG/*Brammsen* Rn. 44; *Otto* wistra 1988, 125 (127); *Többens* NStZ 2000, 505 (507); krit. *Kohlrausch* ZStW 50 (1930), 30 (44 ff.)).

Diese Konzeption kann zu bedenklichen Strafbarkeitslücken führen, was besonders deutlich wird, **35** wenn jemand sich eine Stelle nur deshalb erschleicht, um das Geheimnis nach Vertragsende straflos „mitnehmen" zu können (*Dannecker* BB 1987, 1614 (1615 f.)). Eine **Nachwirkung** vertraglicher Geheimhaltungspflichten aus dem Dienstverhältnis wird aber selbst im Zivilrecht nur in einem eng begrenzten Umfang angenommen (*McGuire/Joachim/Künzel/Weber* GRUR Int. 2010, 829 (832)). Das allgemeine, im Wesen des Dienstverhältnisses begründete Vertrauensverhältnis wird dafür nicht als ausreichend erachtet. Gefordert wird ein besonderes, in der Vergütung berücksichtigtes Vertrauensverhältnis, das (auch weiterhin) zur Wahrung des Geheimnisses nötig (BGHZ 38, 391 (397) – Industrieböden; BGH NJW 1984, 239 – Stapel-Automat). Allerdings gibt es **gesellschaftsrechtliche Straftatbestände,** die eine **zeitlich unbeschränkte Geheimhaltungspflicht** vorsehen, zB §§ 404 AktG, 85 GmbHG, 151 GenG (dazu näher Müller-Gugenberger WirtschaftsStR/*Dittrich* § 33 Rn. 99 ff.).

Für die Frage, wann das Dienstverhältnis beendet worden ist, kommt es nicht auf den tatsächlichen, **36** sondern auf den **rechtlichen,** im Falle der Nichtigkeit auch faktischen, **Bestand** an (BGH GRUR 1955, 402 (404) – Anreißgerät; RGSt 50, 13 f.; 75, 75 (82)). Dem Beschäftigten soll nicht die Möglichkeit offen stehen, durch Nichtantritt des bestehenden Dienstverhältnisses oder grundloses Fernbleiben gegen Ende des Dienstverhältnisses straflos Geheimnisse verbreiten zu können. Kündigt der Beschäftigte ohne Grund das Dienstverhältnis fristlos, um in der Zwischenzeit bis zum Ablauf der regulären Kündigungsfrist Geheimnisverrat begehen zu können, so kommt es darauf an, wann das Verhältnis rechtswirksam beendet worden ist. Gibt der Arbeitnehmer dem Dienstherrn dagegen absichtlich Anlass zur (wirksamen) fristlosen Kündigung und wird diese auch ausgesprochen, so ist das Dienstverhältnis auch aus strafrechtlicher Sicht beendet (BGH GRUR 1955, 402 (404 f.) – Anreißgerät).

II. Betriebsspionage (Abs. 2 Nr. 1)

37   **1. Täter.** § 17 Abs. 2 Nr. 1 ist ein **Allgemeindelikt.** Täter kann jede beliebige Person sein. Insbesondere muss es sich nicht um eine bei dem Unternehmen beschäftigte Person iSd Abs. 1 handeln. Andererseits sind diese nicht aus dem möglichen Täterkreis ausgenommen. Auch sie können sich während ihrer Beschäftigung tatbestandsmäßig iSd Abs. 2 Nr. 1 Kenntnis von betrieblichen Angelegenheiten verschaffen, soweit diese nicht iRd dienstlichen Pflichten und Befugnisse liegt (→ Rn. 41, 43). Im Gegensatz zu Abs. 1 gilt Abs. 2 darüber hinaus etwa auch für selbstständige Handelsvertreter (BGH GRUR 2009, 603 (605) – Versicherungsuntervertreter).

38   **2. Tathandlung.** Der Straftatbestand der Betriebsspionage verlagert den Geheimnisschutz in das **Vorstadium** der Tathandlungen iSd Abs. 1 und Abs. 2 Nr. 2, also auf den Zeitpunkt der Kenntniserlangung (BGH NJW 1992, 1776 (1777)), beschränkt ihn in diesem frühen Stadium jedoch auf besonders gefährliche und häufige Erscheinungsformen des Ausspähens (BT-Drs. 10/5058, 40). Eine Strafbarkeit besteht insoweit unabhängig von einer späteren Mitteilung oder Verwertung. Ein Tatnachweis ist bereits bei Antreffen des Täters bei Tatausführung und, je nach Fallgestaltung, beim Fund entsprechender Geheimnisverkörperungen bei diesem, regelmäßig an seinem Arbeitsplatz, zu führen. Mit Einführung dieser Tatbestandsvariante wurde eine – insbes. für das unbefugte Ausspähen von Software beklagte (*Rupp* WRP 1985, 676 (677, 681)) – Strafbarkeitslücke geschlossen.

39   Ein Geheimnis **verschafft sich** – spiegelbildlich zur Mitteilung iSd Abs. 1 (→ Rn. 29 ff.) –, wer bewusst und gewollt eine Herrschafts- bzw. **Verfügungsgewalt** über das Geheimnis begründet. Woraus sich diese ergibt, ist unerheblich, solange der Täter das Geheimnis verwerten kann (MüKoUWG/ *Brammsen* Rn. 85; *Wawrzinek,* Verrat von Geschäfts- und Betriebsgeheimnissen, 2010, 207 f.): Bei verkörperten Geheimnissen reicht schon der Gewahrsam am Datenträger oder Dokument aus, auf oder in dem das Geheimnis enthalten ist. Bei nicht verkörperten Geheimnissen muss der Täter wie bei Abs. 1 (→ Rn. 31) das Geheimnis nicht unbedingt inhaltlich verstehen. Eine anschließende Verwertung ist ebenso wenig erforderlich wie ein heimliches, verdecktes oder täuschendes Vorgehen. Ein zufälliger Kenntniserwerb genügt dagegen nicht, da er nicht durch eine bewusste und gewollte Verhaltensweise des Täters gesteuert ist (MüKoUWG/*Brammsen* Rn. 85).

40   Eine **Sicherung** liegt vor, wenn der Täter die Verfügungsgewalt über ein ihm bereits bekanntes Geheimnis (in der Regel durch Schaffung einer Geheimnisverkörperung, wie etwa Computerausdruck, Speicherung auf Datenträgern, Tonband- oder Videoaufnahmen, Zeichnungen) verfestigt (BGH GRUR 2012, 1048 – MOVICOL-Zulassungsantrag; krit. *Kalbfus* WRP 2013, 584 (586 f.)), gleichgültig, auf welche Weise, ob berechtigt oder unberechtigt, er diese Verfügungsgewalt erlangt hat.

41   **Wichtiger Anwendungsfall** des Abs. 2 Nr. 1 sind (ehemalige) Unternehmensbeschäftigte, denen ein Geheimnis im Rahmen ihrer Tätigkeit, also in redlicher Weise, zwar zugänglich, jedoch nicht im Sinne einer hier tatbestandsmäßigen Kenntniserlangung dauerhaft verfügbar ist. Darf der Beschäftigte beispielsweise zur Erfüllung seiner Dienstpflichten bestimmte Unterlagen einsehen, so ist ihr Inhalt ihm gegenüber nicht mehr geheim und ihre Verwertung nach Beendigung des Dienstverhältnisses aus dem Gedächtnis oder ihm sonst zugänglichen legalen Quellen heraus erlaubt (→ Rn. 34). Das gilt jedoch nicht für Informationen, die dem ausgeschiedenen Mitarbeiter nur deswegen noch bekannt sind, weil er auf schriftliche Unterlagen zurückgreifen kann, die er unbefugt während der Beschäftigungszeit angefertigt hat (BGH NJW-RR 1999, 1131 (1132 f.) – Weinberater; BGH WRP 2003, 642 (644) – BGH Weinberater II; BGH GRUR 2006, 1044 (1046) – Kundendatenprogramm; BGH GRUR 2009, 603 (604 f.) – Versicherungsuntervertreter). Wenn der vom übertragenen Aufgabenkreis umfasste lediglich vorübergehende, sich verflüchtigende Kenntnisnahme zu einer zuverlässigen, sicheren oder zumindest jederzeit abrufbaren Kenntnis **auf eine gewisse Dauer** verfestigt, so ist dies in aller Regel nicht mehr vom Beschäftigungsverhältnis gedeckt (BGHSt 13, 333 (335 f.)). Denn eine solche über die Dauer des Beschäftigungsverhältnisses hinausgehende jederzeitige Reproduzierbarkeit – etwa in Form schriftlicher privater Aufzeichnungen oder auf dem privaten Notebook abgespeicherter Dateien – versetzt den Beschäftigten erst in die Lage, das Geschäftsgeheimnis im eigenen Interesse zu verwerten oder einem Dritten zu offenbaren. Sie erfüllt daher regelmäßig eine Tathandlung iSd Abs. 2 Nr. 1 (iE → Rn. 43, 44).

42   **3. Tatmittel.** Die Tatvariante durch **Anwendung technischer Mittel** (lit. a) ist weit auszulegen. Sie erfasst sämtliche im weitesten Sinne der Technik zuzurechnende Vorrichtungen, die einer der Tathandlungen dienen können (BT-Drs. 10/5058, 40). Wichtigster Anwendungsfall ist dabei freilich die computergestützte Kenntnisverschaffung und -sicherung. Hierunter fällt bereits das Aufrufen geheimer Daten auf dem Bildschirm (*Rupp* WRP 1985, 676 (680)), die Abspeicherung von Dateien auf dem privaten Notebook (BGH GRUR 2006, 1044 (1046) – Kundendatenprogramm), das Mailen auf einen privaten E-Mail-Account oder die Dateneinstellung in die Zentraleinheit eines Rechners oder in eine Cloud, auf die der Täter auch privat Zugriff hat. Tatbestandsmäßig sind auch die Ermittlung des Programmstandes von Geldspielprogrammen mittels Entschlüsselungsprogrammen (BayObLG GRUR 1991, 694 (696) – Geldspielautomat; BayObLG wistra 1994, 149; OLG Celle NStZ 1989, 367), das Auslesen von Decoder-Karten mittels Dekodierungssoftware (OLG Frankfurt a. M. NJW 1996, 264 – Pay-TV) oder iRd sog Cardsharing (*Planert* StV 2014, 430 (436)), der Einsatz eines USB-Sticks, Trojaner in E-Mails, „Hacking", Abhörvorrichtungen, Kopierschutzentferner und Reverse Engineering von Computerprogrammen (→ Rn. 49) mittels Rückübersetzung des Quellcodes (OLG Köln CR 1998, 199 (201); *Harte-Bavendamm* GRUR 1990, 657 (662 f.)). Ferner erfasst werden das Anzapfen von Datenfernleitungen oder Zugriffe auf Datenverarbeitungsanlagen, die Verwendung von Sende-, Empfangs- und Abhörvorrichtungen, aber auch der Einsatz eines Fotokopierers oder Fotoapparates sowie von Film- und Videokameras (OLG Hamm WRP 1993, 36 (38) – Tierohrmarken), zB wenn der Täter ein Messeartikel (zur Offenkundigkeit → Rn. 14) abfotografiert, dessen Design dem Besucher zwar zugänglich, aber vom bloßen Anschauen noch nicht dauerhaft reproduzierbar ist (vgl. *Brandau / Gal* GRUR 2009, 118 (120)).

Die Begehungsweise durch **Herstellung einer verkörperten Wiedergabe** (lit. b) erfasst jede Form **43** der Vergegenständlichung der geheimen Tatsache, die dazu bestimmt ist, diese festzuhalten (BT-Drs. 10/5058, 40). Dabei kann es sich etwa um Ablichtungen, Fotografien, Zeichnungen, Tonbandaufzeichnungen, Texte, Abschriften, aber auch auf einem Datenträger abgespeicherte Daten handeln. Die Verkörperung kann darüber hinaus in dem Bau einer Maschine liegen (BGH NJW 1984, 239 (240) – Stapel-Automat). Im Wesentlichen ist der Anwendungsbereich von lit. b bereits durch lit. a abgedeckt, da zur Herstellung einer verkörperten Wiedergabe beinahe immer technische Mittel herangezogen werden. Selbstständige Bedeutung kommt lit. b zB zu, wenn geheime Informationen per Hand abgezeichnet oder abgeschrieben werden (BGH NJW-RR 1999, 1131 (1132) – Weinberater; BGH WRP 2003, 642 (644) – Weinberater II; BGH GRUR 2006, 1044 (1046) – Kundendatenprogramm). Werden die geheimen Informationen **systematisch auswendig gelernt,** so fällt die bloße Gedächtnisleistung mangels Verkörperung nicht unter die Nr. 1 (wohl jedoch als sonst unbefugtes Verschaffen unter Abs. 2 Nr. 2, → Rn. 52); wird sie jedoch zur Basis späterer Aufzeichnungen gemacht, ist die Nr. 1 erfüllt, wenn der (ehemalige) Beschäftigte die Informationen nicht körperlich festhalten darf.

Die **Wegnahme einer Sache, in der das Geheimnis verkörpert ist** (lit. c), setzt – im Unterschied **44** zu lit. b – voraus, dass das Geheimnis bereits in einer Sache verkörpert ist, bevor der Täter sie wegnimmt. Wie das Geheimnis in der Sache verkörpert ist, spielt keine Rolle. Unwesentlich ist auch, ob es sich bei der Sache um ein Originaldokument oder um eine Kopie handelt. Wegnahme bedeutet die Begründung eigener ungehinderter Verfügungsmacht über ein verkörpertes Geheimnis in einer Weise, die den Täter in die Lage versetzt, dieses ohne oder gegen den Willen des Berechtigten selbst zu verwerten oder an Dritte weiter zu geben (BT-Drs. 10/5058, 40). Die hM orientiert sich an der Definition der Wegnahme beim Diebstahl (§ 242 StGB). Wegnahme einer Sache bedeutet danach auch hier Bruch fremden und Begründung neuen Gewahrsams an einem körperlichen Gegenstand (BGH GRUR 2012, 1048 – MOVICOL-Zulassungsantrag; BayObLG NJW 1992, 1777 (1779); Erbs/Kohlhaas/*Diemer* Rn. 39; *Többens* NStZ 2000, 505 (508); Voraufl.). Täter kann deshalb insbes. nicht sein, der die Sache zuvor bereits im Alleingewahrsam hatte (BGH GRUR 2012, 1048 – MOVICOL-Zulassungsantrag; BayObLG NJW 1992, 1777 (1779)). Dem Sinn und Zweck des § 17 Abs. 2 Nr. 1 entspricht es jedoch eher, **jede unbefugte Entfernung** der Sache **aus dem Herrschaftsbereich** des Geheimnisträgers unabhängig von der Gewahrsamslage zu erfassen (Achenbach/Ransiek/Rönnau WirtschaftsStR-HdB/*Ebert-Weidenfeller* Teil 3 Kap. 3 Rn. 83; *Kalbfus* WRP 2013, 584 (588); *Ohly* GRUR 2014, 1 (6); *Otto* wistra 1988, 125 (129)). Auch Art. 103 Abs. 2 GG steht dem nicht entgegen, zumal die Wegnahme schon innerhalb des StGB unterschiedlich und teils (zB bei § 274 Abs. 1 Nr. 3 StGB) im hier vertretenen Sinne verstanden wird. Wer die Sache allerdings befugt entfernt und dann unterschlägt (BayObLG NJW 1992, 1777), nimmt also auch nach hier vertretener Auffassung nicht weg. Es kommt jedoch eine Strafbarkeit nach Abs. 2 Nr. 2 in Betracht, weil und wenn der Täter sich die Sache sonst unbefugt verschafft (→ Rn. 50).

III. Geheimnishehlerei (Abs. 2 Nr. 2)

1. Täter. Täter einer Geheimnishehlerei iSd Abs. 2 Nr. 2 kann jede beliebige Person sein. Ebenso **45** wie iRd Abs. 2 Nr. 1 (→ Rn. 37) sind Unternehmensbeschäftigte iSd Abs. 1 nicht vom Täterkreis ausgenommen.

2. Vortat. a) Allgemeines. Die Geheimnishehlerei iSd Abs. 2 Nr. 2 ist ein **zweiaktiges Delikt.** **46** Der tatbestandsmäßigen unbefugten Verwertung oder Mitteilung des Geschäfts- oder Betriebsgeheimnisses muss dessen unbefugte Erlangung vorgelagert sein (BGHSt 41, 140 (143)). Der Tatbestand erstreckt den strafrechtlichen Geheimnisschutz somit über die Mitteilung von Unternehmensgeheimnissen durch Beschäftigte (Abs. 1) und Ausspähungshandlungen (Abs. 2 Nr. 1) hinaus auf Mitteilungs- und Verwertungshandlungen, die einer bestimmt gearteten vorherigen **Kenntniserlangung** durch den Täter nachfolgen. Erlangt hat der Täter die Kenntnis von einer geheimen Tatsache – etwa als Erfolg einer Mitteilung iSd Abs. 1 oder einer Kenntnisverschaffung iSd Abs. 2 Nr. 1 –, wenn er die ungestörte Verfügungsgewalt über das Geheimnis innehat. Ist das Geheimnis in einer Sache verkörpert, genügt es, dass der Täter an dieser Sache Gewahrsam begründet hat. In allen anderen Fällen muss ihm das Geheimnis so zugänglich sein, dass er jederzeit in der Lage ist, es inhaltlich weiterzugeben oder selbst zu verwerten (iE → Rn. 31, 39 f.). Die Kenntniserlangung muss auf der Vortat **beruhen** und dem Täter die eigene Tathandlung nach Abs. 2 Nr. 2 erst ermöglichen. Hat der Täter auf andere Weise (etwa zufällig durch versehentliches Öffnen eines an eine andere Adresse gerichteten Briefes) von der geheim zu haltenden Tatsache Kenntnis erlangt, so bleibt deren gewerbliche Verwertung straflos (RGSt 30, 251 (252)).

47   Es ist möglichst exakt festzustellen, welche Vortatalternative vorliegt. Gleichzeitig dürfen aber die **Anforderungen an den Nachweis,** dass das Geheimnis unbefugt erlangt wurde, **nicht überspannt** werden. So darf sich der Tatrichter bei komplizierten Vorgängen, die sich nicht ohne weiteres durch die normale und ordnungsgemäße Ausführung der übertragenen Aufgaben einprägen, auch bei Berufung auf eine außergewöhnliche Merkfähigkeit nicht ohne weiteres mit dem Einwand des (ehemals) Unternehmensbeschäftigten begnügen, es seien ausschließlich Gedächtnisleistungen verarbeitet worden (→ Rn. 41, 43). Vielmehr liegt es dann auf der Hand, dass eine Kenntnis verwertet wird, die nicht einzig auf einer normalen und in den erlaubten Grenzen liegenden Beschäftigung mit geheimen Unterlagen, sondern auf unredlichen Machenschaften und somit jedenfalls einer „sonst unbefugten Kenntniserlangung" (→ Rn. 52) beruht (BGHSt 13, 333 (336); BGH NJW-RR 1999, 1131 (1132) – Weinberater; BGH WRP 2003, 642 (644) – Weinberater II; BGH GRUR 2006, 1044 – Kundendatenprogramm; vgl. auch LG Freiburg NJW 1990, 2635).

48   **b) Vortatvarianten.** Bei der Kenntniserlangung **durch eine der in Abs. 1 bezeichneten Mitteilungen** handelt es sich um die wichtigste Erscheinungsform fremdtäterschaftlicher Vortatbegehung. Voraussetzung ist, dass der Vortäter den Tatbestand des Geheimnisverrats iSd Abs. 1 objektiv und subjektiv vollständig erfüllt hat, dh dieser muss das Geheimnis auf die in Abs. 1 umschriebene Weise erlangt, unbefugt mitgeteilt und dabei vorsätzlich und absichtlich gehandelt haben (BGH GRUR 1977, 539 (540) – Prozessrechner). Handelt der Vortäter dagegen absichtslos, kommt eine „sonst unbefugte" Kenntniserlangung in Betracht. Unbeachtlich ist, ob der Vortäter aus eigenem Antrieb oder erst auf Anstiftung hin gehandelt hat. Der Täter braucht das Geheimnis auch nicht unmittelbar von dem Beschäftigten selbst zu erfahren, es genügt, wenn er über Mittelsmänner davon erfährt (OLG München NJW-RR 1996, 1134).

49   Die Kenntniserlangung **durch eine eigene oder fremde Handlung nach Abs. 2 Nr. 1** setzt voraus, dass entweder beim Täter selbst oder beim fremden Vortäter die objektiven und subjektiven Tatbestandsvoraussetzungen des Abs. 2 Nr. 1 vorgelegen haben. Der Täter des Abs. 2 Nr. 2 kann die Vortat auch in Mit- oder mittelbarer Täterschaft begehen (RGSt 38, 108 (111)) bzw. Anstifter oder Gehilfe der fremden Vortat sein. Anwendungsfall ist etwa die Weiterentwicklung eines durch Reverse Engineering zur Kenntnis gelangten (→ Rn. 42) Computerprogramms (*Harte-Bavendamm* GRUR 1990, 657 (663)).

50   Bei der Tatvariante des „**sonst unbefugten**" Verschaffens oder Sicherns handelt es sich um einen **Auffangtatbestand.** In diesem Kontext ist das Merkmal unbefugt Tatbestands- und nicht – wie sonst in § 17 (→ Rn. 64) – allgemeines Verbrechensmerkmal (GK-UWG/*Wolters,* 2. Aufl. 2015, Rn. 103). Wann ein sonst unbefugtes Verschaffen vorliegt, ist nach den Umständen des Einzelfalls zu beurteilen. Umfasst ist jede Handlung, die gegen das Gesetz oder die guten Sitten verstößt, also jede unredliche Erlangung, insbes. ein unbefugtes Ausspähen, das nicht in den besonders gefährlichen Formen des Abs. 2 Nr. 1 vorgenommen worden ist (BT-Drs. 10/5058, 41; BayObLG NJW 1996, 268 (272) – Bieterlisten). Die Verschaffungs- oder Sicherungshandlung muss einen mit Abs. 1 oder Abs. 2 Nr. 1 vergleichbaren Unrechtsgehalt aufweisen (vgl. Erbs/Kohlhaas/*Diemer* Rn. 42). Gesetzeswidrig ist insbes. die strafrechtswidrige, aber auch die urheberrechtswidrige Kenntnisverschaffung oder -sicherung, etwa durch Hausfriedensbruch, Unterschlagung, Nötigung, Erpressung, Betrug, Untreue oder Bestechung. Bei Diebstahl liegt dagegen idR bereits eine Vortat nach Abs. 2 Nr. 1 lit. c vor. Eine sonst unbefugte Verschaffung oder Sicherung kann vorliegen, wenn ein Konkurrent unter dem Vorwand, Kunde zu sein, eine von dem Unternehmen aufgestellte Maschine besichtigt, um sie später nachzubauen. Tatbestandsmäßig handelt auch, wer Personen ausfragt, die für ein Unternehmen selbstständig tätig sind, und daher nicht in den Täterkreis des Abs. 1 fallen; letztere können dann als Teilnehmer strafbar sein. Unredlich ist es schließlich auch, wenn der Täter eine nach geheimen Konstruktionsunterlagen hergestellte Maschine erwirbt und diese nach Zerlegung in ihre Einzelteile nachbaut (zum sog Reverse Engineering → Rn. 14) soweit hierin nicht bereits aufgrund des Einsatzes technischer Mittel eine Vortat iSd Abs. 2 Nr. 1 liegt (→ Rn. 42, 49). Ferner kann sich die Unredlichkeit aus einem Verstoß gegen vertragliche Absprachen im Mediationsverfahren ergeben (Achenbach/Ransiek/Rönnau WirtschaftsStR-HdB/*Ebert-Weidenfeller* Teil 3 Kap. 3 Rn. 88).

51   Bei der Auslegung der dritten Vortatalternative und ihrer **Abgrenzung** zu den übrigen Vortatalternativen gilt es die dargestellte Entwicklung der Vorschrift (→ Rn. 1) zu berücksichtigen. Insbes. sind solche Konstellationen nicht mehr unter das sonst unbefugte Verschaffen zu subsumieren, die seit 1986 bereits vom selbstständigen Tatbestand der Betriebsspionage erfasst werden. Besonders deutlich wird dies in folgenden Fällen:

52   In Rspr. und Schrifttum ist anerkannt, dass die Kenntniserlangung eines Unternehmensbeschäftigen von einem Geschäfts- oder Betriebsgeheimnis auch dann unredlich ist, wenn sie **über die normale und**

in den erlaubten Grenzen liegende Tätigkeit beim Geheimnisträger hinausgeht (BGHSt 13, 333 ff.; BGH NJW 1984, 239 (240) – Stapel-Automat). In einem solchen Fall darf er die (unredlich) erlangten Kenntnisse weder während noch nach dem Beschäftigungsverhältnis mitteilen oder verwerten. Verwendet er technische Mittel, fertigt er Aufzeichnungen oder andere Geheimnisverkörperungen oder nimmt solche weg, und verfestigt er dadurch die Kenntnis in einer Weise, dass er imstande ist, davon Gebrauch zu machen, nachdem er den Betrieb verlässt, so liegt eine Vortat iSd Abs. 2 Nr. 1 vor (→ Rn. 41, 43). Prägt er sich die Informationen dagegen nur ein (**systematisches Auswendiglernen**), und werden diese nicht verkörpert, so fällt das unter den Auffangtatbestand des „sonst unbefugten Kenntnisverschaffens". Zu damit verbundenen Nachweisproblemen → Rn. 47. Hat dementsprechend ein technischer Zeichner seine in der Erinnerung haftende Kenntnis von Berufsgeheimnissen gefestigt und vertieft, indem er systematisch und unredlich betriebsgeheime Unterlagen gesammelt hat, so verstößt er auch dann gegen Abs. 2 Nr. 2, wenn er die Information verwertet, ohne dabei die gesammelten Unterlagen unmittelbar zu nutzen (BGHSt 13, 333 (336)).

3. Tathandlung. Ein Geheimnis **verwertet**, wer es im geschäftlichen Verkehr verwendet, es also **53** wirtschaftlich nutzt (RGSt 39, 83 (85); 63, 205 (207)). Voraussetzung ist ein Verwertungserfolg. Der in dem Geheimnis verkörperte Wert muss also realisiert, ein wirtschaftlicher Nutzen wirklich gezogen werden. Dabei muss der Täter den Zweck verfolgen, einen Gewinn zu erzielen oder zumindest seine Kosten zu senken (OLG Saarbrücken GRUR-RR 2002, 359). Darauf, ob ihm dies tatsächlich gelingt, kommt es nicht an. Ebenso wenig ist entscheidend, ob das Verwerten im eigenen oder fremden Namen sowie zum eigenen oder fremden Nutzen geschieht (*Többens* NStZ 2005, 505 (508); *ders.* WRP 2005, 552 (558)). Im Hinblick auf die Aufnahme der Schädigungsabsicht in den subjektiven Tatbestand wird ferner vertreten, dass es ausreiche, wenn die Information zu ideellen, destruktiven, karitativen, politischen, wissenschaftlichen oder sonstigen Zwecken verwendet wird, ein wirtschaftlicher Nutzen also nicht gezogen werden müsse (MüKoUWG/*Brammsen* Rn. 128; iErg auch Harte-Bavendamm/Henning-Bodewig/*Harte-Bavendamm* Rn. 35).

Wer eine Maschine nachbaut, verwertet bereits dadurch und nicht erst, wenn er sie in Betrieb nimmt **54** oder in den Verkehr bringt (RGSt 40, 406 (408)). Es reicht aus, wenn die geheime Information nur teilweise oder mittelbar genutzt wird. Wer eine geheime Entwicklung **modifiziert oder weiter entwickelt,** erfüllt daher den Tatbestand, wenn die unlauter erlangte Kenntnis dabei in einer Weise genutzt wird, die wirtschaftlich oder technisch nicht als bedeutungslos anzusehen ist (BGH WRP 1985, 204 (207) – Füllanlage; BGH WRP 2008, 938 – Konstruktionszeichnungen; BGH GRUR 2002, 91 (93) – Spritzgießwerkzeuge; OLG Frankfurt a. M. CR 1990, 589 (590) – Zwei-Komponenten-Dichtstoff).

Beispiele aus der Rspr.: Anschreiben, Aufsuchen, Abwerben fremder Kunden/Lieferanten/Mitarbeiter anhand von **55** entsprechenden Karteien oder zumindest Einspeisen derselben in die eigene Adresskartei zur Anbahnung konkreter Kontakte (BGH NJW 1992, 1777; WRP 2003, 642 ff. – Weinberater II; OLG Saarbrücken GRUR-RR 2002, 359); Erstellung eines Angebots im Rahmen eines Ausschreibungsverfahrens unter Übernahme oder Unterbietung der Konkurrenzangebote (BGHSt 41, 140 (143); BayObLG NJW 1996, 268 (272) – Bieterlisten); (auch modifizierter) Nachbau einer Produktionsanlage, Maschine oder von Datenverarbeitungsgeräten anhand von Konstruktionsunterlagen, Entwürfen oder Zeichnungen (BGH GRUR 1961, 40 (43) – Wurftaubenpresse; BGH GRUR 1977, 539 ff. – Prozessrechner; BGH GRUR 2002, 91 (93) – Spritzgießwerkzeuge; RGSt 40, 406 (408)); Leerspielen von Geldspielautomaten unter Anwendung eines Computerprogramms, das Kenntnis über den jeweiligen Stand des Programms vermittelt und so eine programmwidrige Ausschaltung des Risikos ermöglicht (BayObLG GRUR 1991, 694 (696) – Geldspielautomat); Herstellen von Duplikaten, Plagiaten oder vergleichbaren Arzneimitteln unter Verwendung von Rezepturen, Analysen und sonstigen Aufzeichnungen über die chemische Zusammensetzung (BGH GRUR 1966, 152 ff. – Nitrolingual; OLG Frankfurt a. M. CR 1990, 589 (590) – Zwei-Komponenten-Dichtstoff); Nachbau anhand entwendeter Modelle (RGSt 39, 83 (85)).

Zur Tathandlung des **Mitteilens** → Rn. 29 ff. Sie umfasst die Weitergabe des Geheimnisses an einen **56** beliebigen Dritten, sofern dies ohne eine Verwertungshandlung geschieht. Der Dritte muss nicht mit dem Geheimnisträger im Wettbewerb stehen (unzutr. daher AG Reutlingen NZWiSt 2015, 117). Die beiden Tathandlungen schließen sich regelmäßig gegenseitig aus. Verkauf oder Lizenzierung an Dritte sind als Mitteilung gegen Entgelt einzuordnen (MüKoUWG/*Brammsen* Rn. 113; aA Wabnitz/Janovsky WirtschaftsStR-HdB/*Möhrenschlager* Kap. 15 Rn. 26: Verkauf als Verwerten).

IV. Subjektiver Tatbestand

1. Vorsatz. Es bedarf in allen Tatbestandsvarianten vorsätzlichen Handelns iSv § 15 StGB. Eine be- **57** stimmte Vorsatzform ist nicht erforderlich. Im Falle des Abs. 2 Nr. 2 muss auch die gesamte Vortat umfasst sein. Allerdings braucht dieser nicht schon dann vorzuliegen, wenn der Täter Kenntnis erlangt. Ausreichend ist vielmehr, dass er im Zeitpunkt der eigenen Tathandlung, also wenn er mitteilt oder verwertet, zumindest damit rechnet und billigend in Kauf nimmt, dass seine Kenntnis auf einer Vortat beruht.

2. Zusätzliche Absichtserfordernisse. In allen drei Handlungsalternativen muss die Tatbegehung **58** zusätzlich von bestimmten subjektiven Beweggründen getragen sein. Erforderlich ist ein Handeln – alternativ – zu Zwecken des Wettbewerbs, aus Eigennutz, zugunsten eines Dritten oder in Schädigungsabsicht. Erforderlich ist jeweils Absicht im technischen Sinne, also **dolus directus ersten Grades.**

59   **Zu Zwecken des Wettbewerbs** handelt der Täter, wenn sein Verhalten objektiv geeignet ist und er zugleich subjektiv die Absicht hat, zum Nachteil des durch die Tathandlung betroffenen Mitbewerbers – etwa durch Schmälerung seines Absatzes oder Entziehung von Kunden – sich oder einem anderen Wettbewerber einen entsprechenden Wettbewerbsvorteil – etwa größere Marktausdehnung oder gesteigerte Erträglichkeit – zu verschaffen (BGHZ 3, 270 (276 f.) – Constanze I; RGSt 32, 27 (28)). Ausreichend ist etwa eine Veröffentlichung in Fachzeitschriften mit dem Ziel, Interessenten für die eigene Leistung zu gewinnen (OLG Hamm NJW-RR 1992, 552 (553) – Computer-Arbeitsplatz). Der Täter muss den Wettbewerbszweck anstreben; ob er glaubt, dieser werde sicher oder möglicherweise eintreten, ist irrelevant. Dabei kann sowohl eigener als auch fremder Wettbewerb gefördert werden sollen. So braucht der unmittelbare Mitteilungsempfänger iSd Abs. 1 nicht notwendigerweise selbst mit dem Betriebsinhaber in Wettbewerb treten zu wollen. Es genügt, wenn er bloßer Vermittler ist und nur den Wettbewerb fördern will, den der Mitteilende selbst oder ein Dritter beabsichtigt → Rn. 32; RGSt 32, 27 (29); 33, 6 (8); 47, 128 (130); 51, 184 (190); 57, 12). Der intendierte Wettbewerb muss nicht in naher Zukunft aufgenommen werden (RGSt 51, 184 (192)). Er kann daher seitens eines bei dem Betrieb Beschäftigten durch diesen selbst noch während der Geltungsdauer des Dienstverhältnisses (RGSt 33, 6 (8)), aber auch nach dessen Beendigung durch die Gründung eines Konkurrenzunternehmens oder die Mitteilung des Geheimnisses an einen künftigen Geschäftspartner oder Arbeitgeber beginnen. Nicht erforderlich ist, dass der erstrebte Wettbewerbszweck als solcher unlauter ist, dies wird er aufgrund der übrigen Tatbestandsvoraussetzungen. Deshalb genügt etwa auch der Zweck der Abwehr unlauteren Wettbewerbs (RGSt 45, 254 (256)). Eine andere Frage ist freilich, ob ein solches Handeln rechtswidrig ist.

60   Die Absicht braucht **nicht die einzige oder wesentliche Zielsetzung** zu sein. Vielmehr genügt es, wenn *auch* Wettbewerbszwecke verfolgt werden, sofern diese hinter anderen Beweggründen nicht als völlig nebensächlich zurücktreten. Unschädlich ist es daher, wenn neben dem Wettbewerbszweck auch weitere – etwa politische, religiös-weltanschauliche, journalistische oder wissenschaftliche – Zwecke verfolgt werden (BGHZ 3, 270 (277) – Constanze I; BGH GRUR 1997, 761 (763) – Politikerschelte; OLG München GRUR-RR 2004, 145 – Themenplacement) oder ein Handeln zu Zwecken des Wettbewerbs nur Mittel zum eigentlich verfolgten Endzweck ist (RGSt 47, 128 (129)). Zu Zwecken des Wettbewerbs handelt dagegen nicht, wer rein private Zwecke verfolgt, weil er sich etwa nur eine billige Bezugsquelle für den persönlichen Gebrauch verschaffen will (RGSt 32, 27 (28)). Gleiches gilt, wenn die Tathandlung rein wissenschaftlichen und technischen Ausbildungszwecken dienen soll (RGSt 51, 184 (191)) oder etwa für Erkundungen branchenfremder Beratungsorganisationen (RGZ 92, 132 (135 f.)).

61   **Aus Eigennutz** handelt der Täter, wenn er mit der Tathandlung eine eigene – nicht notwendig in einem Vermögensvorteil liegende – Besserstellung erstrebt (BGHSt 11, 94 (97); RGSt 41, 225). In der Regel wird hier die Ersparung von Zeit, Arbeit und Kosten im Vordergrund stehen (BGH GRUR 1958, 297 (299) – Petromax; OLG Hamm NJW-RR 1990, 1380 (1381) – Modellkostüme). Der Vorteil kann auch immateriell sein, muss dann allerdings erheblich und einem Vermögensvorteil vergleichbar sein. Der tatsächliche Erhalt des angestrebten Vorteils ist nicht erforderlich. Umgekehrt ist er jedoch bei nicht angestrebter Erlangung auch nicht ausreichend. Der Eigennutz kann einer unter mehreren Beweggründen sein, darf jedoch hinter den anderen Motiven nicht völlig zurücktreten (→ Rn. 60). Aufgrund der Gesetzeshistorie kann Eigennutz auch bei wettbewerbsneutralem Verhalten vorliegen (MüKoStGB/ *Janssen/Maluga* Rn. 61; krit. *Noak* wistra 2006, 245 (248)). Die Verwendung von Geheimnissen für eine Bewerbung wird daher in der Regel eigennützig sein (aA AG Reutlingen NZWiSt 2015, 117 m. abl. Anm. *Krell*; wie hier Fezer/Büscher/Obergfell/*Rengier* Rn. 42).

62   **Zugunsten eines Dritten** handelt der Täter, wenn er einem Dritten einen irgendwie gearteten Vorteil verschaffen will. Dieser braucht auch hier nicht notwendig materieller Art zu sein. Mit diesem Tatbestandsmerkmal sollen Täter erfasst werden, die allein aus ideologischen Motiven im Interesse eines fremden Staates tätig werden (BT-Drs. 10/5058, 40). Verwirklicht werden kann ein Handeln zugunsten eines Dritten aber etwa auch gegenüber Nichtregierungsorganisationen (Greenpeace, Amnesty) oder sonstigen Vereinigungen, Institutionen oder Einzelpersonen, soweit nicht bereits eine der übrigen Absichtsalternativen vorliegt.

63   Die **Absicht, dem Inhaber des Geschäftsbetriebs Schaden zuzufügen,** verlangt zielgerichtetes Verhalten. Es reicht nicht, wenn der Schadenseintritt nur für möglich gehalten wird (RGSt 29, 426 (433); RGZ 92, 132 (136)). Sie setzt nicht voraus, dass der Schaden auch tatsächlich eintritt. Der vom Täter erstrebte Schaden braucht kein Vermögensschaden zu sein. Erfasst sind auch andere Schäden, beispielsweise der Ehre, als Zweck der Handlung (RGSt 29, 426 (429)). Die Schädigung braucht wiederum nicht das einzige Ziel des Täters zu sein (RGSt 51, 184 (194); → Rn. 60).

D. Rechtswidrigkeit (unbefugt)

64   Das Merkmal unbefugt ist allgemeines Verbrechens- und damit Rechtswidrigkeitsmerkmal. Unbefugt handelt demnach, wer eine Tathandlung unter Missachtung des Willens des Berechtigten begeht und sich dabei auch nicht auf einen allgemeinen Rechtfertigungsgrund berufen kann (BayObLG GRUR 1991, 694 (697) – Geldspielautomat).

I. Allgemeine Rechtfertigungsgründe

Eine Mitteilung im Sinne von Abs. 1 oder Abs. 2 Nr. 2 ist gerechtfertigt und damit nicht unbefugt, **65** wenn der Täter zur Offenbarung berechtigt oder verpflichtet ist. Eine Berechtigung zur Offenbarung kann sich aus **strafprozessualen Zeugen- oder Gutachtenspflichten** ergeben. Das Strafprozessrecht räumt nämlich dem Unternehmensbeschäftigten als Geheimnisträger in diesen Verfahrenspositionen für Wirtschaftsgeheimnisse kein Schweigerecht ein (§§ 52 ff., 76 StPO); er ist also nicht von seiner Aussagepflicht befreit. Sagt er aus und offenbart dabei ein Geheimnis, so ist dies gerechtfertigt, es sei denn, dass hinsichtlich der geheim zu haltenden Tatsache aus anderen Gründen ein Zeugnisverweigerungsrecht besteht. Demgegenüber können sich die betreffenden Personen im Zivilprozess auf ein entsprechendes Zeugnis- oder Gutachtensverweigerungsrecht berufen (§§ 383 Abs. 1 Nr. 6, 384 Nr. 3, 408 Abs. 1 ZPO). Mangels Ausschlusses der Öffentlichkeit nach § 172 Nr. 2 GVG wird durch die Aussage das Geheimnis also zwar unbefugt offenbart, sofern nicht weitere Rechtfertigungsgründe hinzutreten. Es wird dann jedoch oft am Vorliegen eines der tatbestandlichen Absichtserfordernisse fehlen.

Die Rechtfertigung kann sich darüber hinaus aus einem **Notstand iSv § 34 StGB** zum Schutz eines **66** höherwertigen Rechtsguts oder zur Wahrnehmung eigener erheblicher Interessen, etwa zur sachgemäßen Verteidigung in einem Strafverfahren ergeben. Die Anforderungen an eine derartige Interessenkollision sind freilich für den Tatbestand der Betriebsspionage höher anzusiedeln als für die bloße Mitteilung eines zugänglich gemachten Geheimnisses. Für Abs. 2 Nr. 1 wird eine Rechtfertigung nur ausnahmsweise bei erheblichen Gefahren für hochrangige Rechtsgüter in Betracht kommen.

Bei **Strafanzeigen** (sog **„Whistleblowing"**) ist je nach Verfolgungsinteresse, betroffenem Rechtsgut **67** und Schwere des Rechtsverstoßes im Einzelfall zu entscheiden. Eine gesetzliche Offenbarungspflicht ergibt sich aus § 138 StGB hinsichtlich der dort aufgezählten Straftaten. Teils gibt es spezialgesetzliche Ausnahmen von der Verschwiegenheitspflicht (so etwa im Beamtenrecht in den §§ 67 Abs. 2 S. 1 Nr. 3 BBG, 37 Abs. 2 S. 1 Nr. 3 BeamtStG für Korruptionsstraftaten). IÜ ist die Rechtslage unklar. Wegen der zusätzlichen Absichtserfordernisse (→ Rn. 58 ff.) kommt es zunächst auf die Intention des Whistleblowers an (*Engländer/Zimmermann* NZWiSt 2012, 328 (330); → Rn. 18). Verfolgt dieser nicht rein altruistische Motive, so handelt er schon hM tatbestandlich.

Auf Basis der hM kommt daher wohl nur eine **Lösung über § 34 StGB** in Betracht. Dabei muss es, **67a** dem Rechtsgedanken des § 228 BGB entsprechend, jedoch ausreichen, wenn das Erhaltungsgut nicht wesentlich weniger wiegt als das Geheimhaltungsinteresse, da in Rechtsgüter des Gefahrurhebers eingegriffen wird (*Engländer/Zimmermann* NZWiSt 2012, 328 (330 f.); aA *Koch* ZIS 2008, 500 (503)). Ob die Intention des Whistleblowers für die Rechtfertigung eine Rolle spielt, hängt davon ab, ob man insofern Kenntnis der objektiven Notstandsvoraussetzungen ausreichen lässt oder darüber hinaus einen entsprechenden Rettungswillen fordert (→ § 34 Rn. 35). Da die Rspr. die engere Auffassung vertritt (BGHSt 2, 111 (114)), wären einer Rechtfertigung über § 34 StGB dann aber praktisch enge Grenzen gesetzt. Problematisch ist außerdem, dass erforderlich iSd § 34 StGB letztlich immer nur eine Mitteilung an die Strafverfolgungsbehörden sein dürfte; damit kann der Gang an die Öffentlichkeit durch den Mitarbeiter (§ 17 Abs. 1) ebenso wenig gerechtfertigt werden wie die Berichterstattung über noch geheime illegale Unternehmenspraktiken durch die Presse (§ 17 Abs. 2 Nr. 2). Außerdem wäre die Mitteilung an den Unternehmensinhaber (sog internes Whistleblowing) vorrangig (*Fezer/Büscher/Obergfell/Rengier* Rn. 47a). All das ist (auch) im Hinblick auf Art. 5 Abs. 1 S. 2 GG misslich (*Engländer/Zimmermann* NZWiSt 2012, 328 (331); *Fischer-Lescano* AuR 2016, 4 (6)). Auch § 34 StGB kann damit nur zu eher unflexiblen Ergebnissen führen, was aus lauterkeitsrechtlicher Sicht kritisiert wird (*Ohly* GRUR 2014, 1 (7)).

Da es sich beim Whistleblowing zudem grds. um ein sozial erwünschtes Phänomen handelt (zutr. **67b** *Engländer/Zimmermann* NZWiSt 2012, 328 (3299); sehr krit. dagegen *Hefendehl* FS Amelung, 2009, 617 ff.) und außerdem der EGMR (NJW 2011, 3501; vgl. auch *Konopatsch* NZWiSt 2012, 217 ff.) entschieden hat, dass der Gang an die Öffentlichkeit als ultima ratio zulässig sein kann, ist die ungewisse Rechtslage und das aus ihr resultierende Strafbarkeitsrisiko äußerst misslich. Eine **gesetzliche Regelung** wäre daher **wünschenswert** (so auch *Leuchten* ZRP 2012, 142 (145); ausf. *Fischer-Lescano* AuR 2016, 4 ff.; AuR 2016, 48 ff.; aA *Simonet* RdA 2013, 236 (237 ff.)); entsprechende Gesetzesentwürfe (dazu *Mengel* CCZ 2012, 146 ff.) wurden aber bisher abgelehnt (vgl. BT-Drs. 17/12577). Seitens der EU-Kommission gibt es offenbar Pläne zur Einführung einer Prämie für Whistleblower (dazu *Buchert* CCZ 2013, 144 ff.).

Schließlich sind wirksame **zivilrechtliche Ansprüche** auf Überlassung einer geheimen Information **68** geeignet, etwaige tatbestandsmäßige Kenntnisbeschaffungsakte des Anspruchsinhabers zu rechtfertigen (BayObLG GRUR 1988, 634 – Überlassungsanspruch), während umgekehrt zivilrechtliche Auskunftspflichten, die dem Unternehmensinhaber Dritten gegenüber im Hinblick auf die Information obliegen, den einzelnen Beschäftigten nicht zu einer entsprechenden tatbestandsmäßigen Mitteilung derselben berechtigen (so jedoch unter Berufung auf die Rechtsnatur als Vermögensdelikt (anders hier → Rn. 2) BayObLG GRUR 1988, 634 – Überlassungsanspruch; ebenso *Fezer/Büscher/Obergfell/Rengier* Rn. 63; dagegen wie hier Harte-Bavendamm/Henning-Bodewig/*Harte-Bavendamm* Rn. 11).

II. Einverständnis und Einwilligung

69   Erteilt der Betriebsinhaber oder das sonst dazu befugte Organ (→ Rn. 20) sein allgemeines **Einverständnis** in die Offenlegung des Geheimnisses, so beseitigt er **allgemeingültig** den Geheimnischarakter dieser Tatsache. Wegen fortan fehlenden Geheimhaltungswillens (→ Rn. 1 f.) ist diese nicht mehr als Geheimnis einzuordnen und damit kein taugliches Tatobjekt mehr. Ein solches Einverständnis verkörpert daher nach allgM keinen Rechtfertigungsgrund, sondern schließt bereits den Tatbestand aus (*Otto* wistra 1988, 125 (128)). Wird das Geheimnis dagegen mitgeteilt, verwertet, beschafft etc und ist der Geheimnisträger damit im **konkreten Einzelfall** einverstanden, so soll darin nach hM eine rechtfertigende **Einwilligung** liegen (*Otto* wistra 1988, 125 ff.). Die Einwilligung könne sowohl ausdrücklich als auch konkludent erklärt, dürfe aber nicht durch Täuschung erschlichen oder abgenötigt werden. Da sich in diesen Fällen jedoch völlig sozialadäquat verhalten und somit auch kein rechtlich missbilligtes Risiko für das geschützt Rechtsgut geschaffen wird, ist es überzeugender, auch hier bereits eine tatbestandsmäßige Handlung zu verneinen (so iErg auch Erbs/Kohlhaas/*Diemer* Rn. 25, 40). Die Grenze der Befugnis wird freilich auch dann durch den vom Geheimnisträger gesteckten Rahmen gezogen.

E. Versuchsstrafbarkeit (Abs. 3)

I. Vollendung

70   Die Tat ist vollendet, wenn sämtliche Tatbestandsmerkmale erfüllt sind. Für die Tathandlung des Mitteilens iSv Abs. 1 und Abs. 2 Nr. 2 gilt dies mit Eintritt des tatbestandsmäßigen Mitteilungserfolgs (→ Rn. 31). Weder muss der Täter die Information verstehen, noch der Empfänger sie gebrauchen. Auf subjektiver Tatseite reicht das entsprechende Motiv aus; ob der angestrebte Zweck realisiert wird, spielt keine Rolle. Die Tat ist dagegen noch nicht vollendet, wenn die geheime Information auf den Weg gebracht wird oder die Kenntnisweitergabe scheitert. Hier kommt mangels Eintritts des Mitteilungserfolges jeweils nur Versuchsstrafbarkeit nach Abs. 3 in Betracht. Zur Versuchsstrafbarkeit → Rn. 53. Hatte der Mitteilungsempfänger Kenntnis nicht in einer derart verfestigten Form, wie sie der Eintritt des Mitteilungserfolges erfordert, so kann in der Mitteilung eine vollendete Tatbestandsverwirklichung liegen (RGSt 39, 83 (86)). Der Tatbestand des Abs. 2 Nr. 1 ist vollendet, wenn die Kenntnis verschafft oder gesichert wurde (→ Rn. 3 f.). Schließlich setzt eine Vollendung von Abs. 2 Nr. 2 nicht voraus, dass tatsächlich Gewinn erzielt wird (→ Rn. 53). Ist eine Tathandlung iSv Abs. 2 Nr. 2 noch nicht vollendet und hat der Täter auch noch nicht unmittelbar dazu angesetzt, kann jedoch bereits eine Strafbarkeit nach Abs. 2 Nr. 1 gegeben sein.

II. Beendigung

71   Beendigung tritt ein, wenn das gesamte Handlungsgeschehen abgeschlossen ist, also wenn die Mitteilungshandlung iSd Abs. 1 und Abs. 2 Nr. 2 unter abschließendem Eintritt des Mitteilungserfolgs abgeschlossen ist. Die Information muss nicht genutzt werden (BayObLG NJW 1996, 268 (272) – Bieterlisten). Spätestens mit Realisierung des angestrebten Gewinns ist die Tat beendet. Weitere Voraussetzung für eine Beendigung ist, dass der Täter glaubt, sein besonderes Ziel erreicht zu haben oder aber dieses endgültig aufgibt. Tatsächlich eintreten muss das gewünschte Ereignis dagegen nicht.

III. Versuch

72   Der Versuch ist in allen Tatvarianten strafbar (Abs. 3). **Unmittelbares Ansetzen** iSv §§ 22, 23 StGB ist nach allgemeinen Maßstäben zu bestimmen. Die Grenze zum Versuch ist überschritten, wenn der Täter beginnt, die Information zu übermitteln (Abs. 1), einen technischen Speicherungsvorgang einleitet oder anfängt, auf den fremden Gewahrsam einzuwirken (Abs. 2 Nr. 1). Zur Geheimnishehlerei (Abs. 2 Nr. 2) setzt unmittelbar an, wer der Herstellungs- oder Entziehungsakt beginnt, Einblick in Kundenlisten oder Mitbieterangebote bei der Erstellung von Submissionsofferten nimmt sowie anfängt Entwürfe zu fertigen, mit denen künftig fremde Vorbilder reproduziert werden sollen. Jeweils muss der Schutz des betroffenen Geschäfts- oder Betriebsgeheimnisses durch die Handlung bereits in einer Weise gefährdet werden, die bei ungestörtem Fortgang in unmittelbarem räumlichen und zeitlichen Zusammenhang in einem tatbestandsmäßigem Handlungserfolg (→ Rn. 31, 39 f., 53) mündet. IRd zweiaktigen Deliktes des Abs. 2 Nr. 2 liegt in der Kenntniserlangung durch die Vortat jeweils noch kein Versuchsbeginn im Hinblick auf die Haupttat. Diese befindet sich noch im straflosen Vorbereitungsstadium. Ungeachtet dessen kommt Strafbarkeit nach Abs. 2 Nr. 1 in Betracht.

73   Auch der **untaugliche Versuch** ist strafbar (→ Rn. 70). Ein solcher liegt vor bei Tathandlungen, die sich auf nur vermeintlich geheime Informationen beziehen, so bei Unkenntnis einer regelmäßig zur Offenkundigkeit führenden (→ Rn. 12) Patentanmeldung (vgl. OLG Celle GRUR 1969, 548 ff. – Abschaltplatte), ferner bei der Kenntnisweitergabe trotz vorhandener sicherer Kenntnis beim Empfänger, Weitergabe von erwartungswidrig leeren Datenträgern (Abs. 1) oder Anwendung funktionsunfähiger technischer Speicherungsmedien (Abs. 2 Nr. 1). Die Mitteilung an einen **Lockspitzel** ist richtigerweise als (untauglicher) Versuch einzuordnen (→ Rn. 32).

F. Irrtum

Ein Irrtum über Merkmale des objektiven Tatbestands iSv § 17 StGB liegt vor bei Fehlvorstellungen **74** über den Geheimnischarakter, die Beschäftigtenposition iSd Abs. 1 oder den Kundgabecharakter einer Mitteilungshandlung. Im Falle des Abs. 2 Nr. 2 fällt hierunter auch der Irrtum über tatsächliche Umstände der kenntnisvermittelnden Vortat. Bei einem Irrtum über die Offenbarungs- oder Verwertungsbefugnis sowie das Vorliegen sonstiger Rechtfertigungsgründe ist zu unterscheiden: Irrt der Täter über die tatsächlichen Voraussetzungen, liegt ein vorsatzausschließender Irrtum vor, zieht er aus den ihm bekannten tatsächlichen Umständen den falschen Schluss, zur Offenbarung oder Verwertung befugt zu sein, unterliegt er einem Verbotsirrtum iSd § 17 StGB. Gleiches gilt, wenn der Täter das berechtigte wirtschaftliche Interesse des Betriebsinhabers an der Geheimhaltung der in Betracht kommenden Tatsache falsch einschätzt. Nimmt der Täter irrig an, der Verfügungsberechtigte sei mit der Offenbarung allgemein oder im Einzelfall einverstanden (→ Rn. 69), so irrt er im ersten Fall über ein konstitutives Merkmal des tatbestandlichen Geheimnisbegriffs. Im zweiten Fall liegt entweder ebenfalls ein Irrtum nach § 16 StGB oder ein Erlaubnistatbestandsirrtum vor, je nachdem wie man die Zustimmung im Einzelfall einordnet (→ Rn. 69).

G. Täterschaft und Teilnahme

Abs. 1 ist ein echtes Sonderdelikt iSd §§ 28, 29 StGB mit der Folge, dass Nichtbeschäftigte nur **75** Teilnehmer sein können. Beihilfe zur Mitteilung kann etwa durch eine vermittelnde Tätigkeit begangen werden, Anstiftung kann schon in einer einfachen Aufforderung zum Geheimnisverrat liegen. Liegt der Sache nach Mittäterschaft vor und scheitert diese *allein* an der fehlenden Sonderstellung, kommt für den Gehilfen eine doppelte Strafrahmenmilderung (nach § 28 Abs. 1 StGB und § 27 Abs. 2 StGB) wegen dieses Umstands nicht in Betracht (vgl. zum Parallelproblem bei der Untreue BGHSt 26, 53; Fischer § 266 Rn. 186 mwN). Fällt ferner derjenige, der ein Betriebs- oder Geschäftsgeheimnis einem anderen iÜ tatbestandsmäßig mitteilt, als Inhaber oder Leiter eines selbstständig tätigen Ingenieurbüros nicht in den möglichen Täterkreis des Abs. 1, so kann er wegen Beihilfe zur anschließenden Verwertung durch einen Dritten nach Abs. 2 Nr. 2 strafbar sein (BayObLG NJW 1996, 268 (272) – Bieterlisten). Täter einer Betriebsspionage oder Geheimnishehlerei iSd Abs. 2 kann dagegen jedermann sein. Insoweit gelten die allgemeinen Grundsätze. Da es sich jeweils nicht um eigenhändige Delikte handelt, ist mittelbare Täterschaft etwa unter Verwendung eines nicht dolosen Werkzeugs möglich. Wer ohne Kenntnis vom Inhalt des Geheimnisses gemeinsam mit dem Täter des Abs. 2 Nr. 2 die Verwertung oder Mitteilung betreibt, ist Gehilfe.

H. Konkurrenzen

I. Zusammentreffen der Straftatbestände des § 17

Die drei Straftatbestände des § 17 überschneiden sich inhaltlich nicht (vgl. RGSt 31, 93 (95)) und **76** können folglich jeweils nicht in ein- und derselben Handlung hinsichtlich ein- und desselben Geheimnisses zusammentreffen. Soweit der Tatbestand der Geheimnishehlerei iSd Abs. 2 Nr. 2 in der Form des sich „sonst unbefugten" Verschaffens oder Sicherns seinem Wortlaut nach auch bereits von anderen Tatbestandsalternativen erfasste Handlungen abdeckt, folgt dies aus dessen Natur als Auffangtatbestand. Auch eine vorherige Anstiftung zum Geheimnisverrat iSd Abs. 1 oder zur Betriebsspionage iSd Abs. 2 Nr. 1 und die anschließende Verwertung des Geheimnisses iSd Abs. 2 Nr. 2 können – ähnlich dem Fall einer Anstiftung zum Diebstahl und anschließenden Hehlerei durch den Anstifter – in der Regel nicht in Tateinheit stehen, da eine Verwertung iSd Abs. 2 Nr. 2 erst begonnen werden kann, wenn die Vortat bereits vollendet ist. Beide Taten können mithin bezüglich ein- und desselben Geheimnisses nur tatmehrheitlich iSd § 53 StGB begangen werden (RGSt 60, 53 (54)). Eine mitbestrafte Vortat liegt in einem solchen Fall nicht vor (str.), da die Anstiftung zur fremden Vortat nicht notwendiges oder regelmäßiges Mittel zur Begehung der Haupttat ist. Begeht der Täter dagegen selbst eine Betriebsspionage nach Abs. 2 Nr. 1 und verwertet er später das so gewonnene Geheimnis selbst, ist nur Strafbarkeit nach Abs. 2 Nr. 2 gegeben, weil Nr. 1 dann als tatbestandliche Voraussetzung in Nr. 2 im Wege der Gesetzeskonkurrenz aufgeht (OLG Celle NStZ 1989, 367). Die in Abs. 2 Nr. 1 angeführten unterschiedlichen Begehensweisen verkörpern schließlich kein eigenständiges strafbares Verhalten. Die Verwirklichung der strafbaren Tathandlung in mehreren Begehungsformen kann nach allgemeinen Grundsätzen iRd Strafzumessung strafschärfend berücksichtigt werden.

Krell

II. Zusammentreffen mit anderen Straftatbeständen

77　Fällt der Täter als Vorstandsmitglied einer Aktiengesellschaft, GmbH-Geschäftsführer, Aufsichtsrat, Abwickler, Liquidator oder Prüfer zugleich in den jeweiligen **Täterkreis,** kommt Tateinheit iSd § 52 StGB in Betracht mit den gesellschaftsrechtlichen Straftatbeständen der § 404 AktG, § 85 GmbHG, § 333 HGB, § 53 SEAG, § 138 VAG, § 315 UmwG, § 19 PublG, die einen qualifizierten Täterkreis einer (im Gegensatz zu Abs. 1) zeitlich unbeschränkten Geheimhaltungspflicht unterwerfen. Entsprechendes gilt zu § 151 GenG, § 36 SCEAG und § 14 EWIVAG. Für Betriebsratsmitglieder, Vertreter von Gewerkschaften und Arbeitgebervereinigungen sowie die übrigen dort genannten Tätergruppen ist Tateinheit möglich mit § 120 BetrVG, § 35 SprAuG oder § 155 SBG IX, für die dort genannten Berufsgruppen mit §§ 203, 204 StGB (insbes. Rechtsanwälte, Steuerberater, Ärzte) und mit § 55a und b KWG. Weiter ist Tateinheit denkbar für ein Zusammentreffen mit dem Insiderdelikt des § 38 WpHG sowie mit § 44 BDSG und § 148 TKG.

78　IÜ kommt Tateinheit in Betracht mit §§ 94–99, 123, 201–202a, 206, 240, 242, 246, 249, 253, 263, 263a, 266, 299, 353b, 355 StGB. IE vgl. zu einem Zusammentreffen mit Betrug gem. § 263 StGB: RGSt 38, 108 (111); mit Computerbetrug gem. § 263a StGB: BGHSt 40, 331 ff.; BayObLG GRUR 1991, 694 (695) – Geldspielautomat; mit Untreue gem. § 266 StGB: RGSt 75, 75 (79 ff.). Bei unbefugten Dateikopien sachrückgabewilliger Täter ist Idealkonkurrenz mit Diebstahl und Unterschlagung dagegen mangels Sachzueignungsabsicht ausgeschlossen (BayObLG NJW 1992, 1777 (1778)). Wird mit der unbefugten Erlangung iSd Abs. 2 Nr. 2 ein anderer Straftatbestand verwirklicht, kommt ebenfalls Tateinheit in Betracht, so etwa mit Bestechung (BGHSt 41, 140 (1439)). Ferner ist demnach Tateinheit denkbar zwischen Beihilfe des nicht in den Täterkreis des Abs. 1 fallenden Mitteilers zur unbefugten Verwertung durch einen anderen nach Abs. 2 Nr. 2 sowie zu Bestechlichkeit und Untreue (BayObLG NJW 1996, 268 (272) – Bieterlisten).

I. Strafverfolgung

I. Mögliche Rechtsfolgen

79　Der Strafrahmen der Abs. 1 und 2 sieht Geldstrafe oder Freiheitsstrafe bis zu drei Jahren vor. Für besonders schwere Fälle eröffnet Abs. 4 einen solchen von bis zu fünf Jahren Freiheitsstrafe. Bei Handeln in Bereicherungsabsicht ist nach § 41 StGB auch Geldstrafe neben Freiheitsstrafe zulässig. Als Nebenfolgen können Einziehung iSd §§ 74 ff. StGB (bereits RGSt 60, 53 (55)) und Verfall iSd §§ 73 StGB anzuordnen sein, wobei Ansprüche Verletzter gegen den Täter iSd § 73 Abs. 1 S. 2 StGB zu berücksichtigen sein können.

II. Besonders schwere Fälle (Abs. 4)

80　Abs. 4 sieht einen erhöhten Strafrahmen für besonders schwere Fälle vor und enthält zugleich Regelbeispiele für das Vorliegen eines solchen.

81　**1. Die benannten Regelbeispiele.** Für die Regelbeispieltechnik gelten die allgemeinen Grundsätze, die die Rspr. zu diesem Rechtsinstitut entwickelt hat (vgl. allgemeine Kommentarliteratur zu § 46 StGB). IE handelt gewerbsmäßig **(Nr. 1),** wer sich aus wiederholter Tatbegehung eine nicht nur vorübergehende Einnahmequelle von einigem Umfang verschaffen möchte. **Nr. 2** setzt eine Mitteilung als Tathandlung voraus und ist daher nur auf Abs. 1 und Abs. 2 Nr. 2 anwendbar. Voraussetzung ist, dass der Täter im Zeitpunkt der Mitteilungshandlung die positive Kenntnis einer zukünftigen Auslandsverwertung des Geheimnisses hat oder zumindest mit einer solchen rechnet. Umstr. ist, ob auch andere EU-Staaten vom Begriff des Auslands erfasst sind (so *Bott* wistra 2015, 342 (343); MüKoUWG/ *Brammsen* Rn. 148; Köhler/Bornkamm/*Köhler* Rn. 66; aA Harte-Bavendamm/Henning-Bodewig/ *Harte-Bavendamm* Rn. 38; *Többens* NStZ 2000, 505 (509); *ders.* WRP 2005, 552 (558)). Nachträgliche Kenntnis oder nur fahrlässiges Nichtkennen genügen nicht. Unerheblich ist, ob es zu der Auslandsverwertung später tatsächlich gekommen ist, und, ob diese durch einen deutschen Staatsangehörigen oder einen Ausländer erfolgen soll. **Nr. 3** setzt eine Verwertung als Tathandlung voraus und ist daher nur auf Abs. 2 Nr. 2 anwendbar, wenn der Täter das Geheimnis selbst (nicht notwendig eigenhändig) im Ausland verwertet. Aufgrund welcher der tatbestandsmäßigen Vortatalternativen der Täter seine Kenntnis erlangt hat, ist irrelevant. Der Täter muss mit der Verwertung wenigstens begonnen haben, allein die Absicht genügt hier nicht. Zur Frage, ob EU-Staaten vom Auslandsbegriff erfasst sind, gilt das zu Nr. 2 Gesagte. Die Nationalität des Täters ist unerheblich.

82　**2. Unbenannte besonders schwere Fälle.** Ist kein Regelbeispiel iSd Abs. 4 erfüllt, kann gleichwohl ein unbenannter besonders schwerer Fall vorliegen. Ein solcher kommt in Betracht bei Verursachung besonders hoher, insbes. existenzgefährdender Unternehmensschäden (Erbs/Kohlhaas/*Diemer* Rn. 61) oder bei auftragsmäßig betriebsübergreifender Industriespionage (MüKoUWG/*Brammsen* Rn. 150).

III. Strafantrag und Strafverfolgung von Amts wegen (Abs. 5)

Die Strafverfolgung erfolgt hinsichtlich sämtlicher Einzeltatbestände des § 17 und unabhängig von der 83
jeweils verwirklichten Teilnahmeform nur auf Antrag, sofern nicht die Strafverfolgungsbehörde wegen
des besonderen öffentlichen Interesses an der Strafverfolgung ein Einschreiten von Amts wegen für
geboten hält. Vor dem 2. WiKG war § 17 noch als absolutes Antragsdelikt ausgestaltet. Dadurch wurde
der strafrechtliche Schutz allerdings stark eingeschränkt, weil der Geschädigte oftmals darauf verzichtet,
Strafantrag zu stellen (→ Rn. 3; vgl. ferner *Dannecker* BB 1987, 1614 (1621 f.)).

Zum Strafantrag gelten die allgemeinen Vorschriften (§§ 77 ff. StGB). **Antragsberechtigt** iSd § 77 84
Abs. 1 StGB ist der durch die Tat unmittelbar in seinen Rechten an dem angegriffenen Geheimnis
beeinträchtigte Rechtsgutsträger, somit der Betriebsinhaber sowie sonstige nutzungs- oder verfügungs-
befugte Personen (zB ausschließlicher Lizenznehmer), nicht aber der entwickelnde Arbeitnehmer. In der
Praxis stellt sich häufig die Frage, ab wann Tat und Täter in einer Weise identifizierbar sind, dass einem
besonnenen Menschen die Antragstellung zugemutet werden kann und damit die **Antragsfrist** des
§ 77b StGB in Lauf gesetzt wird. Dies kann auch erst später der Fall sein, wenn der Verletzte nachträglich
erfährt, dass die Tat einen wesentlich anderen Charakter hat, als bisher angenommen (BayObLG NJW
1996, 268 (272) – Bieterlisten). Die bloße Vermutung genügt jedenfalls nicht. Entscheidend ist dies
deswegen, weil dem Inhaber mit der Offenlegung häufig die Möglichkeit zur geheimen Beweissicherung
genommen wird. Eine Antragstellung mit Firmenstempel ohne Unterschrift genügt nicht der **Schriftform** des § 158 Abs. 2 StPO. Falsche Täterbenennung ist dagegen ebenso unschädlich wie eine fehlerhafte rechtliche Einordnung der Tat (BayObLG NJW 1996, 268 (272) – Bieterlisten). Eine Strafanzeige,
die sich auf die Verfolgung einer Straftat nach § 19 bezieht, berechtigt demnach auch zur Verfolgung
einer Straftat nach § 17. Anträge gegen Firmen gelten auch den Inhabern gegenüber. Bei der Beurteilung, auf welchen Vorgang sich das Verfolgungsbegehren bezieht, können auch außerhalb der schriftlichen Erklärung liegende Umstände herangezogen werden (BGHR UWG § 22 Strafantrag 1).

Wann ein **besonderes öffentliches Interesse an der Strafverfolgung** anzunehmen ist, liegt im 85
Beurteilungsspielraum der Strafverfolgungsbehörden, der insoweit von **Nr. 260a RiStBV** konkretisiert
wird. Hiernach (Nr. 260a Abs. 1 RiStBV) ist ein solches insbes. dann zu bejahen, wenn der Täter
wirtschaftsrechtlich vorbestraft ist, ein erheblicher Schaden droht oder eingetreten ist, die Tat Teil eines
gegen mehrere Unternehmen gerichteten Plans zur Ausspähung von Geschäfts- oder Betriebsgeheimnissen ist oder den Verletzten in seiner wirtschaftlichen Existenz bedroht. Bei Vorliegen eines besonders
schweren Falles iSd Abs. 4 kann ein besonderes öffentliches Interesse gem. Nr. 260a Abs. 2 RiStBV nur
ausnahmsweise verneint werden. Allgemein gesprochen kommt eine Bejahung mithin in Betracht bei
Besonderheiten in der Person des Täters oder dem Tatverhalten, besonders weitreichenden Tatfolgen
oder einem besonders sensiblen Tatobjekt (zB Atom-, Luft- und Raumfahrt- sowie Rüstungsindustrie,
Bio- oder Medizintechnik).

Bejaht die Strafverfolgungsbehörde das besondere öffentliche Interesse an der Strafverfolgung, kann 86
sich der Verletzte der öffentlichen Klage als **Nebenkläger** anschließen (§ 395 Abs. 1 Nr. 6 StPO).
Verneint sie dessen Vorliegen, so kann sie nach § 376 StPO verfahren oder den Privatklageweg
(§ 374 Abs. 1 Nr. 7 StPO) verweisen. Bezüglich der Einzelheiten des Privatklageverfahrens wird auf die
Regelungen der §§ 374–394 StPO und die einschlägigen verfahrensrechtlichen Kommentierungen
verwiesen.

IV. Sonstiges

Die Strafverfolgungsverjährung beträgt gem. § 78 Abs. 3 Nr. 4 StGB fünf Jahre. Die Zuständigkeit 87
der Wirtschaftsstrafkammern ergibt sich aus § 74c Abs. 1 Nr. 1 GVG. Bei der in der Praxis relevanten
aktenmäßigen Behandlung von Betriebs- und Geschäftsgeheimnissen ist – gerade um den Bedenken
der betroffenen Unternehmen (→ Rn. 4) zu begegnen – **Nr. 260b RiStBV** zu beachten (zu dem
möglichen Grundrechtseingriff durch Akteneinsicht, BVerfG NVwZ 2006, 1041 (1042 ff.)). Hiernach
ist vor Gewährung von Akteneinsicht an Dritte besonders sorgfältig zu prüfen, ob nicht schutzwürdige
Geheimhaltungsinteressen des Verletzten entgegenstehen. Bittet der Verletzte um Geheimhaltung oder
stellt er keinen Strafantrag, sollen Geschäfts- oder Betriebsgeheimnisse in der Sachakte darüber hinaus
nur insoweit schriftlich festgehalten werden, als dies für das Verfahren unerlässlich ist. Wird in diesen
Fällen Akteneinsicht gewährt, so ist darauf hinzuweisen, dass die Akte Geschäfts- oder Betriebsgeheimnisse enthält, und hierüber ein Vermerk zu den Akten zu nehmen. Ferner ist zu prüfen, ob nicht Gründe
entgegenstehen, dem Verteidiger die Akten zur Einsichtnahme in seine Geschäftsräume oder in seine
Wohnung mitzugeben (§ 147 Abs. 4 StPO).

J. Auslandstaten (Abs. 6)

§ 5 Nr. 7 StGB normiert einen – über das für Inlandstaten iSd §§ 3, 9 StGB auch gegen ausländische 88
Unternehmen weiterhin uneingeschränkt Geltung entfaltende **Territorialitätsprinzip** hinausgehenden
– Strafrechtsschutz für von In- oder Ausländern im Ausland begangene Straftaten gegen deutsche

Rechtsgüter. Hiernach gilt das deutsche Strafrecht, unabhängig vom Recht des Tatorts, für im Ausland begangene Verletzungen von Betriebs- oder Geschäftsgeheimnissen eines im räumlichen Geltungsbereich dieses Gesetzes liegenden Betriebs, eines Unternehmens, das dort seinen Sitz hat, oder eines Unternehmens mit Sitz im Ausland, das von einem Unternehmen mit Sitz im räumlichen Geltungsbereich dieses Gesetzes abhängig ist und mit diesem einen Konzern bildet. Unabhängig vom Strafanwendungsrecht ist allerdings umstritten, ob ausländische Geschäfts- und Betriebsgeheimnisse überhaupt in den Schutzbereich der Vorschrift fallen (→ Rn. 2a).

89   Als **Betriebe,** die im räumlichen Geltungsbereich des StGB liegen, sind alle Unternehmen erfasst, die an einem innerhalb des Gebietes der Bundesrepublik Deutschland liegenden Standort tatsächlich wirtschaftlich relevante Geschäftstätigkeiten entfalten. Ausgeschlossen sind demnach sog Briefkastenfirmen (MüKoUWG/*Brammsen* Rn. 173; Erbs/Kohlhaas/*Diemer* Rn. 4), die jedoch unter die nächstgenannte Alternative fallen können. Ferner erfasst sind Unternehmen, die ihren satzungsmäßigen formal-rechtlichen **Firmen- oder Geschäftssitz** in der Bundesrepublik Deutschland haben (vgl. § 106 HGB, § 5 AktG, § 4a GmbHG), ungeachtet ihrer in- oder ausländischen Anteilseignerschaft. Schließlich erstreckt sich der Schutz auf Unternehmen, die zwar ihren Geschäftssitz im Ausland haben, jedoch als ausländisches Tochterunternehmen mit einem inländischen Mutterunternehmen einen einheitlichen **Konzern** iSd §§ 18 Abs. 1, 291 Abs. 1 AktG bilden. Keinen Auslandtatenschutz erfahren dagegen rechtlich selbstständige Auslandsunternehmen, die mit (einem oder mehreren) anderen rechtlich selbstständigen Inlandsunternehmen unter einheitlicher Leitung zu einem sog Gleichordnungskonzern iSd §§ 18 Abs. 2, 291 Abs. 2 AktG zusammengefasst sind (MüKoUWG/*Brammsen* Rn. 176; Erbs/Kohlhaas/ *Diemer* Rn. 6). Dies ergibt sich aus dem im Gesetzeswortlaut verwendeten Begriff der Abhängigkeit. Gleiches gilt für Auslandsunternehmen, die sich ganz oder teilweise in den Händen deutscher Anteilseigner befinden, ohne mit diesen einen Konzern zu bilden (MüKoUWG/*Brammsen* Rn. 176).

§ 18 Verwertung von Vorlagen

    (1) Wer die ihm im geschäftlichen Verkehr anvertrauten Vorlagen oder Vorschriften technischer Art, insbes. Zeichnungen, Modelle, Schablonen, Schnitte, Rezepte, zu Zwecken des Wettbewerbs oder aus Eigennutz unbefugt verwertet oder jemandem mitteilt, wird mit Freiheitsstrafe bis zu zwei Jahren oder mit Geldstrafe bestraft.

    (2) Der Versuch ist strafbar.

    (3) Die Tat wird nur auf Antrag verfolgt, es sei denn, dass die Strafverfolgungsbehörde wegen des besonderen öffentlichen Interesses an der Strafverfolgung ein Einschreiten von Amts wegen für geboten hält.

    (4) § 5 Nummer 7 des Strafgesetzbuches gilt entsprechend.

A. Allgemeines

I. Entwicklung

1   § 18 wurde im Zuge der UWG-Reform 1909 in das Gesetz aufgenommen. Mit ihm wurde maßgeblich auf Einfluss der Stickerei- und Spitzenindustrie hin eine noch im UWG 1896 enthaltene Strafbarkeitslücke für „Lohnfabrikanten" geschlossen. Diese war von der Schutzlosigkeit ihrer Zwischenbetrieben zur Ausführung von Fertigungsaufträgen übergebenen Schablonen besonders betroffen (vgl. RGSt 44, 152 (156 f.); 45, 385 (386)). Seither blieb der Straftatbestand – abgesehen von der Einführung der Versuchsstrafbarkeit in Abs. 2 durch die UWG-Reform 2004 (BGBl. I 1419) – inhaltlich im Wesentlichen unverändert.

II. Schutzzweck

2   § 18 ergänzt den Geheimnisschutz des § 17 im Verhältnis zu Geschäftspartnern und dient gleichfalls (→ § 17 Rn. 2) sowohl dem Individualinteresse des einzelnen Wettbewerbers an einer ungestörten Nutzung seiner Entwicklungsergebnisse als auch dem Allgemeininteresse an der Bekämpfung eines Strebens nach Wettbewerbsvorsprung durch Vertrauensbruch (BGHZ 82, 369 (372) – Straßendecke II). Auch § 18 wird teils als reines Vermögensdelikt angesehen (MüKoUWG/*Brammsen* Rn. 6; *ders.* wistra 2006, 201 (202 f.)).

III. Praktische Bedeutung

3   Wenngleich der seiner Entstehungsgeschichte (→ Rn. 1) geschuldete Wortlaut des § 18 als umständlich und altmodisch empfunden werden mag, ist die Vorschrift für den Schutz betrieblichen Know-hows wichtig (vgl. *Lampe* BB 1977, 1477 ff.). Es wird nämlich aufgrund des noch darzulegenden weiten Verständnisses der Tatobjekte über rein technische Inhalte hinaus ein breites Spektrum an Informationen geschützt, das mit wachsendem wirtschaftlichen und technischen Fortschritt stets neue (mögliche)

Anwendungsbereiche eröffnet (Computerprogramme, Werbekonzepte). Die praktische Relevanz der Vorschrift ist daher nicht zu unterschätzen. Mehr noch als bei § 17 (→ § 17 Rn. 3) und liegt die Bedeutung des § 18 in der Praxis jedoch ganz überwiegend in seiner Funktion als Schutzgesetz iSd § 823 Abs. 2 BGB ggf. iVm § 1004 BGB zur Begründung zivilrechtlicher Schadensersatz- und Unterlassungsansprüche.

B. Der Straftatbestand der Vorlagenfreibeuterei (Abs. 1)

I. Täter

Täter einer Vorlagenfreibeuterei iSd § 18 kann dem Gesetzeswortlaut nach nur sein, wem der Tat- **4** gegenstand „im geschäftlichen Verkehr anvertraut" ist. Damit wird der mögliche Täterkreis faktisch auf Personen beschränkt, die in geschäftlichem Verkehr mit dem betroffenen Unternehmen stehen. An diesem Merkmal hat der Gesetzgeber in der Strafvorschrift des § 18 ebenso wie in § 16 Abs. 2 (→ § 16 Rn. 155) festgehalten, obwohl es iÜ iRd UWG-Reform 2008 durch den Begriff der „geschäftlichen Handlung" ersetzt worden ist (→ Vorb. Rn. 2). Vom **geschäftlichen Verkehr** erfasst ist dabei jede selbstständige und nach außen gerichtete Tätigkeit, die wirtschaftliche Zwecke verfolgt und in der eine Teilnahme am Erwerbsleben zum Ausdruck kommt (BGHSt 43, 270 (274)). Hauptsächlich trifft das zu auf gewerbliche Beziehungen der Inhaber verschiedener Geschäftsbetriebe untereinander – nicht nur als Wettbewerber, sondern etwa auch als Zulieferer, „Lohnfabrikanten" oder Lizenznehmer (BGHZ 17, 41 (51) – Kokillenguß; BGH GRUR 1960, 554 (556) – Handstrickverfahren). Ebenfalls erfasst sind Angehörige freier Berufe (zB Rechts- und Patentanwälte, Wirtschaftsprüfer, Steuerberater, Architekten, beratende Ingenieure, freie Programmierer) sowie Mitarbeiter von Einrichtungen der öffentlichen Hand, sofern sie nicht hoheitlich, sondern erwerbswirtschaftlich tätig sind (BGHZ 82, 369 (371 ff.) – Straßendecke II).

Nicht zum möglichen Täterkreis gehört dagegen mangels selbstständiger Geschäftsbeziehung zu dem **5** anvertrauenden Unternehmen dessen eigenes **innerbetrieblich beschäftigtes Personal.** Werden dem eigenen Unternehmensbeschäftigten iRd Dienstverhältnisses Informationen anvertraut, so besteht Geheimnisschutz **ausschließlich** nach § 17 Abs. 1 (RGSt 44, 152 (154 f.); 48, 12 (13)). Der spätere Abschluss eines Anstellungsvertrages mit dem anvertrauenden Unternehmen nach Tatvollendung schließt eine Anwendung des § 18 dagegen nicht aus. Auf Beschäftigte eines anderen Unternehmens ist § 18 anwendbar, wenn der Tatgegenstand diesem Unternehmen und innerhalb dessen dem Täter anvertraut ist.

Str. ist, ob **private Marktteilnehmer** mit dem anvertrauenden Unternehmen in geschäftlichem **6** Verkehr stehen und damit Täter sein können. Die frühere höchstrichterliche Rspr. (RGSt 48, 76 (78); sowie inzidenter bereits RGSt 44, 152 (157 f.)) hat dies verneint. Im Gesetzentwurf sei als Täter erfasst gewesen, wem Vorlagen „zwecks Ausführung gewerblicher Aufträge" anvertraut worden seien. Mit der letztlich in Kraft getretenen Ausweitung auf „im geschäftlichen Verkehr" anvertraute Informationen sollten Fälle erfasst werden, in denen die Überlassung unabhängig von der Ausführung eines gewerblichen Auftrags erfolgt (→ Rn. 12 aE); man habe dagegen nicht den Schutz auf Beziehungen zu Endabnehmern erstrecken wollen. Dem hat sich das OLG Karlsruhe (WRP 1986, 623 (625) – Architektenpläne) unter zusätzlicher Berufung auf das strafrechtliche Analogieverbot angeschlossen. In der Literatur (Erbs/Kohlhaas/*Diemer* Rn. 5a) wird darüber hinaus argumentiert, der Anwendbarkeit der Vorschrift auf private Marktteilnehmer stünde der Schutzzweck des UWG (§ 1) entgegen. Dieses diene dem Schutz des Verbrauchers vor unlauterem Wettbewerb und nicht dem Schutz des Wettbewerbs vor einem unlauteren Verbraucher. Die in der Literatur vertretene hM führt dagegen an, auch ein Privatmann könne zu Zwecken des Wettbewerbs, nämlich der Förderung fremden Wettbewerbs, oder aus Eigennutz, nämlich zur Einsparung von Kosten, handeln und daher in geschäftlichem Verkehr mit Unternehmen treten (Harte-Bavendamm/Henning-Bodewig/*Harte-Bavendamm* Rn. 8; Köhler/Bornkamm/*Köhler* Rn. 12; iE auch Wabnitz/Janovsky WirtschaftsStR-HdB/*Möhrenschlager* Kap. 15 Rn. 32). Dieser Auffassung hat sich das OLG Köln (GRUR 1958, 300 – Leuchtröhrenanlage) in einem *obiter dictum* angeschlossen.

II. Tatgegenstand

1. Vorlagen. Vorlagen sind Mittel, die als Grundlage oder Vorbild für die Herstellung von neuen **7** Sachen zu dienen bestimmt sind (RGSt 45, 385; KG GRUR 1988, 702 (703) – Corporate Identity; OLG Hamm NJW-RR 1990, 1380 (1381) – Modellkostüme; OLG Hamm NJW-RR 1992, 552 (553) – Computer-Arbeitsplatz). Der die Vorlage ausmachende **Herstellungsgedanke** muss in ihr **körperlich fixiert** sein. Unerheblich ist, ob das in konkreter (Muster, Modell) oder abstrakter (Abbildung, Beschreibung, Zeichnung) Form geschieht. Lediglich mündliche Beschreibungen können dagegen keine Vorlagen darstellen (hM; MüKoUWG/*Brammsen* Rn. 14; Köhler/Bornkamm/*Köhler* Rn. 9; *Zentek* WRP 2007, 507 (512)). Ein nennenswerter eigener wirtschaftlicher, technischer oder wissenschaftlicher Wert des verkörperten Herstellungsgedankens ist ebenso wenig erforderlich wie die Eignung zur

Erzielung eines Wettbewerbsvorsprungs (BGH GRUR 1960, 554 (556) – Handstrickverfahren). Mangels Vorbildfunktion für die Herstellung neuer Gegenstände nicht erfasst sind bloße Ausfallmuster, die lediglich Veranschaulichungszwecken dienen (RGSt 45, 385 ff.; aA MüKoUWG/*Brammsen* Rn. 15), wohl aber Fabrikationsmuster, die als Vorlage für die Fertigung herangezogen werden, wobei maßgeblich nicht die Bezeichnung, sondern der tatsächliche Verwendungszweck ist (Erbs/Kohlhaas/*Diemer* Rn. 7; Fezer/Büscher/Obergfell/*Rengier* Rn. 11). Ebenfalls nicht ausreichend sind schließlich vage Einfälle ohne konkrete Ausformulierungen (OLG München GRUR 1990, 674 (676) – Forsthaus Falkenau).

8　　Die vom Gesetz genannten **Beispiele** (Zeichnungen, Modelle, Schablonen und Schnitte) dienen lediglich der Erläuterung und sind nicht abschließend. Als Beispiele aus der Rspr. für die **konkrete** Verkörperung eines Herstellungsgedankens sind zu nennen: Probestücke für Gitterverzierungen (RGZ 83, 384 ff. – Metallgitterspitzen); Kostümmodelle eines Designers (OLG Hamm NJW-RR 1990, 1380 f. – Modellkostüme); für die **abstrakte** Verkörperung eines Herstellungsgedankens: Konstruktionszeichnungen, -unterlagen und -pläne für Werkzeuge, Maschinen oder Maschinenteile (BGH GRUR 1958, 297 ff. – Petromax; OLG Hamburg GRUR-RR 2001, 137 (140) – PM-Regler; OLG Hamm WRP 1993, 36 (38) – Tierohrmarken); Baupläne und -entwürfe (OLG Karlsruhe WRP 1986, 623 (625) – Architektenpläne; OLG Schleswig GRUR 1980, 1072 (1073) – Louisenlund); Pläne für einen Arbeitsplatz (OLG Hamm NJW-RR 1992, 552 (553) – Computer-Arbeitsplatz); Entwürfe für Möbel (RGSt 48, 76 f.) oder eine Leuchtreklame (OLG Köln GRUR 1958, 300 – Leuchtröhrenanlage); schriftliche Beschreibung eines Strickverfahrens mit Zeichnungen (BGH GRUR 1960, 554 (556) – Handstrickverfahren); Vorlage einer Werbeagentur für ein Firmen-Schlagwort (→ Rn. 11; KG GRUR 1988, 702 (703) – Corporate Identity, abl. MüKoUWG/*Brammsen* Rn. 15); Fernsehserien-Exposé, jedoch nur bei einem gewissen Grad an Ausarbeitung (→ Rn. 11; OLG München GRUR 1990, 674 (676) – Forsthaus Falkenau).

9　　**2. Vorschriften technischer Art.** Unter Vorschriften technischer Art fallen mündliche oder schriftliche auf technische Vorgänge, Arbeitsschritte oder Verfahrensabläufe bezogene Anweisungen oder Lehren (BGHZ 17, 41 (50 f.) – Kokillenguß; BGHZ 82, 369 (371) – Straßendecke II). Der Begriff ist – anders als im Patentrecht – weit auszulegen (*Rupp* WRP 1985, 676 (678)). Der technische Aspekt braucht nur einer von mehreren zu sein. Vorschriften technischer Art als Tatgegenstand des § 18 können daher auch wissenschaftliche oder künstlerische Arbeiten sein (*Zentek* WRP 2007, 507 (512)). Kaufmännische oder sonstige gewerbliche Vorschriften (zB zur Preis- oder Vertragsgestaltung) sind aber nicht erfasst. Ebenso wie bei den Vorlagen muss dem technischen Gedanken auch hier nicht zwingend ein eigener maßgeblicher Wert zukommen (→ Rn. 7). Als **Beispiele** kommen neben den in § 18 exemplarisch genannten Rezepten nicht offenkundige (→ § 17 Rn. 12) Patentverfahren (BGHZ 17, 41 (50) – Kokillenguß; BGHZ 82, 369 (372) – Straßendecke II) und Gebrauchsmuster (OLG Hamburg NJW-RR 2003, 857 f. – CA-Aggregate) sowie Computerprogramme (*Rupp* WRP 1985, 676 (678); → Rn. 10) in Betracht.

10　　**Überschneidungen** mit dem Begriff der Vorlagen sind möglich, da beide Tatgegenstände technische Vorgänge beschreiben können (nicht müssen, die Einschränkung im Gesetzeswortlaut „technischer Art" bezieht sich nicht auf die Vorlage). So sind **Computerprogramme** grds. als Vorschriften technischer Art anzusehen. Je nach Verwendungszweck können sie jedoch auch Vorlagen verkörpern, wenn sie zB bei der Anfertigung neuer Software als Vorbild dienen, auf ihrer Grundlage oder unter Berücksichtigung wesentlicher in ihnen enthaltener Problemlösungswege Erweiterungen und Ergänzungen vorgenommen oder ähnliche Programme entwickelt werden sollen (*Harte-Bavendamm* GRUR 1990, 657 (663); *Rupp* WRP 1985, 676 (678)).

11　　Eine strikte **Abgrenzung** zwischen Vorlage und Vorschrift technischer Art ist aber zumeist auch nicht erforderlich. Eine Ausnahme gilt lediglich für mündliche Vorschriften technischer Art, da diese vom Begriff der Vorlage mangels Verkörperung (→ Rn. 7) nicht erfasst werden, während eine Vorschrift technischer Art begrifflich keine Verkörperung voraussetzt (hM; MüKoUWG/*Brammsen* Rn. 16; Köhler/Bornkamm/*Köhler* Rn. 10; *Zentek* WRP 2007, 507 (512)). Differenzierte Erwägungen sind daher etwa bei künstlerischen (zB Drehbücher, Entwürfe für Bühnenbilder) und wissenschaftlichen (zB Lehrbücher) Arbeiten sowie **Werbe- und Kommunikationskonzepten** anzustellen. Dort ist eine Einordnung als Vorlage möglich, wenn Texte und Grafiken als Vorbild für die spätere Herstellung von Plakaten, Zeitungsanzeigen und Etiketten dienen und im Zuge eines unternehmerischen Kommunikationskonzepts verwendet werden sollen (KG GRUR 1988, 702 (703) – Corporate Identity; LG Mannheim GRUR-RR 2010, 462; *Wüterich/Breucker* GRUR 2004, 389 (390); abl. MüKoUWG/*Brammsen* Rn. 15). Ein Schutz darüber hinausgehender nicht verkörperter „Gesamtkonzeptionen" kommt dagegen nur als Vorschriften technischer Art in Betracht (aA *Wüterich/Breucker* GRUR 2004, 389 (390); *Zentek* WRP 2007, 507 (512), die für ein Abrücken vom Erfordernis der Verkörperung plädieren).

12　　**3. Anvertraut.** Anvertraut sind Vorlagen oder Vorschriften technischer Art, wenn sie vertraglich oder außervertraglich mit der ausdrücklich oder konkludent auferlegten Verpflichtung überlassen sind, sie nur im Interesse des Anvertrauenden zu verwenden (KG GRUR 1988, 702 (703) – Corporate Identity; OLG Hamm NJW-RR 1990, 1380 (1381) – Modellkostüme; OLG Hamm NJW-RR 1992, 552 (553) – Computer-Arbeitsplatz; OLG Hamm WRP 1993, 36 (38) – Tierohrmarken; OLG Karlsruhe WRP

1986, 623 (624) – Architektenpläne). Ausdrücklich kann das etwa durch einen auf Plänen oder Entwürfen aufgedruckten Vertraulichkeitshinweis geschehen (vgl. OLG Karlsruhe WRP 1986, 623 ff. – Architektenpläne; OLG Köln GRUR 1958, 300 – Leuchtröhrenanlage). Ausreichend ist jedoch, wenn sich die Verpflichtung, die Vorlage oder Vorschrift nur im Interesse des Anvertrauenden zu verwenden, aus den Umständen ergibt (BGH GRUR 1958, 297 (299) – Petromax; OLG Hamm NJW-RR 1992, 552 (553) – Computer-Arbeitsplatz). Das Tatobjekt muss nicht zur gewerblichen Nutzung überlassen werden. Aufbewahrungs-, Vorbereitungs-, Beratungs- oder Prüfungszwecke reichen aus (RGSt 48, 76 (78)).

Auch wenn das Tatobjekt regelmäßig im Rahmen eines **Vertragsverhältnisses** oder zumindest von **13** Vertragsverhandlungen anvertraut werden wird, ist das **nicht zwingend erforderlich.** Häufig werden Vorlagen oder Vorschriften technischer Art während Vertragsverhandlungen im Vorfeld eines beabsichtigten Vertragsschlusses überlassen. Scheitern die Verhandlungen und kommt es nicht zum Vertragsschluss, ist das Tatobjekt gleichwohl anvertraut (BGH GRUR 1964, 31 (32) – Petromax II; KG GRUR 1988, 702 (703) – Corporate Identity). Gleiches gilt für das Ende eines zivilrechtlichen Vertragsverhältnisses, in dessen Rahmen etwas anvertraut worden ist, sodass tatbestandlich auch handelt, wer das Tatobjekt nach Vertragsende verwertet (BGH GRUR 1964, 31 (32) – Petromax II; RGZ 83, 384 (385 f.) – Metallgitterspritzen). Selbst wenn nie ein Vertragsverhältnis angestrebt wurde, kann die Vorlage oder Vorschrift anvertraut sein, sofern für den Vertrauensempfänger erkennbar war, dass der anvertrauende Dritte (→ Rn. 14) die Pläne nur zu treuen Händen überlassen wollte und diese nur iRd Überlassungszwecks benutzt werden dürfen (OLG Hamm NJW-RR 1992, 552 (553) – Computer-Arbeitsplatz).

Der **Anvertrauende** muss nicht zwingend der Betriebsinhaber sein, dem die Vorlage oder technische **14** Vorschrift rechtmäßig zusteht und der daher durch die Tat in seinen Rechten verletzt wird. Anvertrauen kann ebenso ein Beschäftigter des Betriebes, der berechtigt ist, für den Betriebsinhaber über sie zu verfügen, aber auch ein sonstiger Dritter, dem das Tatobjekt seinerseits anvertraut ist (OLG Hamm NJW-RR 1992, 552 (553) – Computer-Arbeitsplatz). Unerheblich ist nach hM schließlich, ob die Vorlagen oder Vorschriften technischer Art dem Anvertrauenden überhaupt rechtmäßig zustehen oder sich dieser der Verletzung eines fremden Urheberrechts schuldig macht oder aber diese selbst gutgläubig erlangt hat (MüKoUWG/*Brammsen* Rn. 17; Erbs/Kohlhaas/*Diemer* Rn. 9; Köhler/Bornkamm/*Köhler* Rn. 11; aA Fezer/Büscher/Obergfell/*Rengier* Rn. 18: § 17 vorrangig).

4. Nichtoffenkundigkeit. Die anvertraute Vorlage oder Vorschrift muss nicht notwendig ein Ge- **15** schäfts- oder Betriebsgeheimnis iSd § 17 (→ § 17 Rn. 4 ff.) sein, auch wenn dies in der Praxis regelmäßig der Fall sein wird. Dem Empfänger darf sie jedoch nicht bekannt sein; kennt er sie bereits, so kann sie ihm nicht mehr anvertraut werden. Insbes. aber **kann nicht anvertraut werden, was offenkundig** (→ § 17 Rn. 9 ff.) ist (BGHZ 17, 41 (52) – Kokillenguß; BGHZ 82, 369 (372) – Straßendecke II; BGH GRUR 1958, 297 (298) – Petromax; BGH GRUR 1958 346 (349) – Spitzenmuster; BGH GRUR 1960, 554 (555) – Handstrickverfahren; OLG Karlsruhe WRP 1986, 623 (625) – Architektenpläne; RGZ 83, 384 (386 f.) – Metallgitterspritzen). Die wettbewerbliche Ausgangslage des Informationsempfängers unterscheidet sich dann nämlich nicht von der seiner Mitbewerber; ein Wettbewerbsvorsprung durch Vertrauensbruch kann also nicht mehr erzielt werden (BGHZ 82, 369 (372) – Straßendecke II).

Technische Neuheit oder gar Patentfähigkeit sind jedoch **nicht** Voraussetzung der Nichtoffen- **16** kundigkeit (→ § 17 Rn. 11). Vielmehr ist ausreichend, dass der dem Tatobjekt entnommene (technische) Gedanke bis dahin weder dem Vertrauensempfänger noch der Allgemeinheit ohne größere Schwierigkeiten und Opfer zugänglich war (BGH GRUR 1958, 297 (299) – Petromax; BGH GRUR 1960, 554 (556) – Handstrickverfahren; OLG München NJWE-WettbR 1997, 38 (39) – Parachute-Ventil). Dass der Täter durch eigene Arbeit ähnliche Ergebnisse hätte erzielen und damit ohne die fremde Vorlage hätte auskommen können, rechtfertigt ihre Benutzung nicht (BGH GRUR 1960, 554 (556) – Handstrickverfahren).

Abzustellen ist dabei auf den **Zeitpunkt der Tathandlung.** Das Tatobjekt muss hier noch anvertraut **17** sein. Daran fehlt es nicht nur, wenn es von Beginn an offenkundig war, sondern auch in dem Fall, dass es zwischenzeitlich offenkundig wird. Es entfällt dann die Verpflichtung, die anvertrauten Vorlagen oder Vorschriften nur im Interesse des Anvertrauenden zu verwenden (BGHZ 17, 41 (52) – Kokillenguß; BGH GRUR 1960, 554 (555) – Handstrickverfahren; OLG München NJWE-WettbR 1997, 38 (39) – Parachute-Ventil). Ohne Bedeutung ist dabei, wie das Tatobjekt offenkundig wird (RGZ 83, 384 (387) – Metallgitterspritzen). Auch der Anvertrauende selbst kann das Tatobjekt offenkundig machen (BGH GRUR 1960, 554 (555) – Handstrickverfahren; OLG München NJWE-WettbR 1997, 38 (39) – Parachute-Ventil).

Es ist zu unterscheiden, ob die Vorlage oder der darin verkörperte Herstellungsgedanke offenkundig **18** ist. Letzterer kann etwa offenkundig sein, wenn Produkte einfacher Bauart in den Verkehr gebracht werden (→ § 17 Rn. 14). Auch wenn die Bauweise einer Sache leicht nachgeahmt werden kann, bleiben Konstruktionszeichnung Vorlagen, wenn auf ihrer Basis der Bau sicherer gelingt. Verwendet der Vertrauensempfänger in einem solchen Fall anvertraute Konstruktionsunterlagen zum Nachbau des Produktes, so liegt darin eine strafbare Handlung iSd § 18, obgleich er sich derartige Kenntnisse auch anderweitig, etwa durch Vermessung und Analyse des zerlegten Produktes straffrei hätten verschaffen können (BGH GRUR 1958, 346 (349) – Spitzenmuster; OLG Hamburg GRUR-RR 2001, 137 (140) – PM-Regler).

19   **5. Geheimhaltungswille.** Von der Frage der äußeren, rein tatsächlichen Nichtoffenkundigkeit zu unterscheiden ist schließlich die Frage nach dem Erfordernis eines Geheimhaltungswillens und Geheimhaltungsinteresses (→ § 17 Rn. 15 ff.). Beides als zwingende Voraussetzung für ein Anvertrauen fordert etwa MüKoUWG/*Brammsen* Rn. 19 mit dem Argument, objektiv geheimes Wissen lasse sich nicht ohne einen auf Wahrung gegebener begrenzter Mitwisserschaft gerichteten Erhaltungswillen übertragen. Der BGH hat, ohne sich endgültig festzulegen, in einem obiter dictum vertreten, für die Anwendung von § 18 sei der erkennbare Wille des Überlassenden erforderlich und ausreichend, dass der Empfänger von den Vorlagen nicht völlig freien Gebrauch machen, sondern sie nur im Interesse oder nach den Weisungen des Überlassenden verwenden dürfte (BGH GRUR 1964, 31 (32) – Petromax II; so wohl auch BGHZ 82, 369 (373) – Straßendecke II). Wer im Rahmen von Vertragsverhandlungen genötigt sei, den jeweiligen Verhandlungsgegnern technische Unterlagen zu überlassen, sei sich oftmals darüber im Klaren, dass die Unterlagen einer nicht unbeträchtlichen Zahl von Personen zur Kenntnis gelangen, und es deshalb vielfach kaum möglich sein werde, die Tatsache als ein Geheimnis zu hüten. Gleiches gelte für den Fall, dass die zur Ausführung von Werkverträgen überlassenen Zeichnungen des Bestellers dem Werkunternehmer belassen werden, um diesem bei Beanstandungen oder aus sonstigen Anlässen eine Unterlage zu Beweiszwecken zu bieten. Trotzdem könne (und wird) in solchen Fällen der (schutzwürdige) Wille des Überlassenden in der Regel erkennbar dahin gehen, den Empfänger der Vorlagen wenigstens bei deren unmittelbarer Verwendung wie oben ausgeführt zu binden.

III. Tathandlung

20   Zu den Tathandlungen des **Mitteilens** und **Verwertens** → § 17 Rn. 29 ff., 53 ff. Ergänzend kommt es auch hier nicht darauf an, dass der Täter den in der anvertrauten Vorlage niedergelegten Gedanken identisch oder wesensgleich verwertet oder mitteilt. Es reicht aus, wenn der vom Vertrauensempfänger tatsächlich benutzte Gedanke von dem in der anvertrauten Vorlage oder Vorschrift enthaltenen Gedanken – auch mit Abweichungen (iE → § 17 Rn. 54) – Gebrauch macht (BGH GRUR 1960, 554 (556) – Handstrickverfahren).

IV. Subjektiver Tatbestand

21   **1. Vorsatz.** Erforderlich ist vorsätzliches Handeln iSv § 15 StGB. Einer bestimmten Vorsatzform bedarf es nicht. Ein sich auf alle Merkmale des objektiven Tatbestandes erstreckender Eventualvorsatz reicht aus.

22   **2. Zusätzliche Absichtserfordernisse.** Die Tatbegehung muss zusätzlich von bestimmten subjektiven Beweggründen getragen sein. Erforderlich ist ein Handeln – alternativ – **zu Zwecken des Wettbewerbs** (→ § 17 Rn. 5 f.) oder **aus Eigennutz** (→ § 17 Rn. 61). Ein Handeln zugunsten eines Dritten oder in der Absicht, dem Inhaber des Geschäftsbetriebs Schaden zuzufügen, genügt im Gegensatz zu § 17 nicht.

C. Rechtswidrigkeit (unbefugt)

23   Die Unbefugtheit der Tathandlung ist allgemeines Verbrechens- und damit Rechtswidrigkeitsmerkmal (→ § 17 Rn. 64).

I. Allgemeine Rechtfertigungsgründe

24   Die Erläuterungen zu § 17 (→ § 17 Rn. 65 ff.) gelten entsprechend, mit dem Unterschied jedoch, dass die Schwelle zu einer Rechtfertigung der Mitteilungshandlung mangels Geheimnischarakters des Tatgegenstandes (→ Rn. 15, 19) im Einzelfall niedriger anzusetzen sein kann.

II. Einverständnis und Einwilligung

25   Ebenso wie iRd Tatbestände des § 17 (→ § 17 Rn. 69) ist zu unterscheiden zwischen tatbestandsausschließendem Einverständnis und rechtfertigender Einwilligung. Da der Tatbestand der Vorlagenfreibeuterei nicht zwingend einen Geheimhaltungswillen, sondern lediglich den Willen des Anvertrauenden voraussetzt, den Vertrauensempfänger in der Verwendung des Tatgegenstandes in seinem Interesse zu binden (→ Rn. 19), können sich jedoch die vorgenannten freigebenden Willensäußerungen auch nur auf diesen beziehen.

D. Versuchsstrafbarkeit (Abs. 2)

Die Versuchsstrafbarkeit wurde eingeführt, um Wertungswidersprüche zu der Regelung in § 19 zu **26** beseitigen, die bereits Handlungen im Vorfeld des Versuchsstadiums unter Strafe stellt (BT-Drs. 15/ 1487, 26). Vgl. zum unmittelbaren Ansetzen → § 17 Rn. 72, zur Vollendung → § 17 Rn. 70 und zur Beendigung → § 17 Rn. 71.

E. Irrtum

Die Ausführungen zu § 17 gelten auch hier entsprechend (→ § 17 Rn. 74). **27**

F. Täterschaft und Teilnahme

Unternehmensbeschäftigte des Anvertrauenden, die ihrerseits als Täter ausscheiden (→ Rn. 5), kön- **28** nen nur als Teilnehmer iSd §§ 26, 27 StGB strafbar sein. IÜ gelten die allgemeinen Grundsätze.

G. Konkurrenzen

I. Zusammentreffen mit den Straftatbeständen des § 17

Wenngleich auch die Tatobjekte des § 18 meist Geheimnischarakter besitzen, ist Tateinheit mit den **29** Tatbeständen des § 17 in aller Regel ausgeschlossen. Das folgt mittelbar bereits aus dem Umstand, dass § 18 eingeführt wurde, um Strafbarkeitslücken bei § 17 zu schließen (→ Rn. 1). IE ist Tateinheit mit Geheimnisverrat iSd § 17 Abs. 1 hinsichtlich ein- und desselben Tatobjekts nicht möglich, weil sich die Täterbeschreibungen als Unternehmensbeschäftigter (→ § 17 Rn. 2 f.) einerseits und unternehmens- externer Vertrauensempfänger andererseits ebenso gegenseitig ausschließen, wie die Anforderung, dass das Tatobjekt in einem solchen Verhältnis anvertraut ist. Auch mit Betriebsspionage iSd § 17 Abs. 2 Nr. 1 kann die Vorlagenfreibeuterei nicht tateinheitlich zusammentreffen, weil das Tatobjekt nicht zugleich unbefugt erlangt (→ § 17 Rn. 38 ff.) und anvertraut sein kann. Entsprechendes gilt für den Tatbestand der Geheimnishehlerei § 17 Abs. 2 Nr. 2. Im geschäftlichen Verkehr anvertraute Tatgegen- stände sind nicht durch eine dort tatbestandlich vorausgesetzte Vortat (→ § 17 Rn. 46 ff.) erlangt. Möglich bleibt jeweils idR nur tatmehrheitliches Zusammentreffen. Dies gilt auch für Anstiftung und Beihilfe zu § 17 Abs. 1.

II. Zusammentreffen mit anderen Straftatbeständen

Tateinheit ist möglich mit Unterschlagung (§ 246 StGB), wenn in der Verwertungs- eine Zueig- **30** nungshandlung liegt, oder mit Untreue (§ 266 StGB), wenn zwischen dem Anvertrauenden und dem Vertrauensempfänger zugleich ein Treueverhältnis besteht. Des Weiteren kommt Tateinheit in Betracht mit den Straftatbeständen der Verletzung gewerblicher oder geistiger Schutzrechte, so mit den Straftat- beständen des PatG, wenn die anvertraute Vorlage gleichzeitig eine Erfindung ist. Gleiches kann gelten bei Straftaten nach dem GebrMG, dem GeschmMG und dem UrhG (vgl. *Lampe* BB 1977, 1477 (1478 f.)). Besticht der Täter den verfügungsberechtigten Beschäftigten eines Betriebes, ihm die Vorlage oder Vorschrift anzuvertrauen, die er später verwertet oder jemandem mitteilt, kommt Tatmehrheit mit § 299 StGB in Betracht.

H. Strafverfolgung

I. Mögliche Rechtsfolgen

Der Strafrahmen des Abs. 1 sieht Geldstrafe oder Freiheitsstrafe von bis zu zwei Jahren vor. Eine **31** Strafschärfung für besonders schwere Fälle wie § 17 Abs. 4 sieht § 18 nicht vor. Eine Tatbegehung unter den dort genannten tatsächlichen Voraussetzungen (→ § 17 Rn. 80 ff.) kann jedoch nach allgemeinen Grundsätzen strafschärfend berücksichtigt werden. Hinsichtlich weiterer Rechtsfolgen → § 17 Rn. 79.

II. Strafantrag und Strafverfolgung von Amts wegen (Abs. 3)

Die Strafverfolgung setzt einen Strafantrag voraus, es sei denn, dass die Staatsanwaltschaft wegen des **32** besonderen öffentlichen Interesses an der Strafverfolgung ein Einschreiten von Amts wegen als geboten erachtet. Antragsberechtigt ist nach allgemeinen Grundsätzen der durch die Tat unmittelbar in seinen Rechten am Tatobjekt beeinträchtigte Rechtsträger (§ 77 Abs. 1 StGB), der zwar regelmäßig, nicht aber zwingend mit dem Anvertrauenden identisch ist (→ Rn. 14). Ein besonderes öffentliches Interesse an der Strafverfolgung kann nach **Nr. 260a Abs. 2 S. 2 RiStBV** nur ausnahmsweise verneint werden, wenn der Täter davon ausgeht, dass das Geheimnis im Ausland verwertet werden solle, oder er es selbst im Ausland verwertet. IÜ → § 17 Rn. 83 ff.

III. Sonstiges

33   Zur Frage der Strafverfolgungsverjährung, der aktenmäßigen Behandlung und der Zuständigkeit der Wirtschaftsstrafkammern → § 17 Rn. 87.

I. Auslandstaten (Abs. 4)

34   Auslandstaten sind nach Maßgabe des § 5 Nr. 7 StGB strafbar (iE → § 17 Rn. 8 f.).

§ 19 Verleiten und Erbieten zum Verrat

(1) Wer zu Zwecken des Wettbewerbs oder aus Eigennutz jemanden zu bestimmen versucht, eine Straftat nach § 17 oder § 18 zu begehen oder zu einer solchen Straftat anzustiften, wird mit Freiheitsstrafe bis zu zwei Jahren oder mit Geldstrafe bestraft.

(2) Ebenso wird bestraft, wer zu Zwecken des Wettbewerbs oder aus Eigennutz sich bereit erklärt oder das Erbieten eines anderen annimmt oder mit einem anderen verabredet, eine Straftat nach § 17 oder § 18 zu begehen oder zu ihr anzustiften.

(3) § 31 des Strafgesetzbuches gilt entsprechend.

(4) Die Tat wird nur auf Antrag verfolgt, es sei denn, dass die Strafverfolgungsbehörde wegen des besonderen öffentlichen Interesses an der Strafverfolgung ein Einschreiten von Amts wegen für geboten hält.

(5) § 5 Nummer 7 des Strafgesetzbuches gilt entsprechend.

A. Allgemeines

I. Entwicklung

1   § 19 geht zurück auf die erstmals in § 10 UWG 1896 aufgenommene und später in § 20 UWG 1909 geregelte Vorversuchsstrafbarkeit. Diese erfasste zunächst ausschließlich die versuchte Anstiftung zum Geheimnisverrat, wurde jedoch im Laufe der Zeit stetig erweitert. Durch den in seiner heutigen Form im Zuge der UWG-Reform 2004 geschaffenen § 19 (BGBl. 2004 I 1419) fand diese Entwicklung ihren Abschluss, indem die Regelung der Vorversuchsstrafbarkeit ihrer Struktur nach der kernstrafrechtlichen **Grundnorm des § 30 StGB** angepasst wurde. Eine inhaltliche Änderung war damit iÜ nicht beabsichtigt (BT-Drs. 15/1487, 26).

II. Schutzzweck

2   § 19 bezweckt eine Ausdehnung des Schutzes der §§ 17, 18 in das Vorversuchsstadium und stimmt daher seinem Schutzzweck nach mit diesen überein (→ § 17 Rn. 2, → § 18 Rn. 2).

III. Praktische Bedeutung

3   Praktisch spielt § 19 kaum eine Rolle. Es fehlt beinahe ausnahmslos an einschlägiger höchstrichterlicher Rspr. aus jüngerer Zeit. In der Literatur erfährt die Regelung des § 19 heftigste Kritik. Unter Berufung auf Wertungswidersprüche und Strafwürdigkeitsbedenken wird zT ihre Abschaffung gefordert (MüKoUWG/*Brammsen* Rn. 1 f.; *Mitsch* wistra 2004, 161 ff.; *ders.* GRUR 2004, 824 ff.).

B. Die Straftatbestände

I. Verleiten zum Verrat (Abs. 1)

4   Tathandlung des Abs. 1 ist das **versuchte Bestimmen.** Der Begriff ist wortgleich dem von der Gesetzesbegründung als Grundnorm der Neufassung des § 19 bezeichneten (→ Rn. 1) **§ 30 Abs. 1 StGB** entnommen und daher auch inhaltlich mit diesem gleichzusetzen (→ StGB § 30 Rn. 15 ff.).

5   Der Täter des § 19 muss also iSd § 22 StGB unmittelbar ansetzen (→ StGB § 22 Rn. 35 ff.), einen Dritten dazu zu bestimmen, eine Straftat nach §§ 17, 18 zu begehen oder seinerseits zu einer solchen anzustiften. Ausreichend ist **jede kommunikative Willensbeeinflussung** (MüKoUWG/*Brammsen* Rn. 18). Dabei muss die Handlung nicht geeignet sein, den Adressat zu bestimmen, solange der Anstifter sie nur für geeignet hält. Erfasst ist neben Fällen, in denen der Adressat das Ansinnen zurückweist oder der anfänglich zur Tat entschlossene Anzustiftende den Plan wieder aufgibt, auch der untaugliche Versuch, wenn beispielsweise das zu verratende Geheimnis dem Anzustiftenden nicht bekannt oder tatsächlich überhaupt nicht existent ist (RGSt 39, 321 (324); 48, 12 (16); OLG Celle GRUR 1969, 548 (549) – Abschaltplatte). Ist die Anstiftung erfolgreich, haben §§ 17, 18 UWG iVm § 26 StGB Vorrang. Der Zugang der Bestimmungshandlung beim Anzustiftenden ist nicht erforderlich; ausreichend ist

vielmehr die bloße Entäußerung derselben (str., wie hier *Többens* WRP 2005, 552 (560); aA Mü-KoUWG/*Brammsen* Rn. 25).

Eine Ausführungshandlung kann etwa darin liegen, dass der Täter des § 19 den Geheimnisträger **6** explizit zum Verrat auffordert, ihn besticht oder ihm droht (sofern die Drohung nicht die §§ 34, 35 StGB erfüllt, → Rn. 14). Ein versuchtes Bestimmen kann auch schon in einer Frage an einen Geheimnisträger liegen, wenn die Antwort einen Geheimnisverrat darstellen würde (RGSt 32, 308 (309 f.)). Dagegen reicht es nicht aus, wenn erst noch abgeklärt wird, ob der Befragte überhaupt ein Wirtschaftsgeheimnis kennt oder unter welchen Bedingungen er zu dessen Preisgabe oder Verschaffung bereit ist.

Als **Adressat** kommt jeder in Betracht, der nach der Vorstellung des Anstiftenden Täter einer Tat nach **7** §§ 17, 18 sein kann. Unerheblich ist, ob er tatsächlich in der Lage ist, die Zieltat auszuführen, insbes. etwa tatsächlich eine Beschäftigtenposition iSd § 17 Abs. 1 innehat (RGSt 35, 136 (137); 50, 130 (131)).

II. Erbieten zum Verrat (Abs. 2)

Mögliche Tathandlungen iSd Abs. 2 sind iE das Sichbereiterklären, die Erbietensannahme sowie die **8** Verabredung zu einer Straftat nach §§ 17, 18 oder zu einer Anstiftung zu einer solchen. Die drei Tatbestände sind dem **§ 30 Abs. 2 StGB** nachgebildet (→ StGB § 30 Rn. 26 ff.). Auch hier darf es jeweils nicht zur Begehung des Zieldelikts gekommen sein, wobei die Gründe des Scheiterns unerheblich sind.

Zum Verrat **erklärt sich bereit,** wer ausdrücklich oder konkludent erklärt, die zumindest in ihren **9** wesentlichen Zügen geplante (→ Rn. 12) Tat zu begehen. Eine nicht ernst gemeinte Erklärung reicht dagegen selbst dann nicht, wenn der Empfänger die mangelnde Ernsthaftigkeit verkennt und von dem Vorliegen einer ernst gemeinten Zusage ausgeht. Abs. 2 kann sowohl erfüllen, wer sich auf eigene Initiative des Täters bereit erklärt, als auch, wer von einem anderen aufgefordert oder angestiftet wird.

Das **Erbieten** eines anderen **nimmt an,** wer sich damit einverstanden erklärt, dass dieser die Tat **10** begehe, indem er beispielsweise dessen Bedingungen – zB Zahlung einer geforderten Geldsumme – annimmt oder erfüllt. Unerheblich ist, ob das Anerbieten ernst gemeint ist und der Anerbietende objektiv zur Zieltat in der Lage ist. Entscheidend ist, ob der Annehmende damit rechnet, dass der Anerbietende die Tat begehen kann und auch will.

Mit einem anderen **verabredet** sich, wer sich mit diesem einigt, die Tat mittäterschaftlich aus- **11** zuführen. Die Einigung muss von einem ernsthaften Willen getragen sein und die geplante Tat in wesentlichen Grundzügen, nicht aber in allen Einzelheiten konkretisieren. Will von den Beteiligten nur einer die Tat ernstlich, so kommen Sichbereiterklären oder Erbietensannahme in Betracht. Umgekehrt können diese Begehungsformen in einer Verabredung aufgehen.

III. Zieltat nach §§ 17, 18

Tatsächlich darf die Zieltat, wie gezeigt, noch nicht einmal ins Versuchsstadium vorgerückt sein **12** (→ Rn. 5, 8). In der Vorstellung des Täters des § 19 muss sie dagegen zwar nicht in allen Einzelheiten, zumindest aber in ihren groben Umrissen soweit **konkretisiert** sein, dass der andere Teil seinen Willen entsprechend bilden kann. Die Person, die zur unbefugten Mitteilung eines Wirtschaftsgeheimnisses bewegt werden soll, muss etwa nicht zwingend bereits individuell bestimmt sein. Ausreichend ist, dass der Kreis der im Besitz des Geheimnisses befindlichen Angestellten eng begrenzt ist, und sich der Vorsatz des Kettenanstifters darauf bezieht, einen von ihnen nach Auswahl des Mittelmannes zum Verrat zu verleiten (RGSt 33, 354 (355)).

Für die Beurteilung der Zieltat ist **allein die Vorstellung** des Täters iSd § 19 ausschlaggebend. **13** Gleichgültig ist, ob die Tatbestandsmerkmale, die er sich vorstellt, in Wirklichkeit gegeben sind oder eintreten können, und ob die Tat rechtlich richtig einordnet (RGSt 35, 136 (137); 39, 321 (322 f.); 45, 254 (259); 48, 12 (16); OLG Celle GRUR 1969, 548 (549) – Abschaltplatte). Wer einen fremden Beschäftigten mit dem Ziel abwirbt, fremde Betriebsgeheimnisse zu erfahren, erfüllt daher nur dann § 19, wenn der Geheimnisverrat noch während der Geltungsdauer des alten Dienstverhältnisse erfolgen soll (RGSt 48, 12 (16); 50, 130 (131)). Objektiv kann die Tathandlung zu diesem Zeitpunkt, aber auch früher oder später erfolgen. Gleiches gilt für ein Anvertrauensverhältnis iSd § 18. Beauftragt der Täter iSd § 19 einen fremden Beschäftigten, ein bestimmtes, bereits in Verkehr gebrachtes Produkt zu beschaffen (dessen Nachbau nicht ohne weiteres möglich und dessen Bauweise mithin nicht bereits offenkundig ist), so ist der Nachweis erforderlich, dass von seiner Vorstellung auch die Zerlegung und Untersuchung der Konstruktion desselben mit einigem Aufwand zum Zwecke des Nachbaus umfasst war (OLG Celle GRUR 1969, 548 (549) – Abschaltplatte). Andernfalls wird weder die Herrschaft über das Geheimnis beeinträchtigt noch die Bauweise offenkundig (→ § 17 Rn. 8, 14).

Der Täter iSd § 19 muss sich die Zieltat schließlich als tatbestandsmäßige, rechtswidrige und schuld- **14** hafte (vgl. *Többens* WRP 2005, 552 (560)) Tat vorstellen (kritisch zur Regelung des § 19 auch insoweit MüKoUWG/*Brammsen* Rn. 19; *Mitsch* wistra 2004, 161 (16 f.)). Weiß er, dass der erfolglos Angestiftete schuldunfähig ist, so kommt dagegen der Versuch der geplanten Tat in mittelbarer Täterschaft in Betracht, im Falle des § 17 Abs. 1 freilich nur bei Erfüllung der geforderten Tätereigenschaft.

IV. Subjektiver Tatbestand

15 **1. Vorsatz.** Der Täter muss vorsätzlich iSd § 15 StGB handeln. Eine bestimmte Vorsatzform ist nicht vorgeschrieben, Eventualvorsatz daher ausreichend. Der Vorsatz muss sich allerdings – nach allgemeinen Grundsätzen – sowohl auf die eigene Tathandlung als auch auf die Zieltat erstrecken (→ Rn. 12 ff.). Auch insoweit kann iÜ auf die allgemeine Kommentarliteratur zu § 30 StGB verwiesen werden.

16 **2. Zusätzliche Absichtserfordernisse.** Die Tatbegehung muss zusätzlich von bestimmten subjektiven Beweggründen getragen sein. Erforderlich ist ein Handeln – alternativ – **zu Zwecken des Wettbewerbs** (→ § 17 Rn. 5 f.) oder **aus Eigennutz** (→ § 17 Rn. 61) und zwar in der Person des erfolglos anstiftenden Täters selbst. Während also im Fall der erfolgreichen Anstiftung zu §§ 17, 18, der Anstifter nur wissen muss, dass der Haupttäter die subjektiven Absichtserfordernisse der Haupttat erfüllt, muss der Täter des § 19 *zusätzlich* selbst zu Zwecken des Wettbewerbs oder aus Eigennutz handeln. Ein Handeln zugunsten eines Dritten oder in der Absicht, dem Inhaber des Geschäftsbetriebes Schaden zuzufügen, genügt dabei zwar beim Zieltäter des § 17, nicht aber bei dem des § 18 (→ § 18 Rn. 22) und auch nicht bei § 19 selbst (krit. *Mitsch* wistra 2004, 161 (165); Fezer/Büscher/Obergfell/*Rengier* § 19 Rn. 8).

C. Rechtswidrigkeit

17 → § 17 Rn. 64 ff. Nicht unbefugt handelt insbes. der **Lockspitzel,** der im Einvernehmen mit dem Betriebsinhaber tätig wird (MüKoUWG/*Brammsen* Rn. 32).

D. Rücktritt (Abs. 3)

18 Die Möglichkeit eines strafbefreienden Rücktritts von einer Straftat nach § 19 ist durch das 2. WiKG 1986 (BGBl. I 726) eingeführt worden. Die Voraussetzungen entsprechen denjenigen des **§ 31 StGB** (→ StGB § 31 Rn. 3 ff.).

E. Täterschaft und Teilnahme

19 § 19 ist aufgrund seiner Deliktsnatur als beschränkte Strafausdehnung auf Vorbereitungshandlungen nicht ohne weiteres teilnahmefähig (vgl. MüKoStGB/*Joecks* StGB § 30 Rn. 67 ff.; NK-StGB/*Zaczyk* StGB § 30 Rn. 6 ff.). IÜ kann Abs. 1 sowohl allein-, als auch mittäterschaftlich, Abs. 2 in den Tatvarianten des Sichbereiterklärens und der Erbietensannahme nur alleintäterschaftlich, in der Tatvariante des Verabredens nur mittäterschaftlich begangen werden.

F. Konkurrenzen

I. Zusammentreffen der Straftatbestände des § 19

20 Die einzelnen Begehungsformen des § 19 können zueinander je nach Fallgestaltung in Tateinheit oder Tatmehrheit stehen oder aber ineinander aufgehen (→ Rn. 12). Auch insoweit sei auf die allgemeine Kommentarliteratur zu § 30 StGB verwiesen.

II. Zusammentreffen mit den Straftatbeständen der §§ 17, 18

21 Zur Zieltat besteht Gesetzeskonkurrenz, sodass § 19 zurücktritt, sobald diese das Versuchsstadium erreicht. Dasselbe gilt für die vollendete Anstiftung zu der Zieltat.

III. Zusammentreffen mit anderen Straftatbeständen

22 In Betracht kommt insbes. Tateinheit mit den Bestechungsdelikten des § 299 StGB, bei Amtsträgern der §§ 331–334 StGB, wenn das Verleiten iSd Abs. 1 durch Anbieten, Versprechen oder Gewähren eines Vorteils verwirklicht oder das Sichbereiterklären iSd Abs. 2 mit der Forderung, dem Sichversprechenlassen oder der Annahme eines solchen verbunden wird.

G. Strafverfolgung

I. Mögliche Rechtsfolgen

23 Vorgesehen ist in allen Varianten ein Strafrahmen von bis zu zwei Jahren. Es gelten somit dem Grundsatz nach die zu § 18 gemachten Ausführungen (→ § 18 Rn. 31). Wenngleich § 19 weder eine § 30 Abs. 1 S. 2 iVm § 49 Abs. 1 StGB vergleichbare Strafmilderungsklausel, noch eine § 30 Abs. 1 S. 3 StGB iVm § 23 Abs. 3 StGB entsprechende Regelung enthält (krit. *Mitsch* wistra 2004, 161 (164); *ders.* GRUR 2004, 824 (826)), gilt es diese iRd allgemeinen Strafzumessung im konkreten Einzelfall zu berücksichtigen.

II. Strafantrag und Strafverfolgung von Amts wegen (Abs. 4)

Vgl. dazu die Ausführungen in → §17 Rn. 83 ff. 24

H. Auslandstaten (Abs. 5)

Auslandstaten sind nach Maßgabe des §5 Nr. 7 StGB strafbar (→ §17 Rn. 8 f.). 25

§20 Bußgeldvorschriften

(1) Ordnungswidrig handelt, wer vorsätzlich oder fahrlässig entgegen §7 Absatz 1

1. in Verbindung mit §7 Absatz 2 Nummer 2 mit einem Telefonanruf oder
2. in Verbindung mit §7 Absatz 2 Nummer 3 unter Verwendung einer automatischen Anrufmaschine

gegenüber einem Verbraucher ohne dessen vorherige ausdrückliche Einwilligung wirbt.

(2) Die Ordnungswidrigkeit kann mit einer Geldbuße bis zu dreihunderttausend Euro geahndet werden.

(3) Verwaltungsbehörde im Sinne des §36 Absatz 1 Nummer 1 des Gesetzes über Ordnungswidrigkeiten ist die Bundesnetzagentur für Elektrizität, Gas, Telekommunikation, Post und Eisenbahnen.

Die Kommentierung ist abgedruckt im entsprechenden Fachgesetz „Gesetz zur Bekämpfung unerlaubter Telefonwerbung und zur Verbesserung des Verbraucherschutzes bei besonderen Vertriebsformen", Gesetz zur Bekämpfung unerlaubter Telefonwerbung und zur Verbesserung des Verbraucherschutzes → §20 Rn. 2 ff., ebenso die gesonderte Kommentierung zu §149 Abs. 1 Nr. 17c TKG. 1

775. Gesetz über die Beaufsichtigung der Versicherungsunternehmen (Versicherungsaufsichtsgesetz – VAG)

Vom 1. April 2015 (BGBl. I S. 434) FNA 7631-11
Art. 13 Abschlussprüfungsreformgesetz vom 10.5.2016 (BGBl. I S. 1142)

– Auszug –

§ 331 Strafvorschriften

(1) Mit Freiheitsstrafe bis zu fünf Jahren oder mit Geldstrafe wird bestraft, wer

1. ohne Erlaubnis nach § 8 Absatz 1, § 65 Absatz 1 Satz 1, § 67 Absatz 1 Satz 1, § 168 Absatz 1 Satz 3 oder § 236 Absatz 4 ein Erst- oder Rückversicherungsgeschäft oder einen Pensionsfonds betreibt oder einen dort genannten Geschäftsbetrieb aufnimmt oder
2. entgegen § 61 Absatz 2 Satz 2 oder Satz 5, Absatz 3 oder Absatz 4 eine dort genannte Geschäftstätigkeit aufnimmt, erweitert oder ändert oder eine Krankenversicherung oder eine Pflichtversicherung betreibt.

(2) Mit Freiheitsstrafe bis zu drei Jahren oder mit Geldstrafe wird bestraft, wer

1. einer vollziehbaren Anordnung nach § 62 Absatz 3 Satz 2 zuwiderhandelt,
2. entgegen
   a) § 128 Absatz 5 oder
   b) § 141 Absatz 5 Nummer 2 erster Halbsatz, auch in Verbindung mit § 161 Absatz 1 oder § 162,
   eine dort genannte Bestätigung nicht richtig abgibt oder
3. entgegen § 311 Absatz 1 Satz 1, auch in Verbindung mit Satz 2 oder Absatz 2 Satz 1 zweiter Halbsatz, auch in Verbindung mit Satz 2, eine Anzeige nicht, nicht richtig oder nicht rechtzeitig erstattet.

(2a) Mit Freiheitsstrafe bis zu einem Jahr oder mit Geldstrafe wird bestraft, wer als Mitglied des Aufsichtsrats im Sinne des § 189 oder als Mitglied eines nach § 189 Absatz 3 Satz 1 in Verbindung mit § 107 Absatz 3 Satz 2 des Aktiengesetzes bestellten Prüfungsausschusses eines Versicherungsvereins auf Gegenseitigkeit, der Versicherungsunternehmen ist im Sinne des Artikels 2 Absatz 1 der Richtlinie 91/674/EWG des Rates vom 19. Dezember 1991 über den Jahresabschluß und den konsolidierten Abschluß von Versicherungsunternehmen (ABl. L 374 vom 31.12.1991, S. 7), die zuletzt durch die Richtlinie 2006/46/EG (ABl. L 224 vom 16.8.2006, S. 1) geändert worden ist,

1. eine in § 332 Absatz 4a, 4b oder Absatz 4c bezeichnete Handlung begeht und dafür einen Vermögensvorteil erhält oder sich versprechen lässt oder
2. eine in § 332 Absatz 4a, 4b oder Absatz 4c bezeichnete Handlung beharrlich wiederholt.

(3) Handelt der Täter fahrlässig, so ist die Strafe in den Fällen des Absatzes 1 Freiheitsstrafe bis zu drei Jahren oder Geldstrafe und in den Fällen des Absatzes 2 Freiheitsstrafe bis zu einem Jahr oder Geldstrafe.

Übersicht

A. Allgemeines

Mit dem neuen, seit 2016 gültigen VAG wurde die Zahl der Straftatbestände erheblich verringert. Die **1** **Straftatbestände** werden nunmehr **in einer einzigen Vorschrift** – der des § 331 – zusammengefasst, während sie früher in den Regelungen der §§ 134–143 aF zu finden waren. § 331 entspricht im Wesentlichen den §§ 139–141 aF.

Die einzelnen Tatbestände des § 331 stellen jeweils eine **Blankettnorm** dar, die verschiedene Tat- **2** handlungen enthält, die sich ihrerseits auf andere Vorschriften des VAG beziehen oder die ihrerseits Begriffe verwenden, welche erst im Zusammenhang mit anderen Vorschriften des VAG an Bedeutung gewinnen (zum Begriff der Blankettnorm vgl BGHSt 28, 213 (215) mwN; → Rn. 12).

Bei den Tatbeständen des § 331 handelt es sich jeweils um ein **echtes Sonderdelikt,** das die Strafbar- **3** keit an bestimmte Eigenschaften des Täters knüpft (zu den Sonderdelikten vgl Fischer StGB § 13 Rn. 50). Als Täter – auch in Form eines Mittäters, § 25 Abs. 2 StGB, und mittelbaren Täters, § 25 Abs. 1 Alt. 2 StGB – kommen somit nur die im Einzelnen genannten Funktionsträger in Betracht. Maßgeblich für die Tätereigenschaft ist, wer tatsächlich die mit den jeweiligen Ämtern verbundenen Aufgaben wahrnimmt, auch wenn keine rechtswirksame Bestellung vorliegt (str., sog **faktische Organ-stellung** – vgl. noch zu § 134 aF: Erbs/Kohlhaas/*Wache* § 134 Rn. 4 mwN).

B. Abs. 1

§ 331 **Abs. 1** stellt den **unerlaubten Geschäftsbetrieb** in bestimmten Fällen unter Strafe und sieht **4** innerhalb der Straftatbestände des VAG die höchste Strafandrohung – Freiheitsstrafe bis zu fünf Jahren oder Geldstrafe – vor.

Die Vorschrift des Abs. 1 soll mit ihrer Strafbewehrung **gewährleisten,** dass Versicherungsgeschäfte **5** nur von demjenigen betrieben werden, der eine staatliche Konzession dafür hat oder sonst seine Versicherungsgeschäfte unter staatlicher Aufsicht betreibt. Damit soll § 331 Abs. 1 das System der **materiellen Staatsaufsicht über das Versicherungswesen** auch strafrechtlich absichern.

Geschütztes Rechtsgut der vorliegenden Regelung ist das Vertrauen der Öffentlichkeit in die **6** Wirksamkeit der staatlichen Aufsicht über das Versicherungs- und Pensionsfonds-Wesen. Das im VAG verankerte Aufsichtswesen soll zum einen sicherstellen, dass die Versicherungsnehmer (vgl. OLG Hamburg VersR 2002, 1507) und Pensionsfondsberechtigten vor Schäden bewahrt werden, die durch zahlungsunfähige oder sonst nicht leistungsfähige oder leistungswillige Versicherungsunternehmen entstehen. Geschützt werden zum anderen aber auch andere Versicherungsunternehmen vor unlauterem Wettbewerb (vgl RGZ 95, 156 (157); RG JW 1933, 1836 (1837); Erbs/Kohlhaas/*Wache*/*Lutz* Rn. 3 Überblick). § 331 Abs. 1 ist damit auch **Schutzgesetz iSd § 823 Abs. 2 BGB,** wenn durch die Verletzung der gegenständlichen Strafvorschrift ein Schaden entsteht (Erbs/Kohlhaas/*Wache*/*Lutz* Rn. 3 Überblick).

7   Die Regelung des § 331 Abs. 1 findet keine Anwendung auf Versicherungsunternehmen, die nach §§ 3, 5 von der Aufsicht ausgenommen sind (Erbs/Kohlhaas/*Wache*/*Lutz* Rn. 3 Überblick).

I. Täterkreis

8   **1. Täter.** Die Vorschrift des § 331 ist ein **echtes Sonderdelikt** (→ Rn. 3). Nach Abs. 1 **Nr. 1** ist **Täter** jeder, der ein Versicherungsgeschäft betreibt. Dies gilt auch für Abs. 1 **Nr. 2,** da deren Tathandlungen eine Geschäftstätigkeit mit Versicherungsgeschäften oder mit Rückversicherungen voraussetzen. Damit macht das Gesetz die Tätereigenschaft von der besonderen Voraussetzung abhängig, dass der Täter **Inhaber** oder **Geschäftsleiter** eines Betriebes ist, der sich mit Versicherungsgeschäften befasst. Dabei kann es sich um Einzelunternehmer handeln, aber auch um persönlich haftende Gesellschafter einer Handelsgesellschaft oder um Organe, Vorstandsvorsitzende oder Geschäftsführer einer juristischen Person, die den Betrieb leiten (Erbs/Kohlhaas/*Wache*/*Lutz* Rn. 4). Unerheblich ist, ob die Rechtsformvorschrift des § 8 Abs. 2 eingehalten ist. Gemäß § 14 Abs. 1 und 2 StGB fallen auch stellvertretende Vorstandsmitglieder und Beauftragte unter den Täterkreis des § 331 Abs. 1 (vgl. RGSt 37, 409 (410)). Ferner kommen als Täter in Betracht Hauptbevollmächtigte ausländischer Gesellschaften oder Vertreter des ausländischen Unternehmens, die eine umfassende Vollmacht besitzen, welche der Vollmacht eines Hauptbevollmächtigten nach § 68 Abs. 2 entspricht (Erbs/Kohlhaas/*Wache*/*Lutz* Rn. 4). Nach § 331 Abs. 1 Nr. 1 können zudem Betreiber von Pensionsfondsgeschäften Täter sein.

9   **2. Tatbeteiligung.** Betreffend die **Tatbeteiligung** gelten die allgemeinen Regeln über Täterschaft und Teilnahme gemäß §§ 25–31 StGB. Da § 331 ein echtes Sonderdelikt ist (→ Rn. 3, 8), folgen daraus besondere Konsequenzen. Mittäterschaft (§ 25 Abs. 2 StGB) oder mittelbare Täterschaft (§ 25 Abs. 1 StGB) sind nur dann möglich, wenn der Täter die für § 331 erforderliche **Sondereigenschaft** besitzt (vgl. BGHSt 14, 280 (281 f.)).

10   Wer demnach in sonstiger Weise – etwa als Agent oder Vermittler – am unerlaubten Betrieb eines Versicherungsgeschäftes mitwirkt oder dieses fördert, kann, sofern eine vorsätzliche rechtswidrige Haupttat vorliegt, nur **Anstifter** (§ 26 StGB) oder **Gehilfe** (§ 27 StGB – vgl RGSt 69, 83 (84)) sein, aber auch nur insoweit, als nicht der vorrangige Ordnungswidrigkeitentatbestand des § 332 einschlägig ist. Denn § 332 ist eine **Spezialregelung**, die den Straftatbestand nach § 331 verdrängt (dazu näher → Rn. 23; Erbs/Kohlhaas/*Wache*/*Lutz* Rn. 18, 24). Die Strafe ist jedoch nach § 49 Abs. 1 StGB zu mildern (vgl. § 28 Abs. 1 StGB). Handlungen, die den unerlaubten Betrieb eines Versicherungsgeschäftes fördern, sind beispielsweise das Vermitteln eines Versicherungsgeschäftes, die Einziehung von Prämien, die Entgegennahme von überwiesenen Prämienzahlungen auf einem Bankkonto, die Beratung von Versicherungskunden, die Besichtigung eines versicherten oder zu versichernden Objekts, die ärztliche Untersuchung in der Lebensversicherung (OLG Düsseldorf VA 2007 Nr. 298) oder die Mithilfe bei der Schadensfeststellung oder -regulierung. Ein Versicherungsnehmer kann sich der Anstiftung zu § 331 strafbar machen, wenn er den Täter veranlasst, ein erlaubnispflichtiges Versicherungsgeschäft mit ihm abzuschließen (vgl. Erbs/Kohlhaas/*Wache*/*Lutz* Rn. 7). Handelt der Täter nur fahrlässig iSd § 331 Abs. 3 oder schuldlos, so scheidet eine Strafbarkeit wegen Beihilfe mangels einer vorsätzlichen Haupttat aus, § 27 Abs. 1 StGB (Erbs/Kohlhaas/*Wache*/*Lutz* Rn. 7).

11   Als **Anstifter** kommen an Personen in Betracht, die auf die handelnden Vorstandsmitglieder **einwirken.** Das kann zB ein Groß- oder Mehrheitsaktionär sein. **Gehilfe** ist jeder, der dem Täter mit Rat oder Tat in irgendeiner Weise behilflich ist. In der Regel werden das an der Tat wirtschaftlich interessierte oder von dem Unternehmen wirtschaftlich abhängige Personen sein, denen die Tätereigenschaft fehlt. Neben den Aktionären oder den Mitgliedern eines VVaG, den Angestellten des Versicherungsunternehmens können das auch Angehörige der rechtsberatenden Berufe (Anwälte und Notare) sowie Wirtschaftsprüfer und Steuerberater sein, wenn sie die Täter bei ihrer Tat in Kenntnis der tatbegründenden Umstände im Rahmen ihrer beruflichen Tätigkeit unterstützen (Erbs/Kohlhaas/*Wache*/*Lutz* Rn. 8).

II. Tathandlungen

12   Abs. 1 enthält **zwei Tathandlungsvarianten.** Diese verweisen bei der Tatbestandsbeschreibung auf andere Vorschriften des VAG oder verwenden Begriffe, die ihre wahre Bedeutung erst aufgrund anderer Normen des VAG gewinnen. Bei § 331 handelt es sich daher um eine **blankettartige Norm** (→ Rn. 2), deren Tatbestände sich erst aus einer Gesamtschau der jeweiligen Tatbestände und der entsprechenden ausfüllenden Vorschriften des VAG ergeben. § 331 VAG wird dabei dem Bestimmtheitsgebot des Art. 103 Abs 2 GG (vgl. dazu BVerfGE 37, 201 (208 f.); BGH NStZ 1982, 206) gerecht, da durch die Verweisung auf die in Betracht kommenden Ausfüllungsvorschriften die Voraussetzungen der Strafbarkeit hinreichend deutlich gemacht werden.

13   Als Tathandlungen sieht § 331 Abs. 1 zum einen das **Betreiben eines Versicherungsgeschäfts im Inland ohne die erforderliche Erlaubnis oder Genehmigung** der in Betracht kommenden Aufsichtsbehörde oder die Aufnahme eines entsprechenden Geschäftsbetriebes (Abs. 1 **Nr. 1**) vor; zum anderen die **Aufnahme, Erweiterung oder Änderung einer Geschäftstätigkeit** durch ein Ver-

sicherungsunternehmen **mit einem Sitz in einem anderen Mitgliedstaat der EG oder einem anderen Vertragsstaat des EWR** im Inland oder das Betreiben einer Kranken- bzw Pflegeversicherung, bei der die Voraussetzungen des § 61 Abs. 2 S. 2 oder S. 5, Abs. 3 oder Abs. 4 VAG nicht vorliegen (Abs. 1 **Nr. 2**).

1. Unbefugtes Betreiben oder Aufnahme eines Versicherungs- oder Rückversicherungs- 14 geschäftes oder eines Pensionfondes, § 331 Abs. 1 Nr. 1. Die Regelung des § 331 Abs. 1 Nr. 1 entspricht weitgehend § 140 Abs. 1 Nr. 1 und 4 aF. Den Tatbestand des § 331 Abs. 1 **Nr. 1** verwirklicht, wer im Inland ein **Versicherungs- oder Rückversicherungsgeschäft** oder einen **Pensionsfonds betreibt, ohne** die nach § 8 Abs. 1, § 65 Abs. 1 S. 1, § 67 Abs. 1 S. 1, § 168 Abs. 1 S. 3 oder § 236 Abs. 4 erforderliche **Erlaubnis** zu besitzen, oder wer einen dort genannten Geschäftsbetrieb aufnimmt.

Ein **Versicherungsgeschäft betreibt,** wer einen Betrieb unterhält oder leitet, mit dem er auf Dauer 15 Tätigkeiten entfaltet, die auf einen fortlaufenden Abschluss von Versicherungsverträgen gerichtet sind, die nach § 1 der Aufsicht unterliegen. Die Tätigkeiten müssen also geeignet sein, die beabsichtigten Geschäfte in irgendeiner Art und Weise zu **fördern.** Dies kann schon im Anbahnen eines Versicherungsgeschäftes oder etwa im Anbieten von Versicherungsverträgen in Prospekten oder dergleichen liegen, wenn damit zum Ausdruck kommt, dass dadurch eine auf Dauer angelegte Geschäftstätigkeit eingeleitet wird. Zum Abschluss eines Versicherungsvertrages muss es nicht kommen (Erbs/Kohlhaas/*Wache/Lutz* Rn. 9; zu eng RG JW 1933, 1836 (1838), wonach das Versenden von Rundschreiben an Interessenten verbunden mit der Aufforderung zum Beitritt und zur Kündigung von bestehenden Verträgen bei anderen Versicherungsunternehmen noch keinen Beginn einer aufsichtspflichtigen Tätigkeit darstellen soll). Erforderlich ist jedoch in jedem Fall eine planmäßige, auf Dauer berechnete und auf den fortlaufenden Abschluss einer unbestimmten Anzahl von Geschäften gerichtete Tätigkeit (vgl auch OLG Hamm VersR 2010, 609 (610)). **Aufnahme** der Geschäftstätigkeit ist jede Handlung, die auf das fortlaufende Betreiben dieser Geschäfte gerichtet ist.

Ein **Versicherungsgeschäft** liegt vor, wenn der Versicherer gegen Entgelt eine bestimmte Leistung 16 für den Fall des Eintritts eines ungewissen Ereignisses übernimmt, wobei dieses Risiko auf eine Mehrzahl von durch die gleiche Gefahr bedrohter Personen verteilt wird und der Risikoübernahme eine auf dem Gesetz der Großen Zahl beruhende Kalkulation zugrunde liegt (BVerwGE 3, 220 (221); VersR 1962, 974 (9769; 1965, 663 (664); BVerwG VersR 1961, 361; Erbs/Kohlhaas/*Wache/Lutz* Rn. 10). Vereinbarungen, die in einem inneren Zusammenhang mit einem anderen Rechtsgeschäft stehen und von dort ihr eigentliches Gepräge erhalten, sind darunter nicht zu fassen. Das ist etwa der Fall, wenn die betreffende Vereinbarung lediglich unselbstständige Nebenabrede eines anderen Vertrags ist, der kein Versicherungsvertrag ist (BVerwG NJW-RR 1993, 289 mwN). So fallen Zusagen, die ein Arbeitgeber im Rahmen seiner Fürsorgepflicht macht, nicht unter den Begriff des Versicherungsgeschäfts (Erbs/Kohlhaas/*Wache/Lutz* Rn. 10 mwN). Unbedingte Voraussetzung ist in jedem Fall der Rechtsanspruch auf die in Aussicht gestellte Leistung (vgl hierzu VGH Kassel VersR 2010, 889, mAnm *Kaulbach*). Dieses Merkmal kann bei Unterstützungskassen fehlen (Erbs/Kohlhaas/*Wache/Lutz* Rn. 11 mwN). Zu den weiteren Voraussetzungen eines Versicherungsgeschäftes und zu den Ausnahmen von der Aufsichtspflicht s Erbs/Kohlhaas/*Wache/Lutz* § 1 Rn. 10–17 sowie § 3.

Die Tätigkeit muss im **Inland** ausgeübt werden. Inland meint den Geltungsbereich dieses Gesetzes, 17 dh das gesamte Hoheitsgebiet der Bundesrepublik Deutschland. In ihm müssen die Versicherungsgeschäfte abgeschlossen oder jedenfalls angebahnt werden. Das ist der Fall, wenn die Versicherungsunternehmen seine Tätigkeit im Inland ausübt und Versicherungsnehmer oder Versicherte ihren gewöhnlichen Aufenthalt im Inland haben. Unter diesen Tatbestand fällt daher beinahe jede zu einem Versicherungsvertrag entfaltete Tätigkeit. Dies gilt sogar dann, wenn Auslandsrisiken, wie etwa Grundstücke im Ausland, Gegenstand des Versicherungsgeschäftes sind (Erbs/Kohlhaas/*Wache/Lutz* Rn. 13).

Hingegen fehlt es – auch schon nach dem VAG aF – an einer solchen inländischen Tätigkeit bei einer 18 **Korrespondenzversicherung,** wenn ausländische Versicherungsunternehmen schriftliche Angebote ohne Einschaltung von Vermittlern im Inland machen und Abschluss und Durchführung der Verträge unmittelbar zwischen dem ausländischen Unternehmen und dem inländischen Kunden beabsichtigt sind. Wie den Vorschriften der §§ 61 Abs. 1 und 3, 57 Abs. 3 zu entnehmen ist, ist zwar auch der Dienstleistungsverkehr aus dem Ausland unter Aufsicht gestellt. Bei Verstößen gegen die Regelung über den Dienstleistungsverkehr in § 61 Abs. 3 ist jedoch die gesonderte Strafvorschrift des § 331 Abs. 1 Nr. 2 anzuwenden. Deshalb hat es auch nach dem neuen VAG dabei zu bleiben, dass eine Korrespondenzversicherung nicht zu einer Tätigkeit im Inland iSv § 331 Abs. 1 Nr. 1 führt (Erbs/Kohlhaas/ *Wache/Lutz* Rn. 14). Unzutreffend ist es allerdings, davon zu sprechen, dass eine Korrespondenzversicherung keine Tätigkeit im Inland sei. Die Vorschrift des § 61 Abs. 1 S. 1 knüpft gerade daran an, dass der Dienstleistungsverkehr im Inland ausgeübt wird. Dies gilt somit auch für die Korrespondenzversicherung (Erbs/Kohlhaas/*Wache/Lutz* Rn. 15).

Ohne Bedeutung ist hierbei, ob die Versicherung im Inland nicht oder nur schwer unterzubringen ist, 19 selbst wenn es sich um „ausgefallene" Versicherungen handelt, die unversicherbare Risiken enthalten und deshalb auf dem Inlandsmarkt nicht übernommen werden. Die vereinzelt auftauchende Ansicht, es handle sich dann um den Rechtfertigungsgrund eines „**Versicherungsnotstandes**" (so etwa *Möller* VW 1970, 1004 (1006)) ist mit dem geltenden Recht nicht vereinbar (Erbs/Kohlhaas/*Wache/Lutz* Rn. 15). Gleichwohl hat das Kammergericht einen „Versicherungsnotstand" aus dem Gewohnheitsrecht hergeleitet (VersR 1999, 173). Wird ein inländischer Vermittler eingeschaltet, so handelt es sich wieder um eine inländische Tätigkeit, die dem Straftatbestand des § 331 Abs. 1 Nr. 1 unterfällt.

20   Die Versicherungsgeschäfte müssen **ohne Erlaubnis** seitens der deutschen Aufsichtsbehörden betrieben werden. Bei Versicherungsunternehmen einschließlich der Rückversicherungsunternehmen mit Sitz im **Inland,** die nach § 1 Abs 1 der Aufsichtspflicht unterliegen und nicht der Ausnahmeregelung des § 3 unterfallen oder nach § 5 von der Aufsicht befreit sind, bedarf gemäß § 8 Abs. 1 grundsätzlich jeder Betrieb von Versicherungsgeschäften einer Erlaubnis. Nach § 168 Abs. 1 S. 3 bedürfen auch **Versicherungs-Zweckgesellschaften** (zum Begriff: § 168 Abs. 1) mit Sitz oder Hauptverwaltung im Inland zur Aufnahme des Geschäftsbetriebs der Erlaubnis der Aufsichtsbehörde. Schließlich gilt die Erlaubnispflicht gemäß § 236 Abs. 4 auch für Pensionsfonds, § 236 (Erbs/Kohlhaas/*Wache/Lutz* Rn. 24).

21   Für **ausländische** Versicherungsunternehmen ist die Erlaubnis durch die deutsche Aufsichtsbehörde nur unter den Voraussetzungen der §§ 65 und 67 erforderlich. Versicherungsunternehmen mit Sitz in einem anderen EG- oder EWR-Mitgliedstaat unterliegen gemäß **§ 65** der Erlaubnispflicht, wenn sie nicht den EG-Richtlinien unterfallen und Direktversicherungsgeschäfte durch eine Niederlassung betreiben. Das Direktversicherungsgeschäft ist jedes Versicherungsgeschäft, das von einem Erstversicherer mit einem Versicherungsnehmer abgeschlossen wird. Dabei bestehen – anders als bei Rückversicherern – Rechtsbeziehungen nur zwischen dem Erstversicherer und dem Versicherungsnehmer. **§ 67** erfasst auch Versicherungsunternehmen mit einem Sitz außerhalb der Mitgliedstaaten der EG oder der Vertragsstaaten des EWR (sog Drittlandsunternehmen), die im Inland Versicherungsgeschäfte betreiben.

22   **Ohne die vorgeschriebene Erlaubnis** werden Versicherungsgeschäfte betrieben, wenn die erforderliche Erlaubnis der Aufsichtsbehörde überhaupt nicht vorliegt oder oder wenn der Betrieb abweichend von einer ihm erteilten Genehmigung der Aufsichtsbehörde geführt wird. Die Erlaubnis liegt nicht vor, wenn sie überhaupt nicht beantragt oder noch nicht erteilt wurde, wenn der Täter Geschäfte abschließt oder anbahnt, bevor sie erteilt ist, wenn sie ihm zB nach § 11 Abs. 1 versagt, nach § 48 VwVfG zurückgenommen oder wenn sie nach § 304 ganz oder teilweise widerrufen worden ist (Erbs/Kohlhaas/*Wache/Lutz* Rn. 16). Ein Handeln ohne Erlaubnis liegt auch dann vor, wenn die Erlaubnis von einer nicht erfüllten Auflage oder einer nicht eingetretenen Bedingung abhängig gemacht wird. Denn die Erlaubnis gilt nur, wenn der Auflage nachgekommen wird oder die Bedingung eintritt. Der Täter handelt auch dann ohne die erforderliche Erlaubnis, wenn er die Erlaubnispflicht umgeht. Schließlich handelt auch derjenige ohne die notwendige Erlaubnis, der diese durch Drohung oder durch Bestechung erlangt oder durch unrichtige oder unvollständige Angaben erschlichen hat. Dies folgt aus dem für das Umweltstrafrecht in § 330d Abs. 1 Nr. 5 StGB kodifizierten Rechtsgrundsatz, der für alle **verwaltungsakzessorischen** Straftaten (vgl. dazu Fischer StGB Vor § 324 Rn. 3 ff.) gilt.

23   Besitzt ein Versicherungsunternehmen eine Erlaubnis, dehnt es aber den Geschäftsbetrieb ohne Erlaubnis auf andere Versicherungssparten aus, stellt dies eine **Geschäftsplanänderung** dar (vgl. § 12 Abs. 2). Soweit nach dem alten VAG die Meinung vertreten wurde, es liege eine Straftat nach § 140 Abs. 1 Nr. 1 aF vor, weil es an einer Genehmigung überhaupt fehle (vgl. Prölss/*Kollhosser* § 144 Rn. 10), überzeugt dies nicht. Vielmehr ist insofern die **Bußgeldvorschrift** des **§ 332 Abs. 1 Nr. 1** einschlägig. Das Gesetz enthält für eine Differenzierung zwischen Geschäften, die demselben Versicherungszweig angehören, und solchen, die dies nicht tun, keinen Anhaltspunkt. Nach der Gegenauffassung wäre jede Überschreitung der Erlaubnis eine Straftat iSv § 331 Abs. 1 Nr. 1. Dann hätte es der Bußgeldvorschrift des § 332 Abs. 1 Nr. 1 aber nicht bedurft. Aus systematischen Gründen liegt deshalb keine Straftat nach § 331 Abs. 1 Nr. 1, sondern eine Ordnungswidrigkeit nach § 332 Abs. 1 Nr. 1 vor, wenn ein mit Erlaubnis betriebenes Versicherungsunternehmen ohne Erlaubnis den Geschäftsbetrieb auf andere Sparten erweitert. Die **Spezialvorschrift** des § 332 Abs. 1 Nr. 1 geht in diesen Fällen vor (Erbs/Kohlhaas/*Wache/Lutz* Rn. 18, 24; → § 332 Rn. 8, 10).

24   Die fehlende Erlaubnis ist **Tatbestandsmerkmal.** Das im VAG vorherrschende System der materiellen Staatsaufsicht (→ Rn. 5) geht von dem Prinzip eines präventiven Verbots mit Erlaubnisvorbehalt aus, bei dem die Erlaubnis nicht rechtfertigenden, sondern tatbestandsausschließenden Charakter hat (Erbs/Kohlhaas/*Wache/Lutz* Rn. 19). Erst die fehlende Erlaubnis macht die Tathandlung zum Unrecht. Das Betreiben von Versicherungsgeschäften an sich ist ein bloßer Geschäftsvorgang, dem kein eigener Unrechtsgehalt zukommt.

25   Die Feststellung der Aufsichtspflicht durch die Aufsichtsbehörde nach § 4 und damit die Entscheidung über die Erlaubnisbedürftigkeit eines Versicherungsunternehmens entfaltet für die Strafgerichte keine **Bindungswirkung.** Vielmehr haben die Strafgerichte diese Frage selbstständig nach den Grundsätzen des Strafverfahrens tatsächlich und rechtlich zu entscheiden (**aA** noch BVerwGE 3, 217 (218)). Vielmehr sind sie an die Entscheidung der Aufsichtsbehörde auch dann nicht gebunden, wenn diese von den Verwaltungsgerichten nachgeprüft und bestätigt worden ist (Erbs/Kohlhaas/*Wache/Lutz* Rn. 12). Ebenso wenig berührt es die Strafbarkeit nach § 331, wenn der Verwaltungsakt der Aufsichtsbehörde in Gestalt der Versagung, der Rücknahme, des Widerrufs oder der Einschränkung der Erlaubnis nach Anfechtung durch das Verwaltungsgericht als rechtswidrig aufgehoben wird (BGHSt 23, 86 (93); BGH

NJW 1982, 189; 1994, 2103 f.). Im Strafverfahren ist insofern ausschließlich die öffentlich-rechtliche **Rechtslage zum Tatzeitpunkt** zu prüfen (BGHSt 37, 21 (29)). Es kommt nicht darauf an, ob der strafbewehrte Verwaltungsakt zu Recht oder zu Unrecht ergangen ist. Gleichgültig ist auch, ob das Betreiben von Versicherungsgeschäften in der beantragten Weise an sich erlaubnispflichtig ist oder ob nachträglich die erforderliche Erlaubnis erteilt wird (Erbs/Kohlhaas/*Wache/Lutz* Rn. 20). Anders verhält es sich jedoch, wenn das Tatbestandsmerkmal der Erlaubnispflicht nachträglich entfällt – wie beispielsweise durch die Anpassung an das EG-Recht. In diesem Fall ist das Handeln nach § 2 Abs. 3 StGB straffrei (Erbs/Kohlhaas/*Wache/Lutz* Rn. 22).

2. Nichteinhaltung der Zulässigkeitsvoraussetzungen des § 61 Abs. 2 S. 2 oder S. 5, Abs. 3 26 **oder Abs. 4.** Die Regelung des § 331 Abs. 1 **Nr. 2** entspricht weitgehend § 140 Abs. 1 Nr. 2 aF. Den Tatbestand des § 331 Abs. 1 **Nr. 2** verwirklicht, wer entgegen § 61 Abs. 2 S. 2 oder S. 5, Abs. 3 oder Abs. 4 eine dort genannte **Geschäftstätigkeit aufnimmt, erweitert oder ändert oder eine Krankenversicherung oder eine Pflichtversicherung betreibt.** Das Tatbestandsmerkmal der „**Geschäftstätigkeit**" ist weitgehend mit dem Begriff des „Betreibens eines Versicherungsgeschäftes" iSd Abs. 1 Nr. 1 identisch. **Aufnahme** der Geschäftstätigkeit bedeutet, dass der Täter mit dem Betreiben von Versicherungsgeschäften beginnt, sprich einen Betrieb eingerichtet hat, der auf Dauer Tätigkeiten entfalten kann, die auf den fortlaufenden Abschluss von Versicherungsverträgen gerichtet sind.

Die Regelung des Abs. 1 Nr. 2 betrifft die Geschäftstätigkeit von Versicherungsunternehmen **mit** 27 **Sitz in einem anderen EG- oder EWR-Staat,** die das Versicherungsgeschäft im Inland durch eine Niederlassung oder im Dienstleistungsverkehr betreiben. Sie unterliegen nach § 62 Abs. 1 der Aufsicht der Behörden ihres Herkunftsmitgliedstaates und der Bundesanstalt. Eine Geschäftstätigkeit im Bereich der Bundesrepublik Deutschland dürfen sie erst aufnehmen, wenn die **Zulassungsvoraussetzungen** des § 61 vorliegen. Diese werden zunächst von der Aufsichtsbehörde des Herkunftsmitgliedstaates anhand der ihr von dem Versicherungsunternehmen gemachten Angaben geprüft. Welche Angaben das verantwortliche Organ des Unternehmens dabei zu machen hat, ergibt sich aus den in der Ausfüllungsvorschrift des § 61 Abs. 2 genannten EG-Richtlinien. Falls die zuständige Aufsichtsbehörde die genannten Angaben im Hinblick auf die Zulassungsvoraussetzungen für unbedenklich hält, übermittelt sie diese der Bundesanstalt und benachrichtigt das Unternehmen von diesem Vorgang (Erbs/Kohlhaas/*Wache/Lutz* Rn. 26). Will das Versicherungsunternehmen seine Geschäftstätigkeit mit Hilfe einer Niederlassung ausüben (§ 61 Abs. 2), kann es diese zwei Monate nach Eingang der Benachrichtigung aufnehmen, es sei denn die Bundesanstalt teilt ihm einen früheren Zeitpunkt mit (§ 61 Abs. 2 S. 2). Bei bloßen Erweiterungen der Geschäftstätigkeit können diese bereits nach einem Monat nach Eingang der Mitteilung des Unternehmens an die Bundesanstalt umgesetzt werden, § 61 Abs. 2 S. 5 (Erbs/Kohlhaas/*Wache/Lutz* Rn. 27). Soll die Geschäftstätigkeit im Wege des Dienstleistungsverkehrs nach § 61 Abs. 3 ausgeübt werden, genügt die Benachrichtigung durch die Aufsichtsbehörde des Herkunftsmitgliedstaates, damit die Aufnahme der Geschäftstätigkeit zulässig ist. Lediglich bei substitutiven Krankenversicherungen (§ 146 Abs. 1) und bei Pflichtversicherungen hat das Unternehmen der Bundesanstalt zuvor zudem seine Allgemeinen Versicherungsbedingungen vorzulegen, § 61 Abs. 4.

Übt das Versicherungsunternehmen seine Geschäftstätigkeit **vor dem Vorliegen der Zulässigkeits-** 28 **voraussetzungen** aus, so liegt ein dem Geschäftsbetrieb ohne Erlaubnis vergleichbares Verhalten vor, an das Abs. 1 Nr. 2 die gleichen Rechtsfolgen knüpft wie Abs. 1 Nr. 1 (vgl. BT-Drs. 12/6959, 97; Erbs/Kohlhaas/*Wache/Lutz* Rn. 31). Denn das in § 61 vorgeschriebene Verfahren ersetzt die sonst nach dem VAG erforderliche Erlaubnis zur Aufnahme einer Geschäftstätigkeit und steht dieser gleich. Daher sind die Rechtsgrundsätze, die zur fehlenden Erlaubnis iSd Abs. 1 Nr. 1 entwickelt wurden (→ Rn. 20–25), entsprechend anzuwenden, wenn das Verfahren nach § 61 nicht eingehalten wurde. Die Nichteinhaltung der Zulässigkeitsvoraussetzungen des § 61 bei der Aufnahme der Geschäftstätigkeit ist deshalb ebenfalls **Tatbestandsmerkmal.** Der Täter handelt auch hier tatbestandsmäßig, wenn er sich die Zulassung zur Geschäftstätigkeit durch falsche Angaben gegenüber der Aufsichtsbehörde erschleicht und diese Angaben an die Bundesanstalt weitergegeben werden.

III. Tatvollendung

Der Straftatbestand des § 331 Abs. 1 Nr. 1 ist **vollendet,** sobald eine Tätigkeit entfaltet wird, die auf 29 den fortlaufenden Abschluss von Versicherungsverträgen oder Rückversicherungen gerichtet ist, die einer Erlaubnis bedürfen (Erbs/Kohlhaas/*Wache/Lutz* Rn. 82). Dies ist etwa der Fall, wenn sich das erlaubnispflichtige Unternehmen einem Versicherungsinteressenten zum Abschluss von Versicherungsverträgen unmittelbar oder mittelbar durch einen Vermittler anbietet. Es ist nicht erforderlich, dass bereits ein Versicherungsvertrag zustande gekommen ist. Dasselbe gilt für die Tathandlungen nach Abs. 1 Nr. 2, da auch hier das Tatbestandsmerkmal der Geschäftstätigkeit inhaltlich weitgehend mit dem des Abs. 1 Nr. 1 identisch ist (→ Rn. 26; Erbs/Kohlhaas/*Wache/Lutz* Rn. 82).

Beendet sind die Tathandlungen des Abs 1, wenn der Täter den Betrieb der unerlaubten Ver- 30 sicherungsgeschäfte aufgibt oder die unerlaubte Geschäftstätigkeit beendet (vgl Erbs/Kohlhaas/*Wache/ Lutz* Rn. 83).

31   Der **Versuch** ist nicht strafbar, § 23 Abs. 1 StGB iVm § 12 Abs. 1 StGB. Die Anstellung eines Agenten oder das Anmieten von Geschäftsräumen stellen lediglich bloße Vorbereitungshandlungen dar, die straflos sind.

C. Abs. 2

32   § 331 **Abs.** 2 enthält drei verschiedene Tatbestände, die Verstöße gegen eine vollziehbare Anordnung (Nr. 1) sowie Fehler im Zusammenhang mit der Verpflichtung zur Abgabe einer Bestätigung (Nr. 2) oder einer Anzeige (Nr. 3) betreffen.

I. Abs. 2 Nr. 1

33   **1. Allgemeines.** Die Vorschrift des § 331 **Abs. 2 Nr. 1** entspricht weitgehend § 140 Abs. 1 Nr. 3 aF. Der Tatbestand des Abs. 2 Nr. 1 ist erfüllt, wenn ein Versicherungsunternehmen einer vollziehbaren Anordnung nach § 62 Abs. 3 S. 2 zuwiderhandelt.

34   **2. Betroffene Versicherungsunternehmen.** Auch dieser Straftatbestand betrifft – ebenso wie Abs. 1 Nr. 2 – Versicherungsunternehmen **mit Sitz in einem anderen EG- oder EWR-Staat.** Die Bundesanstalt kann im Rahmen ihrer (eingeschränkten) Aufsichtstätigkeit nach § 62 auch gegen diese Versicherungsunternehmen in Zusammenarbeit mit den Aufsichtsbehörden des Herkunftsmitgliedstaates Maßnahmen nach § 62 Abs. 3 S. 1 ergreifen. Führen diese nicht zum Erfolg, ist sie befugt, diesen Unternehmen die weitere Geschäftstätigkeit im Inland teilweise oder auch ganz zu untersagen, § 62 Abs. 3 S. 2. In dringenden Fällen kann die Untersagungsanordnung sogar ohne Unterrichtung der Aufsichtsbehörden des Herkunftsmitgliedsstaates erlassen werden, § 62 Abs. 3 S. 3 (Erbs/Kohlhaas/ *Wache/Lutz* Rn. 33).

35   **3. Zuwiderhandlung gegen eine Untersagungsverfügung.** Ist eine solche Untersagungsverfügung **vollziehbar,** so handelt derjenige, der dieser Anordnung **zuwiderhandelt,** indem er mit dem Versicherungsunternehmen die Geschäftstätigkeit fortsetzt, tatbestandsmäßig. Fortsetzung der Geschäftstätigkeit bedeutet, dass der Täter nach Kenntnis von der Vollziehbarkeit der Untersagungsanordnung oder mit der Vollziehbarkeit der Anordnung rechnend damit fortfährt, Geschäfte dieser Art zu betreiben. Das Verbot der Fortführung der Geschäftstätigkeit in diesem Fall steht dem unerlaubten Betreiben von Versicherungsgeschäften nach Abs. 1 Nr. 1 gleich (BT-Drs. 12/6959, 97). Auch bei Abs. 2 Nr. 1 handelt es sich um ein **verwaltungsakzessorisches** Delikt (→ Rn. 22), da hier die Strafbarkeit ebenfalls von einem Verwaltungshandeln abhängig ist (Erbs/Kohlhaas/*Wache/Lutz* Rn. 34).

36   Eine Untersagungsanordnung ist **vollziehbar,** wenn das in ihr enthaltene Verbot – jedenfalls vorläufig – für den Betroffenen verbindlich ist, dh der Verwaltungsakt nicht mehr anfechtbar ist, der Suspensiveffekt einer Anfechtung (§ 80 Abs. 1 VwGO) nicht (mehr) besteht oder die aufschiebende Wirkung nach § 80 Abs. 2 VwGO entfällt. Vollziehbar iSd § 80 VwGO bedeutet, dass die Behörde, das Gericht und jeder Bürger berechtigt und verpflichtet sind, alle Folgerungen tatsächlicher und rechtlicher Art aus dem Verwaltungsakt zu ziehen, die sich aus dessen Bestand ergeben (Erbs/Kohlhaas/*Wache/Lutz* Rn. 34).

37   **4. Tatvollendung.** Die Straftat des § 331 Abs. 2 Nr. 1 ist **vollendet,** sobald eine Tätigkeit entfaltet wird, die auf den laufenden Abschluss von Versicherungsverträgen oder Rückversicherungen gerichtet ist, die einer Erlaubnis bedürfen (Erbs/Kohlhaas/*Wache/Lutz* Rn. 82; → Rn. 28).

38   **Beendet** sind die Tathandlungen des Abs. 2 Nr. 1, wenn der Täter den Betrieb der unerlaubten Versicherungsgeschäfte aufgibt oder die unerlaubte Geschäftstätigkeit beendet (vgl. Erbs/Kohlhaas/ *Wache/Lutz* Rn. 83).

39   **5. Versuch.** Der **Versuch** ist nicht strafbar, § 23 Abs. 1 StGB iVm § 12 Abs. 1 StGB. Die Anstellung eines Agenten oder das Anmieten von Geschäftsräumen stellen lediglich bloße Vorbereitungshandlungen dar, die straflos sind.

II. Abs. 2 Nr. 2

40   **1. Allgemeines.** Die Strafvorschriften des 331 Abs. 2 Nr. 2a und 2b sollen sicherstellen, dass der von einem **Treuhänder** nach § 128 Abs. 5 oder von einem **Verantwortlichen Aktuar** nach § 141 Abs. 5 Nr. 2 Hs. 1 abzugebende Bestätigungsvermerk den Tatsachen entspricht. Die Vorschriften des § 331 Abs. 2 Nr. 2 entsprechen im Wesentlichen § 139 Abs. 1 und 2 aF.

41   **Geschütztes Rechtsgut** dieser Regelung sind die Interessen der Versicherungsunternehmen selbst, ihrer Anteilseigner und aller Versicherungsnehmer sowie aller sonstigen Gläubiger an einer ordnungsgemäßen Aufrechterhaltung des Vermögensstandes des Unternehmens (Erbs/Kohlhaas/*Wache/Lutz* Rn. 38). Für den geschützten Personenkreis stellt § 331 Abs. 2 Nr. 2 ein Schutzgesetz iSd § 823 Abs. 2 BGB dar, wenn durch die Verletzung des Straftatbestandes ein Schaden entstanden ist, der darauf beruht, dass dieser Personenkreis auf die Richtigkeit des jeweiligen Bestätigungsvermerks vertraut hat.

Die Strafvorschriften des § 331 Abs. 2 Nr. 2 gelten auch für Versicherungsunternehmen mit Sitz im **42**
Ausland, auf die die RL 2009/138/EG keine Anwendung findet, §§ 65, 67. Die §§ 65, 67 werden
zwar nicht ausdrücklich in § 331 Abs. 2 Nr. 2 genannt. Aufgrund des Verweises in §§ 65 Abs. 2, 67
Abs. 2 auf sämtliche Vorschriften des VAG steht die Anwendbarkeit der Strafvorschriften jedoch außer
Zweifel (Erbs/Kohlhaas/*Wache/Lutz* Rn. 37).

2. Täterkreis. § 331 Abs. 2 **Nr. 2a** führt iVm § 128 Abs. 5 als Täter den **Treuhänder** oder dessen **43**
Stellvertreter, der den Bestätigungsvermerk abzugeben hat, an. Der **Verantwortliche Aktuar,** der den
versicherungsmathematischen Bestätigungsvermerk nach § 141 Abs. 5 Nr. 2 Hs. 1 erteilt, wird von
§ 331 Abs. 2 **Nr. 2b** als Täter erfasst. Dies bedeutet, dass beide Tatbestände des § 331 Abs. 2 Nr. 2
echte Sonderdelikte (zu den Sonderdelikten vgl. Fischer StGB § 13 Rn. 50) sind, die die Strafbarkeit
an bestimmte Eigenschaften des Täters knüpfen (→ Rn. 3).

Nach § 128 Abs. 1 sind zur Überwachung des Sicherungsvermögens für die Lebensversicherung, die **44**
Krankenversicherung der in § 146 VAG genannten Art, die private Pflegepflichtversicherung nach § 148
und die Unfallversicherung mit Prämienrückgewähr nach § 161 ein **Treuhänder** und ein **Stellver-**
treter für diesen, für den nach § 128 Abs 2 die Vorschriften über den Treuhänder entsprechend gelten,
zu bestellen. Beide kommen als Täter des Abs. 2 **Nr. 2a** in Betracht. **Treuhänder** ist, wer nach § 128
Abs. 3 durch den Aufsichtsrat oder, wenn bei kleineren Vereinen ein solcher nicht besteht, durch den
Vorstand dazu bestellt worden ist. Bei öffentlich-rechtlichen Versicherungsunternehmen gibt es allerdings keinen Treuhänder § 128 Abs. 1 S. 2 (Erbs/Kohlhaas/*Wache/Lutz* Rn. 40). Auch bei anderen
Versicherungsarten (wie etwa der Haftpflicht- oder der Unfallversicherung) können die Versicherungsunternehmen freiwillig einen Treuhänder bestellen. Zu deren Aufgaben gehört jedoch nicht die Überwachung des Sicherungsvermögens, so dass es sich hierbei nicht um Treuhänder iSv § 128 handelt und
sie auch nicht Täter des § 331 Abs. 2 Nr. 2a sein können (Erbs/Kohlhaas/*Wache/Lutz* Rn. 42).

Nach den Richtlinien der Bundesanstalt sollen nur natürliche Personen zum Treuhänder bestellt **45**
werden, die über bestimmte Qualifikationen verfügen, die in keinem Abhängigkeitsverhältnis zu dem
Versicherungsunternehmen stehen und nicht zu den Verwaltungsorganen dieses Unternehmens
gehören (vgl Rundschreiben des Bundesaufsichtsamts R 2/81 – VerBAV 1981, 247). Nachdem die
Aufsichtsbehörde nach § 128 Abs. 4 erheblichen Einfluss auf die Bestellung des Treuhänders nehmen
kann, kann sie die Einhaltung ihrer Richtlinien durchsetzen (Erbs/Kohlhaas/*Wache/Lutz* Rn. 43).

Die Anlage eines **Sicherungsvermögens** durch den Vorstand ist nach § 125 für alle Erstversiche- **46**
rungsunternehmen vorgeschrieben. Das Sicherungsvermögen ist die Gesamtheit aller aktiven Vermögenswerte, die die Deckungsrückstellungen und die ergänzenden Verpflichtungen im Mindest-
umfang des § 125 Abs. 2 abdecken. Dieses Sicherungsvermögen ist bei der Lebensversicherung, der
Krankenversicherung der in § 146 genannten Art, der privaten Pflegepflichtversicherung nach § 148
und der Unfallversicherung mit Prämienrückgewähr nach § 161 durch einen Treuhänder zu überwachen. Nach dem neuen VAG ist nunmehr zudem auch bei einer Unfallversicherung mit Prämienrückgewähr nach § 161 ein Treuhänder für das Sicherungsvermögen zu bestellen. Bei kleineren Vereinen im Sinne des § 210 Abs. 1 S. 1 muss ein Treuhänder nur bestellt werden, wenn dies die Aufsichtsbehörde anordnet, § 128 Abs. 1 S. 3 (Erbs/Kohlhaas/*Wache/Lutz* Rn. 41).

§ 331 Abs. 2 **Nr. 2b** nennt als Täter den **Verantwortlichen Aktuar** in der Lebensversicherung. **47**
Verantwortlicher Aktuar ist, wer die Voraussetzungen des § 141 Abs. 1 S. 2–4 erfüllt und damit die
Verantwortung für die versicherungsmathematische Berechnung der Prämien und der Deckungsrückstellungen trägt, vgl. § 141 Abs. 5 Nr. 2 Hs. 1 (zum Begriff der Deckungsrückstellungen s. § 341f HGB).
Durch das Dritte Durchführungsgesetz/EWG zum VAG v. 21.7.1994 (BGBl. I 1630) ist nach dem Vorbild
des englischen Appointed Actuary (vgl BT-Drs. 12/6959, 57) die Institution der Verantwortlichen Aktuars
geschaffen worden. Er ist eine natürliche Person, die durch den Vorstand des Versicherungsunternehmens
für die Aufgabe bestellt worden und die fachlich geeignet und zuverlässig ist. Gesetzlich normierte Voraussetzung ist daher, dass die Person über eine besondere Qualifikation in Form von ausreichenden versicherungsmathematischen Kenntnissen und einer entsprechenden Berufserfahrung verfügt. Vor der
Bestellung zum Verantwortlichen Aktuar muss nach § 145 Abs. 2 S. 1 die Aufsichtsbehörde über seine
Person unter Angabe der Tatsachen, die für die Beurteilung seiner Zuverlässigkeit und seiner fachlichen
Eignung von Bedeutung sind, unterrichtet werden (Erbs/Kohlhaas/*Wache/Lutz* Rn. 48).

Tätereigenschaft erhält er dann, wenn er einen **Bestätigungsvermerk nach § 141 Abs. 5 Nr. 2** **48**
Hs. 1 abgibt. Ob eine Täterschaft auch dann in Betracht kommt, wenn der Bestellungsakt fehlerhaft ist,
kann zweifelhaft sein. Maßgeblich ist jedenfalls, dass eine formelle Bestellung durch den Vorstand des
Versicherungsunternehmens stattgefunden hat (Erbs/Kohlhaas/*Wache/Lutz* Rn. 49).

Im Hinblick auf die **Tatbeteiligung** gelten die allgemeinen Regelungen über Täterschaft und Teil- **49**
nahme gemäß §§ 25–31 StGB. Da die beiden Tatbestände des § 331 Abs. 2 echte Sonderdelikte sind
(→ Rn. 43), folgen daraus besondere Konsequenzen. Mittäterschaft (§ 25 Abs. 2 StGB) oder mittelbare
Täterschaft (§ 25 Abs. 1 StGB) ist nur dann möglich, wenn der Täter die für § 331 Abs. 2 erforderliche
Sondereigenschaft besitzt (vgl BGHSt 14, 280 (281 f.)). Fehlt diese, kommt allenfalls eine Beteiligung
als Gehilfe (§ 27 StGB) oder Anstifter (§ 26 StGB) in Betracht, die von jedermann begangen werden
kann.

50   **3. Tathandlung des § 331 Abs. 2 Nr. 2a.** § 331 Abs. 2 Nr. **2a** stellt die **Abgabe einer falschen Bestätigung durch den Treuhänder oder dessen Stellvertreter** unter Strafe. Gemäß § 128 Abs. 5 hat der Treuhänder unter der Bilanz zu bestätigen, dass das Sicherungsvermögen vorschriftsmäßig angelegt und aufbewahrt ist. Wie es aufbewahrt, verwaltet und angelegt werden muss, ergibt sich aus den Vorschriften der §§ 124 ff. sowie der aufgrund dieser Normen ergangenen aufsichtsbehördlichen Anordnungen und Bestimmungen. Nur eine Beachtung dieser Vorschriften macht die Aufbewahrung und Anlage des Sicherungsvermögens vorschriftsmäßig (Erbs/Kohlhaas/*Wache*/*Lutz* Rn. 45 mwN). Der Treuhänder ist für die Überwachung des Sicherungsvermögens verantwortlich, das mindestens der Summe aus den Bilanzwerten nach § 125 Abs. 2 zu entsprechen hat.

51   Tatbestandsmäßig ist ausschließlich der **Bestätigungsvermerk** des Treuhänders oder dessen Stellvertreters **unter der Bilanz,** nicht hingegen sonstige schriftliche oder mündliche Äußerungen. Auch wenn der Treuhänder weitere Bestätigungsvermerke erteilt, die aufsichtsbehördlich vorgeschrieben werden, unterfällt dies nicht dem Tatbestand des § 331 Abs. 2 Nr. 2a (Erbs/Kohlhaas/*Wache*/*Lutz* Rn. 46).

52   **Falsch** ist der Bestätigungsvermerk, wenn dieser mit den Feststellungen, die der Treuhänder bei seiner Überprüfung des Sicherungsvermögens gemacht hat, nicht übereinstimmt. Auch die Bestätigung durch den Treuhänder oder dessen Stellvertreter setzt dessen vorherige Überprüfung der vorschriftsmäßigen Anlage und Aufbewahrung des Sicherungsvermögens voraus. Diese Prüfungspflicht ergibt sich für den Treuhänder bereits aus der ihm nach § 128 Abs. 1 obliegenden Pflicht zur Überwachung des Sicherungsvermögens. Der Bestätigungsvermerk beinhaltet auch die Aussage, dass tatsächlich eine Prüfung der Aufbewahrung und Anlage der in die Bilanz eingestellten Deckungsrückstellungen vorgenommen wurde. Hat der Treuhänder die Prüfung unterlassen, ist demnach der gleichwohl unter der Bilanz erteilte Bestätigungsvermerk ebenfalls falsch (Erbs/Kohlhaas/*Wache*/*Lutz* Rn. 46). Der Bestätigungsvermerk stellt das **Gesamturteil** über das Prüfungsergebnis dar. **Falsch** ist der Vermerk, wenn er erteilt wird, obwohl er hätte versagt werden müssen oder wenn er uneingeschränkt erteilt wird, obwohl nach dem Ergebnis der Prüfung Einwendungen zu erheben wären. Gleiches gilt, wenn der Vermerk nicht ergänzt wird, obwohl zusätzliche Bemerkungen erforderlich wären, um einen unrichtigen Eindruck über den Inhalt der Prüfung und der Tragweite des Vermerks zu vermeiden. Wird der Bestätigungsvermerk versagt oder nur eingeschränkt erteilt, obwohl die Prüfung berechtigte Einwände nicht ergeben hat, ist er ebenfalls unrichtig. Unzutreffend ist der Vermerk schließlich auch, wenn er mit dem Ergebnis der Prüfung nicht in Einklang steht, sich aber mit den tatsächlichen Verhältnissen deckt. Denn § 331 Abs. 2 stellt nicht die Wahrheit des Prüfergebnisses unter den strafrechtlichen Schutz, sondern den Umstand, dass der Vermerk wiedergibt, was der Treuhänder oder dessen Stellvertreter bei seiner Prüfung festgestellt hat. Letztlich ist der Vermerk auch falsch, wenn der Treuhänder oder dessen Stellvertreter ihn erteilt, ohne überhaupt zuvor eine Prüfung vorgenommen zu haben.

53   **4. Tathandlung des § 331 Abs. 2 Nr. 2b.** Auch bei der Tatbestandsvariante des § 331 Abs. 2 Nr. **2b** ist die Tathandlung die **Abgabe einer falschen Bestätigung** – hier allerdings die falsche Abgabe einer versicherungsmathematischen Bestätigung nach § 141 Abs. 5 Nr. 2 Hs. 1 durch den **Verantwortlichen Aktuar.** Gemäß § 141 Abs. 5 Nr. 2 Hs. 1 hat der Verantwortliche Aktuar – sofern es sich nicht um einen kleineren Verein iSv § 210 handelt – bei Lebensversicherungen unter der Bilanz des Versicherungsunternehmens zu bestätigen, dass die Deckungsrückstellung nach den Grundsätzen des § 341f HGB sowie der aufgrund des § 88 Abs. 3 erlassenen Rechtsverordnungen gebildet worden ist (**versicherungsmathematische Bestätigung**). Nach § 141 Abs 5 Nr. 2 hat der Verantwortliche Aktuar nicht nur die korrekte Berechnung der Deckungsrückstellungen unter der Bilanz zu bestätigen, sondern auch deren Angemessenheit nach Maßgabe der in § 88 Abs. 3 und in der aufgrund dieser Vorschrift erlassenen Verordnung über Rechnungsgrundlagen für die Deckungsrückstellungen (Deckungsrückstellungsverordnung – DeckRV) v. 6.5.1996 (BGBl. I 670) detailliert dargestellten versicherungsmathematischen Bewertungsgrundsätze. Denn er ist für die Einhaltung der in der Bilanz aufgestellten Reservierungsgrundsätze bei der Festlegung der Deckungsrückstellungen für die einzelnen Verträge allein verantwortlich (BT-Drs. 12/6959, 57). Bei der Abfassung des Bestätigungsvermerks hat er die Grundsätze der Verordnung über die versicherungsmathematische Bestätigung und den Erläuterungsbericht des Verantwortlichen Aktuars (AktuarVO) v. 6.11.1996 (BGBl. I 1681) zu beachten (Erbs/Kohlhaas/*Wache*/*Lutz* Rn. 52 f.).

54   Der **Bestätigungsvermerk** muss auch hier **unter der Bilanz** abgegeben worden sein. Sonstige schriftliche oder mündliche Erklärungen des Verantwortlichen Aktuars, die – auch wenn sie den Gesellschaftsorganen oder der Aufsichtsbehörde gegenüber abgegeben wurden – mit der Bilanz körperlich nicht verbunden sind, erfüllen den Tatbestand des § 331 Abs. 2 Nr. 2b **nicht.** Demnach sind auch die Erklärungen, die der Verantwortliche Aktuar in seinem Bericht nach § 141 Abs. 4 S. 1 an den Vorstand macht, nicht tatbestandsmäßig (Erbs/Kohlhaas/*Wache*/*Lutz* Rn. 57).

55   Durch die Verweisung der §§ 161 Abs. 1, 162 auf § 141 und die Bezugnahme in § 331 Abs. 2 Nr. 2b gelten die Bestätigungspflicht und die Strafvorschrift nicht nur für den Verantwortlichen Aktuar in der Lebensversicherung, sondern auch für den Verantwortlichen Aktuar in **der Unfallversicherung mit Prämienrückgewähr** (§ 161 Abs. 1), der **Allgemeinen Haftpflichtversicherung,** der **Kraftfahrt-**

Unfallversicherung sowie der **Allgemeinen Unfallversicherung** ohne Rückgewähr der Prämie, § 162 Abs. 1 (Erbs/Kohlhaas/*Wache*/*Lutz* Rn. 54).

Bei der **substitutiven Krankenversicherung** hat der Verantwortliche Aktuar nach Nach § 156 **56** Abs. 2 S. 1 Nr. 2 zwar unter der Bilanz des Versicherungsunternehmens zu bestätigen, dass die **Alterungsrückstellungen** (zum Begriff s. § 341f HGB) nach den vorgeschriebenen versicherungsmathematischen Grundsätzen berechnet worden sind. Die Vorschrift des § 156 ist jedoch nicht in § 331 Abs. 2 Nr. 2b genannt und auch § 156 Abs. 1 S. 2 verweist ihrerseits nicht auf § 141 Abs. 5. Während nach alter Rechtslage die Strafvorschrift des § 139 Abs. 1 aF wegen der Bezugnahme auf § 12 Abs. 3 Nr. 2 aF auch für den Verantwortlichen Aktuar in der substitutiven Krankenversicherung galt, kann sich dieser Verantwortliche Aktuar nach neuem Recht jedoch auch bei Abgabe einer falschen Bestätigung nicht mehr strafbar machen (Erbs/Kohlhaas/*Wache*/*Lutz* Rn. 55).

Bei **Sicherungsfonds** verweist hingegen § 222 Abs. 4 S. 3 insgesamt auf § 141, so dass der Ver- **57** antwortliche Aktuar eines Sicherungsfonds sich nach § 331 Abs. 2 Nr. 2b strafbar machen kann, auch wenn § 222 Abs. 4 S. 3 in der Strafvorschrift nicht explizit genannt ist (Erbs/Kohlhaas/*Wache*/*Lutz* Rn. 56).

Falsch ist ein solcher Bestätigungsvermerk, wenn er in seinem Erklärungsinhalt nicht mit den **58** Feststellungen übereinstimmt, die der Verantwortliche Aktuar bei der Überprüfung der Deckungs- oder der Alterungsrückstellungen gemacht hat. Die Bestätigung einer ordnungsgemäßen Bildung der Deckungsrückstellung oder einer ordnungsgemäßen Berechnung der Alterungsrückstellung setzt selbstredend eine **Prüfung** des Verantwortlichen Aktuars voraus, da dieser nur bestätigen kann, was er auch geprüft hat. In dieser Prüfung hat er zu kontrollieren, ob die in die Bilanz eingestellte Deckungsrückstellung entsprechend den gesetzlichen Vorgaben gebildet und ob die Alterungsrückstellung zutreffend berechnet worden ist. Dabei ist auch die Finanzlage des Versicherungsunternehmens dahingehend zu untersuchen, ob die dauernde Erfüllbarkeit der sich aus den Versicherungsverträgen ergebenden Verpflichtungen durchweg gewährleistet ist und ob das Unternehmen über ausreichende Mittel zur Bedeckung der Solvabilitätsspanne verfügt, § 11a Abs. 3 Nr. 1 S. 2 (BT-Drs. 12/6959, 57 (60); vgl. zum Ganzen Erbs/Kohlhaas/*Wache*/*Lutz* Rn. 58). Im Übrigen gelten die Ausführung zu Nr. 2a (→ Rn. 52) entsprechend.

5. Tatvollendung. Beide Tatbestände des § 331 Abs. 2 Nr. 2 sind **vollendet,** wenn der unter der **59** Bilanz angebrachte falsche Bestätigungsvermerk des Verantwortlichen Aktuars oder des Treuhänders bzw. von dessen Stellvertreter den Personen zugeht, für die er bestimmt ist. Es ist nicht erforderlich, dass der Adressat auch Kenntnis davon nimmt (vgl RGSt 37, 25 (27)). Das können die Mitglieder des Vorstands sein, wenn sie nicht als Vertreter des Versicherungsunternehmens mit der Aufstellung der Bilanz befasst waren. Es können auch die Abschlussprüfer, die Mitglieder des Aufsichtsrats oder der Aufsichtsbehörden sein, wenn alle übrigen Personen an der Tat beteiligt waren (Erbs/Kohlhaas/*Wache*/*Lutz* Rn. 84).

Beendet ist die Tat jeweils, wenn der Empfänger die Bilanz mit dem falschen Bestätigungsvermerk **60** bei seiner Entscheidung berücksichtigt hat (Erbs/Kohlhaas/*Wache*/*Lutz* Rn. 85).

6. Versuch. Der **Versuch** ist nicht strafbar, § 23 Abs. 1 StGB iVm § 12 Abs. 1 StGB. **61**

III. Abs. 2 Nr. 3

1. Allgemeines. Die Regelung des **§ 331 Abs. 2 Nr. 3** entspricht weitgehend § 141 Abs. 1 aF. Sie **62** gewährleistet die strafrechtliche Absicherung der Sonderregelung des § 312 Abs. 1. Danach haben ausschließlich die Aufsichtsbehörden die Alleinbefugnis, bei **Zahlungsunfähigkeit** oder **Überschuldung** eines Versicherungsunternehmens die Eröffnung des Insolvenzverfahrens über das Vermögen des Versicherungsunternehmens bei dem zuständigen Insolvenzgericht zu beantragen. Damit korrespondiert die in § 311 Abs. 1 normierte Verpflichtung der vertretungsberechtigten Organe des Versicherungsunternehmens, der Aufsichtsbehörde den Eintritt der Zahlungsunfähigkeit oder der Überschuldung des Unternehmens anzuzeigen. § 331 Abs. 2 Nr. 3 verleiht damit dieser Anzeigepflicht strafrechtlichen Nachdruck, um der Aufsichtsbehörde die Erfüllung ihrer Prüfungspflichten nach § 314 zu ermöglichen. Die Regelung des § 331 Abs. 2 Nr. 3 ersetzt damit als **Spezialvorschrift** für Versicherungsunternehmen die Bestimmung des § 15a InsO (Erbs/Kohlhaas/*Wache*/*Lutz* Rn. 60).

Geschütztes Rechtsgut dieser Regelung ist das Vertrauen der Öffentlichkeit, sprich der Versicherten **63** – vgl. § 314 Abs. 1 – in die Wirksamkeit der materiellen Staatsaufsicht über das Versicherungswesen.

§ 331 Abs. 2 Nr. 3 gilt für **Versicherungsunternehmen,** die in der Rechtsform der AG, eines **64** VVaG oder eines öffentlich-rechtlichen Versicherungsunternehmens betrieben werden, und in Verbindung mit §§ 237 Abs. 1 S. 1, 212 Abs. 1 auch für **Pensionsfonds.** Im weiteren Sinne dient die Vorschrift auch den Interessen der Unternehmensgläubiger, der Aktionäre einer AG, der Mitglieder eines VVaG, der Anteilseigner eines öffentlich-rechtlichen Versicherungsunternehmens, der Arbeitgeber und Arbeitnehmer beim Pensionsfonds sowie generell den Interessen aller gutgläubigen Dritten, die rechtliche oder wirtschaftliche Beziehungen zu dem Versicherungsunternehmen oder dem Pensionsfonds unterhalten (Erbs/Kohlhaas/*Wache*/*Lutz* Rn. 61). Die Regelung ist auch **Schutzgesetz** iSv § 823

Abs. 2 BGB, wenn der durch sie geschützte Personenkreis durch die vorsätzliche oder fahrlässige Verletzung der Anzeigepflicht einen Schaden erleidet (Erbs/Kohlhaas/*Wache*/*Lutz* Rn. 61).

65   § 331 Abs. 2 Nr. 3 ist – ebenso wie § 15a InsO – ein echtes **Unterlassungsdelikt**, das ein bestimmtes Unterlassen, nämlich die pflichtwidrige Nichtanzeige der eingetretenen Zahlungsunfähigkeit oder Überschuldung oder auch das nicht richtige oder nicht rechtzeitige Erstatten einer solchen Anzeige, unter Strafe stellt (vgl. Erbs/Kohlhaas/*Wache*/*Lutz* Rn. 62). Zur Konkretisierung der gebotenen Handlung verweist die Strafvorschrift auf § 311. Es handelt sich damit um eine **blankettartige Norm** (zum Begriff der Blankettnorm vgl. BGHSt 28, 213 (215) mwN) deren Tatbestand sich aus einer Gesamtschau der Regelung des § 331 Abs. 2 Nr. 3 und der ausfüllenden Vorschrift des § 311 ergibt. Der vorliegende Straftatbestand wird in dieser Form dem Bestimmtheitsgebot des Art. 103 Abs. 2 GG (vgl. dazu BVerfGE 37, 201 (208 f.); BGH NStZ 1982, 206) gerecht, da durch die Verweisung auf die Ausfüllungsvorschrift des § 311 die Voraussetzungen der Strafbarkeit hinreichend deutlich gemacht werden. Da § 331 Abs. 2 Nr. 3 die gesetzlich normierte Handlungspflicht nicht vom Eintritt eines bestimmten Gefährdungserfolges oder Schadens abhängig macht, stellt die Vorschrift auch ein **abstraktes Gefährdungsdelikt** dar (vgl. Erbs/Kohlhaas/*Wache*/*Lutz* Rn. 62).

66   **2. Täterkreis.** Die Vorschrift des § 331 Abs. 2 Nr. 3 ist ein **echtes Sonderdelikt** (zu den Sonderdelikten vgl. Fischer StGB § 13 Rn. 50), das die Strafbarkeit an bestimmte Eigenschaften des Täters knüpft (→ Rn. 3). **Täter** können nur die Mitglieder des Vorstandes, Hauptbevollmächtigte oder Liquidatoren eines Versicherungsunternehmens (§ 311 Abs. 2 S. 2) oder entsprechende Verantwortliche eines Pensionsfonds sein, die die Vorschrift ausdrücklich nennt. Mitglied des Vorstands ist eine natürliche, unbeschränkt geschäftsfähige Person, die insbesondere durch den Aufsichtsrat nach § 84 AktG oder in dringenden Fällen durch das Gericht nach § 85 AktG zum Mitglied des Vorstandes bestellt worden ist. Als **Vorstandsmitglieder** kommen solche einer AG, eines VVaG oder Mitglieder eines entsprechenden Organs eines öffentlich-rechtlichen Versicherungsunternehmens in Betracht (Erbs/Kohlhaas/*Wache*/*Lutz* Rn. 63 f.). Eine Täterschaft des **Hauptbevollmächtigten** ist nur in seinem Verantwortungsbereich möglich.

67   Der Begriff des **Liquidators** entspricht dem des Abwicklers iSv § 265 AktG, § 204 VAG. Wegen des im Strafrecht geltenden Bestimmtheitsgebots des Art. 103 Abs. 2 GG scheidet eine analoge Anwendung der Vorschrift aus. Das Gesetz führt zwar den **Sonderbeauftragten** nach § 307 nicht als Täter auf. Er kann jedoch gemäß § 14 Abs. 2 StGB ebenfalls Täter sein, wenn er die Aufgaben des Vorstands wahrnimmt. Dies gilt allerdings nicht für den **Vermögensverwalter** nach § 304 Abs. 4 S. 3, sofern ihm nicht die Aufgaben des Vorstands übertragen sind (zum Ganzen vgl Erbs/Kohlhaas/*Wache*/*Lutz* Rn. 65).

68   Vorstandsmitglieder, Hauptbevollmächtigte und Liquidatoren können auch Personen sein, die zwar nicht formell dazu bestellt sind, aber tatsächlich die mit diesen Ämtern verbundenen Aufgaben wahrnehmen (sog **faktische Amtsträgerschaft**). Der in der Rspr entwickelte Begriff des faktischen Funktionsträgers gilt auch hier (Erbs/Kohlhaas/*Wache*/*Lutz* Rn. 66).

69   **3. Tatbeteiligung.** Im Hinblick auf die Tatbeteiligung gelten die allgemeinen Regelungen über Täterschaft und Teilnahme gemäß §§ 25–31 StGB. Da § 331 Abs. 2 Nr. 3 ein echtes Sonderdelikt ist (→ Rn. 3, 66), folgen daraus besondere Konsequenzen. Mittäterschaft (§ 25 Abs. 2 StGB) oder mittelbare Täterschaft (§ 25 Abs. 1 StGB) sind nur dann möglich, wenn der Täter die für § 331 Abs. 2 Nr. 3 erforderliche **Sondereigenschaft** besitzt (vgl BGHSt 14, 280 (281 f.)). Fehlt diese, kommt allenfalls eine Beteiligung als Gehilfe (§ 27 StGB) oder Anstifter (§ 26 StGB) in Betracht, die von jedermann begangen werden kann. So kann beispielsweise der Prüfer, der die Aufsichtsbehörde entgegen seiner Verpflichtung aus § 35 Abs. 4 S. 1 nicht unverzüglich darüber unterrichtet, dass ihm bei der Prüfung bekannt geworden ist, dass ein Versicherungsunternehmen zahlungsunfähig oder überschuldet ist, nur Gehilfe sein (vgl Erbs/Kohlhaas/*Wache*/*Lutz* Rn. 66).

70   **4. Anzeigepflicht nach § 311 Abs. 1 S. 1 und 2.** Nach **§ 311 Abs. 1 S. 1 und 2** sind der Vorstand eines Versicherungsunternehmens (VersicherungsAG, VVaG und öffentlich-rechtliches Versicherungsunternehmen) oder Pensionsfonds (§§ 237 Abs. 1 S. 1, 212 Abs. 1) verpflichtet, der Aufsichtsbehörde die Zahlungsunfähigkeit bzw. die Überschuldung (Insolvenzlage) anzuzeigen. Die drohende Zahlungsunfähigkeit, die nach § 18 InsO ebenfalls ein Insolvenzgrund ist, löst nach § 311 Abs. 1 S. 1 noch nicht die Anzeigepflicht aus. Anders als bei § 311 Abs. 2 S. 2 trifft die Anzeigepflicht nach § 311 Abs. 1 nicht den Liquidator (vgl Erbs/Kohlhaas/*Wache*/*Lutz* Rn. 67).

71   **a) Zahlungsunfähigkeit. Zahlungsunfähigkeit** iSd § 17 Abs. 2 InsO liegt vor, wenn das Versicherungsunternehmen oder der Pensionsfonds aus Mangel an bereiten Mitteln nicht in der Lage ist, seine fälligen Zahlungspflichten zu erfüllen (stRspr – vgl. nur BGH wistra 2007, 312; BGH NJW 2005, 3062 (3063); BGHZ 173, 286 (288)). Voraussetzung der Zahlungsunfähigkeit ist idR ein stichtagsbezogenes Liquiditätsdefizit (BGH NStZ 2003, 546). In der Regel ist Zahlungsunfähigkeit anzunehmen, wenn das Versicherungsunternehmen oder der Pensionsfonds seine Zahlungen eingestellt hat. Eine Zahlungseinstellung wird angenommen, wenn das Versicherungsunternehmen/der Pensionsfonds wegen eines voraussichtlich dauernden Mangels an Zahlungsmitteln nach außen erkennbar aufgehört hat, seine fälligen Verbindlichkeiten zu bezahlen (BGH ZIP 2003, 410). Das ist beispielsweise dann der Fall, wenn keinerlei Geschäftstätigkeit mehr entfaltet wird oder über einen Zeitraum von einem Monat mehr als 50% der Verbindlichkeiten – auch eines einzelnen Gläubigers – nicht beglichen werden (vgl. BGH NJW 2002, 515; zum Ganzen BeckOK StGB/*Beukelmann* StGB § 283 Rn. 17 f. mwN).

Nach früherem Recht setzte Zahlungsunfähigkeit iSd damals geltenden § 102 KO voraus, dass der Schuldner **72** **dauernd** unvermögend war, seine Zahlungsverpflichtungen im Wesentlichen zu erfüllen (BGH NJW 1982, 1952 (1954) – so auch noch Erbs/Kohlhaas/*Wache/Lutz* Rn. 68). In § 17 Abs. 2 InsO hat der Gesetzgeber auf die Merkmale „auf Dauer" und „im Wesentlichen" bei der Umschreibung der Zahlungsunfähigkeit verzichtet (vgl. BGH wistra 2007, 312; BGH NJW 2005, 3062 (3063); BeckOK StGB/*Beukelmann* StGB § 283 Rn. 18.1).

Eine bloß **vorübergehende Zahlungsstockung** begründet hingegen keine Zahlungsunfähigkeit **73** (BT-Drs. 12/2443, 114; BGH wistra 2007, 312; BGH NJW 2005, 3062 (3063); Erbs/Kohlhaas/*Wache/Lutz* Rn. 68) und begründet auch keine Anzeigepflicht iSv § 311 Abs. 1 S. 1 und 2. Eine Zahlungsstockung liegt vor, wenn der Zeitraum nicht überschritten wird, den eine kreditwürdige Person benötigt, um sich die benötigten Mittel zu leihen (BGH NJW 2005, 3062 (3064) mwN). Dieser Zeitraum wird vom BGH längstens mit drei Wochen bemessen (BGH wistra 2007, 312; BGH NJW 2005, 3062 (3064); BeckOK StGB/*Beukelmann* StGB § 283 Rn. 19). Die bloß drohende Zahlungsunfähigkeit (die zwar nach § 18 InsO einen Insolvenzgrund darstellt) löst die Anzeigepflicht nach § 311 Abs. 1 S. 1 und 2 ebenfalls nicht aus.

b) Überschuldung. Überschuldung ist nach der gesetzlichen Begriffsbestimmung des § 311 Abs. 1 **74** S. 2 gegeben, wenn das Vermögen des Unternehmens nicht mehr die Schulden deckt. Danach liegt eine Überschuldung vor, wenn das Vermögen des Schuldners, sprich des Versicherungsunternehmens oder des Pensionsfonds, die bestehenden Verbindlichkeiten nicht mehr deckt (BGH ZinsO 2008, 1019). § 19 Abs. 2 S. 1 InsO definiert die Überschuldung als rechnerische Überschuldung auf der Grundlage einer Vergleichsrechnung zwischen dem Vermögen und den bestehenden Verbindlichkeiten zum Stichtag. Die Überschuldungsbilanz erfasst und bewertet das gesamte Vermögen sowie alle bestehenden Verbindlichkeiten. Es sind alle materiellen und immateriellen Vermögenswerte anzusetzen, die im Rahmen einer konkursmäßigen Liquidation verwertbar wären (ausführlich Nerlich/Römermann/*Mönning* InsO § 19 Rn. 15 mwN). Diese Begriffsbestimmung des VAG stimmt jedoch nur teilweise mit dem Überschuldungsbegriff überein, den der Gesetzgeber in § 19 Abs. 2 S. 1 InsO benutzt. Dort ist nämlich zusätzliche Voraussetzung, dass die Fortführung des Unternehmens nach den konkreten Umständen nicht überwiegend wahrscheinlich ist. Diese Einschränkung ist nach § 311 Abs. 1 S. 2 nicht vorgesehen (vgl. Erbs/Kohlhaas/*Wache/Lutz* Rn. 69).

Überschuldung ist dann **eingetreten,** wenn die Gesamtsumme der Bilanzposten des Eigenkapitals **75** durch Betriebsverluste, Kapitalrückzahlungen oder nicht erwirtschaftete Gewinnausschüttungen aufgezehrt worden ist und weitere Bilanzverluste unter den Aktiva der Bilanz erscheinen. Dabei sind die Vermögenswerte nicht mit den angenommenen Buchwerten, auch nicht mit ihren Bilanzwerten, sondern mit ihren wirklichen Verkehrswerten anzusetzen, den sie im Zeitpunkt der Überschuldung haben (BGH NStZ 2003, 546). In der Regel wird die Überschuldung erst aus einer Vermögensübersicht (Bilanz) zu ersehen sein. Das Bilanzerfordernis ist aber nicht Tatbestandsmerkmal (Erbs/Kohlhaas/*Wache/Lutz* Rn. 70).

c) Anzeigepflicht. § 311 Abs. 1 verpflichtet die als Täter in Betracht kommenden Personen **76** (→ Rn. 66 ff.) idR lediglich zur **Anzeige** der Zahlungsunfähigkeit oder der Überschuldung des Versicherungsunternehmens oder des Pensionsfonds. Nach dem Wortlaut des § 311 Abs. 1 S. 3 tritt die Anzeigepflicht an die Stelle der sonst bestehenden Insolvenzantragspflicht. Mit dieser Gleichstellung der Anzeigepflicht bei Versicherungsunternehmen und Pensionsfonds mit der sonst bestehenden Antragspflicht (vgl. § 15a Abs. 1 S. 1 InsO, § 92 Abs. 2 AktG aF) werden die für die Anzeige verantwortlichen Personen weder besser noch schlechter gestellt als die Vorstandsmitglieder einer sonstigen AG.

Der Anzeigepflicht wird nur dann hinreichend Rechnung getragen, wenn die Verantwortlichen nach **77** Eintritt der Zahlungsunfähigkeit oder Überschuldung ohne schuldhaftes Zögern (vgl. § 121 BGB) die Aufsichtsbehörde darüber in Kenntnis setzen. Eine **Sanierungsfrist** von drei Wochen (wie in § 15a Abs. 1 S. 1 InsO vorgesehen) steht den Vorstandsmitgliedern von Versicherungs-Aktiengesellschaften und Pensionsfonds im Rahmen des § 331 Abs. 2 Nr. 3 nicht zu. Die § 311 ff. gehen von der Grundkonzeption aus, dass Sanierungsversuche nicht von dem Vorstand des Versicherungsunternehmens selbst, sondern im Interesse der Versicherten nur von den Aufsichtsbehörden unternommen werden sollen. Die Aufsichtsbehörden sollen möglichst früh eingeschaltet werden, um ihnen Gelegenheit zu geben, die Insolvenz des Versicherungsunternehmens abzuwenden. Die objektive Pflicht zur Anzeige beginnt deshalb mit dem Eintritt der Insolvenzlage. Ob die zum Handeln verpflichteten Personen Kenntnis von diesem Umstand hatten oder hätten haben müssen, kann nur für die innere Tatseite Bedeutung haben (so auch Erbs/Kohlhaas/*Wache/Lutz* Rn. 72, der aber dazu widersprüchlich in Rn 71 ausführt, dass der Anzeigepflicht des § 311 Abs. 1 Genüge getan ist, wenn die Aufsichtsbehörde ohne schuldhaftes Zögern, „spätestens aber drei Wochen nach dem Eintritt der Insolvenzlage" davon unterrichtet wird).

Aus diesem Grund kann auch die von Rspr. und Schrifttum zu § 15a Abs. 1 S 1 InsO (§ 92 Abs. 2 **78** AktG aF) überwiegend vertretene Auffassung, wonach die Drei-Wochen-Frist für die Stellung des

Insolvenzantrags erst mit positiver Kenntnis des Verantwortlichen von dem Eintritt der Insolvenzlage beginnt (BGHSt 15, 306 (310); Nerlich/Römermann/*Mönning* InsO § 15a Rn. 12 mwN), auf § 331 Abs. 2 Nr. 3 nicht übertragen werden. Vielmehr **beginnt** hier die Pflicht zur Anzeige **mit Eintritt** der Zahlungsunfähigkeit bzw der Überschuldung (**aA** offensichtlich Erbs/Kohlhaas/*Wache/Lutz* Rn. 71).

79   Hat **einer von mehreren** Anzeigepflichtigen (nicht aber ein beliebiger Dritter – wie etwa ein Gläubiger des Versicherungsunternehmens) die Anzeige rechtzeitig erstattet, so fehlt es auch für die übrigen am Tatbestand.

80   **5. Anzeigepflicht nach § 311 Abs. 2 S. 1 und 2.** Versicherungsvereine auf Gegenseitigkeit und nach dem Gegenseitigkeitsgrundsatz arbeitende öffentlich-rechtliche Versicherungsunternehmen, bei denen Nachschüsse oder Umlagen zu leisten sind, haben über die Verpflichtung des § 311 Abs. 1 S. 1 und 2 hinaus eine weitere Anzeigepflicht. Sind **ausgeschriebene Nachschüsse oder Umlagen fünf Monate über die Fälligkeit rückständig und ist dadurch Überschuldung** eingetreten, so hat der Vorstand bzw. der Liquidator dies innerhalb eines weiteren Monats der Aufsichtsbehörde anzuzeigen. Die Pflicht nach § 311 Abs. 2 S. 1 Hs. 1, eine Prüfung vorzunehmen, besteht bereits dann, wenn ein einziges Mitglied mit Nachschüssen oder Umlagen auch nur teilweise fünf Monate im Rückstand ist. Die Übersicht ist für den Stichtag aufzustellen, zu dem – falls die Nachschüsse oder Umlagen zu verschiedenen Zeitpunkten fällig werden – der früheste Fälligkeitstermin um fünf Monate überschritten ist (Erbs/Kohlhaas/*Wache/Lutz* Rn. 73).

81   **6. Tatvollendung.** Der Tatbestand des § 331 Abs. 2 Nr. 3, bei dem es sich um ein echtes Unterlassungsdelikt handelt (→ Rn. 65) ist zu dem Zeitpunkt **vollendet,** zu dem die nach § 311 gebotene Anzeige der eingetretenen Zahlungsunfähigkeit oder Überschuldung hätte vorgenommen werden müssen. Die Anzeige ist nach Eintritt der Zahlungsunfähigkeit oder der Überschuldung unverzüglich, sprich ohne schuldhaftes Zögern (vgl. § 121 BGB), an die Aufsichtsbehörde zu erstatten. Wann dies der Fall ist, ist stets nach den Umständen des Einzelfalles zu beurteilen und richtet sich auch danach, ob ein vorsätzliches oder nur ein fahrlässiges Handeln in Betracht kommt (Erbs/Kohlhaas/*Wache/Lutz* Rn. 86).

82   **Beendet** ist der Unterlassungstatbestand des § 331 Abs. 2 Nr. 3, wenn die Anzeigepflicht entfallen ist, sei es, dass die Anzeige der Aufsichtsbehörde zugegangen ist oder wegen Überwindung der Zahlungsunfähigkeit bzw. der Überschuldung keine Anzeigepflicht mehr besteht (vgl Erbs/Kohlhaas/*Wache/Lutz* Rn. 87).

83   **7. Versuch.** Der **Versuch** ist nicht strafbar, § 23 Abs. 1 StGB iVm § 12 Abs. 1 StGB.

D. Abs. 2a

84   Die Regelung des § 331 **Abs. 2a** wurde durch das Abschlussprüfungsreformgesetz vom 10.5.2016 (BGBl. I 1142) eingefügt. Diese neue Strafnorm dient der Sanktionierung besonders gravierender Verstöße gegen die prüfungsbezogenen Pflichten der Mitglieder des Aufsichtsrates und des Prüfungsausschusses eines VVaG nach der VO (EU) Nr. 537/2014. Sie ist § 333a HGB nachgebildet (BT-Drs. 18/7219, 64) und trägt dem Umstand Rechnung, dass dann, wenn die genannten Verstöße **gegen Gewährung oder Versprechen eines Vermögensvorteils** begangen oder **beharrlich wiederholt** werden, eine Sanktionierung als Ordnungswidrigkeit nicht ausreichend ist (vgl. BT-Drs. 18/7219, 48 zu § 333a HGB). Zu den Tathandlungen im Einzelnen → § 332 Rn. 7 ff.

85   Das in Abs. 2a Nr. 2 verwandte Tatbestandsmerkmal „**beharrlich**" wird in Rspr. und Lehre definiert als besondere Hartnäckigkeit und damit gesteigerte Gleichgültigkeit des Täters gegenüber einem bestehenden Verbot, so dass ein nur einmaliger Verstoß nicht zur Strafbarkeit führen kann (vgl. etwa Schönke/Schröder/*Eisele* StGB § 238 Rn. 25).

86   Auch hier ist der **Versuch** nicht strafbar, § 23 Abs. 1 StGB iVm § 12 Abs. 1 StGB.

E. Subjektive Tatseite

87   Die Tathandlungen des § 331 Abs. 1 und 2 können sowohl **vorsätzlich** als auch **fahrlässig** nach Abs. 3 begangen werden. Hingegen können die Tatbestände des § 331 Abs. 2a ausschließlich vorsätzlich begangen werden. Für **vorsätzliches** Handeln nach Abs. 1, 2 und 2a genügt **bedingter** Vorsatz.

I. Subjektiver Tatbestand bei Abs. 1 und Abs. 2 Nr. 1

88   **Vorsätzlich** handelt der Täter hier, wenn er etwa bei dem Tatbestand des Abs. 1 Nr. 1 weiß oder mit der Möglichkeit rechnet, dass er im Inland ein Versicherungsgeschäft ohne Erlaubnis betreibt, das der Erlaubnis durch die Aufsichtsbehörden bedarf. Rechnet er nur mit der Möglichkeit, muss er dieses Ergebnis billigend in Kauf nehmen. Das Gleiche gilt, wenn er bei den Tatbeständen des Abs. 1 Nr. 2 oder Abs. 2 Nr 1 weiß oder mit der Möglichkeit rechnet, dass er entgegen den Zulassungsvoraussetzungen des § 61 Abs. 2–4 eine Geschäftstätigkeit erweitert oder diese entgegen einer Untersagungsanordnung nach § 62 Abs. 3 S. 2 fortsetzt (Erbs/Kohlhaas/*Wache/Lutz* Rn. 75).

Fahrlässig iSv Abs. 3 handelt der Täter zB, wenn er unter Verletzung seiner Sorgfaltspflicht nicht 89 erkennt, dass er ein Versicherungsgeschäft im Inland ohne Erlaubnis betreibt (Erbs/Kohlhaas/*Wache*/*Lutz* Rn. 78).

Im Falle eines **Irrtums** des Täters kommen die allgemeinen Grundsätze der §§ 16, 17 StGB zur 90 Anwendung. Irrt der Täter über tatsächliche Umstände, die seine Tätigkeit erst als ein Betreiben von Versicherungsgeschäften erkennen lassen oder weiß er nicht, dass seine Tätigkeit nicht von dem genehmigten Geschäftsplan gedeckt wird, so irrt er über Tatumstände und befindet sich deshalb in einem Tatbestandsirrtum nach § 16 StGB. Aufgrund des Umstandes, dass nach § 331 Abs. 3 auch fahrlässiges Handeln strafbar ist, kommt der Irrtumsproblematik allerdings keine allzu große Bedeutung zu. Denn bei einem vorsatzausschließenden Tatbestandsirrtum bleibt die Strafbarkeit wegen fahrlässiger Begehung unberührt, § 16 Abs. 1 S. 2 StGB (Erbs/Kohlhaas/*Wache*/*Lutz* Rn. 76).

Kein Tatbestandsirrtum liegt vor, wenn der Täter sich über die rechtliche Einordnung seiner 91 Tätigkeit falsche Vorstellungen macht und annimmt, es handele sich bei ihr nicht um Versicherungsgeschäfte, die der Erlaubnispflicht, den besonderen Zulassungsvoraussetzungen des § 61 Abs. 2–4 oder der Untersagungsanordnung des § 62 Abs. 3 S. 2 unterliegen. In diesem Fall handelt es sich um einen **Subsumtionsirrtum**, weil der Täter zwar weiß, dass Versicherungsgeschäfte nur mit Erlaubnis der Aufsichtsbehörde betrieben werden dürfen, er seine Tätigkeit aber rechtlich falsch einordnet. Ein Subsumtionsirrtum ist ein Verbotsirrtum nach § 17 StGB. Ein **Verbotsirrtum** liegt auch vor, wenn der Täter irrtümlich annimmt, er könne das Versicherungsgeschäft betreiben, weil die Versagung oder die Rücknahme der Erlaubnis durch die Aufsichtsbehörde rechtswidrig sei (Erbs/Kohlhaas/*Wache*/*Lutz* Rn. 77).

II. Subjektiver Tatbestand bei Abs. 2 Nr. 2

Beide Tatbestände des **Abs. 2 Nr. 2** verlangen zunächst ein **vorsätzliches** Handeln, wobei auch hier 92 bedingter Vorsatz ausreicht. Der Verantwortliche Aktuar oder der Treuhänder bzw dessen Stellvertreter muss deshalb wissen oder mit der Möglichkeit rechnen, dass die abgegebene Bestätigungserklärung unrichtig oder unvollständig ist. Rechnet er nur mit dieser Möglichkeit, muss er allerdings auch dieses Ergebnis billigend in Kauf nehmen. Bedingter Vorsatz kommt beispielsweise in Betracht, wenn der Verantwortliche Aktuar oder der Treuhänder bzw dessen Stellvertreter Anhaltspunkte dafür hat, dass die ihm für seine Prüfung vorgelegten Unterlagen lückenhaft sind und er den Bestätigungsvermerk erteilt, ohne auf einer genauen Prüfung aller Umstände zu bestehen. Auch in diesen Fällen ist jedoch maßgeblich, ob er die Bestätigung ohne Rücksicht auf ihre Richtigkeit abgeben wollte (Erbs/Kohlhaas/*Wache*/*Lutz* Rn. 79).

Auch hier kommen im Falle eines **Irrtums** des Täters die allgemeinen Grundsätze der §§ 16, 17 93 StGB zur Anwendung.

Im Gegensatz zu § 139 aF ist nunmehr gemäß § 331 Abs. 3 auch **fahrlässiges** Handeln unter Strafe 94 gestellt. Dieses kann insbesondere dann vorliegen, wenn die Bestätigung abgegeben wird, obwohl der Treuhänder bzw dessen Stellvertreter oder der Verantwortliche Aktuar davon ausgehen musste, dass sie unzutreffend ist. Danach ist jedes fahrlässige Handeln eines Treuhänders bzw dessen Stellvertreters oder eines Verantwortlivhen Aktuars strafbar, soweit die Bestätigung erteilt wird, obwohl sie nicht hätte erteilt werden dürfen (Erbs/Kohlhaas/*Wache*/*Lutz* Rn. 79).

III. Subjektiver Tatbestand bei Abs. 2 Nr. 3

Vorsätzlich handelt der Täter hier, wenn er den Eintritt der Zahlungsunfähigkeit oder Überschul- 95 dung und seine Verpflichtung zur Anzeige kennt, aber dennoch davon absieht, die gebotene Anzeige zu erstatten (vgl. generell zum vorsätzlichen Handeln bei Unterlassungsdelikten BGHSt 19, 295 (298 f.)). Für das Vorliegen von dolus eventualis reicht es aus, wenn der Täter nur mit der Möglichkeit seiner Anzeigepflicht rechnet, ihr aber dennoch nicht nachkommt, weil er deren Verletzung billigend in Kauf nimmt. **Fahrlässigkeit** liegt vor, wenn der Täter entweder unter Verletzung seiner Sorgfaltspflicht nicht erkennt, dass er einer Anzeigepflicht unterliegt (unbewusste Fahrlässigkeit), oder er zwar mit dieser Möglichkeit rechnet, aber entgegen dieser Einsicht pflichtwidrig davon ausgeht, dass die Anzeigepflicht für ihn nicht besteht (bewusste Fahrlässigkeit – zu den Bestandteilen der Fahrlässigkeit näher Fischer StGB § 15 Rn. 12 ff.). Die Verletzung der Sorgfaltspflicht durch den Täter kann sich dabei sowohl auf die fehlende Kenntnis von der Zahlungsunfähigkeit oder der Überschuldung des Versicherungsunternehmens als auch auf das Bestehen der Anzeigepflicht an sich und deren Eintrittszeitpunkt beziehen (Erbs/Kohlhaas/*Wache*/*Lutz* Rn. 80).

Ob die subjektiven Tatbestandsvoraussetzungen vorliegen, ist für jedes Vorstandsmitglied **gesondert** 96 zu prüfen, § 29 StGB. Dabei kann auch von Bedeutung sein, wenn die Verantwortlichkeiten der einzelnen Mitglieder des Vorstandes unterschiedlich verteilt sind (Erbs/Kohlhaas/*Wache*/*Lutz* Rn. 80). Allerdings wird es bei einer Gesamtverantwortlichkeit der Vertretungsorgane des Versicherungsunternehmens oder des Pensionsfonds trotz Arbeitsteilung nur in seltenen Ausnahmefällen am subjektiven Tatbestand fehlen.

97   Im Falle eines **Irrtums** des Täters kommen die allgemeinen Grundsätze der §§ 16, 17 StGB zur Anwendung. Aufgrund des Umstandes, dass nach § 331 Abs. 3 auch fahrlässiges Handeln strafbar ist, kommt der Irrtumsproblematik allerdings keine allzu große Bedeutung zu. Selbst wenn der Täter irrtümlich davon ausgeht, es liege keine Zahlungsunfähigkeit, sondern lediglich eine Zahlungsstockung vor, so handelt er regelmäßig fahrlässig, wenn ihm diesen Irrtum betreffend eine Verletzung der Sorgfaltspflicht vorzuwerfen ist. Kann eine Zahlungsunfähigkeit, die in Wahrheit eine Zahlungsstockung ist, durch sofortige Ausschreibung von Nachschüssen rechtzeitig (dh ohne schuldhaftes Zögern) behoben werden, fehlt es an den objektiven Voraussetzungen der Anzeigepflicht. Auch wenn der Täter über die ihm tatsächlich obliegende Anzeigepflicht irrt, kommt es darauf an, ob er insofern gegen seine Sorgfaltspflicht verstoßen hat (Erbs/Kohlhaas/*Wache*/*Lutz* Rn. 81).

IV. Subjektiver Tatbestand bei Abs. 2a

98   Der Tatbestand des § 331 Abs. 2a verlangt in subjektiver Hinsicht **Vorsatz,** wobei bedingter Vorsatz ausreicht. Eine fahrlässige Begehung ist nicht strafbar, nachdem die gegenständliche Vorschrift von Abs. 3 ausdrücklich nicht in Bezug genommen wird.

F. Konkurrenzen

I. Betreffend Abs. 1 und Abs. 2 Nr. 1

99   **Tateinheit** iSv § 52 StGB ist möglich mit Betrug nach § 263 StGB – etwa wenn der Geschäftsleiter eines nicht zugelassenen Versicherungsunternehmens die Versicherungsnehmer über die Zulassung des Unternehmens täuscht (OLG Karlsruhe VA 1905 Nr. 111). Auch sonst kann Tateinheit mit weiteren Tatbeständen des StGB oder des Nebenstrafrechts bestehen, wenn die Voraussetzungen des § 52 StGB erfüllt sind (Erbs/Kohlhaas/*Wache*/*Lutz* Rn. 90).

100   **Ordnungswidrigkeitentatbestände** treten gemäß § 21 OWiG grundsätzlich hinter den Straftatbeständen des § 331 zurück. Demgegenüber verdrängen jedoch die Bußgeldtatbestände des § 332 als lex specialis die Straftatbestände des § 331 mit allen Teilnahmehandlungen (Anstiftung, § 26 StGB, und Beihilfe, § 27 StGB), sofern Tateinheit vorliegt. Maßgeblich ist dies insbesondere in den Fällen, in denen eine Erweiterung des Geschäftsbetriebes gemäß § 332 Abs. 1 Nr. 1 gleichzeitig als unerlaubtes Betreiben eines Versicherungsgeschäfts gemäß § 331 Abs. 1 Nr. 1 angesehen wird. Hier verdrängt der Bußgeldtatbestand ausnahmsweise die Straftat (Erbs/Kohlhaas/*Wache*/*Lutz* Rn. 90).

II. Betreffend Abs. 2 Nr. 2

101   Die beiden Tatbestandsvarianten des § 331 Abs. 2 Nr. 2 können mit Betrug (§ 263 StGB), Untreue (§ 266 StGB), Urkundenfälschung (§ 267 StGB) und mit unrichtiger Darstellung nach § 400 AktG sowie mit anderen Tatbeständen des StGB oder des sonstigen Nebenstrafrechts in **Tateinheit** gemäß § 52 StGB stehen (Erbs/Kohlhaas/*Wache*/*Lutz* Rn. 91).

III. Betreffend Abs. 2 Nr. 3

102   Da § 331 Abs. 2 Nr. 3 gegenüber der Regelung des § 401 Abs. 1 **Nr. 2** AktG aF bzw. § 15a Abs. 4 InsO **lex specialis** ist (→ Rn. 62), verdrängt er diese Vorschriften im Wege der Gesetzeskonkurrenz, wenn das Versicherungsunternehmen oder der Pensionsfonds, bei dem die Zahlungsunfähigkeit bzw. Überschulung eingetreten ist, in der Rechtsform der AG betrieben wird. Mit § 401 Abs. 1 AktG in der geltenden Fassung kann dagegen **Tateinheit** bestehen, wenn die Täter Vorstandsmitglieder oder Liquidatoren einer AG sind (aA Erbs/Kohlhaas/*Wache*/*Lutz* Rn. 92, der von Tatmehrheit ausgeht).

103   Da es sich bei § 331 Abs. 2 Nr. 3 um ein echtes Unterlassungsdelikt (→ Rn. 65) handelt, kann **Tateinheit** mit anderen Delikten nur dann vorliegen, wenn die verschiedenen Handlungspflichten durch ein und dieselbe Handlung zu erfüllen sind und dementsprechend ein und dieselbe Unterlassung zu mehreren Gesetzesverletzungen führt (BGHSt 18, 376 (379)). Zum Tatbestand der Untreue nach § 266 StGB und zu den Insolvenzdelikten wird § 331 Abs. 2 Nr. 3 hingegen regelmäßig in **Tatmehrheit** (§ 53 StGB) stehen, weil sich die Anzeigepflicht des § 311 mit den Tathandlungen dieser Straftaten nicht – und zwar auch nicht teilweise – deckt (zum Ganzen Erbs/Kohlhaas/*Wache*/*Lutz* Rn. 92).

G. Rechtsfolgen

104   Die Straftaten gemäß § 331 sind **Vergehen,** § 12 Abs. 2 StGB. Bei **vorsätzlicher** Begehung nach **Abs. 1** sieht das Gesetz Geldstrafe (§ 40 StGB) oder Freiheitsstrafe bis zu fünf Jahren (§§ 38, 39 StGB) vor, bei vorsätzlichen Taten nach **Abs. 2** Geldstrafe oder Freiheitsstrafe bis zu drei Jahren und im Falle einer vorsätzlichen Straftat nach **Abs. 2a** Geldstrafe oder Freiheitsstrafe bis zu einem Jahr. Die Strafe für die **fahrlässige** Tatbestandsverwirklichung nach § 331 Abs. 3 beträgt in den Fällen des Abs. 1 Geldstrafe oder Freiheitsstrafe bis zu drei Jahren und in den Fällen des Abs. 2 Geldstrafe oder Freiheitsstrafe bis zu einem Jahr. Neben Freiheitsstrafe kann nach § 41 StGB auf eine Geldstrafe erkannt werden, wenn sich der Täter bereichert oder zumindest versucht hat, dies zu tun. Außerdem finden die allgemeinen Vorschriften über Einziehung und Verfall gemäß §§ 73 ff. StGB Anwendung. Nach § 70 StGB kommt ferner die Verhängung eines Berufsverbots in Betracht (Erbs/Kohlhaas/*Wache/Lutz* Rn. 95). Bei einem an der Tat beteiligten Anstifter oder Gehilfen, bei dem die für § 331 erforderlichen besonderen persönlichen Sondereigenschaften fehlen, ist die Strafmilderungsmöglichkeit des § 28 Abs. 1 StGB zu berücksichtigen.

Die Straftaten nach § 331 werden **von Amts wegen** verfolgt. Sind die Strafverfahren beim LG **105** anhängig, so gehören sie gemäß § 74c Abs. 1 Nr. 2 GVG zum Zuständigkeitsbereich der **Wirtschafts-strafkammern.** Dies gilt auch in der Berufungsinstanz (OLG Stuttgart MDR 1982, 252; Erbs/Kohlhaas/*Wache/Lutz* Rn. 93).

Verfolgungsverjährung tritt bei vorsätzlicher Tatbegehung nach § 331 Abs. 1 und 2 sowie bei **106** fahrlässiger Begehung in den Fällen des Abs 1 in der Regel in fünf Jahren ein, § 78 Abs. 3 Nr. 4 StGB. Die Vorsatztaten nach § 331 Abs. 2a sowie die fahrlässigen Straftaten nach Abs. 3 in den Fällen des Abs. 2 verjähren regelmäßig in drei Jahren, § 78 Abs. 3 Nr. 5 StGB. Die allgemeinen Verjährungs-vorschriften der §§ 78 ff. StGB finden Anwendung (Erbs/Kohlhaas/*Wache/Lutz* Rn. 93). Die Verjäh-rungsfrist beginnt nicht mit dem Zeitpunkt der tatsächlichen Vollendung des Vergehens, sondern mit seiner tatsächlichen Beendigung. Das ist bei Straftaten nach Abs. 2 Nr. 3 der Zeitpunkt, zu dem die Pflicht zum Handeln entfällt (vgl. BGHSt 28, 371 (379, 380); Erbs/Kohlhaas/*Wache/Lutz* Rn. 94).

H. Geldbuße gegen juristische Personen und Personenvereinigungen

Gemäß § 30 Abs. 1 OWiG kann **gegen die juristische Person oder die Personenvereinigung 107** wegen einer Straftat des Organs eine **Geldbuße** verhängt werden. Kann wegen einer Zuwiderhandlung, die eine nach § 30 Abs. 1 OWiG vertretungsberechtigte Person begangen hat, aus tatsächlichen Gründen keine bestimmte Person verfolgt oder verurteilt werden, so kann gegen die juristische Person oder die Personenvereinigung auch selbstständig eine Geldbuße verhängt werden, § 30 Abs. 4 OWiG (Erbs/Kohlhaas/*Wache/Lutz* Rn. 96).

§ 332 Bußgeldvorschriften

(1) Ordnungswidrig handelt, wer

1. **ohne Genehmigung nach § 12 Absatz 1 Satz 1, auch in Verbindung mit Satz 2, jeweils auch in Verbindung mit § 212 Absatz 3 Nummer 4, § 234 Absatz 3 Satz 1 Nummer 2 erster Halbsatz, § 237 Absatz 3 Nummer 3 erster Halbsatz oder § 242 Absatz 8 eine dort genannte Änderung, eine dort genannte Erweiterung oder einen dort genannten Unter-nehmensvertrag in Kraft setzt oder den Geschäftsbetrieb eines Rückversicherungsunter-nehmens ausdehnt,**
2. **einer vollziehbaren Anordnung nach**
   a) **§ 44 Satz 1, § 293 Absatz 2 oder § 306 Absatz 1 Satz 1 Nummer 4 oder Nummer 5 oder**
   b) **§ 303 Absatz 2 Nummer 2 oder Nummer 3**
   zuwiderhandelt,
3. **entgegen § 125 Absatz 1 Satz 2 einen Vermögenswert nicht, nicht richtig oder nicht rechtzeitig dem Sicherungsvermögen zuführt,**
4. **entgegen § 126 Absatz 1 Satz 1 nicht dafür sorgt, dass die Bestände des Sicherungsver-mögens in ein Vermögensverzeichnis einzeln eingetragen werden,**
5. **entgegen § 130 Absatz 1 einen Betrag aus dem Sicherungsvermögen entnimmt,**
6. **entgegen § 134 Absatz 1 eine Unterrichtung nicht, nicht richtig, nicht vollständig oder nicht rechtzeitig vornimmt,**
7. **entgegen § 164 Absatz 3 Satz 2 zugleich für ein Versicherungsunternehmen tätig wird,**
8. **entgegen § 164 Absatz 3 Satz 3 eine vergleichbare Tätigkeit für ein Versicherungsunter-nehmen ausübt,**
9. **entgegen**
   a) **§ 215 Absatz 2 Satz 1 Nummer 1 bis 6 oder Nummer 7, jeweils auch in Verbindung mit einer Rechtsverordnung nach § 235 Absatz 1 Satz 1 Nummer 10 oder § 240 Satz 1 Nummer 8, oder**
   b) **§ 215 Absatz 2 Satz 1 Nummer 8 in Verbindung mit einer Rechtsverordnung nach § 217 Satz 1 Nummer 6**
   einen Bestand des Sicherungsvermögens anlegt oder
10. **entgegen § 239 Absatz 1 Satz 2 nicht dafür sorgt, dass die Bestände der Sicherungsver-mögen in der dort genannten Weise angelegt werden.**

(2) Ordnungswidrig handelt, wer vorsätzlich oder leichtfertig

1. entgegen § 37 Absatz 1 oder § 227 Absatz 2 Satz 1 ein dort genanntes Dokument nicht oder nicht rechtzeitig einreicht,
2. einer Rechtsverordnung nach § 39 Absatz 1 Satz 1, auch in Verbindung mit § 68 Absatz 1 Satz 4, oder einer vollziehbaren Anordnung auf Grund einer solchen Rechtsverordnung zuwiderhandelt, soweit die Rechtsverordnung für einen bestimmten Tatbestand auf diese Bußgeldvorschrift verweist, oder
3. entgegen § 40 Absatz 1 Satz 1 eine Veröffentlichung nicht, nicht richtig, nicht vollständig oder nicht rechtzeitig vornimmt.

(3) Ordnungswidrig handelt, wer vorsätzlich oder fahrlässig

1. entgegen § 17 Absatz 1 oder Absatz 2, § 36 Absatz 1 Satz 1 oder § 59 Absatz 1, auch in Verbindung mit Absatz 4, eine Anzeige nicht, nicht richtig, nicht vollständig, nicht in der vorgeschriebenen Weise oder oder nicht rechtzeitig erstattet
2. einer vollziehbaren Anordnung nach
   a) § 18 Absatz 1, 2 erster Halbsatz oder Absatz 3 Satz 4, § 19 Absatz 1, § 133 Absatz 1, § 134 Absatz 7 erster Halbsatz, § 135 Absatz 3 erster Halbsatz oder § 305 Absatz 3, auch in Verbindung mit Absatz 4, oder
   b) § 305 Absatz 1, auch in Verbindung mit Absatz 2, § 308 Absatz 4 Nummer 1, auch in Verbindung mit § 62 Absatz 1 Nummer 6, oder § 314 Absatz 1 Satz 1 oder Satz 2 zuwiderhandelt,
3. entgegen § 48 Absatz 1 oder Absatz 2 mit einem Versicherungsvermittler zusammenarbeitet,
4. entgegen § 135 Absatz 1 eine Unterrichtung nicht, nicht richtig, nicht vollständig oder nicht rechtzeitig vornimmt,
5. einer Rechtsverordnung nach § 160 Satz 1 oder einer vollziehbaren Anordnung auf Grund einer solchen Rechtsverordnung zuwiderhandelt, soweit die Rechtsverordnung für einen bestimmten Tatbestand auf diese Bußgeldvorschrift verweist, oder
6. entgegen § 306 Absatz 8 Satz 1 eine Maßnahme nicht duldet.

(4) Ordnungswidrig handelt, wer als Person, die für ein Unternehmen handelt, das der Aufsicht nach diesem Gesetz unterliegt, gegen die Verordnung (EG) Nr. 1060/2009 des Europäischen Parlaments und des Rates vom 16. September 2009 über Ratingagenturen (ABl. L 302 vom 17.11.2009, S. 1), die zuletzt durch die Richtlinie 2014/51/EU (ABl. L 153 vom 22.5.2014, S. 1) geändert worden ist, verstößt, indem sie vorsätzlich oder leichtfertig

1. entgegen Artikel 4 Absatz 1 Unterabsatz 1 ein Rating verwendet,
2. entgegen Artikel 5a Absatz 1 nicht dafür Sorge trägt, dass ein Unternehmen, das der Aufsicht nach diesem Gesetz unterliegt, eigene Kreditrisikobewertungen vornimmt,
3. entgegen Artikel 8c Absatz 1 einen Auftrag nicht richtig erteilt,
4. entgegen Artikel 8c Absatz 2 nicht dafür Sorge trägt, dass eine beauftragte Ratingagentur eine dort genannte Voraussetzung erfüllt, oder
5. entgegen Artikel 8d Absatz 1 Satz 2 die dort genannte Dokumentation nicht richtig vornimmt.

(4a) Ordnungswidrig handelt, wer als Mitglied des Aufsichtsrats im Sinne des § 189 oder als Mitglied eines nach § 189 Absatz 3 Satz 1 in Verbindung mit § 107 Absatz 3 Satz 2 des Aktiengesetzes bestellten Prüfungsausschusses eines Versicherungsvereins auf Gegenseitigkeit, der Versicherungsunternehmen ist im Sinne des Artikels 2 Absatz 1 der Richtlinie 91/674/EWG des Rates vom 19. Dezember 1991 über den Jahresabschluß und den konsolidierten Abschluß von Versicherungsunternehmen (ABl. L 374 vom 31.12.1991, S. 7), die zuletzt durch die Richtlinie 2006/46/EG (ABl. L 224 vom 16.8.2006, S. 1) geändert worden ist,

1. die Unabhängigkeit des Abschlussprüfers oder der Prüfungsgesellschaft nicht nach Maßgabe des Artikels 4 Absatz 3 Unterabsatz 2, des Artikels 5 Absatz 4 Unterabsatz 1 Satz 1 oder des Artikels 6 Absatz 2 der Verordnung (EU) Nr. 537/2014 des Europäischen Parlaments und des Rates vom 16. April 2014 über spezifische Anforderungen an die Abschlussprüfung bei Unternehmen von öffentlichem Interesse und zur Aufhebung des Beschlusses 2005/909/EG der Kommission (ABl. L 158 vom 27.5.2014, S. 77, L 170 vom 11.6.2014, S. 66) überwacht oder
2. eine Empfehlung für die Bestellung eines Abschlussprüfers oder einer Prüfungsgesellschaft vorlegt, die den Anforderungen nach Artikel 16 Absatz 2 Unterabsatz 2 oder 3 der Verordnung (EU) Nr. 537/2014 nicht entspricht oder der ein Auswahlverfahren nach Artikel 16 Absatz 3 Unterabsatz 1 der Verordnung (EU) Nr. 537/2014 nicht vorangegangen ist.

(4b) Ordnungswidrig handelt, wer als Mitglied des Aufsichtsrats im Sinne des § 189, der einen Prüfungsausschuss nicht bestellt hat, eines in Absatz 4a genannten Versicherungsvereins auf Gegenseitigkeit der obersten Vertretung einen Vorschlag für die Bestellung eines Abschlussprüfers oder einer Prüfungsgesellschaft vorlegt, der den Anforderungen nach Artikel 16 Absatz 5 Unterabsatz 1 der Verordnung (EU) Nr. 537/2014 nicht entspricht.

(4c) Ordnungswidrig handelt, wer als Mitglied des Aufsichtsrats im Sinne des § 189, der einen Prüfungsausschuss bestellt hat, eines in Absatz 4a genannten Versicherungsvereins auf

Gegenseitigkeit der obersten Vertretung einen Vorschlag für die Bestellung eines Abschlussprüfers oder einer Prüfungsgesellschaft vorlegt, der den Anforderungen nach Artikel 16 Absatz 5 Unterabsatz 1 oder Unterabsatz 2 Satz 1 oder Satz 2 der Verordnung (EU) Nr. 537/2014 nicht entspricht.

(5) Die Ordnungswidrigkeit kann in den Fällen des Absatzes 1 Nummer 2 Buchstabe b und des Absatzes 2 Nummer 3 mit einer Geldbuße bis zu fünfhunderttausend Euro, in den Fällen des Absatzes 2 Nummer 2, des Absatzes 3 Nummer 2 Buchstabe a und Nummer 3 und des Absatzes 4 mit einer Geldbuße bis zu zweihunderttausend Euro, in den übrigen Fällen mit einer Geldbuße bis zu fünfzigtausend Euro geahndet werden.

Übersicht

A. Allgemeines

Die zum 1.1.2016 eingeführte Vorschrift des **§ 332** fasst nunmehr alle **Ordnungswidrigkeiten** des **1** VAG in einer Vorschrift zusammen. Die Regelung entspricht im Wesentlichen den §§ 144–144c aF. Eine Zuwiderhandlung gegen das Provisionsabgabeverbot stellt im Gegensatz zur alten Rechtslage jedoch keine Ordnungswidrigkeit mehr dar (Erbs/Kohlhaas/*Wache/Lutz* Rn. 2 mwN).

2 Die Norm soll sicherstellen, dass die Aufsichtsbehörden ihre Überwachungsaufgaben gegenüber den Versicherungsunternehmen auch durch die Verhängung von Bußgeldern durchsetzen können. Sie dient der ordnungsgemäßen Abwicklung des Versicherungsgeschäfts und sichert damit zugleich die Funktionsfähigkeit des Versicherungswesens. Ähnlich wie bei den Straftatbeständen des § 331 ist **geschütztes Rechtsgut** dieser Regelung damit das Vertrauen der Öffentlichkeit – insbesondere der betroffenen Versicherungsnehmer – in die Wirksamkeit der **materiellen Staatsaufsicht** über das Versicherungswesen (Erbs/Kohlhaas/*Wache/Lutz* Rn. 3). So sind Gegenstand der Bußgeldvorschriften ua die ordnungsgemäße Abwicklung des Versicherungs- und Pensionsfonds-Geschäfts im Hinblick auf die Vorschriften zum Schutz der vermögensrechtlichen Interessen der Versicherten und Pensionsfondsberechtigten sowie in Bezug auf das Interesse der Allgemeinheit an einem geordneten Geschäftsverkehr.

3 Sämtliche Tatbestände des § 332 sind **blankettartige** Vorschriften (zum Begriff der Blankettnorm → § 331 Rn. 2; BGHSt 28, 213 (215) mwN), die auf andere Vorschriften des VAG bzw. auf Vorschriften, die aufgrund dieses Gesetzes erlassen worden sind, verweisen oder Begriffe verwenden, deren Bedeutung sich erst aufgrund anderer Vorschriften des VAG erschließt. Die einzelnen Ordnungswidrigkeitentatbestände ergeben sich deshalb aus einer Gesamtschau der jeweiligen Blankettregelung des § 332 sowie den einzelnen Ausfüllungsvorschriften. Die Tatbestände des § 332 werden dem Bestimmtheitsgebot des Art. 103 Abs. 2 GG (vgl. dazu BVerfGE 37, 201 (208 f.); BGH NStZ 1982, 206) gerecht, da durch die Verweisung auf die in Betracht kommenden Ausfüllungsvorschriften die Voraussetzungen der Strafbarkeit hinreichend deutlich gemacht werden.

4 Die Bußgeldvorschriften des § 332 **gelten** grundsätzlich für alle Versicherungsunternehmen, unabhängig davon, in welcher Rechtsform (AG, VVaG oder öffentlich-rechtliches Versicherungsunternehmen) sie betrieben werden, und für Pensionsfonds.

B. Täterkreis

5 **Täter** des jeweiligen Bußgeldtatbestandes können stets nur die Personen sein, die die Pflicht trifft, an deren Verletzung der einzelne Bußgeldtatbestand anknüpft. § 332 ist damit ein **echtes Sonderdelikt** (allgemein zu den Sonderdelikten vgl Fischer § 13 StGB Rn. 50), das die Strafbarkeit an bestimmte Eigenschaften des Täters knüpft. Aufgrund der Vorschrift des § 14 OWiG wirkt sich dies bei Bußgeldtatbeständen auf die Teilnahme nicht entscheidend aus. Im Ordnungswidrigkeitenrecht hat der Täterbegriff nicht dieselbe Bedeutung wie im Strafrecht. Vielmehr handelt gemäß § 14 Abs. 1 S. 1 OWiG bei einer Beteiligung mehrerer Personen an einer Ordnungswidrigkeit jeder von ihnen ordnungswidrig (sog **Einheitstäterbegriff**). Dies gilt nach § 14 Abs. 1 S. 2 OWiG auch dann, wenn besondere persönliche Merkmale (§ 9 OWiG), die die Möglichkeit der Ahndung als Bußgeldtatbestand begründen, nur bei einem der Beteiligten vorliegen. Mithin fehlt es im Ordnungswidrigkeitenrecht an einer Unterscheidung zwischen den verschiedenen Tatbeteiligungsformen (Täter, Anstifter und Gehilfe). Folglich verstößt jeder gegen die einschlägige Bußgeldregelung des § 332, der sich an der Zuwiderhandlung der als Täter in Betracht kommenden Organmitglieder des Versicherungsunternehmens in irgendeiner Form beteiligt, unabhängig davon, in welcher Art und Weise er zur Verwirklichung des Tatbestandes beiträgt (Erbs/Kohlhaas/*Wache/Lutz* Rn. 4).

6 Obwohl es sich bei den Zuwiderhandlungen, die § 332 mit einer Geldbuße belegt, im Wesentlichen um Maßnahmen der Geschäftsführung handelt, die dem Vorstand, Liquidator bzw Hauptgeschäftsführer obliegen, können auch Mitglieder des Aufsichtsrats Täter sein, wenn sie bei einzelnen Geschäften (zB bei der Vermögensanlage oder bei der Vergabe von Hypotheken) aufgrund der Geschäftsordnung (§§ 77 Abs. 2, 111 Abs. 4 S. 2 AktG, vgl. BGH NJW 1978, 425) mitzuwirken haben. Gleiches gilt, wenn sie als Organmitglieder bei der Feststellung des Jahresabschlusses und des Lageplans nach § 341a HGB oder bei der Leitung der Hauptversammlung oder der obersten Vertretung beteiligt sind (Erbs/Kohlhaas/*Wache/Lutz* Rn. 5).

C. Ordnungswidrigkeiten nach Abs. 1

7 Die Bußgeldtatbestände des § 332 Abs. 1 betreffen ausschließlich **vorsätzliches** Handeln, wobei bedingter Vorsatz ausreicht, vgl § 10 OWiG. Entsprechend der gesetzlichen Regelung des § 10 OWiG können diese Ordnungswidrigkeiten ausschließlich vorsätzlich begangen werden, da fahrlässiges Handeln hier nicht ausdrücklich mit Strafe bedroht ist. Vorsätzlich handelt der Täter, wenn er die Tatumstände des jeweiligen Ordnungswidrigkeitentatbestandes – und damit auch der die blankettartige Norm ausfüllenden Vorschrift – im Einzelnen kennt und die Tat unter diesen Umständen begehen will. Mit dolus eventualis handelt, wer lediglich mit der Möglichkeit einer Tatbestandsverwirklichung rechnet, dies aber gleichwohl billigend in Kauf nimmt.

I. Abs. 1 Nr. 1

8 § 332 Abs. 1 Nr. 1 ist angelehnt an die Regelung des § 144 Abs. 1 Nr. 4 aF. Gegen die Bußgeldvorschrift des Abs. 1 **Nr. 1** verstößt, wer ohne Genehmigung eine Änderung oder eine Erweiterung des

Geschäftsplans oder des Gebiets des Geschäftsbetriebes oder einen Unternehmensvertrag in Kraft setzt oder den Geschäftsbetrieb eines Rückversicherungsunternehmens ausdehnt. Die Erfüllung des Tatbestandes des Abs. 1 Nr. 1 stellt nicht gleichzeitig ein Betreiben eines Versicherungsgeschäfts im Sinne von § 331 Abs. 1 Nr. 1 dar. Vielmehr geht die Spezialvorschrift des § 332 Abs. 1 Nr. 1 vor (Erbs/Kohlhaas/*Wache*/*Lutz* Rn. 7; → § 331 Rn. 10, 23).

Die **Genehmigungspflicht** (vgl § 12 Abs. 1 S. 1) ist Tatbestandsmerkmal mit allen sich daraus **9** ergebenden Konsequenzen der **Verwaltungsakzessorietät** (→ § 331 Rn. 22 ff.). Eine einmalige Abweichung von dem Geschäftsplan ist grundsätzlich noch keine Änderung oder Erweiterung, es sei denn, dass damit zum Ausdruck gebracht wird, es solle **auf Dauer** eine abweichende Geschäftstätigkeit eingeleitet werden (Erbs/Kohlhaas/*Wache*/*Lutz* Rn. 8).

Die Ausdehnung auf andere Versicherungssparten stellt ebenfalls eine Geschäftsplanänderung dar (vgl. **10** § 12 Abs. 2). Folglich erfasst § 332 Abs. 1 Nr. 1 auch Geschäfte, die nicht zu dem genehmigten Versicherungszweig gehören. Soweit nach dem VAG aF die Meinung vertreten wurde, es liege eine Straftat nach § 140 Abs. 1 Nr. 1 aF vor, weil es an einer Genehmigung überhaupt fehle (vgl. Prölss/*Kollhosser* § 144 Rn. 10), überzeugt dies nicht. Vielmehr ist insofern die **Bußgeldvorschrift** des **§ 332 Abs. 1 Nr. 1** einschlägig. Das Gesetz enthält für eine Differenzierung zwischen Geschäften, die demselben Versicherungszweig angehören, und solchen, die dies nicht tun, keinen Anhaltspunkt. Nach der Gegenauffassung wäre jede Überschreitung der Erlaubnis eine Straftat iSv § 331 Abs 1 Nr 1 VAG. Dann hätte es der Bußgeldvorschrift des § 332 Abs. 1 Nr. 1 aber nicht bedurft. Aus systematischen Gründen liegt deshalb keine Straftat nach § 331 Abs. 1 Nr. 1, sondern eine Ordnungswidrigkeit nach § 332 Abs. 1 Nr. 1 vor, wenn ein Erlaubnis betriebenes Versicherungsunternehmen ohne Erlaubnis den Geschäftsbetrieb auf andere Sparten erweitert wird. Die **Spezialvorschrift** des § 332 Abs. 1 Nr. 1 geht in diesen Fällen vor (Erbs/Kohlhaas/*Wache*/*Lutz* Rn. 9; → § 331 Rn. 23).

Eine bußgeldbewehrte Zuwiderhandlung liegt auch vor, wenn nach einer auf Verlangen der Aufsichtsbehörde vorgenommenen **Änderung des Geschäftsplans nach § 300** der alte Geschäftsplan **11** weiter verwendet wird oder wenn Geschäfte außerhalb des genehmigten Geschäftsplans betrieben werden (KG VerBAV 1983, 158; Erbs/Kohlhaas/*Wache*/*Lutz* Rn. 10).

Die Verweise in § 332 Abs. 1 Nr. 1 dehnen den Anwendungsbereich der Vorschrift auf diejenigen **12** Unternehmen aus, bei denen § 12 Abs. 1 ebenfalls durch Verweisung Anwendung findet. Namentlich sind dies: über § 212 Abs. 3 Nr. 4 **Kleine Versicherungsunternehmen** (zum Begriff: § 211 Abs. 1) – diese bedürfen nur bei einer Ausdehnung des Geschäftsbetriebs auf ein Gebiet im Ausland der Erlaubnis; über § 234 Abs. 3 S. 1 Nr. 2 erster Halbsatz **Pensionskassen** – hier erfüllt zusätzlich zu Zuwiderhandlungen gegen die Bestimmungen in § 12 Abs. 1 eine Abweichen von den genehmigten allgemeinen Versicherungsbedingungen den Tatbestand des Abs. 1 Nr. 1; über § 237 Abs. 3 Nr. 3 erster Halbsatz **Pensionsfonds** und über § 242 Abs. 8 **Pensionsfonds** außerhalb des Gebietes der Mitglied- oder Vertragsstaaten der EU bzw. des EWR (Erbs/Kohlhaas/*Wache*/*Lutz* Rn. 11–15).

Als Täter dieser Tatbestandsvariante kommen in erster Linie die Vorstandsmitglieder, der Hauptbevoll- **13** mächtigte (§ 68 Abs. 2) sowie die Liquidatoren in Betracht. Denn sie erteilen in der Regel die Anweisungen, derartige geschäftsplanwidrige Geschäfte zu tätigen oder betreiben diese selbst. Demgegenüber obliegt es den Aufsichtsratsmitgliedern vorrangig, den Geschäftsbetrieb zu überwachen, so dass sie für gewöhnlich nicht beim Betrieb der Geschäfte tätig werden oder Anweisung dazu erteilen.

Anders als § 144 Abs. 1 Nr. 4 aF nennt zwar Abs. 1 Nr. 1 die Begehungsform des „**Zulassens**" des **14** Betriebs nicht genehmigter Geschäfte nicht mehr als Tatbestandsvariante. Ist jedoch ein Organ aufgrund einer Garantenstellung nach § 8 OWiG zum Einschreiten verpflichtet, kommt die Vorschrift des Abs. 1 Nr. 1 bei dem betreffenden Organ dennoch in Betracht. In der Regel wird sich eine solche Rechtspflicht zum Handeln bei Aufsichtsratsmitgliedern aus den §§ 111 Abs. 1, 116 AktG oder bei Vorstandsmitgliedern aus § 93 AktG ergeben. Zulassen bedeutet das passive Dulden oder Gewähren Lassen eines Geschäftsbetriebs, der zu dem genehmigten Geschäftsplan in Widerspruch steht. Es handelt sich dabei um ein **unechtes Unterlassungsdelikt,** das nur bußgeldbewehrt ist, wenn dem Täter aufgrund einer Garantenpflicht eine Pflicht zum Tätigwerden obliegt. Die Tatbestandshandlung des Zulassens ist zudem ein **doppelaktiges** Delikt, das sich von einem anderen Tatbestand ableitet und damit eine rechtswidrige Vortat voraussetzt. Demnach muss der Vortäter ein nicht genehmigtes Geschäft betreiben, das der Täter des Abs. 1 Nr. 1 pflichtwidrig zulässt. Ein Zulassen im Sinne dieses Tatbestandes liegt zB vor, wenn der Vorstand nicht verhindert, dass abschlussbevollmächtigte Agenten oder Angestellte des Versicherungsunternehmens Geschäfte abschließen, die von dem genehmigten Geschäftsplan abweichen, oder wenn die Mitglieder des Aufsichtsrats trotz Kenntnis nicht dagegen einschreiten, dass der Vorstand derartige Geschäfte betreibt oder zulässt (vgl. Erbs/Kohlhaas/*Wache*/*Lutz* Rn. 17).

II. Abs. 1 Nr. 2

Die Vorschrift des § 332 Abs. 1 **Nr. 2** ersetzt die Bußgeldtatbestände des § 144 Abs. 1a Nr. 2a, 6, 7 **15** und 9 aF und beinhaltet verschiedene Tatbestände, die im Zusammenhang mit **Zuwiderhandlungen gegen vollziehbare Anordnungen** der Aufsichtsbehörde nach bestimmten Vorschriften stehen.

16 **Vollziehbar** iSv § 80 Abs. 1 OWiG bedeutet, dass die Behörde, das Gericht und jeder Bürger berechtigt und verpflichtet sind, alle Folgerungen tatsächlicher und rechtlicher Art aus dem betreffenden Verwaltungsakt zu ziehen, die sich aus dessen Bestand ergeben. Dabei ist auch § 310 Abs. 2 zu beachten, der bei bestimmten Maßnahmen der Aufsichtsbehörde deren sofortige Vollziehbarkeit, abweichend von der Regelung des § 80 Abs. 1 VwGO, gesetzlich bestimmt. Wird der Verwaltungsakt später – etwa nach Anfechtung durch die Gerichte – als rechtswidrig aufgehoben, berührt das die Bußgeldbewehrtheit nach § 332 nicht (BGHSt 23, 86 (93); BGH NJW 1982, 189; 1994, 2103 f.). Auch im Bußgeldverfahren ist insofern – ebenso wie im Strafverfahren (→ § 331 Rn. 25) – ausschließlich die öffentlich-rechtliche Rechtslage zum Tatzeitpunkt zu prüfen (BGHSt 37, 21 (29)). Es kommt nicht darauf an, ob der bußgeldbewehrte Verwaltungsakt zu Recht oder zu Unrecht ergangen ist (Erbs/Kohlhaas/*Wache/Lutz* Rn. 18).

17 Im Einzelnen betreffen die Bußgeldtatbestände des Abs. 1 Nr. 2 folgende Anordnungen:

18 **1. Verlangen von Berechnungen einschließlich Prognoserechnungen nach § 44 S. 1.** Nach dieser Vorschrift kann die Aufsichtsbehörde die Vorlage von Prognoseberechnungen verlangen. Wer einer entsprechenden vollziehbaren Anordnung zuwiderhandelt, begeht eine Ordnungswidrigkeit nach § 332 Abs. 1 **Nr. 2a.**

19 **2. Die Aufforderung zu Bereinigungsmaßnahmen bei Solvabilitätsverstößen bzw. -gefahr gegenüber Versicherungs-Holding-Gesellschaften und gemischten Finanzholding-Gesellschaften nach § 293 Abs. 2.** Die Regelung ermöglicht Anordnungen der Aufsichtsbehörde gegenüber Versicherungs-Holdinggesellschaften und gemischten Finanzholding-Gesellschaften im Zusammenhang mit Solvabilitätsproblemen eines Versicherungsunternehmens der Gruppe (§ 287). Zuwiderhandlungen des Organs einer Versicherungs-Holdinggesellschaft oder einer gemischten Finanzholding-Gesellschaft gegen die vollziehbaren Anordnungen der Aufsichtsbehörde nach § 293 Abs. 2 iVm § 287 stellen ebenfalls eine Ordnungswidrigkeit gemäß § 332 Abs. 1 **Nr. 2a** dar.

20 **3. Die Worterteilung an von der Aufsichtsbehörde entsandte Vertreter nach § 306 Abs. 1 S. 1 Nr. 4.** Danach ist die Aufsichtsbehörde berechtigt, zu den Sitzungen des Aufsichtsrats eines Versicherungsunternehmens und zu den Tagungen der Hauptversammlung oder der obersten Vertretung dieser Unternehmen Vertreter zu entsenden. Macht sie von diesem Recht Gebrauch, ist ihnen **auf Verlangen das Wort zu erteilen.** Tathandlung ist das Nichterteilen des Wortes, also das Unterlassen einer Handlung, zu der die entsprechenden Organe gesetzlich verpflichtet sind. Die Zuwiderhandlung nach Abs. 1 Nr. 2a ist ein **echtes Unterlassungsdelikt** (→ § 331 Rn. 65). Voraussetzung ist ein Verwaltungshandeln des Vertreters der Aufsichtsbehörde. Er muss in der Sitzung des Aufsichtsrats oder in der Tagung der Hauptversammlung oder der obersten Vertretung eindeutig zum Ausdruck bringen, dass er sich als Vertreter der Aufsichtsbehörde äußern will. Dieses Verlangen ist Tatbestandsmerkmal, von dessen Vorhandensein die Erfüllung des Tatbestandes abhängt (Erbs/Kohlhaas/*Wache/Lutz* Rn. 22).

21 **4. Die Einberufung von Sitzungen des Aufsichtsrats oder Tagungen der Hauptversammlung, das Verlangen der Ankündigung von Gegenständen zur Beschlussfassung nach § 306 Abs. 1 Nr. 5.** Die Aufsichtsbehörde ist nach dieser Norm berechtigt, zu verlangen, dass die Sitzung des Aufsichtsrats eines Versicherungsunternehmens oder eine Tagung der Hauptversammlung oder der obersten Vertretung des Unternehmens unter Ankündigung von Gegenständen zur Beschlussfassung einberufen wird. Kommen die dafür verantwortlichen Organe des Unternehmens diesem Verlangen nicht nach, begehen sie eine Ordnungswidrigkeit. Tathandlung ist die **unterlassene Vornahme der Einberufung** dieser Sitzungen oder Tagungen, obwohl die entsprechenden Organe dazu gesetzlich verpflichtet sind. Auch diese Tatvariante ist damit ein **echtes Unterlassungsdelikt** (→ § 331 Rn. 65). Voraussetzung ist hier ferner, dass die Aufsichtsbehörde die Einberufung der Sitzung oder Tagung verlangt hat. Dieses Verlangen wird regelmäßig in schriftlicher Form erfolgen und in Gestalt eines vollziehbaren Verwaltungsakts ergehen müssen, mit dem die Aufsichtsbehörde eine hoheitliche Maßnahme zur Regelung eines Einzelfalls auf dem Gebiet des öffentlichen Rechts trifft (§ 35 VwfG). Nur dann wird angesichts des schwerwiegenden Eingriffs in das innergesellschaftliche Gestaltungsrechts des Versicherungsunternehmens dem Bestimmtheitsgrundsatz des Art. 103 Abs. 2 GG Genüge getan, der auch im Ordnungswidrigkeitenrecht erfordert, dass zum Zeitpunkt des Täterhandelns klargestellt ist, ob dieses rechtmäßig oder unrechtmäßig ist. Dieser Verwaltungsakt ist Tatbestandsmerkmal des Bußgeldtatbestandes und macht ihn zu einem **verwaltungsakzessorischen Delikt** (→ § 331 Rn. 22) mit allen sich daraus ergebenden Konsequenzen (Erbs/Kohlhaas/*Wache/Lutz* Rn. 23).

22 **5. Die Abberufung von Personen in Schlüsselfunktionen nach § 303 Abs. 2 Nr. 2 und 3.** Die Aufsichtsbehörde kann nach dieser Vorschrift unter den dort genannten Voraussetzungen die Abberufung von Geschäftsleitern (§ 303 Abs. 2 Nr. 2) oder Aufsichtsratsmitgliedern (§ 303 Abs. 2 Nr. 3) verlangen und ihnen die Ausübung ihrer Tätigkeit untersagen. Das **Abberufungsverlangen** muss die Aufsichtsbehörde in einem vollziehbaren Verwaltungsakt aussprechen. Die Anordnung ist Tatbestandsmerkmal und macht den Bußgeldtatbestand zu einem **verwaltungsakzessorischen Delikt** mit allen sich daraus ergebenden Konsequenzen (→ § 331 Rn. 22). Ob die Anordnung rechtmäßig ist, insbesondere ob eine Verwarnung vorausgegangen ist, spielt für die Ahndung einer Zuwiderhandlung gegen die vollziehbare Anordnung keine Rolle (→ Rn. 16 – zum Ganzen auch Erbs/Kohlhaas/*Wache/Lutz* Rn. 24).

Wer als Mitglied des entsprechenden Organs, das für die Abberufung verantwortlich ist, dem vollzieh- **23** baren Abberufungsverlangen nach § 303 Abs. 2 Nr. 2 und 3 zuwiderhandelt, verwirklicht den Bußgeldtatbestand des § 332 Abs. 1 **Nr. 2b.** Dasselbe gilt für die betroffene Person hinsichtlich eines ausgesprochenen Tätigkeitsverbots nach § 303 Abs. 2 Nr. 2 und 3.

Stützt die Aufsichtsbehörde ihre Anordnung allerdings lediglich auf § 303 Abs. 2 **Nr. 1** – Abberufung **24** von nicht nach § 24 geeigneten Personen, so stellt eine Zuwiderhandlung dagegen **keine** Ordnungswidrigkeit dar, da § 332 Abs. 1 Nr. 2b abschließend ist und auf die Vorschrift des § 303 Abs. 2 Nr. 1 gerade nicht verweist (Erbs/Kohlhaas/*Wache/Lutz* Rn. 25). Diese vom Gesetzgeber vorgenommene Differenzierung erschließt sich von ihrem Sinn und Zweck her jedoch nicht.

III. Abs. 1 Nr. 3

Der Bußgeldtatbestand des § 332 Abs. 1 **Nr. 3** entspricht in maßgeblichen Punkten der Regelung **25** des § 144 Abs. 1 Nr. 2 aF und erfasst die nicht ordnungsgemäße, nicht rechtzeitige oder unterlassene Zuführung von Vermögenswerten zum **Sicherungsvermögen nach § 125 Abs. 1 S. 2.**

Tathandlung ist der **Verstoß gegen die Vorschrift über die Anlage des Sicherungsvermögens** **26** **gemäß § 125 Abs. 1 S. 2.** Keine Geltung haben die Vorschriften über die Anlage der Bestände des Sicherungsvermögens für die öffentlich-rechtlichen Versicherungsunternehmen des öffentlichen Dienstes und der Kirchen, die ausschließlich die Alters-, Invaliditäts- oder Hinterbliebenenversorgung zum Gegenstand haben (§ 1 Abs. 3 S. 1). § 125 Abs. 1 S. 2 gilt nach §§ 212 Abs. 2 Nr. 5, 234 Abs. 1, 237 Abs. 1 zudem nicht für kleine Versicherungsunternehmen (legaldefiniert in § 211 Abs. 1), Pensionskassen (zum Begriff: § 232 Abs. 1) und Pensionsfonds (Legaldefinition: § 236 Abs. 1). Auf diese Versicherungsunternehmen ist die Bußgeldvorschrift des § 332 Abs. 1 Nr. 9 (→ Rn. 38) anwendbar (Erbs/ Kohlhaas/*Wache/Lutz* Rn. 26).

Eine Schädigung des Versicherungsunternehmens infolge der vorschriftswidrigen Vermögensanlage **27** entgegen § 125 Abs. 1 S. 2 ist nicht Tatbestandsvoraussetzung. Im Falle einer „schadensgleichen Vermögensgefährdung" kommt jedoch auch eine Strafbarkeit wegen Untreue nach § 266 StGB in Betracht. Eine solche „schadensgleiche Vermögensgefährdung" (vgl hierzu etwa Fischer StGB § 266 Rn. 150) kann zB dann anzunehmen sein, wenn die konkrete Gefahr des unkontrollierten Abflusses des nicht dem Sicherungsvermögen zugeführten Vermögenswertes (zB wegen drohender Pfändung des nicht nach § 130 geschützten Vermögenswertes) besteht und dadurch zu befürchten ist, dass die Leistungen, deren Erbringung das Sicherungsvermögen gewährleisten soll, tatsächlich nicht erbracht werden können (Erbs/Kohlhaas/*Wache/Lutz* Rn. 26).

IV. Abs. 1 Nr. 4

Der Ordnungswidrigkeitentatbestand des § 332 Abs. 1 **Nr. 4** erfasst den Verstoß gegen die Pflicht des **28** § 126 Abs. 1 S. 1, Bestände des Sicherungsvermögens in ein Vermögensverzeichnis einzeln einzutragen. Auch diese Norm bezieht sich damit auf das **Sicherungsvermögen** und gilt auch für kleine Versicherungsunternehmen, Pensionskassen und Pensionsfonds.

Tathandlung ist hier, dass der Verwantwortliche nicht dafür Sorge trägt, dass die Bestände des **29** Sicherungsvermögens entsprechend § 126 Abs. 1 S. 1 in ein **Vermögensverzeichnis** einzeln eingetragen werden. Es handelt sich hierbei um ein **Unterlassungsdelikt** (→ § 331 Rn. 65), das begehen kann, wer die Pflicht zum Handeln hat. Diese Pflicht trifft das zuständige Organ des Versicherungsunternehmens. Der einzelne Mitarbeiter kann lediglich im Wege der Beteiligung nach § 332 Abs. 1 Nr. 4 eine Ordnungswidrigkeit begehen. Denn die Pflicht aus § 126 Abs. 1 S. 1 trifft das Versicherungsunternehmen und damit das Organ. Es handelt sich damit um ein **Sonderdelikt** des zuständigen Organs (Erbs/Kohlhaas/*Wache/Lutz* Rn. 27).

V. Abs. 1 Nr. 5

Der Bußgeldtatbestand des § 332 Abs. 1 **Nr. 5** erfasst den Verstoß gegen die Regelung zur **Ent-** **30** **nahme aus dem Sicherungsvermögen.** Die Tathandlung bildet hier die Entnahme eines Betrages aus dem Sicherungsvermögen entgegen § 130 Abs. 1. Diese Bußgeldvorschrift korrespondiert mit § 332 Abs. 1 Nr. 3, gilt aber auch für kleine Versicherungsunternehmen, Pensionskassen und Pensionsfonds. Die bußgeldbewehrte Regelung gewährleistet, dass dann, wenn Vermögenswerte dem Sicherungsvermögen ordnungsgemäß zugeführt werden müssen, diese nicht wieder vorschriftswidrig entnommen werden. Zwar spricht Abs. 1 Nr. 5 dem Wortlaut nach von „Beträgen" und nicht von „Vermögenswerten" wie Abs. 1 Nr. 3. Jedoch meinen beiden Tatbesände dasselbe (Erbs/Kohlhaas/*Wache/Lutz* Rn. 28 f.).

VI. Abs. 1 Nr. 6

31   Die Bußgeldregelung des § 332 Abs. 1 **Nr. 6** wurde zum 1.1.2016 neu eingeführt und erfasst die nicht vollständige, nicht rechtzeitige oder unterlassene Unterrichtung der Aufsichtsbehörde bei **Nichterfüllung der Solvabilitätskapitalanforderung** (§ 134 Abs. 1). Ist die Solvabilitätskapitalanforderung nicht mehr bedeckt oder droht dieser Fall innerhalb der nächsten drei Monate einzutreten, hat das Versicherungsunternehmen nach § 134 Abs. 1 die Aufsichtsbehörde unverzüglich, dh ohne schuldhaftes Zögern, darüber zu unterrichten, andernfalls begeht das zuständige Organ eine Ordnungswidrigkeit. Die Solvabilitätskapitalanforderung ist in den §§ 96 ff. näher geregelt (Erbs/Kohlhaas/*Wache*/*Lutz* Rn. 30).

VII. Abs. 1 Nr. 7

32   Der Ordnungswidrigkeitentatbestand des § 332 Abs. 1 **Nr. 7** betrifft den **Geschäftsleiter von Schadensabwicklungsunternehmen** und entspricht im Wesentlichen der Vorschrift des § 144b Abs. 1 Nr. 1 aF. Der Bußgeldtatbestand des Abs. 1 Nr. 7 sanktioniert den Verstoß gegen das Verbot des § 164 Abs. 3 S. 2. Danach darf der Geschäftsleiter eines Schadensabwicklungsunternehmens (zum Begriff: § 164 Abs. 1) nicht zugleich für ein Versicherungsunternehmen tätig sein, das außer der Rechtsschutzversicherung andere Versicherungsgeschäfte betreibt. Dabei bedeutet **Tätigsein** jedes Handeln des Geschäftsleiters, das sich mit dem Abschluss, dem Vermitteln oder der Schadensabwicklung von Versicherungsgeschäften befasst. Das Tätigsein muss **zugleich** erfolgen, also zum gleichen Zeitpunkt, wobei allerdings eine gewisse Zeitspanne zugebilligt werden muss.

33   Ist dem Geschäftsleiter das Verbot des § 164 Abs. 3 nicht bewusst, so handelt er trotzdem **vorsätzlich.** Es kommt allerdings ein **Verbotsirrtum** nach § 11 Abs. 2 OWiG in Betracht, der aber nur selten vermeidbar sein dürfte (Erbs/Kohlhaas/*Wache*/*Lutz* Rn. 33).

34   Eine andere Person, die den Geschäftsleiter zu der vorsätzlich begangenen verbotenen Tätigkeit bestimmt, zB ein Vorgesetzter, begeht nach § 14 Abs. 1 S. 1 OWiG selbst die Ordnungswidrigkeit des § 332 Abs. 1 Nr. 7. Dass bei ihm das besondere persönliche Merkmal nicht vorliegt, ist gemäß § 14 Abs. 1 S. 2 OWiG unerheblich (→ Rn. 5 – **Einheitstäterbegriff;** Erbs/Kohlhaas/*Wache*/*Lutz* Rn. 34).

VIII. Abs. 1 Nr. 8

35   Die Bußgeldvorschrift des § 332 Abs. 1 **Nr. 8** entspricht der Regelung des § 144b Abs. 1 Nr. 2 aF und betrifft – ergänzend zu Abs. 1 Nr. 7 – **Beschäftigte von Schadensabwicklungsunternehmen,** die mit der Leistungsbearbeitung betraut sind. Mit der Ordnungswidrigkeit nach Abs. 1 Nr. 8 wird der Verstoß gegen das Verbot des **§ 164 Abs. 3 S. 3** geahndet, wonach es den **Beschäftigten des Schadensabwicklungsunternehmens** (zum Begriff: § 164 Abs. 1), die mit der Leistungsbearbeitung betraut sind, untersagt ist, eine **vergleichbare** Tätigkeit für ein Versicherungsunternehmen auszuüben, das neben der Rechtsschutzversicherung eine andere Versicherungssparte betreibt. Das Tatbestandsmerkmal „**Leistungsbearbeitung**" bedeutet die Bearbeitung eines Schadensfalles und umfasst jede Tätigkeit, die im Zusammenhang mit der Abwicklung des gleichen oder ähnlichen Schadensfalles steht und zu einer Kollusion mit der Schadensregulierung in der Rechtsschutzversicherung führen kann.

36   Ist dem Beschäftigten das Verbot des § 164 Abs. 3 nicht bewusst, so handelt er trotzdem **vorsätzlich.** Es kommt allerdings ein **Verbotsirrtum** nach § 11 Abs. 2 OWiG in Betracht, der aber nur in den wenigsten Fällen vermeidbar sein dürfte (Erbs/Kohlhaas/*Wache*/*Lutz* Rn. 33).

37   Eine andere Person, die den Beschäftigten zu der vorsätzlich begangenen verbotenen Tätigkeit bestimmt, zB ein Vorgesetzter, begeht nach § 14 Abs. 1 S. 1 OWiG selbst die Ordnungswidrigkeit des § 332 Abs. 1 Nr. 8. Dass bei ihm das besondere persönliche Merkmal nicht vorliegt, ist gemäß § 14 Abs. 1 S. 2 OWiG unerheblich (→ Rn. 5 – **Einheitstäterbegriff;** Erbs/Kohlhaas/*Wache*/*Lutz* Rn. 34).

IX. Abs. 1 Nr. 9

38   Der Bußgeldtatbestand des Abs. 1 **Nr. 9** bezieht sich auf die **Anlage des Sicherungsvermögens** durch kleine Versicherungsunternehmen (Begriff: § 211 Abs. 1), Pensionskassen (Legaldefinition in § 232 Abs. 1) und Pensionsfonds (Legaldefinition in § 236 Abs. 1) gemäß §§ 215 Abs. 1 S. 1, 234 Abs. 1, 237 Abs. 1. Bußgeldbewehrt ist die Anlage von Sicherungsvermögen in andere Anlageformen als die in § 215 Abs. 1 S. 1 und in der Anlageverordnung gemäß §§ 215 Abs. 1 S. 1 Nr. 8, 217 S. 1 Nr. 6 genannten (Erbs/Kohlhaas/*Wache*/*Lutz* Rn. 35).

X. Abs. 1 Nr. 10

39   Der Ordnungswidrigkeitentatbestand des § 332 Abs. 1 **Nr. 10** erfasst Verstöße gegen die sich aus § 239 Abs. 1 S. 2 ergebende Pflicht für **Pensionsfonds, Bestände des Sicherungsvermögens so anzulegen,** dass sie nach Art und Dauer der zu erbringenden Altersversorgung entsprechen, und zwar unter Berücksichtigung der Festlegungen des Pensionsplans. Die Regelung gilt ausschließlich für Pensionsfonds. Wer als zuständiges Organ hiergegen verstößt begeht eine Ordnungswidrigkeit. Auch hierbei handelt es sich um ein echtes Unterlassungsdelikt (→ § 331 Rn. 65).

D. Ordnungswidrigkeiten nach Abs. 2

Die Bußgeldtatbestände des § 332 **Abs. 2** können **vorsätzlich** (→ Rn. 7) **und leichtfertig** begangen **40** werden. **Leichtfertig** handelt der Täter, wenn er bei seiner Tat in einem gesteigerten Grad der Fahrlässigkeit tätig wird, der etwa der groben Fahrlässigkeit des bürgerlichen Rechts entspricht (BGHSt 14, 240 (255); 20, 315 (323)). Leichtfertig kann eine bewusste oder unbewusste Fahrlässigkeit sein, so zB wenn der Täter mit besonderem Leichtsinn oder grober Achtlosigkeit seinen Pflichten nicht nachkommt oder wenn er sie mit besonderer Gleichgültigkeit oder Rücksichtslosigkeit vernachlässigt (BGHSt 33, 66 (67)). Bei der Abwägung, ob ein Verhalten leichtfertig ist, müssen auch die individuellen Umstände in der Person des Täters berücksichtigt werden (vgl Erbs/Kohlhaas/*Wache*/*Lutz* Rn. 37). **Irrt** der Täter, findet § 11 OWiG Anwendung.

I. Abs. 2 Nr. 1

Die Bußgeldregelung des § 332 Abs. 2 **Nr. 1** ahndet die **unterlassene oder nicht rechtzeitig** **41** **erfolgte Einreichung bestimmter Unterlagen** bei der Aufsichtsbehörde.

Nach § 37 Abs. 1 haben **Versicherungsunternehmen** den von den gesetzlichen Vertretern aufge- **42** stellten sowie später den festgestellten **Jahresabschluss** und den **Lagebericht** bei der Aufsichtsbehörde jeweils unverzüglich, dh ohne schuldhaftes Zögern, einzureichen. Sollte das Versicherungsunternehmen einen Konzernabschluss oder einen Konzernlagebericht aufstellen, sind auch diese Unterlagen unverzüglich bei der Aufsichtsbehörde einzureichen.

Für den **Sicherungsfonds** gilt nach § 227 Abs. 2 S. 1, dass der festgestellte **Geschäftsbericht** jeweils **43** bis zum 31. Mai eines Jahres einzureichen ist.

Verstöße gegen diese Einreichungspflicht stellen eine Ordnungswidrigkeit nach Abs. 2 Nr. 1 dar, **44** wobei es sich um ein echtes **Unterlassungsdelikt** (→ § 331 Rn. 65) handelt. Täter kann nur derjenige sein, der eine Pflicht zum Handeln hat, nämlich das zuständige Organ (Erbs/Kohlhaas/*Wache*/*Lutz* Rn. 41).

II. Abs. 2 Nr. 2

Der Bußgeldtatbestand des Abs. 2 **Nr. 2** betrifft Zuwiderhandlungen gegen eine Rechtsverordnung, **45** die aufgrund der Ermächtigung des § 39 Abs. 1 S. 1 (auch iVm § 68 Abs. 1 S. 4) erlassen worden ist, oder gegen eine vollziehbare Anordnung aufgrund einer solchen Rechtsverordnung. Die Verordnungsmöglichkeit betrifft die bei der Aufsichtsbehörde einzureichenden Unterlagen (Erbs/Kohlhaas/*Wache*/ *Lutz* Rn. 42).

Voraussetzung einer Ahndung ist, dass in der Rechtsverordnung ein bestimmter Tatbestand enthalten **46** ist, der auf die Bußgeldvorschrift des Abs. 2 Nr. 2 verweist. Einen solchen **Verweis** enthält § 25 der VO über die Berichterstattung von Versicherungsunternehmen gegenüber der Bundesanstalt für Finanzdienstleistungsaufsicht (Versicherungsberichterstattungs-Verordnung – BerVersV) v. 29.3.2006 (BGBl. I 622), zuletzt geändert durch VO v. 16.12.2013 (BGBl. I 4353). Danach handelt ordnungswidrig iSd § 332 Abs. 2 Nr. 2, wer als Mitglied des Vorstandes, als Hauptbevollmächtigter oder als Liquidator eines Versicherungsunternehmens entgegen § 1 Abs. 1 BerVersV einen internen jährlichen Bericht nicht, nicht richtig, nicht vollständig oder nicht rechtzeitig vorlegt. Die BerVersV gilt unter dem neuen VAG fort, sofern nicht eine neue Rechtsverordnung erlassen wird. Die Fristen für die Berichts- und Offenlegungspflichten regelt § 344 (Erbs/Kohlhaas/*Wache*/*Lutz* Rn. 43).

III. Abs. 2 Nr. 3

Die Ordnungswidrigkeit nach § 332 Abs. 2 **Nr. 3** wurde zum 1.1.2016 neu eingeführt. Die Vor- **47** schrift bewehrt Verstöße gegen die Pflicht zur **Veröffentlichung des Solvabilitäts- und Finanzberichts** nach § 40 Abs. 1 S. 1 mit einem Bußgeld. Gemäß § 40 Abs. 1 S. 1 haben Versicherungsunternehmen mindestens einmal jährlich, spätestens 14 Wochen nach Ende des Geschäftsjahres, einen Solvabilitäts- und Finanzbericht zu veröffentlichen. Tathandlungen bilden die unterlassene sowie die nicht richtige, die nicht vollständige oder nicht rechtzeitige Veröffentlichung.

E. Ordnungswidrigkeiten nach Abs. 3

Die Bußgeldtatbestände des § 332 **Abs. 3** können **vorsätzlich**, wobei bedingter Vorsatz ausreicht, **48** vgl. § 10 OWiG, und **fahrlässig** begangen werden. **Vorsätzlich** handelt der Täter, wenn er die Tatumstände des jeweiligen Ordnungswidrigkeitentatbestandes – und damit auch der die blankettartige Norm ausfüllenden Vorschrift – im Einzelnen kennt und die Tat unter diesen Umständen begehen will. Mit dolus eventualis handelt, wer lediglich mit der Möglichkeit einer Tatbestandsverwirklichung rechnet, dies aber gleichwohl billigend in Kauf nimmt. **Fahrlässig** handelt der Täter, wenn er die ihm nach den Umständen und seinen persönlichen Fähigkeit obliegende Sorgfaltspflicht außer Acht lässt und deshalb nicht erkennt oder voraussieht, dass er einzelne Merkmale des jeweiligen objektiven Tatbestandes erfüllt (unbewusste Fahrlässigkeit) oder er zwar mit dieser Möglichkeit rechnet, entgegen dieser Einsicht jedoch pflichtwidrig darauf vertraut, dass es dazu nicht kommen werde (bewusste Fahrlässigkeit).

49   Im Falle eines Irrtums des Täters kommt § 11 OWiG zur Anwendung, wonach Tatbestands- und Verbotsirrtum auch im Ordnungswidrigkeitenrecht nach den im Strafrecht entwickelten Grundsätzen zu behandeln sind. Um einen Tatbestandsirrtum handelt es sich, wenn der Täter über das Bestehen einer Genehmigungspflicht irrt. Hingegen liegt ein Subsumtions- und damit ein Verbotsirrtum vor, wenn sich der Täter über seine Pflicht zum Einschreiten und deren Grenzen in einem Irrtum befindet.

I. Abs. 3 Nr. 1

50   Die Ordnungswidrigkeitenregelung des § 332 Abs. 3 **Nr. 1** entspricht im Wesentlichen § 144 Abs. 1a Nr. 2 aF und ahndet die vorsätzliche oder fahrlässige **Verletzung** bestimmter, den Versicherungsunternehmen obliegender **Anzeigepflichten.**

51   So enthält § 17 **Abs. 1 und 2** diverse Anzeigepflichten für den Erwerber oder den Inhaber **bedeutender Beteiligungen** (vgl. dazu § 7 Nr. 3) an Versicherungsunternehmen im Zusammenhang mit deren Erwerb oder Aufgabe.

52   § 36 **Abs. 1 S. 1** verlangt von den Versicherungsunternehmen, dass sie den vom Aufsichtsrat bestellten **Abschlussprüfer** mit Namen, Anschrift und dem zu prüfenden Geschäftsjahr anzeigen.

53   Schließlich haben die Versicherungsunternehmen gemäß § 59 **Abs. 1** der Aufsichtsbehörde die beabsichtigte **Aufnahme des Dienstleistungsverkehrs** in einem anderen Mitglied- oder Vertragsstaat unter Angabe des betreffenden Staates anzuzeigen. Der Begriff des Dienstleistungsverkehrs ist in § 57 Abs. 3 S. 1 legaldefiniert. Danach liegt ein solcher vor, wenn ein Erstversicherungsunternehmen mit dem Sitz in einem Mitglied- oder Vertragsstaat von seinem Sitz oder einer Niederlassung in einem Mitglied- oder Vertragsstaat aus Risiken deckt, die in einem anderen Mitglied- oder Vertragsstaat belegen sind, ohne dass das Unternehmen dort von einer Niederlassung Gebrauch macht. § 57 Abs. 3 S. 2 enthält weitere Bestimmungen darüber, wo versicherte Risiken belegen sind (Erbs/Kohlhaas/*Wache/Lutz* Rn. 50).

54   Letztlich müssen gemäß § 59 **Abs. 4 Erweiterungen** des Dienstleistungsverkehrs auf andere Sparten oder Risiken sowie die **Ernennung eines anderen Vertreters für die Schadensregulierung** der Aufsichtsbehörde mitgeteilt werden, sofern sich diese Umstände auf den Dienstleistungsverkehr in einem anderen Mitglied- oder Vertragsstaat beziehen (Erbs/Kohlhaas/*Wache/Lutz* Rn. 51).

55   Die **Tathandlung** des § 332 Abs. 3 Nr. 1 besteht in der Nichterstattung oder der nicht richtigen, nicht vollständigen oder nicht rechtzeitigen Erstattung einer der erforderlichen, hier abschließend aufgezählten Anzeigen. **Anzeige** meint die Mitteilung derjenigen Tatsachen, die die entsprechenden Regelungen von den Versicherungsunternehmen verlangen. **Nicht erstattet** ist eine Anzeige, wenn sie bei der Aufsichtsbehörde nicht eingeht. Bei dieser Tatform handelt es sich um ein echtes **Unterlassungsdelikt. Unrichtig** ist die Anzeige, wenn sie ihrem Inhalt nach nicht mit der Wirklichkeit übereinstimmt. **Unvollständigkeit** liegt vor, wenn die Anzeige nicht alle Tatsachen enthält, die das Gesetz oder eine auf ihm beruhende Rechtsverordnung verlangt. An der **Rechtzeitigkeit** mangelt es, wenn die Anzeige nicht innerhalb der vom Gesetz oder einer darauf beruhenden Rechtsverordnung vorgesehenen Frist bei der Aufsichtsbehörde eingeht (Erbs/Kohlhaas/*Wache/Lutz* Rn. 52).

56   Im Gegensatz zu § 17 Abs. 1, der ebenfalls die Anzeige einer bestimmten Absicht bußgeldbewehrt regelt, enthält § 59 Abs. 1 jedoch keine Angabe über die **Frist,** innerhalb der die Anzeige vorzunehmen ist. Das Analogieverbot des Strafrechts, das aus Art. 103 Abs. 2 GG hergeleitet wird, verbietet es, die Regelung über eine „unverzügliche" Anzeige aus § 17 Abs. 1 analog anzuwenden. Die Bußgeldvorschrift des § 332 Abs. 3 Nr. 1 geht daher insoweit ins Leere, als sanktioniert werden soll, dass die Anzeige nicht rechtzeitig erfolgt ist. Allerdings liegt jedenfalls dann eine Ordnungswidrigkeit vor, wenn der Dienstleistungsverkehr aufgenommen wurde, ohne dass zuvor die beabsichtigte Aufnahme angezeigt wurde, da in diesem Fall das Tatbestandsmerkmal der Nichtanzeige erfüllt ist (Erbs/Kohlhaas/*Wache/Lutz* Rn. 52).

II. Abs. 3 Nr. 2

57   Die Ordnungswidrigkeitentatbestände des § 332 Abs. 3 **Nr. 2** entsprechen im Wesentlichen § 144 Abs. 1a Nr. 4, 5 und 8a) aF und sollen sicherstellen, dass bestimmte **vollziehbare Verwaltungsakte der Aufsichtsbehörde** befolgt werden. Obwohl die Aufsichtsbehörde befugt ist, ihre Verfügungen mit Zwangsmitteln durchzusetzen, hat der Gesetzgeber es für erforderlich erachtet, die Zuwiderhandlungen gegen die in diesem Tatbestand angeführten Verwaltungsakte der Aufsichtsbehörde als Ordnungswidrigkeit zu ahnden (Erbs/Kohlhaas/*Wache/Lutz* Rn. 53).

58   **1. § 332 Abs. 3 Nr. 2a.** Im Einzelnen werden nach § 332 Abs. 3 **Nr. 2a** folgende Verstöße gegen vollziehbare Anordnungen der Aufsichtsbehörde geahndet:

– gegen die Untersagung des Erwerbes oder der Erhöhung einer bedeutenden Beteiligung, § 18 Abs. 1,   59
Abs. 2 Hs. 1,
– gegen die Pflicht, den Vollzug bzw. Nichtvollzug eines solchen Erwerbes oder einer solchen Erhöhung   60
nach Fristsetzung durch die Aufsichtsbehörde unverzüglich zu melden, § 18 Abs. 3 S. 4,
– gegen die Untersagung der Ausübung der Stimmrechte einer bedeutenden Beteiligung und gegen die   61
Anordnung, dass über die Anteile einer bedeutenden Beteiligung nur mit Zustimmung der Aufsichtsbehörde verfügt werden darf, § 19 Abs. 1,
– gegen die Einschränkung der Befugnis, über Vermögenswerte zu verfügen, bei: 62
• unzureichender Höhe der versicherungstechnischen Rückstellungen, § 133 Abs. 1,
• Nichtbedeckung der Solvabilitätskapitalanforderung, § 134 Abs. 7 Hs. 1,
• Nichtbedeckung der Mindestkapitalanforderung, § 135 Abs. 3 Hs. 1.

Wer einer solchen Verfügungsbeschränkung zuwiderhandelt und trotzdem über einen Gegenstand
verfügt, begeht nach § 332 Abs. 3 Nr. 2a eine Ordnungswidrigkeit. Daneben kommt Betrug gemäß
§ 263 StGB gegenüber dem Erwerber in Betracht, sofern diesem vorgespiegelt wird, er erhalte den
Gegenstand in unanfechtbarer Weise übertragen (Erbs/Kohlhaas/*Wache*/*Lutz* Rn. 57).

– gegen Auskunftsbegehren im Zusammenhang mit unerlaubten Versicherungsgeschäften nach § 308   63
Abs. 1 S. 1 (§ 305 Abs. 3 und 4). Hierbei ist das Auskunftsverweigerungsrecht nach § 303 Abs. 5 zu
beachten. Dadurch kann das Auskunftsrecht nach § 303 Abs. 3 und 4 für die Aufsichtsbehörde mehr
oder weniger ausgehebelt werden. Bestehen nämlich Anhaltspunkte für unerlaubte Versicherungsgeschäfte, so kommt in Betracht, dass der Adressat des Auskunftsverlangens eine Ordnungswidrigkeit
iSv § 332 Abs. 1 Nr. 1 begangen hat, so dass diesem oftmals ein Auskunftsverweigerungsrecht nach
§ 303 Abs. 5 zusteht (Erbs/Kohlhaas/*Wache*/*Lutz* Rn. 58).

2. § 332 Abs. 3 Nr. 2b. § 332 Abs. 3 **Nr. 2b** ahndet folgende Verstöße gegen vollziehbare Anord-   64
nungen der Aufsichtsbehörde:

– betreffend die Anordnung zur Erteilung von umfassenden Auskünften über Geschäftsangelegenheiten   65
nach § 305 Abs. 1 und 2 (zB durch Vorlage von Geschäftsunterlagen),
– gegen die Anordnung der sofortigen Einstellung des Geschäftsbetriebs und der unverzüglichen   66
Abwicklung der Geschäfte bei Versicherungsunternehmen, die in Anbahnung, Abschluss oder Abwicklung unerlaubter Versicherungsgeschäfte eingebunden sind (§ 308 Abs. 4 Nr. 1). Diese Befugnis
besteht gemäß §§ 61 Abs. 1, 62 Abs. 1 S. 2 Nr. 6 auch gegenüber Erstversicherungsunternehmen mit
Sitz in einem anderen EU-Mitglied- oder EWR-Vertragsstaat, soweit die Aufsicht bei der BaFin liegt.
Die Beschränkung der Ordnungswidrigkeit auf Verstöße gegen Anordnungen ausschließlich nach
§ 308 Abs. 4 Nr. 1 erschließt sich insofern nicht.
– betreffend die Anordnung geeigneter Sanierungsmaßnahmen (insbesondere können Änderungen der   67
Geschäftsgrundlagen und Beseitigung der Mängel verlangt sowie Zahlungen verboten werden) nach
Anzeige der Zahlungsunfähigkeit (§ 314 Abs. 1 S. 1 und 2).

Tathandlung des Abs 3 Nr 2 ist jeweils die Zuwiderhandlung gegen die genannten Anordnungen   68
und Auflagen der Aufsichtsbehörde, wenn sie vollziehbar sind. **Zuwiderhandlung** ist dabei jede Handlung, die gegen diese Anordnungen und Auflagen verstößt. Die Ahndbarkeit dieser Zuwiderhandlungen
hängt deshalb von einem bestimmten Verwaltungshandeln ab, das vollziehbar sein muss. Der Bußgeltat-
bestand ist danach ein **verwaltungsakzessorisches Delikt** mit allen sich daraus ergebenden Konsequenzen (→ § 331 Rn. 22). **Vollziehbar** heißt, dass der Verwaltungsakt für jeden Betroffenen verbindlich ist
(→ Rn. 16; zum Ganzen auch Erbs/Kohlhaas/*Wache*/*Lutz* Rn. 62). Eine unvollständige, unrichtige oder
nicht rechtzeitige Auskunft oder Vorlage von Unterlagen, die nicht auf Verlangen der Aufsichtsbehörde
erteilt wird, erfüllt den Tatbestand des Abs. 3 Nr. 2 nicht (Erbs/Kohlhaas/*Wache*/*Lutz* Rn. 63).

III. Abs. 3 Nr. 3

Der Bußgeldtatbestand des § 332 Abs. 3 **Nr. 3** stimmt im Wesentlichen mit § 144 Abs. 1a Nr. 3a aF   69
überein und betrifft die Zusammenarbeit mit Vermittlern, die die in § 48 Abs. 1 und 2 genannten
Anforderungen nicht erfüllen. § 48 Abs. 1 und 2 regelt die Voraussetzungen für die mit dem Vertrieb
von Versicherungen befassten Personen. Aus Gründen des Schutzes der Versicherten dürfen Versicherungsunternehmen nur mit Versicherungsvermittlern zusammenarbeiten, die diese Voraussetzungen
erfüllen. Arbeiten Versicherungsunternehmen entgegen § 48 Abs. 1 oder 2 mit Versicherungsvermittlern zusammen, so handeln sie ordnungswidrig iSv Abs. 3 Nr. 3. Diese Norm richtet sich an die
Organe des Versicherungsunternehmens, aber nicht an deren Mitarbeiter oder die Versicherungsvermittler (Erbs/Kohlhaas/*Wache*/*Lutz* Rn. 64).

IV. Abs. 3 Nr. 4

Der Ordnungswidrigkeitentatbestand des § 332 Abs. 3 **Nr. 4** betrifft Verstöße gegen die Pflicht zur   70
Unterrichtung der Aufsichtsbehörde über die Nichtbedeckung der Mindestkapitalanforderung. Gemäß

§ 135 Abs. 1 hat das Versicherungsunternehmen die Aufsichtsbehörde unverzüglich darüber zu unterrichten, sofern die Mindestkapitalanforderung (zur Berechnung s. § 122) nicht mehr bedeckt ist oder dieser Fall innerhalb der nächsten drei Monate einzutreten droht. Kommt das zuständige Organ dieser Verpflichtung nicht unverzüglich, dh ohne schuldhaftes Zögern, nach, handelt es ordnungswidrig. Tathandlungen sind die unterlassene, nicht richtige, nicht vollständige oder nicht rechtzeitig erfolgte Unterrichtung (vgl. Erbs/Kohlhaas/*Wache*/*Lutz* Rn. 65).

V. Abs. 3 Nr. 5

71   Der Bußgeldtatbestand des § 332 Abs. 3 Nr. 5 aF entspricht § 144 Abs. 1a S. 1 Nr. 1 aF und belegt denjenigen mit einem Bußgeld, der einer Rechtsverordnung zuwiderhandelt, die aufgrund der Ermächtigung der **§ 160 S. 1** (Krankenversicherung; zB Prämienberechnung, Wechsel in/aus einem Basistarif) erlassen worden ist, soweit diese für einen bestimmten Tatbestand ausdrücklich auf diese Bußgeldvorschrift verweist. Darüber hinaus gilt dieser Tatbestand für Zuwiderhandlungen gegen vollziehbare Anordnungen aufgrund einer derartigen Rechtsverordnung.

72   Das Bundesfinanzministerium hat aufgrund der Ermächtigung des § 12c aF, der § 160 Abs 1 nF entspricht, die Verordnung über die versicherungsmathematischen Methoden zur Prämienkalkulation und zur Berechnung der Altersrückstellungen in der privaten Krankenversicherung (Kalkulationsverordnung – KalV) – v. 18.11.1996 (BGBl. I 1783), zuletzt geändert durch VO v. 29.1.2013 (BGBl. I 160), erlassen. Diese enthält in § 18 einen Bußgeldtatbestand der sich auf die Regelung in § 15 KalV bezieht, die die Vorlagefristen der Versicherungsunternehmen für die kommentierte Gegenüberstellung der erforderlichen und der kalkulierten Versicherungsleistungen nach § 155 festlegt. § 18 KalV führt seinerseits die Mitglieder des Vorstands, die Hauptbevollmächtigten und die Liquidatoren sowie den Verantwortlichen Aktuar als Täter an. Die Kalkulationsverordnung gilt unter dem neuen VAG fort, sofern nicht eine neue RechtsVO erlassen wird (Erbs/Kohlhaas/*Wache*/*Lutz* Rn. 67).

73   Als Tathandlungen beinhaltet diese Vorschrift die Nichtvorlage, die nicht vollständige sowie die nicht rechtzeitige Vorlage der in § 15 KalV aufgeführten Gegenüberstellung oder der in § 15 Abs. 2 KalV angeführten Herleitung der neuen Prämien für die Versicherten. Nicht vollständig ist die Vorlage, wenn die Gegenüberstellung oder die Herleitung der neuen Prämie nicht alle Tatsachen enthält, die die §§ 14, 15 KalV vorsehen. An der Rechtzeitigkeit fehlt es, wenn die Fristen des § 15 KalV nicht gewahrt sind.

VI. Abs. 3 Nr. 6

74   Die Bußgeldvorschrift des § 332 Abs. 3 **Nr. 6** entspricht § 144 Abs. 1a Nr. 8 aF und flankiert die Pflicht zur Duldung von Zwangsmaßnahmen der Aufsichtsbehörde (Betreten von Räumen, Durchsuchung und Beschlagnahme) gemäß § 306 Abs. 8 S. 1.

75   § 306 Abs. 8 S. 1 verpflichtet die Versicherungsunternehmen, Maßnahmen zu dulden, die die Aufsichtsbehörde nach § 306 Abs. 1 S. 1 Nr. 1–3, S. 2, Abs. 2, 4, 5, und 7 gegen sie ergreift. Gemäß § 306 Abs. 1 Nr. 1 ist die Aufsichtsbehörde berechtigt, ohne besonderen Anlass in den Geschäftsräumen des Versicherungsunternehmens **Prüfungen des Geschäftsbetriebs** vorzunehmen. Gemäß 306 Abs. 1 Nr. 2 darf sie an einer nach § 341k HGB veranlassten Prüfung des Unternehmens teilnehmen, selbst prüfen und alle Feststellungen treffen, die sie für erforderlich erachtet. § 306 Abs. 1 Nr. 3 erlaubt der Aufsichtsbehörde zudem bei den Prüfungen nach Nr. 1 und 2 Personen hinzuziehen, die die Voraussetzungen eines Abschlussprüfers gemäß §§ 341k, 319 HGB erfüllen und dessen Verpflichtungen nach § 323 HGB unterliegen. Nach § 62 Abs. 1 S. 2 Nr. 6 hat die Bundesanstalt diese Rechte auch gegenüber Versicherungsunternehmen aus anderen Mitglied- und Vertragsstaaten (Erbs/Kohlhaas/*Wache*/*Lutz* Rn. 69).

76   § 306 Abs. 5 räumt den an diesen Prüfungen beteiligten Personen zu Prüfungszwecken ein **Betretungsrecht** für die Geschäftsräume des Versicherungsunternehmens ein und schränkt damit zugleich das Grundrecht aus Art. 13 GG ein. Dies gilt selbst dann, wenn die Geschäftsräume zugleich zu Wohnzwecken dienen, vgl § 306 Abs. 5 letzter Hs.

77   **Tathandlung** dieses Bußgeldtatbestandes ist jede vorsätzliche oder fahrlässige **Zuwiderhandlung gegen die angeführten Duldungspflichten.** Dulden bedeutet das Hinnehmen der von der Aufsichtsbehörde ergriffenen Maßnahme, ohne sie zu behindern. In Bezug auf die Prüfungen umfasst die Duldungspflicht auch, dem Prüfer die Durchführung seiner Aufgabe zu ermöglichen, ihm also das Betreten der Geschäftsräume zu gestatten, die Besichtigung der Betriebseinrichtungen zuzulassen sowie die erforderlichen Prüfungsunterlagen zur Verfügung zu stellen (Erbs/Kohlhaas/*Wache*/*Lutz* Rn. 70).

F. Ordnungswidrigkeiten nach Abs. 4

78   § 332 **Abs. 4** enthält erstmals Bußgeldvorschriften im Zusammenhang mit der Verwendung von **Ratings** durch Versicherungsunternehmen und bezieht sich auf bestimmte Verstöße gegen die VO (EG) Nr. 1060/2009 über Ratingagenturen. Die häufig schematische Übernahme von Ratings von Ratingagenturen zur Einstufung der Bonitätsgewichtung von Kreditnehmern, Wertpapieren und sonstigen

Adressenausfallrisiken zu aufsichtsrechtlichen Zwecken durch die Unternehmen der Finanzbranche trug nicht unwesentlich zu einer unzureichenden Einschätzung der Ausfallrisiken und zum Entstehen der Finanzmarktkrise im Herbst des Jahres 2008 bei (vgl. BR-Drs. 185/14, 13). Deshalb beschlossen das Europäische Parlament und der Rat die VO (EG) Nr 1060/2009 über Ratingagenturen (CRA I). Diese Verordnung wurde durch die VO (EU) Nr. 513/2011 (CRA II) und Nr. 462/2013 (CRA III) geändert. Grundlage für die Einführung der Bußgeldtatbestände des § 332 Abs. 4 waren darüber hinaus die VO (EU) Nr. 345/2013 und Nr. 346/2013. Anders als Richtlinien sind diese Verordnungen unmittelbar in Deutschland geltendes Recht (Erbs/Kohlhaas/*Wache*/*Lutz* Rn. 71).

Taugliche Täter sind alle Personen, die für ein Unternehmen handeln, das der Aufsicht nach dem **79** VAG unterliegt (vgl. hierzu Erbs/Kohlhaas/*Wache*/*Lutz* § 1 Rn. 2 ff.). Eine Beschränkung auf Schlüsselfunktionen gibt es hierbei nicht. Die Vorschrift ist vergleichbar mit § 56 Abs. 4b KWG.

Die Bußgeldtatbestände des § 332 **Abs. 4** können **vorsätzlich**, wobei bedingter Vorsatz ausreicht, **80** vgl. § 10 OWiG, und **leichtfertig** begangen werden. **Vorsätzlich** handelt der Täter, wenn er die Tatumstände des jeweiligen Ordnungswidrigkeitentatbestandes – und damit auch der die blankettartige Norm ausfüllenden Vorschrift – im Einzelnen kennt und die Tat unter diesen Umständen begehen will. Mit dolus eventualis handelt, wer lediglich mit der Möglichkeit einer Tatbestandsverwirklichung rechnet, dies aber gleichwohl billigend in Kauf nimmt. **Leichtfertig** handelt der Täter, wenn er bei seiner Tat in einem gesteigerten Grad der Fahrlässigkeit tätig wird, der etwa der groben Fahrlässigkeit des bürgerlichen Rechts entspricht (BGHSt 14, 240 (255); 20, 315 (323)). Leichtfertig kann eine bewusste oder unbewusste Fahrlässigkeit sein, so zB wenn der Täter mit besonderem Leichtsinn oder grober Achtlosigkeit seinen Pflichten nicht nachkommt oder wenn er sie mit besonderer Gleichgültigkeit oder Rücksichtslosigkeit vernachlässigt (BGHSt 33, 66 (67)). Bei der Abwägung, ob ein Verhalten leichtfertig ist, müssen auch die individuellen Umstände in der Person des Täters berücksichtigt werden.

Im Falle eines Irrtums des Täters kommt § 11 OWiG zur Anwendung, wonach Tatbestands- und **81** Verbotsirrtum auch im Ordnungswidrigkeitenrecht nach den im Strafrecht entwickelten Grundsätzen zu behandeln sind. Um einen Tatbestandsirrtum handelt es sich, wenn der Täter über das Bestehen einer Genehmigungspflicht irrt. Hingegen liegt ein Subsumtions- und damit ein Verbotsirrtum vor, wenn sich der Täter über seine Pflicht zum Einschreiten und deren Grenzen in einem Irrtum befindet.

I. Abs. 4 Nr. 1

Der in § 332 Abs. 4 **Nr. 1** in Bezug genommene Art. 4 Abs. 1 Unterabs. 1 der VO (EG) Nr. 1060/ **82** 2009 bestimmt, dass Versicherungsunternehmen, Rück-Versicherungsunternehmen und Einrichtungen der betrieblichen Altersversorgung nur Ratings von Ratingagenturen verwenden dürfen, die ihren **Sitz in der EU** haben und nach der RatingagenturVO (vgl dort Art. 14 ff.) **registriert** sind. Da die Vorschrift in der VO an die Nutzung für aufsichtsrechtliche Zwecke anknüpft, gilt dies auch für § 332 Abs. 4 Nr. 1 (vgl auch Erbs/Kohlhaas/*Häberle* KWG § 56 Rn. 70a).

II. Abs. 4 Nr. 2

§ 332 Abs. 4 **Nr. 2** nimmt Bezug auf Art. 5a Abs. 1 der VO. Dieser bestimmt, dass **eigene Kreditri-** **83** **sikobewertungen** vorgenommen werden müssen und sich bei der Bewertung der Bonität eines Unternehmens oder eines Finanzinstruments nicht ausschließlich oder automatisch auf Ratings gestützt werden darf. Bestimmte Mechanismen sind dafür nicht vorgeschrieben. Ordnungswidrig handelt, wer nicht dafür Sorge trägt, dass die Versicherungsunternehmen eigene Kreditrisikobewertungen vornimmt (vgl. Erbs/Kohlhaas/*Wache*/*Lutz* Rn. 74).

III. Abs. 4 Nr. 3

§ 332 Abs. 4 **Nr. 3** verweist auf Art. 8c Abs. 1 der VO. Danach müssen für ein Rating **mindestens** **84** **zwei** Ratingagenturen beauftragt werden, unabhängig voneinander ein Rating eines strukturierten Finanzinstruments abzugeben. Das Tatbestandsmerkmal „**unabhängig voneinander**" bezieht sich hier inhaltlich auf das Rating selbst; die Unabhängigkeit der Agenturen voneinander stellt Art. 8c Abs. 2 der VO sicher (dazu § 332 Abs. 4 Nr. 4, → Rn. 85). Wer bei der Auftragsvergabe hierauf zumindest leichtfertig nicht achtet, handelt ordnungswidrig (vgl Erbs/Kohlhaas/*Wache*/*Lutz* Rn. 75).

IV. Abs. 4 Nr. 4

Der in § 332 Abs. 4 **Nr. 4** in Bezug genommene Art. 8c Abs. 2 der VO listet in seinen Buchstaben **85** a–f verschiedene Voraussetzungen auf, die die **Unabhängigkeit** der gemäß Art. 8c Abs. 1 der VO (→ Rn. 84) beauftragten Ratingagenturen sicherstellen sollen. Es dürfen weder personelle noch wirtschaftliche Verflechtungen bestehen. Auch hier handelt ordnungswidrig, wer bei der Auftragsvergabe an die Ratingagentur zumindest leichtfertig nicht darauf achtet, dass die beauftragte Agentur die Voraussetzungen des Art. 8c Abs. 1 der VO erfüllt (vgl Erbs/Kohlhaas/*Wache*/*Lutz* Rn. 76).

V. Abs. 4 Nr. 5

86   Schließlich verweist § 332 Abs. 4 **Nr. 5** auf Art 8d Abs. 1 S. 1 der VO. Danach muss der Emittent, der mindestens zwei Ratings für dieselbe Emission in Auftrag geben will, die Beauftragung mindestens einer Ratingagentur mit einem **Marktanteil von höchstens 10 %** prüfen. Dies beruht darauf, dass die VO die Beauftragung von Ratingagenturen mit großen Marktanteilen als problematisch ansieht. Wird nicht mindestens eine Ratingagentur mit einem solchen Marktanteil beauftragt und haben damit alle beauftragten Ratingagenturen einen Marktanteil von mehr als 10 %, ist dies nach Art. 8d Abs. 1 S. 2 der VO zu **dokumentieren.** Dem Merkmal „nicht richtig vornehmen" dürfte gegenüber der reinen Nichtvornahme der Dokumentation keine Bedeutung zukommen, da Art. 8d Abs. 1 S. 2 der VO keine weiteren Anforderungen an die Dokumentation stellt. Wird die erforderliche Dokumentation zumindest leichtfertig nicht richtig, dh entweder überhaupt nicht oder fehlerhaft, vorgenommen, so liegt eine Ordnungswidrigkeit vor (vgl. Erbs/Kohlhaas/*Wache*/*Lutz* Rn. 77).

G. Ordnungswidrigkeiten nach Abs. 4a–4c

87   Die Bußgeldtatbestände des § 332 **Abs. 4a–4c** wurden durch das Abschlussprüfungsreformgesetz v. 10.5.2016 (BGBl. I 1142) eingefügt. Sie dienen der Umsetzung von Art. 30 Abs. 1 und Art. 31 Abs. 1f der RL 2014/56/EU (Abschlussprüferrichtlinie) sowie der Anpassung an die Vorgaben an die VO (EU) Nr 537/2014 betreffend die prüfungsbezogenen Pflichten der Mitglieder des Aufsichtsrates und des Prüfungsausschusses eines VVaG. Die Tatbestände sind denen des § 334 Abs. 2a Nr. 1–3 HGB nachgebildet (BT-Drs. 18/7219, 64).

88   Die Ordnungswidrigkeitentatbestände des § 332 **Abs. 4a–4c** können, entsprechend der gesetzlichen Regelung des § 10 OWiG, ausschließlich **vorsätzlich,** wobei bedingter Vorsatz ausreicht, begangen werden, da fahrlässiges Handeln hier nicht ausdrücklich mit Strafe bedroht ist. **Vorsätzlich** handelt der Täter, wenn er die Tatumstände des jeweiligen Ordnungswidrigkeitentatbestandes – und damit auch der die blankettartige Norm ausfüllenden Vorschrift – im Einzelnen kennt und die Tat unter diesen Umständen begehen will. Mit dolus eventualis handelt, wer lediglich mit der Möglichkeit einer Tatbestandsverwirklichung rechnet, dies aber gleichwohl billigend in Kauf nimmt.

I. Abs. 4a

89   § 332 **Abs. 4a** sanktioniert die Pflichten zur Überwachung der Unabhängigkeit des Abschlussprüfers nach Art. 4 Abs. 3 Unterabschnitt 2, Art. 5 Abs. 4 Unterabschnitt 1 S. 1, Art. 6 Abs. 2 der VO.

II. Abs. 4b

90   § 332 **Abs. 4b** dient der Sicherstellung der Erfüllung der Pflichten im Zusammenhang mit der Auswahl und Bestellung des Abschlussprüfers nach Art. 16 der VO.

III. Abs. 4c

91   Schließlich belegt § 332 **Abs. 4c** Verstöße gegen die im Zusammenhang mit dem Vorschlag für die Bestellung des Abschlussprüfers bestehenden Pflichten nach Art 16 Abs. 5 der VO mit einem Bußgeld.

H. Konkurrenzen

92   Zwischen den einzelnen Ordnungswidrigkeiten des § 332 ist **Tateinheit** ebenso wie mit anderen Ordnungswidrigkeiten möglich, wenn die Voraussetzungen des § 19 Abs. 1 OWiG gegeben sind. Handelt es sich um **Unterlassungsdelikte,** kommt Tateinheit nur in Betracht, wenn die unterschiedlichen Handlungspflichten durch dieselbe Handlung zu erfüllen sind und dementsprechend dieselbe Unterlassung zu mehreren Gesetzesverletzungen führt. Gegenüber Straftaten treten die Bußgeldtatbestände dagegen gemäß § 21 OWiG grundsätzlich zurück. Ausnahmsweise kann allerdings ein Bußgeldtatbestand die Straftat verdrängen, wenn der Gesetzgeber ihn als **Spezialvorschrift** ausgestaltet hat (näher → § 331 Rn. 23; Erbs/Kohlhaas/*Wache*/*Lutz* Rn. 78).

I. Rechtsfolgen

93   Die Bußgeldtatbestände des § 332 unterliegen den allgemeinen Vorschriften des Gesetzes über Ordnungswidrigkeiten. Ordnungswidrigkeiten werden **von Amts wegen** verfolgt. Sachlich zuständig dafür ist die Bundesanstalt, soweit ihr die Aufsicht über das in Betracht kommende Versicherungsunternehmen zusteht (§ 333). Im Übrigen ist nach § 36 OWiG grundsätzlich die fachlich zuständige oberste Landesbehörde oder die von der Landesregierung durch Rechtsverordnung bestimmte Verwaltungsbehörde sachlich zuständig. Bußgeldbehörde ist daher im Wesentlichen die Bundesanstalt (Erbs/Kohlhaas/*Wache*/ *Lutz* Rn. 79).

Ob die zuständige Behörde eine Ordnungswidrigkeit verfolgt oder nicht, liegt in ihrem pflicht- **94** gemäßen Ermessen, § 47 Abs. 1 S. 1 OWiG. Aufgrund des geltenden **Opportunitätsprinzips** kann sie sowohl die Ordnungswidrigkeit verfolgen, als auch das Verfahren einstellen. Zu beachten sind jedoch die allgemeinen Grenzen der Ermessensausübung, der Verhältnismäßigkeitsgrundsatz und der Gleichbehandlungsgrundsatz. Dementsprechend ist ein Bußgeldverfahren nur dann anzustrengen, wenn eine Gesamtbetrachtung aller Umstände ergibt, dass eine Ahndung des Verwaltungsunrechts wegen des Gewichts der festgestellten Zuwiderhandlung unter Beachtung des Verhältnismäßigkeitsgrundsatzes erforderlich ist. Die zuständige Behörde hat dabei in die gebotene Gesamtabwägung einzustellen, ob die Durchsetzung der durch die Ordnungswidrigkeitenvorschrift geschützten Rechtsordnung nicht einfacher auf andere Art und Weise – etwa durch Zwangsmittel nach § 17 FinDAG (BGBl. I 1310 (1314)) – erreicht werden kann, ob die Aufklärung des Sachverhalts zum äußeren und inneren Tatbestand einen erheblichen Aufwand erfordert oder ob etwa bei einer unklaren Rechtslage die Durchführung eines Bußgeldverfahrens sinnvoll ist. Ermessensfehlerhaft ist beispielsweise, das weitere Betreiben eines Bußgeldverfahrens, wenn feststeht, dass die Tat aufgrund einer im Gesetzgebungsverfahren befindlichen Gesetzesänderung in absehbarer Zeit nicht mehr als Ordnungswidrigkeit verfolgbar ist oder der Bußgeldtatbestand aufgrund einer EG-Richtlinie zu Gunsten des Betroffenen zu ändern ist (vgl Erbs/ Kohlhaas/*Wache*/*Lutz* Rn. 79 f.).

Erlangt die Verwaltungsbehörde im Rahmen des Bußgeldverfahrens Anhaltspunkte für das Vorliegen **95** einer Straftat, so gibt sie die Sache gemäß § 41 OWiG an die **Staatsanwaltschaft** ab. Verfolgt die Staatsanwaltschaft eine Straftat, die mit einer Ordnungswidrigkeit zusammenhängt, so kann sie ihrerseits die Ordnungswidrigkeit verfolgen. Ist das Ordnungswidrigkeitenverfahren bereits bei Gericht anhängig, so kann dieses das Verfahren nach pflichtgemäßem Ermessen mit Zustimmung der Staatsanwaltschaft gemäß § 47 Abs. 2 OWiG einstellen, wenn es die Ahndung der Tat nicht als geboten erachtet.

Der **Versuch** der in § 332 enthaltenen Bußgeldtatbestände unterliegt nicht der Ahndung, § 13 Abs. 2 **96** OWiG.

Die **Höhe** der Bußgelder bestimmt vorliegend § 332 **Abs. 5.** Danach können Ordnungswidrigkeiten **97** nach § 332 **Abs. 1 Nr. 2b und Abs. 2 Nr. 3** mit Bußgeldern bis zu **500.000 EUR** belegt werden, solche nach § 332 **Abs. 2 Nr. 2, Abs. 3 Nr. 2a und Nr. 3 sowie Abs. 4** mit einer Geldbuße bis zu **200.000 EUR** und in den übrigen Fällen mit einer Geldbuße bis zu **50.000 EUR** geahndet werden. Wurden einzelne Tatbestände nur fahrlässig oder leichtfertig begangen, ermäßigt sich die Geldbuße gemäß § 17 Abs. 2 OWiG im Höchstmaß auf die Hälfte des angedrohten Höchstbetrages der Geldbuße. Grundlage für die Zumessung der Geldbuße sind nach § 17 Abs. 3 OWiG die Bedeutung der Ordnungswidrigkeit und der Vorwurf, der den Täter trifft. Ebenso kommen die wirtschaftlichen Verhältnisse des Täters in Betracht; bei geringfügigen Ordnungswidrigkeiten bleiben sie jedoch in der Regel unberücksichtigt. Außerdem soll nach § 17 Abs. 4 S. 1 OWiG die Geldbuße den wirtschaftlichen Vorteil, den der Täter aus der Ordnungswidrigkeit gezogen hat, übersteigen. In Fällen, in denen das gesetzliche Höchstmaß hierzu nicht ausreicht, kann es gemäß § 17 Abs. 4 S. 2 OWiG überschritten werden (vgl auch Erbs/Kohlhaas/*Wache*/*Lutz* Rn. 83).

Hat eine nach § 30 Abs. 1 OWiG vertretungsberechtigte Person eine Zuwiderhandlung begangen, **98** kann aber aus tatsächlichen Gründen keine bestimmte Person verfolgt, verurteilt oder kann eine Geldbuße gegen eine bestimmte Person nicht verhängt werden, so kann gemäß **§ 30 Abs. 4 OWiG** gegen die juristische Person oder die Personenvereinigung **selbstständig** eine Geldbuße festgesetzt werden (Erbs/Kohlhaas/*Wache*/*Lutz* Rn. 84).

Für die **Verfolgungsverjährung** gelten die Vorschriften der §§ 31 ff. OWiG (Erbs/Kohlhaas/*Wache*/ **99** *Lutz* Rn. 82).

§ 333 Zuständige Verwaltungsbehörde

Verwaltungsbehörde im Sinne des § 36 Absatz 1 Nummer 1 des Gesetzes über Ordnungswidrigkeiten ist die Bundesanstalt, soweit die Aufsicht über Versicherungsunternehmen der Bundesanstalt zusteht.

A. Allgemeines

§ 333 entspricht § 145a aF. Mit dieser Regelung hat das VAG von der Möglichkeit des § 36 Abs. 1 **1** Nr. 1 OWiG Gebrauch gemacht, **per Gesetz die sachliche Zuständigkeit als Bußgeldbehörde auf die Bundesanstalt für Finanzdienstleistungsaufsicht** zu übertragen, soweit dieser die Aufsicht über Versicherungsunternehmen zusteht. Die Zuständigkeit der Aufsichtsbehörden der Länder ergibt sich aus § 36 OWiG und ist von den Ländern entsprechend geregelt worden (Erbs/Kohlhaas/*Wache*/*Lutz* Rn. 2).

B. Regelungszweck

2   Die Vorschrift regelt die **Zuständigkeit für die Verfolgung und Ahndung von Ordnungswidrigkeiten,** die im oder aufgrund des VAG geregelt sind und die zugleich im Zusammenhang mit Versicherungsunternehmen stehen, die der Aufsicht der BaFin unterstehen. Für die Verfolgung anderer Ordnungswidrigkeiten, die von Versicherungsunternehmen begangen werden, ist die BaFin nicht zuständig.

C. Aufsichtszuständigkeit der Bundesanstalt

3   Verwaltungsbehörde iS des § 36 Abs. 1 Nr. 1 OWiG ist seit dem 1.5.2002 die **BaFin,** soweit ihr die Aufsicht über Versicherungsunternehmen zusteht. Zuvor war das das BAV. Seit dem 1.5.2002 wird dieses – ebenso wie das frühere BAKred und das Bundesaufsichtsamt für den Wertpapierhandel von der BaFin fortgeführt (§§ 1 Abs. 1, 18 Abs. 1 FinDAG v. 22.4.2002, BGBl. I 1310). Gemäß § 4 Abs. 1 S. 1 FinDAG übernimmt die BaFin seither die Aufgaben des BAV.

4   Die **Aufsichtszuständigkeit** der BaFin ergibt sich aus §§ 320 ff. Soweit die Aufsicht von den Ländern ausgeübt wird, ist es Aufgabe der Länder, nach Maßgabe des Landesrechts die zuständigen Stellen zu bestimmen. Fehlt eine solche Bestimmung, ist gemäß § 36 Abs. 1 Nr. 2a OWiG die fachlich zuständige oberste Landesbehörde sachlich zuständig.

§ 334 Beteiligung der Aufsichtsbehörde und Mitteilungen in Strafsachen

(1) Das Gericht, die Strafverfolgungs- oder die Strafvollstreckungsbehörde übermittelt der Bundesanstalt in Strafverfahren gegen Geschäftsleiter von Versicherungsunternehmen oder Pensionsfonds, Mitglieder der Verwaltungs- oder Aufsichtsorgane von Versicherungsunternehmen oder Pensionsfonds sowie gegen Inhaber bedeutender Beteiligungen an Versicherungsunternehmen oder Pensionsfonds oder deren gesetzliche Vertreter oder persönlich haftende Gesellschafter wegen Verletzung ihrer Berufspflichten oder anderer Straftaten bei oder im Zusammenhang mit der Ausübung eines Gewerbes oder dem Betrieb einer sonstigen wirtschaftlichen Unternehmung, ferner in Strafverfahren, die Straftaten nach § 331 zum Gegenstand haben, im Fall der Erhebung der öffentlichen Klage

1. die Anklageschrift oder eine an ihre Stelle tretende Antragsschrift,
2. den Antrag auf Erlass eines Strafbefehls, wenn diesem nicht umgehend entsprochen wird, und
3. die das Verfahren abschließende Entscheidung mit Begründung.

Ist gegen die Entscheidung ein Rechtsmittel eingelegt worden, so ist die Entscheidung unter Hinweis auf das eingelegte Rechtsmittel zu übermitteln. 3In Verfahren wegen fahrlässig begangener Straftaten werden die in Satz 1 Nummer 1 und 2 bestimmten Übermittlungen nur vorgenommen, wenn aus der Sicht der übermittelnden Stelle unverzüglich Entscheidungen oder andere Maßnahmen der Bundesanstalt geboten sind.

(2) In Strafverfahren, die Straftaten nach § 331 Absatz 1 und 2 Nummer 1 zum Gegenstand haben, hat die Staatsanwaltschaft die Aufsichtsbehörde bereits über die Einleitung des Ermittlungsverfahrens zu unterrichten, soweit dadurch eine Gefährdung des Ermittlungszwecks nicht zu erwarten ist. Erwägt die Staatsanwaltschaft das Verfahren einzustellen, so hat sie die Aufsichtsbehörde zu hören.

(2a) In Strafverfahren, die eine Straftat nach § 331 Absatz 2a zum Gegenstand haben, übermittelt die Staatsanwaltschaft im Falle der Erhebung der öffentlichen Klage der Abschlussprüferaufsichtsstelle beim Bundesamt für Wirtschaft und Ausfuhrkontrolle die das Verfahren abschließende Entscheidung. Ist gegen die Entscheidung ein Rechtsmittel eingelegt worden, ist die Entscheidung unter Hinweis auf das eingelegte Rechtsmittel zu übermitteln.

(3) Werden sonst in einem Strafverfahren Tatsachen bekannt, die auf Missstände in dem Geschäftsbetrieb eines Versicherungsunternehmens oder eines Pensionsfonds einschließlich des Außendienstes hindeuten und ist deren Kenntnis aus der Sicht der übermittelnden Stelle für Maßnahmen der Versicherungsaufsicht erforderlich, so soll das Gericht, die Strafverfolgungs- oder die Strafvollstreckungsbehörde diese Tatsachen ebenfalls mitteilen, soweit nicht für die übermittelnde Stelle erkennbar ist, dass schutzwürdige Interessen des Betroffenen überwiegen. Dabei ist zu berücksichtigen, wie gesichert die zu übermittelnden Erkenntnisse sind. Tatsachen, die auf die Unzuverlässigkeit eines Aufsichtsratsmitglieds, eines Geschäftsleiters, eines Verantwortlichen Aktuars oder eines Inhabers einer bedeutenden Beteiligung schließen lassen, deuten in der Regel auf Missstände im Geschäftsbetrieb hin.

(3a) Die nach § 333 zuständige Verwaltungsbehörde übermittelt der Abschlussprüferaufsichtsstelle beim Bundesamt für Wirtschaft und Ausfuhrkontrolle alle Bußgeldentscheidungen nach § 332 Absatz 4a bis 4c.

(4) Betrifft eine Mitteilung nach Absatz 1 oder 2 ein Versicherungsunternehmen oder einen Pensionsfonds, über das oder den die Aufsicht nach diesem Gesetz durch eine Landesbehörde ausgeübt wird, leitet die Bundesanstalt die Mitteilung unverzüglich an diese Behörde weiter.

A. Allgemeines

§ 334 entspricht inhaltlich § 145b aF (es hat sich lediglich die Nummerierung der Absätze geändert) **1** und regelt, in welchem Umfang die Gerichte, die Strafverfolgungs- und die Strafvollstreckungsbehörden verpflichtet sind, der BaFin **Mitteilungen aus einem Strafverfahren** zu geben, das sich gegen einen bestimmten Personenkreis richtet und dessen Gegenstand Straftaten sind, die im Zusammenhang mit einem Versicherungsunternehmen oder dem Betreiben von Versicherungsgeschäften begangen werden. Die Vorschrift ermöglicht die **Übermittlung personenbezogener Daten** nach § 13 Abs. 1 Nr. 1 EGGVG, die über die nach § 14 Abs. 1 Nr. 5 EGGVG zulässige Datenübermittlung hinausgeht. Sie dient dem Informationsbedürfnis der Bundesanstalt, das daraus resultiert, dass die BaFin für die Verfolgung von Straftaten zwar nicht zuständig ist, diese jedoch durchaus aufsichtsrechtlich relevant sein können. Die Schaffung einer gesetzlichen Grundlage für diese Mitteilungspflichten war erforderlich, um den Anforderungen des Volkszählungsurteils des BVerfG zu entsprechen (BVerfGE 65, 1).

B. Mitteilungspflicht nach Abs. 1

Mitteilungspflichtig iSv **Abs. 1** sind in erster Linie **Straftaten nach § 331**. Es kann sich aber auch **2** um **andere Straftaten** handeln, die in einem **Zusammenhang mit einem Versicherungsunternehmen oder mit dem Betreiben von Versicherungsgeschäften** stehen, etwa Untreue (§ 266 StGB) durch Mitglieder eines Organs des Versicherungsunternehmens, Aktienstraftaten (§§ 399–404 AktG), Straftaten des HGB (§§ 331–333, 340m, 341m HGB), Betrug (§ 263 StGB) oder des UWG (§§ 16–19 UWG) bei dem Betreiben von Versicherungsgeschäften (Erbs/Kohlhaas/*Wache/Lutz* Rn. 3).

Die Bundesanstalt ist zu informieren bei **Strafverfahren** gegen **Geschäftsleiter, Mitglieder der 3 Verwaltungs- oder Aufsichtsorgane** von Versicherungsunternehmen oder Pensionsfonds aber auch bei solchen gegen **Inhaber bedeutender Beteiligungen** iSd § 16 an Versicherungsunternehmen oder Pensionsfonds oder **deren gesetzliche Vertreter oder persönlich haftende Gesellschafter** wegen Verletzung ihrer Berufspflichten oder Strafverfahren, die im Zusammenhang mit deren Berufstätigkeit stehen. Die Verfahren gegen Mitglieder der Verwaltungs- oder Aufsichtsorgane von Versicherungsunternehmen oder Pensionsfonds wurden in den Regelungszweck aufgenommen aufgrund der Erweiterung der Aufsicht auf Personen, die Schlüsselaufgaben für ein Unternehmen wahrnehmen (vgl §§ 24, 297 – Erbs/Kohlhaas/*Wache/Lutz* Rn. 4). **Nicht einbezogen** sind indes sonstige Personen, die für Schlüsselaufgaben verantwortlich sind (vgl. BT-Drs. 18/2956, 297).

Abs 1 führt die **Entscheidungen der Staatsanwaltschaft und des Gerichts,** die mitzuteilen sind, **4 abschließend** auf. Neben der **Anklageschrift** (oder der an ihre Stelle tretenden Antragsschrift eines Sicherungsverfahrens nach § 414 Abs. 2 StPO) und dem **Antrag auf Erlass eines Strafbefehls** sind das alle Entscheidungen der mitteilungspflichtigen Stellen, **die das Verfahren abschließen.** Dazu gehören die Einstellungsentscheidungen der Staatsanwaltschaft (auch Beschwerdeentscheidungen der zweiten Instanz) sowie alle das Verfahren beendenden Beschlüsse und Urteile des Gerichts, auch in den Rechtsmittelinstanzen. Ist gegen eine Entscheidung ein **Rechtsmittel** eingelegt worden, ist neben der Übersendung der Entscheidung darauf hinzuweisen. Bei **vorsätzlicher** Tatbegehung besteht die Mitteilungspflicht **uneingeschränkt;** bei **Fahrlässigkeitstaten** ist hingegen die Einschränkung des Abs. 1 S. 3 zu beachten, wonach die Übermittlung nur vorzunehmen ist, wenn aus der Sicht der übermittelnden Stelle unverzüglich Entscheidungen oder andere Maßnahmen der Bundesanstalt geboten sind. Die Mitteilung erfolgt in der Form des Übermittelns der genannten Entscheidungen (Erbs/Kohlhaas/*Wache/Lutz* Rn. 5).

C. Mitteilungs- und Anhörungspflicht nach Abs. 2

Abs. 2 S. 1 normiert die Pflicht der Staatsanwaltschaft, die Aufsichtsbehörde wegen der Besonderhei- **5** ten der Straftaten des § 331 Abs. 1 und 2 Nr. 1 **bereits über die Einleitung des Ermittlungsverfahrens** zu unterrichten, wenn dies ohne Gefährdung des Ermittlungszwecks möglich ist. Nach **Abs. 2 S. 2** hat sie zudem bei einer beabsichtigten Einstellung des Ermittlungsverfahrens vorher die Aufsichtsbehörde **anzuhören.**

Abs. 2 dient damit der Abstimmung der Ermittlungshandlungen und dem Abgleich der Ermittlungs- **6** ergebnisse. Dies ist betreffend § 331 Abs. 1 Nr. 1 und 2 und Abs. 2 Nr. 1 insbesondere deswegen geboten, weil diese Tatbestände akzessorisch auf die verwaltungsrechtliche Erlaubnispflicht verweisen und dem objektiven Straftatbestand dieselben Tatsachen zugrunde zu legen sind wie den Anordnungen der Aufsichtsbehörde nach § 308 (zu § 145b aF vgl. BT-Drs. 17/3023, 69). Darüber hinaus kann die Aufsichtsbehörde aus dem Verwaltungsverfahren über Informationen verfügen, die für die subjektive Seite des Straftatbestandes von Bedeutung sind (zu § 145b aF vgl BT-Drs. 17/3023, 69).

D. Übermittlungspflicht nach Abs. 2a

7   **Abs. 2a** wurde durch das Abschlussprüfungsreformgesetz v. 10.5.2016 (BGBl. I 1142) eingefügt. Die Regelung setzt – gemeinsam mit Abs. 3a – Art. 30 Abs. 1, Art. 30a Abs. 1b), Art. 30c, Art. 30f der RL 2014/56/EU (Abschlussprüferrichtlinie) betreffend die prüfungsbezogenen Pflichten der Mitglieder des Aufsichtsrates und des Prüfungsausschusses eines VVaG um. Die Norm ist § 335c HGB nachgebildet (vgl. BT-Drs. 18/7219, 64) und verpflichtet in Strafverfahren, die eine Straftat nach § 331 Abs. 2a zum Gegenstand haben, die Staatsanwaltschaft dazu, **im Falle der Erhebung der öffentlichen Klage der Abschlussprüferaufsichtsstelle beim Bundesamt für Wirtschaft und Ausfuhrkontrolle die das Verfahren abschließende Entscheidung** zu übermitteln. Ist gegen die Entscheidung ein Rechtsmittel eingelegt worden, ist die Entscheidung **unter Hinweis auf das eingelegte Rechtsmittel** zu übermitteln, Abs. 2a S. 2.

8   Die Übermittlung erfolgt an die **Abschlussprüferaufsichtsstelle beim Bundesamt für Wirtschaft und Ausfuhrkontrolle,** durch die eine einheitliche Bekanntmachung und Übermittlung an den Ausschuss der Aufsichtsstellen erfolgt (BT-Drs. 18/7219, 64).

E. Mitteilungspflicht nach Abs. 3

9   Bei der Generalklausel des **Abs. 3** handelt es sich lediglich um eine „Soll-Vorschrift". Diese erfasst sämtliche sonstigen in einem Strafverfahren bekannt gewordenen Tatsachen, die auf **Missstände** (legaldefiniert in § 298 Abs. 1 S. 2) in dem Geschäftsbetrieb eines Versicherungsunternehmens einschließlich seines Außendienstes schließen lassen. Dabei muss es sich um Missstände handeln, deren Kenntnis nach Auffassung der mitteilungspflichtigen Stelle für die Bundesanstalt erforderlich ist, um ihr die Möglichkeit zu geben, Maßnahmen der Versicherungsaufsicht (§§ 298 ff.) zu ergreifen.

10   Vor der Mitteilung hat eine **Interessenabwägung** dahingehend stattzufinden, ob die Interessen der Aufsichtsbehörde die schutzwürdigen Interessen des Betroffenen überwiegen. Betroffener ist nicht nur der Beschuldigte in dem betreffenden Verfahren sondern jede Person, deren Interessen durch die Mitteilung dieser Tatsachen berührt wird. Bei der Abwägung ist auch zu berücksichtigen, in welchem Umfang die zu übermittelnden Erkenntnisse nach dem Stand des Strafverfahrens gesichert sind **(Abs. 3 S. 2).** Unsichere Erkenntnisse dürfen ebenso wenig mitgeteilt werden, wie Tatsachen, welche die schutzwürdigen Interessen des Betroffenen in hohem Maße verletzen (Erbs/Kohlhaas/*Wache/Lutz* Rn. 8).

F. Übermittlungspflicht nach Abs. 3a

11   Nach **Abs. 3a** übermittelt die nach § 333 zuständige Verwaltungsbehörde der Abschlussprüferaufsichtsstelle beim Bundesamt für Wirtschaft und Ausfuhrkontrolle alle **Bußgeldentscheidungen nach § 332 Abs. 4a–4c.** Abs 3a wurde – ebenso wie Abs. 2a (→ Rn. 7) durch das Abschlussprüfungsreformgesetz v. 10.5.2016 (BGBl. I 1142) eingefügt und setzt Art. 30 Abs. 1, Art. 30a Abs. 1b), Art. 30c, Art. 30f der RL 2014/56/EU (Abschlussprüferrichtlinie) betreffend die prüfungsbezogenen Pflichten der Mitglieder des Aufsichtsrates und des Prüfungsausschusses eines VVaG um.

G. Weiterleitungsverpflichtung der Bundesanstalt nach Abs. 4

12   **Abs. 4 verpflichtet die BaFin,** alle ihr vorliegenden Mitteilungen der mitteilungspflichtigen Stellen den entsprechenden Aufsichtsbehörden **weiterzuleiten,** wenn diesen die Aufsicht über die in Betracht kommenden Versicherungsunternehmen oder den Pensionsfonds zusteht. Der übermittelnden Stelle sollen Ermittlungen über den im Einzelfall zuständigen Empfänger erspart werden (zu § 145b aF vgl BT-Drs. 13/4709, 35).

H. MiStrA

13   Zu berücksichtigen ist in diesem Zusammenhang auch **Nr. 25b MiStrA,** die für die Staatsanwaltschaften und Gerichte einen Hinweis auf die Mitteilungspflichten nach dem VAG enthält.

780. Verordnung über gewerbsmäßige Versteigerungen (Versteigererverordnung – VerstV)

Vom 24. April 2003 (BGBl. I S. 547) FNA 7104-8

Zuletzt geändert durch Art. 2a Abs. 4 G zur Einführung eines Zulassungsverfahrens für Bewachungsunternehmen auf Seeschiffen vom 4.3.2013 (BGBl. I S. 362)

– Auszug –

§ 10 Straftaten und Ordnungswidrigkeiten

(1) Ordnungswidrig im Sinne des § 144 Absatz 2 Nummer 1b der Gewerbeordnung handelt, wer vorsätzlich oder fahrlässig

1. entgegen § 1 Satz 1 ohne schriftlichen Vertrag versteigert,
2. entgegen § 2 Abs. 1 Satz 1 ein Verzeichnis nicht, nicht richtig, nicht vollständig, nicht in der vorgeschriebenen Weise oder nicht rechtzeitig anfertigt,
3. entgegen § 3 Abs. 1 Satz 1 eine Anzeige nicht, nicht richtig, nicht vollständig, nicht in der vorgeschriebenen Weise oder nicht rechtzeitig erstattet,
4. entgegen § 3 Abs. 3 Satz 1 eine neue Versteigerung beginnt,
5. entgegen § 3 Abs. 4 Satz 1 eine Unterlage oder eine Information nicht oder nicht rechtzeitig herausgibt, eine Vorabbesichtigung nicht oder nicht rechtzeitig ermöglicht oder einen Nachweis nicht oder nicht rechtzeitig führt,
6. *[aufgehoben]*
7. entgegen § 8 Abs. 1 Satz 1 oder 2 eine Aufzeichnung nicht, nicht richtig, nicht vollständig, nicht in der vorgeschriebenen Weise oder nicht rechtzeitig macht oder
8. entgegen § 8 Abs. 2 Satz 1 eine Aufzeichnung, eine Unterlage oder einen Beleg nicht oder nicht mindestens drei Jahre aufbewahrt.

(2) Ordnungswidrig im Sinne des § 145 Abs. 2 Nr. 8 der Gewerbeordnung handelt, wer vorsätzlich oder fahrlässig eine in Absatz 1 bezeichnete Handlung in Ausübung eines Reisegewerbes begeht.

(3) Ordnungswidrig im Sinne des § 146 Abs. 2 Nr. 11 der Gewerbeordnung handelt, wer vorsätzlich oder fahrlässig eine in Absatz 1 bezeichnete Handlung in Ausübung eines Messe-, Ausstellungs- oder Marktgewerbes begeht.

(4) Wer durch eine in Absatz 1 bezeichnete Handlung Leben oder Gesundheit eines anderen oder fremde Sachen von bedeutendem Wert gefährdet, ist nach § 148 Nr. 2 der Gewerbeordnung strafbar.

A. Allgemeines

Die derzeit geltende Fassung der Versteigererverordnung (VerstV) geht zurück auf die „Verordnung **1** zur Neuregelung des Versteigerungsrechts und zur Änderung weiterer gewerberechtlicher Verordnungen" v. 24.3.2003 (BGBl. I 547). Mit der Neuregelung sollten die Vorschriften für gewerbliche Versteigerer reformiert und dereguliert werden. Von den ursprünglich 28 Paragrafen der seit 1976 geltenden Versteigererverordnung blieben nach der Novellierung nur noch zehn übrig (vgl. Landmann/Rohmer GewO/*Schönleiter* Vorb. Rn. 10 ff. mwN).

Die Versteigererverordnung findet ihre Ermächtigungsgrundlage in § 34b Abs. 8 GewO. Der Begriff **2** der Versteigerung ist gesetzlich nicht definiert. In § 34b Abs. 1 GewO heißt es lediglich, dass derjenige, der gewerbsmäßig fremde bewegliche Sachen, fremde Grundstücke oder fremde Rechte versteigern will, einer behördlichen Erlaubnis bedarf. Im Schrifttum wird eine Versteigerung iSd § 34b GewO als eine zeitlich und örtlich begrenzte Veranstaltung umschrieben, bei der eine Mehrzahl von Personen von dem Versteigerer aufgefordert wird, in einem gegenseitigen Wettbewerb Vertragsangebote zum Erwerb fremder Sachen und Rechte abzugeben und sich dabei gegenseitig zu überbieten. Der Vertragsschluss kommt dann durch Annahme des höchsten Gebotes durch den Versteigerer zustande (vgl. zum Begriff des Versteigerns Landmann/Rohmer GewO/*Schönleiter* VerstV Vorb. Rn. 34 mwN). Auf Internetauktionen finden daher die Vorschriften der VerstV keine Anwendung (eing. *Merten* GewArch 2006, 55; vgl. auch BGH NJW 2005, 53). Versteigerungen, die von Behörden oder Beamten vorgenommen werden (auch Fundsachenversteigerungen) oder zu denen als Bieter nur Personen zugelassen werden, die Waren der angebotenen Art nur für ihren Geschäftsbetrieb ersteigern wollen, werden nach § 34b Abs. 10 GewO ebenfalls nicht vom Anwendungsbereich der VerstV umfasst.

3 Ist der Anwendungsbereich der VerstV jedoch eröffnet, hat der Versteigerer zahlreiche materiell-rechtliche Vorgaben zu erfüllen, die im Einzelnen durch die Regelungen in der VerstV konkretisiert werden. Hierunter fallen zB Anzeigepflichten ggü. den zuständigen Behörden (§ 3), Vorgaben über den Ablauf einer Versteigerung (§ 7 f.) oder etwa das Verbot einer Versteigerung an Sonn- oder Feiertagen (§ 5). Verstöße gegen einzelne sich aus der VerstV ergebenden Pflichten werden vornehmlich als Ordnungswidrigkeiten nach § 10 Abs. 1–3 geahndet, wobei sich die mit Bußgeld bedrohten Tathandlungen auf solche beschränken, durch die schutzwürdige Belange der Allgemeinheit, der Auftraggeber und der Bieter in entscheidender Weise gefährdet werden (Landmann/Rohmer GewO/*Schönleiter* Rn. 3). Wird durch die Tathandlung Leben oder Gesundheit eines anderen oder fremde Sachen von bedeutendem Wert gefährdet, kommt nach § 10 Abs. 4 auch eine Verfolgung als Straftat in Betracht.

B. Ordnungswidrigkeiten

I. § 10 Abs. 1

4 § 10 Abs. 1 verweist zunächst auf § 144 Abs. 2 Nr. 1 GewO, wonach derjenige eine Ordnungswidrigkeit begeht, der vorsätzlich oder fahrlässig einer aufgrund des § 34b Abs. 8 GewO erlassenen Rechtsverordnung zuwiderhandelt. Bei der VerstV handelt es sich um eine entsprechende Verordnung (→ Rn. 2). Nach § 144 Abs. 4 GewO kann das Bußgeld bis zu 5.000 EUR betragen. Als Tathandlungen, die nach § 10 Abs. 1 mit einem Bußgeld bewehrt sind, kommen folgende Verstöße gegen die Bestimmungen der Verordnung in Betracht:

5 **1. Versteigerung ohne schriftlichen Vertrag (Nr. 1).** Nach § 1 S. 1 darf der Versteigerer nur aufgrund eines schriftlichen Versteigerungsvertrages mit dem Auftraggeber versteigern. Der Mindestinhalt eines solchen Vertrages ist in § 1 S. 2 geregelt. Danach sind in dem schriftlichen Vertrag etwa der Vor- und Nachnahme des Auftraggebers sowie dessen Anschrift, die zu versteigernden Sachen und Rechte, das von dem Auftraggeber zu zahlende Entgelt, die vom Auftraggeber zu zahlenden Auslagen für die Versteigerung bzw. für eine Schätzung und Begutachtung der zu versteigernden Sachen, Kosten für die Rücknahme des Auftrags, die Dauer der Vertragsbindung, die Festsetzung von Mindestpreisen sowie bei der Versteigerung von Gold- und Silbersachen die Zulässigkeit eines Zuschlags unter dem jeweiligen Gold- und Silberwert festzuhalten. Die schriftliche Fixierung des Versteigerungsauftrags soll zum einen den Auftraggeber in angemessener Form schützen und dazu beitragen, Streitigkeiten zwischen Versteigerer und Auftraggeber verhindern, zum anderen soll das Schriftformerfordernis eine Überprüfung durch die Behörde sicherstellen (vgl. BR-Drs. 147/03, 15). Fehlt ein solcher schriftlicher Vertrag völlig oder enthält der Vertrag nicht die gesetzlich geforderten Mindestangaben ist der objektive Tatbestand des § 10 Abs. 1 Nr. 1 erfüllt.

6 **2. Verstöße gegen die Pflicht zur Anfertigung eines Verzeichnisses (Nr. 2).** Nach § 2 Abs. 1 muss jeder Versteigerer (zu den Ausnahmen vgl. § 2 Abs. 2) ein Verzeichnis der zu versteigernden Sachen anfertigen und dieses Verzeichnis zwei Wochen vor der Versteigerung auf Anforderung der zuständigen Behörde vorlegen können. Das Verzeichnis muss zum Zeitpunkt der Anzeige (vgl. § 3) vollständig vorliegen und die zu versteigernden Sachen zutreffend bezeichnen. Außerdem hat der Versteigerer dafür Sorge zu tragen, dass in dem Verzeichnis das Versteigerungsgut jedes Auftraggebers einheitlich gekennzeichnet ist, dass das Verzeichnis durch den Namen des Auftraggebers, durch Deckworte oder durch Zahlen bei jeder einzelnen Nummer des Verzeichnisses zu kennzeichnen ist und dass er streng zwischen den eigenen und den von anderer Seite in Auftrag gegebenen Versteigerungsgegenständen unterscheidet (§ 2 Abs. 1 S. 2, 3). Wird ein Verzeichnis nicht erstellt oder genügt das erstellte Verzeichnis nicht den dargestellten Anforderungen oder liegt es nicht rechtzeitig vor, verwirklicht der Versteigerer den objektiven Tatbestand des § 10 Abs. 1 Nr. 2.

7 **3. Verstöße gegen die Anzeigepflicht (Nr. 3).** Nach § 3 Abs. 1 hat der Versteigerer jede Versteigerung spätestens zwei Wochen vor dem in Aussicht genommenen Versteigerungstermin der zuständigen Behörde sowie der Industrie- und Handelskammer, in deren Bezirk die Versteigerung stattfinden soll, anzuzeigen. Die Anzeige muss schriftlich erfolgen; eine mündliche oder fernmündliche Anzeige genügt ebenso wenig wie eine Anzeige per E-Mail (Landmann/Rohmer GewO/*Schönleiter* § 3 Rn. 3). In der Anzeige sind Ort und Zeitpunkt sowie die Gattung der zu versteigernden Ware anzugeben. Anlass der Versteigerung sowie Name und Anschrift der Auftraggeber sind dagegen nur dann anzugeben, wenn es sich um eine Versteigerung von Waren handelt, die ungebraucht sind und in offenen Verkaufsstellen feilgeboten werden oder deren bestimmungsgemäßer Gebrauch in deren Verbrauch besteht, da solche Versteigerungen grds. verboten sind und nur unter bestimmten Voraussetzungen erlaubt werden dürfen (vgl. § 6). Verletzt der Versteigerer seine Anzeigepflicht, namentlich wenn er die Anzeige nicht, nicht richtig, nicht vollständig oder nicht in der vorgeschriebenen Weise oder nicht rechtzeitig erstattet, handelt er ordnungswidrig nach § 10 Abs. 1 Nr. 3.

8 **4. Beginn einer neuen Versteigerung (Nr. 4).** Nach § 3 Abs. 3 S. 1 darf eine neue Versteigerung am Ort der vorhergehenden Versteigerung grds. erst dann begonnen werden, wenn die vorhergehende

Versteigerung mindestens fünf Tage zuvor beendet wurde. Die Regelung dient der Unterbindung von sog Dauerversteigerungen, die den Charakter der Versteigerung als Sonderveranstaltung unterlaufen, und des damit einhergehenden Missbrauchs (zB durch Nachschieben von Waren, ohne dass erkennbar wird, ob diese neu oder gebraucht sind oder ob sich die Versteigerungsanzeige auf diese bezieht). Führt der Versteigerer eine weitere Versteigerung am Ort der vorangehenden Versteigerung durch, obwohl die vorangehende nicht schon seit mindestens fünf Tagen beendet war, begeht er eine Ordnungswidrigkeit nach § 10 Abs. 1 Nr. 4.

5. Verstöße gegen Nachweispflichten (Nr. 5). § 3 Abs. 4 S. 1 ermächtigt die zuständige Behörde **9** (insbes. bei Verdacht eines Missbrauchs (BR-Drs. 147/03, 21)) von dem Versteigerer die Herausgabe weiterer erforderlicher Unterlagen oder Informationen (Nr. 1), eine Vorabbesichtigung des Versteigerungsgutes (Nr. 2) oder den Nachweis zu verlangen, dass es sich bei dem Versteigerungsgut um gebrauchte Ware handelt bzw. dass ein Ausnahmetatbestand des § 6 Abs. 1 (→ Rn. 7) vorliegt. Die Pflicht zur Vorlage weiterer Unterlagen erstreckt sich dabei lediglich auf solche, die am ordentlichem Geschäftsgang ohnehin vorhanden sein müssen (→ Rn. 10); es können dagegen keine Unterlagen angefordert werden, die erst noch von Dritten zu erstellen sind (zB Sachverständigengutachten). Entscheidet sich die Behörde für eine der aufgeführten Maßnahmen, so wird sie dem Versteigerer zunächst eine Frist setzen. Kommt dieser der Aufforderung nicht bzw. nicht rechtzeitig nach, so kann gegen ihn nach § 10 Abs. 1 Nr. 5 ein Bußgeld verhängt werden.

6. Verstöße gegen Dokumentations- und Aufbewahrungspflichten (Nr. 7 u. 8). Nach § 8 **10** Abs. 1 hat der Versteigerer, unabhängig von einer Kaufmannseigenschaft nach den handelsrechtlichen Vorschriften, über jeden Versteigerungsauftrag und dessen Abwicklung nach den Grundsätzen ordnungsgemäßer Buchführung Aufzeichnungen zu machen sowie Unterlagen und Belege zu sammeln. Die Aufzeichnungen sind unverzüglich und in deutscher Sprache zu machen. Nach § 8 Abs. 2 S. 1 sind die Aufzeichnungen, Unterlagen und Belege mindestens drei Jahre aufzubewahren. Verstöße gegen diese Dokumentations- und Aufbewahrungspflichten erfüllen den Bußgeldtatbestand des § 10 Abs. 1 Nr. 7 bzw. Nr. 8.

II. § 10 Abs. 2

§ 10 Abs. 2 regelt vorsätzliche oder fahrlässige Verstöße gegen die Versteigerungsverordnung, die in **11** Ausübung eines Reisegewerbes (zum Begriff vgl. § 55 Abs. 1 GewO) begangen werden. Die Vorschrift verweist insoweit auf § 145 Abs. 2 Nr. 8 GewO, der auch für das Reisegewerbe bestimmt, dass derjenige eine Ordnungswidrigkeit begeht, der vorsätzlich oder fahrlässig einer aufgrund des § 34b Abs. 8 GewO erlassenen Rechtsverordnung – hier der VerstV – zuwiderhandelt. Nach § 145 Abs. 4 GewO kann das Bußgeld bis zu 2.500 EUR betragen. Als Tathandlungen kommen die in § 10 Abs. 1 iE bezeichneten Handlungen in Betracht (→ Rn. 5 f.).

III. § 10 Abs. 3

In § 10 Abs. 3 befindet sich eine dem Abs. 2 entsprechende Regelung für Verstöße, die in Ausübung **12** eines Messe-, Ausstellungs- oder Marktgewerbes (zum Begriff vgl. § 64 f. GewO) begangen werden. Die Vorschrift verweist dementsprechend auf § 146 Abs. 2 Nr. 11 GewO. Tathandlungen sind die in § 10 Abs. 1 bezeichneten Handlungen (→ Rn. 5 f.). Als Begehungsform kommen sowohl Vorsatz als auch Fahrlässigkeit in Betracht. Nach § 146 Abs. 3 GewO können Verstöße mit einem Bußgeld bis zu 1.000 EUR geahndet werden.

C. Straftat – § 10 Abs. 4

Gem. § 10 Abs. 4 wird die durch eine der in Abs. 1 bezeichneten Tathandlungen ausgelöste konkrete **13** Gefährdung des Lebens oder der Gesundheit eines anderen (zum Begriff vgl. Erbs/Kohlhaas/*Ambs* GewO § 148 Rn. 6) oder fremder Sachen von bedeutendem Wert (zum Begriff Erbs/Kohlhaas/*Ambs* GewO § 148 Rn. 10) im Einzelfall unter Strafe gestellt. Der tatsächliche Eintritt eines Schadens (oder des Todes) ist hierbei nicht erforderlich; ausreichend ist bereits das Bestehen einer konkreten Gefahr, die den Schadenseintritt nach allgemeinen Erfahrungssätzen unmittelbar befürchten lässt. Die Tatbestandsverwirklichung setzt weiterhin voraus, dass der Täter – bedingt – vorsätzlich handelt; eine fahrlässige Tatbegehung ist nicht strafbar (Erbs/Kohlhaas/*Ambs* GewO § 148 Rn. 14). Die Tat wird mit einer Freiheitsstrafe bis zu einem Jahr oder mit einer Geldstrafe geahndet (§ 148 GewO).

785. Verordnung über die Versicherungsvermittlung und -beratung (Versicherungsvermittlungsverordnung – VersVermV)

Vom 15. Mai 2007 (BGBl. I S. 733, ber. 1967) FNA 7100-1-9

Zuletzt geändert durch Art. 276 Zehnte ZuständigkeitsanpassungsVO vom 31.8.2015 (BGBl. I S. 1474)

– Auszug –

§ 18 Straftaten und Ordnungswidrigkeiten

(1) Ordnungswidrig im Sinne des § 144 Absatz 2 Nummer 1b der Gewerbeordnung handelt, wer vorsätzlich oder fahrlässig

1. entgegen § 11 Abs. 1 eine Mitteilung nicht, nicht richtig, nicht vollständig oder nicht rechtzeitig macht,
2. entgegen § 12 Abs. 1 Satz 1, auch in Verbindung mit Abs. 6 Satz 1, eine Zahlung annimmt,
3. entgegen § 12 Abs. 5, auch in Verbindung mit Abs. 6 Satz 1, die Sicherheit oder die Versicherung nicht aufrechterhält,
4. entgegen § 13 einen Nachweis nicht, nicht richtig, nicht vollständig oder nicht rechtzeitig erbringt oder
5. entgegen § 14 Abs. 1 oder Abs. 3 eine Aufzeichnung nicht, nicht richtig, nicht vollständig, nicht in der vorgeschriebenen Weise oder nicht rechtzeitig macht oder dort genannte Unterlagen oder Belege nicht oder nicht in der vorgeschriebenen Weise sammelt.

(2) Ordnungswidrig im Sinne des § 145 Abs. 2 Nr. 8 der Gewerbeordnung handelt, wer vorsätzlich oder fahrlässig eine in Absatz 1 bezeichnete Handlung in Ausübung eines Reisegewerbes begeht.

(3) Ordnungswidrig im Sinne des § 146 Abs. 2 Nr. 11 der Gewerbeordnung handelt, wer vorsätzlich oder fahrlässig eine in Absatz 1 bezeichnete Handlung in Ausübung eines Messe-, Ausstellungs- oder Marktgewerbes begeht.

(4) Wer durch eine in Absatz 1 bezeichnete Handlung das Leben oder die Gesundheit eines anderen oder fremde Sachen von bedeutendem Wert gefährdet, wird nach § 148 Nr. 2 der Gewerbeordnung bestraft.

A. Allgemeines

1   Der Gesetzgeber hat die Verordnung über die Versicherungsvermittlung und -beratung v. 15.5.2007 (BGBl. I 733) eingeführt, nachdem durch die am 15.1.2003 verkündete RL 2002/92/EG des Europäischen Parlaments und des Rates v. 9.12.2002 über Versicherungsvermittlung (ABl. 2002 L 9, 3) alle Mitgliedstaaten verpflichtet wurden, die Tätigkeit der Versicherungsvermittlung von einer Erlaubnispflicht abhängig zu machen. Ziel der Richtlinie ist die Harmonisierung des Vermittlermarktes in einem zusammenwachsenden Europa und die Verbesserung des Verbraucherschutzes (BR-Drs. 303/06, 1 (3)). Den Vorgaben der Richtlinie entsprechend unterwirft die VersVermV den bis dahin frei zugänglichen Beruf des Versicherungsvermittlers einer Erlaubnispflicht und enthält zugleich Vorschriften über die erforderliche Qualifikation der Vermittler. Weiterhin beinhaltet sie Regelungen über eine Kundengeldsicherung, eine obligatorische Berufshaftpflicht sowie über die anlassbezogenen Beratungs-, Informations- und Dokumentationspflichten ggü. den Kunden (vgl. BR-Drs. 303/06, 2 f.). Eine erste Änderung erfuhr die VersVermV durch Art. 2 Abs. 2 des Gesetzes v. 25.6.2009 (BGBl. I 1574) in Umsetzung der RL 36/2005/EG v. 19.12.2008. Weiter wurde die Verordnung geändert durch Art. 2a Abs. 5 des Gesetzes v. 4.3.2013 (BGBl. I 362). Hierbei handelt es sich um eine bloße Folgeänderung im Hinblick auf die Änderung des § 144 Abs. 2 GewO. Eine letzte Änderung erfuhr sie durch Art. 276 der Zehnten ZuständigkeitsanpassungsVO vom 31.8.2015 (BGBl. I 1474).

2   § 18 enthält mehrere Ordnungswidrigkeitentatbestände und eine Strafvorschrift, die sicherstellen sollen, dass dem Schutz der Versicherungsnehmer hinreichend Rechnung getragen wird. Die Regelung bestimmt iVm § 144 Abs. 2 Nr. 1b, § 145 Abs. 2 Nr. 8, § 146 Abs. 2 Nr. 11 bzw. § 148 Nr. 2 GewO, in welchen Fällen ein Verstoß gegen die Regelungen der VersVermV eine Ordnungswidrigkeit oder – im Fall des Abs. 4 – eine Straftat darstellt. Bei der Vorschrift des § 18 handelt es sich um eine **blankettartige Norm** (zum Begriff der Blankettnorm BGHSt 28, 213 (215) mwN), da sie bei der Tatbestandsbeschreibung auf andere Vorschriften der VersVermV und der GewO verweist und sich ihr Tatbestand somit erst aus einer Gesamtschau mit den entsprechenden ausfüllenden Vorschriften ergibt. § 18 wird dabei dem Bestimmtheitsgebot des Art. 103 Abs. 2 GG (BVerfGE 37, 201 (208 f.); BVerfG NStZ 1982,

Bücherl

206) gerecht, da durch die Verweisung auf die in Betracht kommenden Ausfüllungsvorschriften die Voraussetzungen der Bußgeldbewehrung bzw. der Strafbarkeit hinreichend deutlich gemacht werden.

B. Ordnungswidrigkeiten nach § 18

I. Ordnungswidrigkeiten iSd § 18 Abs. 1

Die Vorschrift des § 18 Abs. 1 regelt, welche Pflichtverstöße gegen die Vorgaben der VersVermV eine **3** Ordnungswidrigkeit iSd § 144 Abs. 2 Nr. 1b GewO darstellen.

1. Verstoß gegen die Mitteilungspflicht des § 11 Abs. 1, § 18 Abs. 1 Nr. 1. Der Ordnungs- **4** widrigkeitentatbestand des § 18 Abs. 1 **Nr. 1** ahndet die vorsätzliche oder fahrlässige **Verletzung** bestimmter, den Versicherungsvermittlern obliegender **Mitteilungspflichten.** Diese haben gem. **§ 11 Abs. 1** dem Versicherungsnehmer die dort vorgegebenen **statusbezogenen Informationspflichten** (wie beispielsweise seinen Namen, seine Betriebsanschrift und seine Telefonnummer – zu den erforderlichen Angaben iE vgl. Landmann/Rohmer GewO/*Stenger* § 11 Rn. 4 ff.) beim ersten Geschäftskontakt mitzuteilen. Mit § 11 wurden die in Art. 12 Abs. 1 lit. a–e der RL 2002/92/EG (ABl. 2002 L 9, 3) vorgegebenen Informationspflichten umgesetzt (vgl. Landmann/Rohmer GewO/*Stenger* § 11 Rn. 1).

Adressat der Informationspflicht des § 11 Abs. 1 ist grds. derjenige Versicherungsvermittler, der in **5** unmittelbarem Kontakt zum Kunden steht. Demnach trifft bei mehrstufig angelegten Strukturvertrieben die Mitteilungspflicht den „Untervermittler", der über den direkten Kundenkontakt verfügt, nicht hingegen den „Obervermittler" (Landmann/Rohmer GewO/*Stenger* § 11 Rn. 8).

Nach § 11 Abs. 1 hat der Versicherungsvermittler dem Versicherungsnehmer die aufgeführten status- **6** bezogenen Informationen beim **ersten Geschäftskontakt** mitzuteilen. Danach muss ein konkreter Vertragsabschluss noch nicht bevorstehen; jedoch soll eine bloße Kontaktaufnahme durch den potentiellen Kunden zum Zwecke der Terminsvereinbarung noch keine Informationspflicht auslösen (vgl. BR-Drs. 207/07, 30 f.; Landmann/Rohmer GewO/*Stenger* § 11 Rn. 2). Mit der Bestimmung dieses Zeitpunkts ist der deutsche Verordnungsgeber über die Vorgabe der Richtlinie hinausgegangen, die insofern lediglich erfordert, dass die notwendigen Informationen spätestens „vor Abschluss jedes ersten Versicherungsvertrages" erteilt werden müssen. Dazu war er gem. Art. 12 Abs. 5 der RL 2002/92/EG (ABl. 2002 L 9, 3), wonach der einzelne Mitgliedstaat hinsichtlich der zu erteilenden Auskünfte strengere Vorschriften erlassen darf, auch berechtigt (vgl. Landmann/Rohmer GewO/*Stenger* § 11 Rn. 9). Der in der VersVermV festgelegte frühere Zeitpunkt ermöglicht den Kunden, eine objektive Entscheidung über eine Inanspruchnahme der Leistungen des Versicherungsvermittlers zu treffen (vgl. Landmann/Rohmer GewO/*Stenger* § 11 Rn. 2).

Die Mitteilung der erforderlichen Informationen hat gem. § 11 Abs. 1 grds. **schriftlich** zu erfolgen. **7** Dies trägt Art. 13 Abs. 1 lit. a der RL 2002/92/EG (ABl. 2002 L 9, 3) Rechnung, der ein entsprechendes Textformerfordernis vorsieht (Landmann/Rohmer GewO/*Stenger* § 11 Rn. 16 mwN). Im Falle einer Vermittlung über die Internetplattform des Versicherungsvermittlers kann es dabei genügen, wenn die gem. § 11 erforderlichen Informationen auf der Startseite des Internetvertriebs in einer druckbaren Version bereitgestellt werden. Nach § 126b BGB ist dabei für die Wahrung der Textform das Übermitteln der Informationen auf dauerhaften Datenträgern erforderlich. Dazu genügt es, wenn vom Informationspflichtigen ein Textformat gewählt wird, das einen Ausdruck und eine Speicherung zulässt. Es kommt nicht darauf an, ob es tatsächlich zum Ausdruck oder zur Speicherung durch den Kunden kommt (vgl. Landmann/Rohmer GewO/*Stenger* § 11 Rn. 16 mwN). Jedoch müssen die Informationen iSd § 11 Abs. 1 nicht zwingend auf der Internetseite des Versicherungsvermittlers erscheinen, da es sich hierbei lediglich um eine invitatio ad offerendum an einen nicht näher bestimmten Personenkreis handelt. Ein Geschäftskontakt iSd § 11 Abs. 1 liegt hingegen erst vor, wenn ein Kunde aufgrund des Internetauftritts ein konkretes Interesse zeigt. Der Versicherungsvermittler kann dann seiner Informationspflicht durch Übermittlung per Email nachkommen (Landmann/Rohmer GewO/*Stenger* § 11 Rn. 16 mwN). Eine mündliche Auskunftserteilung ist nur unter den Voraussetzungen des § 11 Abs. 3 zulässig (Landmann/Rohmer GewO/*Stenger* § 11 Rn. 3f). Dies ist der Fall, wenn der Versicherungsnehmer die mündliche Übermittlung der Informationen ausdrücklich wünscht (was wohl regelmäßig bei einer telefonischen Kontaktaufnahme seitens des Kunden gegeben sein wird – zur telefonischen Kontaktaufnahme ausf. Landmann/Rohmer GewO/*Stenger* § 11 Rn. 13 ff.) oder wenn und soweit das Versicherungsunternehmen vorläufige Deckung gewährt. In diesen Fällen sind dem Versicherungsnehmer die statusbezogenen Informationen aber unverzüglich nach Vertragsschluss, spätestens mit dem Versicherungsschein in Textform zur Verfügung zu stellen.

Die **Tathandlung** des § 18 Abs. 1 Nr. 1 besteht in der nicht, nicht richtigen, nicht vollständigen **8** oder nicht rechtzeitigen Mitteilung der erforderlichen, in § 11 Abs. 1 abschließend aufgezählten statusbezogenen Informationen. **Nicht mitgeteilt** sind diese Informationen, wenn sie dem Versicherungsnehmer nicht zugehen. Bei dieser Tatform handelt es sich um ein echtes **Unterlassungsdelikt. Unrichtig** ist die Mitteilung, wenn sie ihrem Inhalt nach nicht mit der Wirklichkeit übereinstimmt. **Unvollständigkeit** liegt vor, wenn die Mitteilung nicht alle Tatsachen enthält, die das Gesetz oder eine auf ihm beruhende Rechtsverordnung verlangt. An der **Rechtzeitigkeit** mangelt es, wenn die Mitteilung nicht innerhalb des in § 11 Abs. 1 vorgesehenen Zeitpunkts (→ Rn. 6) dem Kunden zugeht.

9   **2. Annahme von Zahlungen ohne die erforderliche Sicherheitsleistung, § 18 Abs. 1 Nr. 2.**
Nach § 18 Abs. 1 **Nr. 2** begeht eine Ordnungswidrigkeit, wer vorsätzlich oder fahrlässig entgegen **§ 12 Abs. 1 S. 1** – auch iVm § 12 Abs. 6 S. 1 – eine Zahlung entgegennimmt. § 12 Abs. 1 S. 1 regelt, dass der Versicherungsvermittler für das Versicherungsunternehmen bestimmte Zahlungen, die der Versicherungsnehmer im Zusammenhang mit der Vermittlung oder dem Abschluss eines Versicherungsvertrages an ihn leistet, nur annehmen darf, wenn er **zuvor** eine **Sicherheit geleistet** oder eine geeignete Versicherung abgeschlossen hat, die den Versicherungsnehmer davor schützt, dass die Zahlung nicht an das Versicherungsunternehmen weitergeleitet wird. Diesbezüglich besteht nach deutschem Recht auch ein echtes Schutzbedürfnis des Kunden, da Zahlungen des Kunden an den Versicherungsvermittler im Falle der Nichtweiterleitung keine befreiende Wirkung ggü. dem Versicherungsunternehmen haben, § 362 Abs. 2 iVm § 185 BGB. Durch die Absicherung **vor** Annahme der Kundengelder gewährleistet § 12 Abs. 1 S. 1 einen ausreichenden Schutz der Versicherungsnehmer. Es ist jedoch möglich, die Sicherung aufschiebend bedingt im Hinblick auf die Entgegennahme von Kundengeldern abzuschließen (vgl. Landmann/Rohmer GewO/*Stenger* § 12 Rn. 5).

10   Aus dem Umkehrschluss zu § 12 Abs. 1 S. 2 ergibt sich, dass § 12 Abs. 1 S. 1 nur dann greift, wenn keine **Inkassovollmacht** zur Entgegennahme von Geldern der Versicherungsnehmer iSd § 69 Abs. 2 VVG vorliegt. Dies ist regelmäßig beim Versicherungsmakler der Fall. Da dieser entsprechend seinem Berufsbild auf Seiten des Kunden steht und nicht auf Seiten des Versicherungsunternehmens tätig wird, kann bei ihm keine Inkassovollmacht angenommen werden. Versicherungsberater unterfallen indes nicht dem Anwendungsbereich des § 12 Abs. 1 S. 1, da ihnen die Entgegennahme und Weiterleitung von Kundengeldern untersagt ist (vgl. Landmann/Rohmer GewO/*Stenger* § 12 Rn. 2). Bei Versicherungsvertretern ist gem. § 69 Abs. 2 S. 1 VVG grds. vom Vorliegen einer Inkassovollmacht auszugehen (Vollmachtsfiktion). Eine Beschränkung der Vollmacht ist ggü. dem Versicherungsnehmer nur wirksam, wenn er sie bei der Zahlung kannte oder infolge grober Fahrlässigkeit nicht kannte. Insofern beinhaltet § 69 Abs. 2 S. 2 VVG eine Beweislastumkehr (Landmann/Rohmer GewO/*Stenger* § 12 Rn. 1).

11   In § 12 **Abs. 6** S. 1 hat der Verordnungsgeber auch für vom Versicherungsunternehmen an den Kunden zu leistende Zahlungen (Erstattungsbeträge oder Prämienvergütungen) eine Kundengeldsicherung verbindlich vorgegeben. Von diesem Erfordernis kann nach § 12 Abs. 6 S. 2 nur abgesehen werden, wenn eine schriftliche Inkassovollmacht nach § 64 VVG vorliegt. Tatsächlich besteht insofern allerdings lediglich ein eingeschränktes Schutzbedürfnis des Kunden, da Zahlungen des Versicherungsunternehmens an den Vermittler ggü. dem Kunden keine befreiende Wirkung haben, das Versicherungsunternehmen seine Zahlungsverpflichtung also erst dann erfüllt hat, wenn der Vermittler die Gelder tatsächlich an den Kunden weitergeleitet hat. Ansonsten bleibt die Forderung des Kunden gegen das Versicherungsunternehmen bestehen (vgl. Landmann/Rohmer GewO/*Stenger* § 12 Rn. 3).

12   Nach der amtlichen Begründung besteht eine Notwendigkeit zur Kundengeldsicherung jedoch nicht, solange das Geld nicht in den ausschließlichen Einflussbereich des Versicherungsvermittlers gelangt ist und noch dem Zugriff des Versicherungsnehmers (etwa wenn er eine Lastschrift noch einseitig zurückbuchen kann) unterliegt (vgl. BR-Drs. 207/07, 32; Landmann/Rohmer GewO/*Stenger* § 12 Rn. 4).

13   **3. Fehlende Aufrechterhaltung der Sicherung, § 18 Abs. 1 Nr. 3.** Den Ordnungswidrigkeitentatbestand des § 18 Abs. 1 **Nr. 3** verwirklicht der Gewerbetreibende, wenn er die Sicherheit und die Versicherungen **nicht aufrechterhält,** bis er die Vermögenswerte an das Versicherungsunternehmen übermittelt hat, **§ 12 Abs. 5** – auch iVm § 12 Abs. 6 S. 1. Dieser in § 12 Abs. 5 festgelegte zeitliche Umfang der Sicherung orientiert sich daran, dass es um die Erfüllung einer Geldschuld geht, bei der die Gefahr gem. § 270 BGB mit der Übermittlung des Zahlungsmittels an den Sitz des Gläubigers übergeht. Bis zu diesem Zeitpunkt besteht das Schutzbedürfnis des Versicherungsnehmers (Landmann/Rohmer GewO/*Stenger* § 12 Rn. 16), dem durch diese Regelungen Rechnung getragen wird.

14   **4. Verstoß gegen die Nachweispflicht des § 13 – § 18 Abs. 1 Nr. 4.** § 18 Abs. 1 **Nr. 4** ahndet denjenigen, der entgegen § 13 einen **Nachweis** nicht, nicht richtig, nicht vollständig oder nicht rechtzeitig erbringt. **§ 13** verpflichtet den Gewerbetreibenden, soweit er nach § 12 Abs. 1 oder Abs. 6 Sicherheiten zu leisten oder Versicherungen abzuschließen hat (→ Rn. 9 ff.), diese dem Versicherungsnehmer auf Verlangen nachzuweisen. Dadurch wird dem Kunden das Recht eingeräumt, einen Nachweis über die seinem Schutz abzuschließenden Sicherheiten zu verlangen. Gleichzeitig soll die Vorschrift des § 13 sicherstellen, dass die erforderlichen Absicherungen des Versicherungsnehmers tatsächlich abgeschlossen werden. Eine Aushändigung der entsprechenden Unterlagen (zB einer Bürgschaftsurkunde oder eines Versicherungsscheins) ist nicht zwingend vorgeschrieben. Vielmehr genügt es, dem Versicherungsnehmer die Einsicht in die Unterlagen des Versicherungsvermittlers zu ermöglichen (Landmann/Rohmer GewO/*Stenger* § 13 Rn. 1).

15   **5. Zuwiderhandlungen gegen Aufzeichnungspflichten – § 18 Abs. 1 Nr. 5.** Ordnungswidrig iSd § 18 Abs. 1 **Nr. 5** handelt, wer den **Aufzeichnungsobliegenheiten** des § 14 Abs. 1 oder 3 zuwiderhandelt. **§ 14 Abs. 1** verpflichtet den Gewerbetreibenden nach Maßgabe von § 14 Abs. 2

Aufzeichnungen zu machen und die dort genannten Unterlagen und Belege übersichtlich zu sammeln. Diese Aufzeichnungspflicht stellt die Überprüfung der Einhaltung der Sicherungspflicht des § 12 (→ Rn. 9 ff.) sicher. Mittels der Aufzeichnungen soll der Nachweis der erforderlichen Sicherungen ggü. dem Kunden erfolgen, § 13 (→ Rn. 14). Zudem bilden sie die Grundlage für die Durchführung der Prüfung nach § 15 und für die Überwachung des Geschäftsbetriebs nach § 29 GewO (Landmann/ Rohmer GewO/*Stenger* § 14 Rn. 1 ff.). Bei der Ausgestaltung der Aufzeichnungspflicht hat sich der Verordnungsgeber an der in § 10 MaBV geregelten Buchführungspflicht orientiert, wobei die Aufzeichnungspflichten auf ein selbstverständliches Minimalmaß reduziert wurden (BR-Drs. 207/07, 33).

Die Aufzeichnungspflicht des § 14 erfasst **sämtliche Versicherungsvermittler,** unabhängig davon, **16** ob sie zur Kundengeldsicherung nach § 12 verpflichtet sind oder nicht. Dies folgt daraus, dass die Aufzeichnungspflicht auch den Umstand erfasst, ob der Versicherungsvermittler zur Entgegennahme von Leistungen bevollmächtigt ist und somit nach § 12 Abs. 1 S. 2 von den Sicherungspflichten des § 12 befreit ist. Der Versicherungsvertreter kann sich insoweit nicht darauf berufen, er gelte nach § 69 VVG als zur Entgegennahme von Zahlungen bevollmächtigt; denn bei § 69 VVG handelt es sich lediglich um eine zivilrechtliche Beweislastregel, die gewerberechtliche Pflicht nicht verdrängen kann (Landmann/Rohmer GewO/*Stenger* § 14 Rn. 2).

Die Aufzeichnungspflicht betrifft die in **§ 14 Abs. 2 aufgeführten Umstände.** Hierbei handelt es **17** sich um Angaben zum Versicherungsnehmer (§ 14 Abs. 2 S. 1 Nr. 1), zu etwaigen dem Vermittler vom Versicherungsnehmer oder vom Versicherungsunternehmen erteilten Empfangsvollmachten (§ 14 Abs. 2 S. 1 Nr. 2), zu den Unterlagen, die die vom Versicherungsnehmer entgegengenommenen Zahlungen und deren Verwendung betreffen (§ 14 Abs. 2 S. 1 Nr. 3 und 5), sowie zu den vom Vermittler zu erbringenden Sicherheiten (§ 14 Abs. 2 S. 1 Nr. 4). Außerdem müssen gem. § 14 Abs. 2 S. 2 Kopien der Bürgschaftsurkunde sowie des Versicherungsscheines in den Unterlagen vorhanden sein (Landmann/ Rohmer GewO/*Stenger* § 14 Rn. 3 mwN). Die **Art und Weise** der Aufzeichnung hat der Verordnungsgeber – wie auch bei § 10 MaBV – nicht vorgegeben. Dem Gewerbetreibenden steht es insoweit frei, wie er seiner Aufzeichnungspflicht nachkommt. Aufgrund dessen besteht auch die Möglichkeit der digitalen Speicherung der Daten (vgl. Landmann/Rohmer GewO/*Stenger* § 14 Rn. 3).

Die Aufzeichnungen sind **unverzüglich** und **in deutscher Sprache** anzufertigen, § 14 Abs. 1 S. 2. **18** Diese Erfordernisse folgen daraus, dass die Pflichtprüfung nach § 15 und die Durchführung der Nachschau gem. § 29 GewO gewährleistet sein müssen (Landmann/Rohmer GewO/*Stenger* § 14 Rn. 3).

Für **Versicherungsberater** gilt die Sonderregelung des § 14 **Abs. 3.** Sie dient der Überwachung der **19** Einhaltung des Provisionsannahmeverbots des § 34e GewO und verpflichtet Versicherungsberater über die in Abs. 2 genannten Angaben hinaus zur Aufzeichnung der Einnahmen aus ihrer Tätigkeit. Auch diese zusätzlichen Aufzeichnungen sind – wie nach Abs. 1 – unverzüglich und in deutscher Sprache anzufertigen (BR-Drs. 207/07, 33; Landmann/Rohmer GewO/*Stenger* § 14 Rn. 5).

II. Ordnungswidrigkeiten im Bereich des Reisegewerbes, § 18 Abs. 2

§ 18 **Abs. 2** bestimmt iVm § 145 Abs. 2 Nr. 8 GewO, dass auch derjenige ordnungswidrig handelt, **20** der eine der zuvor dargestellten Handlungen des § 18 Abs. 1 **in Ausübung eines Reisegewerbes** begeht. Der Begriff des Reisegewerbes ist in § 55 Abs. 1 GewO legaldefiniert. Danach betreibt ein Reisegewerbe unter anderem, wer gewerbsmäßig ohne vorhergehende Bestellung außerhalb seiner gewerblichen Niederlassung iSd § 4 Abs. 3 oder ohne eine solche zu haben, Leistungen anbietet oder Bestellungen auf Leistungen aufsucht, § 55 Abs. 1 Nr. 1 GewO (zu den Einzelheiten vgl. Erbs/Kohlhaas/*Ambs* GewO § 55).

III. Ordnungswidrigkeiten im Messe-, Ausstellungs- oder Marktgewerbe, § 18 Abs. 3

§ 18 **Abs. 3** enthält iVm § 146 Abs. 2 Nr. 11 GewO eine entsprechende Regelung für derartige **21** Handlungen **in Ausübung eines Messe-, Ausstellungs- oder Marktgewerbes.** Das Recht der Messen, Ausstellungen und Märkte ist in §§ 64 ff. GewO geregelt (zu den Einzelheiten vgl. Erbs/ Kohlhaas/*Ambs* GewO §§ 64 ff.).

IV. Subjektiver Tatbestand

Die Ordnungswidrigkeitentatbestände des § 18 Abs. 1–3 können jeweils vorsätzlich – wobei beding- **22** ter Vorsatz genügt – oder fahrlässig begangen werden. **Vorsätzlich** handelt der Täter, wenn er die Tatumstände des jeweiligen Ordnungswidrigkeitentatbestandes – und damit auch der die blankettartige Norm ausfüllenden Vorschriften – iE kennt und die Tat unter diesen Umständen begehen will (vgl. Fischer StGB § 15 Rn. 4). Mit **dolus eventualis** handelt, wer lediglich mit der Möglichkeit einer Tatbestandsverwirklichung rechnet, dies aber gleichwohl billigend in Kauf nimmt (vgl. Fischer StGB § 15 Rn. 9 ff.). **Fahrlässig** handelt der Täter, wenn er die ihm nach den Umständen und seinen persönlichen Fähigkeiten obliegende Sorgfaltspflicht außer Acht lässt und deshalb nicht erkennen oder nicht voraussieht, dass er einzelne Merkmale des jeweiligen objektiven Tatbestandes erfüllt (unbewusste Fahrlässigkeit) oder er zwar mit dieser Möglichkeit rechnet, entgegen dieser Einsicht jedoch pflichtwidrig darauf vertraut, dass es dazu nicht kommen werde (bewusste Fahrlässigkeit).

23   Im Falle eines **Irrtums** des Täters kommt § 11 OWiG zur Anwendung, wonach Tatbestands- und Verbotsirrtum auch im Ordnungswidrigkeitenrecht nach den im Strafrecht entwickelten Grundsätzen zu behandeln sind.

C. Straftaten nach § 18 Abs. 4

24   § 18 **Abs. 4** enthält iVm § 148 Nr. 2 GewO einen **Straftatbestand** für den Fall, dass der Täter einen in Abs. 1 dargestellten Pflichtverstoß (→ Rn. 4 ff.) begeht und dadurch das **Leben** oder die **Gesundheit** eines anderen oder **fremde Sachen von bedeutendem Wert gefährdet.**

I. Objektiver Tatbestand

25   Dieser Straftatbestand setzt eine **konkrete Gefährdung** von Leben oder Gesundheit eines anderen oder einer fremden Sache von bedeutendem Wert voraus. Es handelt sich somit um ein konkretes Gefährdungsdelikt. Das Gesetz verlangt nicht den Eintritt einer Gesundheits- oder Sachbeschädigung, sondern nur das Bestehen einer konkreten Gefahr, die eine Beeinträchtigung der Gesundheit bzw. des Sachwertes oder den Tod nach allgemeinen Erfahrungssätzen befürchten lässt. Die Gefährdung des Lebens, der Gesundheit oder bedeutender Sachwerte muss bei verständiger Betrachtung auf eine Nichtbeachtung der in Abs. 1 aufgeführten bußgeldbewehrten Pflichtverstöße zurückzuführen sein. Dabei muss ein **Kausalzusammenhang** zwischen einem solchen Verstoß und der Lebens- oder Gesundheitsbzw. Sachwertgefährdung bestehen. Diese Gefährdung ist keine objektive Bedingung der Strafbarkeit, sondern **Tatbestandsmerkmal,** das vom Vorsatz (zumindest dolus eventualis) mit umfasst sein muss (→ Rn. 31). Die Gefährdung ist **konkret,** wenn die Zuwiderhandlung nach den Umständen des Einzelfalles die Möglichkeit des Todes oder einer Schädigung der Gesundheit bzw. von bedeutenden Sachwerten nahelegt (vgl. Erbs/Kohlhaas/*Ambs* GewO § 148 Rn. 5).

26   **Gesundheit** meint den unversehrten körperlichen, geistigen und seelischen Zustand eines Menschen. Die Gefahr für die Gesundheit besteht in einem drohenden Gesundheitsbeschädigung. Diese setzt voraus, dass ein vom Normalzustand der körperlichen Funktionen nachteilig abweichender Zustand hervorgerufen oder gesteigert wird. Die Beeinträchtigung braucht dabei nicht von Dauer zu sein. Eine psychische Beeinträchtigung genügt für die Annahme einer Gesundheitsbeschädigung für sich allein jedoch nicht. Es ist vielmehr erforderlich, dass in diesen Fällen der Körper durch die psychische Beeinträchtigung in einen krankhaften Zustand, insbes. nervlicher Art, versetzt wird (Erbs/Kohlhaas/*Ambs* GewO § 148 Rn. 6 mwN). Eine Gesundheitsbeschädigung liegt jedoch in allen diesen Fällen nur vor, wenn die Beeinträchtigungen **nicht nur unerheblich** sind (vgl. Erbs/Kohlhaas/*Ambs* GewO § 148 Rn. 6).

27   Eine **Schädigung** der Gesundheit wird nicht vorausgesetzt. Erforderlich ist vielmehr lediglich deren Gefährdung. Durch die in Betracht kommenden Zuwiderhandlungen müssen zumindest derart regelwidrige Zustände geschaffen werden, dass nach der allgemeinen Lebenserfahrung mit einer nicht unerheblichen Beeinträchtigung der Gesundheit oder Gefahr für Leib oder Leben zu rechnen ist, so dass der Eintritt eines Schadens bei einer der geschützten Personen oder Sachen nach der Lebenserfahrung alsbald **wahrscheinlich** ist. Ein hoher Grad an Wahrscheinlichkeit ist jedoch nicht erforderlich. Bei der Feststellung einer Gesundheitsgefährdung wird es jedoch im Hinblick darauf, dass es sich bei § 18 Abs. 4 iVm § 148 Nr. 2 GewO um eine Strafnorm handelt, erforderlich sein, nicht von einem übersteigerten Wertbegriff der Gesundheit auszugehen (vgl. Erbs/Kohlhaas/*Ambs* GewO § 148 Rn. 7).

28   Eine Sache ist dann von **bedeutendem Wert,** wenn der über dem unbedeutenden Wert liegende „Mittelwert" überschritten ist. Ob eine Sache von bedeutendem Wert ist, hängt von ihrem **objektiven Verkehrswert** ab. Es muss sich dabei um die Sache **eines anderen** handeln. Die Vermögensverhältnisse des Gefährdeten sind für die Bemessung des Wertes einer Sache ohne Bedeutung. Es kommt auch nicht auf den funktionellen Wert einer Sache an. Maßgeblich ist die **Verkehrsauffassung.** Entsprechend der für die Tatbestände der §§ 315 ff. StGB entwickelten Rspr. ist auch vorliegend ein Wert unter 750 EUR nicht als bedeutend anzusehen (BGH NStZ 2011, 215 (216); demgegenüber geht die Lit. dabei derzeit von einem Grenzwert zwischen 750 EUR und 1.300 EUR aus – vgl. Joecks StGB Vor § 306 Rn. 7; Fischer StGB § 315c Rn. 15 iVm § 315 Rn. 16a). Droht einer Sache von bedeutendem Wert nur geringe Gefahr, ist diese grds. nicht ausreichend, da es auf die Gefahr eines bedeutenden Sachschadens ankommt, die Sache daher in ihrem gesamten wirtschaftlichen Wert gefährdet sein muss. Wird an der Sache aufgrund einer Zuwiderhandlung nach § 18 Abs. 1 ein Schaden verursacht, so ist dessen Höhe nicht alleiniger Maßstab für den Umfang der Gefahr. Vielmehr kann die Gefahr für die Sache erheblich größer gewesen sein als der tatsächlich eingetretene Schaden (vgl. zum Ganzen Erbs/Kohlhaas/*Ambs* GewO § 148 Rn. 10 mwN).

Für die **Teilnahme** an einer Straftat nach § 18 Abs. 4 gelten die Vorschriften der §§ 25 ff. StGB (vgl. 29 Landmann/*Rohmer* GewO/*Kahl* GewO § 148 Rn. 8 mwN).

Der **Versuch** ist nicht strafbar, § 23 Abs. 1 StGB iVm § 12 Abs. 1 StGB. 30

II. Subjektiver Tatbestand

Der Straftatbestand des § 18 Abs. 4 setzt **vorsätzliches** Handeln voraus, wobei **bedingter** Vorsatz 31 ausreicht. **Fahrlässiges** Handeln ist indes nicht strafbar, § 15 StGB. § 18 StGB findet auf § 18 Abs. 4 keine Anwendung. Nach § 18 StGB liegt im Falle eines erfolgsqualifizierten Delikts eine Vorsatztat auch dann vor, wenn der Täter hinsichtlich der eigentlichen Tathandlung vorsätzlich handelt, ihm aber hinsichtlich einer im Tatbestand enthaltenen besonderen Folge der Tat nur Fahrlässigkeit zur Last fällt. Vorliegend handelt es sich jedoch nicht um ein erfolgsqualifiziertes Delikt. Auch eine entsprechende Anwendung des § 18 StGB scheidet aus (BGHSt 26, 176 (180 ff.)). Vielmehr erfordert § 18 Abs. 4 VersVermV iVm § 148 Nr. 2 GewO, dass der Täter auch bezüglich der erschwerenden strafbegründenden Umstände, sprich der konkreten Gefährdung (→ Rn. 25 ff.) vorsätzlich handelt. Dies folgt aus Art. 1 Abs. 1 EGStGB iVm § 15 StGB, wonach nur vorsätzliches Handeln strafbar ist, wenn nicht das Gesetz fahrlässiges Handeln ausdrücklich mit Strafe bedroht. Bei fahrlässiger Gefährdung eines der in § 18 Abs. 4 bezeichneten Rechtsgüter bleibt es beim Grundtatbestand, der Ordnungswidrigkeit nach § 18 Abs. 1 (vgl. Erbs/Kohlhaas/*Ambs* GewO § 148 Rn. 9; Landmann/*Rohmer* GewO/*Kahl* § 148 Rn. 7 mwN).

Im Falle eines **Irrtums** des Täters kommen die allgemeinen Grundsätze der §§ 16, 17 StGB zur 32 Anwendung.

D. Rechtsfolgen

I. Ordnungswidrigkeiten, § 18 Abs. 1–3

Die Ordnungswidrigkeitentatbestände des § 18 Abs. 1–3 unterliegen den allgemeinen Vorschriften 33 des Gesetzes über Ordnungswidrigkeiten. Ordnungswidrigkeiten werden **von Amts wegen** verfolgt. Sachlich zuständig hierfür ist nach § 36 OWiG grds. die fachlich zuständige oberste Landesbehörde oder die von der Landesregierung durch Rechtsverordnung bestimmte Verwaltungsbehörde.

Ob die zuständige Behörde eine Ordnungswidrigkeit verfolgt oder nicht, liegt in ihrem pflicht- 34 gemäßen **Ermessen,** § 47 Abs. 1 S. 1 OWiG. Aufgrund des geltenden **Opportunitätsprinzips** kann sie sowohl die Ordnungswidrigkeit verfolgen, als auch das Verfahren einstellen. Zu beachten sind dabei jedoch die allgemeinen Grenzen der Ermessensausübung, der Verhältnismäßigkeits- und der Gleichbehandlungsgrundsatz. Dementsprechend ist ein Bußgeldverfahren nur dann anzustrengen, wenn eine Gesamtbetrachtung aller Umstände ergibt, dass eine Ahndung des Verwaltungsunrechts wegen des Gewichts der festgestellten Zuwiderhandlung unter Beachtung des Verhältnismäßigkeitsgrundsatzes erforderlich ist. Die zuständige Behörde hat dabei in die gebotene Gesamtabwägung einzustellen, ob die Durchsetzung der durch die Ordnungswidrigkeitenvorschrift geschützten Rechtsordnung nicht einfacher auf andere Art und Weise – etwa durch Zwangsmittel – erreicht werden kann, ob die Aufklärung des Sachverhalts zum äußeren und inneren Tatbestand einen erheblichen Aufwand erfordert oder ob bei einer unklaren Rechtslage die Durchführung eines Bußgeldverfahrens sinnvoll ist. Ermessensfehlerhaft ist bspw., das weitere Betreiben eines Bußgeldverfahrens, wenn feststeht, dass die Tat wegen einer im Gesetzgebungsverfahren befindlichen Gesetzesänderung in absehbarer Zeit nicht mehr als Ordnungswidrigkeit verfolgbar ist oder der Bußgeldtatbestand aufgrund einer EG-RL zugunsten des Betroffenen zu ändern ist.

Erlangt die zuständige Behörde im Rahmen des Bußgeldverfahrens Anhaltspunkte für das Vorliegen 35 einer Straftat, so hat sie die Sache gem. § 41 OWiG an die **Staatsanwaltschaft** abzugeben. Verfolgt die Staatsanwaltschaft eine Straftat, die mit einer Ordnungswidrigkeit zusammenhängt, so kann sie ihrerseits die Ordnungswidrigkeit verfolgen. Ist das Ordnungswidrigkeitenverfahren bereits bei Gericht anhängig, so kann es nach pflichtgemäßem Ermessen mit Zustimmung der Staatsanwaltschaft gem. § 47 Abs. 2 OWiG eingestellt werden, wenn die Ahndung der Tat nicht geboten erscheint.

Der **Versuch** der Bußgeldtatbestände des § 18 Abs. 1–3 unterliegt gem. § 13 Abs. 2 OWiG nicht der 36 Ahndung.

Die **Höhe** des Bußgeldes bestimmen vorliegend die §§ 144 Abs. 4, 145 Abs. 4 bzw. § 146 Abs. 3 37 GewO. Zwar enthält § 18 keine ausdrückliche Verweisung auf diese Vorschriften. Nach dem Willen des Verordnungsgebers verbleibt der Bußgeldrahmen durch den Bezug auf die GewO aber in dem dort vorgesehenen Rahmen (BR–Drs. 207/07, 35). Danach kann eine Ordnungswidrigkeit nach § 18 Abs. 1 mit einem Bußgeld bis zu **3.000 EUR** belegt werden (§ 144 Abs. 4 iVm Abs. 2 Nr. 1b GewO) und eine solche nach § 18 Abs. 2 mit einem Bußgeld bis zu **2.500 EUR** (§ 145 Abs. 4 iVm Abs. 2 Nr. 8 GewO); für den Bußgeldtatbestand des § 18 Abs. 3 ist ein solches iHv **1.000 EUR** vorgesehen (§ 146 Abs. 3 iVm Abs. 2 Nr. 11 GewO). Grundlage für die Zumessung der Geldbuße sind nach § 17 Abs. 3 OWiG die Bedeutung der Ordnungswidrigkeit und der Vorwurf, der den Täter trifft. Ebenso kommen die wirtschaftlichen Verhältnisse des Täters in Betracht; bei geringfügigen Ordnungswidrigkeiten bleiben sie jedoch in der Regel unberücksichtigt. Außerdem soll nach § 17 Abs. 4 S. 1 OWiG die Geldbuße den wirtschaftlichen Vorteil übersteigen, den der Täter aus der Ordnungswidrigkeit gezogen hat. In Fällen, in denen das gesetzliche Höchstmaß hierzu nicht ausreicht, kann es gem. § 17 Abs. 4 S. 2 OWiG überschritten werden.

38   Für die **Verfolgungsverjährung** gelten die Vorschriften der §§ 31 ff. OWiG.

II. Straftaten, § 18 Abs. 4

39   Die Straftaten des § 18 Abs. 4 sind **Vergehen**, § 12 Abs. 2 StGB. Sie werden mit Geldstrafe (§ 40 StGB) oder mit Freiheitsstrafe bis zu einem Jahr (§§ 38, 39 StGB) geahndet. Neben Freiheitsstrafe kann nach § 41 StGB auf eine Geldstrafe erkannt werden, wenn sich der Täter bereichert oder zumindest versucht hat, dies zu tun. Außerdem finden die allgemeinen Vorschriften über Einziehung und Verfall gem. §§ 73 ff. StGB Anwendung. Nach § 70 StGB kommt ferner die Verhängung eines Berufsverbots in Betracht.

40   Die Straftaten nach § 18 Abs. 4 werden **von Amts wegen** verfolgt.

41   **Verfolgungsverjährung** tritt in der Regel in drei Jahren ein, § 78 Abs. 3 Nr. 5 StGB. IÜ finden die allgemeinen Verjährungsvorschriften der §§ 78 ff. StGB Anwendung.

788. Verordnung über vitaminisierte Lebensmittel (VitaminV)

Vom 1. September 1942 (BGBl. I S. 538) BGBl. III/FNA 2125-4-23

Zuletzt geändert durch Art. 4 Zweite VO zur Änd. der AromenVO und anderer lebensmittelrechtlicher VO vom
29.9.2011 (BGBl. I S. 1996)

– Auszug –

Vorbemerkung

Zum **Schutz der Gesundheit** der Verbraucher (→ Vorb. LFGB Rn. 10 f.) und zum **Schutz der** 1
Verbraucher vor Irreführung und Täuschung (→ Vorb. LFGB Rn. 12 f.) statuiert die VitaminV
Vorschriften über die Herstellung und das Inverkehrbringen von vitaminisierten Lebensmitteln. Zum
Verhältnis zur NemV vgl. Erbs/Kohlhaas/*Kalf* NemV Vorb. Rn. 12; vgl. auch § 1b Abs. 2. Unter
vitaminisierten Lebensmitteln sind Lebensmittel (→ Vorb. LFGB Rn. 37 ff.) zu verstehen, deren Vitamingehalt ganz oder teilweise auf einem Zusatz von natürlichen oder synthetischen (naturidentischen
und künstlichen) Vitaminen oder von besonders vitaminreichen Stoffen oder auch auf der Anwendung
von chemischen, physikalischen oder biologischen Verfahren beruht (Zipfel/Rathke LebensmittelR/
Rathke VitaminV Vorb. Rn. 3). Nach Maßgabe der **§§ 1a, 1b** werden insoweit dort näher bezeichnete
Zusatzstoffe zur Vitaminisierung von Lebensmitteln zugelassen (vgl. auch EuGH LMuR 2010,
121). Vitaminisierte Lebensmittel dürfen nach **§ 2** mit einem **Hinweis auf ihren Vitamingehalt**
gewerbsmäßig nur **in Fertigpackungen** in den Verkehr gebracht werden.

§ 2a [Straf- und Bußgeldvorschriften]

(1) *[aufgehoben]*
(2) Nach § 59 Absatz 1 Nummer 21 Buchstabe a des Lebensmittel- und Futtermittelgesetzbuches wird bestraft, wer bei dem gewerbsmäßigen Herstellen von vitaminisierten
Lebensmitteln, die dazu bestimmt sind, in den Verkehr gebracht zu werden, Zusatzstoffe
über die in § 1b Abs. 1 festgesetzten Höchstmengen hinaus verwendet.

(3) *[aufgehoben]*
(4) Wer eine in Absatz 2 bezeichnete Handlung fahrlässig begeht, handelt nach § 60 Absatz 1 Nummer 2 des Lebensmittel- und Futtermittelgesetzbuches ordnungswidrig.

(5) Ordnungswidrig im Sinne des § 60 Absatz 2 Nummer 26 Buchstabe b des Lebensmit-
tel- und Futtermittelgesetzbuches handelt, wer vorsätzlich oder fahrlässig vitaminisierte
Lebensmittel entgegen § 2 nicht in Fertigpackungen gewerbsmäßig in den Verkehr bringt.

1. Straftaten nach § 2a Abs. 2. Mit der Rückverweisung auf **§ 59 Abs. 1 Nr. 21 Buchst. a LFGB** 1
in § 2a Abs. 2 wird das **vorsätzliche** (→ LFGB § 58 Rn. 47 ff.) **Verwenden** (→ LFGB § 58 Rn. 31)
der in § 1b Abs. 1 genannten Stoffe über die dort festgesetzten **Höchstmengen hinaus** beim
gewerbsmäßigen (→ Vorb. LFGB Rn. 30) Herstellen (→ Vorb. LFGB Rn. 46 ff.) von vitaminisierten
Lebensmitteln (→ Vorb. Rn. 1), die die dazu bestimmt sind, in den Verkehr gebracht (→ Vorb. LFGB
Rn. 45) zu werden, unter Strafe gestellt.
Zur Verantwortlichkeit im Lebensmittelstrafrecht → Vorb. LFGB Rn. 29 ff.
Nach **§ 59 Abs. 1 LFGB** können die Straftaten nach § 2a Abs. 2 mit **Freiheitsstrafe bis zu einem** 2
Jahr oder mit Geldstrafe geahndet werden. Der Versuch ist ebenso wenig wie fahrlässiges Handeln
(→ Rn. 4) unter Strafe gestellt. Die Qualifikation des § 59 Abs. 4 LFGB (→ LFGB § 59 Rn. 74a) findet
keine Anwendung. Neben der Verhängung von Geld- oder Freiheitsstrafe kommen als weitere Rechts-
folgen die **Einziehung** der Tatgegenstände (**§ 61 LFGB**; vgl. hierzu die Kommentierung zu § 61
LFGB), der **Verfall** des Taterlöses (§§ 7 ff. StGB) und die Anordnung eines **Berufsverbotes** (§§ 70 ff.
StGB; BGH LMRR 2007, 84) in Betracht. Bei juristischen Personen und Personenvereinigungen
kommt zudem eine Verbandsgeldbuße nach § 30 OWiG in Betracht. Zu den Konkurrenzen → LFGB
§ 59 Rn. 85.

2. Ordnungswidrigkeiten nach § 2a Abs. 4. Handelt der Täter in den Fällen des § 2a Abs. 2 3
(→ Rn. 2) **fahrlässig** (→ LFGB § 58 Rn. 60 ff.), verwirklicht er den Bußgeldtatbestand des **§ 2a
Abs. 4.** Nach der ab dem 4.8.2011 geltenden Fassung des § 60 Abs. 5 Nr. 2 LFGB (vgl. zur Änderung
der Geldbußenrahmen in § 60 Abs. 5 LFGB → LFGB § 60 Rn. 32) können die Ordnungswidrigkeiten

mit Geldbuße iHv bis zu **50.000 EUR** geahndet werden. Daneben kommt die Einziehung nach § 61 LFGB in Betracht.

4   **3. Ordnungswidrigkeiten nach § 2a Abs. 5.** Mit **Rückverweisung auf § 60 Abs. 2 Nr. 26 Buchst. b LFGB** in **§ 2a Abs. 5** werden **vorsätzliche** (→ LFGB § 58 Rn. 47 ff.) und **fahrlässige** (→ LFGB § 58 Rn. 60 ff.) Verstöße gegen die aus **§ 2** folgende Pflicht, vitaminisierten Lebensmittel (→ Vorb. Rn. 1) in **Fertigpackungen in den Verkehr zu bringen,** als Ordnungswidrigkeiten definiert. Zur Tathandlung des Inverkehrbringens → LFGB § 58 Rn. 45. Zur Verantwortlichkeit im Lebensmittelstrafrecht → Vorb. LFGB Rn. 29 ff.

5   **Vorsätzliche Ordnungswidrigkeiten** iSv § 2a Abs. 5 können nach der ab dem 4.8.2011 geltenden Fassung des § 60 Abs. 5 Nr. 3 LFGB (vgl. zur Änderung der Geldbußenrahmen in § 60 Abs. 5 LFGB → LFGB § 60 Rn. 32) mit **Geldbuße bis zu 20.000 EUR** geahndet werden; handelt der Betroffene fahrlässig sieht das Gesetz **Geldbuße bis zu 10.000 EUR** (§ 17 Abs. 2 OWiG) vor. Daneben kommt die Einziehung nach § 61 LFGB in Betracht.

790. Vorläufiges Tabakgesetz (VTabakG)

In der Fassung der Bekanntmachung vom 9. September 1997
(BGBl. I S. 2296) FNA 2125-40-1-2

Außer Kraft seit dem 20.5.2016 durch Art. 8 Abs. 3 G zur Umsetzung der RL über Tabakerzeugnisse und verwandte Erzeugnisse vom 4.4.2016 (BGBl. I S. 569) und ersetzt durch das Gesetz über Tabakerzeugnisse und verwandte Erzeugnisse (Tabakerzeugnisgesetz – TabakerzG)

Vorbemerkung

Das VTabakG ist gemäß Art. 8 Abs. 3 G zur Umsetzung der RL über Tabakerzeugnisse und verwandte Erzeugnisse vom 4.4.2016 (BGBl. I S. 569) seit dem 20.5.2016 außer Kraft und durch das Gesetz über Tabakerzeugnisse und verwandte Erzeugnisse (Tabakerzeugnisgesetz – TabakerzG) ersetzt worden. Zur rechtlichen Beurteilung von bis zum 19.5.2016 entstandenen Sachverhalten werden die relevanten Straf- und Bußgeldvorschriften weiterhin erläutert.   **1**

1. Entstehungsgeschichte des Gesetzes. Die Vorschriften zu Tabakerzeugnissen fanden sich ursprünglich in dem Lebensmittel- und Bedarfsgegenständegesetz (LMBG). Durch das Gesetz zur Neuordnung des Lebensmittel- und Futtermittelrechts v. 1.9.2005 (BGBl. I 2618) wurde das LMBG aufgehoben und in das Lebensmittel- und Futtermittelgesetzbuch (LFGB) umgewandelt. Das LFGB enthielt keine Vorschriften über Tabakerzeugnisse. Das „Vorläufige Tabakgesetz" entstand formal infolge der vorgenannten Neuordnung als Änderung des Lebensmittel- und Bedarfsgegenständegesetz (Art. 5 des Neuordnungsgesetzes). Nachfolgende Gesetzesänderungen dienten vorrangig der Umsetzung von Richtlinien des Europäischen Parlaments und des Rates. Zuletzt wurde das VTabakG durch Art. 8 Abs. 3 des Gesetzes zur Umsetzung der RL über Tabakerzeugnisse und verwandte Erzeugnisse vom 4.4.2016 (BGBl. I 569) aufgehoben und durch das Gesetz über Tabakerzeugnisse und verwandte Erzeugnisse (Tabakerzeugnisgesetz – TabakerzG) ersetzt.   **1a**

2. Inhalt und Aufbau des Gesetzes. Das Vorläufige Tabakgesetz bot die gesetzliche Grundlage für die Verarbeitung und das Inverkehrbringen von Tabakprodukten. Es regelte den Schutz der Verbraucher vor Gesundheitsschäden, unabhängig von den ohnehin mit dem Tabakkonsum verbundenen Gesundheitsgefährdungen, sowie den Schutz vor Irreführung. Zu dem Gesundheitsschutz gehörten auch die im Vorläufigen Tabakgesetz normierten Werbe- und Sponsoringverbote in den §§ 21a und 22. Das Vorläufige Tabakgesetz fand Ergänzungen in der Tabakproduktverordnung (TabakProdV), die Vorschriften zur Begrenzung der Rauchinhaltsstoffe und zu Warnhinweisen über die Gefahren des Tabakkonsums enthielt, sowie in der Tabakverordnung (TabakV), die die Herstellung und das Inverkehrbringen von Tabakerzeugnissen normierte. Insgesamt sicherte daher das Vorläufige Tabakgesetz vorrangig den Verbraucherschutz.   **2**

Das Vorläufige Tabakgesetz sah in den §§ 51, 52 bzw. §§ 53, 54 Straf- bzw. Bußgeldvorschriften für Verstöße gegen bundesrechtliche und in den §§ 56, 57 bzw. §§ 58, 59 Straf- bzw. Bußgeldvorschriften für inhaltsgleiche Verstöße gegen – nicht existentes – unmittelbar geltendes Gemeinschaftsrecht vor. Die Straf- und Bußgeldtatbestände wiesen eine Vielzahl von Zitaten weiterer, im Folgenden nicht abgedruckter Vorschriften des Vorläufigen Tabakgesetzes auf. Diese Vorschriften werden in der Kommentierung in ihrem wesentlichen Inhalt wiedergegeben, ohne dass dies das Studium des vollständigen Gesetzestextes erübrigt.   **3**

Das Gesetz normierte auf der einen Seite eigene Straftatbestände. Auf der anderen Seite enthielt es aber auch eine Reihe von Ermächtigungen, die es dem Verordnungsgeber ermöglichten, Rechtsverordnungen zu erlassen und somit weitere strafbewehrte Tatbestände zu schaffen. Dem Schutzzweck des Vorläufigen Tabakgesetzes folgend dienten diese Ermächtigungen meist jedoch nur weitere Maßnahmen zum Verbraucher- und Gesundheitsschutz und nicht etwa zur Durchsetzung fiskalischer oder wirtschaftlichen Interessen der Bundesrepublik Deutschland. Rechtsverordnungen, die aufgrund von Ermächtigungen des Lebensmittel- und Bedarfsgegenständegesetzes erlassen wurden, waren grds. bis zum Erlass neuer Rechtsverordnungen auf der Grundlage des Vorläufigen Tabakgesetzes anwendbar, da das Vorläufige Tabakgesetz kein neues, eigenständiges Gesetz, sondern die Fortschreibung des genannten Gesetzes war (Art. 5 des Neuordnungsgesetzes; vgl. auch Amtl. Begr. BT-Drs. 15/3657, 56 (73)). Lücken in der Bußgeldbewehrung und Strafbarkeitslücken entstanden daher nicht.   **4**

3. Vorbemerkung zu den §§ 56–61. Die §§ 56–59 enthielten Blankettvorschriften, die es ermöglichten, Verstöße gegen unmittelbar geltendes europäisches Gemeinschaftsrecht durch Rechtsverordnung als Straftat oder Ordnungswidrigkeit zu ahnden. Diese Blankettvorschriften bezeichneten die Straf-   **5**

und Bußgeldtatbestände der §§ 51–54, an die für inhaltsgleiche Verstöße gegen Gemeinschaftsrecht angeknüpft werden konnte. Auf eine Erläuterung der nachfolgend in Bezug genommenen Straf- und Bußgeldtatbestände der §§ 56–59 wird im Hinblick darauf, dass keine unmittelbar geltenden europarechtlichen Regelungen geschaffen worden waren, an dieser Stelle verzichtet und auf die Kommentierung der einzelnen Tatbestände Bezug genommen. § 60 enthielt die notwendige Ermächtigung, diese Blankettvorschriften auszufüllen.

6   Die Schaffung von Blankettstrafgesetzen ist grds. zulässig. In ihnen werden nicht die konkreten Straftatbestände sondern nur die Strafbarkeitsvoraussetzungen sowie Art und Maß der Strafe normiert (BVerfGE 75, 329 (342)). Die offene Formulierung der §§ 56–59 wirft jedoch Bedenken hinsichtlich des strafrechtlichen Bestimmtheitsgebotes in Art. 103 Abs. 2 GG auf, der auch für Blankettstrafgesetze gilt (BVerfGE 14, 245 (252); 37, 209; 41, 314; 75, 342; 78, 374). Die Vorschriften selbst enthalten keine strafrechtlich bewehrten Tatbestände, sondern sind ausschließlich Verweisungsnormen. Dies birgt für den Rechtsanwender und den betroffenen Normadressaten vielfache Schwierigkeiten in den Bereichen der Normenklarheit und der Vorhersehbarkeit strafrechtlicher Folgen sowie der Bewertbarkeit eigenen normtreuen Verhaltens. Die hinreichende Bestimmtheit kann vorliegend letztlich nur unter dem Gesichtspunkt bejaht werden, dass konkret für Unternehmer, die sich mit Tabakwaren und den dazugehörigen Bedarfsgegenständen befassen, ein überschaubares Feld der EG-Rechtsakte eröffnet und daher eine Übersichtlichkeit und die Einhaltung von Normen in zumutbarer Weise letztlich gewährleistet werden kann (insoweit zust. Erbs/Kohlhaas/*Rohnfelder/Freytag* § 60 Rn. 2; aA Zipfel/Rathke LebensmittelR/*Dannecker* LFGB Vor §§ 58–62 Rn. 55).

§ 49 Ermächtigungen (aufgehoben mit Ablauf des 19.5.2016)

(1) ¹Das Bundesministerium wird ermächtigt, im Einvernehmen mit dem Bundesministerium der Finanzen durch Rechtsverordnung mit Zustimmung des Bundesrates, soweit es zum Schutz des Verbrauchers erforderlich ist, die Einfuhr oder das sonstige Verbringen von Erzeugnissen im Sinne dieses Gesetzes in das Inland, auch in Fällen des § 47 Abs. 2,

1. zu verbieten oder zu beschränken,

2. abhängig zu machen von

a) der Registrierung, Erlaubnis oder Zulassung von Betrieben, in denen die Erzeugnisse hergestellt oder behandelt werden, und die Einzelheiten hierfür festzulegen,

b) der Anmeldung oder Vorführung bei der zuständigen Behörde und die Einzelheiten hierfür, insbesondere über die Bestimmung der Erzeugnisse, festzulegen,

c) einer Dokumenten- und Nämlichkeitsprüfung und einer Warenuntersuchung und deren Einzelheiten, insbesondere deren Häufigkeit, festzulegen,

d) der Beibringung eines amtlichen Untersuchungszeugnisses oder einer amtlichen Gesundheitsbescheinigung oder der Vorlage einer vergleichbaren Urkunde,

e) dem Mitführen einer amtlichen Bescheinigung und deren Verwendung über Art, Umfang oder Ergebnis der in Buchstabe c bezeichneten, durchgeführten Überprüfungen und Untersuchung,

f) der Festlegung bestimmter Lagerungszeiten und von Mitteilungspflichten über deren Einhaltung sowie über den Verbleib der Erzeugnisse;

dabei kann vorgeschrieben werden, dass die Dokumenten- und Nämlichkeitsprüfung, die Warenuntersuchung sowie die Anmeldung oder Vorführung in oder bei einer Grenzkontrollstelle oder Grenzeingangsstelle unter Mitwirkung einer Zolldienststelle vorzunehmen sind. ²In den Fällen des Satzes 1 Nr. 2 Buchstabe e und f kann das Nähere über Art, Form und Inhalt der Nachweise, über das Verfahren ihrer Erteilung oder die Dauer ihrer Geltung und Aufbewahrung geregelt werden.

(2) ¹In der Rechtsverordnung nach Absatz 1 kann angeordnet werden, daß bestimmte Tabakerzeugnisse nur über bestimmte Zolldienststellen, Grenzkontrollstellen, Grenzein- oder -übergangsstellen oder andere amtliche Stellen eingeführt oder in das Inland verbracht werden dürfen. ²Das Bundesamt für Verbraucherschutz und Lebensmittelsicherheit gibt die in Satz 1 genannten Stellen im Bundesanzeiger bekannt, im Falle der Zolldienststellen im Einvernehmen mit dem Bundesministerium der Finanzen, soweit nicht in Rechtsakten der Europäischen Union eine Bekanntgabe durch die Europäische Kommission vorgesehen ist. ³Das Bundesministerium der Finanzen kann die Erteilung des Einvernehmens nach Satz 2 auf die die Generalzolldirektion übertragen.

(3) Das Bundesministerium wird ferner ermächtigt, im Einvernehmen mit dem Bundesministerium der Finanzen durch Rechtsverordnung mit Zustimmung des Bundesrates, soweit es zum Schutz des Verbrauchers erforderlich ist,

1. die Durchfuhr von Erzeugnissen im Sinne dieses Gesetzes sowie deren Lagerung in Zolllagern, Freilagern oder in Lagern in Freizonen abhängig zu machen von

a) einer Erlaubnis der zuständigen Behörde,

b) Anforderungen an die Beförderung und Lagerung im Inland,

c) der Ausfuhr, auch innerhalb bestimmter Fristen, über bestimmte Grenzkontrollstellen und die Einzelheiten hierfür festzulegen,

d) einer Ausfuhrkontrolle unter Mitwirkung einer Zolldienststelle,

e) *einer Anerkennung der Zolllager, Freilager oder Lager in Freizonen durch die zuständige Behörde;
in den Fällen der Buchstaben a und b kann das Nähere über Art, Form und Inhalt der Nachweise, über
das Verfahren ihrer Erteilung oder die Dauer ihrer Geltung und Aufbewahrung geregelt werden;*
2. *für die Durchfuhr Vorschriften nach Absatz 1 zu erlassen.*

A. Regelungsumfang des § 49

§ 49 Abs. 1 ermöglicht dem Bundesministerium (nach der Definition in § 5 Abs. 3 das Bundes- **1**
ministerium für Ernährung, Landwirtschaft und Verbraucherschutz) zur Überwachung des Einfuhrver-
botes des § 47 Abs. 1, den Import von bestimmten Tabakerzeugnissen zu verbieten oder zu beschränken.
Die Verordnungsermächtigung des § 49 berechtigt jedoch nicht zu selbstständigen Einfuhrverboten oder
Einfuhrbeschränkungen. Sie soll lediglich die Überwachung der in § 47 Abs. 1 normierten Verbote
erleichtern. Die eigentlichen Einfuhrverbote ergeben sich demnach aus § 47 Abs. 1.

Gem. § 49 Abs. 1 kann die Einfuhr abhängig gemacht werden von der Registrierung, Erlaubnis oder **2**
Zulassung der Herstellungs- oder Verarbeitungsbetriebe, der Anmeldung oder Vorführung der Erzeugnisse bei der zuständigen Behörde, einer Untersuchung oder der Beibringung eines amtlichen Untersuchungszeugnisses, dessen Mitführung ebenfalls angeordnet werden kann. Schließlich können Lagerungszeiten und die Mitteilung über den Verbleib der Erzeugnisse festgelegt werden.

Gem. § 49 Abs. 2 kann mit der nach § 49 Abs. 1 geschaffenen Ermächtigung die Beschränkung **3**
auferlegt werden, dass bestimmte Tabakerzeugnisse nur über bestimmte Zolldienststellen eingeführt
werden. Zweck dieser Regelung ist es, auf diese Weise eine Spezialisierung bestimmter Zollstellen
herbeizuführen, die eine ordnungsgemäße Überwachung der eingeführten Erzeugnisse gewährleisten
können.

§ 49 Abs. 3 enthält Ermächtigungen zur Regelung der Durchfuhr und Lagerung in Zolllagern, **4**
Freilagern und Lagern in Freizonen. Unter Berücksichtigung der Tatsache, dass diese Ermächtigung nur
für die Fälle gilt, dass die so erlassene Rechtsverordnung zum Schutz des Verbrauchers erforderlich ist,
wird der Anwendungsrahmen des § 49 Abs. 3 eher gering sein, kommt die durchgeführte oder an den
benannten Orten gelagerte Ware in der Regel nicht mit dem Verbraucher in Kontakt. Diese Vorschrift
sichert jedenfalls eine vorsorgliche Regelung für den Fall, dass Erzeugnisse bei der Durchfuhr doch
regelwidrig in den Verkehr gelangen

B. Einzelheiten

I. Einfuhrverbot des § 47 Abs. 1

§ 47 Abs. 1 S. 1 enthält ein allgemeines Verbringungsverbot für Tabakerzeugnisse und Tabakbedarfs- **5**
gegenstände, die den deutschen lebensmittelrechtlichen Bestimmungen nicht entsprechen. Solche Gegenstände dürfen nicht in den Geltungsbereich des Vorläufigen Tabakgesetzes verbracht werden. Der
Geltungsbereich dieses Gesetzes ist die Bundesrepublik Deutschland. Zum Geltungsbereich gehören
auch die Zollfreigebiete – abgesehen von der Insel Helgoland (vgl. hierzu §§ 20, 24 ZollVG). Jedoch
gelten für diese Gebiete die Ausnahmeregelungen des § 47 Abs. 2.

§ 47 betrifft alle Einfuhrstaaten, unabhängig davon, ob sie zur Europäischen Union zählen oder ob es **6**
sich um Drittstaaten handelt. Jedoch ist § 47 Abs. 1 auf Erzeugnisse, die aus EG-Mitgliedstaaten eingeführt werden, nur eingeschränkt anwendbar. Mit der Einfügung des § 47a als der spezielleren Vorschrift
für Waren aus dem Gemeinschaftsraum der Europäischen Union, ist § 47 Abs. 1 auf Erzeugnisse aus
EG-Mitgliedstaaten, die den deutschen lebensmittelrechtlichen Vorschriften nicht entsprechen, nur
anwendbar bei Vorschriften zum Schutze der Gesundheit. Besondere Bedeutung erlangen hierbei die
Anforderungen des § 30 (vgl. dazu die Ausführungen → Rn. 16 ff.).

1. Tabakerzeugnisse (§ 3). Der Begriff der Tabakerzeugnisse ist in § 3 gesetzlich definiert. Tabak- **7**
erzeugnisse sind aus Rohtabak oder unter Verwendung von Rohtabak hergestellte Erzeugnisse, die zum
Rauchen, Kauen oder anderweitigen oralen Gebrauch oder zum Schnupfen bestimmt sind (Abs. 1).

Gem. § 3 Abs. 2 Nr. 1–3 sind den Tabakerzeugnissen eine Reihe von Produkten gleichgestellt.
Hierzu gehören Rohtabak sowie Tabakerzeugnissen ähnliche Waren, die zum Rauchen, Kauen oder
anderweitigen oralen Gebrauch oder zum Schnupfen bestimmt sind (Nr. 1). Tabakähnliche Waren sind
Waren, die aus anderen Pflanzen als aus der Tabakpflanze hergestellt werden.

Weiterhin sind Zigarettenpapier, Kunstumblätter und sonstige mit dem Tabakerzeugnis fest verbundene Bestandteile – mit Ausnahme von Zigarrenmundstücken sowie Rauchfilter aller Art – den Tabakerzeugnissen gleich gestellt (Nr. 2). Das Zigarettenpapier sowie die Kunstumblätter werden in der Regel
mitgeraucht, so dass sie den Tabakerzeugnissen gleich gestellt werden. Dies trifft auf Mundstücke und
Filter nicht zu, obwohl sie mit den Tabakerzeugnissen in der Regel gleichermaßen fest verbunden sind.

Ausdrücklich gesetzlich von der Definition für Tabakerzeugnisse ausgenommen sind gem. § 3 Abs. 3
Erzeugnisse, die der Linderung von Asthmabeschwerden dienen. Solche Asthmazigaretten sind Arzneimittel.

8   **2. Tabakbedarfsgegenstände (§ 5 Abs. 1).** Der Begriff der Bedarfsgegenstände ist in § 5 Abs. 1 legaldefiniert. Hiernach sind Bedarfsgegenstände im Sinne des Gesetzes Packungen, Behältnisse oder sonstige Umhüllungen, die dazu bestimmt sind, mit Tabakerzeugnissen in Berührung zu kommen. Zu diesen unmittelbar unter die Legaldefinition fallenden Bedarfsgegenständen gehören daher Zigarettenschachteln, Zigarrenkisten, Tabakdosen, Folien und jegliches anderes Verpackungsmaterial, da sie die Tabakerzeugnisse unmittelbar berühren.

9   **3. Verbringen der Ware.** Unter Verbringen im Sinne dieses Gesetzes sind alle Handlungen zu verstehen, die die gegenständliche Überführung der Ware über die politische Grenze der Bundesrepublik Deutschland bewirken. Die Einfuhr ist vollendet mit dem Überschreiten der Grenze. Beendet ist die Einfuhr, wenn die Ware zur Ruhe gekommen ist, mithin ihren Bestimmungsort erreicht hat (Zipfel/ Rathke LebensmittelR/*Rathke* § 47 Rn. 11).

10   **4. Ausnahmeregelung des § 47 Abs. 2.** In § 47 Abs. 2 Nr. 1–11 sind Ausnahmen vom Einfuhrverbot für diese Waren normiert. Diese Ausnahmeregelungen betreffen insbes. Waren mit einer besonderen Zweckbestimmung, wie zB Messe- und Ausstellungsware (Nr. 5), Reisebedarf (Nr. 6), Geschenksendungen (Nr. 8), Warenmuster und -proben in geringen Mengen (Nr. 9) oder Übersiedlungsoder Heiratsgut in üblicher Vorratsmenge (Nr. 10), sowie Waren, die für einen bestimmten Adressaten, wie das Oberhaupt eines auswärtigen Staates oder ein Gefolge (Nr. 3), diplomatische oder konsularische Vertretungen (Nr. 4), eingeführt werden sollen. Ebenfalls ausgenommen sind bestimmte Waren, die zollamtlicher Überwachung (Nr. 1, 2) unterliegen. Für Waren, die auf Seeschiffen zum Verbrauch auf hoher See bestimmt sind und an Bord verbraucht werden (Nr. 11), gelten die Einfuhrverbote ebenfalls nicht.

11   **5. Ausnahmeregelung vom Einfuhrverbot gem. § 47a.** Die Bestimmung des § 47a enthält weitere Ausnahmen vom Einfuhrverbot des § 47 Abs. 1. Diese Vorschrift setzt nunmehr formell die EuGH-Rechtsprechung zur Einfuhr von nicht den inländischen Vorschriften entsprechenden Erzeugnissen aus anderen EG-Mitgliedstaaten um.

12   Die Anwendbarkeit des § 47 war im innergemeinschaftlichen Verkehr bereits durch Art. 28 EG-Vertrag erheblich eingeschränkt. Gleiches findet sich auch heute in Art. 34 des Vertrages über die Arbeitsweise der Europäischen Union (AEUV). Nach der Rspr. des EuGH dürfen Erzeugnisse, die in einem Mitgliedstaat rechtmäßig hergestellt und in den Verkehr gebracht worden sind, auch dann in einen anderen Mitgliedstaat eingeführt und in den Verkehr gebracht werden, wenn die Verkehrsfähigkeit in dem Mitgliedstaat aufgrund innerstaatlicher Vorschriften ausgeschlossen oder von bestimmten Voraussetzungen abhängig gemacht wird (EuGH NJW 1979, 1766).

13   Einschränkend hat der Europäische Gerichtshof mehrfach entschieden, dass im Einzelfall Hemmnisse für den Binnenhandel hingenommen werden müssen, die sich aus den Unterschieden nationaler Regelungen über die Vermarktung von Erzeugnissen ergeben. Dies gilt dann, wenn die nationalen Bestimmungen notwendig sind, um zwingenden Erfordernissen gerecht zu werden. Zu diesen Erfordernissen gehören insbes. der Schutz der öffentlichen Gesundheit und der Verbraucherschutz. Entsprechende Einschränkungen des Binnenhandels erkannte auch Art. 30 des EG-Vertrages (dies entspricht nunmehr dem geltenden Art. 36 des AEUV) an. Dem Einfuhrstaat obliegt hierbei der Nachweis, dass ein Einfuhrverbot aus Gründen des Gesundheits- oder Verbraucherschutzes zwingend geboten ist. Der Grundsatz der Verhältnismäßigkeit ist stets zu wahren (EuGH Slg. 1990, I-4863). Der Einfuhrstaat muss darlegen, dass die vorgenannten Ziele mit dem Binnenhandelsverkehr weniger einschneidenden Maßnahmen nicht zu erreichen sind.

14   Diese vorgenannten im europäischen Rechtsraum entwickelten Grundsätze haben letztlich ihren Niederschlag in § 47a gefunden.

15   **6. Einschränkungen der Ausnahmeregelungen der §§ 47, 47a.** Die Ausnahmeregelungen der §§ 47, 47a finden Einschränkungen in den Verboten des § 30 sowie in sonstigen zum Schutz der Gesundheit erlassenen Rechtsverordnungen. Während die Verbote des § 30 unumgänglich sind, können von den vorgenannten Rechtsverordnungen nach § 47a Abs. 1 S. 2 Nr. 2 erneut Ausnahmen im Wege der Allgemeinverfügung zugelassen werden.

16   **a) Verbote des § 30.** Die Ausnahmeregelungen der §§ 47, 47a gelten im Falle der Tabakbedarfsgegenstände (§ 5 Abs. 1 Nr. 1) nicht für die in § 30 aufgrund des dort verankerten Gesundheitsschutzes niedergelegten Verbote.

17   Nach § 30 Nr. 1 ist es verboten, Bedarfsgegenstände derart herzustellen oder zu behandeln, dass sie bei bestimmungsgemäßem oder vorauszusehendem Gebrauch geeignet sind, die Gesundheit durch ihre stoffliche Zusammensetzung, insbes. durch toxikologisch wirksame Stoffe oder durch Verunreinigungen zu schädigen.

18   Der Begriff des Herstellens und des Behandelns ist in § 7 legaldefiniert. „Herstellen" bedeutet dabei das Gewinnen, Herstellen, Zubereiten, Be- und Verarbeiten der Ware. „Behandeln" im Sinne des Gesetzes ist das Wiegen, Messen, Um- und Abfüllen, Stempeln, Bedrucken, Verpacken, Kühlen, Lagern,

Aufbewahren, Befördern sowie jede sonstige Tätigkeit, die nicht als Herstellen, Inverkehrbringen oder Verzehren anzusehen ist.

Weiterhin ist es nach § 30 Nr. 2 verboten, Gegenstände oder Mittel als Bedarfsgegenstände in den **19** Verkehr zu bringen, die bei bestimmungsgemäßem oder vorauszusehendem Gebrauch geeignet sind, die Gesundheit durch ihre stoffliche Zusammensetzung, insbes. durch toxikologisch wirksame Stoffe oder durch Verunreinigungen, zu schädigen.

Das Inverkehrbringen ist ebenfalls in § 7 gesetzlich definiert. „Inverkehrbringen" ist danach das **20** Anbieten, Vorrätighalten zum Verkauf oder sonstigen Abgabe, Feilhalten und jedes Abgeben an andere. Anbieten ist jede Erklärung, die präsentierte Ware an dritte Personen abzugeben. Das Anbieten umfasst daher auch Werbemaßnahmen für die Ware. In diesem Zusammenhang sind daher die besonderen Vorschriften zu den Werbeverboten des § 21a (→ § 53 Rn. 17) bedeutsam. Das „Vorrätighalten zum Verkauf" umfasst den Besitz der Ware mit der subjektiven Absicht, diese Ware zu verkaufen. Die Verkaufsabsicht muss noch nicht nach außen erkennbar hervorgetreten sein. Sie ist jedoch Tatbestandsmerkmal und ist daher nachzuweisen. Die „sonstige Abgabe" umfasst jegliche Abgabe, die nicht Verkauf ist. Hierunter fällt insbes. die geschenkweise Überlassung der Ware. Das „Feilhalten" ist das äußerlich erkennbare Bereithalten der Ware zum Zwecke des Verkaufs (BGHSt 23, 286 (288); BGH NJW 2014, 326 (327)). Gewerbsmäßig ist jede im Rahmen eines Gewerbes oder zu gewerblichen Zwecken vorgenommene Tätigkeit, ohne dass es auf eine Entgeltlichkeit oder Gewinnerzielungsabsicht ankommt.

Bestimmungsgemäß ist ein Gebrauch, der der allgemeinen oder konkreten Bestimmung des Bedarfs- **21** gegenstandes entspricht. Voraussehbar ist ein Gebrauch, der so häufig vorkommt, dass mit ihm erfahrungsgemäß gerechnet werden muss (RGSt 37, 276). Mit einem unverständigen, törichten und selbst verschuldeten Umgang durch den Verbraucher muss gerechnet werden. Dagegen ist eine mutwillige, missbräuchliche oder ungewöhnlich leichtfertige Verwendung durch den Verbraucher nicht voraussehbar (Zipfel/Rathke LebensmittelR/*Delewski* LFGB § 30 Rn. 18).

b) Verbote zum Schutz der Gesundheit und Ausnahmeregelungen durch Allgemeinver- **22** **fügungen.** Weiterhin gelten Ausnahmeregelungen des § 47a auch nicht für Erzeugnisse, die anderen zum Schutz der Gesundheit erlassenen Rechtsverordnungen nicht entsprechen. Die sich aus diesen Vorschriften ergebenden Verbote können jedoch durch Allgemeinverfügung umgangen werden. Die Allgemeinverfügung ergeht im Einvernehmen mit dem Bundesamt für Wirtschaft und Ausfuhrkontrolle durch das Bundesamt für Verbraucherschutz und Lebensmittelsicherheit auf Antrag des Importeurs. Materielle Voraussetzung der Allgemeinverfügung ist, dass keine anderen Gründe des Gesundheitsschutzes entgegenstehen. Maßstab hierfür sind die Erkenntnisse der internationalen Forschung und die Ernährungsgewohnheiten in der Bundesrepublik Deutschland (Erbs/Kohlhaas/*Rohnfelder/Freytag* § 47a Rn. 7 ff.).

II. Ordnungswidrigkeiten

Vorsätzliche oder fahrlässige Zuwiderhandlungen gegen eine nach § 49 Abs. 1, Abs. 2 S. 1 oder **23** Abs. 3 erlassene Rechtsverordnung sind Ordnungswidrigkeiten gem. § 54 Abs. 2 Nr. 3, soweit die erlassenen Rechtsverordnung für einen bestimmten Tatbestand auf diese Bußgeldvorschrift verweist.

§ 50 Ausfuhr (aufgehoben mit Ablauf des 19.5.2016)

(1) ¹Auf Erzeugnisse im Sinne dieses Gesetzes, die zur Lieferung in das Ausland bestimmt sind, finden die Vorschriften dieses Gesetzes und der auf Grund dieses Gesetzes erlassenen Rechtsverordnungen Anwendung, soweit nicht für die jeweiligen Erzeugnisse im Bestimmungsland abweichende Anforderungen gelten und die Erzeugnisse diesen Anforderungen entsprechen. ²Auf Verlangen der zuständigen Behörde hat derjenige, der Erzeugnisse der in Satz 1 genannten Art, welche zur Lieferung in das Ausland bestimmt sind und den Vorschriften dieses Gesetzes oder der auf Grund dieses Gesetzes erlassenen Rechtsverordnungen nicht entsprechen, herstellt oder in den Verkehr bringt, durch geeignete Mittel glaubhaft zu machen, daß die Erzeugnisse den im Bestimmungsland geltenden Anforderungen entsprechen.

(2) ¹Werden in das Inland verbrachte Erzeugnisse im Sinne dieses Gesetzes auf Grund dieses Gesetzes oder auf Grund dieses Gesetzes erlassenen Rechtsverordnungen beanstandet, so können sie abweichend von Absatz 1 zur Rückgabe an den Lieferanten aus dem Inland verbracht werden. ²Unberührt bleiben zwischenstaatliche Vereinbarungen, denen die gesetzgebenden Körperschaften in der Form eines Bundesgesetzes zugestimmt haben, sowie Rechtsakte der Organe der Europäischen Gemeinschaft oder der Europäischen Union. ³Satz 1 gilt nicht für Erzeugnisse, die den Verboten des § 30 nicht entsprechen.

(3) Erzeugnisse im Sinne dieses Gesetzes, die nach Maßgabe des Absatzes 1 den in der Bundesrepublik Deutschland geltenden lebensmittelrechtlichen Vorschriften nicht entsprechen, müssen von Erzeugnissen, die für das Inverkehrbringen in der Bundesrepublik Deutschland bestimmt sind, getrennt gehalten und kenntlich gemacht werden.

(4) Die Vorschriften dieses Gesetzes und der auf Grund dieses Gesetzes erlassenen Rechtsverordnungen finden mit Ausnahme des § 30 auf Erzeugnisse im Sinn dieses Gesetzes, die für die Ausrüstung von Seeschiffen bestimmt sind, keine Anwendung.

(5) ¹Das Bundesministerium wird ermächtigt, durch Rechtsverordnung mit Zustimmung des Bundesrates

1. *weitere Vorschriften dieses Gesetzes sowie auf Grund dieses Gesetzes erlassener Rechtsverordnungen auf Erzeugnisse, die für die Ausrüstung von Seeschiffen bestimmt sind, für anwendbar zu erklären, soweit es zum Schutz des Verbrauchers erforderlich ist,*
2. *abweichende oder zusätzliche Vorschriften für Erzeugnisse zu erlassen, die für die Ausrüstung von Seeschiffen bestimmt sind, soweit es mit dem Schutz des Verbrauchers vereinbar ist;*
3. *die Registrierung von Betrieben, die Seeschiffe ausrüsten, vorzuschreiben, soweit es zum Schutz des Verbrauchers erforderlich ist.*

²§ 49 Abs. 3 gilt entsprechend.

(6) Das Bundesministerium wird ermächtigt, durch Rechtsverordnung mit Zustimmung des Bundesrates, soweit es zur Durchführung von Rechtsakten der Europäischen Gemeinschaften oder der Europäischen Union im Anwendungsbereich dieses Gesetzes erforderlich ist, das Verbringen von Erzeugnissen im Sinne dieses Gesetzes in andere Mitgliedstaaten oder andere Vertragsstaaten des Abkommens über den Europäischen Wirtschaftsraum oder in Drittländer zu verbieten oder zu beschränken.

1   **1. Regelungsinhalt des § 50.** § 50 regelt die mit der Ausfuhr von Tabakerzeugnissen und Tabakbedarfsgegenständen verbundenen Anforderungen. Im Wesentlichen dient diese Vorschrift der Harmonisierung innerstaatlicher Rechtsvorschriften mit dem Gemeinschaftsrecht der Europäischen Union, aber darüber hinaus auch mit den Vorschriften von Drittländern.

2   **2. Grundsatz und Ausnahmeregelung (§ 50 Abs. 1).** Gem. § 50 Abs. 1 gilt der Grundsatz, dass Tabakerzeugnisse, die in das Ausland ausgeführt werden sollen, den Vorschriften des Vorläufigen Tabakgesetzes und den aufgrund dieses Gesetzes erlassenen Rechtsverordnungen entsprechen müssen. Ausnahmen von diesem Grundsatz sind dann zulässig, wenn in dem Bestimmungsland abweichende Anforderungen gelten. Da im europäischen Raum durch die fortschreitende Harmonisierung der Rechtsordnungen weitgehend ähnliche Anforderungen gelten sollten, dürfte diese Ausnahmeregelung besondere Bedeutung gewinnen, wenn der Export in das nichteuropäische Ausland erfolgt. Der Exporteur hat durch geeignete Mittel glaubhaft zu machen, dass die gelieferte Ware den Anforderungen des Bestimmungslandes genügt. Geeignete Mittel zur Glaubhaftmachung sind zB die Beibringung der einschlägigen ausländischen Rechtsvorschriften und der Vortrag, dass die Erzeugnisse diesen Vorschriften entsprechen, Stellungnahmen Sachverständiger oder amtlicher Stellen im Ausland. Die Glaubhaftmachung ist nur auf Aufforderung der Behörde erforderlich. Diese Konstruktion dient im Wesentlichen auch der Verfahrensvereinfachung und -beschleunigung. Während die inländischen Behörden potentiell zur Überprüfung der einschlägigen Rechtsverordnungen aller Länder dieser Welt verpflichtet und damit überfordert wären, kann dem Exporteur, der bereits in Geschäftskontakten mit dem Bestimmungsland steht auferlegt und zugemutet werden, die dort einschlägige Gesetzeslage zu kennen.

3   **3. Rücklieferung (§ 50 Abs. 2).** Gem. § 50 Abs. 2 darf aus dem Ausland eingeführte Ware, die aufgrund der Vorschriften des Vorläufigen Tabakgesetzes oder aufgrund der darauf beruhenden Rechtsverordnungen beanstandet wird, ohne Rücksicht auf diese Beanstandung wieder an den Lieferanten ausgeführt werden. Die Ware darf jedoch nur an den ausländischen Lieferanten und nicht an einen beliebige andere Abnehmer (im Ausland) zurückgeführt werden. Nach dem Sinn und Zweck dieser Vorschrift kann es dabei nicht darauf ankommen, ob die Ware bei der Rücklieferung den ausländischen gesetzlichen Anforderungen genügt. § 50 Abs. 2 ist daher als eine noch weitere Ausnahmeregelung von dem in § 50 Abs. 1 niedergelegten Grundsatz zur Ausfuhr zu verstehen (→ Rn. 2). In den Genuss der Ausnahmeregelung kommt aber nur, wer auch dafür Sorge trägt, dass die Ware tatsächlich in das Ausland zurückgeführt wird. Es kommt daher nicht darauf an, dass ein inländischer Abnehmer zivilrechtlichen Regeln folgend die Ware an den inländischen Importeur zur Weiterleitung an den ausländischen Lieferanten gibt. Der Ausnahmetatbestand greift nur, wenn die Ware auch tatsächlich in ihr Ursprungsland und an den ursprünglichen Verkäufer zurückgelangt. Dass dabei der inländische Importeur zwischengeschaltet wird, steht einer ordnungsgemäßen Rücklieferung im Sinne dieser Vorschrift nicht entgegen.

4   Die Rücklieferung nach § 50 Abs. 2 ist jedoch dann ausgeschlossen, wenn zwischenstaatliche Vereinbarungen oder Rechtsakte der Organe der Europäischen Gemeinschaft oder Europäischen Union einer solchen entgegenstehen. Eine insoweit bedeutende zwischenstaatliche Vereinbarung ist das Wirtschaftsabkommen v. 27.4.1993 (BGBl. I 512), dem die Bundesrepublik Deutschland zugestimmt hat. Die Rücklieferung ist weiterhin ausgeschlossen, wenn die Erzeugnisse den Verboten zum Schutz der Gesundheit gem. § 30 unterliegen. Dieser Ausschlusstatbestand bezieht sich allein auf die Tabakbedarfsgegenstände (vgl. auch die Kommentierung → § 49 Rn. 16 ff.). Der Gesetzeswortlaut in § 50 Abs. 2 S. 3: „Satz 1 gilt nicht für Erzeugnisse, die den Verboten des § 30 nicht entsprechen" ist missverständlich

(Erbs/Kohlhaas/*Rohnfelder/Freytag* Rn. 3) und nicht derart zu verstehen, dass nur Erzeugnisse, die nach § 30 Verboten unterliegen, zurückgeliefert werden dürfen.

4. Kenntlichmachung zur Rücklieferung bestimmter Ware (§ 50 Abs. 3). Die beanstandete 5 und zur Rücklieferung bestimmte Ware muss gem. § 50 Abs. 3 kenntlich und von anderer Verkehrsware getrennt gehalten werden. Diese Vorschrift dient dem Rückführungsverfahren und soll vor allem Verwechselung und Missbrauch vorbeugen. Die Anforderungen an die Kenntlichmachung und die getrennte Lagerung sind gesetzlich nicht normiert und daher nach dem jeweiligen Einzelfall unter Berücksichtigung des Gesetzeszwecks auszulegen. Insbes. muss die Kennzeichnung der Ware eindeutig, lesbar, deutlich sichtbar und richtig sein. Verstöße hiergegen werden als Ordnungswidrigkeit gem. § 54 Abs. 2 Nr. 4 geahndet.

5. Ausnahme bei der Ausrüstung von Seeschiffen (§ 50 Abs. 4 und Abs. 5). Gem. § 50 Abs. 4 6 gelten die Vorschriften des Vorläufigen Tabakgesetzes und die darauf beruhenden Rechtsverordnungen nicht für die Ausrüstung von Seeschiffen. IErg findet daher der durch diese Vorschriften unterstützte Verbraucherschutz für Passagiere von Seeschiffen in Bezug auf Tabakprodukte nicht statt. Allein Bedarfsgegenstände, die den Verboten zum Schutz der Gesundheit des § 30 unterliegen, sind von dieser Sonderregelung nicht betroffen.

Mit § 50 Abs. 5 wird der Verordnungsgeber ermächtigt, vorzuschreiben, dass weitere Vorschriften des 7 Vorläufigen Tabakgesetzes auf Tabakerzeugnisse anwendbar sind, die zur Ausrüstung von Seeschiffen bestimmt sind. Des Weiteren wird er ermächtigt, abweichende oder zusätzliche Vorschriften für solche Erzeugnisse zu erlassen. Schließlich wird er ermächtigt, die Registrierung von Betrieben, die Seeschiffe ausrüsten, vorzuschreiben. In allen drei Fällen ist er dazu nur dann ermächtigt, wenn die Vorschriften dem Schutz des Verbrauchers dienen. Vorsätzliche oder fahr-lässige Verstöße gegen eine nach § 50 Abs. 5 S. 1 Nr. 3 erlassene Rechtsverordnung werden bei entsprechender Rückverweisung gem. § 53 Abs. 2 Nr. 3 als Ordnungswidrigkeit geahndet.

6. Ermächtigung (§ 50 Abs. 6). Die Ermächtigung des § 50 Abs. 6 dient der Umsetzung von 8 Rechtsakten der Europäischen Gemeinschaft oder der Europäischen Union und findet für den Bereich der Verbringungsverbote und -Beschränkungen in andere Mitgliedstaaten, Drittstaaten und andere Staaten des Europäischen Wirtschaftsraumes Anwendung. Verstöße gegen diese Rechtsverordnungen werden bei entsprechender Rückverweisung gem. § 52 Abs. 1 Nr. 13 bestraft.

7. Ordnungswidrigkeiten und Straftaten. Vorsätzliche und fahrlässige Verstöße gegen die Tren- 9 nungs- und Kennzeichnungspflichten nach § 50 Abs. 3 werden gem. § 54 Abs. 2 Nr. 4 als Ordnungs-widrigkeiten geahndet. Vorsätzliche Verstöße gegen eine nach § 50 Abs. 6 erlassene Rechtsverordnung werden bei Rückverweisung gem. § 52 Abs. 1 Nr. 13 als Straftat verfolgt; fahrlässige Verstöße sind nicht sanktioniert.

§ 51 Straftaten (aufgehoben mit Ablauf des 19.5.2016)

(1) Mit Freiheitsstrafe bis zu drei Jahren oder mit Geldstrafe wird bestraft,
1.–4. *[aufgehoben]*
  5. *entgegen § 30 Nr. 1 Bedarfsgegenstände herstellt oder behandelt oder entgegen § 30 Nr. 2 Gegen-stände oder Mittel als Bedarfsgegenstände in den Verkehr bringt oder*
  6. *einer nach § 32 Abs. 1 Nr. 1 bis 3 für Bedarfsgegenstände zum Schutz der Gesundheit erlassenen Rechtsverordnung zuwiderhandelt, soweit sie für einen bestimmten Tatbestand auf dieses Strafvor-schrift verweist, oder entgegen § 32 Abs. 2 Bedarfsgegenstände in den Verkehr bringt, die einer nach § 32 Abs. 1 Nr. 1 bis 3 erlassenen Rechtsverordnung nicht entsprechen.*

(1a) [aufgehoben]

(2) Der Versuch ist strafbar.

(3) ¹In besonders schweren Fällen ist die Strafe von sechs Monaten bis zu fünf Jahren. ²Ein besonders schwerer Fall liegt in der Regel vor, wenn der Täter durch eine der in Absatz 1 bezeichneten Handlungen
1. *die Gesundheit einer großen Zahl von Menschen gefährdet,*
2. *einen anderen in die Gefahr des Todes oder einer schweren Schädigung an Körper oder Gesundheit bringt oder*
3. *aus grobem Eigennutz für sich oder einen anderen Vermögensvorteile großen Ausmaßes erlangt.*

(4) Wer in den Fällen des Absatzes 1 fahrlässig handelt, wird mit Freiheitsstrafe bis zu einem Jahr oder mit Geldstrafe bestraft.

1. Grunddelikt (§ 51 Abs. 1). § 51 Abs. 1 sanktioniert die Herstellung, Behandlung und den 1 Vertrieb von die Gesundheit schädigenden Bedarfsgegenständen sowie Zuwiderhandlungen gegen einige Verordnungen zum Schutz der Verbraucher vor gesundheitsschädlichen Stoffen an oder in Bedarfsgegenständen. § 51 Abs. 1 bestraft nur die vorsätzliche Tat. Wer fahrlässig handelt, wird nach § 51 Abs. 4 bestraft. Der Versuch ist gem. § 51 Abs. 2 strafbar.

2   **a) Bedarfsgegenstände (§ 5 Abs. 1 und Abs. 3).** Der Begriff der Bedarfsgegenstände ist in § 5 Abs. 1 legaldefiniert. Hiernach sind Bedarfsgegenstände im Sinne des Gesetzes Packungen, Behältnisse oder sonstige Umhüllungen, die dazu bestimmt sind, mit Tabakerzeugnissen in Berührung zu kommen. Zu diesen unmittelbar unter die Legaldefinition fallenden Bedarfsgegenständen gehören daher Zigarettenschachteln, Zigarrenkisten, Tabakdosen, Folien und jegliches anderes Verpackungsmaterial, da sie die Tabakerzeugnisse unmittelbar berühren.

3   § 5 Abs. 3 ermächtigt das Bundesministerium für Ernährung, Landwirtschaft und Verbraucherschutz im Einvernehmen mit dem Bundesministerium für Wirtschaft und Technologie durch Rechtsverordnung mit Zustimmung des Bundesrates darüber hinaus andere Gegenstände und Mittel des persönlichen oder häuslichen Bedarfs den Bedarfsgegenständen gleichzustellen. Diese Ermächtigung ermöglicht dem Verordnungsgeber eine schnelle Reaktion auf jegliche neu auf dem Markt erscheinende Gegenstände. Auf dieser Ermächtigung beruht insbes. die Bedarfsgegenständeverordnung v. 23.12.1997 (BedGgstV, BGBl. 1998 I 5; 2008 I 784; 2008 I 1107).

4   **b) Verstöße gegen Verbote zum Schutz der Gesundheit (§ 51 Abs. 1 Nr. 5).** Gem. § 51 Abs. 1 Nr. 5 wird bestraft, wer entgegen **§ 30 Abs. 1 Nr. 1** Bedarfsgegenstände herstellt oder behandelt oder entgegen **§ 30 Abs. 1 Nr. 2** Gegenstände und Mittel als Bedarfsgegenstände in den Verkehr bringt. Zum Inhalt des § 30 Nr. 1 und Nr. 2 vergleiche die Kommentierung → § 49 Rn. 16 ff.

5   **c) Verstöße gegen Verwendungsverbote und -beschränkungen (§ 51 Abs. 1 Nr. 6).** Gem. § 51 Abs. 1 Nr. 6 wird bestraft, wer einer nach **§ 32 Abs. 1 Nr. 1–2** erlassenen Rechtsverordnung zuwiderhandelt oder entgegen **§ 32 Abs. 2** Bedarfsgegenstände, die einer solchen Rechtsverordnung nicht entsprechen, gewerbsmäßig in den Verkehr bringt. Nach § 32 Abs. 1 Nr. 1–3 ist das Bundesministerium ermächtigt, durch Rechtsverordnung mit Zustimmung des Bundesrates im Einvernehmen mit dem Bundesministerium für Wirtschaft und Technologie, für Umwelt, Naturschutz und Reaktorsicherheit (Abs. 3), die Verwendung bestimmter Stoffe, Stoffgruppen und Stoffgemische bei dem Herstellen der Behandeln von bestimmten Bedarfsgegenständen zu verbieten oder zu beschränken (Nr. 1), vorzuschreiben, dass für das Herstellen bestimmter Bedarfsgegenstände oder einzelner Teile von ihnen nur bestimmte Stoffe verwendet werden dürfen (Nr. 2) oder die Anwendung bestimmter Verfahren bei dem Herstellen von bestimmten Bedarfsgegenständen zu verbieten oder zu beschränken (Nr. 3). Diese Rechtsverordnungen dürfen nur erlassen werden, um eine Gefährdung der Gesundheit durch Bedarfsgegenstände zu verhüten. Abstrakte Gefahren genügen um dieses Erfordernis zu erfüllen (Erbs/Kohlhaas/*Rohnfelder/Freytag* § 32 Rn. 1).

6   **2. Strafbarkeit des Versuchs (§ 51 Abs. 2).** Der Versuch ist gem. § 51 Abs. 2 strafbar. In § 51 Abs. 3 S. 1 sind unbenannte besonders schwere Fälle normiert. In § 51 Abs. 3 S. 2 Nr. 1–3 sind darüber hinaus Regelbeispiele für besonders schwere Fälle aufgeführt. Der Versuch des unbenannten besonders schweren Falles ist begrifflich nicht möglich. Gleiches gilt iErg auch für die Regelbeispiele, weil ihre Merkmale keine Qualifikationsmerkmale, sondern ihrer Rechtsnatur nach bloße Strafzumessungsregeln sind. Der Versuch selbst kann jedoch ein besonders schwerer Fall sein (ausf. hierzu Fischer StGB § 46 Rn. 97 ff.).

7   **3. Besonders schwere Fälle (§ 51 Abs. 3).** Ein besonders schwerer Fall liegt vor, wenn sich die Tat innerhalb einer Gesamtwürdigung bei Abwägung aller Zumessungstatsachen nach dem Gewicht von Unrecht und Schuld vom Durchschnitt der praktisch vorkommenden Fälle so weit abhebt, dass es zur Ahndung der Tat eines vom Normalstrafrahmen abweichenden, höheren Strafrahmens bedarf (BGHSt 28, 319; BGH NStZ 1981, 391; 1983, 407).

8   Neben dem unbenannten besonders schweren Fall in § 51 Abs. 3 S. 1 sind in § 51 Abs. 3 Nr. 1–3 Regelbeispiele für besonders schwere Fälle normiert. Als Regelbeispiele sind dabei die Gefährdung einer großen Zahl von Menschen, die Todesgefahr oder Gefahr der schweren körperlichen oder gesundheitlichen Schädigung bereits einer einzelnen Person und das Erlangen von Vermögensvorteilen großen Ausmaßes für sich oder einen anderen aus grobem Eigennutz normiert.

9   § 51 Abs. 3 Nr. 1 und 2 beschreibt konkrete Gefährdungsdelikte. Es handelt sich demnach um Erfolgsdelikte. Die konkrete Gesundheitsgefährdung kann hier zB durch die Verunreinigung der Bedarfsgegenstände durch Krankheitserreger oder durch die Versetzung mit Giftstoffen entstehen. Das Tatbestandsmerkmal „große Zahl von Menschen" ist tatbestandsspezifisch auszulegen. Da durch den Vertrieb von Tabakprodukten ohnehin eine Vielzahl von Menschen betroffen ist, ist der Maßstab entsprechend hoch. Eine schwere körperliche oder gesundheitliche Schädigung liegt vor, wenn das Opfer eine ernsthafte langwierige Krankheit erleidet oder seine Arbeitsfähigkeit erheblich beeinträchtigt wird (Fischer StGB § 250 Rn. 13).

Das Regelbeispiel zu § 51 Abs. 3 Nr. 3 lehnt sich an § 264 Abs. 2 Nr. 1 StGB (Subventionsbetrug) **10**
an. Die Untergrenze für einen Vermögensvorteil großen Ausmaßes wird man daher bei 50.000 EUR
ansetzen können (Fischer StGB § 264 Rn. 46). Grober Eigennutz ist dann zu bejahen, wenn der Täter
mit einem Gewinnstreben handelt, welches deutlich über dem üblichen kaufmännischen Maß liegt
(BGH NStZ 1990, 497), aber den Grad der Gewinnsucht noch nicht erreicht haben muss (Fischer StGB
§ 264 Rn. 46).

§ 52 Straftaten (aufgehoben mit Ablauf des 19.5.2016)

(1) Mit Freiheitsstrafe bis zu einem Jahr oder mit Geldstrafe wird bestraft,

1.–4. *[aufgehoben]*
   5. *entgegen § 13 Abs. 1 Nr. 1 eine nicht zugelassene Bestrahlung anwendet, entgegen § 13 Abs. 1
       Nr. 2 Tabakerzeugnisse in den Verkehr bringt oder einer nach § 13 Abs. 2 erlassenen Rechtsver-
       ordnung zuwiderhandelt, soweit sie für einen bestimmten Tatbestand auf diese Strafvorschrift ver-
       weist,*
   6. *entgegen § 14 Abs. 1 Tabakerzeugnisse, in oder auf denen Pflanzenschutz- oder sonstige Mittel oder
       deren Abbau- oder Reaktionsprodukte vorhanden sind, in den Verkehr bringt oder einer nach § 14
       Abs. 2 Nr. 1 Buchstabe b oder Nr. 2 erlassenen Rechtsverordnung zuwiderhandelt, soweit sie für
       einen bestimmten Tatbestand auf dieses Strafvorschrift verweist,*
   7. *(weggefallen)*
   8. *entgegen § 16 Abs. 1 Satz 1 die Anwendung einer Bestrahlung nicht kenntlich macht oder einer
       nach § 16 Abs. 1 Satz 2 oder Abs. 2 Nr. 1 erlassenen Rechtsverordnung zuwiderhandelt, soweit sie
       für einen bestimmten Tatbestand auf diese Strafvorschrift verweist,*
   9. *entgegen § 17 Nr. 1 Tabakerzeugnisse oder entgegen § 17 Nr. 2 Tabakerzeugnisse ohne ausreichen-
       de Kenntlichmachung in den Verkehr bringt,*
  10. *entgegen § 17 Nr. 5 Tabakerzeugnisse unter einer irreführenden Bezeichnung, Angabe oder Auf-
       machung in den Verkehr bringt oder mit einer irreführenden Darstellung oder Aussage wirbt oder*
  11. *[aufgehoben]*
  12. *[aufgehoben]*
  13. *einer nach § 50 Abs. 6 erlassenen Rechtsverordnung zuwiderhandelt, soweit sie für einen bestimm-
       ten Tatbestand auf dieses Strafvorschrift verweist.*

(2) Ebenso wird bestraft, wer

   1. *entgegen § 20 Abs. 1 Nr. 1 bei dem Herstellen von Tabakerzeugnissen nicht zugelassene Stoffe
       verwendet, einer nach § 20 Abs. 3 oder einer nach § 21 Abs. 1 Nr. 1 Buchstabe a bis c oder g oder
       nach § 21 Abs. 1 Nr. 2 Buchstabe b oder c erlassenen Rechtsverordnung zuwiderhandelt, soweit sie
       für einen bestimmten Tatbestand auf dieses Strafvorschrift verweist, oder Tabakerzeugnisse entgegen
       § 20 Abs. 1 Nr. 2 oder § 21 Abs. 2 oder Stoffe entgegen § 20 Abs. 1 Nr. 3 in den Verkehr bringt
       oder*
2.–9. *[aufgehoben]*
  10. *einer nach § 32 Abs. 1 Nr. 4 oder 5 erlassenen Rechtsverordnung zuwiderhandelt, soweit sie für
       einen bestimmten Tatbestand auf diese Strafvorschrift verweist oder entgegen § 32 Abs. 2 Bedarfs-
       gegenstände in den Verkehr bringt, die einer nach § 32 Abs. 1 Nr. 5 erlassenen Rechtsverordnung
       nicht entsprechen.*

A. Regelungsinhalt des § 52

Nach § 52 Abs. 1 und 2 sind Zuwiderhandlungen gegen bestimmte Vorschriften des Vorläufigen **1**
Tabakgesetzes sowie der darauf gestützten Rechtsverordnungen, welche vorrangig zum Schutz der
Verbraucher zu erlassen sind, strafbar. So werden Verstöße gegen das Bestrahlungsverbot (§ 13, 16),
gegen Verkehrsverbote bei der Verwendung von Pflanzenschutzmitteln (§ 14) und gegen Verwendungsverbote des § 20 sanktioniert. Daneben werden mit § 52 Abs. 1 Nr. 9 und 10 auch Täuschungshandlungen (§ 17) bestraft. Schließlich wird ein Verstoß gegen Ausfuhrverbote oder -beschränkungen (§ 50
Abs. 6) sanktioniert. Aus Gründen der Übersichtlichkeit folgt die nachfolgende Kommentierung den in
Bezug genommenen Vorschriften des Vorläufigen Tabakgesetzes in aufsteigender zahlenmäßiger Reihenfolge und orientiert sich nicht an der Reihenfolge, in der die in Bezug genommenen Vorschriften in
§ 52 aufgenommen sind.

B. Verstöße gegen Bestrahlungsverbote gem. § 13 (§ 52 Abs. 1 Nr. 5)

Gem. § 52 Abs. 1 Nr. 5 sind Verstöße gegen das Bestrahlungsverbot sanktioniert. Nach § 13 ist die **2**
gewerbsmäßige Bestrahlung mit ultravioletten oder ionisierenden Strahlen verboten. Die Bestrahlung
mit Elektronen-, Gamma- und Röntgenstrahlen sowie die bei der Entkeimung von Luft durch ultraviolette Strahlen auftretende indirekte Einwirkung auf Lebensmittel ist jedoch zugelassen. Dies ergibt
sich aus § 1 der Lebensmittelbestrahlungsverordnung (BGBl. 2000 I 1730).

C. Verstöße gegen Verkehrsverbote gem. § 14
(§ 52 Abs. 1 Nr. 6)

I. Verbote gem. § 14 Abs. 1

3   Gem. § 52 Abs. 1 Nr. 6 sind Verstöße gegen aus § 14 Abs. 1 Nr. 1 und 2 folgende Verkehrsverbote für mit Pflanzenschutzmitteln und sonstigen Mitteln behandelte Tabakerzeugnisse sanktioniert. Die Verbote gelten für das gewerbsmäßige Inverkehrbringen von Tabakerzeugnissen.

4   Das Verkehrsverbot gem. **§ 14 Abs. 1 Nr. 1** betrifft Tabakerzeugnisse, die Pflanzenschutz-, Dünge-, Bodenbehandlungs-, Vorratsschutz- oder Schädlingsbekämpfungsmittel in einer die Höchstmenge überschreitenden Höhe enthalten. Die Ermächtigung zur Festsetzung der Höchstmenge ergibt sich aus § 14 Abs. 2 Nr. 1a. Der Verordnungsgeber hat von dieser Ermächtigung am 22.2.2006 Gebrauch gemacht und in § 3a TabakV iVm Anlage 3 entsprechende Höchstmengen festgesetzt. **§ 14 Abs. 1 Nr. 2** erfasst demgegenüber Verkehrsverbote für Tabakerzeugnisse, die nicht zugelassene oder für das jeweilige Tabakerzeugnis oder seine Ausgangsstoffe verbotene Pflanzenschutzmittel enthalten. Die Definitionen für Pflanzenschutz-und Vorratsschutzmittel folgen aus § 2 des Gesetzes zur Neuordnung des Pflanzenschutzrechtes (BGBl. 2012 I 148 (1281)) Schädlingsbekämpfungsmittel sind in Anlage V (Hauptgruppe 3) der VO (EU) Nr. 528/2012 des europäischen Parlaments und des Rates v. 22.5.2012 über die Bereitstellung auf dem Markt und die Verwendung von Biozidprodukten beschrieben (ABl. 2012 L 167, 1). Düngemittel werden in § 2 des Düngegesetz (BGBl. 2009 I 54) definiert.

5   Voraussetzung für die Einfuhr- und Verkehrsfähigkeit von Pflanzenschutzmitteln ist die Zulassung durch das Bundesamt für Verbraucherschutz und Lebensmittelsicherheit. Die Zulassung wird nach Prüfung auf Wirksamkeit und Unschädlichkeit ausgesprochen und kann widerrufen werden. Enthält die Zulassung Beschränkungen der Anwendung, greift das Verbot der Nr. 2 Platz, soweit diese Beschränkungen nicht beachtet werden. Absolute Verbote ergeben sich aus der Pflanzenschutz-Anwendungsverordnung v. 10.11.1992 (BGBl. I 1887), zuletzt geändert durch Art. 1 der VO v. 25.11.2013 (BGBl. I 4020), die auf dem Pflanzenschutzgesetz (BGBl. 2012 I 148 (1281)) beruht.

II. Verbote gem. § 14 Abs. 2

6   Gem. § 52 Abs. 1 Nr. 6 sind Verstöße gegen auf der Grundlage von § 14 Abs. 2 erlassene Rechtverordnungen sanktioniert. **§ 14 Abs. 2 Nr. 1a** enthält die Ermächtigung für das Bundesministerium für Ernährung, Landwirtschaft und Verbraucherschutz im Einvernehmen mit dem Bundesministerium für Wirtschaft und Technologie durch Rechtsverordnung mit Zustimmung des Bundesrates, Höchstmengen für Pflanzenschutzmittel und sonstige Mittel oder deren Abbau- und Reaktionsprodukte festzusetzen. Gem. **§ 14 Abs. 2 Nr. b** wird das Bundesministerium gleichermaßen ermächtigt, das Inverkehrbringen von Tabakerzeugnissen, bei denen oder bei deren Ausgangsstoffen bestimmte Stoffe als Pflanzenschutz- oder sonstige Mittel angewendet worden sind, zu verbieten. Weiterhin wird der Verordnungsgeber aber in § 14 Abs. 2 Nr. 2 auch ermächtigt, Ausnahmen für Verkehrsverbote des § 14 Abs. 1 Nr. 2 zuzulassen. Diese Ermächtigungen gelten nur für die Fälle, in denen die Rechtsverordnungen zum Schutz des Verbrauchers erforderlich sind.

D. Verstöße gegen Kenntlichmachungspflichten gem. § 16
(§ 52 Abs. 1 Nr. 8)

7   Gem. § 16 sind bestimmte Kennzeichnungspflichten seitens des Gesetzgebers auferlegt. Verstöße gegen diese Pflichten sind in § 52 Abs. 1 Nr. 8 sanktioniert.

8   **§ 16 Abs. 1** schreibt vor, dass die Bestrahlung, die auf der Grundlage einer Rechtsverordnung nach § 13 Abs. 2 Nr. 1 erfolgt ist, kenntlich zu machen ist. Das Gesetz legt die Art und Weise oder den Umfang dieser Kenntlichmachungspflicht nicht fest. Nach dem Sinn und Zweck des Gesetzes als Maßnahme des Verbraucherschutzes ist jedoch zumindest zu fordern, dass der Konsument der Kennzeichnung hinreichend sichere Feststellungen zu Art und Umfang der Bestrahlung entnehmen kann. § 16 Abs. 1 S. 2 enthält zudem die Ermächtigung, in diesen Rechtsverordnungen die Art der Kenntlichmachung zu regeln sowie Ausnahmen von den Verpflichtungen zur Kenntlichmachung zuzulassen, soweit dies mit dem Verbraucherschutz vereinbar ist.

9   In **§ 16 Abs. 2** wird das Bundesministerium ermächtigt, im Einvernehmen mit dem Bundesministerium für Wirtschaft und Technologie und mit Zustimmung des Bundesrates durch Rechtsverordnung Vorschriften über die Kenntlichmachung von Stoffen im Sinne des § 14 zu erlassen (Nr. 1) und vorzuschreiben, dass Tabakerzeugnissen bestimmte Angaben – insbes. über die Anwendung der Stoffe – beizufügen sind (Nr. 2).

    Diese Ermächtigungen gelten nur für die Fälle, in denen die Erfordernisse des Verbraucherschutzes vorliegen.

E. Verstöße gegen Schutzvorschriften vor Irreführung gem. § 17
(§ 52 Abs. 1 Nr. 9 und Nr. 10)

§ 17 ist bezüglich Tabakerzeugnissen die zentrale Vorschrift für den Schutz des Verbrauchers vor **10** Täuschungen. Verstöße gegen bestimmte Kenntlichmachungspflichten werden nach § 52 Abs. 1 Nr. 9 (in den Fällen der §§ 17 Nr. 1 und 2) und nach § 52 Abs. 1 Nr. 10 (im Fall des § 17 Nr. 5) bestraft.

§ 17 Nr. 1 verbietet das gewerbsmäßige Inverkehrbringen von Tabakerzeugnissen, die für die legal **11** definierte Verwendung, dh zum Rauchen, Kauen oder anderweitigen oralen Gebrauch oder zum Schnupfen (§ 3 Abs. 1) nicht geeignet sind. Zudem verbietet § 17 Nr. 1 das Inverkehrbringen von Tabakerzeugnissen, die entgegen dem aus § 31 folgenden Verbot dadurch verunreinigt worden sind, dass Stoffe von Bedarfsgegenständen auf sie übergegangen sind.

§ 17 Nr. 2a untersagt das gewerbsmäßige Inverkehrbringen von nachgemachten Tabakerzeugnissen **12** ohne Kenntlichmachung. Ein Nachmachen liegt nur dann vor, wenn die Substanz des Tabakerzeugnisses verändert wurde.

§ 17 Nr. 2b verwehrt das gewerbsmäßige Inverkehrbringen von Tabakerzeugnissen, die hinsichtlich **13** ihrer Beschaffenheit von der Verkehrsauffassung abweichen und dadurch in ihrem Wert, insbes. ihrem Genusswert oder in ihrer Brauchbarkeit nicht unerheblich gemindert sind. Beachtet man den Schutzzweck des Vorläufigen Tabakgesetzes als Maßnahme zum Gesundheits- und Verbraucherschutz dürfte eine niedrigere Konzentration an Nikotin zB den Genusswert des Tabakproduktes erheblich mindern, was sich aber beim Verbraucher gerade nicht als Gesundheitsschädigung niederschlagen kann. Demzufolge fallen unter diese Vorschrift eher physikalische Beeinträchtigungen wie zB Feuchtigkeit, Modrigkeit oder geringe Stopfdichte des Tabakerzeugnisses.

§ 17 Nr. 2c verbietet das gewerbsmäßige Inverkehrbringen von Tabakerzeugnissen, die geeignet sind, **14** den Anschein einer besseren als der tatsächlichen Beschaffenheit zu erwecken. In diesem Zusammenhang sind insbes. die Vorgaben der §§ 4, 5 TabakV bedeutsam.

§ 17 Nr. 5 verbietet Tabakerzeugnisse unter irreführender Bezeichnung oder Aufmachung gewerbs- **15** mäßig in den Verkehr zu bringen oder für Tabakerzeugnisse allgemein oder im Einzelfall mit irreführenden Darstellungen oder Aussagen zu werben. Insbes. ist es verboten, Tabakerzeugnissen den Anschein eines Arzneimittels zu geben, ihnen Wirkungen beizulegen, die ihnen nach Erkenntnissen der Wissenschaft nicht zukommen oder nicht hinreichend bewiesen sind, oder aber über wertbestimmende Faktoren wie Herkunft, Menge, Gewicht, Haltbarkeit, Zeitpunkt der Herstellung oder Abpackung täuschende Angaben zu machen. Auch in diesem Zusammenhang sind die Vorgaben der §§ 4, 5 TabakV zu berücksichtigen.

Insbes. bei den in § 17 Nr. 5 normierten Täuschungsverboten könnten sich Überschneidungen zu **16** den Werbeverboten des § 22 ergeben. Zuwiderhandlungen gegen die Täuschungsverbote des § 17 werden gem. § 52 als Straftaten geahndet, während Zuwiderhandlungen gegen die Werbe- und Sponsoringverbote der §§ 21a, 21b, 22 lediglich als Ordnungswidrigkeiten gem. § 53 geahndet werden können. Eine strikte Abgrenzung der Anwendbarkeit der §§ 17, 22 im Einzelfall wird daher zu prüfen sein. Im Zweifelsfall dürfte aber § 22 als speziellere Norm den allgemein gehaltenen Verboten des § 17 vorgehen. Dies lässt sich damit begründen, dass § 17 letztlich aus dem alten Lebensmittel- und Bedarfsgegenständegesetz übernommen wurde und seinen auf Lebensmittel konzipierten Charakter nicht leugnen kann, so dass seine Anwendbarkeit auf Tabakerzeugnisse fraglich ist. Ferner wurden die §§ 21a, 22 mit dem ersten Änderungsgesetz (→ Vorb. Rn. 2) eingefügt und sind daher originär für Tabakerzeugnisse konzipiert und damit spezieller als § 17. Der systematische Standort der §§ 21a, 21b, 22 spricht ebenfalls dafür, dass diese Vorschriften ggü. dem § 17 insoweit lege speciales sind.

F. Verstöße gegen Verwendungsverbote gem. § 20
(§ 52 Abs. 2 Nr. 1)

In § 20 Abs. 1 ist ein Verwendungsverbot für nicht zugelassene Stoffe bei der gewerbsmäßigen **17** Herstellung und dem gewerbsmäßigen Inverkehrbringen von Tabakerzeugnissen normiert. Das Verwendungsverbot gilt für alle Stoffe, die nicht ausdrücklich zugelassen sind. Verstöße gegen die Verwendungsverbote werden nach § 52 Abs. 2 Nr. 1 bestraft.

In § 20 Abs. 2 sind alle die Stoffe aufgeführt, die von diesem Verwendungsverbot ausgenommen sind. **18** Dabei handelt es sich um Rohtabak, Stoffe, die dem Rohtabak von Natur aus eigen sind, Geruchs- und Geschmacksstoffe, die natürlicher Herkunft oder den natürlichen Stoffen chemisch gleich sind und Verarbeitungshilfsstoffe iSd Lebensmittel- und Futtermittelgesetzbuches.

In § 20 Abs. 3 wird der Verordnungsgeber ermächtigt, bestimmte Stoffe allgemein oder für bestimm- **19** te Tabakerzeugnisse oder für bestimmte Zwecke zuzulassen, sofern dies mit dem Verbraucherschutz vereinbar ist. Zudem wird er ermächtigt, Höchstmengen für den Gehalt an zugelassenen oder nach Abs. 2 nicht zulassungsbedürftigen Stoffen in Tabakerzeugnissen sowie Reinheitsanforderungen für diese Stoffe festzusetzen. Letztlich enthält diese Vorschrift die Ermächtigung, Vorschriften über die Kenntlichmachung des Gehalts an zugelassenen Stoffen zu erlassen. Beide Alternativen setzen voraus, dass die jeweilige Regelung zum Schutz des Verbrauchers erforderlich ist. Auf dieser Ermächtigung beruht die Tabakverordnung.

G. Verstöße gegen nach § 21 erlassene Rechtsverordnungen (§ 52 Abs. 2 Nr. 1)

20   Verstöße gegen Rechtsverordnungen, die gem. § 21 erlassen worden sind, werden gem. § 52 Abs. 2 Nr. 1 sanktioniert. Diese Rechtsverordnungen müssen zum Schutz der Gesundheit des Verbrauchers (Abs. 1 Nr. 1) oder zu dessen Schutz vor Täuschung (Abs. 1 Nr. 2) erforderlich sein.

    § 21 Abs. 1 Nr. 1a eröffnet die Möglichkeit des Verbots oder der Beschränkung der Verwendung von Stoffen, die gem. § 20 Abs. 2 eigentlich keiner Zulassung bedürfen sowie der Anwendung bestimmter Verfahren bei dem Herstellen oder Behandeln von Tabakerzeugnissen. Insoweit bedarf es inhaltlicher Abgrenzungen, denn nach § 20 Abs. 3 Nr. 2a besteht die Möglichkeit, schon zum allgemeinen Schutz des Verbrauchers Höchstmengen festzusetzen und die Anforderungen an das Reinheitsgebot aufzustellen. Grundlage der Beschränkungen und Verbote des § 21 Abs. 1 allgemein ist jedoch stets der Schutz der Gesundheit des Verbrauchers. Entsprechende wissenschaftliche Erkenntnisse, die die Schädlichkeit oder Bedenklichkeit bestimmter Stoffe oder Herstellungs- und Behandlungsverfahren entstehen lassen, dürften daher Entscheidungsgrundlage sein. Auf der Ermächtigung des § 21 Abs. 1 Nr. 1 beruht § 2 Abs. 1 TabakV, der das Verbot der Verwendung bestimmter Geruchs- und Geschmacksstoffe enthält. Diese verbotenen Geruchs- und Geschmacksstoffe sind in der Anlage 2 TabakV aufgeführt.

21   **§ 21 Abs. 1b** enthält die Ermächtigung Vorschriften über die Beschaffenheit und den Wirkungsgrad von Gegenständen und Mitteln zur Verringerung des Gehaltes an bestimmten Stoffen in bestimmten Tabakerzeugnissen oder in deren Rauch zu erlassen, sowie die Verwendung solcher Gegenstände oder Mittel vorzuschreiben. Häufigster Anwendungsfall in der Praxis dürfte in diesem Zusammenhang der Einsatz von Zigarettenfiltern sein.

22   **§ 21 Abs. 1c** ermächtigt den Verordnungsgeber, Höchstmengen für den Gehalt an bestimmten Rauchinhaltsstoffen festzusetzen. § 21 Abs. 1c bezieht sich speziell auf die Rauchinhaltsstoffe und geht daher über die allgemeinere Regelungen der § 21 Abs. 1a und b hinaus. Rauchinhaltsstoffe sind vor allem Nikotin und das Rauchkondensat Teer. Auf dieser Ermächtigung beruht § 2 der Tabakproduktverordnung, der Höchstmengen für Nikotin, Teer und Kohlenmonoxid im Rauch der Zigarette festlegt.

23   **§ 21 Abs. 1 Nr. 1g** eröffnet die Möglichkeit des Verbots des Inverkehrbringens von Tabakerzeugnissen, die zum anderweitigen oralen Gebrauch als Rauchen oder Kauen bestimmt sind. Diese Vorschrift beruht auf Gemeinschaftsrecht. Von der Ermächtigung wurde mit § 5a der Tabakverordnung Gebrauch gemacht.

24   **§ 21 Abs. 1 Nr. 2b** ermächtigt den Verordnungsgeber, vorzuschreiben, dass Tabakerzeugnisse, die bestimmten Anforderungen an die Herstellung, Zusammensetzung oder Beschaffenheit nicht entsprechen, oder sonstige Tabakerzeugnisse von bestimmter Art oder Beschaffenheit nicht, nur unter ausreichender Kenntlichmachung oder nur unter bestimmten Bezeichnungen, sonstigen Angaben oder Aufmachungen in den Verkehr gebracht werden dürfen.

25   **§ 21 Abs. 1 Nr. 2c** ermächtigt den Verordnungsgeber, vorzuschreiben, dass Tabakerzeugnisse unter bestimmten zur Irreführung geeigneten Bezeichnungen, Angaben oder Aufmachungen nicht in den Verkehr gebracht werden dürfen und dass für sie mit bestimmten zur Irreführung geeigneten Darstellungen oder sonstigen Aussagen nicht geworben werden darf.

26   **§ 21 Abs. 2** normiert, dass Tabakerzeugnisse, die einer nach § 21 Abs. 1 Nr. 1 Buchst. a-c erlassenen Rechtsverordnung nicht entsprechen, nicht gewerbsmäßig in den Verkehr gebracht werden dürfen.

H. Verstöße gegen nach § 32 erlassene Rechtsverordnungen zu Bedarfsgegenständen(§ 52 Abs. 2 Nr. 10)

27   § 32 enthält Ermächtigungen für das Bundesministerium zum Erlass von Rechtsverordnungen zur Verhütung einer Gefährdung der Gesundheit des Verbrauchers durch Bedarfsgegenstände. Verstöße gegen die auf dieser Grundlage erlassenen Rechtsverordnungen werden gem. § 52 Abs. 2 Nr. 10 bestraft.

28   Gem. **§ 32 Abs. 1 Nr. 1** kann die Verwendung bestimmter Stoffe, Stoffgruppen und Stoffgemische bei dem Herstellen oder Behandeln von bestimmten Bedarfsgegenständen verboten oder beschränkt werden.

29   Nach **§ 32 Abs. 1 Nr. 2** kann vorgeschrieben werden, dass für das Herstellen bestimmter Bedarfsgegenstände oder einzelner Teile von ihnen nur bestimmte Stoffe verwendet werden dürfen.

30   Gem. **§ 32 Abs. 1 Nr. 3** eröffnet die Möglichkeit, die Anwendung bestimmter Verfahren bei dem Herstellen von bestimmten Bedarfsgegenständen zu verbieten oder zu beschränken.

31   Nach **§ 32 Abs. 1 Nr. 4** können Höchstmengen für Stoffe festgesetzt werden, die aus bestimmten Bedarfsgegenständen auf Verbraucher einwirken oder übergehen können. Des Weiteren können auch Höchstmengen für Stoffe festgesetzt werden, die beim Herstellen, Behandeln oder Inverkehrbringen von bestimmten Bedarfsgegenständen in oder auf diesen vorhanden sein dürfen.

Nach **§ 32 Abs. 1 Nr. 5** können durch Rechtsverordnung Reinheitsanforderungen für bestimmte **32** Stoffe festgesetzt werden, die bei der Herstellung bestimmter Bedarfsgegenstände verwendet werden.

Gem. **§ 32 Abs. 2** dürfen Bedarfsgegenstände, die einer nach § 32 Abs. 1 Nr. 1–3 oder Nr. 5 **33** erlassenen Rechtsverordnung nicht entsprechen, nicht gewerbsmäßig in den Verkehr gebracht werden.

I. Verstöße gegen Ausfuhrverbote gem. § 50 Abs. 6 (§ 52 Abs. 1 Nr. 13)

Gem. **§ 50 Abs. 6** wird das Bundesministerium ermächtigt, durch Rechtsverordnung mit Zustim- **34** mung des Bundesrates, soweit es zur Durchführung von Rechtsakten der Europäischen Gemeinschaft im Anwendungsbereich dieses Gesetzes erforderlich ist, das Verbringen von Erzeugnissen im Sinne dieses Gesetzes in andere Mitgliedstaaten oder andere Vertragsstaaten des Abkommens über den Europäischen Wirtschaftsraum oder in Drittländer zu verbieten oder zu beschränken. Wer einer solchen Rechtsver- ordnung vorsätzlich zuwiderhandelt, wird gem. § 52 Abs. 1 Nr. 13 bestraft, sofern die Rechtsverord- nung auf diese Strafvorschrift rekurriert. Der fahrlässige Verstoß ist nicht sanktioniert (→ § 50 Rn. 9).

§ 53 Ordnungswidrigkeiten (aufgehoben mit Ablauf des 19.5.2016)

(1) Ordnungswidrig handelt, wer eine der in § 52 Abs. 1 Nr. 5 bis 10 oder Abs. 2 bezeichneten Hand- lungen fahrlässig begeht.

(2) Ordnungswidrig handelt auch, wer vorsätzlich oder fahrlässig

1. *einer Vorschrift des § 21a Abs. 2, 3 Satz 1, auch in Verbindung mit Abs. 4, Abs. 5, 6 oder 7, oder des § 22 Absatz 2 Satz 1 oder einer Rechtsverordnung nach § 21 Abs. 1 Nr. 1 Buchstabe d bis f, i oder j oder § 22 Abs. 3 zuwiderhandelt, soweit sie für einen bestimmten Tatbestand auf diese Bußgeldvor- schrift verweist,*

1a. *entgegen § 21b Absatz 2, 3 oder 4 einen audiovisuellen Mediendienst oder eine audiovisuelle Sendung sponsert, eine Produktplatzierung in einer audiovisuellen Sendung vornimmt oder sonstige audiovisu- elle kommerzielle Kommunikation betreibt,*

2. *einer Rechtsverordnung nach § 32 Abs. 1 Nr. 7, 8, 9 Buchstabe a oder b oder Nr. 9a zuwiderhandelt, soweit sie für einen bestimmten Tatbestand auf diese Bußgeldvorschrift verweist, oder*

3. *einer nach § 50 Abs. 5 Satz 1 Nr. 3 erlassenen Rechtsverordnung zuwiderhandelt, soweit sie für einen bestimmten Tatbestand auf diese Bußgeldvorschrift verweist.*

(3) Die Ordnungswidrigkeit kann mit einer Geldbuße bis zu fünfundzwanzigtausend Euro geahndet werden.

A. Regelungsinhalt des § 53

Gem. **§ 53 Abs. 1** sind die fahrlässigen Verstöße, die in § 52 spiegelbildlich als Vorsatztaten bestraft **1** werden, als Ordnungswidrigkeiten zu ahnden. Lediglich ein fahrlässiger Verstoß gegen § 52 Abs. 1 Nr. 13 (Zuwiderhandlungen gegen aufgrund von Rechtsverordnungen geregelter Ausfuhrverbote gem. § 50 Abs. 6) ist hier nicht sanktioniert.

§ 53 Abs. 2 normiert Ordnungswidrigkeiten bei fahrlässigen und vorsätzlichen Zuwiderhandlungen **2** gegen die Werbevorschriften des § 21, die Werbe- und Sponsoringverbote der §§ 21a, 22, bestimmte Verbote zur Umsetzung der Richtlinie über audiovisuelle Mediendienste des § 21b, Zuwiderhand- lungen gegen aufgrund von Rechtsverordnungen normierte Beschaffenheitsverpflichtungen von Be- darfsgegenständen gem. § 32 und Verstöße gegen Registrierungspflichten gem. § 50 Abs. 5 S. 1 Nr. 3.

B. Verstöße gegen nach § 21 Abs. 1 Nr. 1 erlassene Rechtsverordnungen zu Verwendungsverboten (§ 53 Abs. 2 Nr. 1)

Verstöße gegen bestimmte Verwendungsverbote nach § 21 Abs. 1 Nr. 1 werden gem. VTabakG § 53 **3** Abs. 2 Nr. 1 geahndet. Diese Verwendungsverbote können durch Rechtsverordnung festgelegt werden, soweit dies zum Schutz des Verbrauchers erforderlich ist. Im Falle des § 21 Abs. 1 Nr. 1f ist dies zusätzlich dann möglich, wenn der Schutz Dritter vor Gesundheitsschäden dies gebietet.

§ 21 Abs. 1 Nr. 1d ermächtigt den Verordnungsgeber, vorzuschreiben, dass im Verkehr mit be- stimmten Tabakerzeugnissen oder in der Werbung für bestimmte Tabakerzeugnisse Angaben über den Gehalt an bestimmten Rauchinhaltsstoffen zu verwenden sind. Diese Pflicht dient der Information des Verbrauchers über die gesundheitlichen Gefahren der Mengen an Rauchinhaltsstoffen. Der Verord- nungsgeber hat mit § 6 Abs. 1 der Tabakproduktverordnung von dieser Ermächtigung Gebrauch gemacht und die Angabe der Rauchinhaltsstoffe vorgeschrieben.

§ 21 Abs. 1 Nr. 1e ermächtigt den Verordnungsgeber, vorzuschreiben, unter welchen Vorausset- **4** zungen Angaben verwendet werden dürfen, die sich auf den Gehalt an bestimmten Stoffen in bestimmten Tabakerzeugnissen oder in deren Rauch, insbes. Nikotin oder Teer, beziehen.

5 **§ 21 Abs. 1 Nr. 1f** ermächtigt den Verordnungsgeber, vorzuschreiben, dass im Verkehr mit bestimmten Tabakerzeugnissen oder in der Werbung für bestimmte Tabakerzeugnisse Warnhinweise oder sonstige warnende Aufmachungen Sicherheitsvorkehrungen oder Ratschläge für die Gesundheit zu verwenden sind.

6 Mit dieser Ermächtigung, die neben reinen Warnhinweisen auch Ratschläge und Sicherheitsvorkehrungen, umfasst, wird die RL 2001/37/EG des Europäischen Parlaments und des Rates v. 5.6.2001 über die Herstellung, die Aufmachung und den Verkauf von Tabakerzeugnissen umgesetzt. Die beim Inverkehrbringen von Tabakerzeugnissen anzuwendenden Warnhinweise sind nunmehr in § 7 der Tabakproduktverordnung iVm Nr. 1–14 der Anlage geregelt (→ TabakProdV § 10 Rn. 13 ff.).

7 Gem. der Rspr. des BVerfG ist diese Kennzeichnungspflicht mit dem Grundgesetz vereinbar (BVerfGE 95, 173). Ein Eingriff in die grundrechtlich gem. Art. 5 GG geschützte Meinungsfreiheit der Hersteller und Händler von Tabakerzeugnissen liegt nicht vor. Den Warnhinweisen ist gem. § 7 Abs. 4 TabakProdV zwingend der Zusatz „Die EG-Gesundheitsminister:" voranzustellen. Damit wird offengelegt, dass die Warnhinweise fremde Meinungen und die Auffassungen der Hersteller und Händler wiedergeben. Zwar ist die Regelung des § 7 Abs. 4 TabakProdV seit dem 1.11.2005 und damit nach der Entscheidung des BVerfG aufgehoben worden (BGBl. 2005 I 3035). Gleichwohl dürfte nach den Maßstäben des BVerfG der Schutzbereich von Art. 5 GG nicht berührt sein, weil mittlerweile selbst ohne diesen Zusatz der Öffentlichkeit bewusst ist, dass die auf den Packungen der Tabakprodukte verbreitete Meinung nicht dem Hersteller zuzurechnen und die Verbreitung dieser Warnhinweise allgemeine Bedingung eines gewerbsmäßigen In-Verkehr-Bringens von Tabakerzeugnissen ist. Die Kennzeichnungspflicht ist demnach unverändert allein am Maßstab des in Art. 12 Abs. 1 GG verankerten Grundrechts der Berufsfreiheit zu messen. Eingriffe in die Berufsfreiheit bedürfen gem. Art. 12 Abs. 1 S. 2 GG einer gesetzlichen Grundlage, müssen dem Grundsatz der Verhältnismäßigkeit genügen und durch ausreichende Gründe des Gemeinwohls gerechtfertigt sein. Die Warnung vor gesundheitlichen Gefahren gehört zu den legitimen Aufgaben des Staates. Im konkreten Fall der Warnung vor dem Genuss vor Tabakerzeugnissen entsprechen die Warnhinweise zudem aktuellen medizinischen Erkenntnissen.

8 Gegen die Kennzeichnungspflicht verstößt auch, wer die Warnhinweise nicht hinreichend deutlich lesbar vermerkt (BGH GRUR 1987, 301; 1988, 68 (70)).

9 **§ 21 Abs. 1 Nr. 1i** ermächtigt den Verordnungsgeber, bestimmte Anforderungen und Untersuchungsverfahren festzulegen, nach denen der Gehalt an bestimmten Stoffen in Tabakerzeugnissen oder in deren Rauch zu bestimmen ist. Diese Ermächtigung dient der Umsetzung der RL 2001/37/EG. Der Verordnungsgeber hat von dieser Ermächtigung mit Vorschriften in der Tabakproduktverordnung Gebrauch gemacht.

10 Gem. § 3 Nr. 1 TabakProdV sind für die Bestimmungen der Teer-, Nikotin- und Kohlenmonoxidgehalte Analysemethoden anzuwenden, die in der Amtlichen Sammlung von Untersuchungsverfahren nach § 35 des Lebensmittel- und Bedarfsgegenständegesetzes (Amtliche Sammlung, zu beziehen durch Beuth-Verlag GmbH, Berlin und Köln) unter den Gliederungsnummern T 60.05-3 (DIN ISO 4387), Stand April 2001, T 60.05-4 (DIN ISO 10315) Stand April 2001 und T 60.05–7 (DIN ISO 8454), Stand August 1997, veröffentlicht sind.

11 Gem. § 3 Nr. 2 TabakProdV werden Untersuchungen zu Angaben zum Teer- und Nikotingehalt auf den Packungen nach dem Verfahren durchgeführt, das in der Amtlichen Sammlung unter der Gliederungsnummer T 60.05-1 (DIN ISO 8243), Stand Juli 1993 veröffentlicht ist.

12 **§ 21 Abs. 1 Nr. 1j** ermächtigt den Verordnungsgeber, vorzuschreiben, dass die Prüfung auf bestimmte Gehalte an Stoffen in Tabakerzeugnissen oder deren Rauch nur von dafür zugelassenen Prüflaboren durchgeführt werden dürfen. Ferner dürfen die Anforderungen an diese Prüflabore, insbes. hinsichtlich Eignungsprüfungen und laufender Schulung, festgelegt werden.

13 Der Verordnungsgeber hat hiervon in § 4 TabakProdV Gebrauch gemacht, und die Anforderungen an die Prüflaboratorien geregelt, welche die nach § 3 der TabakProdV vorgeschriebenen Bestimmungen durchführen.

14 Prüflaboratorien bedürfen gem. § 4 Abs. 1 TabakProdV der behördlichen Zulassung. Die zuständige Behörde bestimmt sich nach dem jeweiligen Landesrecht. Diese Zulassung erfolgt gem. § 4 Abs. 2 Nr. 1 und 2 TabakProdV nur, wenn eine Akkreditierung entsprechend DIN EN ISO/IEC 17025 (2001) durch eine staatlich anerkannte Akkreditierungsstelle erfolgt ist und eine mindestens einmal jährliche erfolgreiche Teilnahme an Laborvergleichsuntersuchungen stattfindet. Die erfolgreiche Teilnahme an Laborvergleichsuntersuchungen kann jedoch nicht Zulassungsvoraussetzung sein, da sie künftige Erfordernisse normiert. Demnach spielt die versäumte oder aber nicht erfolgreiche Teilnahme an diesen Untersuchungen erst im Falle eines Widerrufs der Zulassung eine Rolle.

15 Die Zulassung ist gem. § 4 Abs. 3 TabakProdV widerrufbar. Die allgemeinen verwaltungsrechtlichen Vorschriften über den Rücknahme eines rechtswidrigen Verwaltungsaktes gem. § 48 VwVfG oder den Widerruf eines rechtmäßigen Verwaltungsaktes gem. § 49 VwVfG bleiben von dieser Vorschrift unberührt.

16 Gem. § 4 Abs. 4 TabakProdV ist eine erneute Zulassung in Deutschland dann nicht erforderlich, wenn die Prüfstellen in anderen Mitgliedstaaten der EU oder anderen Vertragsstaaten des Abkommens über den Europäischen Wirtschaftsraum zugelassen sind. Diese Prüfstellen sind ferner berechtigt, Mes-

sungen durchzuführen, die für die nach § 6 Abs. 1 TabakProdV notwendige Kennzeichnung oder die Mitteilungspflicht nach § 5 Abs. 1 TabakProdV, notwendig sind. Dies gilt unabhängig davon, ob die Zigaretten aus anderen Mitglied- oder Vertragsstaaten nach Deutschland verbracht oder in Deutschland hergestellt werden.

C. Verstöße gegen Werbeverbote gem. § 21a
(§ 53 Abs. 2 Nr. 1)

§ 21a wurde durch das Erste Gesetz zur Änderung des Vorläufigen Tabakgesetzes v. 21.12.2006 **17** (BGBl. I 3365) eingefügt. Die Vorschrift setzt die Europa-Richtlinie Nr. 2003/33/EG in nationales Recht um. Die Vorschriften sind in Einzelfällen sehr weit und interpretationsbedürftig formuliert, so dass in der Praxis die sorgfältige Prüfung der Voraussetzungen eines Tatbestands- oder Verbotsirrtums erforderlich sein wird. Verstöße gegen die Werbeverbote werden durch § 53 Abs. 2 Nr. 1 geahndet.

I. Verbot der Werbung im Hörfunk (§ 21a Abs. 2)

Gem. § 21a Abs. 2 ist die Werbung für Tabakerzeugnisse im Hörfunk verboten. Der Begriff der **18** Werbung ist durch Verweis in § 21a Abs. 1 Nr. 1 legaldefiniert. Der dieser Vorschrift zugrunde zulegende Begriff ergibt sich aus Art. 2 Buchst. b der RL 2003/33/EG des Europäischen Parlament und des Rates v. 26.5.2003 zur Angleichung der Rechts- und Verwaltungsvorschriften der Mitgliedstaaten über Werbung und Sponsoring zugunsten von Tabakerzeugnissen (ABl. 2003 L 152, 16; 2004 L 67, 34). Werbung in diesem Sinne ist jede Art der kommerziellen Kommunikation mit dem Ziel oder der direkten oder indirekten Wirkung, den Verkauf des Tabakerzeugnisses zu fördern.

II. Verbot der Werbung in Printmedien (§ 21a Abs. 3)

Gem. § 21a Abs. 3 S. 1 ist die Werbung für Tabakerzeugnisse in der Presse oder in einer anderen **19** gedruckten Veröffentlichung ebenfalls grds. verboten. Diese Vorschrift trifft auf erhebliche Relevanz in der Praxis. Das Werbeverbot in den Printmedien war bislang in § 22 Abs. 2 normiert und beschränkte sich auf bestimmte Werbeaussagen und -inhalte. Das Verbot der Werbung in den Printmedien führte zu erheblichen wirtschaftlichen Einbußen bei den Verlagshäusern, da diese Weise ein beträchtlicher Teil von Einnahmen aus dem Anzeigengeschäft wegfiel (Erbs/Kohlhaas/*Rohnfelder/Freytag* § 21a Rn. 6). Der Gesetzgeber hat den geringen Spielraum, den die europarechtlichen Vorgaben zulassen, genutzt und in § 21a Abs. 3 S. 2 Nr. 1–3 Ausnahmen von dem Werbeverbot in den Printmedien geschaffen. Erlaubt ist die Werbung für Tabakerzeugnisse in Veröffentlichungen, die ausschließlich für im Tabakhandel tätige Personen bestimmt sind (Nr. 1), die in einem Staat, der kein Mitgliedstaat der europäischen Union sind, gedruckt und herausgegeben werden, sofern diese Veröffentlichungen nicht hauptsächlich für den Markt der Europäischen Union bestimmt sind (Nr. 2) oder für Veröffentlichungen, die in ihrem redaktionellen Inhalt weit überwiegend Tabakerzeugnisse oder ihrer Verwendung dienende Produkte betreffen (Nr. 3a) und nur für eine sich daraus ergebende Öffentlichkeit bestimmt und an diese abgegeben werden (Nr. 3b). Nach dem Wortlaut des § 21a Abs. 3 S. 2 Nr. 3a) und b) dürfte die Ausnahmeregelung nur dann greifen, wenn die unter Buchstabe a) und b) erfassten Voraussetzungen kumulativ erfüllt sind. Nur so ergibt sich die offenbar gewollte Beschränkung auf die Fachöffentlichkeit. Andernfalls wäre nämlich nach Nr. 3a) auch die Möglichkeit eröffnet, die Werbung in der breiten Öffentlichkeit zugänglichen Printmedien zu platzieren. Von dem Werbeverbot in den Printmedien ist nach der Rspr. des EuGH (Urt. v. 12.12.2006 – C-380/03 = BeckRS 2006, 70964) die Werbung in Mitteilungsblättern lokaler Vereine, Programmheften kultureller Veranstaltungen, Plakaten, Telefonbüchern oder Hand- und Werbezetteln ausgenommen.

Diese umständlichen gesetzlichen Formulierungen dürften letztlich die Fachpresse, die sich mit **20** Tabakerzeugnissen und Tabakbedarfsgegenstände befasst, von dem Werbeverbot ausnehmen. Auch diese Vorschrift trifft bezüglich der strafrechtlichen Bestimmtheitsgebotes gem. Art. 103 Abs. 2 GG auf erhebliche Bedenken. Durch die Verwendung nicht eindeutiger Begriffe und die durch die Bezugnahme auf betriebswirtschaftliche und einem steten Wandel unterworfene Attribute – wie die Marktbestimmung – entsteht für den Normadressaten eine erhebliche Rechtsunsicherheit. IErg bleibt daher festzuhalten, dass die Werbeverbote letztlich nach der bestehenden Gesetzeslage mit Sicherheit nur in der allgemeinen Presse greifen.

Das Werbeverbot in der Presse – wie auch anderen Kommunikationsmitteln – ist verfassungskonform **21** auszulegen. Es kann einem Tabakunternehmen nicht gänzlich verwehrt sein, im Rahmen seiner Meinungsäußerungsfreiheit Imagewerbung für sein Unternehmen zu betreiben, selbst dann nicht, wenn dadurch indirekte Werbewirkung für sein Tabakerzeugnis bewirkt wird. Die Nennung der Markennamen einzelner Tabakerzeugnisse im Rahmen einer solchen Werbung ist jedoch jedenfalls dann nicht mehr von der Meinungsäußerungsfreiheit gedeckt, wenn zwischen dem Text der Anzeige und der Nennung der Markennamen kein inhaltlicher Zusammenhang besteht und die Nennung räumlich getrennt vom Text der Anzeige in einer Fußnote erfolgt (BGH GRUR-RR 2010, 253). Die besonders strengen (europarechtlichen) Maßstäbe auch für indirekte Werbung sind jedoch stets zu berücksichtigen (→ Rn. 34).

III. Verbot der Internetwerbung (§ 21a Abs. 4)

22   Gem. § 21a Abs. 4 ist die Werbung für Tabakerzeugnisse in Diensten der Informationsgesellschaft entsprechend § 21a Abs. 3 verboten. Der Begriff der „Dienste der Informationsgesellschaft" ist durch Verweis in § 21a Abs. 1 Nr. 3 legaldefiniert. Der dieser Vorschrift zugrunde zulegende Begriff ergibt sich aus Art. 2 Buchst. d der RL 2003/33/EG des Europäischen Parlament und des Rates v. 26.5.2003 zur Angleichung der Rechts- und Verwaltungsvorschriften der Mitgliedstaaten über Werbung und Sponsoring zugunsten von Tabakerzeugnissen (ABl. 2003 L 152, 16; 2004 L 67, 34). Dort werden sie als Dienste im Sinne des Art. 1 Abs. 2 der RL 98/34/EG definiert. Darunter ist das Internet zu verstehen, soweit es zu wirtschaftlichen Zwecken genutzt wird. Dies ist namentlich dann der Fall, wenn es zur Werbung, Datensuche und Datenabfrage und für Online-Verkäufe eingesetzt wird (vgl. Amtliche Begründung BT-Drs. 16/1940, 7). Die Ausnahmeregelungen des § 21a Abs. 3 S. 2 gelten nach dem Gesetzeswortlaut mit den bereits erläuterten Bedenken entsprechend (→ Rn. 20). Nicht ausreichend für den Ausschluss der „breiten Öffentlichkeit" von der Tabakwerbung ist es jedoch, wenn ein Internetauftritt nur für ein Fachpublikum gedacht ist und der Zugang zur Internetseite durch Registrierungspflichten erschwert ist (BGH GRUR-RR 2008, 318).

IV. Sponsoringverbote für Hörfunkprogramme und Veranstaltungen (§ 21a Abs. 5–7)

23   Gem. der §§ 21a Abs. 5–7 sind Verbote für das Sponsoring von Hörfunkprogrammen und Veranstaltungen normiert. Der Begriff des „Sponsoring" ist durch Verweis in § 21a Abs. 1 Nr. 2 legaldefiniert. Der dieser Vorschrift zugrunde zulegende Begriff ergibt sich aus Art. 2 Buchst. c der RL 2003/33/EG des Europäischen Parlament und des Rates v. 26.5.2003 zur Angleichung der Rechts- und Verwaltungsvorschriften der Mitgliedstaaten über Werbung und Sponsoring zugunsten von Tabakerzeugnissen (ABl. 2003 L 152, 16; 2004 L 67, 34). Sponsoring ist danach jede Art von öffentlichem oder privatem Beitrag zu einer Veranstaltung oder Aktivität oder jede Art von Unterstützung von Einzelpersonen mit dem Ziel oder der direkten oder indirekten Wirkung, den Verkauf eines Tabakproduktes zu fördern.

24   § 21a Abs. 5 verbietet einem Unternehmen, dessen Haupttätigkeit die Herstellung oder der Verkauf von Tabakerzeugnissen ist, ein Hörfunkprogramm zu sponsern.

25   § 21a Abs. 6 verbietet das Sponsoring einer Veranstaltung oder Aktivität, an der mehrere Mitgliedstaaten beteiligt sind (Nr. 1) oder die in mehreren Mitgliedstaaten stattfindet (Nr. 2) oder die eine sonstige grenzüberschreitende Wirkung hat (Nr. 3).

26   Diese Vorschrift setzt Art. 5 der RL 2003/33/EG in nationales Recht um. Auch diese Vorschrift enthält eine Reihe von unbestimmten Begriffen. Wesentliche praktische Bedeutung dürften in diesem Zusammenhang jedoch die internationalen Sportveranstaltungen haben.

27   Gem. § 21a Abs. 7 ist es verboten, Tabakerzeugnisse in einer Veranstaltung, deren Sponsoring nach Abs. 6 verboten ist, mit dem Ziel der direkten oder indirekten Wirkung, den Verkauf des Tabakerzeugnisses zu fördern, kostenlos zu verteilen. Mit dieser Vorschrift wird Art. 5 Abs. 2 der RL 2003/33/EG umgesetzt.

V. Ausnahmevorschrift (§ 22a)

28   § 22a normiert Ausnahmen zu den vorgenannten Werbeverboten gem. § 21a Abs. 2 und 3 S. 1, auch iVm Abs. 4. Nach dieser Vorschrift ist die redaktionelle Berichterstattung von den vorgenannten Verboten ausgenommen. Das Verbot des § 21a Abs. 3 S. 1, auch iVm Abs. 4, erfasst darüber hinaus nicht einen ab dem 29.12.2006 gefertigten Nachdruck einer dort genannten Veröffentlichung, die den Vorschriften dieses Gesetzes in der bis zum 29.12.2006 geltenden Fassung entspricht. Diese Ausnahmevorschrift ist erforderlich, um die grundrechtlich geschützte Pressefreiheit (Art. 5 Abs. 1 S. 2 GG) zu sichern. Die Abgrenzung zwischen redaktioneller Berichterstattung und Werbung muss sorgfältig erfolgen.

D. Verstöße gegen bestimmte Verbote zur Umsetzung der Richtlinie über audiovisuelle Mediendienste gem. § 21b (§ 53 Abs. 2 Nr. 1a)

29   Die Vorschrift des § 21b wurde mit dem Zweiten Gesetz zur Änderung des Vorläufigen Tabakgesetzes v. 6.7.2010 (BGBl. I 848) neu eingefügt. Die Gesetzesänderung dient der Umsetzung der RL 2007/65/EG des Europäischen Parlaments und des Rates v. 11.12.2007 zur Änderung der RL 89/552/EWG des Rates zur Koordinierung bestimmter Recht- und Verwaltungsvorschriften der Mitgliedstaaten über die Ausübung der Fernsehtätigkeit (Audiovisuelle-Mediendienste-Richtlinie – AVMD-RL) in deutsches

Recht. Die Änderungen des Vorläufigen Tabakgesetzes beziehen sich vor allem auf das Verbot des Sponsoring und der Produktplatzierung und erlangen besondere Bedeutung im Bereich von Fernsehproduktionen. Die Neuregelung umfasst das vormals in § 22 Abs. 1 aF normierte Fernsehwerbeverbot. § 21b erweitert darüber hinaus das Sponsoringverbot, das bislang nur für Hörfunkprogramme und Veranstaltungen gem. § 2a Abs. 5–7 normiert war, so dass nunmehr auch der wichtige Bereich des Fernsehens umfasst ist.

Die wesentlichen Begriffe „Sponsoring" (§ 21b Abs. 1 Nr. 1), „Produktplatzierung" (§ 21b Abs. 1 **30** Nr. 2) und „audiovisuelle Kommunikation" (§ 21b Abs. 1 Nr. 3) sind legaldefiniert. Auch die Gesetzesänderung hält an dem System fest, die europarechtliche Definition für die Anwendung der bundesrechtlichen Vorschriften heranzuziehen.

I. Sponsoringverbot (§ 21b Abs. 2)

Gem. § 21b Abs. 2 ist es Unternehmen, deren Haupttätigkeit die Herstellung oder der Verkauf von **31** Tabakerzeugnissen ist, verboten, audiovisuelle Mediendienste oder Sendungen zu sponsern. „Sponsoring" ist jeder Beitrag eines nicht im Bereich der Produktion von audiovisuellen Werken tätigen öffentlichen oder privaten Unternehmens zur Finanzierung von Fernsehprogrammen mit dem Ziel, seinen Namen, sein Warenzeichen, sein Erscheinungsbild, seine Tätigkeit oder seine Leistungen zu fördern.

II. Verbot der Produktplatzierung (§ 21b Abs. 3)

Gem. § 21b Abs. 3 sind Produktplatzierungen in den nach dem 19.12.2009 produzierten Sendungen **32** zugunsten von Tabakerzeugnissen oder zugunsten eines Unternehmens, dessen Haupttätigkeit die Herstellung oder der Verkauf von Tabakerzeugnissen ist, verboten. „Produktplatzierung" ist jede Form audiovisueller kommerzieller Kommunikation, die darin besteht, gegen Entgelt oder eine ähnliche Gegenleistung ein Produkt, eine Dienstleistung oder die entsprechende Marke einzubeziehen bzw. darauf Bezug zu nehmen, so dass diese innerhalb einer Sendung erscheinen. Die Ausschlussfrist des 19.12.2009 erklärt sich dadurch, dass die Frist zur Umsetzung der vorgenannten RL 2007/65/EG bis zu diesem Datum lief.

III. Verbot der audiovisuellen kommerziellen Kommunikation (§ 21b Abs. 4)

Gem. § 21b Abs. 4 ist jede sonstige Form der audiovisuellen kommerziellen Kommunikation für **33** Tabakerzeugnisse verboten. „Audiovisuelle kommerzielle Kommunikation" sind Bilder mit oder ohne Ton, die der unmittelbaren oder mittelbaren Förderung des Absatzes von Waren und Dienstleistungen oder des Erscheinungsbildes natürlicher oder juristischer Personen, die einer wirtschaftlichen Tätigkeit nachgehen, dienen. Diese Bilder sind einer Sendung gegen Entgelt oder eine ähnliche Gegenleistung oder als Eigenwerbung beigefügt oder darin enthalten. Zur audiovisuellen Kommunikation zählen unter anderem Fernsehwerbung, Sponsoring, Teleshopping und Produktplatzierung.

§ 21b Abs. 4 umfasst damit auch das vormals in dem durch die Gesetzesänderung aufgehobenen § 22 **34** Abs. 1 aF normierte Fernsehwerbeverbot. § 21b verbietet durch den Verweis auf die europarechtliche Definition nunmehr auch explizit die indirekte Werbung, was in dem vormals in § 22 Abs. 1 aF niedergelegten Verbot nicht eindeutig geregelt war. Gerade im Bereich der medialen Werbung ist jedoch das Phänomen der „Schleichwerbung" bedeutsam. Unter Berücksichtigung des weiten Begriffs der Werbung dürfte das Werbeverbot schon dann greifen, wenn in einer Fernsehproduktion eine bestimmte Zigarettenmarke durch äußere Merkmale erkennbar mehrfach platziert und der Konsum – zB durch rauchende Schauspieler oder sonstige Mitwirkende – propagiert wird (vgl. auch *Schröder* ZLR 1975, 271).

IV. Ausnahmevorschrift (§ 22a)

Mit dem Zweiten Gesetz zur Änderung des Vorläufigen Tabakgesetzes v. 6.7.2010 wurde § 22a **35** neugefasst. Diese Vorschrift normiert Ausnahmen zu den Sponsoringverboten, dem Verbot der Produktplatzierung und den Verboten sonstiger audiovisueller kommerzieller Kommunikation (→ Rn. 28).

E. Verstöße gegen Werbeverbote gem. § 22 (§ 53 Abs. 2 Nr. 1)

Mit dem Zweiten Gesetz zur Änderung des Vorläufigen Tabakgesetzes v. 6.7.2010 wurde § 22 Abs. 1 **36** aF, mit dem bislang das Fernsehwerbeverbot normiert wurde, aufgehoben. Das Fernsehwerbeverbot ist nunmehr durch § 21b Abs. 4 erfasst. Die allgemeinen Werbeverbote des § 22 Abs. 2 gelten nach der Gesetzesänderung jedoch fort.

I. Allgemeine Werbeverbote (§ 22 Abs. 2)

37   § 22 Abs. 2 normiert eine Reihe von Verboten äußerer Darbietungsformen von Tabakerzeugnissen. Als Darbietungsformen sind Bezeichnungen, Angaben, Aufmachungen, Darstellungen und sonstige Aussagen gesetzlich normiert. „Bezeichnungen" sind die Namensgebung der Tabakerzeugnisse, wie sie in Prospekten, auf Lieferscheinen, Rechnungen oder Listen erscheinen. „Angaben" sind zusätzliche Informationen, die neben der Bezeichnung dem Tabakerzeugnis zugeordnet werden. „Aufmachung" ist die Verpackung, körperliche und optische Darstellung des Tabakerzeugnisses. „Sonstige Aussagen" sind alle weiteren Darbietungsattribute. Entscheidend kommt es hierbei darauf an, wie der einzelne Verbraucher – ohne dass es auf eine Wahrnehmung der breiten, repräsentativen Masse ankäme – einzelne Darbietungsformen des Tabakerzeugnisses wahrnimmt und wie diese Darbietungsform auf ihn wirkt.

38   Gem. § 22 Abs. 2 Nr. 1a– c ist es demnach verboten, Darbietungsformen zu verwenden, durch die der Eindruck erweckt wird, dass der Genuss oder die bestimmungsgemäße Verwendung von Tabakerzeugnissen gesundheitlich unbedenklich oder geeignet ist, die Funktion des Körpers, die Leistungsfähigkeit oder das Wohlbefinden günstig zu beeinflussen (Buchst. a) oder solche Darbietungsformen zu verwenden, die ihrer Art nach besonders dazu geeignet sind, Jugendliche oder Heranwachsende zum Rauchen zu veranlassen (Buchst. b) oder die das Inhalieren des Tabakrauches als nachahmenswert erscheinen lassen (Buchst. c). Gem. § 22 Abs. 2 Nr. 2 ist es zudem verboten, Bezeichnungen oder sonstige Angaben zu verwenden, die darauf hindeuten, dass die Tabakerzeugnisse natürlich oder naturrein seien. Soweit es mit dem Verbraucherschutz vereinbar ist, können von diesem Verbot nach § 22 Abs. 2 S. 2 Ausnahmen durch Rechtsverordnung zugelassen werden. Eine solche Ausnahmevorschrift findet sich in § 4 der Tabakverordnung. Zigarren dürfen danach mit der Angabe „naturfarben" oder ähnlichen Angaben, die auf eine natürliche Beschaffenheit des Deckblattes hinweisen, versehen werden, wenn sie weder gefärbt noch gepudert sind und auch sonst keine Oberflächenbehandlung stattgefunden hat.

II. Durchführungsbestimmungen (§ 22 Abs. 3)

39   § 22 Abs. 3 enthält eine Ermächtigung für das Bundesministerium, im Einvernehmen mit dem Bundesministerium für Wirtschaft und Technologie und mit Zustimmung des Bundesrates, durch Rechtsverordnung Vorschriften zur Durchführung der Verbote des § 22 Abs. 2 zu erlassen, soweit es für den Verbraucherschutz erforderlich ist. Insbes. können dabei die Art, der Umfang oder die Gestaltung der Werbung durch bestimmte Werbemittel oder an bestimmten Orten geregelt werden (Nr. 1). Weiterhin können die Verwendung von Darstellungen oder Äußerungen von Angehörigen bestimmter Personengruppen verboten oder beschränkt werden (Nr. 2). Durch diese Durchführungsbestimmungen kann erheblicher Einfluss auf die Werbung für Tabakerzeugnisse genommen werden. Insbes. dürfte in diesem Zusammenhang der Schutz von Kindern und Jugendlichen als besonders durch die Werbung beeinflussbare Personengruppe gedacht worden sein. Der Verordnungsgeber hat zu dem Verbot in § 22 Abs. 2 Nr. 1 von dieser Ermächtigung in § 9 TabakProdV Gebrauch gemacht und untersagt irreführende Angaben auf Verpackungen von Tabakerzeugnissen.

F. Verstöße gegen Verkehrsbeschränkungen bei Bedarfsgegenständen gem. § 32 (§ 53 Abs. 2 Nr. 2)

40   § 32 enthält eine Reihe von Ermächtigungen, die es dem Bundesministerium mit Zustimmung des Bundesrates ermöglichen, durch Rechtsverordnung diverse Verkehrsbeschränkungen bei Bedarfsgegenständen zu erlassen, soweit dies erforderlich ist, um eine Gefährdung der Gesundheit durch Bedarfsgegenstände zu verhüten. Verstöße gegen die auf dieser Grundlage erlassenen Rechtsverordnungen werden durch § 53 Abs. 2 Nr. 2 geahndet.

41   Gem. § 32 Abs. 1 Nr. 7 kann vorgeschrieben werden, dass bestimmte Bedarfsgegenstände nur in Packungen oder Behältnissen in den Verkehr gebracht werden dürfen.

42   Gem. § 32 Abs. 1 Nr. 8 können im Verkehr mit bestimmten Bedarfsgegenständen Warnhinweise, sonstige warnende Aufmachungen, Sicherheitsvorkehrungen oder Anweisungen für das Verhalten im Unglücksfall vorgeschrieben werden.

43   Gem. § 32 Abs. 1 Nr. 9 können zum Einen Kenntlichmachungspflichten und zum Anderen auch ihre Art vorgeschrieben werden. Kenntlich zu machen sind dann gem. Buchst. a der Gehalt an bestimmten Stoffen in bestimmten Bedarfsgegenständen. Gem. Buchst. b bezieht sich auf die Kennzeichnung bei bestimmten Bedarfsgegenständen auf die Beschränkung des Verwendungszwecks dieses Bedarfsgegenstandes.

44   Gem. § 32 Abs. 1 Nr. 9a kann geregelt werden, dass die Verwendung bestimmter Bedarfsgegenstände von einer Zulassung abhängig gemacht wird. Weiterhin besteht die Ermächtigung auch dieses Zulassungsverfahren zu regeln.

G. Verstöße gegen Registrierungspflichten gem. § 50 Abs. 5 Nr. 3
(§ 53 Abs. 2 Nr. 3)

Nach § 50 Abs. 5 Nr. 3 ist es dem Bundesministerium mit Zustimmung des Bundesrates möglich, **45** durch Rechtsverordnung die Registrierung von Betrieben, die Seeschiffe ausrüsten, vorzuschreiben, soweit es mit dem Schutz des Verbrauchers vereinbar ist. Verstöße gegen die auf dieser Grundlage erlassene Rechtsverordnung werden durch § 53 Abs. 2 Nr. 3 geahndet.

§ 54 Ordnungswidrigkeiten (aufgehoben mit Ablauf des 19.5.2016)

(1) Ordnungswidrig handelt, wer vorsätzlich oder fahrlässig

1.–2a. *(aufgehoben)*
   3. *einer nach § 32 Abs. 1 Nr. 9b oder 12 erlassenen Rechtsverordnung zuwiderhandelt, soweit sie für einen bestimmten Tatbestand auf diese Bußgeldvorschrift verweist,*
   4. *dem Verbringungsverbot des § 47 Abs. 1 Satz 1 zuwiderhandelt,*
   5. *einer vollziehbaren Anordnung nach § 47b oder § 48 Abs. 1 Nr. 3 zuwiderhandelt.*

(2) Ordnungswidrig handelt auch, wer vorsätzlich oder fahrlässig

1. *einer nach § 16 Abs. 2 Nr. 2 oder nach § 21 Abs. 1 Nr. 1 Buchstabe h erlassenen Rechtsverordnung zuwiderhandelt, soweit sie für einen bestimmten Tatbestand auf diese Bußgeldvorschrift verweist.*
2. *entgegen § 43 eine Maßnahme der Überwachung nach § 41 Abs. 3 Nr. 1, 2 oder 3 oder eine Probenahme nach § 42 Abs. 1 oder 4 nicht duldet, eine Auskunft nach § 41 Abs. 3 Nr. 4 nicht, nicht vollständig oder nicht richtig erteilt oder eine in der Überwachung tätige Person nicht unterstützt,*
2a. *(aufgehoben)*
   3. *einer nach § 41b oder einer nach § 48 Abs. 2 oder einer nach § 49 Abs. 1 oder Abs. 2 Satz 1 oder Abs. 3 erlassenen Rechtsverordnung zuwiderhandelt, soweit sie für einen bestimmten Tatbestand auf dieses Bußgeldvorschrift verweist,*
   4. *entgegen § 50 Abs. 3 Erzeugnisse nicht getrennt hält oder nicht kenntlich macht.*

(3) Die Ordnungswidrigkeit kann in den Fällen des Absatzes 1 mit einer Geldbuße bis zu fünfzehntausend Euro, in den Fällen des Absatzes 2 mit einer Geldbuße bis zu fünftausend Euro geahndet werden.

A. Regelungsinhalt

Gem. § 54 Abs. 1 und 2 werden weitere, von § 53 nicht erfasste Zuwiderhandlungen gegen die **1** §§ 21, 32 und 50 sowie gegen die die Verbringungsverbote der §§ 47, 47b, 48 und 49 als Ordnungswidrigkeiten sanktioniert. Ebenso sind Verstöße gegen die Kennzeichnungspflichten aus § 16 und Verstöße gegen die Verpflichtung zur Mitarbeit bei der Überwachung und Probenahmen nach den §§ 41–43 als Ordnungswidrigkeiten zu ahnden. Aus Gründen der Übersichtlichkeit folgt die nachfolgende Kommentierung den in Bezug genommenen Vorschriften des Vorläufigen Tabakgesetzes in aufsteigender zahlenmäßiger Reihenfolge und orientiert sich nicht an der Reihenfolge, in der die in Bezug genommenen Vorschriften in § 54 aufgenommen sind.

§ 41b, der noch in aktuellen Gesetzestexten in § 54 Abs. 2 Nr. 3 benannt wird, ist gegenstandslos, da **2** er durch Art. 5 Nr. 34a des NeuordnungsG v. 1.9.2005 (BGBl. I 2618 (2664)) aufgehoben wurde. Das Zitat dieser Vorschrift dürfte daher ein redaktionelles Versehen sein.

B. Verstöße gegen Angaben zu Pflanzenschutzmitteln gem. § 16 Abs. 2 Nr. 2
(§ 54 Abs. 2 Nr. 1)

Gem. § 54 Abs. 2 Nr. 1 werden vorsätzliche und fahrlässige Verstöße gegen nach § 16 Abs. 2 Nr. 2 **3** erlassene Rechtsverordnungen geahndet. Mit dieser Vorschrift wird der Verordnungsgeber ermächtigt, vorzuschreiben, dass Tabakerzeugnissen bestimmte Angaben über Pflanzenschutzmittel, insbes. über die Anwendung der Stoffe, beizufügen sind. Diese Rechtsverordnungen können nur erlassen werden, soweit dies aus Gründen des Verbraucherschutzes erforderlich ist.

C. Verstöße gegen Mitteilungspflichten gem. § 21 Abs. 1 Nr. 1h)
(§ 54 Abs. 2 Nr. 1)

Vorsätzliche und fahrlässige Verstöße gegen bestimmte Mitteilungspflichten nach § 21 werden gem. **4** § 54 Abs. 2 Nr. 1 geahndet. Gem. § 21 Abs. 1 Nr. 1h wird das Bundesministerium ermächtigt, im Einvernehmen mit dem Bundesministerium für Wirtschaft und Technologie durch Rechtsverordnung mit Zustimmung des Bundesrates vorzuschreiben, dass der Hersteller oder Einführer bestimmte Angaben, insbes. über das Herstellen oder die Zusammensetzung von Tabakerzeugnissen, über die hierbei verwendeten Stoffe, über deren Funktion, über die Wirkungen dieser Stoffe in verbrannter oder unverbrannter Form sowie über die Bewertung, aus denen sich die gesundheitliche Beurteilung ergibt, der zuständigen Behörde mitzuteilen hat. Diese Ermächtigung gilt nur, soweit die Rechtsverordnungen zum Schutz des Verbrauchers erforderlich sind. Von dieser Ermächtigung ist in § 5 TabakProdV Gebrauch gemacht worden.

D. Verstöße gegen die Kennzeichnung von Bedarfsgegenständen gem. § 32 Abs. 1 Nr. 9b (§ 54 Abs. 1 Nr. 3)

5   Vorsätzliche und fahrlässige Verstöße gegen die auf Grundlage des § 32 Abs. 1 Nr. 9b erlassenen Regelungen werden gem. § 54 Abs. 1 Nr. 3 geahndet. § 32 Abs. 1 Nr. 9b enthält die Ermächtigung, Art und Umfang der Kennzeichnung von Bedarfsgegenständen zu regeln bes. insbes. die Angabe der Bezeichnung sowie Angaben über den Hersteller oder den für das Inverkehrbringen im Geltungs-bereich dieses Gesetzes Verantwortlichen vorzuschreiben. Diese Ermächtigung gilt nur, wenn dies zur Unterrichtung des Verbrauchers erforderlich ist.

E. Verstöße gegen Bestimmungen für Begleitpapiere für Bedarfsgegenstände gem. § 32 Abs. 1 Nr. 12 (§ 54 Abs. 1 Nr. 3)

6   Vorsätzliche und fahrlässige Verstöße gegen die auf Grundlage des § 32 Abs. 1 Nr. 12 erlassenen Regelungen werden gem. § 54 Abs. 1 Nr. 3 geahndet. § 32 Abs. 1 Nr. 12 ermächtigt den Verordnungs-geber, vorzuschreiben, dass bestimmte Bedarfsgegenstände nur mit einem Begleitpapier in den Verkehr gebracht werden dürfen, sowie die Einzelheiten über Inhalt, Form und Ausgestaltung des Begleitpapiers zu bestimmen. Diese Ermächtigung gilt nur, wenn die Regelung erforderlich ist, um eine Gefährdung der Gesundheit durch den Bedarfsgegenstand zu verhüten.

F. Verstöße gegen Bestimmungen zur Verkehrsüberwachung und -durchführung gem. § 41 (§ 54 Abs. 2 Nr. 2)

7   Vorsätzliche und fahrlässige Verstöße gegen Bestimmungen zur Verkehrsüberwachung und -durch-führung werden gem. § 54 Abs. 2 Nr. 2 geahndet. § 41 regelt die Überwachung und Durchführung des Verkehrs mit Tabakerzeugnissen und Tabakbedarfsgegenständen. In § 41 Abs. 3 Nr. 1–3 sind die einzelnen Befugnisse hierfür niedergelegt. Mit Gesetz v. 22.5.2013 (BGBl. I 1318) ist die Ermächtigung nach Abs. 2 um die Möglichkeit erweitert worden, besondere Anforderungen an das zur Überwachung eingesetzte Personal zu stellen. Die Kontrollorgane sind berechtigt ihre Überwachungsmaßnahmen auch gegen den Willen des Inhabers des Hausrechtes und auch in seiner Abwesenheit durchzuführen. Wenn der Hausherr jedoch widerspricht, bedarf es einer mündlichen oder schriftlichen Duldungsverfügung. Das Betreten der Geschäfts- und Betriebsräume ist kein Eingriff in Art. 13 Abs. 3 GG (BVerfGE 32, 5 (54, 75 ff.)). Eine vorherige Anmeldung der Kontrollmaßnahmen ist ebenfalls nicht erforderlich (OLG Düsseldorf NStZ 1985, 323) und dürfte iÜ dem Untersuchungszweck in der Regel zuwiderlaufen und ihn gegebenenfalls sogar gefährden.

8   Die Maßnahmen nach § 41 Abs. 3 Nr. 1–3 sind bereits dann erlaubt, wenn sie dem Untersuchungs-zweck nach dieser Vorschrift dienen. Es kommt demnach nicht darauf an, ob zum Zeitpunkt der Maßnahme bereits Anhaltspunkte für ein gesetzwidriges Verhalten des Betroffenen vorliegen (Bay LRE 28, 223).

I. Eintrittsrecht gem. § 41 Abs. 3 Nr. 1

9   § 41 Abs. 3 Nr. 1 bestimmt das Betretensrecht zu Grundstücken sowie das Eintrittsrecht in die Betriebs- und Geschäftsräume während der Geschäftszeiten. Betriebsräume sind alle Räume, in denen eine gewerbsmäßige Tätigkeit ausgeübt wird. Zu diesen Tätigkeiten gehören der Handel, das Herstellen oder das Behandeln der Erzeugnisse. Bewegliche Einrichtungen, wie zB Verkaufswagen, stehen Be-triebsräumen gleich. Wohnräume sind von dem Eintrittsrecht nicht umfasst, sofern nicht auch in ihnen die vorgenannten Tätigkeiten ausgeübt werden.

10   Die Bestimmung der üblichen Geschäftszeit richtet sich nach dem Einzelfall und den üblichen Geschäftszeiten des betroffenen Betriebes. Ausnahmesituationen, wie außerplanmäßige Überstunden oder vom Regelfall abweichende, saisonbedingte Nachtarbeit, beeinflussen die übliche Geschäftszeit eines Betriebes nicht.

II. Erweitertes Eintrittsrecht gem. § 41 Abs. 3 Nr. 2

11   § 41 Abs. 3 Nr. 2 erweitert das Eintrittsrecht zur Verhütung dringender Gefahren für die öffentliche Sicherheit und Ordnung auf Zeiträume außerhalb der üblichen Geschäftszeiten und dehnt es zudem auf die Wohnräume von Personen aus, die nach § 41 Abs. 3 Nr. 4 zur Auskunft verpflichtet sind.

Eine Gefahr für die öffentliche Sicherheit und Ordnung liegt dann vor, wenn geschützte Rechts- **12** normen, zu denen auch das Vorläufige Tabakgesetz gehört, verletzt zu werden drohen und dies nur durch ein schnelles Eingreifen verhindert werden kann. Der Grundsatz der Verhältnismäßigkeit muss in dem Anwendungsbereich des § 41 Abs. 2 Nr. 2 daher besondere Berücksichtigung finden.

Dies gilt umso mehr, als in dieser Vorschrift das Eintrittsrecht in die Wohnung von Auskunfts- **13** pflichtigen gestattet wird und somit ein Eingriff in das Grundrecht der Unverletzlichkeit der Wohnung nach Art. 13 Abs. 3 GG vorliegt. Das Eintrittsrecht für die Wohnung, zu der auch Zweit- oder Ferienwohnungen gehören, gilt nur für solche Personen, die auskunftspflichtig sind. Die Definition der auskunftspflichtigen Person ergibt sich inzident aus § 41 Abs. 4. Die Auskunftsverpflichtung spiegelt sich im Grunde in der Verantwortlichkeit in den Straf- und Bußgeldvorschriften dieses Gesetzes. Wem aus diesem Gesetz bestimmte Verpflichtungen auferlegt sind oder wer bestimmte Vorgaben zu beachten hat, muss auch in diesem Rahmen auskunftspflichtig sein. Zur Auskunft verpflichtet sind alle natürlichen und juristischen Personen sowie nicht rechtsfähigen Personenvereinigungen. Die Auskunftspflicht für juristische Personen betrifft die Geschäftsführer (zB einer GmbH) oder den Vorstand einer Aktiengesellschaft und deren mit Vollmachten ausgestattete Mitarbeiter. Zu dem Personenkreis der Auskunftspflichtigen gehören daher jedenfalls der Betriebsinhaber sowie jener Personen, die mit einzelnen Aufgaben durch den Betriebsinhaber eigenverantwortlich betraut worden sind.

Außerhalb der Geschäftszeiten liegt, ausgenommen in Betrieben mit 24-stündiger Schichtarbeit, die **14** Nachtzeit. Für den Fall, dass keine übliche Geschäftszeit festgestellt werden kann, dürfte es in Anwendung des Verhältnismäßigkeitsgrundsatzes genügen, wenn die in § 104 Abs. 3 StPO niedergelegte Definition der Nachtzeit etwaigen Kontrollmaßnahmen als Bewertungsmaßstab zugrunde gelegt wird.

III. Einsichtsrecht gem. § 41 Abs. 3 Nr. 3

§ 41 Abs. 3 Nr. 3 erlaubt die Einsichtnahme in alle geschäftlichen Schrift- und Datenträger, insbes. **15** Aufzeichnungen, Frachtbriefe, Herstellungsbeschreibungen und Unterlagen über die bei der Herstellung verwendeten Stoffe. Über die Einsichtnahme hinaus erlaubt diese Vorschrift die Herstellung von Abschriften oder Auszügen aus diesen Unterlagen sowie die Besichtigung von Einrichtungen und Geräten zur Beförderung der Erzeugnisse.

Besondere Bedeutung hat in diesem Zusammenhang das Einsichtsrecht in die Herstellungsbeschrei- **16** bungen. Erlaubt ist danach die Einsichtnahme in die gesamten Unterlagen des Herstellungsverfahrens. Auch betriebseigentümliche Herstellungsunterlagen dürfen eingesehen werden. Danach sind zB (geheime) Rezepturen von dem Einsichtsrecht nicht ausgenommen. Die Weitergabe dieser Rezepturen an dritte Personen ist gem. § 203 Abs. 2 Nr. 1, 2 StGB strafbewehrt, so dass dem Schutz der Betriebsgeheimnisse auf diese Weise ausreichend Rechnung getragen wird.

IV. Auskunftspflicht gem. § 41 Abs. 3 Nr. 4

§ 41 Abs. 3 Nr. 4 regelt die Befugnis der Kontrollpersonen, von natürlichen und juristischen Per- **17** sonen und nicht rechtsfähigen Personenvereinigungen alle erforderlichen Auskünfte, insbes. solche über die Herstellung, die Verarbeitung gelangenden Stoffe und deren Herkunft zu verlangen.

G. Verstöße gegen Duldungspflichten gem. § 42 (§ 54 Abs. 2 Nr. 2)

Vorsätzliche und fahrlässige Verstöße gegen bestimmte Duldungspflichten werden gem. § 54 Abs. 2 **18** Nr. 2 geahndet. § 42 regelt Duldungspflichten, welche zur effektiven Überwachung und Durchführung des Verkehrs mit Tabakerzeugnissen und Tabakbedarfsgegenständen erforderlich sind.

Gem. § 42 Abs. 1 sind die mit der Überwachung beauftragten Personen und die Beamten der Polizei **19** befugt, gegen Empfangsbescheinigung Proben nach ihrer Auswahl zum Zweck der Untersuchung zu fordern oder zu entnehmen.

Gegenstand der Probeentnahme sind die Tabakerzeugnisse, die sich noch beim Hersteller in der **20** Produktion befinden sowie alle Vor- und Zwischenprodukte. Gem. § 42 Abs. 4 erstreckt sich die Duldungspflicht zur Probeentnahme auch auf alle Erzeugnisse im Sinne des Vorläufigen Tabakgesetzes, die auf Märkten, Straßen oder öffentlichen Plätzen oder im Reisegewerbe in den Verkehr gebracht werden oder sich noch auf dem Transport zum Verbraucher befinden.

Die Probeentnahme ist nur solange zu dulden, als dies zum Zwecke der Überwachung des Verkehrs mit Tabakerzeugnissen erforderlich ist. Da das Vorläufige Tabakgesetz im Wesentlichen dem Verbraucherschutz dient, sind Probeentnahmen zu rein wissenschaftlichen oder privatrechtlichen Zwecken nicht nach § 42 erlaubt.

Die mit der Überwachung beauftragten Personen entscheiden nach ihrem pflichtgemäßen Ermessen **21** über Art und Umfang der Probe. Dies bedeutet, dass die Kontrolleure die besonderen Umstände des Einzelfalles abzuwägen und eine sachgerechte Lösung zu finden haben. Die Probe kann von den Kontrollpersonen gefordert oder aber auch von ihnen selbst entnommen werden. Das Gesetz sieht insoweit keine abgestufte Verfahrensweise vor, so dass beide Modalitäten zur Erlangung der Probe erlaubt sind. Allerdings müssen die Kontrollpersonen im pflichtgemäßen Ermessen handeln, so dass die aktive Probenentnahme wohl eher nach einer abgelehnten Probenherausgabe durch die Betroffenen in Betracht gezogen werden sollte.

22   Gem. § 42 Abs. 1 S. 2 ist dem Betroffenen eine Gegenprobe zu hinterlassen. Entweder ergibt sich diese Gegenprobe als ein Teil aus der Probe selber oder aber, sofern die Probe nicht teilbar ist, aus einer gleichen Probe. Probleme bei der Teilbarkeit der Proben dürften sich insbes. bei den Tabakbedarfsgegenständen im Sinne des § 5 (→ § 51 Rn. 2) ergeben, wohingegen reine Tabakprodukte (wie der Tabak) in der Regel teilbar sind. Die Gegenprobe steht dem Verantwortlichen jedoch nicht zur freien Verfügung, sondern kann ebenfalls als Beweismittel dienen. Sie ist amtlich zu versiegeln und unterliegt dem amtlichen Gewahrsam iSd § 136 StGB. Der Hersteller kann nach § 42 Abs. 1 S. 3 auf die Zurücklassung der Probe verzichten.

H. Verstöße gegen Mitwirkungs- und Duldungspflichten gem. § 43
(§ 54 Abs. 2 Nr. 2)

23   Vorsätzliche und fahrlässige Verstöße gegen bestimmte Mitwirkungs- und Duldungspflichten werden nach § 54 Abs. 2 Nr. 2 geahndet. § 43 ergänzt und konkretisiert die bereits in den §§ 41, 42 normierten Mitwirkungs- und Duldungspflichten der Betroffenen. In § 43 gibt der Gesetzgeber den verantwortlichen Personen auf, nicht nur Überwachungsmaßnahmen zu dulden, sondern diese auch aktiv zu unterstützen, um eine Probeentnahme zu ermöglichen, die dem Sinn und Zweck dieses Gesetzes dient. Einige aktive Unterstützungshandlungen sind ausdrücklich gesetzlich normiert. So sind die Verantwortlichen verpflichtet, den Kontrollpersonen auf Verlangen die Räume, Einrichtungen und Geräte im Sinne des § 41 (→ Rn. 7 ff.) zu bezeichnen, Räume und Behältnisse zu öffnen und die Entnahme von Proben zu ermöglichen. Die legaldefinierten Mitwirkungspflichten sind nicht abschließend. Im Einzelfall wird daher zu entscheiden sein, ob im Falle einer beanstandeten Mitwirkung ein Verstoß gegen diese Vorschrift vorliegt. Dass dies eine Rechtsunsicherheit birgt, die bei der Prüfung der Tatbestandsmäßigkeit oder aber bei der Höhe der Ahndung ihren Niederschlag zu finden haben wird, ist offensichtlich.

I. Verstöße gegen das Einfuhrverbot gem. § 47 Abs. 1 S. 1 (§ 54 Abs. 1 Nr. 4)

24   Vorsätzliche und fahrlässige Verstöße gegen das allgemeine Einfuhrverbot gem. § 47 Abs. 1 S. 1 werden nach § 54 Abs. 1 Nr. 4 geahndet. Zur weiteren Erörterung des § 47 wird auf die Kommentierung zu → § 49 Rn. 5 ff. verwiesen.

J. Verstöße gegen vorübergehende Einfuhrverbote gem. § 47b
(§ 54 Abs. 1 Nr. 5)

25   Vorsätzliche und fahrlässige Verstöße gegen vorübergehende Einfuhrverbote werden nach § 54 Abs. 1 Nr. 5 geahndet. § 47b ermöglicht es der Behörde, im Einzelfall vorübergehende Verbote oder Beschränkungen der Einfuhr oder des Verbringens von Erzeugnissen im Sinne des Vorläufigen Tabakgesetzes in das Inland zu erlassen. Die Vorschrift gilt nur für den Warenverkehr zwischen den Mitgliedstaaten der Europäischen Gemeinschaft. Gem. § 47b Nr. 1 dürfen diese Verbote und Beschränkungen nur dann ergehen, wenn die Behörde hierzu durch die Kommission ermächtigt worden ist und dies durch das Bundesministerium für Gesundheit im Bundesanzeiger bekannt gegeben worden ist. Alternativ sind gem. § 47b Nr. 2 diese Verbote und Beschränkungen auch dann zulässig, wenn Tatsachen vorliegen, die darauf schließen lassen, dass die Erzeugnisse geeignet sind, die menschliche Gesundheit zu schädigen. Erforderlich ist hierbei, dass konkrete Tatsachen für eine solche Gefährdung vorliegen, die über die allgemeinen Gefahren des Tabakkonsums hinausgehen. Die abstrakte Möglichkeit zur Gefährdung genügt nicht (OVG Münster LRE 33 Nr. 65).

K. Verstöße gegen Mitwirkungsbefugnisse der Zolldienststellen gem. § 48
(§ 54 Abs. 1 Nr. 5 und § 54 Abs. 2 Nr. 3)

26   Vorsätzliche und fahrlässige Verstöße gegen Vorschriften des § 48 werden nach § 54 Abs. 1 Nr. 5 sowie § 54 Abs. 2 Nr. 3 geahndet. § 48 regelt die Mitwirkungsbefugnisse der Zolldienststellen bei der Einfuhr, Ausfuhr und Durchfuhr von Tabakerzeugnissen und Tabakbedarfsgegenständen in den Geltungsbereich dieses Gesetzes (vgl. zum Geltungsbereich dieses Gesetzes → § 49 Rn. 5).

I. Verstöße gegen vollziehbare Anordnungen gem. § 48 Abs. 1 Nr. 3
(§ 54 Abs. 1 Nr. 5)

27   Vorsätzliche und fahrlässige Verstöße gegen vollziehbare Anordnungen gem. § 48 Abs. 1 Nr. 3 werden nach § 54 Abs. 1 Nr. 5 geahndet. Gem. § 48 Abs. 1 Nr. 3 können das Bundesministerium der Finanzen und die von ihm bestimmten Zolldienststellen anordnen, dass Sendungen, bei denen sich bei

der Abfertigung der Verdacht eines Verstoßes gegen Verbote und Beschränkungen des Vorläufigen Tabakgesetzes oder der nach diesem Gesetz erlassenen Rechtsverordnungen ergibt, auf Kosten und Gefahr des Verfügungsberechtigten einer für die Lebensmittelüberwachung zuständigen Behörde vorgeführt werden.

Die Einbindung der Zollbehörden in die Einfuhrkontrolle ist für eine zweckmäßige Überwachung 28 unerlässlich. Die Regelung ist ferner notwendig, da sich der Geltungsbereich dieses Gesetzes nicht mit dem Zollgebiet deckt, die Einhaltung von Verboten aber auch da sichergestellt sein muss, wo Zollgrenze und Hoheitsgebiet auseinanderfallen (→ § 49 Rn. 5).

Voraussetzung einer Anordnung der Vorführung ist ein Verdacht des Verstoßes gegen geltendes Recht. 29 Zur Begründung dieses Verdachtes sind konkrete tatsächliche Anhaltspunkte erforderlich. Die Verdachtsstufe eines dringenden Verdachtes muss nicht erreicht sein. Bloße Vermutungen reichen hingegen ebenso wenig aus (Erbs/Kohlhaas/*Rohnfelder/Freytag* § 48 Rn. 4).

II. Verstöße gegen Mitwirkungs- und Duldungspflichten gem. § 48 Abs. 2 (§ 54 Abs. 2 Nr. 3)

Vorsätzliche und fahrlässige Verstöße gegen Regelungen auf der Grundlage des § 48 Abs. 2 werden 30 durch § 54 Abs. 2 Nr. 3 geahndet. Gem. § 48 Abs. 2 ist das Bundesministerium der Finanzen im Einvernehmen mit dem Bundesministerium ermächtigt, ohne Zustimmung des Bundesrates die Einzelheiten der Mitwirkung der Zolldienststellen nach § 48 Abs. 1 zu regeln. Es kann insbes. Pflichten zu Anzeigen, Anmeldungen, Auskünften und zur Leistung von Hilfsdiensten sowie zur Duldung der Einsichtnahme in Geschäftspapiere und sonstige Unterlagen und zur Duldung von Besichtigungen und von Entnahmen unentgeltlicher Proben vorsehen.

L. Verstöße gegen Einfuhrbestimmungen gem. § 49 (§ 54 Abs. 2 Nr. 3)

Vorsätzliche und fahrlässige Verstöße gegen Einfuhrbestimmungen nach § 49 Abs. 1 und Abs. 2 S. 1 31 oder Abs. 3 werden gem. § 54 Abs. 2 Nr. 3 geahndet. Zur Erläuterung wird auf die Kommentierung zu → § 49 Rn. 1 ff. verwiesen.

M. Verstöße gegen Ausfuhrbestimmungen gem. § 50 Abs. 3 (§ 54 Abs. 2 Nr. 4)

Vorsätzliche und fahrlässige Verstöße gegen Trennungs- und Kenntlichmachungspflichten bei der 32 Ausfuhr von Tabakerzeugnissen gem. § 50 Abs. 3 werden gem. § 54 Abs. 2 Nr. 4 geahndet. Zur weiteren Erläuterung wird auf → § 50 Rn. 5, 9 verwiesen.

§ 55 Einziehung (aufgehoben mit Ablauf des 19.5.2016)

¹Gegenstände, auf die sich eine Straftat nach den § 52 oder eine Ordnungswidrigkeit nach den §§ 53 oder 54 bezieht, können eingezogen werden. ²§ 74a des Strafgesetzbuches und § 23 des Gesetzes über Ordnungswidrigkeiten sind anzuwenden.

1. Regelungsinhalt. a) Verhältnis zu §§ 74 ff. StGB. Bei § 55 handelt es sich um eine besondere 1 gesetzliche Vorschrift iSd § 74 Abs. 4 StGB. § 55 ist demnach neben der unmittelbar nach § 74 StGB eröffneten Einziehung anwendbar. Die Einziehung ist ihrem Wesen nach kein einheitliches Rechtsinstitut. Soweit sie einen Täter oder Teilnehmer trifft, ohne dass die Voraussetzungen des § 74 Abs. 2 Nr. 2 StGB gegeben sind, handelt es sich um eine Strafe. Die Anordnung ist insoweit eine Strafzumessungsentscheidung. In den Fällen der Einziehung nach § 74 Abs. 3 StGB handelt es sich um eine reine Sicherungsmaßnahme (ausf. Fischer StGB § 74 Rn. 1 ff.).

§ 55 bezieht sich nur auf die Straftaten nach § 52 und die Ordnungswidrigkeiten gem. §§ 53, 54. 2 Eine Einziehungsmöglichkeit für Gegenstände, auf die sich eine Straftat nach § 51 bezieht, ist nicht in dieser Vorschrift aufgeführt. Es ist nicht ersichtlich, weshalb der Gesetzgeber solche Gegenstände von der Einziehungsmöglichkeit ausnehmen wollte. Es dürfte sich auch hier um ein redaktionelles Versehen handeln. Diese Bewertung wird einmal mehr dadurch gestützt, dass § 61 eine Einziehungsmöglichkeit für § 56 vorsieht; § 56 ist jedoch letztlich nichts anderes als die europarechtliche Spiegelvorschrift für § 51. Die Einziehungsmöglichkeit in den Fällen des § 51 besteht aber iErg daher dennoch unmittelbar über § 74 StGB fort (Erbs/Kohlhaas/*Rohnfelder/Freytag* Rn. 1 ff.).

§ 74 Abs. 2 und 3 StGB sind anwendbar. Die Bestimmungen des § 74c StGB (Einziehung des 3 Wertersatzes), § 74e StGB (Wirkung der Einziehung), § 74d StGB (Einziehung von Schriften und

Unbrauchbarmachen) sowie § 74f StGB (Entschädigung) sind unmittelbar anwendbar. Die Möglichkeit der erweiterten Einziehung gem. § 74a StGB ist durch § 55 S. 2 erlaubt.

4   **b) Verhältnis zu §§ 22 ff. OWiG.** Anders als § 74 StGB bietet § 22 Abs. 1 OWiG keine selbstständige unmittelbare Einziehungsmöglichkeit. Vielmehr muss gem. § 22 Abs. 1 OWiG die Einziehung gesetzlich zugelassen sein. Diesem Gesetzesvorbehalt ist nunmehr durch § 55 genüge getan.

5   § 22 Abs. 2 und Abs. 3 OWiG sind anwendbar. Ebenfalls anwendbar sind § 24 OWiG (Grundsatz der Verhältnismäßigkeit), § 25 OWiG (Einziehung des Wertersatzes) sowie § 26 (Wirkung der Einziehung). Die Möglichkeit der erweiterten Einziehung gem. § 23 StGB ist durch § 55 S. 2 erlaubt.

6   **2. Voraussetzungen der Einziehung.** Die Einziehung ist nur möglich, wenn eine Straftat nach § 52 oder eine Ordnungswidrigkeit gem. §§ 53, 54 vorliegt. Die weiteren Voraussetzungen der § 74 Abs. 2 StGB und § 22 Abs. 2 OWiG, die unmittelbar anzuwenden sind, müssen ebenfalls vorliegen. Die Einziehung ist demnach nur zulässig, wenn die Gegenstände zur Zeit der Entscheidung dem Täter oder Teilnehmer gehören oder zustehen und die Gegenstände nach ihrer Art und den Umständen die Allgemeinheit gefährden oder die Gefahr besteht, dass sie der Begehung rechtswidriger Taten dienen werden. In den beiden letzten Fällen ist die Einziehung gem. § 74 Abs. 3 StGB beziehungsweise § 22 Abs. 3 OWiG auch statthaft, wenn der Täter ohne Schuld gehandelt hat.

7   **3. Einziehungsgegenstände.** Einziehungsgegenstände sind alle Gegenstände und Mittel, auf die sich eine Zuwiderhandlung bezieht. Dies werden in dem vorliegenden Zusammenhang vorrangig Tabakerzeugnisse und Bedarfsgegenstände sein, die gesundheitsschädlich oder minderwertig sind. § 55 umfasst jedoch dem Wortlaut nach nur Gegenstände, auf die sich die Tat unmittelbar bezieht. Gegenstände und Mittel, die zur Tatbegehung oder zur Vorbereitung der Tat gebraucht oder bestimmt gewesen sind, können daher nur über § 74 Abs. 1 StGB eingezogen werden.

8   Verpackungsmittel sind Bedarfsgegenstände (§ 5 Abs. 1). Sie können schon deshalb Einziehungsgegenstände sein, wenn sie selbst Gegenstand der Tat und damit zB gesundheitsgefährdend sind. Bildet aber eine Verpackung mit dem Tabakerzeugnis eine wirtschaftliche Einheit in der Weise, dass das Tabakerzeugnis nicht ohne Beeinträchtigung oder Änderung seines Charakters, seiner Gebrauchsfähigkeit oder seines Verkehrswertes von der Packung getrennt werden kann (BGHSt 7, 78 (80)), mithin die Packung das Tabakerzeugnis überhaupt erst verkehrsfähig macht, so muss sich die Einziehung auch auf diese Gegenstände beziehen (Erbs/Kohlhaas/*Rohnfelder*/*Freytag* Rn. 4).

9   **4. Einziehungsanordnung. a) Einziehungsanordnung im Straf- und Bußgeldverfahren.** Die Anordnung der Einziehung liegt im pflichtgemäßen Ermessen des Gerichts. Das Ermessen ist durch den Grundsatz der Verhältnismäßigkeit grds. eingeschränkt (§ 74b StGB und § 24 OWiG). Die Ermessensentscheidung ist nachprüfbar. Die Einziehungsgegenstände sind nach Art und Menge, Aufbewahrungsort und Eigentümer genau zu bezeichnen, damit bei der Vollstreckung keine Unklarheiten entstehen.

10   Die Einziehung richtet sich gegen den Täter. Dies ist auch dann der Fall, wenn eine andere Person betroffen ist, der der Gegenstand gehört oder der er zusteht. Eine solche Person ist Einziehungsbeteiligter gem. § 431 StPO. Dem tatunbeteiligten Eigentümer stehen gegen die Einziehung der Sache jedoch dieselben Rechte zu wie dem Täter. Ein Rechtsmittel kann auf die Einziehung beschränkt werden, wenn sie ausschließlich Sicherungscharakter hat. Wenn sie allein oder zugleich Strafcharakter hat, ist eine Beschränkung allein dann zulässig, wenn ein Einfluss auf die Strafbemessung ausgeschlossen ist (Fischer StGB § 74 Rn. 21b).

11   **b) Einziehungsanordnung im selbstständigen Verfahren.** Über die Einziehung kann auch in einem gesonderten Verfahren gem. §§ 440, 441 StPO entschieden werden, wenn ein Hauptsacheverfahren nicht durchgeführt wird. Das selbstständige Einziehungsverfahren ersetzt jedoch nicht die im Hauptsacheverfahren versäumte Einziehungsanordnung (Erbs/Kohlhaas/*Rohnfelder*/*Freytag* Rn. 8). Die Durchführung des Einziehungsverfahrens liegt im Ermessen der Staatsanwaltschaft. Im Bußgeldverfahren ist die Möglichkeit der gesonderten Einziehung durch § 27 OWiG eröffnet.

---

§ 56 Straftaten (aufgehoben mit Ablauf des 19.5.2016)

    (1) Mit Freiheitsstrafe bis zu drei Jahren oder mit Geldstrafe wird bestraft, wer einer unmittelbar geltenden Vorschrift in Rechtsakten der Europäischen Gemeinschaft oder der Europäischen Union zuwiderhandelt, die inhaltlich einer Regelung, zu der die in § 51 Abs. 1 Nr. 6 genannten Vorschriften ermächtigen, oder einem in § 51 Abs. 1 Nr. 5 oder 6 genannten Verbot entspricht, soweit eine Rechtsverordnung nach § 60 Nr. 1 für einen bestimmten Tatbestand auf diese Strafvorschrift verweist.

    (2) § 51 Abs. 2 und 3 ist entsprechend anzuwenden.

    (3) Wer in den Fällen des Absatzes 1 fahrlässig handelt, wird mit Freiheitsstrafe bis zu einem Jahr oder mit Geldstrafe bestraft.

§ 57 Straftaten (aufgehoben mit Ablauf des 19.5.2016)

(1) Mit Freiheitsstrafe bis zu einem Jahr oder mit Geldstrafe wird bestraft, wer einer unmittelbar geltenden Vorschrift in Rechtsakten der Europäischen Gemeinschaft oder der Europäischen Union zuwiderhandelt, die inhaltlich

1. *einer Regelung zu der die in*
    a) *(aufgehoben)*
    b) *§ 52 Abs. 1 Nr. 5 oder 8 oder Abs. 2 Nr. 1 oder 10 oder*
    c) *§ 52 Abs. 1 Nr. 6*
    genannten Vorschriften ermächtigen, oder
2. *einem in*
    a) *§ 52 Abs. 1 Nr. 5 oder 8 bis 10 oder Abs. 2 Nr. 1 oder 10 oder*
    b) *§ 52 Abs. 1 Nr. 6*

genannten Gebot oder Verbot entspricht, soweit eine Rechtsverordnung nach § 60 auf diese Strafvorschrift verweist.

§ 58 Ordnungswidrigkeiten (aufgehoben mit Ablauf des 19.5.2016)

(1) Ordnungswidrig handelt, wer eine in § 57 bezeichnete Handlung fahrlässig begeht.

(2) Ordnungswidrig handelt auch, wer vorsätzlich oder fahrlässig einer unmittelbar geltenden Vorschrift in Rechtsakten der Europäischen Gemeinschaft oder der Europäischen Union zuwiderhandelt, die inhaltlich

1. *einer Regelung zu der die in § 53 Abs. 2 Nr. 1 Buchstabe c oder d genannten Vorschriften ermächtigen, oder*
2. *einem in § 53 Abs. 2 Nr. 1 Buchstabe c genannten Gebot oder Verbot entspricht, soweit eine Rechtsverordnung nach § 60 auf diese Bußgeldvorschrift verweist.*

(3) Die Ordnungswidrigkeit kann mit einer Geldbuße bis zu fünfundzwanzigtausend Euro geahndet werden.

§ 59 Ordnungswidrigkeiten (aufgehoben mit Ablauf des 19.5.2016)

(1) Ordnungswidrig handelt, wer vorsätzlich oder fahrlässig einer unmittelbar geltenden Vorschrift in Rechtsakten der Europäischen Gemeinschaft oder der Europäischen Union zuwiderhandelt, die inhaltlich

1. *einer Regelung, zu der die in § 54 Abs. 1 Nr. 3 genannten Vorschriften ermächtigen, oder*
2. a) *einer Regelung, zu der die in § 54 Abs. 2 Nr. 1 oder 3 genannten Vorschriften ermächtigen, oder*
    b) *einem in § 54 Abs. 2 Nr. 2 genannten Gebot oder Verbot entspricht, soweit eine Rechtsverordnung nach § 60 auf diese Bußgeldvorschrift verweist.*

(3) Die Ordnungswidrigkeit kann in den Fällen des Absatzes 1 Nr. 1 mit einer Geldbuße bis zu fünfzehntausend Euro, in den Fällen des Absatzes 1 Nr. 2 mit einer Geldbuße bis zu fünftausend Euro geahndet werden.

§ 60 Ermächtigungen (aufgehoben mit Ablauf des 19.5.2016)

Das Bundesministerium wird ermächtigt, soweit dies zur Durchsetzung der Rechtsakte der Europäischen Gemeinschaft oder der Europäischen Union erforderlich ist, durch Rechtsverordnung ohne Zustimmung des Bundesrates die Tatbestände zu bezeichnen, die

1. *als Straftat nach § 56 Abs. 1 oder § 57 zu ahnden sind oder*
2. *als Ordnungswidrigkeit nach § 58 Abs. 2 oder § 59 Abs. 1 geahndet werden können.*

Auf der Grundlage der Ermächtigung des § 60 wurde die Lebensmittelrechtliche Straf- und Bußgeldverordnung v. 19.9.2006 (BGBl. I 2136), erlassen, die fortlaufend aktualisiert wird. Diese Verordnung füllt die vorstehenden Blankettvorschriften aus (Erbs/Kohlhaas/*Rohnfelder/Freytag* Rn. 1).

§ 61 Einziehung (aufgehoben mit Ablauf des 19.5.2016)

[1] Gegenstände, auf die sich eine Straftat nach § 56 oder § 57 oder eine Ordnungswidrigkeit nach § 58 oder § 59 bezieht, können eingezogen werden. [2] § 74a des Strafgesetzbuches und § 23 des Gesetzes über Ordnungswidrigkeiten sind anzuwenden.

1 § 61 entspricht in der rechtlichen Bewertung der Vorschrift des § 55. Auf die dortigen Erläuterungen wird daher Bezug genommen.

2 Auffällig ist jedoch, dass § 61 anders als § 55 die Vorschrift des § 56 mit aufnimmt und damit die Einziehung unmittelbar über § 61 und nicht über den Umweg der §§ 74 ff. StGB ermöglicht, während in § 55 die Spiegelvorschrift des § 51 keine Erwähnung findet. Folglich ist ein redaktionelles Versehen bezüglich § 55 naheliegend (Erbs/Kohlhaas/*Rohnfelder*/*Freytag* Rn. 1). Insoweit wird auf die Erläuterungen zu → § 55 Rn. 2 Bezug genommen.

795. Weingesetz (WeinG)

In der Fassung der Bekanntmachung vom 18. Januar 2011 (BGBl. I S. 66)
FNA 2125-5-7
Zuletzt geändert durch Art. 3 Zweites G zur Änd. agrarmarktrechtlicher Bestimmungen vom 16.1.2016
(BGBl. I S. 52)

– Auszug –

Vorbemerkung

Übersicht

A. Gegenstand und Stellung des Weinstraf- und -ordnungswidrigkeitenrechts

Das deutsche Weinrecht – und insoweit auch das deutsche Weinstraf- und -ordnungswidrigkeitenrecht 1
– stellt **besonderes Lebensmittelrecht** (vgl. *Gerhard* NVwZ 2010, 94; zum Verhältnis zum allgemeinen
Lebensmittelrecht → Rn. 6) dar. Insoweit dient auch das WeinG und die auf dessen Grundlage ergangenen Verordnungen zunächst ebenfalls dem **Gesundheits- und dem Verbraucherschutz** (auch
→ Vorb. LFGB Rn. 1, → Rn. 10 ff.). Darüber hinaus dienen die Vorschriften des Weinrechts nach
Vorgabe des den deutschen Gesetzgeber bindenden EG-Weinrechts aber **auch marktordnungsrechtlichen Zwecken.** Vor diesem Hintergrund ist auch das Weinrecht, ebenso wie das allgemeine Lebens-
mittelrecht, **in besonderem Maße gemeinschaftsrechtlich geregelt und determiniert** (→ Vorb.
LFGB Rn. 1). Dies wird bereits durch § 1 Abs. 1 Nr. 1 deutlich, wonach die Vorschriften des Gesetzes
subsidiär zu den unmittelbar geltenden Rechtsakten der Europäischen Gemeinschaft sind. Relevante
Rechtsakte des Gemeinschaftsrechts sind dabei insbes.:

– **VO (EU) Nr. 1308/2013** des Europäischen Parlaments und des Rates v. 17.12.2013 über eine 2
gemeinsame Marktorganisation für landwirtschaftliche Erzeugnisse (zur bisherigen Rechtslage vgl. die
Vorauflage).
– **VO (EG) Nr. 702/2009** der Kommission v. 3.8.2009 zur Änderung und Berichtigung der VO (EG)
Nr. 555/2008 mit Durchführungsbestimmungen zur VO (EG) Nr. 479/2008 des Rates über die

gemeinsame Marktorganisation für Wein hinsichtlich der Stützungsprogramme, des Handels mit Drittländern, des Produktionspotenzials und der Kontrollen im Weinsektor.
- **VO (EG) Nr. 607/2009** der Kommission v. 14.7.2009 mit Durchführungsbestimmungen zur VO (EG) Nr. 479/2008 des Rates hinsichtlich der geschützten Ursprungsbezeichnungen und geografischen Angaben, der traditionellen Begriffe sowie der Kennzeichnung und Aufmachung bestimmter Weinbauerzeugnisse.
- **VO (EG) Nr. 606/2009** der Kommission v. 10.7.2009 mit Durchführungsbestimmungen zur VO (EG) Nr. 479/2008 des Rates hinsichtlich der Weinbauerzeugniskategorien, der önologischen Verfahren und der diesbezüglichen Einschränkungen.
- **VO (EG) Nr. 436/2009** der Kommission v. 26.5.2009 mit Durchführungsbestimmungen zur VO (EG) Nr. 479/2008 des Rates hinsichtlich der Weinbaukartei, der obligatorischen Meldungen und der Sammlung von Informationen zur Überwachung des Marktes, der Begleitdokumente für die Beförderung von Weinbauerzeugnissen und der Ein- und Ausgangsbücher im Weinsektor.
- **VO (EG) Nr. 555/2008** der Kommission v. 27.6.2008 mit Durchführungsbestimmungen zur VO (EG) Nr. 479/2008 des Rates über die gemeinsame Marktorganisation für Wein hinsichtlich der Stützungsprogramme, des Handels mit Drittländern, des Produktionspotenzials und der Kontrollen im Weinsektor.
- **VO (EU) Nr. 251/2014** des Europäischen Parlaments und des Rates v. 26.2.2014 über die Begriffsbestimmung, Beschreibung, Aufmachung und Etikettierung von aromatisierten Weinerzeugnissen sowie den Schutz geografischer Angaben für aromatisierte Weinerzeugnisse.
- **VO (EG) Nr. 122/94** der Kommission v. 25.1.1994 mit Durchführungsbestimmungen zur VO (EWG) Nr. 1601/91 des Rates hinsichtlich der Definition, Bezeichnung und Aufmachung von aromatisiertem Wein sowie aromatisierten weinhaltigen Getränken und Cocktails.
- **VO (EWG) Nr. 1907/85** der Kommission v. 10.7.1985 über das Verzeichnis der Rebsorten und Gebiete, von bzw. aus denen zur Schaumweinherstellung in der Gemeinschaft eingeführter Wein stammt.
- **VO (EWG) Nr. 2009/92** der Kommission v. 20.7.1992 zur Festlegung der gemeinschaftlichen Analysemethoden zum Nachweis des zur Bereitung von Spirituosen und aromatisierter weinhaltiger Getränke und Cocktails verwendeten landwirtschaftlichen Äthylalkohols.

3   Soweit kein Anwendungsvorrang gemeinschaftsrechtlicher Vorschriften besteht, **regelt das WeinG** nach Maßgabe von § 1 Abs. 1 den **Anbau** (→ Rn. 51), das **Verarbeiten** (→ Rn. 39 ff.), das **Inverkehrbringen** (→ Rn. 46) und die **Absatzförderung** (→ Rn. 52) von Wein (→ Rn. 14 ff.) und sonstigen Erzeugnissen des Weinbaus (→ Rn. 18 ff.).

Das nationale **Weinstraf- und -ordnungswidrigkeitenrecht flankiert** die primär verwaltungsrechtlich ausgestalteten **weinrechtlichen Ge- und Verbote des WeinG** und verleiht deren Befolgung durch die Strafbewehrung besonderen Nachdruck. Mangels vorrangiger Zuweisung an die Gemeinschaft obliegt es auch den nationalen Gesetzgebungsorganen, Verstöße gegen unmittelbar geltende gemeinschaftsrechtliche Vorschriften zu sanktionieren (vgl. Erbs/Kohlhaas/*Brehmeier-Metz* Vorb. Rn. 1). Dem entspricht das WeinG durch § 48 Abs. 1 Nr. 3 u. 4, § 49 Nr. 6 u. 7, § 50 Abs. 2 Nr. 12 sowie den Vorschriften der EU- Weinrechts -DurchführungsVO.

B. Entstehungsgeschichte

4   Das heute geltende WeinG geht zurück auf das **Weinreformgesetz 1994.** Mit diesem Gesetz wurde das bis dahin neben dem WeinG geltende Weinwirtschaftsgesetz aufgehoben und die Reglungsinhalte der beiden Gesetze zusammengeführt, um den Betroffenen die Orientierung im Bereich des Weinrechts zu erleichtern (BT-Drs. 12/6060, 28). Das WeinG wurde durch das Weinreformgesetz 1994 neu strukturiert, wobei es insbes. der Entwicklung der EG-Weinmarktordnung und den durch die Verwirklichung des EG-Binnenmarktes veränderten Gegebenheiten angepasst wurde. Um eine schnellere Anpassungen an Änderungen der Weinmarktordnung sowie an veränderte Markterfordernisse zu ermöglichen, wurden zahlreiche, bis zu diesem Zeitpunkt in den Gesetzen selbst vorgesehene Detailregelungen in eine Verordnung verlagert (WeinV = Nr. 805 des Kommentars, vgl. BT-Drs. 12/6060, 28).

5   In der Folge wurde das WeinG **mehrfach geändert,** wobei im Vordergrund die Anpassung an Änderungen im Gemeinschaftsrecht stand (vgl. Erbs/Kohlhaas/*Brehmeier-Metz* Vorb. Rn. 5 ff.; Zipfel/Rathke LebensmittelR/*Boch* Vorb. Rn. 8 ff.). **Wesentliche Änderungen** erfolgten zunächst durch das **Fünfte Gesetz zur Änderung des Weingesetzes v. 29.7.2009,** das zum 4.8.2009 in Kraft trat (BGBl. I 2416 ff., nachfolgend 5. ÄndG). Das Gesetz diente insbes. der Anpassung des WeinG an die Änderungen, die sich aus der VO (EG) Nr. 479/2008 ergaben. Die VO (EG) Nr. 479/2008 war zwischenzeitlich ihrerseits in der **VO (EG) Nr. 1234/2007 des Rates über die einheitliche GMO** integriert worden (sa *Gerhard* NVwZ 2010, 94), die nunmehr mit Wirkung ab dem 1.1.2014 durch die **VO (EU) Nr. 1308/2013** (→ Rn. 2) aufgehoben wurde. Das 5. ÄndG brachte insbes. Änderungen bei der Bezeichnung der Weine (vgl. *Gerhard* NVwZ 2010, 95 f.). Ein wesentliches Element der Kennzeichnung

der Weine sind ab 1.8.2009 **geschützte Ursprungsbezeichnungen** und **geografische Angaben** sowie **traditionelle Begriffe** für Weine. Die bisherigen Kategorien „Tafelwein" und „Qualitätswein" gelten nicht mehr; maßgeblich ist vielmehr nun die Herkunftsangabe. Nach Art. 112 VO (EU) Nr. 1308/2013 dürfen die Mitgliedstaaten aber auch traditionelle Begriffe verwenden, die auf besondere Erzeugungs- oder Reifungsmethoden, die Qualität, die Farbe des Erzeugnisses oder besondere örtliche oder geschicht- liche Verhältnisse hinweisen. Insoweit können **in Deutschland die bisherigen Einstufungen als „Qualitätswein" und „Prädikatswein"** („Kabinett", „Spätlese", „Auslese", „Beerenauslese", „Tro- ckenbeerenauslese" und „Eiswein"; vgl. §§ 19 f.) **beibehalten werden** (vgl. Art. 40 VO (EG) Nr. 607/ 2009). Darüber hinaus wurde ein nationales Vorverfahren zum Schutz von Ursprungsbezeichnungen und geografischen Angaben neu aufgenommen (vgl. BT-Drs. 16/13158, 11 ff.). Weiter wurde das WeinG durch das **Sechste Gesetz zur Änderung des Weingesetzes** v. 5.8.2010 mit Wirkung v. 14.8.2010 (BGBl. I 1136 ff., nachfolgend 6. ÄndG) mit inhaltlicher Relevanz geändert. Durch die Neuregelung sollen für alle Weintrauben, Traubenmost oder Wein erzeugenden Betriebe vergleichbare Wettbewerbs- bedingungen geschaffen und die Qualität der Weinerzeugung sichergestellt werden. Hintergrund des Gesetzes war, dass vor allem in Weinanbaugebieten mit Weintrauben-, Traubenmost- und Fassweinmarkt eine Zunahme vermarktungsfähiger Weinmengen festzustellen war, die nicht von der Hektarertrags- regelung erfasst wurden, was zu Wettbewerbsungleichheiten führte. Daher wurde die Traubenmost- und Weinerzeugung aus nicht selbst erzeugten Weintrauben, nicht selbst erzeugtem Traubenmost oder teil- weise gegorenem Traubenmost der Hektarertragsregelung unterworfen. Das **7. Gesetz zur Änderung des Weingesetzes** v. 14.12.2012 (BGBl. I 2592 ff., nachfolgend 7. ÄndG) brachte mit Wirkung v. 20.12.2012 Änderungen im Zusammenhang mit Jungwein (→ Rn. 17), zudem sollten die Bundesländer durch eine Ermächtigung in die Lage versetzt werden, besondere Bedingungen für Weine, die aus herkunftsgeschützten kleineren geografischen Einheiten stammten, festzulegen (BT Drs. 17/10042, 10). Darüber hinaus erfolgte auch mit dem 7. ÄndG insbes. die Anpassung an zwischenzeitlich eingetretene Änderungen auf gemeinschaftsrechtlicher Ebene. Mit dem **Achten Gesetz zur Änderung des Wein- gesetzes** v. 2.10.2014 (BGBl. I 1586 ff., nachfolgend 8. ÄndG) wurde mit Wirkung v. 15.10.2014 das Weingesetz an die ab dem 1.1.2014 **VO geltende (EU) Nr. 1308/2013** sowie an die ab dem 28.3.2015 geltende **VO (EU) Nr. 251/2014** angepasst. Das Neunte Gesetz zur Änderung des Weingesetzes v. 16.7.2015 (BGBl. I 1207 ff., nachfolgend 9. ÄndG) brachte einerseits Änderungen bei den Anbauregeln. Zudem wurde § 48 redaktionell und § 50 inhaltlich überarbeitet.

C. Verhältnis zum allgemeinen Lebensmittelrecht

Anders als das WeinG 1982 (§ 73 WeinG 1982), enthält das WeinG keine Vorschrift, die das Verhältnis **6** des WeinG zu anderen, allgemeinen lebensmittelrechtlichen Vorschriften regelt. Lediglich vereinzelt finden sich Verweise auf Vorschriften des LFGB. **§ 13 Abs. 4** sieht vor, dass die aufgrund des § 12 Abs. 2 Nr. 1, des § 31 Abs. 2 und des § 32 des LMBG in der bis zum 6.9.2005 geltenden Fassung und die aufgrund des § 7 Abs. 2 Nr. 1 und des § 32 Abs. 1 des LFGB erlassenen Rechtsverordnungen anzuwen- den sind, wenn nicht aufgrund von § 13 Abs. 3 Nr. 2, 4 oder 5 Vorschriften erlassen worden sind, die zum Schutz der Gesundheit oder zur Erhaltung der Eigenart der Erzeugnisse (→ Rn. 13 ff.) bestimmte Behandlungsverfahren und den Einsatz bestimmter Behandlungsstoffe regeln. **§ 13 Abs. 5** ordnet für Rückstände in und auf Weintrauben (→ Rn. 10) die Anwendung von § 9 Abs. 1 LFGB sowie auf der Grundlage von § 9 Abs. 2; § 13 Abs. 5 LFGB ergangenen Verordnungen (bzw. der Vorgängervorschrif- ten des LMBG) an. Daneben finden sich in **§§ 31–33**, die verfahrensrechtliche Vorschriften betreffend die Überwachung und den Informationsfluss enthalten, Verweise bzw. Bezugnahmen auf Vorschriften des LFGB bzw. der VO (EG) Nr. 178/2002 zur Festlegung der allgemeinen Grundsätze und Anforderun- gen des Lebens-mittelrechts, zur Errichtung der Europäischen Behörde für Lebensmittelsicherheit und zur Festlegung von Verfahren zur Lebensmittelsicherheit (nachfolgend BasisVO, → Vorb. LFGB Rn. 2 f.).

Im Hinblick auf die mit dem WeinG verfolgten Zwecke, die über die allgemeinen lebensmittelrecht- **7** lichen hinausgehen (→ Rn. 1), **gelten die Vorschriften des allgemeinen Lebensmittelrechts für die weinrechtlich erfassten Erzeugnisse darüber hinaus grds. nicht**, soweit im WeinG oder in den darauf beruhenden Rechtsverordnungen keine Verweise auf das LFGB oder andere lebensmittelrecht- liche Vorschriften gegeben sind (Zipfel/Rathke LebensmittelR/*Boch* Vorb. Rn. 23; Meyer/Streinz LFGB § 4 Rn. 4). Insoweit kommt **§ 4 Abs. 1 Nr. 4 LFGB,** nachdem die Vorschriften des LFGB und die auf dessen Grundlage erlassenen Rechtsverordnungen mit Ausnahme für die in § 1 Abs. 2 genannten Erzeugnisse (→ Rn. 9 ff.) nicht für Erzeugnisse iSd WeinG (→ Rn. 13 ff.) gelten, lediglich **klarstellende Bedeutung zu** (Meyer/Streinz LFGB § 4 Rn. 4).

Eine § 4 Abs. 1 Nr. 4 entsprechende Regelung findet sich demgegenüber in der BasisVO (→ Rn. 6) **8** nicht. **Unter den Lebensmittelbegriff des Art. 2 BasisVO fallen auch die Erzeugnisse iSd WeinG.** Dies hat zur Folge, dass im Einzelfall zu prüfen ist, ob neben den weinrechtlichen Vorschriften auch allgemeine lebensmittelrechtliche Vorschriften der Gemeinschaft anzuwenden sind (Zipfel/Rathke LebensmittelR/*Boch* Vorb. Rn. 24). In strafrechtlicher Hinsicht ist indes zu beachten, dass Verstöße gegen die Vorschriften des LFGB und der auf dessen Grundlage erlassenen Vorschriften in Rechtsver- ordnungen im Weinsektor derzeit nicht geahndet werden können, da das LFGB aufgrund seines § 4

Abs. 1 Nr. 4 nicht für Erzeugnisse iSd WeinG gilt und die Europäische Gemeinschaft keine Strafverfolgungskompetenz besitzt (vgl. auch Zipfel/Rathke LebensmittelR/*Boch* § 13 Rn. 114).

9 **Ausgenommen vom Anwendungsvorrang** der Vorschriften des WeinG sind die in § 1 Abs. 2 genannten Erzeugnisse. Auf diese Erzeugnisse sind lediglich die in § 1 Abs. 2 genannten §§ 4–12, § 29 und § 30 sowie die aufgrund dieser Vorschriften erlassenen Rechtsverordnungen und daneben **ergänzend die Vorschriften des allgemeinen Lebensmittelrechts** anzuwenden.

10 **§ 1 Abs. 2 Nr. 1** nimmt **Weintrauben, die nicht zur Herstellung von Erzeugnissen** (→ Rn. 13 ff.) **bestimmt sind,** vom Anwendungsbereich des WeinG aus. Weintrauben sind im Gegensatz zu Tafeltrauben, die zum Obst iSd VO (EG) Nr. 1234/2007 zählen (vgl. Art. 1 Abs. 1 Buchst. i iVm Anh. I Teil IX KN-Code 0806 1010 VO (EG) Nr. 1234/2007), grds. Erzeugnisse iSv § 2 Nr. 1 (→ Rn. 18 ff.; sa Art. 1 Abs. 1 Buchst. l iVm Anh. I Teil XII KN-Code 0806 1090 VO (EG) Nr. 1234/2007; Zipfel/Rathke LebensmittelR/*Boch* § 1 Rn. 11; Erbs/Kohlhaas/*Brehmeier-Metz* § 1 Rn. 10). Weintrauben, die zum unmittelbaren Verzehr oder bei der **Herstellung anderer Lebensmittel** (→ Vorb. LFGB Rn. 37 ff.) als Erzeugnisse iSd § 2 Nr. 1 verwendet werden, sind daher teilweise aus dem Anwendungsbereich des Gesetzes auszunehmen. **Maßgeblich ist die konkrete Zweckbestimmung,** die in gleicher Weise zu ermitteln ist, wie iRd Definition des Begriffes Lebensmittel in Art. 2 der VO (EG) Nr. 178/2002 (Zipfel/Rathke LebensmittelR/*Boch* § 1 Rn. 11; → Vorb. LFGB Rn. 38).

11 **Traubensaft iSv § 1 Abs. 2 Nr. 2** zählt grds. ebenfalls zu den Erzeugnissen iSv § 2 Nr. 1 (Art. 1 Abs. 2 Buchst. i iVm Anh. I Teil XII KN-Code 2009 61 VO (EU) Nr. 1308/2013). Nach Art. 3 Abs. 1 Anh. VII Teil II Nr. 1 VO (EU) Nr. 1308/2013 wird Wein aus frischen, auch eingemaischten Weintrauben oder aus Traubenmost, nicht aber aus Traubensaft gewonnen. Vor diesem Hintergrund ist Traubensaft ebenfalls teilweise von dem Anwendungsbereich des WeinG auszunehmen. Traubensaft ist dabei nach **Art. 3 Abs. 1 iVm Anh. II Teil IV Nr. 6 VO (EU) Nr. 1308/2013** das flüssige, nicht gegorene, aber gärfähige Erzeugnis, das aus frischen Weintrauben oder Traubenmost oder durch Rückverdünnung von konzentriertem Traubenmost oder konzentriertem Traubensaft gewonnen worden ist und so behandelt wurde, dass es zum Verbrauch in unverändertem Zustand geeignet ist, wobei ein Alkoholgehalt von bis zu 1 % vol geduldet wird (vgl. auch Zipfel/Rathke LebensmittelR/*Boch* § 1 Rn. 13 ff.; Erbs/Kohlhaas/*Brehmeier-Metz* § 1 Rn. 29 f.). **Konzentrierter Traubensaft,** der nach § 1 **Abs. 2 Nr. 3** aus den nämlichen Gründen wie Traubensaft teilweise aus dem Anwendungsbereich des WeinG ausgenommen ist, ist nach Art. 3 Abs. 1 iVm Anh. II Teil IV Nr. 7 VO (EU) Nr. 1308/2013 der nicht karamellisierte Traubensaft, der durch teilweisen Wasserentzug aus Traubensaft unter Anwendung beliebiger zugelassener Methoden (außer der unmittelbaren Einwirkung von Feuerwärme) so hergestellt wird, dass der bei einer Temperatur von 20 °C mittels eines Refraktometers gemessene Zahlenwert nicht unter 50,9 % liegt, wobei auch hier ein Alkoholgehalt von bis zu 1 % vol geduldet wird.

12 Zuletzt ist nach **§ 1 Abs. 2 Nr. 4 Weinessig** (vgl. Art. 1 Abs. 2 Buchst. l iVm Anh. I Teil XII KN-Code 2209 0011 VO (EU) Nr. 1308/2013) teilweise aus dem Anwendungsbereich des WeinG ausgenommen. Weinessig ist nach **Anh. XIb Nr. 17 VO (EG) Nr. 1234/2007** Essig (vgl. dazu EssigV = Nr. 282 des Kommentars; → EssigV Vorb. Rn. 2 ff.), der ausschließlich durch Essigsäuregärung aus Wein hergestellt wird und einen als Essigsäure berechneten Säuregehalt von mindestens 60g/l aufweist.

D. Erzeugnisse iSd WeinG

I. Allgemeines

13 Die Erzeugnisse des Weinbaus werden vorrangig in den Rechtsakten der Europäischen Gemeinschaften, nunmehr insbes. in der VO (EU) Nr. 1308/2013 sowie in den zu ihrer Durchführung erlassenen Verordnungen definiert. Darüber hinaus finden sich dort weitere wesentliche Begriffsbestimmungen (→ Rn. 50 ff.). Bei der Auslegung der Legaldefinitionen des WeinG (§ 2) sind daher die Begriffsbestimmungen des Gemeinschaftsrechts und insoweit nunmehr insbes. die Definitionen in der VO (EU) Nr. 1308/2013 heranzuziehen.

II. Weinbegriff

14 Das WeinG enthält keine Legaldefinition des Begriffes „Wein", der ein Erzeugnis iSv § 2 Nr. 1 ist (Erbs/Kohlhaas/*Brehmeier-Metz* § 1 Rn. 4). **§ 2 Nr. 1 verweist** insoweit vielmehr auf die **Rechtsakte der Europäischen Gemeinschaft.** Danach findet sich die **maßgebliche Legaldefinition** in Nr. 1 des Anhangs VII Teil II der VO (EU) Nr. 1308/2013. Für diese ist – ebenso wie für die weiteren in Rechtsakten der Gemeinschaft genannten Erzeugnisse des Weinbaus – **unerheblich, wo das Erzeugnis gewonnen bzw. hergestellt wurde** (Zipfel/Rathke LebensmittelR/*Boch* § 2 Rn. 15). Wein ist in Nr. 1 des Anhangs VII Teil II der VO (EU) Nr. 1308/2013 zunächst als Erzeugnis definiert, das ausschließlich durch vollständige oder teilweise **alkoholische Gärung** der frischen, auch eingemaischten **Weintrauben** oder des **Traubenmostes** (→ Rn. 24) gewonnen wird. Bei den **Weintrauben** muss es sich dabei um solche handeln, die nach Art. 81 VO (EU) Nr. 1308/2013 klassifiziert sind. Frische Weintrauben sind dabei nach Art. 3 Abs. 1 iVm Anh. II Teil IV Nr. 4 VO (EU) Nr. 1308/2013 die reifen oder leicht eingetrockneten Früchte der Weinrebe, also die gesamte Traube einschließlich Stiel und Kamm (Erbs/Kohlhaas/*Brehmeier-Metz* § 2 Rn. 4, 36), die mit den üblichen kellerwirtschaftlichen Verfahren eingemaischt oder gekeltert werden und die spontan alkoholisch gären kann. Weintrauben sind **eingemaischt,** wenn sie in der Traubenmühle zermahlen oder zerquetscht wurden (Erbs/Kohlhaas/*Brehmeier-Metz* § 2 Rn. 7). Unter **Keltern** versteht man das Auspressen der Maische, um Traubenmost zu gewinnen (Erbs/Kohlhaas/*Brehmeier-Metz* § 2 Rn. 7). **Alkoholische Gärung** iSd Legaldefinition ist die Umwandlung des im Traubenmost enthaltenen Zuckers in Alkohol und Kohlensäure (Erbs/Kohlhaas/*Brehmeier-Metz* § 2 Rn. 8; Zipfel/Rathke LebensmittelR/*Boch* § 2 Rn. 161 ff.).

Nach Buchst. Art. 78 iVm Anh. VII Teil II Nr. 1 Buchst. a VO (EU) Nr. 1308/2013 weist Wein **15** nach etwaiger Anwendung der in Anh. VIII Teil I Abschn. B genannten Anreicherungsverfahren (→ Rn. 55) einen **vorhandenen Alkoholgehalt** (→ Rn. 53) **von mindestens 8,5 % vol** auf, wenn er aus den Weinbauzonen A und B gem. der Anlage zum Anh. I (in die sämtliche Rebflächen von Deutschland fallen) stammt. Für die anderen Weinbauzonen sieht Art. 78 iVm Anh. VII Teil II Nr. 1 Buchst. a VO (EU) Nr. 1308/2013 einen vorhandenen Alkoholgehalt von mindestens 9 % vol vor. Ausnahmen sieht Art. 78 iVm Anh. VII Teil II Nr. 1 Buchst. b VO (EU) Nr. 1308/2013 vor. Danach ist bei Wein, der **eine geschützte Ursprungsbezeichnung oder eine geschützte geografische Angabe** trägt, ein Mindestgehalt an vorhandenem Alkohol von 4,5 % vol möglich. Art. 78 iVm Anh. VII Teil II Nr. 1 Buchst. c VO (EU) Nr. 1308/2013 weist Wein grds. einen **Gesamtalkoholgehalt** (→ Rn. 53) von **höchstens 15 % vol** auf. Ausnahmen sind nach näherer Maßgabe von Art. 78 iVm Anh. VII Teil II Nr. 1 Buchst. c Spiegelstrich 1 u. 2 VO (EU) Nr. 1308/2013 zulässig.

Zuletzt weist Wein nach Art. 78 iVm Anh. VII Teil II Nr. 1 Buchst. d VO (EU) Nr. 1308/2013 **16** vorbehaltlich etwaiger von der Kommission nach dem Verfahren gem. Art. 75 Abs. 2 VO (EU) Nr. 1308/2013 zu erlassender Ausnahmeregelungen einen als Weinsäure berechneten **Gesamtsäuregehalt** von mindestens 3,5 g je Liter, dh von 46,6 Milliäquivalent je Liter, auf.

Art. 78 iVm Anh. VII Teil II Nr. 2 VO (EU) Nr. 1308/2013 definiert darüber hinaus als **weiteres 17 Erzeugnis,** das **dem Erzeugnis Wein zuzurechnen** ist, den **Jungwein.** Dies ist der Wein, dessen **alkoholische Gärung noch nicht beendet** und der noch **nicht von seiner Hefe getrennt** ist. Von teilweise gegorenem Traubenmost (zB Federweißer) unterscheidet er sich zunächst dadurch, dass **mehr als drei Fünftel des Gesamtalkoholgehaltes** (→ Rn. 53) **erreicht** ist. Zudem darf er noch nicht von der Hefe getrennt sein. **Von der Hefe getrennt** ist ein Wein, wenn er einen Hefeanteil aufweist, der deutlich unter dem beim ersten Abstich erzielten durchschnittlichen Hefeanteil liegt (vgl. Zipfel/Rathke LebensmittelR/*Boch* § 2 Rn. 226). Dabei ist es Sache der nationalen Gerichte, den fraglichen Anteil nach den Weinbautraditionen, die den jeweiligen Wein betreffen, zu beurteilen (EuGH LMRR 1983, 26).

III. Weitere Erzeugnisse des Weinbaus nach Maßgabe der VO (EU) Nr. 1308/2013

Auch hinsichtlich der **weiteren Erzeugnisse,** die nach § 1 Abs. 1 in den Anwendungsbereich des **18** WeinG fallen, weist dieses selbst keine Legaldefinitionen auf. Vielmehr verweist § 2 Nr. 1 auch insoweit auf die in den Rechtsakten der Europäischen Gemeinschaft genannten Erzeugnisse des Weinbaus. Demnach fallen zunächst folgende weitere Erzeugnisse in den Anwendungsbereich des WeinG, die in den **Anhängen zur VO (EU) Nr. 1308/2013** genannt werden:

1. Likörwein. Likörwein (Art. 78 iVm Anh. VII Teil II Nr. 3 VO (EU) Nr. 1308/2013; zB Sherry, **19** Banyuls, Port) ist ein **Weiterverarbeitungsprodukt,** das einen durch Gärung normalerweise nicht erreichbaren hohen Gehalt an Alkohol und Zucker aufweist (Erbs/Kohlhaas/*Brehmeier-Metz* § 2 Rn. 58 f.). Nach Art. 78 iVm Anh. VII Teil II Nr. 3 VO (EU) Nr. 1308/2013 weist Likörwein einen **vorhandenen Alkoholgehalt** (→ Rn. 53) **von mindestens 15 % und höchstens 22 % vol** und einen **Gesamtalkoholgehalt** (→ Rn. 53) von mindestens 17,5 % vol auf. Likörwein wird regelmäßig aus teilweise gegorenem Traubenmost (→ Rn. 24), Wein (→ Rn. 14 ff.) oder einer Mischung der vorgenannten Erzeugnisse gewonnen und weist einen ursprünglichen **natürlichen Alkoholgehalt** (→ Rn. 53) von **mindestens 12 % vol** auf. Ihm wird **neutraler Alkohol** aus Erzeugnissen der Weinrebe einschließlich des bei der Destillation von getrockneten Weintrauben gewonnenen Alkohols mit einem vorhandenen Alkoholgehalt von mindestens 96 % vol **oder Destillat aus Wein** oder getrockneten Weintrauben mit einem vorhandenen Alkoholgehalt von mindestens 52 % vol und höchstens 86 % vol sowie gegebenenfalls konzentrierter Traubenmost (→ Rn. 24) **zugesetzt** (vgl. Art. 78 iVm Anh. VII Teil II Nr. 3 Buchst. 3 VO (EU) Nr. 1308/2013). **Besonderheiten** gelten für in einem von der Kommission nach dem Verfahren gem. Art. 75 Abs. 2 VO (EU) Nr. 1308/2013 festzulegenden Verzeichnis aufgeführte **Likörweine mit Ursprungsbezeichnung oder geografischer Angabe** (vgl. insoweit Art. 78 iVm Anh. VII Teil II Nr. 3 Buchst. c VO (EU) Nr. 1308/2013, ehemals Qualitätslikörweine bA iSv Anh. VI Abschn. L der VO (EG) Nr. 1493/1999).

2. Schaum- und Perlweine. Schaumwein (Art. 78 iVm Anh. VII Teil II Nr. 4 VO (EU) **20** Nr. 1308/2013) ist ebenfalls ein **Weiterverarbeitungsprodukt des Weines** (Erbs/Kohlhaas/*Brehmeier-Metz* § 2 Rn. 63; Zipfel/Rathke LebensmittelR/*Boch* § 2 Rn. 249). Er wird durch erste oder zweite alkoholische Gärung von frischen Weintrauben, Traubenmost oder Wein gewonnen und ist dadurch gekennzeichnet, dass beim Öffnen des Behältnisses **ausschließlich aus der Gärung stammendes Kohlendioxid entweicht.** In geschlossenen Behältnissen weist Schaumwein bei 20° C einen auf gelöstes Kohlendioxid zurückzuführenden **Überdruck von mindestens 3 bar** auf. Die zu seiner Herstellung bestimmte Cuvée (→ Rn. 32) hat einen **Gesamtalkoholgehalt** (→ Rn. 53) von **mindestens 8,5 % vol.** Im Unterschied dazu weist **Qualitätsschaumwein** (Art. 78 iVm Anh. VII Teil II Nr. 5 VO (EU) Nr. 1308/2013) in geschlossenen Behältnissen bei 20° C einen auf gelöstes Kohlendioxid zurückzuführenden **Überdruck von mindestens 3,5 bar** auf. Der zur Herstellung von Qualitätsschaumwein bestimmte Cuvée hat einen **Gesamtalkoholgehalt von mindestens 9 %** vol.

21   **Aromatischer Qualitätsschaumwein** (Art. 78 iVm Anh. VII Teil II Nr. 6 VO (EU) Nr. 1308/2013) ist Qualitätsschaumwein (→ Rn. 20), der bei der Bereitung der Cuvée (→ Rn. 32) **ausschließlich unter Verwendung von Traubenmost oder gegorenem Traubenmost** (→ Rn. 24) **gewonnen** wurde, die von **bestimmten Keltertraubensorten** stammt. Diese sind in der **Anlage 1 zum Anh. II der VO (EG) Nr. 606/2009** festgesetzt. Darüber hinaus ist in Art. 78 iVm Anh. VII Teil II Nr. 6 VO (EU) Nr. 1308/2013 für aromatischen Qualitätsschaumwein vorausgesetzt, dass er in geschlossenen Behältnissen bei 20 °C einen auf gelöstes Kohlendioxid zurückzuführenden **Überdruck von mindestens 3 bar,** einen **vorhandenen Alkoholgehalt** (→ Rn. 53) von **mindestens 6 % vol** und einen **Gesamtalkoholgehalt** (→ Rn. 53) von **mindestens 10 % vol** aufweist.

22   Demgegenüber ist **Schaumwein mit zugesetzter Kohlensäure** (Art. 78 iVm Anh. VII Teil II Nr. 7 VO (EU) Nr. 1308/2013) das Erzeugnis, das aus Wein (→ Rn. 14 ff.) ohne geschützte Ursprungsbezeichnung oder geschützte geografische Angabe hergestellt wird, in geschlossenen Behältnissen bei 20° C einen **auf gelöstes Kohlendioxid zurückzuführenden Überdruck von mindestens 3 bar** aufweist und dadurch gekennzeichnet ist, dass beim Öffnen des Behältnisses **Kohlendioxid** entweicht, **das ganz oder teilweise zugesetzt wurde.**

23   **Perlwein** (Art. 78 iVm Anh. VII Teil II Nr. 8 VO (EU) Nr. 1308/2013; auch moussierender Wein) unterscheidet sich vom Schaumwein zunächst dadurch, dass er in geschlossenen Behältnissen bei 20 °C einen auf endogenes (weineigenes) gelöstes Kohlendioxid zurückzuführenden **Überdruck von mindestens 1 bar und höchstens 2,5 bar** aufweist. Perlwein besitzt einen **vorhandenen Alkoholgehalt** (→ Rn. 53) von **mindestens 7 % vol** und wird aus Wein hergestellt, der einen **Gesamtalkoholgehalt** (→ Rn. 53) von **mindestens 9 % vol** aufweist. Er wird Behältnissen mit einem Inhalt von höchstens 60 Litern abgefüllt. **Perlwein mit zugesetzter Kohlensäure** (Art. 78 iVm Anh. VII Teil II Nr. 9 VO (EU) Nr. 1308/2013) unterscheidet sich vom Perlwein lediglich dadurch, dass die gelöste Kohlensäure keine weineigene sein muss, sondern zugesetzt sein kann.

24   **3. Traubenmost ua. Traubenmost** (Art. 78 iVm Anh. VII Teil II Nr. 10 VO (EU) Nr. 1308/2013) ist das aus **frischen Weintrauben** auf natürlichem Wege oder durch physikalische Verfahren gewonnene **flüssige Erzeugnis,** bei dem ein vorhandener Alkoholgehalt des Traubenmostes von bis zu 1 % vol geduldet wird, um der Tatsache Rechnung zu tragen, dass der Gärprozess schon beginnen kann, bevor die Trauben gepresst werden (Zipfel/Rathke LebensmittelR/ *Boch* § 2 Rn. 282). Auf natürlichem Wege wird er dadurch gewonnen, dass es durch den Eigendruck des Lesegutes in den Traubenbehältern zu Beschädigungen der Beerenhäute kommt, so dass Saft austritt (vgl. Erbs/Kohlhaas// *Brehmeier-Metz* § 2 Rn. 10; Zipfel/Rathke LebensmittelR/ *Boch* § 2 Rn. 284). Bei den physikalischen Verfahren handelt es sich insbes. um die üblichen Verfahren des **Einmaischens** und **Kelterns** (Zipfel/Rathke LebensmittelR/ *Boch* § 2 Rn. 285; → Rn. 14). **Teilweise gegorener Traubenmost** (Art. 78 iVm Anh. VII Teil II Nr. 11 VO (EU) Nr. 1308/2013) ist das durch Gärung von Traubenmost gewonnene Erzeugnis mit einem **vorhandenen Alkoholgehalt** (→ Rn. 53) von **mehr als 1 % vol** und von **weniger als drei Fünfteln seines Gesamtalkoholgehalts** (→ Rn. 53). **Teilweise gegorener Traubenmost aus eingetrockneten Trauben** (Art. 78 iVm Anh. VII Teil II Nr. 12 VO (EU) Nr. 1308/2013) ist das aus eingetrockneten Trauben durch teilweise Gärung eines Traubenmosts gewonnene Erzeugnis mit einem **Gesamtzuckergehalt vor der Gärung von mindestens 272 Gramm je Liter,** dessen **natürlicher und vorhandener Alkoholgehalt nicht geringer als 8 % vol** sein darf. **Eingetrocknete Trauben** sind Trauben, denen durch Lagerung in der Sonne oder im Schatten teilweise Wasser entzogen wurde (vgl. Art. 78 iVm Anh. VII Teil II Nr. 15 Buchst. a VO (EU) Nr. 1308/2013). **Konzentrierter Traubenmost** (Art. 78 iVm Anh. VII Teil II Nr. 13 VO (EU) Nr. 1308/2013) ist der nicht karamellisierte Traubenmost, der durch **teilweisen Wasserentzug aus Traubenmost** unter Anwendung beliebiger zugelassener Methoden außer der unmittelbaren Einwirkung von Feuerwärme so hergestellt wird, dass der bei einer Temperatur von 20 C nach einer gem. Art. 120g VO (EG) Nr. 1234/2007 vorzuschreibenden Refraktometer-Methode gemessene Zahlenwert nicht unter 50,9 % liegt. Ein vorhandener Alkoholgehalt des konzentrierten Traubenmostes von bis zu 1 % vol wird geduldet. **Rektifiziertes Traubenmostkonzentrat** (Art. 78 iVm Anh. VII Teil II Nr. 14 VO (EU) Nr. 1308/2013) ist das Traubenmostkonzentrat, dessen mittels Refraktometer gemessener Zahlenwert nicht unter 61,7 % liegt, das zugelassenen Behandlungen zur Entsäuerung und Entfernung anderer Bestandteile als Zucker unterzogen worden ist und weitere Merkmale nach Art. 78 iVm Anh. VII Teil II Nr. 14 Buchst. c VO (EU) Nr. 1308/2013 aufweist.

25   **4. Wein aus eingetrockneten Trauben. Wein aus eingetrockneten Trauben** (Art. 78 iVm Anh. VII Teil II Nr. 15 VO (EU) Nr. 1308/2013) ist das Erzeugnis, das ohne Anreicherung (iSv Art. 80

iVm Anh. VIII Teil I Abschn. A und B VO (EU) Nr. 1308/2013) aus Trauben, denen durch Lagerung in der Sonne oder im Schatten teilweise Wasser entzogen wurde, hergestellt wird, einen **Gesamt-alkoholgehalt** (→ Rn. 53) von **mindestens 16 % vol,** einen **vorhandenen Alkoholgehalt** (→ Rn. 53) von **mindestens 9 % vol** und einen **natürlichen Alkoholgehalt** (→ Rn. 53) **von mindestens 16 % vol** (oder 272 Gramm Zucker/Liter) aufweist. Mit der **neu eingeführten Erzeugnis-kategorie** ist ua die Grundlage für die Herstellung von sog „Strohwein" geschaffen worden (vgl. zur alten Rechtslage VG Trier ZLR 2004, 729).

5. Wein aus überreifen Trauben. Wein aus überreifen Trauben (Art. 78 iVm Anh. VII Teil II **26** Nr. 16 Buchst. a VO (EU) Nr. 1308/2013) ist das Erzeugnis, das ohne Anreicherung (iSv Art. 80 iVm Anh. VII Teil I Abschn. A und B VO (EU) Nr. 1308/2013) hergestellt wird; einen **natürlichen Alkoholgehalt** (→ Rn. 53) **von mehr als 15 % vol,** einen **Gesamtalkoholgehalt** (→ Rn. 53) **von mindestens 15 % vol** und einen **vorhandenen Alkoholgehalt** (→ Rn. 53) **von mindestens 12 % vol** aufweist. Die Mitgliedstaaten können eine Reifungszeit für dieses Erzeugnis vorsehen.

6. Sonstige Erzeugnisse des Weinsektors nach Art. 3 Abs. 1 iVm Anh. II Teil IV VO (EU) 27 Nr. 1308/2013. Neben der Legaldefinition der „frischen Weintrauben" (→ Rn. 14) und des Trauben-saftes und dessen Erzeugnisse (→ Rn. 11) finden sich in Art. 3 Abs. 1 iVm Anh. II Teil IV **VO (EU) Nr. 1308/2013** weitere Definitionen von Erzeugnissen des Weinsektors.

Hierbei handelt es sich zunächst um **durch Zusatz von Alkohol stummgemachten Most aus 28 frischen Weintrauben.** Dies ist nach Art. 3 Abs. 1 iVm Anh. II Teil IV Nr. 5 VO (EU) Nr. 1308/2013 ein Erzeugnis, das gewonnen wird, indem **ungegorenem Traubenmost** (→ Rn. 24), der einen natürlichen Alkoholgehalt (→ Rn. 53) von mindestens 8,5 % vol aufweist und ausschließlich von nach Art. 81 Abs. 2 VO (EU) Nr. 1308/2013 klassifizierbaren Keltertraubensorten stammt, neutraler, aus Erzeugnissen der Weinrebe gewonnener **Alkohol** mit einem vorhandenen Alkoholgehalt (→ Rn. 53) von mindestens 96 % vol oder ein aus der Destillation von Wein hervorgegangenes Erzeugnis mit einem vorhandenen Alkoholgehalt von mindestens 52 % vol und höchstens 80 % vol **hinzugefügt wird** und das selbst einen **vorhandenen Alkoholgehalt** von **mindestens 12 % vol** und **höchstens 15 % vol** aufweist (vgl. Zipfel/Rathke LebensmittelR/*Boch* § 2 Rn. 167 ff.).

Weiter definiert Art. 3 Abs. 1 iVm Anh. II Teil IV Nr. 8 VO (EU) Nr. 1308/2013 den **Weintrub 29** (früher auch Weinhefe; vgl. Zipfel/Rathke LebensmittelR/*Boch* § 2 Rn. 183). Hierbei handelt es sich um den **Rückstand, der sich in den Behältern, die Wein oder Traubenmost enthalten,** während der Lagerung oder nach einer zulässigen Behandlung bzw. (bei Weinbehältern) nach der Gärung **absetzt** oder durch die Filterung oder Zentrifugierung gewonnen wird.

Traubentrester ist nach Art. 3 Abs. 1 iVm Anh. II Teil IV Nr. 9 VO (EU) Nr. 1308/2013 der **30** gegorene oder ungegorene **Rückstand bei der Kelterung** von frischen Weintrauben (vgl. Zipfel/Rathke LebensmittelR/*Boch* § 2 Rn. 188 ff.; Erbs/Kohlhaas/*Brehmeier-Metz* § 2 Rn. 80 f.); **Trester-wein** das Erzeugnis, das durch die Gärung von nicht behandeltem, in Wasser aufgeschwemmtem Traubentrester oder durch Auslaugen von gegorenem Traubentrester mit Wasser gewonnen wird (Art. 3 Abs. 1 iVm Anh. II Teil IV Nr. 10 VO (EU) Nr. 1308/2013; sa Zipfel/Rathke LebensmittelR/*Boch* § 2 Rn. 192; Erbs/Kohlhaas//*Brehmeier-Metz* § 2 Rn. 82 f.).

Art. 3 Abs. 1 iVm Anh. II Teil IV Nr. 11 VO (EU) Nr. 1308/2013 definiert **Brennwein** als **31** Erzeugnis, das einen **vorhandenen Alkoholgehalt** (→ Rn. 53) von **mindestens 18 %** vol und **höchs-tens 24 %** vol aufweist und ausschließlich **dadurch gewonnen** wird, dass **einem Wein** ohne Rest-zucker ein nicht rektifiziertes, aus der Destillation von Wein hervorgegangenes **Erzeugnis mit einem vorhandenen Alkoholgehalt von höchstens 86 % vol zugesetzt** wird, und einen Gehalt an flüchti-ger Säure von höchstens 1,5g/l, berechnet als Essigsäure, aufweist. Brennwein ist das Ausgangsprodukt der Branntweinherstellung (vgl. Zipfel/Rathke LebensmittelR/*Boch* § 2 Rn. 196; Erbs/Kohlhaas/*Breh-meier-Metz* § 2 Rn. 84 f.).

Zuletzt sind im Zusammenhang mit der **Schaumweinherstellung** folgende Begriffe von Bedeutung: **32** Bei **Cuvée** handelt es sich nach Art. 3 Abs. 1 iVm Anh. II Teil IV Nr. 12 VO (EU) Nr. 1308/2013 um Traubenmost (→ Rn. 24), Wein (→ Rn. 14 ff.) oder die Mischung von Traubenmost und/oder Weinen mit verschiedenen Merkmalen, die zur Herstellung einer bestimmten Art von Schaumwein (→ Rn. 20 ff.) bestimmt sind. Dieser wird die **Fülldosage** zur Einleitung der Schaumbildung zugesetzt (vgl. Art. 5 iVm Anh. II Abschn. A Nr. 1 Buchst. a VO (EG) Nr. 606/2009). Die Zusammensetzung der Fülldosage bestimmt sich je nachdem, ob es sich um Schaumwein oder Qualitätsschaumwein handelt (→ Rn. 20 f.) nach Art. 5 iVm Anh. II Abschn. A Nr. 11 oder Abschn. B Nr. 1 VO (EG) Nr. 606/2009. Demgegen-über handelt es sich bei der sog **Versanddosage** nach Art. 5 iVm Anh. II Abschn. A Nr. 1 Buchst. b VO (EG) Nr. 606/2009 um das Erzeugnis, das dem Schaumwein zugesetzt wird, um einen bestimmten Geschmack zu erzielen. Deren Zusammensetzung bestimmt sich grds. nach Art. 5 iVm Anh. II Abschn. A Nr. 2 VO (EG) Nr. 606/2009.

IV. Erzeugnisse iSd VO (EU) Nr. 251/2014

Neben der VO (EU) Nr. 1308/2013 enthält die **VO (EU) Nr. 251/2014** in Art. 3 Begriffsbestim- **33** mungen, auf die in § 2 Nr. 1 Bezug genommen wird. **Die VO (EU) Nr. 251/2014 trat ab dem**

28.3.2015 an die Stelle der VO (EWG) Nr. 1601/91, ohne dass damit allerdings wesentliche inhaltliche Änderungen iRd Begriffsbestimmungen einhergehen.

34   **1. Aromatisierter Wein. Aromatisierter Wein** (Wein-Aperitif; vgl. Zipfel/Rathke LebensmittelR/*Boch* § 2 Rn. 309 ff.) ist nach Art. 3 Abs. 2 VO (EU) Nr. 251/2014 das Getränk, das **aus einem oder mehreren der Weinbauerzeugnisse** (→ Rn. 13 ff.) gewonnen, sowie gegebenenfalls mit Traubenmost und/oder teilweise gegorenem Traubenmost und mit Alkohol versetzt wird. Der **Anteil** des bei der Herstellung eines aromatisierten Weins **verwendeten Weins** (→ Rn. 14 ff.) und/oder mit Alkohol stummgemachten Mosts aus frischen Weintrauben (→ Rn. 28) muss im Fertigerzeugnis **mindestens 75 %** betragen. Zudem wird das Erzeugnis einer **Aromatisierung** mit Hilfe von natürlichen Aromastoffen, natürlichen Aromaextrakten, Würzkräutern, Gewürzen und/oder geschmackgebenden Nahrungsmitteln unterzogen (vgl. Anhang I Ziffer 1 VO (EU) Nr. 251/2014; VG Trier ZLR 2006, 645). Er weist einen **vorhandenen Alkoholgehalt** (→ Rn. 53) **von mindestens 14,5 % vol** und **weniger als 22 % vol** und einen **Gesamtalkoholgehalt** (→ Rn. 53) **von mindestens 17,5 % vol** auf. Aromatisierter Wein wird im Allgemeinen einer **Süßung und gegebenenfalls einer Färbung unterzogen.** Die Bezeichnung aromatisierter Wein kann nach näherer Maßgabe von Art. 5 VO (EU) Nr. 251/2014 ersetzt werden durch die Bezeichnung Wermut oder Wermutwein, „Bitter vino", „Americano", „Cremovo", „Cremovo zabaione" und Väkevä viiniglögi oder Starkvinsglögg (vgl. auch Anhang II VO (EU) Nr. 251/2014).

35   **2. Aromatisierte weinhaltige Getränke. Die aromatisierten weinhaltigen Getränke** (Art. 3 Abs. 3 VO (EU) Nr. 251/2014; vgl. Zipfel/Rathke LebensmittelR/*Boch* § 2 Rn. 331 ff.) werden im Gegensatz zum aromatisierten Wein **nicht mit Alkohol versetzt** und **aus Wein (nicht aber aus anderen Erzeugnissen) gewonnen,** der gegebenenfalls mit Traubenmost und/oder teilweise gegorenem Traubenmost versetzt wird. Der **Anteil** des bei der Herstellung eines weinhaltigen aromatisierten Getränks verwendeten **Weins** muss im Fertigerzeugnis **mindestens 50 %** betragen. Hinzu kommt die **Aromatisierung nach Maßgabe von Anhang I Ziffer 1** VO (EU) Nr. 251/2014 (VG Trier LMRR 2003, 91). Aromatisierte weinhaltige Getränke können gegebenenfalls einer Süßung unterzogen werden und weisen einen **vorhandenen Alkoholgehalt** (→ Rn. 53) **von mindestens 4,5 % vol** und **nicht mehr als 14,5 % vol** auf. Die Bezeichnung aromatisierter Wein kann nach näherer Maßgabe von Anhang II B VO (EU) Nr. 251/2014 ua ersetzt werden durch die Bezeichnung Sangria, Clarea, Zurra, Bitter Soda, Kalte Ente, Glühwein, ViiniglögiVinglögg, Maiwein, Maitrank oder Pelin.

36   **3. Aromatisierter weinhaltiger Cocktail. Aromatisierter weinhaltiger Cocktail** (Art. 3 Abs. 4 VO (EU) Nr. 251/2014; Zipfel/Rathke LebensmittelR/*Boch* § 2 Rn. 341 ff.) ist das Getränk, das **aus Wein und/oder Traubenmost gewonnen,** aromatisiert (VG Trier LMRR 2006, 47) und gegebenenfalls einer Süßung und/oder einer Färbung unterzogen wurde. Der **Anteil des Weins** und/oder des Traubenmosts, der bei der Herstellung eines aromatisierten weinhaltigen Cocktails verwendet worden ist, muss im Fertigerzeugnis **mindestens 50 %** betragen. Auch der aromatisierte weinhaltige Cocktail ist **nicht mit Alkohol versetzt** und weist einen **vorhandenen Alkoholgehalt** von **weniger als 10 % vol** auf.

37   **4. Weinhaltige Getränke.** Weinhaltige Getränke sind nicht von der VO (EU) Nr. 251/2014 erfasst, nach § 2 Nr. 1 aber ebenfalls ein dem Anwendungsbereich des WeinG unterfallendes Erzeugnis. Sie sind in § 2 Nr. 2 legaldefiniert als unter Verwendung von Erzeugnissen des Weinbaus (→ Rn. 13 ff.) hergestellte, üblicherweise unverändert dem Verzehr dienende, nicht aromatisierte alkoholische Getränke, wenn der Anteil der Erzeugnisse im fertigen Getränk mehr als 50 % beträgt und bei der Herstellung eine Gärung nicht stattgefunden hat (zB Weinschorle, VG Trier NVwZ-RR 2005, 33; vgl. auch Zipfel/Rathke LebensmittelR/*Boch* § 2 Rn. 16 ff.). Demnach können (anders als die aromatisierten weinhaltigen Getränke) die weinhaltigen Getränke auch aus anderen Erzeugnissen als Wein hergestellt werden. Eine Einschränkung ergibt sich jedoch aus § 18 Abs. 2 und Abs. 3 WeinV. Eine Begrenzung des Alkoholgehaltes sieht die Legaldefinition in § 2 Nr. 2 nicht vor. Theoretisch können weinhaltige Getränke daher auch einen Alkoholgehalt von mehr als 20 % aufweisen. Eine Einschränkung ergibt sich jedoch aus dem Ausschluss der Gärung bei der Herstellung, weshalb der Alkoholgehalt des weinhaltigen Getränkes nur aus den Ausgangsstoffen stammen darf (Zipfel/Rathke LebensmittelR/*Boch* § 2 Rn. 24).

E. Tathandlungen nach § 2

I. Allgemeines

38   Die für die Straftat- und Bußgeldtatbestände maßgeblichen **Tathandlungen** sind allesamt in **§ 2 legaldefiniert.** Darüber hinaus finden sich zunächst in den Anhängen und den Anlagen zur **VO (EU) Nr. 1308/2013** (vgl. Art. 3 iVm Anh. II Teil IV VO (EU) Nr. 1308/2013), die insbes. im Zusammenhang mit Verstößen gegen unmittelbar geltende Vorschriften in Rechtsakten der Europäischen Gemein-

schaft (§ 48 Abs. 1 Nr. 3, 4; § 49 Nr. 6, 7) maßgeblich sind (→ Rn. 50 ff.). Aufgrund der Besonderheiten des Weinanbaus, der Weinherstellung und der speziellen gemeinschaftsrechtlichen Gegebenheiten im Weinrecht, decken sich eine Vielzahl der im WeinG und in den auf dessen Grundlage ergangenen Verordnungen verwendeten Begriffe nicht mit den gleichlautenden Begriffen des allgemeinen Lebensmittelrechts.

II. Verarbeiten

Das **Verarbeiten** ist in § 2 Nr. 10 als Herstellen, Abfüllen und Umfüllen definiert. Das **Herstellen** ist **39** seinerseits in **§ 2 Nr. 11** definiert als jedes Behandeln, Verschneiden, Verwenden und jedes sonstige Handeln, durch das bei einem Erzeugnis eine Einwirkung erzielt wird; sowie das Lagern, soweit das WeinG bzw. auf dessen Grundlage erlassene Rechtsverordnungen das Lagern für erforderlich erklärt oder soweit gelagert wird, um dadurch auf das Erzeugnis einzuwirken.

Die in der Legaldefinition des **§ 2 Nr. 11 aufgenommenen Begriffe** sind teilweise **ihrerseits** **40** **eigenständig definiert.** Darüber hinaus erfasst § 2 Nr. 11 als **Herstellen jedes sonstige Handeln,** **durch das bei einem Erzeugnis eine Einwirkung** erzielt wird. Dies ist der Fall, wenn eine stoffliche Änderung hervorgerufen wird (Erbs/Kohlhaas/*Brehmeier-Metz* § 2 Rn. 96 mwN; Zipfel/Rathke LebensmittelR/*Boch* § 2 Rn. 39). Anders als bei § 3 Nr. 2 LFGB wird im WeinG das Gewinnen des Urproduktes nicht dem Herstellen zugerechnet. Die Weinlese ist daher kein Herstellen iSd WeinG (Erbs/Kohlhaas/*Brehmeier-Metz* § 2 Rn. 96; Zipfel/Rathke LebensmittelR/*Boch* § 2 Rn. 41 mwN). Das **Lagern** ist – neben den Fällen in denen das WeinG bzw. auf dessen Grundlage erlassene Rechtsverordnungen das Lagern für erforderlich erklärt – dann Herstellen iSv § 2 Nr. 11, wenn mit dem Lagern bezweckt wird, auf das Erzeugnis einzuwirken, mithin eine stoffliche Änderung hervorgerufen werden soll. Insoweit ist nicht erforderlich, dass diese tatsächlich erzielt wird (Zipfel/Rathke LebensmittelR/ *Boch* § 2 Rn. 40).

Das **Behandeln** als Unterfall des Herstellens definiert **§ 2 Nr. 12** zunächst als das Zusetzen von **41** Stoffen. **Zusetzen** ist nach **§ 2 Nr. 13** das Hinzufügen von Stoffen mit Ausnahme des Verschneidens und das Übergehen von Stoffen von Behältnissen oder sonstigen der Verarbeitung oder Lagerung dienenden Gegenständen auf ein Erzeugnis, soweit nicht im Gesetz oder in einer aufgrund des Gesetzes erlassenen Rechtsverordnung bestimmt ist, dass ein solches Übergehen nicht als Zusetzen gilt (vgl. insoweit zB § 13 Abs. 2). **Zusetzbare Stoffe** können feste, gasförmige oder flüssige Substanzen sein (Zipfel/Rathke LebensmittelR/*Boch* § 2 Rn. 46), wobei für die Tathandlung deren Herkunft und Beschaffenheit ebenso unbeachtlich ist, wie die Frage, ob der Stoff zugesetzt werden darf (Zipfel/Rathke LebensmittelR/*Boch* § 2 Rn. 46). Erfasst ist dabei auch das mittelbare Zusetzen (Zipfel/Rathke LebensmittelR/*Boch* § 2 Rn. 48). Vorschriften, die das Zusetzen von Stoffen regeln, enthalten § 13 sowie § 11 WeinV.

Unter **Anwenden von Verfahren** als weiterem Unterfall des Behandelns iSv § 2 Nr. 12 ist jede **42** durch menschliches Handeln beeinflusste Änderung der chemischen oder physikalischen Beschaffenheit eines Stoffes (oder unter stofflicher Umstände) zu verstehen, zB die Erwärmung, die Kühlung oder das Bewirken mikrobiologischer Prozesse wie der Gärung (Zipfel/Rathke LebensmittelR/*Boch* § 2 Rn. 43). Die iE zulässigen önologischen Verfahren und Behandlungen ergeben sich aus Art. 8 iVm Anh. VII VO (EU) Nr. 1308/2013 sowie aus Art. 3 ff. der VO (EG) Nr. 606/2009 (→ Rn. 54).

Verschneiden ist nach **§ 2 Nr. 14** das Vermischen von Erzeugnissen miteinander und untereinander. **43** Insoweit ist zu beachten, dass für Wein gemeinschaftsrechtliche Vorschriften betreffend den Verschnitt in Art. 7 f. VO (EG) Nr. 606/2009 enthalten sind, die diesbezüglichen Vorschriften des WeinG vorgehen. Verschnitt im gemeinschaftsrechtlichen Sinne ist dabei nach **Art. 7 Abs. 1 VO (EG)** **Nr. 606/2009** das Vermischen von Weinen und Mosten mit unterschiedlicher Herkunft, aus verschiedenen Rebsorten, aus verschiedenen Erntejahren oder aus verschiedenen Wein- oder Traubenmostkategorien, nicht aber das Vermischen von Wein oder Most der der gleichen Kategorie (Weinart) miteinander (Zipfel/Rathke LebensmittelR/*Boch* § 2 Rn. 57). Demnach erfasst das Verschneiden iSv § 2 Nr. 14 einerseits das Vermischen der Erzeugnisse iSv § 2 Nr. 1 miteinander und andererseits das Vermischen eines Erzeugnisses aus zwei verschiedenen Behältnissen untereinander (Zipfel/Rathke LebensmittelR/*Boch* § 2 Rn. 56; VG Koblenz LMRR 1994, 73).

Verwenden iSv § 2 Nr. 16 ist jedes Verarbeiten eines Erzeugnisses zu einem anderen Erzeugnis. **44** Verarbeiten iSv Nr. 16 ist dabei jede Einwirkung auf das Erzeugnis bei der Herstellung eines anderen Erzeugnisses, das in § 2 Nr. 1 definiert ist (Zipfel/Rathke LebensmittelR/*Boch* § 2 Rn. 87 ff.).

Das **Abfüllen** als Unterfall des Verarbeitens iSv § 2 Nr. 10 definiert **§ 2 Nr. 15** als das Einfüllen in **45** ein Behältnis, dessen Rauminhalt nicht mehr als 60 Liter beträgt und das anschließend fest verschlossen wird, das Einfüllen in ein größeres oder ein offenes Behältnis unterfällt dem Begriff des Verarbeitens, nur dann, wenn es sich um ein Umfüllen handelt (Zipfel/Rathke LebensmittelR/*Boch* § 2 Rn. 38). Unter Umfüllen ist das Entnehmen eines Erzeugnisses aus einem Behältnis, in dem sich das Erzeugnis bereits befindet, und das Einfüllen in ein anderes Behältnis zu verstehen (Zipfel/Rathke LebensmittelR/*Boch* § 2 Rn. 38).

III. Inverkehrbringen

46   Das **Inverkehrbringen** ist in § 2 Nr. 18 definiert als das Anbieten, Vorrätighalten zum Verkauf oder zu sonstiger Abgabe, Feilhalten und jedes Abgeben an andere; nicht als Inverkehrbringen gilt das Anstellen eines Erzeugnisses bei der Prüfungsbehörde zur Erteilung einer Amtlichen Prüfungsnummer. Dies entspricht der bisherigen in § 7 Abs. 1 LMBG enthaltenen Begriffsbestimmung des allgemeinen Lebensmittelrechts. Dort gilt nunmehr die Begriffsbestimmung des Art. 3 Nr. 8 BasisVO, die § 2 Nr. 18 vorgeht (Zipfel/Rathke LebensmittelR/*Boch* § 2 Rn. 91). Insoweit kann auf die diesbezüglichen Ausführungen verwiesen werden (→ Vorb. LFGB Rn. 45).

IV. Verwerten

47   **Verwerten** ist nach § 2 Nr. 17 jedes Verarbeiten eines Erzeugnisses zu einem anderen Lebensmittel, das kein Erzeugnis iSv § 2 Nr. 1 ist. Auch hier ist unter Verarbeiten jedes Einwirken auf ein Erzeugnis iSv § 2 Nr. 1 zu verstehen (Zipfel/Rathke LebensmittelR/*Boch* § 2 Rn. 87 ff.), das bei der Herstellung eines anderen Lebensmittels (→ Vorb. LFGB Rn. 37 ff.) erfolgt.

V. Ein- und Ausfuhr

48   **Einfuhr iSv § 2 Nr. 19** ist Verbringen von Nichtgemeinschaftswaren und von Waren aus Vertragsstaaten (vgl. § 2 Nr. 5) in das Inland, sprich den Geltungsbereich des WeinG (Erbs/Kohlhaas/*Brehmeier-Metz* § 2 Rn. 109; Zipfel/Rathke LebensmittelR/*Boch* § 2 Rn. 103), **Ausfuhr** demgegenüber nach **§ 2 Nr. 20** das Verbringen von Gemeinschaftswaren in einen Vertragsstaat oder in ein Drittland. Keine Ein- bzw. Ausfuhr stellt der **Transport von Erzeugnissen über Binnengrenzen der EG** dar, hierbei handelt es sich vielmehr um ein schlichtes **Verbringen,** worunter allgemein jede Ortsveränderung einer Ware zu verstehen ist (Zipfel/Rathke LebensmittelR/*Boch* § 2 Rn. 108).

VI. Unterlassen

49   Die Verwirklichung der an die vorstehenden Tathandlungen (insbes. an das Inverkehrbringen, → Rn. 46) anknüpfenden Tatbestände ist nach den allgemeinen Regeln auch durch begehungsgleiches **Unterlassen** möglich. Insoweit kann auf die Ausführungen in der Kommentierung des → Vorb. LFGB Rn. 49 verwiesen werden.

F. Weitere Begriffsbestimmungen

50   Über die vorstehenden Begriffsbestimmungen hinaus, sind folgende Begriffsbestimmungen für die Anwendung des WeinG von Bedeutung:
Im Zusammenhang mit Reben sind nach Art. 3 iVm Anh. II Teil IV VO (EU) Nr. 1308/2013 die Begriffe „ Roden", „Pflanzen" und „Umveredelung" definiert, denen insbs. im Zusammenhang mit den Regelungen des **Produktionspotenzials im Weinsektor** (Art. 85a ff. VO (EG) Nr. 1234/2007, die nach Art. 230 Abs. 1 S. 2 Buchst. b VO (EU) Nr. 1308/2013 fortgelten) Bedeutung zukommt. Danach ist **Roden** die vollständige Beseitigung der Rebstöcke, die sich auf einer mit Reben bepflanzten Fläche befinden (Art. 3 iVm Anh. II Teil IV Nr. 1 VO (EU) Nr. 1308/2013), **Anpflanzen** das endgültige Auspflanzen veredelter oder unveredelter Reben oder Rebenteile zum Zwecke der Erzeugung von Trauben oder zum Anlegen eines Bestandes für die Erzeugung von Edelreisern (Art. 3 iVm Anh. II Teil IV VO (EU) Nr. 21308/2013) und **Umveredelung** die Veredelung eines Rebstocks, an dem schon vorher eine Veredelung vorgenommen wurde (Art. 3 iVm Anh. II Teil IV Nr. 3 VO (EU) Nr. 1308/2013).

51   Roden, Pflanzen und Umveredelung sind dabei Maßnahmen des Anbaus von Wein usw, den das WeinG regelt (→ Rn. 3). Der Begriff des **Anbaus** ist im WeinG nicht definiert. Darunter fallen alle Maßnahmen, die die Auswahl und Beeinflussung des Bodens der Rebflächen, die Auswahl der Rebpflanzen und die Behandlung des Bodens und der Rebpflanzen bis zur Ernte der Weintrauben umfassen (Zipfel/Rathke LebensmittelR/*Boch* § 1 Rn. 6).

52   Ebenfalls nicht im WeinG definiert ist der Begriff der **Absatzförderung.** Darunter sind solche Maßnahmen zu verstehen, die der Vermarktung der Erzeugnisse (→ Rn. 13 ff.) dienen und staatlich beeinflusst werden, nicht aber solche, die der Erzeuger usw in diesem Zusammenhang selbst ergreift (Zipfel/Rathke LebensmittelR/*Boch* § 1 Rn. 9). Entsprechende Regelungen finden sich in den §§ 37–47, die die Absatzförderung betreffen.

53   Namentlich im Zusammenhang mit den **Anreicherungsverfahren** (→ Rn. 55) sind die nach Art. 3 iVm Anh. II Teil IV Nr. 13–19 VO (EU) Nr. 1308/2013 definierten unterschiedlichen **Alkoholgehalte** von Bedeutung. Insoweit ist zwischen **vorhandenem** und **potenziellem Alkoholgehalt,** dem **Gesamtalkoholgehalt** (Summe aus vorhandenem und potenziellem Alkoholgehalt) und dem **natürlichen Alkoholgehalt** (Gesamtalkoholgehalt des betreffenden Erzeugnisses vor jeglicher Anreicherung) zu unterscheiden.

G. Önologische Verfahren
I. Allgemeines

Nach Art. 80 VO (EU) Nr. 1308/2013 dürfen in der Europäischen Gemeinschaft Erzeugnisse des **54** Weinsektors (→ Rn. 13 ff.) nur unter Verwendung der **nach dem Gemeinschaftsrecht zugelassenen önologischen Verfahren** hergestellt und haltbar gemacht werden. Zugelassene önologische Verfahren sind dabei zunächst in **Anh. VIII Teil I VO (EU) Nr. 1308/2013** festgelegt. Daneben werden weitere diesbezügliche Regelungen in der **VO (EG) Nr. 606/2009** getroffen. Zudem müssen die Erzeugnisse im Einklang mit den in **Anh. VIII Teil II VO (EU) Nr. 1308/2013** festgelegten Einschränkungen hergestellt werden. Für Erzeugnisse, die **diesen Vorgaben nicht entsprechen,** statuiert **Art. 80 Abs. 2 VO (EU) Nr. 1308/2013 ein Verkehrsverbot.**

II. Verfahren nach der VO (EU) Nr. 1308/2013

Art. 80 iVm Anh. VIII Teil I und II VO (EU) Nr. 1308/2013 regelt die **Anreicherung 55** (→ Rn. 58), sprich die Erhöhung des natürlichen Alkoholgehalts (→ Rn. 53) unter Berücksichtigung der Anreicherungsgrenzen nach Maßgabe von Art. 80 iVm Anh. VIII Teil I Abschn. A VO (EU) Nr. 1308/2013 und nach den nach Art. 80 iVm Anh. VIII Teil I Abschn. B VO (EU) Nr. 1308/2013 zugelassenen Anreicherungsverfahren (Zugabe von Saccharose durch Trockenzuckerung, konzentriertem Traubenmost oder rektifiziertem Traubenmostkonzentrat; teilweise Konzentrierung durch Kälte). Die Anreicherung ist grds. nur dann zulässig, wenn es die **Witterungsverhältnisse** erforderlich machen (Art. 80 iVm Anh. VIII Teil I Abschn. A Nr. 1 VO (EU) Nr. 1308/2013).

Weitere önologische Verfahren sind nach Art. 80 iVm Anh. VIII Teil I Abschn. C VO (EU) **56** Nr. 1308/2013 die **Säuerung und Entsäuerung** (→ Rn. 58). Deren Zulässigkeit bestimmt sich abhängig von der jeweiligen Weinbauzone iSd Anlage I zu Anh. VII VO (EU) Nr. 1308/2013. Die in Art. 80 iVm Anh. VIII Teil I Abschn. C Nr. 2–4 VO (EU) Nr. 1308/2013 maßgeblichen Grenzwerte sind zu berücksichtigen.

Hinsichtlich sämtlicher Verfahren trifft Art Art. 80 iVm Anh. VIII Teil I Abschn. D VO (EU) **57** Nr. 1308/2013 weitere Regelungen, insbes. über die **zulässigen Orte und Zeiträume** sowie die diesbezüglichen **Melde- und Aufzeichnungspflichten.**

III. Verfahren nach der VO (EG) Nr. 606/2009

Neben die Regelungen in der VO (EG) Nr. 1234/2007 treten die **Vorschriften der VO (EG) 58 Nr. 606/2009** (auch EU-ÖnologiekodexVO), die die Durchführungsbestimmungen hinsichtlich der in Art. 80 VO (EU) Nr. 1308/2013 getroffenen Regelungen festlegen. **Art. 3** VO (EG) Nr. 606/2009 regelt insoweit iVm Anlage I die zugelassenen önologischen **Verfahren und Einschränkungen für die Erzeugung und Haltbarmachung** von Erzeugnissen des Weinbaus (→ Rn. 13 ff.). **Art. 5** VO (EG) Nr. 606/2009 enthält die speziellen Regelungen der önologischen Verfahren für **Schaumwein** (→ Rn. 20 ff.), **Art. 6** VO (EG) Nr. 606/2009 regelt die speziellen önologischen Verfahren für **Likörweine** (→ Rn. 19 ff.), **Art. 7 f.** VO (EG) Nr. 606/2009 betrifft das **Verschneiden** (→ Rn. 43) und Mischen von Erzeugnissen, **Art. 9** VO (EG) Nr. 606/2009 enthält **Reinheits- und Identitätskriterien** für die bei den önologischen Verfahren verwendeten Stoffe. **Weitere Vorschriften für die Anreicherung** (→ Rn. 55) sowie die Säuerung und Entsäuerung (→ Rn. 56) finden sich in **Art. 11 ff.** VO (EG) Nr. 606/2009.

§ 48 Strafvorschriften

(1) Mit Freiheitsstrafe bis zu drei Jahren oder mit Geldstrafe wird bestraft, wer
1. in anderen als den in § 49 Satz 1 Nummer 1, 2, 4, 5 oder Nummer 6 oder § 50 Absatz 2 Satz 1 Nummer 1 oder Nummer 6 bis 10 bezeichneten Fällen entgegen einer Vorschrift dieses Gesetzes ein Erzeugnis oder ein Getränk, das mit einem Erzeugnis verwechselt werden kann, verarbeitet, in den Verkehr bringt, mit anderen Getränken vermischt in den Verkehr bringt, einführt, ausführt, verwendet, verwertet, lagert oder transportiert,
2. einer Rechtsverordnung nach § 13 Absatz 3, § 14 Nummer 1 oder 3, § 15 Nummer 3, § 16 Absatz 1a Nummer 1 oder Absatz 2 Satz 1 in Verbindung mit Satz 2 Nummer 1 oder 2, § 17 Absatz 2 Nummer 1, § 22 Absatz 2, § 27 Absatz 2 oder § 35 Absatz 2 zuwiderhandelt, soweit sie für einen bestimmten Tatbestand auf diese Strafvorschrift verweist,
3. in anderen als den in Nummer 4, § 49 Satz 1 Nummer 6 oder Nummer 7 bezeichneten Fällen entgegen einer unmittelbar geltenden Vorschrift in Rechtsakten der Europäischen Gemeinschaft oder der Europäischen Union eine der in Nummer 1 bezeichneten Handlungen begeht, soweit eine Rechtsverordnung nach § 51 für einen bestimmten Tatbestand auf diese Strafvorschrift verweist oder
4. einer unmittelbar geltenden Vorschrift in Rechtsakten der Europäischen Gemeinschaft oder der Europäischen Union zuwiderhandelt, die inhaltlich einer Regelung entspricht, zu

der die in Nummer 2 genannten Vorschriften ermächtigen, soweit eine Rechtsverordnung nach § 51 für einen bestimmten Tatbestand auf diese Strafvorschrift verweist.

(2) Wer eine der in Absatz 1 bezeichneten Handlungen fahrlässig begeht, wird mit Freiheitsstrafe bis zu einem Jahr oder mit Geldstrafe bestraft.

(3) ¹In besonders schweren Fällen ist die Strafe Freiheitsstrafe von sechs Monaten bis zu fünf Jahren. ²Ein besonders schwerer Fall liegt in der Regel vor, wenn der Täter durch eine der in Absatz 1 bezeichneten Handlungen die Gesundheit einer großen Zahl von Menschen gefährdet oder einen anderen in die Gefahr des Todes oder einer schweren Schädigung an Körper oder Gesundheit bringt.

A. Allgemeines

1   Bei den Straftat- und Bußgeldbeständen des WeinG, und somit auch bei § 48, handelt es sich durchgängig um **Blankettstraf- und -bußgeldtatbestände** (→ Vorb. LFGB Rn. 19 ff.), bei denen **die Schaffung einer abstrakten Gefahr** für die geschützten Rechtsgüter (→ Vorb. LFGB Rn. 27) unter Strafe gestellt ist. Als tauglicher Täter kommt der jeweilige **Adressat des weinrechtlichen Ge- oder Verbots in Betracht,** insoweit gelten für die Beurteilung von Täterschaft und Teilnahme die allgemeinen Regeln (Erbs/Kohlhaas/*Brehmeier-Metz* Vor § 48 Rn. 17). Anders als im allgemeinen Lebensmittelrecht (→ Vorb. LFGB Rn. 29 f.) findet sich im WeinG keine Vorschrift, die die private Primärproduktion für den eigenen Endverbrauch sowie die häusliche Verarbeitung und Lagerung zum privaten Endverbrauch vom Anwendungsbereich des WeinG allgemein ausnimmt. Die Straf- und Bußgeldtatbestände des WeinG stellen daher **keine Sonderdelikte** dar (vgl. auch Erbs/Kohlhaas/*Brehmeier-Metz* Vor § 48 Rn. 17), wenngleich sie unter faktischen Gesichtspunkten in der Regel nur von gewerblich tätigen Personen erfüllt werden. IÜ ergeben sich auch im Weinstrafrecht die allgemeinen Probleme, die aus der arbeitsteiligen Produktion der Erzeugnisse resultieren (→ Vorb. LFGB Rn. 31 ff.; → LFGB § 58 Rn. 60 ff.).

2   § 48 stellt – anders als § 49 – **sowohl vorsätzliche** (→ Rn. 3 ff.). **als auch fahrlässige** (→ Rn. 20 f.) Verstöße gegen die Ge- und Verbote des WeinG und – nach Maßgabe von § 48 Abs. 1 Nr. 2 – der auf dessen Grundlage erlassenen Rechtsverordnung unter Strafe. Für **besonders schwere Fälle** sieht § 48 Abs. 3 einen erhöhten Strafrahmen vor (→ Rn. 19), eine **Versuchsstrafbarkeit** ist demgegenüber **nicht gegeben,** da es sich bei § 48 um ein Vergehen handelt (vgl. §§ 12, 23 Abs. 1 StGB).

B. Vorsatzdelikte

3   § 48 Abs. 1 stellt die vorsätzliche Verwirklichung der dortigen Tatbestände unter Strafe. Insoweit reicht **bedingter Vorsatz** bei allen Tatbestandsalternativen aus (Erbs/Kohlhaas/*Brehmeier-Metz* Vor § 48 Rn. 12). Das Vorliegen des subjektiven Tatbestandes bestimmt sich dabei nach den **allgemeinen Grundsätzen.** Zu den insoweit im Lebensmittelstrafrecht bestehenden Besonderheiten → LFGB § 58 Rn. 47 ff.

I. Die einzelnen Tatbestände des § 48 Abs. 1

4   **1. Straftaten nach Abs. 1 Nr. 1. a) Allgemeines.** § 48 Abs. 1 Nr. 1 sanktioniert Verstöße gegen Ge- und Verbote des WeinG, die hinsichtlich dem Verarbeiten (→ Vorb. Rn. 39 ff.), dem Inverkehrbringen (→ Vorb. Rn. 46), dem Ein- und Ausführen (→ Vorb. Rn. 48), dem Verwenden und Verwerten (→ Vorb. Rn. 44, 47), dem Lagern (→ Vorb. Rn. 40) und dem Transportieren von Erzeugnissen iSd WeinG (→ Vorb. Rn. 48) oder Getränken, die mit Erzeugnissen verwechselt werden können (→ Rn. 5), bestehen, soweit die Verstöße nicht von § 49 Nr. 1, 2, 4, 5 oder 6 oder § 50 Abs. 2 Nr. 1 oder 6–10 erfasst sind. Der – einen höheren Strafrahmen aufweisende – Tatbestand ist mithin **subsidiär** zu den vorgenannten Vorschriften, die sich insoweit als **Privilegierungen** darstellen. Vor diesem Hintergrund wurden im Gesetzgebungsverfahren Bedenken gegen die hinreichende Bestimmtheit und Normenklarheit der Vorschrift erhoben (BT-Drs. 12/6060, 51 (62)), die jedoch nicht durchdrangen. Unter Berücksichtigung der **formellen Subsidiarität** verbleiben als den Tatbestand des § 48 Abs. 1 Nr. 1 ausfüllende Ge- und Verbotsnormen lediglich **§ 4 Abs. 1** (Erbs/Kohlhaas/*Brehmeier-Metz* § 4 Rn. 6), **§ 27 Abs. 1** (Erbs/Kohlhaas//*Brehmeier-Metz* § 27 Rn. 7, Zipfel/Rathke LebensmittelR/*Boch* § 27 Rn. 24) und **§ 35 Abs. 1** (Zipfel/Rathke LebensmittelR/*Rathke* § 35 Rn. 17), **soweit der Verstoß nicht durch die spezielleren Tatbestände in § 48 Abs. 1 Nr. 2–4 erfasst ist.** Die Privilegierung der in § 49 Nr. 2 u. 6 angeführten Tathandlungen erfolgte durch das 6. ÄndG (→ Vorb. Rn. 5) um widersprüchliche Ergebnisse zu vermeiden, die daraus resultieren sollen, das die Tathandlungen iSv § 49 Nr. 2 u. 6 bereits in § 48 Abs. 1 Nr. 1 genannt seien (BT-Drs. 17/1749, 6). Zur Privilegierung des § 49 Nr. 1 → Rn. 7.

5   **b) Tatobjekte.** Das Verarbeiten, Inverkehrbringen usw muss sich auf Erzeugnisse iSd WeinG (→ Vorb. Rn. 13 ff.) oder auf Getränke, die mit Erzeugnissen verwechselt werden können, beziehen. **Verwechselbare Getränke** sind gegebenen, wenn das Produkt **geeignet** ist, **ein Erzeugnis iSv § 2**

Nr. 1 vorzutäuschen (Erbs/Kohlhaas/*Brehmeier-Metz* § 26 Rn. 3). Die Täuschungseigenschaft muss sich dabei **aus der Beschaffenheit** des Getränkes (Geschmack, Geruch und Farbe) ergeben, nicht aus der Bezeichnung (Zipfel/Rathke LebensmittelR/*Rathke* § 26 Rn. 30 ff.; Erbs/Kohlhaas/*Brehmeier-Metz* § 26 Rn. 3 mwN). Sie ist unter Berücksichtigung allgemeiner Erfahrungssätze, vergleichbarer Regelungen und dem Schutzzweck der Vorschrift zu bestimmen, wobei auf die Verkehrsauffassung des angesprochenen Personenkreises abzustellen ist (Zipfel/Rathke LebensmittelR/*Rathke* § 26 Rn. 31; → LFGB § 59 Rn. 16 ff.). In der Regel setzt die Täuschungseignung voraus, dass ein **Alkoholgehalt gegeben** ist (Zipfel/Rathke LebensmittelR/*Rathke* § 26 Rn. 33 mwN). **Unbeachtlich ist** demgegenüber einerseits, ob der Täter in **Täuschungsabsicht** handelt (Erbs/Kohlhaas/*Brehmeier-Metz* § 26 Rn. 3) und andererseits, **ob tatsächlich Verwechslungen vorkommen** (Zipfel/Rathke LebensmittelR/*Rathke* § 26 Rn. 30). Da Verstöße gegen das für verwechselbare Getränke bestehende Verkehrsverbot in § 26 Abs. 2 vom **vorrangigen Tatbestand des § 49 Nr. 5** erfasst werden, ist der Anwendungsbereich des § 48 Abs. 1 Nr. 1 in diesem Zusammenhang gering.

c) **Tathandlungen.** Als mögliche Tathandlung iSv § 48 Abs. 1 Nr. 1 kommt zunächst ein Verstoß **6** gegen das **Herstellungsverbot in § 4 Abs. 1** in Betracht (→ Rn. 14). Nach § 4 Abs. 1 dürfen Trauben, die aus unzulässigen Rebanlagen stammen, nicht zur Herstellung von inländischem Wein und anderen Erzeugnissen verwendet werden. Hintergrund der Regelung ist, dass **aus Gründen der Marktordnung** innerhalb der EG die Zulässigkeit von Rebpflanzungen nach Maßgabe von Rechtsvorschriften der EG sowie auch nach Vorschriften des WeinG und seiner Ausführungsverordnungen beschränkt ist.

Bis zur Änderung des § 49 Nr. 1 konnte der Tatbestand des § 48 Abs. 1 Nr. 1 auch durch **Verstöße 7** **gegen die beschränkten Verkehrs- und Verwendungsverbote für Übermengen iSv § 10 Abs. 1, § 11 iVm § 9 Abs. 1 S. 1 u. 2** verwirklicht werden. Solche Verstöße sind nun von § 49 Nr. 1 (→ § 49 Rn. 2a) erfasst, der sich insoweit als das mildere Gesetz iSv § 2 Abs. 3 StGB darstellt.

Weiter ist von § 48 Abs. 1 Nr. 1 der Verstoß gegen die **Verkehrs-, Verwertungs- und Verwen- 8 dungsverbote** des **§ 27 Abs. 1** erfasst. Dieses besteht für vorschriftswidrige Erzeugnisse, wobei die Verbote des § 27 **Auffangcharakter** haben und dann eingreifen, wenn eine weinrechtliche Vorschrift der EU oder des deutschen Weinrechts zwar festlegt, wie ein Erzeugnis beschaffen oder aufgemacht sein bzw. verwendet oder verwertet werden darf, jedoch nicht regelt, welche Konsequenz aus einem Verstoß gegen diese Bestimmung ergibt (Zipfel/Rathke LebensmittelR/*Boch* § 27 Rn. 11).

Zuletzt können von § 48 Abs. 1 Nr. 1 Verstöße gegen die **Einfuhrvorschrift des § 35** erfasst sein. **9** Danach dürfen Erzeugnisse aus einem Drittland (vgl. § 2 Nr. 6) nur dann eingeführt (→ Vorb. Rn. 48) werden, wenn sie **von gesundheitlich unbedenklicher Beschaffenheit und zum Verzehr geeignet sind** (→ LFGB § 58 Rn. 4 ff.; → LFGB § 59 Rn. 32 f.; → Rn. 71), die für sie geltenden **Vorschriften der Europäischen Gemeinschaft eingehalten** worden sind (insbes. Art. 90 VO (EU) 1308/2013) und im Herstellungsland mit der Bestimmung, unverändert verzehrt zu werden, in den Verkehr gebracht werden dürfen, also **nach den einschlägigen Bestimmungen des Herstellungslandes verkehrs- fähig sind** (Erbs/Kohlhaas/*Brehmeier-Metz* § 35 Rn. 2).

2. Straftaten nach Abs. 1 Nr. 2. § 48 Abs. 1 Nr. 2 stellt eine Blankettvorschrift mit Rückver- **9a** weisungsklausel (→ Vorb. LFGB Rn. 26) dar. Die maßgeblichen rückverweisenden Straftatbestände finden sich dabei in **§ 52 Abs. 1 WeinV** (= Nr. 805 des Kommentars) und in **§ 39 WeinüberwV** (= Nr. 800 des Kommentars). Daneben finden sich in **Landesverordnungen** zur Durchführung wein-rechtlicher Vorschriften ebenfalls rückverweisende Straftatbestände (vgl. zB § 24 Abs. 1 der baden-württembergischen Verordnung des Ministeriums für Ernährung und Ländlichen Raum zur Durch-führung weinrechtlicher Vorschriften).

Der Reglungsbereich der jeweiligen Rechtsverordnung folgt aus den Ermächtigungsnormen und ist **10** dort näher konkretisiert. **§ 13 Abs. 3** betrifft insoweit Vorschriften zum Gesundheitsschutz und zur Erhaltung der Eigenart der Erzeugnisse, die das Anwenden von **Behandlungsverfahren** oder das **Zusetzen oder das Übergehen von Stoffen, Reinheitsanforderungen** für zugesetzte Stoffe und **Rückstandsmengen** regeln (vgl. § 11, § 12, § 13 und § 13a WeinV). **§ 14 Nr. 1 u. 3** ermächtigt zum Erlass von Rechtsverordnungen, die aus Gesundheitsschutz oder zum Qualitätserhalt der Erzeugnisse die **Beschaffenheit von Behältnissen und Räumen** regeln. **§ 15 Nr. 3** erfasst Vorschriften zur Regelung der Voraussetzungen und Anforderungen an das **Erhöhen des Alkoholgehalts und der Süßung** zur Steigerung der Qualität der Erzeugnisse (→ Vorb. Rn. 54 ff.). Diesbezügliche Vorschriften finden sich in § 15, § 16 und § 18 WeinV. **§ 16 Abs. 1a und Abs. 2 S. 1 iVm S. 2 Nr. 1 u. 2** ermächtigt zum Erlass von Vorschriften durch Rechtsverordnung im Hinblick auf die **Verarbeitung und das Inverkehrbringen von Erzeugnissen.** Auf diesen Ermächtigungsgrundlagen beruhen Regelun-gen in den §§ 13, § 18, § 28, § 32 und § 32c WeinV. **§ 17 Abs. 2 Nr. 1** erfasst Vorschriften im Zusammenhang mit der Herstellung von **Qualitätswein bestimmter Anbaugebiete** (vgl. § 2 Nr. 24; s. § 19 WeinV), **§ 22 Abs. 2** ermächtigt zum Erlass von Rechtsvorschriften bezüglich **Landwein** (vgl. § 2 Nr. 25). **§ 27 Abs. 2** ermöglicht den Erlass von **Ausnahmevorschriften** im Hinblick auf die Verkehrs-, Verwertungs- und Verwendungsverbote des **§ 27 Abs. 1** (→ Rn. 8). Zuletzt ermächtigt **§ 35 Abs. 2** zum Erlass von Vorschriften, die zum Schutz der Gesundheit oder des Verbrauchers vor Täuschung **Voraussetzungen für die Einfuhr** von Erzeugnissen festlegen.

11   **3. Straftaten nach Abs. 1 Nr. 3. a) Allgemeines.** Mit § 48 Abs. 1 Nr. 3 werden Tathandlungen iSv § 48 Abs. 1 Nr. 1 (→ Rn. 6 ff.) unter Strafe gestellt, die gegen **unmittelbar geltende Vorschriften der Europäischen Gemeinschaft** verstoßen. Solche gemeinschaftsrechtlichen Vorschriften können nur Verordnungen iSv Art. 288 Abs. 1 AEUV sein (→ Vorb. LFGB Rn. 23). Der Tatbestand geht in seiner ursprünglichen Fassung auf eine Initiative des Bundesrats zurück (vgl. BT-Drs. 12/6060, 50 f.). Wie bei Verstößen gegen deutsches Weinrecht iSv § 48 Abs. 1 Nr. 1, ist § 48 Abs. 1 Nr. 3 einerseits **formell subsidiär** zu den Straftatbeständen des § 49 Nr. 6 u. 7 und andererseits zu § 48 Abs. 1 Nr. 4. Durch die Subsidiarität zu der weiteren Öffnungsklausel in § 48 Abs. 1 Nr. 4 trägt der Gesetzgeber auch insoweit dem Anliegen Rechnung, temporäre Strafbarkeitslücken zu vermeiden (→ Rn. 15 ff.). Auch bei § 48 Abs. 1 Nr. 3 handelt es sich zuletzt um eine **Blankettvorschrift mit Rückverweisungsklausel** (→ Vorb. LFGB Rn. 26).

12   Die rückverweisenden Straftatbestände fanden sich bis zum 31.12.2013 in **§ 1 EU-WeinRV.** Diese wurde aber durch die 8. Verordnung zur Änderung der EU-WeinRV vom 12.12.2013 (BGBl. 2012 I 4144) aufgehoben (zur bisherigen Rechtslage vgl. die Voraufl.). Nunmehr findet sich lediglich in § 6 Abs. 1 WeinSBV eine auf § 48 Abs. 1 Nr. 3 rückverweisende Strafvorschrift.

13   **b) Einzelheiten.** Nach § 6 Abs. 1 WeinSBV iVm § 48 Abs. 1 Nr. 3 ist strafbar, wer Erzeugnisse (→ Vorb. Rn. 13 ff.) entgegen **Art. 10 Abs. 2 VO (EG) Nr. 606/2009** aufbewahrt, die entgegen Art. 27 ff. VO (EG) Nr. 479/2008 bzw. entgegen den Vorschriften der VO (EG) Nr. 606/2009 mit nicht zulässigen önologischen Verfahren verarbeitet (→ Vorb. Rn. 39) wurden. Insoweit ist zu beachten, dass die in Art. 10 Abs. 1, 2 VO (EG) Nr. 606/2009 (auch) in Bezug genommene VO (EG) Nr. 479/2008 zwischenzeitlich in die VO (EG) Nr. 1234/2007 überführt und durch Art. 3 VO (EG) Nr. 491/2009 aufgehoben wurde. Die VO (EG) Nr. 1234/2007 wurde ihrerseits durch die VO (EU) Nr. 1308/2013 aufgehoben. Insoweit finden sich jeweils Entsprechungsklauseln im Zusammenhang mit der jeweiligen Aufhebung (→ Vorb. LFGB § 58 Rn. 25).

14   Auch im Rahmen von § 48 Abs. 1 Nr. 3 ist weiter zu beachten, dass dieser Tatbestand einerseits – wie bei Verstößen gegen deutsches Weinrecht iSv § 48 Abs. 1 Nr. 1 – **formell subsidiär** zu den Straftatbeständen des § 49 Nr. 6 u. 7 ist (→ Rn. 4) Daneben tritt die Subsidiarität zu § 48 Abs. 1 Nr. 4.

15   **4. Straftaten nach Abs. 1 Nr. 4. a) Allgemeines.** Mit § 48 Abs. 1 Nr. 4 statuiert der Gesetzgeber eine dem § 58 Abs. 3 LFGB entsprechende **Öffnungsklausel** hinsichtlich unmittelbar geltender Vorschriften des Gemeinschaftsrechts. Zum Zweck und der Anwendung solcher Öffnungsvorschriften mit **Entsprechungsklausel** → LFGB § 58 Rn. 41 ff. Die dortigen Ausführungen gelten für den vorliegenden Straftatbestand sinngemäß. Entsprechende Tatbestände mit Rückverweisung fanden sich auch insoweit bis zum 31.1.2013 in der EU-WeinRV (→ Rn. 11 f.; zur bisherigen Rechtslage vgl. die Voraufl.). Nunmehr finden sich rückverweisende Vorschriften in **§ 4, § 6 Abs. 2 und § 9 WeinSBV,** die teilweise den bisherigen Tatbeständen in der EU-WeinRV entsprechen.

b) Die einzelnen Tatbestände der WeinSBV, die auf § 48 Abs. 1 Nr. 4 zurückverweisen:

16   Nach § 4 **WeinSBV** macht sich strafbar, wer gegen Art. 4 der VO (EG) Nr. 1333/2008 verstößt, indem er in aromatisiertem Wein (→ Vorb. Rn. 34), aromatisierten weinhaltigen Getränken (→ Vorb. Rn. 35) oder in aromatisiertem weinhaltigen Cocktail (→ Vorb. Rn. 36) nicht nach der VO (EG) Nr. 1333/2008 zugelassenen Bedingungen Lebensmittelzusatzstoffe (vgl. Art. 3 Abs. 2 Buchst. a VO (EG) Nr. 1333/2008) verwendet (→ Vorb. Rn. 44) oder ein solches Erzeugnis in den Verkehr bringt (→ Vorb. Rn. 46), der nicht zugelassene Lebensmittelzusatzstoffe aufweist.

17   Darüber hinaus erfassen die Tatbestände **§ 6 Abs. 2** WeinSBV Verstöße gegen gemeinschaftsrechtliche Vorschriften über bestimmte **Herstellungs- und Verkehrsbedingungen der VO (EG) Nr. 606/2009** (→ Vorb. Rn. 58). IE handelt es sich um die folgenden Tathandlungen:

Verstoß gegen	Tathandlung
Art. 8 Abs. 2	Verschnitt (→ Vorb. Rn. 43) von Traubenmost (→ Vorb. Rn. 24) oder von Wein (→ Vorb. Rn. 14 ff.), bei dem Aleppokiefernharz verwendet wurde, mit einem anderen Traubenmost oder Wein, auf den dieses önologische Verfahren nicht angewandt wurde
Anh. I D Nr. 1 S. 1	Süßung (vgl. Art. 3 Abs. 5 VO (EG) Nr. 606/2009) von Wein (→ Vorb. Rn. 14 ff.) mit anderen Erzeugnissen als Traubenmost, konzentriertem Traubenmost oder rektifiziertem Traubenmostkonzentrat (→ Vorb. Rn. 24)
Anh. I D Nr. 2 S. 1	Süßung (Art. 3 Abs. 5 VO (EG) Nr. 606/2009) von eingeführtem Wein, der für den unmittelbaren menschlichen Verbrauch bestimmt und durch eine geografische Angabe bezeichnet ist

Verstoß gegen	Tathandlung
Anh. I D Nr. 4	Süßung (Art. 3 Abs. 5 VO (EG) Nr. 606/2009) von Wein auf anderer Stufe als der der Erzeugung oder des Großhandels
Anh. II Abschn. A Nr. 3	Anreicherung (→ Vorb. Rn. 54 ff.) der Cuvée (→ Vorb. Rn. 32) bei der Herstellung von Schaumwein und Qualitätsschaumwein (→ Vorb. Rn. 20 ff.)
Anh. II Abschn. A Nr. 7	Süßung (Art. 3 Abs. 5 VO (EG) Nr. 606/2009) der Cuvée (→ Vorb. Rn. 32) und ihrer Bestandteile bei der Herstellung von Schaumwein und Qualitätsschaumwein (→ Vorb. Rn. 20 ff.)

Zuletzt macht sich nach **§ 9 WeinSBV** strafbar, wer gegen in den Tatbeständen näher konkretisierten **17a** Ge- und Verbote, die sich unmittelbar aus der **VO (EU) Nr. 1308/2013** ergeben, verstößt. IE handelt es sich um die folgenden Tathandlungen:

Verstoß gegen	Tathandlung
Art. 80 Abs. 1 iVm Anh. VIII Teil 2 Abschn. A Nr. 1	Zusatz (→ Vorb. Rn. 41) von Wasser bei zugelassenen önologischen Verfahren und Behandlungen iSv Art. 80 VO (EU) Nr. 1308/2013 (Ausnahme: besondere technische Notwendigkeit oder)
Art. 80 Abs. 1 iVm Anh. VIII Teil 2 Abschn. A Nr. 2	Zusatz von Alkohol bei zugelassenen önologischen Verfahren und Behandlungen iSv Art. 120c Abs. 1 iVm Anh. XVa (→ Vorb. Rn. 54 ff.; Ausnahme bei frischem Traubenmost, der mit Alkohol stummgemacht wurde (→ Vorb. Rn. 28); Likörwein (→ Vorb. Rn. 19), Schaumwein (→ Vorb. Rn. 20 ff.), Brennwein (→ Vorb. Rn. 31) und Perlwein (→ Vorb. Rn. 23)
Art. 80 Abs. 2 UAbs. 1 Buchst. a und b	Vermarktung von Erzeugnissen (→ Vorb. Rn. 13 ff.), die Gegenstand nicht zugelassener önologischen Verfahren waren
Anh. VIII Teil I Abschn. A Nr. 2	Erhöhung des natürlichen Alkoholgehalts (→ Vorb. Rn. 53) über die zulässigen Grenzwerte bei einer Anreicherung (→ Vorb. Rn. 55)
Anh. VIII Teil I Abschn. B Nr. 1	Erhöhung des natürlichen Alkoholgehalts (→ Vorb. Rn. 53) durch andere Verfahren als durch Zugabe von Saccharose, konzentriertem Traubenmost oder rektifiziertem Traubenmostkonzentrat oder durch teilweise Konzentrierung (bei Wein nur durch Kälte) bei einer Anreicherung (→ Vorb. Rn. 55)
Anh. VIII Teil I Abschn. B Nr. 3 S. 1	Zugabe von Saccharose in anderer Form als durch Trockenzuckerung oder außerhalb der dort genannten Weinbauzonen bei einer Anreicherung (→ Vorb. Rn. 55)
Anh. VIII Teil I Abschn. C Nr. 2	Säuerung von frischen Weintrauben (→ Vorb. Rn. 10), Traubenmost oder teilweise gegorenem Traubenmost (→ Vorb. Rn. 24) und Jungwein (→ Vorb. Rn. 17) über die Höchstmenge von 1,50g Weinsäure je Liter hinaus
Anh. VIII Teil I Abschn. C Nr. 3	Säuerung (→ Vorb. Rn. 54 ff.) von Wein (→ Vorb. Rn. 14 ff.) über die Höchstmenge von 2,50g Weinsäure je Liter hinaus
Anh. VIII Teil I Abschn. C Nr. 4	Entsäuerung (→ Vorb. Rn. 54 ff.) von Wein (→ Vorb. Rn. 14 ff.) über die Höchstmenge von 1g Weinsäure je Liter hinaus
Anh. VIII Teil I Abschn. C Nr. 7	Anreicherung und Säuerung bzw. Säuerung und Entsäuerung ein und desselben Erzeugnisses (→ Vorb. Rn. 13 f.; → Vorb. Rn. 54 f.)
Anh. VIII Teil I Abschn. D Nr. 6 Buchst. b	Durchführung von Behandlungen nach dem 16.3. bzw. für Erzeugnisse, die nicht aus der diesem Zeitpunkt unmittelbar vorhergehenden Weinlese stammen (→ Vorb. Rn. 54 ff.)
Anh. VIII Teil II Abschn. A Nr. 3	Verwendung (→ Vorb. Rn. 44) von Brennwein (→ Vorb. Rn. 31) zu anderen Zwecken als zur Destillation
Anh. VIII Teil II Abschn. B Nr. 2 S. 1	Verarbeitung (→ Vorb. Rn. 39 ff.) von Traubensaft oder konzentriertem Traubensaft (→ Vorb. Rn. 11) zu Wein (→ Vorb. Rn. 14 ff.) oder deren Zusatz (→ Vorb. Rn. 41) in Wein

Verstoß gegen	Tathandlung
Anh. VIII Teil II Abschn. B Nr. 4	Inverkehrbringen (→ Vorb. Rn. 46) von teilweise gegorenem Traubenmost aus eingetrockneten Trauben (→ Vorb. Rn. 24) zu anderen Zwecken als zur Herstellung von Likörwein (→ Vorb. Rn. 19) in bestimmten Regionen bzw. zu anderen Zwecken als zur Herstellung (→ Vorb. Rn. 39) von Wein aus überreifen Trauben (→ Vorb. Rn. 26)
Anh. VIII Teil II Nr. 5	Zusetzen (→ Vorb. Rn. 41) von Erzeugnissen (→ Vorb. Rn. 34) aus Drittländern

II. Rechtsfolgen

18   **1. Allgemeines.** § 48 sieht für vorsätzliche Straftaten nach § 48 Abs. 1 **Freiheitsstrafe bis zu drei Jahren oder Geldstrafe** vor. Der Strafrahmen bestimmt sich dabei nach den allgemeinen Vorschriften der §§ 38 ff. StGB. Für die Zumessung der Strafe werden insbes. der Grad der Gefährdung des geschützten Rechtsguts, die Art der Ausführung und die tatursächlichen Motive von Bedeutung sein. Neben der Verhängung von Geld- oder Freiheitsstrafe kommen als weitere Rechtsfolgen die **Einziehung** der Tatgegenstände (vgl. hierzu die Kommentierung von § 52), der **Verfall** des Täterlöses (§§ 73 ff. StGB) und die Anordnung eines **Berufsverbotes** (§§ 70 ff. StGB; BGH LMRR 2007, 84) in Betracht. Vgl. iÜ → LFGB § 58 Rn. 54 f. Werden durch einen weinrechtlich relevanten Sachverhalt **mehrere Straftatbestände verwirklicht,** bestimmen sich die konkurrenzrechtlichen Verhältnisse der Tatbestände untereinander grds. nach den **allgemeinen Vorschriften** (§§ 52 ff. StGB; → LFGB § 58 Rn. 82 ff.).

19   **2. Besonders schwere Fälle.** § 48 Abs. 3 S. 1 sieht für besonders schwere Fälle vorsätzlicher Taten iSv § 48 Abs. 1 **erhöhte Mindest- (6 Monate) und Höchststrafen (5 Jahre)** vor. In § 48 Abs. 3 S. 2 werden **Regelbeispiele** für besonders schwere Fälle enumerativ angeführt. Insoweit kann auf die sinngemäß geltende Kommentierung zu § 58 Abs. 5 LFGB (→ LFGB § 58 Rn. 56 ff.) verwiesen werden. In § 48 Abs. 3 findet sich lediglich nicht das Regelbeispiel des § 58 Abs. 5 Nr. 3 LFGB (Handeln aus grobem Eigennutz, um für sich oder einen anderen einen Vermögensvorteile großen Ausmaßes zu erlangen). Insoweit kann aber ein **ungeschriebener besonders schwerer Fall** gegeben sein, wenn die nach § 58 Abs. 5 Nr. 3 LFGB erforderlichen Voraussetzungen gegeben sind.

C. Strafbarkeit fahrlässigen Handelns

20   Nach § 48 Abs. 2 ist auch die **fahrlässige Verwirklichung der Tatbestände des § 48 Abs. 1** strafbar. Durch das 6. ÄndG (→ Vorb. Rn. 5) wurde die bisher in § 48 Abs. 2 enthaltene Subsidiaritätsklausel bezüglich des bisherigen § 50 Abs. 1a aufgehoben. **§ 50 Abs. 1a** erfasste bisher fahrlässige Verstöße gegen § 9 Abs. 1, die bei Vorsatz nach § 48 Abs. 1 Nr. 1 unter Strafe gestellt waren. Nunmehr fallen vorsätzliche Verstöße gegen § 9 Abs. 1 unter § 49 Nr. 1 (→ § 49 Rn. 2a) und somit unter die Subsidiaritätsklausel des § 48 Abs. 1 Nr. 1 (→ Rn. 4). § 49 Nr. 1 stellt im Vergleich zur früheren Rechtslage bei vorsätzlichen Verstößen das mildere Gesetz iSv § 2 Abs. 3 StGB dar.

21   Fahrlässig handelt auch im Weinstrafrecht, wer die Sorgfalt außer Acht lässt, zu der er nach den Umständen **(objektive Pflichtwidrigkeit)** und nach seinen persönlichen Kenntnissen und Fähigkeiten verpflichtet und imstande ist und deshalb die objektiv erkennbare Möglichkeit der Tatbestandsverwirklichung nicht erkennt **(unbewusste Fahrlässigkeit)** oder die Tatbestandsverwirklichung zwar für möglich hält, aber darauf vertraut, dass sie nicht eintreten werde **(bewusste Fahrlässigkeit).** Insoweit kann auf die Ausführungen zur Fahrlässigkeit im allgemeinen Lebensmittelstrafrecht (→ LFGB § 58 Rn. 60 ff.) verwiesen werden. Die dortigen Ausführungen gelten im Weinstrafrecht – auch im Hinblick auf die gestufte Verantwortlichkeit in der Handelskette und die Pflichtendelegation – sinngemäß.

22   § 48 Abs. 2 sieht **Freiheitsstrafe bis zu einem Jahr oder Geldstrafe** vor. Daneben kommt auch die **Einziehung** nach § 52 in Betracht. Zu den weiteren Rechtsfolgen → Rn. 18 f.

§ 49 Strafvorschriften

¹ Mit Freiheitsstrafe bis zu einem Jahr oder mit Geldstrafe wird bestraft, wer

1. entgegen § 9 Absatz 1 Satz 1 in Verbindung mit einer Rechtsverordnung nach § 12 Absatz 1 Nummer 1 oder entgegen § 9a Absatz 1 Satz 1 in Verbindung mit einer Rechtsverordnung nach § 12 Absatz 1 Nummer 2 Weintrauben, Traubenmost, teilweise gegorenen Traubenmost, Jungwein oder Wein in einer anderen als der dort genannten Menge an andere abgibt, verwendet oder verwertet,
1a. entgegen § 9 Absatz 1 Satz 4 eine gesonderte Berechnung nicht, nicht richtig oder nicht rechtzeitig vornimmt,

2. entgegen § 11 Absatz 1 Satz 6 den dort genannten Alkohol zu anderen als industriellen Zwecken verwendet,
3. einer Rechtsverordnung nach § 12 Absatz 1 oder 3 Nummer 4, § 15 Nummer 4 oder 5, § 16 Absatz 1a Nummer 3 oder Absatz 2 Satz 1 in Verbindung mit Satz 2 Nummer 3, § 17 Absatz 2 Nummer 2 oder Absatz 3 Nummer 1 oder § 26 Absatz 3 Satz 1 Nummer 2 zuwiderhandelt, soweit sie für einen bestimmten Tatbestand auf diese Strafvorschrift verweist,
3a. entgegen § 22b Absatz 2 im geschäftlichen Verkehr eine geografische Bezeichnung benutzt,
4. entgegen § 25 Absatz 1 ein Erzeugnis mit irreführenden Bezeichnungen, Hinweisen, sonstigen Angaben oder Aufmachungen in den Verkehr bringt, einführt, ausführt oder zum Gegenstand der Werbung macht,
5. entgegen § 26 Absatz 2 ein Getränk, das mit einem Erzeugnis verwechselt werden kann, ohne ein Erzeugnis zu sein oder eine Vormischung für ein solches Getränk, verarbeitet, in den Verkehr bringt oder einführt,
6. entgegen einer unmittelbar geltenden Vorschrift in Rechtsakten der Europäischen Gemeinschaft oder der Europäischen Union ein Erzeugnis mit irreführenden Bezeichnungen, Hinweisen, sonstigen Angaben oder Aufmachungen in den Verkehr bringt, einführt, ausführt oder zum Gegenstand der Werbung macht, soweit eine Rechtsverordnung nach § 51 für einen bestimmten Tatbestand auf diese Strafvorschrift verweist oder
7. einer unmittelbar geltenden Vorschrift in Rechtsakten der Europäischen Gemeinschaft oder der Europäischen Union zuwiderhandelt, die inhaltlich einer Regelung entspricht, zu der die in Nummer 3 genannten Vorschriften ermächtigen, soweit eine Rechtsverordnung nach § 51 für einen bestimmten Tatbestand auf diese Strafvorschrift verweist.
² § 59 Absatz 2 Nummer 1 Buchstabe c des Lebensmittel- und Futtermittelgesetzbuches gilt für Erzeugnisse nach § 2 Nummer 1 oder Nummer 2 entsprechend.

A. Allgemeines

§ 49 stellt (wie § 48 in Gestalt von **abstrakten Gefährdungsdelikten**; → § 48 Rn. 1) weitere **1** Verstöße gegen die Ge- und Verbote des WeinG unter Strafe, die nach dem Willen des Gesetzgebers aufgrund ihres geringeren Unrechtsgehaltes lediglich mit Freiheitsstrafe bis zu einem Jahr oder Geldstrafe geahndet werden sollen. Im Gegensatz zu § 48 ist in § 49 **lediglich vorsätzliches Handeln** (→ § 48 Rn. 3) erfasst. Einen erhöhten Strafrahmen für besonders schwere Fälle sieht § 49 nicht vor.

In neuerer Zeit erfolgten nachfolgende **im Hinblick auf § 2 Abs. 3 StGB bedeutsamen Ände- 2 rungen** der Straftatbestände: Durch das **3. ÄndG v. 16.5.2007** (BGBl. I 753) wurde mit Wirkung v. 24.5.2007 der Tatbestand des **§ 49 Nr. 5** auf Vormischungen für Getränke, die mit einem Erzeugnis verwechselt werden können, erstreckt (→ Rn. 12). Mit dem **5. ÄndG v. 29.7.2009** (BGBl. I 2416 ff.; → Vorb. Rn. 5) wurde mit Wirkung v. 4.8.2009 der neue Tatbestand des § 49 Nr. 3a eingefügt, der die rechtswidrige Nutzung einer geografischen Bezeichnung unter Strafe stellt (→ Rn. 7 ff.). Mit dem 6. ÄndG (→ Vorb. Rn. 5) wurde die neue Nr. 1 eingeführt, die das Strafmaß für Verstöße gegen die Hektarertragsregelung nunmehr aus Gründen der Verhältnismäßigkeit von bis zu drei Jahren Freiheitsstrafe oder Geldstrafe auf höchstens ein Jahr Freiheitsstrafe oder Geldstrafe verringert (BT-Drs. 171749, 6). Letztlich wurde mit dem 7. ÄndG (→ Vorb. Rn. 5) § 49 S. 2 eingefügt (→ Rn. 15).

B. Die einzelnen Tatbestände
I. Verstöße gegen § 9 Abs. 1 S. 1 bzw. 9a Abs. 1 S. 1 (§ 49 S. 1 Nr. 1)

Nach § 9 Abs. 1 S. 1 darf Wein (→ Vorb. Rn. 14 ff.) nach Maßgabe der dafür geltenden Vorschriften **2a** nur in einer Menge an andere abgegeben, verwendet oder verwertet werden, die dem **Gesamthektarertrag** (vgl. § 2 Nr. 9a) des Weinbaubetriebs entspricht. Die Hektarertragsregelung begrenzte indes nur die Vermarktung von Most und Wein aus selbst erzeugten Trauben. Most und Wein aus nicht selbst erzeugten Trauben waren dieser Begrenzung bis zur Einführung des § 9a durch das 6. ÄndG (→ Vorb. Rn. 5) nur eingeschränkt unterworfen. Mit der Neuregelung wurde diese Lücke geschlossen. Vorsätzliche Verstöße gegen die Hektarertragsregelung in § 9 (die bisher nach § 48 Abs. 1 Nr. 1 strafbar waren; → § 48 Rn. 7) und § 9a sind nunmehr von **§ 49 S. 1 Nr. 1** erfasst. Zuletzt wurde mit dem 7. ÄndG (→ Vorb. Rn. 5) die Vorschrift auf Jungwein erstreckt. Zu den Tathandlungen des Abgebens, Verwendens und Verwertens → Vorb. Rn. 46, 44 u. 47.

II. Verstoß gegen § 9 Abs. 1 S. 4 (§ 49 S. 1 Nr. 1a)

§ 9 Abs. 1 S. 2 iVm Abs. 3 S. 1 erlaubt den Landesregierungen, in Rechtsverordnungen den Hektar- **3** ertrag (→ Rn. 2a) gesondert festzusetzen, um besonderen regionalen Gegebenheiten Rechnung tragen zu können (Zipfel/Rathke LebensmittelR/*Boch* § 9 Rn. 37). In diesen Fällen ist eine gesonderte

Berechnung erforderlich. Soweit für die in § 9 Abs. 1 S. 2 Nr. 2 genannten Qualitätsgruppen ein Hektarertrag gesondert festgesetzt ist, ist insoweit nach **§ 9 Abs. 1 S. 4 eine gesonderte Berechnung** bis zum 15.1. des auf die Ernte folgenden Jahres vorzunehmen. Verstößt der Weinbaubetreiber vorsätzlich gegen diese Verpflichtung, erfüllt er den Tatbestand des **§ 49 S. 1 Nr. 1a.**

III. Verstoß gegen § 11 Abs. 1 S. 6 (§ 49 S. 1 Nr. 2)

4   Ebenfalls im Zusammenhang mit der **Beschränkung des Gesamthektarertrages** eines Weinbaubetriebes nach **§ 9** steht der Tatbestand des § 49 Nr. 2. Bei übersteigendem Gesamthektarertrag nach näherer Maßgabe von § 11 Abs. 1 S. 1 ist die dort genannte **Übermenge** (§ 10 Abs. 1 S. 1) – allein (vgl. Zipfel/Rathke LebensmittelR/*Boch* § 11 Rn. 4) – zur Weinbereitung im betroffenen Weinbaubetrieb zu verwenden (→ Vorb. Rn. 44) und der so bereitete Wein bis zum 15.12. des auf die Ernte folgenden Jahres zu destillieren (vgl. 10a WeinV). Der durch die Destillation hergestellte Alkohol ist ausschließlich zu industriellen Zwecken zu verwenden. Vorsätzliche Verstöße gegen dieses **Verwendungsverbot sind in § 49 S. 1 Nr. 2** unter Strafe gestellt.

IV. Verstöße gegen Rechtsverordnungen (§ 49 S. 1 Nr. 3)

5   **§ 49 S. 1 Nr. 3** stellt – wie § 48 Abs. 1 Nr. 2 – eine **Blankettvorschrift mit Rückverweisungsklausel** (→ Vorb. LFGB Rn. 26) dar. Die maßgeblichen rückverweisenden Straftatbestände finden sich dabei in **§ 52 Abs. 2 WeinV** (= Nr. 805 des Kommentars) sowie in **Landesverordnungen** zur Durchführung weinrechtlicher Vorschriften (vgl. zB § 24 Abs. 2 der baden-württembergischen Verordnung des Ministeriums für Ernährung und Ländlichen Raum zur Durchführung weinrechtlicher Vorschriften). Der Regelungsbereich der jeweiligen Rechtsverordnung folgt aus den Ermächtigungsnormen und ist dort näher konkretisiert.

6   **§ 12 Abs. 1 u. 3 Nr. 4** betrifft insoweit Vorschriften zur Sicherung einer ausreichenden Überwachung der Vorschriften betreffend die **Gesamthektarerträge** nach §§ 9 ff. (vgl. §§ 10 f. WeinV). **§ 15 Nr. 4 u. 5** ermächtigt zum Erlass von Rechtsverordnungen, die Regelungen der Voraussetzungen und Anforderungen an das **Erhöhen des Alkoholgehalts** zur Steigerung der Qualität der Erzeugnisse beinhalten. Diesbezügliche Vorschriften finden sich in 15 WeinV. **§ 16 Abs. 1a Nr. 3 und Abs. 2 S. 1 iVm S. 2 Nr. 3** betrifft Vorschriften, die insbes. **zum Schutz der Gesundheit** (→ Vorb. LFGB Rn. 10 f.) das Verarbeiten (→ Vorb. Rn. 39 ff.) und das Inverkehrbringen (→ Vorb. Rn. 46) von Erzeugnissen (→ Vorb. Rn. 13 ff.) regeln. Auf diesen Ermächtigungsgrundlage beruhen Regelungen in den §§ 24, 28 WeinV. **§ 17 Abs. 2 Nr. 2 und Abs. 3 Nr. 1** erfasst Vorschriften im Zusammenhang mit der **Herstellung von Qualitätswein bestimmter Anbaugebiete** (vgl. § 2 Nr. 24; s. §§ 19 ff. WeinV), **§ 26 Abs. 3 Nr. 2** ermächtigt zum Erlass von Rechtsvorschriften im Zusammenhang Ausnahmevorschriften hinsichtlich der **Bezeichnungsschutzvorschriften** aus § 26 Abs. 1 u. 2.

V. Verstoß gegen § 22b Abs. 2 (§ 49 S. 1 Nr. 3a)

7   Der mit dem **5. ÄndG** (→ Vorb. Rn. 5) mit Wirkung vom 4.8.2009 neu eingefügte Tatbestand des § 49 Nr. 3a stellt **Verstöße gegen das Verbot der Benutzung geografischer Bezeichnungen,** das aus **§ 22b Abs. 2** folgt, unter Strafe. Das Inverkehrbringen (→ Vorb. Rn. 46) von Erzeugnissen mit irreführender Bezeichnung in Bezug auf die geografische Herkunft war aber bereits zuvor nach § 49 S. 1 Nr. 4 iVm § 25 Abs. 1 strafbar (vgl. Erbs/Kohlhaas/*Brehmeier-Metz* § 25 Rn. 15).

8   Die Unterscheidung zwischen Weinen ohne geografische Angabe und Weinen, die eine solche aufweisen, ist eine **wesentliche Änderung des neuen gemeinschaftsrechtlichen Weinbezeichnungsrechts,** das die bisherigen Weinkategorien „Tafelwein" und „Qualitätswein" abgeschafft hat (vgl. *Gerhard* NVwZ 2010, 94 ff. auch zur nationalen Rechtslage). **Geografische Bezeichnungen** sind nach Maßgabe von § 22b Abs. 1 die Ursprungsbezeichnungen und die geografischen Angaben iSd Art. 93 Abs. 1 Buchst. a und b der VO (EU) Nr. 1308/2013, die Namen von in die Weinbergsrolle eingetragenen Lagen und Bereichen sowie die Namen von Gemeinden und Ortsteilen, die im geschäftlichen Verkehr zur Bezeichnung eines Erzeugnisses benutzt werden. Für Erzeugnisse, die nicht aus dem jeweils erfassten geografischen Bereich stammen, darf nach § 22b Abs. 2 die geografische Bezeichnung im geschäftlichen Verkehr nicht benutzt werden, wenn dies die **Gefahr der Irreführung** mit sich bringt.

9   Eine solche **Irreführungsgefahr** (vgl. auch § 25) ist gegeben, wenn die Bezeichnung **geeignet ist** den Adressaten zu täuschen (EuGH LRE 13, 172; Erbs/Kohlhaas/*Brehmeier-Metz* § 25 Rn. 4; Zipfel/Rathke LebensmittelR/*Rathke* § 25 Rn. 20 ff.; vgl. § 11 Abs. 1 S. 2 Nr. 1 LFGB sowie → LFGB § 59 Rn. 23). Darüber hinaus ist aber weder erforderlich, dass es tatsächlich zu einer Täuschung kommt und der Abnehmer einem Irrtum unterliegt, noch, dass die irreführende Angabe beabsichtigt ist (OLG Karlsruhe ZLR 1993, 633; Erbs/Kohlhaas/*Brehmeier-Metz* § 25 Rn. 4; Zipfel/Rathke LebensmittelR/ *Rathke* § 25 Rn. 24). Für die Beurteilung der Irreführungsgefahr ist auf die **Auffassung des angesprochenen Verkehrskreises** abzustellen (OLG Zweibrücken LRE 98, 405; Erbs/Kohlhaas//*Brehmeier-Metz* § 25 Rn. 4; Zipfel/Rathke LebensmittelR/*Rathke* § 25 Rn. 20 ff.). Wird der Endverbraucher

angesprochen, ist grds. der Maßstab eines **durchschnittlich informierten, aufmerksamen und verständigen Durchschnittsverbrauchers** anzulegen (EuGH ZLR 1995, 334; NJW 1998, 3183; ZLR 1998, 459; sa Erbs/Kohlhaas/*Brehmeier-Metz* § 25 Rn. 6 mwN). Zur Ermittlung der maßgeblichen Verkehrsauffassung → LFGB § 59 Rn. 16 ff. (vgl. auch Erbs/Kohlhaas/*Brehmeier-Metz* § 25 Rn. 7).

Ist nach dem Vorstehenden eine **Irreführungsgefahr** gegeben, darf die **geografische Bezeichnung** 10 **nicht im geschäftlichen Verkehr benutzt werden.** Ein Verstoß hiergegen erfüllt den Tatbestand des § 49 Nr. 3a. Ein **Benutzen im geschäftlichen Verkehr** setzt voraus, dass die Handlung im Zusammenhang mit einer auf einen wirtschaftlichen Vorteil gerichteten, kommerziellen Tätigkeit und nicht im privaten Bereich erfolgt (EuGH GRUR 2003, 55; 2007, 971; 2008, 698; BGHZ 171, 89; BGH GRUR 2008, 702 mwN). Von einem Handeln im geschäftlichen Verkehr ist nicht schon dann auszugehen, wenn eine Ware einer Vielzahl von Personen zum Kauf angeboten wird, mag dies auch mit dem Ziel geschehen, einen möglichst hohen Verkaufspreis zu erzielen (BGHZ 172, 119; BGH GRUR 2008, 702). Ein Handeln im geschäftlichen Verkehr liegt aber bei Fallgestaltungen nahe, bei denen ein Anbieter **wiederholt mit gleichartigen, insbes. auch neuen Gegenständen** handelt (BGH GRUR 2008, 702). Auch wenn ein Anbieter zum Kauf angebotene Produkte erst kurz zuvor erworben hat, spricht dies für ein Handeln im geschäftlichen Verkehr (BGHZ 158, 236). Ebenso deutet die Tatsache, dass der Anbieter **ansonsten gewerblich tätig ist,** auf eine geschäftliche Tätigkeit hin (BGHZ 172, 119). Ein **Benutzen** ist gegebenen, wenn die geografische Bezeichnung **zur Unterscheidung oder zur Anpreisung der angebotenen Erzeugnisse verwendet wird** (EuGH GRUR Int. 1999, 438; 2007, 971 für den gleichlautenden Begriff im Markenrecht). Insoweit können die in **§ 14 Abs. 3, 4 MarkenG** angeführten Benutzungshandlungen sinngemäß auch auf das Weinrecht übertragen werden.

VI. Verstoß gegen § 25 Abs. 1 (§ 49 S. 1 Nr. 4)

Wie § 49 S. 1 Nr. 3a schützt der Straftatbestand des **§ 49 S. 1 Nr. 4** den Verbraucher vor Täuschung 11 (→ Vorb. LFGB Rn. 12 f.), indem er Verstöße gegen das **allgemeine Irreführungsverbot des § 25 Abs. 1** unter Strafe stellt. Danach dürfen Erzeugnisse (→ Vorb. Rn. 13 ff.) nicht mit irreführenden Bezeichnungen, Hinweisen, sonstigen Angaben oder Aufmachungen in den Verkehr gebracht (→ Vorb. Rn. 46), eingeführt oder ausgeführt (→ Vorb. Rn. 48) oder zum Gegenstand der Werbung gemacht werden. Zum Begriff der irreführenden Bezeichnung → Rn. 9 und → LFGB § 59 Rn. 23. Die Irreführung wird zudem in § 25 Abs. 2, 3 näher konkretisiert (OVG Koblenz ZLR 1997, 358; LMRR 2003, 96; 2004, 91; 2008, 53; LMuR 2013, 193; OLG Karlsruhe LMRR 1976, 18; VG Trier LMuR 2010, 104; OLG Saarbrücken LMuR 2014, 23). In diesem Zusammenhang ist zu beachten, dass am 13.12.2014 die **LMIV** (→ Vorb. LFGB Rn. 12; → LFGB § 59 Rn. 14, 21 ff.) in Kraft trat. Bei den Vorschriften des Weinrechts handelt es sich um solche, die den Vorschriften der LMIV nach Maßgabe von Art. 1 Abs. 4 LMIV im Grundsatz als speziellere Vorschriften vorgehen (vgl. Voit/Grube LMIV/ *Grube* Art. 1 Rn. 67 f.). Unter **Werbung** sind alle Äußerungen zu verstehen, die für die Bewertung eines Erzeugnisses bedeutsame Umstände zum Gegenstand und den Zweck haben, die Kaufabsicht eines Dritten auszulösen oder zu beeinflussen (→ WiStG § 3 Rn. 13 mwN). Ein wesentlicher Anwendungsbereich des Tatbestandes ist die Verwendung der Prädikate des § 20 für Wein, ohne dass die materiellen Voraussetzungen für die Erteilung der amtlichen Prüfungsnummer erfüllt sind (vgl. Zipfel/Rathke LebensmittelR/*Rathke* § 20 Rn. 47; VG Neustadt LMRR 2013, 36; OVG Koblenz LMuR 2014, 261; sa *Boch* ZLR 2013, 435).

VII. Verstoß gegen § 26 Abs. 2 (§ 49 S. 1 Nr. 5)

Ebenfalls dem **Schutz des Verbrauchers vor Täuschung** dient der Straftatbestand des **§ 49 S. 1** 12 **Nr. 5,** der Verstöße gegen das **Verbot des § 26 Abs. 2** unter Strafe stellt. Nach § 26 Abs. 2 dürfen Getränke, die mit Erzeugnissen verwechselt werden können, ohne Erzeugnisse zu sein, oder Vormischungen für solche Getränke nicht verarbeitet (→ Vorb. Rn. 39 ff.), in den Verkehr gebracht (→ Vorb. Rn. 46) oder eingeführt (→ Vorb. Rn. 48) werden. Zum Begriff der **verwechselbaren Getränke** → § 48 Rn. 5. Seit dem 24.5.2007 erfasst der Tatbestand auch **Vormischungen für Getränke,** die mit einem Erzeugnis verwechselt werden können. Hierbei handelt es sich um Mischungen von Lebensmitteln, aus denen unter Zugabe von Wasser oder einem anderen Lebensmittel ein Getränk, das mit einem Erzeugnis verwechselt werden kann, hergestellt wird (Zipfel/Rathke LebensmittelR/*Rathke* § 26 Rn. 25).

VIII. Verstoß gegen Rechtsakte der Europäischen Gemeinschaft iSv § 49 S. 1 Nr. 6

Wie durch § 48 Abs. 1 Nr. 3 u. 4 (→ § 48 Rn. 11 ff.) sowie durch § 49 S. 1 Nr. 7 sollen mit dem 13 Straftatbestand des **§ 49 S. 1 Nr. 6 Verstöße gegen Ge- oder Verbote in gemeinschaftsrechtlichen Verordnungen unter Strafe gestellt** werden, soweit sie dem **Schutz des Verbrauchers vor Irreführung** (→ Vorb. LFGB Rn. 12 f.) dienen und eine Verordnung nach § 51 auf den Tatbestand verweist. Entsprechende Tatbestände mit Rückverweisung fanden sich auch insoweit in der EU-WeinRV (→ § 48

Rn. 11 f.; zur bisherigen Rechtslage vgl. die Vorauf.). In der **WeinSBV** (→ § 48 Rn. 11 f.) finden sich derzeit keine auf § 49 Nr. 6 rückverweisende Vorschriften.

IX. Sonstige Verstöße gegen Rechtsakte der Europäischen Gemeinschaft (§ 49 S. 1 Nr. 7)

14 Mit **§ 49 S. 1 Nr. 7** statuiert der Gesetzgeber eine dem § 48 Abs. 1 Nr. 4 entsprechende **Öffnungsklausel** hinsichtlich **unmittelbar geltender Vorschriften des Gemeinschaftsrechts.** Zum Zweck und der Anwendung solcher Öffnungsvorschriften mit Entsprechungsklausel → LFGB § 58 Rn. 41 ff. Die dortigen Ausführungen gelten für den vorliegenden Straftatbestand sinngemäß. Entsprechende Tatbestände mit Rückverweisung fanden sich auch insoweit bis zum 31.1.2013 in der EU-WeinRV (→ Rn. 11 f.; zur bisherigen Rechtslage vgl. die Vorauf.). In der **WeinSBV** (→ § 48 Rn. 11 f.) finden sich derzeit keine auf § 49 S. 1 Nr. 7 rückverweisende Vorschriften.

X. Verstöße gegen Art. 19 VO (EG) Nr. 178/2002 (§ 49 S. 2)

15 **§ 49 S. 2** wurde mit dem 7. ÄndG (→ Vorb. Rn. 5) eingefügt. Durch die **Verweisung auf § 59 Abs. 2 Nr. 1 Buchst. c LFGB** werden Verstöße gegen die auch im Weinrecht bestehenden Pflichten zum Rückruf nicht sicherer Erzeugnisses iSv § 2 Nr. 1 und Nr. 2 unter Strafe gestellt. Zu den Einzelheiten vgl. die sinngemäß geltende Kommentierung bei → LFGB § 59 Rn. 64c (= Nr. 485 des Kommentars).

C. Subjektiver Tatbestand

16 § 49 stellt lediglich die vorsätzliche Verwirklichung der dortigen Tatbestände unter Strafe. Insoweit reicht **bedingter Vorsatz** bei allen Tatbestandsalternativen aus (Erbs/Kohlhaas/*Brehmeier-Metz* Vor § 48 Rn. 12). Das Vorliegen des subjektiven Tatbestandes bestimmt sich dabei **nach den allgemeinen Grundsätzen.** Zu den insoweit im Lebensmittelstrafrecht bestehenden Besonderheiten vgl. → LFGB Vorb. Rn. 47 ff. Die fahrlässige Verwirklichung der Tatbestände erfüllt demgegenüber den Bußgeldtatbestand des § 50 Abs. 1 (→ § 50 Rn. 3).

D. Rechtsfolgen

17 § 49 sieht **Freiheitsstrafe bis zu einem Jahren oder Geldstrafe** vor. Der Strafrahmen bestimmt sich dabei nach den allgemeinen Vorschriften der §§ 38 ff. StGB. Für die Zumessung der Strafe werden insbes. der Grad der Gefährdung des geschützten Rechtsguts, die Art der Ausführung und die tatursächlichen Motive von Bedeutung sein. Neben der Verhängung von Geld- oder Freiheitsstrafe kommen als weitere Rechtsfolgen die Einziehung der Tatgegenstände (vgl. hierzu die Kommentierung zu § 52), der Verfall des Täterlöses (§§ 73 ff. StGB) und die Anordnung eines Berufsverbotes (§§ 70 ff. StGB) in Betracht. Werden durch einen weinrechtlichen relevanten Sachverhalt **mehrere Straftatbestände verwirklicht,** bestimmen sich die konkurrenzrechtlichen Verhältnisse der Tatbestände untereinander grds. nach den **allgemeinen Vorschriften** (§§ 52 ff. StGB; → LFGB § 59 Rn. 85).

§ 50 Bußgeldvorschriften

(1) Ordnungswidrig handelt, wer eine der in

1. § 49 Satz 1 oder
2. § 49 Satz 2

bezeichneten Handlungen fahrlässig begeht.

(2) ¹Ordnungswidrig handelt, wer vorsätzlich oder fahrlässig

1. entgegen § 11 Absatz 1 Satz 1 oder Absatz 4 Satz 1 die dort genannte Menge nicht oder nicht rechtzeitig destilliert,
2. der Nachweispflicht nach § 11 Absatz 1 Satz 3 zuwiderhandelt,
3. *[aufgehoben]*
4. einer Rechtsverordnung nach § 3b Absatz 3 Satz 1, § 4 Absatz 2, § 12 Absatz 3 Nummer 5 oder Absatz 5, § 14 Nummer 2, § 16 Absatz 2 Satz 1, auch in Verbindung mit Satz 2 Nummer 4, § 16 Absatz 3, 4 oder 5, § 21 Absatz 1 Nummer 4, § 24 Absatz 2, 3 oder 4 Nummer 2, § 26 Absatz 3 Satz 1 Nummer 1, auch in Verbindung mit Satz 2, § 28 Absatz 3 Nummer 2 bis 4, § 29, § 30, § 31 Absatz 4 Nummer 1, § 33 Absatz 1 a Satz 1 oder Absatz 1b, § 36 Absatz 1 Satz 1 in Verbindung mit Satz 2 Nummer 3 Buchstabe c oder Nummer 4 oder § 44 Absatz 1 oder 2 Satz 2 zuwiderhandelt, soweit sie für einen bestimmten Tatbestand auf diese Bußgeldvorschrift verweist,
5. entgegen § 7d Absatz 1 eine Genehmigung nicht oder nicht richtig in Anspruch nimmt,
6. *(weggefallen)*

7. *[aufgehoben]*
8. entgegen § 26 Absatz 1 für ein Getränk, das kein Erzeugnis ist, eine nicht zugelassene Angabe gebraucht,
9. entgegen § 28 Absatz 1 einen dort genannten Stoff mit dem dort genannten Ziel in den Verkehr bringt, vermittelt oder zum Gegenstand der Werbung macht,
10. entgegen § 28 Absatz 2 Weintrub in den Verkehr bringt oder bezieht,
10a. entgegen § 31 Absatz 2a Satz 1 eine Information nicht, nicht richtig, nicht vollständig oder nicht rechtzeitig übermittelt,
11. entgegen § 31 Absatz 6 eine Maßnahme nach § 31 Absatz 1 oder eine Entnahme von Proben nicht duldet, eine in der Überwachung tätige Person nicht unterstützt oder eine Auskunft nicht erteilt oder
12. einer unmittelbar geltenden Vorschrift in Rechtsakten der Europäischen Gemeinschaft oder der Europäischen Union zuwiderhandelt, die nicht nach § 48 Absatz 1 Nummer 3 oder 4 oder § 49 Satz 1 Nummer 6 oder Nummer 7 als Straftat geahndet werden kann, soweit eine Rechtsverordnung nach § 51 für einen bestimmten Tatbestand auf diese Bußgeldvorschrift verweist.

[2] Für Erzeugnisse nach § 2 Nummer 1 oder Nummer 2 gelten folgende Bußgeldvorschriften des Lebensmittel- und Futtermittelgesetzbuches entsprechend:

1. § 60 Absatz 3 Nummer 1 Buchstabe d und e,
2. § 60 Absatz 3 Nummer 1 Buchstabe f, soweit er sich auf Artikel 19 Absatz 3 Satz 1 der Verordnung (EG) Nr. 178/2002 bezieht, und
3. § 60 Absatz 3 Nummer 1 Buchstabe g, soweit er sich auf Artikel 19 Absatz 3 Satz 2 der Verordnung (EG) Nr. 178/2002 bezieht.

(3) Die Ordnungswidrigkeit kann in den Fällen des Absatzes 1 Nummer 2 und des Absatzes 2 Satz 2 mit einer Geldbuße bis zu fünfzigtausend Euro, in den übrigen Fällen mit einer Geldbuße bis zu zwanzigtausend Euro geahndet werden.

A. Allgemeines

§ 50 definiert – wie §§ 48, 49 in Gestalt von **abstrakten Gefährdungsdelikten** (→ Vorb. LFGB **1** Rn. 27) – die Bußgeldtatbestände des WeinG, nach denen solche Verstöße gegen die Ge- und Verbot des WeinG mit Bußgeld geahndet, die nach der Wertung des Gesetzgebers von geringerem Unwertgehalt sind (Erbs/Kohlhaas/*Brehmeier-Metz* Rn. 2). Während § 50 Abs. 1 fahrlässige Zuwiderhandlungen gegen die in § 49 enthaltenen Straftatbestände als Ordnungswidrigkeit definiert, ist in den Tatbeständen des § 50 Abs. 2 sowohl vorsätzliches als auch fahrlässiges Handeln bußgeldbewehrt.

§ 50 ist durch die zurückliegenden Änderungsgesetze nur unwesentlich betroffen gewesen. Mit dem **2** **Gesetz zur Neuordnung des Lebensmittel- und Futtermittelrechts vom 1.9.2005** (BGBl. I 2618 (2659)) wurde einerseits in Abs. 2 Nr. 4 als weitere Ermächtigungsgrundlage § 33 Abs. 1a S. 1 aufgenommen und andererseits § 50 Abs. 2 Nr. 10a eingefügt. Das **Dritte ÄndG v. 16.5.2007** (BGBl. I 753) führte zur Aufhebung der bisherigen Nr. 6, das Fünfte ÄndG (→ Vorb. Rn. 5) fasste § 50 Abs. 2 Nr. 4 teilweise neu. Durch das 6. ÄndG (→ Vorb. Rn. 5) wurde § 50 Abs. 1a aufgehoben (→ § 48 Rn. 20) und § 50 Abs. 2 S. 1 Nr. 1 erweitert (→ Rn. 6). Mit dem **7. ÄndG** (→ Vorb. Rn. 5) wurde § 50 Abs. 2 S. 2 eingefügt (→ Rn. 26) und der Bußgeldrahmen in § 50 Abs. 3 verschärft (→ Rn. 29). § 50 Abs. 2 S. 1 Nr. 7 wurde mit dem **8. ÄndG** (→ Vorb. Rn. 5) aufgehoben. Die wesentlichsten Änderungen erfolgten mittelbar im Zusammenhang mit der Rückverweisungsklausel in § 50 Abs. 2 S. 1 Nr. 12 (→ Rn. 17 ff.). Mit dem 9. ÄndG (→ Vorb. Rn. 5) wurde § 49 Abs. 2 Nr. 3 aufgehoben und § 49 Abs. 2 Nr. 5 wurde inhaltlich geändert.

B. Ordnungswidrigkeiten nach § 50 Abs. 1

Nach § 50 Abs. 1 handelt der ordnungswidrig, der **die in § 49 S. 1 und S. 2 bezeichneten Hand- 3 lungen fahrlässig begeht.** Insoweit kann hinsichtlich der jeweils maßgeblichen objektiven Tatbestände auf die Kommentierung zu § 49 (→ § 49 Rn. 3 ff.) verwiesen werden.

C. Ordnungswidrigkeiten nach § 50 Abs. 2

I. Allgemeines

§ 50 Abs. 2 definiert **unterschiedliche Verstöße gegen die Ge- und Verbote des WeinG** als **4** Ordnungswidrigkeiten, wobei insoweit sowohl vorsätzliches als auch fahrlässiges Handeln mit Bußgeld bedroht ist. Auch bei den Bußgeldtatbeständen des § 50 Abs. 2 handelt es sich um **Blanketttatbestände,** die durch die jeweils in Bezug genommenen verwaltungsrechtlichen Vorschriften ausgefüllt werden (→ Vorb. LFGB Rn. 19 ff.). Insoweit dienen die Bußgeldtatbestände, abhängig vom jeweiligen Zweck der blankettausfüllenden Vorschriften sowohl dem Gesundheits- oder dem Täuschungsschutz als auch der Durchsetzung marktordnungsrechtlicher Vorschriften des WeinG (→ Vorb. Rn. 1).

II. Ordnungswidrigkeiten nach § 50 Abs. 2 S. 1

5   **1. Verstöße gegen § 11 (§ 50 S. 1 Abs. 2 Nr. 1 u. 2).** In § 50 S. 1 Abs. 2 Nr. 1 u. 2 sind Verstöße gegen **Einzelregelungen des § 11,** der – wie §§ 9, 10 – den **Hektarhöchstertrag eines Weinbaubetriebs** regelt, als Ordnungswidrigkeit definiert (→ § 48 Rn. 7; → § 49 Rn. 3 f.). Nach § 11 Abs. 1 S. 1 sind die Übermengen, die den Gesamthektarertrag nach Maßgabe des § 9 Abs. 1 S. 1, 2 um mehr als 20 % übersteigen, im Unterschied zur Verwendungsmöglichkeit der Übermengen bis zu 20 % (vgl. § 10) zwingend zu destillieren. Kommt der Betriebsinhaber diesem **Destillationsgebot** nicht nach, erfüllt er den Tatbestand des **§ 50 Abs. 2 Nr. 1.** Diese Destillation ist der zuständigen Behörde nach Maßgabe des § 11 Abs. 1 S. 3 nachzuweisen. **Verstöße gegen diese Nachweispflicht** erfüllen den Tatbestand des § 50 Abs. 2 Nr. 2. Mit dem 6. ÄndG (→ Vorb. Rn. 5) wurden durch die Aufnahme von § 11 Abs. 4 S. 1 Betriebe, die unter die neuen § 9a fallen, bei einem Verstoß gegen Destillationsverpflichtungen den Weinbaubetrieben gleichgestellt.

6   *(einstweilen frei)*

7   **2. Verstöße gegen Rechtsverordnungen (§ 50 Abs. 2 S. 1 Nr. 4).** § 50 Abs. 2 S. 1 Nr. 4 stellt – wie § 48 Abs. 1 Nr. 2 und § 49 Nr. 3 – eine **Blankettvorschrift mit Rückverweisungsklausel** (→ Vorb. LFGB Rn. 26) dar. Die maßgeblichen rückverweisenden Straftatbestände finden sich dabei in **§ 53 Abs. 2 WeinV** (= Nr. 805 des Kommentars) und in **§ 40 WeinÜberwV** (= Nr. 800 des Kommentars) sowie in Landesverordnungen zur Durchführung weinrechtlicher Vorschriften (vgl. zB § 25 Abs. 2 der baden-württembergischen Verordnung des Ministeriums für Ernährung und Ländlichen Raum zur Durchführung weinrechtlicher Vorschriften). Der Reglungsbereich der jeweiligen Rechtsverordnung folgt aus den Ermächtigungsnormen und ist dort näher konkretisiert. Neben den bei §§ 48, 49 genannten Ermächtigungsgrundlagen (→ § 48 Rn. 10 und → § 49 Rn. 6) werden in § 50 Abs. 2 Nr. 4 folgende weitere Vorschriften angeführt:

8   Nach § 3b Abs. 3 S. 1 können Rechtsverordnung zur Regelungen der Voraussetzungen und des Verfahrens für die **Umstrukturierung und Umstellung von Rebflächen** getroffen werden. § 4 Abs. 2 ermächtigt zum Erlass von Regelungen im Zusammenhang mit **Rebanlagen** (vgl. § 2b WeinV); § 6 Abs. 5 zum Erlass von Regelungen im Zusammenhang mit der **Wiederbepflanzung** (→ Rn. 7). Nach § 21 Abs. 1 Nr. 4 können Rechtsverordnungen zur Regelungen über die Angabe der **amtlichen Prüfungsnummer** bei Qualitätsweinen mit Prädikat (§ 20) getroffen werden; nach § 24 Abs. 2, 3 oder 4 Nr. 2 Regelungen, die die **Bezeichnung, die Aufmachung und sonstige Angaben für Erzeugnisse** (→ Vorb. Rn. 13 ff.) betreffen (vgl. §§ 30 ff. WeinV). § 26 Abs. 3 S. 1 Nr. 1 ermächtigt zum Erlass von **Ausnahmeregelungen im Hinblick auf die Bezeichnungsschutzvorschriften in § 26** Abs. 1 u. 2 (→ Rn. 13; vgl. § 47 WeinV). Nach § 28 Abs. 3 Nr. 2–4 kann das BMELV Vorschriften über das **Vergällen** im Verordnungswege erlassen (vgl. § 4 WeinÜberwV; → Rn. 16), die § 29, § 30 und § 31 Abs. 4 Nr. 1 sowie § 33 Abs. 1, 1a S. 1 und Abs. 1b sowie § 36 Abs. 1 ermächtigen zum Erlass von Rechtsverordnungen, die die spezielen **Buchführungs-, Melde- und Mitwirkungspflichten** iRd weinrechtlichen Überwachung regeln (vgl. insoweit die Vorschriften der WeinÜberwV). § 44 betrifft Regelungen der **Erhebung der Abgabe für den Deutschen Weinfonds** (vgl. § 43).

9   **3. Verstöße gegen § 7d (§ 50 Abs. 2 S. 1 Nr. 5).** Ebenfalls unter **marktordnungsrechtlichen Gesichtspunkten** bedürfen **Wiederbepflanzungsrechte** (→ Rn. 7) der Genehmigung.

10   § 50 Abs. 2 Nr. 5 definiert **Zuwiderhandlungen gegen** im Zusammenhang mit der Gültigkeitsdauer der Genehmigung nach § 7d als Ordnungswidrigkeiten. Die Vorschrift wurde mWv 1.1.2016 eingefügt.

11   **4. Verstoß gegen § 24 Abs. 1 (§ 50 Abs. 2 S. 1 Nr. 7).** § 50 Abs. 2 Nr. 7 wurde durch das 8. ÄndG (→ Vorb. Rn. 5) aufgehoben.

12   **5. Verstoß gegen § 26 Abs. 1 (§ 50 Abs. 2 S. 1 Nr. 8).** Zum **Schutz des Verbrauchers vor Täuschung** verbietet § 26 Abs. 1 für **Getränke, die nicht Erzeugnisse** (→ Vorb. Rn. 13 ff.) sind, die Worte Wein, Kabinett, Spätlese, Auslese, Beerenauslese, Trockenbeerenauslese und Eiswein (vgl. zu diesen Angaben § 20) allein oder iVm anderen Worten zu verwenden, soweit eine Vorschrift in Rechtsakten der Europäischen Gemeinschaft oder eine bundesrechtliche Regelung dies nicht ausdrücklich vorsieht. Verstöße gegen dieses **Kennzeichnungsverbot** erfüllen den Tatbestand des § 50 Abs. 2 S. 1 Nr. 8.

13   **6. Verstöße gegen § 28 (§ 50 Abs. 2 S. 1 Nr. 9 und 10).** § 28 statuiert **besondere Verkehrsverbote** für bestimmte Stoffe für Weintrub (→ Vorb. Rn. 29). Während § 28 Abs. 1 das Inverkehrbringen (→ Vorb. Rn. 46), das Vermitteln und das Werben (→ § 49 Rn. 11) hinsichtlich bestimmter Stoffe zum Zwecke der gewerblichen Verwendung entgegen eines diesbezüglichen Verarbeitungsverbots untersagt, betrifft § 28 Abs. 2 Weintrub, der nicht ausreichend vergällt wurde.

14   Welche Stoffe iSv § 28 Abs. 1 bei der Verarbeitung von Erzeugnissen nicht zugesetzt (→ Vorb. Rn. 41) werden dürfen, bestimmt sich nach den **Vorschriften über die zugelassenen önologischen Verfahren und der diesbezüglichen Einschränkungen in Art. 80 VO (EU) Nr. 1308/2013 iVm**

Anh. VIII sowie in **Art. 3 ff. VO (EG) Nr. 606/2009 nebst der diesbezüglichen Anlagen** (→ Vorb. Rn. 54 ff.). Soweit in den Vorschriften der VO (EG) Nr. 606/2009 derzeit noch auf die Vorschriften in der VO (EG) Nr. 479/2008 verwiesen wird, ist **Art. 3 Abs. 1 UAbs. 2 der VO (EG) Nr. 491/2009** zu beachten, mit der die Vorschriften der VO (EG) Nr. 479/2008 in die VO (EG) Nr. 1234/2007 überführt wurden (→ Vorb. Rn. 5). Dort ist angeordnet, dass Verweise auf die VO (EG) Nr. 479/2008 als Verweise auf die VO (EG) Nr. 1234/2007 nach Maßgabe der dortigen Entsprechungstabelle in Anh. XXII gelten. Die VO (EG) Nr. 1234/2007 wurde ihrerseits durch die VO (EU) Nr. 1308/2013 aufgehoben. Insoweit finden sich in Art. 230 Abs. 2 VO (EU) Nr. 1308/2013 eine weitere Entsprechungsklauseln (vgl. insoweit → Vorb. LFGB Rn. 25). Werden entgegen den daraus resultierenden Verboten entsprechende Stoffe gleichwohl mit **gesetzeswidrigem Verwendungszweck in den Verkehr gebracht** usw, ist der Tatbestand des **§ 50 Abs. 2 S. 1 Nr. 9** erfüllt.

Weintrub darf nur nach **ausreichender Vergällung** in den Verkehr gebracht oder bezogen werden **15** (§ 28 Abs. 2; Ausnahme: Weinhefe zur Herstellung von Weinhefebrand). Nach **§ 4 WeinÜberwV** (= Nr. 800 des Kommentars) darf die Vergällung dabei nur mit Lithiumchlorid in einer Menge von mindestens 0,5 Gramm oder Natriumchlorid in einer Menge von mindestens 2 Gramm in einem Liter vorgenommen werden. Ist daran gemessen eine ausreichende Vergällung nicht gegeben und wird der Weintrub entgegen dem **Verkehrsverbot** bezogen oder in den Verkehr gebracht, ist der Tatbestand des **§ 50 Abs. 2 S. 1 Nr. 10** erfüllt.

7. Verstöße gegen § 31 (§ 50 Abs. 2 S. 1 Nr. 10a und 11). § 31 ermächtigt zunächst die zuständi- **16** gen Behörden zur Vornahme der Maßnahmen (insbes.: Betretungs-, Einsichts- und Auskunftsrechte), die zur **Überwachung der Einhaltung weinrechtlicher Vorschriften** erforderlich sind. Damit korrespondierend sind den Betreibern von Weinbaubetrieben, Lebensmittelunternehmern. sowie Inhabern von Rechten an von den Überwachungsmaßnahmen betroffenen Gegenständen (insbes. Hausrechteinhaber) ua in § 31 Abs. 2a und Abs. 6 bestimmte **Mitwirkungspflichten** auferlegt. Kommen die Verpflichteten ihren in § 31 Abs. 2a resultierenden **Informationspflichten** nicht ausreichend nach, ist der Tatbestand des **§ 50 Abs. 2 S. 1 Nr. 10a** (eingefügt mit dem **Gesetz zur Neuordnung des Lebensmittel- und Futtermittelrechts vom 1.9.2005**) erfüllt. Verstöße gegen die **Duldungs- und Mitwirkungspflichten** des § 31 Abs. 6 sind in **§ 50 Abs. 2 S. 1 Nr. 11** als Ordnungswidrigkeit definiert.

8. Verstöße gegen Rechtsakte der Europäischen Gemeinschaft (§ 50 Abs. 2 S. 1 Nr. 12). **17** § 50 Abs. 2 S. 1 Nr. 12 entspricht im Hinblick auf Regelungstechnik und Zweck § 48 Abs. 1 Nr. 3, 4 bzw. § 49 Nr. 6, 7. Insoweit kann auf die diesbezügliche Kommentierung (→ § 48 Rn. 15 f.; → § 49 Rn. 14) verwiesen werden, die auch bei § 50 Abs. 2 Nr. 12 sinngemäß gilt. Entsprechende Tatbestände mit Rückverweisung fanden sich auch insoweit in der EU-WeinRV (→ § 48 Rn. 11 f.; zur bisherigen Rechtslage vgl. die Voraufl.). In der **WeinSBV** (→ § 48 Rn. 11 f.) finden sich folgende rückverweisende Vorschriften.

a) In **§ 1 WeinSBV** werden Verstöße gegen die **VO (EG) Nr. 1924/2006 (sog Health Claims VO 18 – HCVO;** → LFGB § 59 Rn. 67 ff.) als Ordnungswidrigkeiten definiert, wenn bei Erzeugnissen (→ Vorb. Rn. 13 ff.), die eine Alkoholgehalt (→ Vorb. Rn. 53) von mehr als mehr als 1,2 Volumenprozent aufweisen, entgegen Art. 3 HCVO **gesundheits- oder unzulässige nährwertbezogene Angaben** gemacht werden.

b) In **§ 2 WeinSBV** werden folgende Verstöße gegen Vorschriften der **VO (EG) Nr. 1234/2007 19** (die nach Art. 230 Abs. 1 S. 2 Buchst. b VO (EU) Nr. 1308/2013 fortgelten) im Zusammenhang mit bestimmten **Pflanzungsbestimmungen** als Ordnungswidrigkeiten definiert:

Verstoß gegen	Tathandlung
Art. 85a Abs. 2 S. 1	Nutzung von Weintrauben aus widerrechtlichen Anpflanzungen zu anderen Zwecken als der Destillation
Art. 85b Abs. 3 S. 1	Nutzung von Weintrauben aus widerrechtlichen Anpflanzungen vor der Regularisierung nach Art. 85b zu anderen Zwecken als der Destillation
Art. 85a Abs. 2 S. 2	Herstellung von Alkohol bei Destillation nach Art. 85a Abs. 2 S. 1 mit vorhandenem Alkoholgehalt (→ Vorb. Rn. 53) von weniger als 80,1 Volumenprozent
Art. 85b Abs. 3 S. 2	Herstellung von Alkohol bei Destillation nach Art. 85b Abs. 3 S. 1 mit vorhandenem Alkoholgehalt (→ Vorb. Rn. 53) von weniger als 80,1 Volumenprozent

c) **§ 3 WeinSBV** definiert **Verstöße gegen das Verwertungsgebot** in Art. 57 Abs. 1 UAbs. 1 **20** (Destillation, grüne Weinlese, Eigenverbrauch) VO (EG) Nr. 555/2008 hinsichtlich Weintrauben aus **widerrechtlichen Anpflanzungen** nach Art. 85, 86 VO (EG) Nr. 479/2008 als Ordnungswidrigkeiten.

21   **d)** In **§ 5 WeinSBV** werden folgende Verstöße gegen eine effiziente Kontrolle garantierende Melde- und Dokumentationspflichten, die aus **VO (EG) Nr. 436/2009** resultieren, als Ordnungswidrigkeit definiert:

Verstoß gegen	Tathandlung
Art. 8 Abs. 1 UAbs. 1	Unterlassen der Abgabe der Erntemeldung (Inhalt nach Maßgabe von Anlage II, III der VO (EG) Nr. 436/2009) bzw. Abgabe einer falschen oder unvollständigen Erntemeldung bzw. nicht fristgerechte Abgabe (Abgabefrist 15.1. des Folgejahres; Art. 16 Abs. 1 S. 1)
Art. 9 Abs. 1 UAbs. 1	Unterlassen der Abgabe der Erzeugnismeldung (Inhalt nach Maßgabe von Anlage IV der VO (EG) Nr. 436/2009) bzw. Abgabe einer falschen oder unvollständigen Erzeugnismeldung bzw. nicht fristgerechte Abgabe (Abgabefrist 15.1. des Folgejahres; Art. 16 Abs. 1 S. 1)
Art. 11 Abs. 1 S. 1	Unterlassen der Abgabe der Bestandsmeldung (Inhalt nach Maßgabe von Anlage V der VO (EG) Nr. 436/2009; Stichtag 31.7. des Jahres) bzw. Abgabe einer falschen oder unvollständigen Bestandsmeldung bzw. nicht fristgerechte Abgabe (Abgabefrist 10.9. des Jahres; Art. 16 Abs. 2 S. 1)
Art. 36 Abs. 1	Unterlassen der Buchführung nach näherer Maßgabe der Art. 38 ff. VO (EG) Nr. 436/2009 durch Personen, in deren Besitz sich zur Ausübung ihres Berufes oder zu gewerblichen Zwecken ein Weinbauerzeugnis befindet
Art. 23 Abs. 2	Verwendung des Begleitdokuments für mehr als eine Beförderung
Art. 36 Abs. 1	Verstoß gegen die Pflicht zum Führen von Ein- und Ausgangsbücher
Art. 48 Abs. 1, 2	Verstoß gegen die Aufbewahrungspflicht von Büchern und Dokumenten

22   **e)** Nach **§ 7 WeinSBV** handelt ordnungswidrig, wer gegen die nachfolgend genannten Vorschriften der **VO (EG) 606/2009** im Zusammenhang mit bestimmten **önologischen Verfahren** bzw. diesbezüglicher **Dokumentationspflichten** verstößt:

Verstoß gegen	Tathandlung
Art. 12 Abs. 6 UAbs. 1	Unterlassen der Buchführung über Angaben betreffend die zur Erhöhung des Alkoholgehalts durchzuführenden Maßnahmen
Art. 13 Abs. 3	Unterlassen der Buchführung über die Angaben betreffend die zur Säuerung oder Entsäuerung durchzuführenden Maßnahmen
Anh. I D Nr. 5 S. 1 Buchst. a	Unterlassen der Meldung einer Süßung bzw. Abgabe einer falschen oder unvollständigen Meldung bzw. nicht fristgerechte Meldung
Anh. I D Nr. 5 S. 2	Unterlassen der Buchführung über die Zugänge und Abgänge an Traubenmost, konzentriertem Traubenmost oder rektifiziertem Traubenmostkonzentrat, die sich zum Zwecke der Süßung im Besitz der die Süßung vornehmenden Person befinden
Anh. II A Nr. 5 S. 2, Nr. 6; B Nr. 4c; C Nr. 9c	Zusatz von Fülldosage (→ Vorb. Rn. 32) oder Versanddosage (→ Vorb. Rn. 32)
Anh. II A Nr. 10 UAbs. 2 S. 1	Auslösung der alkoholischen Gärung einer Cuvée (→ Vorb. Rn. 32), eines Qualitätsschaumweins (→ Vorb. Rn. 20) oder eines Schaumweins (→ Vorb. Rn. 20)

23   **f)** **§ 8 WeinSBV** definiert Verstöße gegen Art. 69 Abs. 1 VO (EG) Nr. 607/2009 als Ordnungswidrigkeit, wonach die Vermarktung oder Ausfuhr von anderen Erzeugnissen als **Schaumwein, Qualitätsschaumwein und aromatischer Qualitätsschaumwein** (→ Vorb. Rn. 20) in dort näher definierten **„Schaumwein"-Glasflaschen**.

24   **g)** **§ 10 WEinSBV** definiert Verstöße gegen Vorschriften der VO (EU) Nr. 1308/2013 als Ordnungswidrigkeiten. Hierbei handelt es sich einerseits um Verstöße gegen **Bezeichnungs-, Aufmachungs- und Herstellungsvorschriften** der VO (EU) Nr. 1308/2013. Die Tatbestände dienen dabei insbes. dem **Schutz des Verbrauchers vor Täuschung.** Weiter werden Verstöße gegen be-

stimmte Dokumentationspflichten und zuletzt Verstöße gegen die Einschränkungen nach Maßgabe von Art. 80 iVm Anh. VIII Teil II (→ Vorb. Rn. 54) als Ordnungswidrigkeiten definiert:

IE handelt es sich um folgende Verstöße: **25**

Verstoß gegen	Tathandlung
Art. 78 Abs. 2	Verwendung einer Bezeichnung von Erzeugnissen iSv Anh. XI b in der EG für die Vermarktung von Erzeugnissen, die den entsprechenden Bedingungen nicht entsprechen (vgl. zu den entsprechenden Erzeugnissen und den jeweiligen Bedingungen → Vorb. Rn. 13 ff.)
Art. 113 Abs. 1 S. 1	Widerrechtliche Verwendung eines geschützten traditionellen Begriffs (zB Spätlese), insbes. für ein Erzeugnis, das nicht entsprechend den maßgeblichen Bedingungen hergestellt wurde
Art. 147 Abs. 1	Inverkehrbringen von Erzeugnisse des Weinsektors innerhalb der Gemeinschaft ohne amtlich zugelassenes Begleitdokument
Art. 147 Abs. 2	Unterlassen des Führens von Ein- und Ausgangsregistern
Anh. VIII Teil II B Nr. 2 S. 2	Einleitung der alkoholischen Gärung bei Traubensaft (→ Vorb. Rn. 11) oder konzentriertem Traubensaft (→ Vorb. Rn. 11)
Anh. VIII Teil II C	Verschnitt (→ Vorb. Rn. 43) eines Drittlandweins (§ 2 Nr. 6) mit Gemeinschaftswein (vgl. § 2 Nr. 4) oder von Drittlandweinen untereinander in der Gemeinschaft
Anh. VIII Teil II D Nr. 2 S. 1	Herstellung (→ Vorb. Rn. 39) von Wein oder einem anderen Getränk aus Weintrub (→ Vorb. Rn. 29) oder Traubentrester (→ Vorb. Rn. 30) mit Ausnahme von Alkohol, Brand oder Tresterwein (→ Vorb. Rn. 30)
Anh. VIII Teil II D Nr. 4	Verwendung (→ Vorb. Rn. 44) von Tresterwein (→ Vorb. Rn. 30) zu anderen Zwecken als zur Destillation oder für den Eigenbedarf
Anh. VIII Teil II D Nr. 1 S. 1	Das vollständig Auspressen von Weintrauben (vgl. Erwägungsgrund 24 der VO (EG) Nr. 479/2008)
Anh. VIII Teil II D Nr. 3 S. 1	Das Auspressen von Weintrub (→ Vorb. Rn. 29) und das erneute Vergären von Traubentrester (→ Vorb. Rn. 30) für andere Zwecke als die Destillation oder die Erzeugung von Tresterwein

III. Ordnungswidrigkeiten nach § 50 Abs. 2 S. 2

§ 50 Abs. 2 S. 2 wurde mit dem **7. ÄndG** (→ Vorb. Rn. 5) eingefügt. Durch die **Verweisung auf** **26** **§ 60 Abs. 3 Buchst. c LFGB** werden Verstöße gegen die auch im Weinrecht bestehenden Pflichten zum Rückruf nicht sicherer Erzeugnisse iSv § 2 Nr. 1 und Nr. 2 unter Strafe gestellt. Zu den Einzelheiten vgl. die sinngemäß geltende Kommentierung bei → LFGB § 60 Rn. 28 (= Nr. 485 des Kommentars).

D. Subjektiver Tatbestand

Während die Bußgeldtatbestände in § 50 Abs. 1 nur bei fahrlässigem Handeln verwirklicht sind, **27** erfasst § 50 Abs. 2 sowohl das vorsätzliche als auch das fahrlässige Handeln. Hinsichtlich den Voraussetzungen des vorsätzlichen Handelns kann auf die Ausführungen bei → § 48 Rn. 3 und hinsichtlich des fahrlässigen Handelns auf die bei → § 48 Rn. 21 f. verwiesen werden.

E. Rechtsfolgen

Mit dem **7. ÄndG** (→ Vorb. Rn. 5) wurden die in § 50 Abs. 3 vorgesehenen Bußgeldrahmen **28** **differenziert und teilweise verschärft, teilweise aber auch gemildert.** Nunmehr könne nach **§ 50 Abs. 3 Alt. 1** Ordnungswidrigkeiten nach § 50 Abs. 1 Nr. 2 und Abs. 2 S. 2 (die **Verstöße gegen die Rückrufpflichten** zum Gegenstand haben) mit **Geldbuße bis zu 50.000 EUR** geahndet werden. Hinsichtlich der **weiteren Ordnungswidrigkeiten** wurde die Höchstgeldbuße auf **20.000 EUR reduziert.** Hierbei ist zu beachten, dass die Ordnungswidrigkeiten nach **§ 50 Abs. 1 allein bei fahrlässigem Handeln** gegeben sind, während die weiteren Tatbestände des § 50 Abs. 2 sowohl vorsätzlich als auch fahrlässig verwirklicht werden können. Hinsichtlich der Ordnungswidrigkeiten nach

§ 50 Abs. 2 reduziert sich daher der Höchstbetrag der Geldbuße **für fahrlässiges Handeln** auf die Hälfte der angedrohten Geldbuße (§ 17 Abs. 2 OWiG), mithin auf 25.000 EUR bzw. 10.000 EUR.

30   IÜ gelten für die Bemessung der Geldbuße die Vorgaben von § 17 Abs. 3 u. 4 OWiG. Sie hat sich an der Bedeutung der Ordnungswidrigkeiten und dem Vorwurf, der den Täter trifft sowie den wirtschaftlichen Verhältnissen zu orientieren. Die Geldbuße soll den wirtschaftlichen Vorteil, den der Täter aus der Ordnungswidrigkeit gezogen hat, übersteigen. Vgl. iÜ → LFGB § 60 Rn. 31 ff.

§ 51 Ermächtigungen

Das Bundesministerium für Ernährung und Landwirtschaft wird ermächtigt, durch Rechtsverordnung ohne Zustimmung des Bundesrates, soweit dies zur Durchsetzung der Rechtsakte der Europäischen Gemeinschaft oder der Europäischen Union erforderlich ist, die Tatbestände zu bezeichnen, die

1. als Straftat nach § 48 Absatz 1 Nummer 3 oder 4 oder § 49 Satz 1 Nummer 6 oder Nummer 7 zu ahnden sind oder
2. als Ordnungswidrigkeit nach § 50 Absatz 2 Satz 1 Nummer 12 geahndet werden können.

§ 51 ermächtigt das BMELV zum Erlass von Rechtsverordnungen, die die **Öffnungsklauseln** in § 48 Abs. 1 Nr. 3 u. 4 (→ § 48 Rn. 11 ff.), § 49 Nr. 6 u. 7 (→ § 49 Rn. 13 ff.) sowie § 50 Abs. 2 Nr. 12 (→ § 50 Rn. 18 ff.) ausfüllen. Auf Grundlage des § 51 wurde die WeinSBV erlassen. Vgl. zu den einzelnen Tatbeständen die vorgenannten Kommentierungen.

§ 52 Einziehung

[1]**Ist eine Straftat nach § 48 oder § 49 oder eine Ordnungswidrigkeit nach § 50 begangen worden, so können Gegenstände, auf die sich eine solche Straftat oder Ordnungswidrigkeit bezieht, und Gegenstände, die zu ihrer Begehung oder Vorbereitung gebraucht worden oder bestimmt gewesen sind, eingezogen werden.** [2]**§ 74a des Strafgesetzbuches und § 23 des Gesetzes über Ordnungswidrigkeiten sind anzuwenden.**

1   Nach §§ 74 ff. StGB ist die Einziehung solcher Gegenstände möglich, die durch die Tat hervorgebracht wurden **(producta sceleris)** oder die zur Begehung bzw. Vorbereitung der Tat gebraucht worden oder bestimmt gewesen sind **(Tatmittel; instrumenta sceleris)**. Nicht von § 74 Abs. 1 StGB erfasst werden die sog **Beziehungsgegenstände**, sprich solche, die notwendiger Gegenstand der Tat selbst sind (vgl. allg. Fischer StGB § 74 Rn. 10). Diese können aber **nach § 52 S. 1 Alt. 1** eingezogen werden, soweit die weiteren **Voraussetzungen des § 74 Abs. 2 u. 3 StGB** bzw. des **§ 22 Abs. 2 u. 3 OWiG gegeben sind** (vgl. § 74 Abs. 4 StGB). Neben der Erstreckung auf die Beziehungsgegenstände in § 52 S. 1 Alt. 1 kommt **§ 52 S. 1 Alt. 2** eigenständige Bedeutung nur bei Ordnungswidrigkeiten nach § 50 zu, da insoweit **für Tatmittel** die nach § 22 Abs. 1 OWiG erforderliche Zulassung gegeben ist.

2   **Gegenstände iSv § 52** sind dabei wie auch bei § 74 StGB einerseits **Sachen.** Darüber hinaus sind von diesem Tatbestandsmerkmal aber **auch nicht körperliche Gegenstände, insbes. Rechte,** erfasst (BGH NStZ 1991, 456; OLG Karlsruhe NJW 1974, 710). Zwischen dem Gegenstand und der Tat muss eine **unmittelbare Beziehung** bestehen. Fehlt es daran, scheidet eine Einziehung nach § 52 aus. Beziehungsgegenstände iSv § 52 sind dabei sämtliche Handlungsobjekte der vorausgehenden Straf- und Bußgeldvorschriften.

3   Grds. für jede Form der Einziehung gilt, dass nur solche Gegenstände eingezogen werden können, wenn der Täter oder Teilnehmer zur Zeit der letzten tatrichterlichen Entscheidung (BGHSt 8, 212) **Eigentümer oder Rechtsinhaber** ist (§ 74 Abs. 2 Nr. 1 StGB; § 22 Abs. 2 Nr. 1 OWiG). Ausnahmen sehen zunächst § 74 Abs. 2 Nr. 2 StGB; § 22 Abs. 2 Nr. 2 OWiG vor (sog Sicherungseinziehung, vgl. Fischer StGB § 74 Rn. 13 ff.). Darüber hinaus ist eine **Dritteinziehung** unter den Voraussetzungen der § 74a StGB, § 23 OWiG nach **richterlichem Ermessen** zulässig. Erforderlich ist insoweit, dass das Gesetz auf die entsprechende Vorschrift verweist. Dem entspricht § 52 S. 2.

800. Wein-Überwachungsverordnung (WeinÜberwV)

In der Fassung der Bekanntmachung vom 14. Mai 2002 (BGBl. I S. 1624) FNA 2125-5-7-2

Zuletzt geändert durch Art. 2 Elfte VO zur Änd. weinrechtlicher Vorschriften vom 4.1.2016 (BGBl. I S. 2)

– Auszug –

Vorbemerkung

Die WeinÜberwV, die auf Grundlage unterschiedlicher **Ermächtigungsnormen im WeinG** erlassen wurde, enthält **Durchführungsvorschriften zum WeinG**, namentlich im Hinblick auf die im 6. Abschnitt des WeinG geregelte Überwachung der Einhaltung der Vorschriften des WeinG und im Zusammenhang mit der **Einfuhr** (→ Vorb. WeinG Rn. 48) von Erzeugnissen iSd WeinG (→ Vorb. WeinG Rn. 13 ff.). Wesentliche Vorschriften des WeinG sind insoweit insbes. der Auffangtatbestand des § 27 (→ WeinG § 48 Rn. 8) sowie die Vorschriften betreffend die **Weinbuchführung** (§ 29 WeinG), die **Begleitpapiere** (§ 30 WeinG) und die **Melde- und Informationspflichten** (§ 33 WeinG). Die Straf- und Bußgeldtatbestände der WeinÜberwV treten dabei neben die in diesem Zusammenhang bereits im WeinG statuierten Tatbestände, die insbes. aus Verstößen gegen **gemeinschaftsrechtliche Vorschriften** folgen, die die Überwachung regeln (→ WeinG § 50 Rn. 17 ff.).

§ 39 Straftaten

Nach **§ 48 Abs. 1 Nr. 2, Abs. 2, 3 des Weingesetzes wird bestraft, wer vorsätzlich oder fahrlässig**
1. entgegen § 1 Abs. 1 Satz 2 Wein in den Verkehr bringt, einführt oder ausführt oder
2. entgegen § 38 Abs. 1 Satz 1 oder Abs. 2 ein weinhaltiges Getränk einführt.

1. Allgemeines. Mit der Rückverweisung auf **§ 48 Abs. 1 Nr. 2, Abs. 2, 3 WeinG** (→ WeinG § 48 **1** Rn. 9) werden **vorsätzliche** (→ WeinG § 48 Rn. 3) und **fahrlässige** (→ WeinG § 48 Rn. 20 f.) Verstöße gegen in den beiden Tatbeständen näher konkretisierten Ge- und Verbote, die in den vorhergehenden Abschnitten der WeinÜberwV statuiert werden, unter Strafe gestellt. Insoweit handelt es sich um **Blankettstraftatbestände** (→ Vorb. WeinG Rn. 19 ff.). Zu den **Rechtsfolgen** → WeinG § 48 Rn. 18 f., 22.

2. Verstoß gegen § 1 Abs. 1 S. 2. Nach § 1 Abs. 1 S. 2 darf **essigstichiger Wein** (§ 1 Abs. 1 S. 1) **2** nur in den Verkehr gebracht (→ Vorb. WeinG Rn. 46) bzw. eingeführt oder ausgeführt (→ Vorb. WeinG Rn. 48) werden, wenn er unter Angabe der nach § 1 Abs. 1 S. 1 zulässigen Zweckbestimmung auf dem Behältnis und in dem Begleitpapier **als essigstichig gekennzeichnet** ist. Zulässige Zweckbestimmung nach § 1 Abs. 1 S. 1 ist dabei die Verarbeitung (→ Vorb. WeinG Rn. 39 f.) zu **Essig** (vgl. EssigV = Nr. 282 des Kommentars, → Vorb. EssigV Rn. 2 ff.) oder zu **Weinessig** (→ Vorb. WeinG Rn. 12). Verstöße gegen diese **Kennzeichnungspflichten** erfüllen den Tatbestand des **§ 39 Nr. 1**.

3. Verstoß gegen § 38 Abs. 1 S. 1 oder Abs. 2. Nach § 38 Abs. 1 S. 1 dürfen in einem **Dritt- 3 land** (vgl. § 2 Nr. 6 WeinG) hergestellte **weinhaltige Getränke** (→ Vorb. WeinG Rn. 37) nur **eingeführt** (→ Vorb. WeinG Rn. 48) werden, wenn die gesamte Herstellung (→ Vorb. WeinG Rn. 39 ff.) in demselben Staat nach den **dort geltenden Vorschriften** vorgenommen worden ist. **§ 38 Abs. 2** verbietet die Einfuhr von weinhaltigen Getränken, wenn bei **zu ihrer Herstellung verwendeten Erzeugnissen** andere als die in Anh. IV der **VO (EG) Nr. 1493/1999** zugelassenen önologischen Verfahren und Behandlungen angewendet worden sind. § 38 Abs. 2 wurde bisher noch nicht der **aktuellen gemeinschaftsrechtlichen Rechtslage** (→ Vorb. WeinG Rn. 4 f.) angepasst (vgl. zu den diesbezüglichen Folgen → Vorb. LFGB Rn. 25). Verstöße gegen die **Einfuhrverbote** sind nach **§ 39 Nr. 2** strafbar.

§ 40 Ordnungswidrigkeiten

Ordnungswidrig im Sinne des § 50 Abs. 2 Nr. 4 des Weingesetzes handelt, wer vorsätzlich oder fahrlässig
1. entgegen § 1 Abs. 4 Satz 2 bis 4 eine Meldung nicht, nicht richtig, nicht vollständig oder nicht rechtzeitig erstattet,

2. entgegen § 4 die Vergällung von Weintrub vornimmt,
3. entgegen § 5 Abs. 1 Ein- und Ausgangsbücher nicht führt,
4. entgegen § 7 Abs. 5 ein Registerbuch nicht führt oder eine Eintragung nicht, nicht richtig, nicht vollständig oder nicht in der vorgeschriebenen Weise macht,
5. entgegen § 7 Abs. 4, 7 Satz 2 oder Abs. 8 eine Eintragung nicht, nicht richtig, nicht vollständig, nicht in der vorgeschriebenen Weise oder nicht jährlich macht,
6. entgegen § 8 Satz 1 oder § 10 Abs. 2 ein Buch nicht, nicht richtig oder nicht vollständig führt,
7. entgegen § 10 Abs. 1 Satz 1 Behältnisse oder Flaschenstapel nicht oder nicht in der vorgeschriebenen Weise mit Merkzeichen versieht,
8. entgegen § 10 Abs. 3 Bücher, Unterlagen oder Begleitpapiere nicht oder nicht in der vorgeschriebenen Weise aufbewahrt,
9. entgegen § 13 Abs. 1 oder 3 Satz 1 ein Analysenbuch nicht, nicht richtig oder nicht vollständig führt oder nicht fünf Jahre aufbewahrt,
10. entgegen § 14 Abs. 1 eine Eintragung nicht, nicht richtig, nicht vollständig oder nicht in der vorgeschriebenen Weise macht,
11. entgegen § 17 Satz 1 oder 2 Eintragungen nicht, nicht richtig, nicht vollständig oder nicht in der vorgeschriebenen Weise macht oder eine Eintragung unleserlich macht oder ohne Sichtbarmachung ändert,
12. entgegen § 19 ein Begleitpapier nicht oder nicht nach dem vorgeschriebenen Muster verwendet oder nicht oder nicht richtig ausstellt,
13. entgegen § 20 eine Eintragung oder eine Betätigung nicht, nicht richtig, nicht vollständig oder nicht in der vorgeschriebenen Weise macht,
14. entgegen § 21 Satz 1 einen Vermerk nicht oder nicht in der vorgeschriebenen Weise anbringt, entgegen § 21 Satz 2 eine Angabe nicht, nicht richtig oder nicht vollständig macht oder entgegen § 21 Satz 3 oder 5 ein Begleitpapier oder eine Kopie nicht oder nicht in der vorgeschriebenen Weise aufbewahrt oder
15. entgegen § 22 Abs. 1, 2 oder 4 Satz 1 eine Kopie nicht oder nicht rechtzeitig übersendet oder zuleitet.

1   **1. Allgemeines.** Mit der Rückverweisung auf **§ 50 Abs. 2 Nr. 4 WeinG** (→ WeinG § 50 Rn. 7 f.) werden **vorsätzliche** (→ WeinG § 48 Rn. 3) und **fahrlässige** (→ WeinG § 48 Rn. 20 f.) Verstöße gegen die in den einzelnen Tatbeständen näher konkretisierten Ge- und Verbote, die in den vorhergehenden Abschnitten der WeinÜberwV statuiert werden, als Ordnungswidrigkeiten definiert. Insoweit handelt sich um **Blanketttatbestände** (→ Vorb. LFGB Rn. 19 ff.). Zu den Rechtsfolgen → WeinG § 50 Rn. 29 f.

2   **2. Verstöße gegen Vorschriften des 1. Abschnitts der WeinÜberwV.** Nach **§ 40 Nr. 1** handelt ordnungswidrig, wer gegen die aus § 1 Abs. 4 S. 2–4 folgenden **Meldepflichten** verstößt. Hierbei handelt es sich um die den Hersteller bzw. den Ausführer treffende Pflicht zur Meldung von **zur Ausfuhr bestimmter Erzeugnisse,** die mit im Inland nicht zulässigen Bezeichnungen, sonstigen Angaben oder Aufmachungen versehen sind.

3   **§ 40 Nr. 2** betrifft Verstöße gegen die in § 4 vorgeschriebene Art und Weise der **Vergällung** von **Weintrub.** Diese darf nur mit Lithiumchlorid in einer Menge von mindestens 0,5 Gramm oder Natriumchlorid in einer Menge von mindestens 2 Gramm in einem Liter vorgenommen werden. Vgl. insoweit auch → WeinG § 50 Rn. 10.

4   **3. Verstöße gegen Buchführungspflichten. § 40 Nr. 3–11** definiert Verstöße gegen die aus §§ 5 ff. folgenden **Buchführungspflichten.** Diese sollen eine **effektive Überwachung** der Einhaltung der weinrechtlichen Vorgaben sicherstellen. Die einzelnen Tathandlungen ergeben sich im Wesentlichen aus den in den Tatbeständen in Bezug genommenen, blankettausfüllenden Ge- und Verboten.

5   **4. Verstöße gegen die Begleitpapiervorschriften. § 40 Nr. 12–15** definiert Verstöße gegen Pflichten im Zusammenhang mit den in §§ 18 ff. geregelten **Begleitpapieren** (→ WeinG § 50 Rn. 24). Auch insoweit dienen die Pflichten dem Zweck, eine **effektive Überwachung** der Einhaltung der weinrechtlichen Vorgaben sicherzustellen. Die einzelnen Tathandlungen ergeben sich im Wesentlichen aus den in den Tatbeständen in Bezug genommenen, blankettausfüllenden Ge- und Verboten.

805. Weinverordnung (WeinV)

In der Fassung der Bekanntmachung vom 21. April 2009 (BGBl. I S. 827)
FNA 2125-5-7-1

Zuletzt geändert durch Art. 1 Elfte VO zur Änd. weinrechtlicher Vorschriften vom 4.1.2016
(BGBl. I S. 2)

– Auszug –

Vorbemerkung

Die WeinV, die auf Grundlage unterschiedlicher **Ermächtigungsnormen im WeinG** (vgl. ua die **1**
Auflistungen in → WeinG § 48 Rn. 10; → WeinG § 49 Rn. 6; → WeinG § 50 Rn. 9) erlassen wurde,
enthält **Ausführungsvorschriften zum WeinG** (vgl. Zipfel/Rathke LebensmittelR/*Boch* Vorb.
Rn. 27). Sie gliedert sich in **sieben Abschnitte.** In Abschn. 1 (§§ 1–2a) finden sich Vorschriften
betreffend die **Weinanbaugebiete;** Abschn. 2 enthält **Anbauregeln** (§§ 3–10a); Abschn. 3 (§§ 11–18)
trifft Regelungen hinsichtlich der **Verarbeitung der einzelnen Erzeugnisse des Weinbaus** (→ Vorb.
WeinG Rn. 13 ff.). In Abschn. 4 (§§ 19–28a) werden Einzelfragen im Zusammenhang mit der **Herstellung und Prüfung von Qualitätswein bA** (vgl. § 2 Nr. 24; §§ 16a ff. WeinG) geregelt. Daran
schließt sich der umfangreiche Abschn. 5 (§§ 29–51) an, der Einzelheiten der **Bezeichnung und
Aufmachung von Erzeugnissen des Weinbaus** reglementiert. In Abschn. 6 finden sich die Straf-
und Bußgeldtatbestände; Abschn. 7 trifft in § 54 **Übergangsregelungen,** die namentlich im Hinblick
auf die in jüngster Vergangenheit erfolgten vielfältigen Änderungen des Weinrechts (→ Vorb. WeinG
Rn. 4 f.) von Bedeutung sind.

Als Teil des deutschen Weinrechts dient die WeinV ebenfalls dem **Gesundheitsschutz und dem 2
Schutz des Verbrauchers vor Irreführung und Täuschung** sowie **marktordnungsrechtlichen
Zwecken** (→ Vorb. WeinG Rn. 1). Bei der Anwendung und Auslegung der WeinV sind **die gemein-
schaftsrechtlichen Vorgaben** im Bereich des Weinbaus (→ Vorb. WeinG Rn. 1 f.) zu beachten. Zum
Verhältnis des Weinrechts zum allgemeinen Lebensmittelrecht → Vorb. WeinG Rn. 6 ff. IÜ gilt, nament-
lich im Hinblick auf die von der WeinV geregelten Erzeugnisse und die maßgeblichen Tathandlungen
die Kommentierung zum WeinG (= Nr. 795 des Kommentars; insbes. → Vorb. WeinG Rn. 13 ff.,
→ Rn. 38 ff.) vorliegend sinngemäß.

§ 52 Straftaten

(1) **Nach § 48 Absatz 1 Nummer 2, Absatz 2, 3 des Weingesetzes wird bestraft, wer vorsätzlich oder fahrlässig**

1. **entgegen § 11 Absatz 1 ein anderes Behandlungsverfahren anwendet oder einen anderen
Stoff zusetzt,**
2. *[aufgehoben]*
3. **entgegen § 11 Absatz 8 Satz 1 ein Behandlungsverfahren anwendet, durch das ein Stoff
zugesetzt wird,**
4. **entgegen § 11 Absatz 8 Satz 2 Ionenaustauscher oder ultraviolette oder energiereiche
Strahlen anwendet,**
4a. *[aufgehoben]*
5. **entgegen § 12 einen Stoff zusetzt,**
6. *[aufgehoben]*
7. **entgegen § 15 Absatz 3 den natürlichen Alkoholgehalt erhöht,**
8. **entgegen § 16 Absatz 2 oder § 18 Absatz 9 Satz 3 ein Erzeugnis süßt,**
9. **entgegen § 18 Absatz 1 oder 9 Satz 1 oder 2 ein Erzeugnis verschneidet,**
10. **entgegen § 18 Absatz 2 ein Erzeugnis verwendet oder verschneidet,**
11. **entgegen § 18 Absatz 3 Satz 1 ein anderes Erzeugnis, ein anderes Lebensmittel oder einen
anderen Stoff zusetzt,**
12. **entgegen § 18 Absatz 3 Satz 2 Wasser zusetzt oder**
13. **entgegen § 18 Absatz 6 Alkohol oder Zucker zusetzt.**

(2) **Nach § 49 Nummer 3 des Weingesetzes wird bestraft, wer**

1. **entgegen § 18 Absatz 4 mit der Herstellung beginnt oder**
2. **entgegen § 47 Absatz 1 Nummer 3 Satz 2, Absatz 2 Nummer 3 Satz 2, Absatz 3 Nummer 2 Satz 2 oder Absatz 4 Nummer 2 Satz 2 eine Angabe nicht, nicht richtig oder nicht
in der vorgeschriebenen Weise macht.**

A. Straftaten nach § 52 Abs. 1

I. Allgemeines

1   Mit der Rückverweisung auf § 48 Abs. 1 Nr. 2, Abs. 2, 3 WeinG (→ WeinG § 48 Rn. 9a) werden vorsätzliche (→ WeinG § 48 Rn. 3) und fahrlässige (→ WeinG § 48 Rn. 20 f.) Verstöße gegen in den einzelnen Tatbeständen näher konkretisierten Ge- und Verbote, die in den vorhergehenden Abschnitten der WeinV statuiert werden, unter Strafe gestellt. Insoweit handelt es sich um **Blankettstraftatbestände** (vgl. insoweit → Vorb. LFGB Rn. 19 ff.). Zu den Rechtsfolgen → WeinG § 48 Rn. 18 f., 22.

II. Verstöße gegen § 11

2   § 11 regelt bestimmte **Behandlungsverfahren und Behandlungsstoffe** für **einzelne Erzeugnisse** des Weinbaus. Hierbei handelt es sich um zur Herstellung (→ Vorb. WeinG Rn. 40) von weinhaltigen Getränken (→ Vorb. WeinG Rn. 37) bestimmte Erzeugnisse (Abs. 1), in einem Drittland (vgl. § 2 Nr. 6 WeinG) hergestellte Likörweine (Abs. 2; → Vorb. WeinG Rn. 19) sowie um aromatisierten Wein (→ Vorb. WeinG Rn. 34), aromatisierte weinhaltige Getränken (→ Vorb. WeinG Rn. 35) und aromatisierte weinhaltige Cocktails (→ Vorb. WeinG Rn. 36). Nach näherer Maßgabe der einzelnen Vorschriften, dürfen bei der Behandlung (→ Vorb. WeinG Rn. 41) dieser Erzeugnisse **nur bestimmte Verfahren** angewandt sowie **nur dort konkretisierte Stoffe zugesetzt** (→ Vorb. WeinG Rn. 41) werden. **Verstöße** gegen die Behandlungsgebote und Zusatzverbote erfüllen die Tatbestände des **§ 52 Abs. 1 Nr. 1–4.**

III. Verstöße gegen § 12

3   Nach § 12 dürfen bei der Herstellung (→ Vorb. WeinG Rn. 40) von Erzeugnissen (→ Vorb. WeinG Rn. 13 ff.) **Kaliumhydrogentartrat, Speisegelatine, Bentonit, Aktivkohle** und **Saccharose** nur **zugesetzt** (→ Vorb. WeinG Rn. 41) werden, wenn sie den **Reinheitsanforderungen,** die in Anlage 5 der WeinV aufgestellt werden, entsprechen. Werden diese Stoffe zugesetzt, ohne dass sie den Anforderungen entsprechen, macht sich der Täter nach **§ 52 Abs. 1 Nr. 5** strafbar.

4   *(einstweilen frei)*

IV. Verstöße gegen § 15

5   § 15 regelt die **Erhöhung des natürlichen Alkoholgehaltes** (→ Vorb. WeinG Rn. 53, → Rn. 54 ff.). § 15 Abs. 3 verbietet insoweit aber die Erhöhung des natürlichen Alkoholgehaltes bei gemaischten (→ Vorb. WeinG Rn. 14) Rotweintrauben, Traubenmost und teilweise gegorenem Traubenmost (→ Vorb. WeinG Rn. 24), Jungwein (→ Vorb. WeinG Rn. 17) sowie Wein (→ Vorb. WeinG Rn. 14 ff.), soweit diese Erzeugnisse zur Erzeugung von Qualitätswein bA (vgl. § 2 Nr. 24, §§ 16a ff. WeinG) geeignet sind, mit konzentriertem Traubenmost (→ Vorb. WeinG Rn. 24) oder durch Konzentrierung durch Kälte. Verstöße gegen dieses Verbot erfüllen den Tatbestand des **§ 52 Abs. 1 Nr. 7.**

V. Verstöße gegen § 16

6   § 16 Abs. 2 regelt die **Süßung** (→ Vorb. WeinG Rn. 54 ff.) von Qualitätswein (vgl. § 16a WeinG) und Prädikatswein (§§ 17, 20 WeinG) sowie von Landwein (§ 22 WeinG). Zur Süßung von Weißwein darf demnach nur Traubenmost (→ Vorb. WeinG Rn. 24) aus Weißweintrauben, zur Süßung von Rotwein und Roséwein nur Traubenmost aus Rotweintrauben und zur Süßung von Rotling Traubenmost derselben Art, Traubenmost aus Weißweintrauben oder Traubenmost aus Rotweintrauben verwendet werden. Verstöße gegen diese Gebote erfüllen den Tatbestand des **§ 52 Abs. 1 Nr. 8 Alt. 1.**

VI. Verstöße gegen § 18

7   § 18 sieht weitere **Verarbeitungsregeln** (→ Vorb. WeinG Rn. 54 ff.) – insbes. hinsichtlich **Verschnitt** (→ Vorb. WeinG Rn. 43), dem **Zusatz** (→ Vorb. WeinG Rn. 41) von Wasser, Alkohol und Zucker sowie die **Süßung** (§ 18 Abs. 9 S. 3; → Rn. 6) – bezüglich in der Vorschrift näher konkretisierter Erzeugnisse (→ Vorb. WeinG Rn. 13 ff.) vor. Verstöße gegen diese Ge- und Verbote erfüllen die Tatbestände des **§ 52 Abs. 1 Nr. 8 Alt. 2 und Nr. 9–13.**

B. Straftaten nach § 52 Abs. 2

I. Allgemeines

8   Mit der Rückverweisung auf § 49 Nr. 3 WeinG (→ WeinG § 49 Rn. 5 f.) werden **vorsätzliche** (→ WeinG § 48 Rn. 3) Verstöße gegen in den einzelnen Tatbeständen näher konkretisierten Ge- und Verbote, die in den vorhergehenden Abschnitten der WeinV statuiert werden, unter Strafe gestellt.

Insoweit handelt sich um **Blankettstraftatbestände** (→ Vorb. LFGB Rn. 19 ff.). Zu den Rechtsfolgen → WeinG § 49 Rn. 17 f.

II. Verstoß gegen § 18 Abs. 4

Nach § 18 Abs. 4 darf mit der Herstellung (→ Vorb. WeinG Rn. 40) von Perlwein (→ Vorb. WeinG **9** Rn. 23) und Schaumwein (→ Vorb. WeinG Rn. 20 ff.), unabhängig ob diesen Kohlensäure zugesetzt wird, sowie mit der Herstellung von weinhaltigen Getränken (→ Vorb. WeinG Rn. 37), aromatisiertem Wein (→ Vorb. WeinG Rn. 34), aromatisierten weinhaltigen Getränken (→ Vorb. WeinG Rn. 35) und aromatisierten weinhaltigen Cocktails (→ Vorb. WeinG Rn. 26) – soweit es sich um inländische Erzeugnisse handelt – erst begonnen werden, nachdem die **zur Herstellung bestimmten Erzeugnisse als solche gekennzeichnet** und unter Angabe der Bestimmung in die zu führenden **Bücher eingetragen** sind. Verstöße gegen dieses Gebot, das die **Überwachung der ordnungsgemäßen Herstellung** erleichtern soll (Zipfel/Rathke LebensmittelR/*Rathke* § 18 Rn. 10), sind nach **§ 52 Abs. 2 Nr. 1** strafbar.

III. Verstöße gegen § 47

§ 47 sieht Ausnahmen und insoweit besondere Kennzeichnungspflichten für **alkoholfreie und 10 alkoholreduzierte Getränke** vor, die auf der **Grundlage von Wein** hergestellt wurden. Hierbei handelt es sich nicht um Erzeugnisse iSd WeinG, sondern um **Lebensmittel** (vgl. Zipfel/Rathke LebensmittelR/*Rathke* § 47 Rn. 6 f.). Nach näherer Maßgabe des § 47 sind diese **Getränke zu kennzeichnen.** Verstöße gegen diese, dem Schutz des Verbrauchers vor Irreführung dienenden Vorschriften (→ Vorb. WeinG Rn. 1), sind nach **§ 52 Abs. 2 Nr. 2** strafbar.

§ 53 Ordnungswidrigkeiten

(1) Wer eine in § 52 Absatz 2 bezeichnete Handlung fahrlässig begeht, handelt nach § 50 Absatz 1 des Weingesetzes ordnungswidrig.

(2) Ordnungswidrig im Sinne des § 50 Absatz 2 Nummer 4 des Weingesetzes handelt, wer vorsätzlich oder fahrlässig

1. entgegen § 14 ein Erzeugnis gewerbsmäßig verarbeitet, befördert, lagert, verwertet oder in den Verkehr bringt,
2. (weggefallen)
3. (weggefallen)
4. entgegen § 18 Absatz 8 Satz 1 eine Verarbeitung nicht in demselben Betrieb vornimmt,
5. (weggefallen)
6. entgegen § 18 Absatz 14 ein Erzeugnis in den Verkehr bringt,
7. (weggefallen)
8. entgegen § 28 Satz 4 eine Eintragung oder eine Angabe nicht, nicht richtig oder nicht in der vorgeschriebenen Weise macht,
9. a) entgegen § 30 Absatz 1 eine Auszeichnung oder ein Gütezeichen angibt,
   b) entgegen § 31, § 32 Absatz 1, 5 Satz 1 oder 3, Absatz 7 oder 8, § 33 Absatz 1 oder 4, § 34, § 34a Absatz 1 oder § 41 Angaben oder Bezeichnungen verwendet oder gebraucht, die dort bezeichneten Erzeugnisse den festgelegten Anforderungen entsprechen,
10. entgegen § 32 Absatz 4 eine Bezeichnung nicht angibt,
11. entgegen § 32 Absatz 5 Satz 2 eine Angabe nicht oder nicht in der vorgeschriebenen Weise macht,
12. entgegen § 32a oder § 32b Qualitätswein als „Classic" oder „Selection" bezeichnet,
13. entgegen § 32c Absatz 1 eine dort genannte Bezeichnung verwendet,
14. entgegen § 32c Absatz 4 oder 5 Satz 1 Qualitätswein mit der Bezeichnung „Classic" oder „Selection" abgibt,
14a. entgegen § 34a Absatz 3 ein Erzeugnis in den Verkehr bringt,
15. entgegen § 34b, § 34c Absatz 1 oder 3 oder § 38 Absatz 4, 5 oder 6 eine Angabe, eine Bezeichnung oder einen Begriff verwendet oder gebraucht,
16. entgegen § 36 Satz 1 oder § 38 Absatz 8, 9 oder 10 eine Bezeichnung nicht oder nicht richtig verwendet oder eine Angabe nicht, nicht richtig, nicht vollständig oder nicht in der vorgeschriebenen Weise macht,
17. entgegen § 37 Absatz 1 die dort genannten Worte gebraucht,
18. entgegen § 37 Absatz 2 das Wort „Cabinet" verwendet,
19. entgegen § 39 Absatz 1 Satz 1 eine Angabe oder einen Namen nicht, nicht richtig oder nicht in der vorgeschriebenen Weise voranstellt,
20. entgegen § 39 Absatz 4 einen Hinweis verwendet,
21. (weggefallen)
22. (weggefallen)

23. (weggefallen)
24. entgegen § 45 Satz 1 eine Angabe durch einen Code ersetzt,
25. entgegen § 46 Absatz 1 Satz 1 eine Angabe nicht, nicht richtig oder nicht in der vorgeschriebenen Weise macht,
26. entgegen § 46 Absatz 1 Satz 2 ein Symbol nicht oder nicht in der vorgeschriebenen Weise anfügt,
26a. entgegen § 46b Absatz 1 ein Erzeugnis in den Verkehr bringt,
27. entgegen § 48 Absatz 4 eine Angabe nicht, nicht richtig, nicht vollständig oder nicht in der vorgeschriebenen Weise macht,
28. entgegen § 49 Absatz 1 Satz 1, 3 oder 4 eine Bezeichnung oder sonstige Angabe nicht oder nicht in der vorgeschriebenen Weise anbringt,
29. entgegen § 49 Absatz 4 Satz 1 die vorgeschriebenen Worte nicht voranstellt,
30. entgegen § 49 Absatz 5 eine Marke nicht in der vorgeschriebenen Weise verwendet oder
31. entgegen § 50 Absatz 1 ein Erzeugnis in den Verkehr bringt.

1   **1. Allgemeines.** Mit der Verweisung auf § 50 Abs. 1 WeinG (→ WeinG § 50 Rn. 3) wird die fahrlässige (→ WeinG § 48 Rn. 20 f.) Verwirklichung der Tatbestände des § 52 Abs. 2 als **Ordnungswidrigkeit** definiert. Zudem statuiert § 53 Abs. 2 mit Rückverweisung auf § 50 Abs. 2 Nr. 4 WeinG (→ WeinG § 50 Rn. 7 f.) Bußgeldtatbestände für vorsätzliche (→ WeinG § 48 Rn. 3) und fahrlässige (→ WeinG § 48 Rn. 20 f.) Verstöße gegen die in den einzelnen Tatbeständen näher konkretisierten Ge- und Verbote, die in den vorhergehenden Abschnitten der WeinV statuiert werden. Insoweit handelt es sich um **Blankettatbestände** (vgl. insoweit → Vorb. LFGB Rn. 19 ff.). Zu den Rechtsfolgen → WeinG § 50 Rn. 29 f.

2   **2. Ordnungswidrigkeiten nach § 53 Abs. 1.** Nach § 53 Abs. 1 handelt der ordnungswidrig, der **die in § 52 Abs. 2 bezeichneten Handlungen fahrlässig begeht.** Insoweit kann hinsichtlich der jeweils maßgeblichen objektiven Tatbestände auf die Kommentierung zu § 52 (→ § 52 Rn. 8 ff.) verwiesen werden.

3   **3. Ordnungswidrigkeiten nach § 53 Abs. 2. a) Verstoß gegen § 14.** § 14 definiert die **hygienischen Anforderungen** für den gewerbsmäßigen (→ Vorb. LFGB Rn. 30) Umgang mit Erzeugnissen iSd WeinG (→ Vorb. LFGB Rn. 13 ff.) durch Verweis auf § 3 LHMV (= Nr. 500 des Kommentars). Verstöße hiergegen sind in **§ 53 Abs. 2 Nr. 1** als Ordnungswidrigkeiten definiert.

4   **b) Verstöße gegen § 18.** Neben den Straftatbeständen in § 52 Abs. 1 Nr. 8 Alt. 2 und Nr. 9–13 (→ § 52 Rn. 7) und § 52 Abs. 2 Nr. 1 (→ § 52 Rn. 9) definieren § 53 Abs. 2 Nr. 4 und 6 weitere **Verstöße gegen die Verarbeitungsregeln des § 18** als Ordnungswidrigkeiten. Nach **§ 18 Abs. 8 S. 1** muss das gesamte **Verarbeiten** (→ Vorb. WeinG Rn. 39 ff.) von inländischem Qualitätsschaumwein bA, Sekt bA, Qualitätsschaumwein und Sekt (→ Vorb. WeinG Rn. 20 ff.) **in demselben Betrieb** vorgenommen werden (vgl. Zipfel/Rathke LebensmittelR/*Rathke* § 18 Rn. 15 ff.). Verstöße hiergegen erfüllen den Tatbestand des **§ 52 Abs. 2 Nr. 4.** Nach **§ 18 Abs. 14** darf ein Erzeugnis (→ Vorb. WeinG Rn. 14 f.), das als Zutat für ein anderes Lebensmittel (→ Vorb. LFGB Rn. 37 ff.), das kein Erzeugnis ist, bestimmt ist und dem Zusatzstoffe zugesetzt (→ Vorb. WeinG Rn. 41) worden sind, die nur für das andere Lebensmittel zugelassen sind, nur mit dieser Zweckbestimmung in den Verkehr gebracht werden. Verstöße gegen dieses **Verkehrsverbot** erfüllen den Tatbestand des **§ 53 Abs. 2 Nr. 6.**

5   **c) Verstoß gegen § 28 S. 4.** § 28 S. 1 sieht **Ausnahmen von den Bezeichnungsverboten des § 19 Abs. 1; § 20 Abs. 1 WeinG** vor; § 28 S. 2 gestattet ausnahmsweise das Inverkehrbringen (→ Vorb. WeinG Rn. 46) mit beantragter, aber noch nicht zugeteilter Prüfungsnummer unter bestimmten Voraussetzungen. In den Fällen des § 28 S. 2 ist dies aber in die Weinbuchführung einzutragen und auf dem Behältnis deutlich sichtbar und gut lesbar die Angabe „Muster, nicht zum Verkauf bestimmt" anzugeben (§ 28 S. 4). Verstöße gegen diese **Buchführungs- und Kennzeichnungspflichten** erfüllen den Tatbestand des **§ 53 Abs. 2 Nr. 8.**

6   **d) Verstöße gegen Vorschriften die Bezeichnung und Aufmachung betreffend.** Einen breiten Raum im Bußgeldkatalog des § 53 Abs. 2 nehmen Verstöße gegen die Vorschriften des 5. Abschnitts der WeinV betreffend die **Bezeichnung und Aufmachung** der Erzeugnisse ein. Den Vorschriften ist gemein, dass sie insbes. dem **Schutz des Verbrauchers vor Irreführung und Täuschung** (→ WeinG § 49 Rn. 8 ff.) dienen. Die einzelnen Tathandlungen ergeben sich im Wesentlichen aus den in den Tatbeständen (§ 53 Abs. 2 Nr. 9–31) in Bezug genommenen, blankettausfüllenden Ge- und Verboten.

    In diesem Zusammenhang ist zu beachten, dass am 13.12.2014 die **LMIV** (→ Vorb. LFGB Rn. 12; → LFGB § 59 Rn. 14, 21 ff.) in Kraft trat. In Folge dessen soll nach Maßgabe von Art. 17 LMIV-AnpassungsVO (→ vgl. Anhang zur LMKV = Nr. 502 des Kommentars, → LMKV Anh. Rn. 5) **§§ 46, 46b und 49 an die neue Rechtslage angepasst** werden. Gleichzeitig sollen **§ 53 Abs. 2 Nr. 25 und Nr. 28 neugefasst** und **§ 53 Abs. 2 Nr. 26 aufgehoben** werden. Bei den Vorschriften der WeinV handelt es sich um solche, die den Vorschriften der LMIV nach Maßgabe von Art. 1 Abs. 4 LMIV im Grundsatz als speziellere Vorschriften vorgehen (vgl. Voit/Grube LMIV/*Grube* Art. 1 Rn. 67 f.).

810. Verordnung über die Sicherstellung von Leistungen auf dem Gebiet der gewerblichen Wirtschaft (Wirtschaftssicherstellungsverordnung – WiSiV)

Vom 12. August 2004 (BGBl. I S. 2159) FNA 705-1-9

Zuletzt geändert durch Art. 266 Zehnte ZuständigkeitsanpassungsVO vom 31.8.2015 (BGBl. I S. 1474)

– Auszug –

Vorbemerkung

Die WiSiV ist auf der Grundlage der entsprechenden **Ermächtigungsvorschriften des WiSiG** erlassen. Sie ist insoweit **Teil der Sicherstellungsgesetze,** die dem Zweck dienen, im **Verteidigungs- oder Spannungsfall** die Versorgung der Bevölkerung und der Streitkräfte mit bestimmten Rohstoffen und Bedarfsgütern sicherzustellen (Achenbach/Ransiek/Rönnau WirtschaftsStR-HdB/*Zieschang* Teil 4 Kap. 1 Rn. 8; Müller-Gugenberger WirtschaftsStR/*Dittrich* § 64 Rn. 5). Insoweit kann auf die Ausführungen bei → WiStG § 1 Rn. 3 ff. verwiesen werden.

§ 13 Straftaten und Ordnungswidrigkeiten

(1) Wer vorsätzlich oder fahrlässig

1. entgegen § 2 Abs. 1 einen Vorrangvertrag nicht vor konkurrierenden anderen Verpflichtungen erfüllt,
2. einer vollziehbaren Anordnung nach § 2 Abs. 8, § 6 Abs. 1 oder 2 oder § 11 Abs. 3 zuwiderhandelt,
3. entgegen § 4 Abs. 1 eine Vorrangerklärung abgibt,
4. entgegen § 4 Abs. 2 die Vorrangerklärung nicht oder nicht rechtzeitig widerruft,
5. entgegen § 5 Abs. 2 Satz 2 eine Ware für andere Zwecke verarbeitet, sonst innerbetrieblich verwendet oder an Dritte liefert,
6. entgegen § 7 eine Ware liefert, bezieht, verwendet oder entnimmt,
7. entgegen § 9 Abs. 3 einen Bezugschein überträgt,
8. entgegen § 9 Abs. 5 die dort genannte Art oder Menge einer Ware nicht, nicht richtig oder nicht vollständig liefert,
9. entgegen § 9 Abs. 6 einen Bezugschein oder Kartenabschnitt nicht, nicht richtig oder nicht rechtzeitig entwertet, nicht oder nicht mindestens ein Jahr aufbewahrt oder nicht rechtzeitig vorlegt oder
10. entgegen § 11 Abs. 1 eine Meldung nicht, nicht richtig, nicht vollständig oder nicht rechtzeitig macht,

begeht eine Zuwiderhandlung im Sinne des § 18 des Wirtschaftssicherstellungsgesetzes, die als Straftat nach § 1 Abs. 1 Nr. 1, Abs. 2 bis 4 des Wirtschaftsstrafgesetzes 1954 zu ahnden ist oder als Ordnungswidrigkeit nach § 2 des Wirtschaftsstrafgesetzes 1954 geahndet werden kann.

(2) ¹Zuständige Verwaltungsbehörde im Sinne des § 21 Nr. 2 des Wirtschaftssicherstellungsgesetzes ist

1. in den Fällen des Absatzes 1 Nr. 1 und 3 bis 6 die höhere Verwaltungsbehörde, in Ländern, in denen diese nicht besteht, die für die gewerbliche Wirtschaft zuständige oberste Landesbehörde,
2. in den Fällen des Absatzes 1 Nr. 2 die Behörde, die die Anordnung erlassen hat,
3. in den Fällen des Absatzes 1 Nr. 7 die Behörde, die den Bezugschein erteilt hat,
4. in den übrigen Fällen die Behörde der allgemeinen Verwaltung auf der Kreisstufe.

²Die übergeordnete Behörde ist in den Fällen des § 12 Abs. 2 zuständig.

Durch die **doppelte Zurückverweisung** (zunächst auf § 18 WiSiG und von dort auf § 1 Abs. 1 **1** Nr. 1 WiStG) in § 13 Abs. 1 werden vorsätzliche und fahrlässige (→ WiStG § 1 Rn. 17) Verstöße gegen die im Tatbestand näher konkretisierten Ge- und Verbote unter Strafe gestellt. **Täter** können Unternehmer der gewerblichen Wirtschaft sein (vgl. Erbs/Kohlhaas/*Dau* Rn. 3). Zu den Rechtsfolgen → WiStG § 1 Rn. 19 ff.

2   **Minder schwere Fällen** von Zuwiderhandlungen gegen die in den einzelnen Tatbeständen genannten Sicherstellungsvorschriften werden durch die Rückverweisung auf § 2 WiStG zu **Ordnungswidrigkeiten** herabgestuft (→ WiStG § 2 Rn. 1 ff.).

3   § **13 Abs. 2** trifft Anordnungen für das **Ordnungswidrigkeitenverfahren.** Zu prozessualen Fragen in diesem Zusammenhang vgl. weiter → WiStG § 1 Rn. 27 ff.; → WiStG § 11 Rn. 2 u. 3 im Hinblick auf das Verfahren für die Anordnung der Abführung oder Rückerstattung des Mehrerlöses.

815. Gesetz zur weiteren Vereinfachung des Wirtschaftsstrafrechts (Wirtschaftsstrafgesetz 1954 – WiStG 1954)

In der Fassung der Bekanntmachung vom 3. Juni 1975 (BGBl. I S. 1313) BGBl. III/FNA 453-11

Zuletzt geändert durch Art 55 Bundesrecht-BereinigungsG vom 8.12.2010 (BGBl. I S. 1864)

– Auszug –

Vorbemerkung

Der Straftatbestand und die Bußgeldtatbestände des WiStG ahnden **Verstöße gegen wirtschafts-** **1**
und preisregelnde Vorschriften. Die mit den einzelnen Vorschriften – teilweise erheblich – einhergehenden Eingriffe in den Markt und das Wirtschaftsgeschehen erklären sich vor dem geschichtlichen Hintergrund des WiStG. Aufgrund der **Knappheit an wichtigen Rohstoffen und Bedarfsgütern** in Folge der beiden Weltkriege und der Wirtschaftskrisen in der ersten Hälfte des 20. Jahrhunderts bestand die Notwendigkeit, dass der Staat die Erzeugung und Verteilung dieser Güter reglementierte. Um damit einhergehenden Schwarzmarkthandel, Preistreiberei und ähnliche Eingriffe in die Wirtschaft und die Ausnutzung der Krisen zum Nachteil der Bevölkerung wirksam zu bekämpfen, wurden neben den wirtschaftlichen Ordnungs- und Lenkungsmaßnahmen gleichzeitig Sanktionsmaßnahmen aufgestellt (vgl. Müller-Gugenberger WirtschaftsStR/*Dittrich* § 64 Rn. 2 f.). Bis 1945 war es insoweit zu einer Vielzahl, auf unterschiedliche Gesetze und Verordnungen verstreute Straf- und Bußgeldtatbestände gekommen. Das **WiStG 1949** diente insoweit zunächst der Neuordnung und der Zusammenfassung dieser wirtschafts- und preisregelnder Vorschriften (vgl. Achenbach/Ransiek/Rönnau WirtschaftsStR-HdB/*Zieschang* Teil 4 Kap. 1 Rn. 1).

Nach der Neubekanntmachung des Gesetzes durch das **WiStG 1952** kam es zu weiteren umfang- **2**
reichen Änderungen durch das **WiStG 1954,** das zunächst zeitlich befristet war. Die Befristung wurde 1962 aufgegeben. Das Gesetz in seiner heutigen Fassung wurde am 3.6.1975 neu bekanntgemacht. Seitdem erfolgten maßgebliche Änderungen nur noch durch das Vierte Mietrechtsänderungsgesetz (BGBl. 1993 I 1313), das zur Neufassung des § 5 führte.

Das WiStG in seiner heutigen Fassung gliedert sich in **drei Abschnitte.** Der **erste Abschnitt** umfasst **3**
den **Straftatbestand** des § 1 sowie die verbleibenden **Bußgeldtatbestände** (§§ 2–4). Insoweit wird deutlich, dass nur ein geringer Teil des Wirtschaftsstrafrecht im WiStG geregelt ist, insbes. kann das WiStG – im Gegensatz zu seinem irreführenden Titel – nicht als eigenständige Kodifizierung des gesamten Wirtschaftsstrafrechts verstanden werden (vgl. Achenbach/Ransiek/Rönnau WirtschaftsStR-HdB/*Zieschang* Teil 4 Kap. 1 Rn. 3; Müller-Gugenberger WirtschaftsStR/*Müller-Gugenberger* § 1 Rn. 55). Im **zweiten Abschnitt** finden sich zunächst Vorschriften (§§ 7–11) betreffend die **Einziehung** und der **Abführung des Mehrerlöses,** die sich als speziellere Vorschriften zu den §§ 73 ff. StGB; 22 ff. OWiG darstellen. Daneben ergeben sich aus § **13 besondere Vorschriften für das Strafverfahren** zur Ahndung von Straftaten nach § 1, der **dritte Abschnitt** enthält **Übergangs- und Schlussvorschriften.**

§ 1 Strafbare Verstöße gegen Sicherheitsvorschriften

(1) **Wer eine Zuwiderhandlung nach**
1. **§ 18 des Wirtschaftssicherstellungsgesetzes,**
2. **§ 26 des Verkehrssicherstellungsgesetzes,**
3. **§ 22 des Ernährungssicherstellungsgesetzes,**
4. **§ 28 des Wassersicherstellungsgesetzes**
begeht, wird mit Freiheitsstrafe bis zu fünf Jahren oder mit Geldstrafe bestraft.

(2) **Der Versuch ist strafbar.**

(3) [1] **In besonders schweren Fällen ist die Strafe Freiheitsstrafe nicht unter sechs Monaten.**
[2] **Ein besonders schwerer Fall liegt in der Regel vor, wenn**
1. **durch die Handlung**
   a) **die Versorgung, sei es auch nur auf einem bestimmten Gebiet in einem örtlichen Bereich, schwer gefährdet wird oder**
   b) **das Leben oder die Freiheit eines anderen gefährdet wird oder eine Maßnahme nicht rechtzeitig getroffen werden kann, die erforderlich ist, um eine gegenwärtige Gefahr für das Leben oder die Freiheit eines anderen abzuwenden oder**

2. der Täter
   a) bei Begehung der Tat eine einflußreiche Stellung im Wirtschaftsleben oder in der Wirt-schaftsverwaltung zur Erzielung von bedeutenden Vermögensvorteilen gröblich miß-braucht,
   b) eine außergewöhnliche Mangellage bei der Versorgung mit Sachen oder Leistungen des lebenswichtigen Bedarfs zur Erzielung von bedeutenden Vermögensvorteilen gewissen-los ausnutzt oder
   c) gewerbsmäßig zur Erzielung von hohen Gewinnen handelt.

(4) Handelt der Täter fahrlässig, so ist die Strafe Freiheitsstrafe bis zu zwei Jahren oder Geldstrafe.

A. Allgemeines

I. Blankettgesetz

1   Bei dem einzigen verbliebenen Straftatbestand des WiStG handelt es sich in Abs. 1 um einen **Blanketttatbestand.** Er umschreibt die Merkmale der einzelnen Straftaten nicht selbst, sondern ver-weist auf Vorschriften anderer Gesetze. In den insoweit in Bezug genommenen Vorschriften finden sich dann ebenfalls Verweise auf – ganz überwiegend noch nicht erlassene – Rechtsverordnungen. Insoweit muss sich § 1 an den Grundsätzen, die in der Rechtsprechung des BVerfG an Blankettstrafgesetze gestellt werden, messen lassen. Soweit es sich auch bei den blankettausfüllenden Vorschriften um **formelle Gesetze** handelt, bestehen im Hinblick auf den verfassungsrechtlichen Gesetzesvorbehalt **keine Beden-ken** (BVerfGE 75, 239 (342); 87, 399 (407); vgl. aber BeckOK OWiG/*Kudlich* WiStG Rn. 2 f. mwN). Bei der Auslegung der blankettausfüllenden Normen, die für sich keine strafrechtlichen, sondern in der Regel verwaltungsrechtliche Vorschriften sind, sind aber die verfassungsrechtlichen Vorgaben des **Art. 103 Abs. 2 GG** und das **Analogieverbot** zu berücksichtigen (vgl. LK-StGB/*Dannecker* StGB § 1 Rn. 152).

2   Soweit die den Blankettstraftatbestand des § 1 ausfüllenden Vorschriften ihrerseits auf **Rechtsver-ordnungen** verweisen, genügen diese nach hM dem Gesetzesvorbehalt nach Art. 103 Abs. 2 GG, da insoweit von einem **materiellen Gesetzesbegriff** auszugehen ist. Insoweit ist erforderlich, dass die Rechtsverordnung auf der Grundlage einer Ermächtigung ergangen ist, die den Anforderungen des Art. 80 Abs. 1 GG genügt und wenn im Blanketttatbestand eine normative Wertbestimmung vorgege-ben ist, so dass dem Verordnungsgeber nur die **Spezifizierung des Straf- und Bußgeldtatbestandes** übertragen ist (BVerfGE 14, 174 (185); 51, 60 (73); 22, 1 (25); vgl. aber BeckOK OWiG/*Kudlich* WiStG Rn. 2 f.).

II. Allgemeine Voraussetzungen der blankettausfüllenden Sicherstellungsvorschriften

3   § 1 Abs. 1 stellt Verstöße gegen bestimmte Sicherstellungsvorschriften unter Strafe, die dem Zweck dienen, im **Verteidigungs- oder Spannungsfall** die Versorgung der Bevölkerung und der Streitkräfte mit bestimmten Rohstoffen und Bedarfsgütern sicherzustellen (BeckOK OWiG/*Kudlich* WiStG Rn. 5 mwN). Die blankettausfüllenden Vorschriften des § 1 Abs. 1 (§ 18 Wirtschaftssicherstellungsgesetz – WiSiG –; § 26 Verkehrssicherstellungsgesetz – VerkSiG –; § 22 Ernährungssicherstellungsgesetz – ESG – und § 28 Wassersicherstellungsgesetz – WasSiG –) verweisen ihrerseits auf Rechtsverordnungen, die auf Grundlage der einzelnen Ermächtigungen in den Sicherstellungsgesetzen erlassen werden können. Nach § 2 Abs. 1 WiSiG, § 2 Abs. 3 VerkSiG, § 2 Abs. 3 ESG sowie § 13 Abs. 1 S. 1 WasSiG ist für den Erlass dieser Rechtsverordnungen vorausgesetzt, dass der Verteidigung-, der Bündnis- oder der Span-nungsfall nach Maßgabe von **Art. 80a GG festgestellt** ist. In anderen Vorschriften (§ 3, § 4 Abs. 1 S. 1 WiSiG; § 3, § 4 Abs. 1, § 12 VerkSiG; § 5, § 6 Abs. 1 ESG) ist materielle Voraussetzungen für den Erlass einer Rechtsverordnung, dass die dort angeordneten Maßnahmen für Zwecke der Verteidigung erforderlich sind. Durch die Reglungstechnik in § 1 Abs. 1 ist die Möglichkeit eröffnet, in Zeiten der Krise schnell auf wirtschaftliche Entwicklungen zu reagieren (Müller-Gugenberger WirtschaftsStR/*Dittrich* § 64 Rn. 6).

4   Indem § 2 Zuwiderhandlungen gegen Sicherstellungsgesetze von geringem Unrechtsgehalt lediglich als Ordnungswidrigkeiten definiert, ergibt sich für § 1 Abs. 1 als weitere **zusätzliche Tatbestands-voraussetzung,** dass die Tathandlungen eine **besondere Schwere** aufweisen müssen (Achenbach/Ransiek/Rönnau WirtschaftsStR-HdB/*Zieschang* Teil 4 Kap. 1 Rn. 9; BeckOK OWiG/*Kudlich* WiStG Rn. 5 mwN). Insoweit ist - wenn der Täter nicht beharrlich handelt (→ § 2 Rn. 3) - erforderlich, dass neben der Zuwiderhandlung gegen ein Sicherstellungsgesetz die Tat konkret geeignet sein muss, die **Versorgung** mit einem bestimmten Gut **merkbar zu stören** oder die Verwirklichung eines sonstigen, durch die Sicherstellungsgesetze bezweckten Ziels merkbar zu beeinträchtigen. Dabei ist auf die **Um-stände des Einzelfalls** abzustellen (Achenbach/Ransiek/Rönnau WirtschaftsStR-HdB/*Zieschang* Teil 4 Kap. 1 Rn. 9 mwN).

B. Die einzelnen Tatbestände

I. Zuwiderhandlung nach § 18 WiSiG

Nach **§ 1 Abs. 1 Nr. 1** macht sich strafbar, wer eine **Zuwiderhandlung nach § 18 WiSiG** begeht. 5
Dies ist nach § 18 WiSiG der Fall, wenn vorsätzlich oder fahrlässig gegen eine Vorschrift einer aufgrund
der §§ 1, 3 oder 4 WiSiG erlassenen Rechtsvorschrift oder gegen eine aufgrund einer solchen Rechtsverordnung ergangene vollziehbare Verfügung verstoßen wird. Erforderlich ist in allen Fällen, dass die
Rechtsverordnung auf § 18 WiSiG zurückverweist.

Rechtsverordnungen nach § 1 WiSiG dürfen erlassen werden, um die für Zwecke der Verteidigung 6
erforderliche **Versorgung mit Gütern und Leistungen** sicherzustellen. Der Reglungsgegenstand
diesbezüglicher Verordnungen ist in § 1 WiSiG näher konkretisiert. Daneben ermächtigt § 3 WiSiG
zum Erlass von Rechtsverordnungen, die **Buchführungs- und Meldepflichten** begründen können.
§ 4 WiSiG ermächtigt zum Erlass von Rechtsverordnungen, in denen Vorschriften über die **Lagerung
und Vorratshaltung** von Waren und Erzeugnissen getroffen werden.

Tatbestandsmäßig handelt einerseits, wer unmittelbar gegen die Vorschriften in den Rechtsverord- 7
nungen verstößt. Daneben ist der Tatbestand erfüllt, wenn gegen eine **vollziehbare Verfügung** verstoßen wird, die auf Grundlage einer solchen Rechtsverordnung ergangen ist. Insoweit ist zunächst eine
vollziehbare Anordnung, sprich einen **Verwaltungsakt** iSv § 35 VwVfG, erforderlich, der verwaltungsrechtlich vollstreckbar sein muss (vgl. Schönke/Schröder/*Heine/Hecker* StGB § 330d Rn. 15). Das setzt
voraus, dass der Verwaltungsakt rechtskräftig oder die sofortige Vollziehbarkeit angeordnet worden ist. In
allen Fällen muss die Anordnung **iRd Ermächtigungsvorschrift** ergangen und **so bestimmt gefasst
sein,** dass der Anordnungsadressat das strafrechtlich Verbotene mit hinreichender Sicherheit erkennen
kann (vgl. *Möhrenschlager* NStZ 1994, 513 (515)). Mit dem Verstoß gegen die Verfügung ist der objektive
Tatbestand erfüllt. Wird der Verwaltungsakt danach wegen Rechtswidrigkeit aufgehoben, ist dies für die
Strafbarkeit bedeutungslos (vgl. Fischer StGB § 330 Rn. 8 mwN; s. auch Schönke/Schröder/*Heine/
Hecker* StGB Vor §§ 324 ff. Rn. 21). Dies ist verfassungsrechtlich nicht zu beanstanden (BVerfG NJW
1990, 37).

II. Zuwiderhandlung nach § 26 VerkSiG

Nach **§ 1 Abs. 1 Nr. 2** macht sich strafbar, wer eine Zuwiderhandlung nach **§ 26 VerkSiG** begeht. 8
Dies ist nach § 26 VerkSiG zunächst der Fall, wenn vorsätzlich oder fahrlässig gegen eine Vorschrift
aufgrund der §§ 1, 3 oder 4 VerkSiG erlassenen Rechtsverordnung oder gegen eine aufgrund einer
solcher Rechtsverordnung ergangene vollziehbare Verfügung verstoßen wird, soweit die Rechtsverordnung für einen bestimmten Tatbestand auf § 26 VerkSiG verweist (§ 26 Nr. 1). Weiter handelt § 26
VerkSiG zuwider, wer eine Leistung nach § 12 VerkSiG nicht, nicht rechtzeitig, nicht ordnungsgemäß
oder nicht vollständig erbringt oder einer ihm aufgrund des § 12 VerkSiG auferlegten Verpflichtung zur
Unterlassung zuwiderhandelt oder eine Auflage nicht erfüllt § 26 Nr. 2 VerkSiG.

Rechtsverordnungen nach § 1 VerkSiG dürfen erlassen werden, um die für Zwecke der Verteidigung 9
erforderlichen **Verkehrsleistungen** sicherzustellen. Der Reglungsgegenstand diesbezüglicher Verordnungen ist in § 1 VerkSiG näher konkretisiert. Daneben ermächtigt § 3 VerkSiG zum Erlass von Rechtsverordnungen, die **Buchführungs- und Meldepflichten** begründen können. § 4 VerkSiG ermächtigt
zum Erlass von Rechtsverordnungen, durch die Verkehrsunternehmen ua zur **Bevorratung** von Bau-
und Betriebsstoffen, Ersatzteilen und Geräten verpflichtet werden.

Nach **§ 12 VerkSiG** können Verkehrsunternehmen zu bestimmten Leistungen verpflichtet werden. 10
Die **Anordnungen oder Auflagen** nach § 12 VerkSiG stellen Verwaltungsakte dar. Insoweit gelten die
Ausführungen → Rn. 7 entsprechend. Nämliches gilt, soweit der Tatbestand des § 26 Nr. 1 VerkSiG
durch Verstöße gegen andere ergangene vollziehbare Verfügungen erfüllt wird.

III. Zuwiderhandlungen nach § 22 ESG

Nach **§ 1 Abs. 1 Nr. 3** macht sich strafbar, wer eine Zuwiderhandlung nach **§ 22 ESG** begeht. Dies 11
ist nach § 22 ESG der Fall, wenn vorsätzlich oder fahrlässig gegen eine Vorschrift einer aufgrund der
§§ 1 und 5 oder 6 ESG erlassenen Rechtsverordnung oder gegen eine aufgrund einer solchen Rechtsverordnung ergangene vollziehbare Verfügung verstoßen wird. Erforderlich ist in allen Fällen, dass die
Rechtsverordnung auf § 22 ESG zurück verweist.

Rechtsverordnungen nach § 1 ESG dürfen erlassen werden, um die für Zwecke der Verteidigung 12
erforderliche **Versorgung mit Erzeugnissen der Ernährungs- und Landwirtschaft sowie der
Forst- und Holzwirtschaft** sicherzustellen. Der Reglungsgegenstand diesbezüglicher Verordnungen
ist in § 1 ESG näher konkretisiert. Daneben ermächtigt § 5 ESG zum Erlass von Rechtsverordnungen,
die **Buchführungs-, Melde- und Auskunftspflichten** begründen können. § 6 ESG ermächtigt zum
Erlass von Rechtsverordnungen, in denen Vorschriften über die **Lagerung und Vorratshaltung** von

Erzeugnissen der Ernährungs- und Landwirtschaft sowie der Forst- und Holzwirtschaft getroffen werden.

13 Hinsichtlich der Tathandlungen gilt nämliches wie bei Zuwiderhandlungen nach § 18 WiSiG (→ Rn. 7).

IV. Zuwiderhandlungen gegen § 28 WasSiG

14 Nach **§ 1 Abs. 1 Nr. 4** macht sich strafbar, wer eine Zuwiderhandlung nach **§ 28 WasSiG** begeht. Dies ist nach § 28 WasSiG der Fall, wenn vorsätzlich oder fahrlässig gegen eine Vorschrift einer aufgrund der **§ 13 WasSiG** erlassenen Rechtsverordnung oder gegen eine aufgrund einer solchen Rechtsverordnung ergangene vollziehbare Verfügung verstoßen wurde. Erforderlich ist in allen Fällen, dass die Rechtsverordnung auf § 28 WasSiG zurück verweist.

15 Rechtsverordnungen nach § 13 WasSiG dürfen erlassen werden, um **zum Schutz der Zivilbevölkerung und der Streitkräfte die Wasserversorgung** im Verteidigungsfall sicherzustellen (§ 1 WasSiG). Der Reglungsgegenstand diesbezüglicher Verordnungen ist in § 13 WasSiG näher konkretisiert.

16 Hinsichtlich der Tathandlungen gilt nämliches wie bei Zuwiderhandlungen nach § 18 WiSiG (→ Rn. 7).

C. Subjektiver Tatbestand und Versuch

17 Zuwiderhandlungen gegen die Sicherstellungsgesetze sind sowohl bei vorsätzlichem Handeln (§ 1 Abs. 1) als auch bei fahrlässigem Handeln (§ 1 Abs. 4) strafbar. Vom Vorsatz müssen – wobei **bedingter Vorsatz genügt** (Achenbach/Ransiek/Rönnau HdB-WirtschaftsStR/*Zieschang* IV 1 Rn. 12 mwN) – auch die **Tatbestandsmerkmale der blankettausfüllenden Vorschriften,** namentlich auch die der Rechtsverordnungen, auf die § 18 WiSiG, § 26 VerkSiG, § 22 ESG und § 28 WasSiG verweisen, umfasst sein. Fehlt es hieran, kommt nur eine Verurteilung wegen fahrlässigen Handelns in Betracht (§ 16 StGB). Nicht vom Vorsatz umfasst sein müssen die in den blankettausfüllenden Vorschriften enthaltenen Verbote oder Handlungspflichten die aus den dem Täter bekannten Umständen folgen (BGHSt 45, 97; 16, 155; 19, 295; BayObLG ZLR 1977, 318). Weiß der Täter in solchen Fällen nicht um das ihn treffende Verbot oder die ihn treffende Pflicht, handelt er in einem **Verbotsirrtum** (§ 17 StGB). Demgegenüber muss die ein Blankett ausfüllende **Einzelanordnung vom Vorsatz der Täters umfasst sein** (Schönke/Schröder/*Sternberg-Lieben/Schuster* StGB § 15 Rn. 102).

18 Nach § 1 Abs. 2 ist der **Versuch** der Zuwiderhandlungen gegen die Sicherstellungsgesetze strafbar. Die Versuchsstrafbarkeit richtet sich insoweit im Grundsatz nach den **allgemeinen Regeln.** Eine Straftat ist demnach versucht, wenn der Täter nach seiner Vorstellung von der Tat zur Verwirklichung des Tatbestandes unmittelbar ansetzt (§ 22 StGB).

D. Rechtsfolgen

I. Allgemeines

19 § 1 Abs. 1 sieht bei vorsätzlichen Zuwiderhandlungen gegen die Sicherstellungsgesetze **Geldstrafe** oder **Freiheitsstrafe bis zu fünf Jahren** vor. Handelt der Täter fahrlässig, kommt Geldstrafe oder aber Freiheitsstrafe bis zu zwei Jahren in Betracht. Der Strafrahmen bestimmt sich dabei nach den allgemeinen Vorschriften der §§ 38 ff. StGB. Für die Zumessung der Strafe werden insbes. der Grad der Gefährdung des geschützten Rechtsguts, die Art der Ausführung und die tatursächlichen Motive von Bedeutung sein.

20 Neben der Verhängung von Geld- oder Freiheitsstrafe kommen als weitere Rechtsfolgen die **Einziehung nach § 7** sowie das **Abführen des Mehrerlöses nach §§ 8 ff.** in Betracht. Vgl. insoweit die diesbezügliche Kommentierung unten.

II. Besonders schwere Fälle

21 **1. Allgemeines. § 1 Abs. 3 S. 1** sieht für besonders schwere Fälle vorsätzlicher Straftaten nach § 1 Abs. 1 **erhöhte Mindest- (6 Monate) und Höchststrafen (15 Jahre) vor.** In § 1 Abs. 3 S. 2 werden Regelbeispiele für besonders schwere Fälle enumerativ angeführt. Unabhängig davon, ob die Tatbestandsvoraussetzungen der Regelbeispiele verwirklicht sind, setzt die Anwendung des erhöhten Strafrahmens voraus, dass das gesamte Tatbild einschließlich aller subjektiven Momente und der Täterpersönlichkeit **vom Durchschnitt** der erfahrungsgemäß gewöhnlich vorkommenden Fälle in einem Maße abweicht, dass die **Anwendung des Ausnahmestrafrahmens geboten ist** (vgl. SSG Strafzumessung Rn. 597 mwN). Ist eines der Regelbeispiele erfüllt, besteht freilich eine **Vermutung** dafür, dass die Strafe dem Strafrahmen des § 1 Abs. 3 S. 1 zu entnehmen ist. Andere Strafzumessungsgesichtspunkte können die Regelwirkung aber **entkräften.** Umgekehrt sind neben den Regelbeispielen auch **unbenannte besonders schwere Fälle** denkbar, die sich aber an der Wertung, die der Gesetzgeber mit den Regelbeispielen zum Ausdruck gebracht hat, orientieren müssen (BGHSt 28, 318 (320)).

Die Regelbeispiele des § 1 Abs. 3 setzen einerseits an den **schwerwiegenden Tatfolgen,** anderer- 22
seits an der **Person des Täters** an. Die Umstände, die nach Auffassung des Gesetzgebers ein Abweichen
vom Strafrahmen des Grundtatbestandes rechtfertigen, umschreibt er in einer Vielzahl von **ausfüllungsbedürftigen Rechtsbegriffen** (Achenbach/Ransiek/Rönnau WirtschaftsStR-HdB/*Zieschang* Teil 4
Kap. 1 Rn. 7; Erbs/Kohlhaas/*Lampe* Rn. 7; *Dähn* JZ 1975, 618). Gleichwohl dürfte im Hinblick darauf,
dass es sich lediglich um eine Strafzumessungsregel handelt, den Anforderungen an die **Bestimmtheit
des Strafgesetzes** (Art. 103 Abs. 2 GG) noch entsprochen sein (vgl. auch BGH NJW 2009, 528 (532)
zu § 370 Abs. 3 S. 1 Nr. 1 AO).

2. Die einzelnen Regelbeispiele. Die in § 1 Abs. 3 S. 2 **Nr. 1** angeführten Regelbeispiele knüp- 23
fen an die **besonders schweren Folgen der Zuwiderhandlung** gegen die Sicherstellungsgesetze an.
Die in beiden Alternativen vorausgesetzte Gefahr muss eine **konkrete** sein (Achenbach/Ransiek/
Rönnau WirtschaftsStR-HdB/*Zieschang* Teil 4 Kap. 1 Rn. 18; Erbs/Kohlhaas/*Lampe* Rn. 8), die gege-
ben ist, wenn die Möglichkeit eines Schadens in so bedrohliche Nähe gerückt ist, dass dessen Eintritt
nur noch vom Zufall abhängt (BGH wistra 1987, 295 (296) zu § 95 Abs. 3 Nr. 1 AMG; vgl. auch
BGHSt 8, 31). Eine schwere Gefährdung der Versorgung iSv § 1 Abs. 3 S. 2 Nr. 1a ist gegeben, wenn
die Bedarfsdeckung der Bevölkerung mit **lebenswichtigen Gütern** gestört ist (Erbs/Kohlhaas/*Lampe*
Rn. 8). IÜ ist für die Frage, ob eine schwere Gefährdung gegeben ist, die Größe des betroffenen
Bevölkerungsteils und die Menge der fraglichen Güter maßgeblich (Erbs/Kohlhaas/*Lampe* Rn. 8;
Achenbach/Ransiek/Rönnau WirtschaftsStR-HdB/*Zieschang* Teil 4 Kap. 1 Rn. 18). Die Gefährdung
des Lebens oder der Freiheit durch eine Zuwiderhandlung gegen Sicherstellungsgesetz kann **unmittelbar oder mittelbar** verursacht werden (Erbs/Kohlhaas/*Lampe* Rn. 9). Bei der mittelbaren Gefährdung
bestimmt sich die **Gegenwärtigkeit der Gefahr** nach den Grundsätzen, die bei der Auslegung von
§ 34 StGB Anwendung finden (Erbs/Kohlhaas/*Lampe* Rn. 9; Achenbach/Ransiek/Rönnau Wirt-
schaftsStR-HdB/*Zieschang* Teil 4 Kap. 1 Rn. 19).

Bei den Regelbeispielen des § 1 Abs. 3 S. 2 **Nr. 2** rechtfertigt sich demgegenüber die erhöhte 24
Strafdrohung in **Umständen in der Person des Täters.** Die nach **Nr. 2a** erforderliche **einflussreiche
Stellung** ist gegeben, wenn der Täter eigenverantwortlich Entscheidungen von besonderer Tragweite
im Wirtschaftsleben treffen kann (Erbs/Kohlhaas/*Lampe* Rn. 10 mwN). Die Stellung kann dem Täter
dabei sowohl in der Privatwirtschaft als auch in der öffentlichen Verwaltung zukommen (Achenbach/
Ransiek/Rönnau WirtschaftsStR-HdB/*Zieschang* Teil 4 Kap. 1 Rn. 20). Diese wird **gröblich missbraucht,** wenn ihr bei der Tatbegehung in sachfremder Weise ein entscheidendes Gewicht beigemessen
wird (Erbs/Kohlhaas/*Lampe* Rn. 10). Der Täter muss zudem in der Absicht handeln („zur Erzielung"),
sich **bedeutende Vermögensvorteile** zu verschaffen. Hierbei muss er zudem seine besondere Stellung
bewusst ausnutzen, wobei hier bedingter Vorsatz ausreicht. Vor diesem Hintergrund wird die Frage,
welchen materiellen Wert der Vermögensvorteil aufweisen muss, insbes. im Hinblick auf die individuellen Verhältnisse des Täters zu bestimmen sein. Jedenfalls wird **mindestens ein Betrag von 50.000
EUR,** wie die Rechtsprechung im Zusammenhang mit anderen Regelbeispielen, die an die Schadenshöhe anknüpfen, fordert (BGH wistra 1991, 106; BGHSt 48, 360; BGH NJW 2009, 528; ebenso
BeckOK OWiG/*Kudlich* WiStG Rn. 9), erforderlich sein, um von einem bedeutenden Vermögensvorteil ausgehen zu können.

Ob eine **außergewöhnliche Mangellage** iSv § 1 Abs. 3 S. 2 Nr. 2b gegeben ist, ergibt sich aus 25
einem **Vergleich** mit der Mangellage, die in den tatbestandsmäßig vorausgesetzten Krisenzeiten regel-
mäßig gegeben ist. Sie wird anzunehmen sein, wenn die Versorgung **weit unter dem normalen
Bedarf** liegt oder sich die Mangellage über einen **besonders langen Zeitraum** erstreckt (Erbs/
Kohlhaas/*Lampe* Rn. 11 mwN; Achenbach/Ransiek/Rönnau WirtschaftsStR-HdB/*Zieschang* Teil 4
Kap. 1 Rn. 21). Die außergewöhnliche Mangellage muss sich auf die Versorgung mit **Sachen oder
Leistungen des lebenswichtigen Bedarfs** beziehen. Hierzu sollen auch iRd § 2 nicht nur solche
Güter zählen, die lebensnotwendig sind (BGH NJW 1953, 711). In der Rspr. werden dazu alle Güter
gezählt, die unter Berücksichtigung des heutigen Lebensstandards zur unmittelbaren oder mittelbaren
Befriedigung der berechtigten materiellen und kulturellen Bedürfnisse der Bevölkerung erforderlich sind
(OLG Hamburg BB 1960, 502; OLG Schleswig SchlHA 1953, 63; BayObLG 1952, 169). Demgemäß
würden nur Luxusgüter ausscheiden (Erbs/Kohlhaas/*Lampe* § 4 Rn. 6; Achenbach/Ransiek/Rönnau
WirtschaftsStR-HdB/*Zieschang* Teil 4 Kap. 1 Rn. 21, 34 mwN). In Anbetracht der Ausnahmezeiten, in
denen Zuwiderhandlungen iSv § 1 in Betracht kommen, erscheint diese (insbes. zu § 4 vertretene)
Auffassung – auch mit Blick auf die Gleichstellung der lebenswichtigen Unternehmen in § 316b Abs. 1
Nr. 3 StGB mit den dort alternativ angeführten Anlagen – iRd § 1 zu weit. Auch hier muss der Täter in
der Absicht handeln (→ Rn. 24) sich einen **bedeutenden Vermögensvorteil** zu verschaffen, der hier
angesichts der Tatsache, dass keine besondere Stellung des Täters erforderlich ist, gegeben sein wird,
wenn ihm ein Wert von **50.000 EUR** zukommt (vgl. die Nachw. bei → Rn. 24). Zuletzt muss der Täter
gewissenlos handeln. Dies ist der Fall, wenn der Täter das Gefühl der Verantwortlichkeit aus gemein-
schaftswidriger Gesinnung heraus bewusst unterdrückt oder aus Gleichgültigkeit Bedenken gegen sein
Verhalten von vornherein nicht aufkommen lässt (Achenbach/Ransiek/Rönnau WirtschaftsStR-HdB/
Zieschang Teil 4 Kap. 1 Rn. 21; Erbs/Kohlhaas/*Lampe* Rn. 11 mwN).

26   **Gewerbsmäßig** iSv § 1 Abs. 3 S. 2 Nr. 2c handelt, wer sich durch die wiederholte Tatbegehung
eine nicht nur vorübergehende Einnahmequelle von einigem Umfang verschaffen will (BGHSt 1, 383).
Zudem muss der Täter beabsichtigen (→ Rn. 24) **hohe Gewinne** zu erzielen. Auch diese werden
gegeben sein, wenn ein Betrag von mindestens **50.000 EUR** erreicht ist (→ Rn. 24).

E. Prozessuales

27   § 13 sieht für die Strafverfahren, die – ausschließlich (Erbs/Kohlhaas/*Lampe* § 13 Rn. 4) – Straftaten
nach § 1 zum Gegenstand haben, **besondere Verfahrensvorschriften** vor. Mit diesen wird der Spezialität der Materie und der daher erforderlichen **besonderen Sachkunde** Rechnungen getragen werden.

28   Dies erfolgt zunächst dadurch, dass § 13 Abs. 1 die **örtliche Zuständigkeit** des Amtsgerichts
besonders regelt und insoweit eine **Konzentration der Verfahren,** die Straftaten nach § 1 zum Gegenstand haben, bei einem Amtsgericht vorsieht. Für die erstinstanzliche Zuständigkeit des Landgerichts
bedarf es keiner Sonderregelung, da insoweit über § 74c Abs. 1 S. 1 Nr. 3 Alt. 1 GVG eine entsprechende Konzentration gegeben ist.

29   Weiter soll durch die **Beteiligung der Verwaltungsbehörde** im Strafverfahren, die nach § 13 Abs. 2
iVm § 49 OWiG (Akteneinsicht), § 63 Abs. 1–3 S. 1 OWiG (Beteiligung der Verwaltungsbehörde am
staatsanwaltschaftlichen Ermittlungsverfahren) und des § 76 Abs. 1 und 4 OWiG (Beteiligung der
Verwaltungsbehörde am gerichtlichen Verfahren, insbes. Teilnahme an der Hauptverhandlung und Mitteilung der das Verfahren abschließenden Entscheidung) sichergestellt werden, dass die Behörde das
Verfahren durch ihre besondere Sachkunde fördern kann.

§ 2 Ordnungswidrige Verstöße gegen Sicherstellungsvorschriften

(1) **Ordnungswidrig handelt, wer vorsätzlich oder fahrlässig eine der in § 1 Abs. 1 bezeichneten Handlungen begeht, wenn die Tat ihrem Umfang und ihrer Auswirkung nach, namentlich nach Art und Menge der Sachen oder Leistungen, auf die sie sich bezieht, nicht geeignet
ist,**
1. **die Versorgung, sei es auch nur auf einem bestimmten Gebiet in einem örtlichen Bereich,
merkbar zu stören und**
2. **die Verwirklichung der sonstigen Ziele, denen die in § 1 Abs. 1 bezeichneten Rechtsvorschriften im allgemeinen oder im Einzelfall zu dienen bestimmt sind, merkbar zu beeinträchtigen.**

(2) **Absatz 1 ist nicht anzuwenden, wenn der Täter die Tat beharrlich wiederholt.**

(3) **Die Ordnungswidrigkeit und der Versuch einer Ordnungswidrigkeit können mit einer
Geldbuße bis zu fünfundzwanzigtausend Euro geahndet werden.**

1   **1. Allgemeines.** Während § 1 Abs. 3 für besonders schwere Zuwiderhandlungen gegen Sicherstellungsvorschriften einen im Vergleich zum Grundtatbestand erhöhten Strafrahmen vorsieht, stuft § 2 in
der Sache die **minder schweren Fällen** von Zuwiderhandlungen gegen Sicherstellungsvorschriften zu
Ordnungswidrigkeiten herab. Der Gesetzgeber will damit dem im Einzelfall im Hinblick auf die
geschützten Rechtsgüter **geringeren Unrechtsgehalt** der Taten Rechnung tragen (Achenbach/Ran-
siek/Rönnau WirtschaftsStR-HdB/*Zieschang* Teil 4 Kap. 1 Rn. 23 mwN). Für die Herabstufung zur
Ordnungswidrigkeit sind daher vom Regelfall abweichende Tatfolgen erforderlich, was der Fall ist, wenn
die Zuwiderhandlungen nicht geeignet sind, die geschützten Rechtsgüter merkbar zu tangieren.

2   **2. Geringer Unrechtsgehalt.** Zuwiderhandlungen iSv § 1 sind von **geringem Unrechtsgehalt,**
wenn sie entweder nicht geeignet sind die Versorgung merkbar zu stören oder die sonstigen Ziele, die
mit dem Erlass der Rechtsvorschriften aufgrund der Sicherstellungsgesetze verfolgt werden, merkbar zu
beeinträchtigen. Eine **nicht merkbare Folge** kann – auch angesichts der Vielfalt von Ge- und Verboten, die aufgrund der Ermächtigungsvorschriften der Sicherstellungsgesetze erlassen werden können –
zunächst insbes. bei Handlungen gegeben sein, die sich auf den **Lebenskreis einer Privatperson**
beschränken (Erbs/Kohlhaas/*Lampe* Rn. 2 f.). Demgegenüber werden Zuwiderhandlungen durch Unternehmer eher geeignet sein, merkbare Störungen oder Beeinträchtigungen zu verursachen. Für beide
Normadressaten ist dabei insbes. auf die **Art und Menge der Güter** (Achenbach/Ransiek/Rönnau
WirtschaftsStR-HdB/*Zieschang* Teil 4 Kap. 1 Rn. 23), die durch die Tat betroffen sind, abzustellen.
Ist im Hinblick darauf eine nachteilige Auswirkung auf die Interessen der Allgemeinheit gegeben, wird
für die Annahme des Ausnahmetatbestandes idR kein Raum mehr sein.

3   **3. Beharrliche Wiederholung.** Weist die Zuwiderhandlung aufgrund der vorstehenden Voraussetzungen einen so geringen Unrechtsgehalt auf, der grds. die Ahndung der Tat als Ordnungswidrigkeit
ausreichend erscheinen lassen würde, ist der Täter gleichwohl nach Maßgabe des Grundtatbestandes zu
bestrafen, wenn es sich bei der Tat um eine **beharrliche Zuwiderhandlung** handelt. Eine solche ist
gegeben, wenn die Sicherstellungsvorschriften **aus Missachtung und Gleichgültigkeit immer wie-**

der übertreten werden oder die Bereitschaft hierzu durch die früheren Taten deutlich wird. Der Begriff der „beharrlichen" Wiederholung von Verstößen setzt ein besonders **hartnäckiges Verhalten** voraus, durch das die rechtsfeindliche Einstellung des Täters gegenüber den in Frage kommenden gesetzlichen Normen deutlich wird, obwohl er schon wegen der Folgen vorangegangener Zuwiderhandlungen Erfahrungen gesammelt haben müsste. Dazu bedarf es zumindest eines vorausgehenden Verstoßes (BGHSt 23, 172), der für sich aber nicht genügt. Erforderlich ist vielmehr, dass durch die Handlung die Bereitschaft des Täters zur Wiederholung indiziert wird (OLG Köln GA 1984, 333). Dies setzt nicht voraus, dass ein vorangegangenes abgeschlossenes Bußgeldverfahren oder eine strafrechtliche Sanktion wegen der gleichen Zuwiderhandlung gegeben ist (BGH NStZ 1992, 594 f. zu § 148 GewO). Ebenfalls nicht erforderlich ist, dass es sich um die identische Sicherstellungsvorschrift handelt, gegen die wiederholt verstoßen wird (Achenbach/Ransiek/Rönnau WirtschaftsStR-HdB/*Zieschang* Teil 4 Kap. 1 Rn. 11).

4. Rechtsfolgen. Vorsätzliche Zuwiderhandlungen gegen Sicherungsvorschriften von geringe- 4 rem Unrechtsgehalt können nach § 2 Abs. 3 mit **Geldbuße bis zu 25.000 EUR** geahndet werden. Gleiches gilt für den Versuch einer Zuwiderhandlung. **Fahrlässige Zuwiderhandlungen** werden demgegenüber mit Geldbuße bis zu **12.500 EUR** geahndet (§ 17 Abs. 2 OWiG). IÜ gelten für die Bemessung der Geldbuße die Vorgaben von § 17 Abs. 3 und 4 OWiG. Sie hat sich an der Bedeutung der Ordnungswidrigkeiten und dem Vorwurf, der den Täter trifft, sowie den wirtschaftlichen Verhältnissen zu orientieren. Die Geldbuße soll den wirtschaftlichen Vorteil, den der Täter aus der Ordnungswidrigkeit gezogen hat, übersteigen.

Auch hier kommen neben der Verhängung der Geldbuße als weitere Rechtsfolgen die **Einziehung** 5 **nach § 7** sowie das **Abführen des Mehrerlöses nach §§ 8 ff.** in Betracht. Vgl. insoweit die diesbezügliche Kommentierung unten.

§ 3 Verstöße gegen die Preisregelung

(1) [1]Ordnungswidrig handelt, wer in anderen als den in den §§ 1, 2 bezeichneten Fällen vorsätzlich oder fahrlässig einer Rechtsvorschrift über

1. Preise, Preisspannen, Zuschläge oder Abschläge,
2. Preisangaben,
3. Zahlungs- oder Lieferungsbedingungen oder
4. andere der Preisbildung oder dem Preisschutz dienende Maßnahmen

oder einer auf Grund einer solchen Rechtsvorschrift ergangenen vollziehbaren Verfügung zuwiderhandelt, soweit die Rechtsvorschrift für einen bestimmten Tatbestand auf diese Vorschrift verweist. [2]Die Verweisung ist nicht erforderlich, soweit § 16 dies bestimmt.

(2) Die Ordnungswidrigkeit kann mit einer Geldbuße bis zu fünfundzwanzigtausend Euro geahndet werden.

A. Allgemeines

I. Blanketttatbestand

§ 3 stellt einen Blanketttatbestand (→ § 1 Rn. 1) dar, auf dessen Grundlage Verstöße gegen Preis- 1 regelungsvorschriften als Ordnungswidrigkeiten geahndet werden können, soweit in diesen auf § 3 zurück verwiesen wird. Gegenüber **Blanketttatbeständen mit Rückverweisungsklauseln** werden verfassungsrechtliche Bedenken erhoben, da durch diese gegen den verfassungsrechtlichen Gesetzesvorbehalt und das Demokratieprinzip verstoßen würde (vgl. LK-StGB/*Dannecker* StGB § 1 Rn. 160 ff.). Bei der Rückverweisung auf § 3 Abs. 1 handelt es sich indes lediglich um eine deklaratorische Rückverweisung, gegen die keine verfassungsrechtlichen Bedenken erhoben werden (LK-StGB/*Dannecker* StGB § 1 Rn. 160 ff.).

II. Anwendungsbereich

Von § 3 werden zunächst alle Verstöße gegen Preisregelungsvorschriften (→ Rn. 4) erfasst, soweit sie 2 nicht unter §§ 1, 2 subsumiert werden können, die jeweilige Preisregelungsvorschrift auf § 3 zurückverweist und insoweit nicht mit einer eigenen Straf- oder Bußgeldandrohung (vgl. insoweit zB § 30 Abs. 1 iVm § 5 TabStG; § 126 Abs. 1 Nr. 6 iVm § 106 BranntwMonG; § 28 Abs. 1 Nr. 9 iVm § 20 Nr. 4 GastG) versehen ist (Erbs/Kohlhaas/*Lampe* Rn. 1). Auf die Rückverweisung im Tatbestand der Preisregelungsvorschrift kann nach Maßgabe des § 16 verzichtet werden. Dies ist der Fall, wenn die fraglichen Gesetze **vor 1975 erlassen** wurden.

Daneben ist der Tatbestand des § 3 erfüllt, wenn gegen eine **vollziehbare Verfügung** verstoßen 3 wird, die auf Grundlage einer Preisregelungsvorschrift ergangen ist. Insoweit gelten die Ausführungen zu → § 1 Rn. 7 sinngemäß. Einer Rückverweisung auf § 3 bedarf es in der vollziehbaren Verfügung nicht (Erbs/Kohlhaas/*Lampe* Rn. 2 mwN; Achenbach/Ransiek/Rönnau WirtschaftsStR-HdB/*Zie-schang* Teil 4 Kap. 1 Rn. 25).

III. Preisregelungsvorschriften

4   Rechtsvorschriften über Preise können zunächst Regelungen über **Höchst-, Mindest- oder Fest-preise** enthalten (Erbs/Kohlhaas/*Lampe* Rn. 4; Achenbach/Ransiek/Rönnau WirtschaftsStR-HdB/ *Zieschang* Teil 4 Kap. 1 Rn. 29). Auf der Grundlage des in § 3 Abs. 1 enthaltenen Kataloges sind darüber hinaus Preisregelungen im Hinblick auf **Preisspannen,** sprich Unterschiede zwischen verschiedenen Preisen innerhalb einer Handelsstufe (Erbs/Kohlhaas/*Lampe* Rn. 5), **Zu- und Abschläge,** die zur Erhöhung oder Minderung eines Grundpreises führen (Erbs/Kohlhaas/*Lampe* Rn. 6), oder **Zahlungs- und Lieferungsbedingungen,** die mittelbar auf die Preisbildung einwirken (Erbs/Kohlhaas/*Lampe* Rn. 8), möglich. **§ 3 Abs. 1 Nr. 4** sieht zuletzt einen Auffangtatbestand vor, der Vorschriften erfasst, die in sonstiger Weise dem Zweck dienen, die Preiswahrheit und -klarheit im allgemeinen Interesse sicherzustellen (Erbs/Kohlhaas/*Lampe* Rn. 9 mwN). Die innerhalb des Kataloges praktisch bedeutsamste Preisregelungsvorschrift (vgl. Müller-Gugenberger WirtschaftsStR/*Haas* § 61 Rn. 98) ist die **Preis-angabenverordnung,** die iSv § 3 Abs. 1 Nr. 2 Rechtsvorschriften über Preisangaben enthält.

B. Ordnungswidrigkeiten nach der Preisangabenverordnung (PAngV)

I. Allgemeines

5   **§ 10 PAngV** verweist für die dort näher konkretisierten Tatbestände auf § 3. § 10 PAngV führt einzelne **Verstöße gegen die Ge- und Verbote der vorausgehenden Vorschriften der PAngV,** die sie als Ordnungswidrigkeit iSv § 3 definiert. Bei § 10 PAngV handelt es sich insoweit seinerseits um eine Blankettvorschrift.

6   Zweck der Vorschriften der PAnGV ist der **Schutz des Verbrauchers** (BGH GRUR 2009, 73; BGHZ 157, 84; 108, 39, 40 (41); BGH NJW-RR 1992, 1453; BGH NJW 1974, 140; 1980, 1388; 1982, 1877). Sie soll sicherstellen, dass der Verbraucher zutreffend über den Preis und weitere, für seine Entscheidung über den Abschlusses eines Austauschvertrages bedeutsamen Umstände, zutreffend infor-miert wird (Erbs/Kohlhaas/*Ambs* PAngV § 10 Rn. 2 mwN), durch Schaffung von optimalen **Preis-vergleichsmöglichkeiten** die Stellung der Verbraucher gegenüber Handel und Gewerbe stärken und somit letztlich den **Wettbewerb fördern** (BVerfGE 65, 248; BGHZ 155, 301; BGH NJW 1999, 2195). Sie wurde auf Grundlage von § 1 PAngG erlassen und dient der Umsetzung der RL 97/55 EG, 2007/64 EG, 2008/48 EG, 2011/90 EU und 2011/83 EU.

7   Die PAngV gliedert sich (vgl. Müller-Gugenberger WirtschaftsStR/*Haas* § 61 Rn. 99 ff.) in einen **Grundtatbestand** (§ 1 PAngV; → Rn. 17 ff.), an den sich **spezielle Vorschriften** über die **Angaben des Grundpreises** (§ 2 PAngV; → Rn. 23 ff.); Preisangaben bei **Austauschverträgen über Elektrizi-tät, Gas usw** (§ 3 PAngV); im **Handel** (§ 4 PAngV) und bei **Dienst- sowie Werkleistungen** (§ 5 PAngV) anschließen. §§ 6–6c PAngV enthält die Vorschriften über die Angabe des **Effektiven Jahres-zins** und dessen Berechnung bei der **Gewährung von Krediten.** Für **Gaststätten und Beherbungs-betriebe** sind in § 7 PAngV Vorschriften über die Gestaltung und Bekanntgabe der dort erforderlichen Preisverzeichnisse enthalten. § 8 PAngV enthält Vorschriften über die Preisangaben an **Tankstellen und Parkplätzen.** Zuletzt sind in **§ 9 PAngV Ausnahmetatbestände** festgehalten, die iRd Prüfung, ob ein Tatbestand des § 10 PAngV erfüllt ist, zu berücksichtigen sind (vgl. Erbs/Kohlhaas/*Ambs* PAngV § 10 Rn. 4 aE). MWv 21.3.2016 hat die PAngV zuletzt nicht unerhebliche Änderungen erfahren; namentlich iRd §§ 6–6c PAngV. Insoweit ist mit Blick auf § 4 OWiG die Rechtslage zur Tatzeit sorgfältig zu prüfen.

II. Grundsatz der Preiswahrheit und der Preisklarheit

8   Die einzelnen Tatbestände der PAngV erweisen sich allesamt als Konkretisierung der in § 1 Abs. 6 PAngV statuierten **Grundsätze der Preisklarheit und der Preiswahrheit.** Diese gelten daher für alle nach der PAngV zu machenden Angaben (BGH NJW 2009, 3095 mwN). Sie verlangen im Hinblick auf deren Zwecke, dass die Preisangaben so beschaffen sind, dass sie dem Verbraucher die Möglichkeit geben, sich schnell und zuverlässig über die Preise einer angebotenen Ware oder einer Leistung zu informieren, und ihm dadurch ein Preisvergleich ermöglicht wird (BGH GRUR 1981, 289; NJW 2003, 3055; 2008, 1384). Den Grundsätzen wird bei **Angeboten im Internet** nicht entsprochen, wenn auf der Internetseite lediglich ein Sternchen auf eine Fußnote verweist, in der das zu zahlende Entgelt ausgewiesen wird (BGH NZWiSt 2014, 387 mwN zu sog „Abo-Fallen"). Maßgeblicher Beurteilungs-maßstab ist dabei die **Verkehrsauffassung** (Erbs/Kohlhaas/*Ambs* PAngV § 1 Rn. 23).

9   Der **Grundsatz der Preiswahrheit** verlangt, dass der Preis anzugeben ist, der tatsächlich zu zahlen ist (BGHSt 31, 91; BGH NJW-RR 1999, 657; BayObLG NStZ 1982, 74;). **Preisklarheit** ist gegeben, wenn ein Preis einem Angebot eindeutig zugeordnet werden kann und alle Preisbestandteile aus dem Angebot bzw. der Werbung ersichtlich sind. Die genannten Anforderungen bestehen allerdings allein im

Blick auf die **unmittelbar angebotenen oder beworbenen Produkte.** Sie gelten dagegen nicht auch für Produkte, die lediglich – wie etwa benötigte Verbrauchsmaterialien, Zubehör- und Ersatzteile, Kundendienstleistungen und Leistungen, die mittels der angebotenen oder beworbenen Produkte in Anspruch genommen werden können – für die Verwendung der angebotenen oder beworbenen Produkte erforderlich oder mit diesen kompatibel sind (BGH GRUR 2009, 73). Der Anbieter oder Werbende ist daher nach der PAngV auch dann nicht zur Angabe der Preise solcher weiterer erforderlicher oder kompatibler Produkte verpflichtet, wenn er diese selbst in seinem Angebotsprogramm hat und daher gegebenenfalls immerhin indirekt mitbewirbt (BGH GRUR 2008, 729; BGHZ 139, 368).

Die für die Beantwortung der Frage, ob den Grundsätzen der Preiswahrheit und Preisklarheit ent- **10** sprochen wurde, maßgebliche **Verkehrsauffassung** kann zunächst gesetzlich determiniert sein (Erbs/ Kohlhaas/*Ambs* PAngV § 1 Rn. 17). Fehlt an es gesetzlichen Vorgaben, ist die Auffassung der am jeweiligen Verkehr beteiligten Kreise für die Bestimmung der Verkehrsauffassung maßgeblich (BGH PharmR 2010, 30). Im Hinblick darauf, dass die Vorgaben der PAngV vornehmlich im Interesse des Verbrauchers bestehen, ist die **Verbrauchererwartung,** der maßgebliche, wenn auch nicht alleinige Ansatzpunkt für die Verkehrsauffassung. Für die Feststellung der Verbrauchererwartung ist auf den durchschnittlich informierten, aufmerksamen und verständigen **Durchschnittsverbraucher** abzustellen (EuGH NJW 1998, 3183; BGH NJW-RR 2000, 1490 mwN; NZWiSt 2014, 387). Die Ermittlung der für die Entscheidung eines konkreten Falles maßgeblichen Verkehrsauffassung obliegt dem Tatrichter. Soweit kein über die allgemeine Lebenserfahrung hinausgehendes Sachverständnis oder Spezialwissen erforderlich ist, reicht die eigene **Sachkunde des Gerichts** regelmäßig aus, insbes. dann, wenn der Tatrichter dem angesprochenen Verkehrskreis zugerechnet werden kann (BGH NJW 1996, 1759).

III. Adressaten des Grundsatzes der Preiswahrheit usw

Wer zu Angaben nach den Vorschriften der PAngV verpflichtet ist, muss die **Grundsätze der** **11** **Preiswahrheit und der Preisklarheit** sowie die allgemeine **Verkehrsauffassung** beachten (§ 1 Abs. 5 PAngV). Nach den einzelnen Tatbeständen der PAngV ist zur Beachtung dieser Grundsätze zunächst jeder verpflichtet, der an Verbraucher iSv § 13 BGB Waren oder Leistungen gewerbs- oder geschäftsmäßig oder regelmäßig in sonstiger Weise anbietet.

Gewerbsmäßig ist jede gewerbliche, dh im Rahmen eines Gewerbes und zu gewerblichen Zwecken **12** vorgenommene Tätigkeit. Es gilt der gewerberechtliche Begriff der Gewerbsmäßigkeit (Erbs/Kohlhaas/ *Ambs* PAngV § 1 Rn. 3). Danach handelt gewerbsmäßig, wer eine nicht sozial unwertige (generell erlaubte), fortgesetzte Tätigkeit, welche selbstständig ausgeübt wird und planmäßig, sowie dauernd auf die Erzielung eines nicht nur vorübergehenden Gewinnes gerichtet ist, ausübt, mit Ausnahme der Urproduktion (zB Aufsuchen und Gewinnen von Bodenschätzen, Landwirtschaft), der freien Berufe (Kunst, Wissenschaft, Dienste höherer Art), von Tätigkeiten der öffentlichen Hand, die nicht ausschließlich oder vorwiegend auf Erwerb gerichtet sind, und der bloßen Verwaltung eigenen Vermögens (Erbs/ Kohlhaas/*Ambs* GewO § 1 Anm. 2). **Geschäftsmäßig** handelt, wer die Absicht hat, Geschäfte in gleicher Weise zu wiederholen und sie zu einem wiederkehrenden Bestandteil seiner wirtschaftlichen oder beruflichen Betätigung zu machen, ohne dass dabei auf die Erzielung eines Gewinns abgestellt wird (BayObLG NStZ 1981, 29 mwN; Erbs/Kohlhaas/*Ambs* PAngV § 1 Rn. 3). Die Tatbestandsalternative **„regelmäßig in sonstiger Weise"** erfasst Tätigkeiten, die – ohne dass bereits Gewerbs- oder Geschäftsmäßigkeit gegeben ist – auf andere, aber vergleichbare Art bei dem Anbieten oder Werben für Waren oder Leistungen immer wieder entfaltet werden (Erbs/Kohlhaas/*Ambs* PAngV § 1 Rn. 3 mwN).

Unter **Anbieten** ist – wie aus der Abgrenzung zu der weiteren Handlungsalternative folgt – jede **13** Erklärung zu verstehen, mit der zum Ausdruck gebracht wird, zur Überlassung einer Ware oder zur Erbringung einer Leistung bereit zu sein (BGH GRUR 1982, 493; 1983, 661). Ein Angebot im rechtstechnischen Sinne ist nicht erforderlich (Erbs/Kohlhaas/*Ambs* PAngV § 1 Rn. 6). Die PAngV wendet sich dabei auch an den als Anbieter auftretenden Vermittler oder Vertreter (BGHZ 139, 368; BGH GRUR 1991, 845). **Werben** erfasst alle Äußerungen, die für die Bewertung einer Ware oder Leistung bedeutsamen Umstände zum Gegenstand und den Zweck haben, die Kaufabsicht eines Dritten aus- zulösen oder zu beeinflussen (Köhler/*Piper* PAngV § 1 Rn. 16). IRd PAngV stellt die Werbung im Verhältnis zum Angebot kein Aliud, sondern ein Minus im Sinne einer Vorstufe dar (BGH NJW 2009, 3095; s. auch BGH GRUR 2014, 1208). Allerdings muss zwischen dem Anbieten von Waren und dem Werben unterschieden werden, weil das Werben im Gegensatz zum Anbieten nur dann den Vorschriften der Preisangabenverordnung unterliegt, wenn es unter Angabe von Preisen erfolgt (BGHZ 155, 301; BGH GRUR 2004, 960; OLG Stuttgart MMR 2008, 754; s. auch OLG Frankfurt a. M. IR 2009, 230).

Waren iSd PAngV sind alle Gegenstände des Handels- und Geschäftsverkehrs, einschließlich land- **14** wirtschaftlicher, forstwirtschaftlicher und bergbaulicher Erzeugnisse, dh jedes wirtschaftlich verwertbare Gut, das im Verkehr wie eine Ware behandelt wird (Erbs/Kohlhaas/*Ambs* PAngV § 1 Rn. 12 mwN). **Leistungen** sind alle Dienst- und Werkleistungen, die im geschäftlichen Verkehr erbracht werden und einen wirtschaftlichen Vorteil enthalten, dh es sind geldwerte, wirtschaftlich verwertbare und dazu bestimmte Leistungen, die nicht bereits unter den Warenbegriff fallen (Erbs/Kohlhaas/*Ambs* PAngV § 1 Rn. 13 mwN).

IV. Die einzelnen Tatbestände des § 10 PAngV

15   **1. Allgemeines.** Die einzelnen Bußgeldtatbestände des § 10 PAngV verwirklicht, wer gegen die jeweiligen Ge- und Verbote der vorausgehenden Vorschriften der PAngV verstößt. § 10 PAngV stellt insoweit eine **Blankettvorschrift** dar. Die blankettausfüllenden Ge- und Verbote der PAngV stellen sich als Konkretisierung der Grundsätze der Preisklarheit und -wahrheit (→ Rn. 8 ff.) dar, die ihrerseits nicht bzw. allenfalls in ihrer konkreten Ausgestaltung, die sie in § 1 Abs. 6 S. 2 und 3 PAngV finden (vgl. § 10 Abs. 1 Nr. 5 und 6 PAngV), bußgeldbewehrt sind. Gleichwohl sind die **Grundsätze der Preiswahrheit und -klarheit** bei der Prüfung der konkreten Bußgeldtatbestände **zu berücksichtigen,** weil jede Zuwiderhandlung gegen einzelne Vorschriften gleichzeitig eine Verletzung dieser Grundsätze darstellt (OLG Stuttgart GewArch 1978, 281; Erbs/Kohlhaas/*Ambs* PAngV § 10 Rn. 4).

16   Die einzelnen Bußgeldtatbestände sind nicht erfüllt, wenn **Ausnahmetatbestände** eingreifen, die von bestimmten Ge- oder Verboten befreien (Erbs/Kohlhaas/*Ambs* PAngV § 10 Rn. 4). Neben den einzelnen für konkrete Preisangabepflichten geltenden Ausnahmevorschriften, sind daher **bei allen Verstößen die Ausnahmetatbestände des § 9 Abs. 1 PAngV zu beachten.** Nach § 9 Abs. 1 Nr. 1 PAngV sind die Vorschriften der PAngV nicht anzuwenden, wenn es sich um sog „**privilegierte**" **Letztverbraucher** handelt, dh solche, die die angebotenen Waren oder Leistungen in einer Art weiterverwenden, die mit der Ausübung ihres Berufs oder Gewerbes zusammenhängt. Ob dies der Fall ist, bestimmt sich nach den Umständen des Einzelfalls (BGHZ 70, 18; BGH GRUR 1979, 61; OLGR Hamburg 2005, 321; OLG Oldenburg Magazin Dienst 2001, 1457), wobei auf die objektive Eignung des Angebots oder der Werbung abzustellen ist (OLG Karlsruhe GRUR-RR 2009, 147). Nach **§ 9 Abs. 1 Nr. 2 PAngV** sind weiter **Leistungen von Gebietskörperschaften des öffentlichen Rechts** von den Angaben nach der PAnGV befreit. Hiervon erfasst sind insbes. Gebühren, die der Staat bei Ausübung hoheitlicher Befugnisse für seine Leistungen verlangt, nicht aber solche, die die öffentliche Hand bei privatwirtschaftlicher Betätigung erbringt (zB bei dem Angebot von Strom, Gas, Wasser oder Abfallentsorgung sowie bei kulturellen oder sportlichen Angeboten; vgl. Erbs/Kohlhaas/*Ambs* PAngV § 9 Rn. 3). § 9 Abs. 1 Nr. 3 PAngV befreit Waren und Leistungen, für die ein Werbeverbot besteht, was insbes. im Hinblick auf die Leistungen der freien Berufe und bei einzelnen Produkten der Gesundheitsfürsorge der Fall ist. Ebenfalls von den Vorschriften der PAngV sind **mündliche Angebote** befreit, bei denen es unüblich ist, Preise zu nennen (§ 9 Abs. 1 Nr. 4 PAngV; vgl. Erbs/Kohlhaas/*Ambs* PAngV § 9 Rn. 5) und Warenangebote bei **Versteigerungen** (§ 9 Abs. 1 Nr. 5 PAngV).

17   **2. Verstöße gegen § 1 PAngV. a) Allgemeines.** Verstöße gegen die in § 1 PAngV geregelten Grundvorschriften sind nach **§ 10 Abs. 1 Nr. 1–6 sowie nach Abs. 3 PAngV** als Ordnungswidrigkeiten definiert. Innerhalb von § 1 PAngV statuiert dabei Abs. 1 iVm Abs. 6 S. 1 die grundsätzlichen Anforderungen, die an den Inhalt der Preisangaben gestellt werden. Insoweit ist die **Ausnahmevorschrift des § 9 Abs. 2 PAngV** zu beachten (→ Rn. 16). § 1 Abs. 2–5 PAngV enthalten demgegenüber Sondervorschriften bezüglich bestimmter Formen des Absatzes, der Preisermittlung sowie der Preisbildung.

18   **b) § 1 Abs. 1 S. 1 PAngV.** § 1 Abs. 1 S. 1 PAngV statuiert die Verpflichtung des Kennzeichnungspflichtigen (→ Rn. 11 ff.) zur Angabe des Gesamtpreises. Der **Gesamtpreis** umfasst alles, was der Letztverbraucher (→ Rn. 12) – ggf. unter Hinzurechnung von Leistungen Dritter, die diese für den Letztverbraucher erbringen (BGH GRUR 1997, 767; OLG Stuttgart MMR 2005, 852) – finanziell für den Erwerb einer Sache oder Leistung aufzuwenden hat. Dazu zählen neben dem **Nettopreis** auch die darauf anfallende **Umsatzsteuer** sowie **sonstige Bestandteile,** die sich auf den zu zahlenden Preis auswirken. Dementsprechend ist dann, wenn unter Angabe von Preisen für Leistungen geworben wird, die aus der Sicht der Letztverbraucher als einheitliches Leistungsangebot und Gegenstand eines einheitlichen Vertragsschlusses erscheinen, ein sich auf das einheitliche Leistungsangebot insgesamt beziehender Endpreis anzugeben (BGH GRUR 2009, 73; 2001, 1166; 1991, 845; OLGR Frankfurt a. M. 2008, 640; Hamburg Magazin Dienst 2009, 328). Der Begriff Gesamtpreis ist dabei mit dem Begriff des Entgelts in § 309 Nr. 1 BGB identisch (BGHZ 77, 79). Kann ein Gesamtpreis nicht gebildet werden, müssen für den Letztverbraucher mit Abschluss des Rechtsgeschäfts verbundene Kosten hinreichend deutlich kenntlich gemacht werden (BGHZ 139, 368; BGH GRUR 2003, 889; 2009, 73). Nach dem Zweck der Preisangabenverordnung soll dem Verbraucher Klarheit über die Preise und deren Gestaltung verschafft werden und zugleich verhindert werden, dass er seine Preisvorstellungen anhand untereinander nicht vergleichbarer Preise gewinnen muss (EuGH BeckRS 2016, 81451; BGHZ 108, 39; BGH GRUR 2001, 1166 mwN). Die Verpflichtung zur Angabe der Gesamtpreise ist dabei **unabhängig davon** gegeben, ob der Verkehr bei Angeboten einer bestimmten Art daran gewöhnt ist, den Endpreis anhand angegebener Preisbestandteile zusammenzurechnen (BGH GRUR 2001, 1166; 1981, 140), oder davon, ob die Errechnung des Endpreises anhand der Preisbestandteile, die in der Werbung genannt sind, für einen durchschnittlichen Letztverbraucher einfach oder schwierig ist (BGH GRUR 2001, 1166; 1999, 762). Zum Endpreis zählen nicht **Versand- oder Lieferkosten** (vgl. § 1 Abs. 2 Nr. 2 PAngV), indes aber die Überführungskosten (BGH GRUR 2014, 1208). Verstöße gegen diese Grundvorschrift erfüllen den Tatbestand des **§ 10 Abs. 1 Nr. 1 PAngV.** Dabei kommt ein Verstoß gegen § 1 Abs. 1 Nr. 1 PAngV durch Nichtangabe nur beim Anbieten von Waren oder Leistungen in Betracht, während unrichtige oder unvollständige Angaben auch beim Werben unter Angaben von Preisen möglich ist (Erbs/Kohlhaas/*Ambs* PAngV § 10 Rn. 6).

c) § 1 Abs. 1 S. 2 PAngV. Nach § 1 Abs. 1 S. 2 PAngV sind die Verkaufs- oder Leistungseinheit **19** und die Gütebezeichnung anzugeben, wenn dies nach der allgemeinen Verkehrsauffassung (→ Rn. 10) erwartet wird und eine Preisangabepflicht nach S. 1 besteht. **Gütebezeichnungen** ergeben sich insbes. aus den Regelungen über gesetzliche Handelsklassen auf der Grundlage des Handelsklassengesetzes. **Verkaufseinheit** ist eine bestimmte Menge einer Ware, die sich nach Gewicht, nach Volumen oder nach der Stückzahl bestimmt, Leistungseinheit demgemäß eine bestimmte Maßeinheit, nach der die Leistungen berechnet werden (Erbs/Kohlhaas/*Ambs* PAngV § 1 Rn. 18). Wird nach **allgemeiner Verkehrsauffassung** (→ Rn. 10) eine diesbezügliche Angabe erwartet und besteht nach S. 1 zudem eine Preisangabepflicht stellt zunächst das Unterlassen der Angabe eine Ordnungswidrigkeit nach **§ 10 Abs. 1 Nr. 2 PAngV** dar. Ist die erfolgte Angabe der Verkaufs- oder Leistungseinheit bzw. der Gütebezeichnung falsch, ist ebenfalls dieser Tatbestand erfüllt.

d) § 1 Abs. 2 PAngV. § 1 Abs. 2 PAngV sieht ergänzende Angabeverpflichtungen bei **Fern- 20 absatzverträgen** iSv § 312b BGB mit Ausnahme (§ 9 Abs. 3 PAngV) der in § 312b Abs. 3 Nr. 1–4 und 7 BGB genannten Verträge vor. Diese bestehen zunächst dahingehend, dass − klarstellend − anzugeben ist, dass es sich bei den geforderten Preisen um Gesamtpreise iSv § 1 Abs. 1 S. 1 PAngV handelt, mithin die Umsatzsteuer sowie sonstige Preisbestandteile in dem geforderten Preis enthalten sind (§ 1 Abs. 2 S. 1 Nr. 1 PAngV). Verstöße gegen **diese** Angabeverpflichtung, die im Unterlassen der Angaben oder in falschen oder unvollständigen Angaben bestehen können, sind in **§ 10 Abs. 1 Nr. 3 PAngV** als Ordnungswidrigkeit definiert. Weiter sieht § 1 Abs. 2 S. 1 Nr. 2, S. 2 PAngV vor, dass bei Fernabsatzverträgen anzugeben ist ob und in welcher Höhe (S. 2) **Liefer- und Versandkosten,** sprich solche Kosten, die dem Letztverbraucher zum Erhalt der Ware oder Leistung in Rechnung gestellt werden (BR-Drs. 579/02, 7), anfallen (vgl. dazu BGH GRUR 2008, 84; 1997, 479; LG Bonn WRP 2009, 1314). Das Unterlassen dieser Angaben bzw. falsche oder unvollständige Angaben in diesem Zusammenhang sind nach **§ 10 Abs. 3 PAngV** seit dem 18.10.2002 (BGBl. I 4195) als eigenständige Ordnungswidrigkeit zu ahnden.

e) § 1 Abs. 3 PAngV. § 1 Abs. 3 PAngV sieht eine Sonderregelung für Leistungen (→ Rn. 14) vor, **21** nach der **Verrechnungssätze** anstelle des Gesamtpreises angegeben werden können, auf deren Grundlage die Leistung verrechnet werden soll. Die Vorschrift soll dem − insbes. im Bereich des Handwerks anzutreffenden − Umstand Rechnung tragen, dass bei manchen Leistungen die Benennung eines Endpreises iSv § 1 Abs. 1 S. 1 PAngV nicht möglich ist. Da durch die Sonderregelung des § 1 Abs. 3 die Erreichung der Zwecke der PAngV erschwert wird, sind für deren Gewährung **strenge Anforderungen** zu stellen (Erbs/Kohlhaas/*Ambs* PAngV § 1 Rn. 27a). Die nach § 1 Abs. 3 PAngV erforderliche Üblichkeit ist daher nur dann anzunehmen, wenn der für die Leistung erforderliche Aufwand nicht von vornherein absehbar ist und ist nach der Verkehrsauffassung (→ Rn. 10) den Gepflogenheiten bei der zu erbringenden Leistung entspricht (Erbs/Kohlhaas/*Ambs* PAngV § 1 Rn. 27a). Werden danach zulässige Verrechnungssätze nicht richtig angegeben, ist der Tatbestand des **§ 10 Abs. 1 Nr. 4 PAngV** erfüllt. Hierbei ist zu beachten, dass § 1 Abs. 3 PAngV fordert, dass in den Verrechnungsätzen alle Leistungselemente einschließlich der Umsatzsteuer enthalten sein müssen.

f) § 1 Abs. 4 PAngV. § 1 Abs. 4 sowie Abs. 6 S. 2 und 3 PAngV enthält **Vorschriften über die 22 Form,** in der die Angaben nach § 1 PAngV zu machen sind. **§ 1 Abs. 4 PAngV** enthält eine **Sonderregelung,** wenn der Kennzeichnungspflichtige (→ Rn. 11 ff.) eine **rückerstattbare Sicherheit** fordert, wobei der Gesetzgeber hier insbes. die Erhebung von **Flaschenpfand** im Blick hatte und insoweit der Rechtsprechung in diesem Zusammenhang (BGH NJW-RR 1994, 301) entgegengetreten ist. Die in § 1 Abs. 6 S. 2, 3 PAngV statuierten Verpflichtungen an die Gestaltung der Preisangaben sollen eine **sinnliche Wahrnehmbarkeit** der maßgeblichen Angaben sicherstellen, die dem Zweck der PAngV, dem Letztverbraucher eine schnelle und zuverlässige Information zu gewährleisten, entspricht. Ob diese der Fall ist, bestimmt sich nach den Umständen des Einzelfalls (Erbs/Kohlhaas/*Ambs* PAngV § 1 Rn. 24 mwN; BGH GRUR 2008, 84; OLG Hamburg GRUR-RR 2009, 268). Verstöße gegen diese die Form der Preisangabe betreffenden Vorschriften sind in **§ 10 Abs. 1 Nr. 5 und 6 PAngV** als Ordnungswidrigkeiten definiert.

3. Verstöße gegen § 2 PAngV. a) Allgemeines. Das in § 2 PAngV enthaltene **Grundpreisgebot 23** setzt die Vorgaben der RL 98/6/EG des Europäischen Parlaments und des Rates v. 16.2.1998 in nationales Recht um. Neben dem Endpreisgebot in § 1 Abs. 1 PAngV soll damit den Letztverbrauchern ermöglicht werden, die Preise von Erzeugnissen miteinander zu vergleichen. Hierbei eröffnet § 2 PAngV, in dem er die Gegenüberstellung von Grundpreisen, die auf identische Mengeneinheiten bezogen sind, ermöglicht, die aussagekräftigere Vergleichsmöglichkeit. Dieser Vergleichsmöglichkeit kommt im Interesse des Verbraucherschutzes nach dem weitestgehenden Wegfall der bisher nach § 1

FPV verbindlich festgelegten Verpackungsgrößen aufgrund Umsetzung der RL 2007/45/EG **besondere Bedeutung** zu. Neben der in § 2 Abs. 4 PAngV für Haushaltswaschmittel vorgesehenen besonderen Mengeneinheiten und der nach § 9 Abs. 2 – ebenso wie beim Gesamtpreisgebot bestehenden – **Ausnahme bei Preisnachlässen,** sind im Hinblick auf das Grundpreisgebot insbes. die **Ausnahmetatbestände nach Maßgabe von § 9 Abs. 4–6 PAngV** zu beachten, bei deren Vorliegen die Tatbestände des § 10 nicht verwirklicht werden (→ Rn. 16).

24   **b) Verstöße.** Nach Maßgabe von § 2 PAngV sind die Kennzeichnungspflichtigen (→ Rn. 11 ff.) gehalten, bei Waren (→ Rn. 14) einen Grundpreis anzugeben. Bei diesem handelt es sich um einen Preis bezogen auf eine nach Maßgabe des § 2 Abs. 3 PAngV zu bestimmende Mengeneinheit, der – wie der Gesamtpreis (→ Rn. 18) – neben dem Nettopreis auch die **Umsatzsteuer und sonstige Preisbestandteile** beinhalten muss. Diese Verpflichtung besteht einerseits seit jeher bei der Abgabe von sog loser Ware (§ 2 Abs. 2 PAngV), nunmehr andererseits aber auch bei in Abwesenheit des Letztverbrauchers verpackten Waren (§ 2 Abs. 1 PAngV). Zu den Waren iSv § 2 Abs. 1 PAngV zählen dabei auch die offenen Packungen (vgl. § 31a FPV), Verkaufseinheiten ohne Umhüllungen (vgl. § 33 FPV) und nach dem Willen des Verordnungsgebers auch die unverpackten Backwaren iSv § 32 FPV (vgl. BR-Drs. 180/00, 23). Voraussetzung ist in allen Fällen, dass die Waren **nach Gewicht, Volumen, Länge oder Fläche angeboten werden; dies gilt auch wenn solche Waren neben der Lieferung von Speisen, die noch zubereitet werden müssen, angeboten werden** (BGH NJW-RR 2013, 287). Das Grundpreisgebot gilt mithin nicht, wenn Waren nach anderen Mengeneinheiten, zB Stück, je Paar oder ohne Angabe einer solchen abgegeben werden (Erbs/Kohlhaas/*Ambs* PAngV § 2 Rn. 11, 16).

25   Besteht demnach die Pflicht zur Angabe des Grundpreises, tritt dieser bei nicht loser Waren iSv § 2 Abs. 1 PAngV **neben die Angabe des Gesamtpreises** nach Maßgabe von § 1 Abs. 1 PAngV. Nach Sinn und Zweck der Vorschrift ist die Abgrenzung daher zwischen § 2 Abs. 1 und Abs. 2 PAngV danach vorzunehmen, ob vor dem Anbieten oder Werben unter Angabe von Preisen die Bestimmung des Gesamtpreises möglich ist (Zipfel/Rathke LebensmittelR/*Sosnitza* PAngV § 2 Rn. 33). Soweit der Grundpreis nach § 2 Abs. 1 PAngV neben dem Gesamtpreis anzugeben ist, muss dies in **unmittelbarer Nähe** zum Gesamtpreis geschehen, die grafische Gestaltung ist so zu wählen, dass eine eindeutige Zuordnung zwischen jeweiligem Gesamt- und Grundpreis möglich ist, beide müssen auf einen Blick wahrgenommen werden können (BGH NJW 2009, 3095 mwN; DB 2013, 1663). IÜ gelten auch iRd § 2 PAngV die Vorgaben des § 1 Abs. 6 S. 2 PAngV (→ Rn. 22). Unzulässig ist dabei im Anwendungsbereich des § 2 Abs. 1 PAngV zunächst eine Gestaltung, die eine der beiden Preisangaben der Aufmerksamkeit des Käufers entzieht (Zipfel/Rathke LebensmittelR/*Sosnitza* PAngV § 2 Rn. 35); mit den **Grundsätzen der Preisklarheit und -wahrheit** ebenfalls nicht zu vereinbaren ist aber andererseits eine Gestaltung bei der der Grundpreis gegenüber dem Endpreis, insbes. wenn letzterer höher ist, außerordentlich hervorgehoben wird (Erbs/Kohlhaas/*Ambs* PAngV § 2 Rn. 14).

26   **c) Folgen eines Verstoßes gegen § 2 PAngV.** Kommt der Kennzeichnungspflichtige (→ Rn. 11 ff.) den aus § 2 Abs. 1 bzw. 2 PAngV folgenden Verpflichtungen nicht nach oder macht er insoweit falsche oder unvollständige Angaben, ist der Tatbestand des **§ 10 Abs. 1 Nr. 7 PAngV** erfüllt.

27   **4. Verstöße gegen die Spezialvorschriften der PAngV. a) § 3 PAngV.** § 3 PAngV regelt die Preisangabe bei **leistungsgebundener Energie und Wasser.** Nach S. 1 ist der Arbeits- oder der Mengenpreis in Kilowattstunden bzw. (bei Wasser) in Kubikmeter (§ 3 S. 2 PAngV) anzugeben. Nach S. 3 sind daneben weitere leistungsabhängige, nach S. 4 auch nicht verbrauchsabhängige Preise anzugeben. Anzugeben ist jeweils der geforderte Preis einschließlich der **Umsatzsteuer und aller spezifischen Verbrauchssteuern.** Daneben gilt § 1 Abs. 6 S. 2 PAngV. Verstöße gegen die spezifischen Pflichten aus § 3 erfüllen den Tatbestand des **§ 10 Abs. 1 Nr. 7 PAngV.** Daneben kann bei Missachtung der Vorgaben des § 1 Abs. 6 S. 2 PAngV eine Ordnungswidrigkeit nach § 10 Abs. 1 Nr. 5 (→ Rn. 22) treten (Erbs/Kohlhaas/*Ambs* PAngV § 3 Rn. 7).

28   **b) § 4 PAngV.** § 4 PAngV statuiert spezielle Preisangabepflichten im **Handel mit Waren.** Erfasst ist insoweit lediglich das Anbieten von Waren, **nicht die Werbung unter Angabe von Preisen.** Diese richtet sich allein nach § 1 PAngV. § 4 PAngV beschränkt sich aber nicht auf Warenangebote in Handelsbetrieben, sondern gilt auch für Dienstleistungsbetriebe, die Waren anbieten (BayObLG NJW 1973, 1088, Erbs/Kohlhaas/*Ambs* PAngV § 4 Rn. 1 mwN). Die in den einzelnen Absätzen vorgesehenen Auszeichnungspflichten stellen dabei indes **keine abschließenden Reglungen** dar. Neben sie treten vielmehr die Grundsätze des § 1 Abs. 6 PAngV (Erbs/Kohlhaas/*Ambs* PAngV § 4 Rn. 1). § 4 PAngV differenziert die Verpflichtungen zur Preisangabe nach der Art der **Warenpräsentation.** Während Abs. 1 namentlich mit dem Tatbestandsmerkmal der unmittelbaren Entnahme durch den Verbraucher die Preisauszeichnungspflicht im Selbstbedienungsgeschäft erfasst, betreffen die Abs. 2–4 Sonderfälle des Warenangebots, wobei insbes. § 4 Abs. 4 PAngV durch die Ausbreitung des Internethandels an Bedeutung gewonnen hat. Die Sondervorschriften der Abs. 2–4 zeichnen sich dabei dadurch aus, dass sie im Vergleich zum Grundtatbestand des § 4 Abs. 1 PAngV Erleichterungen für die Preisangabeverpflichtungen mit sich bringen. Verstöße gegen die Auszeichnungsvorschriften nach § 4 Abs. 1–4 PAngV

erfüllen den Tatbestand des **§ 10 Abs. 2 Nr. 1 PAngV.** Bei der Prüfung, ob eine Auszeichnungspflicht verletzt wurde, sind die **Ausnahmetatbestände des § 9 Abs. 7 PAngV** zu beachten (→ Rn. 16).

c) § 5 PAngV. Korrespondierend zu § 4 PAngV regelt **§ 5 PAngV** die Preisauszeichnungspflichten **29 in Betrieben, die Leistungen** (→ Rn. 14) **erbringen.** Ebenso wie § 4 PAngV erfasst auch § 5 PAngV lediglich das Anbieten von Leistungen, nicht aber die Werbung unter Angabe von Preisen, die sich auch in diesem Zusammenhang allein nach § 1 PAngV richtet. Die Auszeichnungspflichten bestehen darin, dass die Preise oder die jeweiligen Verrechnungssätze für Leistungen in **Preisverzeichnissen** aufzunehmen sind. Hierbei handelt es sich um Listen, in denen eine Vielzahl von Leistungen mit den dazu gehörigen Preisen und sonstigen maßgeblichen Angaben (zB Leistungseinheiten) angeboten werden (Erbs/Kohlhaas/*Ambs* PAngV § 5 Rn. 2). Aufgenommen werden müssen indes nur die **wesentlichen Leistungen,** das sind solche, die vom Publikum erfahrungsgemäß verhältnismäßig häufig in Anspruch genommen werden (OLG Saarbrücken NJW 1961, Erbs/Kohlhaas/*Ambs* PAngV Rn. 2 mwN). Die Preise müssen dabei den Leistungen eindeutig zugeordnet werden können. Auch iÜ bestimmen sich die Anforderungen an die Preisangabe nach § 1 PAngV (Erbs/Kohlhaas/*Ambs* PAngV Rn. 2). Die Preisverzeichnisse sind regelmäßig (zu Ausnahmen vgl. § 5 Abs. 2 und 3 PAngV) im Geschäftslokal oder dem sonstigen **Ort des Leistungsangebots** und ggf. auch in einem vorhandenen Schaufenster aufzustellen (BGH NJW-RR 2013, 288). Verstöße gegen die Auszeichnungsvorschriften nach § 5 PAngV erfüllen den Tatbestand des **§ 10 Abs. 2 Nr. 2 PAngV.** Bei der Prüfung, ob eine Auszeichnungspflicht verletzt wurde, sind die **Ausnahmetatbestände des § 9 Abs. 8 PAngV** zu beachten (→ Rn. 16).

d) §§ 6–6c PAngV. §§ 6–6c PAngV enthalten **Sonderregelungen für das Kreditgewerbe,** um **30** dem Verbraucher (→ Rn. 12) einen Vergleich der Kreditangebote der verschiedenen Kreditinstitute zu ermöglichen. Dies wird insbes. – wenn auch nicht allein (Erbs/Kohlhaas/*Ambs* PAngV § 6 Rn. 8) – durch die Angabe des „**effektiven Jahreszinses**" bzw. des „**anfänglichen effektiven Jahreszinses**" erreicht. Hierbei handelt es sich um Vergleichszahlen, in der – nach näherer Maßgabe der Abs. 2–5 iVm dem Anhang zu § 6 PAngV sowie den **Klarstellungen** in BR-Drs. 180/00, 27 ff. (vgl. Erbs/Kohlhaas/*Ambs* PAngV § 6 Rn. 22) – alle preisbestimmenden Faktoren eingerechnet sind. § 6 PAngV gilt sowohl für die Angebots-, als auch die Werbephase für **alle Arten von Kreditgeschäften,** die mit Letztverbrauchern abgeschlossen werden sollen (Erbs/Kohlhaas/*Ambs* PAngV § 6 Rn. 4). Erfasst sind auch Kreditgeschäfte, die zur Finanzierung des Erwerbs von Waren neben diesen angeboten werden, auch wenn der Anbietende das Kreditgeschäft nur vermittelt (BGHZ 108, 39; OLGR Köln 2008, 353). Keine Anwendung findet § 6 PAngV indes auf Versicherungsverträge, auch wenn sie Ratenzahlungszuschläge bei unterjährlicher Zahlung vorsehen (BGH VersR 2014, 451; OLG Hamburg BB 2011, 2946). **Verstöße gegen** die aus § 6 PAngV folgenden **Angabeverpflichtungen** (durch Nichtangabe, unrichtige Angabe oder unvollständige Angabe) sind in **§ 10 Abs. 2 Nr. 3 PAngV** als Ordnungswidrigkeiten definiert. **Verstöße gegen die Berechnung des effektiven oder anfänglichen effektiven Jahreszinses** werden von dem Bußgeldtatbestand des **§ 10 Abs. 2 Nr. 4 PAngV** erfasst. Dieser ist **einschränkend dahingehend auszulegen,** dass nur solche Handlungen und Unterlassungen, die sich bei der Angabe des effektiven oder anfänglichen effektiven Jahreszins auswirken, tatbestandsmäßig sind.

Neben die in § 6 PAngV enthaltenen Sonderregelungen für das Kreditgewerbe wurden namentlich in **30a** Umsetzung der sog VerbraucherkreditRL die § 6a PAngV und § 6b PAngV eingefügt. § 6a PAngV statuiert die Pflicht zu dort näher bestimmten Angaben bei der Werbung für Kreditverträge (s. *Amschewitz* DB 2011, 1565). Verstöße hiergegen sind in **§ 10 Abs. 2 Nr. 5 PAngV** als Ordnungswidrigkeit definiert. § 6b PAngV statuiert die Pflicht zu dort näher bestimmten Angaben bei der Einräumung von Überziehungsmöglichkeiten (s. *Domke/Sperlich* BB 2010, 2069). Verstöße hiergegen sind in **§ 10 Abs. 2 Nr. 4 PAngV** als Ordnungswidrigkeit definiert.

e) § 7 PAngV. § 7 PAngV enthält Sonderregelung für die Dienstleistungsbetriebe im Gaststätten- **31** und Beherbergungsgewerbe. Für Gaststätten statuiert § 7 Abs. 1 und 2 PAngV eine **doppelte Auszeichnungspflicht.** Nach Abs. 1 sind die Preise **für alle** angebotenen Speisen und Getränke als Gesamtpreise (vgl. § 7 Abs. 5 PAngV, → Rn. 18) in einem **Preisverzeichnis** (→ Rn. 29) anzugeben. Daneben ist nach Abs. 2 **neben dem Eingang** ein Preisverzeichnis mit den Gesamtpreisen für die **wesentlichen** angebotenen Speise und Getränke, sprich die, die erfahrungsgemäß häufig verlangt werden (Erbs/Kohlhaas/*Ambs* PAngV § 7 Rn. 5), anzubringen (OLG München GewArch 1998, 210; OLG Koblenz GewArch 1988, 239). In Beherbungsbetriebe ist nach § 7 Abs. 3 PAngV ein Preisverzeichnis mit den Endpreisen (§ 7 Abs. 5 PAngV) der im Wesentlichen angebotenen Zimmer und ggf. dem Frühstückspreis erforderlich. **Verstöße** gegen diese Verpflichtungen, die bei Nichtangabe oder unvollständiger Angabe gegeben sind, erfüllen den Tatbestand des **§ 10 Abs. 2 Nr. 6 PAngV.** Fraglich ist, ob auch Verstöße gegen § 7 Abs. 5 PAngV, sprich unrichtige Angaben über die Höhe des Preises, unter den Tatbestand des § 10 Abs. 2 Nr. 7 PAngV fallen. Insoweit ist aber jedenfalls § 10 Abs. 1 Nr. 1 PAngV erfüllt.

f) § 8 PAngV. § 8 PAngV statuiert besondere Auszeichnungspflichten für das Tankstellen- und **32** Parkplatzgewerbe. Verstöße gegen diese Vorschriften sind in **§ 10 Abs. 2 Nr. 7 und 8 PAngV** als

Ordnungswidrigkeiten definiert. Daneben kann uU eine Ordnungswidrigkeit nach § 10 Abs. 1 Nr. 1 PAngV gegeben sein (Erbs/Kohlhaas/*Ambs* PAngV § 10 Rn. 20 f.).

C. Subjektiver Tatbestand

33   Zuwiderhandlungen gegen Preisregelungsvorschriften können sowohl bei vorsätzlichem Handeln als auch bei fahrlässigem Handeln nach § 3 geahndet werden. Insoweit gelten die allgemeinen Grundsätze. Vom Vorsatz müssen – wobei **bedingter Vorsatz genügt** (Erbs/Kohlhaas/*Ambs* PAngV § 10 Rn. 22) – auch die **Tatbestandsmerkmale der blankettausfüllenden Vorschriften,** namentlich der PAngV, umfasst sein. Fehlt es hieran, kommt nur eine Verurteilung wegen fahrlässigen Handelns in Betracht (**§ 11 Abs. 1 S. 2 OWiG**). Nicht vom Vorsatz umfasst sein müssen die in den blankettausfüllenden Vorschriften enthaltenen Verbote oder Handlungspflichten die aus den dem Täter bekannten Umständen folgen (BGHSt 16, 155; 19, 295; 15, 377; 45, 97). Weiß der Täter in solchen Fällen nicht um das ihn treffende Verbot oder die ihn treffende Pflicht, handelt er in einem **Verbotsirrtum** (§ 11 Abs. 2 OWiG), der idR vermeidbar ist (Erbs/Kohlhaas/*Lampe* Rn. 13; vgl. auch OLG Saarbrücken NJW 1961, 743; KG GRUR 1975, 148).

D. Rechtsfolgen

34   **Vorsätzliche Zuwiderhandlungen** gegen Preisregelungsvorschriften können nach § 3 Abs. 2 mit Geldbuße bis zu **25.000 EUR** geahndet werden. **Fahrlässige Zuwiderhandlungen** werden demgegenüber mit Geldbuße bis zu **12.500 EUR** geahndet (§ 17 Abs. 2 OWiG). IÜ gelten für die Bemessung der Geldbuße die Vorgaben von § 17 Abs. 3 und 4 OWiG. Sie hat sich an der Bedeutung der Ordnungswidrigkeiten und dem Vorwurf, der den Täter trifft sowie den wirtschaftlichen Verhältnissen zu orientieren. Die Geldbuße soll den wirtschaftlichen Vorteil, den der Täter aus der Ordnungswidrigkeit gezogen hat, übersteigen.

35   Neben der Verhängung des Bußgeldes kommen als weitere Rechtsfolgen die **Einziehung nach § 7** sowie das **Abführen des Mehrerlöses nach §§ 8 ff.** in Betracht. Vgl. insoweit die diesbezügliche Kommentierung unten.

§ 4 Preisüberhöhung in einem Beruf oder Gewerbe

(1) Ordnungswidrig handelt, wer vorsätzlich oder leichtfertig in befugter oder unbefugter Betätigung in einem Beruf oder Gewerbe für Gegenstände oder Leistungen des lebenswichtigen Bedarfs Entgelte fordert, verspricht, vereinbart, annimmt oder gewährt, die infolge einer Beschränkung des Wettbewerbs oder infolge der Ausnutzung einer wirtschaftlichen Machtstellung oder einer Mangellage unangemessen hoch sind.

(2) Die Ordnungswidrigkeit kann mit einer Geldbuße bis zu fünfundzwanzigtausend Euro geahndet werden.

A. Allgemeines

1   Während § 3 Verstöße gegen Preisregelungsvorschriften sanktioniert, wird durch § 4 ein Preisschutz für Gegenstände und Leistungen geschaffen, für die **spezielle Preisregelungsvorschriften nicht gegeben** sind (Achenbach/Ransiek/Rönnau WirtschaftsStR-HdB/*Zieschang* Teil 4 Kap. 1 Rn. 32). Insoweit ist aber erforderlich, dass weitere Umstände hinzutreten (→ Rn. 5 ff.), die bedingen, dass es zu unangemessen hohen Preisen kommen kann. **Zweck der Vorschrift** ist daher, bei Vorliegen dieser Umstände **Störungen** der einer sozialen Marktwirtschaft **angemessenen Preisbildung zu verhindern** (OLG Schleswig BeckRS 2008, 20158 mwN; *Neuhaus* NZM 2009, 646; Müller-Gugenberger WirtschaftsStR/*Haas* § 61 Rn. 86). Aktuell ist der Anwendungsbereich der Vorschrift aufgrund der gesamtwirtschaftlichen Lage gering (Achenbach/Ransiek/Rönnau WirtschaftsStR-HdB/*Zieschang* Teil 4 Kap. 1 Rn. 32; Müller-Gugenberger WirtschaftsStR/*Haas* § 61 Rn. 85).

B. Objektive Tatbestandsvoraussetzungen

I. Normadressat

2   **Täter** einer Ordnungswidrigkeit nach § 4 **kann jeder sein,** der sich im Rahmen **eines Berufs oder Gewerbes betätigt.** Erfasst sind damit zunächst Gewerbetreibende und solche Personen, die sich wie ein Gewerbetreibender betätigen (BGHSt 18, 156). Es gilt insoweit der gewerberechtliche Begriff der Gewerbsmäßigkeit. Danach handelt **gewerbsmäßig,** wer eine fortgesetzte Tätigkeit, welche selbstständig ausgeübt wird und planmäßig, sowie dauernd auf die Erzielung eines nicht nur vorübergehenden Gewinnes gerichtet ist, ausübt, mit Ausnahme der Urproduktion (zB Aufsuchen und Gewinnen von Bodenschätzen, Landwirtschaft), der freien Berufe (Kunst, Wissenschaft, Dienste höherer Art), von

Tätigkeiten der öffentlichen Hand, die nicht ausschließlich oder vorwiegend auf Erwerb gerichtet sind, und der bloßen Verwaltung eigenen Vermögens (Erbs/Kohlhaas/*Ambs* GewO § 1 Anm. 2). Ob die Betätigung rechtlich zulässig ist, ist iRd Tatbestands unbeachtlich („in befugter oder unbefugter Betätigung"). **Berufsmäßigkeit** liegt vor, wenn die Betätigung nicht nur von untergeordneter wirtschaftlicher Bedeutung ist und der Beschäftigte damit seinen Lebensunterhalt überwiegend oder zum Teil verdient, so dass nebenberufliche Betätigungen hierfür genügen können (Erbs/Kohlhaas/*Lampe* Rn. 3; Achenbach/Ransiek/Rönnau WirtschaftsStR-HdB/*Zieschang* Teil 4 Kap. 1 Rn. 33).

Gegenstand des Berufs oder des Gewerbes muss (auch) die Veräußerung von Gegenständen oder **3** die Erbringung von Leistungen sein, ohne dass insoweit Branchenüblichkeit erforderlich wäre (Erbs/Kohlhaas/*Lampe* Rn. 3). Die Tathandlung muss mithin **im Zusammenhang** mit der berufsmäßigen oder gewerblichen Betätigung stehen und unmittelbar oder mittelbar geschäftlichen Zwecken dienen. Danach sind von der Vorschrift lediglich rein private Tätigkeiten nicht erfasst (Achenbach/Ransiek/Rönnau WirtschaftsStR-HdB/*Zieschang* Teil 4 Kap. 1 Rn. 33). **Beide Vertragspartner** eines Rechtsgeschäfts, bei denen die weiteren Tatbestandsvoraussetzungen gegeben sind, können demnach tatbestandsmäßig handeln (da auch die Gewährung eines unangemessen hohen Entgelts geeignete Tathandlung ist). Das Erfordernis der berufsmäßigen oder gewerblichen Betätigung ist indes **nicht bei einem Teilnehmer** erforderlich (§ 14 Abs. 1 OWiG, s. auch Erbs/Kohlhaas/*Lampe* Rn. 2).

Der **Letztverbraucher scheidet daher als Täter** aus, wenn er nicht gewerbs- oder berufsmäßig **4** handelt. Eine Ahndung der Teilnahme an der Ordnungswidrigkeit nach § 14 Abs. 1 OWiG scheidet insoweit regelmäßig unter dem Gesichtspunkt der notwendigen Teilnahme aus, wenn die Teilnahme sich im Erwerb der Gegenstände oder der Entgegennahme der Leistung erschöpft. Da § 4 dem Schutz des Letztverbrauchers diene, soll auch eine Verurteilung wegen Anstiftung nicht in Betracht kommen (Erbs/Kohlhaas/*Lampe* Rn. 2).

II. Lebenswichtiger Bedarf

Die Tat muss im Zusammenhang mit der Veräußerung oder Überlassung von **lebenswichtigen** **5** **Gegenständen** oder der Erbringung von **lebenswichtigen Leistungen** begangen werden. Die Gegenstände müssen nicht notwendig Sachen im bürgerlich-rechtlichen Sinn sein. Vielmehr kommen auch Rechte in Betracht (Achenbach/Ransiek/Rönnau WirtschaftsStR-HdB/*Zieschang* Teil 4 Kap. 1 Rn. 34; Erbs/Kohlhaas/*Lampe* Rn. 5). Die **Lebenswichtigkeit** eines Gutes bestimmt sich nach dessen **Bedeutung für die Allgemeinheit.** Sie ist gegeben, wenn das Gut unter Berücksichtigung des heutigen Lebensstandards zur unmittelbaren oder mittelbaren Befriedigung der berechtigten materiellen und kulturellen Bedürfnisse der Bevölkerung erforderlich ist, wobei es ausreichend ist, wenn dies nur für einen kleinen Teil der Bevölkerung der Fall ist (BGH NJW 1953, 712; OLG Schleswig BeckRS 2008, 20158 mwN; Achenbach/Ransiek/Rönnau WirtschaftsStR-HdB/*Zieschang* IV 1 Rn. 34) Dass das fragliche Gut lebensnotwendig ist, ist im Rahmen vom § 4 nicht erforderlich (Achenbach/Ransiek/Rönnau WirtschaftsStR-HdB/*Zieschang* Teil 4 Kap. 1 Rn. 34; Erbs/Kohlhaas/*Lampe* Rn. 6 mwN; → § 1 Rn. 25).

III. Unangemessenes Entgelt

Das Entgelt für das Gut, das Bezugsgegenstand des betroffenen Rechtsgeschäfts ist, muss aufgrund **6** einer Beschränkung des Wettbewerbs, der Ausnutzung einer wirtschaftlichen Machtstellung oder der Ausnutzung einer Mangellage unangemessen hoch sein. Eine demnach erforderliche **Beschränkung des Wettbewerbs** ist insbes. gegeben, wenn unzulässige **Preisbindungsverträge** iSv § 1 GWB gegeben sind, darüber hinaus aber auch dann, wenn andere, nicht von § 1 GWB erfasste Marktteilnehmer, entsprechende Abreden getroffen haben (Erbs/Kohlhaas/*Lampe* Rn. 13 ff.) oder vergleichbare, auf Preissteigerung gerichtete Maßnahmen vorliegen (Achenbach/Ransiek/Rönnau WirtschaftsStR-HdB/*Zieschang* Teil 4 Kap. 1 Rn. 43). Eine **wirtschaftliche Machtstellung** ist demgegenüber gegeben, wenn ein Anbieter ohne Wettbewerber ist, er eine zu seinen Wettbewerbern eine überragende Marktstellung hat (OLG Schleswig BeckRS 2008, 20158) oder wenn aus tatsächlichen Gründen ein wesentlicher Wettbewerb, sprich ein solcher, der eine wettbewerbliche Preisbildung ermöglicht, nicht besteht (Erbs/Kohlhaas/*Lampe* § 4 Rn. 17). Der Begriff der wirtschaftlichen Machtstellung ist insoweit im Wesentlichen identisch mit dem Begriff der marktbeherrschenden Stellung iSv § 19 GWB (Erbs/Kohlhaas/*Lampe* Rn. 17; Achenbach/Ransiek/Rönnau WirtschaftsStR-HdB/*Zieschang* Teil 4 Kap. 1 Rn. 44) wobei die Vermutung des § 19 Abs. 3 GWB im Ordnungswidrigkeitenverfahren nicht ausreichend ist (Achenbach/Ransiek/Rönnau WirtschaftsStR-HdB/*Zieschang* Teil 4 Kap. 1 Rn. 44). Eine **Mangellage** ist gegeben, wenn eine tatsächlich feststellbare Verknappung von Waren oder Leistungen vorliegt, mithin eine **nachhaltige örtlich oder zeitlich gestörte Bedarfsdeckung** gegeben ist (OLG Schleswig BeckRS 2008, 20158 mwN). Geringfügige oder vorübergehende Störungen genügen demgegenüber nicht (Erbs/Kohlhaas/*Lampe* Rn. 19). Es muss sich um eine **allgemeine und objektive** Mangellage handeln, die zwar uU auch auf einem Teilmarkt bestehen kann, nicht aber allein aus einem speziellen Nachfrageverhalten eines Verbrauchers resultiert (KG NZM 2001, 587; *Neuhaus* NZM 2009,

646) oder subjektiv von einem Einzelnen so empfunden wird (Achenbach/Ransiek/Rönnau Wirt-
schaftsStR-HdB/*Zieschang* Teil 4 Kap. 1 Rn. 45). IÜ sind die Ursachen der Mangellage usw unbeachtlich.

7   Die wirtschaftliche Machtstellung bzw. die Mangellage – nicht aber die Beschränkung des Wettbewerbs (vgl. Erbs/Kohlhaas/*Lampe* Rn. 15) – muss **ausgenutzt** werden. Dies ist der Fall, wenn das
unangemessen hohe Entgelt in dem Bewusstsein oder der billigend Inkaufnahme gefordert wird, dass für
die Höhe des Entgelts die wirtschaftliche Machtstellung bzw. die Mangellage ursächlich ist (Erbs/
Kohlhaas/*Lampe* Rn. 20). Eine über den diesbezüglichen Vorsatz (→ Rn. 14) hinausgehende besondere
Absicht ist nicht erforderlich (Erbs/Kohlhaas/*Lampe* Rn. 20 mwN). Andere Ursachen für die Unangemessenheit sind demgegenüber unbeachtlich (Achenbach/Ransiek/Rönnau WirtschaftsStR-HdB/*Zieschang* Teil 4 Kap. 1 Rn. 46).

8   Das Entgelt muss aufgrund der Beschränkung des Wettbewerbs usw **unangemessen hoch** sein. Ob
dies der Fall ist ergibt sich aus dem **Vergleich** des streitgegenständlichen Entgelts **mit dem angemessenen Entgelt.** Angemessen ist ein Entgelt, das sich ohne die nach § 4 Abs. 1 maßgeblichen Umstände,
also bei **ausgeglichener Marktlage** gebildet hätte. Zu seiner Ermittlung sind unter sachverständiger
Beratung Vergleiche mit Preisen der Waren und Leistungen gleicher oder ähnlicher Art anzustellen. Ist
dies nicht möglich, ist der fiktive Marktpreis zu berechnen, indem dem Kostenpreis der übliche Gewinn
zuzuschlagen ist (OLG Schleswig BeckRS 2008, 20158 mwN). Der Kostenpreis bestimmt sich dabei
nach zutreffender Ansicht nach einem **abstrakten Beurteilungsmaßstab** (Erbs/Kohlhaas/*Lampe*
Rn. 10 ff. mwN; Achenbach/Ransiek/Rönnau WirtschaftsStR-HdB/*Zieschang* Teil 4 Kap. 1 Rn. 39),
was zur Folge hat, dass ein innerbetrieblicher Kalkulationsausgleich (Mischkalkulation) idR keine
Beachtung finden kann (BeckOK OWiG/*Kudlich* WiStG Rn. 7; Achenbach/Ransiek/Rönnau Wirt-
schaftsStR-HdB/*Zieschang* Teil 4 Kap. 1 Rn. 41; sa Erbs/Kohlhaas/*Lampe* Rn. 12). Die Wiederbeschaf-
fungspreise des jeweiligen Gutes sind jedoch zu berücksichtigen (Achenbach/Ransiek/Rönnau Wirt-
schaftsStR-HdB/*Zieschang* Teil 4 Kap. 1 Rn. 40; Erbs/Kohlhaas/*Lampe* Rn. 11). Das das so ermittelte
angemessene Entgelt übersteigende streitgegenständliche Entgelt ist dabei dann unangemessen hoch,
wenn es das angemessene Entgelt so weit übersteigt, dass es **nicht mehr sozial gerecht ist** (Erbs/
Kohlhaas/*Lampe* Rn. 8). Wie ein Vergleich mit § 5 zeigt, wollte der Gesetzgeber im Rahmen vom § 4
offensichtlich keine starre Grenze einführen (vgl. *Neuhaus* NZM 2009, 646). Wann dies der Fall ist,
hängt daher von den **Umständen des Einzelfalles** ab. Für Geschäftsraummieten (für die § 5 nicht
anwendbar ist) wird eine Unangemessenheit bei einer Überschreitung um 100 % gefordert (*Neuhaus*
NZM 2009, 646). Zutreffend wird allgemein unter Hinweis auf den vergleichbaren Wortlaut in § 4 und
§ 5 bereits eine 30%ige Übersteigung als unangemessen eingestuft (BeckOK OWiG/*Kudlich* WiStG
Rn. 8; sa Müller-Gugenberger WirtschaftsStR/*Haas* § 61 Rn. 90). Bei **Dauerschuldverhältnissen**
kann während der Laufzeit ein zu Beginn vereinbartes, zunächst angemessenes Entgelt unangemessen
werden. Kam der Vertrag, auf dessen Grundlage das Entgelt geleistet wird, aber nicht unter gestörten
Wettbewerbsbedingungen zustande, fehlt es bei der Zahlung des unangemessen gewordenen Entgelts –
jedenfalls solange die zuvor vereinbarte Vertragslaufzeit andauert bzw. andauern kann – daran, dass die
Unangemessenheit des Entgeltes Folge des gestörten Wettbewerbs ist, so dass der Tatbestand des § 4 in
diesen Fällen nicht erfüllt ist.

IV. Tathandlungen

9   Tathandlungen sind einerseits auf Seiten desjenigen, der den Gegenstand überlässt oder die Leistung
erbringt, **das Fordern und Annehmen** des unangemessen hohen Entgelts. Der Empfänger des Gegenstandes oder der Leistung erfüllt den Tatbestand durch **das Versprechen und das Gewähren.** Bei der
Vereinbarung wirken die Geschäftspartner zusammen. Die **weite Fassung** der Tathandlungen macht
eine Ahndung des Versuchs entbehrlich. Andererseits bringt sie mit sich, dass beide Vertragsparteien nach
§ 4 geahndet werden können, soweit der Vertragsschluss berufs- oder gewerbsmäßig erfolgt. Dies ist im
Hinblick auf den Schutzzweck der Vorschrift geboten.

10   **Fordern** ist die Abgabe eines – bürgerlich-rechtlich nicht zwingend bindenden – Angebots für die
Überlassung des Gegenstands bzw. für die Erbringung der Leistung (Erbs/Kohlhaas/*Lampe* Rn. 22;
OLG Celle NJW 1952, 906). Eine invitatio ad offerendum reicht aus, erforderlich ist aber, dass die
Erklärung an einen anderen gerichtet ist, mithin den rein geschäftsinternen Bereich verlässt (OLG
Celle NJW 1952, 906; aA BeckOK OWiG/*Kudlich* WiStG Rn. 9). Fraglich ist, ob bereits eine
Werbung unter Preisangaben (→ § 3 Rn. 13) ein Fordern iSv § 4 darstellt. Im Hinblick auf den Schutz-
zweck des § 4 wird dies aber zu bejahen sein (Erbs/Kohlhaas/*Lampe* Rn. 22; aA OLG Hamm NJW
1953, 1844).

11   **Annehmen** bedeutet, ein unangemessen hohes Entgelt tatsächlich zu empfangen (Achenbach/Ran-
siek/Rönnau WirtschaftsStR-HdB/*Zieschang* Teil 4 Kap. 1 Rn. 36). Unbeachtlich ist, ob die Empfangnahme unmittelbar oder mittelbar (BGH NJW 1987, 1340 zu § 332 StGB) oder die Zahlung bar oder
unbar erfolgt (Erbs/Kohlhaas/*Lampe* § 5 Rn. 17). Da regelmäßig das anzunehmende Entgelt bereits
zuvor gefordert, versprochen oder vereinbart wurde, ist der **Anwendungsbereich** dieser Tathandlungsalternative **gering.** Sie wird dann gegeben sein, wenn der Vertragspartner im Hinblick auf die

gestörten Wettbewerbsbedingungen aus eigenen Stücken ein höheres Entgelt leistet, um sich den Vertragsgegenstand oder die Leistung zu verschaffen.

Versprechen ist die **Verpflichtungserklärung** des Vertragspartners, dem der Gegenstand überlassen **12** oder die Leistung erbracht wird, ein unangemessen hohes Entgelt zu zahlen. Die Erklärung kann auch konkludent erfolgen (Erbs/Kohlhaas/*Lampe* Rn. 23). Das Versprechen setzt nicht voraus, dass zuvor eine entsprechende Forderung des Vertragspartners erfolgte. Im Hinblick auf den Schutzzweck des § 4 sind auch Zusagen des einen Vertragspartners tatbestandsmäßig, die er aus eigenen Stücken wegen der gestörten Wettbewerbsbedingungen macht.

Gewähren ist Zahlung des Entgeltes. Sie erweist sich als Gegenstück zum Annehmen, so dass die **13** diesbezüglichen Erläuterungen (→ Rn. 11) sinngemäß gelten. **Vereinbaren** ist das auf Grundlage übereinstimmender (auch konkludent abgegebener) Willenserklärung getroffene Übereinkommen (Achenbach/Ransiek/Rönnau WirtschaftsStR-HdB/*Zieschang* Teil 4 Kap. 1 Rn. 36), das fragliche Entgelt zu zahlen.

C. Subjektiver Tatbestand

Der subjektive Tatbestand ist bei vorsätzlichem oder leichtfertigem Handeln erfüllt. **Bedingter Vor-** **14** **satz** reicht aus (Erbs/Kohlhaas/*Lampe* Rn. 28; Achenbach/Ransiek/Rönnau WirtschaftsStR-HdB/ *Zieschang* Teil 4 Kap. 1 Rn. 47). Der Täter muss die Umstände kennen oder für möglich erachten und billigend in Kauf nehmen, die die Lebenswichtigkeit des Gegenstandes oder der Leistung, die Unangemessenheit des Entgelts und die Wettbewerbsbeschränkung begründen. Auch soweit in objektiver Hinsicht ein **Ausnutzen** einer wirtschaftlichen Machtstellung oder einer Mangellage erforderlich ist, ist ein **qualifizierter Vorsatz** – insbes. eine Ausnutzungs- oder Gewinnerzielungsabsicht – **nicht erforderlich**. Sowohl hinsichtlich der Wettbewerbsbeschränkung als auch deren Ursächlichkeit für das unangemessen hohe Entgelt reicht aus, dass der Täter dies billigend in Kauf nimmt.

Weiß der Täter um die Umstände, die in objektiver Hinsicht dazu führen, dass das gezahlte Entgelt **15** unangemessen hoch ist, **wertet er diese aber subjektiv anders,** liegt lediglich ein den Vorsatz nicht ausschließender **Subsumtionsirrtum** vor (Erbs/Kohlhaas/*Lampe* Rn. 27; Achenbach/Ransiek/Rönnau WirtschaftsStR-HdB/*Zieschang* Teil 4 Kap. 1 Rn. 47 mwN). Insoweit kann allenfalls – ein in der Regel vermeidbarer – Verbotsirrtum iSv § 11 Abs. 2 OWiG gegeben sein (BeckOK OWiG/*Kudlich* WiStG Rn. 15 mwN).

Leichtfertig handelt der Täter, der grob pflichtwidrig oder achtlos handelt und nicht beachtet, was sich **16** unter den Voraussetzungen seiner Erkenntnisse und Fähigkeiten aufdrängen muss (Fischer StGB § 15 Rn. 20 mwN). Leichtfertigkeit ist demnach ein erhöhter Grad der Fahrlässigkeit (Erbs/Kohlhaas/*Lampe* Rn. 29), deckt sich aber nicht mit der bewussten Fahrlässigkeit und ist auch nicht auf Fälle der bewussten Fahrlässigkeit beschränkt (BGH StV 1994, 480).

D. Rechtsfolgen und Konkurrenzen

Vorsätzliche Preisüberhöhung kann nach § 4 Abs. 2 mit Geldbuße bis zu **25.000 EUR** geahndet **17** werden. **Leichtfertige Zuwiderhandlungen** werden gem. § 17 Abs. 2 OWiG, der auch bei Leichtfertigkeit Anwendung findet (Göhler/*Gürtler* OWiG § 17 Rn. 13), demgegenüber mit Geldbuße bis zu **12.500 EUR** geahndet. IÜ gelten für die Bemessung der Geldbuße die Vorgaben von § 17 Abs. 3 und 4 OWiG. Sie hat sich an der Bedeutung der Ordnungswidrigkeiten und dem Vorwurf, der den Täter trifft sowie den wirtschaftlichen Verhältnissen zu orientieren. Die Geldbuße soll den wirtschaftlichen Vorteil, den der Täter aus der Ordnungswidrigkeit gezogen hat, übersteigen.

Neben der Verhängung des Bußgeldes kommen als weitere Rechtsfolgen die **Einziehung nach § 7** **18** sowie das **Abführen des Mehrerlöses nach §§ 8 ff.** in Betracht. Vgl. insoweit die diesbezügliche Kommentierung unten.

Tateinheit ist möglich mit § 3 (BGH NJW 1954, 164) und mit § 81 Abs. 2 GWB. § 8 Abs. 1 Nr. 1 **19** WoVermittG geht § 4 als die spezielleren Vorschriften vor. Auf anderen Gebieten des Mietrechts ist § 4 aber grds. anwendbar (OLG Schleswig BeckRS 2008, 20158). **§§ 263, 291 StGB verdrängen** § 4 (§ 21 Abs. 1 OWiG).

§ 5 Mietpreisüberhöhung

(1) Ordnungswidrig handelt, wer vorsätzlich oder leichtfertig für die Vermietung von Räumen zum Wohnen oder damit verbundene Nebenleistungen unangemessen hohe Entgelte fordert, sich versprechen lässt oder annimmt.

(2) ¹Unangemessen hoch sind Entgelte, die infolge der Ausnutzung eines geringen Angebots an vergleichbaren Räumen die üblichen Entgelte um mehr als 20 vom Hundert übersteigen, die in der Gemeinde oder in vergleichbaren Gemeinden für die Vermietung von Räumen vergleichbarer Art, Größe, Ausstattung, Beschaffenheit und Lage oder damit ver-

bundene Nebenleistungen in den letzten vier Jahren vereinbart oder, von Erhöhungen der Betriebskosten abgesehen, geändert worden sind. [2]Nicht unangemessen hoch sind Entgelte, die zur Deckung der laufenden Aufwendungen des Vermieters erforderlich sind, sofern sie unter Zugrundelegung der nach Satz 1 maßgeblichen Entgelte nicht in einem auffälligen Missverhältnis zu der Leistung des Vermieters stehen.

(3) Die Ordnungswidrigkeit kann mit einer Geldbuße bis zu fünfzigtausend Euro geahndet werden.

A. Allgemeines

1 § 5 ahndet – als die im Vergleich zu § 4 speziellere Vorschrift – die Preisüberhöhung auf dem Gebiet der **Wohnraummiete.** Mit ihr soll dem Missbrauch auf dem Wohnungsmarkt, der im Gegensatz zur volkswirtschaftlichen Lage in anderen Bereichen – nach wie vor häufig, wenngleich auch schwankend – Beeinträchtigungen des Wettbewerbs ausgesetzt ist – entgegengewirkt werden. Die Spezialvorschrift rechtfertigt sich (mit im Vergleich zu § 4 zudem teilweise geringeren tatbestandsmäßigen Anforderungen) zudem darüber hinaus aufgrund der **besonderen Bedeutung, die der Versorgung der Bevölkerung mit Wohnraum** zukommt.

2 **Zweck der Vorschrift** ist – wie der Vergleich mit § 291 StGB und die Aufnahme der Vorschrift im WiStG neben weiteren Preisrechtsvorschriften belegt – nach bisher überwiegender Ansicht im Allgemeininteresse dem Sozialwucher wegen dessen volkswirtschaftlich **nachteiligen Auswirkungen entgegenzuwirken** (BeckOK OWiG/*Kudlich* WiStG Rn. 1 mwN; Sternel MietR aktuell Rn. III 30a; Müller-Gugenberger WirtschaftsStR/*Haas* § 61 Rn. 76 mwN). Der Vermieter soll durch die Vorschrift zu marktkonformem Verhalten veranlasst werden (Sternel MietR aktuell Rn. III 58). Der individuelle Schutz des jeweiligen Mieters wird insoweit lediglich reflexartig bewirkt (Schmidt-Futterer/*Blank* Rn. 1). Demgegenüber wird in der neueren zivilrechtlichen Rspr. (BGH NZM 2004, 381; 2005, 534; 2006, 291; OLG Brandenburg WuM 2007, 14, LG Hamburg ZMR 2005, 458), in der § 5 eine weitaus größere Bedeutung zukommt, als im Ordnungswidrigkeitenrecht, vertreten, dass § 5, soweit er über § 134 BGB in das Zivilrecht hineinwirkt, jedenfalls nicht vorrangig die Verhinderung von Wettbewerbsstörungen sondern den **Schutz des Mieters bezweckt.** Teilweise wird auch ein doppelfunktionaler Schutzzweck bejaht (OLG Frankfurt a. M. NStZ-RR 2014, 23). Durch die Sanktion der (Teil-)Nichtigkeit der Vereinbarung über die Höhe der Miete sollen der Mieter davor geschützt und der Vermieter davon abgehalten werden, aufgrund einer unausgewogenen Lage auf dem Mietwohnungsmarkt eine unangemessen hohe Miete zu versprechen bzw. zu fordern (BGH NZM 2004, 381 ff.). Dieser „Paradigmenwechsel" (Sternel MietR aktuell Rn. III 28) in der Zivilrechtsprechung ist namentlich bei der Auslegung des Tatbestandsmerkmals „Ausnutzen eines geringen Angebots an Wohnraum" (→ Rn. 17) von Bedeutung.

B. Objektive Tatbestandsvoraussetzungen

3 Der objektive Tatbestand des § 5 setzt voraus, dass für die Vermietung von Räumen zum Wohnen oder damit verbundene Nebenleistungen (→ Rn. 6) unangemessen hohe Entgelte (→ Rn. 7) gefordert werden, der Vermieter sich solche versprechen lässt oder diese annimmt (→ Rn. 18). **Tauglicher Täter** des § 5 kann somit – anders als bei § 4, der uU durch beide Vertragsparteien verwirklicht werden kann (→ § 4 Rn. 3, 9) – in der Regel **nur der Vermieter** sein (daneben kommen aber auch Makler, Hausverwalter und sonstige, für den Vermieter handelnde Personen in Betracht; aA BeckOK OWiG/ *Kudlich* WiStG Rn. 3, der § 5 als Sonderdelikt charakterisiert). Die Zahlung des unangemessen hohen Entgelts durch den Mieter erfüllt demgegenüber weder den Tatbestand des § 5 noch kann sie als Teilnahmehandlung geahndet werden, da es sich insoweit um eine notwendige Teilnahmehandlung handelt (→ § 4 Rn. 4). Der Täter muss – ebenfalls anders als im Rahmen vom § 4 – nicht gewerbs- oder berufsmäßig handeln, **auch die private Vermietung ist durch § 5 erfasst** (Erbs/Kohlhaas/*Lampe* Rn. 1). Für Teilnehmer gilt iÜ § 14 Abs. 1 S. 2 OWiG.

I. Wohnraummiete

4 § 5 erfasst nur die Vermietung von **Raum zum Wohnen,** wobei im Hinblick auf den Schutzzweck der Vorschrift unerheblich ist, ob der Raum zum Wohnen bestimmt, zugelassen oder geeignet ist (Fischer StGB § 291 Rn. 5; Schönke/Schröder/*Heine/Hecker* StGB § 291 Rn. 4; Erbs/Kohlhaas/*Lampe* Rn. 2; Schmidt-Futterer/*Blank* Rn. 9 mwN). Maßgeblich ist – wie der über Wohnraummiete hinausgehende Begriff „Räume zum Wohnen" belegt – allein, dass der Raum **tatsächlich zum Wohnen überlassen wird** (Erbs/Kohlhaas/*Lampe* Rn. 2). Auch vorgeschobene Vertragszwecke sind unbeachtlich (Erbs/Kohlhaas/*Lampe* Rn. 2; differenzierend BeckOK OWiG/*Kudlich* WiStG Rn. 5). In diesem Sinn kann Wohnraum auch in beweglichen Räumlichkeiten gegeben sein (zB Wohnwagen; Erbs/Kohlhaas/*Lampe* Rn. 2; Fischer StGB § 123 Rn. 6; Schönke/Schröder/*Heine/Hecker* StGB § 291 Rn. 4; einschränkend Schmidt-Futterer/*Blank* Rn. 5 aE). Anders als im Rahmen vom § 291 StGB (vgl.

statt aller Fischer StGB § 291 Rn. 5) fallen im Hinblick auf den Schutzzweck der Vorschrift und deren weitere tatbestandsmäßige Ausgestaltung Hotelzimmer, die nur vorübergehend genutzt werden, nicht unter § 5 (Erbs/Kohlhaas/*Lampe* Rn. 2; Schmidt-Futterer/*Blank* Rn. 8 aE mwN). Bei **Mischmietverhältnissen** ist für die Anwendung des § 5 maßgeblich, ob die zu Wohnzwecken überlassenen Räume überwiegen (Sternel MietR aktuell Rn. III 29; Erbs/Kohlhaas/*Lampe* Rn. 2) und daher das **Schwergewicht des Vertrags im Bereich des Wohnens** liegt (Schmidt-Futterer/*Blank* Rn. 11). Die Vermietung von Räumen zum Wohnen an einen **gewerblichen Zwischenvermieter** fällt nach zutreffender Auffassung ebenfalls unter § 5, denn auch insoweit ist der Schutzzweck tangiert (OLG Frankfurt a. M. NJW 1993, 673; AG Frankfurt WuM 1993, 199; BeckOK OWiG/*Kudlich* WiStG Rn. 6). Nach anderer Auffassung ist eine Anwendung von § 5 auf das Hauptmietverhältnis zwischen Eigentümer und gewerblichem Zwischenvermieter nicht anzuwenden (OLG Karlsruhe WuM 1984, 10; OLG Stuttgart WuM 1986, 10; OLG Celle WuM 1996, 562; zustimmend Schmidt-Futterer/*Blank* Rn. 10).

Um Gesetzesumgehungen zu verhindern (OLG Stuttgart NJW 1992, 1160; Erbs/Kohlhaas/*Lampe* **5** Rn. 3) sind vom objektiven Tatbestand **auch die Nebenleistungen** erfasst (BeckOK OWiG/*Kudlich* WiStG Rn. 8). Dies sind alle Leistungen die der Vermieter neben oder in Verbindung mit der Raumüberlassung erbringt (Erbs/Kohlhaas/*Lampe* Rn. 3). Unbeachtlich ist, ob die fragliche Nebenleistung üblicherweise im Zusammenhang mit Mietverhältnissen erfolgt (Fischer StGB § 291 Rn. 5; Schönke/Schröder/*Heine*/*Hecker* StGB § 291 Rn. 4). **Auch unübliche Nebenleistungen** (vgl. das Bsp. bei Müller-Gugenberger WirtschaftsStR/*Haas* § 61 Rn. 28) sind zur Verhinderung von Gesetzesumgehungen erfasst (vgl. Schmidt-Futterer/*Blank* Rn. 16).

II. Unangemessen hohes Entgelt

Der Vermieter muss ein **unangemessen hohes Entgelt** fordern usw. Damit ist nicht nur der Mietzins **6** iSv § 535 Abs. 2 BGB erfasst (Erbs/Kohlhaas/*Lampe* Rn. 4), sondern **jede in einem Vermögensvorteil bestehende Leistung** (§ 11 Abs. 1 Nr. 9 StGB; BeckOK OWiG/*Kudlich* WiStG Rn. 9) zu verstehen. Demnach sind in die Berechnung des Entgeltes auch Dienstleistungen des Mieters und Abstandszahlungen (Erbs/Kohlhaas/*Lampe* Rn. 4), vom Mieter bei Mietbeginn geleistete Zuschüsse zu den Renovierungskosten (AG Hamburg-Altona WuM 1996, 779), nicht aber Teilgewerbezuschläge (OLG Brandenburg WuM 2007, 14; sa Schmidt-Futterer/*Blank* Rn. 28 f. mwN) einzubeziehen.

Unangemessen ist ein Entgelt, wenn es unter Berücksichtigung der laufenden Aufwendungen, die den **7** Vermieter im Zusammenhang mit dem Mietverhältnis treffen (§ 5 Abs. 2 S. 2; → Rn. 11 ff.), die ortsübliche Miete (→ Rn. 8) um mehr als 20 % übersteigt (§ 5 Abs. 2 S. 1).

1. Ortsübliches Entgelt. Das **ortsübliche Entgelt** wird in der Regel durch einen örtlichen **Miet- 8 spiegel** (vgl. §§ 558c ff. BGB) zu ermitteln sein (Müller-Gugenberger WirtschaftsStR/*Haas* § 61 Rn. 81 mwN; Sternel MietR aktuell Rn. III 38), wobei aber die **Umstände des Einzelfalls**, insbes. die Zeit, die seit Abschluss der Mietspiegelerhebung vergangen ist (OLG Stuttgart WuM 1994, 58; Schmidt-Futterer/*Blank* Rn. 24), zu berücksichtigen sind (KG WuM 1992, 140; OLG Frankfurt a.M. NJW-RR 1994, 1233; Schmidt-Futterer/*Blank* Rn. 18). Fehlt es an einem Mietspiegel, ist in der Regel ein **Sachverständigengutachten** einzuholen (Müller-Gugenberger WirtschaftsStR/*Haas* § 61 Rn. 33 mwN), das auf der Grundlage einer **repräsentativen Zahl** von vergleichbaren Objekten (OLG Karlsruhe NJW 1997, 3388) die übliche Miete ermittelt (BGH NJW 2005, 2074 mwN; Erbs/Kohlhaas/*Lampe* Rn. 8 mwN). Die Zuziehung eines Sachverständigen wird auch dann geboten sein, wenn die streitgegenständliche Wohnung deutlich vom Durchschnitt der Wohnungen abweicht (KG GE 1994, 991). Der Sachverständige ermittelt insoweit aber lediglich das örtliche Preisniveau. Die darüber hinausgehende Zuordnung ist demgegenüber Rechtsanwendung, die dem Gericht obliegt (Schmidt-Futterer/*Blank* Rn. 21). Die gerichtliche Bestimmung der Vergleichsmiete erfordert dabei die Ermittlung des „breiten Mittefeldes" des ortsüblichen Preisniveaus (BGH NJW 2012, 1351; BeckOK OWiG/*Kudlich* WiStG Rn. 10, 10.1).

Als Vergleichsobjekte sind die Räume heranzuziehen, die in den fünf im Gesetz genannten **Wohn- 9 wertmerkmalen** (Art, Größe, Ausstattung, Beschaffenheit und Lage) mit dem streitgegenständlichen Raum **vergleichbar** sind, mithin **im Wesentlichen überwiegend übereinstimmen** (Schmidt-Futterer/*Börstinghaus* BGB § 558 Rn. 50 mwN). Die **Art der Wohnung** ergibt sich vor allem aus der Struktur des Hauses und der Wohnung selbst; zur Ausstattung zählt alles, was der Vermieter dem Mieter zur ständigen Benutzung zur Verfügung gestellt und für das der Mieter keine besondere Vergütung zu zahlen hat. Für die **Größe der Räume** ist vor allem die Quadratmeterzahl einer Wohnung, aber durchaus auch die Zimmeranzahl wertbildend; die **Beschaffenheit der Wohnung** wird durch deren Zuschnitt, das Baualter und den energetischen Zustand sowie den Grad der Modernisierung bestimmt. Bei **Lage** ist zwischen der Makrolage, dh der Qualifikation eines abgegrenzten Teils innerhalb einer Gemeinde und der Mikrolage, sprich konkreten Lagevor- und -nachteile einer Wohnung zu unterscheiden (vgl. zum vorstehenden Schmidt-Futterer/*Börstinghaus* BGB § 558 Rn. 51 ff.). **Nicht in den Vergleich mit einzubeziehen** sind Mieten, die aufgrund außergewöhnlicher Umstände sachlicher oder persönlicher Art unüblich niedrig oder hoch ausfallen (BayObLG NJW 1981, 1219; Erbs/Kohlhaas/*Lampe* Rn. 6 mwN). IÜ kommt es bei der Bestimmung der Vergleichsmiete auf die Person des Mieters nicht an (Erbs/Kohlhaas/Lampe Rn. 6 mwN), die in § 5 Abs. 2 genannten **Wohnwertmerkmale sind abschließend** (Erbs/Kohlhaas/*Lampe* Rn. 6; OLG Stuttgart NJW 1982, 1160; OLG Hamm NJW 1983, 947;OLG Hamm NJW-RR 1986, 812; OLG Hamm NJW 1983, 1622).

10   Für die **Ermittlung der Vergleichsmiete** sind die Entgelte heranzuziehen, die in den **letzten vier Jahren** vereinbart oder mit Ausnahme der Erhöhung der Betriebskosten geändert wurden. Maßgeblich ist der Zeitraum vom Zeitpunkt der Tathandlung in die Vergangenheit gerechnet (Erbs/Kohlhaas/*Lampe* Rn. 7). Heranzuziehen sind dabei aber nicht nur die Mieten, die im Erhebungszeitraum erstmals vereinbart oder erhöht wurden, sondern auch sog **Bestandsmieten,** das sind solche, die während des fraglichen Zeitraums nicht neu festgesetzt oder erhöht worden sind (BayObLG NJW 1981, 1219; Schmidt-Futterer/*Börstinghaus* BGB § 558 Rn. 102 ff.). In die Datenerhebung fließt **jede vergleichbare Wohnung aber nur einmal** ein und zwar mit der zum Erhebungsstichtag gezahlten Miete (Schmidt-Futterer/*Börstinghaus* BGB § 558 Rn. 102 ff.; zur Rechtslage bei **Staffelmieten** OLG Hamburg ZMR 2000, 216; KG ZMR 2001, 452). Kann das ortsübliche Entgelt für die streitgegenständliche Wohnung nicht punktgenau festgestellt werden, sondern ergibt sich eine Bandbreite ist der Oberwerte der weiteren Berechnung zugrunde zu legen (Schmidt-Futterer/*Blank* Rn. 23; vgl. auch Ziffer 4.6 der Richtlinien zur wirksamen Bekämpfung von Mietpreisüberhöhungen).

11   **2. Kostendeckende Miete.** Übersteigt die Miete, die **zur Kostendeckung des Vermieters** erforderlich ist, die ortsübliche Miete, ist der Tatbestand des § 5 Abs. 1 nur dann erfüllt, wenn sie im Vergleich zu den ortsüblichen Entgelten nicht in einem **auffälligen Missverhältnis zu der Leistung des Vermieters** stehen (§ 5 Abs. 2 S. 2). Bei § 5 Abs. 2 S. 2 handelt es sich um eine **Ausnahmevorschrift,** die **eng auszulegen** ist (Erbs/Kohlhaas/*Lampe* Rn. 10 mwN; LG Hamburg WuM 1993, 595). Welche laufenden Aufwendungen zu berücksichtigen sind, ergibt sich aus entsprechender Anwendung der **§§ 18 ff. der II. Berechnungs-VO** (Sternel MietR aktuell Rn. III 40 mwN). Berücksichtigungsfähig sind danach einerseits die Kapitalkosten, die für die Herstellung bzw. die Anschaffung der Wohnung anfallen, andererseits die Bewirtschaftungskosten. Darüber hinaus können ggf. weitere Kosten berücksichtigt werden, die aus der besonderen Gestaltung des Mietverhältnisses oder aus der Natur der Vermietung von nicht preisgebundenen Wohnungen ergeben (vgl. BT-Drs. 9/2079, 18).

12   Bei den **Kapitalkosten** sind sowohl die **Fremdkapitalkosten,** als auch die **Eigenkapitalkosten** (Schmidt-Futterer/*Blank* Rn. 45 mwN; aA Erbs/Kohlhaas/*Lampe* Rn. 10; *Sternel* ZMR 1983, 73 (80); *ders.* MDR 1983, 265 (356)) berücksichtigungsfähig (vgl. BT Drs. 9/2284). Die **(fiktiven) Eigenkapitalkosten** ergeben sich unter Zugrundelegung der **Herstellungskosten bzw. der Erwerbskosten** und nicht nach dem Verkehrswert von Grundstück und Gebäude zum Zeitpunkt des Abschlusses des Mietvertrages (BGHZ 129, 214). Eigenkapitalkosten können dabei in Höhe der **marktüblichen Zinsen für erste Hypotheken** zur Zeit der Bezugsfertigkeit angesetzt werden (OLG Stuttgart NJW-RR 1989, 11; Sternel MietR aktuell Rn. III 43 mwN; aA Schmidt-Futterer/*Blank* Rn. 43). Bei den **Fremdkapitalkosten** sind die **tatsächlich geschuldeten Zinsen** zugrunde zu legen, auch wenn sie nicht marktüblich sind (LG Stuttgart DWW 1997, 271), wobei diejenige Zinsbelastung maßgeblich ist, die sich aus der Vereinbarung im Darlehensvertrags ergibt (Schmidt-Futterer/*Blank* Rn. 47). Hinsichtlich der Berücksichtigungsfähigkeit der Kapitalkosten für **Modernisierungsaufwand** vgl. einerseits KG NZM 1998, 225, andererseits Erbs/Kohlhaas/*Lampe* Rn. 11 unter Hinweis auf KG WuM 1992, 140; s. auch Sternel MietR aktuell Rn. III 43 mwN; Schmidt-Futterer/*Blank* Rn. 46).

13   Die berücksichtigungsfähigen **Bewirtschaftungskosten** bestimmen sich nach **§§ 24 ff. II. BerechnungsVO.** Es handelt sich demnach grds. um Abschreibungen, Verwaltungskosten, Betriebskosten, Instandhaltungskosten und Mietausfallwagnis. **Abschreibungen** auf die Baukosten sind mit 1 % anzusetzen (§ 25 Abs. 2 BerechnungsVO), daneben kommen Sonderabschreibungen in Betracht (vgl. Schmidt-Futterer/*Blank* Rn. 48). Hinsichtlich der pauschal berücksichtigungsfähigen **Verwaltungskosten** und **Instandhaltungskosten** vgl. §§ 26, 28 Abs. 2 BerechnungsVO (sa Schmidt-Futterer/*Blank* Rn. 49, 54). **Betriebskosten** sind berücksichtigungsfähig, soweit sie nicht gesondert auf den Mieter umgelegt sind (Schmidt-Futterer/*Blank* Rn. 53). Das **Mietausfallwagnis** (zur Einbeziehung des Mietausfallwagnisses vgl. auch BeckOK OWiG/*Kudlich* WiStG Rn. 13) ist nach § 29 Abs. 2 BerechnungsVO mit 2 %, bezogen auf die zulässige Miete anzusetzen (Schmidt-Futterer/*Blank* Rn. 59; aA Erbs/Kohlhaas/*Lampe* Rn. 10; *Sternel* MDR 1983, 363).

14   Aufwendungen für eine kostendeckende Miete sind nicht berücksichtigungsfähig, wenn die geforderte usw Miete **in einem auffälligen Missverhältnis zur Leistung** des Vermieters steht. Dies ist der Fall, wenn die geforderte Miete die tatsächliche Vergleichsmiete (→ Rn. 8 ff.) **um mehr als 50 % übersteigt** (BayObLG wistra 1999, 70; OLG Hamburg NJW-RR 1992, 1366; OLG Frankfurt a. M. NJW-RR 1994, 1233; Erbs/Kohlhaas/*Lampe* Rn. 11; Sternel MietR aktuell Rn. III 39; Achenbach/Ransiek/Rönnau WirtschaftsStR-HdB/*Zieschang* Teil 4 Kap. 1 Rn. 69 mwN; Schmidt-Futterer/*Blank* Rn. 61; BeckOK OWiG/*Kudlich* WiStG Rn. 13).

15   **3. Ausnutzen der Marktlage.** Die unangemessen hohen Entgelte müssen die üblichen Entgelte **infolge der Ausnutzung eines geringen Angebots** an vergleichbaren Räumen übersteigen. Insoweit ist zumindest in objektiver Hinsicht (BeckOK OWiG/*Kudlich* WiStG Rn. 14) ein **Kausalzusammen-**

hang zwischen dem geringen Angebot und dem Fordern usw des unangemessenem Entgelt erforderlich (BGH NJW 2004, 1741; OLG Hamburg NZM 1999, 363), wobei Mitursächlichkeit genügt (Achenbach/Ransiek/Rönnau WirtschaftsStR–HdB/*Zieschang* Teil 4 Kap. 1 Rn. 62). In subjektiver Hinsicht reicht das bewusste Zunutzemachen der gegebenen Lage aus, eine darüber hinausgehende Absicht ist nicht erforderlich (→ Rn. 22).

Wie der Vergleich mit § 4 belegt, muss **keine Mangellage** gegeben sein (Erbs/Kohlhaas/*Lampe* 16 Rn. 13; Achenbach/Ransiek/Rönnau WirtschaftsStR–HdB/*Zieschang* Teil 4 Kap. 1 Rn. 61; Sternel MietR aktuell Rn. III 48). Ein geringes Angebot iSv § 5 Abs. 2 soll nach **bisheriger hM** gegeben sein, wenn das Angebot die Nachfrage nicht spürbar übersteigt (Sternel MietR aktuell Rn. III 48 mwN; differenzierend Schmidt-Futterer/*Blank* Rn. 64 f.). Nach **aA** ist im Rahmen vom § 5 erforderlich, dass das örtliche Angebot an vergleichbaren Mieträumen spürbar geringer ist, als die Nachfrage (Erbs/Kohlhaas/*Lampe* Rn. 13 mwN). Der **BGH** hat sich unter Hinweis auf den Wortlaut des Gesetzes dahingehend geäußert, dass es möglich erscheine, ein geringes Angebot nur dann anzunehmen, wenn es die Nachfrage nicht erreicht (BGH NJW 2005, 2156 mwN zum Streitstand), die Frage in der konkreten Entscheidung aber offen gelassen. Maßgeblich dafür, ob ein geringes Angebot an vergleichbaren Räumen gegeben ist, ist nach einhelliger Meinung der **Teilmarkt für die betreffende** Wohnung, die Marktlage auf anderen Teilmärkten ist unbeachtlich (BGH NJW 2005, 2156 mwN; Erbs/Kohlhaas/*Lampe* Rn. 13; Sternel MietR aktuell Rn. III 49 mwN). Umstritten war bisher, worauf sich das Merkmal der **„Lage" der Wohnung** bezieht. Der **BGH** hat entschieden, dass auf das **gesamte Gebiet der Gemeinde** und nicht lediglich auf den Stadtteil abzustellen ist, in dem sich die Mietwohnung befindet. Demnach ist das Tatbestandsmerkmal des „geringen Angebots" deshalb nicht erfüllt, wenn der Wohnungsmarkt für vergleichbare Wohnungen nur in dem betreffenden Stadtteil angespannt, iÜ Stadtgebiet aber entspannt ist (BGH NJW 2005, 2156 mwN zum Meinungsstand; kritisch Sternel MietR aktuell Rn. III 50). Das geringe Angebot muss dabei **zur Zeit des Vertragsschlusses vorliegen,** spätere Änderungen der Marktlage sind unbeachtlich (Sternel MietR aktuell Rn. III 57 mwN).

Nach **bisher überwiegender Auffassung** war für die Frage, ob ein Ausnutzen iSv § 5 Abs. 2 S. 2 17 gegeben ist, **unerheblich, ob sich der Mieter in einer schutzwürdigen Lage befand** (LG Hamburg NZM 2000, 1002; OLG Frankfurt a. M. NJW 1993, 673; Sternel MietR aktuell Rn. III 52; Achenbach/Ransiek/Rönnau WirtschaftsStR–HdB/*Zieschang* Teil 4 Kap. 1 Rn. 62; Schmidt-Futterer/*Blank* Rn. 68). In zivilrechtlicher Hinsicht hat der **BGH** entscheiden, dass insoweit **auch die individuellen Verhältnisse des Mieters zu berücksichtigen** sind. Angesichts der Vielgestaltigkeit der denkbaren Motivlage des Mieters für den Vertragsschluss müsse sich das Merkmal der „Ausnutzen" auch auf seine Person beziehen; wer die geforderte Miete ohne weiteres oder aus besonderen persönlichen Gründen zu zahlen bereit ist, wer mithin eine objektiv bestehende Ausweichmöglichkeit nicht wahrnimmt, würde nicht „ausgenutzt" (BGH NZM 2004, 381). Dem wird entgegengehalten, dass ein solches Verständnis mit dem eigentlichen Schutzzweck des § 5 nicht zu vereinbaren sei (Sternel MietR aktuell Rn. III 58 mwN). Der allein im Interesse des Funktionierens der sozialen Marktwirtschaft bezweckte Schutz des Marktes wird in § 5 indes bereits dadurch relativiert, als – anders als bei § 4 (→ § 4 Rn. 2, 9) – allein der Vermieter tauglicher Täter der Ordnungswidrigkeit sein kann (→ Rn. 3). Vor diesem Hintergrund kommt dem Mieterschutz in § 5 eine weitergehende Funktion als bei anderen Preisrechtsvorschriften zu, was für das Erfordernis der konkreten Schutzwürdigkeit des Mieters im Einzelfall spricht. Der Umstand, dass die **Mieten durch den Träger der Sozialhilfe übernommen** wird, steht für sich der Anwendung des § 5 nicht notwendig entgegen (OLG Frankfurt a. M. NStZ-RR 2014, 23; BeckOK OWiG/*Kudlich* WiStG Rn. 14). In Ermangelung einer persönlichen Belastung ist allerdings in diesen Fällen ein Ausnutzen des Mieters nur dann gegeben, wenn der öffentliche Trägereine Höchstgrenze für die übernommenen Mietkosten vorgegeben hat und sich der Mieter deswegen gezwungen sieht, auf eine minderwertige Wohnung auszuweichen oder wenn die überhöhte Miete durch das Sozialamt zur Meidung der Obdachlosigkeit übernommen wird (OLG Frankfurt a. M. NStZ-RR 2014, 23; BeckOK OWiG/*Kudlich* WiStG Rn. 14.3).

III. Tathandlungen

Den Tatbestand des § 5 verwirklicht regelmäßig **der Vermieter** (→ Rn. 3), indem er das unange- 18 messen hohe Entgelt fordert, sich versprechen lässt oder annimmt. Zur Zeit der Tathandlung muss dabei die unausgeglichene Marktlage gegeben sein. **Fordern** ist die Abgabe eines – bürgerlich-rechtlich nicht zwingend bindenden – Angebots für die Überlassung des Gegenstands bzw. für die Erbringung der Leistung (Erbs/Kohlhaas/*Lampe* Rn. 15), das ernst gemeint und hinreichend konkretisiert ist (Schmidt-Futterer/*Blank* Rn. 12). Eine **invitatio ad offerendum** reicht aus (str., vgl. zur Gegenansicht BeckOK OWiG/*Kudlich* WiStG Rn. 15), erforderlich ist aber, dass die **Erklärung an einen anderen gerichtet** ist, mithin den rein geschäftsinternen Bereich verlässt (OLG Celle NJW 1952, 906). Wie bei § 4 ist fraglich, ob bereits eine Werbung unter Preisangaben (→ § 3 Rn. 13), insbes. in Zeitungsinseraten, ein Fordern iSv § 5 darstellt (bejahend Erbs/Kohlhaas/*Lampe* § 5 Rn. 15; aA OLG Hamm NJW 1953, 1844; Schmidt-Futterer/*Blank* Mietrecht Rn. 13). Ein Fordern kann auch in einem Vermittlungsangebot eines Maklers gegeben sein (Erbs/Kohlhaas/*Lampe* Rn. 15 mwN), der dann uU als Täter oder Teilnehmer der Ordnungswidrigkeit in Betracht kommt. Daneben ist ein Fordern auch in einem **Mieterhöhungsverlangen** zu erblicken (Achenbach/Ransiek/Rönnau WirtschaftsStR-HdB/*Zieschang* Teil 4 Kap. 1 Rn. 58 mwN; sa LG Berlin GE 1999, 1133, krit. dazu Sternel MietR aktuell Rn. III 57 mwN), auf dessen Grundlage das – bisher angemessene – Entgelt unangemessen wird.

19   **Sich-Versprechen-lassen** ist die ausdrückliche oder konkludente **Annahme der** – ihrerseits ausdrücklich oder konkludent erfolgenden – **Verpflichtungserklärung des Mieters** oder eines Dritten mit dem Willen, sich das unangemessen hohe Entgelt zahlen zu lassen (Fischer StGB § 291 Rn. 5 mwN). Das Versprechen setzt nicht voraus, dass zuvor eine entsprechende Forderung des Vertragspartners erfolgte. Im Hinblick auf den Schutzzweck des § 5 ist auch die Annahme einer Verpflichtungserklärung des Mieters tatbestandsmäßig, die dieser aus eigenen Stücken, ohne dass ein entsprechendes Angebot des Vermieters vorausging (Erbs/Kohlhaas/*Lampe* Rn. 16), abgibt. Mit Blick darauf, dass nach der neueren Rspr. bei der Frage des Ausnutzens (→ Rn. 17) **auch die individuellen Verhältnisse des Mieters zu berücksichtigen** sind (BGH NZM 2004, 381), ist in solchen Fällen aber sorgfältig zu prüfen, ob ein Ausnutzen gegeben ist. Ob der Vertrag dann tatsächlich zustande kommt, ist ebenso unbeachtlich wie dessen Rechtsgültigkeit (Achenbach/Ransiek/Rönnau WirtschaftsStR-HdB/*Zieschang* Teil 4 Kap. 1 Rn. 58; Erbs/Kohlhaas/*Lampe* Rn. 16; Schmidt-Futterer/ *Blank* Rn. 13).

20   **Annehmen** bedeutet, ein unangemessen hohes Entgelt **tatsächlich zu empfangen.** Unbeachtlich ist, ob die Empfangnahme unmittelbar oder mittelbar (BGH NJW 1987, 1340 zu § 332 StGB) oder die Zahlung bar oder unbar erfolgt (Achenbach/Ransiek/Rönnau WirtschaftsStR-HdB/*Zieschang* Teil 4 Kap. 1 Rn. 58 mwN; Erbs/Kohlhaas Rn. 17). Da regelmäßig das anzunehmende Entgelt bereits zuvor gefordert oder versprochen wurde, ist der **Anwendungsbereich** dieser Tathandlungsalternative **gering** (BeckOK OWiG/*Kudlich* WiStG Rn. 17 mwN). Sie wird dann gegebenen sein, wenn der Mieter im Hinblick auf das geringe Angebot an Wohnraum aus eigenen Stücken ein höheres Entgelt leistet, um den Vertrag zu erhalten.

C. Subjektiver Tatbestand

21   Der subjektive Tatbestand ist bei vorsätzlichem oder leichtfertigem Handeln erfüllt. **Bedingter Vorsatz** reicht aus (BeckOK OWiG/*Kudlich* WiStG Rn. 18 mwN). Zum Tatsachenirrtum BayObLG NZM 1998, 999. Der Täter muss insoweit auch die Umstände kennen oder für möglich erachten und billigend in Kauf nehmen, aus denen sich das geringe Angebot vergleichbarer Wohnungen ergibt (Erbs/ Kohlhaas/*Lampe* Rn. 19). Soweit in objektiver Hinsicht ein **Ausnutzen des geringen Angebots** erforderlich ist, ist ein **qualifizierter Vorsatz** – insbes. eine Ausnutzungs- oder Gewinnerzielungsabsicht – **nicht erforderlich.** Soweit auf der Grundlage der Rechtsprechung des BGH (→ Rn. 17) für ein Ausnutzen auch auf die Schutzwürdigkeit des Mieters abzustellen ist, muss der Vermieter auch erkennen oder in Kauf nehmen, dass der Mieter sich in einer Zwangslage befindet, weil er aus nachvollziehbaren gewichtigen Gründen nicht auf eine preiswerte Wohnung ausweichen kann (BGH NZM 2004, 381).

22   Weiß der Täter um die Umstände, die in objektiver Hinsicht dazu führen, dass das gezahlte Entgelt unangemessen hoch ist, **wertet er diese aber subjektiv anders,** liegt lediglich ein den Vorsatz nicht ausschließender **Subsumtionsirrtum** vor (Erbs/Kohlhaas/*Lampe* Rn. 18 mwN). Insoweit kann allenfalls – ein in der Regel vermeidbarer – Verbotsirrtum iSv § 11 Abs. 2 OWiG gegeben sein.

23   **Leichtfertig** handelt der Täter, der grob pflichtwidrig oder achtlos handelt und nicht beachtet, was sich unter den Voraussetzungen seiner Erkenntnisse und Fähigkeiten aufdrängen muss (Fischer StGB § 15 Rn. 20 mwN). Leichtfertigkeit ist demnach ein erhöhter Grad der Fahrlässigkeit (Erbs/Kohlhaas/ *Lampe* § 4 Rn. 29), deckt sich aber nicht mit der bewussten Fahrlässigkeit und ist auch nicht auf Fälle der bewussten Fahrlässigkeit beschränkt (BGH StV 1994, 480). Der Vermieter verhält sich regelmäßig sorgfaltspflichtwidrig, wenn er seiner Verpflichtung, sich in ausreichendem Maße und bei kompetenter Stelle **nach der Höhe der ortsüblichen Vergleichsmiete zu erkundigen,** nicht nachgekommen ist (OLG Köln NStZ 1997, 556; BayObLG 1977, 52; OLG Frankfurt a. M. NStZ-RR 1996, 279; s. auch Schmidt-Futterer/*Blank* Rn. 81). Dieser Pflicht entspricht der Vermieter regelmäßig wenn er Erkundigungen bei einem ortsansässigen Makler einholt (OLG Köln NStZ 1997, 556 mwN).

D. Rechtsfolgen und Konkurrenzen

24   **Vorsätzliche Mietpreisüberhöhung** kann nach § 5 Abs. 3 mit Geldbuße bis zu **50.000 EUR** geahndet werden. **Leichtfertige Zuwiderhandlungen** werden gem. § 17 Abs. 2 OWiG, der auch bei Leichtfertigkeit Anwendung findet (Achenbach/Ransiek/Rönnau WirtschaftsStR-HdB/*Zieschang* Teil 4 Kap. 1 Rn. 72; Göhler/*Gürtler* OWiG § 17 Rn. 13) demgegenüber mit Geldbuße bis zu **25.000 EUR** geahndet. IÜ gelten für die Bemessung der Geldbuße die Vorgaben von § 17 Abs. 3 und 4 OWiG. Sie hat sich an der Bedeutung der Ordnungswidrigkeiten und dem Vorwurf, der den Täter trifft sowie den wirtschaftlichen Verhältnissen zu orientieren. Die Geldbuße soll den wirtschaftlichen Vorteil, den der Täter aus der Ordnungswidrigkeit gezogen hat, übersteigen.

Neben der Verhängung des Bußgeldes kommt als weitere Rechtsfolge das **Abführen des Mehr-**   25 **erlöses nach §§ 8 ff.** in Betracht. Vgl. insoweit die diesbezügliche Kommentierung unten. Die **Einziehung nach § 7** ist bei Ordnungswidrigkeiten nach § 5 nicht möglich, da die nach § 22 Abs. 1 OWiG erforderliche Zulassung fehlt.

Tateinheit ist möglich mit § 3 (BGH NJW 1954, 164), § 26 Abs. 1 Nr. 4 WoBindG geht als die   26 speziellere Vorschriften vor (Achenbach/Ransiek/Rönnau WirtschaftsStR-HdB/ *Zieschang* Teil 4 Kap. 1 Rn. 73). §§ 263, 291 StGB verdrängen § 5 (§ 21 Abs. 1 OWiG).

§ 6 *[aufgehoben]*

§ 7 Einziehung

Ist eine Zuwiderhandlung im Sinne der §§ 1 bis 4 begangen worden, so können
1. Gegenstände, auf die sich die Tat bezieht, und
2. Gegenstände, die zu ihrer Begehung oder Vorbereitung gebraucht worden oder bestimmt gewesen sind,
eingezogen werden.

§ 7 tritt im **Strafverfahren** wegen Straftaten nach § 1 **anstelle von § 74 Abs. 1 StGB,** der insoweit   1 teils erweitert, teils eingeschränkt wird (Erbs/Kohlhaas/ *Lampe* Rn. 1). Die Einschränkung besteht darin, dass die Einziehung der durch die Tat hervorgebrachten Gegenstände **(producta sceleris)** nicht möglich ist. Im Gegensatz dazu erfasst § 7 – anders als § 74 Abs. 1 StGB (vgl. allgemein Fischer StGB § 74 Rn. 10) – auch die sog **Beziehungsgegenstände,** sprich solche, die notwendiger Gegenstand der Tat selbst sind (Erbs/Kohlhaas/ *Lampe* Rn. 4). Diese können nach § 7 Nr. 1 eingezogen werden. Daneben können die Gegenstände, die zur Begehung bzw. Vorbereitung der Tat gebraucht worden oder bestimmt gewesen sind **(instrumenta sceleris;** vgl. Erbs/Kohlhaas/ *Lampe* Rn. 5) nach § 7 Nr. 2 eingezogen werden. Gegenstände iSv § 7 sind dabei – wie auch bei § 74 StGB – Sachen und Rechte (BGH NStZ 1991, 456).

Für das **Bußgeldverfahren** enthält § 7 die nach § 22 Abs. 1 OWiG erforderliche Zulassung der   2 Einziehung für Ordnungswidrigkeiten nach §§ 2–4. Bei Ordnungswidrigkeiten nach **§ 5** ist die **Einziehung nicht möglich.**

Die Einziehung ist sowohl bei vorsätzlichen als auch bei fahrlässigen Verstößen gegen die §§ 1–4   3 möglich. Zulässig ist sie auch bei Verfahrenseinstellung nach §§ 153 ff. StPO; § 47 OWiG (Erbs/ Kohlhaas/ *Lampe* Rn. 2), umstritten ist, ob sie auch bei einer Verwarnung nach § 56 OWiG zulässig ist (vgl. einerseits Erbs/Kohlhaas/ *Lampe* Rn. 2; andererseits Göhler/ *Gürtler* OWiG § 27 Rn. 10; KK-OWiG/ *Mitsch* OWiG § 27 Rn. 16). Ob ein Gegenstand eingezogen wird steht im Ermessen des Gerichts bzw. der Verwaltungsbehörde, die dabei den Verhältnismäßigkeitsgrundsatz berücksichtigen müssen (§ 74 StGB, § 24 OWiG). Zum Verfahren vgl. Erbs/Kohlhaas/ *Lampe* Rn. 7.

§ 8 Abführung des Mehrerlöses

(1) ¹Hat der Täter durch eine Zuwiderhandlung im Sinne der §§ 1 bis 6 einen höheren als den zulässigen Preis erzielt, so ist anzuordnen, daß er den Unterschiedsbetrag zwischen dem zulässigen und dem erzielten Preis (Mehrerlös) an das Land abführt, soweit er ihn nicht auf Grund einer rechtlichen Verpflichtung zurückerstattet hat. ²Die Abführung kann auch angeordnet werden, wenn eine rechtswidrige Tat nach den §§ 1 bis 6 vorliegt, der Täter jedoch nicht schuldhaft gehandelt hat oder die Tat aus anderen Gründen nicht geahndet werden kann.

(2) ¹Wäre die Abführung des Mehrerlöses eine unbillige Härte, so kann die Anordnung auf einen angemessenen Betrag beschränkt werden oder ganz unterbleiben. ²Sie kann auch unterbleiben, wenn der Mehrerlös gering ist.

(3) ¹Die Höhe des Mehrerlöses kann geschätzt werden. ²Der abzuführende Betrag ist zahlenmäßig zu bestimmen.

(4) ¹Die Abführung des Mehrerlöses tritt an die Stelle des Verfalls (§§ 73 bis 73e des Strafgesetzbuches, § 29a des Gesetzes über Ordnungswidrigkeiten). ²Bei Zuwiderhandlungen im Sinne des § 1 gelten die Vorschriften des Strafgesetzbuches über die Verjährung des Verfalls entsprechend.

1   Die **Abführung des Mehrerlöses** nach § 8 tritt an Stelle des Verfalls nach §§ 73 ff. StGB und § 29a OWiG. Anstelle der Abführung des Mehrerlöses an das Land (vgl. insoweit Erbs/Kohlhaas/*Lampe* Rn. 24) kann auf Antrag des Geschädigten die **Rückerstattung des Mehrerlöses** (§ 9, → § 9 Rn. 1 ff.) an ihn angeordnet werden, was der Abführung des Mehrerlöses vorgeht (§ 8 Abs. 1 S. 1 aE). Zur Rechtsnatur vgl. Erbs/Kohlhaas/*Lampe* Rn. 1. Die Anordnung ist sowohl bei vorsätzlichen als auch bei fahrlässigen Straftaten nach § 1 und Ordnungswidrigkeiten nach § 2–5 möglich. Das Verfahren richtet sich nach § 11 (vgl. Erbs/Kohlhaas/*Lampe* Rn. 25 ff.). Sind die Voraussetzungen des § 8 gegeben, ist das Gericht bzw. die Verwaltungsbehörde gehalten, die Mehrerlösabführung anzuordnen, wenn nicht die Voraussetzungen der Ausnahmetatbestände (§ 8 Abs. 1 S. 1 aE; Abs. 2) gegeben sind. Es handelt sich um **keine Ermessensentscheidung** (Erbs/Kohlhaas/*Lampe* Rn. 14 mwN).

2   Unter **Mehrerlös** ist der Unterschiedsbetrag zwischen dem zulässigen Preis und dem erzielten Preis zu verstehen (§ 8 Abs. 1 S. 1). Der **zulässige Preis** ergibt sich dabei im Rahmen von § 3 aus den gesetzlichen Vorschriften, bei §§ 4, 5 ist der zulässige Preis der angemessene Preis. Der **erzielte Preis** ist der, der an den Täter gezahlt wurde. Erfolgt keine Zahlung, ist auch kein Mehrerlös erzielt (OLG Celle Nds. Rpfl. 1951, 74). Unbeachtlich ist in diesem Zusammenhang der vom Täter erzielte Gewinn, der Mehrerlös kann diesen übersteigen (Erbs/Kohlhaas/*Lampe* Rn. 2). Auch eine Bereicherung des Täters ist nicht erforderlich (BayObLG MDR 1951, 504). Bei Verkäuferketten ist für jedes Geschäft der Mehrerlös zu ermitteln (Erbs/Kohlhaas/*Lampe* Rn. 3). Er kann in allen Fällen nach Maßgabe des § 8 Abs. 3 S. 1 geschätzt werden; dies ist aber nicht zulässig, wenn die Berechnungsgrundlagen leicht zu ermitteln sind.

3   Nach § 8 Abs. 2 S. 1 kann von der Anordnung abgesehen werden, wenn die Abführung des Mehrerlöses eine unbillige Härte darstellen würde. Insoweit sollen insbes. **Härten** der abstrakten Berechnungsweise (→ Rn. 2) ausgeglichen werden (BayObLG JR 1958, 149). Ob die Anordnung eine unbillige Härte darstellt, ist **von Amts wegen** zu prüfen; der Betroffen hat keine Darlegungspflicht (KG NJW 1957, 921). Die Prüfung, ob aufgrund der Ausnahmevorschrift von der Anordnung abgesehen werden kann, ist anhand der **Umstände des Einzelfalls** zu prüfen (BayObLG JR 1958, 149). Darüber hinaus kann nach § 8 Abs. 2 S. 2 von der Anordnung abgesehen werden, wenn der Mehrerlös gering ist, was das Gericht bzw. die Verwaltungsbehörde nach pflichtgemäßem Ermessen zu prüfen hat (vgl. Erbs/Kohlhaas/*Lampe* Rn. 22).

§ 9 Rückerstattung des Mehrerlöses

(1) Statt der Abführung kann auf Antrag des Geschädigten die Rückerstattung des Mehrerlöses an ihn angeordnet werden, wenn sein Rückforderungsanspruch gegen den Täter begründet erscheint.

(2) Legt der Täter oder der Geschädigte, nachdem die Abführung des Mehrerlöses angeordnet ist, eine rechtskräftige Entscheidung vor, in welcher der Rückforderungsanspruch gegen den Täter festgestellt ist, so ordnet die Vollstreckungsbehörde an, daß die Anordnung der Abführung des Mehrerlöses insoweit nicht mehr vollstreckt oder der Geschädigte aus dem bereits abgeführten Mehrerlös befriedigt wird.

(3) Die Vorschriften der Strafprozeßordnung über die Entschädigung des Verletzten (§§ 403 bis 406c) sind mit Ausnahme des § 405 Satz 1, § 406a Abs. 3 und § 406c Abs. 2 entsprechend anzuwenden.

1   Anstelle der Abführung des Mehrerlöses nach § 8 kann auf Antrag des Geschädigten die Rückerstattung des Mehrerlöses an diesen angeordnet werden. Zur Rechtsnatur vgl. Erbs/Kohlhaas/*Lampe* Rn. 2. Dieses Verfahren entspricht im Wesentlichen dem strafprozessualen Adhäsionsverfahren. Die Anordnung nach § 9 schließt eine Entscheidung nach § 8 aus (§ 8 Abs. 1 S. 1 aE). Dem liegt – wie bei § 73 Abs. 1 S. 2 StGB – der Gedanke zugrunde, dass **der Täter nicht doppelt in Anspruch** genommen werden soll (OLG Stuttgart NJW 1978, 2209).

2   Stellt der Geschädigte einen Antrag nach § 9 sind das **Gericht bzw. die Verwaltungsbehörde nicht verpflichtet,** den Antrag sachlich zu bescheiden. Sie können von der Entscheidung sowohl absehen, wenn sich der Antrag zur Erledigung im Straf- oder Bußgeldverfahren nicht eignet, als auch, wenn der Rückerstattungsanspruch offenbar begründet ist (Erbs/Kohlhaas/*Lampe* Rn. 6). Zum weiteren Verfahren vgl. Erbs/Kohlhaas/*Lampe* Rn. 8 ff.

3   Wenngleich das Gesetz es nach dem Wortlaut ausreichen lässt, dass der Rückforderungsanspruch gegen den Täter begründet „erscheint", dürfen dem Geschädigten keine Ansprüche zugesprochen werden, die er nicht nach der Überzeugung des Gerichts oder der Verwaltungsbehörde hat (OLG Celle NJW 1956, 1723). Insoweit ist neben der Prüfung, ob ein **Mehrerlös** gegeben ist (→ § 8 Rn. 2), erforderlich zu prüfen, ob dem Geschädigten ein **Rechtsanspruch auf Rückerstattung** zusteht (OLG Stuttgart NJW 1978, 2209). Dabei ist die Berücksichtigung von Billigkeitserwägungen wie im Rahmen von § 8 Abs. 2 nicht zulässig (Erbs/Kohlhaas/*Lampe* Rn. 4).

§ 10 Selbständige Abführung des Mehrerlöses

(1) Kann ein Straf- oder Bußgeldverfahren nicht durchgeführt werden, so kann die Abführung oder Rückerstattung des Mehrerlöses selbständig angeordnet werden, wenn im übrigen die Voraussetzungen des § 8 oder § 9 vorliegen.

(2) Ist eine rechtswidrige Tat nach diesem Gesetz in einem Betrieb begangen worden, so kann die Abführung des Mehrerlöses gegen den Inhaber oder Leiter des Betriebes und, falls der Inhaber eine juristische Person oder eine Personengesellschaft des Handelsrechts ist, auch gegen diese selbständig angeordnet werden, wenn ihnen der Mehrerlös zugeflossen ist.

Wie der Verfall und die Einziehung (§ 76b StGB, § 27 OWiG) kann auch die Abführung oder **1** Rückerstattung des Mehrerlöses in einem **selbstständigen Verfahren** angeordnet werden. Die Gründe, aus denen ein Straf- oder Bußgeldverfahren nicht durchgeführt werden kann, können rechtlicher oder tatsächlicher Art sein (OLG Stuttgart NJW 1978, 2209; sa Erbs/Kohlhaas/*Lampe* Rn. 2). Die Einleitung des selbstständigen Verfahrens liegt **im Ermessen der Verwaltungsbehörde** oder der Staatsanwaltschaft. Stellt die Staatsanwaltschaft im Strafverfahren den Antrag und ist er begründet, so muss das Gericht ihm aber stattgeben (Erbs/Kohlhaas/*Lampe* Rn. 4). Über die Anordnung der Abführung oder Rückerstattung des Mehrerlöses ist in dem selbstständigen Verfahren nicht anders zu entscheiden als in dem Verfahren gegen eine bestimmte Person (Erbs/Kohlhaas/*Lampe* Rn. 5).

Während die Anordnungen nach §§ 8, 9 nur gegen den Täter der Zuwiderhandlungen zulässt, **2** ermöglicht § 10 Abs. 2 die selbstständige Anordnung der Mehrerlösabführung ggü. demjenigen, dem der Mehrerlös tatsächlich zugeflossen ist. Auch diese Anordnung steht im Ermessen des Gerichts und der Verwaltungsbehörde. Die Ausnahmevorschrift ist eng auszulegen (Erbs/Kohlhaas/*Lampe* Rn. 7), so dass sie nicht über die in § 10 Abs. 2 genannten Betriebsverhältnisse hinaus auf Auftragsverhältnisse anwendbar ist (Erbs/Kohlhaas/*Lampe* Rn. 7; aA OLG Bamberg MDR 1951, 246). Die Zuwiderhandlung des Täters muss nicht rechtswidrig sein (Erbs/Kohlhaas/*Lampe* Rn. 8), die Haftung des Betriebsinhabers tritt neben die des Täters, insoweit ist gesamtschuldnerische Haftung gegeben (Erbs/Kohlhaas/*Lampe* Rn. 12; vgl. auch BayObLG NJW 1953, 874; 1959, 1094; OLG Oldenburg NJW 1953, 1845).

§ 11 Verfahren

(1) [1] Im Strafverfahren ist die Abführung des Mehrerlöses im Urteil auszusprechen. [2] Für das selbständige Verfahren gelten § 440 Abs. 1, 2 und § 441 Abs. 1 bis 3 der Strafprozeßordnung entsprechend.

(2) [1] Im Bußgeldverfahren ist die Abführung des Mehrerlöses im Bußgeldbescheid auszusprechen. [2] Im selbständigen Verfahren steht der von der Verwaltungsbehörde zu erlassende Bescheid einem Bußgeldbescheid gleich.

§ 12 *(weggefallen)*

§ 13 Besondere Vorschriften für das Strafverfahren

(1) [1] Soweit für Straftaten nach § 1 das Amtsgericht sachlich zuständig ist, ist örtlich zuständig das Amtsgericht, in dessen Bezirk das Landgericht seinen Sitz hat. [2] Die Landesregierung kann durch Rechtsverordnung die örtliche Zuständigkeit des Amtsgerichts abweichend regeln, soweit dies mit Rücksicht auf die Wirtschafts- oder Verkehrsverhältnisse, den Aufbau der Verwaltungsbehörden oder andere örtliche Bedürfnisse zweckmäßig erscheint. [3] Die Landesregierung kann diese Ermächtigung auf die Landesjustizverwaltung übertragen.

(2) Im Strafverfahren wegen einer Zuwiderhandlung im Sinne des § 1 gelten die §§ 49, 63 Abs. 1 bis 3 Satz 1 und § 76 Abs. 1, 4 des Gesetzes über Ordnungswidrigkeiten über die Beteiligung der Verwaltungsbehörde im Verfahren der Staatsanwaltschaft und im gerichtlichen Verfahren entsprechend.

Die §§ 11, 13 enthalten **Vorschriften für das Verfahren** bei Verstößen gegen die Vorschriften des **1** WiStG. Während **§ 11 Verfahrensvorschriften im Zusammenhang mit der Abführung bzw. Rückerstattung des Mehrerlöses** iSv §§ 8–10 enthält, betrifft **§ 13 Strafverfahren,** die Straftaten nach dem WiStG, mithin Taten nach § 1, zum Gegenstand haben (→ § 1 Rn. 27 ff.).

§ 11 Abs. 1 betrifft dem Wortlaut nach die Anordnung der Abführung des Mehrerlöses im **Straf- 2 verfahren.** Darüber hinaus ist § 11 Abs. 1 aber **auch bei der Rückerstattung des Mehrerlöses** nach § 9 (vgl. Erbs/Kohlhaas/*Lampe* Rn. 1) und – wenn gegen einen Bußgeldbescheid Einspruch eingelegt wird (§§ 67 ff. OWiG) – **soweit das Gericht in diesen Fällen durch Urteil entscheidet** (Erbs/

Kohlhaas/*Lampe* Rn. 3) anzuwenden. Im **selbstständigen Verfahren** nach § 10 erklärt § 11 Abs. 1 S. 1 die § 440 Abs. 1, 2 und § 441 Abs. 1–3 StPO für anwendbar. **Zuständig** ist danach das Gericht, das im Fall der Strafverfolgung einer bestimmten Person zuständig wäre (441 Abs. 1 S. 1 StPO). Es entscheidet durch Beschluss, gegen den die sofortige Beschwerde zulässig ist (§ 441 Abs. 2 StPO). In allen Fällen ist der abzuführende Betrag zahlenmäßig zu bestimmen (§ 8 Abs. 3 S. 2).

3   Für das **Bußgeldverfahren** sieht **§ 11 Abs. 2** vor, dass die Anordnung der Abführung des Mehrerlöses (oder dessen Rückerstattung) im Bußgeldbescheid erfolgt. Gegen diesen ist auch insoweit der **Einspruch nach §§ 67 ff. OWiG statthaft.** Im **selbstständigen Verfahren** nach § 10 erlässt ebenfalls die Verwaltungsbehörde den Bescheid, der einem Bußgeldbescheid gleichsteht (§ 11 Abs. 2 S. 2). Legt der Betroffene hiergegen Einspruch ein, entscheidet das Gericht hierüber **nicht nach Hauptverhandlung,** sondern nach § 46 Abs. 1 OWiG, § 441 Abs. 2 StPO durch **Beschluss,** gegen den die **sofortige Beschwerde** zulässig ist (BGHSt 31, 361).

2876   *Sackreuther*

817. Gesetz zur Regelung der Wohnungsvermittlung (WoVermittG)

Vom 4. November 1971 (BGBl. I S. 1745)

Zuletzt geändert durch Art. 3 MietrechtsnovellierungsG vom 21.4.2015 (BGBl. I S. 610)

– Auszug –

Vorbemerkung

Literatur: *Derleder,* Wer den Mietwohnungsmakler bestellt, bezahlt ihn auch, NZM 2014, 263; *Duchstein,* MietNovG 1
II: Das „Bestellerprinzip" im Wohnraummaklerrecht, NZM 2015, 417; *Fischer,* Das Bestellerprinzip im Wohnungs-
vermittlungsrecht, NJW 2015, 1560; *Langemaack,* Maklervertragsrecht im Spiegel aktueller höchstrichterlicher Rechtsprechung – Auf dem Weg zum „Sachverständigen der Immobilienbranche", NZM 2008, 18.

Das Gesetz zur Regelung der Wohnungsvermittlung (WoVermittG, auch WoVermG oder Wo- 1
VermRG) wurde im Jahr 1971 als Art. 9 des G zur Verbesserung des Mietrechts und zur Begrenzung des
Mietanstiegs sowie zur Regelung von Ingenieur- und Architektenleistungen (BGBl. 1971 I 1745 (1747))
erlassen. Es enthält **Regelungen zur Tätigkeit von Wohnungsvermittlern** (Maklern) bei der Vermittlung und dem Nachweis von Wohnräumen, ua zu Entgelt (Provision) und Auslagen sowie zu
Anforderungen an Wohnungsanzeigen. Die letzte Änderung durch das MietrechtsnovellierungsG
(„Mietpreisbremse") mWv 1.6.2015 zielte ua auf die materielle Durchsetzung des Bestellerprinzips ab
(vgl. BT-Drs. 18/3121, 16). Damit zahlt nun grds. der Besteller (Mieter oder Vermieter) des Wohnungsvermittlers die Maklercourtage. Diese kann nicht mehr standardmäßig auf den Wohnungssuchenden
abgewälzt werden.

Ein Antrag auf einstweiligen Rechtsschutz gegen das MietrechtsnovellierungsG (ua wg. Eingriff in 2
Art. 12 GG) wurde vom BVerfG zurückgewiesen (BVerfG NJW 2015, 1815). Über die Verfassungsbeschwerde wurde noch nicht entschieden. Die Verfassungsmäßigkeit des WoVermittG wurde in der
Rspr. bislang nicht erörtert. Das BVerfG hatte sich jedoch in mehreren Entscheidungen (BVerfGE 76,
126 = BVerfG NJW 1987, 2733; BVerfGE 78, 128 = BVerfG NJW 1988, 2663) mit der Auslegung von
§ 2 Abs. 2 Nr. 2 befasst, ohne die Verfassungsmäßigkeit zu thematisieren.

Zweck des WoVermittG ist es, Wohnungssuchende vor ungerechtfertigten wirtschaftlichen Belastun- 3
gen zu schützen, die sich häufig aus missbräuchlichen Vertragsgestaltungen oder unlauteren Geschäftsmethoden von Wohnungsvermittlern für sie ergeben. Ferner soll Markttransparenz erreicht werden (BT-
Drs. 6/2421, 5).

§ 8 [Ordnungswidrigkeiten]

(1) Ordnungswidrig handelt, wer als Wohnungsvermittler vorsätzlich oder fahrlässig

1. **entgegen § 2 Absatz 1a vom Wohnungssuchenden ein Entgelt fordert, sich versprechen
   lässt oder annimmt,**
1a. **entgegen § 3 Abs. 1 das Entgelt nicht in einem Bruchteil oder Vielfachen der Monatsmiete angibt,**
2. **entgegen § 3 Abs. 2 ein Entgelt fordert, sich versprechen läßt oder annimmt, das den dort
   genannten Betrag übersteigt,**
3. **entgegen § 6 Abs. 1 ohne Auftrag Wohnräume anbietet oder**
4. **entgegen § 6 Abs. 2 seinen Namen, die Bezeichnung als Wohnungsvermittler oder den
   Mietpreis nicht angibt oder auf Nebenkosten nicht hinweist.**

**(2) Die Ordnungswidrigkeit nach Absatz 1 Nummer 1 und 2 kann mit einer Geldbuße bis
zu 25 000 Euro, die Ordnungswidrigkeit nach Absatz 1 Nummer 1a, 3 und 4 mit einer
Geldbuße bis zu 2 500 Euro geahndet werden.**

A. Tatbestand

I. Objektiver Tatbestand

Wohnungsvermittler ist nach der Legaldefinition in § 1 Abs. 1, wer den Abschluss von Mietver- 1
trägen über Wohnräume vermittelt oder die Gelegenheit zum Abschluss von Mietverträgen über Wohnräume nachweist. Vom Begriff umfasst ist damit sowohl der Vermittlungs- als auch der Nachweismakler
(zum Maklerbegriff und zur Anwendbarkeit des WoVermittG BGH NJW-RR 1995, 880; OLG
Hamburg NJW-RR 1995, 880).

1a **Vermittlungsvertrag** ist der Auftrag (§ 6 Abs. 1) zur Vermittlung oder zum Nachweis der Gelegenheit zum Abschluss eines Mietvertrags über Wohnräume. Für den Vermittlungsvertrag ist mWv 1.6.2015 die Schriftform zwingend vorgeschrieben, § 2 Abs. 1 S. 2.

2 **Anwendbar** ist das WoVermittG auf **Wohnraum.** Ausnahmsweise ist es auch auf **Geschäftsräume** anwendbar, wenn diese wegen ihres räumlichen oder wirtschaftlichen Zusammenhangs mit Wohnräumen mit diesen zusammen vermietet werden (§ 1 Abs. 2).

3 **Keine Anwendung** findet das WoVermittG auf Maklertätigkeiten über Wohnräume im Fremdenverkehr, § 1 Abs. 3.

3a **1. Verbot des Verstoßes gegen das Bestellerprinzip, Abs. 1 Nr. 1a.** Nach § 2 Abs. 1a darf der Wohnungsvermittler vom Wohnungssuchenden für die Vermittlung oder den Nachweis der Gelegenheit zum Abschluss von Mietverträgen über Wohnräume kein Entgelt fordern, sich versprechen lassen oder annehmen, es sei denn, der Wohnungsvermittler holt **ausschließlich** wegen des Vermittlungsvertrags mit dem Wohnungssuchenden vom Vermieter oder von einem anderen Berechtigten den Auftrag ein, die Wohnung anzubieten (§ 6 Abs. 1; zum abgelehnten Eilrechtsschutz gegen das MietNovG BVerfG BeckRS 2015, 46061). Dieselbe Wohnung darf dem Makler also nicht schon zuvor zur Vermittlung übertragen worden sein, was dem faktischen Ausschluss der Doppelbeauftragung (Vermieter/Mieter) gleichkommt. Wer zuerst beauftragt, bezahlt. Auf zuvor abgeschlossene Maklerverträge findet § 2 Abs. 1a keine Anwendung (vgl. Art. 170 EGBGB).

§ 2 Abs. 1a ist aufgrund der Bußgeldbewehrung eng auszulegen. Eine davon abweichende Vereinbarung ist ebenso unwirksam wie eine direkte oder indirekte Verpflichtung des Wohnungssuchenden, das vom Vermieter oder einem Dritten geschuldete Vermittlungsentgelt zu zahlen (vgl. § 2 Abs. 5 Nr. 2 bzw. § 4a). Auf Grundlage einer solchen unwirksamen oder nicht wirksam gewordenen Vereinbarung erbrachte Leistungen können über die Grundsätze ungerechtfertigter Bereicherung zurückgefordert werden (§ 817 BGB ist nicht anwendbar).

4 **1a. Gebot der korrekten Angabe des Entgelts, Abs. 1 Nr. 1.** Nach § 3 Abs. 1 hat ein gewerbsmäßig handelnder Wohnungsvermittler (→ Rn. 1) sein Entgelt in einem Bruchteil oder Vielfachen der Monatsmiete anzugeben. Berechnungsgrundlage ist die **Netto-Monatsmiete** ohne Nebenkosten, sofern darüber gesondert abgerechnet wird (anders bei ausdrücklich abweichender Vereinbarung).

5 Der Anspruch des Wohnungsvermittlers auf Entgelt für die Vermittlung oder den Nachweis der Gelegenheit zum Abschluss von Mietverträgen über Wohnräume, wenn infolge seiner Tätigkeit ein Mietvertrag zustande kommt, richtet sich nach § 2 Abs. 1 (Ausschlüsse § 2 Abs. 1a, Abs. 2).

6 Die Vorschrift gilt nur für **gewerbsmäßig handelnde** Wohnungsvermittler (§ 7). **Gewerbsmäßig** (vgl. § 1 GewO) handelt als Wohnungsvermittler, wer die Wohnungsvermittlung selbstständig auf eigene Rechnung als eine auf gewisse Dauer angelegte Tätigkeit mit Gewinnerzielungsabsicht ausübt (zB nicht bei Inserat seines Privatgrundstücks mit dem Ziel der Verbesserung der beruflichen Liquidität, BGH NJW-RR 1993, 1063).

7 **2. Verbot der Forderung überhöhten Entgelts, Abs. 1 Nr. 2.** Nach § 3 Abs. 2 darf ein Wohnungsvermittler (→ Rn. 1) vom Wohnungssuchenden für die Vermittlung oder den Nachweis der Gelegenheit zum Abschluss von Mietverträgen über Wohnräume kein Entgelt fordern, sich versprechen lassen oder annehmen, das **zwei Monatsmieten** zuzüglich der gesetzlichen Umsatzsteuer übersteigt. Berechnungsgrundlage ist die **Netto-Monatsmiete ohne Nebenkosten,** sofern diese gesondert abgerechnet werden (§ 3 Abs. 2 S. 2). Die Vorschrift des Abs. 1 Nr. 2 wurde ebenso wie § 3 Abs. 2 erst nachträglich durch Art. 13 G v. 21.7.1993 (BGBl. I 1257 (1259)) eingefügt.

8 **3. Verbot der Wohnungsvermittlung ohne Auftrag, Abs. 1 Nr. 3.** § 6 Abs. 1 enthält ein einseitig an den Wohnungsvermittler (→ Rn. 1) gerichtetes Verbot, Wohnungen ohne Auftrag des Vermieters oder eines sonst Berechtigten anzubieten. (Begründung des Bundesregierung zum Entwurf eines G über Maßnahmen zur Verbesserung des Mietrechts und der Begrenzung des Mietanstiegs, BT-Drs. 6/1549, 13 zu Art. 5 § 7-E). Wohnungsvermittler dürfen Wohnräume nur anbieten, wenn sie dazu einen Auftrag von dem Vermieter oder einem anderen Berechtigten haben. Hintergrund ist die Besorgnis des Gesetzgebers, Makler könnten ohne Auftrag des Berechtigten Wohnräume anbieten, von denen sie zufällig auf inoffiziellem Wege oder über Dritte erfahren haben. Interessenten sollten vor vergeblichen Besichtigungen und den damit verbundenen finanziellen und zeitlichen Aufwendungen geschützt werden (BT-Drs. 6/1549, 13 zu Art. 5 § 6-E; vgl. dazu KG NZM 2004, 431).

9 Verstößt der Wohnungsvermittler gegen § 6 Abs. 1, führt dies aber nicht gem. § 134 BGB zur Nichtigkeit des Maklervertrages (BGHZ 152, 10 = BGH NJW 2002, 3015; zuvor schon OLG Karlsruhe NJW 1976, 1408). Kommt der Mietvertrag aufgrund der Tätigkeit des Maklers zustande, bleibt der Provisionsanspruch also trotz Ordnungswidrigkeit bestehen. Das Gesetz unterscheidet zwischen nur bußgeldbewehrten und auch zur Nichtigkeit führenden Verstößen.

10 **4. Regelungen für öffentliche Anzeigen und Werbung, Abs. 1 Nr. 4.** Die Vorschrift des § 8 Abs. 1 Nr. 4 sanktioniert Verstöße gegen § 6 Abs. 2, wonach einem **gewerblich handelnden** (§ 7, → Rn. 3) Wohnungsvermittler (→ Rn. 1) das **öffentliche** Anbieten oder Suchen von Wohnräumen (insbes. in Anzeigen und Aushängen) nur unter Angabe seines **Namens** und der **Bezeichnung als Wohnungsvermittler** gestattet ist (nicht bei Inserat seines Privatgrundstücks, BGH NJW-RR 1993, 1063). Tritt er als Anbieter auf, hat er den **Mietzins** der Wohnräume sowie ggf. gesondert zu vergütende **Nebenleistungen** anzugeben (OLG Köln BeckRS 2001, 30203633 – fehlende Nebenkostenangabe). Die Bestimmung soll Interessenten vor überraschenden finanziellen Verpflichtungen schützen.

Der **Mietzins** muss **in voller Höhe** angegeben sein. Besteht das Mietobjekt aus Wohnung mit 11 Garage, darf nicht nur der Wohnungsmietzins angegeben werden (OLG Köln NZM 2002, 392). Eine Gruppenbildung mit Mindest- und Höchstpreisen ist nicht gestattet. Jede einzelne Wohnung muss mit genauem Mietzins beziffert werden können (OLG Karlsruhe GewArch 1977, 351).

Eine bestimmte Form für die Angabe der **Nebenkosten** – etwa eine detaillierte Aufzählung der 12 Nebenkostenarten – ist im WoVermittG nicht vorgesehen. Daher ist es zulässig, ohne bezifferten Betrag pauschal auf Nebenkosten hinzuweisen.

Wird allerdings mit dem bloßen Begriff „Kaltmiete" geworben, genügt dies der Klarheitsfunktion 13 grds. nicht (OLG Köln NStZ 1984, 224). Der Begriff bringt noch nicht zum Ausdruck, dass Beheizungskosten oder andere Nebenkosten neben dem Mietpreis für die Wohnräume als sog Mietnebenkosten vom Mieter gesondert an den Vermieter zu zahlen sind (OLG Köln NStZ 1984, 224 – „1.150 DM Kaltmiete"; OLG Bremen NJW-RR 1993, 1068 – „Miete 1.200,– kalt"; **aA** OLG Braunschweig NJW-RR 1993, 1.069 – „KM").

II. Innere Tatseite

Ordnungswidrigkeiten iSd Vorschrift können sowohl vorsätzlich (§ 10 OWiG, dolus eventualis 14 genügt, → StGB § 15 Rn. 13) als auch fahrlässig (zur Fahrlässigkeit → StGB § 15 Rn. 19 ff.) begangen werden.

B. Sonstiges

I. Versuch, Beteiligung

Zur Tatbeteiligung vgl. §§ 9, 14 OWiG. Der Versuch einer Ordnungswidrigkeit iSv § 8 ist nicht 15 ahndbar, § 13 OWiG.

II. Rechtsfolgen, Verjährung

Rechtsfolge einer vorsätzlichen Ordnungswidrigkeit nach **Abs. 1 Nr. 1 oder 2** kann Geldbuße von 16 5 EUR (Mindestmaß, § 17 Abs. 1 OWiG) bis zu 25.000 EUR sein, bei Fahrlässigkeit beträgt das Höchstmaß 12.500 EUR (§ 17 Abs. 2 OWiG). Vorsätzliche Ordnungswidrigkeiten nach **Abs. 1 Nr. 1a, 3 u. 4** können mit einer Geldbuße bis zu 2.500 EUR geahndet werden, bei fahrlässigem Handeln kann eine Geldbuße bis zu 1.250 EUR ausgesprochen werden (§ 17 Abs. 2 OWiG).

Die mit Tatbeendigung bzw. einem späteren Erfolg einsetzende **Verjährung** einer vorsätzlichen 17 Ordnungswidrigkeiten iSv Abs. 1 Nr. 1 u. 2 beträgt drei Jahre (§ 31 Abs. 1 Nr. 2 OWiG), bei fahrlässiger Begehung zwei Jahre (§ 31 Abs. 1 Nr. 2 OWiG). Vorsätzlich und fahrlässig begangene Ordnungswidrigkeiten iSv Abs. 1 Nr. 1a, 3 oder 4 verjähren nach einem Jahr (§ 31 Abs. 1 Nr. 3 OWiG).

III. Konkurrenzen

Tateinheit (§ 19 OWiG) kann vorliegen mit den §§ 3 ff. WiStG. Bei Zusammentreffen von Abs. 1 18 Nr. 2 mit § 291 StGB (Wucher) geht nach § 21 OWiG der Straftatbestand vor. Mit einem Verstoß gegen § 6 Abs. 2 (Abs. 1 Nr. 4) verbunden ist ein Verstoß gegen § 1 UWG (OLG Köln BeckRS 2001, 30203633).

820. Gesetz über den Wertpapierhandel
(Wertpapierhandelsgesetz – WpHG)

In der Fassung der Bekanntmachung vom 9. September 1998 (BGBl. I S. 2708) FNA 4110-4

Zuletzt geändert durch Art. 1 und Art. 2 des Ersten Gesetzes zur Novellierung von Finanzmarktvorschriften auf Grund
europäischer Rechtsakte vom 30. Juni 2016 (BGBl. I S. 1514)

– Auszug –

Vorbemerkung

1   **1. Begriffliche Systematisierung.** §§ 38, 39 sind Regelungen, die dem Kapitalmarktstrafrecht bzw.
-ordnungswidrigkeitenrecht (zum Begriff HK-KapMStrafR/*Park*/*Sorgenfrei* Teil 1 Rn. 1) zuzurechnen
sind. Eine anerkannte Definition für den Begriff des Kapitalmarktstrafrechts existiert ebenso wenig wie
für den Begriff des Kapitalmarktrechts. Nach einer weiten Begriffsbestimmung kann man das Kapitalmarktrecht als „die Gesamtheit der Normen, Geschäftsbedingungen und Standards, mit denen die
Organisation der Kapitalmärkte und der auf sie bezogenen Tätigkeiten sowie das marktbezogene Verhalten der Marktteilnehmer geregelt werden sollen", definieren (Kümpel/Wittig Rn. 1.10). Das **Kapitalmarktstrafrecht bzw. -ordnungswidrigkeitenrecht** ist dann die Gesamtheit derjenigen Straf- und
Bußgeldvorschriften, die diese Verhaltensnormen als Sanktionsnormen absichern. Das Kapitalmarktstrafrecht ist ebenso wie das Kapitalmarktrecht Querschnittsrecht (*Schneider* AG 2001, 269 (271)). Es
werden hierzu Regelungen aus unterschiedlichsten Rechtsbereichen (vgl. Überblick bei *Park* JuS 2007,
621 ff. (712 ff.)) gerechnet. So lassen sich hierunter einerseits Strafvorschriften aus dem „Kernstrafrecht"
wie zB § 264a StGB oder § 266 StGB, andererseits aber insbes. Strafvorschriften aus dem „Nebenstrafrecht" wie zB Bilanzdelikte nach § 331 Nr. 1, 2 HGB, § 400 Abs. 1 Nr. 1, 2, Abs. 2 AktG, die
Strafvorschriften des BörsG oder die hier zu erläuternden Vorschriften des WpHG fassen. Anders als
beispielsweise § 266 StGB, der als allgemeines Vermögensdelikt keine spezifisch kapitalmarktrechtliche
Ausrichtung aufweist, handelt es sich bei den durch die §§ 38, 39 in Bezug genommenen Verhaltensnormen um genuin kapitalmarktrechtliche Regelungen, so dass diese den Kernbereich des Kapitalmarktstrafrechts bzw. -ordnungswidrigkeitenrechts darstellen und nach hier zugrundegelegter Terminologie –
anderer Vorschriften wie zB den Strafvorschriften des BörsG – zum **Kapitalmarktstrafrecht
bzw. Kapitalmarktordnungswidrigkeitenrecht ieS** gehören. Der Terminologie der Marktmissbrauchsverordnung (VO (EU) Nr. 596/2014, ABl. 2014 L 173, 1) folgend, die in Art. 1 den verbotenen
Insiderhandel, die verbotene Marktmanipulation sowie die unrechtmäßige Offenlegung von Insiderinformationen als Marktmissbrauch legaldefiniert, werden die Straftatbestände des § 38 Abs. 1 und 3 als
Marktmissbrauchsstrafrecht bezeichnet.

2   **2. Regelungsziel der §§ 38, 39.** Als Regelungsziele des Kapitalmarktrechts werden regelmäßig der
Funktionsschutz des Kapitalmarktes und der **Anlegerschutz** genannt (vgl. zB *Buck-Heeb*, Kapitalmarktrecht, 8. Aufl. 2016, Rn. 6 ff.). Funktionierende Kapitalmärkte zeichnen sich durch Effizienz,
Liquidität und Stabilität aus (*Klöhn* in Langenbucher, Europäisches Privat- und Wirtschaftsrecht, 3. Aufl.
2013, § 6 Rn. 5 ff.). Das nationale Recht und das Unionsrecht (→ Rn. 11 ff.) stellen den regulativen
Rahmen hinsichtlich Marktverhalten, Marktstruktur und Marktorganisation bereit, um effektive, liquide
und stabile Kapitalmärkte sowie einen hinreichenden Anlegerschutz zu gewährleisten. Ein wesentlicher
Teil dieses Regelungssystems stellen das WpHG und die dort in Bezug genommenen EU-Verordnungen
dar. Die **§§ 38, 39 flankieren diese Ver- und Gebotsnormen** des nationalen Rechts und des Unionsrechts. Sie haben deshalb den Zweck, die Funktionsfähigkeit des Kapitalmarkts, die für eine kapitalistisch
organisierte Volkswirtschaft zentrale Bedeutung hat, sowie den Anlegerschutz strafrechtlich bzw. bußgeldrechtlich abzusichern. Von diesen übergeordneten Regelungszwecken ist das durch die jeweilige
Straf- oder Bußgeldvorschrift geschützte **Rechtsgut** zu unterscheiden (→ § 38 Rn. 5).

3   **3. Entstehungsgeschichte.** Während das WpHG in den ersten Jahren des neuen Jahrtausends noch
überschaubaren Änderungen unterworfen war, haben die zahlreichen Gesetzesänderungen, insbes. im
Nachgang der (systemischen) Finanzkrise der Jahre 2007 bis 2009 (hierzu zB *Schröder*, Europa in der
Finanzfalle, 2012, 19 ff.; *Schünemann*, Die sogenannte Finanzkrise – Systemversagen oder global organisierte Kriminalität, 2010, 71 ff.), die vor allem durch das Unionsrecht angestoßen wurden, ein Ausmaß
angenommen, das nur noch schwer überschaubar ist (vgl. *Mülbert* JZ 2010, 834 (841): „Regelungs-
sunami") und das hier nur in Grundlinien nachgezeichnet werden kann. Vor dem Inkrafttreten des
WpHG zum 1.8.2004 idF des 2. Finanzmarktförderungsgesetzes **(2. FFG)** v. 26.7.1994 (BGBl. I 1749
(1759)) war der strafrechtliche Schutz des Kapitalmarktes über die Vorschriften des allgemeinen Straf-

rechtes und § 88 BörsG aF nur unzureichend gewährleistet. Durch das **2. FFG** wurden in Umsetzung der sog **Insiderrichtlinie** v. 13.11.1989 (RL 89/592/EWG ABl. 1989 L 334, 30) mit § 38 Abs. 1 Nr. 1–3 aF zunächst nur Strafvorschriften zum verbotenen Insiderhandel eingeführt, bevor mit dem **4. FFG** v. 21.6.2002 (BGBl. I 2010 (2037)) Straf- und Bußgeldnormen zur Sanktionierung verbotener Marktmanipulationen geschaffen wurden, die § 88 BörsG aF ersetzten. Insbes. durch das Anlegerschutzverbesserungsgesetz **(AnsVG)** v. 28.10.2004 (BGBl. I 2630 (2645)) wurde in Umsetzung der **Marktmissbrauchsrichtlinie** des Europäischen Parlaments und des Rates v. 28.1.2003 (RL 2003/6/EG, ABl. 2003 L 96, 16) die Strafbarkeit von Verstößen gegen Ver- und Gebotsnormen des WpHG erheblich ausgeweitet. Mit § 38 Abs. 3 aF wurde für Verstöße gegen § 38 Abs. 1 aF eine **Versuchsstrafbarkeit** geschaffen und mit § 38 Abs. 4 aF im Bereich des verbotenen Insiderhandels in bestimmten Fällen auch ein leichtfertiges Handeln unter Strafe gestellt. Gleichzeitig wurde der Katalog der Bußgeldtatbestände des § 39 weiter ausgebaut. Zusätzliche Erweiterungen des Bußgeldtatbestandes des § 39 erfolgten überwiegend in Umsetzung europarechtlicher Vorgaben durch das Gesetz zur Kontrolle von Unternehmensabschlüssen v. 15.12.2004 **(BilKoG)** (BGBl. I 3408), durch das Transparenzrichtlinie-Umsetzungsgesetz **(TUG)** v. 5.1.2007 (BGBl. I 10), durch das zum 1.11.2007 in Kraft getretene Finanzmarktrichtlinienumsetzungsgesetz **(FRUG)** v. 16.7.2007 (BGBl. I 1330), durch das Investmentänderungsgesetz v. 21.12.2007 **(InvÄndG)** (BGBl. I 3089) und durch das Gesetz zur Fortentwicklung des Pfandbriefrechts **(PfandBFortentwG)** v. 20.3.2009 (BGBl. I 607). Durch das Bilanzrechtsmodernisierungsgesetz **(BilMoG)** v. 25.5.2009 (BGBl. I 1102) und durch das Gesetz zur Stärkung der Finanzmarkt- und der Versicherungsaufsicht **(FM/VAStärkG)** v. 29.7.2009 (BGBl. I 2305) wurde § 39 in geringem Umfang an Änderungen blankettausfüllender Normen angepasst. Das Gesetz zur Änderung des Einlagensicherungs- und Anlegerentschädigungsgesetzes und anderer Gesetze **(EAEGuaÄndG)** v. 25.6.2009 (BGBl. I 1528 (1628)) erweiterte den Anwendungsbereich des Verbotes der Marktmanipulation nach § 38 Abs. 2 aF auf Fälle einer Preiseinwirkung auf Waren und ausländische Zahlungsmittel, bevor der Katalog des § 39 durch das Gesetz zur Neuregelung der Rechtsverhältnisse bei Schuldverschreibungen aus Gesamtemissionen und zur verbesserten Durchsetzbarkeit von Ansprüchen von Anlegern aus Falschberatung **(SchVGEG)** v. 31.7.2009 (BGBl. I 2512) erneut erweitert wurde.

Mit Art. 1 des Ausführungsgesetzes zur **EU-Ratingverordnung** v. 14.6.2010 (BGBl. I 786) wurden **4** Verstöße gegen die in der EU-VO über Ratingagenturen (VO (EG) Nr. 1060/2009 v. 16.9.2009, ABl. 2009 L 302, 1) vorgesehenen Pflichten mit Bußgeld bedroht (§ 39 Abs. 2b und § 39 Abs. 3a aF), mit dem Gesetz zur Vorbeugung gegen missbräuchliche Wertpapier- und Derivategeschäfte **(WpMiVoG)** v. 21.7.2010 (BGBl. I 945) vor dem Hintergrund der Finanzkrise mit der Schaffung der neuen §§ 30i, 30j aF bestimmte Finanztransaktionen wie ungedeckte Leerverkäufe verboten und Verstöße über § 39 Abs. 2 Nr. 14a, 14b aF bußgeldbewehrt. Gleichzeitig wurden mit dem neuen § 30i aF bestimmte Mitteilungs- und Veröffentlichungspflichten für Inhaber von Netto-Leerverkaufspositionen normiert und Verstöße über die neu eingefügten Vorschriften des § 39 Abs. 2 Nr. 2m, 5 aF als Bußgeldtatbestände ausgestaltet. Bereits mit dem **EU-Leerverkaufs-Ausführungsgesetz** v. 6.11.2012 (BGBl. I 2184) wurden die Tatbestände der §§ 30i, 30j aF und § 39 Abs. 2 Nr. 2m, 5, 14a, 14b aF wieder aufgehoben und Verstöße gegen die EU-Leerverkaufsverordnung (VO (EU) Nr. 236/2012 v. 14.3.2012, ABl. 2012 L 86, 1) in § 39 Abs. 2d und 3a geregelt. Mit dem **Anlegerschutz- und Funktionsverbesserungsgesetz** v. 5.4.2011 (BGBl. I 538) wurde der Ordnungswidrigkeitenkatalog des § 39 erneut erweitert, nämlich um die § 39 Abs. 2 Nr. 15a, 16a, 17a–17c und um § 39 Abs. 3 Nr. 1b, 4–9, 11. Die Bußgeldtatbestände flankieren ua die in §§ 31 ff. normierten, den Anlegerschutz betreffenden Informations-, Verhaltens- und Organisationspflichten für Wertpapierdienstleistungsunternehmen und ihre Mitarbeiter. Mit dem Gesetz zur Novellierung des Finanzanlagenvermittler- und Vermögensanlagenrechts **(VermAnlG)** v. 6.12.2011 (BGBl. I 2184) erfolgte mit den zur Sanktionierung von Verstößen gegen die im Zusammenhang mit der Versteigerung von Treibhausgasemissionszertifikaten stehende sog **Versteigerungsverordnung** (VO (EU) Nr. 1031/2010 v. 12.11.2010, ABl. 2010 L 302, 1) geschaffenen § 38 Abs. 2a aF und § 39 Abs. 2c eine Erweiterung sowohl der Strafvorschrift des § 38 als auch des Bußgeldkataloges des § 39, wobei aufgrund der zwischenzeitlich normierten Ahndungsbefugnis der European Securities and Markets Authority (ESMA) zur Ahndung von Verstößen gegen die EU-Ratingverordnung gleichzeitig § 39 Abs. 3a aF und wesentliche Teile des früheren § 39 Abs. 2b aufgehoben wurden. In Umsetzung der **VO (EU) Nr. 648/2012 über OTC-Derivate, zentrale Gegenparteien und Transaktionsregister** v. 4.7.2012 (ABl. 2012 L 201, 1) wurde durch das Ausführungsgesetz v. 13.2.2013 in §§ 19, 20 die Überwachung des Clearings von OTC-Derivaten und die Aufsicht über das Transaktionsregister sowie bestimmte Mitteilungspflichten neu geregelt und Verstöße gem. § 39 Abs. 2 Nr. 10a–10c mit Bußgeld bedroht. Mit dem Gesetz zur Förderung und Regulierung einer Honoraranlageberatung über Finanzinstrumente **(Honoraranlageberatungsgesetz)** v. 15.7.2013 (BGBl. I 2390) wurde mit Schaffung der §§ 31 Abs. 4b–4d und § 36d die Honoraranlageberatung reglementiert, Verstöße über die neu eingefügten § 39 Abs. 2 Nr. 16b–16e, 23 als Ordnungswidrigkeiten sanktioniert. Durch das **Gesetz zur Verringerung der Abhängigkeit von Ratings** v. 10.12.2014 (BGBl. I 2085) wurden in § 39 die Ordnungswidrigkeitentatbestände des Abs. 2 Nr. 25 und Abs. 2b eingefügt und die Verstöße gegen die VO (EG) Nr. 1060/2009 des Europäischen Parlaments und des Rates v. 16.9.2009 über Ratingagenturen (ABl. 2009 L 302, 1), die zuletzt durch die VO (EU)

Nr. 462/2013 (ABl. 2013 L 146, 1) geändert worden ist (sog CRA III), sanktioniert. Das **Kleinanleger-schutzgesetz** v. 3.7.2015 (BGBl. I 1114) hat mit Einfügung des § 4b ua die Möglichkeit der Produkt-intervention durch die BaFin geschaffen. Für Fälle, in denen einer vollziehbaren Anordnung nach § 4b Abs. 1 zuwidergehandelt wurde, sah § 39 Abs. 2 Nr. 1a aF die Verhängung eines Bußgeldes vor (jetzt § 39 Abs. 2 Nr. 2b).

5   Eine der wohl umfangreichsten Änderungen der Sanktionsvorschriften des WpHG der letzten Jahre hat schließlich das Erste Finanzmarktnovellierungsgesetz **(1. FiMaNoG)** v. 30.6.2016 (BGBl. I 1514) mit sich gebracht. Durch das weitgehend am 2.7.2016 in Kraft getretene Gesetz hat insbes. das nationale Marktmissbrauchsrecht durch Anpassung („1:1-Umsetzung", vgl. BT-Drs. 18/7482, S. 3) an die VO (EU) Nr. 596/2014 des Europäischen Parlaments und des Rates v. 16.4.2014 über Marktmissbrauch (Marktmissbrauchsverordnung) und zur Aufhebung der RL 2003/06 EG des Europäischen Parlamentes und des Rates und der RL 2003/124/EG, 2003/125/EG und 2004/72/EG der Kommission **(Markt-missbrauchsverordnung (MAR),** ABl. 2014 L 173, 1) grundlegende Änderung erfahren. Zudem wurde das Sanktionsregime des WpHG entsprechend den Vorgaben der RL 2014/57/EU des Europäi-schen Parlaments und des Rates v. 16.4.2014 über strafrechtliche Sanktionen bei Marktmanipulation **(Marktmissbrauchsrichtlinie (CRIM-MAD),** ABl. 2014 L 173, 179) angepasst (Einzelheiten → Rn. 11 ff.). Insbes. die Vorschriften über Insiderhandel und Marktmanipulation und mit ihnen die Strafvorschrift des § 38 WpHG haben sich durch die jüngste Rechtsänderung grundlegend geändert. Die Vorschriften zum Marktmissbrauch und zur Veröffentlichung von Insiderinformationen werden nun unmittelbar durch die Marktmissbrauchsverordnung geregelt. Die Verordnung enthält zudem Vorschrif-ten zur Zusammenarbeit der ESMA und den nationalen Aufsichtsbehörden sowie zu verwaltungsrecht-lichen Maßnahmen und Sanktionen. Die Marktmissbrauchsrichtlinie beinhaltet – entgegen ihres irre-führenden Titels – nicht nur Mindestvorschriften über strafrechtliche Sanktionen bei Marktmanipulati-on, sondern auch bei Insidergeschäften und unrechtmäßiger Offenlegung von Insiderinformationen. Der zunächst noch im Referentenentwurf für das 1. FiMaNoG gewählte Weg, zur Umsetzung der Markt-missbrauchsrichtlinie im nationalen Recht eigene Verbotstatbestände (§§ 19, 21 WpHG-E) zu schaffen, die für die Blankettstrafvorschriften (§§ 107, 108 WpHG-E) die maßgeblichen Bezugsnormen dar-stellten, wurde bereits im Regierungsentwurf nicht weiterverfolgt, so dass nun sowohl die Straf- als auch die Bußgeldvorschriften des WpHG dort, wo es um die Sanktionierung von Verstößen gegen das sekundäre Unionsrecht geht, die Verhaltensnormen der Marktmissbrauchsverordnung unmittelbar in Bezug nehmen. Dies ist zwar deshalb grundsätzlich zu begrüßen, weil hierdurch eine parallele Regelung von Verbotstatbeständen im Unionsrecht und nationalen Recht vermieden wurde, die zu Auslegungs-schwierigkeiten und Anwendungsdivergenzen hätte führen können, was dem Ziel der Harmonisierung der nationalen kapitalmarkt(straf)rechtlichen Vorschriften potentiell abträglich ist. Ein Vorteil des Refe-rentenentwurfs war hingegen die im Vergleich zur Marktmissbrauchsverordnung weitaus klarere Spra-che. Die sprachlichen Eigentümlichkeiten der deutschen Sprachfassung der Marktmissbrauchsverord-nung (*Schmolke* AG 2016, 434 (439); vgl. auch *Klöhn* AG 2016, 423 (424): „groteske Übersetzungs-fehler"; *Kudlich* AG 2016, 459 (465)) und die damit verbundenen Auslegungsschwierigkeiten (→ § 38 Rn. 49 f., 80) dürften den Rechtsanwender vor zT nicht unerhebliche Anwendungsschwierigkeiten stellen. Neben den wegen des novellierten unionsrechtlichen Marktmissbrauchregimes notwendig gewordenen Änderungen betreffen weitere Änderungen durch das 1. FiMaNoG Anpassungen an die VO (EU) Nr. 1286/2014 des Europäischen Parlaments und des Rates vom 26.11.2014 über Basis-informationsblätter für verpackte Anlageprodukte für Kleinanleger und Versicherungsprodukte **(PRIIP)** (ABl. 2014 L 352, 1; L 358, 50). Diese Änderungen sind zum 31.12.2016 in Kraft getreten und betreffen § 39. Nach § 39 Abs. 3e, 4b werden verschiedene Verstöße gegen die PRIIPs-Verordnung sanktioniert.

6   **4. Gesetzessystematik und Regelungstechnik. a) Systematik.** Als Sanktionsnormen, die die Verhaltensnormen des Wertpapierhandelsgesetzes und kapitalmarktrechtliche Rechtsakte des Unions-sekundärrechts absichern, ist mit § 38 ein **Straftatbestand** und mit § 39 ein **Ordnungswidrigkeiten-tatbestand** geschaffen worden. § **38** erfasst dabei die strafbare Marktmanipulation (§ 38 Abs. 1) und strafbare Insiderdelikte (§ 38 Abs. 3). Zudem besteht ein Tatbestand, der den Insiderdelikten verwandte Verhaltensweisen im Zusammenhang mit der Versteigerung von Treibhausgasemissionszertifikaten erfasst (§ 38 Abs. 2). Die Vorschrift des § **39** enthält zahlreiche Tatbestände, die Verstöße gegen Verhaltens-normen des Wertpapierhandelsgesetzes selbst sowie gegen EU-Verordnungen sanktionieren. Es handelt sich hierbei um die VO (EU) Nr. 596/2014 (ABl. 2014 L 173, 1; „Marktmissbrauchsverordnung"), die VO (EG) Nr. 1060/2009 (ABl. 2009 L 302, 1; „Ratingagenturen-Verordnung"), die VO (EG) Nr. 1287/2006 (ABl. 2006 L 241, 1), die VO (EU) Nr. 1031/2010 (ABl. 2010 L 302, 1; „Emmissions-handels-Verordnung"), die VO (EU) Nr. 236/2012 (ABl. 2012 L 86, 1; „Leerverkaufs-Verordnung") sowie die VO (EU) Nr. 648/2012 (ABl. 2012 L 201, 1; „EMIR").

7   **b) Regelungstechnik.** Sowohl die Straftatbestände des § 38 als auch die Bußgeldtatbestände des § 39 sind als **Blankettgesetze** ausgestaltet, die sich zur Vermeidung umfangreicher Wiederholungen der bereits an anderer Stelle normierten Handlungsanweisungen einer Vielzahl von Verweisungen auf andere Vorschriften des WpHG **(„Binnenverweisung")** sowie auf Verordnungen des Unionsrechts **(„Außen-verweisung")** bedienen (zur Terminologie → Einl. Rn. 19). Insbes. § 38 ist seit den Änderungen durch

das 1. FiMaNoG (→ Rn. 5) ein unionsrechtsakzessorischer Blanketttatbestand (zur grundsätzlichen Zulässigkeit der Inkorporierung von unmittelbar geltendem Unionsrecht in Straftatbestände zusammenfassend *Schützendübel,* Die Bezunahme auf EU-Verordnungen in Blankettstrafgesetzen, 2012, 264 ff.). Die außerstrafrechtlichen Regelungen, auf die Bezug genommen werden, müssen mit den eigentlichen Straf- und Ordnungswidrigkeitentatbeständen des WpHG „zusammengelesen" werden. Erst durch dieses **Zusammenlesen von Sanktionsnorm und Ausfüllungsnorm** (*Welzel* MDR 1952, 584 (586)) ergeben sich alle Voraussetzungen des Tatbestandes. Blanketttatbestände sind insbes. im Hinblick auf den strafrechtlichen Bestimmtheitsgrundsatz nach Art. 103 Abs. 2 GG nicht unproblematisch (→ Einl. Rn. 20; ausführlich hierzu *Enderle,* Blankettstrafgesetze, 2000, 173 ff.). Grundsätzlich müssen sich sowohl die Sanktionsnorm als auch die Ausfüllungsnorm an Art. 103 Abs. 2 GG messen lassen. Dies gilt auch für Verweisungen auf Unionsrecht, denn es wird formal in das deutsche Strafrecht inkorporiert, wenngleich es materiell Bestandteil der Unionsrechtsordnung bleibt (hierzu und zu den damit verbundenen Problemen → Rn. 26 ff.). Darüber hinaus ist zu beachten, dass dem Bestimmtheitsgrundsatz nur dann Genüge getan ist, wenn auch die Verknüpfung von Blankettnorm und Ausfüllungsnorm hinreichend bestimmt ist, so dass klar ist, worauf sich die Verweisung bezieht und der Normunterworfene ohne unzumutbaren Aufwand das Ausfüllungsobjekt auffinden kann (*Satzger,* Die Europäisierung des Strafrechts, 2001, 241). Dies kann insbes. im Falle einer „extensionalen Verweisungstechnik", also bei Verweisung auf ein Gesetz, das seinerseits auf ein anderes Gesetz verweist usw (LK-StGB/*Dannecker* StGB § 1 Rn. 163), Bestimmtheitsprobleme aufwerfen. Im Falle der §§ 38, 39 dürften die verwendeten Verweisungsketten noch nicht einen derartigen Grad an Komplexität erreicht haben, der dem Rechtsunterworfenen eine Rechtsfindung unmöglich macht (vgl. auch BGH NJW 2014, 1399 (1400) für § 38 aF).

Bei den Außenverweisungen auf das Unionsrecht handelt es sich zudem weitgehend (s. aber zB **8** → § 38 Rn. 126) um **dynamische Verweisungen** (zum Begriff LK-StGB/*Dannecker* StGB § 1 Rn. 158), da nach § 1 Abs. 1 Nr. 6 lit. b–f das WpHG für die Ahndung von Verstößen die dort genannten unionsrechtlichen Verordnungen in ihrer jeweils geltenden Fassung anzuwenden sind. Die Verwendung von dynamischen Verweisungen wird generell als problematisch angesehen, wobei besonders kritisch dynamische Verweisungen auf Unionsrecht beurteilt werden (→ Einl. Rn. 20). Zum einen sei aufgrund der zahlreichen Änderungen von Unionsrechtsakten und nur teilweise vorhandener konsolidierter Fassungen hier die Rechtsfindung für den Normunterworfenen in unzumutbarer Weise erschwert (zutreffend Satzger Int. und Europ. StrafR § 9 Rn. 71). Da das Problem der dynamischen Verweisungen die Struktur und Systematik des Gesetzes, nicht aber seinen Inhalt betrifft, kann hier auch keine, für Adressaten mit besonderen Fachkenntnissen anerkannte („Expertenstrafrecht", vgl. zB BVerfGE 75, 329 (343); BeckOK GG/*Radtke/Hagemeier* GG Art. 103 Rn. 25 mwN) Relativierung des Bestimmtheitsgrundsatzes weiterhelfen (*Moll,* Europäisches Strafrecht durch nationale Blankettstrafgesetzgebung?, 1998, 243 f.). Zum anderen eröffne dies dem Unionsgesetzgeber die Möglichkeit, durch Änderung des unmittelbar geltenden Unionsrechts über den strafbarkeitsbegründenden Inhalt der Blankettstrafnorm zu bestimmen (LK-StGB/*Dannecker* StGB § 1 Rn. 146; *Bülte* JuS 2015, 769 (772)). Dass nach wie vor die Mitgliedstaaten die Letztentscheidung über Strafbarkeit und Strafe innehaben, wird auch durch das Unionsrecht nicht in Frage gestellt, das gerade nur den Erlass von Richtlinien zur Strafrechtsangleichung vorsieht (Art. 83 AEUV). Notwendig sind deshalb – zumindest im Bereich des Straf- und Ordnungswidrigkeitenrechts – **statische Verweisungen** (vgl. *Wagner,* Die Akzessorietät des Wirtschaftsstrafrechts, 2016, Rn. 567 ff.; s. dagegen zB *Schützendübel,* Die Bezunahme auf EU-Verordnungen in Blankettstrafgesetzen, 2012, 267 ff.), wie sie der Gesetzgeber beispielsweise in § 39 Abs. 2a durch Referenzierung einer EU-VO bestimmten Datums unter Nennung der Fundstelle im Amtsblatt der EU geschaffen hat. Bei diesen Blanketttatbeständen besteht zwar die Gefahr, dass die Verweisung durch Änderung des Verweisungsobjektes „ins Leere geht", dies muss aber nicht notwendig zur Straflosigkeit führen (vgl. hierzu *Köpferl* JURA 2011, 234 (238)), wenn es dazu führt, hat dies ein dem Bestimmtheitsgrundsatz verpflichteter Gesetzgeber in Kauf zu nehmen.

Problematisch sind zudem jene Blanketttatbestände, die nicht (ausschließlich) auf Verhaltensnormen **9** in Gesetzen verweisen, sondern (auch) auf **Rechtsverordnungen.** § 39 enthält zahlreiche Tatbestände, die eine Geldbuße bei Verstoß gegen Normen des WpHG „auch in Verbindung mit einer Rechtsverordnung" androhen (vgl. zB die Tatbestände des § 39 Abs. 2 Nr. 2, 5). In diesen Fällen, wird das durch den Bußgeldtatbestand in Bezug genommene, durch die Verhaltensnorm beschriebene Verhalten durch eine Rechtsverordnung konkretisiert. Dies ist dann verfassungsrechtlich nicht zu beanstanden, wenn die Voraussetzungen der Strafbarkeit und die Art der Strafe bereits aus dem Parlamentsgesetz und nicht erst aus der Verordnung hinreichend deutlich erkennbar sind (BVerfG wistra 2010, 396 (402) mwN). Darüber hinaus erfassen einige Tatbestände auch Verletzungen von Normen des Unionssekundärrechts in Verbindung mit dazu erlassenen Delegierten Verordnungen und Durchführungsverordnungen (vgl. zB § 39 Abs. 3d Nr. 17, 18). Hier können die für die Rechtsverordnungen geltenden Grundsätze entsprechend herangezogen werden, wobei zu beachten ist, dass am Normsetzungsverfahren dieser Regelungen – anders als im nationalen Recht – das Europäische Parlament beteiligt ist (→ Rn. 24). § 39 Abs. 2 Nr. 25 iVm Abs. 8 enthält zudem eine sog **Rückverweisungsklausel.** Diese werden im Hinblick auf das Gesetzlichkeitsprinzip als problematisch gesehen, weil hier letztlich der Verordnungsgeber über das „Ob" der Strafbarkeit entscheidet (Einzelheiten hierzu bei LK-StGB/*Dannecker* StGB § 1 Rn. 160 ff.; *Schützendübel,* Die Bezugnahme auf EU-Verordnungen in Blankettgesetzen, 2012).

10   Schließlich ist hinsichtlich der Verweisungen auf EU-Verordnungen zu beachten, dass die in Bezug genommenen Vorschriften in den **Regelungszusammenhang der Verordnung** eingebettet sind. Dies hat zur Folge, dass mit der Referenzierung der Unionsvorschrift – zB Art. 12 Abs. 1 lit. a MAR – auch jene weiteren Vorschriften mittelbar in Bezug genommen werden, die für die Anwendung dieser Vorschrift von Bedeutung sind, im angesprochenen Falle zB auch Art. 2 MAR, der Regelungen zum sachlichen und örtlichen Anwendungsbereich des Art. 12 Abs. 1 lit. a MAR enthält, Art. 3 MAR, der für die Anwendung der Marktmissbrauchsverordnung erforderliche Begriffsbestimmungen trifft oder Art. 13 MAR, der einen Ausnahmetatbestand der Marktmanipulation regelt (vgl. auch BT-Drs. 18/7482, 64).

11   **5. Das Marktmissbrauchsstrafrecht als unionisiertes Strafrecht.** Das Kapitalmarktrecht ist bereits seit längerer Zeit von europarechtlichen Regelungen beeinflusst gewesen. Zu nennen ist hier insbes. die **Insiderrichtlinie** v. 13.11.1989 (RL 89/592/EWG, ABl. 1989 L 334, 30), die Vorgaben für Vorschriften zum verbotenen Insiderhandel enthielt sowie die **Marktmissbrauchsrichtlinie** des Europäischen Parlaments und des Rates v. 28.1.2003 (RL 2003/6/EG, ABl. 2003 L 96, 16), die Vorgaben zur Harmonisierung der Vorschriften über Insiderhandel und Marktmanipulation enthielt und die Mitgliedstaaten anwies, wirksame, abschreckende und verhältnismäßige – wenngleich nicht notwendig strafrechtliche – Sanktionen für Verstöße gegen das Insiderhandels- und Marktmanipulationsverbot zu schaffen. Mit der **Marktmissbrauchsverordnung** v. 16.4.2014 (VO (EU) Nr. 596/2014, ABl. 2014 L 173, 1) wurde nun erstmals ein unmittelbar geltendes, einheitliches Regelungsregime, das den Insiderhandel, die unrechtmäßige Offenlegung von Insiderinformationen, die Marktmanipulation und die Veröffentlichung von Insiderinformationen erfasst, in Kraft gesetzt. Zur strafrechtlichen Absicherung dieser Regelungen enthält die **Marktmissbrauchsrichtlinie** v. 16.4.2014 (RL 2014/57/EU, ABl. 2014 L 173, 179) Mindestvorschriften für strafrechtliche Sanktionen bei Marktmissbrauch, die die Mitgliedstaaten in nationales Recht umsetzen mussten. Der deutsche Gesetzgeber ist dieser Verpflichtung mittels Änderung des § 38 durch das 1. FiMaNoG (→ Rn. 5) nachgekommen. Beim Marktmissbrauchsstrafrecht (zum Begriff → Rn. 1) handelt es sich um **„unionisiertes Strafrecht"**, da – erstens – § 38 Abs. 1, 2, 3 als Blanketttatbestände (→ Rn. 7) – entweder unmittelbar oder mittelbar über § 39 WpHG – Vorschriften des Unionssekundärrechts in Bezug nehmen. Diese Regelungen sind aus dem nationalen Norm- und Auslegungskontext gelöst (*Schmolke* AG 2016, 434 (438)). Sie unterliegen demgemäß unionsrechtlichen Anwendungs- und Auslegungsgrundsätzen (→ Rn. 26 ff.). Zweitens sind die Strafvorschriften des § 38 Abs. 1, 3 auf die Marktmissbrauchsrichtlinie zurückzuführen. Die Schaffung eines *Straf*atbestandes im nationalen Recht hat ihren Grund in der Umsetzung der Vorgaben der Marktmissbrauchrichtlinie, die die Einführung von strafrechtlichen Sanktionen für den Marktmissbrauch verlangt. Damit ist die Pflicht einer richtlinienkonformen Auslegung verbunden, die auch im vorliegenden Falle trotz der Schaffung eines unionsrechtsakzessorischen Blankettstraftatbestandes in engen Grenzen noch Bedeutung erlangen kann.

12   **a) Die Marktmissbrauchsrichtlinie als Harmonisierungsmaßnahme nach Art. 83 Abs. 2 AEUV.** Mit der Marktmissbrauchsrichtlinie ist erstmals eine Richtlinie auf Grundlage von Art. 83 Abs. 2 AEUV (zur Kritik an der Ermächtigung zur Strafrechtsangleichung vgl. *Vogel/Eisele* in Grabitz/Hilf/Nettesheim, Das Recht der Europäischen Union, 58. EL 2016, AEUV Art. 83 Rn. 16 ff.) erlassen worden. Die Ermächtigungsgrundlage sieht die Möglichkeit vor, die strafrechtlichen Rechtsvorschriften der Mitgliedstaaten für jene Gebiete anzugleichen, auf denen bereits Harmonisierungsmaßnahmen erfolgt sind, indem Mindestvorschriften für die Festlegung von Straftaten und Strafen auf dem betreffenden Gebiet festgelegt werden, sofern sich die Angleichung der strafrechtlichen Rechtsvorschriften als unerlässlich für die wirksame Durchführung der Politik der Union auf diesem Gebiet erweist. Im Hinblick auf die Voraussetzungen des Art. 83 Abs. 2 AEUV wird dabei insbes. die zweite Voraussetzung als problematisch angesehen. Die auch durch den Bundesrat und den Bundestag erhobenen Bedenken (vgl. BR-Drs. 646/1/11, 2 f.; BT-Drs. 17/9779, 3 ff.) haben den Erlass der Richtlinie letztlich nicht verhindert.

13   **aa) Harmonisierter Politikbereich.** Zwar ist eine Angleichung von Strafvorschriften gleichzeitig mit dem Erlass der Harmonisierungsmaßnahme unzulässig (Satzger Int. und Europ. StrafR § 9 Rn. 41; vgl. aber *Vogel/Eisele* in Grabitz/Hilf/Nettesheim, Das Recht der Europäischen Union, 58. EL 2016, Art. 83 Rn. 78). Der gleichzeitige Erlass von Marktmissbrauchsverordnung und Marktmissbrauchsrichtlinie war aber dennoch unproblematisch möglich, da in dem durch die Richtlinie betroffenen Politikbereich eine hinreichende Harmonisierung bereits erfolgt war. Denn mit den durch die RL 2003/6/EG v. 28.1.2003 (ABl. 2003 L 96, 16) formulierten Verhaltensanforderungen zu Insiderhandel (Art. 2 ff.), Marktmanipulation (Art. 5) und der unterlassenen Offenlegung von Insiderinformationen (Art. 6) lagen seit über zehn Jahren gültige unionsrechtliche Ver- und Gebotsnormen vor, die von der Marktmissbrauchsverordnung lediglich fortgeschrieben werden. Die Harmonisierung des Marktmissbrauchsrechts

hatte deshalb bereits ein Niveau erreicht, die es dem Unionsgesetzgeber erlaubte, die Marktmissbrauchsrichtlinie gemeinsam mit der Marktmissbrauchsverordnung zu erlassen.

bb) Unerlässlichkeit der Angleichung. Zweifel werden aber geäußert, ob die zweite Anglei- **14** chungsvoraussetzung im Hinblick auf das Marktmissbrauchsrecht erfüllt ist (hierzu zB *Hauck* ZIS 2015, 336 (339); *Schröder* HRRS 2013, 253 (254 ff.)). Diese Frage hängt auch in nicht unbedeutendem Maße davon ab, welche Voraussetzungen man an den Einsatz des Strafrechts stellt. Auf Ebene der EU werden strafrechtliche Regelungen regelmäßig nur als „Durchsetzungsmechanismus" für die Unionspolitik angesehen (vgl. *Satzger* in Streinz, EUV/AEUV, 2. Aufl. 2012, AEUV Art. 83 Rn. 26; s. aber Erwägungsgrund (6) CRIM-MAD, wonach strafrechtliche Sanktionen „gesellschaftliche Missbilligung" zum Ausdruck bringen). Dass das Strafrecht kein „rechtstechnisches Instrument zur Effektuierung einer internationalen Zusammenarbeit" ist, sondern „für die besonders sensible demokratische Entscheidungen über das rechtsethische Minimum" steht, hat das BVerfG in seiner Entscheidung zum Vertrag von Lissabon hervorgehoben (BVerfGE 123, 267 (410); vgl. auch BT-Drs. 17/9770, 3) und dem Merkmal „unerlässlich" eine **empirische Bedeutung** beigelegt, indem es ein gravierendes Vollzugsdefizit, das tatsächlich besteht, verlangt (vgl. BVerfGE 123, 267 (411 f.); zust. zB *Ambos/Rackow* ZIS 2009, 397 (403); *Zimmermann* JURA 2009, 844 (850); krit. zB *Hauck* ZIS 2015 336 (339); *Vogel/Eisele* in Grabitz/ Hilf/Nettesheim, Das Recht der Europäischen Union, 58. EL 2016, AEUV Art. 83 Rn. 93). Das ist widersprüchlich, da das Gericht mit dem Postulat, Strafrecht sei eine besonders sensible demokratische Entscheidung über das rechtsethische Minimum, eigentlich einen normativen Auslegungsmaßstab für das Unerlässlichkeitsmerkmal anlegen müsste. Im Ergebnis ist dem BVerfG aber darin zuzustimmen, dass das Merkmal empirisch zu verstehen ist, also ein Vollzugsdefizit, oder besser ein Befolgungsdefizit, vorliegen muss. Nach einem **normativen Verständnis** des Begriffs, das auch der „Unionspraxis" zugrunde liegt, soll die Harmonisierung von Strafvorschriften dann unerlässlich sein, wenn zweifelsohne strafwürdiges und strafbedürftiges Unrecht vorliege, das straflos zu lassen nicht mehr vertretbar wäre (*Vogel/Eisele* in Grabitz/Hilf/Nettesheim, Das Recht der Europäischen Union, 58. EL 2016, AEUV Art. 83 Rn. 93; *Meyer* in von der Groeben/Schwarze/Hatje, Europäisches Unionsrecht, 7. Aufl. 2015, AEUV Art. 83 Rn. 59).

Weder die Erwägungsgründe der Marktmissbrauchsrichtlinie noch die Folgenabschätzung der Kom- **15** mission (SEC (2011) 1217 final) benennen tragfähige Umstände, mit denen sich die Unerlässlichkeit – sei es nun normativ oder empirisch – überzeugend begründen ließe (s. hierzu die Analyse von *Schröder* HRRS 2013, 253 (254 f.) und *Hauck* ZIS 2015, 336 (336 ff.); vgl. dagegen *Kudlich* AG 2016, 459 (461)). So wird lediglich behauptet, dass die Einführung verwaltungsrechtlicher Sanktionen durch die Mitgliedstaaten sich bislang nicht als ausreichend erwiesen habe, um die Einhaltung der Vorschriften zur Verhinderung und Bekämpfung von Marktmissbrauch sicherzustellen (Erwägungsgrund (5) CRIM-MAD). Die Tatsache, dass der Einsatz des Kriminalstrafrechts für die nun von der Marktmissbrauchrichtlinie erfassten Verhaltensweisen in der Union divergiert (vgl. die Übersicht in SEC (2011) 1217 final, S. 27), wird als ausreichender Anhaltspunkt dafür angesehen, dass dies mögliche Täter dazu verleiten kann, Marktmissbrauch in Mitgliedstaaten zu begehen, in denen dies nicht strafrechtlich geahndet wird (Erwägungsgrund (7) CRIM-MAD). Mehr als eine „abstrakte Inkongruenz" (*Schröder* HRRS 2013, 253 (255); vgl. auch BR-Drs. 646/1/11, 3; BT-Drs. 17/9779, 5) ist damit freilich nicht vorgetragen. Sie kann für sich allein gesehen noch keine hinreichende Begründung dafür sein, eine Angleichung des nationalen Strafrechts sei unerlässlich.

b) Das unionsrechtliche Regelungsregime. Das für die Anwendung des § 38 und – soweit dieser **16** auf die Vorschriften der Marktmissbrauchsverordnung Bezug nimmt – § 39 maßgebliche unionsrechtlichen Marktmissbrauchsregime ist – gemäß dem Lamfalussy-Verfahren (vgl. hierzu zB *Veil* ZGR 2014, 544 (551); *Klöhn* in Langenbucher, Europäisches Privat- und Wirtschaftsrecht, 3. Aufl. 2013, § 6 Rn. 20 ff.) – dreistufig aufgebaut: Die Marktmissbrauchsverordnung als Rahmenrechtsakt der Stufe 1, der durch die auf Strafrechtsharmonisierung zielende Marktmissbrauchsrichtlinie ergänzt wird, die zur Marktmissbrauchsverordnung ergangenen Deligierten Verordnungen und Durchführungsverordnungen als Rechtsakte der Stufe 2, schließlich die durch die ESMA erarbeiteten Leitlinien als Maßnahmen der Stufe 3.

aa) Marktmissbrauchsverordnung. Die Marktmissbrauchsverordnung will für den Bereich des **17** Maktmissbrauchsrechts ein „single rulebook" schaffen, das für einheitliche Regeln und Klarheit zentraler Begriffe sorgen soll (Erwägungsgrund (3) MAR). Der neue einheitliche Rechtsrahmen soll verhindern, dass voneinander abweichende nationale Regelungen bestehen, und will so wirksam zur Vermeidung von Aufsichtsarbitrage beitragen (Erwägungsgrund (4) MAR). Die Marktmissbrauchsverordnung enthält insbes. Verbotstatbestände über die Insidergeschäfte (Art. 14 lit. a, lit. b MAR iVm Art. 8 MAR), über die unrechtmäßige Offenlegung von Insiderinformationen (Art. 14 lit. c MAR iVm Art. 10 MAR) und über die Marktmanipulation (Art. 15 MAR iVm Art. 12 MAR) sowie Ausnahmetatbestände hierzu (Art. 9, 11, 13 MAR). Die VO beinhaltet weiterhin Regelungen zur Offenlegung von Insiderinformationen (Art. 17 MAR), der Führung von Insiderlisten (Art. 18 MAR) und Eigengeschäften von Führungskräften (Art. 19 MAR). Schließlich sind Vorgaben im Hinblick auf die zuständigen nationalen

Behörden, ihre Befugnisse und Zusammenarbeit untereinander und mit der ESMA (Art. 22 ff. MAR) sowie für verwaltungsrechtliche Sanktionen und andere verwaltungsrechtliche Maßnahmen (Art. 30 ff. MAR) enthalten. Die Marktmissbrauchsverordnung führt zudem zu einer Ausweitung des Anwendungsbereichs des Marktmissbrauchsregimes durch Einbeziehung alternativer Handelssysteme (vgl. Art. 2 Abs. 1 MAR). Die Verordnung wirkt **vollharmonisierend** (*Poelzig* NZG 2016, 528 (529); *Seibt/Wollenschläger* AG 2014, 593 (595)), wenngleich die Mitgliedstaaten vereinzelt Spielraum für eigene Regelungen haben, so insbes. im Hinblick auf die verwaltungsrechtlichen Sanktionen (Art. 30ff MAR), die einer Implementierung durch die Mitgliedstaaten im nationalen Recht bedürfen und deshalb funktional als Richtlinie anzusehen sind (*Schützendübel*, Die Bezunahme auf EU-Verordnungen in Blankettstrafgesetzen, 2012, 72; vgl. auch Hecker Europäisches StrafR § 8 Rn. 3: richtlinienähnliche Anweisung) und deshalb nur mindestharmonisierend wirken (*Klöhn* AG 2016, 423 (425)). Da sich die Vollharmonisierung auf den Gegenstand der Marktmissbrauchsverordnung beschränkt (*Veil* ZBB 2015, 85 (87)), sind die Mitgliedstaaten zwar gehindert weitere verbotene Verhaltensweisen festzulegen (Köln-Komm WpHG/*Stoll* § 20a Rn. 170), sie dürfen aber die Marktmissbrauchsverbote über den durch Art. 2 Abs. 1, Abs. 2 MAR beschriebenen sachlichen Anwendungsbereich ausdehnen (*Schmolke* AG 2016, 434 (437), so wie dies der deutsche Gesetzgeber in § 12 getan hat (→ § 38 Rn. 42 ff.). Die Marktmissbrauchsverordnung ist **ab dem 3.7.2016,** teilweise bereits ab dem 2.7.2014 **gültig.** Da die RL 2014/65/EU über Märkte für Finanzinstrumente v. 15.4.2014 **(MiFID II,** ABl. 2014 L 173, 349), auf die die Marktmissbrauchsverordnung an zahlreichen Stellen verweist, erst am 3.1.2018 in Kraft treten wird, sind Verweise auf diesen Rechtsakt bis dahin nach der Entsprechungstabelle (Anhang IV MiFID II) als Verweise auf die RL 2004/39/EG über Märkte für Finanzinstrumente v. 21.4.2004 (MiFID I, ABl. 2004 L 145, 1) zu lesen (Art. 39 Abs. 4 UAbs. 1 MAR). Dies hat insbes. zur Folge, dass die Vorschriften der Marktmissbrauchsverordnung hinsichtlich organisierter Handelssysteme und Emissionszertifikaten vorerst nicht gelten (Art. 39 Abs. 4 UAbs. 2 MAR).

18   **bb) Marktmissbrauchsrichtlinie.** Um die schwachen und heterogenen Sanktionsregelungen der Mitgliedstaaten (so Erwägungsgrund (3) CRIM-MAD) im Hinblick auf den Marktmissbrauch anzugleichen, hat sich der Unionsgesetzgeber dazu entschlossen, eine Richtlinie zur Angleichung strafrechtlicher Vorschriften auf Grundlage von Art. 83 Abs. 2 AEUV (→ Rn. 12 ff.) zu erlassen. Gemäß der Richtlinie müssen die Mitgliedstaaten sicherstellen, dass verbotene Insidergeschäfte (Art. 3 CRIM-MAD), die unrechtmäßige Offenlegung von Insiderinformationen (Art. 4 CRIM-MAD) sowie die verbotene Marktmanipulation (Art. 5 CRIM-MAD) Straftaten zumindest in den Fällen darstellen, **in denen Vorsatz vorliegt und ein schwerer Fall gegeben ist.** Nicht erfasst werden dagegen die Offenlegungsvorschriften nach Art. 17 ff. MAR. Den Mitgliedstaaten ist es zwar unbenommen, Verstöße gegen diese Vorschriften strafrechtlich zu sanktionieren (vgl. Art. 30 Abs. 1 MAR), eine Pflicht besteht hierfür aber nicht. So sind denn auch im deutschen Recht Verstöße gegen Art. 17 ff. MAR lediglich mit Geldbuße bedroht (§ 39 Abs. 3d Nr. 6–23). Schwerwiegende Fälle sollen unter anderem dann vorliegen, wenn die Auswirkungen auf die Integrität des Marktes, der tatsächlich oder potenziell erzielte Gewinn oder vermiedene Verlust, das Ausmaß des auf dem Markt entstandenen Schadens, die Änderung des Werts der Finanzinstrumente oder Waren-Spot-Kontrakte oder der Betrag der ursprünglich genutzten Mittel hoch sind oder wenn die Manipulation von einer Person begangen wird, die im Finanzsektor oder in einer Aufsichts- bzw. Regulierungsbehörde angestellt oder tätig ist (vgl. Erwägungsgrund (12) CRIM-MAD). Der deutsche Gesetzgeber ist über diese Mindestvorschriften hinausgegangen und hat in § 38 Abs. 1, 3 Strafvorschriften geschaffen, die die vorsätzliche Begehung der in Art. 3, 4 CRIM-MAD bezeichneten Tatbestände bestraft, ohne dass ein schwerwiegender Fall iSd Marktmissbrauchsrichtlinie vorliegen müsste. Lediglich bei beim Tatbestand der Marktmanipulation (§ 38 Abs. 1) wird neben der vorsätzlichen Begehung die tatsächliche Einwirkung auf den Preis eines Tatobjektes verlangt, ohne hieran aber qualitative oder quantitative Voraussetzungen zu knüpfen. Andere Mitgliedstaaten haben die Vorgaben der Marktmissbrauchsrichtlinie weitaus restriktiver umgesetzt. So verlangt bspw. das österreichische Recht für eine Strafbarkeit sowohl wegen Insiderhandels als auch wegen Marktmanipulation hinsichtlich des Transaktionsvolumens die Überschreitung eines Schwellenwertes von 1 Mio. EUR (vgl. § 48m Abs. 1, § 48n Abs. 1 österreichisches Börsegesetz). Ein in der Richtlinie erwähner schwerwiegender Fall hat aber Eingang in den Qualifikationstatbestand des § 38 Abs. 5 Nr. 2 gefunden (→ § 38 Rn. 123 f.).

19   Entgegen dem Referentenentwurf, der noch vorsah, im WpHG eigene Verbotstatbestände zu schaffen, die die Vorgaben der CRIM-MAD hinsichtlich des tatbestandlichen Verhaltens umsetzen sollten, hat sich der deutsche Gesetzgeber letztlich dazu entschieden, im WpHG **Blankettstraftatbestände** zu schaffen, die die Verbotstatbestände der Marktmissbrauchsverordnung zur Ausfüllung des tatbestandlichen Verhaltens in Bezug nehmen. Zwar weichen die Regelungen der CRIM-MAD zu den Insidergeschäften, der unrechtmäßigen Offenlegung von Insiderinformationen und der Marktmanipulation teilweise von den Verbotstatbeständen der Marktmissbrauchsrichtlinie im Detail ab. Es kann dennoch nicht davon ausgegangen werden, dass der deutsche Gesetzgeber durch die Wahl dieser Gesetzgebungstechnik die Richtlinie unrichtig umgesetzt hat, da diese gerade dazu dient, das unmittelbar geltende Marktmissbrauchsregime der Marktmissbrauchsverordnung durch die Implementierung strafrechtlicher

Sanktionen in den Mitgliedstaaten abzusichern. Durch die Blankettmethode wird dies geradezu in idealtypischer Weise bewerkstelligt.

Nach Art. 6 Abs. 1 CRIM-MAD müssen die Mitgliedstaaten zudem sicherstellen, dass auch die **20** **Anstiftung und Beihilfe** zu den von der Richtlinie erfassten Straftaten – mit Ausnahme des Empfehlens zum Tätigen von Insidergeschäften (Art. 3 Abs. 6 CRIM-MAD) – strafbar sind. Eine explizite Regelung durch den deutschen Gesetzgeber war hier aufgrund des in §§ 26, 27 StGB – die nach Art. 1 Abs. 1 EGStGB auch für die Straftatbestände des WpHG gelten – enthaltenen Akzessorietätsgrundsatzes nicht notwendig. Zudem haben die Mitgliedstaaten sicherzustellen, dass der **Versuch** des Insidergeschäfts und der Versuch der Marktmanipulation unter Strafe gestellt wird (Art. 6 Abs. 2 CRIM-MAD). Da es sich bei den Straftaten nach § 38 Abs. 1, 3 um Vergehen (§ 12 Abs. 1 StGB) handelt, deren Versuch nicht stets strafbar ist (§ 23 Abs. 1 StGB), musste der Gesetzgeber eine Versuchsstrafbarkeit ausdrücklich anordnen (§ 38 Abs. 4; → § 38 Rn. 238 f.).

Im aus Richtlinien bekannten Duktus wird den Mitgliedstaaten in Art. 7 Abs. 1 CRIM-MAD **21** aufgegeben, für die in Art. 3–6 CRIM-MAD genannten Straftaten **wirksame, verhältnismäßige und abschreckende strafrechtliche Sanktionen** vorzusehen. Konkretisiert wird diese Vorgabe durch Art. 7 Abs. 2 CRIM-MAD, der für den strafbaren Insiderhandel, einschließlich der strafbaren Empfehlung zum Tätigen von Insidergeschäften, und die strafbare Marktmanipulation Freiheitsstrafen im Höchstmaß von mindestens vier Jahren vorschreibt, sowie durch Art. 7 Abs. 3 CRIM-MAD, der für die Fälle der unrechtmäßigen Offenlegung von Insiderinformationen ein Mindest-Höchstmaß von zwei Jahren Freiheitsstrafe verlangt. Unzutreffend ist die Auffassung (*Walla* BB 2012, 1358 (1361)), Art. 8 Abs. 1 CRIM-MAD enthalte die Vorgabe, die Mitgliedstaaten seien zur Schaffung echter **Kriminalsanktionen gegen juristische Personen** verpflichtet. Schon die allgemein gehaltene Formulierung in Art. 8 Abs. 1 CRIM-MAD trägt eine solche Auslegung nicht notwendigerweise. Zudem stellt Art. 9 CRIM-MAD klar, dass es sich bei den wirksamen, verhältnismäßigen und abschreckenden Sanktionen entweder um Geldstrafen oder nicht strafrechtliche Geldbußen handeln kann. Damit enthält das deutsche Recht mit § 30 OWiG bereits eine Vorschrift, die die von der Richtlinie verlangte Sanktionierung juristischer Personen ermöglicht (so auch *Kudlich* AG 2016, 459 (464); *Teigelack/Dolff* BB 2016, 387 (390)). Gleiches gilt für die in Art. 8 Abs. 2 MAR enthaltene Vorgabe, dass juristische Personen auch dann zur Verantwortung gezogen werden können, wenn mangelnde Überwachung oder Kontrolle durch eine Person iSd Art. 8 Abs. 1 CRIM-MAD es einer ihr unterstellten Person ermöglicht hat, eine der in Art. 3–6 CRIM-MAD genannten Straftaten zugunsten der juristischen Person zu begehen. Eine Sanktionierung ist in diesen Fällen nach § 30 OWiG iVm § 130 OWiG möglich. Die Einführung der neben Geldstrafe und Geldbuße in Art. 9 CRIM-MAD genannten Sanktionen ist nicht obligatorisch.

Schließlich bestand auch im Hinblick auf die in Art. 10 Abs. 1 CRIM-MAD enthaltenen Regelun- **22** gen zur **„gerichtlichen Zuständigkeit"** im deutschen Recht kein Umsetzungsbedarf. Die Vorschriften zur Anwendbarkeit des deutschen Strafrechts (§§ 3 ff. StGB) und zur örtlichen Zuständigkeit deutscher Strafgerichte (§§ 7 ff. StPO) gewährleisteten bereits eine den Vorgaben der Marktmissbrauchsrichtlinie genügende Begründung einer Zuständigkeit deutscher Gerichte. Eine Entscheidung über weitere sachliche Zuständigkeiten nach Art. 10 Abs. 2 CRIM-MAD ist in Deutschland nicht getroffen worden.

cc) Konkretisierung durch „Stufe 2 und Stufe 3-Maßnahmen". Die Vorschriften der Markt- **23** missbrauchsverordnung – als Stufe 1-Maßnahmen – erfahren teilweise weitere Konkretisierung durch sog „Stufe 2 und 3-Maßnahmen". So wird der Kommission – auf Stufe 2 – in einigen Vorschriften die Befugnis übertragen unter den Voraussetzungen des Art. 35 MAR **delegierte Rechtsakte** zu erlassen (Art. 4 Abs. 4; Art. 6 Abs. 5, 6; Art. 12 Abs. 5; Art. 17 Abs. 2 UAbs. 3, Abs. 3; Art. 19 Abs. 13, 14 MAR). Darüber hinaus wird die ESMA in zahlreichen Vorschriften der Marktmissbrauchsverordnung beauftragt, **technische Regulierungsstandards** (Art. 4 Abs. 4; Art. 5 Abs. 6; Art. 11 Abs. 9; Art. 13 Abs. 7; Art. 16 Abs. 5; Art. 20 Abs. 3; Art. 26 Abs. 2) und **technische Durchführungsstandards** (Art. 4 Abs. 5; Art. 11 Abs. 10; Art. 17 Abs. 10; Art. 18 Abs. 9; Art. 19 Abs. 15; Art. 20 Abs. 3; Art. 24 Abs. 3; Art. 25 Abs. 9; Art. 33 Abs. 5) zu entwerfen. Der Kommission wird zugleich die Befugnis übertragen, diese Standards gem. Art. 10–14 (technische Regulierungsstandards) bzw. gem. Art. 15 (technische Durchführungsstandards) der VO (EU) Nr. 1095/2010 v. 24.11.2010 (ABl. 2010 L 331, 84) zu erlassen.

Bei den delegierten Rechtsakten nach Art. 35 MAR sowie allen technischen Regulierungsstandards **24** handelt es sich um Rechtsakte iSd Art. 290 AEUV, bei den technischen Durchführungsstandards um Rechtsakte iSd Art. 291 AEUV. Die durch die Kommission erlassenen Rechtsakte tragen entweder die Bezeichnung „delegiert" (vgl. Art. 290 Abs. 3 AEUV) oder „Durchführungs-" (Art. 291 Abs. 4 AEUV) im Titel, was aber lediglich der begrifflichen Abschichtung von jenen Gesetzgebungsakten dient, die unter Beteiligung des Europäischen Parlaments zustandegekommen sind und deshalb eine besondere „demokratisch-parlamentarische Dignität" aufweisen (*Nettesheim* in Grabitz/Hilf/Nettesheim, Das Recht der Europäischen Union, 58. EL 2016, Art. 290 AEUV Rn. 2). Die als **„Delegierte Verordnungen"** und **„Durchführungsverordnungen"** erlassenen Rechtsakte zur Konkretisierung der Regelungen der Marktmissbrauchsverordnung sind deshalb Verordnungen iSd Art. 288 Abs. 2

AEUV, die allgemeine Geltung haben und in allen ihren Teilen in jedem Mitgliedstaat verbindlich und unmittelbar gelten. Hinsichtlich des Erlassverfahrens ist zu beachten, dass die in Art. 35 MAR genannten delegierten Rechtsakte nur in Kraft treten können, wenn weder das Europäische Parlament noch der Rat Einwände gegen sie erheben (Art. 35 Abs. 5 MAR). Gleiches gilt gem. Art. 13 Abs. 3 S. 1 VO (EU) Nr. 1095/2010 für die technischen Regulierungsstandards. Anders ist dies lediglich bei den technischen Durchführungsstandards. Hier werden das Europäische Parlament und der Rat zwar durch die in Art. 15 Abs. 1 UAbs. 3, UAbs. 5 S. 3, Abs. 3 UAbs. 3 VO (EU) Nr. 1095/2010 normierten Informationspflichten in den Rechtsetzungsprozess einbezogen, sie haben aber keine formellen Beteiligungsrechte, durch die sie den Erlass des Rechtsakts verhindern könnten. Dies ist wegen des nur begrenzten materiellen Regelungsgehalts gerechtfertigt.

25   Weiterhin ist der ESMA vereinzelt die Befugnis übertragen, **Leitlinien** nach Art. 16 VO (EU) Nr. 1095/2010 – als Stufe 3-Maßnahmen – zu erlassen (Art. 7 Abs. 5; Art. 11 Abs. 11; Art. 17 Abs. 11). Nach Art. 16 Abs. 3 UAbs. 1 VO (EU) Nr. 1095/2010 müssen die zuständigen Behörden und die Finanzmarktteilnehmer alle erforderlichen Anstrengungen unternehmen, um den Leitlinien nachzukommen. Damit haben die Leitlinien keine rechtlich zwingende Wirkung, allerdings dürften sie eine faktische Bindungswirkung deshalb entfalten, weil die zuständigen Behörden nach Art. 16 Abs. 3 UAbs. 1 VO (EU) Nr. 1095/2010 bestätigen müssen, ob sie der Leitlinie nachkommen, und sofern sie das nicht tun, Gründe hierfür angeben müssen („Comply or Explain") (*Poelzig* NZG 2016, 528 (529)).

26   **c) Konsequenzen für die Rechtsanwendung.** Die Tatsache, dass die Straftatbestände des § 38 Abs. 1, 2, 3 „unionisierte Straftatbestände" sind, hat insbes. Folgen für ihre Auslegung. Die hier dargestellten Grundsätze gelten ebenso für die Bußgeldtatbestände des § 39, sofern sie auf europäisches Sekundärrecht verweisen.

27   Aufgrund des Blankettcharakters (→ Rn. 7 ff.) des § 38 Abs. 1–3 werden die in Bezug genommenen Vorschriften des Unionsrechts formal in den Tatbestand inkorporiert und Bestandteil der nationalen Strafvorschrift, sie gehören aber materiell weiterhin zum Unionsrecht, so dass für ihre Interpretation auch **unionsrechtliche Auslegungsstandards,** insbes. die Beachtung des *„effet utile",* gelten (Satzger Int. und Europ. StrafR § 9 Rn. 63 ff.). Auch wenn Unionsrecht in Straftatbeständen referenziert wird, wird kein besonderer Standard angelegt. Unionsrechtliche Normen sind stets – unabhängig ob im strafrechtlichen oder außerstrafrechtlichen Kontext – gleich auszulegen, um eine „Normspaltung" zu vermeiden (Wabnitz/Janovsky WirtschaftsStR-HdB/*Dannecker/Bülte* Kap. 2 Rn. 288; ausführlich hierzu *Langheld,* Vielsprachige Normenverbindlichkeit im Europäischen Strafrecht, 2016, 95 ff.; zu solchen im nationalen Recht nicht untypischen Normspaltungen oder Normambivalenzen *Popp* wistra 2011, 169 (174)). Bei der Interpretation des Unionsrechts sind grundsätzlich die anerkannten Auslegungsmethoden der Wortlautinterpretation, der systematischen, teleologischen und historischen Interpretation heranzuziehen (vgl. *Schroeder* JuS 2004, 180 (181 ff.); *Langenbucher* in Langenbucher, Europäisches Privat- und Wirtschaftsrecht, 3. Aufl. 2013, § 1 Rn. 5). Besonderheiten bestehen aber im Hinblick auf die Wortlautauslegung, einerseits aufgrund der verschiedenen – derzeit 24 – authentischen **Sprachfassungen** von Unionsrechtsakten, andererseits aufgrund einer für die gesamte Union einheitlichen, eigenständig unionsrechtlichen, dh vom Begriffsverständnis der nationalen Rechtsordnungen unabhängigen, Begriffsbildung (vgl. *Langheld* EuCLR 2016, 39 (43 ff.) mwN). Nach ständiger Rechtsprechung des EuGH schließt die Notwendigkeit einheitlicher Anwendung einer Unionsrechtsvorschrift aus, diese lediglich in einer ihrer Fassungen isoliert zu betrachten, sie gebietet vielmehr, die Vorschrift nach ihrem verfolgten Zweck im Licht ihrer Fassung in allen Sprachen auszulegen (EuGH EuZW 2013, 596 (597) mwN). Keiner Sprachfassung darf dabei vor der anderen ein Vorrang eingeräumt werden (EuGH EuZW 2012, 635 (637) mwN). Wenn es tatsächlich zu einer Abweichung zwischen einzelnen Sprachfassungen eines unionsrechtlichen Textes kommt, muss die fragliche Vorschrift nach dem Zusammenhang und dem Zweck der Regelung ausgelegt werden, zu der sie gehört (EuGH BeckEuRS 2013, 725674 Rn. 40 mwN), so dass jener Sprachfassung der Vorrang zu geben ist, die den so ermittelten tatsächlichen Inhalt der Norm trägt (*Langheld* EuCLR 2016, 39 (46); aA *Wagner,* Die Akzessorietät des Wirtschaftsstrafrechts, 2016, Rn. 0): Auslegung nur der deutschen Sprachfassung). Der Rechtsunterworfene, der regelmäßig nur eine oder einige, sehr selten aber alle Amtssprachen beherrschen wird, kann deshalb uU den wahren Inhalt eines unionisierten Straftatbestandes nicht erfassen. Das wirft im Hinblick auf Art. 103 Abs. 2 GG, an dem sich nach hM der unionisierte Tatbestand insgesamt messen lassen muss, erhebliche Probleme auf (vgl. zB BVerfG wistra 2010, 396 (402 f.); ausführlich *Langheld,* Vielsprachige Normenverbindlichkeit im Europäischen Strafrecht, 2016, 207 ff.; zur Rspr. des EuGH hinsichtlich dieses Konflikts vgl. dort S. 140 ff.). Der EuGH hat den Konflikt – wenngleich bisher nicht in einem strafrechtlichen Kontext – zugunsten des Geltungsanspruchs des Unionsrechts gelöst (EuGH BeckEuRS 2012, 694175; zu alternativen Lösungsvorschlägen vgl. *Langheld,* Vielsprachige Normenverbindlichkeit im Europäischen Strafrecht, 2016, 203 ff.; *Wagner,* Die Akzessorietät des Wirtschaftsstrafrechts, 2016, Rn. 602 ff.).

28   Diese Grundsätze gelten auch hinsichtlich der in § 12 erfolgten Erstreckung der Art. 15, 12 MAR auf die dort genannten Waren, Emissionsberechtigungen und ausländischen Zahlungsmittel. Das Unionsrecht verlangt diese Erweiterung des Marktmanipulationsverbots nicht, so dass es sich um eine **überschießende Umsetzung** der Marktmissbrauchsrichtlinie handelt. In diesen Fällen nimmt die über-

wiegende Auffassung an, dass eine Pflicht zur unionsrechtskonformen Auslegung nicht besteht (vgl. *Nettesheim* in Grabitz/Hilf, Das Recht der Europäischen Union, 40. Aufl. 2009, EGV Art. 249 Rn. 151). Dies kann aber nicht in jenen Fällen gelten, in denen das nationale Recht unmittelbar geltendes Unionsrecht in Blanketttatbeständen in Bezug nimmt, obwohl hierfür keine unionsrechtliche Pflicht besteht. Der nationale Gesetzgeber erkennt hier die Geltung des referenzierten Rechts als Unionsrecht an. Es bleibt Bestandteil der Unionsrechtsordnung (→ Rn. 27) und ist deshalb auch nach unionsrechtlichen Grundsätzen auszulegen und anzuwenden. Zu beachten ist schließlich, dass die in Bezug genommenen Unionsvorschriften in ihrem **Regelungszusammenhang** anzuwenden sind, so dass auch nicht ausdrücklich referenzierte Normen zu beachten sind (→ Rn. 10).

6. Kriminalpolitische Bedeutung. Verglichen zur Gesamtkriminalität nehmen die (entdeckten) Straf- **29** taten nach dem WpHG einen verschwindend geringen Anteil ein. In der Polizeilichen Kriminalstatistik werden sie zur „Wirtschaftskriminalität im Anlage- und Finanzierungsbereich" gezählt (PKS 2015, 345 ff.). Spezifische Zahlen zu den Straftaten und Ordnungswidrigkeiten des WpHG sind deshalb den Veröffentlichungen der BaFin zu entnehmen. Im Jahr 2015 untersuchte die BaFin 256 Sachverhalte (2014: 224) wegen des Verdachts auf Marktmanipulation und 43 Sachverhalte (2014: 50) wegen des Verdachts auf Insiderhandel (*BaFin* Jahresbericht 2015, 231 (235)). Von den im Jahr 2015 abgeschlossenen Marktmanipulationsuntersuchungen wurden 160 Vorgänge (2014: 156) von Marktmanipulation und 26 Vorgänge (2014: 22) von Insiderhandel an die Staatsanwaltschaften abgegeben (*BaFin* Jahresbericht 2015, 232 (235)). Bei den Staatsanwaltschaften werden die Verfahren zum großen Teil durch Einstellung erledigt. So wurden im Jahr 2015 228 Verfahren (2014: 194) wegen des Verdachts der Marktmanipulation eingestellt, wobei der größte Teil – neben Einstellungen nach §§ 153, 153a, 154, 154a, 154f StPO – auf Einstellungen nach § 170 Abs. 2 StPO fiel (*BaFin* Jahresbericht 2015, 232), was auch an den Nachweisschwierigkeiten, insbes. im Hinblick auf den Einwirkungserfolg (→ § 38 Rn. 100 ff.), liegen düfte. Ein ähnliches Bild ergab sich bei den Insiderverfahren. Hier wurden 39 Verfahren durch die Staatsanwaltschaft eingestellt (2014: 44), acht (2014: 5) davon gegen Zahlung einer Geldauflage (*BaFin* Jahresbericht 2015, 235). Bei den gerichtlichen Entscheidungen überwiegen die Verurteilungen im Strafbefehlsverfahren. So wurden im Jahr 2015 zehn (2014: 3) Strafverfahren wegen Marktmanipulation durch Strafbefehl erledigt, zu Verurteilungen nach Durchführung einer Hauptverhandlung kam es in sechs (2014: 3) Fällen (*BaFin* Jahresbericht 2015, 232). Bei den Insiderverfahren kam es 2015 sogar nur zu einer gerichtlichen Entscheidung (2014: 1), welche durch Strafbefehl erging (*BaFin* Jahresbericht 2015, 235).

Aufgrund dieser niedrigen Zahl staatsanwaltschaftlicher Ermittlungsverfahren und der äußerst gerin- **30** gen Zahl an Verurteilungen muss angesichts der immensen Zahl von Transaktionen, die tagtäglich auf den Kapitalmärkten abgewickelt werden, wohl von einem – wie auch sonst im Gebiet des Wirtschaftsstrafrechts (→ Einl. Rn.) – großen Dunkelfeld ausgegangen werden. Belastbare empirische Forschung hierzu ist bisher kaum vorhanden (s. aber *Hienzsch,* Das deutsche Insiderhandelsverbot in der Rechtswirklichkeit, 2006, 143 ff., der eine Dunkelfeldquote iHv 95 % bei Insidergeschäften ermittelt). Zweifel an der Existenz eines großen Dunkelfeldes werden dagegen deshalb geäußert, weil die breiten EDV-gestützten Insider- und Marktmanipulationsuntersuchungen der BaFin (vgl. *BaFin* Jahresbericht 2015, 228) in wenigen Untersuchungen durch die BaFin selbst und in noch weniger Strafverfahren münden (*Trüg,* Konzeption und Struktur des Insiderstrafrechts, 2014, 31 f.). Allerdings ist auch die durch die BaFin durchgeführte Marktüberwachung und die ihr zugrundegelegten Parameter noch nicht wissenschaftlich untersucht worden, so dass die Effektivität dieser Überwachung nicht abschließend beurteilt werden kann und damit auch zur Größe des Dunkelfeldes wohl keine sicheren Aussagen getroffen werden können.

Hinsichtlich der durch die BaFin aufgrund § 39 eingeleiteten Bußgeldverfahren liegen keine detail- **31** lierten Zahlen vor. In ihrem Jahresbericht macht die Bundesanstalt zwar Angaben zu durchgeführten Bußgeldverfahren, dies allerdings ohne präzise Aufschlüsselung nach Tatbeständen (vgl. *BaFin* Jahresbericht 2015, 257). Im Jahr 2015 betraf der Großteil der Verfahren Verstöße gegen Mitteilungs- und Veröffentlichungspflichten nach den §§ 21 ff. aF (*BaFin* Jahresbericht 2015, 257). Die BaFin berichtet von einer Ahndungsquote in 2015 von 37,8 % (2014: 38,7 %), die verhängten Geldbußen bewegen sich meist im fünfstelligen, selten im sechsstelligen Bereich, wobei in 2015 die höchste bislang verhängte Geldbuße iHv 3,25 Mio. EUR wegen Verletzung von Mitteilungs- und Veröffentlichungspflichten festgesetzt wurde (*BaFin* Jahresbericht 2015, 256). Die Höhe der verhängten Geldbußen wird sich in Zukunft aufgrund der Vorgaben der Marktmissbrauchsverordnung (Art. 30 Abs. 2 lit. i, lit. j MAR) eher nach oben entwickeln.

§ 38 Strafvorschriften

(1) Mit Freiheitsstrafe bis zu fünf Jahren oder mit Geldstrafe wird bestraft, wer eine in

1. **§ 39 Absatz 2 Nummer 3 oder Absatz 3c oder**
2. **§ 39 Absatz 3d Nummer 2**
bezeichnete vorsätzliche Handlung begeht und dadurch einwirkt auf

a) den inländischen Börsen- oder Marktpreis eines Finanzinstruments, eines damit verbundenen Waren-Spot-Kontrakts, einer Ware im Sinne des § 2 Absatz 2c, einer Emissionsberechtigung im Sinne des § 3 Nummer 3 des Treibhausgas-Emissionshandelsgesetzes oder eines ausländischen Zahlungsmittels im Sinne des § 51 des Börsengesetzes,

b) den Preis eines Finanzinstruments oder eines damit verbundenen Waren-Spot-Kontrakts an einem organisierten Markt oder einem multilateralen Handelssystem in einem anderen Mitgliedstaat der Europäischen Union oder in einem anderen Vertragsstaat des Abkommens über den Europäischen Wirtschaftsraum,

c) den Preis einer Ware im Sinne des § 2 Absatz 2c, einer Emissionsberechtigung im Sinne des § 3 Nummer 3 des Treibhausgas-Emissionshandelsgesetzes oder eines ausländischen Zahlungsmittels im Sinne des § 51 des Börsengesetzes an einem mit einer inländischen Börse vergleichbaren Markt in einem anderen Mitgliedstaat der Europäischen Union oder in einem anderen Vertragsstaat des Abkommens über den Europäischen Wirtschaftsraum oder

d) die Berechnung eines Referenzwertes im Inland oder in einem anderen Mitgliedstaat der Europäischen Union oder in einem anderen Vertragsstaat des Abkommens über den Europäischen Wirtschaftsraum.

(2) Ebenso wird bestraft, wer gegen die Verordnung (EU) Nr. 1031/2010 der Kommission vom 12. November 2010 über den zeitlichen und administrativen Ablauf sowie sonstige Aspekte der Versteigerung von Treibhausgasemissionszertifikaten gemäß der Richtlinie 2003/87/EG des Europäischen Parlaments und des Rates über ein System für den Handel mit Treibhausgasemissionszertifikaten in der Gemeinschaft (ABl. L 302 vom 18.11.2010, S. 1), die zuletzt durch die Verordnung (EU) Nr. 176/2014 (ABl. L 56 vom 26.2.2014, S. 11) geändert worden ist, verstößt, indem er

1. entgegen Artikel 38 Absatz 1 Unterabsatz 1, auch in Verbindung mit Absatz 2 oder Artikel 40, ein Gebot einstellt, ändert oder zurückzieht oder

2. als Person nach Artikel 38 Absatz 1 Unterabsatz 2, auch in Verbindung mit Absatz 2,
   a) entgegen Artikel 39 Buchstabe a eine Insiderinformation weitergibt oder
   b) entgegen Artikel 39 Buchstabe b die Einstellung, Änderung oder Zurückziehung eines Gebotes empfiehlt oder eine andere Person hierzu verleitet.

(3) Ebenso wird bestraft, wer gegen die Verordnung (EU) Nr. 596/2014 des Europäischen Parlaments und des Rates vom 16. April 2014 über Marktmissbrauch (Marktmissbrauchsverordnung) und zur Aufhebung der Richtlinie 2003/6/EG des Europäischen Parlaments und des Rates und der Richtlinien 2003/124/EG, 2003/125/EG und 2004/72/EG der Kommission (ABl. L 173 vom 12.6.2014, S. 1) verstößt, indem er

1. entgegen Artikel 14 Buchstabe a ein Insidergeschäft tätigt,

2. entgegen Artikel 14 Buchstabe b einem Dritten empfiehlt, ein Insidergeschäft zu tätigen, oder einen Dritten dazu anstiftet oder

3. entgegen Artikel 14 Buchstabe c eine Insiderinformation offenlegt.

(4) In den Fällen des Absatzes 1 Nummer 2 sowie der Absätze 2 und 3 ist der Versuch strafbar.

(5) Mit Freiheitsstrafe von einem Jahr bis zu zehn Jahren wird bestraft, wer in den Fällen des Absatzes 1 Nummer 2

1. gewerbsmäßig oder als Mitglied einer Bande, die sich zur fortgesetzten Begehung solcher Taten verbunden hat, handelt oder

2. in Ausübung seiner Tätigkeit für eine inländische Finanzaufsichtsbehörde, ein Wertpapierdienstleistungsunternehmen, eine Börse oder einen Betreiber eines Handelsplatzes handelt.

(6) Handelt der Täter in den Fällen des Absatzes 2 Nummer 1 leichtfertig, so ist die Strafe Freiheitsstrafe bis zu einem Jahr oder Geldstrafe.

Neuere Literatur (Auswahl): *Begemeier*, Zur Reichweite der unionsrechtskonformen Auslegung im deutschen Straf- und Strafverfahrensrecht am Beispiel der „Spector Photo Group" Entscheidung des EuGH, HRRS 2013, 179; *Bergmann/Drees*, Das neue Insiderstrafrecht des WpHG und seine Durchsetzbarkeit in der Praxis, StraFo 2005, 364; *Bingel*, Die „Insiderinformation" in zeitlich gestreckten Sachverhalten und die Folgen der jüngsten EuGH-Rechtsprechung für M&A-Transaktionen, AG 2012, 685; *Bisson/Kunz*, Die Kurs- und Marktpreismanipulation nach In-Kraft-Treten des Gesetzes zur Verbesserung des Anlegerschutzes vom 18.10.2004 und der Verordnung zur Konkretisierung des Verbots der Marktmanipulation vom 1.3.2005, BKR 2005, 186; *Bürgers*, Das Anlegerschutzverbesserungsgesetz, BKR 2004, 424; *Bussian*, Die Verwendung von Insiderinformationen, WM 2011, 9; *Cahn*, Das neue Insiderrecht, Der Konzern 2005, 5; *Claussen/Florian*, Der Emittentenleitfaden, AG 2005, 745; *Diekmann/Sustmann*, Gesetz zur Verbesserung des Anlegerschutzes, NZG 2004, 929; *Dreyling*, Die Umsetzung der Marktmissbrauchs-Richtlinie über Insider-Geschäfte und Marktmanipulation, Der Konzern 2005, 1; *Eichelberger*, Unrechtskontinuität in Nachfolgevorschriften des Börsengesetzes, NStZ 2004, 292; *Eichelberger*, Scalping – ein Insiderdelikt?, WM 2003, 2121; *Eichelberger*, Das Verbot der Marktmanipulation (§ 20a WpHG), 2006; *Fleischer*, Scalping zwischen Insiderdelikt und Kursmanipulation, DB 2004, 51; *Fischel/Ross*, Should the Law Prohibit „Manipulation" in

Financial Markets?, Harv. L. Rev. 105 (1991), 503; *Fleischer,* Stock-Spams – Anlegerschutz und Marktmanipulation, ZBB 2008, 137; *Gaede/Mühlbauer,* Wirtschaftsstrafrecht zwischen europäischem Primärrecht, Verfassungsrecht und der richtlinienkonformen Auslegung am Beispiel des Scalping, wistra 2009, 9; *Gehrmann,* Reichweite der Strafbarkeit des versuchten Insiderdelikts, wistra 2009, 334; *Gehrmann,* Das Spector-Urteil des EuGH – Zur Beweislastumkehr im Insiderhandel, ZBB 2010, 48; *Göhler,* Europäische Reform des Insiderstrafrechts, ZIS 2016, 266; *Hammen,* Pakethandel und Insiderhandelsverbot, WM 2004, 1753; *Hammen,* Insiderstrafrecht und Bestimmtheitsgebot – Eine Polemik, ZIS 2014, 303; *Hasselbach,* Die Weitergabe von Insiderinformationen bei M&A – Transaktionen mit börsennotierten Aktiengesellschaften, NZG 2004, 1987; *Hellgardt,* Fehlerhafte Ad-hoc-Publizität als strafbare Marktmanipulation, ZIP 2005, 2000; *Hauck,* Europe's commitment to counter insider dealing and market manipulation on the basis of Art. 83 para. 2 TFEU, ZIS 2015, 336; *Himmelreich,* Insiderstrafverfolgung durch die Bundesanstalt für Finanzdienstleistungsaufsicht, 2013; *Kasiske,* Marktmissbräuchliche Strategien im Hochfrequenzhandel, WM 2014, 1933; *Kert,* Vorschläge für neue EU-Instrumente zur (strafrechtlichen) Bekämpfung von Insiderhandel und Marktmanipulation, NZWiSt 2013, 252; *Kiesewetter/Parmentier,* Verschärfung des Marktmissbrauchsrechts – ein Überblick über die neue EU-Verordnung über Insidergeschäfte und Marktmanipulation, BB 2013, 2371; *Kiethe,* Gesellschaftsstrafrecht – Zivilrechtliche Haftungsgefahren für Gesellschaften und ihre Organmitglieder, WM 2007, 722; *Klöhn,* Marktmanipulation auch bei kurzfristiger Kursbeeinflussung – das „IMC Securities"-Urteil des EuGH, NZG 2011, 934; *Klöhn,* Das deutsche und europäische Insiderrecht nach dem Geltl-Urteil des EuGH, ZIP 2012, 1885; *Klöhn* Ad-hoc-Publizität im neuen Marktmissbrauchsrecht, AG 2016, 423; *Klöhn/Büttner* Generalamnestie im Kapitalmarktrecht, ZIP 2016, 1801; *Koch/Widder,* Die Bedeutung von Zwischenschritten bei der Definition von Insiderinformationen, BB 2012, 2837; *Kudlich,* Börsen-Gurus zwischen Zölibat und Strafbarkeit – Scalping als Straftat?, JR 2004, 191; *Kudlich/Noltensmeier,* Die Anordnung des Verfalls (§§ 73 ff. StGB) bei verbotenem Insiderhandel nach § 38 iVm § 14 WpHG, wistra 2007, 121; *Kudlich,* Zur Frage des erforderlichen Einwirkungserfolgs bei handelsgestützten Marktpreismanipulationen; wistra 2011, 361; *Kudlich,* MADness Takes Ist Toll – Ein Zeitsprung im Europäischen Strafrecht?, AG 2016, 459; *Langenbucher/Brenner/Gelling,* Zur Nutzung von Insiderinformationen nach der Marktmissbrauchsrichtlinie, BKR 2010, 133; *Lenenbach,* Scalping – Insiderdelikt oder Kursmanipulation?, ZIP 2003, 243; *Leyendecker-Langner,* Kapitalmarktkommunikation durch den Aufsichtsratsvorsitzenden, NZG 2015, 44; *Merkner/Sustmann,* Insiderrecht und Ad-Hoc-Publizität. Das Anlegerschutzverbesserungsgesetz „in der Fassung durch den Emittentenleitfaden der BaFin", NZG 2005, 729; *Merkt/Rossbach,* Zur Einführung – Kapitalmarktrecht, JuS 2003, 217; *Mock,* Berichts-, Auskunfts- und Publizitätspflichten des besonderen Vertreters, AG 2008, 839; *Momsen/Laudien,* Der Tatbestand der Marktmanipulation zwischen Porsche-Verfahren und 1. FiMaNoG, ZIS 2016, 646; *Moosmayer,* Straf- und bußgeldrechtliche Regelungen im Entwurf eines Vierten Finanzmarktförderungsgesetzes, wistra 2002, 161; *Mühlbauer,* Zur Einordnung des „Scalping" durch Anlageberater als Insiderhandel nach dem WpHG, wistra 2003, 169; *Nietsch,* Die Verwendung der Insiderinformation, ZHR 174, 556 (2010); *Pananis/Frings,* Zur Verjährungsfrist beim Kapitalanlagebetrug und bei Kursmanipulationen und Marktpreismanipulationen, wistra 2004, 238; *Park,* Kapitalmarktstrafrechtliche Neuerungen des Vierten Finanzmarktförderungsgesetzes, BB 2003, 1513; *Park,* Schwerpunktbereich – Einführung in das Kapitalmarktstrafrecht, JuS 2007, 621, 712; *Poelzig,* Insider- und Marktmanipulationsverbot im neuen Marktmissbrauchsrecht, NZG 2016, 528; *Popp,* Das Rätsel des § 38 Abs. 5 WpHG – Transnationales Regelungsbedürfnis und Gesetzgebungstechnik im Nebenstrafrecht, wistra 2011, 169; *Ransiek,* Insiderstrafrecht und Unschuldsvermutung, wistra 2011, 1; *Renz/Leibold,* Die neuen strafrechtlichen Sanktionsregelungen im Kapitalmarktrecht, CCZ 2016, 157; *Rönnau/Wegner,* Grund und Grenzen der Einwirkung des europäischen Rechts auf das nationale Strafrecht, GA 2013, 561; *Rössner/Bolkart,* Rechtliche und verfahrenstaktische Analyse des Vorgehens geschädigter Anleger bei fehlerhaften Unternehmensmeldungen, WM 2003, 953; *Sauer,* Kein strafbarer Insiderhandel mit nicht in den Markt oder Freiverkehr einbezogenen Aktienoptionen, wistra 2004, 195; *Schlitt,* Strafrechtliche Risiken bei Squeeze-out und Delisting, NZG 2006, 925; *Schlitt/Schäfer,* Quick to Market – Aktuelle Rechtsfragen im Zusammenhang mit Block-Trade-Geschäften, AG 2004, 346; *Schmitz,* Scalping, JZ 2004, 526; *Schmolke,* Das Verbot der Marktmanipulation nach dem neuen Marktmissbrauchsregime, AG 2016, 434; *Schröder,* Strafrechtliche Risiken für den investigativen Journalismus? – Die Meinungs- und Pressefreiheit und das Wertpapierhandelsgesetz, NJW 2009, 465; *Schröder,* Geschäftsführer, Gesellschafter und Mitarbeiter der GmbH als Insider, GmbHR 2007, 907; *Schröder,* Erweiterung des Vortatenkatalogs der Geldwäsche um Marktmanipulation und Insiderhandel – Risiken für die Kreditwirtschaft und die Kapitalmärkte, WM 2010, 769; *Schröder,* Die Europäisierung des Strafrechts nach Art. 83 Abs. 2 AEUV am Beispiel des Marktmissbrauchsrechts: Anmerkungen zu einem Fehlstart, HRRS 2013, 253; *Schwintek,* Die Anzeigepflicht bei Verdacht von Insidergeschäften und Marktmanipulation nach § 10 WpHG, WM 2005, 861; *Sethe,* Die Verschärfung des insiderrechtlichen Weitergabeverbots, ZBB 2006, 243; *Spatscheck/Ehnert,* Steuer- und strafrechtliche Risiken von Aktienoptionsmodellen, AG 2003, 679; *Steidle/Waldeck,* Die Pflicht zur Führung von Insiderverzeichnissen unter dem Blickwinkel der informationellen Selbstbestimmung, WM 2005, 868; *Sturm,* Die kapitalmarktrechtlichen Grenzen jornalistischer Arbeit, ZBB 2010, 20; *Teigelack,* Insiderhandel und Marktmanipulation im Kommissionsentwurf einer Marktmissbrauchsverordnung, BB 2012, 1361; *Teigelack/Dolff* Kapitalmarktrechtliche Sanktionen nach dem Regierungsentwurf eines 1. FimanoG, BB 2016, 387; *Trüg,* Neue Konturen der Rechtsprechung zur strafbaren Marktmanipulation, NJW 2014, 1346; *Trüg,* Umfang und Grenzen des Scalping als strafbare Marktmanipulation, NStZ 2014, 558; *Trüg,* Betrugsrisiko für Kapitalmarktakteure bei der Verwendung von Insiderinformationen, NZG 2014, 809; *Trüg,* Gebotene Bestimmtheit und Taterfolg der strafbaren Marktmanipulation, NZG 2016, 820; *v. Dryander/Schröder,* Gestaltungsmöglichkeiten für die Gewährung von Aktienoptionen an Vorstandsmitglieder im Lichte der neuen Insiderrechts, WM 2007, 534; *Vogel,* Wertpapierhandelsstrafrecht – Vorschein eines neuen Strafrechtsmodells?, FS Jakobs, 2007, 731; *Vogel,* Scalping als Kurs- und Marktpreismanipulation, NStZ 2004, 252; *Waßmer,* Strafbare Marktmanipulation durch Matched Orders im Freiverkehr, HRRS 2014 336; *Wohlers,* Insiderhandel und Kursmanipulation – Prüfstein der Frage, wie weit sich Strafrechtsnormen an den Realitäten des Marktes zu orientieren haben, ZStW 125, 443 (2013); *Woodtli,* Marktmanipulation durch abgesprochene Geschäfte: Einwirkung auf den Börsenpreis und Verfall, NZWiSt 2012, 51; *Ziouvas,* Das neue Recht gegen Kurs- und Marktpreismanipulation im 4. Finanzmarktförderungsgesetz, ZGR 2003, 113; *Ziouvas,* Zur Strafbarkeit des Scalping, EWiR 2003, 85.

Übersicht

A. Allgemeines

I. Entwicklung der Norm und Gesetzessystematik

Strafbar war nach dem WpHG idF des **2. FFG** v. 26.7.1994 (BGBl. I 1749 (1759)) zunächst mit § 38 **1** Abs. 1 Nr. 1–3 aF nur der verbotene Insiderhandel. Mit dem **4. FGG** v. 21.6.2002 (BGBl. I 2010 (2037)) wurde dann mit § 38 Abs. 1 Nr. 4 aF auch die verbotene Marktmanipulation unter Strafe gestellt. Strafbewehrt waren zunächst nur vollendete verbotene Insidergeschäfte und Marktmanipulationen, bevor mit dem **AnSVG** v. 28.10.2004 (BGBl. I 2630 (2645)) mit § 38 Abs. 3 aF eine Versuchsstrafbarkeit für Verstöße gegen § 38 Abs. 1 aF eingeführt wurde. Gleichzeitig wurde mit dem AnSVG für den Bereich des verbotenen Erwerbs oder der verbotenen Veräußerung von Insiderpapieren (§ 38 Abs. 1 Nr. 1 aF) eine Strafbarkeit auch für leichtfertiges Handeln eingeführt (§ 38 Abs. 4 aF). Das Gesetz zur Änderung des Einlagensicherungs- und Anlegerentschädigungsgesetzes und anderer Gesetze **(EAE-GuaÄndG)** v. 25.6.2009 (BGBl. I 1528 (1628)) erweiterte den Anwendungsbereich des Verbotes der Marktmanipulation nach § 38 Abs. 2 aF auf Fälle einer Preiseinwirkung auf Waren und ausländische Zahlungsmittel. Mit dem Gesetz zur Novellierung des Finanzanlagenvermittler- und Vermögensanlagenrechts (VermAnlG) v. 6.12.2011 (BGBl. I 2184) wurde mWz 13.12.2011 mit § 38 Abs. 2a aF zur Sanktionierung von in der sog EU-Versteigerungsverordnung (VO (EU) Nr. 1031/2010 v. 12.10.2010, ABl. 2010 L 302, 1) geregelten Verstößen gegen Insiderverbote im Zusammenhang mit der Versteigerung von Treibhausgasemmissionszertifikaten ein neues Insiderdelikt geschaffen.

Grundlegend geändert wurde § 38 durch das **1. FiMaNoG** v. 30.6.2016 (BGBl. I 1514; zum unions- **2** rechtlichen Hintergrund → Vorb. Rn. 5, 11). Die strafbare Marktmanipulation findet sich nun in § 38 Abs. 1, die strafbaren Insiderdelikte in § 38 Abs. 3. Verstöße gegen die EU-Versteigerungsverordnung werden in § 38 Abs. 2 strafbewehrt. § 38 Abs. 4 enthält nun auch eine Versuchsstrafbarkeit für bestimmte Fälle der Marktmanipulation. Neu aufgenommen wurde in § 38 Abs. 5 ein Qualifikationstatbestand für Fälle der Marktmanipulation. Die leichtfertige Begehung (§ 38 Abs. 6) ist fortan nur noch bei bestimmten Verstößen gegen die EU-Versteigerungsverordnung (§ 38 Abs. 2 Nr. 1) strafbar. Die in § 38 Abs. 5 aF enthaltene Regelung war wegen Art. 2 Abs. 4 MAR nicht mehr erforderlich.

§ 38 enthält somit nach neuem Recht die Tatbestände des Marktmissbrauchsstrafrechts (zur Termino- **3** logie → Vorb. Rn. 11), dh die Straftatbestände der **verbotenen Marktmanipulation** (§ 38 Abs. 1), der **verbotenen Insidergeschäfte** (§ 38 Abs. 3 Nr. 1, 2) und der **unrechtmäßigen Offenlegung von Insiderinformationen** (§ 38 Abs. 3 Nr. 3) sowie die strafbaren Verstöße gegen die EU-Versteigerungsverordnung (§ 38 Abs. 2).

II. Rechtsgut und Deliktsnatur

1. Rechtsgut. Nach überwiegender – zum alten Recht entwickelten – Auffassung liegt § 38 Abs. 1, **4** Abs. 3 ein einheitliches Rechtsgut zugrunde (vgl. Fuchs/*Waßmer* Rn. 5, 6) und schützt ausschließlich die Funktionsfähigkeit des organisierten Kapitalmarktes, nicht dagegen die Individualinteressen oder das Vermögen einzelner Anleger (vgl. zB BVerfG NStZ 2003, 210; LG Augsburg NStZ 2005, 109 (111)). Teilweise wird in diesem Zusammenhang auch – gewissermaßen auf einer höheren Abstraktionsstufe – der Schutz des Vertrauens in die Funktionsfähigkeit des Kapitalmarktes (Schröder KapMarktStrafR-HdB Rn. 109) als Rechtsgut angesehen. Andere benennen als Rechtsgut die informationelle Chancengleichheit (Momsen/Grützner WirtschaftsStR/*Hohn* Kap. 6 Teil B Rn. 4). Der Schutz der Individualinteressen des einzelnen Anlegers soll nach überwiegender Auffassung nur mittelbar erfasst sein (MüKoStGB/ *Pananis* Rn. 5 mwN). Nach aA schützt § 38 Abs. 1, Abs. 3 WpHG unmittelbar entweder neben der Funktionsfähigkeit des organisierten Kapitalmarktes oder ausschließlich das Vermögen der Marktteilnehmer (vgl. zB KölnKomm WpHG/*Altenhain* Rn. 3; Hellmann/Beckemper WirtschaftsStR Rn. 30).

5   Nach hier vertretener, auf Art. 1 MAR gestützter, Aufassung ist **Rechtsgut** des § 38 Abs. 1, Abs. 3 die **Marktintegrität** (s. aber → Rn. 7). Ein Kapitalmarkt ist dann ein integrer Markt, wenn auf ihm die Preise durch ein *unbeeinflusstes* Spiel von Angebot und Nachfrage zustandekommen und der Marktpreis deshalb ein geeignetes Zeichen für die relative Vorteilhaftigkeit einer Kapitalanlage gibt (*Arlt,* Der strafrechtliche Anlegerschutz vor Kurspreismanipulation, 2004, 378). Marktintegrität ist neben anderen Faktoren, wie zB der Markttransparenz und der Systemstabilität, eine wesentliche Voraussetzung für effiziente, liquide, stabile und damit funktionsfähige Kapitalmärkte. Sie ist aber nicht mit der Funktionsfähigkeit des Kapitalmarktes in eins zu setzen (→ Vorb. Rn. 1; vgl. aber Momsen/Grützner WirtschaftsStR/*Hohn* Kap. 6 Teil B Rn. 4). Unter Marktintegrität ist die Integrität eines konkreten Marktes für die jeweils von § 38 Abs. 1, 3 erfassten Tatobjekte (→ Rn. 20 ff.) zu verstehen.

6   Soweit die Marktmissbrauchsverordnung auch den Anlegerschutz und das Vertrauen der Anleger in die Kapitalmärkte nennt, handelt es sich hierbei lediglich um reflexartig und mittelbar geschützte Güter und Interessen. Zutreffend wird auch darauf hingewiesen, dass es sich hierbei um Oberbegriffe mit vielen Schutzrichtungen handelt (vgl. auch Momsen/Grützner/*Hohn* Kap. 6 Teil B Rn. 4). Dass Strafvorschriften auch ein Systemvertrauen – hier in die Funktionsfähigkeit des Kapitalmarktes – schützen, wird zu Recht generell in Frage gestellt (vgl. hierzu ausführlich *Beckemper* ZIS 2011, 318).

7   Eine gewisse Sonderstellung nehmen die Straftatbestände des § 38 Abs. 1 Nr. 2 iVm § 39 Abs. 3d Nr. 2 WpHG iVm Art. 15, 12 Abs. 1 lit. d MAR und des § 38 Abs. 2 WpHG iVm Art. 38–40 VO Nr. 1031/2010 ein. Art. 12 Abs. 1 lit. d MAR erfasst die Referenzwertmanipulation und damit kein eigentliches Marktgeschehen, so dass geschütztes Rechtsgut hier die **Regelhaftigkeit der Referenzwertbestimmung** ist. § 38 Abs. 2 sanktioniert Verstöße gegen das Verbot von Insidergeschäften nach Art. 38–40 EU-Versteigerungsverordnung und schützt damit die **Integrität des EU-Emissionshandelssystems** (Fuchs/*Waßmer* Rn. 7; aA KölnKomm WpHG/*Altenhain* Rn. 6: Schutz des Vermögens des die Emissionszertifikate versteigernden Staates).

8   **2. Deliktsnatur.** Im Hinblick auf die Deliktsnatur ist zu unterscheiden: Beim Tatbestand des **§ 38 Abs. 1 WpHG** handelt es sich um ein **Erfolgsdelikt,** da die Vorschrift eine tatsächliche Einwirkung auf den Börsen- oder Marktpreis bzw. einen Referenzwert voraussetzt (vgl. MüKoStGB/*Pananis* Rn. 9). Während aufgrund der Rechtsgutbestimmung der hM ("Funktionsfähigkeit des Kapitalmarktes") § 38 Abs. 1 kein Verletzungsdelikt sondern lediglich abstraktes Gefährdungsdelikt ist, weil die Funktionsfähigkeit auch durch fehlerhafte Preisbildung nur gefährdet wird (MüKoStGB/*Pananis* Rn. 10; aA Fuchs/*Waßmer* Rn. 10), ist auf Grundlage der hier vertretenen Rechtsgutbestimmung § 38 Abs. 1 als **Verletzungsdelikt** zu qualifizieren, da eine auf Manipulation beruhende Preisbildung die Marktintegrität (→ Rn. 5) und die Regelhaftigkeit der Referenzwertbestimmung (→ Rn. 7) tatsächlich beeinträchtigt (ähnlich Assmann/Schneider/*Vogel* Vor § 38 Rn. 19). **§ 38 Abs. 2 und 3** sind dagegen **Tätigkeitsdelikte,** da sich hier das tatbestandsmäßige Verhalten in einem Handlungsvollzug erschöpft (Assmann/ Schneider/*Vogel* Vor § 38 Rn. 19). Nach der hM handelt es sich um abstrakte Gefährdungsdelikte (MüKoStGB/*Pananis* Rn. 9). Nach hier vertretener Auffassung ist zu differenzieren: Da das Tätigen eines Insidergeschäfts die Marktintegrität bzw. die Integrität des EU-Emissionshandelssystems (→ Rn. 5, 7) beeinträchtigt, handelt es sich bei § 38 Abs. 2 Nr. 1, Abs. 3 Nr. 1 um **Verletzungsdelikte** (s. auch Momsen/Grützner WirtschaftsStR/*Hohn* Kap. 6 Teil B Rn. 8 für das Rechtsgut der informationellen Chancengleichheit). Bei § 38 Abs. 2 Nr. 2, Abs. 3 Nr. 2, handelt es sich dagegen um **abstrakte Gefährdungsdelikte,** da die Marktintegrität durch dieses dem Handel vorgelagerte Verhalten noch nicht beeinträchtigt wird, das Tätigen eines Geschäfts auf Grundlage einer Insiderinformation nun aber jederzeit möglich ist.

III. Verfassungsrechtliche Problematik

9   Bereits vor der Reform des Marktmissbrauchsrechts wurden gegen die Strafvorschriften – vor allem den Tatbestand der Marktmanipulation – aufgrund der zahlreichen schwer konturierbaren Tatbestandsmerkmale in der Literatur verfassungsrechtliche Bedenken im Hinblick auf Art. 103 Abs. 2 GG erhoben (vgl. den Überblick bei Assmann/Schneider/*Vogel* Rn. 10 mwN). Die mit der Blanketttechnik verbundenen „endlosen" Verweisungen mögen ihr zusätzliches dazu beigetragen haben, dass dem Gesetzgeber – nicht ganz unzutreffend – ein „notorisches Unvermögen", präzise Regelungen zu schaffen, attestiert wurde (so *Bernsmann* FS Richter II, 2006, 51 (52)). Das wird man im Hinblick auf die Tatbestände der Marktmissbrauchsverordnung größtenteils nicht anders sehen können. Insbes. die **deutsche Sprachfassung** der Verordnung enthält teilweise derart sprachlich verunglückte Regelungen, die einer sinnvollen Auslegung schwer zugänglich sind. Der gut gemeinte Rat, bei der Gesetzeslektüre mit der englischen Sprachfassung zu beginnen, um sich manches Kopfzerbrechen zu ersparen (*Klöhn* AG

2016, 423 (424)), stellt dem Unionsgesetzgeber kein gutes Zeugnis aus und ist insbes. aufgrund der Tatsache, dass diese Vorschriften auch Grundlage *strafrechtlicher* Sanktionierung sind, äußerst bedenklich (s. auch → Vorb. Rn. 27).

Über diese bestehenden sprachlichen Mängel hinaus, werden sich die gegen die Unbestimmtheit der **10** Tatbestände des WpHG erhobenen Einwände auch gegen die Neufassung der Verbotstatbestände der Marktmissbrauchsverordnung ins Feld führen lassen. Das wird in erster Linie die verbotene Marktmanipulation des Art. 12 Abs. 1 MAR betreffen, der wie schon das nationale Marktmanipulationsverbot (§ 20a aF) zahlreiche **unbestimmte Tatbestandsmerkmale** enthält. Wenn freilich die grundsätzlich notwendige Regulierung des Kapitalmarktes mehr sein soll als ein bloßes „Hase-und-Igel-Spiel" (vgl. *Schmolke* AG 2016, 434 (435)), ist das Bedürfnis nach der Formulierung allgemein gefasster Tatbestände, die auch Verhalten erfassen können, das so bisher auf dem Kapitalmarkt noch nicht bekannt ist, durchaus nachvollziehbar. Die Grenzen eines rechtsstaatlichen und den verfassungsrechtlichen Anforderungen des Art. 103 Abs. 2 GG verpflichteten Strafrechts, darf der Gesetzgeber dabei natürlich nicht aus den Augen verlieren. Daran wird man angesichts einiger Tatbestandsfassungen – insbes. der Art. 12 Abs. 1 lit. a, lit. b MAR – zweifeln dürfen. Der Straftatbestand des § 38 Abs. 1 erhält aber zumindest **weitere Konturierung** durch das Erfordernis eines Erfolgseintritts, wenngleich dieses aufgrund der durch die Rechtsprechung aufgestellten Grundsätze zum Nachweis von tatbestandlichem Erfolg und Kausalität (→ Rn. 100 ff.) ihr tatbestandsbegrenzendes Potenzial einbüßt. Darüber hinaus wird auch die Indikatorenliste nach Art. 12 Abs. 3, Anh. I MAR und die auf Grundlage von Art. 12 Abs. 5 MAR erlassene Delegierte Verordnung (→ Rn. 13) zur Tatbestandskonkretisierung beitragen.

Durch die Gestaltung der Straftatbestände als Blankettgesetze und der damit verbundenen **Verwei-** **11** **sungsketten** dürfte im Falle des § 38 WpHG noch nicht ein Grad an Unbestimmtheit erreicht sein, der zu einer Verfassungswidrigkeit der Regelungen führt (vgl. auch BGH NJW 2014, 1399 (1400) für § 38 aF). Hinsichtlich der alten Rechtslage ist dies bei einer ähnlichen Verweisungskomplexität allerdings teilweise bejaht worden (vgl. zB *Kutzner* WM 2005, 1401 (1406); *Park* BB 2003, 1513 (1516); dagegen zB BGHSt 48, 373 (383); *Eichelberger,* Das Verbot der Marktmanipulation (§ 20a WpHG), 2006, 181).

B. Strafbare Marktmanipulation (§ 38 Abs. 1)

I. Allgemeines

§ 38 Abs. 1 sanktioniert **Verstöße gegen das Verbot der Marktmanipulation nach Art. 15, 12** **12** **MAR** (auch iVm § 12 WpHG). Strafbar ist, wer eine in § 39 Abs. 2 Nr. 3 oder Abs. 3c (§ 38 Abs. 1 Nr. 1) oder eine in § 39 Abs. 3d Nr. 2 (§ 38 Abs. 1 Nr. 2) bezeichnete vorsätzliche Handlung begeht und dadurch auf den Börsen- oder (Markt-)Preis der in § 38 Abs. 1 lit. a–d WpHG bezeichneten Finanzinstrumente, Waren-Spot-Kontrakte, Waren, Emissionsberechtigungen, ausländischen Zahlungsmittel oder auf Referenzwerte einwirkt. Während die in § 38 Abs. 1 in Bezug genommenen Bußgeldtatbestände des § 39 nicht notwendig erfordern, dass der Preis tatsächlich beeinflusst wird, ist der Straftatbestand des § 38 Abs. 1 als **Erfolgsdelikt** ausgestaltet und setzt eine **tatsächliche Einwirkung auf den Preis** voraus (→ Rn. 100 ff.).

Das **Blankettgesetz** (→ Vorb. Rn. 7 ff.) des § 38 Abs. 1 wird anhand einer Verweisungskette durch **13** blankettausfüllende Normen des nationalen und europäischen Rechts ausgefüllt. Die Vorschriften des § 39 Abs. 2 Nr. 3, Abs. 3c und 3d Nr. 2, auf die § 38 Abs. 1 verweist, verweisen ihrerseits – neben § 12, der den Anwendungsbereich der Art. 15, 12 Abs. 1–4 MAR auf bestimmte Waren, Emissionsberechtigungen und ausländische Zahlungsmittel ausdehnt – auf das harmonisierte Marktmanipulationsverbot der **Art. 15, 12 MAR.** Darüber hinaus erfährt das Verbot der Marktmanipulation Konkretisierung einerseits durch die Vorschrift des Art. 12 Abs. 2 Marktmissbrauchsverordnung, die Handlungen aufzählt, die unter anderem als Marktmanipulation gelten. Andererseits enthält **Anhang I der Marktmissbrauchsverordnung** eine nicht erschöpfende Aufzählung von Indikatoren in Bezug auf die Manipulationsverbote nach Art. 12 Abs. 1 lit. a und b MAR (vgl. Art. 12 Abs. 3 MAR). Diese Indikatoren werden durch die auf Grundlage von Art. 12 Abs. 5 MAR erlassenen **Delegierten VO (EU) 2016/522** v. 17.12.2015 (Abl. 2016 L 88, 1) präzisiert (→ Vorb. Rn. 23 ff.). Damit ähnelt die neue Rechtslage der Regelungssystematik des alten Rechts. Dort waren in § 20a Abs. 1 aF Verbotstatbestände normiert, die durch die auf Grundlage von § 20a Abs. 5 aF erlassene Verordnung zur Konkretisierung des Verbotes der Marktmanipulation (MaKonV) v. 1.3.2005 (BGBl. I 515) konkretisiert wurden (vgl. hierzu die Vorauflage Rn. 121).

II. Tatbestandsvarianten

1. Überblick. Der objektive Tatbestand der strafbaren Marktmanipulation nach § 38 Abs. 1 erfordert **14** die Vornahme bestimmter (informations-, handels- oder handlungsgestützter) **Manipulationshandlungen** in Bezug auf bestimmte **Manipulationsobjekte,** die kausal und objektiv zurechenbar einen **Manipulationserfolg** herbeiführen müssen. Die in § 38 Abs. 1 Nr. 1 und 2 enthaltenen Tatbestände der strafbaren Marktmanipulation unterscheiden sich lediglich im Hinblick auf die geschützten Tatobjekte. Während sowohl § 38 Abs. 1 Nr. 1 als auch § 38 Abs. 1 Nr. 2 hinsichtlich der Tathandlungen über die in Bezug genommenen Vorschriften des § 39 letztlich auf Art. 12 MAR verweisen, fallen in den Anwendungsbereich des § 38 Abs. 1 Nr. 1 die in § 12 genannten Tatobjekte (vgl. BT-Drs. 18/ 7482, 64) und in den Anwendungsbereich des § 38 Abs. 1 Nr. 2 jene Tatobjekte, die von Art. 12 MAR erfasst sind. Dabei ist zu beachten, dass die in Bezug genommenen Vorschriften stets unionsrechtlich auszulegen und in ihrem unionsrechtlichen Regelungszusammenhang zu sehen sind (→ Vorb. Rn. 25 ff.), unabhängig davon, ob sich die Tathandlung auf die Tatobjekte des § 12 oder der Marktmissbrauchsverordnung bezieht (→ Vorb. Rn. 28). Deshalb werden die Regelungen der Marktmissbrauchsverordnung für § 38 Abs. 1 Nr. 1 und 2 gemeinsam kommentiert, da inhaltlich – abgesehen von der Erfassung verschiedener Manipulationsobjekte – keine Unterschiede bestehen.

15   **2. § 38 Abs. 1 Nr. 1 Alt. 1.** Der objektive Tatbestand des § 38 Abs. 1 Nr. 1 Alt. 1 iVm § 39 Abs. 2 Nr. 3 iVm § 12 iVm Art. 15, 12 Abs. 1 lit. c oder lit. d MAR betrifft **informationsgestützte Manipulationen** im Hinblick auf die in § 12 genannten Manipulationsobjekte. **a)** Der Täter (→ Rn. 18 f.) muss eine Manipulationshandlung begehen durch entweder **aa)** das Verbreiten von Informationen (→ Rn. 48 ff.), die falsche oder irreführende Signale hinsichtlich des Angebots, der Nachfrage oder des Kurses eines Tatobjektes geben oder bei denen dies wahrscheinlich ist oder die ein anormales oder künstliches Kursniveau eines Tatobjektes herbeiführen oder bei denen dies wahrscheinlich ist (→ Rn. 57 ff.) (Art. 12 Abs. 1 lit. c MAR), oder **bb)** das Übermitteln falscher oder irreführender Angaben oder die Bereitstellung falscher oder irreführender Ausgangsdaten (→ Rn. 73 f.) (Art. 12 Abs. 1 lit. d MAR). **b)** Die Manipulationshandlung muss hinsichtlich eines Tatobjekts der in § 12 genannten Waren, Emissionsberechtigungen und ausländischen Zahlungsmittel (→ Rn. 42 ff.) vorgenommen werden. **c)** Der Täter muss kausal und objektiv zurechenbar (→ Rn. 105 ff.) einen Manipulationserfolg, die Einwirkung auf einen Preis, herbeiführen (→ Rn. 100 ff.).

16   **3. § 38 Abs. 1 Nr. 1 Alt. 2.** Der objektive Tatbestand des § 38 Abs. 1 Nr. 1 Alt. 2 iVm § 39 Abs. 3c iVm § 12 iVm Art. 15, 12 Abs. 1 lit. a oder lit. b MAR betrifft **handels- und handlungsgestützte Manipulationen** im Hinblick auf die in § 12 genannten Manipulationsobjekte. **a)** Der Täter (→ Rn. 18 f.) muss eine Manipulationshandlung begehen durch entweder **aa)** den Abschluss eines Geschäfts, die Erteilung eines Handelsauftrags sowie jede andere Handlung (→ Rn. 76 ff.), die falsche oder irreführende Signale hinsichtlich des Angebots, der Nachfrage oder des Preises eines Tatobjektes gibt oder bei der dies wahrscheinlich ist oder die ein anormales oder künstliches Kursniveau eines Tatobjektes sichert oder bei der dies wahrscheinlich ist (→ Rn. 79 f.) (Art. 12 Abs. 1 lit. a MAR), oder **bb)** den Abschluss eines Geschäfts, die Erteilung eines Handelsauftrags und jegliche sonstige Tätigkeit oder Handlung an Finanzmärkten, die unter Vorspiegelung falscher Tatsachen oder unter Verwendung sonstiger Kunstgriffe oder Formen der Täuschung (→ Rn. 90 ff.) den Kurs eines Tatobjektes beeinflusst oder hierzu geeignet ist (→ Rn. 91) (Art. 12 Abs. 1 lit. b MAR). **b)** Die Manipulationshandlung muss hinsichtlich eines Tatobjekts der in § 12 WpHG genannten Waren, Emissionsberechtigungen und ausländischen Zahlungsmittel (→ Rn. 42 ff.) vorgenommen werden. **c)** Der Täter muss kausal und objektiv zurechenbar (→ Rn. 105 ff.) einen Manipulationserfolg, die Einwirkung auf einen Preis, herbeiführen (→ Rn. 100 ff.).

17   **4. § 38 Abs. 1 Nr. 2.** Der objektive Tatbestand des § 38 Abs. 1 Nr. 2 iVm § 39 Abs. 3d Nr. 2 iVm Art. 15, 12 Abs. 1 MAR betrifft **informations-, handels- und handlungsgestützte Manipulationen** der von der Marktmissbrauchsverordnung erfassten Tatobjekte. **a)** Der Täter (→ Rn. 18 f.) muss eine Manipulationshandlung begehen durch entweder **aa)** den Abschluss eines Geschäfts, die Erteilung eines Handelsauftrags sowie jede andere Handlung (→ Rn. 76 ff.), die falsche oder irreführende Signale hinsichtlich des Angebots, der Nachfrage oder des Preises eines Tatobjektes gibt oder bei der dies wahrscheinlich ist oder die ein anormales oder künstliches Kursniveau eines Tatobjektes sichert oder bei der dies wahrscheinlich ist (→ Rn. 79 f.) (Art. 12 Abs. 1 lit. a MAR), oder **bb)** den Abschluss eines Geschäfts, die Erteilung eines Handelsauftrags und jegliche sonstige Tätigkeit oder Handlung an Finanzmärkten, die unter Vorspiegelung falscher Tatsachen oder unter Verwendung sonstiger Kunstgriffe oder Formen der Täuschung (→ Rn. 90 ff.) den Kurs eines Tatobjektes beeinflusst oder hierzu geeignet ist (→ Rn. 91) (Art. 12 Abs. 1 lit. b MAR), oder **cc)** das Verbreiten von Informationen (→ Rn. 48 ff.), die falsche oder irreführende Signale hinsichtlich des Angebots, der Nachfrage oder des Kurses eines Tatobjektes geben oder bei denen dies wahrscheinlich ist oder die ein anormales oder künstliches Kursniveau eines Tatobjektes herbeiführen oder bei denen dies wahrscheinlich ist (→ Rn. 57 ff.) (Art. 12 Abs. 1 lit. c MAR), oder **dd)** das Übermitteln falscher oder irreführender Angaben oder die Bereitstellung falscher oder irreführender Ausgangsdaten oder jede sonstige Handlung, durch die die Berechnung eines Referenzwertes manipuliert wird (→ Rn. 73 f.) (Art. 12 Abs. 1 lit. d MAR). **b)** Die Manipulationshandlung muss hinsichtlich eines Finanzinstruments, eines damit verbundenen Waren-Spot-Kontrakts oder eines auf Emissionszertifikaten beruhenden Auktionsobjekts (→ Rn. 21 ff.) vorgenommen werden. **c)** Der Täter muss kausal und objektiv zurechenbar (→ Rn. 105 ff.) einen Manipulationserfolg, die Einwirkung auf einen Preis, herbeiführen (→ Rn. 100 ff.).

III. Täter

§ 38 Abs. 1 enthält in allen Tatvarianten im Hinblick auf die Person des Täters keine besonderen **18** Anforderungen. Deshalb ist die strafbare Marktmanipulation ein **Allgemeindelikt.** Unzutreffend ist die Auffassung (vgl. BGH NJW 2011, 3664 (3666); BGH NStZ 2014, 581 (583)), zumindest im Falle des *scalping* (→ Rn. 99) handle es sich um ein Sonderpflichtdeilikt, das nur derjenige begehen könne, der sich selbst in einem Interessenkonflikt befinde.

Besondere Bedeutung erlangt im Rahmen der informationsgestützten Manipulation die Tätigkeit von **19** Journalisten. Art. 21 MAR enthält hierfür besondere Regelungen, die aber Journalisten nicht grundsätzlich als mögliche Täter ausschließen, sondern erst im Rahmen der Prüfung, ob eine Tathandlung vorliegt, zu berücksichtigen sind (→ Rn. 168).

IV. Tatobjekte

Das Verbot der Marktmanipulation erfasst einen abschließenden Katalog von Tatobjekten, auf die sich **20** die Manipulationshandlungen beziehen müssen **(Manipulationsobjekt).** Nach Art. 12 Abs. 1 MAR liegt ein Fall der Marktmanipulation nur bei Handlungen mit Bezug auf Finanzinstrumente (→ Rn. 21 ff.), mit einem Finanzinstrument verbundenen Waren–Spot–Kontrakt (→ Rn. 39) oder eines auf Emissionszertifikaten beruhenden Auktionsobjekts (→ Rn. 40) (Art. 12 Abs. 1 lit. a–c MAR) sowie einen Referenzwert (→ Rn. 41) (Art. 12 Abs. 1 lit. d MAR) vor. Diese Tatobjekte werden strafrechtlich durch den Tatbestand des § 38 Abs. 1 Nr. 2 WpHG geschützt. § 12 erweitert diesen Katalog (unionsrechtskonform → Vorb. Rn. 17) um Waren iSd § 2 Abs. 2c (→ Rn. 43) (§ 12 Nr. 1), Emissionsberechtigungen iSd § 3 Nr. 3 TEHG (→ Rn. 44) (§ 12 Nr. 2 WpHG) und ausländische Zahlungsmittel iSd § 51 BörsG (→ Rn. 45) (§ 12 Nr. 3). Diese Manipulationsobjekte sind Tatobjekte des § 38 Abs. 1 Nr. 1.

1. Finanzinstrumente. a) Arten. Nach der hier maßgeblichen „Legaldefinition" des Art. 3 Abs. 1 **21** Nr. 1 MAR – die Legaldefinition des § 2 Abs. 2b ist nicht anwendbar (→ Vorb. Rn. 10) – bezeichnet „Finanzinstrument" solche iSv Art. 4 Abs. 1 Nr. 15 der RL 2014/65/EU v. 15.5.2014 (ABl. 2014 L 173, 349) („MiFID II"), der seinerseits auf Anhang I MiFID II verweist. **Bis einschließlich zum 2.1.2018** ist diese und alle weiteren Verweisungen auf die MiFID II als solche auf die weitgehend inhaltsgleiche (s. aber → Vorb. Rn. 17) Vorschriften der Richtlinie 2004/39/EG v. 21.4.2004 (Abl. 2004 L 145, 1) („MiFID I") zu lesen (Art. 39 Abs. 4 UAbs. 1 MAR). Die einander entsprechenden Vorschriften der MiFID I/MiFID II können der Entsprechungstabelle entommen werden (vgl. ABl. 2014 L 173, 487 ff.). Beide Regelungskomplexe unterscheiden sich im Hinblick auf die hier zu erörternden Finanzinstrumente im Wesentlichen lediglich darin, dass die MiFID I all jene Arten von Finanzinstrumenten, die in organisierten Handelssystemen gehandelt werden, sowie Emmissionszertifikate nicht erfasst.

aa) Übertragbare Wertpapiere. Dem Begriff der Finanzinstrumente unterfallen gem. Anhang I **22** Abschnitt C Nr. 1 MiFID II zunächst übertragbare Wertpapiere. Nach Art. 4 Abs. 1 Nr. 44 MiFID II gehören zu diesen diejenigen Kategorien von Wertpapieren, die auf dem Kapitalmarkt gehandelt werden können, mit Ausnahme von Zahlungsinstrumenten. Der Begriff des übertragbaren Wertpapiers hat demnach zwei Voraussetzungen: Da es sich um „Kategorien" von Wertpapieren handeln muss, ist zum einen eine **Standardisierung,** dh die inhaltlich vergleichbare Ausgestaltung von Berechtigungen, erforderlich (KölnKomm WpHG/*Roth* § 2 Rn. 24). Sind Wertpapiere im Hinblick auf Laufzeit, Volumen und Basispreis individuell ausgestaltet, fehlt es an der notwendigen Standardisierung (Erbs/ Kohlhaas/*Wehowsky* § 2 Rn. 1). Zum anderen muss eine **Handelbarkeit auf dem Kapitalmarkt** gegeben sein. Nicht erforderlich ist damit, dass sich ein entsprechender Markt für das Wertpapier bereits gebildet hat, auf dem es tatsächlich gehandelt wird. Auch eine Verbriefung ist nicht notwendig, soweit sie nicht konstitutive Voraussetzung von Rechten und Ansprüchen ist (Assmann/Schneider/*Assmann* § 2 Rn. 11). Mindestvoraussetzung für eine Handelbarkeit ist, dass die Berechtigungen, die übertragen werden sollen, nach Art und Zahl bestimmt werden können (vgl. Assmann/Schneider/*Assmann* § 2 Rn. 8). Ob für eine Handelbarkeit eine (bloße) Umlauffähigkeit oder eine Zirkulationsfähigkeit (iSe gesteigerten Umlauffähigkeit ohne permanente oder temporäre Umlaufhemmnisse) notwendig ist, ist unklar (vgl. zum deutschen Recht zB KölnKomm WpHG/*Roth* § 2 Rn. 31 ff.). Für die Zirkulationsfähigkeit spricht zwar, dass eine möglichst einfache Abwicklung für die Funktionsfähigkeit der Kapitalmärkte, auf denen Transaktionen idR anonym und oftmals vollelektronisch stattfinden, wesentliche Voraussetzung ist (KölnKomm WpHG/*Roth* § 2 Rn. 34). Allerdings zeigt Art. 51 Abs. 1 UAbs. 2 MiFID II, dass hinsichtlich der Regeln für die Zulassung von Finanzinstrumenten zum Handel an geregelten Märkten fordert, dass übertragbare Wertpapiere frei handelbar sein müssen, dass freie Handelbarkeit nicht bereits notwendiger Bestandteil des Begriffs „übertragbares Wertpapier" iSd Art. 4 Abs. 1 Nr. 44 MiFID II ist. Übertragbare Wertpapiere müssen deshalb (nur) **umlauffähig** sein. Dies hat zur Folge, dass auch solche Berechtigungen erfasst sein können, die nur im Wege der Abtretung des im Wertpapier verkörperten Rechts oder mit Zustimmung Dritter übertragen werden können (Assmann/

Schneider/*Assmann* § 2 Rn. 8). Deshalb stehen beispielsweise das permanente Umlaufhemmnis der Vinkulierung und das temporäre Umlaufhemmnis der Lock-Up-Vereinbarung einer Handelbarkeit nicht entgegen (vgl. Schwark/Zimmer/*Kumpan* § 2 Rn. 10). Eine Handelbarkeit kann zumindest hinsichtlich jener Wertpapiere nicht bezweifelt werden, die zum Handel auf einem geregelten Markt bzw. in einem multilateralen Handelssystem zugelassen sind oder die in einem organisierten Handelssystem tatsächlich gehandelt werden (→ Rn. 34 ff.). Schließlich muss die Berechtigung einen **Bezug zum Kapitalmarkt** aufweisen (vgl. KölnKomm WpHG/*Roth* § 2 Rn. 27). Der Kapitalmarkt ist – im Unterschied zum Terminmarkt – ein Kassamarkt, auf dem – im Unterschied zum Geldmarkt (→ Rn. 25) – langfristige Finanzierungshilfen gehandelt werden (*Klöhn* in Langenbucher, Europäisches Privat- und Wirtschaftsrecht, 3. Aufl. 2013, § 6 Rn. 2).

23 In Art. 4 Abs. 1 Nr. 44 MiFID II werden als **Beispiele** ausdrücklich genannt: (1) **Aktien** (Stamm- und Vorzugsaktien, Namens- und Inhaberaktien, auch vinkulierte Aktien, vgl. KölnKomm WpHG/*Roth* § 2 Rn. 44); andere Aktien oder Anteilen an Gesellschaften, Personengesellschaften oder anderen Rechtspersönlichkeiten gleichzustellende Wertpapiere; Aktienzertifikate (zB American Depositary Receipts („ADRs") oder Zwischenscheine iSd § 8 Abs. 6 AktG, vgl. Fuchs/*Fuchs* § 2 Rn. 25). (2) **Schuldverschreibungen** (Inhaber- oder Orderschuldverschreibung, zB Staatsanleihen, Schatzanweisungen des Bundes (s. aber → Rn. 26) und Wandelschuldverschreibungen, vgl. Assmann/Schneider/*Assmann* § 2 Rn. 25); andere verbriefte Schuldtitel (zB Genussscheine, vgl. Schwark/Zimmer/*Kumpan* § 2 Rn. 23), einschließlich Zertifikaten (Hinterlegungsscheinen) für solche Wertpapiere. (3) **Alle sonstigen Wertpapiere**, die zum Kauf oder Verkauf solcher Wertpapiere berechtigen (gedeckte *(covered warrants)* und ungedeckte *(naked warrants)* Optionsscheine, vgl. Fuchs/*Fuchs* § 2 Rn. 29) oder zu einer Barzahlung führen, die anhand von übertragbaren Wertpapieren, Währungen, Zinssätzen oder -erträgen, Waren oder anderen Indizes oder Messgrößen bestimmt wird (zB Währungsoptionsscheine, vgl Schwark/Zimmer/*Kumpan* § 2 Rn. 28). **Keine übertragbaren Wertpapiere** sind (regelmäßig): Namensschuldverschreibungen, wie zB Kommunalobligationen, Hypotheken-, Grundschuld- oder Rentenbriefe, da es hier meist an der Standardisierung und der massenhaften Begebung fehlt (vgl. KölnKomm WpHG/*Roth* § 2 Rn. 65).

24 Als negatives Tatbestandsmerkmal nennt Art. 4 Abs. 1 Nr. 44 MiFID II das **Zahlungsinstrument.** Nicht erfasst vom Wertpapierbegriff sind deshalb Bargeld und Schecks (Erbs/Kohlhaas/*Wehowsky* § 2 Rn. 5 WpHG).

25 **bb) Geldmarktinstrumente.** Weiterhin gehören zu den Finanzinstrumenten gem. Anhang I Abschnitt C Nr. 2 MiFID II Geldmarktinstrumente. Hierbei handelt es sich nach Art. 4 Abs. 1 Nr. 17 MiFID II um „die üblicherweise auf dem Geldmarkt gehandelten Gattungen von Instrumenten (…), mit Ausnahme von Zahlungsinstrumenten". Geldmarktinstrumente zeichnen sich demnach dadurch aus, dass sie nicht am Kapitalmarkt sondern am Geldmarkt gehandelt werden, der sich insbes. durch die kurze Laufzeit der dort gehandelten Instrumente (idR bis max. ein Jahr) vom Kapitalmarkt unterscheidet (→ Rn. 22 sowie für das insoweit gleichlautende nationale Recht Fuchs/*Fuchs* § 2 Rn. 35). Zum anderen reicht – anders als bei Wertpapieren (→ Rn. 22: „auf dem Kapitalmarkt gehandelt werden können") – eine bloß abstrakte Handelbarkeit nicht für eine Qualifikation als Geldmarktinstrument aus, sondern es werden nur solche Instrumente erfasst, die auf dem Geldmarkt auch üblicherweise gehandelt werden, dh für die ein Markt bereits besteht (vgl. hierzu KölnKomm WpHG/*Roth* § 2 Rn. 70). Darüber hinaus muss es sich um „Gattungen von Instrumenten" handeln, dh „um standardisierte, nach bestimmten abstrakten Kriterien gebildete Kategorien" von Instrumenten (Fuchs/*Fuchs* § 2 Rn. 35).

26 Als **Beispiele** nennt Art. 4 Abs. 1 Nr. 17 MiFID II ausdrücklich Schatzanweisungen, Einlagenzertifikate und Commercial Papers. Mit Schatzanweisungen sind lediglich kurzfristige, unverzinsliche Anleihen (vgl. auch englische Sprachversion: „treasury bills") gemeint, wie zB in Deutschland unverzinsliche Schatzanweisungen („Bubills"), nicht jedoch die verzinslich mit längerer Laufzeit begegeben Bundesschatzanweisungen (→ Rn. 23). Nach deutschem Recht handelt es sich bei den genannten Beispielen, da es sich um Schuldverschreibungen handelt, gem. § 2 Abs. 1 Nr. 3, Abs. 2a um Wertpapiere (Schwark/Zimmer/*Kumpan* § 2 Rn. 32).

27 **cc) Anteile an Organismen für gemeinsame Anlagen.** Darüber hinaus sind sog Anteile an Organismen für gemeinsame Anlagen gem. Anhang I Abschnitt C Nr. 3 MiFID II Finanzinstrumente iSd Art. 4 Abs. 1 Nr. 15 MiFID II. Die MiFID II definiert diesen Begriff nicht näher. Auf ihn Bezug genommen wird in der Definition des alternativen Investmentfonds (AIF) in Art. 4 Abs. 1 lit. a) Richtlinie 2011/61/EU v. 8.6.2011 (ABl. 2001 L 174, 1; „AIFM-RL") sowie in Art. 1 Abs. 2 der Richtlinie 2009/65/EG v. 13.7.2009 (ABl. 2009 L. 302, 32; „OGAW-RL"), wo die Organismen für gemeinsame Anlagen in Wertpapieren (OGAW) definiert werden. Aus Art. 1 Abs. 2 OGAW-RL kann jedenfalls durch bloße Eliminierung des Definitonsbestandteils „Wertpapier" keine brauchbare Definition gewonnen werden (vgl. hierzu ausführlich *Kind/Haag* DStR 2010, 1526 (1527 f.), deren Analyse auch für die MiFID II Gültigkeit beansprucht). Organismus für gemeinsame Anlagen ist vielmehr als Oberbegriff für alle **Investmentfonds** jedweder Rechtsform und unabhängig davon, ob es sich um einen offenen oder geschlossenen Fond handelt, zu verstehen, der sowohl den AIF als auch den OGAW umfasst (*Tollmann* in Dornseifer/Jesch/Klebeck/Tollmann, AIFM-Richtlinie, 2013, Art. 4 Rn. 7). Die ESMA definiert Orga-

nismus für gemeinsame Anlagen in ihrem „Final Report – Guidelines on key concepts of the AIFMD" als Vehikel, das von Anlegern gesammeltes Kapital zum Zwecke der gemeinschaftlichen Kapitalanlage bündelt, um für die Anleger gemeinschaftliche Rendite zu generieren (ESMA/2013/600, 31). Entscheidendes Kriterium ist demnach, dass mit der Bündelung der einzelnen Anlagebeträge ein **rechtlich oder wirtschaftlich verselbstständigtes („gepooltes") Vermögen** aufgelegt wird, wobei gleichgültig ist, ob dies innerhalb einer gesellschafts-, mitgliedschafts- oder schuldrechtlichen Struktur erfolgt (Assmann/Schütze KapitalanlageR-HdB/*Eckhold/Balzer* § 22 Rn. 8). Darüber hinaus dürfen die beteiligten Anleger auf die Anlageentscheidungen keinen Einfluss haben, dh es muss eine **Fremdverwaltung** vorliegen (ESMA/2013/600, 31, 30; *Zetzsche/Preiner* WM 2013, 2101 (2103)). Schließlich müssen die Anleger an den **Chancen und Risiken** des Organismus gleichermaßen **beteiligt** sein, das Verlustrisiko darf also nicht ganz ausgeschlossen werden (Assmann/Schütze KapitalanlageR-HdB/*Eckhold/Balzer* § 22 Rn. 12, auch zu sog Garantiefonds).

Keine Organismen für gemeinsame Anlage sind typischerweise mangels Fremdverwaltung **Joint**   28 **Venture-**Vereinbarungen (*Tollmann* in Dornseifer/Jesch/Klebeck/Tollmann, AIFM-Richtline, 2013, Art. 4 Rn. 34), wegen fehlender Vermögensvermischung sog **Club Deals** (*Wallach* ZGR 2014, 289, 292) und mangels kollektiver Anlage als **Managed Accounts** bezeichnete bilaterale Rechtsbeziehungen zwischen Vermögensverwalter und Kunde (Assmann/Schütze KapitalanlageR-HdB/*Eckhold/Balzer* § 22 Rn. 9).

dd) Derivate. Nach Anhang I Abschnitt C Nr. 4-Nr. 10 MiFID II gehören ebenfalls zu den Finanz-   29 instrumenten iSd Art. 4 Abs. 1 Nr. 15 MiFID II Optionen, Terminkontakte (Futures), Swaps, (außerbörsliche) (Zins-)Termingeschäfte (Forward Rate Agreements, Forwards) und alle anderen Derivatkontrakte in Bezug auf bestimmte im Einzelnen aufgeführte Basiswerte, die man unter dem Begriff der Derivate zusamenfassen kann (vgl. auch § 2 Abs. 2). Ein **Derivat** ist ein Finanzinstrument, das seinen wirtschaftlichen Wert vom Wert einer anderen Referenzgröße, dem Basiswert (Underlying), ableitet (*Veil* Europäisches Kapitalmarktrecht/*Veil* § 8 Rn. 15).

(1) Derivatkategorien. Zu den in Anhang I Abschnitt C Nr. 4-Nr. 10 MiFID II aufgeführten   30 Derivaten gehören ua **Optionen,** dh Geschäfte, die nur eine Vertragspartei verpflichten (Stillhalter), die andere Vetragspartei berechtigen, eine vereinbarte Leistung innerhalb einer vereinbarten Frist oder zu einem fest vereinbarten Zeitpunkt zu einem festgelegten Preis zu kaufen **(Call-Option)** oder zu verkaufen **(Put-Option)** (vgl. *Buck-Heeb,* Kapitalmarktrecht, 8. Aufl. 2016, Rn. 84). Die in der Richtlinie als Terminkontrakte oder **Futures** bezeichneten Finanzinstrumente sind im Gegensatz zum Optionsgeschäft Festgeschäfte, die beide Vertragsparteien verpflichten, einen bestimmten Basiswert zu einem bestimmten Zeitpunkt in der Zukunft gegen einen bei Vertragsschluss festgelegten Preis zu erwerben bzw. zu veräußern, wobei man je nach Art des Basiswertes (→ Rn. 32) zwischen **Finanztermin- und Warentermingeschäften** unterscheiden kann (vgl. *Binder* in Langenbucher/Bliesener/Spindler, Bankrechts-Kommentar, 2. Aufl. 2016, Kap. 37 Rn. 22). Der Begriff **Forward** – in der Terminologie von Anhang I Abschnitt C Nr. 5, Nr. 7 MiFID II Termingeschäft – bezeichnet ein Festgeschäft gleichen Inhalts, das im Gegensatz zum Future aber individuell gestaltet ist und nicht börslich, sondern außerbörslich gehandelt wird (vgl. Assmann/Schütze KapitalanlageR-HdB/*Sagasser* § 27 Rn. 733). Unter dem Begriff **Swap** werden außerbörsliche Finanztermingeschäfte verstanden, bei denen einmalig oder wiederkehrend Zahlungsströme auf Grundlage jeweils zugrunde liegender Nominalbeträge ausgetauscht werden (Kümpel/Wittig Rn. 19.123). Swaps können in fünf Gruppen gegliedert werden (nach *Jahn* in Schimansky/Bunte/Lwowski, Bankrechts-Handbuch, 4. Aufl. 2011, § 144 Rn. 2): Zinssatz-Swaps (Interest Rate Swaps, Rate Exchange Transactions), Währungs-Swaps (einschließlich Zinssatz- und Währungs-Swaps; currency swaps, cross-currency swaps, cross-currency interest rate swaps), Wertpapier-Swaps (equity-linked swaps), Warenpreis-Swaps/Rohwaren-Swaps (commodity swaps) sowie sonstige Swaps.

Die in Anhang I Abschnitt C Nr. 4 MiFID II aufgeführten **außerbörslichen Zinstermingeschäfte**   31 **oder Forward Rate Agreements** sind auf die Entwicklung von Zinssätzen bezogene Forward-Verträge (→ Rn. 30) mit Barausgleich, bei denen sich die Parteien wechselseitig verpflichten, dass eine Partei an die jeweilige Gegenpartei zu einem in der Zukunft liegenden Zeitpunkt eine der Höhe nach noch unbestimmte Zahlung leistet, wenn zu diesem Zeitpunkt ein bestimmter Referenzzinssatz den durch die Parteien festgelegten Zinssatz überschreitet (*Binder* in Langenbucher/Bliesener/Spindler, Bankrechts-Kommentar, 2. Aufl. 2016, Kap. 37 Rn. 31). Zinstermingeschäfte dienen der Absicherung von Zinsänderungsrisiken (Fuchs/*Jung* Vor §§ 37e und 37g Rn. 59). Nach Anhang I Abschnitt C Nr. 8 MiFID II gehören derivative Instrumente für den Transfer von Kreditrisiken **(Kreditderivate)** zu den Finanzinstrumenten. Kreditderivate sind alle Fest- oder Optionsgeschäfte, die zeitlich verzögert zu erfüllen sind und dem Transfer von Kreditrisiken dienen (vgl. Schwark/Zimmer/*Kumpan* § 2 Rn. 49). Beispiele für Kreditderivate sind **Credit Default Swaps,** Verträge, nach denen das Ausfallrisiko eines Referenzschuldners auf den Käufer des Credit Default Swaps übergeht, **Total Return Swaps,** bei denen der Käufer neben dem Ausfallrisiko auch das Marktrisiko des Basiswertes, insbes. das Zinsänderungsrisiko übernimmt und **Credit Spread Swaps,** bei denen der Schutzverkäufer das Risiko einer Veränderung der Spanne zwischen risikobehaftetem und risikolosen Zinssatz (Credit Spread) übernimmt (vgl. Kümpel/Wittig Rn. 19.229 ff.). Kein Kreditderivat sondern eine Schuldverschreibung und damit übertragbares Wertpapier (→ Rn. 22 ff.) ist die **Credit Linked Note,** da diese nicht zeitlich verzögert zu erfüllen ist (KölnKomm WpHG/*Roth* § 2 Rn. 114). Weiterhin sind gem. Anhang I Abschnitt C Nr. 9 MiFID II finanzielle Differenzgeschäfte (Contracts of Difference) vom Begriff der Finanzinstrumente erfasst. Das finanzielle Differenzgeschäft ist ein Geschäft unbegrenzter Laufzeit, das den Ausgleich der Differenz zwischen dem Kauf- oder Verkaufspreis des Referenzwertes zum Zeitpunkt des Vetragsschlusses und zum Beendigungszeitpunkt des Vertrages zum Gegenstand hat (Assmann/Schneider/*Assmann* § 2 Rn. 53).

32   **(2) Basiswerte.** Die genannten Derivate müssen sich auf bestimmte (uU jeweils verschiedene) Handelsobjekte und Referenzwerte (Basiswerte, Underlyings) beziehen. Als Basiswerte kommen verschiedene Marktobjekte wie Wertpapiere, Währungen und Waren aber auch finanzielle Indizes, Messgrößen, Klimavariablen, Inflationsraten oder offizielle Wirtschaftsstatistiken in Betracht (vgl. iE Anhang I Abschnitt C Nr. 4–Nr. 10 MiFID II). Voraussetzung ist teilweise, dass die genannten Basiswerte an einem geregelten Markt (→ Rn. 35), über ein multilaterales Handelssystem („MTF", → Rn. 36) oder über ein organisiertes Handelssystem („OTF", → Rn. 37) gehandelt werden.

33   **ee) Emissionszertifikate.** Schließlich gehören zu den Finanzinstrumenten gem. Anhang I Abschnitt C Nr. 11 MiFID II Emissionszertifikate, die aus Anteilen bestehen, deren Übereinstimmung mit den Anforderungen der RL 2003/87/EG v. 13.10.2003 („Emissionshandelsrichtlinie", ABl. 2003 L 275, 32) anerkannt ist. Eine entprechende Regelung findet sich in der MiFID I nicht. Nach Art. 39 Abs. 4 UAbs. 2 MAR sind deshalb all jene Vorschriften, die sich auf Emissionszertifikate beziehen, erst ab dem **3.1.2018** anwendbar. Deshalb bezieht § 12 Nr. 2 Emissionsberechtigungen weiterhin ausdrücklich in den Anwendungsbereich des Marktmanipulationsverbots mit ein (→ Rn. 44), um Manipulationen auf dem Spot-Sekundärmarkt zu erfassen (vgl. auch KölnKomm WpHG/*Altenhain* Rn. 84).

34   **b) Handel auf bestimmten Handelplätzen.** Nach Art. 2 Abs. 1 MAR gilt die Marktmissbrauchsverordnung grundsätzlich nur für solche Finanzinstrumente, die auf bestimmten Handelsplätzen gehandelt werden (sollen), so dass auch taugliches Tatobjekt der Strafvorschriften ausschließlich solche Finanzinstrumente sind, die diese Voraussetzung erfüllen. Als Handelsplätze gelten nicht systematische Internalisierer und sog Market Maker (*Zetzsche/Eckner* in Gebauer/Teichmann, Europäisches Privat- und Unternehmensrecht, 2015, § 7 A Rn. 170 f.). Ob eine konkrete, den Tatbestand erfüllende Transaktion auf einem Handelsplatz stattfindet, ist dagegen ohne Belang (Art. 2 Abs. 3 MAR).

35   **aa) Geregeler Markt.** Zum einen werden von der Verordnung Finanzinstrumente erfasst, die zum Handel auf einem geregelten Markt zugelassen sind oder für ein Antrag auf Zulassung zum Handel auf einem geregelten Markt gestellt wurde (Art. 2 Abs. 1 lit. a MAR). **Geregelter Markt** ist gem. Art. 3 Abs. 1 Nr. 6 MAR iVm Art. 4 Abs. 1 Nr. 21 MiFID II ein multilaterales System, „das die Interessen einer Vielzahl Dritter am Kauf und Verkauf von Finanzinstrumenten innerhalb des Systems und nach seinen nichtdiskretionären Regeln in einer Weise zusammenführt oder das Zusammenführen fördert, die zu einem Vertrag in Bezug auf Finanzinstrumente führt, die gemäß den Regeln und/oder den Systemen des Marktes zum Handel zugelassen wurden". Es muss von einem Marktbetreiber betrieben und/oder verwaltet werden, zugelassen sein und ordnungsgemäß und gemäß den Regeln in Titel III der MiFID II (Art. 44 ff.) funktionieren. Aufgrund der notwendigen **Zulassung durch die zuständigen Behörden** kann der Begriff rein formal bestimmt werden, so dass ein Markt für Finanzinstrumente dann geregelter Markt ist, wenn er als geregelter Markt zugelassen ist (EuGH NZG 2012, 590 (592); vgl. auch *Klöhn* in Langenbucher, Europäisches Privat- und Wirtschaftsrecht, 3. Aufl. 2013, § 6 Rn. 46). Ein Verzeichnis der in den Mitgliedstaaten zugelassenen geregelten Märkte (vgl. Art. 56 MiFID II) kann auf der Webseite der ESMA abgerufen werden (https://registers.esma.europa.eu, „Regulated Markets"). Da die Eintragung in diesem Verzeichnis aber kein konsitutives Merkmal für die Qualifizierung als geregelter Markt ist, kann aus einer fehlenden Eintragung nicht geschlossen werden, dass es sich nicht um einen geregelten Markt handelt (EuGH NZG 2012, 590 (593)). Im nationalen Recht entspricht dem geregelten Markt der organisierte Markt (§ 2 Abs. 5). **Beispiele** für geregelte Märkte sind die von den Börsen betriebenen regulierten Märkte.

36   **bb) Multilaterale Handelssysteme.** Zum anderen fallen in den Anwendungsbereich der Marktmissbrauchsverordnung solche Finanzinstrumente, die in einem multilateralen Handelssystem (Multilateral Trading Facility, **„MTF"**) gehandelt werden, zum Handel zur Zulassung zum Handel in einem solchen System zugelassen sind oder für die ein Antrag auf Zulassung zum Handel in einem multilateralen Handelssystem gestellt wurde (Art. 2 Abs. 1 lit. b MAR). Wie der geregelte Markt ist auch das Multilaterale Handelsystem gem. Art. 3 Abs. 1 Nr. 7 MAR iVm Art. 4 Abs. 1 Nr. 22 MiFID II ein multilaterales System, das die Interessen einer Vielzahl Dritter am Kauf und Verkauf von Finanzinstrumenten innerhalb des Systems und nach nichtdiskretionären Regeln zusammenführt, so dass ein Vetrag gemäß Titel II der MiFID II (Art. 5 ff.) zustande kommt. Das System wird von einer Wertpapierfirma oder einem Marktbetreiber betrieben. Multilaterale Handelssysteme weisen – in materieller Hinsicht – keine wesentlichen Unterschiede zu geregelten Märkten auf (*Zetzsche/Eckner* in Gebauer/Teichmann, Europäisches Privat- und

Unternehmensrecht, 2015, § 7 A Rn. 160). Wesentlicher formeller Unterschied ist, dass multilaterale Handelssysteme als solche keiner Zulassung bedürfen, wenngleich der Betrieb eines multilateralen Handelssystems als Wertpapierdienstleistung zulassungspflichtig ist (*Klöhn* in Langenbucher, Europäisches Privat- und Wirtschaftsrecht, 3. Aufl. 2013, § 6 Rn. 44). Auch im Hinblick auf die multilateralen Handelssysteme unterhält die ESMA ein Verzeichnis aller in den Mitgliedstaaten zugelassener MTF (https://registers.esma.europa.eu, „Multilateral Trading Facilities"). **Beispiel** für mulitlaterale Handelssysteme ist der von den Börsen betriebene Freiverkehr.

cc) Organisierte Handelssysteme. Darüber hinaus fallen in den Anwendungsbereich der Verord- **37** nung Finanzinstrumente, die in einem organisierten Handelssystem (Organised Trading Facility, **„OTF")** gehandelt werden (Art. 2 Abs. 1 lit.c MAR). Diese Vorschrift gilt allerdings erst ab dem **3.1.2018** (Art. 39 Abs. 4 UAbs. 2 MAR). Nach Art. 3 Abs. 1 Nr. 8 MAR iVm Art. 4 Abs. 1 Nr. 23 MiFID II handelt es sich hierbei um ein multilaterales System in der Union, bei dem es sich nicht um einen geregelten Markt oder ein multilaterales Handelssystem handelt und das die Interessen einer Vielzahl Dritter am Kauf und Verkauf von Schuldverschreibungen, strukturierten Finanzprodukten, Emissionszertifikaten oder Derivaten innerhalb des Systems in einer Weise zusammenführt, die zu einem Vertrag gemäß Titel II der MiFID II (Art. 5 ff.) führt. Anders als bei regulierten Märkten und multilateralen Handelssystemen wo nichtdiskretionäre Regeln für die Orderabwicklung gelten, haben Betreiber eines organisierten Handelssystems Ermessen in Bezug auf das ob und wie der Orderausführung (*Zetzsche/Eckner* in Gebauer/Teichmann, Europäisches Privat- und Unternehmensrecht, 2015, § 7 A Rn. 166). Zudem können in einem organisierten Handelssystem lediglich die in Art. 4 Abs. 1 Nr. 23 MiFID II ausdrücklich genannten Finanzinstrumente gehandelt werden. **Beispiele** für ein organisiertes Handelssystem sind sog Broker Crossing Systeme („Dark Pools").

dd) Ausnahme. Eine Ausnahme vom grundsätzlichen Erfordernis, dass das Finanzinstrument auf **38** einem Handelsplatz gehandelt werden muss, enthält **Art. 2 Abs. 1 lit. d MAR.** Hiernach gilt die Marktmissbrauchsverordnung auch für Finanzinstrumente, die zwar nicht auf den in Art. 2 Abs. 1 lit. a–c MAR genannten Handelssystemen gehandelt werden, deren Kurs oder Wert jedoch von dem Kurs oder Wert eines unter diesen Buchstaben genannten Finanzinstrumenten abhängt oder sich darauf auswirkt.

2. Mit einem Finanzinstrument verbundene Waren-Spot-Kontrakte. Nach der Definition des **39** Art. 3 Abs. 1 Nr. 15 MAR sind Kontrakte über die Lieferung einer an einem Spotmarkt (vgl. Art. 3 Abs. 1 Nr. 16 MAR) gehandelten Ware, die bei Abwicklung des Geschäfts unverzüglich geliefert wird, sowie Kontrakte über die Lieferung einer Ware, die kein Finanzinstrument ist, einschließlich physisch abzuwickelnde Terminkontakte, Waren-Spot-Kontrakte. Waren-Spot-Kontrakte sind dann mit einem Finanzinstrument verbunden, wenn die Transaktionen, der Auftrag oder die Handlung eine Auswirkung auf den Kurs oder den Wert des Finanzinstruments hat (vgl. Art. 2 Abs. 2 lit. a MAR). **Energiegroß-handelsprodukte** sind dagegen ausdrücklich vom sachlichen Anwendungsbereich der Verordnung ausgenommen und stellen deshalb keine tauglichen Tatobjekte des strafbaren Marktmanipulationsverbots dar (vgl. Art. 2 Abs. 2 lit. a MAR). Marktmanipulationen auf Energiegroßhandelsmärkten sind gemäß § 95a Abs. 1 EnWG strafbar.

3. Auf Emissionszertifikaten beruhendes Auktionsobjekt. Vom Tatbestand des Marktmanipula- **40** tionsverbots sind weiterhin Auktionsobjekte, die auf Emissionszertifikaten beruhen, erfasst. Die Marktmissbrauchverordnung hat die Intention auch im Hinblick auf Emissionszertifikate für den gesamten Primär- und Sekundärmarkt ein gültiges Regelwerk in Bezug auf den Marktmissbrauch zu etablieren (Erwägungsgrund (37) MAR). Emissionszertifikate sind zwar grundsätzlich Finanzinstrumente (→ Rn. 33). Es existieren aber auch Auktionsobjekte, die keine Finanzinstrumente sind (KölnKomm WpHG/*Altenhain* Rn. 83). Deshalb stellt Art. 2 Abs 1 UAbs. 2 MAR klar, dass die Verordnung auch für Auktionsobjekte, die auf Emissionszertifikaten beruhen, die selbst aber keine Finanzinstrumente sind, gilt. Die Tatbestände des Marktmanipulationsverbots und der Insiderverbote nennen diese Auktionsobjekte deshalb explizit. Da es sich um eine auf Emissionszertifikate bezogene Regelung handelt, gilt diese erst ab dem **3.1.2018** (→ Rn. 22).

4. Referenzwerte. Schließlich nennt die Marktmissbrauchsverordnung als weiteres Tatobjekt Refe- **41** renzwerte (Art. 2 Abs. 2 lit. c, 12 Abs. 1 lit. d MAR). Der Begriff Referenzwert bezeichnet einen Kurs, Index oder Wert, der der Öffentlichkeit zugänglich gemacht oder veröffentlicht wird und periodisch oder regelmäßig durch die Anwendung einer Formel auf den Wert eines oder mehrerer Basiswerte oder -preise, einschließlich geschätzter Preise, tatsächlicher oder geschätzter Zinssätze oder sonstiger Werte, oder auf Erhebungsdaten ermittelt bzw. auf der Grundlage dieser Werte bestimmt wird und auf den bei der Festsetzung des für ein Finanzinstrument zu entrichtenden Betrags oder des Wertes eines Finanzinstruments Bezug genommen wird (Art. 3 Abs. 1 Nr. 29 MAR). Ob diese entgeltlich oder unentgeltlich zur Verfügung gestellt werden, ist unerheblich (Erwägungsgrund (44) MAR). Hierunter fallen insbes. Referenzzinssätze wie LIBOR und EURIBOR. Die Einbeziehung von Referenzwerten in das

Marktmissbrauchsregime ist den 2011 aufgedeckten Manipulationen von Referenzzinssätzen geschuldet (*Kert* NZWiSt 2013, 252 (252)).

42 **5. Tatobjekte nach § 12.** Nach § 12 gilt das Marktmanipulationsverbot auch für Waren, Emissionsberechtigungen und ausländische Zahlungsmittel. Sie sind die von § 38 Abs. 1 Nr. 1 erfassten Manipulationsobjekte.

43 **a) Waren.** Gem. § 12 Nr. 1 sind vom Manipulationsverbot des Art. 15 MAR auch Waren iSd § 2 Abs. 2c erfasst. Nach der Legaldefinition dieser Vorschrift handelt es sich bei Waren um fungible Wirtschaftsgüter, die geliefert werden können. Nach der nicht abschließenden Aufzählung in § 2 Abs. 2c gehören hierzu Metalle, Erze und Legierungen, landwirtschaftliche Produkte und Energien wie Strom.

44 **b) Emissionsberechtigungen.** Weiterhin erfasst sind nach § 12 Nr. 2 Emissionsberechtigungen iSd § 3 Nr. 3 des Treibhausgas-Emissionshandelsgesetzes (THEG). Sie werden ausdrücklich in den Anwendungsbereich des Marktmanipulationsverbots einbezogen, da es sich hierbei weder um Waren noch um Finanzinstrumente (vgl. § 7 Abs. 5 TEHG) handelt. Sobald die Richtlinie MiFID II gilt (→ Rn. 21), handelt es sich auch bei Emissionszertifikaten um Finanzinstrumente (→ Rn. 33). Ihre Einbeziehung durch § 12 Nr. 2 ist dann nicht mehr erforderlich. Der Referentenentwurf für ein Finanzmarktnovellierungsgesetz (→ Vorb. Rn. 5) sah deshalb die Regelung nicht mehr vor und hätte auch zur Aufhebung von § 7 Abs. 5 TEHG geführt (vgl. Referentenentwurf S. 16, 167).

45 **c) Ausländische Zahlungsmittel.** Schließlich fallen gem. § 12 Nr. 3 unter den Tatbestand des § 38 Abs. 1 Nr. 1 auch ausländische Zahlungsmittel iSd § 51 BörsG. Nach dieser Vorschrift ist der Begriff des ausländischen Zahlungsmittels weit zu verstehen, so dass nicht nur Ansprüche auf Zahlung in fremder Währung an einem ausländischen Platz erfasst sind, sondern auch Anweisungen, Schecks und Wechsel, die auf fremde Währung lauten (*Groß* KapMR BörsG § 51).

46 **d) Handel auf bestimmten Handelsplätzen.** Erforderlich ist, dass die in § 12 genannten Manipulationsobjekte an einer inländischen Börse oder an einem vergleichbaren Markt in einem anderen Mitgliedstaat der Europäischen Union oder in einem anderen Vertragsstaat des Abkommens über den Europäischen Wirtschaftsraum gehandelt werden. Die Bedeutung des Tatbestandsmerkmals „vergleichbarer Markt" ist unklar, wird aber mit dem Begriff des organisierten Marktes gleichgestellt (KölnKomm WpHG/*Mock* § 20a Rn. 435).

V. Tathandlungen

47 Hinsichtlich der Tathandlungen verweist § 38 Abs. 1 sowohl in Nr. 1 als auch in Nr. 2 über § 39 Abs. 2 Nr. 3, Abs. 3c und 3d Nr. 2 auf die Manipulationshandlungen des Art. 12 Abs. 1 MAR. Während Art. 12 Abs. 1 lit. a und lit. b MAR **handels- und handlungsgestützte Marktmanipulationen** enthalten (→ Rn. 76 ff., 90 ff.), sind in Art. 12 Abs. 1 lit. c und lit. d MAR **informationsgestützte Manipulationen** normiert (→ Rn. 48 ff., 73 ff.). Art. 12 Abs. 2 MAR enthält zudem Beispielstatbestände, die stets als Marktmanipulation gelten (→ Rn. 95 ff.). Weitere Konkretisierung erfahren die Manipulationshandlungen durch eine Indikatorenliste (Art. 12 Abs. 3 iVm Anhang I MAR) sowie durch die auf Grundlage von Art. 12 Abs. 5 MAR erlassene Verordnung (→ Rn. 88, 93). Der gesetzlichen Systematik des § 38 Abs. 1 folgend, werden hier zunächst Art. 12 Abs. 1 lit. c und lit. d MAR und dann Art. 12 Abs. 1 lit. a und lit. b MAR kommentiert.

48 **1. Marktmanipulation durch das Verbreiten von Informationen.** Nach Art. 12 Abs. 1 lit. c MAR ist das Verbreiten von Informationen (→ Rn. 52 ff.), die entweder falsche oder irreführende Signale hinsichtlich des Angebots, der Nachfrage oder des Kurses eines erfassten Tatobjektes geben oder bei denen dies wahrscheinlich ist (→ Rn. 59 ff.), oder die ein anormales oder künstliches Kursniveau hinsichtlich bestimmter Tatobjekte herbeiführen oder bei denen dies wahrscheinlich ist (→ Rn. 65 f.), tatbestandsmäßig, wenn die Person, die diese Informationen verbreitet hat, wusste oder hätte wissen müssen, dass sie falsch oder irreführend waren.

49 Der Tatbestand der informationsgestützten Manipulation nach Art. 12 Abs. 1 lit. c MAR hat gegenüber der des § 20a Abs. 1 S. 1 Nr. 1 aF geringfügige, wenngleich nicht unproblematische Änderungen erfahren und ist ein Beispiel für die zT missglückten Tatbestandsfassungen der Marktmissbrauchsverordnung. Während nach der alten Rechtslage das Machen unrichtiger oder irreführender Angaben tatbestandsmäßig war, ist nun erforderlich, dass der Täter Informationen verbreitet, die falsche oder irreführende Signale hinsichtlich Angebot, Nachfrage oder Kurs eines Tatobjektes geben. Am Ende des Tatbestandes wird dann aber verlangt, dass die Person, die die Informationen verbreitet hat, wusste oder hätte wissen müssen, dass sie (die Informationen) falsch oder irreführend waren. Die Auflösung dieser, durch die divergierenden Bezugspunkte der Tatbestandsmerkmale falsch und irreführend verursachten, Friktion stellt sich als nicht unproblematisch dar, zumal ihn auch andere Sprachfassungen enthalten (zur Heranziehung anderer Sprachfassung → Vorb. Rn. 26 f.). Auch in Erwägungsgrund (47) ist von der Verbreitung falscher oder irreführender Informationen die Rede. Aus strafrechtlicher Sicht wird sich der

Tatbestand – durch restriktive Auslegung beide Varianten kombinierend – nur aufrechterhalten lassen, wenn man verlangt, dass objektiv sowohl die verbreiteten Informationen als auch die Signale, die sie geben, irreführend oder falsch sind (so auch *Poelzig* NZG 2016, 528 (536), allerdings ohne sich zum aufgezeigten Problem zu äußern). Da es sich bei Informationen, die falsche oder irreführende Signale geben, regelmäßig um solche handeln wird, die ihrerseits falsch oder irreführend sind, dürften sich trotz der unglücklichen Tatbestandsfassung im Vergleich zum alten Recht keine Unterschiede ergeben.

De lege ferenda sollte der Gesetzgeber das Verbreiten jeder Information erfassen, die falsche oder **50** irreführende Signale gibt. Diese Tatbestandsfassung ist nicht nur im Hinblick auf eine formale Angleichung an Art. 12 Abs. 1 lit. a MAR vorzugswürdig, sondern hat auch materielle Berechtigung, obschon kritisiert wurde, dass die Tatbestandsfassung, wonach „Informationen Signale geben", unverständlich sei (BR-Drs. 646/1/11, 5). Zwar ist zutreffend, dass die in Art. 12 Abs. 1 lit. a MAR genannten Handelsaktivitäten keinen kommunikativen Erklärungswert haben und deshalb der Signalbegriff verwendet wird, weil ihnen im Marktgeschehen ein inhärenter Informationsgehalt zukommt (MüKoStGB/*Pananis* Rn. 188). Nichtsdestotrotz kann aber auch bei Informationen von einer Signalwirkung gesprochen werden, weil diese ebenso wie die am Kapitalmarkt vorgenommenen Handelsaktivitäten kontextabhängig und – in unterschiedlicher Intensität – interpretationsbedürftig sind und damit wie äußerlich neutrale Handlungen ohne kommunikativen Erklärungswert lediglich Anzeichen für Umstände und Ereignisse der Wirklichkeit sind. Es ist deshalb durchaus berechtigt, davon zu sprechen, dass Informationen hinsichtlich Angebot, Nachfrage und Preis eines Tatobjektes Signale geben.

Im Unterschied zur alten Rechtslage (§ 20a Abs. 1 S. 1 Nr. 1 Alt. 2 aF: „Umstände entgegen **51** bestehenden Rechtsvorschriften verschweigen") enthält der Tatbestand der informationsgestützten Manipulation außerdem keine Tatvariante echten Unterlassens mehr (→ Rn. 67).

a) Verbreiten von Informationen. aa) Informationen. Anders als in § 20a Abs. 1 S. 1 Nr. 1 aF, **52** wo von „Angaben über Umstände" die Rede war, verwendet der Verordnungsgeber in Art. 12 Abs. 1 lit. c MAR den Begriff der **Information**. Der Begriff „Information" hat trotz oder gerade wegen seiner ubiquitären Verwendung einen eher schwer zu bestimmenden Bedeutungsgehalt. Im Rahmen der Definition Insiderinformation wird der Begriff als jedes mitteilbare Wissen definiert (vgl. MüKoStGB/ *Pananis* Rn. 41). Da sich Wissen immer auf etwas bezieht, sind damit zugleich jene (inneren und äußeren) Umstände und Ereignisse umfasst, die Gegenstand der Information sind. Der Begriff ist damit weiter als der in § 20a Abs. 1 S. 1 Nr. 1 aF verwendete Begriff „Umstände", von dem Tatsachen und solche Werturteile und Prognosen erfasst waren, die einen nachprüfbaren Tatsachenkern enthalten (vgl. Erbs/Kohlhaas/*Wehowsky* § 20a Rn. 10; Fuchs/*Fleischer* § 20a Rn. 16; *BaFin* Emittentenleitfaden 2013, 89; LG München I NJW 2003, 328; *Möller* WM 2002, 309 (312)). Dies war – zutreffend – bereits von einem Teil der Literatur zu § 20a Abs. 1 S. 1 Nr. 1 aF in Frage gestellt worden (vgl. zB KölnKomm WpHG/*Stoll* § 20a Rn. 174 ff.), da die Annahme, ein rationaler Anleger lege seiner Entscheidung keine nicht verifizierbaren Aussagen zugrunde, empirisch widerlegt sei (Fuchs/*Fleischer* § 20a Rn. 17). Nach neuem Recht können nun zweifelsfrei jedwede Mitteilungen über **Tatsachen** aber auch **reine Werturteile** und **Prognosen** unter den Tatbestand fallen. Aufgrund der Weite des Informationsbegriffs kann zudem an dem Erfordernis, dass zumindest ein Tatsachenkern enthalten sein muss, nicht mehr festgehalten werden. Darüber hinaus stellt Art. 12 Abs. 1 lit. c MAR nun auch klar, dass das Verbreiten von **Gerüchten** tatbestandsmäßig ist. Die überwiegende Auffassung zum alten Recht hat auch dies für § 20a Abs. 1 S. 1 Nr. 1 aF verneint (*BaFin* Emittentenleitfaden 2013, 89; *Spindler* NZG 2004, 1138 (1143); vgl. auch die Vorauflage Rn. 133). Die Informationen müssen nicht bewertungserheblich sein (anders noch das alte Recht, wobei schon hier diesem Merkmal ein eigener Anwendungsbereich abgesprochen wurde, vgl. *Eichelberger,* Das Verbot der Marktmanipulation (§ 20a WpHG), 2006, 265).

bb) Falsch oder irreführend. Sofern man den Tatbestand wie eingangs erläutert (→ Rn. 49) inter **53** pretiert, müssen die verbreiteten Informationen falsch oder irreführend sein. **Falsch** ist eine Information, wenn sie nicht den tatsächlichen Gegebenheiten entspricht (Fuchs/*Fleischer* § 20a Rn. 20). Dies hängt maßgeblich davon ab, worauf sich die Information bezieht. Betrifft die Information Tatsachen, so ist die Information falsch, wenn eingetretene Ereignisse und vorhandene Umstände als nicht eingetreten bzw. vorhanden und nicht eingetretene Ereignisse und nicht vorhandene Umstände als eingetreten bzw. vorhanden dargestellt werden (vgl. Erbs/Kohlhaas/*Wehowsky* § 20a Rn. 12). Falsch sind auch „unvollständige Informationen", dh solche, die wesentliche Teilaspekte ihres Gegenstandes weglassen (vgl. zum alten Recht Fuchs/*Fleischer* § 20a Rn. 21). Im Falle von Werturteilen und Prognosen ist das Tatbestandsmerkmal falsch zu bejahen, wenn die diesen zugrunde liegenden Tatsachen nicht zutreffen oder die tatsächlichen Umstände die Bewertung nicht zulassen (MüKoStGB/*Pananis* Rn. 165; KölnKomm WpHG/*Stoll* § 20a Rn. 181; *Sorgenfrei* wistra 2002, 321 (323); *Fleischer* AG 2006, 2 (14 f.)). Aufgrund des bei Werturteilen und Prognosen bestehenden Beurteilungsspielraums ist die Information erst falsch, wenn das Werturteil oder die Prognose schlechterdings nicht mehr vertretbar ist (*BaFin* Emittentenleitfaden 2013, 89). Falsch sind auch Informationen, die unvollständig sind und ein falsches Gesamtbild entstehen lassen (Assmann/Schneider/*Vogel* § 20a Rn. 61). Grundsätzlich sind auch Informationen erfasst, die sich auf offensichtlich unzutreffende Tatsachen bzw. Prognosen und Werturteile beziehen (s. aber → Rn. 63). **Irreführend** sind jene Informationen, die lediglich aufgrund ihrer Darstellung eine falsche Vorstellung beim Informationsempfänger über den Gegenstand der Information nahe legen, obwohl sie inhaltlich zutreffend sind (MüKoStGB/*Pananis* Rn. 165; vgl. hierzu BGH NZG 2011, 1075).

54   **cc) Verbreiten.** Während der Gesetzgeber in § 20a Abs. 1 S. 1 Nr. 1 aF das „Machen von Angaben" als Tathandlung normierte, enthält die Marktmissbrauchsverordnung nun das Tatbestandsmerkmal „**Verbreiten** von Informationen". Das Machen von Angaben wurde dahingehend ausgelegt, dass der Täter eine Erklärung über ihr Vorliegen oder Nichtvorliegen abgeben muss (Fuchs/*Waßmer* Rn. 45), wobei ausreichend sein sollte, dass mindestens eine weitere Person die Erklärung zur Kenntnis nehmen kann (KölnKomm WpHG/*Stoll* § 20a Rn. 172; *BaFin* Emittentenleitfaden 2013, 89). Anders als bei § 264a StGB sollte gerade nicht erforderlich sein, dass die Angabe einem größeren Personenkreis oder öffentlich bekannt gemacht wird (Assmann/Schneider/*Vogel* § 20a Rn. 65). Damit scheint der Begriff Verbreiten nicht vereinbar zu sein. Im nationalen Recht findet sich der Begriff Verbreiten insbes. im Zusammenhang mit den strafrechtlichen Regelungen zum Verbreiten bestimmter Schriften (vgl. zB §§ 130 Abs. 2 Nr. 1, 184, 184a, 184b, 184c, 186, 187 StGB). Dort wird üblicherweise die mit „einer körperlichen Weitergabe der Schrift verbundene Tätigkeit, die darauf gerichtet ist, die Schrift ihrer Substanz nach einem größeren Personenkreis zugänglich zu machen, wobei dieser nach Zahl und Individualität so groß sein muss, dass er für den Täter nicht mehr kontrollierbar ist" (BGH NStZ 2005, 378 (379)), als Verbreiten angesehen. Würde man dieses Begriffsverständnis auch im Rahmen des Art. 12 Abs. 1 lit. c MAR zugrundelegen, wäre die bloße Mitteilung an eine Person oder aber auch an einen für den Täter überschaubaren Personenkreis nicht tatbestandsmäßig. Dies führte freilich dazu, dass das Weitergeben von Informationen an hochpotente Investoren, deren individuelles Handeln am Markt allein geeignet ist, den Kurs oder Marktpreis zu beeinflussen (vgl. Assmann/Schneider/*Vogel* § 20a Rn. 65), nicht tatbestandsmäßig wäre. Letztlich spricht aber auch ein Vergleich mit anderen Sprachfassungen (vgl. zB französisch: „diffuser des informations"; englisch: „disseminating information") dafür, dass es sich hier um eine Weitergabe an einen unbestimmten Personenkreis handeln muss. Die Weitergabe einer Information an einzelne Investoren oder einen abgrenzbaren Personenkreis kann aber unter den Tatbestand des Art. 12 Abs. 1 lit. b MAR fallen (→ Rn. 90 ff.). Ein **Verbreiten** ist deshalb jede Tätigkeit, die darauf gerichtet ist, eine Information einem größeren Personenkreis, der nach Zahl und Individualität so groß sein muss, dass er für den Täter nicht mehr kontrollierbar ist, zur Kenntnis zu bringen.

55   Unerheblich ist die **Form** des Verbreitens. Art. 12 Abs. 1 lit. c MAR nennt zwar ausdrücklich nur die Medien einschließlich des Internets, verweist aber auch auf die Verbreitung auf anderem Wege. Die Verordnung nennt ausdrücklich das Internet, um klarzustellen, dass auch die Verbreitung über Websites, auch solcher sozialer Medien und anonymer Blogs, als mit der Verbreitung über traditionelle Kommunikationskanäle gleichwertig betrachtet werden soll (Erwägungsgrund (48)). Die Form der Erklärung ist damit wie auch im alten Recht unerheblich, sie kann zB mündlich, schriftlich oder elektronisch erfolgen (vgl. nur Erbs/Kohlhaas/*Wehowsky* § 20a Rn. 14). In Betracht kommt zB das Verbreiten durch eine Pressemitteilung (BGH wistra 2011, 467). Typisch ist auch das Verbreiten falscher Ad-hoc-Mitteilungen (*Hellgardt* ZIP 2005, 2000 (2001 f.)). Zudem kommt es nicht darauf an, in welchem **Kontext** die Verbreitung erfolgt. Erfasst sind deshalb auch Äußerungen im privaten Bereich (KölnKomm WpHG/*Stoll* § 20a Rn. 172), wenngleich hier sorgfältig geprüft werden muss, ob die Information einem größeren Personenkreis zur Kenntnis gebracht wird.

56   Sofern in der kapitalmarktrechtlichen Literatur nicht nur derjenige, der die Erklärung unmittelbar abgibt, sondern auch derjenige, der über die Erklärung als solche und ihren Inhalt entscheidet und sie in diesem Sinne verantwortet, als Täter angesehen wird (Fuchs/*Fleischer* § 20a Rn. 19), ist dem zwar im Ergebnis zuzustimmen. Die Begründung täterschaftlicher strafrechtlicher Verantwortlichkeit erfordert aber, dass die Verbreitung der Information demjenigen, der die Erklärung verantwortet, zugerechnet werden kann. Dies ist ausschließlich bei Vorliegen der Voraussetzungen des § 25 Abs. 1 Alt. 2 StGB oder § 25 Abs. 2 StGB zu bejahen (→ Rn. 230 ff.).

57   **b) Manipulationswahrscheinlichkeit. aa) Allgemeines.** Der Tatbestand der Marktmanipulation erfordert weiterhin, dass die verbreiteten Informationen – zumindest wahrscheinlich – falsche oder irreführende Signale hinsichtlich des Angebots, der Nachfrage oder des Kurses eines Tatobjektes geben (**Markttäuschungswahrscheinlichkeit**) bzw. – zumindest wahrscheinlich – ein anormales oder künstliches Kursniveau eines Tatobjektes herbeiführen (**Preismanipulationswahrscheinlichkeit**), was hier zusammenfassend als Manipulationswahrscheinlichkeit bezeichnet wird (vgl. zur für das alte Recht entwickelten Terminologie KölnKomm WpHG/*Stoll* § 20a Rn. 222, der die hier verwendeten Begriffe entlehnt sind). Der in der deutschen Sprachfassung verwendete Begriff Kurs ist, da er sich auf die Preisbildung an Börsen bezieht, aufgrund des weitergehenden Anwendungsbereichs der Marktmissbrauchsverordnung (→ Vorb. Rn. 17) zu eng, so dass hier der allgemeine Begriff Preis verwendet wird, den auch andere Sprachfassungen enthalten. Dieses Tatbestandsmerkmal ähnelt dem der nach § 20a Abs. 1 S. 1 Nr. 2 aF erforderlichen Eignung von Geschäften, Kauf- oder Verkaufaufträgen, falsche oder irreführende Signale für das Angebot, die Nachfrage oder den Börsen- oder Marktpreis von Finanzinstrumenten zu geben oder ein künstliches Preisniveau herbeizuführen. Maßgeblicher Unterschied ist,

dass statt einer Eignung nun (enger) eine Wahrscheinlichkeit der Markttäuschung und Preismanipulation erforderlich ist.

Anhand des Tatbestandsmerkmals der Marktmanipulationswahrscheinlichkeit kann eine erste Begren- **58** zung des Tatbestandes erfolgen. Ein Verhalten, das eine Marktmanipulationswahrscheinlichkeit nicht aufweist, schafft nicht die Gefahr, ein künstliches Preisniveau herbeizuführen. Wird eine Marktmanipulationswahrscheinlichkeit bejaht, hat der Täter die Gefahr geschaffen, dass ein künstliches Preisniveau entsteht. Zu klären ist dann, ob sich diese Gefahr auch im konkreten Tatererfolg verwirklicht hat (→ Rn. 109 f.).

bb) Markttäuschungswahrscheinlichkeit. In der ersten Alternative der informationsgestützten **59** Marktmanipulation muss die durch den Täter verbreitete Information tatsächlich oder wahrscheinlich falsche oder irreführende Signale hinsichtlich des Angebots, der Nachfrage oder des Kurses eines Tatobjekts geben.

(1) Signal. Ein Signal ist ein Zeichen, dem eine bestimmte Bedeutung entnommen werden kann **60** (vgl. Hellmann/Beckemper WirtschaftsStR Rn. 94). Um ein Signal geben zu können, ist zunächst Voraussetzung, dass die verbreitete Information zumindest von Anlegern wahrgenommen und bei ihrer Entscheidung berücksichtigt werden kann (vgl. Erbs/Kohlhaas/*Wehowsky* § 20a Rn. 25 zu § 20a Abs. 1 S. 1 Nr. 2 aF). Ob sie tatsächlich wahrgenommen wird, ist dagegen unerheblich, „weil ein Signal auch dann ein Signal bleibt, wenn es von niemanden wahrgenommen oder beachtet wird" (Assmann/ Schneider/*Vogel* § 20a Rn. 150).

(2) Hinsichtlich Angebot, Nachfrage, Preis. Die Information muss ein Signal hinsichtlich des **61** Angebots, der Nachfrage oder des Preises eines Tatobjektes geben, dh sie muss eine Bedeutung für das Angebot, die Nachfrage oder den Preis haben. Zieht man die zu § 20a Abs. 1 S. 1 Nr. 2 aF entwickelten Grundsätze heran, geben solche Informationen tatsächlich ein Signal hinsichtlich des Angebots, der Nachfrage oder des Preises eines Tatobjekts, die ein verständiger Anleger (→ Rn. 64) bei seiner Anlageentscheidung mit Sicherheit berücksichtigen würde (aktuelle Signalwirkung) und sie geben dann wahrscheinlich ein Signal, wenn sie ein verständiger Anleger bei seiner Anlageentscheidung wahrscheinlich berücksichtigen würde (wahrscheinliche Signalwirkung) (vgl. KölnKomm WpHG/*Stoll* § 20a Rn. 224; ähnlich Assmann/Schneider/*Vogel* § 20a Rn. 150; Schröder KapMarktStrafR-HdB Rn. 481; vgl dagegen Hellmann/Beckemper WirtschaftsStR Rn. 94).

(3) Falsch oder irreführend. Die Signale müssen falsch oder irreführend sein. Auf die Auslegung **62** dieser ebenfalls auf das Tatbestandsmerkmal Information bezogenen Begriffe (→ Rn. 53) kann hier nicht zurückgegriffen werden (vgl. KölnKomm WpHG/*Stoll* § 20a Rn. 223 zu § 20a Abs. 1 S. 1 Nr. 2 aF). **Irreführend** ist ein Signal – unabhängig davon, ob es von einer Information oder einer Transaktion gegeben wird – dann, wenn es einen verständigen Anleger (→ Rn. 64) zu einem Marktverhalten veranlasst, das dieser bei Kenntnis der tatsächlichen Gegebenheiten überhaupt nicht oder nicht in dieser Form vornehmen würde. Bei Zugrundelegung dieser Auslegung hat das Tatbestandsmerkmal **„falsch"** keine eigenständige Bedeutung mehr, da auch falsche Signale als solche beschrieben werden können, die einen verständigen Marktteilnehmer zu einem ebensolchen Marktverhalten veranlassen (so schon zu § 20a Abs. 1 S. 1 Nr. 2 aF KölnKomm WpHG/*Stoll* § 20a Rn. 223).

Ob eine Information irreführende Signale aussendet, hängt maßgeblich davon ab, was Gegenstand der **63** Information ist, dh worauf sich die Information bezieht (vgl. dazu auch → Rn. 52). Grundsätzlich werden falsche und irreführende Informationen auch irreführende Signale geben. So geben Informationen, die **Tatsachen** zum Gegenstand haben, irreführende Signale, wenn diese den objektiven Gegebenheiten nicht entsprechen, dh wenn sie falsch sind. Im Falle von **Werturteilen** und **Prognosen** gibt die Information irreführende Signale, wenn diese auf einer falschen Tatsachenbasis beruhen oder wenn sie zwar aus richtigen Tatsachen gezogen wurden, allerdings schlechterdings nicht vertretbar sind. Eine unvollständige Information gibt ein irreführendes Signal, wenn der weggelassene Teil des Informationsgegenstandes für einen verständigen Anleger derart wesentlich ist, dass er bei Kenntnis des Gesamtbildes zu einem anderen Marktverhalten veranlasst würde. Es ist eine Kontextualisierung vorzunehmen, dh die verbreitete Information ist in eine konkrete Marktsituation und die den Marktteilnehmern zur Verfügung stehenden Informationen einzuordnen. Informationen, die offensichtlich unrichtige Tatsachen bzw. offensichtlich unrichtige oder unvertretbare Prognosen oder Werturteile zum Gegenstand haben, sind nicht irreführend, da ein verständiger Anleger hierdurch nicht zu einem Marktverhalten veranlasst wird.

(4) Wahrscheinlichkeitsurteil. (a) Prognoseperspektive. Da sich die Markttäuschungswahr- **64** scheinlichkeit auf den Zeitpunkt des Verbreitens der Information bezieht, ist die Frage, ob eine aktuelle oder wahrscheinliche Signalwirkung gegeben ist, anhand einer **objektiven Ex-ante-Betrachtung** zu untersuchen. Das ex post feststellbare Marktverhalten derjenigen Marktteilnehmer, die die verbreitete Information wahrgenommen haben, kann zumindest Indiz für eine Signalwirkung der Information sein (vgl. auch Erwägungsgrund (15) MAR).

(b) Prognosemaßstab. Hinsichtlich des Prognosemaßstabs, der auch für die Insiderstraftaten relevant ist (→ Rn. 146), verweist die Marktmissbrauchsverordnung auf die Maßfigur des verständigen Anlegers (vgl. Erwägungsgrund (14) MAR). Sie liefert aber nach der zutreffenden – zum alten Recht herrschenden und noch immer gültigen – Auffassung noch keine hinreichende Konkretisierung des Prognosemaßstabes, da es den Prototyp des verständigen Anlegers insbes. aufgrund der Diversität des Kapitalmarktes nicht gibt (vgl. Schröder KapMarktStrafR-HdB Rn. 180). Deshalb repräsentiert der **verständige Anleger** „als Maßstabsfigur diejenigen Anleger, die sich in dem von der Information betroffenen Markt betätigen" (Schröder KapMarktStrafR-HdB Rn. 182). Für diese Auslegung spricht zudem die in Art. 7 Abs. 4 MAR enthaltene Definition, wonach es bei der Bestimmung des Begriffs Insiderinformation auch darauf ankommt, ob ein verständiger Anleger eine Information als Teil der Grundlage seiner Anlageentscheidung nutzen würde, denn auch hier wird mit dem Verweis auf eine konkrete Anlageentscheidung ein Bezug zu einem bestimmten Markt hergestellt (so zutreffend Schröder KapMarktStrafR-HdB Rn. 182 zur alten Rechtslage).

(c) Prognosegrundlage. Ob eine aktuelle oder wahrscheinliche Signalwirkung gegeben ist, hängt weiterhin nicht nur von verbreiteten Informationen selbst, sondern auch von einer Würdigung aller tatsächlichen Umstände des konkreten Einzelfalls ab. Von Bedeutung ist dabei insbes. die konkrete **Marktsituation** (KölnKomm WpHG/*Stoll* § 20a Rn. 224; *BaFin* Emmittenleitfaden 2013, 92).

(d) Wahrscheinlichkeitsgrad. Schließlich ist fraglich, welcher Wahrscheinlichkeitsgrad notwendig ist. Wenn eine Information wahrscheinlich ein Signal geben soll, ist zumindest Voraussetzung, dass sie geeignet ist, ein solches Signal zu geben. Es muss eine potentielle Kausalität (vgl. HK-KapMStrafR/ Sorgenfrei Rn. 116) zwischen Information und Signalgebung gegeben sein. Im Hinblick auf die ohnehin sehr weite Tatbestandsfassung und die deshalb insbes. aus strafrechtlicher Sicht gebotene restriktive Auslegung, wird eine lediglich geringe Wahrscheinlichkeit nicht ausreichen können. Notwendig ist deshalb eine **überwiegende Wahrscheinlichkeit,** dh von mehr als 50% (vgl. Assmann/ Schneider/*Vogel* § 20a Rn. 122 zur Preiseinwirkungseignung; wohl enger Schröder KapMarktStrafR-HdB Rn. 436: konkrete Möglichkeit). Es wird hier letztlich auf die Analyse des Einzelfalls auf Grundlage von Erfahrungssätzen über den Einfluss bestimmter Informationen auf Anlageentscheidungen ankommen, die sich durch vergangenes Marktgeschehen im Laufe der Zeit bestätigt haben (vgl. Assmann/ Schneider/*Vogel* § 20a WpHG Rn. 121 zur Preiseinwirkungseignung bei § 20a Abs. 1 S. 1 Nr. 1). Im Hinblick auf das Verbreiten von Informationen wird das Wahrscheinlichkeitsurteil auch maßgeblich davon abhängen, durch wen und in welcher Form die Information verbreitet wird.

65   **cc) Preismanipulationswahrscheinlichkeit.** In der zweiten Alternative der informationsgestützten Marktmanipulation muss die durch den Täter verbreitete Information wahrscheinlich oder tatsächlich ein anormales oder künstliches Preisniveau (zur Verwendung des Begriffs Preis statt Kurs → Rn. 57) herbeiführen. Diese Tatbestandsalternative wird bereits im Grundsatz deshalb kritisiert, weil sie unterstelle, es gebe einen normalen oder natürlichen Preis, was aber weder kapitalmarkttheoretisch noch wirtschaftswissenschaftlich zutreffend sei (HK-KapMStrafR/*Sorgenfrei* Rn. 138; krit. auch *Schmolke* AG 2016, 434 (440)). Nach der hM soll ein Preisniveau dann künstlich – ob zwischen einem anormalen und künstlichen Preisniveau ein Unterschied besteht, darf bezweifelt werden – sein, wenn es sich nicht mehr als Ergebnis eines unbeeinflussten Marktprozesses darstellt (Fuchs/*Fleischer* § 20a Rn. 48 mwN). An dieser Auslegung wird zwar zu Recht kritisiert, dass sie den Rechtsanwender zu zirkelschlüssiger Argumentation zwingt (KölnKomm WpHG/*Stoll* § 20a Rn. 226). Anders dürfte sich aber das Tatbestandsmerkmal sinnvoll nicht mit Inhalt füllen lassen, da keine anderen Kriterien vorhanden sind, anhand derer bestimmt werden könnte, wann ein künstliches Preisniveau vorliegt (pointiert Momsen/ Grützner/*Hohn* Kap. 6 Teil B Rn. 98: „Geheimnis des Gesetzgebers"). Letztlich wird dann aber regelmäßig aufgrund der Abhängigkeit des Tatbestandsmerkmals „künstliches Preisniveau" von den der Preisbildung zugrundeliegenden manipulativ beeinflussten Marktprozessen für die Preismanipulationswahrscheinlichkeit neben der Markttäuschungswahrscheinlichkeit kaum ein eigenständiger Anwendungsbereich verbleiben. Denn ein unbeeinflusster Marktprozess liegt in Fällen der Verbreitung von Informationen nur dann vor, wenn diese keine falschen oder irreführenden Signale hinsichtlich Angebot, Nachfrage oder Preis eines Tatobjekts geben. Ein künstliches Preisniveau ist ein durch einen lenkenden Eingriff herbeigeführtes Preisniveau und das manipulative Verhalten wird gerade in Art. 12 Abs. 1 lit. c MAR als das Verbreiten von Informationen, die falsche oder irreführende Signale hinsichtlich Angebot, Nachfrage oder Preis geben, beschrieben.

66   Nach der Rspr. des EuGH zur RL 2003/6/EG ist nicht notwendig, dass das künstliche Kursniveau über einen längeren Zeitraum gehalten wird (EuGH NJW 2011, 3214; krit. Schröder KapMarktStrafR-HdB Rn. 484a f.). Das Wahrscheinlichkeitsurteil ist anhand der oben (→ Rn. 64) dargestellten Kriterien zu fällen.

67   **c) Strafbarkeit des „Nicht-Verbreitens" von Informationen.** Als zweite Alternative der informationsgestützten Marktmanipulation war nach § 20a Abs. 1 S. 1 Nr. 1 Alt. 2 aF das Verschweigen bewertungserheblicher Umstände entgegen bestehender Rechtsvorschriften strafbar (vgl. hierzu die Vorauflage Rn. 140 ff.). Art. 12 Abs. 1 MAR enthält keine vergleichbare Tatvariante, das Verschweigen bewertungserheblicher Umstände ist deshalb kein Fall des unionsrechtlichen Marktmanipulationsverbots (so auch KölnKomm WpHG/*Stoll* § 20a Rn. 170). Auch die Marktmissbrauchsrichtlinie enthält keine Vorgaben hinsichtlich des Verschweigens von Informationen, die der nationale Gesetzgeber umsetzen müsste. Im Rahmen des § 38 Abs. 1 WpHG ist damit lediglich eine Strafbarkeit wegen unechten Unterlassens unter den Voraussetzungen des § 13 Abs. 1 StGB möglich („Verbreiten durch Unterlassen" → Rn. 116). Damit kann die Verletzung kapitalmarktrechtlicher Publizitätspflichten (zB §§ 26, 30b, 30e, 37v ff.), insbes. die praktisch sehr relevante Verletzung der Ad-hoc-Publizitätspflicht nach Art. 17 Abs. 1 MAR, keine Strafbarkeit wegen einer informationsgestützten Marktmanipulation mehr begründen, auch nicht als Fall des unechten Unterlassens (→ Rn. 117). Die Verletzung dieser Publizitätspflichten kann aber den Tatbestand des Art. 12 Abs. 1 lit. b MAR erfüllen (→ Rn. 92). Zudem ist die Ahndung mit Geldbuße nach § 39 Abs. 3d Nr. 6–11 möglich.

d) Sonderregelung für Journalisten. Wie schon § 20a Abs. 6 aF enthält Art. 21 MAR eine **68** besondere Regelung für Journalisten, die Informationen offen legen oder verbreiten bzw. Empfehlungen geben oder verbreiten (vgl. hierzu *Schröder* NJW 2009, 465). Die Regelung ist bei der Beurteilung, ob eine Offenlegung oder Verbreitung von Informationen unter die Tatbestände der Art. 10, 12 Abs. 1 lit. c, 20 MAR fällt, zu berücksichtigen. Werden die Voraussetzungen des Art. 21 MAR bejaht, ist der Tatbestand ausgeschlossen.

Voraussetzung ist zum einen, dass die Informationen „für journalistische Zwecke oder andere Aus- **69** drucksformen in den Medien" offen gelegt werden. Hierbei mag es sich um schwer eingrenzbare Begrifflichkeiten handeln, die zu einer tendenziell extensiven Ausschlussvorschrift führen, dies ist aber dem Schutz der durch Art. 5 Abs. 1 S. 2 GG geschützten freien Berichterstattung durch die Presse geschuldet (vgl. auch Schröder KapitalmarktStrR-HdB Rn. 439). Das Vorliegen der Voraussetzungen des Tatbestandes – hier Art. 12 Abs. 1 lit. c MAR – ist deshalb unter Berücksichtigung der Regeln der **Pressefreiheit** und der Freiheit der Meinungsäußerung in anderen Medien sowie der **journalistischen Berufs- und Standesregeln** zu beurteilen. Berufsständische Regeln finden sich in Ziff. 7.4 des Pressekodex und den „Journalistische(n) Verhaltensgrundsätze(n)" und den Empfehlungen des Deutschen Presserats zu Wirtschafts- und Finanzmarktberichterstattung" v. 2.3.2006.

Der Ausschlusstatbestand greift nur ein, wenn Journalisten „in Ausübung ihres Berufes" handeln. **70** Private Geschäfte sind nach allgemeinen Regeln unzulässig (Fuchs/*Fleischer* § 20a Rn. 143). Außerdem muss die Berichterstattung, da Art. 21 MAR Ausfluss der Pressefreiheit ist, ein Mindestmaß an redaktioneller Bearbeitung aufweisen, so dass reine Anlageempfehlungen (zum Begriff vgl. Art. 3 Abs. 1 Nr. 35 MAR) nicht privilegiert sind (KölnKomm WpHG/*Mock* § 20a Rn. 453 f.; *Spindler* NZG 2004, 1138 (1142); vgl. hierzu iÜ Art. 20 MAR).

Weiterhin ist der Ausschlusstatbestand des Art. 21 MAR nicht einschlägig, wenn dem betreffenden **71** Personen oder mit ihnen in enger Beziehung stehenden Personen unmittelbar oder mittelbar ein Vorteil oder ein Gewinn aus der Offenlegung oder Verbreitung der betreffenden Information erwächst (Art. 21 lit. a MAR) oder die Weitergabe oder Verbreitung in der Absicht erfolgt, den Markt in Bezug auf das Angebot von Finanzinstrumenten, die Nachfrage danach oder ihren Kurs irrezuführen (Art. 21 lit. b MAR).

e) Phänomenologie der informationsgestützten Marktmanipulation. Hinsichtlich der infor- **72** mationsgestützten Marktmanipulation werden insbes. die Fälle des sog *window dressing* diskutiert (hierzu Momsen/Grützner WirtschaftsStrR/*Hohn* Kap. 6 Teil B Rn. 107; MAH WirtschaftsStrR/*Rübenstahl/ Tsambikakis* § 23 Rn. 125). Auch das Verbreiten von Informationen durch Presseerklärungen kann erfasst sein (BGH NZG 2011, 1075). Die Fälle des *scalping* werden dagegen regelmäßig als sonstige Täuschungshandlung angesehen (→ Rn. 94).

2. Marktmanipulation durch Übermittlung falscher oder irreführender Angaben; Bereit- **73** **stellung falscher oder irreführender Ausgangsdaten.** Nach Art. 12 Abs. 1 lit. d MAR ist die Übermittlung falscher oder irreführender Angaben bzw. das Bereitstellen falscher oder irreführender Ausgangsdaten tatbestandsmäßig, wenn die Person, die Informationen übermittelt oder die Ausgangsdaten bereitgestellt hat, wusste oder hätte wissen müssen, dass sie falsch oder irreführend waren. Der Spezialtatbestand zur informationsgestützten Manipulation (vgl. zB *Zetzsche* in Gebauer/Teichmann, Europäisches Privat- und Unternehmensrecht, 2015, § 7 C. Rn. 79; *Schmolke* AG 2016, 434 (442)) bezieht sich auf Referenzwerte (→ Rn. 41) und trägt den diesbezüglichen Mechanismen der Referenzwertbestimmung Rechnung, die sich von der Preisbildung durch Angebot und Nachfrage am Markt unterscheidet. Die Manipulationsform wird gem. § 12 WpHG auf die dort genannten Tatobjekte (→ Rn. 42 ff.) erstreckt und vom Tatbestand des § 38 Abs. 1 Nr. 1 Alt. 1 erfasst.

a) Übermittlung falscher oder irreführender Angaben/Bereitstellung falscher oder irrefüh- **74** **render Ausgangsdaten.** Hinsichtlich der Tatbestandsmerkmale falsche oder irreführende Angaben kann auf die Erläuterung der Tatbestandsmerkmale falsche oder irreführende Informationen (Art. 12 Abs. 1 lit. c MAR) verwiesen werden (→ Rn. 53). Andere Sprachfassungen verwenden auch hier den Begriff Information und nicht den der Angaben. Anders als dort muss hier aber eine Übermittlung von Informationen vorliegen. Unter **Übermitteln** ist das Weiterleiten einer Information zu verstehen, allerdings nicht an einen unbestimmten, sondern an einen vom Täter bestimmten Personenkreis. Die zweite Tatvariante bezieht sich auf Ausgangsdaten, also die Grundlage der Wertberechung. Eine **Bereitstellung** liegt dann vor, wenn die Ausgangsdaten einem Dritten zugänglich gemacht wurden, so dass dieser auf sie ohne weiteres Zutun des Täters zugreifen kann.

75   **b) Sonstige Referenzwertmanipulation.** Schließlich kann Art. 12 Abs. 1 lit. d MAR erfüllt sein, wenn der Täter eine sonstige Handlung vornimmt, durch die die Berechnung eines Referenzwertes manipuliert wird. Diese Tathandlungsvariante gilt lediglich für den Tatbestand des § 38 Abs. 1 Nr. 2 und bezieht sich ausschließlich auf Referenzwerte, nicht dagegen auf die in § 12 genannten Tatobjekte. Der Berechnungsbegriff ist weit auszulegen. Er erstreckt sich auf alle Daten, die für die Berechnung des Referenzwerts in Verbindung gebracht werden können (*Renz/Leibold* CCZ 2016, 157 (166)). Letztlich ist damit jede Handlung tatbestandmäßig, die kausal und objektiv zurechenbar einen „künstlichen" Referenzwert herbeiführt.

76   **3. Marktmanipulation durch Abschluss eines Geschäfts, Erteilung eines Handelsauftrags.** Nach Art. 12 Abs. 1 lit. a MAR begeht derjenige eine Manipulationshandlung, der ein Geschäft abschließt, einen Handelsauftrag erteilt oder eine andere Handlung begeht, die falsche oder irreführende Signale hinsichtlich des Angebots, der Nachfrage oder des Preises eines Tatobjekts gibt oder bei der dies wahrscheinlich ist (Art. 12 Abs. 1 lit. a (i) MAR) oder ein anormales oder künstliches Kursniveau eines Tatobjekts sichert oder bei der dies wahrscheinlich ist (Art. 12 Abs. 1 lit. a (ii) MAR), es sei denn, der Täter weist nach, dass das Geschäft, der Auftrag oder die Handlung legitime Gründe hat und im Einklang mit der zulässigen Marktpraxis gemäß Art. 13 MAR steht.

77   **a) Abschluss eines Geschäfts, Erteilung eines Handelsauftrags.** Unter **Geschäften** sind alle in Bezug auf ein Tatobjekt vorgenommenen Transaktionen am Kapitalmarkt zu verstehen (KölnKomm WpHG/*Stoll* § 20a Rn. 219). Es fallen hierunter nicht nur der Erwerb, sondern auch Sicherungsübereignungen, Sicherungszessionen, Treuhandschaften oder Verpfändungen (Fuchs/*Fleischer* § 20a Rn. 44). Auch ein Vollrechtserwerb ist nicht erforderlich, so dass auch beispielsweise eine Wertpapierleihe erfasst ist (Assmann/Schneider/*Vogel* § 20a Rn. 145). Der Begriff **Handelsauftrag** ist in einem kapitalmarktrechtlichen, nicht streng zivilrechtlichen, Sinn als Order zu verstehen (Fuchs/*Fleischer* § 20a Rn. 45), die sich auf die vorgenannten Geschäfte bezieht. Ein Geschäft ist abgeschlossen, wenn das Verpflichtungsgeschäft zustande gekommen ist (KölnKomm WpHG/*Stoll* § 20a Rn. 220). Die im Hinblick auf das alte Recht bestehende Unsicherheit, ob aufgrund des Wortlauts von § 20a Abs. 1 S. 1 Nr. 2 aF („Geschäfte vorzunehmen") die Geschäfte tatsächlich vollzogen werden müssen (vgl. hierzu KölnKomm WpHG/*Stoll* § 20a Rn. 220), besteht nun nicht mehr, da Art. 12 Abs. 1 lit. a MAR lediglich vom **Abschluss** eines Geschäfts spricht. Ebenso wenig wie ein tatsächlicher Vollzug ist eine zivilrechtliche Wirksamkeit des Geschäfts erforderlich, so dass insbes. Scheingeschäfte (§ 117 BGB) ebenfalls erfasst sind (Münchkomm StGB/*Pananis* Rn. 186). Darüber hinaus fallen auch fiktive Geschäfte, also Geschäfte ohne Wechsel der wirtschaftlichen Berechtigung, unter den Tatbestand (Momsen/Grützner WirtschaftsStR/*Hohn* Kap. 6 Teil B Rn. 87). Ein Handelsauftrag ist erteilt, sobald er dem Adressaten zugegangen ist, wobei eine Einstellung in das Orderbuch hierfür nicht erforderlich sein soll (Assmann/Schneider/*Vogel* § 20a Rn. 148). Schließlich kommt es gemäß Art. 2 Abs. 3 MAR, der auch hier Gültigkeit hat (→ Vorb. Rn. 10), nicht darauf an, ob das Geschäft oder der Auftrag auf einem Handelsplatz getätigt wurde.

78   Nach Art. 12 Abs. 1 lit. a MAR kann neben dem Abschluss eines Geschäfts oder der Erteilung eines Handelsauftrags grundsätzlich auch **jede andere Handlung** tatbestandsmäßig sein. Diese Tathandlungsvariante ist nicht nur im Hinblick auf den Bestimmtheitsgrundsatz als äußerst problematisch zu qualifizieren, es erschließt sich auch nicht, wie sie im Verhältnis zu den anderen Tathandlungsvarianten in das Tatbestandssystem einzuordnen ist (vgl. auch *Schmolke* AG 2016, 434 (441)). Zum einen besteht nämlich mit dem Tatbestand des Art. 12 Abs. 1 lit. b MAR ein Auffangtatbestand, der auch jede sonstige Tätigkeit oder Handlung erfasst, die unter Vorspiegelung falscher Tatsachen oder unter Verwendung sonstiger Kunstgriffe oder Formen der Täuschung den Kurs eines Tatobjekts beeinflusst oder hierzu geeignet ist, so dass für die letzte Tathandlungsvariante des Art. 12 Abs. 1 lit. a MAR eigentlich keine Notwendigkeit bestehen dürfte. Zum anderen wären aber auch die anderen Tathandlungsvarianten des Art. 12 Abs. 1 lit. a MAR überflüssig, denn der Abschluss eines Geschäfts, das eine Marktmanipulationswahrscheinlichkeit aufweist, ist eine Handlung, die eine Marktmanipulationswahrscheinlichkeit aufweist. Letztlich hätte sich der Verordnungsgeber deshalb darauf beschränken können, einen Tatbestand zu formulieren, der jede Handlung verbietet, die entweder falsche oder irreführende Signale hinsichtlich des Angebots, der Nachfrage oder des Preises eines Tatobjekts gibt oder bei der dies wahrscheinlich ist oder, die ein anormales oder künstliches Preisniveau eines Tatobjekts herbeiführt oder bei der dies wahrscheinlich ist. Im Ergebnis kann deshalb dieser Tathandlungsvariante keine Bedeutung zukommen.

79   **b) Manipulationswahrscheinlichkeit.** Wie bei der informationsgestützten Marktmanipulation nach Art. 12 Abs. 1 lit. c müssen durch den Abschluss des Geschäfts bzw. die Erteilung eines Handelsauftrags (wahrscheinlich) falsche oder irreführende Signale hinsichtlich des Angebots, der Nachfrage oder des Preises eines Tatobjekts gegeben werden (**„Markttäuschungswahrscheinlichkeit"**, → Rn. 59 ff.) (Art. 12 Abs. 1 lit. a (i) MAR) bzw. es muss (wahrscheinlich) ein anormales oder künst-

liches Preisniveau eines Tatobjekts gesichert werden (**"Preismanipulationswahrscheinlichkeit"**, → Rn. 65 f.) (Art. 12 Abs. 1 lit. a (ii) MAR). Diese Tatbestandsmerkmale haben grundsätzlich die gleiche Bedeutung wie bei der informationsgestützten Marktmanipulation. Entscheidend ist deshalb, ob ein verständiger Anleger durch die Handelsaktivitäten wahrscheinlich zu einem Marktverhalten veranlasst würde, das er so nicht vornähme, wenn er mit den tatsächlichen Gegebenheiten vertraut wäre oder ob wahrscheinlich ein Preisniveau herbeigeführt wird, das nicht Ergebnis eines unbeeinflussten Marktprozesses ist. Im Ergebnis wird die Bejahung dieses Merkmals maßgeblich davon abhängen, ob eine bekannte Manipulationstechnik eingesetzt wurde, der eine objektive Preiseinwirkungseignung immanent ist (*Waßmer* HRRS 2014, 336 (340)).

Allerdings unterscheidet sich der Wortlaut im Hinblick auf die Preismanipulationswahrscheinlichkeit **80** insofern von Art. 12 Abs. 1 lit. c MAR, als dass Art. 12 Abs. 1 lit. a (ii) MAR nicht von der *Herbeiführung* eines anormalen oder künstlichen Kursniveaus, sondern von der *Sicherung* eines anormalen oder künstlichen Kursniveaus spricht (vgl. auch *Bator* BKR 2016, 1 (2)). Dies ist deshalb problematisch, weil diese Formulierung wohl nur in dem Sinne ausgelegt werden kann, dass der Täter ein bereits entstandenes künstliches Preisniveau durch den Abschluss von Geschäften und das Erteilen von Handelsaufträgen aufrecht hält. Andere Sprachfassungen enthalten diese Wortlautdivergenz nicht. So verwenden zB die englische ("secure") und französische ("fixer") Sprachfassung sowohl in Art. 12 Abs. 1 lit. a (ii) MAR als auch in Art. 12 Abs. 1 lit. c MAR dieselbe Formulierung. Auf Grundlage der oben dargestellten unionsrechtlichen Auslegungsgrundsätze (→ Vorb. Rn. 26 ff.) muss davon ausgegangen werden, dass insbes. bei Beachtung des Zwecks der Marktmissbrauchsverordnung sowohl im Fall des Art. 12 Abs. 1 lit. a (ii) MAR als auch im Fall des Art. 12 Abs. 1 lit. c MAR das Herbeiführen eines künstlichen Preisniveaus tatbestandsmäßig ist. Das kann im Einzelfall zu einem Konflikt mit dem Bestimmtheitsgrundsatz führen (→ Vorb. Rn. 27 ff.).

c) Zulässige Marktpraxis. Nach Art. 12 Abs. 1 lit. a MAR ist der Tatbestand der handelsgestützten **81** Marktmanipulation dann nicht erfüllt, wenn der Täter nachweist, dass "das Geschäft, der Auftrag oder die Handlung legitime Gründe hat und im Einklang mit der zulässigen Marktpraxis gemäß Art. 13 steht". Es handelt sich hierbei um eine Vorschrift, die zum Tatbestandsausschluss führt und in ähnlicher Form bereits in Art. 1 Nr. 2 lit. a RL 2003/6/EG enthalten war und in § 20a Abs. 2 aF umgesetzt wurde. Aufgrund des eindeutigen Wortlauts enthält die Regelung eine im Strafrecht problematische Beweislastumkehr (so zur RL 2003/6/EG *Schmitz* ZStW 115 (2003) 501 (525 f.); Momsen/Grützner WirtschaftsStR/*Hohn* Kap. 6 Teil B Rn. 191; aA Schröder KapMarktStrafR-HdB Rn. 528), wenngleich diese mit Art. 48 Abs. 1 EU-Grundrechtecharta unter gewissen Voraussetzungen vereinbar sein soll (vgl. *Eser* in Meyer, Charta der Grundrechte der Europäischen Union, 4. Aufl. 2014, Art. 48 Rn. 12). In der Praxis ist eine Anerkennung bestimmter Marktgepflogenheiten durch die BaFin – anders als in anderen EU-Mitgliedstaaten (vgl. KölnKomm WpHG/*Mock* § 20a Rn. 292 ff.) – bis heute weder nach § 20a Abs. 2 aF noch nach Art. 13 MAR erfolgt. Der Tatbestandsausschluss hat zwei (kumulative) Voraussetzungen: zum einen muss das Geschäft oder der Handelsauftrag legitime Gründe haben, zum anderen müssen diese mit der zulässigen Marktpraxis gemäß Art. 13 MAR in Einklang stehen.

aa) Zulässige Marktpraxis. Nach Art. 13 Abs. 2 MAR kann die zuständige Behörde unter Berück- **82** sichtigung der in Art. 13 Abs. 2 UAbs. 1 lit. a–g MAR genannten grundlegenden Marktprinzipien eine zulässige Marktpraxis festlegen. Die behördliche Festlegung, die als Verwaltungsakt in Form der Allgemeinverfügung (§ 35 S. 2 VwVfG) zu qualifizieren ist, ist für den Tatbestandsausschluss konstitutiv (vgl. MüKoStGB/*Pananis* Rn. 211 zum alten Recht; aA *Zetzsche* in Gebauer/Teichmann, Europäisches Privat- und Unternehmensrecht, 2015, § 7 C. Rn. 73) und gilt jeweils nur auf einem bestimmten Markt (Art. 13 Abs. 2 UAbs. 2 MAR). Art. 13 Abs. 3–11 MAR enthalten Verfahrensvorschriften hinsichtlich der Information der ESMA durch die nationalen Behörden vor Festlegung einer zulässigen Marktpraxis, die die ESMA in die Lage versetzen soll, rechtzeitig Stellung zu nehmen (Abs. 4), hinsichtlich der Festlegung einer Marktpraxis, die der Stellungnahme der ESMA zuwiderläuft (Abs. 5) und hinsichtlich jener Fälle, in denen eine zuständige Behörde meint, dass eine andere zuständige Behörde eine zulässige Marktpraxis festgelegt hat, welche die in Art. 13 Abs. 2 UAbs. 1 verankerten Kriterien nicht erfüllt (Abs. 6). Weder die Verletzung dieser Verfahrensvorschriften noch die Festlegung einer zulässigen Marktpraxis, die den in Art. 13 Abs. 2 UAbs. 1 lit. a–g MAR genannten materiellen Voraussetzungen zuwiderläuft, hat eine Unwirksamkeit der behördlichen Festlegung zur Folge. Sie müssen von Gerichten und Staatsanwaltschaften bis zu ihrer Aufhebung beachtet werden (Schröder KapMarktStrafR-HdB Rn. 529; s. aber Assmann/Schneider/*Vogel* § 20a Rn. 175), wenngleich diese natürlich darüber befinden, ob eine Transaktion der festgelegten zulässigen Marktpraxis entspricht. Die zur Sicherstellung der Harmonisierung des Art. 13 MAR nach Abs. 7 zu erarbeitenden technischen Regulierungsstandards hat die Kommission durch **Delegierte VO (EU) 2016/908** v. 26.2.2016 (ABl. 2016 L 153, 3) erlassen. Nach Art. 13 Abs. 9 MAR veröffentlicht die ESMA die in den Mitgliedstaaten zulässigen Marktpraxen auf ihrer Webseite.

bb) Legitime Gründe. Das Geschäft, der Auftrag oder die Handlung müssen zudem legitime **83** Gründe haben. Diese Tatbestandsvoraussetzung weist kaum feststellbare Konturen auf. Als Kriterien für die Beurteilung, ob legitime Gründe vorlagen, können die in Art. 13 Abs. 2 UAbs. 1 lit. a–g MAR genannten grundlegenden Marktprinzipien herangezogen werden (vgl. Momsen/Grützner/*Hohn* Kap. 6 Teil B Rn. 92), was aber letztlich nur dafür spricht, dass dieses Tatbestandsmerkmal neben der Voraussetzung, das Handeln stehe im Einklang mit der festgelegten zulässigen Marktpraxis, regelmäßig keine eigenständige Bedeutung haben wird. Auch wenn man dafür verlangt, dass die Transaktion im Einklang mit der Rechtsordnung steht (*Zetzsche* in Gebauer/Teichmann, Europäisches Privat- und Unternehmensrecht, 2015, § 7 C. Rn. 76; vgl. auch Erwägungsgrund (42) MAR), kann das nicht entscheidend zur Konkretisierung beitragen, denn solche Handlungen werden sich schon mit der festgestellten zulässigen Marktpraxis nicht vereinbaren lassen.

84   **d) Ausnahmen für Rückkaufprogramme und Stabilisierungsmaßnahmen.** Nach Art. 5 Abs. 1 MAR gelten die Verbote nach Art. 14 und Art. 15 MAR nicht für den Handel mit eigenen Aktien im Rahmen von Rückkaufprogrammen, nach Art. 5 Abs. 4 MAR nicht für den Handel mit Wertpapieren oder verbundenen Instrumenten zur Stabilisierung des Kurses von Wertpapieren. Art. 5 MAR ersetzt die nun außer Kraft getretene (vgl. Art. 37 MAR) zur Durchführung der RL 2003/6/EG erlassene VO (EG) Nr. 2273/2003 der Kommission vom 20.12.2003 (ABl. 2003 L 336, 33). Nach Erwägungsgrund (76) MAR kann eine von der zuständigen Behörde anerkannte Marktpraxis weiter angewandt werden, bis die zuständige Behörde einen Beschluss über ihre Weiterführung gefasst hat. Sofern die in Art. 5 näher spezifizierten Voraussetzungen für Rückkaufprogramme und Stabilisierungsmaßnahmen erfüllt sind, führt dies zum Tatbestandsausschluss. Die zur durchgängigen Harmonisierung nach Art. 5 Abs. 6 MAR zu erarbeitenden technischen Regulierungsstandards hat die Kommission durch **Delegierte VO (EU) 2016/1052** v. 8.3.2016 erlassen (ABl. 2016 L 173, 34).

85   **aa) Rückkaufprogramme.** Der Tatbestand der Marktmanipulation ist im Falle von Rückkaufprogrammen nicht erfüllt, wenn diese zu einem der in Art. 5 Abs. 2 lit. a–c MAR genannten Zwecke durchgeführt werden und die Voraussetzungen des Art. 5 Abs. 1 lit. a–d MAR erfüllen. Als zulässige **Zwecke** werden genannt die Reduzierung des Kapitals eines Emittenten, die Erfüllung von Verpflichtungen zur Umwandlung von Schuldtiteln in Beteiligungskapital sowie die Erfüllung von Verpflichtungen aus Belegschaftsprogrammen oder anderen Formen der Aktienzuteilung an Mitarbeiter oder Angehörige der Verwaltungs-, Leitungs- oder Aufsichtsorgane des Emittenten oder eines verbundenen Unternehmens. Der Emittent muss die Einzelheiten des Programms vor dem Beginn des Handels vollständig offen legen, Abschlüsse der zuständigen Behörde des Handelsplatzes melden und anschließend öffentlich bekannt geben, in Bezug auf Kurs und Volumen angemessene Grenzen einhalten und das Rückkaufprogramm im Einklang mit den in Art. 5 Abs. 2 MAR genannten Zielen durchführen. Zudem sind die Bekanntgabe- und Meldepflichten, Handelsbedingungen und Handelsbeschränkungen nach Art. 2–4 Delegierte VO (EU) 2016/1052 zu erfüllen.

86   **bb) Stabilisierungsmaßnahmen.** Der Tatbestand der Marktmanipulation ist zudem in Falle von Maßnahmen zur Stabilisierung des Kurses von Wertpapieren nicht erfüllt, wenn diese unter den Voraussetzungen des Art. 5 Abs. 4 MAR vorgenommen werden. Nach Art. 5 Abs. 4 lit. a–d MAR ist der Handel zur Stabilisierung des Kurses eines Wertpapiers dann nicht tatbestandsmäßig, wenn die Dauer der Stabilisierungsmaßnahmen begrenzt ist, relevante Informationen zur Stabilisierung offen gelegt und der zuständigen Behörde des Handelsplatzes gemeldet werden, in Bezug auf den Kurs angemessene Grenzen eingehalten werden und ein solcher Handel den Bedingungen für die Stabilisierung gemäß den technischen Regulierungsstandards der Delegierten VO (EU) 2016/1052 entspricht. Diese enthält in den Art. 5–8 Bedingungen hinsichtlich des Stabilisierungszeitraums, Bekanntgabe- und Meldepflichten, Kursbedingungen sowie Bedingungen für ergänzende Kursstabilisierungsmaßnahmen.

87   **e) Ausnahmen für Maßnahmen im Rahmen der Geldpolitik, der Staatsschuldenverwaltung und der Klimapolitik.** Der Tatbestand der Marktmanipulation wird weiterhin durch Art. 6 MAR begrenzt. Nach Art. 6 Abs. 1, 2 MAR gilt die Verordnung für Geschäfte, Aufträge oder Handlungen bestimmter Hoheitsträger, die aus geld- oder wechselkurspolitischen Gründen oder im Rahmen der Staatsschuldenverwaltung vorgenommen werden, nicht. Zudem ist sie gemäß Art. 6 Abs. 4 MAR nicht auf Tätigkeiten anwendbar, die zur Umsetzung der Gemeinsamen Agrarpolitik der Union oder der Gemeinsamen Fischereipolitik der Union ausgeführt werden. Etwas anderes gilt für Handlungen von Personen, die für die in Art. 6 genannten Rechtspersönlichkeiten tätig sind, wenn diese Personen unmittelbar oder mittelbar für eigene Rechnung Geschäfte, Aufträge oder Handlungen tätigen (Art. 6 Abs. 7 MAR).

88   **f) Tatbestandskonkretisierung.** Der Tatbestand der handelsgestützten Marktmanipulation wird durch Art. 12 Abs. 3 iVm Anhang I MAR konkretisiert. Die dort enthaltene **Indikatorenliste** enthält eine nicht abschließende Aufzählung von Indikatoren für manipulatives Handeln durch Aussenden falscher oder irreführender Signale und durch Herbeiführen bestimmter Kurse (Anhang I A.). Diese werden bei der Prüfung, ob ein Fall des Art. 12 Abs. 1 lit. a MAR vorliegt, „berücksichtigt", wobei ein Indikator für sich genommen nicht unbedingt als Marktmanipulation anzusehen ist. Die genannten Indikatoren entsprechen weitgehend den Tatbeständen der zu § 20a Abs. 1 aF erlassenen Marktkonkretisierungsverordnung (vgl. hierzu die Vorauflage Rn. 152 ff.). Weitere Konkretisierungsvorschriften

enthält die **Delegierte VO (EU) 2016/522** v. 17.12.2015 (ABl. 2015 L 88, 1), die in ihrem Anhang I Abschnitt 1 bestimmte Praktiken zur näheren Bestimmung der Indikatoren nach Anhang I A. MAR auflistet.

g) Phänomenologie der handelsgestützten Marktmanipulation. Die unter den Tatbestand der **89** handelsgestützten Marktmanipulation fallenden Manipulationstechniken sind facettenreich. Als Beispiele können fiktive Geschäfte wie *wash sales, matched orders* oder das *circular trading* genannt werden (vgl. MAH WirtschaftsStR/*Rübenstahl/Tsambikakis* § 23 Rn. 121; Schröder KapMarktStrafR–HdB Rn. 488 ff.). Darüber hinaus erfüllen auch gewisse effektive Geschäfte den Tatbestand. Hierzu gehören zB das *cornering* und bestimmte Formen von Leerverkäufen (Momsen/Grützner WirtschaftsStR/*Hohn* 6. Kap. Teil B Rn. 100 f.; Schröder KapMarktStrafR–HdB Rn. 499 ff.).

4. Marktmanipulation durch sonstige Täuschungshandlungen. Nach Art. 12 Abs. 1 lit. b **90** MAR ist tatbestandsmäßig der Abschluss eines Geschäfts, die Erteilung eines Handelsauftrags und jegliche sonstige Tätigkeit oder Handlung an Finanzmärkten, die unter Vorspiegelung falscher Tatsachen oder unter Verwendung sonstiger Kunstgriffe oder Formen der Täuschung den Kurs eines oder mehrerer Finanzinstrumente, eines damit verbundenen Waren-Spot-Kontrakts oder eines auf Emissionszertifikaten beruhenden Auktionsobjekts beeinflusst oder hierzu geeignet ist.

a) Sonstige täuschende Tätigkeiten. Der als **Auffangtatbestand** konzipierte und handels- sowie **91** handlungsgestützte Marktmanipulationen erfassende (*Poelzig* NZG 2016, 528 (536)) Art. 12 Abs. 1 lit. b MAR scheint auf den ersten Blick ein sehr weit gefasster Verbotstatbestand zu sein, gegen den ebenso Bedenken im Hinblick auf das Bestimmtheitsgebot zu erheben sind wie dies bei den Tatbeständen des Art. 12 Abs. 1 lit. a, lit. c MAR der Fall ist. Die dort verwendeten Merkmale „Vorspiegelung falscher Tatsachen", „Verwendung sonstiger Kunstgriffe oder Formen der Täuschung" können aber so interpretiert werden, dass Voraussetzung des Tatbestandes eine Täuschungshandlung ist. Wenn man deshalb in der Täuschung den eigentlichen Kern des tatbestandsmäßigen Verhaltens sieht, gewinnt er – insbes. im Vergleich zu den in Art. 12 Abs. 1 lit. a MAR genannten Geschäften und Handelsaufträgen, bei denen es sich um grundsätzlich sozialadäquates Verhalten handelt – durchaus an Kontur (vgl. zum alten Recht schon Momsen/Grützner WirtschaftsStR/*Hohn* 6. Kap. Teil B Rn. 93). Anders als beim Betrug ist dieses Tatbestandsmerkmal hier nicht auf den kommunikativen Austausch zwischen dem Täter und dem Adressat der Täuschung beschränkt. Es kommen auch Objektmanipulationen in Frage (Momsen/ Grützner WirtschaftsStR/*Hohn* 6. Kap. Teil B Rn. 94). Voraussetzung des Art. 12 Abs. 1 lit. b MAR ist deshalb eine Täuschungshandlung – gleichviel ob kommunikativer oder nicht-kommunikativer Art –, die den Preis eines Tatobjektes beeinflusst oder bei der dies wahrscheinlich ist. Das in der deutschen Sprachfassung verwendete „geeignet" ist durch Vergleich mit den anderen Sprachfassungen, die hier wie auch in den anderen Tatbeständen des Art. 12 Abs. 1 MAR keine terminologischen Unterschied enthalten, unionrechtskonform als „wahrscheinlich" auszulegen, was aus strafrechtlicher Sicht unbedenklich ist, da dieses Merkmal enger ist (→ Rn. 64). Im Ergebnis muss die Täuschung also eine Preismanipulationswahrscheinlichkeit aufweisen (→ Rn. 65). Verfassungsrechtliche Bedenken dürften im Ergebnis deshalb nicht zu erheben sein. Auch der Tatbestand des § 20a Abs. 1 S. 1 Nr. 3 aF wurde als mit dem Bestimmtheitsgrundsatz vereinbar angesehen (vgl. zB BGHSt 48, 373 (383); *Trüg* NZG 2016, 820 (821); zur Gegenauffassung MüKoStGB/*Pananis* Rn. 223 mwN), so dass für Art. 12 Abs. 1 lit. b MAR bei Zugrundelegung der hier vorgeschlagenen Auslegung nichts anderes gelten kann.

Unter den Tatbestand des Art. 12 Abs. 1 lit. b MAR fällt die Fallgruppe des „Verschweigens von **92** Informationen entgegen einer Rechtspflicht", die nach neuem Recht nicht mehr in den Anwendungsbereich der informationsgestützten Marktmanipulation fällt (→ Rn. 67). Insbes. die Verletzung der Adhoc-Publizitätspflicht nach Art. 17 MAR kann – als Täuschung durch garantenpflichtiges Unterlassen – den Tatbestand erfüllen. Erfasst sind darüber hinaus Verhaltensweisen, durch die Informationen an Dritte weitergegeben werden, ohne dass ein „Verbreiten" iSd Art. 12 Abs. 1 lit. c MAR vorliegt, weil der Adressatenkreis individuell begrenzt ist (→ Rn. 54).

b) Tatbestandskonkretisierung. Den Versuch einer Konkretisierung unternimmt der Unionsgesetz- **93** geber nach Art. 12 Abs. 3 iVm Anhang I MAR, indem er unter Anhang I B. bestimmte **Indikatoren** für eine Marktmanipulation iSd Art. 12 Abs. 1 lit. b MAR nennt. Weitere Konkretisierungsvorschriften enthält **Delegierte VO (EU) 2016/522** v. 17.12.2015 (ABl. 2015 L 88, 1), die in ihrem Anhang I Abschnitt 2 bestimmte Praktiken zur näheren Bestimmung der Indikatoren nach Anhang I B. MAR enthält. Die dort genannten, ua auch informationsgestützten Praktiken werfen zusätzliche Fragen im Hinblick auf das Verhältnis von Art. 12 Abs. 1 lit. b MAR zu den anderen Manipulationstatbeständen auf.

c) Phänomenologie der handlungsgestützten Marktmanipulation. Als Fall der handlungs- **94** gestützten Manipulation wird regelmäßig das *scalping* angesehen (vgl. BGHSt 48, 373; BGH NStZ 2014, 581; Momsen/Grützner WirtschaftsStR/*Hohn* 6. Kap. Teil B Rn. 102). Es kann Art. 12 Abs. 1 lit. b MAR erfüllen, wenn nicht bereits Art. 12 Abs. 2 MAR einschlägig ist (→ Rn. 99).

5. Marktmanipulationstatbestände nach Art. 12 Abs. 2 MAR. Art. 12 Abs. 2 MAR enthält vier **95** Tatbestände, die Handlungen umschreiben, die unter anderem als Marktmanipulation gelten. Es handelt sich hierbei nicht um Regelbeispiele im klassischen Sinne (vgl. dagegen *Poelzig* NZG 2016, 528 (536); *Renz/Leibold* CCZ 2016, 157 (167)), denn die dort genannten Tatbestände haben nicht nur indiziellen Charakter, der im Einzelfall widerlegt werden könnte. Art. 12 Abs. 2 MAR beinhaltet – ähnlich § 3 Abs. 2 MaKonV – vielmehr Tatbestände, die in jedem Falle als Marktmanipulation gelten. Liegen die Voraussetzungen eines Tatbestandes vor, kommt es nicht mehr darauf an, ob die Voraussetzungen des Art. 12 Abs. 1 MAR erfüllt sind (KölnKomm WpHG/*Stoll* § 20a Rn. 211).

96   **a) Art. 12 Abs. 2 lit. a MAR.** Der erste Beipieltatbestand umschreibt – schwer verständlich – eine Manipulationshandlung, die als *cornerning* bezeichnet wird. Hier hat der Täter (ggf. in Absprache mit anderen Personen) eine marktbeherrschende Stellung in Bezug auf das Angebot oder die Nachfrage eines Tatobjektes inne, durch die ihm die unmittelbare oder mittelbare Bestimmung der Preise dieses Tatobjektes möglich ist oder durch die unlautere Handelsbedingungen geschaffen werden. Es handelt sich hierbei um eine Maniplationshandlung, die prinzipiell auch vom Tatbestand der sonstigen Täuschungshandlung erfasst wäre. Die Manipulationshandlung war auch in § 4 Abs. 3 Nr. 1 MaKonV enthalten. Einzelheiten bei Schröder KapMarktStrafR-Hdb Rn. 503 ff.; Momsen/Grützner/*Hohn* Kap. 6 Teil B Rn. 103.

97   **b) Art. 12 Abs. 2 lit. b MAR.** Bei der in Art. 12 Abs. 2 lit. b MAR beschriebenen Manipulationshandlung handelt es sich um das sog *marking the close*, bei der der Täter zur Schlussnotierung Käufe oder Verkäufe vornimmt, um Marktteilnehmer in die Irre zu führen, die aufgrund des Schlusskurses ihrerseits Geschäfte vornehmen (Schröder KapMarktStrafR-HdB Rn. 506).

98   **c) Art. 12 Abs. 2 lit. c MAR.** Entsprechend dem Willen des Unionsgesetzgebers, dass die Marktmissbrauchsverordnung auch dem weitgehend automatisierten Handel mit Finanzinstrumenten Rechnung tragen soll (Erwägungsgrund (38)), enthält Art. 12 Abs. 2 lit. c MAR einen Tatbestand zur Marktmanipulation, der manipulatives Verhalten im – grundsätzlich zulässigen – algorithmischen Handel und Hochfrequenzhandel erfasst (s. die Begriffsbestimmungen in Art. 4 Abs. 1 Nr. 40 MiFID II bzw. (bis 3.1.2018 → Vorb. Rn. 17) § 50 Nr. 2, Nr. 3). Die hier genannten Manipulationhandlungen entsprechen im Wesentlichen denen des § 3 Abs. 1 Nr. 1 MaKonV, wenngleich die dort genannten Anzeichen nicht zwingend bedeuteten, dass eine Marktmanipulation gegeben ist. Erfasst sind dadurch insbes. auch das sog *spoofing* (Art. 12 Abs. 2 lit. c (iii) MAR) und das sog *quote stuffing* (Art. 12 Abs. 2 lit. c (ii) MAR). Einzelheiten bei Momsen/Grützner/*Hohn* Kap. 6 Teil B Rn. 99; MAH WirtschaftsStR/*Rübenstahl/Tsambikakis* § 23 Rn. 122; s. auch *Kasiske* WM 2014, 1933.

99   **d) Art. 12 Abs. 2 lit. d MAR.** Der Beispieltatbestand erfasst ausdrücklich das sog *scalping* als Fall der Marktmanipulation (zur Streitfrage, ob dieses Verhalten durch den Tatbestand des Insiderhandels erfasst ist BGHSt 48, 373 (377 ff.)). Hier nutzt der Täter Vertrauen aus, das ihm von Marktteilnehmern entgegengebracht wird, indem er den Kauf eines Tatobjektes empfiehlt, das er in einem ersten Schritt selbst erworben hat, um dann die durch die Empfehlung ausgelöste Kursbewegung auszunutzen und das Tatobjekt zu verkaufen. Es handelt sich um eine sonstige Täuschungshandlung, die auch durch § 4 Abs. 3 Nr. 2 MaKonV erfasst war. Erfasst ist nur die Abgabe einer Stellungnahme über Medien. Sonstige Fälle können Art. 12 Abs. 1 lit. b MAR erfüllen. Einzelheiten bei KölnKomm WpHG/*Stoll* § 20a MaKonV Anh. I-§ 4 Rn. 24 ff.

99a   **e) Art. 12 Abs. 1 lit. e MAR.** Nach Art. 12 Abs. 2 lit. e MAR werden Manipulationshandlungen auf dem Sekundärmarkt für Emissionszertifikate und deren Derivate erfasst, die vor einer Versteigerung gemäß der VO (EU) Nr. 1031/2010 vorgenommen werden, damit der Auktionsclearingpreis für die Auktionsobjekte auf anormaler oder künstlicher Höhe festgesetzt wird oder die Bieter, die auf den Versteigerungen bieten, irregeführt werden. Da es sich um eine Vorschrift handelt, die Emissionszertifikate betrifft, gilt diese gem. Art. 39 Abs. 4 UAbs. 2 MAR erst ab dem 3.1.2018.

VI. Taterfolg

100   In allen Alternativen des § 38 Abs. 1 muss die jeweilige Manipulationshandlung – anders als bei den Bußgeldtatbeständen des § 39 Abs. 2 Nr. 3, Abs. 3c, 3d Nr. 2 – zu einer **tatsächlichen Einwirkung** auf den (inländischen) Börsen- oder (Markt-)Preis eines der in § 38 genannten Objekte (§ 38 Abs. 1 lit. a–c) bzw. auf die Berechnung eines Referenzwertes (§ 38 Abs. 1 lit. d) kommen.

101   **1. Börsen- oder (Markt-)Preis; Referenzwert.** Nach § 38 Abs. 1 lit. a muss es zu einem Einwirkungserfolg hinsichtlich eines **inländischen** Börsen- oder Marktpreises eines der erfassten Tatobjekte (→ Rn. 20 ff.) kommen. **Börsenpreise** sind nach § 24 Abs. 1 S. 1 BörsG diejenigen Preise, die während der Börsenzeit an einer Börse festgestellt werden, wobei hierzu auch jene Preise zu rechnen sind, die während der Börsenzeit im Freiverkehr an einer Wertpapierbörse festgestellt werden (§ 24 Abs. 1 S. 2 BörsG). Die Art der Preisfeststellung (Einheitspreisverfahren; fortlaufende Notierung) ist unerheblich. **Marktpreise** sind die Durchschnittspreise, die auf einem Markt, der nicht den rechtlichen Status einer Börse hat, auf der Grundlage der dort während eines bestimmten Zeitraumes abgeschlossenen Geschäfte ermittelt werden (HK-KapMStrafR/*Sorgenfrei* Rn. 111). Zudem ist gem. **§ 38 Abs. 1 lit. b** der **Preis** eines Finanzinstruments oder eines damit verbundenen Waren-Spot-Kontrakts, die an einem organisier-

ten Markt oder einem mulitlateralen Handelssystem in einem anderen Mitgliedstaat der Europäischen Union oder in einem anderen Vertragsstaat des Abkommens über den Europäischen Wirtschaftsraum ermittelt werden, erfasst. Als Erfolg kommt nach **§ 38 Abs. 1 lit. c** weiterhin die Einwirkung auf den **Preis** eines von § 12 erfassten Tatobjektes an einem mit einer inländischen Börse vergleichbaren Markt in einem anderen Mitgliedstaat der Europäischen Union oder in einem anderen Vertragsstaat des Abkommens über den Europäischen Wirtschaftsraum in Betracht. Nach **§ 38 Abs. 1 lit. d** ist schließlich die Einwirkung auf die **Berechnung eines Referenzwertes** im Inland oder in einem anderen Mitgliedstaat der Europäischen Union oder in einem anderen Vertragsstaat des Abkommens über den Europäischen Wirtschaftsraum tauglicher Taterfolg.

2. Einwirkungserfolg. Ein Einwirkungserfolg ist dann eingetreten, wenn es zu einer Erhöhung, **102** Absenkung oder Stabilisierung des Preises entgegen dem Markttrend kommt (MüKoStGB/*Pananis* Rn. 240; OLG Stuttgart NJW 2011, 3667 (3669)), also ein **künstliches Preisniveau** herbeigeführt wird (Fuchs/*Waßmer* Rn. 94; BGH NJW 2014, 1399). Erforderlich ist allerdings, dass bereits ein Preis existiert, der durch die Manipulation des Täters beeinflusst wird, das **erstmalige Bewirken** eines Preises wird vom Tatbestand nicht umfasst (BGH NJW 2014, 1399 (1401); OLG Stuttgart NJW 2011, 3667 (3670); *Ziouvas* ZGR 2003, 113 (137)). Als ein erstmaliges Schaffen eines Preises kann nicht die manipulative Einwirkung auf einen Preis bei eingetretener Illiquidität, also inaktiven Wertpapieren, angesehen werden (so aber *Trüg* NJW 2014, 1346 (1348); *ders.* NZG 2016, 820 (822)). Es ist keine erhebliche Einwirkung notwendig (OLG Stuttgart NJW 2011, 3667 (3669); KölnKomm WpHG/ *Altenhain* Rn. 112; aA für Bagatell-Fälle Assmann/Schneider/*Vogel* Rn. 51). Nicht von Belang ist darüber hinaus, auf welcher Börse oder welchem Markt auf den Preis eingewirkt wird, sofern ein Tatobjekt an verschiedenen Börsen oder Märkten gehandelt wird (KölnKomm WpHG/*Altenhain* Rn. 112). Im Falle des Börsenhandels ist auch unerheblich, in welchem Marktsegment (regulierter Markt, Freiverkehr) die Preiseinwirkung erfolgt oder wie (fortlaufende Notierung, Einheitskurs) und in welchem System (Präsenzhandel, Computerhandel) der Preis festgestellt wird (Schröder KapMarkt-StrafR-HdB Rn. 572). Der Preis muss auch nicht über einen längeren Zeitraum auf einem anormalen und künstlichen Kursniveau bleiben, es ist schon eine einzige auf der Manipulationshandlung beruhende Notierung ausreichend (EuGH NZG 2011, 951 (952)). Grundsätzlich genügt die Einwirkung auf irgendeinen festgestellten Preis im laufenden Handel (MüKoStGB/*Pananis* Rn. 240; KölnKomm WpHG/*Altenhain* Rn. 110), so dass zB im Falle der Börsenpreismanipulation die Einwirkung auf den Schlusskurs nicht erforderlich, wenngleich ausreichend, ist (BGH NJW 2014, 1399 (1402)).

Diese Grundsätze werden in der Literatur für die **handelsgestützte Marktmanipulation** zT einge- **103** schränkt. Im Hinblick auf diese Manipulationsform wird vertreten, dass der aufgrund der Ordererteilung des Täters unmittelbar festgestellte Preis nicht tatbestandsmäßiger Erfolg sei. Vielmehr sei in diesen Fällen erst dann ein Erfolg eingetreten, wenn weitere Marktteilnehmer Geschäfte tätigen, denen das durch das manipulative Geschäft verursachte künstliche Kursniveau zugrunde liegt (so *Kudlich* wistra 2011, 361; Momsen/Grützner WirtschaftsStR/*Hohn* Kap. 6 Teil B Rn. 74; vgl. dagegen OLG Stuttgart NJW 2011, 3667 (3669); diesem zust. *Woodtli* NZWiSt 2012, 51). Dies wird zum einen damit begründet, dass, ließe man den unmittelbar auf Grundlage der manipulativen Geschäfte gebildeten Preis als Einwirkungserfolg ausreichen, das Verhältnis zwischen Ordnungswidrigkeit und Straftat nivelliert werde, denn das Geschehen, das als Straftat bewertet wird, erschöpfe sich in einer Verhaltensweise, die als solche gerade erst eine Ordnungswidrigkeit begründe (*Kudlich* wistra 2011, 361 (363)). Dieser Einwand kann, auch wenn man ihn dahingehend wendet, der Verzicht auf Drittgeschäfte führe zu einer Konfusion von Tathandlung und Taterfolg (vgl. Momsen/Grützner WirtschaftsStR/*Hohn* Kap. 6 Teil B Rn. 74), was einen Verstoß gegen das aus Art. 103 Abs. 2 GG abgeleitete „Verschleifungsverbot" (BVerfG 126, 170 (211 ff.)) nahelegen würde, nicht überzeugen. Zutreffend wird darauf verwiesen, dass Tathandlung der Handelsauftrag ist, der nicht identisch ist mit der darauf folgenden Preisfeststellung durch das Handelssystem oder den Skontroführer auf Grundlage der für das Handelssegment geltenden Handelsordnung, so dass es zu einem Zusammenfallen von Ordnungswidrigkeit und Straftat nicht kommen kann (Momsen/Grützner WirtschaftsStR/*Hohn* Kap. 6 Teil B Rn. 74; *Woodtli* NZWiSt 2012, 51 (53 f.); KölnKomm WpHG/*Altenhain* Rn. 111; vgl. auch OLG Stuttgart NJW 2011, 3667 (3670)).

Zum anderen wird für das Erfordernis von Drittgeschäften vorgetragen, dass im Falle der informati- **104** onsgestützten Marktmanipulation nur diese – und nicht unmittelbar ein Verhalten des Täters selbst – das künstliche Preisniveau herbeiführen. Die handelsgestützte Marktmanipulation sei durch eine vergleichbare Struktur gekennzeichnet, die es erfordere, dass sich das manipulative Verhalten in einer Marktreaktion niederschlage (Momsen/Grützner WirtschaftsStR/*Hohn* Kap. 6 Teil B Rn. 74). Dieses systematische Argument ist intuitiv einleuchtend und hat nach Reform des Tatbestandes durch das 1. FiMaNoG, die zu einer Parallelisierung der Tatbestandsfassung von informationsgestützter (Art. 12 Abs. 1 lit. c MAR) und handelsgestützter (Art. 12 Abs. 1 lit. a MAR) Marktmanipulation geführt hat, an Überzeugungskraft gewonnen. Nichtsdestotrotz ist diese Auslegung im Hinblick auf das geschützte Rechtsgut abzulehnen. Die ordnungsgemäße Preisbildung durch ein unbeeinflusstes Spiel von Angebot und Nachfrage ist bereits durch die erste aufgrund des manipulativen Handelns des Täters erfolgte Preisfeststellung beeinträchtigt (vgl. auch *Woodtli* NZWiSt 2012, 51 (54 f.)). Gleiches gilt iÜ für die Fälle der informationsgestützten Manipulation, wenngleich dort die manipulative Einwirkung des Täters auf den Markt weiterer Transaktionen unbeteiligter Dritter bedarf, um ein künstliches Preisniveau herbeizuführen. Auf eine Täuschung Dritter – sei es durch die Verbreitung von Informationen oder die Erteilung von Handelsaufträgen – kommt es bei den Tatbeständen der Marktmanipulation nicht entscheidend an (KölnKomm WpHG/*Altenhain* Rn. 111).

105   **3. Kausalität und objektive Zurechnung. a) Kausalität.** Die Manipulationshandlung muss für die Einwirkung auf den Preis **zumindest mitursächlich** sein (Erbs/Kohlhaas/*Wehowsky* Rn. 31; *BaFin* Emittentenleitfaden 2013, 93; KölnKomm WpHG/*Altenhain* Rn. 113; *Schlitt* NZG 2006, 925 (929); krit. *Kutzner* WM 2005, 1401 (1407)). Das wird sich kaum anhand der für das Kernstrafrecht üblichen Überlegungen auf Grundlage der Condition-sine-qua-non-Formel feststellen lassen. Gesicherte Erkenntnisse über die Mechanismen der Preisbildung gibt es nicht. Es gibt keine „empirische Theorie, die auf verlässlicher Basis vorhersehen lässt, welche Faktoren in welchem Ausmaß zu welchem Zeitpunkt in das Entscheidungskalkül einzelner Anleger eingehen" (HK-KapMStrafR/*Sorgenfrei* Rn. 86), wie gerade auch das irrationale (Herden-)Verhalten von Anlegern zeigt (hierzu zB *Fleischer/Schmolke* AG 2007, 841 (843 f.)). Der Bereich der Marktmanipulation macht die Schwächen deutlich, die die Condition-sine-qua-non-Formel in Bereichen hat, in denen kein sicheres Wissen über zugrunde liegende Kausalgesetze oder nur unsicheres Erfahrungswissen vorliegt (WBS StrafR AT Rn. 221).

106   Der Gefahr, dass der Kausalitätsnachweis aufgrund der Vielzahl der Faktoren (Schröder KapMarkt-StrafR-HdB Rn. 565: „Multikausalität"; KölnKomm WpHG/*Altenhain* Rn. 118: „Polykausalität"), die bei der Preisbildung mitwirken, und aufgrund des mehrstufigen Kausalverlaufs, der der Preisbildung vorausgeht (instruktiv hierzu KölnKomm WpHG/*Altenhain* Rn. 114 ff.), nicht gelingt, begegnet der BGH pragmatisch, indem er verlangt, dass an die Feststellung der Kausalität „keine überspannten Anforderungen" zu stellen seien (BGHSt 48, 373 (384); krit. zB *Kutzner* WM 2005, 1401 (1406 ff.); KölnKomm WpHG/*Altenhain* Rn. 118; grds. zust. Assmann/Schneider/*Vogel* Rn. 54; *Eichelberger,* Das Verbot der Marktmanipulation (§ 20a WpHG), 2006, 326). Dies dürfte zwar auf der Linie der Rspr. im Bereich der Produkthaftung liegen (*Eichelberger,* Das Verbot der Marktmanipulation (§ 20a WpHG), 2006, 325), die die Anforderungen an den Kausalitätsnachweis schrittweise erleichtert hat (vgl. BGHSt 37, 106; 41, 206), die dort durch die Rechtsprechung entwickelten Grundsätze dürften hier aber nur schwer fruchtbar gemacht werden können. So wird es regelmäßig unmöglich sein, *alle* anderen potentiellen Gründe für Kursbewegungen auszuschließen (vgl. dagegen *Arlt,* Der strafrechtliche Anlegerschutzkursmanipulation, 2004, 196). Zudem verlangt der Bundesgerichtshof zur Feststellung einer Mitverursachung eine „Gesamtbetrachtung der naturwissenschaftlichen Erkenntnisse und anderer Indiztatsachen" (BGHSt 41, 206 (216)), was hier insbes. aufgrund der in erster Linie psychischen Geschehensabläufe, für die bislang keine Kausalgesetz bekannt sind, grundsätzlich nicht möglich ist (so zutreffend KölnKomm WpHG/*Altenhain* Rn. 118).

107   Der Nachweis der Kausalität wird deshalb nur in einem „prozessual-pragmatischen Ausschlussverfahren" (*Volk* NStZ 1996,105 (110)) anhand einer **Gesamtbewertung** aller Indiztatsachen auf Grundlage von Erfahrungssätzen über den Einfluss von Manipulationshandlungen auf Kurse und Preise möglich sein (vgl. Erbs/Kohlhaas/*Wehowsky* Rn. 31). Als Kriterien, die zur Feststellung einer Kausalität zwischen Manipulationhandlung und Einwirkunserfolg herangezogen werden können, werden genannt (vgl. BGHSt 48, 373 (384); OLG Stuttgart NJW 2011, 3667 (3670)): Vergleich des Kursverlaufs vor und nach der Manipulationshandlung, Analyse der Preis- und Umsatzentwicklung an dem Börsentag (Volatilitätsveränderungen), an dem die Manipulationshandlung vorgenommen wurde, Analyse des Volumens der Order, Zeitabstand zwischen dem Manipulationsverhalten und der Preiseinwirkung. Eine Befragung von Marktteilnehmern ist regelmäßig nicht veranlasst (BGHSt 48, 373 (384)). Wenn für untypische Preisentwicklungen keine anderen plausiblen Ursachen gefunden werden können, dann ist dies ein Anzeichen, dass die Manipulationshandlung für den Preiseinwirkungserfolg kausal war (*Eichelberger,* Das Verbot der Marktmanipulation (§ 20a WpHG), 2006, 327). Von Bedeutung für die Gesamtbetrachtung kann auch sein, in welchem Marktsegment (regulierter Markt, Freiverkehr) das Manipulationsobjekt gehandelt wird, wie der Preis festgestellt wird (fortlaufende Notierung, Einheitskurs) und in welcher Form der Handel erfolgt (Computerhandel, Präsenzhandel) (vgl. Schröder KapMarktStrafR-HdB Rn. 572). Insbes. im Hochfrequenzhandel wird der Kausalitätsnachweis nur schwer zu führen sein (Fuchs/*Waßmer* Rn. 100).

108   Für die Strafverfolgungsbehörden wird eine Beurteilung ohne die Einholung eines entsprechenden **Sachverständigengutachtens** – regelmäßig durch die BaFin (→ Rn. 256) – im Einzelfall kaum zu führen sein. Die detailreichen Aufzeichnungen der Handelsüberwachungsstellen der Börsen (vgl. Erbs/Kohlhaas/*Wehowsky* BörsG § 7 Rn. 2) dürften dabei eine nachträgliche Rekonstruktion der Marktsituation zumindest für den regulierten Markt hinreichend ermöglichen (vgl. dagegen noch LG München I NJW 2003, 2328 (2330)). Das muss aber nicht notwendig zu für die Überzeugungsbildung brauchbaren Ergebnissen führen (vgl. *Momsen/Laudien* ZIS 2016, 646 (651)). Kann ein Kausalitätsnachweis nicht geführt werden, ist ggf. eine Strafbarkeit wegen Versuchs gegeben.

109   **b) Objektive Zurechnung.** Der Preiseinwirkungserfolg muss dem Täter auch objektiv zurechenbar sein. Da mit der Feststellung einer Tathandlung, die eine Manipulationswahrscheinlichkeit aufweist, auch feststeht, dass der Täter eine rechtlich missbilligte Gefahr geschaffen hat (→ Rn. 57 ff.), ist hier die Frage zu untersuchen, ob sich diese Gefahr gerade im künstlichen Preisniveau niedergeschlagen hat (Assmann/Schneider/*Vogel* Rn. 52). So wird zum Beispiel teilweise eine Zurechnung des Erfolgs aufgrund Dazwischentretens freiverantwortlich handelnder Dritter dann verneint, wenn Marktteilnehmer eine Manipulationshandlung als solche erkannt haben, nichtsdestotrotz aber der Intention des Täters entsprechend verkaufen oder kaufen und so die beabsichtigte Preisveränderung herbeiführen (KölnKomm WpHG/*Altenhain* Rn. 119; Assmann/Schneider/*Vogel* Rn. 52). Dieser Auffassung kann deshalb nicht zugestimmt werden, weil die vom Täter gesetzte Gefahr gerade das Risiko beinhaltet, dass Dritte aufgrund des Täterverhaltens am Markt tätig werden (vgl WBS StrafR AT Rn. 277). Wer durch das Verbreiten von Informationen oder durch Handelsaktivitäten Signale in den Markt sendet, der schafft gerade das Risiko, dass Dritte aufgrund dieser Signale zu einem – auch irrationalen – Marktverhalten veranlasst werden, auch wenn einige, viele oder alle erkennen, dass es sich um irreführende Signale handelt. In dem durch dieses Marktverhalten herbeigeführten künstlichen Preisniveau verwirklicht sich gerade die vom Täter gesetzte Gefahr.

Denkbar ist uU ein Zurechnungsausschluss aufgrund eines atypischen Kausalverlaufs. Dieser kann **110** beispielsweise hinsichtlich Preiseinwirkungen angedacht werden, die nicht in Bezug auf das Manipulationsobjekt selbst, sondern hinsichtlich eines anderen in § 38 Abs. 1 lit. a–d erfassten Tatobjekts eintreten. Grundsätzlich ist denkbar, dass sich Preise von Finanzinstrumenten etc. gegenseitig beeinflussen oder Signale hinsichtlich eines Tatobjekts auch Auswirkungen auf andere Tatobjekte haben. Sofern es in solchen Fällen gelingt, überhaupt ein Kausalitätsverhältnis zwischen Manipulationshandlung und Preiseinwirkung herzustellen, kann ein die Zurechnung ausschließender atypischer Kausalverlauf vorliegen.

VII. Subjektiver Tatbestand

In allen Tatbestandsalternativen des § 38 Abs. 1 ist **Vorsatz** erforderlich, der sich auf alle Merkmale **111** des Blanketttatbestandes und der in Bezug genommenen Ausfüllungsnorm beziehen muss (→ StGB § 16 Rn. 22 ff.). Eine Manipulationsabsicht ist aufgrund des – insofern – klaren Wortlauts der Vorschrift hinsichtlich keiner Tatvariante erforderlich (vgl. auch BGH NJW 2014, 1399 (1402); OLG Stuttgart NJW 2011, 3667 (3669); s. auch *Waßmer* HRRS 2014, 336 (338 ff.); aA MüKoStGB/*Pananis* Rn. 172 mwN jeweils für § 20a Abs. 1 S. 1 Nr. 2 aF). Auch im Falle des Art. § 38 Abs. 1 lit. c MAR, der auch das Verbreiten von fahrlässig als solche nicht erkannte irreführende und falsche Informationen erfasst, ist im Rahmen des § 38 Abs. 1 Vorsatz hinsichtlich aller Merkmale erforderlich.

Dolus eventualis bezüglich der einzelnen Tatbestandsmerkmale genügt. Dies kann eine im Einzelfall **112** schwierige Abgrenzung zur bewussten Fahrlässigkeit erforderlich machen (→ StGB § 15 Rn. 13), wenngleich insbes. bei professionellen Marktteilnehmern, die die Marktmechanismen kennen, idR nicht davon ausgegangen werden kann, dass sie darauf vertrauten, der Tatbestand werde nicht verwirklicht (vgl. Fuchs/*Waßmer* Rn. 198). **Indiz** für einen Manipulationsvorsatz können im Falle des *scalping* die zeitnah nach einer Empfehlung erfolgten Verkäufe sein, denn hieraus kann die nahe liegende Schlussfolgerung gezogen werden, dass die Empfehlungen erfolgt, um durch die Orders entstandene Kurssteigerungen auszunutzen (BGHSt 48, 373 (381)). Kann der Vorsatz nicht nachgewiesen werden, ist uU ein Bußgeldtatbestand nach § 39 Abs. 2 Nr. 3, Abs. 3d Nr. 2 erfüllt.

Kennt der Täter bei der Tatbegehung einen Umstand nicht, der zum gesetzlichen Tatbestand gehört, **113** liegt ein **Tatbestandsirrtum** vor. Ein Irrtum kann zB vorliegen, wenn der Täter nicht weiß, dass eine Information falsch ist oder dass ein Handelsauftrag ein falsches Signal für den Preis eines Tatobjekts geben kann.

VIII. Strafbarkeit durch Unterlassen

§ 38 Abs. 1 kennt – anders als das alte Recht (§ 20a Abs. 1 S. 1 Nr. 1 Alt. 2 aF) – keinen echten **114** Unterlassenstatbestand, da die in Bezug genommenen Vorschriften der Marktmissbrauchsverordnung keinen solchen Tatbestand enthalten. Strafbar ist deshalb lediglich das unechte Unterlassen unter den Voraussetzungen des § 13 Abs. 1 StGB. Zwar enthält die Marktmissbrauchsverordnung mit Art. 2 Abs. 4 MAR eine Vorschrift, die die Möglichkeit der Begehung durch Unterlassen vorsieht. Diese allgemeine Regel ist durch Referenzierung des Art. 12 MAR im deutschen Recht auch grundsätzlich anwendbar (→ Vorb. Rn. 10). Bei Art. 2 Abs. 4 MAR dürfte es sich aber eher um eine Vorschrift handeln, die den räumlichen Anwendungsbereich der Verordnung regeln, nicht dagegen materielle Kriterien für die tatbestandliche Erfassung des Unterlassens formulieren soll. Maßgeblich ist damit § 13 Abs. 1 StGB (vgl. auch *Kudlich* AG 2016, 459 (462)). Der Täter muss deshalb eine Garantenstellung (→ StGB § 13 Rn. 24 ff.) innehaben und das Unterlassen muss der Verwirklichung des gesetzlichen Tatbestandes durch ein Tun entsprechen (→ StGB § 13 Rn. 64 ff.). Eine für § 38 Abs. 1 relevanten Fällen, kann sich eine Garantenstellung insbes. ergeben aus der Geschäftsherrenhaftung (→ StGB § 13 Rn. 39 f.) in Fällen, in denen Angehörige eines Unternehmens Marktmanipulationen begehen, sofern es sich um eine betriebsbezogene Straftat handelt. Im Hinblick auf Wertpapierdienstleistungsunternehmen besteht nach § 31 Abs. 1 Nr. 1 eine gesetzliche Pflicht zur Einrichtung einer dauerhaften und wirksamen Compliance-Funktion, um zu gewährleisten, dass Mitarbeiter den Verpflichtungen des WpHG nachkommen, wodurch eine Pflicht zur Verhinderung von Straftaten begründet wird (Fuchs/*Waßmer* Rn 194). Von Bedeutung kann weiterhin eine Garantenstellung aus Ingerenz (→ StGB § 13 Rn. 26 ff.) sein.

115   Soweit behauptet wird, die Marktmissbrauchsverordnung erfasse die Verwirklichung der in ihr enthaltenen Tatbestände durch Unterlassen überhaupt nicht, so dass auch die Verletzung der Ver- und Gebote der Marktmissbrauchsverordnung durch Unterlassen nicht bestraft werden dürfe, da dies der durch die Verordnung angestrebten Vollharmonisierung des Marktmissbrauchsrechts zuwiderliefe (*Bator* BKR 2016, 1 (3 f.)), ist dem nicht zuzustimmen. Denn der Verordnungsgeber bringt in Art. 2 Abs. 4 MAR eindeutig zum Ausdruck, dass die Gebots- und Verbotstatbestände der Marktmissbrauchsverordnung auch das Unterlassen erfassen.

116   **1. Unterlassen bei informationsgestützter Manipulation.** Eine Unterlassensstrafbarkeit aus **Ingerenz** kann im Falle des Art. 12 Abs. 1 lit. c MAR möglich sein, wenn der gutgläubige Täter falsche oder irreführende Informationen verbreitet und dies später erkennt. Da die Verbreitung der falschen bzw. irreführenden Informationen objektiv pflichtwidrig ist, liegt hier eine Ingerenzgarantenstellung vor, die dazu verpflichtet, diese Informationen richtig zu stellen (MüKoStGB/*Pananis* Rn. 149; *BaFin* Emittentenleitfaden 2013, 90). Tut er dies nicht, besteht eine Strafbarkeit nach § 38 Abs. 1 iVm § 13 Abs. 1 StGB („Verbreiten von Informationen durch Unterlassen"). Anders liegt der Fall, wenn zutreffende Informationen durch Veränderung der Umstände falsch oder irreführend werden. Da in dieser Konstellation kein objektiv pflichtwidriges Verhalten vorliegt, besteht auch keine Garantenstellung aus Ingerenz (*Schröder* KapMarktStrafR-HdB Rn. 395; aA Assmann/Schneider/Vogel § 20a Rn. 67: „kommunikative Verkehrssicherungspflicht"; ebenso *BaFin* Emittentenleitfaden 2013, 90). Eine Strafbarkeit kommt in diesen Fällen allerdings in Betracht, wenn besondere gesetzliche Bestimmungen bestehen, die eine Korrektur vorschreiben (zB § 15 Abs. 1 iVm § 4 Abs. 2 WpAIV).

117   Nicht erfasst sind dagegen Fälle, in denen eine Information trotz Bestehens einer Offenlegungsverpflichtung nicht veröffentlicht wird. Klassisches Beispiel hierfür ist das Unterlassen der Veröffentlichung von Ad-hoc-Mitteilungen entgegen der nach Art. 17 Abs. 1 MAR bestehenden Offenlegungspflicht. War dieses Verhalten noch von § 20a Abs. 1 Nr. 1 Alt. 2 aF erfasst, fällt es nun nicht mehr unter den Tatbestand der informationsgestützten Marktmanipulation. Art. 17 Abs. 1 MAR begründet zwar eine Garantenstellung aus Gesetz, ein „unterlassenes Verbreiten einer Information trotz Veröffentlichungspflicht" ist aber nicht mit einem „Verbreiten durch Unterlassen" gleichzusetzen. Eine Modalitätenäquivalenz kann hier nicht bejaht werden. Der praktisch sehr wichtige Fall der Verletzung der Ad-hoc-Mitteilungspflicht unterfällt deshalb nicht Art. 12 Abs. 1 lit. c MAR. Die Verletzung von kapitalmarktrechtlichen Offenbarungspflichten (vgl. zB §§ 15, 37v, 37w, 37x) ist aber regelmäßig bußgeldbewehrt. Im Einzelfall kann zudem ein Fall einer handlungsgestützten Marktmanipulation (Art. 12 Abs. 1 lit. b MAR) vorliegen (→ Rn. 92).

118   **2. Unterlassen bei handels- und handlungsgestützter Manipulation.** Zwar ist zutreffend, dass der Abschluss von Geschäften oder die Erteilung von Kauf- oder Verkaufaufträgen schon begrifflich nur durch aktives Tun denkbar ist (KölnKomm WpHG/*Altenhain* Rn. 108; vgl. auch die Vorauflage Rn. 179). Nichtsdestotrotz ist eine Unterlassensstrafbarkeit auch bei der **handelsgestützten Manipulation** (sei es nach Art. 12 Abs. 1 lit. a oder lit. b MAR) insbes. in Fällen denkbar, in denen die durch aktives Tun verwirklichte Marktmanipulationen nicht durch überwachungspflichtige Vorgesetzte verhindert werden (Geschäftsherrenhaftung), sofern die weiteren Voraussetzungen dieser Rechtsfigur – insbes. die Betriebsbezogenheit (→ StGB § 13 Rn. 39) – vorliegen.

119   Bei der **handlungsgestützten Manipulation** ist eine Begehung durch Unterlassen ebenfalls möglich. Legt man die hier vorgeschlagene Auslegung zugrunde, kann der Täter durch Unterlassen täuschen, sofern er eine kapitalmarktbezogene Garantenstellung innehat. Diese kann sich insbes. aus Gesetz ergeben. Deshalb kann das Unterlassen der Veröffentlichung einer Ad-hoc-Mitteilung, das nicht mehr unter den Tatbestand der informationsgestützten Marktmanipulation fällt (→ Rn. 67), eine vom Tatbestand des Art. 12 Abs. 1 lit. b MAR erfasste handlungsgestützte Marktmanipulation durch Unterlassen sein, da die Rechtspflicht zur Veröffentlichung gerade der Information der am Kapitalmarkt Tätigen dient. Auch eine unionsrechtliche auf Grundlage aller Sprachfassungen durchgeführte Auslegung spricht dafür, dass das Unterlassen von Art. 12 Abs. 1 lit. b MAR grundsätzlich erfasst sein soll, da diese – anders als die deutsche Sprachfassung, die den Begriff „Tätigkeit" verwendet – den allgemeineren Begriff „Verhalten" enthalten, worunter auch das Unterlassen gefasst werden kann.

IX. Schwere Marktmanipulation (Abs. 5)

120   Durch das 1. FiMaNoG (→ Vorb. Rn. 5) wurde ein **Qualifikationstatbestand** für Fälle der Marktmanipulation nach § 38 Abs. 1 Nr. 2 eingefügt (§ 38 Abs. 5), nach dem die gewerbs- oder bandenmäßige Begehung (Nr. 1) sowie die Begehung in Ausübung einer Tätigkeit für eine inländische Finanzaufsichtsbehörde, ein Wertpapierdienstleistungsunternehmen, eine Börse oder einen Betreiber eines Handelsplatzes (Nr. 2) mit Freiheitsstrafe von einem Jahr bis zu zehn Jahren bestraft wird. Nach Auffassung des Gesetzgebers sind in diesen Fällen die Auswirkungen auf die Integrität der Finanzmärkte besonders hoch und das Verhalten der Täter deshalb in besonderem Maße strafwürdig (BT-Drs. 18/

7482, 64 f.). Trotz des Verweises auf § 263 Abs. 3 S. 1 Nr. 1 StGB in der Entwurfsbegründung und der dort verwendeten widersprüchlichen Formulierungen (BT-Drs. 18/7482, 64 f.), die teilweise auch in der kapitalmarktrechtlichen Literatur aufgegriffen wurden (vgl. zB *Renz/Leibold* CCZ 2016, 157 (168)), handelt es sich bei § 38 Abs. 5 nicht um eine Strafzumessungsregelung sondern um einen Qualifikationstatbestand. Entgegen der (im Bundesministerium der Finanzen angefertigten) Entwurfsbegründung sollte deshalb nicht von besonders schweren Fällen der Marktmanipulation (BT-Drs. 18/7482, 64 aE) – einer Terminologie, die im Kernstrafrecht üblicherweise den Strafzumessungsregeln vorbehalten ist –, sondern von **schwerer Marktmanipulation** gesprochen werden, um die Unterscheidung zwischen Qualifikationstatbeständen und Strafzumessungsregeln hinreichend deutlich zu machen. Bei der schweren Marktmanipulation handelt es sich um ein Verbrechen (§ 12 Abs. 1 StGB), der Versuch ist damit stets strafbar (§ 23 Abs. 1 StGB).

1. Verwirklichung des Grundtatbestandes. Der Täter muss den objektiven und subjektiven Tatbestand des § 38 Abs. 1 Nr. 2 verwirklichen. Der Qualifikationstatbestand bezieht sich ausschließlich auf diese – insbes. die Finanzinstrumente betreffende – Tatvariante der strafbaren Marktmanipulation, nicht hingegen auf jene hinsichtlich von Waren, Emissionsberechtigungen und ausländischen Zahlungsmitteln vorgenommenen Manipulationen. **121**

2. Qualifikationstatbestand. a) Gewerbs- und bandenmäßige Marktmanipulation. Nach § 38 Abs. 5 Nr. 1 Alt. 1 ist die gewerbsmäßige, nach § 38 Abs. 5 Nr. 1 Alt. 2 die bandenmäßige Begehung einer Marktmanipulation iSd § 38 Abs. 1 Nr. 2 strafbar. Diesbezüglich wird auf die entsprechend geltende Kommentierung der Regelbeispiele des Betruges verwiesen (→ StGB § 263 Rn. 131, Rn. 132–134). **122**

b) Marktmanipulation in Ausübung einer beruflichen Tätigkeit. § 38 Abs. 5 Nr. 2 bestraft jene Marktmanipulationen iSd § 38 Abs. 1 Nr. 2, die der Täter in Ausübung seiner Tätigkeit für eine inländische Finanzaufsichtsbehörde, ein Wertpapierdienstleistungsunternehmen, eine Börse oder einen Betreiber eines Handelsplatzes begeht. Es handelt sich um ein Sonderdelikt. Inländische **Finanzaufsichtsbehörde** ist die BaFin. Der Begriff **Wertpapierdienstleistungsunternehmen** ist in § 2 Abs. 4 legal definiert. Hierunter fallen Kreditinstitute, Finanzdienstleistungsinstitute und nach § 53 Abs. 1 S. 1 KWG tätige Unternehmen, die Wertpapierdienstleistungen (§ 2 Abs. 3) allein oder zusammen mit Wertpapiernebendienstleistungen (§ 2 Abs. 3a) gewerbsmäßig oder in einem Umfang erbringen, der einen in kaufmännischer Weise eingerichteten Geschäftsbetrieb erfordert, es sei denn, die Ausnahmevorschrift des § 2a ist einschlägig. **Börsen** sind die als teilrechtsfähige Anstalten des öffentlichen Rechts organisierten Marktbetreiber, die nach Maßgabe des BörsG multilaterale Handelssysteme regeln und überwachen (vgl. § 2 Abs. 1 BörsG). Erfasst sind darüber hinaus alle sonstigen **Betreiber eines Handelsplatzes,** also Betreiber eines mulitlateralen oder organisierten Handelssystems (→ Rn. 36 f.) sowie systematische Internalisierer (§ 2 Abs. 10). Da das Gesetz den allgemein gehaltenen Begriff der **Tätigkeit** verwendet, kann es auf die Art der Beschäftigung nicht ankommen. Erfasst ist deshalb jede selbständige und unselbstständige Tätigkeit für die genannten Behörden, Unternehmen und Körperschaften. **123**

Der Täter muss darüber hinaus **in Ausübung** seiner Tätigkeit handeln. Dies bedeutet, dass zwischen dem nach § 38 Abs. 1 Nr. 2 tatbestandsmäßigem Verhalten und dem Pflichten- und Aufgabenkreis des Täters, den er bei der inländischen Finanzbehörde, dem Wertpapierdienstleistungsunternehmen, der Börse oder dem Betreiber eines Handelsplatzes innehat, ein **funktionaler Zusammenhang** besteht. Dies ist nicht der Fall, wenn der Täter nur bei Gelegenheit der Ausübung seiner Tätigkeit eine Marktmanipulation begeht, ohne die mit seiner Tätigkeit verbundenen besonderen Einwirkungsmöglichkeiten bei der Tatbegehung zu nutzen. **124**

C. Strafbare Insiderdelikte (§ 38 Abs. 2, Abs. 3)
I. Allgemeines und Gesetzessystematik

§ 38 Abs. 2, 3 sanktioniert Verstöße gegen die **Insidertatbestände der Marktmissbrauchsverordnung (Abs. 3) und der EU-Versteigerungsverordnung (Abs. 2).** Nach § 38 Abs. 2 macht sich strafbar, wer entgegen Art. 38 Abs. 1 UAbs. 1, auch iVm Abs. 2 oder Art. 40 EU-Versteigerungsverordnung, ein Gebot einstellt, ändert oder zurückzieht (§ 38 Abs. 2 Nr. 1) oder als Person nach Art. 38 Abs. 1 UAbs. 2, auch iVm Abs. 2, entweder entgegen Art. 39 lit. a EU-Versteigerungsverordnung eine Insiderinformation weitergibt (§ 38 Abs. 2 Nr. 2 lit. a) oder entgegen Art. 39 lit. b EU-Versteigerungsverordnung die Einstellung, Änderung oder Zurückziehung eines Gebotes empfiehlt oder eine andere Person hierzu verleitet (§ 38 Abs. 2 Nr. 2 lit. b). Nach § 38 Abs. 3 macht sich strafbar, wer entgegen Art. 14 lit. a MAR ein Insidergeschäft tätigt (§ 38 Abs. 3 Nr. 1), entgegen Art. 14 lit. b MAR einem Dritten empfiehlt, ein Insidergeschäft zu tätigen, oder einen Dritten dazu anstiftet (§ 38 Abs. 3 Nr. 2) oder entgegen Art. 14 lit. c MAR eine Insiderinformation offenlegt (§ 38 Abs. 3 Nr. 3). Es handelt sich sowohl im Fall des § 38 Abs. 2 als auch des § 38 Abs. 3 um **Tätigkeitsdelikte,** die den Eintritt eines Erfolgs nicht voraussetzen (→ Rn. 8). **125**

126   Ebenso wie § 38 Abs. 1 sind auch die Tatbestände des § 38 Abs. 2 und 3 **Blankettgesetze** (→ Vorb. Rn. 7 ff.), die Vorschriften des sekundären Unionsrechts in Bezug nehmen. Anders als dort verweisen die Strafvorschriften aber ohne einen „Umweg" über § 39 direkt auf Vorschriften des Unionsrechts. Es handelt sich deshalb um unionisierte Straftatbestände, bei denen im Hinblick auf Anwendung und Auslegung Besonderheiten zu berücksichtigen sind (→ Vorb. Rn. 26 ff.). Zu beachten ist in diesem Zusammenhang weiterhin die im Vergleich zu § 38 Abs. 1 unterschiedliche Referenzierung der EU-Versteigerungsverordnung und der Marktmissbrauchsverordnung in § 38 Abs. 2 und 3. Während die Vorschriften des § 39, auf die § 38 Abs. 1 verweist, Bezug nehmen auf Vorschriften der „Verordnung (EU) Nr. 596/2014", wird in § 38 Abs. 2 und 3 auf Verordnungen konkreten Datums unter Angabe einer konkreten Fundstelle im Amtsblatt verwiesen. Damit handelt es sich zumindest im Falle des Verweises auf die EU-Versteigerungsverordnung um eine **statische Verweisung**. Hinsichtlich des Verweises auf die Marktmissbrauchsverordnung ist dies nicht so offensichtlich, da nach § 1 Abs. 1 Nr. 6 lit. e grundsätzlich die Marktmissbrauchsverordnung in ihrer jeweils gültigen Fassung in Bezug genommen wird, so dass die Verweise auf sie grundsätzlich als **dynamische Verweisungen** zu interpretieren sind (→ Vorb. Rn. 8). Dagegen könnte aber ebenso vorgebracht werden, dass aufgrund der unterschiedlichen Referenzierung der Marktmissbrauchsverordnung § 1 Abs. 1 Nr. 6 lit. e nur dort Geltung beanspruchen kann, wo gerade keine konkrete Fassung in Bezug genommen wird, also zB bei den Tatbeständen des § 39, auf die § 38 Abs. 1 verweist. Konsequenzen hat diese Frage im Falle der Änderung und Außerkraftsetzung des in Bezug genommenen sekundären Unionsrechts.

II. Strafbares Tätigen von Insidergeschäften (§ 38 Abs. 3 Nr. 1)

127   § 38 Abs. 3 Nr. 1 ist die zentrale Vorschrift des Insiderstrafrechts. Sie stellt das Tätigen von Insidergeschäften entgegen Art. 14 lit. a (iVm Art. 8 Abs. 1) MAR unter Strafe. Strafbar macht sich hierbei derjenige, der über eine Insiderinformation verfügt (→ Rn. 129 ff.) und unter Nutzung dieser Insiderinformation (→ Rn. 164 ff.) für eigene oder fremde Rechnung direkt oder indirekt ein Finanzinstrument (→ Rn. 21 ff.), auf welches sich die Information bezieht, erwirbt oder veräußert (→ Rn. 155 ff.).

128   **1. Täter.** Der Tatbestand des § 38 Abs. 3 Nr. 1 iVm Art. 14 lit. a, 8 Abs. 1 MAR kann grundsätzlich von jedermann verwirklicht werden, da der Täter keine bestimmten Eigenschaften aufweisen muss **(Allgemeindelikt)**. Auch wenn das Gesetz keine spezifischen Anforderungen hinsichtlich der Täterqualität stellt, so muss der Täter aber **über eine Insiderinformation verfügen**, er muss also Insider sein (→ Rn. 129 ff.). Art. 8 Abs. 4 MAR spezifiziert den Anwendungsbereich des Art. 8 Abs. 1 MAR dahingehend, dass Personen, die über eine Insiderinformation verfügen, dann vom Tatbestand erfasst sind, wenn sie über die Information verfügen, weil sie dem Verwaltungs-, Leitungs- oder Aufsichtsorgan des Emittenten oder des Teilnehmers am Markt für Emissionszertifikate angehören (Art. 8 Abs. 4 UAbs. 1 lit. a MAR), weil sie am Kapital des Emittenten oder des Teilnehmers am Markt für Emissionszertifikate beteiligt sind (Art. 8 Abs. 4 UAbs. 1 lit. b MAR), weil sie aufgrund der Ausübung einer Arbeit oder eines Berufs oder der Erfüllung von Aufgaben Zugang zu den betreffenden Informationen haben (Art. 8 Abs. 4 UAbs. 1 lit. c MAR) oder weil sie an kriminellen Handlungen beteiligt sind (Art. 8 Abs. 4 UAbs. 1 lit. d MAR). Darüber hinaus gilt Art. 8 Abs. 1 MAR auch für jede Person, die Insiderinformationen unter anderen Umständen besitzt und weiß oder wissen müsste, dass es sich dabei um Insiderinformationen handelt (Art. 8 Abs. 4 UAbs. 2 MAR). Auch die Marktmissbrauchsverordnung kennt damit wie das alte Recht die Unterscheidung zweier Insidertypen. Während **Primärinsider** nach Art. 8 Abs. 4 UAbs. 1 MAR Kenntnis von einer Insiderinformation haben, aber nicht wissen müssen, dass es sich um eine Insiderinformation handelt, müssen **Sekundärinsider** Kenntnis oder grob fahrlässige Unkenntnis davon haben, dass es sich um eine Insiderinformation handelt (*Zetzsche* in Teichmann/Gebauer, Europäisches Privat- und Unternehmensrecht, 2015, § 7 C. Rn. 129 f.). Für das Strafrecht hat diese Unterscheidung keine Bedeutung, da aufgrund des Vorsatzerfordernisses (→ Rn. 180) ohnehin Voraussetzung ist, dass der Täter Vorsatz hinsichtlich des Tatbestandsmerkmals Insiderinformation hat. Die für § 38 Abs. 1 aF wichtige Unterscheidung zwischen Primär- und Sekundärinsider spielt deshalb im Rahmen des § 38 Abs. 3 keine Rolle mehr (vgl. hierzu die Vorauflage Rn. 86 ff.).

129   **2. Über eine Insiderinformation verfügen. a) Insiderinformation. aa) Insiderinformation iSd Art. 7 Abs. 1 lit. a MAR.** Nach der Legaldefinition des Art. 7 Abs. 1 lit. a MAR umfasst der Begriff Insiderinformation nicht öffentlich bekannte präzise Informationen, die direkt oder indirekt einen oder mehrere Emittenten oder ein oder mehrere Finanzinstrumente betreffen und die, wenn sie öffentlich bekannt würden, geeignet wären, den Kurs dieser Finanzinstrumente oder den Kurs damit verbundener derivativer Finanzinstrumente erheblich zu beeinflussen.

130   **(1) Information.** Für den Begriff der Information gibt es keine präzise Definition. In einem sehr weiten Sinne lässt sie sich als jedes mitteilbare Wissen beschreiben (vgl. MüKoStGB/*Pananis* Rn. 41). Da sich Wissen immer auf etwas bezieht, sind damit zugleich jene (inneren und äußeren) Gegebenheiten der Wirklichkeit umfasst, auf die sich das Wissen bezieht. Im Ergebnis dürfte deshalb kein Unterschied zur Legaldefinition des § 13 Abs. 1 S. 1 aF bestehen, der neben dem Begriff der Information auch ausdrücklich den Begriff der Umstände, auf die sich diese bezieht, enthielt, wenngleich Art. 7 Abs. 2 MAR neben Umständen auch Ereignisse als möglichen Gegenstand einer Information nennt. Im Ergebnis kann der Begriff der **Information** deshalb als **mitteilbares Wissen über Umstände und Ereignisse** beschrieben werden. Aufgrund dieser Weite des Informationsbegriffes sind hierunter ua Tatsachen, Werturteile, Gerüchte, Prognosen, Absichten oder Empfehlungen zu fassen (instruktiv zur Phänomenologie KölnKomm WpHG/*Klöhn* § 13 Rn. 21 ff., Rn. 48 ff.). Auch zukünftige Umstände und Ereignisse können grundsätzlich erfasst sein (s. aber → Rn. 140). Eine Einschränkung des Tatbestandes kann das Merkmal „Information" deshalb nicht leisten, sie ist insbes. anhand der Merkmale „präzise" (→ Rn. 139 ff.) und „Eignung zur erheblichen Kursbeeinflussung" (→ Rn. 145 ff.) zu bewerkstelligen.

Die Rspr. des BGH geht dagegen – nach hier vertretener Auffassung unzutreffend (aA Vorauflage **131** Rn. 33) – einschränkend davon aus, dass eine Information nur dann vorliege, wenn ein „**Drittbezug**" zu bejahen sei (BGHSt 48,373 (378); zust. *Vogel* NStZ 2004, 252 (254); krit. *Pananis* NStZ 2004, 287; *Kudlich* JR 2004, 191 (193 f.)), was insbes. bei inneren Tatsachen relevant wird. Nach Ansicht des Bundesgerichtshofs kann deshalb zB die eigene Absicht, anderen in der Zukunft den Kauf bestimmter Aktien zu empfehlen (*scalping*; → Rn. 94, 99), keine Information sein. Dem ist zum einen entgegenzuhalten, dass hinsichtlich des Begriffs der Information ein konsentiertes Begriffsverständnis, dass einen „Drittbezug" zum notwendigen Definitionsmerkmal erhebt, nicht vorliegt (*Kudlich* JR 2004, 191 (194)) und zudem der „Drittbezug" auch in dem Sinne verstanden werden kann, dass es sich bei der Empfehlungsabsicht zumindest um mitteil*bare* innere Vorgänge handelt. Zum anderen spricht auch eine teleologische Betrachtung gegen das Erfordernis eines Drittbezugs. Das Insiderhandelsverbot richtet sich gegen das Ausnutzen von kurserheblichem Wissen, das andere Marktteilnehmer (noch) nicht haben. Ein solcher Informationsvorsprung liegt aber zweifelsfrei auch in Fällen vor, in denen der Täter um ein zukünftiges Geschehen weiß, das er selbst steuert (Schröder KapMarktStrafR-HdB Rn. 145). Zuletzt ist die Auffassung des BGH im Hinblick auf die durch den Europäischen Gerichtshof ergangene Rspr. (EuGH EuZW 2007, 572), die auch für die Auslegung von Art. 7 MAR weiterhin Gültigkeit beanspruchen dürfte, problematisch (hierzu zB Assmann/Schneider/*Assmann* § 13 Rn. 49; KölnKomm WpHG/*Klöhn* § 13 Rn. 16). Auch Art. 9 Abs. 5 MAR spricht gegen die Auffassung des Bundesgerichtshofs, da hiernach eigene Absichten zwar grundsätzlich Insiderinformationen sein können, das Handeln aufgrund dieser Absichten aber keine Nutzung von Insiderinformationen ist. Auch wenn man die Absicht, Finanzinstrumente zum Kauf zu empfehlen, unter den Begriff der Information subsumiert, soll die Strafbarkeit des *scalpings* nach § 38 Abs. 3 Nr. 1 an einer fehlenden Emittenten- oder Finanzinstrumentbetroffenheit (→ Rn. 132) scheitern (Hellmann/Beckemper WirtschaftsStR Rn. 171).

(2) Information betreffend einen Emittenten oder ein Finanzinstrument. Die Information **132** muss entweder einen Emittenten oder ein Finanzinstrument betreffen. Der Begriff der **Finanzinstrumente** ist in Art. 3 Abs. 1 Nr. 1 MAR legaldefiniert und wurde bereits oben näher erläutert (→ Rn. 21 ff.). Anders als das Marktmanipulationsverbot ist das Insiderhandelsverbot auf Finanzinstrumente beschränkt (vgl. auch Art. 2 Abs. 1, Abs. 2 MAR) und nicht auf die in § 12 genannten Tatobjekte anwendbar. **Emittent** ist nach **Art. 3 Abs. 1 Nr. 21 MAR** „eine juristische Person des privaten oder öffentlichen Rechts, die Finanzinstrumente emittiert oder dessen Emission vorschlägt, wobei der Emittent im Fall von Hinterlegungsscheinen, die Finanzinstrumente repräsentieren, der Emittent des repräsentierten Finanzinstruments ist". Da es sich um eine Vorschrift des Unionsrechts handelt, ist hier ein eigenständiges unionsrechtliches Begriffsverständnis (→ Vorb. Rn. 27) und nicht ein strikt (deutsches) juristisches Begriffsverständnisses, das von einer Trennung zwischen juristischen Personen und (rechtsfähigen) Personengesellschaften ausgeht, zugrundezulegen. Eine Beschränkung des Anwendungsbereichs des Insiderhandelsverbots auf Gesellschaften mit beschränkter Haftung, Aktiengesellschaften, Kommanditgesellschaften auf Aktien und Genossenschaften ist sicherlich nicht gewollt, da unter den Begriff des Finanzinstruments neben den Wertpapieren insbes. auch Anteile an Organismen für gemeinsame Anlagen fallen (→ Rn. 27). Im Ergebnis kann der Emittentenbegriff nur in dem Sinne verstanden werden, dass hierunter **alle rechtsfähigen Verbände,** dh nach deutschem Verständnis alle juristischen Personen und rechtsfähigen Personengesellschaften, fallen, die Finanzinstrumente emittieren. Diese Auslegung kann sich auch auf andere Sprachfassungen stützen (vgl. englisch „legal entity", französisch „entité juridique"). Probleme des strafrechtlichen Bestimmtheitsgrundsatzes sind hierdurch nicht aufgeworfen, da dem allgemeinen Sprachgebrauch der juristischen Systembildung eigene strikte Distinktion zwischen juristischen Personen und Personengesellschaften fremd ist.

Die Information muss direkt oder indirekt einen oder mehrere Emittenten oder ein oder mehrere **133** Finanzinstrumente **betreffen.** Da auch Informationen in den Tatbestand einbezogen sind, die einen Emittenten oder ein Finanzinstrument nur indirekt betreffen, dürften anhand dieses Merkmals nur wenige Informationen aus dem Tatbestand auszuscheiden sein (vgl. auch Fuchs/*Mennicke/Jakovou* § 13 Rn. 105 zum alten Recht: keine erhebliche Begrenzungsfunktion). Fraglich ist in diesem Zusammenhang insbes., wann **Marktinformationen** Emittenten bzw. Finanzinstrumente (mittelbar) betreffen. Hierbei handelt es sich um Informationen über die Rahmenbedingungen von Märkten oder über die

Märkte selbst (*BaFin* Emittentenleitfaden, 34). Teilweise wird behauptet, dass eine Marktinformation nur dann eine hinreichende Spezifität aufweise, so dass davon gesprochen werden könne, sie betreffe einen Emittenten oder ein Finanzinstrument zumindest mittelbar, wenn es sich um branchenspezifische Informationen handelt (MüKoStGB/*Pananis* Rn. 53). Ob es sich hierbei um ein brauchbares Kriterium handelt, darf aber schon deshalb bezweifelt werden, weil eine trennscharfe Abgrenzung einzelner Branchen und die Zuordnung von Emittenten bzw. Finanzinstrumenten zu bestimmten Branchen nur schwer möglich sein wird. Zutreffend wird auch darauf hingewiesen, dass eine Emittenten- bzw. Finanzinstrumentbetroffenheit auch dann zu bejahen sein kann, wenn Informationen den gesamten Markt betreffen (Fuchs/*Mennicke/Jakovou* § 13 Rn. 118). Im Ergebnis wird eine auch nur mittelbare Betroffenheit lediglich dann zu verneinen sein, wenn sie unter allen denkbaren Gesichtspunkten abwegig erscheint (Fuchs/*Mennicke/Jakovou* § 13 Rn. 120).

134 **(3) Nicht öffentlich bekannte Information.** Darüber hinaus muss es sich um eine nicht öffentlich bekannte Information handeln. Hierfür ist jedenfalls nicht erforderlich, dass es sich um Betriebs- oder Geschäftsgeheimnisse iSd § 17 UWG, § 404 AktG, § 333 HGB, § 203 f. StGB handelt (Müller-Gugenberger WirtschaftsStR/*Schumann* § 68 Rn. 51; *Lücker,* Der Straftatbestand des Missbrauchs von Insiderinformationen, 1998, 55; *Tippach,* Das Insider-Handelsverbot, 1995, 79; enger *Claussen* ZBB 1992, 267 (275): „einem Geheimnis vergleichbar"). Während zu § 13 WpHG aF die hM davon ausging, dass eine öffentlich bekannte Information bereits dann vorliegt, wenn eine kritische Masse **professioneller Marktteilnehmer** die Möglichkeit der Kenntnisnahme hat (sog **Bereichsöffentlichkeit,** vgl. Begr. RegE 2. FFG BT-Drs. 12/6679, 46; Assmann/Schneider/*Assmann* § 13 Rn. 34 ff.; *Claussen,* Insiderhandelsverbot und Ad-hoc-Publizität, 1996, Rn. 32; *Assmann* AG 1994, 237 (242); *Happ* JZ 1994, 240 (243); *Weber* BB 1995, 157 (161); *Immenga* ZBB 1995, 197 (201 f.), *Caspari* ZGR 1994, 530 (539)), ist dies nach neuem Recht nicht ausreichend. Zwar enthält die Marktmissbrauchsverordnung keine explizite Regelung, eine Zusammenschau unionsrechtlicher Vorschriften zeigt aber, dass ein breites Anlegerpublikum die Möglichkeit der Kenntnisnahme haben muss (KölnKomm WpHG/*Klöhn* § 13 Rn. 132; sog **Publikumsöffentlichkeit,** vgl. *Klöhn* in Langenbucher, Europäisches Privat- und Wirtschaftsrecht, 3. Aufl. 2013, § 6 Rn. 91). Entscheidend ist nach wie vor nur die **Möglichkeit der Kenntnisnahme,** auf eine tatsächliche Kenntnisnahme kommt es nicht an (vgl. zum alten Recht zB Fuchs/*Mennicke/Jakovou* § 13 Rn. 91). Zudem hat das Tatbestandsmerkmal „nicht öffentlich bekannt" eine **zeitliche Dimension** (KölnKomm WpHG/*Klöhn* § 13 Rn. 131). Eine Information ist erst dann öffentlich bekannt, wenn unter regelmäßigen Umständen eine Kenntnisnahme zu erwarten ist. Ob die Möglichkeit der Kenntnisnahme durch ein breites Anlegerpublikum bestand, ist anhand einer **objektiven Perspektive** zu bestimmen, der „Perspektive eines allwissenden Betrachters" (KölnKomm WpHG/*Klöhn* § 13 Rn. 133).

135 Öffentlich bekannt ist ein Umstand deshalb regelmäßig (aber nicht erst; vgl. *Pirner/Lebherz* AG 2007, 19 (25)), wenn er in den **Massenmedien** veröffentlicht ist (*Krauel,* Insiderhandel, 2000, 258; *Assmann* AG 1994, 237 (242)). Nach § 3a WpAIV sind Emittenten verpflichtet, insiderrelevante Umstände den Medien, einschließlich solcher, bei denen davon ausgegangen werden kann, dass sie die Information in der gesamten Europäischen Union und den übrigen Vertragsstaaten des Abkommens über den Europäischen Wirtschaftsraum verbreiten, zuzuleiten. Eine Veröffentlichung in nur regional verbreiteten Medien oder nur von bestimmten Nutzergruppen genutzten Medien (Verbandszeitschriften oÄ) genügte schon nach altem Recht nicht (vgl. *Pananis,* Insidertatsache und Primärinsider, 1998, 101; aA für die Regionalpresse *Eichele* WM 1997, 501 (509)) und kann erst recht nicht für die Herstellung einer Publikumsöffentlichkeit ausreichend sein. Öffentlich bekannt ist ein Umstand bei einer Verbreitung über die Medien erst dann, wenn er in den Medien auch **tatsächlich veröffentlicht** wird, da die Möglichkeit der Kenntnisnahme durch eine unbestimmte Vielzahl von Marktteilnehmern besteht (vgl. nur *Becker,* Das neue Wertpapierhandelsgesetz, 1995, 64; *Krauel,* Insiderhandel, 2000, 257). Bei den Printmedien genügt hierfür nicht der Druck der entsprechenden Presseprodukte, sondern entscheidend ist der allgemeine, dh nicht nur örtlich begrenzte Verkaufsbeginn (vgl. *Krauel,* Insiderhandel, 2000, 258; *Lücker,* Der Straftatbestand des Missbrauchs von Insiderinformationen, 1998, 60). Bei aufgezeichneten Radio- oder Fernsehmedien entscheidet der Ausstrahlungstermin (*Lücker,* Der Straftatbestand des Missbrauchs von Insiderinformationen, 1998, 60).

136 Nicht unproblematisch ist die Beurteilung der Verbreitung von Informationen über **Internetseiten** und **soziale Medien** wie zB Facebook oder Twitter (vgl. hierzu *Klöhn/Bartmann* AG 2014, 737; *Mayer-Uellner* NZG 2013, 1052). Im Falle der Bekanntmachung auf Internetseiten ist eine Information dann als öffentlich bekannt anzusehen, wenn die Veröffentlichung den Anforderungen des § 5 S. 1 Nr. 2 WpAIV genügt (*J. Hartmann,* Juristische und ökonomische Regelungsprobleme, 1999, 209; aA Fuchs/*Mennicke/Jakovou* § 13 Rn. 93). Aufgrund der weiten Verbreitung des Internets ist in diesen Fällen die Zugänglichkeit zu Informationen auch einem breiten Publikum möglich. Durch die dort genannten Kriterien wird zudem gewährleistet, dass Anleger auf relevante Informationen deutlich hingewiesen werden. Anders ist dies im Hinblick auf soziale Medien zu beurteilen. Hier bestehen regelmäßige Zugangsbarrieren, darüber hinaus fehlt es, anders als im Hinblick auf Internetseiten, an einer eindeutigen gesetzgeberischen Entscheidung (vgl. auch *Mayer-Uellner* NZG 2013, 1052 (1055)).

Auch durch die Veröffentlichung über einen für das Anlagepublikum zugänglichen **Börsenticker**   **137** wird eine Information öffentlich bekannt, sobald die Information hier zu sehen ist (MüKoStGB/*Pananis* Rn. 49; *Assmann* WM 1996, 1337 (1342); aA *Claussen* ZBB 1992, 267 (275); Assmann/Schütze Kapital-anlageR-HdB/*Sethe* § 8 Rn. 56: Ausreichen der Einspeisung in den Börsenticker). IÜ ist die Einhaltung der Vorschriften der WpAIV für die öffentliche Bekanntheit eines insiderrelevanten Umstandes nicht erforderlich. Entscheidend ist nur, dass die Publikumsöffentlichkeit tatsächlich die Möglichkeit der Kenntnisnahme der Information hat. Diese Möglichkeit kann auch aufgrund **anderer Quellen** als der in der WpAIV genannten gegeben sein (vgl. auch Assmann/Schneider/*Assmann* § 13 Rn. 31). Ent-scheidend ist nur, dass sie für das breite Anlegerpublikum allgemein zugänglich sind und allgemein genutzt werden.

Nicht öffentlich bekannt ist ein Umstand, wenn nur einem **abgegrenzten Personenkreis** die   **138** Möglichkeit zur Kenntnisnahme verschafft wird. Eine Information bleibt deshalb nicht öffentlich bekannt, wenn sie bspw. auf einer **Pressekonferenz** (so auch Assmann/Schneider/*Assmann* § 13 Rn. 39; *Caspari* ZGZ 1994, 530 (538)) oder auf einer **Hauptversammlung** (Assmann/Schneider/ *Assmann* § 13 Rn. 40; KölnKomm WpHG/*Klöhn* § 13 Rn. 139; *Kümpel* WM 1994, 2137 (2138); *Eichele* WM 1997, 501 (508); aA *Schneider* NZG 2005, 702 (706)) offenbart wird, da die jeweiligen Veröffentlichungsorte bereits wegen der eingeschränkten räumlichen Kapazität nicht allgemein zugäng-lich sind.

(4) Präzise Information. Die vom Begriff der Insiderinformation erfassten Informationen werden   **139** weiterhin dadurch eingeschränkt, dass es sich um präzise Informationen handeln muss. Dieser Begriff ist dem im alten Recht verwendeten Begriff der „konkreten Information" gleichbedeutend (OLG Stuttgart BB 2007, 565 (567); Fuchs/ *Mennicke*/*Jakovou* § 13 Rn. 22). Art. 7 Abs. 2 MAR enthält Kriterien, anhand derer bestimmt werden kann, wann eine Information als präzise anzusehen ist. Gemäß der Konkretisierung in **Art. 7 Abs. 2 S. 1 MAR** kann von einer präzisen Information gesprochen werden, wenn damit entweder eine Reihe von Umständen gemeint ist, die bereits gegeben sind oder bei denen man vernünftigerweise erwarten kann, dass sie in Zukunft gegeben sein werden, oder ein Ereignis, das bereits eingetreten ist oder von dem vernünftigerweise erwartet werden kann, dass es in Zukunft eintreten wird. Zudem müssen diese Informationen spezifisch genug sein, um einen Schluss auf die mögliche Auswirkung dieser Umstände oder Ereignisse auf die Preise der erfassten Tatobjekte zuzulassen. Für die Einstufung einer Information als präzise ist allerdings nicht erforderlich, dass aus ihr mit einem hinreichenden Maß an Wahrscheinlichkeit abgeleitet werden kann, dass sich ihr potenzieller Einfluss auf die Preise des betreffenden Finanzinstruments in eine bestimmte Richtung auswirken wird (EuGH EuZW 2015, 387 (389); vgl. hierzu zB *Klöhn* NZG 2015, 809; *Schröder* GPR 2015, 246).

Fraglich ist hinsichtlich dieser Legaldefinition insbes., was unter „vernünftigerweise erwartbar" zu   **140** verstehen ist. Während § 13 Abs. 1 S. 3 aF sowie Art. 1 Abs. 1 RL 2003/124/EG (zumindest in der deutschen Sprachfassung) eine konkrete Information hinsichtlich zukünftiger Umstände dann bejahen, wenn mit hinreichender Wahrscheinlichkeit davon ausgegangen werden kann, dass sie in Zukunft eintreten werden, verlangt Art. 7 Abs. 2 S. 1 MAR nun, so wie dies bereits andere Sprachfassungen der RL 2003/124/EG taten (vgl. EuGH NJW 2012, 2787 (2789)), dass vernünftigerweise erwartet werden kann, dass der Umstand gegeben sein wird oder das Ereignis eintritt. Die Marktmissbrauchsverordnung enthält keine Regelung, die weiter präzisiert, wann der Eintritt eines Umstands/Ereignisses vernünfti-gerweise erwartet werden kann. Einen Anhaltspunkt für die Auslegung enthält Erwägungsgrund (16) MAR, der hinsichtlich des Entstehens bzw. des Eintritts zukünftiger Faktoren eine realistische Wahr-scheinlichkeit verlangt. Diese dem *Gelt*-Urteil (EuGH NJW 2012, 2787) entnommene Formulierung wird in der deutschen Literatur weitgehend so verstanden, dass **überwiegende Wahrscheinlich-keit** bestehen muss (*Poelzig* NZG 2016, 528 (532); *Klöhn* AG 2016, 423 (428) mwN), was letztlich bedeutet, dass eine Wahrscheinlichkeit von 50 % + x vorliegen muss (Fuchs/*Mennicke*/*Jakovou* § 13 Rn. 71 mwN; vgl. aber *Klöhn* ZIP 2012, 1885 (1889 f.)). Der Gerichtshof hat sich zudem ausdrücklich gegen die Anwendung des sog Probability/Magnitude-Tests (hierzu KölnKomm WpHG/*Klöhn* § 13 Rn. 91 ff.) im Rahmen der Prüfung, ob eine präzise Information vorliegt, ausgesprochen (EuGH NJW 2012, 2787 (2789)). Dies hat der Verordnungsgeber auch nochmals in Erwägungsgrund (16) MAR klargestellt.

Des Weiteren enthält **Art. 7 Abs. 2 S. 2 MAR** eine Regelung zu **zeitlich gestreckten, mehrakti-**   **141** **gen Vorgängen.** Die Vorschrift kodifiziert die zweite wesentliche Aussage des *Gelt*-Urteils (EuGH NJW 2012, 2787), wonach auch ein Zwischenschritt eines zeitlich gestreckten Vorgangs selbst eine Reihe von Umständen oder ein Ereignis und damit eine präzise Information sein kann (EuGH NJW 2012, 2787 (2788)). Präzise Information ist deshalb nicht nur ein bestimmter Umstand oder ein bestimmtes Ereignis, sondern auch die mit der Verwirklichung des Umstands oder Ereignisses ver-knüpften Zwischenschritte (vgl. auch *Bingel* AG 2012, 685; *Kocher*/*Widder* BB 2012, 2837; *Möllers* WM 2005, 1393 (1394 f.); *Ziemons* NZG 2004, 537 (541)), sofern diese für sich genommen die Kriterien für eine Insiderinformation erfüllen (Art. 7 Abs. 3 MAR).

„Herzstück" des Begriffs Insiderinformation sind deshalb äußere und innere **Tatsachen,** weil sie den   **142** notwendigen Präzisionsgrad aufweisen (*Schröder* KapMarktStrafR-HdB Rn. 129). Zu den äußeren

Tatsachen gehören insbes. betriebswirtschaflich relevante Daten wie Kapital- und Restrukturierungs-maßnahmen (vgl. die Aufzählung bei Schröder KapMarktStrafR-HdB Rn. 130). Zu den inneren Tatsachen gehören Absichten, Pläne und Vorhaben (MüKoStGB/*Pananis* WpHG Rn. 46). Nach hier vertretener Auffassung zählen hierzu auch eigene Absichten, denen der Bundesgerichtshof den „Dritt-bezug" abspricht (→ Rn. 131). Absichten Dritter sind dagegen unstr. Gegenstand einer Insiderinforma-tion, wobei auch für organschaftliche Vertreter einer Gesellschaft die Gesellschaft Dritte in diesem Sinne ist, wenn sie Wertpapiere für den eigenen Bestand oder den eines weiteren Dritten erwerben (Fuchs/ *Mennicke* § 14 Rn. 74; *Assmann* ZGR 2002, 697 (704); *ders.* AG 1994, 237 (252 f.)). Nach der Recht-sprechung des EuGH kann auch die Kenntnis von einer gemeinsam gefassten Absicht zum Vorliegen einer Insiderinformation führen (EuGH NZG 2007, 749 (750)).

143   Präzise Informationen können weiterhin **überprüfbare Werturteile** und **Prognosen** sein, sofern sie entweder einen Tatsachenkern enthalten, zB sich auf eine tatsächliche Analyse der gegenwärtigen Verhältnisse stützen oder aufgrund der herausgehobenen Stellung oder besonderen Fachkunde der sich äußernden Person eine Reaktion der Marktteilnehmer erwarten lassen (MüKoStGB/*Pananis* Rn. 35). Allerdings sind Bewertungen, die ausschließlich aufgrund öffentlich bekannter Umstände erstellt wer-den, keine Insiderinformationen, weil es sich nicht um nicht öffentlich bekannte Informationen handelt. Erfasst sein können zB auch **Rechtsauffassungen,** wenn sie sich bereits in erheblichem Umfang verfestigt haben (MüKoStGB/*Pananis* Rn. 35). In Betracht kommen darüber hinaus hinreichend valide **Unternehmensbewertungen** (vgl. iE Fuchs/*Mennicke/Jakovou* § 13 Rn. 44 ff.). Auch **Gerüchte** kön-nen eine präzise Information iSd Art. 7 Abs. 1 lit. a MAR sein (Fuchs/*Mennicke/Jakovou* § 13 Rn. 50; *Fleischer/Schmolke* AG 2007, 841 (846); *BaFin* Emittentenleitfaden 2013, 33; differenzierend KölnKomm WpHG/*Klöhn* § 13 Rn. 56 ff.; aA zB *Bürgers* BKR 2004, 424 (425); *Möllers* WM 2005, 1393 (1394)), hier muss aber sorgfältig geprüft werden, ob eine Preisbeeinflussungswahrscheinlichkeit gegeben ist (→ Rn. 145). Keine präzisen Informationen über Umstände stellen bloße **Empfehlungen** oder **Rat-schläge** dar, wenngleich eine präzise Information über Tatsachen vorliegt, wenn eine Empfehlung bspw. eines Produktes am Markt erfolgt ist oder erfolgen wird (MüKoStGB/*Pananis* Rn. 36).

144   **Unwahre Informationen** sind gem. dem allgemeinen Sprachverständnis nach keine präzisen Informationen über tatsächlich vorliegende Umstände und werden deshalb nicht erfasst (Erbs/Kohlhaas/ *Wehowsky* § 13 Rn. 6; aA Fuchs/*Mennicke/Jakovou* § 13 Rn. 35 mwN unter Hinweis auf den Schutz-zweck der Norm, der aufgrund des Analogieverbotes jedenfalls strafrechtlich die Wortlautgrenze nicht zu überwinden vermag; differenzierend KölnKomm WpHG/*Klöhn* § 13 Rn. 59 ff.). Gegenstand einer Insiderinformation kann es jedoch sein, dass eine unwahre Information verbreitet wurde (Erbs/Kohl-haas/*Wehowsky* § 13 Rn. 6; LG Augsburg NStZ 2005, 109). Außerdem kann die Verwendung einer nur vermeintlichen Insiderinformation zu einer Versuchsstrafbarkeit führen (MüKoStGB/*Pananis* Rn. 37 mwN).

145   **(5) Preisbeeinflussungswahrscheinlichkeit.** Die Information muss nach Art. 7 Abs. 1 lit. a MAR auch „geeignet" sein, den Kurs der Finanzintrumente oder den Kurs damit verbundener derivativer Finanzintrumente erheblich zu beeinflussen. Auch hier sind die Begriffe der Eignung und des Kurses unglücklich gewählt (→ Rn. 57, 91), so dass hier – wie dies auch in anderen Sprachfassungen der Fall ist – die Begriffe Preis und der engere Begriff der Wahrscheinlichkeit verwendet werden. Eine Wahr-scheinlichkeit erheblicher Preisbeeinflussung ist dann zu bejahen, wenn ein verständiger Anleger die Information wahrscheinlich als Teil der Grundlage seiner Anlageentscheidungen nutzen würde (Art. 7 Abs. 4 UAbs. 1 MAR).

146   **(a) Prognoseentscheidung.** Es handelt sich um einen objektiven Maßstab, so dass nicht auf die Vorstellung des Insiders abzustellen ist (BGH NStZ 2010, 339 (440)). Wie bei Art. 12 Abs. 1 MAR (→ Rn. 64) ist deshalb aufgrund einer objektiven ex-ante-Betrachtung aus der Sicht eines verständigen Anlegers, der sich in dem von der Information betroffenen Markt betätigt (Schröder KapMarktStrafR-HdB Rn. 182; vgl. dagegen Fuchs/*Mennicke/Jakovou* § 13 Rn. 141: börsenkundiger Anleger), darüber zu entscheiden, ob eine erhebliche Preisbeeinflussung wahrscheinlich war. Soweit in der Literatur darauf abgestellt wird, dass es auf einen Anleger ankomme, der alle verfügbaren Informationen kennt (vgl. zB Assmann/Schneider/*Assmann* § 13 Rn. 58; *BaFin* Emittentenleitfaden, 35), ist dem grundsätzlich zu-zustimmen, da ein verständiger Anleger Anlageentscheidungen ausschließlich auf Grundlage aller ver-fügbaren Informationen trifft. Da es, was auch Art. 7 Abs. 4 UAbs. 1 MAR deutlich macht, immer um eine konkrete Anlageentscheidung geht, sind aber stets nur jene Informationen von Bedeutung, die sich auf den Markt für das konkrete Finanzintrument beziehen. Wie bei der Prognoseentscheidung im Rahmen des Art. 12 Abs. 2 MAR sind darüber hinaus alle Umstände des konkreten Einzelfalls, insbes. die konkreten Marktverhältnisse zu berücksichtigen (→ Rn. 64). Im Hinblick auf den erforderlichen Wahrscheinlichkeitsgrad ist auch hier eine überwiegende Wahrscheinlichkeit zu fordern (→ Rn. 140; s. auch Assmann/Schneider/*Assmann* § 13 Rn. 60; *Fleischer* NZG 2007, 401 (402); *Harbarth* ZIP 2005, 1898 (1902); *Leuering* DStR 2008, 1287 (1290); *Kleinmann,* Ausgestaltung der Ad-hoc-Publizität, 1997, 42; *Waldhausen,* Die ad-hoc-publizitätspflichtige Tatsache, 2001, 267 f.).

147   Ob die Prognose über die Wahrscheinlichkeit zur Preisbeeinflussung sich im Nachhinein als richtig herausstellt oder unvorhergesehene Umstände die Preisentwicklung anders verlaufen lassen, ist irrelevant.

Insbes. die tatsächliche Preisentwicklung kann jedoch beim Fehlen nachträglicher unvorhersehbarer Umstände ein wichtiges **Indiz** dafür sein, ob bereits zum Zeitpunkt der Tathandlung eine Preisbeeinflussung als möglich oder wahrscheinlich einzustufen war (BGH NStZ 2010, 339; OLG Düsseldorf wistra 2004, 436 ff.; *BaFin* Leitfaden 2013, 35; vgl. auch *Loesche,* Die Eignung zur erheblichen Kursbeeinflussung, 1998, 111 ff., 114 f., 166 ff.). Überspannte Anforderungen sind an die Feststellung der Wahrscheinlichkeit erheblicher Preisbeeinflussung nicht zu stellen, insbes. sind empirische Erhebungen entbehrlich (BGH NStZ 2010, 339 (340)).

Bei **zukünftigen Ereignissen** ist eine doppelte Prognose anzustellen. Es ist zu prüfen, ob der Eintritt **148** des Umstandes hinreichend wahrscheinlich ist und ob es hinreichend wahrscheinlich ist, dass die öffentliche Bekanntgabe des Umstandes den Preis erheblich beeinflussen wird (Assmann/Schneider/*Assmann* § 13 Rn. 61; Fuchs/*Mennicke/Jakovou* § 13 Rn. 138).

Einen **Katalog** potentiell preisrelevanter Sachverhalte enthält der **Emittentenleitfaden der BaFin 149** (*BaFin* Emittentenleitfaden 2013, 52 f.). Der Katalog macht eine Prüfung im Einzelfall jedoch nicht entbehrlich. Er ist weder verbindlich noch abschließend. Genannt sind Umstände, die sich typischerweise auf den Preis entsprechender Insiderpapiere auswirken wie insolvenzrechtliche Mitteilungen, der Verdacht auf Bilanzmanipulationen, der Ausfall wesentlicher Schuldner oÄ.

(b) **Erheblichkeit der Preisbeeinflussung.** Art. 7 Abs. 4 UAbs. 1 MAR definiert nicht nur die **150** Preiserheblichkeit, sondern auch die hinreichende Wahrscheinlichkeit einer erheblichen Preisbeeinflussung als dann gegeben, wenn zu erwarten ist, dass ein verständiger Anleger die Information bei seiner Anlageentscheidung nutzen würde. Die Vorschrift nennt damit ebensowenig wie § 13 aF (vgl. dagegen die Vorschläge von *Caspari* ZGR 1994, 530 (540 f.); *Claussen* DB 1994, 27 (30); *Dierlamm* NStZ 1996, 519 (522)) bestimmte Schwellenwerte für eine Erheblichkeit der Preisbeeinflussung. Zutreffend wird darauf hingewiesen, dass die Überschreitung bestimmter Schwellenwerte ohnehin kaum exakt prognostiziert werden kann, so dass ein Rekurs hierauf eine genaue Grenzziehung eher fingiert (HK-KapMStrafR/*Hilgendorf* § 13 Rn. 110). Es bedarf deshalb einer individuellen Bewertung (vgl. auch BGH NStZ 2010, 439 (340)).

(6) **Öffentliches Bekanntwerden.** Keine wesentliche eigene Umgrenzungsfunktion erfüllt das wei- **151** tere Tatbestandsmerkmal, dass eine Preisbeeinflussung **im Falle des öffentlichen Bekanntwerdens** einer Information wahrscheinlich sein muss. Klargestellt wird lediglich, dass es irrelevant ist, ob die Information tatsächlich je bekannt wird (Fuchs/*Mennicke/Jakovou* § 13 Rn. 143). Es ist die Hypothese aufzustellen, sie würde öffentlich bekannt und dann eine Prognose anzustellen, ob sich dies erheblich auf den Preis auswirkt.

bb) **Insiderinformation nach Art. 7 Abs. 1 lit. b MAR.** Eine spezielle Legaldefinition des **152** Begriffs Insiderinformation in Bezug auf Warenderivate enthält Art. 7 Abs. 1 lit. b MAR. Die Regelung stellt klar, dass auch Informationen, die nach Rechts- und Verwaltungsvorschriften der Union und den Mitgliedstaaten, Handelsregeln, Verträge, Praktiken oder Regeln auf dem betreffenden Markt offen gelegt werden müssen bzw. deren Offenlegung nach vernünftigem Ermessen erwartet werden kann, Insiderinformationen sind (Einzelheiten bei KölnKomm WpHG/*Klöhn* § 13 Rn. 286 ff.).

cc) **Insiderinformation nach Art. 7 Abs. 1 lit. c MAR.** Eine weitere spezielle Legaldefinition des **153** Begriffs Insiderinformation besteht im Hinblick auf Emissionszertifikate in Art. 7 Abs. 1 lit. c MAR. Diese Regelung gilt nach Art. 39 Abs. 4 UAbs. 2 MAR erst ab dem **3.1.2018.** Sie unterscheidet sich nicht wesentlich von der des Art. 7 Abs. 1 lit. a MAR, eine Besonderheit besteht allerdings im Hinblick auf die Frage, wann eine erhebliche Preisbeeinflussung vorliegt. Diesbezüglich trifft Art. 7 Abs. 4 UAbs. 2 MAR die Regelung, dass erhebliche Auswirkungen auf den Preis nicht vorliegen, wenn der Teilnehmer am Markt den in Art. 17 Abs. 2 UAbs. 2 MAR festgelegten **Schwellenwert** nicht überschreitet.

dd) **Insiderinformation nach Art. 7 Abs. 1 lit. d MAR.** Schließlich sind nach Art. 7 Abs. 1 lit. d **154** MAR für Personen, die mit der Ausführung von Aufträgen in Bezug auf Finanzinstrumente beauftragt sind, solche Informationen Insiderinformationen, die von einem solchen Kunden mitgeteilt wurden und sich auf die noch nicht ausgeführten Aufträge des Kunden in Bezug auf Finanzinstrumente beziehen, die präzise sind, direkt oder indirekt einen oder mehrere Emittenten oder ein oder mehrere Finanzinstrumente betreffen und die, wenn sie öffentlich bekannt würden, geeignet wären, den Kurs dieser Finanzinstrumente, damit verbundener Waren-Spot-Kontakte und dazugehöriger derivativer Finanzinstrumente erheblich zu beeinflussen.

b) **Verfügen.** Weitere Voraussetzung ist, dass der Täter über die Insiderinformation verfügt. Dies setzt voraus, dass er positive Kenntnis von der Information hat. Eine fahrlässige Unkenntnis ist nicht ausreichend.

c) **Sonderfall des Art. 8 Abs. 3 MAR.** Der Tatbestand des § 38 Abs. 3 Nr. 1 kann nach Art. 8 Abs. 3 MAR auch dann erfüllt sein, wenn der Täter zwar nicht selbst über eine Insiderinformation verfügt, aber eine Empfehlung zum Tätigen eines Geschäfts erhält bzw. hierzu angestiftet wird (Art. 8 Abs. 2 MAR) und der Täter weiß, dass diese Empfehlung bzw. Anstiftung auf einer Insiderinformation beruht (→ Rn. 165).

155   **3. Tathandlungen. a) Erwerb oder Veräußerung.** Verboten ist es, entgegen Art. 8 Abs. 1 S. 1 MAR ein Finanzinstrument für eigene oder fremde Rechnung direkt oder indirekt zu **erwerben** oder zu **veräußern.** Wann ein Erwerb oder eine Veräußerung vorliegt, war zur alten Rechtslage umstritten. Während teilweise die Auffassung vertreten wurde, es bedürfe einer auch dinglichen Rechtsänderung (vgl. Schäfer/*Schäfer* § 14 Rn. 12; *Casper* WM 1999, 363 (364)), reichte nach hM (OLG Karlsruhe wistra 2004, 192 (194); MüKoStGB/*Pananis* Rn. 60; *Schneider* ZIP 1996, 1769 (1774)) der Abschluss des auf die dingliche Rechtsänderung gerichteten schuldrechtlichen **Verpflichtungsgeschäftes** aus, was insbes. auch mit einer richtlinienkonformen Auslegung der Begriffe begründet wurde (so Assmann/Schneider/*Assmann* § 14 Rn. 12). Diese Auffassung beansprucht deshalb auch nach neuer Rechtslage Gültigkeit, denn die unionsrechtliche Vorschrift des Art. 8 Abs. 1 S. 1 MAR ist nicht anhand eines spezifisch deutschen Verständnisses der Rechtsbegriffe Erwerb und Veräußerung auszulegen.

156   Erfasst sind jedoch nur solche Verpflichtungsgeschäfte, bei denen durch die vertragliche Gestaltung **sichergestellt ist, dass der Insider seinen erwarteten Gewinn ohne weiteres Zutun des Vertrags-partners auch realisieren kann** (OLG Karlsruhe wistra 2004, 192 (194); Schröder KapMarktStrafR-HdB Rn. 230). Im Falle des börslichen Handelns ist deshalb die **Erteilung einer Kauf- oder Verkaufsorder** noch nicht erfasst (Fuchs/*Mennicke* § 14 Rn. 22; *Krauel*, Insiderhandel, 2000, 280), die jedoch als **Versuch** strafbar sein kann (Fuchs/*Mennicke* § 14 Rn. 22). Mit der **Ausführung der Kauf- oder Verkaufsorder** ist hingegen ein Erwerb oder eine Veräußerung eingetreten (MüKoStGB/*Pananis* Rn. 60; Assmann/Schneider/*Assmann* § 14 Rn. 13, so auch BaFin Emittentenleitfaden 2013, 37), da der Insider den erwarteten Gewinn dann abgesichert hat.

157   Auch **aufschiebend bedingte Geschäfte,** bei denen der Bedingungseintritt nur noch vom Willen des Insiders abhängt, sind erfasst (HK-KapMStrafR/*Hilgendorf* § 14 Rn. 132). Nicht ausreichend für einen Erwerb/eine Veräußerung iSd Art. 8 Abs. 1 S. 1 MAR ist aber mangels einer hinreichenden Sicherung der Gewinnerwartung die **bedingte Übertragung** von Insiderpapieren, wenn der Beding-ungseintritt zumindest auch vom Willen des Vertragspartners abhängt (vgl. auch BaFin Emittentenleit-faden 2013, 37). Solche Geschäfte können jedoch als **Versuch** strafbar sein. Ist eine Übertragung **aufschiebend bedingt** und der Bedingungseintritt vom Willen des Vertragspartners abhängig, liegt eine vollendete Veräußerung iSd Art. 8 Abs. 1 S. 1 MAR erst vor, wenn der Vertragspartner für den Eintritt der Bedingung gesorgt hat. Ist eine Übertragung **auflösend bedingt** und liegt es in der Hand des Vertragspartners, für den Eintritt der auflösenden Bedingung zu sorgen, liegt eine Veräußerung erst vor, wenn der Vertragspartner (zB wegen Zeitablaufs) keine Möglichkeit mehr hat, den Bedingungseintritt herbeizuführen (vgl. auch BaFin Emittentenleitfaden 2013, 37).

158   Der **Erhalt** einer **Option** ist ein Erwerbsvorgang iSd Art. 8 Abs. 1 S. 1 MAR (Fuchs/*Mennicke* § 14 Rn. 133 mwN; aA OLG Karlsruhe wistra 2004, 192 (194); *Schneider* ZIP 1996, 1769 (1775)), da diese selbst Finanzinstrument ist (→ Rn. 30). Darauf, dass es dem Inhaber der Option überlassen bleibt, ob er von seinem Optionsrecht Gebrauch macht, kommt es deshalb nicht an. Die **Ausübung der Option** führt zu einem neuen Erwerb (zB von Aktien), der seinerseits strafbar sein kann, wenn er unter Verwendung einer Insiderinformation erfolgt. Erlangt der Inhaber einer Option zwischen dem Erwerb der Option und dem Erwerb von Wertpapieren aufgrund der Option eine Insiderinformation, macht er sich nach § 38 Abs. 3 Nr. 1 strafbar, wenn er die Option aufgrund der Insiderinformation ausübt (so auch Fuchs/*Mennicke* § 14 Rn. 136; Schäfer/*Schäfer* § 14 Rn. 91; aA *Fürhoff* AG 1998, 83 (85)). Unter den Tatbestand des Art. 8 Abs. 1 S. 1 MAR fallen weiterhin **Pensionsgeschäfte** und **Wertpapierleihen** (BaFin Emit-tentenleitfaden 2013, 37). Bei beiden Geschäftsarten ist die Realisierung des erwarteten Gewinnes des Insiders vertraglich bereits hinreichend abgesichert (vgl. auch Assmann/Schneider/*Assmann* § 14 Rn. 15).

159   Art. 8 Abs. 1 MAR gilt ebenso für Erwerbs- und Veräußerungsvorgänge, die nicht auf einem geregelten Markt oder in einem mulitlateralen bzw. organisierten Handelssystem stattfinden, also auch für sog **face-to-face-Geschäfte** (einschließlich des **Pakethandels),** bei denen die Vertragsparteien das Geschäft unmittelbar miteinander (face to face) abschließen (vgl. zum alten Recht Assmann/Schneider/*Assmann* § 14 Rn. 42; *Wastl* NZG 2000, 505 (510); *Fleischer* AG 2000, 309 (312)). Dies folgt unmittelbar aus Art. 2 Abs. 3 MAR. Voraussetzung ist allerdings, dass das betroffene Finanzinstrument die Voraus-setzungen des Art. 2 Abs. 1 MAR erfüllt (→ Rn. 34 ff.).

160   **Keine Veräußerung und kein Erwerb** iSd Art. 14 Abs. 1 S 1 MAR liegt bei der **Vererbung** von Wertpapieren vor (vgl. auch BaFin Emittentenleitfaden 2013, 37; Assmann/Schneider/*Assmann* § 14 Rn. 18), ebensowenig bei der **Schenkung** von Wertpapieren, da insoweit keine Realisierung eigener Vorteile zum Nachteil des Marktes zu befürchten ist (Fuchs/*Mennicke* § 14 Rn. 33; Assmann/Schnei-der/*Assmann* § 14 Rn. 18). Nicht unter den **Veräußerungsbegriff** fällt weiterhin die Verpfändung (MüKoStGB/*Pananis* Rn. 68).

161   Art. 8 Abs. 1 S. 1 MAR verbietet den Erwerb und die Veräußerung von Finanzinstrumenten **für eigene Rechnung** und **für fremde Rechnung** (sowohl im eigenen als auch fremden Namen). Unter den Begriff des Insidergeschäfts iSd Art. 8 Abs. 1 S. 1 MAR fallen deshalb insbes. auch Geschäfte von Bankmitarbeitern oder Wertpapierhändlern für einen Kunden. Darüber hinaus sind sowohl **direkte** als auch **indirekte Geschäfte** einbezogen. Grundsätzlich gilt, dass Täter eines Erwerbs oder einer Ver-äußerung nur derjenige ist, der das zivilrechtliche Verpflichtungsgeschäft durch seine Handlung selbst abschließt (KölnKomm WpHG/*Altenhain* Rn. 33). Die Erstreckung auf indirekte Geschäfte soll darüber hinaus diejenigen Transaktionen erfassen, die der Insider unter Einschaltung von Mittelsmännern durchführt (vgl. *Zetzsche* in Gebauer/Teichmann, Europäisches Privat- und Unternehmensrecht, 2015, § 7 C. Rn. 137). Dies kann aber aus strafrechtlicher Sicht die Zurechnungsvoraussetzungen des § 25 Abs. 1, Abs. 2 StGB nicht aushebeln. Auch im Falle des indirekten Erwerbs ist deshalb erforderlich, dass derjenige, der die Transaktion veranlasst, Herrschaft über den Erwerbs- oder Veräußerungsvorgang hat, sei es als (un-)mittelbarer Täter oder Mittäter (vgl. auch KölnKomm WpHG/Altenhain Rn. 33; aA wohl *Zetzsche* in Gebauer/Teichmann, Europäisches Privat- und Unternehmensrecht, 2015, § 7 C. Rn. 137, der darauf abstellt, dass der Insider als Begünstigter von der Transaktion profitiert). Täter kann auch der Bankmitarbeiter iRd § 38 Abs. 3 Nr. 1 ausnahmsweise dann sein, wenn er über eine Insiderinformation verfügt und ihm ein eigener Handlungsspielraum zusteht, ob er unter Verwendung dieser Insiderinformation ein Finanzinstrument erwirbt oder veräußert. Steht ihm ein solcher Handlungsspielraum nicht zu, kommt nur eine Strafbarkeit wegen Beihilfe in Betracht (Fuchs/*Waßmer* Rn. 187 mwN).

Der Täter muss Finanzinstrumente erwerben oder veräußern, auf die sich die Insiderinformationen **162** **beziehen** (→ Rn. 133).

b) Weitere Tathandlungen. Nach **Art. 8 Abs. 1 S. 2 MAR** liegt ein Insidergeschäft weiterhin auch **163** in den Fällen der **Stornierung** oder **Änderung** eines Auftrags in Bezug auf ein Finanzinstrument vor, wenn der Auftrag vor Erlangung der Insiderinformation erteilt wurde. Hinsichtlich der Versteigerung von Emissionszertifikaten oder anderer darauf beruhender Auktionsobjekte sind gem. **Art. 8 Abs. 1 S. 3 MAR** auch die **Übermittlung, Änderung** oder **Zurücknahme** des Gebots durch eine Person für eigene Rechnung oder für Rechnung eines Dritten vom Tatbestand erfasst. Da der Unionsgesetzgeber das Ziel verfolgt, in das Regelungsregime der Marktmissbrauchsverordnung auch Emissionszertifikate und hierauf beruhender Auktionsobjekte miteinzubeziehen, auch wenn diese keine Finanzinstrumente sind (→ Rn. 40), wird der Tatbestand des Insidergeschäfts durch Art. 8 Abs. 1 S. 3 MAR auf Sachverhalte mit Bezug zur Versteigerung von Emissionszertifikaten erstreckt. Diese Vorschrift gilt gem. Art. 39 Abs. 4 UAbs. 2 MAR erst ab dem **3.1.2018** (→ Rn. 22). Deshalb fallen die genannten Verhaltensweisen derzeit noch unter § 38 Abs. 2 (→ Rn. 209 ff.).

c) Unter Nutzung einer Insiderinformation. Der Täter muss das betreffende Finanzinstrument **164** unter Nutzung einer Insiderinformation erwerben oder veräußern. Hierunter ist grundsätzlich nichts anderes zu verstehen als unter der in § 14 Abs. 1 Nr. 1 aF verwendeten Formulierung „unter Verwendung". Es handelt sich deshalb nach wie vor um ein objektives Tatbestandsmerkmal (vgl. dagegen die vor dem AnSVG (→ Vorb. Rn. 3) geltende Gesetzesfassung „unter Ausnutzung der Kenntnis einer Insidertatsache", was als subjektives Tatbestandsmerkmal iS einer Vorteilserzielungsabsicht verstanden wurde, vgl. *Assmann* AG 1994, 237 (246); *Caspari* ZGR 1994, 530 (542); *Immenga* ZBB 1995, 197 (204)).

aa) Nutzung. Für ein Nutzen einer Insiderinformation ist nicht ausreichend, dass das Insidergeschäft **165** in bloßer Kenntnis einer Insiderinformation erfolgt, erforderlich ist vielmehr, dass die Insiderinformation zumindest **mitursächlich** für die Vornahme des Geschäfts wird, der Täter diese also in sein Handeln miteinfließen lässt (MüKoStGB/*Pananis* Rn. 72; *BaFin* Emittentenleitfaden 2013, 37; vgl. auch Erwägungsgrund (25) MAR). Deshalb muss die Insiderinformation bereits **zum Zeitpunkt des Abschlusses des Erwerbs- oder Veräußerungsgeschäftes**, im Falle börslichen Handels also der Ordererteilung, vorliegen (vgl. MüKoStGB/*Pananis* Rn. 73). Nicht erfasst werden zB Fälle, in denen eine Insiderinformation nach der Ordererteilung aber vor Orderausführung erlangt wird, sowie Geschäfte, zu denen sich jemand bereits vor dem Erhalt der Insiderinformation verpflichtet hat, wie dies bspw. bei der Erteilung einer Dauerorder vor Erhalt der Insiderinformation der Fall ist (*BaFin* Emittentenleitfaden 2013, 37). Die Kausalitätsbeziehung zwischen der Kenntnis der Insiderinformation und der Vornahme eines Geschäfts ist ebenfalls dann zu verneinen, wenn dieses auch ohne die Kenntnis der Insiderinformation vorgenommen worden wäre, was insbes. der Fall ist, wenn der Abschluss des Geschäfts der Erfüllung einer vertraglichen Pflicht dient (Assmann/Schneider/*Assmann* § 14 Rn. 29). Nach **Art. 8 Abs. 3 MAR** erfüllt auch die Nutzung von Empfehlungen oder Anstiftungen gem. Art. 8 Abs. 2 MAR (→ Rn. 182 ff.) den Tatbestand des Tätigens eines Insidergeschäfts. In diesem Fall ist der Tatbestand erfüllt, obwohl der Täter keine Kenntnis von der Insiderinformation selbst hat. Erforderlich ist aber, dass die Person, die die Empfehlung nutzt oder der Anstiftung folgt, weiß, dass diese auf Insiderinformationen beruht. Fahrlässige Unkenntnis ist aufgrund des Vorsatzerfordernisses im Rahmen des § 38 Abs. 3 Nr. 1 nicht ausreichend. Die Vorschrift befreit die Strafverfolgungsbehörden nicht von der Last, die Kenntnis darüber, dass die Empfehlung auf einer Insiderinformation beruht, zu beweisen (so aber *Klöhn* AG 2016, 423 (432 f.)).

Die genannten Grundsätze gelten auch für **berufsmäßig mit Transaktionen in Finanzinstru- 166 menten befassten Personen,** wie zB Makler oder sog Market-Maker (vgl. Art. 3 Abs. 1 Nr. 30 MAR). Die zum alten Recht von der hM formulierte Ausnahme, dass Veräußerungs- und Erwerbsvorgänge dann nicht unter das Insiderhandelsverbot fallen, „wenn sie in Ausübung der beruflichen Aufgaben und Pflichten unter Beachtung der dafür geltenden Regeln erfolgen" (vgl. nur MüKoStGB/ *Pananis* Rn. 75; Schäfer/*Schäfer* § 14 Rn. 54, *Weber* BB 1995, 157 (162); so auch Begr. RegE 2. FFG BT-Drs. 12/6679) hat weiterhin Gültigkeit. Sie hat nun in Art. 9 Abs. 2 MAR eine Kodifikation erfahren (→ Rn. 175, auch zur Rechtsnatur der Regelung). Das hat freilich keinen Einfluss auf typische

Fälle des Verwendens einer Insiderinformation wie das sog frontrunning (vgl. zB BGH NJW 2004, 302 (303)).

167   Unzulässig verwendet werden können Insiderinformationen nach allgemeinen Grundsätzen auch von Führungskräften bei der Teilnahme an **Aktienoptionsprogrammen** (vgl. hierzu *Widder* WM 2010, 1882; MüKoStGB/*Pananis* Rn. 86 mwN). Insiderrechtlich relevant ist sowohl die von der Kenntnis einer Insiderinformation mitbeeinflusste Abgabe einer Teilnahmeerklärung wie auch die Veräußerung von durch die Ausübung der Optionen erlangten Aktien aufgrund des Wissens um die Insiderinformation (MüKoStGB/*Pananis* Rn. 86).

168   Beim **Beteiligungserwerb** ist zu beachten, dass die Umsetzung des eigenen Entschlusses, eine Beteiligung zu erwerben, kein Nutzen einer Insiderinformation darstellt. Dies stellt auch Art. 9 Abs. 5 MAR klar (→ Rn. 177). Im Hinblick auf die bei einem Unternehmenskauf oder dem Erwerb von Unternehmensanteilen durchgeführte **Due-Dilligence-Prüfung,** die nicht selten dazu führt, dass Insiderinformationen erlangt werden, wird grundsätzlich davon auszugehen sein, dass diese für den Erwerb mitursächlich ist. In der Literatur wird vorgeschlagen, dass in diesen Fällen dennoch keine Verletzung des Insiderhandelsverbots vorliegt, wenn die Parteien über den gleichen Wissensstand verfügen (MüKoStGB/*Pananis* Rn. 80), wenngleich hinsichtlich der Lösung dieser Fallgruppe keine Einigkeit besteht (Einzelheiten bei KölnKomm WpHG/*Klöhn* § 14 Rn 193 ff.). Wird dagegen aufgrund einer (negativen) Insiderinformation von einem Geschäftsabschluss Abstand genommen, fehlt es bereits an einem Erwerb oder einer Veräußerung von Insiderpapieren, da die Wortlautgrenze es verbietet, das Unterlassen eines Erwerbs als Erwerb anzusehen (Fuchs/*Menicke* § 14 Rn. 76; *Hasselbach* NZG 2004, 1087 (1091)).

169   Ebenso wenig geklärt sind die Fälle öffentlicher **Übernahmeangebote** iSd WpÜG (s. aber → Rn. 177). Die überwiegende Auffassung nimmt hier eine vollständige Bereichsausnahme von dem Insiderhandelsverbot an, was – wenngleich nicht in dieser Grundsätzlichkeit – ebenfalls für gemeinsam mit dem Bieter handelnde Personen *(warehousing)* und die sog „Weiße Ritter" *(white knights)* gilt (Einzelheiten bei KölnKomm WpHG/*Klöhn* § 14 Rn. 201 ff.).

170   **bb) Nachweis der Nutzung.** Da es beim Nachweis des Tatbestandsmerkmals Nutzung um den Nachweis einer „bestimmten inneren psychischen Kausalität" geht (HK-KapMStrafR/*Hilgendorf* § 14 Rn. 141), ist dies prozessual mit erheblichen Problemen verbunden. Der Verordnungsgeber geht in Erwägungsgrund (24) davon aus, dass im Falle des Tätigens eines Insidergeschäfts in Kenntnis einer Insiderinformation unterstellt werden sollte, diese Person habe die Informationen auch genutzt. Damit wird auf die durch den EuGH in seinem *Spector*-Urteil (EuGH NZG 2010, 107; hierzu zB *Cascante*/*Biengel* NZG 2010, 161; *Gehrmann* ZBB 2010, 48; *Nietsch* ZHR 174 (2010), 556; *Ransiek* wistra 2011, 1; *Begemeier* HRRS 2013, 179) aufgestellten Grundsätze Bezug genommen, die in der Literatur überwiegend als Formulierung einer Vermutungsregel interpretiert werden (vgl. nur Fuchs/*Mennicke* § 14 Rn. 53; Assmann/Schneider/*Assmann* § 14 Rn. 26). Hierdurch wird zugleich klargestellt, dass diese Regel nicht den Vorsatz des Täters, sondern die Kausalität zwischen Kenntnis der Insiderinformation und Transaktion betrifft, was angesichts der zT widersprüchlichen Formulierungen im Urteil des EuGH in der Literatur kontrovers diskutiert wurde (vgl. zB einerseits (Vorsatzvermutung) *Nietsch* ZHR 174 (2010), 556 (564); Assmann/Schneider/*Assmann* § 14 Rn. 26; andererseits (Kausalitätsvermutung) *Gehrmann* ZBB 2010, 48 (50); *Ransiek* wistra 2011, 1 (2); KölnKomm WpHG/*Klöhn* § 14 Rn. 134). Nach der neuen Rechtslage ist nun auch geklärt, dass diese „Vermutungsregelung" sowohl für Primär- als auch für Sekundärinsider gilt (vgl. zum Streitstand vor dem Erlass der Marktmissbrauchsverordnung KölnKomm WpHG/*Klöhn* § 14 Rn. 135).

171   Mit dem Aufstellen derartiger Regeln sind insbes. im Straf- und Strafverfahrensrecht erhebliche Probleme aufgeworfen. Sie werden – zutreffend – als mit dem Schuldgrundsatz (Art. 1 Abs. 1 GG) und der Unschuldsvermutung (Art. 20 Abs. 3 GG) unvereinbar angesehen (→ Einl. Rn. 26a), wenngleich zu beachten ist, dass der Standard im europäischen Recht im Hinblick auf widerlegliche Vermutungen weniger streng ist (vgl. Tiedemann WirtschaftsStR AT Rn. 195). Nicht überraschend ist deshalb, dass das Spector-Urteil des EuGH im Hinblick auf diese verfassungsrechtlichen Garantien überwiegend kritisch aufgenommen worden ist (vgl. nur Fuchs/*Waßmer* Rn. 23 mwN; dagegen KölnKomm WpHG/*Klöhn* § 14 Rn. 140 f.). Diesen Bedenken ist damit zuzustimmen, wenn es sich tatsächlich um eine im Strafrecht gültige Vermutungsregel handelt (*Rönnau/Wegner* GA 2013, 561 (580)). Festzustellen ist aber zunächst, dass kein Fall einer gesetzlichen Vermutung vorliegt, da die Regel keinen Eingang in den eigentlichen Verordnungstext gefunden hat. Darüber hinaus ist weder das Spector-Urteil des EuGH noch die Formulierung in Erwägungsgrund (24) zwingend im Sinne einer Vermutungsregel zu interpretieren. Sie kann auch als bloßer Hinweis auf einen Erfahrungssatz verstanden werden, den der Richter im Rahmen der freien Beweiswürdigung der berücksichtigen hat (so zutreffend *Widder/Bedowski* GWR 2010, 35; *Begemeier* HRRS 2013, 179 (186); Assmann/Schneider/*Vogel* Rn. 3).

172   Seit dem Inkrafttreten der Marktmissbrauchsverordnung sieht sich diese Auslegung mit Hindernissen konfrontiert. Art. 9 MAR geht implizit von einer bestehenden Vermutungsregel aus, die in den dort genannten Fällen kraft Gesetzes widerlegt ist (so *Klöhn* AG 2016, 423 (433); wohl auch *Zetzsche* in Gebauer/Teichmann, Europäisches Privat- und Unternehmensrecht, 2015, § 7 C. Rn. 149). Dass diese

Vermutungsregel auch im strafrechtlichen Kontext gelten soll, zeigt Art. 3 Abs. 8 CRIM-MAD (vgl. auch *Poelzig* NZG 2016, 528 (532)). Eine Gesamtschau der Erwägungsgründe, der fehlenden expliziten gesetzlichen Vermutungsregel, dem Verweis auf die Wahrung der Verteidigungsrechte (EuGH NZG 2010, 107 (111)) sowie der offen formulierten Vorschrift des Art. 9 MAR dürfte aber noch eine Auslegung im oben genannten Sinne ermöglichen, die sowohl unionsrechtlichen als auch national verfassungsrechtlichen Anforderungen genügt. Es besteht deshalb ein bei der Beweiswürdigung zu beachtender Erfahrungssatz, dass derjenige, der in Kenntnis einer Insiderinformation eine Transaktion tätigt, diese Insiderinformation auch nutzt. Das Gericht kann sich aber dann nicht mehr auf diesen Erfahrungssatz stützen, wenn ein Fall des Art. 9 MAR vorliegt, sowie dann, wenn der Beschuldigte plausibel vortragen kann, dass die Insiderinformation nicht in die Erwerbs- bzw. Veräußerungsentscheidung eingeflossen ist (so schon zum Spector-Urteil *Ransiek* wistra 2011, 1 (4); *Bergemeier* HRRS 2013, 179 (186); vgl. dagegen *Poelzig* NZG 2016 528 (532): Tatbestandsausschluss). In diesen Fällen muss das Gericht weitere Umstände anführen, auf die sich die Überzeugungsbildung gestützt hat. Zuzugeben ist aber, dass man dann nicht mehr weit von mit § 261 StPO unvereinbaren Beweisregeln entfernt ist. Wenn man aber auf der einen Seite Vermutungsregeln weiterhin für im Strafrecht unzulässig erachtet, auf der anderen Seite aber dem Unionsrecht volle Geltung verschaffen will oder muss, dürfte dies nur mittels der vorgeschlagenen Auslegung des Art. 9 MAR möglich sein.

cc) Legitime Handlungen (Art. 9 MAR). Nach hier vertretener Auffassung handelt es sich beim Katalog des Art. 9 MAR um Ausnahmen vom oben dargestellten im Rahmen der richterlichen Beweiswürdigung zu beachtenden Erfahrungssatz (→ Rn. 171 f.). Diese greift ein, wenn die Voraussetzungen nach Art. 9 Abs. 1–5 MAR erfüllt sind und kein Umgehungsfall iSd Art. 9 Abs. 6 MAR vorliegt. **173**

Art. 9 Abs. 1 MAR betrifft juristische Personen, die im Besitz einer Insiderinformation sind. Hier greift der Erfahrungssatz dann nicht ein, wenn angemessene und wirksame interne Regelungen und Verfahren implementiert sind, die effiziente Informationsbarrieren („Chinese Wall") sicherstellen (*Zetzsche* in Gebauer/Teichmann, Europäisches Privat- und Unternehmensrecht, 2015, § 7 C. Rn. 150), so dass die für die juristische Person handelnden natürlichen Personen, die mit dem Beschluss, Finanzinstrumente zu erwerben oder zu veräußern, befasst sind, keinen Zugang zur Insiderinformation haben. **174**

Nach **Art. 9 Abs. 2 MAR** ist der Erfahrungssatz bei Market-Makern (Art. 3 Abs. 1 Nr. 30 MAR), [wohl zentrale] Gegenparteien (*Zetzsche* in Gebauer/Teichmann, Europäisches Privat- und Unternehmensrecht, 2015, § 7 C. Rn. 151) und Personen, die zur Ausführung von Aufträgen Dritter zugelassen sind und die über die Insiderinformation verfügen dann nicht anwendbar, wenn die Transaktionen im Zuge der normalen Ausübung ihrer Funktion als Market-Maker oder Gegenpartei bzw. im Zuge der normalen Ausübung der Beschäftigung des Berufs oder der Aufgaben erfolgt. Die Vorschrift verweist damit auf Normen und Standards, die die Ausübung dieser Funktionen, Tätigkeiten oder Berufe reglementieren. Werden diese nicht eingehalten, kann nicht von der „normalen" Ausübung der genannten Funktionen und Aufgaben gesprochen werden. **175**

Art. 9 Abs. 3 MAR betrifft Geschäfte, die getätigt werden, um einer fällig gewordenen Verpflichtung nachzukommen, sofern diese Verpflichtung aus der Zeit vor dem Erhalt der Insiderinformation stammt (s. schon → Rn. 165). Dass sich in diesen Fällen die Überzeugungsbildung nicht auf den Erfahrungssatz gründen kann, dürfte auch ohne ausdrückliche Regelung offensichtlich sein. **176**

Den Fall, dass eine Person eine Insiderinformation im Zuge der Übernahme eines Unternehmens oder eines Unternehmenszusammenschlusses auf der Grundlage eines öffentlichen Angebots erworben hat, erfasst **Art. 9 Abs. 4 MAR.** Die Insiderinformation steht dem Anteilserwerb dann nicht entgegen, wenn bis zum Zeitpunkt der Genehmigung des Unternehmenszusammenschlusses oder der Annahme des Angebots durch die Anteilseigner des betreffenden Unternehmens entweder sämtliche Insiderinformationen öffentlich gemacht worden sind oder auf andere Weise ihren Charakter als Insiderinformation verloren haben (Einzelheiten *Klöhn* AG 2016, 423 (433); *Zetzsche* in Gebauer/Teichmann, Europäisches Privat- und Unternehmensrecht, 2015, § 7 C. Rn. 154). Die Regelung des Art. 9 Abs. 4 MAR betrifft insbes. auch die bereits zum alten Recht diskutierten Fälle der Due Diligence (vgl. hierzu die Vorauflage Rn. 67). Die Vorschrift gilt ausdrücklich nicht für den Beteiligungsaufbau (Art. 9 Abs. 4 UAbs. 2 MAR). **177**

Schließlich kann nach **Art. 9 Abs. 5 MAR** der Erfahrungssatz dann nicht eingreifen, wenn eine Person ihr Wissen darüber, dass sie beschlossen hat, Finanzinstrumente zu erwerben oder zu veräußern, beim Erwerb oder der Veräußerung dieser Finanzinstrumente nutzt. **178**

4. Tatbestandausschluss. Auch im Rahmen des Insiderhandelsverbots sind die Ausschlusstatbestände des Art. 5 Abs. 1, Abs. 4 MAR für Rückkaufprogramme und Stabilisierungsmaßnahmen sowie Art. 6 MAR zu berücksichtigen (→ Rn. 84 ff.). **179**

5. Subjektiver Tatbestand. Ein Verstoß gegen § 38 Abs. 3 Nr. 1 iVm Art. 14 lit. a, 8 Abs. 1 MAR ist nur bei **vorsätzlicher** Begehung strafbar, wobei ein **Eventualvorsatz** grds. ausreichend ist. Der Täter muss deshalb das Vorliegen jener Umstände, die eine Information als Insiderinformation qualifizieren, zumindest für möglich halten. Tut er dies nicht, geht er zB davon aus, eine Information sei bereits **180**

öffentlich bekannt, liegt ein **Tatbestandsirrtum** vor (§ 16 Abs. 1 S. 1 StGB). Der Täter muss aber eine Information bei ansonsten zutreffender Tatsachenkenntnis nicht als Insiderinformation bewerten. Irrt er sich insoweit, liegt ein reiner Subsumtionsirrtum vor (Fuchs/*Waßmer* Rn. 75), der nach allgemeinen Regeln nicht zu einem Tatbestandsirrtum iSd § 16 StGB führt, aber zu einem Verbotsirrtum iSd § 17 StGB führen kann (→ StGB § 16 Rn. 25 ff.).

181   **6. Unterlassen.** Von Art. 8 Abs. 1 MAR sind lediglich der Erwerb und die Veräußerung von Finanzinstrumenten erfasst, nicht dagegen das Unterlassen entsprechender Transaktionen, es sei denn, ein bereits erteilter Auftrag wird storniert oder geändert (→ Rn. 163). Eine Strafbarkeit wegen unechten Unterlassens kann allenfalls in den Fällen vorliegen, in denen aufsichtspflichtige Personen in Unternehmen, Insidergeschäfte von Untergegebenen nicht verhindern, sofern es sich hierbei um betriebsbezogene Straftaten handelt (Geschäftsherrenhaftung). Im Falle von Wertpapierdienstleistungsunternehmen kann sich eine Garantenstellung hinsichtlich der Verhinderung von Insiderstraftaten aus § 31 Abs. 1 ergeben. Zum gleichgelagerten Problem bei der Marktmanipulation → Rn. 114 ff.

III. Strafbare Empfehlung und „Anstiftung" (§ 38 Abs. 3 Nr. 2)

182   Nach § 38 Abs. 3 Nr. 2 wird bestraft, wer entgegen Art. 14 lit. b (iVm Art. 8 Abs. 2) MAR einem Dritten empfiehlt, ein Insidergeschäft zu tätigen, oder einen Dritten dazu anstiftet. Strafbar macht sich derjenige, der über eine Insiderinformation verfügt und auf Grundlage dieser Information, Dritten empfiehlt, Finanzinstrumente, auf die sich die Informationen beziehen, zu erwerben oder zu veräußern, oder Dritte dazu anstiftet, einen solchen Erwerb oder eine solche Veräußerung vorzunehmen (Art. 8 Abs. 2 lit. a MAR) oder auf Grundlage dieser Information Dritten empfiehlt, einen Auftrag, der ein Finanzinstrument betrifft, auf die sich die Information bezieht, zu stornieren oder zu ändern, oder sie dazu anstiftet, eine solche Stornierung oder Änderung vorzunehmen (Art. 8 Abs. 2 lit. b MAR).

183   **1. Täter.** Anders als in § 38 Abs. 1 Nr. 2 aF kann Täter des § 38 Abs. 3 Nr. 2 grundsätzlich jedermann sein, der über eine Insiderinformation verfügt (→ Rn. 128) **(Allgemeindelikt)**. Die für die alte Gesetzesfassung wichtige Differenzierung zwischen Primär- und Sekundärinsider (vgl. die Vorauflage Rn. 5, 85 ff. mwN) spielt aufgrund der durch Art. 8 Abs. 4 MAR anhand eines subjektiven Elements getroffenen Unterscheidung beider Gruppen (→ Rn. 128) für den Vorsatz erfordernden Tatbestand des § 38 Abs. 3 keine Rolle mehr.

184   **2. Tathandlungen.** Tatbestandsmäßig nach § 38 Abs. 3 Nr. 2 iVm. Art. 14 lit. b, 8 Abs. 2 MAR ist es, Dritten zu empfehlen, Finanzinstrumente, auf die sich die Insiderinformation bezieht, zu erwerben oder zu veräußern oder sie hierzu anzustiften bzw. Dritten zu empfehlen, einen Auftrag, der ein Finanzinstrument betrifft, auf das sich die Information bezieht, zu stornieren oder zu ändern oder sie hierzu anzustiften.

185   **a) Gegenstand der Tathandlung.** Die Tathandlung muss sich entweder auf den **Erwerb bzw. die Veräußerung** eines Finanzinstruments (Art. 8 Abs. 2 lit. a MAR) oder auf die **Stornierung bzw. Änderung** eines Auftrags, der ein Finanzinstrument betrifft (Art. 8 Abs. 2 lit. b MAR), beziehen. Während nach altem Recht die Empfehlung, den Erwerb oder die Veräußerung eines Insiderpapiers zu unterlassen, nicht tatbestandsmäßig war (vgl. zB Fuchs/*Mennicke* § 14 Rn. 372 ff.; *Dreyling/Schäfer,* Insiderrecht und Ad-hoc-Publizität, Praxis und Entwicklungstendenzen, 2001, Rn. 36; *Park* JuS 2007, 621 (624)), ist nach neuer Rechtslage eine Empfehlung, den Erwerb oder die Veräußerung zu unterlassen, zumindest in jenen Fällen tatbestandsmäßig, in denen bereits ein Auftrag des Adressaten vorliegt und dieser storniert wird.

    Die Tathandlung muss darüber hinaus ein Finanzinstrument betreffen, auf die sich die Insiderinformation bezieht.

186   **b) Empfehlen und Anstiften. aa) Empfehlen (§ 38 Abs. 3 Nr. 2 Alt. 1).** Eine **Empfehlung** ist eine Erklärung, die ein bestimmtes Verhalten als für den Adressaten vorteilhaft herausstellt und die Verwirklichung dieses Verhaltens anrät (vgl. zB MüKoStGB/*Pananis* Rn. 138 mwN). Anders als im Falle des Art. 8 Abs. 1 MAR wird bei Art. 8 Abs. 2 MAR nicht die Insiderinformation als solche weitergeben, sondern das daraus abgeleitete Urteil über die (angebliche) Vorteilhaftigkeit (so Fuchs/*Mennicke* § 14 Rn. 369 zu § 14 aF). Der Begriff „empfehlen" kann wohl nicht dahingehend ausgelegt werden, dass der Adressat die Empfehlung tatsächlich befolgt (so auch *Göhler* ZIS 2016, 266 (270)). Strafbar ist deshalb bereits das bloße Tätigwerden des Täters (vgl. für das alte Recht zB *Dreyling/Schäfer,* Insiderrecht und Ad-hoc-Publizität, Praxis und Entwicklungstendenzen, 2001, Rn. 142).

187   **bb) Anstiften (§ 38 Abs. 3 Nr. 2 Alt. 2).** Neben dem Empfehlen ist auch die Anstiftung tatbestandsmäßig. Anders als § 14 Abs. 1 Nr. 3 aF verwendet die Marktmissbrauchsverordnung nicht den Begriff des Verleitens. Die in der deutschen Sprachfassung des Art. 8 Abs. 2 MAR verwendete Terminologie ist aufgrund der spezifischen Bedeutung des Rechtsbegriffs Anstiftung nicht unproblematisch (vgl. auch *Göhler* ZIS 2016, 266 (272)). Es wird wohl kein Anstiften im rechtstechnischen Sinne des Bestimmens zu einer vorsätzlichen, rechtswidrigen Tat gemeint sein, das hier zur Täterschaft qualifiziert wird, denn das würde voraussetzen, dass der Adressat Kenntnis von der Insiderinformation hat und diese bei der Transaktion nutzt, was, wie Art. 8 Abs. 3 MAR zeigt, gerade nicht notwendig der Fall ist.

In der Sache ist grundsätzlich nichts anderes gemeint als mit dem Begriff „verleiten", was auch der **188** Vergleich mit anderen Sprachfassungen zeigt, die den Wortlaut der RL 2003/06 unverändert übernommen haben (*Kudlich* AG 2016, 459 (462); *Poelzig* NZG 2016, 528 (533 f.)). Unter dieser Tathandlungsalternative kann deshalb – in Abgrenzung zum Empfehlen, das ein kommunikatives Einwirken voraussetzt – **jede sonstige Verhaltensweise verstanden werden, die ein bestimmtes Verhalten als derart vorteilhaft darstellt, dass sie den Willen beeinflussen kann** (Fuchs/*Waßmer* Rn. 57 zur alten Rechtslage). Der zu § 14 aF bestehende Streit, ob ein Verleiten einen über das Tätigwerden des Täters hinausgehenden „Erfolg" entweder in der Form des Hervorrufens eines Tatentschlusses zum Erwerb bzw. zur Veräußerung oder gar eine Transaktion des Adressaten voraussetzt (zum Streitstand vgl. Fuchs/*Waßmer* Rn. 57mwN), wird auch durch die neue Tatbestandsfassung nicht eindeutig gelöst. Der Begriff „anstiften" spricht aber ebenso wie der Begriff „verleiten" dafür, dass beim Adressaten zumindest ein Tatentschluss hervorgerufen werden muss (aA *Göhler* ZIS 2016, 266 (273 ff.): Vornahme eines Finanzgeschäfts). Hierfür kann auch angeführt werden, dass sonst für den auch hier strafbaren Versuch kaum ein Anwendungsbereich verbliebe. Andererseits entsteht durch diese Auslegung ein gewisser systematischer Widerspruch, da dann in einer Tathandlungsalternative weniger erforderlich ist als in der anderen. Allerdings ließe sich dies damit rechtfertigen, dass bei einem ausdrücklichen kommunikativen Verhalten ein Tätigwerden des Adressaten viel näher liegt als bei einem sonstigen Verhalten, dass uU nur einen inhärenten kommunikativen Gehalt aufweist (vgl. auch Erbs/Kohlhaas/*Wehowsky* Rn. 21).

c) Adressat der Empfehlung oder des Verleitens. Die Empfehlung oder das Verleiten muss ggü. **189** **einem anderen** erfolgen. „Anderer" in diesem Sinne ist jede natürliche oder auch juristische Person, die nicht mit dem Täter identisch ist. Tatbestandsmäßig sind nur Empfehlungen ggü. einem beschränkten Personenkreis, durch die die Information ihre Eigenschaft als Insiderinformation nicht verliert (Fuchs/*Mennicke* § 14 Rn. 378 mwN).

d) Auf der Grundlage einer Insiderinformation. Der Täter muss **auf der Grundlage** einer **190** **Insiderinformation** (→ Rn. 129 ff.) handeln. Dies bedeutet, dass die Insiderinformation kausal für eine Tathandlung geworden sein muss, was dann nicht der Fall ist, wenn der Täter auch aus anderen Gründen empfohlen oder angestiftet hätte (MüKoStGB/*Pananis* Rn. 146; Assmann/Schneider/*Assmann* § 14 Rn. 120). Anders als beim Tätigen von Insidergeschäften nach Art. 8 Abs. 1 S. 1 MAR reicht eine bloße Mitursächlichkeit nicht aus (Erbs/Kohlhaas/*Wehowsky* § 14 Rn. 20).

3. Tatbestandsausschluss. Auch im Rahmen des § 38 Abs. 3 Nr. 2 können die Ausschlusstatbestän- **191** de des Art. 5 Abs. 1 und Abs. 4, Art. 6 MAR eingreifen (→ Rn. 84 ff.).

4. Subjektiver Tatbestand. Ein Verstoß gegen § 38 Abs. 3 Nr. 2 setzt grundsätzlich ein vorsätzliches **192** Handeln voraus. Allerdings hat das Tatbestandsmerkmal „empfehlen" ein subjektiv-finales Moment, so dass hinsichtlich dieser Tathandlungsalternative **Absicht** erforderlich ist (KölnKomm WpHG/*Altenhain* Rn. 77; Erbs/Kohlhaas/*Wehowsky* Rn. 22; Fuchs/*Waßmer* Rn. 60; MüKoStGB/*Pananis* Rn. 140; Hellmann/Beckemper WirtschaftsStR Rn. 44; aA noch die Vorauflage Rn. 116). Im Hinblick auf die Tathandlungsalternative des „Anstiftens" besteht ein solches Begriffsverständnis nicht. Hier ist **Eventualvorsatz** ausreichend.

5. Unterlassen. Ein Verstoß gegen **§ 38 Abs. 3 Nr. 2** durch Unterlassen iSd § 13 StGB ist **aus- 193** **geschlossen,** da eine Empfehlung und eine Anstiftung zum Erwerb begriffsnotwendig ein aktives Tun voraussetzen (vgl. Fuchs/*Waßmer* Rn. 71). Auch hier sind aber Fälle einer Strafbarkeit auf Grundlage einer Geschäftsherrenhaftung denkbar (→ Rn. 114).

IV. Strafbares Offenlegen von Insiderinformationen (§ 38 Abs. 3 Nr. 3)

§ 38 Abs. 3 Nr. 3 stellt das Offenlegen von Insiderinformationen entgegen Art. 14 lit. c) (iVm **194** Art. 10) MAR unter Strafe. Nach dieser Strafvorschrift ist derjenige strafbar, der über eine Insiderinformation verfügt und diese gegenüber einer anderen Person offenlegt, es sei denn, die Offenlegung geschieht im Zuge der normalen Ausübung einer Beschäftigung oder eines Berufs oder der normalen Erfüllung von Aufgaben.

1. Täter. Auch im Rahmen des § 38 Abs. 3 Nr. 3 kommt als Täter grundsätzlich jeder in Betracht, **195** der über eine Insiderinformation verfügt (→ Rn. 129 ff.) **(Allgemeindelikt).** Die für das alte Recht wichtige Unterscheidung zwischen Primär- und Sekundärinsider ist aufgrund der durch Art. 8 Abs. 4 MAR anhand subjektiver Kriterien vorgenommenen Unterscheidung, auf die Art. 10 Abs. 1 UAbs. 2 MAR ausdrücklich Bezug nimmt, deshalb nicht mehr entscheidend (→ Rn. 128).

2. Tathandlung. Während die alte Rechtslage das tatbestandsmäßige Verhalten mit den Begriffen **196** „mitteilen" und „zugänglich machen" beschrieb, ist nach § 38 Abs. 3 Nr. 3 iVm Art. 14 lit. c, 10 MAR nun das unrechtmäßige Offenlegen einer Insiderinformation gegenüber einer anderen Person tatbestandsmäßig.

197   **a) Offenlegen.** Unter Offenlegung ist **jedes Verhalten zu verstehen, das die (erstmalige) Kenntnisnahme der Insiderinformation durch eine andere Person ermöglicht.** Auch nach neuem Recht ist es ebensowenig erforderlich, dass die Insiderinformation tatsächlich zur Kenntnis genommen wird sowie, dass die andere Person diese als solche erkannt hat (vgl. Fuchs/*Waßmer* Rn. 48 zum alten Recht). Damit ist einerseits jede aktive Informationsweitergabe, unabhängig von der Form, erfasst, mithin Handlungen, die unter das Tatbestandsmerkmal „mitteilen" iSd § 14 Abs. 1 Nr. 2 aF gefasst wurden. Zum anderen fällt unter den Begriff des Offenlegens aber auch jedes Tun, das die Kenntnisnahme durch einen Dritten lediglich ermöglicht, dieser also noch selbst tätig werden muss, um die Insiderinformation zu erlangen. Dies sind Fälle, die nach alter Rechtslage von dem Tatbestandsmerkmal „zugänglich machen" erfasst waren. Die zu § 14 Abs. 1 Nr. 2 aF vertretene Auffassung, dass vom Begriff des Zugänglichmachens auch das bewusste Unterlassen von Sicherungsmaßnahmen erfasst sei, ohne dass es hierfür eines Rückgriffs auf § 13 Abs. 1 StGB bedürfe (vgl. Fuchs/*Mennicke* § 14 Rn. 191 mwN), kann dagegen nicht mehr aufrechterhalten werden, da sie mit dem Wortlaut der Vorschrift nicht mehr vereinbar ist. „Offenlegen" ist mehr als jede kausale Schaffung einer Möglichkeit der Kenntnisnahme. Es muss deshalb eine Garantenstellung gegeben sein.

198   Eine Offenlegung scheidet dann aus, wenn die Information dem Adressaten bereits bekannt ist (MüKoStGB/*Pananis* Rn. 117; Assmann/Schneider/*Assmann* § 14 Rn. 70; aA Fuchs/*Mennicke* § 14 Rn. 195). Ist dem Mitteiler die Kenntnis des Adressaten unbekannt, kommt jedoch eine Strafbarkeit wegen (untauglichen) Versuchs in Betracht.

Nach **Art. 10 Abs. 2 MAR** ist der Tatbestand der unrechtmäßigen Offenlegung von Insiderinformationen auch dann erfüllt, wenn eine Person, der der Erwerb oder die Veräußerung eines Finanzinstruments empfohlen wurde oder die dazu angestiftet wurde (Art. 8 Abs. 2 MAR), einer anderen Person die Durchführung dieser Transaktion empfiehlt oder sie dazu anstiftet, obwohl sie weiß, dass die Empfehlung bzw. Anstiftung auf einer Insiderinformation beruht. Ähnlich wie bei Art. 8 Abs. 3 MAR ist damit für die Tatbestandsverwirklichung eine Kenntnis von der Insiderinformation selbst nicht erforderlich.

199   **b) Adressat der Offenlegung.** Die Offenlegung der Insiderinformation muss gegenüber einer anderen Person erfolgen. Grundsätzlich muss der Kreis der Personen, gegenüber dem die Information offengelegt wird, nicht abgegrenzt sein, solange die Information durch die Offenlegung nicht ihre Eigenschaft als Insiderinformation verliert, also nicht öffentlich bekannt (→ Rn. 134 ff.) wird (MüKoStGB/*Pananis* Rn. 116).

200   **c) Unrechtmäßige Offenlegung. aa) Grundsätze.** Aufgrund der Tatbestandsfassung des Art. 10 Abs. 1 UAbs. 1 MAR ist prinzipiell jede Offenlegung von Insiderinformationen unrechtmäßig, es sei denn, diese erfolgt im Zuge der **normalen Ausübung einer Beschäftigung oder eines Berufes oder der normalen Erfüllung von Aufgaben.** Ähnlich § 14 Abs. 1 Nr. 2 aF, nach dem die unbefugte Weitergabe tatbestandsmäßig war, verweist auch Art. 10 Abs. 1 UAbs. 1 MAR auf außerhalb des Tatbestandes liegende Normen, die Vorgaben für eine „normale" Ausübung eines Berufes bzw. die „normale" Erfüllung von Aufgaben geben. Der EuGH erkennt dabei grundsätzlich an, dass diesbezüglich auf jene Vorschriften zurückzugreifen ist, die die Ausübung eines Berufes bzw. die Erfüllung von Aufgaben in der betreffenden nationalen Rechtsordnung regeln (EuGH NJW 2006, 133 (135)). Dabei wird es sich aber nicht notwendig um Rechtsnormen handeln müssen. Einschränkend verlangt der EuGH allerdings, dass zwischen der Offenlegung und der Ausübung eines Berufs oder der Erfüllung einer Aufgabe ein **enger Zusammenhang** besteht und die Offenlegung für die Ausübung dieses Berufs bzw. für die Erfüllung dieser Aufgaben **unerlässlich** ist (EuGH NJW 2006, 133 (135)). Diese für den unionsierten Straftatbestand des § 38 Abs. 3 Nr. 3 grundsätzlich maßgebliche (→ Vorb. Rn. 26 ff.) und weiterhin gültige (*Poelzig* NZG 2016, 528 (534)) Auslegung mag man als sehr eng qualifizieren, sie ist aber noch mit Art. 103 Abs. 2 GG vereinbar (aA Fuchs/*Waßmer* Rn. 52). Letztlich kann die Frage nur einzelfallorientiert beantwortet werden (HK-KapMStrafR/*Hilgendorf* § 14 Rn. 168). Hierbei sind die nationalen Regelungen vor dem Hintergrund, dass jede zusätzliche Weitergabe die Gefahr vergrößern kann, dass die Insiderinformationen tatsächlich zum Tätigen eines Geschäfts genutzt werden, sowie unter Berücksichtigung der Sensibilität der Insiderinformation auszulegen (EuGH NJW 2006, 133 (135)). Sofern ein Fall rechtmäßiger Offenlegung vorliegt, ist die Pflicht zur Ad-hoc-Publizität nach Art. 17 Abs. 8 MAR zu beachten. Diese ist nach § 39 Abs. 3d Nr. 11 bußgeldbewehrt (→ § 39 Rn. 87).

201   **bb) Gesetzliche Offenlegungs- und Informationspflichten.** Eindeutige Fälle einer „unerlässlichen" und damit rechtmäßigen Offenlegung, sind solche, die aufgrund von Rechtsvorschriften erfolgen, die **Mitteilungs- und Informationspflichten** statuieren. Zu nennen sind hier insbes. die Vorschriften über die **Ad-hoc-Publizitätspflicht** nach Art. 17 MAR, §§ 15, 21 ff. Eine rechtmäßige Offenlegung liegt in diesen Fällen aber nur dann vor, wenn auch die für die Veröffentlichung geltenden Verfahrensvorschriften (§§ 3a–c und §§ 4 ff. WpAIV) eingehalten werden, was insbes. für Fälle relevant ist, in denen Insiderinformationen zur Herstellung einer Massenpublizität ohne Einhaltung dieser Vorschriften gegenüber Journalisten offengelegt werden (Assmann/Schneider/*Assmann* § 14 Rn. 101 f.;

Fuchs/*Waßmer* Rn. 53, *Sethe* ZBB 2006, 243 (252); aA Fuchs/*Mennicke* § 14 Rn. 221 f.; *H. Schneider* NZG 2005, 702 (704 ff.); *Cloppenburg/Kruse* WM 2007, 1109 (1113)). Als gesetzliche Offenlegungspflichten kommen auch in Betracht die gesetzlichen **Berichts- und Informationspflichten gegen-** **über dem Aufsichtsrat** nach den §§ 90 Abs. 1, 3, 170, 337 AktG, sofern die Insiderinformation tatsächlich in einem sachlichen Zusammenhang mit den Aufsichts- und Überwachungsfunktionen des Aufsichtsrates steht (Fuchs/*Mennicke* § 14 Rn. 234). Keinen Fall einer gesetzlichen Offenlegungspflicht normiert dagegen nach ganz hM § 131 Abs. 1 S. 1 AktG, nach dem jedem **Aktionär** auf Verlangen in der Hauptversammlung vom Vorstand Auskunft über Angelegenheiten der Gesellschaft zu geben ist (MüKoStGB/*Pananis* Rn. 121 mwN). Nicht unbefugt ist auch die Weitergabe von Informationen an den **Betriebsrat** in Personalangelegenheiten (§§ 80 Abs. 2, 92 BetrVG). Aufgrund der prozessualen Wahrheitspflicht nach **§ 138 ZPO** ist die Offenlegung einer Insiderinformation in einem Gerichts-verfahren zulässig, wenn dies zu einem vollständigen und wahrheitsgemäßen Sachvortrag erforderlich ist (Fuchs/*Mennicke* § 14 Rn. 229).

    cc) Marktsondierung. Nach Art. 11 Abs. 4 MAR ist die Offenlegung einer Insiderinformation   **202** auch dann als im Zuge der normalen Ausübung der Beschäftigung oder des Berufs oder der normalen Erfüllung der Aufgaben einer Person vorgenommen, mithin nicht unrechtmäßig, wenn sie im Verlauf einer Marktsondierung erfolgt (vgl. hierzu *Renz/Leibold* CCZ 2016, 157 (163 f.)). Marktsondierungen sind Übermittlungen von Informationen vor der Ankündigung eines Geschäfts an einen oder mehrere potentielle Anleger, um ihr Interesse an einem möglichen Geschäft und dessen Bedingungen sowie seinem Umfang und seiner preislichen Gestaltung abzuschätzen (Art. 11 Abs. 1 MAR). Eine **recht-** **mäßige Offenlegung** liegt nur dann vor, wenn der offenlegende Marktteilnehmer die im Hinblick auf die Weitergabe geltenden Voraussetzungen des **Art. 11 Abs. 5 UAbs. 1 lit. a–d MAR** beachtet. Er muss beim Empfänger der Information die Zustimmung einholen, dass er eine Insiderinformation erhält, er muss diesen darauf hinweisen, dass eine Nutzung der Insiderinformation für Insidergeschäfte untersagt ist und er muss den Empfänger darauf hinweisen, dass er zur Wahrung der Vertraulichkeit der Informa-tion verpflichtet ist. Nach **Art. 11 Abs. 5 UAbs. 2 MAR** bestehen zudem bestimmte Aufzeichnungs-und Dokumentationspflichten. Art. 11 MAR ist als Klarstellung bzw. Erweiterung von Art. 10 MAR konzipiert, so dass eine hiernach zulässige Offenlegung von Insiderinformationen zulässig bleibt, es sei denn, die Weitergabe erfolgt zu einem Sondierungszweck, dann sind die Voraussetzungen des Art. 11 MAR zu beachten (*Zetzsche* in Gebauer/Teichmann, Europäisches Privat- und Unternehmensrecht, 2015, § 7 C. Rn. 236). Konkretisiert werden die im Rahmen einer Marktsondierung einzuhaltenden Verfahrensvorschriften durch die auf Grundlage von Art. 11 Abs. 9 UAbs. 3 erlassene **Delegierte VO** **(EU) 2016/960** v. 17.5.2016 (ABl. 2016 L 160,29) und die auf Grundlage von Art. 11 Abs. 10 UAbs. 3 erlassene **Durchführungsverordnung (EU) 2016/959** v. 17.5.2016 (ABl. 2016 L 160, 23).

    dd) Sonstige Fälle. In Fällen, in denen **keine Rechtspflicht zur Offenlegung** besteht, ist im   **203** Einzelfall anhand der oben dargestellten Kriterien zu entscheiden, ob zwischen der Offenlegung und der Ausübung eines Berufs oder der Erfüllung einer Aufgabe ein enger Zusammenhang besteht und die Offenlegung für die Ausübung dieses Berufs bzw. für die Erfüllung dieser Aufgaben unerlässlich ist, so dass von einer Offenlegung im Zuge der „normalen" Ausübung eines Berufes oder der „normalen" Erfüllung von Aufgaben und mithin einer rechtmäßigen Offenlegung gesprochen werden kann.

    Innerhalb eines Unternehmens haben die zwischen den einzelnen Geschäftsbereichen geschaffe- **204** nen Vertraulichkeitsgrenzen zur Verhinderung von Interessenkonflikten (*chinese walls*) (Fuchs/*Mennicke* § 14 Rn. 247) zumindest eine indizielle Bedeutung für die Annahme, dass innerhalb dieser Geschäfts-bereiche eine Offenlegung unerlässlich ist. Dies zeigt schon die Regelung des Art. 9 Abs. 1 MAR, dessen Rechtsgedanke auch hier von Relevanz ist. Befugt ist die Weitergabe von Informationen **inner-** **halb der Organe** des Emittenten wie bspw. an andere Mitglieder des Vorstandes oder an andere Aufsichtsratsmitglieder im Rahmen ihres Aufgabenkreises, da diese nur dann ihre gesetzlichen Aufgaben wahrnehmen können, wenn sie über relevante Umstände innerhalb des Unternehmens umfassend informiert sind (Assmann/Schneider/*Assmann* § 14 Rn. 80; Fuchs/*Mennicke* § 14 Rn. 232). Bei der Informationsweitergabe **innerhalb eines Konzerns** wird die Weitergabe relevanter Informationen von einem abhängigen an ein herrschendes Unternehmen regelmäßig erlaubt sein, weil das herrschende Unternehmen nur so seine Leitungsfunktion wahrnehmen kann (so iErg auch Fuchs/*Mennicke* § 14 Rn. 254). Gleiches gilt für notwendige Informationsweitergaben iRd Konzernüberwachung (Fuchs/ *Mennicke* § 14 Rn. 254). Unzulässig ist hingegen die horizontale Informationsweitergabe zwischen einzelnen Tochtergesellschaften, da diese für die Konzernleitung nicht erforderlich ist (MüKoStGB/ *Pananis* Rn. 131 mwN). Auch die Informationsweitergabe an **Externe** kann im Einzelfall zulässig sein. Anerkannt ist zB die Informationsweitergabe an Hilfspersonen wie externe Berater soweit diese für die Erfüllung der übertragenen Aufgaben erforderlich ist (*BaFin* Emittentenleitfaden 2013, 41; Assmann/ Schneider/*Assmann* § 14 Rn. 97 ff.). Soweit zum alten Recht die im Rahmen einer Due-Diligence-Prüfung erfolgte Offenlegung von Insiderinformationen als zulässig erachtet wurde, wenn diese der Absicherung einer konkreten Erwerbsabsicht dient (*BaFin* Emittentenleitfaden 2013, 41; Fuchs/*Menni-* *cke* § 14 Rn. 298 ff.; *Hasselbach* NZG 2004, 1087) und dies auch für die Vorbereitung eines öffentlichen Erwerbs- oder Übernahmeangebots bejaht wurde (Fuchs/*Mennicke* § 14 Rn. 318 mwN), ist nach neuem Recht zu beachten, dass dies regelmäßig Fälle der Marktsondierung sein werden, so dass die Voraussetzungen des Art. 11 MAR zu beachten sind (Einzelheiten bei *Zetzsche* in Gebauer/Teichmann, Europäisches Privat- und Unternehmensrecht, 2015, § 7 C. Rn. 214 ff.). Ob der Dritte, an den die Information weitergegeben wird, einer gesetzlichen oder vertraglichen Verschwiegenheitpflicht unterliegt, ist irrelevant (Fuchs/*Waßmer* Rn. 51; *BaFin* Emittentenleitfaden 2013, 41).

205   **Unrechtmäßig** ist jedenfalls die private Weitergabe von Informationen (Fuchs/*Mennicke* § 14 Rn. 201), die Weitergabe im Wege der Vorab-Information ggü. Aktionärpools, Poolausschüssen und Großaktionären (Assmann/Schneider/*Assmann* § 14 Rn. 92), die Offenlegung gegenüber Analysten und Ratingagenturen (Assmann/Schneider/*Assmann* § 14 Rn. 104), die Weitergabe an Journalisten (MüKoStGB/*Pananis* Rn. 34) sowie Weitergabe von Insiderinformationen durch Anlageberater, Vermögensverwalter, Bankmitarbeiter etc an Kunden (MüKoStGB/*Pananis* Rn. 129; Fuchs/*Mennicke* § 14 Rn. 331 ff.).

206   **3. Tatbestandsausschluss.** Auch im Rahmen des Art. 10 Abs. 1 MAR kommt ein Tatbestandsausschluss nach Art. 21 MAR für die Offenlegung von Insiderinformationen durch Journalisten in Betracht (→ Rn. 68 ff.). Es gelten darüber hinaus die Ausschlustatbestände des Art. 5 Abs. 1 und Abs. 4, Art. 6 MAR (→ Rn. 84 ff.).

207   **4. Subjektiver Tatbestand.** Der Täter muss vorsätzlich handeln, wobei Eventualvorsatz ausreichend ist. Glaubt der Täter, die Offenlegung erfolge nicht unrechtmäßig, liegt ein Tatbestandsirrtum (§ 16 StGB) vor, der zum Ausschluss des Vorsatzes führt (HK-KapMStrafR/*Hilgendorf* § 14 Rn. 184).

208   **5. Unterlassen.** Eine Strafbarkeit wegen unechten Unterlassens kommt insbes. in Fällen in Betracht, in denen eine Pflicht zur Verhinderung von Straftaten anderer besteht (Geschäftsherrenhaftung → Rn. 114). Denkbar sind hier aber auch Fälle einer Garantenstellung aus Ingerenz wenn der gutgläubige Täter objektiv pflichtwidrig Insiderinformationen offenlegt und dies nach der Offenlegung erkennt.

V. Insiderdelikte bei der Versteigerung von Treibhausgasemissionszertifikaten (§ 38 Abs. 2)

209   **1. Allgemeines.** § 38 Abs. 2 stellt Verstöße gegen Art. 38–40 der VO (EU) Nr. 1031/2010 v. 12.11.2010 über den zeitlichen und administrativen Ablauf sowie sonstige Aspekte der Versteigerung von Treibhausgasemissionszertifikaten gemäß der RL 2003/87/EG des Europäischen Parlaments und des Rates über ein System für den Handel mit Treibhausgasemissionszertifikaten in der Gemeinschaft (**EU-Versteigerungsverordnung,** ABl. 2010 L 302, 1) unter Strafe. Nachdem die Europäische Union zur Reduzierung der Emission von Treibhausgasen ein europaweit geltendes **Emissions Tradings System** geschaffen hat, das die Berechtigung zum Ausstoß von Treibhausgasen vom Erwerb sog. Treibhausgasemissionszertifikate abhängig macht, werden solche Zertifikate nunmehr in einem in der **VO (EU) Nr. 1031/2010** geregelten **Versteigerungsverfahren** veräußert. In Deutschland werden die Zertifikate an der Europäischen Energiebörse (European Energy Exchange – EEX) in Leipzig gehandelt. Das von § 38 Abs. 2 erfasste Verhalten führt zwar nicht zu einer Benachteiligung anderer Marktteilnehmer, sondern des die Zertifikate ausgebenden Mitgliedstaats, das manipulative Verhalten ähnelt aber dem des § 38 Abs. 3, was eine Einordnung des Straftatbestandes unter die Insiderdelikte rechtfertigt (KölnKomm WpHG/*Altenhain* Rn. 85).

210   **2. Strafbarkeit nach § 38 Abs. 2 Nr. 1.** Nach § 38 Abs. 2 Nr. 1 macht sich strafbar, wer entgegen Art. 38 Abs. 1 UAbs. 1, auch iVm Abs. 2 oder Art. 40 VO (EU) Nr. 1031/2010 ein Gebot einstellt, ändert oder zurückzieht. Nach Art. 38 Abs. 1 UAbs. 1 VO (EU) Nr. 1031/2010 ist es Personen, die über eine Insiderinformation verfügen, grds. untersagt, unter Nutzung dieser Insiderinformation für eigene Rechnung oder im Auftrag von Dritten direkt oder indirekt für ein Auktionsobjekt, auf das sich die Information bezieht, ein Gebot einzustellen oder zurückzuziehen.

211   **a) Täter.** Täter des § 38 Abs. 2 Nr. 1 kann nach Art. 40 VO (EU) Nr. 1031/2010 neben den ausdrücklich in Art. 38 Abs. 2 VO (EU) Nr. 1031/2010 genannten Primärinsidern grds. **jedermann** sein, der über eine Insiderinformation verfügt. Dass Art. 40 VO (EU) Nr. 1031/2010 die Anwendbarkeit des Art. 38 VO (EU) Nr. 1031/2010 auch für Personen anordnet, die nicht wissen, sondern nur wissen müssten, dass es sich bei der Information um eine Insiderinformation handelt, ist iRd § 38 Abs. 2 wegen des grundsätzlichen Vorsatzerfordernisses (§ 15 StGB) nur für Täter von Bedeutung, die das Vorliegen einer Insiderinformation zumindest leichtfertig verkennen, da § 38 Abs. 6 auch leichtfertiges, aber nicht einfach fahrlässiges Handeln unter Strafe stellt (vgl. KölnKomm WpHG/*Altenhain* Rn. 88).

212   Soweit nach Art. 38 Abs. 1 UAbs. 1 VO (EU) Nr. 1031/2010 sowohl ein direktes als auch ein indirektes Handeln vom Tatbestand erfasst ist, werden damit keine über die Beteiligungsvoraussetzungen des § 25 StGB hinausgehenden Zurechnungsregeln geschaffen, die den Täterkreis des § 38 Abs. 2 Nr. 1 erweitern würden (vgl. hierzu KölnKomm WpHG/*Altenhain* Rn. 96 sowie → Rn. 161).

Zur Bestimmung des Begriffes der **Insiderinformation** ist in diesem Zusammenhang auf die 213
Legaldefinition des Art. 37 lit. a VO (EU) Nr. 1031/2010 zurückzugreifen, wonach eine Insiderinformation eine nicht öffentlich bekannte präzise Information ist, die direkt oder indirekt eines oder mehrere der Auktionsobjekte betrifft und die, wenn sie öffentlich bekannt würde, geeignet wäre, die Preisgebote zu beeinflussen. Für Personen, die mit der Ausführung von Geboten beauftragt sind, ist nach Art. 37 lit. a Hs. 2 VO (EU) Nr. 1031/2010 auch eine solche Information erfasst, die von einem Kunden mitgeteilt wurde und sich auf noch offene Gebote des Kunden bezieht, die präzise ist, die direkt oder indirekt ein oder mehrere Auktionsobjekte betrifft und die, wenn sie öffentlich bekannt würde, geeignet wäre, das Preisgebot erheblich zu beeinflussen. Der Begriff der Insiderinformation deckt sich damit im Wesentlichen mit dem des Art. 7 MAR, so dass auf die diesbezüglichen Ausführungen Bezug genommen werden kann (→ Rn. 129 ff.).

b) Tathandlung. Tathandlung ist das Einstellen, Ändern oder Zurückziehen eines Gebotes. Ein 214
Gebot ist nach der Legaldefinition des Art. 3 Nr. 5 VO (EU) Nr. 1031/2010 jedes Angebot in einer Versteigerung mit dem Ziel, eine gegebene Menge Zertifikate zu einem genannten Preis zu erwerben. Erfasst sind nur Gebote für **Auktionsobjekte**, dh für Zertifikate, die auf der Auktionsplattform im Wege standardisierter elektronischer Kontrakte gehandelt werden (Art. 4 Abs. 1 VO (EU) Nr. 1031/2010). Nachdem Art. 4 Abs. 3 VO (EU) Nr. 1031/2010 eine solche Standardisierung nur für die Versteigerung durch Mitgliedstaaten und nicht für den Handel auf dem Sekundärmarkt iSd Art. 1 Nr. 11 VO (EU) Nr. 1031/2010 vorsieht, regelt Art. 38 Abs. 1 VO (EU) Nr. 1031/2010 nur Gebote auf dem sog **Primärmarkt** (KölnKomm WpHG/*Altenhain* Rn. 86). Gehandelt werden Zertifikate auf dem Primärmarkt nach Art. 4 Abs. 3 VO (EU) Nr. 1031/2010 nur in Form sog Zwei-Tage-Spots oder Fünf-Tage-Futures. Nachdem gem. Art. 36 VO (EU) Nr. 1031/2010 die Art. 37–43 der Verordnung nur auf Zwei-Tage-Spots oder Fünf-Tage-Futures Anwendung finden, die keine Finanzinstrumente sind, und nach der Legaldefinition des Art. 3 Nr. 4 VO (EU) Nr. 1031/10 als Fünf-Tage-Futures Zertifikate eingestuft werden müssen, die als Finanzinstrumente versteigert werden, regelt § 38 Abs. 2 Nr. 1 WpHG nur strafbares Verhalten im Zusammenhang mit der Versteigerung von **Zwei-Tage-Spots** (zum Begriff vgl. die Legaldefinition in Art. 3 Nr. 3 VO (EU) Nr. 1031/2010). **Fünf-Tages-Futures** werden als Finanzinstrumente nach allgemeinen Regeln von § 38 Abs. 3 Nr. 1 erfasst (zu sich ergebenden Unterschieden in der Strafbarkeit vgl. KölnKomm WpHG/*Altenhain* Rn. 86).

Strafbar ist das **Einstellen, Ändern** oder **Zurückziehen** eines Gebotes. Die generelle Zulässigkeit 215
und ein Zeitfenster hierfür regelt Art. 6 Abs. 3 VO (EU) Nr. 1031/2010. Das Einstellen, Ändern oder Zurückziehen des Gebotes kann nach Art. 38 Abs. 1 VO (EU) Nr. 1031/2010 „direkt oder indirekt" erfolgen. Strafbar machen können sich also auch mittelbare Täter oder Mittäter (KölnKomm WpHG/ *Altenhain* Rn. 96). Ein Handeln für eigene Rechnung ist nach Art. 38 Abs. 1 VO (EU) Nr. 1031/2010 nicht erforderlich. Nach Art. 38 Abs. 3 VO (EU) Nr. 1031/2010 ist das Einstellen, Ändern oder Zurückziehen eines Gebotes in Erfüllung einer fällig gewordenen Verpflichtung nicht tatbestandsmäßig, wenn sich diese Verpflichtung aus einer Vereinbarung ergibt, die geschlossen wurde, bevor die betreffende Person in Besitz der Insiderinformation kam. Verboten nach Art. 38 Abs. 1 VO (EU) Nr. 1031/2010 und damit strafbewehrt nach § 38 Abs. 2 Nr. 1 ist nur das Einstellen, Ändern oder Zurückziehen eines Gebotes **unter Nutzung** einer Insiderinformation(→ Rn. 164 ff.).

3. Strafbarkeit nach § 38 Abs. 2 Nr. 2. Nach § 38 Abs. 2 Nr. 2 macht sich strafbar, wer als Person 216
nach Art. 38 Abs. 1 UAbs. 2 auch iVm Abs. 2 VO (EU) Nr. 1031/2010 entgegen Art. 39 lit. a VO (EU) Nr. 1031/2010 eine Insiderinformation (→ Rn. 129 ff.) weitergibt (§ 38 Abs. 2 Nr. 2 lit. a) oder entgegen Art. 39 lit b VO (EU) Nr. 1031/2010 die Einstellung, Änderung oder Zurückziehung eines Gebotes empfiehlt oder eine andere Person hierzu verleitet (§ 38 Abs. 2 Nr. 2 lit. b).

a) Täter. Taugliche Täter eines Verstoßes gegen § 38 Abs. 2 Nr. 2 sind nach Art. 38 Abs. 1 UAbs. 2 217
VO (EU) Nr. 1031/2010 nur **Primärinsider,** die als Mitglied eines Verwaltungs-, Leitungs- oder Aufsichtsorgans der Auktionsplattform, des Auktionators oder der Auktionsaufsicht, durch ihre Beteiligung am Kapital der Auktionsplattform, des Auktionators oder der Auktionsaufsicht, dadurch dass sie aufgrund ihrer Arbeit, ihres Berufs oder ihrer Aufgaben Zugang zu der betreffenden Information haben oder aufgrund von kriminellen Tätigkeiten über die Insiderinformation verfügen.

b) Tathandlung. § 38 Abs. 2 Nr. 2 lit. a bestraft die Weitergabe einer Insiderinformation, § 38 218
Abs. 2 Nr. 2 lit. b die Empfehlung der Einstellung, Änderung oder Zurückziehung eines Gebotes oder die Verleitung einer Person hierzu. Der Begriff der **Weitergabe** einer Information entspricht dem der Offenlegung iSd Art. 10 Abs. 1 MAR (→ Rn. 197 ff.), der des **Empfehlens** und **Verleitens** dem des Empfehlens und Anstiftens iSd Art. 8 Abs. 2 MAR (→ Rn. 186 ff.).

4. Subjektiver Tatbestand. § 38 Abs. 2 Nr. 2 erfordert vorsätzliches Handeln. Ein Verstoß gegen 219
§ 38 Abs. 2 Nr. 1 ist auch im Falle leichtfertigen Handelns strafbar (§ 38 Abs. 6).

5. Unterlassen. Auch im Rahmen des § 38 Abs. 2 kann eine Unterlassensstrafbarkeit insbes. im Fall 220
der Geschäftsherrenhaftung in Betracht kommen (→ Rn. 114).

D. Sonstige Fragen des Allgemeinen Teils des StGB

I. Zeitlicher Anwendungsbereich

221   Aufgrund der zahlreichen Novellierungen des WpHG (→ Vorb. Rn. 3 ff.) kann der Vorschrift des § 2 StGB besondere Bedeutung zukommen. Grds. bestimmt sich die Strafe nach § 2 Abs. 1 StGB nach dem Gesetz, das zur Zeit der Tat gilt. Wird die Strafdrohung während der Begehung der Tat geändert, so ist nach § 2 Abs. 2 StGB das Gesetz anzuwenden, das bei Beendigung der Tat gilt. Wird das Gesetz, das bei Beendigung der Tat gilt, vor der Entscheidung geändert, so ist nach § 2 Abs. 3 StGB das mildeste Gesetz anzuwenden, wobei die entsprechenden Rechtsnormen nicht abstrakt, sondern anhand der konkreten Fallkonstellation zu vergleichen sind (BGHSt 48, 373 (382 f.); Erbs/Kohlhaas/*Wehowsky* Rn. 37). Während die Prüfung des § 2 Abs. 3 StGB insbes. bei der Modifikation von Tatbestandsvoraussetzungen nicht unproblematisch ist (Stichwort „Unrechtskontinuität" → StGB § 2 Rn. 45 ff.), liegt ein eindeutiger Fall vor, wenn ein Straftatbestand nachträglich aufgehoben wird (MüKoStGB/*Schmitz* § 2 Rn. 27 mwN).

222   Die mit der Überführung des Tatbestandes der Marktmanipulation von § 88 Nr. 1 BörsG aF nach § 38 zusammenhängenden Fragen dürften keine Praxisrelevanz mehr haben (vgl. hierzu die Vorauflage Rn. 183). Von Bedeutung können aber uU die jüngst **durch das 1. FiMaNoG erfolgten Änderungen** des § 38 sein. Grundsätzlich gilt hier, dass trotz der Änderung der Marktmanipulations- und Insidertatbestände das „Wesen" der Delikte in ihrem Kern durch die Gesetzesänderung unberührt geblieben ist (vgl. BGHSt 26, 167 (172)), so dass eine Unrechtskontinuität zu bejahen ist und damit prinzipiell kein Raum für eine Anwendung des § 2 Abs. 3 StGB bleibt. Hierfür spricht auch, dass die Straftatbestände der Marktmanipulation und der Insiderdelikte bereits zuvor durch unionsrechtliche Vorgaben beeinflusst waren, die durch die Marktmissbrauchsverordnung im Wesentlichen fortgeschrieben werden. Zweifel können diesbezüglich allenfalls hinsichtlich des in § 20a Abs. 1 S. 1 Nr. 1 Alt. 2 aF enthaltenen echten Unterlassenstatbestands aufkommen, der sich so nicht in der Marktmissbrauchsverordnung findet, wenngleich nach hier vertretener Auffassung (→ Rn. 92), das Verschweigen von Informationen entgegen bestehender Rechtsvorschriften von Art. 12 Abs. 1 lit. b MAR erfasst sein kann.

223   Weitaus grundsätzlicher wird darüber hinaus eine Anwendung des § 2 Abs. 3 StGB auf alle jene vor dem 3.7.2016 begangenen Verstöße gegen Vorschriften des WpHG, die durch die MAR ersetzt wurden, behauptet. So seien zahlreiche Verweise im WpHG für einen Tag „ins Leere" gegangen, da das 1. FiMaNoG bereits am 2.7.2016 in Kraft getreten sei und dadurch zahlreiche Regelungen des WpHG außer Kraft gesetzt habe, die aber erst am 3.7.2016 durch Regelungen der Marktmissbrauchsverordnung ersetzt worden seien (vgl. Art. 39 Abs. 2 MAR). Dies habe zu einer Strafbarkeits- bzw. Ahndungslücke geführt, die wegen des lex-mitior-Grundsatzes eine ungewollte „Generalamnestie" im Kapitalmarktrecht bewirke (so *Rothenfußer* Börsen-Zeitung v. 7.7.2016, 13; *Rothenfußer/Jäger* NJW 2016, 2689). Diese Ansicht ist – insbes. auch wegen der Regelung des § 1 Abs. 1 Nr. 6 lit. e – durchaus diskussionswürdig. Die BaFin hat ihr freilich widersprochen (Börsen-Zeitung v. 13.7.2016, 13). Die besseren Gründe sprechen zumindest im Fall der Insiderdelikte, da es sich hier um eine statische Verweisung handelt (→ Rn. 126), gegen eine solche Ahndungslücke (ausführlich zum Problem *Klöhn* ZIP 2016, 1801; *Bergmann/Vogt* wistra 2016, 347). Es bleibt anzuwarten wie sich die Gerichte zum aufgezeigten Problem verhalten werden.

II. Räumlicher Anwendungsbereich

224   Die Straftatbestände des § 38 Abs. 1–3 sind im Inland unmittelbar bindendes Recht (Geltungsbereich), sie können aber auch auf Sachverhalte im Ausland anwendbar sein (Anwendungsbereich). Ob sie auf transnationale Sachverhalte anwendbar sind, richtet sich nach den §§ 3–9 StGB. Dieser Frage vorgelagert (vgl. KölnKomm WpHG/*Altenhain* Rn. 122 mwN) und von dieser strikt zu unterscheiden ist die nach dem Anwendungsbereich der von § 38 Abs. 1–3 referenzierten Verhaltensnormen, also der Art. 15, 12 und Art. 14, 8, 10 MAR sowie der Art. 38, 39 EU-Versteigerungsverordnung. An einer etwaigen Beschränkung des räumlichen Anwendungsbereichs dieser Vorschriften, partizipieren notgedrungen auch die auf sie verweisenden Straftatbestände (*Popp* wistra 2011, 169 (172)), weil ein Verstoß gegen die in Bezug genommenen Vorschriften gerade tatbestandliche Voraussetzung der Straftatbestände ist.

225   **1. Räumlicher Anwendungsbereich der Verhaltensnormen.** Gemäß Art. 2 Abs. 4 MAR „gelten" die Verbote und Anforderungen der Verordnung für Handlungen und Unterlassungen in der Union und in Drittländern, sofern sie sich auf die in Art. 2 Abs. 1, Abs. 2 MAR genannten Tatobjekte beziehen, die auf einem Handelsplatz innerhalb der EU gehandelt werden (vgl. Art. 3 Nr. 6–8 MAR) oder die dort zum Handel zugelassen sind bzw. für die dort ein Antrag auf Zulassung gestellt wurde. Dem räumlichen Anwendungsbereich der Marktmissbrauchsverordnung liegt das **Marktortprinzip** zugrunde (*Poelzig* NZG 2016, 528 (530 f.)). Es kommt damit für die Anwendbarkeit der Verbotstatbestände nicht darauf an, wo eine Handlung vorgenommen wurde bzw. im Falle des Unterlassens, wo sie hätte vorgenommen werden müssen, sondern ausschließlich darauf, ob das Tatobjekt in der

Union gehandelt wird. Ähnliches gilt für die Fälle des § 12. Hinsichtlich dieser Tatobjekte gelten die Verbotstatbestände der Marktmissbrauchsverordnung, sofern die dort genannten Waren, Emissionsberechtigungen und ausländischen Zahlungsmittel an einer inländischen Börse oder einem vergleichbaren Markt in einem anderen Mitgliedstaat der Europäischen Union oder in einem anderen Vertragsstaat des Abkommens über den Europäischen Wirtschaftsraum gehandelt werden. Die Verhaltensnormen der EU-Versteigerungsverordnung sind unmittelbar in den EU-/EWR-Staaten anwendbar, in denen die Primärmarktauktionen durchgeführt werden (Fuchs/*Waßmer* Rn. 165). Aufgrund dieser Regelungskonzeption war eine Vorschrift wie § 38 Abs. 5 aF (hierzu instruktiv *Popp* wistra 2011, 169) nicht mehr erforderlich.

2. Anwendbarkeit des deutschen Strafrechts. Ob das deutsche Strafrecht auf einen Verstoß der **226** durch § 38 Abs. 1–3 in Bezug genommenen Verhaltensnormen der Marktmissbrauchsverordnung bzw. der EU-Versteigerungsverordnung Anwendung findet, ist anhand der **§§ 3 ff. StGB** zu bestimmen. Nach § 3 StGB ist das deutsche Strafrecht insbes. anwendbar, wenn eine Tat im Inland begangen wird. Eine Tat ist nach § 9 Abs. 1 StGB an jedem Ort begangen, an dem der Täter gehandelt hat oder im Falle des Unterlassens hätte handeln müssen oder an dem der zum Tatbestand gehörende Erfolg eintritt. Eine Anwendbarkeit des deutschen Strafrechts kann weiterhin nach § 7 StGB begründet sein, wobei für die Fälle des § 38 lediglich § 7 Abs. 2 Nr. 1 StGB Bedeutung erlangen kann.

Im Falle der **Marktmanipulation** (§ 38 Abs. 1) ist das deutsche Strafrecht jedenfalls dann anwendbar, **227** wenn die Preiseinwirkung im Inland bewirkt wird, dh auf den inländischen Börsen- oder Marktpreis eines Tatobjekts einwirkt (§ 38 Abs. 1 lit. a). Wo die Manipulationshandlung vorgenommen wird, ist unerheblich. Gleiches gilt für die Einwirkung auf die Berechnung eines Referenzwertes (§ 38 Abs. 1 lit. d). Wird die Preiseinwirkung nicht im Inland, sondern in einem anderen Mitgliedstaat der Europäischen Union oder in einem anderen Vertragsstaat des Abkommens über den Europäischen Wirtschaftsraum bewirkt, ist das deutsche Strafrecht anwendbar, wenn der Täter im Inland gehandelt hat (§ 9 Abs. 1 StGB) oder – sofern der Handlungsort im Ausland liegt – wenn der Täter zur Zeit der Tat Deutscher war oder nach der Tat geworden ist (§ 7 Abs. 2 Nr. 1 StGB). Nach aA soll in diesen Fällen das deutsche Strafrecht unabhängig vom Vorliegen der Voraussetzungen der §§ 3 ff. StGB anwendbar sein, da § 38 Abs. 1 ausdrücklich auch Taterfolge im EU-/EWR-Ausland einbezieht (Fuchs/*Waßmer* Rn. 175; Schröder KapitalmarktStrafR-HdB Rn. 618; wie hier KölnKomm WpHG/*Altenhain* Rn. 124). Allein die Einbeziehung dieser Taterfolge in den Tatbestand bedeutet aber nicht notwendig, dass sie auch sonst wie Inlandserfolge zu behandeln sind. Auch Art. 10 Abs. 1 CRIM-MAD verlangt dies nicht.

Im Falle des **Insiderhandels** (§ 38 Abs. 3), der sich dem Gefährdungsdelikt ist, ist das deutsche **228** Strafrecht jedenfalls anwendbar, wenn der Täter im Inland gehandelt hat (§ 9 Abs. 1 StGB). Dies erfordert, dass er zumindest eine auf die Tatbestandsverwirklichung gerichtete Tätigkeit vornimmt (Einzelheiten → StGB § 9 Rn. 10 ff.). Darüber hinaus kann nach zT vertretener Auffassung eine Anwendbarkeit des deutschen Strafrechts auch bei abstrakten Gefährdungsdelikten durch einen „Erfolgsort" begründet werden, wenn die Tat ihre Gefährlichkeit im Hinblick auf das vom Tatbestand umschriebene Rechtsgut auch im Inland entfalten kann (vgl. zB BGHSt 46, 212 (220 ff.); Einzelheiten → StGB § 9 Rn. 19 f.). Das wird zu Recht kritisch gesehen (vgl. nur MüKoStGB/*Böse* StGB § 9 Rn. 11 ff. mwN). Bei Handlungen im Ausland kann deshalb nur unter den Voraussetzungen des § 7 Abs. 2 Nr. 1 StGB eine Anwendbarkeit des deutschen Strafrechts begründet werden (Fuchs/*Waßmer* § 38 Rn. 173; aA die Vorauflage Rn. 186). Diese Grundsätze gelten auch für die **Verstöße gegen die EU-Versteigerungsverordnung** (§ 38 Abs. 2).

III. Täterschaft und Teilnahme

Für die Täterschaft und Teilnahme gelten für § 38 Abs. 1–3 die allgemeinen Regeln der §§ 25 ff. **229** StGB. Insbes. kommt auch eine Tatbegehung in Mittäterschaft (§ 25 Abs. 2 StGB) und mittelbarer Täterschaft (§ 25 Abs. 1 S. 2 StGB) in Betracht. Bei der Teilnahme können sich Besonderheiten ergeben hinsichtlich der Strafbarkeit berufstypischen Verhaltens als Beihilfe (§ 27 StGB).

1. Täterschaft. Bei den Straftatbeständen des § 38 Abs. 1, 3 handelt es sich um Allgemeindelikte **230** (→ Rn. 18, 128). Da die strafbaren Insiderdelikte eine Unterscheidung zwischen Primär- und Sekundärinsidern nicht mehr kennen, spielen die zum alten Recht diskutierten Besonderheiten deshalb keine Rolle mehr (vgl. hierzu KölnKomm WpHG/*Altenhain* Rn. 152).

Eine **mittelbare Täterschaft** kann vor allem in Fällen vorliegen, in denen der Hintermann ein **231** vorsatzlos handelndes Werkzeug zur Tatbegehung einsetzt (Fuchs/*Waßmer* Rn. 184). So kann der mittelbare Täter bei Art. 12 Abs. 1 lit. c MAR einen Dritten, der nicht weiß, dass eine Information wahrscheinlich irreführende Signale gibt, zum Verbreiten der Information einsetzen. Zu denken ist auch an mittelbare Täterschaft kraft Organisationsherrschaft, die nach der Rechtsprechung auch in Wirtschaftsunternehmen vorliegen kann (→ StGB § 25 Rn. 55 ff.). Soweit die Insiderdelikte auch einen indirekten Erwerb erfassen, setzt dies die Zurechnungsvoraussetzungen des § 25 StGB nicht außer Kraft (→ Rn. 161).

232   Eine **Mittäterschaft** ist unter den Voraussetzungen des § 25 Abs. 2 StGB möglich. Es müssen ein Tatplan und eine gemeinschaftliche Tatbegehung vorliegen. Besonderheiten bestehen im Falle der Entscheidung von **Kollegialorganen** (→ StGB § 25 Rn. 116 ff.).

233   **2. Teilnahme.** Im Hinblick auf die **Anstiftung** bestehen bei der Marktmanipulation prinzipiell keine Besonderheiten. Die Probleme, die sich hinsichtlich der Insiderdelikte aufgrund der nach altem Recht bei § 38 Abs. 1 aF bestehenden Unterscheidung zwischen Primär- und Sekundärinsidern ergaben, stellen sich so nicht mehr. Die für den Fall, dass ein Sekundärinsider einem Dritten eine Insiderinformation offenlegt und dieser die Information für eine Transaktion nutzt, vertretene Auffassung, dass der Sekundärinsider nicht nach § 38 Abs. 1 Nr. 1 aF iVm § 26 StGB wegen Anstiftung zum Insiderhandel strafbar sein könne, hat damit jede Berechtigung verloren (s. hierzu zB KölnKomm WpHG/*Altenhain* Rn. 153; Schröder KapMarktStrafR-HdB Rn. 345). Für terminologische Verwirrung sorgt eine Anstiftung zur Straftat nach § 38 Abs. 3 Nr. 2 Alt. 2, da es sich hierbei um eine „Anstiftung zur Anstiftung, ein Insidergeschäft zu tätigen" handelt.

234   Von Relevanz können im Rahmen der **Beihilfe** zu § 38 Abs. 1–3 insbes. Fragen der Straflosigkeit berufstypischen Verhaltens werden. Dies kann zum Beispiel von Bedeutung sein, wenn ein Bankangestellter den Auftrag eines Kunden ausführt, Finanzinstrumente zu veräußern oder zu erwerben und es sich dabei um ein Insidergeschäft handelt. Die Lösung derartiger Fälle ist umstritten (Einzelheiten → StGB § 27 Rn. 15 ff.). Insbes. im Rahmen des § 38 dürfte aber mehr für eine Lösung auf Grundlage von subjektiven Kriterien sprechen, da die mit der Tatbestandsverwirklichung einhergehenden Transaktionen auf dem Kapitalmarkt regelmäßig nichts von legalen Transaktionen unterscheidet (KölnKomm WpHG/*Altenhain* Rn. 154).

IV. Vollendung, Beendigung, Versuch und Rücktritt

235   **1. Vollendung, Beendigung.** Die Marktmanipulation **(§ 38 Abs. 1)** ist zu dem Zeitpunkt vollendet, zu dem es zu einer Preiseinwirkung gekommen ist. Das hängt maßgeblich von der Art des Preisfeststellungsverfahrens (→ Rn. 100) ab. Beendet ist die Tat erst, wenn die Preiseinwirkung abgeschlossen ist (MüKoStGB/*Pananis* Rn. 251). Das wird maßgeblich von der Art und Ausführung der Manipulationshandlung abhängen. Bei handelsgestützten Manipulationen können Voll- und Beendigungszeitpunkt deshalb zusammenfallen, während bei der informationsgestützten Manipulation der Beendigungszeitpunkt auch lange nach der Tathandlung und einer (ersten) kausal und objektiv zurechenbar verursachten Preiseinwirkung liegen kann.

236   Das strafbare Tätigen eines Insidergeschäfts **(§ 38 Abs. 3 Nr. 1)** ist mit dem Abschluss des Verpflichtungsgeschäfts, bei dem durch die vertragliche Gestaltung sichergestellt ist, dass der Insider seinen erwarteten Gewinn ohne weiteres Zutun des Vertragspartners auch realisieren kann (→ Rn. 156), vollendet und mit der Änderung der dinglichen Rechtslage beendet (MüKoStGB/*Pananis* Rn. 250). Erlangt der Täter keine dingliche Berechtigung am Tatobjekt, ist die Tat beendet, sobald er diese weiter veräußert hat (MüKoStGB/*Pananis* Rn. 250).

237   Im Falle der Empfehlung, ein Insidergeschäft zu tätigen, oder der Anstiftung hierzu **(§ 38 Abs. 3 Nr. 2)** ist die Tat vollendet, sobald der Täter sein auf eine Willensbeeinflussung gerichtetes Verhalten abgeschlossen hat (MüKoStGB/*Pananis* Rn. 250). Die unrechtmäßige Offenlegung einer Insiderinformation **(§ 38 Abs. 3 Nr. 3)** ist vollendet, wenn der Täter alles getan hat, damit der Dritte die Möglichkeit hat, die Insiderinformation zur Kenntnis zu nehmen. Beendet ist die Tat, sobald er tatsächlich Kenntnis erlangt.

238   **2. Versuch.** Der Versuch der Straftaten nach § 38 Abs. 1–3 ist nicht stets strafbar (§§ 23 Abs. 1, 12 Abs. 2 StGB). Eine ausdrückliche Anordnung einer Versuchsstrafbarkeit enthält § 38 Abs. 4 WpHG hinsichtlich der Straftatbestände des § 38 Abs. 1 Nr. 2, Abs. 2, 3. Diese Anordnung setzt die Vorgabe aus Art. 6 Abs. 2 CRIM-MAD um. Voraussetzung einer Versuchsstrafbarkeit ist, dass das Delikt nicht vollendet ist, der Täter einen Tatentschluss (→ StGB § 22 Rn. 22 ff.) hatte und unmittelbar zur Tat angesetzt hat (→ StGB § 22 Rn. 35 ff.).

239   Im Falle des **§ 38 Abs. 1** kommt eine Versuchsstrafbarkeit in Betracht, wenn es nicht zu einer (kausalen/objektiv zurechenbaren) Preiseinwirkung kommt. Der Täter setzt spätestens mit Erteilung eines Handelsauftrages unmittelbar zur Tat an. Im Falle der informationsgestützten Manipulation ist ein unmittelbares Ansetzen spätestens zu bejahen, wenn der Täter eine Information so weitergibt, dass mit der Verbreitung an einen unbestimmten Personenkreis auch ohne sein weiteres Zutun zu rechnen ist. Bei **§ 38 Abs. 3 Nr. 1** fehlt es an einer Vollendung, wenn der Erwerbs- oder Veräußerungsvorgang nicht durchgeführt wird. Ein untauglicher Versuch liegt vor, wenn der Täter glaubt eine Insiderinformation zu nutzen, obwohl diese bereits öffentlich bekannt ist. Für ein unmittelbares Ansetzen genügt hier die Erteilung einer Kauf- oder Verkaufsorder (KölnKomm WpHG/*Altenhain* Rn. 79; Schröder KapMarktStrafR-HdB Rn. 315). An der Vollendung mangelt es bei **§ 38 Abs. 3 Nr. 2 Alt. 2** (nach hier vertretener Auffassung → Rn. 188), wenn ein Tatentschluss beim Adressaten nicht hervorgerufen wird. Besonderheiten hinsichtlich des unmittelbaren Ansetzens bestehen im Falle des unechten Unterlassens

(→ StGB § 22 Rn. 84 ff.). Dies hat insbes. Relevanz für die durch § 38 in Bezug genommenen Art. 12 Abs. 1 lit. b und Art. 10 Abs. 1 MAR.

3. Rücktritt. Damit der persönliche Strafaufhebungsgrund des § 24 StGB eingreift, darf der Versuch **240** nicht fehlgeschlagen sein (→ StGB § 24 Rn. 11 ff.). Dies ist bei der Marktmanipulation insbes. dann der Fall, wenn der Markt auf die handels-, informations- oder handlungsgestützten Manipulationen nicht reagiert, weil er sie durchschaut, und es deshalb nicht zu einer Preiseinwirkung kommt. Bei der unrechtmäßigen Offenlegung einer Insiderinformation liegt ein fehlgeschlagener Versuch vor, wenn der Adressat die Information bereits kennt.

Der Unterscheidung zwischen beendetem und unbeendetem Versuch (→ StGB § 24 Rn. 30 ff.) **241** dürfte bei der Marktmanipulation untergeordnete Bedeutung zukommen, da der Täter regelmäßig mit der Vornahme einer Manipulationshandlung alles zur Tatbestandsverwirklichung Erforderliche getan hat und er davon aus selbst ausgehen wird. Gleiches gilt für das Tätigen von Insidergeschäften, bei dem der Täter mit Erteilung einer Order alles Erforderliche zur Tatbestandsverwirklichung getan hat. Regelmäßig wird vom Täter deshalb verlangt werden, dass er die Vollendung der Tat aktiv verhindert (§ 24 Abs. 1 Alt. 2 StGB), zB indem er eine manipulative Order bzw. eine Order die durch Nutzung einer Insiderinformation erteilt wurde, zurücknimmt. Bei der informationsgestützten Marktmanipulation muss er Informationen, die irreführende Signale geben, richtig stellen.

V. Rechtswidrigkeit und Schuld

Im Hinblick auf Rechtswidrigkeit und Schuld ergeben sich keine Besonderheiten. Die hier darge- **242** stellten Sondervorschriften für Rückkaufprogramme, Stabilisierungsmaßnahmen, Marktsondierungen, zulässige Marktpraxen und die Tätigkeit von Journalisten führen allesamt bereits zum Tatbestandsausschluss. Allgemeine Rechtfertigungsgründe können kaum in Betracht kommen. Eine Rechtfertigung nach § 34 StGB ist zumindest theoretisch denkbar (Fuchs/*Waßmer* Rn. 205). Auch eine Einwilligung kommt nicht in Betracht, da die geschützten Rechtsgüter nicht zur Disposition des Einzelnen stehen.

Grundsätzlich denkbar ist eine Entschuldigung des Tätes gem. § 35 StGB. Als Entschuldigungsgrund **243** kommt weiterhin der unvermeidbare Verbotsirrtum in Betracht, wenngleich es kaum Fälle geben dürfte, in denen der Täter die strengen Voraussetzungen, die an die Unvermeidbarkeit gestellt werden, erfüllt (Einzelheiten → StGB § 17 Rn. 9 ff.). Der Bundesgerichtshof verlangt insbes. von berufsmäßig am Börsengeschäft beteiligten Personen, sich stets über die gültige Rechtslage und die hierzu ergangene Rechtsprechung zu informieren (BGH NJW 2011, 3664 (3666)). Damit dürften aber keine, über die sonst im Rahmen des § 17 StGB gestellten Anforderungen hinausgehenden, besonderen Voraussetzungen formuliert worden sein.

E. Rechtsfolgen der Tat

I. Strafe und Strafzumessung

Verstöße gegen § 38 werden bei einem vorsätzlichen Handeln mit **Freiheitsstrafe** bis zu fünf Jahren **244** oder mit **Geldstrafe** geahndet (§ 38 Abs. 1–3). Im Falle leichtfertiger Verstöße gegen § 38 Abs. 2 Nr. 1 kann die Tat mit Freiheitsstrafe bis zu einem Jahr oder mit Geldstrafe geahndet werden (§ 38 Abs. 6). Die schwere Marktmanipulation wird mit Freiheitsstrafe von einem Jahr bis zu zehn Jahren bestraft (§ 38 Abs. 5).

Im Rahmen der **Strafzumessung** können bei der Marktmanipulation folgende Gesichtspunkte eine **245** Rolle spielen: Gewichtigster Strafzumessungsgesichtspunkt ist der durch die manipulative Einwirkung auf das Marktgeschehen erzielte Spekulationsgewinn. Weiterhin kann der Umfang des finanziellen und organisatorischen Aufwands, der Anhaltspunkt für die kriminelle Energie des Täters ist, Berücksichtigung finden und uU selbst bei Manipulationen, durch die kein Gewinn erzielt wurde, zu Strafen führen, die mindestens im mittleren Bereich des Strafrahmens liegen (BGH NJW 2011, 3664 (3667)). Strafschärfend ist zu berücksichtigen, wenn der Täter besonderes Vertrauen in der Öffentlichkeit in Anspruch nimmt, zB als Vorstandsmitglied einer angesehenen Anlegerschutzorganisation (BGH NJW 2011, 3664 (3667)). Beim Insiderhandel kann ein zweckgerichtetes Handeln des Insiders in der Absicht, einen Vorteil zu erzielen (vgl. Begr. RegE AnSVG BT-Drs. 15/3174, 34) im Rahmen der Strafzumessung Berücksichtigung finden.

II. Sonstige Rechtsfolgen

1. Verfall. Das aus der Straftat oder für die Straftat Erlangte unterliegt dem **Verfall** (§§ 73 ff. StGB). **246** Bei § 38 Abs. 1 soll bei einer informationsgestützten Marktmanipulation nach hM ein Verfall regelmäßig nicht in Betracht kommen, da aus der Tat selbst – dem Verbreiten von Informationen – nichts unmittelbar erlangt worden und das Ausnutzen des künstlichen Preisniveaus kein tatbestandsmäßiges

Verhalten sei (MüKoStGB/*Pananis* Rn. 255; Fuchs/*Waßmer* Rn. 226; HK-KapMStrafR/*Sorgenfrei* §§ 38, 39 Rn. 300 jew. mwN; vgl. dagegen Assmann/Schneider/*Vogel* Rn. 95; KölnKomm WpHG/ *Altenhain* Rn. 161; *Trüg* NJW 2014, 1346 (1348)). Bei der handelsgestützten Marktmanipulation sind die durch den Täter veranlassten Transaktionen selbst tatbestandsmäßig. Im Falle effektiver Geschäfte soll nach hM deshalb alles, was dem Täter aufgrund dieser Geschäfte unmittelbar zufließt, insbes. also der gesamte Verkaufserlös erlangt sein (BGH NJW 2014, 1399, 1402 f.; OLG Stuttgart NJW 2011, 3667 (3670); *Woodtli* NZWiSt 2012, 51 (55); Fuchs/*Waßmer* Rn. 227 mwN; aA *Kudlich* JZ 2014, 746 (748); HK-KapMStrafR/*Sorgenfrei* §§ 38, 39 Rn. 300). Auf Grundlage dieser hM scheidet ein Verfall bei fiktiven Geschäften aus (MüKoStGB/*Pananis* Rn. 256).

247   Im Rahmen des **§ 38 Abs. 3 Nr. 1** sollen diese Grundsätze dagegen nicht gelten. Anders als bei Marktmanipulation, bei der die Transaktion an sich verboten ist, ist bei § 38 Abs. 3 Nr. 1 WpHG lediglich die Art und Weise des unter Nutzung einer Insiderinformation vorgenommenen Geschäfts „bemakelt" (*Waßmer* HRRS 2014, 336 (340)). Aus dem Insidergeschäft soll der Täter deshalb nach hM nicht den Verkaufserlös oder die erworbenen Finanzinstrumente erlangt haben, sondern lediglich den durch Nutzung der Insiderinformation verwirklichten „Sondervorteil" (BGH NJW 2010, 882 (884); OLG Stuttgart NStZ 2016, 28; *Hohn* wistra 2003, 321 (323); *Kudlich/Noltensmeier* wistra 2007, 121 (123 f.); MüKoStGB/*Pananis* Rn. 254 mwN). Er bemisst sich aus der Differenz zwischen dem tatsächlich erzielten Verkaufserlös und dem hypothetischen Verkaufserlös, der erzielt worden wäre, wenn der Markt die Insiderinformation aufgenommen und „eingepreist" hätte (vgl. *Vogel* JZ 2010, 370 (372)). Entsprechendes gilt für **§ 38 Abs. 2 Nr. 1.** Bei Verstößen gegen **§ 38 Abs. 3 Nr. 2, Nr. 3** kommt ein Verfall primär dann in Betracht, wenn der Täter für die Tat zB eine Belohnung erhalten hat (Fuchs/ *Waßmer* Rn. 225).

248   Die von der hM vertretene Auffassung, dass **§ 73 Abs. 1 S. 2 StGB,** wonach eine Verfallsanordnung ausscheidet, wenn ein Verletzter der Straftat aus der Tat einen Anspruch erlangt hat, dessen Erfüllung dem Täter oder Teilnehmer den Wert des aus der Tat Erlangten entziehen würde, nicht auf § 38 anwendbar ist, da es aufgrund des durch § 38 geschützten kollektiven Rechtsguts einen unmittelbar Geschädigten nicht gebe (vgl. die Vorauflage Rn. 191 mwN), ist in dieser Pauschalität nicht aufrechtzuerhalten. Der Bundesgerichtshof hat entschieden, dass deliktische Ansprüche Dritter, die aus dem strafbaren Verhalten entstanden sind, grundsätzlich ausreichend sind, um den Verfall auszuschließen, da der Dritte zumindest insoweit Verletzter iSd § 73 Abs. 1 S. 2 StGB sei (BGH NStZ 2010, 326; Einzelheiten → StGB § 73 Rn. 59 ff.).

249   **2. Berufsverbot, börsenrechtliche Sanktionen.** Bei Straftaten nach § 38 kann als Maßregel der Sicherung und Besserung ein Berufsverbot (§§ 70 ff. StGB) verhängt werden. Zudem sind börsenrechtliche Sanktionen nach den §§ 19 ff. BörsG denkbar (MüKoStGB/*Pananis* Rn. 257).

250   **3. Geldbuße.** Hat ein Vertreter eines Wertpapierunternehmens Straftaten nach § 38 begangen, kommt eine **Geldbuße nach § 30 OWiG** in Betracht, wenn das Unternehmen selbst treffende Pflichten verletzt wurden (Erbs/Kohlhaas/*Wehowsky* Rn. 39). Denkbar ist auch eine Bußgeldverantwortlichkeit wegen Verletzung der Aufsichtspflicht gem. **§ 130 OWiG** (Erbs/Kohlhaas/*Wehowsky* Rn. 39; Fuchs/*Waßmer* Rn. 236).

F. Konkurrenzen

251   Im Falle des **§ 38 Abs. 1** ist **Tateinheit** mit **§ 263 StGB** (Betrug), **§ 264a StGB** (Kapitalanlagebetrug), **§ 16 UWG** (strafbare Werbung), **§ 331 HGB, §§ 399 f. AktG, § 82 GmbHG, § 313 UmwG** (unrichtige Darstellung und falsche Angaben) und **§ 49 BörsG** (Verleitung zu Börsenspekulationsgeschäften) denkbar (vgl. weiter *Schröder* KapMarktStrafR-HdB Rn. 620, 713, 874 sowie 972; Erbs/ Kohlhaas/*Wehowsky* Rn. 40).

252   Tateinheit ist möglich zwischen einem Verstoß gegen **§ 38 Abs. 3 Nr. 1 und §§ 263, 13 StGB** (Betrug), sofern der Täter nach allgemeinen strafrechtlichen Regeln verpflichtet ist, sein Gegenüber darüber aufzuklären, dass er unter Verwendung einer Insiderinformation handelt und dem anderen dadurch ein Schaden entsteht. Ein solcher Schaden liegt nicht bereits deshalb vor, weil der Vertragspartner bei Kenntnis der wahren Sachlage das Geschäft nicht oder nicht zu diesen Konditionen abgeschlossen hätte, sondern es muss im Wege einer Gesamtsaldierung festgestellt werden, ob die irrtumsbedingte Verfügung im Vermögen des Geschädigten zu einer Vermögensminderung geführt hat, die nicht durch eine äquivalente Vermögenszuwachs ausgeglichen wird (vgl. hierzu allgemein Fischer StGB § 263 Rn. 71 ff.). Tateinheit ist auch zwischen **§ 38 Abs. 3 Nr. 1 und § 266 StGB** (Untreue) denkbar, falls dem Geschädigten ein Vermögensnachteil entsteht und den Täter eine Vermögensbetreuungspflicht ggü. dem Geschädigten trifft (zu diesem Erfordernis allgemein Fischer StGB § 266 Rn. 18). Tateinheit besteht auch zwischen **§ 38 Abs. 3 Nr. 3** und den Straftatbeständen, die vor der **Verletzung von Geheimnispflichten** schützen wie zB **§ 404 AktG, § 332 HGB, §§ 203, 204 StGB, § 151 GenG, § 85 GmbHG, § 315 UmwG, § 17 UWG.**

G. Verjährung

Straftaten nach § 38 Abs. 1–3 verjähren im Falle eines vorsätzlichen Handelns nach fünf Jahren (§ 78 **253** Abs. 3 Nr. 4 StGB), leichtfertige Verstöße gegen § 38 Abs. 2 Nr. 1 (§ 38 Abs. 6) nach drei Jahren (§ 78 Abs. 3 Nr. 5 StGB) und Straftaten nach § 38 Abs. 5 nach zehn Jahren (§ 78 Abs. 3 Nr. 3 StGB) nach Beendigung der Tat (§ 78a S. 1 StGB). Stellen Verstöße gleichzeitig ein Presseinhaltsdelikt dar, finden die presserechtlichen Verjährungsvorschriften der Landespressegesetze Anwendung, die idR eine Verjährungsfrist von 6 Monaten vorsehen (KölnKomm WpHG/*Altenhain* Rn. 40; s. aber BGH NStZ 2014, 581 (582)). IÜ gelten die allgemeinen Vorschriften zur Verjährungsunterbrechung (§ 78c StGB).

H. Besonderheiten im Ermittlungsverfahren

Im Rahmen von Strafverfahren, die mögliche Verstöße gegen § 38 zum Gegenstand haben, gelten **254** einige Besonderheiten, die in § 40a geregelt sind. Die Bestimmung betrifft (eingeschränkte) **Beteiligungsrechte** (Abs. 1–3) der und **Mitteilungspflichten** (Abs. 4 und 5) ggü. der BaFin (s. weiter Assmann/Schneider/*Vogel* § 40a Rn. 2; zur Gesetzesgeschichte vgl. KölnKomm WpHG/*Altenhain* § 40a Rn. 2).

§ 40a Abs. 1 S. 1 verpflichtet die Staatsanwaltschaft, die BaFin über die **Einleitung** eines Strafver- **255** fahrens zu unterrichten, wenn ein Anfangsverdacht (§ 152 StPO) bzgl. einer Straftat iSd § 38 WpHG besteht. Wann und in welchem Umfang die Unterrichtung erfolgen soll, ergibt sich aus dem Gesetz nicht. Jedoch soll § 40a sicherstellen, dass die BaFin zum einen ihre gesetzlichen Beteiligungsrechte wahren kann; zum anderen soll die Behörde in die Lage versetzt werden, etwaige Aufsichtsmaßnahmen anzuordnen (Fuchs/*Waßmer* § 40a Rn. 8; Assmann/Schneider/*Vogel* § 40a Rn. 6). Daher muss die Information möglichst frühzeitig erfolgen, zweckmäßigerweise bereits mit Einleitung des Verfahrens. Eine besondere Form ist hierbei nicht vorgeschrieben (KölnKomm WpHG/*Altenhain* § 40a Rn. 5). Umgekehrt hat die BaFin Tatsachen, die den Verdacht einer Straftat nach § 38 begründen, der zuständigen Staatsanwaltschaft unverzüglich anzuzeigen (§ 4 Abs. 5 S. 1).

Nach § 40a Abs. 1 S. 2 kann die Staatsanwaltschaft fachkundige Angehörige der BaFin als **Sach- 256 verständige** iSd §§ 72 ff. StPO hinzuziehen (s. weiter Assmann/Schneider/*Vogel* § 40a Rn. 7), zumal bei Insiderverstößen und Marktmanipulationen diese Bediensteten über besondere Sachkunde verfügen, die für die sachgerechte Bearbeitung des Ermittlungsverfahrens und in einer späteren Hauptverhandlung regelmäßig unverzichtbar sind.

Die Staatsanwaltschaft ist verpflichtet, der BaFin eine etwaige **Anklageschrift** bzw. den **Antrag auf 257 Erlass eines Strafbefehls** mitzuteilen (§ 40a Abs. 1 S. 3). Auch muss sie die BaFin zuvor hören, wenn sie beabsichtigt, ein Ermittlungsverfahren **einzustellen** (§ 40a Abs. 1 S. 4). Hiervon sind **alle Einstellungen** betroffen, also sowohl die Einstellung mangels Tatnachweises (§ 170 Abs. 2 StPO), wie auch die Anwendung von Opportunitätsbestimmungen (§§ 153, 153a StPO) oder die Beschränkung von Strafverfolgungsmaßnahmen (§§ 154, 154a StPO). Diese Rechtslage entspricht der des Steuerstrafverfahrens, in dem die Finanzbehörde nach § 403 Abs. 3 AO gleichfalls zu informieren bzw. zu hören ist.

Ein etwaiger **Hauptverhandlungstermin** ist der BaFin **mitzuteilen** (§ 40a Abs. 2). Die Behörde **258** kann einen Prozessbeobachter als Zuschauer entsenden. Weitere Teilhaberechte stehen ihr nicht zu; der Gesetzgeber hat eine ursprünglich vorgesehene und dem § 407 AO entsprechende weitergehende Regelung nicht umgesetzt (Fuchs/*Waßmer* § 40a Rn. 4, 9).

Sowohl im Ermittlungs- wie im gerichtlichen Verfahren hat die BaFin ein **Recht auf Akteneinsicht 259** (Assmann/Schneider/*Vogel* § 40a Rn. 10; s. weiter noch KölnKomm WpHG/*Altenhain* § 40a Rn. 17). Eine Ausnahme hiervon besteht, wenn dem entweder schutzwürdige Interessen des Betroffenen entgegenstehen, den Akten etwa **geheimhaltungswürdige persönliche Daten** entnommen werden könnten (Meyer-Goßner/Schmitt/*Schmitt* StPO § 406e Rn. 6), oder aber die Akteneinsicht den **Ermittlungszweck gefährden** würde, zB unaufschiebbare Ermittlungshandlungen (Durchsuchungen, Beschlagnahmen, Inhaftierungen) vorgenommen werden müssen. In solchen Ausnahmefällen bietet es sich aber an, eine Doppelakte anzulegen, mit der die Akteneinsicht dann problemlos vollzogen werden kann, zumal bei derartig eilbedürftigen Fällen auch regelmäßig unverzügliche Aufsichtsmaßnahmen angezeigt sind.

Bei Strafverfahren gegen **Inhaber** oder **Geschäftsleiter** von **Wertpapierhandelsunternehmen, 260** deren **gesetzliche Vertreter** bzw. **persönlich haftende Gesellschafter** sind der BaFin nach § 40a Abs. 4 im Interesse einer effektiven Überwachung der Kapitalmärkte (Assmann/Schneider/*Vogel* § 40a Rn. 11a; KölnKomm WpHG/*Altenhain* § 40a Rn. 3) zwingend mitzuteilen die Anklage- bzw. Antragsschrift (§§ 170 Abs. 1 bzw. 413 StPO), der Antrag auf Erlass eines Strafbefehls (§ 407 Abs. 1 S. 4 StPO) und die das Verfahren abschließende Entscheidung mit Begründung.

Die Bestimmung betrifft, anders als § 40a Abs. 1, nicht nur Strafverfahren, die Verstöße gegen § 38 **261** WpHG zum Gegenstand haben. Vielmehr besteht die Mitteilungspflicht stets, wenn **Straftaten zum Nachteil von Kunden** im Raum stehen oder aber **Delikte im Zusammenhang mit dem Betrieb des Wertpapierhandelsdienstleistungsunternehmens** begangen worden sind, namentlich Vorwürfe der Untreue (§ 266 StGB), des Betruges (§ 263 StGB), des Kapitalanlagebetruges (§ 264a StGB), der Verleitung zu Börsenspekulationsgeschäften (§ 40 BörsG), Verstöße gegen Bestimmungen des DepotG (§§ 34–37 DepotG), Insolvenzverschleppung (§ 15a InsO) oder Bankrottdelikte (§§ 283 ff. StGB; vgl. weiter Assmann/Schneider/*Vogel* § 40a Rn. 14 f.), nicht jedoch bei Privatklagedelikte iSd § 374 StPO (KölnKomm WpHG/*Altenhain* § 40a Rn. 8). Lediglich die Erhebung der öffentlichen Klage, nicht also die Verfahrenseinstellung gleich nach welcher Bestimmung, wegen eines **Vorsatzdelikts** löst die Mitteilungsobliegenheit, die von der Staatsanwaltschaft beachtet werden muss, unbedingt aus; bei **Fahrlässigkeitsdelikten** besteht diese Pflicht nur dann, wenn Aufsichtsmaßnahmen der BaFin aus der Sicht der Ermittlungsbehörde geboten sind (§ 40a Abs. 4 S. 2).

262   Unter den Voraussetzungen des § 40a Abs. 5 **sollen** Staatsanwaltschaft oder Gericht der BaFin personenbezogene Informationen weitergeben, die in einem Strafverfahren, unabhängig von dessen Strafvorwurf oder Ausgang, bekannt werden, sofern sich aus diesen Erkenntnissen auf **Missstände** in dem Geschäftsbetrieb eines Wertpapierdienstleistungsunternehmen **schließen** lässt, und die Feststellungen gesichert erscheinen, also nicht nur bloße Gerüchte darstellen. Dies kann etwa bei Ermittlungsverfahren gegen **untergeordnete Mitarbeiter** dieser Unternehmen relevant werden, zB bei Unterschlagungen oder Betrügereien von Buchhaltern, Außendienstmitarbeitern und ähnlichen Personen (s. auch Assmann/Schneider/*Vogel* § 40a Rn. 18 f.). Es handelt sich um eine Sollvorschrift, von der aber nur in Ausnahmefällen kein Gebrauch gemacht werden darf (s. weiter KölnKomm WpHG/*Altenhain* § 40a Rn. 13). Auch hier unterbleibt die Information, sofern schutzwürdige Interessen der Betroffenen entgegenstehen (vgl. Assmann/Schneider/*Vogel* § 40a Rn. 21). Mitzuteilen sind hier allein die konkreten Umstände, die aus der Sicht der Ermittlungsbehörden oder des Gerichts eine Information der BaFin erscheinen lassen, nicht jedoch Anklage- bzw. Antragsschrift, der Strafbefehlsantrag oder ein Urteil (Fuchs/*Waßmer* § 40a Rn. 20 mwN).

263   Wird die BaFin entgegen § 40a nicht oder nur in unzureichendem Maße beteiligt, stehen ihr hiergegen **keine förmlichen Rechtsmittel** zu. Ihr verbleiben lediglich die **Gegenvorstellung** oder aber eine **Dienstaufsichtsbeschwerde**. Die Rechtslage entspricht der im Steuerstrafverfahren, wenn die aus § 407 Abs. 3 AO resultierenden Beteiligungsrechte der Finanzbehörde nicht gewahrt werden (→ AO § 407 Rn. 12 f.). Der **Beschuldigte** und – im gerichtlichen Verfahren – auch die **Staatsanwaltschaft** können Verstöße gegen § 40a (allein) unter dem Aspekt der **Verletzung der Aufklärungspflicht** (§ 244 Abs. 2 StPO) rügen. Erfolgreich könne eine derartige Rüge jedoch nur dann sein, wenn bei Anhörung des Vertreters der BaFin eine weitere Sachaufklärung zu erwarten gewesen wäre (Meyer-Goßner/Schmitt/*Schmitt* StPO § 244 Rn. 80 f.). Bei Verstößen gegen die Obliegenheiten des § 40a scheidet diese Rüge in der Regel aus, weil das Urteil nicht auf dieser Gesetzesverletzung beruhen kann.

§ 39 Bußgeldvorschriften *[Fassung ab 31.12.2016; Abs. 3e und 4b eingefügt, Abs. 5 S. 1 einl. Satzteil und Abs. 6a S. 1 und 4 geänd. mWv 31.12.2016 durch Gesetz v. 30.6.2016 (BGBl. I 1514).]*

(1) Ordnungswidrig handelt, wer

1. einer vollziehbaren Anordnung nach § 4 Absatz 3f Satz 1 oder Satz 2 zuwiderhandelt,
2. entgegen § 15 Absatz 1 oder Absatz 2 eine Information nicht oder nicht rechtzeitig übermittelt,
2a. entgegen § 15 Absatz 1 eine Mitteilung nicht, nicht richtig, nicht vollständig oder nicht rechtzeitig macht,
2b. entgegen § 15 Absatz 2 eine Mitteilung nicht oder nicht rechtzeitig macht,
2c. entgegen § 18 Absatz 3 Clearingdienste nutzt,
3. entgegen § 31g Abs. 1 eine Veröffentlichung nicht, nicht richtig, nicht vollständig oder nicht rechtzeitig vornimmt oder
4. entgegen § 32d Abs. 1 Satz 1 einen Zugang nicht gewährt.

(2) Ordnungswidrig handelt, wer vorsätzlich oder leichtfertig

1. entgegen § 2c Absatz 1 Satz 2 eine Information nicht oder nicht rechtzeitig übermittelt,
2. entgegen
   a) § 2c Absatz 1 Satz 2,
   b) § 9 Abs. 1 Satz 1, auch in Verbindung mit Satz 2, jeweils auch in Verbindung mit Satz 3, 4 oder 5, jeweils auch in Verbindung mit einer Rechtsverordnung nach Absatz 4 Nr. 1 oder 2,
   c) § 10 Abs. 1 Satz 1, auch in Verbindung mit einer Rechtsverordnung nach Absatz 4 Satz 1,
   d) *[aufgehoben]*
   e) *[aufgehoben]*
   f) § 21 Abs. 1 Satz 1 oder 2 oder Abs. 1a, jeweils auch in Verbindung mit einer Rechtsverordnung nach § 21 Abs. 3,

g) § 25 Absatz 1 Satz 1, auch in Verbindung mit einer Rechtsverordnung nach § 25 Absatz 4, oder § 25a Absatz 1 Satz 1, auch in Verbindung mit einer Rechtsverordnung nach § 25a Absatz 3,

h) § 26 Abs. 2, auch in Verbindung mit einer Rechtsverordnung nach § 26 Abs. 3 Nr. 2,

i) § 26a Absatz 1 Satz 2, auch in Verbindung mit Absatz 2,

j) § 29a Abs. 2 Satz 1,

k) § 30e Abs. 1 Satz 1, auch in Verbindung mit einer Rechtsverordnung nach § 30e Abs. 2,

l) § 30f Abs. 2,

m) *[aufgehoben]*

n) § 37v Abs. 1 Satz 3, auch in Verbindung mit § 37y, jeweils auch in Verbindung mit einer Rechtsverordnung nach § 37v Abs. 3 Nr. 2,

o) § 37w Abs. 1 Satz 3, auch in Verbindung mit § 37y, jeweils auch in Verbindung mit einer Rechtsverordnung nach § 37w Abs. 6 Nr. 3,

p) § 37x Absatz 2 Satz 2, auch in Verbindung mit einer Rechtsverordnung nach § 37x Absatz 4 Nummer 2, oder

q) § 37z Abs. 4 Satz 2

eine Mitteilung nicht, nicht richtig, nicht vollständig, nicht in der vorgeschriebenen Weise oder nicht rechtzeitig macht,

2a. entgegen § 4 Abs. 8 oder § 10 Abs. 1 Satz 2 eine Person in Kenntnis setzt,

2b. einer vollziehbaren Anordnung nach § 4b Absatz 1 zuwiderhandelt,

3. entgegen § 12 in Verbindung mit Artikel 15 in Verbindung mit Artikel 12 Absatz 1 Buchstabe c oder d der Verordnung (EU) Nr. 596/2014 eine Information verbreitet, eine dort genannte Angabe übermittelt oder dort genannte Daten bereitstellt,

4. *[aufgehoben]*

5. entgegen

a) *[aufgehoben]*

b) *[aufgehoben]*

c) § 26 Abs. 1 Satz 1, auch in Verbindung mit einer Rechtsverordnung nach § 26 Abs. 3 Nr. 1, oder entgegen § 26a Absatz 1 Satz 1, auch in Verbindung mit Absatz 2, oder § 29a Abs. 2 Satz 1,

d) § 26 Absatz 1 Satz 2, in Verbindung mit Satz 1, auch in Verbindung mit einer Rechtsverordnung nach § 26 Absatz 3,

e) § 30b Abs. 1 oder 2, jeweils auch in Verbindung mit § 30d,

f) § 30e Abs. 1 Satz 1 in Verbindung mit einer Rechtsverordnung nach § 30e Abs. 2 oder entgegen § 30f Abs. 2,

g) § 37v Abs. 1 Satz 2 in Verbindung mit einer Rechtsverordnung nach § 37v Abs. 3 Nr. 1, jeweils auch in Verbindung mit § 37y, oder entgegen § 37z Abs. 4 Satz 2,

h) § 37w Abs. 1 Satz 2 in Verbindung mit einer Rechtsverordnung nach § 37w Abs. 6 Nr. 2, auch in Verbindung mit § 37y, oder

i) § 37x Absatz 2 Satz 1 in Verbindung mit einer Rechtsverordnung nach § 37x Absatz 4 Nummer 1

eine Veröffentlichung nicht, nicht richtig, nicht vollständig, nicht in der vorgeschriebenen Weise oder nicht rechtzeitig vornimmt oder nicht oder nicht rechtzeitig nachholt,

6. *[aufgehoben]*

7. *[aufgehoben]*

8. *[aufgehoben]*

9. *[aufgehoben]*

10. entgegen

a) § 16 Satz 1 oder

b) § 34 Abs. 1 oder Abs. 2 Satz 1 oder Satz 2, jeweils in Verbindung mit einer Rechtsverordnung nach § 34 Abs. 4 Satz 1,

eine Aufzeichnung nicht, nicht richtig, nicht vollständig oder nicht rechtzeitig erstellt,

10a. entgegen § 17 Absatz 5 Satz 1 eine dort genannte Erklärung nicht beifügt,

10b. entgegen § 19 Absatz 2 eine Mitteilung nicht oder nicht rechtzeitig macht,

10c. entgegen § 20 Absatz 1 Satz 1 die dort genannten Tatsachen nicht oder nicht rechtzeitig prüfen und bescheinigen lässt,

10d. entgegen § 20 Absatz 4 Satz 1 eine Bescheinigung nicht oder nicht rechtzeitig übermittelt,

11. *[aufgehoben]*

11a. entgegen § 26 Absatz 1 Satz 1, § 26a Absatz 1 Satz 3, § 29a Absatz 2 Satz 2, § 30e Absatz 1 Satz 2, § 30f Absatz 2, § 37v Absatz 1 Satz 3, § 37w Absatz 1 Satz 3, § 37x Absatz 2 Satz 2 oder § 37z Absatz 4 Satz 3 eine Information oder eine Bekanntmachung nicht oder nicht rechtzeitig übermittelt,

12. entgegen § 30a Abs. 1 Nr. 2, auch in Verbindung mit Abs. 3 oder § 30d, nicht sicherstellt, dass Einrichtungen und Informationen im Inland öffentlich zur Verfügung stehen,

13. entgegen § 30a Abs. 1 Nr. 3, auch in Verbindung mit Abs. 3 oder § 30d, nicht sicherstellt, dass Daten vor der Kenntnisnahme durch Unbefugte geschützt sind,

14. entgegen § 30a Abs. 1 Nr. 4, auch in Verbindung mit Abs. 3 oder § 30d, nicht sicherstellt, dass eine dort genannte Stelle bestimmt ist,

15. entgegen § 31 Abs. 1 Nr. 2 einen Interessenkonflikt nicht, nicht richtig, nicht vollständig oder nicht rechtzeitig darlegt,

15a. entgegen

    a) § 31 Absatz 3a Satz 1 in Verbindung mit einer Rechtsverordnung nach § 31 Absatz 11 Satz 1 Nummer 2a ein Informationsblatt,

    b) § 31 Absatz 3a Satz 3 in Verbindung mit Satz 1 die wesentlichen Anlegerinformationen oder

    c) § 31 Absatz 3a Satz 4 in Verbindung mit Satz 1 ein Vermögensanlagen-Informationsblatt

    nicht, nicht richtig, nicht vollständig oder nicht rechtzeitig zur Verfügung stellt,

16. entgegen § 31 Abs. 4 Satz 3 ein Finanzinstrument empfiehlt oder im Zusammenhang mit einer Finanzportfolioverwaltung eine Empfehlung abgibt,

16a. entgegen § 31 Absatz 4a Satz 1 ein Finanzinstrument oder eine Wertpapierdienstleistung empfiehlt,

16b. entgegen § 31 Absatz 4c Satz 1 Nummer 2 Satz 2 eine nicht monetäre Zuwendung annimmt,

16c. entgegen § 31 Absatz 4c Satz 1 Nummer 2 Satz 4 eine monetäre Zuwendung nicht, nicht vollständig oder nicht rechtzeitig auskehrt,

16d. entgegen § 31 Absatz 4d Satz 1 eine Information nicht, nicht richtig, nicht vollständig oder nicht rechtzeitig gibt,

16e. entgegen § 31 Absatz 4d Satz 2 einen Geschäftsabschluss als Festpreisgeschäft ausführt,

17. entgegen § 31 Abs. 5 Satz 3 oder 4 einen Hinweis oder eine Information nicht oder nicht rechtzeitig gibt,

17a. entgegen § 31 Absatz 5a Satz 3 einen Vertragsschluss vermittelt,

17b. entgegen § 31d Absatz 1 Satz 1 eine Zuwendung annimmt oder gewährt,

17c. entgegen § 33 Absatz 1 Satz 2 Nummer 1, auch in Verbindung mit einer Rechtsverordnung nach § 33 Absatz 4, eine Compliance-Funktion nicht einrichtet,

17d. entgegen § 33 Absatz 1 Satz 2 Nummer 4, auch in Verbindung mit einer Rechtsverordnung nach § 33 Absatz 4, ein dort genanntes Verfahren nicht vorhält oder eine dort genannte Dokumentation nicht vornimmt,

18. entgegen § 33a Abs. 5 Satz 2 oder Abs. 6 Nr. 1 oder 2 einen Hinweis oder eine Information nicht oder nicht rechtzeitig gibt oder eine Einwilligung oder Zustimmung nicht oder nicht rechtzeitig einholt,

19. entgegen § 33a Abs. 6 Nr. 3 eine Mitteilung nicht richtig oder nicht vollständig macht,

19a. entgegen § 34 Absatz 2a Satz 1 in Verbindung mit einer Rechtsverordnung nach § 34 Absatz 4 Satz 1 ein Protokoll nicht, nicht richtig, nicht vollständig oder nicht rechtzeitig anfertigt,

19b. entgegen § 34 Absatz 2a Satz 2 eine Ausfertigung des Protokolls nicht, nicht vollständig, nicht in der vorgeschriebenen Weise oder nicht rechtzeitig zur Verfügung stellt,

19c. entgegen § 34 Absatz 2a Satz 3 und 5 in Verbindung mit einer Rechtsverordnung nach § 34 Absatz 4 Satz 1 eine Ausfertigung des Protokolls nicht, nicht vollständig, nicht in der vorgeschriebenen Weise oder nicht rechtzeitig zusendet,

20. entgegen § 34 Abs. 3 Satz 1 eine Aufzeichnung nicht oder nicht mindestens fünf Jahre aufbewahrt,

21. entgegen § 34c Satz 1, 2 oder 4 eine Anzeige nicht, nicht richtig, nicht vollständig oder nicht rechtzeitig erstattet,

22. entgegen § 34d Absatz 1 Satz 1, Absatz 2 Satz 1 oder Absatz 3 Satz 1, jeweils in Verbindung mit einer Rechtsverordnung nach § 34d Absatz 6 Satz 1 Nummer 2, einen Mitarbeiter mit einer dort genannten Tätigkeit betraut,

23. entgegen

    a) § 34d Absatz 1 Satz 2 oder Satz 3, Absatz 2 Satz 2 oder Satz 3 oder Absatz 3 Satz 2 oder Satz 3, jeweils auch in Verbindung mit einer Rechtsverordnung nach § 34d Absatz 6 Satz 1 Nummer 1, oder

    b) § 34d Absatz 1 Satz 4 in Verbindung mit einer Rechtsverordnung nach § 34d Absatz 6 Satz 1 Nummer 1

    eine Anzeige nicht, nicht richtig, nicht vollständig oder nicht rechtzeitig erstattet,

23a. entgegen § 36d Absatz 1 eine dort genannte Bezeichnung führt,

24. entgegen § 37v Absatz 1 Satz 4, § 37w Absatz 1 Satz 4, jeweils auch in Verbindung mit § 37y, einen Jahresfinanzbericht einschließlich der Erklärung gemäß § 37v Absatz 2 Nummer 3 und der Eintragungsbescheinigung oder Bestätigung gemäß § 37v Absatz 2 Nummer 4 oder einen Halbjahresfinanzbericht einschließlich der Erklärung gemäß § 37w Absatz 2 Nummer 3 einen Zahlungs- oder Konzernzahlungsbericht nicht oder nicht rechtzeitig übermittelt oder

25. einer unmittelbar geltenden Vorschrift in delegierten Rechtsakten der Europäischen Union, die die Verordnung (EG) Nr. 1060/2009 des Europäischen Parlaments und des Rates vom 16. September 2009 über Ratingagenturen (ABl. L 302 vom 17.11.2009, S. 1), die zuletzt durch die Verordnung (EU) Nr. 462/2013 (ABl. L 146 vom 31.5.2013, S. 1) geändert worden ist, in der jeweils geltenden Fassung ergänzen, im Anwendungsbereich dieses Gesetzes zuwiderhandelt, soweit eine Rechtsverordnung nach Absatz 8 für einen bestimmten Tatbestand auf diese Bußgeldvorschrift verweist.

(2a) Ordnungswidrig handelt, wer vorsätzlich oder leichtfertig entgegen Artikel 7 oder Artikel 8 der Verordnung (EG) Nr. 1287/2006 der Kommission vom 10. August 2006 zur Durchführung der Richtlinie 2004/39/EG des Europäischen Parlaments und des Rates betreffend die Aufzeichnungspflichten für Wertpapierfirmen, die Meldung von Geschäften, die Markttransparenz, die Zulassung von Finanzinstrumenten zum Handel und bestimmte Begriffe im Sinne dieser Richtlinie (ABl. EU Nr. L 241 S. 1) eine Aufzeichnung nicht, nicht richtig, nicht vollständig oder nicht rechtzeitig erstellt.

(2b) Ordnungswidrig handelt, wer als Person, die für ein Wertpapierdienstleistungsunternehmen handelt, gegen die Verordnung (EG) Nr. 1060/2009 verstößt, indem er vorsätzlich oder leichtfertig

1. entgegen Artikel 4 Absatz 1 Unterabsatz 1 ein Rating verwendet,
2. entgegen Artikel 5a Absatz 1 nicht dafür Sorge trägt, dass das Wertpapierdienstleistungsunternehmen eigene Kreditrisikobewertungen vornimmt,
3. entgegen Artikel 8c Absatz 1 einen Auftrag nicht richtig erteilt,
4. entgegen Artikel 8c Absatz 2 nicht dafür Sorge trägt, dass die beauftragten Ratingagenturen die dort genannten Voraussetzungen erfüllen oder
5. entgegen Artikel 8d Absatz 1 Satz 2 eine dort genannte Dokumentation nicht richtig vornimmt.

(2c) Ordnungswidrig handelt, wer gegen die Verordnung (EU) Nr. 1031/2010 verstößt, indem er vorsätzlich oder leichtfertig

1. als Person nach Artikel 40
    a) entgegen Artikel 39 Buchstabe a eine Insider-Information weitergibt oder
    b) entgegen Artikel 39 Buchstabe b die Einstellung, Änderung oder Zurückziehung eines Gebotes empfiehlt oder eine andere Person hierzu verleitet,
2. entgegen Artikel 42 Absatz 1 Satz 2 oder Satz 3 das Verzeichnis nicht, nicht richtig, nicht vollständig oder nicht rechtzeitig übermittelt,
3. entgegen Artikel 42 Absatz 2 eine Unterrichtung nicht, nicht richtig oder nicht innerhalb von fünf Werktagen vornimmt oder
4. entgegen Artikel 42 Absatz 5 die Behörde nicht, nicht richtig, nicht vollständig oder nicht rechtzeitig informiert.

(2d) Ordnungswidrig handelt, wer gegen die Verordnung (EU) Nr. 236/2012 des Europäischen Parlaments und des Rates vom 14. März 2012 über Leerverkäufe und bestimmte Aspekte von Credit Default Swaps (ABl. L 86 vom 24.3.2012, S. 1) verstößt, indem er vorsätzlich oder leichtfertig

1. entgegen Artikel 5 Absatz 1, Artikel 7 Absatz 1 oder Artikel 8 Absatz 1, jeweils auch in Verbindung mit Artikel 9 Absatz 1 Unterabsatz 1 oder Artikel 10, eine Meldung nicht, nicht richtig, nicht vollständig oder nicht rechtzeitig macht,
2. entgegen Artikel 6 Absatz 1, auch in Verbindung mit Artikel 9 Absatz 1 Unterabsatz 1 oder Artikel 10, eine Einzelheit nicht, nicht richtig, nicht vollständig oder nicht rechtzeitig offenlegt,
3. entgegen Artikel 12 Absatz 1 oder Artikel 13 Absatz 1 eine Aktie oder einen öffentlichen Schuldtitel leer verkauft,
4. entgegen Artikel 14 Absatz 1 eine Transaktion vornimmt, oder
5. entgegen Artikel 15 Absatz 1 nicht sicherstellt, dass er über ein dort genanntes Verfahren verfügt.

(2e) Ordnungswidrig handelt, wer gegen die Verordnung (EU) Nr. 648/2012 des Europäischen Parlaments und des Rates vom 4. Juli 2012 über OTC-Derivate, zentrale Gegenparteien und Transaktionsregister (ABl. L 201 vom 27.7.2012, S. 1) verstößt, indem er vorsätzlich oder leichtfertig

1. entgegen Artikel 4 Absatz 1 und 3 einen OTC-Derivatekontrakt nicht oder nicht in der vorgeschriebenen Weise cleart,
2. als Betreiber eines multilateralen Handelssystems im Sinne des § 31f Absatz 1 entgegen Artikel 8 Absatz 1 in Verbindung mit Absatz 4 Unterabsatz 1 Handelsdaten nicht, nicht richtig, nicht vollständig, nicht in der vorgeschriebenen Weise oder nicht rechtzeitig zur Verfügung stellt,
3. entgegen Artikel 9 Absatz 1 Satz 2 eine Meldung nicht, nicht richtig, nicht vollständig oder nicht rechtzeitig macht,

4. entgegen Artikel 9 Absatz 2 eine Aufzeichnung nicht oder nicht mindestens fünf Jahre aufbewahrt,

5. entgegen Artikel 10 Absatz 1 Buchstabe a eine Mitteilung nicht oder nicht rechtzeitig macht,

6. entgegen Artikel 11 Absatz 1 nicht gewährleistet, dass ein dort genanntes Verfahren oder eine dort genannte Vorkehrung besteht,

7. entgegen Artikel 11 Absatz 2 Satz 1 den Wert ausstehender Kontrakte nicht, nicht richtig oder nicht rechtzeitig ermittelt,

8. entgegen Artikel 11 Absatz 3 kein dort beschriebenes Risikomanagement betreibt,

9. entgegen Artikel 11 Absatz 4 nicht gewährleistet, dass zur Abdeckung der dort genannten Risiken eine geeignete und angemessene Eigenkapitalausstattung vorgehalten wird, oder

10. entgegen Artikel 11 Absatz 11 Satz 1 die Information über eine Befreiung von den Anforderungen des Artikels 11 Absatz 3 nicht oder nicht richtig veröffentlicht.

(3) Ordnungswidrig handelt, wer vorsätzlich oder fahrlässig

1. einer vollziehbaren Anordnung nach
   a) § 4 Abs. 3 Satz 1,
   b) § 34d Absatz 4 Satz 1 Nummer 1 oder Nummer 2 Buchstabe b,
   c) § 36b Abs. 1,
   d) § 37o Abs. 4 Satz 1 oder § 37q Abs. 2 Satz 1
   zuwiderhandelt,

2. entgegen § 4 Abs. 4 Satz 1 oder 2 oder § 37o Abs. 5 Satz 1 ein Betreten nicht gestattet oder nicht duldet,

3. entgegen § 33 Abs. 3 Satz 1 Nr. 2 eine Portfolioverwaltung auslagert,

4. entgegen § 34a Absatz 1 Satz 1, auch in Verbindung mit einer Rechtsverordnung nach § 34a Absatz 5 Satz 1, Kundengelder nicht in der vorgeschriebenen Weise verwahrt,

5. entgegen § 34a Absatz 1 Satz 3, auch in Verbindung mit einer Rechtsverordnung nach § 34a Absatz 5 Satz 1, die Zustimmung des Kunden nicht oder nicht rechtzeitig einholt,

6. entgegen § 34a Absatz 1 Satz 4, auch in Verbindung mit einer Rechtsverordnung nach § 34a Absatz 5 Satz 1, eine treuhänderische Einlegung nicht offenlegt,

7. entgegen § 34a Absatz 1 Satz 5, auch in Verbindung mit Absatz 2 Satz 2, jeweils auch in Verbindung mit einer Rechtsverordnung nach § 34a Absatz 5 Satz 1, den Kunden nicht, nicht richtig oder nicht rechtzeitig unterrichtet,

8. entgegen § 34a Absatz 2 Satz 1, auch in Verbindung mit einer Rechtsverordnung nach § 34a Absatz 5 Satz 1, ein Wertpapier nicht oder nicht rechtzeitig zur Verwahrung weiterleitet,

9. entgegen § 34a Absatz 4 Satz 1, auch in Verbindung mit Satz 2, jeweils auch in Verbindung mit einer Rechtsverordnung nach § 34a Absatz 5 Satz 1, ein Wertpapier nutzt,

10. entgegen § 36 Absatz 1 Satz 4 einen Prüfer nicht oder nicht rechtzeitig bestellt,

11. entgegen § 36 Absatz 2 Satz 2 Satz 1 eine Anzeige nicht, nicht richtig, nicht vollständig oder nicht rechtzeitig erstattet oder

12. entgegen § 37v Absatz 1 Satz 1, § 37w Absatz 1 Satz 1, jeweils auch in Verbindung mit § 37y, einen Jahresfinanzbericht, einen Halbjahresfinanzbericht oder entgegen § 37x Absatz 1 in Verbindung mit § 341w des Handelsgesetzbuchs einen Zahlungs- oder Konzernzahlungsbericht nicht oder nicht rechtzeitig zur Verfügung stellt.

(3a) Ordnungswidrig handelt, wer gegen die Verordnung (EU) Nr. 236/2012 verstößt, indem er vorsätzlich oder fahrlässig einer vollziehbaren Anordnung nach Artikel 18 Absatz 2 Satz 2 oder Satz 3, Artikel 19 Absatz 2, Artikel 20 Absatz 2 oder Artikel 21 Absatz 1 oder Artikel 23 Absatz 1 zuwiderhandelt.

(3b) Ordnungswidrig handelt, wer eine in § 38 Absatz 3 Nummer 1 bis 3 bezeichnete Handlung leichtfertig begeht.

(3c) Ordnungswidrig handelt, wer entgegen § 12 in Verbindung mit Artikel 15 in Verbindung mit Artikel 12 Absatz 1 Buchstabe a oder b der Verordnung (EU) Nr. 596/2014 ein Geschäft abschließt, einen Handelsauftrag erteilt oder eine andere Handlung begeht.

(3d) Ordnungswidrig handelt, wer gegen die Verordnung (EU) Nr. 596/2014 verstößt, indem er vorsätzlich oder leichtfertig

1. als Handelsplatzbetreiber entgegen Artikel 4 identifizierende Referenzdaten in Bezug auf ein Finanzinstrument nicht, nicht richtig, nicht vollständig, nicht in der vorgeschriebenen Weise oder nicht rechtzeitig zur Verfügung stellt oder aktualisiert,

2. entgegen Artikel 15 eine Marktmanipulation begeht,

3. entgegen Artikel 16 Absatz 1 Unterabsatz 1 oder Absatz 2 Satz 1 wirksame Regelungen, Systeme und Verfahren nicht schafft oder nicht aufrechterhält,

4. entgegen Artikel 16 Absatz 1 Unterabsatz 2 eine Meldung nicht, nicht richtig, nicht vollständig, nicht in der vorgeschriebenen Weise oder nicht rechtzeitig vornimmt,

5. entgegen Artikel 16 Absatz 2 Satz 2 eine Unterrichtung nicht, nicht richtig, nicht vollständig, nicht in der vorgeschriebenen Weise oder nicht rechtzeitig vornimmt,

6. entgegen Artikel 17 Absatz 1 Unterabsatz 1 oder Artikel 17 Absatz 2 Unterabsatz 1 Satz 1 eine Insiderinformation nicht, nicht richtig, nicht vollständig, nicht in der vorgeschriebenen Weise oder nicht rechtzeitig bekannt gibt,
7. entgegen Artikel 17 Absatz 1 Unterabsatz 2 Satz 1 eine Veröffentlichung nicht sicherstellt,
8. entgegen Artikel 17 Absatz 1 Unterabsatz 2 Satz 2 die Veröffentlichung einer Insiderinformation mit einer Vermarktung seiner Tätigkeiten verbindet,
9. entgegen Artikel 17 Absatz 1 Unterabsatz 2 Satz 3 eine Insiderinformation nicht, nicht richtig, nicht vollständig, nicht in der vorgeschriebenen Weise oder nicht rechtzeitig veröffentlicht oder nicht mindestens fünf Jahre lang auf der betreffenden Website anzeigt,
10. entgegen Artikel 17 Absatz 4 Unterabsatz 3 Satz 1 die zuständige Behörde nicht, nicht richtig, nicht vollständig, nicht in der vorgeschriebenen Weise oder nicht rechtzeitig über den Aufschub einer Offenlegung informiert oder den Aufschub einer Offenlegung nicht, nicht richtig, nicht vollständig, nicht in der vorgeschriebenen Weise oder nicht rechtzeitig erläutert,
11. entgegen Artikel 17 Absatz 8 Satz 1 eine Insiderinformation nicht, nicht richtig, nicht vollständig, nicht in der vorgeschriebenen Weise oder nicht rechtzeitig veröffentlicht,
12. entgegen Artikel 18 Absatz 1 Buchstabe a eine Liste nicht, nicht richtig, nicht vollständig, nicht in der vorgeschriebenen Weise oder nicht rechtzeitig aufstellt,
13. entgegen Artikel 18 Absatz 1 Buchstabe b in Verbindung mit Absatz 4 eine Insiderliste nicht, nicht richtig, nicht vollständig, nicht in der vorgeschriebenen Weise oder nicht rechtzeitig aktualisiert,
14. entgegen Artikel 18 Absatz 1 Buchstabe c eine Insiderliste nicht, nicht richtig, nicht vollständig, nicht in der vorgeschriebenen Weise oder nicht rechtzeitig zur Verfügung stellt,
15. entgegen Artikel 18 Absatz 2 Unterabsatz 1 nicht die dort genannten Vorkehrungen trifft,
16. entgegen Artikel 18 Absatz 5 eine Insiderliste nach einer Erstellung oder Aktualisierung nicht oder nicht mindestens fünf Jahre aufbewahrt,
17. entgegen Artikel 19 Absatz 1 Unterabsatz 1, auch in Verbindung mit Absatz 7 Unterabsatz 1, jeweils auch in Verbindung mit einem technischen Durchführungsstandard nach Artikel 19 Absatz 15, eine Meldung nicht, nicht richtig, nicht vollständig, nicht in der vorgeschriebenen Weise oder nicht rechtzeitig vornimmt,
18. entgegen Artikel 19 Absatz 3 Unterabsatz 1 in Verbindung mit Absatz 4, auch in Verbindung mit einem technischen Durchführungsstandard nach Artikel 19 Absatz 15, eine Veröffentlichung nicht, nicht richtig, nicht vollständig, nicht in der vorgeschriebenen Weise oder nicht rechtzeitig sicherstellt,
19. entgegen Artikel 19 Absatz 5 Unterabsatz 1 Satz 1 oder Unterabsatz 2 eine dort genannte Person nicht, nicht richtig, nicht vollständig oder nicht in der vorgeschriebenen Weise in Kenntnis setzt,
20. entgegen Artikel 19 Absatz 5 Unterabsatz 1 Satz 2 eine Liste nicht, nicht richtig oder nicht vollständig erstellt,
21. entgegen Artikel 19 Absatz 5 Unterabsatz 2 eine Kopie nicht oder nicht mindestens fünf Jahre aufbewahrt,
22. entgegen Artikel 19 Absatz 11 ein Eigengeschäft oder ein Geschäft für Dritte tätigt oder
23. entgegen Artikel 20 Absatz 1, auch in Verbindung mit einem technischen Regulierungsstandard nach Artikel 20 Absatz 3, nicht oder nicht in der vorgeschriebenen Weise dafür Sorge trägt, dass Informationen objektiv dargestellt oder Interessen oder Interessenkonflikte offengelegt werden.

(3e) Ordnungswidrig handelt, wer gegen die Verordnung (EU) Nr. 1286/2014 des Europäischen Parlaments und des Rates vom 26. November 2014 über Basisinformationsblätter für verpackte Anlageprodukte für Kleinanleger und Versicherungsanlageprodukte (PRIIP) (ABl. L 352 vom 9.12.2014, S. 1, L 358 vom 13.12.2014, S. 50) verstößt, indem er vorsätzlich oder leichtfertig

1. entgegen
   a) Artikel 5 Absatz 1,
   b) Artikel 5 Absatz 1 in Verbindung mit Artikel 6,
   c) Artikel 5 Absatz 1 in Verbindung mit Artikel 7 Absatz 2,
   d) Artikel 5 Absatz 1 in Verbindung mit Artikel 8 Absatz 1 bis 3
   ein Basisinformationsblatt nicht, nicht richtig, nicht vollständig, nicht rechtzeitig oder nicht in der vorgeschriebenen Weise abfasst oder veröffentlicht,
2. entgegen Artikel 5 Absatz 1 in Verbindung mit Artikel 7 Absatz 1 ein Basisinformationsblatt nicht in der vorgeschriebenen Weise abfasst oder übersetzt,
3. entgegen Artikel 10 Absatz 1 Satz 1 ein Basisinformationsblatt nicht oder nicht rechtzeitig überprüft,
4. entgegen Artikel 10 Absatz 1 Satz 1 ein Basisinformationsblatt nicht oder nicht vollständig überarbeitet,
5. entgegen Artikel 10 Absatz 1 Satz 2 ein Basisinformationsblatt nicht oder nicht rechtzeitig zur Verfügung stellt,

6. entgegen Artikel 9 Satz 1 in Werbematerialien Aussagen trifft, die im Widerspruch zu den Informationen des Basisinformationsblattes stehen oder dessen Bedeutung herabstufen,

7. entgegen Artikel 9 Satz 2 die erforderlichen Hinweise in Werbematerialien nicht, nicht richtig oder nicht vollständig aufnimmt,

8. entgegen
   a) Artikel 13 Absatz 1, 3 und 4 oder
   b) Artikel 14
   ein Basisinformationsblatt nicht oder nicht rechtzeitig oder nicht in der vorgeschriebenen Weise zur Verfügung stellt oder

9. entgegen Artikel 19 Buchstabe a und b nicht oder nicht in der vorgeschriebenen Weise geeignete Verfahren und Vorkehrungen zur Einreichung und Beantwortung von Beschwerden vorsieht,

10. entgegen Artikel 19 Buchstabe c nicht oder nicht in der vorgeschriebenen Weise geeignete Verfahren und Vorkehrungen vorsieht, durch die gewährleistet wird, dass Kleinanlegern wirksame Beschwerdeverfahren im Fall von grenzüberschreitenden Streitigkeiten zur Verfügung stehen.

(4) [1] Die Ordnungswidrigkeit kann in den Fällen des Absatzes 2 Nummer 2 Buchstabe f und g, Nummer 5 Buchstabe c, d und g bis i und des Absatzes 3 Nummer 12 mit einer Geldbuße bis zu zwei Millionen Euro geahndet werden. [2] Gegenüber einer juristischen Person oder Personenvereinigung kann über Satz 1 hinaus eine höhere Geldbuße verhängt werden; die Geldbuße darf den höheren der folgenden Beträge nicht übersteigen:

1. zehn Millionen Euro oder
2. 5 Prozent des Gesamtumsatzes, den die juristische Person oder Personenvereinigung im der Behördenentscheidung vorausgegangenen Geschäftsjahr erzielt hat.

[3] Über die in den Sätzen 1 und 2 genannten Beträge hinaus kann die Ordnungswidrigkeit mit einer Geldbuße bis zum Zweifachen des aus dem Verstoß gezogenen wirtschaftlichen Vorteils geahndet werden. [4] Der wirtschaftliche Vorteil umfasst erzielte Gewinne und vermiedene Verluste und kann geschätzt werden.

(4a) [1] Die Ordnungswidrigkeit kann in den Fällen der Absätze 3b und 3d Nummer 2 mit einer Geldbuße bis zu fünf Millionen Euro, in den Fällen des Absatzes 2 Nummer 3 sowie der Absätze 3c und 3d Nummer 3 bis 11 mit einer Geldbuße bis zu einer Million Euro und in den Fällen des Absatzes 3d Nummer 1 und 12 bis 23 mit einer Geldbuße bis zu fünfhunderttausend Euro geahndet werden. [2] Gegenüber einer juristischen Person oder Personenvereinigung kann über Satz 1 hinaus eine höhere Geldbuße verhängt werden; diese darf

1. in den Fällen der Absätze 3b und 3d Nummer 2 den höheren der Beträge von fünfzehn Millionen Euro und 15 Prozent des Gesamtumsatzes, den die juristische Person oder Personenvereinigung im der Behördenentscheidung vorausgegangenen Geschäftsjahr erzielt hat,

2. in den Fällen des Absatzes 3d Nummer 3 bis 11 den höheren der Beträge von zweieinhalb Millionen Euro und 2 Prozent des Gesamtumsatzes, den die juristische Person oder Personenvereinigung im der Behördenentscheidung vorangegangenen Geschäftsjahr erzielt hat und

3. in den Fällen des Absatzes 3d Nummer 1 und 12 bis 23 eine Million Euro

nicht überschreiten. [3] Über die in den Sätzen 1 und 2 genannten Beträge hinaus kann die Ordnungswidrigkeit mit einer Geldbuße bis zum Dreifachen des aus dem Verstoß gezogenen wirtschaftlichen Vorteils geahndet werden. [4] Der wirtschaftliche Vorteil umfasst erzielte Gewinne und vermiedene Verluste und kann geschätzt werden.

(4b) [1] Die Ordnungswidrigkeit kann in den Fällen des Absatzes 3e mit einer Geldbuße von bis zu siebenhunderttausend Euro geahndet werden. [2] Gegenüber einer juristischen Person oder einer Personenvereinigung kann über Satz 1 hinaus eine höhere Geldbuße verhängt werden; diese darf den höheren der Beträge von fünf Millionen Euro und 3 Prozent des Gesamtumsatzes, den die juristische Person oder Personenvereinigung im der Behördenentscheidung vorausgegangenen Geschäftsjahr erzielt hat, nicht überschreiten. [3] Über die in den Sätzen 1 und 2 genannten Beträge hinaus kann die Ordnungswidrigkeit mit einer Geldbuße bis zum Zweifachen des aus dem Verstoß gezogenen wirtschaftlichen Vorteils geahndet werden. [4] Der wirtschaftliche Vorteil umfasst erzielte Gewinne und vermiedene Verluste und kann geschätzt werden.

(5) [1] Gesamtumsatz im Sinne des Absatzes 4 Satz 2 Nummer 2 und des Absatzes 4a Satz 2 Nummer 1 und 2 sowie des Absatzes 4b Satz 2 ist

1. im Falle von Kreditinstituten, Zahlungsinstituten und Finanzdienstleistungsinstituten im Sinne des § 340 des Handelsgesetzbuchs der sich aus dem auf das Institut anwendbaren nationalen Recht im Einklang mit Artikel 27 Nummer 1, 3, 4, 6 und 7 oder Artikel 28 Nummer B1, B2, B3, B4 und B7 der Richtlinie 86/635/EWG des Rates vom 8. Dezember 1986 über den Jahresabschluss und den konsolidierten Abschluss von Banken und anderen

Finanzinstituten (ABl. L 372 vom 31.12.1986, S. 1) ergebende Gesamtbetrag, abzüglich der Umsatzsteuer und sonstiger direkt auf diese Erträge erhobener Steuern,

2. im Falle von Versicherungsunternehmen der sich aus dem auf das Versicherungsunternehmen anwendbaren nationalen Recht im Einklang mit Artikel 63 der Richtlinie 91/674/EWG des Rates vom 19. Dezember 1991 über den Jahresabschluss und den konsolidierten Abschluss von Versicherungsunternehmen (ABl. L 374 vom 31.12.1991, S. 7) ergebende Gesamtbetrag, abzüglich der Umsatzsteuer und sonstiger direkt auf diese Erträge erhobener Steuern,

3. im Übrigen der Betrag der Nettoumsatzerlöse nach Maßgabe des auf das Unternehmen anwendbaren nationalen Rechts im Einklang mit Artikel 2 Nummer 5 der Richtlinie 2013/34/EU.

[2] Handelt es sich bei der juristischen Person oder Personenvereinigung um ein Mutterunternehmen oder um eine Tochtergesellschaft, so ist anstelle des Gesamtumsatzes der juristischen Person oder Personenvereinigung der jeweilige Gesamtbetrag in dem Konzernabschluss des Mutterunternehmens maßgeblich, der für den größten Kreis von Unternehmen aufgestellt wird. [3] Wird der Konzernabschluss für den größten Kreis von Unternehmen nicht nach den in Satz 1 genannten Vorschriften aufgestellt, ist der Gesamtumsatz nach Maßgabe der den in Satz 1 Nummer 1 bis 3 vergleichbaren Posten des Konzernabschlusses zu ermitteln. [4] Ist ein Jahresabschluss oder Konzernabschluss für das maßgebliche Geschäftsjahr nicht verfügbar, ist der Jahres- oder Konzernabschluss für das unmittelbar vorausgehende Geschäftsjahr maßgeblich; ist auch dieser nicht verfügbar, kann der Gesamtumsatz geschätzt werden.

(6) Die Ordnungswidrigkeit kann in den Fällen des Absatzes 2 Nummer 2 Buchstabe h bis j, Nummer 2b und 5 Buchstabe e, Nummer 11a und 24 sowie des Absatzes 2d Nummer 3 bis 5 sowie des Absatzes 2e Nummer 5, 8 und 9 mit einer Geldbuße bis zu fünfhunderttausend Euro, in den Fällen des Absatzes 1 Nummer 2, 2a und 3, des Absatzes 2 Nummer 1, 2 Buchstabe a, b und n bis q, Nummer 2a, 16a, 17a, 17c, 17d, 18, 22 und 25, des Absatzes 2b Nummer 5 und 6, des Absatzes 2d Nummer 1 und 2, des Absatzes 2e Nummer 1, 3 und 4 und des Absatzes 3 Nummer 1 Buchstabe b und Nummer 3 mit einer Geldbuße bis zu zweihunderttausend Euro, in den Fällen des Absatzes 1 Nummer 2b, des Absatzes 2 Nummer 10a bis 10c, 12 bis 14, 16 und 17b, des Absatzes 2e Nummer 2, 6 und 7 und des Absatzes 3 Nummer 1 Buchstabe c mit einer Geldbuße bis zu hunderttausend Euro, in den übrigen Fällen mit einer Geldbuße bis zu fünfzigtausend Euro geahndet werden.

(6a) [1] § 17 Absatz 2 des Gesetzes über Ordnungswidrigkeiten ist nicht anzuwenden bei Verstößen gegen Gebote und Verbote, die in den Absätzen 4 bis 4b in Bezug genommen werden. [2] Dies gilt nicht für Ordnungswidrigkeiten nach Absatz 2 Nummer 5 Buchstabe c und Absatz 3d Nummer 1. [3] § 30 des Gesetzes über Ordnungswidrigkeiten gilt auch für juristische Personen oder Personenvereinigungen, die über eine Zweigniederlassung oder im Wege des grenzüberschreitenden Dienstleistungsverkehrs im Inland tätig sind. [4] Die Verfolgung der Ordnungswidrigkeiten nach den Absätzen 4 bis 4b verjährt in drei Jahren.

(7) Die Bestimmungen des Absatzes 2 Nummer 2 Buchstabe b, Nr. 10 Buchstabe b, Nr. 15, 16, 18 bis 21, des Absatzes 2a sowie des Absatzes 3 Nr. 1 Buchstabe c, Nummer 3, 10 und 11, jeweils in Verbindung mit Absatz 6, gelten auch für die erlaubnispflichtige Anlageverwaltung im Sinne des § 2 Abs. 3 Satz 3.

(8) Das Bundesministerium der Finanzen wird ermächtigt, soweit dies zur Durchsetzung der Rechtsakte der Europäischen Union erforderlich ist, durch Rechtsverordnung ohne Zustimmung des Bundesrates die Tatbestände zu bezeichnen, die als Ordnungswidrigkeit nach Absatz 2 Nummer 25 geahndet werden können.

Neuere Literatur (Auswahl): *Altenhain*, Die Neuregelung der Marktpreismanipulation durch das Vierte Finanzmarktförderungsgesetz, BB 2002, 1874; *Bednarz*, Pflichten des Emittenten bei einer unterlassenen Mitteilung von Directors Dealings, AG 2005, 835; *Bürgers*, Das Anlegerschutzverbesserungsgesetz, BKR 2004, 424; *Buck-Heeb*, Verhaltenspflichten beim Vertrieb, ZHR 177, 310 (2013); *Cahn*, Das neue Insiderrecht, Der Konzern 2005, 5; *Canzler/Hammermaier*, Die Verfolgung und Ahndung wertpapierrechtlicher Delinquenz durch die Wertpapieraufsicht der BaFin: Das kapitalmarktrechtliche Bußgeldverfahren AG 2014, 57; *Casper*, Persönliche Außenhaftung der Organe bei fehlerhafter Information des Kapitalmarkts?, BKR 2005, 83; *Diekmann/Sustmann*, Gesetz zur Verbesserung des Anlegerschutzes (Anlegerschutzverbesserungsgesetz – AnSVG), NZG 2004, 932; *Eichelberger*, Unrechtskontinuität in Nachfolgevorschriften des Börsengesetzes, NStZ 2004, 292; *Erkens*, Directors Dealings nach neuem WpHG, Der Konzern 2005, 29; *Ettinger/Grützedick*, Haftungsrisiken im Zusammenhang mit der Abgabe der Corporate Governance Entsprechenserklärung gemäß § 161 AktG, AG 2003, 353; *Fleischer*, Stock-Spams – Anlegerschutz und Marktmanipulation, ZBB 2008, 137; *Gaede/Mühlbauer*, Wirtschaftsstrafrecht zwischen europäischem Primärrecht, Verfassungsrecht und der richtlinienkonformen Auslegung am Beispiel des Scalping, wistra 2005, 9; *Gerson*, Roadmap zur Verbesserung der Qualität von Beratungsprotokollen, ZWH 2014, 456; *Glückert*, Das neue Finanzanlagenvermittlerrecht (§ 34f GewO und Finanzanlagenvermittlungsverordnung), GewA 2012, 465; *Günther*, Anlegerschutz – Kontrolle und Überwachung von Anlageberatung durchführenden Personen, MDR 2013, 125; *Harbarth*, Ad-Hoc-Publizität beim Unternehmenskauf, ZIP 2005, 1898; *Heinrich/Krämer/Mückenberger*, Die neuen WpHG-Bußgeldleitlinien der BaFin – kritische Betrachtungen und europäische Perspektiven, ZIP 2014, 1557; *Hettermann/Althoff*, Rechtliche Anforderungen an Finanzanalysen, WM 2006, 265; *Kirschner*, Unterlassene Meldung einer Umfirmierung als Verstoß gegen § 21 Abs. 1 S. 1 WpHG?, DB 2008, 623; *Klöhn* Ad-hoc-Publizität im neuen Marktmissbrauchsrecht, AG 2016, 423; *Köhler*, Was müssen Wertpapierdienstleistungsunternehmen bei der Werbung beachten?, WM 2009, 385; *Kumpan,* Die Regelungen zu Directors'Dealings in der Marktmissbrauchsverordnung, AG 2016, 446; *Kutzner,* Das Verbot der Kurs- und Marktpreismanipulation nach § 20a WpHG – Modernes Strafrecht?, WM 2005, 1401; *Lenenbach,* Scalping – Insiderdelikt oder Kursmanipulation?, ZIP 2003, 243; *Möllers/Harrer,* Das neue Gesetz zur Regelung ungedeckter Kreditderivate – das Gesetz gegen missbräuchliche Wertpapier- und Derivategeschäfte versus europäische Regulierungsvorschläge, NZG 2010, 1124; *dies.,* Nationale Alleingänge und die europäische Reaktion auf ein Verbot ungedeckter Leerverkäufe, NZG 2010, 1167; *Mülbert/Steup,* Das zweispurige Regime der Regelpublizität nach Inkrafttreten des TUG, NZG 2007, 761; *Müller,* Insiderrechtliche Mitwirkungspflichten der Kreditinstitute im Lichte des nemo-tenetur-Grundsatzes, wistra 2001, 167; *Noack,* Neue Publizitätspflichten und Publizitätsmedien für Unternehmer – eine Bestandsaufnahme nach EHUG und TUG, WM 2007, 377; *Nartowska/Knierbein* Ausgewählte Aspekte des „Naming and Shaming" nach § 40c WpHG, NZG 2016, 256; *Pananis/Frings,* Zur Verjährungsfrist beim Kapitalanlagebetrug und bei Kursmanipulationen und Marktpreismanipulationen, wistra 2004, 238; *Park,* Schwerpunktbereich – Einführung in das Kapitalmarktstrafrecht, JuS 2007, 621; *Park,* Kapitalmarktstrafrechtliche Neuerungen des Vierten Finanzmarktförderungsgesetzes, BB 2003, 1513; *Pluskat,* Acting in Concert in der Fassung des Risikobegrenzungsgesetzes – jetzt alles anders?, DB 2009, 383; *Podewils,* Neuerungen im Schuldverschreibungs- und Anlegerschutzrecht, DStR 2009, 1914; *Querfurth,* § 27a WpHG und die Folgen eines Verstoßes, WM 2008, 1957; *Rattunde/Berner,* Insolvenz einer börsennotierten Aktiengesellschaft, WM 2003, 1313; *Rössner/Bolkart,* Rechtliche und verfahrenstaktische Analyse des Vorgehens geschädigter Anleger bei fehlerhaften Unternehmensmeldungen, WM 2003, 953; *Schäfer,* Vereinbarungen bei Aktienemissionen, ZGR 2008, 455; *Schlitt,* Strafrechtliche Risiken bei Squeeze-out und Delisting, NZG 2006, 925; *Schmitz,* Scalping, JZ 2004, 526; *Schneider,* Zur Bedeutung der Gesamtzahl der Stimmrechte börsennotierter Unternehmen für die Stimmrechtsmeldepflichten der Aktionäre, NZG 2009, 121; *Schneider/v. Buttlar,* Die Führung von Insioder-Verzeichnissen – Neue Compliance-Pflichten für Emittenten, ZIP 2004, 1621; *Schröder,* Geschäftsführer, Gesellschafter und Mitarbeiter der GmbH als Insider, GmbHR 2007, 907; *Schulze-Werner,* Das neue Recht der Finanzanlagenvermittler in der Gewerbeordnung (§ 34f GewO), GewA 2012, 102; *Schulze-Werner,* Das neue Recht der Honorar-Finanzanlagenberater in der Gewerbeordnung (§ 34h GewO), GewA 2013, 390; *Schwichtenberg,* Downgrading oder Delisting? Der Wechsel vom regulierten Markt in das Segment M-access der Börse München, AG 2005, 911; *Sethe,* Die Verschärfung des insiderrechtlichen Weitergabeverbots, ZBB 2006, 243; *Teigelack/Dolff* Kapitalmarktrechtliche Sanktionen nach dem Regierungsentwurf eines 1. FimanoG, BB 2016, 387; *Veil,* Die Haftung des Emittenten für fehlerhafte Information des Kapitalmarkts nach dem geplanten KapInHaG, BKR 2005, 91; *Vogel,* Scalping als Kurs- und Marktpreismanipulation, NStZ 2004, 252; *Wegner,* Verabschiedet sich der Gesetzgeber von der „Leichtfertigkeit" im Wirtschafts- und Steuerstrafrecht?, HRRS 2012, 510; *Widder,* Vorsorgliche Ad-hoc-Meldungen und vorsorgliche Selbstbefreiungen nach § 15 Abs. 3 WpHG, DB 2008, 1480; *Widder,* Kapitalmarktrechtliche Beteiligungstransparenz und Gesamtrechtsnachfolge, BB 2005, 1979; *Widder/Kocher,* Die Behandlung eigener Aktien im Rahmen der Mitteilungspflichten nach §§ 21 ff. WpHG, AG 2007, 13; *Zingel,* Die Verpflichtung zur bestmöglichen Ausführung von Kundenaufträgen nach dem Finanzmarkt-Richtlinie-Umsetzungsgesetz, BKR 2007, 173; *Ziouvas/Walter,* Das neue Börsenstrafrecht mit Blick auf das Europarecht, WM 2002, 1483.

Übersicht

A. Gesetzessystematik, Regelungstechnik

1   § 39 Abs. 1–3e enthalten einen **Katalog der Bußgeldtatbestände** des WpHG. § 39 Abs. 4, 4a und 6 enthalten Regelungen im Hinblick auf die **Höhe der Geldbuße.** Besonderheiten hinsichtlich der Bußgeldberechnung bei der Bebußung von juristischen Personen und Personenvereinigungen enthält § 39 Abs. 5. Eine Regelung über die Anwendbarkeit der §§ 17 Abs. 2, 30 OWiG ist in § 39 Abs. 6a enthalten. § 39 Abs. 7 erweitert die Anwendbarkeit bestimmer Bußgeldtatbestände auf die erlaubnispflichtige Anlageverwaltung iSd § 2 Abs. 3 S. 3. § 39 Abs. 8 enthält eine **Verordnungsermächtigung.** Das Bundesministerium der Finanzen kann hiernach durch Rechtsverordnung, soweit dies zur Durchsetzung der Rechtsakte der Europäischen Union erforderlich ist, die Tatbestände bezeichnen, die als Ordnungswidrigkeit nach § 39 Abs. 2 Nr. 25 geahndet werden können. Nach **§ 2 OWiG** sind neben § 39 die allgemeinen Vorschriften des OWiG (§§ 1–34 OWiG) anwendbar.

2   Wie § 38 so ist auch § 39 ein **Blankettatbestand** (→ Vorb. Rn. 7 ff.), der auf Normen des WpHG und des Unionsrechts verweist. Das tatbestandsmäßige Handeln ergibt sich erst durch ein Zusammenlesen von Blankettnorm und Ausfüllungsnorm. Im Falle des Verweises auf Unionsrecht sind unionsrechtliche Auslegungs- und Anwendungsgrundsätze zu beachten (→ Vorb. Rn. 26 ff.).

B. Ordnungswidrigkeitentatbestände

3   § 39 Abs. 1–3e enthalten weit über hundert Tatbestände, die Verstöße gegen Vorschriften des WpHG und gegen Regelungen in unmittelbar geltenden Verordnungen des Unionsrechts (→ Vorb. Rn. 6) sanktionieren. Die Bußgeldtatbestände sind hinsichtlich ihrer subjektiven Voraussetzungen (Vorsatz, Leichtfertigkeit, Fahrlässigkeit) sowie der Quelle der in Bezug genommenen Verhaltsnorm (WpHG, EU-VO) systematisiert (Fuchs/ *Waßmer* Rn. 10). Die Tatbestandsvoraussetzungen können hier nur überblicksartig kommentiert werden.

I. Tatbestand des § 39 Abs. 1

4   § 39 Abs. 1 sanktioniert, da der Tatbestand nichts anderes anordnet (§ 10 OWiG), **vorsätzliche** Verstöße gegen Verhaltensnormen des WpHG.

5   **1. § 39 Abs. 1 Nr. 1.** Der Tatbestand betrifft die Zuwiderhandlung gegen eine vollziehbare Anordnung der BaFin nach § 4 Abs. 3f S. 1 oder S. 2. Von Bedeutung kann hier insbes. die Vorschrift des § 4 Abs. 7 sein, nach der Widerspruch und Anfechtungsklage in bestimmten Fällen keine aufschiebende Wirkung haben. Der Tatbestand ist **verwaltungsakzessorisch.** Es können sich insbes. Fragen hinsichtlich der Rechtmäßigkeit der Anordnung stellen. Sie sind entsprechend den im Umweltstrafrecht entwickelten Grundsätzen zu lösen (→ StGB Vor §§ 324–330d Rn. 18 ff.; vgl. auch Fuchs/ *Waßmer* Rn. 269 f.). Die **Geldbuße** beträgt im Höchstmaß 50.000 EUR (§ 39 Abs. 6 aE).

6   **2. § 39 Abs. 1 Nr. 2–2b.** Hiernach sind Verstöße gegen die Pflicht zur Übermittlung bzw. Mitteilung von Insiderinformationen und Eigengeschäften von Führungskräften an die BaFin bzw. das Unternehmensregister gem. § 15 Abs. 1, Abs. 2 sanktioniert. Der Tatbestand richet sich an Inlandsemittenten (§ 2 Abs. 7) und MTF-Emittenten (§ 2 Abs. 7a). Die **Geldbuße** beträgt in den Fällen der Nr. 2 und 2a bis zu 200.000 EUR, im Falle der Nr. 2b bis zu 100.000 EUR (§ 39 Abs. 6).

7   **3. § 39 Abs. 1 Nr. 2c.** Nach dieser Vorschrift sind Verstöße gegen die nach § 18 Abs. 3 bestehende Pflicht, Clearingdienste einer in einem Drittstaat ansässigen zentralen Gegenpartei nur zu nutzen, wenn diese von der Europäischen Wertpapier- und Marktaufsichtsbehörde (ESMA) anerkannt wurden, einer Bebußung unterworfen. Die **Gelbuße** beträgt 50.000 EUR (§ 39 Abs. 6 aE).

8   **4. § 39 Abs. 1 Nr. 3.** Der Tatbestand betrifft Verstöße gegen die Pflicht der Vorhandelstransparenz, der Betreiber eines multilateralen Handelssystems nach § 31g Abs. 1 unterliegen. Verstöße gegen die Nachhandelstransparenz nach § 31g Abs. 3 sind nicht erfasst. Die **Geldbuße** beträgt bis zu 200.000 EUR (§ 39 Abs. 6).

9   **5. § 39 Abs. 1 Nr. 4.** Die Vorschrift sanktioniert Verstöße gegen § 32d Abs. 1 S. 1, der systematische Internalisierer (§ 2 Abs. 10) iSd. § 32 S. 1 verpflichtet, den Zugang zu den von ihm veröffentlichten Quotes in objektiver und nicht diskriminierender Weise zu gewähren. Die **Geldbuße** beträgt bis zu 50.000 EUR (§ 39 Abs. 6 aE).

II. Tatbestand des § 39 Abs. 2

10   Nach § 39 Abs. 2 werden **vorsätzliche und leichtfertige** Verstöße gegen das WpHG sowie die Marktmissbrauchsverordnung und die EU-Ratingagenturen-Verordnung bußgeldbewehrt. Im Falle leichtfertigen Handelns ist **§ 17 Abs. 2 OWiG** zu beachten, der auch für leichtfertiges Handeln gilt

(KK-OWiG/*Mitsch* OWiG § 17 Rn. 26). In diesen Fällen kann die Ordnungswidrigkeit im Höchstmaß nur mit der Hälfte des angedrohten Höchstbetrages der Geldbuße geahndet werden.

1. § 39 Abs. 2 Nr. 1. Nach der Vorschrift werden Verstöße gegen § 2c Abs. 1 S. 1 sanktioniert, der **11** Emittenten, deren Herkunftsstaat nach § 2 Abs. 6 Nr. 1 lit. a die Bundesrepublik Deutschland ist oder die nach § 2b Abs. 1 oder 2 die Bundesrepublik Deutschland als Herkunftsstaat wählen, verpflichtet, die Information, dass die Bundesrepublik Deutschland sein Herkunftsstaat ist, dem Unternehmensregister zu übermitteln. Die **Geldbuße** beträgt 200.000 EUR im Höchstmaß (§ 39 Abs. 6).

2. § 39 Abs. 2 Nr. 2 lit. a–q. Die Tatbestände des § 39 Abs. 2 Nr. 2 lit. a–q betreffen verschiedene **12** **Mitteilungspflichten** nach WpHG gegenüber der BaFin. Sanktioniert wird die unterlassene Mitteilung sowie Mitteilungen, die nicht richtig, nicht vollständig, nicht in der vorgeschriebenen Weise oder nicht rechtzeitig erfolgen. § 39 Abs. 2 Nr. 2 lit. b gilt auch für die erlaubnispflichtige Anlage-verwaltung iSd § 2 Abs. 3 S. 3 (§ 39 Abs. 7).

Die **Geldbuße** beträgt in den Fällen der Nr. 2 lit. a, lit. b sowie lit. n–q bis zu 200.000 EUR, in den **13** Fällen der Nr. 2 lit. h–j bis zu 500.000 EUR und den Fällen der Nr. 2 lit. c, lit. k, lit. l bis zu 50.000 EUR (§ 39 Abs. 6). In den Fällen der Nr. 2 lit. f und lit. g kann die Geldbuße bis zu 2 Mio. EUR betragen (§ 39 Abs. 4 S. 1), wobei in diesen Fällen gegenüber juristischen Personen und Personenver-einigungen auch eine höhere Geldbuße verhängt werden kann (§ 39 Abs. 4 S. 2; Einzelheiten → Rn. 104 ff.).

3. § 39 Abs. 2 Nr. 2a. Nach dieser Vorschrift können Verstöße gegen Vorschriften sanktioniert **14** werden, die es untersagen, andere als staatliche Stelle und solche, die aufgrund ihres Berufs einer gesetzlichen Verschwiegenheitspflicht unterliegen, von Untersuchungsmaßnahmen der BaFin in Kennt-nis zu setzen. Die **Geldbuße** beträgt im Höchstmaß 200.000 EUR (§ 39 Abs. 6).

4. § 39 Abs. 2 Nr. 2b. Die Vorschrift betrifft Verstöße gegen vollziehbare Anordnungen nach § 4b **15** Abs. 1. Es handelt sich um einen **verwaltungsakzessorischen** Tatbestand (→ Rn. 5). Die **Geldbuße** beträgt bis zu 500.000 EUR (§ 39 Abs. 6).

5. § 39 Abs. 2 Nr. 3. Der Bußgeldtatbestand erfasst **informationsgestützte Marktmanipulatio-** **16** **nen** in Bezug auf die durch § 12 erfassten Tatobjekte. Er unterscheidet sich vom Straftatbestand des § 38 Abs. 1 Nr. 1 Alt. 1 dadurch, dass er keinen Preiseinwirkungserfolg erfordert und auch bloß leichtfertig verwirklicht werden kann. IÜ vgl. → § 38 Rn. 15. Die **Geldbuße** beträgt 1 Mio. EUR im Höchstmaß (§ 39 Abs. 4a S. 1). Gegenüber einer juristischen Person oder Personenvereinigung kann auch eine höhere Geldbuße verhängt werden (§ 39 Abs. 4a S. 2; Einzelheiten → Rn. 109 ff.).

6. § 39 Abs. 2 Nr. 5 lit. c–i. Nach dieser Vorschrift wird bestraft, wer bestimmte Veröffentlichungen **17** nicht, nicht richtig, nicht vollständig, nicht in der vorgeschriebenen Weise oder nicht rechtzeitig vornimmt oder nicht oder nicht rechtzeitg nachholt. Im Falle der Nr. 5 lit. f beträgt das Höchstmaß der **Geldbuße** 50.000 EUR, im Falle der Nr. 5 lit. e beträgt sie bis zu 500.000 EUR (§ 39 Abs. 6). Im Falle der Nr. 5 lit. c, lit.d und lit. g–i kann die Geldbuße bis zu 2 Mio. EUR betragen (§ 39 Abs. 4 S. 1), wobei gegenüber juristischen Personen und Personenvereinigungen auch eine höhere Geldbuße ver-hängt werden kann (§ 39 Abs. 4 S. 2; Einzelheiten → Rn. 104 ff.). Nach § 39 Abs. 6a S. 1 gilt **§ 17** **Abs. 2 OWiG** zwar nicht bei Verstößen gegen Gebote und Verbote, die in den Absätzen 4 und 4a in Bezug genommen werden. Nach § 39 Abs. 6a S. 2 gilt dies aber nicht für Nr. 5 lit. c.

7. § 39 Abs. 2 Nr. 10 lit. a, lit. b. Die Vorschrift sanktioniert die Verletzung bestimmter **Aufzeich-** **18** **nungspflichten.** Die erfassten Wertpapierdienstleistungsunternehmen sowie Unternehmen mit Sitz im Inland, die an einer inländischen Börse zur Teilnahme am Handel zugelassen sind, erfüllen den Tat-bestand, indem sie eine Aufzeichnung nicht, nicht richtig, nicht vollständig oder nicht rechtzeitig erstellen. Die **Geldbuße** beträgt bis zu 50.000 EUR (§ 39 Abs. 6). § 39 Abs. 2 Nr. 10 lit. b gilt auch für die erlaubnispflichtige Anlageverwaltung iSd § 2 Abs. 3 S. 3 (§ 39 Abs. 7).

8. § 39 Abs. 2 Nr. 10a–c. Die Tatbestände betreffen Fälle, in denen der Täter bestimmte Erklärun- **19** gen gegenüber der BaFin nicht beifügt oder eine Mitteilung gegenüber der BaFin nicht oder nicht rechtzeitig macht bzw. bestimmte Tatsachen nicht rechtzeitig prüfen oder bescheinigen lässt. Die **Geldbuße** beträgt bis zu 100.000 EUR (§ 39 Abs. 6).

9. § 39 Abs. 2 Nr. 10d. Nach diesem Bußgeldtatbestand wird der Täter sanktioniert, wenn er eine **20** Prüfbescheinigung, die die Feststellung von Mängeln enthält, der BaFin nicht oder nicht rechtzeitig, dh nicht unverzüglich, übermittelt. Die **Geldbuße** hat hier ein Höchstmaß von 50.000 EUR (§ 39 Abs. 6).

10. § 39 Abs. 2 Nr. 11a. Die durch den Bußgeldtatbestand in Bezug genommenen Vorschriften **21** betreffen verschiedene **Übermittlungspflichten** an das Unternehmensregister. Der Täter handelt ordnungswidrig, wenn er die Übermittlung von Informationen oder Bekanntmachungen nicht oder nicht rechtzeitig vornimmt. Die **Geldbuße** beträgt bis zu 500.000 EUR (§ 39 Abs. 6).

22   **11. § 39 Abs. 2 Nr. 12–14.** Gegenstand dieser Tatbestände sind bestimmte **Emittentenpflichten**, die diese gegenüber Wertpapierinhabern nach § 30a haben. Die **Geldbuße** beträgt bis zu 100.000 EUR (§ 39 Abs. 6).

23   **12. § 39 Abs. 2 Nr. 15–17b.** Die Tatbestände erfassen Verstöße gegen die nach § 31 bestehenden allgemeinen **Verhaltenspflichten** für Wertpapierdienstleistungsunternehmen. In Bezug genommen werden auch besondere Vorschriften für Wertpapierdienstleistungsunternehmen, die Anlageberatung (auch als Honorar-Anlageberatung) oder Finanzportfolioverwaltung erbringen. Die **Geldbuße** beträgt in den Fällen der Nr. 16a und Nr. 17a 200.000 EUR, in den Fällen der Nr. 16 und Nr. 17b 100.000 Euro und in den übrigen Fällen 50.000 Euro im Höchstmaß (§ 39 Abs. 6 WpHG). § 39 Abs. 2 Nr. 15, Nr. 16 WpHG gilt auch für die erlaubnispflichtige Anlageverwaltung iSd § 2 Abs. 3 S. 3 WpHG (§ 39 Abs. 7 WpHG).

24   **13. § 39 Abs. 2 Nr. 17c–20.** Nach diesen Bußgeldtatbeständen sind verschiedene Verstöße gegen **Organisationspflichten** von Wertpapierdienstleistungsunternehmen sanktioniert. Sie betreffen die Einrichtung einer Compliance-Funktion, die Ausführung von Kundenaufträgen, sowie Aufzeichnungs- und Aufbewahrungspflichten. Die **Geldbuße** beträgt in den Fällen der Nr. 17c, 17d und 18 200.000 EUR, in den übrigen Fällen 50.000 EUR im Höchstmaß (§ 39 Abs. 6). § 39 Abs. 2 Nr. 18–20 gilt auch für die erlaubnispflichtige Anlageverwaltung iSd § 2 Abs. 3 S. 3 (§ 39 Abs. 7).

25   **14. § 39 Abs. 2 Nr. 21, 23.** Die Vorschriften sanktionieren die Verletzung von **Anzeigepflichten** gegenüber der BaFin, im Falle der Nr. 21 von anderen Personen als Wertpapierdienstleistungsunternehmen, Kapitalverwaltungsgesellschaften oder Investmentaktiengesellschaften, die in Ausübung ihres Berufes oder im Rahmen ihrer Geschäftstätigkeit für die Erstellung oder Weitergabe von Anlagestrategieempfehlungen verantwortlich sind, im Falle der Nr. 23 von Wertpapierdienstleistungsunternehmen über Mitarbeiter, die in der Anlageberatung eingesetzt werden. Die **Geldbuße** kann ein Höchstmaß von 50.000 EUR haben (§ 39 Abs. 6). § 39 Abs. 2 Nr. 21 gilt auch für die erlaubnispflichtige Anlageverwaltung iSd § 2 Abs. 3 S. 3 (§ 39 Abs. 7).

26   **15. § 39 Abs. 2 Nr. 22.** Der Bußgeldtatbestand sanktioniert Verstöße gegen die Pflicht, Mitarbeiter in der Anlageberatung bzw. als Vertriebsbeauftragter oder Compliance-Beauftragter nur dann einzusetzen, wenn sie über die notwendige **Sachkunde** verfügen. Die **Geldbuße** beträgt hier 200.000 Euro im Höchstmaß (§ 39 Abs. 6).

27   **16. § 39 Abs. 2 Nr. 24.** Gegenstand des Tatbestandes ist die Verletzung der Pflicht zur Übermittlung eines **Jahresfinanzberichts** und eines **Halbjahresfinanzberichts** an das Unternehmensregister (§§ 37v Abs. 1 S. 4, 37w Abs. 1 S. 4). Die Geldbuße hat in diesem Fall ein Höchstmaß von 500.000 EUR (§ 39 Abs. 6).

28   **17. § 39 Abs. 2 Nr. 25.** Der Bußgeldtatbestand sanktioniert Verstöße gegen unmittelbar geltende Vorschriften in delegierten Rechtsakten der Europäischen Union, die die Verordnung (EG) Nr. 1060/2009 v. 16.9.2009 über **Ratingagenturen** (ABl. 2009 L 302, 1) ergänzen, soweit eine Rechtsverordnung nach § 39 Abs. 8 für einen bestimmten Tatbestand auf diese Bußgeldvorschrift verweist. Das tatbestandsmäßige Verhalten wird damit durch eine Verordnung bestimmt, die auf § 39 Abs. 2 Nr. 25 zurückverweist (**Rückverweisungsklausel,** → Vorb. Rn. 9). Die Vorschrift soll Verstöße gegen die von der ESMA erarbeiteten, im Wege Delegierter Verordnungen ergangener, technischen Regulierungsstandards sanktionieren. Die **Geldbuße** beträgt 200.000 EUR im Höchstmaß.

III. Tatbestand des § 39 Abs. 2a

29   Nach § 39 Abs. 2a werden **vorsätzliche und leichtfertige** Verstöße gegen Art. 7 und 8 der VO (EG) Nr. 1287/2006 v. 10.8.2006 (ABl. 2006 L 241, 1) sanktioniert. Die Verordnung normiert insbes. **Aufzeichnungspflichten** von Wertpapierunternehmen.

30   Tatbestandsmäßig handelt, wer entgegen Art. 7, 8 VO (EG) Nr. 1297/2006 eine Aufzeichnung nicht, nicht vollständig oder nicht rechtzeitig erstellt. **Art. 7** der Verordnung normiert Aufzeichnungspflichten im Zusammenhang mit dem Eingang von Kundenaufträgen und Handelsentscheidungen. **Art. 8** der Verordnung normiert Aufzeichnungspflichten im Zusammenhang mit Ausführung bzw. Weiterleitung von Kundenaufträgen. Bußgeldbewehrt ist es, die vorgeschriebenen Aufzeichnungen gar nicht, nicht richtig, dh inhaltlich unzutreffend, nicht vollständig, dh nicht mit allen vorgeschriebenen Angaben oder nicht rechtzeitig, dh nicht unverzüglich zu erstellen.

31   Verstöße gegen § 39 Abs. 2a sind mit einem **Bußgeld** bis zu 50.000 EUR bedroht. Im Falle leichtfertigen Handelns ist **§ 17 Abs. 2 OWiG** zu beachten. § 39 Abs. 2a gilt auch für die erlaubnispflichtige Anlageverwaltung iSd § 2 Abs. 3 S. 3 (§ 39 Abs. 7).

IV. Tatbestand des § 39 Abs. 2b

§ 39 Abs. 2b erfasst **vorsätzliche und leichtfertige** Verstöße gegen die VO (EG) Nr. 1060/2009 v. **32** 16.9.2009 über **Ratingagenturen** (ABl. 2009 L 302, 1). Ziel der EU-Rating-Verordnung war die Sicherung der Qualität der Ratings von in der Europäischen Union zugelassenen Ratingagenturen. Die Verordnung legt für Ratings, die von in der Gemeinschaft registrierten Ratingagenturen abgegeben und der Öffentlichkeit bekannt gegeben oder an Abonnenten weitergegeben werden (Art. 2 Abs. 1 VO) Bedingungen für die Abgabe von Ratings sowie Organisations- und Verhaltensregeln für Ratingagenturen fest. So sollen deren Unabhängigkeit gefördert und Interessenkonflikte vermieden werden. Im Falle leichtfertigen Handelns ist § 17 Abs. 2 OWiG zu beachten. In diesen Fällen kann die Ordnungswidrigkeit im Höchstmaß nur mit der Hälfte des angedrohten Höchstbetrages der Geldbuße geahndet werden.

1. § 39 Abs. 2b Nr. 1. Ordnungswidrig handelt nach § 39 Abs. 2b Nr. 1, wer vorsätzlich oder **33** leichtfertig entgegen **Art. 4 Abs. 1 UAbs. 1** VO (EG) Nr. 1060/2009 ein Rating (zum Begriff vgl. Art. 3 Abs. 1 lit. a VO (EG) Nr. 1060/2009) verwendet. Nach Art. 4 Abs. 1 UAbs. 1 dürfen Kreditinstitute, Wertpapierfirmen, Versicherungsunternehmen, Rückversicherungsunternehmen, Organismen für gemeinsame Anlagen in Wertpapieren und Einrichtungen der betrieblichen Altersversorgung für aufsichtsrechtliche Zwecke grundsätzlich nur (vgl. aber Art. 4 Abs. 4) Ratings von Ratingagenturen verwenden, die ihren Sitz in der Union haben und gem. VO (EG) Nr. 1060/2009 registriert sind. Verstöße gegen § 39 Abs. 2b Nr. 1 können mit einer **Geldbuße** bis zu 50.000 EUR geahndet werden (§ 39 Abs. 6).

2. § 39 Abs. 2b Nr. 2. Den Tatbestand des § 39 Abs. 2b Nr. 2 erfüllt, wer vorsätzlich oder leicht- **34** fertig entgegen **Art. 5a** VO (EG) Nr. 1060/2009 nicht dafür Sorge trägt, dass das Wertpapierdienstleistungsunternehmen eigene Kreditbewertungen vornimmt. Nach Art. 5a Abs. 1 VO (EG) Nr. 1060/ 2009 sind Einrichtungen wie Kreditinstitute, Wertpapierfirmen, Versicherungsunternehmen uä verpflichtet, eigene Kreditbewertungen vorzunehmen. Sie dürfen sich nicht ausschließlich oder automatisch auf Ratings stützen. Verstöße können mit einem **Bußgeld** bis zu 50.000 EUR geahndet werden (§ 39 Abs. 6).

3. § 39 Abs. 2b Nr. 3 und 4. Die Tatbestände des § 39 Abs. 2b Nr. 3 und 4 betreffen Verstöße **35** gegen **Art. 8c** VO (EG) Nr. 1060/2009. Art. 8c Abs. 1 VO (EG) Nr. 1060/2009 verpflichtet einen Emittenten oder einen mit ihm verbundenen Dritten, der beabsichtigt, ein Rating eines strukturierten Finanzinstrumentes in Auftrag zu geben, mindestens zwei Ratingagenturen zu beauftragen, unabhängig voneinander ein entsprechendes Rating abzugeben. Nach Art. 8c Abs. 2 der VO (EG) Nr. 1060/2009 dürfen die beauftragten Ratingagenturen nicht derselben Gruppe angehören, keine wechselseitigen Anteilseigner oder Mitglieder sein, nicht berechtigt sein, in einer der anderen Ratingagenturen Stimmrechte auszuüben oder Mitglieder des Verwaltungs- oder Aufsichtsorgans zu bestellen oder abzuberufen, keine gemeinsamen Mitglieder in den Verwaltungs- oder Aufsichtsorganen haben und wechselseitig keine Kontrolle und keinen beherrschenden Einfluss ausüben.

Ordnungswidrig handelt nach § 39 Abs. 2b Nr. 3, wer vorsätzlich oder leichtfertig einen Auftrag **36** entgegen Art. 8c Abs. 1 der VO (EG) Nr. 1060/2009 nicht richtig erteilt, dh nicht mindestens zwei Ratingagenturen beauftragt, nach § 39 Abs. 2b Nr. 4 WpHG wer nicht dafür Sorge trägt, dass die beauftragten Ratingagenturen voneinander unabhängig sind. Die Ordnungswidrigkeiten des § 39 Abs. 2b Nr. 3, 4 sind mit einem **Bußgeld** bis zu 50.000 EUR bedroht (§ 39 Abs. 6).

4. § 39 Abs. 2b Nr. 5. Ordnungswidrig handelt nach § 39 Abs. 2b Nr. 5, wer vorsätzlich oder **37** leichtfertig gegen **Art. 8d Abs. 1 S. 2** VO (EG) Nr. 1060/2009 verstößt. Hiernach sind Emittenten oder mit ihm verbundene Dritte verpflichtet, eine Dokumentation vorzunehmen, wenn sie nicht mindestens eine Ratingagentur beauftragen, deren Marktanteil höchstens 10 % des Gesamtmarktes beträgt. Verstöße können mit einem **Bußgeld** bis zu 200.000 EUR geahndet werden (§ 39 Abs. 6).

V. Tatbestand des § 39 Abs. 2c

Der Bußgeldtatbestand des § 39 Abs. 2c betrifft die Sanktionierung von **vorsätzlichen und leicht-** **38** **fertigen** Verstößen gegen die VO (EU) Nr. 1031/2010 der Kommission über den zeitlichen und administrativen Ablauf sowie sonstige Aspekte der **Versteigerung von Treibhausgasemissionszertifikaten** gem. der RL 2003/87/EG des Europäischen Parlaments und des Rates über ein System für den Handel mit Treibhausgasemissionszertifikaten in der Gemeinschaft (ABl. 2009 L 302, 1). Die VO (EU) Nr. 1031/2010 regelt das Verfahren der Versteigerung von Emissionszertifikaten, die seit dem Erlass der RL 2003/87/EG Voraussetzung für den Ausstoß von Treibhausgasen sind (vgl. hierzu iE KölnKomm WpHG/*Altenhain* § 38 Rn. 82 f.). Die Vorschrift des § 39 Abs. 2c ergänzt den Straftatbestand des § 38 Abs. 2 (→ § 38 Rn. 209 ff.). Im Falle leichtfertigen Handelns ist **§ 17 Abs. 2 OWiG** zu beachten. In diesen Fällen kann die Ordnungswidrigkeit im Höchstmaß nur mit der Hälfte des angedrohten Höchstbetrages der Geldbuße geahndet werden.

39   1. § 39 Abs. 2c Nr. 1. Ordnungswidrig handelt nach § 39 Abs. 2c Nr. 1, wer gegen die VO (EU) Nr. 1031/2010 verstößt, indem er vorsätzlich oder leichtfertig als Person nach Art. 40 VO (EU) Nr. 1031/2010 entgegen Art. 39 lit. a VO (EU) Nr. 1031/2010 eine **Insiderinformation weitergibt** (§ 39 Abs. 2c Nr. 1 lit. a) oder entgegen Art. 39 lit. b VO (EU) Nr. 1031/2010 die Einstellung, Änderung oder Zurückziehung eines Gebotes **empfiehlt** oder eine andere Person hierzu **verleitet** (§ 39 Abs. 2c Nr. 1 lit. b). Die Tatbestände des § 39 Abs. 2c Nr. 1 entsprechen denen des § 38 Abs. 2 Nr. 2 (→ § 38 Rn. 216 ff.).

40   Während § 38 Abs. 2 Nr. 2 die Weitergabe von Insiderinformationen und die Verleitung zum Insiderhandel ausschließlich für Primärinsider unter Strafe stellt, erfasst § 39 Abs. 2c Nr. 1 dagegen **Sekundärinsider** nach Art. 40 VO (EU) Nr. 1031/2010. In Abweichung von Art. 40 VO (EU) Nr. 1031/2010, der Art. 39 VO (EU) Nr. 1031/2010 auch für anwendbar erklärt, wenn der Sekundärinsider nur wissen müsste, dass es sich bei der Information, über die er verfügt, um eine Insiderinformation handelt, also einfach fahrlässig handelt, sanktioniert der Bußgeldtatbestand des § 39 Abs. 2c Nr. 1 seinem eindeutigen Wortlaut nach aber nur mindestens leichtfertige Verstöße. Verstöße gegen § 39 Abs. 2c Nr. 1 können mit einem **Bußgeld** bis zu 50.000 EUR geahndet werden (**§ 39** Abs. 6).

41   2. § 39 Abs. 2c Nr. 2–4. § 39 Abs. 2c Nr. 2–4 sanktioniert die Nichteinhaltung bestimmter Pflichten, die Art. 42 VO (EU) Nr. 1031/2010 im Interesse der Minderung des Risikos marktmissbräuchlichen Verhaltens normiert.

42   Nach § 39 Abs. 2c Nr. 2 handelt ordnungswidrig, wer entgegen Art. 42 Abs. 1 S. 2 oder S. 3 VO (EU) Nr. 1031/2010 **Insiderverzeichnisse,** die die Auktionsplattform, der Auktionator und die Auktionsaufsicht führen müssen, nicht, nicht richtig, dh mit unzutreffenden Angaben, nicht vollständig oder nicht rechtzeitig übermittelt. Da eine Übermittlung nur auf Anfrage der zuständigen Behörde erfolgen muss, hängt die Frage, ob eine Übermittlung nicht rechtzeitig erfolgte maßgeblich von einer Fristsetzung durch die Behörde ab.

43   Den Ordnungwidrigkeitentatbestand des **§ 39 Abs. 2c Nr. 3** erfüllt, wer entgegen Art. 42 Abs. 2 VO (EU) Nr. 1031/2010 eine Unterrichtung nicht, nicht richtig oder nicht innerhalb von fünf Werktagen vornimmt. Nach der vom Bußgeldtatbestand in Bezug genommenen Verhaltensnorm des Art. 42 Abs. 2 VO (EU) Nr. 1031/2010 haben Personen, die bei einer Auktionsplattform, beim Auktionator oder bei der Auktionsaufsicht Führungsaufgaben wahrnehmen, sowie in enger Beziehung zu ihnen stehende Personen die zuständige Behörde über Gebote, die sie auf eigene Rechnung für Auktionsobjekte eingestellt, geändert oder zurückgezogen haben, zu unterrichten (*directors' dealings*).

44   Schließlich erfasst der Tatbestand des **§ 39 Abs. 2c Nr. 4** die nach Art. 42 Abs. 5 VO (EU) Nr. 1031/2010 bestehende Pflicht, die zuständige Behörde beim Verdacht, dass eine Transaktion ein Insider-Geschäft oder eine Marktmanipulation darstellen könnte, zu benachrichtigen. Der Täter handelt tatbestandsmäßig, wenn er eine **Verdachtsanzeige** nicht, nicht richtig, nicht vollständig oder nicht rechtzeitig abgibt.

45   Ein Verstoß gegen § 39 Abs. 2c Nr. 2–4 kann mit einem **Bußgeld** bis zu 50.000 EUR geahndet werden (§ 39 Abs. 6).

VI. Tatbestand des § 39 Abs. 2d

46   Der Bußgeldtatbestand des § 39 Abs. 2d sanktioniert **vorsätzliche und leichtfertige** Verstöße gegen die VO (EU) Nr. 236/2012 v. 14.3.2012 über **Leerverkäufe** und bestimmte Aspekte von **Credit Default Swaps** (ABl. 2012 L 86, 1). Als Reaktion auf die Finanzmarktkrise 2008 wurden im Interesse einer Rechtsvereinheitlichung mit der VO (EU) Nr. 236/2012 Leerverkäufe beschränkt, da in Leerverkäufen in Zeiten finanzieller Instabilität das Risiko einer weiteren Destabilisierung bis hin zu systemischen Risiken gesehen wurde (vgl. Erwägungsgrund (1) VO (EU) Nr. 236/2012). Es wurde eine Verpflichtung zur Meldung signifikanter Netto-Leerverkaufspositionen in öffentlichen Schuldtiteln an die Regulierungsbehörden geschaffen, um frühzeitig systemische Risiken oder ein marktmissbräuchliches Verhalten erkennen zu können (vgl. Erwägungsgrund (8) VO (EU) Nr. 236/2012). Als **Leerverkauf** definiert er Art. 2 Abs. 1 lit. b) VO (EU) Nr. 236/2012 grds. einen Verkauf von Aktien oder Schuldinstumenten, die sich zum Zeitpunkt des Eingehens der Verkaufsvereinbarung nicht im Eigentum des Verkäufers befinden einschließlich eines Verkaufs, bei dem der Verkäufer zum Zeitpunkt des Eingehens der Verkaufsvereinbarung die Aktien oder Schuldinstrumente geliehen hat oder eine Vereinbarung getroffen hat, diese zu leihen, um sie bei der Abwicklung zu liefern.

Im Falle leichtfertigen Handelns ist **§ 17 Abs. 2 OWiG** zu beachten. In diesen Fällen kann die Ordnungswidrigkeit im Höchstmaß nur mit der Hälfte des angedrohten Höchstbetrages der Geldbuße geahndet werden.

47   1. § 39 Abs. 2d Nr. 1. Nach § 39 Abs. 2d Nr. 1 werden Verstöße gegen die in Art. 5 Abs. 1, 7 Abs. 1 und 8 Abs. 1 VO (EU) Nr. 236/2012 normierten **Pflichten** natürlicher und juristischer Personen **zur Meldung,** wenn eine Netto-Leerverkaufsposition im ausgegebenen Aktienkapital eines Unternehmens (Art. 5 Abs. 1) bzw. in ausgegebenen öffentlichen Schuldtiteln (Art. 7 Abs. 1) bzw. ungedeckte Positionen in einem Credit Default Swap (Art. 8 Abs. 1) nach der Aufhebung von Beschränkungen nach Art. 14 Abs. 2 VO (EU Nr. 236/2012) bestimmte Meldeschwellen **erreicht** oder **unterschreitet,** sanktioniert. Für Netto–Leerverkaufspositionen im ausgegebenen Aktienkapital eines Unternehmens normiert Art. 5 Abs. 2 VO (EU Nr. 236/2012) 0,2 % des Aktienkapitals als unterste **Meldeschwelle** und dann beim Erreichen oder Überschreiten von jeweils weiteren 0,1 % weitere Meldeschwellen. Die Meldeschwellen für Nettoleerverkaufspositionen in ausgegebenen öffentlichen Schuldtiteln sind in Art. 21 Abs. 7 VO (EU) 918/2012 (ABl. 2012 L 274, 1 (10)) v. 9.10.2012 geregelt. Ordnungswidrig handelt, wer eine vorgeschriebene Meldung **nicht, nicht richtig,** dh inhaltlich unzutreffend, **nicht vollständig** oder **nicht rechtzeitig** macht. Den erforderlichen Inhalt der Meldung normiert Art. 9 Abs. 1 UAbs. 1 der VO. Nach Art. 9 Abs. 2 der VO hat die Meldung spätestens an dem auf das Erreichen der Meldeschwelle folgenden Handelstag um 15.30 Uhr zu erfolgen.

Verstöße gegen die Meldepflicht können mit einem **Bußgeld** bis zu 200.000 EUR geahndet werden (§ 39 Abs. 6).

2. § 39 Abs. 2d Nr. 2. Nach Art. 6 Abs. 1 VO (EU) Nr. 236/2012 haben natürliche oder juristische **48** Personen, die eine Nettoleerverkaufsposition im ausgegebenen Aktienkapital eines Unternehmens halten, dessen Aktien zum Handel an einem Handelsplatz zugelassen sind, die Einzelheiten dieser Position beim Erreichen oder Unterschreiten der in Art. 6 Abs. 2 VO (EU) Nr. 236/2012 festgelegten **Offenlegungsschwelle** von 0,5 % und danach in Intervallen von jeweils 1 % ggü. der Öffentlichkeit offenzulegen. Ordnungswidrig handelt nach § 39 Abs. 2d Nr. 2, wer eine solche Offenlegung nicht, nicht vollständig oder nicht rechtzeitig vornimmt. Den notwendigen Inhalt der Offenlegung und die Offenlegungsfrist regelt Art. 9 VO (EU) Nr. 236/2012, sie entsprechen der der Meldepflicht (→ Rn. 47).

Verstöße gegen § 39 Abs. 2d Nr. 2 können mit einer **Geldbuße** bis zu 200.000 EUR geahndet werden (§ 39 Abs. 6).

3. § 39 Abs. 2d Nr. 3, 4. Die Art. 12 Abs. 1, 13 Abs. 1 und 14 Abs. 1 VO (EU) Nr. 236/2012 **49** **verbieten ungedeckte Leerverkäufe** in Aktien (Art. 12 Abs. 1) bzw. von öffentlichen Schuldtiteln (Art. 13 Abs. 1) bzw. den Aufbau ungedeckter Credit Default Swaps auf öffentliche Schuldtitel (Art. 14 Abs. 1). Wer entgegen dieser Verbote einen Leerverkauf vornimmt, handelt nach § 39 Abs. 2d Nr. 3 (bei Aktien und öffentlichen Schuldtiteln) bzw. Nr. 4 (bei Credit Default Swaps) WpHG ordnungswidrig.

Verstöße können mit einem **Bußgeld** bis zu 500.000 EUR geahndet werden (§ 39 Abs. 6).

4. § 39 Abs. 2d Nr. 5. Der Ordnungswidrigkeitentatbestand sanktioniert Verstöße gegen die Pflicht **50** einer zentralen Gegenpartei, die Clearingdienste für Aktien erbringt, ein **Eindeckungsverfahren** einzurichten, das den in Art. 15 Abs. 1 VO (EU) Nr. 236/2012 genannten Anforderungen entspricht. Allerdings ist Art. 15 Abs. 1 VO (EU) Nr. 236/2012 mWv 17.9.2014 durch die Verordnung 909/2014 zur Verbesserung der Wertpapierlieferungen und –abrechnungen in der Europäischen Union und über Zentralverwahrer v. 23.7.2014 („Zentralverwahrer-VO“, ABl. 2014 L 257, 1) **aufgehoben** worden. Nach der Ansicht des Unionsgesetzgebers hat die Zentralverwahrer-VO einen weiteren Anwendungsbereich im Hinblick auf Maßnahmen zur Vermeidung gescheiterter Abwicklungen, so dass Art. 15 VO (EU) Nr. 236/2012 aufzuheben war (Erwägungsgrund (78) VO 909/2014). Die referenzierte Ausfüllungsnorm ist somit nicht mehr gültig, so dass die Verweisung in § 39 Abs. 2d Nr. 5 „ins Leere“ geht. Der Bußgeldtatbestand hat deshalb keine Bedeutung mehr.

VII. Tatbestand des § 39 Abs. 2e

Der Bußgeldtatbestand des § 39 Abs. 2e sanktioniert **vorsätzliche und leichtfertige** Verstöße gegen **51** die VO (EU) Nr. 648/2012 über OTC-Derivate, zentrale Gegenparteien und Transaktionsregister v. 4.7.2012 („EMIR“, ABl. 2012 L 201, 1). Die Verordnung wurde zur Erhöhung der Transparenz außerbörslich („over the counter“ = OTC) gehandelter Derivate geschaffen. Kernstück der VO (EU) Nr. 648/2012 sind die Schaffung einer Clearing-Pflicht zur Abwicklung standardisierter OTC-Derivate und die Schaffung eines zentralen Transaktionsregisters für die Meldung von OTC-Derivaten.

Im Falle leichtfertigen Handelns ist **§ 17 Abs. 2 OWiG** zu beachten. In diesen Fällen kann die Ordnungswidrigkeit im Höchstmaß nur mit der Hälfte des angedrohten Höchstbetrages der Geldbuße geahndet werden.

1. § 39 Abs. 2e Nr. 1. Ordnungswidrig handelt nach § 39 Abs. 2e Nr. 1, wer entgegen Art. 4 **52** Abs. 1 und Abs. 3 VO (EU) Nr. 648/2012 einen OTC-Derivatekontrakt nicht oder nicht in der vorgeschriebenen Weise cleart. Nach Art. 4 Abs. 1 VO (EU) Nr. 648/2012 sind finanzielle Gegenparteien iSd Art. 2 Nr. 8 VO (EU) Nr. 648/2012, dh insbes. Wertpapierfirmen, Kreditinstute und Versicherungsunternehmen zum **Clearing** aller OTC-Derivatekontrakte verpflichtet, für die die ESMA gem. Art. 5 Abs. 2 VO (EU) Nr. 648/2012 eine Clearingpflicht bestimmt hat. Nichtfinanzielle Gegenparteien sind nach Art. 4 Abs. 1 der VO ausnahmsweise clearingpflichtig, wenn sie in einem größeren Umfang OTC-Derivate einsetzen, die nicht zur Absicherung der wirschaftliche Risiken ihrer Geschäftstätigkeit dienen. Nach Art. 4 Abs. 3 VO (EU) Nr. 648/2012 wird das Clearing von einer zentralen Gegenpartei („CCP"; vgl. Art. 1 Nr. 1 VO (EU) Nr. 648/2012) durchgeführt.

Verstöße gegen die Clearingpflicht können nach § 39 Abs. 2e Nr. 1 mit einem **Bußgeld** bis zu 200.000 EUR geahndet werden (§ 36 Abs. 6).

53   **2. § 39 Abs. 2e Nr. 2.** Nach Art. 8 Abs. 1 der VO (EU) Nr. 648/2012 hat ein Handelsplatz einer zentralen Gegenpartei, die zum Clearing von an diesem Handelsplatz gehandelten OTC-Derivatekontrakten zugelassen ist, auf deren Antrag **diskriminierungsfrei und auf transparente Weise Handelsdaten zur Verfügung zu stellen.** Für die Betreiber eines multilateralen Handelssystems iSd § 31f Abs. 1 wurde mit § 39 Abs. 2e Nr. 2 zur Durchsetzung dieser Verpflichtung ein Bußgeldtatbestand geschaffen. Stellen sie Handelsdaten nicht, nicht richtig, nicht vollständig, nicht in der vorgeschriebenen Weise, dh nicht diskriminierungsfrei oder nicht auf transparente Weise, oder nicht rechtzeitig zur Verfügung, handeln sie ordnungswidrig.

Verstöße können mit einer **Geldbuße** bis zu 100.000 EUR geahndet werden (§ 39 Abs. 6).

54   **3. § 39 Abs. 2e Nr. 3.** Der Ordnungswidrigkeitentatbestand sanktioniert Verstöße gegen die **Pflicht zur Meldung** der Einzelheiten eines OTC-Derivatekontraktes an das **Transaktionsregister.** Nach Art. 9 Abs. 1 VO (EU) Nr. 648/2012 haben Gegenparteien und CCPs die Einzelheiten der von ihnen geschlossenen Derivatekontrakte und jeglicher Änderung oder Beendigung von Kontrakten an das Transaktionsregister spätestens am folgenden Arbeitstag zu melden. Ordnungswidrig handelt nach § 39 Abs. 2e Nr. 3, wer die Meldung nicht, nicht richtig, dh inhaltlich unzutreffend, nicht vollständig oder nicht rechtzeitig, dh nicht innerhalb der Frist des Art. 9 Abs. 1 S. 2 der VO macht.

Verstöße können mit einer **Geldbuße** bis zu 200.000 EUR geahndet werden (§ 39 Abs. 6).

55   **4. § 39 Abs. 2e Nr. 4.** Nach Art. 9 Abs. 2 VO (EU) Nr. 648/2012 haben Gegenparteien die Aufzeichnungen für von ihnen geschlossene Derivatekontrakte mindestens fünf Jahre nach Beendigung des Kontraktes aufzubewahren. § 39 Abs. 2e Nr. 4 sanktioniert Verstöße gegen diese **Aufbewahrungspflicht.**

Bei Verwirklichung des Tatbestandes droht ein **Bußgeld** bis zu 200.000 EUR (§ 39 Abs. 6).

56   **5. § 39 Abs. 2e Nr. 5.** Trifft nach Art. 4 Abs. 1 VO (EU) Nr. 648/2012 eine Clearingpflicht ausnahmsweise eine nichtfinanzielle Gegenpartei, weil das Maß der von ihr eingegangenen OTC-Derivatekontrakten bestimmte Schwellenwerte überschreitet, die in Art. 11 der Delegierten VO (EU) Nr. 149/2013 (ABl. 2013 L 52, 11) festgelegt sind, hat sie das **Überschreiten des Schwellenwertes** nach Art. 10 Abs. 1 lit. a VO (EU) Nr. 648/2012 unverzüglich der ESMA und der daneben zuständigen nationalen Behörde mitzuteilen. Tut sie dies nicht oder nicht rechtzeitig, dh nicht unverzüglich, handelt sie ordnungswidrig nach § 39 Abs. 2e Nr. 5.

Verstöße können mit einem **Bußgeld** bis zu 500.000 EUR geahndet werden (§ 39 Abs. 6).

57   **6. § 39 Abs. 2e Nr. 6.** Nach Art. 11 Abs. 1 VO (EU) Nr. 648/2012 haben finanzielle und nichtfinanzielle Gegenparteien, die einen nicht durch eine CCP geclearten Derivatekontrakt abschließen, mit der gebührenden Sorgfalt zu gewährleisten, dass angemessene Verfahren und Vorkehrungen bestehen, um das **operationelle Risiko** und das **Gegenparteiausfallrisiko** zu ermessen, zu beobachten und zu mindern. Ordnungswidrig handelt nach § 39 Abs. 2e Nr. 6, wer ein solches Verfahren oder solche Vorkehrungen nicht gewährleistet.

Verstöße können mit einer **Geldbuße** bis zu 100.000 EUR geahndet werden (§ 39 Abs. 6).

58   **7. § 39 Abs. 2e Nr. 7.** Der Tatbestand sanktioniert Verstöße gegen die in Art. 11 Abs. 2 S. 1 VO (EU) Nr. 648/2012 normierte Verpflichtung finanzieller und clearingpflichtiger nichtfinanzieller Gegenparteien, täglich auf der Basis der aktuellen Kurse den **Wert ausstehender Kontrakte** zu ermitteln. Wenn die Marktbedingungen eine Bewertung zu Marktpreisen nicht zulassen, ist nach Art. 11 Abs. 2 S. 1 VO (EU) Nr. 648/2012 eine zuverlässige und vorsichtige Bewertung zu Modellpreisen vorzunehmen. Ordnungwidrig handelt nach § 39 Abs. 2e Nr. 7, wer den Wert ausstehender Kontrakte nicht, nicht richtig oder nicht rechtzeitig, dh nicht tagesaktuell, ermittelt.

Verstöße können mit einem **Bußgeld** bis zu 100.000 EUR geahndet werden (§ 39 Abs. 6).

59   **8. § 39 Abs. 2e Nr. 8, 10.** Nach § 39 Abs. 2e Nr. 8 handelt ordnungswidrig, wer ein nach Art. 11 Abs. 3 VO (EU) Nr. 648/2012 vorgeschriebenes Verfahren zum **Risikomanagement** nicht betreibt. Sofern eine **Befreiung** von den Anforderungen des Art. 11 Abs. 3 VO (EU) Nr. 648/2012 erteilt wurde, muss dies gem. Art. 11 Abs. 11 S. 1 VO (EU) Nr. 648/2012 veröffentlicht werden. Ordnungswidrig nach § 39 Abs. 2e Nr. 10 handelt, wer diese Befreiung nicht oder nicht richtig veröffentlicht.

Verstöße gegen § 39 Abs. 2 Nr. 8 können mit einem **Bußgeld** bis zu 500.000 EUR geahndet werden, Verstöße gegen § 39 Abs. 2 Nr. 10 mit einem Bußgeld bis zu 50.000 EUR (§ 39 Abs. 6).

60   **9. § 39 Abs. 2e Nr. 9.** Nach Art. 11 Abs. 4 VO (EU) Nr. 648/2012 haben finanzielle Gegenparteien eine geeignete und angemessene Eigenkapitalausstattung zur Absicherung der Risiken vorzuhalten,

die nicht durch einen entsprechenden Austausch von Sicherheiten gedeckt sind. Wird dies unterlassen, ist der Bußgeldtatbestand des § 39 Abs. 2 Nr. 9 erfüllt.

Verstöße können mit einem **Bußgeld** bis zu 500.000 EUR geahndet werden (§ 39 Abs. 6).

VIII. Tatbestand des § 39 Abs. 3

§ 39 Abs. 3 enthält Tatbestände, die **vorsätzliche und fahrlässige** Verstöße gegen Verhaltensan- 61 forderungen des WpHG erfassen. Im Falle fahrlässigen Handelns ist **§ 17 Abs. 2 OWiG** zu beachten. In diesen Fällen kann die Ordnungswidrigkeit im Höchstmaß nur mit der Hälfte des angedrohten Höchstbetrages der Geldbuße geahndet werden.

1. § 39 Abs. 3 Nr. 1. Der Bußgeldtatbestand betrifft Zuwiderhandlungen gegen vollziehbare An- 62 ordnungen nach den dort genannten Vorschriften. Es können hier insbes. Fragen der **Verwaltungsakzessorietät** relevant werden (→ Rn. 5).

Bei Verwirklichung des § 39 Abs. 3 Nr. 1 lit. b kann eine **Geldbuße** iHv bis zu 200.000 EUR, im Falle des § 39 Abs. 3 Nr. 1 lit. c bis zu 100.000 EUR, in den übrigen Fällen iHv bis zu 50.000 EUR verhängt werden. § 39 Abs. 3 Nr. 1 lit. c gilt auch für die erlaubnispflichtige Anlageverwaltung iSd § 2 Abs. 3 S. 3 (§ 39 Abs. 7).

2. § 39 Abs. 3 Nr. 2. Der Ordnungswidrigkeitentatbestand greift ein, wenn Bediensteten der BaFin 63 oder den von ihr beauftragten Personen während der üblichen Arbeitszeit das Betreten von Grundstücken und Geschäftsräumen nicht gestattet wird bzw. wenn dies geduldet wird, obwohl dies zur Wahrnehmung der Aufgaben der BaFin erforderlich ist.

Verstöße können mit einer **Geldbuße** bis zu 50.000 EUR geahndet werden.

3. § 39 Abs. 3 Nr. 3. Der Tatbestand des § 39 Abs. 3 Nr. 3 ist erfüllt, wenn ein Wertpapierdienst- 64 leistungsunternehmen eine **Finanzportfolioverwaltung** (§ 2 Abs. 3 S. 1 Nr. 7) entgegen § 33 Abs. 3 S. 1 Nr. 2 in einen Drittstaat auslagert.

Verstöße können mit einer **Geldbuße** von bis zu 200.000 EUR geahndet werden (§ 39 Abs. 6). § 39 Abs. 3 Nr. 3 gilt auch für die erlaubnispflichtige Anlageverwaltung iSd § 2 Abs. 3 S. 3 (§ 39 Abs. 7).

4. § 39 Abs. 3 Nr. 4–9. Die Ordnungswidrigkeitentatbestände betreffen verschiedene Verstöße 65 gegen § 34a, der die **getrennte Vermögensverwahrung** durch Wertpapierdienstleistungsunternehmen, die über keine Erlaubnis für das Einlagengeschäft im Sinne des § 1 Abs. 1 S. 2 Nr. 1 KWG verfügen, regelt. Die mit § 34a verbundenen Verpflichtungen können durch eine auf Grundlage von § 34a Abs. 5 erlassene Rechtsverordnung näher konkretisiert werden (zu dieser Regelungstechnik → Vorb. Rn. 9).

§ 39 Abs. 3 Nr. 4 erfasst Verstöße gegen die Pflicht, Kundengelder unverzüglich getrennt von den 66 Geldern des Unternehmens und von anderen Kundengeldern auf Treuhandkonten zu verwahren, bis die Gelder zum vereinbarten Zweck verwendet werden. Nach **§ 39 Abs. 3 Nr. 5** können Verstöße gegen die Pflicht, bei Verwahrung der Kundengelder bei einem qualifizierten Geldmarktfonds die vorherige Zustimmung des Kunden (rechtzeitig) einzuholen, sanktioniert werden. Den Tatbestand des **§ 39 Abs. 3 Nr. 6** erfüllt, wer einem verwahrenden Institut vor der Verwahrung nicht offen legt, dass die Gelder treuhänderisch eingelegt werden. Nach **§ 39 Abs. 3 Nr. 7** wird die Verletzung verschiedener Unterrichtungspflichten gegenüber Kunden sanktioniert. **§ 39 Abs. 3 Nr. 8** erfasst Verstöße gegen die nach § 34a Abs. 2 S. 1 bestehende Pflicht eines Wertpapierdienstleistungsunternehmens ohne eine Erlaubnis zum Betreiben des Depotgeschäftes, entgegengenommene Wertpapiere unverzüglich einem Kreditinstitut, das zum Betreiben des Depotgeschäftes befugt ist, zur Verwahrung weiterzuleiten.

Nach **§ 39 Abs. 3 Nr. 9** wird schließlich die Nutzung eines Wertpapiers entgegen § 34a Abs. 4 S. 1, 67 der Wertpapierdienstleistungsunternehmen, die für Kunden Finanzinstrumente halten, verpflichtet, diese nur unter genau festgelegten Bedingungen, denen der Kunde im Voraus ausdrücklich zugestimmt hat, für eigene Rechnung oder für Rechnung eines anderen Kunden zu nutzen. Dass § 39 Abs. 3 Nr. 9 nur die Nutzung eines Wertpapiers unter Verletzung des § 34a Abs. 4 S. 1 sanktioniert, nach § 34a Abs. 4 S. 1 aber die Nutzung jedes Finanzinstruments (§ 2 Abs. 2b) erfasst ist, dürfte ein gesetzgeberisches Versehen sein. Eine Sanktionierung ist aber aufgrund des klaren Wortlautes nur bezüglich der Nutzung von Wertpapieren möglich (§ 3 OWiG).

Ist einer der Tatbestände des § 39 Abs. 3 Nr. 4–9 erfüllt, kann eine **Geldbuße** iHv bis zu 50.000 EUR verhängt werden (§ 39 Abs. 6).

5. § 39 Abs. 3 Nr. 10, 11. Die Tatbestände betreffen Verstöße gegen § 36, der die **Prüfung von** 68 **Meldepflichten und Verhaltensregeln** betrifft. Wertpapierdienstleistungsunternehmen haben den Prüfer jeweils spätestens zum Ablauf des Geschäftsjahres zu bestellen, auf das sich die Prüfung erstreckt (§ 36 Abs. 1 S. 4). Wird der Prüfer nicht oder nicht innerhalb dieser Frist bestellt, ist der Tatbestand des § 39 Abs. 3 Nr. 10 erfüllt. Zudem hat das Wertpapierdienstleistungsunternehmen der BaFin eine **Prüferanzeige** zu erstatten. Zeigt es vor Erteilung des Prüfungsauftrags der BaFin den Prüfer nicht, nicht richtig, nicht vollständig oder nicht rechtzeitig an, ist der Tatbestand des § 39 Abs. 3 Nr. 11 erfüllt.

Die **Geldbuße** beträgt bei beiden Tatbeständen 50.000 Euro im Höchstmaß. § 39 Abs. 3 Nr. 10, 11 gilt auch für die erlaubnispflichtige Anlageverwaltung iSd § 2 Abs. 3 S. 3 (§ 39 Abs. 7).

69   **6. § 39 Abs. 3 Nr. 12.** Nach § 39 Abs. 3 Nr. 12 handelt ordnungswidrig, wer einen Jahresfinanzbericht, einen Halbjahresfinanzbericht, einen Zahlungs- oder Konzernzahlungsbericht der Öffentlichkeit nicht oder nicht rechtzeitig zur Verfügung stellt. Zur Übermittlung dieser Berichte an das Unternehmensregister vgl. → Rn. 27.

Die **Geldbuße** beträgt 2 Mio. Euro im Höchstmaß (§ 39 Abs. 4 S. 1). Gegenüber einer juristischen Person oder Personenvereinigung kann auch eine höhere Geldbuße verhängt werden (§ 39 Abs. 4 S. 2; Einzelheiten → Rn. 105 ff.).

IX. Tatbestand des § 39 Abs. 3a

70   § 39 Abs. 3a betrifft Verstöße gegen die VO (EU) Nr. 236/2012, die durch **vorsätzliche oder fahrlässige** Zuwiderhandlungen gegen vollziehbare Anordnungen begangen werden. Die VO (EU) 236/2012 ermächtigt die BaFin, bei einer **ernsthaften Bedrohung der Finanzstabilität** oder **des Marktvertrauens** in Deutschland oder in einem oder mehreren anderen Mitgliedstaaten bestimmte Anordnungen zur Gewährleistung der Durchsetzung der Verordnung zu treffen, sofern dies erforderlich und verhältnismäßig ist. Vorsätzliche oder fahrlässige Verstöße gegen diese Anordnungen sind in § 39 Abs. 3a mit Bußgeld bedroht.

Im Falle fahrlässigen Handelns ist **§ 17 Abs. 2 OWiG** zu beachten. In diesen Fällen kann die Ordnungswidrigkeit im Höchstmaß nur mit der Hälfte des angedrohten Höchstbetrages der Geldbuße geahndet werden.

71   **1. § 39 Abs. 3a Var. 1.** Von der ersten Variante des § 39 Abs. 3a werden Zuwiderhandlungen gegen vollziehbare Anordnungen nach **Art. 18 Abs. 2 S. 2 oder S. 3** VO (EU) 236/2012 erfasst. Art. 18 Abs. 1 VO (EU) Nr. 236/2012 ermächtigt die BaFin, natürliche oder juristische Personen, die **Netto-Leerverkaufspositionen** in einem bestimmten Finanzinstrument oder einer bestimmten Art von Finanzinstrumenten halten, dazu aufzufordern, dies zu melden oder der Öffentlichkeit die Einzelheiten der betreffenden Position offenzulegen, wenn diese eine von der BaFin festgelegte **Meldeschwelle** erreicht oder unterschreitet. Nach Art. 18 Abs. 2 S. 2 VO (EU) 236/2012 kann die BaFin die Situationen festlegen, in denen eine Meldung zu erfolgen hat und Ausnahmen von der Meldepflicht bestimmen. Ordnungswidrig handelt nach § 39 Abs. 3a Var. 1, wer vorsätzlich oder fahrlässig entgegen einer Anordnung der BaFin Leerverkaufspositionen beim Erreichen oder Unterschreiten der Meldeschwelle nicht meldet oder ihre Einzelheiten der Öffentlichkeit nicht offen legt.

72   **2. § 39 Abs. 3a Var. 2.** Auf Grundlage von **Art. 19 Abs. 2** VO (EU) 236/2012 kann die BaFin die Verleiher eines bestimmten Finanzinstrumentes oder einer Kategorie von Finanzinstrumenten auffordern, jede erhebliche Änderung der Gebühren zu melden, die für ein solches Verleihen zu zahlen sind. Vorsätzliche oder fahrlässige Verstöße gegen eine angeordnete Meldepflicht stellen eine Ordnungswidrigkeit nach § 39 Abs. 3a Var. 2 dar.

73   **3. § 39 Abs. 3a Var. 3, 4, 5.** Nach **Art. 20 Abs. 2** VO (EU) Nr. 236/2012 ist die BaFin ermächtigt, natürlichen und juristischen Personen bestimmte Leerverkäufe und vergleichbare Transaktionen zu verbieten oder ihre Zulässigkeit von der Einhaltung bestimmter Bedingungen abhängig zu machen, wenn dies erforderlich und verhältnismäßig ist. Für Credit Default Swaps auf öffentliche Schuldtitel ermöglicht **Art. 21 Abs. 1** VO (EU) Nr. 236/2012 die Beschränkung solcher Transaktionen. Ergänzt werden diese Vorschriften durch **Art. 23** VO (EU) Nr. 236/2012, der es der BaFin erlaubt, zum Schutz vor einem ungeordneten Kursverfall nicht nur ggü. einzelnen Personen, sondern an einem bestimmten Handelsplatz Leerverkäufe von Aktien oder Schuldinstrumenten oder Transaktionen mit anderen Arten von Finanzinstrumenten zu verbieten, wenn der Kurs an diesem Handelsplatz innerhalb eines einzigen Handelstages im Vergleich zu der Schlussnotierung des Vortages signifikant gefallen ist. Ordnungswidrig handelt nach § 39 Abs. 3a Var. 3, 4 und 5, wer vorsätzlich oder fahrlässig einer Anordnung zuwiderhandelt, die Leerverkäufe oder andere von Art. 20, 21 oder 23 VO (EU) Nr. 236/2012 erfasste Transaktionen verbietet oder beschränkt, dh ein verbotenes Geschäft durchführt oder Bedingungen für seine Zulässigkeit nicht einhält.

74   **4. Höhe der Geldbuße.** Verstöße gegen § 39 Abs. 3a können in allen Varianten mit einem Bußgeld bis zu 50.000 EUR geahndet werden (§ 39 Abs. 6).

X. Tatbestand des § 39 Abs. 3b

75   Nach § 39 Abs. 3b handelt ordnungswidrig, wer eine in § 38 Abs. 3 Nr. 1–3 bezeichnete Handlung **leichtfertig** begeht. Der Tatbestand erfasst Verstöße gegen die in Art. 14 MAR iVm Art. 8, 10 MAR enthaltenen **Insiderverbote** (→ § 38 Rn. 127 ff.), die bei vorsätzlichem Handeln nach § 38 Abs. 3 strafbar sind. Seit der Reform des Marktmissbrauchsrechts durch das 1. FiMaNoG (→ Vorb. Rn. 5), sind leichtfertige Verstöße nur noch als Ordnungswidrigkeiten sanktionierbar.

Die **Geldbuße** beträgt im Höchstmaß 5 Mio. EUR (§ 39 Abs. 4a S. 1). Gegenüber einer juristischen Person oder Personenvereinigung kann auch eine höhere Geldbuße verhängt werden (§ 39 Abs. 4a S. 2; Einzelheiten → Rn. 109 ff.). Im Falle leichtfertigen Handelns ist **§ 17 Abs. 2 OWiG** zu beachten. In diesen Fällen kann die Ordnungswidrigkeit im Höchstmaß nur mit der Hälfte des angedrohten Höchstbetrages der Geldbuße geahndet werden.

XI. Tatbestand des § 39 Abs. 3c

Der Ordnungswidrigkeitentatbestand des § 39 Abs. 3c erfasst **handels- und handlungsgestützte** 76 **Marktmanipulationen** im Hinblick auf die in § 12 genannten Tatobjekte. Anders als bei § 38 Abs. 1 Nr. 1 Alt. 2 ist kein Preiseinwirkungserfolg erforderlich, iÜ decken sich die Tatbestände (→ § 38 Rn. 76 ff.). Da gesetzlich nicht anders angeordnet, ist **vorsätzliches** Handeln erforderlich (§ 10 OWiG).

Die **Geldbuße** beträgt im Höchstmaß 1 Mio. EUR (§ 39 Abs. 4a S. 1). Gegenüber einer juristischen Person oder Personenvereinigung kann auch eine höhere Geldbuße verhängt werden (§ 39 Abs. 4a S. 2, Einzelheiten → Rn. 109 ff.).

XII. Tatbestand des § 39 Abs. 3d

Die Vorschriften des § 39 Abs. 3d sind Grundlage für die Sanktionierung von **vorsätzlichen und** 77 **leichtfertigen** Verstößen gegen Regelungen der **Marktmissbrauchsverordnung** (→ Vorb. Rn. 5, 17). Im Falle leichtfertigen Handelns ist **§ 17 Abs. 2 OWiG** zu beachten. In diesen Fällen kann die Ordnungswidrigkeit im Höchstmaß nur mit der Hälfte des angedrohten Höchstbetrages der Geldbuße geahndet werden.

1. § 39 Abs. 3d Nr. 1. Die Vorschrift sanktioniert Verstöße gegen die **Meldepflicht** nach **Art. 4** 78 **Abs. 1 UAbs. 1 MAR.** Hiernach sind Betreiber von geregelten Märkten sowie Wertpapierfirmen und Betreiber eines multilateralen oder organisierten Handelssystems (vgl. Art. 3 Abs. 1 Nr. 6–8 MAR) verpflichtet, der zuständigen Behörde des Handelsplatzes unverzüglich jedes Finanzinstrument, für das ein Antrag auf Zulassung zum Handel an ihrem Handelsplatz gestellt wird, zum Handel zugelassen wird oder erstmalig gehandelt worden ist, unverzüglich zu melden. Sie melden auch, wenn ein Finanzinstrument nicht mehr gehandelt wird oder die Zulassung zum Handel erlischt (Art. 4 Abs. 1 UAbs. 2 MAR). Der notwendige Inhalt der Meldung ergibt sich aus Art. 4 Abs. 1 UAbs. 3, UAbs. 4 iVm Abs. 3 MAR.

Die auf Grundlage von Art. 4 Abs. 4 MAR erlassene **Durchführungsverordnung (EU) 2016/378** 79 v. 11.3.2016 (ABl. 2016 L 72, 1) regelt Einzelheiten hinsichtlich Frist (Art. 1) sowie Inhalt und Form (Art. 2) der Meldung. Ordnungswidrig handelt, wer die Meldung nicht, nicht richtig, nicht vollständig, nicht in der vorgeschriebenen Weise oder nicht rechtzeitig zur Verfügung stellt oder aktualisiert.

Es kann eine **Geldbuße** iHv bis zu 500.000 EUR verhängt werden (§ 39 Abs. 4a S. 1). Gegenüber einer juristischen Person oder Personenvereinigung kann auch eine höhere Geldbuße verhängt werden (§ 39 Abs. 4a S. 2; Einzelheiten → Rn. 109 ff.). Gem. § 39 Abs. 6a S. 1 gilt § 17 Abs. 2 OWiG zwar nicht bei Verstößen gegen Gebote und Verbote, die in den Abs. 4 und 4a in Bezug genommen werden. Nach § 39 Abs. 6a S. 2 gilt dies aber nicht für § 39 Abs. 3d Nr. 1.

2. § 39 Abs. 3d Nr. 2. Der Bußgeldtatbestand erfasst das Begehen von Marktmanipulationen ent- 80 gegen **Art. 15 MAR.** Erfasst sind damit alle informations-, handels- und handlungsgestützten **Marktmanipulationen** in Bezug auf die von der Marktmissbrauchsverordnung erfassten Tatobjekte. Der Tatbestand hat grundsätzlich dieselben Voraussetzungen wie **§ 38 Abs. 1 Nr. 2** (→ § 38 Rn. 17), wenngleich kein Preiseinwirkungserfolg erforderlich ist und auch leichtfertiges Handeln ausreicht.

Verstöße können mit einem **Bußgeld** bis zu 5 Mio. EUR geahndet werden (§ 39 Abs. 4a S. 1). Gegenüber einer juristischen Person oder Personenvereinigung kann auch eine höhere Geldbuße verhängt werden (§ 39 Abs. 4a S. 2; Einzelheiten → Rn. 109 ff.).

3. § 39 Abs. 3d Nr. 3–5. Die Tatbestände betreffen Verstöße gegen durch **Art. 16 MAR** nor- 81 mierte **Organisations-, Melde- und Unterrichtungspflichten,** die der Vorbeugung und Aufdeckung von Marktmissbrauch dienen. Nach Art. 16 Abs. 1 UAbs. 1 MAR haben Betreiber von Märkten und Wertpapierfirmen, die einen Handelsplatz betreiben, die Pflicht, wirksame Regelungen, Systeme und Verfahren zur Vorbeugung und Aufdeckung von Marktmissbrauch zu schaffen und aufrechtzuerhalten. Diese Personen müssen darüber hinaus nach Art. 16 Abs. 1 UAbs. 2 MAR Aufträge und Geschäfte melden, bei denen der Verdacht eines Insidergeschäfts oder einer Marktmanipulation besteht. Nach Art. 16 Abs. 2 MAR müssen Personen, die gewerbsmäßig Geschäfte vermitteln oder ausführen, wirksame Regelungen, Systeme und Verfahren zur Aufdeckung und Meldung von verdächtigen Aufträgen und Geschäften schaffen und aufrechterhalten sowie bei Verdacht, dass ein Auftrag oder ein Geschäft Insiderhandel oder Marktmanipulation darstellt, die zuständige Behörde unverzüglich unterrichten.

82   Die auf Grundlage von Art. 16 Abs. 5 MAR erlassene **Delegierte VO (EU) 2016/957** v. 9.3.2016 (ABl. 2016 L 160, 1) konkretisiert die Pflicht zur Unterhaltung von Regelungen, Systemen und Verfahren (Art. 2 ff.) und enthält Vorschriften zu Zeitpunkt (Art. 6), Inhalt (Art. 7) und Übermittlung (Art. 8) der Verdachtsmeldungen.

Bei Verstößen gegen § 39 Abs. 3d Nr. 3–5 kann eine **Geldbuße** iHv bis zu 1 Mio. EUR verhängt werden (§ 39 Abs. 4a S. 1). Gegenüber einer juristischen Person oder Personenvereinigung kann auch eine höhere Geldbuße verhängt werden (§ 39 Abs. 4a S. 2; Einzelheiten → Rn. 109 ff.).

83   **4. § 39 Abs. 3d Nr. 6–11.** Die Vorschriften sanktionieren Verstöße gegen die nach **Art. 17 MAR** bestehenden Pflichten hinsichtlich der **Veröffentlichung von Insiderinformationen** (vgl. hierzu *Klöhn* AG 2016, 423 (429 ff.); *Renz/Leibold* CCZ 2016, 157 (158 f.)). Die durch Art. 17 MAR formulierten Pflichten werden durch die **Durchführungsverordnung (EU) 2016/1055** v. 29.6.2016 (ABl. 2016 L 173, 47) konkretisiert, die technische Durchführungsstandards hinsichtlich der technischen Mittel für die angemessene Bekanntgabe von Insiderinformationen und für den Aufschub der Bekanntgabe von Insiderinformationen festlegt.

84   Nach **Art. 17 Abs. 1 UAbs. 1 MAR** müssen Emittenten der Öffentlichkeit Insiderinformationen, die unmittelbar diesen Emittenten betreffen, so bald wie möglich bekannt geben **(Ad-hoc-Publizitätspflicht)**. Diese Pflicht gilt entsprechend für Teilnehmer am Markt für Emissionszertifikate (Art. 17 Abs. 2 UAbs. 1 S. 1 MAR). Derjenige, der eine Insiderinformation nicht, nicht richtig, nicht vollständig, nicht in der vorgeschriebenen Weise oder nicht rechtzeitig bekannt gibt, handelt nach **§ 39 Abs. 3d Nr. 6** ordnungswidrig. Wird eine Insiderinformation entgegen Art. 17 Abs. 1 MAR nicht veröffentlicht, kann uU eine Marktmanipulation iSd § 38 Abs. 1 Nr. 1, 2 WpHG iVm Art. 12 Abs. 1 lit. b MAR gegeben sein (→ § 38 Rn. 92).

85   Weitere Pflichten im Zusammenhang mit der Veröffentlichung von Insiderinformationen werden in **Art. 17 Abs. 1 UAbs. 2 MAR** normiert. So muss der Emittent sicherstellen, dass die Insiderinformation in einer Art und Weise veröffentlicht wird, die es der Öffentlichkeit ermöglicht, schnell auf sie zuzugreifen. Die Emittenten dürfen weiterhin die Veröffentlichung von Insiderinformationen nicht mit der Vermarktung ihrer Tätigkeit verbinden. Zudem müssen Emittenten alle Insiderinformationen, die sie der Öffentlichkeit mitteilen müssen, auf ihrer Webseite veröffentlichen und sie dort während eines Zeitraums von mindestens 5 Jahren anzeigen. Verstöße gegen diese Pflichten werden nach **§ 39 Abs. 3d Nr. 7–9** sanktioniert. Die hinsichtlich der Veröffentlichung von Insiderinformationen nach § 15 Abs. 1 bestehende Pflicht zur Übermittlung an das Unternehmensregister und zur Mitteilung an die BaFin ist nach § 39 Abs. 1 Nr. 2, 2a bußgeldbewehrt (→ Rn. 6).

86   **Art. 17 Abs. 4 MAR** erlaubt Emittenten und Teilnehmern am Markt für Emissionszertifikate die **Aufschiebung der Offenlegung von Insiderinformationen** unter den dort genannten Bedingungen (vgl. auch Erwägungsgrund (50) MAR). In diesem Fall müssen sie aber die zuständige Behörde unmittelbar nach der Offenlegung der Information über den Aufschub der Offenlegung informieren und zugleich schriftlich erläutern, inwieweit die für eine Aufschiebung bestehenden Voraussetzungen erfüllt waren (Art. 17 Abs. 4 UAbs. 3 S. 1 MAR). Informiert der Emittent oder der Teilnehmer am Markt für Emissionszertifikate die zuständige Behörde nicht, nicht richtig, nicht vollständig, nicht in der vorgeschriebenen Weise oder nicht rechtzeitig oder wird der Aufschub einer Offenlegung nicht, nicht richtig, nicht vollständig, nicht in der vorgeschriebenen Weise oder nicht rechtzeitig erläutert, ist der Ordnungswidrigkeitentatbestand des **§ 39 Abs. 3d Nr. 10** erfüllt.

87   Schließlich handelt ordnungswidrig, wer entgegen **Art. 17 Abs. 8 S. 1 MAR** eine Insiderinformation nicht, nicht richtig, nicht vollständig, nicht in der vorgeschriebenen Weise oder nicht rechtzeitig veröffentlicht **(§ 39 Abs. 3d Nr. 11)**. Eine Pflicht zur Veröffentlichung von Insiderinformationen besteht in jenen Fällen, in denen eine Insiderinformation im Zuge der normalen Ausübung eines Berufs oder der normalen Erfüllung einer Aufgabe offen gelegt wird (vgl. Art. 10 Abs. 1 MAR; → § 38 Rn. 200 ff.). Ein Emittent oder ein Teilnehmer am Markt für Emissionszertifikate muss in diesem Fall die Insiderinformation vollständig und wirksam veröffentlichen und zwar zeitgleich bei absichtlicher Offenlegung und unverzüglich im Falle einer nicht absichtlichen Offenlegung (s. aber *Klöhn* AG 2016, 423 (430)). Eine Veröffentlichungspflicht besteht dann nicht, wenn die Information gegenüber einer Person offen gelegt wird, die zur Verschwiegenheit verpflichtet ist (Art. 17 Abs. 8 S. 2 MAR).

Bei Verstößen gegen § 39 Abs. 3d Nr. 6–11 kann eine **Geldbuße** iHv bis zu 1 Mio. EUR verhängt werden (§ 39 Abs. 4a S. 1). Gegenüber einer juristischen Person oder Personenvereinigung kann auch eine höhere Geldbuße verhängt werden (§ 39 Abs. 4a S. 2; → Einzelheiten Rn. 109 ff.).

88   **5. § 39 Abs. 3d Nr. 12–16.** Die Ordnungswidrigkeitentatbestände betreffen Verstöße gegen die in **Art. 18 MAR** genannten Verpflichtungen im Zusammenhang mit dem Führen von Listen über bestimmte Personen, die Zugang zu Insiderinformationen haben **(Insiderlisten)** (hierzu *Renz/Leibold* CCZ 2016, 157 (160 f.)). Geahndet wird das nicht, nicht richtige, nicht vollständige, nicht in der vorgeschriebenen Weise vorgenommene oder nicht rechtzeitige **Aufstellen** entgegen Art. 18 Abs. 1 lit. a MAR bzw. **Aktualisieren** entgegen Art. 18 Abs. 1 lit. b iVm Abs. 4 MAR von Insiderlisten (§ 39 Abs. 3d Nr. 12, 13). Tatbestandsmäßig ist weiterhin, wenn der Täter die Insiderliste der zuständigen

Behörde entgegen Art. 18 Abs. 1 lit. c MAR nicht, nicht richtig, nicht vollständig, nicht in der vorgeschriebenen Weise oder nicht rechtzeitig zur Verfügung stellt (§ 39 Abs. 3d Nr. 14).

Nach Art. 18 Abs. 2 UAbs. 1 MAR haben Emittenten zudem dafür zu sorgen, dass alle auf der **89** Insiderliste erfassten Personen die aus den Rechts- und Verwaltungsvorschriften erwachsenden Pflichten **schriftlich anerkennen** und sich der Sanktionen bewusst sind, die bei Insidergeschäften und unrechtmäßiger Offenlegung von Insiderinformationen Anwendung finden. Trifft der Emittent diese Vorkehrungen nicht, handelt er nach § 39 Abs. 3d Nr. 15 ordnungswidrig. Schließlich wird derjenige Emittent sanktioniert, der eine Insiderliste nach der Erstellung oder Aktualisierung nicht oder **nicht mindestens fünf Jahre aufbewahrt** (§ 39 Abs. 3d Nr. 16).

Die Pflichten betreffend die Führung und Aktualisierung von Insiderlisten werden durch die auf **90** Grundlage von Art. 18 Abs. 9 MAR erlassenen **Durchführungsverordnung (EU) 2016/347** v. 10.3.2016 (ABl. 2016 L 65, 49) konkretisiert, durch die technische Durchführungsstandards im Hinblick auf das genaue Format der Insiderlisten und für die Aktualisierung von Insiderlisten festgelegt werden.

Die Ordnungswidrigkeiten nach § 39 Abs. 3d Nr. 12–16 können mit **Geldbuße** bis zu 500.000 EUR geahndet werden (§ 39 Abs. 4a S. 1). Gegenüber einer juristischen Person oder Personenvereinigung kann auch eine höhere Geldbuße verhängt werden (§ 39 Abs. 4a S. 2; Einzelheiten → Rn. 109 ff.).

6. § 39 Abs. 3d Nr. 17–22. Eigengeschäfte von Führungskräften *(directors' dealings)* unterliegen nach **91** Art. 19 MAR bestimmten Anforderungen (hierzu *Kumpan* AG 2016, 446; *Renz/Leibold* CCZ 2016, 157 (160)). Diese werden von § 39 Abs. 3d Nr. 17–22 als Sanktionsnormen abgesichert. Führungskräfte (Art. 3 Abs. 1 Nr. 25 MAR) sowie Personen, die in einer engen Beziehung zu ihnen stehen (Art. 3 Abs. 1 Nr. 26 MAR), haben dem Emittenten oder dem Teilnehmer am Markt für Emissionszertifikate sowie zuständigen Behörde unverzüglich, spätestens drei Geschäftstage nach der Transaktion **Meldung über Eigengeschäfte** zu machen (Art. 19 Abs. 1 MAR). Erfolgt die Meldung entgegen Art. 19 Abs. 1 UAbs. 1 MAR nicht, nicht richtig, nicht vollständig, nicht in der vorgeschriebenen Weise oder nicht rechtzeitig ist der Tatbestand des § 39 Abs. 3d Nr. 17 erfüllt.

Neben der Mitteilungspflicht nach Art. 19 Abs. 1 MAR besteht zudem eine **Veröffentlichungs-** **92** **pflicht** nach Art. 19 Abs. 3 MAR für den Emittenten bzw. Teilnehmer am Markt für Emissionszertifikate. Wird die Veröffentlichung des Eigengeschäfts nicht, nicht richtig, nicht vollständig, nicht in der vorgeschriebenen Weise, dh so, dass diese Informationen schnell und nichtdiskriminierend zugänglich sind, bewirkt, liegt eine Ordnungswidrigkeit nach § 39 Abs. 3d Nr. 18 vor. Ähnlich wie beim Führen von Insiderlisten müssen die Emittenten und Teilnehmer am Markt für Emissionszertifikate Führungskräfte über ihre Verpflichtung schriftlich in Kenntnis setzen (Art. 19 Abs. 5 UAbs. 1 S. 1 MAR) und sie müssen eine Liste über Personen, die Führungsaufgaben wahrnehmen, sowie der Personen die zu ihnen in enger Beziehung stehen, erstellen (Art. 19 Abs. 5 UAbs. 2 S. 2 MAR). Verletzen Emittenten bzw. Teilnehmer Markt für Emissionszertifikate diese Pflichten, sind sie nach § 39 Abs. 3d Nr. 19, 20 ahndbar.

Die Führungskräfte müssen die zu ihnen in enger Beziehung stehenden Personen schriftlich von deren **93** Verpflichtungen im Rahmen der Art. 19 MAR in Kenntnis setzen und eine Kopie dieses Dokuments aufbewahren. Wird die Kopie nicht oder nicht mindestens fünf Jahre aufbewahrt, ist der Bußgeldtatbestand des § 39 Abs. 3d Nr. 21 erfüllt. Schließlich bestehen nach Art. 19 Abs. 11 MAR bestimmte Verbote zur Durchführung von Eigengeschäften im engen zeitlichen Zusammenhang zur Ankündigung eines Zwischenberichts oder Jahresabschlussberichts. Eine Verletzung dieses Verbots kann nach § 39 Abs. 3d Nr. 22 als Ordnungswidrigkeit verfolgt werden.

Die Verpflichtungen nach Art. 19 MAR konkretisiert die auf Grundlage von Art. 19 Abs. 15 MAR **94** erlassene **Durchführungsverordnung (EU) 2016/523** v. 10.3.2016 (ABl. 2016 L 88, 19), die technische Durchführungsstandards im Hinblick auf das Format und die Vorlage für die Meldung und öffentliche Bekanntgabe der Eigengeschäfte von Führungskräften festlegt. Da die Durchführungsverordnung ausdrücklich in § 39 Abs. 3d Nr. 17, 18 in Bezug genommen wird, führt eine Meldung bzw. Veröffentlichung entgegen der in der Durchführungsverordnung genannten technischen Durchführungsstandards bereits zur Tatbestandsverwirklichung (→ Vorb. Rn. 9).

Die Ordnungswidrigkeiten nach § 39 Abs. 3d Nr. 17–22 können mit **Geldbuße** bis zu 500.000 EUR geahndet werden (§ 39 Abs. 4a S. 1). Gegenüber einer juristischen Person oder Personenvereinigung kann auch eine höhere Geldbuße verhängt werden (§ 39 Abs. 4a S. 2; Einzelheiten → Rn. 109 ff.).

7. § 39 Abs. 3d Nr. 23. Der Tatbestand betrifft Fälle der **Anlageempfehlung** nach Art. 20 MAR. **95** Ordnungswidrig handelt hiernach, wer entgegen Art. 20 Abs. 1 MAR auch iVm der auf Grundlage von Art. 20 Abs. 3 MAR erlassenen **Delegierten VO (EU) 2016/958 v. 9.3.2016** (ABl. L 160, 5), nicht oder nicht in vorgeschriebener Weise dafür Sorge trägt, dass Informationen objektiv dargestellt oder Interessen oder Interessenkonflikte offen gelegt werden.

Die Ordnungswidrigkeiten nach § 39 Abs. 3d Nr. 23 können mit **Geldbuße** bis zu 500.000 EUR geahndet werden (§ 39 Abs. 4a S. 1). Gegenüber einer juristischen Person oder Personenvereinigung kann auch eine höhere Geldbuße verhängt werden (§ 39 Abs. 4a S. 2; Einzelheiten → Rn. 109 ff.).

XIII. Tatbestand des § 39 Abs. 3e

96   Die Vorschriften des § 39 Abs. 3e sind Grundlage für die Sanktionierung von **vorsätzlichen und leichtfertigen** Verstößen gegen Regelungen der **VO (EU) Nr. 1286/2014** des Europäischen Parlaments und des Rates v. 26.11.2014 über Basisinformationsblätter für verpackte Anlageprodukte für Kleinanleger und Versicherungsanlageprodukte **(PRIIP)** (ABl. 2014 L 352, 1; L 358, 50). Die Verordnung betrifft insbes. Transparenzvorschriften für verpackte Anlageprodukte für Kleinanleger und Versicherungsanlageprodukte (packaged retail and insureance-based investment products = PRIIP), die Kleinanlegern zunehmend angeboten werden (Erwägungsgrund (1) PRIIP-VO). Die Verordnung will vor allem bestehende Informationsasymmetrien durch Basisinformationsblätter (sog key information documents = KIDs) beseitigen.

97   **1. § 39 Abs. 3e Nr. 1 lit. a–d.** Der Ordnungswidrigkeitentatbestand betrifft die Verletzung verschiedener Anforderungen im Hinblick auf die Abfassung und Veröffentlichung von Basisinformationsblätter. Nach **Art. 5 Abs. 1 PRIIP-VO** sind PRIIP-Hersteller (Art. 4 Nr. 4 PRIIP-VO) verpflichtet, Basisinformationsblätter auf ihrer Webseite zu veröffentlichen. Die Basisinformationsblätter müssen den inhaltlichen Anforderungen des **Art. 5 Abs. 1 iVm Art. 6 PRIIP-VO** genügen. Werden für den Vertrieb eines PRIIP in einem Mitgliedstaat Werbeunterlagen genutzt, die in einer oder mehreren Amtssprachen dieses Mitgliedstaats verfasst sind, so muss das Basisinformationsblatt mindestens in der bzw. den entsprechenden Amtssprache(n) verfasst sein **(Art. 7 Abs. 2 PRIIP-VO)**. Schließlich bestehen nach **Art. 8 Abs. 1–Abs. 3 PRIIP-VO** bestimmte Anforderungen an die formale Gestaltung der Basisinformationsblätter. Werden Basisinformationsblätter entgegen diesen Anforderungen nicht, nicht richtig, nicht vollständig, nicht rechtzeitig oder nicht in der vorgeschriebenen Weise abgefasst oder veröffentlicht, handelt der Täter ordnungswidrig nach § 39 Abs. 3e Nr. 1 lit. a–d.

98   **2. § 39 Abs. 3e Nr. 2.** Nach **Art. 7 Abs. 1 PRIIP-VO** müssen Basisinformationsblätter in den Amtssprachen oder in einer der Amtssprachen, die in dem Teil des Mitgliedstaats verwendet wird, in dem das PRIIP vertrieben wird oder in einer weiteren von den zuständigen Behörden dieses Mitgliedstaats akzeptierten Sprache abgefasst sein. Falls es in einer anderen Sprache abgefasst wurde, wird es in eine dieser Sprachen übersetzt. Wer ein Basisinformationsblatt nicht in dieser Weise abfasst oder veröffentlicht, handelt ordnungswidrig.

99   **3. § 39 Abs. 3e Nr. 3–5.** Nach dieser Vorschrift handelt ordnungswidrig, wer entgegen **Art. 10 Abs. 1 PRIIP-VO** Basisinformationsblätter nicht oder nicht rechtzeitig überprüft, nicht oder nicht vollständig überarbeitet (Art. 10 Abs. 1 S. 1 PRIIP-VO) sowie ein überarbeitetes Basisinformationsblatt nicht oder nicht rechtzeitig zur Verfügung stellt (Art. 10 Abs. 1 S. 1 PRIIP-VO).

100   **4. § 39 Abs. 3e Nr. 6, 7.** Der Tatbestand betrifft die Verletzung von Pflichten im Zusammenhang mit der Gestaltung von **Werbematerial.** Der Täter handelt zum einen ordnungswidrig, wenn er entgegen **Art. 9 Abs. 1 PRIIP-VO** in Werbematerialien Aussagen trifft, die im Widerspruch zu den Informationen des Basisinformationsblattes stehen oder dessen Bedeutung herabstufen (§ 39 Abs. 3e Nr. 6). Zum anderen handelt ordnungswidrig, wer in den Werbematerialien nicht, nicht richtig oder nicht vollständig darauf hinweist, dass es ein Basisinformationsblatt gibt und wie und wo es erhältlich ist oder die Webseite des PRIIP-Herstellers nicht angibt.

101   **5. § 39 Abs. 3e Nr. 8 lit. a, lit. b.** Der Ordnungswidrigkeitentatbestand erfasst Verstöße gegen die nach **Art. 13, Art. 14 PRIIP-VO** bestehenden Verpflichtungen im Hinblick auf die **Bereitstellung von Basisinformationsblättern** bei Beratung und Verkauf. Insbes. muss das Basisinformationsblatt rechtzeitig und bevor der Kleinanleger durch einen Vertrag oder die Abgabe eines Angebots gebunden ist, zur Verfügung gestellt werden (Art. 13 Abs. 1 PRIIP-VO), sofern nicht die Voraussetzungen des Art. 13 Abs. 3 PRIIP-VO vorliegen. Art. 14 trifft detaillierte Regelungen hinsichtlich der Art der Bereitstellung. Das Informationsblatt muss insbes. kostenlos zur Verfügung gestellt werden (Art. 14 Abs. 1 PRIIP-VO). Ordnungswidrig handelt, wer ein Basisinformationsblatt entgegen diesen Vorgaben nicht oder nicht rechtzeitig oder nicht in der vorgeschriebenen Weise zur Verfügung stellt.

102   **6. § 39 Abs. 3e Nr. 9, Nr. 10.** Nach **Art. 19 PRIIP-VO** muss der PRIIP-Hersteller sowie die Person, die über das PRIIP berät oder sie verkauft, geeignete **Beschwerde- und Rechtsbehelfsverfahren** gewährleisten. Den Ordnungswidrigkeitentatbestand erfüllt, wer geeignete Verfahren und Vorkehrungen zur Einreichung und Beantwortung von Beschwerden nicht oder nicht in der vorgeschriebenen Weise vorsieht (§ 39 Abs. 3e Nr. 9) bzw. wer nicht oder nicht in der vorgeschriebenen Weise geeignete Verfahren und Vorkehrungen vorsieht, durch die gewährleistet wird, dass Kleinanleger wirksame Beschwerdeverfahren im Fall von grenzüberschreitenden Streitigkeiten zur Verfügung stehen (§ 39 Abs. 3e Nr. 10).

103   **7. Geldbuße.** In allen Fällen des § 39 Abs. 3e kann ein Bußgeld von bis zu 700.000 EUR verhängt werden (§ 39 Abs. 4b S. 1). Gegenüber einer juristischen Person oder Personenvereinigung kann auch eine höhere Geldbuße verhängt werden (§ 39 Abs. 4b S. 2; Einzelheiten → Rn. 112). Im Falle leichtfertigen Handelns ist **§ 17 Abs. 2 OWiG** zu beachten. In diesen Fällen kann die Ordnungswidrigkeit im Höchstmaß nur mit der Hälfte des angedrohten Höchstbetrages der Geldbuße geahndet werden.

C. Bußgeldrahmen, Zumessung der Geldbuße, Bekanntmachung von Sanktionsentscheidungen

I. Bußgeldrahmen (§ 39 Abs. 4–6)

Die Bußgeldrahmen werden in zum Teil unübersichtlicher Weise in § 39 Abs. 4–6 geregelt. Die **104** Vorschriften enthalten für die jeweils von ihnen in Bezug genommenen Ordnungswidrigkeitentatbestände **Bußgeldhöchstbeträge.** Im Falle von fahrlässigem (auch leichtfertigem) Handeln beläuft sich das Höchstmaß nach § 17 Abs. 2 OWiG auf die Hälfte des gesetzlich angedrohten Höchstmaßes. § 39 Abs. 6a S. 1 enthält eine Sonderregelung für die Anwendung des § 17 Abs. 2 in den Fällen der Abs. 4–4b. Das **Mindestmaß** des Bußgeldes beträgt nach § 17 Abs. 1 OWiG 5 EUR.

1. § 39 Abs. 4. Die Vorschrift wurde durch das Gesetz zur Umsetzung der Transparenzrichtlinie- **105** Änderungsrichtlinie v. 20.11.2015 (BGBl. I 2029) eingeführt. Die RL 2004/109/EG zur Harmonisierung von Transparenzanforderungen v. 15.12.2004 („Transparenzrichtlinie", ABl. 2004 L 390, 38), die zuletzt durch die Richtlinie 2013/50/EU v. 22.10.2013 („Transparenzrichtlinie-Änderungsrichtlinie", ABl. 2013 L 294, 13) geändert wurde, sieht in Art. 28b die Einführung finanzieller Sanktionen bestimmter Höhe vor. **§ 39 Abs. 4 S. 1** legt das Bußgeldhöchstmaß in Übereinstimmung mit der Richtlinie für bestimmte Verstöße gegen das WpHG, die in § 39 Abs. 2, 3 sanktioniert sind, auf **2 Mio. EUR** fest (§ 39 Abs. 4 S. 1).

Eine Regelung für die Bußgeldbemessung gegenüber einer **juristischen Person oder Personenver- 106 einigung** trifft **§ 39 Abs. 4 S. 2.** Es handelt sich um eine Sonderregelung, die § 30 Abs. 2 S. 2 OWiG vorgeht. Sie betrifft nur die Bemessung der Verbandsgeldbuße, greift also nur ein, wenn die Voraussetzungen des § 30 Abs. 1 OWiG (→ OWiG § 30 Rn. 7 ff.) als Ahndungsgrundlage erfüllt sind (KK-OWiG/*Rogall* OWiG § 30 Rn. 133; vgl. auch BGH NJW 2012, 164 (166) zu § 81 Abs. 4 S. 2 GWB). Nach § 39 Abs. 4 S. 2 **kann** die Höchstgrenze von 2 Mio. EUR bei der Bebußung von juristischen Personen und Personenvereinigungen überschritten werden, die Geldbuße darf aber entweder nicht mehr als **10 Mio EUR** betragen (Nr. 1) oder, sofern dies der höhere Betrag ist, nicht mehr als **fünf Prozent des Gesamtumsatzes,** den die juristische Person oder Personenvereinigung im der Behördenentscheidung vorausgegangenen Geschäftsjahr erzielt hat (Nr. 2). Eine im Wesentlichen gleiche Vorschrift kennt auch das Kartellordnungswidrigkeitenrecht mit § 81 Abs 4 S. 2 GWB, deren eine Sonderregelung für die Berechnung der Geldbuße gegen Unternehmen oder Unternehmensvereinigungen trifft. Die in diesem Zusammenhang im Hinblick auf Art. 103 Abs. 2 GG vorgetragenen Bedenken gegen die **Verfassungsmäßigkeit** umsatzbezogener Bußgeldobergrenzen (→ GWB § 81 Rn. 73 ff.) lassen sich prinzipiell auch gegen § 39 Abs. 4 S. 2 (sowie gegen § 39 Abs. 4a S. 2 und Abs. 4b S. 2) erheben. Der BGH hat eine Vereinbarkeit des § 81 Abs. 4 S. 2 GWB mit Art. 103 Abs. 2 GG bejaht, sofern man in verfassungskonformer Auslegung den auf Grundlage des Gesamtumsatzes zu ermittelnden Höchstbetrag nicht als **Kappungsgrenze** sondern als **Obergrenze des Bußgeldrahmens** versteht (BGH NJW 2013, 1972 (1973 ff.)). Anders als bei § 81 Abs. 4 S. 2 GWB geht das zugrunde liegende Unionsrecht (vgl. Art. 28b Abs. 1 lit. c (i) RL 2004/109/EG) aber nicht vor einer Kappungsgrenze aus. Auch die Gesetzesbegründung würde eine Interpretation des § 39 Abs. 4 S. 2 in diesem Sinne nicht tragen (vgl. BT-Drs. 18/5010, 53). Der zur Sanktionsvorschrift des GWB geführte Streit dürfte damit hier weniger akut sein, wenngleich auch gegen die anhand des Gesamtumsatzes zu bestimmende Bußgeldobergrenze aus verfassungsrechtlicher Sicht Einwände formuliert werden können (→ GWB § 81 Rn. 73 f.).

§ 39 Abs. 5 enthält Regelungen für die Berechnung des Gesamtumsatzes, der im Falle des Abs. 4 S. 2, **107** Abs. 4a S. 2 und Abs. 4b S. 2 Grundlage der Bußgeldentscheidung sein kann. § 39 Abs. 5 S. 1 trifft eine Regelung, woraus sich der Gesamtumsatz bei Kreditinstituten, Zahlungsinstituten, Finanzdienstleistungsinstituten (Nr. 1) und Versicherungsunternehmen (Nr. 2) ergibt. § 39 Abs. 5 S. 2 und 3 enthält eine Sonderregelung für Konzernunternehmen. Sofern ein im Jahresabschluss oder Konzernabschluss für das maßgebliche Geschäftsjahr nicht verfügbar ist, ist der Jahres- oder Konzernabschluss für das unmittelbar vorausgehende Geschäftsjahr maßgeblich. Wenn auch dieser nicht verfügbar ist, kann der Gesamtumsatz geschätzt werden (§ 39 Abs. 5 S. 4).

Nach **§ 39 Abs. 4 S. 3** kann die Ordnungswidrigkeit über die in S. 1 und 2 genannten Beträge **108** hinaus mit einer Geldbuße bis zum Zweifachen des aus dem Verstoß gezogenen **wirtschaftlichen Vorteils** geahndet werden. Wie bei § 17 Abs. 4 OWiG wird der Geldbuße hierdurch auch die Funktion der Gewinnabschöpfung zugewiesen. Anders als der Gesamtumsatz wird der wirtschaftliche Vorteil teilweise schwer zu bestimmen sein (Einzelheiten → OWiG § 17 Rn. 11 ff.). Er umfasst gemäß § 39 Abs. 4 S. 4 erzielte Gewinne und vermiedene Verluste und kann geschätzt werden. In diesem Fall müssen aber die Grundlagen, auf denen die Schätzung beruht, im Einzelnen dargelegt werden (vgl. KK-OWiG/*Mitsch* OWiG § 17 Rn. 124).

109   **2. § 39 Abs. 4a.** Die Vorschrift wurde durch das 1. FiMaNoG v. 30.6.2016 (BGBl. I, 1514; → Vorb. Rn. 5) eingefügt. Sie dient der Umsetzung der in der **Marktmissbrauchsverordnung** (→ Vorb. Rn. 17) enthaltenen Vorgaben für verwaltungsrechtliche Sanktionen (Art. 30 MAR). § 39 Abs. 4a bezieht sich auf jene Ordnungswidrigkeitentatbestände, die Verstöße gegen die Marktmissbrauchsverordnung sanktionieren. **§ 39 Abs. 4a S. 1** sieht **drei Sanktionsstufen** vor: Für Verstöße gegen die Insiderverbote nach Art. 14 MAR (§ 39 Abs. 3b) und das Marktmanipulationsverbot nach Art. 15 MAR (§ 39 Abs. 3d Nr. 2) beträgt das Bußgeld im Höchstmaß 5 Mio. EUR. Für Marktmanipulationen im Hinblick auf die durch § 12 erfassten Manipulationsobjekte (§ 39 Abs. 2 Nr. 3, Abs. 3c), sowie bei Verstößen gegen Art. 16 und Art. 17 MAR (§ 39 Abs. 3d Nr. 3–11) beträgt das Bußgeld bis zu 1 Mio. EUR. Bei Verstößen gegen Art. 4, 18, 19 und 20 MAR (§ 39 Abs. 3d Nr. 1, Nr. 12–23) kann eine Geldbuße von bis zu 1 Mio. EUR verhängt werden.

110   Wie im Falle des § 39 Abs. 4 besteht auch bei § 39 Abs. 4a eine Sonderregelung für **juristische Personen und Personenvereinigungen**. Nach **§ 39 Abs. 4a S. 2** kann auch ein höheres Bußgeld verhängt werden. In den Fällen des § 39 Abs. 3b und Abs. 3d Nr. 2 darf das Bußgeld aber 15 Mio EUR oder, falls dies der höhere Betrag ist, 15 Prozent des Gesamtumsatzes, den die juristische Person oder Personenvereinigung im der Behördenentscheidung vorausgegangenen Geschäftsjahr erzielt hat, nicht überschreiten (§ 39 Abs. 4a S. 2 Hs. 2 Nr. 1). In den Fällen des § 39 Abs. 3d Nr. 3–11 beträgt die Obergrenze 2,5 Mio. EUR oder, falls dies der höhere Betrag ist, 2 Prozent des Gesamtumsatzes, den die juristische Person oder Personenvereinigung im der Behördenentscheidung vorangegangenen Geschäftsjahr erzielt hat (§ 39 Abs. 4a S. 2 Nr. 2). Eine absolute Obergrenze von 1 Mio. EUR besteht in den Fällen des § 39 Abs. 3d Nr. 1, Nr. 12–Nr. 23 (§ 39 Abs. 4a S. 2 Hs. 2 Nr. 3). Zur Berechnung des Gesamtumsatzes → Rn. 107.

111   Wie im Rahmen des § 39 Abs. 4 WpHG kann auch hier die Geldbuße auf Grundlage des **wirtschaftlichen Vorteils** berechnet werden. Nach **§ 39 Abs. 4a S. 3** kann die Geldbuße das bis zum Dreifachen des aus dem Verstoß gezogenen wirtschaftlichen Vorteils betragen. Vgl. iÜ → Rn. 108.

112   **3. § 39 Abs. 4b.** Die ebenfalls durch das 1. FiMaNoG v. 30.6.2016 (BGBl. I 1514; → Vorb. Rn. 5) eingefügte Vorschrift betrifft die Ahndung von Ordnungswidrigkeiten in den Fällen des § 39 Abs. 3e und dient der Umsetzung der in der Verordnung über Basisinformationsblätter für verpackte Anlageprodukte für Kleinanleger und Versicherungsanlageprodukte (**PRIIP**) enthaltenen Vorgaben für verwaltungsrechtliche Sanktionen (Art. 22 PRIIP-VO). Der Bußgeldhöchstsatz beträgt nach **§ 39 Abs. 4b S. 1** 700.000 EUR. Auch hier kann gegen **juristische Personen und Personenvereinigungen** ein höheres Bußgeld verhängt werden, das 5 Mio. EUR oder, falls dies der höhere Betrag ist, 3 Prozent des Gesamtumsatzes, den die juristische Person oder Personenvereinigung im der Behördenentscheidung vorausgegangenen Geschäftsjahr erzielt hat, nicht übersteigen darf (**§ 39 Abs. 4b S. 2**). Darüber hinaus kann nach **§ 39 Abs. 4b S. 3** die Ordnungswidrigkeit mit einer Geldbuße bis zum Zweifachen des aus dem Verstoß gezogenen **wirtschaftlichen Vorteils** geahndet werden (→ Rn. 108).

113   **4. § 39 Abs. 6.** Schließlich trifft § 39 Abs. 6 eine Regelung zur Bußgeldhöhe für alle weiteren Fälle des § 39 Abs. 1–3a. In der Vorschrift werden die einzelnen Bußgeldtatbestände den Bußgeldhöchstgrenzen von 500.000 EUR, 200.000 EUR, 100.000 EUR sowie für alle nicht ausdrücklich genannten Fälle von 50.000 EUR zugeordnet.

II. Zumessung der Geldbuße

114   Die Zumessung der Geldbuße iE bestimmt sich nach § 17 Abs. 3 S. 1 OWiG nach der Bedeutung der Ordnungswidrigkeit und dem Vorwurf, der den Täter trifft. Nach § 17 Abs. 3 S. 2 OWiG kommen für die Zumessung auch die **wirtschaftlichen Verhältnisse** des Täters in Betracht, sofern es sich nicht um geringfügige Ordnungswidrigkeiten handelt. Die Geldbuße soll nach § 17 Abs. 4 S. 1 OWiG den **wirtschaftlichen Vorteil** übersteigen, den der Täter aus der Ordnungswidrigkeit gezogen hat (→ Rn. 108, 111, 112). Reicht das gesetzliche Höchstmaß hierzu nicht aus, kann es nach § 17 Abs. 4 S. 2 OWiG **überschritten** werden (→ Einzelheiten zur Bemessung OWiG § 17 Rn. 6 ff.).

115   Zur Gewährleistung einer einheitlichen Rechtsanwendung hat die BaFin für bestimmte Verstöße § 17 OWiG konkretisierende Leitlinien, die sog **WpHG-Bußgeldleitlinien** (abrufbar unter www.bafin.de) erlassen (vgl. hierzu ausf. *Canzler/Hammermaier* AG 2014, 57; *Heinrich/Krämer/Mückenberger* ZIP 2014, 1557). Nach diesen Richtlinien ist zunächst anhand der Größe des Emittenten und der Schwere des Verstoßes ein sog **Grundbetrag** zu ermitteln (WpHG-Bußgeldleitlinien S. 3), wobei die Größe nach der Marktkapitalisierung des Unternehmens zu bestimmen ist. Die Schwere des Verstoßes bestimmt sich nach der Art und Dauer der Zuwiderhandlung und ihren Auswirkungen. Der so ermittelte Grundbetrag ist sodann unter Berücksichtigung der für und gegen den Betroffenen sprechenden Umstände nach oben oder nach unten **anzupassen; als mildernde Umstände** nennen die Richtlinien generell ein Geständnis, ein Mitwirken an der Sachverhaltsaufklärung, Besserungsmaßnahmen und eine lange Verfahrensdauer, als **erschwerende Umstände** wiederholte Verstöße und eine gesteigerte Uneinsichtigkeit (WpHG-Bußgeldleitlinien S. 4 f.). Für jede Vorschrift, deren Verletzung bußgeldbewehrt und von den Bußgeldleitlinien erfasst ist, bestimmen die Richtlinien sodann weitere spezifische erschwerende und bußgeldmindernde

Umstände und legen in Tabellenform, gestaffelt nach der Emittentengröße einerseits, der Schwere des Tatvorwurfs ("schwer, mittel, leicht") und der Schuldform (Vorsatz/Leichtfertigkeit bzw. Vorsatz /Fahrlässigkeit) zum Dritten andererseits, konkrete Summen fest, nach denen der Grundbetrag zu bestimmen ist.

Diese Leitlinien können zur Vereinheitlichung der verwaltungsrechtlichen Bußgeldpraxis sinnvoll **116** sein, für das **gerichtliche Bußgeldverfahren** haben sie aber, da sie bloße Zumessungsrichtlinien ohne Gesetzescharakter sind, keine Bedeutung (BGH NJW 2013, 1972 (1974) hinsichtlich der Bußgeldleitlinien des Bundeskartellamtes).

III. Bekanntmachung von Sanktionsentscheidungen

Nach den §§ 40b Abs. 4, 40c, 40d ist die BaFin verpflichtet, Sanktionsentscheidungen wegen Ver- **117** stößen gegen "EMIR" (→ Rn. 51), Transparenzpflichten und wegen Verstößen gegen die Marktmissbrauchsverordnung unverzüglich auf ihrer Internetseite bekannt zu geben *(naming and shaming)*.

Nach §§ 40c Abs. 2 S. 1, 40d Abs. 2 sind in der Bekanntmachung die Vorschrift, gegen die verstoßen wurde, und die für den Verstoß verantwortliche natürliche oder juristische Person oder Personenvereinigung zu benennen. Dies ist diejenige Person, gegen die sich die Maßnahme oder Sanktion richtet. Ist eine juristische Person oder Personenvereinigung Sanktionsadressat, sind die Namen der handelnden Organmitglieder nicht zu veröffentlichen (vgl. *Nartowska/Knierbein* NZG 2016, 256 (258)). Bei nicht bestands- oder nicht rechtskräftigen Entscheidungen ist ein entsprechender Hinweis hinzuzufügen. Im Falle des § 40b Abs. 4 darf die Bekanntmachung keine personenbezogenen Daten enthalten.

Insbes. in Fällen, in denen die Bekanntmachung der personenbezogenen Daten unverhältnismäßig **118** wäre oder die Stabilität des Finanzsystems ernsthaft gefährden würde, kann die Veröffentlichung aufgeschoben werden oder ohne Nennung personenbezogener Daten erfolgen (§§ 40c Abs. 3, 40d Abs. 3). Im Falle des § 40b Abs. 4 unterbleibt die Bekanntmachung ganz.

D. Fragen des Allgemeinen Teils

I. Subjektiver Tatbestand

Die Tatbestände des § 39 können nur vorsätzlich (Abs. 1, 3c), vorsätzlich oder leichtfertig **119** (Abs. 2, 2a, 2b, 2c, 2d, 2e, 3d, 3e), vorsätzlich oder fahrlässig (Abs. 3, 3a) oder nur leichtfertig (Abs. 3b) verwirklicht werden.

Für ein **vorsätzliches** Handeln genügt in allen Fällen des § 39 ein *dolus eventualis* (Fuchs/*Waßmer* **120** Rn. 330). Unterliegt der Täter einem Tatbestandsirrtum, handelt er gem. § 11 Abs. 1 S. 1 OWiG nicht vorsätzlich. Die Möglichkeit einer Ahndung wegen fahrlässigen Handelns bleibt unberührt (§ 11 Abs. 1 S. 2 OWiG). Unterliegt der Täter hingegen einem **Verbotsirrtum,** lässt dies den Vorsatz unberührt. War der Irrtum **unvermeidbar,** handelt er nicht vorwerfbar (§ 11 Abs. 2 OWiG). Bei einem **vermeidbaren Verbotsirrtum** kann die Geldbuße nach hM analog § 17 S. 2 StGB gemildert werden (Göhler/*König* OWiG § 11 Rn. 29; KK-OWiG/*Rengier* OWiG § 11 Rn. 125). Ein Irrtum über die Existenz eines rechtlichen Gebotes oder Verbotes ist lediglich ein Verbotsirrtum und lässt den Vorsatz unberührt (Fuchs/*Waßmer* Rn. 335). Auch bzgl. der blankettausfüllenden Normen braucht der Täter nur die den Tatbestand ausfüllenden Tatsachen, nicht die Norm als solche kennen (KK-OWiG/*Rengier* OWiG § 11 Rn. 26 mwN; *Fischer/Waßmer* BB 2002, 969 (971)). Nichts anderes gilt für die Fälle, in denen es sich bei der blankettausfüllenden Norm um eine Gebotsnorm handelt, der Verstoß also in einem Unterlassen liegt. Für ein vorsätzliches Handeln ist nur erforderlich, dass der Täter die Tatsachen kennt, die die Gebotsnorm ausfüllen; das rechtliche Gebot als solches braucht er grds. nicht zu kennen (KölnKomm WpHG/*Altenhain* Rn. 6; Erbs/Kohlhaas/*Wehowsky* Rn. 57; aA Assmann/Schneider/*Vogel* Rn. 45).

Fahrlässig handelt, wer die gebotene Sorgfalt außer Acht lässt. Ob der Täter es für möglich hält, dass **121** sein Verhalten zur Verwirklichung des Tatbestandes führen kann aber pflichtwidrig darauf vertraut, dass dies nicht passieren wird (bewusste Fahrlässigkeit) oder ob der Täter die Möglichkeit einer Tatbestandsverwirklichung gar nicht erkennt (unbewusste Fahrlässigkeit) ist irrelevant. Bußgeldbewehrt ist selbst eine **leichte Fahrlässigkeit.**

Leichtfertigkeit ist ein besonders gesteigertes Maß an Fahrlässigkeit, die in etwa der groben Fahr- **122** lässigkeit im Zivilrecht entspricht (BGHSt 14, 240 (255); 20, 315 (323)); leichtfertig handelt, wer die gebotenen Sorgfaltsanforderungen in besonderem Maße missachtet (Einzelheiten → StGB § 15 Rn. 26).

II. Rechtfertigungs- und Entschuldigungsgründe

Es gelten die allgemeinen Rechtfertigungs- und Entschuldigungsgründe (§§ 15, 16 OWiG; § 35 **123** StGB analog; vgl. Fuchs/*Waßmer* Rn. 344).

III. Konkurrenzen und Zusammentreffen von Straftat und Ordnungswidrigkeit

Verwirklicht eine Handlung zugleich einen Straftatbestand und einen Ordnungswidrigkeitentat- **124** bestand, wird nur das Strafgesetz angewendet (§ 21 Abs. 1 OWiG). Wird eine Strafe nicht verhängt, bspw. das Strafverfahren nach § 153 StPO **eingestellt,** kann die Handlung als Ordnungswidrigkeit verfolgt werden (§ 21 Abs. 2 OWiG). Wird der Täter vom Vorwurf einer Straftat **freigesprochen,** erstreckt sich die Rechtskraft eines solchen Freispruchs hingegen auch auf die Verfolgbarkeit der Ordnungswidrigkeit (§ 84 Abs. 1 OWiG). In Fällen der Tatmehrheit wird jede Geldbuße gesondert festgesetzt (§ 20 OWiG).

IV. Zeitliche Geltung des § 39

125   Eine Handlung kann nur als Ordnungswidrigkeit geahndet werden, wenn der entsprechende Bußgeldtatbestand bereits Gesetz war, bevor die Handlung begangen wurde (§ 3 OWiG). Eine Handlung ist zu der Zeit begangen, zu welcher der Täter tätig wurde oder im Fall des Unterlassens hätte tätig werden müssen; wann der Erfolg eintritt, ist nicht maßgeblich (§ 6 OWiG). Die Geldbuße bestimmt sich nach dem Gesetz, das zur Zeit der Handlung galt (§ 4 Abs. 1 OWiG). Wird die Bußgelddrohung während der Begehung der Handlung geändert, ist das Gesetz anwendbar, das bei Beendigung der Handlung gilt (§ 4 Abs. 2 OWiG). Wird das Gesetz, das bei Beendigung der Handlung galt, vor der Entscheidung geändert, ist das mildeste Gesetz anzuwenden (§ 4 Abs. 3 OWiG). Zu einem Gesetz in diesem Sinne gehören auch die blankettausfüllenden Normen (Fuchs/*Waßmer* Rn. 316). S. auch → § 38 Rn. 221 ff.

V. Räumliche Geltung des § 39

126   Verstöße gegen § 39 können gem. § 5 OWiG nur geahndet werden, wenn sie im **Inland** oder auf einem Schiff oder in einem Luftfahrzeug unter **deutscher Flagge** begangen wurden. Eine Handlung ist an dem Ort begangen, an dem der Täter tätig geworden ist oder im Fall des Unterlassens hätte tätig werden müssen oder an dem der zum Tatbestand gehörende Erfolg eingetreten ist oder nach der Vorstellung des Täters eintreten sollte (§ 7 Abs. 1 OWiG). Tathandlungen aus dem **Ausland** heraus können demgemäß nur bei Erfolgsdelikten geahndet werden und nur, wenn der tatbestandliche **Erfolg** im Inland eintreten sollte. Die Handlung eines Beteiligten ist auch an dem Ort begangen, an dem der Tatbestand des Gesetzes, das die Ahndung mit einer Geldbuße zulässt, verwirklicht worden ist oder nach der Vorstellung des Beteiligten verwirklicht werden sollte (§ 7 Abs. 2 OWiG). Dieser Prüfung **vorgelagert** ist die Frage der Anwendbarkeit der von den Tatbeständen des § 39 in Bezug genommenen Verhaltensnormen (→ § 38 Rn. 224 ff.).

     Eine Sonderregelung im Hinblick auf die Anwendbarkeit des **§ 30 OWiG** enthält § 39 Abs. 6a S. 3. Hiernach ist § 30 OWiG auch anwendar für juristische Personen oder Personenvereinigungen, die über eine Zweigniederlassung oder im Wege des grenzüberschreitenden Dienstleistungsverkehrs im Inland tätig sind.

VI. Beteiligung (§ 14 OWiG)

127   Die **Unterscheidung** von Täterschaft und Teilnahme ist dem OWiG **fremd.** Beteiligen sich mehrere an einer Ordnungswidrigkeit, handelt jeder von ihnen ordnungswidrig (§ 14 Abs. 1 S. 1 OWiG). Beteiligt an einer Ordnungswidrigkeit ist nur derjenige, der einen vorsätzlichen **Tatbeitrag** zu der vorsätzlichen und rechtswidrigen Tat eines anderen leistet (BGHSt 31, 309 (311 ff.); Erbs/Kohlhaas/*Wehowsky* Rn. 56). Ein fahrlässiges Handeln kann jedoch als eigene Ordnungswidrigkeit bußgeldbewehrt sein. Dass ein Handeln einem der Beteiligten nicht vorwerfbar ist, schließt eine Ahndung der Beteiligung der anderen nicht aus (§ 14 Abs. 3 OWiG; **limitierte Akzessorietät**). **Sonderdelikte** können nach § 14 Abs. 1 S. 2 OWiG auch dann geahndet werden, wenn die strafbarkeitsbegründenden besonderen persönlichen Merkmale nur bei einem Beteiligten vorliegen. Es ist nicht erforderlich, dass dieser der Hauptbeteiligte ist (Göhler/*König* OWiG § 14 Rn. 12a). Ein Gesetz, nach dem besondere persönliche Eigenschaften die Möglichkeit der Ahndung begründen, ist nach § 9 OWiG auch auf vertretungsberechtigte Organe oder Organmitglieder, vertretungsberechtigte Gesellschafter einer rechtsfähigen Personengesellschaft, gesetzliche Vertreter, mit der Leitung eines Betriebes oder mit der Wahrnehmung einzelner Aufgaben in eigener Verantwortung Beauftragte anzuwenden, wenn die besonderen persönlichen Merkmale nur bei dem Vertretenen bzw. dem Inhaber des Betriebes vorliegen, der die Beauftragung vorgenommen hat. Soweit sich bußgeldbewehrte Ge- und Verbote unmittelbar an juristische Personen oder Personengesellschaften richten, ermöglicht § 9 OWiG demgemäß die Verhängung des Bußgeldes gegen ihre Organmitglieder etc.

VII. Verjährung

128   Alle Bußgeldtatbestände des § 39 sind mit einer Geldbuße von mindestens 50.000 EUR bedroht und **verjähren** damit gem. § 31 Abs. 2 Nr. 1 OWiG grds. in **drei Jahren,** sofern nicht gleichzeitig ein **Presseinhaltsdelikt** verwirklicht ist und damit die kürzere Verjährungsfrist von **sechs Monaten** nach den Landespressegesetzen gilt. Die Verjährung beginnt mit der Beendigung der Handlung (§ 31 Abs. 3 S. 1 OWiG). Tritt ein zum Tatbestand gehörender Erfolg erst später ein, beginnt die Verjährung erst mit

dem Erfolgseintritt (§ 31 Abs. 3 S. 2 OWiG). Gründe für das Ruhen und die Unterbrechung der Verjährung regeln die §§ 32, 33 OWiG.

Die **Vollstreckungsverjährung** richtet sich nach § 34 OWiG nach der Höhe der Geldbuße und   **129** beträgt bei einer Geldbuße bis zu 1.000 EUR drei Jahre, bei einer Geldbuße von mehr als 1.000 EUR fünf Jahre.

F. Zuständige Verwaltungsbehörde

Zuständige **Bußgeldbehörde** für die Verfolgung von Ordnungswidrigkeiten nach dem WpHG ist   **130** nach § 36 Abs. 1 Nr. 1 OWiG iVm § 40 die BaFin. Zu deren Ermittlungsbefugnissen s. weiter KölnKomm WpHG/*Altenhain* § 40 Rn. 7 mwN. Trifft die Ordnungswidrigkeit mit einer Straftat zusammen, dh bilden beide eine Tat im prozessualen Sinne (Göhler/*König* OWiG § 41 Rn. 3), ist die Staatsanwaltschaft für die Verfolgung der Tat nach § 40 OWiG auch unter dem rechtlichen Gesichtspunkt einer Ordnungswidrigkeit zuständig (KölnKomm WpHG/*Altenhain* § 40 Rn. 4).

825. Wertpapiererwerbs- und Übernahmegesetz (WpÜG)

Vom 20. Dezember 2001 (BGBl. I S. 3822) FNA 4110-7

Zuletzt geändert durch Art. 6 G zur Umsetzung der TransparenzRL-ÄndRL vom 20.11.2015 (BGBl. I S. 2029)

– Auszug –

Vorbemerkung

1   **1. Entstehung des Gesetzes.** Das Wertpapiererwerbs- und Übernahmegesetz (WpÜG) wurde am 20.12.2001 (BGBl. I 3822) erlassen und trat am 1.1.2002 in Kraft. Es wurde seitdem mehrfach geändert.

Vor Erlass des WpÜG gab es in Deutschland keine gesetzliche Regelung öffentlicher Angebote zum Erwerb von Wertpapieren und von Unternehmensübernahmen.

2   **2. Ziel und Zweck des Gesetzes.** Mit dem Erlass des WpÜG sollte ein gesetzlicher Rahmen für Unternehmensübernahmen und andere öffentliche Angebote zum Erwerb von Wertpapieren in Deutschland geschaffen werden, der den Anforderungen der Globalisierung und der Finanzmärkte angemessen Rechnung trägt. Langfristig sollte damit auch eine Stärkung des Wirtschaftsstandortes und des Finanzplatzes Deutschland im internationalen Wettbewerb angestrebt werden (BT-Drs. 14/7034, 28). Ziel des WpÜG ist insbes. die Formulierung von Leitlinien für ein faires und geordnetes Angebotsverfahren, die Verbesserung von Informationen und Transparenz für die betroffenen Wertpapierinhaber und Arbeitnehmer sowie die Stärkung der rechtlichen Stellung von Minderheitsaktionären bei Unternehmensübernahmen (BT-Drs. 14/7034, 28).

3   **3. Gegenstand des Gesetzes.** Gegenstand des WpÜG ist die Regelung von öffentlichen Angeboten zum Erwerb von Wertpapieren und von Unternehmensübernahmen. Das WpÜG enthält insbes. Vorschriften zu Angeboten zum Erwerb von Wertpapieren (§§ 10–28), zu Übernahmeangeboten (§§ 29–34) sowie zu Pflichtangeboten (§§ 35–39). § 60 enthält **Bußgeldvorschriften**, § 61 bestimmt die zuständige Verwaltungsbehörde iSd § 36 Abs. 1 Nr. 1 OWiG.

§ 60 Bußgeldvorschriften

(1) **Ordnungswidrig handelt, wer vorsätzlich oder leichtfertig**

1. entgegen
   a) § 10 Abs. 1 Satz 1, § 14 Abs. 2 Satz 1 oder § 35 Abs. 1 Satz 1 oder Abs. 2 Satz 1,
   b) § 21 Abs. 2 Satz 1, § 23 Abs. 1 Satz 1 oder Abs. 2 Satz 1 oder § 27 Abs. 3 Satz 1 oder
   c) § 1 Abs. 5 Satz 2 in Verbindung mit einer Rechtsverordnung nach § 1 Abs. 5 Satz 3
   eine Veröffentlichung nicht, nicht richtig, nicht vollständig, nicht in der vorgeschriebenen Weise oder nicht rechtzeitig vornimmt,

2. entgegen
   a) § 10 Abs. 2 Satz 1, auch in Verbindung mit § 35 Abs. 1 Satz 4, § 14 Abs. 1 Satz 1 oder § 35 Abs. 2 Satz 1,
   b) § 10 Abs. 5, auch in Verbindung mit § 35 Abs. 1 Satz 4, oder § 14 Abs. 4, auch in Verbindung mit § 21 Abs. 2 Satz 2 oder § 35 Abs. 2 Satz 2, oder
   c) § 27 Abs. 3 Satz 2
   eine Mitteilung, Unterrichtung oder Übermittlung nicht, nicht richtig, nicht vollständig, nicht in der vorgeschriebenen Weise oder nicht rechtzeitig vornimmt,

3. entgegen § 10 Abs. 3 Satz 3, auch in Verbindung mit § 35 Abs. 1 Satz 4, oder § 14 Abs. 2 Satz 2, auch in Verbindung mit § 35 Abs. 2 Satz 2, eine Veröffentlichung vornimmt oder eine Angebotsunterlage bekannt gibt,

4. entgegen § 10 Abs. 4 Satz 1, auch in Verbindung mit § 35 Abs. 1 Satz 4, eine Veröffentlichung nicht, nicht richtig, nicht vollständig oder nicht rechtzeitig übersendet,

5. entgegen § 14 Abs. 3 Satz 2, auch in Verbindung mit § 21 Abs. 2 Satz 2, § 23 Abs. 1 Satz 2 oder § 35 Abs. 2 Satz 2, oder entgegen § 27 Abs. 3 Satz 3 eine Mitteilung nicht, nicht richtig oder nicht rechtzeitig macht,

6. entgegen § 15 Abs. 3 eine Veröffentlichung vornimmt,

7. entgegen § 26 Abs. 1 Satz 1 oder 2 ein Angebot abgibt,

8. entgegen § 33 Abs. 1 Satz 1 oder § 33a Abs. 2 Satz 1 eine dort genannte Handlung vornimmt,

9. entgegen § 33a Abs. 3, § 33b Abs. 3 oder § 33c Abs. 3 Satz 3 eine Unterrichtung nicht, nicht richtig, nicht vollständig oder nicht rechtzeitig vornimmt oder

10. entgegen § 33c Abs. 3 Satz 4 eine Veröffentlichung nicht, nicht richtig, nicht vollständig, nicht in der vorgeschriebenen Weise oder nicht rechtzeitig vornimmt.

(2) Ordnungswidrig handelt, wer vorsätzlich oder fahrlässig

1. einer vollziehbaren Anordnung nach § 28 Abs. 1 oder § 40 Abs. 1 Satz 1 zuwiderhandelt oder

2. entgegen § 40 Abs. 2 Satz 1 oder 2 ein Betreten nicht gestattet oder nicht duldet.

(3) Die Ordnungswidrigkeit kann in den Fällen des Absatzes 1 Nr. 1 Buchstabe a, Nr. 3, 6 bis 8 mit einer Geldbuße bis zu einer Million Euro, in den Fällen des Absatzes 1 Nr. 1 Buchstabe b, Nr. 2 Buchstabe a und Nr. 4 mit einer Geldbuße bis zu fünfhunderttausend Euro, in den übrigen Fällen mit einer Geldbuße bis zu zweihunderttausend Euro geahndet werden.

A. Allgemeines

§ 60 ist mit Einführung des WpÜG (→ Vorb. Rn. 1) zum 1.1.2002 in Kraft getreten. Durch das **1** Übernahmerichtlinie-Umsetzungsgesetz v. 8.7.2006 (BGBl. I 1426) wurden die Abs. 1 Nr. 1c, Nr. 9, 10 angefügt, die Abs. 1 Nr. 5, 8, Abs. 2 Nr. 1, 2 geändert.

§ 60 enthält in **Abs. 1 u. 2** Bußgeldvorschriften. Bei den von § 60 **Abs. 1** in Bezug genommenen **2** Ge- und Verboten handelt es sich vorwiegend um angebotsspezifische Verhaltenspflichten, die Angebots-beteiligte auf Seiten des Bieters und der Zielgesellschaft betreffen; § 60 **Abs. 2** erfasst Zuwiderhand-lungen gegen vollziehbare Anordnungen sowie gegen das Betretensrecht gem. § 40 Abs. 2 S. 1, 2 (*Assmann/Pötzsch/Schneider/Assmann* Rn. 2). § 60 **Abs. 3** regelt die Höhe der zu verhängenden Geldbuße.

Die in § 60 Abs. 1, 2 enthaltenen Bußgeldvorschriften sind **blankettartig** gefasst, da sich der Norm-inhalt nur in Zusammenschau mit den jeweils genannten Vorschriften des WpÜG ergibt (*Moosmayer* wistra 2004, 401 (402); FK-WpÜG/*Rönnau* Rn. 20 ff.; einschränkend KölnKomm WpÜG/*Altenhain* Rn. 3: sog Teilblankettgesetz).

Die Bußgeldtatbestände sind daneben überwiegend **echte Sonderdelikte,** weil sie nur durch be- **3** stimmte Personen verwirklicht werden können (MüKoAktG/*Schaal* Rn. 4; FK-WpÜG/*Rönnau* Rn. 48 ff.). Als Täter kommen dabei va in Betracht der Bieter sowie Vorstands- und Aufsichtsratsmit-glieder der Zielgesellschaft:

– **Bieter:** Bieter sind gem. der Legaldefinition des **§ 2 Abs. 4** natürliche oder juristische Personen oder Personengesellschaften, die allein oder gemeinsam mit anderen Personen ein Angebot abgeben, ein solches beabsichtigen oder zur Abgabe verpflichtet sind. Soweit der Bieter nicht eine natürliche Person ist, kommt § 9 OWiG zur Anwendung (vgl. Assmann/Pötzsch/Schneider/*Assmann* Rn. 21).

– **Zielgesellschaft:** Zielgesellschaften sind gem. der Legaldefinition des **§ 2 Abs. 3** Aktiengesellschaf-ten oder Kommanditgesellschaften auf Aktien mit Sitz im Inland und Gesellschaften mit Sitz in einem anderen Staat des Europäischen Wirtschaftsraums.

– **Vorstandsmitglied:** Vorstandsmitglied ist, wer durch den Aufsichtsrat nach § 84 AktG oder durch das Gericht nach § 85 AktG bestellt wurde.

– **Aufsichtsratsmitglied:** Aufsichtsratsmitglied ist, wer von den Gründern der Gesellschaft nach § 30 AktG bestellt, nach § 101 Abs. 1 AktG von der Hauptversammlung gewählt oder nach § 101 Abs. 2 AktG von ihr entsandt wurde.

Geschütztes **Rechtsgut** der in § 60 Abs. 1, 2 enthaltenen Bußgeldvorschriften ist va die Sicherung **4** der Funktionsfähigkeit des Kapitalmarktes (vgl. MüKoAktG/*Schaal* Rn. 3; konkretisierend: FK-WpÜG/*Rönnau* Rn. 12: Sicherung der Bindung des geordneten öffentlichen Angebotsverfahrens; aA KölnKomm WpÜG/*Altenhain* Rn. 5 ff.: Schutz bestimmter Personen vor den mit einem Übernahme-angebot verbundenen Risiken). Es handelt sich demnach um **Allgemeininteressen** schützende Vor-schriften (Erbs/Kohlhaas/*Schaal* Rn. 3). Nach überwiegender Ansicht stellen die Bußgeldvorschriften **keine Schutzgesetze** iSd § 823 Abs. 2 BGB dar (Erbs/Kohlhaas/*Schaal* Rn. 3; Assmann/Pötzsch/Schneider/*Assmann* Rn. 4; Steinmeyer/*Steinhardt* Rn. 7; KölnKomm WpÜG/*Altenhain* Rn. 9).

B. Die Regelungen im Einzelnen

I. Verstoß gegen Veröffentlichungspflichten bei öffentlichen Angeboten (§ 60 Abs. 1 Nr. 1)

Die Veröffentlichungspflichten in Abs. 1 Nr. 1 betreffen Informationen, die bei öffentlichen Wert- **5** papiererwerbs- oder Übernahmeangeboten von zentraler Bedeutung sind (BT-Drs. 14/7034, 68; Mü-KoAktG/*Schaal* Rn. 9).

Gegenstand der Tathandlungen sind konkret folgende Veröffentlichungspflichten:

– **§ 10 Abs. 1 S. 1:** die Pflicht des Bieters (zum Begriff → Rn. 3), seine Entscheidung zur Abgabe eines Angebots gem. Abs. 3 S. 1 zu veröffentlichen (Abs. 1 Nr. 1a).

- **§ 14 Abs. 2 S. 1:** die Pflicht des Bieters, die Angebotsunterlage nach Maßgabe des Abs. 3 S. 1 unverzüglich zu veröffentlichen (Abs. 1 Nr. 1a).
- **§ 35 Abs. 1 S. 1, Abs. 2 S. 1:** die Pflicht nach Maßgabe des § 10 Abs. 3 S. 1, 2 zu veröffentlichen, dass die unmittelbare oder mittelbare Kontrolle über eine Zielgesellschaft erlangt wurde sowie die damit verbundene Pflicht, nach § 14 Abs. 2 S. 1 ein Angebot zu veröffentlichen (Abs. 1 Nr. 1a).
- **§ 21 Abs. 2 S. 1:** die Pflicht des Bieters, eine Änderung des Angebots iSd § 21 Abs. 1 unverzüglich gem. § 14 Abs. 3 S. 1 zu veröffentlichen (Abs. 1 Nr. 1b).
- **§ 23 Abs. 1 S. 1, Abs. 2 S. 1:** die Pflicht des Bieters, sog „Wasserstandsmeldungen" (Geibel/Süßmann/*Tschauner* Rn. 17) nach Maßgabe des § 14 Abs. 3 S. 2 zu veröffentlichen (Abs. 1 Nr. 1b).
- **§ 27 Abs. 3 S. 1:** die Pflicht des Vorstands und des Aufsichtsrats der Zielgesellschaft, eine Stellungnahme unverzüglich nach Maßgabe des § 14 Abs. 3 S. 1 zu veröffentlichen (Abs. 1 Nr. 1b).
- **§ 1 Abs. 5 S. 2 iVm einer Rechtsverordnung des Bundesministeriums der Finanzen:** die Pflicht einer Zielgesellschaft, ihre Entscheidung, welche Aufsichtsstelle für die Beaufsichtigung eines europäischen Angebots zum Erwerb stimmberechtigter Wertpapiere zuständig sein soll, mitzuteilen und zu veröffentlichen.

6   **Tathandlung** des § 60 Abs. 1 Nr. 1 ist die Nichtvornahme sowie die nicht richtige, nicht vollständige, nicht in der vorgeschriebenen Weise oder nicht rechtzeitige Vornahme der genannten Veröffentlichungspflichten. Die Nichtvornahme von Veröffentlichungen ist ein echtes Unterlassungsdelikt und betrifft die vollständige Unterlassung der Veröffentlichung (Erbs/Kohlhaas/*Schaal* Rn. 11; FK-WpÜG/*Rönnau* Rn. 4). Eine Veröffentlichung ist nicht richtig, wenn sie inhaltlich falsch ist (vgl. OLG Frankfurt a. M. BeckRS 2006, 10577 = NZG 2006, 792 (794)); sie ist nicht vollständig, wenn sie nicht alle erheblichen, gesetzlich vorgeschriebenen Umstände enthält (MüKoAktG/*Schaal* Rn. 10; Geibel/Süßmann/*Tschauner* Rn. 18). Von einer Veröffentlichung nicht in der vorgeschriebenen Weise ist auszugehen, wenn sie nicht die gesetzlich vorgeschriebene Form aufweist, von einer nicht rechtzeitigen Veröffentlichung, wenn nicht die gesetzlich vorgeschriebenen Fristen eingehalten wurden oder nicht unverzüglich gehandelt wurde (Geibel/Süßmann/*Tschauner* Rn. 17; Erbs/Kohlhaas/*Schaal* Rn. 11; OLG Frankfurt a. M. NJW 2003, 2111).

II. Verstoß gegen ergänzende Mitteilungs- und Unterrichtungspflichten bei öffentlichen Angeboten (§ 60 Abs. 1 Nr. 2)

7   Die in § 60 Abs. 1 Nr. 2 genannten Mitteilungs- und Unterrichtungspflichten ergänzen die in Nr. 1 genannten Veröffentlichungspflichten; sie dienen der besseren Überwachung des Verfahrens und sollen die angemessene Information der Zielgesellschaft und der Arbeitnehmer sicherstellen (BT-Drs. 14/7034, 68; Geibel/Süßmann/*Tschauner* Rn. 20).

8   **Gegenstand** der Tathandlung sind konkret folgende Mitteilungs- und Unterrichtungspflichten:
- **§ 10 Abs. 2 auch iVm §§ 35 Abs. 1 S. 4, 14 Abs. 1 S. 1, 35 Abs. 2 S. 1:** Die Pflicht des Bieters, seine Entscheidung zur Abgabe eines Angebots iSd § 10 Abs. 1 S. 1 ua der Zielgesellschaft und der Bundesanstalt für Finanzdienstleistungsaufsicht (BaFin) vor der Veröffentlichung mitzuteilen. Dasselbe gilt für die Übermittlung eines Angebots (§ 14 Abs. 1 S. 1), für die Mitteilung der Erlangung der Kontrollmacht (§ 35 Abs. 1 S. 4) und für die Übermittlung von Angebotsunterlagen (§ 35 Abs. 2 S. 1) (weiterführend Erbs/Kohlhaas/*Schaal* Rn. 22 ff.) (Abs. 1 Nr. 2a).
- **§ 10 Abs. 5, auch iVm § 35 Abs. 1 S. 4:** Die Pflicht des Bieters, unverzüglich nach der Veröffentlichung nach Abs. 3 S. 1 seine Entscheidung zur Abgabe eines Angebots schriftlich mitzuteilen. Ergänzend gilt iVm § 35 Abs. 1 S. 4 die Pflicht zur schriftlichen Mitteilung der Entscheidung zur Abgabe eines Angebots nach erfolgter Veröffentlichung an den Vorstand der Zielgesellschaft (Abs. 1 Nr. 2b).
- **§ 14 Abs. 4, auch iVm §§ 21 Abs. 2 S. 1, 35 Abs. 2 S. 2:** Die Pflicht des Bieters zur Übermittlung der Angebotsunterlage sowohl an den Vorstand der Zielgesellschaft als auch an die eigene Arbeitnehmerseite unverzüglich nach erfolgter Veröffentlichung sowie die Pflicht des Vorstands der Zielgesellschaft, die Angebotsunterlage der Arbeitnehmerseite zu übermitteln. Dieselben Pflichten gelten bei Änderung des Angebots (§ 21 Abs. 2 S. 2) sowie bei Erlangung der Kontrollmacht (§ 35 Abs. 2 S. 2) (Abs. 1 Nr. 2b).
- **§ 27 Abs. 3 S. 2:** Die Pflicht des Vorstands und des Aufsichtsrats der Zielgesellschaft ihre Stellungnahme nach § 27 Abs. 3 S. 1 dem zuständigen Betriebsrat oder den Arbeitnehmern zu übermitteln (Abs. 1 Nr. 2c).

9   **Tathandlungen** des § 60 Abs. 1 Nr. 2 sind die Nichtvornahme sowie die nicht richtige, nicht vollständige, nicht in der vorgeschriebenen Weise und nicht rechtzeitige Vornahme der genannten Mitteilungs- und Unterrichtungspflichten. Diese Tathandlungen stimmen mit denen des § 60 Abs. 1 Nr. 1 überein (Erbs/Kohlhaas/*Schaal* Rn. 21; Geibel/Süßmann/*Tschauner* Rn. 20 Fn. 19); → Rn. 6.

III. Verstoß gegen den Veröffentlichungsweg und das Verbot vorheriger Bekanntgabe (§ 60 Abs. 1 Nr. 3)

Die Ordnungswidrigkeitenvorschriften des § 60 Abs. 1 Nr. 3 betreffen die Sicherstellung des gesetz- **10** lich vorgeschriebenen Veröffentlichungsweges und die Sicherstellung, dass eine Veröffentlichung erst nach Prüfung der Angebotsunterlage durch die BaFin erfolgt (BT-Drs. 14/7034, 68; OLG Frankfurt a. M. BeckRS 2010, 06830 = NZG 2010, 583 Steinmeyer/*Steinhardt* Rn. 5; FK-WpÜG/*Rönnau* Rn. 4).

Gegenstand der Tathandlungen sind konkret folgende Pflichten: **11**
- **§ 10 Abs. 3 S. 3, auch iVm § 35 Abs. 1 S. 4:** Die Pflicht des Bieters, eine Veröffentlichung der Entscheidung, ein Angebot abzugeben, auf dem vorgeschriebenen Veröffentlichungsweg (durch Bekanntgabe im Internet und über ein elektronisch betriebenes Informationsverbreitungssystem) vorzunehmen. Dasselbe gilt im Falle der Erlangung der Kontrollmacht.
- **§ 14 Abs. 2 S. 2, auch iVm § 35 Abs. 2 S. 2:** Die Pflicht des Bieters, die Angebotsunterlage nicht vor ihrer Veröffentlichung bekannt zu geben. Dasselbe gilt im Falle der Erlangung der Kontrollmacht.

Tathandlung ist ein Handeln entgegen dieser Pflichten, also die Vornahme einer Veröffentlichung **12** auf dem nicht dafür vorgesehenen Veröffentlichungsweg oder die Bekanntgabe der Angebotsunterlage vor ihrer Veröffentlichung (vgl. Erbs/Kohlhaas/*Schaal* Rn. 29; Geibel/Süßmann/*Tschauner* Rn. 22).

IV. Verstoß gegen Übersendungs- und Mitteilungspflichten (§ 60 Abs. 1 Nr. 4, 5)

Ziel der Ordnungswidrigkeitenvorschriften des § 60 Abs. 1 Nr. 4, 5 ist die Sicherstellung einer **13** sachgerechten Kontrolle der Veröffentlichungs- und Mitteilungspflichten durch die zuständige Behörde (BT-Drs. 14/7034, 68; Steinmeyer/*Steinhardt* Rn. 6).

Gegenstand der Tathandlungen sind konkret folgende Pflichten: **14**
- **§ 10 Abs. 4 S. 1, auch iVm § 35 Abs. 1 S. 4:** Die Pflicht des Bieters, die Veröffentlichung einer Entscheidung zur Abgabe eines Angebots nach § 60 Abs. 3 S. 1 unverzüglich den Geschäftsführungen der in § 60 Abs. 2 S. 1 Nr. 1, 2 erfassten Börsen und der BaFin zu übersenden; dieselbe Pflicht gilt im Falle der Erlangung der Kontrollmacht iSd § 35 Abs. 1 S. 1 (§ 60 Abs. 1 Nr. 4).
- **§ 14 Abs. 3 S. 2, auch iVm §§ 21 Abs. 2 S. 2, 23 Abs. 1 S. 2, 35 Abs. 2 S. 2:** Die Pflicht des Bieters, der BaFin eine Veröffentlichung der Angebotsunterlagen gem. § 60 Abs. 3 S. 1 Nr. 2 unverzüglich mitzuteilen; dieselbe Mitteilungspflicht gilt für die Veröffentlichung der Änderung eines Angebots iSd § 21 Abs. 2 S. 1 und für die Veröffentlichung der sog „Wasserstandsmeldungen" iSd § 23 Abs. 1 S. 1. Daneben besteht eine Übermittlungspflicht für die Angebotsunterlagen im Falle der Erlangung der Kontrollmacht gem. § 35 Abs. 2 S. 1 (§ 60 Abs. 1 Nr. 5).
- **§ 27 Abs. 3 S. 3:** Die Pflicht des Vorstands und des Aufsichtsrats der Zielgesellschaft, die Veröffentlichung ihrer Stellungnahme iSd § 14 Abs. 3 S. 1 Nr. 2 zum öffentlichen Wertpapiererwerbs- oder Übernahmeangebot unverzüglich der BaFin mitzuteilen (§ 60 Abs. 1 Nr. 5).

Tathandlung des § 60 Abs. 1 Nr. 4 ist die Nichtübersendung einer Veröffentlichung (echtes **15** Unterlassungsdelikt) sowie ihre nicht richtige, nicht vollständige oder nicht rechtzeitige Übersendung. Diese Tathandlungen stimmen weitgehend mit denen des § 60 Abs. 1 Nr. 1 überein (→ Rn. 6).

Tathandlung des § 60 Abs. 1 Nr. 5 ist die Nichtvornahme der erforderlichen Mitteilung (echtes **16** Unterlassungsdelikt) sowie die nicht richtige oder nicht rechtzeitige Mitteilung. Diese Tathandlungen stimmen weitgehend mit denen des § 60 Abs. 1 Nr. 1 überein (→ Rn. 6). Der Pflicht, die Stellungnahme des Vorstands und Aufsichtsrats unverzüglich zu übersenden, ist regelmäßig dann Genüge getan, wenn der Nachweise innerhalb von drei Werktagen seit der Veröffentlichung bei der zuständigen Behörde eingeht; eine Übersendung des Belegs erst eine Woche nach der Veröffentlichung ist dagegen nicht mehr unverzüglich iSd § 27 Abs. 3 S. 3 (OLG Frankfurt a. M. NJW 2003, 2111; Geibel/Süßmann/*Tschauner* Rn. 26). Eine nicht richtige Mitteilung liegt daneben vor, wenn lediglich eine Kopie des Korrekturabzugs übersandt wird (OLG Frankfurt a. M. NJW 2003, 2111).

V. Verstoß gegen Veröffentlichungsverbote (§ 60 Abs. 1 Nr. 6, 7)

Die Ordnungswidrigkeitentatbestände des § 60 Abs. 1 Nr. 6, 7 sollen dazu dienen, dem Verbot der **17** Veröffentlichung von Angeboten im Falle einer Untersagung durch die BaFin und während der einjährigen Sperrfrist Nachdruck zu verleihen (BT-Drs. 14/7034, 68; Assmann/Pötzsch/Schneider/*Schneider* Rn. 10).

Gegenstand der Tathandlung: **18**
- **§ 15 Abs. 3:** Das von der BaFin nach den Vorschriften des § 15 Abs. 1, 2 erteilte Verbot, eine Veröffentlichung eines Wertpapiererwerbs- oder Übernahmeangebots vorzunehmen. Dieses Verbot richtet sich nicht nur an den Bieter, sondern gegen jedermann (vgl. Geibel/Süßmann/*Angerer* § 15 Rn. 45).

– **§ 26 Abs. 1 S. 1, 2:** Das Verbot, nach Untersagung eines Angebot nach § 15 Abs. 1, 2 vor Ablauf einer 1-jährigen Sperrfrist ein erneutes Angebots abzugeben. Dieses Verbot bezieht sich auch auf den Fall, dass der Bieter ein Angebot von dem Erwerb eines Mindestanteils der Wertpapiere abhängig gemacht hat und dieser Mindestanteil nach Ablauf der Annahmefrist nicht erreicht wurde. Eine Ausnahme von diesem Verbot gilt gem. § 26 Abs. 1 S. 3, wenn ein Pflichtangebot (§ 35 Abs. 2 S. 1) abgegeben werden muss oder wenn der Bieter nach vorheriger Zustimmung der Zielgesellschaft durch die BaFin von der 1-jährigen Sperrfrist befreit wurde. Dieses Verbot richtet sich aufgrund des ausdrücklichen Wortlauts nur an den Bieter selbst und nicht an dessen Tochtergesellschaften oder mit ihm gemeinsam handelnde Personen iSd § 2 Abs. 5 S. 1, selbst wenn eine solche Regelung als wenig sinnvoll – weil damit offen für Umgehungen – erachtet wird (vgl. Geibel/Süßmann/*Angerer* § 26 Rn. 33 f.; Steinmeyer/*Steinmeyer* § 26 Rn. 9; Assmann/Pötzsch/Schneider/*Assmann* § 26 Rn. 11).

19   **Tathandlung** gem. § 60 Abs. 1 Nr. 6, 7 ist die Vornahme einer Veröffentlichung entgegen eines Verbotes gem. § 15 Abs. 1, 2 sowie die Abgabe eines Angebots entgegen § 26 Abs. 1 S. 1, 2.

VI. Verstoß gegen das Verbot von Verhinderungshandlungen (§ 60 Abs. 1 Nr. 8)

20   § 60 Abs. 1 Nr. 8 betrifft die Durchsetzung von Verhaltenspflichten des Vorstandes und des Aufsichtsrates der Zielgesellschaft bei Übernahmeangeboten (BT-Drs. 14/7034, 68; Geibel/Süßmann/*Tschauner* Rn. 31; Erbs/Kohlhaas/*Schaal* Rn. 40). Es soll damit va sichergestellt werden, dass die Aktionäre und sonstigen Wertpapierinhaber der Zielgesellschaft als Adressaten eines Übernahmeangebots in Kenntnis der Sachlage über die Annahme eines Übernahmeangebots entscheiden können; sie sollen in ihrer Entscheidungsfreiheit nicht dadurch eingeschränkt werden, dass Vorstand oder Aufsichtsrat der Zielgesellschaft durch eigenständige Entscheidungen den Erfolg eines Übernahmeangebots verhindern (Geibel/Süßmann/*Schwennicke* § 33 Rn. 1).

21   **Gegenstand** der Tathandlung sind folgende Pflichten:

– **§ 33 Abs. 1 S. 1:** Die Pflicht des Vorstandes nach Veröffentlichung der Entscheidung eines Bieters zur Abgabe eines Wertpapiererwerbs- oder Übernahmeangebotes keine Handlungen vorzunehmen, durch die der Erfolg des Angebots verhindert werden könnte. Diese Verhinderungspflicht des Vorstandes ist erheblich eingeschränkt durch die weiteren Vorschriften des § 33 Abs. 1 S. 2 und Abs. 2; denn Vorstand und Aufsichtsrat haben nach der Abgabe eines Übernahmeangebots auch weiterhin die Pflicht, das Unternehmensinteresse zu wahren und den Bestand der Gesellschaft zu sichern (vgl. § 3 Abs. 3; Geibel/Süßmann/*Schwennicke* § 33 Rn. 41). Nach § 33 Abs. 1 S. 2 Var. 1 gilt die Verhinderungspflicht demnach nicht für Handlungen, die auch ein ordentlicher und gewissenhafter Geschäftsleiter (§ 93 Abs. 1 S. 1 AktG) einer Gesellschaft, die nicht von einem Übernahmeangebot betroffen ist, vorgenommen hätte (*Süßmann* NZG 2011, 1284 (1285)). Dadurch soll sichergestellt werden, dass das Tagesgeschäft und bereits eingeschlagene Unternehmensstrategien (zum Grad der bereits erfolgten Umsetzung *Süßmann* NZG 2011, 1284 (1286)) weiterverfolgt werden können (Geibel/Süßmann/*Schwennicke* § 33 Rn. 45; Steinmeyer/*Steinmeyer* § 33 Rn. 20; ähnlich Schwark/Zimmer/*Noack*/*Zetsche* § 33 Rn. 6). Nach § 33 Abs. 1 S. 2 Var. 2, 3 gilt die Verhinderungspflicht zudem nicht für die Suche nach einem konkurrierenden Angebot sowie für Handlungen, denen der Aufsichtsrat der Zielgesellschaft zugestimmt hat. § 33 Abs. 2 S. 1 macht zuletzt eine Ausnahme von der Verhinderungspflicht für Maßnahmen, die aufgrund einer Ermächtigung der Hauptversammlung der Zielgesellschaft durchgeführt werden. Zeitlich gilt das Verhinderungsverbot ab der Veröffentlichung der Entscheidung zur Abgabe eines Angebots; es endet mit dem Abschluss des Angebotsverfahrens durch Veröffentlichung der Ergebnisse nach § 23 Abs. 1 S. 1 Nr. 2 (aA *Süßmann* NZG 2011, 1281 (1285): Beendigung mit Veröffentlichung der Wasserstandsmeldung nach Ablauf der Annahmefrist gem. § 33 Abs. 1 S. 1) oder bei Zurücknahme des Angebots mit der Bekanntmachung der entsprechenden Entscheidung des Bieters (Geibel/Süßmann/*Schwennicke* § 33 Rn. 39; MüKo-AktG/*Schlitt*/*Ries* § 33 Rn. 68 ff.).

– **§ 33a Abs. 2 S. 1:** § 33a Abs. 2 S. 1 regelt das strengere **europäische Verhinderungsverbot.** Dieses auf Art. 9 Abs. 2, 3, Art. 11 der europäischen Übernahmerichtlinie zurückgehende Verbot stellt kein zwingendes Recht dar, sondern gilt nur dann anstatt § 33, wenn dies die Satzung der Zielgesellschaft vorsieht, § 33a Abs. 1 S. 1 (sog Opt-in-Modell). Gem. § 33a Abs. 2 S. 1 sind der Vorstand und – in Erweiterung zu § 33 Abs. 1 S. 1 – der Aufsichtsrat der Zielgesellschaft verpflichtet, nach Veröffentlichung der Entscheidung zur Abgabe eines Angebots bis zur Veröffentlichung des Ergebnisses nach § 23 Abs. 1 S. 1 Nr. 2 keine Handlungen vorzunehmen, durch die der Erfolg des Angebots verhindert werden könnte. Der wesentliche Unterschied zu § 33 Abs. 1 S. 1 ergibt sich durch die weniger weitreichenden Ausnahmen vom Verhinderungsverbot. Ausnahmen gelten nämlich gem. § 33a Abs. 2 S. 2 nur für Handlungen, zu denen die Hauptversammlung den Vorstand oder den Aufsichtsrat nach Veröffentlichung der Entscheidung zur Abgabe eines Angebots ermächtigt hat (Nr. 1), für Handlungen innerhalb des normalen Geschäftsbetriebs (Nr. 2), für Handlungen außerhalb des normalen Geschäftsbetriebs zur Umsetzung von Entscheidungen, die bereits vor Veröffentlichung der Entscheidung zur Abgabe eines Angebots gefasst und teilweise umgesetzt wurden (Nr. 3), und für die Suche nach einem konkurrierenden Angebot (Nr. 4).

Tathandlung ist ein Verstoß gegen das Verhinderungsverbot iSd § 33 Abs. 1 S. 1 oder § 33a Abs. 2 **22** S. 1. Dies ist dann der Fall, wenn eine Handlung zum Zeitpunkt ihrer Vornahme (ex-ante) objektiv geeignet erscheint, den Erfolg eines Übernahmeangebots zu verhindern; eine Maßnahme muss danach bei erfolgreicher Durchführung den Aktionären und anderen Wertpapierinhabern der Zielgesellschaft die Möglichkeit nehmen, selbst über die Annahme oder die Ablehnung des Übernahmeangebots zu entscheiden (Geibel/Süßmann/*Schwennicke* § 33 Rn. 19; BT-Drs. 14/7034, 57; KölnKomm WpÜG/ *Hirte* § 33 Rn. 55). Dazu kann bspw. die Ausgabe eines nicht unerheblichen Anteils an Aktien gezählt werden, weil die Ausgabe von Aktien zum Übernahme für den Bieter verteuert (BT-Drs. 14/7034, 57; weitere Beispiele bei Geibel/Süßmann/*Schwennicke* § 33 Rn. 20 ff.). Nicht erforderlich ist das Vorliegen einer Verhinderungsabsicht (BT-Drs. 14/7034, 57; Assmann/Pötzsch/Schneider/*Krause*/*Pötzsch*/*Stephan* § 33 Rn. 83 f.; Steinmeyer/*Steinmeyer* § 33 Rn. 16), ebenso wenig wie die tatsächliche Verhinderung eines Übernahmeangebots (BT-Drs. 14/7034, 57; Geibel/Süßmann/*Schwennicke* § 33 Rn. 19).

VII. Verstoß gegen Veröffentlichungs- und Unterrichtungspflichten (§ 60 Abs. 1 Nr. 9, 10)

Die durch das Übernahmerichtlinie-Umsetzungsgesetz eingefügten Nr. 9 und 10 sind durch die **23** Einfügung von §§ 33a, b und c erforderlich geworden (BR-Drs. 154/06, 46). Sie sollen die Durchsetzung von Veröffentlichungs- und Unterrichtungspflichten im Zusammenhang mit dem Beschluss einer Zielgesellschaft zur Geltung des **Europäischen Verhinderungsverbotes** (→ Rn. 21) und der Europäischen **Durchbrechungsregel** sowie in Zusammenhang mit dem Beschluss eines Vorbehalts der Gegenseitigkeit in Bezug auf das Europäische Verhinderungsverbot und die Europäische Durchbrechungsregel ermöglichen.

Gegenstand der Tathandlung sind konkret folgende Pflichten: **24**

– **§ 33a Abs. 3:** Die Pflicht des Vorstandes der Zielgesellschaft, die BaFin sowie die Aufsichtsstellen der Staaten des Europäischen Wirtschaftsraums, in denen Wertpapiere der Gesellschaft zum Handel an einem organisierten Markt zugelassen sind, unverzüglich davon zu unterrichten, dass in ihrer Satzung die Geltung des strengeren Europäischen Verhinderungsverbotes (→ Rn. 21) bestimmt wurde (§ 60 Abs. 1 Nr. 9).

– **§ 33b Abs. 3:** Die Pflicht des Vorstandes der Zielgesellschaft, die BaFin sowie die Aufsichtsstellen der Staaten des Europäischen Wirtschaftsraums, in denen Wertpapiere der Gesellschaft zum Handel an einem organisierten Markt zugelassen sind, unverzüglich davon zu unterrichten, dass in ihrer Satzung die Geltung der Europäischen Durchbrechungsregel bestimmt wurde (§ 60 Abs. 1 Nr. 9). Wie das Europäische Verhinderungsverbot stellt die Europäische Durchbrechungsregel in § 33b dispositives Recht dar und entfaltet nur dann Geltung, wenn die Zielgesellschaft ihr Wahlrecht nach Maßgabe des § 33b Abs. 1 ausgeübt hat. Die Geltung der Europäischen Durchbrechungsregeln bewirkt, dass im Falle eines Übernahmeangebots Abwehrmechanismen in Form von Übertragungsbeschränkungen, Stimmbindungsverträgen und Mehrstimmrechten nach Maßgabe des § 33b Abs. 2 keine Anwendung finden (ausf. Geibel/Süßmann/*Schwennicke* § 33b Rn. 2).

– **§ 33c Abs. 3 S. 3:** Die Pflicht des Vorstands der Zielgesellschaft, die BaFin und die Aufsichtsstellen der Staaten des Europäischen Wirtschaftsraums, in denen stimmberechtigte Aktien der Gesellschaft zum Handel an einem organisierten Markt zugelassen sind, unverzüglich von der Ermächtigung der Hauptversammlung bzgl. eines Vorbehalts der Gegenseitigkeit iSd § 33c Abs. 1, 2 zu unterrichten (§ 60 Abs. 1 Nr. 9). Die Hauptversammlung kann beschließen, dass sowohl die Geltung des Europäischen Verhinderungsverbotes wie auch die Geltung der Europäischen Durchbrechungsregel davon abhängig gemacht wird, ob der Bieter oder ein ihn beherrschendes Unternehmen auch einer solchen Regelung unterliegt. Auf diesen Ermächtigungsbeschluss bezieht sich die Unterrichtungspflicht.

– **§ 33c Abs. 3 S. 4:** Die Pflicht des Vorstands der Zielgesellschaft, einen Ermächtigungsbeschluss iSd § 33c Abs. 3 S. 1 in Bezug auf einen Vorbehalt der Gegenseitigkeit unverzüglich auf seiner Internetseite zu veröffentlichen (§ 60 Nr. 10).

Tathandlung des § 60 Abs. 1 Nr. 9 ist die Nichtvornahme der Unterrichtung sowie die nicht **25** richtige, nicht vollständige oder nicht rechtzeitige Vornahme der Unterrichtung. Diese Tathandlungen stimmen mit denen des § 60 Abs. 1 Nr. 1 weitgehend überein (→ Rn. 6).

Tathandlung des § 60 Abs. 1 Nr. 10 ist die Nichtvornahme der Veröffentlichung sowie die nicht **26** richtige, nicht vollständige oder nicht rechtzeitige Vornahme der Veröffentlichung. Auch diese Tathandlungen stimmen mit denen des § 60 Abs. 1 Nr. 1 weitgehend überein (→ Rn. 6).

VIII. Verstoß gegen eine vollziehbare Anordnung (§ 60 Abs. 2 Nr. 1)

§ 60 Abs. 2 Nr. 1 soll die Durchsetzung der Befugnisse der BaFin im Falle einer Anordnung nach **27** § 28 Abs. 1 oder § 40 Abs. 1 sicherstellen (BT-Drs. 14/7034, 68; Erbs/Kohlhaas/*Schaal* Rn. 48).

28　　**Gegenstand** der Tathandlung sind folgende Anordnungen:

- **§ 28 Abs. 1:** Eine Anordnung der BaFin, wonach bestimmte Arten der Werbung im Zusammenhang mit Angeboten zum Erwerb von Wertpapieren zu unterlassen sind. Dadurch soll verhindert werden, dass den Wertpapierinhabern zugänglich gemachte Informationen durch bestimmte Werbemaßnahmen verfälscht bzw. verschleiert werden (MüKoAktG/*Wackerbarth* § 28 Rn. 1).
- **§ 40 Abs. 1 S. 1:** Eine Anordnung der BaFin, wonach Auskünfte zu erteilen, Unterlagen vorzulegen und Kopien zu überlassen sind sowie eine Anordnung zur Ladung und Vernehmung von Personen. Eine solche Anordnung ist möglich, wenn dies aufgrund bestimmter Anhaltspunkte für die Überwachung der Einhaltung eines Ge- oder Verbots des WpÜG erforderlich ist.

29　　**Tathandlung** ist die Zuwiderhandlung einer der genannten Anordnungen. In Bezug auf die Anordnung nach § 28 Abs. 1 wird nicht ein Missstand bei der Werbung selbst, sondern die Nichtbeachtung einer Untersagungsverfügung der BaFin sanktioniert (vgl. *Moosmayer* wistra 2004, 401 (405)). Täter des § 60 Abs. 2 Nr. 1 iVm § 40 Abs. 1 S. 1 kann jedermann sein, da sich eine Anordnung nach § 40 Abs. 1 S. 1 nicht nur auf den Bieter, sondern auf jedermann beziehen kann (Erbs/Kohlhaas/*Schaal* Rn. 51); eine Zuwiderhandlung liegt dann nicht vor, wenn sich der Betroffene auf Auskunfts- oder Aussageverweigerungsrechte sowie gesetzliche Verschwiegenheitspflichten berufen kann (§ 40 Abs. 1 S. 3). Nach § 40 Abs. 3 liegt ein Auskunftsverweigerungsrecht vor, wenn der Betroffene durch die Beantwortung sich oder einen Angehörigen in die Gefahr einer Verfolgung wegen einer Straftat oder einer Ordnungswidrigkeit bringen würde (Geibel/Süßmann/*Süßmann* § 40 Rn. 26; *Moosmayer* wistra 2004, 401 (406)).

IX. Verstoß gegen die Pflicht zur Zutrittsgewährung (§ 60 Abs. 2 Nr. 2)

30　　Wie auch § 60 Abs. 2 Nr. 1 soll der Ordnungswidrigkeitentatbestand des § 60 Abs. 2 Nr. 2 die Durchsetzung der Befugnisse der BaFin sicherstellen (BT-Drs. 14/7034, 68; Erbs/Kohlhaas/*Schaal* Rn. 52).

31　　**Gegenstand** der Tathandlung sind folgende Pflichten:

- **§ 40 Abs. 2 S. 1:** Die Pflicht der nach § 40 Abs. 1 S. 1 auskunftspflichtigen Personen (→ Rn. 28), während der üblichen Arbeitszeit Bediensteten oder Beauftragten der BaFin das Betreten ihrer Grundstücke und Geschäftsräume zu gestatten.
- **§ 40 Abs. 2 S. 2:** Die Pflicht der nach § 40 Abs. 1 S. 1 auskunftspflichtigen Personen (→ Rn. 28), das Betreten ihrer Grundstücke und Geschäftsräume auch außerhalb der üblichen Arbeitszeit bzw. das Betreten von Geschäftsräumen, die sich in einer Wohnung befinden, zu dulden, wenn dies zur Verhütung von dringenden Gefahren für die öffentliche Sicherheit und Ordnung erforderlich ist und bei der auskunftspflichtigen Person Anhaltspunkte für einen Verstoß gegen ein Ver- oder Gebot des WpÜG vorliegen. Soweit der Grundsatz der Verhältnismäßigkeit gewahrt ist, bestehen keine verfassungsrechtliche Bedenken im Hinblick auf Art. 13 GG (Erbs/Kohlhaas/*Schaal* Rn. 53; ähnlich *van Kann/Just* DStR 2006, 328 (332); aA *Schüppen* BB 2006, 165 (170)).

32　　**Tathandlung** des § 60 Abs. 2 Nr. 2 ist das Nicht-Gestatten oder das Nicht-Dulden entgegen § 40 Abs. 2 S. 1, 2.

C. Tatbegehung und Rechtsfolgen

33　　Die Ordnungswidrigkeitentatbestände des § 60 **Abs. 1** müssen **vorsätzlich oder leichtfertig** (s. zu den Anforderungen einer leichtfertigen Tatbegehung OLG Frankfurt a. M. BeckRS 2006, 10577 = NZG 2006 792 (794); OLG Frankfurt a. M. BeckRS 2010, 06830 = NZG 2010, 583 (584)) verwirklicht werden. Bzgl. der Ordnungswidrigkeitentatbestände des § 60 **Abs. 2** genügt **Vorsatz oder Fahrlässigkeit.**

Die **Höhe** der zu verhängenden **Geldbuße** beträgt mindestens 5 EUR (§ 17 Abs. 1 OWiG) sowie gem. § 60 Abs. 3 bis zu 1.000.000 EUR in den Fällen des § 60 Abs. 1 Nr. 1a, Nr. 3, 6–8 und bis zu 500.000 EUR in den übrigen Fällen. Durch die ggü. § 17 OWiG deutlich heraufgesetzte Obergrenze wollte der Gesetzgeber die erheblichen wirtschaftlichen Interessen hervorheben, welche regelmäßig mit öffentlichen Angeboten zum Erwerb von Wertpapieren und Unternehmensübernahmen verbunden sind (vgl. BT-Drs. 14/7034, 68). Bei der Bemessung der Geldbuße soll auch das Volumen des Pflichtangebots berücksichtigt werden; ein unterdurchschnittliches Volumen ist entsprechend zu Gunsten des Betroffenen zu werten (OLG Frankfurt a. M. BeckRS 2006, 10577 = NZG 2006 792 (795); OLG Frankfurt a. M. BeckRS 2010, 06830 = NZG 2010, 583 (584)).

Die für die Verfolgung der Ordnungswidrigkeiten **zuständige Behörde** iSd § 36 Abs. 1 Nr. 1 OWiG ist gem. § 61 die BaFin.

830. Gesetz über den Schutz von zugangskontrollierten Diensten und von Zugangskontrolldiensten (Zugangskontrolldiensteschutz-Gesetz – ZKDSG)

19. März 2002 (BGBl. I S. 1090) FNA 453-20

Zuletzt geändert durch Art. 3 Elektronischer-Geschäftsverkehr-VereinheitlichungsG vom 26.2.2007 (BGBl. I S. 179)

– Auszug –

Vorbemerkung

1. Entstehungsgeschichte. Mit dem Zugangskontrolldiensteschutzgesetz v. 19.3.2002 (BGBl. I **1** 1090) wurde die RL 98/84/EG des Europäischen Parlaments und des Rates über den rechtlichen Schutz von zugangskontrollierten Diensten und von Zugangskontrolldiensten v. 20.11.1998 (sog Conditional-Access-Richtlinie; ABl. 1998 L 320, 54) umgesetzt. Das Gesetz ist am 23.3.2002 in Kraft getreten (vgl. § 7).

2. Ziele und Zweck des Gesetzes. Die RL 1998/84/EG über den rechtlichen Schutz von zugangs- **2** kontrollierten Diensten und Zugangskontrolldiensten hat das Ziel, die gewerbsmäßige Verbreitung von „Vorrichtungen" zu verhindern (einschließlich Wartung und Werbung), mit denen sich der Zugangsschutz von Fernseh- und Radiosendungen sowie von Diensten der Informationsgesellschaft unbefugt überwinden lässt. Unter diesen Schutzbereich fallen ausschließlich Dienste, die entgeltlich erbracht werden, soweit diese durch Verschlüsselung oder Verschleierung gegen unbefugten Zugang geschützt sind. Geschützt werden aber nicht nur die Anbieter, sondern auch die Verbraucher vor Täuschung über die Herkunft der von ihnen erworbenen Zugangsmittel sowie über die Legalität der von ihnen in Anspruch genommenen zugangskontrollierten Dienste. In der Richtlinie wird zudem von den Mitgliedstaaten gefordert, dass sie wirksame, abschreckende und der potentiellen Wirkung der Zuwiderhandlung angemessene Mittel gegen gewerbsmäßige Umgehungshandlungen oder gewerbsmäßige Vorbereitungshandlungen zu Umgehungshandlungen vorsehen. Bei der Umsetzung der Richtlinie in deutsches Recht hat der Gesetzgeber insbes. im strafrechtlichen Bereich Regelungsbedarf gesehen, da die bis dahin geltenden Strafvorschriften nicht ausreichten, um den Regelungszweck der Richtlinie abzudecken. So haben Tathandlungen nach § 265a StGB (Erschleichen von Leistungen) einen anderen Unrechtsgehalt als das gewerbsmäßige Umgehen von Schutzvorrichtungen von zugangskontrollierten Diensten bzw. Zugangskontrolldiensten. Auch sieht § 265a StGB keine Strafbarkeit von Vorbereitungshandlungen vor, wie sie nach dem Willen der Richtlinie ebenfalls verhindert werden sollen. Das Verbot des Ausspähens von Daten kann zwar vom Wortlaut her anwendbar sein, hat aber ein anderes Schutzgut, nämlich den persönlichen Lebens- und Geheimnisbereich (BT-Drs. 14/7229, 6). Der Gesetzgeber hat deshalb mit dem Erlass des Zugangskontrolldiensteschutzgesetzes neue Straftat- und Bußgeldtatbestände geschaffen und in das Computerstrafrecht eingeführt, die der von der Richtlinie geforderten abschreckenden Wirkung staatlicher Maßnahmen gegen die gewerbsmäßige Umgehung zugangskontrollierter Dienste bzw. von Zugangskontrolldiensten Rechnung zu tragen.

3. Gegenstand des Gesetzes. Zugangskontrollierte Dienste gem. § 2 Nr. 1 sind Telemediendienste, **3** dh alle elektronischen Informations- und Kommunikationsdienste (vgl. zum Begriff auch § 1 Abs. 1 TMG) sowie Rundfunkdarbietungen, die entgeltlich übertragen werden und nur unter Verwendung eines Zugangskontrolldienstes genutzt werden können. Schutzgut des Gesetzes sind Inhaltsdienste, die verschlüsselt werden, um das Erzielen eines Entgelts zu ermöglichen. Dabei kommt es nicht darauf an, ob die Dienste im Austausch gegen Entgelt erbracht werden, oder ob es sich um Dienste handelt, bei denen ein Entgelt erbracht wurde, auch wenn der zugangskontrollierte Dienst selber kostenlos angeboten wird. Die Regelung erfasst daher verschlüsselt übertragene Rundfunk- oder Fernsehsendungen (Pay-TV), verschlüsselt im Internet abgelegte gehaltene Telemediendienste (Video-On-Demand, Music-On-Demand, entgeltliche Online-Rollenspiele) oder entgeltliche mobile Dienste auf der Basis von GPRS und UMTS. Umfasst sind auch kostenlose Angebote zum Herunterladen von zusätzlichen Musikstücken eines Künstlers aus dem Internet, wobei der Zugang zu diesem Angebot nur für die Inhaber eines – gegen Entgelt erworbenen – Tonträgers des Künstlers freigeschaltet wird (BT-Drs. 14/7229). Nicht erfasst werden dagegen Dienste, die aus Sicherheitsgründen (Vertraulichkeit bei GSM) oder aus Authentifizierungsgründen (verschlüsselte E-Mails) verschlüsselt übertragen werden. Auch der bloße Kopierschutz bei Dateien wird nicht von dem ZKDSG umfasst.

4   Zugangskontrolldienste gem. § 2 Nr. 2 sind technische Verfahren oder Vorrichtungen, die die erlaubte Nutzung eines Rundfunk- oder Medienangebots ermöglichen. Dies wird dadurch erreicht, dass das zunächst verschlüsselte Angebot entschlüsselt wird. Auf welche Weise dies erreicht wird, spielt keine Rolle. Dies kann sowohl durch entsprechende Hardware (zB durch Decoder, Magnetkarte), Software-lösungen (Verschlüsselungstechnik) oder kombinierte Systeme (biometrisches Verfahren) erfolgen. Unter Zugangskontrolldienst ist daher der Einsatz einer Zugangskontrollvorrichtung zu verstehen. Auf das Alter oder die Wirksamkeit der Vorrichtung kommt es nicht an; sie muss auch nicht dem jeweils aktuellen Stand von Wissenschaft und Technik entsprechen, um schutzwürdig zu sein. In den Gesetz-gebungsmaterialien zieht der Gesetzgeber insoweit einen Vergleich zum Einbruchdiebstahl: „Wie es auch bei einem Einbruch nicht darauf ankommt, wie gut das aufgebrochene Schloss in der Tür war, so ist auch hier (bei der Umgehung zugangskontrollierter Dienste oder Zugangskontrollvorrichtungen) der Unrechtsgehalt nicht geringer, nur weil der Schutz leichter zu überwinden ist (BT-Drs. 14/7229, 7)". Das ZKDSG ist somit für sämtliche vorstellbaren Zugangskontrolltechniken offen, wodurch auch der zukünftigen technischen Entwicklung Rechnung getragen wird.

§ 4 Strafvorschriften

Mit Freiheitsstrafe bis zu einem Jahr oder mit Geldstrafe wird bestraft, wer entgegen § 3 Nr. 1 eine Umgehungsvorrichtung herstellt, einführt oder verbreitet.

A. Allgemeines und Rechtsgut

1   Nach der RL 1998/84/EG, die durch das ZKDSG in das deutsche Recht umgesetzt worden ist (→ Vorb. Rn. 1 u. 2) sind die Mitgliedsstaaten nicht verpflichtet gewesen, strafrechtliche Sanktionen zum Schutz von zugangskontrollierten Diensten und Zugangskontrolldiensten vorzusehen. Der deutsche Gesetzgeber hat zumindest eine strafrechtliche Verfolgung von gewerbsmäßigen Umgehungshandlungen für erforderlich erachtet, um die von der Richtlinie geforderte Wirksamkeit von Abschreckungsmaß-nahmen zu gewährleisten, da der hohen wirtschaftlichen Bedeutung der gewerbsmäßigen Zuwiderhand-lungen angesichts der einfachen Verbreitung von Hackerwerkzeugen (zB Entschlüsselungsprogrammen) nur eine sehr geringe Hemmschwelle gegenübersteht. Geschützt werden durch das ZKSDG somit zunächst die wirtschaftlichen Interessen der Anbieter der entgeltlichen zugangskontrollierten Dienste bzw. der Zugangskontrolldienste. Daneben wird auch das Vertrauen des Verbrauchers in die Legalität einer von ihm erworbenen Zugangsberechtigung zu den von ihm in Anspruch genommenen ver-schlüsselten Diensten geschützt.

B. Der Straftatbestand

I. Objektiver Tatbestand

2   Tathandlung nach § 4 iVm § 3 Nr. 1 ist das Herstellen, Einführen oder Verbreiten von Umgehungs-vorrichtungen zu gewerblichen Zwecken. Die in § 4 aufgeführten Tathandlungen sind weitgehend eine bloße Wiederholung der in § 3 Nr. 1 aufgeführten Verbote. Aus § 3 Nr. 1 ergibt sich zusätzlich, dass der Täter zu gewerbsmäßigen Zwecken handeln muss.

3   **1. Umgehungsvorrichtung.** Taugliches Tatobjekt iSd § 4 ist eine Umgehungsvorrichtung. Dieser Begriff ist in § 2 Nr. 3 gesetzlich definiert. Danach sind Umgehungsvorrichtungen technische Verfahren oder Vorrichtungen, die dazu bestimmt oder entsprechend angepasst sind, die unerlaubte Nutzung eines zugangskontrollierten Dienstes zu ermöglichen.

4   Unter Vorrichtungen sind dabei körperliche Gegenstände wie etwa ein Decoder zu verstehen. Der Begriff „technische Verfahren" betrifft dagegen Softwarelösungen bzw. deren Softwareimplementatio-nen, die das verschlüsselte Angebot ohne die Erlaubnis des Anbieters des zugangskontrollierten Dienstes wieder in eine verständliche, also entschlüsselte Form bringen.

5   Mit den Begriffen „bestimmt" bzw. „angepasst" stellt der Gesetzgeber nicht auf eine subjektive Zweckbestimmung durch den Täter, sondern auf die objektive Eignung der Vorrichtung bzw. des technischen Verfahrens zur Umgehung der Zugangsbeschränkung als objektives Tatbestandsmerkmal ab. Dazu bestimmt, die unerlaubte Nutzung eines zugangskontrollierten Dienstes zu ermöglichen, sind solche technischen Verfahren und Vorrichtungen, die bereits zum Zeitpunkt ihrer Herstellung über die Eigenschaft verfügen, die unerlaubte Nutzung eines zugangskontrollierten Dienstes zu ermöglichen. Demgegenüber ist das Tatbestandsmerkmal „angepasst" im Sinne einer nachträglichen Eigenschaftsver-änderung zu sehen, die eine Umgehung der Zugangsbeschränkung zulässt (zB Umprogrammieren einer vom Anbieter vergebenen SmartCard, vgl. Dressel/Scheffler/*Scheffler*, Rechtsschutz gegen Dienstepira-terie, 2003, 126 f. mit weiteren Beispielen zur technischen Ausgestaltung von Umgehungsvorrichtungen). Die Umgehungsfunktion muss nicht der hauptsächliche Verwendungszweck sein, da § 4 ansonsten durch Geräte oder Software mit gemischten Funktionen („Dual-Use-Geräte") leicht umgangen werden könnte (vgl. BT-Drs. 14/7229, 9).

Unerlaubt ist die Nutzung einer Umgehungsvorrichtung, wenn diese ohne das Einverständnis des **6** Anbieters des zugangskontrollierten Dienstes erfolgt. Kein nach § 3 verbotenes Verhalten liegt vor, wenn der Anbieter selbst oder ein von ihm beauftragtes Unternehmen Umgehungsvorrichtungen verwenden, um Zugangskontrolldienste auf ihre Tauglichkeit hin zu überprüfen bzw. deren Sicherheitsstandard zu verbessern (BT-Drs. 14/7229, 11). Die fehlende Erlaubnis des berechtigten Anbieters zur Nutzung der Umgehungsvorrichtung gehört zu den Merkmalen des objektiven Tatbestands. Eine erteilte Erlaubnis hat daher nicht nur rechtfertigende, sondern auch tatbestandsausschließende Wirkung.

2. Herstellen einer Umgehungsvorrichtung. Der Begriff des Herstellens ist umfassend zu verstehen. Er erstreckt sich auf alle Vorgänge, die zur Herstellung einer Umgehungsvorrichtung im Sinne des § 2 Nr. 3 erforderlich sind. Da der Gesetzgeber ausdrücklich auch Vorbereitungshandlungen unter Strafe stellen wollte (→ Vorb. Rn. 2), fällt jeder einzelne Herstellungsvorgang und dessen Vorbereitung (zB der Erwerb von SmartCard Rohlingen) unter den Tatbestand des § 5. Täter sind alle am Herstellungsprozess Beteiligte, unabhängig davon, ob sie Auftraggeber zur Herstellung einer Umgehungsvorrichtung oder lediglich Auftragnehmer sind. Ob auch untergeordnete Tätigkeiten die Voraussetzungen für ein täterschaftliches Handeln erfüllen oder ob insoweit lediglich eine Beihilfe (§ 27 StGB) vorliegt, bestimmt sich nach den Umständen des Einzelfalls. Entscheidend ist hierbei das Gewicht des jeweiligen Tatbeitrags (vgl. zu den allgemeinen Abgrenzungskriterien zwischen Täterschaft und Teilnahme etwa BeckOK StGB/*Kudlich* StGB § 25 Rn. 14 f. mwN).

3. Einfuhr einer Umgehungsvorrichtung. Unter dem Begriff der Einfuhr versteht das Gesetz – **8** wie im Betäubungsmittelstrafrecht auch – das Verbringen einer Umgehungsvorrichtung aus dem Ausland über die Grenze in das Hoheitsgebiet der Bundesrepublik Deutschland. Dies gilt auch für den grenzüberschreitenden Verkehr innerhalb der EU (Dressel/Scheffler/*Strobel,* Rechtsschutz gegen Dienstepiraterie, 2003, 156). Täter kann sowohl derjenige sein, der die Umgehungsvorrichtung persönlich über die Grenze bringt, als auch derjenige, in dessen Auftrag sie über die Grenze gebracht wird (Dressel/Scheffler/*Strobel,* Rechtsschutz gegen Dienstepiraterie, 2003, 156 mwN). Anstiftung (§ 26 StGB) und Beihilfe (§ 27 StGB) sind möglich. Insoweit gelten die allgemeinen Abgrenzungskriterien zur Täterschaft (→ Rn. 8 aE).

4. Verbreiten einer Umgehungseinrichtung. Verbreiten bedeutet das öffentliche Zugänglichma- **9** chen einer Umgehungsvorrichtung. Der in § 5 und § 3 Nr. 1 gebrauchte Begriff umfasst angesichts des Schutzzweckes des Gesetzes jede Form der öffentlichen Verteilung, gleichgültig ob diese körperlich (Hardware) oder unkörperlich (Software) erfolgt. In Anknüpfung an den urheberrechtlichen Verbreitungsbegriff (vgl. § 17 UrhG) fallen das öffentliche Anbieten und das Inverkehrbringen einer Umgehungseinrichtung unter den objektiven Tatbestand. Unter dem Inverkehrbringen sind sämtliche Handlungen zu verstehen, durch die die Umgehungseinrichtung aus der internen Betriebssphäre in die Öffentlichkeit gebracht wird (Wandtke/Bullinger/*Heerma* UrhG § 17 Rn. 19 mwN). Auf die zivilrechtliche Ausgestaltung kommt es dabei nicht an. Umfasst werden daher nicht nur der Eigentumserwerb, sondern auch die Vermietung oder die Verpachtung der Umgehungseinrichtung (BT-Drs. 14/7229, 8). Anbieten ist demgegenüber jedes Auffordern zum Eigentums- oder Besitzerwerb (Wandtke/Bullinger/*Heerma* UrhG § 17 Rn. 14 mwN). Anstiftung (§ 26 StGB) und Beihilfe (§ 27 StGB) sind möglich, wobei unter letzteres insbes. Handlungen zur gewerbsmäßigen Absatzförderung (§ 3 Nr. 3) fallen (→ § 5 Rn. 2).

II. Subjektiver Tatbestand

1. Vorsatz. In subjektiver Hinsicht muss der Täter hinsichtlich der objektiven Tatbestandsmerkmale **10** vorsätzlich handeln; bedingter Vorsatz genügt. Da fahrlässiges Handeln nach dem ZKDSG nicht mit Strafe bedroht ist, reicht dies zur Tatbestandsverwirklichung nicht aus (§ 15 StGB).

2. Gewerbsmäßigkeit. Nach § 4 iVm § 3 Nr. 1 muss der Täter zu gewerblichen Zwecken handeln. **11** Anknüpfungspunkt des ZKDSG ist hierbei nicht die Gewerbsmäßigkeit iSd Betäubungsmittelrechts, sondern der Begriff „gewerblich" gem. § 2 Abs. 1 S. 3 UStG (BT-Drs. 14/7229, 8). Hierunter ist jede nachhaltige Tätigkeit zur Erzielung von Einnahmen zu verstehen, auch wenn die Absicht, Gewinn zu erzielen, fehlt. Nachhaltig ist eine solche Tätigkeit – ohne Rücksicht auf das Motiv des Tätigwerdens –, wenn sie auf Wiederholung angelegt und im Sinne einer nur gewerblichen oder beruflichen Tätigkeit, dh einer geschäftsmäßigen Tätigkeit, auf den Erwerb von Einnahmen gerichtet ist (BFH NJW 1988, 935 mwN). Bei dem Merkmal „zu gewerblichen Zwecken" handelt es sich um eine persönliche Absicht des Täters bei der Tatbegehung, die neben dem Vorsatz gegeben sein muss.

III. Rechtswidrigkeit und Schuld

12   Insoweit gelten die allgemeinen Grundsätze. Ist der berechtigte Anbieter eines zugangskontrollierten Dienstes mit einer Umgehung seiner Zugangskontrolle einverstanden, so liegt nach der hier vertretenen Auffassung ein den Tatbestand ausschließendes Einverständnis vor. Jedenfalls wäre das Handeln eines Täters nicht rechtswidrig (→ Rn. 7).

IV. Strafmaß

13   Der Strafrahmen des § 4 ist an dem des § 265a StGB orientiert, da der Unrechtsgehalt der Tathandlungen weitgehend vergleichbar ist (BT-Drs. 14/7229, 8). § 4 sieht deshalb – wie § 265a StGB auch – Freiheitsstrafe bis zu einem Jahr oder Geldstrafe vor. Bei der Vorschrift handelt es sich um ein Vergehen im Sinne des § 12 StGB. Die Bemessung der Freiheitsstrafe folgt § 46 StGB. Die Geldstrafe wird nach Tagessätzen verhängt. Sie beträgt mindestens fünf und höchstens 360 Tagessätze (§ 40 Abs. 1 StGB). Die Höhe des Tagessatzes bestimmt sich nach den persönlichen und wirtschaftlichen Verhältnissen des Täters (§ 40 Abs. 2 S. 1 StGB). Ein Tagessatz muss dabei mindestens 1 EUR betragen. Im Höchstmaß darf er 30.000 EUR nicht überschreiten (§ 40 Abs. 2 S. 3 StGB), so dass die Höchstgeldstrafe bei insgesamt 10.800.000 EUR liegen kann (360 Tagessätze mal 30.000 EUR).

V. Konkurrenzen

14   Stellt der Täter eine Umgehungsvorrichtung her oder führt er sie ein, um sie anschließend zu verbreiten, liegt Tateinheit vor. Dies gilt auch, wenn der Täter aufgrund eines einheitlichen Tatentschlusses mehrere Zuwiderhandlungen in Bezug auf ein einziges Tatobjekt vornimmt. Liegt mehreren Tathandlungen kein einheitlicher Tatentschluss zugrunde, kommt die Annahme einer mitbestraften Vor- oder Nachtat in Betracht. Im Verhältnis zu § 108b UrhG tritt § 4 im Wege der Gesetzeskonkurrenz zurück (Erbs/Kohlhaas/*Kaiser* UrhG § 108b Rn. 15 mwN). Im Verhältnis zu anderen Vorschriften, insbes. den §§ 202a, 263a, 265a StGB (vgl. grds. zur Strafbarkeit nach diesen Vorschriften bei der Umgehung von Zugangsberechtigungen: Fischer StGB § 263a Rn. 17 mwN), dürfte aufgrund der unterschiedlichen Schutzrichtungen Idealkonkurrenz anzunehmen sein.

§ 5 Bußgeldvorschriften

    (1) Ordnungswidrig handelt, wer entgegen § 3 Nr. 2 eine Umgehungsvorrichtung besitzt, technisch einrichtet, wartet oder austauscht.

    (2) Die Ordnungswidrigkeit kann mit einer Geldbuße bis zu fünfzigtausend Euro geahndet werden.

A. Allgemeines

1   Im Unterschied zu der Strafvorschrift des § 4 betrifft die Bußgeldvorschrift des § 5 lediglich unterstützende Handlungen iSd § 3 Nr. 2, der sich hinsichtlich der beschriebenen Handlungen weitgehend mit dem Wortlaut des § 5 Abs. 1 deckt. Wie bei der Strafvorschrift auch ist jedoch auch hier ein Handeln zu gewerbsmäßigen Zwecken erforderlich, was sich aus der Verweisung auf § 3 Nr. 2 ergibt. Nach den Gesetzgebungsmaterialien haben die mit bußgeldbewehrten unterstützenden Handlungen einen geringeren Unrechtsgehalt als Herstellung, Einfuhr oder Verbreiten von Umgehungseinrichtungen.

2   Nicht bußgeldbewehrt ist dagegen der Verstoß gegen das Verbot der Absatzförderung (§ 3 Nr. 3), da ein Großteil der hierunter fallenden Tathandlungen im Falle der gewerbsmäßigen Vornahme bereits als Beihilfe zu einer Straftat nach § 4 zu werten ist (→ § 4 Rn. 9). Fehlt es an einer Gewerbsmäßigkeit so wird der Verstoß gegen § 3 Nr. 3 zumindest zivilrechtlich (durch Schadensersatz- bzw. Unterlassungsansprüche) sanktioniert.

B. Die einzelnen Bußgeldtatbestände

3   Nach § 5 Abs. 1 handelt derjenige ordnungswidrig, der entgegen § 3 Nr. 2 eine Umgehungsvorrichtung besitzt, technisch einrichtet, wartet oder austauscht.

I. Besitz einer Umgehungsvorrichtung

4   Der bloße Besitz einer Umgehungsvorrichtung zu gewerbsmäßigen Zwecken ist lediglich als Bußgeldtatbestand ausgestaltet worden, da das ZKDSG im Unterschied zu anderen Regelungen im Nebenstrafrecht, die den Besitz von Gegenständen zum Schutz hochrangiger Rechtsgüter unter Strafe stellen (§ 1 WaffG, § 29 BtMG), im Wesentlichen nur den Schutz von Vermögensinteressen bezweckt. Besitz

bedeutet die Ausübung der tatsächlichen Sachherrschaft. Diese muss gem. § 5 Abs. 1 iVm § 3 Nr. 2 zu gewerblichen Zwecken erfolgen (zum Begriff der Gewerbsmäßigkeit → § 4 Rn. 11). Dies ist zB gegeben, wenn der Täter Umgehungsvorrichtungen besitzt, um Dritten zugangskontrollierte Programme gegen Entgelt vorzuführen. Mitbesitz und mittelbarer Besitz an der Umgehungsvorrichtung genügen. Auch der von einem Besitzdiener ausgeübte Besitz wird zur Verwirklichung des Tatbestands für ausreichend erachtet (Dressel/Scheffler/*Strobel*, Rechtsschutz gegen Dienstepiraterie, 2003, 159 mwN). Bei Computerdateien wird der Besitz nicht schon mit der Anzeige auf dem Bildschirm begründet, sondern erst mit dem Abspeichern auf der Festplatte, was im Rahmen eines Internetabrufs bereits durch das Abspeichern im Cache erfolgen kann (Dressel/Scheffler/*Strobel*, Rechtsschutz gegen Dienstepiraterie, 2003, 159).

II. Technische Einrichtung

Die technische Einrichtung einer Umgehungsvorrichtung betrifft deren Installation oder Montage, **5** zB wenn der Täter zu gewerblichen Zwecken eine TV-Empfangsanlage anschließt, mit der zugangskontrollierte Dienste unverschlüsselt zu empfangen sind (Dressel/Scheffler/*Strobel*, Rechtsschutz gegen Dienstepiraterie, 2003, 160). Abgrenzungsschwierigkeiten können sich dagegen bei der Installation eines Decodierungsprogramms auf einem Computer ergeben. Ob es sich dabei um das Herstellen einer Umgehungsvorrichtung nach § 4 oder lediglich um deren Einrichtung nach § 5 Abs. 1 handelt, ist davon abhängig, ob bei Beginn der Tathandlung schon eine Umgehungsvorrichtung vorlag (dann bloße Ordnungswidrigkeit nach § 5 Abs. 1) oder ob diese durch die Handlung erst hervorgebracht werden soll (dann Straftat nach § 4). Wird die – vorhandene – Software auf einem Computer installiert, um sie zur Entschlüsselung eines zugangskontrollierten Dienstes zu verwenden, handelt es sich um einen Fall der technischen Einrichtung nach § 3 Nr. 2. Soll dagegen die aufgespielte Software genutzt werden, um weitere Umgehungsvorrichtungen zu produzieren, zB durch die Umprogrammierung von SmartCards, liegt ein Herstellen iSd § 4 vor (Dressel/Scheffler/*Strobel*, Rechtsschutz gegen Dienstepiraterie, 2003, 159).

III. Wartung

Unter Wartung ist das Ergreifen von Maßnahmen zu verstehen, die die dauerhafte Funktionstüchtig- **6** keit der Umgehungsvorrichtung sicherstellen sollen. Hierunter fallen auch Maßnahmen, die der Verbesserung dienen und zur Anpassung der Umgehungsvorrichtung an den neuesten technischen Stand beitragen. Dabei spielt es keine Rolle, ob durch die Wartung bestehende Fehler behoben oder durch vorbeugende Maßnahmen erst verhindert werden sollen. Als Tathandlungen kommen zB die unberechtigte Erneuerung abgelaufener Zertifikate oder – im Bereich des Pay-TV – das Aufspielen von neuen Schlüsseln bzw. von neuen Berechtigungsinformationen auf SmartCards nach einem Codierungswechsel in Betracht, soweit die SmartCard zuvor schon unberechtigt zur Umgehung des zugangskontrollierten Dienstes genutzt worden ist. Das erstmalige Bespielen einer vom Anbieter ausgegebenen „originalen" SmartCard mit einer Entschlüsselungssoftware, erfüllt dagegen den Tatbestand des Herstellens einer Umgehungsvorrichtung nach § 4 (Dressel/Scheffler/*Strobel*, Rechtsschutz gegen Dienstepiraterie, 2003, 161).

IV. Austausch

Das Tatbestandsmerkmal des Austauschs ist gegeben, wenn eine Umgehungsvorrichtung gegen eine **7** andere ersetzt wird. Dies setzt voraus, dass sowohl der ausgetauschte Gegenstand als auch der Austauschgegenstand Umgehungsvorrichtungen im Sinne des § 2 Nr. 3 sind (Dressel/Scheffler/*Strobel*, Rechtsschutz gegen Dienstepiraterie, 2003, 161). Ein Austausch liegt zB vor, wenn eine defekte Umgehungsvorrichtung gegen eine funktionierende ersetzt wird, aber auch dann, wenn ein Wechsel des Decoders aufgrund von neuen Zugangskontrollvorrichtungen durch die Anbieter erforderlich wird, da hier ein Umrüsten technisch sehr aufwändig ist und idR kaum durchgeführt wird.

V. Zum subjektiven Tatbestand

1. Vorsatz. Nur vorsätzlich begangene Tathandlungen können als Ordnungswidrigkeit nach § 5 **8** geahndet werden; bedingter Vorsatz genügt. Fahrlässiges Handeln ist nach dem ZKDSG nicht mit Bußgeld bedroht (§ 10 OWiG).

2. Gewerbsmäßigkeit. Neben dem Vorsatz muss auch die Absicht des Täters, zu gewerbsmäßigen **9** Zwecken zu handeln, gegeben sein (§ 3 Nr. 2). Hierunter ist jede nachhaltige Tätigkeit zur Erzielung von Einnahmen zu verstehen, auch wenn die Absicht, Gewinn zu erzielen, fehlt. Nachhaltig ist eine solche Tätigkeit – ohne Rücksicht auf das Motiv des Tätigwerdens –, wenn sie auf Wiederholung angelegt und im Sinne einer nur gewerblichen oder beruflichen Tätigkeit, dh einer geschäftsmäßigen Tätigkeit, auf den Erwerb von Einnahmen gerichtet ist (→ § 4 Rn. 11).

C. Die Höhe des Bußgeldes

10   Nach § 5 Abs. 2 können Zuwiderhandlungen nach § 5 Abs. 1 mit einer Geldbuße bis zu 50.000 EUR geahndet werden. Die Mindestgeldbuße liegt bei 5 EUR (§ 17 Abs. 1 OWiG). Grundlage für die Zumessung der Geldbuße sind die Bedeutung der Ordnungswidrigkeit, das Maß der persönlichen Vorwerfbarkeit und ggf. die wirtschaftlichen Verhältnisse des Täters (§ 17 Abs. 3 OWiG). Zu berücksichtigen ist auch, dass die Geldbuße den wirtschaftlichen Vorteil, den der Täter aus der Ordnungswidrigkeit gezogen hat, übersteigen soll; reicht das gesetzliche Höchstmaß der Geldbuße hierfür nicht aus, kann dieses überschritten werden (§ 17 Abs. 4 OWiG).

§ 6 Einziehung

Gegenstände, auf die sich eine Straftat nach § 4 bezieht, können eingezogen werden.

1   § 6 erlaubt über den Anwendungsbereich des § 74 StGB hinaus die Einziehung von sog Beziehungsgegenständen (BT-Drs. 14/7229, 8 (9)). Hierunter fallen solche Gegenstände, auf die sich die Tat bezieht, die also nicht bloßes Werkzeug zur Begehung der Tat oder deren Produkt sind. Der Einziehung nach § 6 unterliegen daher die Umgehungsvorrichtungen selbst (zum Begriff → § 4 Rn. 3 f.).

2   Bei der Einziehung von Beziehungsgegenständen sind gem. § 74 Abs. 4 StGB die Voraussetzungen des § 74 Abs. 2 und 3 StGB entsprechend zu berücksichtigen. Das bedeutet, dass die Umgehungsvorrichtungen zur Zeit der Entscheidung entweder dem Täter oder dem Teilnehmer gehören bzw. zustehen müssen (§ 74 Abs. 2 Nr. 1 StGB), dass von ihnen eine Gefährdung der Allgemeinheit oder zumindest die Gefahr ausgeht, dass sie auch weiterhin der Begehung von rechtswidrigen Taten dienen werden (§ 74 Abs. 2 Nr. 2 StGB). Die Einziehung ist auch dann möglich, wenn der Täter bei der Tatbegehung ohne Schuld gehandelt hat (§ 74 Abs. 3 StGB).

3   Nach § 74 Abs. 1 StGB können zudem die Produkte der Tat („productum sceleris") und die Tatwerkzeuge („instrumentum sceleris") eingezogen werden. Erforderlich ist hierfür, dass der einzuziehende Gegenstand entweder unmittelbar durch die Tat selbst hervorgebracht worden oder zur Begehung oder Vorbereitung der Tat gebraucht bzw. bestimmt gewesen ist. Hierunter fallen zB die zur Herstellung der Umgehungseinrichtung verwendeten Werkzeuge oder das Fahrzeug, mit dem die Umgehungseinrichtung über die Grenze nach Deutschland transportiert wurde (vgl. Körner/Patzak/Volkmer/ *Volkmer* BtMG § 33 Rn. 53 zur Einziehung von Tatfahrzeugen bei Betäubungsmitteldelikten mwN). Nicht von § 74 StGB oder von § 6 erfasst wird dagegen der aus dem Verkauf der Umgehungseinrichtungen erwirtschaftete Erlös (insoweit kommt aber die Anordnung des Verfalls nach § 73 StGB in Betracht).

835. Verordnung mit lebensmittelrechtlichen Vorschriften zur Überwachung von Zoonosen und Zoonoseerregern (ZnÜwVO)

Vom 8. August 2007 (BGBl. I S. 1816, 1871) FNA 7831-13-1

Zuletzt geändert durch Art. 4 Erste VO zur Änd. von Vorschriften zur Durchführung des gemeinschaftlichen Lebensmittelhygienerechts vom 11.5.2010 (BGBl. I S. 612)

– Auszug –

Vorbemerkung

Die ZnÜwVO regelt die **von Lebensmittelunternehmern** (Art. 3 Nr. 2 VO (EG) Nr. 178/2002; **1**
BasisVO, → Vorb. LFGB Rn. 29 f.) **zu ergreifenden lebensmittelrechtlichen Maßnahmen** zur
frühzeitigen Erfassung von Zoonosen und Zoonoseerregern als Grundlage für die Bewertung ihrer
Herkunft und der Entwicklungstendenzen ihres Vorkommens (§ 1). **Zoonosen** sind nach der Legalde-
finition in § 2 Nr. 1 Krankheiten oder Infektionen, die auf natürliche Weise direkt oder indirekt
zwischen Menschen und Tieren übertragen werden können. Zu den **Zoonoseerregern** zählen Viren,
Bakterien, Pilze, Parasiten oder sonstige biologische Agenzien, die Zoonosen verursachen können (§ 2
Nr. 2; zB Salmonellen, Tuberkulose-Erreger, Trichinen).

Die ZnÜwVO, die gestützt auf § 36 S. 1 Nr. 1–4 LFGB als Art. 4 der Verordnung zur Durchführung **2**
von Vorschriften des gemeinschaftlichen Lebensmittelhygienerechts v. 8.8.2007 (BGBl. I 1816) verkündet wurde und **am 15.8.2007 in Kraft trat,** dient der inhaltlichen Fortführung der lebensmittelrechtlichen Regelungen der Verordnung zur Änderung tierseuchen- und lebensmittelrechtlicher Vorschriften zur Überwachung von Zoonosen und Zoonoseerregern zur Umsetzung der lebensmittelrechtlich relevanten Vorgaben der Zoonosen-Überwachungsrichtlinie 2003/99/EG (vgl. BR-Drs. 327/
07, 183). Zweck der Vorschriften ist insoweit zumindest **mittelbar der Schutz der Gesundheit des**
Verbraucher (→ Vorb. LFGB Rn. 10 f.) vor mikrobiologische Gefahren in Lebensmitteln, die eine
Hauptquelle lebensmittelbedingter Krankheiten beim Menschen darstellen. Bei der Anwendung der
ZnÜwVO ist die **VO (EG) Nr. 2073/2005** der Kommission v. 15.11.2005 über mikrobiologische
Kriterien für Lebensmittel zu beachten, auf die auch § 3 Bezug nimmt. Nach **Art. 3 VO (EG)**
Nr. 2073/2005 stellen die Lebensmittelunternehmer sicher, dass Lebensmittel (→ Vorb. LFGB
Rn. 37 ff.) die in Anh. I der VO (EG) Nr. 2073/2005 aufgeführten entsprechenden mikrobiologischen
Kriterien einhalten. Dazu treffen die Lebensmittelunternehmer Maßnahmen **auf allen Stufen der**
Herstellung, der Verarbeitung und des Vertriebs von Lebensmitteln, um zu gewährleisten, dass die ihrer
Kontrolle unterliegende Lieferung, Handhabung und Verarbeitung von Rohstoffen und Lebensmitteln
so durchgeführt wird, dass die **Prozesshygienekriterien** und die während der gesamten Haltbarkeits-
dauer der Erzeugnisse geltenden **Lebensmittelsicherheitskriterien** unter vernünftigerweise vorhersehbaren Bedingungen für Vertrieb, Lagerung und Verwendung eingehalten werden.

§ 4 Ordnungswidrigkeiten

Ordnungswidrig im Sinne des § 60 Abs. 2 Nr. 26 Buchstabe a des Lebensmittel- und
Futtermittelgesetzbuches handelt, wer vorsätzlich oder fahrlässig
1. entgegen § 3 Abs. 1 eine Rückstellprobe nicht oder nicht rechtzeitig anfertigt,
2. entgegen § 3 Abs. 1 oder Abs. 2 Nr. 3 Buchstabe a eine Rückstellprobe oder ein Isolat
nicht oder nicht für die vorgeschriebene Dauer aufbewahrt oder
3. entgegen § 3 Abs. 2 Nr. 3 Buchstabe b oder Abs. 4 Satz 2 eine Rückstellprobe, ein Isolat
oder einen Nachweis nicht, nicht richtig oder nicht rechtzeitig vorlegt.

1. Tathandlungen. Mit der **Rückverweisung auf § 60 Abs. 2 Nr. 26 Buchst. a LFGB** (→ LFGB **1**
§ 60 Rn. 20) werden vorsätzliche (→ LFGB § 58 Rn. 47 ff.) und fahrlässige (→ LFGB § 58 Rn. 60 ff.)
Verstöße gegen die den Lebensmittelunternehmer nach **§ 3** treffenden Pflichten als Ordnungswidrig-
keiten definiert. Hierbei handelt es sich zum einen um das **Anfertigen einer Rückprobe** und deren
Aufbewahrung nach § 3 Abs. 1, 2 Nr. 3 (Aufbewahrung maximal drei Monate) und die **Vorlage von**
Rückstellproben und Nachweisen an die zuständige Behörde nach § 3 Abs. 2 Nr. 3 Buchst. b und
Abs. 4 S. 2 andererseits.

2   **2. Rechtsfolgen.** Ordnungswidrigkeiten iSv § 4 können bei **vorsätzlichem** Handeln nach der ab dem 4.8.2011 geltenden Fassung des § 60 Abs. 5 Nr. 2 LFGB (vgl. zur Änderung der Geldbußenrahmen in § 60 Abs. 5 LFGB → LFGB § 60 Rn. 32) mit Geldbuße bis zu 50.000 EUR geahndet werden; handelt der Betroffene fahrlässig sieht das Gesetz Geldbuße bis 25.000 EUR (§ 17 Abs. 2 OWiG) vor. Zu den weiteren Rechtsfolgen → LFGB § 60 Rn. 31 ff.

840. Verordnung über einige zur menschlichen Ernährung bestimmte Zuckerarten (Zuckerartenverordnung – ZuckArtV)

Vom 23. Oktober 2003 (BGBl. I S. 2098) FNA 2125-40-88

Zuletzt geändert durch Art. 7 VO zur Änd. lebensmittelrechtl. und tabakrechtl. Bestimmungen vom 22.2.2006
(BGBl. I S. 444)

– Auszug –

Vorbemerkung

Mit der ZuckArtV wurde die **RL 2001/111/EG des Rates v. 20.12.2001 über bestimmte** **1** **Zuckerarten für die menschliche Ernährung** in nationales Recht umgesetzt. Die Richtlinie ist von der Erwägung getragen, dass durch die Unterschiede zwischen den einzelstaatlichen Rechtsvorschriften in diesem Sektor nachteilige Auswirkungen für den Binnenmarkt entstehen könnten, da es vor dem Hintergrund der unterschiedlichen Rechtslagen in den Mitgliedstaaten **zu unlauterem Wettbewerb und zur Irreführung des Verbrauchers** kommen kann. Insoweit soll die Richtlinie für **einheitliche Bezeichnungen und Etikettierungen** in diesem speziellen Lebensmittelbereich führen. Die ZuckArtV dient daher vornehmlich dem **Schutz des Verbrauchers vor Täuschung** (→ Vorb. LFGB Rn. 12 f.). In diesem Zusammenhang ist zu beachten, dass am 13.12.2014 die LMIV (→ Vorb. LFGB Rn. 12; → LFGB § 59 Rn. 14, → LFGB § 59 Rn. 21 ff.) in Kraft trat. In Folge dessen soll nach Maßgabe von Art. 9 LMIV-AnpassungsVO (→ vgl. Anhang zur LMKV = Nr. 502 des Kommentars, → LMKV Anh. Rn. 5) **§ 2 an die neue Rechtslage angepasst werden,** was bei der Anwendung des § 5 zu beachten ist. Bei den Vorschriften der ZuckArtV handelt es sich um solche, die den Vorschriften der LMIV nach Maßgabe von Art. 1 Abs. 4 LMIV im Grundsatz als speziellere Vorschriften vorgehen (vgl. Voit/Grube LMIV/*Grube* Art. 1 Rn. 67 f.).

§ 1 **definiert iVm Anlage 1** die Erzeugnisse, die der Verordnung unterliegen. Weitere Vorausset- **2** zung für die Anwendung der Vorschriften der ZuckArtV ist, dass die Erzeugnisse gewerbsmäßig (→ Vorb. LFGB Rn. 30) in den Verkehr gebracht (→ Vorb. LFGB Rn. 45) werden. § 2 enthält Vorschriften über die **Kennzeichnung** der unter die Vorschriften der ZuckArtV fallenden Erzeugnisse. Die Art und Weise der Kennzeichnung (vgl. § 2 Abs. 8) richtet sich nach den Vorgaben der LMIV.

§ 3 statuiert zunächst ein **Verkehrsverbot** für solche Lebensmittel (→ Vorb. LFGB Rn. 37 ff.), die **3** unter einer der **Bezeichnung iSd Anl. 1** gewerbsmäßig in den Verkehr gebracht werden sollen, **ohne den Anforderungen, die jeweils in der Anl. 1 aufgestellt sind, zu entsprechen** (§ 3 S. 1 Nr. 1). Darüber hinaus sieht § 3 **Verkehrsverbote für bestimmte Erzeugnisse iSv der Anlage mit der Bezeichnung „weiß" iSv § 2 Abs. 3** vor, wenn sie den diesbezüglichen Anforderungen nicht entsprechen (§ 3 S. 1 Nr. 2).

§ 5 Straftaten und Ordnungswidrigkeiten

(1) Nach § 59 Abs. 1 Nr. 21 Buchstabe a des Lebensmittel- und Futtermittelgesetzbuches wird bestraft, wer entgegen § 3 Satz 1 Lebensmittel in den Verkehr bringt.

(2) Wer eine in Absatz 1 bezeichnete Handlung fahrlässig begeht, handelt nach § 60 Abs. 1 des Lebensmittel- und Futtermittelgesetzbuches ordnungswidrig.

(3) Ordnungswidrig im Sinne des § 60 Abs. 2 Nr. 26 Buchstabe a des Lebensmittel- und Futtermittelgesetzbuches handelt, wer vorsätzlich oder fahrlässig entgegen § 2 Abs. 7 ein Erzeugnis in den Verkehr bringt.

1. Straftaten nach § 5 Abs. 1. Mit der Rückverweisung auf **§ 59 Abs. 1 Nr. 21 Buchst. a LFGB** **1** (→ LFGB § 59 Rn. 58) in § 5 Abs. 1 werden **vorsätzliche Verstöße** (→ LFGB § 58 Rn. 47 ff.) gegen das dem Täuschungsschutz dienende **Verkehrsverbot** aus § 3 S. 1 (→ Vorb. Rn. 3) unter Strafe gestellt. Zur Tathandlung des Inverkehrbringens → Vorb. LFGB Rn. 45. Zur Verantwortlichkeit im Lebensmittelstrafrecht → Vorb. LFGB Rn. 29 ff.

Nach § 59 Abs. 1 LFGB können die Straftaten nach § 5 Abs. 1 mit **Freiheitsstrafe bis zu einem** **2** **Jahr oder mit Geldstrafe** geahndet werden. Der Versuch ist ebenso wenig wie fahrlässiges Handeln (→ Rn. 3) unter Strafe gestellt. Die Qualifikation des § 59 Abs. 4 LFGB (→ LFGB § 59 Rn. 74a) findet keine Anwendung. Neben der Verhängung von Geld- oder Freiheitsstrafe kommen als weitere Rechtsfolgen die **Einziehung** der Tatgegenstände (→ LFGB § 61 Rn. 1 ff.), der **Verfall** des Taterlöses (§§ 73 ff. StGB) und die Anordnung eines **Berufsverbotes** (§§ 70 ff. StGB; vgl. BGH LMRR 2007,

84) in Betracht. Bei juristischen Personen und Personenvereinigungen kommt zudem eine Verbandsgeldbuße nach § 30 OWiG in Betracht. Zu den Konkurrenzen → LFGB § 59 Rn. 85.

3   **2. Ordnungswidrigkeiten nach § 5 Abs. 2.** Handelt der Täter in den Fällen des § 5 Abs. 1 **fahrlässig** (→ LFGB § 58 Rn. 60 ff.), verwirklicht er den Bußgeldtatbestand des **§ 5 Abs. 2.** Die Verordnung wurde bisher noch nicht an das abgestufte System in § 60 Abs. 1 u. 5 LFGB (→ LFGB § 60 Rn. 31 f.) angepasst, das mit dem Gesetz zur Änderung des Lebensmittel- und Futtermittelgesetzbuchs sowie anderer Vorschriften v. 29.6.2009 (BGBl. I 1659), das am 4.7.2009 in Kraft getreten ist (→ Vorb. LFGB Rn. 6), eingeführt wurde. Da die in § 5 Abs. 1 bezeichneten Handlungen Straftaten nach § 59 Abs. 1 Nr. 21 Buchst. a LFGB darstellen, wird der **Verweis in § 5 Abs. 2 als solcher auf § 60 Abs. 1 Nr. 2 LFGB zu verstehen sein.** Danach können Ordnungswidrigkeiten iSv § 5 Abs. 2 nach § 60 Abs. 5 Nr. 2 LFGB nach der ab dem 4.8.2011 geltenden Fassung des § 60 Abs. 5 Nr. 2 LFGB (vgl. zur Änderung der Geldbußenrahmen in § 60 Abs. 5 LFGB → LFGB § 60 Rn. 32) mit Geldbuße iHv bis zu **50.000 EUR** geahndet werden. IÜ gelten für die Bemessung der Geldbuße die Vorgaben von § 17 Abs. 3 u. 4 OWiG. Zu den weiteren Rechtsfolgen → LFGB § 60 Rn. 33 f.

4   **3. Ordnungswidrigkeiten nach § 5 Abs. 3.** Mit Rückverweisung auf **§ 60 Abs. 2 Nr. 26 Buchst. a LFGB** (→ LFGB § 60 Rn. 20) in **§ 5 Abs. 3** werden **vorsätzliche und fahrlässige** Verstöße gegen Verkehrsverbote, die aus Missachtung der Kennzeichnungspflichten nach § 2 Abs. 7 resultieren (→ Vorb. Rn. 2), als Ordnungswidrigkeiten definiert. Demnach können **vorsätzliche** (→ LFGB § 58 Rn. 47 ff.) **Verstöße** isv § 5 Abs. 3 nach der ab dem 4.8.2011 geltenden Fassung des § 60 Abs. 5 Nr. 2 LFGB (vgl. zur Änderung der Geldbußenrahmen in § 60 Abs. 5 LFGB → LFGB § 60 Rn. 32) mit **Geldbuße bis zu 50.000 EUR** geahndet werden; handelt der Betroffene **fahrlässig** sieht das Gesetz **Geldbuße bis zu 25.000 EUR** (§ 17 Abs. 2 OWiG) vor. Zu den weiteren Rechtsfolgen → LFGB § 60 Rn. 33 f.

845. Verordnung über Anforderungen an Zusatzstoffe und das Inverkehrbringen von Zusatzstoffen für technologische Zwecke (Zusatzstoff-Verkehrsverordnung – ZVerkV)

Vom 29. Januar 1998 (BGBl. I S. 230) FNA 2125-40-72

Zuletzt geändert durch Art. 2 Dritte VO zur Änd. der Zusatzstoff-ZulassungsVO und and. lebensmittelrechtl. VO vom 28.3.2011 (BGBl. I S. 530)

– Auszug –

Vorbemerkung

Die ZVerkV regelt die **Anforderungen an Zusatzstoffe und den Zusatzstoffen gleichgestellte** 1
Stoffe, die Lebensmitteln zu technologischen Zwecken zugesetzt werden, sowie an Trägerstoffe und Trägerlösungsmittel für diese Zusatzstoffe. Sie **ergänzt insoweit die Zusatzstoff-Zulassungsverordnung** (ZZulV = Nr. 850 des Kommentars).

Vor diesem Hintergrund werden in **§ 3 iVm** Anl. 2 **Reinheitsanforderungen** statuiert, denen die 2
Zusatzstoffe (→ LFGB § 59 Rn. 3 ff.) entsprechen müssen. Nach **§ 4** werden die in Anlage 4 aufgeführten Zusatzstoffe unter den dort festgelegten Bedingungen als Trägerstoffe oder Trägerlösungsmittel für die in Anl. 2 aufgeführten Zusatzstoffe **zugelassen.** Systematisch ist diese Vorschrift daher an sich der ZZulV zuzurechnen. Zusatzstoffe, die den in § 3 festgesetzten Reinheitsanforderungen nicht entsprechen, dürfen nach **§ 5 Abs. 1** bei dem gewerbsmäßigen (→ Vorb. LFGB Rn. 30) Herstellen und Behandeln (→ Vorb. LFGB Rn. 46 ff.) von Lebensmitteln (→ Vorb. LFGB Rn. 37 ff.), die dazu bestimmt sind, in den Verkehr gebracht (→ Vorb. LFGB Rn. 45) zu werden, **nicht verwendet** (→ LFGB § 58 Rn. 31) werden. Darüber hinaus statuiert **§ 5 Abs. 2–6** weitere, dort näher konkretisierte Herstellungs-, Verwendungs- und Verkehrsverbote. § 6 Abs. 3 statuiert spezielle **Kennzeichnungs- und Warnhinweispflichten.**

§ 7 Straftaten und Ordnungswidrigkeiten

(1) Nach **§ 58 Abs. 1 Nr. 18, Abs. 4 bis 6 des Lebensmittel- und Futtermittelgesetzbuches** wird bestraft, wer vorsätzlich oder fahrlässig

1. entgegen § 5 Abs. 2 oder 3 Essigsäure oder einen dort genannten Farbstoff abgibt,
2. entgegen § 5 Abs. 5 Satz 4 Nitritpökelsalz herstellt oder
3. entgegen § 5 Abs. 6 Ethylenoxid verwendet.

(2) Nach **§ 59 Abs. 1 Nr. 21 Buchstabe a des Lebensmittel- und Futtermittelgesetzbuches** wird bestraft, wer

1. entgegen § 5 Abs. 4 Satz 1 Nitrite in einen dort bezeichneten Betrieb verbringt oder dort aufbewahrt oder lagert,
2. ohne Genehmigung nach § 5 Abs. 5 Satz 1 Nitritpökelsalz herstellt oder
3. entgegen § 6 Abs. 3 dort aufgeführte Stoffe oder Stoffgemische gewerbsmäßig in den Verkehr bringt, aufbewahrt, lagert oder gebraucht.

(3) Nach **§ 59 Abs. 1 Nr. 21 Buchstabe a des Lebensmittel- und Futtermittelgesetzbuches** wird bestraft, wer entgegen § 5 Abs. 1 dort bezeichnete Stoffe verwendet.

(4) Wer eine in Absatz 2 oder 3 bezeichnete Handlung fahrlässig begeht, handelt nach § 60 Abs. 1 des Lebensmittel- und Futtermittelgesetzbuches ordnungswidrig.

(5) Ordnungswidrig im Sinne des § 60 Absatz 4 Nummer 2 Buchstabe a des Lebensmittel- und Futtermittelgesetzbuches handelt, wer vorsätzlich oder fahrlässig entgegen Artikel 21 Absatz 1 Satz 1 in Verbindung mit Artikel 22 Absatz 1, 2 oder Absatz 3 oder entgegen Artikel 23 Absatz 1 der Verordnung (EG) Nr. 1333/2008 des Europäischen Parlamentes und des Rates vom 16. Dezember 2008 über Lebensmittelzusatzstoffe (ABl. L 354 vom 31.12.2008, S. 16) einen Lebensmittelzusatzstoff in den Verkehr bringt.

1. Straftaten nach § 7 Abs. 1. Mit der **Rückverweisung auf § 58 Abs. 1 Nr. 18** LFGB (→ LFGB 1
§ 58 Rn. 37) in **§ 7 Abs. 1** werden **vorsätzliche** (→ LFGB § 58 Rn. 47 ff.) und **fahrlässige** (→ LFGB § 58 Rn. 60 ff.) **Verstöße gegen** die im Tatbestand näher konkretisierten **Verkehrs- Herstellungs- und Verwendungsverbote aus § 5 Abs. 2, 3, 5 und 6** (→ Vorb. Rn. 2) unter Strafe gestellt. Zu den Tathandlungen → LFGB § 58 Rn. 45 ff. Zur Verantwortlichkeit im Lebensmittelstrafrecht → Vorb.

LFGB Rn. 29 ff. Zu weiteren Straftaten im Zusammenhang mit Lebensmittelzusatzstoffen → LFGB § 59 Rn. 3 ff.

2   Demnach können **vorsätzliche Verstöße** mit **Geldstrafe oder mit Freiheitsstrafe bis zu drei Jahren geahndet** werden (→ LFGB § 58 Rn. 54 f.), wobei auch der **Versuch** strafbar ist (§ 58 Abs. 4; → LFGB § 58 Rn. 53). In **besonders schweren Fällen** (vgl. § 58 Abs. 5 LFGB) sieht das Gesetz **Freiheitsstrafe von sechs Monaten bis fünf Jahre** vor (→ LFGB § 58 Rn. 56 ff.). Nach § 7 Abs. 1 ZVerkV iVm § 58 Abs. 6 LFGB ist **fahrlässiges Handeln** strafbar, das mit **Geldstrafe oder Freiheits-strafe bis zu einem Jahr geahndet** (→ LFGB § 58 Rn. 60) werden kann. Zu den Konkurrenzen → LFGB § 58 Rn. 82 ff.

3   **2. Straftaten nach § 7 Abs. 2 und 3.** Mit der Rückverweisung auf **§ 59 Abs. 1 Nr. 21 Buchst. a LFGB** (→ LFGB § 59 Rn. 58) in **§ 7 Abs. 2 u. 3** werden **vorsätzliche** (→ LFGB § 58 Rn. 47 ff.) **Verstöße gegen** die im Tatbestand näher konkretisierten Verbringungs-, Lager-, Herstellungs- und Verkehrsverbote (→ Vorb. Rn. 2) unter Strafe gestellt. § 7 Abs. 2 Nr. 3 setzt insoweit gewerbsmäßiges Handeln voraus (→ Vorb. LFGB Rn. 30). Das Gesetz sieht insoweit **Freiheitsstrafe bis zu einem Jahr oder Geldstrafe vor.** Der Versuch ist ebenso wenig wie fahrlässiges Handeln (→ Rn. 4) unter Strafe gestellt. Die Qualifikation des § 59 Abs. 4 LFGB (→ LFGB § 59 Rn. 74a) findet keine Anwendung. Zu den weiteren Rechtsfolgen → LFGB § 59 Rn. 83 f. Zu den Konkurrenzen → LFGB § 59 Rn. 85.

4   **3. Ordnungswidrigkeiten.** Handelt der Täter in den Fällen des **§ 7 Abs. 2 oder 3 fahrlässig** (→ LFGB § 58 Rn. 60 ff.), verwirklicht er den Bußgeldtatbestand des § 7 Abs. 4. Die Verordnung wurde bisher noch nicht an das abgestufte System in § 60 Abs. 1 u. 5 LFGB (→ LFGB § 60 Rn. 31 f.) angepasst, das mit dem Gesetz zur Änderung des Lebensmittel- und Futtermittelgesetzbuchs sowie anderer Vorschriften v. 29.6.2009 (BGBl. I 1659), das am 4.7.2009 in Kraft getreten ist (→ Vorb. LFGB Rn. 6), eingeführt wurde. Da die in § 7 Abs. 2 u. 3 bezeichneten Handlungen Straftaten nach § 59 Abs. 1 Nr. 21 Buchst. a LFGB darstellen, wird der **Verweis in § 7 Abs. 4 als solcher auf § 60 Abs. 1 Nr. 2 LFGB zu verstehen sein.** Danach können Ordnungswidrigkeiten iSv § 7 Abs. 4 nach der ab dem 4.8.2011 geltenden Fassung des § 60 Abs. 5 Nr. 2 LFGB (vgl. zur Änderung der Geldbußenrahmen in § 60 Abs. 5 LFGB → LFGB § 60 Rn. 32) mit Geldbuße iHv bis zu **50.000 EUR** geahndet werden. IÜ gelten für die Bemessung der Geldbuße die Vorgaben von § 17 Abs. 3 u. 4 OWiG. Zu den weiteren Rechtsfolgen → LFGB § 60 Rn. 33 f.

5   Mit **Rückverweisung auf § 60 Abs. 2 Nr. 26 Buchst. a LFGB** (→ LFGB § 60 Rn. 20) in § 7 Abs. 5 werden – mit Wirkung ab dem 26.2.2011 (BGBl. I 276; zur früheren Rechtslage vgl. die Voraufl. dieses Kommentars) – **vorsätzliche** (→ LFGB § 58 Rn. 47 ff.) und **fahrlässige** (→ LFGB § 58 Rn. 60 ff.) Verstöße gegen das **Verkehrsverbot** aus Art. 21–23 VO (EG) 1333/2008 (→ LFGB § 59 Rn. 3), das aus der Missachtung der Kennzeichnungs- und Warnhinweispflichten resultiert, als Ord-nungswidrigkeiten definiert. Zur Tathandlung des Inverkehrbringens → Vorb. LFGB Rn. 45. **Vorsätz-liche** Ordnungswidrigkeiten iSv § 7 Abs. 5 können nach der ab dem 4.8.2011 geltenden Fassung des § 60 Abs. 5 Nr. 2 LFGB (vgl. zur Änderung der Geldbußenrahmen in § 60 Abs. 5 LFGB → LFGB § 60 Rn. 32) mit **Geldbuße bis zu 50.000 EUR** geahndet werden; handelt der Betroffene **fahrlässig** sieht das Gesetz **Geldbuße bis zu 25.000 EUR** (§ 17 Abs. 2 OWiG) vor. IÜ gelten für die Bemessung der Geldbuße die Vorgaben von § 17 Abs. 3 u. 4 OWiG. Zu den weiteren Rechtsfolgen → LFGB § 60 Rn. 33 f.

850. Verordnung über die Zulassung von Zusatzstoffen zu Lebensmitteln zu technologischen Zwecken (Zusatzstoff-Zulassungsverordnung – ZZulV)

Vom 29. Januar 1998 (BGBl. I S. 230) FNA 2125-40-71

Zuletzt geändert durch Art. 3 Zweite VO zur Änd. der FruchtsaftVO und anderer lebensmittelrechtl. Vorschriften vom 21.5.2012 (BGBl. I S. 1201)

– Auszug –

§ 10 Straftaten und Ordnungswidrigkeiten

(1) Nach § 58 Abs. 1 Nr. 18, Abs. 4 bis 6 des Lebensmittel- und Futtermittelgesetzbuches wird bestraft, wer vorsätzlich oder fahrlässig

1. entgegen § 5 Abs. 2 Satz 2 Dimethyldicarbonat über die dort genannte Höchstmenge hinaus zusetzt oder

2. entgegen § 5 Abs. 2 Satz 3 ein nichtalkoholisches, aromatisiertes Getränk, alkoholfreien Wein oder ein Flüssigteekonzentrat, in denen Dimethyldicarbonat nachweisbar ist, gewerbsmäßig an den Verbraucher abgibt.

(2) Nach § 59 Abs. 1 Nr. 21 Buchstabe a des Lebensmittel- und Futtermittelgesetzbuches wird bestraft, wer entgegen § 9 Abs. 4 oder 5 ein dort genanntes Lebensmittel gewerbsmäßig in den Verkehr bringt.

(3) Nach § 59 Abs. 1 Nr. 21 Buchstabe a des Lebensmittel- und Futtermittelgesetzbuches wird bestraft, wer entgegen § 7 Abs. 1 Satz 1 bei dem gewerbsmäßigen Herstellen oder Behandeln eines dort genannten Lebensmittels einen Zusatzstoff über die festgesetzte Höchstmenge hinaus verwendet.

(4) Nach § 59 Abs. 1 Nr. 21 Buchstabe a des Lebensmittel- und Futtermittelgesetzbuches wird bestraft, wer entgegen § 9 Abs. 1, 2 Satz 1 oder 2 oder Abs. 3 bei der gewerbsmäßigen Abgabe von Lebensmitteln an Verbraucher den Gehalt an einem Zusatzstoff nicht, nicht richtig, nicht vollständig oder nicht in der vorgeschriebenen Weise kenntlich macht.

(4a) Nach § 59 Absatz 1 Nummer 21 Buchstabe a des Lebensmittel- und Futtermittelgesetzbuches wird bestraft, wer entgegen § 9 Absatz 10 eine Tafelsüße abgibt.

(5) Wer eine in den Absätzen 2 bis 4a bezeichnete Handlung fahrlässig begeht, handelt nach § 60 Absatz 1 Nummer 2 des Lebensmittel und Futtermittelgesetzbuches ordnungswidrig.

A. Allgemeines

1 Die Verordnung regelt die Zulassung von Zusatzstoffen, die bei der gewerbsmäßigen Herstellung und Behandlung von Lebensmitteln zu den in §§ 3–5 der Verordnung genannten technologischen Zwecken verwendet werden dürfen. Sie geht auf die Verordnung zur Neuordnung lebensmittelrechtlicher Vorschriften über Zusatzstoffe v. 29.1.1998 (BGBl. I 230) zurück. Hierdurch wurden die RL 94/35/EG über Süßungsmittel, die RL 94/36/EG über Farbstoffe und die RL 95/2/EG über andere Lebensmittelzusatzstoffe als Farbstoffe und Süßungsmittel in deutsches Recht umgesetzt. Die ZZulV ist seit dem 6.2.1998 in Kraft. Wegen der Umsetzung von weiteren in der Zwischenzeit ergangenen EU-Richtlinien wurde sie mehrfach geändert.

2 Die ZZulV ergänzt das in § 6 LFGB (→ LFGB § 59 Rn. 3 ff.) niedergelegte Verbot, nicht zugelassene Lebensmittel-Zusatzstoffe beim Herstellen oder Behandeln von Lebensmitteln zu verwenden (§ 6 Abs. 1 Nr. 1 LFGB) oder in den Verkehr zu bringen (§ 6 Abs. 1 Nr. 3 LFGB). Der Begriff „Lebensmittel-Zusatzstoff" ist in § 2 Abs. 3 LFGB gesetzlich definiert. Zu den zulassungsbedürftigen Stoffgruppen gehören unter anderem Farbstoffe, Süßungsmittel, Konservierungsmittel, Antioxidationsmittel und Trägerstoffe. Welche Stoffe nach der ZZulV im Einzelnen zugelassen sind, ergibt sich jeweils aus den zu der Verordnung ergangenen Anlagen Nr. 1–7. Dort sind die von der Verordnung umfassten Lebensmittel, die zugelassenen Zusatzstoffe, die zulässigen Höchstmengen und die technologischen Verfahren zur Anwendung der Zusatzstoffe im Einzelnen gesetzlich definiert.

3 In § 10 sind die Straf- und Bußgeldvorschriften geregelt, wonach bestimmte Zuwiderhandlungen gegen die Verordnung unter Strafe gestellt bzw. mit einem Bußgeld bedroht werden. Hierbei ist zu berücksichtigen, dass die sanktionierten Handlungen keinem einheitlichen Strafrahmen unterliegen. So knüpft § 10 Abs. 1 an § 58 Abs. 1 Nr. 18 LFGB an, der Verstöße gegen Rechtsverordnungen – hier die ZZulV – unter Strafe stellt, die auf Ermächtigungsnormen des LFGB beruhen. Da es sich bei den sanktionierten Handlungen um Verstöße gegen Vorschriften handelt, die unmittelbar dem Schutz der Gesundheit dienen, ist der Strafrahmen des § 10 Abs. 1 ZZulV iVm § 58 Abs. 1 LFGB ggü. dem für die übrigen, in § 10 Abs. 2–4 geregelten Straftaten erhöht. Die letztgenannten Vorschriften verweisen insoweit nämlich auf § 59 Abs. 1 Nr. 21 LFGB, der zwar ebenfalls Verstöße gegen Vorschriften in Rechtsverordnungen unter Strafe stellt, die auf der Grundlage des LFGB ergangen sind. Im Kern betreffen diese Vorschriften aber nur mittelbar den Gesundheitsschutz, da sie zum einen gewährleisten sollen, dass nur für den Verbraucher sichere Lebensmittelerzeugnisse in den Verkehr gelangen, und zum anderen den Verbraucher vor Täuschung und Irreführung schützen sollen (Erbs/Kohlhaas/*Rohnfelder/ Freytag* LFGB § 59 Rn. 6).

B. Straftaten nach § 10 Abs. 1

4   § 10 Abs. 1 Nr. 1 iVm § 5 Abs. 2 S. 2 knüpft hinsichtlich seiner Begrifflichkeiten an die gewerbsmäßige Herstellung oder Behandlung nichtalkoholischer bzw. aromatisierter Getränke, alkoholfreier Weine und von Flüssigteekonzentraten an. Die Begriffe „Herstellen" und „Behandeln" sind in § 3 Nr. 2 u. 3 LFGB gesetzlich definiert. „Herstellen" bedeutet danach, das Gewinnen, das Herstellen, das Zubereiten, das Be- und Verarbeiten und das Mischen von Lebensmitteln. Unter „Behandeln" fallen vielfältige Produktionsvorgänge, wie das Wiegen, Messen, Kühlen, Abfüllen, Verpacken, Befördern etc, mithin jede Tätigkeit im Rahmen des Herstellungsprozesses und der Versorgung mit Lebensmitteln, die nicht als Herstellen oder Inverkehrbringen (Bereitstellen zum Verkauf oder – unabhängig von der Entgeltlichkeit – Weitergabe in jeglicher Form; zum Begriff vgl. Art. 3 Nr. 8 VO (EG) Nr. 178/2002) anzusehen ist. Unter dem Begriff „Gewerbsmäßigkeit" ist eine mit der Produktion, der Verarbeitung und dem Vertrieb von Lebensmitteln zusammenhängende Tätigkeit zu verstehen. Auch hier kommt es nicht darauf an, ob diese Tätigkeit auf eine Gewinnerzielung ausgerichtet ist oder nicht (vgl. Art. 3 Nr. 2 VO (EG) Nr. 178/2002).

5   Tathandlung ist zum einen das Zusetzen – des nach § 5 Abs. 2 S. 1 zugelassenen Stoffes – Dimetyhldicarbonat (E 242) zu den genannten Getränken über die in § 5 Abs. 2 S. 2 erlaubte Höchstmenge von 250 Milligramm hinaus (Nr. 1). Weitere Tathandlung ist die gewerbsmäßige Abgabe der genannten Getränke an Verbraucher (zum Begriff vgl. § 2 Nr. 5), in denen – entgegen dem Verbot nach § 5 Abs. 2 S. 3 – Dimetyhldicarbonat (E 242) nachweisbar ist (Nr. 2). Bei Dimethyldicarbonat (E 242) handelt es sich um einen Kohlensäureester. Es wird als sog Kaltentkeimungsmittel zum Abtöten von typischen Getränkeschädlingen (zB Gärhefe) eingesetzt. Der Stoff zerfällt nach der Zugabe zum Getränk rasch und vollständig in geringste Mengen Methanol und Kohlendioxid. Er ist grds. gesundheitsschädlich und kann im menschlichen Körper zu Vergiftungen führen.

6   Die Handlungsformen umfassen gem. § 58 Abs. 1 und 6 LFGB, auf die § 10 Abs. 1 verweist, Vorsatz und Fahrlässigkeit. Der Strafrahmen sieht bei vorsätzlichem Handeln eine Geldstrafe oder eine Freiheitsstrafe bis zu drei Jahren vor (§ 58 Abs. 1 LFGB). Der Versuch ist strafbar (§ 58 Abs. 4 LFGB). In besonders schweren Fällen kann die Freiheitsstrafe bis zu fünf Jahren betragen (§ 58 Abs. 5 LFGB). Als Regelbeispiele werden die Gefährdung der Gesundheit einer großen Zahl von Menschen genannt (Nr. 1), die Herbeiführung einer Todesgefahr bzw. die Gefahr einer schweren Schädigung von Körper oder Gesundheit eines Dritten (Nr. 2) sowie das Handeln aus grobem Eigennutz oder zur Erlangung von Vermögensvorteilen großen Ausmaßes (Nr. 3). Fahrlässiges Handeln wird mit Freiheitsstrafe bis zu einem Jahr oder mit Geldstrafe bestraft (§ 58 Abs. 6 LFGB).

C. Straftaten und Ordnungswidrigkeiten nach § 10 Abs. 2–4a

7   Die Tathandlungen nach § 10 Abs. 2, 4 u. 4a betreffen Verstöße gegen die Kennzeichnungspflichten beim gewerbsmäßigen Inverkehrbringen (zum Begriff vgl. Art. 3 Nr. 8 VO (EG) Nr. 178/2002) von Lebensmitteln, die entgegen den einzelnen in § 9 beschriebenen Kennzeichnungspflichten nicht, nicht richtig, nicht vollständig oder nicht in der vorgeschriebenen Weise gekennzeichnet sind.

8   Tathandlung nach § 10 Abs. 3 ist die Verwendung von Zusatzstoffen bei der Herstellung oder Behandlung der in § 7 Abs. 1 S. 1 genannten Lebensmittel über die zulässigen Höchstmengen hinaus. Welche Lebensmittel im Einzelnen unter die Einschränkungen nach § 7 Abs. 1 fallen und welche Höchstmenge an Zusatzstoffen im Einzelnen zulässig ist, ergibt sich jeweils aus den zu der Verordnung ergangenen Anlagen.

9   Soweit die Tathandlungen vorsätzlich begangen werden, wobei bedingter Vorsatz genügt, handelt es sich um Straftaten, die gem. § 59 Abs. 1 LFGB mit Freiheitsstrafe bis zu einem Jahr oder mit Geldstrafe bestraft werden. Der Versuch ist nicht strafbar. Anders als § 58 (Abs. 5) LFGB sieht § 59 LFGB keine strafschärfenden Regelbeispiele vor. Werden die Tathandlungen nach § 10 Abs. 2–4a fahrlässig begangen, handelt es sich hierbei um Ordnungswidrigkeiten (§ 10 Abs. 5, § 60 Abs. 1 LFGB). Die Ordnungswidrigkeit kann mit einer Geldbuße iHv mindestens fünf (§ 17 Abs. 1 OWiG) und höchstens 50.000 EUR geahndet werden (§ 60 Abs. 5 Nr. 2 LFGB). Die Bemessung der Geldbuße richtet sich nach der Bedeutung der Tat, der persönlichen Schuld und ggf. nach den wirtschaftlichen Verhältnissen des Täters (§ 17 Abs. 3 OWiG). Das gesetzliche Höchstmaß der Geldbuße kann in den Fällen des § 17 Abs. 4 S. 2 OWiG ausnahmsweise überschritten werden.

In der Fassung der Bekanntmachung vom 1. Oktober 2002 (BGBl. I S. 3866, ber. I S. 61)
FNA 610-1-3

Zuletzt geändert durch Art. 5 Gesetz zur Neuorganisation der Zollverwaltung vom 3.12.2015 (BGBl. I S. 2178)

– Auszug –

Vorbemerkung zum Steuerstraf- und -ordnungswidrigkeitenrecht

A. Das Steuerstrafrecht

Dem Steuerstrafrecht kommt in der strafrechtlichen Praxis **erhebliche Bedeutung** zu. Jeder Bürger **1** ist tagtäglich mit einer Vielzahl von steuerlich relevanten Sachverhalten konfrontiert; den Steuerpflichtigen (§ 33), seinen gesetzlichen Vertreter (§ 34), aber auch bestimmte Verfügungsberechtigte (§ 35) treffen steuerliche Erklärungspflichten, mit denen der Gesetzgeber sicherstellen will, dass der Staat alle zur Festsetzung und Beitreibung der Steuern und sonstigen Abgaben erforderlichen Angaben erhält. Wird vorwerfbar gegen diese Pflichten verstoßen, drohen Strafen und Bußgelder. Dabei werden unrichtige und unvollständige Angaben von den Strafnormen und Bußgeldtatbeständen (vgl. zB § 370 Abs. 1 Nr. 1, § 378 Abs. 1) ebenso erfasst wie das pflichtwidrige Unterlassen, den Finanzbehörden steuerlich erhebliche Tatsachen mitzuteilen (vgl. zB § 370 Abs. 1 Nr. 2, § 378 Abs. 1). Dagegen ist die bloße Nichtzahlung geschuldeter Steuern als solches nur in besonders geregelten Fällen straf- oder bußgeldrechtlich relevant (s. zB §§ 26b, 26c UStG).

Die **Erscheinungsformen** der Zuwiderhandlungen gegen Steuergesetze sind vielfältig (zur Dar- **2** stellung häufiger Hinterziehungsformen → § 370 Rn. 292 ff.). Sie reichen vom „Zigarettenschmuggel" über das Verschweigen von Kapitalerträgen in der Einkommensteuererklärung bis hin zur EU-weiten organisierten Umsatzsteuerhinterziehung mittels sog. „Umsatzsteuerkarussells" (→ § 370 Rn. 394 ff.).

Die besondere Schwierigkeit des Steuerstrafrechts ergibt sich vor allem aus der rechtlichen Aus- **3** gestaltung des Steuerstrafrechts als **Blankettstrafrecht** (→ § 369 Rn. 20 ff.). Daher reicht die Kenntnis strafrechtlicher und strafverfahrensrechtlicher Vorschriften für die Beurteilung von Steuerstraftaten und -ordnungswidrigkeiten nicht aus. Vielmehr muss sich der im Steuerstrafrecht tätige Jurist auch mit den blankettausfüllenden Normen des materiellen Steuerrechts befassen und diese auf den Einzelfall anwenden. Kein anderer Bereich des Strafrechts ist mit einem so umfangreichen, komplizierten und einem ständigen Wandel unterworfenen Rechtsgebiet verbunden wie das Steuerstrafrecht mit dem materiellen Steuerrecht und seinen Bezügen zum Recht der Europäischen Union (→ § 369 Rn. 47 ff.). Daher genügt es regelmäßig nicht, die Gesetzgebung und die Rspr. zum Strafrecht zu kennen. Vielmehr muss auch das gesamte nationale Steuerrecht und die diesem zugrundeliegenden Rechtsakte der Europäischen Union sowie die hierzu ergangene Rspr. des BFH und des EuGH in den Blick genommen werden. Der BGH hat der Kompliziertheit des Steuerstrafrechts organisatorisch dadurch Rechnung getragen, dass er die Zuständigkeit für Revisionen aus dem Bereich des Steuer- und Zollstrafrechts beim 1. Strafsenat (bis zum Jahr 2008 beim 5. Strafsenat) konzentriert hat. Demgegenüber gibt es für das sonstige Wirtschaftsstrafrecht beim BGH keine Zuständigkeitskonzentration. Zur Rspr. des BGH zum Steuerstrafrecht sa die Übersichten bei *Harms/Jäger* NStZ-RR 1998, 97; 1999, 129; 2000, 129; NStZ 2001, 181; 2001, 236; 2002, 244; 2003, 189; 2004, 191 und *Jäger* NStZ 2005, 552; 2007, 688; 2008, 21).

Das Steuerstrafrecht ist im weitesten Sinne der Sammelbegriff für alle Gesetze, die straf- oder **4** ordnungswidrigkeitenrechtliche Sanktionen wegen **Zuwiderhandlungen gegen Steuergesetze** androhen und das Straf- oder Bußgeldverfahren durch Sondervorschriften der Eigenart steuerlicher Zuwiderhandlungen anpassen (s. ausf. zum Steuerstrafrecht im Rechtssystem JJR/*Joecks* Einl. Rn. 1 ff.). Im engeren Sinne umfasst das Steuerstrafrecht die in Bundesgesetzen enthaltenen abgabenrechtlichen Straftatbestände sowie die Straftatbestände in den Abgabengesetzen der Länder zum Schutz von Landes- und Gemeindesteuern (zB Art. 14 BayKAG). Teil des Steuerstrafrechts ist das Zollstrafrecht (vgl. § 369 Abs. 1); denn Einfuhr- und Ausfuhrabgaben nach Art. 6 Nr. 20 u. 21 des Zollkodex der Union sind Steuern im Sinne der Abgabenordnung (§ 3 Abs. 3).

Die **Steuerstrafvorschriften des Bundesrechts** sind im Wesentlichen in den §§ 369–376 der **5** Abgabenordnung (AO) enthalten und werden nachfolgend iE kommentiert. Ergänzend sind die allgemeinen Gesetze über das Strafrecht anzuwenden, soweit die Strafvorschriften der Steuergesetze nichts anderes bestimmen (§ 369 Abs. 2). Es handelt sich dabei in erster Linie um die Vorschriften des Allgemeinen Teils des StGB, aber auch um allgemeine Bestimmungen des Besonderen Teils des StGB. Die Vorschriften der AO gelten (unmittelbar) nur für die Steuern, die durch Bundesrecht oder Recht der EU geregelt sind (§ 1 Abs. 1). Den Begriff der Steuerstraftat bzw. Zollstraftat definiert § 369 Abs. 1. Das Steuerstrafrecht enthält nur noch Vergehenstatbestände; der durch das Steuerverkürzungsbekämpfungsgesetz v. 19.12.2001 als § 370a in die Abgabenordnung eingefügte Verbrechenstatbestand der gewerbsmäßigen oder bandenmäßigen Steuerhinterziehung (BGBl. I 3922) wurde mWv 1.1.2008 wieder gestrichen (→ § 370 Rn. 341). Abgabenrechtliche Straftatbestände des Bundesrechts, die nur für bestimmte Abgabenarten gelten, finden sich in § 23 des Rennwett- und Lotteriegesetzes (RennwLottG) v. 8.4.1922 (RGBl. I 335 und 393, zuletzt geänd. durch Art. 8 Nr. 1 G v. 10.8.1967, BGBl. I 1987) und in § 26c UStG. Diese Vorschriften, von denen § 26c UStG wegen der besonderen Hinterziehungsanfälligkeit der Umsatzsteuer in einem eigenen Abschnitt ausf. kommentiert wird (Nr. 940), haben folgenden Inhalt:

§ 23 RennwLottG Hinterziehung

Wegen Hinterziehung wird auch bestraft, wer im Inland den Vertrieb unversteuerter (§ 21) ausländischer Lose oder ausländischer Ausweise über Ausspielungen besorgt.

§ 26c UStG Gewerbsmäßige oder bandenmäßige Schädigung des Umsatzsteueraufkommens

Mit Freiheitsstrafe bis zu fünf Jahren oder mit Geldstrafe wird bestraft, wer in den Fällen des § 26b gewerbsmäßig oder als Mitglied einer Bande, die sich zur fortgesetzten Begehung solcher Handlungen verbunden hat, handelt.

6   Das Steuerstrafrecht enthält gegenüber dem übrigen Strafrecht erhebliche **materiell-rechtliche Besonderheiten:**

7   Nach der Beschreibung der tatbestandsmäßigen Handlung sind die zentralen Straf- und Bußgeldstbestände des Steuerstraf- und -ordnungswidrigkeitenrechts **Blankettvorschriften** oder über normative Tatbestandsmerkmale mit dem materiellen Steuerrecht verknüpft (→ § 369 Rn. 20 ff.).

8   Der persönliche Strafaufhebungsgrund der **Selbstanzeige** nach § 371 gibt dem Täter oder Teilnehmer einer Steuerhinterziehung (§ 370) unter bestimmten, im Gesetz näher beschriebenen Voraussetzungen die Möglichkeit, allein durch eine Berichtigungserklärung und Nachzahlung der verkürzten Steuern sowie die Entrichtung der Hinterziehungszinsen (§ 371 Abs. 3) Straffreiheit zu erlangen.

8a   Allerdings hat der Gesetzgeber durch das **Schwarzgeldbekämpfungsgesetz** (BGBl. I 676) mWv 3.5.2011 erhebliche Einschränkungen beim Strafaufhebungsgrund der Selbstanzeige vorgenommen. Zuvor waren die Wirksamkeitsvoraussetzungen der Selbstanzeige für jede Steuerhinterziehung isoliert zu prüfen; auch war der Täter nicht gezwungen, mehrere von ihm begangene Taten gleichzeitig aufzudecken, um nachträglich im Umfang der Aufdeckung Straffreiheit zu erlangen. Nach neuem Recht ist Wirksamkeitsvoraussetzung für die einzelne Selbstanzeige, dass Selbstanzeigen für alle noch nicht strafrechtlich verjährten Steuerhinterziehungen derselben Steuerart abgegeben werden. Auch die Sperrgründe (§ 371 Abs. 2) wurden erweitert. Zudem hat der Gesetzgeber im Schwarzgeldbekämpfungsgesetz bestimmt, dass eine Selbstanzeige bei einer Steuerhinterziehung keine strafbefreiende Wirkung hat, wenn der Hinterziehungsumfang der betreffenden Tat 50.000 EUR übersteigt. Scheitert die strafbefreiende Wirkung der Selbstanzeige aber allein an dieser Grenze, kann der Tatbeteiligte nach der ebenfalls durch das Schwarzgeldbekämpfungsgesetz neu geschaffenen Norm des § 398a der Bestrafung dadurch entgehen, dass er nicht nur die zu seinen Gunsten hinterzogenen Steuern entrichtet, sondern einen zusätzlichen, sich aus § 398a ergebenden Geldbetrag an die Staatskasse zahlt; die Einstellung des Verfahrens ist dann obligatorisch.

8b   Zum 1.1.2015 wurden die **Anforderungen an die Selbstanzeige weiter verschärft** (BGBl. 2014 I 2415). So müssen nun auch die Hinterziehungszinsen nachgezahlt werden, damit Straffreiheit eintreten kann. Die Fälle, in denen eine Selbstanzeige allenfalls zu einer Einstellung nach § 398a gegen Zahlung eines Geldbetrages führen kann, wurden durch Absenkung des maßgeblichen Hinterziehungsbetrages von 50.000 EUR auf 25.000 EUR erweitert. Allerdings wurde für Umsatzsteuervoranmeldungen und für Lohnsteueranmeldungen die Möglichkeit einer im Umfang der Berichtigung wirksamen Teilselbstanzeige eingeführt (§ 371 Abs. 2a).

9   Das Steuerstrafrecht enthält als Besonderheit zudem Sondervorschriften über die **Verfolgungsverjährung.** So beträgt die Verjährungsfrist abweichend von § 78 Abs. 3 Nr. 4 StGB in den in § 370 Abs. 3 S. 2 Nr. 1–5 genannten Fällen besonders schwerer Steuerhinterziehung zehn statt fünf Jahre. Nach § 376 Abs. 2 kann der Lauf der Verjährung außer durch die in § 78c Abs. 1 StGB genannten Unterbrechungshandlungen auch dadurch unterbrochen werden, dass dem Beschuldigten die Einleitung des Bußgeldverfahrens wegen einer Steuerordnungswidrigkeit bekannt gegeben wird oder diese Bekanntgabe angeordnet wird. Solange ein Steuerstrafverfahren gem. § 396 Abs. 1 im Hinblick auf ein anhängiges Besteuerungsverfahren ausgesetzt ist, ruht die Verfolgungsverjährung (§ 396 Abs. 3).

10   Das **Kompensationsverbot** (Vorteilsausgleichsverbot) des § 370 Abs. 4 S. 3 bewirkt eine Durchbrechung des Grundsatzes, dass eine Steuerverkürzung nur dann vorliegt, wenn die festgesetzte Steuer hinter der geschuldeten zurückbleibt. Denn § 370 Abs. 4 S. 3 bestimmt, dass eine Steuerhinterziehung auch dann vorliegt, „wenn die Steuer, auf die sich die Tat bezieht, aus anderen Gründen hätte ermäßigt oder der Steuervorteil aus anderen Gründen hätte beansprucht werden können" (→ § 370 Rn. 178 ff.).

11   Gem. § 370 Abs. 7 sind Steuerhinterziehungen in Deutschland auch dann strafbar, wenn sie außerhalb Deutschlands begangen worden sind, also reine **Auslandstaten** sind. Zudem werden vom Straftatbestand der Steuerhinterziehung nicht nur deutsche Abgaben geschützt, sondern gem. § 370 Abs. 6 S. 1 auch Einfuhr- und Ausfuhrabgaben anderer Mitgliedstaaten der EU und der Europäischen Freihandelsassoziation. Das Gleiche gilt gem. § 370 Abs. 6 S. 2 für Umsatzsteuern und harmonisierte Verbrauchsteuern, die von einem anderen Mitgliedstaat der EU verwaltet werden. Diese Gleichstellung galt früher nur, wenn die Gegenseitigkeit der Strafverfolgung zur Zeit der Tat verbürgt war (§ 370 Abs. 6 S. 3 u. 4 aF). Im Hinblick auf die zunehmenden gemeinschädlichen Missbräuche des EU-weiten Umsatzsteuersystems durch innergemeinschaftliche Lieferungen unter Verschleierung der wahren Empfänger hat der Gesetzgeber mWv 14.12.2010 die Gegenseitigkeitsverbürgung als Verfolgungsvoraussetzung (→ § 370 Rn. 210) im Gesetz gestrichen (BGBl. I 1768 (1793)).

    Auch für die **strafrechtlichen Konkurrenzen** ergeben sich im Steuerstrafrecht Besonderheiten, die **12** sich insbes. aus dem Verhältnis nebeneinander bestehender steuerlicher Erklärungspflichten ergeben (→ § 370 Rn. 348, 553 ff.).

    Die **geschichtliche Entwicklung des Steuerstrafrechts** ist ausf. dargestellt bei JJR/*Joecks* Einlei- **13** tung Rn. 38 ff. Wesentliche Ereignisse in der geschichtlichen Entwicklung waren die erste allgemeine Kodifikation des Steuerstrafrechts in der Reichsabgabenordnung (RAO) 1919 (RGBl. 1993), die Abschaffung des Verwaltungsstrafverfahrens mit Einführung des OWiG und des EGOWiG zum 1.10.1968 (BGBl. I 481 (503)) nach Beanstandung des Unterwerfungsverfahrens ohne Beteiligung eines Richters durch das BVerfG (BVerfGE 22, 49) und die Neufassung der AO als AO 1977 v. 16.3.1976 (BGBl. I 613).

B. Das Steuerordnungswidrigkeitenrecht

    Steuerordnungswidrigkeiten (Zollordnungswidrigkeiten) sind Zuwiderhandlungen, die nach den **14** Steuergesetzen mit Geldbuße geahndet werden können (§ 377 Abs. 1). Sie sind insbes. in den §§ 377–384 geregelt; ergänzend gelten die §§ 1–34 OWiG, soweit die Bußgeldvorschriften der Steuergesetze nichts Abweichendes regeln (→ § 377 Rn. 7 ff.).

    Große praktische Bedeutung hat der Bußgeldtatbestand des § 378, der die **leichtfertige Steuer-** **15** **verkürzung** erfasst. Er dient häufig als „Auffangtatbestand", wenn eine (bedingt) vorsätzliche Steuerhinterziehung nicht nachweisbar ist (vgl. dazu zuletzt BGH wistra 2015, 191). Auch dieser Bußgeldtatbestand sieht – wie § 371, aber anders als andere Ordnungswidrigkeitstatbestände – eine sanktionsbefreiende Selbstanzeige vor (§ 378 Abs. 3). Ausschlussgrund für die Wirksamkeit einer solchen Selbstanzeige ist im Gegensatz zu § 371 Abs. 2 allein die Bekanntgabe der Einleitung eines Straf- oder Bußgeldverfahrens wegen der Tat.

    Die weiteren **Bußgeldtatbestände der AO** enthalten zum Großteil Gefährdungstatbestände, die **16** reine Vorfeldhandlungen erfassen, die weder eine Steuerhinterziehung (§ 370) noch eine leichtfertige Steuerverkürzung (§ 378) darstellen. Es sind dies insbes. die **Steuergefährdung** (§ 379), welche zB das Ausstellen unrichtiger Belege und die unrichtige Verbuchung buchungs- oder aufzeichnungspflichtiger Geschäftsvorfälle erfasst, die **Gefährdung der Abzugsteuern** (§ 380) sowie die **Verbrauchsteuergefährdung** (§ 381) und die Gefährdung von **Einfuhr- und Ausfuhrabgaben** (§ 382). Als Regelungstechnik hat der Gesetzgeber bei § 381 und § 382 die der Verwendung eines Blankettgesetzes mit Rückverweisungsklausel gewählt (→ § 381 Rn. 4 ff.), dh das Blankettgesetz und die auf diesen Tatbestand verweisende blankettausfüllende Regelung des materiellen Steuerrechts bilden erst zusammen die Vollvorschrift. Die Verweisungsnormen der Verbrauchsteuergesetze und -verordnungen sowie der Zollvorschriften sind in → § 381 Rn. 8 f.; → § 382 Rn. 9 iE aufgeführt. Weitere Steuerordnungswidrigkeitstatbestände enthält die AO in § 383 (unzulässiger Erwerb von Steuererstattungs- und Vergütungsansprüchen) und § 383a (zweckwidrige Verwendung des Identifikationsmerkmals nach § 139a). Alle in der AO enthaltenen Steuerordnungswidrigkeitentatbestände werden im vorliegenden Werk iE kommentiert.

    Einige **weitere Steuerordnungswidrigkeiten,** die von den Bußgeldtatbeständen der AO nicht **17** erfasst werden, sind – weil sie besondere steuerliche Rechtsbereiche betreffen – in unmittelbar in den jeweils betroffenen materiellen Steuergesetzen angesiedelten Tatbeständen umschrieben. Es handelt sich ua um folgende Vorschriften des EStG (vgl. dazu die Erl. im EStG-Kommentar von *Schmidt*):

§ 39 EStG Lohnsteuerabzugsmerkmale

(1)–(7) ... (nicht abgedruckt)

(8) [1] Der Arbeitgeber darf die Lohnsteuerabzugsmerkmale nur für die Einbehaltung der Lohn- und Kirchensteuer verwenden. [2] Er darf sie ohne Zustimmung des Arbeitnehmers nur offenbaren, soweit dies gesetzlich zugelassen ist.

(9) [1] Ordnungswidrig handelt, wer vorsätzlich oder leichtfertig entgegen Absatz 8 ein Lohnsteuerabzugsmerkmal verwendet. [2] Die Ordnungswidrigkeit kann mit einer Geldbuße bis zu zehntausend Euro geahndet werden.

§ 41b EStG Abschluss des Lohnsteuerabzugs

(1) ... (nicht abgedruckt)

(2) [1] Ist dem Arbeitgeber die Identifikationsnummer (§ 139b der Abgabenordnung) des Arbeitnehmers nicht bekannt, hat er für die Datenübermittlung nach Absatz 1 Satz 2 aus dem Namen, Vornamen und Geburtsdatum

des Arbeitnehmers ein Ordnungsmerkmal nach amtlich festgelegter Regel für den Arbeitnehmer zu bilden und das Ordnungsmerkmal zu verwenden. [2]Er darf das lohnsteuerliche Ordnungsmerkmal nur für die Zuordnung der elektronischen Lohnsteuerbescheinigung oder sonstiger für das Besteuerungsverfahren erforderlicher Daten zu einem bestimmten Steuerpflichtigen und für Zwecke des Besteuerungsverfahrens erheben, bilden, verarbeiten oder verwenden.

(2a) [1]Ordnungswidrig handelt, wer vorsätzlich oder leichtfertig entgegen Absatz 2 Satz 2 das Ordnungsmerkmal verwendet. [2]Die Ordnungswidrigkeit kann mit einer Geldbuße bis zu zehntausend Euro geahndet werden.

(3)–(4) … (nicht abgedruckt)

§ 50e EStG Bußgeldvorschriften; Nichtverfolgung von Steuerstraftaten bei geringfügiger Beschäftigung in Privathaushalten

(1) [1]Ordnungswidrig handelt, wer vorsätzlich oder leichtfertig entgegen § 45d Absatz 1 Satz 1, § 45d Absatz 3 Satz 1, oder einer nach § 45e erlassenen Rechtsverordnung oder den unmittelbar geltenden Verträgen mit den in Artikel 17 der Richtlinie 2003/48/EG genannten Staaten und Gebieten eine Mitteilung nicht, nicht richtig, nicht vollständig oder nicht rechtzeitig abgibt. [2]Die Ordnungswidrigkeit kann mit einer Geldbuße bis zu fünftausend Euro geahndet werden.

(1a) [1] Verwaltungsbehörde im Sinne des § 36 Absatz 1 Nummer 1 des Gesetzes über Ordnungswidrigkeiten ist in den Fällen des Absatzes 1 Satz 1 das Bundeszentralamt für Steuern.

(2) [1]Liegen die Voraussetzungen des § 40a Absatz 2 vor, werden Steuerstraftaten (§§ 369 bis 376 der Abgabenordnung) als solche nicht verfolgt, wenn der Arbeitgeber in den Fällen des § 8a des Vierten Buches Sozialgesetzbuch entgegen § 41a Absatz 1 Nummer 1, auch in Verbindung mit Absatz 2 und 3 und § 51a, und § 40a Absatz 6 Satz 3 dieses Gesetzes in Verbindung mit § 28a Absatz 7 Satz 1 des Vierten Buches Sozialgesetzbuch für das Arbeitsentgelt die Lohnsteuer-Anmeldung und die Anmeldung der einheitlichen Pauschsteuer nicht oder nicht rechtzeitig durchführt und dadurch Steuern verkürzt oder für sich oder einen anderen nicht gerechtfertigte Steuervorteile erlangt. [2]Die Freistellung von der Verfolgung nach Satz 1 gilt auch für den Arbeitnehmer einer in Satz 1 genannten Beschäftigung, der die Finanzbehörde pflichtwidrig über steuerlich erhebliche Tatsachen aus dieser Beschäftigung in Unkenntnis lässt. [3]Die Bußgeldvorschriften der §§ 377 bis 384 der Abgabenordnung bleiben mit der Maßgabe anwendbar, dass § 378 der Abgabenordnung auch bei vorsätzlichem Handeln anwendbar ist.

§ 50f EStG Bußgeldvorschriften

(1) Ordnungswidrig handelt, wer vorsätzlich oder leichtfertig

1. entgegen § 22a Absatz 1 Satz 1 und 2 dort genannte Daten nicht, nicht richtig, nicht vollständig oder nicht rechtzeitig übermittelt oder eine Mitteilung nicht, nicht richtig, nicht vollständig oder nicht rechtzeitig macht oder
2. entgegen § 22a Absatz 2 Satz 9 die Identifikationsnummer für andere als die dort genannten Zwecke verwendet.

(2) Die Ordnungswidrigkeit kann in den Fällen des Absatzes 1 Nummer 1 mit einer Geldbuße bis zu fünfzigtausend Euro und in den übrigen Fällen mit einer Geldbuße bis zu zehntausend Euro geahndet werden.

(3) Verwaltungsbehörde im Sinne des § 36 Absatz 1 Nummer 1 des Gesetzes über Ordnungswidrigkeiten ist die zentrale Stelle nach § 81.

18   Die Bußgeldvorschriften des UStG sind in den §§ 26a und 26b UStG enthalten. Sie lauten:

§ 26a UStG Bußgeldvorschriften

(1) Ordnungswidrig handelt, wer vorsätzlich oder leichtfertig

1. entgegen § 14 Abs. 2 Satz 1 Nr. 1 oder 2 Satz 2 eine Rechnung nicht oder nicht rechtzeitig ausstellt,
2. entgegen § 14b Abs. 1 Satz 1, auch in Verbindung mit Absatz 4 und 5, ein dort bezeichnetes Doppel oder eine dort bezeichnete Rechnung nicht oder nicht mindestens zehn Jahre aufbewahrt,
3. entgegen § 14b Abs. 1 Satz 5 eine dort bezeichnete Rechnung, einen Zahlungsbeleg oder eine andere beweiskräftige Unterlage nicht oder nicht mindestens zwei Jahre aufbewahrt,
4. entgegen § 18 Abs. 12 Satz 3 die dort bezeichnete Bescheinigung nicht oder nicht rechtzeitig vorlegt,
5. entgegen § 18a Absatz 1 bis 3 in Verbindung mit Absatz 7 Satz 1, Absatz 8 oder Absatz 9 eine Zusammenfassende Meldung nicht, nicht richtig, nicht vollständig oder nicht rechtzeitig abgibt oder entgegen § 18a Absatz 10 eine Zusammenfassende Meldung nicht oder nicht rechtzeitig berichtigt,
6. einer Rechtsverordnung nach § 18c zuwiderhandelt, soweit sie für einen bestimmten Tatbestand auf die Bußgeldvorschrift verweist, oder
7. entgegen § 18d Satz 3 die dort bezeichneten Unterlagen nicht, nicht vollständig oder nicht rechtzeitig vorlegt.

(2) Die Ordnungswidrigkeit kann in den Fällen des Absatzes 1 Nr. 3 mit einer Geldbuße bis zu fünfhundert Euro, in den übrigen Fällen mit einer Geldbuße bis zu fünftausend Euro geahndet werden.

(3) Verwaltungsbehörde im Sinne des § 36 Absatz 1 Nummer 1 des Gesetzes über Ordnungswidrigkeiten ist in den Fällen des Absatzes 1 Nummer 5 und 6 das Bundeszentralamt für Steuern.

§ 26b UStG Schädigung des Umsatzsteueraufkommens

(1) Ordnungswidrig handelt, wer die in einer Rechnung im Sinne von § 14 ausgewiesene Umsatzsteuer zu einem in § 18 Absatz 1 Satz 4 oder Abs. 4 Satz 1 oder 2 genannten Fälligkeitszeitpunkt nicht oder nicht vollständig entrichtet.

(2) Die Ordnungswidrigkeit kann mit einer Geldbuße bis zu fünfzigtausend Euro geahndet werden.

19   Wegen seiner großen Bedeutung in der Praxis wird der Bußgeldtatbestand des § 26b UStG, der die **unterlassene** und die nicht vollständige **Abführung** von in Rechnungen iSv § 14 UStG ausgewiesenen

Umsatzsteuer erfasst, zusammen mit der Strafnorm des § 26c UStG in einem eigenen Abschnitt (Nr. 940) kommentiert. § 26c UStG lautet:

§ 26c UStG Gewerbsmäßige oder bandenmäßige Schädigung des Umsatzsteueraufkommens

Mit Freiheitsstrafe bis zu fünf Jahren oder mit Geldstrafe wird bestraft, wer in den Fällen des § 26b gewerbsmäßig oder als Mitglied einer Bande, die sich zur fortgesetzten Begehung solcher Handlungen verbunden hat, handelt.

C. Nichtverfolgung von Steuerstraftaten und Steuerordnungswidrigkeiten

Um die Strafverfolgung nicht mit Bagatellverstößen zu belasten, hat der Gesetzgeber für einzelne **20** Bereiche durch Schaffung eines Verfahrenshindernisses **gesetzlich die Nichtverfolgung** der Zuwiderhandlungen (als Straftaten) **angeordnet**. Eine derartige Regelung enthält der unter Nr. 920 näher erläuterte § 50e Abs. 2 EStG betreffend **Steuerstraftaten bei geringfügiger Beschäftigung in Privathaushalten**. Während bei diesen Zuwiderhandlungen die Bußgeldvorschriften des § 377 betr. anwendbar bleiben, ist dies gem. § 32 ZollVG bei bestimmten im **Reiseverkehr** begangenen Steuerstraftaten und Steuerordnungswidrigkeiten, die sich auf die Verkürzung von Einfuhrabgaben bis zu 130 EUR beziehen, nicht der Fall. Dafür kann aber ein Zollzuschlag erhoben werden. Gem. § 32 Abs. 2 ZollVG besteht das Verfahrenshindernis nicht, wenn der Täter die Waren durch besondere Vorrichtungen verheimlicht oder an schwer zugänglichen Stellen versteckt hält oder durch die Tat den Tatbestand einer Steuerstraftat innerhalb von sechs Monaten zum wiederholten Male verwirklicht (vgl. zu den Einzelheiten die Erl. zu Nr. 960 sowie bei JJR/*Jäger* S. 954 ff.). § 32 ZollVG lautet:

§ 32 ZollVG Nichtverfolgung von Steuerstraftaten und Steuerordnungswidrigkeiten, Erhebung eines Zuschlags

(1) Steuerstraftaten und Steuerordnungswidrigkeiten (§§ 369, 377 der Abgabenordnung), die im grenzüberschreitenden Reiseverkehr begangen werden, werden als solche nicht verfolgt, wenn sich die Tat auf Waren bezieht, die weder zum Handel noch zur gewerblichen Verwendung bestimmt sind und der verkürzte Einfuhrabgabenbetrag oder der Einfuhrabgabenbetrag, dessen Verkürzung versucht wurde, 130 Euro nicht übersteigt.

(2) Absatz 1 gilt nicht, wenn der Täter

1. die Waren durch besonders angebrachte Vorrichtungen verheimlicht oder an schwer zugänglichen Stellen versteckt hält oder
2. durch die Tat den Tatbestand einer Steuerstraftat innerhalb von sechs Monaten zum wiederholten Male verwirklicht.

(3) Liegt eine im grenzüberschreitenden Reiseverkehr begangene Steuerstraftat oder Steuerordnungswidrigkeit vor, kann in den Fällen einer Nichtverfolgung nach Absatz 1 oder einer Einstellung nach § 398 der Abgabenordnung ein Zuschlag bis zur Höhe der Einfuhrabgaben, höchstens jedoch bis zu 130 Euro erhoben werden.

(4) Die Absätze 1 bis 3 gelten auch bei der Einreise aus einer Freizone.

Beim **Erwerb von unversteuerten Zigaretten** bis 1.000 Stück verdrängt die Bußgeldvorschrift des **21** § 37 TabStG die Strafnormen der §§ 369–374. Eine solche Tat kann daher nur als Ordnungswidrigkeit geahndet werden (s. dazu die Erl. unter Nr. 930, → TabStG § 37 Rn. 1 ff.). § 37 TabStG lautet:

§ 37 TabStG Schwarzhandel mit Zigaretten

(1) [1] Ordnungswidrig handelt, wer vorsätzlich oder fahrlässig Zigaretten in Verpackungen erwirbt, an denen ein gültiges Steuerzeichen nicht angebracht ist, soweit der einzelnen Tat nicht mehr als 1000 Zigaretten zugrunde liegen. [2] Die §§ 369 bis 374 der Abgabenordnung finden keine Anwendung.

(2) Die Ordnungswidrigkeit kann mit einer Geldbuße geahndet werden.

(3) [1] Zigaretten, auf die sich eine Ordnungswidrigkeit nach Absatz 1 bezieht, können eingezogen werden. [2] § 23 des Gesetzes über Ordnungswidrigkeiten ist anzuwenden.

(4) Verwaltungsbehörde im Sinn des § 36 Absatz 1 Nummer 1 des Gesetzes über Ordnungswidrigkeiten ist das Hauptzollamt.

(5) Die Befugnis nach § 56 des Gesetzes über Ordnungswidrigkeiten steht auch Beamten des Polizeidienstes und den hierzu ermächtigten Beamten des Zollfahndungsdienstes zu, die eine Ordnungswidrigkeit nach Absatz 1 entdecken oder im ersten Zugriff verfolgen und sich ausweisen.

D. Das Steuerstrafverfahren

Wesentliche Unterschiede zu sonstigen Wirtschaftsstrafverfahren weist das **Verfahren in Steuer-** **22** **strafsachen** auf. Diese Unterschiede ergeben sich insbes. aus den besonderen strafverfahrensrechtlichen Befugnissen der Finanzbehörden in Steuerstrafsachen. Die verfahrensrechtlichen Besonderheiten bei der Verfolgung von Steuerstraftaten und -ordnungswidrigkeiten sind von so herausragender Bedeutung für das Steuerstraf- und -bußgeldverfahren, dass im vorliegenden Werk auch die Verfahrensvorschriften der §§ 385–412 lückenlos kommentiert werden. Soweit diese Vorschriften nichts anderes bestimmen, gelten für das Verfahren wegen Steuerstraftaten die allgemeinen Gesetze über das Strafverfahren, namentlich die Strafprozessordnung, das Gerichtsverfassungsgesetz und das Jugendgerichtsgesetz (§ 385 Abs. 2).

Hervorzuhebende **Besonderheiten** im Steuerstrafverfahren sind die Befugnis der Finanzbehörden, **23** beim Verdacht einer Steuerstraftat mit polizeilichen Befugnissen selbst zu ermitteln (§ 386 Abs. 1 S. 1) und in den Grenzen des § 399 Abs. 1 und der §§ 400, 401 das Ermittlungsverfahren sogar mit staatsanwaltschaftlichen Befugnissen selbst durchzuführen, wenn die Tat ausschließlich eine Steuerstraftat darstellt (§ 386 Abs. 2 Nr. 1). Diese Zuständigkeit wirft Fragen der Abgrenzung der **Ermittlungskompetenz** zwischen den Finanzbehörden und der Staatsanwaltschaft auf (→ § 386 Rn. 20). Da auch die Durchführung des Besteuerungsverfahrens in den Händen der Finanzverwaltung liegt, ergeben sich schwierige, auch verfassungsrechtlich bedeutsame Fragen hinsichtlich des Verhältnisses des Strafverfahrens zum Besteuerungsverfahren (→ § 393 Rn. 1 ff.).

24   Für die Praxis von großer Bedeutung ist die Frage, wann die **Einleitung eines Steuerstrafverfahrens** vorgenommen wird. Anders als die StPO enthält die AO mit § 397 Abs. 1 eine ausdrückliche gesetzliche Regelung, unter welchen materiellen Voraussetzungen das Strafverfahren als eingeleitet gilt. Dies ist dann der Fall, wenn von Ermittlungsbehörden oder einem Strafrichter eine Maßnahme getroffen wird, die erkennbar darauf abzielt, gegen jemanden wegen einer Steuerstraftat vorzugehen. Auf die rechtliche Bewertung der Handlung durch die Ermittlungsperson kommt es dabei nicht an (BGH NStZ 2015, 291). Erforderlich ist aber jedenfalls ein erkennbarer Willensakt einer Ermittlungsperson. Da sich Verdachtsmomente für das Vorliegen einer Steuerstraftat oder -ordnungswidrigkeit häufig im Rahmen einer steuerlichen Außenprüfung durch Finanzbeamte ergeben, hat die Handhabung der Verwaltungsvorschrift des § 10 BpO erhebliche Bedeutung für die Frage, wann eine Außenprüfung unterbrochen und ein steuerliches Ermittlungsverfahren eingeleitet wird. Denn diese Vorschrift gibt dem Betriebsprüfer vor, wie er sich bei von ihm erkannten Verdachtsmomenten zu verhalten hat. § 10 BpO wird deshalb in einem gesonderten Abschnitt ausf. erläutert (Nr. 910).

25   § 396 sieht unter den dort näher geregelten Voraussetzungen die Möglichkeit einer **Aussetzung des Steuerstrafverfahrens** bis zum rechtskräftigen Abschluss des Besteuerungsverfahrens vor. Die Möglichkeit der Aussetzung steht aber in einem Spannungsverhältnis zu dem aus Art. 2 Abs. 1 iVm Art. 20 Abs. 3 GG und Art. 6 Abs. 1 S. 1 EMRK folgenden Anspruch des Beschuldigten auf zügige Durchführung des gegen ihn gerichteten Strafverfahrens (sog Beschleunigungsgebot) wie auch zu dem verfassungsrechtlich verankerten Ziel effektiver Strafverfolgung (→ § 396 Rn. 3 und JJR/*Jäger* § 396 Rn. 37 f.).

26   Die strafverfahrensrechtlichen **Befugnisse der Steuerfahndung** (bzw. Zollfahndung), welche eine Doppelfunktion erfüllt (vgl. § 208) und sowohl im Besteuerungsverfahren als auch im Strafverfahren tätig werden kann, ergeben sich aus § 404 (zu den Aufgaben der Steuerfahndung iE → § 404 Rn. 13 ff.).

27   Besonderheiten bestehen im Steuerstrafverfahren auch im Bereich der **Strafverteidigung** durch die in § 392 geregelte Möglichkeit der Mitwirkung von Steuerberatern, Steuerbevollmächtigten, Wirtschaftsprüfern und vereidigten Buchprüfern. Soweit die Finanzbehörde das Steuerstrafverfahren selbstständig führt, können Angehörige dieser Berufsgruppen in Abweichung von § 138 Abs. 1 StPO auch zu Verteidigern gewählt werden (§ 392 Abs. 1 Hs. 1).

§ 369 Steuerstraftaten

(1) Steuerstraftaten (Zollstraftaten) sind:
1. Taten, die nach den Steuergesetzen strafbar sind,
2. der Bannbruch,
3. die Wertzeichenfälschung und deren Vorbereitung, soweit die Tat Steuerzeichen betrifft,
4. die Begünstigung einer Person, die eine Tat nach den Nummern 1 bis 3 begangen hat.

(2) Für Steuerstraftaten gelten die allgemeinen Gesetze über das Strafrecht, soweit die Strafvorschriften der Steuergesetze nichts anderes bestimmen.

Übersicht

A. Zweck und Bedeutung der Vorschrift

Die **Legaldefinition** der Steuer- und Zollstraftaten enthält **Abs. 1**. Darauf nehmen insbes. Vor- **1**
schriften in diesem Abschnitt (Strafvorschriften) und im dritten Abschnitt (Strafverfahren) Bezug. Dies
dient der gesetzessystematischen Vereinfachung, gerade wenn die Anwendung solcher Vorschriften in
anderen Gesetzen angeordnet wird (→ Rn. 8).

Die **Generalverweisung** in **Abs. 2** hat deklaratorische Bedeutung (→ Rn. 15). Für das **Verfahrens-** **2**
recht enthält **§ 385** eine entsprechende Regelung (→ § 385 Rn. 1).

B. Steuer- und Zollstraftaten (Abs. 1)

I. Nach den Steuergesetzen strafbare Taten (Abs. 1 Nr. 1)

Die gesetzliche Regelung nimmt **grds.** eine **formale Abgrenzung** vor: Eine Tat ist nur dann „nach **3**
den Steuergesetzen strafbar", wenn der einschlägige **Straftatbestand** selbst in einem **Steuergesetz**
enthalten ist (MüKoStGB/*Schmitz* Rn. 6; Kohlmann/*Ransiek* Rn. 16; *Mösbauer* wistra 1996, 252). Der
Verstoß gegen die sich aus einem Steuergesetz ergebenden Verhaltensregeln reicht danach nicht aus,
wenn dies den Straftatbestand eines anderen Gesetzes verwirklicht (zB §§ 353 Abs. 1, 355 StGB).
Allerdings deutet die gesonderte und ausdrückliche Erfassung des Bannbruches in Nr. 2 darauf hin, dass
dies nicht für in einen steuerrechtlichen Regelungszusammenhang aufgenommene Strafvorschriften gilt,
die selbst keinen Steuerbezug haben **(materielle Einschränkung).**

Nach **anderer Ansicht** soll **generell** eine **materielle Abgrenzung** maßgeblich sein, da die ge- **4**
sonderte Erfassung des Bannbruches in Nr. 2 bei einer formalen Abgrenzung überflüssig sei. Daher
müsse darauf abgestellt werden, ob die die Strafbarkeit begründende Norm Verhaltensweisen erfasst, die
das Steueraufkommen unmittelbar verringern oder gefährden (so zB Rolletschke/Kemper/*Dietz* Rn. 2;
JJR/*Joecks* Rn. 5 mwN).

Zu den **„Steuergesetzen"** gehören alle gesetzlichen Regelungen, die (zumindest auch) Steuern iSv **5**
§§ 1, 3 Abs. 1 betreffen (→ Rn. 80; vgl. zum EigZulG BGH NStZ 2007, 596; zur Kirchensteuer BGH
NStZ 2009, 157, → § 370 Rn. 87; zum Kindergeld BFH/NV 2015, 248; *Ebner* PStR 2013, 231;
→ § 370 Rn. 81). Nicht umfasst sind Strafvorschriften, die zwar in den Regelungszusammenhang
aufgenommen wurden, jedoch keine Steuern iSv §§ 1, 3 Abs. 1 betreffen (→ Rn. 3, 9; ähnlich Erbs/
Kohlhaas/*Senge* Rn. 2; Rolletschke/Kemper/*Dietz* Rn. 2, 6; MüKoStGB/*Schmitz* Rn. 7).

„Strafbar" ist ein Verhalten nur, wenn die Sanktionsnorm Geld- oder Freiheitsstrafe vorsieht (also **6**
nicht Ordnungswidrigkeiten oder steuerrechtliche Sanktionen).

Umfasst sind danach neben den Strafvorschriften dieses Abschnitts zB § 23 RennwLottG, § 26c **7**
UStG (→ Vorb. Rn. 5).

8   Andere Bundes- und Landesgesetze ordnen die entsprechende Anwendbarkeit von Vorschriften der Abgabenordnung an (vgl. Nr. 19 AStBV; Überblick bei Kohlmann/*Ransiek* Rn. 24 ff.).

II. Bannbruch (Abs. 1 Nr. 2)

9   Bannbruch (§ 372) würde bei einer ausschließlich formalen Abgrenzung bereits unter die nach den Steuergesetzen strafbaren Taten (Nr. 1) fallen (so Kohlmann/*Ransiek* Rn. 31; MüKoStGB/*Schmitz* Rn. 8). Die gesonderte und ausdrückliche Erfassung deutet darauf hin, dass Nr. 1 nur Strafnormen erfasst, die in einem steuerrechtlichen Regelungszusammenhang stehen und auch selbst Steuerbezug haben (→ Rn. 3, 5).

10   Der Begriff „Bannbruch" entspricht § 372 Abs. 1. Darunter fallen neben den unmittelbar durch § 372 Abs. 1, 2 Hs. 1 erfassten Taten auch Verstöße gegen dort genannten Verbote, die gem. § 372 Abs. 2 Hs. 2 durch andere Vorschriften sanktioniert werden (→ § 372 Rn. 4; *Beckemper* HRRS 2013, 443). Aus der Normbezeichnung des § 369 folgt, dass es sich stets um eine Straftat handeln muss. Nicht erfasst sind danach Ordnungswidrigkeiten (MüKoStGB/*Schmitz* Rn. 13).

III. Steuerzeichenfälschung und deren Vorbereitung (Abs. 1 Nr. 3)

11   Erfasst werden durch Nr. 3 die Wertzeichenfälschung (§ 148 StGB) und deren Vorbereitung (§ 149 StGB), soweit durch Bundesgesetze geregelte Steuerzeichen (vgl. § 17 TabStG, §§ 32 ff. TabStV; → § 370 Rn. 75, 523) betroffen sind (nicht dagegen Ordnungswidrigkeiten nach § 127 OWiG oder landesrechtlich geregelte Steuerzeichen).

IV. Begünstigung (Abs. 1 Nr. 4)

12   Durch Abs. 1 Nr. 4 wird die Begünstigung (§ 257 StGB) von Personen erfasst, die rechtswidrige Taten nach Abs. 1 Nr. 1–3 begangen haben (BGH wistra 1999, 103; *Harms* Stbg 2005, 12; *Jäger* wistra 2000, 344; *Spatscheck/Mantas* PStR 1999, 158; JJR/*Joecks* Rn. 182 ff.; Kohlmann/*Ransiek* Rn. 50 ff.; MüKoStGB/*Schmitz* Rn. 16 ff.).

V. Zollstraftaten

13   Die Gleichstellung von Zollstraftaten mit Steuerstraftaten hat (jedenfalls derzeit) keine Bedeutung, da gem. § 3 Abs. 3 Einfuhr- und Ausfuhrgaben nach Art. 4 Nr. 10 u. 11 (ab 1.5.2016: nach Art. 5 Nr. 20 u. 21) des Zollkodex der Union Steuern iSd AO sind (MüKoStGB/*Schmitz* Rn. 2).

C. Geltung der allgemeinen Gesetze über das Strafrecht (Abs. 2)

I. Allgemeine Gesetze

14   „Allgemeine Gesetze" iSv Abs. 2 sind neben dem **StGB** insbes. Regelungen des materiellen Strafrechts im **JGG** und im **WStG**. Das ZDG hat dagegen keine Bedeutung. Insbes. gilt (anders als §§ 1 Abs. 1, 10 WStG) § 56 ZDG nur für „eine Straftat nach diesem Gesetz".

15   Es handelt sich um eine **dynamische Verweisung,** die sich auf die allgemeinen Gesetze des materiellen Strafrechts in ihrer jeweils geltenden Fassung bezieht. Sie ist **deklaratorisch,** da diese Vorschriften ohnehin im gesamten Bereich des Nebenstrafrechts ergänzend anzuwenden sind (vgl. LK-StGB/*Weigend* Einl. StGB Rn. 18).

16   Es ist im Einzelfall durch Auslegung zu klären, ob und inwieweit die allgemeinen Vorschriften zur Anwendung kommen oder sie durch spezielle und abschließende Regelungen verdrängt werden (zur Anwendbarkeit des § 13 StGB → § 370 Rn. 55, zum Verhältnis des § 24 StGB zur Selbstanzeige → § 371 Rn. 11).

II. Tateinheit/Tatmehrheit, Versuch, Vollendung, Beendigung

17   Die steuerstrafrechtlichen Vorschriften enthalten keine speziellen Regelungen zu Tateinheit/Tatmehrheit (§§ 52 ff. StGB), Versuch (§§ 23 f. StGB) sowie Vollendung und Beendigung (§ 78a StGB). Besonderheiten können sich insoweit nur aus der jeweils einschlägigen Blankettnorm und den in deren Rahmen anzuwendenden Vorschriften des Steuerrechts (insbes. des Verfahrensrechts) ergeben. Wegen der Unterschiedlichkeit der Fallgestaltungen haben sich zu diesen Regelungsbereichen auch keine deliktsübergreifenden und allgemeingültigen steuerstrafrechtlichen Grundsätze herausgebildet (→ Vorb. Rn. 12).

18   Bedenklich ist lediglich die stRspr zum Konkurrenzverhältnis bei **Abgabe mehrerer unrichtiger Steuererklärungen.** Danach liegt Tateinheit nur vor, wenn die Erklärungen über das Zusammenfallen im äußeren Vorgang der Abgabe hinaus zumindest teilweise **übereinstimmende unrichtige Angaben**

über die Besteuerungsgrundlagen enthalten (BGHSt 33, 163 = BGH NJW 1985, 1967; BGH wistra 1996, 62; 2005, 56; BGH NJW 2009, 3383; BGH NStZ 2011, 294; BGH wistra 2014, 443 mAnm *Rolletschke/Steinhart* NZWiSt 2015, 71; weitere Nachweise zur Rspr. auch des RG bei *Leplow* PStR 2008, 13; → § 370 Rn. 554). Ein solcher über die (Teil-)Identität der Ausführungshandlung hinausgehender „innerer Zusammenhang" ist ansonsten nur für Dauerdelikte von Relevanz (vgl. LK-StGB/*Rissing-van Saan* StGB § 52 Rn. 23 ff.).

III. Strafzumessung

Die steuerstrafrechtlichen Vorschriften enthalten keine speziellen Regelungen zur Strafzumessung **19** (§§ 46 ff. StGB). Maßgebliche Bedeutung hat regelmäßig, in welcher Höhe ein Steueranspruch betroffen ist (BGHSt 53, 71 = BGH NJW 2009, 528 zu § 370; BGH NStZ-RR 2009, 343; BGH NStZ 1990, 644 zu § 374; Nr. 76 AStBV; → § 370 Rn. 335, 616). Dies ist zur Erfassung der „verschuldeten Auswirkungen der Tat" (§ 46 Abs. 2 StGB) konkret zu beziffern. Eine zusätzliche Bewertung ist insbes. erforderlich, wenn keine dauerhafte Schädigung angestrebt wurde, ein Steueranspruch aus „formellen" Gründen entstanden ist, Wechselwirkungen zwischen verschiedenen Steuerarten bestehen, das Kompensationsverbot eingreift oder Schäden aus einem Täuschungssystem zuzurechnen sind (vgl. zusf. Wabnitz/Janovsky WirtschaftsStR-HdB/*Raum* Kap. 4 Rn. 151 ff.; BGHSt 53, 71 = BGH NJW 2009, 528: § 370 Abs. 1 und Abs. 3 S. 2 Nr. 1; BGHSt 53, 221 = BGH NJW 2009, 1979: Umsatzsteuerhinterziehung auf Zeit und Dauer; BGHSt 53, 311 = BGH NJW 2009, 3379: Umsatzsteuerhinterziehung bei Kettengeschäften; BGHSt 58, 50 = BGH NStZ 2013, 412: Schadensumfang bei Feststellungsbescheid; BGH NStZ 2014, 102: Hinterziehung von Einfuhrumsatzsteuer und nicht geltend gemachter Vorsteuer; BGH wistra 2015, 33: Scheingutschrift und unberechtigter Vorsteuerabzug; BGH wistra 2011, 348: inländische und ausländische Verbrauchsteuer). Umstritten ist die Anwendbarkeit des **§ 46a StGB** (nach BGH NStZ 2001, 200 findet jedenfalls § 46a Nr. 1 StGB keine Anwendung, nach BGH NStZ-RR 2010, 147 soll § 46a Nr. 2 StGB „in ganz besonders gelagerten Ausnahmefällen (…)" in Betracht kommen; vgl. weiter Klein/*Jäger* § 370 Rn. 345 ff.; LK-StGB/*Theune* StGB § 46a Rn. 23; Fischer StGB § 46a Rn. 8).

D. Steuerstrafrecht als Blankettstrafrecht

I. Blankettnormen

Alle Tatbestände des Steuerstrafrechts beschreiben das erfasste Unrecht nur (mehr oder weniger) **20** unvollständig. Sowohl die Verwirklichung der Tatbestandsvoraussetzungen als auch der dadurch verursachte Schuldumfang (→ Rn. 19) können nur unter Rückgriff auf die Vorschriften des einschlägigen Steuerrechts beurteilt werden. Somit müssen die steuerrechtlichen Vorschriften die Straftatbestände ergänzen, erst durch diese „Ausfüllung" entsteht eine vollständige Sanktionsnorm.

Danach handelt es sich um sog **Blankettgesetze** (zu § 370 BGHSt 34, 272 = BGH NJW 1987, **21** 1274; BGHSt 47, 138 = BGH NJW 2002, 762; BGHSt 53, 45 = BGH NJW 2009, 1516; BGH NJW 2009, 2546; BGH NStZ 1984, 510; 2001, 201; 2008, 408; 2004, 577; BGH NStZ-RR 1997, 374; 2009, 311; BGH wistra 2009, 441; BVerfG NJW 1992, 35; 1995, 1883; 2008, 3205; 2011, 3778; BFHE 193, 63 = BFH NJW 2001, 1445; Klein/*Jäger* § 370 Rn. 5; Rolletschke/Kemper/*Dietz* Rn. 18; offen BGHSt 37, 266 = BGH NJW 1991, 1306; BVerfG wistra 2010, 396; → § 370 Rn. 19; zu § 374 BGH NStZ 2007, 595; allgemein JJR/*Joecks* Einl. Rn. 5; diff. MüKoStGB/*Schmitz/Wulf* § 370 Rn. 13 ff.).

Nach **anderer Ansicht** soll es sich um Straftatbestände mit („hochgradig") **normativen Tat-** **22** **bestandsmerkmalen** handeln (Hübschmann/Hepp/Spitaler/*Hellmann* § 370 Rn. 47, 232; Kohlmann/*Ransiek* § 370 Rn. 27 f.; LK-StGB/*Dannecker* StGB § 1 Rn. 149; Rolletschke/Kemper/*Rolletschke* § 370 Rn. 22, 144; Rolletschke SteuerStrafR Rn. 14; Tiedemann WirtschaftsStR BT Rn. 113; *Ransiek* FS Tiedemann, 2008, 171; *Walter* FS Tiedemann, 2008, 969; *Juchem* wistra 2014, 300; *Hüls* NZWiSt 2012, 12 jew. mwN; diff. MüKoStGB/*Schmitz/Wulf* § 370 Rn. 13 ff.).

Diese dogmatischen Abgrenzungsfragen und damit im Zusammenhang stehenden Problemstellungen **23** sind über das Steuerstrafrecht hinaus von Bedeutung (vgl. allgemein zu Blankettvorschriften, normativen Tatbestandsmerkmalen und weiteren Differenzierungen → StGB § 1 Rn. 34; LK-StGB/*Dannecker* StGB § 1 Rn. 148 ff.; Tiedemann WirtschaftsStR AT Rn. 197 ff.; ausf. *Schuster*, Das Verhältnis von Strafnormen und Bezugsnormen aus anderen Rechtsgebieten, 2012). Aus der Rechtsnatur werden teilweise unmittelbar **Konsequenzen** zu einzelnen Rechtsfragen gezogen. Solche allein dogmatischen Ableitungen greifen zwar argumentativ zu kurz (zutr. Kohlmann/*Ransiek* § 370 Rn. 23 f.). Gleichwohl bringt die Rechtsfigur des Blankettgesetzes zutreffend zum Ausdruck, dass die Sanktionsnorm unvollständig ist und auf Vorschriften des Steuerrechts zurückgegriffen werden muss. Dies wirft insbes. in den Bereichen Vorsatz/Irrtum (→ Rn. 24), Bestimmtheit/Wortlautgrenze (→ Rn. 29), zeitlicher Anwendungsbereich (→ Rn. 39) und Wirksamkeit blankettausfüllender Normen (→ Rn. 41) Fragen auf.

II. Vorsatz, Irrtum

24   Eine vorsätzliche Verwirklichung (§ 15 StGB) der Tatbestandsvoraussetzungen steuerstrafrechtlicher Blankettnormen setzt voraus, dass die für die Besteuerung relevanten Tatsachen (**Besteuerungsgrundlagen**) und der daraus resultierende **Steueranspruch** dem Grunde nach zumindest für **möglich** gehalten werden. Die rechtlichen Zusammenhänge und die Höhe des Steueranspruches müssen dagegen nicht (genau) bekannt sein. Insbes. bedarf es keiner Hinterziehungsabsicht und keines direkten Hinterziehungsvorsatzes (BGHSt 5, 90 = BGH NJW 1954, 241; BGHSt 37, 266 = BGH NJW 1991, 1306; BGHSt 48, 52 = BGH NJW 2003, 446; BGHSt 48, 108 = BGH NJW 2003, 907; BGH NStZ 2012, 160; BGH NStZ-RR 1998, 185; BGH wistra 1989, 263; 1990, 193; 1995, 191; *Wulf* Stbg 2012, 19; *Ransiek/Hüls* NStZ 2011, 678; *Steinberg* GewArch Beilag WiVerw 2014, 112; bedenklich daher BFH/ NV 2013, 32; → § 370 Rn. 231 ff.). Dies gilt auch für strafbares Unterlassen (*Ransiek/Hüls* NStZ 2011, 678) sowie bei steuerrechtlichen „Streit- und Zweifelsfragen" (*Sontheimer* DStR 2014, 357; aA *Seer/ Krumm* DStR 2013, 1814 zu „Cum-/Ex-Dividende-Geschäften"; BVerfG NJW 2011, 3778; zw. daher BFH/NV 2013, 32 → § 17 Rn. 19 ff. unter dem Gesichtspunkt der Vermeidbarkeit des Verbotsirrtums).

25   An die **Beweiswürdigung** sind umso höhere Anforderungen zu stellen, je komplexer die steuerrechtlichen und steuerstrafrechtlichen Zusammenhänge sind. Zu berücksichtigen ist dies zB bei Eingreifen des Kompensationsverbotes und in Durchfuhrkonstellationen (BGHSt 48, 52 = BGH NJW 2003, 446; BGHSt 48, 108 = BGH NJW 2003, 907; StRK AO 1977 § 370 R.9; BGH NStZ 1991, 89; → § 370 Rn. 186, 238). IRd Beweiswürdigung sind der Umgang mit dem in einem Gewerbe bestehenden Erkundigungspflichten und das unterlassene Einholen von Rechtsrat in Zweifelsfällen von Bedeutung (BGH NStZ 2012, 160; *Steinberg* GewArch Beilag WiVerw 2014, 112; krit. dazu *Duttge* HRRS 2012, 359).

26   Die **stRspr** geht davon aus, dass bei Unkenntnis des **Steueranspruchs** (genauer: wenn dieser nicht für möglich gehalten wird → Rn. 24) ein den Vorsatz ausschließender Irrtum (§ 16 Abs. 1 S. 1 StGB) vorliegt („Steueranspruchstheorie"; offen aber BGH NStZ 2012, 160; → § 370 Rn. 63, 111, 327). Sie unterscheidet dabei nicht, ob diese Unkenntnis auf einem Irrtum hinsichtlich der tatsächlichen Voraussetzungen (Besteuerungsgrundlagen) oder auf einer unzutreffenden Vorstellung hinsichtlich der steuerrechtlichen Zusammenhänge (Besteuerungstatbestand, Steuerschuldnerschaft, Erklärungspflicht) beruht (so BGH NStZ 1991, 89; 2000, 320; 2004, 575; BGH wistra 1986, 174; 1986, 220; 1989, 263; BayObLG wistra 1992, 312; OLG Köln NJW 2004, 3504; vgl. aber auch BGHSt 31, 323 = BGH NJW 1983, 2335; BGH NStZ 1984, 329; BGH wistra 1984, 182; 1986, 219; *Wolsfeld* PStR 2009, 110 zu einem Urteil des AG Hamburg mit Erwiderung *Weidemann* PStR 2009, 257). In der Literatur wird dies mit der Annahme von normativen Tatbestandsmerkmalen begründet (vgl. zuletzt etwa *Juchem* wistra 2014, 300; *Wedler* NZWiSt 2015, 99 jew. mwN).

27   Nach **aA** soll (mit **unterschiedlichen Differenzierungen**) danach zu unterscheiden sein, worauf (Besteuerungsgrundlagen, Erklärungspflicht, Erfassung des Sachverhaltes durch einen Besteuerungstatbestand, Höhe des Steueranspruches) sich die Fehlvorstellung bezieht. Diese Sichtweisen können zur Annahme eines Verbotsirrtums (§ 17 StGB) führen (vgl. dazu JJR/*Joecks* Rn. 107, § 370 Rn. 501 ff.; MüKoStGB/*Schmitz/Wulf* § 370 Rn. 323 ff.; LK-StGB/*Dannecker* StGB § 1 Rn. 149; Rolletschke SteuerStrafR Rn. 122 ff.; *Weidemann* wistra 2006, 132; *Schlüchter* wistra 1985, 43 und wistra 1985, 94; *Juchem* wistra 2014, 300; allgemein *Roxin* FS Tiedemann, 2008, 375; LK-StGB/*Vogel* StGB § 16 Rn. 25 ff.; ausf. Kohlmann/*Ransiek* § 370 Rn. 656 ff.; umfassender Überblick zuletzt bei *Müller*, Vorsatz und Erklärungspflicht im Steuerstrafrecht, 2007).

28   Die **Rspr.** zur Irrtumsproblematik ist – ausgehend von der Prämisse, dass es sich um Blankettstraftatbestände handelt (→ Rn. 21) – **unzutreffend** (vgl. zum Nachfolgenden – sehr engagiert – *Kuhlen* FS Kargl, 2015, 297). Eine Fehlvorstellung über **Inhalt** und **Reichweite** der Merkmale eines (Blankett-) **Straftatbestandes** begründet ebenso wie eine entsprechende Fehlvorstellung hinsichtlich der relevanten **steuerrechtlichen Vorschriften** einen **Verbotsirrtum** (§ 17 StGB). Eine Fehlvorstellung über **Besteuerungsgrundlagen** begründet dagegen einen **Tatumstandsirrtum** (§ 16 StGB). Steuerstrafrechtliche Tatbestände weisen keine Besonderheiten auf, die ein Abweichen von allgemeinen Grundsätzen rechtfertigen würden (vgl. Tipke/Lang SteuerR/*Seer* § 23 Rn. 45 mwN; *Meyer* NStZ 1986, 443; 1987, 500; → StGB § 16 Rn. 14 f., 22). Es ist auch nicht ersichtlich, warum zwischen einem auf rechtlichen Fehlvorstellungen beruhenden Irrtum über die allgemeine Strafbewehrtheit (zB hinsichtlich der unterlassenen Verwendung von Steuerzeichen gem. § 370 Abs. 1 Nr. 3), über die Steuerpflicht (zB hinsichtlich der Reichweite einer Steuerbefreiung gem. § 4 UStG) oder über den Verkürzungsumfang (zB hinsichtlich des anzuwendenden Steuersatzes gem. § 12 UStG) unterschieden werden sollte. Es erscheine widersprüchlich, dass aus vergleichbaren Irrtumskonstellationen je nach Ausfüllungsbedürftigkeit des konkret anzuwendenden Straftatbestandes unterschiedliche Rechtsfolgen abgeleitet werden (vgl. § 370 Abs. 1 einerseits, §§ 26b, 26c UStG andererseits). Der Hinweis der Literatur auf „(hochgradig) normative" Tatbestandsmerkmale (→ Rn. 22) ist ein inhaltlich nicht begründeter dogmatischer Kunstgriff, der die Bedeutung der für das Strafrecht zwingenden steuerrechtlichen Vorgaben zu sehr relativiert (s. weiter *Heinrich* FS Roxin, 2011, 449). Es bleibt zu hoffen, dass die Rspr. ihren Standpunkt überdenkt und im

Irrtumsbereich an ihre trennscharfe Differenzierung zwischen Besteuerungsgrundlagen und Rechtsanwendung iRd Sachdarstellung anknüpft (→ § 385 Rn. 26). Allerdings wird die praktische Bedeutung der Problematik und Diskussion überschätzt, insbes. soweit auf Grundlage der „Steueranspruchstheorie" oder der Einordnung als normative Tatbestandsmerkmale und der daraus abgeleiteten Anwendbarkeit des § 16 StGB „günstigere" Ergebnisse für den Beschuldigten (sowie umgekehrt bei Anwendbarkeit des § 17 StGB eine deutliche Verschärfung der Strafbarkeit) angenommen werden (vgl. etwa *Wulf* Stbg 2012, 19; *Ransiek* wistra 2012, 365; *Juchem* wistra 2014, 300; *Wedler* NZWiSt 2015, 99). Irrtumsfragen stellen sich nämlich erst, wenn das Vorstellungsbild unzureichend oder unzutreffend ist. Vorsätzliches Handeln liegt jedoch auch nach Auffassung des BGH und der ganz überwiegenden Literatur bereits dann vor, wenn das Bestehen eines Steueranspruchs für möglich gehalten wird (→ Rn. 24). Abweichendes würde sich aus § 17 StGB nicht ergeben (→ StGB § 17 Rn. 4, 7 f.). Wer dagegen das Bestehen eines Steueranspruchs nicht für möglich hält, dessen (Verbots-) Irrtum wäre wohl in aller Regel auch unvermeidbar, weil er keinen Anlass für Erkundigungen hätte (→ StGB § 17 Rn. 11; bedenklich daher AG Köln NZWiSt 2015, 105 mAnm *Wedler* NZWiSt 2015, 99; vgl. weiter *Steinberg* GewArch Beilag WiVerw 2014, 112; MüKoStGB/*Schmitz/Wulf* 370 Rn. 374).

III. Bestimmtheit, Wortlautgrenze

Gem. Art. 103 Abs. 2 GG, § 1 StGB kann eine Tat nur bestraft werden, wenn die Strafbarkeit **29** gesetzlich bestimmt war, bevor die Tat begangen wurde. Daraus ergeben sich neben dem Gesetzesvorbehalt und dem Rückwirkungsverbot das Bestimmtheitsgebot und das Analogieverbot (→ StGB § 1 Rn. 48).

1. Bestimmtheitsgebot. Das Bestimmtheitsgebot betrifft zunächst die **Blankettnorm**. Es gilt da- **30** neben auch für die das Blankettstrafgesetz **ausfüllenden Vorschriften** (BVerfGE 37, 201 = BVerfG NJW 1974, 1860; BVerfG NJW 1992, 95; 1995, 1883; 2010, 154; 2011, 3778; BGHSt 37, 266 = BGH NJW 1991, 1306; BGH NStZ 1984, 510; → StGB § 1 Rn. 34; LK-StGB/*Dannecker* StGB § 1 Rn. 152, 216).

Die steuerstrafrechtlichen **Blankettgesetze** sind hinreichend bestimmt (BVerfGE 37, 201 = BVerfG **31** NJW 1974, 1860; BVerfG NJW 1992, 35; 1995, 1883; BGHSt 37, 266 = BGH NJW 1991, 1306; BGH NStZ 1984, 510; → § 370 Rn. 19 zu § 370; anders zu § 370a aF BGH NJW 2004, 2990; 2005, 374).

Als hinreichend bestimmt wurden **blankettausfüllende Vorschriften** aus den Bereichen Verbrauch- **32** steuer (BVerfGE 37, 201 = BVerfG NJW 1974, 1860: Mineralölsteuer; BVerfG BFH/NV 2009, 1771: Tabaksteuer), Umsatzsteuer (BVerfG DStZ/E 1989, 142; BVerfG BeckRS 2003, 21320), Körperschaft-, Einkommen- und Gewerbesteuer (BVerfGE 37, 201 = BVerfG NJW 1974, 1860; 1992, 35: Abzugsfähigkeit von Parteispenden und Scheingeschäft; BVerfG NJW 2008, 3346: verdeckte Gewinnausschüttung und Scheingeschäft; BGH NStZ 1982, 206: Steuerumgehung, Gewinnverlagerung) sowie des MOG (BVerfG wistra 2010, 396) angesehen.

Bedenken gegen die ausreichende Bestimmtheit werden insbes. bei dynamischen Verweisen auf das **33** **Gemeinschaftsrecht** und sog **Rückverweisungsklauseln** geltend gemacht (vgl. LK-StGB/*Dannecker* StGB § 1 Rn. 158 ff.). Eine Verzahnung des nationalen Rechts mit dem Gemeinschaftsrecht ist ohne flexible und praktikable Regelungen jedoch nicht möglich (→ Rn. 71, vgl. BVerfG NStZ-RR 2002, 22). **Derartige Verweisungen sind daher grds. zulässig** (BVerfG wistra 2010, 396).

2. Wortlautgrenze (Analogieverbot). Die Wortlautgrenze allgemein und das Analogieverbot ins- **34** bes. sind bei der Anwendung der **Blankettnorm** und der **blankettausfüllenden Vorschriften** zu beachten (stRspr; zum aktuellen Stand der Diskussion → Rn. 22). Unterschiedlich wird beurteilt, ob eine gemeinschaftsrechtskonforme Auslegung die Überschreitung der Wortlautgrenze rechtfertigen kann (vgl. Tipke/Lang SteuerR/*Englisch* § 4 Rn. 32, § 5 Rn. 94; LK-StGB/*Dannecker* StGB § 1 Rn. 342 ff.; → Rn. 69, → § 370 Rn. 390). Bedenklich ist die Herleitung umfassender Versagungsgründe zu Abzug, Befreiung oder Erstattung im Bereich der Umsatzsteuer durch den EuGH (vgl. etwa EuGH DStR 2015, 573) und die unmittelbare, unkritische Übernahme durch den BFH ohne Rücksicht auf die Normen des UStG (vgl. dazu einerseits *Grube* MwStR 2013, 8; andererseits *Heuermann* DStR 2015, 1416).

Unbeanstandet blieben zB die Einordnung von Angaben im Beitreibungsverfahren als steuerlich **35** erhebliche Tatsachen gem. § 370 Abs. 1 (BVerfG NJW 1995, 1883; → § 370 Rn. 49), das aktive Bereiterklären zur Übernahme von Vermittlungstätigkeit in einem Immobiliengeschäft als Leistung gem. § 22 Nr. 3 EStG (BVerfG BeckRS 2005, 30364471), die Einordnung einer Gewinnverlagerung als Scheingeschäft und verdeckte Gewinnausschüttung (BVerfG NJW 2008, 3346) sowie die Auslegung des § 6a Abs. 1 Nr. 3 UStG (BVerfG NJW 2011, 3778; → § 370 Rn. 375 ff.)

Nicht vom Wortlaut umfasst ist eine Erklärungspflicht des Scheinrechnungsausstellers durch § 18 **36** UStG 1980 (BGH NStZ 1998, 199) und die Verweisung in § 370 Abs. 7 aF über die genannten Abs. 1–5 hinaus auch auf Abs. 6 (BVerfG wistra 2003, 255; aA BGH NStZ 2001, 379).

Die Auslegung des **§ 19 S. 2 TabStG aF** durch den BFH, wonach der Begriff des Empfängers in **37** einem weiten Wortverständnis dahin zu deuten ist, dass „**Empfänger** auch derjenige sein kann, der in das Steuergebiet geschmuggelte Tabakwaren, die nach der Beendigung des Vorgangs des Verbringens bzw. Versendens nach Deutschland in hierfür bestimmten Verstecken gelagert worden sind, dh von diesem in Empfang nimmt, um sie im Steuergebiet an andere Personen zu veräußern" (BFHE 248, 271 = BFH wistra 2015, 203 nach Vorlageentscheidung des EuGH wistra 2014, 433; entgegen BGH NStZ 2010, 644), ist verfassungsrechtlich zumindest sehr bedenklich (vgl. *Rüsken* ZfZ 2014, 255; *Weidemann* wistra 2014, 433; *Weidemann* ZfZ 2015, 111; *Allgayer/Sackreuther* NZWiSt 2014, 235). Der BFH (BFHE 248, 271 = BFH wistra 2015, 203) ist der Ansicht, dass die abweichende Auffassung/Auslegung durch den BGH (NStZ 2010, 644) „zumindest aus verbrauchsteuerrechtlicher Sicht als überholt anzusehen" und deshalb kein Anlass zur Anrufung des gemeinsamen Senats der obersten Gerichtshöfe des Bundes bestehe. Diese Auffassung setzt die – vom BFH nicht ausdrücklich ausgesprochene – Möglichkeit voraus, dass für die steuerrechtliche und die steuerstrafrechtliche Auslegung unterschiedlich strenge Grenzen gelten (ebenso *Weidemann* wistra 2014, 433; *Weidemann* ZfZ 2015, 111; aA wohl *Rüsken* ZfZ 2014, 255; → Rn. 38).

38   Bei Geltung der Wortlautgrenze auch für blankettausfüllende Vorschriften stellt sich die Frage, ob steuerrechtliche und steuerstrafrechtliche Auslegung differieren können (**gespaltene Auslegung,** vgl. Kohlmann/*Ransiek* § 370 Rn. 26.4, 26.6). Dies wäre allerdings nur denkbar, wenn im Steuerrecht ein großzügigerer (Bestimmtheits- und) Auslegungsmaßstab gelten würde (vgl. dazu Tipke/Lang SteuerR/*Englisch* § 5 Rn. 58, 81 ff.; Tipke/Lang SteuerR/*Hey* § 3 Rn. 230, 237; *Schenke* StuW 2008, 206; *Tipke* StuW 2008, 377). Das Ergebnis erschiene äußerst ungereimt: ein Steueranspruch des Staates, der strafrechtlich nicht geschützt ist. Demgegenüber erfordert jedoch gerade auch die Strafbewehrtheit steuerlicher Pflichten einfache und klare Regelungen (BVerfGE 99, 216 = BVerfG NJW 1999, 557; → § 370 Rn. 388). Nach Teilen der **Literatur** soll ausgehend von der Ablehnung des Blankettcharakters steuerstrafrechtlicher Normen und der Einordnung als Tatbestände mit normativen Merkmalen (→ Rn. 21) die Wortlautgrenze für die erforderliche steuerrechtliche Bewertung und Einordnung nicht gelten (Kohlmann/*Ransiek* § 370 Rn. 27 f.; *Ransiek* FS Tiedemann, 2008, 171; MüKoStGB/*Schmitz/Wulf* § 370 Rn. 23; *Walter* FS Tiedemann, 2008, 969; → § 370 Rn. 390).

IV. Zeitlicher Anwendungsbereich und Änderung blankettausfüllender Normen

39   grds. kann auch die **Änderung blankettausfüllender Normen** zu einer Rechtsänderung iSv § 2 Abs. 3 StGB führen (BGHSt 20, 177; 34, 272 = BGH NJW 1987, 1274; BGHSt 47, 138 = BGH NJW 2002, 762; MüKoStGB/*Schmitz/Wulf* § 370 Rn. 183 ff.; LK-StGB/*Dannecker* StGB § 2 Rn. 77 f., 117 ff.; → StGB § 2 Rn. 37). Allerdings gelten die häufigen Änderungen steuerrechtlicher Vorschriften in der Regel nur für bestimmte Zeiträume (Besteuerungsabschnitte), was sich neben entsprechenden ausdrücklichen Regelungen zum Anwendungsbereich und Übergangsvorschriften auch aus der Auslegung des Normbestandes ergeben kann (enger LK-StGB/*Dannecker* StGB § 2 Rn. 129: „bedarf es klarer und transparenter Regeln … restriktiven Auslegung"; *Rüping* NStZ 1984, 450: „Nur förmliche Kriterien: die kalendermäßige oder aus dem Inhalt von vornherein ersichtliche Befristung genügen rechtsstaatlichen Anforderungen und dem aus dem Gesetz ersichtlichen Charakter des § 2 Abs. 4 StGB als Ausnahmeregelung"). Danach stimmen der zeitliche Anwendungsbereich im Steuerrecht und im Steuerstrafrecht überein. Die blankettausfüllenden Normen sind dann **Zeitgesetze** iSv § 2 Abs. 4 StGB (ebenso in der Sache mit terminologischen Unterschieden BGHSt 34, 272 = BGH NJW 1987, 1274; BGHSt 47, 138 = BGH NJW 2002, 762; BGH wistra 2011, 70 mAnm *Retemeyer* wistra 2011, 143 zu Antidumpingzöllen; Klein/*Jäger* § 370 Rn. 8 f.; MüKoStGB/*Schmitz/Wulf* § 370 Rn. 193 ff.; Hübschmann/Hepp/Spitaler/*Hellmann* § 370 Rn. 49; JJR/*Joecks* Rn. 25 ff.; Kohlmann/*Ransiek* § 370 Rn. 69 ff.; LK-StGB/*Dannecker* StGB § 2 Rn. 127 f.; → StGB § 2 Rn. 71; → § 370 Rn. 21).

40   Intensiv diskutiert wurde die Problematik anhand der Abzugsfähigkeit von **Parteispenden** (vgl. BGHSt 34, 272 = BGH NJW 1987, 1274 mAnm *Tiedemann; Franzheim* NStZ 1982, 138; *Kunert* NStZ 1982, 277; *Schäfer* wistra 1983, 171; *Samson* wistra 1983, 235).

V. Geltung blankettausfüllender Normen

41   **1. Wirksamkeit belastender blankettausfüllender Normen, Unvereinbarkeit mit höherrangigem Recht. a) Unwirksamkeit (Nichtigkeit).** Die Strafbarkeit setzt voraus, dass neben der Blankettvorschrift auch die den Steueranspruch begründenden blankettausfüllenden Normen wirksam sind. Die **Unwirksamkeit** (Nichtigkeit) solcher Normen führt zum **Entfall der Strafbarkeit.** Ein Ermittlungsverfahren ist einzustellen, die Eröffnung des Hauptverfahrens (bzw. der Erlass eines Strafbefehls) ist abzulehnen, nach Eröffnung des Hauptverfahrens ist freizusprechen. Nach Rechtskraft einer Verurteilung ermöglicht § 79 Abs. 1 BVerfGG die **Wiederaufnahme** des Verfahrens, da das Strafurteil neben der Blankettvorschrift auch auf die diese ausfüllenden Steuernormen „beruht" (*Spatscheck* PStR 2004, 131). Die Wiederaufnahme kann zwar auch mit dem Ziel der **Reduzierung des Schuldumfangs** und Herabsetzung der Sanktion betrieben werden, da § 363 StPO nicht anwendbar ist (BGHSt 18, 339; 42, 324 = BGH NJW 1997, 668; KK-StPO/*Hannich* StPO Vor § 359 Rn. 21. Jedoch ist bei geringfügigen

Änderungen des Schuldumfangs regelmäßig auszuschließen, dass der Rechtsfolgenausspruch darauf „beruht" (vgl. MSKB/*Bethge* BVerfGG § 79 Rn. 35; KK-StPO/*Gericke* StPO § 354 Rn. 10).

Der Glaube an die Geltung von in Wirklichkeit nicht vorhandenen oder unwirksamen blankett- **42** ausfüllenden Normen begründet lediglich ein **strafloses Wahndelikt** (→ Rn. 26; JJR/*Joecks* Rn. 29; *Gast-de Haan* BB 1991, 2490; *Spatscheck* PStR 2004, 131). Die Rspr. müsste allerdings einen (untaug- lichen) Versuch annehmen (→ Rn. 26; Hübschmann/Hepp/Spitaler/*Hellmann* § 370 Rn. 266, 271; MüKoStGB/*Schmitz/Wulf* § 370 Rn. 422 f.).

b) Unvereinbarkeit, befristete Anwendbarkeit. Die Unvereinbarkeit einer Norm mit höherran- **43** gigem Recht führt nicht zwingend zu deren Unwirksamkeit (Nichtigkeit). Insbes. für steuerrechtliche Regelungen zieht das **BVerfG** aus der Unvereinbarkeit mit dem Grundgesetz regelmäßig andere Konsequenzen als die **Nichtigerklärung** (vgl. Tipke/Lang SteuerR/*Seer* § 22 Rn. 285 ff.). Bei **Fest- stellung** der **Unvereinbarkeit** hat der Gesetzgeber rückwirkend eine verfassungsgemäße Rechtslage herzustellen (Tipke/Lang SteuerR/*Seer* § 22 Rn. 286 f.). Teilweise wird neben der Feststellung der Unvereinbarkeit einer Norm angeordnet, dass diese **befristet anwendbar** bleibt (Tipke/Lang SteuerR/ *Seer* § 22 Rn. 287). Von dieser Entscheidungsmöglichkeit macht auch der **EuGH** Gebrauch (vgl. *Heine* NStZ 2009, 428).

Trotz Unvereinbarkeit einer den Steueranspruch begründenden Vorschrift mit dem Grundgesetz ist **44** die Verkürzung der entsprechenden Steuer **sanktionsbewehrt,** wenn die **befristete Anwendbarkeit** der Vorschrift angeordnet wurde (BGHSt 47, 138 = BGH NJW 2002, 762; BFHE 191, 240 = BFH NJW 2000, 3230; BVerfG 10.5.2001 – 1 BvR 1242/00; Klein/*Jäger* § 370 Rn. 6; MüKoStGB/ *Schmitz/Wulf* § 370 Rn. 69 ff.; Hübschmann/Hepp/Spitaler/*Hellmann* § 370 Rn. 54; JJR/*Joecks* § 369 Rn. 29b; → § 370 Rn. 233b; aA zB Kohlmann/*Ransiek* § 370 Rn. 1475 ff. mwN; *Kindshofer/ Wegner* PStR 2007, 46; → § 370 Rn. 4, 21, 493). Solche Vorschriften sind **wirksam** und keine Rechts- normen minderer Qualität. Die Weitergeltungsanordnung erfasst auch das Zusammenwirken mit Blan- kettvorschriften, die nicht etwa nur die Verkürzung materiell mit der Verfassung in Einklang stehender Steueransprüche sanktionieren. Auch § 79 Abs. 1 BVerfGG ist bei einer Weitergeltungsanordnung nicht anwendbar (LG Itzehoe wistra 2001, 31). Selbst wenn im Anschluss an die Befristung keine verfassungs- gemäße Neuregelung in Kraft tritt, wirken die befristet anzuwendenden Vorschriften „wie Zeitgesetze (§ 2 Abs. 4 StGB) fort" (BGHSt 47, 138 = BGH NJW 2002, 762; → Rn. 39). Der Glaube an die aus (einer angenommenen) Verfassungswidrigkeit resultierende Unwirksamkeit (Nichtigkeit) begründet keinen strafrechtlich relevanten **Irrtum,** da entsprechende Bedenken im Besteuerungsverfahren geltend gemacht werden können und müssen (BGH NStZ 2008, 408; BVerfG NJW 2008, 3205; Klein/*Jäger* § 370 Rn. 185; *Allgayer* wistra 2007, 133; → StGB § 17 Rn. 20, 22 f.).

c) Temporäre Unvereinbarkeit. Entsprechendes gilt für die **temporäre Unvereinbarkeit** einer **45** den Steueranspruch begründenden Vorschrift mit dem Grundgesetz, wenn für die Verfassungsmäßigkeit (auch) die tatsächliche Entwicklung im Zeitraum nach der Tatbegehung von Bedeutung ist (vgl. BVerfGE 110, 94 = BVerfG NJW 2004, 1022; BVerfG DStR 2008, 197). Auch solch eine Norm war, ist und bleibt bis zur Nichtigerklärung durch das BVerfG **wirksam** und anzuwenden (BFHE 225, 299 = BFH NJW 2009, 3600). Es liegt steuerrechtlich und strafrechtlich keine Rückwirkung vor (BGH NStZ 2008, 408; BVerfG NJW 2008, 3205; Klein/*Jäger* § 370 Rn. 10; *Allgayer* wistra 2007, 133; aA *Joecks* wistra 2006, 401). Der Glaube an die Verfassungswidrigkeit der Steuernorm, die (auch) von der (zum Tatzeitpunkt ungewissen) zukünftigen Entwicklung abhängt, begründet auch hier keinen straf- rechtlich relevanten **Irrtum** (BGH NStZ 2008, 408; BVerfG NJW 2008, 3205; *Allgayer* wistra 2007, 133; → StGB § 17 Rn. 20, 22 f.).

2. Begünstigende Vorschriften, die sich auf den Schuldumfang auswirken. Der Sanktionie- **46** rung steht nicht entgegen, dass begünstigende Steuernormen für unwirksam (nichtig) oder unvereinbar mit dem Grundgesetz erklärt worden sind (so aber *Gast-de Haan* BB 1991, 2490; *Sdrenka* StB 1991, 452). Auch in einem solchen Fall ergibt sich der verkürzte Steuer aus den **aktuell wirksamen Regelungen.** Spätere Neuregelungen (zB höhere Freibeträge oder Streichung von Abzugsbeschränkun- gen) können zwar den Steueranspruch verringern und zu einem geringeren Verkürzungsbetrag führen. Wegen eines reduzierten Schuldumfangs kann die Wiederaufnahme des Verfahrens mit dem Ziel einer geringeren Sanktion gem. § 79 Abs. 1 BVerfGG jedoch nur betrieben werden, wenn das Urteil darauf beruht (→ Rn. 41). Dies ist bei geringen Änderungen des Verkürzungsbetrages regelmäßig auszuschlie- ßen. Je nach Fallgestaltung kann im Ermittlungs- oder Hauptverfahren eine absehbare zeitnahe Neu- regelung abgewartet werden. Anderenfalls ist zur Vermeidung eines späteren Wiederaufnahmeverfahrens die Vorwegnahme einer Neuregelung durch vorsorgliche Berücksichtigung bestimmter Beträge (Sicher- heitsabschlag) zu erwägen.

E. Europarecht und Steuerstrafrecht

Literatur (Auswahl): *Christl,* Europäische Mindeststandards für Beschuldigtenrechte – Zur Umsetzung der EU- Richtlinien über Sprachmittlung und Information im Strafverfahren, NStZ 2014, 376; *Dannecker,* Die Dynamik des materiellen Strafrechts unter dem Einfluss europäischer und internationaler Entwicklungen, ZStW 117 (2005), 697; *Haase,* Einführung in das Europäische Sekundärrecht im Bereich der direkten Steuern, SteuerStud 2009, 121; *Harms/ Heine,* Ne bis in idem – Es führt kein Weg am EuGH vorbei: Die Rspr. des EuGH zu Art. 54 SDÜ, die Probleme der Praxis und die Vorlagepflicht der Strafgerichte, FS G. Hirsch 2008, 85; *Heine,* EG-Verordnung und Blankettgesetz – Zum Verhältnis von Gemeinschaftsrecht und nationalem Strafrecht, FS Knut Amelung 2009, 393; *Heuermann,* Mit Italmoda auf den Schultern von Larenz, DStR 2015, 1416; *Loewens,* Der Einfluss des Europarechts auf das deutsche Einkommen- und Körperschaftsteuerrecht, 2007; *Meyer,* Globale Terrorbekämpfung und nationales Nebenstrafrecht, NJW 2010, 2397; *Moll,* Europäisches Strafrecht durch nationale Blankettstrafgesetzgebung?, 1998; *Satzger,* Die Europäisierung des Strafrechts, 2001; *Satzger,* Die Internationalisierung des Strafrechts als Herausforderung für den strafrechtlichen Bestimmtheitsgrundsatz, JuS 2004, 943; *Thiele,* Das Rechtsschutzsystem nach dem Vertrag von Lissabon – (K)ein Schritt nach vorn, EuR 2010, 30; *Weber-Grellet,* Europäisches Steuerrecht, 2005.

I. Die Europäische Union nach dem Vertrag von Lissabon

47   Der am 1.12.2009 in Kraft getretene **Vertrag von Lissabon** (ABl. 2007 C 306) ist für die europäische Integration von ebenso grundlegender Bedeutung wie der Vertrag von Maastricht, mit dem 1992 die Europäische Union geschaffen wurde (Vertrag v. 7.2.1992, ABl. 1992 C 191). Der Lissabonner Vertrag hat die seit über 50 Jahren bestehende Europäische Gemeinschaft in der Europäischen Union aufgehen lassen und die bisherige Säulenstruktur der Union beseitigt. Die grundlegende Umstrukturierung der Union hat Konsequenzen nicht zuletzt für das Gesetzgebungsverfahren im Bereich des Strafrechts, für die Zuständigkeit des Gerichtshofs in diesem Bereich und für die Terminologie des Rechts der Union. Das BVerfG hat das Zustimmungsgesetz zum Vertrag von Lissabon für mit dem GG vereinbar erklärt und lediglich bei dem Begleitgesetz zur Ausgestaltung der parlamentarischen Beteiligungsrechte von BR und BT Nachbesserungen verlangt (BVerfGE 123, 267).

48   **1. Vor Lissabon: Die Säulenstruktur der EU.** Zur Verdeutlichung der Veränderungen und ihrer Tragweite sowie zur Einordnung fortbestehender Rechtsakte, die es nach dem Vertrag von Lissabon nicht mehr gibt (Rahmenbeschlüsse), sei kurz die bisherige Struktur der Europäischen Union skizziert. Seit dem Vertrag von Maastricht bestand die EU aus **drei Säulen:** Die 1. Säule bildeten die Europäischen Gemeinschaften, von denen mit dem Auslaufen der Europäischen Gemeinschaft für Kohle und Stahl zum 23.7.2002 nur noch die Europäische Gemeinschaft (EG), früher Europäische Wirtschaftsgemeinschaft (EWG), und die Europäische Atomgemeinschaft (EAG) existierten. Die 2. Säule bildete die Gemeinsame Außen- und Sicherheitspolitik (GASP), die 3. Säule die Polizeiliche und Justizielle Zusammenarbeit in Strafsachen (PJZS).

49   Die 2. und 3. Säule funktionierten strikt nach den Prinzipien der **intergouvernementalen Zusammenarbeit** und stellten letztlich nur eine Form der – wenn auch stark institutionalisierten – Zusammenarbeit autonomer Völkerrechtssubjekte dar. Anders dagegen die **EG:** sie war als internationale Organisation mit eigener Rechtspersönlichkeit durch ihre **Supranationalität** geprägt, indem sie kraft übertragener Hoheitsrechte gegenüber den Mitgliedstaaten und ihren Bürgern hoheitliche Kompetenzen im Rahmen ihrer Zuständigkeit ausübte (Calliess/Ruffert/*Ruffert* AEUV Art. 1 Rn. 1; Ambos Int. StrafR § 9 Rn. 2). Zur Erfüllung ihrer Aufgaben konnte sie durch ihre Organe, das Europäische Parlament, den Rat und die Kommission, gem. Art. 249 EGV **Verordnungen, Richtlinien** und **Entscheidungen** erlassen sowie Empfehlungen aussprechen oder Stellungnahmen abgeben. Die EG hatte keine originäre Kompetenz zur Setzung von Strafrecht; dem Prinzip der begrenzten Einzelermächtigung folgend war ihre Zuständigkeit auf die ausdrücklich normierten Politiken beschränkt. Dieses Prinzip wurde ergänzt durch das Subsidiaritätsprinzip, wonach die Gemeinschaft nur tätig werden durfte, sofern und soweit die Ziele der in Betracht gezogenen Maßnahmen auf Ebene der Mitgliedstaaten nicht ausreichend erreicht werden können, Art. 5 EGV. Im Rahmen ihrer Zuständigkeit stand der EG allerdings eine **Annexkompetenz** zu, die es ihr gestattete, auch Richtlinien zu Mindestanforderungen auf dem Gebiet des materiellen Strafrechts zu erlassen, wenn dies zur Erreichung der vergemeinschafteten Politiken erforderlich war (EuGH Slg. 2005, I-7879 und Slg. 2007, I-9097). Beispiele hierfür sind die RL 2008/99/EG über den strafrechtlichen Schutz der Umwelt (ABl. 2008 L 328, 28) und die RL 2009/123/EG betreffend die Meeresverschmutzung (ABl. 2009 L 280, 52).

50   Der EU-Vertrag dagegen erlaubte im Bereich der **3. Säule,** der PJZS, neben der Regelung der engeren Zusammenarbeit der Polizei-, Zoll- und Justizbehörden unter Einschluss der Einrichtungen Europol und Eurojust ausdrücklich die **Annäherung der Strafvorschriften der Mitgliedstaaten** in den Bereichen der organisierten Kriminalität, des Terrorismus und des illegalen Drogenhandels, Art. 31 Abs. 1 Buchst. e EUV aF (ob die übrigen in Art. 29 EUV aF genannten Ziele wie die Bekämpfung des Menschenhandels, der Straftaten gegenüber Kindern, des illegalen Waffenhandels, der Bestechung und Bestechlichkeit und des Betruges ebenfalls zum Erlass von Mindestvorschriften ermächtigten, war umstr, vgl. Calliess/Ruffert/*Suhr* EUV Art. 31 (3. Aufl. 2007) Rn. 23, jedenfalls ist die EU in diesen – und weiteren Bereichen – tätig geworden, s. die Nachweise bei Ambos (*Ambos,* Internationales Strafrecht, 2. Aufl. 2008 § 12 Rn. 9; vgl. auch → Einf. Rn. 13). Die nach dem EU-Vertrag für die 3. Säule vorgesehenen Handlungsformen setzten als Ausdruck der **intergouvernementalen Zusammenarbeit** Einstimmigkeit der Mitgliedstaaten im Rat voraus; das Instrument zur Angleichung der Rechts- und Verwaltungsvorschriften der Mitgliedstaaten waren **Rahmenbeschlüsse.**

2. Die Veränderungen durch den Vertrag von Lissabon. Mit dem Vertrag von Lissabon hat die 51
EU Rechtspersönlichkeit erhalten, Art. 47 EUV. Gem. Art. 6 EUV ist der **Beitritt** der Union zur
EMRK vorgesehen. Mit Gutachten v. 18.12.2014 hat der EuGH allerdings in einer Plenumsentschei-
dung festgestellt, dass der seither von der Kommission verhandelte Entwurf der Übereinkunft für einen
Beitritt nicht mit den Bestimmungen des Unionsrechts vereinbar ist und dafür im Wesentlichen Kom-
petenzfragen angeführt. Durch den Beitritt würde der EGMR für die Entscheidung von Fragen
zuständig, die nach den Verträgen ausschließlich dem EuGH zugewiesen seien oder, wie die Gemeinsame Außen- und Sicherheitspolitik, einer gerichtlichen Kontrolle entzogen sein sollen (Gutachten 2/
13, HRRS 2015 Nr. 172, dazu *Wendel* NJW 2015, 921). Die Hürden für einen Beitritt sind danach so
hoch, dass mit einem Beitritt längerfristig nicht zu rechnen ist. Mit dem Vertrag von Lissabon ist jedoch
die **Charta der Grundrechte** rechtsverbindlich geworden, wenn auch nicht Bestandteil der Verträge.
Das außenpolitische Gewicht der Union wurde gestärkt, indem sie mit dem Hohen Vertreter der EU für
die Außen- und Sicherheitspolitik eine Art Außenminister erhalten hat, der zugleich Vizepräsident der
Kommission ist. Außen- und sicherheitspolitische Grundsatzentscheidungen können aber wie bisher nur
einstimmig vom Rat getroffen werden. Die bisherige **Säulenstruktur ist aufgegeben.** Die dritte Säule
wurde in die erste überführt und bildet mit den bisher schon in der geregelten Bestimmungen zur
Zusammenarbeit im Bereich Grenzkontrollen, Asyl und Einwanderung, der Justiziellen Zusammenarbeit
in Zivilsachen sowie der Polizeilichen Zusammenarbeit Titel V des Dritten Teils des Vertrages, überschrieben mit „Der Raum der Freiheit, der Sicherheit und des Rechts". Die PJZS ist also, wie schon in
Art. 42 EUV aF angelegt, mit einigen Ausnahmeregelungen gegenüber den sonstigen Politiken gleichsam vergemeinschaftet worden. Diese früher übliche Ausdrucksweise für die Erweiterung der Zuständigkeiten der EG ist allerdings nicht mehr angebracht, denn mit dem Inkrafttreten des Vertrages von
Lissabon hat die EG als solche aufgehört zu existieren; Art. 1 Abs. 3 EUV bestimmt: **„Die Union tritt
an die Stelle der Europäischen Gemeinschaft, deren Rechtsnachfolgerin sie ist."** Der EG-
Vertrag wird dementsprechend gem. Art. 2 Ziff. 1 des Vertrages von Lissabon umbenannt in Vertrag über
die Arbeitsweise der Europäischen Union **(AEUV).** Grundlegende Änderungen von Struktur und
Funktionsweise der Regelungsbereiche, die bisher unter dem Namen EG firmierten, sind damit
allerdings nicht verbunden. Es gelten weiterhin das **Prinzip der begrenzten Einzelermächtigung**
und das **Subsidiaritätsprinzip,** dh auch die Union darf nur tätig werden, wenn der AEUV dies
ausdrücklich vorsieht und mit Ausnahme des engen Katalogs der ausschließlichen Zuständigkeit der
Union (Art. 3 AEUV) auch nur dann, wenn die Ziele einer Maßnahme auf der Ebene der Mitgliedstaaten nicht ausreichend verwirklicht werden können, Art. 5 Abs. 1–3 EUV nF. Die Änderungen des
EG-Vertrages beschränken sich im Wesentlichen darauf, die damals auf 27, heute 28 Mitglieder ange-
wachsene Union straffer zu organisieren und handlungsfähiger zu machen, ihre Kompetenzen klarer zu
ordnen und erkannte Demokratiedefizite zu beseitigen. So ist die Rolle des Europäischen Parlaments bei
der Rechtsetzung gestärkt worden, indem das Mitentscheidungsverfahren zum regulären Rechtsetzungs-
verfahren geworden ist. Die bisher nur vereinzelt, etwa im Bereich der 3. Säule, gegebene Möglichkeit
der Verstärkten Zusammenarbeit einer Gruppe von Mitgliedstaaten wurde institutionalisiert und auf
weitere Zuständigkeitsfelder ausgedehnt. Insgesamt orientiert sich der Vertrag von Lissabon inhaltlich
stark an dem in Referenden in Frankreich und den Niederlanden gescheiterten **Verfassungsvertrag,**
ohne dessen stark an nationale Verfassungen angelehnte Struktur und Terminologie zu übernehmen, um
Vorbehalten gegenüber einer als zu stark empfundene Staatlichkeit der Europäischen Union Rechnung
zu tragen. Um die Orientierung in den neu nummerierten Verträgen EUV und AEUV zu erleichtern,
sind im ABl. (2010 C 83, 361) Übereinstimmungstabellen veröffentlicht.

3. Konsequenzen. a) Terminologisches. Mit der Ablösung der EG ist der **Begriff des Gemein-** 52
schaftsrechts überholt. Der Vertrag von Lissabon benennt den EGV nicht nur in „Vertrag über die
Arbeitsweise der Europäischen Union" um, sondern ersetzt konsequent jede Erwähnung der Gemeinschaft, auch in Abkürzungen (EG, EWG) und Wortkombinationen (gemeinschaftlich) durch einen
Verweis auf die Union, Art. 2 Nr. 2 Buchst. a des Vertrags von Lissabon. Durch die Rechtsnachfolge
wird das fortbestehende Recht der nicht mehr existierenden Gemeinschaft zum **Recht der Union.**
Künftig wird man darum auch hinsichtlich des früheren Gemeinschaftsrechts vom Recht der Union
oder Unionsrecht sprechen müssen (so EuGH Slg. 2010, I-365 Rn. 48 – Kücükdeveci: „unionsrechtskonforme Auslegung" bei einer Richtlinie).

b) Rechtsakte und Gesetzgebungsverfahren. Der Katalog der Rechtsakte in Art. 288 AEUV 53
entspricht im Wesentlichen dem des EG-Vertrages, lediglich Entscheidungen heißen nunmehr Beschlüsse. Den Organen der Union stehen danach für die Ausübung ihrer Zuständigkeiten Verordnungen und
Richtlinien, Beschlüsse, Empfehlungen und Stellungnahmen als Handlungsformen zur Verfügung.
Unverändert ist die Rechtsnatur der Rechtsakte geblieben: **Verordnungen** haben allgemeine Geltung,
sind in allen ihren Teilen verbindlich und gelten unmittelbar in jedem Mitgliedstaat. Demgegenüber ist
die **Richtlinie** für jeden Mitgliedstaat, an den sie gerichtet ist, hinsichtlich des zu erreichenden Ziels
verbindlich, überlässt aber den innerstaatlichen Stellen Wahl und Form der Mittel. **Beschlüsse** sind in
allen ihren Teilen verbindlich, können jedoch nur an bestimmte Adressaten gerichtet sein. **Empfeh-**
lungen und Stellungnahmen sind wie bisher nicht verbindlich. Neu ist die Einführung des Begriffes

Gesetzgebungsverfahren in Art. 289 AEUV für die Setzung verbindlicher Rechtsakte in Gestalt von Verordnungen, Richtlinien und Beschlüssen durch das Europäische Parlament und den Rat auf Vorschlag der Kommission **(ordentliches Gesetzgebungsverfahren)** oder in bestimmten, in den Verträgen vorgesehenen Fällen durch das Europäische Parlament mit Beteiligung des Rates bzw. durch den Rat mit Beteiligung des Europäischen Parlaments **(besonderes Gesetzgebungsverfahren).** Auf diese Weise zustande gekommene Rechtsakte werden als Gesetzgebungsakte bezeichnet, Art. 289 Abs. 3 AEUV. Das ordentliche Gesetzgebungsverfahren entspricht dem früher in Art. 251 EGV kodifizierten Mitentscheidungsverfahren, dessen Anwendungsbereich weiter ausgedehnt worden ist.

54   Die Kompetenzen auf dem Gebiet des **Strafrechts** wurden komplett neu gefasst; die spezifischen Handlungsformen der 3. Säule sind durch deren Integration in den AEUV entfallen. Art. 82 und 83 AEUV sehen auf dem Gebiet der polizeilichen und justiziellen Zusammenarbeit in Strafsachen nunmehr als Handlungsform die **Richtlinie** vor, die im ordentlichen Gesetzgebungsverfahren angenommen wird; Rahmenbeschlüsse gibt es seither nicht mehr.

54a   Auf dem Gebiet des **Verfahrensrechts** ermöglicht Art. 82 Abs. 1 AEUV Maßnahmen zur Verwirklichung des Prinzips der gegenseitigen Anerkennung, die auf die Vereinfachung der Rechtshilfe (einschließlich Auslieferungen und Vollstreckungshilfe) zielen. Wichtigstes bisheriges Instrument in diesem Bereich ist der Rahmenbeschluss zum Europäischen Haftbefehl (→ Rn. 92). Unter den neuen Maßnahmen bedeutsam ist die **Europäische Ermittlungsanordnung** **(EEA** – RL 2014/41/EU des Europäischen Parlaments und des Rates v. 3.4.2014 über die Europäische Ermittlungsanordnung in Strafsachen, ABl. 2014 L 130, 1), die ab 22.5.2017 zwischen den an sie gebundenen Mitgliedstaaten einen umfassenden, einheitlichen Rechtsrahmen für die Beweisrechtshilfe schafft. Für den Austausch bei den Ermittlungsbehörden vorhandener Daten und Erkenntnisse steht der Rahmenbeschluss 2006/960/JI des Rates v. 18.12.2006 über die Vereinfachung des Austauschs von Informationen und Erkenntnissen zwischen den Strafverfolgungsbehörden der Mitgliedstaaten der Europäischen Union (ABl. 2006 L 386, 89, umgesetzt in den §§ 117a f. AO, §§ 92 ff. IRG ua durch Gesetz v. 21.7.2012, BGBl. I 1566) zur Verfügung. Art. 82 Abs. 2 AEUV ermöglicht die Angleichung des nationalen Verfahrensrechts namentlich zur Schaffung gleicher Standards für **Beschuldigtenrechte** und die **Rechte der Opfer** von Straftaten. Bislang sind folgende Richtlinien verabschiedet, die bei der Auslegung der ihrer Umsetzung dienenden nationalen Rechtsvorschriften heranzuziehen sind (→ Rn. 69):

– RL 2010/64/EU des Europäischen Parlaments und des Rates v. 20.10.2010 über das **Recht auf Dolmetscherleistungen und Übersetzungen** in Strafverfahren, ABl. 2010 L 280, 1, und

– RL 2012/13/EU v. 22.5.2012 des Parlaments und des Rates über das **Recht auf Belehrung und Unterrichtung** in Strafsachen, ABl. 2012 L 142, 1;

   beide bereits umgesetzt (dazu *Christl* NStZ 2014, 376); außerdem

– RL 2013/48/EU v. 22.10.2013 über das **Recht auf Zugang zu einem Rechtsbeistand** in Strafsachen und in Verfahren zur Vollstreckung des Europäischen Haftbefehls sowie über das Recht auf Benachrichtigung eines Dritten bei Freiheitsentzug und das Recht auf Kommunikation mit Dritten und mit Konsularbehörden während des Freiheitsentzugs, ABl. 2013 L 294, 1, Umsetzungsfrist bis 27.11.2016;

– RL 2012/29/EU des Europäischen Parlaments und des Rates v. 25.10.2012 über Mindeststandards für die Rechte, die Unterstützung und den Schutz von Opfern von Straftaten sowie zur Ersetzung des Rahmenbeschlusses 2001/220/JI, ABl. 2012 L 315, 1, Umsetzung durch das 3. Opferrechtsreformgesetz geplant, vgl. BT-Drs. 18/4621.

   Zum Ganzen von der Groeben/Schwarze/Hatje/*Meyer* AEUV Art. 82 Rn. 18 ff., 43 ff.

54b   Art. 83 Abs. 1 AEUV enthält einen Katalog derjenigen Kriminalitätsbereiche, in denen Mindestvorschriften auf dem Gebiet des **materiellen Rechts** zur Festlegung von Straftaten und Strafen erlassen werden können. Gegenüber Art. 31 EUV aF ist die Zuständigkeit der Union beträchtlich erweitert worden; bislang sind gestützt auf Art. 83 Abs. 1 folgende Richtlinien erlassen worden:

– RL 2011/36/EU des Europäischen Parlaments und des Rates v. 5.4.2011 zur Verhütung und Bekämpfung des **Menschenhandel**s und zum Schutz seiner Opfer sowie zur Ersetzung des Rahmenbeschlusses 2002/629/JI, ABl. 2011 L 101, 1, in der Umsetzung befindlich, vgl. Entwurf eines Gesetzes zur Umsetzung der RL 2011/36/EU, BT-Drs. 18/4613;

– RL 2011/93/EU des Europäischen Parlaments und des Rates v. 13.12.2011 zur Bekämpfung des **sexuellen Missbrauch**s und der **sexuellen Ausbeutung von Kindern** sowie der **Kinderpornographie** und zur Aufhebung des Rahmenbeschlusses 2004/222/JI, ABl. 2004 L 335, 1, umgesetzt durch das 49. G zur Änderung des StGB – Umsetzung europäischer Vorgaben zum Sexualstrafrecht v. 29.1.2015, BGBl. I 2010;

– RL 2013/40/EU des Europäischen Parlaments und des Rates v. 12.8.2013 über **Angriffe auf Informationssysteme** und zur Aufhebung des Rahmenbeschlusses 2005/222/JI, ABl. 2005 L 218, 8;

– RL 2014/62/EU des Europäischen Parlaments und des Rates v. 15.5.2014 zum strafrechtlichen Schutz des Euro und anderer Währungen gegen **Geldfälschung** und zur Ersetzung des Rahmenbeschlusses 2000/383/JI, ABl. 2014 L 151, 1.

Zudem hat die bisher richterrechtliche **Annexkompetenz** auf Gebieten, auf denen Harmonisierungsmaßnahmen erfolgt sind, in Art. 83 Abs. 2 AEUV eine ausdrückliche Regelung gefunden. In diesem Zusammenhang ist bisher die RL 2014/57/EU des Europäischen Parlaments und des Rates v. 16.4.2014 über strafrechtliche Sanktionen bei Marktmanipulationen – **Marktmissbrauchsrichtlinie** (ABl. 2014 L 173, 179, Umsetzungsfrist bis 3.6.2016) in Kraft getreten.

Weil mit dem ordentlichen Gesetzgebungsverfahren Regelungen im Bereich des Strafrechts nunmehr **54c** mehrheitlich und nicht mehr wie bislang nur einstimmig getroffen werden können, sehen sowohl Art. 82 als auch Art. 83 AEUV jeweils in Abs. 3 ein **Quasi-Veto** für Mitgliedstaaten vor, die durch den Entwurf einer Richtlinie grundlegende Aspekte ihrer Strafrechtsordnung berührt sehen. In diesem Fall besteht die Möglichkeit einer Verstärkten Zusammenarbeit, wenn zumindest neun Mitgliedstaaten an dem Entwurf festhalten wollen. Ob und in welchem Umfang die Mitgliedstaaten von diesen Möglichkeiten Gebrauch machen werden, bleibt abzuwarten. Schließlich ermöglicht Art. 325 Abs. 4 AEUV der EU, originär Maßnahmen zur Verhütung und Bekämpfung von Betrügereien gegen die finanziellen Interessen der EU zu ergreifen. Zur Bekämpfung solcher Straftaten kann gem. Art. 86 Abs. 1 AEUV eine **Europäische Staatsanwaltschaft** eingesetzt werden, vgl. zum Ganzen auch die Einf. → Rn. 14. Nach Art. 83 Abs. 1 UAbs. 3 AEUV kann der Rat mit Zustimmung des Parlaments durch einstimmigen Beschluss weitere Kriminalitätsbereiche bestimmen, die, weil sie eine Bekämpfung auf gemeinsamer Grundlage notwendig machen, eine grenzüberschreitende Dimension haben und damit die Kompetenzen der EU erweitern. Der deutsche Ratsvertreter bedarf hierfür gem. § 7 Abs. 1 IntVG einer vorherigen gesetzlichen Zustimmung. Zur vergleichbaren Regelung in Art. 82 Abs. 1 AEUV, der in § 7 IntVG nicht genannt ist, von der Groeben/Schwarze/Hatje/*Meyer* AEUV Art. 82 Rn. 48.

c) Zuständigkeit des Gerichtshofs. Der Vertrag von Lissabon hat auch Auswirkungen auf den **55** Luxemburger Gerichtshof. Zunächst hat sich die **Bezeichnung** geändert: Der Begriff Gerichtshof der Europäischen Union beschreibt die Gesamtheit des Gerichtssystems der Union, bestehend aus dem Gerichtshof (EuGH), dem Gericht und dem Gericht für den öffentlichen Dienst. Seine Zuständigkeit erstreckt sich gem. Art. 19 EUV auf das Recht der Europäischen Union, soweit in den Verträgen nichts anderes bestimmt ist. Solche Einschränkungen bestehen in Art. 275 AEUV betreffend die Außen- und Sicherheitspolitik und in Art. 276 AEUV hinsichtlich der Gültigkeit oder Verhältnismäßigkeit nationaler Polizeimaßnahmen. IÜ hat der Wegfall der Säulenstruktur eine **allgemeine Zuständigkeit des Gerichtshofs zur Vorabentscheidung** im Bereich des Raums der Freiheit, der Sicherheit und des Rechts zur Folge (*Thiele* EuR 2010, 49). Die in Art. 68 EGV und Art. 35 EUV aF enthaltenen Beschränkungen, die die Vorlagebefugnis bei Fragen aus dem Bereich Visa, Asyl und Einwanderung auf letztinstanzliche Gerichte beschränkt und sie im Bereich der PJZS von einer entsprechenden Erklärung der Mitgliedstaaten abhängig gemacht haben, sind entfallen. Für Deutschland bedeutet dies, dass die Vorlagebefugnis nunmehr einheitlich aus Art. 267 AEUV folgt; § 1 EuGHG, der für Vorlagen aus dem Bereich der PJZS Rechtsgrundlage war, ist gegenstandslos geworden.

Betrifft das Verfahren eine **inhaftierte Person**, bestimmt Art. 267 Abs. 4 AEUV ausdrücklich, dass **56** der Gerichtshof binnen kürzester Zeit entscheidet. Sofern das **Eilvorabentscheidungsverfahren** (PPU: procédure préjudicielle d'urgence) nach Art. 107 der Verfahrensordnung des Gerichtshofs einschlägig ist, dh Rechtsakte im Rahmen Titel V des Dritten Teils des AEUV (Art. 67–89 AEUV) betroffen sind, kann der Gerichtshof dieses Verfahren von Amts wegen wählen; dennoch empfiehlt sich ein entsprechender Antrag (vgl. EuGH NJW 2014, 3007 – Spasic). In allen übrigen Fällen besteht die Möglichkeit, ein **Beschleunigtes Verfahren** nach Art. 105 der Verfahrensordnung des Gerichtshofs durchzuführen. Dies gilt insbes. im Steuerstrafrecht, weil das hier einschlägige Unionsrecht seine Grundlage zumeist nicht in den Art. 67–89 AEUV findet (Ausnahme: ne bis in idem- oder Auslieferungsfragen). Für das Beschleunigte Verfahren sieht die Verfahrensordnung die Anordnung von Amts wegen nicht vor; sie kann nur **auf Antrag** des vorlegenden Gerichts erfolgen. Befindet sich der Angeklagte nicht aktuell in Haft, gibt der Präsident dem Antrag zumeist nicht statt (EuGH C-369/13, Rn. 18, 23 f. – Gielen ua). Er kann jedoch anordnen, dass die Rechtssache gem. Art. 53 Abs. 3 der Verfahrensordnung mit Vorrang zu entscheiden ist (EuGH GRUR Int. 2015, 276 Rn. 27 ff. – M ua; die Verfahrensdauer betrug in diesem Fall 3,5 Monate).

II. Allgemeine Wirkungen des Unionsrechts

1. Unionsrechtliche Rechtsquellen im Steuerrecht. Durch den Vertrag von Lissabon hat sich die **57** Rechtsnatur der früher gemeinschaftsrechtlichen, jetzt unionsrechtlichen Rechtsquellen nicht geändert. Weil Steuerstrafrecht Blankettstrafrecht ist (→ Rn. 20 ff.), wirken sich die für das Steuerrecht bedeutsamen Regelungen auch auf das Strafrecht aus.

a) Primärrecht. Das Primärrecht bilden in erster Linie die **Verträge,** also der EUV und der AEUV. **58** Hinzu kommt als weitere geschriebene Rechtsquelle seit dem Vertrag von Lissabon die **Charta der Grundrechte** der Europäischen Union in der Fassung v. 12.12.2007 (ABl. 2007 C 303), die gem. Art. 6 Abs. 1 EUV den gleichen Rang wie die Verträge einnimmt. Zum Primärrecht werden auch die **allgemeinen Grundsätze** des Unionsrechts gezählt, wozu in erster Linie die Grundrechte zählen, wie sie in der EMRK gewährleistet sind und wie sie sich aus den gemeinsamen Verfassungstraditionen der Mitgliedstaaten ergeben; zum (un-)möglichen Beitritt der EU zur EMRK → Rn. 51. Ebenfalls zu den allgemeinen Rechtsgrundsätzen zählen grundlegende rechtsstaatliche Prinzipien wie der Grundsatz der Verhältnismäßigkeit, der Vertrauensschutz und das Gebot der Rechtssicherheit (Ambos Int. StrafR § 9 Rn. 15).

59   Vor allem die **Grundfreiheiten,** die gem. Art. 26 Abs. 2 AEUV der Verwirklichung des Binnenmarktes dienen, sind im Steuerrecht bedeutsam. Sie umfassen die Freiheit des Warenverkehrs (Art. 28, 29), die Arbeitnehmerfreizügigkeit (Art. 45 AEUV), die Niederlassungsfreiheit (Art. 49 AEUV), die Dienstleistungsfreiheit (Art. 56 AEUV) und die Kapitalverkehrsfreiheit (Art. 63 AEUV). Hinzu kommen die aus der Unionsbürgerschaft (Art. 20 AEUV) folgende allgemeine Personenfreizügigkeit (Art. 21 AEUV) sowie das allgemeine Diskriminierungsverbot des Art. 18 AEUV. Ursprünglich reine **Diskriminierungsverbote,** die die Gleichbehandlung von wirtschaftlich tätigen EU-Ausländern im Inland sicherstellen sollten, haben sich die Grundfreiheiten in der Rspr. des EuGH zu allgemeinen **Beschränkungsverboten** gewandelt, die dem Herkunftsstaat jede Behinderung ihrer Ausübung in einem anderen Mitgliedstaat untersagen, sofern sie nicht durch zwingende Gründe des Allgemeininteresses gerechtfertigt und mit dem Grundsatz der Verhältnismäßigkeit vereinbar ist (stRspr seit EuGH Slg. 1988, 5483 – Daily Mail, vgl. nur EuGH Slg. 2004, I-7477 Rn. 22 ff., 29 – Manninen; zum Ganzen *Weber-Grellet,* Europäisches Steuerrecht, 2005, § 8 ff.; *Loewens,* Der Einfluss des Europarechts auf das deutsche Einkommen- und Körperschaftsteuerrecht, 2007, 86 ff.).

60   Besondere Regelungen zum Steuerrecht enthalten darüber hinaus die Art. 110 ff. AEUV. Art. 110–112 AEUV verbieten dem Bestimmungslandprinzip entsprechend einen Steuerausgleich bei der Ein- und Ausfuhr von Waren zur Begünstigung inländischer Produkte und konkretisieren so die Warenverkehrsfreiheit. Art. 113 AEUV ist die Ermächtigungsgrundlage für die **Harmonisierung des Rechts der indirekten Steuern,** in erster Linie der Umsatz- und Verbrauchsteuern. Von der gleichlautenden Befugnis des Art. 93 EGV hat die Gemeinschaft in der Vergangenheit umfassend durch Richtlinien Gebrauch gemacht, s. sogleich. Für die Harmonisierung der direkten Steuern fehlt eine ausdrückliche Rechtsgrundlage. Sie kann wie bisher nur auf die allgemeine Befugnis der Union zur Angleichung derjenigen Rechts- und Verwaltungsvorschriften gestützt werden, die sich unmittelbar auf die Errichtung oder das Funktionieren des Binnenmarktes auswirken. Gem. Art. 115 AEUV ist hierfür weiterhin Einstimmigkeit im Rat erforderlich.

61   **b) Sekundärrecht.** Die Gesamtheit der geltenden europäischen Sekundärrechtsakte im Bereich des Steuerwesens kann im Internet unter eur-lex.europa.eu/browse/directories/legislation.html, Kapitel 09, eingesehen werden. Nachfolgend seien die wichtigsten erwähnt:

62   **aa) Verordnungen.** Verordnungen sind Rechtsakte von allgemeiner Geltung, die in allen Mitgliedstaaten verbindlich sind und unmittelbare Wirkung entfalten. Sie sind unmittelbar geltendes Recht im Rang unter dem Verfassungsrecht (BVerfGE 31, 145 (173 f.)) und bedürfen, anders als Richtlinien, keiner Umsetzung. Selbst ihre Wiederholung im nationalen Recht ist unzulässig, weil dadurch ihr Charakter als unionsrechtliche Norm verschleiert würde (EuGH Slg. 1973, 981 Rn. 9 ff. – Variola; Calliess/Ruffert/*Ruffert* AEUV Art. 288 Rn. 20 mwN). Im Bereich des materiellen Steuerrechts spielen sie indessen keine Rolle, weil die Ermächtigungsnormen früher des EGV, heute des AEUV, sowohl im Bereich der indirekten als auch im Bereich der direkten Steuern Harmonisierungen nur über Richtlinien erlauben (→ Rn. 60). Anders dagegen im Zollrecht: Insoweit besaß die EG und besitzt die Union die ausschließliche Zuständigkeit wie in Art. 3 AEUV ausdrücklich festgehalten, weshalb dieses Rechtsgebiet von Verordnungen dominiert wird. Wichtigste VO in diesem Bereich ist der **Zollkodex** (ZK – VO (EWG) Nr. 2913/92 des Rates v. 12.10.1992 zur Festlegung des Zollkodex der Gemeinschaften (ABl. 1992 L 302, 1 – wiederholt abgeändert, zuletzt mit VO (EU) Nr. 517/2013 des Rates v. 13.5.2013 zur Anpassung einiger Verordnungen und Beschlüsse in den Bereichen freier Warenverkehr, Freizügigkeit, Gesellschaftsrecht, Wettbewerbspolitik, Landwirtschaft, Lebensmittelsicherheit, Tier- und Pflanzengesundheit, Verkehrspolitik, Energie, Steuern, Statistik, transeuropäische Netze, Justiz und Grundrechte, Recht, Freiheit und Sicherheit, Umwelt, Zollunion, Außenbeziehungen, Außen-, Sicherheits- und Verteidigungspolitik und Organe aufgrund des Beitritts der Republik Kroatien, ABl. 2013 L 158, 1). Der ZK wird ergänzt durch die **Zollkodex-Durchführungsverordnung** (ZK-DVO – VO (EWG) Nr. 2454/93 der Kommission v. 2.7.1993 mit Durchführungsvorschriften zu der VO (EWG) Nr. 2913/92 des Rates zur Festlegung des Zollkodex der Gemeinschaften, ABl. 1993 L 253, 1 – zuletzt geändert durch DurchführungsVO (EU) Nr. 2015/428 der Kommission v. 10.3.2015 zur Änderung der VO (EWG) Nr. 2454/93 und der VO (EU) Nr. 1063/2010 hinsichtlich der Ursprungsregeln in Bezug auf das Schema allgemeiner Zollpräferenzen und Zollpräferenzmaßnahmen für bestimmte Länder und Gebiete, ABl. 2015 L 70, 12). Zum 1.5.2016 tritt der **Zollkodex der Union – UZK –** (VO (EU) Nr. 952/2013 des Europäischen Parlaments und des Rates v. 9.10.2013 zur Festlegung des Zollkodexes der Union (Neufassung), ABl. 2013 L 269, 1) in Kraft, der den ZK ersetzt, → § 373 Rn. 28.

63   Zölle sind gem. § 1 Abs. 1, § 3 Abs. 3 Steuern iSd AO, weshalb § 370 auch ohne die gesonderte Erwähnung von Einfuhr- und Ausfuhrabgaben auf sie anzuwenden ist.

bb) Richtlinien. Zahlreicher sind die steuerrechtlichen Richtlinien, insbes. im Bereich der indirek- **64** ten Steuern. Der Definition in Art. 288 AEUV nach sind Richtlinien für die Mitgliedstaaten hinsichtlich des zu erreichenden Ziels verbindlich, überlassen diesen aber die Wahl und Form der Mittel. Viele der gerade auf dem Gebiet des Steuerrechts ergangenen Richtlinien sind jedoch derart detailliert, dass der Umsetzungsspielraum des nationalen Gesetzgebers nur gering ist. Dies gilt in erster Linie für das harmonisierte Umsatz- und Verbrauchsteuerrecht. Zu nennen sind die RL 77/388/EWG des Rates v. 17.5.1977 zur Harmonisierung der Rechtsvorschriften der Mitgliedstaaten über die Umsatzsteuern – Gemeinsames Mehrwertsteuersystem: einheitliche steuerpflichtige Bemessungsgrundlage (ABl. 1977 L 145, 1) – **Sechste Mehrwertsteuerrichtlinie** –, die mehrfach abgeändert und schließlich durch die RL 2006/112/EG des Rates v. 28.11.2006 über das gemeinsame Mehrwertsteuersystem (ABl. 2006 L 347, 1; zuletzt geändert durch RL 2013/61/EU des Rates v. 17.12.2013 zur Änderung der RL 2006/ 112/EG und 2008/118/EG hinsichtlich der französischen Regionen in äußerster Randlage, insbes. Mayotte, ABl. 2013 353, 5) – **Mehrwertsteuersystemrichtlinie** – zum 1.1.2007 aufgehoben wurde. Inhaltliche Veränderungen waren mit der Neufassung nicht verbunden, es wurden lediglich die bestehenden Regelungen zusammengeführt. Für vor ihrem Außerkrafttreten liegende Tatzeiträume bleibt die Sechste Mehrwertsteuerrichtlinie weiterhin bedeutsam.

Auch das für Verbrauchsteuern geltenden System ist mit der RL 2008/118/EG des Rates v. **65** 16.12.2008 über das allgemeine Verbrauchsteuersystem und zur Aufhebung der RL 92/12/EWG (ABl. 2009 L 9, 12; zuletzt geändert durch RL 2013/61/EU des Rates v. 17.12.2013 zur Änderung der RL 2006/112/EG und 2008/118/EG hinsichtlich der französischen Regionen in äußerster Randlage, insbes. Mayotte, ABl. 2013 353, 5) – **Verbrauchsteuersystemrichtlinie** – neu gefasst worden. Für einzelne verbrauchsteuerpflichtige Waren bestehen darüber hinaus Detailregelungen, nämlich für Energieerzeugnisse und elektrischen Strom (RL 2003/96/EG, ABl. 2003 L 283, 51), Alkohol und alkoholische Getränke (RL 92/83/EWG und 92/84/EWG, beide ABl. 1992 L 316, 21 (29)) und Tabakwaren (RL 95/59/EG, ABl. 1995 L 291, 40, 92/79/EWG und 92/80/EWG, beide ABl. 1992 L 316, 8 (10)). Mit dem zum 1.4.2010 neu gefassten Verbrauchsteuergesetzen ist die neue Systemrichtlinie in das nationale Recht umgesetzt worden (→ § 381 Rn. 7).

Die wesentlichen Richtlinien im Bereich der **direkten Steuern** betreffen juristische Personen. Für **66** die Besteuerung im Konzern sind einschlägig die RL 2011/96/EU des Rates v. 30.11.2011 über das gemeinsame Steuersystem der Mutter- und Tochtergesellschaften verschiedener Mitgliedstaaten – Neufassung (ABl. 2011 L 345, 8; zuletzt geändert durch RL (EU) 2015/121 des Rates zur Änderung der RL 2011/96/EU über das gemeinsame Steuersystem der Mutter- und Tochtergesellschaften verschiedener Mitgliedstaaten, ABl. 2011 L 21, 1) – **Mutter-Tochter-Richtlinie** –, RL 2009/133/EG des Rates v. 19.10.2009 über das gemeinsame Steuersystem für Fusionen, Spaltungen, Abspaltungen, die Einbringung von Unternehmensteilen und den Austausch von Anteilen, die Gesellschaften verschiedener Mitgliedstaaten betreffend, sowie für die Verlegung des Sitzes einer Europäischen Gesellschaft oder einer Europäischen Genossenschaft von einem Mitgliedstaat in einen anderen Mitgliedstaat (ABl. 2009 L 310, 34; zuletzt geändert durch RL 2013/13/EU des Rates v. 13.5.2013 zur Anpassung bestimmter Richtlinien im Bereich Steuern anlässlich des Beitritts der Republik Kroatien, ABl. 2013 L 141, 30) – kodifizierte Fassung der **Fusionsrichtlinie** –, mit der die Stammfassung der Fusionsrichtlinie 90/434/ EWG (ABl. 1990 L 225, 1) aufgehoben wurde, RL 2003/49/EG des Rates v. 3.6.2003 über eine gemeinsame Steuerregelung für Zahlungen von Zinsen und Lizenzgebühren zwischen verbundenen Unternehmen verschiedener Mitgliedstaaten (ABl. 2003 L 157, 49; zuletzt geändert durch RL 2013/ 13/EU des Rates v. 13.5.2013 zur Anpassung bestimmter Richtlinien im Bereich Steuern anlässlich des Beitritts der Republik Kroatien, ABl. 2013 L 141, 30) – **Zins-Lizenzgebühren-Richtlinie** –. Wegen des Grundsatzes der Maßgeblichkeit der Handelsbilanz für die Steuerbilanz, § 5 Abs. 1 EStG, haben auch die Bilanzierungsregelungen Auswirkungen auf das Steuerrecht (*Weber-Grellet,* Europäisches Steuerrecht, 2005, § 4 Rn. 18 mwN). Darüber hinaus tauschen die Mitgliedstaaten auf der Grundlage der RL 2003/48/EG des Rates v. 3.6.2003 im Bereich der Besteuerung von Zinsträgen (ABl. 2003 L 157, 38; zuletzt geändert durch RL 2014/48/EU des Rates v. 24.3.2014 zur Änderung der RL 2003/48/EG im Bereich der Besteuerung von Zinsträgen, ABl. 2014 L 111, 50) – **Zinsrichtlinie** – zur Gewährleistung einer gleichmäßigen Besteuerung von Kapitalerträgen Auskünfte über Zinsträge untereinander aus (zum Ganzen *Haase* SteuerStud 2009, 121, *Loewens,* Der Einfluss des Europarechts auf das deutsche Einkommen- und Körperschaftsteuerrecht, 2007, 110 ff.).

Richtlinien kommt grds. keine **unmittelbare Wirkung** zu, weil ihre Adressaten nur die Mitglied- **67** staaten sind. Etwas anderes kann jedoch nach stRspr des EuGH nach Ablauf der Umsetzungsfrist gelten: kommt ein Mitgliedstaat seiner Verpflichtung zur Umsetzung nicht oder nur ungenügend nach, kann sich auch der Einzelne unmittelbar auf eine Richtlinie berufen, wenn die den Mitgliedstaat treffende Verpflichtung inhaltlich unbedingt und hinreichend genau ist (vgl. nur EuGH Slg. 1979, 1629 Rn. 46 – Marshall I; Calliess/Ruffert/*Ruffert* AEUV Art. 288 Rn. 47 ff.).

2. Auswirkungen auf das (Steuer-)Strafrecht. a) Anwendungsvorrang und Neutralisierung **68** von Strafnormen. Das supranationale Recht der Europäischen Union genießt **Anwendungsvorrang** vor entgegenstehendem nationalem Recht (vgl. EuGH Slg. 1978, 629 – Simmenthal II, BVerfGE 85,

191 (204), Hecker Europäisches StrafR § 9 Rn. 8 f. mwN). Soweit das Recht der Union unmittelbare Wirkung entfaltet, geht es darum zugunsten des Einzelnen anderslautenden nationalen Rechtsvorschriften vor (vgl. auch EuGH Slg. 2010, I-365 Rn. 51 – Kücükdeveci). Dabei ist gleichgültig, ob es sich um Primärrecht handelt, wobei insbes. an die Grundfreiheiten zu denken ist, oder um Verordnungen oder ausnahmsweise unmittelbare Wirkungen entfaltende Richtlinien. Im Strafrecht führt der Anwendungsvorrang einer unionsrechtlichen Norm dazu, dass der Tatbestand der fraglichen Strafnorm nicht erfüllt ist, sog **Neutralisierung** der Norm. Wegen des Anwendungsvorrangs ist das Verhalten des Betroffenen erlaubt, weshalb das dem Strafgesetz zugrundeliegende Verbot zurücktritt und vom Unionsrecht verdrängt oder neutralisiert wird (Hecker Europäisches StrafR § 9 Rn. 10 mwN; Ambos Int. StrafR § 11 Rn. 37 ff.; OLG München NJW 2006, 3588 (3591)).

69   **b) Unionsrechtskonforme Auslegung.** Von weitaus größerer Bedeutung als die Neutralisierung ist die Verpflichtung zur unionsrechtskonformen Auslegung des nationalen Rechts, die ebenfalls stRspr entspricht (vgl. nur EuGH Slg. 1984, 1891 – von Colson und Kamann). Sie folgt aus dem in Art. 4 Abs. 3 EUV verankerten Loyalitätsgebot, das die Mitgliedstaaten zur Durchsetzung des Gemeinschaftsrechts und zur Gewährleistung seiner praktischen Wirksamkeit, des sog **effet utile,** verpflichtet. Gerade im Bereich der weitgehend harmonisierten indirekten Steuern ist die konforme Auslegung die gebotene Methode zur Bestimmung der Reichweite einer blankettausfüllenden Steuerrechtsnorm; ist die Auslegung des Unionsrechts nicht eindeutig, muss die Frage letztlich dem EuGH vorgelegt werden (→ Rn. 72 ff., vgl. BGH NStZ 2000, 425; EuGH Slg. I-2921 – Hoffmann; BGH NStZ 2004, 43 zu § 4 Nr. 20a UStG; EuGH Slg. 2010, I-12605 – R). Einschränkende Auslegungen zugunsten des Beschuldigten sind in jeder Hinsicht unproblematisch. Die unionsrechtskonforme Auslegung kann aber auch zu seinen Lasten wirken, indem unter dem Eindruck einer Richtlinie ein Verhalten sanktioniert wird, das früher nicht verfolgt wurde. In diesem Fall stellt der Wortlaut der nationalen Vorschrift für die Zwecke des Strafrechts die absolute Grenze dar, hinter der auch eine noch so klare europäische Regelung schon wegen **Art. 103 Abs. 2 GG** zurückstehen muss (ebenso auch EuGH Slg. 2005, I-5285 Rn. 47 – Pupino). Das nationale Gericht trifft zwar die Verpflichtung, die volle Wirksamkeit des Gemeinschaftsrechts zu gewährleisten, aber nur soweit es dies iRd ihm zur Verfügung stehenden Auslegungsmethoden auch kann, weil eine Richtlinie für sich allein und unabhängig von zu ihrer Durchführung erlassenen innerstaatlichen Rechtsvorschriften eines Mitgliedstaats nie die Wirkung haben kann, die strafrechtliche Verantwortlichkeit der Angeklagten festzulegen oder zu verschärfen (EuGH Slg. 2005, I-3565 Rn. 78 – Berlusconi; EuGH Slg. 2010, I-12605 Rn. 30 ff. – R). Gravierende Strafbarkeitslücken drohen nach der Rspr. des BGH zumindest bei der **Umsatzsteuerhinterziehung** nicht, auch nicht im Hinblick auf die zuletzt vom EuGH klargestellte Verpflichtung, dem Steuerpflichtigen im Rahmen einer innergemeinschaftlichen Lieferung das Recht auf Vorsteuerabzug, auf Umsatzsteuerbefreiung oder auf Umsatzsteuererstattung unabhängig von den nationalen Steuergesetzen stets zu versagen, wenn aufgrund objektiver Umstände feststeht, dass er wusste oder wissen musste, dass er sich mit dem fraglichen Umsatz an einer im Rahmen einer Lieferkette auf irgendeiner Stufe begangenen Mehrwertsteuerhinterziehung beteiligt hat (EuGH DStR 2015, 573 Rn. 62 – Italmoda ua; dazu *Heuermann* DStR 2015, 1416). Eine strafrechtliche Sanktionierung ist zwar ohne entsprechend auslegungsfähige Normen des nationalen Rechts nicht möglich. Der BGH versteht § 15 UStG richtlinienkonform jedoch dahin, dass Unternehmer im Sinne der Vorschrift nicht ist, wer sich durch bewusste Beteiligung an und bewusste Ausnutzung von anderweitigen Steuerstraftaten steuerrechtliche Vorteile verschafft, so dass er zum Vorsteuerabzug nicht berechtigt ist, auch wenn er seine Umsätze iÜ zutreffend erklärt hat (BGH NStZ 2011, 407). Mit der hier vorgenommenen Auslegung des Unternehmerbegriffs dürfte die Wortlautgrenze aber wohl erreicht sein. Bei innergemeinschaftlichen Lieferungen stand bisher schon fest, dass der Erwerb nicht iSv § 6a UStG der Erwerbsbesteuerung unterliegt, wenn er dieser nicht zugeführt werden soll, so dass auch in diesen Fällen mangels Anspruchs auf Umsatzsteuerbefreiung Strafbarkeit in Betracht kommt (BGHSt 57, 32 Rn. 15; BVerfG NJW 2011, 3778). Um der Entscheidung Italmoda des EuGH zu voller Umsetzung zu verhelfen (also die Inanspruchnahme von Steuerbefreiung für innergemeinschaftliche Lieferungen bei entsprechender Kenntnis auch dann bestrafen zu können, wenn ein früherer oder späterer Umsatz in der Kette missbräuchlich war, vgl. die Beispiele bei *Heuermann* DStR 2015, 1416) müsste die vom BGH vorgenommene Auslegung zu § 15 Abs. 1 UStG auf § 6a UStG übertragen werden. Innerhalb der Wortlautgrenze ist eine solche **Rechtsprechungsänderung** zulasten des Täters nicht nur zulässig (Ambos Int. StrafR § 11 Rn. 50, Hecker Europäisches StrafR § 10 Rn. 59 ff.), sondern unionsrechtlich sogar geboten. Das Rückwirkungsverbot steht dem nicht entgegen; eine Rechtsprechungsänderung kann nur ausnahmsweise hiergegen verstoßen, etwa wenn unangekündigt die Bewertungsgrundlage einer gefestigten Rspr. geändert würde, so dass der informierte Durchschnittsadressat sich plötzlich mit einer für ihn nicht vorhersehbaren Bestrafung konfrontiert sieht (v. Mangoldt/Klein/Stark/*Nolte,* Grundgesetz, Kommentar, 6. Aufl. 2010, GG Art. 103 Rn. 120). Jedenfalls bei einer durch eine Richtlinie gebotenen Rechtsprechungsänderung dürfte dieses Überraschungsmoment angesichts der regelmäßig mehrjährigen Umsetzungsfristen meist fehlen.

70   Eine Verpflichtung zur unionsrechtskonformen Auslegung kann auch schon vor Ablauf der **Umsetzungsfrist** von Richtlinien bestehen. Weil sie mit ihrem Inkrafttreten hinsichtlich der zu erreichenden

Ziele verbindlich sind, folgert der EuGH, dass die nationalen Stellen einschließlich der Gerichte ab diesem Zeitpunkt „es soweit wie möglich unterlassen müssen, das innerstaatliche Recht auf eine Weise auszulegen, die die Erreichung des mit der Richtlinie verfolgten Zieles nach Ablauf der Umsetzungsfrist ernsthaft gefährden würde" (EuGH Slg. 2006, I-6057 Rn. 123 – Adeneler). Danach dürften jedenfalls Obergerichte gehalten sein, schon vor Ablauf der Umsetzungsfrist richtlinienkonform auszulegen, um das Richtlinienziel nicht durch die Begründung einer mit der Richtlinie nicht vereinbaren, weil zu engen, höchstrichterlichen Rspr. zu gefährden (vgl. die weite Auslegung von § 261 StGB in BGHSt 50, 347 vor Ablauf der Umsetzungsfrist).

c) Blankettgesetze. Die unmittelbarste Wirkung entfaltet das Unionsrecht, wenn im Rahmen von **71** Blankettgesetzen auf europäische Normen verwiesen wird, wie dies etwa in § 382 der Fall ist. Solche Verweisungen auf Verordnungen sind verfassungsrechtlich zulässig und verstoßen nicht gegen das Bestimmtheitsgebot (BVerfG BeckRS 2010, 51332; 2010, 49249 Rn. 43, 57; *Harms/Heine* FS Amelung, 2009, 394 ff. mwN; → Rn. 33). Auch die Regelungstechnik der Blankettgesetze mit Rückverweisungsklausel ist verfassungsgemäß, iE → § 381 Rn. 5 f. → § 382 Rn. 3. Die Janusköpfigkeit eines europäischen Blankettgesetzes (*Satzger*, Die Europäisierung des Strafrechts, 2001, 233; *Hecker* Europäisches StrafR § 7 Rn. 77; *Ambos* Int. StrafR § 11 Rn. 28) stellt allerdings besondere Anforderungen an seine **Auslegung:** für das Blankett gelten die nationalen Auslegungsregeln, für den normausfüllenden Teil dagegen die unionsrechtlichen. Der Strafrichter muss die in Bezug genommene Verordnung unter Berücksichtigung der verschiedenen Sprachfassungen vor dem Hintergrund des gesamten Gemeinschaftsrecht so auslegen, dass dem *effet utile,* der bestmöglichen Förderung der Gemeinschaftsziele, so weit wie möglich Rechnung getragen wird (zu den unionsrechtlichen Auslegungsgrundsätzen EuGH Slg. 1982, 3415 – Cilfit; *Calliess/Ruffert/Cremer* EUV Art. 55 Rn. 4; *Satzger* JuS 2004, 947 f., jeweils mwN). Ist das Ergebnis nicht eindeutig, ist ggf. der EuGH um Vorabentscheidung zu ersuchen (→ Rn. 72 ff.).

III. Vorabentscheidungsersuchen im (Steuer-)Strafverfahren

1. Vorlageberechtigung und Vorlagepflicht. Vorlageberechtigt ist nach Art. 267 AEUV jedes **72** mitgliedstaatliche Gericht, für dessen Urteil die Entscheidung des EuGH erheblich ist; letztinstanzliche Gerichte sind zur Vorlage **verpflichtet.**

Zu beachten sind das **Auslegungsmonopol** und das **Verwerfungsmonopol** des EuGH. Die Ver- **73** träge weisen dem EuGH in Art. 19 Abs. 3 Buchst. b EUV und Art. 267 Abs. 1 AEUV die ausschließliche Zuständigkeit für die Auslegung des Unionsrechts und die Gültigkeit der Handlungen der Organe zu. Von einer Vorlage kann nur abgesehen werden, wenn bereits eine gesicherte Rspr. des EuGH vorliegt, durch die die betreffende Rechtsfrage geklärt ist (**acte éclairé**) oder wenn die richtige Anwendung des Gemeinschaftsrechts derart offenkundig ist, dass für einen vernünftigen Zweifel keinerlei Raum bleibt, sog **acte clair** (EuGH Slg. 1982, 3415 – Cilfit; EuGH Slg. 2005, I-8151 – Intermodal Transports). An die Annahme eines acte clair stellt der EuGH strenge Anforderungen: Ob ein solcher Fall gegeben ist, ist unter Berücksichtigung der Eigenheiten des Unionsrechts, der besonderen Schwierigkeiten seiner Auslegung und der Gefahr voneinander abweichender Gerichtsentscheidungen innerhalb der Union zu beurteilen. Der EuGH verlangt, dass das nationale Gericht davon überzeugt ist, dass auch für die Gerichte aller übrigen Mitgliedstaaten und den Gerichtshof selbst dieselbe Gewissheit bestünde. Dies erfordert die Berücksichtigung der verschiedenen Sprachfassungen und der besonderen Begrifflichkeiten der Unionsrechtsnormen sowie die Einbeziehung des gesamten Rechts der EU, seiner Ziele und seines Entwicklungstandes (hierzu *Harms/Heine* FS Hirsch, 2008, 95). Selbst im Falle eines acte clair ist jedoch zwingend vorzulegen, wenn die Gültigkeit eines Rechtsakts der EU in Rede steht; der EuGH beansprucht insoweit die **Verwerfungsmonopol,** um Meinungsverschiedenheiten der mitgliedstaatlichen Gerichte über die Gültigkeit von Unionsrecht gar nicht erst aufkommen zu lassen (EuGH Slg. 1987, 4199 – Foto-Frost, EuGH Slg. 2005, I-10513 – Gaston Schul). Einen Unionsrechtsakt verwerfen darf darum auch kein Tatgericht.

2. Vorlagezeitpunkt im Strafverfahren. Schon der **Ermittlungsrichter** kann vorlegen; auch **74** wenn er keine abschließende Sachentscheidung trifft, ist er Gericht iSv Art. 267 AEUV (EuGH Slg. 1995, I-391 – Cacchiarelli und Stanghellini; Slg. 1996, I-6609 – X). Das Eilvorabentschiedungsverfahren, das Beschleunigte Verfahren und die Behandlung als vorrangig (→ Rn. 56) bieten Möglichkeiten, eine Entscheidung des EuGH in weniger als drei Monaten herbeizuführen (vgl. EuGH NJW 2014, 3007 – Spasic: Vorlagebeschluss v. 19.3.2014, Urteil des EuGH v. 27.5.2014). Im Einzelfall kann das Ermessen des Ermittlungsrichters, ob er vorlegt oder nicht, aus verfassungsrechtlichen Gründen und unter Berücksichtigung der unionsrechtlichen Grundrechtsgarantien und der Bestimmungen der EMRK sogar auf Null reduziert sein, etwa wenn der Erlass eines Haftbefehls im Raum steht und die Abgrenzung zwischen strafloser Vortat und Versuch oder zwischen rücktrittsfähigem Versuch und Vollendung von der Auslegung eines unionsrechtlichen Begriffs abhängt (Bsp. bei *Harms/Heine* FS Amelung, 2009, 405 f.; zum Zulässigkeit ermittlungsrichterliche Maßnahmen während des Vorlageverfahrens *Hecker* Europäisches StrafR § 6 Rn. 23).

75   Das **Tatgericht** sollte, wenn es die Gültigkeit einer Unionsnorm bezweifelt, im **Zwischenverfahren** vorlegen. Die Voraussetzungen sind gegeben, wenn die Tatbestandsmäßigkeit und damit die Zulassung der Anklage von eben dieser abhängt. Als vorläufige Maßnahme kann trotz des beim EuGH anhängigen Verfahrens mit der Hauptverhandlung begonnen werden, wenn weitere Tatvorwürfe die Eröffnung des Hauptverfahrens rechtfertigen und gewährleistet ist, dass der Spruch des EuGH noch im Urteil des vorlegenden Gerichts Berücksichtigung finden kann (so im Verfahren Slg. 2010, I-6213 – E, F, dazu *Meyer* NJW 2010, 2397). Gerade in langwierigen Steuerstrafverfahren können die Verfahren somit parallel betrieben werden, zumal wenn das Vorabentscheidungsersuchen beim EuGH dem Beschleunigten Verfahren nach Art. 105 der Verfahrensordnung des Gerichtshofs unterworfen wird. Eine Vorlage nach Abschluss der Beweisaufnahme ist nicht empfehlenswert, weil sie auch im Beschleunigten Verfahren zu einer Überschreitung der zulässigen Unterbrechung und damit zu einer Wiederholung der Hauptverhandlung zwingt.

76   Die bisherigen strafrechtlichen Vorlagen erfolgten allerdings zumeist durch das **Revisionsgericht** als letztinstanzliches und damit vorlagepflichtiges Gericht (vgl. EuGH Slg. 2003, I-1354 – Gözütok und Brügge; Slg. 2003, I-2921 – Hoffmann; Slg. 2007, I-6441 – Kretzinger; Slg. 2010, I-12605, – R; anders Slg. 2010, I-6213 – E, F: Zwischenverfahren). Ist der Tatvorwurf nicht abtrennbar, für den die Entscheidung des EuGH relevant ist, kann auch hier das Beschleunigte Verfahren zum Zuge kommen, insbes. wenn es sich um eine Haftsache handelt.

77   Zu den **Formalien** eines Vorabentscheidungsersuchens (Darstellung und Aufbau), die dem EuGH das Verständnis erleichtern), finden sich im ABl. 2012 C 338, 1 Empfehlungen des Gerichtshofs, die auch auf der Homepage des EuGH verlinkt sind (curia.europa.eu/jmcs/jmcs/Jo2_7031).

78   **3. Folgen eines Verstoßes.** Die Nichtvorlage zum EuGH durch letztinstanzliche Gerichte, im Falle der Verwerfung einer Unionsrechtsnorm durch jedes Gericht, stellt einen Verstoß gegen den gesetzlichen Richter iSv Art. 101 Abs. 1 S. 2 GG dar, der mit der **Verfassungsbeschwerde** gerügt werden kann. Das BVerfG nimmt einen Verfassungsverstoß allerdings nur an, wenn die Zuständigkeitsregelung in offensichtlich unhaltbarer Weise und damit willkürlich gehandhabt wurde. Hierzu hat das Gericht 3 Fallgruppen entwickelt: Willkür liegt vor, wenn das Fachgericht die Vorlagepflicht grds. verkannt oder bewusst nicht vorgelegt hat. IÜ wird in den Fällen der Unvollständigkeit der Rspr., in denen zu einer entscheidungserheblichen Frage des Unionsrechts einschlägige Rspr. des EuGH noch nicht vorliegt, eine vorliegende Rspr. die Frage noch nicht erschöpfend beantwortet hat oder eine Fortentwicklung der Rspr. des EuGH möglich erscheint, Art. 101 Abs. 1 S. 2 GG nur verletzt, wenn das letztinstanzliche Gericht den ihm zustehenden Beurteilungsrahmen in unvertretbarer Weise überschritten hat (stRspr, vgl. nur BVerfGE 82, 159 (193 ff.); BVerfG NJW 2010, 3422 Rn. 87 ff.; aA BVerfG NJW 2010, 1268). Dieser Maßstab ist bedenklich, weil die Prüfung, ob die von dem Fachgericht vorgenommene Auslegung vertretbar ist, voraussetzt, dass das BVerfG selbst die unionsrechtliche Norm auslegt, wozu es genauso wenig befugt ist wie die sonstigen Gerichte der Mitgliedstaaten (*Harms/Heine* FS Hirsch, 2008, 96 ff.).

IV. Verbot der Doppelverfolgung

1. Rechtsnatur und Anwendungsbereich

Art. 54 Schengener Durchführungsübereinkommen (SDÜ)

79   Wer durch eine Vertragspartei rechtskräftig abgeurteilt worden ist, darf durch eine andere Vertragspartei wegen derselben Tat nicht verfolgt werden, vorausgesetzt, dass im Fall einer Verurteilung die Sanktion bereits vollstreckt worden ist, gerade vollstreckt wird oder nach dem Recht des Urteilsstaats nicht mehr vollstreckt werden kann.

Art. 50 Charta der Grundrechte (GRCh) – Recht, wegen derselben Straftat nicht zweimal strafrechtlich verfolgt oder bestraft zu werden

Niemand darf wegen einer Straftat, derentwegen er bereits in der Union nach dem Gesetz rechtskräftig verurteilt oder freigesprochen worden ist, in einem Strafverfahren erneut verfolgt werden.

    Judikatur der EuGH: Slg. 2003, I-1345 – Gözütok und Brügge; Slg. 2005, I-2009 – Miraglia; Slg. 2006, I-2333 – Van Esbroek; Slg. 2006, I-9327 – Van Straaten; Slg. 2006, I-9199 – Gasparini; Slg. 2007, I-6441 – Kretzinger; Slg. 2007, I-6619 – Kraaijenbrink; Slg. 2008, I-9425 – Bourquain; Slg. 2008, I-11039 – Turanský; Slg. 2010, I-11477 – Mantello (zum Europ. Haftbefehl); NJW 2013, 302 – Akerberg Fransson; NJW 2014, 3007 – Spasic; StraFo 2016, 282 – Kossowski; StraFo 2016, 198 – Aranyosi (zum Europ. Haftbefehl).

79a   **a) Art. 54 SDÜ.** Mit dem Vertrag von Lissabon unterfällt das in Art. 54 SDÜ geregelte **transnationale Doppelverfolgungsverbot** dem Recht des AEUV. Zuvor waren die rechtshilferechtlichen Elemente des Schengen-Acquis mit dem Protokoll zur Einbeziehung des Schengen-Besitzstandes in den Rahmen der EU v. 2.10.1997 als Teil des am 1.5.1999 in Kraft getretenen Amsterdamer Vertrages (ABl. 1997 C 340) in die 3. Säule der EU überführt worden, die in den AEUV inkorporiert wurde (→ Rn. 51). Das SDÜ nimmt damit insofern eine Sonderstellung ein, als Übereinkommen als Handlungsform zwischen den Mitgliedstaaten nach dem AEUV an sich nicht vorgesehen sind. Art. 54 SDÜ ist nicht nur unter den Mitgliedstaaten der Union, sondern auch im Verhältnis zu **Norwegen** und **Island** (seit dem 1.12.2000) und seit dem Inkraftsetzen der Assoziierungsabkommen mit der **Schweiz** am 12.12.2008 (Amtl. Slg. des Schweizerischen Bundesrechts (AS) 2008, 481; ABl. 2004 L 368, 26) und mit **Liechtenstein** ab dem 19.7.2011 (liLGbl 2011/131; ABl. 2011 L 160, 3) auch im Verhältnis zu diesen Ländern anwendbar. In zeitlicher Hinsicht kommt es nicht darauf an, ob das SDÜ bereits zur Tatzeit oder im Zeitpunkt der ersten Verurteilung in beiden Vertragsstaaten galt; maßgeblich ist allein der Zeitpunkt des zweiten Verfahrens (EuGH Van Esbroek Rn. 24, Kraaijenbrink Rn. 22, Bourquain Rn. 28, Turanský Rn. 27). Art. 54 SDÜ ist immer dann in Betracht zu ziehen, wenn bereits eine verfahrensabschließende Entscheidung in einem anderen Vertragsstaat ergangen ist.

b) Art. 50 GRCh. Die transnationale Komponente fehlt dem in Art. 50 GRCh normierten Doppel- **79b** verfolgungsverbot, das folglich neben grenzüberschreitenden auch auf inländische Sachverhalte Anwendung findet. Es ist anders als Art. 103 Abs. 3 GG nicht auf Kriminalstrafen beschränkt, sondern erfasst auch sonstige **Sanktionen mit strafrechtlichem Charakter.** Voraussetzung ist jedoch stets − wie für alle Gewährleistungen der GRCh −, dass die an den Grundrechtsverbürgungen der Charta zu messende nationale Rechtsvorschrift den **Geltungsbereich des Unionsrechts** berührt (EuGH Akerberg Fransson Rn. 19 ff.). Bei transnationalen Sachverhalten ist dies wegen Art. 54 SDÜ immer der Fall, bei nationalen Sachverhalten es auf die Regelungsmaterie an. Aus der Tatsache, dass die Mitgliedstaaten zur flächendeckenden Mehrwertsteuererhebung verpflichtet sind und über Maßnahmen zur Betrugsbekämpfung das Eigenmittelaufkommen der Union an der **Mehrwertsteuer** sicherzustellen haben, folgert der EuGH, dass auch steuerliche Sanktionen und ein Strafverfahren wegen Steuerhinterziehung wegen unrichtiger Angaben zur Mehrwertsteuer als Durchführung des Unionsrechts iSv Art. 51 Abs. 1 GRCh anzusehen sind (Akerberg Fransson Rn. 25 ff.). Das Nebeneinander von steuerlichen und strafrechtlichen Sanktionen für Steuerhinterziehungen ist danach nicht ausgeschlossen; lediglich unanfechtbare Verwaltungssanktionen mit Strafcharakter stehen einem Strafverfahren entgegen (Akerberg Fransson Rn. 34). Ob eine Sanktion Strafcharakter hat, bestimmt sich entsprechend der Rspr. des EGMR zum Begriff des Strafverfahrens 1. nach der rechtlichen Einordnung der Maßnahme im innerstaatlichen Recht, 2. nach der Art der Maßnahme (repressive Zielsetzung?) und 3. nach Art und der Schweregrad der angedrohten Sanktion und ist von den nationalen Gerichten zu beurteilen (EuGH EuZW 2012, 543 Rn. 36 ff. − Bonda; Akerberg Fransson Rn. 35). Die deutsche steuerrechtliche Sanktion in einem Hinterziehungsfall, die Festsetzung von Hinterziehungszinsen nach § 235 AO, hat den von Art. 50 SDÜ vorausgesetzten Strafcharakter nicht; vielmehr handelt es sich nach der gesetzgeberischen Konzeption um die typisierend bemessene Abschöpfung unberechtigt erlangter Zinsvorteile (BFH/NV 2002, 155; zur Verzinsung hinterzogener Steuern *Heine* SteuK 2014, 23).

2. Reichweite. Die Tatbestandsmerkmale von Art. 54 SDÜ sind durch mehrere Urteile des EuGH **80** konturiert worden. Soweit **Art. 50 GRCh** einen hiervon abweichenden Wortlaut aufweist und insbes. die Vollstreckungsbedingung nicht nennt, kommt dem **keine Bedeutung** zu. In der Rs. Spasic hat der EuGH entschieden, dass Art. 54 SDÜ eine gem. Art. 52 Abs. 1 GRCh mit der Charta vereinbare Einschränkung derselben darstellt, die von den Ausführungen zu Art. 50 in den Erläuterungen zur Charta, auf die Art. 6 Abs. 1 Unterabs. 3 EUV und Art. 52 Abs. 7 der Charta unmittelbar verweisen, gedeckt ist (→ Rn. 55 ff.; vgl. auch *Bernsdorff/Borowski*, Die Charta der Grundrechte der Europäischen Union, Handreichungen und Sitzungsprotokolle, 2002, Erläuterungen zu Art. 50 S. 41; ebenso BGHSt 56, 11). Auch iÜ versteht der EuGH die Tatbestandsvoraussetzungen von Art. 50 GRCh wie bei Art. 54 SDÜ und beschränkt den Anwendungsbereich nicht etwa auf gerichtliche Entscheidungen (Akerberg Fransson Rn. 33; Kossowski Rn. 39). Die zu Art. 55 SDÜ angebrachten Vorbehalte bestehen ebenfalls fort (Ambos Int. StrafR § 11 Rn. 117; aA Hecker Europäisches StrafR § 13 Rn. 65; offen gelassen in EuGH Kossowksi Rn. 29 f.).

a) Dieselbe Tat. Der Begriff derselben Tat ist genuin unionsrechtlich zu bestimmen: Maßgeblich ist **81** die **Identität der materiellen Tat,** verstanden als das Vorhandensein eines Komplexes konkreter, in zeitlicher und räumlicher Hinsicht sowie nach ihrem Zweck unlösbar miteinander verbundener Umstände (EuGH Van Esbroek Rn. 36 ff.; Van Straaten Rn. 48 ff.; Kretzinger Rn. 31 ff.; Kraaijenbrink Rn. 28 ff.; Mantello Rn. 39 f.). Auf die rechtliche Qualifizierung der Tat und das geschützte rechtliche Interesse in den beteiligten Rechtsordnungen kommt es nicht an. Nur so steht aus Sicht des Betroffenen eindeutig und zweifelsfrei fest, welcher Vorgang ihm nicht noch einmal zur Last gelegt werden kann, ohne dass sich die verschiedenen Strafrechtsordnungen der Mitgliedstaaten auswirken (Van Esbroek Rn. 33).

b) Rechtskräftig abgeurteilt. Zur Bestimmung der **rechtskräftigen Aburteilung** verweist der **82** EuGH auf die nationalen Regelungen zum Strafklageverbrauch des Ersturteilsstaates. Ist dort keine weitere Verfolgung mehr möglich, kann sich der Betroffene in anderen Mitgliedstaaten darauf berufen. Als rechtskräftige Aburteilung iSv Art. 54 SDÜ gelten insbes. Einstellungen gegen Auflagen wie § 153a StPO und die niederländische transactie (Gözütok und Brügge Rn. 28 ff.), Freisprüche aus Mangel an Beweisen (Van Straaten Rn. 57 ff.), Freisprüche wegen Verjährung (Gasparini Rn. 27 ff.) und Verurteilungen in Abwesenheit, wenn die Vollstreckung daraus verjährt ist (Bourquain Rn. 43 ff.), nicht dagegen

Einstellungen, die im Hinblick auf die Verfolgung in einem anderen Mitgliedstaat ohne Prüfung in der Sache erfolgen (Miraglia Rn. 30 ff.; Kossowksi Rn. 42, 48) und Einstellungen, die wie § 170 StPO eine Wiederaufnahme der Ermittlungen gestatten (Turanský Rn. 39 ff.).

83   Auch dieser Maßstab hat seinen materiellen Grund in der möglichst weitgehenden **Verwirklichung des Rechts auf Freizügigkeit** für den Unionsbürger (Gözütok und Brügge Rn. 38). Ist im Erstverfolgungsstaat keine weitere Verfolgung mehr möglich, weil Strafklageverbrauch nach nationalem Recht eingetreten ist, soll dies den Betroffenen an der Ausübung seines Rechts auf Freizügigkeit nicht hindern. Zum Ganzen *Harms/Heine* FS Hirsch, 2008, 86 ff.

84   **c) Vollstreckungsbedingung.** Im Falle einer Verurteilung muss außerdem die sog **Vollstreckungsbedingung** erfüllt sein. Eine Doppelverfolgung scheidet danach nur aus, wenn die Sanktion bereits vollstreckt worden ist, gerade vollstreckt wird oder nach dem Recht des Urteilsstaats nicht mehr vollstreckt werden kann. An der Vollstreckungsbedingung ist auch mit Blick auf den insoweit abweichenden Wortlaut von Art. 50 GRCh weiter festzuhalten (→ Rn. 80).

85   Vollstreckt iSv Art. 54 SDÜ wird auch eine zur **Bewährung** ausgesetzte Freiheitsstrafe (Kretzinger Rn. 42; in dem Fall war die Aussetzung zur Bewährung nicht mit Auflagen verbunden). Dagegen führen Haftzeiten während des Ermittlungsverfahrens, auch wenn sie auf die spätere Strafe anzurechnen sind, nicht dazu, dass von einer Vollstreckung der Strafe auszugehen ist, weshalb sie einer späteren Verfolgung nicht entgegenstehen (Kretzinger Rn. 49 ff.). Gleiches gilt für die Möglichkeit des Erstverurteilungsstaates, einen Europäischen Haftbefehl zur Einleitung der Vollstreckung zu erwirken (Kretzinger Rn. 60). Ist neben einer Geld- zugleich eine Freiheitsstrafe verhängt worden, ist die Vollstreckungsbedingung nur erfüllt, wenn beide Strafen iSv Art. 54 SDÜ vollstreckt worden sind oder gerade vollstreckt werden. Die bloße Zahlung einer Geldstrafe, die zusammen mit einer bislang nicht vollstreckten Freiheitsstrafe auferlegt wurde, genügt nicht (Spasic Rn. 82 ff.). Ob die Sanktion iSv Art. 54 SDÜ nicht mehr vollstreckt werden kann, bestimmt sich nach der Rechtslage zum Zeitpunkt der Einleitung der erneuten Strafverfolgung. Ist zu diesem Zeitpunkt eine Vollstreckung wegen Eintritts der **Vollstreckungsverjährung** nicht mehr möglich, kommt es nicht darauf an, ob das Urteil jemals unmittelbar hätte vollstreckt werden können (Bourquain Rn. 47). Eine solche Vollstreckung ist etwa bei französischen Abwesenheitsurteilen ausgeschlossen, die nach Ergreifung des Verurteilten zwingend die Durchführung eines neuen Verfahrens in Anwesenheit nach sich ziehen und damit faktisch nur wie qualifizierte Haftbefehle wirken.

86   **3. Auswirkungen auf das Steuerstrafrecht.** Die vielleicht bedeutsamste Auswirkung der Rspr. des EuGH auf das Steuerstrafrecht folgt aus der unionsrechtlichen Definition derselben Tat. Auf den ersten Blick dem Begriff der prozessualen Tat iSv § 264 StPO angenähert, führt sie dazu, dass insbes. bei **Schmuggelfahrten** nicht mehr auf den mit jedem Grenzübertritt verwirklichten Erklärungstatbestand abzustellen ist, sondern auf die zugrundeliegende Fahrt, wenn die Überquerung mehrerer Binnengrenzen von Anfang an geplant war (Kretzinger Rn. 34 ff.; BGHSt 52, 275 Rn. 14). Maßgeblich sind die Umstände des Einzelfalles. Handelt es sich um dieselbe Tat und sanktioniert einer der betroffenen Mitgliedstaaten nur einen Ausschnitt der damit verwirklichten Straftatbestände, etwa indem er nur wegen Verkürzung der nationalen Tabaksteuer verurteilt, ist jedem anderen Mitgliedstaat eine weitere Verfolgung verwehrt (BGHSt 52, 275 Rn. 17). Dies gilt nicht nur hinsichtlich derjenigen Abgaben, deren Verkürzung auch vom Erstverurteilungsstaat hätte sanktioniert werden können, wie die der bei der Verbringung der Ware in die Union anfallenden Einfuhrabgaben, sondern auch hinsichtlich der nationalen Verbrauchsteuern der übrigen, auf der Schmuggelroute liegenden Mitgliedstaaten (insoweit offen gelassen von BGHSt 52, 275 Rn. 18). Weil in Durchleitungsfällen Waren nicht mit Verbrauchsteuern mehrerer Mitgliedstaaten belastet werden dürfen, hat der Erstverfolgungsstaat die Wahl, welche nationale Verbrauchsteuer er anwendet; eine Kumulation kommt nicht in Betracht (BGH wistra 2016, 74).

F. Rechtshilfe in Steuerstrafsachen

Literatur (Auswahl): *Holenstein,* Aktuelle Fragen des steuerlichen und strafrechtlichen Auskunftsverkehrs im Verhältnis zur Schweiz, Steueranwalt International 2014/2015 14, 121; *Wagner,* Neue Entwicklungen im liechtensteinischen Wirtschafts- und Steuerrecht; RIW 2014, 653; BMF-Schreiben v. 16.11.2006 – IV B 1 – S. 1320 – 66/06, BStBl. I 2006, 698 zur zwischenstaatlichen Rechtshilfe in Steuerstrafsachen. Ausf. auch zu den einschlägigen ausländischen Rechtsgrundlagen Flore/Tsambikakis, Steuerstrafrecht, Kap. 14, 1154 ff.

I. Rechtshilfe und Auslieferung innerhalb der EU

87   **1. Rechtshilfe.** Die traditionelle Herausnahme fiskalisch strafbarer Handlungen von der Verpflichtung zur Leistung von Rechtshilfe ist innerhalb der EU weitgehend zurückgedrängt. Soweit die Mitgliedstaaten das (Zusatz-)Protokoll v. 16.10.2001 zu dem Übereinkommen über die Rechtshilfe in Strafsachen zwischen den Mitgliedstaaten der Europäischen Union (**ZP-EU-RhÜbk,** ABl. 2001 C 326, 1, BGBl. 2005 II 661) ratifiziert haben, kann Rechtshilfe nach dessen Art. 8 nicht mehr allein deshalb verweigert werden, weil ein Ersuchen sich auf eine strafbare Handlung bezieht, die vom ersuchten

Mitgliedstaat als fiskalische strafbare Handlung betrachtet wird. Macht der ersuchte Mitgliedstaat die Gewährung von Rechtshilfe von der beiderseitigen Strafbarkeit abhängig, ist diese Bedingung erfüllt, wenn die Handlung nach seinem Recht einer strafbaren Handlung derselben Art entspricht; das Ersuchen darf nicht mit der Begründung abgelehnt werden, dass das Recht des ersuchten Mitgliedstaats nicht dieselbe Art von Abgaben oder Steuern oder keine Abgaben-, Steuer-, Zoll- oder Devisenbestimmungen derselben Art wie das Recht des ersuchenden Mitgliedstaats vorsieht. Das ZP-EU-RhÜbk verpflichtet die Mitgliedstaaten in Art. 1–3 insbes. zu Rechtshilfe bei **Auskunfts- und Überwachungsersuchen zu Bankkonten und Bankgeschäften;** die Berufung auf das Bankgeheimnis, wie es etwa in Österreich besteht, ist gem. Art. 7 ausgeschlossen. Das ZP-EU-RhÜbk findet im Verhältnis zu allen Mitgliedstaaten mit Ausnahme von Estland, Griechenland, Italien, Irland und Kroatien Anwendung, mWv 6.3.2011 auch gegenüber Luxemburg und außerdem gegenüber Island und Norwegen (zum Ratifizierungsstand s. http://www.consilium.europa.eu/de/documents-publications/agreements-conventions/agreement/?aid=2001090).

Im Verhältnis derjenigen Mitgliedstaaten, zwischen denen das ZP-EU-RhÜbk nicht gilt, bleibt es bei **88** der Anwendung von **Art. 50 SDÜ,** der ansonsten von Art. 8 Abs. 3 ZP-EU-RhÜbk aufgehoben wird. Nach Art. 50 Abs. 1 SDÜ sind die Vertragsstaaten verpflichtet, Rechtshilfe im Bereich der **indirekten Steuern** (Verbrauchsteuern, MwSt und Zölle) zu leisten; ein Ersuchen wegen Verbrauchsteuerhinterziehung kann nicht mit der Begründung abgelehnt werden, dass der ersuchte Staat entsprechende Verbrauchsteuern nicht erhebt. Es gelten jedoch **Mindestbeträge:** liegt der verkürzte Betrag unter 25.000 ECU (= EUR) oder der Warenwert, auf den sich die Tat bezieht, unter 100.000 ECU kann Rechtshilfe verweigert werden, wenn die Tat nicht aus Sicht des ersuchenden Staates ihrer Art nach oder wegen der Person des Täters als sehr schwerwiegend betrachtet wird, Art. 50 Abs. 4 SDÜ. Abs. 3 sieht eine strikte Spezialitätsbindung für die erhaltenen Informationen vor.

Gem. **Art. 51 SDÜ** kann die Gewährung von Rechtshilfe davon abhängig gemacht werden, dass die **89** Tat nach dem Recht des ersuchten Staates eine Zuwiderhandlung darstellt, über die im Falle eines Rechtsbehelfs gegen die von einer Behörde ausgesprochene Ahndung ein auch **in Strafsachen zuständiges Gericht** entscheidet. Art. 51 SDÜ wird auch durch die Regelungen des ZP-EU-RhÜbk nicht verdrängt. In Deutschland wird Rechtshilfe bei **eingehenden Ersuchen** nach Maßgabe von Art. 59 Abs. 3 IRG geleistet; die Vorschrift stellt sicher, dass es nicht zu einer unbefugten Offenbarung iSv § 30 kommt (SLGH/*Lagodny* IRG § 59 Rn. 32).

Art. 50 SDÜ geht im Bereich der indirekten Steuern weiter als das ebenfalls von allen Mitgliedstaaten **90** ratifizierte Zusatzprotokoll v. 17.3.1978 zum Europäischen Übereinkommen über die Rechtshilfe in Strafsachen v. 20.4.1959 des Europarats **(ZP-EuRhÜbk).** Das Europarats-Übereinkommen (EuRhÜbk) selbst bildet die **Mutterkonvention** zum EU-RhÜbk (Art. 1) und zum SDÜ (Art. 68). Nach Art. 1 des ZP-EuRhÜbk können die Unterzeichnerstaaten die Gewährung von Rechtshilfe bei Steuerstraftaten zwar nicht allein mit dem Argument verweigern, dass es sich nach dem Recht des ersuchten Staates um eine fiskalische strafbare Handlung handle (Modifikation zu Art. 2 Buchst. a EuRhÜbk), jedoch bleiben die **Versagungsgründe gem. Art. 5 EuRhÜbk** bestehen, wonach die Leistung von Rechtshilfe insbes. von der beiderseitigen Strafbarkeit oder der Auslieferungsfähigkeit nach dem Recht des ersuchten Staates abhängig gemacht werden kann. Das ZP-EuRhÜbk ist für Rechtshilfeersuchen betreffend die **direkten Steuern** gegenüber denjenigen Mitgliedstaaten maßgeblich, die dem weiterreichenden ZP-EU-RhÜbk (→ Rn. 87) nicht beigetreten sind, also Estland, Griechenland, Italien, Irland und Kroatien.

Den **Austausch** bei den Ermittlungsbehörden bereits **vorhandener Daten und Erkenntnisse** **91** innerhalb des Schengenraums regelt unabhängig von der Art der begangenen Straftat der Rahmenbeschluss 2006/960/JI des Rates v. 18.12.2006 über die Vereinfachung des Austauschs von Informationen und Erkenntnissen zwischen den Strafverfolgungsbehörden der Mitgliedstaaten der Europäischen Union (ABl. 2006 L 386, 89, umgesetzt in den §§ 117a f. AO, §§ 92 ff. IRG ua durch Gesetz v. 21.7.2012, BGBl. I 1566). Auch hier gilt eine strikte Zweckbestimmungen, vgl. § 117b AO, Art. 8 Abs. 4 des Rahmenbeschlusses.

2. Auslieferung. Auslieferungsersuchen in Steuerstrafsachen zwischen Mitgliedstaaten der EU rich- **92** ten sich – wie der Auslieferungsverkehr insgesamt – nach dem Rahmenbeschluss über den **Europäischen Haftbefehl** (Rahmenbeschlusses 2002/584/JI des Rates v. 13.6.2002 über den Europäischen Haftbefehl und das Übergabeverfahren zwischen den Mitgliedstaaten – RB-EUHb, ABl. 2002 L 190, 1), der nach seinem Art. 31 Abs. 1 die entsprechenden Bestimmungen der dort genannten Übereinkommen, insbes. das Europäische Auslieferungsübereinkommen v. 13.12.1957 (EuAlÜbk) mit seinen Zusatzprotokollen und das nie allgemein in Kraft getretene Übereinkommen v. 27.9.1996 aufgrund von Artikel K.3 des Vertrages der Europäischen Union über die Auslieferung zwischen den Mitgliedstaaten der Europäischen Union (EUAuslÜbk, ABl. 1996 C 313, 12) ersetzt (EuGH Slg. 2008, I-6307 Rn. 53 – Goicoechea; SLGH/*Hackner* IRG § 78 Rn. 7). Danach kann die Auslieferung nach den Vorschriften über den EUHb erfolgen, wenn die Tat nach den Rechtsvorschriften des Ausstellungsmitgliedstaats mit einer Freiheitsstrafe im Höchstmaß von mindestens zwölf Monaten bedroht ist, also bei allen Steuerstraftaten iSv § 369. Steuerstraftaten unterfallen jedoch nicht dem Katalog derjenigen Deliktsgruppen, bei denen gem. Art. 2 Abs. 2 RB-EUHb die Überprüfung der beiderseitigen Strafbarkeit entfällt. Gem. Art. 4 Nr. 1 RB-EUHb darf die Vollstreckung eines EUHb jedoch nicht aus dem Grund abgelehnt werden, dass das Recht des Vollstreckungsmitgliedstaats keine gleichartigen Steuern vorschreibt oder keine gleichartigen Steuer-, Zoll- und Währungsbestimmungen enthält wie das Recht des Ausstellungsmitgliedstaats. Danach ist die Auslieferung zu bewilligen, soweit es sich um Abgaben-, Steuer-, Zoll- oder Devisenstrafsachen handelt, die nach dem Recht des ersuchten Staates einer strafbaren Handlung derselben Art entsprechen; menschenunwürdige Haftbedingungen gestalten ggf. einen Aufschub (EuGH StraFo 2016, 282 Rn. 98). Jeder Mitgliedstaat kann allerdings erklären, die Auslieferung auf Straftaten im Bereich der indirekten Steuern zu beschränken. Ein Übereinkommen über ein dem EuHB im Wesentlichen entsprechendes Übergabeverfahren mit Island und Norwegen ist ausgehandelt, aber noch nicht geschlossen (s. Beschluss des Rates 2014/835/EU v. 27.11.2014 über den Abschluss des Übereinkommens zwischen der Europäischen Union und der Republik Island und dem Königreich Norwegen über das Übergabeverfahren zwischen den Mitgliedstaaten der Europäischen Union und Island und Norwegen, ABl. 2014 L 343, 1).

93   Im Verhältnis zu denjenigen **Nichtmitgliedstaaten,** gegenüber denen das SDÜ Anwendung findet und ein Übergabeverfahren nach dem Muster des EuHB (noch) nicht besteht (Island, Norwegen, Schweiz und Liechtenstein, → Rn. 79a), richtet sich die Auslieferung im Bereich der **indirekten Steuern** nach **Art. 63 SDÜ,** der auf strafbare Handlungen iSv Art. 50 Abs. 1 SDÜ verweist.

94   Im Bereich der **direkten Steuern** findet das Zweite Zusatzprotokoll v. 17.3.1978 zum Europäischen Auslieferungsübereinkommen v. 13.12.1957 (2. ZP-EuAlÜbk) Anwendung, dem Liechtenstein allerdings nicht beigetreten ist (zum Ratifizierungsstand und zu den Vorbehalten der Signatarstaaten www.conventions.coe.int/Treaty/Commun/ListeTraites.asp?CM=8&CL=GER Nr. 098). Art. 2 des 2. ZP-EuAlÜbk bestimmt, dass die Auslieferung in Abgaben-, Steuer-, Zoll- und Devisenstrafsachen zu bewilligen ist, wenn die Tat nach dem Recht des ersuchten Staates einer strafbaren Handlung derselben Art entspricht. Die Vorschrift ersetzt Art. 5 der Mutterkonvention des EuAlÜbk, der die Auslieferung in Abgaben-, Steuer-, Zoll- und Devisenstrafsachen davon abhängig macht, dass dies zwischen den Vertragsparteien für einzelne oder Gruppen von strafbaren Handlungen dieser Art ausdrücklich vereinbart worden ist (zu den Vorbehalten und Erklärungen s. www.conventions.coe.int/Treaty/Commun/ListeTraites.asp?CM=8&CL=GER Nr. 024).

95   **3. Spezialitätsgrundsatz.** Der typischerweise im Auslieferungsrecht verankerte Spezialitätsvorbehalt wird von einigen Staaten, namentlich der Schweiz, auch bei der Leistung kleiner Rechtshilfe regelmäßig angebracht. Danach dürfen die im Rechtshilfewege übermittelten Beweise nur in dem Verfahren verwendet werden, für das die Verwendung bewilligt wurde, also regelmäßig das im Ersuchen erkannte. Der Widerruf einer einmal erteilten Bewilligung nach der abschließenden Verwertung der Erkenntnisse geht ins Leere (BGHSt 51, 202). Anders als bei einer Auslieferung könnte aber auch ein rechtzeitiger Widerruf nie ein Verfahrenshindernis begründen, sondern – weil sich Rechtshilfe immer nur auf einzelne Beweismittel bezieht – allenfalls ein Verwertungsverbot (BGHSt 51, 202).

96   Erfolgt die Auslieferung aufgrund eines **EUHb,** ist zu beachten, dass der Spezialitätsgrundsatz – anders als bei Auslieferungen auf völkervertraglicher Grundlage – kein Verfahrenshindernis mehr, sondern nur noch ein **Vollstreckungshindernis** begründen kann (EuGH Slg. 2008, I-8993 – Leymann und Pustovarov = NStZ 2010, 35 mAnm *Heine*). Ermittlungsverfahren wegen anderer Taten als derer, die der Auslieferung zugrunde liegen, sind auch ohne Zustimmung des ersuchten Staates möglich, selbst Anklageerhebung und Verurteilung. Allerdings darf eine wegen des Spezialitätshindernisses nicht vollstreckbare Strafe nicht in eine Gesamtstrafe einbezogen werden; wird sie später (etwa nach einem Nachtragsersuchen) vollstreckbar, ist eine nachträgliche Gesamtstrafe zu bilden (BGH NStZ 2014, 590). Auch der Vorteil einer fehlerhaft gebildeten Gesamtstrafe darf dem Angekl. auf seine Revision nicht entzogen werden; ggf. muss die Einzelstrafe herabgesetzt werden, s. BGH 1 StR 627/15.

96a   **4. Rechtsschutz und Verwertbarkeit der Erkenntnisse.** Rechtshilfemaßnahmen gehören zum normalen Ermittlungsinstrumentarium, so dass gegen ausgehende Ersuchen keine besonderen Rechtsbehelfe vorgesehen sind. Rechtsschutz kann nur vor Ort im ersuchten Staat stattfinden (im Einzelnen JJR/*Joecks* § 399 Rn. 182 ff.). Die (Un-)Verwertbarkeit der im Rechtshilfewege erlangten Erkenntnisse richtet sich nach inländischem Recht oder völkerrechtlichen Grundsätzen (Kohlmann/*Hilgers-Klautzsch* § 385 Rn. 158, 581). Zur Vermeidung unzulässiger Eingriffe in das Souveränitätsrecht eines anderen Staates sind erklärte Spezialitätsvorbehalte oder Widersprüche einer zuständigen ausländischen Behörde zu beachten, wenn die Erkenntnisse unter Umgehung des Rechtshilfewegs gewonnen wurden. Die Nichtbeachtung rechtshilferechtlicher Bestimmung führt jedoch dann nicht zu einem Beweisverwertungsverbot, wenn die Beweise auch bei Beachtung des Rechtshilferechts durch den ersuchten und den ersuchenden Staat hätten erlangt werden können (zum Ganzen BGHSt 58, 32).

II. Rechtshilfe mit der Schweiz und Liechtenstein

97   **1. Schweiz.** Gem. Art. 3 Abs. 3 des Schweizerischen Rechtshilfegesetzes (IRSG, Amtl. Slg. des Schweizerischen Bundesrechts (AS) 1982 S. 846) leistet die Schweiz grds. keine Rechtshilfe, wenn

Gegenstand des Verfahrens eine Tat ist, die auf die Verkürzung fiskalischer Abgaben gerichtet erscheint. Ausgenommen sind lediglich Verfahren wegen Abgabebetruges: in diesen Fällen kann Rechtshilfe einschließlich der Durchführung von Durchsuchungen und Beschlagnahmen geleistet werden; eine Auslieferung bleibt jedoch ausgeschlossen. Abgabebetrug stellt nach Schweizerischem Recht anders als Steuerhinterziehung ein Vergehen dar und betrifft die vom Bund erhobenen Steuern. **Abgabebetrug** begeht, wer dem Gemeinwesen durch arglistiges Verhalten vermittels eines Lügengebäudes, insbes. durch Verwenden falscher Urkunden oder sonstige besonders täuschende Machenschaften, unrechtmäßig und in einem erheblichen Betrag eine Abgabe, einen Beitrag oder eine andere Leistung vorenthält oder es sonst am Vermögen schädigt (Einzelheiten s. BMF-Schreiben BStBl. I 2006, 706). Die bloße **Steuerhinterziehung,** bei der der Steuerpflichtige über inhaltlich unwahre Angaben nur bewirkt, dass eine Veranlagung zu Unrecht unterbleibt oder dass eine rechtskräftige Veranlagung unvollständig ist, ist von der Rechtshilfe ausgenommen. Sie wird nur mit einer Buße geahndet und gilt damit als Übertretung und nicht als Vergehen; zuständig sind nur die kantonalen Steuerbehörden und nicht die Strafverfolgungsbehörden. Für im Wege der Rechtshilfe erlangte Erkenntnisse besteht eine strikte Spezialitätsbindung, sie dürfen insbes. nicht für die Veranlagung herangezogen werden (zum Ganzen Kohlmann/ *Peters* § 399 Rn. 376 ff.; Klein/*Jäger* § 385 Rn. 37 ff.).

Im Bereich der **indirekten Steuern** kommt es auf die Unterscheidung Abgabe-/Steuerbetrug und **98** Steuerhinterziehung dagegen nicht mehr an. Der Ausschlussgrund des Art. 3 Abs. 3 IRSG wird insoweit durch vorrangiges Staatsvertragsrecht verdrängt. Zu nennen ist hier einmal das SDÜ, das seit 12.12.2008 auch im Verhältnis zur Schweiz anwendbar ist (→ Rn. 79). Gem. Art. 51 lit, a SDÜ ist die Schweiz in den Fällen der Zoll-, Verbrauch- und Umsatzsteuerhinterziehung nämlich auch dann zur Rechtshilfe in Form von **Durchsuchungen** und **Beschlagnahmen** verpflichtet, wenn die Tat nur für eine Vertragspartei eine Straftat, für die andere dagegen eine Ordnungswidrigkeit darstellt. Gleiches gilt nach dem im Verhältnis zur Schweiz bereits anwendbaren EU-Betrugsabkommen, das in seinem Art. 32 zusätzlich **Bank- und Finanzauskünfte** erfasst (Abkommen über die Zusammenarbeit zwischen der Europäischen Gemeinschaft und ihren Mitgliedstaaten einerseits und der Schweizerischen Eidgenossenschaft andererseits zur Bekämpfung von Betrug und sonstigen rechtswidrigen Handlungen, die ihre finanziellen Interessen beeinträchtigen, ABl. 2009 L 46, 6). Handelt es sich dagegen um einen dem Abgabenbetrug entsprechenden Fall, ist die Schweiz gem. Art. 63 SDÜ bei Zoll-, Mehrwertsteuer- und Verbrauchsteuerdelikten auch zur Auslieferung verpflichtet und liefert auch aus (s. Schweizerisches Bundesgericht PStR 2011, 137)

Auch als Folge der Kontroverse über gestohlene Bankdaten, die nach BVerfG DStR 2010, 2512 für **99** Strafverfolgungszwecke uneingeschränkt verwertbar sind, soll die Kooperation allerdings zukünftig verbessert werden. In einem ersten Schritt wurde die **Amtshilfe** zwischen den Finanzbehörden dem OECD-Standard angepasst und das Doppelbesteuerungsabkommen mit Deutschland entsprechend geändert (Einführung der sog großen Auskunftsklausel entsprechend Art. 26 des OECD-Musterabkommens). Die Neuregelung findet allerdings nur auf nach dem 21.12.2011 gestellte Auskunftsersuchen Anwendung, die sich auf Veranlagungszeiträume nach dem 1.1.2011 beziehen. Die Ausführung des DBA richtet sich nach dem Steueramtshilfegesetz (StAhiG v. 28.9.2012, AS 2013, 231), das für alle derartigen Abkommen gilt und in seiner Neufassung auch Regelungen bei Gruppenanfragen enthält. Ob das DBA-D solche **Gruppenanfragen** zulässt, ist bislang nicht geklärt (*Holenstein* PStR 2014, 232). Die über das DBA erlangten Erkenntnisse können auch im Strafverfahren Verwendung finden (Kohlmann/*Peters* § 399 Rn. 380; zum Verhältnis von Amtshilfe und Rechtshilfe s. BMF-Schreiben BStBl. I 2006, 700). In einem zweiten Schritt sollen die für die Amtshilfe erzielten Lösungen in den Bereich der Rechtshilfe übernommen werden, wobei zunächst an eine Weiterentwicklung der jeweiligen Staatsverträge gedacht ist, bevor das IRSG angepasst wird. Das am 27.5.2015 unterzeichnete Abkommen über den automatischen Informationsaustausch (formell ausgestaltet als Änderungsprotokoll zu dem Abkommen zwischen der Schweizerischen Eidgenossenschaft und der Europäischen Gemeinschaft über Regelungen, die den in der RL 2003/48/EG des Rates im Bereich der Besteuerung von Zinserträgen festgelegten Regelungen gleichwertig sind) soll nach Ratifizierung am 1.1.2017 in Kraft treten und den **automatischen Datenaustausch** ab 2018 ermöglichen.

2. Liechtenstein. Liechtenstein ist zwar Vertragsstaat des EuRhÜbk, hat jedoch das Zusatzprotokoll **100** v. 17.3.1978 (→ Rn. 90) nicht gezeichnet. Damit ist es völkerrechtlich zur Leistung von Rechtshilfe in Steuersachen nicht verpflichtet; nach nationalem Recht sind sowohl Auslieferungen als auch Rechtshilfe bei fiskalisch strafbaren Handlungen **unzulässig** (Art. 15, 51 des Gesetzes über die internationale Rechtshilfe in Strafsachen (RHG), LiLGBl 2000/215). Wegen anderer Straftaten übermittelte Erkenntnisse dürfen wegen einer nicht der Rechtshilfe unterliegenden Handlung weder zu Beweis- noch zu Erhebungszwecken verwendet werden (BMF-Schreiben BStBl. I 2006, 705). Mit dem Beitritt Liechtensteins zum Schengen-Raum wird Liechtenstein im Bereich der **indirekten Steuern** in demselben Umfang zur Leistung von Rechtshilfe und zur Auslieferung verpflichtet, wie die Schweiz (→ Rn. 98). Das liechtensteinische Recht differenziert wie das schweizerische zwischen Steuerbetrug und Steuerhinterziehung, bei der die einfache Steuerhinterziehung lediglich bußgeldbewehrt und der Rechtsweg vor ein Strafgericht nicht eröffnet ist.

101 Für Veranlagungszeiträume oder Steuerjahre ab dem 1.1.2010 ist das Fürstentum gem. dem am 2.9.2009 abgeschlossenen **Steuerinformationsabkommen** allerdings bilateral zu umfassender Auskunftserteilung in allen Verfahren betreffend direkte Steuern verpflichtet, sofern es sich um vorsätzliche Straftaten handelt (in Kraft getreten am 28.10.2010, BGBl. 2010 II 950; 2011 II 326). Nach Nr. 4 des zu dem Abkommen ergangenen Protokolls besteht zudem Einvernehmen, dass die nach dem Abkommen erteilte Auskünfte zur weiteren Beurteilung iRd Besteuerung oder Strafverfolgung auch für Zeiträume herangezogen werden können, auf die die erteilten Auskünfte nicht bezogen waren. Ausreichend ist, dass die erbetene Information für das nationale Steuerstrafverfahren voraussichtlich erheblich ist, was bei Vorliegen eines Anfangsverdachts stets der Fall sein wird, Art. 1. Die Schenkungsteuer ist gem. Art. 3 vom Anwendungsbereich des Abkommens ausgenommen.

§ 370 Steuerhinterziehung

(1) Mit Freiheitsstrafe bis zu fünf Jahren oder mit Geldstrafe wird bestraft, wer

1. den Finanzbehörden oder anderen Behörden über steuerlich erhebliche Tatsachen unrichtige oder unvollständige Angaben macht,
2. die Finanzbehörden pflichtwidrig über steuerlich erhebliche Tatsachen in Unkenntnis lässt oder
3. pflichtwidrig die Verwendung von Steuerzeichen oder Steuerstemplern unterlässt

und dadurch Steuern verkürzt oder für sich oder einen anderen nicht gerechtfertigte Steuervorteile erlangt.

(2) Der Versuch ist strafbar.

(3) ¹In besonders schweren Fällen ist die Strafe Freiheitsstrafe von sechs Monaten bis zu zehn Jahren. ²Ein besonders schwerer Fall liegt in der Regel vor, wenn der Täter

1. in großem Ausmaß Steuern verkürzt oder nicht gerechtfertigte Steuervorteile erlangt,
2. seine Befugnisse oder seine Stellung als Amtsträger oder Europäischer Amtsträger (§ 11 Absatz 1 Nummer 2a des Strafgesetzbuchs) missbraucht,
3. die Mithilfe eines Amtsträgers oder Europäischen Amtsträgers (§ 11 Absatz 1 Nummer 2a des Strafgesetzbuchs) ausnutzt, der seine Befugnisse oder seine Stellung missbraucht,
4. unter Verwendung nachgemachter oder verfälschter Belege fortgesetzt Steuern verkürzt oder nicht gerechtfertigte Steuervorteile erlangt, oder
5. als Mitglied einer Bande, die sich zur fortgesetzten Begehung von Taten nach Absatz 1 verbunden hat, Umsatz- oder Verbrauchssteuern verkürzt oder nicht gerechtfertigte Umsatzsteuer- oder Verbrauchsteuervorteile erlangt.

(4) ¹Steuern sind namentlich dann verkürzt, wenn sie nicht, nicht in voller Höhe oder nicht rechtzeitig festgesetzt werden; dies gilt auch dann, wenn die Steuer vorläufig oder unter Vorbehalt der Nachprüfung festgesetzt wird oder eine Steueranmeldung einer Steuerfestsetzung unter Vorbehalt der Nachprüfung gleichsteht. ²Steuervorteile sind auch Steuervergütungen; nicht gerechtfertigte Steuervorteile sind erlangt, soweit sie zu Unrecht gewährt oder belassen werden. ³Die Voraussetzungen der Sätze 1 und 2 sind auch dann erfüllt, wenn die Steuer, auf die sich die Tat bezieht, aus anderen Gründen hätte ermäßigt oder der Steuervorteil aus anderen Gründen hätte beansprucht werden können.

(5) Die Tat kann auch hinsichtlich solcher Waren begangen werden, deren Einfuhr, Ausfuhr oder Durchfuhr verboten ist.

(6) ¹Die Absätze 1 bis 5 gelten auch dann, wenn sich die Tat auf Einfuhr- oder Ausfuhrabgaben bezieht, die von einem anderen Mitgliedstaat der Europäischen Union verwaltet werden oder die einem Mitgliedstaat der Europäischen Freihandelsassoziation oder einem mit dieser assoziierten Staat zustehen. ²Das Gleiche gilt, wenn sich die Tat auf Umsatzsteuern oder auf die in Artikel 1 Absatz 1 der Richtlinie 2008/118/EG des Rates vom 16. Dezember 2008 über das allgemeine Verbrauchsteuersystem und zur Aufhebung der Richtlinie 92/12/EWG /ABl. L 9 vom 14.1.2009, S. 12) genannten harmonisierten Verbrauchsteuern bezieht, die von einem anderen Mitgliedstaat der Europäischen Union verwaltet werden.

(7) Die Absätze 1 bis 6 gelten unabhängig von dem Recht des Tatortes auch für Taten, die außerhalb des Geltungsbereiches dieses Gesetzes begangen werden.

Neuere Literatur (Auswahl): Zeitschriften und Monografien: *Alvermann/Talaska,* Anzeige- und Berichtigungspflicht bei zuvor bedingt vorsätzlich abgegebener unrichtiger Steuererklärung, HRRS 2010, 166; *Bansemer,* Hinterziehung im Beitreibungsverfahren, wistra 1994, 327; *Beckemper,* Steuerhinterziehung durch Erschleichen eines unrichtigen Feststellungsbescheids?, NStZ 2002, 518; *Blesinger,* Grundlagenbescheide als Gegenstand einer Steuerhinterziehung?, wistra 2009, 294; *Blesinger/Schwabe/Ahlbrecht,* Strafbefreiende Selbstanzeige – Höhe der Nachzahlungspflicht bei Steuerverkürzung auf Zeit, DB 2007, 485; *Bender,* Rechtsfragen um den Transitschmuggel mit Zigaretten, wistra 2001, 161; *Bender,* Zur Hinterziehung der Branntweinsteuer durch Entziehung der Ware aus dem Steueraussetzungsverfahren, wistra 2003, 147; *Bender,* Gestellung, Zollanmeldung und Entziehen aus der zollamtlichen Überwachung in der jüngsten Rechtsprechung des BGH, ZfZ 2003, 255; *Bender,* Der Transitschmuggel im europäischen „ne bis in idem", wistra 2009, 176; *Beyer*, Steuerstrafrechtliches Kompensationsverbot – Ausnahmen und Wirkungen, NWB 2016, 772; *Bornheim*, Die Hinterziehung verfassungswidriger Steuern, PStR 1998, 195; *Bornheim*, Verfassungswidrigkeit des § 32c EStG und steuerstrafrechtliche Auswirkungen, PStR 1999, 136; *Bornheim*, Hinterziehung von Vermögensteuer – Strafrechtliche Aspekte, Verlängerung der Festsetzungsfrist nach § 169 Abs. 2 Satz 2 AO und Festsetzung von Hinterziehungszinsen nach § 235 AO, Stbg 1999, 310, 372; *Bornheim*, Vermögensteuer in Hinterziehungsfällen, DB 1999, 2600; *Brandenstein*, Gilt seit dem 1.1.1997 das Rückwirkungsverbot des § 2 III StGB bei der Hinterziehung von Vermögensteuer?, NJW 2000, 2326; *Bülte*, Die neuere Rechtsprechung des BGH zur Strafbewehrung von § 153 AO: Prüfstein für Strafrechtsdogmatik und Verfassungsrecht im Steuerrecht, BB 2010, 607; *Bülte*, Das Kompensationsverbot: ein originär strafrechtliches Rechtsinstitut im Steuerstrafrecht, NZWiSt 2016, 1, 53; *Burkhard*, Ehegattenverantwortlichkeit im Steuerstrafrecht, DStZ 1998, 829; *Burkhard*, Beihilfe des Ehegatten durch bloße Mitunterzeichnung im Rahmen der Zusammenveranlagung?, StB 2001, 47; *Burkhard*, Keine Ehegattenverantwortlichkeit im Steuerstrafrecht, DStZ 2002, 750; *Buse*, Beendigung der Umsatzsteuerhinterziehung bei Fristverlängerung nach § 109 AO durch Erlasse der obersten Finanzbehörden, wistra 1997, 173; *Claus*, Der unrichtige Feststellungsbescheid als nicht gerechtfertigter Steuervorteil, HRRS 2009, 102; *Daragan*, Keine Bestrafung wegen Vermögensteuerhinterziehung in bezug auf Veranlagungszeiträume ab 1983, DStR 1999, 2117; *Degenhard*, Kann die Hinterziehung verfassungswidriger Steuern strafbar sein?, DStR 2001, 1370; *Dickopf, Steuerberatung und steuerstrafrechtliche Risiken*, 1991; *Dörn*, Steuerhinterziehung durch Unterlassen?, 2000; *Grunst*, Steuerhinterziehung durch Unterlassen, 1996; *Feiß*, Hinterziehung kommunaler Abgaben, PStR 2010, 136; *Fischbach*, Das Kompensationsverbot – Zweck, Kritik und Modifikation, BLJ 2010, 3; *Flore*, Strafzumessungsraster bei Steuerhinterziehung?, HRRS 2009, 493; *Hardtke*, Steuerhinterziehung durch verdeckte Gewinnausschüttung, 1995; *Hardtke*, Die Verjährung im Steuerstrafrecht, AO-StB 2001, 273; *Hardtke*, Feststellungsbescheide als Taterfolg der Steuerhinterziehung, AO-StB 2002, 93; *Hardtke/Leip*, Strafverfolgungsverjährung bei Steuerhinterziehung infolge verdeckter Gewinnausschüttung, NStZ 1996, 217; *Harms*, Steuerliche Beratung im Dunstkreis des Steuerstrafrechts, Stbg 2005, 12; *Hellmann/Beckemper*, Übungsfall Luftgeschäfte, ZJS 2008, 60; *Hellmann*, Konsequenzen der strafbefreienden Erklärung nach dem Gesetz zur Förderung der Steuerehrlichkeit für die Verfolgung von Nichtsteuerstraftaten, wistra 2004, 201; *Helmrich*, Berichtigungspflicht gemäß § 153 Abs. 1 Satz 1 Nr. 1 AO – insbesondere bei unaufklärbaren Sachverhalten, DStR 2009, 2132; *Joecks/Randt*, Merkblatt II v. 20.7.2004, DStR 2004, 1461; *Joecks*, Strafvorschriften im Steuerverkürzungsbekämpfungsgesetz, wistra 2002, 201; *Jope*, Steuerhinterziehung im Feststellungsverfahren, DStR 2009, 247; *Keßbohmer*, Nachweispflichten in Steuergesetzen aus steuerrechtlicher und steuerstrafrechtlicher Sicht, wistra 1996, 334; *Keßbohmer/Schmitz*, Hinterziehung ausländischer Steuern und Steuerhinterziehung im Ausland, wistra 1995, 1; *Klötzer*, Modernisierung des Zollkodex – Der Weg zum europäischen Zollstrafrecht?, wistra 2007, 1; *Kohlmann/Hilgers-Klautzsch*, Bestrafung wegen Hinterziehung verfassungswidriger Steuern?, wistra 1998, 161; *Lewandowski/Ackermann*, Elektronische Kommunikation mit dem Finanzamt, DStR 2014, 1646; *Lindwurm*, Steuerhinterziehung und hinterzogene Steuer, AO-StB 2007, 218; *Mack*, Steuerhinterzieher hinter Gitter?, Stbg 2009, 270; *Meine*, Zu den strafrechtlichen Auswirkungen der Vermögensteuerentscheidung des Bundesverfassungsgerichts v. 22.6.1995, wistra 2002, 361; *Menke*, Die Bedeutung des sog. Kompensationsverbots in § 370 AO, wistra 2005, 125; *Merz/Ebener*, Zur prozessualen Tatidentität zwischen Lohn- und Einkommensteuerhinterziehung, PStR 2013, 60; *Müller A.*, Das Erlangen nicht gerechtfertigter Steuervorteile – der Stiefbruder der Steuerverkürzung, DStZ 2001, 613; *Müller A.*, Strafbar durch Nichtstun – Steuerhinterziehung durch Unterlassen, AO-StB 2002, 58; *Müller A.*, Ehegatten im Steuerstrafrecht: Mitunterzeichnung der Steuererklärung, AO-StB 2005, 147; *Müller J.*, Vorsatz und Erklärungspflicht im Steuerstrafrecht, 2006; *Muhler*, Körperschaftsteuerhinterziehung durch verschwiegene Einnahmen, wistra 2001, 89, 130; *Musil/Burchard/Hechter*, Verfahrensrechtliche Fragen der elektronischen Steuererklärung im Rahmen des Projekts ELSTER, DStR 2007, 2290; *Nöhren*, Die Hinterziehung von Umsatzsteuer, 2005; *Pelz*, Wann verjährt die Beihilfe zur Steuerhinterziehung, wistra 2001, 11; *Ransiek*, § 370 AO und Steuerbefreiungen für innergemeinschaftliche Lieferungen, HRRS 2009, 421; *Raub*, Zu den straf- und steuerrechtlichen Folgen der Hinterziehung von Vermögensteuer, INF 2000, 353; *Reichle*, Ehegattenverantwortlichkeit im Steuerstrafrecht, wistra 1998, 91; *Resing*, Auswirkungen des Vermögensteuerbeschlusses des BVerfG auf verlängerte Festsetzungsverjährungsfristen und die Festsetzung von Hinterziehungszinsen, DStR 1999, 922; *Rolletschke*, Die steuerstrafrechtliche Verantwortlichkeit des einen Antrag auf Zusammenveranlagung mitunterzeichnenden Ehegatten, DStZ 1999, 216; *Rolletschke*, Die Hinterziehung (verfassungswidriger) Vermögensteuer, DStZ 2000, 211; *Rolletschke*, Nochmals: Die Steuerhinterziehung eines Ehegatten durch Mitunterzeichnung der gemeinsamen Steuererklärung, DStZ 2000, 677; *Rolletschke*, Das Revisionsurteil im Wuppertaler Bankbeihilfeverfahren, DStZ 2000, 787; *Rolletschke*, Nochmals: Die Vermögensteuerhinterziehung DStZ 2001, 550; *Rolletschke*, Die Hinterziehung von Erbschaft-/Schenkungsteuer, wistra 2001, 287; *Rolletschke*, Steuerhinterziehung bei Schätzung eines steuerlich geführten Steuerpflichtigen (Veranlagungssteuern), DStZ 2001, 671; *Rolletschke*, Einmal mehr – Die Steuerhinterziehung eines Ehegatten durch Mitunterzeichnung der gemeinsamen Steuererklärung, wistra 2002, 454; *Rolletschke*, Die wiederholte Steuerhinterziehung, wistra 2002, 332; *Rolletschke*, Die Konkurrenz zwischen Beitragsbetrug (§§ 263, 266a StGB) und Lohnsteuerhinterziehung (§ 370 Abs. 1 AO), wistra 2005, 211; *Rolletschke*, Die Steuerhinterziehung des „untreuen" Finanzbeamten, wistra 2005, 250; *Rolletschke*, Die Strafbarkeit wegen einer unrichtigen strafbefreienden Erklärung, wistra 2005, 410; *Rolletschke*, „Fristerschleichung" als Steuerhinterziehung, PStR 2006, 163; *Rolletschke*, Die Revisionsentscheidung zum „untreuen" Finanzbeamten, wistra 2006, 249; *Rolletschke*, Steuerhinterziehung trotz überschießender Anrechnungsbeträge? wistra 2009, 332; *Rolletschke*, Auswirkungen der Rechtsprechungsänderungen zum großen Ausmaß iSd § 370 Abs. 3 Satz 2 Nr. 1 AO, NZWiSt 2016, 209; *Rolletschke/Jope*, Die Grundsatzentscheidung des BGH zur Strafhöhe beim Steuerhinterziehungssteuerbetrag, wistra 2009, 219; *Rolletschke/Steinhart*, Die steuerstrafrechtliche Konkurrenzlehre und ihre Auswirkungen; insbesondere auf das Selbstanzeigerecht, NZWiSt 2015, 71; *Rübenstahl*, Die Vorbereitung der ESt-Verkürzung mittels Erlangung eines Grundlagenbescheids als Erlangung eines Steuervorteils und vollendete Steuerhinterziehung?, HRRS 2009, 93; *Rübenstahl/Zinser*, Die „Schwarzlohnabrede" – Lohnsteuerhinterziehung, Strafzumessungsrecht und obiter dicta, NJW 2011, 2481; *Rüping/Ende*, Neue Probleme von schweren Fällen der Hinterziehung, DStR 2008, 13; *Sahan*, Keine Steuererklärungspflicht bei Gefahr strafrechtlicher Selbstbelastung, 2005; *Salditt*, Hinterziehung ungerechter Steuern, StraFo 1997, 65; *Salditt*, Steuergerechtigkeit als Thema der Strafverteidigung, PStR 1999, 255; *Samson/Schillhorn*, Beihilfe zur Steuerhinterziehung durch anonymisierten Kapitaltransfer?, wistra 2001, 1; *Sangenstedt*, Garantenstellung und Garantenpflicht von Amtsträgern, 1989; *Schillhorn*, Hinterziehung von Körperschaftsteuer, 2000; *Schlepp*, Hinterziehung von Vermögensteuer auf Neu- und Nachveranlagungszeiträume, DStZ 2001, 282; *Schmidt,* Ist die Hinterziehung von Vermögensteuer weiterhin strafbar?, wistra 1999, 121; *Schmitz,* Der Beginn der Verjährungsfrist nach § 78a StGB bei der Hinterziehung von Einkommensteuer durch Unterlassen, wistra 1993, 248; *Schmitz,* Unrecht und Zeit, 1999; *Schmitz/Wulf,* Erneut: Hinterziehung ausländischer Steuern und Steuerhinterziehung im Ausland, § 370 Abs. 6, 7 AO, wistra 2001, 361; *Schneider,* Straflose Nachtat trotz Verjährung der Haupttat im Falle wiederholter Steuerhinterziehung, wistra 2001, 408; *Schützeberg,* Steuerhinterziehung durch Wiedereinsetzung in den vorigen Stand, PStR 2010, 95; *Seer,* Verständigungen an der Schnittstelle von Steuer- und Steuerstrafverfahren, BB 2015, 214; *Spatscheck,* Neue Strafzumessungsentscheidung bei der Steuerhinterziehung?, SAM 2009, 122; *Stumm,* Welche Auswirkung hätte die Anknüpfung an die steuerrechtliche Verjährungsfrist für die Selbstanzeige?, BB 2014, 412; *Tiedemann,* Der Strafschutz der Finanzinteressen der Europäischen Gemeinschaft, NJW 1990, 2226; *Törmöhlen,* Steuerstrafrechtliche Verantwortlichkeit des Ehegatten unter besonderer Berücksichtigung der Haftungsnorm des § 71 AO, wistra 2000, 406; *Ulsenheimer/Müller,* Steuerstrafrechtliche Konsequenzen der Entscheidung des Bundesverfassungsgerichts v. 22.6.1995 zum Vermögensteuergesetz, wistra 1998, 1; *Urban,* Steuerstrafrechtliche Konsequenzen des „Vermögensteuerbeschlusses" des BVerfG v. 22.6.1995, DStR 1998, 1995; *Urban,* Steuerliche Rechtsfolgen einer Hinterziehung von Vermögensteuer trotz Verfassungswidrigkeit, INF 1999, 617; *Utech/ Meine,* Verdeckte Gewinnausschüttungen, wistra 1989, 241; *Utech/Meine,* Das körperschaftsteuerliche Anrechnungsverfahren, wistra 1989, 331; *Vogelberg,* Der Irrtum im Steuerstrafrecht, ZAP F. 21, 71; *Vogelberg,* Bankmitarbeiter sind meist Hinterziehungsgehilfen, PStR 1999, 8; *Vogelberg,* Hinterziehungszinsen für vor dem 1.1.1997 liegende Zeiträume?, PStR 2000, 69; *von der Aa,* Die steuerstrafrechtliche Behandlung des einkommenslosen Ehegatten bei der Zusammenveranlagung, 2001; *Weidemann,* Verbrauchsteuern als Fälligkeit- und Veranlagungssteuern unter dem Blickwinkel des Steuerstrafrechts, ZfZ 2008, 97; *Weidemann,* Vorbereitungshandlung und Versuch bei der Tabaksteuerhinterziehung, wistra 2009, 174; *Weidemann,* Zur Anzeige- und Berichtigungspflicht nach § 153 AO, wistra 2010, 5; *Weidemann,* Replik: Steuerhinterziehung durch Wiedereinsetzung in den vorigen Stand, PStR 2010, 143; *Wirtz,* Das „Al Capone"-Prinzip, 2005; *Witte,* Gibt es eine Steuerhinterziehung nach einer vollendeten Steuerhinterziehung?, 2003; *Wulf,* Handeln und Unterlassen im Steuerstrafrecht, 2000; *Wulf,* Strafbarkeit der Vermögensteuerhinterziehung und § 370 AO als Blankettgesetz, wistra 2001, 41; *Wulf,* Beginn der Verjährung der Steuerhinterziehung bei ausgebliebener Steuerfestsetzung, wistra 2003, 89; *Wulf,* Die Verschärfung des Steuerstrafrechts zum Jahreswechsel 2008/2009, DStR 2009, 459.

Weitere Literatur: *Bender,* Das Zoll- und Verbrauchsteuerstrafrecht mit Verfahrensrecht; *Boruttau,* Grunderwerbsteuergesetz, 17. Aufl. 2011; DStJG, Bd. 38, Steuerstrafrecht an der Schnittstelle zum Steuerrecht, 2015; *Ebner,* Verfolgungsverjährung im Steuerstrafrecht, 2015; FS Tiedemann, 2008; FS Schwind, 2006; FS Kohlmann, 2003; FS Honig, 1970; FS Tipke, 1995; FS Amelung, 2009; *Hofmann,* Grunderwerbsteuergesetz, 10. Aufl. 2014; *Joecks,* Steuerstrafrecht, 2. Aufl. 2000; *Roxin/Arzt/Tiedemann,* Einführung in das Strafrecht und Strafprozessrecht, 6. Aufl. 2014.

Übersicht

A. Einleitung

Die volkswirtschaftliche Bedeutung von Steuerhinterziehungen lässt sich letztlich nur erahnen. Das **1** durch die Steuerfahndungsdienste erkannte „Hellfeld" spiegelt sich in den im Internet veröffentlichten Ergebnissen der Steuerfahndung des BMF wider (vgl. zuletzt Monatsbericht November 2015 abrufbar unter www.bundesfinanzministerium.de).

Tabelle 1: Von der Steuerfahndung erledigte Fälle

Jahr	Anzahl	Änderung ggü. Vorjahr in%
1997	23 487	
1998	30 869	31,4
1999	47 309	53,3
2000	48 638	2,8
2001	45 792	−5,9
2002	46 729	2,0
2003	42 393	−9,3
2004	37 370	−11,8

Jahr	Anzahl	Änderung ggü. Vorjahr in%
2005	36 195	−3,1
2006	35 666	−1,5
2007	36 309	1,8
2008	31 537	−13,1
2009	31 878	1,1
2010	34 186	7,2
2011	35 592	4,1
2012	31 655	−11,1
2013	34 183	8,0
2014	40 241	17,7

Tabelle 2: Festgestellte (bis 2013 bestandskräftige) Mehrsteuern nach Fahndungsprüfungen

Jahr	in Mio. EUR	Änderung ggü. Vorjahr in%
1997	1004,6	
1998	1146,3	14,1
1999	1467,4	28,0
2000	1532,5	4,4
2001	1523,6	−0,6
2002	1540,9	1,1
2003	1628,7	5,7
2004	1613,4	−0,9
2005	1658,0	2,8
2006	1433,6	−13,5
2007	1603,8	11,9
2008	1474,5	−8,1
2009	1665,8	6,2
2010	1745,7	11,5
2011	2228,6	27,7
2012	3079,6	38,2
2013	2051,2	−33,4
2014	2451,2	X

Tabelle 3: Festgestellte (bis 2013 bestandskräftige) Mehrsteuern nach Steuerarten in den Jahren 2003–2012

	2003		2004		2005		2006		2007	
	in Mio EUR	Änderung gegenüber Vorjahr in %	in Mio EUR	Änderung gegenüber Vorjahr in%	in Mio EUR	Änderung gegenüber Vorjahr in%	in Mio EUR	Änderung gegenüber Vorjahr in%	in Mio EUR	Änderung gegenüber Vorjahr in%
USt	490,8	29,6	538,7	9,8	591,2	9,7	558,4	−5,5	574,5	2,9
ESt	708,8	−4,7	657,4	−7,3	669,8	1,9	496,9	−25,8	543,5	9,4
KSt	100,3	5,7	92,9	−7,3	115,6	24,4	92,0	−20,4	148,6	61,6
LSt	92,1	24,9	67,7	−26,5	68,6	1,2	62,8	−8,5	55,3	−11,8
GewSt	62,3	−5,8	74,7	19,8	66,8	−10,6	75,8	13,5	147,7	94,8
VSt	61,0	−8,2	39,6	−35,0	45,9	15,9	14,6	−68,3	11,1	−23,9
Sonst St	113,4	−3,2	142,3	25,5	100,3	−29,5	133,2	32,8	123,1	−7,6
Gesamt	1628,7	5,7	1613,4	−0,9	1658,0	2,8	1433,6	−13,5	1603,8	11,9

	2008		2009		2010		2011		2012	
	in Mio EUR	Änderung gegenüber Vorjahr in %	in Mio EUR	Änderung gegenüber Vorjahr in%	in Mio EUR	Änderung gegenüber Vorjahr in%	in Mio EUR	Änderung gegenüber Vorjahr in%	in Mio EUR	Änderung gegenüber Vorjahr in%
USt	513,6	−10,6	624,7	21,6	702,3	12,4	984,0	40,1	2047,6	108,1
ESt	485,9	−10,6	468,4	−3,6	613,8	31,0	790,8	28,8	620,4	−21,5
KSt	106,8	−28,1	138,9	30,0	93,1	−33,0	63,9	−31,4	73,2	14,7
LSt	63,2	14,2	68,2	7,9	69,2	1,5	51,1	−26,2	59,6	16,7
GewSt	107,8	−27,0	123,2	14,3	98,6	−20,0	108,0	9,5	118,	9,3
VSt	6,5	−41,0	10,8	65,2	2,8	−73,9	1,6	−44,1	1,4	−8,8
Sonst St	190,8	54,9	131,6	−31,0	165,9	26,1	229,4	38,3	159,3	−30,5
Gesamt	1474,5	−8,1	1565,8	6,2	1745,7	11,5	2228,6	27,7	1565,8	38,2

Anm.: Der Monatsbericht November 2015 enthält – anders als seine Vorgänger – keine bezifferte Darstellung der Steuerarten.

Diese öffentlich zugänglichen Fahndungsstatistiken weisen allerdings in beiden Richtungen Ungenauigkeiten auf. Auf der einen Seite wird in der Mehrergebnistabelle nicht danach differenziert, inwieweit das einzelne Ergebnis auf strafbares oder ordnungswidriges Verhalten zurückzuführen ist (vgl. *Wirtz*, Das „Al Capone"-Prinzip, 2005, 34). Auf der anderen Seite werden in den Fahndungsstatistiken „nur" die Fälle berücksichtigt, in denen die Steuerfahndungsdienste beteiligt waren. Statistischen Zahlen über die Ergebnisse der allein durch die Straf- und Bußgeldsachenstelle (§ 386) bearbeiteten Fälle finden darin keinen Eingang. Für sie werden keine gesonderten Statistiken veröffentlicht.

Ungeachtet dessen unterliegen die auch in der Tagespresse zitierten Schätzungen zum „Dunkelfeld" unterschiedlichen auch methodischen Bedenken (vgl. dazu iE *Wirtz*, Das „Al Capone"-Prinzip, 2005, 30 ff.). Vor diesem Hintergrund muss man mE auch die Aussage bewerten, das Steueraufkommen würde

Rolletschke

ohne Steuerhinterziehungen um 25 % höher ausfallen (*Ebner,* Verfolgungsverjährung im Steuerstrafrecht, 2015, 39).

Zur kriminalpolitischen Bedeutung von Steuerstraftaten vgl. auch MüKoStGB/*Schmitz/Wulf* Rn. 29 ff.

B. Das Schutzgut

3   Schutzgut des § 370 Abs. 1–5 ist nach hM **die Sicherung des staatlichen Steueranspruchs, dh des rechtzeitigen und vollständigen Steueraufkommens bzw.** – gleichbedeutend formuliert – **das öffentliche Interesse am vollständigen und rechtzeitigen Aufkommen jeder einzelnen Steuerart** bezogen auf den jeweiligen Besteuerungsabschnitt (BVerfG wistra 2010, 396; BGH wistra 1998, 180 (189); 2000, 340 (344); NJW 2009, 528; NZWiSt 2013, 311 (315); NZWiSt 2014, 157 (159); BFH NJW 2008, 3807; OLG Hamburg wistra 2001, 112 (113); VG Düsseldorf BeckRS 2014, 56897; FGS/*Samson* Einl. Rn. 8; Kohlmann/*Ransiek* Rn. 52; Klein/*Jäger* Rn. 2; Ignor/Rixen ArbStrafR-HdB/*Wegner* § 5 Rn. 40; aA JJR/*Joecks* Rn. 29: das Steueraufkommen im Ganzen; *Salditt* StraFo 1997, 65; *Salditt* PStR 1999, 255; *Salditt* FS Tipke, 1995, 475: die gerechte und gleichmäßige Lastenverteilung nach dem Grundsatz der Leistungsfähigkeit; *Ehlers* FR 1976, 505: die rechtzeitige und richtige Mitteilung des steuerlich erheblichen Sachverhalts an die zuständige Stelle).

ME bedarf die Definition der hM allerdings einer geringfügigen Klarstellung. Da zB auch fingierte Steuererstattungen an tatsächlich nicht existente Unternehmen unter § 370 subsumiert werden (BGH NJW 1994, 2302 (2304); MüKoStGB/*Schmitz/Wulf* Rn. 6), ist letztlich nicht der Steueranspruch als solcher, sondern das Fiskalvermögen durch § 370 Abs. 1–5 geschützt (vgl. MüKoStGB/*Schmitz/Wulf* Rn. 6; Rolletschke/Kemper/*Rolletschke* Rn. 18; *Wulf,* Handeln und Unterlassen im Steuerstrafrecht, 2000, 206, 214; Rolletschke SteuerStrafR Rn. 3), weswegen § 370 mE auch zu Recht als Vermögensdelikt (besonderer Art) bezeichnet wird (BVerwG NJW 1990, 1864; Hess FG BeckRS 2007, 2602, 4837; Kohlmann/*Ransiek* Rn. 54; *Schmitz,* Unrecht und Zeit, 1999, 95; *Wulf,* Handeln und Unterlassen im Steuerstrafrecht, 2000, 70; v. Briel/Ehlscheid SteuerStrafR/*v. Briel* § 1 Rn. 141). Der jew. Steueranspruch ist vielmehr Angriffs- oder Tatobjekt der (meisten) Steuerhinterziehungen (vgl. MüKoStGB/*Schmitz/Wulf* Rn. 6; Rolletschke/Kemper/*Rolletschke* Rn. 18).

4   Unter den Schutz des § 370 fallen ggf. **auch** Steueransprüche, die an **materiell verfassungswidrige Steuernormen** anknüpfen. Eine formell ordnungsgemäß zustande gekommene Steuernorm unterliegt bis zu ihrer Aufhebung durch das BVerfG (Art. 100 Abs. 1 GG) dem strafrechtlichen Schutz des § 370. Ordnet das BVerfG bei einer für verfassungswidrig erklärten Steuernorm eine befristete Weitergeltung an (§§ 31 Abs. 2, 79 BVerfGG), so macht es von seinem Kassationsmonopol gerade keinen Gebrauch. In diesem Fall bleibt das mit der Zuwiderhandlung gegen die Steuernorm verbundene objektive Unwerturteil bestehen. Der BGH (BGH wistra 2002, 64 (65)) bejahte insoweit die Strafbarkeit einer Vermögensteuerhinterziehung (für VZ vor dem 1.1.1997), obwohl das BVerfG (BStBl. II 1995, 655 (663 ff.)) § 10 Nr. 1 VStG jedenfalls seit dem VZ 1983 für unvereinbar mit Art. 3 Abs. 1 GG erklärt und dem Gesetzgeber (fruchtlos) aufgegeben hatte, spätestens bis zum 31.12.1996 eine verfassungskonforme Neuregelung der Tarifschrift zu schaffen.

In diesem Zusammenhang ist zu beachten, dass normative Verfassungsverstöße im Regelfall eine Nichtigkeitserklärung (§ 78 BVerfGG) und nur im Ausnahmefall eine Unvereinbarkeitsfeststellung nach sich ziehen (§§ 31 Abs. 2, 79 Abs. 1 BVerfGG). Beruht die Verfassungswidrigkeit einer Norm aber ausschließlich auf einem Verstoß gegen den allgemeinen Gleichheitssatz des Art. 3 Abs. 1 GG (das ist gerade bei Besteuerungsnormen regelmäßig der Fall), so gilt ein umgekehrtes Regel-Ausnahme-Verhältnis. Da der Gesetzgeber bei Verletzungen des allgemeinen Gleichheitssatzes regelmäßig verschiedene Möglichkeiten hat, diesen Verfassungsverstoß zu beseitigen, ist er in Wahrnehmung seiner Gestaltungszuständigkeit grundsätzlich berechtigt zu entscheiden, wie er den verfassungswidrigen Zustand beseitigt; Entscheidungsprärogative des Gesetzgebers (vgl. BVerfG DStRE 2009, 1292 (1293)). Nur wenn das BVerfG davon überzeugt ist, dass eine nachträgliche Beseitigung der Verfassungswidrigkeit durch die Umgestaltung materieller und verfahrensrechtlicher Normen sowie durch einen auf der umgestalteten Rechtslage gründenden flächendeckenden Vollzug nicht möglich ist, führt die Feststellung der Verfassungswidrigkeit zur Nichtigkeitserklärung (vgl. BVerfG NJW 2004, 1022 (1030)).

Zur Hinterziehung verfassungswidriger Steuern allg. → § 369 Rn. 41 ff., insbes. → § 369 Rn. 44.

5   Da in § 370 Abs. 6 kein innerstaatlicher Steueranspruch berührt sein kann („Einfuhr- und Ausfuhrabgaben, die von einem anderen Mitgliedstaat der Europäischen Gemeinschaft verwaltet werden"), bedarf es insoweit einer gesonderten (modifizierten) Festlegung des Schutzguts. Unter Zugrundelegung der Schutzgutdefinition der hM (→ Rn. 3) ist durch § 370 Abs. 6 das Interesse der genannten Völkerrechtssubjekte am vollständigen und rechtzeitigen Beitragsaufkommen (so ausdrückl. auch Kohlmann/*Ransiek* Rn. 54) bzw. – bei einer Differenzierung zwischen Schutzgut und Angriffs-/Tatobjekt (→ Rn. 3) – deren Vermögen geschützt (vgl. MüKoStGB/*Schmitz/Wulf* Rn. 9).

C. Die Stellung im Strafrechtssystem

Der Steuerhinterziehungstatbestand des § 370 ist nach hM lex specialis ggü. dem Betrugstatbestand **6** § 263 StGB (BGHSt 32, 203 = BGH wistra 1984, 69; JJR/*Joecks* Rn. 735; Tipke/Lang SteuerR/*Seer* § 23 Rn. 35; Kühn/v. Wedelstädt/*Blesinger* Rn. 1; iErg ähnl. Kohlmann/*Kohlmann* § 370 aF Rn. 920; *Wulf,* Handeln und Unterlassen im Steuerstrafrecht, 2000, 261; Rolletschke/Kemper/*Rolletschke* Rn. 10: tatbestandliche Exklusivität).

§ 370 ist **Erfolgsdelikt** (unstr., vgl. zB BGH NStZ 2009, 512 (513); OLG München wistra 2002, **7** 34 (35); MüKoStGB/*Schmitz/Wulf* Rn. 11; *Wulf,* Handeln und Unterlassen im Steuerstrafrecht, 2000, 218). Die Vorschrift kennt zwei Taterfolge: die Steuerverkürzung iSd § 370 Abs. 4 S. 1 Hs. 1 und die Steuervorteilserlangung iSd § 370 Abs. 4 S. 2. Dabei ist der Taterfolg Steuerverkürzung in § 370 Abs. 4 S. 1 Hs. 1 an Hauptanwendungsbeispielen definiert (→ Rn. 80 ff.). In der Lit. werden die dortigen Umschreibungen zwar üblicherweise als Regelbeispiele bezeichnet. *Weidemann* (FS Schwind, 2006, 493) weist mE aber zutreffend darauf hin, dass die Verwendung dieses rechtstechnischen Begriffs irreführend ist, da sie die Widerlegbarkeit einer gesetzlichen Vermutung nahe legt. Der Taterfolg Steuervorteil ist durch § 370 Abs. 4 S. 2 hingegen nur ansatzweise umschrieben (→ Rn. 149 ff.).

§ 370 ist ein **Gefährdungsdelikt.** Die Vollendung der Tat setzt nicht die tatsächliche Schädigung des **8** Steueraufkommens voraus.

Für die **Steuerverkürzung** ergibt sich dies ohne weiteres aus der Umschreibung des Taterfolgs in **9** § 370 Abs. 4 S. 1 Hs. 1 (BGH wistra 2009, 114; NStZ 2009, 512 (513); NZWiSt 2014, 157 (159); JJR/ *Joecks* Rn. 27; Kohlmann/*Ransiek* Rn. 58; Klein/*Jäger* Rn. 85; MüKoStGB/*Schmitz/Wulf* Rn. 12; Ignor/Rixen ArbStrafR-HdB/*Wegner* § 5 Rn. 44; aA *Beckemper* NStZ 2002, 518 (520); *Rübenstahl* HRRS 2009, 93 (97); wohl auch Hübschmann/Hepp/Spitaler/*Hellmann* Rn. 57 ff.; allg. zur Steuerverkürzung → Rn. 90 ff.). Insoweit wird lediglich gefordert, dass die Steuerfestsetzung nicht, nicht in voller Höhe oder nicht rechtzeitig erfolgt. Anders als beim Betrug iSd § 263 StGB ist auf der Ebene des Taterfolgs keine nachweisbare Vermögensminderung des Steuerfiskus oder eine wie etwa bei § 263 StGB ausreichende schadensgleiche Vermögensgefährdung erforderlich (so ausdrückl. BGH NZWiSt 2014, 157 (159). Es reicht vielmehr aus, dass der durch Verwirklichung eines materiellen Besteuerungstatbestands kraft Gesetzes entstandene Steueranspruch durch eine unzureichende Steuerfestsetzung gefährdet wird.

Deshalb handelt ein Täter auch dann tatbestandsmäßig, wenn der Steueranspruch wegen Ver- **10** mögenslosigkeit von vornherein keinen wirtschaftlichen Wert hatte, sodass gar keine (konkrete) Gefährdung des Steueranspruchs bestand und die „Wertlosigkeit" des Steueranspruchs durch die Tathandlung des § 370 Abs. 1 gar nicht weiter vertieft werden konnte (vgl. MüKoStGB/*Schmitz/Wulf* Rn. 83). Anders als beim Erfüllungsbetrug (vgl. dazu Schönke/Schröder/*Perron* StGB § 263 Rn. 135 ff. mwN) erhält der Steuergläubiger in dieser Konstellation gar nicht weniger, als sein Steueranspruch von vornherein wert war. Er behält lediglich seine von Anfang an wertlose Steuerforderung (aA Hübschmann/Hepp/Spitaler/*Hellmann* Rn. 59; *Nöhren,* Die Hinterziehung von Umsatzsteuer, 2005, 40: bei wirtschaftlicher Betrachtungsweise des Verkürzungsbegriffs könne im Insolvenzfall der objektive Tatbestand nicht erfüllt werden). Zu erwägen wäre, ob die Wertlosigkeit eines Steueranspruchs auf die Strafzumessung durchschlägt (§ 46 Abs. 2 S. 2 StGB: verschuldete Auswirkungen der Tat). So ist im Kernstrafrecht anerkannt, dass iRd Strafzumessung zu berücksichtigen ist, ob es bei der bloßen Gefährdung geblieben ist oder ob die Gefährdung tatsächlich in eine Schädigung umgeschlagen ist (vgl. Schönke/Schröder/*Perron* StGB § 264 Rn. 71). Allerdings hat der BGH (BGH NStZ 2009, 512 (513)) zu § 370 entschieden, dass das Fehlen finanzieller Mittel kein bestimmender Strafzumessungsumstand ist. Demgegenüber habe die Nachzahlung der geschuldeten Steuer erhebliche strafmildernde Bedeutung.

Zusammenfassend wird man die Steuerhinterziehung im Festsetzungsverfahren vereinfachend wie folgt umschreiben können. Der durch die Erfüllung eines bestimmten Steuertatbestandes kraft Gesetzes verwirkte Steueranspruch wird durch eine Tathandlung iSd § 370 Abs. 1 insoweit gefährdet, als dass die Finanzbehörde außer Stande gesetzt wird, den verwirkten Steueranspruch durch eine Steuerfestsetzung in zutreffender Höhe zu konkretisieren und – da ein Steuerbescheid ein Vollstreckungstitel ist (§ 249 Abs. 1 S. 1) – gleichzeitig zu titulieren. Der BGH bezeichnet die Steuerhinterziehung insoweit auch treffend als „Erklärungsdelikt" (BGH wistra 2006, 66; 2009, 398; 2016, 112).

Nach hM (BGH NJW 2009, 381 (384); NZWiSt 2014, 157 (159); JJR/*Joecks* Rn. 146; Hüb- **11** schmann/Hepp/Spitaler/*Hellmann* Rn. 168; aA Rolletschke/Kemper/*Rolletschke* Rn. 11: Verletzungsdelikt) ist die Steuerhinterziehung in der **Taterfolgsalternative Vorteilserlangung** (§ 370 Abs. 4 S. 2) ebenso als Gefährdungsdelikt zu qualifizieren (allg. zur Steuervorteilserlangung → Rn. 150 ff.). Danach genügt für die Annahme einer Vorteilserlangung eine hinreichend konkrete Gefährdung des Steueranspruchs (so ausdrücklich BGH NJW 2009, 381 (384)). Die Gefahr für den Steueranspruch muss allerdings einen vergleichbaren Konkretisierungsgrad erreicht haben wie bei einer Steuerverkürzung (so ausdrückl. *Schillhorn,* Hinterziehung von Körperschaftsteuer, 2000, 112 (220)).

12   Die durch aktives Tun begangene Steuerhinterziehung (**§ 370 Abs. 1 Nr. 1**) ist **kein Sonderdelikt** (BGH wistra 2003, 344 (345); 2006, 90 (96, 114); 2007, 112 (113); 2007, 261; Kohlmann/*Kohlmann* § 370 aF Rn. 82; Klein/*Jäger* Rn. 25; v. Briel/Ehlscheid SteuerStrafR/*v. Briel* § 1 Rn. 143).

Als Täter kommt jeder in Betracht, der tatsächlich in der Lage ist, auf die Steuerfestsetzung, Steuererhebung oder Steuerbeitreibung zum Nachteil des Steuergläubigers einzuwirken. Unerheblich ist in diesem Zusammenhang, ob der Täter auch rechtlich berechtigt war, entsprechende Erklärungen abzugeben. Vor diesem Hintergrund ist also nicht nur der Steuerschuldner oder eine seiner Hilfspersonen „tauglicher Täter". Täter kann auch jeder Dritte sein, der die gesetzlichen Voraussetzungen von Täterschaft (§ 25 Abs. 1 Fall 1 StGB) oder Mittäterschaft (§ 25 Abs. 2 StGB) erfüllt.

13   Täter ist insoweit zB ein **Drittschuldner**, der in einem gegen den Steuerpflichtigen geführten Vollstreckungsverfahren in einer Drittschuldnererklärung (§ 316) unzutreffende Angaben macht (vgl. Klein/*Jäger* Rn. 25).

14   Als Täter kommt auch ein **Steuerberater** in Betracht. Ein Steuerberater kann – je nach Fallkonstellation – (Allein-)Täter iSd § 25 Abs. 1 Fall 1 StGB, Mittäter iSd § 25 Abs. 2 StGB (BGH wistra 1993, 302) oder mittelbarer Täter iSd § 25 Abs. 1 S. 1 Fall 2 StGB sein (BFH BStBl. II 1997, 158 (160)). Er kann aber auch als undoloses Werkzeug von seinem Mandanten missbraucht werden. Dann ist der Mandant wiederum mittelbarer Täter einer Steuerhinterziehung.

Eine täterschaftliche Steuerhinterziehung begeht ein Steuerberater, wenn er ggü. der Finanzbehörde unzutreffende Angaben macht. Dies kann sowohl im originären Steuerfestsetzungsverfahren (§§ 155 ff.), in der Außenprüfung (§§ 193 ff.), aber auch im Einspruchs- (§§ 347 ff.) oder im Klageverfahren der Fall sein (vgl. Klein/*Jäger* Rn. 30).

15   Täter kann auch ein **Finanzbeamter** sein, der zB eine Steuererklärung für einen nicht existenten Steuerpflichtigen fingiert (BGH wistra 2007, 388; 2009, 398; BFH wistra 2006, 113 (115); Klein/*Jäger* Rn. 35 f.).

Problematisch ist insoweit aber, ob die Tatbestandsverwirklichung hier einen Irrtum des Entscheidungsbefugten voraussetzt (zum untreuen Finanzbeamten → Rn. 589). Allgemein zu Täterschaft und Teilnahme vgl. die Erläut zu §§ 25 ff. StGB: → StGB § 25 Rn. 3 ff.

16   Im Gegensatz dazu stellt die Steuerhinterziehung in den Tatvarianten **§ 370 Abs. 1 Nr. 2** und **§ 370 Abs. 1 Nr. 3** nach bislang hM ein **Sonderdelikt** dar (BGH wistra 2003, 344 (345); 2007, 112 (113); 2007, 261; MüKoStGB/*Schmitz/Wulf*, 1. Aufl. 2010, Rn. 262; v. Briel/Ehlscheid SteuerStrafR/*v. Briel* § 1 Rn. 144; *Gaede* JA 2008, 88 (90); Rspr.-Nachweise zum möglichen Täterkreis bei JJR/*Joecks* Rn. 31; aA *Bender* wistra 2004, 368 (371); *Jäger* FS Amelung, 2009, 447 im Hinblick auf Hinterziehung von Einfuhrabgaben).

Hiervon der BGH für die Tatvariante pflichtwidriges In-Unkenntnis-Lassen iSd **§ 370 Abs. 1 Nr. 2** allerdings in seinem Urt. v. 9.4.2013 (BGH NZWiSt 2013, 311 (314)) ausdrückl. abgerückt. Nach neuerer Rechtsauffassung umschreibt die Pflichtwidrigkeit nicht den Kreis tauglicher Täter, sondern das Verhalten des Täters. Mit dieser Rspr.-Änderung beantwortet sich nunmehr auch ohne weiteres die Frage, ob es sich bei der Erklärungspflicht des § 370 Abs. 1 Nr. 2 um ein **tatbezogenes** oder ein täterbezogenes **Merkmal** iSd § 28 Abs. 1 StGB handelt. Bislang ging der BGH (wistra 1995, 189 (190)) zwar unter Bezugnahme auf die von *Dippel* (NStZ 1994, 182) vorgenommene Unterscheidung zwischen vorstrafrechtlicher Sonderpflicht, die eher die Persönlichkeit des Täters kennzeichnet und deshalb täterbezogen ist, und strafrechtlichem Jedermann-Gebot, das eher die Tat kennzeichnet, von einem Tatbezug aus (zustimmend zB Klein/*Jäger* Rn. 61; Tipke/Lang SteuerR/*Seer* § 23 Rn 26). Zumindest für die Begründung war er (mE nicht zu Unrecht) in der Lit. kritisiert worden (vgl MüKoStGB/*Schmitz/Wulf* Rn. 417; *Grunst* NStZ 1998, 548 ff.).

17   Die Frage, ob § 370 Abs. 1 Nr. 2 und Nr. 3 dogmatisch als **echte oder unechte Unterlassungsdelikte** einzuordnen sind, hängt maßgeblich vom angewandten Begriffsverständnis ab.

Bei formaler Betrachtung entscheidet sich die Qualifizierung als echtes oder unechtes Unterlassungsdelikt danach, ob das betreffende Strafgesetz einen Unterlassungstatbestand enthält oder nicht (so etwa Schönke/Schröder/*Eisele* StGB Vor §§ 13 ff. Rn. 137; SSW StGB/*Kudlich* StGB Vor §§ 13 ff. Rn. 85). Auf § 370 bezogen hätte dies zur Folge, dass die beiden Tatbestände § 370 Abs. 1 Nr. 2 und Nr. 3 als echte Unterlassungsdelikte anzusehen wären (für § 370 Abs. 1 Nr. 2 so ausdrückl. auch BGH wistra 2007, 224 (Rn.); OLG München wistra 2002, 34 (35); Ignor/Rixen ArbStrafR-HdB/*Wegner* § 5 Rn. 59; *Gaede* JA 2008, 88 (90)). Unterscheidet man echte und unechte Unterlassungsdelikte materiell danach, ob der Tatbestand nur eine schlichte Untätigkeit umschreibt oder ob darüber hinaus auch ein Erfolg eintreten muss (so etwa *Ebert*, Strafrecht Allgemeiner Teil, 4. Aufl. 2008, 175), so stellen die beiden Tatbestände § 370 Abs. 1 Nr. 2 und Nr. 3 unechte Unterlassungsdelikte dar (für § 370 Abs. 1 Nr. 2 so ausdrückl. BGHSt 41, 1 = BGH wistra 1995, 189; BGHSt 47, 138 (146); Tipke/Lang SteuerR/*Seer* § 23 Rn. 26; Gußen SteuerStrafR Rn. 53).

Letztlich kann die Frage im hier interessierenden Zusammenhang aber dahinstehen. Die Unmöglichkeit der Erfolgsverhinderung und die Unzumutbarkeit erfolgsverhindernden Handlung wirken nach hM sowohl bei echten als auch bei unechten Unterlassungsdelikten tatbestandsbeschränkend (→ Rn. 68 ff.).

Zur Frage, ob § 370 auch in Form eines unechten Unterlassens (§§ 370 Abs. 1 Nr. 1 iVm 13 StGB) verwirklicht werden kann, → Rn. 55.

Die von § 370 Abs. 1 Nr. 2, Nr. 3 angesprochene Pflichtenstellung ist jedenfalls kein besonderes **18** persönliches Merkmal iSd § 28 Abs. 1 StGB (BGH wistra 1995, 189 (190); Tipke/Lang SteuerR/*Seer* § 23 Rn. 26; Rolletschke/Kemper/*Rolletschke* Rn. 49a; Klein/*Jäger* Rn. 61 zu § 370 Abs. 1 Nr. 2). Deshalb erhalten auch Tatbeteiligte, die selbst nicht die Pflichtenstellung des § 370 Abs. 1 Nr. 2, Nr. 3 innehaben, keine Strafrahmenverschiebung gem. § 28 Abs. 1 StGB.

§ 370 ist nach hM **Blankettstrafgesetz** (→ § 369 Rn. 21; BGH wistra 1987, 139 (142); NJW 2009, **19** 2546 (2547); OLG Köln NJW 2004, 3504 (3505); BFH BStBl. II 2001, 16 (18); Klein/*Jäger* Rn. 5; v. Briel/Ehlscheid SteuerStrafR/*v. Briel* § 1 Rn. 69; Gußen SteuerStrafR Rn. 27). Ungeachtet dessen, dass die Begriff des Blankettstrafgesetzes „in einer furchterregenden Vielzahl von Bedeutungen gebracht wird" (*Kuhlen* DStJG Bd. 38, 2015, 127 mwN) und die Abgrenzung zwischen Blankettstrafgesetz und normativen Tatbestandsmerkmalen als nicht abschließend geklärt angesehen werden kann (nach BVerfG NJW 1988, 2593 (2594) entscheidet sich die Frage danach, ob ein Tatbestand ausdrücklich oder nur stillschweigend auf andere Normen verweist; im ersten Fall soll ein Blankettstraftatbestand, im zweiten Fall ein normatives Tatbestandsmerkmal vorliegen; zB nach SSW StGB/*Satzger* StGB § 1 Rn. 53 liegt ein Blankettstrafgesetz vor, wenn die tatbestandliche Umschreibung des strafbaren Verhaltens einer anderer Vorschrift überlassen wird, auf die der Blankettstraftatbestand verweist; zB nach Frister Kap. 11 Rn. 38 ff. ist entscheidend, wo sich der eigentliche Normbefehl befindet).

Dabei genügt § 370 (als Blankettstrafgesetz) aber ohne Weiteres dem in Art. 103 Abs. 2 GG verankerten Bestimmtheitsgrundsatz (vgl. BVerfG wistra 1991, 175; Klein/*Jäger* Rn. 6). Im Steuerstrafrecht wird ein Irrtum im „blankettausfüllenden" Bereich jedoch nach der vorherrschenden Steueranspruchstheorie (vgl zB BGHSt 5, 90 = BGH NJW 1954, 241; wistra 1995, 191 (192); OLG Karlsruhe BeckRS 2015, 07631; BFH NJW 2009, 2941 (2944); OLG Köln NJW 2004, 3504 (3505); Kohlmann/*Ransiek* Rn. 661; JJR/*Joecks* Rn. 502; Hübschmann/Hepp/Spitaler/*Rüping* Rn. 46 ff., 238; Kühn/v. Wedelstädt/*Blesinger* Rn. 58; *Kuhlen* DStJG Bd. 38, 2015, 118 ff.; → § 369 Rn. 26 ff.) als Tatumstandsirrtum iSd § 16 Abs. 1 StGB aufgefasst, unabhängig davon, ob es sich um einen Tatsachen- oder einen Rechtsirrtum handelt. Dies widerspricht jedoch der Einordnung als Blankettstrafgesetz (die Unkenntnis der blankettausfüllenden Steuernorm würde nach Allgemeingrundsätzen einen Verbotsirrtum iSd § 17 StGB darstellen; vgl. BGH NStZ 2007, 644; BGH NZWiSt 2013, 113; Schönke/Schröder/*Sternberg-Lieben*/*Schuster* StGB § 15 Rn. 99). Mit Hinweis auf diese Inkonsequenz (vgl. zB Hübschmann/Hepp/Spitaler/*Hellmann* Rn. 47; *Müller*, Vorsatz und Erklärungspflicht im Steuerstrafrecht, 2006, 77 f.) wird § 370 in der Lit. mE zu Recht auch als **Straftatbestand mit normativen Tatbestandsmerkmalen** verstanden.

Tathandlung iSd § 370 Abs. 1 und Taterfolg iSd § 370 Abs. 1, Abs. 4 sind insoweit anhand von **20** anderen (Steuer-)Gesetzen näher zu bestimmen (vgl. Tiedemann WirtschaftsStR BT Rn. 113; Tiedemann WirtschaftsStR AT Rn. 100; *Walter* FS Tiedemann, 2008, 969 ff.; *Kuhlen* DStG Bd. 38, 2015, 129 f.; Kohlmann/*Ransiek* Rn. 27 f.; Rolletschke SteuerStrafR Rn. 14; *Ransiek* HRRS 2009, 421 (424); diff. MüKoStGB/*Schmitz*/*Wulf* Rn. 13 ff.; ausdrückl. offen gelassen zB durch BGH NJW 1991, 1306 (1310); BVerfG wistra 2010, 396 (403)).

Das Steuerrecht ist wie wohl kaum eine andere Rechtsmaterie Veränderungen unterworfen. Mitt- **21** lerweile ist es Usus geworden, iRd „Dezembergesetzgebung" umfangreiche Steueränderungsgesetze zu verabschieden, die bereits zum 1.1. des Folgejahrs in Kraft treten. Die hierfür üblich gewordene Bezeichnung der Änderungsgesetze als JStG suggeriert zwar, dass es sich hierbei um Zeitgesetze handelt. Vom Grundsatz her sind Steuergesetze aber auf Dauer angelegt, was jedoch nicht bedeutet, dass bei der Ahndung von Steuerhinterziehungen der Grundsatz des mildere Gesetzes (§ 2 Abs. 3 StGB) zur Anwendung kommt. Vielmehr werden Steuergesetze durch Änderungsgesetze de facto zu Zeitgesetzen, für die § 2 Abs. 4 StGB gerade die Anwendung des besagten Grundsatzes ausschließt (vgl. *Rolletschke* DStZ 2000, 211 (214)). Entsprechendes gilt für die Situation, dass das BVerfG bei einem für verfassungswidrig erkannten Gesetz eine befristete Weitergeltung anordnet. Anders als § 2 Abs. 3 StGB es voraussetzt, gelten die „blankettausfüllenden" Normen bezogen auf die maßgeblichen Besteuerungszeiträume wie Zeitgesetze (§ 2 Abs. 4 StGB) fort (BGH NStZ 2002, 265 (266); Klein/*Jäger* Rn. 6; MüKoStGB/*Schmitz*/*Wulf* Rn. 67; Schönke/Schröder/*Eser*/*Hecker* StGB § 2 Rn. 37; → § 369 Rn. 39, 41).

Im Steuerrecht ist zudem von Bedeutung, dass die Frage der Verwirklichung eines steuerbaren **22** Tatbestandes oä durch höchstrichterliche steuerliche Rspr. konkretisiert wird. Ändert sich eine gefestigte höchstrichterliche steuerliche Rspr., ist umstr., ob die geänderte Rechtsauffassung Grundlage für die strafrechtliche Verfolgung von Taten sein kann, die in der Zeit vor dem Bekanntwerden der geänderten höchstrichterlichen Rspr. begangen worden sind (dagegen zB OLG Köln wistra 1994, 272 (275); Roxin/Arzt/*Tiedemann*, Einführung in das Strafrecht und Strafprozessrecht, 6. Aufl. 2014, 125; aA aber BGHSt 21, 157; 34, 133 für die Änderung der Promille-Grenze durch die Rspr.). Ungeachtet der objektiven Tatbestandsmäßigkeit des Tuns liegt in solchen Fällen grds. weder Vorsatz noch Fahrlässigkeit vor.

§ 370 ist kein Schutzgesetz iSd § 823 Abs. 2 BGB. Von § 370 wird nicht ein Individualinteresse **23** geschützt, das dem eines Geschädigten und auf einen zivilrechtlichen Ausgleich bedachten Bürgers vergleichbar wäre (BFH NJW 2008, 3807; OLG Schleswig BeckRS 2016, 00496; Klein/*Jäger* Rn. 2).

D. Die Tatbestandsvoraussetzungen des § 370

I. Die Tathandlung in der Tatvariante des aktiven Tuns (§ 370 Abs. 1 Nr. 1)

24   Eine Steuerhinterziehung iSd § 370 Abs. 1 Nr. 1 liegt vor, wenn der Täter ggü. den Finanzbehörden (§ 6 Abs. 2) oder anderen Behörden (§ 6 Abs. 1) über steuerlich erhebliche Tatsachen unrichtige oder unvollständige Angaben gemacht hat.

25   **1. Steuerlich erhebliche Angaben.** Die getätigten („gemachten") Angaben müssen sich ausweislich des Gesetzestexts auf Tatsachen beziehen. Insoweit kann auf die im Kernstrafrecht gebräuchliche Definition zurückgegriffen werden. Tatsachen sind – im Gegensatz zu den aus Tatsachen gezogenen Schlussfolgerungen und Werturteilen – **reale Fakten der Innen- und Außenwelt** (vgl. Fischer StGB § 263 Rn. 6 ff. mwN). Eine falsche Tatsache wird zB behauptet, wenn der Steuerpflichtige in seiner Einkommensteuererklärung angibt, Einkünfte aus Vermietung und Verpachtung iHv 10.000 EUR bezogen zu haben, obwohl sich seine entsprechenden Einkünfte auf 20.000 EUR beliefen.

26   Die betreffenden Angaben sind dann steuerlich erheblich, wenn sie die steuerrechtliche Subsumtion beeinflussen (BGH NStZ-RR 2003, 20 (21); JJR/*Joecks* Rn. 186).
Steuerlich nicht erheblich sind sie, wenn sie sich auf Sachverhalte beziehen, die keinerlei steuerliche Bedeutung besitzen. Dies kann zB bei deliktischen Sachverhalten der Fall sein. Bestreitet der Steuerpflichtige seinen Lebensunterhalt durch Unterschlagungen (§ 246 StGB) oder Untreuehandlungen (§ 266 StGB), so ist dies (ertrag-)steuerlich unerheblich, weil die entsprechenden Einkünfte keiner Einkunftsart iSd § 2 Abs. 1 EStG zugeordnet werden können. Sie stellen lediglich nicht steuerbare Vermögensmehrungen dar (vgl. BGH StV 1991, 21). Die Umsätze eines Drogenhändlers sind nicht (umsatz-)steuerbar iSd § 1 Abs. 1 UStG, weil Betäubungsmittel in allen EG-Mitgliedstaaten einem vollständigen Verkehrsverbot unterliegen (vgl. EuGH UR 1989, 309 (310); 1989, 312 (313)). Zu deliktischen Sachverhalten iE → Rn. 526 ff.

27   Keine Tatsachen sind die das Vorliegen einer Tatsache „beweisenden" **Beweismittel**. So unterfallen die in § 92 beispielhaft aufgeführten Beweismittel nicht dem Tatsachenbegriff (vgl. Wannemacher SteuerStrafR/*Bruhnke*, 4. Aufl. 1999, Rn. 68). Macht zB ein Arbeitnehmer Kosten für den Erwerb eines Fachbuchs als Werbungskosten geltend (§ 9 EStG), so handelt er nicht tatbestandsmäßig, wenn er keine entsprechende Quittung (mehr) besitzt. Allerdings läuft er Gefahr, dass ihm die steuerliche Anerkennung der entsprechenden Werbungskosten versagt wird. Den Steuerpflichtigen trifft die objektive Feststellungslast für steuermindernde Tatsachen (BFH BStBl. II 2001, 9 (11); Klein/*Brockmeyer* § 88 Rn. 15).

28   Im Steuerrecht ist die Erfüllung bestimmter **formeller Nachweispflichten** aber nicht selten materiell-rechtliche Voraussetzung für die steuerliche Berücksichtigung eines bestimmten Sachverhalts. So setzt zB der Betriebsausgabenabzug von Bewirtungskosten die Vorlage ordnungsgemäßer Bewirtungsbelege voraus (§ 4 Abs. 5 Nr. 2 S. 2, S. 3 EStG). Nach § 4 Abs. 7 S. 1 EStG sind insoweit bestimmte Aufwendungen einzeln und getrennt aufzuzeichnen. Für einen Vorsteuerabzug ist ua eine Rechnung mit gesondertem Steuerausweis erforderlich (§§ 15 Abs. 1 S. 1 Nr. 1, 14 UStG).
Der BGH (vgl. wistra 1989, 190) geht bei der steuerlichen Geltendmachung des Sachverhalts trotz Nichterfüllung entsprechender Nachweispflichten von einer strafrechtlich beachtlichen Steuerverkürzung aus (krit. dem ggü. Klein/*Jäger* Rn. 43; MüKoStGB/*Schmitz*/*Wulf* Rn. 243). Dies ist nicht ganz unproblematisch. Die steuerliche Rspr. hält selbst nicht strikt an der Erfüllung formeller Voraussetzungen fest, um einen steuermindernder Umstand zu berücksichtigen. Sie lässt in verschiedenen Konstellationen vielmehr ein Nachreichen bzw. eine anderweitige Glaubhaftmachung ausreichen (BFH BStBl. II 1995, 515 (517), BStBl. II 1997, 582 (584)). Deshalb wird in der Lit. (vgl. *Keßeböhmer* wistra 1996, 34 ff.; *Spriegel* wistra 1998, 241 ff.) auch kritisiert, die besagte BGH-Rspr. führe iErg zu einer unangemessenen und unverhältnismäßigen Sanktion reiner Ordnungsverstöße mit den Mitteln des Strafrechts.
Wenn das Steuergesetz jedoch die Einhaltung bestimmter formeller Voraussetzungen zur materiell-rechtlichen Anspruchsvoraussetzung erhebt, ist mE kein Grund für eine derartige Differenzierung zwischen sachlichen und formellen Voraussetzungen ersichtlich (so auch Rolletschke/Kemper/*Rolletschke* Rn. 47). Eine andere Frage ist aber, ob ein entsprechender Vorsatznachweis geführt werden kann, sowie ob man diesen Umstand letztlich auf Strafzumessungsebene unter dem Gesichtspunkt „verschuldete Auswirkungen der Tat" (§ 46 Abs. 2 S. 2 StGB) berücksichtigen kann bzw. muss (BGH wistra 2008, 153 (154) zu Vorsteuern gem. § 15 UStG).

29   Dass die Grenzen zwischen materiell-rechtlicher Berücksichtigungsvoraussetzung und Beweisanzeichen aber nicht unverrückbar sind, zeigt zB die Rspr. zu den erforderlichen Buchnachweisen bei innergemeinschaftlichen Lieferungen (§§ 4 Nr. 1 Buchst. b, 6a Abs. 1 S. 1 UStG) bzw. bei Ausfuhrlieferungen (§§ 4 Nr. 1 Buchst. a, 6 Abs. 1 UStG). Während beide Nachweise früher als echte Tatbestandsvoraussetzungen („Berücksichtigungsvoraussetzungen") gesehen wurden, führte die entsprechende EuGH-Rspr. (vgl. EuGH DStR 2008, 109 (115) – Teleos; DStR 2007, 1811 (1813) – Collée) zunächst dazu, dass der BFH diese Sicht sowohl für innergemeinschaftliche Lieferungen (BFH DStR 2008, 297 (299); vgl. dazu auch BMF BStBl. I 2009, 60 ff.) als auch für Ausfuhrlieferungen (BFH DStR 2009, 1636 (1638)) revidierte.

Der BGH (für innergemeinschaftliche Lieferungen BGH wistra 2009, 159 (160); für Ausfuhrlieferun- **30** gen BGH NJW 2009, 3383) hat sich dieser geänderten BFH-Rspr. angeschlossen. Steht aufgrund der objektiven Beweislage fest, dass die Voraussetzungen des § 6a Abs. 1 UStG (innergemeinschaftliche Lieferung) bzw. § 6 Abs. 1 UStG (Ausfuhrlieferung) vorliegen, ist auch dann die Steuerbefreiung zu gewähren, wenn die entsprechenden Nachweise nach §§ 17a, 17c UStDV (innergemeinschaftliche Lieferung) bzw. §§ 8 ff. UStDV (Ausfuhrlieferung) nicht erbracht wurden. Allerdings liegt (natürlich) dann keine steuerfreie innergemeinschaftliche Lieferung bzw. Ausfuhrlieferung vor, wenn der inländische Unternehmer die Lieferung an den Zwischenhändler nur vortäuscht, um dem Abnehmer eine Steuerhinterziehung zu ermöglichen. Ungeachtet dessen stellt diese Rechtsprechungsänderung aber keinen Paradigmenwechsel in der Form dar, dass künftig sämtliche Formalvoraussetzungen lediglich als bloße Beweisanzeichen zu bewerten sind.

Eine Tatsachenbehauptung ist schließlich auch von bloßen rechtlichen Ausführungen abzugrenzen. **31** **Bloße rechtliche Ausführungen** sind unstreitig nicht tatbestandsmäßig (vgl. Fischer StGB § 263 Rn. 8).

Diese aus dem Kernstrafrecht (§ 263 StGB) bekannte Abgrenzung erweist sich im Steuerstrafrecht **32** aber als durchaus schwierig. Im Besteuerungsverfahren stellt sich nämlich insbes. bei der Abgabe von Steuererklärungen in der amtlich vorgesehenen Form (§ 150 Abs. 1) das Problem, dass rechtliche Wertungen und Tatsachen so miteinander verwoben sind, dass die durch den Steuerpflichtigen vorgenommenen rechtlichen Wertungen Umfang und Inhalt seiner Tatsachenmitteilungen bestimmen. So enthält eine Zahleneintragung häufig eine Vielzahl von Subsumtionen, die der Finanzbehörde aufgrund der komprimierten Darstellung nicht iE offengelegt werden. Insoweit formuliert der BGH (wistra 2000, 137 (139)) treffend: „Wegen der Formulierung der Steuererklärungen (§ 150 Abs. 1) erschöpfen sich die Angaben ggü. dem Finanzamt jedoch regelmäßig in der Wiedergabe quantifizierter Beträge ohne Sachverhaltsschilderung. Die Bestimmung dieser Summen ist aber das Ergebnis einer auch von der Rechtsauffassung abhängigen steuerrechtlichen Beurteilung, bei der vom Steuerpflichtigen zwischen rechtlich erheblichen und rechtlich unerheblichen Tatsachen unterschieden werden muss."

Die hM (BGH wistra 2000, 137 (140); Rolletschke/Kemper/*Rolletschke* Rn. 47; Tipke/Lang **33** SteuerR/*Seer* § 23 Rn. 24) stellt für die Frage der Offenbarungspflicht von **Rechtsauffassungen** deshalb auf die **Lehre vom typisierten Empfängerhorizont** der Finanzverwaltung ab (aA zB JJR/ *Joecks* Rn. 181: ausreichend, dass der Steuerpflichtige seinen Tatsachenangaben eine auch nur irgendwie vertretbare Rechtsansicht zugrunde legt; ähnl. MüKoStGB/*Schmitz/Wulf* Rn. 235: in Bereichen, in denen keine eindeutige Rspr. existiert, dürfe der Steuerpflichtige jede vertretbare Rechtsansicht zugrunde legen, selbst wenn die von Äußerungen der Finanzverwaltung abweicht; ähnl. *Harms* Stbg 2005, 12 (14): Abweichung von allen gängigen Rechtsauffassungen; darstellend Kohlmann/*Ransiek* Rn. 237 ff.). Den Steuerpflichtigen trifft danach eine Offenbarungspflicht hinsichtlich derjenigen tatsächlichen Umstände, deren rechtliche Relevanz objektiv zweifelhaft ist. Eine solche Zweifelhaftigkeit besteht insbes. dann, wenn die vom Steuerpflichtigen vertretene Auslegung oder Subsumtion – ansonsten für den Veranlagungsbeamten nicht erkennbar – von der Rspr., den Richtlinien der Finanzverwaltung oder der regelmäßigen Verwaltungspraxis abweicht (BGH wistra 2000, 137 (140); krit. in Bezug auf höchstrichterliche Rspr. zB Gußen SteuerStrafR Rn. 36 unter Hinweis auf sog Nichtanwendungserlasse; möglicherweise auch Tipke/Lang SteuerR/*Seer* § 23 Rn. 24, der insoweit die in BStBl. I und II veröffentlichten Verwaltungsvorschriften und als Verwaltungsleitlinien veröffentlichte BFH-Rspr. für maßgeblich hält).

Durch die Lehre vom typisierten Empfängerhorizont wird mE eine den praktischen Gegebenheiten **34** des Besteuerungsverfahrens entsprechende „Risikoverteilung" zwischen Steuerpflichtigem und Finanzverwaltung erreicht. Zu bedenken ist insoweit, dass das Besteuerungsverfahren ein Massenverfahren ist, in dem dem Steuerpflichtigen seitens der Verwaltung ein erheblicher Vertrauensvorschuss gewährt wird (Nr. 2 S. 3, S. 4 AEAO zu § 88: *„Für den Regelfall kann davon ausgegangen werden, dass die Angaben des Steuerpflichtigen in der Steuererklärung vollständig und richtig sind. ... Die Finanzbehörde kann den Angaben des Steuerpflichtigen Vertrauen schenken, wenn nicht greifbare Umstände vorliegen, die darauf hindeuten, dass seine Angaben falsch oder unvollständig sind. ..."*). Hält der Steuerpflichtige eine Rechtsanwendung der Verwaltung für unzutreffend, so steht es ihm nicht zu, der Finanzbehörde eine auf eine Zahlenmitteilung reduzierte Rechtsansicht „vorzutragen", ohne sie durch einen Hinweis in die Lage zu versetzen, sich mit diesem „Vortrag" auseinander zu setzen. Vielmehr ist der Steuerpflichtige in diesem Fall gehalten, seine abweichende Rechtsauffassung „offen" vorzutragen und gegen eine nach seiner Einschätzung unzutreffende Rechtsanwendung Einspruch (§§ 355 ff.) einzulegen sowie erforderlichenfalls gerichtlichen Rechtsschutz zu suchen.

Voraussetzung für eine Bestrafung nach § 370 ist aber, dass der Steuerpflichtige erkennt, dass er eine von der Verwaltung abweichende Rechtsauffassung „vertritt". Ansonsten handelt er selbst bei objektiver Zweifelhaftigkeit jedenfalls vorsatzlos (§ 16 Abs. 1 S. 1 StGB; vgl. Klein/*Jäger* Rn. 44; zu Irrtumsfragen → § 369 Rn. 26 ff.). Die Strafverfolgungspraxis hilft sich in Fällen der vorliegenden Art regelmäßig damit, einen ersten Verstoß als nichtvorsätzlich anzusehen und erst im Wiederholungsfall strafrechtliche Schritte zu unternehmen (vgl. JJR/*Joecks* Rn. 178 ff.).

Ist Vorsatz nicht gegeben, stellt sich die Frage nach einer Verantwortlichkeit iSd § 378. Ausgehend von der Lehre vom typisierten Empfängerhorizont wird in vielen Fällen der objektive Tatbestand erfüllt sein. Der subjektive Tatbestand des § 378 erfordert Leichtfertigkeit. Insoweit ist zu beachten, dass keine allgemeine gesetzliche Verpflichtung besteht, sich eines steuerlichen Beraters zu bedienen (vgl. Tipke/Kruse/*Seer* § 150 Rn. 16). Allerdings trifft den Steuerpflichtigen dann eine weitgehende Erkundigungspflicht, wenn er bei der Fertigung seiner Steuererklärung auf rechtliche Zweifel stößt (iE → § 378 Rn. 32; Rolletschke/Kemper/*Rolletschke* Rn. 27).

35   Auch eine Steuerumgehung durch **Missbrauch von rechtlichen Gestaltungsmöglichkeiten** (§ 42) kann den Hinterziehungstatbestand erfüllen. § 42 wurde durch das JStG 2008 (BGBl. 2008 I 3150 ff.) neu gefasst. Die Vorschrift enthält nun eine Legaldefinition des Missbrauchs (§ 42 Abs. 2). Mit der Gesetzesnovelle reagierte der Gesetzgeber auf die seines Erachtens unzureichende Anwendung der Vorschrift durch die Rspr. Auch wenn die Lit. davon ausgeht, dass die Neuregelung keine tiefgreifenden Veränderungen nach sich ziehen wird, sieht der Gesetzgeber in der Novelle eine Verschärfung der Rechtslage, was durch die Schaffung einer Übergangsvorschrift verdeutlicht wird (vgl. Klein/*Ratschow* § 42 Rn. 2).

36   Eine „Steuergestaltung" ist grds. weder verboten noch strafbar. Legt der Steuerpflichtige die Sachverhaltsgestaltung offen und ermöglicht er der Finanzbehörde die rechtliche Prüfung resp. eine § 42 gerecht werdende Steuerfestsetzung, handelt er nicht tatbestandsmäßig. Ein Gestaltungsmissbrauch wird aber dann tatbestandsmäßig, wenn der Steuerpflichtige den betreffenden **Sachverhalt** ggü. den Finanzbehörden **verschleiert oder verheimlicht** (BGH wistra 1990, 307 f. zur Einschaltung einer ausländischen Basisgesellschaft; OLG Düsseldorf wistra 1989, 72 (73 ff.) zur Umgehung des UStG bei gewerblicher Zwischenvermietung in Bauherrenmodell-Fällen; LG Frankfurt a. M. wistra 1997, 152 (154) zur Gewinnverlagerung ins niedrig besteuernde Ausland, die aber die Feststellung der angemessenen internationalen Verrechnungspreise voraussetzt, vgl. Klein/*Jäger* Rn. 48). Dann wird die Finanzbehörde gerade außer Lage gesetzt, die Frage der Anwendbarkeit des § 42 vollständig prüfen zu können. Steuerlich erheblich ist insoweit der Lebenssachverhalt in allen Einzelheiten, wie er sich durch die missbräuchliche Gestaltung und den dahinter stehenden wirklichen Sachverhalt darstellt. Soweit dabei innere Tatsachen (Kenntnisse, Motive, Absichten) steuerlich erheblich sind, sind diese ggf. ebenfalls mitzuteilen (BGH wistra 1991, 138 (143); *Meine* wistra 1992, 81 (84)).

37   **2. Unrichtig bzw. unvollständig. Unrichtig** iSd § 370 sind Angaben dann, wenn objektiv eine **Diskrepanz mit der Wirklichkeit** besteht (vgl. JJR/*Joecks* Rn. 184; Gußen SteuerStrafR Rn. 42; *Wulf,* Handeln und Unterlassen im Steuerstrafrecht, 2000, 59; *Helmrich* DStR 2009, 2132 (2133)). So zB, wenn der Steuerpflichtige in seiner Einkommensteuererklärung (Anlage V) angibt, Einnahmen aus „Vermietung und Verpachtung" iHv 10.000 EUR erzielt zu haben, obwohl sich seine Einnahmen insoweit tatsächlich auf 15.000 EUR beliefen.

38   **Unvollständig** sind Angaben, wenn bei iÜ wahrheitsgemäßen Angaben konkludent der Anschein erweckt wird, dass sie auch vollständig sind, was aber nicht der Wirklichkeit entspricht (BGH wistra 2006, 262 (264) zu § 264 StGB; JJR/*Joecks* Rn. 184; Gußen SteuerStrafR Rn. 44; *Wulf,* Handeln und Unterlassen im Steuerstrafrecht, 2000, 59; *Helmrich* DStR 2009, 2132 (2133)). Fasst man die Unrichtigkeit von Angaben in diesem Sinne auf, so beschränkt sich die Unvollständigkeit von Angaben auf Fälle, in denen ganze Sachverhalte nicht erklärt werden. So zB, wenn ein Steuerpflichtiger ganze Einkunftsarten nicht erklärt.

39   Da der Täter bei unvollständigen Angaben die Finanzbehörde über die verschwiegenen Tatsachen gleichzeitig in Unkenntnis lässt, stellt sich die Frage der Abgrenzung zu § 370 Abs. 1 Nr. 2. ME lässt sich eine einfach zu handhabende Abgrenzung der beiden Tatalternativen dadurch erreichen, dass man den Anwendungsbereich des § 370 Abs. 1 Nr. 2 auf die Fälle beschränkt, in denen ein Steuererklärungspflichtiger pflichtwidrig überhaupt keine Angaben macht, also überhaupt keine Erklärung abgibt (FG Münster ZWH 2013, 457 (458); Klein/*Jäger* Rn. 60). § 370 Abs. 1 Nr. 1 deckt dann alle Fälle ab, in denen unzureichende Angaben gemacht werden. Sei es, dass einzelne steuererhebliche Sachverhalte unzutreffend (= unrichtige Angaben) oder gar nicht erklärt (= unvollständige Angaben) werden (so auch FG Münster ZWH 2013, 457 (458)).

40   Erkennt der Täter aus tatsächlichen oder – weil es sich insoweit um normative Tatbestandsmerkmale handelt (str., → § 370 Rn. 19 f.; → § 369 Rn. 20 ff.) – rechtlichen Gründen nicht, dass seine Angaben unrichtig oder unvollständig sind bzw. dass ein Verkürzungserfolg eintreten kann, befindet er sich ggf. in einem vorsatzausschließenden Tatumstandsirrtum iSd § 16 Abs. 1 S. 1 StGB (vgl. *Becker,* Reichsabgabenordnung 3. Aufl. 1924, 687: „*Jeder Irrtum über die Steuerpflicht … schließt den Vorsatz aus.*").

41   **3. Machen.** Angaben „machen" bedeutet, sich einer **Erklärung willentlich zu entäußern** (vgl. Rolletschke/Kemper/*Rolletschke* Rn. 27; *Rolletschke* wistra 2004, 49 (51); ähnl. MüKoStGB/*Schmitz*/*Wulf* Rn. 215: ausdrücklich oder schlüssige Erklärung mit einem bestimmten Informationsgehalt abgeben; ähnl. *Wulf,* Handeln und Unterlassen im Steuerstrafrecht, 2000, 34 f.: wenn dem Gesamtverhalten ein bestimmter Erklärungswert zu entnehmen ist, der die Behauptung einer entsprechenden Tatsache beinhaltet; ähnl. Gußen SteuerStrafR Rn. 29: eine Tatsache bekunden).

Angaben macht der, der den (Finanz-)Behörden ggü. steuerlich Relevantes ausdrücklich schriftlich, mündlich oder zumindest konkludent erklärt (vgl. JJR/*Joecks* Rn. 171). Auf eine **Unterschrift** oder deren Fehlen kommt es insoweit selbst dann nicht an, wenn diese steuerverfahrensrechtlich Voraussetzung einer wirksamen Steuererklärung ist (zB Einkommensteuererklärung, § 25 Abs. 3 S. 4, S. 5 EStG; Körperschaftsteuererklärung, §§ 31 Abs. 1 S. 1 KStG iVm 25 Abs. 3 S. 4 EStG; Gewerbesteuererklärung, § 14a GewStG; Umsatzsteuerjahreserklärung, § 18 Abs. 3 UStG). Dieser Mangel ist steuerrechtlich (BFH BStBl. II 2002, 642 (644)) wie strafrechtlich (BGH wistra 2003, 20 (21); BGH NZWiSt 2015, 263 (270); JJR/*Joecks* Rn. 171) bedeutungslos, wenn eine solche Steuererklärung einen wirksamen Steuerbescheid bewirkt.

Die Strafverfolgungspraxis befasst sich im Wesentlichen mit Erklärungen im Steuerfestsetzungsver- **42** fahren (vgl. MüKoStGB/*Schmitz*/*Wulf* Rn. 216). Nach § 149 (iVm den jew. Einzelsteuergesetzen) sind bei Vorliegen der gesetzlichen Voraussetzungen Steuererklärungen abzugeben. Dabei handelt es sich um reine „Wissenserklärungen", soweit es Auskünfte des Steuerpflichtigen betrifft, und um „Willenserklärungen", soweit der Steuerpflichtige Anträge stellt (BFH BStBl. II 1971, 726 (727); BFH/NV 2012, 1576; Tipke/Kruse/*Seer* Vor § 149 Rn. 10 f.).

Unerheblich ist in diesem Zusammenhang, ob der Steuerpflichtige selbst die Angaben macht. Die **43** Steuerhinterziehung ist in Form des § 370 Abs. 1 Nr. 1 weder Sonderdelikt noch eigenhändiges Delikt (→ Rn. 12) noch wird die Eigennützigkeit vorausgesetzt. Deshalb macht auch zB der Steuerberater Angaben, der in eigener Verantwortung Erklärungen abgibt. Diese „Erklärungsabgabe" kann ohne weiteres im Zusammenhang mit USt-Voranmeldungen (§ 18 Abs. 1 UStG) erfolgen; denkbar ist zB aber auch ein unzutreffender Vortrag im Außenprüfungs-, Einspruchs- oder Klageverfahren.

Unerheblich ist, welches Medium benutzt wird (vgl. zB MüKoStGB/*Schmitz*/*Wulf* Rn. 216). So ist **44** seit 1.1.2005 gesetzlich vorgeschrieben, dass Umsatzsteuervoranmeldungen elektronisch einzureichen sind (§ 18 Abs. 1 UStG). Im Bereich der Einkommensteuererklärung besteht seit geraumer Zeit die Möglichkeit, seine Besteuerungsgrundlagen elektronisch zu erklären. Im Rahmen dieses Projekts ELSTER (ELektronische STeuerERKlärung) besteht zwar ggf. das Problem, dass eine qualifizierte **elektronische Signatur** als Gegenstück zu einer eigenhändigen Unterschrift in der „Papierwelt" fehlt (es gibt insoweit sowohl die Möglichkeit der nicht-zertifizierten elektronische Übermittlung (dann muss zusätzlich eine unterschriebene komprimierte Steuererklärung eingereicht werden) als auch der reinen elektronischen Übermittlung, versehen mit einem elektronischen Zertifikat (§§ 87a Abs. 3, Abs. 4, 150 Abs. 1 S. 2, Abs. 6 AO iVm § 6 StDÜV); vgl. dazu iE *Musil*/*Burchard*/*Hechtner* DStR 2007, 2290 ff.; *Lewandowski*/*Ackermann* DStR 2014, 1646 ff.). Wie bereits dargelegt, kommt es steuer- und strafrechtlich aber gar nicht auf das Vorliegen einer gesetzlich vorgeschriebenen Unterschrift an. § 370 setzt tatbestandlich keine wirksame Steuererklärung voraus. Erforderlich ist lediglich eine Bekundung zum Zweck der Steuerverkürzung oder Steuervorteilserlangung, die sogar mündlich oder schlüssig gemacht werden kann (BGH wistra 2003, 20 (21); JJR/*Joecks* Rn. 171). Somit ist auch die Abgabe einer nicht den Formerfordernissen entsprechenden Steuererklärung tatbestandsmäßig iS einer (zumindest) versuchten Steuerhinterziehung (§ 370 Abs. 2; § 22 StGB). Ausschlaggebend für den Taterfolg der Steuerverkürzung iSd § 370 Abs. 4 S. 1 Hs. 1 ist lediglich, dass die Finanzbehörde eine ggf. nicht der erforderlichen Form entsprechende Steuererklärung zur Grundlage ihrer Steuerfestsetzung macht.

Hiervon zu trennen ist die **Frage** der **Authentizität der Daten.** Insoweit sind unter ELSTER zwar **45** verschiedene Authentifizierungsverfahren vorgesehen (ELSTER-Basis, ELSTER-Spezial, ELSTER-Plus), allerdings lässt sich dadurch nicht verhindern, dass sich der entsprechende Senderechner ggf. nicht nachträglich ermitteln lässt. Zum einen speichert die Finanzverwaltung ohnehin bei jeder Einwahl ins Internet ändernde IP-Adresse des Absenders nicht dauerhaft; zum anderen können die Internet-Service-Provider oft nachträglich nicht mehr ohne weiteres feststellen, wer zu einem bestimmtem Zeitpunkt eine bestimmte IP-Adresse erhalten hat. Bei dieser Authentifizierungsproblematik handelt es sich aber nur vordergründig um ein datentechnisches Problem. Auch bei den herkömmlichen Steuererklärungen auf Papier lässt sich nicht mit absoluter Sicherheit verhindern, dass die Unterschrift gefälscht wurde (so zu Recht *Musil*/*Burchard*/*Hechtner* DStR 2007, 2290 (2297)).

Angaben ggü. Finanzbehörden werden aber nicht nur im Steuererstfestsetzungsverfahren gemacht. **46** Steuerlich Relevantes wird zB auch in Einspruchs- oder Klageverfahren, in Außenprüfungsverfahren in Erfüllung steuerlicher Mitwirkungspflichten (§ 200) erklärt. Gerade in Außenprüfungsverfahren spielt das Rechtsinstitut der **tatsächlichen Verständigung** eine nicht unerhebliche Rolle.

Die tatsächliche Verständigung ist seit längerem in der Verwaltungspraxis (vgl. zuletzt BMF BStBl. I 2008, 831 ff.) wie in der finanzgerichtlichen Rspr. (BFH DStR 2004, 1647 (1649)) anerkannt für die „Klärung" von Sachverhaltsfragen – nicht Rechtsfragen – wenn der Sachverhalt die Vergangenheit betrifft, die Sachverhaltsermittlung erschwert ist, auf Seiten der Finanzbehörde ein für die Entscheidung über die Steuerfestsetzung zuständiger Amtsträger beteiligt ist und die tatsächliche Verständigung nicht zu einem offensichtlich unzutreffenden Ergebnis führt. Es erfolgt dabei eine Einigung der Beteiligten über die Annahme eines bestimmten Sachverhalts und eine bestimmte Sachbehandlung. Auch wenn es sich insoweit um einen „Tatsachenvergleich" handelt, gewinnt man in der Praxis nicht selten den Eindruck, dass es sich tatsächlich um einen Steuervergleich handelt, in dem eine „ausgehandelte"

Rechtsfolge (= Höhe der Steuerzahllast) durch einen dazu passend vereinbarten Sachverhalt unterlegt wird. Trotz dieses Verhandlungscharakters der tatsächlichen Verständigung trifft den Steuerpflichtigen bzw. seinen Bevollmächtigten die Pflicht zu wahrheitsgemäßen und vollständigen Angaben (§ 90 Abs. 1). Verletzt der Steuerpflichtige bzw. sein Bevollmächtigter diese Pflicht, indem er bewusst Sachverhalte verfälscht oder verschleiert, so führt dies steuerrechtlich dazu, dass die Verständigung für das Finanzamt keine Bindungswirkung entfaltet (BMF BStBl. I 2008, 831 (833 Tz. 8.2)). Strafrechtlich wird dadurch auch der Steuerhinterziehungstatbestand verwirklicht (BGH wistra 1999, 103 (106 f.); JJR/Randt § 404 Rn. 155).

Allgemein zur tatsächlichen Verständigung *Seer* FS Kohlmann, 2003, 537 ff.; *Seer* BB 2015, 214 ff.

47 Unzutreffende Angaben können auch im **Selbstanzeigeverfahren** oder im Rahmen einer **strafbefreienden Erklärung** nach dem zeitlich befristeten Strafbefreiungserklärungsgesetz (BGBl. 2003 I 2928 ff.) gemacht werden.

Enthält eine Selbstanzeige unzutreffende Angaben, so handelt es sich um eine sog **dolose Teilselbstanzeige** (→ § 371 Rn. 45), die nach BGH (DStR 2010, 1133 (1136)) und seit Inkrafttreten des Schwarzgeldbekämpfungsgesetzes (BGBl. 2010 I 676 f.) im Hinblick auf das Vollständigkeitsgebot des § 371 Abs. 1 keine (teilweise) Strafaufhebung bewirkt.

48 Bei Angaben im Rahmen einer strafbefreienden Erklärung ist zu unterscheiden: War der Erklärende gar nicht erklärungsberechtigt (§§ 2, 6 StraBEG), weil er keine Steuerstraftat nach § 370 AO, § 26c UStG oder Steuerordnungswidrigkeit nach §§ 378, 379, 380 AO, § 26b UStG begangen hat, so macht er durch Abgabe einer strafbefreienden Erklärung unrichtige Angaben iSd § 370 Abs. 1 Nr. 1. Ob die sonstigen Angaben in der strafbefreienden Erklärung richtig oder unrichtig sind, ist unerheblich (aA *Taplan* DStR 2004, 1732 (1737)). In der Praxis wird es aber kaum zu entsprechenden Strafverfahren kommen. Von Bedeutung kann insoweit schon die gesetzlich angeordnete Verwendungsbeschränkung des § 13 Abs. 1 StraBEG werden (vgl. dazu *Taplan* DStR 2004, 1732), die auch im Verhältnis Festsetzungsfinanzamt/Straf- und Bußgeldsachenstelle wirkt (vgl. Stahl Selbstanzeige, 2. Aufl. 2004, Rn. 704). Gewichtiger ist in diesem Zusammenhang aber, dass der für seine undolose Ersterklärung Nicht-Erklärungsberechtigte allein dadurch nach §§ 2, 6 StraBEG erklärungsberechtigt wird, dass er eine Anzeige nach § 153 Abs. 1 S. 1 Nr. 1 unterlassen und dadurch eine Steuerhinterziehung durch Unterlassen (§ 370 Abs. 1 Nr. 2) begangen hat. Danach bleibt in der gegebenen Fallkonstellation nicht nur ein sehr geringer „Strafbarkeitskorridor": Die Verletzung der Berichtigungspflicht nach dem 17.10.2003 (§ 1 Abs. 7 StraBEG) (vgl. *Joecks/Randt* DStR 2004, 1461 (1464)) sowie das Erkennen der Unrichtigkeit, die Berichtigung und die strafbefreiende Erklärung durch den Erben nach dem 31.12.2003 und vor dem 1.4.2005 (vgl. *Joecks/Randt* DStR 2004, 1461 Rn. 527). Dies wiederum eröffnet die kaum widerlegbare Einlassung, die Unrichtigkeit vor dem betreffenden Datum erkannt und vorsätzlich die Anzeige und Berichtigung unterlassen zu haben.

Gibt der nach § 2 StraBEG Erklärungsberechtigte eine inhaltlich unrichtige Erklärung ab, indem er zB die Einnahmen iSd § 1 Abs. 2–5 StraBEG unzutreffend erklärt, so bleibt seine Strafbarkeit in Bezug auf die nichtberücksichtigten Einnahmen bestehen (§ 4 Abs. 3 StraBEG) (BMF BStBl. I 2004, 225 (233 Tz. 6.7)).

49 Steuerlich relevante Angaben werden auch außerhalb des Veranlagungsverfahrens gemacht; zB im **Steuererhebungsverfahren** (§§ 218 ff.) oder im **Vollstreckungsverfahren** (§§ 249 ff.). So zB, wenn der Steuerpflichtige in einem Stundungs- oder Erlassantrag einen unzutreffenden Sachverhalt schildert (Bsp. nach JJR/*Joecks* Rn. 481), wenn ein Drittschuldner eine unzutreffende Drittschuldnererklärung (§ 316 Abs. 1) abgibt (Bsp. nach Schwarz/Pahlke/*Webel* Rn. 108), wenn ein Vollstreckungsschuldner zur Aufhebung von Pfändungsmaßnahmen seine Bereitschaft vortäuscht, monatlich einen bestimmten Betrag abzuführen (Bsp. nach BGH NStZ 1992, 599 (600)), wenn ein Vollstreckungsschuldner unzutreffende unzutreffende Angaben macht, um einen Vollstreckungsaufschub zu erlangen (Bsp. nach Schwarz/Pahlke/*Webel* Rn. 108), Klein/*Jäger* Rn. 56), wenn unzutreffende Angaben zu den Vermögensverhältnissen (Vermögensverzeichnis) gemacht werden (Bsp. nach BGH NZWiSt 2012, 470 (471)) oder wenn im Rahmen von „Niederschlagungsverhandlungen" (§ 261) ein unzutreffender Vermögensstatus vorgelegt wird (Bsp. nach BGH NJW 1998, 1568 (1570) – Fall Zwick; LG Düsseldorf NZWiSt 2014, 70 (71 f.)).

Werden sowohl im Veranlagungsverfahren als auch im Erhebungs- oder Vollstreckungsverfahren unzutreffende Angaben gemacht, so handelt es sich um zwei verschiedene Sachverhalte und damit um zwei verschiedene Taten im prozessualen Sinne (BGH NZWiSt 2012, 470 (471)).

50 **4. Gegenüber Finanzbehörden oder anderen Behörden.** Die Finanzbehörden iSd § 370 Abs. 1 Nr. 1, Nr. 2 sind in § 6 Abs. 2 aufgezählt. Nach der Begriffsbestimmung des § 6 Abs. 2 zählen Kfz-Zulassungsstellen nicht hierzu (vgl. *Spatscheck* SAM 2007, 162 (166)). Die Finanzbehörden"eigenschaft" der Kfz-Zulassungsstellen wird durch § 12 Abs. 5 S. 2 KfzStG aber ausdrücklich normiert. Insgesamt zur Problematik Kfz-Steuerhinterziehung vgl. *Spatscheck* SAM 2007, 162 ff.

Die § 386 Abs. 1 S. 2, § 409 Abs. 1 S. 1 verwenden zwar den gleichlautenden, inhaltlich aber nicht deckungsgleichen Begriff. Dieser gilt nur im steuerlichen Straf- bzw. Bußgeldverfahren (§ 386 Abs. 1 S. 2).

Angaben können auch ggü. sonstigen Behörden (§ 6 Abs. 1) gemacht werden, soweit deren Feststel- **51** lungen für eine (im Besteuerungsverfahren zu treffende) Entscheidung von Bedeutung sind (vgl. Mü-KoStGB/*Schmitz/Wulf* Rn. 252). Denkbar ist das zB bei für die Erteilung einer Denkmalbescheinigung iSd § 7i Abs. 2 EStG zuständigen Denkmalschutzbehörde (vgl. Gußen SteuerStrafR Rn. 47). Zur Frage, ob § 370 Abs. 1 Nr. 1 den Irrtum oder zumindest die Unkenntnis der Finanzbehörde voraussetzt, → Rn. 589 ff. Die höchstrichterliche Rspr. (BGH NStZ 2007, 596 (597); BGH wistra 2009, 398; BGH NJW 2011, 1299 (1300); BFH NJW 2006, 1550 (1551 f.)) **lehnt** das Erfordernis eines **Irrtums des zuständigen Finanzbeamten ab,** dass der Finanzbeamte einen Steuerfall lediglich fingiert.

Eine Steuerhinterziehung kann auch durch unrichtige oder unvollständige Angaben gegenüber einem **51a** **Finanzgericht** bewirkt werden. Begründen lässt dies zunächst damit, dass die vorbereitenden Schriftsätze den Beteiligten von Amts wegen zu übermitteln sind (§ 77 Abs. 1 FGO), sodass sich die in einem vorbereitenden Schriftsatz enthaltenen Angaben immer auch an das beklagte Finanzamt richten (idS Kohlmann/*Ransiek* aF § 370 Rn. 257).

Für alle Gerichtszweige lässt sich die Behördeneigenschaft aber auch mit der in § 11 Nr. 7 StGB **51b** allgemein angeordneten Gleichstellung von Gericht und Behörde rechtfertigen. Auf diese Vorschrift des Kernstrafrechts ist infolge der Verweisung des § 369 Abs. 2 zurückzugreifen (OLG München NZWiSt 2013, 31; Hübschmann/Hepp/Spitaler/*Hellmann* Rn. 90 ff.; *Reichling* PStR 2012, 294; entgegen Vorauflage so jetzt auch Kohlmann/*Ransiek* Rn. 253; aA MüKoStGB/*Schmitz/Wulf* Rn. 255 unter Hinweis auf die steuerliche Erheblichkeit der unrichtigen Angaben, was mE aber bei der Frage des Tatmittels und nicht des Erklärungsadressaten zu berücksichtigen ist). Die vorrangig geltenden §§ 369 ff. enthalten für das materielle Steuerstrafrecht keine Definition. Durch die Beschränkung, dass die andere Behörde eine steuerlich erhebliche Entscheidungen treffen (können) muss (worauf auch OLG München NZWiSt 2013, 31 hinweist), scheidet aber zB ein Nachlassgericht, dem gegenüber ein objektiv unrichtiger Wert des Nachlasses angegeben wurde, als tauglicher Adressat einer Erklärung iSd § 370 Abs. 1 Nr. 1 aus (BFH/NV 2002, 917).

Hiervon zu trennen ist freilich die Anzeigepflicht eines Gerichts (§ 116 Abs. 1 S. 1), dem ein **51c** Sachverhalte bekannt wird, die auf eine Steuerstraftat schließen lassen (insoweit ist kein Anfangsverdacht erforderlich; es genügt eine gewisse Wahrscheinlichkeit, vgl Klein/*Rätke* § 116 Rn. 4); so zB wenn ein Familiengericht feststellt, dass Ehegatten schon seit längerem getrennt leben, sie entgegen § 26 Abs. 1 S. 1 Nr. 2, Nr. 3 EStG aber dennoch Zusammenveranlagung beantragt haben.

II. Die Tathandlung des pflichtwidrigen Unterlassens (§ 370 Abs. 1 Nr. 2)

1. Verletzung von Offenbarungs- und Erklärungspflichten. Steuergesetzliche Offenbarungs- **52** und Erklärungspflichten über steuerliche erhebliche Tatsachen ergeben sich im Wesentlichen aus: §§ 137 ff. (Anzeige-/Anmeldungspflichten in besonderen Fällen), § 149 (allg. Pflicht zur Abgabe von Steuererklärungen), § 153 (Pflicht zur Anzeige und Berichtigung unzutreffender Erklärungen), § 200 (Mitwirkungspflichten des Steuerpflichtigen bei einer Außenprüfung), § 25 EStG (Pflicht zur Abgabe von Einkommensteuererklärungen), § 41a EStG (Pflicht zur Abgabe von Lohnsteueranmeldungen), § 45a EStG (Pflicht zur Abgabe von Kapitalertragsteueranmeldungen), § 18 UStG (Pflicht zur Abgabe von Umsatzsteuervoranmeldungen, Umsatzsteuerjahreserklärungen), § 19 VStG (Pflicht zur Abgabe von Vermögensteuererklärungen), § 14a GewStG (Pflicht zur Abgabe von Gewerbesteuererklärungen), § 30 ErbStG (Anzeigepflicht des Erwerbers bzw. Beschwerten einer Zweckzuwendung bei erbschaftsteuerpflichtigen Erwerben), § 31 ErbStG (Pflicht zur Abgabe von Steuererklärungen bei erbschaftsteuerpflichtigen Erwerben), § 33 ErbStG (Anzeigepflicht der Vermögensverwahrer, Vermögensverwalter und Versicherungsunternehmen in Erbfällen; die Zuwiderhandlung ist kraft gesetzlicher Anordnung eine Ordnungswidrigkeit, § 33 Abs. 4 ErbStG), § 34 ErbStG (Anzeigepflicht der Gerichte, Behörden, Beamten und Notare in Erbfällen), § 18 GrEStG (Anzeigepflicht der Gerichte, Behörden und Notare zu grunderwerbsteuerrechtlichen Vorgängen), § 144 Abs. 2 BranntwMonG, § 17 Abs. 3 S. 1 TabStG (Pflicht zur Abgabe einer Steueranmeldung für Steuerschuldner einer Unregelmäßigkeit; → Rn. 522).

Keine Erklärungspflicht iSd § 370 Abs. 1 Nr. 2 ist die Pflicht von Amtsträgern, Steuerstraftaten **53** anzuzeigen (§ 116 Abs. 1 S. 1). In diesen Fällen kommt allerdings eine Strafvereitelung (§§ 258, 13 StGB) in Betracht (vgl. Klein/*Jäger* Rn. 67; *Bülte* NStZ 2009, 57 (61)).

Die sich aus den vorgenannten Vorschriften (→ Rn. 52) ergebende Pflichtenstellung ist **kein beson-** **54** **deres persönliches Merkmal iSd § 28 Abs. 1 StGB** (BGH NStZ 1995, 405; BGH NZWiSt 2013, 311 (314); Tipke/Lang SteuerR/*Seer* § 23 Rn. 26; Rolletschke/Kemper/*Rolletschke* Rn. 49a).

Ob die **allgemeinen Garantenpflichten** (aus Übernahme, Ingerenz, enger Lebens- oder Gefahren- **55** gemeinschaft bzw. aus Verantwortung für eine bestimmte Gefahrenquelle, vgl. zB Schönke/Schröder/*Stree/Bosch* StGB § 13 Rn. 17 ff. mwN; Fischer StGB § 13 Rn. 6 ff. mwN; *Ebert,* Strafrecht Allgemeiner Teil, 4. Aufl. 2008, 177 f.) im Rahmen des **§ 370 Abs. 1 Nr. 2 Anwendung finden, ist umstritten.**

In der Lit. (vgl. im Einzelnen *Wulf,* Handeln und Unterlassen im Steuerstrafrecht, 2000, 128; aA *Grunst,* Steuerhinterziehung durch Unterlassen, 1996, 71 ff.) wird dies zwar unter Hinweis darauf, dass die Verhaltensbeschreibung des § 370 Abs. 1 Nr. 2 eine „verkürzte Garantenstellung" beinhaltet, die sich auf einen Verstoß gegen steuergesetzliche Erklärungspflichten beschränkt, während die allgemeinen Garantenstellungen generelle Erfolgsabwendungspflichten begründen, abgelehnt. Die höchstrichterliche Rspr. hat sich hingegen gegenteilig positioniert. Während der BFH (NZWiSt 2013, 436 (438)) ohne weitergehende Diskussion von einer Garantenpflicht aus „pflichtwidrigem gefährdendem Vorverhalten" (= Ingerenz) ausgeht, bejaht der BGH (NZWiSt 2013, 311 (314)) die Anwendbarkeit der „allgemeinen Garantenpflichten". Der Einschätzung des 1. BGH-Strafsenats, dass diese lediglich „eine untergeordnete Rolle spielen" können, ist mE aber nichts hinzuzufügen.

55a Durch die og BGH-Entscheidung (NZWiSt 2013, 436 (438)) wird die bislang diskutierte Frage, ob eine Steuerhinterziehung auch durch sonstiges Unterlassen iSd **§ 370 Abs. 1 Nr. 1 iVm § 13 StGB** begangen werden kann (für eine Anwendung § 370 Abs. 1 Nr. 1 iVm § 13 StGB zB *JJR/Joecks* Rn. 158; *Grunst*, Steuerhinterziehung durch Unterlassen, 1996, 332, 38 ff.; *Dickopf*, Steuerberatung und steuerstrafrechtliche Risiken, 1991, 115 ff.; dagegen zB MüKoStGB/*Schmitz/Wulf* Rn. 299 f.; *Wulf*, Handeln und Unterlassen im Steuerstrafrecht, 2000, 129 ff.; v. Briel/Ehlscheid SteuerStrafR/*v. Briel* § 1 Rn. 230), in der Rspr. wurde die Frage – soweit ersichtlich – nicht thematisiert, vgl *Hellmann/Beckemper* ZJS 2008, 60 (66)), zu einem „Scheinproblem" (*Ebner*, Verfolgungsverjährung im Steuerstrafrecht, 2015, 310). Die allgemeinen Garantenpflichten sind ja aufgrund einer weiten Auslegung des Tatbestandsmerkmals pflichtwidrig (so *Ebner*, Verfolgungsverjährung im Steuerstrafrecht, 2015, 310) bereits im Rahmen des § 370 Abs. 1 Nr. 2 zu berücksichtigen. Die einzige Auswirkung dieser Berücksichtigung bereits in § 370 Abs. 1 Nr. 2 ist, dass die ansonsten (§ 370 Abs. 1 Nr. 1 iVm § 13 Abs. 1 StGB) in § 13 Abs. 2 StGB angeordnete Strafrahmenverschiebung nicht zur Anwendung kommt. Die Nichtanwendung des § 13 Abs. 2 StGB ist mE aber nicht durch eine Strafmilderung im Rahmen der Strafzumessung im engeren Sinne auszugleichen (so aber *Ebner*, Verfolgungsverjährung im Steuerstrafrecht, 2015, 311). Wenn die Verletzung der sich aus dem Gesetz ergebenden Garantenpflicht (Steuererklärungspflicht gem § 149 Abs. 1; Anzeige- und Berichtigungspflicht gem. § 153) zu einer Anwendung des Strafrahmens nach § 370 Abs. 1 oder § 370 Abs. 3 S. 1 führt, ist nicht ohne weiteres nachvollziehbar, warum die Verletzung einer zB sich aus Ingerenz ergebenden Garantenpflicht milder bestraft werden soll.

56 Die betreffenden Offenbarungs- und Erklärungspflichten können natürlich wie juristischen Personen obliegen. Ist eine natürliche Person erklärungspflichtig, so trifft sie die Pflicht höchstpersönlich bzw. ihren gesetzlichen Vertreter (§§ 149, 33 Abs. 1, § 34 Abs. 1 S. 1).

Ist eine juristische Person erklärungspflichtig, so hat das entsprechende vertretungsberechtigte Organ für die juristische Person zu handeln (§ 34 Abs. 1 S. 1, zB Geschäftsführer einer GmbH, Vorstand einer AG; vgl. MüKoStGB/*Schmitz/Wulf* Rn. 336). Dabei bleibt ein **formell bestellter Geschäftsführer** auch dann für die Erfüllung der steuerlichen Erklärungspflichten verantwortlich und begeht bei Nichterklärung täterschaftlich eine Steuerhinterziehung iSd § 370 Abs. 1 Nr. 2, wenn er weder Drahtzieher noch wirtschaftlicher Nutznießer war und nur eine untergeordnete Rolle gespielt hat (BGH PStR 2010, 130).

57 Sind mehrere **Mitgeschäftsführer** bestellt, so treffen selbst dann jeden Mitgeschäftsführer die steuerlichen Pflichten der Gesellschaft in eigener Person (§ 34 Abs. 1 S. 1), wenn einer intern mit der Regelung der steuerlichen Angelegenheiten betraut ist (vgl. Klein/*Rüsken* § 69 Rn. 106 mwN). Es gilt insoweit der Grundsatz der Gesamtverantwortung (§ 114 HGB).

58 Erklärungspflichtig ist nicht nur der rechtsgeschäftlich bestellte Geschäftsführer (§ 34 Abs. 1 S. 1), sondern ggf. auch der **faktische Geschäftsführer** (§ 35; BGH wistra 1994, 228 (229); BGH PStR 2010, 130; BGH NZWiSt 2013, 311 (316); BFH BeckRS 2010, 25016646; FG Nds DStR 2009, 1461 (1462); MüKoStGB/*Schmitz/Wulf* Rn. 327; Simon/Vogelberg SteuerStrafR/*Vogelberg* S. 20.

59 Faktischer Geschäftsführer ist, wer ohne dazu förmlich bestellt oder im Handelsregister eingetragen zu sein, im Einverständnis der Gesellschafter die **Stellung eines Geschäftsführers tatsächlich wahrnimmt** (vgl. zB v. Briel/Ehlscheid SteuerStrafR/*v. Briel* § 1 Rn. 34 mwN). Dabei ist aber nicht erforderlich, dass der Handelnde die gesetzliche Geschäftsführung völlig verdrängt. Entscheidend ist vielmehr, dass der Betreffende die Geschicke der Gesellschaft durch eigenes Handeln im Außenverhältnis, das die Tätigkeit des rechtlichen Geschäftsorgans nachhaltig prägt, maßgeblich in die Hand genommen hat (vgl. zB BGH DB 2005, 1787 = BGH DStR 2005, 1455 zu § 823 Abs. 2 BGB, § 266 StGB).

60 Geben weder der faktische Geschäftsführer noch der rechtsgeschäftlich bestellte Geschäftsführer eine Steuererklärung ab, so ist von einer in Nebentäterschaft durch pflichtwidriges Unterlassen begangenen Steuerhinterziehung iSd § 370 Abs. 1 Nr. 2 auszugehen.

61 **Unterläuft der Finanzbehörde** ein **Fehler,** der nicht auf ein pflichtwidriges Verhalten des Steuerpflichtigen zurückzuführen ist, und unterlässt er den Steuerpflichtigen, die Finanzbehörde auf den Fehler aufmerksam zu machen, so handelt er nicht pflichtwidrig iSd § 370 Abs. 1 Nr. 2. Den Steuerpflichtigen trifft keine Rechtspflicht, Finanzbehörden auf ihre Fehler aufmerksam zu machen (vgl. Klein/*Jäger* Rn. 71).

Eine Berichtigungspflicht nach § 153 Abs. 1 S. 1 Nr. 1 scheitert an der Richtig- und Vollständigkeit der abgegebenen Erklärung. Und selbst wenn man die allgemeinen Garantenpflichten über § 370 Abs. 1 Nr. 1 iVm § 13 StGB für anwendbar halten sollte (→ Rn. 55), ist der Steuerpflichtige weder aus Ingerenz noch sonst kraft Gesetzes zur Offenbarung verpflichtet. Eine Garantenpflicht aus Ingerenz scheidet aus, da dem Steuerpflichtigen gerade kein vorangegangenes gefahrerhöhendes Verhalten vorgehalten werden kann (allg. zur Garantenstellung aus Ingerenz vgl. Fischer StGB § 13 Rn. 11 mwN). Der BFH (NZWiSt 2013, 436 (438)) hält es insoweit sogar für erforderlich zu betonen, dass eine ordnungsgemäß abgegebene Steuererklärung kein „pflichtwidriges gefährdendes Vorverhalten" darstellt. Eine sonstige Garantenpflicht kraft Gesetzes folgt nicht etwa aus dem gesetzlichen Steuerschuldverhältnis, §§ 33 ff. (allg. zur Garantenstellung aus Gesetz vgl. Fischer StGB § 13 Rn. 6a ff. mwN). Das Steuerschuldverhältnis schafft keine – etwa im Betrugsrecht anerkannte – über ein bloßes Vertragsverhältnis hinausgehende Vertrauensbeziehung. Die Situation ist iErg vergleichbar mit dem bloßen Schweigen nach Entgegennahme einer Zuvielzahlung, bei dem eine Betrugsstrafbarkeit abgelehnt wird (BGHSt 39, 398 zur Abhebung eines versehentlich zuviel überwiesenen Betrags; Fischer StGB § 263 Rn. 30 mwN). IErg nutzt der Steuerpflichtige lediglich einen anderweitig entstandenen Fehler aus (so auch *Müller* AO-StB 2002, 58 (61)).

Das bloße **Nichtverhindern der Steuerhinterziehung des anderen Ehegatten** ist nicht tat- **62** bestandsmäßig iSd § 370 Abs. 1 Nr. 2. Selbst wenn man von der Anwendbarkeit der allgemeinen Garantenpflichten über § 370 Abs. 1 Nr. 1 iVm § 13 StGB ausgeht (→ Rn. 55), trifft den anderen keine entspechende Garantenpflicht. Ehegatten sind zwar verpflichtet, Leibes- oder Lebensgefahren voneinander abzuwenden (BGHSt 19, 168; Schönke/Schröder/*Stree/Bosch* StGB § 13 Rn. 19 f.; Fischer StGB § 13 Rn. 6b mwN); hieraus folgt aber nicht die strafbewehrte Pflicht, Straftaten des anderen zu verhindern oder ihn von Straftaten abzuhalten (vgl. OLG Stuttgart NJW 1986, 1767 (1768 f.); Fischer StGB § 13 Rn. 6c mwN; *Müller* AO-StB 2002, 58 (59 f.); aA noch BGHSt 6, 323).

Allerdings wird man in diesem Zusammenhang zu berücksichtigen haben, dass bereits die Stärkung des Tatentschlusses als psychische Beihilfe iSd § 27 StGB zu bewerten ist (vgl. Fischer StGB § 27 Rn. 7 mwN).

Zur Beurteilung von Irrtümern in Bezug auf die Erklärungspflichten (→ § 369 Rn. 26 ff.) ist mE eine **63** Anleihe im Kernstrafrecht zu machen. Dort ist entschieden, dass die **Garantenstellung** (= diejenigen Umstände, aus denen sich die Pflicht zur Erfolgsabwendung ergibt) zum objektiven Tatbestand des unechten Unterlassungsdelikts zählt, sodass die Unkenntnis der entsprechenden Umstände zum **Tatumstandsirrtum** führt. Der **Irrtum über die Garantenpflicht** ist hingegen ebenso wie der Irrtum über die Handlungspflicht beim echten Unterlassungsdelikt **Verbotsirrtum** iSd § 17 StGB (BGHSt 16, 155 für das unechte Unterlassungsdelikt; BGHSt 19, 295 für das echte Unterlassungsdelikt).

Auf das Steuerstrafrecht übertragen bedeutet dies, dass die Unkenntnis der Tatsachen, die die Hand- **64** lungspflicht (Erklärungspflicht) begründen, einen Tatumstandsirrtum darstellt (BGH wistra 1986, 219 (220); JJR/*Joecks* Rn. 504; aA KG wistra 1982, 196 (198): die Garantenpflicht, die sich aus einer außerstrafrechtlichen Handlungspflicht ergibt, zähle zum Tatbestand). Der Irrtum über eine Handlungspflicht ist hingegen Verbotsirrtum bzw. – beim Unterlassungsdelikt – Gebotsirrtum (vgl. JJR/*Joecks* Rn. 505; Tipke/Lang SteuerR/*Seer* § 23 Rn. 47; aA Hübschmann/Hepp/Spitaler/*Hellmann* Rn. 235: Tatbestandsirrtum), außer er wurde durch einen Irrtum über den Steueranspruch ausgelöst. Dann würde er bereits einen vorsatzausschließenden Tatumstandsirrtum (§ 16 Abs. 1 S. 1 StGB) auslösen.

So hatte der Angeklagte im Entscheidungsfall des OLG Köln (NJW 2004, 3504 f.) für seine Lobbyistentätigkeit keine Gewerbesteuererklärung abgegeben. Die entsprechenden Einkünfte hatte er (teilweise) als Einkünfte aus selbstständiger Tätigkeit iSd § 18 EStG deklariert. Das OLG verwarf die Beschwerde gegen die Nichtzulassung der Anklage wegen einer Gewerbesteuerhinterziehung. Selbst wenn die Einschätzung der Finanzbehörde zutreffe und die im Zusammenhang mit der Errichtung einer Müllverbrennungsanlage erhaltenen Schmiergeldzahlungen wären als (gewerbesteuerpflichtige) gewerbliche Einkünfte iSd § 15 EStG anzusehen, habe der Angeklagte geglaubt, nicht der Gewerbesteuer zu unterliegen. Mit anderen Worten: Der Irrtum über die Handlungspflicht wurde durch einen Irrtum über den Steueranspruch ausgelöst (= vorsatzausschließender Tatumstandsirrtum, § 16 Abs. 1 S. 1 StGB).

Bei Unvermeidbarkeit eines Verbotsirrtums bleibt der Täter wegen Schuldausschlusses straflos (§ 17 **65** S. 1 StGB), bei Vermeidbarkeit kann die Strafe nach Maßgabe des § 49 Abs. 1 StGB gemildert werden (§ 17 S. 2 StGB).

2. In Unkenntnislassen der Finanzbehörden. Die Offenbarungs- bzw. Erklärungspflichten beste- **66** hen ggü. den „Finanzbehörden" (zur Finanzbehördeneigenschaft der Kfz-ZulStelle → Rn. 50). Dies bedeutet freilich nicht, dass der Tatbestand bereits dann ausgeschlossen ist, wenn der Erklärungspflichtige irgendeiner (unzuständigen) Finanzbehörde Mitteilung macht. Dies zeigt sich an der Rspr. zum tatbestandsausschließenden Einverständnis (BGH wistra 2000, 63 (64); Klein/*Jäger* Rn. 42; Ignor/Rixen ArbStrafR-HdB/*Wegner* § 5 Rn. 60). Der BGH hat dazu entschieden, dass nicht auf die Finanzverwaltung in ihrer Gesamtheit schlechthin, sondern auf die **positive Kenntnis des für die Bearbeitung zuständigen Beamten** abzustellen ist, wobei dessen Kenntnis sogar noch durch ihm verfügbare Beweismittel iSd § 92 untermauert sein muss. Mit anderen Worten: es muss die Unkenntnis des zuständigen Finanzbeamten beseitigt werden (so auch JJR/*Joecks* Rn. 233).

„Erleichtert" die Finanzverwaltung die Tatbestandsverwirklichung zB durch unzureichenden Infor- **67** mationsfluss, so kann sich dies nur auf der Strafzumessungsebene auswirken. Nach BGH-Rspr. (BGH NStZ 2011, 283 (284); wistra 2015, 235) ist ein Verhalten des Steuerfiskus (gleich einem Mitverschulden oder einer Mitverursachung des Verletzten) allerdings nur dann strafmildernd zu berücksichtigen, wenn das staatlichen Stellen vorwerfbare Verhalten unmittelbar auf das Handeln des Täters Einfluss genommen hat (etwa weil er bislang nicht tatgeneigt war oder ihm wenigstens die Tat erleichtert wurde) und den staatlichen Entscheidungsträgern die Tatgenese vorgeworfen werden kann.

68   **3. Möglichkeit der Erfolgsverhinderung; Unzumutbarkeit.** Da es sich bei § 370 Abs. 1 Nr. 2, Nr. 3 um Unterlassungsdelikte handelt (→ Rn. 17), muss die Erfüllung der Handlungspflicht **möglich und zumutbar** sein (vgl. zB MüKoStGB/*Schmitz/Wulf* Rn. 303).

Unerheblich ist insoweit, ob man § 370 Abs. 1 Nr. 2, Nr. 3 als echte oder unechte Unterlassungsdelikte auffasst (für unechte Unterlassungsdelikte zB BGH NJW 1994, 1357; SSW StGB/*Kudlich* StGB § 13 Rn. 8, 31, 41; *Ebert,* Strafrecht Allgemeiner Teil, 4. Aufl. 2008, 184; für echte Unterlassungsdelikte zB SSW StGB/*Schöch* StGB § 323c Rn. 17; *Ebert,* Strafrecht Allgemeiner Teil, 4. Aufl. 2008, 184).

Bei Unmöglichkeit bzw. Unzumutbarkeit der Pflichterfüllung entfällt die Tatbestandsmäßigkeit. Unstreitig ist das für die Unmöglichkeit der Pflichterfüllung (vgl. zB BGH NJW 1998, 1306; OLG Hamm wistra 2003, 73; SSW StGB/*Kudlich* StGB § 13 Rn. 8; Fischer StGB § 266a Rn. 15) wie für die Unzumutbarkeit bei Annahme echter Unterlassungsdelikte (vgl. zB SSW StGB/*Schöch* StGB § 323c Rn. 17; Fischer StGB § 266a Rn. 12; *Ebert,* Strafrecht Allgemeiner Teil, 4. Aufl. 2008, 184). Für die Unzumutbarkeit bei Vorliegen unechter Unterlassungsdelikts gilt dies zumindest nach hM (BGH NJW 1994, 1357; Schönke/Schröder/*Eisele* StGB Vor § 13 Rn. 155; Fischer StGB § 13 Rn. 14a, 15 f.; aA LK-StGB/*Jescheck* StGB § 13 Rn. 6, SSW StGB/*Kudlich* StGB § 13 Rn. 31, 41: Entschuldigungsgrund).

69   Der Unterlassungstäter muss die **Möglichkeit zur Verhinderung des Tatererfolgs** haben, da Unmögliches nicht verlangt werden kann (vgl. zB Fischer StGB § 13 Rn. 14 mwN; *Ebert,* Strafrecht Allgemeiner Teil, 4. Aufl. 2008, 176). Im Steuerstrafrecht kann diese Einschränkung jedoch kaum Bedeutung erlangen (vgl. MüKoStGB/*Schmitz/Wulf* Rn. 337). Mangels Buchführung kann es einem Gewerbetreibenden zwar tatsächlich unmöglich sein, eine Steuererklärung abzugeben. In diesen Fällen trifft ihn allerdings ein entsprechendes "Vorverschulden" (omissio libera in causa), das sein nunmehr bestehendes Unvermögen hinfällig werden lässt (vgl. Fischer StGB § 13 Rn. 14a mwN; Schönke/Schröder/*Eisele* StGB Vor § 13 Rn. 144). Denkbar wäre dies uU bei einem Strohmann, der keinerlei Kenntnisse über den Umfang "seiner" Geschäftstätigkeit besitzt.

70   Da es sich bei der Beziehung zwischen Steuerpflichtigem und Steuerfiskus gewissermaßen um ein "Dauerschuldverhältnis" handelt, sind verschiedene Sachverhaltskonstellationen denkbar, in denen der Steuerpflichtige einerseits (zwangsmittelbewehrt) steuererklärungspflichtig ist, in denen er aber andererseits als Beschuldigter **nicht zur Selbstbelastung gezwungen** werden darf (allgemein zum "nemo tenetur se ipsum accusare"-Prinzip → § 393 Rn. 2 f.). Zumindest wenn man die Zumutbarkeit des geforderten Handelns als ungeschriebenes Tatbestandsmerkmal von Unterlassungsdelikten ansieht (→ Rn. 68), ergibt sich in diesem Zusammenhang die Frage der **Unzumutbarkeit** der Vornahme der erfolgsverhindernden Handlung.

71   Zunächst handelt es sich hierbei um Fälle, in denen die Einleitung eines Strafverfahrens wegen versuchter Steuerhinterziehung bekannt gegeben worden ist, und sich durch Zeitablauf oder nachfolgender Schätzungsveranlagung die Frage des Vorliegens einer vollendeten Steuerhinterziehung stellt.

In einer derartigen Konstellation (**identische Steuerart** und **identischer Veranlagungszeitraum**) hob der BGH (wistra 2002, 150 ff.) die Verurteilung wegen vollendeter Steuerhinterziehung auf. Eine Tatvollendung könne nicht mehr eintreten, da die strafbewehrte Pflicht zur Abgabe der Steuererklärungen mit der Bekanntgabe der Einleitung des Steuerstrafverfahrens entfallen sei. Zwänge man den Steuerpflichtigen zur Abgabe einer Steuererklärung, müsste er alle steuerlich relevanten Tatsachen vortragen (§ 90 Abs. 1), aus denen sich der von ihm beabsichtigte Hinterziehungsumfang errechnen ließe. Eine derartige Pflicht zur Selbstbelastung wolle das Zwangsmittelverbot des § 393 Abs. 1 dem Steuerpflichtigen seinem Grundgedanken nach gerade ersparen.

In diesem Zusammenhang wird gelegentlich etwas ungenau von der Suspendierung der Erklärungspflicht gesprochen (vgl. etwa Simon/Vogelberg SteuerStrafR/*Simon* S. 7). Da die steuerrechtliche Erklärungspflicht als solche durch die Einleitung eines Strafverfahrens aber gerade nicht berührt wird (vgl. § 393 Abs. 1 S. 1), ist mE die Formulierung treffender, die Strafbewehrung der Erklärungspflicht werde suspendiert (so wie hier ausdrückl. BGH wistra 2001, 341 (344 f.); BGH NStZ 2002, 437; BGH NJW 2009, 1984 (1986)).

72   Über den Fall der identischen Steuerart und des identischen Veranlagungszeitraums hinaus stellt sich ein vergleichbares Problem aber auch, wenn der zwei Taten zugrunde liegende **Sachverhalt teilidentisch** ist. Dies kommt in der Konstellation in Betracht, in der wegen unzutreffender oder nicht eingereichter Umsatzsteuervoranmeldungen die Einleitung eines Strafverfahrens bekannt gegeben worden ist und Beschuldigte es nachfolgend unterlässt, eine Umsatzsteuerjahreserklärung abzugeben, um sich nicht wegen der betreffenden Umsatzsteuervoranmeldungen selbst zu belasten. Der BGH (wistra 2001, 341 (345)) hat insoweit entschieden, dass die Strafbewehrung der Nichtabgabe der Umsatzsteuerjahreserklärung (§ 370 Abs. 1 Nr. 2) so lange suspendiert ist, wie ein Steuerstrafverfahren für nicht abgegebene bzw. unzutreffende Umsatzsteuervoranmeldungen andauert. Weil die von beiden

Erklärungspflichten umfassten Zeiträume bei gleicher Steuerart teilidentisch sind und dasselbe Steueraufkommen betreffen, würde ansonsten für den Beschuldigten eine unauflösbare Konfliktlage bestehen.

Mittlerweile wird man mE aber nicht mehr auf diese Begründung zurückgreifen müssen. Da der BGH nachfolgend entschieden hat, dass Steuerhinterziehungen im Zusammenhang mit Umsatzsteuervoranmeldungen und eine Steuerhinterziehung im Zusammenhang mit der entsprechenden Umsatzsteuerjahreserklärung eine Tat iSd § 264 StPO bilden (BGH wistra 2005, 66 f.), ergibt sich die Suspendierung der Strafbewehrung der Nichtabgabe der Umsatzsteuerjahreserklärung bereits aus der Bekanntgabe der Einleitung des Strafverfahrens für die Umsatzsteuervoranmeldungen. Die Verfahrenseinleitung iSd § 397 Abs. 1 bezieht sich ohne weiteres auf die entsprechende Tat im prozessualen Sinne (vgl. zB OLG Saarbrücken NJW 1974, 1009).

Über die die Suspendierung der Strafbewehrung des Unterlassens hinaus hatte zwar das LG Frankfurt **73** a. M. (wistra 2004, 78 (79)) angenommen, die Straffreiheit müsse auch für die Abgabe einer unrichtigen, den Steuervoranmeldungen entsprechenden Umsatzsteuerjahreserklärung gelten. Diese Entscheidung hat das OLG Frankfurt a. M. (wistra 2006, 198 ff.) allerdings im Beschwerdeweg aufgehoben. Der nemo-tenetur-Grundsatz gestatte dem Betroffenen nur, passiv zu sein, nicht dagegen die Vornahme neuerlichen Unrechts (aA *Sahan*, Keine Steuererklärungspflicht bei Gefahr strafrechtlicher Selbstbelastung, 2005, 93 ff. (131 ff.): die sich für einen Steuerpflichtigen ergebende Zwangslage sei durch Suspendierung der Erklärungspflicht aufzulösen; unter Berücksichtigung der rechtlichen Grundlagen des Nemo-tenetur-Grundsatzes sei eine Unterscheidung zwischen Nichtabgabe einer Steuererklärung und Abgabe einer unzutreffenden Steuererklärung abzulehnen).

Über die Fälle des identischen bzw. teilidentischen Sachverhalts hinaus befindet sich der Steuer- **74** pflichtige auch dann in einer „Zwangslage", wenn er in den Folgebesteuerungszeiträumen zwangsmittel- und strafbewehrt Angaben zu (Dauer-)Sachverhalten machen muss, die **Schlussfolgerungen auf vorangegangene strafbefangene Zeiträume** zulassen; so zB bei einer langfristigen Kapitalanlage im Ausland.

Der BGH (wistra 2001, 341 (345)) geht insoweit lediglich von einer Suspendierung der Strafbewehrung für die Besteuerungszeiträume aus, für die die Einleitung des Strafverfahrens bekannt gegeben worden ist. Ansonsten würde der unehrliche Steuerpflichtige besser behandelt werden als der steuerehrliche.

Die in dieser Entscheidung noch ausdrücklich offen gelassene Frage, ob die im Folgejahr in ordnungsgemäßer Erfüllung der Steuererklärungspflicht gemachten Angaben einem strafrechtlichen Verwertungsverbot unterfallen, wurde nachfolgend bejaht (BGH wistra 2005, 148 (150)). Danach besteht ein – unmittelbar aus dem verfassungsrechtlich verankerten Verbot des Selbstbelastungszwangs – herzuleitendes **Verwendungsverbot** in der Form, dass die betreffenden Informationen weder unmittelbar noch mittelbar zum Nachweis einer vorangegangenen Steuerhinterziehung herangezogen werden können. Dieses Verwendungsverbot nimmt der BGH sowohl für zurückliegende Besteuerungszeiträume als auch für andere Steuerarten des gleichen Besteuerungszeitraumes an.

III. Sonderfall: Die Tathandlung in der Unterlassungsvariante des § 370 Abs. 1 Nr. 3

Tatbestandsmäßig iSd § 370 handelt auch, wer Steuerzeichen bzw. Steuerstempel nicht, nicht recht- **75** zeitig oder nicht in geschuldeter Höhe verwendet (= **Unterlassungsdelikt;** → Rn. 68).

Als „Steuerzeichen" waren früher gebräuchlich Börsenumsatzsteuermarken (§ 21 KVStDV aF) sowie **76** Wechselsteuermarken (§§ 4 Nr. 1 und Nr. 8, 8 WStDV aF). „Steuerstempler" fanden zB bei der Wechselsteuer Verwendung (§ 14 WStDV aF). Heute finden nur noch **Tabaksteuerzeichen** Verwendung (→ Rn. 147, 525 ff.; Klein/*Jäger* Rn. 75).

Tabaksteuer entsteht nach dem seit 1.4.2010 anwendbaren TabStG (BGBl. 2009 I 1870 ff.) durch die **77** Überführung von Tabakwaren in den steuerrechtlichen freien Verkehr (§ 15 Abs. 1 TabStG). In den steuerrechtlich freien Verkehr werden sie nach Maßgabe der in § 15 Abs. 2 TabStG genannten Fälle überführt (→ Rn. 521 ff.).

Anm.: nach altem Recht entstand TabSt durch die Entfernung aus einem Steuerlager (§ 11 Abs. 1 TabStG aF) bzw. – bei einem nicht zugelassenen Herstellungsbetrieb – mit der Herstellung der Tabakwaren (§ 11 Abs. 3 S. 1 TabStG aF).

Die entsprechende Tabaksteuer ist durch die Verwendung von Steuerzeichen (das bedeutet Entwerten und Anbringen) zu entrichten, sobald die Steuer entstanden ist (§ 17 Abs. 1 TabStG, § 12 Abs. 1 S. 1, S. 3 TabStG aF). Die zu verwendenden Steuerzeichen sind zuvor mit amtlich vorgeschriebenem Vordruck beim HZA zu bestellen (= Steueranmeldung, § 17 Abs. 2 S. 1 TabStG, § 12 Abs. 2 S. 1 TabStG aF).

Die §§ 13 Abs. 2, 22 RennwLottG enthalten zwar Ermächtigungen zur Verwendung von Steuerzei- **78** chen. Von diesen Ermächtigungen hat das BMF indes keinen Gebrauch gemacht (vgl. Klein/*Jäger* Rn. 75).

79   Tatbestandsmäßig iSd § 370 Abs. 1 Nr. 3 ist nicht nur das vollständige Unterlassen der Verwendung von Steuerzeichen, hierunter fällt auch das Nicht-Verwenden der vorschriftsgemäßen Steuerzeichen (vgl. Hübschmann/Hepp/Spitaler/*Hellmann* Rn. 114 mwN).

IV. Der Taterfolg der Steuerverkürzung (§ 370 Abs. 4 S. 1 Hs. 1)

80   § 370 Abs. 1, Abs. 4 nennt zwei mögliche Taterfolge: die „Steuerverkürzung" sowie die „Erlangung eines ungerechtfertigten steuerlichen Vorteils".

81   **1. Steuern. Steuern** sind definiert als Geldleistungen ohne Gegenleistungscharakter für eine besondere Leistung. Sie werden von öffentlich-rechtlichen Gemeinwesen allen auferlegt, bei denen der Tatbestand zutrifft, an den das Gesetz die Leistungspflicht knüpft (§ 3 Abs. 1 S. 1).

82   Hierunter fallen alle Besitz- und Verkehrsteuern (zB Einkommen-, Vermögen-, Erbschaft-, Umsatz-, Gewerbesteuer), Realsteuern (Grund-, Gewerbesteuer, § 3 Abs. 2) sowie Verbrauchsteuern (zB Mineralöl-, Tabaksteuer). Auch Zölle und Abschöpfungen sind Steuern iSd AO (§ 3 Abs. 1 S. 2).

83   Zu den Steuern iSd § 3 zählen **auch Steuerzuschläge** wie der Solidaritätszuschlag (LG Düsseldorf NZWiSt 2014, 70 (71)).

84   **Keine** Steuern sind hingegen **steuerliche Nebenleistungen** (§ 3 Abs. 3) wie Verspätungszuschläge (§ 152), Zinsen (§§ 233–237), Säumniszuschläge (§ 240), Zwangsgelder (§ 329) sowie Kosten (§§ 178, 337–345).

85   Gem. § 1 Abs. 1 ist die AO nur für Steuern aus Bundesgesetzen oder aus dem Recht der EU anwendbar. Ansonsten gelten die Vorschriften der AO nur dann (entsprechend), wenn sie gesetzlich für anwendbar erklärt werden.

Nach § 1 Abs. 3 finden zwar die Vorschriften der AO (mit Ausnahme des Dritten bis Sechsten Abschnitts des Vierten Teils) auf steuerliche Nebenleistungen **sinngemäße Anwendung.** Daraus kann mE aber nicht die Anwendbarkeit des Achten Teils der AO (§§ 369 ff.) auf die steuerlichen Nebenleistungen gefolgert werden (BGH NJW 1998, 1568 (1575) – Fall Zwick; Klein/*Jäger* Rn. 19; Tipke/Lang SteuerR/*Seer* § 23 Rn. 28; aA Klein/*Orlopp*, AO, 5. Aufl. 1996, § 370 Rn. 3; Koch/Scholtz/*Scheurmann-Kettner* Rn. 31; FGS/*Samson* Rn. 16; MüKoStGB/*Schmitz/Wulf* Rn. 54; wohl auch JJR/*Joecks* Rn. 36; wegen § 239 Abs. 1 S. 1 Anwendbarkeit des § 370 auf Zinsen; Hübschmann/Hepp/Spitaler/*Hellmann* Rn. 130: Zinsen und zinsähnliche Ansprüche seien hinterziehbar, da auch der Zinsschaden im Festsetzungsverfahren einen tatbestandsmäßigen Erfolg darstellt).

Bedenklich erscheint bereits, die „sinngemäße" Anwendung des § 370 auf steuerliche Nebenleistungen überhaupt mit dem Verfassungsgrundsatz der Gesetzesbestimmtheit (Art. 103 Abs. 2 GG) in Einklang zu bringen ist (vgl. Klein/*Jäger* Rn. 19; aA Hübschmann/Hepp/Spitaler/*Hellmann* Rn. 129; MüKoStGB/*Schmitz/Wulf* Rn. 53). Die Verweisungsnorm lässt nämlich nicht erkennen, welches Verhalten strafbar sein soll.

Jedenfalls aber verfolgen steuerliche Nebenleistungen ganz andere Zielsetzungen als Steuern (BGH NJW 1998, 1576; Klein/*Jäger* Rn. 19; MüKoStGB/*Schmitz/Wulf* Rn. 53). Schutzgut des § 370 ist nach hM das öffentliche Interesse des Staates am vollständigen und rechtzeitigen Aufkommen der einzelnen Steuerarten (→ Rn. 3). Die steuerlichen Nebenleistungen sind hingegen administrative **Druckmittel eigener Art** (Verspätungszuschlag iSd § 152, vgl. zB BFH BFH/NV 2002, 475; Klein/*Brockmeyer* § 152 Rn. 1), **Druck- und Zwangsmittel,** mit denen auch erlangte Vermögensvorteile abgeschöpft werden sollen (Säumniszuschläge iSd § 240, BFH BStBl. II 1998, 2 (4 ff.)), **Beugemittel** (Zwangsgelder iSd § 329, vgl. Klein/*Rüsken* § 328 Rn. 1), haben **Gebühren**charakter (Kosten iSd §§ 178, 337 ff.) oder sind **Entschädigung** des Steuerberechtigten für entgangene Kapitalnutzung (Zinsen iSd §§ 233 ff., vgl. zB Klein/*Rüsken* § 233a Rn. 1).

Anm.: Ausgeschüttete Erstattungszinsen bei erfundenen Vorgängen zählen aber zu den Steuervorteilen iSd § 370 Abs. 4 S. 2 (BGH wistra 2007, 388 (389)).

86   Die Nichtanwendbarkeit des § 370 führt indes **nicht** zu einem **Rückgriff auf** den allgemeinen **Betrugstatbestand** des § 263 StGB (entgegen der Vorauflage so jetzt auch Schwarz/Pahlke/*Webel* Rn. 83; aA für den erschwindelten Erlass von Säumniszuschlägen noch Klein/*Gast-de Haan,* AO, 9. Aufl. 2006, § 370 Rn. 12). § 370 entfaltet als abschließende steuerstrafrechtliche Regelung Sperrwirkung (BGH wistra 1998, 180 (188 f.)); zudem unterfallen ordnungsrechtlichen Sanktionen nicht dem Schutzbereich des § 263 StGB (wirtschaftliches Vermögen des Staates; vgl. Fischer StGB § 263 Rn. 62 mwN; v. Briel/Ehlscheid SteuerStrafR/*v. Briel* § 1 Rn. 278).

87   Die Parallelproblematik stellt sich für die „Hinterziehung" von **Kirchensteuern.** Die Erhebung von Kirchensteuer ist in Landeskirchensteuergesetzen geregelt, sodass die Vorschriften der AO nicht unmittelbar gelten (§ 1 Abs. 1). Für das Besteuerungsverfahren erklären die Landeskirchensteuergesetze Teile der AO für entsprechend anwendbar.

Die vormals in Niedersachsen bestehende Anordnung der Geltung der Strafvorschriften der §§ 369 ff. (mit Ausnahme der Verfahrensvorschriften, § 385 ff.) in § 6 Abs. 1 KiStRG Nds. aF wurde in der seit 24.12.2014 gültigen Fassung aufgehoben. § 6 Abs. 1 S. 2 KiStRG Nds. sieht jetzt ausdrücklich vor, dass die Vorschriften „des Achten Teils der Abgabenordnung (Straf- und Bußgeldvorschriften, Straf- und

Bußgeldverfahren) nicht anzuwenden sind". Die aktuelle Gesetzeslage in den Bundesländern Sachsen und Mecklenburg-Vorpommern ist hingegen nicht eindeutig. Die dortigen Landeskirchensteuergesetze erklären die Vorschriften der Abgabenordnung mit Ausnahme der Bestimmungen „über das Straf- und Bußgeldverfahren" für anwendbar (§ 12 Abs. 1 S. 2 SächsKiStG, § 21 S. 2 KiStG M-V). Diese Beschränkung auf die Nichtanwendbarkeit des entsprechenden Verfahrensrechts könnte man in dem Sinne verstehen, dass die beiden Länder von der Ermächtigung des Art. 4 Abs. 3 EGStGB Gebrauch gemacht, die materiellen Strafvorschriften der §§ 369 ff. für anwendbar und die lediglich die Verfahrensvorschriften (§ 385 ff.) für unanwendbar erklärt haben. Dies würde der alten niedersächsischen Gesetzeslage (§ 6 Abs. 1 KiStRG Nds. aF) entsprechen (idS wohl *Wulf* Stbg 2015, 160 (162 Fn. 14)).

Jedenfalls in den anderen 14 Bundesländern ist indes eine entsprechende Betrugsstrafbarkeit (§ 263 **88** StGB) zu erwägen (vgl. Klein/*Jäger* Rn. 20). Hierfür spricht neben dem Wortlaut des § 386 Abs. 2 Nr. 2 und den Gesetzesmaterialien (vgl. BT-Drs. 4/2476, 18; V/1812, 29) auch die Regelung in Art. 4 Abs. 3 EGStGB, die die Vorschriften des StGB über den Betrug ausdrücklich unberührt lässt. Ein Ausschluss der Anwendbarkeit des Betrugstatbestandes durch den Landesgesetzgeber ist auch grds. nicht mit Art. 74 Abs. 1 Nr. 1, 72 Abs. 1 GG vereinbar, wonach die Länder auf dem Gebiet des Strafrechts keine Befugnis zur Gesetzgebung haben, soweit der Bund von seiner Gesetzgebungszuständigkeit Gebrauch gemacht hat (vgl. auch Art. 4 Abs. 2 EGStGB). Ausnahmen von dieser Kompetenzabgrenzung sind nur unter den Voraussetzungen des Art. 4 Abs. 3 EGStGB möglich, wobei auf dem Gebiet der Kirchensteuer allerdings die Annahme einer strafrechtlichen Länder-Annex-Gesetzgebungskompetenz denkbar ist (BGH NStZ 2009, 157 (158 f.)).

Entscheidend gegen die Annahme einer Betrugsstrafbarkeit spricht mE aber, dass sich ansonsten die durch die Landeskirchensteuergesetze offenbar intendierte Privilegierung von „Kirchensteuerhinterziehung" (vgl. etwa den in Nds. früher vorgesehenen Antragsvorbehalt des Steuerberechtigten, § 10 Abs. 1 S. 4 NdsKiStRG aF) gerade in ihr Gegenteil verkehren würde. Da § 263 StGB keine strafbefreiende Selbstanzeige iSd § 371 kennt, würde eine Selbstanzeigeerstattung zwar zur Strafaufhebung einer wegen Einkommensteuerhinterziehung führen, ein „Kirchensteuerbetrug" wäre aber weiterhin als Offizialdelikt von Amts wegen zu verfolgen (so ausdrückl. *Rönnau* wistra 1995, 47 ff.; iE so auch Kohlmann/*Ransiek* Rn. 383; JJR/*Randt* § 386 Rn. 30 f.; MüKoStGB/*Schmitz/Wulf* Rn. 51; Gußen SteuerStrafR Rn. 73; aA FGS/*Samson* § 386 Rn. 15; Hübschmann/Hepp/Spitaler/*Hellmann* Rn. 125; Koch/Scholtz/*Scheurmann-Kettner* § 386 Rn. 86; *Hellmann* wistra 2004, 201). Diese Ansicht scheint letztlich auch das BMF zu teilen. Wie eine Sprecherin des BMF in 2014 erklärt „*gibt (es) keinen Straftatbestand der Kirchensteuerhinterziehung. Weltliche Folgen hat das nicht.*" (www.tagesspiegel.de/wirtschaft/kirchensteuer-anlegern-drohen-bei-kirchensteuer-keine-verfahren-wegen-steuerhinterziehung/9875172.html).

Steuer in diesem Sinn ist auch die für unberechtigten Umsatzsteuerausweis geschuldete Steuer (vgl. **89** BGH NStZ 2009, 637 (639); BGH ZWH 2014, 437 (438); BFH/NV 2015, 1116; Klein/*Jäger* Rn. 45; *Nöhren,* Die Hinterziehung von Umsatzsteuer, 2005, 138 ff.; krit. Ignor/Rixen ArbStrafR–HdB/*Wegner* § 5 Rn. 75). Gemeint ist die Umsatzsteuer, die ein Rechnungsersteller, der nicht zum gesonderten Rechnungsausweis berechtigt ist, schuldet, wenn er unberechtigt Umsatzsteuer ausgewiesen hat (§ 14c Abs. 2 UStG 2005, § 14 Abs. 3 UStG 1999). Dem steht der Fall gleich, dass ein Nichtunternehmer ein Blankorechnung erstellt und der Rechnungsempfänger diese vervollständigt hat (BGH ZWH 2014, 437 (439)), sowie der Fall, dass ein Nichtunternehmer eine unberechtigte Gutschrift eines vorgeblichen Leistungsempfängers nicht zurückgewiesen hat (FG Nds DStRE 2014, 1328 (1330)).

Auch wenn es sich bei § 14c Abs. 2 UStG um einen abstrakten Gefährdungstatbestand besonderer Art handelt (so etwa BFH BStBl. II 2004, 143 (144) zu § 14 Abs. 3 UStG aF), ist die Vorschrift als Steuertatbestand einzuordnen. So behandelt das UStG den unberechtigt ausgewiesenen Betrag verfahrensrechtlich nicht nur als Steuer, dh er ist im Rahmen einer Umsatzsteuervoranmeldung zu deklarieren (§ 16 Abs. 2 S. 4, § 18 Abs. 4b UStG). Zumindest idF 2005 sieht das Gesetz auch eine Berichtigungsmöglichkeit vor (§ 14c Abs. 2 S. 3 UStG).

2. Verkürzung. Wann der Taterfolg „Steuerverkürzung" eintritt, ergibt sich **namentlich** aus § 370 **90** Abs. 4 S. 1 Hs. 1. Insoweit wird maßgebend auf die unzureichende oder gar nicht erfolgte Steuerfestsetzung abgestellt. Üblicherweise (so auch im weiteren Gang der Darstellung) wird zwischen sog „Veranlagungssteuern" und „Anmeldungssteuern" unterschieden.

a) Veranlagungssteuern. Bei Veranlagungssteuern erfolgt die Steuerfestsetzung in der Regel **durch 91** förmlichen, schriftlichen und mit Rechtsbehelfsbelehrung versehenen **Steuerbescheid der Finanzbehörde** (§§ 155, 157).

Steuerbescheide kommen ua in Betracht bei Einkommen-, Körperschaft-, Vermögensteuer (bis 31.12.1996), Gewerbesteuer, bei Vorauszahlungsbescheiden, Festsetzungen unter dem Vorbehalt der Nachprüfung (§ 164 Abs. 1 S. 2), bei Freistellungen von der Steuer (§ 155 Abs. 1 S. 3), bei Ablehnung eines Antrags auf Steuerfestsetzung (§ 155 Abs. 1 S. 3), bei Aufhebung oder Änderung früherer Steuerfestsetzungen (§§ 129, 172 ff.).

Eine Steuerfestsetzung wird mit **Bekanntgabe des Steuerbescheides an den Steuerpflichtigen 92 wirksam** (§ 124 Abs. 1 S. 1). Der Bekanntgabezeitpunkt ergibt sich aus § 122.

In der Praxis werden Steuerbescheide üblicherweise aus Kostengründen nicht förmlich zugestellt (§ 122 Abs. 5), sondern durch einfachen Brief bekannt gegeben. Von erheblicher praktischer Bedeutung ist dabei die Vorschrift des § 122 Abs. 2 Hs. 1 Nr. 1, wonach ein Verwaltungsakt bei Übermittlung im Inland am dritten Tag nach Aufgabe zur Post als bekannt gegeben gilt. Auch wenn es sich dabei im Grundsatz um eine steuerrechtliche Beweiserleichterung zu Gunsten der Finanzverwaltung handelt, stellt § 122 Abs. 2 nicht nur eine Bekanntgabevermutung auf, es handelt sich vielmehr um eine Bekanntgabefiktion (BFH BStBl. II 2001, 274), die auch materiell-rechtliche Folgen nach sich zieht (vgl. dazu iE Klein/*Brockmeyer* § 122 Rn. 49).

93 Wenn aber der Steuerbescheid (= die Steuerfestsetzung) erst mit Ablauf der dreitägigen **Bekanntgabefiktion** des § 122 Abs. 2 Hs. 1 Nr. 1 wirksam wird (vgl. Tipke/Kruse/*Tipke* § 122 Rn. 53; vor Ablauf der Bekanntgabefiktion ist der in der Entstehung begriffene Steuerbescheid noch nicht einmal rechtsbehelfsfähig; vgl. Schwarz/Pahlke/*Frotscher* § 122 Rn. 122, 133), markiert dieser Bekanntgabezeitpunkt auch den Eintritt des Taterfolgs Steuerverkürzung (vgl. BGH wistra 2015, 17 (18) zum Verjährungsbeginn; BFH wistra 2009, 166 ff. zu § 239; MüKoStGB/*Schmitz/Wulf* Rn. 94; Rolletschke/Kemper/*Rolletschke* Rn. 69, 88; Klein/*Jäger* Rn. 90; *Schmitz* wistra 1993, 248 (251); *Schmitz* FS Kohlmann, 2003, 532 f.; Gußen SteuerStrafR Rn. 82). Dem steht der „in dubio pro reo-Grundsatz" mE nicht entgegen. Es geht in diesem Zusammenhang nicht um die Tatsachenfrage, wann der Steuerbescheid zugegangen ist. Insoweit würde der „in dubio pro reo-Grundsatz" bei Unaufklärbarkeit des Sachverhalts tatsächlich gebieten, im Zweifel die dem Angeklagten günstigere Sachverhaltsmöglichkeit zugrunde zu legen (zum Zweifelsgrundsatz vgl. Löwe/Rosenberg/*Kühne* StPO Einl. I Rn. 48). Es geht vielmehr um die **reine Rechtsfrage,** wann ein Steuerbescheid verfahrensrechtlich wirksam wird (so ausdrückl. auch MüKoStGB/*Schmitz/Wulf* Rn. 94; *Schmitz* FS Kohlmann, 2003, 532 f.). Die rechtliche Wirksamkeit eines Steuerbescheids tritt aber – wie vorgehend ausgeführt – erst nach Ablauf der dreitägigen Bekanntgabefiktion ein.

94 Entgegen der bisherigen steuerliche Rspr. (vgl. zB BFH BStBl. II 1986, 462 (463)) verlängert sich die Fiktion des § 122 Abs. 2 Hs. 1 Nr. 1, wenn das Fristende auf einen Sonntag, Feiertag oder Sonnabend fällt (BFH BStBl. II 2003, 898 ß (899)).

95 Lediglich dann, wenn der Steuerpflichtige die gesetzliche Vermutung des § 122 Abs. 2 zerstört, indem er substantiiert darlegt, den Steuerbescheid später oder überhaupt nicht erhalten zu haben, muss die Finanzbehörde Zugang und Zugangszeitpunkt steuerrechtlich – und damit auch zu strafrechtlichen Zwecken – beweisen (für das Steuerrecht vgl. zB Schwarz/Pahlke/*Frotscher* § 122 Rn. 129; zur Anwendung der Bekanntgabefiktion im Verjährungsrecht vgl. im Einzelnen *Ebner,* Verfolgungsverjährung im Steuerstrafrecht, 2015, 201 ff.).

96 In welcher Veranlagungsform die Steuerfestsetzung erfolgt ist, ist unerheblich (§ 370 Abs. 4 S. 1 Hs. 1). Die Steuer kann sowohl endgültig festgesetzt worden sein als auch **vorläufig** (§ 165 Abs. 1) oder **unter dem Vorbehalt der Nachprüfung** (§ 164).

97 Da die Steuerverkürzung mit der Bekanntgabe des unzutreffenden Steuerbescheids bewirkt ist, tritt mit Bekanntgabe Tatvollendung ein. Wegen dieser Vorverlagerung des Taterfolges durch § 370 Abs. 4 S. 1 Hs. 1 (es genügt insoweit die durch die unzureichende Steuerfestsetzung eintretende Gefährdung des Steueraufkommens) kommt insoweit weitergehenden Fragen keine Bedeutung zu. Unerheblich sind zB die **Bestandskraft** des Steuerbescheids (BFH DStR 2013, 1661 (1662)), die **Fälligkeit** der Steuerforderung (vgl. MüKoStGB/*Schmitz/Wulf,* 1. Aufl. 2010, Rn. 78) oder die **Nichtzahlung** der Steuer.

98 Da der jeweilige Besteuerungsabschnitt maßgebend ist, ist tatbestandlich ferner unerheblich, ob die unreichend erklärten Besteuerungsgrundlagen **in einem späteren Besteuerungszeitraum nacherklärt** werden.

99 Weil zudem auf das jeweilige Besteuerungssubjekt abgestellt wird, ist es tatbestandlich auch irrelevant, ob **ein Dritter** ggü. den Finanzbehörden fiktive Angaben macht und **Besteuerungsgrundlagen erklärt,** die den Steuerpflichtigen betreffen (vgl. zB BGH wistra 2009, 189). In diesen Strohmannfällen wird sich freilich neben der Vorsatzfrage auch die nach der Strafzumessungsrelevanz anderweitig erklärter Besteuerungsgrundlagen stellen.

100 Unerheblich ist letztlich auch, ob die – wegen der begangenen Steuerhinterziehung – unzureichende Steuerfestsetzung überhaupt noch korrigiert werden kann. Der Umstand, dass die unzureichende Steuerfestsetzung auf eine Steuerhinterziehung zurückzuführen ist, führt per se nicht zu einer Änderungsmöglichkeit. Die steuerverfahrensrechtlichen **Korrekturvorschriften** ergeben sich vielmehr abschließend aus §§ 129, 164 Abs. 2 S. 1, 165 Abs. 2 S. 1, 172 ff.

Im Einzelfall kann das dazu führen, dass es trotz der Entdeckung (und Verfolgung) einer Steuerhinterziehung letztlich nicht zu einer zureichenden Steuerfestsetzung kommt (vgl. dazu iE *Rolletschke* wistra 2007, 371 ff.).

101 Bei der **Gewerbesteuer**hinterziehung ist die Tat als Steuerverkürzung (§ 370 Abs. 4 S. 1 Hs. 1) erst mit Bekanntgabe des durch die hebeberechtigte Gemeinde erlassenen Gewerbesteuerbescheides vollendet. Die Bekanntgabe des durch die Finanzbehörde erlassenen Gewerbesteuermessbescheides genügt insoweit nicht zur Tatvollendung.

Wegen der Vergleichbarkeit der Gefährdung des Steueranspruchs ist die BGH-Rspr. (NJW 2009, 381 (383 f.)) zur Frage Feststellungsbescheid als Steuervorteil (→ Rn. 160 f.) auf das Verhältnis Gewerbe-

steuermessbescheid/Gewerbesteuerbescheid zu übertragen OLG Düsseldorf NZWiSt 2014, 70 (71)).
Damit stellt bereits die Bekanntgabe des Gewerbesteuermessbescheids eine Steuervorteilserlangung iSd
§ 370 Abs. 4 S. 2 dar.

Bei **Vermögensteuer** tritt die Tatvollendung ebenfalls mit Bekanntgabe des Vermögensteuer- **102**
bescheids ein (zur Vermögensteuerhinterziehung → Rn. 490 ff.; Anm.: aufgrund der Verfassungswidrig-
keitserklärung des § 10 Nr. 1 VStG durch das BVerfG NJW 1995, 2615 (2618 ff.) ist das VStG nach
fruchtlosem Verstreichen der Frist zur Neuregelung für Zeiträume nach dem 31.12.1996 mangels Tarifvorschrift nicht mehr anwendbar). Soweit die ältere Rspr. (vgl. RGSt 71, 59) bei der Abgabe einer
unzureichenden Vermögensteuererklärung jedenfalls für die Tatbeendigungszeitpunkt auf die letzte Ver-
mögensteuerteilzahlung (im dritten Jahr des Hauptveranlagungszeitraums) abgestellt hat, ist diese Abweichung von den allg. für Veranlagungssteuern Grundsätzen (→ Rn. 92 ff.) nicht nachvollziehbar (so auch
JJR/*Joecks* § 376 Rn. 26 ff.).

Für die nicht periodisch wiederkehrenden Veranlagungssteuern wie zB **Erbschaft- und Schen- 103
kungsteuer** oder **Grunderwerbsteuer** gelten die oben dargestellten allgemeinen Grundsätze (zur
Erbschaftsteuerhinterziehung → Rn. 497 ff.).

Zum sog **Veranlagungsabschluss** als fingierte Steuerverkürzung → Rn. 268 ff.   **104**

b) Anmeldungssteuern. Während Veranlagungssteuern auf der Grundlage der Angaben in einem **105**
amtlich vorgeschriebenen Erklärungsvordruck (§ 150 Abs. 1 S. 1) von der Finanzbehörde durch Steuerbescheid festgesetzt werden, muss der Steuerpflichtige bei gesetzlich vorgeschriebenen Steueranmeldungen seine **Steuer selbst berechnen** (§ 150 Abs. 1 S. 2). Dies ist insbes. der Fall bei der Umsatzsteuer
(Voranmeldungen und Jahreserklärungen, § 18 Abs. 1–4 UStG), der Lohnsteuer (§ 41a Abs. 1 EStG),
der Kapitalertragsteuer (§ 45a Abs. 1 EStG), dem Steuerabzug nach §§ 48 iVm 48a, 50a EStG, der
Versicherungssteuer (§ 8 VersStG), der Wettsteuer (§ 18 RennwLottAB) und der Feuerschutzsteuer (§ 8
FeuerSchStG).

Reicht der Steuerpflichtige eine unrichtige Steueranmeldung bei der Finanzbehörde ein (§ 370 **106**
Abs. 1 Nr. 1), so hängt der Zeitpunkt des Eintritts der Steuerverkürzung davon ab, ob die Steuer-
anmeldung gem. § 168 S. 1 einer Steuerfestsetzung unter dem Vorbehalt gleichsteht oder nicht (§ 168
S. 2).

Im sog „Schwarzfall", dh, die Steueranmeldung führt zu einer Zahllast, hat die Steueranmeldung
bereits **mit Eingang** bei der Finanzbehörde Steuerfestsetzungsqualität (Nr. 1 S. 1 AEAO zu § 168). Dh
mit Eingang der Steueranmeldung tritt die entsprechende Steuerverkürzung ein (→ Rn. 258; Klein/*Jäger*
Rn. 10).

Soll die Steueranmeldung indes zu einer Herabsetzung der zu entrichtenden Steuer oder zu einer **107**
Vergütung (sog „Rotfall") führen, gilt die Steueranmeldung erst dann als Steuerfestsetzung unter Vorbehalt der Nachprüfung, wenn die **Zustimmung der Finanzbehörde bekannt gegeben wird** (§ 168
S. 2). Die Zustimmung ist formlos möglich (§ 168 S. 3). In der Praxis erfolgt ihre Bekanntgabe
konkludent durch Auskehrung des „Rotbetrages" (vgl. zB Tipke/Kruse/*Tipke* § 168 Rn. 4; Kühn/
v. Wedelstädt/*v. Wedelstädt* § 168 Rn. 4). Die Verkürzung tritt dann mit (konkludenter) Bekanntgabe
der Zustimmung ein (→ Rn. 259; BGH NStZ 2000, 427 (428); BGH wistra 2007, 116; BGH
NJW 2009, 1979 (1982); Klein/*Jäger* Rn. 106; Kühn/v. Wedelstädt/*Blesinger* § 370 Rn. 35). Zuvor ist
die Tat lediglich versucht (BGH wistra 2007, 116; OLG Karlsruhe BeckRS 2015, 07631).

Reicht der Steuerpflichtige hingegen keine Steueranmeldung ein (§ 370 Abs. 1 Nr. 2), so tritt die **108**
Steuerverkürzung zum Ablauf des Fälligkeitstermins ein (iE → Rn. 262 ff., 273 ff.). Ggf. ist bei steuerlich
beratenen Steuerpflichtigen die durch koordinierten Ländererlass pauschal antragsfrei gewährte Fristverlängerungen für Jahreserklärungen (bis einschließlich VZ 2004 30.9. des Folgejahres, ab VZ 2005
31.12. des Folgejahres) zu berücksichtigen Vgl. im Einzelnen → Rn. 264.

c) Bestimmung des Verkürzungsbetrages. Der Umfang der Steuerverkürzung iSd § 370 Abs. 4 **109**
S. 1 Hs. 1 (der Taterfolg) ergibt sich aus einer **Gegenüberstellung** des Steuer-Solls (= die durch
Erfüllung eines Steuertatbestandes kraft Gesetzes verwirkte Steuer) und des Steuer-Ists (= die nach den
bisherigen unzureichenden Angaben festgesetzte Steuer).

Ob bei der Feststellung der Steuerverkürzung (§ 370 Abs. 4 S. 1 Hs. 1) **Steueranrechnungsbeträge 110**
wie Vorauszahlungen (§ 37 Abs. 1 EStG), Lohnsteuer (§ 38 Abs. 1 EStG) oder Kapitalertragsteuer (§ 43
Abs. 1 EStG) zu berücksichtigen sind, ist strafrechtlich ungeklärt. Jedenfalls zur steuer-lichen Parallelfrage (verlängerte Festsetzungsfrist iSd § 169 Abs. 2 S. 2) nahm der BFH (NJW 2008, 2878 f.) eine
einschränkende Auslegung dahingehend vor, dass die Vorschrift einen hinterzogenen Betrag iS eines
Anspruchs des Fiskus auf Abschlusszahlung voraussetzt, der wegen einer vollendeten Steuerhinterziehung (oder leichtfertigen Steuerverkürzung) bislang nicht realisiert werden konnte. IErg verengt der
BFH den geläufigen strafrechtlichen Verkürzungsbegriff und will durch eine Verallgemeinerung der in
Kompensationsverbotsfällen für die § 169 Abs. 2 S. 2, §§ 71, 235 entwickelten Grundsätze offenbar
einen eigenständigen steuerrechtlichen Verkürzungsbegriff schaffen.

Auch wenn die Streitfrage wegen der Strafzumessungsrelevanz von Anrechnungsbeträgen (vgl. zB
BGH wistra 2008, 153) für die Frage der Strafbarkeit des Haupttäters eher akademisch ist, sind die
steuerrechtlichen Überlegungen des BFH mE auf den Straftatbestand des § 370 zu übertragen. Eine

Steuerverkürzung ist – hinter dem Wortlaut des § 370 Abs. 4 S. 1 Hs. 1 zurückbleibend – nur dann gegeben, wenn iErg ein Anspruch des Fiskus auf eine Abschlusszahlung besteht. Dies ergibt sich aus einer teleologischen Auslegung des Verkürzungsbegriffs unter Berücksichtigung der Deliktsqualität des § 370. Die Steueranrechnung ist zwar selbstständiger Verwaltungsakt im Steuererhebungsverfahrens (§ 36 Abs. 2 EStG). Sie zählt nicht zum Steuerfestsetzungsverfahren (§§ 155 ff.), auf das § 370 Abs. 4 S. 1 Hs. 1 Bezug nimmt. Ungeachtet dessen ist aber zu berücksichtigen, dass § 370 nach hM Gefährdungsdelikt ist (BGH NStZ 2009, 512 (513); JJR/*Joecks* Rn. 27; → Rn. 8 ff.). Gefährdet ist der Steueranspruch aber nur in der Höhe, in der er nicht durch den (unzureichenden) Steuerbescheid konkretisiert und – da der Steuerbescheid Vollstreckungstitel ist (§ 249 Abs. 1 S. 1) – gleichsam „tituliert" wird (ähnl. *Wulf* JuS 2008, 206 (209): dem Fiskus als Steuergläubiger fehle mit der Steuerfestsetzung die Vollstreckungsgrundlage). „Tituliert" wird der Steueranspruch aber nur ich des Betrags, der sich aus der „Anrechnungsverfügung" ergibt (so iE auch *Nöhren,* Die Hinterziehung von Umsatzsteuer, 2005, 107; *Vogelberg* PStR 2006, 173; *Lindwurm* AO-StB 2007, 218 (222); aA FM NRW DB 2016, 280 für Vorauszahlungen; *Gußen* SteuerStrafR Rn. 92 ff.). Nur in dieser Höhe ergeht auch ein Leistungsgebot iSd § 254 Abs. 1 S. 1 (= Aufforderung zur Leistung).

Zum Ganzen vgl. *Rolletschke* wistra 2009, 322 ff.

111   **d) Kenntnis des Verkürzungsbetrages.** Nach der im Steuerstrafrecht (noch) vorherrschenden Steueranspruchstheorie (vgl. zB BGHSt 5, 90 = BGH NJW 1954, 241; BGH wistra 1995, 191 (192); BFH NJW 2009, 2941 (2944); OLG Köln NJW 2004, 3504 (3505); OLG Karlsruhe BeckRS 2015, 07631; Kohlmann/*Ransiek* Rn. 661; JJR/*Joecks* Rn. 502; Hübschmann/Hepp/Spitaler/*Rüping* Rn. 46 ff., 238; Kühn/v. Wedelstädt/*Blesinger* Rn. 58; → § 369 Rn. 26 ff.) gehört zum Vorsatz, dass der Täter den angegriffenen bestehenden Steueranspruch **dem Grunde und der Höhe nach kennt** und ihn trotz dieser Kenntnis verkürzen will. Ausreichend ist insoweit, dass der Täter in der **Parallelwertung in der Laiensphäre** erkennt, dass der Steueranspruch existiert und dass er darauf schädigend einwirkt (BFH BStBl. II 1997, 157 (160); JJR/*Joecks* Rn. 503).

112   **e) Schätzung der Besteuerungsgrundlagen.** Kann die Finanzbehörde die verwirklichten Besteuerungsgrundlagen weder durch Ermittlungen beim Steuerpflichtigen noch bei Dritten ermitteln oder berechnen, ist sie kraft Gesetzes (§ 162 Abs. 1 S. 1) verpflichtet, diese zu schätzen (vgl. zB Tipke/Kruse/*Seer* § 162 Rn. 30; Kühn/v. Wedelstädt/*v. Wedelstädt* § 162 Rn. 3).

113   Ziel dieser **steuerrechtlichen Schätzung** ist der Ansatz derjenigen Besteuerungsgrundlagen, die die **größte Wahrscheinlichkeit der Richtigkeit** für sich haben (BFH BStBl. II 2003, 871 (873); Kühn/v. Wedelstädt/*v. Wedelstädt* § 162 Rn. 14). Aus Pflichtverletzungen des Steuerpflichtigen können jedoch auch Schlussfolgerungen zu seinen Lasten gezogen werden (BFH BFH/NV 1995, 373; Kühn/v. Wedelstädt/*v. Wedelstädt* § 162 Rn. 15).

Bei steuererhöhenden Besteuerungsgrundlagen darf sich die Finanzbehörde an der oberen Grenze des Schätzungsrahmens bewegen (möglicherweise will der Steuerpflichtige Einkünfte verheimlichen, BFH BStBl. II 2001, 381 (382)), bei steuermindernden Besteuerungsgrundlagen dementsprechend an der unteren Grenze (vgl. Kühn/v. Wedelstädt/*v. Wedelstädt* § 162 Rn. 15).

114   Die Schätzung kann sich auf Teile der Bemessungsgrundlage beschränken (sog **Teil-, Ergänzungsschätzung**), etwa auf Betriebseinnahmen/Betriebsausgaben, Wareneinsatz/Warenumsatz. Möglich ist aber auch eine Schätzung sämtlicher Bemessungsgrundlagen (sog **Vollschätzung**). Vollschätzungen sind aber nur in Ausnahmefällen zulässig. Nämlich dann, wenn keine Möglichkeit besteht, die vorhandenen Unterlagen durch eine punktuelle Schätzung zu ergänzen (BFH BStBl. II 1999, 481 (482); Tipke/Kruse/*Seer* § 162 Rn. 46 ff.; Kühn/v. Wedelstädt/*v. Wedelstädt* § 162 Rn. 17). Als steuerrechtliche Schätzungsmethoden sind unterschiedliche Vorgehensweisen in der Praxis gebräuchlich und in ihrer steuerrechtlichen Belastbarkeit anerkannt (vgl. dazu auch *Assmann* StBp 2001, 281 ff.).

115   Bei einem **äußeren Betriebsvergleich** werden Betriebsdaten anderer Betriebe zum Vergleich herangezogen (vgl. dazu Tipke/Kruse/*Seer* § 162 Rn. 55 mwN).

116   Eine Sonderform des äußeren Betriebsvergleichs ist die sog **Richtsatzschätzung.** In den jährlich herausgegebenen amtlichen Richtsatzsammlungen werden für diverse Gewerbezweige Kennziffern zusammengestellt (Rohgewinnaufschlag auf den Wareneinsatz, Rohgewinn-, Halbreingewinn-, Reingewinnsatz), die eine Verprobung der erklärten Besteuerungsgrundlagen und ggf. deren Schätzung nach § 162 ermöglichen (vgl. FG Münster EFG 2001, 401; FG Saarl EFG 2003, 1750 (1751)). Die betreffenden Kennziffern werden im Rahmen von Richtsatzprüfungen bei einer Auswahl von Betrieben unterschiedlicher Größe, Lage etc. erhoben; sie weisen eine nicht unerhebliche Bandbreite auf, um den Gegebenheiten der Einzelfalls Rechnung tragen zu können. Da die Kennzahlen aus den Betriebsprüfungsergebnissen von Betrieben bis mittlerer Größe gewonnen werden und auf die Verhältnisse in einem Normalbetrieb abstellen, ist stets sorgfältig zu prüfen, ob die Daten der Richtsatzsammlung überhaupt auf den Betrieb des Steuerpflichtigen angewandt werden können, zB weil dieser eine andere Umsatzgröße hat (BFH BStBl. II 1984, 88 (89)).

117   Der **innere Betriebsvergleich** gewinnt seine Vergleichsdaten aus den innerbetrieblichen Verhältnissen. Aus Vorjahreswerten werden Entwicklungstendenzen des jeweiligen Betriebs abgeleitet, sodass bei einer entsprechenden Nachkalkulation Umsatz und Gewinn nach den Kalkulationsdaten des jeweiligen Betriebs nachvollzogen werden (BFH BStBl. II 1982, 430 (434)). Soweit betriebsinternes Datenmaterial überhaupt nicht oder unvollständig verwertbar ist, wird regelmäßig auf Daten zurückgegriffen, die aus vergleichbaren anderen Betrieben stammen.

Geldverkehrs-, Vermögenszuwachsrechnungen beruhen auf dem Grundgedanken, dass inner- **118** halb eines Haushalts die Verwendung von Mitteln für den Verbrauch oder für Vermögensanlagen durch steuerpflichtige Einkünfte oder andere Vermögenseingänge belegt sein muss (BFH BStBl. II 1990, 268 (270)).

Der Grundgedanke einer **Geldverkehrsrechnung** ist der, dass ein Steuerpflichtiger während eines **119** Vergleichszeitraums nicht mehr Geld ausgeben oder anlegen kann, als ihm aus Einkünften oder sonstigen Quellen zufließt (BFH BStBl. II 1984, 504 (506)). Sie kann sich auf den betrieblichen, den privaten, auf einzelne Teilbereiche oder auf den gesamten Geldverkehr des Steuerpflichtigen beziehen (BFH BStBl. II 1990, 268 (270 f.)). Zum „Geldverkehr" des Steuerpflichtigen gehören sowohl der Bargeldverkehr als auch die Bewegungen auf den Bankkonten.

Die **private Geldverkehrsrechnung** geht von der (auf den konkreten Sachverhalt bezogenen) **120** Annahme aus, dass alle steuerbaren und steuerpflichtigen Einnahmen nach Abzug der Betriebsausgaben oder der Werbungskosten, also Gewinne und Überschüsse, sogleich privat verbraucht oder privat angelegt werden. Umgekehrt kann nach Abzug privater Geldzuflüsse somit darauf geschlossen werden, welche Gewinne bzw. Überschüsse der Steuerpflichtige erzielt haben muss. Sie findet insbes. dann Anwendung, wenn der Steuerpflichtige keinerlei Aufzeichnungen vorlegt (hM, BFH BFH/NV 1991, 796 (797)) oder bei leicht überschaubaren Verhältnissen (BFH BStBl. II 1986, 732 (734)).

Mit Hilfe der **Vermögenszuwachsrechnung** lässt sich das steuerpflichtige Einkommen für einen **121** längeren Zeitraum aus dem Vermögenszuwachs zuzüglich der nichtabziehbaren Ausgaben für den Lebensunterhalt und abzüglich der steuerfreien Zuflüsse schätzungsweise ermitteln. Grundlage ist, dass sich Vermögensmehrungen nur aus der Summe der im gleichen Zeitraum versteuerten Einkünfte, aus steuerfreien Einnahmen oder einmaligen Vermögensanfällen (zB Erbschaften, Spielgewinne) ergeben haben. Aus ungeklärten Differenzen zwischen dem so ermittelten und dem erklärten Einkommen kann in freier Beweiswürdigung der Schluss gezogen werden, dass insoweit Einkünfte nicht versteuert worden sind (BFH BStBl. III 1967, 201 f.).

Üblicherweise wird in den Veranlagungsstellen lediglich ein **Vorjahresvergleich** angestellt. Dabei **122** werden Vorjahresangaben des Steuerpflichtigen ggf. durch Unsicherheitszuschläge oder -abschläge an die veränderten Verhältnisse des zu schätzenden Besteuerungsabschnitts angepasst. Seine sachliche Rechtfertigung findet diese „Schätzungsmethode" darin, dass man den Vorjahreserklärungen des Steuerpflichtigen Richtigkeit und Vollständigkeit beimisst und die betreffenden Lebenssachverhalte regelmäßig über einen Besteuerungszeitraum hinaus Bestand haben (BFH BFH/NV 1989, 636).

Zu statistischen Ermittlungsmethoden, die auf die Gesetzmäßigkeit von Zahlenverteilungen aufbauen, **123** wie „Benford's Law" oder „Chi-Quadrat-Test", vgl. iE Gußen SteuerStrafR Rn. 438 ff.

Im Besteuerungsverfahren bleiben aber letztlich lediglich Wahrscheinlichkeitserwägungen maßgebend **124** (→ Rn. 113). Eine genaue Bestimmung der Besteuerungsgrundlagen kann trotz Bemühens um Zuverlässigkeit allenfalls zufällig erreicht werden (vgl. zB Kühn/v. Wedelstädt/*v. Wedelstädt* § 162 Rn. 16 mwN).

Die **forensische Wahrheit** ist in Strafverfahren hingegen das, wovon der Richter aufgrund der Hauptverhandlung, durchgeführt nach den Grundsätzen der Unmittelbarkeit, **voll überzeugt** ist (vgl. Meyer-Goßner/Schmitt/*Meyer-Goßner* StPO § 261 Rn. 1 mwN). Dh, im **Strafverfahren** muss zur **Überzeugung des Gerichts** feststehen, dass Steuern in einer bestimmten Höhe tatsächlich verkürzt worden sind (§ 261 StPO). Die Zulässigkeit der Schätzung im Strafverfahren ergibt sich insoweit aus § 261 StPO, nicht aus § 162 (BGH wistra 2007, 345; MüKoStGB/*Schmitz/Wulf* Rn. 190).

Konsequenz daraus ist nicht nur, dass eine finanzbehördliche Schätzung der Besteuerungsgrundlagen **125** keine Bindung für den Strafrichter nach sich ziehen kann (vgl. zB BVerfG NJW 1992, 35 (36); BGH NStZ-RR 2004, 242 (243); BFH BStBl. II 1992, 128 (130)). Dies bedingt auch, dass der Tatrichter die Besteuerungsgrundlagen selbstständig ermitteln muss.

Soweit der Beschuldigte die durch die Finanzbehörde geschätzten Besteuerungsgrundlagen nicht **126** glaubhaft eingestanden hat, **obliegt es dem Tatrichter,** die Besteuerungsgrundlagen **zu schätzen** (vgl. zB BGH NStZ 2009, 581).

Bei einer eigenständigen Schätzung darf der Tatrichter auf die geläufigen **steuerrechtlichen Schät-** **127** **zungsmethoden** zurückgreifen, denen allerdings unterschiedlicher Beweiswert zukommt (BGH NStZ 2007, 589; BFH/NV 2010, 2219; BGH NZWiSt 2014, 353; BGH BeckRS 2015, 14728 – Fall Schreiber; JJR/*Joecks* Rn. 83; Kohlmann/Ransiek Rn. 486 ff.; Klein/*Jäger* Rn. 96).

Der Tatrichter darf aber auch **Schätzungen der Finanzbehörde übernehmen,** wenn er sie über- **128** prüft hat und von ihrer Richtigkeit – auch unter Berücksichtigung der von Besteuerungsverfahren abweichenden strafrechtlichen Verfahrensgrundsätze (zB „in dubio pro reo") – überzeugt ist (vgl. zB BGH wistra 2007, 470). Bei der Übernahme derartiger Schätzungen ist jedenfalls zu beachten, dass dem Beschuldigten zB die Verletzung von Mitwirkungspflichten – anders als im Besteuerungsverfahren – nicht zum Vorwurf gemacht werden darf. Das gilt auch für die erweiterten Mitwirkungspflichten iSd § 90 Abs. 2 (vgl. zB BFH BStBl. II 2007, 364 (365); BFH DStRE 2015, 52 (54)).

129 Die Übernahme finanzbehördlicher Schätzungsergebnisse darf freilich nicht in der Form erfolgen, dass von der steuerlichen Schätzung (§ 162) lediglich pauschal ein sog **Unsicherheitsabschlag** abgezogen wird. Dies würde letztlich auf eine mehr oder weniger ungeprüfte Übernahme einer steuerlichen Schätzung hinauslaufen (so ausdrückl. auch *Stypmann* wistra 1983, 95 ff.; *Joecks* wistra 1990, 52 ff.; *Dörn* wistra 1993, 1 ff., 50 ff.). Im Strafprozess ist für die Überzeugungsbildung des Tatrichters vielmehr ein „nach der Lebenserfahrung ausreichendes Maß an Sicherheit erforderlich und hinreichend, dem ggü. vernünftige Zweifel nicht aufkommen" (vgl. zB Meyer-Goßner/Schmitt/*Meyer-Goßner* StPO § 261 Rn. 2 mwN; Tipke/Kruse/*Seer* § 162 Rn. 16).

130 Auf jeden Fall muss der Tatrichter in den Urteilsgründen für das Revisionsgericht **nachvollziehbar darlegen,** wie er zu dem **Schätzungsergebnis** gelangt ist (vgl. zB BGH NStZ 2007, 589 f.; BGH wistra 2007, 470; NZWiSt 2014, 353 (355)).

130a Einer Beschuldigteneinlassung muss das Gericht ohne weitere Anhaltspunkte für Richtigkeit einer Darstellung nicht allein deshalb glauben, weil es eine Behauptung nicht widerlegen kann (vgl zB BGH wistra 2007, 470 (471); NStZ 2011, 233 (235)). Der „in dubio pro reo"-Grundsatzes ist keine Beweisregel, die das Gericht zwingt, von mehreren Schlussfolgerungen stets die für den Angeklagten Günstigste zu wählen; er ist vielmehr eine Entscheidungsregel, die das Gericht erst dann zu befolgen hat, wenn es nach abgeschlossener Beweiswürdigung nicht die volle Überzeugung von der Täterschaft des Angeklagten zu gewinnen vermag (BGH NStZ-RR 2009, 90 (91).

131 So wie das Strafgericht nicht an finanzbehördliche oder finanzgerichtliche Entscheidungen gebunden ist, besteht umgekehrt keine Bindung der Finanzbehörde oder des Finanzgerichts an die Feststellungen des Strafgerichts (vgl. zB BFH/NV 2011, 822 (823); NZWiSt 2012, 236 (237); Klein/*Rüsken* § 235 Rn. 8). Dies gilt aufgrund der Eigenständigkeit des Besteuerungsverfahrens gegenüber dem Strafverfahren (§ 393 Abs. 1 S. 1) selbst bei einer Einstellung des Strafverfahrens (BFH/NV 2014, 1584) oder bei einem Freispruch (BFH/NV 2010, 1240; BFH/NV 2013, 1613).

132 Allerdings besteht für die Finanzbehörde oder das Finanzgericht die Möglichkeit, sich die Feststellungen des Strafgerichts zu eigen zu machen, wenn diese nach seiner freien Überzeugung zutreffend sind (vgl. zB BFH BStBl. II 1995, 198 (199); BFH/NV 2010, 1240; FG Hmb BeckRS 2002, 21009973 = PStR 2005, 181). Zur Übernahme strafgerichtlicher Feststellungen besteht in besonderem Maße bei rechtskräftigen Urteilen Anlass; dies jedenfalls dann, wenn keine substantiierten Einwendungen gegen die Feststellungen des Strafurteils erhoben werden (vgl. zB BFH BFH/NV 1988, 692 mwN; BFH/NV 2010, 1240; FG Hmb BeckRS 2002, 21009973 = FG Hmb PStR 2005, 181).

133 In diesem Zusammenhang ist jedoch zu beachten, dass aus einem Einstellungsbeschluss nach § 153a StPO und einer dabei abgegebenen Zustimmungserklärung des Beschuldigten nicht geschlossen werden kann, die ihm zur Last gelegte Tat sei in tatbestandlicher Hinsicht nachgewiesen (vgl. zB BVerfG NJW 1991, 1530 (1531)). Indizielle Bedeutung kann dem uU aber dennoch beigemessen werden (so FG Münster BeckRS 2003, 30445798; EFG 2004, 542 (543)).

134 **f) Nicht rechtzeitig festgesetzt.** Die Definition der Steuerverkürzung in § 370 Abs. 4 S. 1 Hs. 1 zeigt, dass sich § 370 auf endgültige („nicht, nicht in voller Höhe") und zeitliche Steuerhinterhinterziehungen („nicht rechtzeitig") erstreckt.

135 Gemeint ist in diesem Zusammenhang aber nicht die Frage, ob eine Steuerhinterziehung letztlich zu einer dauerhaften oder lediglich zu einer vorübergehenden Steuerverkürzung führt. Gemeint ist vielmehr, ob die Steuerverkürzung auf Dauer oder lediglich **auf Zeit „angelegt war".**

136 Die Abgrenzung erfolgt rein subjektiv nach der jeweiligen **Tätervorstellung im Zeitpunkt seiner Tathandlung** (vgl. zB BGH NJW 2009, 1979 (1983); BayObLG wistra 1990, 159 (162); 1991, 313 (318); FGS/*Samson* Rn. 48; MüKoStGB/*Schmitz*/*Wulf* Rn. 120; Gußen SteuerStrafR Rn. 91).

Wollte der Täter dem Fiskus den Hinterziehungsbetrag auf Dauer entziehen, liegt eine endgültige Verkürzung vor. Wollte der Täter lediglich erreichen, dass die zutreffende Steuerfestsetzung später als zum korrekten Zeitpunkt erfolgt, ist eine zeitliche Verkürzung gegeben.

137 Ein **späterer Vorsatzwechsel** ist als sog dolus subsequens unerheblich. Plant der Täter zunächst, die Besteuerungsgrundlagen nachträglich zu erklären, entschließt er sich aber später um, so bleibt es bei einer Steuerverkürzung auf Zeit (vgl. MüKoStGB/*Schmitz*/*Wulf* Rn. 120). Das auf den Vorsatzwechsel zurückzuführende Nachtatverhalten wird man aber bei der Strafzumessung zu berücksichtigen haben (§ 46 Abs. 2 S. 2 StGB). Umgekehrt wird eine auf Dauer angelegte Steuerhinterziehung nicht durch eine **nachträgliche Steuerentrichtung** (zB infolge einer Fahndungsprüfung) zu einer Steuerverkürzung auf Zeit. Hierbei handelt es sich lediglich um eine Schadenswiedergutmachung, die als positives Nachtatverhalten iSd § 46 Abs. 2 S. 2 StGB strafmildernd zu werten ist. Es kann hierin aber kein Täter-Opfer-Ausgleich iSd § 46a Nr. 1 StGB gesehen werden (BGH NStZ 2001, 200 (201); *Blesinger* wistra 1996, 90 f., *Weyand* INF 2001, 136 ff.; aA OLG Dresden wistra 2001, 277 zu § 266a StGB; aA zu § 370 *Brauns* wistra 1996, 214 ff.; *v. Briel* StraFo 1996, 165 ff.).

Darüber hinaus hat der BGH (NStZ-RR 2010, 147) entschieden, dass die Rückzahlung zu Unrecht erlangter Steuererstattungen jedenfalls dann nicht zu einer Strafrahmensverschiebung iSv § 46a Nr. 2 StGB führt, wenn die Rückzahlung nicht durch den Täter, sondern durch den (begünstigten) Steuerpflichtigen erfolgt ist.

Da **Umsatzsteuervoranmeldungen** nur Grundlagen von Vorauszahlungen sind und damit **kraft**   **138** **Natur der Sache nur zeitlichen Charakter** haben, geht die BGH-Rspr. davon aus, dass insoweit lediglich „Steuerverkürzungen auf Zeit" begangen werden können. „Steuerverkürzungenen auf Dauer" könnten erst im Zusammenhang mit Umsatzsteuerjahreserklärungen verwirklicht werden (BGH wistra 2002, 185; BGH NJW 2009, 1979 (1982)).

Gleichzeitig berücksichtigt der BGH aber iRd Strafzumessung strafschärfend, wenn ein Täter von   **139** vornherein nicht beabsichtigt, unzutreffende Umsatzsteuervoranmeldungen durch eine spätere zutreffende Jahreserklärung zu berichtigen (vgl. zB BGH NStZ-RR 1998, 148). IErg wird die objektiv bloß mögliche „Steuerverkürzung auf Zeit" durch das subjektive Vorstellungsbild des Täters überlagert und iErg wie eine „Steuerverkürzung auf Dauer" behandelt (nach BFH BeckRS 2010, 25016646 = BFH/ NV 2011, 81; LG Leipzig 4.11.1998 – 11 KLs 212 Js 30160/97; LG Aachen 10.4.2001 – 86 KLs 31 Js 384/98; OLG Frankfurt a. M. wistra 2006, 198 (199); *Nöhren,* Die Hinterziehung von Umsatzsteuer, 2005, 44 (95 ff.); *Hentschel* UR 19999, 476 ff., Gußen SteuerStrafR Rn. 90 liegt eine dauerhafte Steuerverkürzung vor). Der BGH hat deshalb folgerichtig in diesen Fällen die Annahme einer dauerhaften Steuerverkürzung revisionsrechtlich nicht beanstandet (vgl. zB BGH NStZ-RR 1998, 148; aA Simon/ Vogelberg SteuerStrafR/*Vogelberg* S. 92; *Dörn,* Steuerhinterziehung durch Unterlassen?, 2000, 104: bei Umsatzsteuervoranmeldungen lägen aus objektiven Gründen nur zeitliche Verkürzungen vor).

Die tatbestandliche Steuerverkürzung iSd § 370 Abs. 1 S. 1 Hs. 1 beläuft sich sowohl bei der „Steuer-   **140** verkürzung auf Dauer" als auch bei der „Steuerverkürzung auf Zeit" auf den **nominellen Steuerbetrag** (BGH NJW 2009, 1979 (1982 f.); BayObLG wistra 1990, 159 (162), JJR/*Joecks* Rn. 111; Schwarz/ Pahlke/*Webel* Rn. 22, 226; Koch/Scholtz/*Scheurmann-Kettner* Rn. 32; s. auch Nr. 149 Abs. 2 S. 2 AStBV 2010; die gegenteilige Rspr. hat der BGH aufgegeben (BGH NJW 2009, 1979 (1982 f.); vgl. zur früheren Rspr. BGHSt 43, 270 (276); BGH wistra 1997, 262 (263); 1998, 225 (226); 1998, 146: der tatbestandsmäßige Umfang werde aus den Hinterziehungszinsen berechnet; in diesem Sinne auch *Nöhren,* Die Hinterziehung von Umsatzsteuer, 2005, 40).

„Steuerverkürzung auf Zeit" und „Steuerverkürzung auf Dauer" stellen in Bezug auf die Qualität   **141** ihres Rechtsgutangriffs ein aliud dar (so auch BGH NJW 2009, 1979 (1983): beide beinhalteten ein unterschiedliches Handlungsunrecht; Klein/*Jäger* Rn. 110). Konsequenz der Qualifizierung als „Steuerverkürzung auf Zeit" ist, das Strafzumessungsunrecht im „Verspätungsschaden" des Staates zu sehen (vgl. zB MüKoStGB/*Schmitz/Wulf* Rn. 118; aA Suhr/Naumann/Bilsdorfer Rn. 186: Zinsgewinn des Täters). Wären die zutreffenden Besteuerungsgrundlagen zeitgerecht erklärt worden, hätte der Steuergläubiger „rechtzeitig" über eine zutreffende Steuerfestsetzung verfügt.

Dieser Verspätungsschaden des Fiskus bestimmt sich aus dem Produkt von Verzögerungsdauer, Ver-   **142** kürzungsbetrag und einem monatlichen Verzugszinssatz (vgl. zB BGH wistra 1997, 262 (263); NJW 2009, 1979 (1982)).

Da sich der Steuergläubiger den verkürzten Betrag auf dem freien Geldmarkt beschaffen muss, wäre es konsequent, als Verzugszinssatz den jeweiligen Geldmarktzins für kurzfristige Darlehn zugrunde zu legen (vgl. MüKoStGB/*Schmitz/Wulf* Rn. 118; v. Briel/Ehlscheid SteuerStrafR/*v. Briel* § 1 Rn. 329; *Rolletschke* DStZ 2001, 671 ff.: pauschalierter Refinanzierungszins 12 %; *Schmitz,* Unrecht und Zeit, 1999, 113 Fn. 207: Erhöhung bis auf 12 % sei sinnvoll, allerdings dürfe der maximale Zinssatz den Refinanzierungszinssatz nicht überschritten werden; so auch noch Nr. 149 Abs. 2 S. 1, S. 2 AStBV 2006).

Üblicherweise wird (wohl aus Vereinfachungsgründen) unter Berufung auf den gesetzlichen Hin-   **143** terziehungszinssatz (§§ 235, 238) von 0,5 % pro Monat ausgegangen (BGH NJW 2009, 1979 (1982); BayObLG wistra 1991, 313 (318); LG Saarbrücken wistra 2005, 355 (356); JJR/*Joecks* Rn. 112; Ignor/ Rixen ArbStrafR-HdB/*Wegner* § 5 Rn. 52; darstellend Kohlmann/*Ransiek* Rn. 497 f.).

Trotz Bezugnahme auf den Hinterziehungszinssatz darf man Strafzumessung und Festsetzung von   **144** Hinterziehungszinsen (§ 235) gedanklich nicht verwechseln. Die Festsetzung und Entrichtung von Hinterziehungszinsen führt nicht dazu, dass eine „Steuerverkürzung auf Zeit" gar nicht eingetreten ist. Bei der Anlehnung an den gesetzlichen Hinterziehungssatz handelt es sich lediglich um einen rechnerischen Anhalt für die Strafzumessung, die sich letztlich aber nach der Schuld des Täters bestimmt (§ 46 Abs. 1 S. 1 StGB). Eine „Wiedergutmachung" des Verspätungsschadens durch Entrichtung von Hinterziehungszinsen ist lediglich als positives Nachtatverhalten iSd § 46 Abs. 2 S. 2 StGB zu bewerten.

g) Wiederholte Steuerverkürzung. Steuern können nach der sog Konkurrenzlösung der Rspr.   **145** (vgl. dazu iE *Witte,* Gibt es Steuerhinterziehung nach einer vollendeten Steuerhinterziehung?, 2003, 33 ff.) ggf. auch **wiederholt verkürzt** werden. Es handelt sich dabei um Sachverhalte, in denen es bereits durch undoloses oder doloses Vorverhalten zu einer Steuerverkürzung gekommen ist, in denen aber im Anschluss durch doloses Nachverhalten verhindert wird, dass die Finanzbehörde die Steuern durch Erlass eines Änderungsbescheids zutreffend festsetzt. Dies kommt insbes. in Betracht bei unterlassener Anzeige nach § 153 Abs. 1 S. 1 Nr. 1 nach unzutreffender Erstfestsetzung (→ Rn. 294 ff.), bei doloser Teilselbstanzeige, die nach geändertem Rechtsverständnis (BGH DStR 2010, 1133 (1136); → § 371 Rn. 45) und § 371 Abs. 1 nF zwar keine teilweise Strafaufhebung bewirkt, dessen ungeachtet aber eine strafbare Nachtat darstellen kann (→ § 371 Rn. 32), sowie bei wiederholter Steuerhinterziehung, etwa wenn der Steuerpflichtige in einem der Erstveranlagung nachfolgenden Außenprüfungsverfahren weiterhin unrichtige Angaben macht (vgl. iE auch MüKoStGB/*Schmitz/Wulf* Rn. 145 ff.; ein abw. Konzept – straflose Selbstbegünstigung – entwickelte zB *Witte,* Gibt es Steuerhinterziehung nach einer vollendeten Steuerhinterziehung?, 2003, 74 ff. (103 f., 133 ff.)).

146   Hintergrund der Annahme einer wiederholten Hinterziehbarkeit ist das Verständnis der Steuerhinterziehung als Gefährdungsdelikt (→ Rn. 8 ff.). Eine derartige Gefährdung des staatlichen Steueranspruchs (→ Rn. 3) kann aber ohne weiteres wiederholt erfolgen.

Einen wiederholten Taterfolg sieht der BGH (NJW 2009, 381 (384)) deshalb auch folgerichtig im Verhältnis zwischen Feststellungsbescheid und Folgebescheid, in dem sich die festgestellten Besteuerungsgrundlagen auswirken. Allerdings handelt es sich dabei um die Kombination Vorteilserlangung (= Feststellungsbescheid, → Rn. 162 f.) und Steuerverkürzung (= Folgebescheid).

147   **h) Sonderfall: Steuerverkürzung iSd § 370 Abs. 1 Nr. 3.** Werden Tabaksteuerzeichen pflichtwidrig nicht verwendet (§ 17 Abs. 1 TabStG, § 12 Abs. 1 TabStG aF; → Rn. 76 ff.), tritt iErg eine **Steuerverkürzung** ein (zur TabSt-Hinterziehung iE → Rn. 521 ff.). Auf die oben dargestellten Grundsätze zur Steuerverkürzung kann insoweit nicht zurückgegriffen werden. Es handelt sich idR nicht um eine Steuerverkürzung im Steuerfestsetzungsverfahren.

148   Tabaksteuer ist grds. durch Verwendung von Steuerzeichen (= Entwertung, § 17 Abs. 1 S. 1, Abs. 1 S. 2 TabStG, § 12 Abs. 1 S. 1, S. 2 TabStG aF) zu entrichten. Die Steuerzeichen werden ihrerseits zuvor mittels einer Steueranmeldung beim HZA bestellt (§ 17 Abs. 2 S. 1 TabStG, § 12 Abs. 2 S. 1 TabStG aF). Durch diese Steueranmeldungen wird aber nicht die Tabaksteuerschuld festgesetzt, sondern die entsprechende Steuerzeichenschuld. Lediglich in den Fällen des § 17 Abs. 3 TabStG (nach altem Recht, wenn Tabakwaren aus dem freien Verkehr anderer Mitgliedstaaten zu gewerblichen Zwecken nach Deutschland verbracht wurden (§ 19 S. 3 TabStG aF; vgl. BGH NStZ 2007, 590 (591); 2007, 592 (594); 2009, 159)), ist eine Steuererklärung abzugeben.

149   Wie bereits ausgeführt enthält § 370 Abs. 4 S. 1 Hs. 1 aber keine abschließende Definition des Taterfolgs „Steuerverkürzung", sondern lediglich eine Definition anhand von Hauptanwendungsbeispielen („namentlich"). Im Fall des §§ 15, 11 TabStG aF ist die Steuerverkürzung deshalb darin zu sehen, dass die durch Verwirklichung des Besteuerungstatbestands (§ 15 Abs. 1 TabStG, § 11 Abs. 1 S. 1, Abs. 3 S. 1 TabStG aF) entstandene Steuer nicht durch Verwendung von Steuerzeichen (§ 17 Abs. 2 S. 1 TabStG, § 12 Abs. 2 S. 1 TabStG) entrichtet wird (vgl. MüKoStGB/*Schmitz/Wulf* Rn. 113; Rolletschke SteuerStrafR Rn. 53). Es liegt insoweit also eine „Verwendungsverkürzung" oder – vielleicht noch treffender – eine „Entrichtungsverkürzung" vor (vgl. dazu zB Hübschmann/Hepp/Spitaler/*Hellmann* Rn. 206: das Vorliegen einer Steuerverkürzung bedürfe keiner näheren Erläuterung).

V. Der Taterfolg der Erlangung eines Steuervorteils (§ 370 Abs. 4 S. 2)

150   **1. Steuervorteil.** Anders als bei der Steuerverkürzung enthält das Gesetz keine wie auch immer geartete Begriffsbestimmung des Steuervorteils. Vielmehr stellt der Hinweis, dass hierzu **auch Steuervergütungen** gehören (§ 370 Abs. 4 S. 2 Hs. 1), in erster Linie eine Klarstellung des insoweit vormals bestehenden Meinungsstreits dar (vgl. zB Kohlmann/*Ransiek* Rn. 425; Klein/*Jäger* Rn. 120).

151   Auch wenn die Abgabenordnung keine Begriffsregelung der Steuervergütung enthält, werden als Steuervergütungen allgemein die Fälle verstanden, in denen der Bürger einen Anspruch ggü. dem Staat auf Auszahlung (Vergütung) von Steuer hat, die auf Rechnung einer anderen Person bezahlt worden sind (vgl. Tipke/Kruse/*Drüen* § 37 Rn. 5).

Vergütungsansprüche bestehen in Bezug auf Berlinzulagen (§§ 28, 29 BerlFG aF), auf Arbeitnehmersparzulagen (§§ 12, 13 Abs. 4 VermBG), auf Kindergeld (§ 31 S. 3 EStG) und auf Vergütung überzahlter Vorsteuer (§ 18 UStG; BGH StV 1994, 109 = BGH StV 1994, 375; Bunjes/*Cissée* UStG § 18 Rn. 9; darstellend MüKoStGB/*Schmitz/Wulf* Rn. 134). Weitere Steuervergütungsansprüche ergeben sich aus zahlreichen Verbrauchsteuergesetzen, zB aus §§ 32 Abs. 2 TabStG, 43 TabStG aF, 7 KaffeeStG, 24 ff. MinöStG aF, 45, 60 Abs. 3 EnergieStG.

152   Die allgemeine Abgrenzung zwischen Steuervorteil/Steuerverkürzung ist höchst str. In der Lit. werden hierzu im Wesentlichen drei Ansichten vertreten.

153   Soweit *Seer* (in Tipke/Lang SteuerR § 23 Rn. 35) den Unterschied allein in der unterschiedlichen Sichtweise des Angriffs auf das geschützte Rechtsgut sieht (Steuerverkürzung = Gefährdung des Steueranspruchs aus Sicht des Staates; Steuervorteilserlangung = Gefährdung des Steueranspruchs aus Sicht des Steuerpflichtigen), ist das mit § 370 Abs. 1 nicht in Einklang zu bringen. Dort werden Steuerverkürzung und Vorteilserlangung als echte Taterfolgsalternativen benannt.

154   Die hL (vgl. Hübschmann/Hepp/Spitaler/*Hellmann* Rn. 168; Koch/Scholtz/*Scheurmann-Kettner* Rn. 38, 41; Kühn/v. Wedelstädt/*Blesinger* Rn. 41; Gußen SteuerStrafR Rn. 96; Suhr/Naumann/Bilsdorfer Rn. 324; *Kottke* StB 1999, 63 ff.; *Bansemer* wistra 1994, 327 ff.) grenzt nach Verfahrensstadien ab. Danach handelt es sich bei Steuerverkürzungen um Beeinträchtigungen des Steueranspruchs im Steuerfestsetzungsverfahren (§§ 155 ff.); bei steuerlichen Vorteilen um **solche, die außerhalb des Steuerfestsetzungsverfahrens** – also in den beiden Verfahrensstufen Steuererhebung (Fünfter Teil der AO, §§ 218 ff.) und Vollstreckung (Sechster Teil der AO, §§ 249 ff.) – entstehen.

Konsequenz dieser verfahrenssystematischen Abgrenzung ist mE aber, dass die Steuerhinterziehung in **155** Form der Vorteilserlangung nicht als Gefährdungsdelikt zu qualifizieren ist, sondern als Verletzungsdelikt (aA hM, → Rn. 11). Im Steuererhebungs- bzw. im Vollstreckungsverfahren bleibt es nämlich nicht bei der bloßen Gefährdung des Steueranspruchs; dort wird letztlich sogar die Substanz des staatlichen Vermögens beeinträchtigt.

Vor diesem Hintergrund könnte man die Taterfolgsalternativen auch nach der Intensität ihrer Rechtsgutbeeinträchtigung (Steuerverkürzung = Gefährdungserfolg; Vorteilserlangung = Verletzungserfolg) unterscheiden. Vorteil dieser Betrachtung wäre nicht nur, dass sie vergleichsweise einfach zu handhaben wäre; zudem würde so auch die in § 370 Abs. 4 S. 2 Hs. 1 als steuerlicher Vorteil charakterisierte (vermögensschädigende) Steuervergütung stellvertretend für sämtliche Verletzungen des Steuervermögens stehen (idS auch *Rübenstahl* HRRS 2009, 93 (99)). Würde eine Steuervergütung oder eine Steuererstattung auf einer vorherigen Steuerfestsetzung beruhen, so würde auf Taterfolgsebene sowohl eine Steuerverkürzung (im Steuerfestsetzungsverfahren) als auch – bei Erhalt der Vergütung oder Erstattung – eine Vorteilserlangung (im Steuererhebungsverfahren) vorliegen (vgl. Rolletschke/Kemper/*Rolletschke* Rn. 115; aA JJR/*Joecks* Rn. 141; Hübschmann/Hepp/Spitaler/*Hellmann* Rn. 170: nur Steuerverkürzung, wenn die Erstattung lediglich die Folge der Festsetzung darstellt). Ausgehend von dem Grundsatz, dass ein gegen dasselbe Rechtsgut gerichtetes Gefährdungsdelikt subsidiär ggü. dem entsprechenden Verletzungsdelikt ist (vgl. zB Fischer StGB Vor § 52 Rn. 41), müsste insoweit eigentlich nur der Taterfolg Vorteilserlangung bestraft werden. Das könnte aber wiederum nur dann nicht gelten, wenn der Unrechtsgehalt der Tat dadurch nicht ausgeschöpft werden würde (so für das Verhältnis versuchter Totschlag/vollendete Körperverletzung zB *Ebert,* Strafrecht Allgemeiner Teil, 4. Aufl. 2008, 225). Nachteil dieser Abgrenzung wäre freilich das Entstehen von Strafbarkeitslücken. Steuerliche Vorteile, die weder im Steuerfestsetzungsverfahren entstehen und damit Steuerverkürzungen darstellen noch zu einer Vermögensschädigung führen, würden aus dem Schutzbereich des § 370 herausfallen (vgl. zB den Steuerlagerfall in BGH NStZ 1993, 87).

Anders die **Rspr.:** Der BGH (NJW 2009, 381 (383)) definiert den Steuervorteil im Feststellungs- **156** bescheidbeschluss als Vorteil spezifisch steuerlicher Art, der auf dem Tätigwerden der Finanzbehörde beruht und eine hinreichend konkrete Gefährdung des Steueranspruchs bewirkt. Diese Definition schließt allerdings auch die Steuerverkürzung iSd § 370 Abs. 4 S. 1 Hs. 1 mit ein, sodass die Steuerverkürzung nur dann einen eigenständigen Anwendungsbereich behält, wenn man den steuerlichen Vorteil als die Grundform des Hinterziehungserfolgs ansieht, die im Bereich Steuerfestsetzung durch die speziellere Sonderform Steuerverkürzung verdrängt wird (so ausdrücklich Schwarz/Pahlke/*Webel* Rn. 79).

Auch wenn der Feststellungsbescheidbeschluss (BGH NJW 2009, 381 ff.) zu einer Aufweichung der **157** stringenten Abgrenzung nach Verfahrensstufen führt, bleiben die beiden Verfahren **Steuererhebung** (Fünfter Teil der AO, §§ 218 ff.) **und Vollstreckung** (Sechster Teil der AO, §§ 249 ff.) maßgeblicher Anwendungsbereich der Taterfolgsalternative Steuervorteilserlangung (hM, BGH NJW 1998, 1568 (1576); MüKoStGB/*Schmitz/Wulf* Rn. 136; Suhr/Naumann/Bilsdorfer Rn. 324; *Kottke* StB 1999, 63; *Bansemer* wistra 1994, 327).

Mehr oder weniger unstreitig zählen zu den Steuervorteilen (vgl. zB JJR/*Joecks* Rn. 140; Mü- **158** KoStGB/*Schmitz/Wulf* Rn. 136): die Stundung (§ 222; BGH wistra 2008, 22, Klein/*Jäger* Rn. 124), der Erlass (§ 227), die Einstellung und Beschränkung der Vollstreckung (§§ 257, 258; Klein/*Jäger* Rn. 121), die Niederschlagung (§ 261; Klein/*Jäger* Rn. 121), die nicht erfolgte Pfändung von Sachen oder Forderungen (§§ 281 ff.; FG Münster EFG 1998, 1240 f.).

Zu den als Anwendungsbeispiel für einen Steuervorteil in § 370 Abs. 4 S. 2 Hs. 1 hervorgehobenen **159** **Steuervergütungen** → Rn. 150.

Die Einordnung weiterer „steuerlicher Vorteile" als Steuervorteil iSd § 370 Abs. 4 S. 2 Hs. 1 ist iE **160** unklar.

Jedenfalls bis zur einschlägigen Entscheidung des BGH (NJW 2009, 381 ff.) war dies für die Bekannt- **161** gabe eines unrichtigen **Feststellungsbescheides** umstritten.

In der Lit. wurde teilweise für unterschiedliche Feststellungsbescheide (Feststellung von Besteuerungsgrundlagen gem. § 180; Verlustfeststellung gem. § 10d EStG; Feststellung des vEK gem. § 47 KStG aF) ein steuerlicher Vorteil bejaht (vgl. *Hardtke/Leip* NStZ 1996, 217 (218); *Hardtke,* Steuerhinterziehung durch verdeckte Gewinnausschüttung, 1995, 117 ff.; *Hardtke* AO-StB 2002, 92 (94 f.); aA Hübschmann/Hepp/Spitaler/*Hellmann* Rn. 299; Rolletschke/Kemper/*Rolletschke* Rn. 299). Hintergrund war die Überlegung, dass ansonsten Tathandlung und Taterfolg zeitlich weit auseinanderfallen könnten. Während die Abgabe einer unzureichenden Feststellungserklärung bzw. ihre Nichtabgabe die Tathandlung markiere (BGH wistra 1991, 138 ff.; Simon/Vogelberg SteuerStrafR/*Vogelberg* S. 16 f.; aA *Beckemper* NStZ 2002, 518 (522); *Rübenstahl* HRRS 2009, 93 (101): Versuchsbeginn erst mit der Abgabe der unzureichenden Einkommensteuererklärung), trete der Taterfolg Steuerverkürzung erst mit Bekanntgabe des unzutreffenden Festsetzungsbescheides ein, in dem sich die unzutreffende Feststellung auswirkt. Folge des späten Eintritts des Taterfolgs wäre ua ein sehr später Verjährungsbeginn. Im Fall der gesonderten Feststellung von Besteuerungsgrundlagen (§ 180) ist insoweit nämlich die Umsetzung der Feststellung im Steuerbescheid des letzten Gesellschafters maßgebend (BGH wistra 1984, 142; *Hardtke* AO-StB 2001, 273 (274)).

162   Mit dem Feststellungsbescheidbeschluss (BGH NJW 2009, 381 ff.) schließt sich der BGH zwar der vorstehend dargestellte Auffassung an. Allerdings verwirft der BGH den Gedanken, der letztlich die Triebfeder der Literaturauffassung gewesen ist, den Verjährungsbeginn. Der BGH führt insoweit aus, *„aus dem Umstand, dass eine Umsetzung des Grundlagenbescheids in einen Einkommensteuerbescheid noch nicht stattgefunden hat, (ergebe) sich lediglich, dass eine Steuerverkürzung noch nicht eingetreten ist. ... Die durch die Umsetzung der festgestellten unrichtigen Besteuerungsgrundlagen bei der Steuerfestsetzung in den Folgebescheiden bewirkte Steuerverkürzung (stelle) lediglich einen weitergehenden Taterfolg dar, der insbes. für den Zeitpunkt der Tatbeendigung und damit für den Verjährungsbeginn der Steuerhinterziehung von Bedeutung (sei)."* IErg führt die BGH-Rspr. also zu einer Vorverlagerung des Vollendungszeitpunkts (Tatvollendung tritt bereits mit Bekanntgabe des unzutreffenden Feststellungsbescheids ein), ohne dass sich dies in einer parallelen Vorverlagerung des Beendigungszeitpunkts niederschlägt (krit. insoweit *Jope* DStZ 2009, 247 ff.; *Claus* HRRS 2009, 102 (105 f.); *Blesinger* wistra 2009, 294 ff.; diff. MüKoStGB/*Schmitz/Wulf* Rn. 102: nur Steuervorteil, wenn der Feststellungsbescheid einem Veranlagungsbescheid nachfolgt).

163   Die Überlegung des BGH (NJW 2009, 381 (384)), dass der Steueranspruch bereits im Vorfeld einer Steuerfestsetzung konkret gefährdet sein kann, wird man auf vergleichbare Konstellationen übertragen können.

     Hierzu zählen zunächst die Verlustfeststellungen nach § 10d Abs. 4 EStG (BFH ZWH 2014, 194 (195)), § 10a S. 6 GewStG (BGH NZWiSt 2012, 75 (77)) oder §§ 20 Abs. 6 S. 4, 23 Abs. 3 S. 8 EStG, aber auch bei einem Gewerbesteuermessbescheid (LG Düsseldorf NZWiSt 2014, 70 (71)), mit dem die Grundlagen des Folgebescheids weitergehend sogar gesondert festgesetzt werden (§ 14 S. 1 GewStG). Die einem Einkommensteuerbescheid entsprechende Konkretisierung der Gewerbesteuer erfolgt durch die hebeberechtigte Gemeinde, die die Gewerbesteuer in dem von ihr zu erlassenden Gewerbesteuerbescheid festsetzt (§ 16 Abs. 1 GewStG). Vergleichbares gilt auch für die Feststellung des Einheitswerts inländischen Grundbesitzes (§ 19 Abs. 1 BewG). Der Einheitswert wird durch die Finanzbehörde bindend festgestellt und bildet letztlich die Grundlage der durch die Gemeinde festzusetzenden Grundsteuer (§ 27 Abs. 1 GrStG).

164   Bindungswirkung entfalten können auch **Entscheidungen anderer Verwaltungsbehörden.** So wird zB die Baudenkmaleigenschaft eines Gebäudes durch die Denkmalschutzbehörde bindend festgestellt (Grundlagenbescheid, § 7i Abs. 2 S. 1 EStG; BFH BStBl. II 2003, 912 (913)). Die Bindungswirkung dieser Denkmalbescheinigung führt mE aber nicht dazu, dass die auf der Grundlage unzutreffender Angaben erlangte Bescheinigung als Steuervorteil iSd § 370 Abs. 4 S. 2 Hs. 1 zu qualifizieren ist. Die bloße Bescheinigung an sich führt noch nicht zu einer konkreten Gefährdung des Steueranspruchs. Vielmehr muss der Steuerpflichtige die erhöhten Absetzungsbeträge für ein denkmalgeschütztes Gebäude in seiner Einkommensteuererklärung auch geltend machen. Insoweit erfolgt – anders als bei einem Feststellungsbescheid – keine antragslose, quasi automatische Umsetzung der bescheinigten Denkmaleigenschaft.

165   Entsprechendes gilt mE für die im Rahmen von Steuerfestsetzungen zu berücksichtigenden **Befreiungstatbestände** nach den Steuergesetzen (zB §§ 3 ff. EStG, 4 ff. UStG, 3 ff. GrEStG, 2 KraftStG, 3 ff. GrStG, 3 VStG aF). Die vorgeblichen Steuerbefreiungen werden nicht außerhalb des Festsetzungsverfahrens erlangt, sondern im Rahmen eines konkreten Festsetzungsverfahrens geltend gemacht (aA Kohlmann/*Ransiek* Rn. 552; Wannemacher SteuerStrafR/*Kürzinger* Rn. 361).

166   Umstr ist, ob Vorauszahlungen unter den Steuervorteilsbegriff zu fassen sind (abl. *Beker* DB 1985, 1868 ff.: § 263 StGB anwendbar; zust. für unterschiedliche Fallgestaltungen Koch/Scholtz/*Scheurmann-Kettner* Rn. 38; Klein/*Jäger* Rn. 124 jew. mit Hinweis auf OLG Stuttgart wistra 1987, 263 (264)); darstellend Beermann/Gosch/*Meyer* Rn. 170).

     Nach §§ 37 Abs. 1 EStG, 49 Abs. 1 KStG aF, 31 Abs. 1 KStG haben Steuerpflichtige jew. am 10.3., 10.6., 10.9. und 10.12. Vorauszahlungen auf die für den laufenden Veranlagungszeitraum voraussichtlich geschuldete Einkommen- bzw. Körperschaftsteuer zu entrichten. Die Vorauszahlungen werden durch einen entsprechenden Vorauszahlungsbescheid festgesetzt. Dieser ist kraft gesetzlicher Anordnung (§ 164 Abs. 1 S. 2) Steuerbescheid unter dem Vorbehalt der Nachprüfung. Für die Gewerbesteuer gilt Entsprechendes (§ 19 GewStG). Vorauszahlungszeitpunkte sind dort allerdings der 15.2., 15.5., 15.8. und 15.11.

167   Einkommensteuervorauszahlungen bemessen sich grds. nach der Einkommensteuer, die sich bei der letzten Veranlagung ergeben hat (§ 37 Abs. 3 S. 2 EStG). Nach § 37 Abs. 3 S. 3 Hs. 1 EStG kann das Finanzamt aber bis zum Ablauf des auf den Veranlagungszeitraum folgenden 15. Kalendermonats die Vorauszahlungen an die Einkommensteuer anpassen, die sich für den Veranlagungszeitraum voraussichtlich ergeben wird. Für die Körperschaftsteuer gilt infolge der Generalverweisung des § 49 Abs. 1 KStG aF, § 31 Abs. 1 KStG Entsprechendes; § 19 GewStG übernimmt die einkommen-/körperschaftsteuerlichen Vorschriften im Wesentlichen.

168   Bei konsequenter Umsetzung der Überlegung, dass die Steuerverkürzung im Festsetzungsverfahren den spezielleren Taterfolg darstellt, sind unzutreffende Vorauszahlungsfestsetzungen kraft Natur der Sache Steuerverkürzungen iSd § 370 Abs. 4 S. 1 Hs. 1 (so auch BFH DStR 1997, 1244 (1246); Schwarz/Pahlke/*Webel* Rn. 109; Ignor/Rixen ArbStrafR-HdB/*Wegner* § 5 Rn. 46; aA Klein/*Jäger* Rn. 124; Kohlmann/*Ransiek* Rn. 436: Steuervorteil).

Ob das bloße Erschleichen der **Durchbrechung der formellen Bestandskraft** einen Steuervorteil　**169**
darstellt, ist noch nicht abschließend geklärt.
Das AG Münster (14 Cs 45 Js 476/06, zit. nach Capital Juni 07, 76) hat in einem Fall, in dem durch
wahrheitswidrige Angaben die erneute Bekanntgabe eines Steuerbescheids erreicht wurde, zwar wegen
versuchter Steuerhinterziehung bestraft. Das OLG Hamm (wistra 2009, 80) hob dieses Urteil indes auf.
Zwar könne in der Erschleichung einer Wiedereinsetzung eine Steuerhinterziehung gesehen werden
(vgl. auch *Schützeberg* PStR 2010, 95 (97); *Weidemann* PStR 2010, 143). Erforderlich sei aber weiter, dass
dadurch die Beitreibung eines materiell bestehenden Steueranspruchs erschwert oder vereitelt wird. Die
lediglich bestandskräftig festgesetzte, aber gar nicht kraft Gesetzes verwirkte Steuer unterfalle gar nicht
dem Schutz des § 370 (so auch *Rolletschke* PStR 2006, 163 f.; *Weyand* PStR 2007, 134 f.; aA wohl
Schützeberg PStR 2010, 95 (97); *Weidemann* PStR 2010, 143 f. unter Berufung auf den Feststellungsbescheidbeschluss, BGH NJW 2009, 381 ff.).

2. Nicht gerechtfertigt. Ein Steuervorteil ist **nicht gerechtfertigt, wenn** seine Gewährung oder　**170**
Belassung für den gegebenen Sachverhalt nicht im Gesetz vorgesehen ist, der Täter also **keinen
Anspruch** darauf hat (vgl. zB Schwarz/Pahlke/*Webel* Rn. 106; Klein/*Jäger* Rn. 125; MüKoStGB/
Schmitz/Wulf Rn. 138; Gußen SteuerStrafR Rn. 102).
Bei Vorteilen, deren **Gewährung im Ermessen der Finanzbehörde** steht, ist der Vorteil nicht　**171**
gerechtfertigt, wenn er aufgrund unrichtiger Angaben bewilligt worden ist (vgl. zB BGHSt 25, 202;
JJR/*Joecks* Rn. 144; Klein/*Jäger* Rn. 125; Gußen SteuerStrafR Rn. 102; aA MüKoStGB/*Schmitz/Wulf*
Rn. 138: wenn die Finanzbehörde von einem unzutreffenden Sachverhalt ausgeht; unrichtige Angaben
müssten nicht kausal für die Bewilligung geworden sein).
Macht das Gesetz die Gewährung von Steuervorteilen davon abhängig, dass bestimmte Aufzeichnun-　**172**
gen oder Nachweise geführt werden, ist ein Steuervorteil bei nicht ordnungsgemäßer Aufzeichnung
oder Nachweisung auch dann nicht gerechtfertigt, wenn die materiellen Voraussetzungen vorliegen (vgl.
JJR/*Joecks* Rn. 145; Gußen SteuerStrafR Rn. 102; aA MüKoStGB/*Schmitz/Wulf* Rn. 140).

3. Erlangt, gewährt, belassen. Ein nicht gerechtfertigter Steuervorteil ist **erlangt,** soweit er zu　**173**
Unrecht gewährt oder belassen wird (§ 370 Abs. 4 S. 2 Hs. 2).
Gewährt ist der Steuervorteil, sobald der begünstigende Verwaltungsakt dem Antragsteller bekannt　**174**
gegeben worden ist (vgl. MüKoStGB/*Schmitz/Wulf* Rn. 141; Rolletschke SteuerStrafR Rn. 100; aA
JJR/*Joecks* Rn. 146: begriffliche Unterscheidung zwischen Bewilligung und Gewährung im Subventi-
onsrecht).
Belassen ist ein Steuervorteil, wenn ein bereits zugebilligter steuerlicher Vorteil auch weiterhin　**175**
gewährt bleibt, obwohl die Voraussetzungen für die Vergünstigung inzwischen weggefallen sind (vgl.
Rolletschke SteuerStrafR Rn. 100; aA Hübschmann/Hepp/Spitaler/*Hellmann* Rn. 182: unerheblich,
ob der Vorteil ursprünglich gerechtfertigt war oder nicht). *Schmitz/Wulf* (MüKoStGB/*Schmitz/Wulf*
Rn. 142) weisen darauf hin, dass die Variante auch dann in Betracht kommt, wenn der Steuervorteil
bereits ursprünglich nicht gerechtfertigt war, vom Begünstigten aber unvorsätzlich erlangt wurde, sodass
eine Anzeigepflicht nach § 153 Abs. 2 bestand.

4. Für sich oder einen anderen. Die Steuervorteile kann der Täter für sich oder einen anderen　**176**
erlangen. Was bei dem Tatbestandsmerkmal der Steuerverkürzung selbstverständlich ist und deshalb im
Gesetz nicht gesondert erwähnt ist, ist bei dem Merkmal der Vorteilserlangung ausdrücklich klargestellt
(§ 370 Abs. 1 Hs. 2).
Täter einer Steuerhinterziehung kann in beiden Taterfolgsalternativen jeder sein, der durch ent-　**177**
sprechendes Verhalten einen entsprechenden Erfolg herbeiführt. Die Möglichkeit der Täterschaft ist
unabhängig davon, ob der Täter im Besteuerungsverfahren Steuerschuldner ist oder nicht.
Ungeachtet dessen ist aber stets festzustellen, ob der Täter selbst Steuerschuldner ist oder ob er für
einen Dritten Steuern verkürzt bzw. nicht gerechtfertigte Steuervorteile erlangt hat oder ob er (lediglich)
zur Steuerhinterziehung eines Dritten Beihilfe geleistet hat. Sein Tatbeitrag bestimmt entscheidend den
Schuldumfang und damit auch das Strafmaß (so ausdrückl. BayObLG BB 1973, 274).
Nach BGH-Rspr. (NZWiSt 2014, 157 (158)) ist für die Annahme von Tatvollendung nicht erforder-　**177a**
lich, dass die auch zukünftigen wirtschaftlichen Auswirkungen bereits beziffert werden (können) (aA
Wittig ZIS 2011, 660 (668)).

VI. Das Kompensationsverbot (§ 370 Abs. 4 S. 3)

Nach § 370 Abs. 4 S. 3, dem sog Kompensationsverbot oder Vorteilsausgleichsverbot, ist es für die　**178**
Frage des Vorliegens des Taterfolgs ohne Bedeutung, ob die Steuer, auf die sich die Tat bezieht, „aus
anderen Gründen hätte ermäßigt oder der Steuervorteil aus anderen Gründen hätte beansprucht werden
können" (zum Kompensationsverbot allg. einschließl. der geschichtlichen Bezüge vgl. *Fischbach* BLJ
2010, 3 ff.; *Beyer* NWB 2016, 772 ff., *Bülte* NZWiSt 2016, 1 ff., 53 ff.).
Damit können **nachträglich geltend gemachte Ermäßigungsgründe** ggf. zwar steuerlich zB als　**179**
neue Tatsache iSd § 173 Abs. 1 Nr. 2 zu berücksichtigen sein. Für die Frage des Eintritts des Hin-

terziehungserfolges haben sie jedoch außer Betracht zu bleiben. Hierdurch sollte nach dem Willen des historischen Gesetzgebers erreicht werden, dass das Strafgericht nicht den gesamten Steuerfall aufrollen muss (so BGHSt 7, 336; Klein/*Jäger* Rn. 131; MüKoStGB/*Schmitz/Wulf* Rn. 156; iE Gußen Steuer-StrafR Rn. 104).

180   Das Kompensationsverbot gilt jedoch nicht ausnahmslos. Nach der Rspr. dürfen dem Täter „Steuervorteile", die ihm schon aufgrund seiner richtigen Angaben oder jedenfalls auch dann ohne weiteres zugestanden hätten, wenn er anstelle der unrichtigen die der Wahrheit entsprechenden Angaben gemacht hätte, **nicht vorenthalten** werden, soweit sie mit den falschen Angaben in **unmittelbarem engem wirtschaftlichen Zusammenhang stehen** (vgl. BGH GA 1978, 307; wistra 1984, 183; 1988, 356; 1991, 27 (28); MüKoStGB/*Schmitz/Wulf* Rn. 162).

181   Die Frage, ob ein unmittelbarer wirtschaftlicher Zusammenhang mit den verschleierten steuererheblichen Tatsachen besteht, ist sehr kasuistisch geprägt (vgl. Klein/*Jäger* Rn. 134). Letztlich lässt sich die Frage nach dem Eingreifen des Kompensationsverbotes nur **anhand von Einzelfällen** klären (vgl. die detaillierte Einzeldarstellung zB bei MüKoStGB/*Schmitz/Wulf* Rn. 163 ff.; Simon/Vogelberg Steuer-StrafR/*Vogelberg* S. 63 ff.; Gußen SteuerStrafR Rn. 108 ff.).

182   Das Eingreifen des Kompensationsverbots wird zB bejaht bei der Umsatzsteuerhinterziehung für die bisher nicht geltend gemachten Vorsteuerabzugsbeträge (vgl. BGH GA 1978, 307 für den Fall der Abgabe iSd § 370 Abs. 1 Nr. 1, BGH NStZ 1991, 89 für den Fall der Nichtabgabe iSd § 370 Abs. 1 Nr. 2; Kühn/v. Wedelstädt/*Blesinger* Rn. 47; aA zB Wannemacher SteuerStrafR/*Tormöhlen*, 4. Aufl. 2000, Rn. 305: Ausgangssteuer und Vorsteuer verschmelzen in der Umsatzsteuererklärung zu einem einheitlichen Betrag und bilden insofern einen wirtschaftlichen Zusammenhang, als sie Erlöse und Kosten einer bestimmten zeitlichen Periode betreffen), bei Rückstellungen für Schadensersatzansprüche (vgl. Simon/Vogelberg SteuerStrafR/*Vogelberg* S. 64), beim Verlustvortrag nach § 10d Abs. 2 EStG (BGH wistra 1984, 183; aA BayObLG wistra 1982, 199 (200)), wenn der Befreiungstatbestand ein weiteres verwaltungsrechtliches Prüfungsverfahren voraussetzt und dieses erst nach der Tat durchgeführt wird (vgl. BGH NStZ 2004, 579 (580)).

183   Das Eingreifen des Kompensationsverbots wird zB verneint: bei Betriebsausgaben oder Werbungskosten, soweit sie mit dem Verkürzungsvorgang in einem unmittelbaren wirtschaftlichen Zusammenhang stehen, zB im Verhältnis zwischen Wareneinkauf und verschwiegenem entsprechendem Warenverkauf (vgl. BGH GA 1978, 307; BGH wistra 1988, 356).

184   Auch wenn die Frage des Eingreifens des § 370 Abs. 4 S. 3 für die Frage der Tatbestandsmäßigkeit des § 370 im Einzelfall von großer Bedeutung sein kann, relativieren sich die praktischen Auswirkungen bei näherer Betrachtung.

185   Bei steuerrechtlichen Nebenfolgen (Hinterzieherhaftung, § 71; verlängerte Festsetzungsverjährung, § 169 Abs. 2 S. 2; Hinterziehungszinsen, § 235) kommt es nicht zur Anwendung (vgl. FG Köln wistra 1988, 316 (317) zu § 235; offen gelassen durch BFH BStBl. II 1994, 438; zust. MüKoStGB/*Schmitz/Wulf* Rn. 171; Wannemacher SteuerStrafR/*Kürzinger* Rn. 340; *Gast-de Haan* wistra 1988, 298 ff.).

186   Im strafrechtlichen Bereich wird man in einem Fall, in dem die Steuerverkürzung auf das Eingreifen des Kompensationsverbots zurückzuführen ist, schon die Frage des Vorsatznachweises in Bezug auf den Verkürzungsbetrag stellen, der sich allein aus der Anwendung des Kompensationsverbots ergibt (vgl. BGH NStZ 1991, 89; NZWiSt 2012, 229 (233); LG Oldenburg wistra 1994, 276; MüKoStGB/*Schmitz/Wulf* Rn. 168; Kühn/v. Wedelstädt/*Blesinger* Rn. 47; *Meine* wistra 2002, 361 (364); zu Überlegungen, eine entsprechende Fehlvorstellung als Verbotsirrtum iSd § 17 StGB zu bewerten, → § 369 Rn. 28).

187   Ungeachtet der **Vorsatzfeststellung** sind unter das Kompensationsverbot fallende Besteuerungsgrundlagen dann bei der **Strafzumessung** (verschuldeten Auswirkungen der Tat, § 46 Abs. 2 S. 2 StGB) zu berücksichtigen, wenn das Gericht durch Beweismittel oder auf anderem Weg von ihrem Vorliegen überzeugt ist (vgl. BGH NStZ 2004, 579, 580, BGH wistra 2005, 311 (312); 2008, 153; BGH NZWiSt 2012, 229 (233); Kohlmann/*Schauf* Rn. 1362; MüKoStGB/*Schmitz/Wulf* Rn. 157, 170; Schwarz/Pahlke/*Webel* Rn. 112; Koch/Scholtz/*Scheurmann-Kettner* § 370 Rn. 64; Kühn/v. Wedelstädt/*Blesinger* Rn. 48; Gußen SteuerStrafR Rn. 119; *Menke* wistra 2006, 167 (171); *Bülte* BB 2008, 2375 (2379 f.); *Muhler* wistra 2009, 1 (2)).

188   Ebenfalls außer Betracht bleibt das Kompensationsverbot für die Nachzahlungspflicht des § 371 Abs. 3 (vgl. Stahl Selbstanzeige Rn. 234).

VII. Einfuhr, Ausfuhr, Durchfuhr (§ 370 Abs. 5)

189   § 370 Abs. 5 stellt klar, dass es für die Strafbarkeit nicht darauf ankommt, ob die Einfuhr, Ausfuhr oder Durchfuhr der Waren, auf die sich die Tat bezieht, verboten ist. Die Regelung gewährleistet den Gleichlauf von Besteuerungs- und Steuerstrafverfahren. Für das Besteuerungsverfahren regelt schon **§ 40,** dass es unerheblich ist, ob das die Besteuerung auslösende Verhalten gegen ein gesetzliches Verbot oder die guten Sitten verstößt (→ Rn. 525). Die Wiederholung dieses Rechtsgedankens im Rahmen der steuerstrafrechtlichen Vorschriften ist historisch zu erklären: Das RG ging bis zur Einführung der Vorläufernorm § 396 RAO davon aus, dass bei verbotswidriger Einfuhr von Waren Zölle nicht

hinterzogen werden können, auch wenn sie nach der Rspr. des RFH zu erheben waren (Kohlmann/
Ransiek Rn. 537; Hübschmann/Hepp/Spitaler/*Fischer* § 40 Rn. 4; JJR/*Joecks* Rn. 121).

Verbringungsverbote können sich aus Gesetz, Rechtsverordnung oder aus Rechtsakten des Rates **190**
oder der Kommission der EU ergeben. Auf den Schutzzweck des Verbotes kommt es dabei nicht an
(JRR/*Jäger* 372 Rn. 40; → § 372 Rn. 4). Verstößt die Tathandlung gegen ein Verbringungsverbot
stehen § 370 und § 372 (oder der diesen verdrängende Sondertatbestand) in Tateinheit (JJR/*Joecks*
Rn. 121). Zu beachten ist dabei jedoch, dass nationale Einfuhr-, Ausfuhr- und Durchfuhrverbote
mengenmäßige Beschränkungen oder Maßnahmen gleicher Wirkung im Sinne der Rspr. des EuGH
darstellen (vgl. nur EuGH Slg. 179, 649 – Cassis de Dijon). Zu wirtschaftlichen Zwecken sind sie
innerhalb der EU gem. Art. 34, 35 AEUV verboten; nichtwirtschaftliche Einfuhr-, Ausfuhr- und
Durchfuhrverbote müssen den Voraussetzungen von Art. 36 AEUV genügen. Unionsrechtswidrige
Verbringungsverbote können deshalb nicht zur Grundlage der konkurrierenden Strafbarkeit nach § 372
oder aus einem Spezialtatbestand gemacht werden; in Zweifelsfällen ist ein Vorabentscheidungsersuchen
an den EuGH zu richten (→ § 369 Rn. 68, 72 ff.; MüKoStGB/*Schmitz/Wulf* § 372 Rn. 45 ff., auch zu
Verbringungsverboten iE).

§ 370 Abs. 5 trifft keine Aussage darüber, ob durch die Verbringung ein **Steueranspruch** entsteht, **191**
der hinterzogen werden könnte (Klein/*Jäger* Rn. 146). Hierfür bleibt es bei den bekannten blankettausfüllenden Tatbeständen: Die Entstehung der Steuerschuld richtet sich für Einfuhr- und Ausfuhrabgaben iSv Art. 4 ZK nach dem **Zollkodex** (ab 1.5.2016 nach dem UZK, → § 369 Rn. 62), der gem.
§ 21 Abs. 2 UStG auch für die Entstehung der **EUSt** maßgeblich ist, sowie nach den maßgeblichen
Verbrauchsteuergesetzen (→ § 373 Rn. 63 ff.). Auf die Einfuhr- und Ausfuhrbegriffe oder Definitionen (etwa § 2 Abs. 3, 9, 11 AWG) der möglicherweise mitverletzten Verbringungsverbote kommt es für
die Tatbestandsverwirklichung des § 370 Abs. 1 nicht an; sie sind nur für den idealkonkurrierenden
Tatbestand (etwa § 18 Abs. 2 AWG) von Bedeutung.

Weil kraft ausdrücklicher Regelung in Art. 212 S. 2 ZK (Art. 83 Abs. 2 UZK) für die verbotene **192**
Verbringung von **Betäubungsmitteln** und **Falschgeld** keine Zollschuld entsteht, können insoweit
keine Einfuhrabgaben (einschl. EUSt) hinterzogen werden (vgl. zu illegal eingeführten Betäubungsmitteln EuGH Slg. 1982, 3699– Einberger I; zu Falschgeld EuGH Slg. 1990, I-4477 – Witzemann).
Denn auf Waren, die ihrer Natur nach in keinem Mitgliedstaat in den Wirtschaftskreislauf gebracht
werden dürfen, sondern nach ihrer Entdeckung sofort zu beschlagnahmen und aus dem Verkehr zu ziehen
sind, soll kein Zoll erhoben werden (vgl. EuGH Slg. 1990, I-4477 – Witzemann; Klein/*Jäger* Rn. 146).

Art. 212 S. 3 ZK (Art. 83 Abs. 3 UZK) führt für Betäubungsmittel- und Falschgeld zu keinem **193**
anderen Ergebnis. Danach wird eine Zollschuld zwar fingiert, wenn im Strafrecht eines Mitgliedstaates
vorgesehen ist, dass die Zölle als Grundlage für die Verhängung von Strafmaßnahmen herangezogen
werden oder dass aufgrund des Bestehens einer Zollschuld strafrechtliche Verfolgungen eingeleitet
werden. IErg besteht ganz überwiegend Einigkeit, dass die Norm für Deutschland **keine Bedeutung**
hat (s. die Nachweise bei MüKoStGB/*Schmitz/Wulf* Rn. 209). Richtigerweise folgt dies bereits daraus,
dass mit den §§ 29 BtMG, §§ 145 f., 152 StGB ausreichende, vom Bestehen einer Zollschuld unabhängige, strafrechtliche Sanktionsmöglichkeiten zur Verfügung stehen, so dass die Bedingung für das
Eingreifen der Fiktion nicht erfüllt ist (wie hier Kohlmann/*Ransiek* Rn. 538). Weniger überzeugend ist
die in der Literatur vertretene Auffassung, Art. 213 S. 3 ZK gehe deshalb ins Leere, weil das deutsche
Steuerstrafrecht stets an die Verkürzung tatsächlich entstandener Steuern anknüpfe und eine Art. 212
S. 3 ZK entsprechende Regelung in der AO fehle (so die Vorauflage, Klein/*Jäger* Rn. 147; Bender/
Möller/Retemeyer SteuerStrafR/*Möller/Retemeyer* C III Rn. 109 f.; MüKoStGB/*Schmitz/Wulf*
Rn. 209). Die Vorschriften des ZK gelten als unionsrechtliche Verordnung jedoch unmittelbar und sind
damit ebenso anzuwendendes Recht wie § 370. IErg kommt es auf die Begründung für die Nichtheran-
ziehung von Art. 213 S. 3 ZK jedoch nicht an.

Die in **Art. 212 S. 2 ZK** (Art. 83 Abs. 2 UZK) genannten Ausnahmen von der Zollschuldent- **194**
stehung sind **abschließend.** Eine Erweiterung auf alle Waren, die im Wege einer Ermessensreduzierung
auf Null im Falle ihrer Verbringung eingezogen werden müssen (so Kohlmann/*Ransiek* Rn. 539 und für
die EUSt auch MüKoStGB/*Schmitz/Wulf* Rn. 208), ist weder mit dem eindeutigen Wortlaut der
Vorschrift noch mit dem Regelungszweck vereinbar. Illegale Betäubungsmittel und Falschgeld sind nicht
deshalb von der Zollschuldentstehung ausgenommen, weil sie dem Steuerpflichtigen im konkreten Fall
nicht verbleiben sollen, sondern weil sie als *res extra commercium* schlechterdings durch niemanden
handelbar und jedem legalen Markt entzogen sind (so ausdr. die Begründung des EuGH in den
→ Rn. 192 genannten Entscheidungen). Dies gilt für andere, von Verbringungsverboten erfasste Waren
nicht (vgl. auch EuGH Slg. 2000, I-4993 – Salumets). Die Verpflichtung zur Einziehung ist dabei kein
taugliches Unterscheidungskriterium, Waren von der Zollschuldentstehung auszunehmen. Kriegswaffen
etwa sind unter strenger Kontrolle und mit Genehmigung durchaus handelbar und dann auch ver-
bringungsfähig; als Schmuggelgut sind sie dennoch zwingend einzuziehen. Für die Fälle der Einziehung
sieht der ZK in Art. 233 Abs. 1 das Erlöschen der Zollschuld vor; sie gar nicht erst entstehen zu lassen,
ließe diese Vorschrift leerlaufen und würde den Regelungsgehalt von Art. 212 S. 1 ZK, § 370 Abs. 5 in
den besonders gravierenden Fällen in sein Gegenteil verkehren.

(Einstweilen frei)   **195, 196**

VIII. Ausländische Abgaben (§ 370 Abs. 6, 7)

197   **§ 370 Abs. 6** erweitert den Schutzbereich der zunächst nur das innerstaatliche Steueraufkommen erfassenden Strafnorm auf bestimmte, unionsrechtlich geprägte Steuern und Abgaben, von die den Mitgliedstaaten der Union erhoben werden (→ Rn. 3, 5). Die Vorschrift idF des StÄndG 2001 (BGBl. I 3794 ff.; zur bis zum 22.12.2001 geltenden Fassung des Abs. 6 S. 1s JJR/*Joecks* Rn. 40) erfasst in **Abs. 6 S. 1 Einfuhrabgaben,** die von einem anderen Mitgliedstaat der EU oder einem Mitgliedstaat der EFTA (Island, Liechtenstein, Norwegen, Schweiz; assoziierte Staaten gibt es derzeit nicht, vgl. Bender/Möller/Retemeyer SteuerStrafR/*Möller/Retemeyer* C III Rn. 426) verwaltet werden. **Abs. 6 S. 2** bezieht bestimmte nationale Verbrauchsteuern mit ein, nämlich die **Umsatzsteuer** und **harmonisierte Verbrauchsteuern.** Diese Erweiterung des Schutzbereichs erklärt sich für die von Satz 1 erfassten Einfuhrabgaben aus der Tatsache, dass Zolleinnahmen in den Haushalt der EU fließen und ihre Verkürzung – unabhängig vom Tatort – auch den deutschen Steuerzahler schädigt, während die Erstreckung auf bestimmte ausländische Verbrauchsteuern einschließlich der Umsatzsteuer in S. 2 als Vorwegnahme eines einheitlichen europäischen Verbrauchsteuersystem zu sehen ist (vgl. *Bender* wistra 2009, 176 (177)).

198   Durch die Verweisung auf die Abs. 1–5 des § 370 werden **alle Formen steuerstrafrechtlich relevanten Handelns erfasst.** Dazu gehören insbes. die unrichtige oder nicht vollständige Deklarierung oder die unterbliebene Mitteilung der für die Abgabenfestsetzung erforderlichen Sachverhalte. Die Tathandlung erfolgt insoweit **ggü. ausländischen Finanzbehörden** (Kohlmann/*Ransiek* Rn. 254, 550; JJR/*Joecks* Rn. 45; Hübschmann/Hepp/Spitaler/*Hellmann* Rn. 89). Soweit *Schmitz/Wulf* (MüKoStGB/*Schmitz/Wulf* Rn. 355, BGH wistra 2001, 364) dem unter Berufung auf § 6 Abs. 2 AO entgegentreten, weshalb Steuerhinterziehung durch Unterlassen nur ggü. deutschen Finanzbehörden begangen werden könne (§ 370 Abs. 1 Nr. 2 nennt die „anderen Behörden" nicht), überzeugt dies nicht. Mit dem *effet utile* der betroffenen unionsrechtlichen Rechtsakte (ZK, Mehrwertsteuer- und Verbrauchsteuersystemrichtlinie), dem der Gesetzgeber zur Durchsetzung verhelfen wollte (zur unionsrechtskonformen Auslegung → § 369 Rn. 69), ist dieses einengende Verständnis unvereinbar und der Wortlaut von Abs. 6, der auf die „Verwaltung" der ausländischen Abgaben und damit auch auf die nach dem Recht des jeweiligen Mitgliedstaates hierzu berufenen Behörden abstellt, gebietet ein solches Verständnis nicht (ebenso Hübschmann/Hepp/Spitaler/*Hellmann* Rn. 89).

199   **1. Einfuhr- und Ausfuhrabgaben bestimmter europäischer Staaten (§ 370 Abs. 6 S. 1).** Der ursprünglich in Abs. 6 verwendete, auf § 1 Abs. 3 des deutschen Zollgesetzes (ZG) beruhende Begriff der „Eingangsabgaben" ist nach dem In-Kraft-Treten des europäischen Zollkodexes (ZK) der neuen zollrechtlichen Terminologie folgend durch den Begriff der **Einfuhrabgaben** ersetzt worden (StÄndG 2001, BGBl. I 3794 (3804)). Da die Vorschrift anders als etwa § 374 Abs. 1 nicht einschränkend auf die Definition des ZK verweist, gilt der Einfuhrabgabenbegriff von § 1 Abs. 1 S. 3 ZollVG (vgl. *Bender* ZfZ 2002, 146). Die Vorschrift umfasst daher nicht nur die Ein- und Ausfuhrabgaben iSv Art. 4 ZK, sondern auch die bei der Einfuhr zu erhebenden **Verbrauchsteuern allgemeiner und besonderer Art** (s. BGH NStZ 2001, 201: it. Einfuhrumsatzsteuer; hM, vgl. nur Klein/*Jäger* Rn. 151; Kohlmann/*Ransiek* Rn. 552; Hübschmann/Hepp/Spitaler/*Hellmann* Rn. 134; Rolletschke/Kemper/*Rolletschke* Rn. 332; aA MüKoStGB/*Schmitz/Wulf* Rn. 66: maßgeblich sei, dass die Einfuhrabgaben für die Europäische Union verwaltet würden, was jedoch schon deshalb kein taugliches Kriterium sein kann, weil es bei den EFTA-Staaten, deren Einfuhrabgaben das Gesetz ebenfalls schützt, nie der Fall wäre, vgl. Kohlmann/*Ransiek* Rn. 552; NStZ 2001, 201). Systematisch unterfallen damit alle bei der erstmaligen Einfuhr in das Unionsgebiet anfallenden Zölle, Umsatzsteuern und Verbrauchsteuern S. 1, Umsatz- und Verbrauchsteuern beim innergemeinschaftlichen Handel dagegen S. 2 (wie hier Kohlmann/*Ransiek* Rn. 552). Die Frage hat wegen des Wegfalls des in § 370 Abs. 6 S. 3, 4 aF enthaltenen Gegenseitigkeitserfordernisses allenfalls für Taten vor dem 14.12.2010 Bedeutung (→ Rn. 210).

200   **a) Einfuhrabgaben gem. Art. 4 Nr. 10 ZK.** Der ZK definiert Einfuhrabgaben einmal als Zölle und Abgaben mit gleicher Wirkung bei der Einfuhr von Waren sowie darüber hinaus als bei der Einfuhr erhobene Abgaben, die im Rahmen der gemeinsamen Agrarpolitik oder aufgrund der für bestimmte landwirtschaftliche Verarbeitungserzeugnisse geltenden Sonderregelungen vorgesehen sind. Entsprechendes gilt für **Ausfuhrabgaben** in Art. 4 Nr. 11 ZK, die jedoch derzeit nicht erhoben werden (JJR/*Joecks* Rn. 41). Sie sind lediglich bei EFTA-Staaten denkbar. Anders als die agrarbezogenen Abgaben haben auch die Abgaben mit zollgleicher Wirkung keine praktische Bedeutung, weil sie nach dem AEUV innerhalb der Union und nach dem GATT im Übrigen regelmäßig unzulässig sind und damit nicht erhoben werden dürfen (Schwarz/Wockenfoth/*Schwarz,* Zollrecht Kommentar ZK Art. 4 Rn. 51; Dorsch/*Lux* Zollrecht ZK Art. 4 Rn. 22 ff.). Der am 1.5.2016 in Kraft getretene **Zollkodex der Union – UZK –** (VO (EU) Nr. 952/2013 des Europäischen Parlaments und des Rates v. 9.10.2013 zur Festlegung des Zollkodexes der Union (Neufassung), ABl. 2013 L 269, 1), der den ZK ersetzt, definiert in Art. 5 Nr. 20 UZK Einfuhrabgaben als die für die Einfuhr von Waren zu entrichtenden Abgaben.

b) Verbrauchsteuern. Zu den Einfuhr- und Ausfuhrabgaben iSv § 370 Abs. 6 S. 1 gehören außer- **201** dem die **Einfuhrumsatzsteuer** und die bei der Einfuhr (Ausfuhr) zu erhebenden besonderen **Verbrauchsteuern,** wie etwa die Tabaksteuer (→ Rn. 199); ihre Hinterziehung in einem anderen Mitgliedstaat unterfällt ebenso dem deutschen Strafrecht wie in einem EFTA-Staat. Auch wenn die Ausdehnung des strafrechtlichen Schutzes auf Einfuhrabgaben der EFTA-Staaten dadurch motiviert war, unrichtige Angaben bei der Verzollung (die Ware stammt aus der EU und ist damit im Einfuhrstaat präferenzberechtigt) zu sanktionieren, ist er nicht auf diese Fälle beschränkt (OLG Hamburg wistra 1987, 266; Klein/*Jäger* Rn. 152; Bender/Möller/Retemeyer SteuerStrafR/*Möller/Retemeyer* C III Rn. 429).

Hinterzogen werden können in den genannten Staaten grundsätzlich **alle,** bei der Einfuhr zu **202** erhebenden besonderen **Verbrauchsteuern,** denn eine § 370 Abs. 6 S. 2 vergleichbare Einschränkung auf lediglich die harmonisierten Verbrauchsteuern (→ Rn. 206) kennt S. 1 nicht (ebenso *Bender* ZfZ 2002, 147). So gehört etwa auch die in der Schweiz bei der Einfuhr von Kfz anfallende Automobilsteuer nach dem Automobilsteuergesetz v. 21.6.1996 (Amtl. Slg. 1996, 3045) in Höhe von 4 % des Werts zu den geschützten Verbrauchsteuern.

Die Blankettvorschrift des § 370 wird in diesen Fällen durch **ausländisches Recht** konkretisiert. **203** Maßgeblich sind die materiellen Vorschriften, durch die der betreffende Staat die Steuertatbestände normiert hat. In einer vergleichenden Wertung ist dabei – ggf. mit sachverständiger Hilfe – zunächst festzustellen, ob diese Steuertatbestände überhaupt die Erhebung von Ein- und Ausfuhrabgaben iSd Abs. 6 regeln; bei der Getränkesteuer, die Schweden – damals noch als EFTA-Staat – erhoben hat, war dies nicht der Fall (BGH wistra 1991, 29). Die entsprechenden Vorschriften müssen als Ausfüllungsnorm zudem hinreichend bestimmt sein (BGH NStZ 2001, 201). Die Berechnung der danach entstandenen Steuer ist Rechtsanwendung, die im Urteil unter Angabe der herangezogenen Vorschriften für das Revisionsgericht nachvollziehbar darzulegen ist (BGH NStZ 2007, 595; BGH wistra 2010, 30; → § 373 Rn. 75).

2. Umsatzsteuern und harmonisierte Verbrauchsteuern (§ 370 Abs. 6 S. 2). a) Umsatzsteu- 204 eraufkommen der Mitgliedstaaten. Als mit der Schaffung des EG-Binnenmarktes zum 1.1.1993 die (Steuer-)Grenzen zwischen den Mitgliedstaaten entfielen, sah sich der Gesetzgeber zum Erlass neuer Strafvorschriften gegen gemeinschaftsweite Steuerhinterziehung veranlasst. Durch das am 1.1.1993 in Kraft getretene USt-Binnenmarktgesetz (BGBl. 1992 I 1548 (1560)) wurde Abs. 6 dahingehend ergänzt, dass auch das **Umsatzsteueraufkommen der Mitgliedstaaten** geschützt wird. Damit sollte auf neue, aus der Freizügigkeit resultierende Möglichkeiten der Steuerhinterziehung reagiert werden, wie sie sich angesichts der unterschiedlichen Steuersätze innerhalb des Binnenmarktes ergeben (BT-Drs. 12/2463, 40).

Die **Tathandlungen** stehen zumeist im Zusammenhang mit Umsatzsteuerkarussellen oder Kettenfäl- **205** len und betreffen entweder schon die Erwerbsbesteuerung oder die Hinterziehung auf einer späteren Handelsstufe in dem betroffenen Mitgliedstaat. Häufig wird es sich hierbei um Beihilfe handeln, wenn der Täter vom Inland aus handelt. Ein Beispiel bietet der BGHSt 53, 45 zugrunde liegende Sachverhalt: Ein Täter, der eine tatsächlich durchgeführte, aber – wie er weiß – der Hinterziehung ausl. USt dienende innergemeinschaftliche Lieferung zu Unrecht als gem. § 6a UStG steuerfrei erklärt (vgl. dazu EuGH Slg. 2010, I-12605 – R; → Rn. 375 ff.), macht sich daher nicht allein wegen Hinterziehung der deutschen USt, sondern auch wegen Beihilfe zur Hinterziehung der ausl. USt strafbar. Im konkreten Fall scheiterte eine Bestrafung wegen Beihilfe allerdings an dem damals noch bestehenden Gegenseitigkeitserfordernis (→ Rn. 209).

b) Harmonisierte Verbrauchsteuern. Durch das ebenfalls am 1.1.1993 in Kraft getretene Ver- **206** brauchsteuer-Binnenmarktgesetz (BGBl. 1992 I 2150) ist Abs. 6 S. 2 auf die innerhalb der Europäischen Union **harmonisierten Verbrauchsteuern** ausgedehnt worden. Nach Art. 1 Abs. 1 der RL 2008/ 118/EG des Rates v. 16.12.2008 über das allgemeine Verbrauchsteuersystem und zur Aufhebung der RL 92/12/EWG (ABl. 2009 L 9, 12) – Verbrauchsteuersystemrichtlinie –, auf die § 370 Abs. 6 S. 2 nunmehr verweist, zählen hierzu die Steuern auf Energieerzeugnisse und elektrischen Strom, Alkohol und alkoholische Getränke sowie Tabakwaren.

Der Gesetzgeber hat die Verweisung erst mWv 14.12.2011 an die schon seit dem 1.4.2010 geltende **207** Verbrauchsteuersystemrichtlinie angepasst. Zuvor verwies Norm noch auf die durch die Verbrauchsteuersystemrichtlinie aufgehobene RL 92/12/EWG. Dies steht der Strafbarkeit von Taten zwischen dem 1.4.2010 und dem 13.12.2011 indessen nicht entgegen. Denn die Richtlinie füllt nicht etwa das Blankett aus; dies tun die nationalen Verbrauchsteuergesetze der Mitgliedstaaten. Die Verweisung dient lediglich der **begrifflichen Konkretisierung** der im Gesetz genannten „harmonisierten Verbrauchsteuern", auf die der Gesetzgeber den deutschen Strafrechtsschutz erstrecken wollte. Für diesen Zweck aber kommt es auf die Geltung der Norm nicht an (BGH NStZ 2014, 329; *Tully/Merz* wistra 2011, 126; Klein/*Jäger* Rn. 158). Die verzögerte Anpassung des Gesetzeswortlauts führt allerdings dazu, dass bis dahin nur die Hinterziehung von Verbrauchsteuern hinsichtlich der in der aufgehobenen Richtlinie genannten Waren strafbar ist, also von Mineralöl, Alkohol, alkoholischen Getränken und Tabakwaren. Erdgas und elektrische Energie werden, obwohl harmonisiert, vor dem 14.12.2011 nicht erfasst (BGH NStZ 2014, 330).

208   *(Einstweilen frei)*

209   **c) Wegfall des Verfolgungshindernisses Gegenseitigkeitsverbürgung.** Bis zum 1.1.2011 ging § 370 Abs. 6 S. 2 faktisch ins Leere, weil Abs. 6 S. 3, 4 aF die Verfolgung davon abhängig machten, dass die Gegenseitigkeit verbürgt und dies durch Rechtsverordnung festgestellt war. Eine solche Rechtsverordnung existierte nie. Mit dem JStG 2010 (BGBl. I 1768) hat der Gesetzgeber § 370 Abs. 6 S. 3 und 4 mWv 14.12.2010 **aufgehoben,** um die grenzüberschreitende Bekämpfung des USt-Betruges zu verbessern (vgl. BT-Drs. 17/3449, 3).

210   Die Verbürgung der Gegenseitigkeit wurde von der hM als objektive Bedingung der Strafbarkeit angesehen (vgl. die Vorauflage; Fischer StGB § 104 Rn. 1; *Keßebäumer/Schmitz* wistra 1995, 1 (3); Kohlmann/*Ransiek* Rn. 557; Rolletschke/Kemper/*Rolletschke* Rn. 335). Richtigerweise handelte es sich jedoch – wie der Wortlaut der Vorschrift schon sagt –, um ein bloßes **Verfolgungshindernis;** ein abweichendes Verständnis ist weder systematisch-teleologisch geboten noch vom historischen Gesetzgeber beabsichtigt gewesen, wie *Tully/Merz* (BGH wistra 2011, 122 ff.) nachgewiesen haben (ebenso Klein/*Jäger* Rn. 159, MüKoStGB/*Schmitz/Wulf* Rn. 65; aA nur Kohlmann/*Ransiek* Rn. 557). Folglich können auch nun auch **Altfälle,** also vor dem 14.12.2010 begangenen Taten, bis zur Grenze der Verjährung verfolgt werden.

211   *(Einstweilen frei)*

212   **3. Geltung für Auslandstaten (§ 370 Abs. 7).** Die Vorschrift betrifft das Strafanwendungsrecht und ergänzt die §§ 3 ff. StGB. Wo Täter oder Teilnehmer gehandelt haben, ist für die Anwendung der Abs. 1–6 unerheblich. Diese Erstreckung des Geltungsbereichs entspricht nicht dem Weltrechtsprinzip (so noch die Vorauflage, ebenso Kohlmann/*Ransiek* Rn. 560 ff.; *Weidemann* wistra 2012, 52 und wohl auch Klein/*Jäger* Rn. 160), sondern ist Ausfluss des **Schutzprinzips,** weil nicht universelle Schutzgüter in Rede stehen, sondern das nationale Steueraufkommen und bestimmte Steuerarten, die von Mitgliedstaaten der Europäischen Union verwaltet werden (→ Vorb. §§ 3 ff. Rn. 14, → § 6 Rn. 9; Bender/Möller/Retemeyer SteuerStrafR/*Möller/Retemeyer* C III Rn. 112; MüKoStGB/*Schmitz/Wulf* Rn. 39). Mit dem Weltrechtsprinzip besteht nur insoweit Übereinstimmung, als es auf das Recht des Tatorts und die Staatsangehörigkeit des Täters nicht ankommt (vgl. Erbs/Kohlhaas/*Senge/Hadamitzky* Rn. 60). Zur Geschichte der Vorschrift Rolletschke/Kemper/*Rolletschke* Rn. 328 ff.

213   Die durch ein gesetzgeberisches Versehen zunächst entstandene Strafbarkeitslücke für reine Auslandstaten (§ 370 Abs. 7 aF verwies nur auf die Abs. 1–5, so dass die Hinterziehung ausländischer Einfuhrabgaben gem. § 370 Abs. 6 S. 1 durch Tathandlungen im Ausland nicht bestraft werden konnte, vgl. BVerfG wistra 2003, 255) ist durch die Neufassung der Norm durch das EG-Finanzschutzgesetz v. 10.9.1998 (BGBl. II 2322) beseitigt worden. Praktische Fälle, in denen dies noch eine Rolle spielen könnte, sind vor dem Hintergrund, dass die Verjährung für Steuerhinterziehung bis zum 25.12.2008 einheitlich fünf Jahre betrug, nicht mehr vorstellbar.

214   Richtet sich die Tat gegen den **deutschen Steueranspruch,** hätte es der Regelung des Abs. 7 nicht bedurft, auch wenn der Täter im Ausland gehandelt hat. Ein **Inlandstatort** nach § 3 StGB ergibt sich bereits über § 9 StGB. Danach ist eine Tat ua auch an dem Ort begangen, an dem der zum Tatbestand gehörende Erfolg eingetreten ist oder nach der Vorstellung des Täters eintreten sollte. Der **Erfolgsort** in diesem Sinne ist bei vollendeter oder versuchter Steuerhinterziehung zum Nachteile des deutschen Fiskus immer in Inland gelegen, weil hier der Verkürzungserfolg eingetreten ist oder eintreten sollte (ebenso Erbs/Kohlhaas/*Senge/Hadamitzky* Rn. 60a; JJR/*Joecks* Rn. 34; Bender/Möller/Retemeyer SteuerStrafR/*Möller/Retemeyer* C III Rn. 112). Dies gilt auch bei Steuerhinterziehung durch Unterlassen. Soweit vereinzelt (MüKoStGB/*Schmitz/Wulf* Rn. 40; *Keßeböhmer/Schmitz* wistra 1995, 1 (6 f.)) vertreten wird, in Festsetzungsfällen sei Erfolgsort der Ort der Bekanntgabe des Steuerbescheides, übersieht dies, dass auch in diesen Fällen die Veranlagung im Inland stattfindet und der Steuerpflichtige hierzu durch seine Erklärung beizutragen hat. Der aufgrund der Tathandlung inhaltlich unrichtige Verwaltungsakt ist der einer deutschen Behörde. Wie die Voraussetzungen seines Wirksamwerdens zu erfüllen sind, ist hierfür unerheblich, solange er nur gem. §§ 123, 124 wirksam wird. Die Bekanntgabe ist nur für den Erfolgszeitpunkt und damit für den Verjährungsbeginn maßgeblich (ebenso *Kohlmann* FS H. J. Hirsch, 1999, 577 (591 f.)).

215   Als originärer **Anwendungsbereich** von § 370 Abs. 7 verbleiben daher Fälle, in denen ein Ausländer im Ausland eine von **§ 370 Abs. 6** erfasste Steuer hinterzieht, also in einem anderen Mitgliedstaat angefallene Einfuhr- oder Ausfuhrabgaben oder Umsatz- oder harmonisierte Verbrauchsteuern eines Mitgliedstaates der Union betroffen sind (Bsp. in BGH NStZ 2001, 201: Hinterziehung it. EUSt durch einen Amerikaner in Italien). In derartigen Konstellationen ist das unionsrechtliche **Doppelverfolgungsverbot** im Blick zu behalten. Ist die Tat bereits durch einen Mitgliedstaat abgeurteilt, kommt eine Durchsetzung des deutschen Strafanspruchs nicht mehr in Betracht. Dies ist nicht immer gleich erkennbar, weil sich die Aburteilung nicht auf dieselbe Steuerart beziehen muss. Handelt es sich etwa bei einer mehrere Mitgliedstaaten berührenden Schmuggelfahrt um *eine* Tat im unionsrechtlichen Sinn, führt die Sanktionierung eines Ausschnitts hiervon (etwa die Verurteilung wegen Verkürzung der nationalen Verbrauchsteuer im Einfuhrmitgliedstaat) zu Strafklageverbrauch hinsichtlich aller weiteren, anlässlich der Fahrt verwirklichten Steuerhinterziehungen (vgl. BGHSt 52, 275). Zu den Einzelheiten → § 369 Rn. 79 ff., 86.

IX. Kausalität

Tathandlung und Taterfolg iSd § 370 Abs. 1, Abs. 4 müssen kausal miteinander verknüpft sein. 216 Die Steuerhinterziehung ist unstr. Erfolgsdelikt (→ Rn. 7; allgemein vgl. zB LK-StGB/*Walter* StGB Vor §§ 13 ff. Rn. 72; in Bezug auf § 370 vgl. Schwarz/Pahlke/*Webel* Rn. 74). Dies wird in § 370 AO zusätzlich betont durch die Gesetzesformulierung „und dadurch Steuern verkürzt" (so zB Koch/ Scholtz/*Scheurmann-Kettner* Rn. 42; v. Briel/Ehlscheid SteuerStrafR/*v. Briel* § 1 Rn. 340).

Maßstab ist insoweit die sog **Bedingungstheorie** (Äquivalenztheorie), dh, Ursache ist jede Bedin- 217 gung, die nicht hinweggedacht werden kann, ohne dass der konkrete Erfolg entfiele („conditio sine qua non").

Unter dieser Voraussetzung ist die Kausalität der Bedingung auch dann gegeben, wenn der Erfolg auch 218 auf andere Weise ebenfalls eingetreten wäre (= hypothetischer Kausalverlauf). Es genügt damit, dass die tatsächliche Bedingung den Eintritt des Erfolgs lediglich beschleunigt hat.

Ausreichend ist, dass bei Hinwegdenken der Bedingung der Erfolg in seiner konkreten Gestalt 219 entfiele. Der tatsächliche Geschehensablauf büßt seine Existenz nicht dadurch ein, dass ein anderer an seine Stelle hätte treten können.

Eine Atypizität des Geschehensablaufs schließt die Kausalität nicht aus. Der Kausalverlauf wird durch 220 den Eintritt eines Dritten in den Geschehensablauf dann nicht unterbrochen, wenn die ursprünglich gesetzte Bedingung bis zum Eintritt fortwirkt (vgl. zB LK-StGB/*Walter* StGB Vor §§ 13 Rn. 103 ff. mwN; *Ebert,* Strafrecht Allgemeiner Teil, 4. Aufl. 2008, 46 f.).

Hiervon zu unterscheiden ist allerdings der Fall der „überholenden Kausalität"; dh, die Handlung 221 wirkt nicht bis zum Erfolgseintritt fort, weil ein späteres Ereignis unabhängig davon eine neue Ursachen- reihe eröffnet, die allein den Erfolg herbeiführt (vgl. zB Schönke/Schröder/*Eisele* StGB Vor §§ 13 ff. Rn. 78, 80 mwN; Fischer StGB Vor §§ 13 ff. Rn. 18c mwN).

Für die Steuerhinterziehung durch Unterlassen (§ 370 Abs. 1 Nr. 2, Nr. 3) bedeutet Kausalität, dass 222 die unterbliebene Handlung dann für den Erfolg ursächlich ist, wenn sie nicht hinzugedacht werden kann, ohne dass der Erfolg entfiele. Da es sich dabei um eine hypothetische Annahme handelt, ist es erforderlich, dass die hinzugedachte Handlung den Erfolg mit an Sicherheit grenzender Wahrscheinlich- keit verhindert hätte. Die bloße Möglichkeit oder eine gewisse Wahrscheinlichkeit für den Nichteintritt des Erfolgs sind nicht ausreichend (allg. vgl. zB Fischer StGB Vor §§ 13 ff. Rn. 20 mwN; in Bezug auf § 370 BGH NJW 1998, 1568 (1571); BFH BStBl. II 1993, 471 (472)).

Unter dem Gesichtspunkt der **überholenden Kausalität** besteht kein Kausalzusammenhang zwi- 223 schen unzureichender Erklärung (= Tathandlung iSd § 370 Abs. 1 Nr. 1) und unzureichender Steuer- festsetzung (= Taterfolg iSd § 370 Abs. 4 S. 1 Hs. 1), wenn die Erklärung gar nicht Anknüpfungspunkt der unzutreffenden Steuerfestsetzung wurde (vgl. etwa FG Brem EFG 1990, 211).

Bei der Frage, ob im Einzelfall eine „überholende Kausalität" oder das Fortwirken einer einmal 224 gesetzten Kausalität vorliegt, ist mE auf die Rspr. zum tatbestandsausschließenden Kenntnis zurück- zugreifen (BGH NStZ 2000, 38 (39); BGH wistra 2001, 263 (264); BayObLG wistra 2002, 393; → Rn. 66). Im Fall, dass der für die Veranlagung **zuständige Beamte positive Kenntnis** über alle für die Ermittlung der Besteuerungsgrundlagen notwendigen Tatsachen verfügt und diese Kenntnis durch ihm verfügbare Beweismittel iSd § 92 untermauert ist (BGH NStZ 2000, 38 (39); BGH wistra 2001, 263 (264)), so **wird eine unzutreffende Erklärung auch nicht kausal für eine unzutreffende Steuerfestsetzung** (= überholende Kausalität).

Unterhalb dieser Schwelle wirkt sich ein „Mitverschulden" der Finanzbehörden (zB durch ein 225 unzureichendes Zusammenspiel verschiedener Dienststellen bzw. des konkreten Finanzamts (zB durch nicht erfolgte Weitergabe von Informationen an andere Dienststellenteile) nicht auf die Tatbestands- mäßigkeit aus. Hierzu zählt auch der Fall, dass der zuständige Veranlagungsbeamte **die Unrichtigkeit** oder Unvollständigkeit der Angaben **hätte erkennen können.** Strafrechtlich gibt es – anders als zB bei der Frage der Änderungsmöglichkeit nach § 173 Abs. 1 – weder eine schädliche Verletzung der Ermittlungspflicht durch die Finanzbehörde (vgl. dazu Tipke/ Kruse/*Kruse/Loose* § 173 Rn. 85 mwN) noch eine Wissenszurechnung innerhalb der Finanzbehörde (vgl. dazu Tipke/Kruse/*Kruse/Loose* § 173 Rn. 38 mwN).

Ein derartiges „Mitverschulden" der Finanzbehörde(n) kann aber strafzumessungsrelevant sein 226 (→ Rn. 67). Der Umstand, dass die Tat durch sorgloses und nachlässiges Verhalten eines anderen erleich- tert worden ist, lässt zum Rückschluss auf die zur Tatbegehung erforderliche und tatsächlich eingesetzte kriminelle Energie zu (vgl. zB jedoch BGH wistra 1983, 145; Fischer StGB § 46 Rn. 60 mwN).

Anders zu beurteilen ist aber der (theoretische) Fall, dass der zuständige Finanzbeamte die Unrichtig- 226a keit von erklärten Angaben (§ 370 Abs. 1 Nr. 1) zwar erkennt, die Steuer aber trotzdem erklärungs- gemäß festsetzt. In diesem Fall wirkt nach BGH-Rspr. (NStZ 2011, 283 (284)) die durch den Erklären- den in Gang gesetzte Kausalität fort. Es realisiert sich dann gerade die in dem Machen falscher Angaben geschaffene Gefahr einer Steuerverkürzung.

227   In der Lit. wird der Kausalzusammenhang zwischen Tathandlung iSd § 370 Abs. 1 Nr. 1 und Tat-
erfolg iSd § 370 Abs. 4 S. 1 Hs. 1 vereinzelt allerdings in den Fällen in Abrede gestellt, in denen der
Steuerpflichtige antragsgemäß unzutreffend veranlagt wurde und die Finanzbehörde keine weiteren
Erkenntnisse als die Erklärung hat (vgl. *Wulf,* Handeln und Unterlassen im Steuerstrafrecht, 2000, 47 ff.).
Begründet wird dies damit, dass die Finanzbehörde die Steuern ohne die unzutreffende Erklärung gar
nicht hätte festsetzen können, so dass der Erfolg auch ohne die konkrete Bedingung (= Erklärung)
eingetreten wäre. Da für die Frage des Kausalzusammenhangs aber auf den Erfolg in seiner konkreten
Gestalt abzustellen ist und die konkrete unzutreffende Steuerfestsetzung ohne die betreffende Erklärung
nicht erfolgt wäre, ist die Kausalität indes durchaus gegeben. Hiervon zu trennen ist indes die Frage, ob
der Taterfolg gerade auf der Sorgfaltspflichtverletzung beruht, sich also als Realisierung der in ihr angelegten
Gefahr darstellt (vgl. *Weidemann/Weidemann* wistra 2005, 207 (209 f.)). Dieser Rechtswidrigkeitszusammenhang ist aber zumindest nach hM nur bei fahrlässig begangenen Erfolgsdelikten erforderlich (vgl.
Schönke/Schröder/*Sternberg-Lieben/Schuster* StGB § 15 Rn. 159 ff., insbes. → Rn. 162 mwN).

228   **Im Fall des Unterlassens** gem. § 370 Abs. 1 Nr. 2 setzt die Steuerhinterziehung voraus, dass der
Täter eine bei der Finanzbehörde bestehende Unkenntnis nicht beseitigt (vgl. zB JJR/*Joecks* Rn. 277).

229   In der Lit. wird zwar gefordert, dass der **Irrtum des zuständigen Beamten** oder zumindest dessen
Unkenntnis wegen der Deliktsparallelität zu § 263 StGB als ungeschriebenes Merkmal auch in den
Tatbestand des § 370 Abs. 1 Nr. 1 hineingelesen werden muss (so etwa JJR/*Joecks* Rn. 280; Hüb-
schmann/Hepp/Spitaler/*Hellmann* Rn. 200; Wannemacher SteuerStrafR/*Kürzinger,* 5. Aufl. 2004,
Rn. 155 ff.; Ignor/Rixen ArbStrafR-HdB/*Wegner* § 5 Rn. 64). Die Rspr. (BGH NJW 2007, 864 (865);
wistra 2009, 398; BFH BFH/NV 2006, 384 (387)) lehnt dies jedenfalls für den fingierten Steuerfall
jedoch ausdrücklich ab. Zur Begründung wird dabei im Wesentlichen auf das Regelbeispiel des § 370
Abs. 3 S. 2 Nr. 2 verwiesen (BGH), bzw. darauf, dass die kausale Verknüpfung zwischen den unrichtigen
Angaben und dem Eintritt der Steuerverkürzung keine gelungene Täuschung voraussetze (BFH). Mitt-
lerweile erstreckt der BGH (NStZ 2011, 283 f.) diese Rspr. auch auf den Fall, dass der zuständige
Finanzbeamte die Unrichtigkeit von erklärten Angaben zwar erkennt, aber gleichwohl – aus welchen
Gründen auch immer – erklärungsgemäß veranlagt.

230   Bei Fahrlässigkeitstaten ist über den Kausalzusammenhang zwischen Tathandlung und Taterfolg hinaus
ein **Rechtswidrigkeitszusammenhang** zwischen beiden erforderlich. Dh, der Taterfolg muss gerade
auf der Sorgfaltspflichtverletzung beruhen, sich also als Realisierung der in ihr angelegten Gefahr
darstellen (vgl. Kohlmann/*Schauf* § 378 Rn. 53; Schönke/Schröder/*Sternberg-Lieben/Schuster* StGB § 15
Rn. 159 ff. mwN; aA sog Risikoerhöhungslehre, vgl. *Roxin* FS Honig, 2008, 133 ff.: Täter hafte auch
dann für den Erfolg, wenn er das Risiko für den Erfolgseintritt erhöht hat, ohne dass feststeht, dass der
Erfolg bei pflichtgemäßem Verhalten des Täters ausgeblieben wäre).

X. Vorsatz

231   Vorsatz bedeutet vereinfacht ausgedrückt **Wissen und Wollen der Tatbestandsverwirklichung.**
Dabei erfordert das kognitive Vorsatzelement „Wissen" die Kenntnis der Umstände, die zum objektiven
Tatbestand gehören (s. § 16 Abs. 1 S. 1 StGB; allg. zu Vorsatz → StGB § 15 Rn. 5 ff.).

Üblicherweise wird insoweit zwischen **deskriptiven und normativen Tatbestandsmerkmalen**
unterschieden. Dabei sind deskriptive solche, die durch sinnliche Wahrnehmung festgestellt werden
können; normative solche, deren Feststellung nur durch ein Werturteil erfolgen kann. Hierbei ist
allerdings nicht erforderlich, dass der Täter die Tatumstände unter die vom Gesetz verwendeten Begriffe
subsumiert. Es reicht vielmehr aus, dass er den unrechtstypischen Bedeutungsgehalt des jeweiligen
Merkmals anhand eines ihm geläufigen parallelen Begriffs erfasst (sog Parallelwertung in der Laiensphäre).

232   Das voluntative Vorsatzelement „Wollen" setzt eine Willensentscheidung des Täters für die Vornahme
einer das tatbestandliche Unrecht realisierenden Handlung/Unterlassung voraus (hM, vgl. Schönke/
Schröder/*Sternberg-Lieben/Schuster* StGB § 15 Rn. 9 ff., 38 ff., 60 ff. jew. mwN; *Ebert,* Strafrecht Allgemeiner Teil, 4. Aufl. 2008, 53 ff.).

233   Für die Erfüllung des § 370 genügt jede Vorsatzform (BGH NZWiSt 2012, 71 (73)). Doch auch wenn
ausreicht, dass der Täter mit **Eventualvorsatz** gehandelt hat (vgl. zB MüKoStGB/*Schmitz/Wulf*
Rn. 319; v. Briel/Ehlscheid SteuerStrafR/*v. Briel* § 1 Rn. 342), ist die konkrete Vorsatzform durchaus
strafzumessungsrelevant. Dem Handeln mit Eventualvorsatz kommt eine geringere Tatschwere zu (vgl.
zB BGH NStZ 2009, 564 (565)); BGH NZWiSt 2012, 195 (196); 1 StR 13/14 (nicht abgedruckt in
BGH NStZ-RR 2014, 316)).

234   Nach hM gilt im Steuerstrafrecht die Steueranspruchstheorie (vgl. zB BGHSt 5, 90 = BGH NJW
1954, 241; BGH wistra 1995, 191 (192); BFH NJW 2009, 2941 (2944); OLG Köln NJW 2004, 3504
(3505); OLG Karlsruhe BeckRS 2015, 07631; Kohlmann/*Ransiek* Rn. 661; JJR/*Joecks* Rn. 502;
Klein/*Jäger* Rn. 171; MüKoStGB/*Schmitz/Wulf* Rn. 372 f.; Hübschmann/Hepp/Spitaler/*Rüping*
Rn. 46 ff., 238; Kühn/v. Wedelstädt/*Blesinger* Rn. 58; zum Ganzen einschließlich umfassender Darstellungen der Gegenmeinungen → § 369 Rn. 25 f. sowie *Müller,* Vorsatz und Erklärungspflicht im Steuerstrafrecht, 2006, 108 ff.). Dh, zum Vorsatz der Steuerhinterziehung gehört, dass der Täter den angegrif-

fenen bestehenden Steueranspruch dem Grunde und der Höhe nach kennt und ihn trotz dieser Kenntnis verkürzen will. Nicht erforderlich ist eine sichere Kenntnis des Steueranspruchs (BGH HFR 2010, 866; BGH NZWiSt 2012, 71 (73); aA OLG München NStZ-RR 2011, 247 (248)). Im Rahmen einer **Parallelwertung in der Laiensphäre** muss der Täter erkennen, dass ein Steueranspruch existiert und dass er darauf schädigend einwirkt (vgl. BFH BStBl. II 1997, 157 (160)).

Vor diesem Hintergrund verwarf zB das OLG Köln (NJW 2004, 3504 f.) die Beschwerde gegen die **235** Nichtzulassung der Anklage einer Gewerbesteuerhinterziehung in einem Fall, in dem der Angeklagte seine Einkünfte aus Lobbyistentätigkeit (teilweise) als Einkünfte aus selbstständiger Tätigkeit iSd § 18 EStG deklariert, aber keine Gewerbesteuererklärung abgegeben hatte. Der Angeklagte habe geglaubt, nicht der Gewerbesteuer zu unterliegen. Vgl. dazu insbes. → § 369 Rn. 26 ff.

Die Vorsatzfeststellung setzt eine **Gesamtschau aller objektiven und subjektiven Tatumstände 236** voraus (vgl. zB BGH NStZ 2001, 86; LK-StGB/*Vogel* StGB § 15 Rn. 109 mwN). Hierbei ist insbes. zu berücksichtigen, dass entlastende Angaben des Beschuldigten, für deren Richtigkeit oder Unrichtigkeit es keine hinreichenden Anhaltspunkte gibt, nicht ohne weiteres als unwiderlegbar zugrunde gelegt werden müssen. Vielmehr muss der Tatrichter auf der Grundlage des gesamten Beweisergebnisses entscheiden, ob diese Angaben geeignet sind, seine Überzeugungsbildung zu beeinflussen (vgl. BGH NStZ-RR 1998, 185).

Kann der entsprechende Vorsatznachweis nicht geführt werden, fungiert § 378 in der Praxis üblicher- **237** weise als Auffangtatbestand (vgl. FG Nürnberg Stbg 2003, 288). Allerdings kann der Mangel einer Vorsatzfeststellung nicht quasi als Minus das Vorliegen von Leichtfertigkeit begründen. Fahrlässigkeit ist vielmehr ggü. dem Vorsatz ein aliud, deren Vorliegen positiv festgestellt werden muss (vgl. zB BGH NStZ 1988, 276 (277)). Dies gilt in besonderem Maße für die in § 378 vorausgesetzte gesteigerte Form der Fahrlässigkeit, die Leichtfertigkeit.

In der Praxis der finanzbehördlichen Strafverfolgungsorgane wird dem Täter zudem nicht selten lediglich ein „**hätte überwachen müssen**" uä vorgeworfen. Obwohl eine derartige Sorgfaltspflichtverletzung allenfalls den Leichtfertigkeitsvorwurf iSd § 378 rechtfertigen könnte, wird hieraus gleichwohl der Vorsatznachweis gefolgert. Eine solche Schlussfolgerung ist lediglich dann gerechtfertigt, wenn sich aus dem Fehlen von Kontrollmechanismen bedingter Tatvorsatz ergibt.

Besonderer Beachtung bedarf die Vorsatzfeststellung dann, wenn die Steuerverkürzung auf das **238** Eingreifen des **Kompensationsverbots** (§ 370 Abs. 4 S. 3; → Rn. 179 ff.) zurückzuführen ist (so ausdrückl. auch LG Oldenburg wistra 1994, 276; v. Briel/Ehlscheid SteuerStrafR/*v. Briel* § 1 Rn. 324; → § 369 Rn. 25). Da dort auch die Situation eintreten kann, dass steuerrechtlich letztlich gar keine Steuerzahllast entsteht, ist die Einlassung, man habe nicht mit einer Steuerverkürzung gerechnet, durchaus erheblich. Denkbar ist dies zB im Zusammenhang mit „Schwarzgeschäften", in denen bei nicht erklärten Ausgangsumsätzen aus „taktischen" Gründen auf die Geltendmachung von auf Eingangsumsätze entfallende Vorsteuer verzichtet wird.

XI. Vorbereitung, Versuch oder Vollendung

Die Strafbarkeitsschwelle wird bei der Steuerhinterziehung mit dem gesondert unter Strafe gestellten **239** Versuch (§ 370 Abs. 2; § 23 Abs. 1 Hs. 2 StGB) überschritten. Vorgelagerte Vorbereitungshandlungen, wie zB die Manipulierung der Buchführung, sind als solche straffrei. Sie können allenfalls einem Ordnungswidrigkeitstatbestand iSd §§ 379 ff. unterfallen (vgl. MüKoStGB/*Schmitz/Wulf* Rn. 429).

Der Versuch setzt als subjektives Element einen **Tatentschluss** voraus. Dieser setzt sich wiederum aus **240** einer Wissensseite und einer Willensseite zusammen, die dem kognitiven und voluntativen Vorsatzelement beim vollendeten Delikt entsprechen (allg. zum Versuch s. Erläut zu § 22 StGB).

Bei einer Steuerhinterziehung muss sich der Tatentschluss auf sämtliche Merkmale eines der Tatbestände des § 370 erstrecken; eine weitergehende Bereicherungsabsicht – wie etwa bei § 263 StGB – ist nicht erforderlich (vgl. MüKoStGB/*Schmitz/Wulf* Rn. 420).

Objektiv muss der Täter zumindest **unmittelbar** zur Verwirklichung eines Tatbestandsmerkmals **241** **angesetzt** haben (§ 22 StGB). Unmittelbar zur Tat angesetzt hat der Täter ohne weiteres, wenn er bereits Merkmale des Straftatbestandes erfüllt hat. Hat er hingegen lediglich Handlungen vorgenommen, die noch außerhalb des Straftatbestandes liegen, bedarf es einer besonderen Prüfung. Insoweit setzt der Täter unmittelbar zur Tat an bei Handlungen, die nach seiner Vorstellung der Verwirklichung eines Tatbestandsmerkmals unmittelbar vorgelagert sind und die im Falle ungestörten Fortgangs ohne Zwischenakte in die Tatbestandshandlung unmittelbar einmünden (vgl. zB BGH NStZ 2002, 433 (435); 2004, 580 (582); Fischer StGB § 22 Rn. 10 mwN; Schönke/Schröder/*Eser/Bosch* StGB § 22 Rn. 12 ff. mwN; zu den Entwicklungsphasen vgl. zB *Saam* INF 1991, 367 ff.; *Eschenbach* DStZ 1997, 851 ff.). Die Tat ist schließlich vollendet, wenn alle Merkmale des gesetzlichen Tatbestandes erfüllt sind (zu den Deliktsstufen allg. vgl. *Ebert,* Strafrecht Allgemeiner Teil, 4. Aufl. 2008, 116 ff.). Vgl. dazu insbes. die Erläut zu §§ 22, 23 StGB.

Da der weit überwiegende Teil der Steuerhinterziehungen durch Abgabe unzureichender Steuerer- **242** klärungen bzw. durch pflichtwidrige Nichtabgabe von Steuererklärungen begangen wird, beschränkt sich die Darstellung im Folgenden auf diese Sachverhaltsgestaltungen.

Üblicherweise wird die Abgrenzung zwischen Versuch und Vollendung in den Kategorien Veranlagungs- und Anmeldungssteuer vorgenommen, da sich beide „Steuerarten" im Veranlagungsverfahren unterscheiden. Während Anmeldungssteuern im fristgebundenen Steueranmeldungsverfahren von dem Steuerpflichtigen selbst errechnet werden (§ 150 Abs. 1 S. 2), erfolgt bei Veranlagungssteuern eine formalisierte Steuerfestsetzung durch Steuerbescheid der Finanzbehörde (§ 155).

243   **1. Tathandlung „aktives Tun" (§ 370 Abs. 1 Nr. 1). a) Veranlagungssteuern.** In der Begehungsform des aktiven Tuns ist die Steuerhinterziehung nicht erst dann versucht, wenn die betreffende Steuererklärung der Finanzbehörde iSd § 130 Abs. 1 S. 2 BGB zugeht (= so in den Bereich des Empfängers gelangt ist, dass dieser unter normalen Verhältnissen die Möglichkeit hat, vom Inhalt der Erklärung Kenntnis zu nehmen, vgl. Palandt/*Heinrichs* BGB § 130 Rn. 5).

244   Der Versuch beginnt vielmehr bereits dann, wenn der Täter den Kausalverlauf aus den Händen gibt. Dies ist wiederum dann der Fall, wenn er die Steuererklärung **in Richtung Finanzbehörde auf den Weg bringt,** indem er sie in Dateiform absendet (§ 18 Abs. 1 S. 1 UStG) oder in Papierform in den Postbriefkasten oder Hausbriefkasten der Finanzbehörde einwirft oder einem Dritten mit dem Auftrag übergibt, diese einzuwerfen (vgl. MüKoStGB/*Schmitz/Wulf* Rn. 428; ähnl. Klein/*Jäger* § 370 Rn. 193: sobald die Steuererklärung den Machtbereich des Steuerpflichtigen verlassen hat). Unerheblich ist dabei, ob das vor Ablauf der gesetzlichen Erklärungsfrist geschieht.

Etwas anderes kann aber im Fall mittelbarer Täterschaft (§ 25 Abs. 1 Fall 2 StGB) gelten. Nach allgemeinen Grundsätzen liegt bei Einbeziehung des Tatmittlers in den Tatplan ein unmittelbares Ansetzen des Täters bereits dann vor, wenn er seine Einwirkung auf den Tatmittler abgeschlossen hat. Für das Steuerstrafrecht ist insoweit deshalb auch entschieden, dass die bloße Beauftragung eines Steuerbüros mit der selbstständigen Erstellung der gesamten Buchführung und der Einreichung der Steueranmeldungen nur als Vorbereitungshandlung für die vom mittelbaren Täter beabsichtigte Steuerhinterziehung anzusehen ist (BGH wistra 1994, 268). Anders ist die Situation zu bewerten, wenn ein Steuerberater lediglich die Umsätze aus den wenigen ihm übergebenen Eingangs- und Ausgangsrechnungen aufaddieren und in ein Formular übertragen muss (BGH wistra 2015, 476).

245   Alle vorgelagerten Handlungen, wie zB eine Falschverbuchung, stellen grds. lediglich Vorbereitungshandlungen dar, die allenfalls einen eigenständigen Bußgeldtatbestand erfüllen (§ 379 Abs. 1 S. 1 Nr. 2).

246   Das auf den Weg-Bringen kann dadurch geschehen, dass der Täter eine Steuererklärung mittels elektronischer Post absendet (§ 18 Abs. 1 S. 1 UStG), einen Papiervordruck in den Postbriefkasten oder Hausbriefkasten der Finanzbehörde einwirft oder einem Dritten mit dem Auftrag übergibt, diese einzuwerfen (MüKoStGB/*Schmitz/Wulf* Rn. 428).

Die „auf den Weg gebrachte" Steuererklärung muss aber nicht unmittelbar den letztlich erstrebten Taterfolg „Steuerverkürzung" nach sich ziehen. So genügt zB auch die Abgabe einer unzureichenden „Feststellungserklärung" (darstellend Kohlmann/*Ransiek* Rn. 708 f.; aA *Beckemper* NStZ 2002, 518 (522); *Rübenstahl* HRRS 2009, 93 (98): straflose Vorbereitungshandlung; diff. MüKoStGB/*Schmitz/Wulf* Rn. 102: nur Versuch, wenn Feststellungsbescheid einer bereits erfolgten Veranlagung nachfolgt).

247   Die Tat bleibt (nur) wegen Versuchs strafbar, wenn die falsche Erklärung nicht zu einer entsprechenden unzutreffenden Steuerfestsetzung führt. Dies kann seine Ursache darin haben, dass das Finanzamt selbst den Fehler bemerkt und so eine falsche Steuerfestsetzung verhindert. Das kann aber auch darauf beruhen, dass der Täter dies selbst nachträglich anzeigt (unter den weiteren Voraussetzungen der §§ 24 StGB bzw. 371 Abs. 1 tritt dann sogar Straffreiheit ein).

248   **Das Versuchsstadium dauert** im Fall, dass das Finanzamt der unzureichenden Steuererklärung nicht folgt und materiell-rechtlich zutreffend veranlagt, **so lange an, wie dieselbe Steuererklärung in Streit ist.** Dh so lange, wie der Täter noch nicht alle Rechtsbehelfsmöglichkeiten ausgenutzt hat und der Steuerbescheid noch nicht formell bestandskräftig ist (vgl. Klein/*Jäger* § 370 Rn. 198).

249   In dieser Konstellation ist dann von einer Handlungseinheit auszugehen, wenn der Täter einen noch nicht fehlgeschlagenen Hinterziehungsversuch (begangen durch die Abgabe einer unzureichenden Erklärung) in einem sich anschließenden Rechtsbehelfsverfahren durch falsche Angaben mit dem Ziel fortsetzt, ein und dieselbe Steuer zu verkürzen. Dies gilt auch dann, wenn die spätere Täuschungshandlung auf einem neuen Entschluss beruht. Erst mit der Bestandskraft des ablehnenden Steuerbescheides ist der Versuch fehlgeschlagen und beendet iSd § 24 Abs. 1 StGB (vgl. BGH NStZ 1991, 539; Klein/*Jäger* § 370 Rn. 198).

250   Die Beendigung iSd § 24 StGB ist freilich von der materiellen Beendigung iSd § 78a StGB zu unterscheiden (so ausdrückl. auch BGH NJW 1989, 1615 (1618)). Die **Verjährung beginnt mit Abschluss der Versuchstätigkeit** (vgl. zB BGH NJW 1989, 1615 (1618); Rolletschke/Kemper/*Rolletschke* § 376 Rn. 15; Schönke/Schröder/*Sternberg-Lieben/Bosch* StGB § 78a Rn. 7; aA Simon/Vogelberg SteuerStrafR/*Vogelberg* S. 99: Tag der Bestandskraft des Steuerbescheids). Bleibt es insoweit bei der Abgabe der unzureichenden Erklärung, so ist deren Abgabe im Finanzamt entscheidend; setzt der Täter hingegen seinen noch nicht fehlgeschlagenen Versuch dadurch fort, dass er weiterhin falsche Angaben ggü. der Finanzbehörde macht, beginnt die Verjährung erst mit dem Abschluss dieser Handlungen (vgl. zB BGH wistra 1990, 23 f.; JJR/*Joecks* § 376 Rn. 55).

Besteht der Taterfolg in einer Steuerverkürzung (§ 370 Abs. 4 S. 1 Hs. 1), so tritt die **Vollendung** 251
mit unzutreffender Steuerfestsetzung ein, dh mit Bekanntgabe des Steuerbescheides an den Steuerpflichtigen (§ 124 Abs. 1 S. 1; → Rn. 92 ff.).

Unerheblich sind insoweit die **Bestandskraft** des Steuerbescheids und die **Fälligkeit** der Steuer- 252
forderung. Für die Tatvollendung ist auch ohne Bedeutung, ob die verkürzte Steuer nach**gezahlt** wird.
Eine solche Steuernachzahlung ist allerdings als positives Nachtatverhalten strafzumessungsrelevant (§ 46
Abs. 2 S. 2 StGB).

Vor diesem Hintergrund haben auch nachträgliche Verwaltungsakte, die sich auf die Fälligkeit oder 253
den Bestand der Steuerforderung auswirken, wie Stundung (§ 222) oder Erlass (§ 227 Abs. 1 S. 1),
keinen Einfluss auf den Vollendungszeitpunkt. Noch weniger ist dies der Fall für die bloß verwaltungsinterne Niederschlagung einer Steuerschuld (§ 261), die noch nicht einmal zum Erlass der Steuerschuld
führt (vgl. zB Klein/*Brockmeyer* § 261 Rn. 3).

Ohne Bedeutung ist insoweit letztlich auch, ob die unzutreffende Steuerfestsetzung steuerverfahrens- 254
rechtlich noch **berichtigt** werden kann (→ Rn. 100).

Besteht der Taterfolg in einem unzutreffenden Feststellungsbescheid, der nach der Rspr. als Steuer- 255
vorteil iSd § 370 Abs. 4 S. 2 zu beurteilen ist (→ Rn. 161 f.), so ist auf dessen Bekanntgabe abzustellen
(für gesonderte Feststellung vgl. § 181 Abs. 1 S. 1). Entsprechendes gilt für den Gewerbesteuermess-
bescheid (→ Rn. 163).

b) Anmeldungssteuern. Wie bei den Veranlagungssteuern ist auch die Hinterziehung von Anmel- 256
dungssteuern versucht, sobald der Täter den Kausalverlauf aus den Händen gibt; dh die Steuererklärung
in Papier- oder Dateiform in Richtung Finanzbehörde „auf den Weg bringt". Da es in den Fällen des
§§ 167 Abs. 1 S. 1, 168 S. 1 aber zu keiner gesonderten Steuerfestsetzung der Finanzbehörde kommt, ist
die Steuerhinterziehung bereits dann vollendet, wenn die Anmeldung als Steuerfestsetzung gilt, dh,
wenn sie bei der Finanzbehörde eingeht (Nr. 1 S. 1 AEAO zu § 168; → Rn. 106).

Soll die Steueranmeldung zu einer Herabsetzung der bisher zu entrichtenden Steuer oder zu einer 257
Steuervergütung führen, so gilt die Steueranmeldung als Festsetzung unter Vorbehalt der Nachprüfung
erst dann, **wenn die Finanzbehörde zustimmt** (§ 168 S. 2; → Rn. 107). Die Bekanntgabe der
Zustimmung erfolgt in der Praxis konkludent durch Auskehrung des „Rot-Betrages" (BGH
NZWiSt 2014, 432 (434)).

Solange es an der erforderlichen Zustimmung fehlt, ist die Tat nur versucht (BGH wistra 2007, 116 258
(117); StRR 2007, 242; NZWiSt 2014, 432 (434)).

c) Steuervorteil. Die Tatvollendung tritt mit Vorteilserlangung ein (FG München NZWiSt 2013, 258a
358, EFG 2014, 1939).

Für unzutreffende **Feststellungserklärungen** iSd §§ 179 ff.) ist insoweit auf die Bekanntgabe des 258b
Gewinnfeststellungsbescheids abzustellen (BGH NStZ-RR 2009, 344 (347)).

Für die Erlangung (Vergrößerung) eines unberechtigten Verlustrücktrags iSd § 10d Abs. 1 EStG bzw
Verlustvortrags iSd § 10d Abs. 2 EStG ist die Bekanntgabe des **Verlustfeststellungsbescheids** (§ 10d
Abs. 4 S. 1 EStG) maßgebend (BFH ZWH 2014, 194 (195)); für unzutreffende **Gewerbesteuererklä-**
rungen auf die Bekanntgabe des Gewerbesteuermessbescheids (OLG Hamm DStRE 2002, 1095
(1097)). Nach BGH-Rspr. (BGH NZWiSt 2014, 157 (158); aA zB *Wittig* ZIS 2011, 660 (668)) setzt die
Feststellung von Tatvollendung jedenfalls bei der Erwirkung unzutreffender Feststellungsbescheide iSd
§§ 179 ff. nicht voraus, dass die (zukünftigen) Auswirkungen der bezifferten Steuervorteile bereits
berechnet werden (können).

2. Unterlassungsalternative (§ 370 Abs. 1 Nr. 2). Für den Fall des Unterlassens ist über die obige 259
Unterscheidung zwischen Veranlagungssteuern und Anmeldungssteuern auch von entscheidender Bedeutung, ob der Steuerpflichtige „steuerlich geführt" wird oder nicht.

a) Der steuerlich nicht geführte Steuerpflichtige. aa) Anmeldungssteuern. Bei Anmeldungs- 260
steuern ist der objektive Tatbestand des § 370 Abs. 1 Nr. 2 bereits mit dem **fruchtlosen Ablauf des**
gesetzlichen Fälligkeitstermins erfüllt.

„Fällig" ist die Umsatzsteuervoranmeldung und die Lohnsteueranmeldung jew. am 10. Tag nach Ablauf des 261
(Vor-)Anmeldungszeitraums (§§ 18 Abs. 1 S. 1 UStG, 41a Abs. 1 S. 1 EStG). Eine Ausnahme hierzu
bildet die sog Dauerfristverlängerung (vgl. §§ 18 Abs. 6 UStG, 46 ff. UStDV). Danach verlängert sich
die Frist für die Abgabe von Umsatzsteuervoranmeldungen auf Antrag (gegen Leistung einer Sondervorauszahlung) um einen Monat.

Die Umsatzsteuerjahreserklärung stellt ebenfalls eine Steueranmeldung dar. Sie ist bis zum 31.5. des 262
Folgejahrs (§ 18 Abs. 3 S. 1 UStG, § 149 Abs. 2 S. 1 AO) abzugeben.

Das Problem des Vorsatznachweises wird sich bei einem steuerlich nicht geführten Steuerpflichtigen 263
regelmäßig nicht stellen. Dadurch, dass sich der Steuerpflichtige nicht bei der Finanzbehörde „gemeldet"
hat, ist davon auszugehen, dass er damit rechnete, durch dieses Verdunkeln dem Zugriff der Finanzbehörde zu entgehen und nicht im Schätzungsweg (zutreffend) veranlagt zu werden.

Lediglich in den Fällen, in denen der Steuerpflichtige vor dem Fälligkeitszeitpunkt entdeckt wird, 264
kann er sich dahingehend einlassen, er habe am 31.5. vorgehabt, sich noch bei den Finanzbehörden zu

melden, einen Steuerberater zu beauftragen und eine Steuererklärung einreichen zu wollen. Bei der durch Nichtabgabe der Umsatzsteuerjahreserklärung begangenen Steuerhinterziehung wäre eine solche Einlassung bis 30.9. des Folgejahrs (bis einschließlich VZ 2004 pauschal durch koordinierten Ländererlass verlängerte Abgabefrist; zuletzt BStBl. I 2005, 389 f.) bzw. bis 31.12. des Folgejahrs (ab VZ 2005 pauschal durch koordinierten Ländererlass verlängerte Abgabefrist; zB BStBl. II 2006, 234 f.) rechts- erhebelich. Bei der Würdigung einer derartigen Einlassung wird man aber sonstige Tatumstände, wie zB das Bestehen einer Buchführung, Kontakt zu einem Steuerberater, Zeitpunkt der „Tatentdeckung" oÄ, miteinzubeziehen haben.

Der BGH (NZWiSt 2013, 478 (479)) hat sich jedoch ausdrückl. gegen diese auf einen Beauftragungs- willen abstellende Ansicht ausgesprochen. Der BGH stellt insoweit auf den (angeblichen) Rechtscharak- ter der Fristverlängerung als Verwaltungsakt ab. Liegen die Grundvoraussetzungen für eine pauschal gewährte Fristverlängerung vor, so werde die Fristverlängerung nicht dadurch unwirksam, dass sie durch Mandatskündigung oder durch Mandatsniederlegung nachträglich entfallen. Vielmehr könne die Fi- nanzbehörde die Fristverlängerung widerrufen (§ 131 Abs. 2 Nr. 3) und zu einer Erklärungsabgabe innerhalb einer angemessenen Frist auffordern. Ob diese Sicht allerdings der Rechtsnatur der koor- dinierten Länder-Erlasse gerecht wird, ist mE zweifelhaft. Die jew. Erlasse führen nicht zu einer Ver- längerung der Abgabefrist (Hübschmann/Hepp/Spitaler/*Heuermann* § 149 Rn. 24). Sie binden viel- mehr das Ermessen, das den Finanzbehörden bei der Gewährung von Fristverlängerungen gesetzlich eingeräumt ist (Schwarz/Pahlke/*Dißers* § 149 Rn. 20a f.). Wird innerhalb der pauschal verlängerten Erklärungsfrist eine durch einen Angehörigen der steuerberatenden Berufe erstellte Steuererklärung eingereicht, ist es den Finanzbehörde danach versagt, die erklärung als verspätet abgegeben zu werten und Verspätungszuschläge iSd § 152 zu verhängen (Hübschmann/Hepp/Spitaler/*Heuermann* § 149 Rn. 71).

265   **bb) Veranlagungssteuern.** Bei Veranlagungssteuern (zB Einkommen-, Gewerbe-, Vermögensteuer) wird die Steuer nicht durch den Steuerpflichtigen selbst berechnet (§ 150 Abs. 1 S. 2). Vielmehr wird die kraft Gesetzes verwirkte Steuer durch einen förmlichen Steuerbescheid festgesetzt. Dementspre- chend ist die Tat nicht bereits mit Ablauf eines Zeitraumes zu einem ganz bestimmten Zeitpunkt vollendet. Vielmehr ist hypothetisch zu fragen, wann der bislang dem Finanzamt unbekannte und jetzt – durch welche Umstände auch immer – dem Finanzamt bekannt gewordene Steuerpflichtige veranlagt worden wäre, wenn er seiner Erklärungspflicht nachgekommen wäre. Die hM macht dies davon abhängig, wann in dem für den Steuerpflichtigen seinerzeit zuständigen Veranlagungsbezirk (nach anderer Diktion Veranlagungsteilbezirk, Veranlagungsplatz) im seinerzeit örtlich zuständigen Festset- zungsfinanzamt die Veranlagungstätigkeit für den betreffenden Veranlagungszeitraum „im Allgemeinen" (nach anderer Diktion: „im Wesentlichen" oder „im Großen und Ganzen") abgeschlossen war oder nicht (zum sog „Veranlagungsabschluss" iE → Rn. 268 ff.).

266   Versuchte Steuerhinterziehung liegt danach vor, sobald der gesetzlich festgelegte **Termin zur Ab- gabe** einer Steuererklärung (31.5. des Folgejahrs) **überschritten** ist (vgl. MüKoStGB/*Schmitz*/*Wulf* Rn. 434). Lediglich in den Fällen, dass der Steuerpflichtige und damit die Tat vor dem 30.9. des Folgejahrs (bis VZ 04 pauschal durch koordinierten Ländererlass verlängerte Abgabefrist; vgl. zuletzt BStBl. I 2005, 389 f.) bzw. vor dem 31.12. des Folgejahrs (ab VZ 05 pauschal durch koordinierten Ländererlass verlängerte Abgabefrist; vgl. zB BStBl. I 2006, 234 f.) entdeckt wird, kann sich der Steuer- pflichtige dahingehend einlassen, er habe noch einen Steuerberater beauftragen und eine Steuererklärung einreichen wollen.

267   Bei Zugrundelegung dieser Einlassung wäre ein unmittelbares Ansetzen zum Versuch iSd § 22 StGB erst bei Verstreichenlassen der pauschal verlängerten Abgabefristen gegeben (vgl. MüKoStGB/*Schmitz*/ *Wulf* Rn. 440; JJR/*Joecks* Rn. 544).

268   Eine vollendete Steuerhinterziehung liegt demgegenüber vor, sobald der für den Steuerpflichtigen seinerzeit zuständige Veranlagungsbezirk im örtlich zuständigen Festsetzungsfinanzamt die **Veranla- gungstätigkeit** für den betreffenden Veranlagungszeitraum **„im Allgemeinen" abgeschlossen** hat. Bis dahin wäre der Steuerpflichtige bei ordnungsgemäßer Abgabe seiner Steuererklärung(en) – abge- sehen von einzelnen Restfällen – spätestens steuerlich erfasst und veranlagt worden. Zu seinen Gunsten wird also angenommen, dass er – wäre er dem Finanzamt bekannt gewesen – als Letzter veranlagt worden wäre (vgl. zB BGHSt 30, 122 (123); 36, 105 (111); 37, 340 (344); BGH NStZ-RR 1999, 218; BGH NJW 2002, 762 (764); BGH BeckRS 2009, 13393; BGH wistra 2009, 396; BayObLG wistra 2001, 194; HessFG EFG 2004, 1274 (1275); NdsFG DStRE 2009, 693 (694); Kohlmann/*Ransiek* Rn. 413; JJR/*Joecks* Rn. 57). Hintergrund dieses fingierten Taterfolgs ist, dass ansonsten eine entspre- chende Steuerhinterziehung praktisch nicht verjähren könnte. Die Strafverfolgungsverjährung würde nämlich erst beginnen, wenn die Rechtspflicht zum Handeln, also die Pflicht zur Erklärungsabgabe, wegfallen würde. Die Steuerfestsetzungsfrist und damit auch die Steuererklärungsfrist (§ 169 Abs. 2 S. 2) endet jedoch wiederum nicht vor Eintritt der Strafverfolgungsverjährung (§ 171 Abs. 7; vgl. iE *Rol- letschke* Rn. 472).

269   In der Praxis der finanzbehördlichen Strafverfolgungsorgane wird der besagte Abschluss der Ver- anlagungsarbeiten regelmäßig mit Erreichen einer **95 %-igen Erledigungsquote** (vgl. LG Cottbus

BeckRS 2012, 11687; HessFG EFG 2004, 1274; FG Düsseldorf EFG 2011, 381; v. Briel/Ehlscheid SteuerStrafR/*v. Briel* § 1 Rn. 11; Gußen SteuerStrafR Rn. 84; aA MüKoStGB/*Schmitz/Wulf* Rn. 98; Ignor/Rixen/*Wegner* § 5 Rn. 44; *Eich* KÖSDI 2001, 13036: wegen des Prinzips „in dubio pro reo" 100%) **im seinerzeit örtlich zuständigen Festsetzungsfinanzamt** angenommen (BGH wistra 2009, 396; NZWiSt 2012, 75 (76); BFH/NV 2011, 1477; OLG München wistra 2002, 34 (35); BayObLG wistra 2001, 194).

Vor dem Hintergrund des der Figur des Veranlagungsabschlusses zugrunde liegenden Gedankens (→ Rn. 268) müsste man „genau" genommen zwar eigentlich auf den Erledigungsstand des seinerzeit konkret zuständigen Veranlagungsbeamten abstellen (so auch LG Cottbus BeckRS 2012, 11687; HessFG EFG 2004, 1274 (1276)); sollte dies nicht ohne Weiteres feststellbar sein, ist die kleine Ungenauigkeit, statt dessen auf den Veranlagungsausschluss im zuständigen Finanzamt abzustellen, mE aber noch tolerabel; schließlich führt dies lediglich zur Annahme eines späteren Vollendungszeitpunkts. Bedenklich ist indes das in einzelnen Bundesländern praktizierte Verfahren, den „Veranlagungsabschluss" durch Ministerialerlass bzw. OFD-Verfügung allgemeingültig bekannt zu geben. Diese Bekanntgabe kann lediglich Indizcharakter haben, entfaltet daher keine Bindungswirkung (aA *Stumm* BB 2014, 412 (413)).

Anm.: Wohl mangels tatgerichtlicher Feststellung zum Zeitpunkt des Veranlagungsabschlusses hat der BGH (PStR 2011, 82) in einem Einzelfall in Erwägung gezogen, ob zumindest in einfachen Steuerfällen nicht bereits nach einem Jahr nach Fristablauf (31.5.) von Tatvollendung auszugehen sei.

Diese Grundsätze zur Abgrenzung von Versuch und Vollendung können allerdings **dann nicht** **270** **gelten,** wenn die Ermittlungsbehörden den ihnen iRd Anfangsverdachtsprüfung zustehenden Beurteilungsspielraum **missbräuchlich** ausnutzen und das Verfahren erst nach Abschluss der Veranlagungsarbeiten einleiten, obwohl bereits Anfangsverdacht vorlag. Soll das Zuwarten allein dazu dienen, dass die Tat nicht als versuchte Steuerhinterziehung, sondern als vollendete verfolgt werden kann, so verstößt dies gegen den Grundsatz des fairen Verfahrens (Art. 6 Abs. 1 S. 1 EMRK). In diesem Fall kann der Beschuldigte trotz Veranlagungsabschluss nur wegen Versuchs schuldig gesprochen werden (BGH NJW 2005, 763 (764)).

b) Der steuerlich geführte Steuerpflichtige. aa) Anmeldungssteuern. Gibt der Steuerpflichtige **271** zum Fälligkeitstermin keine (Vor-)Anmeldung ab, so ist der objektive Tatbestand der Steuerhinterziehung iSd § 370 Abs. 1 Nr. 2 in Form einer nicht rechtzeitigen Steuerfestsetzung verwirklicht (aA *Schmitz* wistra 1993, 248 ff.: maßgebend sei stets der 30.9. des Folgejahrs).

Zur Dauerfristverlängerung bei Umsatzsteuervoranmeldungen (§ 18 Abs. 6 UStG, § 46 ff. UStDV) → Rn. 261.

Hat die Finanzbehörde die betreffenden Besteuerungsgrundlagen als Reaktion auf die unterbliebene **272** (Vor-)Anmeldung geschätzt, so beseitigt die Schätzung nicht den einmal verwirklichten Tatbestand der Steuerhinterziehung.

Allerdings stellt sich in diesen Fällen die Frage, auf welchen Verkürzungserfolg der **Vorsatz** des Täters **273** gerichtet war. Einem steuerlich geführten Steuerpflichtigen wird man im Zweifel nicht ohne Weiteres nachweisen können, er habe durch sein Unterlassen **auf Dauer** Steuern hinterziehen wollen. Da Finanzbehörden auf nicht eingereichte (Vor-)Anmeldungen mit ständig höher werdenden Schätzungen (§ 162) reagieren, dürfte das Vorstellungsbild des Steuerpflichtigen eher davon geprägt sein, mit einer entsprechenden Schätzungsveranlagung überzogen zu werden (vgl. *Rolletschke* DStZ 2001, 671 ff. für Veranlagungssteuern; *ders.* wistra 2002, 332 ff. für Anmeldungssteuern). Dieses Vorstellungsbild entspricht aber einer (erstrebten) Steuerverkürzung auf Zeit. Lediglich im Fall eines Gewinn- bzw. Umsatzsprungs wird man von einer angestrebten Steuerverkürzung auf Dauer ausgehen können (zur Steuerverkürzung auf Zeit/Steuerverkürzung auf Dauer allg. → Rn. 134 ff.; zur Strafzumessungsrelevanz der Unterscheidung → Rn. 142 ff.).

bb) Veranlagungssteuern. Bei Veranlagungssteuern wird der Steueranspruch durch einen förmli- **274** chen – bekannt gegebenen – Steuerbescheid (§§ 155 Abs. 1 S. 1, 157, 124 Abs. 1 S. 1) konkretisiert.

Gibt der Steuerpflichtige keine Steuererklärung ab, weil er erwartet, niedriger als zutreffend oder mit null Euro veranlagt zu werden, so liegt eine **versuchte** Steuerhinterziehung vor, **sobald der gesetzliche Termin** oder die vom Finanzamt rechtzeitig bewilligte Frist zur Erklärungsabgabe **überschritten** ist. Die Tat bleibt allerdings dann versucht, wenn die Finanzbehörde die Besteuerungsgrundlagen schätzt (§ 162) und sich dabei eine höhere Steuerschuld ergibt als die tatsächlich kraft Gesetzes Entstandene. Dann wurde der erstrebte Taterfolg (dh eine zu niedrige Steuerverkürzung) durch die betreffende Veranlagung gerade verhindert.

Der Nachweis einer versuchten – auf Dauer angelegten – Steuerhinterziehung wird sich in der Praxis **275** nicht ohne weiteres führen lassen. Der Steuerpflichtige kann sich insoweit dahingehend einlassen, er habe erwartet, das Finanzamt werde die Steuer im Schätzungswege höher als bisher festsetzen (vgl. HFR 1981, 286). Bei der üblichen Praxis der Finanzbehörden, auf den Eintritt der Bestandskraft eines Schätzungsbescheids bzw. die Entrichtung einer im Schätzungsweg festgesetzten Steuer für das Folgejahr mit einem 10%-igen Aufschlag zu reagieren, ist eine solche Einlassung praktisch nur schwer widerlegbar (vgl. *Dörn,* Steuerhinterziehung durch Unterlassen?, 2000, 47; *Dörn* wistra 1993, 241 ff.; *Dörn* DStZ 1994, 39 ff.; *Hoffmann* DStR 1997, 1789 ff.; *Rolletschke* DStZ 2001, 671 ff.). Dieses Vorstellungsbild des

Täters, „alsbald" zumindest zutreffend geschätzt zu werden, entspricht vielmehr einer (erstrebten) Steuerverkürzung auf Zeit (zur Steuerverkürzung auf Zeit/Steuerverkürzung auf Dauer allg. → Rn. 134 ff.; zur Strafzumessungsrelevanz der Unterscheidung → Rn. 142 ff.).

276   Eine Ausnahme hierzu bildet lediglich der (theoretische) Fall einer über die übliche Zuschätzung hinausgehenden Gewinnsteigerung, die nur dann nicht zu einer nachfolgend dargestellten vollendeten Steuerhinterziehung führt, wenn die Finanzbehörde die Besteuerungsgrundlagen wider Erwarten des Täters (zB wegen Vorliegens einer Kontrollmitteilung) zutreffend schätzt.

277   Die Steuerhinterziehung ist dann und insoweit tatbestandsmäßig **vollendet,** wenn das Finanzamt eine **Schätzungs**veranlagung (§ 162) durchführt und die dadurch festgesetzte Steuer **hinter der kraft Gesetzes Entstandenen zurückbleibt.**

278   Nur der Differenzbetrag bildet die Verkürzung bei der vollendeten (dauerhaften) Steuerhinterziehung (so auch *Dörn* wistra 1991, 10; aA *Ferschl* wistra 1990, 177: Idealkonkurrenz zwischen versuchter und vollendeter Steuerhinterziehung).

Sollte der Täter allerdings nachgewiesen werden können, dass er eine weitergehende Steuerverkürzung angestrebt hat, kann der subsidiäre Versuch dann strafschärfend bei der Ahndung des vollendeten Delikts berücksichtigt werden, wenn man nur so dem Unrechtsgehalt der Tat gerecht werden kann.

279   Lange war umstritten, ob eine Tatvollendung auch auch dann **mit dem Abschluss der Veranlagungsarbeiten** angenommen werden kann, wenn danach noch eine **Schätzungsveranlagung** erfolgt ist.

Einerseits wurde angenommen, das Untätigbleiben des Steuerpflichtigen werde durch das Untätigbleiben des Finanzamts überlagert. Das Finanzamt könne den Steuerpflichtigen durch Zwangsmittel (§§ 328 ff.) zur Pflichterfüllung anhalten, eine Schätzungsveranlagung (§ 162) vornehmen oder eine Außenprüfung (§§ 183 ff.) anordnen. Folglich bestünde kein Kausalzusammenhang zwischen Unterlassen und Erfolg; jedenfalls könne der Erfolg dem Steuerpflichtigen objektiv nicht zugerechnet werden (vgl. OLG Karlsruhe MDR 1977, 600; OLG Hamburg wistra 1993, 274; *Dörn*, Steuerhinterziehung durch Unterlassen?, 2000, 46; *Dörn* wistra 1991, 10 ff.; *Dörn* StB 1991, 434 ff.; *Dörn* wistra 1992, 129 ff.; *Dörn* StB 1992, 361 ff.; *Dörn* StB 1992, 404 ff.; *Dörn* DStZ 1997, 73 ff.; *Dörn* DStZ 1998, 164 ff.).

Andererseits wurde unter Hinweis auf die tatsächlich eingetretene Verletzung des geschützten Rechtsguts auch insoweit der Abschluss der Veranlagungsarbeiten für maßgebend erachtet (so BayObLG wistra 1990, 159 f.; wistra 2001, 194; iErg ebenso OLG Düsseldorf wistra 2005, 353 (354); *Ferschl* wistra 1990, 177 (180); *ders.* DStZ 1990, 425 (428)).

280   ME hatte die Frage geringe praktische Relevanz. Zunächst stellt sich bei einem dem Finanzamt bekannten Steuerpflichtigen schon die Frage nach einer angestrebten Steuerverkürzung auf Zeit (zur Steuerverkürzung auf Zeit/Steuerverkürzung auf Dauer allg. → Rn. 134 ff.; zur Strafzumessungsrelevanz der Unterscheidung → Rn. 142 ff.). Da insoweit der Zeitpunkt der Tathandlung maßgebend ist, spielt die „Zufälligkeit" des Zeitpunkts der Schätzungsveranlagung jedenfalls keine Rolle. Doch selbst falls man von dem mer theoretischen Fall ausgeht, dem Beschuldigten könnte nachgewiesen werden, er habe in der Erwartung keine Erklärung abgegeben, niedriger oder gar nicht geschätzt zu werden, würde man eine versuchte Steuerhinterziehung trotz fakultativer Strafmilderung (§ 23 Abs. 2 StGB) gleich einer vollendeten Steuerhinterziehung bestrafen. Die aufgewendete kriminelle Energie ist in beiden Fällen gleich.

Mittlerweile hat der BGH (NZWiSt 2013, 33 (35)) die Frage, ob der Veranlagungsabschluss oder die nachfolgende Schätzungsveranlagung maßgebend ist, ohne weitergehende Diskussion und deswegen wahrscheinlich auch weitgehend unbemerkt durch eine Klammerzitierung der Entscheidung des BayObLG iSd Maßgeblichkeit des Veranlagungsabschlusses entschieden.

280a   **c) Steuervorteil.** Im Grundsatz werden Steuervorteile (im klassischen Sinn, also Stundung, Erlass, Vollstreckungsaufschub) lediglich auf Antrag gewährt. Insoweit kommt eine durch pflichtwidriges Unterlassen begangene Steuerhinterziehung gar nicht in Betracht.

Etwas anderes gilt allerdings für die in der Folge des Feststellungsbescheidbeschlusses (BGH NJW 2009, 381 (384)) als Steuervorteile anzusehenden Gewinnfeststellungsbescheide, Gewerbesteuermessbescheide, Einheitswertbescheide. Für diese gelten die für Veranlagungsteuern anzuwendenden Grundsätze entsprechend (→ Rn. 277 ff.). Die Vollendung tritt mit der Bekanntgabe eines unzutreffenden Bescheids bzw mit dem entsprechenden Veranlagungsabschluss ein.

E. Täterschaft und Teilnahme

281   Die im Kernstrafrecht gültigen Abgrenzungen von Täterschaft und Teilnahme gelten selbstredend auch im Steuerstrafrecht (vgl. Klein/*Jäger* Rn. 210). Vgl. dazu iE die Erläut zu §§ 25 ff. StGB.

282   In verschiedenen Konstellationen ist aber durchaus str., ob der Tatbeitrag eines Dritten den Anforderungen der §§ 25 ff. StGB entspricht. Kontrovers diskutiert wird dies zB bei der **Zusammenveranlagung von Ehegatten** (§§ 26 Abs. 1 S. 1, 26b EStG).

Gemeint ist, ob Ehegatten durch die bloße Wahl der Veranlagungsform eine Steuerhinterziehung begehen können. Problematisch ist dies, wenn sich die unzureichenden Angaben allein auf die Einkünfte des anderen Ehegatten beziehen. Steuerlich werden zusammen veranlagte Ehegatten auf der „Einkünfteebene" noch als zwei Steuerpflichtige behandelt. Erst nach der Zusammenrechnung der Einkünfte setzt die Behandlung der Ehegatten als ein Steuerpflichtiger gem. § 26b EStG ein (vgl. zB Schmidt/ *Seeger* EStG § 26b Rn. 8 mwN).

Anknüpfend an ein BFH-Urteil (BStBl. II 1997, 115 (116) zu § 173), wonach sich die Erklärungs- **283** pflicht des einen Ehegatten auch auf die Besteuerungsmerkmale des anderen bezieht, wurde zunächst in der Lit. darüber diskutiert, ob die bloße Mitunterzeichnung bereits aus steuerverfahrensrechtlichen Gründen eine eigenhändige Steuerhinterziehung darstellen kann (so auch FGS/*Samson* Rn. 192; Suhr/ Naumann/Bilsdorfer Rn. 41; *Reichle* wistra 1998, 91 ff.; *Rolletschke* DStZ 1999, 216 ff.; *ders.* DStZ 2000, 677 ff.; *von der Aa,* Die steuerstrafrechtliche Behandlung des einkommenslosen Ehegatten bei der Zusammenveranlagung, 2001, 30 ff.; aA JJR/*Joecks* Rn. 522; Hübschmann/Hepp/Spitaler/*Hellmann* Rn. 80; Tipke/Kruse/*Tipke* § 150 Rn. 20; *Reinisch* DStR 1965, 589 ff.; *Burkhard* PStR 1998, 120 ff.; *ders.* DStZ 1998, 829 ff.; *ders.* StB 2001, 47 ff.; *ders.* StraFo 2002, 345 ff.; *Törmöhlen* wistra 2000, 406 ff.). Die Rspr. hat dieser Diskussion allerdings die Grundlage entzogen. Sowohl der BFH (BStBl. II 2002, 501 (502 f.)) als auch der BGH (wistra 2008, 310 (313)) gehen von einer Beschränkung der Erklärungsverantwortlichkeit aus.

Unabhängig von dieser rein steuerlichen „Konstruktion" bleibt freilich eine Tatbeteiligung **nach den 284 allgemeinen strafrechtlichen Grundsätzen zu Täterschaft und Teilnahme möglich** (vgl. BFH BStBl. II 2002, 501 (503); wistra 2008, 310 (313); LG Lübeck 2.3.2004 – 6 KLs (5104) 720 Js 57331/03; so bereits *Rolletschke* DStZ 2000, 677 ff.; *ders.* wistra 2002, 454 ff.; Hübschmann/Hepp/Spitaler/*Hellmann* Rn. 80). Auch wenn nicht abschließend geklärt ist, welchen Tatbeitrag ein Gehilfe oder Mittäter erbringen muss (bei der Beihilfe ist str., ob eine bloße Förderung der Handlung des Haupttäters ausreicht oder ob ein ursächlicher Beitrag zur Tatbestandsverwirklichung notwendig ist, zum Streitstand vgl. LK-StGB/*Schünemann* StGB § 27 Rn. 1; Schönke/Schröder/*Heine/Weißer* StGB § 27 Rn. 4 ff.; bei der Mittäterschaft ist str., ob jede noch so geringe Mitwirkung genügt oder ob es erforderlich ist, dass der Mittäter die Durchführung der Tat durch seinen Beitrag bei den übrigen Beteiligten beherrscht, zum Streitstand vgl. LK-StGB/*Schünemann* StGB § 25 Rn. 156 ff.; Schönke/Schröder/*Heine/Weißer* StGB Vor §§ 25 ff. Rn. 81 ff.). Doch selbst falls man die jew. strengsten Anforderungen stellt, kann die bloße Mitunterzeichnung hinreichender Tatbeitrag sein.

Die Unterzeichnung **reicht für die Annahme einer Beihilfehandlung** aus. Zwischen ihr und der **285** konkreten Steuerverkürzung besteht ein Kausalzusammenhang iSd Äquivalenztheorie (vgl. dazu zB LK-StGB/*Walter* StGB Vor §§ 13 ff. Rn. 73; Fischer StGB Vor § 13 Rn. 16; → Rn. 217 ff.). Zwar ist die Frage umstritten, ob beide Unterschriften für die Wahl der Veranlagungsform Zusammenveranlagung erforderlich sind. Doch selbst wenn man die Unterschrift eines Ehegatten für entbehrlich halten sollte (vgl. BFH BStBl. II 1985, 603 (604)), ist jede der beiden Ehegattenunterschriften alternativ kausal. Sie können zwar alternativ, aber nicht kumulativ hinweggedacht werden, ohne dass der konkrete Erfolg (= die unzutreffende Steuerfestsetzung im Wege der Zusammenveranlagung) entfiele. Bei Fehlen beider Unterschriften käme das betreffende Veranlagungsverfahren nämlich unstreitig überhaupt nicht in Gang (vgl. *von der Aa,* Die steuerstrafrechtliche Behandlung des einkommenslosen Ehegatten bei der Zusammenveranlagung, 2001, 80 f.).

Über diesen – eine Beihilfehandlung darstellenden – Tatbeitrag hinaus verfügt der mitunterzeichnen- **286** de Ehegatte auch über eine **ggf. mittäterschaftsbegründende Tatherrschaft.** Selbst wenn iE umstr ist, ob die Unterschrift beider Ehegatten für die Ausübung des Wahlrechts der Zusammenveranlagung erforderlich ist (vgl. Littmann/Bitz/Pust/*Graf* EStG § 26 Rn. 34 f.), führt die Mitunterzeichnung jedenfalls dazu, dass die Steuererklärung zumindest insoweit ohne Beanstandungen „durchläuft". Würde die Steuererklärung nur die Unterschrift eines Ehegatten tragen, würde zumindest das Risiko finanzbehördlicher Nachforschungen oder Nachfragen bestehen (vgl. § 26 Abs. 2 S. 2 EStG; vgl. dazu iE *von der Aa,* Die steuerstrafrechtliche Behandlung des einkommenslosen Ehegatten bei der Zusammenveranlagung, 2001, 79 ff. (88 f.); aA MüKoStGB/*Schmitz/Wulf* Rn. 222: die Nachfragen des Finanzamts dienten allein zur Ermittlung des Ehegatten zur Zusammenveranlagung und nicht zur Ermittlung der Richtigkeit der erklärten Einkünfte).

Bei der iRd Abgrenzung zwischen Täterschaft und Teilnahme vorzunehmenden Gesamtbewertung **287** (vgl. BGH NStZ 1985, 165; Fischer StGB Vor § 25 Rn. 4 mwN) spricht das Tatinteresse des mitunterzeichnenden Ehegatten eher für die Annahme einer Mittäterschaft iSd § 25 Abs. 2 StGB. Die durch die unzutreffende Steuerfestsetzung verhinderte Minderung des „Familienvermögens" kommt letztlich beiden Ehegatten zugute (vgl. *Rolletschke* DStZ 1999, 216 ff.; *ders.* DStZ 2000, 677 ff.). Sollte man hingegen eine Täterschaft unter Hinweis auf die Nichterforderlichkeit der Mitunterzeichnung ablehnen, gelangt man insbes. unter Zugrundelegung der Solidarisierungsrechtsprechung in der Entscheidung des BGH zur strafbaren Beihilfe von Bankmitarbeitern (BGH wistra 2000, 340 (342 f.)) ohne weiteres zur Annahme einer entsprechenden Beihilfehandlung.

Die gegen die Annahme einer strafrechtlichen Verantwortlichkeit des anderen Ehegatten ohne wei- **288** tergehende dogmatische Begründung in den Raum gestellten Unzumutbarkeitserwägungen (so zB JJR/

Joecks Rn. 522) verfangen nicht. Die (zu Recht) umschriebene **Konfliktlage erfüllt keinen der anerkannten Rechtfertigungs- oder Entschuldigungsgründe.** Rechtfertigender Notstand (§ 34 StGB) kommt nicht in Betracht, denn bei der Mitunterzeichnung handelt es sich jedenfalls nicht um ein angemessenes Mittel (allg. zu § 34 StGB vgl. SK-StGB/*Günther* StGB § 34 Rn. 52 mwN). Der verfahrensrechtlich vorgesehene Ausweg aus solchen Konfliktsituationen ist das Auskunftsverweigerungsrecht (§ 101 Abs. 1 S. 1). Die rechtfertigende Pflichtenkollision ist ausgeschlossen, weil diese nur bei hier nicht in Rede stehenden Unterlassungstaten anwendbar ist (allg. zur rechtfertigenden Pflichtenkollision vgl. Schönke/Schröder/*Lenckner/Sternberg-Lieben* StGB Vor §§ 32 ff. Rn. 77 ff. mwN). Die Entschuldigungsgrund der Unzumutbarkeit normgemäßen Verhaltens greift nicht, da er nur bei Fahrlässigkeits- und Unterlassungstaten zur Anwendung kommt (allg. zur Unzumutbarkeit normgemäßen Verhaltens vgl. Schönke/Schröder/*Lenckner/Sternberg-Lieben* StGB Vor §§ 32 ff. Rn. 124 mwN). Der Gedanke der schuldausschließenden Pflichtenkollision scheidet aus, denn die Falscherklärung ist angesichts der möglichen Auskunftsverweigerung (§ 101 Abs. 1 S. 1) nicht das einzige, unabweisbar erforderliche Mittel zur Hilfe (allg. zur Pflichtenkollision vgl. Fischer StGB Vor § 32 Rn. 15 mwN; in Bezug auf § 370 vgl. *von der Aa,* Die steuerstrafrechtliche Behandlung des einkommenslosen Ehegatten bei der Zusammenveranlagung, 2001, 95 ff.; *Rolletschke* DStZ 1999, 216 ff.).

Zudem bleiben die sich auf Unzumutbarkeitsüberlegungen berufenden Autoren die Antwort schuldig, worin der Unterschied zu dem Fall bestehen soll, in dem nur einen Ehegatten betreffende Sonderausgaben oder außergewöhnliche Belastungen unzutreffend erklärt werden. In diesem Zusammenhang wird die Straflosigkeit des anderen gar nicht diskutiert, obwohl seine Konfliktlage vergleichbar ist (vgl. *Rolletschke* StRR 2008, 113 f.).

289   Im Fall des einkommenslosen Ehegatten ergibt sich zwar bei Vornahme einer sog **Aufteilung** (§§ 269 ff.) keine Steuerschuld. Dies bedeutet jedoch nicht, er habe keinen Steuerschaden verursacht. Die gesamtschuldnerisch geschuldete Einkommensteuer (§§ 32a Abs. 5 EStG, § 44 AO) kann zwar zur Beschränkung der Vollstreckung aufgeteilt werden. Da die Steuer jedoch einheitlich ggü. beiden Ehegatten festgesetzt bleibt und die Aufteilung gerade nicht zur Annahme von Teilschulden führt (vgl. OLG Hamm BeckRS 1995, 12574; FG Köln EFG 2000, 201), ändert eine eventuelle Aufteilung letztlich **nichts an der Höhe der Steuerverkürzung** iSd § 370 Abs. 4 S. 1 Hs. 1.

290   Ein weiterer Streitfall waren die sog Bankenverfahren der 1990er Jahre. Mit der Einführung einer ab dem 1.1.1993 zu erhebenden 30%igen Zinsabschlagsteuer (§ 44 Abs. 1 S. 1 Buchst. a Doppelbuchst. aa EStG 1993) hatte der Gesetzgeber versucht, den Vorgaben des BVerfG-Zinsentscheidung (BVerfGE 84, 239 ff.) gerecht zu werden. Er löste damit aber auch eine Kapitalflucht ins Ausland aus. Die seinerzeitige öffentliche Meinung wird plastisch wiedergegeben durch die von *Vogelberg* (PStR 1999, 8 ff.) beispielhaft zitierten Bankwerbungen: „Ihr Geld geht auf Reisen", „Zweitwohnsitz für Ihr Geld in Luxemburg" oÄ Aus heutiger Sicht wird man davon ausgehen können, dass sich mehr oder weniger alle Kreditinstitute an den Auslandstransfers beteiligt haben, indem sie ein aus damaliger Sicht undurchdringliches „Verschleierungssystem" anboten. Die Transfers dürften sich im Wesentlichen wie in der betr. BGH-Entscheidung (wistra 2000, 340 ff.) dargestellt abgespielt haben. Es erfolgte eine tatsächlich nur buchungstechnische Barabhebung mit sofortiger/zeitnaher Bareinzahlung auf ein nicht legitimationsgeprüftes Sammelkonto einer Auslandsniederlassung. Im Feld „Einzahler" hat der Bankmitarbeiter statt des Namens des Einzahlers ein Codewort, eine Referenznummer oder eine vorher bei der Auslandsbank erfragte Kontonummer eingetragen. Beliebt waren auch Einzahlernamen wie „Theo Waigel" und „Donald Duck".

291   In der Lit. hatte man das beschriebene Verhalten der Bankmitarbeiter zwar nicht selten als „berufstypisch" bezeichnet und deshalb als nicht tatbestandsmäßig angesehen (vgl. zB *Hassemer* wistra 1995, 41 ff.; *Ransiek* wistra 1997, 41 ff.; *Joecks* WM Sonderbeilage 1/1998, 1 ff.; *Behr* wistra 1999, 245 (247 f.); *Wolsfeld/Karpinksi* PStR 1999, 12 ff.; *Werner* PStR 1999, 50 f.).

Diesen Überlegung hat der BGH indes die Grundlage entzogen (BGH wistra 2000, 340 ff.). Unter Zugrundelegung der eigenen Rspr. zum „berufstypischen Verhalten" (BGH wistra 1999, 459 ff.) ist das Verhalten des Bankmitarbeiters (= die Anonymisierung des Kapitaltransfers bei Kenntnis der Hinterziehungsabsicht der Bankkunden bzw. – soweit er nur mit einer entsprechenden Absicht der Bankkunden rechnete – bei Solidarisierung mit den Tätern) als Beihilfe zu bewerten. Ohne Bedeutung sei, ob die Haupttäter bereits zuvor fest zu einem anonymisierten Transfer ins Ausland entschlossen waren. Denn dies ändere nichts an der konkreten objektiven Förderung der Haupttat. Auch die Tatsache, dass die Beihilfehandlungen erhebliche Zeit vor den jeweiligen Haupttaten lagen, beseitige die tatsächliche Förderung der Haupttaten nicht. Es sei ausreichend, dass der Gehilfe die Haupttat im Vorbereitungsstadium fördert. Der Strafbarkeit stehe letztlich nicht entgegen, dass zum Zeitpunkt der Beihilfehandlung noch kein fälliger Steueranspruch bestand. Es genüge das Bestehen des Steueranspruchs bei Verwirklichung der Haupttat. Allg. zu den den sog Bankenverfahren vgl. Rolletschke/Kemper/*Rolletschke* Rn. 265 ff.

F. Einzelfälle
I. Unterlassene Berichtigung nach § 153

Ein wesentlicher Anwendungsfall des § 370 Abs. 1 Nr. 2 ist die unterlassene Berichtigung nach **292**
§ 153.

§ 153 Berichtigung von Erklärungen

(1) ¹ Erkennt ein Steuerpflichtiger nachträglich vor Ablauf der Festsetzungsfrist,

1. dass eine von ihm oder für ihn abgegebene Erklärung unrichtig oder unvollständig ist und dass es dadurch zu einer Verkürzung von Steuern kommen kann oder bereits gekommen ist oder
2. dass eine durch Verwendung von Steuerzeichen oder Steuerstemplern zu entrichtende Steuer nicht in der richtigen Höhe entrichtet worden ist,

so ist er verpflichtet, dies unverzüglich anzuzeigen und die erforderliche Richtigstellung vorzunehmen. ² Die Verpflichtung trifft auch den Gesamtrechtsnachfolger eines Steuerpflichtigen und die nach den §§ 34 und 35 für den Gesamtrechtsnachfolger oder den Steuerpflichtigen handelnden Personen.

(2) Die Anzeigepflicht besteht ferner, wenn die Voraussetzungen für eine Steuerbefreiung, Steuerermäßigung oder sonstige Steuervergünstigung nachträglich ganz oder teilweise wegfallen.

(3) Wer Waren, für die eine Steuervergünstigung unter einer Bedingung gewährt worden ist, in einer Weise verwenden will, die der Bedingung nicht entspricht, hat dies vorher der Finanzbehörde anzuzeigen.

Anzeigepflichtig ist der **Steuerpflichtige,** der nachträglich erkennt, dass eine von ihm oder für ihn **293** abgegebene Erklärung unrichtig oder unvollständig ist und dass es so zu Steuerverkürzungen kommen kann oder bereits gekommen ist (§ 153 Abs. 1 S. 1). Hierzu zählt auch der Fall, dass ein Notar (dolos oder undolos) eine unzutreffende Anzeige ggü. einer Finanzbehörde gemacht hat (zB nach § 18 GrEStG) und der Steuerpflichtige diese Unrichtigkeit erkennt (vgl. BGH NStZ 2009, 273; Klein/*Jäger* Rn. 64; aA MüKoStGB/*Schmitz/Wulf* Rn. 306: die Erklärungspflichten nach § 18 GrEStG seien dem Notar originär als Amtsperson auferlegt).

Die Anzeigepflicht trifft nach § 153 Abs. 1 S. 2 aber auch **Gesamtrechtsnachfolger** und für den **294** Steuerpflichtigen bzw. den Gesamtrechtsnachfolger handelnde Personen iSd **§§ 34, 35** (gesetzliche Vertreter, Vermögensverwalter und Verfügungsberechtigte; zu den Einzelheiten vgl. Tipke/Kruse/*Tipke* § 153 Rn. 2 ff.). Werden mehrere **Miterben** Gesamtrechtsnachfolger, so ist lediglich einer anzeigeverpflichtet. Seine Anzeige wirkt auch für die übrigen Miterben (vgl. Stahl Selbstanzeige Rn. 622).

Zum Personenkreis der §§ 34, 35 zählt auch der **Insolvenzverwalter.** Da er als gesetzlicher Vertreter **295** des Gemeinschuldners in Bezug auf die Insolvenzmasse alle Pflichten zu erfüllen hat, die der Gemeinschuldner ohne Eröffnung des Insolvenzverfahrens hätte erfüllen müssen, bezieht sich seine Berichtigungspflicht auch auf alle vor seiner Amtszeit abgegebenen Erklärungen (vgl. Tipke/Kruse/*Tipke* § 153 Rn. 3 mwN).

Für den nach § 21 Abs. 2 Nr. 1 InsO **vorläufig bestellten Insolvenzverwalter** wird man das **296** hingegen nicht annehmen können, denn ihm obliegen nur Sicherungsmaßnahmen für das Vermögen (so zum früheren Sequester Tipke/Kruse/*Tipke* § 153 Rn. 3 mwN).

Das Bestehen einer Anzeigepflicht eines **Angehörigen der steuerberatenden Berufe** ist abhängig **297** vom Umfang seines Mandats. Eine Anzeigepflicht besteht jedenfalls dann nicht, wenn der Berufsangehörige lediglich mit der Beratung und Vertretung des Steuerpflichtigen betraut ist. Der Berater ist in diesen Fällen weder „Steuerpflichtiger" noch Gesamtrechtsnachfolger oder für den Steuerpflichtigen handelnde Person iSd §§ 34, 35 (vgl. BGH NStZ 1996, 563 (565); Tipke/Kruse/*Tipke* § 153 Rn. 4; Klein/*Jäger* Rn. 65).

Erst wenn der steuerliche Berater ausnahmsweise eine Position entsprechend der §§ 34, 35 innehat, trifft ihn eine entsprechende Anzeigepflicht (vgl. JJR/*Joecks* § 371 Rn. 451). Ob dies bereits angenommen werden kann, wenn der steuerliche Berater die Steuererklärungen für seinen Mandanten in eigener Verantwortung fertigt, unterschreibt und an das Finanzamt weitergibt, hat der BGH (NStZ 1996, 563 (565)) ausdrücklich dahinstehen lassen. Während das OLG Koblenz (wistra 1983, 270) eine Anzeigepflicht in diesem Fall angenommen hat, steht dem die Lit. krit. ggü. (vgl. zB Kühn/v. Wedelstädt/*Kuhfus* § 153 Rn. 7). Gegen eine Anzeigepflicht auch AEAO Nr. 4 S. 5.

Keine Anzeigepflicht nach § 153 besteht nach Ablauf der Festsetzungsfrist (vgl. MüKoStGB/*Schmitz/* **298** *Wulf* Rn. 290), danach ist eine Änderung nicht mehr zulässig (vgl. Tipke/Kruse/*Tipke* § 153 Rn. 14), oder wenn dem Finanzamt bei Bearbeitung einer zureichenden Steuererklärung ein Fehler unterlaufen ist (vgl. zB JJR/*Joecks* Rn. 266; MüKoStGB/*Schmitz/Wulf* Rn. 313), ferner für Erwerber von Unternehmen sowie Sondernachfolger im Grundvermögen und Betriebsvermögen.

Der Anzeigepflichtige muss sein steuerschädliches Verhalten **nachträglich positiv erkannt** haben **299** (unstr., vgl. zB *Weidemann* wistra 2010, 5). Dh, es muss zunächst eine objektiv unrichtige oder unvollständige Erklärung abgegeben worden sein und diese objektive Unrichtigkeit bzw. Unvollständigkeit muss nachträglich positiv erkannt werden.

Diese Voraussetzungen sind weder erfüllt, wenn ein Steuerpflichtiger vorsätzlich keine Steuererklärung abgegeben hat (aA OLG Hamburg wistra 1993, 274), noch wenn der Steuerpflichtige die objektive

Unrichtigkeit oder Unvollständigkeit seiner Erklärung zu einem späteren Zeitpunkt leichtfertig nicht erkennt (vgl. *Samson* wistra 1990, 245 ff.; *Helmrich* DStR 2009, 2132 (2133); so auch AEAO Nr. 2.4 S. 1). Im ersten Fall liegt ja gerade keine ursprüngliche (unrichtige oder unvollständige) Erklärung vor, im zweiten kein nachträgliches positives Erkennen. Genau so wenig ist ein nachträgliches Erkennen dann gegeben, wenn der Steuerpflichtige schon bei Abgabe der Erklärung positiv wusste, dass sie unrichtig oder unvollständig ist (BGH NJW 2009, 1984 (1986)).

300   Problematischer sind aber die Fälle, in denen der Steuerpflichtige bei der Ersttat zwar dolos aber **nicht wissentlich handelte** (leichtfertige Steuerverkürzung iSd § 378 bzw. mit Eventualvorsatz begangene Steuerhinterziehung iSd § 370 Abs. 1 Nr. 1). In der Lit. wird zumindest für den Fall der mit Eventualvorsatz begangenen Steuerhinterziehung eine Anzeigepflicht unter Hinweis auf Gesetzeswort, Normzweck und das nemo-tenetur-Prinzip verbreitet abgelehnt (vgl. zB Kohlmann/*Ransiek* Rn. 337; aA AEAO Nr. 2.2 S. 2; Klein/*Jäger* Rn. 63; *Helmrich* DStR 2009, 2132 (2134); *Alvermann/Talaska* HRRS 2010, 166 (167 f.)).

     Der BGH hat indes unter Bezugnahme auf seine Rspr. zum Verhältnis von Steuerhinterziehung im Zusammenhang mit Umsatzsteuervoranmeldungen/Steuerhinterziehung im Zusammenhang mit Umsatzsteuerjahreserklärung anders entschieden (BGH NJW 2009, 1984 (1986 f.)). Im Fall einer dolosen Ersterklärung könne der Steuerpflichtige regelmäßig durch eine Selbstanzeige Straf- und Sanktionsfreiheit erlangen (§§ 371, 378 Abs. 3). Er befinde sich dann nicht in einer unauflösbaren Konfliktlage, die der steuerrechtlichen Berichtigungspflicht entgegenstehen könnte. Sollte eine wirksame Selbstanzeige wegen des Vorliegens eines Sperrgrundes iSd §§ 371 Abs. 2, 378 Abs. 3 S. 1 ausgeschlossen sein und somit ein unzumutbaren Zwangs zur Selbstbelastung drohen, könne dem bei vorangegangener leichtfertiger Steuerverkürzung (§ 378) über § 47 OWiG Rechnung getragen werden (JJR/*Joecks* Rn. 263), bei einer bedingt vorsätzlichen begangenen Steuerhinterziehung durch Annahme eines Beweismittelverwertungs- oder Verwendungsverbots. Lediglich im Fall, dass dem Täter für die mit bedingtem Hinterziehungsvorsatz begangene Steuerhinterziehung die Einleitung eines Steuerstrafverfahrens bekanntgegeben worden ist, werde die Strafbewehrung der sich aus § 153 ergebenden Berichtigungspflicht suspendiert.

     Ist eine wirksame Selbstanzeige nur deshalb ausgeschlossen, weil der Steuerpflichtige zur Steuernachentrichtung (§ 371 Abs. 3) nicht in der Lage ist, komme eine derartige Suspendierung der Strafbewehrung der steuerlichen Berichtigungspflicht jedenfalls dann nicht in Betracht, wenn der Steuerpflichtige bei pflichtgemäßer und rechtzeitiger Erfüllung seiner steuerlichen Pflichten zur Zahlung noch in der Lage gewesen wäre.

301   Auch wenn dies BGH-Rspr. sich zwanglos in die zum Spannungsverhältnis nemo-tenetur-Prinzip und Erklärungspflicht ergangene einpasst, wirft sie ein rechtsdogmatisches Problem auf. Verschiedene Vorsatzformen werden so ungleich behandelt (zum Grundsatz der Gleichbehandlung unterschiedlicher Vorsatzformen vgl. *Roxin* JZ 1998, 212 ff.; *Bülte* BB 2010, 607 (612 f.)). Macht der Täter wissentlich unzureichende Angaben, so begeht er eine Steuerhinterziehung iSd § 370 Abs. 1 Nr. 1. Die Möglichkeit einer zweiten Steuerhinterziehung, begangen durch Unterlassen der Anzeige §§ 370 Abs. 1 Nr. 2, 153 Abs. 1 S. 1 Nr. 1, scheidet kraft Natur der Sache aus. Der Täter erkennt dann nicht nachträglich positiv, dass er zunächst unzureichende Angaben gemacht hat. Handelt der Täter hingegen bei der Ersttat mit Eventualvorsatz, begeht er zunächst ebenfalls eine Steuerhinterziehung iSd § 370 Abs. 1 Nr. 1. Erkennt er später positiv die Unrichtigkeit bzw. Unvollständigkeit seiner Angaben, unterlässt er aber gleichwohl eine Anzeige und Berichtigung (§ 153 Abs. 1 S. 1 Nr. 1), begeht er eine erneute Steuerhinterziehung (§ 370 Abs. 1 Nr. 2). Bei isolierter Betrachtung der Zweittat wird er dann trotz Eventualvorsatzes bei der Ersttat (= er rechnete mit der Unrichtigkeit oder Unvollständigkeit seiner Erklärung) so behandelt, als habe er die Unrichtigkeit oder Unvollständigkeit nicht erkannt (→ Rn. 328).

302   Stützt der Steuerpflichtige einen Antrag **auf Anpassung der Vorauszahlungen** (Herabsetzungsantrag, § 37 Abs. 3 S. 3 EStG) unwissentlich auf unrichtige Angaben, deren Unrichtigkeit er nachträglich positiv erkennt, ist er zur Anzeige nach § 153 Abs. 1 S. 1 Nr. 1 verpflichtet (vgl. Tipke/Kruse/*Tipke* § 153 Rn. 7, 11). Im Unterlassungsfall macht er sich strafbar nach § 370 Abs. 1 Nr. 2, denn auch Vorauszahlungen stellen dem Grunde nach hinterziehbare Steuerforderungen dar (vgl. zB BFH BStBl. II 1997, 600 (601 f.)). Da Vorauszahlungsbescheide jedoch lediglich zeitigen Charakter haben, ist iRd Strafzumessung grds. zu berücksichtigen, dass der Täter eine Steuerverkürzung auf Zeit begehen wollte (zur Steuerverkürzung auf Zeit/Steuerverkürzung auf Dauer allg. → Rn. 134 ff.; zur Strafzumessungsrelevanz der Unterscheidung → Rn. 142 ff.). Wird der Herabsetzungsantrag hingegen auf richtige Angaben gestützt und ändern sich später die tatsächlichen Verhältnisse des Steuerpflichtigen, so trifft den Steuerpflichtigen keine nachträgliche Berichtigungspflicht nach § 153 Abs. 1 S. 1 Nr. 1 (so auch AEO Nr. 3 S. 2 zu § 153 Schmidt/*Drenseck* EStG § 37 Rn. 5). Trotz des Prognosecharakters eines Herabsetzungsantrags waren dann die Angaben bei Erklärung objektiv richtig gewesen. Die Richtigkeit einer Erklärung beurteilt sich nämlich nach dem Zeitpunkt der Abgabe der Erklärung aufgrund objektiver Gesichtspunkte (vgl. FG Düsseldorf EFG 1989, 491 (492)). Insbesondere bei Herabsetzungsanträgen nach Ablauf des betreffenden Veranlagungszeitraums (vgl. § 37 Abs. 3 S. 3 EStG) wird man dem Richtigkeitsgehalt der Erklärung im Einzelfall aber besondere Aufmerksamkeit schenken müssen.

Anzeigen iSd § 153 sind **unverzüglich,** dh „ohne schuldhaftes Zögern" (vgl. § 121 Abs. 1 BGB; so **303** auch JJR/*Joecks* Rn. 265; *Helmrich* DStR 2009, 2132 (2134); aA MüKoStGB/*Schmitz/Wulf* Rn. 317: in Anlehnung an § 110 mindestens ein Monat) nachdem der Anzeigepflichtige den Mangel erkannt hat, zu erstatten. Unterlässt ein Anzeigepflichtiger vorsätzlich die Erfüllung seiner Anzeigepflicht aus § 153, begeht er zu dem Zeitpunkt, zu dem er den Mangel seiner Erklärung erkannt hat, eine Steuerhinterziehung durch Unterlassen (§ 370 Abs. 1 Nr. 2).

Neben der Anzeige sind bisher unrichtige oder unvollständige Angaben iSd § 153 Abs. 1 S. 1 **304** richtig zu stellen bzw. nachzuholen. Das gilt nicht nur für Steuererklärungen iSd § 150, sondern für alle (steuerlich relevanten) Erklärungen (vgl. AEAO Nr. 3 S. 1 zu § 153; *Helmrich* DStR 2009, 2132).

Üblicherweise wird in diesem Zusammenhang in der Literatur davon ausgegangen, dass lediglich die **305** Anzeige unverzüglich erfolgen muss (vgl. etwa Klein/*Brockmeyer* § 153 Rn. 6; Kühn/v. Wedelstädt/ *Kuhfus* § 153 Rn. 14; *Helmrich* DStR 2009, 2132 (2134)). Sollte die erforderliche Richtigstellung nicht unverzüglich möglich sein, müsse sie in angemessener Frist nachgeholt werden (so ausdrückl. Tipke/ Kruse/*Seer* § 153 Rn. 15; so wohl auch AEAO Nr. 5.1 zu § 153). Folgt man dieser Auffassung, muss man auf diese Konstellation zwingend die zur gestuften Selbstanzeige angestellten Überlegungen übertragen (→ § 371 Rn. 35). Ansonsten würde ein Täter, der zunächst leichtfertig unzureichende Angaben gemacht hat und dies nachträglich positiv erkannt, dann von einer wirksamen Selbstanzeige ausgeschlossen werden, wenn die unverzüglich erstattete Anzeige die Bekanntgabe einer Verfahrenseinleitung nach sich ziehen würde (= Sperrtatbestand iSd § 378 Abs. 3 S. 1).

Erstattet der Anzeigeverpflichtete seine Anzeige ggü. einer unzuständigen Finanzbehörde, so handelt **306** er nicht tatbestandsmäßig iSd § 370 Abs. 1 Nr. 2 (BFH BStBl. I 2008, 595 (597); aA FG München DStRE 2007, 1054 (1056 f.)). Der BFH unterscheidet insoweit nach Sinn und Zweck der in Rede stehenden Regelungen (§§ 153 Abs. 1, 370 Abs. 1 Nr. 2, 171 Abs. 9) zwischen Erstattung der Berichtigungsanzeige (§ 153 Abs. 1) und Beginn der Jahresfrist (§ 171 Abs. 9) mit Eingang beim zuständigen Finanzamt. Mit dieser Entscheidung knüpft der BFH an den Meinungsstand zum Adressaten der Selbstanzeige an. Im dortigen Zusammenhang wird verbreitet davon ausgegangen, dass eine wirksame Selbstanzeige bei allen dort genannten Finanzbehörden erstattet werden kann (vgl. JJR/*Joecks* § 371 Rn. 123; Kohlmann/*Schauf* § 371 Rn. 276; Rolletschke/Kemper/*Kemper* § 371 Rn. 145 ff.; v. Briel/Ehlscheid SteuerStrafR/*v. Briel* § 2 Rn. 88; aA RGSt 61, 10; 61, 115; OLG Bremen DStZ 1951, 213; OLG Frankfurt a. M. DStZ 1954, 58: Abgabe bei der sachlich und örtlich zuständigen Finanzbehörde). Die sich parallel stellende Frage, wann eine Selbstanzeige als erstattet gilt, wenn sie einer sachlich und/oder örtlich unzuständigen Finanzbehörde zugeht, wird wegen der Verpflichtung zur Amtshilfe (§§ 111 ff.) sowie wegen der steuerpolitischen Zielsetzung der Selbstanzeige, dem Fiskus bislang verheimlichte Steuerquellen zu erschließen (BGH NJW 1991, 2844 (2846); Kohlmann/*Schauf* § 371 Rn. 30; Klein/ *Jäger* § 371 Rn. 4; Stahl Selbstanzeige Rn. 2; Gußen SteuerStrafR Rn. 250; *Hüls/Reichling* PStR 2008, 142), sogar so verstanden, dass der Zugang bei irgendeiner Finanzbehörde iSd § 6 Abs. 2 ausreicht (vgl. JJR/*Joecks* § 371 Rn. 123; Kohlmann/*Schauf* § 371 Rn. 275 f.; Rolletschke/Kemper/*Kemper* § 371 Rn. 148).

Ist es in diesen Fällen noch nicht zu einer unrichtigen Erstfestsetzung gekommen, so ist unstreitig, dass **307** die entsprechende pflichtwidrige Nichtberichtigung kausal für die später erfolgende unrichtige Steuerfestsetzung ist (vgl. zB Wannemacher SteuerStrafR/*Kürzinger* Rn. 171).

Hat die Falscherklärung aber bereits zu einer Steuerverkürzung geführt, so wird in der Lit. die **308** Kausalität zwischen Nichtberichtigung und Steuerverkürzung angezweifelt (vgl. zB Wannemacher SteuerStrafR/*Kürzinger* Rn. 174; Stahl Selbstanzeige Rn. 624). Da der Taterfolg der Steuerverkürzung aber in § 370 Abs. 4 S. 1 Hs. 1 nicht abschließend, sondern lediglich beispielhaft beschrieben ist („namentlich"), kann das dolose Bestehen-Lassen des unrichtigen Steuerbescheids bei gleichzeitig ausdrücklich angeordneter Berichtigungspflicht ggf. unter den Begriff der Steuerverkürzung subsumiert werden (so ausdrückl. MüKoStGB/*Schmitz/Wulf* Rn. 312; *Weyand* NWB F 2, 5262). Hierin ist eine wiederholte Gefährdung des staatlichen Steueranspuchs (→ Rn. 3) zu sehen. Zur wiederholten Steuerverkürzung → Rn. 146.

Die Vorwürfe der Beteiligung an einer durch einen Dritten durch aktives Tun begangenen Steuer- **309** hinterziehung (§ 370 Abs. 1 Nr. 1) und der durch den Steuerpflichtigen wegen Nichtberichtigung der nachträglich als unrichtig erkannten Steuererklärung durch Unterlassen begangenen Steuerhinterziehung (§ 370 Abs. 1 Nr. 2) betreffen nach der Rspr. des 5. Strafsenats (5 StR 156/08 [nicht abgedr. in BGH NStZ 2009, 273 ff.]) eine Tat im prozessualen Sinne (§ 264 StPO; zur unzutreffenden Anzeige eines Notars gem. § 18 GrEStG, deren Unrichtigkeit der Steuerpflichtige nachträglich erkannte, → Rn. 503).

In der Konstellation, dass der Steuerpflichtige zunächst mit bedingtem Vorsatz durch aktives Tun eine **310** Steuerhinterziehung begangen und nachfolgend wissentlich eine Anzeige und Berichtigung gem. § 153 Abs. 1 S. 1 unterlassen hat (→ Rn. 300 f.), hat der 1. Senat (BGH NJW 2009, 1984 (1987)) zwar ebenfalls das Vorliegen einer Tat iSd Prozessrechts bejaht, dabei aber das materiell-rechtliche Konkurrenzverhältnis ausdrücklich dahinstehen lassen. Denkbar sei auch die Annahme einer mitbestraften Vortat.

II. Umsatzsteuer

Literatur (Auswahl): *Adick,* Umsatzsteuerkarussell: Darum durfte das Finanzamt den Vorsteuerabzug versagen, PStR 2010, 265; *Adick,* Umsatzsteuerhinterziehung – Innergemeinschaftliche Lieferungen: Versagung der Steuerbefreiung und Strafbarkeit nach § 370 AO?, PStR 2012, 9; *Adick/Höink/Kurt,* Umsatzsteuer und Strafrecht, 2016; *Allgayer/Klein,* Verwendung und Verwertung von Zufallserkenntnissen, wistra 2010, 130; *Backes,* Zur Problematik der Abgrenzung von Tatbestands- und Verbotsirrtum im Steuerstrafrecht, 1981; *Bär,* TK-Überwachung, 2010; *Bielefeld,* Fortbildung des Umsatzsteuerstrafrechts durch den EuGH, wistra 2007, 9; *Billig,* Steuerfreiheit einer innergemeinschaftlichen Lieferung trotz Vermeidung der Erwerbsbesteuerung durch Mehrwertsteuerhinterziehung, UR 2009, 710; *Bilsdorfer,* Die Entwicklung des Steuerstraf- und Ordnungswidrigkeitenrechts, NJW 1985, 2997; *Brandl,* Karussellbetrug – Umsatzsteuerrechtliche und finanzstrafrechtliche Konsequenzen in: Missbrauch im Umsatzsteuerrecht, Achatz/Tumpel, 2007, 139; *Bringewat,* Die Bildung der Gesamtstrafe, 1987; *Bülte,* Die Geldwäschegesetzgebung als Ermächtigungsgrundlage für den Informationsaustausch zwischen den Steuerbehörden und den Strafverfolgungsorganen, 2007; *Bülte,* Die Abgeltungsteuer bei EU-quellenbesteuerten Kapitalerträgen als probates Mittel zur Vermeidung von Steuerstraftaten oder als Folge eines Rückzugsgefechts des Steuerstrafrechts, BB 2008, 2375; *Bülte,* Steuerrechtliche und steuerstrafrechtliche Risiken der Steuerbefreiung innergemeinschaftlicher Lieferungen (§ 6a UStG) im Lichte der neueren Rechtsprechung des EuGH, CCZ 2009, 98; *Bülte,* Die Rechtsprechung des BGH zur Strafbewehrung von § 153 AO: Prüfstein für Strafrechtsdogmatik und Verfassungsrecht im Steuerstrafrecht, BB 2010, 607; *Bülte,* Das Steuerstrafrecht im Spannungsfeld zwischen der Missbrauchsrechtsprechung des EuGH und dem nullum-crimen-Grundsatz am Beispiel der innergemeinschaftlichen Lieferung, BB 2010, 1759; *Bülte,* Zur Strafbarkeit der Verschleierung von Sanktionsansprüchen als Umsatzsteuerhinterziehung, HRRS 2011, 465; *Bülte,* Der Irrtum über das Verbot im Wirtschaftsstrafrecht, NStZ 2013, 65; *Bülte,* Möglichkeiten und Grenzen beweiserleichternder Tatbestandsfassungen im Strafrecht, JZ 2014, 603; *Bülte,* Blankette und normative Tatbestandsmerkmale: Zur Bedeutung von Verweisungen in Strafgesetzen; JuS 2015, 769; *Bülte,* Das Kompensationsverbot: ein originär strafrechtliches Rechtsinstitut NZWiSt 2016, 1; 52; *Bürger/Paul,* Steine statt Brot: Die Entscheidung des EuGH v. 7.12.2010 zur Steuerbefreiung innergemeinschaftlicher Lieferungen, BB 2011, 540; *Burger,* Die Einführung der gewerbs- und bandenmäßigen Steuerhinterziehung, wistra 2002, 1; *Buse/Bohnert,* Steuerstrafrechtliche Änderungen zur Bekämpfung des Umsatz- und Verbrauchsteuerbetrugs, NJW 2008, 618; *C. Dannecker,* Zur Verfassungsmäßigkeit der verjährungsrechtlichen Anknüpfung an strafrechtliche Regelbeispiele der Steuerhinterziehung: Folgerichtigkeit als Verfassungsgebot für das Strafrecht?, NZWiSt 2014, 6; *G. Dannecker,* Steuerhinterziehung im internationalen Wirtschaftsverkehr, 1984; *G. Dannecker,* Die Verfolgungsverjährung bei Submissionsabsprachen und Aufsichtspflichtverletzungen in Betrieben und Unternehmen – Zugleich eine Anmerkung zu BGH, NJW 1984, 2372 = NStZ 1985, 77; NStZ 1985, 49; *G. Dannecker,* Das intertemporale Strafrecht, 1993; *G. Dannecker,* Die Grenzen des sachlichen Anwendungsbereichs des Finanzstrafrechts, Leitner Finanzstrafrecht 2004, 2005, S. 67; *G. Dannecker,* Die Dynamik des materiellen Strafrechts unter dem Einfluss europäischer und internationaler Entwicklungen, ZStW 117 (2005), 697; *G. Dannecker,* Verdeckte Gewinnausschüttungen aus der Perspektive des deutschen Strafrechts, Leitner, Finanzstrafrecht 2009, 2010, 275; *G. Dannecker,* Grundfragen der Steuerhinterziehung durch Unterlassen: Pflichtwidriges In-Unkenntnis-Lassen als blankettverweisendes Jedermannsmerkmal oder als abschließendes Sonderdelikt, FS Achenbach, 2011, 83; *Datke,* Umsatzsteuerhinterziehung, 2006; *Deibel,* Die Reichweite des § 153 Abs. 1 S. 1 AO: Steuerverfahrensrechtliche und steuerstrafrechtliche Aspekte der Verpflichtung zur Berichtigung von Erklärungen, 2012, *Demuth/Billau,* Die umsatzsteuerliche Missbrauchshaftung – neue Entwicklung und Ausblick, BB 2011, 2653; *Dörn,* Steuerhinterziehung durch Unterlassen?, 2001; *Demuth/Billau,* Nichtabgabe von Steuererklärungen – ein abstraktes Gefährdungsdelikt, wistra 1992, 129; *Eder,* Konsequenzen einer vorsatzlosen Einbindung in ein Umsatzsteuerkarussell, PStR 2014, 15; *Ehlers,* Steuerhinterziehung nach künftigem Recht, FR 1976, 505; *Felix,* Einheit der Rechtsordnung, 1998; *Gaede,* Der Steuerbetrug, 2016; *Gast-de Haan,* Ist § 27b UStG verfassungswidrig?, PStR 2002, 264; *Gehm,* Steuerliche und steuerstrafrechtliche Aspekte des Umsatzsteuerkarussells, NJW 2012, 1257; *Gehm,* Umsatzsteuerkarusselle mit CO2-Emissionszertifikaten, StBW 2015, 826; *Gehm,* Aktuelle strafrechtliche Aspekte beim Umsatzsteuerkarussell, StraFo 2015, 441; *Gibhardt,* Hinterziehung von Umsatzsteuern im europäischen Binnenmarkt, 2001; *Gotzens,* BFH zur Umsatzsteuerfreiheit bei innergemeinschaftlichen Lieferungen – eine Trendwende?, PStR 2008, 97; *Gotzens/Wiese,* Steuerstrafrechtliche Risiken bei Auslandslieferungen, PStR 2006, 151; *Hardtke,* Steuerhinterziehung durch verdeckte Gewinnausschüttung, 1995; *Grieser,* Strafrechtliche Analyse der Umsatzsteuerhinterziehung und ihre Bekämpfung, 2005; *Hassa,* Vertrauensschutz im Mehrwertsteuerrecht – Grundlagen und Entwicklungen im Bereich der innergemeinschaftlichen Dienstleistungen – UR 2015, 809; *Hegemann/Querbach,* Erweiterte Möglichkeiten der Rechnungsberichtigung bei zu Unrecht ausgewiesener Umsatzsteuer, DStR 2001, 557; *Heidner* Buch- und Belegnachweis als Voraussetzung der Steuerbefreiung innergemeinschaftlicher Lieferungen, UR 2015, 773; *Hellmann,* Steuerstrafrechtliche Risiken umsatzsteuerfreier innergemeinschaftlicher Lieferungen, wistra 2005, 161; *Helmschrott,* Umsatzsteuer-Nachschau: formelle Verfassungswidrigkeit des § 27b UStG, StC 2007, 28; *Hentschel,* Strafrechtliche Beurteilung der Umsatzsteuerhinterziehung, UR 1999, 476; *Hentschel,* Die Bedeutung des Steuerordnungswidrigkeitenrechts bei grenzüberschreitender Umsatzsteuerhinterziehung, wistra 2005, 371; *Hentschel,* Braucht die Steuerfahndung noch den § 370 Abs. 6 Sätze 2, 3 AO?, DStR 2009, 1076; *Henze,* Gemeinschaftsrechtliche Vorgaben für den Nachweis der innergemeinschaftlichen Lieferungen, EU-UStB 2007, 89; *Heuermann,* Mit Italmoda auf den Schultern von Larenz, DStR 2015, 1416; *Hillmann-Stadtfeld,* Umsatzsteuernachschau und Verschärfung der Strafrechtspflege durch das Steuerverkürzungsbekämpfungsgesetz, DStR 2002, 434; *Höink/Adick,* Innergemeinschaftliche Lieferungen – EuGH bestätigt Rechtsansicht des BGH, PStR 2011, 37; *Höink/Adick,* Umsatzsteuerhinterziehung, ZWH 2014, 220; *Höink/Winter,* EuGH-Vorlageverfahren zur Steuerbefreiung für innergemeinschaftliche Lieferungen – Anm. zum Schlussantrag des Generalanwalts v. 29.6.2010, DStR 2010, 1772; *Jahn/Gierlich,* Strafrechtliche Relevanz umsatzsteuerlicher Nachweispflichten nach dem Urteil des EuGH v. 7.12.2010 – Rs. C-285/09 „R", SAM 2011, 162; *Jesse,* Selbstanzeigeregelungen nach dem AO-Änderungsgesetz (2014), FR 2015, 673; *Joecks,* Aktuelle Rechtsprechung zum Steuerstrafrecht und ein Blick auf das Steuerabkommen D-CH, Steueranwalt 2012/2013, S. 101; *Juchem,* § 370 AO – ein normativer Straftatbestand!, wistra 2014, 300; *Kaiser/Gurtner,* Vorsteuerabzug: Schutz vor Umsatzsteuerbetrug, PStR 2014, 122; *Kaiser/Hummel,* Umsatzsteuer als Straftäger, PStR 2015, 265; *Kaiser/Schwarz,* Neuregelungen bei der Selbstanzeige seit dem 1.1.2015, MwStR 2015, 165; *Karla,* Umsatzsteuerhinterziehung im Emissionzertifikatehandel, ZWH 2013, 102; *Kemper*, Umsatzsteuerkarusselle (§ 370 VI AO und Art. 280 IV EGV), NStZ 2006, 593; *Kemper*, Umsatzsteuerkarusselle als besondere Begehungsform der schweren Steuerhinterziehung, ZRP 2006, 205; *Kemper*, Umsatzsteuerkarussellbetrug, UR 2005, 1; *Korf*, Innergemeinschaftliche Lieferungen, IStR 2007, 774; *Korf*, Über die Untauglichkeit des Reverse-Charge-Verfahrens als Maßnahme gegen den Umsatzsteuerbetrug, UVR 2014, 187; *Korf*, Steuerbefreiung und Vorsteuerabzug, NZWiSt 2015, 442; *Kraeusel*, Verhältnis der Nachweispflichten nach § 6a Abs. 3 UStG zum Vertrauensschutztatbestand des § 6a Abs. 4 UStG, UR 2005, 187; *Küffner*, Nachweispflichten bei innergemeinschaftlichen Lieferungen, DB 2013, 2408; *Küffner/Langer*, Nachweispflichten bei innergemeinschaftlichen Lieferungen, DB 2008, 1116; *Küffner/Streit*, Grundlegende Änderung der Nachweispflichten bei innergemeinschaftlichen Lieferungen, BC 2012, 2; *Küffner/Zugmaier*, EuGH stärkt Rechtsposition bei innergemeinschaftlicher Lieferung, DStR 2007, 1807; *Kuhlen*, Vorsätzliche Steuerhinterziehung trotz Unkenntnis der Steuerpflicht?, FS Kargl, 2015, S. 297; *Leitl*, Rechtsauslegung contra legem durch den EuGH, UVR 2008, 138; *Leplow*, Scheingutschriften und strafbewehrte Erklärungspflicht des Nichtunternehmers, PStR 2010, 38; *Liebau*, Die Versagung des Vorsteuerabzugs im Umsatzsteuerkarussell, BB 2005, 415; *Lohse*, MwSt-Schein- und -Karussellgeschäfte im Gemeinschaftsrecht, IStR 2005, 300; *Madauß*, Der „Strohmann" im Steuerrecht und Steuerstrafrecht, NZWiSt 2013, 332; *Madauß*, Bekämpfung der Umsatzsteuerhinterziehung. Quo vadis?, NZWiSt 2013, 386; *Madauß*, Aspekte der Umsatzsteuerhinterziehung, NZWiSt 2015, 23; *Madauß*, Urteil des EUGH v. 18.12.2014 in Sachen Italmoda – Was ist das Neue für die Praxis?, NZWiSt 2015, 417; *Mann*, Gutgläubigkeit beim Vorsteuerabzug nach § 15 Abs. 1 S. 1 Nr. 1 UStG, UStB 2011, 216; *Menke*, Folgen unterlassenen Vorsteuerabzugs bei gleichzeitiger Hinterziehung von Umsatzsteuer, wistra 2006, 167; *Merkt*, Mehrwertsteuerbetrug des innergemeinschaftlichen Erwerbers, UR 2008, 757; *Meurer*, Neues vom EuGH zur Steuerbefreiung von innergemeinschaftlichen Lieferungen, StBW 2013, 76; *Meyer-Burrow/Conemann*, Sorgfaltspflichten des Unternehmers zur Beachtung des gemeinschaftlichen Missbrauchsverbots, UStB 2014, 356; *Mittler*, Die Mehrwertsteuer wird zur Achillesferse der Staatseinnahmen in Europa, UR 2004, 1; *Moosburger*, Albert Collée zum Zweiten: Strafbarkeit des Exporteurs bei innergemeinschaftlichen Lieferungen, Stbg 2009, 366; *Müller*, Die Umsatzsteuerhinterziehung, AO-StB 2008, 80; *Muhler*, Die Umsatzsteuerhinterziehung, wistra 2009, 1; *Neeser*, Praxisfragen zur ordnungsgemäßen Rechnung – unter besonderer Berücksichtigung der neuen Rechtsprechung zum gutgläubigen Vorsteuerabzug – UVR 2015, 331; *Nieskoven*, Die „Karussellbetrugsentscheidung" des EuGH, PStR 2006, 184; *Nöhren*, Die Hinterziehung von Umsatzsteuer, 2005; *Oelmaier*, Zum Nachweis der innergemeinschaftlichen Lieferung – Anmerkung zur (jüngsten) Rechtsprechung des BFH, DStR 2008, 1213; *Reichling*, Die neuere Rechtsprechung des 1. Strafsenats des BGH zum Steuerstrafrecht, StraFo 2012, 316; *Riehl*, Zur Frage der Tatbeendigung in Fällen der Umsatzsteuerhinterziehung nach § 370 AO durch einen steuerlich beratenen Unternehmer, wistra 1996, 130; *Rolletschke*, Karussellprobleme, UR 2006, 189; *Ransiek*, Bestimmtheitsgrundsatz, Analogieverbot und § 370 AO, FS Tiedemann 2008, 171; *Ransiek*, § 370 AO und Steuerbefreiungen für innergemeinschaftliche Lieferungen, HRRS 2009, 421; *Roxin*, Noch einmal zur strafrechtlichen Behandlung der Gewissenstat, GA 2011, 1; *Rüping/Ende*, Neue Probleme von schweren Fällen der Hinterziehung, DStR 2008, 13; *Sackreuther*, Umsatzsteuerbetrug: Die steuerstrafrechtliche Verantwortung des Unternehmers, PStR 2009, 62 *Sandrock*, Die Einheit der Wirtschaftsordnung, 1971; *Schaefer*, Das Umsatzsteuerkarussell, NJW-Spezial 2007, 231; *Schauf/Höink*, Innergemeinschaftliche Lieferung – Diametrale Wendung in der Rechtsprechung, PStR 2009, 58; *Schauf/Höink*, EuGH überprüft Rechtsansicht des BGH, BVerfG sieht Verstoß gegen Art. 103 Abs. 2 GG, PStR 2009, 200; *dies.*, Innergemeinschaftliche Lieferungen – Wie relevant ist die Aufzeichnung des tatsächlichen Abnehmers?, PStR 2010, 177; *Schaumburg/Peters* Internationales Steuerstrafrecht, 2015; *Schenkewitz*, Aktuelles zur steuerstrafrechtlichen Behandlung fingierter Ausfuhrlieferungen gem. § 6 UStG, BB 2011, 350; *Schmitz*, Versuchsbeginn, Vollendung und Beginn der Verfolgungsverjährung bei ausgebliebener Steuerfestsetzung, FS Kohlmann, 2003, 517; *Schmitz/Wulf*, Erneut: Hinterziehung ausländischer Steuern und Steuerhinterziehung im Ausland, § 370 Abs. 6, 7 AO, wistra 2001, 361; *Schmoller*, Abgabenbetrug (§ 39 FinStrG) – zentrale Auslegungsfragen, Leitner (Hrsg.) Finanzstrafrecht 2012, 2013, 11; *Spatscheck*, Bandenmäßige Umsatzsteuerhinterziehung, FS 25 Jahre Arbeitsgemeinschaft Strafrecht DAV 2008, 378; *Spatscheck/Maier*, Innergemeinschaftliche Lieferung und Umsatzsteuerkarussell, ZWH 2013, 265; *Spatscheck/Wulf*, „Schwere Steuerhinterziehung" gem. § 370a AO – Zwischenbilanz zur Diskussion über eine missglückte Strafvorschrift, NJW 2002, 2983; *Schwarz*, Praxisfragen zur neuen Selbstanzeigeregelung ab 1. Januar 2015, PStR 2015, 37; *Sterzinger*, Buch- und Belegnachweise bei einer innergemeinschaftlichen Lieferung, UR 2008, 169; *Sterzinger*, Konsequenzen der missbräuchlichen Geltendmachung der Umsatzsteuerfreiheit bei innergemeinschaftlicher Lieferung, BB 2009, 1563; *Sterzinger*, Allgemeiner Vertrauensschutz gutgläubiger Unternehmer?, DStR 2010, 2606; *Sterzinger*, Versagung des Vorsteuerabzugs bei betrügerischem Handeln des Vorlieferanten, DStR 2014, 831; *Sterzinger*, Gutgläubiger Vorsteuerabzug bei Leistungsbezügen von Scheinunternehmen?, UStB 2015, 78; *Tiedemann*, Tatbestandsfunktion im Nebenstrafrecht, 1969; *Tiedtke*, Umsatzsteuerbetrug in Theorie und Praxis, UR 2004, 6; *Tully/Merz* wistra 2011, 121; *Vogelberg*, Umsatzsteuerhinterziehung, Innergemeinschaftliche Lieferung: Beweislast der Umsatzsteuerfreiheit, PStR 2009, 41; *Wäger*, Nachweispflichten und Vertrauensschutz bei innergemeinschaftlichen Lieferungen – Die Bedeutung der Ermächtigungsgrundlage im UStG, UStB 2004, 206; *Wäger*, Der Kampf gegen die Steuerhinterziehung, UR 2015, 81; *Wäger*, Rückkehr des Beleg- und Buchnachweises als materiell-rechtliche Voraussetzung der Steuerfreiheit für innergemeinschaftliche Lieferungen UR 2015, 702; *Walter*, Ist Steuerstrafrecht Blankettstrafrecht?, FS Tiedemann 2008, 969; *Walter/Lohse/Dürrer*, Innergemeinschaftliche Lieferung und Mehrwertsteuerhinterziehung in Deutschland und im EU-Ausland, wistra 2012, 125; *Weber*, USt-Karusselle, § 88 AO (als „Untergrenze" der Finanzamtssorgfalt) und Art. 34 GG, BB 2010, 2538; *Weber*, Die Schuld im Umsatzsteuerkarussell und im Kettengeschäft, BB 2012, 2540; *Wegner*, Sind USt-Karusselle eine „kriminelle Vereinigung"?, PStR 2004, 101; *Wegner*, Missbrauch beim CO2-Emissionshandel, PStR 2010, 89; *Wegner*, Jahressteuergesetz 2010 – Änderungen im internationalen Steuerstrafrecht bei Auslandssachverhalten, PStR 2010, 107; *Wedler*, Rechtswidrigkeit in FS Kirchhof, 2011, § 126; *Wedler*, Der Rechtsirrtum im Steuerstrafrecht, NZWiSt 2015, 99; *Weimann*, Neues Merkblatt zum Umsatzsteuer-Missbrauch: Mandanten vor übereilte Statements warnen!, GStB 2015, 68; *Winter*, Ende des Vertrauensschutzes bei innergemeinschaftlichen Lieferungen?, UR 2005, 247; *Witte*, Gibt es eine Steuerhinterziehung nach einer vollendeten Steuerhinterziehung?, 2004; *Wulf*, Telefonüberwachung und Geldwäsche im Steuerstrafrecht, wistra 2008, 323; *Wulf*, Steuerstrafrechtlicher Vorwurf bei innergemeinschaftlichen Lieferungen – grundlegende Änderungen durch die neuere Rechtsprechung, Stbg. 2008, 328; *Wulf*, Die Verschärfung des Steuerstrafrechts – besondere Bedeutung für die Steuerabteilungen von Unternehmen, AG 2009, 75; *Wulf*, Strafbarkeit bei innergemeinschaftlichen Lieferungen – der neue Begründungsansatz des BGH, Stbg 2009, 313; *Wulf*, Systematische Grundlagen und praktische, Anwendungsfälle der „Steuerhinterziehung auf Zeit", Stbg 2011, 145; *Wulf,* Hinterziehung von Einfuhrumsatzsteuer – Freiheitsstrafe zur Sanktionierung fiktiver Vermögensbeeinträchtigungen? Stbg 2012, 545; *Wulf,* Zur Pflichtwidrigkeit bei der arbeitsteiligen Umsatzsteuerhinterziehung durch Unterlassen (§ 370 Abs. 1 Nr. 2 AO), Stbg 2013, 353; *Wulf,* Grundlagen und Praxisprobleme der Umsatzsteuerhinterziehung, Stbg 2014, 64; *Wulf,* Umsatzsteuerhinterziehung – Systematische Grundlage und aktuelle Verteidigungsansätze, Steueranwalt 2013/2014, 85; *Wulf/Alvermann* USt für innergemeinschaftliche Lieferungen als Sanktion für missbräuchliches Verhalten?, DB 2011, 731.

311   **1. Umsatzsteuerhinterziehung. a) Praktische Bedeutung der Umsatzsteuerhinterziehung.**
Die Umsatzsteuer hat in praktischer Hinsicht im Steuerstrafrecht erhebliche Bedeutung, die sich aus drei Umständen ergibt: Zum Ersten ist es durch das Instrument des Vorsteuerabzugs leicht möglich, Steuerhinterziehungen zu begehen, die nicht nur auf die Vermeidung von Steuern gerichtet sind, also Steuerausfälle zur Folge haben, sondern erhebliche Schäden durch **unberechtigte Vorsteuervergütungen**
verursachen (vgl. *Gaede,* Steuerbetrug, 2016, 27 ff.); die Umsatzsteuer wird damit zur *„Achillesferse der Staatseinnahmen der europäischen Staaten"* (*Merk* UR 2005, 97; vgl. auch Gemeinsamer Bericht der Rechnungshöfe Österreichs, Ungarns und Deutschlands v. 2.10.2015, S. 4; *Kemper* ZRP 2006, 205 ff.; *Wulf* Steueranwalt 2013/2014, 85 (86); grdl. hierzu *Wäger* UR 2015, 81 mwN). Zum Zweiten sind die Schäden, die durch diese oft gewerblich in Form von **Umsatzsteuerkarussellen** oder **Kettenbetrug**
organisierten Geschehensverläufe verursacht werden, auch im Verhältnis zum Gesamtsteueraufkommen beträchtlich (vgl. zu Zahlen *Datke,*Umsatzsteuerhinterziehung, 2006, 51 ff.; *Gehm* NJW 2012, 1257; *Hellmann* wistra 2005, 162; *Madauß* NZWiSt 2013, 386; *Muhler* wistra 2009, 1; Kohlmann/*Schauf* Rn. 1394; zu diesen Formen der Steuerhinterziehung als „Leitbeispiele der Steuerhinterziehung als Gewerbe" *Gaede,* Steuerbetrug, 2016, 165 ff.). Zum Dritten bringen die Taten starke **Wettbewerbsverzerrungen** dadurch mit sich, dass der Unternehmer, der sich Umsatzsteuerkarussell (krit. zu diesem Begriff *Hellmann* wistra 2005, 162; *Schaefer* NJW-Spezial 2007, 231 f.) oder Kettengeschäft zunutze macht (vgl. *Gehm* StraFo 2015, 441 f.), seine Waren zu einem erheblich geringeren Preis anbieten kann als seine ehrlichen Konkurrenten (vgl. hierzu DStR 2009, 1688 (1691); Klein/*Jäger* Rn. 373; *Hellmann* wistra 2005, 161 ff.; *Madauß* NZWiSt 2013, 386; *Mann* UStB 2011, 216 f.; *Muhler* wistra 2009, 1 ff.). Das Bundeslagebild zur Organisierten Kriminalität für 2013 (abrufbar über die Homepage des BKA) weist die Steuer- und Zollkriminalität mit 9,5 % auf dem vierten Platz aus; hier dominiert der Zigarettenschmuggel. Das Steuerfahndungsergebnis für 2012 weist ein Mehrergebnis von 2,047 Mrd. EUR (984 Mio. im Jahr 2011) für die Umsatzsteuer aus (BMF-Monatsbericht Oktober 2013). Die Ausfallquote wird bei der Umsatzsteuer auf 9 % geschätzt (vgl. *Madauß* NZWiSt 2013, 386; zu Zahlen auch *Gaede,* Steuerbetrug, 2016, 168). Als tatsächlich effektiv zur Verhinderung von Umsatzsteuerhinterziehung hat sich bislang vor allem das sog Reverse-Charge-Verfahren erwiesen (vgl. *Madauß* NZWiSt 2013, 386 (388); krit. *Korf* UVR 2014, 187 ff. zu Maßnahmen der Finanzverwaltung bereits *Datke,*Umsatzsteuerhinterziehung, 2006, 28 ff.).

312   **b) Funktionsweise der Umsatzsteuer. aa) Umsatzsteuer und Vorsteuerabzug.** Die Umsatzsteuer ist eine sog indirekte Verwendungssteuer, die als allgemeine Verbrauchsteuer den privaten Konsum von Gütern und Dienstleistungen belasten soll. Daher ist grds. nur die von einem **Unternehmer** (§ 2 UStG) erbrachte **Lieferung** (§ 1 UStG) oder **sonstige Leistung** (§§ 3 ff. UStG) **steuerbarer Umsatz** (§ 1 UStG). **Bemessungsgrundlage** für die Umsatzsteuer ist das Entgelt (§§ 10 f. UStG), auf das der nach § 12 UStG zu bestimmende Steuersatz angewendet wird. Um eine Belastung des Unternehmers mit der Umsatzsteuer und so eine Kumulation der Steuerlast auf jeder Handelsstufe zu vermeiden, ist jeder Unternehmer berechtigt, die Umsatzsteuerbeträge, die er beim Eingangsumsatz aufwenden musste, unter den Voraussetzungen von §§ 14 ff. UStG als Vorsteuern von der ihm abzuführenden Umsatzsteuer auf seine Ausgangsumsätze geltend zu machen. Handelt es sich bei dem Leistenden nicht um einen Unternehmer, so ist der Vorsteuerabzug nach der Rechtsprechung des BFH unabhängig von einem Verschulden des Stpfl. grds. zu versagen. Es handele sich nicht um eine „gesetzlich geschuldete Steuer", die auf den Eingangsumsatz erhoben werde: Daher könne Vertrauensschutz nicht im Festsetzungs-, sondern „im Rahmen einer Billigkeitsmaßnahme" gewährt werden (BFH DStR 2015, 2073 Rn. 31; krit. *Neeser* UVR 2015, 331 (337 f.); BFH NZWiSt 2016, 29 mAnm *Madauß*). Ob das Billigkeitsverfahren hinreichend ist, um die Vorgaben der EuGH-Rspr. (insbes. EuGH MwStR 2014, 795 – Traum EOOD mAnm *Grube;* vgl. auch *Spatscheck/Stenert* DStR 2015, 104 ff.) zu erfüllen, ist jedoch fraglich (vgl. auch *Neeser* UVR 2015, 331 (337 f.)). Denn in der Sache geht es nicht um eine Gewährung einer Wohltat durch die Finanzverwaltung, vielmehr hat der Stpfl. aus unionsrechtlichen Gründen ein **Recht** auf den Vorsteuerabzug, wenn er unverschuldet Lieferungen von einem Nichtunternehmer bezogen hat.

312a   Die Existenz der Rechnung iSd § 14 UStG ist nach hM materielle Voraussetzung des Rechts zur Geltendmachung des **Vorsteueranspruchs** (EuGH IStR 2004, 493 Rn. 32 ff. – Terra Baubedarf; BGH FD-StrafR 2015, 373046 Rn. 12; BFH DStR 2015, 71 (72 f.); vgl. *Meurer* UStB 2011, 216 (217); Wabnitz/Janovsky WirtschaftsStR-HdB/*Pflaum* Kap. 20 Rn. 34; MüKoStGB/*Schmitz/Wulf* Rn. 245). Der Unternehmer bleibt mit der Geltendmachung des Vorsteueranspruchs von einer Belastung durch die Umsatzsteuer insoweit frei, wie er nicht „privater" Endabnehmer der umsatzsteuerpflichtigen Leistung ist. Diese Möglichkeit des Vorsteuerabzugs, die im Missbrauchsfall dazu führen kann, dass der

Unternehmer nicht nur selbst keine Umsatzsteuer entrichtet, sondern darüber hinaus erfolgreich Ansprüche auf Erstattung von ihm geleisteter Umsatzsteuerbeträge geltend machen kann, bildet die für Missbrauch anfällige Schwachstelle des Umsatzsteuersystems.

Im finanzgerichtlichen Verfahren kann der Nachweis, dass ein Recht zur Geltendmachung des **312b** Vorsteueranspruchs entstanden ist, mit allen grds. in Betracht kommenden Beweismittel geführt werden (BFH DStR 2015, 71 (73)). Entscheidend ist, dass das FG die Überzeugung gewinnt, der Unternehmer habe auch die Originalrechnung besessen. Bei **Totalverlust** der Rechnungen kann eine Schätzung der anzurechnenden Vorsteuern notwendig werden (vgl. BGH NZWiSt 2012, 229 (233) mAnm *Neiseke*). Diese Schätzung darf das Gericht bei der Schadensbestimmung nur unterlassen, wenn es zu der Überzeugung gelangt, dass zu keinem Zeitpunkt Ausgangsrechnungen mit gesondert ausgewiesener Vorsteuer vorgelegen haben (vgl. BGH wistra 1996, 106; 2008, 153).

bb) Erklärungspflichten im Umsatzsteuerrecht. Der Unternehmer hat bezüglich der Umsatz- **313** steuer in **zweifacher** Hinsicht einer steuerlichen **Erklärungspflicht** nachzukommen: Er muss nach § 18 Abs. 1 UStG für jeden Voranmeldungszeitraum – entweder einen Monat oder ein Quartal (§ 18 Abs. 2 UStG) – eine **Umsatzsteuervoranmeldung** abgeben. Die Erklärung ist bis zum 10. Tag nach dem Ablauf des Voranmeldungszeitraums abzugeben. In dieser Erklärung muss er die Steuer für den Voranmeldungszeitraum (Vorauszahlung) selbst berechnen und mit Ablauf der Frist zur Voranmeldung entrichten (§ 18 Abs. 1 S. 4 UStG). Diese Art der Steueranmeldung (§ 150 Abs. 1 S. 2) bedeutet steuerverfahrensrechtlich, dass die Erklärung des Unternehmers gem. § 168 S. 1 einer Steuerfestsetzung unter **Vorbehalt der Nachprüfung (§ 164) gleichsteht,** soweit sie nicht zu einer Steuervergütung führt (§ 168 S. 2; → Rn. 106). Im Falle einer Steuervergütung wird die Festsetzung erst mit der Bekanntgabe der Zustimmung der Finanzbehörde wirksam (BGH NStZ-RR 2015, 284 Rn. 29), die allerdings auch durch Allgemeinverfügung im Voraus erteilt werden kann (→ Rn. 107). Ein Steuerbescheid der Finanzbehörde hat ausschließlich dann zu ergehen, wenn entweder eine Abweichung zwischen Steuerfestsetzung durch Anmeldung einerseits und den Bescheid andererseits entsteht oder keine Umsatzsteueranmeldung abgegeben worden ist (§ 167 Abs. 1 S. 1).

Ferner hat der Unternehmer gem. § 18 Abs. 3 S. 1 UStG nach Ablauf des Kalenderjahres eine **314** **Umsatzsteuerjahreserklärung** abzugeben, in der die für das Jahr endgültige Berechnung vorzunehmen ist. Die Abgabe dieser Erklärung, die ebenfalls eine Steueranmeldung gem. §§ 150 Abs. 1 S. 2, 168 darstellt, muss gem. § 149 Abs. 2 S. 1 grds. bis zum 31.5. des Folgejahres erfolgen (vgl. jedoch die allg. Fristverlängerungen in BStBl. I 2015, 41; → Rn. 323). Ergibt sich nach der Berechnung des Unternehmers ein Unterschiedsbetrag zwischen Voranmeldungen und Jahreserklärung zugunsten der Finanzbehörde, so ist dieser innerhalb eines Monats nach Abgabe der Erklärung zur Entrichtung fällig (§ 18 Abs. 4 S. 1 UStG). Setzt die Finanzbehörde die Jahresumsatzsteuer durch Steuerbescheid abweichend von der Berechnung des Unternehmers fest, so sind die festgesetzten Beträge einen Monat nach Bekanntgabe des Steuerbescheids fällig (§ 18 Abs. 4 S. 2 UStG). Beide Verfahren sind steuerrechtlich selbstständig und können sich zeitlich überschneiden (BGHSt 53, 221 (225)), so dass Fristen gesondert zu beachten sind und auch Verspätungszuschläge unabhängig voneinander festgesetzt werden können (vgl. auch Kohlmann/*Schauf* Rn. 1364).

c) Tatbestandliche Voraussetzungen der Umsatzsteuerhinterziehung (§ 370). Im Hinblick auf **315** die Tathandlungen selbst weist die Umsatzsteuerhinterziehung keine strukturellen Eigenheiten auf. Hier ist lediglich anzumerken, dass durch die zweifache Erklärungspflicht aufgrund der eigenständigen Pflichten zur Abgabe von Umsatzsteuervoranmeldung einerseits und Umsatzsteuerjahreserklärung andererseits Besonderheiten auftreten können. Zudem kann sich das Recht zum Vorsteuerabzug gem. § 15 UStG auf den tatbestandlichen Erfolg auswirken.

aa) Tatbestandsmäßiges Verhalten: Abgabe unrichtiger Umsatzsteuererklärungen/Unter- **316** **lassen der Abgabe der Umsatzsteuererklärungen.** Die Umsatzsteuerhinterziehung kann zunächst in der Tatmodalität des § 370 Abs. 1 Nr. 1 durch Abgabe einer unrichtigen Umsatzsteuervoranmeldung oder Umsatzsteuerjahreserklärung begangen werden, in der die getätigten und steuerbaren Umsätze zu gering angegeben oder zu hohe Vorsteuerbeträge geltend gemacht werden. Da sowohl die Voranmeldung als auch die Jahreserklärung steuerrechtlich selbstständig sind (vgl. Kohlmann/*Schauf* Rn. 1364), ist die **Abgabe einer unrichtigen Umsatzsteuervoranmeldung** ebenso taugliche Tathandlung des § 370 Abs. 1 Nr. 1 wie die Abgabe einer unrichtigen Umsatzsteuerjahreserklärung (vgl. BGHSt 53, 221 (225 ff.)). Dabei ist die elektronische Abgabe der Erklärung nicht unbedingt als Abgabe des unmittelbar übermittelnden Computernutzers (zB des Beraters) anzusehen; Erklärender bleibt grds. der Steuerpflichtige bzw. der auch nach außen hin für ihn Handelnde.

Ferner kann die Umsatzsteuerhinterziehung im Wege der **Unterlassung** gem. § 370 Abs. 1 Nr. 2 **316a** begangen werden, wenn der Unternehmer entweder die abzugebende Voranmeldung oder die Umsatzsteuerjahreserklärung nicht oder nicht rechtzeitig abgibt (§ 370 Abs. 4 S. 1) und auf diese Weise die Finanzbehörde über steuerlich erhebliche Tatsachen in Unkenntnis lässt (vgl. Rolletschke/Kemper/*Rolletschke* Rn. 200, 406; → Rn. 66).

317   **bb) Tatbestandlicher Erfolg: Steuerverkürzung oder Erlangen eines nicht gerechtfertigten Steuervorteils.** Bezüglich des tatbestandsmäßigen Erfolgs ergeben sich bei der Umsatzsteuerhinterziehung zum einen durch das Umsatzsteueranmeldungsverfahren und zum anderen durch das Recht zum Vorsteuerabzug gewisse Unterschiede zu anderen Begehungsweisen des § 370:

Der **Erfolg** der Steuerhinterziehung und damit die **Tatvollendung** tritt gem. § 370 Abs. 4 S. 1 Hs. 1 ein, wenn entweder eine Steuer verkürzt, sie mithin **nicht, nicht in voller Höhe** oder **nicht rechtzeitig festgesetzt** worden ist, oder ein **nicht gerechtfertigter Steuervorteil** erlangt wird (→ Rn. 80 ff.). Dies gilt gem. § 370 Abs. 4 S. 1 Hs. 2 Var. 3 auch, soweit eine Steueranmeldung einer Steuerfestsetzung unter Vorbehalt gleichsteht, also bei der Umsatzsteuervoranmeldung sowohl durch die Voranmeldung als auch durch die Jahressteuererklärung (→ Rn. 106). Darauf, ob die Umsatzsteuer letztlich entrichtet wird, kommt es für die Erfüllung des Tatbestands nicht an (BGH NZWiSt 2016, 242 (243)).

318   Die allgM unterscheidet zwischen Hinterziehung durch die Umsatzsteuervoranmeldung einerseits und die Umsatzsteuerjahreserklärung andererseits insofern, als die Abgabe einer unrichtigen Voranmeldung hinsichtlich der Steuerschuld als solcher regelmäßig vorläufig nur zu einer **Steuerverkürzung auf Zeit** (vgl. → Rn. 135 ff.; *Dörn,* Steuerhinterziehung durch Unterlassen?, 2001, 103 ff.; Kohlmann/*Schauf* Rn. 1358.1) führt, die erst mit der Umsatzsteuerjahreserklärung in eine Verkürzung der Umsatzsteuer **auf Dauer** umschlägt (BGHSt 53, 221 (228); BGH wistra 1997, 262 (263); BGH NJW 1998, 390 (391 f.); 2000, 137; BGH wistra 2002, 185; BGH NJW 2009, 1979 (1983); Kohlmann/*Schauf* Rn. 1358.1 f.; Rolletschke/Kemper/*Rolletschke* Rn. 443). Die Steuerverkürzung auf Zeit ist in derjenigen auf Dauer im Wesentlichen enthalten. Diese Differenzierung wird allerdings ausschließlich iRd Strafzumessung relevant, weil die Absicht, nach Abgabe einer unrichtigen Voranmeldung später eine richtige Jahreserklärung abzugeben, nichts an der Erfüllung des Tatbestandes ändert und nur als beabsichtigte Schadensbeseitigung angesehen werden darf (→ Rn. 134 ff.; 337 f.).

319   Steht fest, dass der Steuerpflichtige schon bei Abgabe der Voranmeldung entschlossen war, die Angaben in der Jahreserklärung zu wiederholen, liegt nach der Judikatur schon in der Abgabe der unrichtigen Voranmeldung eine (geplante) Verkürzung auf Dauer (BGH wistra 1998, 298; 2002, 185; vgl. auch Rolletschke/Kemper/*Rolletschke* Rn. 224).

320   Durch das System von Voranmeldung und Jahreserklärung in Verbindung mit dem *Vorsteuerabzug* können sich **vier Konstellationen der Verkürzung** mit unterschiedlichen Zeitpunkten des Eintritts der Steuerverkürzung und damit der Tatvollendung ergeben (vgl. *Muhler* wistra 2009, 1 ff.; ferner *Hentschel* UR 1999, 476 ff.; *Dörn* DStZ 1996, 491 ff.):

321   **(1)** Erklärt der Steuerpflichtige in seiner Umsatzsteuervoranmeldung oder Umsatzsteuerjahreserklärung **zu geringe steuerbare Umsätze,** meldet er aber noch einen Überschuss der Umsatzsteuerschuld gegenüber dem Vorsteuerabzug, mithin eine **Zahllast** an, so entsteht die **Steuerverkürzung** zum Zeitpunkt des Eingangs der Anmeldung bei der Finanzbehörde, da die Erklärung gem. § 168 S. 1 die Wirkung der Steuerfestsetzung durch Bescheid hat (BGH UR 1989, 101; vgl. auch BGHSt 53, 221 (227)). Die Tat ist mit dem Zugang der Steueranmeldung vollendet (BGHSt 53, 221 (227 f.); BGH wistra 2014, 486 (487); *Wulf* Steueranwalt 2013/2014, 85 (87); → Rn. 106, 256). Der Versuch der Tat beginnt mit der Abgabe der Erklärung; jedoch dürften reine Versuchstaten selten sein, weil die Vollendung grds. mit der Einreichung der Anmeldung/Erklärung eintritt, so dass wohl nur der untaugliche Versuch bleibt.

322   **(2)** Entsteht aufgrund **unrichtiger Angaben** über den Umsatz oder Geltendmachung zu **hoher Vorsteuerabzugsbeträge** ein sog **Rotbetrag,** so wirkt die Anmeldung gem. § 168 S. 2 erst nach Erteilung der zumindest konkludenten Zustimmung durch die Finanzbehörde und Zugang beim dem Steuerpflichtigen (BGHSt 53, 221 (227); BFH DStR 1997, 747; AEAO zu § 168) wie eine Steuerfestsetzung unter Vorbehalt der Nachprüfung. Zu diesem Zeitpunkt entsteht eine *Steuerverkürzung* (vgl. BGH NStZ 2005, 516 (517) BGH NZWiSt 2016, 242 (243) mAnm *Gehm*). Zudem führen die falschen Angaben des Steuerpflichtigen zu einer Vergütung, die einen *ungerechtfertigten Steuervorteil* darstellt (vgl. *Gaede,* Steuerbetrug, 2016, 574). Damit sind in Steuererstattungsfällen nach hM beide Alternativen des tatbestandlichen Erfolgs gem. § 370 Abs. 4 S. 1 Hs. 1, S. 2 erfüllt. Daran könnte man allerdings mit der Begründung zweifeln, dass die Vorsteuer eine **unselbstständige Besteuerungsgrundlage** darstellt (BGH NStZ 2014, 102 (103); vgl. zur Wirkung der gesetzlichen Verrechnung auch BFHE 238, 302 (305 ff.)) und es bereits zu einer gesetzlichen Saldierung von Umsatzsteuer und Vorsteuer kommt. Kommt es hier zu einer Steuervergütung, so dürfte diese wohl keinen Steuervorteil iSd § 370 darstellen (vgl. zu dieser Differenzierung Hübschmann/Hepp/Spitaler/*Hellmann* Rn. 122). Es handelt sich jedoch in jedem Fall um nur *eine* Tatbestandserfüllung (vgl. Rolletschke/Kemper/*Rolletschke* Rn. 461). Mit dem Zugang der Zustimmung ist die Tat vollendet (BGHSt 53, 221 (227); → Rn. 107, 257). Kein Taterfolg tritt ein, wenn die Finanzbehörde die Zustimmung zur Festsetzung durch die Anmeldung verweigert; die Tat bleibt im strafbaren Versuch (§ 370 Abs. 2) stecken (BGH wistra 2014, 486 (488); BGH UR 1989, 101; → Rn. 258). Der Versuch beginnt auch hier bereits mit der Abgabe der Erklärung.

323   **(3)** Gibt der Unternehmer trotz seiner Verpflichtung nach § 18 Abs. 1 UStG oder § 149 Abs. 2 und bestehender Umsatzsteuerschuld **keine** oder **eine verspätete Umsatzsteuervoranmeldung** oder

Jahreserklärung ab, so ist die Steuerhinterziehung hinsichtlich der Vorauszahlung am zehnten Tag nach Ablauf des Voranmeldungszeitraums, für den Jahressteuerbetrag mit Ablauf des 31.5. des Folgejahres vollendet (BGH wistra 2012, 484 (485) mAnm *Wulf;* → Rn. 271; zur Frage der Frist bei allgemeiner Fristverlängerung für Steuerberater NZWiSt 2013, 478 (479) mAnm *Decker;* Schmitz FS Kohlmann, 2003, 517 (528)). Hätte der Unternehmer die Voranmeldung bzw. Jahressteueranmeldung ordnungsgemäß abgegeben, so wäre zu diesem jeweiligen Termin die Festsetzung gem. § 168 S. 1 erfolgt, die nun unterblieben ist. Durch diese verspätete Festsetzung tritt die Steuerverkürzung ein (§ 370 Abs. 4 S. 1 Hs. 2) und der Tatbestand ist erfüllt. Dies gilt auch, wenn die Finanzbehörde die anzumeldende Umsatzsteuer später zutreffend oder zu hoch schätzt, weil in diesem Fall durch die Verzögerung eine verspätete Festsetzung erfolgt (BGH BB 1953, 876; Kohlmann/*Schauf* Rn. 1360; vgl. auch MüKoStGB/*Schmitz/Wulf* Rn. 107). Der Versuch beginnt mit dem Verstreichenlassen der Abgabefrist (BGH NZWiSt 2013, 478 (479) mAnm *Decker*) und fällt damit regelmäßig mit der Vollendung zusammen (BGHSt 53, 221 (227 f.)). Wird eine Anmeldung oder Erklärung verspätet abgegeben, so kann darin eine **Selbstanzeige** gesehen werden (vgl. hierzu § 371 Abs. 2a, Nr. 132 Abs. 2 AStBV 2014; ferner Kohlmann/*Schauf* Rn. 1358; aber → Rn. 334).

(4) Problematisch ist der Fall, dass der Steuerpflichtige **keine Umsatzsteuervoranmeldung** oder **324** **Jahressteuererklärung** abgibt, aber bei zutreffender Berechnung der auf den Voranmeldungszeitraum oder das Kalenderjahr entfallenden Steuer abzüglich des Vorsteuerbetrages einen **Rotbetrag** hätte anmelden können. Hier wird das Kompensationsverbot des § 370 Abs. 4 S. 3 relevant (→ Rn. 178 ff.; eing. *Bülte* NZWiSt 2016, 1 ff.; 2016, 52 ff.). Danach ist eine Steuerverkürzung auch dann gegeben, wenn die Steuer, auf die sich die Tat bezieht, aus *anderen Gründen* hätte ermäßigt oder der Steuervorteil aus anderen Gründen hätte beansprucht werden können (vgl. Klein/*Jäger* Rn. 130 f.). Die Vorsteuern ergeben sich nach der Rspr. (BGH NStZ 1991, 89; BGH wistra 2005, 144 (145)) aus einem solchen **anderen Grund,** so dass der Steuerpflichtige selbst dann objektiv Umsatzsteuer verkürzt hat, wenn er keine Umsatzsteuererklärung abgegeben hat, weil sich iRd Anmeldung keine Steuerschuld ergeben hätte.

Dem ist in der Literatur (vgl. Kohlmann/*Ransiek* Rn. 529) entgegengehalten worden, es müsse eine **324a** **Ausnahme vom Kompensationsverbot** angenommen werden: Begreife man die Steuer auf den Umsatz und die Vorsteuer mit Blick auf §§ 16 Abs. 2 und § 18 UStG als eine Einheit, daraus folge ein unmittelbarer wirtschaftlicher Zusammenhang. Es dürfte sich hier jedoch nicht um eine Ausnahme vom Kompensationsverbot, sondern allenfalls um eine schlichte Nichterfüllung des Tatbestandes von § 370 Abs. 4 S. 3 handeln, der bereits eine Ausnahme normiert. Die Argumentation überzeugt allerdings nicht: Ein *anderer* Grund liegt nicht bei jedem wirtschaftlichem Zusammenhang vor (vgl. auch *Bülte* BB 2008, 2375 (2379 f.)), sondern erfordert einen unmittelbaren, einen zwingenden wirtschaftlichen Zusammenhang, der dann gegeben ist, wenn die Geltendmachung der Vorsteuer nicht ohne die Erklärung der Umsätze möglich ist. Die steuerlich einheitliche Bewertung allein setzt einen solchen Zusammenhang nicht voraus; sie führt lediglich zu einem normativen Konnex. Insofern steht dem auch nicht die Rspr. des BFH (BFHE 246, 232 Rn. 52) entgegen, die für den Vorsteuerabzug einen unmittelbaren wirtschaftlichen Zusammenhang zwischen Eingangsumsatz und der Tätigkeit des Stpfl. verlangt, weil dieser Zusammenhang nicht konkrete Ausgangsumsätze des Stpfl., sondern nur seine Tätigkeit als solche betrifft (vgl. *Bülte* NZWiSt 2016, 1 (6 ff.)).

Auch die von *Schmitz/Wulf* (in MüKoStGB/*Schmitz/Wulf* Rn. 159 f.) hingegen vorgetragenen Argumente überzeugen nicht. Sie stellen darauf ab, dass ohne Erklärung oder Steuerfestsetzung kein Referenzpunkt für die „anderen" Gründe gegeben sei. Wenn man das **Kompensationsverbot als Ausschluss aller nicht geltend gemachten steuermindernden Tatsachen** interpretiert, lasse sich nicht von „nicht geltend gemacht" sprechen. Dem ist jedoch entgegenzuhalten, dass es für die Bestimmung der „anderen Gründe" auf den *untrennbaren* Zusammenhang mit tatsächlich durchgeführten Umsätzen ankommt; auch wenn ein Umsatz nicht erklärt wird, kann man seinen zwingenden wirtschaftlichen Zusammenhang mit einem Vorsteueranspruch feststellen. Das weitere Argument (MüKoStGB/*Schmitz/Wulf* Rn. 160), es dürfe nach Sinn und Zweck von EStG und UStG nur der Saldo von Einnahmen und Ausgaben besteuert und bei der Steuerverkürzung berücksichtigt werden, ist zwar grds. richtig, aber mit dem Wortlaut des § 370 Abs. 4 S. 3 nicht in Einklang zu bringen, der ausdrücklich etwas anderes bestimmt. Das Kompensationsverbot führt de facto dazu, dass sich der strafrechtliche Begriff des Steueranspruchs von demjenigen des Steuerrechts löst (*Bülte* NZWiSt 2016, 1 (4) mwN).

Es kommt jedoch stets ein **Tatbestandsirrtum** dahingehend in Betracht, dass der Täter sich aufgrund **324b** des Vorsteueranspruchs über das Bestehen des Umsatzsteueranspruchs irrt (vgl. BGH NStZ 1991, 89; *Gaede,* Steuerbetrug, 2016, 586; *Müller* AO-StB 2008, 80 (82); vgl. auch *Wedler* NZWiSt 2015, 99 ff.; → § 238; → § 369 Rn. 25 ff.). **Vollendet** ist diese Tat ebenso wie der zuvor genannte Fall (3) mit Ablauf des zehnten Tages nach dem Ende des Anmeldungszeitraums bzw. Ablauf des 31.5. des Folgejahres.

Eine Besonderheit ergibt sich im Verhältnis zwischen Umsatzsteuervoranmeldung und Jahressteuerer- **325** klärung im Falle der Einleitung eines Strafverfahrens wegen einer unrichtigen oder unterlassenen Voranmeldung: Die **Strafbewehrung der Pflicht zur Abgabe** der **Umsatzsteuerjahreserklärung** wird im Hinblick auf den Grundsatz nemo-tenetur **suspendiert** (vgl. BGH NJW 2001, 3638 (3640 f.); ferner Kohlmann/*Schauf* Rn. 1377). Der Steuerpflichtige wird aber nicht von der strafrechtlichen Verantwortlichkeit für eine unrichtige Jahressteuererklärung freigestellt (→ § 393 Rn. 47, 50 auch zur Problematik der Auswirkungen auf die Pflicht zur Abgabe in Folgejahren).

326   **Vorsteuern,** die der Steuerpflichtige im Rahmen seiner pflichtwidrigen Umsatzsteuervoranmeldung nicht geltend gemacht hat, etwa weil er Schwarzumsätze nicht offenbaren wollte, führen wegen des **Kompensationsverbots** gem. § 370 Abs. 3 S. 4 nicht zum Ausschluss oder zur Minderung der Steuerverkürzung, sind aber iRd Strafzumessung zu berücksichtigen (BGH wistra 2005, 145; *Kohlmann/Schauf* Rn. 1362; *Bülte* BB 2008, 2375 (2379 f.); *Bülte* NZWiSt 2016, 1 (4); *Muhler* wistra 2009, 1; *Menke* wistra 2006, 171; → Rn. 187, 324 ff.).

326a   In seinen Entscheidungen v. 22.5.2012 (BGH NJW 2012, 637 ff.) und 26.6.2012 (BGH NStZ 2012, 639 ff.) hat der BGH festgestellt, dass bei Hinterziehung der **Einfuhrumsatzsteuer** und anschließender Hinterziehung der Umsatzsteuer aus dem Weiterverkauf zwei Steuerhinterziehungen vorliegen. Vorsteueransprüche aus der **Einfuhrumsatzsteuer** stehen der Annahme von zwei Steuerhinterziehungen, eine begangen durch unterlassene Erklärung der Einfuhrumsatzsteuer und einer weitere durch die nicht erklärte Umsatzsteuer beim Weiterverkauf nach der Rspr. nicht entgegen, weil Einfuhrumsatzsteuer und Umsatzsteuer aus dem Weiterverkauf unterschiedliche wirtschaftliche Sachverhalte betreffen sollen (BGH wistra 2014, 25 (26)). Geht man von der Prämisse aus, dass für den Vorsteueranspruch im Hinblick auf den Umsatzsteueranspruch für den Weiterverkauf das Kompensationsverbot gilt, so erscheint diese Lösung überzeugend. Der Vorsteueranspruch stammt zwar wirtschaftlich aus demselben Verhältnis wie der Anspruch auf Einfuhrumsatzsteuer, so dass man hier annehmen könnte das Kompensationsverbot gelte hier. Denn das Recht zum Vorsteuerabzug hängt – wie der EuGH (DStR 2012, 697 Rn. 18 ff. – Veleclair, vgl. auch BGH NStZ 2014, 102) festgestellt hat – nicht davon ab, dass der Unternehmer die Vorsteuern auch tatsächlich an seinen Lieferanten gezahlt hat. Aber für die Erhebung der Einfuhrumsatzsteuer ist gem. Art. 108 Abs. 1 GG der Zoll als Bundesfinanzbehörde zuständig; die Ansprüche aus dem Zoll stehen grds. der Union zu. Die Einfuhrumsatzsteuer kann dennoch nicht iRd Zollverfahrens, sondern ausschließlich im späteren Umsatzsteuersteuerverfahren beim zuständigen Finanzamt geltend gemacht werden (vgl. auch BGH wistra 2014, 25 (26)). So wird zwar der der Europäischen Union zustehende Zollanspruch verkürzt, der dem Bund und den Ländern zustehende Umsatzsteueranspruch jedoch letztlich nur um den Betrag zu hoch angesetzt, um den der nicht erklärte Umsatzsteuer beim Weiterverkauf die Einfuhrumsatzsteuer übersteigt.

326b   Es liegt nahe, danach auch die Steuerverkürzung zu berechnen. Dem steht nach der Auffassung des BGH jedoch das **Kompensationsverbot** entgegen, weil Vorsteueransprüche andere Gründe iSd § 370 Abs. 4 S. 3 seien. Zudem kann man einwenden, dass der Vorsteueranspruch nur durch die *(fakultative)* Geltendmachung entsteht. Selbst wenn man dies grds. akzeptiert, ist die Anwendung des Kompensationsverbots auf diesen Fall schwerlich zu rechtfertigen, wenn die Einfuhrumsatzsteuer als Vorsteuer im konkreten Fall von der Umsatzsteuerschuld abgezogen werden kann. Sinn und Zweck dieser gesetzlichen Fiktion einer Steuerverkürzung ist es, das Nachschieben von Gründen zu verhindern. Der Stpfl. soll nicht die Möglichkeiten haben, einen Steuerminderungstatbestand in der „Hinterhand" zu behalten, während er abwartet, ob seine unrichtigen Angaben aufgedeckt werden (vgl. *Bülte* BB 2008, 2375 (2379 f.)). Der BGH versteht dementsprechend unter anderen Gründen alle Umstände, die nicht im *„unmittelbaren wirtschaftlichen Zusammenhang"* (BGH GA 1978, 307; BGH wistra 1984, 183; 1988, 356; 1990, 232; BGH NStZ 2004, 579 (580)) mit dem Steueranspruch stehen. Das ist jedoch mit Blick auf den Telos des § 370 Abs. 4 S. 2 zu eng; maßgeblich ist vielmehr die Frage, ob es unter irgendeinem Gesichtspunkt sinnvoll erscheinen könnte, die Information über die Einfuhrumsatzsteuern als Vorsteuern zurückzuhalten, um sie später nachzuschieben (vgl. hierzu *Gehm* NZWiSt 2015, 116 (117)). Dies ist zu verneinen; der Stpfl. könnte die Vorsteuern nicht angeben, ohne zu offenbaren, dass er die Einfuhrumsatzsteuer hinterzogen hatte. Eine Anwendung des Kompensationsverbots erscheint hier selbst dann nicht gerechtfertigt, wenn man annehmen wollte, dass kein wirtschaftlicher Zusammenhang zwischen Umsatzsteuer auf den Weiterverkauf und Einfuhrumsatzsteuer besteht (vgl. auch *Wulf* Stbg 2012, 545 ff.; aA wohl *Kohlmann/Ransiek* Rn. 534).

326c   Hierzu hat der BFH (NZWiSt 2014, 469 (473 f.) mAnm *Madauß*) zudem ausgeführt: Das Kompensationsverbot gilt nicht, wenn ein unmittelbarer wirtschaftlicher Zusammenhang zwischen verschwiegenen steuererhöhenden und steuermindernden Umständen besteht; *„innergemeinschaftliche Lieferung und innergemeinschaftlicher Erwerb sind ein und derselbe wirtschaftliche Vorgang".* *Gehm* (NZWiSt 2015, 116) hat diese Entscheidung wie folgt eingeordnet: *„Der BFH geht sodann über die Problematik der innergemeinschaftlichen Verbringung hinaus und sieht generell beim innergemeinschaftlichen Erwerb das Kompensationsverbot des § 370 Abs. 4 S. 3 im Hinblick auf Erwerbsbesteuerung und Vorsteuerabzug als nicht anwendbar an. (…) Mithin ist sowohl beim innergemeinschaftlichen Erwerb als auch bei der Einfuhrumsatzsteuer davon auszugehen, dass der BFH generell das Greifen des Kompensationsverbots verneint im Hinblick auf Einfuhrumsatzsteuer respektive Umsatzsteuer auf den innergemeinschaftlichen Erwerb und der sich hieraus ergebenden Berechtigung Vorsteuer geltend zu machen."* Überträgt man also mit *Gehm* die neuere BFH-Judikatur auf die Einfuhrumsatzsteuer, so folgt daraus, dass bei Entstehen eines Vorsteueranspruchs nach § 15 Abs. 1 Nr. 3 UStG eine Steuerverkürzung nicht mehr möglich wäre. Die Einfuhrumsatzsteuer ist danach unmittelbar mit dem Vorsteueranspruch zu verrechnen. Hiergegen könnte man zwar einwenden, der Vorsteueranspruch entstehe erst mit seiner Geltendmachung, vorher handele es sich nur um ein **Recht auf Gewährung des**

Vorsteuerabzugs. Jedoch wird man hier die Nichterklärung der Einfuhrumsatzsteuer als konkludente Geltendmachung des Vorsteueranspruchs interpretieren müssen.

Vor dem Hintergrund der Entscheidung *Italmoda* (EuGH MwStR 2015, 87 Rn. 42 ff.; **326d** → Rn. 379a ff.) könnte möglicherweise steuerrechtlich – nicht jedoch strafrechtlich, so dass sich dieses Argument nicht auf § 370 Abs. 4 S. 3 auswirken kann – argumentiert werden: Wenn sich der Lieferant bewusst oder fahrlässig an einer Umsatzsteuerhinterziehung beteiligt, so ist ihm sowohl die Steuerbefreiung als auch der mit der Einfuhrumsatzsteuer verbundene spätere Vorsteuerabzug zu versagen. Ob die EuGH-Rspr. allerdings so weit zu verstehen ist, ist fraglich.

cc) Subjektiver Tatbestand. Im subjektiven Tatbestand ergeben sich grds. keine Besonderheiten für **327** den Bereich der Umsatzsteuer (vgl. daher zum subjektiven Tatbestand → Rn. 231 ff.). Nimmt der Täter irrig an, ihm stehe ein Steuervorteil zu, etwa in Form des Vorsteuerabzugs, so handelt er gem. § 16 StGB ohne Vorsatz (vgl. BGH NStZ 1991, 89 mwN), wenn er diesen Vorteil geltend macht. Einen Tatbestandsirrtum hat der BGH nach der sog **Steueranspruchstheorie** (vgl. → Rn. 234; *Bülte* NStZ 2013, 65 (68 ff.); *Kuhlen* FS Kargl, 2015, 297 ff.; *Wedler* NZWiSt 2015, 99 ff. mwN) zu Recht auch für den Fall angenommen, dass der Unternehmer einen steuerbaren Umsatz nicht erklärt, weil er davon überzeugt ist, ihm stehe ein Vorsteuerabzug zu, so dass es nicht zu einer Steuerverkürzung kommen könne (BGH wistra 1991, 107; vgl. auch Rolletschke/Kemper/*Rolletschke* Rn. 27, 361, 373 ff.; abl. *Muhler* wistra 2009, 2). Soweit der BGH derzeit von der Steueranspruchstheorie abzurücken scheint, ist dem nicht zu folgen (vgl. zu den Gründen statt aller *Kuhlen* FS Kargl, 2015, 297 ff.; vgl. auch *Wulf* Stbg 2012, 19 ff.). Auch das OLG Köln (BeckRS 2014, 18661 Rn. 182) hat klargestellt, dass zum Steuerhinterziehungsvorsatz die (Rechts-)Kenntnis vom Bestehen und der Höhe des Steueranspruchs gehört. Die vereinzelt in der Justizliteratur vertretene Auffassung (→ § 369 Rn. 28; → StGB § 16 Rn. 25 ff.), der Irrtum über den Steueranspruch sei stets ein Verbotsirrtum, überzeugt nicht. Sie missachtet den Wortlaut des § 16 Abs. 1 S. 1 StGB und verstößt gegen Art. 103 Abs. 2 GG, weil sie ignoriert, dass der Steueranspruch zum Tatbestand gehört (Adick/Bülte FiskalStrafR/*Bülte* Kap. 9 Rn. 72 ff.; *Kuhlen* FS Kargl, 2015, 297 ff.; *Wedler* NZWiSt 2015, 99 ff.).

Zwar gilt für den Vorsteuerabzug nach der Judikatur das **Kompensationsverbot** (BGH NStZ 1991, **327a** 89; BGH wistra 2005, 144 (145); krit. *Wulf* Steueranwalt 2013/2014, 85 (89) mwN). Der BGH hat aber dennoch angenommen, der Täter, der im Hinblick auf seine tatsächlich bestehende Vorsteuerabzugsberechtigung über das Bestehen des Steueranspruchs irre, könne sich im Einzelfall im Tatbestandsirrtum befinden (BGH NStZ 1991, 89; so iE auch BGH wistra 1989, 263 (264); 1990, 202 f.), so dass der Vorsatz entfalle. Geht man mit der zutreffenden hL (vgl. nur Tiedemann WirtschaftsStR AT Rn. 113; Hübschmann/Hepp/Spitaler/*Hellmann* Rn. 47; LK-StGB/*Dannecker* StGB § 1 Rn. 149; Rolletschke/Kemper/*Rolletschke* Rn. 371) entgegen der stRspr von BGH (DStR 2009, 1688 (1691) mwN) und wohl auch BVerfG (NJW 1995, 1883) davon aus, dass die steuerliche Erheblichkeit von Umständen iSv § 370 Abs. 1 Nr. 1 AO sowie die Steuerverkürzung **normative Tatbestandsmerkmale** (→ § 369 Rn. 20 ff.) sind, so kommt man ebenfalls zum Vorliegen eines Irrtums gem. § 16 Abs. 1 S. 1 StGB (vgl. auch *Juchem* wistra 2014, 300 (304); *Wedler* NZWiSt 2015, 99 (101 f.)).

Hat der Unternehmer eventualvorsätzlich eine unrichtige Umsatzsteuervoranmeldung abgegeben und **328** erkennt er die Unrichtigkeit der Erklärung, so besteht nach der Auffassung der Rspr. eine Pflicht **gem. § 153 zur Berichtigung der Angaben** (BGHSt 53, 210 (216 ff.) mwN). Die Verletzung dieser Pflicht ist nach Ansicht des BGH strafbewehrt, soweit gegen den Steuerpflichtigen wegen der Abgabe der unrichtigen Erklärung noch kein Strafverfahren eingeleitet worden ist (BGHSt 53, 210 (219)). Gegen diese Beurteilung bestehen Bedenken: Zwar geht sie von der zutreffenden steuerrechtlichen Wertung aus, dass umsatzsteuerrechtliche Erklärungspflichten grds. selbstständig sind, mithin selbstständig verletzt werden können. Ob durch die Verletzung der Berichtigungspflicht der Tatbestand von § 370 Abs. 1 Nr. 2 iVm § 153 erfüllt wird, ist allerdings zweifelhaft. Denn die Berichtigungspflicht ist von der Pflicht zur Abgabe der Steuererklärung gerade nicht steuerrechtlich unabhängig. § 153 Abs. 1 S. 1 Nr. 1 sichert lediglich eine Erklärungspflicht ab und konkretisiert sie, so dass der Verletzung der Berichtigungspflicht gegenüber einer Verletzung der Steuererklärungspflicht keine eigene Bedeutung zukommen dürfte; weil darin kein eigenständiger Rechtsgutsangriff mehr liegt, der den Tatbestand des § 370 Abs. 1 Nr. 2 erfüllen könnte (eing. *Bülte* BB 2010, 607 ff.; glA Tipke/Kruse/*Tipke* § 153 Rn. 11; *Wulf* PStR 2009, 190 ff.; → Rn. 300 ff.). § 153 ist allerdings nicht anwendbar, wenn ein Unternehmer nachträglich erkennt, dass er trotz hinreichender Sorgfalt in eine Umsatzsteuerhinterziehung einbezogen worden ist (→ Rn. 409).

d) Verjährung. Die Umsatzsteuerhinterziehung verjährt grds., ebenso wie jede andere Steuerhin- **329** terziehung, im Hinblick auf die in § 370 Abs. 1 angedrohte Höchststrafe von fünf Jahren Freiheitsstrafe gem. §§ 369 Abs. 2 AO, 78 Abs. 3 Nr. 4 StGB nach fünf Jahren (→ § 376 Rn. 5 ff.). Eine Ausnahme gilt gem. § 376 Abs. 1 jedoch für die Fälle der Steuerhinterziehung, die die Voraussetzungen des § 370 Abs. 3 S. 2 Nr. 1–5 erfüllen, damit für die bandenmäßige Umsatzsteuerhinterziehung; hier läuft eine **zehnjährige Verjährungsfrist** (→ § 376 Rn. 6 ff.; zu den verfassungsrechtlichen Bedenken gegen die Regelung Hübschmann/Hepp/Spitaler/*Bülte* § 376 Rn. 37 ff.; *C. Dannecker* NZWiSt 2013, 6). Darauf, ob auch nach der Gesamtbewertung ein besonders schwerer Fall iSd § 370 Abs. 3 S. 1 vorliegt kommt es nicht an (hM; → § 376 Rn. 8; ferner Hübschmann/Hepp/Spitaler/*Bülte* § 376 Rn. 37 ff.).

329a   Die Rspr. (BGH NZWiSt 2013, 272 (273) mAnm *Wollschläger*; NZWiSt 2013, 438) ist allerdings aufgrund von Art. 97 § 23 EGAO der Auffassung, die **verlängerte Verjährung** sei auch **rückwirkend auf Fälle anwendbar,** die im Zeitpunkt der Begehung noch kein Regelbeispiel erfüllten (vgl. auch → § 376 Rn. 10). Das ist verfassungsrechtlich zweifelhaft, weil es sich hier nicht um eine reine Verlängerung der Verjährungsfrist handelt, sondern um eine **nachträgliche materielle Umbewertung** einer Tat von einer Steuerhinterziehung in eine „Steuerhinterziehung im besonders schweren Fall", die mittelbar zur Verlängerung der Verjährung führt (Hübschmann/Hepp/Spitaler/*Bülte* § 376 Rn. 37; grdl. hierzu *Dannecker,* Das intertemporale Strafrecht, 1993, 322 ff.; LK-StGB/*Dannecker* StGB § 1 Rn. 415, 427 ff.).

330   Die Verjährung beginnt gem. § 78a StGB mit der **Tatbeendigung,** die von der formellen Tatvollendung zu trennen ist (→ § 376 Rn. 18; ferner Hübschmann/Hepp/Spitaler/*Bülte* § 376 Rn. 56 ff.). **Beendet** ist eine Tat, wenn das tatbestandliche Geschehen über die formelle Tatbestandsverwirklichung hinaus seinen tatsächlichen Abschluss gefunden hat (Schönke/Schröder/*Eser/Bosch* StGB Vor § 22 Rn. 4; Klein/*Jäger* § 376 Rn. 20; vgl. Fischer StGB § 22 Rn. 6). Hier wiederum unterscheidet der BGH (BGHSt 53, 221 (228)) zwischen der Begehung der Tat durch unrichtige oder unterlassene **Umsatzsteuervoranmeldung** einerseits und Abgabe einer unrichtigen bzw. der unterlassenen **Umsatzsteuerjahreserklärung.**

331   Für die Steuerhinterziehung durch unterlassene oder unrichtige Umsatzsteuervoranmeldung gilt, dass diese zwar mit dem Verstreichenlassen der Anmeldefrist bzw. mit Abgabe der Voranmeldung vollendet ist, da in diesem Zeitpunkt die Steuerverkürzung eintritt. Beendigung ist jedoch damit noch nicht gegeben, da diese den tatsächlichen Abschluss des Geschehens erfordert. Aufgrund *„der engen Verzahnung"* der Umsatzsteuervoranmeldung mit der Jahressteueranmeldung, die sich auf dasselbe Kalenderjahr beziehen und damit die identische Besteuerung betreffen, ist das Geschehen erst mit der pflichtgemäßen Abgabe der Jahressteuererklärung oder der Beendigung einer Steuerhinterziehung durch die unrichtige oder unterlassene Jahressteuererklärung abgeschlossen (BGHSt 53, 221 (227 f.); BGH wistra 1983, 70; Klein/*Jäger* Rn. 202; *Müller* AO-StB 2008, 84; *Riehl* wistra 1996, 130 ff.). Damit tritt Beendigung mit Ablauf des 31.5., also am **1.6. des Folgejahres** ein (BGH NStZ-RR 2011, 287). Nach dieser Auffassung läuft dementsprechend die Verjährungsfrist mit dem Ende des 1.6. ab (aA *Wulf* wistra 2012, 485 (486): 31.5.). Eine verbleibende Möglichkeit zur Berichtigung der Voranmeldung über § 14 Abs. 2 S. 2 UStG steht der Beendigung nicht entgegen (BayObLG wistra 2002, 231).

332   Hinsichtlich des konkreten Zeitpunkts, in dem die Beendigung der Umsatzsteuerhinterziehung eintritt und damit die Verjährung beginnt, ist zu unterscheiden: Werden bei rechtzeitiger Abgabe der Jahressteueranmeldung lediglich die *Angaben* aus den Umsatzsteuervoranmeldungen *wiederholt,* mithin keine zusätzlichen Steuerherabsetzungen oder -vergütungen durch weitere Tathandlungen erstrebt, so sind sowohl die bzgl. der Voranmeldungen als auch der Jahressteuer begangenen Hinterziehungstaten beendet. Die Verjährung beginnt mit der Abgabe dieser Erklärung (BGH NJW 1989, 2140; 1991, 216; BGH wistra 2000, 219 (222); Hübschmann/Hepp/Spitaler/*Bülte* § 376 Rn. 112). Werden in der Jahressteueranmeldung *Angaben* gemacht, die zu einer *Steuerherabsetzung oder -vergütung* führen, so ist diese Tat, ebenso wie die Steuerhinterziehungen durch die Voranmeldungen, mit der Zustimmung der Finanzbehörde iSv § 168 (vgl. BGH NStZ 2000, 427 (428)) bzw. mit der Auszahlung eines Erstattungsbetrages beendet (BGH wistra 2000, 219 (222)). Unterlässt der Täter die Abgabe der Jahresanmeldung gänzlich oder reicht er sie zu spät ein, so tritt die Beendigung der Tat und damit der Verjährungsbeginn mit dem Ablauf der gesetzlichen oder behördlichen Anmeldungsfrist ein (BGHSt 53, 221 (227 f.); BGH NJW 1992, 1054; 1993, 476; BGH wistra 2009, 189 (190); 2011, 346). Darauf, dass im Falle der unterlassenen Anmeldung die Pflicht zur Abgabe der Erklärung fortbesteht, kommt es nicht an (Hübschmann/Hepp/Spitaler/*Bülte* § 376 Rn. 118; JJR/*Joecks* § 376 Rn. 52).

333   Wird die Umsatzsteuerhinterziehung durch die Voranmeldung nur **versucht,** kommt es also nicht zur Vollendung der Umsatzsteuerhinterziehung, so ist die Versuchstat mit dem Ergehen eines Steuerbescheids, der die Umsatzsteuerschuld festsetzt, beendet (vgl. MüKoStGB/*Mitsch* StGB § 78b Rn. 7; offen gelassen von BGH NJW 1989, 1615 (1618); vgl. ferner *Dannecker* NStZ 1985, 51 f.), denn die Beendigung einer Straftat tritt ein, wenn das tatbestandliche Geschehen über die formelle Tatbestandserfüllung hinaus seinen tatsächlichen Abschluss gefunden hat (→ § 376 Rn. 17; BGHSt 53, 221 (227); BGH wistra 2004, 228 (229); Klein/*Jäger* § 376 Rn. 20), mithin, wenn der Versuch, eine Steuerverkürzung zu begehen, gescheitert ist (Hübschmann/Hepp/Spitaler/*Bülte* § 376 Rn. 67).

334   **e) Selbstanzeige.** Für die Umsatzsteuerhinterziehung gelten hinsichtlich der **Selbstanzeige** die gleichen Regeln wie für alle anderen Steuerhinterziehungen gem. § 370 auch (→ § 371 Rn. 1 ff.). Eine Besonderheit ergibt sich in diesem Zusammenhang nur insofern, als die Abgabe einer zutreffenden Jahressteuererklärung im Verhältnis zu den unrichtigen Umsatzsteuervoranmeldungen eine Selbstanzeige darstellen kann (BGH NJW 2005, 2723 (2725) mwN; Kohlmann/*Schauf* Rn. 321, 1370). Jedoch sind insofern die ab dem 1.1.2015 geltenden strengeren Anforderungen an die Selbstanzeige zu berücksichtigen und zu bedenken, dass § 371 Abs. 2a nur für die Korrektur der Voranmeldungen gilt (vgl.

Kaiser/Schwarz MwStR 2015, 165 (167)). *Schwartz* (PStR 2015, 37 (40)) weist zudem darauf hin, dass bei Abgabe einer korrigierenden Umsatzsteuervoranmeldung § 398a nicht zur Anwendung kommt, weil § 371 Abs. 2 S. 1 Nr. 3 nur bei Korrekturen durch eine weitere Voranmeldung nicht gilt. Zudem wurde in § 371 Abs. 2a eine Sonderregelung für Selbstanzeigen bei Verletzung der Pflicht zur Abgabe zutreffender **Umsatzsteuervoranmeldungen** – nicht für die Jahreserklärung (§ 371 Abs. 2a S. 3) – geschaffen (vgl. zu den Einzelheiten → § 371 Rn. 42a). Hier sind Teilselbstanzeigen nunmehr wieder beschränkt möglich und die fristgerechte Entrichtung der Hinterziehungszinsen ist nicht Wirksamkeitsvoraussetzung der Selbstanzeige. Der Sperrtatbestand der Tatentdeckung (§ 371 Abs. 1 S. 1 Nr. 2) wurde eingeschränkt; er gilt nicht, wenn die Entdeckung der Tat darauf basiert, dass eine Umsatzsteuervoranmeldung nachgeholt oder berichtigt wurde. Mit dieser Ausnahme sollte die Möglichkeit einer erneuten Korrektur der Umsatzsteuervoranmeldung geschaffen werden (BT-Drs. 18/3018, 12 f.); das Vollständigkeitsgebot gilt insofern nicht (*Kaiser/Schwarz* MwStR 2015, 165 (166 f.); vgl. auch *Jesse* FR 2015, 673 (682)). Insofern wurde also – in sehr engen Grenzen – der Rechtszustand vor dem Schwarzgeldbekämpfungsgesetz wiederhergestellt (*Kaiser/Schwarz* MwStR 2015, 165 (166)). Jedoch hat der Gesetzgeber auch die Möglichkeiten der Sperrwirkung bei der USt erweitert. So führt nunmehr auch die Umsatzsteuernachschau nach § 27b UStG zur Sperre der Selbstanzeige für die geprüften Zeiträume (vgl. *Kaiser/Schwarz* MwStR 2015, 165 (170); ferner *Jesse* FR 2016, 673, 679 f.).

f) Strafzumessung. Für die **Strafzumessung** gelten auch im Bereich der Umsatzsteuerhinterzie- **335** hung die allgemeinen Regeln des § 46 StGB. Damit fallen für die Bemessung der Strafe insbesondere die „verschuldeten Auswirkungen der Tat" iRd erforderlichen Gesamtwürdigung besonders ins Gewicht. *„Auswirkungen der Tat"* sind im Rahmen von § 370 insbesondere die Folgen für das durch die Strafnorm geschützte Rechtsgut (→ Rn. 3), also das am Steueraufkommen verursachte Schaden (BGHSt 53, 71 (80); BGH NStZ 2009, 637 (639) mwN). Eine *„schematische, quasi tarifmäßige"*, allein nach der Höhe der verkürzten Steuer bestimmte Strafzumessung ist jedoch unzulässig. Jeder Einzelfall ist einer Gesamtwürdigung im Sinne des § 46 StGB zu unterwerfen (BGHSt 53, 71 (80)). Zum Umsatzsteuerkarussell als **kriminelle Vereinigung** *Wegner* PStR 2004, 101.

aa) Besonderheiten bei der Umsatzsteuerhinterziehung. IRd Strafzumessung ist nach der Rspr. **336** des BGH (BGHSt 53, 221 (232)) bei der Umsatzsteuerhinterziehung zu berücksichtigen, dass der Unternehmer die letztlich vom Abnehmer getragene Umsatzsteuer wie ein **Treuhänder für den Fiskus** einnimmt und verwaltet (vgl. *Höink/Adick* ZWH 2014, 220 (221): „Steuereinsammler" für den Staat). Der Täter, der Umsatzsteuer hinterzieht, nutzt damit das durch das Steuersystem in ihn gesetzte Vertrauen zur Tatbegehung aus, so dass es auch keinen Grund für eine Strafmilderung darstellt, wenn der Täter schon bei Entgegennahme der Umsatzsteuerzahlung durch den Leistungsempfänger zahlungsunfähig gewesen ist, der Steueranspruch also schon vor Tatbegehung wirtschaftlich wertlos war (vgl. hierzu *Dörn* wistra 1992, 129 ff.). Erheblich strafmildernd wirkt dagegen die Wiedergutmachung durch Nachzahlung der Umsatzsteuer (BGHSt 53, 221 (231)).

Die Rspr. unterscheidet bei der Strafzumessung ferner zwischen der Hinterziehung der Umsatzsteuer **337** durch die pflichtwidrige Umsatzsteuervoranmeldung und durch die pflichtwidrige Umsatzsteuerjahreserklärung. Erstere führt grds. zunächst nur zu einer Steuerverkürzung auf Zeit (BGHSt 53, 221 (228 f.); Kohlmann/*Schauf* Rn. 1358; krit. Rolletschke/Kemper/*Rolletschke* Rn. 219 ff.; stets eine Verkürzung auf Zeit annehmend MüKoStGB/*Schmitz/Wulf* Rn. 124 ff.). Eine Steuerverkürzung auf Zeit bedeutet jedoch nach der neueren Rspr. **nicht,** dass sich die eintretende Verkürzung allein **auf** einen **„Verspätungsschaden" beschränkt** (BGHSt 53, 221 (229); Kohlmann/*Schauf* Rn. 1358.1; auch mwN zur aufgegebenen Rspr. Rolletschke/Kemper/*Rolletschke* Rn. 221; MüKoStGB/*Schmitz/Wulf* Rn. 128; krit. *Beckschäfer* ZWH 2012, 505). Dies ergibt sich daraus, dass der tatbestandsmäßige Erfolg der Steuerhinterziehung vom Schutzzweck des § 370 unter Berücksichtigung der Wertung des materiellen Steuerrechts auszulegen ist. Daraus resultiert, dass die Steuerhinterziehung ein Erfolgsdelikt in Form eines **konkreten Gefährdungsdelikts** ist (BGH NJW 2009, 381; *Bülte* NZWiSt 2016, 52 (55); JJR/*Joecks* Rn. 27; *Reiß* FS Samson, 2010, 571 (577); aA Hübschmann/Hepp/Spitaler/*Hellmann* Rn. 57 ff.: Verletzungsdelikt; → Rn. 7 ff.; krit. auch MüKoStGB/*Schmitz/Wulf* Rn. 9). § 370 Abs. 4 gibt eine solche Auslegung vor, indem die Vorschrift schon die *nicht rechtzeitige* Steuerfestsetzung als Tatbestandserfüllung ansieht. Der tatbestandliche Erfolg tritt mithin nicht erst ein, wenn ein Steuerausfall vorliegt, sondern schon mit der verspäteten Festsetzung, weil insofern der Steueranspruch gefährdet wird. „Auf Dauer" wird die Umsatzsteuerverkürzung zwar erst mit Abgabe bzw. Unterlassung der Jahreserklärung bewirkt, soweit diese die pflichtwidrigen Angaben aufrecht erhält (BGH wistra 2002, 185; Kohlmann/*Schauf* Rn. 1358), aber das bedeutet nicht, dass nun erst **Vollendung** gegeben ist.

Soweit der Täter durch die unrichtige oder unterlassene Umsatzsteuervoranmeldung – also die **338** Steuerverkürzung auf Zeit – lediglich **Liquidität schöpfen** wollte und die unrichtigen Angaben in der Umsatzsteuerjahreserklärung berichtigt sowie die Steuer nachzahlt, kann eine strafbefreiende Selbstanzeige (§ 371) vorliegen. Kann der Steuerpflichtige die Nachzahlung iSd § 18 Abs. 4 S. 1 UStG nicht mehr leisten oder hat er keine wirksame Selbstanzeige erstattet, so wirkt sich der Umstand, dass nur eine Umsatzsteuerhinterziehung auf Zeit beabsichtigt war, strafmildernd aus. Dabei ist relativierend zu berücksichtigen, dass für den Steuerpflichtigen, der aufgrund finanzieller Schwierigkeiten Liquidität schöpfen will, die spätere Leistungsunfähigkeit regelmäßig vorhersehbar war (BGHSt 53, 221 (230 f.)).

339   Einen **Strafschärfungsgrund** hatte die (nunmehr überholte) Rspr. (vgl. *Wulf* Stbg 2011, 445 ff.) angenommen, wenn der Steuerpflichtige in der Umsatzsteuervoranmeldung ungerechtfertigte Vorsteueransprüche geltend macht, um in den Genuss von Steuererstattungen zu kommen und eine Korrektur der Angaben in der Jahreserklärung nicht geplant war (BGH wistra 2005, 145; 2000, 137; krit. Kohlmann/*Schauf* Rn. 1359 mwN). Die Strafschärfung basierte aber auf der Annahme, ein Verkürzungserfolg sei nur in Höhe der Hinterziehungszinsen gegeben. Mit Aufgabe dieser Rspr. (BGHSt 53, 221 (229)) und der Bemessung des Verkürzungserfolgs am gesamten Steueranspruch kann die Absicht, eine endgültige Verkürzung herbeizuführen, wohl nicht mehr strafschärfend berücksichtigt werden.

340   In Fällen **fingierter Ketten- oder Karussellgeschäfte** (vgl. *Gaede*, Steuerbetrug, 2016, 16 ff.; *Gehm* NJW 2012, 1257; Rolletschke/Kemper/Rolletschke Rn. 470 ff.) zur Hinterziehung von Steuern ist bei der Strafzumessung in der Beurteilung des einzelnen Beteiligten nicht lediglich der Schaden aus der von ihm unmittelbar begangenen Umsatzsteuerhinterziehung zu berücksichtigen, sondern vielmehr der Gesamtschaden der Geschäftskonstruktion zugrunde zu legen (BGH NStZ 2003, 268; BGH NStZ-RR 2007, 176 (178)). Denn zu den verschuldeten Auswirkungen der Tat gehört *„der aus dem Gesamtsystem erwachsene deliktische Schaden"*, soweit dem Täter die *„Struktur und Funktionsweise des Gesamtsystems bekannt"* gewesen ist (BGHSt 53, 311 (316)). Diese Gesamtbetrachtung kann bestimmenden Einfluss auf die Erfüllung des Regelbeispiels von § 370 Abs. 3 S. 2 Nr. 1 haben. Der BGH (NStZ-RR 2007, 176 (178)) hat zur Strafzumessung bei Umsatzsteuerkarussellen ausgeführt: *„Wie bei den sogenannten Umsatzsteuerkarussellgeschäften sind Kettengeschäfte unter Einschaltung von Serviceunternehmen im Bereich der illegalen Arbeitnehmerüberlassungen dadurch geprägt, dass zumindest die Betreiber der Firmen allein von dem Handel mit Scheinrechnungen leben und damit die „Steuerhinterziehung als Gewerbe" betreiben (…). Damit unterscheiden sich solche Erscheinungsformen der Steuerhinterziehung gravierend von den Fällen, in denen ein Steuerpflichtiger dem Fiskus rechtmäßig erzielte Einkünfte verschweigt, um sie ungeschmälert für sich verwenden zu können."*

340a   Ferner ist diese Addition relevant für das Erreichen der vom BGH in stRspr benannten Wertgrenzen in der Strafzumessung: Der BGH (BGHSt 53, 71 (86); 57, 123 (129 f.); BGH NStZ-RR 2007, 176 (178); BGH NZWiSt 2012, 299 (300) mAnm *Ochs/Wargowske*) hat ausgeführt, bei Steuerverkürzungen mit sechsstelligem Hinterziehungsbetrag könne die Verhängung einer Geldstrafe nur noch bei Vorliegen gewichtiger Milderungsgründe in Betracht kommen. Bei Hinterziehungsbeträgen in **Millionenhöhe** bedürfe es besonders gewichtiger Milderungsgründe, um von der nicht mehr aussetzungsfähigen Freiheitsstrafe abzusehen. Andererseits hat der BGH zu Recht betont, dass eine Steuerhinterziehung in Millionenhöhe nicht notwendige, sondern hinreichende Bedingung für die Verhängung einer Freiheitsstrafe von mehr als zwei Jahren ist (BGH NZWiSt 2014, 35 mAnm *Steinberg*).

340b   Zur Frage der Verhängung von **aussetzungsfähigen Freiheitsstrafen bei Umsatzsteuerkarussellstrukturen** hat der BGH (NStZ-RR 2007, 176 (178)) festgestellt, es sei äußerst fraglich, *„ob eine zur Bewährung aussetzungsfähige Freiheitsstrafe noch dem Unrechtsgehalt einer Steuerhinterziehung gerecht werden kann, wenn der Hinterziehungsschaden deutlich im Millionenbereich liegt und nicht erhebliche Strafmilderungsgründe vorhanden sind, wie etwa eine weitgehende Schadenswiedergutmachung."* Eine Freiheitsstrafe, die noch zur Bewährung ausgesetzt werden kann, soll bei einem *„auf Dauer angelegten, gut organisierten und an veränderte Umstände anpassungsfähigen kriminellen Hinterziehungssystem"* nicht mehr in Betracht kommen, das *„jahrelang die Auszahlung hoher Geldbeträge bewirken und damit dem Fiskus Schäden in Millionenhöhe zufügen"* soll (vgl. hierzu auch LG Essen NZWiSt 2013, 398 f.). Das ist bereits deswegen zutreffend, weil in diesen Fällen regelmäßig nicht nur die Voraussetzungen von § 370 Abs. 3 S. 2 Nr. 5, sondern auch eine Hinterziehung im großen Ausmaß nach § 370 Abs. 3 S. 2 Nr. 1 vorliegen; das führt zu einer erheblichen Strafschärfung (BGH NZWiSt 2012, 112 (113)).

340c   In seinen Entscheidungen v. 22.5.2012 (BGH NJW 2012, 637 ff.) und 26.6.2012 (BGH NStZ 2012, 639 ff.) hat der BGH festgestellt, dass bei Hinterziehung der **Einfuhrumsatzsteuer** und anschließender Hinterziehung der Umsatzsteuer aus dem Weiterverkauf zwei Steuerhinterziehungen vorliegen und den Schaden zusammengerechnet (aA → Rn. 326b). Diese Schadensermittlung hat insbesondere vor dem Hintergrund der *„Millionengrenze"* besondere Bedeutung. *Wulf* (Stbg 2012, 545 (546)) hat diese Entscheidungen als *„irritierend"* bezeichnet, weil nicht einsichtig sei, warum die unrichtigen Einfuhranmeldungen das fiskalische Interesse des Staates verletzen sollen, wenn die Umsatzsteuer den inländischen Verbrauch von Gütern und Dienstleistungen erfassen soll. Das Recht zum Vorsteuerabzug hängt – wie der EuGH (DStR 2012, 697 Rn. 18 ff. – Veleclair, vgl. auch BGH NStZ 2014, 102) festgestellt hat – nicht davon ab, dass der Unternehmer die Vorsteuern auch tatsächlich an seinen Lieferanten gezahlt hat; auch das Ziel der Missbrauchsbekämpfung könne eine solche Voraussetzung nicht rechtfertigen. Daher sei der Schadensbestimmung zu verrechnen: Zwar entsteht mit Art. 202 ZK (Art. 79 VZK) mit der Einfuhr der Anspruch auf Einfuhrumsatzsteuer; und die Nichtanmeldung stellt eine Verkürzung dieser Steuer dar. Daneben entsteht der Umsatzsteueranspruch aus dem Weiterverkauf mit Ablauf des Voranmeldungszeitraums. Jedoch ergibt sich zeitgleich ein Vorsteueranspruch, der davon unabhängig ist, ob die Vorsteuer entrichtet worden ist (vgl. EuGH DStRE 2013, 803 Rn. 26 – Bonik). Dieser Anspruch ist mit dem aus der Verkürzung von Einfuhrumsatzsteuer und Umsatzsteuer auf den Weiterverkauf zu verrechnen, so dass letztlich nur Steuern in Höhe des **einfachen Betrages der Umsatzsteuer** verkürzt werden, die für die Strafzumessung relevant sind (*Wulf* Stbg 2012, 545 (547); → Rn. 326b).

bb) Regelbeispiele besonders schwerer Fälle gem. § 370 Abs. 3. Nach der Aufhebung des **341** § 370a und der Neufassung des § 370 Abs. 3 S. 2 besteht – abgesehen von § 373 – kein Qualifikationstatbestand der Steuerhinterziehung mehr (zu den Folgen der Aufhebung des § 370a im Überblick *Rüping/Ende* DStR 2008, 13 ff.). Die Vorschrift des § 370a hat auch für Altfälle *keine unmittelbare Bedeutung mehr*. Sie ist gem. § 2 Abs. 2 StGB auch auf Taten, die vor dem 1.1.2008 begangen worden sind, nicht mehr anwendbar. Soweit diese Taten jedoch das Regelbeispiel des § 370 Abs. 3 S. 2 Nr. 5 erfüllen und zu einer Steuerverkürzung großen Ausmaßes (zum Begriff *Wulf* AG 2009, 77) geführt haben, wäre die Strafschärfung zwar grds. anwendbar (*Muhler* wistra 2009, 4; aA *Wulf* wistra 2008, 324), denn es handelt sich bei der Strafzumessungsregel des § 370 Abs. 3 S. 2 Nr. 5 im Verhältnis zu § 370a um das iSv § 2 StGB mildere Gesetz (*Muhler* wistra 2009, 4), da insofern die erforderliche Unrechtskontinuität gegeben ist: Sowohl das **Schutzgut** als auch die **Angriffsweise** sind identisch (eing. dazu *Dannecker*, Das intertemporale Strafrecht, 1993, 502 ff.; LK-StGB/*Dannecker* StGB § 2 Rn. 72 ff.). Dennoch kann das Regelbeispiel auf Altfälle nicht angewendet werden, weil § 370a wohl weder in seiner ursprünglichen noch in der Fassung, die die Vorschrift durch das Gesetz v. 23.7.2002 (BStBl. I 2002, 2715 ff.) erhalten hat, **verfassungsgemäß** war (vgl. nur BGH StV 2004, 360 ff.; ferner *Bülte,* Die Geldwäschegesetzgebung als Ermächtigungsgrundlage für den Informationsaustausch zwischen den Steuerbehörden und den Strafverfolgungsorganen, 2007, 223 ff. mwN). Eine Anhebung des Strafrahmens kommt spezifisch im Hinblick auf die Umsatzsteuerhinterziehung daher nur bei Vorliegen eines Regelbeispiels nach § 370 Abs. 3 S. 2 Nr. 1 und Nr. 5 und für nach dem 1.1.2008 begangene Taten in Betracht.

Soweit es die Umsatzsteuerhinterziehung betrifft, kommt dem Regelbeispiel des § 370 Abs. 3 S. 2 **342** Nr. 1 – Verkürzen von Steuern oder Erlangen nicht gerechtfertigter Steuervorteile **in großem Ausmaß** – (→ Rn. 580 ff.) neben dem Regelbeispiel der Nr. 5 (→ Rn. 604 ff.) besondere Bedeutung zu, da die Umsatzsteuerhinterziehung im Rahmen von **Umsatzsteuerkarussellen** und ähnlichen Gestaltungen häufig durch arbeitsteilig handelnde Tätergruppen begangen wird und viele dieser Taten zu erheblichen Schäden führen. Die Mindestgrenze einer Steuerhinterziehung in großem Ausmaß iSd § 370 Abs. 3 S. 2 Nr. 1 hat der BGH (BGHSt 53, 71 (85); BGH NZWiSt 2012, 154 mAnm *Grießhammer*) in Übereinstimmung mit der Rspr. zum Betrug mit **50.000 EUR** für Fälle bestimmt, in denen der Täter ungerechtfertigte Zahlungen vom Finanzamt erlangt *("Griff in die Kasse")* (aA JJR/*Joecks* Rn. 566: mehr als 500.000 EUR). Bei schadensintensiven Umsatzsteuerkarussellen kommt regelmäßig eine Erfüllung des Regelbeispiels aus § 370 Abs. 3 S. 2 Nr. 1 in Betracht. Für Fälle des In-Unkenntnis-Lassens – auch im Falle von § 370 Abs. 1 Nr. 2 – über steuerlich erhebliche Tatsachen mit der Folge einer bloßen Gefährdung des Steueranspruchs hatte der BGH die Grenze jedoch bei **100.000 EUR** angesetzt (BGHSt 53, 71 (85); BGH wistra 2011, 347; 396; → Rn. 583; BT-Drs. 17/5067, 21; krit. MüKoStGB/*Schmitz/Wulf* Rn. 479 ff.; aA JJR/*Joecks* Rn. 566 ff.).

Es komme jedoch nicht darauf an, ob der Täter tatsächlich etwas ausgezahlt erhält; die Wertgrenze **342a** liege auch bei **50.000 EUR,** wenn vorgetäuschte Vorsteueransprüche mit Umsatzsteueransprüchen verrechnet werden. Diese Verrechnung stehe einer Auszahlung, einem *"Griff in die Kasse"* gleich (BGH NZWiSt 2012, 154 (155) mAnm *Grießhammer;* 2013, 73 (75) mAnm *Rolletschke*). Gegen diese Rspr. ist vielfach Kritik geäußert worden (*Beckschäfer* ZWH 2012, 151 ff.; *Grießhammer* NZWiSt 2012, 155 f.; *Hunsmann* PStR 2012, 195 f.; *Rübenstahl* PStR 2012, 92). Insbesondere wurde vorgebracht, das Vortäuschen von Betriebsausgaben sei kein *"Griff in die Kasse",* weil es das Vermögen des Fiskus nicht mindere. Es werde allein ein Betrag ausgezahlt, noch erlöschen Steuerforderungen (*Grießhammer* NZWiSt 2012, 155 (156)). Hier werde ein tathandlungsbezogenes Kriterium letztlich in ein erfolgsbezogenes umgedeutet; das sei mit dem Wortlaut von § 370 Abs. 3 S. 2 Nr. 1 nicht vereinbar. Auch bei der Addition von Verletzungs- und Gefährdungserfolg ergeben sich Wertungsprobleme, wenn beide gleichermaßen gewichtet werden und die Wertgrenze von 100.000 EUR gilt.

IErg läge es zur Lösung der hier auftretenden Probleme erheblich näher, einheitlich bei **jeder Steuer- 342b verkürzung** im Umfang von **mehr als 50.000 EUR** von einem **besonders schweren Fall** auszugehen. Dementsprechend hat der BGH (NZWiSt 2016, 102 ff. mAnm *Reschke/Steinbeck; Rolletschke* NZWiSt 2016, 81 ff.) nun auch so entschieden. Dafür spricht insbesondere der Wortlaut des § 370 Abs. 3 S. 2 Nr. 1, aus dem sich kein Anhaltspunkt für eine Differenzierung zwischen Gefährdungs- und Verletzungserfolg ergibt. Hätte der Gesetzgeber eine solche Differenzierung gewollt, dann hätte er dies mit einer entsprechenden Formulierung zum Ausdruck bringen können. § 263 Abs. 3 S. 2 Nr. 3 StGB verwendet das Merkmal **Vermögensverlust** großen Ausmaßes, um deutlich zu machen, dass nur die endgültige Vermögensverletzung das Regelbeispiel erfüllen kann (Fischer StGB § 263 Rn. 216 mwN). Gegen die Festsetzung des Betrags in Höhe von 50.000 EUR sind bislang noch keine zwingenden Argumente vorgetragen worden. Insbesondere wurde nie nachvollziehbar begründet, warum der Begriff *groß* in Relation zu anderen Taten nach § 370 ausgelegt werden soll. Es dürfte im Gegenteil vielmehr allein darauf ankommen, ob der Schaden mit Blick auf die Verkehrsanschauung als groß anzusehen ist. Das wird man bei 50.000 EUR mit Blick auf das Durchschnittsbruttogehalt eines Arbeitnehmers aus dem produzierenden Gewerbe bzw. der Dienstleistungsbranche (2014: 42.324 EUR; Statistisches Bundesamt) annehmen dürfen.

342c   Soweit das Gericht feststellt, dass die Steuerverkürzung die Betragsgrenze des großen Ausmaßes überschritten hat, bedarf es für die Anwendung des erhöhten Strafrahmens des § 370 Abs. 3 S. 2 keiner weiteren Begründung (BGH wistra 2011, 347). Es besteht dann nach der Rspr. eine gesetzliche Vermutung dafür, dass ein besonders schwerer Fall vorliegt (sog Indizwirkung). Der Strafrahmen des § 370 Abs. 1 darf nur zur Anwendung kommen, wenn außergewöhnliche Strafmilderungsgründe gegeben sind (BGH wistra 2011, 347 (348)).

343   Vornehmlich mit Blick auf die Umsatzsteuerhinterziehung wurde § 370 Abs. 3 S. 2 Nr. 5 geschaffen (vgl. *Wulf* wistra 2008, 321 (322); *Gaede*, Steuerbetrug, 2016, 171 ff. auch zu dem systemwidrigen Verzicht auf einen Verbrechenstatbestand). Danach liegt ein besonders schwerer Fall der Steuerhinterziehung vor, wenn der Täter als **Mitglied einer Bande,** die sich zur fortgesetzten Begehung von Taten nach § 370 Abs. 1 verbunden hat (zum Bandenbegriff → Rn. 609 ff.), **Umsatzsteuer oder Verbrauchsteuern verkürzt** oder **nicht gerechtfertigte Umsatz- oder Verbrauchsteuervorteile erlangt.** Unter dem Begriff der Bande ist nach gefestigter Rspr. der Zusammenschluss von mindestens *drei Personen* zu verstehen, die sich verbunden haben, um *künftig* für eine gewisse Dauer *mehrere selbstständige,* iE noch ungewisse Straftaten *des im Gesetz genannten Deliktstyps* zu begehen (→ § 373 Rn. 6 ff.). Ein *gefestigter Bandenwille* ist nicht erforderlich. Das stillschweigende Übereinkommen zwischen den Beteiligten reicht aus (hM; BGHSt 46, 321 (325); BGH NStZ 2004, 398 (399); 2006, 174 (175)). Ebenso wenig muss die Begehung von Taten nach § 370 Abs. 1 der Hauptzweck des Zusammenschlusses sein (aA wohl MüKoStGB/*Schmitz/Wulf* Rn. 494).

344   Zur Erfüllung des Regelbeispiels reicht es aus, wenn sich **ein Bandenmitglied** an einer Tat nach § 370 Abs. 1 beteiligt. Dabei muss es sich weder um eine Tat handeln, bei der andere Bandenmitglieder mitwirken, dies fordert das Regelbeispiel des § 370 Abs. 3 S. 2 Nr. 5 nicht, noch muss das Bandenmitglied täterschaftliche Beiträge iSd § 25 StGB erbringen. Der Täter muss aber „*als Mitglied der Bande*" handeln, sich also objektiv iRd Bandenabrede halten (LG Berlin StV 2004, 545) und die Tat subjektiv zumindest allgemein der Bande zurechnen; mag er auch auf eigene Rechnung handeln (vgl. Schönke/Schröder/*Cramer/Perron* StGB § 263 Rn. 188a).

345   Die Hinterziehung der Umsatzsteuer kann tateinheitlich mit der Begehung von **Urkundendelikten** einhergehen, wenn der Täter etwa gefälschte Rechnungen oder unechte Lieferscheine zur Erlangung einer Vorsteuererstattung einreicht (Kohlmann/*Schauf* Rn. 1378). Hier kommt dann ein besonders schwerer Fall iSd § 370 Abs. 3 S. 2 Nr. 4 in Betracht (→ Rn. 596 ff.; Klein/*Jäger* Rn. 297). Allerdings werden oft nicht iSd § 267 StGB gefälschte Urkunden zur Begehung der Hinterziehung verwendet, es handelt sich regelmäßig eher um schriftliche Lügen. Die Verwendung von nicht idS gefälschten oder nachgemachten Scheinrechnungen rechtfertigt als solches nicht die Annahme eines Regelbeispiels, kann aber in die Bewertung der Tat als besonders schwerer Fall einfließen (vgl. BGH wistra 2010, 148). Die Erfüllung des Regelbeispiels gem. § 370 Abs. 3 Nr. 4 setzt außerdem voraus, dass die gefälschte Urkunde auch tatsächlich vorgelegt wird, weil die Tat sonst nicht „unter Verwendung" der Urkunde, sondern allenfalls ihres Inhalts begangen wird (vgl. BGH wistra 1989, 228; vgl. zur str. Rechtslage in Österreich *Schmoller,* Finanzstrafrecht, 2012, 26 ff. mwN auch unter Bezugnahme auf die deutsche Rechtslage).

346   **g) Umsatzsteuerhinterziehung als Vortat zur Geldwäsche.** Die Umsatzsteuerhinterziehung als solche ist keine taugliche Vortat zur Geldwäsche. Sie wird allerdings zu einer solchen, wenn sie **banden-** oder **gewerbsmäßig** begangen wird (§ 261 Abs. 1 S. 1, S. 3 StGB). Daraus folgt, dass aus einem einmalig durchgeführten Umsatzsteuerkarussell kein geldwäschetaugliches Vermögen hervorgeht, soweit keine weiteren Steuerhinterziehungen geplant sind. Denn sowohl die banden- als auch die gewerbsmäßige Begehung setzt einen Plan zur **fortgesetzten Begehung von Steuerstraftaten** voraus.

347   Soweit durch die Umsatzsteuerhinterziehung eine **Steuererstattung** erlangt wird, ist diese taugliches Tatobjekt der Geldwäsche (vgl. *Wulf* Steueranwalt 2013/2014, 85 (90 f.)). Wird aus der Tat lediglich eine Verminderung der Umsatzsteuerschuld durch Geltendmachung eines ungerechtfertigten Vorsteuerabzugs, also eine „faktische Steuerersparnis" erlangt, so kommt eine Geldwäschestrafbarkeit trotz der ausdrücklichen Anordnung des § 261 Abs. 1 S. 3 StGB nicht in Betracht. Zwar bestimmt diese Vorschrift, dass auch die ersparte Aufwendung aus der Tat herrühren könne, doch ist die „Steuerersparnis" im Vermögen des Täters nicht konkretisierbar. Jede Bestimmung eines Tatobjekts wäre mithin willkürlich (NK-StGB/*Altenhain* StGB § 261 Rn. 83). Aufgrund von § 261 Abs. 1 S. 3 StGB eine Kontaminierung des Gesamtvermögens, wäre verfassungsrechtlich sehr bedenklich (*Bülte,* Die Geldwäschegesetzgebung als Ermächtigungsgrundlage für den Informationsaustausch zwischen den Steuerbehörden und den Strafverfolgungsorganen, 2007, 231 ff. mwN; vgl. auch *Spatscheck* FS AG Strafrecht DAV, 2008, 378 (384); insofern verfassungsrechtlich kaum vertretbar BGH NStZ 2015, 703 ff.: Totalkontamination eines Kontos). Der Gesetzgeber hat hier im allgemeinen Steuerstrafrecht eine wohl weitgehend anwendungsfreie Vorschrift geschaffen, die einer verfassungskonformen geltungserhaltenden Auslegung kaum zugänglich sein dürfte (so Fischer StGB § 261 Rn. 8b mwN; *Burger* wistra 2002, 4 f.;

Spatscheck/Wulf NJW 2002, 2984 (2987); aA wohl *Bittmann* wistra 2003, 166 ff.). Bei der Umsatzsteuerhinterziehung sind dagegen durchaus Anwendungsfälle denkbar.

h) Konkurrenzen. Bei mehreren Steuerstraftaten ist nach stRspr bei der Abgabe jeder einzelnen **348** unrichtigen oder unterlassenen Erklärung von einer iSd § 53 StGB selbstständigen Tat auszugehen (BGH wistra 2014, 443 (444)). Dies gilt also, wenn die abgegebenen Erklärungen verschiedene Steuerarten, Besteuerungszeiträume oder Stpfl. betreffen. Eine Ausnahme soll bei der tatsächlich einheitlichen Abgabe durch eine natürliche Handlung gelten können (BGHSt 33, 163 (164 ff.); BGH wistra 1996, 62; 2005, 30 (31); 2008, 266; vgl. auch Kohlmann/*Schauf* Rn. 1374)

aa) Verhältnis der unrichtigen Umsatzsteuervoranmeldung zur Abgabe einer unrichtigen 348a Jahressteuererklärung. Dadurch, dass die Nichterfüllung der Pflicht zur rechtzeitigen Abgabe der zutreffenden Umsatzsteuervoranmeldung grds. ebenso strafbewehrt ist, wie diejenige zur Abgabe einer ordnungsgemäßen Umsatzsteuerjahreserklärung, stellt sich die Frage nach dem Verhältnis zwischen der Hinterziehung durch die Voranmeldung und der Begehung durch die Umsatzsteuerjahreserklärung. Beinhaltet die Umsatzsteuerjahreserklärung unrichtige Angaben, die **über die bisher schon pflichtwidrig gemachten Angaben** der Umsatzsteuervoranmeldungen **hinausgehen,** so handelt es sich um eine selbstständige Steuerhinterziehung, die mit den durch die Voranmeldungen begangenen Hinterziehungen zwar eine prozessuale Tat iSv § 264 StPO bildet, jedoch zu diesen im Verhältnis der Tatmehrheit steht (BGH NJW 2005, 836 ff.; vgl. auch Kohlmann/*Schauf* Rn. 1371).

Streitig ist das **Verhältnis** von **Hinterziehungen** durch die **Umsatzsteuervoranmeldungen** und **349** die **Umsatzsteuerjahreserklärung** insoweit, als letztere die Angaben aus den Voranmeldungen nur noch zusammenfassend **wiederholt** oder **keine Umsatzsteuerjahreserklärung** abgibt (eing. *Madauß* NZWiSt 2015, 23 (25)):
Während *Joecks* (JJR/*Joecks* Rn. 725 f.; abl. *Grieser,* Strafrechtliche Analyse der Umsatzsteuerhinterziehung und ihre Bekämpfung, 2005, 102) unter Berufung auf die Rspr. des BGH (wistra 1994, 191) Tateinheit aufgrund eines **Fortsetzungszusammenhangs** annimmt, soweit ein Gesamtvorsatz vorliegt, geht der für das Steuerstrafrecht zuständige 1. Senat des BGH (BGHSt 53, 221 (226 f.) mwN; so bereits BGHSt 38, 165 (171); ebenso *Grieser,* Strafrechtliche Analyse der Umsatzsteuerhinterziehung und ihre Bekämpfung, 2005, 102 f.; Rolletschke/Kemper/*Rolletschke* Rn. 447; *Wulf* Steueranwalt 2013/2014, 85 (91); aA LG Frankfurt a. M. wistra 2004, 78) von bis zu **13 selbstständigen Einzeltaten** (§ 53 StGB) aus. Durch die Abgabe einer jeden unrichtigen Voranmeldung und der Jahreserklärung werde jeweils eine eigenständige Steuerhinterziehung begangen, weil jede Erklärung, die der Steuerpflichtige aufgrund seiner steuerlichen Pflichten abgebe, einen eigenständigen Steueranspruch gefährde und daher neues Unrecht, nämlich einen Schaden anderer Art begründe. Jedoch legt der BGH hier eine **Beschränkung auf die Verfolgung** der durch die unrichtige Jahreserklärung begangenen Tat nach **§ 154a StPO** nahe (BGHSt 53, 22 (228)).

Demgegenüber wird in der Lit. (*Nöhren,* Die Hinterziehung von Umsatzsteuer, 2005, 117; Kohl- **350** mann/*Schauf* Rn. 1368 mwN; Kohlmann/*Schauf* Rn. 1368; *Bilsdorfer* NJW 1985, 2999) vertreten, die reine **Wiederholung** von unrichtigen Angaben könne **kein eigenständiges Erfolgsunrecht** begründen; es entstehe weder ein kassentechnischer Nachteil noch ein tatsächlicher Schaden im Steueraufkommen. Daher sei die Abgabe der unrichtigen, lediglich wiederholenden Umsatzsteuerjahreserklärung nur **mitbestrafte Nachtat** zu den durch die Umsatzsteuervoranmeldungen begangenen Taten (vgl. auch MüKoStGB/*Schmitz/Wulf* Rn. 534 ff.; Hübschmann/Hepp/Spitaler/*Hellmann* Rn. 158; *Reiß* FS Kohlmann, 2003, 571 (591 ff.)). *Ransiek* (Kohlmann/*Ransiek* Rn. 893) sieht in den Voranmeldungen **mitbestrafte Vortaten,** weil die USt-Jahreserklärung die Voranmeldungen für den maßgeblichen Besteuerungszeitraum zusammenfasst; die Sanktion wegen der Jahreserklärung mache deutlich, dass es um die auf das Kalenderjahr bezogene Steuer gehe.

Der **steuerrechtliche Ansatz** des BGH (BGHSt 53, 221 (225 f.)) ist **zutreffend:** Die Pflicht zur **351** Abgabe der ordnungsgemäßen Umsatzsteuervoranmeldung (§ 18 Abs. 1 UStG) steht ebenso gleichrangig neben der Pflicht zur ordnungsgemäßen Erklärung der Jahressteuer (§ 18 Abs. 3 UStG) wie die sich ergebenden Steueransprüche parallel laufen (vgl. Beermann/Gosch/*Schlosser-Zeuner* UStG § 18 Rn. 10; vgl. aber *Reiß* FS Samson, 2010, 571 (582) mwN), mag auch das UStG keinen ausdrücklichen Tatbestand zur Entstehung der Jahressteuer formulieren (vgl. *Madauß* NZWiSt 2015, 23 (24)). Beide Ansprüche sind grds. nebeneinander vollstreckbar und folgen einem jeweils eigenen verfahrensrechtlichen Schicksal. Daher werden zweifellos eigenständige steuerliche Erklärungspflichten und eigenständige Steueransprüche durch unrichtige oder unvollständige Angaben in Umsatzsteuervoranmeldung und Umsatzsteuerjahreserklärung verletzt.

Doch die Gefährdung dieses eigenständigen steuerrechtlichen Anspruchs, der aufgrund der Umsatz- **352** steuererklärung festgesetzt wird, bedeutet noch nicht zwingend, dass auch neues Erfolgsunrecht iSd § 370 bewirkt wird (glA Kohlmann/*Ransiek* Rn. 896; aA BGHSt 53, 221 (227); BGH wistra 2005, 145 (146)), nimmt doch die Jahressteuerfestsetzung materiell den Inhalt der Steuerfestsetzungen für die Voranmeldungszeiträume in sich auf (BFHE 234, 531 (536); *Madauß* NZWiSt 2015, 23 (24); *Wulf* Stbg 2014, 64 (65 f.)). Hier erscheint eine Unterscheidung zwischen dem **Schutzgut** des § 370 und seinem **Angriffsobjekt** erforderlich (dazu *Dannecker,* Steuerhinterziehung im internationalen Wirtschaftsverkehr, 1984, 167 ff.; Hübschmann/Hepp/Spitaler/*Hellmann* Rn. 41): Die Bewirkung von Erfolgsunrecht setzt die konkrete Gefährdung oder Verletzung des Schutzgutes dieser Strafvorschrift voraus. Die Strafvorschrift des § 370 schützt nach hM zunächst den **Anspruch des Steuergläubigers auf den vollen Ertrag und die rechtzeitige Festsetzung der Steuern** (BGHSt 53, 71 (80) mwN; *Hardtke,* Steuerhinterziehung durch verdeckte Gewinnausschüttung, 1995, 66; *Nöhren,* Die Hinterziehung von Umsatzsteuer, 2005, 38; *Witte,* Gibt es eine Steuerhinterziehung nach einer vollendeten Steuerhinterziehung?, 2004, 51; Hübschmann/Hepp/Spitaler/*Hellmann* Rn. 43; JJR/*Joecks* Rn. 29). Die Judikatur und ein Teil der Lehre sehen darüber hinaus auch *„die Sicherung des staatlichen Steueranspruchs, dh des rechtzeitigen und vollständigen Steueraufkommens jeder einzelnen Steuerart"* als Schutzgut an (BGHSt 53, 71 (84) mwN; vgl. auch BVerfG wistra 2010, 396 (404) ua Rn. 70; Rolletschke/Kemper/*Rolletschke* Rn. 13 mwN; krit. *Nöhren,* Die Hinterziehung von Umsatzsteuer, 2005, 38; Hübschmann/Hepp/Spitaler/*Hellmann* Rn. 43 ff.; eing. zum Schutzgut des § 370 *Dannecker,* Steuerhinterziehung im internationalen Wirtschaftsverkehr, 1984, 167 ff.). **Nicht geschützt** sind der formelle Bestand des Steueranspruchs (so aber noch *Backes,* Zur Problematik der Abgrenzung von Tatbestands- und Verbotsirrtum im Steuerstrafrecht, 1981, 149 f.) oder die steuerlichen Offenbarungspflichten als solche (so *Ehlers* FR 1976, 505). Dies ergibt sich schon daraus, dass eine Strafbarkeit um formeller Interessen Willen verfassungsrechtlich nur schwer zu rechtfertigen wäre. Nur materielle Interessen können regelmäßig im Hinblick auf strafrechtliche Sanktionen als ultima ratio eine so einschneidende staatliche Reaktion wie die Kriminalstrafe rechtfertigen (vgl. BVerfGE 39, 1 (45 ff.)). Das Steuersystem, der formelle Steueranspruch als Position im Verwaltungsverfahren und die Wahrheits- und Offenbarungspflichten sind mithin **Angriffsobjekte,** die bei Begehung einer Steuerhinterziehung verletzt werden, stellen aber nicht das Schutzgut selbst dar (vgl. Hübschmann/Hepp/Spitaler/*Hellmann* Rn. 40 f.). Daher kommt es für die Frage nach der Verwirklichung von Erfolgsunrecht allein auf die Gefährdung des materiellen Steueranspruchs, der das Steueraufkommen verkörpert, an (zust. *Madauß* NZWiSt 2015, 23 (25 f.)). Dabei ist jedoch zu berücksichtigen, dass wie im sonstigen Vermögensstrafrecht auch rechtlich durchsetzbare, aber mangels Solvenz nicht erfüllbare Ansprüche am Schutz des § 370 teilnehmen (vgl. Hübschmann/Hepp/Spitaler/*Hellmann* Rn. 43), mithin auch ihre konkrete Gefährdung eine Schutzgutverletzung darstellt (ebenso Kohlmann/*Ransiek* Rn. 895; aA *Gaede,* Steuerbetrug, 2016, 560).

353   Berücksichtigt man diese Überlegungen, so liegt es nahe, für das Verhältnis zwischen der Tatbegehung durch **unrichtige Umsatzsteuervoranmeldungen und durch rein wiederholende oder unterlassene Jahreserklärung** Folgendes anzunehmen:

Bezieht sich der **Vorsatz** des Täters bei Begehung durch Abgabe der Umsatzsteuervoranmeldungen schon auf die **endgültige Hinterziehung der Umsatzsteuer,** hat der Steuerpflichtige also bereits zu diesem Zeitpunkt den Entschluss gefasst, eine die unrichtigen Voranmeldungen wiederholende Umsatzsteuerjahreserklärung abzugeben, so verwirklicht die Abgabe der Jahreserklärung kein eigenständiges Unrecht, weil schon die Abgabe der Voranmeldung eine (geplante) Umsatzsteuerverkürzung auf Dauer darstellt (vgl. BGH wistra 1998, 298; 2002, 185). Der materielle Steueranspruch ist faktisch bereits durch die unrichtigen Voranmeldungen auf Dauer verkürzt; eine (weitere) Steuerverkürzung kann nur in der Differenz zwischen der vorangemeldeten Steuer und der Jahressteuer liegen (vgl. *Madauß* NZWiSt 2015, 23 (26)). Aufgrund seiner formellen Selbständigkeit stellt der Jahressteueranspruch zwar ein weiteres Angriffsobjekt dar. Seine Verletzung beinhaltet jedoch keine weitere materielle Verletzung des Schutzgutes des § 370 (vgl. *Madauß* NZWiSt 2015, 23 (24)). Dann aber handelt es sich bei der Abgabe der entsprechend unrichtigen oder beim Unterlassen der Abgabe einer Jahressteuererklärung um eine **mitbestrafte Nachtat** (glA MüKoStGB/*Schmitz*/*Wulf* Rn. 155; Rolletschke/Kemper/*Rolletschke* Rn. 448; Suhr/Naumann/Bilsdorfer/*Bilsdorfer* Rn. 143; vgl. auch BGH wistra 2005, 145 (146): *„keine Vertiefung des bereits entstandenen Unrechts"*; vgl. auch *Gaede,* Steuerbetrug, 2016, 626). Denn durch die Abgabe der unrichtigen oder das Unterlassen der Abgabe (vgl. LG Mönchengladbach 8.9.2014 – 28 KLs 1/10 502 Js 862/07) einer Jahreserklärung verschlechtert sich die Lage des schon durch die Voranmeldungen gefährdeten Steueraufkommens nicht (vgl. BGH NStZ 1987, 23; *Bringewat,* Die Bildung der Gesamtstrafe, 1987, Rn. 86 ff.; Roxin StrafR AT II § 33 Rn. 214, 219 ff.). Hierdurch *sichert* sich der Steuerpflichtige lediglich dauerhaft die Vorteile aus der Tat (vgl. BGH wistra 1983, 70; vgl. auch *Reiß* FS Samson, 2010, 571 (591 ff.)), wenn auch die Abgabe der unrichtigen Jahreserklärung eine eigenständige Pflichtverletzung beinhaltet. Hinsichtlich der Steuerverkürzung bzw. des Steuervorteils geht die Rechtsgutsverletzung jedoch nicht über eine Perpetuierung des bereits entstandenen Schadens hinaus (wie hier LG Mönchengladbach 8.9.2014 – 28 KLs 1/10 502 Js 862/07; *Madauß* NZWiSt 2015, 23 (26)).

354   Die nachträgliche Abgabe einer **unrichtigen Umsatzsteuerjahreserklärung** ist im Verhältnis zu einer **unterlassenen Umsatzsteuerjahreserklärung** insofern ebenfalls als mitbestrafte Nachtat zu bewerten, da die Abgabe der Erklärung lediglich die Vorteile aus der Unterlassungstat sichern soll, soweit in der Erklärung unrichtige Angaben gemacht werden (so auch die Rspr.: BGHSt 38, 366; BGH NJW 1993, 2692; *Madauß* NZWiSt 2015, 23 (26)). Anders ist dies allerdings, wenn der Steuerpflichtige bei der Unterlassung geplant hatte, nachträglich eine zutreffende Umsatzsteuerjahreserklärung abzugeben, mithin lediglich Liquidität schöpfen wollte. In diesem Fall liegt Tatmehrheit vor, soweit das Unrecht der beiden Taten sich nicht deckt. Eine mitbestrafte Vortat durch das Unterlassen liegt nur dann vor, wenn die abgegebene Jahreserklärung keine Umsatzsteuerschuld oder sogar einen Rotbetrag ausweist.

Das AG Stuttgart (NZWiSt 2014, 279 f. mAnm *Gehm*) hatte angenommen, mit **unterlassener oder** 354a
verspäteter Abgabe der Umsatzsteuerjahreserklärung trotz ordnungsgemäßer Voranmeldun-
gen werde eine eigenständige Steuerhinterziehung begangen. Hiergegen sprechen jedoch zumindest
drei Gründe: Zum Ersten erfordert § 370 Abs. 1 Nr. 2 anders als Nr. 1 (vgl. BGH wistra 2011, 186
(188 f.) mwN auch zur aA) ein Inunkenntnislassen der Finanzbehörde (vgl. BGH NZWiSt 2013, 235
(236 ff.) mAnm *Gehm*); davon kann jedoch nicht gesprochen werden, wenn bereits zutreffende Voranmeldungen abgegeben worden sind (*Madauß* NZWiSt 2015, 23; ferner *Radermacher* StBW 2013,
613 ff.). Daher wird man auch keinen Zurechnungszusammenhang zwischen dem tatbestandlichen
Erfolg und der Verletzung der Erklärungspflicht annehmen können (vgl. Kohlmann/Ransiek Rn. 567).
Zweitens dürfte – wenn man eine tatbestandliche Steuerhinterziehung dennoch annehmen wollte – eine
mitbestrafte Nachtat gegeben sein, weil mit Blick auf die Deliktsstruktur des § 370 AO und die
Funktionsweise der Umsatzsteuer (→ Rn. 352) nur eine Sicherung des Steuervorteils für den Täter
erfolgt (vgl. *Madauß* NZWiSt 2015, 23 unter Hinweis auf BFH BStBl. II 2014, 81). Zum Dritten liegt
in solchen Fällen der nur unterlassenen oder verspäteten Abgabe einer lediglich bestätigenden Umsatzsteuerjahreserklärung ein **Tatbestandsirrtum** nahe, weil *„die nach § 16 Abs. 1 UStG berechnete*
Umsatzsteuer und die in denselben Besteuerungszeitraum fallende Vorsteuer steuerrechtlich als bloße Rechnungs-
faktoren nur unselbständige Besteuerungsgrundlagen bilden, die zu saldieren sind…" (BGH NStZ 1991, 89; vgl.
auch *Madauß* NZWiSt 2015, 23 (24))

Hat der Täter jedoch **zunächst beabsichtigt,** lediglich **falsche Umsatzsteuervoranmeldungen** 355
abzugeben um diese sodann durch die Abgabe einer zutreffenden Jahreserklärung zu korrigieren, so
verwirklicht die Abgabe einer Jahressteuererklärung, die entgegen dem ursprünglichen Plan die unrichtigen Angaben aus den Umsatzsteuervoranmeldungen wiederholt, eine eigenständige Umsatzsteuerverkürzung, da hier durch die Voranmeldungen zunächst eine Verkürzung der Umsatzsteuer auf Zeit
eingetreten ist. Durch die Jahressteuererklärung wandeln sich diese Verkürzungen jedoch in solche auf
Dauer (BGHSt 53, 221 (228 f.)). In diesem Fall stellen die Abgaben unrichtiger Umsatzsteuervoranmeldungen im Verhältnis zu der Abgabe der wiederholenden Umsatzsteuerjahreserklärung mitbestrafte Vortaten dar. Dies ergibt sich aus dem Unrechtsgehalt der Abgabe der unrichtigen Voranmeldung
zur Verkürzung der Steuer auf Zeit im Verhältnis zur Verkürzung der Steuer auf Dauer durch die Abgabe
der Jahreserklärung. Eine **mitbestrafte Vortat** ist gegeben, wenn sich der Unrechtsgehalt der betreffenden Straftat darin erschöpft, einen intensiveren Angriff auf dasselbe Rechtsgut vorzubereiten (vgl.
Lackner/Kühl/*Kühl* StGB Vor § 52 Rn. 33). Mag der Täter in diesem Fall auch nicht beabsichtigt
haben, eine spätere Verkürzung auf Dauer zu begehen, so stellt die Abgabe der Voranmeldungen
dennoch nur ein typisches Durchgangsstadium zur Steuerhinterziehung durch die Jahreserklärung dar
und dient der Vorbereitung der schwerwiegenderen Rechtsgutgefährdung durch die Nachtat, in der die
Vortat vollständig aufgeht.

Einen gegenüber der Steuerverkürzung durch die Jahreserklärung eigenständigen materiellen Gehalt 356
der unrichtigen Voranmeldung im Hinblick auf das Erfolgsunrecht könnte man zwar in dem durch die
Voranmeldungen erreichten **„Verspätungsschaden"** zu Lasten des Fiskus sehen, aber auch daran
bestehen Zweifel: Die allgM (BGHSt 53, 221 (229) mwN; Rolletschke/Kemper/*Rolletschke* Rn. 223;
Kohlmann/*Schauf* Rn. 476, 1358) geht davon aus, dass durch eine Steuerverkürzung auf Zeit ein
Verspätungsschaden seitens des Fiskus verursacht wird, der bei der Strafzumessung berücksichtigt werden
müsse. Jedoch ist hier Folgendes zu bedenken: Der Schaden durch die Tat ist durch den Vergleich des
Vermögensbestandes des Fiskus bei pflichtgemäßem *Erklärungs*verhalten einerseits und bei pflichtwidrigem Erklärungsverhalten andererseits zu ermitteln. Hätte der Steuerpflichtige seine Umsatzsteuervoranmeldung pflichtgemäß abgegeben, so ergibt sich daraus noch nicht zwingend, dass er die Umsatzsteuer
auch entrichtet hätte (vgl. BGH NZWiSt 2016, 242 (243) mAnm *Gehm*). Daher ist allenfalls bei
einem Vergleich zwischen pflichtwidrigem *Erklärungs-* und pflichtgemäßem *Entrichtungs*verhalten ein
zusätzlicher „Verspätungsschaden" feststellbar. Dieser Vergleich erscheint jedoch nicht angemessen. Dem
Fiskus wegen der unterlassenen Umsatzsteuervorauszahlung einen Verspätungsschaden zubilligen zu
wollen, obwohl der Umsatzsteuervoranmeldung die Funktion einer Sicherheitsleistung zukommt,
leuchtet auch in der Sache nicht ein; im Ganzen ebenso *Gaede*, Steuerbetrug 2016, 623.

Keine mitbestrafte Nachtat ist dagegen die Abgabe einer Umsatzsteuerjahreserklärung, wenn diese 357
weitere, über die Angaben in den Voranmeldungen hinausgehende Steuerherabsetzungen oder Steuererstattungen beinhaltet. Diese Tat steht in Tatmehrheit zu den durch die (ggf. auch unterlassenen) Voranmeldungen begangenen Taten (JJR/*Joecks* Rn. 748; Kohlmann/*Schauf* Rn. 1370).

bb) Verhältnis der Umsatzsteuerhinterziehung zur Schädigung des Umsatzsteueraufkom- 358
mens (§§ 26b, 26c UStG). Zum Verhältnis zwischen der Umsatzsteuerhinterziehung und der Strafbarkeit gem. §§ 26b, 26c UStG, → § 26b Rn. 41 f.; ferner BGH NStZ-RR 2014, 310; Kohlmann/*Ransiek*
Rn. 889.

cc) Verhältnis zur Urkundenfälschung. Die Verwendung unechter oder verfälschter Urkunden 359
(Rechnungen, Lieferscheinen etc) im Steuerverfahren stellt eine tateinheitlich mit der Steuerhinterzie-
hung begangene Tat dar (BGH wistra 1988, 34; BGH UR 1989, 101 f.; Rolletschke/Kemper/*Rolletschke*
Rn. 463), deren Verfolgung § 393 Abs. 2 nicht entgegensteht, weil die Vorlage unechter Urkunden

nicht in Erfüllung steuerlicher Pflichten erfolgen kann (→ § 393 Rn. 66). Dies gilt auch dann, wenn der Stpfl. die Begehung eines Urkundendelikts im Rahmen einer Selbstanzeige nach § 371 aufdeckt, weil er die Tat iRd Begehung einer Umsatzsteuerhinterziehung begangen hat (→ § 393 Rn. 67 f.). Steht das Urkundendelikt mit der Steuerstraftat in Tateinheit, so ist die ausschließliche Zuständigkeit der StA gem. § 386 Abs. 2 (Umkehrschluss) zu beachten (vgl. Kohlmann/*Schauf* Rn. 1380). Ferner kommt dann die Erfüllung des Regelbeispiels von § 370 Abs. 3 S. 2 Nr. 4 in Betracht (vgl. Rolletschke/Kemper/*Rolletschke* Rn. 464).

359a Wird die unechte Urkunde nicht zur Begehung der Steuerhinterziehung oder ohne Verbindung mit ihr verwendet, etwa iRd Buchführung, so steht die Tat gem. § 267 StGB in Tatmehrheit zur Straftat gem. § 370 (BGH wistra 1994, 268).

360 **dd) Verhältnis zum Schmuggel.** Bei einem Schmuggel und der Hinterziehung der Steuern auf Umsätze aus der anschließenden Weiterveräußerung des Schmuggelguts handelt es sich regelmäßig um tatmehrheitlich begangene (§ 53 StGB) und prozessual verschiedene Taten iSd § 264 StPO. Dies ergibt sich daraus, dass die Tathandlungen unterschiedlich sind, sie zu unterschiedlichen Zeitpunkten, in unterschiedlichen Verfahren und gegenüber verschiedenen Behörden begangen werden. Die den Taten zugrunde liegenden Sachverhalte sind auch nicht innerlich so miteinander verknüpft, dass der Unrechts- und Schuldgehalt nicht getrennt gewürdigt werden könnte (BGH wistra 2014, 25 (27)).

361 **i) Sonderkonstellationen.** Bei der Umsatzsteuerhinterziehung ergeben sich, bedingt durch die Möglichkeit des **Vorsteuerabzugs,** eigenständige Hinterziehungskonstellationen, die bei anderen Steuern in dieser Weise nicht entstehen können. Die Taten sind iRd Umsatzsteuer nicht allein auf die Vermeidung tatsächlicher Steuerbelastungen, sondern in hohem Maße auf die tatsächliche Auszahlung von Steuererstattungsbeträgen gerichtet. Dabei sind auch außerhalb des bekannten Umsatzsteuerkarussells und anderer häufig grenzüberschreitender Konstruktionen zur Umsatzsteuerhinterziehung (→ Rn. 394 ff.; ferner *Gibhardt,* Hinterziehung von Umsatzsteuern im europäischen Binnenmarkt, 2001, 78 ff.; *Grieser,* Strafrechtliche Analyse der Umsatzsteuerhinterziehung und ihre Bekämpfung, 2005, 23 ff.) zahlreiche Möglichkeiten der rein nationalen Hinterziehung von Umsatzsteuer möglich.

362 **aa) Vorsteuerabzug bei Scheinrechnungen.** Nicht selten wird das Recht zum Vorsteuerabzug zur Begehung von Umsatzsteuerhinterziehungen in Form der Erschleichung unberechtigter Vorsteuererstattungen genutzt (vgl. bereits *Datke,* Umsatzsteuerhinterziehung, 2006, 31 ff.). Dabei werden etwa Vorsteuern aus Scheinrechnungen geltend gemacht, ohne dass zuvor ein steuerbarer Umsatz erfolgt und die ausgewiesene Umsatzsteuer erklärt oder gar entrichtet wird. Hier werden regelmäßig **zwei Umsatzsteuerhinterziehungen** begangen (vgl. Kohlmann/*Schauf* Rn. 1381): Die Scheinrechnung führt trotz Nichtvorliegens einer steuerbaren Lieferung oder Leistung zu einer Steuerpflicht in Höhe der in der Scheinrechnung ausgewiesenen Umsatzsteuer (§ 14c Abs. 2 UStG; vgl. BGH wistra 2014, 144; BGH ZWH 2014, 437 (439); *Berchner* NZWiSt 2014, 479 (480)). Diese Umsatzsteuer hat der **Aussteller der Rechnung** zu erklären und zu entrichten (§§ 18 Abs. 4a, b, 14c Abs. 2 UStG). Erklärt er diesen Sachverhalt nicht, so ist dies nicht nur ein Formalverstoß (BGH NZWiSt 2013, 224 (226)), sondern der Rechnungsaussteller macht sich wegen Umsatzsteuerhinterziehung strafbar, sofern die ausgestellte Rechnung noch zum Vorsteuerabzug verwendet werden kann und er nicht ausnahmsweise die Steuer an die Finanzbehörde abführt (BGHSt 53, 311 (317); BGH NStZ 2001, 380 f.; BGH NZWiSt 2013, 112 f. mAnm *Roth*). Die weitere Steuerhinterziehung durch den **Rechnungsempfänger** liegt in der Geltendmachung der Vorsteuer, obwohl kein Umsatz getätigt wurde, der den Voraussetzungen des § 15 Abs. 1 Nr. 1 UStG genügt.

363 Die Vorschrift des § 14c UStG (§ 14 Abs. 2 und Abs. 3 UStG aF) wurde eingeführt, um Schäden am Umsatzsteueraufkommen zu vermeiden, die entstehen, wenn der Empfänger einer Scheinrechnung bzw. einer Rechnung mit überhöht ausgewiesener Umsatzsteuer die daraus ersichtliche Vorsteuer geltend macht (NJW 2002, 3036 (3037); Beermann/Gosch/*Schlosser-Zeuner* UStG § 14c Rn. 2). Sie begründet als Gefährdungstatbestand eine **Ausfallhaftung des Rechnungsausstellers** (Beermann/Gosch/*Schlosser-Zeuner* UStG § 14c Rn. 16; Kohlmann/*Schauf* Rn. 1382): Der Rechnungsaussteller übernimmt mit der Steuerschuld das von ihm herbeigeführte Risiko, dass ein Vorsteuerabzug geltend gemacht wird, ohne dass dessen Voraussetzungen erfüllt sind (Vogel/Schwarz/*Radeisen* UStG § 14c Rn. 98). Die steuerrechtliche Versagung des Vorsteuerabzugs für allein aufgrund des Steuerausweises gem. § 14c UStG geschuldete Umsatzsteuer ergibt sich mithin unmittelbar aus § 15 Abs. 1 Nr. 1 UStG (vgl. auch EuGH NJW 1991, 632 (633) – *Genius Holding*), wonach nur die für eine Lieferung oder Leistung *gesetzlich* geschuldete Umsatzsteuer abziehbar ist. Die allein aufgrund des Rechnungsausweises gem. § 14c UStG geschuldete Steuer ist **keine gesetzlich aufgrund eines Umsatzes geschuldete Steuer.**

364 Aus dieser systematischen Bedeutung des § 14c UStG als **Ausfallhaftung des Rechnungsausstellers** für das von ihm geschaffene Risiko des unberechtigten Vorsteuerabzugs des Rechnungsempfängers (dazu BGH NJW 2002, 3036 (3037); BGH NStZ 2001, 380 f.; 2015, 282 (283)) ergibt sich, dass eine Gefährdung des Umsatzsteueraufkommens nur insoweit möglich ist, als die Umsatzsteuerschuld **nicht ordnungsgemäß erklärt** und **geleistet** wird **und zugleich die Gefahr** besteht, dass **aufgrund der Rechnung der Vorsteuerabzug geltend gemacht** wird, ohne dass diesem eine Umsatzsteuerzahlung entgegensteht. Erklärt der Rechnungsaussteller pflichtgemäß die Umsatzsteuer und führt sie ab, so greift die Ausfallhaftung ein und verhindert eine Gefährdung des Schutzgutes des § 370, des Steueraufkommens, wenn die Vorsteuer erst nach der Entrichtung der Umsatzsteuer erklärt wird. In diesem Fall wird zwar eine Tathandlung vorgenommen, wenn die Vorsteuer unter Vortäuschung der Voraussetzungen des § 15 Abs. 1 S. 1 Nr. 1 UStG geltend gemacht wird, aber es fehlt an einer Gefährdung des Schutzgutes. Eine Rechtsgutsverletzung ist jedoch zur Erfüllung des Tatbestandes des § 370 Abs. 1 Nr. 1 in Form des Erlangens eines **steuerlichen Vorteils** erforderlich, und dieser liegt nur vor, wenn es sich um einen Vorteil spezifischer Art handelt, der auf dem Tätigwerden der Finanzbehörde beruht und eine hinreichende Gefährdung des Steueranspruchs bewirkt (vgl. BGHSt 53, 99 (106)).

Der BGH (BGHSt 47, 343 (346); BGH NJW 2002, 1963 (1966)) geht davon aus, dass eine vollendete **365** Umsatzsteuerhinterziehung des Rechnungsempfängers durch Geltendmachung des Vorsteuerabzugs auch dann möglich sei, wenn die gem. § 14c UStG geschuldete **Umsatzsteuer ordnungsgemäß angemeldet und gezahlt** worden ist. Dem ist nicht uneingeschränkt zuzustimmen. Wird nämlich zu Verschleierungszwecken eine Scheinrechnung ausgestellt und die darin ausgewiesene Umsatzsteuer vom Rechnungsempfänger bezahlt, vom Rechnungsaussteller der Finanzbehörde gegenüber erklärt und abgeführt, dann fehlt es zwar an den steuerlichen Voraussetzungen des Vorsteuerabzugs, weil § 15 UStG eine Umsatzsteuer aus einem steuerbaren Umsatz voraussetzt. Jedoch kann eine Strafbarkeit nur angenommen werden, wenn eine **materielle Gefährdung des Anspruchs** gem. § 14c UStG gegeben ist. In dem Fall, dass der Rechnungsaussteller die Umsatzsteuer, die er ohne den Steuerausweis in der Rechnung nicht geschuldet hätte, abführt und der Rechnungsempfänger den entrichteten Betrag als Vorsteuer geltend macht, kann kein Schaden im Steueraufkommen entstehen, da der Steueranspruch bereits erfüllt ist (vgl. auch BGH NStZ 2015, 282 (283)). Soweit die Entrichtung der Umsatzsteuer erst nach der Festsetzung der Umsatzsteuer gegenüber dem Rechnungsempfänger erfolgt, liegt eine Steuerverkürzung auf Zeit vor, soweit die Entrichtung der Umsatzsteuer noch erfolgen soll. Der Schutzzweck des § 370 AO rechtfertigt dann zwar eine Bestrafung wegen Steuerhinterziehung, strafmildernd ist jedoch zu berücksichtigen, dass die Steuer nur auf Zeit verkürzt wurde (vgl. auch Kohlmann/*Schauf* Rn. 1387 mit weitergehender verfassungs- und unionsrechtlicher Kritik). Der BGH hat ferner darauf hingewiesen, dass für die Strafzumessung nicht sowohl der Schaden durch den unberechtigten Vorsteuerabzug, als auch die nicht angemeldete Umsatzsteuer nach § 14c Abs. 2 S. 2 UStG angesetzt werden dürfen, sondern nur der einfache Betrag als Verkürzung zu berücksichtigen ist (BGH NStZ 2015, 282 (283) mAnm *Beckschäfer* ZWH 2015, 190 f.).

Diese Erwägungen sind auch für die Frage entscheidend, inwiefern sich die durch das StÄndG 2003 **366** (BGBl. I 2645 ff.) im Hinblick auf die Judikatur des EuGH (DStRE 2000, 1166) geschaffene **Berichtigungsmöglichkeit** gem. § 14c Abs. 2 S. 3 bis S. 5 (§ 14 Abs. 2 und Abs. 3 aF) UStG (vgl. bereits *Hegemann*/*Querbach* DStR 2001, 557 ff.; ferner *Roth* NZWiSt 2012, 113) auf die Hinterziehung der Umsatzsteuer gem. § 14c UStG durch die Nichtanmeldung auswirkt. Die Berichtigungsmöglichkeit dürfte nur dann von strafrechtlicher Relevanz sein, wenn die Voraussetzungen der Berichtigung, also die Beseitigung der Gefährdungslage, geschaffen wurden, bevor die Anmeldungsfrist abgelaufen war, mithin wenn zu keinem Zeitpunkt die Gefahr bestand, dass das Umsatzsteueraufkommen durch die Geltendmachung des unberechtigten Vorsteuerabzugs ohne Gegengewicht in Form der Festsetzung der Umsatzsteuer geschädigt wird (vgl. BGH NZWiSt 2012, 112 (113)). Jede Berichtigungsmöglichkeit, die nach dem Ablauf des Anmeldungszeitraums entsteht, wirkt sich – soweit nicht die Voraussetzungen einer Selbstanzeige nach § 371 erfüllt sind – allenfalls als nachträgliche Schadensbeseitigung auf die Strafzumessung aus (vgl. BGHSt 47, 343 (350 f.); Kohlmann/*Schauf* Rn. 1387; Rolletschke/Kemper/*Rolletschke* Rn. 468; *Müller* AO-StB 2008, 80 (83)). Strafmildernd wirkt die Berichtigung aber nur, wenn sie tatsächlich erfolgt ist (vgl. BGH NZWiSt 2012, 112 (113)).

bb) Strohmanngeschäfte. Wird ein Strohmann (eing. *Madauß* NZWiSt 2013, 332 ff.; ferner Kohl- **367** mann/*Schauf* Rn. 1390) in eine Leistungsbeziehung eingebunden, so stellt sich die Frage nach dessen **Unternehmereigenschaft** und damit nach der Berechtigung zum Vorsteuerabzug hinsichtlich der Umsatzsteuer, die auf eine von ihm in Rechnung gestellte Leistung hin entrichtet wurde (vgl. *Kirch-Heim* NStZ 2014, 336 f.; Kohlmann/*Schauf* Rn. 1390 ff.). Die Rspr. konnte bislang noch keine klaren Kriterien dafür entwickeln, wann einem Strohmann Unternehmereigenschaft zukommt (vgl. aber BFH/NV 2010, 259 ff.), da auch ein Strohmann in dieser Eigenschaft als eine Art Vermittler nachhaltig und selbstständig tätig, mithin Unternehmer sein kann (vgl. BFH NZWiSt 2016, 28 (31 f.) mAnm *Madauß*; Kohlmann/*Schauf* Rn. 1390; vgl. auch *Nöhren*, Die Hinterziehung von Umsatzsteuer, 2005, 215 ff.; *Liebau* BB 2005, 415 ff.). Diese Frage ist für jeden **konkreten Einzelfall** zu beantworten. Wichtig ist in diesen Konstellationen die Beurteilung der Frage, zwischen welchen Personen der Leistungsaustausch tatsächlich stattfindet. Wird der Strohmann ohne Unternehmerrisiko und Unternehmerinitiative in eine Leistungskette nur formell zwischengeschaltet, um einen Steuervorteil zu erlangen, so fehlt ihm die Unternehmereigenschaft (BGH NJW 2003, 2924 f.; Kohlmann/*Schauf* Rn. 1391). Er darf weder selbst Vorsteuerabzug geltend machen, noch darf im Hinblick auf seine Rechnung Vorsteuer geltend gemacht werden. Zudem darf der Strohmann naturgemäß nur die von ihm tatsächlich erbrachte „Service"-Leistung in einer Rechnung ausweisen (→ Rn. 362). Weist er eine andere Leistung aus, so entsteht gem. § 14c UStG die Umsatzsteuerschuld in der ausgewiesenen Höhe (hierzu *Nöhren*, Die Hinterziehung von Umsatzsteuer, 2005, 223 f.); zusätzlich zu der für die tatsächlich erbrachte Leistung geschuldeten (nicht ausgewiesenen) Umsatzsteuer.

367a   Nach Ansicht des BGH (NJW 2011, 1616) ist derjenige nicht **Unternehmer** iSd § 15 UStG und damit nicht vorsteuerabzugsberechtigt, der weiß, dass die Lieferung, die für ihn ausgeführt wird, Teil eines **eigens auf Hinterziehung von Umsatzsteuern angelegten Systems** ist (vgl. auch EuGH DStR 2006, 1274 Rn. 61 – Kittel; ferner *Gehm* NJW 2012, 1257 (1259)). Wenn er dennoch Vorsteuern geltend macht, begehe er eine Steuerhinterziehung. Ob eine unternehmerische Tätigkeit vorliege, sei danach zu bestimmen, wie sich die Einbindung in das Geschäft im Vergleich zu einem typischen Händler darstelle (vgl. auch Kohlmann/*Schauf* Rn. 1390; Rolletschke/Kemper/*Rolletschke* Rn. 477). Dieses *„Bild des Handels"* sei *„durch die wiederholte Anschaffung und Veräußerung von Wirtschaftsgütern im Sinne eines marktmäßigen Umschlags von Sachwerten gekennzeichnet"*; vgl. auch BGH NZWiSt 2014, 194 (195) mAnm *Madauß*). Beschränkt sich die Tätigkeit allein auf das Ausstellen von Rechnungen, ohne wirtschaftlich auf das durchgeführte Geschäft einwirken zu können, **ohne Unternehmerrisiko** oder **Gewinnaussicht**, so liege ein nichtunternehmerisches Strohmanngeschäft ohne Vorsteuerabzugsberechtigung vor (vgl. auch *Madauß* NZWiSt 2013, 332 (333); *Reichling* StraFo 2012, 316 (317 f.)).

367b   Der BGH hat allerdings in späterer Rspr. (NZWiSt 2014, 112 mAnm *Bülte*; Kirch-Heim NStZ 2014, 336 f.; vgl. auch BFH wistra 2011, 237 (238); NZWiSt 2014, 73 (76); 477 (478) mAnm *Berchner*) festgestellt, dass ein **Strohmann**, der nach außen im eigenen Namen auftritt im Verhältnis zum **Hintermann** jedoch auf dessen Rechnung handelt, leistender Unternehmer iSd UStG sein kann. Daher könne dem Strohmann auch eine Leistung zuzurechnen sein, die der Hintermann berechtigterweise im Namen des Strohmanns ausgeführt hat. Dem stehe auch nicht entgegen, dass der im Innenverhältnis zum Hintermann dessen Weisungen zu befolgen hat und der wirtschaftliche Erfolg nicht endgültig bei ihm verbleibt (BGH NZWiSt 2014, 477 (478)). Vorgeschobene Geschäfte seien demnach **nur** dann **umsatzsteuerlich unbeachtlich** wenn sie **ausschließlich zum Schein** (§ 41 Abs. 2) abgeschlossen worden sind; es gelten insofern die Voraussetzungen des zivilrechtlichen Scheingeschäfts iSd § 117 BGB (vgl. *Bülte* NZWiSt 2014, 114 (115); *Madauß* NZWiSt 2013, 332 ff. mwN; vgl. auch *Gehm* NJW 2012, 1257 (1258); *Sterzinger* DStR 2014, 831 f.). Ein solches liegt nur dann vor, wenn von den Parteien lediglich der Schein des Geschäfts, nicht aber seine Rechtswirkungen gewollt sind (BGH wistra 2013, 314 (319); 2014, 477 (478); BFH wistra 2011, 237 (238) mwN).

367c   Hierzu hat der EuGH (DStRE 2014, 32 Rn. 45 ff. – Newey) ausgeführt, Vertragsbestimmungen – also zivilrechtliche Vereinbarungen –, die die wirtschaftliche und geschäftliche Realität außer Acht lassen, seien bei der mehrwertsteuerrechtlichen Beurteilung nicht zu berücksichtigen. Der „Grundsatz des Verbots des Rechtsmissbrauchs" untersage nach ständiger Rspr. des EuGH einen Steuervorteil aufgrund solcher Vereinbarungen zu gewähren, die künstlich und bar jeder wirtschaftlichen Realität und allein zu dem Zweck geschlossen werden, diesen Steuervorteil zu erlangen. *Madauß* (NZWiSt 2013, 386 (388 f.)) macht hier insofern eine Abweichung der europäischen von der finanzgerichtlichen Rechtsprechung aus, als letztere die Unbeachtlichkeit auf Scheingeschäfte beschränkt. Der EuGH nehme die wirtschaftliche Gesamtsituation und nicht nur den rechtlichen Erfolg in den Blick und sei daher eher in der Lage auch den *„vermeintlich zivilrechtlich verpflichteten als reinen Rechnungsschreiber und damit als Scheinunternehmer zu entlarven"*. Diese Differenzierung ist dann von großer Bedeutung, wenn allein die rechtlichen, nicht aber die wirtschaftlichen Folgen eines umsatzsteuerpflichtigen Geschäfts von den Parteien gewollt sind. Bei der umsatzsteuerlichen Betrachtung wäre ein solcher Ansatz fraglos vorteilhaft. Im Steuerstrafrecht wirft diese Vorgehensweise jedoch die Frage nach geeigneten und hinreichend bestimmten Kriterien zur Bestimmung von Fällen auf, in denen die Parteien künstliche Geschäfte *„bar jeder wirtschaftlichen Realität"* allein zur Erlangung von Steuervorteilen abschließen.

368   cc) **Grenzüberschreitende Lieferungen im Zusammenhang mit Steuerhinterziehung. (1) Innergemeinschaftliche Lieferungen.** Nach §§ 4a, 6a UStG sind **innergemeinschaftliche Lieferungen** von der Umsatzsteuer befreit (vgl. zu den Einzelheiten *Merkt* UR 2008, 757 ff.). Die Steuerfreiheit soll die Steuerneutralität von Lieferungen über die Binnengrenzen der Europäischen Union gewährleisten und damit gewährleisten, dass der Dienstleistungs- und Warenverkehrsfreiheit keine steuerlichen Hindernisse entgegenstehen (vgl. *Leitl* UVR 2008, 138 f.). Die **Steuerbefreiung** der innergemeinschaftlichen Lieferung setzt gem. § 6a Abs. 1 S. 1 UStG in tatsächlicher Hinsicht voraus, (Nr. 1) dass ein **Unternehmer** den Gegenstand in das **übrige Gemeinschaftsgebiet** befördert oder versendet, (Nr. 2a) der **Abnehmer** ein **Unternehmer** ist, der den Gegenstand **für sein Unternehmen** erwirbt, (Nr. 2b) eine juristische Person ist oder (Nr. 2c) ein neues Fahrzeug geliefert wird und (Nr. 3) der Gegenstand der Lieferung **beim Abnehmer** in einem anderen Mitgliedstaat **den Vorschriften der Umsatzbesteuerung unterliegt** (vgl. auch Kohlmann/*Schauf* Rn. 1398; *Wäger* UR 2015, 81 (82)).

369   § 6a Abs. 3 UStG iVm §§ 17a ff. UStDV knüpft die Steuerbefreiung ferner an **besondere Nachweisvoraussetzungen** an (vgl. *Küffner* DB 2013, 2408 ff.; *Wäger* UStB 2004, 206 ff.). Der Unternehmer muss die Lieferung oder Beförderung iSd § 6 Abs. 1 Nr. 1a UStG durch eindeutige und leicht nachprüfbare Belege nachweisen **(Belegnachweis)**. Die Einzelheiten dieses Belegnachweises ergeben sich aus § 17a Abs. 2 UStDV, wobei es sich hierbei bis 31.12.2011 um eine *Sollvorschrift* handelte. Seit

1.1.2012 (BGBl. 2011 I 2416) gilt eine neue Fassung der Vorschrift, die nun als *Mussvorschrift* ausgestaltet ist (vgl. zu den Einzelheiten *Küffner/Streit* BC 2012, 2). Mit Wirkung zum 29.3.2013 (BGBl. I 602) wurde zudem das Erfordernis der sog **Gelangensbestätigung** in § 17a Abs. 2 Nr. 1 UStDV eingeführt, die regelmäßige Voraussetzung für eine Steuerfreiheit der innergemeinschaftlichen Lieferung ist (BR-Drs. 628/11, 18 f.; Kohlmann/*Schauf* Rn. 1398). Jedoch wird zu Recht darauf hingewiesen (*Madauß* NZWiSt 2013, 386), dass es neben der Gelangensbestätigung diverse andere Nachweismöglichkeiten gibt.

Ferner muss der Unternehmer gem. § 17c Abs. 1 UStDV die Voraussetzungen der Steuerbefreiung **369a** einschließlich der USt-IdNr. des Abnehmers buchmäßig nachweisen. Dies setzt nach § 17c Abs. 1 S. 2 UStDV voraus, dass sich die Voraussetzungen eindeutig und leicht aus der Buchführung ersehen lassen **(Buchnachweis).** Die hierzu regelmäßig erforderlichen Aufzeichnungen geben § 17c Abs. 2–4 UStDV vor (hierzu *Bülte* CCZ 2009, 99; *Jahn/Gierlich* SAM 2011, 162 f. jeweils mwN; vgl. auch Kohlmann/*Schauf* Rn. 1398). Der rechtzeitige **Buchnachweis** wurde von der finanzgerichtlichen Rspr. zunächst als **materielle Voraussetzung** der Steuerfreiheit betrachtet (BFH/NV 1997, 629 (630); 2004, 988 (989); vgl. auch die Nachw. bei *Wäger* UR 2015, 702 f.). Diese Auffassung hat der BFH (DStR 2008, 297; 2009, 1636) jedoch im Hinblick auf die *Collée*-Entscheidung des EuGH (DStR 2007, 1811 ff.; ferner DStR 2012, 2014 ff. – VSTR; vgl. auch Kohlmann/*Schauf* Rn. 1401.1; *Küffner/Langer* DB 2008, 1116; *Küffner/Zugmaier* DStR 2007, 1807 ff.; Schaumburg/*Peters* Rn. 10.17; *Moosburger* Stbg 2009, 366 (367); *Sackreuther* PStR 2009, 62 ff. Spatschek/*Maier* ZWH 2013, 265 (266); *Wulf* Stbg. 2008, 328 (329)) aufgegeben und sieht die Nachweisanforderungen mittlerweile als lediglich **formelle Voraussetzungen der Steuerfreiheit** an (vgl. auch BGH NJW 2009, 1516 ff.; 2009, 3383; vgl. auch *Jahn/Gierlich* SAM 2011, 162 f.; MüKoStGB/*Schmitz/Wulf* Rn. 173 ff., 240 f.; vgl. jedoch BGHSt 57, 32 (40); krit. zu dieser Entscheidung Kohlmann/*Schauf* Rn. 1406.1; *Lohse* BB 2012, 430 f.). Dennoch kann eine Versagung trotz tatsächlichem Vorliegen der objektiven Voraussetzungen der Steuerfreiheit nach der *Collée*-Rechtsprechung (EuGH DStR 2007, 1811 Rn. 31) gerechtfertigt sein, wenn der Verstoß gegen die Nachweispflichten den *„sicheren Nachweis"*, also den *„zweifelsfrei objektiven Nachweis"* (so BGHSt 57, 32 (40); BFHE 235, 32 (38); krit. zu diesem Kriterium *Adick* PStR 2012, 9 (12)) der materiellen Voraussetzungen verhindert (vgl. *Wäger* UR 2015, 81 (83)). Auch nach der Änderung der Rspr. des BFH bleibt der Nachweis Bedingung für die Steuerfreiheit bzw. den Vorsteuerabzug (*Oelmaier* DStR 2008, 1213 ff.).

Daraus folgt **steuerrechtlich,** dass die Steuerbefreiung nicht allein mit der Begründung versagt **370** werden darf, die Aufzeichnungen entsprächen nicht dem tatsächlichen Weg der Lieferung. Wenn also zum Schein Zwischenhändler (zB aus Gebietsschutzgründen) eingeschaltet werden, die Ware aber tatsächlich über diese geliefert wird, steht dies der Steuerfreiheit nicht entgegen, soweit zweifelsfrei feststeht, dass die Voraussetzungen des § 6a UStG anderweitig tatsächlich erfüllt sind (vgl. *Adick* PStR 2012, 9 (11); *Henze* EU-UStB 2007, 89 (91 f.); *Sterzinger* UR 2008, 169 (172 f.)). In seiner neueren Rspr. hat der BFH allerdings deutlich gemacht, dass der Unternehmer grds. nicht berechtigt sei, *„den ihm obliegenden sicheren Nachweis der materiellen Anforderungen in anderer Weise als durch Belege und Aufzeichnungen zu führen."* Ein Zeugenbeweis komme grds. nicht in Betracht *„Nur wenn der Formalbeweis ausnahmsweise nicht oder nicht zumutbar geführt werden kann, gebietet es der Verhältnismäßigkeitsgrundsatz, den Nachweis auch in anderer Form zuzulassen..."* (BFH DStR 2015, 1917 (1919) m. Bespr. *Heidner* UR 2015, 773). *Wäger* (UR 2015, 702 (704)) hat dies als Statuierung eines *„Beweiserhebungsverbots mit Ausnahmevorbehalt"* bezeichnet und kritisiert der *„Beleg- und Buchnachweis erlange wieder wie in den Zeiten vor Collée materiell-rechtliche Bedeutung".*

Steuerstrafrechtlich folgt daraus, dass der Unternehmer, der weiß, dass die Voraussetzungen einer **370a** innergemeinschaftlichen Lieferung gem. § 6a UStG gegeben sind, sich auch dann nicht gem. § 370 strafbar macht, wenn die nach §§ 17a ff. UStDV erforderlichen **Buchnachweise nicht vorliegen** (→ Rn. 369; → Rn. 28 ff.).

Für den Strafprozess bedeutet dies entgegen der Ansicht des OLG Karlsruhe (PStR 2009, 57; ähnlich **371** *Sackreuther* PStR 2009, 62 (65)) nicht, dass bei Fehlen der erforderlichen Nachweise grds. davon auszugehen ist, dass die Voraussetzungen der Steuerbefreiung nicht vorliegen. Die Änderung der Judikatur bewirkt vielmehr keine **Beweislastumkehr** dahingehend, dass dem Beschuldigten nachgewiesen werden muss, dass die tatsächlichen Voraussetzungen der innergemeinschaftlichen Lieferung nicht vorgelegen haben, während ihm zuvor nur nachzuweisen war, dass er den vorschriftsmäßigen Nachweis nicht führen konnte (*Vogelberg* PStR 2009, 41 (43)). Denn im Steuerstrafrecht gilt der strafprozessuale Beweismaßstab, nicht der steuerrechtliche (vgl. *Dannecker* in Leitner, Finanzstrafrecht, 2009, 275, 313; ferner *Bülte* JZ 2014, 603 (609 ff.); *Gehm* NJW 2012, 1257 (1258); JJR/*Randt* § 385 Rn. 22 mwN; MüKoStGB/*Schmitz/Wulf* Rn. 179 f.). Die strengen Beweisanforderungen des BFH (BFH DStR 2015, 1917 ff.) dürfen nicht auf das Steuerstrafrecht übertragen werden. Dennoch ist es nur theoretisch zutreffend, wenn *Schauf/Höink* (PStR 2009, 58) den Nachweis als steuerstrafrechtlich bedeutungslos bezeichnen.

(2) Ausfuhrlieferungen. Eine ähnliche Problematik wie bei den innergemeinschaftlichen Lieferun- **372** gen ergibt sich bei den steuerbefreiten **Ausfuhrlieferungen gem.** § 6 UStG. Auch hier gilt, dass grds. nicht nur die tatsächlichen Voraussetzungen des § 6 Abs. 1 UStG gegeben sein, sondern auch bestimmte

Nachweise erbracht werden müssen. Die Anforderungen an den Nachweis, der von der finanzgerichtlichen Rechtsprechung als materielle Voraussetzung der Steuerbefreiung angesehen wurde (BGHZ 130, 118), ergeben sich aus § 6 Abs. 4 S. 1 UStG iVm §§ 8 ff. UStDV.

373   Der BFH hat aber auch hier den Formalcharakter der Nachweise über innergemeinschaftliche Lieferungen nunmehr anerkannt (BFHE 219, 469 (474); BFH DStR 2009, 1636; vgl. auch *Gotzens* PStR 2008, 97 ff. zur Bedeutung für die Anwendung von § 6 Abs. 4 UStG) und die *Collée*-Judikatur auf den Buchnachweis über die Ausfuhrlieferung übertragen. Das Gericht sieht diesen Nachweis nicht mehr länger als materielle Befreiungsvoraussetzung an (BFH DStR 2009, 1636; 1637 f.; vgl. auch NdsFG DStRE 2008, 1390). Der BGH hat diese Sichtweise in das Steuerstrafrecht übernommen (BGH NJW 2009, 3383), so dass eine Steuerhinterziehung ausscheidet, wenn die tatsächlichen Voraussetzungen der Ausfuhrlieferung gegeben sind. Auf den ordnungsgemäßen Nachweis kommt es auch materiell-strafrechtlich nicht (mehr) an (→ Rn. 28 ff.; vgl. aber BGHSt 57, 32 (40)).

374   **(3) Nichterklärung von Inlandsumsätzen.** Täuscht der Unternehmer lediglich eine innergemeinschaftliche Lieferung oder Ausfuhrlieferung vor, veräußert jedoch die gelieferte Ware im Inland, so liegt eine schlichte **Nichterklärung von Inlandsumsätzen,** mithin eine Steuerhinterziehung gem. § 370 Abs. 1 Nr. 1 vor (Klein/*Jäger* Rn. 377).

375   **(4) Innergemeinschaftliche Lieferung in Kenntnis ausländischer Steuerhinterziehung.** Streitig war (eing. hierzu *Bülte* BB 2010, 1759 ff.; *Gaede,* Steuerbetrug, 2016, 509 ff.mwN), ob auch die Geltendmachung der Steuerbefreiung eine Umsatzsteuerhinterziehung darstellt, wenn der Steuerpflichtige zwar eine innergemeinschaftliche Lieferung iSd § 6a UStG durchführt, dabei aber um die Nutzung seiner Lieferung zur Begehung einer ausländischen Steuerhinterziehung weiß.

376   **(a) Ausgangslage.** Der Streit entzündete sich im Wesentlichen an dem Beschluss des BGH v. 20.11.2008 (BGHSt 53, 45 ff.; zust. *Sterzinger* BB 2009, 1563 ff.; abl. *Bielefeld* DStR 2009, 580 f.; *Bülte* BB 2010, 1759 ff.; vgl. auch BGH wistra 2009, 238). Zum Teil wurde das Problem durch die Änderung des § 370 Abs. 6 mit dem Jahressteuergesetz 2010 beseitigt (BGBl. I 1768; vgl. Kohlmann/*Schauf* Rn. 1395; zur Rechtslage vorher *Hentschel* wistra 2005, 371 (372); *Hentschel* DStR 2009, 1076 ff.; krit. *Wegner* PStR 2010, 107 (108)); dennoch bleibt die Frage relevant, ob mit der Geltendmachung von Steuerfreiheit oder Vorsteuerabzug deutsche Umsatzsteuer hinterzogen wurde (zur Behandlung von Altfällen *Tully/Merz* wistra 2011, 121 (125); *Walter/Lohse/Dürrer* wistra 2012, 125 (128); *Joecks* Steueranwalt 2012/2013, 101 (126)).

376a   Der 1. Senat hatte eine Steuerhinterziehung angenommen, weil der Angekl. eine tatsächlich durchgeführte, aber der Hinterziehung italienischer Mehrwertsteuer dienende innergemeinschaftliche Lieferung als gem. § 6a UStG steuerfrei erklärt hatte. Dabei hatte der Angekl. nachweislich in kollusiver Abstimmung mit seinen italienischen Abnehmern gehandelt und bewusst bei deren Steuerhinterziehung in Italien mitgewirkt. Die **Versagung der Steuerbefreiung** mit der Folge der Unrichtigkeit der abgegebenen Steuererklärungen hat der BGH auf die Judikatur des EuGH (EuGH DStR 2006, 420 Rn. 69 – Halifax; 2006, 1274 Rn. 53 ff. – Kittel) gestützt. Danach sei die Steuerfreiheit einer innergemeinschaftlichen Lieferung zu versagen, wenn die Lieferung in das übrige Gemeinschaftsgebiet in dem Bewusstsein erfolgt, den Abnehmer die Hinterziehung von Mehrwertsteuern zu ermöglichen (BGHSt 53, 45 (47 ff.); BGH wistra 2009, 238; vgl. auch OLG Karlsruhe PStR 2009, 57; ferner BGHSt 57, 32 ff.; BGH NZWiSt 2014, 73 (75 ff.) mAnm *Gehm*). Die betrügerische oder missbräuchliche Ausnutzung des Gemeinschaftsrechts sei unzulässig (vgl. Klein/*Jäger* Rn. 380 mwN), so dass der Lieferant sich im Missbrauchs- und Betrugsfall nicht auf die Steuerfreiheit berufen könne. Aus diesem Grunde **unterliege** ein innergemeinschaftlicher Erwerb dann **nicht den Vorschriften der Umsatzbesteuerung** in dem anderen Mitgliedstaat gem. § 6a Abs. 1 Nr. 3 UStG, *„wenn die im Bestimmungsland vorgesehene Erwerbsbesteuerung der konkreten Lieferung nach dem übereinstimmenden Willen von Unternehmer und Abnehmer durch Verschleierungsmaßnahmen und falsche Angaben gezielt umgangen werden soll, um dem Unternehmer oder dem Abnehmer einen ungerechtfertigten Steuervorteil zu verschaffen."* (BGHSt 53, 45 (50 f.); 57, 32 (41) vgl. auch BVerfG NJW 2011, 3778 (3779)). Mache der Steuerpflichtige in einem solchen Fall die Steuerbefreiung geltend, so gebe er eine unrichtige Erklärung iSd § 370 Abs. 1 Nr. 1 ab und begehe eine Steuerhinterziehung (zur Strafbarkeit gem. § 370 Abs. 6 vgl. *Kemper* NStZ 2006, 593 ff.). Diese Auffassung wich von der damaligen Auslegung des § 6a Abs. 1 S. 1 Nr. 3 UStG durch die Judikatur des BFH (BFH DStR 2007, 485 (487); 2008, 716 (717); 2009, 1693 (1695) mwN) ab und schränkt den Anwendungsbereich der Steuerbefreiungsvorschrift missbrauchsbedingt ein.

377   An der Ansicht des BGH hatte das FG BW in einem einstweiligen Rechtsschutzverfahren (FG BW BeckRS 2009, 26026977 Rn. 24 ff.; vgl. auch *Gaede,* Steuerbetrug, 2016, 511 f.; *Demuth/Billau* BB 2011, 2653 f.) **steuerrechtliche Zweifel** geäußert: Zwar dürfe die Anwendung des Gemeinschaftsrechts nicht bewirken, dass Umsätze getätigt werden, die nur zu dem Zweck getätigt wurden, in den Genuss von gemeinschaftsrechtlichen Vorteilen zu kommen (vgl. *Merkt* UR 2008, 757 (767)). Eine Gefährdung des Steueraufkommens, die eine Verweigerung der Steuerfreiheit im Hinblick auf die Steuerneutralität rechtfertige (vgl. hierzu BGH NJW 2005, 2241 f.), liege aber mit Rücksicht auf den Grundsatz der steuerlichen Territorialität nur in dem Mitgliedstaat vor, in dem der Endverbrauch erfolge

(Bestimmungslandprinzip). Daher könne die Nichterhebung der Mehrwertsteuer auf eine innergemein-schaftliche Lieferung im Herkunftsstaat nicht als Gefährdung des Steueraufkommens angesehen werden (ebenso FG RhPf BeckRS 2008, 26026204; vgl. auch MüKoStGB/*Schmitz/Wulf* Rn. 178, 241; *Ransiek* HRRS 2009, 421 (425 ff.); aA *Sterzinger* BB 2009, 1563 (1565 f.)). Aus dem Bestimmungslandprinzip folge, dass dem Steuerpflichtigen in Deutschland die Steuerfreiheit gem. § 6a UStG nicht versagt werden dürfe (vgl. ferner *Wulf/Alvermann* DB 2011, 731 (732 ff.)). Dieser Kritik schloss sich der BFH (BFH DStR 2009, 1693 (1694 ff.)) iErg und im Wesentlichen auch in der Begründung in seinem Beschluss im einstweiligen Rechtsschutz zunächst an. Jedoch hatte er die Frage letztlich im Hinblick auf das Haupt-sacheverfahren und die aufgrund des Vorlagebeschlusses des BGH (BGH DStR 2009, 1688) hin zu erwartende Entscheidung des EuGH offen gelassen.

Denn auf die Zweifel des FG BW hin hatte der BGH die Frage, ob die bewusste Beteiligung an einer **378** Hinterziehung von Mehrwertsteuern im Ausland zu einer Versagung der Steuerbefreiung für tatsächlich durchgeführte innergemeinschaftliche Lieferungen führen kann, dem **EuGH** gem. Art. 234 Abs. 3 EGV **vorgelegt** (EuGH DStR 2009, 1688 ff.; → § 369 Rn. 35). Der BGH brachte in seinem Vorlage-beschluss jedoch zum Ausdruck, er hege keine Zweifel an der Richtigkeit seiner bisherigen Judikatur. Der 1. Senat führt aus, er verstehe die bisherige Rspr. des EuGH (EuGH DStR 2006, 420 Rn. 84 – Halifax) dahingehend, dass Art. 28c Teil A a) der Sechsten Mehrwertsteuer-Richtlinie RL 77/388/ EWG (Art. 138, 139 MwStSystRL) die Versagung von Steuervorteilen im Falle eines bewussten Miss-brauchs vorgebe. Derjenige könne sich nicht auf das Gemeinschaftsrecht berufen und verliere deswegen das Recht auf Vorsteuerabzug (§ 15 UStG) und Steuerbefreiung für innergemeinschaftliche Lieferungen (§ 6a UStG), der sich bewusst an einer mit dem Umsatz im Zusammenhang stehenden Steuerhinterzie-hung beteilige (EuGH DStR 2009, 1688 (1690) unter Berufung auf EuGH DStR 2006, 1274 Rn. 56 ff. – Kittel). Nur der Lieferant, der **nicht wusste oder auch nur wissen konnte,** dass er an einer Steuerhinterziehung mitwirkt, könne aus Gründen der Steuerneutralität später nicht mehr zur Entrich-tung der Mehrwertsteuer herangezogen werden (EuGH DStR 2009, 1688 (1690); nunmehr stRspr des EuGH; vgl. nur DStR 2006, 1274 Rn. 60 – Kittel; ferner im Nachgang zu EuGH UR 2012, 851 Rn. 53 – Tóth; EuGH DStRE 2013, 803 Rn. 40 – Bonik; EuGH DStR 2014, 650 Rn. 42 – FIRIN; EuGH DStRE 2014, 1249 Rn. 28 – Maks Pen; krit. *Schauf/Höink* PStR 2010, 177 (179)).

Die **steuerrechtlichen Zweifel** der finanzgerichtlichen Rspr. an der Judikatur des BGH hat der **379** EuGH (EuGH NJW 2011, 203 ff. – Rechtssache „R,,; krit. ua *Bürger/Paul* BB 2010, 540 (543); *Jahn/ Gierlich* SAM 2011, 162 ff.; *Wulf/Alvermann* DB 2011, 731 (732 ff.)) – erwartungsgemäß (vgl. *Billig* UR 2009, 710; *Bülte* BB 2010, 1759 ff.) – **nicht bestätigt.** Entgegen der Stellungnahme von Generalanwalt beim EuGH *Cruz Vallalón,* der in der Versagung der Steuerbefreiung durch den BGH einen Verstoß gegen die *Steuerneutralität* und gegen das *Territorialitätsprinzip* sah (vgl. Schlussantrag v. 29.6.2010 Rn. 58 ff., 66 ff.; zust. *Höink/Winter* DStR 2010, 1772 (1774)), billigte die Große Kammer des Gerichts-hofs den Mitgliedstaaten in Verschleierungskonstellationen, wie der Vorgelegten, das Recht zur **Ver-sagung** der **Mehrwertsteuerbefreiung** (BGH NJW 2011, 203 (206) – Rechtssache „R,,; vgl. auch BFHE 235, 32 (38); 50, 55; ferner *Jahn/Gierlich* SAM 2011, 162 (164 ff.)) und später auch zur Versagung des **Vorsteuerabzugs** zu (EuGH NZWiSt 2013, 102 ff. – Mahagében u. Dávid mAnm *Gehm*).

(b) Rspr. des EuGH: Rechtssache R und Folgejudikatur. Der **EuGH** begründete seine Aus- **379a** legung von Art. 28c der Sechsten Mehrwertsteuerrichtlinie in der Entscheidung zur „Rechtssache R" dahingehend, dass die Vorschriften der Richtlinie unter anderem der Bekämpfung von Steuerhinterzie-hungen, Steuerumgehungen und etwaigen Missbräuchen dienen (EuGH NJW 2011, 203 Rn. 36, 40 – R; nachfolgend auch EuGH DStR 2012, 1917 Rn. 46 ff. – Mecsek-Gabona; EuGH DStRE 2014, 32 Rn. 46 – Newey; EuGH DStRE 2014, 1249 Rn. 26 – Maks Pen; MwStR 2015, 87 Rn. 42 – Italmoda mwN; EuGH UR 2015, 359 Rn. 19 ff. – Surgicare). Die Sechste Mehrwertsteuerrichtlinie sehe vor, dass die Mitgliedstaaten, deren Finanzverwaltungen die fehlenden Grenzkontrollen Schwierigkeiten bei der Feststellung bereiten, ob die von Stpfl. angegebenen Lieferungen tatsächlich durchgeführt worden sind, „*die Bedingungen für die Befreiung von innergemeinschaftlicher Lieferungen von Gegenständen zur Gewähr-leistung einer korrekten und einfachen Anwendung der genannten Befreiungen sowie zur Verhütung von Steuer-hinterziehung, Steuerbetrug und Missbrauch festlegen*" (→ Rn. 42 ff.). Bei der Schaffung entsprechender Vorgaben müssen die Mitgliedstaaten sowohl die Grenzen des **Vertrauensschutzes** als auch der **Ver-hältnismäßigkeit** einhalten (EuGH NJW 2011, 203 Rn. 45 – R).

Jedoch ergebe sich aus der Rechtsprechung des EuGH, dass der Lieferer von Gegenständen **379b** gem. Art. 28c der Sechsten Mehrwertsteuerrichtlinie den Beweis für die Voraussetzungen der Steuer-freiheit zu erbringen und zu diesem Zweck die entsprechenden Vorgaben der Mitgliedstaaten zu erfüllen habe (EuGH NJW 2011, 203 Rn. 46 – R). Lege ein Lieferer iRd Erbringung dieser Nachweise **Scheinrechnungen** vor, übermittle er **unrichtige Angaben** oder nehme **sonstige Manipulationen** vor, so könne dies die genaue Erhebung der Steuer verhindern und das ordnungsgemäße Funktionieren des gemeinsamen Mehrwertsteuersystems in Frage stellen. Solche Handlungen zur Verschleierung der tatsächlichen Lieferwege sieht der EuGH als so schwerwiegend, dass das Unionsrecht es den Mitglied-staaten nicht verwehren könne, das Ausstellen unrichtiger Rechnungen als Steuerhinterziehung anzusehen und in einem solchen Fall die Befreiung zu verweigern. Diese Versagung habe *abschreckende*

Wirkung und diene der Durchsetzung der Verpflichtung zur Offenlegung zutreffender Daten durch den Stpfl. und verhüte Steuerhinterziehungen und -umgehungen (EuGH NJW 2011, 203 Rn. 50 – R).

379c   Der EuGH ging bereits in der Rs. R sogar noch einen Schritt weiter und konstatierte, in Fällen, in denen ernsthafte Gründe zu der Annahme bestehen, dass der mit der fraglichen Leistung zusammenhängende innergemeinschaftliche Erwerb im Bestimmungsland der Zahlung von Mehrwertsteuer entgehen könne, **müsse** die Gewährung der Steuerbefreiung versagt und der Stpfl. verpflichtet werden, die Steuer nachzuentrichten, um zu vermeiden, dass der Umsatz jeglicher Besteuerung entgeht (vgl. auch EuGH MwStR 2015, 87 Rn. 44 – Italmoda mwN). Die Große Kammer konstatiert deutlich: Ein Stpfl., der sich **vorsätzlich** an einer Steuerhinterziehung beteiligte und das Funktionieren des gemeinsamen Mehrwertsteuersystems gefährde, könne sich **nicht** mit Erfolg auf die Grundsätze der Mehrwertsteuerneutralität, der Rechtssicherheit und des Vertrauensschutzes **berufen** (EuGH NJW 2011, 203 Rn. 54 – R; ferner EuGH NZWiSt 2013, 102 ff. Rn. 41 – Mahagében u. Dávid; EuGH DStRE 2013, 803 Rn. 36 – Bonik; DStR 2014, 650 Rn. 40 – FIRIN; DStRE 2014, 1249 Rn. 26 ff. – Maks Pen; *Sterzinger* DStR 2010, 2606 f. mwN; vgl. auch *Jahn/Gierlich* SAM 2011, 162 (169)). In seiner **unionsrechtlich-steuerrechtlichen Bewertung** bestätigt die Entscheidung der Großen Kammer damit insofern die Rechtsansicht des BGH. Zudem hat der EuGH diese Rechtsprechung in der Zwischenzeit weiterentwickelt und ausgeführt, die nationalen Steuerbehörden **müssen** sowohl den Vorsteuerabzug als auch die Steuerbefreiung einer innergemeinschaftlichen Lieferung **versagen,** wenn **aufgrund objektiver Umstände feststeht,** dass diese Rechte in **betrügerischer Weise** geltend gemacht werden oder der Stpfl. weiß oder wissen musste, dass er in eine Umsatzsteuerhinterziehung innerhalb der Lieferkette eingebunden worden ist oder wird (EuGH MwStR 2015, 87 (90) Rn. 44 ff. – Italmoda; ferner EuGH UR 2012, 851 Rn. 53 – Tóth).

380   Zwar mögen die Erwägungen des BGH zur *Halifax*-Entscheidung die Versagung der Steuerbefreiung allein nicht tragen, doch insbes. in dem *Kittel*-Urteil wird deutlich, dass die Entscheidung des EuGH zutreffend und konsequent ist, da nach der bisherigen EuGH-Judikatur für Fälle der **systematischen Steuerhinterziehung** andere Regeln gelten als für den **Gestaltungsmissbrauch: Wer wissentlich an einer Steuerhinterziehung mitwirkt, macht sich ihrer mitschuldig** (EuGH DStR 2006, 1274 Rn. 57 – Kittel) und kann daher den Vorsteuerabzug nicht beanspruchen (vgl. nur *Merkt* UR 2008, 757 (766)). Eine konkrete Steuergefährdung durch das Handeln der Beteiligten ist nicht erforderlich; dieser Begriff taucht in der Entscheidung *Kittel* nicht einmal auf. Gründe dagegen, diese Rspr. auch auf die Versagung der Steuerbefreiung zu übertragen, sind nicht ersichtlich (vgl. *Billig* UR 2009, 710 (712); vgl. auch EuGH MwStR 2015, 87 Rn. 45 – Italmoda). Soweit sich die Kritiker der steuerlichen Wertung des BGH also auf Entscheidungen wie *Halifax* oder *Collée* berufen (vgl. nur *Ransiek* HRRS 2009, 426 f.; *Wulf* Stbg 2009, 318 f.), ist zweifelhaft, ob aus diesen Urteilen gegen die Versagung der Steuerbefreiung im Betrugsfall Argumente hergeleitet werden können. Die Entscheidungen betreffen Fälle des Gestaltungsmissbrauchs, in denen die gegebenen rechtlichen Möglichkeiten entgegen dem Zweck der Mehrwertsteuerrichtlinie genutzt wurden. Die Rspr. des BGH betrifft aber einen Hinterziehungsfall, in dem die Täter über den tatsächlichen Sachverhalt durch **Verschleierungshandlungen getäuscht** haben. In diesen Fällen ist gerade nicht die Gefährdung des Steueraufkommens der betreffenden Staates, sondern das Kriterium der Beteiligung an der Steuerhinterziehung für die Gewährung der Steuerfreiheit maßgebend (vgl. EuGH DStR 2006, 1274 Rn. 53 ff.). Im Hinblick auf diese unionsrechtliche Rechtsprechung liegt eine teleologische Reduktion des § 6a Abs. 1 S. 1 Nr. 3 UStG in Hinterziehungsfällen, anders als in Fällen des Gestaltungsmissbrauchs nahe (vgl. *Billig* UR 2009, 710 (712)). Zur strafrechtlichen Situation trifft der EuGH allerdings keine Aussage (so zu Recht Schaumburg/*Peters* Rn. 10.31; *Weber* BB 2012, 2540 (2544))

380a   **(c) Ausweitung des Versagungsgrundes (Italmoda).** Der EuGH hat in der *Italmoda*-Entscheidung allerdings einen **allumfassenden Versagungsgrund** formuliert: Danach ist nicht nur dann eine betrügerische Verhaltensweise des Stpfl. gegeben, die zur Versagung des Vorsteuerabzugs und der Steuerbefreiung führt, wenn er selbst unmittelbar und allein die Steuerhinterziehung begeht, sondern auch, *„wenn er wusste oder hätte wissen müssen, dass er sich mit dem Erwerb oder der Lieferung an einem Umsatz beteiligte, der von einem Lieferer oder von einem anderen Wirtschaftsteilnehmer auf einer vorhergehenden oder nachfolgenden Umsatzstufe der Lieferkette begangene Steuerhinterziehung einbezogen war“* (MwStR 2015, 87 Rn. 64 – Italmoda). Damit reicht jede Beteiligung des Umsatzes an einer Mehrwertsteuerhinterziehung, gleichgültig auf welcher Stufe und durch wie viele Zwischenschritte vermittelt – der BGH spricht von einer **Steuerhinterziehung im unionsrechtlichen Sinne** (BGH FD-StrafR 2015, 373046 Rn. 12; vgl. ferner *Gehm* StBW 2015, 826 (827)), aus, um die Versagung des Steuervorteils zu begründen, der nach der EuGH-Judikatur dem Mehrwertsteuersystem der Union immanent ist. *Gehm* (StraFo 2015, 441 (443)) spricht insofern zutreffend von einer *„Infektion der gesamten Lieferkette“*.

380b   Eine so umfassende Versagung der die Steuerneutralität sichernden „Steuervorteile“ erscheint **kaum verhältnismäßig** und dürfte in dieser Pauschalität gegen die Grundsätze des Unionsrechts verstoßen (vgl. Wabnitz/Janovsky WirtschaftsStR-HdB/*Dannecker/Bülte* Kap. 2 Rn. 202 ff.). Hier stellt die Kammer überzogene Anforderungen an die Wirtschaftsteilnehmer und bringt damit die Neutralität der europäischen Mehrwertsteuer in Gefahr. Es bleibt zu hoffen, dass diese Entscheidung bald korrigiert wird. *Wäger* (UR 2015, 81 (86 f.)) hat dementsprechend zutreffend formuliert, man könne die Entscheidung, die zu einem *„völligen Rechtsverlust"* führt, als *„verstörend empfinden";* es dürfe die Frage gestellt werden, ob die inflationäre Verwendung von Begriffen wie Steuerhinterziehung oder Missbrauch ausreicht, um einem Stpfl. *„jegliche Rechte zu versagen".* Er schlägt eine einschränkende Auslegung der Entscheidung und einer restriktive Anwendung der in ihr niedergelegten Grundsätze vor (*Wäger* UR 2015, 81 (87)): So könnte man von Geschäften *„im Rahmen einer Lieferkette"* nur dann ausgehen, wenn es sich um ein **echtes Umsatzsteuerkarussell**, also eine Kreislieferung handelt. Begründet hat *Wäger* dies mit dem Argument, dass auch der EuGH auf das Umsatzsteuerkarussell Bezug genommen hat und wohl auch diese Hinterziehungsstruktur im Auge hatte (vgl. EuGH MwStR 2015, 87 Rn. 67 – Italmoda). Eine solche Einschränkung wäre fraglos zu begrüßen; jedoch ist es unwahrscheinlich, dass der EuGH solche Differenzierungen vornimmt, weil er das Karussell mehr als Beispiel, denn als Tatbestandsvorbild verwendet (so auch *Wäger* UR 2015, 81 (87)). Dass der EuGH die Versagung von steuerlichen Rechten dahingehend differenziert, ob der Unternehmer mit dolus eventualis oder fahrlässig handelt, ist noch unwahrscheinlicher (so ein weiterer Ansatz *Wägers* (UR 2015, 81 (87))).

Der BGH (BGHSt 57, 32 (37 ff.)) hat nachgehend zur Judikatur des EuGH und in Fortführung der **380c** eigenen Rspr. festgestellt, dass die Steuerbefreiung für innergemeinschaftliche Lieferungen dann entfällt, wenn der Lieferer bei der Lieferung die **Identität des wahren Erwerbers verschleiert,** um diesem zu ermöglichen, im Empfängerstaat Umsatzsteuer zu hinterziehen, wenn sonst der fragliche Umsatz jeglicher Besteuerung umgehen würde. Der 1. Senat (NZWiSt 2014, 73 (75) unter Berufung auf BFH DStR 2011, 1901; wistra 2011, 354) hatte hier zwei Versagungstatbestände benannt:

Im Falle der **kollusiven Täuschung** wirken Lieferer und Erwerber zusammen (vgl. *Adick/Höink* **380d** PStR 2011, 280 (282)), um eine für die Steuerfreiheit im Bestimmungsland erforderliche Besteuerung des Erwerbs zu verhindern. Maßgeblich für die Steuerbefreiung sei der *„zwischen innergemeinschaftlicher Lieferung und innergemeinschaftlichem Erwerb bestehende Besteuerungszusammenhang und die damit bezweckte Verlagerung des Steueraufkommens auf den Bestimmungsmitgliedstaat durch die dort beim Erwerber vorzunehmende Besteuerung, die es nicht zulässt, die Steuerfreiheit trotz absichtlicher Täuschung über die Person des Abnehmers (Erwerbers) in Anspruch zu nehmen".*

Im Falle der **Identitätsverschleierung,** in dem der Lieferer *„unter Verstoß gegen die Pflichten zum Buch-* **380e** *und Belegnachweis die Identität des Erwerbers verschleiert,* um diesem im Bestimmungsmitgliedstaat eine Mehrwertsteuerhinterziehung zu ermöglichen", obwohl objektiv die Voraussetzungen der steuerbefreiten innergemeinschaftlichen Lieferung vorliegen.

Im Nachgang zur Italmoda-Entscheidung hat der BGH jedoch erweiternd ausgeführt: *„Nach der* **380f** *Rechtsprechung des EuGH ist der Vorsteuerabzug dann zu versagen, wenn der Steuerpflichtige – im unionsrechtlichen Sinne – selbst eine Steuerhinterziehung begeht oder wenn er wusste oder hätte wissen müssen, dass er sich mit seinem Erwerb an einem Umsatz beteiligt, der in eine Mehrwertsteuerhinterziehung einbezogen ist und er deswegen als an dieser Hinterziehung Beteiligter anzusehen ist…"* (BGH BeckRS 2015, 16745 Rn. 12; vgl. auch *Gehm* StraFo 2015, 441).

Der BGH betont in diesem Zusammenhang, dass die **ordnungsgemäße Erfüllung der Steuerer-** **380g** **klärungspflichten kein Tatbestandsmerkmal der Unternehmereigenschaft** ist (NZWiSt 2014, 73 (76); vgl. auch BFH/NV 2012, 1004 (1005)). Allein der Umstand, dass der Erwerber seine steuerlichen Erklärungspflichten im Bestimmungsstaat nicht erfüllt, führt also noch nicht dazu, dass der innergemeinschaftlichen Lieferung die Steuerbefreiung zu versagen wäre (vgl. *Gehm* NZWiSt 2014, 78 (79 f.); *Wulf* Stbg 2013, 353 (355)). Voraussetzung für die Versagung ist eine **schuldhafte Beteiligung an der Umsatzsteuerhinterziehung** im Bestimmungsstaat.

(d) Verfassungsrechtliche Bedenken gegen die strafrechtliche Rspr. An der Auffassung des **381** BGH, die die steuerrechtliche Wertung in das Strafrecht überträgt, sind jedoch national **verfassungsrechtliche Zweifel** geäußert worden: Das BVerfG hatte zunächst (aA dann BVerfG NJW 2011, 3778 f.) in einer Kammerentscheidung im einstweiligen Rechtsschutzverfahren eine **Verletzung von Art. 103 Abs. 2 GG** durch den angefochtenen Beschluss des BGH nicht *„von vornherein ausgeschlossen".* Die Auslegung des § 6a Abs. 1 S. 1 Nr. 1 UStG dahingehend, dass die Steuerfreiheit bei bewusstem Missbrauch zur Hinterziehung von Steuern nicht zu gewähren sei, werfe die Frage nach der Grenze des möglichen **Wortsinns** der Norm auf, wenn die Reduzierung des Anwendungsbereichs der Vorschrift zu einer Strafbarkeit nach § 370 führe (BVerfG HFR 2009, 1031 (1032); → § 369 Rn. 37). Mit dieser kurzen Anmerkung hat die Kammer deutlich gemacht, dass es im Hinblick auf § 370 zunächst weniger auf die nach der hier vertretenen Ansicht zu bejahende Frage ankommt, ob die Steuerfreiheit versagt werden darf, sondern vielmehr darauf, ob diese Versagung mit Rücksicht auf das Verfassungsrecht auf die strafrechtliche Beurteilung durchschlagen kann.

Die schriftliche Begründung dieser Kammerentscheidung (BVerfG HFR 2009, 1031 ff.) offenbarte **382** nicht, worin die Kammer die mögliche **Verletzung von Art. 103 Abs. 2 GG** erkannt hat, untersucht man aber die Entscheidung des BGH v. 20.11.2008 (BGHSt 53, 45 (49 ff.)), so wird der neuralgische Punkt deutlich: Der BGH engt das Tatbestandsmerkmal des *den Vorschriften der Umsatzbesteuerung Unterliegens* ein, indem er es in Fällen der Nichtversteuerung aufgrund von Verschleierung als nicht erfüllt ansieht (→ Rn. 378). Nur aufgrund dieser einschränkenden Auslegung des Steuerbefreiungstatbestandes kommt der 1. Senat zur Steuerpflichtigkeit der Lieferung und in der Folge zur Strafbarkeit. Diese Begründung wirft die Frage nach einem Verstoß gegen Art. 103 Abs. 2 GG aufgrund einer unzulässigen, weil strafbegründenden **teleologischen Reduktion** auf:

383 Betrachtet man das Tatbestandsmerkmal des **den Vorschriften der Umsatzbesteuerung Unterliegens,** so könnte darunter verstanden werden, dass der Umsatz nicht nur im Erwerbsstaat *umsatzsteuerbar* sein, sondern auch tatsächlich der Umsatzsteuer unterworfen werden muss. Das Wort *unterliegen* hat die Bedeutung von *„einer Sache unterworfen sein, von etw. bestimmt werden"* (Duden, Deutsches Universalwörterbuch, 7. Aufl. 2011) und ein Umsatz wird nicht durch die Gesetze über die Umsatzbesteuerung bestimmt, soweit diese durch Verschleierungshandlungen nicht zur Anwendung kommen können. Diese Überlegung könnte ferner darauf gestützt werden, dass sich die Nachweispflicht des § 6a Abs. 3 S. 1 UStG auch auf § 6a Abs. 1 Nr. 3 UStG bezieht und kaum gewollt sein kann, dass der Steuerpflichtige die Rechtslage im Erwerbsstaat nachweist.

384 Doch gegen diese **einschränkende Auslegung** von § 6a Abs. 1 Nr. 3 UStG spricht der Wortlaut der Vorschrift selbst. Es heißt dort gerade nicht, dass der Erwerb *der Umsatzbesteuerung* unterliegen muss, sondern *den Vorschriften der Umsatzbesteuerung* (glA *Schauf/Höink* PStR 2009, 200; Schaumburg/*Peters* Rn. 10.34; *Wulf* Stbg 2009, 313; *Wulf/Alvermann* DB 2011, 731 (735); aA *Sterzinger* BB 2009, 1566). Ein Erwerb, der grds. steuerbar ist, *unterliegt* den Vorschriften der Umsatzbesteuerung, mag er auch im Einzelfall nicht der Besteuerung *unterworfen* sein, weil der Steuerpflichtige den Erwerbsvorgang selbst verschleiert hat. Dies entspricht auch der üblichen Verwendung der Formulierung *„einer Steuer unterliegen"* im übrigen Steuerrecht. Mit dieser Wendung ist die *Steuerbarkeit* gemeint (vgl. § 1 Abs. 1 UStG, § 2 Abs. 1 EStG, § 1 Abs. 1 ErbStG). Eine andere Auslegung würde ferner zu dem Ergebnis führen, dass schon derjenige sich nicht mehr auf § 6a Abs. 4 UStG berufen könnte, der Zweifel daran hat, ob sein Abnehmer seinen Erklärungspflichten nachkommen wird. Zudem müsste derjenige, der sich auf die Steuerbefreiung beruft, die Erfüllung der Erklärungspflichten des Abnehmers nachweisen (so iE auch *Ransiek* HRRS 2009, 423). Darüber hinaus nimmt der BGH auch gar nicht für seine Auslegung in Anspruch, der Wortlaut des § 6a Abs. 1 S. 1 Nr. 3 UStG umfasse den gezielten Missbrauch nicht, sondern er nimmt insofern eine *teleologische Reduktion,* also eine Beschränkung der Anwendbarkeit des § 6a Abs. 1 UStG innerhalb der Wortlautschranke vor. Eine solche Auslegung durch den Anwendungsbereich der Vorschrift, die Strafbefreiung zur Folge hat, hinter dem Wortlaut zurückbleibt, ist jedoch nicht zulässig, soweit bei der Auslegung Art. 103 Abs. 2 GG beachtet werden muss.

384a Das BVerfG (NJW 2011, 3778 (3779); krit. *Bülte* HRRS 2011, 465 ff.) hat zwischenzeitlich ausgeführt, die Auslegung des BGH sei mit dem Gesetz noch vereinbar, eine plausible Begründung bleibe die Kammer jedoch schuldig. Das Argument, die Auslegung des BGH entspreche der zwischenzeitlich erfolgten verbindlichen Auslegung des Mehrwertsteuerrechts durch den EuGH, ist unzutreffend, weil der EuGH nicht entschieden hat, dass der Stpfl. nach dem Unionsrecht wegen Steuerhinterziehung zu bestrafen sei (vgl. Schaumburg/*Peters* Rn. 10.31).

385 Auch die allgemeine **Missbrauchsvorschrift** des § 42 hilft in diesem Zusammenhang nicht weiter, da diese sich ausweislich ihres eindeutigen Wortlauts nur auf die Umgehung von (deutschen) Steuergesetzen durch unangemessene rechtliche Gestaltungen bezieht (vgl. auch *Bielefeld* DStR 2009, 581; *Ransiek* HRRS 2009, 423; ferner *Wäger* UR 2015, 81 (89)). Daher dürfte man die Steuerbefreiung von § 6a Abs. 1 S. 1 UStG nur in Anwendung der Missbrauchsrechtsprechung des EuGH und damit entgegen dem Wortlaut der Vorschrift verweigern können.

386 Im Hinblick auf eine mögliche Verletzung von Art. 103 Abs. 2 GG stellt sich jedoch damit die Frage, in welcher Intensität die verfassungsrechtlichen Garantien, insbesondere des **Analogieverbots** für § 370 Abs. 1 überhaupt gelten und ob die Überschreitung des Wortlauts nicht sogar zulässig sein kann:

387 Der BGH betrachtet § 370 Abs. 1 Nr. 1 als **Blankettgesetz** (NStZ 1982, 206; wistra 1987, 139 (142); NJW 2009, 1979 (1983) mwN; vgl. auch BVerfG NJW 2011, 3778 (3779) eingehend *Gaede,* Steuerbetrug, 2016, 445 ff.; → § 369 Rn. 21, → Rn. 19). Für Blankettvorschriften gilt, dass die ausfüllende außerstrafrechtliche Norm in den Blanketttatbestand mit hineinzulesen ist, so dass beide gemeinsam als Strafvorschrift zu behandeln sind (LK-StGB/*Dannecker* StGB § 1 Rn. 151 f., 257; ferner *Bülte* JuS 2015, 769 (774 ff.)). Sieht man § 370 daher als Blankettgesetz an, so gelten die strengen verfassungsrechtlichen Vorgaben von Art. 103 Abs. 2 GG. Eine Nichtanwendung der Steuerbefreiung und damit letztlich der Strafbefreiung entgegen dem ausdrücklichen Wortlaut des § 6a Abs. 1 S. 1 UStG würde einen Verstoß gegen Art. 103 Abs. 2 GG darstellen (vgl. LK-StGB/*Dannecker* StGB § 1 Rn. 140, 262; Maunz/Dürig/*Schmidt-Aßmann* GG Art. 103 Rn. 234).

388 Folgt man dieser Auffassung so bedeutet dies, dass die steuerrechtliche Beurteilung einer durch Missbrauch bedingten Ausnahme von § 6a Abs. 1 S. 1 UStG nicht in das Strafrecht übertragen werden kann, wenn der Wortlaut der steuerrechtlichen Ausfüllungsnorm der steuerrechtlichen Auslegung im Sinne des Telos der Vorschrift entgegensteht. Es käme damit zu einer **unionsrechtlich bedingten Normspaltung,** die eine strafrechtliche Schutzlosigkeit des steuerrechtlich bestehenden Umsatzsteueranspruchs gegen den Lieferanten zur Folge hätte. Dieses Ergebnis ist weder ungereimt (aA → § 369 Rn. 38), noch wertungswidersprüchlich, und muss zudem aus verfassungsrechtlichen Gründen hingenommen werden; zumal solche Normspaltungen zwischen strafrechtlicher und außerstrafrechtlicher Auslegung grds. anerkannt und oftmals auch notwendig sind (vgl. *Gaede,* Steuerbetrug, 2016, 460 (484,

742); Tiedemann WirtschaftsStR AT Rn. 111 ff.; *Tiedemann,* Tatbestandsfunktionen, 1969, 187; vgl. ferner EuGH DStR 2006, 133 Rn. 49 – Optigen; → § 369 Rn. 38). Dagegen mit der **„Einheit der Rechtsordnung"** zu argumentieren würde übersehen, dass bereits die Begrifflichkeit unplausibel ist – es könnte allenfalls „Widerspruchsfreiheit der Rechtsordnung" heißen (*Roxin* GA 2011, 1 (5))– und es sich zudem nicht um ein Prinzip, sondern nur um ein **Postulat** handelt (vgl. *Felix,* Einheit der Rechtsordnung, 1998, 404 ff.; *Wedler* FS Kirchhof, 2011, § 126). Die Möglichkeit der Normspaltung zwischen mitgliedstaatlichem Steuerrecht Strafrecht deutet der EuGH iÜ in der Entscheidung *Maks Pen* selbst an (DStRE 2014, 1249 Rn. 38).

Unionsrechtswidrig wäre eine *Straflosigkeit* des am Missbrauch beteiligten Lieferanten nicht, so dass **389** eine Überschreitung des Wortlauts der Strafvorschrift auch nicht auf den **Anwendungsvorrang des Unionsrechts** (vgl. hierzu LK-StGB/*Dannecker* StGB § 1 Rn. 342 ff.) gestützt werden kann. Der Straflosigkeit steht auch nicht die Rspr. des EuGH entgegen. Diese Judikatur bezieht sich **nicht** auf die **strafrechtlichen** Folgen eines Missbrauchs, sondern hatte lediglich die Frage zum Gegenstand, ob die Steuerbefreiung versagt werden darf oder muss. Nach der *Collée*-Rechtsprechung (EuGH DStR 2007, 1811 Rn. 38; vgl. auch EuGH DStRE 2014, 1249 (1252) – Maks Pen; MwStR 2015, 87 Rn. 43 mwN – Italmoda) ist eine betrügerische oder missbräuchliche Berufung auf das Gemeinschaftsrecht zwar nicht erlaubt, aber es bleibe den nationalen Gerichten überlassen, festzustellen, wann eine Mehrwertsteuerhinterziehung vorliegt (vgl. auch *Madauß* NZWiSt 2013, 386). Das Gemeinschaftsrecht *hindert* die Mitgliedstaaten daher nur nicht an einer strafrechtlichen Sanktionierung solcher Missbräuche. Eine Pflicht des Gerichts zur Bestrafung besteht aufgrund der Judikatur des EuGH jedoch – im Hinblick auf die Entscheidung in der *Rechtssache R* – nicht (Schaumburg/*Peters* Rn. 10.33). Im Gegenteil hat der EuGH (DStR 2006, 420 Rn. 93 – Halifax) ausdrücklich festgestellt, dass die Feststellung einer missbräuchlichen Praxis nicht zu einer Sanktion führen dürfe, die einer *klaren und eindeutigen Rechtsgrundlage* bedürfte, also zu einer *strafrechtlichen Sanktion,* wenn der EuGH nun (NJW 2011, 203 Rn. 50) auch eine Verwaltungssanktion, die sich auf seine Missbrauchsjudikatur stützt, zulässt. Dass die Bundesrepublik Deutschland verpflichtet ist, **wirksame, abschreckende und verhältnismäßige Maßnahmen zur Bekämpfung der Umsatzsteuerhinterziehung** zu ergreifen (vgl. nur EuGH NZWiSt 2015, 390 ff. – Taricco; ferner Wabnitz/Janovsky WirtschaftsStR-HdB/*Dannecker*/*Bülte* Kap. 2 Rn. 185 ff. mwN) ist völlig unbestritten, aber das Unionsrecht lässt eine Verletzung der **Wortlautgrenze im Strafrecht** ebenso wenig zu wie das nationale Verfassungsrecht (vgl. hierzu nur Wabnitz/Janovsky WirtschaftsStR-HdB/*Dannecker*/*Bülte* Kap. 2 Rn. 209 ff.; *Wäger* UR 2015, 81 (88 f.) jeweils mwN). Diese Wortlautgrenze ist nach der Rspr. des EuGH grds. nach dem nationalen Recht und seinen Auslegungsmethoden zu ermitteln (vgl. nur EuGH NJW 2014, 44 Rn. 30 – Spedition Welter; ferner *Wäger* UR 2015, 81 (89)).

Vermeiden könnte man die Normspaltung möglicherweise, wenn man § 370 mit der hL nicht als **390** Blankettatbestand, sondern als *„hochgradig normativ bestimmten Tatbestand"* ansieht (LK-StGB/*Dannecker* StGB § 1 Rn. 149 mwN; *Dannecker* FS Achenbach, 2011, 88; vgl. auch *Bülte* HRRS 2011, 465 (467); vgl. auch Schaumburg/*Peters* Rn. 10.34 Fn. 1; eingehend hierzu *Gaede,* Steuerbetrug, 2016, 444 ff.). Bezüglich der Ausfüllung **rechtsnormativer Tatbestandsmerkmale** durch außerstrafrechtliche Vorschriften wird nämlich vielfach vertreten, die außerstrafrechtliche Wertung sei allein nach den für dieses Rechtsgebiet geltenden Vorschriften zu bestimmen und dann in das Strafrecht zu übertragen (vgl. hierzu LK-StGB/*Dannecker* StGB § 1 Rn. 258; zu § 370 insbes. Kohlmann/*Ransiek* Rn. 27; *Ransiek* FS Tiedemann, 2008, 184 ff.; *Walter* FS Tiedemann, 2008, 978; vgl. auch MüKoStGB/*Schmitz*/*Wulf* Rn. 22; → Rn. 20). Aus diesem Grund sieht *Ransiek* (HRRS 2009, 423) in der steuerrechtlichen teleologischen Reduktion, die der BGH vorgenommen hat, keinen Verstoß gegen Art. 103 Abs. 2 GG. Die **Analogie** findet nach dieser Auffassung **nur im Steuerrecht** statt, nicht aber im Strafrecht. Im Steuerrecht ist die Überdehnung des Wortlauts – unabhängig von der grundsätzlichen Frage nach einem Analogieverbot im Steuerrecht (vgl. hierzu *Bülte* S. 40 ff.) – aufgrund des Anwendungsvorrangs des Gemeinschaftsrechts, das zur Versagung der Steuerbefreiung in gemeinschaftsrechtkonformer Auslegung (vgl. LK-StGB/*Dannecker* StGB § 1 Rn. 342 ff.) zwingt, zulässig. Schließt man sich dieser Ansicht an, so stellt sich die Frage nach einer Verletzung von Art. 103 Abs. 2 GG durch die Entscheidung des BGH nicht, weil die Vorschrift des Grundgesetzes auf die steuerrechtliche Bewertung der Steuerbefreiung schon gar keine Anwendung findet. Mit dieser Auffassung wäre eine Strafbarkeit des Lieferanten möglicherweise zu begründen.

Doch selbst wenn man einen Verstoß gegen das Analogieverbot ablehnt, bestehen erhebliche Zweifel, **391** ob die Auslegung des BGH (BGHSt 53, 45 (50 f.); wistra 2009, 238 f.; DStR 2009, 1688 ff.) dem verfassungsrechtlichen und dem gemeinschaftsrechtlichen **Bestimmtheitsgrundsatz** gerecht wird (eing. *Bülte* BB 2010, 1759 (1765 f.); zust. *Wulf*/*Alvermann* DB 2011, 731 (735 f.); aA *Schenkewitz* BB 2011, 350 (355 f.); vgl. auch *Kirch-Heim* NStZ 2014, 336 (337)): In der Halifax-Entscheidung (DStR 2006, 420 Rn. 93) hat der EuGH die Bestimmtheit von Sanktionsnormen ausdrücklich angemahnt (vgl. hierzu *Jarass* EU-Grundrechte, 2005, § 7 Rn. 50; *Dannecker* ZStW 117 (2005), 737 ff.). Eine Bestrafung bedürfe einer *„klaren und unzweideutigen Rechtsgrundlage",* die reine Feststellung eines Missbrauchs reiche hier nicht aus. Dem Bestimmtheitsgrundsatz ist nach der Judikatur des EuGH nur genüge getan, *„wenn der Rechtsunterworfene anhand des Wortlauts der einschlägigen Bestimmung und nötigenfalls mit Hilfe ihrer*

Auslegung durch die Gerichte erkennen kann, welche Handlungen und Unterlassungen seine strafrechtliche Verantwortung begründen" (EuGH NJW 2007, 2237 Rn. 50). Auch das BVerfG hat deutlich gemacht, dass im Bereich der normativen Tatbestandsmerkmale zwar eine gewisse Unschärfe von Rechtsbegriffen hingenommen werden müsse, aber der Bestimmtheitsgrundsatz dennoch gelte (vgl. BVerfGE 87, 209 (222 ff.) – Tanz der Teufel). Der Bürger müsse zumindest das Strafbarkeitsrisiko erkennen können, das mit einer bestimmten zukünftigen Handlung verbunden sei (BVerfGE 87, 209 (224)). Dass eine enge Auslegung des Mehrwertsteuerrechts möglicherweise die Schädigung des Umsatzsteueraufkommens begünstigt (vgl. *Schenkewitz* BB 2011, 350 (356)), kann nicht geleugnet werden; es ändert aber nichts daran, dass Art. 103 Abs. 2 GG einer Auslegung entgegensteht, die die Folgen einer Strafvorschrift unvorhersehbar werden lässt.

391a   Selbst wenn man den niedrigen **Bestimmtheitsmaßstab** des BGH anlegt, wird man kaum zu dem Ergebnis kommen, dass die durch § 370 iVm § 6a Abs. 1 UStG unter Berücksichtigung der gemeinschaftsrechtlichen Missbrauchsjudikatur gebildete Strafnorm hinreichend bestimmt ist, um eine **Kriminalstrafe** darauf zu stützen. Es bestand keine Einigkeit zwischen den Straf- und den Finanzgerichten über die Auslegung der hier relevanten Frage, so dass der **Bürger kaum einschätzen konnte,** ob er die Steuerbefreiung geltend machen darf. Zudem hat der BGH selbst die gemeinschaftsrechtliche Problematik dem EuGH zur Entscheidung vorgelegt. Bringt der 1. Strafsenat auch in seinem Vorlagebeschluss seine feste Überzeugung von der Richtigkeit seiner bisherigen Entscheidungen zum Ausdruck (DStR 2009, 1688 ff.), so hielt er die Vorlagefrage doch für klärungsbedürftig. Der Rechtsunterworfene konnte das Risiko seiner Strafbarkeit daher wohl noch viel weniger einschätzen. Zumindest für Fallgestaltungen, die sich zeitlich vor der Entscheidung des EuGH v. 7.12.2010 zu dieser Frage ereignet haben, überwiegen die verfassungsrechtlichen und gemeinschaftsrechtlichen Bedenken gegen die Annahme des BGH, die Versagung der Steuerbefreiung innergemeinschaftlicher Lieferungen unter Berufung auf die EuGH-Judikatur begründe eine Strafbarkeit gem. § 370 (hierzu eing. *Bülte* BB 2010, 1759 (1764)). Die Frage der Bestimmtheit hat das BVerfG in seinem Nichtannahmebeschluss (NJW 2011, 3378 ff.) jedoch nicht berücksichtigt.

391b   **(e) Rechtsfolge/Sanktion/Kriminalstrafe.** Der Strafbarkeit des Lieferanten, der an einer ausländischen Steuerhinterziehung mitwirkt und dennoch die Steuerfreiheit aus § 6a UStG geltend macht, stehen nicht allein die vom BVerfG geäußerten – wenn auch abgelehnten – verfassungsrechtlichen Bedenken entgegen: Unerörtert blieb nämlich ein weiteres Wortlautproblem, das sich unmittelbar aus der Rechtsprechung des EuGH ergibt (vgl. *Bülte* HRRS 2011, 469 f.). Die Große Kammer hatte ausgeführt, es handele sich bei der **Versagung von Steuervorteilen** um eine **abschreckende Verwaltungsmaßnahme** (EuGH NJW 2011, 203 (205); krit. *Küffner/Streit* DStR 2010, 2575 f.). Bereits in anderer Sache (EuGH DStRE 2009, 370 (372)) hatte der Gerichtshof entschieden, die Auferlegung einer zusätzlichen Steuerschuld aufgrund unrechtmäßig geltend gemachter Vorsteuern sei keine Steuer, sondern eine **Verwaltungssanktion.** In der Sache *FIRIN* (EuGH DStR 2014, 650 Rn. 43) wird die Versagung des Vorsteuerrechts dann ausdrücklich als **Sanktion** bezeichnet.

391c   In seiner **neueren Rspr.** hat die 1. Kammer des **EuGH** (MwStR 2015, 87 Rn. 59 ff. – Italmoda) zwar **nicht als Strafe** oder **Sanktion** im Sinne von Art. 7 EMRK oder Art. 49 EU-GRCh klassifiziert und ausgeführt: Wenn dem Stpfl. die sich aus dem gemeinsamen Mehrwertsteuersystem ergebenden Vorteile versagt werden, so sei dafür keine ausdrückliche Erlaubnis nach dem nationalen Recht erforderlich. Diese Konsequenz sei dem Mehrwertsteuersystem als inhärent anzusehen (vgl. *Heuermann* DStR 2015, 1416 (1419)). Es sei die schlichte Folge dessen, dass die Voraussetzungen der einschlägigen Vorschriften der Mehrwertsteuerrichtlinie nicht vorliegen. Daher habe diese Versagung **keinen Strafcharakter.** Diese Argumentation vermag strukturell nicht zu überzeugen; sie bringt die zweifelhafte Begründung vor, eine Strafe könne nicht vorliegen, wenn der Steuervorteil aufgrund des ungeschriebenen Tatbestandsmerkmals Missbrauch des Mehrwertsteuersystems versagt werde, letztlich weil keine Verpflichtung sondern lediglich eine Versagung begründet werde (MwStR 2015, 87 Rn. 59 – Italmoda; krit. hierzu *Wäger* UR 2015, 81 (91)). Zwischen diesem „Argument" und der Rechtsfolge (keine strafrechtliche Sanktion) ist aber keine logische Verbindung erkennbar; es ist nicht ersichtlich, in welchem Zusammenhang die funktionale Eigenschaft als negatives Tatbestandsmerkmal des Steuervorteils (kein Missbrauch), das der EuGH hier geschaffen hat, mit der Eigenschaft als Sanktion stehen soll. Der Sanktionscharakter hängt vom Grund und dem Ziel der Maßnahme, nicht von der legistischen Technik ihrer Androhung ab. Einzuräumen ist allerdings, dass es sich beim der Versagung der Steuervorteile **nicht** um eine **Kriminalstrafe** handelt, so dass auch der europäische Grundsatz nullum crimen nicht greift; insofern kann sich die *Italmoda*-Entscheidung zwar auch auf die *Åkerberg-Fransson*-Rechtsprechung (EuGH NJW 2013, 1415 ff.) stützen; das ändert aber nichts daran, dass eine sonstige Sanktion, eine Verwaltungssanktion, vorliegt. *Kaiser/Hummel* (PStR 2015, 265) haben daher die Umsatzsteuer in diesen Fällen nicht zu Unrecht als **Strafsteuer** bezeichnet.

392   Der Sanktionscharakter ergibt sich auch aus einer weiteren Überlegung: Der EuGH hat stets betont, dass sowohl Vorsteuerabzug als auch Steuerbefreiung **fundamentale Bestandteile** des europäischen Mehrwertsteuersystems sind, deren Versagung dem **Grundsatz der Steuerneutralität** (vgl. EuGH DStRE 2014, 97 Rn. 32 – Rodopi) widerspräche und zu einem Bruch im Mehrwertsteuersystem führen würde (vgl. EuGH DStR 2006, 420 Rn. 92 – Halifax; IStR 2007, 745 Rn. 23 ff. – Twoh; DStRE 2007, 1811 Rn. 20 ff. – Collée; IStR 2008, 109 Rn. 45 – Teleos; DStRE 2013, 803 Rn. 26 f. – Bonik; ferner *Korf* IStR 2007, 774 (775 f.); DStRE 2009, 438 Rn. 14 – Alicja Sosnowska; UR 2012, 851 Rn. 23 ff. – Tóth; vgl. auch *Weber* BB 2010, 2538 (2540) mwN). Wenn man diesen systemgebotenen Vorteil dennoch versagt, dann kann der Grund für die Versagung gerade nicht systemimmanent sein (so aber EuGH MwStR 2015, 87 Rn. 59 – Italmoda); hier liegt er darin, dass das Befreiungs- und Abzugssystem nicht zur Hinterziehung von Steuern missbraucht werden soll; die Begründung ergibt sich also „von außen" und nicht aus dem Mehrwertsteuersystem selbst. Dementsprechend erfolgt auch die Korrektur von außen, durch ein fremdes Sanktionsinstrument, das das Gleichgewicht im System wieder herstellen soll. Der EuGH hat daher den Versagungsmechanismus zutreffend als „Sanktionssystem" bezeichnet (DStR 2014, 650 Rn. 43 – FIRIN).

Diese Bewertung führt zu einem national strafrechtlichen und verfassungsrechtlichen Problem bei der **393** Anwendung des § 370. Diese Vorschrift schützt **das Steueraufkommen** (vgl. nur BGHSt 53, 311 (315)), nicht aber die Durchsetzung eines staatlichen Sanktionsanspruchs, mag dieser auch durch eine Zahlungspflicht verkörpert, durch die Höhe der Umsatzsteuerschuld bestimmt und somit von der Steuer phänomenologisch nicht unterscheidbar sein. Macht der verschleiernde Lieferant einen Steuerbefreiungstatbestand geltend, der ihm aus Sanktionsgründen steuerrechtlich nicht zugestanden wird, so verkürzt er damit keine Steuer, weil Sanktionen oder sanktionsähnliche Maßnahmen keine Steuern im Sinne von § 370 sind. Steuern sind nach § 3 *„Geldleistungen, die nicht eine Gegenleistung für eine besondere Leistung darstellen und von einem öffentlich-rechtlichen Gemeinwesen zur Erzielung von Einnahmen allen auferlegt werden, bei denen der Tatbestand zutrifft, an den das Gesetz die Leistungspflicht knüpft; die Erzielung von Einnahmen kann Nebenzweck sein."* Unter diesen Steuerbegriff fallen damit Verwaltungssanktionen nicht, weil ihr Zweck nicht die Einkünfteerzielung, sondern der Schutz des Mehrwertsteuersystems ist. Die Anwendung von § 370 Abs. 1 auf sanktionsweise versagte Vorsteueransprüche verletzt Art. 103 Abs. 2 GG (vgl. *Bülte* HRRS 2011, 469 (470); *Peters* in Schaumburg/Peters, Internationales Steuerstrafrecht, 2015, Rn. 10.34 ff. aA *Gaede*, Steuerbetrug, 2016, 514 f.).

Nach der Judikatur des BGH ist die Abwendung von Säumnis- und Verspätungszuschlägen oder **393a** Zwangsgeldern durch Täuschung weder im Sinne von § 370 tatbestandlich (BGHSt 38, 345 (351 ff.)). Auch eine Strafbarkeit als **Betrug kommt nicht in Betracht,** da nach der Auffassung des BGH die Täuschung zur Abwendung von (Neben-)Strafen nicht als Betrug strafbar ist (BGHSt 43, 381 (400 ff.); vgl. zum Ganzen *Dannecker* in Leitner, Finanzstrafrecht 2004, 67 (77 ff.)). Die staatliche Strafe fällt damit weder in den Schutzbereich der Steuerhinterziehung noch in den des Betruges.

Soll die Geltendmachung der Steuerbefreiung trotz Vorliegens eines solchen Missbrauchssachverhalts **393b** strafbar sein, so setzt dies einen **eigenständigen Straftatbestand** voraus, der nicht dem Schutz des Steueraufkommens sondern des gemeinsamen Mehrwertsteuersystems und dem Schutz der Finanzbehörden vor Täuschungen dient. Soll den vom EuGH bereits im **Maisurteil** (EuGH NJW 1990, 2245 (2246); vgl. ferner Wabnitz/Janovsky WirtschaftsStR-HdB/*Dannecker/ Bülte* Kap. 2 Rn. 185 ff.) gestellten Anforderungen an den Schutz der finanziellen Interessen der Union wirksam, angemessene und abschreckende Sanktionen entsprochen werden (vgl. nur die Anforderungen in EuGH NZWiSt 2015, 390 ff. Taricco mwN), so dürfte die Streichung von § 370 Abs. 6 S. 3 und 4 der erste wichtige Schritt gewesen sein (vgl. *Bülte* DB 2011, 442 (443); zur Wirkung *Walter/ Lohse/ Dürrer* wistra 2012, 125 (127 f.)).

Schließlich wird man dem Täter, der sich wegen Taten, die vor dem Ergehen der maßgeblichen **393c** EuGH-Rechtsprechung begangen wurden, auf fehlende **Kenntnis vom Bestehen des Umsatzsteueranspruchs** beruft, auch strafrechtlich wenig entgegenhalten können (glA *Bielefeld* DStR 2009, 580 f.; *Wulf* Stbg 2009, 313 (318 f.)).

(5) Vorsteuerabzug trotz bewusster Einbindung in eine Umsatzsteuermissbrauchsstruktur. **393d** Unter Berufung auf die Entscheidung des EuGH in der „Rechtssache R" (EuGH NJW 2011, 202 ff.) hat der BGH entschieden, derjenige werde **nicht** als **Unternehmer** iSd §§ 2, 15 UStG tätig, an den eine Lieferung ausgeführt wird, von der er **weiß, dass sie Teil eines eigens auf Steuerhinterziehung angelegten Systems** ist (BGH NJW 2011, 1616 ff.; vgl. auch BGH NZWiSt 2014, 460 (462)). Strafrechtlich ist entscheidend, dass der potenzielle Täter selbst um den Missbrauch weiß, ob andere Personen im Unternehmen Kenntnis haben, ist irrelevant (*Gehm* NZWiSt 2014, 78 (80)). Macht er die in einer Rechnung aus diesem Geschäft ausgewiesene USt dennoch nach § 15 UStG als Vorsteuer geltend, so begehe er eine Steuerhinterziehung. Diese Auslegung von § 15 UStG sei gemeinschaftsrechtlich geboten. Danach sei eine betrügerische und damit missbräuchliche Berufung auf das Gemeinschaftsrecht verboten. Ein solcher Missbrauch liege jedenfalls dann vor, wenn sich der Steuerpflichtige bewusst an Umsätzen beteiligt, die in eine Umsatzsteuerhinterziehung einbezogen sind. Es reiche hierbei aus, dass er um die Begehung der Steuerhinterziehungen durch die Umsätze weiß, unabhängig davon, ob er selbst unmittelbar die Umsatzsteuer hinterzieht (BGH NJW 2011, 1616 (1617) unter Berufung auf EuGH DStR 2006, 1274 Rn. 54 ff., 61 – Kittel).

Diese zutreffende unionsrechtliche Bewertung bindet der BGH (BGH NJW 2011, 1616 (1617)) in **393e** die Auslegung von § 15 UStG ein: Das Vorliegen der Unternehmereigenschaft sei *„in Übereinstimmung* *mit dem allgemeinen Sprachgebrauch, bei solcher wirtschaftlicher Betätigung zu verneinen, die sich durch bewusste Beteiligung an und bewusste Ausnutzung von anderweitigen Steuerstraftaten steuerrechtliche Vorteile verschafft, wie etwa hier ‚Umsatzsteuergewinne' auf der Grundlage von Umsatzsteuerhinterziehungen, die innerhalb einer eigens zu diesem Zweck geschaffenen Lieferkette begangen wurden".* Der BGH nimmt für diese Auslegung in Anspruch, sie sei *„ohne weiteres mit dem Wortlaut"* des § 15 UStG vereinbar (BGH NJW 2011, 1616 (1617)). Das ist zutreffend, wenn sich auch mit späteren Ausführungen in derselben Entscheidung (BGH NJW 2011, 1616 (1617) Rn. 28 letzter Satz) Friktionen ergeben, gilt allerdings nur unter der – auch vom BGH betonten – Prämisse, dass dem betreffenden Hinterziehungssystem **jeglicher wirtschaftliche Zweck fehlt** *(„eigens zu diesem Zweck geschaffenen Lieferkette").* Das dürfte – wie der BGH auch später judiziert hat (→ Rn. 367 ff.) – im Wesentlichen nur bei Scheingeschäften (→ Rn. 367b) der Fall sein. Dient das Karussellgeschäft oder die sonstige Konstruktion nicht ausschließlich der Steuerhinterziehung oder der Erlangung ungerechtfertigter Steuervorteile, so ändert die Strafbarkeit der Handlungen nichts daran, dass es sich um unternehmerische Tätigkeiten handelt. Auch eine kriminelle Tätigkeit kann unternehmerische Tätigkeit sein. Dies macht der BFH (BFH/NV 2011, 81 (83)) deutlich. Auch der EuGH (EuGH MwStR 2013, 193 Rn. 24 ff. – Ablessio mAnm *Grube*) legt einen weiten Begriff des Mehrwertsteuerpflichtigen und damit des Unternehmens zugrunde.

393f   Mit Blick auf die Tatbestandsvoraussetzungen dieser Hinterziehung durch **bewusste Beteiligung an einer Hinterziehungsstruktur** hat der BGH (BGH NZWiSt 2014, 460 ff. mAnm *Sens;* BGH BeckRS 2015, 16011 Rn. 32; BGH NStZ 2015, 289 (290); so auch EuGH MwStR 2015, 87 Rn. 64 – Italmoda) festgestellt: Der **Vorsteuerabzug** ist dann **berechtigt,** wenn der Empfänger der Leistung aus dem Scheingeschäft im Zeitpunkt der Leistungshandlung nicht von der Missbrauchsstruktur weiß oder fahrlässig darüber in Unkenntnis ist (vgl. BGH FD-StrafR 2015, 373046 Rn. 13; BFH DStRE 2010, 1263 (1265 f.); *Adick* PStR 2010, 265 (266)). Es kommt allein auf diesen Zeitpunkt an. Erfährt der Stpfl. später, dass er Leistungen aus einer Missbrauchsstruktur erhalten hat, so darf er dennoch den Vorsteueranspruch geltend machen, weil die Tatbestandsvoraussetzungen für den Vorsteueranspruch (hier: Unternehmer als Leistender) im Zeitpunkt der Lieferung oder Leistung (vgl. BFHE 235, 501 (506)) und nicht bei Geltendmachung des Anspruchs vorliegen müssen. Die schuldlose Unkenntnis ist also Merkmal des Vorsteueranspruchstatbestandes, der nicht dadurch wieder entfällt, dass der Stpfl. nach Durchführung der Leistung und vor Abgabe der Umsatzsteueranmeldung oder Jahreserklärung Kenntnis von seiner Einbindung in die Missbrauchsstruktur erlangt (BGH NZWiSt 2014, 460 (461); BGH NStZ 2015, 289 (290)). Dieses Ergebnis ist nicht nur strafrechtsdogmatisch zwingend, sondern ergibt sich auch aus der Rspr. des EuGH (vgl. nur EuGH NZWiSt 2013, 102 Rn. 47 – Mahagében u. Dávid mAnm *Madauß;* MwStR 2015, 87 Rn. 42 ff. – Italmoda). Danach dürfen Wirtschaftsteilnehmer, die alle Maßnahmen treffen, die vernünftigerweise von ihnen verlangt werden können, um sicherzustellen, dass ihre Umsätze nicht in eine Umsatzsteuerhinterziehung eingebunden werden auf die Rechtmäßigkeit ihrer Umsätze vertrauen (vgl. nur EuGH DStR 2006, 897 (899) – Federation of Technological Industries; EuGH DStR 2012, 1917 Rn. 48 ff. – Mecsek-Gabona; EuGH UR 2012, 851 Rn. 39 – Tóth; ferner BFHE 242, 77 (83); FG Düsseldorf DStRE 2012, 1019 (1020 f.); NZWiSt 2014, 460 (462)). Es verstieße gegen den **unionsrechtlichen Grundsatz der Rechtssicherheit** (vgl. Wabnitz/Janovsky WirtschaftsStR-HdB/ *Dannecker/Bülte* Kap. 2 Rn. 211 f.), wollte die rückwirkende Aberkennung des Vorsteueranspruchs mit der nachträglichen Kenntniserlangung begründen (EuGH NZWiSt 2013, 102 Rn. 47; BGH NZWiSt 2014, 460 (462); BGH NStZ 2015, 283 (284)). Daraus folgt für das Tatgericht, dass es den **Zeitpunkt,** in dem der Angeklagte **bösgläubig** wurde, exakt feststellen muss (vgl. BGH NStZ 2015, 289 (290)).

393g   In der Literatur (*Demuth/Billau* BB 2011, 2653 (2656)) sind Zweifel daran vorgebracht worden, dass der Stpfl., der lediglich in dem **Wissen, an einer Missbrauchsstruktur mitzuwirken, ohne** an den **Verschleierungshandlungen teilzunehmen,** unrichtige Angaben macht, also eine Tathandlung des § 370 Abs. 1 Nr. 1 begeht, wenn er die Steuerfreiheit seiner Leistung erklärt. Die Strafbarkeit anderer könne nicht dazu führen, dass die Erklärung unrichtig wäre; es handele sich letztlich um eine straflose „neutrale Beihilfe". Doch überzeugt diese Begründung nicht. Es handelt sich bei bewusstem Liefern in eine Missbrauchsstruktur bereits nicht um eine *neutrale* Beihilfe, weil der Lieferant sich die Tatbegehung der Erwerber *„angelegensein lässt"* (vgl. BGHSt 46, 107 (112); BGH NStZ-RR 1999, 184 (186); BGH NZWiSt 2014, 139 (141 f.) mAnm *Bott/Orlowski*). Ferner handelt es sich bei dem Verschweigen des relevanten Umstandes einer bewussten Mitwirkung an der Missbrauchsstruktur – wenn man diese Mitwirkung als Grund für eine Versagung der Steuerbefreiung akzeptieren mag – um das Machen unrichtiger Angaben über Tatsachen. Der Grundsatz nemo tenetur ist nicht verletzt, weil niemand verpflichtet ist, eine Steuerbefreiung geltend zu machen.

393h   **dd) Hinterziehung ausländischer Umsatzsteuern.** Insbesondere bei der Mitwirkung an der Hinterziehung von Umsatzsteuern im Bestimmungsstaat einer innergemeinschaftlichen Lieferung wird die Frage diskutiert, ob der Exporteur sich nach deutschem Strafrecht wegen Steuerhinterziehung strafbar machen kann, wenn er in einem anderen Mitgliedstaat unrichtige Angaben gegenüber der Finanzverwaltung macht. Angaben gegenüber **ausländischen Finanzbehörden** können den Tatbestand des § 370 Abs. 1 nicht erfüllen; das ergibt sich insbesondere aus der historischen Auslegung (*Schmitz/Wulf* wistra 2001, 361 (365)) und der Systematik der AO. Wenn hiergegen eingewandt wird, § 370 Abs. 6

habe unter dieser Prämisse keinen Anwendungsbereich (vgl. *Walter/Lohse/Dürrer* wistra 2012, 125 (129)), so ist dies – dazu sogleich – nicht zutreffend und ändert iÜ auch nichts am Wortlaut des § 6, der ausschließlich auf deutsche Finanzbehörden Bezug nehmen kann.

Jedoch ist eine Strafbarkeit wegen **Beihilfe zur Hinterziehung der im Bestimmungsstaat** 393i **anfallenden Umsatzsteuer** zu erwägen. Macht der inländische Exporteur gegenüber dem Bundeszentralamt für Steuern keine oder unrichtige Angaben über den Export (vgl. § 18a UStG) oder legt er den deutschen Finanzbehörden unrichtige oder gefälschte Belege vor, so erleichtert diese Verletzung der Pflicht zur ordnungsgemäßen Mitteilung die Ermittlung der tatsächlichen Besteuerungsgrundlagen im Ausland, weil der Datenaustausch zwischen den Mitgliedstaaten hier zwangsläufig unrichtige Daten an die Finanzverwaltung des Bestimmungsstaates weitergibt. Soweit also die Verletzung der Mitteilungspflicht dazu führte, dass die tatsächlichen Erwerber schwerer oder nicht ermittelt werden und die Lieferung der USt unterworfen werden konnte, kann eine Beihilfe (durch Unterlassen) angenommen werden (vgl. *Walter/Lohse/Dürrer* wistra 2012, 125 (130)), auch wenn hier nicht iSd § 370 Abs. 1 Nr. 1 Angaben gemacht werden. IRd Beihilfe können grds. Verletzungen von Pflichten nach ausländischem Steuerrecht relevant werden, weil § 370 Abs. 6 lediglich das durch § 370 Abs. 1 geschützte Rechtsgut ergänzt – es handelt sich auch hier nicht um ein Blankett (aA *Walter/Lohse/Dürrer* wistra 2012, 125 (129)). Voraussetzung einer Strafbarkeit nach deutschem Steuerstrafrecht ist jedoch ein Handeln im Inland (§ 9 StGB); dies ist bei Verletzung der Mitteilungspflicht nach § 18a UStG jedoch gegeben.

Hat der Exporteur durch eine unrichtige Erklärung zur Steuerfreiheit der innergemeinschaftlichen 393j Lieferung sowohl deutsche USt hinterzogen als auch zur Hinterziehung von USt in einem anderen Mitgliedstaat Hilfe geleistet, so stehen diese Taten je nach Begehungsweise in **Tateinheit** (bei einheitlicher Handlung) oder **Tatmehrheit**. Für ein Zurücktreten der Beteiligung an der Steuerhinterziehung im Bestimmungsstaat hinter der täterschaftlichen Hinterziehung von Umsatzsteuer in Deutschland gibt es strafrechtsdogmatischen keinen Grund (aA *Walter/Lohse/Dürrer* wistra 2012, 125 (131); *Spatscheck/ Maier* ZWH 2013, 265 (269)); die Konkurrenzen sind hierfür der falsche Ort. Die Bestrafung wegen der Gefährdung beider Rechtsgüter – der deutschen und den mitgliedstaatlichen Steueranspruch – ist nicht unverhältnismäßig, sondern lediglich konsequent, ein kategorisches Zurücktreten des ausländischen Steueranspruchs wäre im Gegenteil unionsrechtswidrig. Es läge hier sogar näher, lediglich die Beihilfe zur Hinterziehung der ausländischen MwSt zu bestrafen, weil bei rein fiskalischer Betrachtung dem Bestimmungsland die Steuer verloren geht (vgl. *Walter/Lohse/Dürrer* wistra 2012, 125 (132)). IErg wird man wohl zwei tateinheitlich begangene Taten annehmen müssen und den Umstand, dass die Steuer nur in einem Staat anfallen soll, im Wege der Strafzumessung zu berücksichtigen.

2. Organisierte Umsatzsteuerhinterziehung. a) Umsatzsteuerkarussell. Das Wesen eines Um- 394 satzsteuerkarussells ist ein systematischer Missbrauch des Rechts zum Vorsteuerabzug zur unmittelbaren Bereicherung oder zur Erlangung von Wettbewerbsvorteilen durch die Umgehung von Umsatzsteuer (vgl. BGH NJW 2011, 1616 (1618); ferner *Gaede,* Steuerbetrug, 2016, 165 ff. (296)). Zur Durchführung von Karussellgeschäften werden meist Lieferungen über die Binnengrenzen der Europäischen Union vorgenommen oder vorgetäuscht. Zum einen sind solche Lieferungen gem. § 4 Abs. 1 Nr. 1a UStG grds. von der **Umsatzsteuer befreit,** soweit die Voraussetzungen von § 6a UStG erfüllt sind. Durch diese Entlastung der „Ausfuhr" soll einerseits die Steuerneutralität durch Vermeidung einer Doppelbesteuerung gewahrt und andererseits eine Besteuerung in dem Mitgliedstaat ermöglicht werden, in dem der Endverbrauch der Waren stattfindet *(Bestimmungslandprinzip).* Zum anderen ermöglichen die grenzüberschreitenden Lieferungen eine effektive **Verschleierung** der Geschäftszwecke und der Tatsache, dass die Beteiligten des Karussells zum Teil keine Unternehmer sind. Der Informationsaustausch zwischen den Mitgliedstaaten hat noch nicht die Intensität erreicht, die erforderlich wäre, um diesem organisierten Mehrwertsteuerbetrug eine effiziente Informationspolitik entgegenzusetzen (vgl. hierzu *Muhler* wistra 2009, 9, 3; vgl. auch Kohlmann/*Schauf* Rn. 1395).

Jedoch ist festzustellen, dass Umsatzsteuerkarusselle auch als rein nationale Gestaltungen denkbar sind. 394a Auch im innerdeutschen Kontext können Lieferungen und Leistungen vorgetäuscht und über **Missing Trader** Umsatzsteuererstattungen erschlichen werden. Die internationale Gestaltung dient vornehmlich der Verschleierung und Ausnutzung der transnationalen Informationsdefizite.

aa) Funktionsweise. Bei einem Umsatzsteuerkarussell (vgl. die Darstellung bei *Datke,* Umsatzsteuer- 395 hinterziehung, 2006, 22 ff.; *Gehm* NJW 2012, 1257) erwirbt einer der Beteiligten von einem, in einem anderen Mitgliedstaat ansässigen, am Karussell Beteiligten, Waren – häufig Computerbauteile (BGH NZWiSt 2014, 112; BGH NStZ-RR 2015, 16011 insofern nicht abgedruckt in BGH NStZ-RR 2015, 284 f.; vgl. auch *Datke,* Umsatzsteuerhinterziehung, 2006, 24 ff.) oder (vormals) auch CO2-Emissions-Zertifikate (BGH NStZ 2016, 39 mAnm Heine; PStR 2015, 257 ff.; BGH NZWiSt 2013, 235 mAnm *Gehm;* vgl. ferner *Gehm* StBW 2015, 826 ff.; *Karla* ZWH 2013, 103 f.; *Wegner* PStR 2010, 89 f.), die von diesem als nach der ausländischen Parallelvorschrift zu § 6a UStG von der Umsatzsteuer befreit deklariert werden (vgl. jedoch *Karla* ZWH 2013, 103 (104) zu § 13b Abs. 2 S. 1 Nr. 6 UStG nF). Der Erwerber, regelmäßig der sog **Missing Trader** (vgl. BGH wistra 2003, 344; zum Begriff auch EG-VO Nr. 1925/2004; *Datke,* Umsatzsteuerhinterziehung, 2006, 23 f.; *Gehm* NJW 2012, 1257), veräußert die Ware mit einem geringen Aufschlag an den Abnehmer, den sog **Buffer I.** Der *Missing Trader* führt die einbehaltene Umsatzsteuer nicht ab bzw. erklärt sie schon nicht. Der *Buffer I* macht den in der Rechnung ausgewiesenen Vorsteuerbetrag geltend und veräußert die Ware an einen weiteren Abnehmer, den sog **Buffer II** mit einem Aufschlag, der die zuvor von dem *Missing Trader* nicht abgeführte Umsatzsteuer nicht überschreitet. Sodann werden die Waren an einen sog **Distributor** veräußert, der sie umsatzsteuerfrei in den Ausgangsmitgliedstaat zurückliefert und die ihm berechnete Umsatzsteuer als Vorsteuer abzieht (vgl. zur Konstruktion BFH wistra 2005, 233 (235); Jahresbericht 2009 Financial Intelligence Unit (FIU) Deutschland, BKA; *Nöhren,* Die Hinterziehung von Umsatzsteuer, 2005, 250 ff.; *Brandl* in Achatz/Tumpel, Missbrauch im Umsatzsteuerrecht, 2007, 140 ff.; vgl. ferner *Gehm* NJW 2012, 1257 f.; *Kemper* UR 2005, 1). Diese Kette lässt sich durch weitere *Buffer* beliebig verlängern und wird zT auch durch die nochmalige Durchschleusung von Waren gestreckt. Soweit die Lieferung der Waren tatsächlich nicht stattfindet, also nur durch die Rechnungsausstellung Lieferungen vorgetäuscht werden, spricht man von **Luftkarussellen** (vgl. *Rolletschke* UR 2006, 189 (190)). Teilweise erfolgt die Lieferung durch den *Missing Trader* auch unter Angabe einer „entwendeten" USt-IdNr., also einer Identifikationsnummer, die einem anderen Unternehmer zugeordnet ist, zu dem der *Missing Trader* in keiner Verbindung steht und der der Verwendung der Nummer nicht zugestimmt hat (vgl. EuGH DStR 2006, 897 (899) – Federation of Technological Industries).

396 Der *Missing Trader* hat in einem Umsatzsteuerkarussell damit die Aufgabe, die Umsatzsteuer in seiner **Rechnung auszuweisen, aber nicht abzuführen** und auf diese Weise den anderen Beteiligten die Möglichkeit zu geben, einen ungerechtfertigten Steuervorteil zu erlangen. Den *Buffern* und dem *Distributor* kommt die Aufgabe zu, den Vorsteuerabzug geltend zu machen und damit den entscheidenden Vorteil aus dem Geschäft zu realisieren. Soweit es sich nicht um ein Luftkarussell handelt, besteht die Möglichkeit zur weiteren Verschleierung *gutgläubige* oder zumindest nicht eingeweihte Buffer in die Lieferkette aufzunehmen. Letztlich lebt das Umsatzsteuerkarussell damit von dem erlangten Vorsteuerabzug, dem keine Umsatzsteuerzahlung durch den Rechnungsaussteller gegenübersteht.

397 **bb) Steuerrechtliche Beurteilung.** Der *Missing Trader* weist im Umsatzsteuerkarussell eine steuerfreie Tätigkeit, die Warenbewegung an den *Buffer I,* in einer Rechnung als steuerpflichtige Lieferung aus. Dadurch entsteht gem. § 14c UStG ein **Umsatzsteueranspruch,** den der *Missing Trader* entweder nicht erfüllt oder gar nicht erst anmeldet. Der *Buffer I* macht den Rechnungsbetrag gegenüber der Finanzbehörde als **Vorsteuer** geltend, obwohl er dazu **nicht berechtigt** ist. § 15 Abs. 1 Nr. 1 UStG lässt den Vorsteuerabzug nur für den Fall zu, dass die Umsatzsteuer für eine **Lieferung** oder **Leistung** entrichtet wurde, die ein **Unternehmer für sein Unternehmen** durchgeführt hat. Es liegt aber in einem Umsatzsteuerkarussell nach der Judikatur des EuGH (EuGH DStR 2006, 1274 Rn. 59 – Kittel; so auch BGH NJW 2011, 1616 (1617)) und des BFH (BFH DStR 2007, 1524) schon keine Lieferung iSd Art. 5 RL 77/388/EWG bzw. Art. 14 MwStSystRL/§ 3 Abs. 1 UStG vor, wenn die Warenbewegung keine wirtschaftliche Tätigkeit darstellt, sondern allein aus Gründen der Steuerhinterziehung erfolgt. Der EuGH (EuGH DStR 2006, 1274 (1278) – Kittel; ferner MwStR 2015, 87 Rn. 50 – Italmoda; ebenso BFH DStR 2005, 519 (521)) fordert als Voraussetzung für die Versagung des Vorsteuerabzugs nicht einmal eine bewusste Beteiligung an der Steuerhinterziehung, sondern lässt es ausreichen, wenn der Erwerber zumindest fahrlässig (*Gehm* (NJW 2012, 1257 (1258)) geht von grober Fahrlässigkeit aus) an einer Steuerhinterziehung mitgewirkt hat (vgl. auch BFH DStR 2010, 1263 ff.). Insofern rechnet der BFH dem Unternehmer das Wissen seiner Beauftragten zu (BFH DStRE 2010, 1263 Rn. 30).

397a Ob die Lieferung für einen Unternehmer für Zwecke des Unternehmens erfolgt ist nach der Rspr. (vgl. BFHE 235, 547 (5)) nach dem Empfängerhorizont zu beurteilen. Ist der Buffer nicht eingeweiht und geht er von einer regulären Lieferung ohne Missbrauchshintergrund aus – hält er seinen Lieferanten also für einen Unternehmer –, so komme es für den Vorsteueranspruch auf die Verschuldensfrage an. Nur der **sorgfältige und gutgläubige Unternehmer** könne den Vorsteuerabzug geltend machen, obwohl **objektiv keine Lieferung** vorliegt. Der BFH (BFH/NV 2012, 1009 (1011); aA FG München DStRE 2007, 1031 (1034); vgl. auch *Lohse* BB 2006, 2222 (2226 f.)) sah den Stpfl., der hier einen Vorsteueranspruchs aufgrund schuldloser Verstrickung in die Missbrauchsstruktur geltend macht, insofern als steuerlich beweisbelastet an (vgl. auch *Gehm* NJW 2012, 1257 (1258)). Allerdings hat *Eder* (PStR 2014, 15 (16); vgl. auch *Gehm* NZWiSt 2013, 109 f.) zu Recht darauf hingewiesen, dass eine solche Auffassung mit der Judikatur des EuGH (EuGH NZWiSt 2013, 102 Rn. 61, 65 – Mahagében u. David; EuGH UR 2013, 346 Rn. 61 – LVK) nicht vereinbar ist (vgl. auch *Madauß* NZWiSt 2013, 109 (110)). Daher geht auch das BMF-Schreiben v. 7.2.2014 (IVDZ – S 7 100/12/10003) davon aus, dass der Stpfl. für seine Sorgfalt beweisbelastet sei, wenn objektiv feststeht, dass er um seine Einbindung in die Hinterziehungsstruktur wusste oder wissen musste.

398 Zudem wird der Vorsteuerabzug häufig daran scheitern, dass ein *Missing Trader,* soweit er ausschließlich zur Durchführung von Umsatzsteuerkarussellen eingesetzt wird, **kein Unternehmer** ist (vgl. *Gehm* StraFo 2015, 441 (443)) und die Lieferung, die ausschließlich die Nichtentrichtung der Umsatzsteuer zum Zweck hat, nicht *„für sein Unternehmen",* sondern allein zur Begehung von Steuerhinterziehungen ausgeführt wird. Es handelt sich um ein **Scheingeschäft.** Vergleichbares gilt für die bösgläubigen *weiteren Buffer* in der Kette. Diese haben zwar die Umsatzsteuer an den vorhergehenden *Buffer* geleistet, dürfen aber keinen Vorsteuerabzug geltend machen, soweit der Rechnungsaussteller die Leistung nicht **als Unternehmer** und **für sein Unternehmen** durchgeführt hat. Für die in den missbräuchlichen Zweck der Lieferungskette eingeweihten Parteien gilt daher, dass ihnen kein Vorsteuerabzug zusteht. Die Umsatzsteuerpflicht ergibt sich hier aus § 14c UStG (→ Rn. 362). Dem steht auch nicht entgegen, dass der EuGH (EuGH DStR 2006, 1274 Rn. 59 – Kittel) ausgeführt hat, eine wirtschaftliche Tätigkeit sei auch gegeben, wenn die Lieferung allein zur Erlangung von Steuervorteilen getätigt werden. Denn es heißt in dieser Entscheidung ausdrücklich: Die objektiven Kriterien einer wirtschaftlichen Tätigkeit seien im Falle einer Steuerhinterziehung – man wird hier präzisieren müssen, einer allein auf Steuerhinterziehung ausgerichteten Gestaltung – nicht erfüllt. Der EuGH hat dies in den Entscheidungen *Bonik* (EuGH DStRE 2013, 803 Rn. 38) und *FIRIN* (EuGH DStR 2014, 650 (652) Rn. 41) konkretisiert: Im Falle der Steuerhinterziehung durch den Steuerpflichtigen selbst *„sind die objektiven Kriterien, auf denen die Begriffe der Lieferung von Gegenständen bzw. der Erbringung von Dienstleistungen, die ein Steuerpflichtiger als solcher bewirkt, und der Begriff der wirtschaftlichen Tätigkeit beruhen, nicht erfüllt".*

In seiner neueren Judikatur hat der BFH (BFH BeckRS 2015, 96021 Rn. 3) die Grenzen für einer **398a** Vorsteuerabzug bei einer **Lieferung eines Nichtunternehmers** an einen Unternehmer sehr eng gesteckt. Ein regulärer Vorsteuerabzug komme mangels Tatbestandserfüllung nicht in Betracht; allenfalls im Billigkeitswege könne der schuldlos in eine Hinterziehungsstruktur verwickelte Unternehmer einen Vorsteuerabzug erhalten. Voraussetzung sei dass der Unternehmer *„gutgläubig war und alle Maßnahmen ergriffen hat, die vernünftigerweise von ihm verlangt werden können, um sich von der Richtigkeit der Angaben in der Rechnung zu überzeugen und seine Beteiligung an einem Betrug ausgeschlossen ist".*

cc) Steuerstrafrechtliche Beurteilung. In der steuerstrafrechtlichen Behandlung ist zu unterschei- **399** den zwischen den bewusst am Karussell teilnehmenden und den unwissentlich teilnehmenden Parteien. Der **Missing Trader** ist stets bewusst in den Vorgang eingebunden. Die für ihn handelnden Personen sind zunächst gem. §§ 26b, 26c UStG strafbar, weil die ausgewiesene Umsatzsteuer nicht abgeführt wird. Erklärt der Missing Trader die Umsatzsteuer schon nicht, so ist er gem. § 370 Abs. 1 strafbar (*Muhler* wistra 2009, 14). Diese Tat verdrängt die Tat gem. §§ 26b, 26c UStG entgegen der hM nicht, sondern steht zu ihr in Tateinheit, soweit nicht eine Strafbarkeit gem. § 370 Abs. 3 S. 2 Nr. 3 vorliegt (→ UStG §§ 26b, 26c Rn. 41). Darüber hinaus kommt jedoch eine tatmehrheitliche (*Muhler* wistra 2009, 5) Strafbarkeit wegen Teilnahme an der Steuerhinterziehung in Betracht, die der *Buffer* I durch die Geltendmachung der Vorsteuer begeht (BGH NStZ 2003, 268).

Der **Buffer I,** der bewusst in das Karussellgeschäft eingebunden sein muss, weil er den Steuervorteil **400** vereinnahmt, macht einen Vorsteuerabzug geltend, obwohl er weiß, dass die Voraussetzungen des Vorsteuerabzugs fehlen. Er begeht eine Steuerhinterziehung gem. § 370 Abs. 1 Nr. 1, indem er bewusst einen nicht gerechtfertigten Steuervorteil iSd § 370 Abs. 4 S. 2 geltend macht (*Muhler* wistra 2009, 5). Regelmäßig wird der *Buffer* I die bei einer Weiterveräußerung ausgewiesene USt anmelden und abführen. Unterlässt er das Eine oder das Andere, so gilt für ihn das diesbezüglich für den *Missing Trader* Ausgeführte (§§ 26b, 26c UStG, § 370 Abs. 1). Der *Missing Trader* ermöglicht der Taten des *Buffer*s I und ist als Beteiligter, je nach Tatplan als Mittäter oder Teilnehmer, an diesen Taten strafbar. Soweit in die Kette **weitere Buffer** eingeschaltet sind, gilt für sie das Gleiche wie für den *Buffer* I. Auch sie machen einen Vorsteuerabzug geltend, obwohl sie wissen, dass der *Buffer* I keine Lieferung im umsatzsteuerrechtlichen Sinne vornimmt, sondern ausschließlich ein Erwerb zum Zwecke der Erlangung von Steuervorteilen stattfindet (vgl. Kohlmann/*Schauf* Rn. 1404).

Der **Distributor,** der die Rückführung der Waren in den Ursprungs-Mitgliedstaat durch eine inner- **401** gemeinschaftliche Lieferung veranlasst, macht ebenfalls einen nicht gerechtfertigten Steuervorteil iSd § 370 Abs. 4 S. 2 geltend, wenn er in Kenntnis der Karussellgestaltung die Vorsteuer zieht. Die Geltendmachung der Steuerfreiheit der angeblichen Lieferung wegen einer innergemeinschaftlichen Lieferung stellt allerdings keine Umsatzsteuerhinterziehung dar. Da es sich bei dieser Warenbewegung nach der Judikatur von EuGH (EuGH DStR 2006, 1274 – Kittel) und BFH (BFH DStR 2007, 1524) nicht um eine steuerbare Lieferung handelt, entsteht keine Umsatzsteuerschuld. Auch aus § 14c UStG entsteht keine Umsatzsteuerschuld, weil der *Distributor* wegen der behaupteten Steuerfreiheit keine Umsatzsteuer in seiner Rechnung ausweist (*Muhler* wistra 2009, 16).

Zu Verschleierungszwecken werden in die Karussellgeschäfte zT auch unwissende **Erwerber** einge- **402** bunden, die durch einen niedrigen Preis relativ leicht für einen Geschäftsabschluss gewonnen werden können. Diese machen sich mangels Vorsatzes nicht wegen § 370 strafbar, allenfalls kommt eine Ordnungswidrigkeit gem. § 378 in Betracht (vgl. BGH wistra 2015, 191 (193 f.)) mAnm *Himmelreich* PStR 2015, 114 f.). Die Einbindung dieser nicht eingeweihten Unternehmer hat für den eingeweihten Veräußerer insofern strafrechtliche Folgen, als er eine Steuerhinterziehung in mittelbarer Täterschaft begehen kann, wenn er durch seine Lieferung bewusst die Geltendmachung eines nicht berechtigten Vorsteuerabzugs durch den unwissenden Erwerber hervorruft. Zu § 378 bei der Inanspruchnahme von Steuerbefreiungen nach § 6a UStG hat der BFH (BFHE 246, 207 (210 f.)) ausgeführt: Leichtfertigkeit sei nur dann anzunehmen, wenn es sich dem Stpfl. aufgedrängt haben muss, dass er die Voraussetzungen von § 6a UStG weder beleg- noch buchmäßig objektiv nachweisen kann. Das bloße Abstellen auf die Beleglage reiche nach der Änderung der BFH-Judikatur zum Nachweis nicht mehr aus.

403   **dd) Strafbarkeit der Geltendmachung der Steuerfreiheit durch ursprünglich unwissende Lieferanten.** Der EuGH musste sich ferner im Zusammenhang mit der Steuerfreiheit innergemeinschaftlicher Lieferungen mit Konstellationen auseinandersetzen, bei denen der Lieferant durch den Erwerber über das Vorliegen der Voraussetzungen der innergemeinschaftlichen Lieferung getäuscht wurde (vgl. nur EuGH DStR 2006, 1274 ff. – Kittel). Hierbei handelte es sich vornehmlich um die Fallgestaltungen der **Täuschung über die Unternehmereigenschaft** durch Angabe einer **entwendeten USt-IdNr.** oder durch Verwendung einer **fiktiven USt-IdNr.** In diesem Zusammenhang stellt sich zunächst die steuerrechtliche Frage, ob der getäuschte Unternehmer für seine Lieferung in das übrige Gemeinschaftsgebiet die Steuerbefreiung geltend machen darf. Grundsätzlich steht einer solchen Steuerbefreiung entgegen, dass die Voraussetzungen des § 6a UStG nicht erfüllt sind: Die Lieferung an den *Missing Trader* erfolgt nicht an einen Unternehmer bzw. nicht für dessen Unternehmen, wenn er die Lieferung nur für Zwecke eines Umsatzsteuerkarussells bezieht. Die Lieferung ist damit gem. § 3 Abs. 1 UStG sowohl steuerbar als auch grds. steuerpflichtig.

404   Der Gesetzgeber hat jedoch zugunsten des gutgläubigen Unternehmers schon mit der Einführung des § 6a UStG einen **Vertrauensschutztatbestand** geschaffen, der dem gemeinschaftsrechtlichen und verfassungsrechtlich garantierten Verhältnismäßigkeitsgrundsatz – der in der Judikatur des EuGH (etwa EuGH DStR 2006, 1274 Rn. 52 – Kittel; EuGH DStRE 2014, 97 Rn. 38 – Rodopi) zum Ausdruck kommt – Rechnung tragen soll (Stadie UStG, 2009, § 6a Rn. 62; ferner *Sterzinger* DStR 2010, 2606 (2611)): Danach ist eine Lieferung auch dann als umsatzsteuerfrei anzusehen, wenn der Unternehmer sie als steuerfrei behandelt hat, obwohl die Voraussetzungen des § 6a Abs. 1 UStG nicht vorliegen, wenn die Inanspruchnahme der Steuerbefreiung auf unrichtigen Angaben des Abnehmers beruht und der Unternehmer die Unrichtigkeit dieser Angaben auch bei Beachtung der Sorgfalt eines ordentlichen Kaufmanns nicht erkennen konnte (vgl. auch EuGH DStR 2008, 450 Rn. 29 – Netto). Der Abnehmer schuldet dann die entgangene Steuer. *Madauß* (NZWiSt 2013, 386 f.) betrachtet die Übertragung der Sorgfaltsstandards des § 6a UStG auch auf Fälle des Vorsteuerabzugs bei vorsatzloser Einbindung in Hinterziehungsstrukturen als möglichen Lösungsansatz (vgl. zum Vertrauensschutz nach der EuGH-Rechtsprechung auch *Meurer* UStB 2011, 216 (217 f.)). Der BFH (BFH/NV 2014, 1243) hat zur Frage der Einzelheiten dieser Sorgfaltspflichten des Leistungsempfängers die Revision wegen grundsätzlicher Bedeutung zugelassen: Es sei ungeklärt, *„ob der Leistungsempfänger – bei einem der Leistungsbeziehung zu Grunde liegenden Strohmannverhältnis – zum Abzug der Vorsteuerbeträge berechtigt ist, wenn er auf die Angaben des Lieferanten vertraute und sich diese Angaben später als falsch herausstellen"* (zur BFH-Rspr. vgl. auch *Meurer* UStB 2011, 216 (217); ferner BMF-Schreiben v. 7.2.2014 – IV D – S 7100/12/10003, DStR 2014, 331 f.).

405   Die Anforderungen, die an die Erfüllung der **kaufmännischen Sorgfalt** gestellt werden, ergeben sich zunächst aus § 347 HGB (Beermann/Gosch/*Leonard* UStG § 6a Rn. 64), sind jedoch weitgehend durch die Judikatur des EuGH (EuGH IStR 2007, 740 – Teleos; EuGH NZWiSt 2013, 102 Rn. 54 – Mahagében u. David; vgl. auch BFH/NV 2010, 73 f.; ferner *Merkt* UR 2008, 757 (761)) bestimmt, wenn der EuGH auch betont, dass die Regelung der Modalitäten des Verfahrens für den Nachweis eines Missbrauchs autonom durch die Mitgliedstaaten zu bestimmen seien (EuGH UR 2015, 359 (361 f.) Rn. 26 – Surgicare: **Autonomieprinzip**). Nach der EuGH-Judikatur dürfen die Finanzbehörden eines Mitgliedstaates einen gutgläubigen Lieferanten nicht nachträglich zur Zahlung von Umsatzsteuer verpflichten, wenn der Abnehmer Beweise vorgelegt hat, die dem ersten Anschein nach die Befreiung der innergemeinschaftlichen Lieferung belegen, soweit der Lieferant alle ihm zur Verfügung stehenden zumutbaren Maßnahmen ergriffen hat, um sicherzustellen, dass die von ihm vorgenommene innergemeinschaftliche Lieferung nicht zu seiner Beteiligung an einer Steuerhinterziehung führt.

405a   Zur Erfüllung dieser **Sorgfaltsanforderungen** gehört insbes., dass der Unternehmer hinsichtlich der von dem Abnehmer angegebenen USt-IdNr. das qualifizierte Bestätigungsverfahren nach § 18e UStG durchgeführt hat, um festzustellen, ob die USt-IdNr. für das angegebene Unternehmen des Abnehmers registriert ist (vgl. *Bülte* CCZ 2009, 100; zu den Details *Kaiser/Gurtner* PStR 2014, 122 ff.; zur Bedeutung der MW-DVO (EU) Nr. 282/2011 v. 23.3.2011 *Hassa* UR 2015, 809 ff.).

405b   Das FG München (EFG 2015, 516 (518 f.) vgl. auch BFHE 248, 449 ff.) hat allerdings dem EuGH die Frage vorgelegt, ob allein die **unterlassene Aufzeichnung der USt-IdNr.** die Versagung der Steuerbefreiung rechtfertigt, ohne dass sich im weiteren Verfahren Anhaltspunkte für eine Steuerhinterziehung ergeben. Das FG verneint dies mit dem Hinweis darauf, dass die USt-IdNr. keine materielle Voraussetzung der Steuerbefreiung sei. Sie diene lediglich der Beweiserleichterung und solange keine konkreten Anhaltspunkte für eine Steuerhinterziehung vorliegen, könne keine Prüfung durch den Steuerpflichtigen verlangt werden. Die abstrakte, jederzeit gegebene Gefahr der Steuerhinterziehung reiche nicht aus. Vom Stpfl. stets alle zumutbaren Maßnahmen zur Verhinderung seiner Einbindung in eine Steuerhinterziehung zu verlangen, und bei Unterlassen den Steuervorteil zu versagen, komme der Statuierung einer zusätzlichen Voraussetzung für den Steuervorteil gleich. Vergleichbar hatte der BFH (BFH NZWiSt 2014, 469 (472 f.)) bereits zur Nichterfüllung der Voraussetzungen von §§ 17a ff. UStDV entschieden und eine Verletzung der Nachweispflichten nicht als zwingenden Ausschluss der Steuerbefreiung angesehen, wenn die Voraussetzungen der Steuerfreiheit anderweitig objektiv zweifelsfrei feststellbar waren.

Ferner hat der EuGH (EuGH UR 2012, 851 Rn. 43) festgestellt, dass die Tatsache, *„dass der Steuer-*   **405c** *pflichtige nicht überprüft hat, ob zwischen den auf der Baustelle beschäftigten Arbeitnehmern und dem Rechnungsaussteller eine Rechtsbeziehung besteht und ob Letzterer diese Arbeitnehmer angemeldet hat, keinen objektiven Umstand darstellt, der den Schluss zulässt, dass der Empfänger der Rechnung wusste oder hätte wissen müssen, dass er sich an einem Umsatz beteiligte, der in eine Mehrwertsteuerhinterziehung einbezogen war, wenn er über keine Anhaltspunkte verfügte, die Unregelmäßigkeiten oder Steuerhinterziehung in der Sphäre des Rechnungsausstellers vermuten ließen".*

Zweifel an den Angaben des Abnehmers darf der Unternehmer nicht auf sich beruhen lassen, er muss   **405d** hier aktive Aufklärung betreiben (BFH DStR 2008, 819 (820 f.)). Eine **anlasslose Prüfung** aller Angaben des Abnehmers ist dem Unternehmer jedoch auch nicht zuzumuten (vgl. FG München DStRE 2006, 101 (102); FG Münster DStRE 2014, 226 (228); FG BW 21.7.2014 – 9 K 3708/11 bei *Frank* PStR 2015, 98 (99 f.); vgl. auch Adick/Höink/Kurt/*Höink*, Umsatzsteuer und Strafrecht, 2016, Kap. 4 Rn. 266; *Meyer-Burrow/Conemann* UStB 2014, 356 (358) mwN). Durch das qualifizierte Bestätigungsverfahren gem. § 18e UStG wird jedoch die Verwendung einer **fiktiven Umsatzsteueridentität** regelmäßig aufgedeckt werden können, so dass dieses stets durchzuführen ist. Dass der Unternehmer die USt-IdNr. nicht mitteilen kann, begründet für sich betrachtet nach dem EuGH (DStR 2012, 2014 (2017) – VSTR; vgl. auch *Meurer* StBW 2013, 76 (79 f.)) noch keine Versagung der Steuerbefreiung. Das FG BW hatte dagegen wegen Fehlens der vollständigen Anschrift des leistenden Unternehmers in einer Rechnung über ein Kfz den Vorsteuerabzug versagt (21.7.2014 – 9 K 3708/11 bei *Frank* PStR 2015, 98).

Problematischer ist die Konstellation bei der Benutzung einer **entwendeten USt-IdNr.** Diese Täu-   **406** schung kann über die Abfrage nicht aufgedeckt werden, da der Abnehmer vorgibt, für dieses registrierte Unternehmen aufzutreten und daher hinsichtlich der abfragbaren Daten zutreffende Angaben macht. Insofern ist streitig, ob eine solche Identitätsverschleierung vom Anwendungsbereich des § 6a Abs. 4 UStG überhaupt erfasst ist:

Dies wird von einer Ansicht (FG Brem EFG 2003, 1727 (1738); FG München UVR 1997, 18 (19);   **407** *Kräusel* UR 2005, 190) verneint. Der **Gutglaubensschutz umfasse** nach dem Wortlaut des § 6a Abs. 4 UStG **ausschließlich die Voraussetzungen des § 6a Abs. 1 UStG,** nicht aber die des in § 6a Abs. 3 UStG iVm §§ 17a ff. UStDV geregelten Nachweise. Daher sei das Vertrauen in die Richtigkeit und Vollständigkeit der Aufzeichnungen zur Führung der Nachweise nicht geschützt. Wenn die Angaben über die USt-IdNr. unrichtig seien, liege eine Unvollständigkeit der Nachweise vor, die zu einer Versagung der Steuerbefreiung führe.

Die hM (NdsFG EFG 2004, 1876; DStRE 2009, 1069 ff.; FG Münster EFG 2004, 1172; *Bülte* CCZ   **408** 2009, 100; *Winter* UR 2005, 248 f.; wohl auch Sölch/Ringleb/*Treiber* UStG § 6a Rn. 90 ff.) geht dagegen zu Recht von einem weiteren Vertrauensschutz aus und beruft sich dabei auf den Telos der Vorschrift: Diese soll den redlichen und sorgfältigen Unternehmer schützen, der auf die Angaben seines Abnehmers vertraut hat und seinen Irrtum insbesondere nicht durch die Abfrage nach § 18e UStG vermeiden konnte (vgl. hierzu B/G/*Leonhard* UStG § 6a Rn. 46). Insofern macht es keinen sachlichen Unterschied, ob der Steuerpflichtige darauf vertraut hat, dass die USt-IdNr. tatsächlich seinem Abnehmer erteilt wurde oder dass dieser Unternehmer ist. Im letzteren Fall hat der BFH auch den Schutz des Vertrauens in eine in einem Firmenmantel erteilte USt-IdNr. bejaht (BFH/NV 2005, 81 f.), so dass kein Grund für eine andere Beurteilung bei einer Identitätstäuschung besteht. Diese Auffassung ist auch durch die *Teleos*-Entscheidung (EuGH IStR 2007, 740 Rn. 43 ff.; vgl. auch Kohlmann/*Schauf* Rn. 1401.2) bestätigt worden, nach der die Behörden *„des Liefermitgliedstaats nicht befugt sind, einen gutgläubigen* (sorgfältigen) *Lieferanten, der Beweise vorgelegt hat, die dem ersten Anschein nach sein Recht auf Befreiung einer innergemeinschaftlichen Lieferung von Gegenständen belegen, zu verpflichten, später Mehrwertsteuer auf diese Gegenstände zu entrichten, wenn die Beweise sich als falsch herausstellen …",* solange seine Beteiligung an der Umsatzsteuerhinterziehung nicht feststeht. Die Belastung des Lieferanten mit der Umsatzsteuer trotz innergemeinschaftlicher Lieferung wäre ein **Verstoß gegen die Prinzipien der steuerlichen Neutralität,** der **Rechtssicherheit und der Verhältnismäßigkeit.**

Die Finanzverwaltung hat ein **Merkblatt zur Umsatzsteuer** (abrufbar unter http://www.iww.de/   **408a** quellenmaterial/id/172976; abgedruckt bei Adick/Höink/Kurt, Umsatzsteuer und Strafrecht, 2016, Anh. I 299 ff.; vgl. *Meyer-Burrow/Conemann* UStB 2014, 356 ff.; *Weimann* GStB 2015, 68 ff.) herausgegeben (sog **Berliner Liste**), das sich an das BMF-Schreiben v. 7.2.2014 (IV D 2 – S 7100/12/10003) anlehnt. Dieses Merkblatt ist offensichtlich dafür vorgesehen, es im Rahmen von Betriebsprüfungen an ausgewählte Unternehmer auszuhändigen; zur Publikation war es wohl nicht bestimmt; bereits diese mangelnde Transparenz gibt Anlass zum Misstrauen.

Das Merkblatt stellt unter *„1. Ausgangslage"* kurz die Situation der Umsatzsteuerhinterziehung dar.   **408b** Unter *„2. Gemeinschaftsrechtliches Missbrauchsverbot"* wird die Rspr. des EuGH paraphrasiert. Die Feststellung, es obliege dem Steuerpflichtigen, zu widerlegen, dass er von der Umsatzsteuerhinterziehung gewusst habe oder hätte wissen müssen, wenn das Finanzamt die objektiven Umstände rechtlich hinreichend nachgewiesen „bzw. substantiiert vorgetragen" habe, steht jedoch nicht völlig im Einklang mit der EuGH-Judikatur (NZWiSt 2013, 102 Rn. 40 – Mahagében u. David), der sehr deutlich gemacht hat, dass die **Versagung** der **Vorsteuer und Steuerfreiheit die Ausnahme** ist (EuGH DStRE 2013,

803 (807) Rn. 43 – Bonik; DStR 2014, 650 (652) Rn. 44 – FIRIN; DStRE 2014, 1249 (1252) Rn. 29 – Maks Pen; vgl. auch FG Münster DStRE 2014, 226 (228); ferner *Weimann* GStB 2015, 68 (71)). Wer sich auf diese Ausnahme beruft, trägt die Beweislast. Ein substantiierter Vortrag reicht nicht aus, um dem Unternehmer die Beweislast aufzuerlegen. Völlig zu Recht hat *Madauß* (NZWiSt 2013, 109 (110)) daher festgestellt: *„Die Ausführungen des EuGH lassen keinen Zweifel zu, dass er die (steuerliche) Feststellungslast allein bei den Finanzbehörden sieht. Es ist deshalb durchaus zutreffend von einer „Neujustierung" der Beweislast beim Vorsteuerabzug im Besteuerungsverfahren zu sprechen."* Das Finanzamt muss daher nach den Regeln des Finanzprozesses das Vorliegen der objektiven Umstände, die auf den Missbrauch und die Sorgfaltspflichtverletzung des Stpfl. hinweisen, beweisen (vgl. nur EuGH DStRE 2014, 1249 Rn. 34 mwN – Maks Pen), nicht lediglich substantiiert vortragen (*Merkt* UR 2008, 757 (768); vgl. Adick/Höink/*Kurt/Höink*, Umsatzsteuer und Strafrecht, 2016, Kap. 4 Rn. 272 ff.; auch *Sterzinger* UStB 2015, 78 (80 ff.)). Eine **steuerliche Beweislastumkehr** kann dagegen angenommen werden, wenn der Steuerpflichtige trotz objektiv fehlender Voraussetzungen für einen Vorsteuerabzug (keine Lieferung oder Leistung) den steuerlichen Vorteil geltend macht (vgl. *Meyer-Burrow/Conemann* UStB 2014, 356 (359) mwN). Insofern hat der EuGH (DStRE 2014, 167 Rn. 37 mwN – Evita K.) ausgeführt, wer einen Vorsteuerabzug vornehmen möchte, habe nachzuweisen, dass er die Voraussetzungen hierfür erfülle und es ferner Sache des nationalen Gerichts sei, gemäß den nationalen Beweisführungsregeln Beweis zu erheben (vgl. auch BFH/NV 2011, 917 f.).

408c   Es heißt in dem Merkblatt unter **„3. Betroffene Geschäfte":** *„Das Finanzamt macht den Unternehmer hiermit darauf aufmerksam, dass er bei der Anbahnung und Abwicklung von Geschäften auf ungewöhnliche Geschäftsverhältnisse achten muss."* Das Merkblatt listet dann *„Umstände (auf), die darauf deuten können, dass ein Unternehmen in einen Umsatzsteuerbetrug eingebunden sein kann"*. Die Liste unterscheidet nun zwischen a) Allgemein, b) Bei einem Kauf und c) Bei einem Verkauf. Manche dieser Umstände sind tatsächlich ungewöhnlich, wie etwa das ein Vermittler eines Geschäfts Zahlungsmodalitäten vorgibt oder das Anbieten von Waren unter dem Marktpreis (hierzu *Meyer-Burrow/Conemann* UStB 2014, 356 (362); vgl. aber FG Bln-Bbg DStRE 2015, 1384 (1386)). Hier kann tatsächlich Vorsicht geboten sein; ein Käufer, der sich auf ein solches Geschäft ohne Prüfung einlässt, dürfte fahrlässig handeln. Dass Zweifel an der umsatzsteuerlichen Registrierung des Lieferanten zur Vorsicht mahnen müssen, ist ebenfalls evident. IÜ ist die Liste jedoch wegen der Pauschalität, in der die „ungewöhnlichen Umstände" dort beschrieben werden, **wenig brauchbar** (Bsp. für tatsächliche Verdachtsmomente *Wulf* Steueranwalt 2013/2014, 85 (103)). Nur weil ein Unternehmen neu gegründet wurde oder in der Branche noch nicht bekannt ist, generell Misstrauen zu verlangen, ginge ebenso zu weit, wie die Annahme eine E-Mail-Adresse eines ausländischen Providers oder eine *„bezüglich Briefpapier, Schrift oder Logo"* laienhafte Anfrage sei Grund zur besonderen Vorsicht (vgl. *Meyer-Burrow/Conemann* UStB 2014, 356 (363)). Denn letzteres trifft wohl auf viele redliche deutsche Unternehmen zu. Zudem legt das Merkblatt nahe, es könne sich um einen Betrugsfall handeln, wenn der Lieferant/Abnehmer der deutschen Sprache nicht mächtig ist, das mag ungewöhnlich sein, wenn das Unternehmen seinen Sitz in Deutschland hat, aber diese Einschränkung nimmt das Merkblatt nicht vor. Handelt es sich um ein Unternehmen aus einem anderen Mitgliedstaat der Union, so ist der Inhalt des Merkblatts unionsrechtlich höchst bedenklich, weil er die Dienstleistungsfreiheit beeinträchtigt und zu einer Diskriminierung führen könnte.

408d   Diese Feststellung entbindet den Unternehmer natürlich nicht von der Pflicht, in allen Fällen, in denen das Geschäft, das er abschließen will, Auffälligkeiten aufweist, also vom gewohnten Ablauf abweicht, **den Grund für diese Besonderheiten zu ermitteln** und im **Zweifel von dem Geschäft abzusehen** (zur Prüfung bei Auffälligkeiten *Meyer-Burrow/Conemann* UStB 2014, 356 (361 ff.)). Eine Handlungsoption könnte es hier sein, bei Vorliegen eines Verdachtsfalls mit dem Finanzamt Kontakt aufzunehmen und dort nachzufragen, wie mit dem Fall umzugehen ist. Wird von Seiten der Finanzverwaltung eine Beratung verweigert, obwohl es ausdrücklich staatliche Aufgabe ist, den Steuerpflichtigen dabei zu unterstützen, sich nicht an einem Umsatzsteuerbetrug zu beteiligen, so hebt das aus normativen Gründen bereits die Schwelle des ihm noch Zumutbaren (vgl. auch *Meyer-Burrow/Conemann* UStB 2014, 356 (363)).

408e   Eine Pflicht zur aktiven Prüfung auf Auffälligkeit besteht jedoch nicht (→ Rn. 405; ferner *Meyer-Burrow/Conemann* UStB 2014, 356 (358 f.)). Das FG Münster (DStRE 2014, 226 (228)) hat deutlich gemacht, es sei vom Stpfl., *„der sein Recht auf Vorsteuerabzug ausüben möchte, nicht generell (zu) verlangen, zu prüfen, ob der Aussteller der Rechnung über die Gegenstände und Dienstleistungen, für die dieses Recht geltend gemacht wird, Steuerpflichtiger ist, über die fraglichen Gegenstände verfügte und sie liefern konnte und seinen Verpflichtungen hinsichtlich der Erklärung und der Abführung der Mehrwertsteuer nachgekommen ist, um sich zu vergewissern, dass auf der Ebene der Wirtschaftsteilnehmer einer vorgelagerten Umsatzstufe keine Unregelmäßigkeiten und Steuerhinterziehung vorliegen, oder entsprechende Unterlagen vorzulegen. (…) Es ist nämlich grundsätzlich Sache der Steuerbehörden, bei den Steuerpflichtigen die erforderlichen Kontrollen durchzuführen, um Unregelmäßigkeiten und Mehrwertsteuerhinterziehung aufzudecken und gegen den Steuerpflichtigen, der diese Unregelmäßigkeiten oder Steuerhinterziehung begangen hat, Sanktionen zu verhängen. Die Steuerbehörde würde ihre eigenen Kontrollaufgaben auf die Steuerpflichtigen übertragen, wenn sie oben genannte Maßnahmen aufgrund der Gefahr der Verweigerung des Vorsteuerabzugsrechts den Steuerpflichtigen auferlegt (…). Das nationale Gericht muss in diesem Zusammenhang dafür Sorge tragen, dass die Beweiswürdigung nicht dazu führt, dass der Rechnungsempfänger* *mittelbar zu Nachprüfungen bei seinem Vertragspartner verpflichtet wird, die ihm grundsätzlich nicht obliegen."* (vgl. auch EuGH NZWiSt 2013, 102 (109) Rn. 61 – Mahagében u. David; DStRE 2013, 740 (744) Rn. 46 – Stroy trans EOOD; DStRE 2013, 745 (749) Rn. 64 – LVK-56 EOOD; DStR 2014, 650 (652) Rn. 43 – FIRIN; ferner *Höink/Adick* ZWH 2014, 220 (221); *Madauß* NZWiSt 2013, 109 (110)).

Der **Zweck des Merkblatts** ist unklar. Als Handreichung für den Unternehmer ist es grds. begrü-   **408f** ßenswert, wenn auch deutlich wird, dass die Finanzverwaltung *„nicht weniger hilflos ist als der redliche Leistungsempfänger"* (*Meyer-Burrow/Conemann* UStB 2014, 356 (359)). Bedenkt man, dass das Merkblatt im Einzelfall übergeben und sein Erhalt quittiert werden soll, scheint es wohl eher dazu dienen, den betreffenden Unternehmer bösgläubig zu machen (vgl. *Weimann* GStB 2015, 68 (72)). Dazu ist es jedoch aufgrund seiner Pauschalität nicht geeignet. Es macht eher deutlich, dass der Unternehmer regelmäßig nur geringe Möglichkeiten hat, ex ante die Gefahr einer Beteiligung an der Hinterziehungsstruktur zu entdecken (so zutreffend *Meyer-Burrow/Conemann* UStB 2014, 356 (359)).

Prüfungspflichten kann das Merkblatt **nicht begründen** (*Meyer-Burrow/Conemann* UStB 2014,   **408g** 356 (359); vgl. ferner *Höink/Adick* ZWH 2014, 220 (221)). Der Hinweis, der Unternehmer habe bei der Anbahnung und Abwicklung von Geschäften auf ungewöhnliche Geschäftsverhältnisse zu achten hat rechtlich keine Bedeutung. Der sorgfältige Kaufmann achtet stets auf solche Besonderheiten und schließt keine Geschäfte ab, wenn Hinweise auf Betrugsstrukturen vorliegen, die er nicht ausräumen kann. Interessant ist in diesem Zusammenhang jedoch die salvatorische Klausel des Merkblatts, es werde vorsorglich darauf hingewiesen, die Beachtung der Hinweise im Merkblatt *„führe nicht automatisch zur Gewährung des Vorsteuerabzugs oder der Steuerbefreiung innergemeinschaftlicher Lieferungen"*. Daraus lässt sich folgern, dass der Unternehmer vielleicht nicht zwingend, aber doch **typischerweise sorgfältig** gehandelt hat, wenn er die Hinweise befolgt hat.

Steuerstrafrechtlich gilt, dass der **sorgfältig** handelnde Unternehmer (zu den Einzelheiten dieser   **409** Anforderungen → Rn. 408 ff.; ferner *Bülte* CCZ 2009, 101 mwN; *Gotzens/Wiese* PStR 2006, 151 ff.), der auf das Vorliegen der Voraussetzungen der innergemeinschaftlichen Lieferung vertrauen durfte, einen Anspruch auf die Gewährung der Steuerfreiheit der innergemeinschaftlichen Lieferung hat. Er erklärt damit nichts Unrichtiges, wenn er die Steuerbefreiung geltend macht. Er darf die Steuerfreiheit der innergemeinschaftlichen Lieferung mithin auch dann noch geltend machen, wenn er nachträglich erkennt, dass er getäuscht worden ist. Der **nicht hinreichend sorgfältig handelnde** Unternehmer hat demgegenüber auch dann keinen Anspruch auf die Steuerbefreiung, wenn er durch den Abnehmer bewusst getäuscht worden ist (→ Rn. 393 ff.). Er begeht – die Richtigkeit der Ansicht des BGH (BGHSt 53, 45 ff.) entgegen den hier geäußerten verfassungsrechtlichen Bedenken (→ Rn. 393 ff.) unterstellt – eine Ordnungswidrigkeit gem. § 378, wenn er die Steuerfreiheit trotz grober Sorgfaltsverstöße – wie etwa einer unterlassenen Durchführung des qualifizierten Bestätigungsverfahrens gem. § 18e UStG – geltend macht. Weiß er im Zeitpunkt der Geltendmachung der Steuerbefreiung, dass er unsorgfältig gewesen ist oder hat er diesbezüglich dolus eventualis, so macht sich dieser Unternehmer nach Auffassung des BGH sogar gem. § 370 Abs. 1 Nr. 1 strafbar. Gleiches gilt, wenn er zwar nach Abgabe der Erklärung hinsichtlich der Steuerbefreiung, aber vor Ablauf der Festsetzungsfrist Kenntnis von der Täuschung erhält. In diesem Fall ist der Unternehmer – allerdings nur der fahrlässig eingebundene – gem. § 153 berichtigungspflichtig; verletzt er diese Pflicht zur Berichtigung seiner Umsatzsteuererklärung, so begeht er eine Steuerhinterziehung gem. § 370 Abs. 1 Nr. 2 (zur Berichtigungspflicht bei Eventualvorsatz → Rn. 300 ff., 52 f.).

Der BGH hat die **Strafbarkeit des bösgläubigen Lieferanten** ohne Rücksicht auf den Wortlaut   **409a** von § 6a UStG darauf gestützt, dass der Umsatz im Bestimmungsstaat nicht der Umsatzbesteuerung unterliege und so die Missbrauchsrechtsprechung des EuGH in das deutsche Strafrecht transferiert. Wie dies im Falle des bösgläubigen Erwerbers, der Vorsteuern geltend macht, gelingen soll, ist nicht ersichtlich. Soweit der Erwerber als Unternehmer für sein Unternehmen handelt (→ Rn. 397), mag man ihm steuerrechtlich den Vorsteuerabzug über eine unionsrechtlich begründete teleologische Reduktion des § 15 UStG versagen, ihn jedoch wegen Steuerhinterziehung zu verurteilen ist mit Blick auf Art. 103 Abs. 2 GG und die Rspr. des EuGH (EuGH NJW 2007, 2237 Rn. 50; → Rn. 391) unzulässig (vgl. *Wäger* UR 2015, 81 (92)), wenn man § 370 Abs. 1 Nr. 1 mit seinem Merkmal der **steuerlichen Erheblichkeit** bzw. der **Steuerverkürzung** als Blankett betrachtet (→ Rn. 387 ff.). Das ergibt sich auch im Umkehrschluss aus der sehr weitgehenden *Italmoda*-Entscheidung des EuGH (MwStR 2015, 87 Rn. 41 ff.; vgl. auch *Gehm* StBW 2015, 826 (827 f.)). Dort führt der EuGH aus, für die Versagung von Steuerbefreiung und Vorsteuerabzug bedürfe es keiner nationalen Regelung und schiebt insofern die Begründung nach: Es handele sich schließlich nicht um eine Strafe iSv Art. 7 EMRK oder Art. 49 EU-GRCh. Daraus darf man schließen, dass auch der EuGH annimmt, eine Strafe bedürfe stets eine **Rechtsgrundlage des nationalen Rechts.** Wer aus einer Hinterziehungsstruktur eine Lieferung erhält, erfüllt alle Voraussetzungen des § 15 UStG, so dass die Bestrafung wegen Steuerhinterziehung einer Änderung des § 15 UStG bedürfte, wie sie *Wäger* (UR 2015, 81 (89)) für den § 6a UStG zur Umsetzung der EuGH-Judikatur formuliert hat. Solange hier keine Regelung geschaffen worden ist, bedarf es in Fällen der Beteiligung an einem Umsatzsteuerkarussell zur Begründung der Strafbarkeit weiterhin der Frage nach der Unternehmereigenschaft dessen, der den Vorsteueranspruch geltend macht. Es reicht nicht aus, auf die ständige Judikatur des EuGH (NZWiSt 2013, 102 (109) Rn. 45 – Mahagében

u. David; DStRE 2013, 740 (744) Rn. 46 – Stroy trans EOOD; MwStR 2015, 87 (90) Rn. 44 ff. – Italmoda) zu verweisen und festzustellen, der Vorsteuerabzug sei doch ohnehin zu versagen, wenn der Leistungsempfänger wusste oder hätte wissen müssen, dass er in eine Umsatzsteuerhinterziehung eingebunden ist (vgl. BGH wistra 2015, 188 f. Rn. 32). Denn für § 370 gilt das Verbot der strafbegründenden teleologischen Reduktion und ein Tatbestandsmerkmal im § 15 UStG, das man im Sinne der Missbrauchsrechtsprechung *„uminterpretieren"* könnte, ist nicht ersichtlich.

410   **ee) Umsatzsteuerkarusselle als kriminelle Vereinigungen.** Die Personen, die sich zur Durchführung eines Umsatzsteuerkarussells zusammenschließen, können eine kriminelle Vereinigung bilden. Das setzt voraus, dass sie im räumlichen Geltungsbereich des Grundgesetzes einen auf Dauer angelegten organisatorischen Zusammenschluss von mindestens drei Personen bilden, in dem bei Unterordnung des Willens des Einzelnen unter den Willen der Gesamtheit gemeinsame kriminelle Zwecke verfolgt und gemeinsame kriminelle Aktivitäten entfaltet werden. Dabei muss zwischen den beteiligten Personen eine Beziehung bestehen, in der sich die Beteiligten als Verband fühlen (BGH NStZ 2004, 574). Auch eine zur Begehung von Steuerstraftaten verbundene Organisation kann diese Voraussetzungen erfüllen (BGH NJW 2003, 1880 (1883)). Die Durchführung *eines* Umsatzsteuerkarussells allein reicht dafür noch nicht aus (BGH NStZ 2004, 574).

411   **b) Kettenbetrug.** Eine vornehmlich im Baugewerbe anzutreffende Umsatzsteuerbetrugskonstellation ist der sog Kettenbetrug (vgl. BRH BT-Drs. 15/1495, 10; BGH wistra 2007, 145; 2005, 31; *Muhler* wistra 2009, 7 ff.; vgl. auch *Grieser,* Strafrechtliche Analyse der Umsatzsteuerhinterziehung und ihre Bekämpfung, 2005, 36 ff.). Diese Art der Steuerhinterziehung ist allerdings aufgrund der Einführung des § 13b Abs. 1 Nr. 4 UStG durch das Haushaltsbegleitgesetz 2004 (BGBl. 2003 I 3076), zumindest im **Baugewerbe,** nicht mehr zur Erlangung von Umsatzsteuervergütungen geeignet (vgl. zu den Problemen des unversteuerten Endverbrauchs *Tiedke* UR 2004, 6 ff.). Aufgrund der noch zu beurteilenden Altfälle (vgl. BGHSt 53, 71 ff.) und der langen Verjährungsfrist des § 376 Abs. 1 in Fällen der gewerbsmäßigen Umsatzsteuerhinterziehung soll auf eine Darstellung der Rechtslage jedoch nicht verzichtet werden, zumal es sich nach wie vor um eine häufige Fallgestaltung der Umsatzsteuerhinterziehung handelt.

412   Auch beim Kettenbetrug wurde über einen nicht gerechtfertigten Vorsteuerabzug ein Wettbewerbsvorteil erlangt. Nach aktueller Rechtslage kommt dem Kettenbetrug nur noch wegen seiner Funktion bei der Verschleierung von Arbeitgeberverhältnissen im Rahmen **unerlaubter Arbeitnehmerüberlassung** im Baugewerbe besondere Bedeutung zu. Zur Durchführung eines Kettenbetruges gründet ein Initiator über Strohmänner in- oder ausländische Scheinfirmen, die ihrerseits formal einem durch den Initiator bestimmten Generalunternehmer ihre Tätigkeit als Subunternehmer für Baudienstleistungen anbieten. Es kommt zum Abschluss von Scheinwerkverträgen über Werkdienstleistungen zwischen dem Generalunternehmer und den Scheinsubunternehmern. Tatsächlich werden mit der Durchführung der Arbeiten sog Kolonnenschieber beauftragt, die die Baudienstleistungen unter Verstoß gegen das Verbot der Arbeitnehmerüberlassung im Baugewerbe durchführen. Der Subunternehmer erbringt „Serviceleistungen" dergestalt, dass er die Verschleierung der Tätigkeit des Kolonnenschiebers durch Wahrnehmung der formalen Stellung eines Auftragnehmers des Generalunternehmers nach außen leistet. Er tritt gegenüber Behörden zur Beschaffung von Bescheinigungen, Genehmigungen etc auf und stellt Abdeckrechnungen aus (vgl. BGH wistra 2007, 145; ferner *Nöhren,* Die Hinterziehung von Umsatzsteuer, 2005, 202 ff.). Für diese Leistungen erhält er regelmäßig ein Entgelt.

413   Der **Subunternehmer** ist in dieser Fallkonstellation in zweierlei Hinsicht umsatzsteuerpflichtig. Er erbringt die Verschleierungsleistung, die umsatzsteuerpflichtig ist, soweit sie im Rahmen einer unternehmerischen Tätigkeit erfolgt (vgl. *Leplow* PStR 2010, 38). Es handelt sich um eine sonstige Leistung gegen Entgelt iSd § 3 Abs. 9 UStG. Erklärt er die anfallende Umsatzsteuer nicht, so begeht er insofern eine Steuerhinterziehung. Hinsichtlich einer weiteren Beteiligung des Subunternehmers an einer Umsatzsteuerhinterziehung ist zwischen der Rechtslage vor und nach dem 1.4.2004 zu unterscheiden:

414   **Vor dem 1.4.2004** war Steuerschuldner der Unternehmer, der die Bauleistung erbracht hat, mithin der Kolonnenschieber, der jedoch den Umsatz nicht erklärte und daher eine Umsatzsteuerhinterziehung beging, an der sich der Scheinsubunternehmer beteiligte, indem er sie bewusst ermöglichte. Zudem war der Scheinsubunternehmer aus § 14 Abs. 3 UStG aF (§ 14c UStG) durch die Ausstellung der Rechnung umsatzsteuerpflichtig. Insofern machte er sich entweder durch Nichterklärung gem. § 370 Abs. 1 AO (vgl. *Leplow* PStR 2010, 39 f.) oder durch Nichtentrichtung gem. §§ 26b, 26c UStG strafbar. Insofern ist der Kettenbetrug dem Umsatzsteuerkarussell vergleichbar.

415   **Seit dem 1.4.2004** und mit Inkrafttreten des § 13b Abs. 1 Nr. 4 UStG gilt für Empfänger von Bauleistungen, soweit sie selbst im Baugewerbe tätig sind, dass sie Schuldner der Umsatzsteuer sind. Sie haben die Steuer einzubehalten und unmittelbar an die Finanzbehörde abzuführen bzw. zu verrechnen. Daher darf auch der leistende Unternehmer die Umsatzsteuer in seiner Rechnung **nicht gesondert ausweisen** (§ 14a Abs. 5 S. 3 UStG), sondern hat gem. § 14a Abs. 5 S. 2 UStG auf die Steuerschuldnerschaft des Leistungsempfängers hinzuweisen. Eine solche Rechnung ist naturgemäß untauglich, um ein Recht zum Vorsteuerabzug vorzutäuschen, so dass insofern eine Steuerhinterziehung des Scheinsubunternehmers ausscheidet. Dass der Scheinsubunternehmer sich an diese Vorgaben halten wird, um den

Eindruck eines seriösen Unternehmers zu erwecken, liegt insofern nahe, als der Kettenbetrug durch die Einführung des § 13b Abs. 1 Nr. UStG nur noch das Ziel hat, die Tätigkeit des Kolonnenschiebers mit allen melde- und abgabenrechtlichen Folgen zu verschleiern.

Für den **Kolonnenschieber** ist eine Strafbarkeit gem. § 370 ebenso möglich wie eine solche **416** gem. §§ 26b, 26c UStG. Soweit er die Arbeiten, mit denen der Scheinsubunternehmer beauftragt worden ist, selbst mit eigenen Bauhandwerkern durchführt, kommt ebenso eine täterschaftliche Hinterziehung von Umsatzsteuer in Betracht, wie wenn der Kolonnenschieber durch eine getarnte Personalgestellung tätig wird. In beiden Fällen ist seine Tätigkeit umsatzsteuerpflichtig, soweit er sie nachhaltig und selbstständig ausübt (vgl. näher *Muhler* wistra 2009, 18). Seine Tätigkeit wird er aber schon deswegen nicht anmelden, weil seine Aktivität gerade verschleiert werden soll.

Soweit der Kolonnenschieber regelmäßig solche Gestaltungen zur verschleierten Erbringung seiner **417** Dienstleistungen ausnutzt, wird eine *gewerbsmäßige,* möglicherweise eine *bandenmäßige* Begehung der Umsatzsteuerhinterziehung vorliegen. Im Einzelfall kann sogar eine *kriminelle Vereinigung* gegeben sein (→ Rn. 410). Die Strafbarkeit gem. §§ 26b, 26c UStG tritt hinter der Steuerhinterziehung im Wege der Konsumtion zurück, soweit diese das Regelbeispiel des § 370 Abs. 3 S. 2 Nr. 5 erfüllt (→ UStG §§ 26b, 26c Rn. 41). Soweit die Gestaltung vor dem 1.4.2004 durch den Subunternehmer zum Vorsteuerabzug ausgenutzt worden ist, konnte zusätzlich eine Beihilfe des Kolonnenschiebers zur Umsatzsteuerhinterziehung durch Inanspruchnahme unberechtigter Vorsteuer vorliegen.

Der **Generalunternehmer** hat sich in Fällen der Inanspruchnahme von Vorsteuern vor dem 1.4.2004 **418** wegen Umsatzsteuerhinterziehung strafbar gemacht, wenn er Umsatzsteuerbeträge aus den Rechnungen des Scheinsubunternehmers geltend gemacht hat, obwohl der Subunternehmer die in den Rechnungen ausgewiesenen Leistungen nicht erbracht hat und ihr auch nur ein Scheingeschäft zugrunde lag, sondern der Subunternehmer eine ganz andere Leistungen erbracht hat (vgl. BFH BStBl. II 2004, 622; zur Rechtslage hinsichtlich der Lohnsteuer BGH NZWiSt 2014, 238 mAnm *Gehm*).

c) Planmäßige Insolvenz. Die im Bericht des BRH (BT-Drs. 15/1495, 4 f.) dargestellte Konstella- **419** tion eines Umsatzsteuerbetruges im weiteren Sinne stellt insofern eine besonders problematische Situation dar, als bewusst ein Schaden am Umsatzsteueraufkommen herbeigeführt wird, in der Lit. aber dennoch davon ausgegangen wird, dass eine Strafbarkeit sowohl gem. § 370 als auch gem. §§ 26b, 26c UStG ausscheidet (*Muhler* wistra 2009, 19):

Eine nur mit dem Mindestkapital ausgestattete Kapitalgesellschaft meldet die Vermietung von Wirt- **420** schaftsgütern als Gewerbe an. Durch Leasing erwirbt sie hochwertige Wirtschaftsgüter, zB Baufahrzeuge. Die Leasingverträge sind dabei so gestaltet, dass die Übergabe der Wirtschaftsgüter durch den Leasinggeber an die Kapitalgesellschaft umsatzsteuerrechtlich als Lieferung der Maschinen zu beurteilen ist. Bemessungsgrundlage der Umsatzsteuer ist auf diese Weise der gesamte Wert des Wirtschaftsguts. Die Gesellschaft macht als Leasingnehmerin einen entsprechend hohen Vorsteuerabzug geltend. Die Leasingverträge werden jedoch nur kurze Zeit bedient. Sobald die Gesellschaft in Verzug gerät, lässt sich der Leasinggeber die Wirtschaftsgüter zurückgeben und erteilt dem Leasingnehmer eine Gutschrift unter Berücksichtigung der ursprünglichen Umsatzsteuer. Dadurch ändert sich die Bemessungsgrundlage der Lieferung (§ 17 UStG) und beim Leasinggeber entsteht ein Umsatzsteuerguthaben, während bei der Gesellschaft eine entsprechende Pflicht zur Rückzahlung der erhaltenen Vorsteuer entsteht. Der Leasinggeber erhält die Erstattung von der Finanzbehörde, die Gesellschaft fällt wie geplant in Insolvenz und leistet keine Erstattung.

Muhler (wistra 2009, 19) geht davon aus, dass hier eine Umsatzsteuerhinterziehung durch Geltendma- **421** chung des Vorsteuerabzugs ausscheide, da die tatsächliche Warenbewegung eine Lieferung darstelle und der Vorsteuerabzug daher grds. berechtigt sei. Es ist aber insofern auch eine andere Bewertung denkbar, als zwar eine Lieferung für die Kapitalgesellschaft erfolgt, jedoch nicht für *„ihr Unternehmen".* Die Lieferung erfolgt nur zum Zweck der Erlangung von Steuervorteilen. In den Fällen, in denen die Gestaltung schon ursprünglich darauf ausgerichtet ist, ausschließlich den Vorsteuervorteil zu erlangen, erfolgt die Lieferung nicht *„für das Unternehmen"* (zustimmend Rolletschke/Kemper/*Rolletschke* Rn. 497). Die Warenbewegung selbst ist für das Unternehmen, wenn man die Erlangung des Steuervorteils als solches bezeichnen mag, nicht relevant. Richtig ist jedoch, dass in diesen Fällen eine Strafbarkeit gem. §§ 26b, 26c UStG durch Nichtentrichtung der Vorsteuerrückzahlung ausscheidet, weil es an einer Rechnung der Gesellschaft gem. § 14 UStG fehlt (iE ebenso *Muhler* wistra 2009, 19).

d) Altgoldhandel. Häufig sind in der Praxis auch Fälle von betrügerischem Altgoldhandel zur **421a** Hinterziehung von Vorsteuern zu beobachten (vgl. nur BGHSt 58, 218 ff.; mAnm *Gehm* NZWiSt 2013, 319 f.; LG Essen NZWiSt 2013, 389 f. mAnm *Madauß;* 2014, 432 ff. mAnm *Madauß;* wistra 2014, 144 f.; BGH ZWH 2014, 437 ff. mAnm *Rolletschke;* vgl. *Wulf* Stbg 2013, 353 ff.). Der „Gewinn" wird in diesen Fallgestaltungen dadurch erzielt, dass Altgold schwarz „erworben" wird. Dieses Gold wird an Scheideanstalten weiterverkauft und die Umsatzsteuer einbehalten. Diese wird jedoch nicht in voller Höhe abgeführt, weil sie mit angeblichen Vorsteueransprüchen aus Abdeckrechnungen verrechnet werden. Gegenüber den Scheideanstalten treten hierbei zu diesem Zweck angeworbene Personen auf, die ein entsprechendes Gewerbe angemeldet haben (sog *Einlieferer* oder *Soldaten*). Die Goldscheideanstalt rechnet mit diesen über Gutschriften iSd § 14 Abs. 2 S. 2 UStG unter Ausweis von Umsatzsteuer aus und überweist den Bruttobetrag. Die Einlieferer führen den Bruttogutschriftbetrag abzüglich einer Provision an die Initiatoren der Struktur aus und melden in ihren Umsatzsteuervoranmeldungen die Umsatzsteuer aus der Goldlieferung an. Sie verrechnen allerdings unberechtigte Vorsteuerabzüge aus „nicht leistungshinterlegten" Abdeckrechnungen über tatsächlich nicht erfolgte Goldkäufe. Diese Rechnungen stammen oftmals von Scheinfirmen (vgl. zu den Details BGH NZWiSt 2013, 311 f.; 2014, 432 (433); BGH ZWH 2014, 437 ff. mAnm *Rolletschke;* ferner *Madauß* NZWiSt 2014, 438 ff.). In einigen Fällen liefern nicht die Soldaten selbst das Gold bei den Scheideanstalten ab und nehmen die Bezahlung entgegen, sondern es werden sog Läufer oder Fahrer eingesetzt, die den Transport von Gold und Bargeld durchführen, so dass die Soldaten lediglich ihren Namen für das Geschäft hergeben. Insofern sind diese nicht als leistende Unternehmer iSd § 2 Abs. 1 UStG anzusehen, soweit die Lieferungen ausschließlich von den Fahrern für die Hintermänner des Geschäfts durchgeführt werden und den Ankäufern des Goldes dies bekannt ist (BGH NZWiSt 2014, 432 (435)).

421b In diesen Fallgestaltungen begehen diejenigen, die Scheinrechnungen zum Vorsteuerabzug verwenden, eine täterschaftliche Umsatzsteuerhinterziehung in Bezug auf die Vorsteuer. Regelmäßig wird auch eine **bandenmäßige Begehung** iSd § 370 Abs. 3 S. 2 Nr. 5 vorliegen. Dabei sind die Bandenmitglieder, die nicht selbst Erklärungen abgeben, nicht zwingend Gehilfen; es kann auch Mittäterschaft vorliegen. Nach der Rspr. kommt als Täter des § 370 Abs. 1 Nr. 1 jeder in Betracht, der den gesetzlichen Tatbestand verwirklicht. Es handelt sich nicht um ein Sonderpflichtdelikt. Daher kann auch Täter sein, wer nicht Steuerpflichtiger ist, solange er nach den Maßstäben des § 25 Abs. 2 StGB als **Mittäter** anzusehen ist. Wer zwar an der Erklärung nicht mitwirkt, aber die Tat anderweitig prägt, etwa durch Organisation und Beschaffung von Abdeckrechnungen, kann Täter sein, auch wenn er seine Tatbeiträge nur im Vorfeld erbracht hat (NZWiSt 2013, 311 (313); zur Beihilfe wistra 2014, 144 (145); ferner zum Streitstand Fischer StGB § 25 Rn. 26 ff.; zur Täterschaft bei anonymen Unternehmern im illegalen Arzneimittelhandel *Madauß* NZWiSt 2016, 343 ff.). **Gehilfe** kann sein, wer durch bewusste Teilnahme an der Steuerhinterziehungsstruktur die innerhalb des Systems von anderen Bandenmitgliedern begangenen Steuerhinterziehungen durch Verschleierung unterstützt (BGH NZWiSt 2014, 432 (436)). Dabei wird bei fortlaufender dauerhafter aber einheitlicher Unterstützung iSe uneigentlichen Organisationsdelikts regelmäßig nur eine Beihilfetat vorliegen (BGH wistra 2007, 262 (267); *Madauß* NZWiSt 2014, 438 (440)).

421c Wird keine Umsatzsteuervoranmeldung oder -klärung abgegeben (vgl. BGH NZWiSt 2013, 311 (312); 2014, 432 (433)), so liegt eine Hinterziehung die Umsatzsteuer vor, hinter der eine ggf. vorliegende Tat nach §§ 26b, 26c UStG zurücktritt (→ UStG §§ 26b, 26c Rn. 41). Der BGH hat hier deutlich gemacht, dass für diesen Umsatz mit der Goldscheideanstalt allein die Einlieferer Unternehmer sind (BGH NZWiSt 2013, 311 (315); vgl. auch BGH NStZ 2015, 283 (284) (Altkatalysatoren) mAnm *Gehm* PStR 2015, 112 f.), so dass diese Umsätze allein ihnen zugerechnet werden können. Diese Zurechnung richtet sich nach der zivilrechtlichen Vereinbarungen (vgl. BFH UR 2002, 213 (214); BFH DStRE 2004, 153 (154)). Unbeachtlich ist grds., *warum* der Hintermann gegenüber dem Vertragspartner des Strohmanns nicht in Erscheinung treten möchte. Anders ist dies nur bei einem Scheingeschäft iSd § 117 BGB (reines Rechnungsschreiben, vgl. FG BW EFG 2007, 1202; FG Düsseldorf EFG 2014, 1914 (1915 f.); ferner *Gehm* NZWiSt 2013, 319 (320); *Madauß* NZWiSt 2014, 438; *Wulf* Stbg 2013, 353 (355)), das ein **kollusives Zusammenwirken zwischen Lieferer und Erwerber** erfordert (vgl. NZWiSt 2014, 112 (114) mAnm *Bülte;* NStZ 2015, 283 (284); BFH DStRE 2011, 1326; → Rn. 367b). Auch der Umstand, dass die Einlieferer stets beabsichtigten Umsatzsteuern zu hinterziehen, ändere nichts an ihrer Unternehmereigenschaft (BGH NZWiSt 2013, 311 (316); vgl. BFH/NV 2011, 81 (83 f.)).

421d Der BGH hat allerdings angenommen, auch die eine solche Hinterziehungsstruktur faktisch beherrschende Person, deren Weisungen die Einlieferer nachkommen und irgendwie – nicht zwingend gegenüber der FinBeh. – auch **nach außen für die Einlieferer auftritt**, könne als Verfügungsberechtigter nach § 35 Täter durch Unterlassen sein, wenn er seiner Umsatzsteuererklärungspflicht nicht nachkommt (vgl. BGH NZWiSt 2013, 311 (316 ff.); krit. *Gehm* NZWiSt 2013, 319 (320); *Wulf* Stbg 2013, 353 (355)). In diesem Kontext können dann zudem § 34 StGB und § 14 StGB Bedeutung erlangen (*Wulf* Stbg 2013, 353 (356)). Ob allerdings das Auftreten der Führungspersonen der Bande nach außen tatsächlich ausreichend ist, um die Anforderungen des § 35 zu erfüllen (so wohl FG BW EFG 2008, 1434 (1437 f.)), hat *Wulf* (Stbg 2013, 353 (356)) mit dem Argument bezweifelt, dass es darauf ankomme, ob das Auftreten nach außen auf einer rechtlichen Grundlage basiert. Der BFH (BFH/NV 2011, 740) hat hierzu ausgeführt, es bedürfe der rechtlichen und wirtschaftlichen Verfügungsmöglichkeit. Zwar reicht nach wohl hM im Steuerrecht auch eine Anscheins- oder Duldungsvollmacht aus (BFH/NV 2008, 748 (749); Tipke/Kruse/*Loose* § 35 Rn. 6), wenn man jedoch bedenkt, dass die Anscheinsvollmacht genau genommen nur eine Haftung für die Setzung eines Rechtsscheins ist (Palandt/*Ellenberger* BGB § 172 Rn. 11), spricht vieles dafür ausschließlich die Duldungsvollmacht ausreichen zu lassen. Zudem hat *Wulf* (iErg wohl nicht durchgreifende) Zweifel an der verfassungsrechtlichen Bestimmtheit von § 35 für die strafrechtliche Anwendung angemeldet.

422 **3. Strafrechtliche Maßnahmen gegen organisierte Umsatzsteuerhinterziehung.** Neben den materiell-strafrechtlichen Maßnahmen hat der Gesetzgeber steuerrechtliche und strafprozessuale Maßnahmen zur Bekämpfung der Umsatzsteuerhinterziehung ergriffen, deren Tauglichkeit und Verfassungsmäßigkeit jedoch zum Teil heftig umstritten sind zu den steuerrechtlichen Maßnahmen → Rn. 311).

a) Strafprozessuale Maßnahmen bei Umsatzsteuerkarussellen. Durch das Gesetz zur Neurege **423** lung der Telekommunikationsüberwachung und anderer verdeckter Ermittlungsmaßnahmen sowie zur Umsetzung der RL 2006/24/EG v. 21.12.2007 (BGBl. I 3198) hat der Gesetzgeber nicht nur mit Art. 3 den Verbrechenstatbestand des § 370a aufgehoben und die bandenmäßige Umsatzsteuer- und Verbrauchsteuerhinterziehung als **Regelbeispiel** normiert (§ 370 Abs. 3 S. 2 Nr. 5), sondern diese Fälle auch in den Katalog des § 100a Abs. 2 Nr. 2a StPO aufgenommen. Ein Abhören des nichtöffentlich in einer Wohnung gesprochenen Wortes darf wegen des Verdachts einer Steuerhinterziehung dagegen nicht angeordnet werden (vgl. Rolletschke/Kemper/*Kemper* § 399 Rn. 185 ff.).

aa) Telekommunikationsüberwachung (§ 100a StPO). Nach § 100a StPO wird die banden **424** mäßige Umsatzsteuerhinterziehung als so schwere Straftat betrachtet, dass eine Überwachung der Telekommunikation (TKÜ) (zum Begriff Meyer-Goßner/Schmitt/*Schmitt* StPO § 100a Rn. 6 ff.) zulässig sein kann.

Dies setzt zunächst einen Tatverdacht iSe **Anfangsverdachts** (vgl. Meyer-Goßner/Schmitt/*Schmitt* **425** StPO § 100a Rn. 9) voraus. Darüber hinaus erfordert die Anordnung der TKÜ gem. § 100a Abs. 1 Nr. 2 StPO, dass die Tat auch im konkreten Einzelfall im Hinblick auf die Folgen der Tat, das Schadensausmaß, die kriminelle Energie etc **schwer wiegt** (Meyer-Goßner/Schmitt/*Schmitt* StPO § 100a Rn. 11). Diese Voraussetzung weckt Bedenken an der verfassungsrechtlichen Bestimmtheit der Vorschrift, da die bandenmäßige Umsatzsteuerhinterziehung ein Regelbeispiel darstellt. Zwar verweist der Gesetzgeber nicht auf das Regelbeispiel aus § 370 Abs. 3 S. 2 Nr. 5, sondern unmittelbar auf dessen Voraussetzungen, aber dieser Verweis macht eine Bestimmung der Taten, deren Verfolgung im Einzelfall Grund für eine Anordnung der TKÜ sein dürfen, schwierig. Weil schon der Katalog des § 100a Abs. 2 Nr. 2a StPO nur den besonders schweren Fall der Umsatzsteuerhinterziehung erfasst, kann § 100a Abs. 2 Nr. 2a StPO im Hinblick auf § 100a Abs. 1 Nr. 2 StPO nur Anwendung finden, wenn die Tat auch gemessen an den Maßstäben des besonders schweren Falls **im Einzelfall schwer wiegt** (vgl. *Bär,* TK-Überwachung, 2010, StPO § 100a Rn. 23). Diese Kombination des Merkmals eines Regelbeispiels, dem der Gesetzgeber regelmäßig, nicht aber zwingend besondere Schwere beimisst, mit der unbestimmten Vorgabe, dass die Tat im Einzelfall schwer wiegen müsse, macht eine Bestimmung des Anwendungsbereichs außerordentlich schwierig. Nimmt man das Erfordernis der **besonderen Schwere** der Tat aus § 100a Abs. 1 Nr. 2 StPO ernst, so ergibt sich für § 100a Abs. 1 Nr. 2 StPO in der Praxis nur ein sehr enger Anwendungsbereich: Die TKÜ darf danach nur in Fällen der bandenmäßigen Umsatzsteuerhinterziehung angeordnet werden, die besonders schwer wiegen; zur bandenmäßigen Begehung muss demnach ein besonderer Erschwernisgrund hinzukommen. Die typischerweise mit der Bandenmäßigkeit einhergehende gewerbsmäßige Begehung reicht hierzu wohl nicht aus. Ob die Verursachung besonders hoher Schäden iSd § 370 Abs. 3 S. 2 Nr. 1 ausreicht, ist ebenfalls zweifelhaft, da diese auch typischerweise mit der bandenmäßigen Umsatzsteuerhinterziehung einhergehen; die Tat wiegt insofern nicht im Verhältnis zu anderen Katalogtaten des § 100a Abs. 2 Nr. 2a StPO schwer. Soweit die Täter als Mitglieder einer kriminellen Vereinigung handeln, kommt ohnehin eine Anordnung gem. § 100a Abs. 2 Nr. 1d StPO in Betracht. Denkbar wäre die Annahme einer schwerwiegenden Tat etwa bei **Ausnutzung internationaler Verflechtungen,** also beim klassischen Umsatzsteuerkarussell. In der Praxis hat die TKÜ bei der Verfolgung von Umsatzsteuerbetrugsfällen jedoch eine große Bedeutung.

Zusätzlich zum besonderen Gewicht der Tat muss der **Subsidiaritätsgrundsatz** gem. § 100a Abs. 1 **426** Nr. 3 StPO beachtet werden. Die Erforschung des Sachverhalts oder Ermittlung des Aufenthaltsortes des Beschuldigten muss ohne die Überwachung **wesentlich erschwert oder aussichtslos** sein (hierzu Meyer-Goßner/Schmitt/*Schmitt* StPO § 100a Rn. 13 f.).

Die Straf- und Bußgeldsachenstelle ist, soweit sie das Strafverfahren selbstständig führt (§ 100b StPO **427** iVm § 386), berechtigt, einen Antrag auf Anordnung der TKÜ zu stellen. Bei Gefahr im Verzug darf sie die TKÜ gem. § 100b Abs. 1 S. 2, S. 3 StPO iVm § 386 sogar zunächst selbstständig anordnen (vgl. hierzu *Wulf* wistra 2008, 324); aM auch Nr. 18 Abs. 1e AStBV 2010 (BStBl. I 2009, 1539 f.) im Abgabe des Verfahrens an die StA vorsieht. Die aus einer TKÜ erlangten Daten dürfen im Strafverfahren wegen **jeder Katalogtat** verwendet werden, wenn die TKÜ auch diesbezüglich hätte angeordnet werden dürfen (§ 161 Abs. 2 StPO). Das bedeutet, dass **Zufallsfunde** aus einer wegen einer **anderen Katalogtat** angeordneten TKÜ im Strafverfahren wegen der Steuerhinterziehung gem. § 370 Abs. 3 S. 2 Nr. 5 verwertet werden dürfen, soweit auch wegen dieser der Überwachung im konkreten Einzelfall zulässig gewesen wäre (vgl. auch BVerfG NJW 2007, 2749 (2750) zum „Austausch" von Katalogtaten).

Streitig ist, ob Daten, die in einem Verfahren wegen einer Katalogtat (Abs. 3 S. 2 Nr. 5) durch eine **428** rechtmäßige TKÜ erlangt worden sind, verwertbar bleiben, wenn sich nachträglich der Verdacht der Katalogtat nicht bestätigt, das Verfahren aber wegen einer „einfachen" Steuerhinterziehung fortgeführt wird:

Die hM (BGH NJW 1979, 1370 (1371 f.), wohl auch BVerfG NJW 1988, 1075; Meyer-Goßner/ **429** Schmitt/*Schmitt* StPO § 110a Rn. 32 mwN; KMR/*Bär* StPO § 100a Rn. 61; *Bär,* TK-Überwachung,

2009, StPO § 100a Rn. 62) bejaht die Verwertbarkeit. Ausschließlich entscheidend sei in diesem Zusammenhang, ob die TKÜ wegen der **Katalogtat rechtmäßig** angeordnet und durchgeführt worden ist. Auf diese Ansicht bezieht sich auch ausdrücklich die Begründung des Gesetzesentwurfs (BT-Drs. 16/5846, 66) zur Neufassung des § 477 Abs. 2 S. 2 StPO im Gesetz zur Neuregelung der Telekommunikationsüberwachung. Dort heißt es, die Verwendung von TKÜ-Daten im (Ausgangs-)Strafverfahren unterliege nicht dem Verwertungsverbot aus § 477 Abs. 2 StPO. Eine Verwertung von Daten aus der TKÜ in der hier relevanten Situation sei daher möglich (*Allgayer/Klein* wistra 2010, 132).

430   Zwar stärkt damit die in den Gesetzesmaterialien zum Ausdruck kommende Auffassung des Gesetzgebers eindeutig den Ansatz der hM, doch geht die Gesetzesbegründung von der Prämisse aus, dass der **Verfahrensbegriff** des § 477 Abs. 2 StPO **formell** zu verstehen sei. Aus der Funktion des § 477 Abs. 2 S. 2 StPO folgt allerdings eher ein **grundrechtsorientiertes** und damit **verfassungsrechtlich-materielles** Verständnis des Begriffs Strafverfahren: Nach der Rspr. des BVerfG 65, 1 f. – Volkszählungsurteil, vgl. auch BVerfGE 121, 1 (22 ff.) – Vorratsdatenspeicherung) stellt nicht nur jede Erhebung von Daten, sondern auch ihre **Verwendung** einen **Eingriff in Grundrechte** dar, dessen Rechtfertigung einer gesetzlichen Ermächtigungsgrundlage bedarf (hierzu *Bülte,* Die Geldwäschegesetzgebung als Ermächtigungsgrundlage für den Informationsaustausch zwischen den Steuerbehörden und den Strafverfolgungsorganen, 2007, 82 f.). Diese Befugnis zur Datenverwendung verleiht § 477 Abs. 2 StPO unter den dort genannten Voraussetzungen. Der Vorschrift kommt damit nicht nur verfahrensrechtliche Ordnungsfunktion, sondern materielle Rechtfertigungswirkung zu, die eine verfassungsrechtlich ausgerichtete, materielle Bewertung der Voraussetzungen der Datenübermittlung erforderlich macht. Der Bedeutung dieser Regelung als **materielle Ermächtigungsgrundlage** wird wohl nur ein materielles Verständnis des Verfahrensbegriffs in § 477 Abs. 2 S. 2 StPO hinreichend gerecht. Die Frage, ob es sich noch um das „Ausgangsstrafverfahren" handelt, sollte daher materiell-rechtlich betrachtet werden. Wird also ein Strafverfahren wegen des Verdachts einer Katalogtat eingeleitet und erweist sich dieser Verdacht als unbegründet, besteht jedoch weiterhin ein Verdacht wegen einer Nichtkatalogtat, so handelt es sich bei dem nun fortgeführten Strafverfahren um ein **anderes Strafverfahren.** Dieses Strafverfahren bezieht sich nicht auf eine Katalogtat, so dass eine Verwertung der Daten gem. § 477 Abs. 2 S. 2 StPO ausgeschlossen ist.

431   Dieses Ergebnis wird auch durch weitere **verfassungsrechtliche Betrachtungen** gestützt: Aus dem Umstand, dass Datenerhebung und Datenverwendung eigenständige Grundrechtseingriffe sind, kann gefolgert werden, dass es für beide Vorgänge einer gesetzlichen Ermächtigungsgrundlage bedarf, um den jeweiligen Grundrechtseingriff zu rechtfertigen. Die Anforderungen an die Ermächtigungsgrundlage richten sich nach dem durch den Eingriff konkret beeinträchtigten Grundrecht. Daher ist jede einzelne Datenverwendung im Strafverfahren als Grundrechtseingriff daraufhin zu überprüfen, ob eine gesetzliche Grundlage gegeben ist. In der Regel ist die Ermittlungsgeneralklausel von § 161 Abs. 1 S. 1 StPO zur Rechtfertigung einer Datenverwendung ausreichend (vgl. Meyer-Goßner/Schmitt/*Schmitt* StPO § 161 Rn. 1). Etwas anderes sollte jedoch für solche Daten gelten, deren Erlangung einen Eingriff in besonders geschützte Bereiche erfordert, und die das Gesetz daher nur zur Aufklärung bestimmter schwerer Straftaten zugelassen hat. Hier folgt aus der Erhebungsbeschränkung eine fortwirkende Zweckbindung auch für die Datenverwendung. Dies kommt in § 477 Abs. 2 StPO zum Ausdruck, der eine Übermittlung von TKÜ-Daten aus einem Katalogtatenverfahren in Verfahren wegen Nichtkatalogtaten für unzulässig erklärt.

432   Die Zweckbindung ergibt sich aber unmittelbar auch aus dem **verfassungsrechtlichen Verhältnismäßigkeitsgrundsatz,** den das Gesetz in § 100a StPO konkretisiert hat, indem es zum Ausdruck bringt, dass nur die dort genannten Katalogtaten so schwerwiegend sind, dass zum Zwecke ihrer Verfolgung ein Eingriff in Art. 10 Abs. 1 GG zu rechtfertigen ist. Dies wird angesichts der Feststellungen des BVerfG zur Vorratsdatenspeicherung (BVerfG NStZ 2008, 290 (292)) deutlich: *„Die Nichtaufnahme in den – bereits sehr weiten – Katalog des § 100a Abs. 2 StPO indiziert, dass der Gesetzgeber den verbleibenden Straftaten im Hinblick auf Eingriffe in das Grundrecht aus Art 10 Absatz 1 GG geringere Bedeutung beigemessen hat."* Den Informationen haftet damit verfassungsrechtlich und kraft gesetzlicher Bestimmung der „Makel" der Erhebung unter Eingriff in Art. 10 GG an (zu dieser Zweckbindung BVerfG NJW 2010, 833 (842); vgl. ferner BVerfG NJW 2004, 999 (1019)). Dem trägt § 477 Abs. 2 S. 2 StPO Rechnung, indem er die Auskunfterteilung in ein anderes Strafverfahren für zulässig erklärt, soweit dort eine TKÜ hätte angeordnet werden dürfen. § 477 Abs. 2 S. 2 StPO konkretisiert damit die verfassungsrechtlichen Vorgaben für eine Datenverwendung für die TKÜ, so dass auch das formell gleiche Strafverfahren ein anderes Verfahren iSd § 477 Abs. 2 S. 2 StPO darstellt, wenn der strafrechtliche Vorwurf im Ausgangsverfahren aufgrund einer Änderung der Beweislage korrigiert wird.

433   Gegen eine Verwertbarkeit von Daten aus einer TKÜ in einem Nichtkatalogverfahren spricht ferner, dass eine erhebliche Missbrauchsgefahr durch das *„Vorschieben von Katalogtaten"* entstünde. Die Verwertung von Daten aus einer TKÜ in einem Strafverfahren wegen einer Nichtkatalogtat ist daher nach der hier vertretenen Auffassung **unzulässig** (so auch SK-StPO/*Rudolphi* StPO § 100a Rn. 25 mwN; *Wulf* wistra 2008, 326; aA Rolletschke/Kemper/*Kemper* § 399 Rn. 183 f.).

434   Eine andere Frage ist, ob Zufallsfunde aus einer TKÜ als **Spurenansatz** für eine Ermittlung wegen einer Nichtkatalogtat dienen können, die nicht Gegenstand des Verfahrens war, in dem die Ermittlungs-

maßnahme angeordnet wurde. Dies wird von der hM (BVerfG NJW 2005, 2766; OLG München wistra 2006, 472 (474)) bejaht. Gegen eine solche Datenverwendung bestehen aber im Hinblick auf die Rspr. des BVerfG (BVerfG NJW 2004, 999 ff.) erhebliche Bedenken: Danach sind mittels besonderer Ermittlungsmaßnahmen erhobene Daten ausschließlich zur Verfolgung von Katalogtaten einsetzbar; dies gilt für die unmittelbare Verwertung und für die Verwendung als Spurenansatz (BVerfG NJW 2004, 999 (1019 f.)). Zwar hat das BVerfG diese Feststellungen zur Wohnraumüberwachung getroffen, aber diese Aussagen sind auf alle besonderen Ermittlungsmaßnahmen übertragbar; die Argumentation des OLG München dagegen (OLG München wistra 2006, 472 (474)) überzeugt nicht.

Zur Verwertung von durch TKÜ gewonnenen Daten im **Besteuerungsverfahren** → §393 **435** Rn. 94 ff.

bb) Einsatz verdeckter Ermittler. Gem. §110a Abs. 1 S. 1 Nr. 3 bzw. Nr. 4 StPO darf zur Auf- **436** klärung von Straftaten ein verdeckter Ermittler eingesetzt werden, wenn zureichende tatsächliche Anhaltspunkte dafür vorliegen, dass eine Straftat von erheblicher Bedeutung gewerbs- oder gewohnheitsmäßig oder von einem Bandenmitglied oder in anderer Weise organisiert begangen worden ist und eine anderweitige Aufklärung der Tat aussichtslos oder wesentlich schwieriger erscheint. Daher ist der Einsatz verdeckter Ermittler iRd Verfolgung von Umsatzsteuerhinterziehungen gem. §370 Abs. 1, Abs. 3 S. 2 Nr. 5 möglicherweise zulässig. Bezüglich der Verwertbarkeit der durch den Einsatz verdeckter Ermittler erlangten Daten ergeben sich letztlich die gleichen Fragestellungen wie bezüglich der TKÜ (→ Rn. 428 ff.).

b) Umsatzsteuernachschau (§ 27b UStG). Der Gesetzgeber hat iRd Steuerverkürzungsbekämp- **437** fungsgesetzes 2003 (StVKBG) zwei heftig kritisierte Vorschriften zur Bekämpfung der Umsatzsteuerhinterziehung eingeführt: Die **Haftung für schuldhaft nicht abgeführte Umsatzsteuer** gem. §25d Abs. 1 S. 1 UStG (vgl. hierzu nur *Hillmann-Stadtfeld* DStR 2002, 435) und die **Umsatzsteuernachschau (§ 27b UStG)**. Strafprozessual ist die Umsatzsteuernachschau relevant, weil sie weitreichende steuerverfahrensrechtliche Möglichkeiten zur Ermittlung von Umsatzsteuerfällen bietet, die nur an geringe tatsächliche Anforderungen geknüpft sind: Nach §27b Abs. 1 UStG dürfen die mit der Festsetzung und Erhebung der Umsatzsteuer betrauten Amtsträger ohne vorherige Ankündigung und außerhalb der Außenprüfung Grundstücke und Räume von Personen betreten, die eine gewerbliche oder berufliche Tätigkeit selbständig ausüben, um Sachverhalte festzustellen, die für die Besteuerung erheblich sein können (zu den einzelnen Voraussetzungen näher *Vogel/Schwarz/Dambecker/Huschens* UStG §27b Rn. 16 ff.; *Hillmann-Stadtfeld* DStR 2002, 436 f.). Soweit man diese Vorschrift als verfassungsgemäß ansieht (zur Kritik vgl. *Gast de-Haan* PStR 2002, 264; *Helmschrott* StC 2007, 28) stellt sich in strafprozessualer Hinsicht die Frage, inwieweit die durch die Umsatzsteuernachschau erlangten Daten in einem Strafverfahren wegen Steuerhinterziehung verwertbar sind. Eine Verwertbarkeit zur Verfolgung einer Steuerstraftat, die nicht die Umsatzsteuer betrifft, ist im Hinblick auf die enge Zweckbindung des §27b UStG ausgeschlossen (→ Rn. 431 f.); auch § 30 Abs. 4 Nr. 1 erlaubt hier keine Datenübermittlung an die für die Steuerstrafverfolgung zuständigen Amtsträger der Finanzbehörde. Es kommt allenfalls eine Verwendung in einem **Strafverfahren wegen Umsatzsteuerhinterziehung** in Betracht. Insofern ergibt sich die Zulässigkeit der Datenweitergabe aus § 30 Abs. 4 Nr. 1a.

Zu den Auswirkungen des § 27b UStG auf § 371 → § 371 Rn. 52 f. **438**

III. Körperschaftsteuer

Das Körperschaftsteuerrecht zählt zu den „schwierigeren" Steuerrechtsgebieten. Vor diesem Hin- **439** tergrund verwundert es kaum, dass auch Körperschaftsteuerhinterziehungsfälle als schwierig gelten und auch bei Praktikern nicht gerade beliebt sind. Möglicherweise wird dies durch die Abschaffung des die Verkürzungsberechnung besonders erschwerenden sog Anrechnungsverfahrens durch das Steuersenkungsgesetz v. 23.10.2000 (BGBl. I 1433 ff.) ab dem Veranlagungszeitraum 2001 im Laufe der Zeit ändern. Für einen nicht zu überblickenden Zeitraum wird aber das Körperschaftsteuerrecht 1977 (BGBl. 1976 I 2597 ff.) – in der jew. gültigen Gesetzesfassung – noch die Rspr. beschäftigen (vgl. die detaillierte Gesamtdarstellung von *Schillhorn*, Hinterziehung von Körperschaftsteuer, 2000, 23 ff.).

1. Funktionsweise Körperschaftsteuerrecht 1977. Das Körperschaftsteuerrecht 1977 ist geprägt **440** durch das vorerwähnte Anrechnungsverfahren. Dieses wurde seinerzeit eingeführt, um eine Doppelbelastung ausgeschütteter Gewinne mit Körperschaftsteuer einerseits und Einkommensteuer andererseits zu vermeiden (vgl. *Dötsch/Pung/Möhlenbrock/Dötsch* KStG Vor § 27 Rn. 1 ff.).

Dazu wurde auf der Ebene der unbeschränkt bzw. beschränkt steuerpflichtigen Körperschaftsteuer- **441** subjekte iSd §§ 1 Abs. 1, Abs. 2 KStG zunächst in einem ersten Schritt das **positive zu versteuernde Einkommen** iSd §§ 7, 8 KStG **mit der sog Tarifbelastung besteuert** (§ 23 Abs. 1 KStG aF).

Zu dem zu versteuernden Einkommen zählen auch sog **„verdeckte Gewinnausschüttungen"** (§ 8 **442** Abs. 3 S. 2 KStG), kurz vGAs genannt. Dabei handelt es sich um Vermögensminderungen oder verhinderte Vermögensmehrungen der Kapitalgesellschaft, die durch das Gesellschaftsverhältnis veranlasst sind, sich auf die Höhe des Einkommens auswirken und in keinem Zusammenhang mit einer offenen Ausschüttung stehen (vgl. zB BFH BStBl. II 2002, 670 (671); BFHE 156, 155 (156)). Dabei muss die Minderung geeignet sein, beim Gesellschafter einen sonstigen Bezug iSd § 20 Abs. 1 Nr. 1 S. 2 EStG auszulösen (vgl. zB BFH BStBl. II 2004, 131).

443   Wurden **Zuwendungen an einen Gesellschafter** gewährt, ist zur Abgrenzung, ob sie aus betrieblichen Gründen erfolgten (keine vGA) oder mit Rücksicht auf das Gesellschaftsverhältnis gewährt wurden (vGA), ein Fremdvergleich vorzunehmen. Dabei liegt eine Veranlassung durch das Gesellschaftsverhältnis dann vor, wenn ein ordentlicher und gewissenhafter Geschäftsleiter die Vermögensminderung oder verhinderte Vermögensmehrung nicht hingenommen hätte (vgl. zB BFH BStBl. II 2002, 670 (671)).

444   Bei Zuwendungen an **einen beherrschenden Gesellschafter** gilt insoweit ein (noch) strengerer Maßstab. Hier ist eine Veranlassung durch das Gesellschaftsverhältnis bereits dann anzunehmen, wenn die Leistung der Gesellschaft nicht auf einer klaren, von vornherein abgeschlossenen, zivilrechtlich wirksamen und tatsächlich durchgeführten Vereinbarung beruht (vgl. zB BFH BStBl. II 1997, 577 (578); BFHE 156, 155 (156)). Diese Grundsätze gelten auch dann, wenn die Kapitalgesellschaft an eine dem beherrschenden Gesellschafter nahe stehende Person leistet, soweit die Zuwendung durch das Gesellschaftsverhältnis veranlasst ist (vgl. zB BFH BStBl. II 1997, 301 (303)).

445   Bei Gewinnausschüttungen erfolgte in einem zweiten Schritt die **Herstellung der sog Ausschüttungsbelastung** (§ 27 Abs. 1 KStG aF). Für die Frage, ob die Ausschüttungsbelastung herzustellen war, war unerheblich, ob es sich um eine offene oder eine sonstige Ausschüttung (insbes. vGA) handelte. Diese Unterscheidung war nur für die Frage von Bedeutung, wie die Ausschüttungsbelastung herzustellen war.

446   Bei einer offenen Ausschüttung fand eine Verrechnung der Ausschüttung mit dem zur Ausschüttung zur Verfügung stehenden Eigenkapital (§ 29 Abs. 2 S. 1 KStG aF, sog verwendbares Eigenkapital, kurz vEK) des vorangegangenen Wirtschaftsjahrs statt (§ 27 Abs. 3 S. 1 KStG aF); bei sonstigen Ausschüttungen mit dem Bestand des vEK, der sich zum Schluss des Wirtschaftsjahres ergab, in dem die Ausschüttung erfolgt war (§ 27 Abs. 3 S. 2 KStG aF).

447   Zur Verfahrensvereinfachung hatte die Körperschaft das **vEK zu untergliedern in** Einkommensteile, die der tariflichen Einkommensteuer unterlagen (§ 30 Abs. 1 S. 3 Nr. 1 KStG aF, zuletzt sog **EK 40**), in Einkommensteile, die einer 30 % Körperschaftsteuer unterlagen (§ 30 Abs. 1 S. 3 Nr. 2 KStG aF, zuletzt sog **EK 30**), sowie in Vermögensmehrungen, die nicht der Körperschaftsteuer unterlagen (§ 30 Abs. 1 S. 3 Nr. 3 KStG, sog **EK 0**). Das EK 0 wurde wiederum entsprechend der gesetzlichen Gliederung in § 30 Abs. 2 KStG in sog EK 01 bis EK 04 unterteilt. Dem EK 01 waren insoweit Einkommensteile zuzuordnen, die entweder als ausländische Einkünfte oder gem. § 8b KStG steuerfrei waren. Das EK 02 enthielt alle inländischen steuerfreien Vermögensmehrungen. In der Kategorie EK 03 fiel das vEK, das vor dem 1.1.1977 entstanden war. Dem EK 04 wurden die Einlagen der Anteilseigner ab dem 1.1.1977 zugeordnet. Als für die Ausschüttung verwendet galt das Eigenkapital in der in § 30 KStG aF enthaltenen Reihenfolge (§ 28 Abs. 3 S. 1 KStG aF). Je nach Gliederung des vEK konnte sich die Körperschaftsteuer um den Unterschiedsbetrag zwischen Tarifbelastung und Ausschüttungsbelastung mindern oder erhöhen. Verfahrensrechtlich wurde die Gliederung des vEK gesondert festgestellt (§ 47 Abs. 1 S. 2 KStG aF). Der entsprechende Feststellungsbescheid war gem. § 47 Abs. 1 S. 3 KStG aF Grundlagenbescheid für den Körperschaftsteuerbescheid.

448   **Auf der Ebene der Anteilseigner** wurden sowohl die Ausschüttungen (unerheblich, ob offene oder verdeckte) als auch die anzurechnende Körperschaftsteuer als **Einkünfte aus Kapitalvermögen** erfasst (§§ 20 Abs. 1 Nr. 1 und Nr. 3, 36 Abs. 2 S. 2 Nr. 3 EStG aF). Das sich letztlich ergebende zu versteuernde Einkommen iSd § 2 Abs. 5 S. 1 EStG war und ist Bemessungsgrundlage für die tarifliche Einkommensteuer. Erhebungstechnisch wurde die anzurechnende Körperschaftsteuer von der Zahllast quasi als Vorauszahlung abgesetzt (§ 36 Abs. 2 S. 2 Nr. 3 EStG).

449   **2. Körperschaftsteuerhinterziehung.** Auf der Grundlage dieser materiell-rechtlichen Grundsätze sind nachfolgend die unterschiedlichen Hinterziehungsgestaltungen zu beurteilen (vgl. zB JJR/*Joecks* Rn. 301 ff.).

    Erklärt der Steuerpflichtige (genauer: der gesetzliche Vertreter des Steuerpflichtigen für den Steuerpflichtigen) **den Gewinn zu niedrig** oder gibt er überhaupt keine Körperschaftsteuererklärung ab, so begeht er eine Tathandlung iSd § 370 Abs. 1 Nr. 1 oder Nr. 2 (vgl. die detaillierte Gesamtdarstellung von *Schillhorn,* Hinterziehung von Körperschaftsteuer, 2000, 135 ff.).

450   Ob diese Tathandlung auch den Taterfolg der Steuerverkürzung (§ 370 Abs. 4 S. 1 Hs. 1) bewirkt, hängt davon ab, ob eine niedrigere Steuer als die kraft Gesetzes verwirkte festgesetzt wird (§§ 7, 8 KStG). Dies wiederum bestimmt sich danach, um welche Einkünfte es sich handelt. Handelt es sich um Gewinne, die dem EK 0 zuzuordnen sind, so liegt keine Steuerverkürzung vor. Diese Vermögensmehrungen unterliegen nämlich gar nicht der Körperschaftsteuer (§ 30 Abs. 1 S. 3 Nr. 3 KStG aF). Handelt es sich hingegen um Gewinne, die dem EK 30 oder EK 40 zuzuordnen sind (§ 30 Abs. 1 S. 3 Nr. 1 und Nr. 2 KStG aF), so liegt insoweit dann eine Steuerverkürzung in der Höhe der Tarifbelastung vor, wenn ein zu versteuerndes Einkommen iSd § 7 Abs. 2 KStG besteht.

Werden die Einkünfte zwar ordnungsgemäß erklärt, **verschweigt der Steuerpflichtige** aber eine an **451** einen Gesellschafter erfolgte **vGA,** macht er insoweit unzureichende Angaben iSd § 370 Abs. 1 Nr. 1 (vgl. zB BGH NStZ 2008, 412; BGH NStZ 2009, 157; JJR/*Joecks* Rn. 301).

Ob eine Steuerverkürzung eingetreten ist, bestimmt sich danach, welche Kategorien des vEK **452** betroffen sind. Wird eine Ausschüttung verschwiegen, die mit dem EK 40 oder EK 30 zu verrechnen ist, so kann keine Steuerverkürzung eintreten. Da die Einkommensteile des EK 40 mit 40 % Körperschaftsteuer belastet sind (Tarifbelastung, § 23 Abs. 1 KStG aF), führt die Ausschüttung bei Herstellung der 30 %-igen Ausschüttungsbelastung (§ 27 Abs. 1 KStG aF) insoweit sogar zu einer Erstattung iHv 10 %. Bei einer Verrechnung mit EK 30 sind die entsprechenden Einkommensteile bereits mit der Ausschüttungsbelastung belegt. Mit dem EK 01 und EK 02 zu verrechnende Ausschüttungen können ebenfalls nicht zu einer Steuerverkürzung führen. Insoweit ist nämlich gar keine Ausschüttungsbelastung herzustellen (§ 40 Nr. 1 und 2 KStG aF). Etwas anderes gilt lediglich für Ausschüttungen aus dem EK 02 oder EK 03. Für diese nicht tarifbelasteten Einkommensteile ist bei ihrer Ausschüttung die Ausschüttungsbelastung herzustellen (§ 27 Abs. 1 KStG aF). Die Steuerverkürzung des Veranlagungszeitraums, in dem das Wirtschaftjahr endet, in dem die (verdeckte) Ausschüttung erfolgt ist (§ 27 Abs. 3 S. 2 KStG aF), beläuft sich insoweit auf 3/7 der ausgeschütteten Bardividende.

Im kombinierten Fall, dass der Steuerpflichtige **sowohl den Zufluss von Einkünften als auch 453 deren Ausschüttung verschweigt,** ist die entsprechende Tathandlung selbstredend gegeben.

Wegen der Änderung der Körperschaftsteuer in dem Veranlagungszeitraum, in dem das Wirtschaftjahr **454** endet, in dem die (verdeckte) Ausschüttung erfolgt ist (§ 27 Abs. 3 S. 2 KStG aF), ist für die Feststellung des Taterfolgs danach zu differenzieren, wann die Ausschüttung vorgenommen wird.

Erfolgt die Ausschüttung in einem späteren Veranlagungszeitraum, kommt es bei Einkommensteilen, die dem EK 01 oder EK 04 zuzuordnen sind, weder durch das Verschweigen von Gewinnen noch durch das Verschweigen der Ausschüttung zu einer Steuerverkürzung. Die Tarifbelastung wie die Ausschüttungsbelastung betragen 0 %. Bei Ausschüttung von Einkommensteilen, die dem EK 02 oder EK 03 zuzuordnen sind, kommt es zwar nicht zu einer Verkürzung der Tarifbelastung; die tarifliche Körperschaftsteuer beträgt 0 %. Bei der nachfolgenden Ausschüttung wird aber die Körperschaftsteuer im Veranlagungszeitraum iSd § 27 Abs. 3 S. 2 KStG aF in Form der ansonsten herzustellenden Ausschüttungsbelastung verkürzt. Die entsprechende Steuerbelastung beläuft sich auf 3/7 der ausgeschütteten Bardividende. Bei Einkunftsteilen, die einer tariflichen Steuerbelastung von 30 % und 40 % unterliegen, führt die Nichterklärung von Gewinnen zur Verkürzung der 30 oder 40 %-igen Tarifbelastung. Zu einer gesonderten Verkürzung der 30 %-igen Ausschüttungsbelastung kann es dann allerdings nicht (mehr) kommen. Erfolgt die Ausschüttung im laufenden Veranlagungszeitraum, gilt Entsprechendes. Bei Einkommensteilen, die dem EK 01 oder EK 04 zuzuordnen sind, ist sowohl das Verschweigen von Gewinnen als auch von Ausschüttungen unerheblich. Sofern Einkommensteile des EK 40, EK 30, EK 02 oder EK 03 berührt werden, kommt es zu einer Verkürzung der Ausschüttungsbelastung (Körperschaftsteuer iHv 3/7 der Ausschüttung). Bei Einkommensteilen, die dem EK 40 zuzuordnen sind, kommt es darüber hinaus nicht zu einer gesonderten Verkürzung in Höhe der Tarifbelastung; insoweit tritt die Ausschüttungsbelastung an die Stelle der Tarifbelastung.

Täuscht der Steuerpflichtige lediglich eine Ausschüttung vor, so kann eine Steuerverkürzung **455** nur bei einer vorgespiegelten Ausschüttung aus dem EK 40 in Betracht kommen. Bei Vortäuschen einer Ausschüttung aus dem EK 02 oder EK 03 würde eine tatsächlich nicht verwirkte Steuer iHv 3/7 des ausgeschütteten Betrags festgesetzt werden (§ 27 Abs. 1 KStG aF). Bei Vortäuschen einer Ausschüttung aus dem EK 01, EK 04 oder EK 30 ergibt sich keine geänderte Körperschaftsteuerschuld. Lediglich beim Vorspiegeln einer Ausschüttung aus dem EK 40 würde das Finanzamt veranlasst werden, dem Steuerpflichtigen die Differenz von Tarif- und Ausschüttungsbelastung zu erstatten (nach *Schillhorn,* Hinterziehung von Körperschaftsteuer, 2000, 209 ein Steuervorteil iSd § 370 Abs. 4 S. 2) bzw. anzurechnen (Steuerverkürzung iSd § 370 Abs. 4 S. 1 Hs. 1).

Die vorstehenden Ausführungen machen deutlich, dass die Frage des Vorliegens einer Steuerverkür- **456** zung entscheidend von der Gliederung des vEK abhängt. Deshalb muss das Tatgericht bei einer Verurteilung wegen Körperschaftsteuerhinterziehung (altes Recht) die Herstellung der Ausschüttungsbelastung (§ 27 Abs. 1, Abs. 3 S. 2 KStG aF) im Urteil nachvollziehbar darstellen (BGH wistra 2009, 68).

Führt zB eine verdeckte Gewinnausschüttung (noch) nicht zu einer Steuerverkürzung, weil ein **457** genügend hoher Bestand an EK 40 vorhanden ist, stellt sich die Frage, ob man nicht bereits der unzutreffenden gesonderten Feststellung iSd § 47 Abs. 1 KStG aF strafrechtliche Bedeutung beimisst.

Vor dem Hintergrund, dass ansonsten erst mit Bekanntgabe des Steuerbescheids, in dem sich die unzutreffende Feststellung steuerlich auswirkt, Tatvollendung (Steuerverkürzung) eintreten würde, wird die **Bekanntgabe eines unrichtigen Feststellungsbescheides** in der Lit. tw (vgl. *Hardtke/Leip* NStZ 1996, 217 ff.; *Hardtke,* Steuerhinterziehung durch verdeckte Gewinnausschüttung, 1995, 117 ff.; *Hardtke* AO-StB 2002, 93 ff.) **als Erlangung eines ungerechtfertigten Steuervorteils** (§ 370 Abs. 4 S. 2) angesehen. Hiergegen hat zwar *Schillhorn* (Hinterziehung von Körperschaftsteuer, 2000, 112 (220)) eingewendet, der Steueranspruch werde durch einen unrichtigen Feststellungsbescheid nicht in einem mit der Steuerverkürzung vergleichbaren Konkretisierungsgrad gefährdet, Leistungspflichten weder begründet noch modifiziert werden würden. Wenn der BGH aber im Feststellungsbescheidbeschluss

(BGH NJW 2009, 381 (384)) in der Bindungswirkung gesondert festgestellter Besteuerungsgrundlagen (§ 180) eine hinreichende konkrete Gefahr für den Steueranspruch erkennt, die für die Annahme eines Steuervorteils ausreicht, wird man das auch für eine Feststellung iSd § 47 Abs. 1 KStG aF annehmen müssen. Unberührt davon bleibt allerdings, dass die unzutreffende Eigenkapitalgliederung in der Folge auch eine Steuerverkürzung bewirkt.

458   Wie bereits dargestellt, führt das Vorliegen einer vGA im Grundsatz zu keinen Besonderheiten. Steuerlich werden **vGA** allerdings auch bei Formalverstößen angenommen. So zB, wenn es im Verhältnis zwischen Gesellschaft und beherrschendem Gesellschafter an einer zivilrechtlich wirksamen, klaren und im Voraus geschlossenen Vereinbarung darüber fehlt, ob und in welcher Höhe ein Entgelt für eine Leistung des Gesellschafters zu zahlen ist, oder wenn nicht einer klaren Vereinbarung entsprechend verfahren wird (vgl. zB BFH BStBl. II 1999, 316 (317)). Zwar wird angezweifelt, ob diese von Verwaltung (H 36 KStH 2004) und Rspr. aufgestellte Regel auch auf das Strafrecht übertragen werden kann (so zB JJR/*Joecks* Rn. 304; *Hardtke,* Steuerhinterziehung durch verdeckte Gewinnausschüttung, 1995, 49). Wenn das materielle Steuerrecht aber die Einhaltung bestimmter formeller Voraussetzungen zur „Berücksichtigungsvoraussetzung" erklärt, ist die – bei Nichteinhalten dieser Voraussetzungen erfolgte – Nichterklärung einer verdeckten Gewinnausschüttung tatbestandsmäßig (so auch BGH DStR 2008, 169 (170)). Hiervon zu trennen ist freilich die Frage des Vorsatznachweises.

459   **3. Körperschaftsteuerhinterziehung und Einkommensteuerhinterziehung.** Stellt man eine Körperschaftsteuerhinterziehung fest, wird man nicht selten vor dem Problem stehen, dass der Gesellschafter-Geschäftsführer zugleich eine Einkommensteuerhinterziehung begangen hat. Die Strafverfolgungspraxis hilft sich nicht selten durch Einstellung einer der beiden Taten (§ 154 StPO; vgl. *Utech/ Meine* wistra 1988, 241 (247)).

460   Für ein derartiges Vorgehen spricht zwar, dass das Anrechnungsverfahren letztlich dazu führt, dass der Anteilseigner mit seiner persönlichen Steuerquote belastet wird. Allerdings kann die Gliederung des vEK durchaus dazu führen, dass der entstandene „Steuerschaden" (Körperschaftsteuer plus Einkommensteuer) nicht mit der persönlichen Einkommensteuerschuld übereinstimmt. IÜ müssen die Täter von Körperschaftsteuerhinterziehung und Einkommensteuerhinterziehung nicht personenidentisch sein. Diese Argumente sprechen auch gegen die Überlegung, zwischen beiden Taten Gesetzeskonkurrenz anzunehmen (vgl. *Merkt* BB 1991, 313 (318)). Sachgerechter erscheint es, **sowohl wegen Körperschaftsteuerhinterziehung als auch wegen Einkommensteuerhinterziehung zu bestrafen.**

461   Bei der Berechnung der verkürzten Einkommensteuer ist das nach altem Recht vorgesehene Anrechnungsverfahren (§ 36 Abs. 2 Nr. 3 Buchst. a, Buchst. b EStG aF) dann zu berücksichtigen, wenn die entsprechenden Voraussetzungen vorliegen. Hierzu zählt auch die Vorlage der nach § 44 KStG aF notwendigen Bescheinigung und (beim beherrschenden Anteilseigner), dass die anzurechnende Körperschaftsteuer durch die ihr entsprechende gezahlte Körperschaftsteuer iSd § 36a Abs. 1 EStG aF gedeckt war (BGH wistra 2005, 144; aA *Schillhorn,* Hinterziehung von Körperschaftsteuer, 2000, 243: Berücksichtigung des Anrechnungsanspruchs auf Taterfolgsebene auch ohne Besitz einer Bescheinigung iSd § 44 KStG aF).

462   Hiervon zu trennen ist die Frage, wie sich das Fehlen etwa einer Bescheinigung nach § 44 KStG aF auf die Strafzumessung auswirkt.

463   Insoweit ist danach zu unterscheiden, ob der Täter nur wegen Einkommensteuerhinterziehung oder wegen Körperschaftsteuer- und Einkommensteuerhinterziehung verurteilt wird. Bei tatmehrheitlicher Verurteilung wegen Körperschaftsteuer- und Einkommensteuerhinterziehung besteht die Gefahr einer Doppelahndung. Dann wird nämlich die auf die vGA entfallende Körperschaftsteuer der Strafzumessung beider Hinterziehungen zugrunde gelegt, ohne dass der Korrespondenz der beiden Steuern durch Anrechnung Rechnung getragen wird. In diesem Fall muss der Angeklagte deshalb *„strafzumessungsrechtlich so behandelt werden, als ob für die Gesellschaft steuerehrlich gehandelt wurde. Mithin ist bei der Bemessung des … strafrechtlich vorzuwerfenden Betrags zwar die Brutto-vGA … in Ansatz zu bringen, andererseits aber – fiktiv – der bei steuerehrlichem Verhalten der Gesellschaft beim Gesellschafter abzuziehende Körperschaftsteuerbetrag anzurechnen"* (vgl. BGH StV 2005, 213).

464   Wird hingegen nur wegen Einkommensteuerhinterziehung bestraft (vgl. § 154 StPO), besteht die Gefahr einer dem insgesamt herbeigeführten Steuerschaden nicht gerecht werdenden Doppelbelastung nicht, sodass dann keine (fiktive) Berechnung nach dem Anrechnungsverfahren durchgeführt werden muss (BGH wistra 2007, 68 f.).

465   **4. Halbeinkünfteverfahren/Teileinkünfteverfahren.** Seit Umstellung des Anrechnungsverfahrens auf das sog Halbeinkünfteverfahren (ab Veranlagungszeitraum 2001) gibt es keine Unterscheidung mehr zwischen Tarifbelastung und Ausschüttungsbelastung, keine Ansammlung von Körperschaftsteuerguthaben auf Eigenkapitalgliederungsposten und keine Versteuerung bzw. Anrechnung von anzurechnender Körperschaftsteuer mehr. Auf der Ebene der Körperschaft wird vielmehr die Körperschaftsteuerbelastung iHv 25 % endgültig (§ 23 Abs. 1 KStG); auf der Ebene der Anteilseigner wird die Hälfte der Einnahmen aus Kapitalvermögen der Einkommensbesteuerung unterworfen (§§ 20 Abs. 1 Nr. 1, 3 Nr. 40 EStG). Im Zusammenspiel beider Besteuerungstatbestände wird in etwa eine den Beteiligten einer Personengesellschaften vergleichbare Steuerbelastung hergestellt (vgl. Wannemacher SteuerStrafR/

Seipl Rn. 1002). Beide Steueransprüche werden ggf. durch unrichtige oder unvollständige Angaben bzw. durch pflichtwidriges Unterlassen verkürzt.

Entsprechendes gilt für das seit dem Veranlagungszeitraum 2009 an die Stelle des Halbeinkünfte- **466** verfahrens getretene sog Teileinkünfteverfahren (Unternehmensteuerreformgesetz 2008, BGBl. 2007 I 1912 ff.). Die Körperschaftsteuertarifbelastung beträgt nunmehr 15 %. Dafür werden beim Anteilseigner Einkünfte aus Dividenden, GmbH-Gewinnanteile und entsprechende Veräußerungsgewinne zu 60 % erfasst und einer 25%igen linearen Abgeltungsbesteuerung (zzgl Solidaritätszuschlag) unterworfen (§§ 20 Abs. 1, Abs. 2, 32d Abs. 1 S. 1EStG; Ausnahmen s. § 32d Abs. 2 EStG). Damit wird die bisherige hälftige Steuerbefreiung iRd Halbeinkünfteverfahrens auf eine Steuerfreistellung von 40 % zurückgeführt (§ 3 Nr. 40 EStG). Korrespondierend wird der berücksichtigungsfähige Anteil der Werbungskosten nach § 3c Abs. 2 EStG auf 60 % angehoben.

Auch unter Geltung des neuen Körperschaftsteuerrechts mag es zwar noch zu verdeckten Gewinn- **466a** ausschüttungen kommen. Die ggf exorbitanten steuerlichen Auswirkungen, die noch unter Geltung des Anrechnungsverfahrens infolge des Bestands des verwendbaren Eigenkapitals entstehen konnten, wird es jedoch nicht mehr geben. Bei Anwendung des Halbeinkünfteverfahrens kann sich die Gesamtbelastung auf 52,65 % (bei GewSt-Hebesatz 400 % und ESt-Spitzensteuersatz von 48,5 %) belaufen; bei Anwendung des Teileinkünfteverfahren mit Abgeltungssteuer auf 46,75 % (vgl. dazu ausführl. Wannemacher SteuerStrafR/*Seipl* Rn. 1034 mwN).

IV. Lohnsteuer

Bei der Lohnsteuer handelt es sich nicht um eine selbstständige Steuerart, sondern um eine **besonde- 467 re Erhebungsform der Einkommensteuer** (vgl. § 38 Abs. 1 S. 1 EStG). Lohnsteuer ist von den Einkünften aus nichtselbstständiger Arbeit (§ 19 EStG) einzubehalten, anzumelden und abzuführen. Die Verpflichtung zum Lohnsteuerabzug setzt in materiell-rechtlicher Hinsicht voraus, dass ein Arbeitnehmer aufgrund eines Dienstverhältnisses Arbeitslohn bezieht (§ 38 Abs. 1 S. 1 EStG).

Nach § 1 Abs. 2 LStDV liegt ein Dienstverhältnis iSd §§ 19 Abs. 1 EStG, 1 Abs. 2 LStDV vor, wenn der Beschäftigte dem Arbeitgeber seine Arbeitskraft schuldet. Arbeitslohn (§ 38a Abs. 1 S. 1 EStG) ist jede auf dem Dienstverhältnis beruhende Einnahme, die ein Arbeitnehmer vom Arbeitgeber (in Ausnahmen von einem Dritten, § 38 Abs. 1 S. 3 EStG) für die Zurverfügungstellung der Arbeitskraft zugewendet wird. Erfasst werden insoweit nicht nur die als Gehälter, Löhne, Gratifikationen und Tantiemen vereinbarten Einnahmen, sondern auch alle anderen Bezüge und Vorteile, die für eine Beschäftigung im öffentlichen oder privaten Dienst gewährt werden (vgl. Schmidt/*Drenseck* EStG § 19 Rn. 17). Eine Einnahme aus nichtselbstständiger Arbeit liegt nur und erst dann vor, wenn der Arbeitslohn dem Arbeitnehmer zugeflossen ist (§ 38 Abs. 2 S. 2 EStG). Erst dann ist das Lohnsteuerabzugsverfahren durchzuführen (vgl. dazu insgesamt HdB FA-SteuerR *Gersch* Kap. 3 D Rn. 6 f., 27 ff.). Wird in einem Arbeitsverhältnis – aus welchen Gründen auch immer – kein Lohn ausbezahlt, ist auch keine Lohnsteuer einzubehalten bzw. abzuführen (vgl. in Wannemacher SteuerStrafR/*Wegner* Rn. 2513).

Der Arbeitgeber hat im Lohnsteuerabzugsverfahren die Stellung eines Entrichtungsverpflichteten. **468** Nicht er, sondern der **Arbeitnehmer ist Schuldner der Lohnsteuer** (§ 38 Abs. 2 S. 1 EStG). Die Lohnsteuer wird dem steuerpflichtigen Arbeitslohn entnommen und für Rechnung des Arbeitnehmers an das Betriebstättenfinanzamt abgeführt. Grundlage des Lohnsteuerabzugs ist die Lohnsteuerkarte (§ 39 EStG), die der Arbeitnehmer dem Arbeitgeber vorzulegen hat, bzw. seit dem 1.1.2013 (zu Übergangsregelungen s. § 52b EStG) die entsprechenden elektronischen Lohnsteuerabzugsnehmermerkmale (ELStAM, § 39 Abs. 4 EStG). Dort sind die persönlichen Daten des Arbeitnehmers, die beim Lohnsteuerabzug zu berücksichtigen sind, verbindlich angegeben (insbes. die Lohnsteuerklasse iSd § 38b EStG, der Kinderfreibetrag iSd § 32 EStG). Die Lohnsteuerkarte/die elektronischen Lohnsteuerabzugsnehmermerkmale sind auch dann Grundlage des Lohnsteuerabzugs, wenn der Arbeitgeber weiß, dass die in der Lohnsteuerkarte/den elektronischen Lohnsteuerabzugsnehmermerkmalen enthaltenen Daten unrichtig sind und sich für den Arbeitnehmer ungünstig auswirken. Die Lohnsteueranmeldung ggü. dem Betriebstättenfinanzamt hat nach amtlich vorgeschriebenem Vordruck (mittlerweile) auf elektronischem Weg zu erfolgen (§ 41a Abs. 1 S. 2 EStG). Die Lohnsteuerzahlungen sind bei der Veranlagung des Arbeitnehmers zur Einkommensteuer wie Einkommensteuervorauszahlungen zu behandeln. In besonders vom Gesetz geregelten Fällen darf die Lohnsteuer anstatt mit dem individuell für jeden Arbeitnehmer ermittelten Steuersatz mit einem Pauschalsteuersatz berechnet werden (§§ 40, 40a, 40b EStG).

Die durch Steuerabzug erhobene Lohnsteuer (nicht die pauschalierte Lohnsteuer!) ist bei der Veranlagung des Arbeitnehmers zur Einkommensteuer im Wege der Steueranrechnung (gesonderter Verwaltungsakt, § 36 Abs. 2 Nr. 2 EStG) anzurechnen; sie ist insoweit wie eine Einkommensteuervorauszahlung (s § 36 Abs. 2 Nr. 1 EStG) zu behandeln. Dh, die anzurechnende Lohnsteuer mindert nicht die festgesetzte Einkommensteuerschuld, sie tilgt sie lediglich (vgl. Blümich/*Heuermann* EStG § 46 Rn. 19). Vgl. dazu insgesamt HdB FA-SteuerR *Gersch* Kap. 3 D Rn. 46, 54, 60, 65.

Für die Beurteilung, ob ein lohnsteuerrechtliches Arbeitsverhältnis vorliegt, sind allein die tatsäch- **469** lichen Verhältnisse maßgebend. Liegt danach ein Arbeitsverhältnis vor, können die Vertragsparteien die sich hieraus ergebenden Pflichten nicht durch abweichende vertragliche Gestaltungen beseitigen (BGH NJW 2009, 528 (530); BGH wistra 2010, 29).

470 Glaubt der Arbeitgeber trotz Kenntnis aller tatsächlichen Umstände, die seine AG-Stellung iSd § 41a EStG begründeten, kein Arbeitgeber zu sein, schließt dies seinen Vorsatz nicht aus. Ein solcher Irrtum ist nach Ansicht des BGH lediglich als ein für den Vorsatz irrelevanter Subsumtionsirrtum einzuordnen. Er könne daher allenfalls einen Verbotsirrtum begründen, der jedoch durch die Einleitung eines Statusverfahrens nach § 7a Abs. 1 S. 1 SGB IV zu vermeiden wäre (BGH wistra 2010, 29 mwN auch zur Gegenansicht).

470a Verletzt ein Arbeitgeber seine Einbehaltungs- und Abführungspflicht, so handelt er ordnungswidrig iSd § 379 Abs. 1 (Gefährdung der Abzugsteuern).

470b Kommt er bereits seiner Verpflichtung zur korrekten Anmeldung der Lohnsteuer (§ 41a Abs. 1 EStG) nicht nach (zu erklären ist insoweit ua die Anzahl der Arbeitnehmer, die Summe der einzubehaltenden Lohnsteuer sowie die Summe der pauschalen Lohnsteuer), so begeht er tatbestandsmäßig eine Steuerhinterziehung iSd § 370 Abs. 1. An dieser (fremdnützigen) Steuerhinterziehung kann sich der Arbeitnehmer ggf als Mittäter oder Teilnehmer beteiligen (vgl Kohlmann/*Hilgers-Klautzsch* Rn. 1313).

470c Daneben verwirklicht ein Arbeitnehmer ggf auch täterschaftlich den Tatbestand der Einkommensteuerhinterziehung (§ 370 Abs. 1). Der Arbeitnehmer ist, wenn keine Lohnsteuer einbehalten worden ist (auf die Abführung kommt es insoweit nicht an, vgl. Kirchhof/*Eisgruber* EStG § 46 Rn. 11), erklärungsverpflichtet iSd § 25 EStG. Die tatbestandlichen Voraussetzungen des § 46 Abs. 2 EStG, der zu einem Ausschluss einer Erklärungspflicht führen würden, die Vornahme eines Steuerabzugs, liegen dann gerade nicht vor (vgl. Schmidt/*Kulosa* EStG § 46 Rn. 6). Beide Taten sind eigenständig; dies gilt unabhängig davon, ob der Arbeitnehmer pflichtwidrig keine oder eine unvollständige Einkommensteuererklärung abgegeben hat (vgl. BGH NJW 2011, 2526 (2527); Kohlmann/*Hilgers-Klautzsch* Rn. 1314).

An dieser Steuerhinterziehung des Arbeitnehmers kann sich wiederum der Arbeitgeber als Mittäter oder Gehilfe beteiligen (vgl. BGH NJW 2011, 2526 (2527); Kohlmann/*Hilgers-Klautzsch* Rn. 1314).

470d Eine Lohnsteuerhinterziehung kann aber auch bereits im Vorfeld von Lohnsteueranmeldung, dadurch begangen werden, dass ein Arbeitnehmer im Rahmen eines Lohnsteuerermäßigungsantrags (§ 39a Abs. 2 EStG) unzutreffende Angaben macht, die zu unzutreffenden Eintragungen auf seiner Lohnsteuerkarte bzw zu einem unzutreffenden Freibetrag bei seinen elektronischen Lohnsteuerabzugsmerkmalen führen.

Bei Übertragung der Grundsätze des Feststellungsbescheidbeschlusses (BGHSt 53, 99 ff.) sind entsprechende Falscheintragungen als Steuervorteilserlangung iSd § 370 Abs 4 S 2 zu bewerten (s. § 39 Abs. 1 S. 4 EStG). Setzt der Arbeitgeber die Falscheintragungen in seinen Lohnsteueranmeldungen um, begeht der Arbeitnehmer in mittelbarer Täterschaft (§ 25 Abs. 1 Hs. 2 StGB) eine Steuerhinterziehung in Form einer Steuerverkürzung iSd § 370 Abs. 4 S. 1 (JJR/*Joecks* Rn. 252). Ungeachtet der noch nicht geklärten Frage des insoweit bestehenden materiell-rechtlichen Konkurrenzverhältnisses (beide bilden eine Tat im prozessualen Sinn, OLG Zweibrücken PStR 2005, 207) ist jedenfalls „lediglich" der nämliche Steueranspruch zwei Mal gefährdet, was zumindest eine Verfolgungsbeschränkung nach § 154a StPO (bei Annahme einer prozessualen Tat) nahelegt.

470e Eine Lohnsteuerhinterziehung kann sowohl als Steuerverkürzung auf Zeit als auch als Steuerverkürzung auf Dauer zu qualifizieren sein. Maßgebend sind insoweit die Vorstellungen der Tatbeteiligten.

Von einer **Steuerverkürzung auf Zeit** ist dann auszugehen, wenn nach den Vorstellungen der Tatbeteiligten später eine Einkommensteuerveranlagung des Arbeitsnehmers erfolgen sollte (vgl. BGH NJW 2011, 2526 (2528); Kohlmann/*Hilgers-Klautzsch* Rn. 1315; JJR/*Joecks* Rn. 292, 295). Im Rahmen der Einkommensteuerveranlagung würden die bislang nicht angemeldeten (und abgeführten) Lohnsteuerbeträge ohnehin im Anrechnungsteil (dies ist ein selbstständiger Verwaltungsakt) auf die tarifliche Einkommensteuer angerechnet werden (§ 36 Abs. 2 Nr. 2 EStG).

470f In der Praxis dürfte aber regelmäßig von einer **Steuerverkürzung auf Dauer** auszugehen sein.

Denkbar ist das zunächst in der Sachverhaltskonstellation, dass der Arbeitgeber die Lohnsteuer zwar einbehält, sie aber ohne Wissen des Arbeitnehmers nicht anmeldet und abführt (vgl. BGH NJW 2011, 2526 (2528)). In diesem Fall wäre der Arbeitnehmer auch gar nicht zur Abgabe einer Einkommensteuererklärung verpflichtet. Die von der Erklärungspflicht des § 25 EStG befreiende Vorschrift (§ 46 Abs. 2 EStG) setzt lediglich voraus, dass Lohnsteuer einbehalten wurde, nicht aber, dass sie auch an die Finanzbehörde abgeführt wurde (vgl. Schmidt/*Kulosa* EStG § 46 Rn. 6). In dieser Konstellation wird der Arbeitgeber auch im Zweifel nicht damit rechnen, dass der Arbeitnehmer einen Antrag auf Einkommensteuerveranlagung gem § 46 Abs. 2 Nr. 8 EStG stellt (so auch Kohlmann/*Hilgers-Klautzsch* Rn. 1315).

470g Mit einer nachfolgenden Einkommensteuerveranlagung ist auch dann nicht zu rechnen, wenn Arbeitgeber und Arbeitnehmer eine **Schwarzlohnabrede** treffen; sie sich also einig sind, dass für den gezahlten Barlohn weder Lohnsteuer noch Sozialversicherungsabgaben angemeldet und abgeführt werden sollen. In diesem Fall wird der Arbeitnehmer seine aus dem illegalen Beschäftigungsverhältnis stammenden Einkünfte nicht der Finanzbehörde erklären (auch nicht im Wege einer einer Antragsveranlagung!, § 46 Abs. 2 Nr. 8 EStG); die Voraussetzungen einer Steueranrechnung (§ 36 Abs. 2 Nr. 2

EStG) liegen dann nicht vor (vgl. BGH NJW 2011, 2526 (2528); Kohlmann/*Hilgers-Klauztsch*
Rn. 1315.1).

Vergleichbares gilt aber auch bei einer **Teilschwarzlohnabrede;** wenn sich also Arbeitgeber und **470h**
Arbeitnehmer einig sind, dass nur ein Teil des Lohns angemeldet, ein anderer Teil schwarz ausgezahlt
werden soll. Hier wird mE der für die Annahme einer Steuerverkürzung auf Zeit sprechende Gesichtspunkt der Anrechnung der Lohnsteuer auf die vom Arbeitnehmer geschuldete Einkommensteuer durch
die Abrede der Tatbeteiligten überlagert (vgl. BGH NJW 2011, 2526 (2528); Kohlmann/*Hilgers-*
Klautzsch Rn. 1315.1).

Der Umfang des tatbestandlichen Erfolgs der Lohnsteuerhinterziehung bestimmt sich unabhängig **471**
davon, ob die Steuerhinterziehung im Einzelfall als Steuerverkürzung auf Zeit oder Steuerverkürzung
auf Dauer einzustufen ist, nach dem **Nominalbetrag** der verkürzten Steuer (BGH NJW 2011, 2526
(2527)). Die Unterscheidung, ob im Einzelfall eine Steuerverkürzung auf Zeit oder eine Steuerverkürzung auf Dauer vorliegt, schlägt sich nur im Rahmen der Strafzumessung nieder.

Zur Bestimmung des Verkürzungserfolgs iSd § 370 Abs. 4 S. 1 Hs. 1 ist die BFH-**Rspr. zur Netto-** **472**
lohnvereinbarung (vgl. zB BFH BStBl. II 1992, 443 (445)) zu berücksichtigen. Danach liegt in diesen
Fällen keine ausdrückliche oder stillschweigende Nettolohnvereinbarung vor. Die Lohnsteuer sollte
durch den Arbeitgeber gerade nicht abgeführt werden, die Rechtsfolge einer Nettolohnvereinbarung –
die Befreiung des Arbeitnehmers von der Lohnsteuer – sollte dementsprechend nicht eintreten (vgl.
Kohlmann/*Hilgers-Klautzsch* Rn. 1328). Für die Berechnung des Umfangs der verkürzten Steuern
bedeutet dies, dass sich die Höhe der während der Lohnzahlungen fortlaufend monatsweise auf Zeit
hinterzogenen Lohnsteuern nach dem bar ausgezahlten Lohn als Bruttolohn bemisst (vgl. zB BGH wistra
1993, 148). Auf der Basis dieses Bruttolohns bestimmt sich der Verkürzungsbetrag nach dem jeweils
geltenden Eingangssteuersatz der Lohnsteuerklasse VI (§ 39c Abs. 1, Abs. 2 S. 7 EStG) (vgl. BGH 1 StR
379/13 (nicht abgedruckt in BGH NStZ 2014, 282); Kohlmann/*Hilgers-Klautzsch* Rn. 1331). Hierbei
ist zu beachten, dass dieser Eingangssteuersatz mit Gesetz vom 2.3.2009 (BGBl. I 416) mWv 6.3.2009
von 15 % auf 14 % herabgesetzt wurde.

Anders stellt sich die Situation bei **Teilschwarzlohnabreden** dar. Dann liegen dem Arbeitgeber ja **472a**
gerade die Lohnsteuerkarte bzw die elektronischen Lohnsteuerabzugsmerkmale vor, sodass dann auf die
dort jew. ausgewiesene Lohnsteuerklasse des betroffenen Arbeitnehmers abzustellen ist (vgl. BGH
NJW 2011, 2526 (2528); BGH NZWiSt 2012, 396 (397); Kohlmann/*Hilgers-Klautzsch* Rn. 1329).

Im Gegensatz dazu erfolgt die Berechnung der vorenthaltenen Sozialversicherungsbeiträge (§ 266a **473**
StGB) infolge der durch § 14 Abs. 2 S. 2 SGB IV fingierten Nettolohnabrede allerdings durch Hochrechnung des Barlohns (= Nettolohns) zu einem Bruttolohn (BGH NJW 2009, 528 (529 f.); BGH 1
StR 379/13 (nicht abgedruckt in BGH NStZ 2014, 282); JJR/*Joecks* Rn. 299). Dieser ist Bemessungsgrundlage.

Dabei findet die Fiktion des § 14 Abs. 2 S. 2 SGB IV auch bei teilweiser Schwarzlohnzahlung **474**
Anwendung (BGH wistra 2010, 29 mwN; JJR/*Joecks* Rn. 299).

Bei der Ermittlung der Bemessungsgrundlagen zur Berechnung hinterzogener Lohnsteuer ist die **475**
Schätzung der Lohnsumme unter Anwendung eines %-Satzes bezogen auf den Nettoumsatzes
dann zulässig, wenn keine anderweitigen verlässlichen Beweismittel zur Verfügung stehen oder nur mit
unverhältnismäßigem Aufwand und ohne nennenswerten zusätzlichen Erkenntnisgewinn zu beschaffen
sind. Dabei darf eine branchenübliche Nettolohnquote ermittelt und der weiteren Berechnung zugrunde gelegt werden (BGH wistra 2010, 148; BGH NStZ 2010, 216).

Bei Ahndung der durch unzureichende oder nicht abgegebene Lohnsteueranmeldungen verursachten **476**
(dauerhaften) Einkommensteuerverkürzung ist für die Strafzumessung auf den angestrebten dauerhaften
„Steuerschaden" abzustellen (§ 46 Abs. 2 S. 2 StGB; zur Steuerverkürzung auf Zeit/Steuerverkürzung
auf Dauer allg. → Rn. 134 ff.). Dieser richtet sich nach den tatsächlichen Verhältnissen der betreffenden
Arbeitnehmer (vgl. JJR/*Joecks* Rn. 298; v. Briel/Ehlscheid SteuerStrafR/*v. Briel* § 4 Rn. 135 ff.). Da
deren tatsächlichen Verhältnisse im Einzelfall aber garnicht ermittelt werden können, lässt der BGH die
Anwendung geschätzter niedrigerer Durchschnittssteuersätze ausreichen (BGH wistra 2006, 425 (426);
2007, 220 (221)). Unbeanstandet blieb dabei die Annahme eines Steuersatzes von 15 % (vgl. BGH NStZ
1997, 553), weil diese Höhe den Angeklagten jedenfalls nicht beschweren konnte. Bei Anwendung
dieses Eingangssteuersatz der Lohnsteuerklasse VI ist zu beachten, dass dieser mit Gesetz vom 2.3.2009
(BGBl. I 416) mWv 6.3.2009 von 15 % auf 14 % herabgesetzt wurde.

Dies ist insbes. bei Strafverfahren zu beachten, die auf der Grundlage von **Lohnsteueraußenprüfun-** **477**
gen eingeleitet werden. Auch dort ist zwischen dem Verkürzungsbetrag entsprechend dem Eingangssteuersatz der Lohnsteuerklasse VI und der dauerhaft „erstrebten" Steuerverkürzung zu unterscheiden.

Vereinbaren Arbeitgeber und Arbeitnehmer ein **Scheingeschäft,** um eine Gehaltszahlung zu ver- **478**
schleiern, gilt steuerrechtlich das verdeckte Geschäft (§ 41 Abs. 2 S. 2).

Strafrechtlich hat dies zur Folge, dass der Arbeitgeber durch die Verletzung seiner Pflicht zur Abgabe
zutreffender Lohnsteueranmeldungen (§ 41a Abs. 1 S. 1 Nr. 1 EStG) Lohnsteuerhinterziehung begeht
(BGH NJW 2002, 1963 (1965); BGH NStZ-RR 2007, 345 f.). Weiterhin begeht der Arbeitnehmer
eine Einkommensteuerhinterziehung, wenn er die insoweit erzielten Einnahmen (§ 19 Abs. 1 S. 1 Nr. 1
EStG) nicht erklärt. Zu dieser Einkommensteuerhinterziehung leistet der Arbeitgeber ggf. dadurch

Beihilfe, dass er durch Abschluss eines Scheinvertrages mit dem Arbeitnehmer verschleiert, dass es sich bei der geleisteten Zahlung um lohnsteuerpflichtiges Gehalt handelt (BGH NJW 2002, 1963 (1965); BGH NStZ-RR 2007, 345 f.; Kohlmann/*Hilgers-Klautzsch* Rn. 1313.1).

479   Ungeklärt ist in diesem Zusammenhang aber, in welchem Konkurrenzverhältnis die durch den Abschluss des Scheinvertrags begangene Beihilfe des Arbeitgebers A zur fremden Einkommensteuerhinterziehung des Arbeitnehmers B und die eigenhändige fremdnützige Lohnsteuerhinterziehung des Arbeitgebers B stehen. Wegen der beiden unterschiedlichen Tathandlungen dürfte hier im Grundsatz von Tatmehrheit iSd § 53 StGB auszugehen sein. Denkbar wäre, die durch Vornahme der Verschleierungshandlung verwirklichte Beihilfe als mitbestrafte Vortat zu bewerten; letztlich wird das Fiskalvermögen zwar durch zwei Tathandlungen, aber nicht zweimal in voller Höhe angegriffen. Jedenfalls wäre eine Beschränkung der Strafverfolgung nach § 154a Abs. 1 StPO zu überdenken.

479a   Erfolgt eine Ahndung sowohl als Lohnsteuerhinterziehung als auch als Beihilfe zur Einkommensteuerhinterziehung ist allerdings strafmildernd zu berücksichtigen, dass es sich bei der Lohnsteuer lediglich um eine besondere Erhebungsform der Einkommensteuer handelt. Das **Steueraufkommen ist** also **nicht in Höhe der Summe der beiden hinterzogenen Steuern gefährdet** (BGH NJW 2002, 1963 (1966); BGH NJW 2011, 2526 (2527 f.); Kohlmann/*Hilgers-Klautzsch* Rn. 1337.1).

480   Die §§ 40 ff. EStG sehen für bestimmte Fälle die Möglichkeit einer sog „pauschalierten Lohnsteuer" vor. Dabei handelt es sich um eine „*durch die Tatbestandsverwirklichung des Arbeitnehmers entstandene und vom Arbeitgeber lediglich übernommene Lohnsteuer*" (BFH BFH/NV 2006, 1292 (1293)). Der Arbeitgeber wird bei der pauschalierten Lohnsteuer Schuldner der pauschalierten Lohnsteuer (§§ 40 Abs. 3 S. 2 Hs. 1, 40a Abs. 5, 40b Abs. 5 S. 1 EStG), während der Steuerabzugsverpflichtete ansonsten gerade nicht Steuerschuldner ist. Ob dies zur Annahme einer „eigennützigen" Lohnsteuerhinterziehung führt, während die Lohnsteuerhinterziehung ansonsten „fremdnützig" ist, ist ungeklärt.

480a   Lohnsteuerhinterziehung und das Vorenthalten von Sozialversicherungsbeiträgen (§ 266a StGB) gehen in der Praxis typischerweise einher. Ungeachtet dessen bilden beide nach hM zwei Taten iSd § 264 StPO vor, materiell-rechtlich besteht danach Tatmehrheit iSd § 53 StGB (vgl. zB BGH NJW 1988, 1800 (1801); BGH NJW 1990, 1924; BGH NStZ 2006, 227; Klein/*Jäger* § 380 Rn. 17; Kohlmann/ *Matthes* § 380 Rn. 61; aA aber zB OLG Düsseldorf wistra 1987, 191 Tateinheit).

Bei gleichförmigen Ausführungshandlungen (Lohnsteueranmeldung gegenüber Finanzbehörde und Meldung gegenüber der Einzugsstelle gem § 28a SGB IV) erscheint dies mE aber nicht unzweifelhaft (so auch *Vogelberg* PStR 2004, 90 f.; *Rolletschke* wistra 2005, 211 f. jew. unter Berufung auf BGH NJW 2003, 1821 (1824)).

V. Erbschaft-/Schenkungsteuer

481   Steuerpflichtige Sachverhalte sind Erwerbe von Todes wegen (§ 1 Abs. 1 Nr. 1, Nr. 3 ErbStG), Schenkungen unter Lebenden (§ 1 Abs. 1 Nr. 2, Nr. 7 ErbStG), Zweckzuwendungen (§ 1 Abs. 1 Nr. 3, Nr. 8 ErbStG) sowie ggf. Vermögen einer inländischen Familienstiftung (§ 1 Abs. 1 Nr. 4 ErbStG).

482   Das ErbStG unterscheidet zwischen beschränkter und unbeschränkter Steuerpflicht. Unbeschränkte Steuerpflicht tritt ein, wenn im Besteuerungszeitpunkt entweder der Erblasser oder Schenker oder der Erwerber ein Inländer ist (§ 2 Abs. 1 S. 1 ErbStG). Die unbeschränkte Steuerpflicht umfasst den gesamten Vermögensanfall bestehend aus in- und ausländischen Vermögen. Liegen die Voraussetzungen der unbeschränkten Steuerpflicht nicht vor, besteht lediglich beschränkte Steuerpflicht hinsichtlich des Teils des Vermögens, der in einer engeren Beziehung zum Inland steht, sog Inlandsvermögen (§ 2 Abs. 1 Nr. 3 ErbStG, § 121 BewG).

483   Bemessungsgrundlage ist der steuerpflichtige Erwerb (§ 10 Abs. 1 S. 1 ErbStG). Als solcher gilt die Bereicherung, soweit sie nicht steuerbefreit ist (§§ 5, 13, 13a, 16, 17 und 18 ErbStG). Die Höhe der persönlichen Freibeträge, einzelne Steuerbefreiungen und letztlich der anzuwendende Steuertarif bestimmen sich nach der Zugehörigkeit zu einer der drei Steuerklassen des § 15 ErbStG, die wiederum vom Verwandtschaftsgrad des Erwerbers zum Erblasser bzw. Schenker abhängen (vgl. dazu insgesamt HdB FA-SteuerR/*Weinmann* Kap. 7 Rn. 10 ff., 73).

484   Das Besteuerungsverfahren ist **zweistufig** ausgestaltet. Auf der ersten Stufe sind die in §§ 30 Abs. 1 und Abs. 2, 33 und 34 ErbStG Genannten verpflichtet, der Finanzbehörde **Anzeige** zu erstatten. Diese Anzeigepflicht bezieht sich im Fall des § 30 ErbStG auf der Erbschaftsteuer unterliegende Erwerbe iSd § 1 ErbStG. Die Anzeigepflichten der §§ 33, 34 ErbStG betreffen Vermögensverwahrer, Vermögensverwalter, Versicherungsunternehmen, Gerichte, Behörden, Beamte und Notare (vgl. dazu auch §§ 1–11 ErbStDV).

Auf der zweiten Stufe müssen die zur Abgabe einer entsprechenden Steuererklärung Aufgeforderten eine dementsprechende **Steuererklärung** abgeben (§ 31 ErbStG; vgl. dazu insgesamt HdB FA-SteuerR/ *Weinmann* Kap. 7 Rn. 100 ff.).

485   Eine **Steuerhinterziehung** kann **auf beiden Verfahrensstufen** begangen werden (aA Wannemacher SteuerStrafR/*Seipl*, 4. Aufl. 2000, Rn. 853 ff. zur Anzeige).

Sowohl die Erstattung einer unrichtigen oder unvollständigen Anzeige bzw. die Abgabe einer unrichtigen oder unvollständigen Steuererklärung als auch die pflichtwidrige Nichterstattung einer Anzeige oder Nichtabgabe einer Steuererklärung sind geeignete Tathandlungen iSd § 370 Abs. 1 (vgl. JJR/*Joecks* Rn. 334; iE *Rolletschke* wistra 2001, 287 ff.).

In Bezug auf Versuch, Vollendung und Beendigung lassen sich im Grundsatz die für Veranlagungs- **486** steuern allgemein geltenden Grundsätze übertragen (→ Rn. 239 ff.).

Probleme wirft lediglich der Unterlassungsfall iSd § 370 Abs. 1 Nr. 2 auf. Da es dort anders als bei **487** periodisch wiederkehrenden Steuern kraft Natur der Sache keinen Veranlagungsabschluss geben kann (zum sog Veranlagungsabschluss → Rn. 268 ff.), ist für den Vollendungs- und Beendigungszeitpunkt auf eine fiktive Steuerfestsetzung – unter Berücksichtigung üblicherweise in vergleichbaren Fällen gewährter Fristverlängerungen und der zu erwartenden Bearbeitungsdauer – abzustellen (ähnl. *Eich* KÖSDI 2001, 13036 ff.).

Im Fall der Nichtabgabe der Steuererklärung wird man von einer fiktiven Bearbeitungsdauer von drei **488** Monaten bis sechs Monaten nach dem in der Erklärungsanforderung verfügten Abgabetermin ausgehen können. Bei Nichterstattung der Anzeige tritt zu den genannten Zeitabläufen zusätzlich das dreimonatige Anzeigeverfahren und die gesetzliche Einmonatsfrist des § 31 Abs. 1 S. 2 ErbStG hinzu (vgl. dazu iE *Rolletschke* wistra 2001, 287 ff.). Der BGH (NZWiSt 2012, 117 (118)) hat eine ähnliche Berechnung zum Verjährungsbeginn angestellt. Angesichts der dreimonatigen Anzeigepflicht des § 30 Abs. 1 ErbStG und der und der einmonatigen Selbstberechnungsfrist des § 31 Abs. 1, Abs. 7 ErbStG kommt der Senat zu einer gesetzlich „fingierten" Bearbeitungsdauer von vier Monaten.

Das Erbschaft-/Schenkungsteuerrecht kennt einen sogenannten zehnjährigen „Zusammenrechnungszeitraum". **488a** Erwirbt derselbe Erbe/Beschenkte von demselben Erblasser/Schenker innerhalb eines 10-Jahreszeitraums mehrere Vermögensvorteile durch Schenkung oder Erbe, werden diese Vorschenkungen zusammengerechnet (§ 14 Abs. 1 S. 1 ErbStG). Dadurch soll nach dem Willen des Gesetzgebers verhindert werden, dass eine einheitliche Zuwendung nur zu dem Zweck in mehrere Zuwendungen aufgeteilt wird, mehrfach in den Genuss des persönlichen Freibetrags zu kommen; darüber hinaus soll ein Steuerprogressionsvorteil verhindert werden, der sich durch die Aufteilung ergeben würde.

Zeigt der Beschenkte (steuerpflichtige) Vorschenkungen entgegen § 30 ErbStG nicht an, so begeht er jew Steuerhinterziehungen iSd § 370 Abs. 1 Nr. 2. Erklärt er bei seinem Letzterwerb (innerhalb des 10-Jahreszeitraums) keine Vorschenkungen, so begeht er dadurch eine Steuerhinterziehung iSd § 370 Abs. 1 Nr. 1. Bei bislang nicht angezeigten Vorschenkungen handelt es sich bei der den Letzterwerb betreffenden Steuererklärung um eine mitbestrafte Nachtat; waren die Vorschenkungen aufgrund ihres geringen Wertes nicht anzeigepflichtig, begeht er durch seine Nichterklärung mit der für den Letzterwerb abgegebenen Steuererklärung erstmals eine Steuerhinterziehung. Bei der Bestimmung des maßgeblichen 10-Jahreszeitraums ist allerdings zu beachten, dass nicht der Zeitpunkt der Abgabe der Schenkungsteuererklärung für den Letzterwerb maßgeblich ist, sondern der Zeitpunkt der Entstehung der Steuer des letzten Erwerbs, auf den sich die Schenkungsteuererklärung bezieht (BGH NStZ 2016, 42).

VI. Vermögensteuer

Das Vermögensteuergesetz 1990 (BGBl. I 2467 ff.) sah vor, dass unbeschränkt Steuerpflichtige (§ 1 **489** VStG) auf ihr Gesamtvermögen (§ 4 Abs. 1 Nr. 1 VStG, § 114 ff. BewG) bzw. beschränkt Steuerpflichtige (§ 2 VStG) auf ihr Inlandsvermögen (§ 4 Abs. 1 Nr. 2 VStG, § 121 BewG) Vermögensteuer zu entrichten haben. Auf das nach Abzug von Freibeträgen und Übersteigen bestimmter Freigrenzen steuerpflichtige Vermögen (§ 9 VStG) mussten 0,5 % bzw. ab 1995 1 % (für gesondert bezeichnete Körperschaften, Personenvereinigungen und Vermögensmassen 0,6 %) Vermögensteuer geleistet werden (§ 10 VStG).

Der Vermögensteuerpflichtige musste auf jeden sog **Hauptveranlagungs**stichtag eine **Vermögen-** **490** **steuererklärung** abgeben (§ 19 Abs. 1 S. 1, Abs. 2, Abs. 3 VStG).

Da sich die vermögensteuerlichen Verhältnisse innerhalb eines derartigen (regelmäßig dreijährigen) **491** Hauptveranlagungszeitraums (§ 15 Abs. 1 VStG) ggf. änderten, sah § 16 VStG bei iE näheren umschriebenen Änderungen eine sog **Neuveranlagung** vor. Für den Fall, dass zB die persönliche Steuerpflicht nach einem Hauptveranlagungszeitpunkt neu begründet wurde, war in § 17 VStG die sog **Nachveranlagung** geregelt.

Erklärungen zu Neu- und Nachveranlagungen waren nur **nach Aufforderung** durch die Finanzbe- **492** hörden abzugeben (§ 19 Abs. 1 S. 2 VStG). Obwohl die Vermögensteuer regelmäßig für einen dreijährigen Hauptveranlagungszeitraum festgesetzt wurde, war sie eine Jahressteuer, die im Regelfall durch Quartalszahlungen zu entrichten war (§ 20 VStG).

Nachdem das BVerfG (NJW 1995, 2615 (2618 ff.)) § 10 Nr. 1 VStG jedenfalls seit dem Veranlagungs- **493** zeitraum 1983 mit Art. 3 Abs. 1 GG für unvereinbar erklärt hatte und der Gesetzgeber seiner Verpflichtung zur Neuregelung bis zum 31.12.1996 nicht nachgekommen war, entfiel die vermögensteuerrechtliche Tarifvorschrift für Zeiträume nach dem 31.12.1996, so dass das VStG unanwendbar wurde. Zunächst stellte sich in der Lit. und Rspr. vieldiskutierte Frage, ob die bis zum 31.12.1996 verwirkte (verfassungswidrige) Vermögensteuer hinterzogen werden kann. Der BGH (NJW 2002, 762 (763 ff.)) bejahte eine entsprechende Strafbarkeit unter Hinweis auf die befristete Fortgeltung des Vermögensteuergesetzes. Danach ist die Strafbarkeit auch nicht gem. § 2 Abs. 3 StGB mit Ablauf des 31.12.1996 entfallen. § 2 Abs. 3 StGB (= Geltung des milderen Gesetzes) greife deswegen nicht ein, weil das Vermögensteuergesetz hinsichtlich der Veranlagungszeiträume vor 1997 weiter anzuwenden sei. Anders als § 2 Abs. 3 StGB es voraussetzt, gälten die blankettausfüllenden Normen bezogen auf die maßgeblichen Besteuerungszeiträume wie Zeitgesetze (§ 2 Abs. 4 StGB) fort (BGH NJW 2002, 762 (764); so ausdrückl. bereits *Rolletschke* DStZ 2000, 211 ff.; → § 369 Rn. 44).

494   Vermögensteuer kann sowohl auf Hauptveranlagungszeitpunkte (§ 19 Abs. 1 S. 1 VStG) als auch auf Neuveranlagungszeitpunkte (§ 16 VStG) und Nachveranlagungszeitpunkte (§ 17 VStG) hinterzogen werden. Wird eine unrichtige oder unvollständige Steuererklärung abgegeben (§ 370 Abs. 1 Nr. 1), so sind Tathandlung (§ 370 Abs. 1 Nr. 1) und Taterfolg (§ 370 Abs. 4 S. 1 Hs. 1) ohne weiteres gegeben. Dabei führt die Abgabe einer unzureichenden Erklärung auf einen Hauptveranlagungszeitpunkt ggf. auch zu einer Steuerverkürzung auf einen vorherigen Neu- oder Nachveranlagungszeitpunkt (BFH BFH/NV 2001, 1532).

Die pflichtwidrige Nichtabgabe einer Steuererklärung auf einen Hauptveranlagungszeitpunkt (§ 370 Abs. 1 Nr. 2) kann darüber hinaus auch geeignete Tathandlung für eine Steuerverkürzung auf einen vorherigen Neu- oder Nachveranlagungszeitpunkt sein (BFH BFH/NV 2001, 630; *Rolletschke* DStZ 2001, 550 (551); aA *Schlepp* DStZ 2001, 282). Durch das Unterlassen der Abgabe einer Steuererklärung auf den nachfolgenden Hauptveranlagungszeitpunkt wird das Finanzamt nämlich nicht nur außer Lage gesetzt, die entsprechende Vermögensteuerpflicht auf den Hauptveranlagungszeitpunkt prüfen (§§ 1 ff. VStG), die Bemessungsgrundlagen ermitteln (§ 4 VStG) und die verwirkte Steuer berechnen zu können (§§ 6 ff. VStG). Dadurch wird es der Finanzbehörde auch unmöglich gemacht, die Voraussetzungen einer Neuveranlagung (= Änderung der Verhältnisse) bzw. einer Nachveranlagung (= Änderung der Steuerpflicht) zu überprüfen und ggf. eine entsprechende Steuererklärung nach § 19 Abs. 1 S. 2 VStG anzufordern (BFH BFH/NV 2006, 1061 (1063)).

495   Ändern sich die vermögensteuerlichen Verhältnisse des Steuerpflichtigen zwischen zwei Hauptveranlagungszeitpunkten jedoch nicht in der Art und Weise, dass eine Neuveranlagung nach § 16 Abs. 1 VStG durchzuführen gewesen wäre, so erfasst die durch Nichtabgabe der Vermögensteuererklärung auf den ersten Hauptveranlagungszeitraum begangene Steuerhinterziehung als eine Tat den gesamten bis zum nächsten Hauptveranlagungszeitraum eingetretenen Hinterziehungsschaden. Erst die Nichtabgabe der Vermögensteuererklärung auf den nächsten Hauptveranlagungszeitraum stellt eine neue rechtliche Tat dar (BayObLG wistra 2003, 117 (119)).

VII. Grunderwerbsteuer

496   Mit der Grunderwerbsteuer wird der Grundstücksumsatz unter Anknüpfung an bestimmte, iE aufgeführte Rechtsvorgänge besteuert. Damit ein betreffender Sachverhalt steuerbar ist, muss ein Grundstück im Inland Erwerbsgegenstand sein (§ 2 GrEStG), das Grundstück muss den Rechtsträger wechseln und es muss sich um einen Erwerbsvorgang iSd § 1 GrEStG handeln.

497   Erwerbsvorgänge iSd § 1 Abs. 1 GrEStG sind Verpflichtungsgeschäfte, die Auflassung, Eigentumsübergänge, die weder eines Verpflichtungsgeschäfts noch einer Auflassung bedürfen (Anwachsung, Umwandlungen), das Meistgebot im Zwangsvollstreckungsverfahren und sog steuerpflichtige Zwischengeschäfte. § 1 Abs. 2 GrEStG erfasst Rechtsvorgänge, die einem anderen eine eigentümerähnliche Rechtsposition an einem Grundstück verschaffen, ohne dass ein Übereignungsanspruch begründet wird, § 1 Abs. 2a GrEStG die Änderung im Gesellschaftsbestand einer Personengesellschaft und § 1 Abs. 3, Abs. 4 GrEStG Anteilsvereinigungen/-übertragungen. § 1 Abs. 5 GrEStG stellt für den wechselseitigen Tausch von Grundstücken klar, dass die Vereinbarung über jedes der gegeneinander auszutauschenden Grundstücke der GrESt unterliegt.

498   Soweit ein Erwerbsvorgang nicht nach Maßgabe der §§ 3, 4 GrEStG steuerbefreit ist, ist er mit der Bemessungsgrundlage Wert der Gegenleistung (§§ 8, 9 GrEStG) mit 3,5 % (§ 11 Abs. 1 GrEStG) zu besteuern. Dabei erhöht sich die grunderwerbsteuerliche Bemessungsgrundlage bei einem sog einheitlichen Leistungsgegenstand (= Erwerb von Baugrundstücken, bei denen im engen Zusammenhang mit dem Erwerb auch die Bebauung oder sonstige Veränderungen des Grundstücks und/oder das aufstehenden Gebäudes herbeigeführt werden sollen) entsprechend (vgl. *Boruttau/Sack* GrEStG § 9 Rn. 49).

499   Steuerschuldner sind regelmäßig die am Erwerbsvorgang als Vertragsteile beteiligten Personen (§ 13 GrEStG).

Unter bestimmten Voraussetzungen berücksichtigt § 16 GrEStG das Scheitern eines Erwerbsvorgangs bzw. die Herabsetzung der Gegenleistung, was zu einer Nichtfestsetzung der Steuer bzw. Aufhebung oder Änderung der Steuerfestsetzung führt (vgl. dazu insgesamt HdB FA-SteuerR/*Gottwald* Kap. 5 Rn. 3, 11, 19 ff., 52 ff., 65, 68 ff.).

500   Verfahrensrechtlich sehen die §§ 18, 19 GrEStG wie die entsprechenden erbschaftsteuerlichen Bestimmungen (§§ 30, 33, 34 ErbStG) **Anzeigen von anzeigepflichtigen Personen,** Gerichten, Behörden und Notaren vor. Anders als im Erbschaftsteuerrecht folgt auf die Anzeigen jedoch keine Auf-

forderung zur Abgabe einer Steuererklärung (§ 31 ErbStG). Die nach § 18 Abs. 1 S. 1 GrEStG nach amtlich vorgeschriebenem Vordruck zu erstattende Anzeige führt vielmehr selbst unmittelbar zur Steuerfestsetzung durch die Finanzbehörde (einstufiges Verfahren; vgl. Wannemacher SteuerStrafR/*Seipl* Rn. 1230). Die nach § 19 GrEStG zu erstattende Anzeige ist kraft Gesetzes Steuererklärung iSd AO (§ 19 Abs. 5 S. 1 GrEStG).

Auch wenn die durch die Gerichte, Behörden und Notare zu erstattende Anzeige nach § 18 GrEStG **501** keine Steuererklärung ist, werden darin steuerlich relevante Vorgänge ggü. den Finanzbehörden erklärt oder pflichtwidrig nicht erklärt. Die nach Maßgaben des § 18 GrEStG zu erstattende Anzeige ist deshalb **tauglicher Anknüpfungssachverhalt** für §§ 370, 378 (vgl. FG BW EFG 2004, 867 (868); Boruttau/ *Viskorf* GrEStG § 18 Rn. 29).

Erstattet ein Notar eine unzutreffende Anzeige ggü. einer Finanzbehörde (zB nach § 18 GrEStG), so **502** ist der Steuerpflichtige ggf. berichtigungspflichtig iSd § 153 Abs. 1 S. 1 Nr. 1 (→ Rn. 293). Verstößt er gegen diese Berichtigungspflicht, handelt er tatbestandsmäßig iSd § 370 Abs. 1 Nr. 2. Die Berichtigungspflicht des Steuerpflichtigen (§ 153 Abs. 1 S. 1 Nr. 1) bezieht sich nicht nur auf Erklärungen, die durch ihn abgegeben wurden, sondern auch auf Erklärungen, die für ihn abgegeben wurden. Hierunter fallen aber auch Anzeigen eines Notars (vgl. BGH NStZ 2009, 273; Klein/*Jäger* Rn. 64). Mit diesen erfüllt der Notar nämlich nicht nur eine in selbst treffende gesetzliche Verpflichtung, er wirkt auch bei der Ermittlung des für die Steuerfestsetzung maßgeblichen Sachverhalts mit (§ 90). Erfüllt ein Notar seine Anzeigepflicht unvollständig oder überhaupt nicht, so ist bei einer Beurteilung der Leichtfertigkeit iSd § 378 zu berücksichtigen, dass er aufgrund seiner Ausbildung und Funktion verpflichtet ist, die Frage der Grunderwerbsteuerpflicht zu prüfen. Er ist damit auch verpflichtet, sich Klarheit über die Rechtslage zu verschaffen. Versorgt sich der Notar nicht ausreichend mit fachlichen Informationen, handelt er leichtfertig. Dazu gehört auch, dass er sich über die steuerrechtlichen Grundlagen informieren und die höchstrichterliche Rspr. verfolgen muss. Die Delegation von Aufgaben an Angestellte ist an sich nicht zu beanstanden, soweit die Pflichten nicht unkontrolliert delegiert werden (vgl. FG Brem EFG 1993, 540 (541)).

Der in der Praxis häufiger anzutreffende Hinterziehungsfall ist allerdings der, dass Steuerschuldner iSd **503** § 13 GrEStG ihrer Anzeigepflicht nach § 19 GrEStG nicht ordnungsgemäß nachkommen. Eine entsprechende Anzeigepflicht besteht ua, wenn **formungültige Verträge** über die Übereignung von Grundstücken wirtschaftlich erfüllt werden (§ 19 Abs. 1 S. 1 Nr. 2 GrEStG), bei Änderungen im Gesellschafterbestand einer Personengesellschaft iHv mindestens 95 % (§ 19 Abs. 1 S. 1 Nr. 3a GrEStG) oder bei der Vereinigung oder Übertragung von Gesellschaftsanteilen (§ 19 Abs. 1 S. 1 Nr. 4–7 GrEStG).

Neben den Anzeigepflichten des § 19 Abs. 1 S. 1 GrEStG enthält § 19 Abs. 1 S. 2 eine Blankett- **504** klausel für alle Erwerbsvorgänge, bei denen keine Anzeigepflicht nach § 18 GrEStG besteht. Damit sind aber nicht nur die Erwerbsvorgänge umfasst, bei denen sich die Grunderwerbsteuerpflicht unmittelbar aus § 1 GrEStG ergibt, sondern auch **Umgehungsfälle iSd § 42** (vgl. Hofmann GrESt § 19 Rn. 7; zu § 42 → Rn. 35 f.).

Die Anzeigepflicht nach § 19 GrEStG besteht auch, wenn die Gegenleistung über die zwischen dem **505** Veräußerer und dem Erwerber anlässlich des Erwerbsvorgangs vereinbarte Gegenleistung hinausgeht (§ 19 Abs. 2 Nr. 1–3 GrEStG).

Dies gilt auch im Fall der formalen Trennung mehrerer Rechtsgeschäfte, wenn etwa zwischen einem Grundstückskaufvertrag und einem Vertrag zur Bebauung des Grundstücks ein rechtlicher oder objektiv-sachlicher Zusammenhang besteht (Fälle des sog **einheitlichen Leistungsgegenstands**). In diesem Zusammenhang verweist das FG Schl (EFG 2007, 642 (643 f.)) allerdings darauf, dass Leichtfertigkeit iSd § 378 nur angenommen werden könne, wenn es sich den Beteiligten geradezu aufdrängen musste, dass Gegenstand des Erwerbs das Grundstück im später bebauten Zustand war. Diese Frage des sog verbundenen Vertragswerks lasse sich aber häufig nicht einfach beantworten.

Die Anzeigepflicht des § 19 GrEStG besteht selbst dann, wenn der Erwerbsvorgang im Einzelfall nach **506** § 18 GrEStG durch Gericht, Behörde oder Notare anzuzeigen ist. Dabei ist unerheblich, ob die Anzeige nach § 18 GrEStG erfolgt ist oder nicht (BFH BStBl. II 1997, 85 (86)).

Die in §§ 18, 19 GrEStG vorgeschriebenen Anzeigen bezwecken, es der zuständigen Finanzbehörde **507** zu ermöglichen, grunderwerbsteuerliche Erwerbsvorgänge zu ermitteln. Vor diesem Hintergrund muss der für die Grunderwerbsteuerfestsetzung zuständigen Stelle Kenntnis verschafft werden. Die Information, die lediglich potentiell die Möglichkeit eines Grunderwerbsteuerfestsetzungsverfahren eröffnet, genügt insoweit nicht (BFH/NV 2008, 1876 zu § 170).

VIII. Verbrauchsteuern

Neben der Hinterziehung von Ertrag- und Umsatzsteuern kommt der **Hinterziehung von Ver-** **508** **brauchsteuern** kriminologisch eine besondere Bedeutung zu. Die Verbrauchsteuern machen mit 66 Mrd. EUR im Jahr 2014 rund 13 % des Gesamtsteueraufkommens in Deutschland aus, wobei die Energiesteuer, die 2006 die Mineralölsteuer abgelöst hat, mit einem Volumen von 40 Mrd. EUR und die Tabaksteuer mit 16,6 Mrd. EUR vor der Stromsteuer (6,6 Mrd. EUR), der Branntweinsteuer

(2,1 Mrd. EUR) und der Kaffeesteuer (1 Mrd. EUR) den größten Anteil am Verbrauchsteueraufkommen haben. Alkopop- (1 Mio. EUR), Bier- (700 Mio. EUR), Schaumwein- und Zwischenerzeugnissteuer (400 Mio. EUR) sind fiskalisch gesehen von untergeordneter Bedeutung.

509   **1. Regelungssystematik der Verbrauchsteuer.** Verbrauchsteuern unterliegen, ähnlich wie die Einfuhrabgaben (vgl. dazu die Erl. bei § 373), der Besonderheit, dass sie – in unterschiedlichem Maße – unionsrechtlich überlagert sind. Diese mit Blick auf die Schaffung des Binnenmarktes zum 1.1.1993 erforderlich gewordene **(Teil-)Harmonisierung** der Verbrauchsteuern macht es bei der Rechtsanwendung und -auslegung notwendig, den Blick stets sowohl auf die deutschen Besteuerungsnormen in den einzelnen Verbrauchsteuergesetzen und Verbrauchsteuerverordnungen als auch auf das auf unterschiedlicher Regelungsebene existierende sekundärrechtliche Unionsrecht zu lenken.

510   Das verbrauchsteuerrechtliche Richtlinienwerk der EU teilt sich in drei grds. zu unterscheidende Arten: Die Systemrichtlinie, die Struktur- und die Steuersatzrichtlinien, wobei im Energie- und Tabaksteuerrecht die Struktur- und Steuersatzrichtlinien jeweils in einer Richtlinie zusammengefasst sind. Verordnungen zum Beförderungsverfahren ergänzen diese Richtlinientrias. Die RL 2008/118/EG des Rates v. 16.12.2008 über das allgemeine Verbrauchsteuersystem und zur Aufhebung der RL 92/12/EWG (ABl. 2009 L 9, 12) – **Systemrichtlinie** – regelt die sich bereits aus ihrer Bezeichnung ergebenden steuerartenübergreifenden Aspekte des Verbrauchsteuerrechts und benennt in Art. 1 Abs. 1 **die harmonisierten Warengruppen.** Erfasst werden hiernach Energieerzeugnisse und elektrischer Strom, Alkohol und alkoholische Getränke sowie Tabakwaren. Art. 1 Abs. 2 der Systemrichtlinie räumt den Mitgliedstaaten die Möglichkeit ein, auf diese Waren andere indirekte Steuern zu erheben. Von dieser Möglichkeit hat Deutschland mit Blick auf die Alkopopsteuer Gebrauch gemacht. Nach Art. 1 Abs. 3 der Systemrichtlinie dürfen auch auf andere Waren Verbrauchsteuern eingeführt oder aufrechterhalten werden. Nach dieser Vorschrift hat Deutschland etwa die nicht harmonisierte Kaffeesteuer in abgeänderter Form beibehalten und seit 2011 erhobene Kernbrennstoffsteuer eingeführt (vgl. zur Frage der Verfassungsmäßigkeit der Kernbrennstoffsteuer FG Hmb BeckRS 2013, 94218; zur Frage der Vereinbarkeit mit europäischem Recht EuGH EnWZ 2015, 363; FG Hmb DStRE 2014, 1255).

511   In den **Strukturrichtlinien** (RL 92/83/EWG des Rates v. 19.10.1992 zur Harmonisierung der Struktur der Verbrauchsteuern auf Alkohol und alkoholische Getränke, ABl. 1992 L 316, 21 und bereinigt in 1995, ABl. 1995 19 L, 49; RL 2003/96/EG des Rates v. 27.10.2003 zur Restrukturierung der gemeinschaftlichen Rahmenvorschriften zur Besteuerung von Energieerzeugnissen und elektrischem Strom, ABl. 2003 283 L, 51; RL 2011/64/EU des Rates v. 21.6.2011 über die Struktur und die Sätze der Verbrauchsteuern auf Tabakwaren, ABl. 2011 L 176, 24) sind die Waren der einzelnen Warengruppen definiert und die verwendungsorientierten Steuerbefreiungen und Steuerermäßigungen niedergelegt.

512   Die **Steuersatzrichtlinien** (RL 92/84/EWG des Rates v. 19.10.1992 über die Annährung der Verbrauchsteuersätze auf Alkohol und alkoholische Getränke, ABl. 1992 L 316, 29) legen mit zum Teil außerordentlich komplexen Berechnungsmodi (vgl. etwa Art. 8 der Tabaksteuer-Richtlinie) die jeweiligen Mindeststeuersätze für die einzelnen verbrauchsteuerpflichtigen Waren fest.

513   Ergänzt werden die Richtlinien durch Verordnungen zum Beförderungsverfahren (VO (EWG) Nr. 3649/92 der Kommission v. 17.12.1992 über ein vereinfachtes Begleitdokument für die Beförderung von verbrauchsteuerpflichtigen Waren, die sich bereits im steuerrechtlich freien Verkehr des Abgangsmitgliedstaats befinden, ABl. 1992 L 369, 17; VO (EG) Nr. 684/09 der Kommission v. 24.7.2009 zur Durchführung der RL 2008/118/EG des Rates in Bezug auf die EDV-gestützten Verfahren für die Beförderung verbrauchsteuerpflichtiger Waren unter Steueraussetzung, ABl. 2009 L 197, 24). Die deutschen Verbrauchsteuergesetze sowie die zu ihnen erlassenen Verbrauchsteuerverordnungen, aus denen die unmittelbar anzuwendenden materiellen Besteuerungsgrundlagen zu schöpfen sind, müssen mit Blick auf die Richtlinientrias unionsrechtskonform ausgelegt werden.

514   **2. Typische Erscheinungsformen der Verbrauchsteuerhinterziehung.** Der Begriff der **Verbrauchsteuerhinterziehung** umfasst nach § 1 Abs. 1 S. 3 ZollVG die Hinterziehung von Verbrauchsteuern mit Ausnahme der als Einfuhrabgaben geschuldeten Verbrauchsteuern; für diese gelten die Vorschriften über die Zölle entsprechend (s. zur Hinterziehung von Einfuhrabgaben die Erl. bei § 373).

    Typische Tathandlungen im Bereich der Verbrauchsteuerhinterziehung knüpfen an die in den jeweiligen Verbrauchsteuergesetzen normierten **Steueraussetzungs- und Vergünstigungsverfahren** an. Hierher gehören etwa das vorschriftswidrige Entfernen von verbrauchsteuerpflichtigen Waren aus einem Steuerlager ohne entsprechende Angaben in einer Steuererklärung oder -anmeldung, das Entziehen von Waren aus einem Steueraussetzungsverfahren, der Missbrauch von Steuerbegünstigungen etwa bei der zweckwidrigen Verwendung von Mineralöl (**Verdieselung** von Heizöl) oder der Verwendung von steuerbegünstigtem Diesel für die Landwirtschaft oder die Schifffahrt zu nicht begünstigten Zwecken (dazu Bender/Möller/Retemeyer SteuerStrafR / *Retemeyer* C VI Rn. 1649 ff.).

515   Daneben kommt es zur Hinterziehung von Verbrauchsteuern im Zusammenhang mit Manipulationen bei der Herstellung von verbrauchsteuerpflichtigen Waren. Hierher gehören die Fälle des sogenannten **„Schwarzbrennens",** technische Manipulationen etwa an Messuhren oder Falschangaben in Abfindungsanmeldungen (dazu Bender/Möller/Retemeyer SteuerStrafR / *Retemeyer* C VI Rn. 1728 ff.).

Schließlich ist der **Bezug oder das Verbringen verbrauchsteuerpflichtiger Waren aus anderen** 516
EU-Mitgliedstaaten ohne entsprechende Steueranmeldung oder -erklärung von hoher kriminologischer Relevanz. Gerade dort wo das Verbrauchsteuergefälle signifikant ist – etwa bei Kaffee – ist der finanzielle Anreiz für Manipulationen groß und die Prävalenz strafrechtlicher Manipulationen hoch.

3. Rechtliche Einordnung. Im Gegensatz zum Schmuggel und jenseits etwa von Falschangaben in 517
Verbrauchsbüchern oder Bestandaufzeichnungen handelt es sich bei den meisten Fällen der Verbrauchsteuerhinterziehung um Fälle des Unterlassens einer geschuldeten Steueranmeldung oder -erklärung und damit um **Fälle des § 370 Abs. 1 Nr. 2.** Damit knüpft die Strafbarkeit an die Verletzung einer **spezifisch verbrauchsteuerrechtlichen Erklärungspflicht** an, die der Gesetzgeber an die Steuerentstehung geknüpft hat. Diese ergibt sich je nach Verbrauchsteuer und Manipulationstypus aus den entsprechenden Bestimmungen der Verbrauchsteuergesetze.

In Umsetzung der Systemrichtlinie (→ Rn. 510) hat der Gesetzgeber mit dem 4. VerbrStÄndG v. 518
15.7.2009 (BGBl. I 1870) sämtliche Verbrauchsteuergesetze mit Wirkung zum 1.4.2010 grundlegend reformiert. Die Systemrichtlinie regelt das Verfahren zur Besteuerung, Beförderung und Lagerung von Tabakwaren, Alkohol und alkoholischen Getränken sowie Energieerzeugnissen und elektrischem Strom und bildet die Rechtsgrundlage für die EU-weite Einführung des IT-Verfahrens EMCS (Excise Movement and Control System). Durch EMCS werden die bisher auf der Grundlage von Papierdokumenten ablaufenden Beförderungsverfahren mit steuerbaren Waren unter Steueraussetzung künftig IT-gestützt abgewickelt. EMCS soll es sowohl der Verwaltung als auch den Wirtschaftsbeteiligten ermöglichen, die Beförderung in Echtzeit zu überwachen (BT-Drs. 16/12257, 74). Es soll damit der Bekämpfung des „Steuerbetrugs" und damit der Sicherung der Verbrauchsteuer-Einnahmen dienen (BT-Drs. 16/12257, 74).

Mit dem 4. VerbrStÄndG sind die Steuerentstehungs- und -erklärungstatbestände verbrauchsteuer- 519
übergreifend harmonisiert worden. Zugleich sind die Rechtsvorschriften im Bereich der nicht harmonisierten Kaffeesteuer den harmonisierten Verbrauchsteuern strukturell und inhaltlich weitgehend angeglichen worden.

4. Einzelheiten. Verbrauchsteuern werden auf diejenigen verbrauchsteuerpflichtigen Waren er- 519a
hoben, die im deutschen Steuergebiet in den Wirtschaftskreislauf treten und ver- oder gebraucht werden. Die Steuergegenstände werden in den einzelnen Verbrauchsteuergesetzen durch Verweis auf die kombinierte Nomenklatur (VO (EWG) Nr. 2658/87 des Rates v 23.7.1987 über die zolltarifliche und statistische Nomenklatur sowie dem Gemeinsamen Zolltarif, ABl. 1987 L 256, 1) bestimmt, bei der es sich um ein EU-einheitliches Warenverzeichnis handelt. Allein im TabStG wird der Steuergegenstand noch durch Umschreibung bestimmt.

Die für die steuerstrafrechtliche Bewertung maßgeblichen Normen sollen hier am Beispiel des 519b
BranntwMonG dargestellt werden, wobei die jeweiligen Normen des kriminologisch ebenfalls besonders bedeutsamen TabStG jeweils in Klammern gesetzt sind. Aufgrund des Gesetzes v. 21.6.2013 (BGBl. I 1650) wird das Branntweinmonopol in Deutschland stufenweise bis zum 31.12.2017 abgeschafft. Ab dem 1.1.2018 werden die bisherigen branntweinsteuerrechtlichen Vorschriften im neuen **Alkoholsteuergesetz** (BGBl. 2013 I 1650; BT-Drs. 17/12301) fortgeführt.

§ 143 BranntwMonG (§ 15 TabStG) enthält die maßgeblichen Bestimmungen über Steuerentstehung und Steuerschuldnerschaft. Mit der Vorschrift wurden die Art. 7 und Art. 8 der Systemrichtlinie ohne die Fälle bei der Einfuhr umgesetzt. Die Vorschrift hat im Vergleich zur bisherigen Regelung einen vollständig neuen Aufbau erhalten. Nunmehr werden alle **Steuerentstehungtatbestände** und infolgedessen alle **Steuerschuldner** mit Ausnahme der Einfuhrfälle im Zusammenhang mit einem Verfahren der Steueraussetzung oder außerhalb eines vorgeschriebenen Verfahrens der Steueraussetzung in einer Vorschrift geregelt, und zwar unabhängig davon, ob es sich um rechtmäßige oder unrechtmäßige Tatbestände handelt.

Die Verbrauchsteuer entsteht grds. zum Zeitpunkt der **Überführung in den steuerrechtlich freien** 519c
Verkehr, es sei denn, es schließt sich eine Steuerbefreiung an (§ 143 Abs. 1 BranntwMonG, § 15 Abs. 1 TabStG). Eine Ware ist im steuerrechtlich freien Verkehr, wenn sie weder in einem Verfahren der Steueraussetzung noch in einem zollrechtlichen Nichterhebungsverfahren ist. Die Überführung knüpft an **Realakte** an (vgl. Klein/*Jäger* Rn. 391), wie zB an die Entnahme der verbrauchsteuerpflichtigen Ware aus oder den Verbrauch derselben im Steuerlager oder an die Herstellung ohne Erlaubnis, wobei auch das verändernde Einwirken auf eine bereits vorhandene verbrauchsteuerpflichtige Ware (zB durch Vermischung) eine entsprechende Herstellungshandlung darstellt, soweit dadurch eine Ware hervorgebracht wird, die weiterhin die gesetzlichen Merkmale des Steuergegenstandsbegriffs erfüllt (Bender/Möller/ Retemeyer SteuerStrafR/*Retemeyer* C VI Rn. 1497). Auch das unrechtmäßige Entziehen der verbrauchsteuerpflichtigen Ware aus einem Steueraussetzungsverfahren oder Unregelmäßigkeiten bei der Beförderung unter Steueraussetzung lassen die Steuer entstehen. Nicht als Überführung in den steuerrechtlich freien Verkehr gelten hingegen nach § 143 Abs. 3 BranntwMonG (§ 15 Abs. 3 TabStG) die Fälle der vollständigen Zerstörung oder des unwiederbringlichen Verlustes verbrauchsteuerpflichtiger Waren.

Der **Kreis der Steuerschuldner** wurde verändert und erheblich erweitert. War es bisher so, dass 519d
Personen, die unrechtmäßige Handlungen vornahmen bzw. an diesen beteiligt waren, nur durch die

Haftungstatbestände der Abgabenordnung erfasst wurden und regelmäßig nicht unmittelbar erklärungspflichtig waren (s. aber BGH wistra 2003, 100 (102)), sind diese nunmehr in der Regel als Steuerschuldner zu behandeln. Wesentlicher Grund hierfür ist, dass in der neuen Systemrichtlinie nun EU-weit die Steuerschuldner – unabhängig von bestimmten Auslegungsmöglichkeiten – einheitlich vorgegeben werden. Weitere Steuerschuldner neben dem Steuerlagerinhaber werden künftig – in Angleichung an das Energiesteuerrecht – Personen, an die Erzeugnisse unter Steueraussetzung abgegeben werden, wenn sie keine gültige Erlaubnis zur steuerfreien Verwendung von Erzeugnissen haben, und zwar **mit Inbesitznahme** der Waren.

520   Ein Novum im deutschen Recht ist § 143 Abs. 2 Nr. 5 BranntwMonG (§ 15 Abs. 2 Nr. 4 TabStG), nach dem die Steuer durch eine **Unregelmäßigkeit** während der Beförderung nach § 142 BranntwMonG (§ 14 TabStG) entsteht. Eine Unregelmäßigkeit liegt nach § 142 Abs. 1 BranntwMonG (§ 14 Abs. 1 TabStG) dann vor, wenn die Beförderung oder ein Teil der Beförderung nicht ordnungsgemäß beendet werden kann. Nicht ordnungsgemäß ist eine Beförderung, wenn die verbrauchsteuerpflichtigen Waren nicht in ein anderes Steueraussetzungsverfahren überführt oder zum verbrauchsteuerfreien Verkehr abgefertigt und damit versteuert werden. Nach § 142 Abs. 2 BranntwMonG (§ 14 Abs. 2 TabStG) werden die verbrauchsteuerpflichtigen Waren bei Auftreten von Unregelmäßigkeiten insoweit dem Verfahren der Steueraussetzung **entnommen.**

521   **Steuerschuldner** – nicht nur Haftungsschuldner – bei der Steuerentstehung wegen einer Unregelmäßigkeit sind nach § 143 Abs. 6 Nr. 5 BranntwMonG (§ 15 Abs. 4 Nr. 4 TabStG) der Steuerlagerinhaber als Versender oder der registrierte Versender und daneben jede andere Person, die Sicherheit geleistet hat, **die Person, die die Erzeugnisse aus der Beförderung entnommen hat** oder in deren Namen die Erzeugnisse entnommen wurden, so wie **jede andere Person, die an der unrechtmäßigen Entnahme beteiligt war** und wusste oder vernünftigerweise hätte wissen müssen, dass die Entnahme unrechtmäßig war. Sämtliche Steuerschuldner sind dabei nach § 143 Abs. 7 BranntwMonG (§ 15 Abs. 5 TabStG) Gesamtschuldner. Mit Blick auf die strafrechtliche Haftung bemerkenswert und zur **sachgerechten strafrechtlichen Erfassung planender Hintermänner** notwendig ist die in § 144 Abs. 2 S. 1 BranntwMonG (§ 17 Abs. 3 S. 1 TabStG) angeordnete Pflicht für **alle** Steuerschuldner einer Unregelmäßigkeit, **unverzüglich eine Steueranmeldung** abzugeben (→ Rn. 52). Daneben wird die Steuer gemäß § 144 Abs. 2 S. 2 BrannwMonG (§ 18 Abs. 2 TabStG) sofort fällig.

522   Unter der Voraussetzung, dass die Steuerschuldner jeweils mit Blick auf eine Verbrauchsteuerhinterziehung **vorsätzlich** handeln und nicht unverzüglich eine Steueranmeldung abgeben, tritt hiernach mit der unrechtmäßigen Entnahme sofort eine Strafbarkeit wegen vollendeter täterschaftlicher Steuerhinterziehung nach § 370 Abs. 1 Nr. 2 ein, weil die Verbrauchsteuer damit nicht bzw. nicht rechtzeitig iSv § 370 Abs. 4 S. 1 festgesetzt werden kann. Zugleich werden Beteiligte der Entnahme, die bei untergeordnetem Tatbeitrag oder aus sonstigen Gründen ohne Tatherrschaft waren und damit nach bisherigem strafrechtlichem Verständnis lediglich Gehilfe einer fremden Tat gewesen wären, nunmehr ebenfalls zu Tätern. Diese über die bisherige strafrechtliche Haftung hinausgehende täterschaftliche Einbindung aller Personen, die – überspitzt formuliert – dolos an die entnommene verbrauchsteuerpflichtige Ware denken, vermeidet den großen Aufwand, den der BGH noch auf der Grundlage des alten Rechts zur Begründung einer strafbewehrten Erklärungspflicht für **sämtliche** Mittäter einer organisierten Alkoholschmugglerbande hatte (BGH wistra 2003, 100 (102)), wird aber auf strafzumessungsrechtlicher Seite im nicht nach § 27 Abs. 2 iVm § 49 Abs. 1 StGB gemilderten Strafrahmen stärkere Differenzierungen nach dem Grad der Beteiligungsintensität und des Maßes an Tatinteresse notwendig machen.

522a   Von hoher kriminologischer Relevanz ist auch der Bezug oder das **Verbringen** von verbrauchsteuerpflichtigen Waren **zu gewerblichen Zwecken** aus dem freien Verkehr eines anderen EU-Mitgliedstaats außerhalb eines Verfahrens unter Steueraussetzung. § 149 BranntwMonG (§ 23 TabStG) enthält die hierfür maßgeblichen Bestimmungen über Steuerentstehung und Steuerschuldnerschaft (vgl. zum Begriff des Empfängers von Tabakwaren zur Vorgängervorschrift § 19 TabStG aF EuGH ZfZ 2014, 253 mAnm *Rüsken;* BFH ZfZ 2015, 108 mAnm *Weidemann;* BGH wistra 2010, 226; JJR/*Jäger* Rn. 397 ff.). Mit der Vorschrift wurde im Wesentlichen Art. 33 der Systemrichtlinie umgesetzt. Verbrauchsteuerpflichtige Waren, die eine Privatperson für ihren Eigenbedarf in anderen Mitgliedstaaten im steuerrechtlich freien Verkehr erwirbt und selbst in das Steuergebiet befördert **(private Zwecke),** sind nach § 148 Abs. 1 BranntwMonG (§ 22 Abs. 1 TabStG) steuerfrei. Das **zweckwidrige Verwenden** von Waren **entgegen einer zur steuerfreien Verwendung vorgesehenen Zweckbestimmung** ist in § 153 Abs. 3 BranntwMonG (§ 31 Abs. 3 TabStG) geregelt (vgl. zu § 30 EnergieStG BGH BeckRS 2015, 05406).

523   **5. Tabaksteuerzeichen.** Das Verbrauchsteuerrecht enthält – nach der Abschaffung der als Stempelsteuer ausgestalteten Wechselsteuer im Jahre 1991 – den nunmehr einzigen Anwendungsfall des § 370 Abs. 1 Nr. 3. Danach macht sich wegen Steuerhinterziehung strafbar, wer pflichtwidrig die Verwendung von **Steuerzeichen** oder Steuerstemplern unterlässt (→ Rn. 75 ff.). Nach § 17 TabStG hat der Hersteller oder Einführer für Tabakwaren die Steuer durch Verwendung von Steuerzeichen zu entrichten, und zwar auf der Grundlage einer Steueranmeldung (§ 17 Abs. 2 TabStG) mit der die Steuerzeichen bestellt und in der die Steuerzeichenschuld selbst zu berechnen ist (→ Rn. 148; JJR/*Jäger* Rn. 378). Die Steuerzeichen müssen verwendet sein, dh auf der Kleinverkaufsverpackung angebracht sein, sobald die Steuer entsteht, also bei Überführung in den steuerrechtlich freien Verkehr.

In Fällen, in denen zB ein Verbringer Tabakwaren des steuerrechtlich freien Verkehrs anderer Mit- **524** gliedstaaten zu gewerblichen Zwecken eingeführt hat, ohne dafür entgegen § 23 Abs. 1 S. 3 TabStG unverzüglich eine Steuererklärung abzugeben (→ Rn. 148) und zugleich entgegen § 17 TabStG die Verwendung von Steuerzeichen unterlässt (→ Rn. 79), stellt sich die Frage nach dem **Konkurrenzverhältnis** zwischen § 370 Abs. 1 Nr. 2 und § 370 Abs. 1 Nr. 3. Da beide Taten an selbstständige steuerrechtliche Erklärungspflichten anknüpfen und ihnen damit ein eigenständiger Handlungsunwert zukommt, kann keine der beiden Normen die jeweils andere verdrängen (ausführlich zu allen konkurrenzrechtlichen Betrachtungsmöglichkeiten JJR/*Jäger* Rn. 393 ff.). Es stellt sich damit lediglich die Frage, ob die beiden Tatbestände zueinander im Verhältnis der Tateinheit (§ 52 StGB) oder der Tatmehrheit (§ 53 StGB) stehen. Das Problem ist dem Verhältnis von Umsatzsteuervoranmeldung und Umsatzsteuerjahreserklärung insoweit vergleichbar, als auch bei der Tabaksteuer dieselbe Steuerart und der nämliche Besteuerungszeitraum betroffen sind und die Steuer – auch strafzumessungsrechtlich – materiell nur einmal anfallen kann. Jedenfalls bei der Tabaksteuer spricht angesichts der engen Verzahnung der steuerrechtlichen Erklärungspflichten und ihrer gerade auch zeitlichen Überschneidung viel dafür, hier – neben der ohnehin gegebenen **prozessualen Tateinheit** nach § 264 StPO – auch **materielle Tateinheit** nach § 52 StGB anzunehmen.

IX. Deliktische Sachverhalte

Bei Sachverhalten, die für sich allein bereits einen allgemeinen Straftatbestand erfüllen, stellt sich die **525** Frage, inwieweit unrichtige, unvollständige oder unterlassene Angaben überhaupt steuerlich erheblich sind. Nur dann steht überhaupt eine taugliche Tathandlung iSd § 370 Abs. 1 im Raum. Ausgangspunkt der steuerlichen Betrachtung ist § 40. Danach ist es für die Besteuerung unerheblich, ob ein Verhalten, das den gesetzlichen Tatbestand eines Steuergesetzes ganz oder zum Teil erfüllt, gegen ein gesetzliches Verbot oder gegen die guten Sitten verstößt. § 40 ist Ausdruck der wirtschaftlichen Betrachtungsweise. Die Besteuerung ist wertungsneutral und knüpft an tatsächliche Gegebenheiten an. Sie nimmt auf rechtliche oder sittliche Soll-Vorschriften keine Rücksicht, sie stellt auf das wirtschaftliche Ergebnis ab (vgl. zB Klein/*Brockmeyer* § 40 Rn. 1 mwN).

§ 40 schafft aber selbst keinen eigenständigen Besteuerungstatbestand, sondern setzt diesen **526** **voraus.** Ob Angaben zu deliktischen Sachverhalten iSd § 370 Abs. 1 steuerlich erheblich sind, bestimmt sich danach, ob steuerbare und steuerpflichtige Einnahmen bzw. Umsätze nach den Einzelsteuergesetzen vorliegen.

1. Ertragsteuer. Gewerbliche Einkünfte iSd § 15 EStG liegen etwa vor bei: laufender Schmuggel- **527** tätigkeit, verbotenem Waffenhandel, Rauschgifthandel, Hehlerei, Betrieb eines Bordells (bei Beschäftigung mehrerer Prostituierter), Zuhälterei, Telefonsex, verbotenen Arzneimittellieferungen, Schwarzhandel mit Devisen, beruflichem Glücksspiel, Berufskartenspiel, Falschspiel, fortgesetzter Untreue, wenn sie dadurch begangen wird, dass der Täter die Wirkungen aus Rechtsgeschäften, die sich als Beteiligung am allgemeinen wirtschaftlichen Verkehr darstellen, auf sich überleitet. In diesen Fällen kommt zu der Ertragsbesteuerung noch die Gewerbesteuer hinzu, da jeder stehende – im Inland betriebene – Gewerbebetrieb auch gewerbesteuerpflichtig ist (§ 2 Abs. 1 S. 1 und S. 2 EStG; vgl. iE Rolletschke/Kemper/ *Rolletschke* Rn. 260 mwN).

Zu Provisionszahlungen an einen Lobbyisten im „System Schreiber" BGH wistra 2008, 20 ff.

Dabei bedarf die Vorsatzfeststellung aber besonderer Beachtung. Irrt der Steuerpflichtige über das **528** Bestehen des Steueranspruchs, unterliegt er einem vorsatzausschließenden Tatbestandsirrtum (vgl. zur Irrtumsproblematik → § 369 Rn. 24 ff.). So hat zB das OLG Köln (NJW 2004, 3504 f.) die Beschwerde gegen die teilweise Nichtzulassung einer Anklage verworfen, mit der einem Lobbyisten die Nichterklärung des Empfangs von Schmiergeldzahlungen als Gewerbesteuerhinterziehung vorgeworfen wurde. Der Angeklagte konnte sich insoweit auf den schriftlich dokumentierten Rechtsrat seines Steuerberaters berufen, wonach er als Lobbyist nicht gewerblich tätig sei.

Einkünfte aus nichtselbstständiger Tätigkeit iSd § 19 EStG erzielen Prostituierte in Bar- und **529** Bordellbetrieben, Stripteasetänzer(-innen) oder Tabledancer(-innen) (vgl. iE Rolletschke/Kemper/*Rolletschke* Rn. 260a mwN).

Sonstige Einkünfte (§ 22 Nr. 3 EStG) liegen vor bei Erpressung, Tätigkeitsvergütungen für Beihilfe **530** zu einer Straftat, Einkünften aus Zuhälterei bei Ausbeutung einer einzelnen Prostituierten, Schmier- und Bestechungsgelder (auch für illegales Tun oder Unterlassen) (vgl. iE Rolletschke/Kemper/*Rolletschke* Rn. 260b mwN).

Ertragsteuerlich **nicht zu erfassen** sind die sog **Aneignungstatbestände** ohne Wissen und Willen **531** des Berechtigten, wie zB Veruntreuung, Diebstahl, Unterschlagung (vgl. zB Schmidt/*Heinicke* EStG § 22 Rn. 133). Steuerrechtlich erheblich sind allerdings die späteren Gewinne aus der Veräußerung der deliktisch erworbenen Gegenstände.

532   Wie auf der Einnahmenseite deliktische Einkünfte steuerrechtlich erheblich sein können, gilt dies natürlich auch umgekehrt für die **Ausgabenseite** (vgl. zB Klein/*Brockmeyer* § 40 Rn. 2). Betriebsausgaben und Werbungskosten sind grds. unter den gesetzlichen Voraussetzungen zu berücksichtigen.

533   Nicht als Betriebsausgaben oder Werbungskosten abzugsfähig sind allerdings Hinterziehungszinsen nach § 235 (§§ 4 Abs. 5 S. 1 Nr. 8a, 9 Abs. 5 EStG), in einem Strafverfahren festgesetzte Geldstrafen, sonstige Rechtsfolgen vermögensrechtlicher Art, bei denen der Strafcharakter überwiegt, und Leistungen zur Erfüllung von Auflagen und Weisungen, soweit die Auflagen oder Weisungen nicht lediglich der Wiedergutmachung des durch die Tat verursachten Schadens dienen (§ 12 Nr. 4 EStG). Unter § 12 Nr. 4 EStG fallen jedoch nicht Rechtsfolgen vermögensrechtlicher Art ohne Strafcharakter wie der Verfall (§ 73 StGB). Er dient in erster Linie dem Ausgleich von rechtswidrig erlangten Vermögensvorteilen. Nicht als Betriebsausgaben oder Werbungskosten abzugsfähig sind ferner von einem Gericht oder einer Behörde im Geltungsbereich des EStG oder von Organen der Europäischen Union festgesetzte Geldbußen, Ordnungsgelder und Verwarnungsgelder (§§ 4 Abs. 5 S. 1 Nr. 8 S. 1 und S. 2, 9 Abs. 5 EStG). Dieses Abzugsverbot gilt jedoch nach § 4 Abs. 5 S. 1 Nr. 8 S. 4 Hs. 1 EStG nicht, soweit der wirtschaftliche Vorteil, der durch den Gesetzesverstoß erlangt wurde, abgeschöpft worden ist, wenn die Steuern vom Einkommen und Ertrag, die auf den wirtschaftlichen Vorteil entfallen, nicht abgezogen worden sind. Bei betrieblich veranlassten Sanktionen sind Verfahrenskosten (Gerichts- und Anwaltsgebühren) hingegen auch dann abzugsfähige Betriebsausgaben, wenn die Sanktion selbst nach § 4 Abs. 5 S. 1 Nr. 8 EStG vom Abzug ausgeschlossen ist (vgl. iE Rolletschke/Kemper/*Rolletschke* Rn. 261 f. mwN).

534   **Schadenersatzansprüche der Geschädigten** können einer Besteuerung von Einkünften aus rechtswidrigen Taten entgegenstehen. Bei Geltendmachung zivilrechtlicher Schadensersatzansprüche (§ 823 Abs. 1, Abs. 2 BGB iVm zB § 263 Abs. 1 StGB) kann der Täter entsprechende Zahlungen als Betriebsausgaben oder Werbungskosten geltend machen.

535   Hierbei ergeben sich allerdings Unterschiede je nachdem, ob er bilanziert (§ 4 Abs. 1 EStG), eine Einnahme-Überschussrechnung aufstellt (§ 4 Abs. 3 EStG) oder Überschuss-Einkünfte erzielt. Bei den Gewinneinkunftsarten (Land- und Forstwirtschaft, Gewerbebetrieb, selbstständige Tätigkeit) hat der Steuerpflichtige grds. die Wahl zwischen den Gewinnermittlungsmethoden Betriebsvermögensvergleich (§ 4 Abs. 1 EStG) und Einnahme-Überschussrechnung (§ 4 Abs. 3 EStG). Hat der Steuerpflichtige jedoch – wie in der Strafverfolgungspraxis üblich – keinerlei Aufzeichnungen gefertigt und damit keine Wahl getroffen, verbleibt es beim Grundsatz der Gewinnermittlung nach § 4 Abs. 1 EStG (BGH NStZ 2016, 164 (169); BayObLG wistra 2001, 194).

536   Bei einer **Gewinnermittlung nach § 4 Abs. 1 EStG** sind ungewisse Verbindlichkeiten als Rückstellung zu passivieren, wenn der Schuldner mit seiner Inanspruchnahme ernsthaft rechnen muss (R 31c Abs. 2 Nr. 3 EStR 2001). Es müssen also mehr Gründe für als gegen eine Inanspruchnahme sprechen.

Zivilrechtliche Schadensersatzansprüche der Geschädigten führen zu dem Zeitpunkt zu gewinnmindernden Rückstellungen für Schadensersatzleistungen aus unerlaubter Handlung, zu dem mit einer konkreten zivilrechtlichen Inanspruchnahme zu rechnen ist. Bis zu diesem Zeitpunkt rechnet der Täter idR nicht mit der Tatentdeckung. Abzustellen ist insoweit auf das Wirtschaftsjahr, in dem mit aufdeckungsorientierten Maßnahmen begonnen wird. Dann wird die Nachzahlungspflicht überwiegend wahrscheinlich.

537   Ermittelt der Täter seine gewerblichen Einkünfte durch Einnahme-Überschussrechnung **(§ 4 Abs. 3 EStG),** ist der Zeitpunkt des tatsächlichen Zuflusses der Betriebseinnahmen (§ 11 Abs. 1 EStG) und des tatsächlichen Abflusses (§ 11 Abs. 2 EStG = Zeitpunkt der Zahlung an die Geschädigten) maßgebend. Da der Täter meist nicht im Jahr der Tatbegehung (also des Zuflusses der Einnahmen), sondern in einem späteren Jahr zur Leistung des Schadensersatzes herangezogen wird, sind zunächst seine Einkünfte zu versteuern. Die Begleichung der Schadensersatzforderung stellt eine Betriebsausgabe dar, die er positiven Einkünften dieses Veranlagungszeitraums verrechnen oder – soweit solche nicht vorhanden sind – im Wege des Verlustrücktrags bzw. Verlustvortrags gem. § 10d EStG in andere Veranlagungszeiträume übertragen kann.

538   Für die Überschusseinkünfte nichtselbstständige Tätigkeit (§ 19 EStG), Kapitaleinkünfte (§ 20 EStG) sowie Vermietung und Verpachtung (§ 21 EStG) ist ebenfalls § 11 EStG anwendbar.

539   **2. Umsatzsteuer.** § 40 findet auch im Umsatzsteuerbereich Anwendung, sodass (bloß) unerlaubte Lieferungen oder Leistungen, die von einem Unternehmer iSd § 2 UStG erbracht werden, umsatzsteuerbar iSd § 1 UStG sind.

540   Nach EuGH-Rechtsprechung (vgl. EuGH UR 1989, 309 (310), UR 1989, 312 (313)) stehen allerdings Waren und Dienstleistungen, die einem völligen Verkehrsverbot in allen Mitgliedstaaten unterliegen, zu den Vorschriften der 6. EG-RL 77/388/EWG (ABl. 1977 L 145, 1, Gemeinsames Mehrwertsteuersystem) bzw. der Mehrwertsteuer-Systemrichtlinie 2006/112/EG (ABl. 2006 L 347, 1) in keiner Beziehung. Aus diesem Grund sind **nicht verkehrfähige Umsätze nicht umsatzsteuerbar/-pflichtig.** Dementsprechend unterfällt die unerlaubte Einfuhr von Betäubungsmitteln in die Gemeinschaft, die nicht Gegenstand des von den zuständigen Stellen streng überwachten Vertriebs zur

Verwendung für medizinische und wissenschaftliche Zwecke sind, nicht der Einfuhrumsatzsteuer. Auch bei der unerlaubten Lieferung von Haschisch und Amphetaminen innerhalb eines Mitgliedstaates entsteht keine Umsatzsteuer. Der Grundsatz der steuerlichen Wertneutralität wird dadurch nicht berührt, weil ein Wettbewerb zwischen legalem und illegalem Wirtschaftsektor – anders als bei bloß unerlaubten Lieferungen/Leistungen – ausgeschlossen ist.

Sind legale steuerbare Umsätze umsatzsteuerfrei gestellt, so verwehrt der Grundsatz der steuerlichen **541** Neutralität, das illegale Gegenstück der Umsatzsteuer zu unterwerfen. Dementsprechend begeht der Veranstalter unerlaubter Glücksspiele keine Umsatzsteuerhinterziehung, wenn die Veranstaltung solcher Glücksspiele durch eine zugelassene öffentliche Spielbank steuerfrei nach § 4 Nr. 9 Buchst. b UStG ist (BGH wistra 1998, 344).

3. Reduzierung des Erklärungsmaßes. Offenbart der Steuerpflichtige mit einer wahrheitsgemä- **542** ßen Erklärung zuvor begangene Straftaten, wird er durch das Steuergeheimnis (§ 30) sowie das in § 393 Abs. 2 normierte begrenzte strafrechtliche Verwertungsverbot geschützt (s. dazu die Erläut zu § 393). Da dieser Schutz aber wiederum durchbrochen wird, wenn die Offenbarung im zwingenden öffentlichen Interesse liegt (§§ 393 Abs. 2 S. 2, 30 Abs. 4 Nr. 5), wird dem Steuerpflichtigen ggf. doch die Offenbarung auch solcher Sachverhalte zugemutet, durch die er sich der Gefahr der Strafverfolgung aussetzt. Um dieses Spannungsverhältnis auszugleichen, hält der BGH es für naheliegend, dann **an die Konkretisierung der gebotenen steuerlichen Erklärungen niedrigere Anforderungen** zu stellen als sonst nach § 90 geboten (vgl. BGH NStZ-RR 2004, 242 (243)). Beispielsweise könnten Einkünfte nur betragsmäßig, nicht aber unter genauer Bezeichnung der Einkunftsquelle zu bezeichnen sein.

Fraglich ist allerdings, ob die durch den BGH vorgeschlagene niedrigere Konkretisierungsschwelle bei **543** fortlaufenden Einkünften oder bei der Geltendmachung von Werbungskosten bzw. Betriebsausgaben durchgehalten werden kann. Jedenfalls besteht die Gefahr, dass das Finanzamt die genauere Einkunftsquelle irgendwann erfragen wird. Außerdem kann die Finanzbehörde im Einzelfall (zB bei einem verantwortlichen Mitarbeiter eines städtischen Bauamts) zutreffende Rückschlüsse anstellen und Verdachtsanzeige bei der Staatsanwaltschaft erstatten (so *Wulf* wistra 2006, 89 ff.).

X. Liechtenstein-Stiftung

Die Gründung einer Liechtenstein-Stiftung setzt ein Mindestvermögen von 30.000 CHF voraus. **544** Im Regelfall setzt der Stifter einen liechtensteinischen Berater als Treuhänder ein, sodass die Identität des Stifters anonym bleiben kann. Gegenüber Behörden wird die Stiftung durch einen Repräsentanten vertreten. Die Geschäftsführung erfolgt durch einen Stiftungsrat, der aus mindestens einer natürlichen oder juristischen Person mit (Wohn-)Sitz in Liechtenstein bestehen muss. Für die Stiftung besteht keine Rechnungs- und Prüfungspflicht. Überwiegend nimmt ein durch einen Mandatsvertrag gebundener liechtensteinischer Vermögensverwalter die Funktionen des Treuhänders und des Stiftungsrates wahr.

Die Errichtung der Stiftung löst keine liechtensteinische Schenkung- oder Erbschaftsteuer aus, sofern **545** der Stifter seinen Wohnsitz außerhalb des Fürstentums Liechtenstein hat. Es besteht ferner eine gänzliche Befreiung von Gewinn- oder Ertragsteuern. Auszahlungen der liechtensteinischen Stiftung an Begünstigte mit Sitz im Ausland sind in Liechtenstein steuerfrei. Als Sitz- oder Holdingunternehmen bezahlt eine liechtensteinische Stiftung lediglich eine Kapitalsteuer iHv 1 ‰ vom einbezahlten Kapital bzw. vom investierten Vermögen und von den Reserven, mindestens aber 1000 CHF pro Jahr (Art. 84 des liechtensteinischen Gesetzes über die Landes- und Gemeindesteuern – SteuerG). Übersteigt das steuerbare Kapital 2 Mio. CHF, so ermäßigt sich die Steuer für das 2 Mio. CHF übersteigende Kapital auf 0,75 ‰ und für das 10 Mio. CHF übersteigende Kapital auf 0,5 ‰ (Art. 85 SteuerG).

Die deutschen Steuerrechtsfolgen einer Liechtenstein-Stiftung hängen im Wesentlichen davon ab, ob **546** es sich um eine „echte" Stiftung handelt, bei der ein endgültiger Vermögensübergang bezweckt wird, oder um eine bloße „unechte" (= verdeckte Treuhand). Für die rechtliche Einordnung eines konkreten Falls bedarf es einer Gesamtbetrachtung, die insbes. die Vertragsgestaltung, eventuelle Nebenabreden und deren tatsächliche Durchführung im Einzelfall berücksichtigt. Für eine verdeckte Treuhand und gegen eine Stiftung spricht: Der Verwalter ist tatsächlich und rechtlich an die Weisungen des Treugebers gebunden; eine tatsächliche Bindung kann ausreichend sein; der Stifter kann den Verwalter jederzeit kündigen bzw. dessen Ablösung durchsetzen; der Stifter kann die Vermögensübertragung jederzeit rückgängig machen (BFH DStR 2001, 656 (657); BMF IV A 4 – S 1928 – 120/04, Ergänzende Informationen zum Strafbefreiungserklärungsgesetz (StraBEG), ergänzt am 16.9.2004, Frage 19). In Fällen dieser Art kann der Stifter nach dem Stiftungsreglement jederzeit zu Lebzeiten wie ein Kontoinhaber über das Stiftungsvermögen verfügen.

Handelt es sich danach um eine „echte" Stiftung (= die zivilrechtlich gestifteten Wirtschaftsgüter sind **547** auch steuerrechtlich der Stiftung zuzurechnen), so ist deren Errichtung nach deutschem Recht schenkungsteuerpflichtig. Nach § 7 Abs. 1 Nr. 8 S. 1 ErbStG gilt der Übergang von Vermögen aufgrund eines Stiftungsgeschäftes unter Lebenden als Schenkung unter Lebenden. Nachfolgende Zuwendungen des Stifters oder Dritter sind als freigiebige Zuwendungen iSd § 7 Abs. 1 Nr. 1 ErbStG ebenfalls schenkungsteuerpflichtig (vgl. *Mutter* DStR 2004, 893 (894 f.)).

548   Bei Aufhebung einer „echten" Stiftung fällt das Stiftungsvermögen den im Stiftungsgeschäft bzw. in der Satzung bestimmten Personen zu. § 7 Abs. 1 Nr. 9 S. 1 ErbStG qualifiziert den Erwerb durch Anfallsberechtigte bei Stiftungsauflösungen als Schenkung unter Lebenden. Der Rückfall des Stiftungsvermögens an den Stifter selbst ist nicht steuerfrei oder -privilegiert, sondern unterliegt der Besteuerung nach ErbSt-Klasse III (BFH BStBl. II 1993, 238 (239)).

549   Ist die Liechtenstein-Stiftung als verdeckte Treuhand anzusehen (= die zivilrechtlich gestifteten Wirtschaftsgüter sind steuerrechtlich weiterhin dem Stifter zuzurechnen), so ist der Stiftungsakt nicht schenkungsteuerpflichtig. Es fehlt insoweit an der erforderlichen Entreicherung des Stifters (BMF IV A 4 – S 1928 – 120/04, Ergänzende Informationen zum Strafbefreiungserklärungsgesetz (StraBEG), ergänzt am 16.9.2004, Frage 19; BFH BStBl. II 2007, 669 (671)).

550   Ebenso wenig führt die Auskehr des Stiftungsvermögens an den Stifter zu einer Entreicherung der Stiftung, weswegen hierin auch kein schenkungsteuerpflichtiger Vorgang gesehen werden kann.

551   In den Fällen der verdeckten Treuhand sind alle von der Stiftung mit dem iErg treuhänderisch verwalteten Vermögen erzielten Erträge unmittelbar dem „Stifter" nach Maßgabe des EStG als eigene Einkünfte zuzurechnen und damit von diesem zu versteuern (BMF IV A 4 – S 1928 – 120/04, Ergänzende Informationen zum Strafbefreiungserklärungsgesetz (StraBEG), ergänzt am 16.9.2004, Frage 19). Die entsprechende Nichterklärung bewirkt eine Steuerverkürzung. Angesichts der Sachverhaltskonstruktion wird man schwerlich Tatvorsatz bestreiten können (vgl. *Streck* NJW 2004, 3737 (3739)).

552   Sehr kontrovers diskutiert wurde in diesem Zusammenhang, ob die durch Ankauf von Daten-Cds erworbenen Erkenntnisse einem Verwertungsverbot unterliegen. Wegen Art der Datenbeschaffung vgl. zB *Durst* PStR 2008, 134 ff.; *Salditt* PStR 2008, 84 ff.; *Holenstein* PStR 2008, 90 ff.; *Kölbel* NStZ 2008, 241 ff.; *Wagner* ZSteu 2008, 95 ff.; *Flöthmann* SAM 2008, 63 ff.; *Kemper* ZRP 2008, 105 ff.; *Gallandt* ZRP 2008, 128 ff.; *Görres/Kleinert* NJW 2008, 1353 ff.; *Schünemann* NStZ 2008, 305 ff.; *Sieber* NJW 2008, 881 ff.; *Bruhns* StraFo 2008, 189 ff.; *Gerson/Habetha* NJW 2008, 887 ff.; *Beulke* Jura 2008, 653 ff.; *Junker* StRR 2008, 129 ff. Wegen Verletzung des Steuergeheimnisses vgl. zB *Durst* PStR 2008, 134 ff.; *Salditt* PStR 2008, 84 ff.; *Stahl/Demuth* DStR 2008, 600 ff. Wegen Verstoßes gegen die informationelle Selbstbestimmung vgl. zB *Salditt* PStR 2008, 84.

    Das LG Bochum hat in zwei Beschlüssen (LG Bochum BeckRS 2010, 07104; NStZ 2010, 351) das Vorliegen von Verwertungsverboten verneint. Der Ankauf von Beweismitteln führe jedenfalls dann nicht zu einer nachhaltigen Beschädigung des Ermittlungsverfahrens als nach rechtsstaatlichen Grundsätzen geordneten Verfahrens, wenn staatliche Behörden lediglich ein strafrechtlich relevantes Verhalten einer Privatperson nachgelagert ausnutzen. Ein Verwertungsverbot wegen Verletzung eines völkerrechtlichen Rechtshilfeübereinkommens setzte den im Streitfall nicht gegebenen Fall voraus, dass das die Verwertung des Beweismittels selbst völkerrechtswidrig ist.

    Das BVerfG (BVerfG DStR 2010, 2512 f.) hat die hiergegen eingelegte Verfassungsbeschwerde nicht zur Entscheidung angenommen (§ 93a Abs. 2 BVerfGG). Der Verfassungsbeschwerde komme keine grundsätzliche verfassungsrechtliche Bedeutung zu. Es sei von Verfassungs wegen nicht zu beanstanden, dass die Fachgerichte den für die Durchsuchung erforderlichen Anfangsverdacht auch auf die Erkenntnisse aus den Daten-CDs gestützt haben. Soweit die angegriffenen Entscheidungen nach Abwägung der verschiedenen Interessen zu dem Ergebnis gelangten, dass die Daten aus Liechtenstein verwendet werden dürften, um den Anfangsverdacht für die Durchsuchung zu begründen, sei dies nachvollziehbar und lasse eine verfassungsrechtlich relevante Fehlgewichtung nicht erkennen.

G. Konkurrenzen

I. Konkurrenzverhältnisse innerhalb § 370

553   **1. Steuerhinterziehung durch Unterlassen (§ 370 Abs. 1 Nr. 2).** Jede durch pflichtwidriges Unterlassen begangene Steuerhinterziehung (§ 370 Abs. 1 Nr. 2) bildet eine selbstständige Tat im prozessualen Sinne (§ 264 StPO). Materiell-rechtlich besteht Tatmehrheit (§ 53 StGB). Die verletzten Pflichten (= Nichtabgabe von Steuererklärungen) können nicht durch ein und dieselbe Handlung (= Abgabe einer Steuererklärung) nachgeholt werden. Allein ein einheitlicher Tatentschluss, steuerliche Pflichten für mehrere Steuerarten und mehrere Besteuerungszeiträume künftig nicht nachzukommen, begründet keine Tateinheit (vgl. BGH NStZ-RR 2005, 53 (55); BGH wistra 2007, 342 (343); BGH NZWiSt 2015, 262; MüKoStGB/*Schmitz/Wulf* Rn. 531).

554   **2. Steuerhinterziehung durch aktives Tun (§ 370 Abs. 1 Nr. 1).** Auch mehrere durch aktives Tun begangene Steuerhinterziehungen stehen nach der Rspr. des BGH zueinander grds. im Verhältnis der **Tatmehrheit** (§ 53 StGB). Es kann allerdings dann **Tateinheit** (§ 52 StGB) vorliegen, wenn durch eine Erklärung mehrere Taterfolge bewirkt wurden (Einkommensteuer und Kirchensteuer,

Einkommen- oder Körperschaftsteuer und Solidaritätszuschlag, vgl. JJR/*Joecks* Rn. 722), sowie wenn die Abgabe der Steuererklärungen **im äußeren Vorgang zusammenfallen** und überdies in den Erklärungen **übereinstimmende unrichtige Angaben** enthalten sind (vgl. zB BGH NStZ-RR 2005, 53 (54); BGH StraFo 2007, 518; BGH NStZ-RR 2008, 244 (nicht abgedr. in BGH wistra 2008, 266), BGH wistra 2008, 384; BGH NZWiSt 2015, 262; aA *Joecks,* Steuerstrafrecht 2. Aufl. 2000, 74: das Erfordernis der Inhaltsgleichheit sei das Überbleibsel einer mittlerweile überholten Rspr.; → § 369 Rn. 18).

Im äußeren Vorgang fällt die Abgabe zusammen, wenn die betreffenden Erklärungen in einem **555** Umschlag oder gleichzeitig in mehreren Umschlägen in den Briefkasten eingeworfen werden (so ausdrücklich auch JJR/*Joecks* § 371 Rn. 288). Da Briefumschläge in der Finanzamtspraxis aber nicht verwahrt werden, **ist auf den Eingangsstempel abzustellen.** Tragen die Erklärungen den identischen Eingangsstempel, ist zumindest „in dubio pro reo" von einer gleichzeitigen Einreichung (= § 52 StGB) auszugehen (BGH NJW 2009, 3383 (3384); Rolletschke SteuerStrafR Rn. 151).

Bleibt letztlich tatsächlich unklar, ob mehrere Steuererklärungen gleichzeitig (taggleich) eingereicht **556** worden sind, etwa weil gar kein Eingangsstempel angebracht worden ist, kann die Anwendung des „in dubio pro reo"-Grundsatzes ggf. gebieten, Gleichzeitigkeit (Taggleichheit) anzunehmen (BayObLG wistra 1992, 314).

Da sich die Annahme von Tateinheit auf die Bestimmung des großen Ausmaßes iSv § 370 Abs. 3 S. 2 **557** Nr. 1 auswirkt (nach BGH NJW 2009, 528 (532) findet eine Addition der Verkürzungsbeträge statt; → Rn. 584) und damit entscheidend mitbestimmt, welche Verjährungsfrist (§ 376 Abs. 1 oder § 78 Abs. 3 Nr. 4 StGB) zur Anwendung kommt, ist mE zu überlegen, ob an der vorstehend ausgeführten Ausnahme vom Grundsatz, dass jede unrichtige Steuererklärung eine selbstständige Tat im materiellen Sinn darstellt, festzuhalten ist. So kann sich nämlich das etwas befremdlich anmutende Ergebnis ergeben, dass bei taggleicher Einreichung mehrerer unzureichender Steuererklärungen, die lediglich in der Addition der betreffenden Verkürzungsbeträge eine Verkürzung im großen Ausmaß ergeben, die verlängerte Verjährungsfrist gilt. Bei sukzessiver Einreichung der gleichen Steuererklärungen an mehreren Folgetagen würde indes die fünfjährige Regelverjährung zur Anwendung kommen.

3. Zusammentreffen von Tun und Unterlassen. Treffen Steuerhinterziehung durch aktives **558** **Tun und durch Unterlassen** zusammen, kommt lediglich **Tatmehrheit** in Betracht (vgl. BGH StRR 2009, 647 (648); OLG Köln NJW 2004, 3504 (3505)). Zu den Auswirkungen der „Konkurrenzlehre" insbes. auf § 371 Abs. 2 S. 1 Nr. 3 s. *Rolletschke/Steinhart* NZWiSt 2015, 71 ff.

4. Hinweispflicht. Bei Änderung des zB in der Anklage angenommenen Konkurrenzverhältnisses **559** besteht eine Hinweispflicht des Gerichts nach § 265 Abs. 1 StPO (vgl. Meyer-Goßner/Schmitt/*Meyer-Goßner* StPO § 265 Rn. 15).

5. Beihilfe. Ob das Verhalten eines Tatbeteiligten eine Einheit oder Mehrheit von Handlungen bildet, **560** **richtet sich** nicht nach der Haupttat, sondern **nach dem Tatbeitrag,** den der Beteiligte geleistet hat (BGH NJW 2003, 2996 (3000); BGH NStZ-RR 2008, 168 (169)).

Tatmehrheit gem. § 53 StGB ist bei Beihilfehandlungen deshalb dann anzunehmen, wenn durch **561** mehrere Hilfeleistungen mehrere selbstständige Taten gefördert werden, also den Haupttaten jeweils eigenständige Bedeutung zukommt.

Dagegen liegt Tateinheit bei einer Beihilfe iSd § 52 StGB dann vor, wenn der Gehilfe mit einer **562** einzigen Unterstützungshandlung zu mehreren Haupttaten eines anderen Hilfe leistet (vgl. zB BGH NStZ 2000, 83). Darüber hinaus gilt das Gleiche vor dem Hintergrund der Akzessorietät der Teilnahme, wenn sich mehrere Unterstützungshandlungen auf dieselbe Haupttat beziehen (vgl. zB BGH NJW 2000, 3010 (3012)).

II. Sonstige Konkurrenzverhältnisse

1. Gesetzeskonkurrenz. Da § 370 nach hM Sonderstraftatbestand zu § 263 StGB ist, besteht **563** zwischen beiden Gesetzeskonkurrenz in Form der Spezialität (→ Rn. 6; vgl. BGHSt 32, 203 = BGH wistra 1984, 69; JJR/*Joecks* Rn. 735; Tipke/Lang SteuerR/*Seer* § 23 Rn. 35; Kühn/v. Wedelstädt/*Blesinger* Rn. 1; Beermann/Gosch/*Meyer* Rn. 1).

Zwischen beiden besteht ausnahmsweise dann keine Gesetzeskonkurrenz, wenn der Täter mit der **564** Tathandlung des § 370 außer der Verkürzung von Steuereinnahmen oder der Erlangung ungerechtfertigter Steuervorteile noch weitere Vorteile erstrebt, zB Prozesskostenhilfe nach §§ 114 ff. ZPO (vgl. JJR/*Joecks* Rn. 736).

Da die „Hinterziehung" von Kirchensteuer mit Ausnahme von Sachsen und Mecklenburg-Vorpom- **565** mern weder als Kirchensteuerhinterziehung noch (mE) als Betrug strafbar ist (→ Rn. 88), kann insoweit keine Tateinheit zwischen § 370 und § 263 StGB in Betracht kommen (aA Hellmann wistra 2004, 201: § 52 StGB).

Nach der früheren Rspr. sollte für die Abgrenzung Steuerhinterziehung/Betrug entscheidungserheb- **566** lich sein, ob steuerlich relevante Umstände eines konkreten, tatsächlich existierenden Steuerpflichtigen vorgetäuscht wurden oder ob ein Steuervorgang insgesamt zum Zwecke der Täuschung fingiert und erfunden war. Im ersten Fall sollte wegen des Bezugs der Tat zu einem Steuerrechtsverhältnis § 370 einschlägig sein. Im zweiten Fall sollte demgegenüber § 263 StGB in Betracht kommen, da es an jeglicher steuerlicher Beziehung und damit an der Gefährdung eines konkreten Steueranspruchs mangeln würde (so BGH NJW 1972, 1287; BGH wistra 1987, 177; *Tröndle,* StGB, 48. Aufl. 2000, StGB § 263 Rn. 48).

567   Diese formale Betrachtungsweise hat die Rspr. mittlerweile aufgegeben. Zunächst hielt der BGH bei einem völlig frei erfundenen umsatzsteuerlichen Vorgang den Hinterziehungstatbestand und nicht den Betrugstatbestand für einschlägig, allerdings nur unter der Voraussetzung, dass ein tatsächlich existierender Unternehmer ggü. der Finanzbehörde Tatsachen vortäuscht, die zu einer Vorsteuererstattung führen sollen, auch wenn er iÜ aktuell keine Umsätze getätigt hat (vgl. BGH NStZ 1989, 273). Denn die in dem summarischen Selbstberechnungsverfahren des § 18 UStG vom Steuerpflichtigen abzugebenden Erklärungen müssten nach §§ 90 Abs. 1 S. 2, 150 Abs. 2 S. 1 wahrheitsgemäß sein. Sie seien „unrichtig" iSd § 370 Abs. 1 Nr. 1, wenn den in den Umsatzsteuervoranmeldungen oder in der Jahreserklärung geltend gemachten Vorsteuerabzugsbeträgen keine bereits ausgeführten Leistungen zugrunde liegen oder insoweit noch keine Zahlungen geleistet worden sind und mithin die Voraussetzungen für einen Vorsteuerabzug nach § 15 Abs. 1 UStG nicht vorliegen. In diesen Fällen sei der Anspruch des Steuergläubigers am rechtzeitigen und vollständigen Aufkommen jeder einzelnen Steuer tangiert, wie er von § 370 geschützt wird. Für die Zuordnung zum allgemeinen Strafrecht (§ 263 StGB) oder zum besonderen Steuerstrafrecht (§ 370) könne es nicht darauf ankommen, ob der Steuervorgang bei einem tatsächlich existierenden Steuerpflichtigen nur zum Teil erfunden ist (wie es regelmäßig iRd § 370 der Fall ist), oder ob der Lebensvorgang insgesamt fingiert ist. In beiden Fällen komme § 370 zum Tragen, da ein Steuerschuldverhältnis besteht.

568   Mit der gleichen Argumentation erstreckte der BGH diese Sicht dann auch auf das Ertragsteuerrecht (BGH wistra 1990, 58).

569   In konsequenter Fortführung dieser Rspr. ist bereits die Vortäuschung eines Unternehmens, für das ohne Bezug auf reale Vorgänge fingierte Umsätze angemeldet und Vorsteuererstattungen begehrt werden, § 370 zuzuordnen (vgl. BGH NStZ 1994, 397 (398); BGH NStZ-RR 2003, 20 (21); BGH NJW 2005, 2720; BGH NStZ 2005, 516 für fingierte Umsatzsteuerfälle; BGH NStZ 1998, 91 für einen fingierten Ertragsteuerfall). Für die Anwendbarkeit des § 370 kann es letztlich nicht darauf ankommen, ob der Steuerpflichtige (irgendwann schon einmal) steuerlich geführt worden ist oder unternehmerisch tätig war. Maßgebend muss sein, ob durch Täuschungshandlungen ein Steuerschuldverhältnis begründet wurde, aus dem ein Steuervorteil zu Unrecht gewährt worden ist. Es fallen demnach nicht nur Täuschungshandlungen innerhalb eines bereits bestehenden Steuerschuldverhältnisses in den Anwendungsbereich des § 370, sondern auch Täuschungshandlungen, durch die ein Steuerschuldverhältnis überhaupt erst entsteht.

570   § 370 ist auch ggü. dem Subventionsbetrug (§ 264 StGB) vorrangig (vgl. Fischer StGB § 264 Rn. 39).

571   **2. Tateinheit.** Tateinheit kann bestehen zwischen Steuerhinterziehung und folgenden Delikten: Verstrickungsbruch (§ 136 Abs. 1 StGB), Siegelbruch (§ 136 Abs. 2 StGB), Vereiteln der Zwangsvollstreckung (§ 288 StGB), zB bei eigenmächtiger Übereignung eines vom Finanzamt gepfändeten – im Gewahrsam des Vollstreckungsschuldners belassenen – Gegenstandes an einen gutgläubigen Dritten; Unterschlagung (§ 246 StGB), zB bei zweifacher Sicherungsübereignung im Zusammenhang mit Stundung rückständiger Steuern; Widerstand gegen Vollstreckungsbeamte (vgl. OLG Hamm ZfZ 1960, 279; JJR/*Joecks* Rn. 737); Betrug, wenn der Täter mit der Tathandlung des § 370 außer der Steuerverkürzung oder der Erlangung ungerechtfertigter Steuervorteile noch weitere Vorteile erlangt, zB Prozesskostenhilfe nach §§ 114 ff. ZPO (vgl. JJR/*Joecks* Rn. 736); Urkundenfälschung (§ 267 StGB), wenn die unechte oder verfälschte Urkunde im Besteuerungsverfahren gebraucht wird (BayObLG wistra 1988, 76 (77); JJR/*Joecks* Rn. 737; MüKoStGB/*Schmitz/Wulf* Rn. 547); Abgabe einer falschen Versicherung an Eides Statt (§ 156 StGB), wenn die Abgabe ggü. der Finanzbehörde erfolgt und dadurch die Vollstreckung in Vermögenswerte des Steuerpflichtigen verhindert wird (BGH NJW 1991, 3227 (3228); JJR/*Joecks* Rn. 737; MüKoStGB/*Schmitz/Wulf* Rn. 547); Untreue (§ 266 StGB) eines Finanzbeamten bewirkt, der seine Befugnisse oder seine Stellung als Amtsträger missbraucht (vgl. BGH NStZ 1998, 91 (92); JJR/*Joecks* Rn. 737).

572   **3. Tatmehrheit.** Tatmehrheit kann insbes. bestehen zwischen § 370 und Nichtabführen von Sozialversicherungsbeiträgen gem. § 266a StGB (vgl. BGH NStZ 2006, 227; JJR/*Joecks* Rn. 738; MüKoStGB/*Schmitz/Wulf* Rn. 546; aA OLG Düsseldorf wistra 1987, 191: Tateinheit); Lohnsteuer- und Einkommensteuerhinterziehung stehen auch für übereinstimmende Zeiträume zueinander in Tatmehrheit (§ 53 StGB) und bilden auch keine einheitliche prozessuale Tat gem. § 264 StPO (vgl. OLG Zweibrücken PStR 2005, 207).

H. Rechtsfolgen der Steuerhinterziehung
I. Strafe

1. Allgemein. Der gesetzliche Strafrahmen für § 370 beträgt **Freiheitsstrafe bis zu fünf Jahren** 573
oder **Geldstrafe**. Dies entspricht aus dem allgemeinen Strafrecht der Strafandrohung zB für Diebstahl
(§ 242 StGB), Betrug (§ 263 StGB) oder Untreue (§ 266 StGB).

2. Die besonders schwere Steuerhinterziehung (§ 370 Abs. 3). a) Allgemein. § 370 Abs. 3   574
sieht eine Strafschärfung für besonders schwere Fälle vor. Die Freiheitsstrafe beträgt dann zwischen sechs
Monaten und zehn Jahren. Die Verhängung einer Geldstrafe ist ausgeschlossen (vgl. MüKoStGB/
Schmitz/Wulf Rn. 465).

Da sich die Einordnung von Straftaten in die Deliktstypen Verbrechen und Vergehen (§ 12 Abs. 1   575
und Abs. 2 StGB) stets nach dem Regelstrafrahmen (§ 12 Abs. 3 StGB) richtet, ist auch die im Mindestmaß mit einer geringeren als einer einjährigen Freiheitsstrafe bzw. mit Geldstrafe bedrohte besonders
schwere Steuerhinterziehung (§ 38 Abs. 2 StGB, § 370 Abs. 1 AO) ein **Vergehen.** Es handelt sich bei
§ 370 Abs. 3 dogmatisch um durch Regelbeispiele **benannte Strafschärfungsgründe** (zur Regelbeispieltechnik allg. vgl. Fischer StGB § 46 Rn. 90 ff.). Die Annahme eines besonders schweren Falles zieht
„lediglich" eine Verschiebung des Strafrahmens nach sich, ohne dass sich dadurch etwas an der Delikts-
typologisierung ändert (vgl. Fischer StGB § 12 Rn. 9).

Das Gesetz führt einige Regelbeispiele dafür an, in denen ein „besonders schwerer Fall" von Steuer-   576
hinterziehung angenommen werden kann. Die Aufzählung ist jedoch weder bindend noch erschöpfend.
Es ist vielmehr **Sache des Gerichts, im Einzelfall darüber zu befinden, ob ein besonders
schwerer Fall gegeben ist** (= der Schuldgehalt der Tat muss denjenigen der für den ordentlichen
Strafrahmen bedachten Fälle so weit übertreffen, dass der ordentliche Strafrahmen nicht ausreicht) oder
nicht. Die Regelwirkung der Rechtsbeispiele zwingen den Richter zu sorgfältiger Feststellung, ob ein
Beispielsfall vorliegt oder ein nach Tatunrecht und Schuld einem Regelfall vergleichbarer Sachverhalt
(vgl. Fischer StGB § 46 Rn. 88 ff.; Kühn/v. Wedelstädt/*Blesinger* Rn. 110 ff.). Trotz der positiven Indizwirkung des Regelbeispiels besteht aber keine Automatik, wonach immer dann, wenn ein Regelbeispiel
erfüllt ist, wegen eines besonders schweren Falls zu verurteilen ist (vgl. Klein/*Jäger* Rn. 277; Gußen
SteuerStrafR Rn. 161).

Da § 370 Abs. 3 S. 2 eine Strafzumessungsvorschrift ist, ist das Vorliegen eines besonders schweren   577
Falls für jeden Täter und Teilnehmer gesondert zu prüfen (vgl. MüKoStGB/*Schmitz/Wulf* Rn. 467
mwN).

Rechtsdogmatisch gibt es den „versuchten besonders schweren Fall" zwar nicht (vgl. zB SSW StGB/   578
Kudlich/Schuhr StGB § 22 Rn. 76). Wird aber sowohl zur Verwirklichung des Grunddelikts (§ 370
Abs. 1 Nr. 1) als auch zur Verwirklichung eines Regelbeispiels (zB § 370 Abs. 3 S. 2 Nr. 1) unmittelbar
angesetzt, ist ein Versuch in einem besonders schweren Fall gegeben, für den der erhöhte Strafrahmen
des § 370 Abs. 3 S. 1 (ggf. mit der Milderung des § 23 Abs. 2 StGB) gilt (so bereits BGHSt 33, 370
(373 ff.) zu § 243 StGB; jetzt auch BGH wistra 2010, 449 zu § 370).

Kommt entgegen der Einschätzung bei Anklageerhebung eine Verurteilung wegen eines besonders   579
schweren Falls in Betracht, muss in der Hauptverhandlung ein entsprechender Hinweis (§ 265 Abs. 2
StPO) erteilt werden (vgl. Klein/*Jäger* Rn. 278).

b) Die einzelnen Regelbeispiele. aa) § 370 Abs. 3 S. 2 Nr. 1. Nach § 370 Abs. 3 S. 2 Nr. 1 liegt   580
in der Regel ein besonders schwerer Fall vor, wenn der Täter in **großem Ausmaß** Steuern verkürzt
oder nicht gerechtfertigte Steuervorteile erlangt.

Bis zur Gesetzesnovellierung durch das „Gesetz zur Neuregelung der Telekommunikationsüber-   581
wachung und anderer verdeckter Ermittlungsmaßnahmen sowie zur Umsetzung der RL 2006/24/EG"
(BGBl. 2007 I 3198 ff.) war darüber hinaus erforderlich, dass der Täter in **grobem Eigennutz** handelte.
Die alte Gesetzeslage gilt für Taten, die vor der Gesetzesänderung (1.1.2008) begangen wurden (BGH
NJW 2009, 528 (533); wistra 2009, 359 (362); Klein/*Jäger* Rn. 281; MüKoStGB/*Schmitz/Wulf*
Rn. 470), die neue für danach begangene (vgl. *Rolletschke* PStR 2010, 75 (76)). Dabei handelt grob
eigennützig, wer sich bei seinem Verhalten von dem Streben nach eigenem Vorteil im besonders
anstößigen Maße leiten ließ. Das insoweit verfolgte Gewinnstreben muss zwar deutlich über dem
üblichen Maß liegen, der Grad einer Gewinnsucht muss allerdings noch nicht erreicht sein (vgl. zB
Fischer StGB § 264 Rn. 46 mwN). Kann bei Steuerhinterziehungen, die nach alter Gesetzeslage zu
beurteilen sind, kein grober Eigennutz festgestellt werden, liegt nach BGH-Rspr (BGH NZWiSt 2013,
224 (227); NZWiSt 2013, 438 (440)) bei sehr hohen Hinterziehungsbeträgen die Annahme eines unbenannten besonders schweren Falles nicht fern.

Durch die Streichung dieses „schwer bestimmbaren Merkmals" (so die Gesetzesbegründung, vgl. BT-   582
Drs. 16/5846, 75), die in der Lit. auch als Leerformel gescholten wurde (so ausdrücklich JJR/*Joecks*
Rn. 568), dürften sich in der Sache aber kaum Auswirkungen ergeben. Für das Merkmal „in großem
Ausmaß" iSd § 370 Abs. 3 S. 2 Nr. 1 gibt es keine lediglich an der Höhe des Verkürzungsbetrages

orientierte Grenze, bei deren Überschreiten zwingend das Vorliegen eines besonders schweren Falles zu bejahen ist (vgl. dazu iE *Wirtz,* Das „Al Capone"-Prinzip, 2005, 145 ff. mwN). Es ist (wie bei jedem Regelbeispiel) vielmehr eine **Gesamtbetrachtung unter Berücksichtigung aller Umstände** vorzunehmen (vgl. zB wistra 1993, 109; *Kühn/v.* Wedelstädt/*Blesinger* Rn. 111, 114; Gußen SteuerStrafR Rn. 164). *Schmitz/Wulf* (MüKoStGB/*Schmitz/Wulf* Rn. 497) schlagen insoweit für § 370 Abs. 3 S. 2 Nr. 2–5 eine Geringfügigkeitsgrenze von 1.000 EUR vor, unterhalb der der steuerliche Schaden für die Annahme eines besonders schweren Falls nicht ausreichen soll.

583 Im Strafzumessungsgrundsatzurteil v. 2.12.2008 beurteilt der BGH (NJW 2009, 528 (531)) das große Ausmaß iSd § 370 Abs. 3 S. 2 Nr. 1 parallel zu dem des § 263 Abs. 3 S. 2 Nr. 2 Fall 1 StGB. Dazu hatte der 1. Senat (BGH NStZ 2004, 155 (156)) bereits in 2003 entschieden, dieses liege jedenfalls dann nicht vor, wenn der Vermögensverlust den Wert von **50.000 EUR** nicht erreicht (aA zu § 370 Abs. 3 S. 2 Nr. 1 zB JJR/*Joecks* Rn. 566; Kohlmann/*Kohlmann* aF 370 Rn. 330; *Kühn/v.* Wedelstädt/*Blesinger* Rn. 114; Koch/Scholtz/*Scheurmann-Kettner* Rn. 59: 50.000 EUR; allg. zur bisherigen Strafverfolgungspraxis *Wirtz,* Das „Al Capone"-Prinzip, 2005, 145 ff.).

584 Weitergehend unterschied der BGH zwischen Vermögensgefährdung und Vermögensverlust. Die vorgenannte **50.000 EUR**-Betragsgrenze komme namentlich in Betracht, wenn der Täter ungerechtfertigte Zahlungen vom Finanzamt erlangt hat, der Fiskus also einen **Vermögensverlust** erlitten hat (aA *Mack* Stbg 2009, 270 (272): 50.000 EUR-Grenze gelte nur für echt betrugsähnliche Fälle).

Bei einer bloßen Gefährdung des Steueranspruchs durch eine unzureichende Steuerfestsetzung sei eine Wertgrenze von **100.000 EUR** angemessen; ungeachtet dessen, ob ein Fall des aktiven Tuns oder des pflichtwidrigen Unterlassens vorliegt (BGH wistra 2011, 396; BGH NZWiSt 2012, 154; *Bilsdorfer* NJW 2009, 476 (477); *Rolletschke* PStR 2010, 75 (77); darstellend MüKoStGB/*Schmitz/Wulf,* 1. Aufl. 2010, Rn. 477; aA *Spatscheck* SAM 2009, 122 (123); *Bach* PStR 2010, 11 (12)). Da der BGH im Beschluss vom 15.12.2011 (NZWiSt 2012, 154 f.) den 50.000 EUR-Schwellenwert aber auch bei Verrechnungen mit anderen Steuerverbindlichkeiten sowie dann angewendet hat, wenn der Täter – betrugsähnlich – zu Unrecht Steuerminderungsbeträge geltend gemacht hat, beschränkt sich die 100.000 EUR-"Grenze" auf die Nichterklärung von Steuererhöhungsbeträgen.

584a Von dieser auf zwei Schwellenwerte abstellenden Rspr. nahm der BGH im Urteil v. 27.10.2015 (BGH NZWiSt 2016, 102 ff.) Abstand. Insbesondere aus Gründen der Rechtssicherheit soll danach ein **einheitlicher Schwellenwert von 50.000 EUR** gelten. Da auch gefestigte Rspr. nach Ansicht des BGH keinen Vertrauensschutz begründet (→ Rn. 22), ist diese geänderte Rspr. in allen offenen Fällen anzuwenden. Auswirkungen hat diese Änderung der Rspr. nicht nur auf die Strafrahmenwahl (§ 370 Abs. 1 oder Abs. 3 S. 1), sondern insbes. auf das Verjährungs- und Selbstanzeigerecht (vgl. iE *Rolletschke* NZWiSt 2016, 209 ff.).

585 Zur Bestimmung der Wertgrenzen bleibt es bei den von der Rspr. entwickelten Rechtsgrundsätzen. Maßgebend ist jeder „Einzelfall" (BGH wistra 2004, 185 (186); 2005, 144 (145)), wobei der BGH insoweit materiell-rechtliche Konkurrenzverhältnisse einbezieht (BGH NJW 2009, 528 (532); BGH NZWiSt 2012, 154 (155); MüKoStGB/*Schmitz/Wulf* Rn. 481; *Spatscheck* SAM 2009, 122 (124); aA Gußen SteuerStrafR Rn. 163; *Flore* HRRS 2009, 493 (498): die auf die Steuerart und den Veranlagungszeitraum begrenzte Steuerhinterziehungshandlung). Dh, bei tateinheitlicher Begehung findet eine Addition der jeweiligen Taterfolge statt (vgl. BGH NZWiSt 2012, 154 (155); Klein/*Jäger* Rn. 280; *Rolletschke/Jope* wistra 2009, 218 (221); *Wulf* DStR 2009, 459 (464)).

586 Angesichts der „Zufälligkeiten" der steuerstrafrechtlichen Konkurrenzlehre (→ Rn. 553 ff.) können sich dadurch aber durchaus Ungereimtheiten ergeben. Bei taggleicher Einreichung unzureichender Steuererklärungen erfolgt eine Addition der Verkürzungsbeträge, bei Einreichung an den jew. Folgetagen indes nicht. In der Strafzumessung im engeren Sinn kann hier ein (kleiner) Ausgleich dadurch geschaffen werden, dass bei **Tatserien** für die Bemessung der Einzelstrafe nicht allein der Schaden der Einzeltat verursachte Schaden maßgeblich ist, sondern der verursachte Gesamtschaden in den Blick genommen wird (BGH NZWiSt 2012, 112 (113)). Zu den Tatserien zählt auch eine Reihe unrichtiger Umsatzsteuervoranmeldungen (BGH NZWiSt 2012, 112 (113); zu Tatserien bei § 263 StGB vgl. BGH NStZ-RR 2012, 114).

586a Da sich die Verwirklichung der Begehungsweise des besonders schweren Falls (des § 370 Abs. 3 S. 2 Nr. 1) aber letztlich sogar in der Verjährungsdauer niederschlägt, wäre mE zu überdenken, die steuerstrafrechtliche Konkurrenzlehre zu korrigieren; denkbar wäre insoweit zB die Ausnahme (bei taggleicher Einreichung ist Tateinheit möglich) von der Regel (jede Erklärungen bildet sowohl prozessual als auch materiell-rechtlich eine gesonderte Tat) aufzugeben (→ Rn. 553 f.).

586b Besteht der Taterfolg nicht in einer Steuerverkürzung, sondern in einem erlangten Steuervorteil, so zieht der BGH (NZWiSt 2014, 157 (160)) auch hier differenzierende Wertgrenzen in Betracht; allerdings ohne diese bislang beziffert zu haben.

587 IÜ ist zu überlegen, bereits iRd Gesamtwürdigung bei § 370 Abs. 3 S. 2 Nr. 1 andere strafzumessungsrelevante Umstände einzustellen (aA zB Klein/*Jäger* § 376 Rn. 16, der das Vorliegen eines Regelbeispiels bejaht, die nachfolgend benannten Strafmilderungsgründe aber in einem zweiten Schritt contra-indiziell berücksichtigt). Für die Frage der Strafrahmenwahl ist dies letztlich ohne weitergehende Bedeutung, zugrunde gelegt werden würde jedenfalls der Strafrahmen des § 370 Abs. 1; bedeutsam wird

dies aber für die Frage der Anwendung der verlängerten Strafverfolgungsverjährungsfrist des § 376 Abs. 1. Der BGH (1 StR 373/15) stellt im dortigen Zusammenhang jedenfalls für Kompensationsverbotsfälle (§ 370 Abs. 4 S. 3) auf den nominellen Taterfolg ab. Zu nennen sind hier zunächst die im BGH-Grundsatzurteil Skizzierten: das Verhältnis zwischen verkürzten und (erklärungsgemäß) gezahlten Steuern, die Lebensleistung und das Nachtatverhalten des Täters, ob der Täter das Finanzamt quasi als Bank betrachtet oder Steuerhinterziehungen gewerbsmäßig betrieben hat, ob er besondere Unternehmensstrukturen aufgebaut, andere Personen verstrickt, systematisch Scheingeschäfte getätigt, die Buchführung manipuliert oder gezielt Domizilgesellschaften eingeschaltet hat. Daneben ist die Unterscheidung zwischen einer nur vorübergehenden (zeitlichen) und einer endgültigen Steuerverkürzung (vgl. JJR/*Joecks* Rn. 566; MüKoStGB/*Schmitz/Wulf* Rn. 481; Gußen SteuerStrafR Rn. 164; *Felix* KÖSDI 1986, 6298 ff.; → Rn. 141 ff.) genauso mit einzubeziehen wie die Frage, ob ob die Steuerhinterziehung eigen- oder fremdnützig erfolgt ist (vgl. Koch/Scholtz/*Scheurmann-Kettner* Rn. 59). Zu berücksichtigen ist ferner auch die jedenfalls strafzumessungsrelevante Frage des Eingreifens des Kompensationsverbots (§ 370 Abs. 4 S. 3; → Rn. 187). Bereits auf die Wahl des Strafrahmens wirkt sich aus, ob die Steuerhinterziehung vollendet wurde oder nur versucht ist (§§ 23 Abs. 2, 49 Abs. 1 StGB). Zum Versuch in einem besonders schweren Fall → Rn. 578.

bb) § 370 Abs. 3 S. 2 Nr. 2. Ein besonders schwerer Fall von Steuerhinterziehung liegt nach § 370 Abs. 3 S. 2 Nr. 2 auch dann vor, wenn der Täter seine Stellung oder Befugnisse als Amtsträger (§ 7) missbraucht.   **588**

Unproblematisch unter das Regelbeispiel zu fassen ist der Fall, dass ein Amtsträger auf den entscheidenden Beamten einwirkt. Als problematisch galt zumindest der Fall, dass der entscheidende **Amtsträger die Steuerfestsetzung selbst vornimmt oder ohne Steuerfestsetzung eine Steuererstattung an sich veranlasst.** Es stellt sich insoweit zunächst die Frage, ob eine Steuerhinterziehung bereits deshalb ausgeschlossen ist, weil § 370 Abs. 1 Nr. 1 den Irrtum oder zumindest die Unkenntnis der Finanzbehörde voraussetzt. Die höchstrichterliche Rspr. (BGH NStZ 2007, 596 (597); BGH wistra 2009, 398; BGH NStZ 2011, 283 f.; BFH NJW 2006, 1550 (1551 f.)) **lehnt** das Erfordernis eines **Irrtums des zuständigen Finanzbeamten** jedenfalls für den Fall **ab,** dass der Finanzbeamte einen Steuerfall lediglich fingiert. Der BFH begründet dies damit, dass die kausale Verknüpfung zwischen den unrichtigen Angaben und dem Eintritt der Steuerverkürzung keine gelungene Täuschung mit Irrtumserregung beim zuständigen Finanzbeamten voraussetze. Der BGH folgert aus den Regelbeispielen des § 370 Abs. 3 S. 2 Nr. 2 und Nr. 3, dass der Gesetzgeber von der Strafbarkeit von Finanzbeamten ausgeht, die bewusst an Steuerhinterziehungen eines Steuerpflichtigen teilnehmen.   **589**

In der Lit. (vgl. JJR/*Joecks* Rn. 292, 576; Kohlmann/*Kohlmann* aF § 370 Rn. 1101; MüKoStGB/*Schmitz/Wulf* Rn. 483; Gußen SteuerStrafR Rn. 166; *Weyand* wistra 1988, 180 ff.) wird tw unter ausdrückl. Ablehnung der BGH-Rechtsprechung daran festgehalten, dass die Steuerhinterziehung auch in der Tatbestandsvariante des § 370 Abs. 1 Nr. 1 die Unkenntnis des für die sachliche Entscheidung zuständigen Beamten voraussetzt. Eine täterschaftlich begangene Steuerhinterziehung des „untreuen Finanzbeamten" sei insoweit ausgeschlossen. Begründet wird dies mit der Deliktsparallelität Steuerhinterziehung/Betrug. Die Tathandlung der beiden Delikte sei identisch; der Täter behauptet unzutreffende Tatsachen. Beim Betrug behauptet er diese Tatsachen ggü. einem Menschen (= Täuschung), der sich daraufhin in einem Irrtum befindet und in Folge des Irrtums eine Vermögensverfügung vornimmt, die wiederum zu einem Vermögensschaden führt (vgl. Fischer StGB § 263 Rn. 32, 40 mwN). Bei der Steuerhinterziehung müsse die Tatsachenbehauptung aufgrund der Besonderheiten des Besteuerungsverfahrens (zB bei Steuervoranmeldungen, § 168 S. 1) nicht zwingend ggü. einem Menschen erfolgen. Dann komme es weder zu einem Irrtum noch zu einer entsprechenden Vermögensverfügung (iE so auch Hübschmann/Hepp/Spitaler/*Hellmann* Rn. 200, 202: der Veranlagungsbeamte unterliege im automatisierten Verfahren einem täuschungsbedingten Fehler, wenn der Rechner die Unrichtigkeit bzw. Unvollständigkeit der Angaben nicht erkennt und keine Fehlermeldung abgibt). Dann genüge es, dass die unrichtigen oder unvollständigen Angaben über steuerlich erhebliche Tatsachen in anderer Weise als durch Täuschung für die Steuerverkürzung ursächlich werden (so allgemein auch BGH NJW 2000, 528 (529)). Wenn jedoch die verfahrensrechtliche Besonderheit, dass auf einen menschlichen Entscheidungsträger nicht eingewirkt werden muss, gerade nicht besteht, müsse auch eine Täuschung des entscheidungsberechtigten Veranlagungsbeamten gegeben sein. Eine solche Täuschung eines Dritten scheidet aber gerade im Fall des fingierten Steuerfalls aus (vgl. iE *Rolletschke* wistra 2005, 250 ff.).   **590**

Unabhängig davon verneinte das FG Bbg (EFG 2004, 544 (545)) aber auch den Eintritt des Taterfolgs. Der Taterfolg müsse vom Willen der Behörde getragen werden. Dies sei letztlich aber deshalb nicht gegeben, weil der untreue Beamte nicht mehr den Willen der Behörde repräsentiere; er stehe nicht mehr im Lager der Finanzverwaltung; sein Wissen sei der Finanzverwaltung nicht mehr zuzurechnen. Auch wenn der BFH (NJW 2006, 1550 (1552)) diese Gedanken als „verfehlte Willensbildungstheorie" ablehnt, weil der unberechtigte Steuervorteil gerade nicht aufgrund eines Verwaltungsakts oder mit Wissen und Wollen einer Person erlangt werden müsse, ist der Revisionsentscheidung nicht zu entnehmen, welcher Taterfolg vorgelegen haben soll, für den ein „bloßer Nichtakt" ausreicht. Ob ein Nichtakt zu einer Steuerverkürzung führen kann, ist allein schon deshalb fraglich, weil der Verkürzungsbegriff an   **591** eine unzureichende Steuerfestsetzung anknüpft (§ 370 Abs. 4 S. 1 Hs. 1). Eine Steuerfestsetzung erfolgt aber gerade durch Steuerbescheid, der wiederum kraft Natur der Sache Verwaltungsakt ist (§ 155 Abs. 1 S. 1, S. 2). Ob eine Steuervorteilserlangung durch einen Nichtakt erfolgen kann, ist nicht weniger problematisch. Ein Steuervorteil wird nämlich üblicherweise mit Gewährung oder Belassung als erlangt angesehen; die Gewährung fasst man aber ebenfalls als Verwaltungsakt auf (vgl. JJR/*Joecks* Rn. 146). Insoweit müsste also der Begriff der Vorteilserlangung über die bloße Gewährung oder Belassung hinaus erweiternd auslegt werden; etwa dass man wie bei der Eingriffskondiktion (§ 812 Abs. 1 S. 1 Fall 2 BGB) im zivilrechtlichen Bereicherungsrecht eine Vermögensverschiebung, die ohne den Willen des Entreicherten eingetreten ist ausreichen lässt (vgl. *Rolletschke* wistra 2006, 249). Der BGH (NStZ 2007, 596 (597)) bejaht das Vorliegen eines Steuervorteils allerdings ohne weitergehende Auseinandersetzung mit der Frage, ob „ein Nichtakt" ausreicht.

592   Wird der „untreue Finanzbeamte" wegen besonders schwerer Steuerhinterziehung iSd § 370 Abs. 3 S. 2 Nr. 2 und tateinheitlich gegebener Untreue (§ 266 StGB) bestraft, ist zu beachten, dass das „Untreueunrecht" bereits mit dem verschobenen Strafrahmen abgegolten ist (vgl. BGH NStZ 1998, 91 (92); Kühn/v. Wedelstädt/*Blesinger* Rn. 116).

593   Für die Annahme des Regelbeispiels ist nicht zwingend erforderlich, dass dem Amtsträger ein Vorteil zugeflossen ist (vgl. Rolletschke/Kemper/*Rolletschke* Rn. 176); allerdings kann dieser Umstand bei der Gesamtwürdigung des Einzelfalls von Bedeutung sein.

594   **cc) § 370 Abs. 3 S. 2 Nr. 3.** Nach § 370 Abs. 3 S. 2 Nr. 3 liegt ferner der Regelfall einer besonders schweren Steuerhinterziehung dann vor, wenn ein Dritter bei seiner Steuerhinterziehung die **Mithilfe eines Amtsträgers** (§ 7) **ausnutzt,** der hierbei seine Befugnisse oder seine Stellung missbraucht.

     Eine derartige Ausnutzung ist gegeben, wenn sich ein Täter der Beihilfe (oder sogar Mittäterschaft) eines ungetreuen Amtsträgers bedient (vgl. JJR/*Joecks* Rn. 577; MüKoStGB/*Schmitz/Wulf* Rn. 485; Kühn/v. Wedelstädt/*Blesinger* Rn. 118; Gußen SteuerStrafR Rn. 167; Fischer StGB § 264 Rn. 48). Auf welche Art und Weise der Täter die Mithilfe des Amtsträgers erreicht und wie er dessen Mithilfe ausnutzt, ist unerheblich (so auch v. Briel/Ehlscheid SteuerStrafR/*v. Briel* § 1 Rn. 355).

595   Geht der Täter aber davon aus, dass der Amtsträger die Unrichtigkeit der Erklärung nicht erkennt (= Fall der vorgestellten mittelbaren Täterschaft, § 25 Abs. 1 Fall 2 StGB), nutzt er dessen Mithilfe nicht aus (vgl. JJR/*Joecks* Rn. 577; Klein/*Jäger* Rn. 290; MüKoStGB/*Schmitz/Wulf* Rn. 485; Gußen SteuerStrafR Rn. 167).

596   **dd) § 370 Abs. 3 S. 2 Nr. 4.** § 370 Abs. 3 S. 2 Nr. 4 führt als weiteres Regelbeispiel eines besonders schweren Falles die fortgesetzte Verkürzung von Steuern bzw. fortgesetzte Erlangung nicht gerechtfertigter Steuervorteile – begangen durch Verwendung nachgemachter oder verfälschter Belege – an.

597   **(1) Beleg.** „Belege" sind alle (nach Handelsrecht für Buchungen in den von einem Kaufmann zu führenden Büchern geordnet aufzubewahren) Buchungsbelege sowie sonstige Unterlagen, die zwar nicht der Buchung in Handelsbüchern dienen, jedoch für die Besteuerung von Bedeutung sind (§§ 147 Abs. 1 Nr. 4 und Abs. 1 Nr. 5, 143 Abs. 3 Nr. 5, 144 Abs. 3 Nr. 5).

598   **(2) Nachgemacht.** Nachgemacht sind Belege, wenn sie **unechte Urkunden** iSd § 267 Abs. 1 Fall 1 StGB darstellen (BGH wistra 1990, 26; Klein/*Jäger* Rn. 295; MüKoStGB/*Schmitz/Wulf* Rn. 487; Beermann/Gosch/*Meyer* Rn. 290; Gußen SteuerStrafR Rn. 169). Unechte Urkunden sind solche, bei denen eine Identitätstäuschung über den Aussteller erfolgt (vgl. zB Fischer StGB § 267 Rn. 20 mwN).

599   Keine „unechte Urkunden" sind sog **„schriftliche Lügen".** Dabei handelt es sich um Urkunden, in denen jemand unter seinem richtigen Namen etwas bewusst Falsches erklärt (vgl. zB Fischer StGB § 267 Rn. 20 mwN). Schriftliche Lügen füllen das Regelbeispiel des § 370 Abs. 3 S. 2 Nr. 4 nicht aus (vgl. BGH NStZ 1989, 272 (273); BGH wistra 1990, 26; MüKoStGB/*Schmitz/Wulf* Rn. 487; Kühn/v. Wedelstädt/*Blesinger* Rn. 119; Gußen SteuerStrafR Rn. 169). Dennoch bleibt es dem Tatrichter im Einzelfall unbenommen, trotz Nichtvorliegens des Regelbeispiels einen unbenannten besonders schweren Fall anzunehmen (vgl. Rolletschke/Kemper/*Rolletschke* Rn. 180; Wannemacher SteuerStrafR/*Welnhofer-Zeitler* Rn. 1459). Gegen diese Annahme spricht allerdings die negative Indizwirkung von Regelbeispielen (vgl. BGH NStZ 2011, 643 (644); *Rüping/Ende* DStR 2008, 13 (17)).

600   **(3) Verfälscht.** „Verfälscht" sind Belege, wenn nachträglich ihre **Beweisrichtung geändert** wurde (dies entspricht somit der Tatbestandsvariante des § 267 Abs. 1 Fall 2 StGB = echte Urkunden verfälscht).

601   **(4) Fortgesetzt.** Damit das Regelbeispiel greift, muss der Täter bereits **mindestens zwei Steuerhinterziehungen** unter Vorlage unrichtiger Belege begangen haben (BGH wistra 1990, 26 (27), BGH NStZ 1998, 413; JJR/*Joecks* Rn. 578; Kohlmann/*Schauf* Rn. 1120; Klein/*Jäger* Rn. 296; MüKoStGB/*Schmitz/Wulf* Rn. 489). Allerdings muss der Täter nicht von Anfang an die Vorstellung haben, er werde in Zukunft mehrfach Steuern auf die bezeichnete Art verkürzen. Es reicht vielmehr aus, wenn der Täter zunächst mit einem auf den Einzelfall bezogenen Vorsatz handelt, um dann im Fall des Erfolges sein steuerschädliches Verhalten mehrfach fortzusetzen (vgl. BGH NStZ 1998, 413 (414)).

(5) Verwendet. Die nachgemachten oder verfälschten Belege werden nicht schon dann verwendet, **602**
wenn sie Eingang in die Buchführung und das Zahlenwerk der Steuererklärung finden. Erforderlich ist,
dass der Täter die entsprechenden Belege auch seiner **Steuererklärung beifügt** (vgl. BGH NStZ 1989,
124; BGH wistra 1989, 228; JJR/*Joecks* Rn. 578; Klein/*Jäger* Rn. 297; MüKoStGB/*Schmitz/Wulf*
Rn. 488; Gußen SteuerStrafR Rn. 169).

Hält der Täter diese Belege (körperlich) zurück, „verwendet" sie aber inhaltlich in seiner Steuererklärung, liegt das Regelbeispiel des § 370 Abs. 3 S. 2 Nr. 4 nicht vor. Unbeschadet dessen ist jedoch der
kriminelle Gehalt beider Verhaltensweisen vergleichbar, sodass ggf. – trotz der negativen Indizwirkung
von Regelbeispielen – ein unbenannter besonders schwerer Fall angenommen werden kann (BGH
BeckRS 1989, 31106614; BGH wistra 1989, 190; BGH BeckRS 1989, 31106020 = wistra 1989, 228;
JJR/*Joecks* Rn. 578; Klein/*Jäger* Rn. 297).

Verwendet werden die Belege auch dann, wenn die in die Buchführung eingestellten Belege auf **603**
Nachfrage dem Finanzamt übersandt oder im Rahmen einer Außenprüfung vorgelegt werden (vgl.
MüKoStGB/*Schmitz/Wulf* Rn. 488) sowie wenn sie einem gutgläubigen Buchhalter zr Erstellung von
Umsatzsteuervoranmeldungen oder einem Steuerberater zur Erstellung einer Umsatzsteuerjahreserklä-
rung zugeleitet werden (BGH BeckRS 2015, 10576).

ee) § 370 Abs. 3 S. 2 Nr. 5. Durch das „Gesetz zur Neuregelung der Telekommunikationsüber- **604**
wachung und anderer verdeckter Ermittlungsmaßnahmen sowie zur Umsetzung der Richtlinie 2006/
24/EG" (BGBl. 2007 I 3198 ff.) wurde § 370 Abs. 3 S. 2 Nr. 5 zum 1.1.2008 neu in das Gesetz
eingefügt. Zuvor begangene Taten können allenfalls als unbenannter besonders schwerer Fall iSd § 370
Abs. 3 S. 1 aufgefasst werden (vgl. *Joecks,* Tagungsband Beratung und Verteidigung in Steuerstrafsachen
2008, 8 ff.); allerdings wird man insoweit die negative Indizwirkung von Regelbeispielen zu beachten
haben (vgl. BGH NStZ 2011, 643 (644); *Rüping/Ende* DStR 2008, 13 (17)).

Nach § 370 Abs. 3 S. 2 Nr. 5 verwirklicht ein Regelbeispiel auch, wer als Mitglied einer Bande, die **605**
sich zur fortgesetzten Begehung von Taten nach § 370 Abs. 1 verbunden hat, Umsatz- oder Verbrauchsteuern verkürzt oder nicht gerechtfertigte Umsatz- oder Verbrauchsteuervorteile erlangt.

Da § 370 Abs. 3 S. 2 Nr. 5 gleichzeitig Katalogtat des § 100a StPO geworden ist (§ 100a Abs. 2 **606**
Nr. 2 Buchst. a StPO), bedarf es für die Rechtfertigung entsprechender Ermittlungsmaßnahmen nicht
mehr des „Rückgriffs" auf § 129 StGB (§ 100a S. 1 Nr. 1 Buchst. c StPO) bzw. auf § 370a aF, § 261
StGB (§ 100a S. 1 Nr. 2 StPO).

Beide Wege waren wenig praxistauglich. Umsatzsteuerkarusselle bilden nach der Rspr. des BGH
(BGH NStZ 2007, 31) nicht zwingend eine kriminelle Vereinigung. Erforderlich ist insoweit die Unterordnung des Einzelnen unter den Willen der Gesamtheit und nicht nur die Unterordnung unter den
Willen eines anderen. Beim Geldwäschetatbestand lässt die Vorrangregelung des § 261 Abs. 9 S. 2 StGB
bei Beteiligung an der Vortat keine Strafbarkeit nach § 261 StGB zu. Eine entsprechende Strafbarkeit
war aber gerade Voraussetzung für eine Telefonüberwachung (vgl. BGH NStZ 2003, 499 f.).

Im Gegensatz zu seiner Vorgängervorschrift (§ 370a aF), gegen die der BGH wiederholt erhebliche **607**
verfassungsrechtliche Bedenken geäußert hatte (erstmals in BGH NJW 2004, 1885 (1886)), enthält die
Neuregelung weder das Verbrechensqualifikationsmerkmal des „großen Ausmaßes" noch das der „Gewerbsmäßigkeit".

Umgekehrt beinhaltet § 370 Abs. 3 S. 2 Nr. 5 eine Beschränkung auf Umsatz- und Verbrauch- **608**
steuern, während § 370a aF noch bei der Hinterziehung aller Steuerarten Anwendung gefunden hat
(vgl. Kohlmann/*Kohlmann* aF § 370a Rn. 10; FGJ/*Joecks*, 6. Aufl. 2005, § 370a Rn. 13; *Harms* FS
Kohlmann, 2003, 420; *Nöhren,* Die Hinterziehung von Umsatzsteuer, 2005, 47; *Joecks* wistra 2002, 201
(203); aA *Wegner* wistra 2002, 205 (206); *Hentschel* NJW 2002, 1703 (1704): § 370a habe nur für
Umsatzsteuerhinterziehungen gegolten).

c) Als Mitglied einer Bande, die sich zur fortgesetzten Begehung von Taten nach § 370 **609**
Abs. 1 verbunden hat. Der Täter muss die Steuerhinterziehung **als Mitglied der Bande** begehen. Da
die Gesetzesfassung des § 370 Abs. 3 S. 2 Nr. 5 an den Wortlaut der §§ 244 Abs. 1 Nr. 2, 250 Abs. 1
Nr. 2, 263 Abs. 5 StGB anknüpft, kann insoweit auf die dortigen Begriffsdefinitionen zurückgegriffen
werden.

Danach besteht eine Bande aus dem Zusammenschluss von **mindestens drei Personen,** die sich mit **610**
dem Willen verbunden haben, künftig für eine gewisse Dauer mehrere selbstständige, iE noch ungewisse
Straftaten des im Gesetz genannten Deliktstyps zu begehen. Ein gefestigter Bandenwille oder ein
Tätigwerden in einem übergeordneten Bandeninteresse ist nicht erforderlich (vgl. zB BGH NJW 2001,
2266 ff.; BGH wistra 2002, 21; BGH NStZ 2006, 174 (175); 2006, 574; Klein/*Jäger* Rn. 299). Anders
als bei einer kriminellen Vereinigung ist aber keine Unterordnung des Willens des Einzelnen unter den
Willen der Gesamtheit nötig (zur kriminellen Vereinigung vgl. BGH NStZ 2004, 574). Das Merkmal
der Bandenmitwirkung setzt ferner nicht voraus, dass jedes der zusammenwirkenden Bandenmitglieder
Täter ist. Es genügt insoweit **auch eine untergeordnete Tätigkeit,** etwa als Gehilfe (BGH NJW 2001,
2266 ff.; BGH wistra 2002, 21; BT-Drs. 16/5846, 75; Fischer StGB § 244 Rn. 22; → Rn. 343 f.).

Bei der Beihilfe zur bandenmäßigen Umsatzsteuerhinterziehung (§ 370 Abs. 3 S. 2 Nr. 5) kann § 28 **611**
StGB zwar keine unmittelbare Anwendung finden, weil die Bandenzugehörigkeit kein Qualifikations-

merkmal, sondern nur Teilmerkmal eines Regelbeispiels ist. Allerdings ist **§ 28 StGB analog** anzuwenden (vgl. Schönke/Schröder/*Heine/Weißer* StGB § 28 Rn. 9 mwN; Fischer StGB § 244 Rn. 20 mwN). Die Bandenzugehörigkeit stellt ein besonderes persönliches Merkmal iSd § 28 Abs. 2 StGB (analog) dar (vgl. BGH NStZ 1996, 128 (129); 4.12.2007 – 5 StR 404/07 (nicht abgedr. in NStZ 2008, 354); 24.1.2008 – 5 StR 253/07 (nicht abgedr. in NStZ 2008, 575); Fischer StGB § 244 Rn. 22 mwN; aA Schönke/Schröder/*Eser* StGB § 244 Rn. 22).

612   Die Verbindung als Bande zur fortgesetzten Tatbegehung setzt lediglich voraus, dass mehrere selbstständige iE noch ungewisser Taten begangen werden sollen (vgl. Fischer StGB § 244 Rn. 20 mwN). Ist die Verbindung auf die fortgesetzte Begehung gerichtet, so genügt bereits die Begehung einer Tat (BGH NJW 2004, 2840 (2842); Klein/*Jäger* Rn. 300; Schönke/Schröder/*Eser/Bosch* StGB § 244 Rn. 25 mwN).

613   Bezugsobjekt der Verbindung müssen Steuerhinterziehungen iSd § 370 sein. Bezweckt die Verbindung hingegen die „bloße" Nichtabführung von Steuern, so kann dies zu einer Ordnungswidrigkeit nach § 26b UStG, § 380 AO oder – bei Nichtabführung von Umsatzsteuer – zu einer entsprechenden Straftat (§ 26c UStG) führen. Das Regelbeispiel des § 370 Abs. 3 S. 2 Nr. 5 kann dadurch aber nicht verwirklicht werden.

d) Umsatz- oder Verbrauchsteuer verkürzt, Umsatz- oder Verbrauchsteuervorteil erlangt.

614 Der Anwendungsbereich des benannten Regelbeispiels ist ausweislich des Gesetzeswortlauts auf Umsatz- oder Verbrauchsteuern beschränkt. Bei anderen Steuerarten ist es zwar möglich, unbenannte besonders schwere Fälle anzunehmen (§ 370 Abs. 3 S. 1). Angesichts der umgekehrten Regelwirkung (vgl. auch *Rüping/Ende* DStR 2008, 13 (17)) ist das aber nur in ungewöhnlichen Einzelfällen denkbar (aA MüKoStGB/*Schmitz/Wulf* Rn. 494: bei Ertragsteuern etc ausgeschlossen). Anders als bei § 370a aF muss der Taterfolg aber kein großes Ausmaß mehr erreichen.

615 Der Anwendungsbereich des benannten Regelbeispiels ist ausweislich des Gesetzeswortlauts auf Umsatz- oder Verbrauchsteuern beschränkt. Bei anderen Steuerarten ist es zwar möglich, unbenannte besonders schwere Fälle anzunehmen (§ 370 Abs. 3 S. 1). Angesichts der umgekehrten Regelwirkung (vgl. auch *Rüping/Ende* DStR 2008, 13 (17)) ist das aber nur in ungewöhnlichen Einzelfällen denkbar (aA MüKoStGB/*Schmitz/Wulf* Rn. 494: bei Ertragsteuern etc ausgeschlossen). Anders als bei § 370a aF muss der Taterfolg aber kein großes Ausmaß mehr erreichen.

616 **3. Strafzumessung im Einzelnen.** Im sog Strafzumessungsurteil v. 2.12.2008 (BGH NJW 2009, 528 ff.) hat der BGH Maßstäbe für die Strafzumessung von Steuerhinterziehungen aufgestellt.

Tat- und schuldangemessen erscheinen danach (vorbehaltlich der Besonderheiten des Einzelfalls): bei einer Schädigung des Fiskalvermögens (= Steuererstattungen oder –vergütungen, überhöhte Geltendmachung von Steuerminderungsbeträgen) bis 50.000 EUR bzw. bei einer Gefährdung des Steueranspruchs bis 100.000 EUR eine Geldstrafe, bei Schädigungen bzw. Gefährdungen bis 1.000.000 EUR eine Freiheitsstrafe mit Aussetzung zur Bewährung gem. § 56 Abs. 2 StGB (eine Geldstrafe kommt nur ausnahmsweise bei gewichtigen Milderungsgründen in Betracht, hierzu zählen auch Geständnis und Steuernachzahlung), ab 1.000.000 EUR Hinterziehungsbetrag eine nicht aussetzungsfähige Freiheitsstrafe von mehr als zwei Jahren (eine Aussetzung zur Bewährung kommt nur ausnahmsweise bei besonders wichtigen Milderungsgründen in Betracht, wozu Geständnis und Steuernachzahlung allerdings nicht gehören; vgl. zB *Flore* HRRS 2009, 493 (497)). Bei den genannten Beträgen handelt es sich um die Hinterziehungsbeträge sämtlicher in Tateinheit iSd § 52 StGB stehender Steuerhinterziehungen (vgl. MüKoStGB/*Schmitz/Wulf* Rn. 507; *Rolletschke/Jope* wistra 2009, 219 (221); krit. *Spatscheck* SAM 2009, 122 (124 f.): zumindest die Betragsgrenze 1 Mio. EUR beziehe sich auf die Gesamtstrafenbildung).

617 Zur Strafzumessung allg. → § 369 Rn. 18. Zur Strafzumessung bei einer bloßen Steuerverkürzung auf Zeit → Rn. 141 ff.

618 Die Änderung der Rspr. durch den Großen Senat für Strafsachen beim BGH (BGH NJW 2008, 860 (861 ff.)), wonach eine rechtsstaatswidrige Verfahrensverzögerung nicht mehr iRd Strafzumessung als Strafmilderungsgrund zu berücksichtigen ist (so zB noch BGH wistra 2007, 149), sondern dass in der Urteilsformel auszusprechen ist, dass ein bezifferter Teil der verhängten Strafe als vollstreckt gilt, findet auch im Steuerstrafrecht Anwendung (BGH wistra 2008, 262; 2008, 266 (267); 2008, 304 (305) für § 370).

619 Bei der dreistufigen Bemessung einer Geldstrafe (1. Bestimmung der Tagessatzzahl, § 40 Abs. 1 StGB; 2. Bestimmung der Tagessatzhöhe, § 40 Abs. 2 StGB; 3. ggf. Entscheidung über Zahlungserleichterungen, § 42 StGB) ergeben sich einige Besonderheiten.

Für die Bestimmung der **Tagessatzanzahl** haben sich in der Praxis der finanzbehördlichen Strafverfolgungsorgane sog Strafmaßtabellen eingebürgert (vgl. Simon/Vogelberg/*Vogelberg* S. 122), die anknüpfend an den Verkürzungsbetrag einen ersten Anhalt für die Bemessung der Tagessatzanzahl geben. Der an derartigen Tabellen geübten Kritik (BGH NJW 2009, 528 (531); *Minoggio* PStR 2003, 212 f.) ist darin recht zu geben, dass eine Schematisierung anhand von Tabellen kein Ersatz einer einzelfall-, personenbezogenen und schuldangemessenen Strafzumessung sein kann. Allerdings spielt der Taterfolg einer Steuerhinterziehung als Ausgangspunkt der Strafzumessung durchaus eine Rolle (§ 46 Abs. 2 S. 2

StGB: verschuldete Auswirkungen der Tat). Jedoch kann ein „Tabellenwert" nur Basis einer Strafzumessung sein (so auch Simon/Vogelberg SteuerStrafR/*Vogelberg* S. 123).

Bei der Bestimmung der **Höhe der Tagessätze** (maßgebend sind die persönlichen und wirtschaftli- **620** chen Verhältnissen des Täters, § 40 Abs. 2 StGB) ist zu beachten, dass das Nettoeinkommen iSd § 40 Abs. 2 S. 2 StGB ein strafrechtlicher (und eben kein steuerrechtlicher) Begriff ist, der nach wirtschaftlicher Betrachtungsweise auszulegen bleibt (vgl. Rolletschke/Kemper/*Schützeberg* § 369 Rn. 61). Buchungstechnische Abschreibungen uä bleiben deshalb außen vor. ME ist eine Ermittlung des Nettoeinkommens anhand der dem Finanzamt bekannten Tatsachen möglich. Die entsprechenden Angaben unterliegen zwar dem Steuergeheimnis des § 30 Abs. 1; die Offenbarung dient aber der Durchführung eines Steuerstrafverfahrens (§ 30 Abs. 4 Nr. 1, Abs. 2 Nr. 1 Buchst. b; vgl. auch Rolletschke/Kemper/*Schützeberg* § 369 Rn. 61; Koch/Scholtz/*Scheurmann-Kettner* § 369 Rn. 57; aA JJR/*Joecks* § 369 Rn. 137).

Als **Nebenstrafe** möglich ist ein Fahrverbot (§ 44 StGB). Da insoweit allerdings ein Bezug der Straftat **621** mit dem Führen eines Kraftfahrzeugs vorausgesetzt wird, kommt es im Steuerstrafrecht allenfalls beim Schmuggel mit Kraftfahrzeugen zur Anwendung (vgl. Rolletschke/Kemper/*Schützeberg* § 369 Rn. 78). Als strafrechtliche Nebenfolge (§ 45 StGB) denkbar ist der Verlust bestimmter staatsbürgerlicher Rechte (Amtsfähigkeit, Wählbarkeit; vgl. § 375 Abs. 1 Nr. 1).

II. Außerstrafrechtliche Rechtsfolgen

Als **steuerrechtliche Folgen** einer Steuerhinterziehung kommen vor allen in Betracht: die Haftung **622** des Täters oder Teilnehmers für die hinterzogenen Steuerbeträge und die Hinterziehungszinsen (§ 71); die Festsetzung von Hinterziehungszinsen für hinterzogene Steuern (§ 235); die Verlängerung der Festsetzungsfrist für hinterzogene Steuern auf zehn Jahre (§ 169 Abs. 2); Ablaufhemmungen der Festsetzungsfrist (§ 171 Abs. 5, Abs. 7, Abs. 9); die Durchbrechung der Änderungssperre des § 173 Abs. 1 (§ 173 Abs. 2 S. 1). Geldstrafen, Geldbußen und Hinterziehungszinsen sind steuerlich nicht abzugsfähig (§ 4 Abs. 5 Nr. 8, Nr. 8a AO, § 12 Nr. 4 EStG).

Verwaltungsrechtliche Folgen: Gewerbeuntersagung (§ 35 Abs. 1 S. 1 GewO); Versagung, Rück- **623** nahme, Widerruf einer Gaststättenerlaubnis (§§ 4, 15 GastG); Versagung, Widerruf einer Personenbeförderungserlaubnis (§§ 13, 25 PBefG); Versagung, Rücknahme, Widerruf einer Güterkraftverkehrerlaubnis (§ 3 GüKG); Ausweisung eines Ausländers (§ 45 AuslG); Versagung, Entziehung eines Passes (§ 7 f. PassG); Versagung, Entziehung eines Jagdscheins (§§ 17 f. BJagdG); Versagung, Rücknahme, Widerruf einer Waffenbesitzkarte (§§ 30 Abs. 1 Nr. 2, 47 Abs. 2 WaffG).

Berufsrechtliche Folgen: Für **Beamte** steht zudem selbst bei Erstattung einer wirksamen Selbst- **624** anzeige eine disziplinarrechtliche Ahndung im Raum (BFH wistra 2008, 224 (226)). Strafverfolgung und Disziplinarrecht dienen unterschiedlichen Zwecken. Strafzweck ist nach der sog Vereinigungstheorie neben dem Schuldausgleich (vgl. iE SSW StGB/*Eschelbach* StGB § 46 Rn. 20 ff.) die allgemeine und spezielle Generalprävention sowie die negative wie positive Spezialprävention (vgl. Fischer StGB § 46 Rn. 2 f.). Die disziplinarrechtliche Ahndung soll den Beamten ermahnen, sich künftig pflichtgemäß zu verhalten und damit die Integrität und Funktionsfähigkeit des Berufsbeamtentums im Interesse der Allgemeinheit aufrechterhalten (vgl. OVG Koblenz ZBR 2005, 430 (431); zu den disziplinarrechtlichen Folgen iE vgl. Gußen SteuerStrafR Rn. 318 ff.).

Zu Mitteilungen der Finanzbehörden zur Durchführung dienstrechtlicher Maßnahmen BMF (BStBl. I 2010, 22).

Begeht ein **Steuerberater** eine (fremdnützige) Steuerhinterziehung, so verstößt er gegen seine **625** Berufspflichten gem. § 57 Abs. 1 StBerG. Selbst bei strafrechtlicher Ahndung besteht insoweit ein disziplinarer Überhang, der berufsrechtliche Maßnahmen rechtfertigt (vgl. OLG München DStR 2009, 831). Umgekehrt sind mögliche standesrechtliche Auswirkungen aber bei der strafrechtlichen Ahndung zu berücksichtigen (BGH BeckRS 2015, 17563).

Bei approbierten **Ärzten** führt zwar nicht jedes Steuervergehen zur Annahme der Unwürdigkeit iSd **626** § 3 Abs. 1 S. 1 Nr. 2 Fall 1 BÄO. Allerdings rechtfertigt ein schwerwiegendes, beharrliches steuerliches Fehlverhalten die Annahme, der Approbierte setze sich im eigenen finanziellen Interesse in einem solchem Maße auch über strafbewehrte, im Interesse der Allgemeinheit bestehende Bestimmungen hinweg, dass er schon deshalb als Arzt untragbar ist (vgl. OVG Lüneburg NdsVBl. 2010, 106 mwN).

§ 371 Selbstanzeige bei Steuerhinterziehung (Fassung ab 1.1.2015)

(1) **Wer gegenüber der Finanzbehörde zu allen Steuerstraftaten einer Steuerart in vollem Umfang die unrichtigen Angaben berichtigt, die unvollständigen Angaben ergänzt oder die unterlassenen Angaben nachholt, wird wegen dieser Steuerstraftaten nicht nach § 370 bestraft. Die Angaben müssen zu allen unverjährten Steuerstraftaten einer Steuerart, mindestens aber zu allen Steuerstraftaten einer Steuerart innerhalb der letzten zehn Kalenderjahre erfolgen.**

(2) Straffreiheit tritt nicht ein, wenn

1. bei einer der zur Selbstanzeige gebrachten unverjährten Steuerstraftaten vor der Berichtigung, Ergänzung oder Nachholung
   a) dem an der Tat Beteiligten, seinem Vertreter, dem Begünstigten im Sinne des § 370 Absatz 1 oder dessen Vertreter eine Prüfungsanordnung nach § 196 bekannt gegeben worden ist, beschränkt auf den sachlichen und zeitlichen Umfang der angekündigten Außenprüfung, oder
   b) dem an der Tat Beteiligten oder seinem Vertreter die Einleitung des Straf- oder Bußgeldverfahrens bekannt gegeben worden ist oder
   c) ein Amtsträger der Finanzbehörde zur steuerlichen Prüfung erschienen ist, beschränkt auf den sachlichen und zeitlichen Umfang der Außenprüfung, oder
   d) ein Amtsträger zur Ermittlung einer Steuerstraftat oder einer Steuerordnungswidrigkeit erschienen ist oder
   e) ein Amtsträger der Finanzbehörde zu einer Umsatzsteuer-Nachschau nach § 27b des Umsatzsteuergesetzes, einer Lohnsteuer-Nachschau nach § 42g des Einkommensteuergesetzes oder einer Nachschau nach anderen steuerrechtlichen Vorschriften erschienen ist und sich ausgewiesen hat oder
2. eine der Steuerstraftaten im Zeitpunkt der Berichtigung, Ergänzung oder Nachholung ganz oder zum Teil bereits entdeckt war und der Täter dies wusste oder bei verständiger Würdigung der Sachlage damit rechnen musste,
3. die nach § 370 Absatz 1 verkürzte Steuer oder der für sich oder einen anderen erlangte nicht gerechtfertigte Steuervorteil einen Betrag von 25 000 Euro je Tat übersteigt, oder
4. ein die Steuerhinterziehung durch Verletzung der Pflicht zur rechtzeitigen Abgabe einer vollständigen und richtigen Umsatzsteuervoranmeldung oder Lohnsteueranmeldung begangen worden ist, tritt Straffreiheit abweichend von den Absätzen 1 und 2 Satz 1 Nummer 3 bei Selbstanzeigen in dem Umfang ein, in dem der Täter gegenüber der zuständigen Finanzbehörde die unrichtigen Angaben berichtigt, die unvollständigen Angaben ergänzt oder die unterlassenen Angaben nachholt. Absatz 2 Satz 1 Nummer 2 gilt nicht, wenn die Entdeckung der Tat darauf beruht, dass eine Umsatzsteuervoranmeldung oder Lohnsteueranmeldung nachgeholt oder berichtigt wurde. Die Sätze 1 und 2 gelten nicht für Steueranmeldungen, die sich auf das Kalenderjahr beziehen. Für die Vollständigkeit der Selbstanzeige hinsichtlich einer auf das Kalenderjahr bezogenen Steueranmeldung ist die Berichtigung, Ergänzung oder Nachholung der Voranmeldungen, die dem Kalenderjahr nachfolgende Zeiträume betreffen, nicht erforderlich.

(2a) Soweit § 233a oder § 235 unerheblich ist.

(3) Sind Steuerverkürzungen bereits eingetreten oder Steuervorteile erlangt, so tritt für den an der Tat Beteiligten Straffreiheit nur ein, wenn er die aus der Tat zu seinen Gunsten hinterzogenen Steuern, die Hinterziehungszinsen nach § 235 und die Zinsen nach § 233a, soweit sie auf die Hinterziehungszinsen nach § 235 Absatz 4 angerechnet werden, innerhalb der ihm bestimmten angemessenen Frist entrichtet. In den Fällen des Absatzes 2a Satz 1 gilt Satz 1 mit der Maßgabe, dass die fristgerechte Entrichtung von Zinsen nach in § 370 Absatz 3 Satz 2 Nummer 2 bis 5 genannter besonders schwerer Fall vorliegt.

Der Ausschluss der Straffreiheit nach Satz 1 Nummer 1 Buchstabe a und c hindert nicht die Abgabe einer Berichtigung nach Absatz 1 für die nicht unter Satz 1 Nummer 1 Buchstabe a und c fallenden Steuerstraftaten einer Steuerart.

(4) Wird die in § 153 vorgesehene Anzeige rechtzeitig und ordnungsmäßig erstattet, so wird ein Dritter, der die in § 153 bezeichneten Erklärungen abzugeben unterlassen oder unrichtig oder unvollständig abgegeben hat, strafrechtlich nicht verfolgt, es sei denn, dass ihm oder seinem Vertreter vorher die Einleitung eines Straf- oder Bußgeldverfahrens wegen der Tat bekannt gegeben worden ist. Hat der Dritte zum eigenen Vorteil gehandelt, so gilt Absatz 3 entsprechend.

Die Kommentierung erfolgt auf der Grundlage der seit 1.1.2015 geltenden Gesetzeslage (AO-ÄndG v. 22.12.2014, BGBl. I 2415 ff.). Für Selbstanzeigen, die im Zeitraum zwischen dem 3.5.2011 und 31.12.2014 bei der zuständigen Finanzbehörde eingegangen sind, sowie – im Rahmen der Anwendung des mildesten Gesetzes – ggf. für Selbstanzeigen, die nach dem 1.1.2015 abschließend bearbeitet werden, wird ggf. zusätzlich die sich aus dem Schwarzgeldbekämpfungsgesetz v. 28.4.2011 (BGBl. I 676 f.) ergebende Gesetzeslage erläutert.

§ 371 Selbstanzeige bei Steuerhinterziehung (von 3.5.2011 bis 31.12.2014 geltende Fassung)

(1) Wer gegenüber der Finanzbehörde zu allen unverjährten Steuerstraftaten einer Steuerart in vollem Umfang die unrichtigen Angaben berichtigt, die unvollständigen Angaben ergänzt oder die unterlassenen Angaben nachholt, wird wegen dieser Steuerstraftaten nicht nach § 370 bestraft.

(2) Straffreiheit tritt nicht ein, wenn

1. bei einer der zur Selbstanzeige gebrachten unverjährten Steuerstraftaten vor der Berichtigung, Ergänzung oder Nachholung

a) dem Täter oder seinem Vertreter eine Prüfungsanordnung nach § 196 bekannt gegeben worden ist oder

b) dem Täter oder seinem Vertreter die Einleitung des Straf- oder Bußgeldverfahrens bekannt gegeben worden ist oder

c) ein Amtsträger der Finanzbehörde zur steuerlichen Prüfung, zur Ermittlung einer Steuerstraftat oder einer Steuerordnungswidrigkeit erschienen ist oder

2. eine der Steuerstraftaten im Zeitpunkt der Berichtigung, Ergänzung oder Nachholung ganz oder zum Teil bereits entdeckt war und der Täter dies wusste oder bei verständiger Würdigung der Sachlage damit rechnen musste oder

3. die nach § 370 Absatz 1 verkürzte Steuer oder der für sich oder einen anderen erlangte nicht gerechtfertigte Steuervorteil einen Betrag von 50 000 Euro je Tat übersteigt.

(3) Sind Steuerverkürzungen bereits eingetreten oder Steuervorteile erlangt, so tritt für den an der Tat Beteiligten Straffreiheit nur ein, wenn er die aus der Tat zu seinen Gunsten hinterzogenen Steuern innerhalb der ihm bestimmten angemessenen Frist entrichtet.

(4) Wird die in § 153 vorgesehene Anzeige rechtzeitig und ordnungsmäßig erstattet, so wird ein Dritter, der die in § 153 bezeichneten Erklärungen abzugeben unterlassen oder unrichtig oder unvollständig abgegeben hat, strafrechtlich nicht verfolgt, es sei denn, dass ihm oder seinem Vertreter vorher die Einleitung eines Straf- oder Bußgeldverfahrens wegen der Tat bekannt gegeben worden ist. Hat der Dritte zum eigenen Vorteil gehandelt, so gilt Absatz 3 entsprechend.

§ 371 Selbstanzeige bei Steuerhinterziehung (bis 2.5.2011 geltende Fassung)

(1) Wer in den Fällen des § 370 unrichtige oder unvollständige Angaben bei der Finanzbehörde berichtigt oder ergänzt oder unterlassene Angaben nachholt, wird insoweit straffrei.

(2) Straffreiheit tritt nicht ein, wenn

1. vor der Berichtigung, Ergänzung oder Nachholung

a) ein Amtsträger der Finanzbehörde zur steuerlichen Prüfung oder zur Ermittlung einer Steuerstraftat oder einer Steuerordnungswidrigkeit erschienen ist oder

b) dem Täter oder seinem Vertreter die Einleitung des Straf- oder Bußgeldverfahrens wegen der Tat bekannt gegeben worden ist oder

2. die Tat im Zeitpunkt der Berichtigung, Ergänzung oder Nachholung ganz oder zum Teil bereits entdeckt war und der Täter dies wusste oder bei verständiger Würdigung der Sachlage damit rechnen musste.

(3) Sind Steuerverkürzungen bereits eingetreten oder Steuervorteile erlangt, so tritt für einen an der Tat Beteiligten Straffreiheit nur ein, soweit er die zu seinen Gunsten hinterzogenen Steuern innerhalb der ihm bestimmten angemessenen Frist entrichtet.

(4) ¹Wird die in § 153 vorgesehene Anzeige rechtzeitig und ordnungsgemäß erstattet, so wird ein Dritter, der die in § 153 bezeichneten Erklärungen abzugeben unterlassen oder unrichtig oder unvollständig abgegeben hat, strafrechtlich nicht verfolgt, es sei denn, dass ihm oder seinem Vertreter vorher die Einleitung eines Straf- oder Bußgeldverfahrens wegen der Tat bekannt gegeben worden ist. ²Hat der Dritte zum eigenen Vorteil gehandelt, so gilt Absatz 3 entsprechend.

Neuere Literatur (Auswahl): *Adick,* Zur Neuregelung der Selbstanzeige (§ 371 AO) im Jahr 2011, HRRS 2011, 197; *Albrecht,* Strafbefreiende Selbstanzeige – Höhe der Nachzahlungspflicht bei einer Steuerverkürzung auf Zeit, DB 2006, 1696; *Bachmann,* Zur Nachzahlungspflicht bei der Selbstanzeige gemäß § 371 AO, StV 2006, 724; *Beckemper/ Schmitz/Wegner/Wulf,* Zehn Anmerkungen zur Neuregelung der strafbefreienden Selbstanzeige durch das „Schwarzgeldbekämpfungsgesetz", wistra 2011, 281; *Bergmann,* Wirksame Selbstanzeige nach vorangegangener Teilselbstanzeige?, JR 2012, 146; *Beulke,* Beweiserhebungs- und Beweisverwertungsverbote im Spannungsfeld zwischen den Garantien des Rechtsstaates und der effektiven Bekämpfung von Kriminalität und Terrorismus, JURA 2008, 653; *Beyer,* Neuregelung der Selbstanzeige – Die neue Regelung durch das Schwarzgeldbekämpfungsgesetz, AO-StB 2011, 119; *Beyer,* Auswirkungen der Neuregelung der Selbstanzeige anhand von Beispielen, AO-StB 2011, 150; *Beyer,* Selbstanzeige ab 1.1.2015 – Fallstricke in der Praxis, NWB 2015, 769; *Beyna/Roth,* Umsatzsteuer Nachschau contra Selbstanzeige – Unter welchen Umständen ist eine strafbefreiende Selbstanzeige gesperrt?, UStB 2010, 310; *Bilsdorfer,* Gut gemeint ist nicht gut gemacht – Stolpersteine bei der Selbstanzeige nach § 371 Abs. 1 AO, DStR 2015, 1660; *Blesinger/ Schwabe/Albrecht,* Strafbefreiende Selbstanzeige – Höhe der Nachzahlungspflicht bei einer Steuerverkürzung auf Zeit, DB 2007, 485; *Breyer,* Der Inhalt der strafbefreienden Selbstanzeige, 1999; *Bruhns,* Liechtenstein oder das Beweisverwertungsverbot, StraFo 2008, 189; *Bülte,* Die Strafbarkeit des Amtsträgers wegen Strafvereitelung und Steuerhinterziehung bei Verletzung der Mitteilungspflicht aus § 116 I 1 AO, NStZ 2009, 57; *Bülte,* § 398a AO im Licht des europäischen Grundsatzes ne bis in idem, NZWiSt 2014, 321; *Bürger* Bagatellabweichungen beim Selbstanzeigen, BB 2012, 34; *Buse,* Verwertungsverbot und Tatentdeckung, DStR 2008, 2100; *Buse,* Die Selbstanzeige ab dem 1.1.2015, DB 2015, 89; *Dinkgraeve/Norstedt,* Aufgedrängte Selbstanzeige – Problemstellung und Lösungsansätze, SAM 2016, 125; *Dißars,* Die neue Lohnsteuer-Nachschau nach § 42g EStG, NWB 2013, 3210; *Dünmez,* Strafzumessung bei Steuerhinterziehung – Worauf ist nach einer missglückten Selbstanzeige zu achten?, NWB 2015, 1071; *Durst,* Aspekte der Verteidigung in Sachen Liechtenstein, PStR 2010, 134; *Erb/Erdel,* Der Referentenentwurf zur Neuregelung der

Selbstanzeige – Anmerkungen aus Beratersicht, NZWiSt 2014, 327; *Faiß,* Kann die Selbstanzeigemöglichkeit nach abgeschlossener Außenprüfung wieder aufleben?, PStR 2010, 73; *Fehling/Rothbächer,* Ausschluss der strafbefreienden Selbstanzeige durch Medienberichte?, DStZ 2008, 821; *Flöthmann,* Der Zweck heiligt nicht jedes Mittel – Überlegungen zum Verwertungsverbot geheimdienstlich erlangter Beweismittel im Steuerstrafverfahren, SAM 2008, 63; *Füllsack/Bürger,* Die Neuregelung der Selbstanzeige, BB 2011, 1239; *Gallandt,* Zwischenruf – Das Bundesministerium der Finanzen, ein Staat im Staate?, ZRP 2008, 128; *Geuenich,* Verschärfung der strafbefreienden Selbstanzeige, DStR 2010, 425; *Geuenich,* Verschärfung der strafbefreienden Selbstanzeige, NWB 2011, 1050; *Geuenich,* Bagatellfehler bei strafbefreienden Selbstanzeigen, NWB 2011, 4024; *Geuenich,* Referentenentwurf zur Verschärfung der Selbstanzeige und des Steuerstrafrechts, NWB 2014, 2763; *Geuenich,* „Neue Spielregeln" für die strafbefreiende Selbstanzeige, NWB 2015, 29; *Görres/Kleinert,* Die Liechtensteinische Finanzaffäre – Steuer- und steuerstrafrechtliche Konsequenzen, NJW 2008, 1353; *Habammer,* Die neuen Koordinaten der Selbstanzeige, DStR 2010, 425; *Habammer,* Die Neuregelung der Selbstanzeige nach dem Schwarzgeldbekämpfungsgesetz, StBW 2011, 310; *Habammer/Pflaum,* Bleibt die Selbstanzeige noch praktikabel?, DStR 2014, 2267; *Hechtner,* Strafbefreiende Selbstanzeige erster und zweiter Klasse – ein erster Überblick, NWB 2011, 162; *Heuel/Beyer,* Problemfelder der „neuen Selbstanzeige" – 13 neue Fragen und Antworten, StBW 2011, 315; *Heuel/Beyer,* Selbstanzeige und Umsatzsteuer – Ein Ritt auf der Rasierklinge, UStB 2011, 287; *Heuel/Beyer,* Die neue Selbstanzeige zum 1.1.2015, AO-StB 2015, 129; *Hilbert,* Nachschau als (neuer) Selbstanzeigen-Sperrgrund, NWB 2014, 2984; *Holenstein,* Schweiz: Sind gestohlene Daten eine tragfähige Basis für ein Rechtshilfe-bzw. Amtshilfegesuch? PStR 2008, 90; *Hunsmann,* Die Novellierung der Selbstanzeige durch das Schwarzgeldbekämpfungsgesetz, NJW 2011, 1482; *Hunsmann,* Das Absehen von Strafverfolgung nach § 398a AO in der Verfolgungspraxis, BB 2011, 2519; *Hunsmann,* Rechtsschutz im Rahmen des Absehens von Strafverfolgung gemäß § 398a AO, NZWiSt 2012, 102; *Hunsmann,* Neuregelung der Selbstanzeige im Steuerstrafrecht, NJW 2015, 113; *Hunsmann,* Zur Bestimmung des Geldbetrages, der hinterzogenen Steuer und des Hinterziehungsbetrages in § 398a Abs 1 Nr 2 AO, NZWiSt 2015, 130; *Hüls/Reichling,* Die falsch adressierte Selbstanzeige, PStR 2008, 142; *Jacsó,* Gedanken über die deutsche Regelung der Selbstanzeige, Publicationes Universitatis Miskolcinensis Sectio Juridica et Politica, Tomus XXXII. (2014), 273; *Joecks,* Zweifelsfragen der neuen „Selbstanzeige", SAM 2011, 128; *Joecks,* Der Regierungsentwurf eines Gesetzes zur Änderung der Abgabenordnung und des Einführungsgesetzes zur Abgabenordnung, DStR 2014, 2261; *Joecks,* Strafen oder Werben?, SAM 2015, 11; *Jope,* Die Liechtensteiner Stiftung aus steuerlicher und steuerstrafrechtlicher Sicht, StRR 2008, 124; *Junker,* Liechtenstein-Steueraffäre – ist die Daten-DVD im Strafverfahren verwertbar?, StRR 2008, 129; *Kauffmann,* In dubio pro reo – Selbstanzeige?, JSE 2014, 136; *Kemper,* Die Selbstanzeige nach § 371 AO – Eine verfehlte Brücke zur Steuerehrlichkeit?, ZRP 2008, 105; *Kemper,* Die Reform des § 371 AO im Licht der Geschichte der strafbefreienden Selbstanzeige und der Steueramnestie in Deutschland, DStZ 2014, 832; *Kemper,* Wieder ein neuer § 371 AO?, DStR 2014, 928; *Keller/Kelnhofer,* Die Sperrwirkung des § 371 Abs. 2 AO unter besonderer Berücksichtigung der neuen Rechtsprechung des BGH, wistra 2001, 369; *Kölbel,* Zur Verwertbarkeit privat-deliktisch beschaffter Bankdaten, NStZ 2008, 241; *Leibold,* Steuersünder unter Druck – Strafbefreiende Selbstanzeige wurde verschärft – Spielräume bei der Strafzumessung werden enger, NZWiSt 2015, 74; *Lepper,* Strafzumessung im Steuerstrafrecht, ZWH 2015, 205; *Lorenz/Roth,* Insolvenzanfechtung im Steuerstrafrecht: Geldstrafe, Geldauflage, Selbstanzeige, PStR 2011, 129; *Mack,* Kritische Stellungnahme zu den geplanten Einschränkungen der Selbstanzeige im Schwarzgeldbekämpfungsgesetz, Stbg 2011, 162; *Madauß,* Selbstanzeige und Berechnung des Strafzuschlags nach § 398a Nr 2 AO, NZWiSt 2014, 21; *Mitsch,* Verjährungsvielfalt bei Steuerhinterziehung, NZWiSt 2015, 8; *Müller,* Löst eine rechtswidrige Betriebsprüfung die Sperrwirkung des § 371 Abs 2 Nr 1a AO aus?, Stbg 2006, 137; *Neiseke,* Die Selbstanzeige im Steuerrecht, 1. Aufl. 2015; *Neuendorf/Saligmann,* Die geplante Neuregelung der Selbstanzeige und ihre Auswirkungen auf die Praxis, DStZ 2014, 791; *Neuling,* Tax Compliance im Unternehmen: schlichte Anzeige (§ 153 AO) vs. Selbstanzeige, DStR 2015, 558; *Obenhaus,* Die Verschärfung der Selbstanzeige, Stbg 2011, 166; *Patzschke,* Die Selbstanzeige als Strafaufhebungsgrund des allgemeinen Strafrechts, 2012; *Pflaum,* Keine „Neujustierung der Steuerhinterziehung ,großen Ausmaßes' ", wistra 2012, 376; *Prowatke/Felten,* Die „neue" Selbstanzeige, DStR 2011, 899; *Prowatke/Kelterborn,* Zur Wirksamkeit von Selbstanzeigen bei „geringfügiger Unvollständigkeit", DStR 2012, 670; *Randt/Schauf,* Selbstanzeige und Liechtensteinaffäre – Ist der Weg in die Straflosigkeit noch möglich oder sind die Taten schon entdeckt?, DStR 2008, 489; *Ransiek/Hinghaus,* Tatgeriff und Selbstanzeige nach § 371 AO, StV 2010, 711; *Ransiek/Hinghaus,* Die taktische Selbstanzeige nach der Neuregelung des § 371 AO, BB 2011, 2271; *Rolletschke,* Die gestufte Selbstanzeige, wistra 2002, 17; *Rolletschke/Stock,* Die Selbstanzeige im Kontenabrufverfahren, StRR 2007, 124; *Rolletschke,* Verfahrenseinleitung aufgrund der Selbstanzeige, wistra 2007, 89; *Rolletschke,* Die Steuernachentrichtung nach § 371 Abs. 3 AO und der Rechtsgrund zum Behalten-dürfen, wistra 2007, 371; *Rolletschke/Jope,* Konsequenzen aufgrund der Änderung der Verjährungsvorschrift des § 376 Abs 1 AO im Rahmen des Jahressteuergesetzes 2009, Stbg 2009, 213; *Rolletschke/Jope,* Die Grundsatzentscheidung des BGH zur Strafhöhe bei Steuerhinterziehung, wistra 2009, 218; *Rolletschke,* Praxiswissen zur Strafverfolgungsverjährung im besonders schweren Fall – eine Ergänzung, PStR 2010, 75; *Rolletschke/Jope,* Das neue „Selbstanzeigerecht", StRR 2010, 288; *Rolletschke,* Selbstanzeige – wohin geht die Reise, StRR 2010, 411; *Rolletschke/Roth,* Selbstanzeige: Verschärfte Anforderungen durch das Schwarzgeldbekämpfungsgesetz, Stbg 2011, 200; *Rolletschke/Roth,* Die neue Selbstanzeige: Lebensbeichte, Sperrtatbestände, Zuschlag, Vertrauensschutz, StRR 2011, 171; *Rolletschke,* Die neue Selbstanzeige 2. Teil: Die Betragsbegrenzung des § 371 Abs 2 Nr 3 AO n. F., StRR 2011, 254; *Rolletschke,* Rechtsprechungsgrundsätze zur Strafzumessung bei Steuerhinterziehung, NZWiSt 2012, 18; *Rolletschke,* § 371 AO vs. § 24 StGB: gibt es im Steuerstrafrecht noch einen Rücktritt vom Versuch?, ZWH 2013, 186; *Rolletschke/Jope,* Verlängerung der Nacherklärungsfrist, ZWH 2014, 100; *Rolletschke/Jope,* Die Betragsgrenze des § 371 Abs 2 Nr 3 AO in Bewegung?, ZWH 2014, 176; *Rolletschke/Jope,* Strafbefreiende Selbstanzeige: Wo soll die Reise enden?, Stbg 2014, 355; *Rolletschke/Jope,* Bleibt die strafbefreiende Selbstanzeige nach der Reform noch handhabbar?, NZWiSt 2014, 259; *Rolletschke/Roth,* § 398a Nr 2 AO: Strafzuschlag einmal oder mehrmals? – zugleich Anm. zu LG Aachen, Beschluss vom 4.8.2014 – 86 Qs 11/14 –, Stbg 2014, 459; *Rolletschke/Steinhart,* Die steuerstrafrechtliche Konkurrenzlehre und ihre Auswirkungen; insbesondere auf das Selbstanzeigerecht, NZWiSt 2015, 71; *Rolletschke,* (Dolose) Teilselbstanzeige, NZWiSt 2015, 97; *Rolletschke,* Selbstanzeigerecht: Trial and error, StRR 2015, 128; *Roth,* Bekanntgabefiktion beim Sperrgrund des § 371 Abs 2 Nr 1a AO, PStR 2011, 202; *Roth,* Steuerliche Absetzbarkeit des Strafzuschlags iS des § 398a Nr 2 AO?, DStR 2011, 1410; *Roth,* Der persönliche Anwendungsbereich des § 398a AO bei der Selbstanzeige des Teilnehmers, NZWiSt 2012, 23; *Roth,* Die 50.000 €-Grenze gem. § 371 Abs 2 Nr 3 AO: Nominalbetrag der Steuerhinterziehung oder strafzumessungsrelevanter

Schaden?, NZWiSt 2012, 174; *Roth,* Keine Anrechnung von Teilzahlungen iSd § 398a AO auf die Strafe, PStR 2012, 223; *Roth,* Klage auf Rückerstattung des Strafzuschlags iSd § 398a Nr 2 AO, ZWH 2013, 7; *Roth,* Jeder Mittäter muss vollen Strafzuschlag nach § 398a Nr 2 AO bezahlen, PStR 2014, 237; *Roth,* Die Selbstanzeige im Steuerstrafrecht, ZAP 2014, 675; *Roth,* Die Selbstanzeige im Steuerstrafrecht, ZAP 2015, 235; *Roth,* Stellungnahmen zum „Entwurf eines Gesetzes zur Änderung der Abgabenordnung und des Einführungsgesetzes zur Abgabenordnung – BR-Drucks 431/14 – (Strafbefreiende Selbstanzeige)", NZWiSt 2015, 315; *Roth/Schützeberg,* Der BGH macht „reinen Tisch", PStR 2010, 214; *Rübenstahl,* Selbstanzeige 3.0? – Der Entwurf des BMF eines Gesetzes zur Änderung der Abgabenordnung vom 27.8.2014 und der Regierungsentwurf vom 24.9.2014, WiJ 2014, 190; *Salditt,* Liechtenstein: Fragen und Argumente, PStR 2008, 8; *Schauf/Schwartz,* Selbstanzeige im Unternehmen nach dem Schwarzgeldbekämpfungsgesetz, ZWH 2011, 85; *Schöler,* Tatentdeckung beim Ankauf von Steuer-CDs, DStR 2015, 503; *Schünemann,* Die Liechtensteiner Steueraffäre als Menetekel des Rechtsstaats, NStZ 2008, 305; *Schwartz,* Vertrauensschutz für Teilselbstanzeigen, PStR 2011, 55; *Schwartz,* Praxisprobleme mit der zweiten Selbstanzeige: Tatentdeckung durch die Abgabe einer (unwirksamen) Teilselbstanzeige, wistra 2011, 81; *Schwedhelm/Wulf,* Strafbefreiende Selbstanzeige und Tatentdeckung im Rahmen der „Liechtenstein-Ermittlungen", Stbg 2008, 294; *Sieber,* Ermittlungen in Sachen Liechtenstein – Fragen und erste Antworten NJW 2008, 881; *Spatscheck,* Fallstricke der Selbstanzeige, DB 2013, 1073; *Spatscheck/Höll,* Berichtigungsverbund und Geringfügigkeitsgrenze bei der Selbstanzeige, SAM 2011, 206; *Spatscheck/Engler,* Neue Strafzumessungsregeln bei der Steuerhinterziehung?, SAM 2009, 122; *Spatscheck/Stenert,* Vertrauensschutz bei innergemeinschaftlichen Lieferungen, DStR 2015, 108; *Stahl/Demuth,* Strafrechtliches Verwertungsverbot bei Verletzung des Steuergeheimnisses, DStR 2008, 600; *Stahl,* Fallstricke bei Selbstanzeigen, KÖSDI 2013, 18578; *Stahl/Demuth,* Strafrechtliches Verwertungsverbot bei Verletzung des Steuergeheimnisses, DStR 2008, 600; *Talaska/Bertrand,* Das neue Rechts der selbstanzeige – Die Rechtslage seit dem 1.1.2015 und die Auswirkungen auf die Praxis, ZWH 2015, 89; *Thonemann-Micker/Kanders,* Verschärfungen der Selbstanzeige und Handlungsempfehlungen zur Jahreswende, DB 2014, 2125; *Trüg/Habetha,* Die Liechtensteiner Steueraffäre – Strafverfolgung durch Begehung von Straftaten?, NJW 2008, 887; *v. Briel,* Die Bedeutung der subjektiven Tatseite für die steuerstrafrechtliche Selbstanzeigemöglichkeit, SAM 2006, 42; *Wagner, S.,* Umgang mit der strafbefreienden Selbstanzeige „zweiter Klasse", DStZ 2011, 875; *Wagner, K. R.* Liechtensteiner Stiftungen oder die Liechtenstein Story – Zur These vom Schleusen von Geld an der Steuer vorbei und der Vorverurteilung derer, die Geld in Liechtenstein anlegen – Steuerrecht, Steuerstrafrecht, Strafrecht, EU-Recht, ZSteu 2008, 95; *Weinbrenner,* Selbstanzeige gemäß § 371 AO n. F. und Einspruch gegen den Steuerbescheid, DStR 2013, 1268; *Weinreuter,* Selbstanzeige und Fremdanzeige im Steuerstrafrecht, DStZ 2000, 398; *Wenzel,* Voraussetzungen der Selbstanzeige gem. § 371 Abs. 1 AO – Tatbestandsmerkmal in vollem Umfang, StBW 2011, 1156; *Wenzel,* Die Selbstanzeige nach § 378 Abs 3 AO im Spannungsverhältnis zur Selbstanzeige nach § 371 AO, StBW 2012, 509; *Wessing,* Nebenfolgen der Selbstanzeige, SAM 2010, 99; *Wolsfeld,* Außersteuerliche Sanktionierung einer Selbstanzeige gem. § 371 AO, PStR 2000, 10; *Wolsfeld,* Wer ist Amtsträger iS des § 371 Abs 2 Nr 1a AO, PStR 2006, 20; *Wollmann,* Straffreiheit gem §§ 371, 398a AO zum Nulltarif?, ZInsO 2011, 1521; *Wulf,* Die Verschärfung des Steuerstrafrechts zum Jahreswechsel 2008/2009, DStR 2009, 459; *Wulf,* Auf dem Weg zur Abschaffung der strafbefreienden Selbstanzeige (§ 371 AO)?, wistra 2010, 286; *Wulf/Kamps,* Berichtigung von Steuererklärungen und strafbefreiende Selbstanzeige im Unternehmen nach der Reform des § 371 AO, DB 2011, 1711; *Wulf/Talaska,* Selbstanzeige bei der GmbH – Praxisempfehlungen zum neuen Recht, PStR 2011, 175; *Wulf,* Praxisprobleme der Selbstanzeige nach Verletzung der Anzeige- und Berichtigungspflicht aus § 153 AO, PStR 2014, 255; *Wulf,* Die „prüfungsbedingt" Sperrgründe nach der Reform des § 371 Abs 2 AO, SAM 2015, 16; *Wulf,* Tatentdeckung durch Berichterstattung über CD-Ankauf?, SAM 2015, 109; *Wulf,* Praxishinweise zum Anwendungsbereich der „Selbstanzeige zweiter Klasse" bei Beträgen von mehr als 25.000 EUR (§ 371 Abs. Nr. 3 AO), Stbg 2015, 160; *Wulf,* Reform der Selbstanzeige – Neue Klippen auf dem Weg zur Strafbefreiung, wistra 2015, 166; *Zanzinger,* Die Einschränkungen der Selbstanzeige durch das Schwarzgeldbekämpfungsgesetz – Klärung erster Zweifelsfragen, DStR 2011, 1397; *Zipfel/Holzner,* Novellierung der strafbefreienden Selbstanzeige im Steuerrecht – Der Regierungsentwurf zur Änderung der Abgabenordnung, BB 2014, 2459.

Übersicht

A. Allgemeines

I. Rechtsnatur

1   Die strafbefreiende Selbstanzeige iSd § 371 Abs. 1–3 stellt strafrechtsdogmatisch einen **persönlichen Strafaufhebungsgrund** dar (vgl. BGH NStZ 1985, 126; JJR/*Joecks* Rn. 39; Kohlmann/*Schauf* Rn. 52; Klein/*Jäger* Rn. 5; Rolletschke/Kemper/*Kemper* Rn. 5, 8; MüKoStGB/*Kohler* Rn. 10; Hübschmann/Hepp/Spitaler/*Beckemper* Rn. 23; Kühn/v. Wedelstädt/*Blesinger* Rn. 2; Stahl Selbstanzeige Rn. 1; Streck/Spatscheck Steuerfahndung Rn. 178; Gußen SteuerStrafR Rn. 248). Sie wirkt deshalb nur zugunsten desjenigen, der die tatbestandlichen Voraussetzungen in seiner Person erfüllt (vgl. MüKoStGB/*Kohler* Rn. 12). Die Selbstanzeige eines Tatbeteiligten wirkt deshalb nicht zugleich auch für die sonstigen Tatbeteiligten (vgl. Schwarz/Pahlke/*Webel* Rn. 30).

2   Ungeachtet der Strafaufhebung bleibt aber zB eine disziplinarrechtliche Ahndung der Steuerhinterziehung möglich. Strafverfolgung und disziplinarrechtliche Ahndung dienen nämlich zwei unterschiedlichen Zwecken.

Strafzweck ist nach der sog Vereinigungstheorie neben dem Schuldausgleich (vgl. iE SSW StGB/*Eschelbach* StGB § 46 Rn. 20 ff.) die allgemeine und spezielle Generalprävention sowie die negative wie positive Spezialprävention (vgl. Fischer StGB § 46 Rn. 2 f.). Die disziplinarrechtliche Ahndung soll dem entgegen den Beamten ermahnen, sich künftig pflichtgemäß zu verhalten und damit die Integrität und Funktionsfähigkeit des Berufsbeamtentums im Interesse der Allgemeinheit aufrechterhalten (vgl. OVG Koblenz ZBR 2005, 430 (431); zu den disziplinarrechtlichen Folgen iE vgl. Gußen SteuerStrafR Rn. 318 ff.). Als persönlicher Strafaufhebungsgrund steht eine (erstattete) Selbstanzeige den steuerverfahrensrechtlichen Folgen einer Steuerhinterziehung nicht entgegen (vgl. allg. MüKoStGB/*Kohler* Rn. 16).

Zu sonstigen Nebenfolgen einer Steuerhinterziehung trotz strafaufhebender Selbstanzeige vgl. iE Schwarz/Pahlke/*Webel* Rn. 25 ff.; *Wessing* SAM 2010, 99 ff.

3   Während das Kernstrafrecht allgemein nur den Rücktritt vom Versuch (§ 24 StGB) kennt, bei dem der Tatenfolg gerade noch nicht eingetreten ist, kann ein Selbstanzeigeerstatter **auch nach vollendeter Tat** Straffreiheit erlangen. Insoweit ähnelt die Selbstanzeige den im Besonderen Teil des StGB vereinzelt angeordneten Fällen der tätigen Reue (§§ 83a Abs. 3, 87 Abs. 3, 129 Abs. 6, 163 Abs. 2 S. 1, 264 Abs. 5 StGB).

4   Die Selbstanzeige iSd § 371 Abs. 1–3 dient zunächst dem rein fiskalischen Zweck, dem Fiskus **bislang verheimlichte Steuerquellen zu erschließen** (vgl. zB BGH NJW 1991, 2844 (2846), BGH wistra 2004, 309 (310); Kohlmann/*Schauf* Rn. 30; Klein/*Jäger* Rn. 4; Kühn/v. Wedelstädt/*Blesinger* Rn. 1; Stahl Selbstanzeige Rn. 2; Gußen SteuerStrafR Rn. 250).

5   In seinem Selbstanzeigebeschluss (BGHSt 55, 180 ff. = BGH DStR 2010, 1133 ff.) betont der BGH aber einen zusätzlichen Rechtfertigungsgrund für die Privilegierung von Steuerstraftätern gegenüber anderen Straftätern (→ Rn. 3), die **Honorierung der Rückkehr zur Steuerehrlichkeit.** Dies entspricht nicht nur der älteren Rspr. (BGHSt 3, 373 (375); 12, 100 (101); BGH DB 1977, 1347; BGH wistra 1985, 74), sondern auch einer in der Lit. vertretenen Ansicht (zB FGS/*Samson* Rn. 14; so wohl auch Tipke/Lang SteuerR/*Seer* § 23 Rn. 56). Zur Begründung seiner geänderten Rspr. verweist der BGH darauf, dass sich die Ermittlungsmöglichkeiten und die internationale Zusammenarbeit derart verbessert hätten, dass der fiskalische Zweck an Bedeutung verloren und der Honorierungsgedanke zusätzliches Gewicht erlangt habe.

6   Die Größenordnung der auf Selbstanzeigen hin vereinnahmten Mehrsteuern lässt sich jedenfalls den offiziellen Statistiken nicht entnehmen (vgl. die in unregelmäßigen Abständen in den Monatsberichten des BMF – November 2015 – veröffentlichten „Ergebnisse der Bußgeld- und Strafsachenstellen sowie der Steuerfahndung"; abrufbar unter www.bundesfinanzministerium.de). Das Jahr 2014 dürfte aber sicher mit einem Allzeitrekord für Selbstanzeigen geendet haben. Nach einer Pressemeldung der Neuen Rhein Zeitung (3.1.2015) sollen im Jahr 2014 mindestens 38.300 Selbstanzeigen eingegangen sein. Dies soll im Vergleich zu 2013 eine Zunahme von rund 60% bedeutet haben. Die Steuernachzahlungen sollen sich auf mindestens 1,32 Mrd. EUR belaufen haben.

Im Gegensatz zur Selbstanzeige iSd § 371 Abs. 1–3 stellt die Anzeige nach § 371 Abs. 4 keinen **7** persönlichen Strafaufhebungsgrund dar. Liegen die Voraussetzungen dieser Vorschrift vor, besteht lediglich ein **Strafverfolgungshindernis** (vgl. JJR/*Joecks* Rn. 401; Kohlmann/*Schauf* Rn. 837; Klein/ *Jäger* Rn. 111; MüKoStGB/*Kohler* Rn. 338; Kühn/v. Wedelstädt/*Blesinger* Rn. 35; aA Koch/Scholtz/ *Scheurmann-Kettner* Rn. 42: Prozesshindernis). Der Hintergrund der Vorschrift ist, dass ein nach § 153 zur Anzeige Verpflichteter dann in einen Interessenkonflikt geraten würde, wenn die Möglichkeit besteht, dass er mit seiner Anzeige eine ihm nahestehende Person der strafrechtlichen Verfolgung aussetzt (vgl. MüKoStGB/*Kohler* Rn. 340). Die durch das Schwarzgeldbekämpfungsgesetz (BGBl. 2011 I 676 f.) neu in die Abgabenordnung eingefügte Vorschrift § 398a sieht in Fällen, in denen eine Selbstanzeige nur deshalb nicht strafaufhebend wirkt, weil der Ausschusstatbestand § 371 Abs. 2 Nr. 3 greift, **zwingend** eine **Verfahrenseinstellung** vor (zu den einzelnen Tatbestandsvoraussetzungen vgl. iE die Erläuterungen zu § 398a). Durch das AO-ÄndG (BGBl. 2014 I 2415 ff.) wurde der Anwendungsbereich des § 398a erweitert. Nunmehr ist eine Selbstanzeige auch dann zuschlagspflichtig, wenn ein besonders schwerer Fall einer Steuerhinterziehung iSd § 370 Abs. 3 S. 2 Nr. 2–5 vorliegt (§ 371 Abs. 3 S. 1 Nr. 4).

II. Anwendungsbereich

Selbstanzeigefähig sind **sämtliche Erscheinungsformen** der Steuerhinterziehung, dh die „einfache" **8** Steuerhinterziehung iSd § 370 Abs. 1, die Hinterziehung von Einfuhr-/Ausfuhrabgaben iSd § 370 Abs. 6, die besonders schweren Fälle von Steuerhinterziehung iSd § 370 Abs. 3 S. 1 (die besonders schweren Fälle iSd § 370 Abs. 3 S. 2 Nr. 2–5 sind seit dem 1.1.2015 zuschlagspflichtig; für die Steuerhinterziehung großen Ausmaßes besteht eine Zuschlagszahlungspflicht bereits seit Inkrafttreten des Schwarzgeldbekämpfungsgesetzes, BGBl. 2010 I 676 f., am 3.5.2010), aber auch die Fälle der versuchten Steuerhinterziehung (§ 370 Abs. 2) sowie die Teilnahme (§§ 26, 27 StGB) an den vorgenannten Straftaten (vgl. MüKoStGB/*Kohler* Rn. 32 ff.; Gußen SteuerStrafR Rn. 252).

Darüber hinaus enthalten zahlreiche Gesetze Verweisungen auf § 371. Selbstanzeigefähig sind deshalb **9** die Hinterziehung von Kommunalabgaben (jew. landesrechtliche KAG), von Abgaben nach den EG-Marktordnungen (§ 12 Abs. 1 S. 1, § 35 MOG), von Abwasserabgaben (§ 14 AbwAG) sowie die Erschleichung von Prämien und Zulagen (§ 8 Abs. 2 S. 1 WoPG, § 5a Abs. 2 BergPG, § 14 Abs. 3 S. 1 5. VermBG; vgl. JJR/*Joecks* Rn. 50; Klein/*Jäger* Rn. 12; MüKoStGB/*Kohler* Rn. 39; Kühn/v. Wedel-städt/*Blesinger* Rn. 3; Gußen SteuerStrafR Rn. 253).

Nicht zu einer Strafaufhebung gemäß § 371 führen Selbstanzeigen hinsichtlich von Steuerstraftaten **10** nach §§ 372 ff. bzw. § 26c UStG sowie von Steuerordnungswidrigkeiten nach den § 379 ff. bzw. § 26b UStG (vgl. dazu iE → § 379 Rn. 83 ff., → § 380 Rn. 27, → UStG § 26b Rn. 40; Klein/*Jäger* Rn. 10, 14). Ebenso wenig anwendbar ist § 371 auf Investitionszulagen-„betrug" iSd §§ 14 InvZulG 2007, 15 InvZulG 2010 (vgl. Klein/*Jäger* Rn. 13; Kühn/v. Wedelstädt/*Blesinger* Rn. 3; Hübschmann/Hepp/ Spitaler/*Beckemper* Rn. 30).

§ 371 wirkt auch nicht strafaufhebend für Delikte, die in Tateinheit mit selbstanzeigefähigen Tat- **10a** beständen stehen (vgl. MüKoStGB/*Kohler* Rn. 41). So erstreckt sich die Wirkung einer Selbstanzeige nicht auf tateinheitlich begangene Urkundenfälschungen. Der BGH (NJW 2005, 2720 (2723)) verneint weitergehend sogar ein Verwendungsverbot des in einer Selbstanzeige Offenbarten für eine Bestrafung wegen tateinheitlich begangener Urkundenfälschung. Danach ist der innere Grund für das in § 393 Abs. 2 normierte Verwendungsverbot „die Erzwingbarkeit der Pflichterfüllung. Die Erfüllung der Mit-wirkungspflichten ist jedoch dann nicht mehr mit den Zwangsmitteln des Steuerrechts (§ 328) durch-setzbar, wenn der Steuerpflichtige genötigt wäre, sich wegen einer von ihm begangenen Steuerhin-terziehung selbst zu belasten (§ 393 Abs 1). Der Täter einer Steuerhinterziehung kann jedoch nicht zur Abgabe einer Selbstanzeige gezwungen werden."

Bei einer noch im Versuchsstadium befindlichen Steuerhinterziehung kommt nach (bislang) hM **11** neben der spezialgesetzlich normierten Selbstanzeige der allgemeingesetzliche **Rücktritt** iSd § 24 StGB zur Anwendung. Als Hintergrund des Nebeneinanders beider Rechtsinstitute wurde bislang gesehen, dass beide an unterschiedliche Tatbestandsvoraussetzungen anknüpfen und unterschiedliche gesetzgebe-rische Zielsetzungen verfolgen (vgl. BGH NJW 1991, 2844 (2846); 2005, 2720 (2722); MüKoStGB/ *Kohler* Rn. 24; Schwarz/Pahlke/*Webel* Rn. 2a; Kühn/v. Wedelstädt/*Blesinger* Rn. 3). Ob diese Über-legung allerdings dem im Selbstanzeigebeschluss (BGHSt 55, 180 ff. = BGH DStR 2010, 1133 ff.) zu Tage getretenen Verständnisses der Selbstanzeige als Honorierung der Rückkehr zur Steuerehrlichkeit gerecht wird, muss doch angezweifelt werden. Die Rückkehr zur Steuerehrlichkeit (Selbstanzeige) und die im Rücktrittsrecht angenommene „goldene Brücke" (vgl. zB SSW StGB/*Satzger*, 1. Aufl. 2009, StGB § 24 Rn. 14) unterscheiden sich in ihrer Grundüberlegung nicht in dem Maße, dass beide

Rechtsinstitute vor dem Hintergrund der Subsidiaritätsklausel des § 369 Abs. 2 zur Anwendung kommen „müssen". Vielmehr ist mE davon auszugehen, dass § 24 StGB als nachrangige subsidiäre Vorschrift iSd § 369 Abs. 2 nicht neben § 371 zur Anwendung kommt (so auch *Neiseke,* Die Selbstanzeige im Steuerrecht, 2016, Rn. 65; aA aber zB *Heuel/Beyer* UStB 2011, 287 (288); *Heuel/Beyer* AO-StB 2015, 129 (137)). Dies gilt insbes. vor dem Hintergrund des im Selbstanzeigebeschluss (BGHSt 55, 180 ff. = BGH DStR 2010, 1133 ff.) aufgestellten Erfordernisses des „Schaffens eines reinen Tisches", der in gesteigerter Form (Vollständigkeitsgebot, dazu → Rn. 40 ff.) im Schwarzgeldbekämpfungsgesetz (BGBl. 2011 I 676 f.) kodifiziert wurde. Ansonsten wäre die Möglichkeit, von einer versuchten Steuerhinterziehung strafbefreiend zurücktreten zu können, unter Umständen Teil einer „Salamitaktik" (= Selbstanzeige nach Stand der Ermittlungen; Begriff nach *Ransiek/Hinghaus* BB 2011, 2271 ff.). Diese (Missbrauchs-)Möglichkeit wollte der Gesetzgeber aber gerade abschaffen („Bloßes Taktieren und Reue nach Stand der Ermittlungen dürften aber nicht weiter belohnt werden" BT-Drs. 17/5067, (neu) 11) (vgl. dazu iE *Rolletschke* ZWH 2013, 186 ff.).

III. Verfassungsmäßigkeit

12   Die Möglichkeit, eine strafbefreiende Selbstanzeige erstatten zu können, ist mit Art. 3 Abs. 1 GG vereinbar. § 371 enthält keine sach- und damit verfassungswidrige Privilegierung von Steuerhinterziehern gegenüber anderen Straftätern, insbes. Betrügern (vgl. BVerfG wistra 1983, 251; BGH wistra 1983, 197; *Klein/Jäger* Rn. 3; MüKoStGB/*Kohler* Rn. 27; *Kühn/v. Wedelstädt/Blesinger* Rn. 3; Schwarz/ Pahlke/*Webel* Rn. 26; *Wannemacher* SteuerStrafR/*Vogelberg,* 5. Aufl. 2004, Rn. 2085; aA AG Saarbrücken wistra 1983, 84).

12a   Umgekehrt stellt sich ausgehend von der BGH-Rspr. (BGH NJW 2009, 1984 (1986 f.)) zur Frage der Berichtigungspflicht nach vorangegangenem sanktionsbewehrtem Fehlverhalten (der BGH verneint dort eine unauflösbare Konfliktlage mit dem Hinweis auf die Möglichkeit der Selbstanzeige) die Frage, ob die Selbstanzeige nicht sogar eine (verfassungsrechtlich gebotene) Variante ist, den Widerstreit zwischen der im Steuerrecht bestehenden zwangsmittelbewehrten Pflicht zu wahrheitsgemäßen Angaben (§ 90 Abs. 1 S. 1, S. 2) und dem letztlich aus Art. 6 EMRK, Art. 20 Abs. 3, 1 Abs. 1, 2 Abs. 1 GG resultierenden Verbots zum Zwang der Selbstbelastung (nemo tenetur Prinzip, vgl. dazu iE Rolletschke SteuerStrafR Rn. 49, 785) gerecht zu werden (vgl. Rolletschke/Roth Selbstanzeige Rn. 27; *Breyer,* Der Inhalt der strafbefreienden Selbstanzeige, 1999, 64 ff.; ähnl. *Müller* Selbstanzeige im SteuerstrafR, 68; *Kemper* DStZ 2014, 832 (833)).

Zu Sinn und „Zweck" der Selbstanzeige vgl. *Joecks* SAM 2015, 11 ff.

B. Kommentierung im Einzelnen

I. Die Voraussetzungen des § 371 Abs. 1

13   **1. Person des Selbstanzeigenerstatters.** Eine Selbstanzeige erstatten kann zunächst der **Täter** (§ 25 StGB) einer Steuerhinterziehung. Unerheblich ist dabei, ob er die Tat als Allein-, Mit- oder Nebentäter begangen hat. Ohne Bedeutung ist insoweit ferner, ob es sich um einen Fall der unmittelbaren oder mittelbaren Täterschaft gehandelt hat (vgl. MüKoStGB/*Kohler* Rn. 101; Gußen SteuerStrafR Rn. 276). Unerheblich ist, ob der Täter Steuer- oder Haftungsschuldner ist (vgl. MüKoStGB/*Kohler* Rn. 101).

14   Eine Selbstanzeige kann aber auch von einem **Teilnehmer** (§§ 26, 27 StGB) einer Steuerhinterziehung (vgl. MüKoStGB/*Kohler* Rn. 101) oder von einem (unbeteiligten) **sonstigen Dritten** erstattet werden (vgl. MüKoStGB/*Kohler* Rn. 102).

Da bei der Selbstanzeigenerstattung durch einen Dritten ein Täter oder Teilnehmer Straffreiheit erlangen soll, hat sie nur dann strafaufhebende Wirkung, wenn der Dritte dazu von dem Täter oder Teilnehmer beauftragt und ihm eine Vollmacht erteilt worden ist (vgl. BGH NStZ 1985, 126; MüKoStGB/*Kohler* Rn. 103; Stahl Selbstanzeige Rn. 91; Gußen SteuerStrafR Rn. 277). Dies gilt zB auch für Ehegatten, wobei einen Ehegatten vor einer Selbstanzeige (in eigener Angelegenheit) im Regelfall die familienrechtlich begründete Pflicht trifft, den anderen Ehegatten vorab zu informieren, um ihm die Möglichkeit zu eröffnen, sich der Selbstanzeige anzuschließen (OLG Schleswig NJW-RR 2013, 517).

14a   Das allgemeine Mandantschaftsverhältnis, eine allgemeine Empfangsvollmacht oÄ reichen insoweit nicht aus. Erforderlich ist vielmehr ein speziell die Selbstanzeige betreffender Auftrag, eine speziell die Selbstanzeige betreffende Vollmacht (vgl. MüKoStGB/*Kohler* Rn. 103; Müller Selbstanzeige Rn. 607, 610; Rolletschke/Roth Selbstanzeige Rn. 43).

14b   Das Auftragsverhältnis muss bei Vornahme der Selbstanzeigeerklärung nicht offenbart werden (vgl. Schwarz/Pahlke/*Webel* Rn. 33). Liegt eine Beauftragung und Bevollmächtigung vor, ist sogar eine sog **verdeckte Selbstanzeige** möglich. Hiervon spricht man, wenn der Selbstanzeigeerstatter – zumindest auch – für einen namentlich nicht genannten Tatbeteiligten Selbstanzeige erstattet (vgl. MüKoStGB/ *Kohler* Rn. 110; Kuhn/Weigell SteuerStrafR/*Weigell* Rn. 604; Müller Selbstanzeige Rn. 613; Wannemacher SteuerStrafR/*Schmedding* Rn. 1990, Klein/*Jäger* Rn. 35; Stahl Selbstanzeige Rn. 94).

Wurde dem Dritten hingegen kein Auftrag erteilt, kann insoweit **nicht** auf die zivilrechtlichen 15
Grundsätze der **„Geschäftsführung ohne Auftrag"** (§§ 677 ff. BGB) zurückgegriffen werden (vgl.
Rolletschke/Kemper/*Kemper* Rn. 36; MüKoStGB/*Kohler* Rn. 103; aA offenbar Simon/Vogelberg
SteuerStrafR/*Simon* S. 185: Selbstanzeige mit mutmaßlichem Willen des Tatbeteiligten).

Genauso wenig kann das Fehlen einer Bevollmächtigung durch eine **nachträgliche Genehmigung** 16
geheilt werden (vgl. Kohlmann/*Schauf* Rn. 91; MüKoStGB/*Kohler* Rn. 103; Müller Selbstanzeige
Rn. 609; Rolletschke/Kemper/*Kemper* Rn. 35; Simon/Vogelberg SteuerStrafR/*Simon* S. 184; Streck/
Spatscheck Steuerfahndung Rn. 193; aA Stahl Selbstanzeige Rn. 96: die Genehmigung stelle sich häufig
als nachträgliche Artikulation einer von vornherein bestehenden Vollmacht heraus). In der Praxis wird
das Fehlen von Auftrag und Vollmacht aber nur schwer feststellbar sein, da weder die Beauftragung noch
die Bevollmächtigung formbedürftig sind (vgl. MüKoStGB/*Kohler* Rn. 109; Stahl Selbstanzeige
Rn. 92).

2. Adressat der Selbstanzeige. Wie § 371 Abs. 1 formuliert, ist die Selbstanzeige gegenüber „**der**" 17
Finanzbehörde zu erstatten. Die steuerstrafrechtlichen Vorschriften der §§ 369 ff. enthalten zwar in
§ 386 Abs. 1 S. 2 eine Definition von Finanzbehörden. Diese Definition bezieht sich aber lediglich auf
den Dritten Abschnitt der AO (Strafverfahren, so zB MüKoStGB/*Kohler* Rn. 121).

Maßgebend für § 371 Abs. 1 bleibt deshalb die allgemeine Begriffsbestimmung des § 6 Abs. 2. Eine
wirksame Selbstanzeige kann bei allen dort genannten Finanzbehörden erstattet werden (vgl. JJR/*Joecks*
Rn. 123; Kohlmann/*Schauf* Rn. 276; Klein/*Jäger* Rn. 34; MüKoStGB/*Kohler* Rn. 124; Rolletschke/
Kemper/*Kemper* Rn. 147 ff.; v. Briel/Ehlscheid SteuerStrafR/*v. Briel* § 2 Rn. 88; Stahl Selbstanzeige
Rn. 113; Gußen SteuerStrafR Rn. 274; *Hüls/Reichling* PStR 2008, 142; aA RGSt 61, 10; 61, 115;
OLG Bremen DStZ 1951, 213; OLG Frankfurt a. M. DStZ 1954, 58: Abgabe bei der sachlich und
örtlich zuständigen Finanzbehörde; aA Schwarz/Pahlke/*Webel* Rn. 34: nur die Finanzbehörden iSd § 6,
die für die Durchführung des betreffenden Verwaltungsverfahrens funktionell zuständig sind).

Hiervon zu trennen ist die Frage, wann eine Selbstanzeige als iSv § 371 Abs. 1 erstattet gilt, wenn 18
sie bei einer sachlich und/oder örtlich **unzuständigen Finanzbehörde** eingeht (sa Kühn/v. Wedel-
städt/*Blesinger* Rn. 12). So wie in der im Schwarzgeldbekämpfungsgesetz (BGBl. 2011 I 676 f.)
kodifizierten Vertrauensschutzregelung des Art. 97 § 24 EGAO (zur Frage, welche Rechtslage bei der
Beurteilung der Frage der Wirksamkeit einer Teilselbstanzeige zur Anwendung kommt, ist mE auf
den **Eingang** der Selbstanzeige **bei der zuständigen Finanzbehörde** abzustellen (in diesem Sinn
bereits RGSt 61, 10; 61, 115; OLG Bremen DStZ 1951, 213; OLG Frankfurt a. M. DStZ 1954, 58;
Koch/Scholtz/*Scheurmann-Kettner* Rn. 15; so jetzt auch MüKoStGB/*Kohler* Rn. 126; Kühn/v. Wedel-
städt/*Blesinger* Rn. 12; Simon/Vogelberg SteuerStrafR/*Simon* S. 186; aA aber Parsch/Nuzinger Selbstanzeigeberatung Rn. 64: Schildbürgerstreich, wenn eine Selbstanzeige bei jeder Finanzbehörde erstattet werden kann, für den Zugang aber auf die zuständige abzustellen ist). Sollte man die besagte
Vertrauensschutzregelung nicht für ein bewusste Entscheidung des Gesetzgebers halten (MüKoStGB/
Kohler Rn. 127), wäre mE aber jedenfalls auf die BFH-Entscheidung in einer Parallelfrage (Tatbestandsmäßigkeit der Anzeigenerstattung iSd § 153 Abs. 1 S. 1 gegenüber einer unzuständigen
Finanzbehörde) abzustellen. Der BFH (BStBl. II 2008, 595 (597)) hat dazu entschieden, dass eine
Anzeige bereits mit Eingang bei der unzuständigen Behörde als erstattet gilt, während die Jahresfrist
des § 171 Abs. 9 erst mit Eingang beim zuständigen Finanzamt zu laufen beginnt. Die Übermittlung
der Anzeige an das zuständige Finanzamt bezwecke, dass dieses innerhalb der Jahresfrist nach dortigem
Zugang den Sachverhalt prüfen und erforderlichenfalls eine Änderung der fehlerhaften Veranlagung
veranlassen könne. Dem soll nicht durch eine Berichtigungsanzeige gegenüber einem unzuständigen
Finanzamt ausgewichen werden können. Diese Überlegungen ließen sich mE auf die Eingangsfrage
übertragen (so auch *Hüls/Reichling* PStR 2008, 142). Der fiskalische Zweck des § 371, dem Fiskus
bislang verheimlichte Steuerquellen zu erschließen (→ Rn. 4), wird nur dann erreicht, wenn mehr als
eine bloß auf der Amtshilfeverpflichtung (§ 111 ff.) beruhende Wahrscheinlichkeit besteht, dass die
zuständige Finanzbehörde Kenntnis von den besteuerungsrelevanten Tatsachen erhält. Erforderlich ist
insoweit ein funktionaler Zusammenhang zwischen unzuständiger und zuständiger Finanzbehörde, der
Gewähr für eine Weiterleitung an die zuständige Finanzbehörde bietet. Ein derartiger funktionaler
Zusammenhang besteht zB im Verhältnis Feststellungsfinanzamt/Wohnsitzfinanzamt oder Wohnsitz-
finanzamt/Erbschaftsteuerfinanzamt oder Wohnsitzfinanzamt/Grunderwerbsteuerfinanzamt. Kein
funktionaler Zusammenhang besteht indes zwischen dem Wohnsitzfinanzamt und irgendeinem beliebigen Finanzamt in der Bundesrepublik.

In Bezug auf den (rechtzeitigen) Zugang der Selbstanzeige ist zwischen verschiedenen Sachverhalten 19
zu unterscheiden.

Steht zur Überzeugung des Gerichts fest (§ 261 StPO), dass der Selbstanzeigeerstatter die Selbstanzeige in den Briefkasten der Finanzbehörde eingeworfen hat, ist sie auch dann zugegangen, wenn sie
den Arbeitsplatz des Vorstehers, Sachgebietsleiters und zuständigen Bearbeiters tatsächlich nie erreicht
(vgl. Klein/*Jäger* Rn. 33). Die Selbstanzeige ist dann derart in den Machtbereich der Finanzbehörde
gelangt, dass diese unter normalen Verhältnissen die Möglichkeit hatte, vom Inhalt der Erklärung Kenntnis zu nehmen und die Kenntnisnahme nach den getroffenen Vorkehrungen und allgemeinen Gepflo-

genheiten auch erwartet werden konnte (= Zugang iSd § 130 BGB; vgl. BFH/NV 1997, 90 (91); so auch MüKoStGB/*Kohler* Rn. 129).

20 Ist lediglich festgestellt, dass der Selbstanzeigeerstatter die Selbstanzeige in einen Postbriefkasten eingeworfen hat, so ist lediglich der Abgang der Erklärung beim Selbstanzeigeerstatter, nicht aber der Zugang bei der Finanzbehörde gegeben. Die Selbstanzeige entfaltet dann keine strafbefreiende Wirkung (vgl. Rolletschke SteuerStrafR Rn. 556; aA Stahl Selbstanzeige Rn. 120: aus Billigkeitsgründen müsse von einem wirksamen Zugang ausgegangen werden, wenn der Zeitpunkt der Aufgabe zur Post nachgewiesen werden kann).

21 Eine Selbstanzeige kann nicht nur gegenüber einem „Veranlagungsbeamten" erstattet werden. Möglich ist eine Anzeigeerstattung nach hM auch gegenüber einem **Betriebsprüfer oder Fahndungsbeamten** (vgl. JJR/*Joecks* Rn. 122; Kohlmann/*Schauf* Rn. 284; Klein/*Jäger* Rn. 34; darstellend Rolletschke/Kemper/*Kemper* Rn. 155).

Unabhängig davon, dass die Selbstanzeigeerstattung gegenüber einem Betriebs- oder Fahndungsprüfer angesichts der Selbstanzeigesperren iSd § 371 Abs. 2 S. 1 Nr. 1 Buchst. a, Buchst. c eher theoretisch ist, erscheint mE auch fraglich, ob Betriebs- oder Fahndungsprüfer Personen sind, bei denen man die ursprüngliche Erklärung hätte abgeben können (so aber der Obersatz der hM, unter den die Empfangszuständigkeit subsumiert wird, vgl. Hübschmann/Hepp/Spitaler/*Beckemper* Rn. 58; Kohlmann/*Kohlmann* (aF) Rn. 83).

21a Die Abgabe einer Selbstanzeige muss im amtlichen Verkehr erfolgen (Helml Selbstanzeige 65); bei einer lediglich privaten Kenntnisnahme der Selbstanzeige ist sie nicht gegenüber der Finanzbehörde erstattet.

22 Fraglich ist, ob auch **Staatsanwaltschaften, Polizei oder Gerichte** taugliche Selbstanzeigeadressaten sind. Diese sind zwar zur Weiterleitung steuererheblicher Informationen verpflichtet (§ 116; sa Nr. 266, 267 RiStBV), sie unterfallen aber nicht dem Begriff der Finanzbehörde des § 6 Abs. 2 (so Klein/*Jäger* Rn. 34; MüKoStGB/*Kohler* Rn. 128; Kühn/v. Wedelstädt/*Blesinger* Rn. 12; Gußen SteuerStrafR Rn. 275; Stahl Selbstanzeige Rn. 117; Rolletschke SteuerStrafR Rn. 557; Wannemacher SteuerStrafR/*Schmedding* Rn. 2044; aA JJR/*Joecks* Rn. 121; Parsch/Nuzinger Selbstanzeigeberatung Rn. 68; ausdrückl offen gelassen durch BGH wistra 2003, 385 (389)). Werden Selbstanzeigen dennoch gegenüber Staatsanwaltschaften, Polizei oder Gerichten erstattet, so werden sie erst mit Eingang bei einer Finanzbehörde wirksam (vgl. MüKoStGB/*Kohler* Rn. 128; Stahl Selbstanzeige Rn. 117).

23 Eine ganz andere Frage ist aber, ob nicht durch den Eingang der Selbstanzeige bei Staatsanwaltschaft, Polizei oder Gericht Tatentdeckung iSd § 371 Abs. 2 S. 1 Nr. 2 eintritt. Dies ist mE zu bejahen (vgl. dazu auch Kühn/v. Wedelstädt/*Blesinger* Rn. 12; Hüls/*Reichling* PStR 2008, 142).

24 **3. Form und Inhalt der Selbstanzeige.** Mit einer Selbstanzeige werden spiegelbildlich zur Tat einer Steuerhinterziehung die unrichtig oder unvollständig erteilten Auskünfte und Informationen ergänzt oder berichtigt (vgl. Gußen SteuerStrafR Rn. 260). Bezieht sich eine Selbstanzeige auf eine im Steuerfestsetzungsverfahren (§§ 155 ff.) begangene Steuerhinterziehung, müssen die bislang nicht oder unzutreffend erklärte **Besteuerungsgrundlagen nacherklärt werden** (vgl. Klein/*Jäger* Rn. 19; Gußen SteuerStrafR Rn. 260).

25 Es handelt sich deshalb um eine **Wissenserklärung** und nicht um eine Willenserklärung im zivilrechtlichen Sinne (vgl. BFHE 103, 18 (21); Tipke/Kruse/*Seer* Vor § 149 Rn. 10 f.). Infolgedessen kann eine Selbstanzeigeerklärung auch nicht durch Irrtumsanfechtung nach § 119 BGB rückgängig gemacht werden. Eine derartige Anfechtung setzt gerade das Vorliegen einer Willenserklärung voraus (vgl. NdsFG DStR 2006, 764 (766)).

25a Wird eine Selbstanzeige allerdings **widerrufen**, führt dies zum Wegfall der Strafaufhebung (vgl. RGSt 75, 261; Beermann/Gosch/*Hoyer* Rn. 37; Klein/*Jäger* Rn. 32; *Gehm*, Kompendium Steuerstrafrecht, 2. Aufl. 2015, 116; Müller Selbstanzeige Rn. 628; Wannemacher SteuerStrafR/*Schmedding* Rn. 2053; aA JJR/*Joecks* Rn. 124; krit. Parsch/Nuzinger Selbstanzeigeberatung Rn. 174: Strafrecht ist rückwirkungsfeindlich).

25b Ein **Einspruch** gegen die auf die Selbstanzeige hin ergangenen Steuerbescheide ist jedoch nicht ohne weiteres als Widerruf im gleichen Sinne aufzufassen (LG Heidelberg NZWiSt 2013, 38 (39); Klein/*Jäger* Rn. 32; Kuhn/Weigell SteuerStrafR/*Weigell* Rn. 583; Müller Selbstanzeige Rn. 632; Parsch/Nuzinger Selbstanzeigeberatung Rn. 93; Wannemacher SteuerStrafR/*Schmedding* Rn. 2053; vgl. dazu iE *Weinbrenner* DStR 2013, 1268 ff.). Etwas anderes gilt freilich dann, wenn der Selbstanzeigeerstatter in seinem Einspruch gegen die Steuerbescheide von seiner Sachverhaltsdarstellung in der Selbstanzeige Abstand nimmt (*Weinbrenner* DStR 2013, 1271).

26 Wie der Gesetzestext des § 371 Abs. 1 zeigt, sind Selbstanzeigen **nicht formbedürftig** (vgl. MüKoStGB/*Kohler* Rn. 42; Schwarz/Pahlke/*Webel* Rn. 37; Kühn/v. Wedelstädt/*Blesinger* Rn. 4; Gußen SteuerStrafR Rn. 268). Sie können deshalb schriftlich, mündlich (vgl. OLG Hamburg wistra 1986, 116 (117)), fernmündlich (vgl. JJR/*Joecks* Rn. 90), per Telegramm, Telefax, E-Mail (vgl. Stahl Selbstanzeige Rn. 119) oder zu Protokoll (vgl. Kohlmann/*Schauf* Rn. 144) abgegeben werden. Zum Zweck der Nachweisbarkeit des Inhalts und des Zeitpunkts der Erstattung empfiehlt sich jedoch dennoch die Schriftform (vgl. MüKoStGB/*Kohler* Rn. 43; Gußen SteuerStrafR Rn. 269). Solange sich die Identität

des Anzeigerstatters aus dem Inhalt der Selbstanzeige ergibt, muss sie auch nicht unterschrieben sein (vgl. *v. Briel* SAM 2006, 42 (46)).

Nicht erforderlich ist es, die Selbstanzeige als Selbstanzeige zu bezeichnen oder die Vorschrift des 27 § 371 AO zu nennen (vgl. JJR/*Joecks* Rn. 91; MüKoStGB/*Kohler* Rn. 44; Schwarz/Pahlke/*Webel* Rn. 42; sa Nr. 115 Abs. 1 S. 1 AStBV (St.)). Vor diesem Hintergrund wird auch nicht selten angeraten, eine Selbstanzeige als Berichtigung iSd § 153 auszugeben. Es besteht dann zumindest die „Chance", dass die Finanzbehörden die steuerverfahrensrechtlichen Folgen einer Steuerhinterziehung (verlängerte Festsetzungsfrist, § 169 Abs. 2 S. 2; Hinterziehungszinsen, § 235; Hinterzieherhaftung, § 71) nicht ziehen.

Nicht erforderlich ist ferner, dass sich der Selbstanzeigerstatter bezichtigt, eine Steuerhinterziehung 28 begangen zu haben (vgl. BGH wistra 1993, 66 (68); MüKoStGB/*Kohler* Rn. 45). Unschädlich ist sogar, wenn sich der Selbstanzeigerstatter dagegen verwahrt, gegen steuerliche Strafvorschriften verstoßen zu haben (vgl. LG Stuttgart NStZ 1990, 189 (190); MüKoStGB/*Kohler* Rn. 45; Streck/Spatscheck Steuerfahndung Rn. 223), indem er zB (zu Unrecht) behauptet, die ursprünglichen Angaben seien nur versehentlich falsch gewesen (vgl. MüKoStGB/*Kohler* Rn. 45; *Breyer,* Der Inhalt der strafbefreienden Selbstanzeige, 1999, 173).

Die **Motive,** die den Selbstanzeigerstatter leiten, sind **unerheblich** (vgl. Kohlmann/*Schauf* Rn. 148; 29 Müller Selbstanzeige Rn. 546; Gußen SteuerStrafR Rn. 247). Er muss also weder seine Tat bereuen noch freiwillig iSd § 24 StGB handeln (vgl. Kohlmann/*Schauf* Rn. 148; Streck/Spatscheck Steuerfahndung Rn. 183). Deshalb ist zB auch unerheblich, ob Tatentdeckung droht.

Das ändert aber nichts daran, dass die Sperrtatbestände des § 371 Abs. 2 S. 1 Nr. 1 und Nr. 2 30 durchaus als Typisierungen zu verstehen sind. Im Hinblick auf den fiskalischen Zweck der Selbstanzeige sind sie Typisierungen dafür, dass eine Situation eingetreten ist, bei der bisher nicht bekannte Steuerquellen dem Fiskus auch ohne Zutun des Selbstanzeigerstatters erschlossen oder zumindest zugänglich werden (vgl. Beermann/Gosch/*Hoyer* Rn. 44; Stahl Selbstanzeige Selbstanzeige Rn. 247; Helml Selbstanzeige 97). Unter dem Gesichtspunkt der Honorierung der Rückkehr zur Steuerehrlichkeit wird man sie als generalisierende und objektivierende Umschreibungen einer typisierter Unfreiwilligkeit ansehen können (vgl. JJR/*Joecks* Rn. 202; Tipke/Lang SteuerR/*Seer* § 23 Rn. 59; *Rübenstahl* WiJ 2014, 190 (198); ähnl. *Patzschke,* Die Selbstanzeige als Strafaufhebungsgrund des allgemeinen Strafrechts, 2012, 120: es liegt keine bewusste Entscheidung für das Recht vor).

§ 371 Abs. 1 verlangt, dass der Selbstanzeigerstatter die bislang unrichtigen, unvollständigen oder 31 fehlenden Angaben durch zutreffende ersetzt (vgl. auch BGH wistra 1993, 66 (68); Klein/*Jäger* Rn. 19; MüKoStGB/*Kohler* Rn. 47). Diese „Ersetzung" wird üblicherweise als **Materiallieferung** bezeichnet (vgl. dazu iE Helml Selbstanzeige 60 f.).

Dabei muss das Material für die Finanzbehörde aber **nicht neu** sein (vgl. Kohlmann/*Schauf* Rn. 156; 32 Stahl Selbstanzeige Rn. 128; Helml Selbstanzeige 61; aA Kühn/v. Wedelstädt/*Blesinger* Rn. 5); unerheblich ist in diesem Zusammenhang auch, ob sich die Finanzbehörde das Material im Wege der Amtshilfe hätte beschaffen können (vgl. LG Stuttgart NStZ 1990, 189 (190)).

Die in der Selbstanzeigeerklärung enthaltenen Angaben müssen grds. denselben Anforderungen 33 genügen, denen der Anzeigenerstatter bei ordnungsgemäßer Erfüllung seiner steuerlichen Offenbarungspflichten schon früher hätte entsprechen müssen (so ausdrückl. LG Stuttgart NStZ 1990, 189 (190); JJR/ *Joecks* Rn. 58; Beermann/Gosch/*Hoyer* Rn. 27; MüKoStGB/*Kohler* Rn. 47; Gußen SteuerStrafR Rn. 260; Kuhn/Weigell SteuerStrafR/*Weigell* Rn. 583; Helml Selbstanzeige 61; *Patzschke,* Die Selbstanzeige als Strafaufhebungsgrund des allgemeinen Strafrechts, 2012, 113; *Kauffmann* JSE 2014, 136 (139)). Dies bedeutet für Steuerhinterziehungen im Steuerfestsetzungsverfahren (§§ 155 ff.) zwar nicht, dass (zu strafrechtlichen Zwecken) ein amtlicher Vordruck verwendet werden muss (vgl. Kuhn/Weigell SteuerStrafR/*Weigell* Rn. 593; Helml Selbstanzeige 62); jedoch ist zu beachten, dass parallel zu dem infolge der Selbstanzeige einzuleitendem Strafverfahren auch ein Besteuerungsverfahren anhängig ist und insoweit ein „Formularzwang" besteht.

Soweit die Steuergesetze **Formerfordernisse** für die steuerliche Berücksichtigung von Steuermin- 33a derungsbeträgen aufstellen (zB beim Vorsteuerabzug gem. §§ 14, 15 UStG), ist auch ein Selbstanzeigeerstatter gehalten, sie zu erfüllen. Dies folgt bereits daraus, dass neben dem Strafverfahren auch ein Besteuerungsverfahren anhängig ist.

Umgekehrt sind an die Selbstanzeigeerklärung aber auch keine weiterreichenden Anforderungen zu 33b stellen als an die ursprüngliche Erklärung (vgl. *Breyer,* Der Inhalt der strafbefreienden Selbstanzeige, 1999, 48). Dh zB, dass bei der Berichtigung einer Lohnsteuerhinterziehung lediglich die Lohnsumme (s. § 41a Abs. 1 Nr. 1 EStG) anzugeben ist, ohne die Angaben zu einzelnen Arbeitnehmern näher zu spezifizieren.

Auch wenn der Selbstanzeigeerstatter nach hM (vgl. BGHSt 3, 373 (376); BGH NJW 1974, 2293; 33c wistra 2004, 309; LG Hamburg wistra 1988, 120 (121); LG Stuttgart NStZ 1990, 189 (190); Kühn/ v. Wedelstädt/*Blesinger* Rn. 5; Gußen SteuerStrafR Rn. 262) verpflichtet ist, dem Finanzamt die verwirklichten Besteuerungsgrundlagen nach Art und Umfang so mitzuteilen, dass es diesem möglich ist, den Sachverhalt ohne weitere langwierige, größere Nachforschungen und ohne die weitere gutwillige Hilfe des Täters aufklären zu können, stellt sich gerade vor dem Hintergrund des Umfangs des Berichtigungsverbunds des § 371 Abs. 1 die Frage, ob es zB ausreicht, bislang verschwiegene Einkünfte mitzuteilen, ohne sie einer konkreten Einkunftsart zuzuordnen (so *Breyer,* Der Inhalt der strafbefreienden Selbstanzeige, 1999, 173). So könnte man es in der Situation einer Stufenselbstanzeige (→ Rn. 46 ff.) ausreichen lassen, dass zB Kapitalerträge in ihrer Gesamtheit nacherklärt werden können und nicht näher spezifiziert in Veräußerungsgewinne, Zinseinnahmen, Dividenden etc mitgeteilt werden müssen (so zB *Rolletschke/Jope* Stbg 2014, 355 (357); ähnl. Müller Selbstanzeige Rn. 420).

34   Zu der vor dem Schwarzgeldbekämpfungsgesetz (BGBl. 2011 I 676 f.) geltenden Gesetzeslage ist die hM (vgl. BGH NStZ 1999, 38 (39); MüKoStGB/*Kohler,* 1. Aufl. 2010, Rn. 52 f.; Kühn/v. Wedelstädt/ *Blesinger* Rn. 6; Streck/Spatscheck Steuerfahndung Rn. 218; Gußen SteuerStrafR Rn. 272) davon ausgegangen, dass es zB ausreicht, nach unrichtigen Umsatzsteuervoranmeldungen eine richtige Umsatzsteuerjahreserklärung einzureichen (das Gleiche galt danach auch im Fall pflichtwidrig nicht eingereichter Umsatzsteuervoranmeldungen; OLG Hamburg NStZ 1985, 322 (323)); dh, die einzelnen Umsatzsteuervoranmeldungszeiträume mussten danach nicht einzeln berichtigt werden (aA noch BGH wistra 1982, 145: alle Angaben sind so nachzuholen, wie sie richtigerweise hätten gemacht werden müssen). Dieses Rechtsverständnis dürfte die durch das Schwarzgeldbekämpfungsgesetz (BGBl. 2011 I 676 f.) eingetretenen Gesetzesänderungen überdauert haben (so ausdrücklich Klein/*Jäger* Rn. 30; Schwarz/Pahlke/*Webel* Rn. 47a; wohl auch Kühn/v. Wedelstädt/*Blesinger* Rn. 6). So nimmt der BGH die in dieser Frage ergangene Grundsatzentscheidung (s. oben) in seinem Beschluss v. 25.7.2011 (BGH NZWiSt 2012, 117 (120)) kommentarlos in Bezug.

Es gilt auch in der Gesetzesfassung des AO-ÄndG (BGBl. 2014 I 2415 ff.) (vgl. MüKoStGB/*Kohler* Rn. 72). Grds. sind für Voranmeldungen zwar gesondert Hinterziehungszinsen zu berechnen (AEAO Nr. 2.3 S. 1 zu § 235); dies begründet aber kein Einzelberichtigungserfordernis, da die in § 371 Abs. 2a S. 1 enthaltene Privilegierung der im Zusammenhang mit Umsatzsteuervoranmeldungen stehenden Steuerhinterziehungen durch die Beschränkung der Zinszahlungspflicht ergänzt wird (§ 371 Abs. 3 S. 2).

34a   Vergleichbares gilt mE im Verhältnis zwischen einer **Erklärung zur gesonderten Feststellung** und einer **Einkommensteuererklärung**. Im Fall, dass ein Steuerpflichtiger sowohl eine unzutreffende Erklärung zur gesonderten Feststellung iSd § 180 Abs. 1 Nr. 2 Buchst. b als auch eine korrespondierend unzutreffende Einkommensteuererklärung abgegeben hat, ist es mE – vorbehaltlich der noch ungeklärten Frage, in welchem materiell-rechtlichen Konkurrenzverhältnis beide Steuerhinterziehungen zueinander stehen – bloße Förmelei, wenn man von ihm eine doppelte Berichtigung verlangen würde. So wie der BGH im Feststellungsbescheidbeschluss (BGHSt 53, 99 ff. = BGH NJW 2009, 381 ff.) die hinreichend konkrete Gefährdung des durch § 370 geschützten Steueranspruchs mit der Bindungswirkung des § 181 begründet, führt die Berichtigung der gesondert festgestellten Besteuerungsgrundlagen automatisch zu einer Berichtigung im Folgebescheid.

35   **Nicht ausreichend** für eine Selbstanzeigeerklärung ist hingegen die Beantragung einer Betriebsprüfung (vgl. OLG Düsseldorf wistra 1982, 119; Schwarz/Pahlke/*Webel* Rn. 46), die bereitwillige Überlassung von Buchführungsunterlagen während einer Außenprüfung (vgl. BGH NStZ 1991, 89; Schwarz/Pahlke/*Webel* Rn. 2a), die Anerkennung des durch den Außenprüfer erarbeiteten Ergebnisses (vgl. BGH NStZ 2006, 45 (46); Schwarz/Pahlke/*Webel* Rn. 46), die stillschweigende Nachzahlung der verkürzten Steuer (vgl. BGH DStZ 1959, 499; Schwarz/Pahlke/*Webel* Rn. 46), ein schlichter Hinweis auf nicht erfasste Einkünfte (vgl. LG Hamburg wistra 1988, 120 (122)), die stillschweigende Versteuerung im nachfolgenden Veranlagungszeitraum (vgl. BGH DStZ 1959, 499; Schwarz/Pahlke/*Webel* Rn. 46; Kühn/v. Wedelstädt/*Blesinger* Rn. 6; Gußen SteuerStrafR Rn. 267), die Aufforderung an das Finanzamt, sich die Angaben – zB Kapitalerträge – bei einer anderen Stelle zu beschaffen (vgl. Schwarz/ Pahlke/*Webel* Rn. 46) oder dass der Steuerpflichtige auf Vorhalt bestimmter auffälliger Sachverhalte die Unrichtigkeit seiner bisherigen Angaben einräumt (vgl. BGH NStZ 2006, 45 (46); insgesamt MüKoStGB/*Kohler* Rn. 68 ff.).

§ 371 Abs. 1 sieht seit der Fassung im Schwarzgeldbekämpfungsgesetz (BGBl. 2010 I 676 f.) vor, dass alle Steuerstraftaten einer Steuerart aufgedeckt werden müssen (zum zeitlichen Umfang der Materiallifierungspflicht → Rn. 36 ff.).

Der Begriff der Steuerart wird in § 371 Abs. 1 zwar nicht gesetzlich definiert (vgl. Wannemacher SteuerStrafR/*Schmedding* Rn. 2062). Da in den Gesetzesmaterialien des Schwarzgeldbekämpfungsgesetzes (BT-Drs. 5068, (neu) 21) aber zwischen den Steuerarten Einkommen- und Umsatzsteuer unterschieden wird, liegt es nahe, im Grundsatz auf das Vorliegen **verschiedener Steuergesetze** abzustellen (vgl. MüKoStGB/*Kohler* Rn. 53; Schwarz/Pahlke/*Webel* Rn. 50c; Kuhn/Weigell SteuerStrafR/*Weigell* Rn. 588; Simon/Vogelberg SteuerStrafR/*Simon* S. 193; *Rolletschke/Roth* Stbg 2011, 200 (201); *Hechtner* NWB 2011, 1044).

35a   Besteht zwischen der Hinterziehung einzelner Steuerarten Tateinheit iSd § 52 StGB, stellt sich allerdings die Frage, ob dadurch mehrere Steuerarten zu einer verklammert werden (vgl. dazu iE *Rolletschke/Steinhart* NZWiSt 2015, 71 ff.). Dies wird in der Literatur teilweise (zB Klein/*Jäger* Rn. 18b, 19a; Schwarz/Pahlke/*Webel* Rn. 50d; Helml Selbstanzeige 74 f.; *Hechtner* NWB 2011, 1044 (1045)) unter Hinweis darauf, dass tateinheitlich verwirklichte Delikte eine Tat bilden, bejaht; teilweise (zB MüKoStGB/*Kohler* Rn. 54; Simon/Vogelberg SteuerStrafR/*Simon* S. 193; *Beckemper/Schmitz/Wegner/ Wulf* wistra 2011, 281 (283); *Rolletschke/Roth* Stbg 2011, 200; *Wulf/Kamps* DB 2011, 1711 (1715); wohl auch OFD Nds www.iww.de AbrufNr 112377; darstellend Kuhn/Weigell SteuerStrafR/*Weigell* Rn. 589) ausdrücklich in Abrede gestellt.

Fraglich ist zudem, wie die Sachverhalte einzuordnen sind, in denen ein Steuergesetz mehrfach **35b** betroffen ist.

So zB, wenn ein Täter **mehrere fremdnützige** Steuerhinterziehungen begangen hat (zB der angestellte Geschäftsführer mehrerer GmbHs oder der angestellte Geschäftsführer einer GmbH, an der mehrere Anteilseigner beteiligt sind), oder wenn der Täter einer Steuerhinterziehung **auch als Teilnehmer** an Steuerhinterziehungen Dritter mitgewirkt hat. Denkbar wäre insoweit, einschränkend auf die Person des Steuerpflichtigen abzustellen. Da hier mehrere Steuerpflichtige betroffen sind, würde dies zur Annahme einer jeweils anderen Steuerart iSd § 371 Abs. 1 führen (so Simon/Vogelberg SteuerStrafR/*Simon* S. 193; *Geuenich* NWB 2011, 1050 (1051); *Heuel/Beyer* StBW 2011, 315 (318); *Rolletschke/Roth* Stbg 2011, 200 für das Zusammentreffen von Täterschaft und Teilnahme; allg. MüKoStGB/*Kohler* Rn. 57; *Beckemper/Schmitz/Wegner/Wulf* wistra 2011, 281 (283); aA Klein/*Jäger* Rn. 18d; Schwarz/*Pahlke/Webel* Rn. 50c).

Vergleichbares gilt aber auch, wenn **mehrere Erhebungsformen einer Steuer** betroffen sind (zB Lohn- und Einkommensteuer oder Kapitalertrag- und Einkommensteuer). Auch hier wird in der Literatur vorgeschlagen, auf die Person des Steuerschuldners abzustellen. In den genannten Beispielen würde dies jeweils zur Annahme zweier Steuerarten führen würde (vgl. Simon/Vogelberg SteuerStrafR/*Simon* S. 193; *Hechtner* NWB 2011, 1044; *Beckemper/Schmitz/Wegner/Wulf* wistra 2011, 281 (283); aA Klein/*Jäger* Rn. 18d; Schwarz/*Pahlke/Webel* Rn. 50c).

Übertragen auf das Verhältnis zwischen einer Erklärung zur **gesonderten Feststellung** (§ 180) und einer **Einkommensteuererklärung** würde das bedeuten, dass dann eine Steuerart iSd § 371 Abs. 1 vorliegt, wenn der Steuerpflichtige in einem anderen Finanzamtssprengel einen Betrieb unterhält (§ 180 Abs. 1 Nr. 2 Buchst. b) und hierfür eine Erklärung zur gesonderten Feststellung abzugeben hat (§ 181 Abs. 2 S. 2 Nr. 2) (vgl. Rolletschke/Roth SelbstanzeigeRn. 77; MüKoStGB/Kohler § 370 Rn. 58; *Wulf/Kamps* DB 2011, 1711 (1713); aA Klein/*Jäger* Rn. 18d). Gibt hingegen ein Geschäftsführer einer Publikumsgesellschaft eine unzutreffende Erklärung zur gesonderten Feststellung iSd § 180 Abs. 1 Nr. 2 Buchst. a ab (§ 181 Abs. 2 S. 2 Nr. 1, S. 3), so hinterzieht er insoweit fremdnützig Steuern. Dies spricht dafür, diese F-Erklärung als andere Steuerart iSd § 371 Abs. 1 anzusehen.

Die Materiallieferungspflicht umfasst zunächst – sowohl in der Gesetzesfassung des Schwarzgeldbe- **36** kämpfungsgesetzes (BGBl. 2011 I 676 f.) als auch des AO-ÄndG (BGBl. 2014 I 2415 ff.) – die **noch nicht strafverfolgungsverjährten Veranlagungszeiträume** (vgl. Klein/*Jäger* Rn. 18). Die Verfolgungsverjährung wurde allerdings durch das JStG 2009 (BGBl. 2008 I 2794 ff.) für die in § 370 Abs. 3 S. 2 Nr. 1–5 genannten Fälle auf zehn Jahre verlängert (§ 376 Abs. 1; vgl. iE → § 376 Rn. 6 ff.). Für die „unbenannten" besonders schweren Fälle iSd § 370 Abs. 3 S. 1 sowie für die „einfache" Steuerhinterziehung iSd § 370 Abs. 1 ist es hingegen bei der fünfjährigen Verjährungsfrist des § 78 Abs. 3 Nr. 4 StGB geblieben ist (vgl. dazu iE → § 376 Rn. 6 ff.).

Ergänzend hat der Gesetzgeber im AO-ÄndG (BGBl. 2014 I 2415 ff.) einen zehnjährigen Mindest- **36a** berichtigungszeitraum kodifiziert. Nach den Gesetzesmaterialien soll dieser zwar an die „Abgabe" der Selbstanzeige anknüpfen (BT-Drs. 18/3018, 11), gemeint sein dürfte aber nicht der Abgang der Erklärung beim Selbstanzeigeerstatter, sondern der Zugang der Selbstanzeige bei der zuständigen Finanzbehörde. Wie die Zehnjahresfrist iE zu verstehen ist, ist aber noch unklar (so auch FM NRW DB 2015, 280; *Joecks* DStR 2014, 2261 (2262); *Beyer* NWB 2015, 769 (771); *Geuenich* NWB 2015, 29 (31); *Talaska/Bertrand* ZWH 2015, 89 (90); *Bilsdorfer* DStR 2015, 1600 (1602 f.)).

Sind ab dem maßgeblichen Zeitpunkt (Zugang bei der zuständigen Finanzbehörde) zehn Kalender- **36b** jahre zurückzurechnen, sodass zB bei einer in 2015 erstatteten Selbstanzeige alle Steuerhinterziehungen der Jahre 2005 bis 2014 nachzuerklären wären? (so MüKoStGB/*Kohler* Rn. 61; *Joecks* DStR 2014, 2261 (2262); *Habammer/Pflaum* DStR 2014, 2267 (2268); *Schwartz* PStR 2015, 37 f.; *Hunsmann* NJW 2015, 113 (114); *Wulf* wistra 2015, 166 (167); wohl auch *Geuenich* NWB 2015, 29 (31); aA *Buse* DB 2015, 89 (90): auch die bereits im angebrochenen Kalenderjahr begangenen Steuerhinterziehungen). Für diese Ansicht lässt sich zumindest die Gesetzesformulierung Kalenderjahre (statt Jahre) ins Feld führen (*Hunsmann* NJW 2015, 113 (114)). Oder ist beginnend mit dem Zugang der Selbstanzeige taggenau zehn Jahre zurückzurechnen (so Rolletschke/Roth Selbstanzeige Rn. 123)? Für die Annahme von Taggenauigkeit ließe sich zB anführen, dass der Gesetzgeber in § 371 Abs. 1 ganz bewusst eine von Festsetzungs- und Strafverfolgungsverjährung abzugrenzende eigenständige Frist schaffen wollte (BT-Drs. 18/3018, 10). Zudem geht der Gesetzgeber selbst davon aus, dass „Ausgangspunkt für die Berechnung der fiktiven Frist von zehn Jahren … die Abgabe der Selbstanzeige (ist)" (BT-Drs. 18/3018, 11). Für die Frage, welche die letzte zu offenbarende Steuerhinterziehung ist, kann die Frage aber dahinstehen. Jedenfalls sind die im Kalenderjahr der Selbstanzeige begangenen Steuerhinterziehungen noch nicht strafverfolgungsverjährt, sodass sie allein deshalb in den Berichtigungsverbund des § 371 Abs. 1 fallen.

Bedeutsam ist die Frage der Taggenauigkeit jedoch für die erste zu offenbarende Steuerhinterziehung. **36c** Bei Taggenauigkeit wären das die bis zum Vortag des Zugangs der Selbstanzeige (minus zehn Jahre) „begangenen" Steuerhinterziehungen. Bei Maßgeblichkeit des Kalenderjahres können dies einerseits die den ersten Veranlagungszeitraum des Berichtigungsverbunds betreffenden Steuerhinterziehungen sein;

im Fall der Nacherklärungspflicht für den Zeitraum 2005 bis 2014 also die Steuerhinterziehungen für die Veranlagungszeitraum 2005 (*Wulf* wistra 2015 (166, 168); so wohl auch *Talaska/Bertrand* ZWH 2015, 89 (90)). Andererseits können dies aber auch die Steuerhinterziehungen sein, die bis zum 31.12.24:00 Uhr des Vorjahres minus zehn Jahre „begangen" wurden.

36d   Sowohl bei Maßgeblichkeit der Taggenauigkeit als auch dann, wenn man bei Maßgeblichkeit des ganzen Kalenderjahres auf die (untechnisch) Tatbegehung abstellt, stellt sich weitergehend die Frage, was unter Tatbegehung zu verstehen ist; maW, in welchem Deliktsstadium sich die erste zu offenbarende Steuerhinterziehung befinden muss. In diesem Zusammenhang könnte man auf den Versuchsbeginn, den Zeitpunkt der Tatvollendung oder sogar den der Tatbeendigung abstellen. Anhand des Gesetzeswortlauts lässt sich die Frage jedenfalls nicht beantworten; er ist bedeutungsoffen (so auch *Rübenstahl* WiJ 2014, 190 (193); *Geuenich* NWB 2015, 29 (31); *Hunsmann* NJW 2015, 113 (114); *Talaska/Bertrand* ZWH 2015, 89 (90)). Für eine Maßgeblichkeit des Verjährungsbeginns könnte man den systematischen Zusammenhang zum Satzbeginn des § 371 Abs. 1 S. 1 anführen; dieser stellt auf die Strafverfolgungsverjährungsfrist ab (so *MüKoStGB/Kohler* Rn. 61; *Habammer/Pflaum* DStR 2014, 2267 (2268); aA ausdrückl. *Talaska/Bertrand* ZWH 2015, 89 (90)). Zwingend ist das aber nicht, da der Gesetzgeber ja gerade eine eigenständige „fiktive Frist" (BT-Drs. 18/3018, 11) schaffen wollte. Da der Gesetzgeber erklärtermaßen „im Besteuerungsverfahren … (den) Ermittlungsaufwand" reduzieren wollte (BT-Drs. 18/3018, 9), wäre auch die Maßgeblichkeit des Vollendungszeitpunkts denkbar. Nur nach einer vollendeten Steuerhinterziehung besteht das Bedürfnis für die Korrektur einer unzutreffenden Steuerfestsetzung (s. § 370 Abs. 4 S. 1 Hs. 1). Nach allgemeinen strafrechtlichen Grundsätzen (s. § 8 StGB) könnte man die Tatbegehung aber auch mit dem Versuchsbeginn gleichsetzen (so *Geuenich* NWB 2015, 29 (31); *Beyer* NWB 2015, 769 (772); wohl auch *Talaska/Bertrand* ZWH 2015, 89 (90)).

Solange die aufgeworfenen Fragen nicht abschließend geklärt sind, sollte in der Beratungspraxis mE aus Vorsichtigkeitsgesichtspunkten die weitreichendste Nacherklärungspflicht angenommen und sämtliche Steuerhinterziehungen nacherklärt werden, die zu Jahresbeginn der Erstattung der Selbstanzeige minus zehn Kalenderjahre beendet waren.

37   Für Veranlagungszeiträume, die – wegen Strafverfolgungsverjährung (§ 78 Abs. 1 StGB) und weil sie außerhalb der neue Zehnjahresfrist liegen – zwar nicht in den Berichtigungsverbund fallen, aufgrund unterschiedlicher Ablaufhemmungen aber noch nicht festsetzungsverjährt (§ 169 Abs. 2 S. 2) sind, gelten zunächst zwar nur die allgemeinen Mitwirkungspflichten der AO. Etwas anderes ergibt sich aber dann, wenn die Angaben zur Überprüfung der „Richtigkeit" der Selbstanzeige erforderlich sind (vgl. *MüKoStGB/Kohler* Rn. 64; *Rolletschke* DStZ 1999, 566 (568)).

38   Ist der Selbstanzeigeerstatter nicht in der Lage, die Besteuerungsgrundlagen anhand von Unterlagen genau ermitteln zu können, so besteht für ihn die Möglichkeit, die **Besteuerungsgrundlagen zu schätzen** (vgl. BGH NJW 1974, 2293; JJR/*Joecks* Rn. 62 f.; Kohlmann/*Schauf* Rn. 256 ff.; MüKoStGB/*Kohler* Rn. 97; Schwarz/Pahlke/*Webel* Rn. 55; Streck/Spatscheck Steurfahndung Rn. 214; Gußen SteuerStrafR Rn. 263).

Zur Stufenselbstanzeige, bei der die Frage der Schätzung eine besondere Rolle spielt, → Rn. 46 ff.

39   Die hM (vgl. FG Düsseldorf BeckRS 2007, 26025210; Kohlmann/*Schauf* (aF) Rn. 70; Stahl Selbstanzeige Rn. 171) geht insoweit davon aus, dass die Grundlagen der Schätzung – wie Umsatz, Wareneinsatz und Gewinnaufschlag, Materialeinsatz, Arbeitslöhne und Gewinnaufschlag oder eine Vermögenszuwachsrechnung – dargelegt werden müssen. In der Lit. (zB Fore/Tsambikakis/*Wessing* Rn. 59) findet sich häufig auch der Hinweis, eine freie Schätzung genüge nicht. ME kann daran seit der durch den Selbstanzeigebeschluss (BGHSt 55, 180 ff. = BGH DStR 2010, 1133 ff.) und das Schwarzgeldgesetz (BGBl. 2011 I 676 f.) veränderten Rechtssituation (grundsätzliches Verbot von Teilselbstanzeigen, Umfang der Materiallieferungsverpflichtung) jedenfalls in Fällen der Stufenselbstanzeige (→ Rn. 46 ff.) so allgemeingültig nicht mehr festgehalten werden (so allg. auch Schwarz/Pahlke/*Webel* Rn. 56a). Im Rahmen der Materiallieferung muss ein Steuerpflichtiger – wie im normalen Veranlagungsverfahren auch – die Angaben machen, die ihm nach den Umständen des Einzelfalls zugemutet werden können (*Rolletschke* DStZ 1999, 566). Kann ein Selbstanzeigeerstatter im Zeitpunkt der Anzeigeerstattung (Rückkehr zur Steuerehrlichkeit) nicht auf die Besteuerungsgrundlagen konkretisierende Unterlagen zurückgreifen, können mE an die Substantiierung der Angaben (zunächst) keine überhöhten Anforderungen gestellt werden. Zu denken ist daran zB in Erbfällen oder in Fällen mit Auslandsbezug.

39a   Umgekehrt sollte sich ein Selbstanzeiger aber bewusst sein, dass eine dolos überhöhte Schätzung der bislang nicht erklärten Besteuerungsgrundlagen, die allein darauf abzielt, im Rahmen einer ggf. Jahre später erfolgenden Korrektur nach unten in den Genuss der 6%igen Erstattungszinsen (§ 233a) zu kommen, selbst tatbestandsmäßig iSd § 370 Abs. 1, 4 S. 2 ist (vgl. Rolletschke/Roth Selbstanzeige Rn. 137). Dieser Sachverhalt ist einem fingierten Steuerfall vergleichbar, in dem Erstattungszinsen ebenfalls als nicht gerechtfertigter Steuervorteil verstanden werden (BGH NStZ 2007, 596 (597)). Derartige Fälle, in denen die zunächst erklärten Werte nach wiederholten Fristverlängerungen um 70 % oder mehr nach unten korrigiert werden, kommen in der Praxis nicht nur vereinzelt vor.

40   **4. Einzelfälle. a) Teilselbstanzeige.** Der Fall, dass eine Materiallieferung iSd § 371 Abs. 1 nicht sämtliche bislang nicht oder unzutreffend erklärten Besteuerungsgrundlagen enthält, wird als Teilselbstanzeige bezeichnet. Die bislang hM ging davon aus, dass ein Selbstanzeigeerstatter in diesen Fällen – unter den weiteren Voraussetzungen der Abs. 2 und 3 – nicht vollständig, sondern lediglich im Umfang der nacherklärten Besteuerungsgrundlagen straffrei wird (vgl. BGH NStZ 1999, 38 (39); FGJ/*Joecks,* 6. Aufl. 2005, § 371 Rn. 75; Klein/*Jäger,* 10. Aufl. 2009, § 371 Rn. 20; MüKoStGB/*Kohler,* 1. Aufl. 2010, Rn. 57; Kühn/v. Wedelstädt/*Blesinger,* 18. Aufl. 2004, § 371 Rn. 7; Stahl Selbstanzeige, 2. Aufl. 2004, Rn. 118).

Auf der Grundlage eines geänderten Rechtsverständnisses (→ Rn. 5) schloss der BGH im Selbst- **41** anzeigebeschluss (BGH DStR 2010, 1133 (1134)) – unter Anknüpfung an seine frühere Rspr. (wistra 1993 (66, 68)) und ausdrücklicher Aufgabe gegenteiliger Rspr. (BGHSt 35, 36; BGH wistra 1988, 356; 1999, 27) – die Möglichkeit einer tw Strafaufhebung aus. Die Gesetzesformulierung „insoweit" beziehe sich nicht auf den Umfang der gemachten Angaben, sondern allein auf den Umfang der Strafbefreiung. Diese beschränke sich auf eine Strafbarkeit nach § 370.

Diese Rspr. griff der Gesetzgeber im Schwarzgeldbekämpfungsgesetz (BGBl. 2011 I 676 f.) auf und **42** definierte – um im Bild des BGH im Selbstanzeigebeschluss (BGHSt 55, 180 ff. = BGH DStR 2010, 1133 ff.) zu bleiben – die Größe des „reinen Tisches" (→ Rn. 11) mit allen unverjährten Steuerstraftaten einer Steuerart (in der Lit. Sparten-Lebensbeichte, Berichtigungsverbund, Berichtigungseinheit oder vertikale Vollständigkeit genannt, vgl. Rolletschke/Roth Selbstanzeige Rn. 142).

Durch das AO-ÄndG (BGBl. 2014 I 2415 ff.) wird die früher bestehende Möglichkeit einer **42a** Teilselbstanzeige teilweise wieder eingeführt, indem § 371 Abs. 2a S. 1 ua vorsieht, dass der Berichtigungsverbund für Umsatzsteuervoranmeldungen und Lohnsteueranmeldungen nicht (mehr) gilt. Obwohl Umsatzsteuerjahreserklärung steuerverfahrensrechtlich auch als Steueranmeldungen ausgestaltet sind (§ 18 Abs. 3 S. 1 UStG, § 150 Abs. 1 S. 3), enthält § 371 Abs. 2a S. 3 insoweit den ausdrücklichen Ausschluss einer Privilegierung nach § 371 Abs. 2a S. 1, Abs. 2a S. 2. Der Gesetzgeber wollte damit ein Taktieren des Steuerpflichtigen je nach Entdeckungsrisiko vermeiden (BT-Drs. 18/3439, 6).

Bleiben die Angaben in der Materiallieferung nur geringfügig hinter den zutreffenden Besteuerungs- **43** grundlagen zurück, wurde bereits vor Selbstanzeigebeschluss (BGHSt 55, 180 ff. = DStR 2010, 1133 ff.) und Schwarzgeldbekämpfungsgesetz (BGBl. 2011 I 676 f.) eine gewisse Toleranzgrenze für unschädlich gehalten. So nahm das OLG Frankfurt a. M. (NJW 1962, 974) bei einer Abweichung bis zu 6 % eine vollumfängliche Strafbefreiung an. In der Lit. wurde vereinzelt (vgl. Kohlmann/*Kohlmann* (aF) Rn. 65.1; Stahl Selbstanzeige, 2. Aufl. 2004, Rn. 118) sogar ein Differenzbetrag von 10 % für unschädlich gehalten.

Trotz des im Selbstanzeigebeschluss (BGHSt 55, 180 ff. = BGH DStR 2010, 1133 ff.) betonten „ganz- **44** oder-gar-nichts-Prinzip" (→ Rn. 41) wird man einem Selbstanzeigeerstatter auch in Zukunft eine (Un-) Vollständigkeitstoleranz zugestehen. Auch der Gesetzgeber sieht hierfür eine praktische Notwendigkeit. In den Materialien des Schwarzgeldbekämpfungsgesetzes (BGBl. 2011 I 676 f.) erkennt er an, dass „im praktischen Vollzug Unschärfen hingenommen werden" müssten; die Angaben müssten nicht „Euro und Cent genau" erfolgen (BT-Drs. 17/5067, (neu) 19).

Nach BGH-Rspr. (BGH NZWiSt 2012, 117 (118)) ist insoweit eine Gesamtwürdigung der Umstän- **44a** de maßgebend. Die Abweichung darf danach bis zu 5 % betragen, wenn sich der Selbstanzeigeerstatter redlich bemüht hat, die Angaben vollumfänglich zu berichtigen. Virulent werden wird dies im Wesentlichen bei Fällen mit Auslandsbezug oder in Erbfällen, in denen ein Selbstanzeigeerstatter ggf. (noch) nicht auf Kontenunterlagen wie Erträgnisaufstellungen zurückgreifen kann. Für dolose Teilselbstanzeigen schließt der BGH eine Toleranzgrenze aus. Die Lit. geht hingegen von einer bis zu 10%igen Toleranz aus (vgl. zB Beckemper/Schmitz/Wegner/Wulf wistra 2011, 281 (284)).

Bezugsgröße der Abweichung sind nach der og BGH-Entscheidung die verkürzten Steuern. Bei einer **44b** tatsächlich bewirkten Steuerverkürzung von 100.000 EUR würde also ggf. eine Nacherklärung von Besteuerungsgrundlagen, die zu einer Mehrsteuer von 95.000 EUR führen, ausreichen, um vollständige Strafaufhebung erlangen zu können.

Die früher in der Rspr. anerkannte 6 %-Toleranz (→ Rn. 44) wurde auf die jeweilige Steuererklärung **44c** bezogen. Im Gegensatz dazu wird in der Lit. (Parsch/Nuzinger Selbstanzeigeberatung Rn. 41; Heuel/ *Beyer* StBW 2011, 315 (316); *Schwartz* PStR 2011, 122; *Hunsmann* NJW 2011, 1482 (1484); Beckemper/ Schmitz/Wegner/Wulf wistra 2011, 281 (284); *Geuenich* NWB 2011, 4024 (4029); Spatscheck/Höll SAM 2011, 206 (210); Schauf/Schwartz ZWH 2011, 85 (88); Prowatke/Kelterborn DStR 2012, 640 (643); idS auch OFD Nds www.iww.de AbrufNr 112377) infolge des im Schwarzgeldbekämpfungsgesetz (BGBl. 2011 I 676 f.) davon ausgegangen, dass sich die Toleranzspanne auf den gesamten Berichtigungsverbund bezieht. Dies würde eine Art Kompensation zwischen verschiedenen Veranlagungszeiträumen ermöglichen (diff. *Bürger* BB 2012, 34 (36): überschreitet die Abweichung für alle nicht verjährten Steuerstraftaten 5 %, ist die Selbstanzeige in vollem Umfang unwirksam; bei einer abweichung bis zu 5 % ist Geringgügigkeit für jede einzelne Tat im materiellen Sinn zu prüfen).

ME widerspricht diese Sichtweise aber dem Tatbegriff des § 371 (so auch Schwarz/Pahlke/*Webel* Rn. 50g; Helml Selbstanzeige 89; Rolletschke/Roth Stbg 2011, 200 (201)). Die wieder gut zu machende Tat besteht in einer Falsch- oder Nichterklärung und einer sich daraus ergebenden Steuerverkürzung/-vorteilserlangung. Der Berichtigungsverbund umreißt lediglich den Rahmen der zwingend zu berichtigenden Steuererklärungen, ohne dass die jeweiligen Steuerhinterziehungen dadurch ihren selbstständigen Charakter (grds. auch im materiell-rechtlichen Sinne) verlieren.

44d   Sollte zwischen mehreren in einer Selbstanzeige offenbarten Steuerhinterziehungen Tateinheit iSd § 52 StGB bestehen, geht der BGH (BGH NZWiSt 2012, 154 (155)) zum Sperrtatbestand des § 371 Abs. 2 (S. 1) Nr. 3 ohne weiteres von einer Addition der Verkürzungsbeträge aus. Bei konsequenter Übertragung dieser Rspr. würde sich so im Einzelfall doch die Möglichkeit einer Kompensation ergeben; zwar nicht im Berichtigungsverbund aber zwischen tateinheitlich begangenen Steuerhinterziehungen.

44e   Jenseits der in der BGH-Rspr. anerkannten 5 %-Toleranz und den im AO-ÄndG (BGBl. 2014 I 2415 ff.) kodifizierten Ausnahmen vom Vollständigkeitsgebot (Umsatzsteuervoranmeldungen, Lohnsteueranmeldungen, → Rn. 42a) sehen sowohl das Schwarzgeldbekämpfungsgesetz (BGBl. 2011 I 676 f.) als auch das AO-ÄndG **generell** die **Unwirksamkeit von Teilselbstanzeigen** vor; dies unabhängig davon, ob die Nacherklärung bewusst (dolos) oder unbewusst (undolos) unvollständig erfolgt ist.

    Dass eine undolose Teilselbstanzeige unvollständig ist und **nicht strafaufhebend** (hM, vgl. zB StS *Koschyk* BT-Drs. 17/5815, 13; *Beermann/Gosch/Hoyer* Rn. 35; *Klein/Jäger* Rn. 29; *Schwarz/Pahlke/Webel* Rn. 50e; *Rolletschke/Roth* StRR 2011, 171 (172); *Rolletschke/Roth* Stbg 2011, 200 (201); *Zanziger* DStR 2011, 1397 (1399); so wohl auch *Parsch/Nuzinger* Selbstanzeigeberatung Rn. 36; *Joecks* SAM 2011, 128 (130); *Ransiek/Hinghaus* BB 2011, 2271 (2273); aA *Flore/Tsambikakis/Wessing* Rn. 81; *Simon/Vogelberg* SteuerStrafR/*Simon* S. 195; *Helml* Selbstanzeige 82; *Geuenich* NWB 2011, 1050 (1052); *Heuel/Beyer* StBW 2011, 315 (316 f.); *Habammer* StBW 2011, 310 (314); *Schauf/Schwartz* ZWH 2011, 85 (88); *Adick* HRRS 2011, 197 (199); *Hunsmann* NJW 2011, 1482 (1484); *Beckemper/Schmitz/Wegner/Wulf* wistra 2011, 281 (284); *Schauf/Schwartz* ZWH 2011, 85 (88); OFD Nds www.iww.de AbrufNr 112377; krit. *Wannemacher* SteuerStrafR/*Schmedding* Rn. 2015), sondern lediglich strafmildernd wirkt (vgl. zB *Klein/Jäger* Rn. 29; *Dünmez* NWB 2015, 1071 (1073)), ergibt bereits aus der Gesetzesgeschichte. Die noch im Vorentwurf des Scxhwarzgeldbekämpfungsgesetzes enthalten gewesene gesetzliche Differenzierung zwischen bewusster und unbewusster Teilselbstanzeige (BR-Drs. 851/10, 2: § 371 Abs. 2 Nr. 3 AO-Entwurf: „die Berichtigung, Ergänzung oder Nachholung ihrerseits unrichtige oder unvollständige Angaben im Sinne des § 370 Absatz 1 Nummer 1 enthält und der Täter dies wusste oder bei verständiger Würdigung der Sachlage damit rechnen musste") wurde nicht in die endgültige Gesetzesfassung übernommen. Gestützt wird diese Sicht durch die Rspr. des BGH. Dieser unterscheidet im Selbstanzeigebeschluss (BGHSt 55, 180 ff. = BGH DStR 2010, 1133 ff.) nicht zwischen undolosen und dolosen Teilselbstanzeigen. In dem insoweit differenzierenden BGH-Beschluss v. 25.7.2011 (BGHSt 56, 298 ff. = NZWiSt 2012, 117 ff.) geht es lediglich um die Frage der dort formulierten 5 %ige Toleranzspanne. Diese Beschränkung auf maximal 5 % würde aber überhaupt keinen Sinn ergeben, wenn der BGH von der uneingeschränkten Wirksamkeit einer undolosen Teilselbstanzeige ausgehen würde.

45   Die Möglichkeit einer unschädlich dolosen Teilselbstanzeige gibt es deshalb heute nur noch für die im Zusammenhang mit Umsatzsteuervoranmeldungen/Lohnsteueranmeldungen begangenen Steuerhinterziehungen. Soweit mit dem AO-ÄndG BGBl. 2014 I 2415 ff.) die Möglichkeit einer Teilselbstanzeige kraft Gesetzes wieder eingeführt wird, erfolgt keine Beschränkung auf undoloses Verhalten (so auch *Habammer/Pflaum* DStR 2014, 2267 (2269); *Zipfel/Holzner* BB 2014, 2459 (2464)).

45a   Sollte eine erste Teilselbstanzeige durch eine **zweite Teilselbstanzeige** vervollständigt wird, wird in der Lit. teilweise (vgl. zB *Stahl* Selbstanzeige Rn. 159; *Rolletschke/Jope* StRR 2010, 288 (289); *Heuel/Beyer* StBW 2011, 315 (317); *Ransiek/Hinghaus* BB 2011, 2271 (2274)) davon ausgegangen, dass der Selbstanzeigeerstatter mit seiner zweiten Selbstanzeige vollständig zur Steuerehrlichkeit zurückkehrt und deshalb insgesamt Strafaufhebung eintritt. Begründet wird das allerdings mit zwar sachlich richtigen, im hier interessierenden Zusammenhang aber unerheblichen Hinweis auf die zeitlich beschränkte Wirkung von Sperrtatbeständen iSd § 371 Abs. 2 S. 1 (so zB *Joecks* SAM 2011, 128 (134); *Bergmann* JR 2012, 146 (147 f.)). Teilselbstanzeigen müssen sich am Vollständigkeitsmaßstab des § 371 Abs. 1 messen lassen (so ausdrücklich auch *Klein/Jäger* Rn. 24; *Roth* ZAP 2014, 675 (680 f.)). Danach muss die Richtigstellung gewissermaßen uno actu erfolgen, sodass hier bloß zwei (unwirksame) Teilselbstanzeigen vorliegen (aA zB *Ransiek/Hinghaus* BB 2011, 2271 (2274); *Bergmann* JR 2012, 146 (147); *Dinkgreve/Norstedt*, SAM 2016, 125 (130)).

45b   Dies gilt auch, wenn mit der zweiten Teilselbstanzeige die erste Teilselbstanzeige nicht nur vervollständigt, sondern gewissermaßen ersetzt wird (sie also auch die bereits in der ersten Teilselbstanzeige enthaltenen Angaben wiederholt). Ziel des Vollständigkeitsgebots ist die Verhinderung von Teilselbstanzeigen nach Stand der Ermittlungen („Salamitaktik"; Begriff nach *Ransiek/Hinghaus* BB 2011, 2271 ff.) (so auch *Helml* Selbstanzeige 96; *Rolletschke/Roth* Selbstanzeige Rn. 162 Rn. 59). Begründet wurde dies seinerzeit damit, dass auch eine aus dolosen Motiven erstattete Teilselbstanzeige dazu beiträgt, den steuerpolitischen Zweck des § 371 wenigstens teilweise zu erfüllen (vgl. *Kohlmann/Schauf* Rn. 68). Eine solche **dolose Teilselbstanzeige** wurde als (straflose) Nachtat zur Ursprungshinterziehung angesehen (vgl. BGH StV 1993, 396). Dabei ging die hL davon aus, dass das in der dolosen Teilselbstanzeige liegende Nachtatverhalten bei der Ahndung des nicht (strafaufhebend) berichtigten Teils der Ursprungstat strafschärfend zu berücksichtigen ist (vgl. *Joecks/Randt*, Steueramnestie 2004/2005, 1. Aufl. 2004,

Rn. 521; Gußen SteuerStrafR Rn. 266; *Koops/Sensburg* DB 1999, 2183 (2185); dazu allg. SSW StGB/ *Eschelbach* StGB § 46 Rn. 135; aA Stahl Selbstanzeige, 2. Aufl. 2004, Rn. 536: keine Pflicht zur Selbstanzeige).

Aufgrund dieser diametral entgegengesetzten Sichtweisen beantwortet sich die Frage, ob eine Teil- **46** selbstanzeige wirksam ist oder nicht, maßgebend danach, **welche Rechts-/Gesetzeslage** zur Anwendung kommt. Insoweit ist mehrfach zu differenzieren.

Für Selbstanzeigen, die **bis zum 28.4.2011** bei der zuständigen Finanzbehörde eingegangen sind, bestimmt die Übergangsregelung (Art. 97 § 24 EGAO) des Schwarzgeldbekämpfungsgesetzes (BGBl. 2011 I 676 f.), dass die vor Inkrafttreten des Schwarzgeldbekämpfungsgesetzes gültige Gesetzeslage anwendbar ist. Die Abwendung des im Selbstanzeigebeschluss (BGHSt 55, 180 ff. = BGH DStR 2010, 1133 ff.) formulierten Ausschlusses von Teilselbstanzeige ist ausdrücklich ausgeschlossen; dh, Altteilselbstanzeigen bleiben wirksam (insoweit führt die Anwendungsregelung gewissermaßen zu einer Teilamnestie).

Für Selbstanzeigen, die **zwischen** dem **28.4.2011 und dem 2.5.2011** bei der zuständigen Finanzbehörde eingegangen sind, finden hingegen die im Selbstanzeigebeschluss zur Teilselbstanzeige aufgestellten Rechtsgrundsätze uneingeschränkte Anwendung (vgl. zB StS *Koschyk* BT-Drs. 17/5815, 13; *Beckemper/Schmitz/Wegner/Wulf* wistra 2011, 281 (283); *Hechtner* NWB 2011, 1044 (1048); *Joecks* SAM 2011, 128 (129); *Geuenich* NWB 2011, 4024 (4026)). Der Ausschluss der teilstrafaufhebenden Selbstanzeige beschränkt sich dabei – entsprechend der im Selbstanzeigebeschluss (BGHSt 55, 180 ff. = BGH DStR 2010, 1133 ff.) aufgestellten Rechtsgrundsätze – auf die jeweilige Steuererklärung (*Rolletschke* StRR 2010, 411 f.; *Wulf* wistra 2010, 286; *Joecks* SAM 2011, 128 (129)) und anders als unter der Ägide des Scharzgeldbekämpfungsgesetzes (BGBl. 2010, 676 f.) auf die gesamte Steuerart.

Für die **nach dem 3.5.2011** zugegangenen Selbstanzeigen gilt angesichts des Vollständigkeitsgebots des § 371 Abs. 1 zunächst ein uneingeschränkter Ausschluss von Teilselbstanzeigen. Dieser erstreckt sich auf die gesamte Steuerart; allerdings relativiert sich dies durch die im AO-ÄndG (BGBl. 2014 I 2415 ff.) enthaltene Privilegierung der im Zusammenhang mit Umsatzsteuervoranmeldungen/Lohnsteueranmeldungen begangenen Steuerhinterziehungen (→ Rn. 42a). Diese kommen wegen der Anwendung des Grundsatzes des mildesten Gesetzes (§ 2 Abs. 3 StGB, so auch BT-Drs. 18/3439, 7; *Joecks* DStR 2014, 2261 (2267); *Geuenich* NWB 2015, 29 (38); *Hunsmann* NJW 2015, 113 (118); krit. *Beyer* NWB 2015, 769 (771)) auch Selbstanzeigeerstattern zugute, deren Selbstanzeige vor dem 1.1.2015 erstattet wurde, über deren Wirksamkeit aber nach dem 31.12.2014 zu entschieden ist. Dies kann dazu führen, dass eine zunächst unwirksame Teilselbstanzeige durch die ab dem 1.1.2015 erfolgte Privilegierung wirksam wird.

b) Stufenselbstanzeige. In der Praxis wird eine Selbstanzeige für gewöhnlich wohl erst dann **47** erstattet, wenn der Tatbeteiligte die Entdeckung seiner Tat befürchtet.

Ggf. findet er sich dann aber in der Situation wieder, dass ihm die im Rahmen der Materiallieferung (→ Rn. 31 ff.) obliegenden Angaben (noch) nicht präsent sind und erst noch beschafft werden müssen. Dies wird gerade in Bankenfällen mit Auslandsbezug vorkommen (vgl. MüKoStGB/*Kohler* Rn. 92).

In der Lit. wird in dieser Situation angeraten, zunächst eine Selbstanzeige gewissermaßen „dem **48** Grunde nach" (1. Stufe) zu erstatten und sich die Konkretisierung der betreffenden Besteuerungsgrundlagen vorzubehalten. In dem Selbstanzeigeschreiben sollten die in Bezug genommenen Besteuerungsgrundlagen griffweise (angeraten wird überhöht) geschätzt werden. Die Konkretisierung (2. Stufe) der noch nicht nacherklärten Besteuerungsgrundlagen solle später, regelmäßig bis zu einem mit der Strafverfolgungsbehörde zu vereinbarenden Zeitpunkt vorgenommen werden (vgl. zB Kohlmann/*Schauf* Rn. 54; Streck/Spatscheck Steuerfahndung Rn. 213; Wannemacher SteuerStrafR/*Schmedding* Rn. 2034).

Eine Selbstanzeigenerstattung (1. Stufe) zieht aber zwingend die Einleitung eines Strafverfahrens nach **49** sich. Die in der Selbstanzeigeerklärung enthaltenen Angaben sind anfangsverdachtsbegründend, sodass das Legalitätsprinzip (§§ 152 Abs. 2, 160 Abs. 1 StPO) eine Einleitungsverpflichtung bedingt (vgl. BFH BStBl. II 2008, 847 (846) zu § 239; LG Hamburg wistra 1988, 120 (122); Klein/*Jäger* Rn. 36; Schwarz/ Pahlke/*Webel* Rn. 11 f.; *Rolletschke* wistra 2002, 17 (18); *Rolletschke* wistra 2007, 89 (90); *Rolletschke* wistra 2009, 166; zumindest eine Einleitungsberechtigung ist anerkannt durch FG Düsseldorf EFG 2006, 1215; FG BW EFG 2006, 474 (476)). Das Steuerstrafverfahrensrecht kennt insoweit kein eigenständiges „Selbstanzeige"-Vorprüfungsverfahren (so ausdrückl Schwarz/Pahlke/*Webel* Rn. 12).

Im Fall, dass die betreffenden Besteuerungsgrundlagen nicht bereits auf der 1. Stufe geschätzt worden **50** sind, löst die Bekanntgabe der Verfahrenseinleitung zwischen der 1. und 2. Stufe aber (zumindest formal) die Sperrwirkung des § 371 Abs. 2 S. 1 Nr. 1 Buchst. b aus (vgl. dazu iE → Rn. 87 ff.), daneben liegt eine Tatentdeckung iSd § 371 Abs. 2 S. 1 Nr. 2 vor (vgl. dazu iE → Rn. 104 ff.).

In der Lit. wurde hierzu vorgeschlagen, § 371 Abs. 2 S. 1 unter Normzweckgesichtspunkten (= **51** Erschließung bislang unbekannter Steuerquellen) restriktiv auszulegen bzw. die Vorschrift dahingehend teleologisch zu reduzieren, dass eine derartige Sperrwirkung gerade nicht eintritt (vgl. iE MüKoStGB/ *Kohler* Rn. 94; Stahl Selbstanzeige Rn. 178; *Rolletschke* wistra 2002, 17 ff.). Von einer gestuften Selbstanzeige abzugrenzen sei die **bloße Ankündigung einer Selbstanzeige.** Dabei handele es sich um eine bloße Absichtserklärung für die Zukunft wie „ich werde Selbstanzeige erstatten" (vgl. MüKoStGB/ *Kohler* Rn. 90). Erforderlich für die 1. Stufe einer Stufenselbstanzeige sei jedenfalls, dass der Selbstanzeigeerstatter den entsprechenden Sachverhalt derart konkretisiert, dass dieser durch spätere Erklärungen nicht verändert werden kann (vgl. MüKoStGB/*Kohler* Rn. 94; *Zacharias/Rinnewitz/Spahn* DStZ 1988, 391 (394); *Stahl* Selbstanzeige, 2. Aufl. 2004, Rn. 135; krit. *Streck/Spatscheck* Steuerfahndung Rn. 212).

52   Die Möglichkeit einer derartigen Stufenselbstanzeige, die auf der 1. Stufe nicht auch die Mitteilung zumindest geschätzter Besteuerungsgrundlagen enthält, verwirft der BGH jedoch im Selbstanzeigebeschluss (BGHSt 55, 180 ff. = BGH DStR 2010, 1133 (1136)). Die mitgeteilten Angaben müssten **in jedem Fall** so geartet sein, **dass die Finanzbehörde** auf ihrer Grundlage **in der Lage** ist, ohne langwierige Nachforschungen den Sachverhalt aufzuklären und die **Steuer richtig festzusetzen** (BGHSt 3, 373 (376); BGH wistra 2004, 309).

53   **c) Selbstanzeige des Teilnehmers.** Im Grundsatz ist zwar auch der Teilnehmer an einer Steuerhinterziehung verpflichtet, nicht nur Angaben über die **Art und Weise seiner Mitwirkung** zu machen, sondern auch über Art und Umfang der Steuern, an deren Hinterziehung er beteiligt war (vgl. *Kohlmann/Schauf* Rn. 188; JJR/*Joecks* Rn. 71; MüKoStGB/*Kohler* Rn. 111).

54   Kennt er den beim Haupttäter vorliegenden „Steuersachverhalt" jedoch nicht und ist es ihm deshalb unmöglich, die entsprechenden Besteuerungsgrundlagen nachzuerklären, muss es ausreichen, dass sich die Offenbarung auf die **Tatsachen der eigenen Wahrnehmung beschränkt** (vgl. OLG Hamburg wistra 1986, 116 (117), MüKoStGB/*Kohler* Rn. 112; *Kühn/v. Wedelstädt/Blesinger* Rn. 8; *Rolletschke/Kemper/Kemper* Rn. 138; *Hübschmann/Hepp/Spitaler/Beckemper* Rn. 79 f.; *Simon/Vogelberg* SteuerStrafR/*Simon* S. 202; *Streck/Spatscheck* Steuerfahndung Rn. 216; *Stahl* Selbstanzeige Rn. 98). Ansonsten wäre der Teilnehmer von der Möglichkeit eine Selbstanzeigeerstattung ausgeschlossen, obwohl die mit einer Selbstanzeige verfolgten Zwecke (= die Erschließung bislang verborgener Steuerquellen und die Rückkehr zur Steuerehrlichkeit; → Rn. 4) gerade erreicht werden. Im Einzelfall reicht deshalb sogar aus, wenn ein Gehilfe dem Finanzamt lediglich mitteilt, dass bestimmte Steuererklärungen bestimmter Steuerpflichtiger in bestimmten Punkten unrichtig sind (vgl. OLG Hamburg wistra 1986, 116 (117); *Zanziger* DStR 2011, 1397 (1399)).

     Es ist nicht erkennbar, dass der Selbstanzeigebeschluss des BGH (BGHSt 55, 180 ff. = BGH DStR 2010, 1133 ff.) oder die zwischenzeitlichen Gesetzesänderungen durch das Schwarzgeldbekämpfungsgesetz (BGBl. 2011 I 676 f.) und das AO-ÄndG (BGBl. 2014 I 2415 ff.) hieran etwas ändern. Eine weitergehendere Rückkehr zur „Steuerehrlichkeit" ist dem Teilnehmer tatsächlich nicht möglich.

II. Die Sperrtatbestände des § 371 Abs. 2

55   Die Straffreiheit tritt nach Maßgabe des § 371 Abs. 2 dann nicht ein, wenn schon vor der Erstattung der Selbstanzeige einer von (mittlerweile) **insgesamt acht Ausschlussgründen** vorgelegen hat.

     Bei den vier Sperrtatbeständen, die bereits vor Inkrafttreten des Schwarzgeldbekämpfungsgesetzes (BGBl. 2010 I 676 f.) galten (die „Nummerierungen" durch das haben sich durch das AO-ÄndG (BGBl. 2014 I 2415 ff.) teilweise geändert), besteht jedenfalls auch deshalb kein Grund für eine Strafaufhebung, weil die bisher nicht bekannte Steuerquelle dem Fiskus bereits ohne Zutun des Selbstanzeigeerstatters erschlossen oder zumindest zugänglich war (*Stahl* Selbstanzeige Rn. 247) bzw. weil die Rückkehr zur Steuerehrlichkeit nicht honorabel ist (→ Rn. 4).

55a   Mit den durch das Schwarzgeldbekämpfungsgesetz (BGBl. 2010 I 676 f.) bzw. das AO-Änderungsgesetz BGBl. 2014 I 2415 ff.) neu eingefügten Sperrtatbeständen verfolgt der Gesetzgeber unterschiedliche Zwecke.

     Durch das Abstellen auf die Bekanntgabe der Prüfungsanordnung (§ 371 Abs. 2 (S. 1) Nr. 1 Buchst. a) wollte der Gesetzgeber verhindern, dass die Selbstanzeige als Teil einer Hinterziehungsstrategie verwendet wird (vgl. BT-Drs. 17/5067, (neu) 11).

55b   Mit § 371 Abs. 2 Nr. 3 idF des Schwarzgeldbekämpfungsgesetzes sollte erreicht werden, dass in Fällen einer Steuerverkürzung oder Steuervorteilserlangung großen Ausmaßes (s. § 370 Abs. 3 S. 2 Nr. 1) eine Zuschlagszahlung geleistet werden muss, um letztlich nicht wegen Steuerhinterziehung belangt werden zu können (vgl. BT-Drs. 17/5067, (neu) 21 f.). In die gleiche Richtung geht der durch das AO-ÄndG eingefügte § 371 Abs. 2 S. 1 Nr. 4, der bei Erfüllung der Regelbeispiele des § 370 Abs. 3 S. Nr. 2–5 ebenfalls eine Sperre der zuschlagsfreien Selbstanzeige vorsieht (vgl. BT-Drs. 18/3018, 12). Dass der Gesetzgeber den Schwellenwert des § 371 Abs. 2 Nr. 3 im AO-ÄndG (§ 371 Abs. 2 S. 1 Nr. 3) um 50 % abgesenkt und damit den inneren Zusammenhang mit § 370 Abs. 3 S. 2 Nr. 1 wieder aufgehoben hat, ist letztlich wohl nur der öffentlichen Diskussion über die gänzliche Abschaffung der Selbstanzeige geschuldet. Deshalb wundert es auch wohl kaum, dass die Gesetzesmaterialien keinerlei dogmatische Begründung enthalten (so auch *Neuendorf/Saligmann* DStZ 2014, 791 (794)), sondern lediglich den Hinweis auf ein Übereinkommen zwischen der Bundesregierung und den Bundesländern (BT-Drs. 18/ 3018, 12).

Soweit die Sperrwirkung einer Umsatzsteuer-, Lohnsteuer- oder sonstigen Nachschau anerkannt **55c** wird, handelt es sich im Wesentlichen um die gesetzliche Klarstellung der bereits hM (vgl. BGHSt 53, 210 = BGH NStZ 2009, 508 für § 27b UStG; BayObLG wistra 1987, 77; OLG Celle BeckRS 2000, 30103590; Klein/*Jäger* Rn. 50, 57; Kohlmann/*Schauf* Rn. 156 f. für betriebsnahe Veranlagung und § 210; MüKoStGB/*Kohler,* 1. Aufl. 2010, Rn. 164 für § 27b UStG und § 210); StS *Koschyk* BT-Drs. 17/14821, 20 für § 42g EStG; *Roth* PStR 2013, 180 ff. für § 42g EStG; Gußen SteuerStrafR Rn. 284; *Beyna/Roth* UStB 2010, 310 ff.; aA Kohlmann/*Schauf* Rn. 136 für § 27b UStG; JJR/*Joecks* Rn. 224 für § 27b UStG).

Scheidet eine Strafaufhebung wegen des Eingreifens eines Sperrtatbestands aus, kann eine gleichwohl **55d** erstatte Selbstanzeige aber ggf. als „verunglückte" Selbstanzeige strafmildernd wirken (vgl. Stahl Selbstanzeige Rn. 652; *Dönmez* NWB 2015, 1071 (1073); *Lepper* ZWH 2015, 205 (211)).

1. Bekanntgabe einer Prüfungsanordnung nach § 196 an den an der Tat Beteiligten, seinen **55e**
Vertreter, dem Begünstigten iSd § 370 Abs. 1 oder seinen Vertreter (§ 371 Abs. 2 S. 1 Nr. 1
Buchst. a). a) Bekanntgabe einer Prüfungsanordnung nach § 196. Eine Prüfungsanordnung iSd
§ 196 AO hat zu beinhalten: die Rechtsgrundlage der Außenprüfung, die zu prüfenden Steuerarten,
Steuervergütungen, Prämien, Zulagen, ggf. die zu prüfenden Sachverhalte sowie den Prüfungszeitraum
(§ 5 Abs. 1 BpO 2000). Prüfungsanordnungen werden bekannt gegeben bei **Betriebsprüfungen** (auch
im theoretischen Fall, dass ein Fahndungsprüfer eine Betriebsprüfung durchführt, § 208 Abs. 2 Nr. 1),
Umsatzsteuersonderprüfungen oder **Lohnsteueraußenprüfungen;** nicht jedoch bei Liquiditätsprüfungen der Vollstreckungsstellen (diese dienen lediglich der Feststellung der Zahlungsfähigkeit eines
in Vollstreckung befindlichen Steuerschuldners, vgl. Stahl Selbstanzeige Rn. 310), bei betriebsnahen
Veranlagungen (punktuelle Sachverhaltsaufklärung im Rahmen eines Steuerermittlungsverfahrens nach
§§ 88 ff., vgl. Müller Selbstanzeige Rn. 794), bei Steueraufsichtsmaßnahmen nach § 210, bei Umsatz-
steuernachschauen iSd § 27b UStG (vgl. Müller Selbstanzeige Rn. 794), bei Lohnsteuernachschauen
iSd § 42g EStG oder bei Prüfungen der OFD-Innenrevision.

Nachschauen jeglicher Art wurden jedoch durch das AO-ÄndG als eigenständiger Sperrtatbestand
kodifiziert, was sich insbes. auf die Reichweite ihrer Sperrwirkung auswirken kann (→ Rn. 86 ff.).

Obwohl die Selbstanzeige infolge der im Selbstanzeigebeschluss (BGHSt 55, 180 ff. = BGH DStR **55f**
2010, 1133 ff.) erfolgte Rspr.-Änderung eng und damit die Sperrtatbestände weit auszulegen sind (so
ausdrückl. auch *Kohler* NWB 2010, 2211 (2212); *Rolletschke* StRR 2010, 411 (412); ähnl. Klein/*Jäger*
Rn. 2: Sperrgründe sind aus fiskalischen Gründen nicht eng auszulegen), kann eine **nichtige Prüfungs-**
anordnung keine **Selbstanzeigensperre bewirken** (vgl. zB MüKoStGB/*Kohler* Rn. 240; Müller
Rn. 39d; Kuhn/Weigell SteuerStrafR/*Weigell* Rn. 637; Müller Selbstanzeige Rn. 822 ff.; Wannemacher
SteuerStrafR/*Schmedding* Rn. 2070; *Zanziger* DStR 2011, 1397 (1401); *Hechtner* NWB 2011, 1044
(1046); *Wulf* SAM 2015, 16 (18); so auch (BGH NStZ 2006, 45), 46 zu § 371 Abs. 2 Nr. 1 Buchst. a aF
= § 371 Abs. 2 S. 1 Nr. 1 Buchst. c nF). Nichtige Verwaltungsakte können keine Rechtswirkungen
nach sich ziehen. (§ 124 Abs. 3).

Vor dem Selbstanzeigebeschluss (BGHSt 55, 180 ff. = BGH DStR 2010, 1133 ff.) wurde (wie im **55g**
Besteuerungsverfahren) zwischen rechtswidrigen bestandskräftigen und rechtswidrigen aufgehobenen
Prüfungsanordnungen unterschieden. Bei bestandskräftigen Prüfungsanordnungen wurde von einer
Sperrwirkung iSd § 371 Abs. 2 (S. 1) Nr. 1 Buchst. c ausgegangen (vgl. Kühn/v. Wedelstädt/*Blesinger*
Rn. 16; *Weyand* INF 2005, 717; aA MüKoStGB/*Kohler,* 1. Aufl. 2010, Rn. 190; Kohlmann/*Schauf* (aF)
Rn. 155.5.; Stahl Selbstanzeige Rn. 257); bei einer aufgehobenen Prüfungsanordnung wurde sie jeden-
falls vereinzelt (vgl. Voraufl. § 371 Rn. 78) abgelehnt.

Angesichts der im Selbstanzeigebeschluss (BGHSt 55, 180 ff. = BGH DStR 2010, 1133 ff.) formulier- **55h**
ten engen Auslegung der Selbstanzeige wird man an dieser Differenzierung nicht mehr festhalten
können. Es ist vielmehr davon auszugehen, dass rechtswidrige Prüfungsanordnungen unabhängig von
der Frage ihrer Bestandskraft eine Selbstanzeigensperre auslösen (so auch MüKoStGB/*Kohler* Rn. 240;
Klein/*Jäger* Rn. 39c; Müller Selbstanzeige Rn. 827; Schwarz/Pahlke/*Webel* Rn. 64b; Wannemacher
SteuerStrafR/*Schmedding* Rn. 2071; *Zanziger* DStR 2011, 1397; 2011, 1341; aA Kohlmann/*Schauf*
Rn. 507; Kuhn/Weigell SteuerStrafR/*Weigell* Rn. 637; Simon/Vogelberg SteuerStrafR/*Simon* S. 213;
Adick HRRS 2011, 197 (200); *Geuenich* NWB 2011, 1050 (1054); *Hechtner* NWB 2011, 1044; 1046).
Bei anderer Betrachtung würde die Selbstanzeige entgegen des Willens des Gesetzgebers zu einem
Spielfeld des Taktierens werden. Zur bloßen Rechtswidrigkeit führende Mängel sind in vielen Fällen
nicht ohne weiteres zu erkennen und stehen unter Umständen erst nach langandauernden Streitigkeiten
fest (BGH NStZ 2006, 45 (46)).

In der Gesetzesfassung des Schwarzgeldbekämpfungsgesetzes knüpfte die Sperrwirkung an die Bekanntgabe der Prüfungsanordnung gegenüber „dem Täter oder seinem Vertreter" an. Bereits vor Inkrafttreten des Schwarzgeldbekämpfungsgesetzes (BGBl. 2010 I 676 f.) wurde zum parallelen Sperrtatbestand
der Bekanntgabe einer Verfahrenseinleitung (§ 371 Abs. 2 Nr. 1 Buchst. b aF) überwiegend davon
ausgegangen, dass der Täter nicht im materiell-rechtlichen Sinne zu verstehen ist, sondern auch sonstige
Tatbeteiligte umfasste (vgl. FGJ/*Joecks,* 5. Aufl. 2001, Rn. 177; Kohlmann/*Schauf* Rn. 177; Klein/*Jäger*
Rn. 41; Rolletschke SteuerStrafR Rn. 609; Helml Selbstanzeige 101; aA JJR/*Joecks* Rn. 278). Dies gilt

mE erstens nach wie vor und zweitens auch für den Sperrtatbestand der Bekanntgabe der Prüfungsanordnung (so auch MüKoStGB/*Kohler,* 1. Aufl. 2010, Rn. 199; Helml Selbstanzeige 101; aA Müller Selbstanzeige im SteuerStrafR, 138: Verstoß gegen Analogieverbot).

55i   Der Wortlaut des Schwarzgeldbekämpfungsgesetzes warf aber ggf. bei Personenverschiedenheit von Täter und Steuerpflichtigem Probleme auf (zB bei einer juristischen Person). Wenn das vertretungsberechtigte Organ (zB ein GmbH-Geschäftsführer oder AG-Vorstand) Täter war, konnte man eine Bekanntgabe an den Täter sprachlich vielleicht noch bejahen; bei einem nicht vertretungsberechtigten aber eher nicht mehr, vgl. Helml Selbstanzeige 102; *Wulf/Talaska* PStR 2011, 175, 289; *Beckemper/ Schmitz/Wegner/Wulf* wistra 2011, 281 (288); *Wulf/Kamps* DB 2011, 1711 1715; *Ruhmannseder* StBW 2014, 382 (386)).

Auch um diese sprachliche Schieflage zu beseitigen (BT-Drs. 18/3018, 11 „auch für Mitarbeiter gilt, der nicht selbst Adressat der Prüfungsanordnung ist"), wurde der Sperrtatbestand im AO-ÄnderungsG neu formuliert. Ob die Sperrwirkung aber auch ausgeschiedene Mitarbeiter trifft (wie durch den Gesetzgeber beabsichtigt, vgl. BT-Drs. 18/3018, 11), ist mE fraglich (→ Rn. 82).

55j   Maßgebender Zeitpunkt für den Eintritt der Sperrwirkung ist der der Bekanntgabe der betreffenden Prüfungsanordnung. Diese erfolgt aus Kostengründen idR mit einfachem Brief. Ob insoweit die Bekanntgabefiktion des § 122 Abs. 2 Nr. 1 greift, ist umstritten. Soweit man auf die rechtliche Wirksamkeit des betreffenden Bescheids abstellt, wäre die Bekanntgabefiktion anzuwenden (so zB OFD Nds www.iww.de AbrufNr 112377; Helml Selbstanzeige 107; Kuhn/Weigell SteuerStrafR/*Weigell* Rn. 636; Müller Selbstanzeige Rn. 834, 873 ff.; Parsch/Nuzinger Selbstanzeigeberatung Rn. 100; *Patzschke,* Die Selbstanzeige als Strafaufhebungsgrund des allgemeinen Strafrechts, 2012, 120; *Beckemper/Schmitz/Wegner/Wulf* wistra 2011, 281 (288); *Spatscheck/Höll* StV 2011, I; *Roth* PStR 2011, 202; *Wulf/Kamps* DB 2011, 1711 (1714); *Wulf* SAM 2015, 16 (17)). Wenn man auf den typisierten Ausschluss der Freiwilligkeit abstellt, wäre mE der tatsächliche Zugang maßgebend (teilweise mit anderer Begründung auf den tatsächlichen Zugang abstellend zB Kohlmann/*Schauf* Rn. 119.1; Simon/Vogelberg SteuerStrafR/*Simon* S. 214; *Mack* Stbg 2011, 162 (165); *Hunsmann* NJW 2011, 1482 (1484); *Schauf/Schwartz* ZWH 2011, 85 (89); Flore/Tsambikakis/*Wessing* Rn. 89). Letztlich wird die Frage aber kaum praktisch werden (offen gelassen von *Joecks* SAM 2011, 128 (131)). Zunächst ist in diesem Zusammenhang zu berücksichtigen, dass die Bekanntgabe einer Prüfungsanordnung nicht überraschend erfolgt: ihr geht vielmehr eine (telefonische) Terminsabsprache voraus (vgl. *Wulf* SAM 2015, 16 (17)). Unabhängig davon würde sich bei Anwendung der Bekanntgabefiktion zwar (positiv) ein bis zu zweitägiges Zeitfenster eröffnen, eine wirksame strafaufhebende Selbstanzeige erstatten zu können (Zugang der Prüfungsanordnung am Tag nach Aufgabe zur Post, Wirksamkeit am dritten Tag nach Aufgabe zur Post); negativ würden sich aber keine Auswirkungen ergeben. Bestreitet der Bekanntgabeadressat den (tatsächlichen rechtzeitigen) Zugang, trifft die Finanzbehörde im Besteuerungsverfahren die (objektive) Feststellungslast. Nachweisen kann sie aber allenfalls den Tag der Aufgabe zur Post, nicht jedoch den tatsächlichen Zugang beim Bekanntgabeadressaten (so auch MüKoStGB/*Kohler* Rn. 179). Im Besteuerungsverfahren gelten insoweit die allgemeinen Beweisregeln einschließlich Indizienbeweis (vgl. zB Tipke/Kruse/*Seer* § 122 Rn. 61), im Strafverfahren die Grundsätze der strafprozessualen Beweiswürdigung (vgl. *Rolletschke/Roth* Stbg 2011, 200 (203)).

55k   **b) Reichweite der Sperrwirkung.** Im Grundsatz führt das Eingreifen eines Sperrtatbestands iSd § 371 Abs. 2 (S. 1) Nr. 1, Nr. 2 zu einer umfassenden Selbstanzeigesperre für sämtliche unverjährten Steuerstraftaten einer Steuerart (vgl. OFD Nds www.iww.de AbrufNr 112377; wohl auch FM NRW www.iww.de AbrufNr 111881; Kohlmann/*Schauf* (aF) Rn. 119.3; Klein/*Jäger* Rn. 39c; *Müller,* 1. Aufl. 2012, Rn. 760; *Zanziger* DStR 2011, 1397 (1398); *Hechtner* NWB 2011, 1044; *Rolletschke/ Roth* Stbg 2011, 200; *Beckemper/Schmitz/Wegner/Wulf* wistra 2011, 281 (283); aA Schwarz/Pahlke/ *Webel* Rn. 64f; Kühn/v. Wedelstädt/*Blesinger* Rn. 15; *Geuenich* NWB 2011, 1050 (1051); *Heuel/Beyer* StBW 2011, 315 (317); *Prowatke/Felten* DStR 2011, 899 (900); *Obenhaus* Stbg 2011, 166 (173): Inhalt der Prüfungsanordnung maßgeblich). Spiegelbildlich zur Materiallieferungsverpflichtung des § 371 Abs. 1 (eine Ausnahme macht das AO-ÄndG in § 371 Abs. 2a für Umsatzsteuervoranmeldungen und Lohnsteueranmeldungen) sind auch die Sperrgründe des § 371 Abs. 2 S. 1 Nr. 1, Nr. 2 im Grundsatz steuerartbezogen. So wurde durch das Schwarzgeldbekämpfungsgesetz (BGBl. 2010 I 676 f.) der frühere Bezug zur einzelnen Tat („wegen der Tat") gestrichen; § 371 Abs. 2 (S. 1) Nr. 1, Nr. 2 nehmen die „Steuerstraftaten" in Bezug, während § 371 Abs. 2 (S. 1) Nr. 3 und die Regelung des § 371 Abs. 3 ausdrücklich auf die einzelne Tat („je Tat", „der Tat") abstellen. In der Lit. hat sich insoweit die Bezeichnung Infektionswirkung eingebürgert (Begriff nach *Rolletschke/Roth* Stbg 2011, 200 (202)).

55l   Durch das AO-ÄndG (BGBl. 2014 I 2415 ff.) wird insoweit die frühere Rechtslage teilweise wieder hergestellt und die Infektionswirkung de lege lata wieder abgeschafft (das Gleiche gilt für den Sperrtatbestand des Prüfererscheinens iSd § 371 Abs. 2 S. 1 Nr. 1 Buchst. c → Rn. 56 ff.). Der Umfang der Selbstanzeigensperre beschränkt sich sowohl in sachlicher als auch zeitlicher Hinsicht wieder auf die in der Prüfungsanordnung genannten Steuerarten und Veranlagungszeiträume (§ 371 Abs. 2 S. 1 Nr. 1 Buchst. a Hs. 2). Scheinbar weil sich der Gesetzgeber nicht sicher war, ob ihm die Restauration der alten Rechtslage wirklich gelungen ist, ordnet er (mE lediglich deklaratorisch) in § 371 Abs. 2 S. 2 an, dass

Selbstanzeigen für andere Veranlagungszeiträume weiter möglich sind, wenn diese außerhalb des sachlichen und zeitlichen Umfangs einer Außenprüfung bzw. sonstigen steuerlichen Prüfung liegen.

Auswirkung der Beschränkung des Sperrtatbestands (das Gleiche gilt für das Prüfererscheinen iSd **55m** § 371 Abs. 2 S. 1 Nr. 1 Buchst. c) ist ua, dass anschlussgeprüfte Betriebe (§ 4 BpO) überhaupt erst wieder in den Genuss der Möglichkeit einer strafaufhebenden Selbstanzeige kommen können (vgl. *Rolletschke/Roth* Selbstanzeige Rn. 198; *Wulf* SAM 2015, 16 (18); krit. jedoch Volkswagen AG Deutscher Bundestag Finanzausschuss Prot. 18/25 S. 33; *Hunsmann* NJW 2015, 113; *Talaska/Bertrand* ZWH 2015, 89 (92); *Wulf* SAM 2015, 16 (18); *Heuel/Beyer* AO-StB 2015, 129 (133)). Ansonsten würden die fortlaufenden (lückenlosen) Betriebsprüfungen zu einer dauerhaften Selbstanzeigensperre führen.

Da die Beschränkung der Sperrwirkung für einen Selbstanzeigeerstatter günstiger ist als die vorherige **55n** umfassende Infektionswirkung, ist sie bei rechtlich noch nicht abschließend bewerteten Selbstanzeigen anwendbar (§ 2 Abs. 3 StGB; vgl. BT-Drs. 18/3439, 7; FM NRW DB 2015, 408; *Joecks* DStR 2014, 2261 (2267); *Geuenich* NWB 2015, 29 (38); *Hunsmann* NJW 2015, 113 (118); krit. *Beyer* NWB 2015, 769 (771)). IErg kann so eine vor dem 1.1.2015 erstattete wegen der Infektionswirkung zunächst unwirksame Selbstanzeige (teil-)wirksam werden.

IdF des Schwarzgeldbekämpfungsgesetzes erstreckte sich die Sperrwirkung auf den Steuerpflichtigen **55o** (Prüfling) persönlich; bei der Prüfung betriebsbezogener Steuern auch auf die Organe der juristischen Person, also Geschäftsführer einer GmbH oder Vorstände einer Aktiengesellschaft (vgl. zB *Kohlmann/Schauf* Rn. 142). Die Problematik, dass die Bekanntgabe bei Personenverschiedenheit von Täter und Steuerpflichtigem (Prüfling) nicht selbstanzeigesperrend wirken konnte (vgl. *Beermann/Gosch/Hoyer* Rn. 51; *Helml* Selbstanzeige 102; *Beckemper/Schmitz/Wegner/Wulf* wistra 2011, 281 (289); *Wulf/Kamps* DB 2011, 1711 (1715); *Ruhmannseder* StBW 2014, 382 (386)), hat der Gesetzgeber im AO-ÄnderungsG dadurch beseitigt, dass auf die Bekanntgabe gegenüber „dem an der Tat Beteiligten, seinem Vertreter, dem Begünstigten im Sinne des § 371 Absatz 1 oder dessen Vertreter" abgestellt wird.

Der Begriff des Begünstigten ist zwar auch in den Gesetzesmaterialien nicht näher definiert (außer **55p** durch das Beispiel eines ausgeschiedenen Mitarbeiters; s. BT-Drs. 18/3018, 11). Anknüpfend an die Rechtsgrundzüsätze zu dem Begünstigten iSd § 371 Abs. 3 wird man allerdings den als begünstigt ansehen können, der aus der Steuerhinterziehung einen unmittelbaren wirtschaftlichen Vorteil erlangt hat (*Rübenstahl* WiJ 2014, 190 (199); *Hunsmann* NJW 2015, 113 (114); *Buse* DB 2015, 89 (90); *Heuel/Beyer* AO-StB 2015, 129 (133); zweifelnd *Joecks* DStR 2014, 2261 (2263); aA *Wulf* wistra 2015, 166 (171): Schuldner der verkürzten Steuer).

Nach den Gesetzesmaterialien des AO-ÄnderungsG soll der Sperrtatbestand nunmehr (was bislang str. **55q** war, vgl. LG Stuttgart wistra 1990, 72 (74)) auch ausgeschiedene Mitarbeiter mitumfassen (BT-Drs. 18/3018, 11). Die Oder-Verknüpfung der Bekanntgabeadressaten soll bewirken, dass sich der Sperrtatbestand nicht mehr auf den Täter bezieht, sondern auf die Tat. Zwingend erscheint die Annahme des Gesetzgebers aber nicht. Die Selbstanzeigensperre knüpft nicht an die Bekanntgabe der Prüfungsanordnung gegenüber „einem" an der Tat Beteiligten an, sondern – personenbezogen – gegenüber „dem" an der Tat Beteiligten (so ausdrückl. auch *Thonemann-Micker/Kanders* DB 2014, 2125 (2127); *Bülte* ZWF 2015, 52 (54); *Rolletschke* StRR 2015, 128 (130); *Heuel/Beyer* AO-StB 2015, 129 (134); zweifelnd auch *Joecks* DStR 2014, 2261 (2263); aA *Hunsmann* NJW 2015, 113 (114); *Geuenich* NWB 2015, 29 (32); wohl auch *Talaska/Bertrand* ZWH 2015, 89 (91); *Wulf* SAM 2015, 16 (20)).

Im Übrigen stellt sich mE die Frage, ob eine andere Sicht der Systematik der Sperrtatbestände des § 371 Abs. 2 S. 1 gerecht werden würde. Die „historischen" Sperrtatbestände des § 371 Abs. 2 (S. 1) Nr. 1 und Nr. 2 stellen personenbezogene Typisierungen dar (→ Rn. 30: unter fiskalischen Gesichtspunkten, dass bisher nicht bekannte Steuerquellen dem Fiskus auch ohne Zutun des Selbstanzeigeerstatters erschlossen oder zumindest zugänglich werden, vgl. *Beermann/Gosch/Hoyer* Rn. 44; *Stahl* Selbstanzeige Rn. 247; *Helml* Selbstanzeige 97; unter dem Gesichtspunkt der Honorierung der Rückkehr zur Steuerehrlichkeit eine generalisierende und objektivierende Umschreibung typisierter Unfreiwilligkeit, vgl. *JJR/Joecks* Rn. 202; *Rübenstahl* WiJ 2014, 190 (198); ähnl. *Patzschke,* Die Selbstanzeige als Strafaufhebungsgrund des allgemeinen Strafrechts, 2012, 120: es liegt keine bewusste Entscheidung für das Recht vor).

Mit § 371 Abs. 2 Nr. 3 idF des Schwarzgeldbekämpfungsgesetzes (BGBl. 2010 I 676 f.) wurde erstmals ein tatbezogener Sperrtatbestand kodifiziert. Im Fall einer Steuerverkürzung oder Steuervorteilserlangung großen Ausmaßes (s. § 370 Abs. 3 S. 2 Nr. 1) wurde eine zuschlagsfreie Selbstanzeige abgeschafft (vgl. BT-Drs. 17/5067, (neu) 21 f.). Diese Wertung, unrechtsschwerere Steuerhinterziehungen aus dem Anwendungsbereich der zuschlagsfreien Selbstanzeige auszunehmen, wurde im Rahmen des AO-ÄnderungsG (BGBl. 2014 I 2415 ff.) ergänzt durch § 371 Abs. 2 S. 1 Nr. 4, der auch bei Erfüllung der Regelbeispiele des § 370 Abs. 3 S. 2 Nr. 2–5 eine Selbstanzeigesperre vorsieht (vgl. BT-Drs. 18/3018, 12).

Wird die betreffende Prüfungsanordnung im Verlauf der Außenprüfung erweitert, so hat dies je nach **55r** Gesetzeslage unterschiedliche Auswirkungen.

Soweit die Wirksamkeit einer Selbstanzeige nach dem Schwarzgeldbekämpfungsgesetz (BGBl. 2010 I 676 f.) zu beurteilen ist, ist eine Strafaufhebung infolge der Infektionswirkung des Sperrtatbestands auch für nicht in der Prüfungsanordnung genannte Veranlagungszeiträume gesperrt, wenn für einen in der Prüfungsanordnung genannten Veranlagungszeitraum Steuern hinterzogen wurden. Wurden für die in der Prüfungsanordnung genannten Steuerarten keine Steuern hinterzogen sowie im Fall einer sachlichen Prüfungserweiterung (= andere Steuerart), tritt die entsprechende Sperrwirkung erst dann ein, wenn die Prüfungsanordnung für die andere Steuerart bekannt gegeben wurde (so BFH DStR 2007, 2158 (2161) zu § 7 S. 1 Nr. 1a 1. F. StraBEG)

55s   Für Selbstanzeigen, für die das Schwarzgeldbekämpfungsgesetz nicht zur Anwendung kommt, weil sie nach dem 1.1.2015 der zuständigen Finanzbehörde zugegangen sind oder weil sie nach dem 1.1.2015 rechtlich beurteilt werden (Anwendbarkeit des Grundsatzes des mildesten Gesetzes, § 2 Abs. 3 StGB), tritt erst mit Bekanntgabe der Prüfungserweiterung eine über die Prüfungsanordnung hinausgehende Sperrwirkung ein (ähnl. für das Prüferscheinen gem. § 371 Abs. 2 Nr. 1 Buchst. a aF, § 7 S. 1 Nr. 1a 1. F. StraBEG BFH DStR 2007, (2158), 2161).

56   **2. Erscheinen eines Amtsträgers der Finanzbehörde zur steuerlichen Prüfung (§ 371 Abs. 2 S. 1 Nr. 1 Buchst. c). a) Allgemeines.** Mit der Kodifizierung des Sperrtatbestands Bekanntgabe einer Prüfungsanordnung im Schwarzgeldbekämpfungsgesetz (BGBl. 2010 I 676 f.) wollte der Gesetzgeber den Ausschluss der Strafbefreiung zeitlich vorverlegen (BT-Drs. 17/4182, 5).

Diese (potentielle) Vorverlegung kommt jedoch ohnehin nur in den Prüfungsfällen in Betracht, in denen dem Erscheinen des Amtsträgers überhaupt die Bekanntgabe einer Prüfungsanordnung vorausgeht. Außerdem wird man im Zweifel auch dann auf den Sperrtatbestand Amtsträgererscheinen abstellen, wenn die Bekanntgabe der Prüfungsanordnung nicht zur Überzeugung des Tatrichters festgestellt werden kann (Helml Selbstanzeige 114; so wohl auch MüKoStGB/Kohler Rn. 179).

56a   **b) Amtsträger der Finanzverwaltung.** Der Begriff des Amtsträgers ist für das Steuerrecht in § 7, für das (Steuer-)Strafrecht (wortgleich) in § 369, § 11 Abs. 1 Nr. 2 StGB definiert; der der Finanzbehörde in § 6 Abs. 2. Hierunter fallen in erster Linie **Außenprüfer** (§§ 193 ff.) und **Fahndungsprüfer** (§§ 208, 404). Fahndungsprüfer sind dabei auch dann als „Amtsträger der Finanzverwaltung" tätig, wenn nicht die Finanzbehörde „Herrin des Verfahrens" ist (§ 386 Abs. 2), sondern die Staatsanwaltschaft (vgl. LG Stuttgart NStZ 1990, 189 (190); JJR/Joecks Rn. 220; MüKoStGB/Kohler Rn. 212; Kühn/v. Wedelstädt/Blesinger Rn. 14; Streck/Spatscheck Steuerfahndung Rn. 261; aA Stahl Selbstanzeige Rn. 298 (Fn. 3): Ermittlungspersonen der Staatsanwaltschaft).

57   Amtsträger iSd § 371 Abs. 2 S. 1 Nr. 1 Buchst. a können auch **Veranlagungsbeamte** sein (vgl. Klein/Jäger Rn. 46; Kohlmann/Schauf Rn. 121; MüKoStGB/Kohler Rn. 210). Dazu reicht aber nicht aus, dass sie im Rahmen ihrer „normalen" Veranlagungstätigkeit quasi am „grünen Tisch" tätig werden. Sie müssen dazu vielmehr einen konkreten Prüfungsauftrag im Außendienst ausführen (vgl. Rolletschke/Kemper/Kemper Rn. 232; Klein/Jäger Rn. 46). Gemeinhin wird dafür die Bezeichnung „betriebsnahe Veranlagung" verwendet (= punktuelle Sachverhaltsaufklärung im Rahmen eines Steuerermittlungsverfahrens nach §§ 88 ff., vgl. Tipke/Kruse/Tipke Vor § 193 Rn. 14; Nr. 2 AEAO zu § 85).

58   Amtsträger idS kann auch ein **Prüfer der Innenrevision** sein (vgl. BGH NStZ-RR 2010, 147; Klein/Jäger Rn. 50) sowie ein (Zoll-)Prüfer der Finanzkontrolle Schwarzarbeit (so auch Wannemacher SteuerStrafR/Schmedding Rn. 2153; mangels steuerstrafrechtlicher Kompetenz wird insoweit der Sperrtatbestand aber nicht erfüllt) oder ein Bediensteter einer Gemeindesteuerbehörde (vgl. Kuhn/Weigell SteuerStrafR/Weigell Rn. 642).

59   **Nicht** zu den „Amtsträgern der Finanzverwaltung" zählen Amtsträger anderer Verwaltungsbehörden, wie zB **Bedienstete der Arbeitsverwaltung, Sozialversicherungsprüfer** (vgl. Klein/Jäger Rn. 46; Stahl Selbstanzeige Rn. 297), und – selbstredend – **Staatsanwälte** (vgl. Klein/Jäger Rn. 46; Kohlmann/Schauf Rn. 122; MüKoStGB/Kohler Rn. 211; von Briel SAM 2006, 42 (44)). Amtsträger anderer Verwaltungsbehörden sind auch dann keine Amtsträger der Finanzbehörde, wenn sie aufgrund eines Amtshilfeersuchens einer Finanzbehörde tätig werden (vgl. Flore/Tsambikakis/Wessing Rn. 108; Kuhn/Weigell SteuerStrafR/Weigell Rn. 642; Wolsfeld PStR 2006, 20).

60   **c) Erscheinen zur steuerlichen Prüfung.** Ein Erscheinen zur steuerlichen Prüfung ist dann gegeben, wenn der Amtsträger der Finanzverwaltung in Prüfungsabsicht das Grundstück mit den Betriebs- oder Wohnräumen des Steuerpflichtigen betritt (vgl. JJR/Joecks Rn. 226; Klein/Jäger Rn. 47; MüKoStGB/Kohler Rn. 213; Joecks/Randt, Steueramnestie 2004/2005 1. Aufl. 2004, Rn. 226; Streck/Spatscheck Steuerfahndung Rn. 255; Wannemacher SteuerStrafR/Schmedding Rn. 330; Gehm, Kompendium Steuerstrafrecht, 2. Aufl. 2015, 89; Gußen SteuerStrafR Rn. 282; Helml Selbstanzeige 115 f.; aA OLG Stuttgart NStZ 1989, 436 (437); Koch/Scholtz/Scheurmann-Kettner Rn. 26; Arendt ZfZ 1985, 267: ausreichend sei, dass der Prüfer am Prüfungsort ins Blickfeld des Steuerpflichtigen tritt). Hierfür wird auch der zwar umgangssprachliche, die Sache aber treffend umschreibende Ausdruck **Fußmattentheorie** verwendet.

60a   Unerheblich ist insoweit, ob der Steuerpflichtige an der Prüfung mitwirkt oder seine Mitwirkung verweigert (Parsch/Nuzinger Selbstanzeigeberatung Rn. 133), sowie ob der Steuerpflichtige Kenntnis von der Sperrwirkung des Prüferscheins hat (Müller Selbstanzeige Rn. 1032).

Vereitelt der Steuerpflichtige die Vornahme von Prüfungshandlungen, zB indem er die Tür nicht **61** öffnet, ändert dies nichts am Erscheinen des Amtsträgers (vgl. Klein/*Jäger* Rn. 49; MüKoStGB/*Kohler* Rn. 215; Simon/Vogelberg SteuerStrafR/*Simon* S. 221).

Wird bereits das Erscheinen des Amtsträgers hinausgezögert, indem das Finanzamt den Prüfungs- **62** beginn auf Antrag des Steuerpflichtigen hin verlegt (§ 197 Abs. 2), liegt zwar ein doloses Verhindern des Erscheinens vor. Dies führt aber nicht zur Fiktion, der Prüfer sei erschienen (vgl. Rolletschke Steuer-StrafR Rn. 583; aA Klein/*Gast-de Haan*, 9. Aufl. 2006, Rn. 27). Eine derartige Fiktion ist mit dem Gesetzeswortlaut nicht zu vereinbaren (vgl. Rolletschke/Roth Selbstanzeige Rn. 261).

Findet die Prüfung nicht in dem Betrieb des Steuerpflichtigen, sondern vereinbarungsgemäß in den **63** Räumen des Steuerberaters statt, so tritt die Sperrwirkung mit Erscheinen des Prüfers beim Steuerberater ein (vgl. JJR/*Joecks* Rn. 227; MüKoStGB/*Kohler* Rn. 216; Kuhn/Weigell SteuerStrafR/*Weigell* Rn. 643; Stahl Selbstanzeige Rn. 303).

Eine Außenprüfung kann zulässigerweise auch in den eigenen Amtsräumen der Finanzbehörde durch- **64** geführt werden (vgl. BFH BStBl. II 2009, 338 (341)). Erfolgt die **Prüfung an Amtsstelle** (§ 200 Abs. 2 S. 1 Fall 3), wird in der Lit. angezweifelt, dass ein Erscheinen zur Prüfung iSd § 371 Abs. 2 S. 1 Nr. 1 Buchst. a angenommen werden kann (krit. insoweit zB MüKoStGB/*Kohler* Rn. 217; Kuhn/Weigell SteuerStrafR/*Weigell* Rn. 643; Stahl Selbstanzeige, 2. Aufl. 2004, Rn. 217; Streck/Spatscheck Steuer-fahndung Rn. 257; aA JJR/*Joecks* Rn. 228; Rolletschke/Kemper/*Kemper* Rn. 214; Simon/Vogelberg SteuerStrafR/*Simon* S. 221; Rolletschke SteuerStrafR Rn. 584).

Zu der Frage liegt zwar noch keine BGH-Rspr. vor. Zum parallel geregelten Fall des § 7 S. 1 Nr. 1 **65** Buchst. a StraBEG hat der BFH (DStR 2010, 1075 (1076 f.)) aber entschieden, revisionsrechtlich sei die Auffassung des FG Münster (DStR 2009, 59) nicht zu beanstanden, das „Erscheinen zur steuerlichen Prüfung" sei nicht lokal, sondern personenbezogen zu verstehen. Zur Begründung verweist der BFH darauf, der Steuerpflichtige hätte es ansonsten in der Hand, die Ausschlussregelung dadurch zu umgehen, dass er vorgibt, eine Prüfung sei in seinen Räumlichkeiten nicht möglich.

Da der Prüfer die angeforderten Geschäftsunterlagen im Streitfall in den Räumlichkeiten des Finanz- **66** amts persönlich entgegen genommen hatte, konnte der BFH dahinstehen lassen, ob bereits das bloße Erscheinen des Steuerpflichtigen mit den angeforderten Geschäftsunterlagen an Amtsstelle ausgereicht hätte.

ME ist insoweit entscheidend, dass die konkreten Verhältnisse des zu prüfenden Betriebs nachweislich Gegenstand des Aktenstudiums waren (so auch Tipke/Kruse/*Kruse* § 171 Rn. 37; ähnl. BFH BStBl. II 2003, 739 zu § 171 Abs. 4 S. 1; wohl auch Parsch/Nuzinger Selbstanzeigeberatung Rn. 133; aA MüKoStGB/*Kohler* Rn. 217; Stahl Selbstanzeige, 2. Aufl. 2004, Rn. 217; Streck/Spatscheck Steuer-fahndung Rn. 257: kein Ausschlusstatbestand; Wannemacher SteuerStrafR/*Schmedding* Rn. 2130: Aus-schlusstatbestand, wenn der Steuerpflichtige mit seinen Unterlagen das Dienstzimmer des Prüfers betritt; Klein/*Jäger* Rn. 48; *Gehm*, Kompendium Steuerstrafrecht, 2. Aufl. 2015, 90: Kontakt mit dem Prüfer). Ist dies bejahen, ist unerheblich, ob der Steuerpflichtige diese Unterlagen dem Prüfer persönlich über-reicht oder sie auf dem Postweg übermittelt hat (Müller Selbstanzeige Rn. 1044, 1046; Stahl Selbst-anzeige Rn. 301; aA noch Stahl Selbstanzeige, 2. Aufl. 2004, Rn. 217: jedenfalls bei Übermittlung per Post erscheint niemand bei niemandem.

Der Amtsträger der Finanzbehörde erscheint zur steuerlichen Prüfung, wenn er den Prüfungsort **in** **67** **Prüfungsabsicht** aufsucht (Müller Selbstanzeige Rn. 1048). Ein Erscheinen zur Terminabstimmung, wann mit der Prüfung begonnen werden soll, oder die Vornahme bloßer Scheinhandlungen genügen nicht (vgl. MüKoStGB/*Kohler* Rn. 228 f.; Klein/*Jäger* Rn. 49; Müller Selbstanzeige Rn. 1049 f.; Stahl Selbstanzeige Rn. 308; Gußen SteuerStrafR Rn. 283; Wannemacher SteuerStrafR/*Schmedding* Rn. 2132).

Steuerliche Prüfungen iSd § 371 Abs. 2 S. 1 Nr. 1 Buchst. a, sind solche rechtmäßigen Maßnahmen, **68** die der Ermittlung und Erfassung der steuerlichen Verhältnisse eines Steuerpflichtigen dienen und das Ziel gehöriger, dh richtiger und vollständiger Steuerfestsetzung verfolgen (Definition nach BayObLG DStR 1987, 161; s. zB auch Schwarz/Pahlke/*Webel* Rn. 65).

Unter den Prüfungsbegriff fallen ohne weiteres **Betriebsprüfungen, Umsatzsteuersonderprüfun-** **69** **gen** oder **Lohnsteueraußenprüfungen** (vgl. MüKoStGB/*Kohler* Rn. 221; Rolletschke/Kemper/*Kem-per* Rn. 229 ff.; Klein/*Jäger* Rn. 50; Schwarz/Pahlke/*Webel* Rn. 65; Wannemacher SteuerStrafR/ *Schmedding* Rn. 2134; Helml Selbstanzeige 117).

Vor Inkrafttreten des Schwarzgeldbekämpfungsgesetzes (BGBl. I 2010, 676 f.) ging der BGH (BGH **70** NStZ-RR 2010, 147; zust. zB Stahl Selbstanzeige Rn. 311) auch davon aus, dass auch eine **Innenrevi-sionsprüfung der OFD** geeignet ist, den Sperrtatbestand des Erscheinens zur steuerlichen Prüfung auszulösen. Ob dies auch unter der seit 1.1.2015 geltenden Gesetzesfassung noch gilt, erscheint mE zweifelhaft. Zwar nimmt § 371 Abs. 2 S. 1 Nr. 1 Buchst. c auch weiterhin die steuerliche Prüfung in Bezug; allerdings beschränkt das Gesetz die Reichweite des Sperrtatbestands nunmehr auf den „Umfang der Außenprüfung". Unter den Begriff der Außenprüfung wird man eine Innenrevisionsprüfung sprach-lich schwerlich fassen können (aA noch MüKoStGB/*Kohler* Rn. 222). Bei einer Außenprüfung wird die Richtigkeit der Steuererklärungen eines Steuerpflichtigen geprüft, bei einer Innenrevisionsprüfung geht es im Wesentlichen um die Feststellung strafrechtlich relevanten Verhaltens von Finanzbeamten.

71   Keine steuerlichen Prüfungen sind jedenfalls **Liquiditätsprüfungen.** Diese dienen lediglich dazu, die Zahlungsfähigkeit des Vollstreckungsschuldners zu erheben (vgl. JJR/*Joecks* Rn. 224; MüKoStGB/*Kohler* Rn. 225; Stahl Selbstanzeige Rn. 310; *Wulf* SAM 2015, 16 (20)). Ebenso wenig sind die Prüfungen der Finanzkontrolle Schwarzarbeit Steuerprüfungen iSd Vorschrift (vgl. MüKoStGB/*Kohler* Rn. 226; Wannemacher SteuerStrafR/*Schmedding* Rn. 2153; *Wulf* SAM 2015, 16 (20)).

72   Das BMF veröffentlicht jährlich sog Richtsatzsammlungen. Die dort genannten Richtsätze (vH-Sätze des wirtschaftlichen Umsatzes für den Rohgewinn, für den Halbreingewinn und den Reingewinn) sind ein Anhaltspunkt für die Finanzbehörden, Umsätze und Gewinne eines Gewerbetreibenden zu verproben (halten sich seine Zahlen im Rahmen des Üblichen?) und ggf. bei Fehlen anderer geeigneter Unterlagen schätzen zu können (§ 162). Die dort genannten Richtsätze werden für einzelne Gewerbeklassen auf der Grundlage von Betriebsergebnissen zahlreicher geprüfter Unternehmen ermittelt (Richtsatzprüfungen).

       Eine solche **Richtsatzprüfung** (vgl. dazu iE Tipke/Kruse/*Tipke* § 194 Rn. 4) stellt nur dann eine steuerliche Prüfung dar, wenn sie zugleich mit einer „echten" Betriebsprüfung verbunden ist (§§ 37, 38 BpO; vgl. dazu JJR/*Joecks* Rn. 217, 222; MüKoStGB/*Kohler* Rn. 227; Schwarz/Pahlke/*Webel* Rn. 65; Flore/Tsambikakis/*Wessing* Rn. 115; Müller Selbstanzeige Rn. 1058; Stahl Selbstanzeige Rn. 310), was allerdings in der Praxis der Regelfall ist (vgl. Rolletschke/Kemper/*Kemper* Rn. 229).

73   Fahndungsprüfer erscheinen nur dann zur steuerlichen Prüfung, wenn sie eine Außenprüfung nach §§ 193 ff. durchführen **(§ 208 Abs. 2 Nr. 1)** bzw. bei isolierten Fiskalermittlungen **(§ 208 Abs. 1 S. 1 Nr. 2, Nr. 3)** (vgl. Schwarz/Pahlke/*Webel* Rn. 67; Hübschmann/Hepp/Spitaler/*Beckemper* Rn. 161; aA Müller Selbstanzeige Rn. 1070: Vorfeldermittlungen führen zu einer Selbstanzeigensperre iSd § 371 Abs. 2 S. 1 Nr. 1 Buchst. d).

74   Wird ein Amtsträger im Rahmen einer **betriebsnahen Veranlagung** (→ Rn. 57), der Steueraufsicht nach § 210 oder einer Umsatzsteuernachschau (§ 27b UStG) tätig, so ist die hM bereits vor Inkrafttreten des AO-ÄnderungsG (BGBl. 2014 I 2515 ff.) davon ausgegangen, dass der betreffende Amtsträger zur steuerlichen Prüfung erscheint (vgl. BayObLG DStR 1987, 161; OLG Celle wistra 2000, 277 (278); Klein/*Jäger* Rn. 50; Rolletschke/Kemper/*Kemper* Rn. 230; Schwarz/Pahlke/*Webel* Rn. 67; Gußen SteuerStrafR Rn. 284; *Beyna/Roth* UStB 2010, 310 (311); BGH wistra 2009, 312 (315) für § 27b UStG; Kohlmann/*Schauf* Rn. 156 f. für betriebsnahe Veranlagung und § 210; StS *Koschyk* BT-Drs. 17/14821, 20 für § 42g EStG; *Roth* PStR 2013, 180 für § 42g EStG; aA für § 27b UStG *von Briel* SAM 2006, 42 (45); *Wulf* SAM 2015, 16 (20); aA insgesamt zB MüKoStGB/*Kohler* Rn. 223 f.; Kuhn/Weigell SteuerStrafR/*Weigell* Rn. 650; Müller Selbstanzeige Rn. 1061 ff.; Stahl Selbstanzeige Rn. 309).

       Mit dem AO-ÄnderungsG wird dies für die Nachschauprüfungen nunmehr auch in § 371 Abs. 2 S. 1 Nr. 1 Buchst. e „gesetzlich festgelegt" (BT-Drs. 18/3018, 11), ohne dass sich aus den Gesetzesmaterialien ergibt, ob der Gesetzgeber der Neuregelung konstitutiven oder deklaratorischen Charakter beimessen wollte.

75   **d) Reichweite der Sperrwirkung.** Liegt dem Erscheinen des Amtsträgers eine **Prüfungsanordnung** zugrunde, so ging die hM vor Inkrafttreten des Schwarzgeldbekämpfungsgesetzes (BGBl. 2010 I 676 f.) davon aus, dass sich die Reichweite der Sperrwirkung nach deren Inhalt bestimmt (BGH NStZ 1988, 226; BFH DStR 2010, 1075 (1077); JJR/*Joecks* Rn. 235; MüKoStGB/*Kohler*, 1. Aufl. 2010, Rn. 180).

76   Infolge der durch das Schwarzgeldbekämpfungsgesetz eingeführten Infektionswirkung der Sperrtatbestände des § 371 Abs. 2 (S. 1) Nr. 1 und Nr. 2 wird man hieran nicht mehr festhalten können. Die Sperrwirkung erfasst danach vielmehr **alle Veranlagungszeiträume derselben Steuerart** (Müller Selbstanzeige, 1. Aufl. 2012, Rn. 926).

77   Mit dem AO-ÄnderungsG (BGBl. 2014 I 2415 ff.) vollführte der Gesetzgeber eine Kehrtwendung hin zum alten Rechtsverständnis (vgl. MüKoStGB/*Kohler* Rn. 236). Eine Selbstanzeige ist nunmehr wieder „für Zeiträume, die nicht von der Außenprüfung umfasst sind, grundsätzlich möglich" (BT-Drs. 18/3018, 11).

78   Dies gilt auch für Vorfeldermittlungen der Steuerfahndung iSd **§ 208 Abs. 1 S. 1 Nr. 3,** bei denen man die Sperrwirkung bereits vor Inkrafttreten des Schwarzgeldbekämpfungsgesetzes auf den konkreten Auftrag des Prüfers beschränkt hatte (vgl. OLG Celle BeckRS 2000, 30103590).

79   Diese Beschränkung des Sperrtatbestands betrifft aber nicht nur Selbstanzeigen, die nach dem 1.1.2015 erstattet wurden. Durch die Anwendung des Grundsatzes des milderen Gesetzes (§ 2 Abs. 3 StGB) kommt sie ggf. auch Selbstanzeigeerstattern zugute, deren vor dem 31.12.2014 24:00 Uhr erstattete Selbstanzeige nach dem 1.1.2015 abschließend beurteilt wird. In der Folge kann eine wegen der früheren Infektionswirkung unwirksame Selbstanzeige allein durch Zeitablauf wirksam werden.

80   Die Selbstanzeigensperre betrifft zunächst den **Steuerpflichtigen** (Prüfling) persönlich.

81   Bei Prüfung betriebsbezogener Steuern tritt die Sperrwirkung ohne weiteres bei den **Organen der juristischen Person** (Vorstand einer Aktiengesellschaft, Geschäftsführer einer GmbH) ein (vgl. Kohlmann/*Schauf* Rn. 142.1; MüKoStGB/*Kohler* Rn. 176).

82   Fraglich ist aber – wie bei § 371 Abs. 2 S. 1 Nr. 1 Buchst. a –, ob sich die Sperrwirkung auch auf **sonstige Betriebsangehörige** bezieht. Die bisher wohl hM unterschied zwischen ausgeschiedenen

und aktiven Betriebsangehörigen. Für ausgeschiedene Betriebsangehörige sollte eine strafbefreiende Selbstanzeige wegen betriebsbezogener Taten noch möglich sein (vgl. LG Stuttgart wistra 1990, 72 (74); aA Klein/*Jäger* Rn. 53); für noch aktive Betriebsangehörige hingegen nicht (vgl. Düsseldorf wistra 1982, 119). Begründet wurde diese Unterscheidung damit, dass es darauf ankomme, ob der Betreffende zum Zeitpunkt seiner Berichtigungserklärung Kenntnis vom Prüfungsbeginn hat oder nicht (vgl. JJR/*Joecks* Rn. 232). ME ändert sich durch die Gesetzesneufassung hieran nichts (so auch MüKoStGB/*Kohler* Rn. 233 ff.: Sphärengedanke). Der Sperrtatbestand erfasst grds. nur nicht ausgeschiedene Mitarbeiter. Entscheidet sich ein ausgeschiedener Mitarbeiter zur Selbstanzeige, so ist sein Verhalten (er ist ohne den Appell einer Prüfungsankündigung freiwillig zur Steuerehrlichkeit zurückgekehrt) zu honorieren. Sollte der ausgeschiedene Mitarbeiter jedoch nachweislich nach Prüfungsbeginn Kenntnis von der Prüfung erlangt haben, ist mit dieser Begründung eine Sperrwirkung zu bejahen (vgl. JJR/*Joecks* Rn. 232; aA Klein/*Jäger* Rn. 53: Kenntnis des ausgeschiedenen Mitarbeiters nicht erforderlich).

Zu den Auswirkungen einer nichtigen oder rechtswidrigen Prüfungsanordnung, einer Prüfungs- **83** erweiterung → Rn. 55f ff., 55s.

Liegt dem Erscheinen des Amtsträgers **keine Prüfungsanordnung** zugrunde, bestimmt sich die **84** Reichweite des Sperrtatbestandes nach dem **Ermittlungswillen** des erschienenen Amtsträgers. Indiz ist insoweit der interne **Prüfungsauftrag** (vgl OLG Celle wistra 2000, 277 (278); Stahl Selbstanzeige Rn. 328 zu § 208 Abs. 1 S. 1 Nr. 3; Klein/*Jäger* Rn. 52a; MüKoStGB/*Kohler*, 1. Aufl. 2010, Rn. 182 f. zu §§ 208 Abs. 1 Nr. 3, 210 AO, § 27b UStG, betriebsnaher Veranlagung; Schwarz/Pahlke/*Webel* Rn. 87 insbes. zu § 27b UStG; → Rn. 57). Dieser wird ggf. formal bestimmt durch die sachliche Zuständigkeit der Finanzbehörde (vgl. Schwarz/Pahlke/*Webel* Rn. 88), sodass zB das Erscheinen eines (Zoll-)Prüfers der Finanzkontrolle Schwarzarbeit mangels steuerstrafrechtlicher Kompetenz nicht sperrtatbestandsauslösend wirkt (→ Rn. 59).

Nach der **Sachzusammenhangsrspr** (ergangen zum Sperrtatbestand Erscheinen zur Ermittlung **85** einer Steuerstraftat iSd § 371 Abs. 2 S. 1 Nr. 1 Buchst. d nF) umfasst die Selbstanzeigensperre auch Taten, die mit dem bisherigen Ermittlungsgegenstand in sachlichem Zusammenhang stehen (BGH NJW 2005, 2720 (2722); BGH NStZ 2010, 642 (643)), dh, bei denen – bei üblichem Gang des Ermittlungsverfahrens – zu erwarten ist, dass sie ohnehin in die Prüfung einbezogen werden.

Die Frage, ob diese Rspr. auf den Sperrtatbestand des Erscheinens zur steuerlichen Prüfung übertragen **86** werden kann, bestimmt sich maßgebend danach, welche Gesetzeslage (Schwarzgeldbekämpfungsgesetz oder AO-ÄnderungsG) maßgeblich ist.

Unter der Prämisse einer weiten Auslegung der Sperrtatbestände (vgl. dazu zB *Kohler* NWB 2010, 2211 (2212); *Roth* ZAP 2014, 675 (676)) lässt sich ihre Anwendbarkeit in der durch das Schwarzgeldbekämpfungsgesetz (BGBl. 2010 I 676 f.) eingetretenen Gesetzeslage vertreten (vgl. zB Schwarz/Pahlke/*Webel* Rn. 86). Im Anwendungsbereich des AO-ÄnderungsG lässt sich hieran aber nicht mehr festhalten (so auch MüKoStGB/*Kohler* Rn. 237; *Buse* DB 2015, 89 (91); *Wulf* SAM 2015, 16 (21)); sie würde die gesetzgeberische Restriktion des Sperrtatbestands konterkarieren. Infolge der Anwendung des Grundsatzes des mildesten Gesetzes (§ 2 Abs. 3 StGB) gilt das ggf. auch für alle vor dem 1.1.2015 noch nicht abschließend beurteilten Selbstanzeigen.

3. Erscheinen eines Amtsträgers der Finanzbehörde zu einer Umsatzsteuernachschau, einer **86a** Lohnsteuernachschau oder einer anderen Nachschau (§ 371 Abs. 2 S. 1 Nr. 1 Buchst. e). a) Allgemeines. Ob ein Umsatz- oder Lohnsteuernachschauen (§ 27b UStG, § 42g EStG) als steuerliche Prüfungen iSd § 371 Abs. 2 Nr. 1 Buchst. a, Buchst. c zu verstehen sind, wurde vor Inkrafttreten des AO-ÄnderungsG (BGBl. 2014 I 2415 ff.) in der Lit. zwar vereinzelt angezweifelt (vgl. zB *von Briel* SAM 2006, 42 (45) für § 27b UStG; *Dißers* NWB 2013, 3210 (3213) für § 42g EStG); die hM (vgl. BGH NStZ 2009, 512 (513) für § 27b UStG; StS *Koschyk* BT-Drs. 17/14821, 20 für § 42g EStG; MüKoStGB/*Kohler*, 1. Aufl. 2010, Rn. 164 für § 27b UStG, § 210; Gußen SteuerStrafR Rn. 284) bejaht dies hingegen.

Vor diesem Hintergrund wird man die nunmehr erfolgte Kodifizierung in § 371 Abs. 2 S. 1 Nr. 1 Buchst. e zunächst lediglich als gesetzliche Klarstellung (so auch *Hilbert* NWB 2014, 2985) verstehen können, obwohl die Gesetzesmaterialien (BT-Drs. 18/3018, 11) von einer „gesetzlichen Festlegung" sprechen, ohne allerdings den bisherigen Meinungsdissens zu erwähnen.

b) Nachschau. In der Vorschrift ausdrücklich genannt sind die Umsatzsteuer- und die Lohnsteuer- **86b** nachschauen (§ 27b UStG, § 42g EStG).

Darüber sollen auch sonstige steuerliche Nachschauen selbstanzeigesperrend wirken, wobei sich **86c** allerdings auch den Gesetzesmaterialien (BT-Drs. 18/3018, 11 f.) keine weitergehende Konkretisierung entnehmen lässt. Unproblematisch wird man hierunter die (Verbrauchsteuer-)Nachschau-Vorschrift des § 210 Abs. 1 fassen können (MüKoStGB/*Kohler* Rn. 252).

Für betriebsnahe Veranlagungen wird man das eher nicht annehmen. Es handelt sich hierbei zwar wie bei Nachschauen um punktuelle Sachverhaltsaufklärungen beim Steuerpflichtigen (s. AEAO Nr. 2 zu § 85). Nachschauen werden aber nicht nur durch das Gesetz ausdrücklich als solche bezeichnet (s. § 27b UStG, § 42g EStG, § 210), sie sind auch durch die betreffenden gesetzliche Regelungen formell näher ausgestaltet; all das fehlt für betriebsnahe Veranlagungen.

86d **c) Ausweis.** Anders als bei § 371 Abs. 2 S. 1 Nr. 1 Buchst. c wirkt nicht allein das bloße Amtsträgererscheinen selbstanzeigensperrend.

Der Amtsträger muss sich darüber hinaus auch ausgewiesen haben. Insoweit wird man auf die Definition des § 198 zurückgreifen können (*Erb/Erdel* NZWiSt 2014, 327 (330); *Rolletschke* StRR 2015, 128 (132)); dh, der betreffende Amtsträger muss seinen **Dienstausweis** vorzeigen. Soweit in der Lit. (so *Erb/Erdel* NZWiSt 2014, 327 (330)) weitergehend gefordert wird, der Amtsträger müsse durch Vorlage einer Prüfungsanordnung belegen, mit der Durchführung einer Nachschau beauftragt zu sein, so ist dem entgegen zu halten, dass sich das weder aus dem Gesetzeswortlaut noch aus den Gesetzesmaterialien ergibt. Im Übrigen fehlt es bei Nachschauen regelmäßig ohnehin an einer förmlichen Prüfungsanordnung, die den Prüfungsauftrag fassen und den mit der Vornahme der Prüfung betrauten Amtsträger namentlich benennt (*Rolletschke/Roth* Selbstanzeige Rn. 300).

86e Ob der Gesetzgeber bei der Kodifizierung der Ausweispflicht im Blick gehabt hat, dass sich gerade eine Umsatzsteuernachschau auch darin erschöpfen kann nachzuschauen, ob Firmenbüros, ein Firmengelände uÄ vorhanden sind, ist den Gesetzesmaterialien nicht zu entnehmen. Solche gewissermaßen adressatenfreie Nachschauen wird man wegen Nichterfüllung der Ausweispflicht nicht unter den betreffenden Sperrtatbestand fassen, obwohl man in ihnen früher ein Prüfererscheinen iSd § 371 Abs. 2 Nr. 1 Buchst. c (sonstige steuerliche Prüfungen) sehen konnte. In diesem Fall wird man auch nicht (mehr) auf diesen allgemeineren Sperrtatbestand Amtsträgererscheinen zur steuerlichen Prüfung zurückgreifen können, sodass allgemein keine Sperrwirkung eintreten wird.

Ob es sich um eine bewusste (Negativ-)Entscheidung des Gesetzgebers handelt, mag man zwar anzweifeln, ändert aber nichts an den unzweideutigen Gesetzesvorgaben.

86f **d) Reichweite der Sperrwirkung.** § 371 Abs. 2 S. 1 Nr. 1 Buchst. e enthält anders als die beiden anderen mit Außenprüfungen in Zusammenhang stehenden Sperrtatbestände (idF des AO-ÄnderungsG (BGBl. 2014 I 2415 ff.) des § 371 Abs. 2 S. 1 Nr. 1 Buchst. a, Buchst. c keine Beschränkung der Sperrwirkung auf den Prüfungsumfang. Infolge der allgemeinen Infektionswirkung der Sperrtatbestände des § 371 Abs. 2 S. 1 Nr. 1, Nr. 2 ist daher die gesamte Steuerart gesperrt.

86g Damit entfaltet eine Umsatzsteuernachschau Sperrwirkung für **sämtliche Veranlagungszeiträume** der Steuerart Umsatzsteuer. Hieran kann mE auch die in § 371 Abs. 2a S. 1 ua für Umsatzsteuervoranmeldungen eingeführte Ausnahme vom Vollständigkeitsgebot nichts ändern. Deren Wirkung beschränkt sich auf § 371 Abs. 1, hat aber mit der Reichweite der Sperrwirkung nichts zu tun (*Rolletschke/Roth* Selbstanzeige Rn. 304).

86h Noch weitreichendere Konsequenzen hat die Infektionswirkung des Sperrtatbestands bei Lohnsteuernachschauen. Da gewichtige Stimmen in der Lit. (insbes. *Klein/Jäger* Rn. 18d) den für die Definition der Steuerart angestrengten Restriktionsüberlegungen (zB *Beckemper/Schmitz/Wegner/Wulf* wistra 2011, 281 (283)) nicht folgen und die Lohnsteuer (§§ 38 ff. EStG) lediglich eine Erhebungsform der Einkommensteuer darstellt, entfaltet eine Lohnsteuernachschau mE allgemein für die Einkommensteuer (sowie ihre sonstigen Erhebungsformen wie Kapitalertragsteuer, § 44 EStG) Sperrwirkung (so bereits *Roth* PStR 2013, 180 ff.; *Madauß* NZWiSt 2013, 424 ff. zu § 371 Abs. 2 Nr. 1 Buchst. c; zur Lohnsteuernachschau nunmehr aA *Joecks* DStR 2014, 2261 (2264); *Beyer* NWB 2015, 769 (774)). Soweit dies in der Lit. (*MüKoStGB/Kohler* Rn. 258; *Rübenstahl* WiJ 2014, 190 (205); wohl auch *Talaska/Bertrand* ZWH 2015, 89 (92)) unter Hinweis auf den Prüfungsgegenstand Lohnsteuer angezweifelt wird, ist dem entgegenzuhalten, dass § 371 Abs. 2 S. 1 Nr. 1 Buchst. e anders als § 371 Abs. 2 Nr. 1 Buchst. a, Buchst. c keine Beschränkung des sich in der Regel für die Sperrtatbestände des § 371 Abs. 2 S. 1 Nr. 1, Nr. 2 bestehenden Sperrumfangs enthält. *Joecks* (SAM 2015, 11 (21)) schlägt insoweit allerdings eine Beschränkung der Sperrwirkung – analog zu den allgemein für Außenprüfungen geltenden Sperrtatbeständen – vor.

86i Sollte eine Nachschau zu Erkenntnissen oder Ergebnissen führen, die Anlass zu weiteren Maßnahmen geben, greifen weitere Sperrgründe (Tatentdeckung, § 371 Abs. 2 S. 1 Nr. 2; Übergang zur Außenprüfung, § 371 Abs. 2 S. 1 Nr. 1 Buchst. a, Buchst. c).

86j Soweit aus der Kodifizierung des (neuen) Sperrtatbestands der Schluss gezogen wird, Nachschauen hätten bis dato keine Sperrwirkung nach sich zogen (so wohl *Joecks* DStR 2014, 2261 (2264)), ist dem entgegen zu halten, dass die Kodifizierung als gesetzliche Klarstellung der bis dato bestehenden hM (→ Rn. 86a) zu verstehen ist.

86k Daneben enthält die Vorschrift mit dem Gebot, sich auszuweisen, eine Abmilderung der bisher geltenden Gesetzeslage (Sperrtatbestand Prüfererscheinen, § 371 Abs. 2 S. 1 Buchst. c), die wegen der Anwendung des milderen Gesetzes (§ 2 Abs. 3 StGB; vgl. BT-Drs. 18/3439, 7; FM NRW DB 2015, 408; *Joecks* DStR 2014, 2261 (2267); *Geuenich* NWB 2015, 29 (38); *Hunsmann* NJW 2015, 113 (118); krit. *Beyer* NWB 2015, 769 (771)) auch für am 31.12.2014 24:00 Uhr noch nicht abschließend beurteilte Selbstanzeigen gilt.

87 **4. Bekanntgabe der Einleitung eines Straf- oder Bußgeldverfahrens gegenüber dem an der Beteiligten oder seinem Vertreter (§ 371 Abs. 2 S. 1 Nr. 1 Buchst. b). a) Einleitung eines Straf- oder Bußgeldverfahrens.** Das Strafverfahren ist nach § 397 Abs. 1 eingeleitet, sobald die Finanzbehörde (iSd § 386 Abs. 1 S. 2), die Polizei, die Staatsanwaltschaft, einer ihrer Ermittlungspersonen oder der Strafrichter eine **Maßnahme** trifft, die erkennbar darauf abzielt, **gegen jemanden wegen einer Straftat strafrechtlich vorzugehen.** Dies gilt für die Einleitung von Bußgeldverfahren entsprechend (§ 410 Abs. 1 Nr. 6).

Die Person, gegen die das Verfahren geführt werden soll, muss zwar namentlich noch nicht bestimmt **88** sein; es ist aber erforderlich, dass Merkmale bekannt sind, die den Täter individuell bestimmen (allg. zur Verfahrenseinleitung auch → § 397 Rn. 31 ff.).

Werden Ermittlungen **gegen Unbekannt** geführt, so liegt noch keine Maßnahme gegen „jemanden" **89** vor (vgl. Hübschmann/Hepp/Spitaler/*Hübner* § 397 Rn. 28; auch → § 397 Rn. 36). Maßnahmen, die nur der steuerlichen Aufklärung dienen, reichen nicht aus; der strafrechtliche Charakter der Maßnahme muss vielmehr klar erkennbar sein (vgl. Klein/*Jäger* § 397 Rn. 20).

Wie sich aus § 397 Abs. 3 ergibt, ist dem Beschuldigten die Einleitung des Straf- bzw. Bußgeld- **89a** verfahrens unter Beschreibung der Tat mitzuteilen. Als Minimum muss diese Mitteilung enthalten, **welche Steuern für welchen Besteuerungszeitraum zu welchem Zeitpunkt durch welche Handlung** hinterzogen worden sein sollen (s. Nr. 28 Abs. 2 S. 2 AStBV (St.)). Die bloße Wiedergabe des Gesetzestextes genügt den jedenfalls nicht (vgl. Stahl Selbstanzeige Rn. 278). Vielmehr muss die Mitteilung der Verfahrenseinleitung bezwecken, den **Beschuldigten ins Bild zu setzen** (so ausdrückl. LG Hildesheim StV 1993, 368; Klein/*Jäger* Rn. 40; vgl. auch JJR/*Joecks* Rn. 289; MüKoStGB/*Kohler* Rn. 203; Schwarz/Pahlke/*Webel* Rn. 98).

Somit stellt zB die Anhörung des Steuerpflichtigen im Rahmen des automatisierten Abrufs von **90** Konteninformationen (sog **Kontenabrufverfahren,** §§ 93 Abs. 6, Abs. 8, 93b Abs. 1 AO; § 24c KWG) noch keine Verfahrenseinleitung dar. Die Finanzbehörde kann sich entschließen, einen Abruf bestimmter Kontenbestandsdaten durchzuführen, wenn eine unklare Mittelverwendung vorliegt und deshalb objektiv nachvollziehbare Zweifel an der Richtigkeit und Vollständigkeit der Angaben des Steuerpflichtigen bestehen (s. Nr. 2.2, Nr. 2.3 AEAO zu § 93). In diesem Anhörungsstadium (s. Nr. 2.6 S. 2 AEAO zu § 93) besteht aber noch kein Anfangsverdacht iSd § 152 Abs. 2 StPO. Selbst bei Zugrundelegung der Rechtsgrundsätze des Selbstanzeigebeschlusses (BGHSt 55, 180 ff. = BGH DStR 2010, 1133 ff.) wird man noch keine Tatentdeckung annehmen können. Es ist weder bekannt, ob der Steuerpflichtige überhaupt bisher unbekannte Kontenverbindungen unterhält, noch ob diese ggf. zu steuerpflichtigen Einkünften geführt haben. Ergibt der Kontenabruf beim BZSt das Vorhandensein bisher unbekannter Konten und Depots (s. Nr. 2.1 S. 1 AEAO zu § 93), so ist der Steuerpflichtige über das Ergebnis zu informieren (s. Nr. 2.7 S. 1 AEAO zu § 93). Diese Information erfolgt im Besteuerungsverfahren; sie hat keine strafrechtliche Zielsetzung. Der Finanzbehörde ist auch in diesem Stadium noch unbekannt, ob steuerpflichtige bislang nicht deklarierte Einkünfte bezogen worden sind.

Zur Frage Kontenabrufverfahren und Selbstanzeige vgl. iE Rolletschke/*Stock* StRR 2007, 124 ff.

Ebenso wenig verfahrenseinleitend wirkt der sog „strafrechtliche Vorbehalt" iSd § 201 Abs. 2 (vgl. **91** Kühn/v. Wedelstädt/*Blesinger* Rn. 20), der in der Praxis der Außenprüfung nicht selten benutzt wird, um sich vom Vorwurf einer nicht erfolgten Anfangsverdachtsprüfung frei zu zeichnen.

Inhalt und Zeitpunkt der Einleitung sind in einem Aktenvermerk festzuhalten (§ 397 Abs. 2). Dieser **92** Aktenvermerk hat zwar grds. **lediglich deklaratorische Bedeutung** und dient der Beweissicherung der verfahrenseinleitenden Maßnahme (vgl. Klein/*Jäger* § 397 Rn. 28; auch → § 397 Rn. 44). Gewicht erlangt er aber bei äußerlich neutralen Handlungen (zB der bloßen Befragung des Steuerpflichtigen), weil dort gerade noch keine strafrechtliche Zielsetzung des Verhaltens erkennbar ist.

b) Bekanntgabe der Einleitung gegenüber dem an der Tat Beteiligten oder seinem Ver- 93 treter. Die Sperrwirkung des § 371 Abs. 2 S. 1 Nr. 1 Buchst. b wird nicht schon ausgelöst durch die bloße Verfahrenseinleitung (die in der Praxis der finanzbehördlichen Strafverfolgungsorgane durch eine sog Einleitungsverfügung erfolgt), sondern erst durch deren Bekanntgabe (auch → § 397 Rn. 62).

Die Bekanntgabe erfordert eine **amtliche Mitteilung** an den Tatbeteiligten (= Beschuldigten) oder **94** einen Vertreter, dass strafrechtliche Ermittlungen gegen den Beschuldigten durchgeführt werden (vgl. LG Stuttgart wistra 1990, 72 (75); Kohlmann/*Kohlmann* (aF) Rn. 172; MüKoStGB/*Kohler* Rn. 193). Private Mitteilungen oder Indiskretionen lösen den Sperrtatbestand nicht aus (Schwarz/Pahlke/*Webel* Rn. 99). Die Bekanntgabe ist **nicht formgebunden** (auch → § 397 Rn. 57). Sie kann deshalb sowohl mündlich (vgl. Klein/*Jäger* Rn. 40; MüKoStGB/*Kohler* Rn. 193) oder fernmündlich erfolgen als auch durch förmliche Zustellung gem. §§ 3 ff. VwZG oder durch schlüssiges Verhalten, zB durch die Durchführung von Durchsuchungen oder Beschlagnahmen (Schwarz/Pahlke/*Webel* Rn. 99). Üblicherweise erfolgt sie in der Praxis der finanzbehördlichen Strafverfolgungsorgane (mit Ausnahme von Fahndungsverfahren) durch Bekanntgabe mittels Postzustellungsurkunde (§ 3 VwZG; vgl. MüKoStGB/*Kohler* Rn. 195).

Eine Bekanntgabe kann aber auch durch **öffentliche Zustellung** nach § 15 VwZG vorgenommen **95** werden. Hierin liegt kein Verstoß gegen das Steuergeheimnis, weil die Bekanntmachung der Durchführung eines Steuerstrafverfahrens dient (§ 30 Abs. 4 Nr. 1, vgl. JJR/*Joecks* Rn. 267; MüKoStGB/ *Kohler* Rn. 195). Allerdings lässt sich in diesen Fällen der Nachweis des Zugangs beim Täter nicht führen. Dieser Nachweis ist aber – anders als bei der Frage der Verjährungsunterbrechung nach § 78c Abs. 21 S. 1 Nr. 1 StGB – erforderlich, weil der Anordnung der Bekanntgabe in § 371 Abs. 2 S. 1 Nr. 1

Buchst. b (anders als in § 78c Abs. 1 S. 1 Nr. 1 StGB; vgl. dazu → § 376 Rn. 87) keine eigenständige Bedeutung zukommt.

96   Nach der bis zum Inkrafttreten des AO-ÄnderungsG (BGBl. 2014 I 2415 ff.) geltenden Gesetzeslage trat die Sperrwirkung mit Bekanntgabe an den **Täter oder seinen Vertreter** ein.

96a   In diesem Zusammenhang ging die Lit. überwiegend (vgl. FGJ/*Joecks*, 5. Aufl. 2001, Rn. 177; Kohlmann/*Schauf* (aF) Rn. 177; Klein/*Jäger* Rn. 41; Schwarz/Pahlke/*Webel* Rn. 100; Rolletschke/Kemper/*Kemper* Rn. 175; Rolletschke SteuerStrafR Rn. 609; Helml Selbstanzeige 101; aA JJR/*Joecks* Rn. 278; Müller Selbstanzeige Rn. 976; Müller Selbstanzeige im SteuerStrafR, 100 ff.) aber davon aus, dass der Täterbegriff nicht im materiell-rechtlichen Sinne (§ 25 StGB) zu verstehen war, sondern im strafprozessualen Sinne eines Beschuldigten. Somit sollte der Sperrtatbestand auch sonstige Teilbeteiligte iSd §§ 26, 27 StGB umfassen.

Durch die neue Gesetzesfassung wird zwar der an der Tat **Beteiligte** ausdrücklich in Bezug genommen, sodass die Streitfrage jedenfalls für die Zukunft als (gesetzlich) geklärt angesehen werden kann. Dies bedeutet mE aber nicht umgekehrt, dass die herrschende Lit. den Täterbegriff bislang unzutreffend definiert hat.

96b   Die Bekanntgabe der Verfahrenseinleitung muss aber nicht zwingend gegenüber einem Tatbeteiligten vorgenommen werden. **Ausreichend** ist eine Bekanntgabe gegenüber einem **Vertreter.** Hierzu ist eine ausdrückliche Vollmacht zur Entgegennahme von Verfahrenseinleitungen nicht erforderlich (vgl. Klein/*Jäger* Rn. 41; Schwarz/Pahlke/*Webel* Rn. 100; *Gehm,* Kompendium Steuerstrafrecht, 2. Aufl. 2015, 107). Ansonsten wäre die Vorschrift praktisch bedeutungslos (vgl. JJR/*Joecks* Rn. 282).

97   Vertreter iSd § 371 Abs. 2 S. 1 Nr. 1 Buchst. b sind neben den gesetzlichen Vertretern iSd §§ 34, 35 (vgl. JJR/*Joecks* Rn. 282; MüKoStGB/*Kohler* Rn. 199; Simon/Vogelberg SteuerStrafR/*Simon* S. 217; Wannemacher SteuerStrafR/*Schmedding* Rn. 2216) auch gewillkürte Vertreter (Steuerberater und Bevollmächtigte, vgl. MüKoStGB/*Kohler* Rn. 199; Stahl Selbstanzeige Rn. 277).

98   Zu Vertretern in diesem Sinne werden auch Personen ohne Vertretungsmacht gezählt, die so in die Sphäre des Beschuldigten eingegliedert sind, dass mit einer Weitergabe grds. gerechnet werden kann (zB vgl. Kohlmann/*Schauf* (aF) Rn. 189; wohl auch JJR/*Joecks* Rn. 284; Rolletschke/Kemper/*Kemper* Rn. 184; *Gehm,* Kompendium Steuerstrafrecht, 2. Aufl. 2015, 107; Wannemacher SteuerStrafR/*Schmedding* Rn. 2216; *Braun* PStR 2002, 86 (88); krit. MüKoStGB/*Kohler* Rn. 200; Stahl Selbstanzeige Rn. 277 (Fn. 2)). In der Übergabe an den Ehegatten wird man aber bereits eine Bekanntgabe an den Selbstanzeigeerstatter selbst sehen können. Durch die Übergabe an den Ehegatten besteht für ihn die Möglichkeit der Kenntnisnahme (krit. Parsch/Nuzinger Selbstanzeigeberatung Rn. 122: aus Tatentdeckung folgt nicht Vertretung).

99   **c) Reichweite der Sperrwirkung.** Der Sperrtatbestand des § 371 Abs. 2 Nr. 1 Buchst. b (idF vor Inkrafttreten des Schwarzgeldbekämpfungsgesetzes, BGBl. 2010 I 676 f.) beschränkte sich ausweislich seines Wortlauts auf die in der Verfahrenseinleitung benannte **Tat,** zB Einkommensteuer XY, die durch die Abgabe einer unrichtigen Steuererklärung bzw. durch die pflichtwidrige Nichtabgabe einer Steuererklärung verkürzt worden sein soll (vgl. BGH NStZ 2000, 427 (430); JJR/*Joecks* Rn. 288; Kohlmann/*Schauf* Rn. 193; Klein/*Jäger* Rn. 40; aA Stahl Selbstanzeige Rn. 354; FGS/*Samson* Rn. 107; MüKoStGB/*Kohler*, 1. Aufl. 2010, Rn. 207; *Mösbauer* DStZ 1999, 354 (358): einschränkend sei auf den den Anfangsverdacht konkretisierenden Inhalt der Mitteilung abzustellen, zB unvollständig erklärte Einkünfte aus Vermietung und Verpachtung).

Seit der Gesetzesfassung des Schwarzgeldbekämpfungsgesetzes (BGBl. 2010 I 676 f.) wird „eine der zur Selbstanzeige gebrachten unverjährten Steuerstraftaten" in Bezug genommen.

100   Zur alten Gesetzesfassung ließ der BGH in wistra 2000, 219 (223) ausdrückl. offen, was bei **tateinheitlich begangenen Steuerhinterziehungen** gelten soll. Diese Frage stellt sich nach wie vor. Ausgehend der von *Jäger* (in Klein § 370 Rn. 18b, 19a; dem folgend *Hechtner* NWB 2011, 1044 (1047); darstellend Kuhn/Weigell SteuerStrafR/*Weigell* Rn. 589 aA zB *Wulf/Kamps* DB 2011, 1711 (1715)) zur Steuerart iSd § 370 Abs. 1 vertretenen Ansicht müssten auch hier zumindest tateinheitlich begangene Steuerhinterziehungen mitumfasst sein (aA wohl BT-Drs. 17/5067, (neu) 21: die jeweilige Steuererklärung des jeweiligen Veranlagungszeitraums). Angesichts des im Selbstanzeigebeschluss (BGHSt 55, 180 ff. = DStR 2010, 1133 ff.) zu Tage getretenen Rechtsverständnisses, die Selbstanzeige an sich eng und damit die Sperrtatbestände weit auszulegen (so ausdrückl auch *Kohler* NWB 2010, 2211 (2212); *Rolletschke* StRR 2010, 411 (412); ähnl. Klein/*Jäger* Rn. 2: Sperrgründe sind aus fiskalischen Gründen nicht eng auszulegen), liegt es mE sogar (noch) näher, den prozessualen Tatbegriff für maßgebend zu erachten (so bislang auch LG Stuttgart wistra 1985, 203). Eine Verfahrenseinleitung umfasst im Grundsatz die Tat iSd § 264 StPO (vgl. zB BGH NStZ 1985, 545, 546; OLG Saarbrücken NJW 1974, 1009 Klein/*Jäger* § 376 Rn. 80).

101   Die Sperrwirkung erstreckt sich jedenfalls auf die **Tatbeteiligten,** denen oder deren Vertretern die Verfahrenseinleitung bekannt gegeben worden ist (vgl. JJR/*Joecks* Rn. 285; MüKoStGB/*Kohler* Rn. 201; Schwarz/Pahlke/*Webel* Rn. 102; Gußen SteuerStrafR Rn. 297).

101a   Mit der Gesetzesneufassung wollte der Gesetzgeber darüber hinaus auch erreichen, dass die Bekanntgabe der Verfahrenseinleitung an einen Tatbeteiligten eine Selbstanzeigesperre für alle Tatbeteiligten auslöst; aus dem täterbezogenen Sperrtatbestand sollte ein tatbezogener werden (vgl. BT-Drs. 18/3018, 11).

Ob sich dies hinreichend deutlich im Gesetzeswortlaut widerspiegelt, erscheint mE fraglich. Für die Herstellung eines Tatbezugs wäre wohl erforderlich gewesen zu formulieren, dass die die Bekanntgabe gegenüber einem an der Tat Beteiligten genügt (so auch MüKoStGB/*Kohler* Rn. 202; Tipke/Lang SteuerR/*Seer* § 23 Rn. 61; *Thonemann-Micker/Kanders* DB 2014, 2125 (2127); *Joecks* DStR 2014, 2261 (2264); *Geuenich* NWB 2015, 29 (33); *Bülte* ZWF 2015, 52 (54); *Beyer* NWB 2015, 769 (771); *Buse* DB 2015, 89 (91); *Rolletschke* StRR 2015, 128 (131); *Wulf* wistra 2015, 166 (172); aA FM NRW DB 2015, 280; *Hunsmann* NJW 2015, 113 (115)). Unabhängig davon wäre die Sinnhaftigkeit eines Tatbezugs auch wenig nachvollziehbar. Anders als bei den Sperrtatbeständen § 371 Abs. 3 S. 1 Nr. 3, Nr. 4 steht der Honorierung der Rückkehr zur Steuerehrlichkeit eines Tatbeteiligten, dem die Verfahrenseinleitung nicht bekannt gegeben wurde, nicht die Unrechtsschwere des größeren Ausmaßes (s. § 371 Abs. 2 S. 1 Nr. 3 oder des benannten besonders Falls des § 370 Abs. 3 S. 2 Nr. 2–5 (s. § 371 Abs. 2 S. 1 Nr. 4) entgegen.

Ohne Bedeutung ist, ob sich im Laufe des Ermittlungsverfahrens für den Beschuldigten eine andere **102** Beteiligungsform ergibt als die in der Bekanntgabe zunächst mitgeteilte (vgl. Kohlmann/*Schauf* Rn. 580; MüKoStGB/*Kohler* Rn. 204). Unerheblich ist ferner, ob die Tat in der Einleitungsverfügung zutreffend als Straftat oder als Ordnungswidrigkeit eingestuft worden ist. § 371 Abs. 2 S. 1 Nr. 1 Buchst. b setzt insoweit die Bekanntgabe von Straf- und Bußgeldverfahren gerade gleich.

Ausnahmsweise entfaltet die Bekanntgabe der Verfahrenseinleitung keine Sperrwirkung. Nämlich **103** dann, wenn ein Steuerstrafverfahren eingeleitet wurde, obwohl das Vorliegen eines Anfangsverdachts iSd § 152 Abs. 2 StPO von vornherein ausgeschlossen ist. Angesichts des insoweit bestehenden weiten Beurteilungsspielraums der Ermittlungsbehörden (vgl. BVerfG wistra 2002, 298 (299); BGH NJW 1989, 96 (97)) können Fehler in der Sachverhaltsbewertung nur in den eklatantesten Fällen zur Unwirksamkeit führen (vgl. Rolletschke/Kemper/*Kemper* Rn. 200). Denkbar sind aber Fälle, in denen bereits aus Rechtsgründen kein Verfahren eingeleitet werden durfte (vgl. BFH BStBl. II 2008, 844 (847) zu § 239; Schwarz/Pahlke/*Webel* Rn. 15).

Die durch das Schwarzgeldbekämpfungsgesetz (BGBl. 2010 I 676 f.) eingeführte **Infektionswirkung** **103a** der Sperrtatbestände des § 371 Abs. 2 Nr. 1 für sämtliche Veranlagungszeiträume einer Steuerart (vgl. zB Müller Selbstanzeige, 1. Aufl. 2012, Rn. 840; Schwarz/Pahlke/*Webel* Rn. 103; aA Müller Selbstanzeige Rn. 992; *Prowatke/Felten* DStR 2011, 899; wohl auch Klein/*Jäger* Rn. 40: Sperre umfasst nur die in der Mitteilung genannten Steuerarten und Besteuerungszeiträume) gilt auch unter der Ägide des AO-ÄnderungsG (BGBl. 2014 I 2415 ff.). Das AO-ÄnderungsG enthält insoweit – anders als die mit einer Außenprüfung in Zusammenhang stehenden Sperrtatbestände (§ 371 Abs. 2 S. 1 Nr. 1 Buchst. a, Buchst. c) – keine Rückbeschränkung der Reichweite der Sperrwirkung (vgl. Müller Selbstanzeige Rn. 991; *Wulf* SAM 2015, 16 (19)).

Ob bei einer weiten Auslegung der Sperrtatbestände (so im Anschluss an den Selbstanzeigebeschluss **103b** zB *Rolletschke* StRR 2010, 411 (412); *Kohler* NWB 2010, 2211 (2212); ähnl. Klein/*Jäger* Rn. 2: Sperrgründe sind aus fiskalischen Gründen nicht eng auszulegen) die **Sachzusammenhangsrspr** (BGH NJW 2005, 2720 (2722), NStZ 2010, 642 (643)) hierauf zu übertragen ist, ist weiterhin ungeklärt.

5. Erscheinen eines Amtsträgers zur Ermittlung von Steuerstraftaten oder Steuerordnungs- **103c** **widrigkeiten (§ 371 Abs. 2 S. 1 Nr. 1 Buchst. d). a) Allgemeines.** Der bisherige Sperrtatbestand § 371 Abs. 2 Nr. 1 Buchst. c aF, der sowohl für das Erscheinen zur steuerlichen (1. Fall) als auch für das Erscheinen zur strafrechtlichen Prüfung (2. Fall) galt, wird durch das AO-Änderungsgesetz (BGBl. 2014 I 2415 ff.). in zwei eigenständige Sperrtatbestände aufgeteilt. Nach der Vorstellung des Gesetzgebers handelt es sich hierbei um eine redaktionelle Anpassung (BT-Drs. 18/3018, 11), deren Hintergrund in der unterschiedlichen Reichweite der jeweiligen Sperrwirkung zu finden ist.

b) Erscheinen eines Amtsträgers. Anders als beim Sperrtatbestand des Erscheinens zur steuerlichen **103d** Prüfung (§ 371 Abs. 2 S. 1 Nr. 1 Buchst. c) und anders als in der vor Inkrafttreten des AO-ÄnderungsG geltenden Gesetzesfassung muss der Amtsträger nicht (mehr) einer Finanzbehörde angehören. Auf diese Diskrepanz wurde zwar bereits im Gesetzgebungsverfahren hingewiesen (*Hermann* Dt. BT Finanzausschuss Prot. 18/25 S. 82); dies hat sich aber in der späteren Gesetzesformulierung nicht niedergeschlagen. Ob es sich dabei aber um eine bewusste Entscheidung des Gesetzgebers handelte, den Anwendungsbereich der Vorschrift zu erweitern, erscheint eher fraglich (*Hermann* Dt. BT Finanzausschuss Prot. 18/25 S. 82). Bezeichnenderweise wird die insoweit erfolgte Novellierung auch lediglich mit einer „redaktionellen Änderung mit der Einführung des § 371 Absatz 2 Satz 2 AO" (dass also die Sperrtatbestände des § 371 Abs. 2 Nr. 1 Buchst. a, Buchst. c auf die jeweilige Prüfungsanordnung beschränkt sind) begründet. Dass der Gesetzgeber damit über sein Ziel hinausgeschossen ist, ändert nichts am eindeutigen Wortlaut der Vorschrift (aA wohl *Hunsmann* NJW 2015, 113 (115)).

Amtsträger iSd § 371 Abs. 2 Nr. 1 Buchst. d ist damit nach der Allgemeindefinition (§ 11 Abs. 1 **103e** Nr. 2 Buchst. a StGB, § 369 Abs. 2) ein **Beamter oder Richter.** Dies kann ein Staatsanwalt oder Polizeibeamter sein (*Hermann* Dt. BT Finanzausschuss Prot. 18/25, 82; *Geuenich* NWB 2015, 29 (33)), aber auch ein Beamter der Arbeitsverwaltung oder ein Sozialversicherungsprüfer. Sozialversicherungsprüfer werden jedoch, selbst wenn sie in einer Bekämpfungsstelle gegen illegale Beschäftigung arbeiten, nicht zur Ermittlung einer Steuerstraftat/-ordnungswidrigkeit tätig und scheiden allein deshalb aus dem Anwendungsbereich des Sperrtatbestands aus.

Praktische Auswirkungen könnten sich mE aber auch und gerade in Strafverfahren ergeben, die wegen Vorenthalten von Sozialversicherungsbeiträgen (§ 266a StGB) geführt werden (vgl. Rolletschke/Roth Selbstanzeige Rn. 287). Lohnsteuerhinterziehung und das Vorenthalten von Sozialversicherungsbeiträgen stellen zwar nach BGH-Rspr. zwei rechtlich selbstständige Taten iSd § 264 StPO dar (vgl. zB BGH NStZ 2006, 227). Dies ändert aber nichts daran, dass beide regelmäßig in einem engen tatsächlichen Zusammenhang begangen werden (die unzutreffende Angabe der Lohnsumme bei Lohnsteueranmeldungen bzw. die falsche Anmeldung bei den zuständigen Kassen oder nicht fristgerechte Abführung von Beiträgen an die zuständige Einzugsstelle), sodass sich der bei Staatsanwaltschaft oder Polizei mit einem Strafverfahren „wegen § 266a StGB pp" geäußerte Strafverfolgungswille im Zweifel auf beide Straftaten erstrecken dürfte.

103f   Regelmäßig wird es sich bei dem Amtsträger, der zur Ermittlung einer Steuerstraftat erscheint, aber wie bisher um einen **Fahndungsprüfer** handeln.

Aufgrund der Doppelzuständigkeit von Fahndungsprüfern (Ermittlung von Steuerstraftaten bzw. -ordnungswidrigkeiten, § 208 Abs. 1 S. 1 Nr. 1; isolierte Fiskalermittlungen, § 208 Abs. 1 S. 1 Nr. 2, Nr. 3) ist insoweit zu unterscheiden. Ein Erscheinen zur Ermittlung der Besteuerungsgrundlagen iSd § 208 Abs. 1 S. 1 Nr. 2 oder zur Durchführung von Vorfeldermittlungen (§ 208 Abs. 1 S. 1 Nr. 3) stellt zwar ein Erscheinen zur steuerlichen Prüfung iSd § 371 Abs. 2 Nr. 1 Buchst. c dar, kann aber nicht den Sperrtatbestand des § 371 Abs. 2 Nr. 1 Buchst. b auslösen (Stahl Selbstanzeige Rn. 352), da dann gerade kein konkreter Anfangsverdacht iSd § 152 Abs. 2 StPO vorliegt (→ Rn. 80).

In der Praxis wird ein Fahndungsprüfer im Zweifel allerdings im Rahmen seines strafrechtlichen Ermittlungsauftrags mit Durchsuchungsbeschluss gem. § 102 StPO erscheinen. Wegen der Belehrungspflicht des § 136 StPO wird gleichzeitig die Einleitung eines Strafverfahrens erfolgen, sodass zugleich der Sperrtatbestand des § 371 Abs. 2 Nr. 1 Buchst. b greifen wird. Eine selbstständige Bedeutung hat § 371 Abs. 2 Nr. 1 Buchst. d deshalb nur in Ausnahmefällen; zB bei Ermittlungsmaßnahmen ohne Bekanntgabe der Verfahrenseinleitung (vgl. MüKoStGB/*Kohler* Rn. 242; Schwarz/Pahlke/*Webel* Rn. 95).

103g   **c) Reichweite der Sperrwirkung.** Da dem Erscheinen zur Ermittlung von Steuerstraftaten oder -ordnungswidrigkeiten keine (bekanntgegebene) Prüfungsanordnung zugrunde liegt, kann diese bei der Bestimmung der Reichweite der Sperrwirkung – anders als beim Erscheinen zur steuerlichen Prüfung (§ 371 Abs. 2 Nr. 1 Buchst. c) bzw. der förmlichen Anordnung einer Außenprüfung (§ 371 Abs. 2 Nr. 1 Buchst. a) – keine Bedeutung haben.

103h   Die sachliche Reichweite des Sperrtatbestandes bestimmt sich deshalb nach dem Ermittlungswillen des erschienenen Amtsträgers. Maßgebend ist also, auf welchen Sachverhalt sich die Prüfung erstreckt, welchem Verdachtsmoment der Amtsträger nachgeht (vgl. *Hunsmann* NJW 2015, 113 (115): Gegenstand der Ermittlungen). Zu einem vergleichbaren Fall (der Ablaufhemmung der Festsetzungsverjährung iSd § 171 Abs. 5) hat der BFH (BeckRS 2003, 25001664) entschieden, dass die Zielrichtung für den Betroffenen erkennbar sein muss. Im Fall einer Fahndungsprüfung kann insoweit der interne Prüfungsauftrag, ggf. der Einleitungsvermerk, indiziell wirken (vgl. OLG Celle wistra 2000, 277 (278) zu § 208 Abs. 1 S. 1 Nr. 3; Stahl Selbstanzeige Rn. 328; Klein/*Jäger* Rn. 52b).

103i   Die persönliche Reichweite der Sperrwirkung beschränkt sich zunächst auf den Täter oder Tatbeteiligten, bei dem der Amtsträger erschienen ist (vgl. Tipke/Lang SteuerR/*Seer* § 23 Rn. 62); für einen Dritten kann sich aber der Sperrtatbestand der Tatentdeckung (§ 371 Abs. 2 S. 1 Nr. 2) ergeben.

103j   Darüber hinaus ist die gerade zu diesem Sperrtatbestand ergangene **Sachzusammenhangsrspr** (BGH NJW 2005, 2720 (2722), NStZ 2010, 642 (643)) zu beachten (vgl. Schwarz/Pahlke/*Webel* Rn. 95a f.).

Seit Inkrafttreten des Schwarzgeldbekämpfungsgesetzes (BGBl. 2011 I 676 f.) ergibt sich über die Infektionswirkung der Sperrtatbestände und auch eine Sperrwirkung für andere Veranlagungszeiträume derselben Steuerart (vgl. zB Heml Selbstanzeige 118). Diese wird zwar durch das AO-ÄnderungsG (BGBl. 2014 I 2415 ff.) für die mit einer steuerlichen Außenprüfung in Zusammenhang stehenden Sperrtatbestände des § 371 Abs. 2 Nr. 1 Buchst. a, Buchst. c wieder eingeschränkt; dies gilt aber nicht für den Sperrtatbestand Erscheinen zur Ermittlung von Steuerstraftaten oder -ordnungswidrigkeiten (Hintergrund der Trennung des vormals einheitlichen Sperrtatbestand war gerade die unterschiedliche Reichweite der beiden Sperrtatbestände, s. BT-Drs. 18/3018, 11).

104   **6. Entdeckung der Tat bei Kenntnis der Tatentdeckung oder fahrlässiger Unkenntnis (§ 371 Abs. 2 S. 1 Nr. 2). a) Tatentdeckung.** Da die Tatentdeckung iSd § 371 Abs. 2 S. 1 Nr. 2 einen eigenständigen Sperrtatbestand neben der Bekanntgabe der Verfahrenseinleitung (§ 371 Abs. 2 S. 1 Nr. 1 Buchst. b) darstellt, wurde bislang verbreitet davon ausgegangen, dass die Tatentdeckung nicht mit dem bloßen Schöpfen eines Anfangsverdacht iSd § 152 Abs. 2 StPO gleichgesetzt werden kann (aA aber zB OLG Hamburg DStR 1970, 572). Für erforderlich gehalten wurde vielmehr eine **gesteigerte Verdachtsstufe** in Form eines **hinreichenden Tatverdachts** iSd §§ 170 Abs. 1, 203 StPO (vgl. zB FG RhPf DStR 2007, 1582 (1583) zu § 7 S. 1 Nr. 1 Buchst. b StraBEG; Kohlmann/*Schauf* Rn. 203;

MüKoStGB/*Kohler* Rn. 260; *Joecks/Randt,* Steueramnestie 2004/2005, 1. Aufl. 2004, Rn. 336; Stahl Selbstanzeige Rn. 373; Gußen SteuerStrafR Rn. 300). Damit musste sich die Entdeckung aber nicht nur auf den objektiven Tatbestand des § 370 beziehen, vielmehr musste auch der Hinterziehungsvorsatz hinreichend wahrscheinlich sein (vgl. BGH StV 1985, 324 (327); BFH DStR 2009, 379 (383) zu § 7 S. 1 Nr. 1 Buchst. b StraBEG; MüKoStGB/*Kohler* Rn. 212, 260; Stahl Selbstanzeige, 2. Aufl. 2004, Rn. 311 f.; *Blumers* wistra 1985, 85 (87)).

Mit dem Selbstanzeigebeschluss (BGHSt 55, 180 ff. = BGH DStR 2010, 1133 (1135)) entzieht der **105** BGH dieser Überlegung allerdings die Grundlage. Ausgangspunkt des BGH ist, dass das Tatbestandsmerkmal „Tatentdeckung" von der Frage der strafprozessualen Verdachtsstufen zu trennen ist. Erforderlich sei auch nach bisheriger BGH-Rspr. (BGH NStZ 1983, 415; BGH wistra 2000, 219 (225)), dass „bei vorläufiger Tatbewertung die Wahrscheinlichkeit eines verurteilenden Erkenntnisses gegeben ist" (so zB auch BFH DStR 2009, 379 (383) zu § 7 S. 1 Buchst. b StraBEG; Kohlmann/*Schauf* Rn. 203; JJR/*Joecks* Rn. 304; Klein/*Jäger* Rn. 60; MüKoStGB/*Kohler* Rn. 260). Bei **bloß vorläufiger Bewertung** müsse der verdächtige Sachverhalt **rechtlich geeignet sein, eine Verurteilung zu rechtfertigen.**

Die Anforderungen an diese Wahrscheinlichkeitsprognose dürften dabei schon deshalb nicht zu hoch **106** angesetzt werden, weil sie auf noch schmaler Tatsachenbasis erfolgen müsse. In der Regel sei eine Tatentdeckung bereits dann anzunehmen, wenn unter Berücksichtigung der zur Steuerquelle oder zum Auffinden der Steuerquelle bekannten Umstände **nach allgemeiner kriminalistischer Erfahrung eine Steuerstraftat nahe liegt.** Eine Tat sei stets entdeckt, wenn der Abgleich mit den Steuererklärungen des Steuerpflichtigen ergibt, dass die Steuerquelle nicht oder unvollständig abgegeben worden ist. Zuvor könne die Tat zB bei Aussagen von dem Steuerpflichtigen nahe stehenden Zeugen oder bei verschleierten Steuerquellen entdeckt sein.

Nicht erforderlich ist danach, dass aufgrund der Tatsachen bereits ein Schluss auf **vorsätzliches** **107** **Handeln** gezogen werden kann (BGH DStR 2010, 1133 (1135); aA BGH StV 1985, 324 (327); BFH DStR 2009, 379 (383) zu § 7 S. 1 Nr. 1 Buchst. b StraBEG; MüKoStGB/*Kohler* Rn. 269; Stahl Selbstanzeige, 2. Aufl. 2004, Rn. 311 f.; *Blumers* wistra 1985, 85 (87): für den Entdecker müsse der Hinterziehungsvorsatz hinreichend wahrscheinlich sein; krit. Stahl Selbstanzeige Rn. 377: Verfolgbarkeit setzt bedingten Vorsatz voraus).

Die Person des Täters muss noch nicht namentlich bekannt sein. Entdeckt sein muss die **Tat und** **107a** **nicht der Täter** (vgl. BGH NJW 2005, 2720 (2722); Klein/*Jäger* Rn. 61; Schwarz/Pahlke/*Webel* Rn. 116; *Gehm,* Kompendium Steuerstrafrecht, 2. Aufl. 2015, 92; *Patzschke,* Die Selbstanzeige als Strafaufhebungsgrund des allgemeinen Strafrechts, 2012, 130; aA Müller Selbstanzeige Rn. 1175: der mögliche Täter muss identifiziert sein).

Die Tat muss nicht insgesamt entdeckt sein, dh, der Tatentdecker muss nicht alle Einzelheiten des **107b** Tatgeschehens wahrgenommen haben; eine teilweise Tatentdeckung reicht aus (vgl. Schwarz/Pahlke/*Webel* Rn. 117a). Ggf. reicht auch die Wahrnehmung zB einer Vorbereitungshandlung (so Schwarz/Pahlke/*Webel* Rn. 117a) oder sonstiger inkriminierender Tatumstände aus (→ Rn. 111b ff.).

In der Zusammenschau ist mE *Schöler* (DStR 2015, 503 (505)) zu folgen, wonach der BGH den **108** Begriff der Tatentdeckung zumindest sprachlich dem Anfangsverdacht iSd § 152 StPO angenähert hat (ähnl. Müller Selbstanzeige im SteuerStrafR, 103: Verdachtsgrad liegt zwischen Anfangsverdacht und hinreichendem Tatverdacht; aA Müller Selbstanzeige Rn. 1116: nach BGH-Rspr. ist hinreichender Tatverdacht erforderlich). Für das Vorliegen eines hinreichenden Tatverdachts (positive Verurteilungsprognose) müsste der mutmaßliche Täter feststehen und der Vorsatznachweis als geführt angesehen werden.

Als Tatentdecker kommen zunächst **Amtsträger der Finanzbehörde** (§ 6) in Betracht (Müller, **109** Selbstanzeige, Rn. 1178, Schwarz/Pahlke/*Webel* Rn. 109); auszunehmen sind insoweit mE allerdings Finanzbeamte, die kollusiv mit dem Täter zusammengearbeitet haben, oder Finanzbeamte, die ihre Kenntnis zB wegen Verwandtschaft oÄ nicht weitergeben werden (so auch Helml Selbstanzeige 121).

Geeignete Tatentdecker sind aber auch **Polizeibeamte, Staatsanwälte oder Richter** (vgl. JJR/*Joecks* Rn. 316; Klein/*Jäger* Rn. 66; MüKoStGB/*Kohler* Rn. 273; Kühn/v. Wedelstädt/*Blesinger* Rn. 23; Müller Selbstanzeige Rn. 1180).

Angehörige **ausländischer Behörden** können ebenfalls geeignete Tatentdecker sein. Voraussetzung **110** ist insoweit, dass der betreffende Staat aufgrund bestehender Abkommen internationale Rechtshilfe leistet (vgl. JJR/*Joecks* Rn. 317; MüKoStGB/*Kohler* Rn. 274; Müller Selbstanzeige Rn. 1183). Trifft dies zu, ist die Tat bereits im Zeitpunkt der Entdeckung durch den ausländischen Amtsträger entdeckt und nicht erst bei Weiterleitung an deutsche Ermittlungsbehörden (vgl. Müller Selbstanzeige Rn. 1183).

Bei einer Kenntnisnahme durch **Privatpersonen** ist wird üblicherweise danach entschieden, ob damit **111** zu rechnen ist, dass der Betreffende seine Kenntnis an die zuständige Behörde weiterreicht (vgl. zB BGH NStZ 1987, 464 (465); Müller, Selbstanzeige Rn. 1185; Müller, Selbstanzeige im SteuerStrafR 109).

Bei Kenntnisnahme durch Privatpersonen aus dem **Vertrauenskreis des Täters** hält man dies grds. für ausgeschlossen (zB Kohlmann/*Schauf* Rn. 213; Klein/*Jäger* Rn. 67; MüKoStGB/*Kohler* Rn. 274; Müller Selbstanzeige Rn. 1187; Gußen SteuerStrafR Rn. 302; krit. *Patzschke,* Die Selbstanzeige als

Strafaufhebungsgrund des allgemeinen Strafrechts, 2012, 132); ebenso bei **anderen Tatbeteiligten** (zB Flore/Tsambikakis/*Wessing* Rn. 132; Kohlmann/*Schauf* Rn. 214; MüKoStGB/*Kohler* Rn. 274; Müller Selbstanzeige, Rn. 1187; Simon/Vogelberg SteuerStrafR/*Simon* S. 227); genauso bei zur Verschwiegenheit verpflichteten **Steuerberatern** oder **Rechtsanwälten** (vgl. Müller Selbstanzeige Rn. 1190; Schwarz/Pahlke/*Webel* Rn. 110).

111a   Wenn durch die Kenntnis der Privatperson aber eine Lage geschaffen worden sein muss, nach der bei einer vorläufigen Tatbewertung eine Verurteilung des Täters wahrscheinlich ist (s. Definition der Tatentdeckung, vgl. auch Müller Selbstanzeige Rn. 1185), so ist mE zu differenzieren.

Grundsätzlich ist maßgebend, ob die Privatperson ihre Kenntnis **tatsächlich weitergegeben** hat (so auch Parsch/Nuzinger Selbstanzeigeberatung Rn. 139). Hat sie dies, so ist die Tat entdeckt, sobald sie (die Privatperson) Kenntnis erlangt hatte. Dies gilt auch für eine Vertrauensperson des Täters, bei der gerade nicht damit zu rechnen war, dass sie die Kenntnis weitergibt. Hat sie dies nicht, obwohl grds. mit einer Weitergabe durch sie zu rechnen war, liegt keine Tatentdeckung vor.

Lediglich dann, wenn es noch nicht zu einer tatsächlichen Weitergabe der Information gekommen ist, wird man danach zu unterscheiden haben, ob grds. mit einer Weitergabe zu rechnen ist oder nicht. Dieses Indiz kann aber durch die Erklärung der Privatperson, sie habe die Information weitergeben wollen/nicht weitergeben wollen oder durch bloßen Zeitablauf entkräftet werden.

111b   Die Frage der objektiven Tatentdeckung wird zB beim Ankauf von Datenträgers ausländischer Kreditinstitute kontrovers diskutiert (zur Frage des Vorliegens eines Beweisverwertungsverbots → Rn. 113a ff.).

ME führt insoweit nicht bereits der bloße Ankauf eines Datenträgers zur Tatentdeckung. Die Tatentdeckung ist nicht mit der ggf. konkreten Möglichkeit einer Tatentdeckung gleichzusetzen, die sich daraus ergibt, dass auf den betreffenden Datenträger entlarvende Detailangaben enthalten sind. Eine Tatentdeckung setzt vielmehr eine Art „Entdeckungsakt" voraus. Ein (potentieller) Tatentdecker muss bei vorläufiger Bewertung des ihm bekannt gewordenen Sachverhalts darauf schließen, dass dieser rechtlich geeignet ist, eine Verurteilung zu rechtfertigen.

Eine solche Situation wäre zB dann gegeben, wenn der mit der Sichtung des Datenträgers beauftragte Fahndungsbeamte in der Datenzeile des Betroffenen einen Vermerk „Verfahren einleiten" anbringen würde (so auch im Entscheidungsfall des AG Kiel DStR 2015, 897). Insoweit würden die Auffindungsumstände auf eine verschleierte Steuerquelle hindeuten (vgl. Rolletschke/Roth Selbstanzeige Rn. 311; krit. Kuhn/Weigell SteuerStrafR/*Weigell* Rn. 657; Parsch/Nuzinger Selbstanzeigeberatung Rn. 143). Sollte der auch im Selbstanzeigebeschluss (BGHSt 55, 180 ff. = BGH DStR 2010, 1133 ff.) angesprochene Abgleich mit der Steuerakte des Betroffenen aber ergeben, dass die ausländischen Kapitalerträge trotz der Verschleierung steuerlich erklärt hat, so wäre eine tatsächlich gar nicht begangene Tat lediglich „schein"-entdeckt.

111c   Vergleichbares gilt mE bei der Überwachung des grenzüberschreitenden Bargeldverkehrs (§ 12a ZVG). Wird die von einem Zollbeamten gestellte Frage nach Mitführung von Bargeld oder gleichgestelltem Zahlungsmittel im Wert von 10.000 EUR (§ 12a Abs. 2 ZVG) wahrheitswidrig verneint, und werden bei einer Fahrzeugdurchsuchung umfangreiche Kontounterlagen aufgefunden, deuten die Auffindungsumstände auf eine verschleierte Steuerquelle hin (vgl. Rolletschke/Roth Selbstanzeige Rn. 312; krit. Kuhn/Weigell SteuerStrafR/*Weigell* Rn. 655; Parsch/Nuzinger Selbstanzeigeberatung Rn. 143; Stahl Selbstanzeige Rn. 384; *Kauffmann* JSE 2014, 136 (142)).

111d   Ähnlich wird man die Situation beim Fertigen von Kontrollmaterial einzuschätzen haben. Auch hier kann sich im Einzelfall eine Tatentdeckung bereits vor einem Aktenabgleich ergeben (vgl. Rolletschke/Roth Selbstanzeige Rn. 313; krit. Müller Selbstanzeige Rn. 1129 ff.; Schwarz/Pahlke/*Webel* Rn. 113e; Stahl Selbstanzeige Rn. 385); so zB wenn ein Betriebsprüfer Kontrollmitteilungen über Schmiergeldzahlungen, branchenunübliche Honorare oder Provisionen, Zahlungen auf das private Girokonto eines Geschäftspartners, unübliche Auslandszahlungen, große Barzahlungen, atypisch preiswerte Warenlieferungen oder wertvolle Sachgeschenke gefertigt hat (§ 194 Abs. 3).

112   Wurde die Tat objektiv noch nicht entdeckt, so schließt die bloße **irrtümliche Annahme einer Tatentdeckung** die Selbstanzeige nicht aus (vgl. Kohlmann/*Schauf* Rn. 726; JJR/*Joecks* Rn. 325; Klein/*Jäger* Rn. 69; MüKoStGB/*Kohler* Rn. 277; Schwarz/Pahlke/*Webel* Rn. 111; Gußen SteuerStrafR Rn. 305; *Buse* DStR 2008, 2100 (2102)).

113   Die Annahme einer Tatentdeckung kann nach hM (MüKoStGB/*Kohler* Rn. 201; Klein/*Jäger* Rn. 65; Schwarz/Pahlke/*Webel* Rn. 115; Stahl Selbstanzeige Rn. 378; *Schwedhelm/Wulf* Stbg 2008, 294; *Buse* DStR 2008, 2100; vgl. dazu iE Helml Selbstanzeige 127 ff.; aA *Schöler* DStR 2015, 503 (505): Verwertungsverbote sind unerheblich, da keine Verurteilungswahrscheinlichkeit gefordert) ausgeschlossen sein, wenn der hinreichende Tatverdacht letztlich ausschließlich auf **strafprozessual nicht verwertbare Beweismittel** gestützt werden könnte.

113a   Das Vorliegen eines derartigen Verwertungsverbots wird aber gerade in den Fällen der „Liechtenstein-Affäre" in der Lit. sehr kontrovers diskutiert. Wegen Art der Datenbeschaffung vgl. zB *Durst* PStR 2008, 134 ff.; *Saldit* PStR 2008, 84 ff.; *Holenstein* PStR 2008, 90 ff.; *Kölbel* NStZ 2008, 241 ff.; *Wagner* ZSteu 2008, 95 ff.; *Flöthmann* SAM 2008, 63 ff.; *Kemper* ZRP 2008, 105 ff.; *Gallandt* ZRP 2008, 128 ff.; *Görres/ Kleinert* NJW 2008, 1353 ff.; *Schünemann* NStZ 2008, 305 ff.; *Sieber* NJW 2008, 881 ff.; *Bruhns* StraFo 2008, 189 ff.; *Gerson/Habetha* NJW 2008, 887 ff.; *Beulke* JURA 2008, 653 ff.; *Junker* StRR 2008, 129 ff.

Wegen Verletzung des Steuergeheimnisses vgl. zB *Durst* PStR 2008, 134 ff.; *Salditt* PStR 2008, 84 ff.; *Stahl/Demuth* DStR 2008, 600 ff. Wegen Verstoßes gegen die informationelle Selbstbestimmung vgl. zB *Salditt* PStR 2008, 84 ff.

Das LG Bochum hat in zwei Beschlüssen (BeckRS 2010, 07104; NStZ 2010, 351) das Vorliegen von **114** Verwertungsverboten verneint. Der Ankauf von Beweismitteln führe jedenfalls dann nicht zu einer nachhaltigen Beschädigung des Ermittlungsverfahrens als nach rechtsstaatlichen Grundsätzen geordneten Verfahrens, wenn staatliche Behörden lediglich ein strafrechtlich relevantes Verhalten einer Privatperson nachgelagert ausnutzen. Ein Verwertungsverbot wegen Verletzung eines völkerrechtlichen Rechtshilfe- übereinkommens setzte den im Streitfall nicht gegebenen Fall voraus, dass die Verwertung des Beweis- mittels selbst völkerrechtswidrig ist.

Die hiergegen erhobene Verfassungsbeschwerde hat das BVerfG nicht zur Entscheidung angenommen (BVerfG DStR 2010, 2412 ff.). Es sei verfassungsrechtlich nicht zu beanstanden, dass die Fachgerichte den für die Durchsuchung erforderlichen Anfangsverdacht auch auf die Erkenntnisse aus den Daten- CDs gestützt haben.

Ähnl entschied das LG Düsseldorf (NStZ-RR 2011, 84 (85)). Eine Abwägung des Interesses des **115** Staates an der Tataufklärung gegen das Individualinteresse des Bürgers an der Bewahrung seiner Rechts- güter führe zu einer strafprozessualen Verwertbarkeit der erlangten Informationen, zumal die Beschul- digten durch den Ankauf und die Auswertung der CD nicht in ihrer absolut geschützten Intimsphäre verletzt seien. Zudem hätten die Finanzbehörden Ermittlungen durch eine Privatperson nicht gezielt in Auftrag gegeben.

b) Kenntnis um die Tatentdeckung. Über die bloße Tatentdeckung hinaus ist erforderlich, dass der **116** Täter im Zeitpunkt der Selbstanzeigeerstattung weiß oder zumindest damit rechnen muss, dass die Tat entdeckt ist. Da die Kenntnis der Tatentdeckung dem Selbstanzeigeerstatter selten nachweisbar sein wird (zumal insoweit der Grundsatz „in dubio pro reo" gilt, hat der Gesetzgeber das „Kennenmüssen" der Tatentdeckung der „Kenntnis" gleichgestellt und damit eine **unwiderlegbare Beweisregel zu Un- gunsten des Täters** geschaffen (vgl. Rolletschke/*Roth* Selbstanzeige Rn. 330; aA MüKoStGB/*Kohler* Rn. 278; *Hübschmann/Hepp/Spitaler/Beckemper* Rn. 190: widerlegbar).

Diese Beweisregel führt aber nicht dazu, dass der Täter den Beweis führen muss, von der Tatauf- **117** deckung nichts gewusst zu haben. Vielmehr muss dem Täter durchaus die **Kenntnis von** den **Tatsa- chen nachgewiesen** werden, **aus denen sich** ihm die **Tatentdeckung aufdrängen musste.** Die Beweiserleichterung bezieht sich also nicht auf den Stand der Kenntnisse des Täters, sondern nur darauf, ob er aus seinen Kenntnissen auf die Tatentdeckung geschlossen hat (vgl. JJR/*Joecks* Rn. 323; Kohl- mann/*Schauf* Rn. 730; MüKoStGB/*Kohler* Rn. 278; Schwarz/Pahlke/*Webel* Rn. 119 f.). Der Täter durfte insoweit nicht fahrlässig gehandelt haben. Entscheidend ist dabei seine persönliche Urteilsfähigkeit in der konkreten Situation (vgl. BayObLG BB 1972, 524; JJR/*Joecks* Rn. 324; Kohlmann/*Schauf* Rn. 238; MüKoStGB/*Kohler* Rn. 279; Kühn/v. Wedelstädt/*Blesinger* Rn. 25; Schwarz/Pahlke/*Webel* Rn. 120a; Stahl Selbstanzeige Rn. 401; aA Suhr/Naumann/Bilsdorfer, SteuerStrafR, 4. Aufl. 1986, Rn. 477: maßgebend ist das Verständnis eines durchschnittlichen Steuerpflichtigen).

Soweit das AG Kiel (DStR 2015, 897 f.) aus der unspezifizierten „Kenntnis vom Ankauf einer **118** ‚Steuer-CD' aus einem Land, in dem der Steuerpflichtige unversteuerte Kapitalerträge erwirtschaftet hat, subjektiv die Wahrscheinlichkeit der Tatentdeckung" ableitet, entfernt sich dies mE zu weit von der Prämisse, dass sich ein Tatentdeckung aufdrängen muss, auch wenn der BGH im Selbstanzeigebeschluss (BGH DStR 2010, 1133 (1136)) betont, dass angesichts der verbesserten Ermittlungsmöglichkeiten und der stärkeren Kooperation bei der internationalen Zusammenarbeit **keine hohen Anforderungen** an die Annahme des **Kennenmüssens** mehr gestellt werden können. Zutreffend ist hingegen die Einschät- zung des AG Kiel „Tritt die Erkenntnis hinzu, dass die CD von der Bank stammt, bei der die Einkünfte entstanden sind, erhöht sich die Wahrscheinlichkeit subjektiv weiter. ... Nicht zu folgen ist in diesem Zusammenhang der Auffassung, der Steuerpflichtige müsste im Fall des Erwerbs von ‚Steuer-CDs' lediglich dann mit der Entdeckung seiner Taten rechnen, wenn die Daten aller Kunden der jeweiligen Banken von den Steuerbehörden erworben worden wären" (krit. demgegenüber *Wulf* SAM 2015, 109 (114 f.): zumindest überwiegende Wahrscheinlichkeit erforderlich).

Bleibt letztlich jedoch unaufgeklärt, ob der Täter fahrlässig Unkenntnis gehabt hat, greift zu seinen **119** Gunsten der Grundsatz „in dubio pro reo" (vgl. Kohlmann/*Schauf* Rn. 725; JJR/*Joecks* Rn. 326; Klein/ *Jäger* Rn. 71; Gußen SteuerStrafR Rn. 304).

c) Reichweite der Sperrwirkung. Die „Tatentdeckung" bezieht sich auf die jeweilige Tathandlung **119a** iSd § 370 Abs. 1 Nr. 1 oder Nr. 2 (vgl. BGH NStZ 2000, 427 (430)). Ausdrückl. offen lässt der BGH in NStZ 2000, 427 (430) allerdings, was bei tateinheitlich begangenen Steuerhinterziehungen gilt.

Im Zusammenhang mit der Bestimmung des Schwellenwerts des § 371 Abs. 2 (S. 1) Nr. 3 nimmt der BGH (NZWiSt 2012, 154 (155)) an, dass die jeweiligen Verkürzungsbeträge bei tateinheitlicher Be- gehung addiert werden. Hieraus lässt sich zwar nicht ableiten, dass die Tatentdeckung bereits aus Rechts- gründen zwingend auch sämtliche tateinheitlich verwirklichten Steuerhinterziehungen mitumfasst (so Müller Selbstanzeige im SteuerStrafR 108, 143; iErg auch Müller Selbstanzeige Rn. 1208, 1211); aus tatsächlichen Gründen wird das aber regelmäßig der Fall sein (vgl. Rolletschke/Roth Selbstanzeige Rn. 334).

119b   Infolge der durch das Schwarzgeldbekämpfungsgesetz (BGBl. 2010 I 676 f.) eingeführten Infektionswirkung der Sperrtatbestände des § 371 Abs. 2, Nr. 1, Nr. 2 erstreckt sich Sperrwirkung auf alle **anderen Veranlagungszeiträume derselben Steuerart** (so auch *Müller* Selbstanzeige, 1. Aufl. 2012, Rn. 1038; *Helml* Selbstanzeige 119; aA *Kohlmann/Schauf* Rn. 241; krit. *Wulf* wistra 2015, 166 (172)). Das AO-ÄnderungsG sieht insoweit– anders als bei den beiden im Zusammenhang mit einer Außenprüfung stehenden Sperrtatbeständen (§ 371 Abs. 2 S. 1 Buchst. a, Buchst. c) – keine Rückkehr zur vormaligen Gesetzeslage vor, sodass sich keine neuerlich zu beachtenden Einschränkungen ergeben (aA *Müller* Selbstanzeige Rn. 1208).

119c   Der Gesetzesbezug auf den **„Täter"** wurde im Rahmen der Gesetzesnovellierung durch das AO-ÄnderungsG nicht aufgegriffen, obwohl dies im Rahmen der öffentlichen Anhörung des Finanzausschusses angesprochen wurde (*Schwab* Dt. BT Finanzausschuss Prot. 18/25 S. 22).

ME bleibt es bei dem auch vor Inkrafttreten des AO-ÄnderungsG nach herrschender Lit. Geltendem. Der Sperrtatbestand wirkt gegenüber dem Tatbeteiligten, dessen Tat entdeckt ist (so wie hier wohl auch *Joecks* DStR 2014, 2261 (2264); aA *Talaska/Bertrand* ZWH 2015, 89 (90): Selbstanzeigensperre bezieht sich nur auf Täter im materiell-rechtlichen Sinn).

119d   Zu erwägen wäre jedoch die Übertragung der **Sachzusammenhangsrspr** (BGH NJW 2005, 2720 (2722), NStZ 2010, 642 (643)), sodass auch die Steuerhinterziehungen gesperrt wären, die in einem engen sachlichen oder zeitlichen Zusammenhang mit dem Verfahrensgegenstand des Ermittlungsverfahrens stehen (vgl. Rolletschke/Roth Selbstanzeige Rn. 338).

119e   **7. Steuerverkürzung oder Steuervorteilserlangung übersteigt je Tat einen Betrag von 25.000 EUR (§ 371 Abs. 2 S. 1 Nr. 3. a) Allgemeines.** Eine der „verbösernden" Gesetzesmaßnahmen des AO-ÄnderungsG (BGBl. 2014 I 2415 ff.) war die Absenkung des Schwellenwerts, ab dem eine zuschlagsfreie Selbstanzeige ausgeschlossen ist („Die Voraussetzungen … für das Absehen von Verfolgung in besonderen Fällen (§ 398a AO) … deutlich verschärft werden." vgl. BT-Drs. 18/3018, 1).

Nachdem der Gesetzgeber mit der im Schwarzgeldbekämpfungsgesetz (BGBl. 2010 I 676 f.) kodifizierten 50.000 EUR-Betragsgrenze an die BGH-Rspr. zum großen Ausmaß iSd § 370 Abs. 3 S. 2 Nr. 1 anknüpfen wollte (s. BT-Drs. 17/5067, (neu) 20), löste er diesen Zusammenhang im AO-ÄnderungsG ganz bewusst auf. Man will künftig „nicht nur besonders schwere Fälle der Steuerhinterziehung dem Anwendungsbereich des § 398a unterwerfen, sondern alle Fälle mit einem Hinterziehungsvolumen ab 25.000 Euro" (BT-Drs. 18/3018, 12). Dass es für diese Auflösung der Kongruenz der Sperrtatbestände § 371 Abs. 2 Nr. 3 aF (großes Ausmaß iSd § 370 Abs. 3 S. 2 Nr. 1) und 371 Abs. 2 S. 1 Nr. 4 (andere besonders schwere Fälle iSd § 370 Abs. 3 S. 2 Nr. 2–5) keinerlei dogmatische Begründung gibt (so ausdrückl. auch *Neuendorf/Saligmann* DStZ 2014, 791 (794)), lässt sich im Zweifel auch daran erkennen, dass die Gesetzesmaterialien insoweit lediglich auf ein Übereinkommen zwischen der Bundesregierung und den Bundesländern hinweisen (BT-Drs. 18/3018, 12). § 371 Abs. 2 S. 1 Nr. 3 umfasst idF des AO-ÄnderungsG nunmehr auch mittlere Hinterziehungsvolumina (MüKoStGB/ *Kohler* Rn. 289).

119f   Bei der Betragsgrenze handelt es sich (nach steuerrechtlicher Terminologie) um eine „Freigrenze" und nicht um einen „Freibetrag" (vgl. zB MüKoStGB/*Kohler* Rn. 289; *Müller* Selbstanzeige Rn. 1235). Dh, wird der Schwellenwert um einen EUR überschritten, so tritt der Verlust der Zuschlagsfreiheit nicht für den übersteigenden Betrag ein, sondern für den gesamten Hinterziehungsbetrag.

119g   Anders als in der Frage des Vollständigkeitsgebots des § 371 Abs. 1 (grds. Verbot von Teilselbstanzeigen) bestehen für die Betragsgrenze des § 371 Abs. 2 S. 1 Nr. 3 keine Bagatelltoleranz (vgl. zB MüKoStGB/*Kohler* Rn. 291; *Rolletschke/Roth* Stbg 2011, 200 (204)). Das Überschreiten der Betragsgrenze um einen EUR führt zum Ausschluss der zuschlagsfreien Selbstanzeige. Es handelt sich hierbei um eine bewusste (nicht relativierbare) Entscheidung des Gesetzgebers, während die iRd § 371 Abs. 1 eingeräumte Toleranzspanne (vgl. BT-Drs. 17/5067, (neu) 19: „jede Selbstanzeige (muss nicht) auf Euro und Cent genau deckungsgleich mit der am Ende … festzusetzenden Steuer sein") der ggf. schwierigen Ermittlung der bislang nicht offenbarten Besteuerungsgrundlagen, insbes. beim Auslandsvermögensanlagen, geschuldet ist.

119h   **b) Anknüpfungspunkt der 25.000 EUR-Betragsgrenze.** Bereits zu § 371 Abs. 2 Nr. 3 idF des Schwarzgeldbekämpfungsgesetzes (BGBl. 2010 I 676 f.) bestand Uneinigkeit, ob der Schwellenwert für die Zuschlagspflicht der Taterfolg iSd § 370 Abs. 1, Abs. 4 oder der für die Strafzumessung entscheidende Steuerschaden (§ 46 Abs. 2 StGB) maßgeblich ist. Das Meinungsbild war insoweit sehr uneinheitlich. Im Schrifttum wurden beide Ansichten vertreten (für den tatbestandlichen Erfolg zB *Klein/Jäger* Rn. 75, § 398a Rn. 12; *Gehm,* Kompendium Steuerstrafrecht, 2. Aufl. 2015, 80; *Schauf/Schwartz* ZWH 2011, 85 (89); *Roth* NZWiSt 2012, 174 (175 f.); wohl auch *Beyer* NWB 2015, 769 (775); *Wulf* Stbg 2015, 160 (163); *Leibold* NZWiSt 2015, 74 (77); *Hunsmann* NZWiSt 2015, 130 (131); *Wulf* wistra 2015, 166 (173) unter Hinweis auf § 398a Abs. 2 nF; für den Steuerschaden zB Parsch/Nuzinger Selbstanzeigeberatung Rn. 1161; *Müller* Selbstanzeige im SteuerStrafR 170 f.; Rolletschke SteuerStrafR Rn. 619c; Stahl Selbstanzeige Rn. 410, 412; *Wulf/Kamps* DB 2011, 1711 (1715)). Die Finanzverwaltung hat sich vereinzelt für die Maßgeblichkeit des Taterfolgs ausgesprochen (FM NRW www.iww.de AbrufNr 111881; OFD Nds www.iww.de AbrufNr 112377) genauso wie das bislang einzige bekannt gewordene gerichtliche Entscheidung (AG Stuttgart PStR 2013, 310). Problemfälle sind insoweit Kompensationsverbotsfälle (§ 370 Abs. 4 S. 3), Steuerverkürzungen auf Zeit, Steuervorteilserlangungen (§ 370 Abs. 4 S. 2) und ggf. auch Steueranrechnungen (wenn man diese bei der Berechnung des Taterfolgs, der Steuerverkürzung iSd § 370 Abs. 4 S. 1 Hs. 1 außen vor lässt und lediglich bei der Strafzumessung berücksichtigt).

Im Rahmen des AO-ÄnderungsG hat der Gesetzgeber diese ungelöste Streitfrage nur partiell auf- **119i** gegriffen und in § 398a Abs. 2 die Maßgeblichkeit des Taterfolgs iSd § 370 Abs. 4 als Anknüpfungspunkt für die Berechnung der Zuschlagzahlung kodifiziert. Das BMF (StS *Meister* BT-Drs. 18/3888, 17) billigt dieser Einzelregelung jedoch Allgemeinverbindlichkeit für die §§ 371 Abs. 2 S. 1 Nr. 3, 398a zu, sodass zu erwarten steht, dass zumindest die finanzbehördlichen Strafverfolgungsbehörden dieser Rechtsansicht folgen werden.

Ob und wie sich das zwischen mehreren Steuerhinterziehungen bestehende materiell-rechtlichen **119j** Konkurrenzverhältnis auf die Betragsgrenze des § 371 Abs. 2 S. 1 Nr. 3 auswirkt, hängt entscheidend vom „Tat"-Verständnis der Vorschrift ab. Bei Maßgeblichkeit des materiell-rechtlichen Tatbegriffs (so zB *Klein/Jäger* Rn. 75; *Hechtner* NWB 2011, 1044 (1047)) wären bei tateinheitlicher Begehung mehrere Hinterziehungsbeträge zu addieren; bei Maßgeblichkeit der jeweiligen Steuererklärung (so zB *Flore/Tsambikakis/Wessing* Rn. 140; *Schwarz/Pahlke/Webel* Rn. 121; *Gehm*, Kompendium Steuerstrafrecht, 2. Aufl. 2015, 80; *Helml* Selbstanzeige 133; *Parsch/Nuzinger* Selbstanzeigeberatung Rn. 158; *Beckemper/Schmitz/Wegener/Wulf* wistra 2011, 281 (285); *Füllsack/Bürger* BB 2011, 1239 (1241); *Geuenich* NWB 2011, 1050 (1055); *Rolletschke/Roth* StRR 2011, 171 (174); wohl auch Müller Selbstanzeige Rn. 1233; *Heuel/Beyer* AO-StB 2015, 129 (134)) nicht.

Da der BGH (NZWiSt 2012, 154 (155)) die Streitfrage im Sinne des materiell-rechtlichen Tatbegriffs entschieden hat, ist sie für die Praxis geklärt. Damit stellt sich zB die Frage, ob es sich bei dem zusammen mit der Einkommen- und Körperschaftsteuer festzusetzende Solidaritätszuschlag (§ 3 Abs. 1 SolzG) als Ergänzungsabgabe (§ 1 Abs. 1 SolzG) eine eigene Steuerart darstellt nicht (mehr) (vgl. dazu zB *Rolletschke/Roth* Stbg 2011, 200). Die Hinterziehung des Solidaritätszuschlags steht zwingend in Tateinheit zur Hinterziehung seiner Hauptsteuer (vgl. zB Rolletschke/Roth Selbstanzeige Rn. 70, 78).

Gegen die BGH-Lösung sprechen jedoch die Materialien des Schwarzgeldbekämpfungsgesetzes. Danach soll der Sperrtatbestand „pro Tat, das heiße pro Steuerart und pro Veranlagungszeitraum" gelten (BT-Drs. 18/5068, (neu) 20). Nach den Ausführungen des Gesetzgebers werde „In § 371 Absatz 2 Nummer 3... erstmals eine Betragsgrenze gesetzlich geregelt, die bestimmt, ab welchem Hinterziehungsbetrag pro Tat also zB bei den Steuerarten Einkommensteuer und Umsatzsteuer für den jährlichen Besteuerungszeitraum die Rechtsfolge Straffreiheit nicht eintritt", vgl. BT-Drs. 18/5068, (neu) 21).

Die in § 371 Abs. 2a erfolgte Privilegierung der im Zusammenhang mit Umsatzsteuervoranmeldun- **119k** gen/Lohnsteueranmeldungen begangenen Steuerhinterziehungen schließt auch den Sperrtatbestand des § 371 Abs. 2 S. 1 Nr. 3 (nicht aber den des § 371 Abs. 2 S. 1 Nr. 4) mit ein (§ 371 Abs. 2a S. 1).

Sollte bereits im Zusammenhang mit der nachfolgenden Umsatzsteuerjahreserklärung eine Steuerhinterziehung begangen worden sein, deren Hinterziehungserfolg den Schwellenwert des § 371 Abs. 2 S. 1 Nr. 3 übersteigt, kann die daraus entstehende Zuschlagspflicht (§ 398a) nicht durch die Anzeige der einzelnen Voranmeldungszeiträume unterlaufen werden Sobald auch in Bezug auf die Jahreserklärung Steuern hinterzogen wurden, schließt die Rückausnahme der Privilegierung für Jahreserklärungen (§ 371 Abs. 2a S. 3) die Privilegierung der in der Jahreserklärung steuerlich gewissermaßen aufgegangenen Voranmeldungen (§ 371 Abs. 2a S. 1) aus (Rolletschke/Roth Selbstanzeige Rn. 346).

Die 50.000 EUR-Wertgrenze des § 371 Abs. 2 Nr. 3 aF gilt für alle vor dem 1.1.2015 zugegangenen **119l** Selbstanzeigen, unabhängig davon, ob sie vor dem 1.1.2015 auch bereits abschließend bearbeitet wurden und durch Einstellung nach § 398a (ggf. iVm § 170 Abs. 2 StPO) abgeschlossen waren; der Wert von 25.000 EUR gilt für die nach dem 1.1.2015 erstatteten Selbstanzeigen.

c) Reichweite der Sperrwirkung. § 371 Abs. 2 (S. 1) Nr. 3 sieht keine Infizierung anderer Ver- **119m** anlagungszeiträume vor (unstr., vgl. zB *Wulf/Kamps* DB 2011, 1711 (1716); *Wulf* Stbg 2015, 160 (161)).

Maßgebend ist ausweislich des Gesetzeswortlauts und der Gesetzesmaterialien zum Schwarzgeldbekämpfungsgesetz (BT-Drs. 17/5067, (neu) 20) vielmehr die **jeweilige Tat;** diese ist zunächst iSd jeweiligen Steuererklärung im jeweiligen Veranlagungszeitraum zu verstehen (vgl. Beermann/Gosch/ *Hoyer* Rn. 45; Flore/Tsambikakis/*Wessing* Rn. 143; Parsch/Nuzinger Selbstanzeigeberatung Rn. 1609).

Ob materiell-rechtliche Konkurrenzverhältnisse insoweit zu einer Quasi-Infektion tateinheitlich begangener Steuerhinterziehungen führen, bestimmt sich mE spiegelbildlich der Frage nach der Bestimmung der Betragsgrenze. Stellt man für die Tat auf den materiell-rechtlichen Tatbegriff ab (so Klein/ *Jäger* Rn. 75; *Hechtner* NWB 2011, 1044 (1047)) so wäre eine Quasi-Infektion der tateinheitlich begangenen Steuerhinterziehungen gegeben; bei Maßgeblichkeit der jeweiligen Steuererklärung (so Schwarz/Pahlke/*Webel* Rn. 121; Simon/Vogelberg SteuerStrafR/*Simon* S. 229; Rolletschke Steuer-StrafR Rn. 619d; Müller Selbstanzeige im SteuerStrafR 154, 159; *Geuenich* NWB 2011, 1050 (1055);

Wulf/Kamps DB 2011, 1711 (1715); *Beckemper/Schmitz/Wegener/Wulf* wistra 2011, 281 (285); *Wulf* Stbg 2015, 160 (162)) beschränkt sich die Selbstanzeigensperre auf die betroffene Erklärung (ausdrückl. offen gelassen von MüKoStGB/*Kohler* Rn. 297).

119n   **8. Vorliegen eines besonders schweren Falles (§ 371 Abs. 2 S. 1 Nr. 4). a) Allgemeines.** Mit Wirkung zum 1.1.2015 (BGBl. 2014 I 2415 ff.) wurde mit § 371 Abs. 2 S. 1 Nr. 4 ein neuer Sperrgrund in die AO eingeführt, der zuschlagsfreie Selbstanzeigen nach § 371 im Fall der benannten besonders schweren Steuerhinterziehung iSd § 370 Abs. 3 S. 2 Nr. 2–5 generell ausschließt. Selbstanzeigen in diesen Fällen einer „besonderen Strafwürdigkeit" (BT-Drs. 18/3018, 2) sind künftig zuschlagspflichtig und führen nur noch unter den Voraussetzungen des § 398a zu einer Verfahrenseinstellung. Insofern hat § 398a (neben der Änderung der Prozentsätze und der Absenkung des Schwellenwerts des § 371 Abs. 2 S. 1 Nr. 3) auch eine wesentliche inhaltliche Ausweitung erfahren.

119o   Die die Zuschlagspflicht nach § 398a auslösenden genannten Regelbeispiele betreffen Hinterziehungen unter Beteiligung eines Amtsträgers, fortgesetzte Hinterziehungen mithilfe gefälschter Belege sowie die bandenmäßige Umsatzsteuer- und Verbrauchsteuerhinterziehung. Der besonders schwere Fall der Steuerhinterziehung großen Ausmaßes iSd § 370 Abs. 3 S. 2 Nr. 1 ist insoweit (dogmatisch nicht begründet und auch kaum begründbar; bezeichnenderweise erschöpft sich die „Begründung" auch in einem Hinweis auf ein Übereinkommen der Bundesregierung mit den Ländern, vgl. BT-Drs. 18/3018, 12) ausdrückl ausgenommen und bleibt durch § 371 Abs. 2 S. 1 Nr. 3 eigenständig geregelt (MüKoStGB/*Kohler* Rn. 302).

119p   Für die Frage, ob die in § 371 Abs. 2 S. 1 Nr. 4 aufgezählten Regelbeispiele des § 370 Abs. 3 S. 2 Nr. 2–5 vorliegen, kommt es auf das Vorliegen einer entsprechenden **Begehungsweise** und nicht auf eine potentielle Ahndung als besonders schwerer Fall an (aA aber *Hermann* Dt. BT Finanzausschuss Prot. 18/25 S. 82; undeutlich Müller Selbstanzeige Rn. 1237). Wurde eine Begehungsweise iSd § 370 Abs. 3 S. 2 Nr. 2–5 verwirklicht, so greift der Sperrtatbestand (so ausdrückl. *Bülte* ZWF 2015, 52 (55); wohl auch MüKoStGB/*Kohler* Rn. 304: außer, wenn nur ein geringer Steuerschaden oder eine abstrakte Steuergefährdung vorliegt).

119q   Würde eine Steuerhinterziehung wegen ihres Unrechtsgehalts an sich als unbenannter besonders schwerer Fall (§ 370 Abs. 3 S. 1) geahndet werden, führt dies nicht zu einer Selbstanzeigensperre (vgl. MüKoStGB/*Kohler* Rn. 303; *Rübenstahl* WiJ 2014, 190 (206)).

119r   Nach der Rspr. (BGH NStZ 2011, 167; zust. Klein/*Jäger* § 370 Rn. 277a) ist zwar (untechnisch) der **Versuch eines Regelbeispiele** möglich; mE fallen diese aber allein schon deshalb nicht unter den Sperrtatbestand des § 371 Abs. 2 S. 1 Nr. 4, weil die Nachentrichtungspflicht (§ 398a Abs. 1 S. 1 Nr. 1) und die Zuschlagszahlungspflicht (§ 398a Abs. 1 Nr. 2) der Komplementärvorschrift § 398a an vollendet hinterzogene Steuern anknüpfen (Rolletschke/Roth Selbstanzeige Rn. 356).

119s   Die für Steuerhinterziehungen, die im Zusammenhang mit Umsatzsteuervoranmeldungen/Lohnsteueranmeldungen begangen wurden, vorgesehenen Privilegierungen gelten mangels gesetzlicher Anordnung nicht (s. § 371 Abs. 2a).

119t   **b) Reichweite der Sperrwirkung.** Die Selbstanzeigensperre des § 371 Abs. 2 S. 1 Nr. 4 bezieht sich auf „einen" besonders schweren Fall der Steuerhinterziehung iSd § 370 Abs. 3 S 2 Nr. 2–5.

Besteht zwischen einem besonders schweren Fall einer Steuerhinterziehung und einer einfachen Steuerhinterziehung Tateinheit, so wirkt sich das auf die Ahndung dieser materiell-rechtlich „einen Tat" aus. Der Strafrahmen ist dann dem § 370 Abs. 3 S. 1 zu entnehmen. Daneben bewirkt die tateinheitlich verwirklichte einfache Steuerhinterziehung eine Strafschärfung, da sich der Unrechtgehalt der zu ahndenden Tat erhöht hat. Überträgt man die zu § 371 Abs. 2 S. 1 Nr. 3 angestrengten Überlegungen zur Quasi-Infektion tateinheitlich verwirklichter Hinterziehungtatbestände, könnte dies im Einzelfall dazu führen, dass tateinheitlich mit einem besonders schweren Fall begangene einfache Steuerhinterziehungen unter den Sperrtatbestand des § 371 Abs. 2 S. 1 Nr. 4 fallen würden. Hiergegen spricht jedoch, dass – wie bei § 371 Abs. 2 S. 1 Nr. 3 – die jeweilige Steuererklärung in Bezug genommen werden soll (Rolletschke/Roth Selbstanzeige Rn. 377; *Buse* DB 2015, 89 (92); undeutlich MüKoStGB/*Kohler* Rn. 308).

120   **9. Wiederaufleben der Selbstanzeigemöglichkeit.** Das Vorliegen eines Sperrtatbestandes iSd § 371 Abs. 2 schließt die Möglichkeit einer strafbefreienden Selbstanzeige freilich nach hM nicht für „alle Zeiten" aus (aA aber zB *Kratzsch* StuW 1974, 68 (74)).

Hieran hat sich weder durch den Selbstanzeigebeschluss (BGHSt 55, 180 ff. = DStR 2010, 11 (33 ff.)), der ua eine weite Auslegung der Sperrtatbestände nach sich zog (vgl. zB *Rolletschke* StRR 2010, 411 (412); *Kohler* NWB 2010, 2211 (2212); ähnl. Klein/*Jäger* Rn. 2: Sperrgründe sind aus fiskalischen Gründen nicht eng auszulegen), noch durch die zwischenzeitlichen Gesetzesnovellierungen etwas geändert.

So wurde auch die im Gesetzentwurf des Bundesrats zum JStG 2010 enthaltene selbstständige Sperrvorschrift, die ein Wiederaufleben der Selbstanzeigemöglichkeit explizit ausschließen sollte (§ 371 Abs. 2 Nr. 2 AO-E, BR-Drs. 318/1/10 Empfehlungen S. 79), weder im Schwarzgeldbekämpfungsgesetz (BGBl. 2010 I 676 f.) noch im Rahmen des AO-ÄnderungsG weiter verfolgt.

Für die Frage, wann die Selbstanzeigemöglichkeit wieder auflebt, ist zwischen den einzelnen Sperrtatbeständen zu differenzieren.

Im Fall des § 371 Abs. 2 S. 1 Nr. 1 Buchst. c (Amtsträgerscheinen zur Durchführung einer steuerlichen Prüfung) lebt die Selbstanzeigemöglichkeit **nach Abschluss des Prüfungsverfahrens** wieder auf (vgl. BGH wistra 1994, 228 (229); Klein/*Jäger* Rn. 55; MüKoStGB/*Kohler* Rn. 238; Kohlmann/*Schauf* Rn. 521; Schwarz/Pahlke/*Webel* Rn. 90; Tipke/Lang SteuerR/*Seer* § 23 Rn. 62; Stahl Selbstanzeige Rn. 269; *Faiß* PStR 2010, 73 (74); aA *Brenner* StBp 1979, 1, *Brenner* MDR 1979, 801 (804)). **121**

Das Gleiche gilt für den durch das Schwarzgeldbekämpfungsgesetz (BGBl. 2010 I 676 f.) eingefügten Sperrtatbestand Bekanntgabe einer Prüfungsanordnung iSd § 371 Abs. 2 S. 1 Nr. 1 Buchst. a (vgl. zB Kohlmann/*Schauf* Rn. 439; Schwarz/Pahlke/*Webel* Rn. 64g; Tipke/Lang SteuerR/*Seer* § 23 Rn. 62; *Gehm*, Kompendium Steuerstrafrecht, 2. Aufl. 2015, 94; *Ransiek/Hinghaus* BB 2011, 2271 (2275); *Hechtner* NWB 2011, 1044 (1046)). **121a**

Bei Prüfungen **mit Mehrergebnis** endet die Sperrwirkung deshalb mit Absendung des auf der Prüfung beruhenden Steuerbescheids (vgl. Schwarz/Pahlke/Webel Rn. 91; JJR/*Joecks* Rn. 359; aA *Rau* PStR 2011, 12: Bestandskraft der Änderungsbescheide; bei Prüfungen **ohne Mehrergebnis** mit der schriftlichen Mitteilung an den Steuerpflichtigen nach § 202 Abs. 1 S. 3 (vgl. BGH wistra 1989, 23 (26); JJR/*Joecks* Rn. 359; MüKoStGB/*Kohler* Rn. 239; Kohlmann/*Schauf* Rn. 439; Schwarz/Pahlke/*Webel* Rn. 91; Flore/Tsambikakis/*Wessing* Rn. 123; Tipke/Lang SteuerR/*Seer* § 23 Rn. 62; Streck/Spatscheck Steuerfahndung Rn. 262; Gußen SteuerStrafR Rn. 291; *Mösbauer* StBp 1999, 225 (230); *Faiß* PStR 2010, 73 (74); aA *Lenckner/Schumann/Winkelbauer* wistra 1983, 172 (174): Weggang des Prüfers; *Kühn/v. Wedelstädt/Blesinger* Rn. 18; *Heumann* StBp 1963, 296: Abschluss der Schlussbesprechung; *Burkhard* wistra 1998, 256 (260): Übersendung des Betriebsprüfungsberichts). **122**

Bei einer Nachschau (§ 371 Abs. 2 S. 1 Nr. 3) endet die Sperrwirkung nach den Gesetzesmaterialien BT-Drs. 18/3018, 12) mit Beendigung der Nachschau (so auch MüKoStGB/*Kohler* Rn. 258; *Rübenstahl* WiJ 2014, 190 (205); *Beyna/Roth* UStB 2010, 310 ff. zu § 371 Abs. 2 S. 1 Buchst. c aF); regelmäßig also mit dem Verlassen des Ladenlokals oder der Geschäftsräume (*Erb/Erdel* NZWiSt 2014, 327 (330)). **122a**

Führt die Nachschau zu Erkenntnissen, die Anlass zu weiteren Ermittlungen geben, mündet die Nachschau in einen sich unmittelbar anschließenden Sperrtatbestand wie Tatentdeckung (§ 371 Abs. 2 S. 1 Nr. 2) oder Amtsträgererscheinen zur steuerlichen Prüfung iSd § 371 Abs. 2 S. 1 Nr. 1 Buchst. c (vgl. MüKoStGB/*Kohler* Rn. 258). Eine Selbstanzeigemöglichkeit ist dann erst dann wieder möglich, wenn sie nach den dafür geltenden Grundsätzen wiedereröffnet ist.

Bei einem Amtsträgererscheinen zur steuerstrafrechtlichen Ermittlung (§ 371 Abs. 2 S. 1 Nr. 1 Buchst. d) ist für das Wiederaufleben der Selbstanzeigemöglichkeit auf den Abschluss des (erfolglosen) Strafverfahrens abzustellen (vgl. MüKoStGB/*Kohler* Rn. 250; Schwarz/Pahlke/*Webel* Rn. 95c; Flore/Tsambikakis/*Wessing* Rn. 123). **123**

Beim Sperrtatbestand „Bekanntgabe einer Verfahrenseinleitung" (§ 371 Abs. 2 S. 1 Nr. 1 Buchst. b) ergibt sich eine erneute Selbstanzeigemöglichkeit, sobald das betreffende Verfahren abgeschlossen worden ist (vgl. MüKoStGB/*Kohler* Rn. 208; JJR/*Joecks* Rn. 362; Streck/Spatscheck Steuerfahndung Rn. 267; Stahl Selbstanzeige Rn. 288 ff.; v. Briel/Ehlscheid SteuerStrafR/*Ehlscheid* § 2 Rn. 182). **124**

Bei einer Verfahrenseinstellung nach § 170 Abs. 2 S. 1 StPO markiert die in § 170 Abs. 2 S. 2 StPO vorgesehene Bekanntgabe der Mitteilung an den Beschuldigten den Zeitpunkt, ab dem wieder strafaufhebend Selbstanzeige erstattet werden kann (vgl. JJR/*Joecks* Rn. 362; Schwarz/Pahlke/*Webel* Rn. 105; Rolletschke SteuerStrafR Rn. 612; ähnl. MüKoStGB/*Kohler* Rn. 208: sobald Einstellung in den Akten vermerkt ist; Kohlmann/*Schauf* Rn. 198: sobald Einstellungsverfügung zu den Akten gebracht ist). **125**

Im Fall eines rechtskräftigen Urteils bzw. Strafbefehls tritt Strafklageverbrauch (Art. 103 Abs. 2 GG) für die noch nicht entdeckten Teile einer Tat im prozessualen Sinne ein (zum Strafklageverbrauch vgl. Meyer-Goßner/Schmitt/*Meyer-Goßner* StPO Einl. Rn. 171 ff., Vor § 407 Rn. 4, § 410 Rn. 12), sodass sich die Frage der Möglichkeit der Selbstanzeigeerstattung lediglich (rechts-)theoretisch stellt (so auch MüKoStGB/*Kohler* Rn. 208 Kohlmann/*Schauf* Rn. 198; JJR/*Joecks* Rn. 362; Schwarz/Pahlke/*Webel* Rn. 105). **126**

Allgemein wird zwar auch beim Sperrtatbestand § 371 Abs. 2 S. 1 Nr. 2 davon ausgegangen, dass auch hier die Möglichkeit, Selbstanzeige erstatten zu können, irgendwann einmal wieder ergeben sein muss (vgl. Kohlmann/*Schauf* Rn. 249.2). In der Lit. wird insoweit einerseits unter Hinweis auf § 171 Abs. 4 S. 2 auf den Ablauf von sechs Monate ab Kenntnis des Täters von der Tatentdeckung abgestellt (vgl. JJR/*Joecks* Rn. 364; MüKoStGB/*Kohler* Rn. 288; Flore/Tsambikakis/*Wessing* Rn. 156; Stahl Selbstanzeige Rn. 409; dies ausdrückl. abl. zB Schwarz/Pahlke/*Webel* Rn. 120b). Andererseits hielt man jedenfalls vor dem Selbstanzeigebeschluss (BGHSt 55, 180 ff. = BGH DStR 2010, 1133 ff., → Rn. 5) – quasi als Kehrseite zur Tatentdeckung – die Entkräftung des hinreichenden Tatverdachts für maßgebend (vgl. Kohlmann/*Schauf* Rn. 766: Abschluss der Ermittlungen). Infolge des geänderten Rechtsverständnisses des BGH ist mE zu differenzieren. Erhärten sich die Anhaltspunkte, die eine entsprechende Wahrscheinlichkeitsprognose (→ Rn. 105 ff.) getragen haben, so ist ohnehin ein Ermittlungsverfahren einzuleiten, sodass dann (auch) der Sperrtatbestand des § 371 Abs. 2 S. 1 Nr. 1 Buchst. b in Rede steht (→ Rn. 87 ff.; zum Aufleben der Selbstanzeigemöglichkeit → Rn. 124). Erhärten sich die Anhaltspunkte **127** indes nicht, wird nicht nur kein Strafverfahren eingeleitet. Dann markiert konsequenterweise auch der Zeitpunkt der negativen Wahrscheinlichkeitsprognose den „Wiederauflebenszeitpunkt" (so wohl auch Kohlmann/*Schauf* Rn. 766: Abschluss der Ermittlungen; krit. demgegenüber Schwarz/Pahlke/*Webel* Rn. 120b: Entdeckung gehe nicht wieder verloren).

127a   Die Frage des Wiederauflebens der Selbstanzeigemöglichkeit stellt sich bei einer durch Überschreiten der Betragsgrenze des § 371 Abs. 2 S. 1 Nr. 3 gesperrten Selbstanzeige eigentlich nicht (vgl. Flore/Tsambikakis/*Wessing* Rn. 143).

Sollte sich in dem infolge der Selbstanzeige eingeleiteten Ermittlungsverfahren oder in einem Einspruchs-/Klageverfahren gegen die infolge der Selbstanzeige ergangenen Änderungsbescheide nachträglich herausstellen, dass der Hinterziehungsbetrag den betreffenden Schwellenwert unterschritten hat, so greift der Sperrtatbestand nicht und eine Selbstanzeige würde – vorbehaltlich der sonstigen Voraussetzungen des § 371 – zuschlagsfrei sogar strafaufhebend wirken. Zu Unrecht gezahlte Zuschläge wären dann als letztlich rechtsgrundlos erlangt zurückzuerstatten (vgl. Rolletschke/Roth Selbstanzeige Rn. 350 f.).

127b   Auch beim Sperrtatbestand des § 371 Abs. 2 S. 1 Nr. 4 stellt sich die Frage des Wiederauflebens der Selbstanzeigemöglichkeit im eigentlichen Sinn nicht.

Sollte sich im Ermittlungsverfahren allerdings herausstellen, dass gar kein besonders schwerer Fall iSd § 370 Abs. 3 S. 2 Nr. 2–5 vorliegt, eröffnet sich der Anwendungsbereich der zuschlagfreien Selbstanzeige. Bereits geleistete Zuschlagzahlungen sind wegen rechtsgrundloser Erlangung zurück zu gewähren (vgl. Rolletschke/Roth Selbstanzeige Rn. 379 ff.).

III. Die Nachzahlung/Zinszahlung § 371 Abs. 3

128   Ist eine Steuerverkürzung iSd § 370 Abs. 4 S. 1 bereits eingetreten oder ein Steuervorteil iSd § 370 Abs. 4 S. 2 erlangt (also nicht bei lediglich versuchter Tat), erwirbt der Selbstanzeigeerstatter mit seiner Materiallieferung nach § 371 Abs. 1 erst eine **Anwartschaft auf Straffreiheit** (vgl. LG Koblenz wistra 1986, 79 (80); OLG Karlsruhe wistra 2007, 159 (160); MüKoStGB/*Kohler* Rn. 136; Schwarz/Pahlke/*Webel* Rn. 27).

129   Diese Anwartschaft erstarkt unter den Voraussetzungen des § 371 Abs. 3 gewissermaßen zum Vollrecht auf Strafaufhebung. Mit anderen Worten der staatliche Strafanspruch ist insoweit auflösend bedingt durch die fristgerechte Zahlung der in § 371 Abs. 3 geforderten Beträge (vgl. FG Brem EFG 2006, 1883 (1884); OLG Karlsruhe wistra 2007, 159 (160); BFH BStBl. II 2008, 844 (846) zu § 239 AO; MüKoStGB/*Kohler* Rn. 136; Gußen SteuerStrafR Rn. 308).

129a   In der vor Inkrafttreten des AO-ÄnderungsG (BGBl. 2014 I 2415 ff.) geltenden Gesetzeslage war insoweit lediglich die Nachentrichtung der zu seinen Gunsten **hinterzogenen Steuern** erforderlich. Im Rahmen der Gesetzesnovellierung durch das Schwarzgeldbekämpfungsgesetz (BGBl. 2010 I 676 f.) erfolgten Novellierung wurde das „insoweit" durch ein (konditionelles) „wenn" ersetzt. Weiterhin erfuhr § 371 Abs. 3 insoweit eine (kleine) redaktionelle Änderung, als dass die „aus der Tat zu seinem Gunsten hinterzogenen Steuern … entrichtet" werden mussten. Zwar ging der Gesetzgeber auch von einer generellen Zinszahlungspflicht aus (vgl. BT-Drs. 17/5067, (neu) 4, 22). Diese Fehlvorstellung ist angesichts des insoweit unzweideutigen Gesetzeswortlauts nicht nachvollziehbar (vgl. *Geuenich* NWB 2011, 1050 (1056); Rolletschke/Roth Stbg 2011, 200 (205)).

129b   Durch das AO-ÄnderungsG (BGBl. 2014 I 2415 ff.) hat der Gesetzgeber nunmehr zwar eine strafrechtliche **Hinterziehungszinsentrichtungspflicht** kodifiziert, eine steuerrechtliche gibt und gab es unabhängig davon (ausführl zu den Voraussetzungen und dem Verfahren s. AEAO zu § 235, AEAO zu § 233a).

Ob sich dadurch aber die erhoffte Verfahrensvereinfachung (BT-Drs. 18/3018, 10 f.) ergibt (der Gesetzgeber geht davon aus, dass die steuerverfahrensrechtliche „Beitreibung" von Hinterziehungszinsen ein praktisches Problem darstellt), bleibt angesichts des Erfordernisses eines zweiten Verwaltungsverfahrens (die Zinsen können erst nach Zahlung der „Hauptschuld" berechnet und festgesetzt werden) fraglich (krit. insoweit *Hermann* Dt. BT Finanzausschuss Prot. 18/25 S. 79; *Heuel/Beyer* AO-StB 2015, 129 (135)).

130   **1. Zahlungsverpflichtete.** Die Zahlungspflichten nach § 371 Abs. 3 treffen den **an der Tat Beteiligten,** womit neben Tätern grds. auch Gehilfen und Anstifter erfasst sind (vgl. zB Müller Selbstanzeige Rn. 503).

Einschränkend sieht § 371 Abs. 3 aber vor, dass die Steuerhinterziehung **zugunsten des Beteiligten** erfolgt sein muss. **Zu seinen Gunsten** hinterzieht jedenfalls der **Steuerpflichtige selbst** (vgl. Stahl Selbstanzeige Rn. 205; Wannemacher SteuerStrafR/*Schmedding* Rn. 2202).

131   Ob ein **Tatbeteiligter** zu seinen Gunsten hinterzogen hat, bestimmt sich nach wirtschaftlicher Betrachtungsweise (vgl. BGH NJW 1980, 248 (249); OLG Stuttgart wistra 1984, 239; Klein/*Jäger* Rn. 81; MüKoStGB/*Kohler* Rn. 141; Kühn/v. Wedelstädt/*Blesinger* Rn. 27; Gußen SteuerStrafR Rn. 309; aA *Dumke* BB 1981, 117: steuerlicher Vorteil). Aus Gründen der Rechtsklarheit, wegen des strafrechtlichen Bestimmtheitsgebotes und wegen der fiskalischen Zielsetzung der Selbstanzeige ist insoweit allerdings die Erlangung eines **unmittelbaren wirtschaftlichen Vorteils** erforderlich. Bei Teilnehmern dürfte das idR tatsächlich ausgeschlossen sein (vgl. LG Aachen BeckRS 2014, 23459; *Roth* NZWiSt 2012, 23 (25) jeweils zu § 398a).

Bei einem GmbH-Geschäftsführer sind unterschiedliche Fallgestaltungen denkbar. Ein lediglich **132** angestellter Geschäftsführer einer GmbH, der Steuern zugunsten der GmbH hinterzieht, um deren wirtschaftlichen Zusammenbruch hinauszuschieben und so seinen Arbeitsplatz länger zu behalten, erlangt lediglich einen mittelbaren wirtschaftlichen Vorteil. Er ist nicht nachentrichtungspflichtig iSd § 371 Abs. 3 (vgl. BGH wistra 1987, 343 (344); Klein/*Jäger* Rn. 81; MüKoStGB/*Kohler* Rn. 144; Rolletschke/Kemper/*Kemper* Rn. 386).

Ist der Geschäftsführer gleichzeitig der einzige Gesellschafter der GmbH **(Ein-Mann-GmbH),** ist er **133** wirtschaftlich mit der GmbH identisch. Hinterzieht er zugunsten der GmbH Steuern, so erlangt er einen unmittelbaren wirtschaftlichen Vorteil, wenn sich daraus für ihn eine Erhöhung des Beteiligungswerts ergibt; also nicht im Fall einer ohnehin überschuldeten GmbH (vgl. LG Kassel StV 2006, 697 (698); MüKoStGB/*Kohler* Rn. 142; Rolletschke/Kemper/*Kemper* Rn. 387; krit. Flore/Dörn/Gillmeister Steuerfahndung/*Dörn* S. 287). Unerheblich ist insoweit, ob dieser Vorteil durch eine Gewinnausschüttung bei ihm wirtschaftlich auch realisiert worden ist (vgl. OLG Stuttgart wistra 1984, 239; JJR/*Joecks* Rn. 145).

Bei mehreren Gesellschafter-Geschäftsführern bestimmt sich der unmittelbare wirtschaftliche Vorteil **134** jedes einzelnen nach dem jeweiligen Geschäftsanteil (vgl. Klein/*Jäger* Rn. 81; MüKoStGB/*Kohler* Rn. 142).

Begeht ein Geschäftsführer eine Steuerhinterziehung, um eine Haftungsinanspruchnahme nach § 69 **135** zu vereiteln (zB indem er Lohnsteuer nicht anmeldet), so erlangt er jedenfalls einen wirtschaftlichen Vorteil (so auch *Joecks* wistra 1985, 151; aA MüKoStGB/*Kohler* Rn. 144). Der BGH bewertet diesen auch als einen unmittelbaren (vgl. BGH wistra 1985, 104 (105); aA aber Hübschmann/Hepp/Spitaler/ *Beckemper* Rn. 97; Klein/*Jäger* Rn. 81; Rolletschke/Kemper/*Kemper* Rn. 394; Simon/Vogelberg SteuerStrafR/*Simon* S. 206; Rolletschke SteuerStrafR Rn. 622).

Keinen unmittelbaren wirtschaftlichen Vorteil erlangt ein Steuerberater, der sein Mandat durch eine **136** Steuerhinterziehung zugunsten seines Mandanten sichern will (vgl. OLG Hamburg wistra 1986, 116 (117); Klein/*Jäger* Rn. 81): ebenso wenig ein **Bankangestellter,** der bei einem anonymisierten Auslandstransfer behilflich ist (vgl. Rolletschke/Roth Selbstanzeige Rn. 404).

Etwas anderes gilt für den **Ehegatten,** der einen Antrag auf Zusammenveranlagung unterschreibt, **136a** obwohl er weiß, dass die den anderen Ehegatten betreffenden Besteuerungsgrundlagen falsch erklärt werden.

Sein Verhalten ist als Beihilfe oder Mittäterschaft zu werten (zur Ehegattenverantwortlichkeit iE vgl. Rolletschke SteuerStrafR Rn. 148c ff.). Als Gesamtschuldner der Steuerschuld bzw. Gesamtgläubiger eines eventuellen Erstattungsanspruchs erlangt er einen unmittelbaren wirtschaftlichen Vorteil (vgl. Rolletschke/Roth Selbstanzeige Rn. 405).

Für die seit dem 1.1.2015 Selbstanzeigen besteht auch eine strafrechtliche Hinterziehungszinsnach- **136b** zahlungspflicht.

Nach den steuerlichen Vorschriften ist grds. der **Zinsschuldner Hinterziehungszinszahlungsverpflichteter** (§ 235 Abs. 1 S. 2); maßgebend ist insoweit die Erlangung eines steuerlichen Vorteils. Deshalb ist der Steuerschuldner immer Zinsschuldner, unabhängig davon, ob er die Steuerhinterziehung selbst begangen hat oder garnicht an ihr mitgewirkt hat (vgl. Tipke/Kruse/*Loose* § 235 Rn. 13 ff.; AEAO Nr. 3.1 zu § 235; Beermann/Gosch/*Kögel* § 235 Rn. 23 ff.). Täter der Steuerhinterziehung und Zinsschuldner können nach steuerlicher Betrachtungsweise daher personenverschieden sein. Inwieweit diese steuerlichen Vorgaben (§§ 235, 233a) mit der selbstanzeigerechtlichen Pflicht zur Zahlung der Hinterziehungszinsen nach § 371 Abs. 3 iVm §§ 235, 233a zu vereinbaren ist, ist noch nicht geklärt (→ Rn. 167m).

2. Nachentrichtungs-/Zinszahlungsfrist des § 371 Abs. 3 S. 1. Die Steuernachentrichtung und **137** Zinszahlung müssen jeweils innerhalb **angemessener** Fristen erfolgen. Hierbei handelt es sich um eine **strafrechtliche Frist** (vgl. BFH BStBl. II 1982, 352 (354) zu § 395 Abs. 3 RAO); BFH BStBl. II 2008, 844 (847) zu § 239; OLG Karlsruhe wistra 2007, 159 (160); JJR/*Joecks* Rn. 154; Klein/*Jäger* Rn. 90; MüKoStGB/*Kohler* Rn. 153; Kühn/v. Wedelstädt/*Blesinger* Rn. 29; Rolletschke/Kemper/*Kemper* Rn. 419; Schwarz/Pahlke/*Dumke* § 398a Rn. 6, 24; *Müller,* Selbstanzeige, Rn. 550; Gußen SteuerStrafR Rn. 314; aA Hübschmann/Hepp/Spitaler/*Rüping* (aF) Rn. 167 ff.; Kohlmann/*Kratzsch,* Strafverfolgung und Strafverteidigung im Steuerstrafrecht, 1983, 301: doppelter Zweck: Erfüllung der Steuerpflicht, Voraussetzung der Strafbefreiung).

Das Setzen dieser Frist steht keineswegs im Ermessen staatlicher Organe. Der nach § 371 Abs. 3 zur **138** Nachentrichtung Verpflichtete hat hierauf vielmehr einen **Rechtsanspruch** (vgl. BayObLG wistra 1990, 159 (162); JJR/*Joecks* Rn. 154; Kohlmann/*Schauf* Rn. 343; Klein/*Jäger* Rn. 91; MüKoStGB/ *Kohler* Rn. 129; Parsch/Nuzinger Selbstanzeigeberatung Rn. 84).

Die Frist muss unabhängig von der Höhe des Nachentrichtungsbetrags (Helml Selbstanzeige 149) gesetzt werden. Eine Fristsetzung ist auch dann erforderlich, wenn der Nachzahlungsverpflichtete bekanntermaßen zahlungsunfähig ist (vgl. Klein/*Jäger* Rn. 91; MüKoStGB/*Kohler* Rn. 152; Flore/ Dörn/Gillmeister Steuerfahnung/*Dörn* S. 285). Insoweit darf ihm nicht die Möglichkeit abgeschnitten werden, sich die benötigten Mittel ggf. bei Dritten zu beschaffen (vgl. AG Saarbrücken DStZ 1983, 414 (415); MüKoStGB/*Kohler* Rn. 152; Gußen SteuerStrafR Rn. 312).

Die Fristsetzung muss gegenüber jedem Selbstanzeigeerstatter erfolgen; die Fristsetzung gegenüber einem Selbstanzeigeerstatter wirkt nicht gegenüber anderen sich selbst Anzeigenden (vgl. Schwarz/ Pahlke/*Webel* Rn. 155a).

139   Entbehrlich ist eine Fristsetzung lediglich in dem wohl eher theoretischen Fall, dass die Nachentrichtung bereits vorab als Akontozahlung erfolgt ist (vgl. MüKoStGB/*Kohler* Rn. 152); für die seit dem 1.1.2015 eingegangenen Selbstanzeigen einschließlich Hinterziehungszinsen.

140   **Sachlich zuständig** für das Setzen der strafrechtlichen Frist ist im selbstständig durch die finanzbehördlichen Strafverfolgungsorgane geführten Verfahren iSd § 386 Abs. 2 die Straf- und Bußgeldsachenstelle (vgl. OLG Karlsruhe wistra 2007, 159 (160); AG Berlin-Tiergarten DB 1986, 210; JJR/*Joecks* Rn. 164; Kohlmann/*Schauf* Rn. 369; MüKoStGB/*Kohler* Rn. 154; Klein/*Jäger* Rn. 90; Rolletschke/ Kemper/*Kemper* Rn. 442; Schwarz/Pahlke/*Dumke* § 398a Rn. 11; Parsch/Nuzinger Selbstanzeigeberatung Rn. 86; Gußen SteuerStrafR Rn. 314; *Rolletschke* DStZ 1999, 287; aA Hübschmann/Hepp/ Spitaler/*Rüping* (aF) Rn. 176: das für die Verwaltung der hinterzogenen Steuern zuständige Festsetzungsfinanzamt).

140a   Angesichts der im Selbstanzeigebeschluss (BGHSt 55, 180 ff. = BGH DStR 2010, 1133 ff.) betonten Beteiligungspflicht der Staatsanwaltschaft in Fällen, in denen eine Evokation iSd § 386 Abs. 4 S. 2 nicht fern liegt, ist davon auszugehen, dass auch in Fristzusetzungsfragen die Staatsanwaltschaften beteiligt werden (sa Nr. 22 Abs. 2, 82 Abs. 4 AStBV (St.); idS auch *Hunsmann* BB 2011, 2519 (2523) für Verfahren nach § 398a AO).

141   Liegt die Verfahrensherrschaft bei der **Staatsanwaltschaft,** besteht eine entsprechende Zuständigkeit der Staatsanwaltschaft (vgl. JJR/*Joecks* Rn. 164; MüKoStGB/*Kohler* Rn. 154; MüKoStGB/*Kohler* Rn. 131; Kohlmann/*Schauf* 398a Rn. 7; Schwarz/Pahlke/*Dumke* § 398a Rn. 21; Rolletschke/Kemper/*Kemper* Rn. 444; *Parsch*/*Nuzinger* Selbstanzeigeberatung Rn. 86; *Stahl* Selbstanzeige Rn. 232 Streck/*Spatscheck* Rn. 241).

142   Ist die Steuerstrafsache bereits bei **Gericht** anhängig und stellt sich heraus, dass bislang lediglich eine unangemessen kurze Frist oder sogar noch gar keine Frist gesetzt worden ist, so ist das befasste Gericht zur Fristbestimmung befugt (vgl. JJR/*Joecks* Rn. 164; Kohlmann/*Schauf* Rn. 371; MüKoStGB/*Kohler* Rn. 391; Rolletschke/Kemper/*Kemper* Rn. 445 Parsch/*Nuzinger* Selbstanzeigeberatung Rn. 86). Dies kann ggf. auch die Berufungsinstanz sein (vgl. OLG Karlsruhe wistra 2007, 159 (160); Schwarz/Pahlke/ *Dumke* § 398a Rn. 21; aA Stahl Selbstanzeige Rn. 246: Straf- und Bußgeldsachenstelle). Die örtliche Zuständigkeit richtet sich für die Straf- und Bußgeldsachenstellen nach § 388; für die Staatsanwaltschaften nach den §§ 7 ff. StPO.

143   Die Frage der Angemessenheit der gesetzten Frist ist deshalb so bedeutsam, weil eine unangemessen kurze Frist nicht etwa im Wege einer geltungserhaltenden Reduktion in eine angemessen lange Frist umgedeutet werden kann. Eine **unangemessen kurze Frist** entfaltet vielmehr überhaupt **keine Rechtswirkungen** (vgl. LG Koblenz wistra 1986, 79 (81); Klein/*Jäger* Rn. 92; MüKoStGB/*Kohler* Rn. 155; Hübschmann/Hepp/Spitaler/*Beckemper* Rn. 111; Rolletschke/Kemper/*Kemper* Rn. 424; Schwarz/Pahlke/*Dumke* § 398a Rn. 26; Schwarz/Pahlke/*Webel* Rn. 158; *Gehm,* Kompendium Steuerstrafrecht, 2. Aufl. 2015, 110).

144   Die Fristsetzung ist zwar in Bezug auf ihr „ob" gebundene Entscheidung, in Bezug auf ihre Dauer aber **Ermessensentscheidung** (vgl. Klein/*Jäger* Rn. 90; MüKoStGB/*Kohler* Rn. 155; Hübschmann/ Hepp/Spitaler/*Rüping* Rn. 177). Nach Ansicht des Gesetzgebers soll mit durch die Fristsetzung die Möglichkeit gegeben werden, für entsprechende Liquidität zu sorgen (BT-Drs. 18/3439, 6).

145   In der Rspr. wird die Angemessenheit sehr kasuistisch beurteilt. Das AG Saarbrücken (DStZ 1983, 414 (415)) sah einen Zeitraum von mehr als sechs Monaten als unangemessen an. Das OLG Karlsruhe (NJW 1974, 1577 (1579)) hielt einen Zeitraum von einem Monat jedenfalls dann für angemessen, wenn zwischen Selbstanzeige und Nachfristsetzung ca. 15 Monaten lagen. Das LG Koblenz (wistra 1986, 79 (80)) erachtete eine Frist von acht Tagen als für zu knapp bemessen. Dem entgegen hielt das LG Hamburg (wistra 1988, 317 (320)) die gleiche Frist für angemessen, wenn der Täter zuvor monatelang positiv wusste, dass er die offenbarten Steuern zur Erlangung der Straffreiheit noch entrichten muss. *Kohlmann* (→ Rn. 101) zitiert aus der älteren Rspr. zum Teil noch kürzere Zeiträume. So seien einmal zwei Wochen als unangemessen, vier Tage bzw. die sofortige Zahlung als angemessen angesehen worden.

146   Bereits in der Zeit vor dem Selbstanzeigebeschluss (BGHSt 55, 180 ff. = BGH DStR 2010, 1133 ff.) leiteten die Straf- und Bußgeldsachenstellen nach Eingang einer Selbstanzeige regelmäßig ein entsprechendes Strafverfahren ein (Einleitungsverpflichtung, weil insoweit kraft Natur der Sache Anfangsverdacht iSd §§ 152 Abs. 2 StPO besteht, vgl. BFH BStBl. II 2008, 844 (846) zu § 239; LG Hamburg wistra 1988, 317 (318); *Marschall* BB 1998, 2496 ff. und 2553 ff.; *Rolletschke* DStZ 1999, 566; *Rolletschke* wistra 2002, 17 (18); *Rolletschke* wistra 2007, 89 f.; *Rolletschke* wistra 2009, 166; krit. wohl Stahl Selbstanzeige Rn. 187. Einleitungsberechtigung auch anerkannt durch FG Düsseldorf EFG 2006, 1215

(1216); FG BW EFG 2006, 474 (476)) und wiesen im Begleittext zur Mitteilung der Einleitung darauf hin, dass eine Straffreiheit nur bei fristgerechter Nachentrichtung eintritt. Gleichzeitig verfügt sie die Nachentrichtung gemäß dem schon erlassenen oder noch zu erlassenden Steuerbescheid. Dieser sieht wiederum den gesetzlichen Regelfall der einmonatigen Fälligkeit vor (§§ 36 Abs. 4 S. 1 EStG, 220 Abs. 1 AO). Hieran wird sich mE auch im Geltungsbereich des AO-ÄnderungsG (BGBl. 2014 I 2415 ff.) nichts ändern.

Bei dieser Verfahrensweise handelt es sich mE um eine typisierte Regelausübung des behördlichen **147** Ermessens, mittels dessen das für den Steuerpflichtigen/Beschuldigten unverständliche Auseinanderfallen von steuerlicher und strafrechtlicher Zahlungsfrist vermieden wird (vgl. Hübschmann/Hepp/Spitaler/*Rüping* Rn. 169) und die Möglichkeit der Verlängerung der strafrechtlichen Zahlungsfrist durch eine steuerliche Stundung eröffnet wurde (krit. Streck/Spatscheck Steuerfahndung Rn. 240; *Streck* DStR 1996, 288 (290): die Festsetzungsmacht werde unzulässigerweise delegiert). Im „Normfall" bleibt es so auch bei der Zahlungsfrist von einem Monat, die in der Lit. für angemessen gehalten wurde und weiterhin wird (vgl. zB JJR/*Joecks* Rn. 158; Schwarz/Pahlke/*Webel* Rn. 164). Ist es dem Steuerpflichtigen/Beschuldigten nicht möglich, vorhandene Mittel zur Tilgung seiner Steuerschuld einzusetzen bzw. sich derartige Mittel zu verschaffen, ist nicht nur eine Stundung nicht angezeigt (vgl. Tipke/Kruse/*Kruse* § 222 Rn. 8b); in diesem Fall ist auch die Nachentrichtungsfrist wegen tatsächlicher Unmöglichkeit, die steuerlichen Zahlungspflichten nachträglich erfüllen zu können, unangemessen. Ein Zirkelschluss wäre es allerdings, wenn der Stundungsantrag und damit auch der Fristverlängerungsantrag unter Hinweis auf die Stundungsunwürdigkeit wegen der Steuerhinterziehung abgelehnt werden würde. In diesem Fall müssten die ansonsten geltenden Stundungsgrundsätze zum Zwecke der Gleichbehandlung entsprechend herangezogen werden (vgl. Wannemacher SteuerStrafR/*Schmedding* Rn. 2232; Rolletschke SteuerStrafR Rn. 629; aA JJR/*Joecks* Rn. 158). In atypischen durch die Stundung nicht abgedeckten Fällen verbleibt hilfsweise die Möglichkeit eines isolierten Fristverlängerungsantrags. Dieser muss aber vor Fristablauf gestellt werden, da nur eine noch nicht abgelaufene Frist überhaupt verlängerbar ist (vgl. JJR/*Joecks* Rn. 168; Rolletschke/Kemper/*Kemper* Rn. 433; Flore/Tsambikakis/*Wessing* Rn. 169; MüKoStGB/ *Kohler* Rn. 156). Denkbar erscheint auch die Vereinbarung einer **Ratenzahlung** (vgl. Flore/Tsambika- kis/*Wessing* Rn. 170).

Ist die **angemessene Frist** einmal **überschritten,** ohne dass zuvor Fristverlängerung beantragt **147a** wurde, ist die Anwartschaft auf Strafaufhebung verwirkt; es kann keine Strafaufhebung mehr erlangt werden (vgl. zB Rolletschke/Kemper/*Kemper* Rn. 435). Dies gilt sogar dann, wenn nach Fristablauf eine Nachfrist gewährt wird (vgl. Müller Selbstanzeige Rn. 589).

Damit die Frist beginnt, muss der Tatbeteiligte von der Fristsetzung **positive Kenntnis** erlangen (vgl. **147b** Rolletschke/Kemper/*Kemper* Rn. 420; Wannemacher SteuerStrafR/*Schmedding* Rn. 2237). Eine öffentliche Zustellung nach § 10 VwZG reicht daher nicht aus.

Für seit dem 1.1.2015 eingegangene Selbstanzeigen sieht das AO-ÄnderungsG (BGBl. 2014 I 2415 ff.) **147c** zusätzlich zur Nachentrichtung der zu Gunsten des Selbstanzeigestatters hinterzogenen Steuern auch die (strafrechtliche) Pflicht zur Entrichtung der Hinterziehungszinsen vor. Da der Hinterziehungszinslauf erst mit der Zahlung der hinterzogenen Steuer endet (§ 235 Abs. 3 S. 1), können die Hinterziehungszinsen idR erst nach Vereinnahmung der nachentrichteten Steuer berechnet und festgesetzt werden, bedarf es insoweit regelmäßig einer weiteren (zweiten) angemessenen Fristsetzung **(Hinterziehungszinszahlungsfrist)** (vgl. *Erb/Erdel* NZWiSt 2014, 327 (329); *Thonemann-Micker/Kanders* DB 2014, 2125 (2128)). Auf diese Verkomplizierung des Verfahrens wurde bereits im Rahmen der Expertenanhörung am 12.11.2014 (*Hermann* Dt. BT Finanzausschuss Prot. 18/25 S. 79) mE zu Recht hingewiesen so auch *Heuel/Beyer* AO-StB 2015, 129 (135).

Von der strafrechtlichen Hinterziehungszinszahlungspflicht ausgenommen sind die im Zusammen- **147d** hang mit Umsatzsteuervoranmeldungen/Lohnsteueranmeldungen begangenen Steuerhinterziehungen. Insoweit enthält § 371 Abs. 3 S. 2 eine Ausnahme von der grundsätzlichen Zinszahlungspflicht des § 371 Abs. 3 S. 1. Gleichwohl besteht insoweit eine steuerrechtliche Pflicht zur Zahlung von Hinterziehungszinsen (s. Nr. 4.1.2 AEAO zu § 235).

Für die Zinszahlungsfrist gelten die obigen Ausführungen zur Angemessenheit entsprechend. Da **147e** nunmehr nacheinander zwei angemessene Fristen zu setzen sein werden, ist von einer Verlängerung des Gesamtverfahrens auszugehen (so auch *Hermann* Dt. BT Finanzausschuss Prot. 18/25 S. 85). Noch „sperriger" wird das Verfahren im Fall einer Gewerbesteuerhinterziehung werden. Für die Festsetzung von Hinterziehungszinsen auf Gewerbesteuer sind die Gemeinden zuständig (s. Nr. 6.2 AEAO zu § 235), so dass deren Berechnung Grundlage der Zahlungsaufforderung der Straf- und Bußgeldsachenstelle wird (vgl. Rolletschke/Roth Selbstanzeige Rn. 425; krit. *Heuel/Beyer* AO-StB 2015, 129 (135): bleibt abzuwarten, ob Finanzbehörde überhaupt eine strafrechtliche Frist setzen werden).

Gegen die strafrechtliche Fristen des § 371 Abs. 3 besteht weder ein finanzgerichtlicher Rechtsschutz **148** (aA Hübschmann/Hepp/Spitaler/*Rüping* (aF) Rn. 189) noch die Möglichkeit einer Klage vor dem OLG nach § 23 EGGVG (vgl. Rolletschke/Kemper/*Kemper* Rn. 453; *Henneberg* BB 1973, 1301; *Großmann* DB 1979, 1201; *Kramer* DB 1980, 853; *Bachmann* StV 2006, 724). Die Fristsetzung ist eine strafprozessuale Maßnahme (→ Rn. 137). Sie ist weder ein Verwaltungsakt im Besteuerungsverfahren noch ein Justizverwaltungsakt.

149 Im Übrigen ist umstritten, ob die Möglichkeit eines **Antrags auf gerichtliche Entscheidung** (im Vorverfahren) bzw. einer **Beschwerde** iSd § 304 StPO (im Hauptverfahren) besteht. Die Frage wurde durch den BFH (BStBl. II 1982, 352 (354)) ausdrückl offen gelassen. Wohl überwiegend wird dies unter Hinweis auf die Garantie effektiven Rechtsschutzes (Art. 19 Abs. 4 GG) bejaht (AG Saarbrücken wistra 1983, 268 (269); JJR/*Joecks* Rn. 166; Kohlmann/*Schauf* Rn. 395; Klein/*Jäger* Rn. 93; MüKoStGB/ *Kohler* Rn. 160; Kühn/v. Wedelstädt/*Blesinger* Rn. 30; Gußen SteuerStrafR Rn. 314; *Großmann* DB 1979, 1201; *Bilsdorfer* DStZ 1983, 415; wohl auch LG Kassel StV 2006, 697 (698))).

150 Angesichts der Möglichkeit der Inzidentkontrolle erscheint dies jedoch nicht zwingend (vgl. Schwarz/Pahlke/*Webel* Rn. 171; Rolletschke/Kemper/*Kemper* Rn. 456; *Wrenger* DB 1987, 2325; *Rolletschke* DStZ 1999, 287 (290)). Zahlt der Nachentrichtungsverpflichtete fristgerecht, wird er straffrei. Die fristgerechte Nachentrichtung belegt gewissermaßen nachträglich die Angemessenheit der auferlegten Frist. Zahlt der Nachentrichtungsverpflichtete nicht, kommt es im Zweifelsfall zu einem Strafbefehlsantrag oder einer Anklage. In beiden Fällen findet in unmittelbarer oder entsprechender Anwendung der §§ 199 ff. StPO das Zwischenverfahren statt, in dem der Richter summarisch prüft, ob ein hinreichender Tatverdacht besteht. Eine positive Verurteilungsprognose iSd § 203 StPO kann der entscheidende Richter aber nur dann treffen, wenn eine angemessene Nachentrichtungsfrist fruchtlos verstrichen ist (§ 371 Abs. 3). Vergleichbare Situationen gibt es im Übrigen auch im allg. Strafverfahrensrecht. So steht dem Beschuldigten beispielsweise bei einer staatsanwaltschaftlichen Einstellung nach § 153a Abs. 1 StPO (dort ist ebenfalls eine Fristsetzung zur Auflagenerfüllung bzw. deren einmalige Verlängerung vorgesehen; bei nicht fristgerechter Entrichtung der Auflage kommt es zu einer Bestrafung) unstreitig kein selbstständiger Rechtsbehelf offen (vgl. zB KK-StPO/*Schoreit* StPO § 153a Rn. 33; Löwe/Rosenberg/*Rieß* StPO § 153a Rn. 86).

151 Kommt es zu einer gerichtlichen Überprüfung, dürfte die Entscheidung nur auf ihre Ermessensfehlerhaftigkeit hin überprüft werden (vgl. OLG Karlsruhe NJW 1974, 1577 (1579); LG Koblenz wistra 1986, 79 (81); AG Saarbrücken wistra 1983, 268 (269); FGS/*Samson* Rn. 147; aA LG Hamburg wistra 1988, 317 (320); JJR/*Joecks* Rn. 167; MüKoStGB/*Kohler* Rn. 160; Hübschmann/Hepp/Spitaler/*Beckemper* Rn. 115: uneingeschränkte gerichtliche Kontrolle).

152 **3. Nachentrichtung/Zinszahlung.** Die Steuernachentrichtung umfasst zunächst lediglich die zu eigenen Gunsten **hinterzogenen Steuern** einschließlich Steuerzuschläge wie den Solidaritätszuschlag, **nicht auch steuerliche Nebenleistungen** iSd § 3 Abs. 3 (vgl. Klein/*Jäger* Rn. 86; MüKoStGB/*Kohler,* 1. Aufl. 2010, Rn. 125; v. Briel/Ehlscheid SteuerStrafR/*v. Briel* § 2 Rn. 106; *App* StW 2006, 180; aA Klein/*Orlopp* Rn. 9b). Steuerliche Nebenleistungen sind gerade nicht iSd § 370 Abs. 1, Abs. 4 S. 1 Hs. 1 verkürzbar (→ § 370 Rn. 84 f.).

153 Der Gesetzgeber ging zwar im Rahmen des Gesetzgebungsverfahrens, das zum Schwarzgeldgesetz (BGBl. 2010 I 676 f.) führte, von einer strafrechtlichen Hinterziehungszinszahlungspflicht aus (vgl. BT-Drs. 17/5067, (neu) 4, 22); hierbei handelte es sich aber unstr. um einen gesetzgeberischen Irrtum (vgl. zB *Geuenich* NWB 2011, 1050 (1056); *Rolletschke/Roth* Stbg 2011, 200 (205)). Zu der durch das AO-ÄnderungsG (BGBl. 2014 I 2415 ff.) eingeführten strafrechtlichen Hinterziehungszinszahlungspflicht vgl. → Rn. 167 ff.).

154 Die Höhe der nachzuentrichtenden Steuer richtet sich **nach strafrechtlichen Grundsätzen;** diese kann ggf. niedriger ausfallen als die steuerlich geschuldeten Nachzahlungsbeträge (vgl. Flore/Tsambikakis/*Wessing* Rn. 169).

155 Hat der Täter **verschiedene Steuern oder Steuern verschiedener Besteuerungszeiträume** (zu seinen Gunsten) hinterzogen oder leichtfertig verkürzt und reichen die nach der Selbstanzeige fristgerecht entrichteten Beträge nicht zur Tilgung aller Steuerschulden aus, ist die Zahlung nach dem „Meistbegünstigungsgrundsatz" zunächst auf die Steuerschulden anzurechnen, deren Verkürzung eine schwerere Ahndung nach sich ziehen kann, es sei denn, der Steuerschuldner hätte bei der Zahlung eine anderweitige Tilgungsbestimmung getroffen (§ 225; vgl. BGH BeckRS 1954, 31198051; Kohlmann/ *Schauf* Rn. 407; Kühn/v. Wedelstädt/*Blesinger* Rn. 31; MüKoStGB/*Kohler* Rn. 167; v. Briel/Ehlscheid SteuerStrafR/*v. Briel* § 2 Rn. 132).

156 **Mehrere Tatbeteiligte** haften zwar nach §§ 71, 44 steuerrechtlich gesamtschuldnerisch für den gesamten Hinterziehungsbetrag (vgl. Tipke/Kruse/*Kruse* § 44 Rn. 8). Die jeweilige Nachentrichtung nach § 371 Abs. 3 beschränkt sich aber darauf, welche Beträge zu Gunsten des jeweiligen Tatbeteiligten hinterzogen wurden und von denen er wirtschaftlich unmittelbar profitierte (vgl. MüKoStGB/*Kohler* Rn. 151; v. Briel/Ehlscheid SteuerStrafR/*v. Briel* § 2 Rn. 107). Es besteht de facto also eine der **Teilschuld** iSd § 420 BGB vergleichbare einmalige Zahlungsverpflichtung. Bei einer anderen Betrachtung (= jeder Tatbeteiligte muss die hinterzogenen Steuern vollständig nachentrichten) würde sich eine Steuerüberzahlung ergeben, die von der Finanzbehörde zurückerstattet werden müsste (s. § 37 Abs. 2 S. 1).

157 Bei einer **Steuerverkürzung auf Zeit** (→ § 370 Rn. 134 ff.) beschränkt sich die Nachentrichtungsverpflichtung nicht etwa auf den eingetretenen Verspätungsschaden. Nachzuentrichten ist vielmehr der volle Steuerbetrag (vgl. JJR/*Joecks* Rn. 152; Klein/*Jäger* Rn. 84; Stahl Selbstanzeige Rn. 218; Wannemacher SteuerStrafR/*Vogelberg*, 5. Aufl. 2004, Rn. 2391; *App* StW 2006, 180; *Blesinger* DB 2007, 485;

Schwabe DB 2007, 488; aA MüKoStGB/*Kohler* Wannemacher Rn. 148; Streck/Spatscheck Steuerfahndung Rn. 249; *Albrecht* DB 2006, 1696: nur Zinsvorteil). Die Steuerverkürzung auf Zeit/Steuerverkürzung auf Dauer ist lediglich auf der Strafzumessungsebene von Bedeutung (vgl. BGH NJW 2009, 1979 (1982 f.); Rolletschke/Kemper/*Rolletschke* §370 Rn. 213 ff.). Der unmittelbar eingetretene wirtschaftliche Vorteil iSd §371 Abs. 3 besteht hingegen darin, dass der Steuerpflichtige den vollen Steuerbetrag zu dem entsprechenden Erklärungstermin unzureichend oder gar nicht deklariert hat.

Ergibt sich eine Steuerverkürzung iSd §370 Abs. 1, Abs. 4 S. 1 Hs. 1 nur durch die Anwendung des **158** **Kompensationsverbots** (§370 Abs. 4 S. 3; vgl. dazu iE → §370 Rn. 178 ff.), ist ggf. per saldo gar kein „Steuerschaden" eingetreten. Da dem Fiskus bei steuerehrlichem Verhalten keine weiteren Beträge zugeflossen wären, würde überhaupt es keinen Sinn ergeben, wenn der Betreffende die tatbestandlich verkürzten Steuern nachentrichten müsste, um Straffreiheit zu erlangen. Im Übrigen müsste der Fiskus eine derartige „Überzahlung" zurückerstatten, da kein Rechtsgrund für ein Behaltendürfen iSd §37 Abs. 2 S. 1 besteht (vgl. JJR/*Joecks* Rn. 150; Klein/*Jäger* Rn. 85; MüKoStGB/*Kohler* Rn. 148; Stahl Selbstanzeige Rn. 217).

Allgemein zum Rechtsgrund für das Behalten-dürfen bei Selbstanzeige vgl. *Rolletschke* wistra 2007, 371 ff.

Besteht der Tatererfolg einer Steuerhinterziehung in der Erlangung eines Steuervorteils iSd §370 **159** Abs. 1, Abs. S. 2, bestimmt sich der Wert des erlangten **Steuervorteils nach dessen wirtschaftlicher Bedeutung.** Dies gilt auch für die Nachentrichtung iSd §371 Abs. 3 S. 1 (vgl. Stahl Selbstanzeige Rn. 220 für Steuerhinterziehung im Erhebungsverfahren; sa Nr. 2.1 AEAO zu §235).

Erfolgt eine Nachentrichtung/Hinterziehungszinszahlung ohne vorherige Fristsetzung, tritt die Straf- **160** aufhebung mit der Vornahme der Nachentrichtung/Zinszahlung ein. Eine Fristsetzung ist insoweit entbehrlich (vgl. BayObLG wistra 1990, 159; Simon/Vogelberg SteuerStrafR/*Simon* S. 207).

Der Selbstanzeigeerstatter muss die zu seinen Gunsten hinterzogenen Steuern innerhalb der ihm nach **161** §371 Abs. 3 gesetzten Frist auch **tatsächlich nachentrichten.** Eine Wiedereinsetzung in den vorigen Stand nach §44 ff. StPO (bzw. §110, soweit auf die steuerrechtliche Zahlungsfrist verwiesen wird; → Rn. 146) ist insoweit nicht möglich (vgl. JJR/*Joecks* Rn. 169; MüKoStGB/*Kohler* Rn. 161).

Wird der Steuerbetrag nicht **bar** gezahlt, sondern durch eine **Banküberweisung** entrichtet, ist für **162** die Rechtzeitigkeit der Zahlung maßgebend, wann die Gutschrift für die Finanzkasse erfolgt ist.

Eine **Aufrechnung** (§226 AO; §§387, 388 BGB) führt zur Straffreiheit, wenn sich Forderung (Steuer- **163** nachentrichtung) und Gegenforderung (Erstattung- bzw. Vergütungsanspruch) vor Fristablauf aufrechenbar gegenüberstehen und Aufrechnung erklärt wird (MüKoStGB/*Kohler* Rn. 163); diese Erklärung kann sowohl der Nachentrichtungspflichtige als auch die Finanzbehörde abgeben (vgl. RGSt 59, 115).

Ein **Erlassantrag** (§227) kann eine tatsächliche Steuernach**zahlung** iSd §371 Abs. 3 S. 1 kaum **164** entbehrlich machen. Regelmäßig wird es in Steuerhinterziehungsfällen bereits an einer Erlasswürdigkeit fehlen (vgl. zB BFH BStBl. III 1957, 153).

Zweifelhaft ist bereits, ob die **tatsächliche Gewährung** eines Erlass überhaupt geeignet sein kann, **165** zur Strafaufhebung (§371 Abs. 1, Abs. 3) beitragen zu können (der fiskalische Zweck der Selbstanzeige ist es, bisher verheimlichte Steuerquellen zum „sprudeln" zu bringen, → Rn. 4; bei einem Erlass „sprudelt" die entsprechende Steuerquelle aber gerade nicht). Jedenfalls ist zu beachten, dass ein Erlass lediglich ex-nunc wirkt (vgl. Tipke/Kruse/*Kruse/Loose* §227 Rn. 134), sodass allenfalls ein tatsächlich innerhalb der Nachentrichtungsfrist gewährter Erlass überhaupt strafrechtliche Wirkung entfalten könnte (vgl. JJR/*Joecks* Rn. 176; MüKoStGB/*Kohler* Rn. 163; v. Briel/Ehlscheid SteuerStrafR/*v. Briel* §2 Rn. 130; aA FGS/*Samson* Rn. 154: ein Erlassantrag vor Fristablauf reiche aus).

Die **Niederschlagung** einer Steuerschuld nach §261 ist eine rein verwaltungsintern wirkende Maß- **166** nahme der Finanzbehörde ohne rechtsgestaltende Wirkung nach außen (vgl. Tipke/Kruse/*Kruse* §261 Rn. 8). Da sie keinerlei Wirkung auf das Bestehen der Steuerschuld hat (vgl. Tipke/Kruse/*Kruse* §261 Rn. 10), kann sie keine Nachentrichtung iSd §371 Abs. 3 darstellen (vgl. Kohlmann/*Schauf* Rn. 402; MüKoStGB/*Kohler* Rn. 163; v. Briel/Ehlscheid SteuerStrafR/*v. Briel* §2 Rn. 129; Parsch/Nuzinger Selbstanzeigeberatung Rn. 81; *Gehm,* Kompendium Steuerstrafrecht, 2. Aufl. 2015, 111).

Wendet sich ein Selbstanzeigeerstatter gegen die auf seinen Angaben beruhende (Änderungs-)Fest- **166a** setzung, so führen die steuerlichen Rechtsbehelfen (Antrag auf **Aussetzung der Vollziehung, Einspruch, Klage**) nicht automatisch die strafrechtlichen Nachzahlungspflicht nach §371 Abs. 3 (vgl. Flore/Tsambikakis/*Wessing* Rn. 160). Der Selbstanzeigeerstatter ist insoweit ggf. gehalten, eine Fristverlängerung bis zur Entscheidung über den steuerlichen Rechtsbehelf zu beantragen (vgl. Rolletschke/ Roth Selbstanzeige Rn. 445).

Ist der Selbstanzeigeerstatter wirtschaftlich nicht im Stande, die Steuern nachzuentrichten, liegt also **167** ein Fall persönlichen Unvermögens, so geht dies zu seinen Lasten. Die **fristgerechte Nachentrichtung ist objektive Bedingung der Strafaufhebung** (vgl. BayObLG wistra 1990, 159; OLG Karlsruhe wistra 2007, 159 (160); Kohlmann/*Schauf* Rn. 403; Schwarz/Pahlke/*Webel* Rn. 178; Kühn/v. Wedelstädt/*Blesinger* Rn. 31; krit. insoweit aber *Breyer,* Der Inhalt der strafbefreiende Selbstanzeige, 1999, 51: die Nachzahlung sei nicht eigentlicher Bestandteil der Wiedergutmachung einer Steuerhinterziehung). Eine „verunglückte" Selbstanzeige kann aber strafmildernd wirken (vgl. Stahl Selbstanzeige Rn. 652; *Dönmez* NWB 2015, 1071 (1073); *Lepper* ZWH 2015, 205 (211)).

167a   Wird die **Nachentrichtung** durch einen Insolvenzverwalter erfolgreich **angefochten,** so lebt die Forderung des Anfechtungsgegners *ex-tunc* wieder auf (§ 144 Abs. 1 InsO, vgl. OLG Schleswig-Holstein NJW-RR 2008, 209 (210); OLG Hamm BeckRS 2010, 12203; aA *Pfordte* StV 2010, 591 f.: ex-nunc). Dies gilt sowohl für die Steuer- als auch die Hinterziehungszinszahlung.

In diesem Fall ist aber die Nachentrichtungs-/Zinszahlungsverpflichtung des § 371 Abs. 3 S. 1 iErg nicht erfüllt, sodass das nach § 170 Abs. 2 StPO iVm § 371 Abs. 1, 3 AO eingestellte Ermittlungsverfahren wieder aufgenommen werden kann (so ausdrückl. auch *Lorenz/Roth* PStR 2011, 129 (132); *Wollmann* ZInsO 2011, 1521 (1523 ff.); aA Parsch/Nuzinger Selbstanzeigeberatung Rn. 81).

167b   Die Nachentrichtung muss nicht zwingend durch denjenigen vorgenommen werden, der den wirtschaftlichen Vorteil aus der entsprechenden Steuerhinterziehung erlangt hat (vgl. MüKoStGB/*Kohler* Rn. 164). Erfolgt die Nachentrichtung **durch einen Dritten,** begeht dieser damit weder eine Begünstigung iSd § 257 StGB noch eine Strafvereitelung iSd § 258 Abs. 1 StGB (vgl. JJR/*Joecks* Rn. 178; Kohlmann/*Schauf* Rn. 396; MüKoStGB/*Kohler* Rn. 164). Der Schutzzweck der §§ 257, 258 StGB ist nicht berührt, da die Selbstanzeige – bei Erfüllung ihres Zwecks (→ Rn. 4) – gerade auf den Eintritt von Straffreiheit abzielt

167c   Reichen die Geldmittel nicht zur vollständigen Steuernachentrichtung aus, so ist man vor dem Selbstanzeigebeschluss (BGHSt 55, 180 ff. = BGH DStR 2010, 1133 (1134)) davon ausgegangen, dass die Strafaufhebung nur soweit eintritt, wie fristgemäß nachentrichtet wurde; in Bezug auf den restlichen (nicht fristgemäß gezahlten) Teilbetrag ging man von einem Bestehenbleiben der Strafbarkeit aus (vgl. zB Koch/Scholtz/*Scheurmann-Kettner* Rn. 39).

167d   Jedenfalls seit Inkrafttreten des Schwarzgeldbekämpfungsgesetzes (BGBl. 2010 I 676 f.) wird man hieran nicht mehr festhalten können. Das bisherige „soweit", das auch eine Teilstrafaufhebung infolge Teilnachentrichtung zuließ, wurde durch ein konditionales „wenn" ersetzt. Ausweislich der damaligen Gesetzesmaterialien sollte so erreicht werden, dass „Straffreiheit für die jeweilige einzelne Tat nur dann eintritt, wenn die Steuern … nachentrichtet worden sind" (BT-Drs. 17/5067, (neu) 22).

Hieraus lässt sich zunächst ableiten, dass die Nachzahlungen nicht zwingend den gesamten **Berichtigungsverbund** des § 371 Abs. 1 (Steuerart) umfassen muss (aA aber zB *Erb/Erdel* NZWiSt 2014, 327 (329): gesamte Selbstanzeige, dh Steuern und Zinsen, muss vollständig bezahlt werden; so wohl auch *Hunsmann* NJW 2011, 1482 (1486) für die Steuernachentrichtung).

167e   Was allerdings für die Steuerhinterziehungen gilt, die tateinheitlich begangen wurden, bleibt offen. ME ist die jeweilige Steuererklärung maßgebend, sodass für eine Tat iSd § 52 StGB auch eine Teilstrafaufhebung eintreten kann (so zB auch *Joecks* SAM 2011, 128 (131); *Wulf* wistra 2015, 166 (169); in diese Richtung wohl auch MüKoStGB/*Kohler* Rn. 166). Zwingend ist das aber jedenfalls dann nicht, wenn man im Fall von Tateinheit von einer Steuerart iSd § 371 Abs. 1 ausgeht (so insbes. Klein/*Jäger* Rn. 18d).

167f   Umgekehrt sind einzelne Steuerhinterziehungen iS einer Steuererklärung aber nicht teilbar (so auch Müller Selbstanzeige im SteuerStrafR 189; Helml Selbstanzeige 152; aA Parsch/Nuzinger Selbstanzeigeberatung Rn. 81). Teilzahlungen führen insoweit nicht zur Teilstrafaufhebung. Die Steuerhinterziehung, für die nur zum Teil nachgezahlt wurde, bleibt strafbar.

167g   Eine 5 %-ige **Toleranzspanne,** wie sie ggf. im Rahmen des Vollständigkeitsgebot des § 371 Abs. 1 zugestanden wird, kann bei der Nachentrichtungspflicht des § 371 Abs. 3 S. 1 nicht geben (vgl. Rolletschke/Roth Selbstanzeige Rn. 449; aA *Buse* DB 2015, 89 (93)). Die Toleranz bei § 371 Abs. 1 ist allein dem Umstand geschuldet, dass es einem Selbstanzeigeerstatter in Ausnahmesituation vorübergehend unmöglich sein kann, den vollständigen Umfang seiner Steuerhinterziehung aufzudecken; dies hat mit einem partiellen wirtschaftlichen Unvermögen indes nichts zu tun.

167h   Seit dem 1.1.2015 ist für eine wirksame Selbstanzeige auch die Zahlung der auf die Steuerstraftaten entfallenden **Hinterziehungszinsen** nach § 235 (unter Anrechnung der § 233a AO-Zinsen) vorgeschrieben.

Durch den Bezug von § 371 Abs. 3 S. 1 auf § 371 Abs. 1 und dem dort kodifizierten Mindestberichtigungszeitraum von zehn Jahren (§ 371 Abs. 1 S. 2) sollen nach dem Willen des Gesetzgebers (s. BT-Drs. 18/3439, 6) auch bei einfachen Steuerhinterziehungen Steuern für zehn Jahre nachgezahlt und verzinst werden (so auch FM NRW DB 2015, 280; krit. *Buse* DB 2015, 89 (92); aA *Beyer* NWB 2015, 769 (772): Günstigkeitsprinzip).

167i   Die Hinterziehungszinszahlungspflicht gilt nach § 371 Abs. 3 S. 2 zwar nicht bei Selbstanzeigen im Zusammenhang mit **Umsatzsteuervoranmeldungen** und **Lohnsteueranmeldungen** (§ 371 Abs. 2a). Da die Hinterziehungszinspflicht nach rein steuerlichen Vorschriften allerdings bestehen bleibt, verbleibt es letztlich auch für diese Fälle bei einer (insofern rein steuerlichen) Zahlungspflicht.

167j   Voraussetzung für die Zinspflicht des § 235 ist das Erfüllen des vollständigen **objektiven und subjektiven Tatbestands** des § 370, dh die Steuerhinterziehung muss **vollendet** sein. Der Versuch der Steuerhinterziehung wie auch die bloß leichtfertige Steuerverkürzung (§ 378) reichen zur Begründung einer Zinspflicht nicht aus.

167k   Soweit **Solidaritätszuschlag** verkürzt worden ist, ist auch dieser zu verzinsen (s. Nr. 2.1 AEAO zu § 235). Das Gleiche gilt bei hinterzogenen Einkommensteuer- bzw. Körperschaftsteuer**vorauszahlungen** (s. Nr. 2.1 AEAO zu § 235).

Nach den steuerlichen Vorschriften (§ 235 Abs. 1 S. 2) ist grds. der Zinsschuldner hinterziehungszins- **167l** zahlungsverpflichtet. Maßgebend ist insoweit die Erlangung eines steuerlichen Vorteils (vgl. BFH DStR 1991, 1282; SächsFG PStR 2011, 114; FG Hmb BeckRS 2011, 95828; FG Hmb BeckRS 1999, 15703; Nr. 3 AEAO zu § 235). Diesen erlangt der Steuerschuldner, der damit unabhängig davon, ob er die Steuerhinterziehung begangen oder nicht, immer Zinsschuldner ist (SächsFG PStR 2011, 114). Unerheblich ist insoweit die auf die Erlangung eines wirtschaftlichen Vorteil abstellende Sichtweise des Selbstanzeigerechts (§ 371 Abs. 3 S. 1: „zu seinen Gunsten").

Sind **Selbstanzeigeerstatter** (Beteiligter der Steuerhinterziehung) und steuerrechtlicher **Zins-** **167m** **schuldner personenverschieden,** stellt sich die Frage, ob überhaupt eine strafrechtliche Hinterziehungszinszahlungsverpflichtung besteht. Denkbar ist das zB bei der Hinterziehung von Körperschaftsteuer-/Umsatzsteuer- und Gewerbesteuer durch einen GmbH-Geschäftsführer. Dort ist zwar der Geschäftsführer Täter der Körperschaftsteuer-/Umsatzsteuer- und Gewerbesteuerhinterziehung, für die er ggf. Selbstanzeige erstatten will; Steuer- und Zinsschuldner ist die GmbH als solche.

Versteht man § 371 Abs. 3 S. 1 als bloße Rechtsgrundverweisung auf die Hinterziehungszinsvorschriften der §§ 235, 233a, müsste der GmbH-Geschäftsführer mangels Zinsschuldnerschaft trotz der eigentlich in § 371 Abs. 3 S. 1 angeordneten Hinterziehungszinszahlungspflicht keine Hinterziehungszinsen zahlen (zur fehlenden Zinsschuldnereigenschaft des GmbH-Geschäftsführers vgl. Tipke/Kruse/ *Loose* § 235 Rn. 13 ff.; Beermann/Gosch/*Kögel* § 235 Rn. 23 ff.). Für die Annahme einer solchen Rechtsgrundverweisung ließe sich zwar anführen, dass der Gesetzgeber zur Verfahrensvereinfachung einen weitgehenden Gleichklang erreichen wollte (vgl. BT-Drs. 18/3018, 2). Ob die daraus resultierende Folge (der Selbstanzeigeerstatter, der nicht steuerrechtlicher Zinsschuldner ist, müsste keine Hinterziehungszinsen entrichten und würde ohne weiteres straffrei werden; ob der steuerrechtliche Zinsschuldner letztlich die Hinterziehungszinsen zahlt, wäre für ihn unerheblich) gewollt ist, scheint eher fraglich.

Lösen lässt sich die Problemlage durch eine **Parallele zur Steuernachentrichtung.** Auch dort führt die wirtschaftliche Betrachtungsweise (§ 371 Abs. 3 S. 1: „zu seinen Gunsten") im Fall des GmbH-Geschäftsführers (bei der Einmann-GmbH) dazu, dass der zur Steuernachzahlung strafrechtlich Verpflichtete (GmbH-Geschäftsführer) vom steuerrechtlichen Steuerschuldner (GmbH) abweicht. Für eine Übertragung auf die **Hinterziehungszahlungspflicht** spricht neben der sich ansonsten ggf. ergebenden Konstellation, dass die Hinterziehungszinszahlung ggf. nicht strafrechtlich sichergestellt ist (s. o.), vor allem der Wortlaut des § 371 Abs. 3 S. 1, der dem an der Tat Beteiligten die Steuernachentrichtung und Hinterziehungszinszahlung ausdrücklich kumulativ auferlegt. IErg tritt also dessen strafrechtliche Zahlungsverpflichtung neben die steuerliche des formalen Zinsschuldners (vgl. dazu iE Rolletschke/Roth Selbstanzeige Rn. 460 ff.).

Der **Zinslauf** beginnt regelmäßig mit dem Eintritt der Verkürzung oder der Erlangung des Vorteils **167n** (§ 235 Abs. 2 S. 1); er endet mit der Zahlung des hinterzogenen Betrags (§ 235 Abs. 3 S. 1).

Für eine Zeit, in der Säumniszuschläge verwirkt, die Zahlung gestundet oder die Vollziehung ausgesetzt ist, werden gem. § 235 Abs. 3 S. 2 keine Hinterziehungszinsen erhoben (s. Nr. 4.2.2 AEAO zu § 235).

Die einjährige **Zinsfestsetzungsfrist** (§ 239 Abs. 1 S. 1) beginnt mit Ablauf des Kalenderjahrs, in dem die Festsetzung der hinterzogenen Steuern unanfechtbar wurde, jedoch nicht vor Ablauf des Kalenderjahrs, in dem das eingeleitete Strafverfahren abgeschlossen wurde. Dem Zinsschuldner ist ein förmlicher **Zinsbescheid** zu erteilen; auf die errechneten Hinterziehungszinsen sind vor der Festsetzung im Bescheid die Zinsen nach § 233a anzurechnen, die für denselben Zeitraum festgesetzt wurden.

Auch ungerechtfertigt erlangte Steuervorteile iSd § 370 Abs. 4 S. 2 sind nach § 235 zu verzinsen (s. Nr. 1.1 und Nr. 2.1 AEAO zu § 235). Da auch hier nur die zu seinen Gunsten erlangten Steuervorteile zu verzinsen sind, ist ebenfalls eine Bewertung nach wirtschaftlichen Gesichtspunkten vorzunehmen.

IV. Die Anzeige nach § 371 Abs. 4

1. Inhalt der Fremdanzeige. An die Wirksamkeit einer „Fremdanzeige" stellt das Gesetz weit **168** geringere Anforderungen als an die der „Selbstanzeige". Nach § 371 Abs. 4 wird derjenige strafrechtlich nicht verfolgt, der die in § 153 vorgesehene Anzeige rechtzeitig und ordnungsgemäß erstattet. Eine Berichtigung der falschen Angaben ist insoweit nicht Voraussetzung dafür, dass das Strafverfolgungshindernis Fremdanzeige greift (vgl. OLG Stuttgart wistra 1996, 190 (192); Kohlmann/*Schauf* Rn. 846; Klein/*Jäger* Rn. 113). Eine Berichtigungspflicht ergibt sich in diesen Fällen dennoch. Allerdings erwächst sie aus § 153 Abs. 1 S. 1.

Ungeklärt ist, ob und inwieweit sich die seit dem Selbstanzeigebeschluss (BGHSt 55, 180 ff. = BGH **168a** DStR 2010, 1133 ff.) eingetretenen Änderungen (insbes. das grds. Verbot von Teilselbstanzeigen) auch auf die Fremdanzeige niederschlagen.

Da bei der Fremdanzeige nicht die Vollständigkeitsanforderungen des § 371 Abs. 1, sondern lediglich die steuerlichen des § 153 gelten, sind hier mE auch weiterhin Teilberichtigungserklärungen zulässig und wirksam. Ein Berichtigungsverbund wie bei § 371 Abs. 1 (für „alle unverjährten Steuerstraftaten einer Steuerart" bzw. mindestens zehn Jahre) ist bei § 371 Abs. 4 gerade nicht vorgesehen. Mit dem Verweis auf § 153 kann mittels rechtzeitiger und ordnungsgemäßer Berichtigungserklärung folglich auch für lediglich einzelne Veranlagungszeiträume eine wirksame Fremdanzeige erfolgen.

169   **2. Der Dritte.** Nach dem Wortlaut des § 371 Abs. 4 S. 1 kommt das Strafverfolgungshindernis einem Dritten zugute, „der die in § 153 bezeichneten Erklärungen abzugeben unterlassen oder unrichtig oder unvollständig abgegeben hat". In diesem Zusammenhang ist fraglich, ob Dritter iSd Vorschrift lediglich der sein kann, der vorsätzlich eine Berichtigung nach § 153 unterlassen hat (sog **Berichtigungsunterlasser**), oder auch derjenige, der ursprünglich vorsätzlich eine unrichtige oder unvollständige Steuererklärung abgegeben hat (sog **Ursprungshinterzieher;** Terminologie nach Stahl Selbstanzeige Rn. 420).
Der Anwendungsbereich der Fremdanzeige beschränkt sich mE auf den Berichtigungsunterlasser. Zwar wird man infolge der BGH-Entscheidung zu Voraussetzungen und Reichweite steuerrechtlicher Anzeige- und Berichtigungspflicht (BGH NJW 2009, 1984 (1986)) nicht mehr darauf abstellen können, dass der Ursprungshinterzieher schon nicht unter den Wortlaut der Vorschrift fällt. Der mit Eventualvorsatz handelnde Ursprungshinterzieher kann danach durchaus zur Abgabe einer Erklärung nach § 153 verpflichtet sein, sodass er diese auch iSd § 371 Abs. 4 unterlassen haben kann. Unabhängig davon widerspricht die Einbeziehung des Ursprungshinterziehers der Gesetzessystematik. Wenn der Gesetzgeber in § 371 Abs. 1–3 hohe Hürden für die Wirksamkeit einer Selbstanzeige aufgestellt hat, erscheint es fernliegend, dass er diese Hürden bei einem Täter, der einen anderen zur Erstattung einer Fremdanzeige veranlasst, ohne weiteres fallen lassen wollte (vgl. OLG Stuttgart wistra 1996, 190 (192); Kohlmann/*Schauf* Rn. 856; Klein/*Jäger* Rn. 112; MüKoStGB/*Kohler* Rn. 357; Rolletschke/Kemper/ *Kemper* Rn. 571 f.; Kühn/v. Wedelstädt/*Blesinger* Rn. 36; *Jarke* wistra 1999, 286 (287) f.; *Weinreuter* DStZ 2000, 398 (409); aA LG Bremen wistra 1998, 317 (318); AG Bremen wistra 1998 (316, 317); JJR/ *Joecks* Rn. 400 ff.; Stahl Selbstanzeige Rn. 421; *Samson* wistra 1990, 245 (249) ff.).

170   **3. Nachentrichtungs-/Zinszahlungsverpflichtung.** Auch die Fremdanzeige iSd § 371 Abs. 4 S. 1 sieht eine Nachentrichtung gem. § 371 Abs. 3 vor. Die Nachentrichtungsverpflichtung besteht allerdings nur dann, wenn die nach § 371 Abs. 4 S. 1 begünstigte Person zum eigenen Vorteil gehandelt hat (§ 371 Abs. 4 S. 2; MüKoStGB/*Kohler* Rn. 352; Kühn/v. Wedelstädt/*Blesinger* Rn. 37). Der Strafverfolgungsausschluss ist davon abhängig, dass der Dritte seiner Nachentrichtungspflicht (→ Rn. 130 ff.) nachkommt.

170a   Das AO-ÄnderungsG (BGBl. 2014 I 2415 ff.) hat durch den in § 371 Abs. 4 S. 2 enthaltenen Verweis auf § 370 Abs. 3 aber auch Folgen für die Fremdanzeige. Der zum eigenen Vorteil handelnde Dritte hat neben der diesbezüglichen Steuer auch Hinterziehungszinsen zahlen. Da sich die Beschränkung auf „zu eigenen Gunsten" aber sowohl auf die Steuer als auch die daran anknüpfenden Hinterziehungszinsen bezieht, muss der Dritte nur die **Hinterziehungszinsen** bezahlen, **die auf die Steuerforderungen entfallen, die zu seinen Gunsten hinterzogen** wurden (vgl. Rolletschke/Roth Selbstanzeige Rn. 487).

171   **4. Ausschlusstatbestand.** Ausschlusstatbestand ist allein die Bekanntgabe der Verfahrenseinleitung (vgl. § 371 Abs. 2 S. 1 Nr. 1 Buchst. b; → Rn. 87 ff.).

§ 372 Bannbruch

(1) Bannbruch begeht, wer Gegenstände entgegen einem Verbot einführt, ausführt oder durchführt.

(2) Der Täter wird nach § 370 Absatz 1, 2 bestraft, wenn die Tat nicht in anderen Vorschriften als Zuwiderhandlung gegen ein Einfuhr-, Ausfuhr- oder Durchfuhrverbot mit Strafe oder mit Geldbuße bedroht ist.

Literatur: *Beckemper,* Der Bannbruch, HRRS 2013, 443; *Bender,* Schmuggelprivileg und Zuschlag '97, ZfZ 1997, 110; *Dannecker/Freitag,* Zur europäischen und deutschen Strafgesetzgebung im Recht der Außenwirtschaft und der Finanzsanktionen, ZStW 116 (2004), 797; *Janovsky,* Die Strafbarkeit des illegalen grenzüberschreitenden Warenverkehrs, NStZ 1998, 117; *Kettner,* Unter Piratenflagge – Strafbarkeit der privaten Einfuhr gefälschter Markenartikel und unerlaubt hergestellter Vervielfältigungsstücke aus Drittländern, BLJ 2007, 117; *Wamers,* Der Bannbruchtatbestand – ein Problem?, ZfZ 1998, 287; *Wamers,* Der Bannbruch, AW-Prax 1999, 212.

A. Allgemeines

1   Der Bannbruchtatbestand behandelt die Zuwiderhandlungen gegen Ein-, Aus- und Durchfuhrverbote. Sein ursprünglicher Zweck bestand auch in dem strafrechtlichen Schutz der Einfuhrverbote nach den Monopolgesetzen, wie etwa im Bereich des Zündholzmonopols und des Branntweinmonopols. Nachdem der Gesetzgeber durch Gesetz v. 23.12.2003 (BGBl. I 2924 (2926)) das Branntweinmonopol auf die Übernahme und Verwertung des im Monopolgebiet hergestellten Branntweins aus den Brennereien durch die Bundesmonopolverwaltung beschränkt hat, ist allerdings das letzte deutsche Einfuhrverbot nach einem Monopolgesetz entfallen.

Der unmittelbare Anwendungsbereich des Bannbruchtatbestands ist – wegen der in Abs. 2 normier-   2
ten Subsidiaritätsklausel – nunmehr auf solche Verbringungsverbote des EU-Rechts beschränkt, denen
nicht durch deutsche Strafvorschriften flankierender Strafrechtsschutz zu Teil wird. Derzeit handelt es
sich hierbei vor allem um Randbereiche des Kulturgüterschutzes (vgl. JJR/*Jäger* Rn. 4, 87; MüKoStGB/
Wegner Rn. 18).

Die Ahndung von Verstößen gegen Ein-, Aus- und Durchfuhrverbote wird mit § 372 deshalb in der   3
AO geregelt, weil die Grenzaufsicht und die damit einhergehende Kontrolle des grenzüberschreitenden
Warenverkehrs traditionell den Zollbehörden obliegt. Ihre Pflicht zur Überwachung der Verbote und
Beschränkungen ergibt sich aus § 1 ZollVG.

B. Tatbestand

Der Bannbruch wird in § 372 als **Verstoß gegen ein Einfuhr-, Ausfuhr- oder Durchfuhrverbot**   4
für Gegenstände definiert. Verbote und Beschränkungen ergeben sich aus einer Vielzahl von Gesetzen
und Verordnungen und dienen etwa dem Gesundheitsschutz (vgl. ChemG, BtMG oder LFBG), dem
Schutz der öffentlichen Sicherheit (WaffG und KWKG), dem Tier- und Pflanzenschutz (TierSG, G zum
Schutz der Kulturpflanzen) oder dem Schutz wirtschaftlicher Interessen etwa in der Gemeinsamen
Agrarpolitik der EU (s. dazu JJR/*Jäger* Rn. 40 ff.; MüKoStGB/*Wegner* Rn. 6 ff. und 44 ff.). Dabei sind
die Schutzrichtung und der Zweck des Verbots ebenso irrelevant wie die Frage, ob das Verbot oder die
Beschränkung in einem Gesetz oder in einer VO geregelt wurden (Klein/*Jäger* Rn. 5). Zu den **zoll-
rechtlich geregelten Verboten und Beschränkungen** iE s. Witte/*Henke* ZK Art. 58 Rn. 10 ff.).
Vom Anwendungsbereich des § 372 werden daher auch solche **Verbringungsverbote** umfasst, die   5
nach nichtsteuerrechtlichen Gesetzen straf- oder ordnungswidrigkeitenrechtlich bewehrt sind. Die
Qualifizierung einer nichtsteuerlichen Straftat als Bannbruch hat dabei vor allem zwei wesentliche
Auswirkungen: Zum einen führt die Bewertung als Bannbruch zur **Anwendung des § 373 Abs. 2**, der
eine Strafschärfung für organisierte oder sonst besonders gefährliche Formen des Bannbruchs vorsieht,
und zwar auch dann, wenn die Tat in nichtqualifizierter Form nach nichtsteuerlichen Gesetzen als
Straftat oder OWi geahndet wird (BGHSt 24, 137 (139); Klein/*Jäger* Rn. 2; JJR/*Jäger* Rn. 84, 86). Zum
anderen gelten die besonderen **Verfahrensvorschriften** der §§ 385–408 auch dann, wenn der Bannbruch in anderen Vorschriften mit Strafe bedroht wird (Klein/*Jäger* Rn. 2; JJR/*Jäger* Rn. 98; Kohlmann/
Hilgers-Klautzsch Rn. 107; *Bender* ZfZ 1992, 201; Bender/Möller/Retemeyer SteuerStrafR/*Retemeyer*
Rn. 96/6g).

I. Ein-, Aus- und Durchfuhr

Die Begriffe Ein-, Aus- und Durchfuhr richten sich in ihrer Bedeutung und Auslegung nach dem   6
jeweiligen Verbotsgesetz (Klein/*Jäger* Rn. 6 ff.; JJR/*Jäger* Rn. 16). Der Begriff **Einfuhr** kann nur so weit
einheitlich definiert werden, als damit das Verbringen eines Gegenstandes aus einem fremden Gebiet in
das durch § 372 geschützte Gebiet (Banngebiet) umschrieben wird. **Ausfuhr** ist – spiegelbildlich – das
Verbringen eines Gegenstandes aus dem Banngebiet in ein fremdes Gebiet (vgl. zB § 4 Abs. 2 Nr. 4
AWG). **Durchfuhr** ist das Verbringen von Gegenständen, ohne dass diese Gegenstände in dem Gebiet,
in dem die Durchfuhr stattfindet, in den freien Verkehr gelangen (Klein/*Jäger* Rn. 7). Eine Übersicht
über die einzelnen Ein-, Aus- und Durchfuhrverbote enthält JJR/*Jäger* Rn. 40 ff.

II. Banngebiet

Zu dem von § 372 geschützten Gebiet gehören auch die sogenannten „Freihäfen", bei denen es sich   7
um Freizonen nach Art. 166 ZK (vgl. auch Art. 155 ff. ZK-M) handelt. Helgoland und die Gemeinde
Büsingen gehören zwar nicht zum Zollgebiet iSv Art. 1 ZK, können aber – etwa hinsichtlich des
KWKG oder des BtMG – **Banngebiet** sein. Soweit das Verbotsgesetz etwa – wie in § 4 Abs. 2 Nr. 4, 6
und 7 iVm § 4 Abs. 1 Nr. 1 AWG – auf das „Wirtschaftsgebiet" abstellt, zählen auch die österreichischen Gebiete Jungholz und Mittelberg, nicht aber die dem Schweizerischen Zollgebiet angeschlossene Gemeinde Büsingen zum Banngebiet (JJR/*Jäger* Rn. 19; Klein/*Jäger* Rn. 6). Soweit sich deutsche
Zollstellen aufgrund von internationalen Verträgen auf ausländischem Boden befinden, ist wie vorgeschobene Zollstellen, Art. 38 Abs. 3 ZK), kann die Tat bereits vor Überschreiten der Hoheitsgrenze, nämlich
an der vorgeschobenen Zollstelle vollendet sein (OLG Oldenburg ZfZ 1974, 50; Klein/*Jäger* Rn. 6;
MüKoStGB/*Wegner* Rn. 29).

III. Tathandlung und Vorsatz

Tathandlung ist das **verbotswidrige Verbringen** (Einzelheiten s. MüKoStGB/*Wegner* Rn. 30 ff.).   8
Einzelne Verbringungsverbote erwähnen auch ein **Verbringenlassen** (zB § 21b Abs. 1 S. 1 AWV:
„Einführer ist, wer Waren in das Wirtschaftsgebiet verbringt oder verbringen lässt."). In diesen Fällen
wird die intellektuelle Tatherrschaft des Täters über die Ein-, Aus- oder Durchfuhr oder mittelbare
Täterschaft nach § 25 Abs. 1 Var. 2 StGB vorausgesetzt (JJR/*Jäger* Rn. 26 mwN).

9 **Unrichtige Angaben gegenüber den Zollbehörden** oder sonstige an steuerrechtliche Erklärungspflichten anknüpfende Merkmale sind bei § 372 nicht Tatbestandsvoraussetzung.

10 Der Straftatbestand des § 372 erfordert vorsätzliches Handeln. Der **Tatvorsatz** muss sich dabei auch auf das Verbringungsverbot erstrecken, anderenfalls liegt ein Tatbestandsirrtum iSv § 16 Abs. 1 StGB vor. Der **versuchte** Bannbruch ist nach § 372 Abs. 2 iVm § 370 Abs. 2 strafbar. Im Gegensatz zu § 373 und § 374, bei denen die Versuchsstrafbarkeit nunmehr zur Klarstellung ausdrücklich geregelt wurde, war die ausdrückliche Anordnung der Versuchsstrafbarkeit beim Bannbruch wegen der eindeutigen Verweisung in § 372 Abs. 2 nicht nötig. Zum strafbaren Versuchsbeginn und seiner Abgrenzung zur noch straflosen Vorbereitungshandlung s. JJR/*Jäger* Rn. 71 ff. und MüKoStGB/*Wegner* Rn. 86 ff., sowie zur Frage der Beendigung des Bannbruchs JJR/*Jäger* Rn. 74 ff.; MüKoStGB/*Wegner* Rn. 91 ff. und BGHSt 3, 40 (43).

C. Subsidiaritätsklausel, § 372 Abs. 2

11 Abs. 2 enthält eine **Subsidiaritätsklausel** für den Bannbruch. Hiernach kommt eine Bestrafung des Bannbruchs nach § 370 Abs. 1 und Abs. 2 nur in Betracht, wenn die Tat nicht nach anderen Vorschriften als Zuwiderhandlung gegen ein Ein-, Aus- oder Durchfuhrverbot mit Strafe oder mit Geldbuße bedroht ist. Dabei reicht es aus, dass die entsprechende Norm besteht. Auch eine Bußgeldvorschrift schließt die Bestrafung aus § 372 aus.

12 Soweit Straftatbestände in anderen Gesetzen keine Versuchsstrafbarkeit anordnen oder als Bußgeldtatbestände ohnehin nur vollendete Tathandlungen erfassen, kommt daneben auch keine Strafbarkeit wegen **versuchten Bannbruchs** in Betracht. Zwar verlangt Abs. 2, dass die Tat mit Strafe oder Geldbuße bedroht ist, so dass der Wortlaut für eine „Reserveversuchsstrafbarkeit" nach § 372 AO streitet. Eine solche Auslegung könnte aber zu dem wertungswidersprüchlichen Ergebnis führen, dass der vollendete Bannbruch als OWi, der versuchte Bannbruch aber als Straftat geahndet werden würde. Zu einem vernünftigen Ergebnis gelangt man daher nur, wenn die Subsidiaritätsklausel so ausgelegt wird, dass der Versuch des Bannbruchs nur dann nach § 370 Abs. 1 bestraft werden würde, wenn auch der vollendete Bannbruch nach dieser Vorschrift strafbar ist (Klein/*Jäger* Rn. 20; JJR/*Jäger* Rn. 85 ff.; Hübschmann/Hepp/Spitaler/*Hübner* Rn. 98; Kohlmann/*Hilgers-Klautzsch* Rn. 92).

13 Soweit die **Qualifikationsmerkmale des § 373** vorliegen, also ein bandenmäßiger oder sonst gefährlicher Bannbruch gegeben ist, greift die Subsidiaritätsklausel des Abs. 2 nicht mehr. Sie gilt nur bei einfacher Tatausführung (JJR/*Jäger* Rn. 86; Kohlmann/*Hilgers-Klautzsch* Rn. 95). Die Subsidiaritätsklausel gilt selbst dann nicht, wenn die Zuwiderhandlung bei einfacher Tatausführung ohne die nach § 373 qualifizierenden Merkmale eine bloße Ordnungswidrigkeit darstellen würde und die Tat daher nur mit Geldbuße geahndet werden könnte.

14 Da die Subsidiaritätsklausel nach der Abschaffung des Einfuhrmonopols für Branntwein derzeit – mit Ausnahme der oben referierten Randbereiche – durchgehend greift, kommt § 372 vor allem noch verfahrensrechtliche Bedeutung zu.

D. Verfahrensfragen

15 Die besonderen **Verfahrensvorschriften der §§ 385–408** gelten zunächst selbstverständlich dann, wenn ein Bannbruch nach § 370 Abs. 1 oder Abs. 2 strafbar ist, dh, wenn die Subsidiaritätsklausel des § 372 Abs. 2 nicht greift. Von den besonderen Verfahrensvorschriften der AO freilich ausgenommen sind diejenigen, die eine Abgabenangelegenheit (§ 388 Abs. 1 S. 2, Abs. 2 S. 2), ein Besteuerungsverfahren (§ 393) oder einen Steueranspruch oder -vorteil (§ 396) voraussetzen (JJR/*Jäger* Rn. 97), weil der Bannbruch trotz seiner Einordnung als **Steuerstraftat** (vgl. § 369 Abs. 1 Nr. 2) insoweit keine Bezugspunkte aufweist.

16 Sofern der Bannbruch wegen § 372 Abs. 2 deshalb subsidiär ist, weil die Tat in anderen Vorschriften als **Straftat** geahndet wird, **gelten die §§ 385–408** nach hM **ebenfalls** (*Bender* ZfZ 1992, 201; Bender/Möller/Retemeyer SteuerStrafR/*Retemeyer* Rn. 96/6g; Hübschmann/Hepp/Spitaler/*Hübner* Vorb. Rn. 30 ff. und Rn. 90; JJR/*Jäger* Rn. 98; Kohlmann/*Hilgers-Klautzsch* Rn. 107). Dies ergibt sich bereits aus Gründen der zwingenden Praktikabilität, weil die Zollverwaltung als für die Beachtung der Verbote und Beschränkungen und die Überwachung des grenzüberschreitenden Warenverkehrs zuständige Behörde auch für die Strafverfolgung bei Verstößen gegen nichtsteuerliche Verbotsnormen im Zusammenhang mit dem grenzüberschreitenden Warenverkehr zuständig sein muss.

17 Sofern der Bannbruch wegen § 372 Abs. 2 deshalb subsidiär ist, weil die Tat in anderen Vorschriften als **Ordnungswidrigkeit nur mit Geldbuße** geahndet wird, **gelten die §§ 385–408** nach hM **nicht** (*Bender* ZfZ 1992, 202; Bender/Möller/Retemeyer SteuerStrafR/*Retemeyer* Rn. 96/6g; Hübschmann/Hepp/Spitaler/*Hübner* Vorb. Rn. 30 ff. und Rn. 90; JJR/*Jäger* Rn. 99; Kohlmann/*Hilgers-Klautzsch* Rn. 111. Dies folgt bereits aus § 12 ZollVG, wonach die Zollbehörden die Waren und die dazugehörigen Verwaltungsvorgänge der zuständigen Verwaltungsbehörde vorlegen, wenn für die Verstöße nur die Ahndung als Ordnungswidrigkeit in Betracht kommt.

Der Bannbruch begründet nach § 74c Abs. 1 S. 1 Nr. 3 GVG unter den weiteren Voraussetzungen **18** der §§ 74 Abs. 1, 24 Abs. 1 Nr. 3, Abs. 2 GVG die Zuständigkeit der Wirtschaftsstrafkammer. Um eine **Wirtschaftsstrafsache** iSd GVG handelt es sich auch dann, wenn wegen der in § 372 Abs. 2 AO angeordneten Subsidiarität eine Bestrafung nach § 372 nicht stattfinden kann, weil die Tat in anderen Vorschriften mit **Strafe** bedroht ist. Keine Wirtschaftsstrafsache iSd GVG liegt aber dann vor, wenn es sich um Bannbruch im Zusammenhang mit Betäubungsmitteln handelt und damit dieselbe Handlung eine Straftat nach dem BtMG darstellt (vgl. § 74c Abs. 1 S. 1 Nr. 3 Hs. 2 GVG). Soweit die gerichts-verfassungsrechtliche Behandlung als Wirtschaftsstrafsache verfehlt wäre, hat die Staatsanwaltschaft das Verfahren entsprechend § 154a StPO auf die Nichtbannbruchstraftat zu beschränken.

Anders als bei Taten nach § 370 Abs. 3, § 373 und § 374 Abs. 2 ist der (einfache) Bannbruch auch **19** nach der seit 1.1.2008 geltenden Erweiterung des § 100a Abs. 2 Nr. 2b StPO **keine Katalogtat** für die Überwachung der Telekommunikation. Freilich führt der qualifizierte Bannbruch zu § 373 Abs. 2, so dass für die praktisch bedeutsamen Fälle dieses Ermittlungsinstrumentarium zur Verfügung steht.

§ 373 Gewerbsmäßiger, gewaltsamer und bandenmäßiger Schmuggel

(1) [1]Wer gewerbsmäßig Einfuhr- oder Ausfuhrabgaben hinterzieht oder gewerbsmäßig durch Zuwiderhandlungen gegen Monopolvorschriften Bannbruch begeht, wird mit Frei-heitsstrafe von sechs Monaten bis zu zehn Jahren bestraft. [2]In minder schweren Fällen ist die Strafe Freiheitsstrafe bis zu fünf Jahren oder Geldstrafe.

(2) Ebenso wird bestraft, wer

1. eine Hinterziehung von Einfuhr- oder Ausfuhrabgaben oder einen Bannbruch begeht, bei denen er oder ein anderer Beteiligter eine Schusswaffe bei sich führt,

2. eine Hinterziehung von Einfuhr- oder Ausfuhrabgaben oder einen Bannbruch begeht, bei denen er oder ein anderer Beteiligter eine Waffe oder sonst ein Werkzeug oder Mittel bei sich führt, um den Widerstand eines anderen durch Gewalt oder Drohung mit Gewalt zu verhindern oder zu überwinden, oder

3. als Mitglied einer Bande, die sich zur fortgesetzten Begehung der Hinterziehung von Einfuhr- oder Ausfuhrabgaben oder des Bannbruchs verbunden hat, eine solche Tat be-geht.

(3) Der Versuch ist strafbar.

(4) § 370 Abs. 6 Satz 1 und Abs. 7 gilt entsprechend.

Literatur: *Allgayer/Sackreuther,* §§ 52 ff. StGB: Konkurrenzen bei illegaler Einfuhr von Zigaretten, PStR 2009, 44; *Bender,* Rechtsfragen um den Transitschmuggel mit Zigaretten, wistra 2001, 161; *Bender,* Gestellung, Zollanmeldung und Entziehen aus der zollamtlichen Überwachung in der jüngsten Rechtsprechung des BGH, ZfZ 2003, 255; *Bender,* Ist der Zigarettenschmuggel seit dem 4. März 2004 straffrei?, wistra 2004, 368; *Bender,* Neuigkeiten im Zoll- und Verbrauchsteuerstrafrecht, ZfZ 2008, 145; *Harms/Jäger,* Aus der Rechtsprechung des BGH zum Steuerstrafrecht, NStZ 2001, 236; 2002, 244, 250; 2003, 189, 194; 2004, 191, 194; *Jäger,* Die Auswirkungen der Osterweiterung der Europäischen Union auf das deutsche Steuerstrafrecht, FS Amelung 2009, 447; *Jäger,* Aus der Rechtsprechung des BGH zum Steuerstrafrecht, NStZ 2008, 21; *Kuhlen,* Internationaler Schmuggel, Europäischer Gerichtshof und deutsches Strafrecht, FS Jung 2007, 445; *Leplow,* Ahndung des Zigarettenschmuggels nach dem 1.5.2004, PStR 2007, 180; *Leplow,* Ahndung des Zigarettenschmuggels nach §§ 373, 374 AO nF, PStR 2008, 63; *Leplow,* Zoll- und Verbrauchsteuer-strafrecht: BGH Rechtsprechung von Juni 2008 bis Februar 2011, PStR 2011, 207; *Müller-Eiselt,* Probleme bei der Umsetzung der jüngeren EuGH-Rechtsprechung zum Zollschuldrecht, ZfZ 2006, 218; *Tully/Merz,* Zur Strafbarkeit der Hinterziehung ausländischer Umsatz- und Verbrauchsteuern nach der Änderung des § 370 Abs. 6 AO im JStG 2010, wistra 2011, 121ff; *Weidemann,* Tabaksteuerstrafrecht, wistra 2012, 1 und 49; *Witte/Harksen,* „Verbringer" kraft Organisationsgewalt – BGH zum Begriff des Verbringers bei der vorschriftswidrigen Einfuhr von Waren, AW-Prax 2007, 378; *Witte,* Der Unionszollkodex, AW-Prax 2013, 373.

Übersicht

A. Allgemeines

1   Die Vorschrift wurde durch Art. 3 Nr. 4 des Gesetzes zur Neuregelung der Telekommunikationsüberwachung und anderer verdeckter Ermittlungsmaßnahmen sowie zur Umsetzung der RL 2006/24/EG v. 21.12.2007 (BGBl. I 3198) neugefasst. Nach der Aufhebung von § 370a und der Einführung des Regelbeispiels der bandenmäßigen Hinterziehung von Umsatz- und Verbrauchsteuern (§ 370 Abs. 3 S. 2 Nr. 5) wurde zur Beseitigung von Wertungswidersprüchen der Strafrahmen für den gewerbsmäßigen, gewaltsamen und bandenmäßigen Schmuggel unter Anhebung der Mindeststrafe auf sechs Monate auf Freiheitsstrafe bis zu zehn Jahren erhöht. Der neue S. 2 eröffnet für minder schwere Fälle einen reduzierten Strafrahmen, um eine angemessen Bestrafung des bandenmäßigen Schmuggels unterhalb typischer Fälle der organisierten Kriminalität zu ermöglichen.

2   Um in allen Fällen des bandenmäßigen Schmuggels, auch soweit er außerhalb der AO geregelte Fälle des Bannbruchs betrifft (→ § 372 Rn. 4) zu einem einheitlichen Bandenbegriff zu gelangen, und um innerhalb der AO nicht gebotene Differenzierungen zu beseitigen (vgl. § 370 Abs. 3 S. 2 Nr. 5) wurde in Abs. 2 Nr. 3 auf das bisherige Merkmal der Tatausführung „unter Mitwirkung eines anderen Bandenmitglieds" verzichtet.

3   Der neu eingeführte Abs. 4 erweitert den Anwendungsbereich auf Einfuhr- oder Ausfuhrabgaben, die von einem anderen Mitgliedstaat der Europäischen Gemeinschaften verwaltet werden oder die einem Mitgliedstaat der Europäischen Freihandelsassoziation oder einem mit dieser assoziierten Staat zustehen.

B. Inhalt und Anwendungsbereich

4   Der Straftatbestand enthält für Fälle des gewerbsmäßigen, gewaltsamen und bandenmäßigen Schmuggels gegenüber den Grundtatbeständen der Steuerhinterziehung (§ 370) und des Bannbruchs (§ 372) eine Strafschärfung.

5   Die Norm ist mit der in Abs. 3 nunmehr ausdrücklich angeordneten Versuchsstrafbarkeit eine „echte" Qualifikation zu § 370. Die von der hM und Rspr. zum früheren Rechtszustand vorgenommene Klassifizierung als unselbstständige tatbestandliche Abwandlung des § 370 mit der Folge der Ableitung der Versuchsstrafbarkeit aus § 370 Abs. 2 behält für Altfälle ihre Bedeutung. Die Einfügung des Abs. 3 hat ausdrücklich nur klarstellende Bedeutung (BT-Drs. 16/5846, 75). Durch die Erhöhung des Strafrahmens in § 373 Abs. 1 ist eine Regelung für besonders schwere Fälle oder eine Verweisung auf § 370 Abs. 3 entbehrlich geworden (vgl. BT-Drs. 16/5846, 75). Damit entfällt auch die Notwendigkeit, für besonders schwere Fälle des § 373 den Strafrahmen auf der Grundlage der Klassifizierung als unselbstständige tatbestandliche Abwandlung der Strafzumessungsregel des § 370 Abs. 3 zu entnehmen (dazu noch BGHSt 32, 95).

I. Qualifikationsmerkmale

6   **1. Gewerbsmäßige Begehung, § 373 Abs. 1.** Die Qualifikation der einfachen Steuerhinterziehung zum § 373 Abs. 1 greift dann ein, wenn Einfuhr- oder Ausfuhrabgaben gewerbsmäßig hinterzogen werden oder gewerbsmäßig durch Zuwiderhandlungen gegen Monopolvorschriften Bannbruch (§ 372) begangen wird.

7   **a) Gewerbsmäßiger Schmuggel.** Gewerbsmäßiges Handeln ist trotz Heranziehung zur Strafbegründung oder –schärfung in einer Vielzahl von Straftatbeständen nicht legaldefiniert. Nach der Rspr. des BGH handelt **gewerbsmäßig**, wer sich aus wiederholter Tatbegehung eine nicht nur vorübergehende Einnahmequelle von einigem Umfang verschaffen will (BGHSt 1, 383; sa MüKoStGB/*Wegner* Rn. 17 ff. mwN), wobei unter diesen Voraussetzungen bereits eine einmalige Tatbegehung ausreichen kann. Gewerbsmäßigkeit setzt keine Gewerblichkeit im Sinne eines berufsmäßigen Schmuggelns voraus, wohl aber stets Eigennützigkeit des Handelns. Anderenfalls kommt Beihilfe zur fremden Tat in Betracht (Klein/*Jäger* Rn. 16), weil nur demjenigen Täter oder Teilnehmer die Gewerbsmäßigkeit zuzurechnen ist, bei dem sie auch vorliegt.

8   Die Gewerbsmäßigkeit ist ein strafschärfendes besonderes persönliches Merkmal, auf das § 28 Abs. 2 StGB Anwendung findet (BGH wistra 1987, 30). Fehlt bei einem Teilnehmer das besondere persönliche Merkmal, kann er nur wegen Beteiligung an dem Grunddelikt (§ 370), nicht aber aus der Qualifikation der gewerbsmäßigen Begehung bestraft werden (…). Handelt ein Teilnehmer selbst gewerbsmäßig, ist er in jedem Fall wegen Beteiligung an § 373 Abs. 1 zu bestrafen, denn für seine Schuld ist es ohne

Bedeutung, ob sich der Haupttäter durch die Schmuggelgeschäfte eine laufende Einnahmequelle verschaffen will (JJR/*Jäger* Rn. 38).

Die Vorteile, die einem gewerbsmäßig handelnden Mittäter oder Teilnehmer als dauernde Einnahmequelle zufließen sollen, müssen zwar nicht von derselben Art sein, wie die des Haupttäters. Gleichwohl **9** müssen sie aber unmittelbar aus dem eigenen Tatbeitrag des Mittäters oder Teilnehmers herrühren (JJR/ *Jäger* Rn. 39 mwN).

b) Gewerbsmäßiger Bannbruch. Die zweite Variante des § 373 Abs. 1 ist derzeit ohne Anwen- **10** dungsbereich. Mit der Beschränkung des Branntweinmonopols auf die Übernahme des im Monopolgebiet hergestellten Branntweins aus den Brennereien sowie dessen Verwertung durch G v. 23.12.2003 (BGBl. I 2924 (2926)) ist das letzte nationale Einfuhrverbot nach einem Monopolgesetz entfallen (→ § 372 Rn. 1). Für die übrigen Fälle des gewerbsmäßigen Bannbruchs hat der Gesetzgeber ein Strafschärfungsbedürfnis verneint (BT-Drs. 6/1982, 196). Zur Anwendbarkeit auf Verbringungsverbote nach europäischen Rechtsvorschriften s. JJR/*Jäger* Rn. 87.

2. Gewaltsame oder bandenmäßige Begehung, § 373 Abs. 2. Abs. 2 enthält mehrere alternative **11** Qualifikationsmerkmale, die an eine besondere Gefährlichkeit des Täters oder der Tatausführung anknüpfen. Für diese Qualifikationstatbestände ist anders als bei Abs. 1 keine Gewerbsmäßigkeit erforderlich. Diese Strafschärfungsgründe berücksichtigen die stärkere kriminelle Willensbetätigung bewaffneter Schmuggler und die von ihnen damit ausgehende Gefahr namentlich für die im Zollgrenzdienst eingesetzten Beamten (Nr. 1 und 2) sowie die höhere Gefährlichkeit, die von einer Gruppe von Tätern ausgeht, die bewusst zusammenwirken, um Straftaten zu begehen (Nr. 3).

Bemerkenswert ist, dass der Gesetzgeber die mit dem 6. StRÄndG im allg. Strafrecht vorgenommene **12** Gleichstellung von Schusswaffen mit sonstigen Waffen und gefährlichen Werkzeugen (vgl. § 244 und § 250 StGB) nicht in § 373 übernommen hat. Die hier danach systemwidrig noch erforderliche Unterscheidung ist mit Blick auf die Identität der Strafandrohung allerdings nur akademischer Natur.

Sowohl bei Nr. 1 als auch bei Nr. 2 müssen die Tatwerkzeuge als **Hilfsmittel** der Tat dienen. Bilden **13** die (Schuss-)Waffen oder gefährlichen Werkzeuge selbst das Schmuggelgut und sind diese verpackt oder unzugänglich versteckt, liegen die Voraussetzungen der Qualifikation nicht vor.

Anders als (derzeit) bei Abs. 1 führt der nach Abs. 2 qualifizierte Bannbruch zu einer Bestrafung nach **14** dieser Norm (→ § 372 Rn. 13).

a) Schmuggel mit Schusswaffen, § 373 Abs. 2 Nr. 1. Auch innerhalb der Straftatbestände der **15** AO gilt der **strafrechtliche Schusswaffenbegriff.** Danach handelt es sich um Instrumente, mit denen aus einem Lauf heraus vermittels Explosionsgasen oder Luftdruck Geschosse gegen den Körper eines anderen abgefeuert werden können (BGHSt 48, 187). Voraussetzung ist, dass die Waffen Verletzungen bewirken können, die aber nicht notwendig lebensgefährdend oder tödlich sein müssen. **Luftdruckpistolen** oder **Luftgewehre** (BGH NStZ 2000, 431) fallen ebenso unter den strafrechtlichen Schusswaffenbegriff wie geladene Schreckschusspistolen (BGHSt 48, 197 (201)). **Gaspistolen,** die so konstruiert sind, dass deren durch Zündung freigegebenes Gas den Lauf nach vorne verlässt und nicht lediglich seitwärts ausströmt, können ebenfalls Schusswaffen darstellen (BGHSt 48, 197 (201); krit. Fischer StGB § 244 Rn. 4). **Nautische Signalpistolen** dienen bei bestimmungsgemäßer Verwendung indes weder dem Angriff noch der Verteidigung und sind daher keine Schusswaffen iSv § 373 Abs. 2 Nr. 1 (JJR/*Jäger* Rn. 45); sie können indes § 373 Abs. 2 Nr. 2 unterfallen. Akustisch oder rein optisch wirkende Schießgeräte unterfallen ebenfalls nicht dem Schusswaffenbegriff (JJR/*Jäger* Rn. 46).

Mit Blick auf die durch die erhöhte Gefährlichkeit gerechtfertigte erhöhte Strafandrohung muss die **16** Schusswaffe **funktionsfähig** und damit **zum Einsatz geeignet** sein (BGHSt 24, 136). Damit unterfallen weder Schusswaffenattrappen, zB eine Kinderpistole (BGHSt 20, 194 (196)), noch defekte Waffen oder aber ungeladene Schusswaffen, bei denen der Täter keine Munition bei sich führt (BGHSt 44, 103), dem Schusswaffenbegriff.

Anders als bei § 373 Abs. 2 Nr. 2, der eine bestimmt Gebrauchsabsicht voraussetzt, genügt es hier, **17** dass der Täter oder Teilnehmer die Schusswaffe **bei sich führt.** Eine **Gebrauchsabsicht** ist indes nicht erforderlich. Ausreichend ist vielmehr die bereits aus der bewussten Verfügbarkeit erwachsende Gefahr, die Schusswaffe bei der Tat auch anzuwenden (BGHSt 30, 44 (45)). Diese Gefahr besteht dann zB nicht, wenn die Schusswaffe nur während der Anfahrt zum Tatort mitgeführt wird und dann, vor Versuchsbeginn, im Kfz zurückbleibt (BGHSt 31, 105 (106)). Bei sich führen setzt nämlich voraus, dass der Täter oder Teilnehmer die Schusswaffe zu irgendeinem Zeitpunkt während des Tathergangs, also vom Versuchsbeginn bis zur Tatbeendigung, einsatzbereit ergreifen kann (BGHSt 31, 105 (106); BGH wistra 2000, 352). Selbst ein Ansichbringen der Waffe erst am Tatort genügt nach der Rspr., etwa wenn der Täter einem Grenzbeamten die Dienstwaffe entreißt und bei sich behält (BGH StV 1988, 429).

Nach überwiegender Ansicht führt auch eine Tatbegehung angelegentlich des Dienstes eines **dienst-** **18** **lich zum Tragen von Schusswaffen** verpflichteten Täters oder Teilnehmers zur Strafschärfung nach § 373 Abs. 2 Nr. 1 (BGHSt 30, 44; OLG Köln NJW 1978, 652; JJR/*Jäger* Rn. 50 mwN auch zur Gegenansicht; MüKoStGB/*Wegner* Rn. 25), weil die von der Schusswaffe ausgehende Gefahr bei einem

Beamten, der sich zur Tat hinreißen lässt, nicht geringer als bei einem anderen Täter ist. Unbillige Ergebnisse können daher ggf. nur auf der Seite des subjektiven Tatbestands korrigiert werden.

19   Im Übrigen setzt die **vorsätzliche** Begehung der Qualifikation das Wissen und Wollen eines (Mit-) Täters um das Beisichführen einer funktionsfähigen und einsatzbereiten Schusswaffe bei sich oder einem Mittäter voraus. Wer als unbewaffneter Mittäter oder Teilnehmer zu Unrecht annimmt, dass ein anderer Tatbeteiligter nur über eine funktionsunfähige oder ungeladene Schusswaffe verfüge, unterliegt einem nach § 16 StGB vorsatzausschließendem Tatbestandsirrtum hinsichtlich Nr. 1; freilich wird häufig Nr. 2 greifen. Das Beisichführen einer Schusswaffe stellt ein tatbezogenes qualifizierendes Unrechtsmerkmal dar. Weil danach § 28 Abs. 2 StGB nicht greift, kann auch der Gehilfe, der ohne Kenntnis des Haupttäters eine Schusswaffe bei sich führt, nur aus dem Grundtatbestand des § 370 bestraft werden (Mü-KoStGB/*Wegner* Rn. 48).

20   **b) Schmuggel mit sonstigen Waffen, Werkzeugen oder Mitteln, § 373 Abs. 2 Nr. 2.** Im Gegensatz zum Schmuggel mit Schusswaffen, bei dem sich die erhöhte Strafandrohung bereits aus der extremen Gefährlichkeit der mitgeführten Schusswaffe allein ergibt, erfordert die Qualifikation nach Nr. 2 eine über das Beisichführen hinausgehende **Verwendungsabsicht.** Danach muss die Waffe, das Werkzeug oder das sonstige Mittel vom Täter oder Teilnehmer eingesetzt werden, um den gegebenenfalls erwarteten Widerstand eines anderen, der sich ihm bei Ausführung der Tat in den Weg stellt, zu überwinden oder zu brechen. Dabei reicht es aus, wenn lediglich der ungehinderte Rückzug gedeckt werden soll (BGHSt 20, 194 (197); 22, 230 f.). Da die **Zweckbestimmung** für die Strafschärfung genügt, kommt es nicht darauf an, ob die Waffe oder das Werkzeug tatsächlich gegen einen anderen eingesetzt wird. Wird die Waffe aber tatsächlich gebraucht, ist sie iSv Nr. 2 auch dann bei sich geführt, wenn sie erst während der Tat aufgenommen oder nur für kurze Zeit an sich genommen wird (JJR/*Jäger* Rn. 56 mN zur Rspr.).

21   Die Zweckbestimmung des Beisichführens der Waffe, des Werkzeugs oder sonstigen Mittels muss sich auf das Anwenden von oder das Drohen mit Gewalt zur Überwindung oder Brechung des Widerstandes eines anderen beziehen (MüKoStGB/*Wegner* Rn. 30 ff.).

22   Der vom BGH im Kontext der §§ 224, 250 StGB verwendete, auch hier maßgebliche „strafrechtliche Waffenbegriff" umfasst körperliche Gegenstände, die nach ihrer objektiven Beschaffenheit und ihrem Zustand zur Zeit der Tat bei bestimmungsgemäßer Verwendung geeignet sind, erhebliche Verletzungen zuzufügen (BGHSt 48, 197 (200); vgl. auch Fischer StGB § 224 Rn. 8 („Gegenstände, die ihrer Art nach dazu bestimmt sind, erhebliche Verletzungen von Menschen zu verursachen"); → StGB § 244 Rn. 8; → StGB § 250 Rn. 4 ff., jeweils mwN). Gegenstände, die nicht bestimmungsgemäß im Gebrauch, wohl aber nach ihren objektiven Beschaffenheit und der Art ihrer Benutzung im Einzelfall geeignet sind, erhebliche Verletzungen zuzufügen, werden dagegen dem hier ebenfalls enthaltenen Begriff des „gefährlichen Werkzeugs" zugeordnet (vgl. Fischer StGB § 224 Rn. 9 ff.; → StGB § 250 Rn. 6; → StGB § 244 Rn. 27 ff. mit näheren Ausführungen zur Problematik der Anknüpfung an ein „gefährliches Werkzeug", wenn das Werkzeug lediglich mitgeführt und nicht verwendet worden ist). Besonders deutlich wird diese Terminologie im Falle der Einordnung von Messern: Diese gelten nur als Waffen, wenn und soweit sie nach ihrer Bauart zum Einsatz als Verletzungsmittel bestimmt sind; Küchenmesser, Taschenmesser und dergleichen sind dagegen gefährliche Werkzeuge (Fischer StGB § 224 Rn. 9d).

23   **c) Bandenmäßiger Schmuggel, § 373 Abs. 2 Nr. 3.** Mit der gesetzgeberischen Änderung zum 1.1.2008 (BGBl. 2007 I 3198) ist gesetzesübergreifend und auch innerhalb der AO (vgl. § 370 Abs. 3 S. 2 Nr. 5 und § 374) ein einheitlicher Bandenbegriff eingeführt worden, bei dem auf das frühere Mitwirkungsmerkmal („unter Mitwirkung eines anderen Bandenmitglieds die Tat ausführt") verzichtet wurde. Es genügt nunmehr, dass der Täter als Mitglied einer Bande, die sich zur fortgesetzten Hinterziehung von Einfuhr- oder Ausfuhrabgaben oder des Bannbruchs verbunden hat, eine solche Tat begeht. Die Bandenverbindung kann zudem nunmehr darauf gerichtet sein, fortgesetzt grenzüberschreitend Verbrauchsteuern zu hinterziehen (BT-Drs. 16/5846, 75).

24   Die höhere Gefährlichkeit, die von einer Tätergruppe ausgeht, die sich bewusst zur Begehung von Straftaten zusammengeschlossen hat, entspricht der erhöhten Strafandrohung. Wie bei § 373 Abs. 2 Nr. 1, bei dem sich die erhöhte Strafandrohung bereits aus der abstrakten Gefährlichkeit des Mitführens einer Schusswaffe ergibt, knüpft § 373 Abs. 2 Nr. 3 an die einer organisierten Schmugglergruppe abstrakt innewohnende Gefährlichkeit an.

25   Entsprechend der Rspr. des GrS des BGH zur Bande des StGB (BGHSt GrS 46, 321) besteht eine Bande iSd § 373 Abs. 2, wenn sich mindestens drei Personen mit dem Willen verbunden haben, künftig für eine gewisse Dauer **fortgesetzt Einfuhr- oder Ausfuhrabgaben zu hinterziehen** oder Bannbruch zu begehen. Ein gefestigter Bandenwille ist ebenso entbehrlich wie ein Tätigwerden in einem übergeordneten Bandeninteresse (BGHSt GrS 46, 321; MüKoStGB/*Wegner* Rn. 34 ff.). Voraussetzung ist aber, dass sich die Bandenmitglieder zur Begehung mehrerer selbstständiger, iE noch unbestimmter Straftaten verbunden haben, wobei die Begehung einer Tat genügt, wenn sie in Ausführung einer weitergehenden Absicht begangen wurde (JJR/*Jäger* Rn. 57 mwN).

Bandenmitglied kann jede Person sein, die sich an der bandenmäßigen Verbindung mit dem Willen **26** beteiligt, an den beabsichtigten Taten als (Mit-)Täter oder Gehilfe mitzuwirken (JJR/*Jäger* Rn. 59). Fehlt es an der Bandenmitgliedschaft, kann ein Mittäter oder Gehilfe mit Blick auf § 28 Abs. 2 StGB wie im allgemeinen Strafrecht nur wegen Beteiligung an dem Grunddelikt bestraft werden (Fischer StGB § 244 Rn. 44 mwN).

II. Systematik

Die Anknüpfung des § 373 an den Grundtatbestand der Steuerhinterziehung und die daraus folgende **27** Klassifizierung als Erklärungsdelikt machen die praktische Handhabung des Straftatbestands mit Blick auf die blankettausfüllenden Normen schwierig. Das materielle Zollrecht ist ganz überwiegend sekundäres Unionsrecht und seit dem 1.1.1994 im ZK (VO 2913/92 des Rates v. 12.10.1992 zur Festlegung des Zollkodex der Gemeinschaften, ABl. 1992 L 302, 1) sowie in der dazu ergangenen DVO (VO 2454/93 der Kommission v. 2.7.1993 mit Durchführungsvorschriften zum Zollkodex, ABl. 1993 L 253, 1) kodifiziert. Terminologie und Systematik des ZK sowie seine Auslegung durch den Gerichtshof der Europäischen Union führen mitunter zu Friktionen mit hergebrachter deutscher Strafrechtsdogmatik, die deshalb häufig zur Erreichung vernünftiger Ergebnisse hinterfragt und jedenfalls für das Zollstrafrecht vorsichtig angepasst werden muss.

Hierzu wird auch in Zukunft verschiedentlich Anlass bestehen. Nachdem mit der VO 450/2008 des **28** Europäischen Parlaments und des Rates v. 23.4.2008 (ABl. 2008 L 145, 1) der sogenannte Modernisierte Zollkodex (MZK) Gesetz geworden war und einzelne Bestimmungen des MZK bereits seit dem 24.6.2008 galten (freilich handelte es sich hierbei ausschließlich um Ermächtigungen zum Erlass von DVOen, vgl. Art. 188 Abs. 1 MZK), trat inzwischen der **Zollkodex der Union** (VO 952/2013/EU des Europäischen Parlaments und des Rates vom 9.10.2013 zur Festlegung des Zollkodex der Union, ABl. 2013 L 296 – UZK) an seine Stelle. Beim nunmehr geltenden UZK sind – wie zuvor beim MZK – zunächst nur die Ermächtigungsgrundlagen für die delegierten Rechtsakte und Durchführungsverordnungen anwendbar. Das vollständige Inkrafttreten ist – mit einer Fristverlängerung für die IT-Systeme bis zum 31.12.2020 – für den 1.6.2016 vorgesehen. Damit bleiben zunächst die bisherigen Regelungen des ZK und die ZK-DVO uneingeschränkt anwendbar (vgl. auch *Witte,* Der Unionszollkodex, AW-Prax 2013, 373).

1. Typische Einfuhrkonstellationen. Einfuhrschmuggelfälle in die Bundesrepublik Deutschland **29** kommen praktisch nur noch über die deutschen Hochseehäfen oder Flughäfen in Betracht. Zwar hat die Bundesrepublik noch zur Schweiz trotz ihrer Annäherung an die EU eine zollrechtliche EU-Außengrenze (vgl. zu der an die Schweiz angrenzenden deutschen Gemeinde Büsingen und zu Helgoland iÜ Art. 3 Abs. 1 3. Spiegelstrich ZK), gleichwohl wäre ein Schmuggel mit Blick auf die geographische Lage der Schweiz nur für unmittelbar aus der Schweiz herrührende Nichtgemeinschaftswaren denkbar. Das übliche Schmuggelgut – typischerweise große Mengen preiswert hergestellter hochsteuerbarer Waren wie Zigaretten und Alkohol – werden in der Schweiz aber nicht hergestellt.

Strafrechtlich relevant sind – wegen § 373 Abs. 4 – daneben die Fälle in denen der Einfuhrschmuggel **30** in einem anderen Mitgliedstaat mit EU-Außengrenze stattfindet.

Zum besseren Verständnis der Verzahnung zwischen § 373, den Bestimmungen des ZK und den **31** praktischen Abläufen im grenzüberschreitenden Warenverkehr mit Nichtgemeinschaftswaren sollen zunächst beispielhaft und vereinfachend die nachfolgenden typischen Abläufe dargestellt werden.

a) Seehäfenfälle. Nachdem sich Versender und Empfänger über eine Lieferung geeinigt haben, **32** erstellt der Versender die Bill of Lading (B/L), in dem der Name des Empfängers und des von ihm ggf. beauftragten Spediteurs eingetragen ist. Sodann übergibt der Versender die Ware (im Regelfall den Container) gegen Quittung auf der B/L dem Verfrachter (seekaufmännischer Frachtführer), Schiffsmakler oder Reeder. Dieser erstellt auf der Grundlage der B/Ls. das sog Schiffsmanifest („freight manifest") in dem Versender („shipper"), Empfänger („consignee") und ggf. Spediteur des Empfängers („notify party") eingetragen werden. Zusätzlich werden dabei die Zahl der Packstücke, eine Kurzbeschreibung der Ladung, sowie etwaige Gebühren, die auf diesen Container anzurechnen sind (zB „transit charge") vermerkt. Nach Verschiffung und im Regelfall nach Bezahlung übermittelt der Versender an den Empfänger die B/L, eine Packliste („packing list"), die Rechnung („invoice") und ggf. ein Ursprungszeugnis („certificate of origin"). Soweit sie sich nicht ohnehin aus der B/L ergibt, wird dem Empfänger auch die Container-Nr. mitgeteilt (die wie ein Kfz-Kennzeichen jeweils jeden Container weltweit kennzeichnet). Kurz vor Erreichen des Empfängerhafens verschickt der Reeder, Schiffsmakler oder Schiffsagent ein Avis an den Empfänger, mit dem der Eingang der Ware angekündigt wird. Üblicherweise lässt der Reeder zugleich (im Regelfall über Schiffsagenten) freiwillige Vorabinformationen an den Zoll übermitteln, damit die Zollkontrolle möglichst zügig erfolgen kann. Vor dem Verbringen in das Zollgebiet (vgl. Art. 36a Abs. 3 ZK) gibt der Reeder (oder ein Stellvertreter, Art. 36b Abs. 4 ZK) als **Verbringer** der Waren (Art. 36b Abs. 3 ZK) eine **summarische Anmeldung** bei den zuständigen Zollbehörden ab. Bei der Verbringung in eine **Freizone** folgt die Pflicht zur summarischen Anmeldung für Waren, die von außerhalb des Zollgebietes kommen, aus Art. 176 Abs. 2 ZK. Die

Meldung erfolgt in Deutschland über das Zoll-EDV-System ATLAS. Inhaltlich meldet der Reeder dabei die Daten des Schiffsmanifests, dh Menge, Art und Beschaffenheit der Ware. Zudem wird auch der Bestimmungsort (Freizone oder Seezollhafen) angegeben. Über das EDV-System wird dann eine Registriernummer (ATA-Nr. bei Freizone, ATB-Nr. bei Seezollhafen) erstellt. Währenddessen fährt das Schiff unter Benutzung des von den Zollbehörden bezeichneten Verkehrsweges (Art. 38 Abs. 1 ZK) zu der von den Zollbehörden bezeichneten Zollstelle oder in eine Freizone (Art. 166 ff. ZK). In der Regel bei der Löschung der Fracht, dh beim Abladen der Waren iSv Art. 46 ZK werden die Container anhand ihrer Container-Nr. durch den Hafenanlagenbetreiber computermäßig erfasst. Diese Datensätze, die die Löschung eines bestimmten Containers mit einem ausweislich der summarischen Anmeldung bestimmten Inhalts, wird sodann in das ATLAS-System des Zolls eingepflegt. Hierbei handelt es sich um die „Mitteilung an die Zollbehörden in der vorgeschriebenen Form, dass sich die Ware bei der Zollstelle oder an einem anderen von den Zollbehörden bezeichneten oder zugelassenen Ort befindet", dh um die **Gestellung** der Ware nach Art. 40 ZK. Hieran schließt sich die **Zollanmeldung** zur Überführung der Waren in den **freien Verkehr** oder in ein **anderes Zollverfahren** an. Nach Art. 218 ZK wird die Zollschuld sodann **buchmäßig erfasst** und der Abgabenbetrag in geeigneter Form mitgeteilt, die sogenannte **Mitteilung der buchmäßigen Erfassung** nach Art. 221 ZK.

33   Bei der Verbringung von Nichtgemeinschaftswaren unmittelbar in eine **Freizone** sind die Waren nunmehr nach Art. 170 Abs. 2 Buchst. d ZK ebenfalls zu gestellen (s. zum **früheren** Rechtszustand vor dem 1.7.2009 NJW 2003, 3068). Zuvor ist nach Art. 176 Abs. 2 Unterabs. 2 ZK eine summarische Anmeldung abzugeben. Solange die Nichtgemeinschaftswaren regelhaft in die Freizone verbracht wurden und dort verbleiben, sind sie nach Art. 166 Buchst. a ZK als nicht im Zollgebiet befindlich anzusehen. Einfuhrabgaben werden daher erst dann erhoben, wenn sie zollrechtlich in den freien Verkehr oder ein anderes Zollverfahren überführt oder unter anderen als den im Zollrecht vorgesehenen Voraussetzungen verwendet oder verbraucht werden.

34   **b) Landwegtransporte.** Die Einfuhr auf dem **Landweg** folgt mit kleineren Abweichungen in der Terminologie im Wesentlichen den gleichen Vorgaben wie auf dem Seeweg. **Verbringer** sind hier im Regelfall entweder der vom Spediteur beauftragte Frachtführer, bei Eigeneintritt der Spediteur selbst oder, bei Eigentransport, der Versender. Mit Blick darauf, dass die notwendige EDV-Infrastruktur an den EU-Außengrenzen noch weitgehend fehlt, findet die nach Art. 36a Abs. 2 ZK an sich vorgesehene vorherige summarische Anmeldung nicht durchgehend statt. Praktisch werden **summarische Anmeldung** und **Gestellungsmitteilung** (Art. 40 ZK) am Grenzzollamt gleichzeitig abgegeben, und zwar im Regelfall durch den LKW-Fahrer. Wiederum erfolgt anschließend die **Zollanmeldung** zur Überführung der Waren in den freien Verkehr oder in ein anderes Zollverfahren.

35   **2. Modus Operandi.** Typischerweise werden Schmuggeltaten entweder durch mit Tarnwaren verdeckte, scheinbar aber regelhaft durchgeführte Transporte oder den sog Schmuggel über die „grüne Grenze" organisiert.

35a   **a) Schmuggel mit Tarnware.** Sowohl bei dem Transport über Seehäfen als auch über den Landwegtransport läuft der Schmuggel derzeit im Wesentlichen so ab, dass die Schmuggler die zu schmuggelnden, häufig hochsteuerbaren Waren in den Transportbehältnissen (oder dem Transportfahrzeug selbst) hinter oder unter so genannter **Tarnware** verstecken. Bei der Tarnware handelt es sich regelmäßig um Ware mit einer sehr niedrigen Einfuhrabgabenbelastung, idealerweise zollfrei, so dass bei der Abfertigung der Tarnware allenfalls Einfuhrumsatzsteuer anfällt. Ziel der Täter ist es in diesen Fällen, die Tarnware einer zollamtlichen Abfertigung zuzuführen und den wahren Inhalt des Transportbehältnisses (weitestgehend) abgabenfrei in den freien Verkehr zu überführen. Entsprechend werden die Transporte mit **inhaltlich unzutreffenden Warenbegleitpapieren** ausgestattet, die bei Grenzübertritt zugleich für die notwenigen zollrechtlichen Formalitäten herangezogen werden.

36   **b) Schmuggel über die „Grüne Grenze".** Die wohl älteste und zugleich krudeste Form des Schmuggels ist der Schmuggel über die **„Grüne Grenze".** Hierbei werden die Schmuggelwaren über ungesicherte Grenzübergänge an den Grenzabfertigungsstellen vorbei eingeführt. Ein Bedarf nach Tarnware oder inhaltlich unzutreffenden Warenbegleitpapieren besteht in diesen Fällen nicht. Aufgrund der zum Teil sehr weitläufigen, noch nicht hinreichend gesicherten EU-Ost- und Südostgrenzen ist diese Form des Schmuggels nach wie vor häufig anzutreffen.

37   **c) Sonstige Schmuggelvarianten und Einfuhrabgabenhinterziehungen.** Bis vor einigen Jahren von rechtstatsächlich größerer Bedeutung waren die Fälle, in denen unter Missbrauch externer gemeinschaftlicher Versandverfahren geschmuggelt wurde. Diese **Steueraussetzungsverfahren** dienen der steuerrechtlich neutralen Durchfuhr durch die EU oder der Verlagerung der Verzollung und Versteuerung vom Grenzzollamt zu einem im Zollinland befindlichen Binnenzollamt. Nachdem die Bürgschaftsverpflichtungen etwa im Carnet-TIR-Verfahren für hochsteuerbare Waren wie Tabak und Alkohol erhöht (und zahlreiche nationale Verbände nachfolgend ihre Bürgschaftsverpflichtungen gekündigt haben) sowie technische Verbesserungen in der Abwicklung der Versandverfahren eingeführt wurden

(vgl. dazu Witte/*Kampf* ZK Art. 91 Rn. 17 ff.), scheinen diese Verfahren derzeit weniger missbrauchs-anfällig zu sein.

Schließlich gibt es noch im Zusammenhang mit den **Warenbegleitpapieren** vielfältige Möglich- 38
keiten der Einfuhrabgabenhinterziehung. Sie sind im Kern den Manipulationsformen im sonstigen Steuerrecht vergleichbar und laufen regelhaft auf eine **Zollwertverkürzung** namentlich durch Unter-fakturierungen, Aufteilung des Rechnungspreises, falsche Tarifierungen oder Manipulationen im Zu-sammenhang mit Ursprungspräferenzierungen oder Einfuhrquoten hinaus (vgl. umfassend JJR/*Jäger* § 370 Rn. 448 ff.). Während die kruderen Manipulationsformen – etwa schlichte Unterfakturierungen und dergleichen – rechtlich keine Schwierigkeiten bereiten und bei Vorliegen der Qualifikationsmerk-male § 373, sonst § 370 Abs. 1 Nr. 1 unterfallen, können Manipulationen bei Tarifierungs- oder Ursprungspräferenzmerkmalen rechtlich und tatsächlich anspruchsvolle Probleme aufwerfen, die zT nur mit der sehr umfangreichen Kasuistik des EuGH und der Finanzgerichte gelöst werden können. Angesichts der Vielfalt denkbarer Manipulationsformen kann hier weder systematisch noch einzelfall-bezogen vertiefend erläutert werden. Gegebenenfalls muss in problematischen Fällen ein Vorabent-scheidungsverfahren durch den Gerichtshof der Europäischen Union erwogen werden.

3. Rechtliche Erfassung im Kontext des § 373. Die rechtliche Erfassung typischer Schmuggel- 39
vorgänge im Kontext des deutschen Steuerstrafrechts ist mit Blick auf die notwendige Verzahnung mit den Tathandlungen des § 370 Abs. 1 Nr. 1 oder Nr. 2 und deren Anknüpfung an inhaltlich unzutreffen-de Steuererklärungen oder pflichtwidriges In-Unkenntnis-lassen der Finanzbehörden problembehaftet. Das materielle Zollrecht des ZK ist nicht anhand der Dogmatik des deutschen Steuerstrafrechts ent-wickelt worden. Es knüpft vielmehr die Zollschuldentstehung – neben dem Regelfall der buchmäßigen Erfassung nach zutreffender Zollanmeldung – an bestimmte Unregelmäßigkeiten im Ablauf des Einfuhr-vorgangs an.

a) Zollschuldentstehung nach dem ZK in Schmuggelfällen. Zentrale Zollschuldentstehungs- 40
norm in Schmuggelfällen ist Art. 202 ZK. Nach dieser Bestimmung entsteht eine Einfuhrzollschuld, wenn einfuhrabgabenpflichtige Waren **vorschriftswidrig** in das Zollgebiet der Gemeinschaft **ver-bracht** werden. Vorschriftswidriges Verbringen iSv Art. 202 ZK ist dabei jedes Verbringen unter Nichtbeachtung der Art. 38–Art. 41 und Art. 177 zweiter Gedankenstrich ZK (Art. 202 Abs. 1 ZK).

Bis zur Entscheidung des EuGH in der Rs. *Papismedov* (ZfZ 2005, 192; AW-Prax 2005, 214) gab es keine innere Verzahnung zwischen der seinerzeit regelhaft erst nach der Gestellung abzugebenden summarischen Anmeldung nach Art. 43 ZK aF und der aus Art. 40 ZK folgenden Gestellungspflicht. Dies ist im Anschluss an die *Papismedov*-Entscheidung grundsätzlich anders geworden. Wörtlich heißt es dort: „Die Gestellung der Waren nach Art. 40 ZK ist nämlich gemäß Art. 43 und 45 (aF) mit einer entsprechenden Verpflichtung verbunden, kurzfristig eine summarische Anmeldung abzugeben ... Wie sich aus Art. 43 Abs. 2 ZK (aF) ergibt, erfolgen diese beiden Vorgänge im Allgemeinen gleichzeitig ... (Rn. 30). Wenn bei der Gestellung der Waren gemäß Art. 40 ZK gleichzeitig eine summarische Anmeldung oder eine Zollanmeldung abgegeben wird, bei der die Beschreibung der Warenart nicht mit den Tatsachen übereinstimmt, fehlt es somit an der Mitteilung an die Zollbehörden gemäß Art. 4 Nr. 19 des ZK (Gestellung), dass die Waren eingetroffen sind. Unter diesen Umständen kann nicht allein deswegen, weil bestimmte Dokumente vorgelegt wurden, davon ausgegangen werden, dass diesen Behörden die für die Erfassung der Waren erforderlichen Informationen zugegangen wären. Die in den bei der Gestellung vorgelegten Dokumenten enthaltenen Angaben müssen nämlich auch zutreffend sein. Wird in diesen Anmeldungen ein wichtiger Teil der gestellten Waren nicht erwähnt, muss angenommen werden, dass sie vorschriftswidrig in das Zollgebiet verbracht (Art. 202 ZK) wurden" (→ Rn. 31). Diese Entscheidung ist für die deutsche zollstrafrechtliche Betrachtung von zentraler Bedeutung, weil sie den für § 370 Abs. 1 Nr. 1 notwendigen Konnex zwischen falscher Erklärung (summarische Anmeldung) und Zollschuldentstehungstatbestand herstellt.

Die *Papismedov*-Entscheidung ist allerdings auf – zum Teil harsche – Kritik im zollrechtlichen 41
Schrifttum gestoßen (*Bender* wistra 2006, 41; *Kampf* BDZ 2005, 56; *Kock* ZfZ 2005, 195; *Müller-Eiselt* ZfZ 2006, 218; *Witte* AW-Prax 2005, 216; Witte/*Witte* ZK Art. 202 Rn. 6). Ihr wurde namentlich entgegengehalten, dass sie die zollrechtlichen Pflichten im Zusammenhang mit der Gestellung als Verfahrensphase zur Erfassung des Warenverkehrs unzulässig mit den Pflichten im dem der Gestellung nachfolgenden Verfahrensstadium der summarischen Anmeldung vermenge. Die Entscheidung führe zu einer zu weitgehenden Anwendung des Zollschuldentstehungstatbestandes in Art. 202 ZK gegenüber Art. 203 und 204 ZK.

Der Kritik war zuzugeben, dass der ZK bis zum ZK 2005 die summarische Anmeldung erst im 42
Kapitel 3 „Abladen der gestellten Ware" (Art. 43 ff. ZK) behandelte und damit systematisch die summa-rische Anmeldung der Verfahrensphase der „Gestellung" (Art. 40 f. ZK) erst nachfolgte. Diese systema-tische Verortung und die Beschränkung des vorschriftswidrigen Verbringens (Art. 202 ZK) auf die Nichtbeachtung der in Art. 38–41 ZK statuierten Pflichten ließ sich nicht völlig bruchlos mit der Entscheidung des EuGH vereinbaren.

43   Spätestens seit dem vollständigen Wirksamwerden der Änderungen im ZK 2005 zum 1.7.2009 durch
die VO (EG) Nr. 648/2005 zur Änderung des ZK lässt sich die systematischen Erwägungen folgende
Kritik an der *Papismedov*-Entscheidung des EuGH nicht mehr im selben Umfang aufrechterhalten. Die
Vorschriften über die summarische Anmeldung sind nunmehr in das Kapitel 1 über das „Verbringen
von Waren in das Zollgebiet der Gemeinschaft" (Art. 36a ff. ZK) verschoben worden. Die summarische
Anmeldung ist nunmehr regelhaft zur Verbesserung der Risikokontrolle vor dem Verbringen der Waren
in das Zollgebiet der Gemeinschaft abzugeben. Sie ist spätestens nunmehr in einem engen gedanklichen
Konnex zu der ihr nachfolgenden Gestellung zu sehen; beides sind Elemente der Erfassung des Warenverkehrs bei der Einfuhr. Nach Inkrafttreten des UZK verliert auch die an die Unterschiedlichkeit der
Zollschuldentstehungstatbestände nach Art. 202 ff. anknüpfende Kritik ihre Bedeutung. Art. 79 UZK
fasst die zuvor getrennt und zum Teil unterschiedlich geregelten Zollschuldentstehungstatbestände des
vorschriftswidrigen Verbringens (Art. 202 ZK), des Entziehens aus der zollamtlichen Überwachung
(Art. 203 ZK) und der Verfehlungen (Art. 204 ZK) unter Vereinheitlichung und teilweiser Erweiterung der Zollschuldner zu einer einheitlichen Norm des Entstehens der Zollschuld bei Verstößen
zusammen.

44   **b) Zollstrafrechtliche Erfassung nach § 373, § 370 Abs. 1 Nr. 1.** Wird bei der Wareneinfuhr in
die EU auf das unter der Ladung versteckte oder durch besondere Vorrichtungen verheimlichte
Schmuggelgut nicht hingewiesen oder werden in der summarischen Anmeldung nur Angaben zur
Tarnware und damit falsche Angaben über die Warenart gemacht und damit nur Tarnware gestellt,
entsteht die Einfuhrzollschuld wegen vorschriftswidrigen Verbringens in das Zollgebiet der EU nach
Art. 202 Abs. 1 Buchst. a, Art. 40, Art. 4 Nr. 19 ZK. Da die vorschriftswidrig verbrachte Ware entgegen Art. 217 Abs. 1 ZK nicht im Zeitpunkt der Zollschuldentstehung buchmäßig erfasst und dem
Zollschuldner nach Art. 221 Abs. 1 ZK mitgeteilt werden kann, wird die Zollschuld durch die Falscherklärung nicht oder nicht rechtzeitig iSv § 370 Abs. 4 S. 1 festgesetzt. Mit Blick auf die in Art. 218
Abs. 1 ZK vorgesehene Frist für die buchmäßige Erfassung wird es mithin spätestens am zweiten Tag
nach der Zollschuldentstehung zur Vollendung der Steuerstraftat kommen.

45   Für die sogenannten **„Freihafenfälle"** gilt seit 1.7.2009 nichts anderes (vgl. zum früheren
Rechtszustand BGH wistra 2003, 389 und JJR/*Jäger* Rn. 72; anders auch noch MüKoStGB/*Wegner*
Rn. 56). Die Verpflichtung zur Gestellung und summarischen Anmeldung der Ware beim Verbringen in
die Freizone führt – soweit statt der eigentlichen Ware nur die Tarnware (summarisch) angemeldet und
gestellt wird – zur Zollschuldentstehung nach Art. 202 ZK, die wiederum nicht buchmäßig erfasst und
nicht iSv Art. 221 Abs. 1 ZK mitgeteilt werden kann. Damit tritt spätestens zwei Tage nach Löschen der
Ware im Freihafen (vgl. wiederum Art. 218 Abs. 1 ZK) Vollendung des Steuerdelikts ein. Diese Rechtsfolge scheint sich auf den ersten Blick nicht mit dem Wesen des „Freihafens" zu vertragen, weil dort die
Nichtgemeinschaftswaren gerade für die Erhebung der Einfuhrabgaben und Anwendung der handels-
politischen Maßnahmen nach Art. 166 Buchst. a ZK bei der Einfuhr als nicht im Zollgebiet der
Gemeinschaft befindlich angesehen werden. Mithin würden bei einer inhaltlich zutreffenden summarischen Anmeldung und Gestellung keine Einfuhrabgaben anfallen. Sie führt auch dazu, dass einer bei der
späteren „Ausfuhr" aus dem „Freihafen" (typischerweise lagern Schmuggler Container mit Schmuggelgut in der Freizone zunächst zwischen) abgegebenen inhaltlich unzutreffenden Zollanmeldung wegen
der Einmaligkeit der Zollschuldentstehung keine weitere zoll- oder zollstrafrechtliche Bedeutung zukommt. Die hier vorgenommene Betrachtung ist gleichwohl zwingend: „Freihäfen" existieren nur noch
in der historisierenden Terminologie des deutschen Zollrechts. Sie sind nach dem Zollkodex Freizonen
nach Art. 166 ZK und damit Teile des Zollgebiets der Gemeinschaft. Es handelt sich bei ihnen um ein
Zollverfahren im weiteren Sinne, nämlich um eine zollrechtliche Bestimmung iSv Art. 4 Nr. 15 ZK
(Witte/*Witte* ZK Art. 202 Rn. 30). Die dort lediglich fingierte Drittlandsituation erlangt Nichtgemeinschaftsware erst dadurch, dass sie ordnungsgemäß in dieses „Zollverfahren" überführt wird. Ordnungsgemäß kann sie aber nur dann in eine Freizone „überführt" werden, wenn sie mit zutreffender
summarischer Anmeldung gestellt wird. Geschieht dies nicht, entsteht schon keine Drittlandfiktion;
vielmehr wird die Nichtgemeinschaftsware vorschriftswidrig iSv Art. 202 ZK mit allen zoll- und zoll-
strafrechtlichen Folgen verbracht.

46   Lediglich dann, wenn Nichtgemeinschaftswaren zunächst ordnungsgemäß in eine Freizone verbracht
und erst dann unter Verstoß gegen die sich aus Art. 177 und die DVO-Regelungen ergebenden Pflichten
(darin wird auf Titel III des ZK verwiesen und damit auch auf die Art. 38–41 ZK, vgl. Witte/*Witte* ZK
Art. 202 Rn. 30) ins übrige Zollgebiet verbracht werden, kommt dieser vorschriftswidrigen Einfuhr iSv
Art. 202 ZK eigenständige zollstrafrechtliche Bedeutung zu. Freilich sind Fälle dieser Art für organisierte
Schmuggeltaten atypisch, weil die ordnungsgemäße Einfuhr in die Freizone von typischen idR hochsteuerbaren Schmuggelwaren bereits Maßnahmen des zollrechtlichen Risikomanagements hervorrufen,
die es aus Tätersicht gerade zu verhindern gilt.

47   Die strafrechtliche Haftung von **Mittätern** oder **Hintermännern,** die nicht selbst an der Abgabe der
falschen summarischen Mitteilung oder der mit ihr verknüpften Gestellung mitgewirkt haben, bereitet
keine Probleme. Ihnen wird – soweit die unmittelbar Handelnden dolos sind – der Tatbeitrag der
Erklärenden nach § 25 Abs. 2 StGB zugerechnet. Handeln die unmittelbar Erklärenden – etwa aus-

nahmsweise nicht eingeweihte Lkw-Fahrer – undolos, so bedienen sich die Hintermänner dieser Personen iSv § 25 Abs. 1 Var. 2 StGB als Tatmittler und handeln danach selbst als mittelbare Täter.

Angesichts der Vorverlagerung der Abgabepflicht der summarischen Anmeldung, die derzeit allerdings **48** aus praktischen Gründen nur in den See- und Freihafenfällen Anwendung findet (→ Rn. 32 ff.), stellt sich die Frage nach dem Beginn der Versuchsstrafbarkeit. Wenn die Tat durch die „an der Kaimauer" erfolgte unzutreffende Gestellungsmitteilung bereits vollendet ist, spricht viel dafür den Versuchsbeginn spätestens an die Abgabe der unzutreffenden summarischen Anmeldung zu knüpfen. Eine noch weitergehende Vorverlagerung, die insbesondere in den regelhaft vorliegenden Fällen mittelbarer Täterschaft in Betracht kommt (vgl. zu den vielfältigen Lösungsansätzen *Fischer* StGB § 22 Rn. 24 ff.), erscheint mit Blick auf die von der Rspr. geforderte unmittelbar konkrete Gefährdung des Rechtsguts (vgl. *Fischer* StGB § 22 Rn. 24 ff.) nicht angezeigt.

c) Zollstrafrechtliche Erfassung nach §§ 373, 370 Abs. 1 Nr. 2. Beim Schmuggel über die **49** „Grüne Grenze" folgt die deutsche zollstrafrechtliche Erfassung gänzlich anderen Kriterien. Da in diesen Fällen gerade keine Gestellung oder eine mit ihr verknüpfte summarische Anmeldung stattfindet, weil die Täter an der Zollbehörde vorbei einführen, liegen regelmäßig Fälle des pflichtwidrigen Unterlassens einer Steuererklärung nach § 370 Abs. 1 Nr. 2 vor.

Bei dieser Steuerhinterziehung durch Unterlassen ist – jedenfalls nach der hergebrachten Dogmatik des § 370 Abs. 1 Nr. 2 – die Frage zu klären, wer von den an der Tat Beteiligten verpflichtet war, eine entsprechende Erklärung abzugeben. Augenfällig werden die in diesem Zusammenhang entstehenden Probleme, wenn es um die Frage der Strafbarkeit von Hintermännern geht. Wäre etwa nur der Lkw-Fahrer gestellungspflichtig, führte dies zu dem materieller Gerechtigkeit widerstreitenden Ergebnis, dass nur der – regelmäßig in die unterste Hierarchieebene einer Schmuggelorganisation einzureihende – Lkw-Fahrer täterschaftlich handeln würde. Organisierende Hintermänner kämen nur als Teilnehmer (§ 28 Abs. 2 StGB) seiner Tat in Betracht. Gänzlich unvernünftige Ergebnisse entstünden, wenn der Lkw-Fahrer gar undolos handeln würde, was freilich angesichts des gewählten Transportweges über die „Grüne Grenze" und der für eine Schmuggelorganisation kaum vertretbaren Risiken eines nicht eingebundenen Fahrers allenfalls im Rahmen forensischer Wahrheitsfindung denkbar erscheint. In solchen Fällen handelten die Hintermänner deshalb straflos, weil in Ermangelung einer strafbaren Haupttat (§ 16 Abs. 1 S. 1 StGB) kein Raum für eine nur akzessorisch denkbare Teilnahme bestünde.

Der BGH hat sich dieser Problematik über den Begriff des **Verbringers** genähert und dabei an die **50** Rechtsprechung des EuGH in der Rs. *Viluckas* und *Jonusas* (wistra 2004, 376; AW-Prax 2004, 309) angeknüpft (BGH wistra 2007, 224; BGH NJW 2007, 1294 mAnm *Witte/Harksen* AW-Prax 2007, 378; sa JJR/*Jäger* § 370 Rn. 456 ff. und MüKoStGB/*Wegner* Rn. 52 ff.). Danach verbringen bei der Einfuhr mit einem Kraftfahrzeug diejenigen Personen die Nichtgemeinschaftsware in das Zollgebiet der Gemeinschaft, die die Herrschaft über das Fahrzeug im Zeitpunkt der Verbringung haben, nämlich ua die Fahrer, und zwar derjenige der das Fahrzeug lenkt, und sein Beifahrer oder Ersatzmann, sofern er sich im Fahrzeug befindet. Ferner sei auch eine andere im Fahrzeug befindliche Person Verbringer, wenn nachgewiesen ist, dass sie hinsichtlich der Verbringung der Waren Verantwortung trägt. Mit Blick darauf, dass es nach der EuGH-Entscheidung auf die Herrschaft über das Fahrzeug bei der Einfuhr ankomme, hat der BGH gefolgert, dass nicht nur der Fahrer, sondern kraft ihrer Weisungsbefugnis auch diejenigen Organisatoren des Transports, die beherrschenden Einfluss auf den Fahrzeugführer haben, indem sie die Entscheidungen zur Durchführung des Transports treffen und die Einzelheiten der Fahrt bestimmen, als Verbringer – und mithin als Gestellungspflichtige iSv Art. 40 ZK – anzusehen seien (BGH NJW 2007, 1294; JJR/*Jäger* § 370 Rn. 456 ff.). **Strafbarkeitslücken** blieben demnach allenfalls dann, wenn sich Hintermänner für das Verbringen in das Gemeinschaftsgebiet vorsatzloser Fahrer bedienen, dabei selbst aber keine unmittelbare Kontrolle über das Fahrzeug ausüben (s. JJR/*Jäger* § 370 Rn. 224c; aA wohl MüKoStGB/*Wegner* Rn. 54).

Diese von BGH entwickelte Rechtsfigur des **„Verbringers kraft Organisationsgewalt"** ist im **51** zollrechtlichen Schrifttum auf Kritik gestoßen (*Witte/Harksen* AW-Prax 2007, 378; *Witte/Witte* ZK Art. 202 Rn. 36). Ihr wird namentlich entgegengehalten, dass Hintermänner nach Art. 202 Abs. 3 2. Gedankenstrich ZK zwar Zollschuldner werden, aber als nicht unter den Verbringerbegriff fallende Personen nicht gestellungspflichtig iSv Art. 40 ZK sein können.

Die Rechtsprechung des BGH überzeugt iErg. Die Beschränkung auf den „Verbringer kraft Organi- **52** sationsgewalt" schränkt den Kreis von möglichen gestellungspflichtigen Personen aber zu sehr ein und führt daher selbst zu den befürchteten verbleibenden Strafbarkeitslücken. Die Lösung ist vielmehr wiederum in der *Papismedov*-Rechtsprechung des EuGH (EuGH ZfZ 2005, 192; EuGH AW-Prax 2005, 214) zu finden. Dabei muss man sich vorab vor Augen führen, dass nur Zollschuldner nach Art. 202 Abs. 3 1. Gedankenstrich ZK gestellungspflichtig iSv Art. 40 ZK sind. Zollschuldner nach Art. 202 Abs. 3 2. und 3. Anstrich sind nicht gestellungspflichtig und daher auch nicht Pflichtenträger iSv § 370 Abs. 1 Nr. 2. Im *Papismedov*-Urteil heißt es hierzu: „Der Gerichtshof hat außerdem bereits darauf hingewiesen, dass Art. 202 Abs 3 1. Gedankenstrich des ZK sich auf die ‚Person' iS dieser Vorschrift bezieht, die die Waren vorschriftswidrig in das Zollgebiet verbracht hat, ohne festzulegen, ob es sich um eine natürliche Person oder um eine juristische Person handelt. Folglich kommt als Zollschuldner jede

‚Person' im Sinne dieser Vorschrift in Betracht, dh jeder, der als derjenige angesehen werden kann, der mit seinem Verhalten den Grund für das vorschriftswidrige Verbringen der Ware gesetzt hat (Urteil Spedition Ulustrans, Rn 26). Zur Auslegung dieser Vorschrift hat der Gerichtshof ferner für Recht erkannt, dass die Person, die die Waren faktisch in das Zollgebiet der Gemeinschaft verbracht hat, ohne sie anzumelden, auch dann nach Art. 202 Abs 3 1. Gedankenstrich des ZK Abgabenschuldner bleibt, wenn andere Personen für dieselben Waren aufgrund anderer Bestimmungen dieser Vorschrift zu Abgabenschuldnern erklärt werden können (Urteil Viluckas und Jonusas, Rdnr 29)" (*Papismedov*-Urteil Rn. 39). Maßgebliches Kriterium des für die mitgliedstaatlichen Gerichte verbindlich auslegenden EuGH ist hiernach die Anknüpfung an ein Verhalten, das einen Grund für das vorschriftswidrige Verbringen gesetzt hat. Wer diese Voraussetzung erfüllt, also (vorsätzlich) eine kausale Ursache für den Schmuggel gesetzt hat, ist Verbringer, damit gestellungspflichtig iSv Art. 40 ZK und – bei vorsätzlicher Verletzung der Gestellungspflicht – tauglicher Täter des § 370 Abs. 1 Nr. 2. Demnach findet eine strafrechtliche Differenzierung zwischen Täterschaft und Teilnahme für diesen Deliktsbereich auf tatbestandlicher Ebene in der überwiegenden Zahl der Fälle faktisch nicht mehr statt. Eine Teilnahme kommt allenfalls nur noch nach Vollendung der Tat bis zu ihrer Beendigung in Betracht. Dieses – zunächst verblüffende – Ergebnis deckt sich mit dem faktischen Einheitstäterbegriff, den der Gesetzgeber für den Bereich der Verbrauchsteuerhinterziehung im Zusammenhang mit Unregelmäßigkeiten während der Beförderung im Binnenmarkt durch das 4. VerbrStÄndG v. 15.7.2009 (BGBl. I 1869) eingeführt hat (vgl. zB § 15 Abs. 2 Nr. 4 iVm § 17 Abs. 3 TabStG; s. dazu die Erl. zur Verbrauchsteuerhinterziehung in → § 370 Rn. 509 ff.) und findet seine Entsprechung in zahlreichen europäischen Rechtsordnungen, die auch jenseits des OWi-Rechts vom Einheitstäterbegriff ausgehen. Freilich wird auf Ebene der Strafzumessung nach hergebrachter Differenzierung zwischen Täterschaft und bloßer Teilnahme zu unterscheiden sein.

53   Ob danach noch – in Abkehr von hergebrachter Dogmatik – Anlass besteht, die Einstufung von § 370 Abs. 1 Nr. 2 als ein an eine spezifisch steuerrechtlich bestehende höchstpersönliche Pflicht anknüpfendes Sonderdelikt zu überdenken und die im Gesetz gewählte Adverbialverküpfung „pflichtwidrig" als eine nur die Art und Weise der Handlung kennzeichnende Umschreibung zu interpretieren (so *Bender* wistra 2004, 368 (371); *Kuhlen* FS Jung, 2007, 445), erscheint eher zweifelhaft und vor allem aus zollstrafrechtlicher Perspektive zur sachgerechten Erfassung von Schmuggelfällen derzeit nicht notwendig. Möglicherweise könnte es aber mit Blick auf das Fehlen „klassischer" Erklärungspflichten in europarechtlich determinierten Besteuerungsnormen und deren regelhaft alleinige Statuierung von Steuerentstehungstatbeständen angezeigt sein, über eine an die Steuerentstehung anknüpfende Pflicht zu diskutieren. Derjenige, der durch die Beteiligung an einer (vorsätzlichen) steuerrechtlichen Unregelmäßigkeit Steuerschuldner wird, schafft durch die Beteiligung an der Unregelmäßigkeit zugleich die Gefahr, dass der Steueranspruch nicht festgesetzt und beigetrieben werden kann. Dies lässt es denkbar erscheinen, Fälle dieser Art unter dem Gesichtspunkt der Ingerenz einer steuerrechtlichen Erklärungspflicht iSv § 370 Abs. 1 Nr. 2 zuzuführen (vgl. hierzu JJR/*Joecks* § 370 Rn. 162a sowie BGH NJW 2007, 1294 mwN).

54   Zukünftig entschärft Art. 139 UZK, der eine Gestellungspflicht ua auch für denjenigen normiert, in dessen Namen oder Auftrag der Verbringer handelt, die Problematik ohnehin aber noch weiter (so auch JJR/*Jäger* § 370 Rn. 459).

C. Steuerschaden

55   Für die Bemessung des steuerstrafrechtlich relevanten tatbestandlichen Schadens gilt Folgendes: Der Begriff Einfuhrabgaben in § 373 ist in Art. 4 Nr. 10 ZK legaldefiniert. Hierzu gehören danach die **Zölle** und Abgaben gleicher Wirkung sowie die Agrarabgaben bei der Einfuhr von Waren. In Deutschland fallen hierunter nach § 1 Abs. 1 S. 3 ZollVG auch die für die eingeführten Waren etwaig zu entrichtenden **Verbrauchsteuern.** Auch die Umsatzsteuer, die bei der Einfuhr von Nichtgemeinschaftswaren in den deutschen Teil des Zollgebiets regelmäßig dann erhoben wird, wenn eine Zollschuld entsteht, was bei Überführung in den freien Verkehr oder bei Unregelmäßigkeiten der Fall ist, die zur Zollschuldentstehung führen, ist als **Einfuhrumsatzsteuer** Verbrauchsteuer iSd AO. Für sie gelten die Vorschriften für Zölle nach § 21 Abs. 1, Abs. 2 S. 1 UStG entsprechend, soweit sich nicht aus §§ 5, 11 und 12 UStG Besonderheiten ergeben.

I. Zölle

56   Innerhalb der EU gilt praktisch ausschließlich und einheitlich der Wertzoll. Für die Bestimmung des **Zollwertes** als Ausgangsgröße für die Bemessung des geschuldeten Zollabgabenbetrages anhand des Zolltarifs enthalten die Art. 29 ff. ZK (vgl. Art. 40 ff. und 70 ff. UZK) die maßgeblichen Vorschriften. Systematisch bedingen sie einen Vorrang der jeweils erstgenannten vor den nachgenannten Zollwertermittlungsmethoden (vgl. Art. 30 Abs. 1 und 31 Abs. 1 ZK).

57   **1. Zollwertermittlung nach Art. 29 ZK.** Art. 29 ZK (Art. 70 Abs. 1 UZK) regelt den Normalfall der Zollwertbemessung bei der Wareneinfuhr in das Zollgebiet der Gemeinschaft auf der Basis eines Verkaufsgeschäfts. Der nach dieser Vorschrift ermittelte Zollwert ist der sog **Transaktionswert,** dh der

tatsächlich gezahlte oder zu zahlende Preis zuzüglich **Hinzurechnungen** nach Art. 32 ZK (zB bestimmte Provisionen oder Verpackungskosten) und abzüglich der **Abzugsposten** nach Art. 33 ZK (zB bestimmte nach der Einfuhr entstehende Beförderungskosten oder Zinsen). Anknüpfungspunkt für den Transaktionswert ist der individuell vereinbarte Kaufpreis einschließlich Nebenleistungen für den Erwerb der eingeführten Ware. Zur näheren Bestimmung enthält Art. 29 Abs. 1 ZK einen Katalog von vier Positiv- und vier Negativmerkmalen. Hiernach muss der Gegenstand der Transaktion eine „Ware" sein; der Transaktion muss ein „Verkauf zur Ausfuhr in das Zollgebiet der Gemeinschaft" zugrunde liegen; es muss einen „tatsächlich gezahlten oder zu zahlenden Preis" geben; der tatsächlich gezahlte oder zu zahlende Preis ist „gegebenenfalls gemäß den Artikeln 32 und 33 zu berichtigen". Darüber hinaus darf es keine schädlichen Einschränkungen bezüglich des Verwendung und des Gebrauchs der Waren, keine schädlichen Bedingungen oder Leistungen hinsichtlich des Kaufgeschäfts oder des Preises, keine schädlichen Erlösbeteiligungen des Verkäufers aus späteren Weiterverkäufen der Einfuhrware, sowie keine schädliche Verbundenheit zwischen Käufer und Verkäufer geben (s. iE Witte/*Reiche* ZK Art. 29 Rn. 6 ff.).

2. Zollwertermittlung nach Art. 30 ZK. Kann der Zollwert nicht nach dem Transaktionswert **58** gemäß Art. 29 ZK ermittelt werden, eröffnet Art. 30 ZK (Art. 74 UZK) vier weitere Zollwert-Ermittlungsmethoden. Mit Ausnahme einer gegebenenfalls auf Antrag erfolgenden Umkehr hinsichtlich der dritten und der vierten Methode sind auch innerhalb der Zollwert-Ermittlungsmethoden des Art. 30 ZK die erstgenannten Methoden vorrangig vor den nachgenannten Methoden. Im Gegensatz zu Art. 29 ZK nimmt Art. 30 ZK nicht das konkrete Geschäft in den Blick, sondern stellt auf **vergleichbare Einfuhrfälle** ab. Maßgeblich ist nach Art. 30 Abs. 2 ZK zunächst der Transaktionswert **gleicher** Waren (Buchst. a), bzw. **gleichartiger** Waren (Buchst. b), die zur Einfuhr in die Gemeinschaft verkauft und zu demselben Zeitpunkt wie die zu bewertenden Waren ausgeführt wurden. Schließlich kommt eine Zollwertermittlung nach der **Substraktionsmethode** (Buchst. c), die von einem Weiterverkaufspreis in der Gemeinschaft weitere Posten abzieht, oder nach der **additiven Methode** (Buchst. d), bei die Herstellungskosten im Ausland zusammengerechnet werden, in Betracht (s. iE Witte/*Reiche* ZK Art. 30 Rn. 5 ff., 11 ff., 14 ff. und 20 ff.).

3. Zollwertermittlung nach Art. 31 ZK. Ist weder eine Zollwertermittlung nach Art. 29 noch **59** nach Art. 30 ZK möglich, gestattet der ZK einen Rückgriff auf die sogenannte **Schlussmethode**. Art. 31 ZK (Art. 74 Abs. 3 UZK) bestimmt zunächst **positiv**, dass die Zollwertermittlung auf der Grundlage der in der Gemeinschaft verfügbaren Daten und durch zweckmäßige Methoden erfolgen muss, wobei die „zweckmäßigen Methoden" in Übereinstimmung mit den Prinzipien des GATT-Zollwert-Kodex, des Art. 7 GATT und den Zollwertbestimmungen des ZK stehen müssen. Art. 31 Abs. 2 ZK enthält einen Katalog an **ausgeschlossenen** Bewertungsgrundlagen und bestimmt beispielsweise, dass weder der Verkaufspreis in der Gemeinschaft von Waren, die in der Gemeinschaft hergestellt worden sind (Buchst. a), noch der Inlandsmarktpreis von Waren im Ausfuhrland (Buchst. b) oder gar willkürliche oder fiktive Werte (Buchst. g) herangezogen werden dürfen.

4. Zollwertermittlung im Steuerstrafverfahren. Auch im Strafverfahren ist grundsätzlich anhand **60** der Vorschriften des materiellen Steuerrechts der etwaige Steuerschaden zu berechnen. Häufig wird eine Zollwertermittlung nach den Art. 29 ff. ZK bei typischen Schmuggelwaren wie beispielsweise gefälschten Markenzigaretten aber allenfalls nach Art. 31 ZK möglich sein. Das BMF gibt für typische Schmuggelwaren Erlasse heraus, die im Besteuerungsverfahren Mindestschätzungen (nicht zu verwechseln mit nach Art. 31 Abs. 2 Buchst. f) ZK verbotenen Mindestzollwerten) festlegen. Diese dürfen nach der Rspr. des BGH nicht ungeprüft im Steuerstrafverfahren zugrunde gelegt werden. Eine an § 261 StPO orientierte, nachvollziehbar dargelegte **Schätzung** darf aber rechtsfehlerfrei zu nämlichen Ergebnissen führen (stRspr, BGH wistra 2010, 228; 2011, 28).

Eine weitere Divergenz zwischen steuerrechtlicher und steuerstrafrechtlicher Betrachtungsweise kann **61** sich aus Art. 233 ZK ergeben. Nach Art. 233 UAbs. 1 Buchst. c ZK **erlischt** die Zollschuld für Waren, die zu einem Zollverfahren angemeldet worden sind, das die Verpflichtung zur Entrichtung von Abgaben enthält, unter anderem wenn die Waren vor der Überlassung beschlagnahmt und gleichzeitig oder später eingezogen oder auf Anordnung der Zollbehörden vernichtet oder zerstört werden. Nach Buchst. d gilt dies auch für Waren, für die eine Zollschuld nach Art. 202 ZK entstanden ist, wenn die Waren bei dem vorschriftswidrigen Verbringen beschlagnahmt und gleichzeitig oder später eingezogen werden. Art. 233 UAbs. 2 ZK fingiert aber das Fortbestehen der Zollschuld, wenn das Bestehen der Abgabenschuld Grundlage einer strafrechtlichen Maßnahme ist (vgl. BGH NStZ 2007, 592).

Die **Fortbestehungsfiktion** ist für die Strafbarkeit nach § 373 entbehrlich, weil § 370 Abs. 4 für die **62** Verwirklichung des Tatbestandes an die Entstehung des Steueranspruchs anknüpft; ein nachträglicher Wegfall kann die Strafbarkeit nicht ungeschehen machen (Witte/*Witte* ZK Art. 233 Rn. 24). Gänzlich irrelevant ist die Fortbestehungsfiktion für das deutsche Steuerstrafrecht indes nicht, weil ein etwaiges späteres Erlöschen der Zollschuld zwar nicht tatbestandlich aber strafzumessungsrechtlich von Bedeutung sein könnte.

II. Verbrauchsteuern und Einfuhrumsatzsteuer

63   Bei Einfuhrschmuggelfällen unmittelbar nach Deutschland können neben den Zöllen noch (deutsche) Verbrauchsteuer und (deutsche) Einfuhrumsatzsteuer anfallen. Soweit die Schmuggeltaten über die EU-Außengrenze in einen anderen Mitgliedstaat durchgeführt werden, können auch dort die nach national-staatlichem Recht anfallenden Einfuhrabgaben betroffen sein.

64   **1. Inländische Verbrauchsteuern und Einfuhrumsatzsteuer.** Bis zum 1.4.2010 verwiesen die deutschen Verbrauchsteuergesetze ua hinsichtlich der Steuerentstehungstatbestände, der Person des Steuerschuldners und des Steuerverfahrens auf die Zollvorschriften, die sinngemäß galten (vgl. etwa § 21 TabStG aF). Für Altfälle kann daher unmittelbar auf die Ausführungen zur Zollschuldentstehung und den aus ihr folgenden Konsequenzen verwiesen werden.

65   In Umsetzung der neuen RL 2008/118/EG des Rates v. 16.12.2008 über das allgemeine Verbrauch-steuersystem und zur Aufhebung der RL 92/12/EWG (ABl. 2008 L 9, 12) – **Systemrichtlinie** – hat der Gesetzgeber aber mit dem 4. VerbrStÄndG vom 15.7.2009 (BGBl. I 1870) sämtliche Verbrauch-steuergesetze mit Wirkung zum 1.4.2010 grundlegend reformiert. Die Richtlinie regelt das Verfahren zur Besteuerung, Beförderung und Lagerung von Tabakwaren, Alkohol und alkoholischen Getränken sowie Energieerzeugnissen und elektrischem Strom und bildet die Rechtsgrundlage für die EU-weite Einführung des IT-Verfahrens EMCS (Excise Movement and Control System). Durch EMCS werden die bisher auf der Grundlage von Papierdokumenten ablaufenden Beförderungsverfahren mit steuerbaren Waren unter Steueraussetzung künftig IT-gestützt abgewickelt. EMCS soll es sowohl der Verwaltung als auch den Wirtschaftsbeteiligten ermöglichen, die Beförderung in Echtzeit zu überwachen (BT-Drs. 16/12257, 74). Es soll damit der Bekämpfung des „Steuerbetrugs" und damit der Sicherung der Verbrauch-steuereinnahmen dienen (BT-Drs. 16/12257, 74).

66   Mit dem 4. VerbrStÄndG sind die **Steuerentstehungs- und -erklärungstatbestände** verbrauch-steuerübergreifend (mit teilweisen Ausnahmen hinsichtlich der Kaffeesteuer) harmonisiert worden. Im Abschnitt 3 der jeweiligen Verbrauchsteuergesetze (im EnergieStG Abschnitt 2a) sind dabei auch die Vorschriften über die Einfuhr verbrauchsteuerpflichtiger Waren aus Drittländern oder Drittgebieten einheitlich geregelt worden (vgl. zB § 19 ff. TabStG oder § 145 ff. BranntwMonG).

67   Am Beispiel der Tabaksteuer ergeben sich folgende Änderungen: In § 19 TabStG wird der Begriff der Einfuhr geregelt. Mit dieser Vorschrift werden Art. 3 Abs. 1 und Art. 4 Nr. 6 und 8 der neuen System-richtlinie umgesetzt. Abs. 1 der Vorschrift definiert die **verbrauchsteuerrechtliche Einfuhr aus Drittländern** oder Drittgebieten und bestimmt damit, wann Tabakwaren, die sich bei ihrem Eingang in das Verbrauchsteuergebiet der Europäischen Gemeinschaft zunächst im Zollregime befinden, in das Verbrauchsteuerregime überführt werden. Was zollrechtliche Nichterhebungsverfahren im Sinn des Gesetzes sind, wird in Abs. 2 abschließend geregelt (vgl. BT-Drs. 16/12257, 79).

68   Eine Zuständigkeitsregelung enthält § 20 TabStG. Mit der Vorschrift soll klargestellt werden, dass sich die Zuständigkeit der Abgabenerhebung für Tabakwaren, die durch eine Unregelmäßigkeit aus einem zollrechtlichen Nichterhebungsverfahren im Sinne dieses Gesetzes entnommen wurden, nach Art. 215 des ZK richtet. Demnach hat Deutschland grundsätzlich auch die Erhebungskompetenz für die Ver-brauchsteuer, wenn diese für die Einfuhrabgaben im Sinn des Zollkodexes gegeben ist (vgl. BT-Drs. 16/12257, 79).

69   In § 21 TabStG werden die **Grundlagen der Steuerentstehung und der Steuerschuldnerschaft** festgelegt. Mit der Vorschrift werden Art. 3 Abs. 1 u. 4, sowie die Art. 7 und Art. 8 der neuen System-richtlinie für die Fälle der Einfuhr umgesetzt. Im Vergleich zur bisherigen Vorschrift wird der sinn-gemäße Verweis auf die Zollvorschriften eingeschränkt. Steuerentstehungstatbestände, Bemessungs-grundlagen und alle Fälle der Billigkeit ergeben sich nunmehr aus den Verbrauchsteuergesetzen bzw. der Abgabenordnung. Eine Besonderheit stellt der Abs. 4 dar. Diese Vorschrift ist erforderlich, um im Zusammenhang mit der Truppenverwendung nicht neben den ohnehin erforderlichen zollrechtlichen Voraussetzungen weitere verbrauchsteuerrechtliche Voraussetzungen erforderlich werden zu lassen (vgl. BT-Drs. 16/12257, 79).

70   Nach § 21 Abs. 1 TabStG entsteht die Steuer zum Zeitpunkt der Überführung der Tabakwaren in den steuerrechtlich freien Verkehr durch die **Einfuhr,** es sei denn, die Tabakwaren werden unmittel-bar am Ort der Einfuhr in ein Verfahren der Steueraussetzung überführt. Der Begriff der Einfuhr wird dabei in § 19 Abs. 1 TabStG legaldefiniert. Danach ist Einfuhr der **Eingang** von Tabakwaren **aus Drittländern** in das Steuergebiet (vgl. § 1 Abs. 1 TabStG) oder die **Entnahme** von Tabakwaren **aus einem zollrechtlichen Nichterhebungsverfahren** im Steuergebiet, es sei denn, es schließt sich ein **weiteres zollrechtliches Nichterhebungsverfahren** (vgl. § 19 Abs. 1 Nr. 1 und 2 TabStG) an. Für die Schmuggelfälle heißt dies, dass Schmuggelware dann in einer die Steuerentstehung begründen-den Weise eingeführt wird, wenn sie Eingang in das Steuergebiet findet, also physisch „deutschen Boden" berührt. Der in § 19 Abs. 1 Nr. 1 und 2 TabStG jeweils genannte Nichtentstehungsgrund greift in Schmuggelfällen deshalb nicht ein, weil die Schmuggelware gerade nicht durch ordnungsgemäße Erklärung in ein (weiteres) zollrechtliches Nichterhebungsverfahren überführt, sondern unrechtmäßig eingeführt wird.

Da es sich bei den sogenannten „Freihäfen" auch verbrauchsteuerrechtlich um „Inland", also Steuer- **71** gebiet handelt, weil das Verfahren in Freizonen und Freilagern nach § 19 Abs. 2 Nr. 1 Buchst. c TabStG nur ein zollrechtliches Nichterhebungsverfahren darstellt, gilt in „Freihafenfällen" nichts anderes.

Ein Novum im deutschen Recht ist § 21 Abs. 2 Nr. 2 TabStG nach dem neben demjenigen, der nach **72** den Zollvorschriften verpflichtet ist, die Tabakwaren anzumelden, oder in deren Namen die Tabakwaren angemeldet werden (§ 21 Abs. 2 Nr. 1 TabStG), auch derjenige **Steuerschuldner** wird, der an einer **unrechtmäßigen Einfuhr beteiligt** ist. Unrechtmäßig ist dabei eine Einfuhr, wenn die verbrauch-steuerpflichtigen Waren nicht ordnungsgemäß in ein anderes zollrechtliches Nichterhebungsverfahren überführt oder zum verbrauchsteuerfreien Verkehr abgefertigt und damit versteuert werden. Sämtliche Steuerschuldner sind dabei nach § 21 Abs. 2 iVm § 15 V TabStG Gesamtschuldner.

Gesetzgeberisch inkonsequent erscheint es, dass das TabStG für Einfuhrfälle – anders als bei § 17 **73** Abs. 3 S. 1 TabStG, der eine Pflicht zur unverzüglichen Steueranmeldung für alle Steuerschuldner einer Unregelmäßigkeit im innergemeinschaftlichen Verkehr mit verbrauchsteuerpflichtigen Waren statuiert (vgl. dazu die Erl. zur Verbrauchsteuerhinterziehung bei § 370) – keine eigenen Erklärungspflichttat-bestände geschaffen hat. Vielmehr verweisen § 21 Abs. 2 Nr. 1 und Abs. 3 TabStG für das Steuer-verfahren und damit auch für den steuerrechtlichen Pflichtenkanon mit Blick auf Erklärungshandlungen sinngemäß auf die Zollvorschriften. Damit gelten die Ausführungen zur summarischen Anmeldung sowie zur Gestellungspflicht hinsichtlich des Zolls (→ Rn. 39 ff.) entsprechend.

Gesetzgeberisch mit Blick auf Art. 103 Abs. 2 GG aus strafrechtlicher Sicht außerordentlich **74** problematisch ist, dass der gesamte Abschnitt 3 der neuen Verbrauchsteuergesetze nunmehr auf einzelne, ausdrücklich nach Artikel-Nr. benannte Vorschriften des ZK verweist, statt – wie bisher – die sinngemäße Geltung der Zollvorschriften anzuordnen. Angesichts des mitunter sehr zügigen Erlasses von EU-Vorschriften wird der deutsche Gesetzgeber das europäische Gesetzgebungsverfahren ständig in Blick nehmen müssen, damit seine dezidierten Verweise auf einzelne Vorschriften des ZK nicht plötzlich leerlaufen und damit das steuerstrafrechtliche Blankett des § 370 nicht mehr ausfüllen können.

2. Ausländische Verbrauchsteuern und Einfuhrumsatzsteuer. Nachdem der Gesetzgeber in **75** § 373 Abs. 4 den Strafrechtsschutz auch auf Einfuhrabgaben bestimmter ausländischer Staaten erweitert hat (→ Rn. 3) können bei einer Schmuggeltat in einen anderen Mitgliedstaat neben den europaein-heitlich geregelten Zöllen auch **ausländische Verbrauch- und Einfuhrumsatzsteuern** Gegenstand des eine Schmuggeltat aburteilenden deutschen Urteils sein. Voraussetzung hierfür ist, dass die auslän-dischen Steuern nach dem Recht des betroffenen Staates als **Einfuhrabgaben** zu erheben sind (vgl. BGH wistra 2001, 62; 2007, 224; 2007, 346). Dazu ist das materielle Steuerrecht des betroffenen Staates (freibeweislich) zu ermitteln. Das Ergebnis der Ermittlungen und die Anwendung des ausländischen materiellen Steuerrechts ist im Urteil (und in der Anklageschrift) darzustellen, weil es als blankett-ausfüllende Norm auf den jeweiligen Sachverhalt angewendet werden muss (BGH wistra 2001, 62; 2007, 224; 2007, 346).

Soweit die Schmuggeltat an der Außengrenze eines anderen Mitgliedsstaates begonnen wurde, aber – **76** weil die Ware noch nicht endgültig zu Ruhe gekommen war und die Schmuggeltat somit noch nicht **beendet** wurde (vgl. BGH wistra 2000, 425; BGH NJW 2007, 1294) – noch in andere Mitgliedstaaten weitergeschmuggelt wurde, können die in anderen Mitgliedstaaten anfallenden Verbrauchsteuern des-halb nicht Gegenstand einer Verurteilung nach § 373 sein, weil beim „Weiterschmuggeln" die weiteren ausländischen Verbrauchsteuern nicht mehr als Einfuhrabgabe anfallen (BGH NJW 2007, 1294) und § 373 Abs. 4 nur die Einfuhrabgaben, nicht aber ausländische Verbrauchsteuern und ausländische Umsatzsteuer (vgl. § 370 Abs. 6) unter deutschen Strafrechtsschutz stellt (vgl. *Leplow* PStR 2007, 180). Soweit der im Ausland begonnene Einfuhrschmuggel aber ohne Beendigung nach Deutschland fort-gesetzt wird, kommt tateinheitlich – neben der Verkürzung der ausländischen bei der Einfuhr anfallen-den Verbrauchsteuern und des Zolls – eine Steuerhinterziehung bezüglich der deutschen Verbrauch-steuern nach § 370 Abs. 1 Nr. 2 in Betracht (s. die Erl. zur Verbrauchsteuerhinterziehung bei § 370 → § 370 Rn. 508 ff.).

Allerdings ist in Fällen dieser Art im Blick zu behalten, dass das gemeinschaftsrechtliche Verbrauch- **77** steuersystem – jedenfalls für den Fall normgemäßen Verhaltens – davon ausgeht, dass verbrauchsteuer-pflichtige Waren iErg grundsätzlich nicht mit den Verbrauchsteuern mehrerer Mitgliedstaaten belastet sein sollen. Das Gemeinschaftsrecht sieht deshalb die Möglichkeit der Erstattung von in anderen Mit-gliedstaaten entstandenen und auch erhobenen Verbrauchsteuern vor. Vor diesem Hintergrund ist es nahe liegen, in vergleichbaren Fällen der Steuerhehlerei oder Steuerhinterziehung die Strafverfolgung hinsichtlich der verkürzten Abgaben gemäß §§ 154, 154a StPO auf die bei der Einfuhr in einen anderen Mitgliedstaat hinterzogenen Einfuhrabgaben Zoll und Einfuhrumsatzsteuer sowie die bei dem Ver-bringen in das deutsche Verbrauchsteuergebiet hinterzogene deutsche Tabaksteuer zu beschränken. Es bedarf dann auch nicht der sonst erforderlichen Feststellung und Anwendung der tabaksteuerrechtlichen Vorschriften anderer Mitgliedstaaten sowie der zuweilen schwierigen Berechnung und Darstellung der in anderen Mitgliedstaaten hinterzogenen Tabaksteuer (BGH wistra 2010, 226; vgl. insoweit auch BGH NStZ 2007, 595; sa *Jäger* NStZ 2008, 21 (24)).

78   Neben der tateinheitlich begangenen Hinterziehung deutscher Verbrauchsteuer kommt mit der Streichung von § 370 Abs. 6 S. 3 und 4 aF im JStG 2010 (BGBl. I 1768) nunmehr auch eine **Verfolgung der Hinterziehung ausländischer Umsatzsteuer und bestimmter ausländischer Verbrauchsteuern** (nämlich auf Mineralöle, Alkohol und alkoholische Getränke oder Tabakwaren), die nicht schon als Einfuhrabgaben anfallen, in Betracht. Bei der früher erforderlichen **Verbürgung der Gegenseitigkeit** (vgl. § 370 Abs. 6 S. 3 aF) handelte es sich nicht um eine objektive Strafbarkeitsbedingung, sondern um eine **Prozessvoraussetzung**, so dass die bereits zuvor wegen § 370 Abs. 6 S. 2 strafbare Hinterziehung von bestimmten ausländischen Umsatz- und Verbrauchsteuern nunmehr auch bei „Altfällen" verfolgt werden kann (s. ausf. *Tully/Merz* wistra 2011, 121 ff.; aA *Keßeböhmer/ Schmitz* wistra 1995, 1 (4); glA *Klein/Jäger* § 370 Rn. 159). Dabei verstößt die „rückwirkende" Anwendung auf Altfälle weder gegen Art. 103 Abs. 2 GG noch gegen das im Rechtsstaatsprinzip des Art. 20 Abs. 3 GG verortete Prinzip des Vertrauensschutzes (s. *Tully/Merz* wistra 2011, 121 ff., auch zur Frage des Verweises in § 370 Abs. 6 S. 2 auf die alte, inzwischen aufgehobene Verbrauchsteuersystemrichtlinie; → Rn. 65). Auch insoweit wird aber auf die → Rn. 77 dargestellten Erwägungen Bedacht zu nehmen sein.

D. Verfahrensfragen

79   Der gewerbsmäßige, gewaltsame und bandenmäßige Schmuggel begründet nach § 74c Abs. 1 S. 1 Nr. 3 GVG unter den weiteren Voraussetzungen der §§ 74 Abs. 1, 24 Abs. 1 Nr. 3, Abs. 2 GVG die Zuständigkeit der Wirtschaftsstrafkammer.

80   Die Tat ist seit 1.1.2008 nach § 100a Abs. 2 Nr. 2b StPO Katalogtat für die Überwachung der Telekommunikation, was die in der Vergangenheit zT gespreizt wirkenden TKÜ-Anordnungen über § 129 StGB entbehrlich macht. Zu den Folgen einer rechtswidrig angeordneten TKÜ vgl. JJR/*Jäger* Rn. 110 ff.

81   Zur Zuständigkeit und Beteiligung der Zollfahndung und der Buß- und Strafsachenstellen der Hauptzollämter s. → § 385 Rn. 2. Zu den Problemen eines möglichen transnationalen Strafklageverbrauchs nach Art. 54 SDÜ s. → § 369 Rn. 79 ff. und BGH NJW 2008, 2931.

82   Maßstab für die Berechnung der hinterzogenen Abgaben ist in Fällen des Zigarettenschmuggels mit Blick auf die Besonderheiten der an den Kleinverkaufspreis anknüpfenden Steuerberechnung (vgl. § 2 TabStG) der der jeweiligen Ausgabe der Tabakzeitung zu entnehmende allgemeine Laden-Kleinverkaufspreis, nicht ein etwaiger „Schwarzmarktpreis" (BGH wistra 2004, 348). Ist ein solcher wegen der geschmuggelten Zigarettenmarke nicht vorhanden, ist der Kleinverkaufspreis von Markenzigaretten des unteren Preissegments maßgeblich (BGH BFH/NV 2009, 699).

§ 374 Steuerhehlerei

(1) **Wer Erzeugnisse oder Waren, hinsichtlich deren Verbrauchsteuern oder Einfuhr- und Ausfuhrabgaben nach Artikel 5 Nummer 20 und 21 des Zollkodex der Union hinterzogen oder Bannbruch nach § 372 Abs. 2, § 373 begangen worden ist, ankauft oder sonst sich oder einem Dritten verschafft, sie absetzt oder abzusetzen hilft, um sich oder einen Dritten zu bereichern, wird mit Freiheitsstrafe bis zu fünf Jahren oder mit Geldstrafe bestraft.**

(2) ¹**Handelt der Täter gewerbsmäßig oder als Mitglied einer Bande, die sich zur fortgesetzten Begehung von Straftaten nach Absatz 1 verbunden hat, so ist die Strafe Freiheitsstrafe von sechs Monaten bis zu zehn Jahren.** ²**In minder schweren Fällen ist die Strafe Freiheitsstrafe bis zu fünf Jahren oder Geldstrafe.**

(3) **Der Versuch ist strafbar.**

(4) **§ 370 Absatz 6 und 7 gilt entsprechend.**

Literatur: *Allgayer/Sackreuther*, §§ 52 ff. StGB: Konkurrenzen bei illegaler Einfuhr von Zigaretten, PStR 2009, 44; *Bender*, Rechtsfragen um den Transitschmuggel mit Zigaretten, wistra 2001, 161; *Harms/Jäger*, Aus der Rechtsprechung des BGH zum Steuerstrafrecht, NStZ 2001, 236; 2002, 244, 250; 2003, 189, 194; 2004, 191, 194; *Jäger*, Die Auswirkungen der Osterweiterung der Europäischen Union auf das deutsche Steuerstrafrecht, FS Amelung 2009, 447; *Jäger*, Aus der Rechtsprechung des BGH zum Steuerstrafrecht, NStZ 2008, 21; *Kretschmer*, Der Versuchsbeginn bei der Steuerhehlerei (§ 374 AO), NStZ 2008, 379; *Leplow*, Ahndung des Zigarettenschmuggels nach dem 1.5.2004, PStR 2007, 180; *Leplow*, Ahndung des Zigarettenschmuggels nach §§ 373, 374 AO nF, PStR 2008, 63; *Rönnau*, Moderne Probleme der Steuerhehlerei § 374 AO, NStZ 2000, 513.

A. Allgemeines

1   Die Vorschrift wurde durch Art. 3 Nr. 5 des Gesetzes zur Neuregelung der Telekommunikationsüberwachung und anderer verdeckter Ermittlungsmaßnahmen sowie zur Umsetzung der RL 2006/24/ EG v. 21.12.2007 (BGBl. I 3198) neugefasst und mWz 1.5.2016 mit Verweis auf den Zollkodex der Union aktualisiert (Art. 2 Nr. 5 des G v. 22.12.2014; BGBl. I 2417). Der Strafrahmen für Taten nach

§ 374, welcher nach der bisherigen Regelung durch Verweisung auf § 370 Abs. 1 festgelegt war, wurde zur Vereinfachung der Rechtsanwendung in § 374 Abs. 1 und Abs. 2 ausdrücklich geregelt. Gleiches gilt für die Regelung der Versuchsstrafbarkeit in § 374 Abs. 3. Auch hierfür wurde die Verweisung auf § 370 Abs. 2 durch eine ausdrückliche Regelung ersetzt.

In § 374 Abs. 2 wird die bandenmäßige Steuerhehlerei zudem der gewerbsmäßigen Steuerhehlerei in **2** ihrem Unrechtsgehalt gleichgestellt. Um in allen Fällen zu einem einheitlichen Bandenbegriff zu gelangen, und um innerhalb der AO zuvor bestehende, nicht gebotene Differenzierungen zu beseitigen (vgl. § 370 Abs. 3 S. 2 Nr. 5 einerseits, § 373 Abs. 2 Nr. 3 aF andererseits) wurde in § 374 Abs. 2 auf das bisher in § 373 Abs. 2 Nr. 3 aF vorgesehene Einschränkungsmerkmal der Tatausführung „unter Mitwirkung eines anderen Bandenmitglieds" verzichtet.

Der neue Absatz 4 des § 374 erweitert den Anwendungsbereich des § 374 auf Einfuhr- oder Ausfuhr- **3** abgaben, die von einem anderen Mitgliedstaat der Europäischen Gemeinschaften verwaltet werden oder die einem Mitgliedstaat der Europäischen Freihandelsassoziation oder einem mit dieser assoziierten Staat zustehen.

B. Gegenstand der Steuerhehlerei

Der Straftatbestand der Steuerhehlerei ist strukturell dem Tatbestand der (Sach-)Hehlerei in § 259 **4** StGB nachgebildet. Im Gegensatz zur Sachhehlerei, bei der sich das Tatunrecht in der Aufrechterhaltung des durch die Vortat geschaffenen rechtswidrigen Vermögenszustands durch einverständliches Zusammenwirken mit dem Vortäter manifestiert (sog Perpetuierungstheorie vgl. Fischer StGB § 259 Rn. 1), besteht das Tatunrecht des § 374 in der **Restitutionsvereitelung,** dh in der Aufrechterhaltung des vom Vortäter geschaffenen steuer- oder bannrechtswidrigen Zustandes (BGHSt 29, 239 (242), BGH wistra 2008, 105 (106); JJR/*Jäger* Rn. 3; Klein/*Jäger* Rn. 1; MüKoStGB/*Wegner* Rn. 3).

Nach dem Wortlaut der Vorschrift kann Steuerhehlerei an **Waren** oder **Erzeugnissen** begangen **5** werden, hinsichtlich deren Verbrauchsteuern oder Einfuhr- oder Ausfuhrabgaben iSv Art. 4 Nr. 10 und Nr. 11 ZK hinterzogen oder Bannbruch begangen worden ist. Die im Tatbestand vorgenommene Differenzierung zwischen Waren und Erzeugnissen ist der unterschiedlichen Begrifflichkeit im Zollrecht (Waren) und Verbrauchsteuerrecht (Erzeugnisse) geschuldet. Materielle Unterschiede sind mit der terminologischen Differenzierung nicht verbunden. Zu den Einfuhrabgaben s. → § 373 Rn. 55 ff. Zur Verbrauchsteuerhinterziehung s. → § 370 Rn. 508 ff.

Zu den von § 374 Abs. 4 geschützten dort aufgeführten ausländischen Verbrauchsteuern s. → § 373 **6** Rn. 75 f. Danach kommt eine Steuerhehlerei hinsichtlich ausländischer Verbrauchsteuern nur dann in Betracht, wenn die **ausländischen Abgaben** unter Zugrundelegung des ausländischen Rechts (BGH wistra 2001, 62; 2007, 224; 2007, 346) als Einfuhrabgaben erhoben werden. Eine Ausdehnung des Strafrechtsschutzes auch auf ausländische Verbrauchsteuern, die nicht als Einfuhrabgabe anfallen (→ § 373 Rn. 78), kommt iRd § 374 indes nicht in Betracht, weil § 374 Abs. 4 nur auf § 370 Abs. 6 S. 1 und nicht auch auf S. 2 verweist. Dass danach zwar die Hinterziehung ausländischer Verbrauchsteuern nach § 370 Abs. 1 und Abs. 6 S. 2 und Abs. 7 strafbar ist (→ § 373 Rn. 78), nicht aber die an ihnen begangene Steuerhehlerei nach § 374 (s. *Tully/Merz* wistra 2011, 121 ff.), ist wertungswidersprüchlich, wird aber mit Blick auf die Garantiefunktion des Tatbestandes und Art. 103 Abs. 2 GG nicht als unbeachtliches redaktionelles Versehen des Gesetzgebers abgetan werden können.

C. Vortat der Steuerhehlerei

Als **Vortaten** der Steuerhehlerei kommen die Steuerhinterziehung nach § 370 oder der Bannbruch **7** nach § 372, und zwar einschließlich ihrer jeweiligen Qualifizierungen nach § 373 in Betracht (Mü-KoStGB/*Wegner* Rn. 15 f.). Soweit der (einfache) Bannbruch nach § 372 wegen der in § 372 Abs. 2 normierten Subsidiaritätsklausel (→ § 372 Rn. 11 ff.) nicht zur Anwendung kommt, scheidet er – anders als in seiner nach § 373 qualifizierten Form (→ § 372 Rn. 13 ff.) – als Vortat der Steuerhehlerei aus (Kohlmann/*Hilgers-Klautzsch* Rn. 23; Klein/*Jäger* Rn. 13; JJR/*Jäger* Rn. 15 ff.).

Voraussetzung für die Strafbarkeit nach § 374 ist, dass die **Vortat** mit allen Merkmalen ihres **objekti- 8 ven Tatbestandes** verwirklicht wurde. Dies gilt hinsichtlich des **subjektiven Tatbestandes** beim Vortäter allerdings nur mit Einschränkungen. Ausreichend aber auch notwendig ist, dass der Vortäter mindestens mit **natürlichem Vorsatz** gehandelt hat (BGHSt 4, 78; Kohlmann/*Hilgers-Klautzsch* Rn. 36; Klein/*Jäger* Rn. 17; JJR/*Jäger* Rn. 17). Danach ist es für die Verwirklichung des Tatbestandes der Steuerhehlerei ohne Belang, ob der Vortäter schuldunfähig war (BGHSt 1, 47), oder sich nach § 17 StGB in einem unvermeidbaren Verbotsirrtum befand (Klein/*Jäger* Rn. 17; vgl. auch Fischer StGB § 259 Rn. 6). Handelt der Vortäter dagegen ohne Vorsatz, scheidet eine Bestrafung wegen Steuerhehlerei aus (zur Sachhehlerei BGHSt 4, 76). In solchen Fällen wird freilich eine mittelbare Täterschaft des vermeintlichen Hehlereitäters bezüglich der Vortat in Betracht zu ziehen sein (vgl. JJR/*Jäger* Rn. 20). Nimmt der Täter dagegen irrig Tatumstände an, die die Vortat zu einer strafbaren machen, so kommt ein (untauglicher) Versuch der Steuerhehlerei in Betracht (vgl. Fischer StGB § 259 Rn. 6 zur Sachhehlerei).

9   Erlangt der Vortäter durch eine wirksame Selbstanzeige nach § 371 Straffreiheit, hat dies für die Strafbarkeit des Steuerhehlers wegen des Gedankens der Restitutionsvereitelung nur dann Bedeutung, wenn der Vortäter vor Vollendung der Hehlereitat Straffreiheit (durch Selbstanzeige und Nachzahlung der hinterzogenen Verbrauchsteuern) erlangt hat (Bender/Möller/Retemeyer SteuerStrafR/*Bender* Rn. 97a).

10   Das **zeitliche Verhältnis** der Steuerhehlerei zur Vortat ist umstritten. Die wohl überwiegende Ansicht geht davon aus, dass die Vortat **vollendet** sein muss (BayObLG wistra 2003, 316; Bender/ Möller/Retemeyer SteuerStrafR/*Bender* Rn. 97a; Kohlmann/*Hilgers-Klautzsch* Rn. 26 ff.; MüKoStGB/ *Wegner* Rn. 23; zur Sachhehlerei Fischer StGB § 259 Rn. 8 mwN auch zur Gegenansicht). Die Gegenansicht, die für die Steuerhehlerei auf die Andersartigkeit des Gesichtspunkts der Restitutionsvereitelung im Gegensatz zur Perpetuierungstheorie (→ Rn. 4) bei der Sachhehlerei abstellt (vgl. JJR/*Jäger* Rn. 21; Klein/*Jäger* Rn. 18 jeweils mit Verweis auf Schönke/Schröder/*Stree*/*Hecker* StGB § 259 Rn. 15 ff.), kann – wie auch die zu § 259 StGB vertretene Ansicht – in Konflikt mit dem Wortlaut des § 374 geraten („… hinsichtlich deren Verbrauchsteuern … hinterzogen oder Bannbruch … begangen *worden ist*."). Der Wortlaut setzt bei der im materiellen Strafrecht regelmäßig maßgeblichen grammatikalischen Auslegung voraus, dass die Steuerhinterziehung (oder der Bannbruch) vor der Hehlereitat vollendet wurde, weil Verbrauchsteuern sonst noch nicht *hinterzogen worden sind*. Ein zeitliches Zusammenfallen der Erlangung der steuerlich bemakelten Sache durch den Vortäter mit dem Verschaffen durch den Hehler (vgl. Klein/*Jäger* Rn. 18; und JJR/*Jäger* Rn. 21) ist bei § 374 gleichwohl denkbar, weil die Steuerhinterziehung im Verbrauchsteuerrecht unabhängig von und zeitlich vor der Besitzerlangung der steuerlich bemakelten Sache durch den Vortäter wegen der Besonderheiten des Verbrauchsteuerrechts (vgl. dazu die Erl. zur Verbrauchsteuerhinterziehung bei → § 370 Rn. 509 ff.) bereits vollendet sein kann.

11   Entgegen der wohl überwiegenden Ansicht ist eine **Beendigung** der Vortat nicht erforderlich (so auch JJR/*Jäger* Rn. 21; Klein/*Jäger* Rn. 18 jeweils mit Verweis auf Schönke/Schröder/*Stree*/*Hecker* StGB § 259 Rn. 15 ff. sowie für die Sachhehlerei Fischer StGB § 259 Rn. 8 mwN auch zur Gegenansicht; aA Bender/Möller/Retemeyer SteuerStrafR/*Retemeyer* Rn. C 676; Kohlmann/*Hilgers-Klautzsch* Rn. 26 ff. jeweils mwN). Dass bis zur Beendigung der Vortat auch eine Teilnahme an der Vortat in Betracht kommt (BGH wistra 2000, 425), schließt eine Hehlereihandlung vor Beendigung der Vortat nicht aus. Insoweit kommt es auf die Willensrichtung des Handelnden an (JJR/*Jäger* Rn. 22 mwN).

D. Tathandlungen der Steuerhehlerei

12   Der Straftatbestand des § 374 Abs. 1 definiert die Tathandlungen der Steuerhehlerei in struktureller Übereinstimmung mit der Sachhehlerei nach § 259 StGB. Abs. 2 enthält in S. 1 eine Qualifikation mit erhöhter Strafandrohung und S. 2 eine Regelung für minderschwere Fälle.

I. § 374 Abs. 1

13   **1. Ankaufen.** Bei der ersten in § 374 Abs. 1 genannten Handlungsalternative, dem **Ankaufen,** handelt es sich um einen Unterfall des Sichverschaffens (vgl. BGH wistra 2008, 105 (108)). Daher müssen die tatbestandlichen Voraussetzungen des Sichverschaffens vorliegen. Demgemäß genügt der Abschluss eines schuldrechtlichen Kaufvertrages zur Tatbestandsverwirklichung nicht. Hinzukommen muss vielmehr ein käufliches Erwerben der tatsächlichen Verfügungsmacht an der gehehlten Sache vom Vortäter oder einem seiner Mittelsmänner (stRspr vgl. nur BGH wistra 2008, 105; sa Klein/*Jäger* Rn. 22).

14   **2. Sich oder einem Dritten verschaffen. Sich oder einem Dritten verschaffen** ist das Aufrechterhalten und Vertiefen der Restitutionsvereitelung durch vom Vortäter abgeleiteten Erwerb (vgl. Fischer StGB § 259 Rn. 10). Für die Sachhehlerei setzt der vom Vortäter abgeleitete Erwerb durch Herstellung tatsächlicher eigener Herrschaftsgewalt nach ganz hM Einverständnis mit dem Vortäter voraus. Ein eigenmächtiges Sichverschaffen genügt danach nicht (Fischer StGB § 259 Rn. 11 ff. mwN). Die überwiegende Ansicht im Schrifttum verlangt auch bei § 374 eine einverständliche Ableitung der Position des Hehlers vom Vortäter (Bender/Möller/Retemeyer SteuerStrafR/*Bender* Rn. 97c; Hübschmann/ Hepp/Spitaler/*Engelhardt* Rn. 39 ff.; Kohlmann/*Hilger-Klautzsch* Rn. 46; *Kretschmer* NStZ 2008, 379 (381); MüKoStGB/*Wegner* Rn. 29). Nach zutr. Auffassung ist wegen der Andersartigkeit des Unrechtsgehalts der Steuerhehlerei, der in der Restitutionsvereitelung liegt, auch ein **eigenmächtiges Verschaffen** bei § 374 ausreichend. Auch ein eigenmächtiges Verschaffen erhöht nämlich die Wahrscheinlichkeit, dass der vom Vortäter geschaffene steuer- oder bannrechtswidrige Zustand aufrechterhalten bleibt (so schon JJR/*Jäger* Rn. 31; Klein/*Jäger* Rn. 23). Aus diesem Grund kann – anders als nach hM bei der Sachhehlerei (vgl. Fischer StGB § 259 Rn. 12) – auch der bloße Mitverzehr von steuerlich bemakelten Genussmitteln eine Steuerhehlerei darstellen (Klein/*Jäger* Rn. 24 mwN).

15   **3. Absetzen. Absetzen** ist die rechtsgeschäftliche entgeltliche Weitergabe der bemakelten Ware im Einverständnis mit dem Vortäter oder einem Zwischenhehler, und zwar im Interesse des Vortäters oder

Zwischenhehlers. Im Gegensatz zur Absatzhilfe handelt der Absetzende aber selbstständig (Fischer StGB § 259 Rn. 15). Absetzen setzt das Handeln für einen anderen, nämlich den Vortäter oder Zwischenhehler voraus (Fischer StGB § 259 Rn. 16; JJR/*Jäger* Rn. 34; Klein/*Jäger* Rn. 28; MüKoStGB/*Wegner* Rn. 36 jeweils mwN). Steht der Täter nicht „im Lager" des Vortäters oder Zwischenhehlers, liegt kein Absetzen vor (BGH wistra 2008, 105; Klein/*Jäger* Rn. 28).

Ein **Absatzerfolg** war nach bisheriger Rspr. nicht erforderlich (BGHSt 29, 239 (242); Fischer **16** StGB § 259 Rn. 18; Klein/*Jäger* Rn. 29 jeweils mwN; aA MüKoStGB/*Wegner* Rn. 35). Für das Merkmal des Absetzens in § 259 StGB hat der BGH diese Rspr. auf Anfrage des 3. Strafsenats (wistra 2013, 427) insbes. im Hinblick auf den Gesetzeswortlaut und die Struktur des Tatbestands der Hehlerei als Erfolgsdelikt aufgegeben (BGHSt 59, 40) und zudem darauf hingewiesen, dass auch beim „Ankaufen" der Übergang der Verfügungsmacht verlangt werde. Gründe, die angesichts des identischen Gesetzeswortlauts eine unterschiedliche Auslegung des Begriffs des Absatzerfolges bei der Hehlerei (§ 259 StGB) einerseits und Steuerhehlerei (§ 374) andererseits rechtfertigen könnten, sind nicht ersichtlich (JJR/*Jäger* Rn. 35; Klein/*Jäger* Rn. 29). Zur Abgrenzung zur straflosen Vorbereitungshandlung → Rn. 18.

4. Absatzhilfe. Absatzhilfe ist die unmittelbare Unterstützung des Vortäters beim Absetzen **17** (→ Rn. 15) der Sache (Fischer StGB § 259 Rn. 17; MüKoStGB/*Wegner* Rn. 38 ff.). Der Sache nach handelt es sich um eine Beihilfehandlung, die wegen der Straflosigkeit der Haupttat (Absetzen durch den Vortäter) mit Blick auf die Akzessorietät der Haupttat straflos wäre und die daher zur selbstständigen Tat aufgewertet wurde (BGH wistra 2008, 386; Fischer StGB § 259 Rn. 17). Als Tathandlung genügt jede vom Absatzwillen getragene vorbereitende, ausführende oder helfende Handlung, die geeignet ist, den Vortäter (in *dessen Lager* der Täter stehen muss) bei der Verwertung der steuerlich bemakelten Sache zu unterstützen (Fischer StGB § 259 Rn. 17; Klein/*Jäger* Rn. 32).

Ebenso wie beim Absetzen war auch bei der Absatzhilfe ein Erfolg zur Tatvollendung bisher nicht **18** erforderlich (Fischer StGB § 259 Rn. 18; Klein/*Jäger* Rn. 33 jeweils mwN). Es ist fraglich, ob hieran festzuhalten ist, nachdem der BGH seine bisherige Rspr. zum Tatbestandsmerkmal des Absetzens in § 259 StGB aufgegeben hat, in der Hehlerei ein Erfolgsdelikt sieht und deshalb nun auch für das Tatbestandsmerkmal des Absetzens in § 259 StGB einen Absatzerfolg verlangt (→ Rn. 16). Im Hinblick darauf, dass die Absatzhilfe gemeinhin als eine zur selbstständigen Tat aufgewertete Beihilfe zum Absatz verstanden wird, dürfte eine vollendete Absatzhilfe in gleicher Weise einen Absatzerfolg voraussetzen. Allerdings hat der für das Steuerstrafrecht zuständige 1. Strafsenat des BGH die Rspr. dass für das Merkmal der Absatzhilfe ein Absatzerfolg nicht erforderlich ist, bisher nicht aufgegeben (BGH wistra 2013, 428). Auch wenn ein Absatzerfolg hier entbehrlich bliebe, reicht nicht jede Unterstützung des Vortäters im Vorfeld von Absatzbemühungen aus. Notwendig ist, dass sich die Handlung in einen bereits festgelegten Absatzplan fördernd einfügt, der aus Sicht des Vortäters den Beginn des Absatzvorgangs darstellt (BGH wistra 2007, 460; 2008, 386). Findet die Hilfeleistung hingegen noch im Vorfeld eines iE nicht konkret absehbaren und auch noch nicht geplanten Absatzes – etwa als bloßes Zur-Verfügung-Stellen einer Lagermöglichkeit ohne konkrete Absatzbemühungen – statt, liegt weder Absatz noch Absatzhilfe vor (Klein/*Jäger* Rn. 34 mwN).

II. § 374 Abs. 2

Der Steuerhehlereitatbestand sieht in § 374 Abs. 2 S. 1 zwei Qualifikationsmerkmale vor. Er stellt die **19** **gewerbsmäßige** (dazu MüKoStGB/*Wegner* Rn. 42) und die **bandenmäßige** (dazu MüKoStGB/ *Wegner* Rn. 43) Steuerhehlerei unter erhöhte Strafandrohung, wobei sowohl die Mindeststrafe erhöht als auch der Strafrahmen nach oben erweitert wird. Die Qualifikationsmerkmale entsprechen denen in § 373 genannten. Hinsichtlich der Gewerbsmäßigkeit und der bandenmäßigen Begehung kann daher auf die Erl. zu § 373 (→ Rn. 7 ff. einerseits, → Rn. 23 ff. andererseits) verwiesen werden.

Zur sachgerechten Erfassung des Tatunrechts am unteren Rande qualifizierter Fälle sieht § 374 Abs. 2 **20** S. 2 eine Regelung für minderschwere Fälle vor. In diesen Fällen entspricht der Strafrahmen dem nichtqualifizierter Fälle nach § 374 Abs. 1.

III. Subjektiver Tatbestand

Eine Strafbarkeit wegen § 374 setzt **vorsätzliches Handeln** voraus. Dazu gehört die Kenntnis, dass **21** hinsichtlich der Ware eine der in § 374 vorgesehenen Steuerhinterziehungen oder ein Bannbruch begangen wurde. Sonst liegt ein vorsatzausschließender Tatbestandsirrtum nach § 16 Abs. 1 StGB vor. Bedingter Vorsatz reicht aber aus (BGHSt 7, 137).

Hinzutreten muss – wie bei der Sachhehlerei – **die Absicht, sich oder einen Dritten zu berei-** **22** **chern.** Ein Bereicherungserfolg ist dafür ebenso wenig erforderlich, wie eine unmittelbare Bereicherung aus der Tathandlung (MüKoStGB/*Wegner* Rn. 48). Mittelbare Vorteile genügen auch hier (Klein/*Jäger* Rn. 41; JJR/*Jäger* Rn. 55 ff. mwN; aA MüKoStGB/*Wegner* Rn. 50).

E. Konkurrenzfragen

23   Werden nacheinander mehrere Tatbestandvarianten an ein und derselben Ware verwirklicht – etwa zunächst Ankaufen und anschließendes Absetzen – so gelten die zeitlich nachgelagerten Varianten als mitbestrafte Nachtat (allgM; vgl. nur JJR/*Jäger* Rn. 81 ff. mwN und MüKoStGB/*Wegner* Rn. 59).

24   Die Beteiligung an der Vortat als Anstifter oder Gehilfe schließt die Anwendung des § 374 nicht aus (BGHSt 7, 134).

25   Werden iRd Absatzes von bereits steuerlich bemakelten Waren noch weitere Abgaben hinterzogen, steht die durch den Absatz begangene Steuerhehlerei zur nachfolgenden Steuerhinterziehung auch dann in Tatmehrheit, wenn die Steuerhinterziehung iRd (ggf. grenzüberschreitenden) Absatzes begangen wird (BGH wistra 2008, 470; JJR/*Jäger* Rn. 81). Leistet der Steuerhehler dabei lediglich Absatzhilfe, kann – je nach den Umständen des Einzelfalls – Steuerhehlerei in Tateinheit mit Beihilfe zur Steuerhinterziehung oder Steuerhehlerei in Tatmehrheit mit (täterschaftlich begangener) Steuerhinterziehung in Betracht kommen (BGH wistra 2007, 224 (225); zum Ganzen auch *Jäger* FS Amelung, 2009, 447 und *Allgayer/Sackreuther* PStR 2009, 44).

F. Verfahrensfragen

26   Die Steuerhehlerei begründet nach § 74c Abs. 1 S. 1 Nr. 3 GVG unter den weiteren Voraussetzungen der §§ 74 Abs. 1, 24 Abs. 1 Nr. 3, Abs. 2 GVG die Zuständigkeit der Wirtschaftsstrafkammer.

27   Die Tat ist in ihrer nach § 374 Abs. 2 qualifizierten Form seit 1.1.2008 nach § 100a Abs. 2 Nr. 2c StPO Katalogtat für die Überwachung der Telekommunikation, was die in der Vergangenheit zT gespreizt wirkenden TKÜ-Anordnungen über § 129 StGB entbehrlich macht. Zu den Folgen einer rechtswidrig angeordneten TKÜ vgl. JJR/*Jäger* Rn. 111 ff.

28   Zur Zuständigkeit und Beteiligung der Zollfahndung und der Buß- und Strafsachenstellen der Hauptzollämter s. → § 385 Rn. 2. Zu den Problemen eines möglichen transnationalen Strafklageverbrauchs nach Art. 54 SDÜ s. → § 369 Rn. 79 ff. und BGH NJW 2008, 2931.

§ 375 Nebenfolgen

(1) Neben einer Freiheitsstrafe von mindestens einem Jahr wegen

1. Steuerhinterziehung,
2. Bannbruchs nach § 372 Abs. 2, § 373,
3. Steuerhehlerei oder
4. Begünstigung einer Person, die eine Tat nach den Nummern 1 bis 3 begangen hat,

kann das Gericht die Fähigkeit, öffentliche Ämter zu bekleiden, und die Fähigkeit, Rechte aus öffentlichen Wahlen zu erlangen, aberkennen (§ 45 Abs. 2 des Strafgesetzbuchs).

(2) ¹**Ist eine Steuerhinterziehung, ein Bannbruch nach § 372 Abs. 2, § 373 oder eine Steuerhehlerei begangen worden, so können**

1. die Erzeugnisse, Waren und andere Sachen, auf die sich die Hinterziehung von Verbrauchsteuer oder Einfuhr- und Ausfuhrabgaben im Sinne des Artikels 4 Nr. 10 und 11 des Zollkodexes, der Bannbruch oder die Steuerhehlerei bezieht, und
2. die Beförderungsmittel, die zur Tat benutzt worden sind,

eingezogen werden. ²**§ 74a des Strafgesetzbuchs ist anzuwenden.**

Literatur (Auswahl): *Durst,* Sofortiger Zugriff auf Vermögensgegenstände bei Steuerhinterziehung, KÖSDI 2004, 14035; *Hellmann,* Zum Verfahren bei der Einziehung von zurückgelassenen Schmuggelgut, ZfZ 2000, 2; *Lehmann,* Politische Betätigung im Steuerstrafrecht, MIP 2011, 110; *Lohmeyer,* Zum Anwendungsbereich des § 375 AO, ZfZ 1979, 72; *Schumann/Schmidt-Bremme,* Zur Rückführung eingeschmuggelter Kunstwerke in ihre Herkunftsstaaten, NJW 2002, 574.

A. Allgemeines und Rechtsnatur

1   § 375 Abs. 1 erlaubt die Verhängung der in § 45 Abs. 2 StGB genannten Nebenfolgen der **Aberkennung der Amtsfähigkeit und Wählbarkeit** bei bestimmten schwereren Steuerstraftaten. Ihrer Rechtsnatur nach handelt es sich trotz der gesetzlichen Überschrift um **(Neben-)Strafen,** die ein besonderes, durch die Höhe der verhängten Freiheitsstrafe zum Ausdruck kommendes Maß an Schuld voraussetzen (hM, vgl. LK-StGB/*Theune* StGB § 45 Rn. 1 mwN; MüKoStGB/*Radtke* StGB § 45 Rn. 7; MüKoStGB/*Wegner* Rn. 1, 8; JJR/*Joecks* Rn. 8; Kohlmann/*Kutzner* Rn. 10; Rolletschke/Kemper/*Rolletschke* Rn. 4). **Zweck** der Regelung ist es, die Wirkung der Hauptstrafe zu verstärken (Kohlmann/*Hilgers-Klautzsch* Rn. 3). Über den spezialpräventiven Zweck hinaus sollen öffentliche Ämter von ungeeigneten Personen freigehalten werden (JJR/*Joecks* Rn. 8, Klein/*Jäger* Rn. 1). Dem liegt der Verwirkungsgedanke zugrunde, weil Steuerstraftaten sich gegen das Gemeinwesen richten, indem sie die

Finanzierung öffentlicher Aufgaben gefährden (vgl. Flore/Tsambikakis/*Ebner* Rn. 1). Zur Kritik an Statusfolgen strafrechtlicher Verurteilungen MüKoStGB/*Radtke* StGB § 45 Rn. 41 ff.). Die Gerichte machen von § 375 Abs. 1 wie auch von § 45 Abs. 2 StGB nicht erkennbar Gebrauch.

§ 375 Abs. 2 **erweitert** die schon über die allgemeine Verweisung in § 369 Abs. 2 eröffneten **2 Einziehungsmöglichkeiten** nach § 74 StGB um die in Nr. 1 genannten Einziehungsobjekte und dehnt über die Verweisung auf § 74a StGB den Kreis der von einer Einziehungsanordnung Betroffenen aus. Auch die Einziehung ist nach hM **Nebenstrafe,** sofern sie sich gegen einen schuldfähigen Täter oder Teilnehmer richtet. In den Fällen von § 74 Abs. 2 Nr. 2, Abs. 3 StGB tritt dagegen der **Siche-rungscharakter** der Maßnahme in den Vordergrund (JJR/*Joecks* Rn. 30 ff.; Fischer StGB § 74 Rn. 2). Richtet sich die Einziehungsanordnung gem. § 74a StGB gegen einen tatunbeteiligten Dritten, hat sie **strafähnlichen Charakter,** weil der generalpräventive Zweck der Abschreckung der Allgemeinheit überwiegt (Kohlmann/*Hilgers-Klautzsch* Rn. 5).

B. Aberkennung der Amtsfähigkeit und Wählbarkeit (Abs. 1)

§ 45 StGB Verlust der Amtsfähigkeit, der Wählbarkeit und des Stimmrechts

(1) Wer wegen eines Verbrechens zu einer Freiheitsstrafe von mindestens einem Jahr verurteilt wird, verliert für die Dauer von fünf Jahren die Fähigkeit, öffentliche Ämter zu bekleiden und Rechte aus öffentlichen Wahlen zu erlangen.

(2) Das Gericht kann dem Verurteilten für die Dauer von zwei bis zu fünf Jahren die in Absatz 1 bezeichneten Fähigkeiten aberkennen, soweit das Gesetz es besonders vorsieht.

(3) Mit dem Verlust der Fähigkeit, öffentliche Ämter zu bekleiden, verliert der Verurteilte zugleich die entsprechenden Rechtsstellungen und Rechte, die er innehat.

(4) Mit dem Verlust der Fähigkeit, Rechte aus öffentlichen Wahlen zu erlangen, verliert der Verurteilte zugleich die entsprechenden Rechtsstellungen und Rechte, die er innehat, soweit das Gesetz nichts anderes bestimmt.

(5) Das Gericht kann dem Verurteilten für die Dauer von zwei bis zu fünf Jahren das Recht, in öffentlichen Angelegenheiten zu wählen oder zu stimmen, aberkennen, soweit das Gesetz es besonders vorsieht.

I. Voraussetzungen

Während die Aberkennung der Amtsfähigkeit und Wählbarkeit bei einer Verurteilung wegen eines **3** Verbrechens gem. § 45 Abs. 1 StGB gesetzliche Folge jedes Strafausspruchs von wenigstens einem Jahr Freiheitsstrafe ist, kommt sie bei Vergehen nur in Betracht, wenn das Gesetz es ausdrücklich bestimmt. Der Katalog des § 375 Abs. 1 ist abschließend. Die Vorschrift sieht die Möglichkeit der Aberkennung für alle **Straftatbestände der AO** vor, also der Steuerhinterziehung gem. § 370, den Bannbruch, auch in der Qualifikation des § 373 Abs. 2, und die Steuerhehlerei gem. § 374. Bannbruch ist allerdings nur dann eine taugliche Anknüpfungstat, wenn die Verurteilung auch tatsächlich aus der AO erfolgt, wie der Verweis auf § 372 Abs. 2 klarstellt; ist dies nicht der Fall, genügt die bloße Erfüllung der Tatbestands-merkmale von § 372 Abs. 1 nicht (JJR/*Joecks* Rn. 16; Klein/*Jäger* Rn. 3; Flore/Tsambikakis/*Ebner* Rn. 13). Für den Auffangtatbestand des nicht qualifizierten Bannbruchs bleiben danach nur wenige Fälle (vgl. JJR/*Jäger* § 372 Rn. 87). Qualifizierter Bannbruch ist nur unter den Voraussetzungen von § 373 Abs. 2 denkbar, nachdem es keine nationalen Einfuhrverbote nach einem Monopolgesetz mehr gibt (→ § 373 Rn. 11). Zu den genannten Steuerstraftaten kommt, anders als bei § 375 Abs. 2, die **Begüns-tigung** einer Person hinzu, die eine Tat nach §§ 370, 372, 373, 374 begangen hat. Der Begriff der Begünstigung ist technisch zu verstehen und meint ein Vergehen nach § 257 StGB; die nunmehr vom Straftatbestand der Strafvereitelung erfasste persönliche Begünstigung (§ 258 StGB) ist weder Steuer-straftat noch Katalogtat iSv § 375 Abs. 1 (Kohlmann/*Ransiek* § 369 Rn. 52). § 375 Abs. 1 findet darüber hinaus kraft ausdrücklicher Anordnung (Art. 103 Abs. 2 GG) gem. § 8 Abs. 2 WoPG auf die Wohnungsbauprämie, gem. § 14 Abs. 3 5. VermBG auf die Arbeitnehmer-Sparzulage und gem. § 96 Abs. 7 EStG auf die Altersvorsorgezulage (→ § 383 Rn. 17) sowie gem. § 5a Abs. 2 BergPG auf die Bergmannsprämie entsprechende Anwendung, außerdem auf Abgaben zu Marktordnungszwecken, § 12 Abs. 1 S. 1, § 35 MOG.

Ohne Bedeutung ist, ob die Taten **vollendet oder nur versucht** sind (sofern der Versuch strafbar ist, **4** woran es bei § 257 StGB fehlt) und ob die Verurteilung als **Täter oder Teilnehmer** erfolgt.

Auf Jugendliche und Heranwachsende, die nach **Jugendstrafrecht** verurteilt werden, findet § 375 **5** Abs. 1 keine Anwendung. Dies folgt schon daraus, dass sie nicht zu Freiheitsstrafe sondern zu Jugend-strafe verurteilt werden. Im Übrigen schließt § 6 (iVm § 105 Abs. 1) JGG ausdrücklich aus, neben Jugendstrafe auf die Unfähigkeit, öffentliche Ämter zu bekleiden oder Rechte aus öffentlichen Wahlen zu erlangen, zu erkennen (MüKoStGB/*Wegner* Rn. 9; Flore/Tsambikakis/*Ebner* Rn. 5).

Voraussetzung für die Anordnung der in § 375 Abs. 1 genannten Nebenstrafen ist, dass eine **Frei- 6 heitsstrafe von mindestens einem Jahr** verhängt wird. Bei Verurteilung zu einer Gesamtfreiheitsstrafe ist zu unterscheiden: Trifft eine Tat nach § 375 Abs. 1 mit anderen Straftaten zusammen, muss die Einzelstrafe für die Katalogtat mindestens ein Jahr betragen, damit der Anwendungsbereich von § 45 Abs. 2 StGB eröffnet ist (aA [auch geringere Einzelstrafe reicht, sofern die Gesamtstrafe mindestens ein

Jahr beträgt] Flore/Tsambikakis/*Ebner* Rn. 17). Sind dagegen sämtliche Einzeltaten dem Katalog des § 375 Abs. 1 zuzuordnen, genügt es, wenn auf eine Gesamtfreiheitsstrafe von mindestens einem Jahr erkannt wird (BGH NStZ 2008, 283 zu § 358 StGB; hM, vgl. Klein/*Jäger* Rn. 8; JJR/*Joecks* Rn. 20 jeweils mwN; aA Kohlmann/*Hilgers-Klautzsch* Rn. 17). Nach dem Gesetzeszweck kann es nicht darauf ankommen, ob der Täter nur *eine* Katalogtat begeht, die mit der vorausgesetzten Mindeststrafe geahndet wird, oder ob er seine Geringschätzung ggü. der Steuerhoheit des Fiskus durch mehrere Katalogtaten zum Ausdruck bringt, wenn die Gesamtstrafe die erforderliche Höhe erreicht (vgl. BGH NStZ 2008, 283).

II. Verhängung und Wirkung

7   **1. Anordnung.** Die Aberkennung der Fähigkeit, öffentliche Ämter zu bekleiden und Rechte aus öffentlichen Wahlen zu erlangen, liegt im **pflichtgemäßen Ermessen** des Gerichts („kann"). Sie muss im Urteil besonders ausgesprochen werden. Ihre Festsetzung im Strafbefehl ist gem. § 407 Abs. 2 StPO nicht zulässig, auch wenn der Angeschuldigte einen Verteidiger hat.

8   Es besteht keine Verpflichtung, Amtsfähigkeit und Wählbarkeit kumulativ abzuerkennen, auch wenn § 45 Abs. 2 StGB beide Statusfolgen von Gesetzes wegen bei der Verurteilung wegen eines Verbrechens anordnet. § 375 Abs. 1 stellt es in das Ermessen des Gerichts, die beiden Nebenfolgen einzeln oder nebeneinander zu verhängen (vgl. JJR/*Joecks* Rn. 11 mwN).

9   Wegen ihres Charakters als Nebenstrafe müssen Verhängung und Dauer den **Grundsätzen der Strafzumessung** gem. § 46 StGB genügen und sind jeweils **zu begründen**, § 267 Abs. 3 S. 1 StPO. Dabei ist als Auswirkung des **Schuldprinzips** insbes. zu beachten, dass die Nebenstrafe bei der Strafzumessung der Hauptstrafe strafmildernd zu berücksichtigen ist. Die Begründungspflicht greift auch, wenn die Aberkennung nicht ausgesprochen wird, obwohl dies naheliegt (MüKoStGB/*Radtke* StGB § 45 Rn. 23), was bei Steuerdelikten von Amtsträgern und Politikern regelmäßig der Fall sein dürfte. Zur insoweit defizitären Praxis Flore/Tsambikakis/*Ebner* Rn. 3).

10   **2. Dauer und Berechnung des Verlusts.** Zulässig ist die Aberkennung für eine Dauer von zwei bis fünf Jahren. Das Gesetz gibt nicht vor, für welche Zeiträume der Verlust anzuordnen ist, jedoch erleichtert eine Bemessung nach Jahren die Berechnung (vgl. Fischer StGB § 45 Rn. 8).

11   § 45a StGB regelt Details zu Wirksamwerden und Dauer der Statusfolgen:

§ 45a StGB Eintritt und Berechnung des Verlustes

(1) Der Verlust der Fähigkeiten, Rechtsstellungen und Rechte wird mit Rechtskraft des Urteils wirksam.

(2) ¹Die Dauer des Verlustes einer Fähigkeit oder eines Rechts wird von dem Tag an gerechnet, an dem die Freiheitsstrafe verbüßt, verjährt oder erlassen ist. ²Ist neben der Freiheitsstrafe eine freiheitsentziehende Maßregel der Besserung und Sicherung angeordnet worden, so wird die Frist erst von dem Tage an gerechnet, an dem auch die Maßregel erledigt ist.

(3) War die Vollstreckung der Strafe, des Strafrestes oder der Maßregel zur Bewährung oder im Gnadenweg ausgesetzt, so wird in die Frist die Bewährungszeit eingerechnet, wenn nach deren Ablauf die Strafe oder der Strafrest erlassen wird oder die Maßregel erledigt ist.

12   Aus dem Zusammenspiel von § 45a Abs. 1 und 2 StGB folgt, dass die Zeit bis zur Erledigung des Freiheitsentzugs der im Urteil festgestellten Dauer des Verlusts der Amtsfähigkeit und Wählbarkeit hinzuzurechnen ist (MüKoStGB/*Radtke* StGB § 45a Rn. 5). Denn während die Nebenstrafe mit Rechtskraft des Urteils wirksam wird, beginnt der Fristablauf der im Urteil ausgesprochenen Aberkennung erst, wenn der Verurteilte keinen Freiheitsbeschränkungen mehr unterworfen ist. Dadurch soll der Strafcharakter der Aberkennung gewahrt werden, die sonst bei längeren Freiheitsstrafen ihren Sinn verlöre, würde schon von der Rechtskraft des Urteils an gerechnet (Kohlmann/*Hilgers-Klautzsch* Rn. 29). Die Frist beginnt mit dem Tag, welcher dem Erledigungstag folgt (Fischer StGB § 45a Rn. 5; Flore/Tsambikakis/*Ebner* Rn. 21). Im Falle der Aussetzung der Strafe, des Strafrests oder einer freiheitsentziehenden Maßregel zur Bewährung erfolgt gem. § 45a Abs. 3 StGB eine rückwirkende Verrechnung der Dauer der Aussetzung mit der Dauer des Verlusts, wenn die Strafe oder der Strafrest erlassen wird oder die Maßregel erledigt ist.

13   **3. Wirkungen. a) Verlust der Amtsfähigkeit.** Die Rechtskraft des aberkennenden Urteils führt gem. § 45a Abs. 1 StGB zum Verlust der Fähigkeit, öffentliche Ämter zu bekleiden. **Öffentliche Ämter** sind solche, deren Träger Dienste verrichten, die aus der (inländischen) Staatsgewalt abzuleiten sind und dem Staatszweck dienen (MüKoStGB/*Radtke* StGB § 45 Rn. 13 f.; JJR/*Joecks* Rn. 12; Fischer StGB § 45 Rn. 2; Hübschmann/Hepp/Spitaler/*Beckemper* Rn. 19). Hierzu zählen neben der Justiz und den Ämtern der staatlichen Verwaltung von Bund, Ländern und Gemeinden regelmäßig auch die Ämter der Körperschaften und Anstalten des öffentlichen Rechts sowie die Ämter im Bereich der Sozialversicherung. Ausgenommen sind kirchliche Ämter, weil es bei ihnen an der Verfolgung staatlicher Zwecke fehlt. Hoheitliche Aufgaben nehmen auch Notare und Schöffen wahr, nicht jedoch Rechtsanwälte und Steuerberater (LK-StGB/*Theune* StGB § 45 Rn. 3; MüKoStGB/*Wegner* Rn. 11; Kohlmann/*Hilgers-Klautzsch* Rn. 20).

Der Verlust der Amtsfähigkeit wirkt nicht nur für die Zukunft sondern bedingt gem. § 45 Abs. 3 **14** StGB zugleich den **Verlust bereits bestehender Rechtsstellungen und Rechte.** Dieser Verlust ist endgültig; auch wenn die Dauer der Aberkennung etwa nach § 45b StGB abgekürzt wird, leben die mit der Verurteilung untergegangenen Rechte und Rechtsstellungen nicht wieder auf (LK-StGB/*Theune* § 45 Rn. 17 f.). Für viele öffentliche Ämter bestehen **Sonderregeln,** die den Verlust des Amtes kraft Gesetzes anordnen, wenn die Strafe eine bestimmte Schwelle (ein Jahr bzw. sechs Monate Freiheitsstrafe) erreicht. Bekannteste und praktisch bedeutsamste Beispiele sind § 41 BBG (für Bundesbeamte) und § 24 Abs. 1 S. 1 BeamtStG (für Landes- und Kommunalbeamte), die den Verlust der Beamtenstellung mit der Rechtskraft einer Verurteilung wegen einer vorsätzlichen Tat zu einer Freiheitsstrafe von mindestens einem Jahr, bei bestimmten Staatsschutzdelikten oder wegen Bestechlichkeit zu mindestens sechs Monaten, anordnen. Weitere Sondergesetze bestehen für Richter, Notare, Soldaten, freiwillig Wehrdienstleistende sowie ehrenamtliche Richter (vgl. im Einzelnen die Auflistung bei JJR/*Joecks* Rn. 22). Bei Rechtsanwälten, Patentanwälten, Steuerberatern und Wirtschaftsprüfern können die zuständigen Kammern die Zulassung bzw. die Bestellung widerrufen, wenn die Berufsangehörigen infolge einer strafgerichtlichen Verurteilung die Fähigkeit zur Bekleidung öffentlicher Ämter verloren haben (§ 14 Abs. 2 Nr. 2 BRAO, § 21 Abs. 2 Nr. 2 PAO, § 46 Abs. 2 Nr. 2 StBerG, § 20 Abs. 2 Nr. 2 WPO).

b) Verlust der Wählbarkeit. Die Aberkennung der Fähigkeit, Rechte aus **öffentlichen Wahlen 15** herzuleiten, betrifft nicht nur Wahlen iSv § 108d StGB, also Wahlen zu den Volksvertretungen, die Wahl der Abgeordneten des Europäischen Parlaments, sonstige Wahlen oder Abstimmungen des Volkes im Bund, in den Ländern, Gemeinden und Gemeindeverbänden sowie Urwahlen in der Sozialversicherung. Vielmehr sind alle Wahlen in öffentlichen Angelegenheiten geschützt, also auch Wahlen in und zu Körperschaften, Anstalten und Stiftungen des öffentlichen Rechts einschließlich ihrer Untergliederungen (LK-StGB/*Theune* StGB § 45 Rn. 21 ff.; MüKoStGB/*Radtke* StGB § 45 Rn. 28 ff.). Hierunter fallen auch der Richterwahlausschuss, Ausschüsse zur Wahl von Schöffen, Personalräte sowie Organe berufsständischer Vereinigungen, die Körperschaften des öffentlichen Rechts sind (IHKs, Rechtsanwalts- und Steuerberaterkammern, Ärzte-, Apotheker- Architekten- und Handwerkskammern usw). Den Gegenbegriff bilden privatrechtlich veranlasste Wahlen etwa zu Organen eines Vereins, einer AG, einer Genossenschaft oder einer politischen Partei (JJR/*Joecks* Rn. 13). Auch Betriebsratswahlen zählen nicht dazu (Hübschmann/Hepp/Spitaler/*Beckemper* Rn. 23).

Von § 375 Abs. 1 erfasst ist **nur das passive Wahlrecht;** das aktive Wahlrecht (Stimmrecht) kann **16** aufgrund einer Verurteilung wegen einer Steuerstraftat nicht aberkannt werden, weil die Vorschrift nicht auf § 45 Abs. 5 StGB verweist.

Mit der Rechtskraft des aberkennenden Urteils **verliert** der Verurteilte zugleich gem. § 45 Abs. 4 **17** StGB die **entsprechenden Rechtsstellungen und Rechte,** die er innehat, soweit das Gesetz nichts anderes bestimmt. Bei Bundestagsabgeordneten tritt der Mandatsverlust allerdings nicht automatisch ein, sondern gem. § 47 Abs. 1 Nr. 3 BWahlG erst aufgrund einer Entscheidung des Ältestenrates, die unverzüglich von Amts wegen zu treffen ist.

4. Wiederverleihung von Fähigkeiten und Rechten

§ 45b StGB Wiederverleihung von Fähigkeiten und Rechten

(1) Das Gericht kann nach § 45 Absatz 1 und 2 verlorene Fähigkeiten und nach § 45 Absatz 5 verlorene Rechte wiederverleihen, wenn

1. der Verlust die Hälfte der Zeit, für die er dauern sollte, wirksam war und
2. zu erwarten ist, daß der Verurteilte künftig keine vorsätzlichen Straftaten mehr begehen wird.

(2) In die Fristen wird die Zeit nicht eingerechnet, in welcher der Verurteilte auf behördliche Anordnung in einer Anstalt verwahrt worden ist.

Bei Erfüllung der **formellen** (Nr. 1) und **materiellen** (Nr. 2) **Voraussetzungen** gestattet § 45b **18** StGB die Rehabilitation durch Richterspruch. Der Verlust muss die Hälfte der Zeit, für die er angeordnet wurde, wirksam gewesen sein. Die Vorschrift knüpft damit gem. § 45a Abs. 1 StGB an die Rechtskraft des Urteils an und nimmt in Abs. 2 die Dauer einer Freiheitsentziehung von der Berechnung aus; § 45a Abs. 2 und 3 StGB sind nicht anzuwenden (Fischer StGB § 45b Rn. 2). Hinzukommen muss eine positive Sozialprognose, für deren Beurteilung dieselben Grundsätze wie bei § 56 StGB gelten (Hübschmann/Hepp/Spitaler/*Beckemper* Rn. 36;.Flore/Tsambikakis/*Ebner* Rn. 22).

Die Entscheidung, dem Verurteilten die aberkannten Fähigkeiten wieder zu verleihen, steht im **19** **pflichtgemäßen Ermessen** des Gerichts ("kann"). Maßgeblich ist, ob unter Berücksichtigung der Gründe, die zur Aberkennung geführt haben, verantwortet werden kann, dem Verurteilten die Möglichkeit einzuräumen, von den aberkannten Fähigkeiten wieder Gebrauch zu machen (LK-StGB/*Theune* StGB § 45b Rn. 6). Die Entscheidung kann sich auch nur auf eine Statusfolge beziehen, wenn dem Verurteilten sowohl die Amtsfähigkeit als auch die Wählbarkeit aberkannt wurde (Fischer StGB § 45b Rn. 4). Gem. § 462 Abs. 1 S. 1, 2 StPO entscheidet das Gericht ohne mündliche Verhandlung durch **Beschluss.** Ein Antrag ist nicht erforderlich, die Staatsanwaltschaft und der Verurteilte sind jedoch zu hören. Der Beschluss ist mit der sofortigen Beschwerde anfechtbar.

C. Einziehung (Abs. 2)

I. Voraussetzungen

20   Auch für Steuerstraftaten gelten über § 369 Abs. 2 unmittelbar die allgemeinen Vorschriften über die Einziehung von Tatprodukten und Tatwerkzeugen gem. §§ 74 ff. StGB, wegen der Einzelheiten wird auf die dortige Kommentierung verwiesen. § 375 Abs. 2 erweitert die Einziehungsmöglichkeiten auf Beziehungsgegenstände, wenn Verbrauchsteuern oder Einfuhr- und Ausfuhrabgaben iSv Art. 4 Nr. 10 und 11 ZK hinterzogen, ein Bannbruch oder eine Steuerhehlerei begangen wurden; diese Beziehungsgegenstände können außerdem – ebenso wie Beförderungsmittel – auch dann eingezogen werden, wenn sie im Eigentum Dritter stehen. Ob die in § 375 Abs. 2 genannten Steuerstraftaten **vollendet oder nur versucht** worden sind, spielt für die Einziehungsmöglichkeit keine Rolle (Rolletschke/Kemper/*Rolletschke* Rn. 30). Die Einziehung ist nicht von einer Bestrafung, auch nicht in einer bestimmten Mindesthöhe abhängig (*Lohmeyer* ZfZ 1979, 72). Sie kann auch selbständig im sog objektiven Verfahren angeordnet werden (→ Rn. 42). Praktisch wichtigster Anwendungsfall ist der „Schmuggel" von einfuhrabgabenpflichtigen Waren (Klein/*Jäger* Rn. 14).

21   **1. Der Einziehung unterliegende Sachen. a) Erzeugnisse, Waren und andere Sachen iSv Abs. 2 Nr. 1.** § 375 Abs. 2 S. 1 Nr. 1 ermöglicht die Einziehung von Erzeugnissen, Waren und anderen Sachen, auf die sich die Hinterziehung von Verbrauchsteuern oder Einfuhr- und Ausfuhrabgaben iSv Art. 4 Nr. 10, 11 ZK, der Bannbruch oder die Steuerhehlerei bezieht. Ausgeschlossen sind danach Rechte und Forderungen. Ein sachlicher Unterschied zwischen **Waren und Erzeugnissen** besteht nicht; die Begrifflichkeit erklärt sich aus der unterschiedlichen Terminologie der Verbrauchsteuervorschriften (Erbs/Kohlhaas/*Hadamitzky*/*Senge* Rn. 8; Klein/*Jäger* § 374 Rn. 6).

22   Es muss sich um Sachen handeln, für die Zoll oder Verbrauchsteuern zu entrichten gewesen wären oder die verbotswidrig eingeführt worden sind, sofern der Bannbruch nach den Vorschriften der AO bestraft wird (→ Rn. 3). Einziehungsfähige Waren, die aufgrund besonderer Vorschriften verbrauchsteuerpflichtig sind, sind **Tabak, Bier, Branntwein, Schaumwein, Schaumweinzwischenerzeugnisse, Kaffee und Energieerzeugnisse (Heiz- und Kraftstoffe iSd EnergieStG);** die Einziehung von ebenfalls verbrauchsteuerpflichtigem Strom scheitert an dessen fehlender Körperlichkeit. Weil auch die **inländische EUSt** gem. § 21 Abs. 1 UStG Verbrauchsteuer ist, unterliegen der Einziehung auch alle aus Drittstaaten in das Inland oder in die österreichischen Gebiete Jungholz und Mittelberg importierten Waren, § 1 Abs. 4 UStG. Ausgenommen sind dagegen EUSt und Verbrauchsteuern anderer Mitgliedstaaten. Sie sind keine Verbrauchsteuern iSd der AO, können aber Einfuhrabgaben iSd nationalen Rechts (§ 1 Abs. 1 S. 3 ZollVG) sein, die dann von den Straftatbeständen der § 370 Abs. 6 und § 373 Abs. 4 erfasst werden (→ § 373 Rn. 75). § 375 Abs. 2 nimmt jedoch anders als die genannten Strafnormen ausdrücklich auf den gemeinschaftsrechtlichen Begriff der Ein- und Ausfuhrabgaben in Art. 4 Nr. 10 und 11 ZK Bezug. Hierzu zählen nur **Zölle und Abgaben mit gleicher Wirkung** bei der Einfuhr/Ausfuhr von Waren sowie bei der Einfuhr/Ausfuhr erhobene Abgaben, die im Rahmen der gemeinschaftlichen Agrarpolitik oder aufgrund der für bestimmte landwirtschaftliche Verarbeitungsprozesse geltenden Sonderregelungen vorgesehen sind. Im Ergebnis fehlt es damit für die Hinterziehung ausländischer EUSt/Verbrauchsteuer trotz Strafbarkeit an einer Einziehungsmöglichkeit für Beziehungsgegenstände und Beförderungsmittel gem. § 375 Abs. 2. Praktisch wirkt sich diese Lücke allerdings nur bei zoll- und im Inland verbrauchsteuerfreier Ware aus. Zu den Voraussetzungen der Zollschuldentstehung s. die Erläuterungen zu → § 373 Rn. 40 ff. Mit der Ablösung des ZK durch den UZK (Verordnung (EU) Nr. 952/2013 des Europäischen Parlaments und des Rates vom 9.10.2013 zur Festlegung des Zollkodex der Union – Neufassung, ABl. 2013 L 269, 1) zum 1.6.2016 entfällt die Einziehbarkeit zollpflichtiger Waren nicht, weil die mit der Verweisung erreichte Begriffskonkretisierungswirkung nicht von der Gültigkeit der Norm abhängig ist (so BGH NStZ 2014, 329 zu § 370 Abs. 6, → § 370 Rn. 197). Dennoch ist eine rasche Anpassung der Vorschrift wünschenswert.

23   **b) Beförderungsmittel iSv Abs. 2 Nr. 2.** Mit den Beförderungsmitteln werden bestimmte Tatwerkzeuge herausgegriffen, die unter den erweiterten Voraussetzungen von § 74a StGB eingezogen werden können. Alle übrigen Tatwerkzeuge werden von § 74 StGB unmittelbar erfasst (→ Rn. 27).

24   Beförderungsmittel sind **Fahrzeuge und Tiere,** die der Beförderung oder Fortbewegung von Personen oder Sachen dienen. An dieser dienenden Funktion fehlt es, wenn sie selbst Schmuggelgut sind; ihre Einziehung richtet sich dann nach § 375 Abs. 2 S. 1 Nr. 1 AO. Ebenfalls nicht erfasst sind **Transportbehältnisse,** wie Koffer, Rucksäcke, Handtaschen etc. Sie sind selbst Beförderungsgegenstände und nicht Beförderungsmittel (RGSt 68, 45; MüKoStGB/*Wegner* Rn. 28); ihre Einziehung bestimmt sich nach § 74 Abs. 1 StGB. Auch Umhüllungen von Gegenständen, die nach der allgemeinen Auffassung oder der Auffassung eines bestimmten Verkehrskreises mit diesen eine Einheit bilden, unterfallen nicht § 375 Abs. 2 S. 1 Nr. 2. In diesen Fällen, namentlich bei flüssigem Schmuggelgut, ist die Umhüllung mit der Ware zusammen Beziehungsgegenstand; einschlägig ist § 375 Abs. 1 Nr. 1 (vgl. RGSt 51, 76 f.: Limonade in Flaschen; RGSt 73, 289: Bier in Fässern; BGHSt 7, 80 f.: Öl in Fässern nicht stets – maßgeblich sind der Wert der Fässer und weitere Umstände des Einzelfalls, vgl. Mü-KoStGB/*Wegner* Rn. 26). Teilt die Umhüllung das Schicksal der Ware nicht, kann sie wiederum nach Maßgabe der § 74 ff. StGB als Tatwerkzeug eingezogen werden (→ Rn. 27).

Die Einziehung gem. § 375 Abs. 2 Nr. 2 dürfte insbes. bei Fällen des **Zigarettenschmuggels** in **25** Betracht kommen. Voraussetzung ist, dass das Beförderungsmittel **zur Tat benutzt** wurde. Dass mit dem Fahrzeug auch andere Sachen oder Personen befördert wurden, steht ihr nicht grundsätzlich entgegen, zu beachten ist jedoch der Verhältnismäßigkeitsgrundsatz (§ 74b StGB; JJR/*Joecks* Rn. 38 mwN). Eingezogen werden können nicht nur das Fahrzeug, in dem die abgabepflichtige Ware transportiert wird, sondern auch die den Transport absichernden Begleitfahrzeuge (BGHSt 3, 355, Rolletschke/Kemper/*Rolletschke* Rn. 33; weitergehend Flore/Tsambikakis/*Ebner* Rn. 24; zweifelnd Mü-KoStGB/*Wegner* Rn. 29; Hübschmann/Hepp/Spitaler/*Beckemper* Rn. 62). Die Einziehungsmöglichkeit endet erst mit Beendigung der Tat (BGHSt 3, 4) und erstreckt sich damit insbes. auf das Fahrzeug, mit dem der Steuerhehler die Ware abtransportiert, nachdem er sie aus der Verfügungsgewalt des Vortäters übernommen hat (Erbs/Kohlhaas/*Hadamitzky/Senge* Rn. 11 mwN).

c) **Tatprodukte und Tatwerkzeuge iSv § 74 Abs. 1 StGB.** Neben § 375 Abs. 2 sind gem. § 369 **26** Abs. 2 die §§ 74 ff. StGB unmittelbar anwendbar und ermöglichen die Einziehung von Tatprodukten und Tatwerkzeugen. *Producta sceleris* sind bei Steuerstraftaten jedoch nicht denkbar, weil etwa der aus dem Verkauf der geschmuggelten Zigaretten eingenommene Kaufpreis nicht unmittelbar iSv § 74 Abs. 1 Alt. 1 StGB durch sie hervorgebracht ist (JJR/*Joecks* Rn. 43; LK-StGB/*Schmidt* StGB § 74 Rn. 15; MüKoStGB/*Wegner* Rn. 32); derartige Beträge unterliegen als das aus der Tat Erlangte dem Verfall, wobei jedoch wegen § 73 Abs. 1 S. 2 StGB (der Steuerfiskus ist Verletzter) häufig nur ein Ausspruch nach § 111i Abs. 2 StPO in Betracht kommt (wistra 2011, 394; Flore/Tsambikakis/*Ebner* Rn. 24, 41). Bei der Fälschung von Steuerzeichen (§ 148 StGB) handelt es sich nicht um eine in § 375 Abs. 2 erwähnte Steuerstraftat; die Einziehung gefälschter Steuerzeichen ist jedoch in § 150 Abs. 2 StGB zwingend vorgeschrieben (vgl. hierzu JJR/*Joecks* § 369 Rn. 176).

§ 74 Abs. 1 Alt. 2 StGB, der die Einziehung von Gegenständen ermöglicht, die zur Begehung der **27** Straftat oder ihrer Vorbereitung gebraucht oder bestimmt gewesen sind **(instrumenta sceleris)**, spielt dagegen neben § 375 Abs. 2 durchaus eine Rolle. Die Vorschrift gestattet insbes. den Zugriff auf Transportbehältnisse (→ Rn. 24) und über § 375 Abs. 2 S. 1 Nr. 2 hinaus den Zugriff auf Fahrzeuge, die nur im Vorbereitungsstadium der Steuerstraftat oder entgegen dem ursprünglichen Tatplan gar nicht zum Einsatz kamen, sondern nur zu ihrer Begehung bestimmt waren (Fischer StGB § 74 Rn. 6), außerdem die Einziehung von Waffen und gefährlichen Werkzeugen iSv § 373 Abs. 2 Nr. 2 und sonstigen Tathilfsmitteln wie Mobiltelefonen und Funkgeräten, auch solchen, die das Abhören von Polizeifunk gestatten. Die Einziehung ist nur unter den Voraussetzungen von § 74 Abs. 2 Nr. 1 und 2 StGB zulässig; § 74a StGB findet insoweit keine Anwendung. Allerdings werden solche Gegenstände vielfach in den Händen anderer potentieller Täter der Begehung weiterer Taten dienen, wie die in der Kommentarliteratur genannten Schmuggelwesten, mit besonderen Verstecken versehene Fahrzeuge, zum Schmuggel abgerichtete Hunde, Funksprechgeräte etc (JJR/*Joecks* Rn. 51; Kohlmann/*Hilgers-Klautzsch* Rn. 67), so dass ihre Einziehung unabhängig von den Eigentumsverhältnissen nach § 74 Abs. 2 Nr. 2 StGB in Betracht kommt (→ § 74 Rn. 33).

2. **Eigentumsverhältnisse.** § 375 Abs. 2 stellt eine **besondere gesetzliche Vorschrift iSv § 74 28 Abs. 4 StGB** dar. Damit ist die Einziehung von Beziehungsgegenständen und Beförderungsmitteln iSd Vorschrift an die Voraussetzungen von § 74 Abs. 2 und 3 StGB gebunden (BGH wistra 1995, 30). Die Einziehung ist also grundsätzlich nur zulässig, wenn die Sachen zur Zeit der Entscheidung dem Täter oder Teilnehmer gehören (§ 74 Abs. 2 Nr. 1 StGB) oder wenn sie gemeingefährlich sind (§ 74 Abs. 2 Nr. 2 StGB). Durch den Verweis auf § 74a StGB kommt darüber hinaus auch die Einziehung solcher Gegenstände in Betracht, die einem Dritten gehören, sofern dieser wenigstens leichtfertig zu deren Benutzung bei der Tat beigetragen hat.

a) **Eigentum des Täters oder Teilnehmers (§ 74 Abs. 2 Nr. 1 StGB).** Maßgeblich sind die **29** **Eigentumsverhältnisse zum Zeitpunkt der letzten tatrichterlichen Entscheidung**, nicht zum Tatzeitpunkt; die bloß tatsächliche Verfügungsgewalt über eine Sache reicht nicht aus. Bestreitet der Täter, Eigentümer zu sein, muss das Gericht Feststellungen zu den Eigentumsverhältnissen treffen, bei Fahrzeugen etwa durch Überprüfung international üblicher Kraftfahrzeugpapiere oder von Pflichtversicherungsscheinen (wistra 1995, 30). Zu Sicherungs- oder Vorbehaltseigentum und Anwartschaftsrechten vgl. JJR/*Joecks* Rn. 55 ff.; LK-StGB/*Schmidt* StGB § 74 Rn. 26 ff.; MüKoStGB/*Wegner* Rn. 40 ff.

b) **Gemeingefährliche Gegenstände (§ 74 Abs. 2 Nr. 2, Abs. 3 StGB).** Unabhängig von den **30** Eigentumsverhältnisse ist die Einziehung gem. § 74 Abs. 2 Nr. 2 StGB zulässig, wenn die Gegenstände nach ihrer Art und den Umständen die Allgemeinheit gefährden oder die Gefahr besteht, dass sie der Begehung rechtswidriger Taten dienen werden. Die erste Alternative – **generell gefährliche Gegenstände** – kommt nur bei Beziehungsgegenständen in Betracht; für die Allgemeinheit gefährliche Beförderungsmittel sind schwer vorstellbar. Erfasst werden etwa Sprengstoff, radioaktives Material, Gift,

Waffen etc, wenn sich die Steuerstraftat, die Anlass für die Einziehung ist, auf sie bezieht. In diesen Fällen ist die Einziehung von Beziehungsgegenständen auch möglich, wenn der Täter ohne Schuld gehandelt hat, § 375 Abs. 2 iVm § 74 Abs. 3 StGB.

31   Die zweite Alternative – **individuell gefährliche Gegenstände,** die die Begehung von Straftaten erleichtern – ist in erster Linie für Transportbehältnissen oder Beförderungsmittel iSv § 375 Abs. 2 S. 1 Nr. 2 bedeutsam. Unproblematisch zulässig ist danach die Einziehung eines bei der Tat verwendeten, zum Schmuggel besonders vorbereiteten Transportfahrzeugs, weil bei einem solchen Beförderungsmittel die von § 74 Abs. 2 Nr. 2 StGB vorausgesetzte Gefahr der Begehung weiterer Steuerstraftaten indiziert sein dürfte. Bei nicht manipulierten Kraftfahrzeugen kommt die Einziehung wohl nur dann in Betracht, wenn sie in der Vergangenheit schon zur Begehung von Straftaten genutzt wurden und Anhaltspunkte bestehen, dass dies auch weiterhin der Fall sein wird, weil sonst jedes bei der Begehung einer Straftat benutzte Kraftfahrzeug unabhängig von den Eigentumsverhältnissen eingezogen werden könnte und § 74 Abs. 2 Nr. 1 StGB insoweit leerliefe (LK-StGB/*Schmidt* StGB § 74 Rn. 56; Schönke/Schröder/*Eser* StGB § 74 Rn. 34; vgl. auch VRS 50, 39; LG Siegen NStZ 1990, 338). Andere Tatwerkzeuge oder bei der konkreten Tatbegehung entgegen der ursprünglichen Absicht letztlich doch nicht benutzte Beförderungsmittel können unmittelbar nach § 74 Abs. 2 Nr. 2 StGB eingezogen werden (→ Rn. 27).

32   § 375 Abs. 2 S. 1 Nr. 1 ermöglicht darüber hinaus die Einziehung von Beziehungsgegenständen unter den Voraussetzungen des § 74 Abs. 2 Nr. 2 StGB. Zur „Begehung rechtswidriger Taten dienen" iSv § 74 Abs. 2 Nr. 2 StGB bedeutet dabei keine Beschränkung auf Tatwerkzeuge, weshalb die Vorschrift nach allgM auch Tatprodukte erfasst. Dann kann für die ansonsten aus dem Anwendungsbereich von § 74 StGB ausgenommenen Beziehungsgegenstände nichts anderes gelten (Schönke/Schröder/*Eser* StGB § 74 Rn. 33; LK-StGB/*Schmidt* StGB § 74 Rn. 56). Danach kommt insbes. die Einziehung von **Schmuggelgut** in Betracht, für das es im Gemeinschaftsgebiet keinen regulären Markt gibt (zB Zigaretten der Marke JinLing), weil hier der inkriminierte Verwendungszweck auf der Hand liegt. Feststellungen zu den Eigentumsverhältnissen sind danach entbehrlich (differenzierend MüKoStGB/*Joecks* StGB § 74 Rn. 43). Bei sonstigem Schmuggelgut (vgl. LG Marburg NStZ 1992, 43: Hemden) kommt es wie sonst auch darauf an, ob die Begehung weiterer Straftaten naheliegt.

33   Gem. § 74 Abs. 3 StGB kann die Einziehung in diesen Fällen auch angeordnet werden, wenn der Täter ohne Schuld gehandelt hat.

34   **c) Dritteigentum (§ 74a StGB).** § 375 Abs. 2 S. 2 ermöglicht ferner die Einziehung von Gegenständen, die gem. § 74a StGB zur Zeit der Entscheidung im **Eigentum eines Dritten** stehen, wenn dieser wenigstens leichtfertig dazu beigetragen hat, dass die Sache Mittel oder Gegenstand der Tat oder ihrer Vorbereitung gewesen ist (Nr. 1), oder er die Gegenstände in Kenntnis der Umstände, welche die Einziehung zugelassen hätten, in verwerflicher Weise erworben hat (Nr. 2).

35   **§ 74a Nr. 1 StGB** erfasst die Fälle der **grob fahrlässigen Beihilfe.** Der Schuldvorwurf, den die Vorschrift voraussetzt, bezieht sich auf die einer Steuerstraftat iSv § 375 Abs. 2 regelmäßig vorausgegangene Überlassung einer Sache durch den Eigentümer, obwohl sich diesem aufdrängen musste, dass sie entweder zum Gegenstand der Tat gemacht oder als Beförderungsmittel zu einer solchen Tat genutzt werden wird (JJR/*Joecks* Rn. 61). Hatte der Eigentümer vom Verwendungszweck sogar Kenntnis, wird darin regelmäßig eine strafbare Beihilfe zur Haupttat selbst liegen; die Einziehungsvoraussetzungen sind dann erst recht erfüllt („wenigstens leichtfertig"). Im Übrigen erfolgt die Einziehung beim Gehilfen nach § 74 Abs. 2 Nr. 1 StGB. Im Verhältnis zu § 74a StGB ist § 74 Abs. 2 Nr. 2 StGB die vorrangige Einziehungsvorschrift (LK-StGB/*Schmidt* § 74a Rn. 21). Ob die Einziehung des nicht dem Täter oder Teilnehmer gehörenden Beförderungsmittels iSv § 375 Abs. 2 Nr. 2 zulässig ist, hängt davon ab, ob der Verleiher oder Vermieter des Fahrzeugs erkannt hat oder es sich ihm aufdrängen musste, dass damit Schmuggelfahrten durchgeführt werden sollen.

36   Immer erforderlich ist, dass der Eigentümer dem Täter oder Teilnehmer das Schmuggelgut oder das Transportfahrzeug freiwillig überlassen hat. Dass er nur dessen Entwendung oder Benutzung ermöglicht hat, genügt auch bei größter Sorglosigkeit nicht (JJR/*Joecks* Rn. 61).

37   **§ 74a Nr. 2 StGB** gestattet die Einziehung auch **ggü. dem Erwerber** eines Beziehungsgegenstandes oder Beförderungsmittels iSv § 375 Abs. 2 Nr. 2, wenn dieser die Gegenstände in Kenntnis der Umstände, welche die Einziehung zugelassen hätten, in verwerflicher Weise erworben hat. Der Täter oder Teilnehmer soll die Einziehung nicht durch Weiterveräußerung vor Urteilsverkündung vereiteln können. Allerdings bewirkt nicht jeder Erwerb des bösgläubigen Erwerbers die Einziehungsmöglichkeit, sondern nur der in verwerflicher Weise, also in kollusivem Zusammenwirken mit dem Täter oder Teilnehmer zur Vermeidung der Einziehung (JJR/*Joecks* Rn. 62). Zu den Einzelheiten s. die Kommentierung zu § 74a StGB.

38   **d) Verbandseigentum.** Stehen die Beziehungsgegenstände oder Beförderungsmittel iSv § 375 Abs. 2 im Eigentum einer juristischen Person, können sie unter den Voraussetzungen von § 75 StGB eingezogen werden. Dies gilt jedoch nur, wenn das Verhalten des Täters in innerem Zusammenhang mit seiner Stellung als Organ stand, was auch dann der Fall sein kann, wenn er ein Handeln für die juristische Person mit der Wahrnehmung eigener Interessen verknüpft, wie es etwa bei Ein-Mann-Gesellschaften

naheliegt (BGH NStZ 1997, 30). Aus § 75 StGB folgt zudem, dass im Falle des § 74a StGB eine Einziehung auch zulässig ist, wenn der Gegenstand einer juristischen Person gehört, deren Organ leichtfertig dazu beigetragen hat, dass er als Beziehungsgegenstand oder Beförderungsmittel bei einer der in § 375 Abs. 2 genannten Taten genutzt werden konnte (Rolletschke/Kemper/*Rolletschke* Rn. 46; Kohlmann/*Hilgers-Klautzsch* Rn. 70 ff.).

II. Anordnung und Rechtsfolgen

1. Anordnung durch das Gericht. Die Anordnung der Einziehung steht im **Ermessen** des **39** erkennenden Gerichts („können eingezogen werden"). Sie ist der in § 74b StGB besonders normierten **Verhältnismäßigkeitsprüfung** unterworfen und nur zulässig, wenn sie zur Bedeutung der begangenen Tat und zum Vorwurf, der den von der Einziehung betroffenen Täter oder Teilnehmer oder in den Fällen des § 74a StGB den Dritten trifft, nicht außer Verhältnis steht. Maßgeblich sind in erster Linie der hinterzogene Abgabenbetrag, daneben auch die Art und Weise der Tatbegehung etwa im Fall von § 373. Ausschlaggebend ist eine Gesamtwürdigung, zum Ganzen MüKoStGB/*Wegner* Rn. 47 ff. Hat die Einziehung Strafcharakter (→ Rn. 2), muss sie neben der Hauptstrafe und im Zusammenwirken mit ihr tat- und schuldangemessen sein. Ihr Ausspruch ist bei einem Verzicht des Angeklagten auf die Gegenstände unnötig, belastet den Verurteilten aber nicht (Flore/Tsambikakis/*Ebner* Rn. 26, verfahrensrechtliche Hinweise Rn. 34 ff.).

Zu der Möglichkeit, gem. § 74b Abs. 2 StGB **weniger einschneidende Maßnahmen** anzuordnen, **40** s. die dortigen Erläuterungen (→ § 746 Rn. 8 ff.). Praktisch kann die Anweisung werden, dem Eigentümer gem. § 74b Abs. 2 Nr. 2 StGB den Rückbau von Schmuggeleinrichtungen an Fahrzeugen aufzuerlegen, wenn seine Einziehung nicht geboten ist, etwa bei einem größeren Seeschiff (vgl. JJR/*Joecks* Rn. 67).

§ 74c StGB gestattet schließlich die Anordnung der **Einziehung des Wertersatzes.** Ist die Ein- **41** ziehung selbst nicht mehr möglich, weil der Täter oder Teilnehmer den Gegenstand zwischen Tatbegehung und Aburteilung verwertet oder die Einziehung sonst vereitelt hat, kann das Gericht die Einziehung eines Geldbetrages bis zu der Höhe anordnen, die dem Wert des Gegenstandes entspricht. Der Sachwert entspricht in der Regel dem Preis, der für Sachen gleicher Art und Güte im Inland bezahlt wird. Einzurechnen sind die darauf entfallenden Abgaben, gleichgültig, ob die hinterzogenen Zölle oder Verbrauchsteuern bereits vom Täter nachgefordert worden sind (OLG Stuttgart NJW 1951, 43). Zu den Einzelheiten der Ersatzeinziehung s. die Kommentierung zu § 74c StGB.

Unter den Voraussetzungen von § 76 StGB kommt schließlich auch die **selbstständige Anordnung 42** der Einziehung nach dem in §§ 440 ff. StPO geregelten Verfahren in Betracht (hierzu Kohlmann/*Hilgers-Klautzsch* Rn. 108 ff.).

2. Rechtsfolgen. Mit der Rechtskraft des die Einziehung anordnenden Urteils geht gem. § 74e **43** Abs. 1 StGB das **Eigentum** an dem eingezogenen Gegenstand **auf den Staat** über. Staat ist dasjenige Bundesland, dessen Gericht die Einziehung angeordnet hat, unabhängig davon, ob die hinterzogenen Abgaben dem Bund oder einem Land zustanden (JJR/*Joecks* Rn. 90). Rechte Dritter bleiben bestehen, es sei denn, die Einziehung erfolgt nach § 74 Abs. 2 Nr. 2 StGB wegen allgemeiner oder individueller Gefährlichkeit des Gegenstandes und das Gericht hat das Erlöschen dieser Rechte angeordnet, § 74e Abs. 2 StGB. Zu den Einzelheiten → § 74e Rn. 9.

Sind Dritte von der Einziehung betroffen, weil die Sache entweder in ihrem Eigentum stand oder **44** diese mit einem Recht belastet war, dessen Erlöschen angeordnet wurde, bestimmt § 74 f. StGB eine **Entschädigungspflicht,** s. im Einzelnen Hübschmann/Hepp/Spitaler/*Beckemper* Rn. 78 ff.). In den Fällen des § 74a StGB findet eine Entschädigung nicht statt, außerdem nicht, wenn es nach den Umständen, welche die Einziehung oder Unbrauchbarmachung begründet haben, aufgrund von Rechtsvorschriften außerhalb des Strafrechts zulässig wäre, den Gegenstand dem Dritten ohne Entschädigung dauernd zu entziehen, § 74 f. Abs. 2 Nr. 3 StGB. Solche Ermächtigungen enthalten etwa die Vorschriften über die Sicherstellungen im Aufsichtsweg, §§ 215, 216 und § 51b BranntwMonG (JJR/*Joecks* Rn. 95).

D. Sonstige Nebenstrafen und Maßnahmen

Über die in § 375 ausdrücklich genannten Nebenfolgen hinaus können gem. § 369 Abs. 2 auch alle **45** sonstigen, vom Gesetz vorgesehenen Nebenstrafen und Maßnahmen angeordnet werden. Bei einer Verurteilung wegen Steuerstraftaten kommen namentlich die Anordnung eines Fahrverbots nach § 44 StGB und eines Berufsverbots nach § 70 ff. StGB in Betracht.

Das **Fahrverbot** gem. § 44 StGB ist **Nebenstrafe** und setzt die Verurteilung wegen einer Anlasstat, **46** die der Täter bei oder im Zusammenhang mit dem Führen eines Kraftfahrzeugs oder unter Verletzung der Pflichten eines Kraftfahrzeugführers begangen hat, zu einer Geld- oder Freiheitsstrafe voraus. Der geforderte Zusammenhang ist bei Schmuggelfahrten, bei denen ein Kraftfahrzeug iSv § 375 Abs. 2 zum

Einsatz gekommen ist, stets gegeben. Anders als beim Entzug der Fahrerlaubnis gem. § 69 StGB ist nicht erforderlich, dass sich in der Tat eine verkehrsspezifische Ungeeignetheit des Fahrers zum Führen von Kraftfahrzeugen manifestiert hat; die bloße Benutzung des Kraftfahrzeugs zur Tatbegehung genügt. Damit dürfte in zahlreichen Schmuggelfällen neben der Einziehung des Beförderungsmittels auch die Anordnung eines Fahrverbots möglich und zu erwägen sein. Wegen des Charakters als Nebenstrafe müssen Verhängung und Dauer den **Grundsätzen der Strafzumessung** genügen und ist insbes. die Kumulation verschiedener Nebenstrafen bei der Bemessung der Hauptstrafe strafmildernd zu berücksichtigen (→ Rn. 9).

47   Bei der Anordnung eines **Berufsverbots** nach §§ 70 ff. StGB handelt es sich um eine **Maßregel** der Besserung und Sicherung, nicht um eine Nebenstrafe. Sie kommt auch bei Steuerstraftaten, insbes. der Steuerhinterziehung in Betracht. Voraussetzung ist, dass der Täter die Tat unter Missbrauch seines Berufs oder Gewerbes oder unter grober Verletzung der mit ihnen verbundenen Pflichten begangen hat und die Gesamtwürdigung von Tat und Täter die Gefahr erkennen lässt, dass er bei weiterer Ausübung des Berufs, Berufszweigs, Gewerbes oder Gewerbezweigs erhebliche weitere rechtswidrige Taten der bezeichneten Art begehen wird, § 70 Abs. 1 StGB; wegen der Einzelheiten s. dort. Danach ist etwa die Entwicklung eines „Steuermodells" für einen Mandanten, das unter Verwendung überhöhter Rechnungen die systematische Verkürzung von KSt, GewSt, USt und ESt ermöglicht, grundsätzlich geeignet, ein Berufsverbot für die Berufe Rechtsanwalt und vereidigter Buchprüfer auszulösen (BGH NStZ 2001, 380). Ebenso kann der berufstypische Konnex bei der Hinterziehung betrieblicher Steuern gegeben sein, wenn sie mit schwerwiegenden Verletzungen der Buchführungs- und Aufzeichnungspflichten einhergeht (BGH NStZ 1995, 124). Der Täter muss den Beruf allerdings tatsächlich ausgeübt haben, eine nur vorgetäuschte Berufs- und Gewerbetätigkeit, der sich der Täter als Legende etwa für Kreditbetrügereien bedient, genügt nicht (BGH wistra 2001, 59).

§ 376 Verfolgungsverjährung

(1) In den in § 370 Abs. 3 Satz 2 Nr. 1 bis 5 genannten Fällen besonders schwerer Steuerhinterziehung beträgt die Verjährungsfrist zehn Jahre.

(2) Die Verjährung der Verfolgung einer Steuerstraftat wird auch dadurch unterbrochen, dass dem Beschuldigten die Einleitung des Bußgeldverfahrens bekanntgegeben oder diese Bekanntgabe angeordnet wird.

Neuere Literatur (Auswahl): *Beckemper*, Steuerhinterziehung durch Erschleichen eines unrichtigen Feststellungsbescheids?, NStZ 2002, 518; *Bender*, Die Verfolgungsverjährung für Steuerhinterziehung nach dem Jahressteuergesetz 2009, wistra 2009, 215; *Bielefeld/Prinz*, Das neue Sanktionssystem bei Steuerhinterziehung – Strafmaßtabellen Adé?, StB 2009, 112; *Burkhard*, Verjährungsbeginn bei verspäteter Abgabe der Steuererklärung, DStZ 2004, 443; *Buse*, Beendigung der Umsatzsteuerhinterziehung bei Fristverlängerung nach § 109 AO durch Erlasse der obersten Finanzbehörden, wistra 1997, 173; *Dallmeyer*, Tatbeendigung und Verjährungsbeginn bei Steuerdelikten – Zugleich ein Beitrag zur Lehr vom nachtatbestandlichen Unrecht, ZStW 2012, 711; *Ebner*, Verfolgungsverjährung im Steuerstrafrecht, 2015; *Eich*, Strafverfolgungsverjährung der Steuerhinterziehung und der leichtfertigen Steuerverkürzung, KÖSDI 2001, 13036; *Haas/Wilke*, Steuerhinterziehung und Rechtsstaat – Zur Verlängerung der Verfolgungsverjährungsfrist durch das Jahressteuergesetz 2009, NStZ 2010, 297; *Hardtke*, Die Verjährung im Steuerstrafrecht, AO-StB 2001, 273; *Hentschel*, Strafrechtliche Beurteilung der Umsatzsteuerhinterziehung, UR 1999, 476; *Jäger*, Anmerkung zum BGH-Urteil v. 1.8.2000 – 5 StR 624/99, wistra 2000, 344; *Mitsch*, Verjährungsvielfalt bei der Steuerhinterziehung, NZWiSt 2015, 8; *Müller*, Wann beginnt die Strafverfolgungsverjährung bei Steuerhinterziehung?, wistra 2004, 11; *Pelz*, Wann verjährt die Beihilfe zur Steuerhinterziehung?, wistra 2001, 11; *Pelz*, Neuregelung der Verfolgungsverjährung für Steuerhinterziehung – Neue Herausforderungen für die Praxis, NJW 2009, 470; *Rainer/Schwedhelm*, Verjährung im Steuerstrafrecht und im Steuerrecht, NWB F 13, 747; *Rolletschke*, Die Hinterziehung von Erbschaft-/Schenkungsteuer, wistra 2001, 287; *Rolletschke/Jope*, Konsequenzen aufgrund der Änderung der Verjährungsvorschrift des § 376 Abs. 1 AO im Rahmen des Jahressteuergesetzes 2009, Stbg 2009, 213; *Rolletschke*, Praxiswissen zur Strafverfolgungsverjährung – eine Ergänzung, PStR 2010, 75; *Rolletschke*, Die Strafverfolgungsverjährung im Steuerstrafrecht, ZWH 2014, 129; *Samson/Brüning*, Die Verjährung der besonders schweren Fälle der Steuerhinterziehung, wistra 2010, 1; *Schaefer*, Geplante Verfolgungsverjährung bei Steuerstraftaten, NJW-Spezial 2008, 408; *Satzger*, Die Verjährung im Strafrecht, JURA 2012, 433; *Schmitz*, Der Beginn der Verjährungsfrist nach § 78a StGB bei der Hinterziehung von Einkommensteuer, wistra 1993, 248; *Schneider*, Straflose Nachtat trotz Verjährung der Haupttat im Falle wiederholter Steuerhinterziehung, wistra 2002, 408; *Spatscheck*, Neue Strafzumessungsentscheidung bei der Steuerhinterziehung?, SAM 2009, 122; *Steinberg/Burghaus*, Versuchte Steuerhinterziehung „in großem Ausmaß" nach § 370 Abs. 3 S. 2 Nr. 1 AO, ZIS 2011, 578; *v. Briel*, Der Beginn der Strafverfolgungsverjährung bei Steuerstraftaten und -ordnungswidrigkeiten, SAM 2006, 115; *v. Briel*, Unterbrechung und Ruhen der steuerstrafrechtlichen Verfolgungsverjährung, SAM 2007, 207; *Wegner*, Bedenken gegen die Reform des Verjährungsrechts, PStR 2009, 33; *Wulf*, Beginn der Verjährung der Steuerhinterziehung bei ausgebliebener Steuerfestsetzung, wistra 2003, 89; *Wulf*, Die Verschärfung des Steuerstrafrechts zum Jahreswechsel 2008/2009, DStR 2009, 459; *Wulf*, Praxiswissen zur Strafverfolgungsverjährung, PStR 2010, 13.

Bücher: *Dörn*, Steuerhinterziehung durch Unterlassen?, 2000; FS Kohlmann, 2003; *Hardtke*, Steuerhinterziehung durch verdeckte Gewinnausschüttung, 1995; *Kiel*, Die Verjährung bei der vorsätzlichen Steuerverkürzung, 1989; *Nöhren*, Die Hinterziehung von Umsatzsteuer, 2005; *Schillhorn*, Hinterziehung von Körperschaftsteuer, 2000.

Übersicht

A. Allgemeines

I. Rechtsnatur

Die Strafverfolgungsverjährung stellt rechtsdogmatisch nach hM ein Verfahrenshindernis dar (vgl. **1** BVerfG NJW 1969, 1059 ff.; Klein/*Jäger* Rn. 5; Schwarz/Pahlke/*Dumke* Rn. 1; Fischer StGB Vor § 78 Rn. 3; ausf. *Satzger* JURA 2012, 433 (435 f.)).

II. Rechtsfolgen

Der Eintritt der Strafverfolgungsverjährung ist in jedem Verfahrensstadium von Amts wegen zu prüfen **2** (vgl. Kuhn/Weigell SteuerStrafR/*Weigell* Rn. 185; *Satzger* JURA 2012, 433 (436)). Wird der Eintritt der Strafverfolgungsverjährung bei der Prüfung des Anfangsverdachts festgestellt, so steht dieser Umstand einer Verfahrenseinleitung entgegen (vgl. Kühn/v. Wedelstädt/*Blesinger* Rn. 14; *Müller* wistra 2004, 11). Eine verfolgbare Straftat iSd § 152 Abs. 2 StPO liegt dann nicht vor. Die Einleitung eines Ermittlungsverfahrens iSv § 397 ist aber dann zulässig, wenn erst aufgeklärt werden muss, ob tatsächlich Strafverfolgungsverjährung eingetreten ist. Wird der Verjährungseintritt nach Einleitung des Ermittlungsverfahrens festgestellt, ist das Verfahren nach § 170 Abs. 2 S. 1 StPO einzustellen (vgl. Schönke/Schröder/*Sternberg-Lieben*/*Bosch* StGB § 78 Rn. 4; *Müller* wistra 2004, 11; *Satzger* JURA 2012, 433 (435)). Ein hinreichender Tatverdacht im Sinne einer positiven Verurteilungsprognose ist dann ausgeschlossen. Wird die Strafverfolgungsverjährung erst nach Eröffnung des Hauptverfahrens festgestellt, ist das Verfahren wegen Vorliegens eines Verfahrenshindernisses nach § 206a Abs. 1 StPO einzustellen (vgl. BGH wistra 1992, 23; BGH BeckRS 2015, 19908; BGH NStZ 2016, 300; BGH BeckRS 2016, 04881; JJR/*Joecks* Rn. 6; SSW StGB/*Rosenau* StGB § 78 Rn. 18; *Müller* wistra 2004, 11; *v. Briel* SAM 2006, 115 (116)).

Die Verjährung (Dauer der Verjährungsfrist, Beginn der Verjährung) bestimmt sich (grds.) **für jedes 3 verletzte Strafgesetz gesondert** (vgl. Klein/*Jäger* Rn. 17; Kohlmann/*Schauf* Rn. 35). Dies ist unabhängig davon, welche materiell-rechtlichen Konkurrenzverhältnisse zwischen den verwirklichten Strafvorschriften bestehen (vgl. BGH HFR 1990, 449; BGH NStZ-RR 2008, 142 (143); Kohlmann/*Schauf* Rn. 35; Fischer StGB § 78 Rn. 5; Schönke/Schröder/*Sternberg-Lieben*/*Bosch* StGB § 78 Rn. 8; SSW StGB/*Rosenau* StGB § 78 Rn. 10). Eine Ausnahme bildet insoweit allerdings der besonders schwere Fall der Steuerhinterziehung großen Ausmaßes (§ 370 Abs. 3 S. 2 Nr. 1). Bei mehreren tateinheitlich begangenen Steuerhinterziehungen findet eine Addition der Verkürzungsbeträge statt (zB BGH NZWiSt 2012, 154 (155); BGH NZWiSt 2016, 102 (103); Klein/*Jäger* § 370 Rn. 280). Diese Addition kann aber zu einem Überschreiten des 50.000 EUR-Schwellenwerts (NZWiSt 2016, 102 (103 f.)) und damit zum Eingreifen der verlängerten Strafverfolgungsverjährungsfrist (§ 376 Abs. 1) führen. Krit. insoweit MüKoStGB/*Wulf* Rn. 10; *Wulf* DStR 2009, 459 (460) mit dem zutreffenden Hinweis, dass der Tatbeendigungszeitpunkt bei einer durch unrichtige Angaben (§ 370 Abs. 1 Nr. 1) begangenen Umsatz-, Einkommensteuer- und Gewerbesteuerhinterziehung auseinanderfallen (können).

Für die Fristberechnung gelten die §§ 187 ff. BGB entsprechend (§ 108 Abs. 1; vgl. Schwarz/Pahlke/ **3a** *Dumke* Rn. 2). Dh, der Tag des Verjährungsbeginns ist für die Fristberechnung mit einzurechnen. Bei Tatbeendigung am 15.2.2008 tritt (bei fünfjähriger Verjährungsfrist und ohne Unterbrechung und Ruhen) am 14.2.2013 24:00 Uhr Strafverfolgungsverjährung ein.

Ergibt sich die Verjährung von Tatteilen (→ Rn. 3), so ist zwar deren Ahndung ausgeschlossen (§ 78 **4** Abs. 1 S. 1 StGB). Die verjährten Tatteile können aber bei der Ahndung der übrigen Tatteile strafschärfend berücksichtigt werden (vgl. BGH StV 1994, 423; BGH NStZ-RR 2008, 142 (143); BGH BeckRS 2016, 06970; Fischer StGB § 46 Rn. 38b; Schönke/Schröder/*Sternberg-Lieben*/*Bosch* StGB Vor §§ 78 ff. Rn. 7), wenn sie prozessordnungsgemäß festgestellt sind.

B. Kommentierung im Einzelnen

I. Strafverfolgungsverjährung

5   **1. Verjährungsfristen. a) Verjährungsfrist bei Steuerhinterziehung.** Nach den allgemeinen Grundsätzen des StGB beläuft sich die Verjährungsfrist für § 370 auf fünf Jahre, da die Steuerhinterziehung im Höchstmaß mit einer Freiheitsstrafe bis zu fünf Jahren geahndet werden kann (vgl. § 78 Abs. 3 Nr. 4 StGB).

6   Durch das „JStG 2009" sollte zwar ursprünglich für alle Fälle des § 370 eine eigenständige zehnjährige Verjährungsfrist in § 376 Abs. 1 eingeführt werden. Im Laufe des Gesetzgebungsverfahrens verständigte man sich indes auf eine „abgeschwächtere" Gesetzesfassung (BGBl. 2008 I 2794 (2828); zum Gesetzgebungsverfahren iE vgl. *Haas/Wilke* NStZ 2010, 297 (299 ff.)). Die Zehnjahresfrist des § 376 Abs. 1 gilt nunmehr nur für die „in § 370 Abs. 3 Satz 2 Nr. 1 bis 5 AO genannten Fälle". IÜ (also für die Fälle einer „einfachen" Steuerhinterziehung iSd § 370 Abs. 1 als auch für unbenannte besonders schwere Fälle iSd § 370 Abs. 3 S. 1) bleibt die Regel-Verjährungsfrist bestehen (vgl. Klein/*Jäger* Rn. 12; Mü-KoStGB/*Wulf* Rn. 2, 6; Hübschmann/Hepp/Spitaler/*Bülte* Rn. 11, 48; Flore/Tsambikakis/*Wenzler* Rn. 9; *Rolletschke/Jope* Stbg 2009, 213). In Bezug auf § 370 Abs. 3 S. 1 wird hierin in der Lit. vereinzelt ein Verstoß gegen Art. 3 Abs. 1 GG gesehen (vgl. Flore/Tsambikakis/*Wenzler* Rn. 6; Kuhn/Weigell SteuerStrafR/*Weigell* Rn. 185; *Pelz* NJW 2009, 470 (471); *Spatscheck* SAM 2009, 122 (124); *Wegner* PStR 2009, 33; iE *Ebner*, Verfolgungsverjährung im Steuerstrafrecht, 2015, 165 ff.). Der BGH (NZWiSt 2013, 272 (273)) hat jedoch keine verfassungsrechtlichen Bedenken (so auch *Rolletschke/Jope* Stbg 2009, 213 (214) unter Hinweis auf die Begehungsweisenlösung → Rn. 8).

7   § 376 Abs. 1 ist am Tag nach der Gesetzesverkündung (24.12.2008), also am 25.12.2008, in Kraft getreten (Art. 39 Abs. 1 JStG 2009). Von der Gesetzesänderung erfasst sind alle Hinterziehungsfälle, die bei Inkrafttreten noch nicht verjährt gewesen sind (Art. 97 § 23 EGAO, vgl. Art. 11 JStG 2009). Dies sind alle Steuerhinterziehungen, deren Verjährung nach dem 25.12.2003 begann bzw. für die nach dem 25.12.2003 wirksame Unterbrechungshandlungen vorgenommen wurden und für die nicht vor dem 25.12.2008 absolute Verjährung eingetreten ist (vgl. MüKoStGB/*Wulf* Rn. 13; Schwarz/Pahlke/*Dumke* Rn. 3; *Wulf* PStR 2010, 13 (17)). Im Fall zwischenzeitlicher Ablaufhemmung können dies sogar noch länger zurückliegende Taten sein (zB BGH NZWiSt 2016, 26 (27) – Fall Schreiber).

8   Die Anwendung des § 376 Abs. 1 setzt nicht voraus, dass es letztlich zu einer Ahndung des betreffenden Sachverhalts als besonders schwerer Fall kommt. Es reicht letztlich aus, dass eine der in den Regelbeispielen umschriebenen **Begehungsweise gegeben ist** (vgl. BGH NZWiSt 2013, 272 (273); JJR/*Joecks* Rn. 24; Klein/*Jäger* Rn. 11; MüKoStGB/*Wulf* Rn. 6; Hübschmann/Hepp/Spitaler/*Bülte* Rn. 41 f.; Rolletschke/Kemper/*Rolletschke* Rn. 7c; *Ebner*, Verfolgungsverjährung im Steuerstrafrecht, 2015, 133 (159 ff.); *Rolletschke/Jope* Stbg 2009, 213 (214); *Wegner* PStR 2009, 33; *Wulf* DStR 2009, 459, wohl auch *Bielefeld/Prinz* StB 2009, 112 (117); aA Kohlmann/*Schauf* Rn. 20 f.; *Pelz* NJW 2009, 470 (471); *Bender* wistra 2009, 215 (218); *Samson/Brüning* wistra 2010, 1 (2)). Für diese „Begehungsweisenlösung" spricht nicht nur, dass der Bericht des Finanzausschusses v. 27.11.2008 (BT-Drs. 16/11108, 47) auf die „in § 370 Abs. 3 S. 2 AO namentlich aufgezählten Begehungsweisen" abstellt (aA *Samson/Brüning* wistra 2010, 1 (2)). Entscheidend ist, dass nur so eine hinreichende Konturierung des § 376 Abs. 1 möglich ist (vgl. Klein/*Jäger* Rn. 11; *Rolletschke/Jope* Stbg 2009, 213 (214); iErg auch *Wulf* DStR 2009, 459 ff.). Ansonsten würde sich das ohne Zweifel merkwürdig anmutende Ergebnis ergeben, dass sich die Frage der Verjährungsfrist erst am Ende eines Ermittlungsverfahrens beantworten ließe, wenn alle für und gegen den Beschuldigten sprechenden Umstände ermittelt sind. Dies liegt darin begründet, dass die von der Verwirklichung eines Regelbeispiels ausgehende Indizwirkung durch gegenläufige Strafzumessungsgründe entkräftet werden kann (vgl. zB BGH wistra 1991, 106). Somit hätte es ein Beschuldigter zB durch positives Nachtatverhalten nicht nur – wie bisher – gewissermaßen sein Strafmaß „in der Hand" (§ 46 Abs. 2 S. 2 StGB), sondern darüber hinausgehend die für seine Tat geltende Verjährungsfrist (vgl. Klein/*Jäger* Rn. 11; *Rolletschke/Jope* Stbg 2009, 213 (214)).

9   Konsequenz der „Begehungsweisenlösung" ist mE aber auch, dass der „versuchte besonders schwere Fall", den es rechtsdogmatisch gar nicht gibt (vgl. zB SSW StGB/*Kudlich/Schuhr* StGB § 22 Rn. 76), unter § 376 Abs. 1 fällt. So ist entschieden, dass Fälle, in denen sowohl zur Verwirklichung des Grunddelikts als auch zur Verwirklichung des Regelbeispiels unmittelbar angesetzt wurde, als Versuche in einem besonders schweren Fall zu bewerten sind (zu § 370 vgl. BGH wistra 2010, 449; zum Kernstrafrecht vgl. BGHSt 33, 370 (373 ff.); zum Meinungsstand insges. vgl. SSW StGB/*Kudlich/Schuhr* StGB § 22 Rn. 76). § 376 Abs. 1 knüpft aber an die dann nur „versuchte Begehung des Regelbeispiels" an (aA *Steinberg/Burghaus* ZIS 2008, 578 (579 ff.); *Mitsch* NZWiSt 2016, 8 (11): fünfjährige Verjährungsfrist des § 78 Abs. 3 Nr. 4 StGB; diff. *Ebner*, Verfolgungsverjährung im Steuerstrafrecht, 2015, 157 f.). Dies mag zwar auf den ersten Blick befremden, ist aber letztlich dem Umstand geschuldet, dass der Gesetzgeber die Regelbeispiele des § 370 Abs. 3 S. 2 in § 376 Abs. 1 systemfremd zu verjährungsrechtlichen Tatbestandsmerkmalen erhoben hat. Andererseits wird nur so das nicht minder befremdliche Ergebnis vermieden, dass sonst für den „versuchten besonders schweren Fall" die fünfjährige Regelverjährung gelten würde, während die Verjährungsfrist für den „vollendeten besonders schweren Fall" auf zehn Jahre verlängert wäre (vgl. dazu iE *Rolletschke* PStR 2010, 75 (78)).

Vor der Novellierung des § 376 Abs. 1 wurden durch das „Gesetz zur Neuregelung der Telekom- **10** munikationsüberwachung und anderer verdeckter Ermittlungsmaßnahmen sowie zur Umsetzung der Richtlinie 2006/24/EG" (BGBl. 2007 I 3198 ff.) Begehungsweisen iSd § 370 Abs. 3 S. 2 AO modifiziert (in Bezug auf § 370 Abs. 3 S. 2 Nr. 1) bzw. neu in das Gesetz eingefügt (in Bezug auf § 370 Abs. 3 S. 2 Nr. 5).

Geht es um die Ahndung als besonders schwerer Fall, ist für Taten, die vor Inkrafttreten des Gesetzes (1.1.2008) begangen wurden, für das Eingreifen des Regelbeispiels § 370 Abs. 3 S. 2 Nr. 1 neben dem „großen Ausmaß" auch ein Handeln aus „grobem Eigennutz" erforderlich (vgl. BGH wistra 2009, 359 (362); Klein/*Jäger* § 370 Rn. 281). Kann bei Steuerhinterziehungen, die nach alter Gesetzeslage zu beurteilen sind, grober Eigennutz nicht festgestellt werden, liegt die Annahme eines unbenannten besonders schweren Falles iSd § 370 Abs. 3 S. 1 zwar bei sehr hohen Hinterziehungsbeträgen nicht fern (BGH NJW-Spezial 2012, 664 (665); BGH PStR 2013, 252); dies kann aber nicht die lange Verfolgungsverjährungsfrist auslösen (→ Rn. 6). Taten, die sich nach Inkrafttreten des Gesetzes unter § 370 Abs. 3 S. 2 Nr. 5 subsumieren lassen, können zuvor allenfalls als unbenannter besonders schwerer Fall iSd § 370 Abs. 3 S. 1 aufgefasst werden (vgl. *Joecks,* Tagungsband Beratung und Verteidigung in Steuerstrafsachen 2008, 8 ff.); allerdings wird man insoweit die negative Indizwirkung von Regelbeispielen zu beachten haben (vgl. *Rüping/Ende* DStR 2008, 13 (17)).

Die Verjährungsregelung des § 376 Abs. 1 knüpft hingegen nicht an die alte Gesetzeslage an. Voraussetzung für das Eingreifen der verlängerten Verjährungsfrist ist „lediglich" eine zum 25.12.2008 noch nicht strafverfolgungsverjährte Steuerhinterziehung. IErg kann dies dazu führen, dass die verlängerte Verjährungsfrist auch für die Fälle gilt, die bei Tatbegehung noch gar keinem Regelbeispiel entsprochen haben (§ 370 Abs. 3 S. 2 Nr. 5; vgl. Klein/*Jäger* Rn. 14 unter Hinweis auf Art. 97 § 23 EGAO).

Fraglich erscheint, ob die „Begehungsweisenlösung" in den Fällen einer Reduktion bedarf, in denen **11** zwar formal ein Regelbeispiel gegeben ist, bei denen aber ein besonders schwerer Fall gewissermaßen per se ausgeschlossen ist (vgl. MüKoStGB/*Wulf* Rn. 10 f.; krit. demgegenüber Klein/*Jäger* Rn. 16).

Bei § 370 Abs. 3 S. 2 Nr. 1 sind dies Fälle, in denen zwar tatbestandsmäßig eine Steuerverkürzung großen Ausmaßes gegeben ist, bei denen der eingetretene Steuerschaden letztlich aber kein großes Ausmaß erreicht (vgl. MüKoStGB/*Wulf* Rn. 10; Rolletschke/Kemper/*Rolletschke* Rn. 7f; *Wulf* DStR 2009, 459 (462); krit. demgegenüber Hübschmann/Hepp/Spitaler/*Bülte* Rn. 53). Hierzu zählen Kompensationsverbotsfälle (§ 370 Abs. 4 S. 3), in denen die auf Taterfolgsebene unerheblichen Minderungsbeträge bei der Strafzumessung zu berücksichtigen sind (vgl. iE → § 370 Rn. 178 ff., 324, 326; BGH NStZ 2004, 579 (580); BGH NStZ-RR 2005, 209 (210); BGH wistra 2008, 153; Schwarz/Pahlke/*Dumke* § 370 Rn. 112; Kühn/v. Wedelstädt/*Blesinger* § 370 Rn. 48). Hierunter fallen aber auch Steuerverkürzungen auf Zeit (vgl. dazu iE → § 370 Rn. 141 ff.), deren tatbestandlicher Erfolg sich zwar nach dem nominellen Steuerbetrag bemisst, bei denen aber lediglich der Verspätungsschaden des Staates der Strafzumessung zugrunde gelegt wird (vgl. BGH wistra 2009, 355 (358); JJR/*Joecks* Rn. 111; Rolletschke/Kemper/*Rolletschke* § 370 Rn. 223; Schwarz/Pahlke/*Dumke* § 370 Rn. 221 ff.). Darunter zu fassen wären zudem ggf. Steuervorteilserlangungen iSd § 370 Abs. 4 S. 2 Hs. 1, bei denen Nominalbetrag und steuerliche Auswirkung sehr weit auseinanderfallen (vgl. iE → § 370 Rn. 169a). Sowie letztlich Steueranrechnungsfälle, sollte man Steueranrechnungsbeträge nicht bereits bei der Ermittlung des Taterfolgs Steuerverkürzung berücksichtigen, sondern erst auf Strafzumessungsebene berücksichtigen (vgl. iE → § 370 Rn. 110). Im Bereich des § 370 Abs. 3 S. 2 Nr. 2–5 wären Geringfügigkeitsfälle auszuklammern (vgl. MüKoStGB/*Wulf* Rn. 11). Unberührt hiervon bleibt freilich die Unerheblichkeit weitergehender Strafzumessungsgesichtspunkte – wie Geständnis, Steuernachzahlung, missglückte Selbstanzeige. Da der BGH aber zB in Kompensationsfällen das Regelbeispiel großes Ausmaß bejaht und lediglich in einem zweiten Schritt kontra-indiziell unter das Kompensationsverbot fallende Steuerminderungsbeträge berücksichtigt (BGH NZWiSt 2016, 102 (105)) steht nicht zu erwarten, dass sich diese Restriktionsüberlegungen in der Praxis durchsetzen werden.

Die Verdoppelung der Verjährungsfrist durch den Gesetzgeber stellt einen Wechsel im Verfahrensrecht **12** dar und unterfällt deshalb nicht dem im Strafrecht sonst geltenden Rückwirkungsverbot gem. Art. 103 Abs. 2 GG und § 1 StGB (vgl. BVerfG NStZ 2000, 251 (252); Fischer StGB § 2 Rn. 7; *Schaefer* NJW-Spezial 2008, 408).

b) Verjährungsfrist bei Bannbruch/Schmuggel/Steuerhehlerei. Für den Bannbruch (§ 372) **13** gilt die fünfjährige Verjährungsfrist des § 78 Abs. 3 Nr. 4 StGB. § 372 verweist in Bezug auf seine Ahndung auf § 370 Abs. 1, Abs. 2, sodass der Bannbruch im Höchstmaß mit einer fünfjährigen Freiheitsstrafe bestraft werden kann. Die Frage der nach § 376 Abs. 1 verlängerten Verjährungsfrist stellt sich in diesem Zusammenhang überhaupt nicht, da diese an die Begehungsweisen iSd § 370 Abs. 3 S. 2 Nr. 1–5 anknüpft (→ Rn. 8).

Der gewerbsmäßige, gewaltsame oder bandenmäßige Schmuggel sieht demgegenüber eine Freiheits- **14** strafe von bis zu zehn Jahren vor (§ 373 Abs. 1 S. 1). Die Verfolgungsverjährungsfrist beläuft sich demzufolge auf zehn Jahre (§ 78 Abs. 3 Nr. 3 StGB). Dies gilt auch für den minder schweren Fall iSd § 373 Abs. 1 S. 2 (§ 78 Abs. 4 StGB).

15   Die „einfache" Steuerhehlerei (§ 374 Abs. 1) verjährt nach fünf Jahren (§ 78 Abs. 3 Nr. 4 StGB), die gewerbs- oder bandenmäßige (§ 374 Abs. 2 S. 1) nach zehn Jahren (§ 78 Abs. 3 Nr. 3 StGB); letzteres auch im minder schweren Fall iSd § 374 Abs. 2 S. 1 (§ 78 Abs. 4 StGB).

16   **c) Verjährungsfrist bei Steuerordnungswidrigkeiten.** § 384 sieht – abweichend von der Regel-verfolgungsverjährungsfrist des § 31 Abs. 2 OWiG – für die §§ 378, 379 und 380 eine Verjährungsfrist von fünf Jahren vor. Hintergrund dieser Verlängerung war bei § 378, dass insoweit eine Gleichbehand-lung mit § 370 erfolgen sollte, da die Tatentdeckung in beiden Fällen von denselben Umständen abhängig ist (vgl. BT-Drs. 5/1812, 27; auch → § 378 Rn. 42). Bei den Steuergefährdungen der §§ 379, 380 erklärt sich die Verlängerung damit, dass diese meistens erst in nachläufig stattfindenden Außen-prüfungen aufgedeckt werden (vgl. Klein/*Jäger* § 384 Rn. 1; Rolletschke/Kemper/*Rolletschke* § 379 Rn. 81; auch → § 379 Rn. 81, → § 380 Rn. 25, → § 384 Rn. 1 ff.).

17   § 26b UStG verjährt hingegen nach § 31 Abs. 2 Nr. 3 OWiG mit Ablauf der dreijährigen Regel-verjährung; § 26c UStG (Straftat) nach Ablauf der fünfjährigen Regelverjährungsfrist des § 78 Abs. 3 Nr. 4 StGB.

18   **2. Fristbeginn.** Die Strafverfolgungsverjährung beginnt mit **Tatbeendigung** (§ 78a S. 1 StGB; für Ordnungswidrigkeiten § 31 Abs. 3 OWiG). Diese materielle Beendigung ist begrifflich nicht identisch mit der formellen Vollendung. Die Vollendung ist bereits dann gegeben, wenn alle Merkmale des gesetzlichen Tatbestands erfüllt sind. Unter Beendigung ist hingegen derjenige Zeitpunkt zu verstehen, bis zu dem das Unrecht der Tat weiter verwirklicht wird (vgl. Fischer StGB § 78a Rn. 3), mit anderen Worten der Zeitpunkt, in dem die auf Tatbegehung gerichtete Tätigkeit ihren endgültigen Abschluss gefunden hat (vgl. BGH StraFo 2004, 215; Klein/*Jäger* Rn. 20; Schönke/Schröder/*Sternberg-Lieben*/ *Bosch* StGB § 78a Rn. 1; SSW StGB/*Rosenau* StGB § 78a Rn. 2).

    Die Beendigung iSd § 78a StGB ist ferner nicht zu verwechseln mit dem gleichnamigen Begriff in § 24 StGB. Dort entscheidet die Einordnung als beendeter oder unbeendeter Versuch darüber, welche Anforderungen an das Rücktrittsverhalten zu stellen sind (vgl. BGHSt 36, 105; *Satzger* JURA 2012, 433 (438)).

19   **a) Veranlagungssteuern. aa) Abgabe unrichtiger bzw. unvollständiger Steuererklärungen (§ 370 Abs. 1 Nr. 1).** Die Steuerhinterziehung ist als Erfolgsdelikt mit dem Eintritt des tatbestandlichen Erfolgs formell vollendet. Beim Tatererfolg **Steuerverkürzung** (§ 370 Abs. 4 S. 1 Hs. 1; auch → § 370 Rn. 90 ff.) tritt die Vollendung mit der unzutreffenden Steuerfestsetzung ein. Da der die Steuerfest-setzung enthaltende Steuerbescheid erst mit Bekanntgabe an den Steuerpflichtigen wirksam wird, ist insoweit auf den Bekanntgabezeitpunkt abzustellen. Bei Steuerbescheiden iSd § 124 Abs. 1 S. 1 ist hierbei insbes. die **Bekanntgabefiktion** des § 122 Abs. 2 zu beachten (vgl. BFH wistra 2009, 166 ff. zu § 239; *Schmitz* wistra 1993, 248 (251); *Schmitz* FS Kohlmann, 2003, 532 f.; Rolletschke/Kemper/ *Rolletschke* § 370 Rn. 183 ff.; auch → § 370 Rn. 92 ff., 251).

20   Da eine Steuerhinterziehung in Form einer **Steuerverkürzung** (§ 370 Abs. 1, Abs. 4 S. 1 Hs. 1) mit der unzutreffenden Steuerfestsetzung aber auch ihren endgültigen Abschluss gefunden hat, markiert der **Bekanntgabezeitpunkt** zugleich die Beendigung (vgl. wistra 2000, 219 (222) f.; Kohlmann/*Schauf* Rn. 71; MüKoStGB/*Wulf* Rn. 21; Gußen SteuerStrafR Rn. 498).

    Auch insoweit gilt die Bekanntgabefiktion (vgl. BGH NStZ-RR 2014, 340 (341); Klein/*Jäger* Rn. 21; Hübschmann/Hepp/Spitaler/*Bülte* Rn. 82; JJR/*Joecks* Rn. 30; Rolletschke/Kemper/*Rolletsch-ke* Rn. 9; *Schmitz* FS Kohlmann, 2003, 532 f.; aA FGJ/*Joecks* 7. Aufl. 2009 Rn. 19; MüKoStGB/*Wulf* Rn. 21; OLG Hamm DStR 2002, 1095 (1096); *Burkhard* DStZ 2004, 443; *Müller* wistra 2004, 11 (13)). Entgegen der Gegenansicht handelt es sich hierbei nicht um eine Frage der Anwendung des „in dubio pro reo-Grundsatzes", nach dem bei Unaufklärbarkeit eines Sachverhalts im Zweifel der dem Angeklag-ten günstigere Sachverhaltsmöglichkeit zugrunde zu legen ist (vgl. Löwe/Rosenberg/*Kühne* StPO Einl. I Rn. 48). Vielmehr dreht es sich um die **reine Rechtsfrage,** wann ein Steuerbescheid verfahrensrecht-lich wirksam wird (so ausdrücklich auch Klein/*Jäger* Rn. 21; Hübschmann/Hepp/Spitaler/*Bülte* Rn. 82; *Schmitz* FS Kohlmann, 2003, 532 f.). Die rechtliche Wirksamkeit eines Steuerbescheids tritt aber erst nach Ablauf der dreitägigen Bekanntgabefiktion ein (vgl. Tipke/Kruse/*Tipke* § 122 Rn. 53). Ein früherer tatsächlicher Zugang führt nicht zu einer früheren Wirksamkeit des Steuerbescheids, da die Bekanntgabe im Fall des § 122 Abs. 2 Nr. 1 nicht nur vermutet, sondern gesetzlich fingiert wird (vgl. BFH BStBl. II 2001, 274, BFH/NV 2002, 1409). Vor Ablauf der dreitägigen Bekanntgabefiktion ist der in der Entstehung begriffene Steuerbescheid noch nicht einmal rechtbehelfsfähig (vgl. Schwarz/Pahlke/ *Frotscher* § 122 Rn. 122, 133 (→ § 370 Rn. 92 f.). Zur Anwendung der Bekanntgabefiktion iE *Ebner,* Verfolgungsverjährung im Steuerstrafrecht, 2015, 201 ff.

21   **Unerheblich** für den Verjährungsbeginn ist, in welcher **Veranlagungsform** der Steuerbescheid ergangen ist (vgl. BGH NJW 1989, 2140 (2141); Kohlmann/*Schauf* Rn. 78; JJR/*Joecks* Rn. 26; Hüb-schmann/Hepp/Spitaler/*Bülte* Rn. 81; *Dallmeyer* ZStW 2012, 711 (721)) – endgültig, unter dem Vor-behalt der Nachprüfung (§ 164 Abs. 1 S. 1), vorläufig (§ 165 Abs. 1 S. 1). Spätere Änderungen des

Steuerbescheids – zB durch Auswertung einer ESt 4B-Mitteilung – haben ebenfalls keinen Einfluss auf den Verjährungsbeginn (vgl. BGH wistra 2001, 309; JJR/*Joecks* Rn. 26; Klein/*Jäger* Rn. 22; Hübschmann/Hepp/Spitaler/*Bülte* Rn. 69; Simon/Vogelberg SteuerStrafR/*Vogelberg* S. 102; *Dallmeyer* ZStW 2012, 711 (722)).

Unerheblich ist auch, ob der Steuerpflichtige einer **Außenprüfung** nach §§ 193 ff. unterliegt (vgl. **22** *Dallmeyer* ZStW 2012, 711 (722)). Auch wenn die (Erst-)Veranlagung in diesen Fällen unter dem Vorbehalt der Nachprüfung (§ 164 Abs. 1 S. 1) ergangen ist und obwohl zumindest die Gefahr besteht, dass die Tat durch die Außenprüfung entdeckt wird, handelt es sich hierbei nicht um eine zB bei einem Diebstahl denkbare Nacheile (BGH JZ 1988, 471 (472)). Eine Außenprüfung eröffnet lediglich die Chance einer eigenhändigen Schadenswiedergutmachung; insoweit ähnelt die Situation eher der Möglichkeit einer Schadensersatzklage im Betrugsrecht (§ 823 Abs. 2 BGB iVm § 263 StGB).

Macht der Steuerpflichtige in der Außenprüfung erneut unzutreffende Angaben (um den bereits **23** erzielten Taterfolg zu sichern), liegt darin eine erneute Tatbestandsverwirklichung (zur wiederholten Steuerverkürzung → § 370 Rn. 145). Diese stellt zwar im Grundsatz eine mitbestrafte Nachtat dar. Sie kann aber eigenständiges Gewicht erlangen, wenn die Vortat wegen Strafverfolgungsverjährung nicht mehr bestraft werden kann (vgl. zB BGH NJW 1993, 476 (477); BGH NStZ 2009, 203; krit. MüKoStGB/*Wulf* Rn. 29 f.).

Führt die Steuerhinterziehung nicht zu einer zu geringen Abschlusszahlung, sondern zu einer Steu- **24** ererstattung, ist die Tat mit **Auszahlung des Erstattungsbetrages** beendet (vgl. BGH NStZ-RR 2008, 240 zu § 264 StGB; JJR/*Joecks* Rn. 29; Klein/*Jäger* Rn. 24; Hübschmann/Hepp/Spitaler/*Bülte* Rn. 71; Rolletschke/Kemper/*Rolletschke* Rn. 14; Wannemacher SteuerStrafR/*Grötsch* Rn. 741; aA MüKoStGB/*Wulf* Rn. 24: Bekanntgabezeitpunkt der Steuerfestsetzung sei maßgebend). Auch wenn es bei einer Steuerhinterziehung strukturell nicht darauf ankommt, dass ein Vermögensschaden des Fiskus eintritt (so MüKoStGB/*Wulf* Rn. 24), kommt die Tat erst durch die Auszahlung des Erstattungsbetrages zur Ruhe.

Gleiches gilt für eine Verrechnung (vgl. *Dallmeyer* ZStW 2012, 711 (729)).

Beim Taterfolg Erlangung eines nicht gerechtfertigten **Steuervorteil**s (§ 370 Abs. 4 S. 2; → § 370 **25** Rn. 150 ff.) ist die Tat **mit Erlangung** vollendet und beendet (vgl. FG München NZWiSt 2013, 358; MüKoStGB/*Wulf* Rn. 46; Hübschmann/Hepp/Spitaler/*Hübner* Rn. 32; Klein/*Jäger* Rn. 45). Bei **sukzessiver Gewährung** des Steuervorteils (zB bei monatlicher Kindergeldgeldzahlung, §§ 62 ff. EStG) beginnt die Verjährung erst mit der letzten unrechtmäßigen Gewährung (vgl. BFHE 247, 102; FG München NZWiSt 2013, 358; aA FG München EFG 2013, 135 = FG München BeckRS 2013, 94061; FG Köln EFG 2014, 1752; MüKoStGB/*Wulf* Rn. 46).

Maßgebend für den Verjährungsbeginn eines **Versuch**s ist der **Abschluss der Versuchstätigkeit,** **26** also das Ende der Tätigkeit, die der Vollendung der Tat dienen sollte (vgl. BGH NStZ 1988, 322; MüKoStGB/*Wulf* Rn. 49; Kühn/v. Wedelstädt/*Blesinger* Rn. 5; Schönke/Schröder/*Sternberg-Lieben/ Bosch* StGB § 78a Rn. 7; Fischer StGB § 78a Rn. 4; SSW StGB/*Rosenau* StGB § 78a Rn. 9). Dh, bleibt es bei der Einreichung einer unrichtigen oder unvollständigen Steuererklärung, so ist deren Abgabe entscheidend (so ausdrückl. auch JJR/*Joecks* Rn. 54; Klein/*Jäger* Rn. 26).

Folgt das Finanzamt nicht den unzutreffenden Angaben, sondern veranlagt die Steuer nicht erklä- **27** rungsgemäß und setzt der Täter seinen (iSd Vorschriften über den Rücktritt vom Versuch) noch nicht fehlgeschlagenen Versuch dadurch fort, dass er Einspruch gegen den Steuerbescheid einlegt (und keine, lediglich wiederholende oder weitere falsche Angaben macht), dann markiert die Vornahme dieser jeweiligen Tathandlungen den Verjährungsbeginn (vgl. BGH NStZ 1988, 322; BGH wistra 1990, 23; JJR/*Joecks* Rn. 54; *Rolletschke* wistra 2001, 287).

Ob die Finanzbehörde dem Einspruch letztlich durch einen Änderungsbescheid abhilft, ist insoweit unerheblich. Im Fall einem Einspruch abhelfenden Änderungsbescheides würde die Tat letztlich vollendet sein (vgl. Rolletschke/Kemper/*Rolletschke* Rn. 17). Dann wäre für den Verjährungsbeginn auf den Bekanntgabezeitpunkt des Änderungsbescheids abzustellen (→ Rn. 18).

Bei der **Vermögensteuerhinterziehung** ist die Tat mit Bekanntgabe des Steuerbescheides vollendet **28** (→ § 370 Rn. 489 ff.) und beendet (vgl. Kohlmann/*Schauf* Rn. 79; JJR/*Joecks* Rn. 31; Hübschmann/ Hepp/Spitaler/*Bülte* Rn. 73; Simon/Vogelberg SteuerStrafR/*Vogelberg* S. 109; Stahl Selbstanzeige Rn. 554; aA RGSt 1, 59; FGS/*Samson* Rn. 11: letzte Zahlung für den dreijährigen Hauptveranlagungszeitraum).

Werden im Rahmen eines einheitlichen und gesonderten **Feststellungsverfahrens** (§§ 179 ff.) un- **29** richtige oder unvollständige Angaben gemacht, so stellt der unzutreffende Feststellungsbescheid nach hM eine „Vorteilserlangung" iSd § 370 Abs. 4 S. 2 dar (vgl. BGH NJW 2009, 381 (383); JJR/*Joecks* Rn. 32; Klein/*Jäger* Rn. 25; aA Hübschmann/Hepp/Spitaler/*Hellmann* § 370 Rn. 299; krit. Rolletschke/Kemper/*Rolletschke* § 370 Rn. 282; → § 370 Rn. 161 f.).

Die Umsetzung der unzutreffend festgestellten Besteuerungsgrundlagen in Einkommensteuer- **30** bescheiden bewirkt jeweils einen weitergehenden Taterfolg in Form von „Steuerverkürzungen" (§ 370 Abs. 4 S. 1 Hs. 1). Die Tatvollendung tritt insoweit mit der Bekanntgabe der jeweiligen unzutreffenden Einkommensteuerbescheide gegenüber den einzelnen Feststellungsbeteiligten ein. Ungeachtet der Anerkennung beider Taterfolge betont der BGH in seiner Feststellungsbescheid-Entscheidung (BGH

NJW 2009, 381 (384)) unter Bezugnahme auf frühere Rspr. (vgl. BGH wistra 1984, 142) allerdings, dass die **Verjährung** (für beide Steuerhinterziehungen!) einheitlich erst mit der **Bekanntgabe des unrichtigen Einkommensteuerbescheids an den letzten Feststellungsbeteiligten** beginnt (vgl. Klein/*Jäger* Rn. 25; aA Stahl Selbstanzeige Rn. 803; *v. Briel* SAM 2006, 115; *Dallmeyer* ZStW 2012, 711, 723).

31   **Entsprechendes** gilt für die gesonderte **Feststellung des verwendbaren Eigenkapitals** nach § 47 Abs. 1 KStG aF. Auch hier wird man in der nach altem Recht vorgesehenen Eigenkapitalgliederung ggf. einen Steuervorteil sehen können (vgl. *Hardtke*/*Leip* NStZ 1996, 217 (218); *Hardtke* AO-StB 2002, 93; *v. Briel* SAM 2006, 115 (118); → § 370 Rn. 161 f.). Sobald sich die unzutreffende Eigenkapitalgliederung in einer unzutreffenden Steuersetzung niederschlägt, tritt auch eine entsprechende Steuerverkürzung ein. Für den Verjährungsbeginn ist aber auch hier einheitlich auf die Bekanntgabe des Körperschaftsteuer-/Einkommensteuerbescheids abzustellen, in dem sich die unzutreffenden Kapitalgliederungen auswirken.

32   **Vergleichbares** wird man im Rahmen von **Gewerbesteuer**hinterziehungen annehmen können (→ § 370 Rn. 163). Dort wird mit dem Steuermessbetrag die Grundlage des Folgebescheids gesondert festgesetzt (§ 14 S. 1 GewStG). Die einem Einkommensteuerbescheid entsprechende Konkretisierung der Gewerbesteuer erfolgt durch einen Gewerbesteuerbescheid, den die hebeberechtigte Gemeinde erlässt (§ 16 Abs. 1 GewStG). Mit anderen Worten: die Bekanntgabe des unzutreffenden Gewerbesteuermessbescheids stellt eine Vorteilserlangung iSd § 370 Abs. 4 S. 2 dar (BGH NZWiSt 2012, 75), die Bekanntgabe des unzutreffenden Gewerbesteuerbescheid eine Steuerverkürzung iSd § 370 Abs. 4 S. 1 Hs. 1. Mit der Bekanntgabe des unzutreffenden Gewerbesteuerbescheids ist die Gewerbesteuerhinterziehung beendet (vgl. OLG Hamm DStR 2002, 1095 (1097); Kohlmann/*Schauf* Rn. 74; Klein/ *Jäger* Rn. 22; Hübschmann/Hepp/Spitaler/*Bülte* Rn. 79; *Ebner,* Verfolgungsverjährung im Steuerstrafrecht, 2015, 211; Stahl Selbstanzeige Rn. 803; aA *Dallmeyer* ZStW 2012, 711 (723)).

33   In **Gewerbesteuerzerlegungsfällen** iSd §§ 28 ff. GewStG (= in mehreren Gemeinden werden Betriebsstätten unterhalten oder eine Betriebsstätte erstreckt sich über mehrere Gemeinden) beginnt die Verjährung erst mit **Bekanntgabe des letzten Gewerbesteuerbescheids** (vgl. OLG Hamm DStR 2002, 1095 (1097); OLG Köln BB 1970, 1335; Kohlmann/*Schauf* Rn. 77; Wannemacher SteuerStrafR/ *Seipl* Rn. 1042; Stahl Selbstanzeige Rn. 803; aA Wannemacher SteuerStrafR/*Grötsch* Rn. 751: getrennte Beurteilung der Verjährung der jeweiligen Taten).

33a   Auf unrichtigen oder unvollständigen Angaben beruhende **Einheitswertbescheide** (§ 19 Abs. 1 BewG) sind auf der Basis des BGH-Feststellungsbescheidbeschlusses (→ Rn. 29) ebenfalls als Steuervorteile anzusehen (vgl. Rolletschke/Kemper/*Rolletschke* § 370 Rn. 288). **Vollendet** sind die betreffenden Steuerhinterziehungen mit Bekanntgabe des betreffenden Grundlagenbescheids.

33b   Für den Verjährungsbeginn ist jedoch auf den **Bekanntgabe**zeitpunkt des betreffenden Folgebescheids, des **Grundsteuerbescheid**s, abzustellen (vgl. Rolletschke/Kemper/*Rolletschke* Rn. 31i).

34   Begeht ein sich in einer „Verlustphase" befindender Steuerpflichtiger eine Steuerhinterziehung, so wirken sich seine unrichtigen oder unvollständigen Angaben zunächst nur darin aus, dass sich sein **Verlustrücktrag** iSd § 10d Abs. 1 EStG oder sein **Verlustvortrag** iSd § 10d Abs. 2 EStG vergrößert. Unter Zugrundelegung der BGH-Rspr. zur gesonderten und einheitlichen Feststellung (BGH NJW 2009, 383 (383); → Rn. 28) ist die unzutreffende Verlustfeststellung (§ 10d Abs. 4 S. 1 EStG) freilich als vollendete Steuervorteilserlangung (§ 370 Abs. 4 S. 2) anzusehen.

35   Weitergehend tritt eine Steuerverkürzung iSd § 370 Abs. 4 S. 1 Hs. 1 ein, sobald sich die Verlustfeststellung in einer unzutreffenden Einkommensteuerfestsetzung realisiert. Die betreffende Steuerhinterziehung ist mit Bekanntgabe des Einkommensteuerbescheids vollendet.

Wie bei der einheitlichen und gesonderten Feststellung (→ Rn. 29) markiert die Bekanntgabe des Einkommensteuerbescheids, in dem sich der zu Unrecht erhöhte Verlustrücktrag/Verlustvortrag auswirkt, auch den Verjährungsbeginn der insgesamt verwirklichten Steuerhinterziehung (vgl. Simon/ Vogelberg SteuerStrafR/*Vogelberg* S. 107; aA *v. Briel* SAM 2006, 115 (118): Bekanntgabe des Verlustfeststellungsbescheids).

Dies kann für den Fall des Verlustvortrags iErg eine faktische Unverjährbarkeit bedeuten. In Fällen, in denen sich eine „Gewinnphase" nicht mehr erwarten lässt, erscheint es deshalb sachgerechter, die entsprechende Vorteilserlangung zu ahnden. Allerdings ist dabei zu beachten, wie wenig konkret die Gefährdung des Steueranspruchs tatsächlich gewesen ist (vgl. Rolletschke/Kemper/*Rolletschke* Rn. 31f).

36   Bei der **Erbschaft- und Schenkungsteuer** tritt bei Abgabe einer unrichtigen oder unvollständigen Steuererklärung mit **Bekanntgabe** des entsprechend unzutreffenden **Steuerbescheids** Vollendung und Beendigung ein (vgl. Hübschmann/Hepp/Spitaler/*Bülte* Rn. 72; Kuhn/Weigell SteuerStrafR/*Weigell* Rn. 189; *Dallmeyer* ZStW 2012, 711 (728); vgl. iE → § 370 Rn. 481 ff.).

37   Besteht die Tat in der Erstattung einer unrichtigen oder unvollständigen Anzeige (§§ 30 Abs. 1, Abs. 2, 33, 34 ErbStG), ist für die Frage der Vollendung und Beendigung auf die Zeichnung der Entscheidung, eine Erklärung nicht anzufordern, abstellen (vgl. Hübschmann/Hepp/Spitaler/*Bülte* Rn. 72; *Rolletschke* wistra 2001, 287 (288); diff. Wannemacher SteuerStrafR/*Grötsch* Rn. 749).

37a   Werden aufgrund unzutreffender Einkommen-/Körperschaft-/Gewerbesteuerfestsetzung (§ 37 EStG, § 49 KStG, § 19 GewStG) für den Folgeveranlagungszeitraum unzutreffende Steuervorauszahlungen festgesetzt, so ist der Verjährungsbeginn nicht abschließend geklärt. Teilweise wird auf die jeweiligen Fälligkeitszeitpunkte abgestellt (vgl. JJR/*Joecks* Rn. 36), teilweise auf die jeweilige Jahreserklärung (vgl. Simon/Vogelberg SteuerStrafR/*Vogelberg* S. 110). ME ist insoweit in den Blick zu nehmen, dass Vorauszahlungen – anknüpfend an die unzutreffenden Vorjahreswerte – gesondert für vier konkrete Zahlungszeitpunkte festgesetzt werden. Unzutreffende Vorauszahlungsbescheide sind Steuerverkürzungen iSd § 370 Abs. 4 S. 1 Hs. 1 (→ § 370 Rn. 168); insoweit ist es folgerichtig, auf den Bekanntgabezeitpunkt des Vorauszahlungsbescheids abzustellen (so auch Wannemacher SteuerStrafR/*Grötsch* Rn. 754; *Dallmeyer* ZStW 2012, 711).

bb) Pflichtwidrige Nichtabgabe von Steuererklärungen (§ 370 Abs. 1 Nr. 2). Unterlässt ein **38** Steuerpflichtiger pflichtwidrig die Abgabe einer Steuererklärung in der subjektiven Erwartung, (im Schätzungsweg) nicht oder zu niedrig veranlagt zu werden, so begeht er eine versuchte Steuerhinterziehung. Der **Versuch** beginnt mit dem Verstreichenlassen des gesetzlich festgelegten Termins zur Abgabe (§ 149 Abs. 2 S. 1: 31.5. des Folgejahrs; → § 370 Rn. 266 f.). Gleichzeitig ist die Tat iSd § 78a S. 1 StGB beendet (vgl. Simon/Vogelberg SteuerStrafR/*Vogelberg* S. 105).

Insbesondere die allgemein für steuerlich beratene Steuerpflichtige mittels koordiniertem Bund–Län- **39** dererlass eingeräumte Fristverlängerung kann für den Beginn der Strafverfolgungsverjährung der durch pflichtwidriges Unterlassen begangenen Steuerhinterziehung iSd § 370 Abs. 1 Nr. 1 von Bedeutung sein. Für die Veranlagungszeiträume bis 2004 galt insoweit der 30.9. des Folgejahrs als Fristende (vgl. zB BStBl. I 2005, 389 ff.); seit dem Veranlagungszeitraum 2005 ist dies der 31.12. des Folgejahrs (vgl. zB BStBl. I 2006, 234 ff.). Die praktischen Auswirkungen dieser **allgemeinen Fristverlängerungen** oder antragsgebundenen Fristverlängerungen auf Versuchsbeginn und Versuchsbeendigung iSd § 78a StGB bestimmen sich entscheidend nach dem Zeitpunkt der Tatentdeckung. Von weiterer Bedeutung ist insoweit auch, ob es sich bei dem Täter um einen steuerlich geführten oder einen steuerlich nicht geführten Steuerpflichtigen handelt (→ § 370 Rn. 266 f., 274 f.).

Wird die Tat vor Ablauf der allgemeinen Fristverlängerung entdeckt, kann sich der Täter dahingehend **40** einlassen, er habe am 31.5. des Folgejahres (Ablauf der gesetzlichen Steuererklärungsfrist, § 149 Abs. 1 S. 2) vorgehabt, noch vor dem 31.12. des Folgejahrs einen Steuerberater mit der Erstellung seiner Steuererklärung zu beauftragen und vor dem 31.12. des Folgejahrs seine durch einen Steuerberater erstellte Steuererklärung (Voraussetzung der allgemeinen Fristverlängerung) abzugeben. Eine solche Einlassung wäre insoweit rechtserheblich, als dass der Täter dann weder den Willen gehabt hätte, eine Steuerverkürzung zu begehen, noch hätte er durch seine Untätigkeit unmittelbar zur Tat angesetzt. Eine ganz andere Frage ist in diesem Zusammenhang (natürlich), wie glaubhaft eine derartige Einlassung ist. Bei einem steuerlich nicht geführten Täter wird man dabei höhere Anforderungen stellen müssen als beim steuerlich geführten. Bedeutung hat insoweit zB, ob Kontakt zu einem Steuerberater bestand, wann die Kontaktaufnahme erfolgte, ob überhaupt eine Buchführung existierte und ob eine bestehende Buchführung manipuliert wurde.

Wird die Tat nach Ablauf der allgemeinen Fristverlängerung (→ Rn. 38) entdeckt, ist es jedenfalls **41** dem steuerlich nicht geführte Täter nicht möglich, sich auf darüber hinaus gehenden Fristverlängerungsmöglichkeiten (§ 109 Abs. 1 S. 1) zu berufen. Derartige Fristverlängerungen sind antragsgebunden (vgl. Klein/*Brockmeyer* § 109 Rn. 1). Entsprechende Fristverlängerungsanträge wurden aber gerade nicht gestellt.

Hatte der Täter hingegen zum 31.5. des Folgejahrs einen Steuerberater mit der Erstellung einer **42** Steuererklärung beauftragt oder bestand zumindest ein entsprechender Wille, beginnt der Versuch mit Ablauf der allgemeinen Fristverlängerung (→ Rn. 38). Gleichzeitig beginnt auch die Verfolgungsverjährung des Versuchs.

Liegt weder eine Beauftragung noch ein Beauftragungswille vor, so bleibt es insoweit beim 31.5.

Dieser auf den Beauftragungswillen abstellenden Ansicht ist der BGH (BGH NZWiSt 2013, 478) **43** jedoch ausdrücklich entgegen getreten. Der BGH stellt vielmehr auf den Verwaltungsaktcharakter der Fristverlängerung ab. Die pauschale Fristverlängerung würde nicht durch Mandatskündigungen/-niederlegungen nachträglich entfallen, sondern erst durch Widerruf der Finanzbehörde. Die Finanzbehörde müsste in diesem Fall aber auch eine angemessene Nachfrist zur Einreichung der Steuererklärung setzen.

Ob dies allerdings dem Systemzusammenhang der pauschalen Fristverlängerung gerecht wird, erscheint zweifelhaft. Durch die besagten koordinierten Ländererlasse wird die Abgabefrist nicht unmittelbar verlängert (vgl. Hübschmann/Hepp/Spitaler/*Heuermann* § 149 Rn. 24); vielmehr handelt es sich dabei um eine das behördliche Ermessen leitende Binnenregelung. Nach Erklärungseingang beurteilt die Finanzbehörde die Frage der Rechtzeitigkeit des Erklärungseingangs und sieht ggf. davon ab, die ansonsten eine Verfristung ergebenden Rechtsfolgen (Verspätungszuschlag) zu ziehen (vgl. Rolletschke/Kemper/*Rolletschke* Rn. 22). Wenn in diesen Fällen (Abgabe einer durch einen Steuerberater erstellte Steuererklärung) bereits steuerrechtlich von einer Nichtverfristung ausgegangen wird, kann die bloße Überschreitung der gesetzlichen Steuererklärungsfrist nicht bereits als versuchte Steuerhinterziehung geahndet werden (können).

Reagiert die Finanzbehörde mit einer **Schätzung**sveranlagung (vor Veranlagungsabschluss) auf die **44** pflichtwidrige Nichtabgabe und entspricht oder übersteigt die Schätzungsveranlagung – entgegen dem

Tatplan – die tatsächlich verwirkte Steuer, bleibt es bei einer versuchten Steuerhinterziehung (→ § 370 Rn. 277). Für diese gelten die vorangehend dargestellten Grundsätze zur Beendigung bei einem Versuch (vgl. Kohlmann/*Schauf* Rn. 97).

45   Führt die Schätzung der Besteuerungsgrundlagen (§ 162) hingegen zu einer zu niedrigen Steuerfestsetzung, tritt mit Bekanntgabe der unzutreffenden Steuerfestsetzung eine vollendete Steuerhinterziehung in Bezug auf diesen Differenzbetrag ein (vgl. *Dörn* wistra 1991, 10 (11); → § 370 Rn. 277 f.). Gleichzeitig ist die Tat iSd § 78a StGB beendet (vgl. OLG Karlsruhe MDR 1976, 1042 (1043); Kohlmann/*Schauf* Rn. 96; JJR/*Joecks* Rn. 47; Simon/Vogelberg SteuerStrafR/*Vogelberg* S. 103).

46   Kommt es nicht zu einer Schätzungsveranlagung, tritt mit **Abschluss der Veranlagungsarbeiten** Vollendung (vgl. iE → § 370 Rn. 268 f., 279 ff.) und Beendigung iSd § 78a StGB ein (vgl. BGH NStZ 2002, 265 (267): „*Solange die Veranlagungsarbeiten des Finanzamts noch im Gange sind, ist stets mit der Möglichkeit einer Veranlagung im Schätzungsweg zu rechnen. Die maßgebliche Tatbeendigung ist vielmehr erst dann gegeben, wenn ein Steuerbescheid ergangen ist oder wenn feststeht, dass kein Schätzungsbescheid mehr ergeht*"; OLG München wistra 2002, 34 (35); *Ebner,* Verfolgungsverjährung im Steuerstrafrecht, 2015, 263; Gußen SteuerStrafR Rn. 498; aA OLG Hamm DStR 2002, 1095 (1096); JJR/*Joecks* Rn. 41; Wannemacher SteuerStrafR/*Grötsch* Rn. 739: unter Zugrundelegung des „in dubio pro reo"-Grundsatzes Verjährungsbeginn im frühestmöglichen Veranlagungszeitpunkt bei unterstellt rechtzeitiger Erklärung).

47   Dies gilt für den Zeitpunkt der Tatvollendung auch, wenn es nach Veranlagungsabschluss zu einer Schätzungsveranlagung kommt (so auch BGH NStZ 2013, 410; BayObLG StV 1990, 164, DStR 2001, 547; ähnl. OLG Düsseldorf NJW 2005, 1960 (1961); aA OLG Karlsruhe MDR 1977, 600; OLG Hamburg wistra 1993, 274; → § 370 Rn. 279 f.). Dieser Vollendungszeitpunkt markiert gleichzeitig als Tatbeendigung den Verjährungsbeginn (vgl. BGH NStZ 1991, 137 (138); BGH NJW 1992, 1054 (1056); Kühn/v. Wedelstädt/*Blesinger* Rn. 3; Kuhn/Weigell SteuerStrafR/*Weigell* Rn. 186; *Ebner,* Verfolgungsverjährung im Steuerstrafrecht, 2015, 253; *Dallmeyer* ZStW 2012, 711 (727)).

48   Auf den „Abschluss der Veranlagungsarbeiten" kann aber dort nicht zurückgegriffen werden, wo eine Steuer nicht turnusmäßig wiederkehrend festgesetzt wird. So ist zB der **Erbschaft- und Schenkungsteuer** im Einzelfall zu bestimmen, wann bei rechtzeitiger Anzeige bzw. Erklärung veranlagt worden wäre (vgl. BGH NJW 2011, 3249 (3253); Kohlmann/*Schauf* Rn. 95; Hübschmann/Hepp/Spitaler/*Bülte* Rn. 107; MüKoStGB/*Wulf* Rn. 42; Simon/Vogelberg SteuerStrafR/*Vogelberg* S. 109; *Dallmeyer* ZStW 2012, 711 (728); *Rolletschke* wistra 2001, 287 (289); aA Kuhn/Weigell SteuerStrafR/*Weigell* Rn. 190: wann Verschweigen nicht mehr auffällt). Der BGH (NJW 2011, 3249 (3254)) errechnet insoweit aus den §§ 30 Abs. 1, 31 Abs. 1, Abs. 7 ErbStG eine gesetzlich vermutete Bearbeitungsdauer von vier Monaten.

49   Wird eine Steuerhinterziehung durch Unterlassen einer nach **§ 153** gebotenen Berichtigung begangen (§ 370 Abs. 1 Nr. 2), treten Vollendung und Beendigung zu dem Zeitpunkt ein, zu dem der Steuerbescheid bei unverzüglicher Berichtigung geändert worden wäre (vgl. JJR/*Joecks* Rn. 51; Klein/*Jäger* Rn. 28; Hübschmann/Hepp/Spitaler/*Bülte* Rn. 106; MüKoStGB/*Wulf* Rn. 43; aA Kohlmann/*Schauf* Rn. 100: mit Ablauf der Frist zur Richtigstellung; Wannemacher SteuerStrafR/*Grötsch* Rn. 755: fiktiv ein Jahr und ein Monat).

50   Spiegelbildlich zu den Fällen der Abgabe unrichtiger oder unvollständiger **Feststellungs-** oder **Gewerbesteuererklärungen** (→ Rn. 29, 31) ist für die Beendigung der durch pflichtwidrige Nichtabgabe begangenen Steuerhinterziehungen auf die Bekanntgabe der Schätzungsveranlagung durch die für den Erlass des Folgebescheids zuständigen Behörde bzw. auf den dortigen Abschluss der Veranlagungsarbeiten abzustellen (vgl. Rolletschke/Kemper/*Rolletschke* Rn. 31j).

51   **b) Anmeldungssteuern. aa) Abgabe unrichtiger oder unvollständiger Steuervoranmeldungen (§ 370 Abs. 1 Nr. 1).** Bei als Anmeldungssteuern ausgestalteten Fälligkeitssteuern (vgl. Nr. 1 AEAO zu § 167) führt der Eingang der Steuervoranmeldung bei der Finanzbehörde in Zahllastfällen (§ 168 S. 1) zu einer Steuerverkürzung iSd § 370 Abs. 4 S. 1 Hs. 1 und damit zu einer vollendeten Steuerhinterziehung (vgl. AEAO Nr. 1 S. 1 zu § 168; → § 370 Rn. 256). Grundsätzlich tritt damit auch Beendigung ein (vgl. Klein/*Jäger* Rn. 37; MüKoStGB/*Wulf* Rn. 23; Rolletschke/Kemper/*Rolletschke* Rn. 29a; *Dallmeyer* ZStW 2012, 711 (729)).

52   Dies gilt uneingeschränkt für die **Lohnsteuerhinterziehung** (§ 41a EStG) oder die Kapitalertragsteuer (§ 43 f. EStG). Dort auch für den Fall, dass der Abzugsverpflichtete seine Steueranmeldung bereits vor Ablauf der gesetzlichen Steuererklärungspflicht einreicht (vgl. Kohlmann/*Schauf* Rn. 83; JJR/*Joecks* Rn. 34; MüKoStGB/*Wulf* Rn. 23; Klein/*Jäger* Rn. 37, 40; *Dallmeyer* ZStW 2012, 711 (730)).

53   Von diesem Grundsatz macht die hM (vgl. BGH NStZ 1991, 137 (138); BGH NJW 1992, 1054 (1056); BGH wistra 2009, 355 (357); Kohlmann/*Schauf* Rn. 84; Klein/*Jäger* § 370 Rn. 39; Kühn/v. Wedelstädt/ *Blesinger* Rn. 4; Simon/Vogelberg SteuerStrafR/*Vogelberg* S. 105; Gußen SteuerStrafR Rn. 498; *Riehl* wistra 1996, 130 (131); *v. Briel* SAM 2006, 115 (119); aA OLG Frankfurt a. M. wistra 2006, 198 (199); *Nöhren,* Die Hinterziehung von Umsatzsteuer, 2005, 112; Rolletschke/Kemper/*Rolletschke* Rn. 30a; *Dallmeyer* ZStW 2012, 711 (731); wohl auch MüKoStGB/*Wulf* Rn. 23) allerdings eine Ausnahme.

Bei Steuerhinterziehungen im Zusammenhang mit **Umsatzsteuervoranmeldungen** ist die Tat in Zahllastfällen (§ 168 S. 1) zwar auch mit dem Eingang der unzutreffenden Voranmeldung vollendet; die materielle Beendigung tritt aber erst im Zusammenhang mit der Jahreserklärung ein. Dies gilt nach hM sowohl im Fall, dass den Voranmeldungen eine die falschen Angaben wiederholende Jahreserklärung folgt, als auch im Fall der pflichtwidrigen Nichtabgabe einer Jahreserklärung. Gehen die unrichtigen oder unvollständigen Angaben in der Jahreserklärung über die in den Voranmeldungen enthaltenen hinaus, ist danach die Auskehrung des überzahlten Betrages bzw. deren Verrechnung maßgebend für den Verjährungsbeginn. Hintergrund des Auseinanderfallens von Vollendungs- und Beendigungszeitpunkt bei Voranmeldungen in Zahllastfällen ist, dass die entsprechende Steuerhinterziehung erst mit der Jahreserklärung „zur Ruhe gekommen" sein soll.

Führt die Voranmeldung nicht zu einer Festsetzung unter dem Vorbehalt der Nachprüfung (§ 168 **54** S. 2), ist eine Steuerfestsetzung erst mit (formfrei möglicher, § 168 S. 3) Bekanntgabe der Zustimmung (in der Praxis durch Auskehr des vermeintlichen Vergütungsbetrags) erfolgt. Gleichzeitig treten Vollendung und Beendigung ein (vgl. BGH NStZ 2000, 427 (428); Kohlmann/*Schauf* Rn. 86; JJR/*Joecks* Rn. 34; Klein/*Jäger* Rn. 36; MüKoStGB/*Wulf* Rn. 23; → § 370 Rn. 257 f.).

bb) Pflichtwidrige Nichtabgabe von Steuervoranmeldungen (§ 370 Abs. 1 Nr. 2). Die **55** pflichtwidrige Nichtabgabe führt bei Anmeldungssteuern ohne weiteres zur Annahme des objektiven Tatbestands des § 370 Abs. 1 Nr. 2 (→ § 370 Rn. 260). Bei entsprechenden Vorsatznachweis gelten die bereits dargestellten Grundsätze (→ Rn. 37 ff.). Die durch die Nichtabgabe von Voranmeldungen bzw. der Jahreserklärungen bewirkten Steuerhinterziehungen sind regelmäßig am 31.5. des Folgejahres beendet (vgl. Klein/*Jäger* Rn. 38; MüKoStGB/*Wulf* Rn. 32 f.).

c) Bannbruch/Schmuggel/Steuerhehlerei. Die Tat ist beim **Bannbruch** (§ 372) mit dem Ein- **56** treffen der Ware am endgültigen Bestimmungsort beendet (vgl. Kohlmann/*Schauf* Rn. 101; Klein/*Jäger* Rn. 51; MüKoStGB/*Wulf* Rn. 50).

Der **Schmuggel** (§ 373) ist ebenfalls dann beendet iSd § 78a StGB, wenn das geschmuggelte Gut in **57** Sicherheit gebracht worden und die Ware zur Ruhe gekommen ist. In der Regel ist das erst dann der Fall, wenn das Schmuggelgut seinen Bestimmungsort erreicht hat, nicht schon bei Umladung in einem Zwischenlager (vgl. BGH NJW 2007, 1294 (1295); Klein/*Jäger* Rn. 51; aA MüKoStGB/*Wulf* Rn. 52; Zeitpunkt, in dem bei ordnungsgemäßen Erklärungsverhalten Steuerfestsetzung erfolgt wäre).

Die **Steuerhehlerei** (§ 374), die **Steuerzeichenfälschung** (§ 148 StGB, § 369 Abs. 1 Nr. 3) und **58** die **Begünstigung** (§ 257 StGB; § 369 Abs. 1 Nr. 4) werden mit Realisierung der im Tatbestand beschriebenen Absicht beendet (vgl. Kohlmann/*Schauf* Rn. 102; JJR/*Joecks* Rn. 61; Klein/*Jäger* Rn. 52; MüKoStGB/*Wulf* Rn. 51).

d) Gefährdung von Abzugsteuern (§ 380) bzw. Schädigung des Umsatzsteueraufkommens 59 (§§ 26b, c UStG). Beim pflichtwidrigen Unterlassen iSv § 380 bzw. §§ 26b, 26c UStG ist die Tat grds. dann beendet, wenn die entsprechende Handlungspflicht entfällt (vgl. BGH NJW 1980, 406 (408) zu § 283 StGB; BGH wistra 1992, 23 zu § 266a StGB; LK-StGB/*Jähnke* StGB § 78a Rn. 9; SSW StGB/ *Rosenau* StGB § 78a Rn. 7). Bezogen auf die insoweit maßgeblichen Zahlungsverpflichtungen der geschuldeten Steuern bedeutet dies, dass die Verfolgungsverjährung erst mit Eintritt der fünfjährigen Zahlungsverjährung beginnt (§§ 47, 228 S. 1; so auch OLG Düsseldorf JZ 1985, 48 zu § 266a StGB; aA Rolletschke/Kemper/*Kemper* UStG § 26b Rn. 69, UStG § 26c Rn. 63; FGJ/*Joecks*, 6. Aufl. 2005, § 370a Rn. 98; *Kohlmann* § 380 Rn. 67: Verjährungsbeginn bei Verstreichen des Fälligkeitstermins).

e) Teilnehmer/Mittäter. Nach hM (vgl. BGH HFR 1990, 450; 2009, 832; LG Oldenburg wistra **60** 2005, 69 (70); Kohlmann/*Schauf* Rn. 110; JJR/*Joecks* Rn. 57; Klein/*Jäger* Rn. 55; Hübschmann/Hepp/ Spitaler/*Bülte* Rn. 64; MüKoStGB/*Wulf* Rn. 47; Schönke/Schröder/*Sternberg-Lieben/Bosch* StGB § 78a Rn. 8; Fischer StGB § 78a Rn. 4; *v. Briel* SAM 2006, 115 (120)) beginnt die Verjährung für Teilnehmer **mit der Beendigung der Haupttat.** Diese auf die Akzessorietät der Teilnahme abstellende hM führt allerdings bei einer einheitlichen Beihilfehandlung und einer „Serie" von Haupttaten iErg dazu, dass Teile der Haupttaten bereits verjährt sein können, während die Verjährung der Beihilfe noch nicht einmal begonnen hat (diese Konstellation dürfte im Steuerstrafrecht deutlich häufiger vorkommen als im Kernstrafrecht, da Steuererklärungen idR periodisch abzugeben sind).

Vor diesem Hintergrund wird in der Lit. auch die Übertragung der Grundsätze zur gleichartigen Tateinheit gefordert (vgl. *Pelz* wistra 2001, 11 (13) f.; *Stoffers/Landowski* StraFo 2006, 228; offen gelassen von *Jäger* wistra 2000, 344 (347)). *Schauf* (in Kohlmann Rn. 112) geht in den Bankbeihilfefällen sogar noch einen Schritt weiter, indem er die Steuererklärung für maßgebend hält, in der die Auslandskapitalerträge erstmals nicht deklariert wurden.

Zu berücksichtigen ist insoweit aber jedenfalls, dass der **Gehilfenvorsatz** üblicherweise **zeitlich 61 beschränkt** sein dürfte (so auch MüKoStGB/*Wulf* Rn. 48). So hat zB das LG Oldenburg (wistra 2005, 69 (70)) ausgeurteilt, der Vorsatz eines Bankmitarbeiters zur Beihilfe ende bei der Hinterziehung der Einkommensteuer auf Tafelpapiere mit Eintritt der Endfälligkeit der Papiere.

Die Verjährung beginnt für Mittäter mit der Beendigung der **letzten Handlung eines Mittäters 62** (vgl. BGH NJW 1989, 1615 (1618); Kohlmann/*Schauf* Rn. 114; Klein/*Jäger* Rn. 56; Hübschmann/

Hepp/Spitaler/*Bülte* Rn. 33; *Satzger* JURA 2012, 433 (439)). Durch die gegenseitige Zurechnung der durch die einzelnen Mittäter geleisteten Tatbeiträge gilt jede mittäterschaftliche Handlung als eigene Tat.

63   **3. Unterbrechung der Verfolgungsverjährung. a) Die Wirkung der Unterbrechung.** Nach jeder Unterbrechungshandlung beginnt die Verjährung **von neuem in voller Länge zu laufen** (§ 78c Abs. 3 S. 1 StGB). Dabei markiert der Tag der letzten Unterbrechung den ersten Tag des neuen Fristlaufs (vgl. *Satzger* JURA 2012, 433 (441)).

64   Die Verjährung kann ggf. durch unterschiedliche Handlungen iSd §§ 78c StGB, 376 Abs. 2 wiederholt unterbrochen werden (vgl. Hübschmann/Hepp/Spitaler/*Bülte* Rn. 129; Schönke/Schröder/*Sternberg-Lieben/Bosch* StGB § 78c Rn. 2; SSW StGB/*Rosenau* StGB § 78c Rn. 2; Klein/*Jäger* Rn. 60; vgl. *Satzger* JURA 2012, 433 (441)).

65   Der Eintritt der Verjährung kann jedoch durch eine Aneinanderreihung von Unterbrechungshandlungen iErg nicht beliebig lange hinaus geschoben werden. Vielmehr sieht § 78c Abs. 3 S. 2 StGB die sog **absolute Verjährung** vor. Danach tritt jedenfalls dann Verjährung ein, wenn seit Verjährungsbeginn mehr als das Doppelte der gesetzlichen Verjährungsfrist vergangen ist. Je nachdem, ob die Verjährungsfrist fünf Jahre oder zehn Jahre beträgt (→ Rn. 5 ff.), beläuft sich der maximale Verjährungszeitraum also auf zehn bzw. 20 Jahre (vgl. JJR/*Joecks* Rn. 62).

66   **b) Gemeinsamkeiten der einzelnen Unterbrechungstatbestände.** Die Unterbrechungshandlungen der § 78c StGB, § 376 Abs. 2 AO müssen sich auf eine **konkretisierte Tat** und einen **konkretisierten Täter** beziehen (§ 78c Abs. 4 StGB). Die Konkretisierung der Tat und des Täters umschreibt zugleich die sachliche und persönliche Reichweite der Unterbrechungshandlung. Außerdem muss die Unterbrechungshandlung von einem **inländischen Rechtspflegeorgan** vorgenommen werden und **geeignet sein, die Strafverfolgung zu fördern** (vgl. OLG Saarbrücken NJW 1974, 1009; Kohlmann/*Schauf* Rn. 137 ff.; JJR/*Joecks* Rn. 69).

67   **aa) Sachliche Reichweite der Verfahrenseinleitung.** Die jeweilige Unterbrechungshandlung bezieht sich auf eine **konkretisierte Tat** im prozessualen Sinne (§ 264 StPO; vgl. BGHSt 22, 195; 22, 107; BGH StV 1985, 504; Klein/*Jäger* Rn. 80; MüKoStGB/*Wulf* Rn. 55; SSW StGB/*Rosenau* StGB § 78c Rn. 6; *Ebner*, Verfolgungsverjährung im Steuerstrafrecht, 2015, 117; *Hardtke* AO–StB 2001, 273 (276); *v. Briel* SAM 2007, 207 (209); vgl. *Satzger* JURA 2012, 433 (435)), wobei die Anforderungen an die Konkretisierung allerdings gering sind (vgl. *Satzger* JURA 2012, 433 (440)).

Innerhalb einer Tat im prozessualen Sinne ist unerheblich, in welchem materiell-rechtlichen Konkurrenzverhältnis die verwirklichten Delikte stehen (vgl. Kohlmann/*Schauf* Rn. 138; Hübschmann/Hepp/Spitaler/*Bülte* Rn. 132; *Satzger* JURA 2012, 433 (440)).

68   Ohne Bedeutung ist auch, ob die im Rahmen der Tat verwirklichten Delikte im Zeitpunkt der Unterbrechungshandlung rechtlich zutreffend beurteilt worden sind (vgl. OLG Saarbrücken NJW 1974, 1009; Hübschmann/Hepp/Spitaler/*Bülte* Rn. 132; *v. Briel* SAM 2007, 207 (209)).

69   Erfolgt die Unterbrechungshandlung wegen eines noch nicht näher aufgeklärten Tatkomplexes, so erfasst die Unterbrechung alle Taten, die unter der zusammenfassenden Kennzeichnung hinreichend bestimmbar sind (vgl. BGH NStZ 2007, 213 (215); Fischer StGB § 78c Rn. 6 mwN).

70   Lässt sich nicht klären, ob zwei Sachverhalte die für die Annahme einer einheitlichen prozessualen Tat erforderliche innere Verknüpfung aufweisen, ist zugunsten des Beschuldigten von zwei Taten im prozessualen Sinne auszugehen (so auch Hübschmann/Hepp/Spitaler/*Bülte* Rn. 132; Simon/Vogelberg SteuerStrafR/*Vogelberg* S. 113). Bleiben Zweifel, ob eine Tat von der Unterbrechungswirkung erfasst wird, ist zugunsten des Beschuldigten zu entscheiden (vgl. Fischer StGB § 78c Rn. 6 mwN).

71   **bb) Persönliche Reichweite der Verfahrenseinleitung.** Die betreffende Unterbrechungshandlung muss **gegen einen konkreten Täter gerichtet** sein. Nicht erforderlich ist insoweit zwar, dass der Beschuldigte namentlich bereits bekannt ist. Der Beschuldigte muss aber **individuell bestimmt** sein durch Merkmale, die ihn gegenüber anderen, auf die diese Merkmale nicht zutreffen, kennzeichnen (vgl. BGH wistra 1991, 217; BGH NStZ 2008, 158 (159); Hübschmann/Hepp/Spitaler/*Bülte* Rn. 143; Schönke/Schröder/*Sternberg-Lieben/Bosch* StGB § 78c Rn. 24; SSW StGB/*Rosenau* StGB § 78c Rn. 5; *Satzger* JURA 2012, 433 (440)). Dabei ist es wegen der Bedeutung der Verjährung und der Rechtssicherheit im Hinblick auf ihren Ablauf erforderlich, dass der Täter aufgrund bei den Akten befindlicher Unterlagen bestimmt werden kann (vgl. BGH NStZ 2008, 158 (159)).

72   Ein Verfahren gegen „Unbekannt" reicht insoweit nicht (vgl. BGH MDR 1991, 701; Kohlmann/*Schauf* Rn. 137; JJR/*Joecks* Rn. 69; Hübschmann/Hepp/Spitaler/*Bülte* Rn. 144; SSW StGB/*Rosenau* StGB § 78c Rn. 5; *Satzger* JURA 2012, 433 (440)). Ebenso wenig genügt es, wenn der Tatverdächtige erst durch die Strafverfolgungsmaßnahme ermittelt werden soll (vgl. BGH NJW 1972, 914; Hübschmann/Hepp/Spitaler/*Bülte* Rn. 144; Fischer StGB § 78c Rn. 4). Die Handlung ist gegen den konkreten Täter gerichtet, wenn sie dazu dient, das ihn betreffende Verfahren fortzusetzen (Ausnahmen § 78c Abs. 1 S. 1 Nr. 10 und Nr. 11 StGB: vorläufige Einstellungen).

73   Eine Unterbrechungshandlung wirkt nur gegenüber demjenigen, auf den sie sich bezieht (§ 78c Abs. 4 StGB). Vor diesem Hintergrund stellt sich bei Handlungen, von denen nur **einer von mehreren**

Verdächtigen unmittelbar betroffen ist, die Frage, ob sie auch für die anderen verjährungsunterbrechend wirkt.

Das OLG Hamburg (wistra 1993, 272 (273)) ging insoweit davon aus, dass sich richterliche Beschlagnahme- und Durchsuchungsanordnungen in der Regel gegen jeden bekannten Tatverdächtigen richten, soweit sich nicht aus dem Zweck der Maßnahme oder ihrer ausdrücklichen Begrenzung etwas anderes ergibt. Dabei sei eine derartige Begrenzung nicht schon dann anzunehmen, wenn im Beschlussrubrum nur ein bestimmter Beschuldigter genannt wird. Soweit hiergegen eingewendet wird, eine derartige ausdrückliche Begrenzung ergebe sich gerade aus der Beschränkung des Rubrums (vgl. JJR/*Joecks* Rn. 69) wird mE verkannt, dass die Unterbrechungshandlungen des § 78c StGB in ihrer persönlichen Reichweite nicht homogen sind. Vielmehr sind darin Handlungen enthalten, die sich ausschließlich gegen die dort benannte Person richten und deshalb nur höchstpersönlich wirken können (Klageerhebung, § 78c Abs. 1 S. 1 Nr. 6 StGB; Strafbefehl, § 78c Abs. 1 S. 1 Nr. 9 StGB); § 78c StGB beinhaltet aber auch breiter wirkende Ermittlungshandlungen, die in der Regel der umfassenden Sachverhaltsaufklärung dienen. Hierzu zählen aber Durchsuchungs- und Beschlagnahmeanordnungen, die sich im Grundsatz gegen alle bekannten Tatverdächtigen richten (vgl. OLG Karlsruhe NStZ 1987, 331 (332); Schönke/Schröder/*Sternberg-Lieben/Bosch* StGB § 78c Rn. 25). Dem steht der in diesem Zusammenhang häufig zitierte Beschluss des LG Köln v. 27.10.1989 (StV 1990, 553 f.) nicht entgegen. Dort war entschieden worden, eine Erstreckung der Unterbrechungswirkung auf andere Beteiligte komme nur dann in Betracht, soweit diese zweifelsfrei erkennbar in den Verfolgungswillen bei der Unterbrechungshandlung einbezogen worden sind. Im dortigen Streitfall ging es aber um einen Täter, der über weite Strecken des Ermittlungsverfahrens nicht als Beschuldigter behandelt worden war. Er galt vielmehr als Anzeigeerstatter und Zeuge. Dass eine gegenüber einem früheren Beschuldigten angeordnete Durchsuchung aber nicht für jeden potentiellen (Mit-)Täter, von dessen Existenz die Strafverfolgungsbehörde bei Anordnung noch gar nichts weiß, nicht verjährungsunterbrechend wirken kann, ist selbstredend (vgl. zB BGH MDR 1991, 701).

Wird ein Ermittlungsverfahren gegen denselben Beschuldigten wegen mehrerer rechtlich selbstständi- **74** ger Taten iSd § 264 StPO betrieben, so **erstreckt sich die Verjährungsunterbrechung in aller Regel auf alle Taten**, es sei denn, der Verfolgungswille oder die tätig werdende Strafvollstreckungsorgans ist erkennbar auf eine oder nur einen Teil der Taten beschränkt (vgl. BGH NJW 2007, 213; JJR/*Joecks* Rn. 66; Klein/*Jäger* Rn. 80; Hübschmann/Hepp/Spitaler/*Bülte* Rn. 138). Dabei kann sich die Beschränkung des Strafverfolgungswillens auch aus dem Sach- oder Verfahrenszusammenhang – ggf. unter Hinzuziehung des Akteninhalts – ergeben (vgl. BGH StV 2000, 477; BGH wistra 2008, 421; SSW StGB/*Rosenau* StGB § 78c Rn. 6).

cc) Inländische Strafverfolgungsorgane. Verjährungsunterbrechend wirken lediglich Maßnahmen **75** **inländischer Strafverfolgungsorgane** (vgl. BGH NStZ 1990, 38; LG Köln StV 1990, 553; Hübschmann/Hepp/Spitaler/*Bülte* Rn. 151; Fischer StGB § 78c Rn. 7; SSW StGB/*Rosenau* StGB § 78c Rn. 3).

Noch nicht abschließend geklärt ist, ob Ermittlungsmaßnahmen der finanzbehördlichen Strafverfol- **76** gungsorgane auch **für Nicht-Steuerstraftaten verjährungsunterbrechend** wirken können.

Während teilweise eine Verjährungsunterbrechung für alle Delikte angenommen wird, die im Rahmen einer Tat iSd § 264 StPO verwirklicht wurden (vgl. OLG Braunschweig NStZ-RR 1998, 212 (213); Schwarz/Pahlke/*Dumke* Rn. 3; Klein/*Jäger* Rn. 80, 82), wird teilweise einschränkend auf die materiell-rechtlichen Konkurrenzverhältnisse zwischen Nicht-Steuerstraftaten und Steuerstraftaten abgestellt. Nur für Nicht-Steuerstraftaten, die in Tateinheit (§ 52 StGB) zu Steuerstraftaten stehen, sollen danach Unterbrechungshandlungen verjährungsunterbrechend wirken (vgl. JJR/*Joecks* Rn. 68; v. Briel/ Ehlscheid SteuerStrafR/*v. Briel* § 1 Rn. 108; Schönke/Schröder/*Sternberg-Lieben/Bosch* StGB § 78c Rn. 23; *v. Briel* SAM 2007, 207 (210)). Noch weitergehender wird sogar selbst bei Tateinheit eine verjährungsunterbrechende Wirkung für Nicht-Steuerstraftaten abgelehnt (vgl. Fischer StGB § 78c Rn. 6; Kohlmann/*Schauf* Rn. 142; *Reiche* wistra 1988, 329 (335)).

ME beantwortet sich die Frage durch einen Blick auf die Ermittlungsbefugnis der Finanzbehörde. **77** Werden innerhalb einer Tat im prozessualen Sinne sowohl Steuerstraftaten als auch Nicht-Steuerstraftaten verwirklicht, verliert die Finanzbehörde zwar ihre selbstständige Verfahrensherrschaft iSd § 386 Abs. 2. Ihre unselbstständige Ermittlungskompetenz iSd §§ 386 Abs. 1, 402 bleibt hingegen erhalten. Sie ist deshalb weiterhin (mit polizeilichen Befugnissen ausgestattet) ermittlungsbefugt (so ausdrücklich auch JJR/*Randt* § 386 Rn. 27; MüKoStGB/*Wulf* Rn. 61; v. Briel/Ehlscheid SteuerStrafR/*v. Briel* § 3 Rn. 90; BGH NStZ 1990, 38: Ermittlungsbefugnis jedenfalls bei Tateinheit; aA OLG Frankfurt a. M. wistra 1987, 32 (33); *Reiche* wistra 1988, 329 (330) ff.: keine Ermittlungskompetenz). Wenn sie nun im Rahmen ihrer Ermittlungskompetenz Unterbrechungshandlungen iSd § 78c StGB, 376 Abs. 2 AO vornimmt, wird dadurch die Verjährung der Tat im prozessualen Sinne unterbrochen (→ Rn. 52). Materiell-rechtliche Konkurrenzverhältnisse zwischen den im Rahmen der prozessualen Tat verwirklichten Delikten spielen dabei keine weitergehende Rolle (so auch Hübschmann/Hepp/Spitaler/*Bülte* Rn. 135; aA v. Briel/Ehlscheid SteuerStrafR/*v. Briel* § 1 Rn. 108; Schönke/Schröder/*Sternberg-Lieben/ Bosch* StGB § 78c Rn. 23). Von Bedeutung kann dies zB im Fall des Zusammentreffens einer Steuerhinterziehung mit einer Urkundenfälschung, so etwa wenn ein Steuerpflichtiger Unterhaltsleistungen an seinen Ex-Ehegatten als Sonderausgaben (§ 10 Abs. 1 Nr. 1 S. 1 EStG) geltend macht und dazu auf der entsprechenden Anlage U die Unterschrift des Ex-Ehegatten eigenmächtig fälscht.

78   **dd) Eignung, die Strafverfolgung zu fördern.** Ob eine **Unterbrechungshandlung** auch **geeignet sein muss, die Strafverfolgung zu fördern,** wird (zumindest vordergründig) unterschiedlich beurteilt (befürwortend OLG Saarbrücken NJW 1974, 1009; Kohlmann/*Schauf* Rn. 143; JJR/*Joecks* Rn. 72; v. Briel/Ehlscheid SteuerStrafR/*v. Briel* § 1 Rn. 114; abl. Schönke/Schröder/*Sternberg-Lieben*/ *Bosch* StGB § 78c Rn. 3; Fischer StGB § 78c Rn. 7). Jedenfalls können **bloße Scheinhandlungen nicht verjährungsunterbrechend** wirken (= Missbrauchsfall; vgl. Hübschmann/Hepp/Spitaler/*Bülte* Rn. 153; SSW StGB/*Rosenau* StGB § 78c Rn. 3; *Satzger* JURA 2012, 433 (440)).

79   Unterhalb der Schwelle bloßer Scheinhandlungen unterbricht eine Maßnahme iSd § 78c StGB auch dann die Unterbrechung der Verjährung, wenn sie im Einzelfall **nicht notwendig oder zweckmäßig war** (vgl. BGH wistra 1986, 24; Klein/*Jäger* Rn. 65; Schwarz/Pahlke/*Dumke* Rn. 3; *Ebner,* Verfolgungs- verjährung im Steuerstrafrecht, 2015, 115; *Satzger* JURA 2012, 433 (441); aA *v. Briel* SAM 2007, 207 (208): ansonsten würde die Verjährung unterlaufen werden).

80   Allerdings darf die betreffende Maßnahme **nicht unwirksam** sein (vgl. SSW StGB/*Rosenau* StGB § 78c Rn. 3). Dies wird jedoch nur in Ausnahmefällen anzunehmen sein. Die Frage der Unwirksamkeit bestimmt sich dabei nicht allein nach der Schwere des Fehlers und der Offenkundigkeit seines Vor- liegens. Mit einzubeziehen ist insoweit auch die sachliche Bedeutung für das Verfahren (vgl. NJW 1981, 133; Schönke/Schröder/*Sternberg-Lieben*/*Bosch* StGB § 78c Rn. 3). Denkbare Fälle sind insoweit eine Klageerhebung bei Vorliegen nicht behebbarer Verfahrenshindernisse (vgl. OLG Hamburg StV 1990, 25 (26)) oder die Bekanntgabe der Einleitung eines Strafverfahrens trotz eingetretener Verfolgungsverjäh- rung (vgl. BFH DStR 2008, 1875 (1880) zu § 239).

81   Wirkt eine Maßnahme nach § 78c StGB verjährungsunterbrechend, so bleibt diese Wirkung auch dann bestehen, wenn die betreffende Maßnahme **später rückgängig gemacht wird.** Dies ist zB bei Anordnung einer richterlichen Vernehmung oder einer Anklage denkbar (vgl. Fischer StGB § 78c Rn. 7; SSW StGB/*Rosenau* StGB § 78c Rn. 3).

82   Wirken bei einzelnen Maßnahmen sowohl die **Anordnung** als auch die **Vornahme** verjährungs- unterbrechend (zB § 78c Abs. 1 S. 1 Nr. 1, Nr. 2 StGB), kommt es **nur einmal zu einer Unter- brechung.** Unterbrochen wird die Verjährung dann durch die erste der beiden Maßnahmen (vgl. BGH wistra 2004, 384; BGH NStZ-RR 2014, 340 (341); Hübschmann/Hepp/Spitaler/*Bülte* Rn. 114; Schönke/Schröder/*Sternberg-Lieben*/*Bosch* StGB § 78c Rn. 4; Fischer StGB § 78c Rn. 11; SSW StGB/ *Rosenau* StGB § 78c Rn. 10).

83   Da die Anordnung regelmäßig der Vornahme vorangehen wird, ist in der Regel auf diese abzustellen. Maßgebend ist dabei – wenn das die Anordnung enthaltende Schriftstück „alsbald" in den Geschäftsgang gelangt – der Zeitpunkt der schriftlichen Unterzeichnung des betreffenden Schriftstücks (§ 78c Abs. 2 S. 1 StGB). Wenn die schriftliche Anordnung nicht „alsbald" in den Geschäftsgang gelangt, ist darauf abstellen, wann das Schriftstück tatsächlich in den Geschäftsgang gegeben worden ist (§ 78c Abs. 2 S. 2 StGB; vgl. Schwarz/Pahlke/*Dumke* Rn. 90). „Alsbald" ist aber nicht im Sinne einer unverzüglichen Weitergabe des Schriftstücks zu verstehen; gemeint ist insoweit vielmehr die Weitergabe im normalen Geschäftsgang (vgl. Hübschmann/Hepp/Spitaler/*Bülte* Rn. 117; Schönke/Schröder/*Sternberg-Lieben*/ *Bosch* StGB § 78c Rn. 21; Kohlmann/*Schauf* Rn. 145).

84   Die Anordnung muss nicht zwingend schriftlich ergehen (vgl. SSW StGB/*Rosenau* StGB § 78c Rn. 9; aA wohl Fischer StGB § 78c Rn. 10). Bei einer mündlichen Anordnung stellt sich freilich das Dokumentationsproblem (vgl. Rolletschke/Kemper/*Rolletschke* Rn. 119).

85   **c) Unterbrechungstatbestände, die im Steuerstrafrecht bedeutsam sein können. aa) Be- kanntgabe, dass gegen den Beschuldigten ein Ermittlungsverfahren eingeleitet worden ist (§ 78c Abs. 1 S. 1 Nr. 1 Fall 2 StGB).** Der wichtigste Unterbrechungstatbestand in der steuerstraf- rechtlichen Strafverfolgungspraxis (neben der richterlichen Beschlagnahme- oder Durchsuchungsanord- nung, § 78c Abs. 1 S. 1 Nr. 4 StGB) ist die Bekanntgabe der Verfahrenseinleitung (§ 397 Abs. 1, Abs. 3; vgl. dazu iE → § 397 Rn. 49 ff.). Sie erfolgt durch Mitteilung des Richters, der Staatsanwaltschaft, der Polizei oder der finanzbehördlichen Strafverfolgungsorgane (Straf- und Bußgeldsachenstelle, Steuerfahn- dungs-/Zollfahndungsstelle).

86   Die Bekanntgabe ist **nicht formgebunden** (vgl. Hübschmann/Hepp/Spitaler/*Bülte* Rn. 132); sie muss inhaltlich aber deutlich machen, dass gegen den Adressaten als Beschuldigten Ermittlungen wegen einer bestimmten Tat eingeleitet sind (vgl. BGH StV 1990, 405 (406); Fischer StGB § 78c Rn. 9; SSW StGB/*Rosenau* StGB § 78c Rn. 8; Kohlmann/*Schauf* Rn. 145). Mit anderen Worten: sie muss den Beschuldigten derart „ins Bild setzen", dass er ersehen kann, dass und weshalb gegen ihn ein Ermittlungsverfahren eingeleitet worden ist (so ausdrückl. LG Hildesheim StV 1993, 368 (369); Hüb- schmann/Hepp/Spitaler/*Bülte* Rn. 164). Pauschale Tatvorwürfe oder vorformulierte Formblätter genü- gen insoweit nicht (vgl. BayObLG wistra 1988, 81 (82); SSW StGB/*Rosenau* StGB § 78c Rn. 9).

87   Ausreichend ist die Bekanntgabe **gegenüber einem Vertreter** wie zB Rechtsanwalt, Steuerberater und Bevollmächtigte (vgl. BGH NStZ 2002, 429; Hübschmann/Hepp/Spitaler/*Bülte* Rn. 165; Fischer

StGB § 78c Rn. 9; SSW StGB/*Rosenau* StGB § 78c Rn. 9; aA JJR/*Jäger* § 397 Rn. 127: nur Beschuldigten persönlich). Insoweit kann auch die einem Verteidiger gewährte Akteneinsicht die Bekanntgabe der Verfahrenseinleitung darstellen. Erforderlich ist dabei allerdings, dass die Akteneinsichtsgewährung der Information des Beschuldigten über Existenz und Umfang des Ermittlungsverfahrens dienen sollte und gedient hat (vgl. BGH wistra 2008, 144).

Die Verfahrenseinleitung muss sich auf eine **Tat im prozessualen Sinne** und einen **individualisier-** **88** **baren Beschuldigten** beziehen. Dabei kann sich die Reichweite des Strafverfolgungswillens neben dem Wortlaut der Verfügung aber auch aus dem Sach- oder Verfahrenszusammenhang – ggf. unter Hinzuziehung des Akteninhalts – ergeben (vgl. BGH wistra 2008, 421).

bb) Erste Vernehmung des Beschuldigten (§ 78c Abs. 1 S. 1 Nr. 1 Fall 1 StGB). Die erste **89** Vernehmung des Beschuldigten (§ 136 StPO) unterbricht die Verjährung unabhängig davon, ob sie durch einen Richter, Staatsanwalt, Polizeibeamten oder durch einen Beamten der Straf- und Bußgeldsachenstelle bzw. einen Fahndungsprüfer durchgeführt wird (vgl. Fischer StGB § 78c Rn. 8).

Bei der Vernehmung muss es um eine Beschuldigtenvernehmung handeln. Eine informatorische **90** Befragung oder eine Zeugenvernehmung reicht insoweit nicht aus (vgl. Hübschmann/Hepp/Spitaler/*Bülte* Rn. 125). Unerheblich ist, ob der Beschuldigte tatsächlich aussagt oder von seinem Schweigerecht Gebrauch macht (vgl. Hübschmann/Hepp/Spitaler/*Bülte* Rn. 159). Ihm muss lediglich die Möglichkeit gegeben werden, sich gegen die Vorwürfe wehren zu können (vgl. SSW StGB/*Rosenau* StGB § 78c Rn. 7).

cc) Anordnung der ersten Vernehmung oder der Bekanntgabe der Verfahrenseinleitung **91** **(§ 78c Abs. 1 S. 1 Nr. 1 Fall 3 StGB) bzw. die Bekanntgabe, dass gegen den Beschuldigten ein Ermittlungsverfahren eingeleitet worden ist (§ 78c Abs. 1 S. 1 Nr. 1 Fall 2 StGB).** Wenn der Bekanntgabe der Verfahrenseinleitung oder der ersten Vernehmung (§ 78 Abs. 1 S. 1 Nr. 1 Fall 1 StGB) eine entsprechende Anordnung vorausgegangen ist, **unterbricht bereits diese Anordnung** den Lauf der Verfolgungsverjährung. Die Vornahme der Maßnahme an sich führt dann nicht zu einer abermaligen Unterbrechung (vgl. Rolletschke/Kemper/*Rolletschke* Rn. 143; Schönke/Schröder/*Sternberg-Lieben*/ *Bosch* StGB § 78c Rn. 8; Fischer StGB § 78c Rn. 11). Allerdings muss die Anordnung der Bekanntgabe inhaltlich den Anforderungen an die Bekanntgabe zu entsprechen (vgl. Schönke/Schröder/*Sternberg-Lieben*/*Bosch* StGB § 78c Rn. 8). Entsprechendes gilt für die Anordnung der Vernehmung (vgl. BGH NStZ 2005, 33).

Alle vorgenannten Unterbrechungshandlungen iSd § 78c Abs. 1 S. 1 Nr. 1 StGB **bewirken nur** **92** **einmal die Unterbrechung** der Verfolgungsverjährung. Verjährungsunterbrechend wirkt insoweit nur die zuerst ergriffene Maßnahme (vgl. BGH wistra 2004, 384; BGH NStZ 2005, 33; 2009, 205 (206); Kohlmann/*Schauf* Rn. 151; Hübschmann/Hepp/Spitaler/*Bülte* Rn. 158; Rolletschke/Kemper/*Rolletschke* Rn. 146).

dd) Beauftragung eines Sachverständigen (§ 78c Abs. 1 S. 1 Nr. 3 StGB). Jede Beauftragung **93** eines Sachverständigen zur Erstellung eines Gutachtens zu einem bestimmten Beweisthema durch den Richter, den Staatsanwalt oder die Straf- und Bußgeldsachenstelle im selbstständig geführten Steuerstrafverfahren (§§ 386 Abs. 2, 399 Abs. 1 S. 1) unterbricht den Verjährungslauf. Selbst nach vorangegangener Vernehmung des Beschuldigten oder vorheriger Bekanntgabe der Einleitung des Ermittlungsverfahrens an diesen. Dabei ist die Unterbrechungswirkung auf die Tat begrenzt, auf die sich die Vernehmung/Einleitung bezog.

Probleme können insoweit bei der „Einschaltung" sog **Wirtschaftsreferenten** auftreten. Es handelt **94** sich dabei idR um Beamte mit kaufmännischem Studium, die bei Staatsanwaltschaften tätig sind. Wirken Wirtschaftsreferenten lediglich bei Ermittlungen der Staatsanwaltschaft mit, indem sie die Staatsanwaltschaft aufgrund ihrer Sachkunde bei der Sichtung von Material unterstützen oder wenn sie Hinweise für weitergehende Nachforschungen geben, liegt jedenfalls keine Beauftragung als Sachverständiger vor (vgl. BGH NJW 1979, 2414; Kohlmann/*Schauf* Rn. 153; Hübschmann/Hepp/Spitaler/*Bülte* Rn. 159).

Werden Wirtschaftsreferenten hingegen beauftragt, zu einem bestimmten Beweisthema ein Sachver- **95** ständigengutachten – eigenverantwortlich und weisungsfrei – zu erstellen, dann sind sie als Sachverständige anzusehen. Aufgrund ihrer organisatorischen Eingliederung in die Staatsanwaltschaft muss dann aber für die Verfahrensbeteiligten erkennbar sein, dass die Beauftragung als Sachverständiger und nicht bloßer Erfüllungsgehilfe der Verfolgungsbehörde gewollt ist (vgl. BGH StV 1986, 465; Schönke/ Schröder/*Sternberg-Lieben*/*Bosch* StGB § 78c Rn. 11; Kohlmann/*Schauf* Rn. 153; *Ebner,* Verfolgungsverjährung im Steuerstrafrecht, 2015, 123; aA Fischer StGB § 78c Rn. 13). Die bloße schriftliche Befragung eines Sachverständigen unterfällt nicht § 78c StGB (vgl. BGH NStZ 2009, 205 (206)).

ee) Richterliche Beschlagnahme- oder Durchsuchungsanordnung (§ 78c Abs. 1 S. 1 Nr. 4 **96** **StGB).** Sowohl jede **richterliche** Beschlagnahmeanordnung (§§ 98, 100, 111a Abs. 1 und Abs. 3, 111e StPO) als auch jede richterliche Durchsuchungsanordnung (§ 105 StPO) unterbricht die Verjährung. Dies gilt auch dann, wenn die Beschlagnahme bei Dritten erfolgen soll und der Beschuldigte vorher weder vernommen noch von der Einleitung des Ermittlungsverfahrens in Kenntnis gesetzt wurde (vgl. BGH NStZ 2007, 213 (215); Hübschmann/Hepp/Spitaler/*Bülte* Rn. 170).

97   **Nicht verjährungsunterbrechend** wirken hingegen entsprechende Anordnungen durch die Staatsanwaltschaft, die Straf- und Bußgeldsachenstelle oder die Steuerfahndungsstelle, die diese **bei Gefahr im Verzug** treffen (§ 105 Abs. 1 S. 1 Hs. 2, Abs. 1 S. 2 Hs. 2 StPO; vgl. SSW StGB/*Rosenau* StGB § 78c Rn. 13; Kohlmann/*Schauf* Rn. 154; Hübschmann/Hepp/Spitaler/*Bülte* Rn. 173).

98   **Nicht verjährungsunterbrechend** wirkt auch ein richterlicher Beschluss, mit dem gem. **§§ 100a, 100b StPO** die Überwachung des Fernmeldeverkehrs angeordnet wird. Eine analoge Anwendung des § 78c Abs. 1 S. 1 Nr. 4 StGB ist insoweit ausgeschlossen (vgl. BGH wistra 2005, 27; SSW StGB/*Rosenau* StGB § 78c Rn. 13).

99   Unterbrechende Wirkung kommt allerdings **richterlichen Entscheidungen** zu, durch die Beschlagnahme- oder Durchsuchungsanordnungen aufrechterhalten werden. Dies gilt selbst dann, wenn es sich im Ausgangsstadium um nichtrichterliche Anordnungen (§ 98 Abs. 2 und Abs. 3 StPO) gehandelt hat (vgl. BGH wistra 2006, 306; Klein/*Jäger* Rn. 72; Hübschmann/Hepp/Spitaler/*Bülte* Rn. 170).

100   Damit Durchsuchungs- und Beschlagnahmebeschlüsse verjährungsunterbrechend wirken können, müssen sie jedenfalls den **verfassungsrechtlichen Mindestanforderungen** (Umgrenzungsfunktion richterlicher Beschlüsse) gerecht werden (vgl. BGH NStZ 2004, 275 (276); 2007, 213 (215); MüKoStGB/*Wulf* Rn. 53; Hübschmann/Hepp/Spitaler/*Bülte* Rn. 171; Fischer StGB § 78c Rn. 14; SSW StGB/*Rosenau* StGB § 78c Rn. 13; Streck/Spatscheck Steuerfahndung Rn. 1200). Oberhalb dieser Schwelle kann sich die erforderliche hinreichende Bestimmtheit ggf. auch aus dem Sach- oder Verfahrenszusammenhang – unter Hinzuziehung des Akteninhalts – ergeben (vgl. BGH StV 2000, 477).

101   **ff) Haft-, Unterbringungs- oder Vorführungsbefehl (§ 78c Abs. 1 S. 1 Nr. 5 StGB).** Verjährungsunterbrechend wirken auch ein Haftbefehl (§ 114 StPO), ein Unterbringungsbefehl (§ 126a StPO) sowie ein Vorführungsbefehl (§ 134 StPO). Es handelt sich dabei sämtlich um richterliche Entscheidungen. Auch der Vorführungsbefehl darf nur durch den Richter erlassen werden (vgl. Meyer-Goßner/Schmitt/*Schmitt* StPO § 134 Rn. 2; JJR/*Joecks* Rn. 87). Verjährungsunterbrechend wirken auch richterliche Entscheidungen, die solche Befehle aufrechterhalten (vgl. JJR/*Joecks* Rn. 87; Hübschmann/Hepp/Spitaler/*Bülte* Rn. 174).

102   **gg) Erhebung der öffentlichen Klage (§ 78c Abs. 1 S. 1 Nr. 6 StGB).** Die Erhebung der öffentlichen Klage und die Stellung des entsprechenden Antrags im Sicherungsverfahren (§§ 413 ff. StPO) und im selbstständigen Verfahren (§ 440 StPO) unterbrechen die Verjährung (§ 78c Abs. 1 S. 2 StGB). Maßgebend ist insoweit der Eingang einer den gesetzlichen Anforderungen genügenden Anklageschrift der Staatsanwaltschaft (§§ 152 Abs. 1, 199, 200 StPO) bei Gericht (vgl. NStZ 2009, 205 (206); Hübschmann/Hepp/Spitaler/*Bülte* Rn. 175). Kraft gesetzlicher Anordnung steht dem ein den gesetzlichen Anforderungen genügender Strafbefehlsantrag der Staatsanwaltschaft (§ 407 Abs. 1 S. 4 StPO) oder der Finanzbehörde (§ 407 Abs. 1 S. 4 StPO, § 400 Hs. 1 AO) gleich (vgl. Kohlmann/*Schauf* Rn. 156; Rolletschke/Kemper/*Rolletschke* Rn. 180; Hübschmann/Hepp/Spitaler/*Bülte* Rn. 175).

103   **hh) Strafbefehl oder eine andere einem Urteil entsprechende Entscheidung (§ 78c Abs. 1 S. 1 Nr. 9 StGB). Jeder Strafbefehl** wirkt verjährungsunterbrechend. Unerheblich ist dabei, ob die Staatsanwaltschaft (§ 407 Abs. 1 S. 2 StPO) oder die Straf- und Bußgeldsachenstelle (§ 400 S. 1) den Strafbefehlsantrag gestellt hat. Maßgebender Zeitpunkt ist dessen Unterzeichnung (vgl. Schönke/Schröder/*Sternberg-Lieben/Bosch* StGB § 78c Rn. 17).

104   Dem Urteil entsprechende Entscheidungen sind alle sonstigen Entscheidungen, die das Verfahren abschließen sollen (vgl. SSW StGB/*Rosenau* StGB § 78c Rn. 13); zB Beschlüsse nach §§ 59b StGB, 411 Abs. 1 S. 1 Hs. 1, 441 Abs. 2, 206a StPO (vgl Rolletschke/Kemper/*Rolletschke* Rn. 194). Das Urteil selbst stellt einen eigenständigen Ruhenstatbestand dar (§ 78b Abs. 3 StGB). Entfällt ein rechtskräftiges Urteil durch Wiederaufnahme, so beginnt die Verjährung erneut (vgl. OLG Düsseldorf NJW 1988, 2251; Schwarz/Pahlke/*Dumke* Rn. 15; aA Kohlmann/*Schauf* Rn. 108 f.).

    ii) Vorläufige gerichtliche Einstellung wegen Abwesenheit (§ 78c Abs. 1 S. 1 Nr. 10 StGB).
105   Die vorläufige gerichtliche Verfahrenseinstellung wegen Abwesenheit des Angeschuldigten (§ 205 StPO) bewirkt eine Verjährungsunterbrechung. Gleiche Wirkung haben Anordnungen des Richters oder des Staatsanwalts, die nach einer solchen Einstellung des Verfahrens oder im Verfahren gegen Abwesende (§§ 276 ff. StPO) zur Aufenthaltsermittlung oder Beweissicherung ergehen (§§ 205 S. 2, 285, 289 StPO) (vgl. Hübschmann/Hepp/Spitaler/*Bülte* Rn. 181).

106   **Nicht verjährungsunterbrechend** wirkt hingegen die **vorläufige Einstellung** des Verfahrens durch die **Staatsanwaltschaft** bzw. durch die Straf- und Bußgeldsachenstelle gem. § 205 StPO analog (vgl. BGH NStZ-RR 1996, 163; Hübschmann/Hepp/Spitaler/*Bülte* Rn. 182).

107   **jj) Das richterliches Ersuchen, eine Untersuchungshandlung im Ausland vorzunehmen (§ 78c Abs. 1 S. 1 Nr. 12 StGB).** Jedes (deutsche) richterliche Ersuchen, eine Untersuchungshandlung im Ausland vorzunehmen, unterbricht die Strafverfolgungsverjährung. Ohne Bedeutung ist dabei, ob die Maßnahme in einer Vernehmung des Beschuldigten oder eines Zeugen, in der Sicherstellung eines Beweismittels oder in der Bitte um Überlassung von Schriftstücken besteht (vgl. Kohlmann/*Schauf* Rn. 162; Hübschmann/Hepp/Spitaler/*Bülte* Rn. 184).

Da aber nur Maßnahmen inländischer Strafverfolgungsorgane verjährungsunterbrechend wirken 108
können (vgl. BGH NStZ 1990, 38; LG Köln StV 1990, 553), kann die eigentliche Vornahme der
Ermittlungshandlung durch die ausländischen Strafverfolgungsbehörden die Verjährung nicht unterbrechen.

kk) Bekanntgabe, dass gegen den Beschuldigten ein Bußgeldverfahren eingeleitet worden 109
ist (§ 376 Abs. 2). § 376 Abs. 2 ergänzt den Maßnahmekatalog des § 78c Abs. 1 Nr. 1 Fall 2 und
3 StGB um die Bekanntgabe der Einleitung eines Bußgeldverfahrens bzw. deren Anordnung. Verständlich wird diese Ergänzung, wenn man sich vor Augen führt, dass sich die Frage Vorsatz (§ 370) oder
Leichtfertigkeit (§ 378) vielfach nicht bereits bei der Anfangsverdachtsprüfung abschließend beurteilen
lässt. Würde die das Ermittlungsverfahren einleitende Stelle zunächst von einem nur leichtfertigen
Verhalten ausgehen und im Bußgeldverfahren gegen einen Betroffenen ermitteln, bestünde ansonsten
die Gefahr, dass die Möglichkeit einer Überleitung aus dem Bußgeldverfahren in das Strafverfahren
verjährt wäre, ehe sich die Verdachtsmomente vorsätzlichen Handelns herausstellen (vgl. Schwarz/
Pahlke/*Dumke* Rn. 16; Hübschmann/Hepp/Spitaler/*Bülte* Rn. 185).

Umgekehrt unterbricht die Bekanntgabe der Einleitung eines Strafverfahrens die Verfolgungsverjährung für die Ahndung als Ordnungswidrigkeit, ohne dass es dazu einer ausdrücklichen gesetzlichen
Regelung bedarf (§ 33 Abs. 1 Nr. 1 OWiG; vgl. Schwarz/Pahlke/*Dumke* Rn. 17).

4. Ruhen der Verfolgungsverjährung. a) Die Wirkung des Ruhens. In den Fällen des §§ 78b 110
StGB, 154e Abs. 3 StPO, 396 Abs. 3 AO ruht die Strafverfolgungsverjährung. **Ruhen** bedeutet, dass der
Beginn oder der Weiterlauf der **Verfolgungsverjährung gehemmt ist.** Im Unterschied zur Unterbrechung der Verjährung beginnt die Verjährung nach Wegfall der zum Ruhen führenden Umstände
nicht erneut (§ 78c Abs. 3 S. 1 StGB); sie läuft dann vielmehr an oder weiter (vgl. Kohlmann/*Schauf*
Rn. 167; Hübschmann/Hepp/Spitaler/*Bülte* Rn. 193). Von Bedeutung beim Verdacht der Steuerhinterziehung ist insbes. die Vorschrift des § 78b Abs. 4 StGB für die Zeit ab Eröffnung des Hauptverfahrens
vor dem Landgericht.

b) Reichweite der Hemmung. Das Ruhen wirkt höchstpersönlich bei dem Täter, in dessen Person 111
die Voraussetzungen vorliegen (vgl. Hübschmann/Hepp/Spitaler/*Bülte* Rn. 191). Die Verjährungshem-
mung bezieht sich wie die Verjährungsunterbrechung auf die **Tat im prozessualen Sinne** (§ 264 StPO;
vgl. v. Briel/Ehlscheid SteuerStrafR/*v. Briel* § 1 Rn. 122 f.; *v. Briel* SAM 2007, 207 (210)).

Die Aussetzung des Steuerstrafverfahrens nach **§ 396** führt nicht nur zu einer Hemmung des Ablaufs 112
der „allgemeinen" Verjährungsfrist, sondern auch zu einer **Hemmung der „absoluten" Verjährungs-**
frist (vgl. OLG Karlsruhe NStZ 1985, 227 (228); wistra 1990, 205 (206); BayObLG NStZ 1990, 280;
Kohlmann/*Schauf* Rn. 172; Klein/*Jäger* Rn. 90; aA FGS/*Samson* Rn. 40; BGH wistra 1988, 263 (264) –
obiter dictum; *v. Briel* SAM 2007, 207 (210)). Lagen die tatbestandlichen Voraussetzungen für eine
Aussetzung nach § 396 nicht vor, entfaltet sie keine verjährungshemmende Wirkung (vgl. AG Münster
wistra 2003, 398; LG Cottbus BeckRS 2012, 11687; Klein/*Jäger* Rn. 90; *v. Briel* SAM 2007, 207 (211);
Hübschmann/Hepp/Spitaler/*Hellmann* § 396 Rn. 81).

II. Festsetzungsverjährung

Von der Strafverfolgungsverjährung und der Strafvollstreckungsverjährung zu trennen ist die **steuer-** 113
verfahrensrechtliche Festsetzungsverjährung. Nach deren Ablauf ist eine Steuerfestsetzung sowie
ihre Änderung oder Aufhebung unzulässig (§ 169 Abs. 1 S. 1).

1. Dauer der Festsetzungsfrist. Ihre Dauer ist abhängig davon, ob eine Verbrauchsteuer oder 114
Verbrauchsteuervergütung (§ 169 Abs. 2 S. 1 Nr. 1: ein Jahr) oder eine sonstige Steuer oder Steuervergütung (§ 169 Abs. 2 S. 1 Nr. 2: vier Jahre) betroffen ist. Zudem ist zu berücksichtigen, ob die Steuer
vorsätzlich hinterzogen (§ 169 Abs. 2 S. 2 Fall 1: zehn Jahre) oder leichtfertig verkürzt worden ist (§ 169
Abs. 2 S. 2 Fall 2: fünf Jahre). Die Verlängerung der Festsetzungsfrist nach § 169 Abs. 2 S. 2 setzt das
Vorliegen des **vollständigen objektiven und subjektiven Tatbestands** der §§ 370 oder 378 voraus
(vgl. Tipke/Kruse/*Kruse* § 169 Rn. 15).

Ob die Tatbestandsmerkmale des § 169 Abs. 2 S. 2 erfüllt sind, ist freilich nicht nach den Vorschriften 115
der StPO zu prüfen, sondern **nach den Normen der AO und der FGO.** Unabhängig davon gilt auch
insoweit der strafverfahrensrechtliche Grundsatz „in dubio pro reo". Dies folgt daraus, dass die Finanzbehörde im finanzgerichtlichen Verfahren die objektive Beweislast (Feststellungslast) für steueranspruchs-
begründende Tatsachen trägt (vgl. zB BFH BStBl. II 2007, 364 (365)). Rechtfertigungs- oder Entschuldigungsgründe schließen eine Steuerhinterziehung oder leichtfertige Steuerverkürzung iSd § 169
Abs. 2 S. 2 aus (vgl. BFH BStBl. II 1998, 530 (531)). Unerheblich ist indes, ob die Tat auch verfolgt
oder bestraft wird oder auch nur verfolgt oder bestraft werden kann (vgl. Klein/*Rüsken* § 169 Rn. 26).
Damit greift die verlängerte Festsetzungsfrist zB auch bei Strafaufhebung infolge einer Selbstanzeige
(§ 371 Abs. 1, Abs. 3) bzw. einer Verfahrenseinstellung nach Zuschlagszahlung (§ 398a).

Für die Verlängerung der Festsetzungsfrist nach § 169 Abs. 2 S. 2 ist es nicht erforderlich, dass der 116
Steuerschuldner selbst eine Steuerhinterziehung oder leichtfertige Steuerverkürzung begangen hat.

Maßgebend ist vielmehr, dass die betreffende Steuer (von wem auch immer) hinterzogen oder leichtfertig verkürzt worden ist (vgl. BFH BStBl. II 1998, 530 (531)). Allerdings enthält § 169 Abs. 2 S. 3 eine Exkulpationsmöglichkeit für den Fall, dass der Steuerschuldner durch die Tat keinen Vermögensvorteil erlangt hat, und dass die Tat nicht darauf beruht, dass er die im Verkehr erforderlichen Vorkehrungen zur Verhinderung von Steuerverkürzungen unterlassen hat (vgl. Tipke/Kruse/*Kruse* § 169 Rn. 20).

117   **2. Beginn der Festsetzungsfrist.** Die Festsetzungsfrist beginnt nach der Grundregel des § 170 Abs. 1 mit Ablauf des Kalenderjahrs, in dem die Steuer entstanden ist. Diese Regel wird durch § 170 Abs. 2 allerdings derart modifiziert, dass der Ausnahmefall zum Regelfall wird und umgekehrt. Nach § 170 Abs. 2 Nr. 2 beginnt die Festsetzungsfrist für alle Besitz- oder Verkehrssteuern, für die eine Erklärung etc einzureichen ist, mit Ablauf des Kalenderjahres, in dem die Erklärung eingereicht wird. Im Fall der Nichtabgabe oder der verspäteten Abgabe der Steuererklärung beginnt die Festsetzungsfrist spätestens mit Ablauf des dritten Kalenderjahrs, das auf das Kalenderjahr folgt, in dem die Steuer entstanden ist.

118   **3. Hemmung der Festsetzungsverjährung.** So wie die Strafverfolgungsverjährung unterbrochen werden oder zur Ruhe kommen kann, kann auch der Ablauf der Festsetzungsfrist nach Maßgabe des § 171 aus verschiedenen Gründen gehemmt werden.

119   Für Steuerstrafverfahren von besonderer Bedeutung sind die beiden in § 171 Abs. 5 genannten Hemmungstatbestände Durchführung von **Ermittlungsmaßnahmen durch die Steuerfahndung** (§ 171 Abs. 5 S. 1) und **Bekanntgabe der Einleitung eines Strafverfahrens** (§ 171 Abs. 5 S. 2).

120   Ermittlungsmaßnahmen der Steuerfahndung können sowohl in ihrer strafrechtlichen Aufgabenzuweisung (§ 208 Abs. 1 S. 1 Nr. 1 iVm § 208 Abs. 1 S. 1 Nr. 2) als auch im Rahmen sog isolierter Fiskalermittlungen iSd § 208 Abs. 1 S. 1 Nr. 2 (zB bei eingetretener Strafverfolgungsverjährung) oder § 208 Abs. 1 S. 1 Nr. 3 (sog Vorfeldermittlungen) vorgenommen werden (vgl. Tipke/Kruse/*Kruse* § 171 Rn. 68).

121   § 171 Abs. 5 S. 2 sieht zwar einen eigenständigen Tatbestand vor. Dieser überschneidet sich aber mit § 171 Abs. 5 S. 1, sobald die Steuerfahndung als § 208 Abs. 1 S. 1 Nr. 1 tätig wird. „Die Ermittlungen der Besteuerungsgrundlagen" (§ 171 Abs. 5 S. 1) hemmen den Fristablauf, sobald sie vor Fristablauf ernsthaft aufgenommen wurden. Werden die Ermittlungen unmittelbar nach ihrem Beginn aus Gründen unterbrochen, die die Finanzverwaltung zu vertreten hat, bleibt der Fristablauf nur dann gehemmt, wenn die Ermittlungen innerhalb von sechs Monaten wieder aufgenommen werden (§ 171 Abs. 4 S. 2, Abs. 5 S. 1 Hs. 2). Sonstige „Ermittlungspausen" wirken sich nicht auf die Ablaufhemmung aus (vgl. zB BFH BStBl. II 1979, 453 (455)). Die Grenze bildet insoweit erst die „Verwirkung" (vgl. BFH DStR 2009, 2428 (2429)), die wiederum erst dann in Betracht kommt, wenn die Finanzbehörde über einen längeren Zeitraum untätig geblieben ist und der Steuerpflichtige daraus entnehmen konnte, dass diese Untätigkeit endgültig sein sollte (vgl. zB BFH BStBl. II 1978, 168). Aufgrund des Wortlauts der Vorschrift muss es sich um Ermittlungsmaßnahmen der mit der Steuerfahndung betrauten Dienststelle der Landesfinanzbehörden handeln, weshalb Maßnahmen der Straf- und Bußgeldsachenstelle selbst dann nicht verjährungshemmend wirken, wenn beide Stellen (Straf- und Bußgeldsachenstelle und Steuerfahndungsstelle) organisatorisch demselben – ggf. auch verselbstständigten – Finanzamt angegliedert sind (vgl. BFH DStR 2009, 2428 (2429)).

122   „Die Bekanntgabe der Verfahrenseinleitung" (§ 171 Abs. 5 2) wirkt unabhängig von dem späteren Verfahrensausgang ablaufhemmend (vgl. Tipke/Kruse/*Kruse* § 171 Rn. 71). Die Ablaufhemmung währt selbst dann bis zur Unanfechtbarkeit der entsprechenden Steuerbescheide, wenn das Strafverfahren zuvor eingestellt worden ist. Sie greift allerdings nur in Bezug auf denjenigen konkreten Steueranspruch ein, der durch die im Ermittlungsverfahren näher aufzuklärende Straftat verletzt worden sein soll (vgl. BFH/NV 2005, 1961 (1962)).

123   War Auslöser der Ermittlungsmaßnahmen bzw. der Verfahrenseinleitung eine Selbstanzeige, so wird die Ablaufhemmung des § 171 Abs. 5 nicht etwa durch § 171 Abs. 9 verdrängt (vgl. FG Düsseldorf DStR 2007, 1458 (1459)). Es ist weder dem Wortlaut noch dem Sinn und Zweck der Vorschrift zu entnehmen, dass in Selbstanzeigefällen § 171 Abs. 5 nicht zur Anwendung kommt. § 171 Abs. 9 bezweckt, der Finanzbehörde Gelegenheit zu geben, eine Selbstanzeige auszuwerten. Der Regelungszweck des § 171 Abs. 5 geht demgegenüber weiter. Die Vorschrift soll während der – im Einzelfall umfangreichen und zeitaufwändigen – Ermittlungen der Steuerfahndung die Möglichkeit einer Änderbarkeit des Bescheids in vollem Umfang aufrechterhalten.

124   § 171 Abs. 9 bezieht sich ua auf den Fall der **Selbstanzeigeerstattung**. Danach endet die Festsetzungsfrist nicht vor Ablauf eines Jahres nach Eingang der Selbstanzeige. Nach der Wertung des Gesetzgebers ist dieser Zeitraum angesichts der vollständigen und genauen Informationen, die der Steuerpflichtige für eine Selbstanzeige vorlegen muss, ausreichend, um eine Selbstanzeige auszuwerten (vgl. Tipke/Kruse/*Kruse* § 171 Rn. 84). Im Gegensatz dazu löst eine Selbstanzeige aber nicht die Ablaufhemmung des § 171 Abs. 3 aus (vgl. FG Brem EFG 2006, 1883 (1884)). Anträge in diesem Sinn sind nur solche Willensbekundungen, die ein über das durch die Amtsmaxime ohnehin gebotene Verwaltungshandeln hinausgehendes Handeln auslösen sollen, also nicht Steuererklärungen und Steueranmeldungen (vgl. BFH BFH/NV 2004, 9) oder Anzeigen nach § 153 (vgl. BFH BStBl. II 1997, 266

(268)) und Selbstanzeigen (vgl. BFH DStR 2009, 2428 (2429 f.); Koenig/*Coester* § 171 Rn. 27). Bei einer anderen Auslegung liefe zudem die gesonderte Regelung zur Auflaufhemmung bei Selbstanzeigen (§ 171 Abs. 9) leer. Innerhalb der Jahresfrist des § 171 Abs. 9 begonnene Ermittlungshandlungen der Steuerfahndung haben freilich keine weitere zeitlich unbegrenzte Ablaufhemmung iSd § 171 Abs. 5 S. 1 mehr zur Folge. Vielmehr richtet sich der zeitliche Umfang der Hemmung nach der Sonderregelung des § 171 Abs. 9 (vgl. BFH DStR 2009, 2428 (2430); Koenig/*Coester* § 171 Rn. 139).

§ 377 Steuerordnungswidrigkeiten

(1) Steuerordnungswidrigkeiten (Zollordnungswidrigkeiten) sind Zuwiderhandlungen, die nach den Steuergesetzen mit Geldbuße geahndet werden können.

(2) Für Steuerordnungswidrigkeiten gelten die Vorschriften des Ersten Teils des Gesetzes über Ordnungswidrigkeiten, soweit die Bußgeldvorschriften der Steuergesetze nichts anderes bestimmen.

A. Zweck und Bedeutung der Norm

Die Regelung des § 377 erfüllt für SteuerOWi die gleiche Funktion wie die in § 369 getroffene für **1** Steuerstraftaten. **Abs. 1** enthält eine **Legaldefinition** des Begriffs der SteuerOWi. Diese führt allerdings nicht die einzelnen SteuerOWi enumerativ auf, sondern begnügt sich mit einer allgemeinen Definition.

Die in **Abs. 2** enthaltene **Generalverweisung** auf die allgemeinen Vorschriften, hier das OWiG, hat deklaratorische Bedeutung (→ Rn. 7, ebenso Kohlmann/*Schauf* Rn. 1) und entspricht der für Steuerstraftaten geltenden Regelung des § 369 Abs. 2 (Rolletschke/Kemper/*Hunsmann* Rn. 1). Für das **Verfahrensrecht** enthält § 410 eine entspr. Regelung.

B. Steuer- und Zollordnungswidrigkeiten (Abs. 1)

Die Vorschrift des **Abs. 1** bestimmt den **Begriff der Steuerordnungswidrigkeiten** als Zuwider- **2** handlungen, die nach den Steuergesetzen mit Geldbuße geahndet werden können. Der Gesetzgeber hat zur Definition der SteuerOWi weder ausdrücklich auf den in § 1 Abs. 1 OWiG normierten Begriff der allgemeinen OWi verwiesen, noch die Voraussetzungen dieses allgemeinen Begriffs – ergänzt um zusätzliche Kriterien – vollständig in Abs. 1 wiederholt. Dennoch stellen die SteuerOWi nach zutreffender allgemeiner Meinung eine Teilmenge der OWi dar (vgl. für viele JJR/*Joecks* Rn. 3). Eine SteuerOWi ist daher eine rechtswidrige und vorwerfbare Handlung, die den Tatbestand eines Steuergesetzes verwirklicht, das die Ahndung mit einer Geldbuße zulässt. SteuerOWi werden folglich gegenüber anderen OWi dadurch abgegrenzt, dass sie gerade in Steuergesetzen geregelt sind. Wichtig ist diese Abgrenzung insbes. im Hinblick auf die nur den Bereich der SteuerOWi abdeckende Verfolgungs- und Ahndungskompetenz der FinBeh. (Kohlmann/*Schauf* Rn. 3).

Von zentraler Bedeutung für die Bestimmung des Begriffs der SteuerOWi und somit für die Reich- **3** weite der §§ 377 ff. ist der **Begriff des Steuergesetzes**. Dieser umfasst nach allgemeiner Ansicht jede (auch) steuerlichen Zwecken dienende Rechtsnorm, unabhängig davon, ob sie im Zusammenhang mit Besteuerungsgrundlagen oder der Durchsetzung von Steueransprüchen steht (→ § 369 Rn. 5, Schwarz/Pahlke/*Weyand* Rn. 3; MüKoStGB/*Schmitz* § 369 Rn. 6 ff.), sofern eine ausreichende Ermächtigungsgrundlage existiert (BVerfG NStZ 1990, 394). Steuergesetze sind demnach insbes. die AO selbst sowie die Einzelsteuergesetze. Der Begriff des Gesetzes in Abs. 1 ist als Gesetz im materiellen Sinne zu verstehen, sodass jede Rechtsnorm darunter fällt, unabhängig davon, ob ihr ein förmliches Gesetzgebungsverfahren zugrunde liegt oder nicht. Demnach kann eine SteuerOWi auch in Rechtsverordnungen oder Satzungen geregelt sein. Die Rechtsnorm muss als Rechtsfolge die fakultative **Ahndung mit einer Geldbuße** vorsehen.

Die SteuerOWi selbst besteht in einer **„Zuwiderhandlung"**, die diese in einem Steuergesetz der **4** genannten Art normierte Rechtsfolge auslöst. Unter einer Zuwiderhandlung in diesem Sinn ist ein tatbestandlicher, rechtswidriger und vorwerfbarer Verstoß gegen eine Rechtspflicht zu verstehen. Die Rechtspflicht muss sich nicht notwendigerweise aus einem Steuergesetz, sondern kann sich sowohl unmittelbar aus einem steuerrechtlichen Bußgeldtatbestand als auch aus einer anderen, nicht zwingend steuerrechtlichen Norm ergeben (JJR/*Joecks* Rn. 5). Entscheidend für die Einordnung der Zuwiderhandlung als SteuerOWi ist, dass sie nach einem Steuergesetz mit einer Geldbuße geahndet werden kann. Das Erfordernis einer rechtswidrigen und vorwerfbaren Tatbestandsverwirklichung ergibt sich aus § 1 Abs. 1 OWiG. Die Rechtswidrigkeit eines Verhaltens wird durch die Verwirklichung der objektiven und subjektiven Merkmale eines Tatbestands indiziert (BayObLG NJW 1993, 213). Denn der Tatbestand einer Ordnungswidrigkeitennorm typisiert ein nach Einschätzung des Gesetzgebers als Unrecht einzustufendes und mit einer Geldbuße zu ahndendes Verhalten (Göhler/*Gürtler* OWiG Vor § 1 Rn. 20). Diese indizielle Wirkung wird durch die Erfüllung eines Erlaubnistatbestandes widerlegt. Als Rechtfertigungsgrund kommen Erlaubnistatbestände der gesamten Rechtsordnung in Betracht (Beispiele finden sich bei Göhler/*Gürtler* OWiG Vor § 1 Rn. 20). Die Vorwerfbarkeit der Handlung ist gegeben, wenn der Täter den Tatbestand vorsätzlich oder fahrlässig verwirklicht (§§ 10, 11 Abs. 1 OWiG), ihm im Zeitpunkt der Handlung nicht in unvermeidbarer Weise die Einsicht fehlt, etwas Unerlaubtes zu tun (§ 11 Abs. 2 OWiG) und er verantwortlich iSd des Ordnungswidrigkeitenrechts ist (§ 12 OWiG).

5   Die Umwandlung zahlreicher Steuervergehen in SteuerOWi durch das 2. AO-StrafÄndG v. 12.8.1968 (BGBl. I 953) entsprach dem gesetzgeberischen Bestreben, die Kriminalstrafe als ultima ratio den Fällen vorzubehalten, in denen sie als schärfste staatliche Sanktion auf ein rechtswidriges Verhalten angemessen und erforderlich ist (Klein/*Jäger* Rn. 1; allg. Göhler/*Gürtler/Seitz* OWiG Einl. Rn. 1 ff.). Durch die Verwendung des Begriffs der „Handlung" in § 1 OWiG und der damit einhergehenden Unterscheidung von dem in § 11 Abs. 1 Nr. 5 StGB definierten Begriff der „rechtswidrigen Tat" lässt der Gesetzgeber die unterschiedliche Wertung von OWi und Straftaten deutlich hervortreten (Rolletschke/Kemper/*Hunsmann* Rn. 7). Zu den SteuerOWi zählen **im Einzelnen** aus der AO die leichtfertige Steuerverkürzung (§ 378), die Steuergefährdung (§ 379), die Gefährdung der Abzugsteuer (§ 380), die Verbrauchsteuergefährdung (§ 381), die Gefährdung der Einfuhr- und Ausfuhrabgaben (§ 382), der unzulässige Erwerb von Steuererstattungs- und Vergütungsansprüchen (§ 383), die zweckwidrige Verwendung des Identifikationsmerkmals nach § 139a (§ 383a). SteuerOWi sind daneben ua die unbefugte Hilfeleistung in Steuersachen (§ 160 StBerG, vgl. auch §§ 161–163 StBerG; sowie Verstöße gegen eine Reihe von einzelsteuergesetzlichen Regelungen wie bspw. §§ 26a, 26b UStG, §§ 50e, 50f. EStG, § 37 TabStG, §§ 31 ff. ZollVG. Einige in Verbrauchsteuergesetzen oder -verordnungen normierte Tatbestände wie zB § 24 KaffeeStG und § 44 KaffeeStV, § 30 BierStG, § 64 EnergieStG, § 36 TabakStG, § 158 BranntwMonG beziehen sich dabei auf § 381 Abs. 1 S. 1 (ausf. dazu → § 381 Rn. 4 ff. Zu beachten ist in diesem Zusammenhang insbes. die zum 1.4.2010 in Kraft getretene Verbrauchsteuerdurchführungsverordnung, vgl. BGBl. 2009 I 3262 ff.) und füllen dessen Regelung aus.

6   Die Gleichstellung von **ZollOWi** mit SteuerOWi hat keine Bedeutung, da gemäß § 3 Abs. 3 Einfuhr- und Ausfuhrabgaben nach Art. 4 Nr. 10 und 11 des Zollkodexes Steuern idS der AO sind (vgl. entspr. für Zollstraftaten → § 369 Rn. 13; ebenso MüKoStGB/*Schmitz* § 369 Rn. 2).

C. Geltende Bußgeldvorschriften (Abs. 2)

I. Grundsätzliche Geltung des Gesetzes über Ordnungswidrigkeiten

7   Nach **Abs. 2** gelten für SteuerOWi die Vorschriften des Ersten Teils des Gesetzes über OWi, soweit die Bußgeldvorschriften der Steuergesetze nichts anderes bestimmen. **Abs. 2** stellt also klar, dass die AO keine lückenlose Regelung für das Recht der SteuerOWi enthält, sondern dass grds. auf die Regelungen des Ersten Teils (§§ 1–34) des OWiG zurückzugreifen ist. Diese allgemeinen Vorschriften würden auch ohne die Regelung des Abs. 2 Anwendung finden, so dass die Vorschrift nur klarstellenden Charakter hat (Schwarz/Pahlke/*Weyand* Rn. 4). Im Ersten Teil des OWiG sind folgende Regelungsbereiche enthalten (zur Erläuterung dieser Normen vgl. Göhler/*Gürtler*): Bestimmungen des Geltungsbereichs (§§ 1–7 OWiG); Begehungsformen (§§ 8, 9 OWiG); Vorsatz, Fahrlässigkeit und Irrtümer (§§ 10, 11 OWiG); Versuchsahndbarkeit (§ 13 OWiG); Beteiligung (§ 14 OWiG); Notwehr und rechtfertigender Notstand (§§ 15, 16 OWiG); Regelungen zur Geldbuße (§§ 17, 18 OWiG); Regelungen zu Konkurrenzfragen (§§ 19–21 OWiG); Einziehung und Verfall (§§ 22–30 OWiG); Verjährung (§§ 31–34 OWiG). Während **Abs. 2** die grundsätzliche Geltung des allgemeinen Ordnungswidrigkeitenrechts für das materielle Recht der SteuerOWi erklärt, enthält § 410 eine entspr. Erklärung für das prozessuale Recht der SteuerOWi.

II. Abweichende oder ergänzende Bußgeldvorschriften der Steuergesetze

8   Nach **Abs. 2** gelten für SteuerOWi die Vorschriften des Ersten Teils des Gesetzes über OWi nur insoweit, wie die Bußgeldvorschriften der Steuergesetze keine anderweitigen Regelungen treffen. Folgende Abweichungen bzw. Ergänzungen dieser in Bezug genommenen allgemeinen Vorschriften werden durch Bußgeldvorschriften der Steuergesetze – hier insbes. die §§ 378–384 – angeordnet:

9   **1. (Räumlicher) Geltungsbereich.** Die in §§ 1–7 OWiG getroffenen Bestimmungen über den Geltungsbereich des Bußgeldrechts finden grds. auch auf steuerliche OWi Anwendung. Jedoch enthalten § 378 Abs. 1 S. 2 und § 379 Abs. 1 S. 2 aE jeweils Verweisungen auf § 370 Abs. 7, welcher gegenüber den allgemeinen Regelungen in Bezug auf den räumlichen Geltungsbereich eine von § 5 OWiG abweichende, erweiternde Regelung trifft (vgl. → § 378 Rn. 19, → § 379 Rn. 37 sowie → § 370 Rn. 212 ff.). Gemäß § 5 OWiG können nur OWi geahndet werden, die im räumlichen Geltungsbereich des OWiG oder außerhalb dieses Geltungsbereichs auf einem Schiff oder in einem Luftfahrzeug begangen werden, das berechtigt ist, die Bundesflagge oder das Staatszugehörigkeitszeichen der Bundesrepublik Deutschland zu führen, soweit das Gesetz nichts anderes bestimmt. Für OWi nach Bundes- und Landesrecht gilt nach diesem Grundsatz das Territorialprinzip. Der räumliche Geltungsbereich des OWiG umfasst insbes. das Gebiet Deutschlands (ausf. bei Göhler/*Gürtler* OWiG § 5 Rn. 2). Der für den Anwendungsbereich also entscheidende Ort der Handlung bestimmt sich nach § 7 OWiG. Der genannte

Gebietsgrundsatz gilt auch für Ausländer, so dass auch Ausländer wegen einer im genannten Gebiet begangenen OWi verfolgt werden können (KK-OWiG/*Rogall* OWiG § 5 Rn. 3). In § 378 Abs. 1 S. 2 und § 379 Abs. 1 S. 2 aE hat der Gesetzgeber jeweils unter Verweis auf § 370 Abs. 7 abweichend von dieser allgemeinen Regelung bestimmt, dass die Bußgeldtatbestände der leichtfertigen Steuerverkürzung und der Steuergefährdung unabhängig vom Recht des Tatortes auch für solche Handlungen gelten, die außerhalb des Geltungsbereichs „dieses" Gesetzes (gemeint ist die AO, nicht das OWiG. Ebenso Rolletschke/Kemper/*Hunsmann* Rn. 29) begangen werden. Diese Erweiterung entspricht der Regelung des § 6 StGB.

2. Schuldform. Als Besonderheit bezeichnet werden kann auch, dass bei einer Reihe von SteuerO- **10** Wi (zB §§ 378–381, § 383a, § 26a UStG) neben der vorsätzlichen nur die leichtfertige Tatbestandsverwirklichung geahndet werden kann (zum Begriff der Leichtfertigkeit vgl. → § 378 Rn. 20 ff.), während § 10 OWiG vorsätzliches und fahrlässiges Handeln benennt.

3. Höhe der Geldbuße. Für das Höchstmaß der Geldbuße finden sich für die SteuerOWi ebenfalls **11** Sonderregelungen. Nach § 17 Abs. 1 OWiG beträgt die Geldbuße höchstens 1.000 EUR, wenn das Gesetz nichts anderes bestimmt. Für eine Vielzahl von SteuerOWi ist das Höchstmaß der Geldbuße deutlich höher bemessen. So können die leichtfertige Steuerverkürzung gemäß § 378 Abs. 2, der unzulässige Erwerb von Steuererstattungs- und Vergütungsansprüchen gemäß § 383 Abs. 2 sowie die Schädigung des Umsatzsteueraufkommens gemäß § 26b Abs. 2 UStG jeweils mit einer Geldbuße von bis zu 50.000 EUR geahndet werden. Auch für weitere SteuerOWi gilt ein gegenüber § 17 Abs. 1 OWiG gesteigertes Höchstmaß (vgl. ua § 379 Abs. 4, § 380 Abs. 2, § 381 Abs. 2, § 382 Abs. 3, § 383a Abs. 2 AO, § 26a Abs. 2 aE UStG). Hinsichtlich der Bestimmung der Höhe der Geldbuße iÜ bleibt es indes bei den allgemeinen Bestimmungen (Klein/*Jäger* Rn. 13 mwN).

4. Zusammentreffen von Straftat und OWi. Auch hinsichtlich des Zusammentreffens von Straftat **12** und OWi gilt nach der Verweisung des **Abs. 2** grds. die allgemeine Regelung, dh gemäß § 21 Abs. 1 S. 1 OWiG, dass nur das Strafgesetz angewendet wird, wenn eine Handlung (wistra 1992, 184) gleichzeitig Straftat und OWi ist (vgl. BVerfG WM 2006, 1929). Diese Regelung beruht darauf, dass die Strafe auf den Täter eine stärkere Wirkung hat als die Geldbuße (BVerfGE 22, 49). Zudem übertrifft das Unrecht einer Straftat regelmäßig das Unrecht einer OWi (Göhler/*Gürtler* OWiG § 21 Rn. 2). Dieser Grundsatz gilt nach dem Gedanken der Spezialität ausnahmsweise nicht, wenn der Bußgeldtatbestand als die gegenüber der Straftat speziellere Regelung anzusehen ist (BT-Drs. 5/1269, 55). Eine weitere Ausnahme besteht, wenn der Vorrang der OWi ausdrücklich angeordnet ist (Klein/*Jäger* Rn. 4). Dies ist bspw. in § 37 Abs. 1 S. 2 TabStG im Hinblick auf den Schwarzhandel mit Zigaretten der Fall.

5. Verfolgungsverjährung. Die Verjährung bestimmt sich auch für SteuerOWi grds. nach den in **13** §§ 31–34 OWiG getroffenen allgemeinen Vorschriften. Hinsichtlich der Verfolgungsverjährung ordnet § 384 jedoch für die SteuerOWi der leichtfertigen Steuerverkürzung (§ 378), der Steuergefährdung (§ 379) und der Gefährdung der Abzugsteuern (§ 380) abweichend von der differenzierenden allgemeinen Regelung eine einheitlich geltende Frist von fünf Jahren an (vgl. → § 384 Rn. 4 ff.).

6. Opportunitätsprinzip. Das für die Verfolgung von OWi geltende Opportunitätsprinzip ist nicht **14** im Ersten Teil (§§ 1–34) des OWiG, sondern in § 47 Abs. 1 OWiG verankert und liegt damit außerhalb der Verweisung des **Abs. 2**. Auch trifft Abs. 1 keine Regelung hinsichtlich der Geltung dieses Grundsatzes für den Bereich der SteuerOWi. Aus dem Wortlaut des ersten Absatzes („geahndet werden können") lässt sich nur ableiten, dass es Steuergesetze geben muss, die die Ahndung der Zuwiderhandlung in das Ermessen der zuständigen Verfolgungsbehörden stellen. Dennoch entspricht die Geltung des Opportunitätsprinzips im Bereich der SteuerOWi allgM (für viele s. JJR/*Joecks* Rn. 59; Schwarz/ Pahlke/*Weyand* Rn. 5; Klein/*Jäger* Rn. 5).

Das auch im steuerlichen Bußgeldverfahren geltende und im Gegensatz zu dem im Strafverfahren **15** maßgeblichen Legalitätsprinzip (§ 152 Abs. 2 StPO) stehende Opportunitätsprinzip bestimmt, dass sowohl die Einleitung als auch die Durchführung des Verfahrens im Ermessen der zuständigen Verfolgungsbehörde liegen. Unter Beachtung des Gleichheitsgebots und des Verhältnismäßigkeitsgrundsatzes kann die Verfolgungsbehörde das Verfahren jederzeit einstellen oder gar nicht erst einleiten (Kohlmann/*Schauf* Rn. 19).

Das Opportunitätsprinzip hat im steuerlichen Bußgeldverfahren durch Nr. 104 Abs. 3 AStBV (St.) **16** 2014 eine besondere Ausprägung erhalten. Danach kann von der Verfolgung einer SteuerOWi idR abgesehen werden, wenn der gefährdete bzw. verkürzte Betrag insgesamt unter 5.000 EUR liegt oder der Betrag unter 10.000 EUR liegt und der Gefährdungszeitraum drei Monate nicht überschreitet. In diesen Fällen soll eine Ahndung nur bei besonders vorwerfbarem Verhalten erfolgen.

D. Anwendbarkeit des § 130 OWiG auf steuerliche Pflichten

Gemäß § 130 Abs. 1 S. 1 OWiG handelt ordnungswidrig, wer als Inhaber eines Betriebes oder **17** Unternehmens vorsätzlich oder fahrlässig die Aufsichtsmaßnahmen unterlässt, die erforderlich sind, um in dem Betrieb oder Unternehmen Zuwiderhandlungen gegen Pflichten zu verhindern, die den Inhaber treffen und deren Verletzung mit Strafe oder Geldbuße bedroht ist, wenn eine solche Zuwiderhandlung begangen wird, die durch gehörige Aufsicht verhindert oder wesentlich erschwert worden wäre (vgl. insbes. zum Täterkreis dieser allgemeinen Ordnungswidrigkeitenvorschrift → OWiG § 130 Rn. 18 ff.). Es ist umstr, ob SteuerOWi iSd § 377 Zuwiderhandlungen iSd § 130 Abs. 1 S. 1 OWiG darstellen. Die in der Lit. **hA** bejaht diese Frage (JJR/*Joecks* Rn. 61; Klein/*Jäger* Rn. 16; Schwarz/Pahlke/*Weyand* Vor §§ 377–384 Rn. 6; Simon/Vogelberg SteuerStrafR/*Vogelberg* 45; Wannemacher SteuerStrafR/*Wegner* Rn. 2379 ff.). Begründet wird diese Ansicht in erster Linie damit (JJR/*Joecks* Rn. 61; Göhler/*Gürtler* OWiG § 130 Rn. 1), dass der Gesetzgeber mit der Vorschrift des § 130 OWiG eine einheitliche Bußgeldnorm schaffen wollte (BT-Drs. 5/1269, 67). **Vereinzelt** wird der überwiegenden Meinung mit dem Hinweis darauf widersprochen, dass die Anwendung des § 130 OWiG auf steuerliche OWi zu einem Wertungswiderspruch führe (Suhr/Naumann/Bilsdorfer Rn. 362, 411 ff.). Dieser wird darin gesehen, dass es sich bei den Vorschriften der §§ 377 ff. um ein abgeschlossenes System handele, das ganz überwiegend und insbes. im Hinblick auf den Tatbestand der leichtfertigen Steuerverkürzung nach § 378 keine Ahndbarkeit wegen (einfach) fahrlässigen Verhaltens vorsehe. Die Erfassung der steuerlichen Bußgeldtatbestände als Zuwiderhandlungen iSd § 130 OWiG würde diese gesetzgeberische Wertung unterlaufen und eine Ahndbarkeit auch wegen (einfach) fahrlässiger Steuerverkürzung ermöglichen. Die Erfassung der SteuerOWi als Zuwiderhandlungen iSd § 130 OWiG stelle daher einen unzulässigen Rückgriff auf allgemeine Vorschriften dar. Aus diesem Grund sei § 130 OWiG auf die Verletzung steuerlicher Pflichten nicht anwendbar (Suhr/Naumann/Bilsdorfer Rn. 362, 413). Anderenorts wird die Frage gestellt, ob nicht der Tatbestand des § 130 OWiG dahingehend zu reduzieren sei, dass die Norm nicht anwendbar ist, wenn die Organisationsmängel sich allein auf den steuerlichen Bereich des Betriebs oder Unternehmens erstrecken; alternativ wird eine durchgehende Anwendung des § 47 OWiG in diesen Konstellationen angeregt (iE offen gelassen von JJR/*Joecks* Rn. 64).

18   Nach **hier vertretener Auffassung** ist der Tatbestand des § 130 OWiG dahingehend teleologisch zu reduzieren, dass er insoweit keine Anwendung findet, wie das dem Wortlaut des § 130 OWiG nach tatbestandliche Verhalten des Aufsichtspflichtigen (also nicht die als objektive Bedingung der Strafbarkeit ausgestaltete Anknüpfungstat, die auch in einer SteuerOWi bestehen kann) zugleich den objektiven Tatbestand einer SteuerOWi erfüllt. Zwar wollte der Gesetzgeber mit § 130 OWiG eine einheitliche Bußgeldnorm schaffen (BT-Drs. 5/1269, 67; vgl. auch Göhler/*Gürtler* OWiG § 130 Rn. 1: „§ 130 regelt die Verantwortlichkeit des Geschäftsherrn bei Verletzungen seiner Aufsichtspflicht einheitlich und abschließend.“), um eine Rechtsvereinheitlichung und eine erhöhte Sachgerechtigkeit zu erreichen (Begr. zu § 25 EOWiG; vgl. zur gesetzlichen Entwicklung KK-OWiG/*Rogall* OWiG § 130 Rn. 7 ff.). Eine unangepasste Erfassung des objektiven Tatbestand einer SteuerOWi erfüllenden Verhaltens als Tatverhalten des § 130 OWiG würde nun allerdings entgegen der überwiegenden Meinung zu Wertungswidersprüchen führen, die der Gesetzgeber nicht erstrebt haben kann. Denn für den Bereich der SteuerOWi hat der Gesetzgeber die Ahndbarkeit der Zuwiderhandlung in verschiedener Hinsicht bewusst restriktiver ausgestaltet. So ist die Ahndbarkeit der meisten SteuerOWi auf vorsätzliches und leichtfertiges Handeln beschränkt; dass diese Beschränkung nicht ausnahmslos für alle SteuerOWi gilt, ist bedeutungslos (aA Rolletschke/Kemper/*Hunsmann* Rn. 164 ff.). Für die leichtfertige Steuerverkürzung ist in § 378 Abs. 3 überdies die Möglichkeit der Abgabe einer bußgeldbefreienden Selbstanzeige vorgesehen (vgl. → § 378 Rn. 42 ff.). Die mit diesen Regelungen verbundene Wertung würde unterlaufen, soweit das identische, nach den §§ 377 ff. nicht ahndungswürdige Verhalten, nach § 130 OWiG verfolgt würde. Teilweise wird dieser Wertungswiderspruch bestritten mit der Begründung, dass der Regelungsgehalt des § 130 OWiG nicht die Verletzung steuerlicher Pflichten sei, sondern die Desorganisation in einem Betrieb oder Unternehmen (JJR/*Joecks* Rn. 62). Dieser Einwand vermag nicht zu überzeugen. Denn das durch § 130 OWiG geschützte Rechtsgut besteht nicht in einem Interesse der Allgemeinheit an der „Ordnung im Betrieb" (so aber BGHZ 125, 366 (373)). Schutzgüter sind vielmehr die durch die einzelnen betriebsbezogenen Straf- und Bußgeldvorschriften geschützten Interessen (→ OWiG § 130 Rn. 7). In einem Vorbereich soll konkreten Zuwiderhandlungsgefahren entgegengewirkt werden, die aus einem bestimmten Pflichtenkreis herrühren (Göhler/*Gürtler* OWiG § 130 Rn. 3a mwN). Aus diesem Grund ist iRd § 130 OWiG ein spezifischer Schutzzweckzusammenhang zwischen Aufsichtspflichtverletzung und Zuwiderhandlung zu prüfen (→ OWiG § 130 Rn. 64; KK-OWiG/*Rogall* OWiG § 130 Rn. 99 ff.). Soweit es sich bei der Anknüpfungstat des § 130 OWiG um eine SteuerOWi handelt, schützt also § 130 OWiG das auch in dieser SteuerOWi geschützte Interesse und bezieht sich dabei auf den identischen (steuerlichen) Pflichtenkreis. Dass es zu einer Überschneidung der Anwendungsbereiche des § 130 OWiG einerseits und der §§ 377 ff. andererseits kommen kann, wird auch daran deutlich, dass bspw. die iRd § 378 zu prüfenden steuerlichen Pflichten ua die sorgfältige Auswahl und Überwachung der mit Steuerangelegenheiten betrauten Angestellten durch den Geschäftsinhaber umfassen (Klein/*Jäger* Rn. 22) und insoweit mit den in § 130 OWiG erfassten Aufsichtspflichten identisch sind (vgl. → OWiG § 130 Rn. 30 ff.). Der aufgezeigte Wertungswiderspruch wird zudem dadurch deutlich, dass § 130 OWiG einen „Auffangtatbestand" (Rolletschke/Kemper/*Hunsmann* Rn. 142) darstellt, der die Ahndbarkeitslücke schließen soll, die dadurch entsteht, dass der Inhaber eines Betriebs die Erfüllung betriebsbezogener Pflichten auf solche Personen delegiert, die auch unter Anwendung von § 9 OWiG, § 14 StGB nicht Normadressat sind (Göhler/*Gürtler* OWiG § 130 Rn. 3), so dass die Handlung des Aufsichtspflichtigen nicht bereits als Beteiligung gemäß den §§ 25 ff. StGB an der Zuwiderhandlung angesehen werden kann (KG VRS 41, 295 – JR 1972, 123). Die Vorschrift soll jedoch den Aufsichtspflichtigen nicht schlechter stellen, als wenn er selbst die fragliche Handlung begangen hätte (Bay-ObLG wistra 1999, 72; GewArch 2004, 219). Insoweit wie ein Verhalten bereits den objektiven Tatbestand einer SteuerOWi erfüllt, besteht nun aber eine von § 130 OWiG vorausgesetzte delegationsbedingte Ahndbarkeitslücke gerade nicht. Die Erfassung solcher Verhalten durch den Tatbestand des § 130 OWiG würde daher dem Zweck des § 130 OWiG zuwiderlaufen. Die in sich geschlossenen Wertungen der §§ 377 ff. würden darüber hinaus konterkariert, wenn das Gesetz für ein und dieselbe objektive Aufsichtspflichtverletzung im Falle leichtfertiger Begehung die Möglichkeit der Abgabe einer bußgeldbefreienden Selbstanzeige eröffnete, diese Möglichkeit jedoch über die Anwendung des § 130 OWiG im Falle nur leicht fahrlässiger Begehung versagen würde. Dass der Gesetzgeber ein solches Ergebnis nicht bezweckte, ergibt sich schon aus der Wertung des § 130 Abs. 3 S. 2 und 3 OWiG (→ OWiG § 130 Rn. 72 ff.).

In der Praxis wird der Wertungswiderspruch häufig durch eine Verfahrenseinstellung gemäß **19** § 47 OWiG gelöst, ggf. verbunden mit einer isolierten Ahndung der juristischen Person gemäß §§ 29a, 30 Abs. 4 OWiG (JJR/*Joecks* Rn. 64). Es handelt sich bei § 130 OWiG auch in der vorliegend diskutierten Konstellation unstr. nicht um eine SteuerOWi iSd § 377 Abs. 1. Dennoch ist die FinBeh. (BuStra) für das Verfahren sachlich zuständig, was sich aus §§ 36 Abs. 1, 131 Abs. 3 OWiG iVm §§ 387, 409 ergibt (Hübschmann/Hepp/Spitaler/*Rüping* Rn. 16; Rolletschke/Kemper/*Hunsmann* Rn. 175).

§ 378 Leichtfertige Steuerverkürzung

(1) ¹**Ordnungswidrig handelt, wer als Steuerpflichtiger oder bei Wahrnehmung der Angelegenheiten eines Steuerpflichtigen eine der in § 370 Abs. 1 bezeichneten Taten leichtfertig begeht.** ²**§ 370 Abs. 4 bis 7 gilt entsprechend.**

(2) Die Ordnungswidrigkeit kann mit einer Geldbuße bis zu fünfzigtausend Euro geahndet werden.

(3) ¹**Eine Geldbuße wird nicht festgesetzt, soweit der Täter gegenüber der Finanzbehörde die unrichtigen Angaben berichtigt, die unvollständigen Angaben ergänzt oder die unterlassenen Angaben nachholt, bevor ihm oder seinem Vertreter die Einleitung eines Straf- oder Bußgeldverfahrens wegen der Tat bekannt gegeben worden ist.** ²**Sind Steuerverkürzungen bereits eingetreten oder Steuervorteile erlangt, so wird eine Geldbuße nicht festgesetzt, wenn der Täter die aus der Tat zu seinen Gunsten verkürzten Steuern innerhalb der ihm bestimmten angemessenen Frist entrichtet.** ³**§ 371 Absatz 4 gilt entsprechend.**

Übersicht

A. Entwicklung und Bedeutung der Norm

1   Schon vor der RAO 1919 enthielten die meisten Steuergesetze der Länder und des Reiches Vorschriften, die das unvorsätzliche Verursachen einer Steuerverkürzung mit einer minderen Multiplarstrafe oder mit einer betragsmäßig begrenzten Ordnungsstrafe bedrohten (JJR/*Joecks* Rn. 1 mit einer Auflistung der Einzelbestimmungen). Im Jahr 1919 führte der Gesetzgeber mit § 367 RAO erstmals eine allgemeine, als Strafnorm ausgeformte Regelung der fahrlässigen Steuerverkürzung ein. Diese Regelung wurde 1931 als § 402 RAO neu bekanntgemacht und um eine Selbstanzeigemöglichkeit in § 411 RAO ergänzt. § 402 RAO wurde 1956 insbes. dahingehend abgeändert, dass in subjektiver Hinsicht nicht mehr Fahrlässigkeit, sondern nunmehr Leichtfertigkeit verlangt wurde (Art. 1 Nr. 1 und 3 Gesetz v. 11.5.1956, BGBl. I 418). Durch Art. 1 Nr. 15 des 2. AOStrafÄndG (v. 12.8.1968, BGBl. I 1953) verschob der Gesetzgeber die Strafvorschrift der leichtfertigen Steuerverkürzung 1968 in den § 404 RAO und fasste sie dort als Bußgeldtatbestand neu, wobei er die Selbstanzeigeregelung von § 411 RAO in § 404 Abs. 3 RAO verlagerte. Im Jahr 1977 ging die Regelung des § 404 RAO 1968 auf den neuen § 378 über. Dabei verzichtete der Gesetzgeber auf eine eigenständige Umschreibung der Tathandlung und verwies stattdessen insoweit auf § 370 (zum Wortlaut des § 404 RAO 1968 vgl. Rolletschke/Kemper/*Rolletschke* Rn. 1a). Seitdem wurde die Regelung der leichtfertigen Steuerverkürzung im Wesentlichen nicht verändert (zu den geringfügigen Änderungen s. JJR/*Joecks* Rn. 1 ff.). Insgesamt deutet die **historische Entwicklung** der leichtfertigen Steuerverkürzung darauf hin, dass der Gesetzgeber bemüht war, einer ausufernden Sanktionierung unvorsätzlichen Verhaltens durch die Einführung verschiedener Restriktionen entgegenzuwirken.

2   Der Tatbestand der leichtfertigen Steuerverkürzung dient ebenso wie der des § 370 (vgl. → § 370 Rn. 3 f.) dem Schutz des öffentlichen Interesses am vollständigen und rechtzeitigen Aufkommen der einzelnen Steuerarten, bezogen auf den jeweiligen Steuerabschnitt (BGH wistra 1988, 196 f.; Klein/*Jäger* Rn. 1; JJR/*Joecks* Rn. 6). § 378 kann daher zu Recht als „bußgeldrechtliche Erweiterung" der vorsätzlichen (vgl. → § 369 Rn. 24 ff.) Steuerhinterziehung durch eine Ahndungsmöglichkeit der leichtfertigen Begehung bezeichnet werden, durch die der Gesetzgeber dem Steueraufkommen eine besondere Schutzbedürftigkeit zubilligt (Rolletschke/Kemper/*Rolletschke* Rn. 2). Denn während der objektive Tatbestand des § 378 – mit Ausnahme des Täterkreises (→ Rn. 4 ff.) – dem Tatbestand des § 370 entspricht (Klein/*Jäger* Rn. 1), dehnt der Gesetzgeber durch die Sanktionierung der leichtfertigen Steuerverkürzung den **Schutz des vollen Steuerertrags** in subjektiver Hinsicht deutlich weiter aus als den des Eigentums und die privaten Vermögensansprüche, der gemäß §§ 242, 246, 263 ua StGB nur bei vorsätzlicher Begehung eingreift (JJR/*Joecks* Rn. 6). Eine mit § 378 vergleichbare Regelung findet sich im Tatbestand des leichtfertigen Subventionsbetrugs (§ 264 Abs. 4 StGB), dessen Schutzrichtung umstr (Planungs- und Dispositionsfreiheit des Subventionsgebers, *Schmidt-Hieber* NJW 1980, 323 f.; *Kindhäuser* JZ 1991, 494 f.; LK-StGB/*Tiedemann* StGB § 264 Rn. 11 ff., 14 mwN; OLG Karlsruhe NJW 1981, 1383; OLG Hamburg NStZ 1984, 218; Vermögen des Subventionsgebers, Fischer StGB § 264 Rn. 2a f.; SK-StGB/*Hoyer* StGB § 264 Rn. 10; *Krack* NStZ 2001, 505 f. jeweils mwN; Subventionierung als wichtiges Instrument der Wirtschaftslenkung und Allgemeinrechtsgut, OLG Hamburg NStZ 1984, 218), iErg aber derjenigen des § 378 ähnlich ist.

3   In der **Praxis** kommt § 378 häufig die Funktion eines „Auffangtatbestandes" zu (BGH wistra 1988, 196; Kohlmann/*Schauf* Rn. 7; Klein/*Jäger* Rn. 1; ebenso MüKoStGB/*Schmitz/Wulf* § 370 Rn. 321). Der Tatbestand der leichtfertigen Steuerverkürzung wird zu einem erheblichen Teil auf Fälle angewendet, in denen der Verdacht einer vorsätzlichen Steuerhinterziehung gemäß § 370 fortbesteht, der Beweis vorsätzlichen Handelns jedoch nicht geführt werden kann (JJR/*Joecks* Rn. 8). Hierbei ist allerdings zu beachten, dass aus Anzeichen für den letztlich nicht beweisbaren Vorsatz allein nicht auf Leichtfertigkeit geschlossen werden darf (Hübschmann/Hepp/Spitaler/*Rüping* Rn. 8). In vielen Fällen hat die Einstellung des Verfahrens mit Geldauflage gemäß § 153a StPO die Funktion der Verhängung eines Bußgelds faktisch übernommen (vgl. *Joecks* PStR 1998, 186 (202); zur praktischen Bedeutung der Norm vgl. iÜ *Dörn* wistra 1994, 10).

B. Tatbestand

I. Objektive Voraussetzungen

4   **1. Täterkreis.** Mögliche Täter des § 378 sind sowohl der Stpfl. selbst als auch derjenige, der die Angelegenheiten eines Stpfl. wahrnimmt. Es handelt sich somit um ein Sonderdelikt. Darin besteht ein wesentlicher Unterschied zu § 370, welcher (in der Begehungsweise des § 370 Abs. 1 Nr. 1) als Jedermannsdelikt keine Beschränkung des Täterkreises aufweist (vgl. BGH wistra 2003, 344 (345); 2006, 90 (96, 114); 2007, 112 (113); 2007, 261; → § 370 Rn. 12; Kohlmann/*Ransiek* § 370 Rn. 91; Klein/*Jäger* § 370 Rn. 25; v. Briel/Ehlscheid SteuerStrafR/*v. Briel* § 1 Rn. 143).

5   **a) Steuerpflichtiger.** Möglicher Täter des § 378 ist zunächst der Stpfl. selbst. Der **Begriff des Steuerpflichtigen** ist in § 33 legal definiert. Diese Definition gilt auch für den § 378.

§ 33 Steuerpflichtiger

(1) Steuerpflichtiger ist, wer eine Steuer schuldet, für eine Steuer haftet, eine Steuer für Rechnung eines Dritten einzubehalten und abzuführen hat, wer eine Steuererklärung abzugeben, Sicherheit zu leisten, Bücher und Aufzeichnungen zu führen oder andere ihm durch die Steuergesetze auferlegte Verpflichtungen zu erfüllen hat.

(2) Steuerpflichtiger ist nicht, wer in einer fremden Steuersache Auskunft zu erteilen, Urkunden vorzulegen, ein Sachverständigengutachten zu erstatten oder das Betreten von Grundstücken, Geschäfts- und Betriebsräumen zu gestatten hat.

In der Definition des § 33 Abs. 1 ist die Formulierung „… oder andere ihm durch Steuergesetze **6** auferlegte Verpflichtungen zu erfüllen hat" als allgemeiner, die anderen Formulierungen umfassender Terminus zu verstehen. Bei der Frage, ob jemand Stpfl. ist, kommt es also wesentlich darauf an, ob ihm durch Steuergesetze auferlegt wird, steuerrechtliche Verpflichtungen zu erfüllen (JJR/*Joecks* Rn. 14; s. ausf. zu den iRd jeweiligen Steuerarten Stpfl. die Auflistung bei Klein/*Rüsken* § 33 Rn. 16 ff.). Erfasst werden danach insbes. auch diejenigen Personen, die kraft Gesetzes dazu verpflichtet sind, fremde steuerrechtliche Verpflichtungen zu erfüllen, wie gesetzliche Vertreter oder Geschäftsführer (vgl. § 34 Abs. 1). Eine rechtsgeschäftliche Delegation hingegen führt nicht dazu, dass derjenige, der die Verpflichtung vertraglich übernimmt, Stpfl. wird. Diese „Lücke" schließt jedoch die zweite Tätergruppe (→ Rn. 8 ff.).

Auch § 33 Abs. 2 gilt iRd § 378, sodass Auskunftspflichtige (§ 93), Personen, die nur zur Vorlage von **7** Urkunden verpflichtet sind (§ 97), Sachverständige (§ 96) oder Personen, die verpflichtet sind, das Betreten von Grundstücken und Räumen zu gestatten, (§ 99) explizit aus dem Begriff des Stpfl. ausgenommen sind.

b) Wahrnehmung der Angelegenheiten eines Steuerpflichtigen. Neben dem Stpfl. selbst sind **8** auch solche Personen mögliche Täter des § 378, die in Wahrnehmung der Angelegenheiten eines Stpfl. handeln. Mit dieser Täterbeschreibung wollte der Gesetzgeber einen möglichst weiten Anwendungsbereich eröffnen (RGSt 57, 218), was dazu führt, dass dieser Begriff allgemein weit ausgelegt wird (s. nur Kohlmann/*Schauf* Rn. 16). Umfasst ist jede Person, die dem Stpfl. bei der Erledigung seiner steuerlichen Pflichten Hilfe leistet, ohne selbst steuerpflichtig zu sein (Kohlmann/*Schauf* Rn. 16).

Die Angelegenheiten eines Stpfl. nehmen unstr. Bevollmächtigte und Beistände iSd § 80, also vor **9** allem Steuerberater, Steuerbevollmächtigte, Rechtsanwälte, Wirtschaftsprüfer und vereidigte Buchprüfer wahr (Kohlmann/*Schauf* Rn. 17). Dabei ist zu beachten, dass bei Einschaltung von Steuerberatungs- oder Wirtschaftsprüfungsgesellschaften die tatsächliche Steuerberatung stets durch natürliche Personen, nicht jedoch die Gesellschaft als solche geschieht, sodass die in den Gesellschaften (eigenverantwortlich) tätigen Personen als Täter in Betracht kommen (JJR/*Joecks* Rn. 21). Eine berufsmäßige Wahrnehmung ist jedoch ebenso wenig notwendiges Merkmal, wie die Befugnis zum Handeln oder das Vorhandensein einer Vertretungsmacht. Die Wahrnehmung iSd § 378 kann sogar entgegen der Weisung des Stpfl. geschehen (vgl. zu diesen Konstellationen jeweils in JJR/*Joecks* Rn. 17 ff. mwN).

c) Ausschließlich im Innenverhältnis tätig werdende steuerliche Berater als Täter des § 378? **Stark umstr** ist seit langem die Frage, ob **ein steuerlicher Berater** nur dann als Täter in Frage kommt, **10** wenn er nach außen hin tätig wird, insbes. selbst Erklärungen gegenüber dem FA abgibt, oder ob es ausreicht, dass er **ausschl. im Innenverhältnis** den Stpfl. **berät und dessen Erklärungen vorbereitet.** Die Problematik ergibt sich daraus, dass ein nur im Innenverhältnis tätiger steuerlicher Berater selbst keine unvollständigen oder unrichtigen Angaben (iSd § 370 Abs. 1 Nr. 1) macht. Auch trifft den steuerlichen Berater, der allein im Innenverhältnis tätig wird, keine Pflicht gegenüber der FinBeh. zur Offenbarung irgendwelcher Tatsachen (iSd § 370 Abs. 1 Nr. 2). Vielmehr ist es ihm aufgrund seiner beruflichen Verschwiegenheitspflicht sogar verboten, Informationen aus dem Beratungsverhältnis weiterzugeben.

In der Lit. (vgl. etwa Klein/*Jäger* Rn. 9; *Rolletschke* wistra 2004, 49 (51); *Dörn* wistra 1994, 215 (219); **11** *Reitz* DStR 1984, 91) wird daher die Meinung vertreten, dass ein allein im Innenverhältnis tätig werdender Steuerberater kein tauglicher Täter iRd § 378 sein kann, da er die möglichen Tathandlungen des § 378 iVm § 370 nicht vornimmt.

Eine andere Literaturmeinung (*Duttge* wistra 2000, 201 (205); *Bilsdorfer* StBp 1995, 114; *Bublitz* DStR **12** 1984, 435) hingegen nimmt an, dass der intern tätig werdende steuerliche Berater sehr wohl den Tatbestand des § 378 erfüllen kann. Diese Meinung wird damit begründet, dass § 378, wie § 370, kein eigenhändiges Delikt sei (vgl. *Bilsdorfer* StBp 1995, 114; *Bublitz* DStR 1984, 435 (438)).

Die **Rspr.** zu dieser Frage war lange Zeit uneinheitlich. Bei den strafgerichtlichen Entscheidungen **13** hat sich durch mehrere Entscheidungen verschiedener OLG (OLG Zweibrücken wistra 2009, 127; OLG Braunschweig wistra 1996, 319; BayObLG wistra 1994, 34) die erste Meinung durchgesetzt. Diese gehen einhellig von einem Ausschluss des intern tätig werdenden steuerlichen Beraters aus dem Täterkreis des § 378 aus.

Während der BFH (BFHE 200, 495; krit. dazu *Rolletschke* wistra 2004, 49 (51)) unter Berufung auf **14** ein Urteil des RG (RGSt 57, 218, allerdings noch zur Vorgängernorm, die statt des Verweises auf die Tathandlungen des heutigen § 370 damals allein von der „Bewirkung" einer Steuerhinterziehung sprach) die zweite Auffassung vertrat und auch den internen steuerlichen Berater in den Täterkreis mit

einbeziehen wollte, hat er diese Auffassung nunmehr aufgegeben und eine bußgeldrechtliche Verantwortlichkeit bei ausschließlich vorbereitender Tätigkeit verneint (BFH DStR 2013, 2694).

15 Diese Rechtsprechungsänderung des BFH ist zu begrüßen und folgerichtig. Durch den Verweis auf
die Tathandlung des § 370 verlangt der Wortlaut des § 378 in der seit dem 1.1.1977 geltenden Fassung
eindeutig, dass der Täter gegenüber den Finanzbehörden selbst „unrichtige oder unvollständige Angaben
macht" – ein bloßes „Bewirken" des tatbestandlichen Erfolges durch denjenigen, der Angelegenheiten
eines Stpfl. wahrnimmt, ist im Gegensatz zur Vorgängernorm des § 404 RAO gerade nicht mehr
ausreichend.

Zwar kann mit Hilfe einer historisch-teleologischen Auslegung darauf verwiesen werden, dass der
Gesetzgeber die Fälle des nur im Innenverhältnis tätig werdenden Gehilfen durch die Neuregelung nicht
aus dem Anwendungsbereich der Norm ausschließen wollte und dies durch Sinn und Zweck der
Vorschrift auch nicht geboten sei (vgl. hierzu die Ausführungen im Urteil des OLG Braunschweig wistra
1996, 319). Aufgrund des in Art. 103 Abs. 2 GG verfassungsrechtlich und in § 3 OWiG einfachgesetzlich normierten Bestimmtheitsgebotes finden derartige Gesetzesauslegungen ihre Grenze jedoch stets im
äußersten Sinne des Wortlauts. Zu Recht weist *Rolletschke* in diesem Zusammenhang darauf hin, dass das
Tatbestandsmerkmal „Angaben-machen" dem Wortsinn nach nur so verstanden werden könne, dass es
zu einer „willentlichen Entäußerung einer Erklärung" durch den Täter – gegenüber den Finanzbehörden – kommen muss (Rolletschke SteuerStrafR Rn. 304).

Da die Abgabe einer vom Stpfl. unterschriebenen Steuererklärung dabei stets als die Mitteilung von
Angaben durch den Stpfl. gewertet wird – und zwar auch dann, wenn der Steuerberater bei deren
Ausarbeitung mitgewirkt hat (stRspr, vgl. BayObLG wistra 1994, 36 mwN) – kommt eine Strafbarkeit
des Beraters somit nur in Betracht, wenn dem Täter die unrichtigen Angaben zugerechnet werden
können. Da jedoch eine mittelbare Täterschaft bei Fahrlässigkeitsdelikten nicht möglich ist (vgl. zum
Einheitstäter iRd Fahrlässigkeitsdelikte *Rotsch,* „Einheitstäterschaft" statt Tatherrschaft, 2009, 197 ff.)
und die Teilnahme an einer OWi gemäß § 14 OWiG nur vorsätzlich erfolgen kann (Göhler/*Gürtler*
OWiG § 14 Rn. 4 mwN), dürften derartige Situationen Ausnahmefälle bilden (vgl. hierzu mit einer
genauen Einordnung der möglichen Fallkonstellationen in Fälle der Teilnahme und der mittelbaren
Täterschaft JJR/*Joecks* Rn. 31 f.). Aus praktischer Sicht ist zudem darauf hinzuweisen, dass die Verfolgungsbehörden mit Verfahren dieser Art sehr zurückhaltend sind (so Kohlmann/*Schauf* Rn. 24 aE).

16 **2. Handlung, Erfolg, Kausalität.** In Bezug auf die Handlung, den Erfolg und die dazwischen
notwendige Kausalität verweist § 378 auf § 370.

17 Als **Tathandlungen** kommen also die in § 370 Abs. 1 Nr. 1–3 beschriebenen Verhaltensweisen in
Betracht. Mögliche Tathandlungen sind demnach das Machen unrichtiger oder unvollständiger Angaben
(vgl. dazu → § 370 Rn. 24 ff.), das pflichtwidrige „In-Unkenntnis-Lassen" der Finanzbehörde (dazu
→ § 370 Rn. 52 ff.) und das pflichtwidrige Unterlassen der Verwendung von Steuerzeichen oder Steuerstemplern (vgl. dazu → § 370 Rn. 75 ff.).

18 Der **Taterfolg** besteht bei § 378 genauso wie bei § 370 in der Steuerverkürzung oder der Erlangung
ungerechtfertigter Steuervorteile. Für die Erläuterung des Begriffs der Steuerverkürzung und des Begriffs
der Erlangung ungerechtfertigter Steuervorteile kann auf die Ausführungen bei § 370 (→ Rn. 90 ff. bzw.
150 ff.) verwiesen werden, die für § 378 in gleichem Maße gelten.

19 Zwischen der Tathandlung und dem tatbestandsmäßigem Erfolg muss bei § 378 in gleicher Weise wie
bei § 370 **Kausalität** bestehen. Auch insoweit kann hier auf die Ausführungen zu § 370 (→ Rn. 216 ff.)
verwiesen werden. Auch in Bezug auf den räumlichen Anwendungsbereich verweist der Wortlaut des
§ 378 Abs. 1 Nr. 2 ausdrücklich auf die Regelungen des § 370 Abs. 4–7 (vgl. dazu → § 370
Rn. 189 ff.).

II. Subjektive Voraussetzungen

20 **1. Begriff der Leichtfertigkeit.** Der zu § 370 in einem Stufenverhältnis (→ Rn. 3) stehende § 378
verlangt zur Verwirklichung des subjektiven Tatbestandes eine „leichtfertige" Begehung der Tat, dh
einen im Vergleich zur einfachen Fahrlässigkeit erhöhten Grad schuldhaften Verhaltens.

21 Der Begriff der Leichtfertigkeit ist dabei nach herrschender Ansicht in Anlehnung an den zivilrechtlichen Terminus der an Vorsatz grenzenden „groben Fahrlässigkeit" zu definieren (vgl. auch § 18 Abs. 3
E 1962, BT-Drs. IV/650, 18), erweitert um die subjektiven Momente des strafrechtlichen Fahrlässig-
keitsbegriffes (vgl. BFH BeckRS 1987, 22007953; Beck'sches Bilanzrechtslexikon/*Melchior* Ed. 2/09, 2;
Kretschmar DStZ 1983, 58 (59) mwN).

22 Leichtfertig handelt demzufolge derjenige, der bei Abgabe seiner Erklärung **die Sorgfalt außer Acht
lässt, zu der er nach den besonderen Umständen des Falles und seinen persönlichen Fähigkeiten und Kenntnissen verpflichtet und imstande ist, obwohl sich ihm hätte aufdrängen
müssen, dass dadurch eine Steuerverkürzung eintreten oder unrechtmäßige Auszahlung
begründet wird** (OLG Stuttgart DStR 1985, 48 (49); Klein/*Jäger* Rn. 20; Kohlmann/*Schauf* Rn. 61
mwN; JJR/*Joecks* Rn. 33). Nach der Rspr. der ordentlichen Gerichte kommt Leichtfertigkeit in
Betracht, wenn der Täter in grober Achtlosigkeit nicht erkennt, dass er den Tatbestand verwirklicht, er

also unbeachtet lässt, was jedem einleuchten muss und er sich in frivoler Rücksichtslosigkeit über die klar erkannte Möglichkeit der Tatbestandsverwirklichung hinwegsetzt (BGHSt 14, 255; 33, 67; BGH NStZ 1985, 320 mAnm *Roxin;* BGH StV 43, 168; BGH StV 1994, 480; BGHSt 10, 16). Bei der Feststellung der Leichtfertigkeit kommt es nicht auf die Einsichtsfähigkeit eines Durchschnittsbürgers, sondern auf die des betreffenden Täters an (BStBl. II 1955, 359; Klein/*Jäger* Rn. 20).

Abzugrenzen ist die leichtfertige Begehung der Tat von Fällen der bewussten Fahrlässigkeit, deren **23** Vorliegen für leichtfertiges Verhalten nicht erforderlich ist (vgl. JJR/*Joecks* Rn. 38), sowie von Fällen des bedingten Vorsatzes (hierzu s. Klein/*Jäger* Rn. 20), die unter §370 fallen.

2. Indizien für und gegen leichtfertiges Verhalten. Die Feststellung leichtfertigen Verhaltens ist **24** im Wesentlichen Tatfrage (vgl. BFH BStBl. II 1983, 324), mit der sich der Tatrichter unter Berücksichtigung der besonderen Umstände des Falles sowie der Kenntnisse und Erkenntnismöglichkeiten des Täters auseinanderzusetzen hat (BGH wistra 1988, 196; OLG Celle wistra 1998, 196). Für die Einordnung eines bestimmten Verhaltens als leichtfertig kommt es stets auf die besonderen Umstände des Einzelfalles unter Berücksichtigung der individuellen Fähigkeiten des Täters an. Eine typisierte Betrachtungsweise verbietet sich daher, jedoch existieren verschiedene Indizien, die in einer Vielzahl von Konstellationen wiederkehren.

§378 setzt zwar kein bestimmtes **Ausmaß der Steuerverkürzung** voraus, jedoch kann der Umfang **25** einen Anhaltspunkt für die Annahme leichtfertigen Verhaltens bilden (JJR/*Joecks* Rn. 39). Je stärker die Abweichung von der tatsächlichen Besteuerungsgrundlage ausfällt, desto eher hätte sich dem Stpfl. eine mögliche Verletzung seiner Steuerpflichten uU aufdrängen müssen (vgl. OLG Stuttgart DStR 1985, 48 (49); *Kretzschmar* DStZ 1983, 58 (60)). Ein hoher Verkürzungsbetrag an sich rechtfertigt jedoch nicht einen Leichtfertigkeitsvorwurf (Rolletschke/Kemper/*Rolletschke* Rn. 26). Trotzdem wird zu Recht allgemein von einer gewissen Wechselwirkung zwischen dem Grad der Fahrlässigkeit und dem Umfang der Steuerverkürzung ausgegangen. Indizielle Wirkung kommt nach hier vertretener Auffassung allerdings weniger dem absoluten Betrag der Abweichung zu, sondern eher der Relation des Abweichungsbetrags zur Summe der gesamten Besteuerungsgrundlagen. So ist ein isoliert betrachtet hoher Verkürzungsbetrag nicht in jedem Fall als Indiz für Leichtfertigkeit zu bewerten, wenn der entsprechende Steueranspruch auf Besteuerungsgrundlagen zurückzuführen ist, die nur einen geringen **Anteil an den gesamten Besteuerungsgrundlagen** ausmachen. Dies gilt insbes. bei einer hohen **Komplexität der Besteuerungsgrundlagen.**

Weiterhin können sich Indizien für Leichtfertigkeit aus **vorhergehenden Erfahrungen** des Stpfl. **26** ergeben, zB aus früheren Beanstandungen der Buchführung, aus Belehrungen und Hinweisen von Auskunftspersonen oder Beamten der Finanzbehörden sowie aus früheren Steuerbescheiden (vgl. JJR/*Joecks* Rn. 42). Durch die Finanzbehörden **langjährig tolerierte Fristüberschreitungen** können dagegen als Indiz gegen die Annahme leichtfertigen Verhaltens gewertet werden (wistra 1990, 195 (196)).

Spricht der Stpfl. mit einer Hilfsperson eine, von dieser erstellten, Steuererklärung durch, so kann uA **27** die **Dauer der Besprechung** ein Indiz für die sorgfältige Wahrnehmung der steuerlichen Pflichten darstellen (*Kretzschmar* DStZ 1983, 58 (60)).

3. Nachforschungspflichten des Steuerpflichtigen. Der Stpfl. ist verpflichtet, sich über alle seine **28** steuerrechtlichen Aufgaben zu unterrichten. Diese Verpflichtung erstreckt sich sowohl auf die für seine steuerliche Erfassung mitzuteilenden Tatsachen als auch auf die geltende Rechtslage (JJR/*Joecks* Rn. 44 ff.), insbes. dann, wenn er **steuerliche Vergünstigungen** in Anspruch nimmt (vgl. hierzu BayObLG BB 1971, 1544).

Wie weit die Rspr. Unterrichtungspflichten teilweise auslegt, wird bspw. daran deutlich, dass ein **29** Reisender, der bei Einreise nach Deutschland zu verzollende Waren mit sich führt, deren Verzollung er zumindest für möglich halten muss, nach Auffassung des BFH verpflichtet ist, sich über die **zollrechtliche Bedeutung der verschiedenen Flughafenausgänge** zu informieren. Tut er dies nicht und benutzt den „grünen" Ausgang, liege regelmäßig eine leichtfertige Steuerverkürzung vor (BFH wistra 2007, 319). Berechtigterweise wird in Entscheidungen dieser Art eine bedenkliche Tendenz gesehen, strafrechtliche Begriffe vor dem Hintergrund ihrer Bedeutung als Vorfragen für steuerliche Folgen weit auszulegen (JJR/*Joecks* Rn. 45).

Gibt ein Familienangehöriger bei der Einreise eine **Zollerklärung für mitreisende Angehörige 30** ab, so verhält er sich nicht leichtfertig, wenn er in Ermangelung gegenteiliger Anhaltspunkte auf den Wahrheitsgehalt der von diesen zuvor gemachten Aussagen vertraut (OLG Hamm ZfZ 1959, 122).

Derjenige, der einen **bestimmten Beruf oder ein bestimmtes Gewerbe** ausübt, ist in besonderem **31** Maße dazu verpflichtet, sich über seine diesbezüglichen steuerlichen Verpflichtungen zu unterrichten (so auch OLG Hamm BB 1963, 1004; BayObLG BB 1971, 1544; Kohlmann/*Schauf* Rn. 66) und über aktuelle Entwicklungen auf dem Laufenden zu halten (vgl. hierzu OLG Stuttgart BB 1976, 822).

Bei **rechtlichen Zweifeln** muss der Stpfl. sich zur Vermeidung eines Schuldvorwurfes über Art und **32** Umfang seiner steuerlichen Pflichten erkundigen. Insbes. Unternehmer müssen sich ständig auf dem Laufenden in Bezug auf solche steuerrechtlichen Pflichten halten, die aus der Ausübung eines Gewerbes oder einer freiberuflichen Tätigkeit erwachsen (OLG Hamm BB 1963, 1004; 1964, 1032; BayObLG BB

1971, 1544). Dieser Erkundigungspflicht kommt der Stpfl. jedenfalls dann nach, wenn er sich entsprechende Auskünfte bei einer qualifizierten Stelle einholt (OLG Celle wistra 1998, 196 (197)). Als qualifizierte Stelle kommt die zuständige Finanzbehörde in Betracht, daneben aber auch andere zuverlässige Auskunftspersonen wie namentlich Steuerberater, Wirtschaftsprüfer, Rechtsanwälte, Notare oder Patentanwälte (JJR/*Joecks* Rn. 44 mit weiteren Beispielen). Zur Erfüllung seiner Erkundigungspflicht kann der Stpfl. sich aber grds. auch selbst durch das Studium der steuerrechtlichen Bestimmungen kundig machen; bei einer streitigen Rechtslage verletzt der Stpfl. seine Erkundigungspflicht allerdings dann, wenn er sich iRd Eigenstudiums die ihm günstigere Auffassung zu eigen macht, ohne das Gewicht der gegenteiligen Meinung hinreichend zu gewichten (OLG Bremen NJW 1960, 163; Rolletschke/Kemper/*Rolletschke* Rn. 27b). Dass der Stpfl. Zweifel hatte oder sich ihm Zweifel hätten aufdrängen müssen, wird nur in Ausnahmefällen anzunehmen sein (so auch Klein/*Jäger* Rn. 23). Hinsichtlich dieser Frage gilt zudem der Grundsatz „in dubio pro reo", da es sich bei der Leichtfertigkeit um ein Tatbestandmerkmal handelt.

33   **4. Sorgfaltspflichten bei Einschaltung von Dritten.** Schaltet der Stpfl. zur Erfüllung seiner steuerrechtlichen Verpflichtungen **Hilfspersonen** ein, treffen ihn diesen gegenüber Auswahl- und Überwachungspflichten (zur Frage, inwiefern auch § 130 OWiG eingreift, vgl. → § 377 Rn. 17 ff.). Er muss überprüfen, ob die betreffende Person die notwendige fachliche Qualifikation besitzt und ihren Aufgaben charakterlich gewachsen ist (JJR/*Joecks* Rn. 47). Ist der Gehilfe zuverlässig und werden die durchgeführten Arbeiten in angemessenen Abständen kontrolliert, so ist bei einzelnen Arbeiten keine gesonderte Überprüfung notwendig (BFH DB 1988, 2084; OLG Karlsruhe DB 1972, 661; Rolletschke SteuerStrafR Rn. 329). Zumindest sind gelegentliche Stichproben erforderlich (BayObLG BB 1971, 1544). Hat der Stpfl. erforderliche Überwachungsmaßnahmen nicht getroffen, handelt er nicht leichtfertig, wenn diese im Einzelfall die fehlerhafte Erklärung nicht hätten aufdecken können (BFH BB 1991, 1323 (1325)). Die Verletzung von Auswahl- und Überwachungspflichten hinsichtlich solcher Personen, die der Stpfl. nicht zur Erfüllung seiner steuerlichen Verpflichtungen, sondern zu anderen Zwecken einsetzt, kann hingegen nicht zur Begründung leichtfertigen Verhaltens iSd § 378 herangezogen werden. Ein viel beschäftigter Geschäftsmann darf jedoch grds. darauf vertrauen, dass ein entsprechend dem Gesagten sorgfältig ausgewählter und überwachter, in Steuersachen geschulter Angestellter die Steuererklärungen des Betriebs wie auch seine eigenen vollständig und richtig vorbereitet (Klein/*Jäger* Rn. 22).

34   Bedient sich der Stpfl. als Hilfsperson eines **Steuerberaters**, so wird er deshalb nicht von jeder Verantwortung frei. Er muss diesen umfassend und zutr. informieren und ihm alle erforderlichen Unterlagen zukommen lassen (Kohlmann/*Schauf* Rn. 81 mwN). Darüber hinaus kann dem Stpfl. auch hinsichtlich des steuerlichen Beraters ein Auswahl- und Überwachungsverschulden angelastet werden. Welche Sorgfaltsmaßstäbe er bei Abgabe einer von seinem Berater abgefassten Erklärung beachten muss, richtet sich nach den Umständen des Einzelfalles. Liegen keine besonderen Anhaltspunkte vor, muss der Stpfl. nach Auffassung des BGH die Arbeit eines zuverlässigen Beraters nicht in jedem konkreten Fall überprüfen, im Einzelfall uU selbst dann nicht, wenn er Kenntnis von der Unzuverlässigkeit seines Beraters hatte (BGH wistra 1990, 195 f.; Kohlmann/*Schauf* Rn. 84; aA Rolletschke SteuerStrafR Rn. 329 mwN). Eine generelle Überwachungspflicht gegenüber dem steuerlichen Berater besteht daher nicht.

35   Teile der Rspr. stellen höhere Anforderungen an den Stpfl., indem sie ihn verpflichten, auch bei der durch einen Steuerberater abgefassten Erklärung stets alle Angaben auf ihre tatsächliche Richtigkeit hin zu überprüfen. Die bewusste Nichtbeachtung dieser Pflicht wird danach zumindest in solchen Fällen als leichtfertig erachtet, in denen der Stpfl. seinem Berater ein blanko unterschriebenes Einkommensteuerformular überlässt und die Steuererklärung ungeprüft einreicht (BayObLG wistra 2002, 355; abl. *Duttge* wistra 2000, 201). Durch diese abzulehnende Auffassung wird nach hier vertretener Ansicht vom Stpfl. jedenfalls dann zu viel verlangt, wenn der Berater Mitglied der rechts- und steuerberatenden Berufe oder Finanzbeamter ist (wie hier *Duttke* wistra 2000, 201).

36   Allerdings muss sich der Stpfl. zumindest in groben Zügen über seine steuerlichen Verhältnisse informieren, um sicherzustellen, dass die durch den Steuerberater gemachten Angaben nicht offensichtlich falsch sind (OLG Stuttgart DStR 1985, 48 (49); JJR/*Joecks* Rn. 46; *Kretzschmar* DStZ 1983, 58 (60)).

37   **5. Auswirkungen von Irrtümern.** Im Bereich der Steuerverkürzung nach § 378 ist insbes. der **Irrtum über steuerrechtliche Vorschriften und deren Auslegung** von großer Bedeutung (ausf. → § 369 Rn. 24 ff.).
Nach stRspr liegt bei Unkenntnis des Stpfl. über das Bestehen des Steueranspruchs ein den Vorsatz ausschließender Irrtum (§ 16 Abs. 1 S. 1 StGB) vor. Die Rspr. differenziert dabei nicht danach, ob der Irrtum sich auf die tatsächlichen Voraussetzungen oder die steuerrechtliche Einordnung bezieht (BGH NStZ 1991, 89; 2000, 320; 2004, 575; OLG Köln NJW 2004, 3504; weitere Nachw. zur Rspr. sowie zu den überwiegend ablehnenden Ansichten der Lit. bei → § 369 Rn. 26). Ein derartiger Tatbestandsirrtum führt iRd § 378 jedoch nur dann zur Sanktionslosigkeit, wenn der Stpfl. dem Irrtum nicht leichtfertig erlegen ist.

Der BFH führt insofern aus, dass den Stpfl. bei Irrtümern über steuerrechtliche Vorschriften weit- **38** gehende Informations- und Erkundigungspflichten treffen, deren Missachtung dazu führen kann, dass Leichtfertigkeit auch in Fällen von erweislichem Irrtum über Anwendbarkeit und Reichweite dieser Vorschriften anzunehmen ist (BFH BeckRS 1996, 11858). Davon ist insbes. dann auszugehen, wenn der Stpfl. eine **andere Rechtsauffassung als die Finanzbehörden** vertritt, diesen unter Verletzung seiner Offenbarungspflichten seine abweichende Rechtsauffassung oder den zugrunde liegenden Sachverhalt nicht mitteilt und folglich eine Steuerverkürzung eintritt (vgl. FG München 13 V 1918/07 mit Hinweis auf BGH NStZ 2000, 320).

Hat der Täter Auskünfte von dritter Seite eingeholt, zB in Form eines **rechtlichen Gutachtens,** und **39** unterliegt er auf dieser Grundlage einem Tatbestandsirrtum, so ist entscheidend, ob er auf die Richtigkeit des Gutachtens vertrauen durfte oder dies leichtfertig getan hat (für eine ausf. Darstellung der in diesem Zusammenhang maßgeblichen Kriterien vgl. *Kirch-Heim/Samson* wistra 2008, 87 sowie 83 ff.).

Ähnliches gilt für den steuerlichen Berater, der aufgrund fehlerhafter Rechtsanwendung einem **40** Irrtum unterliegt. Macht er seine abweichende Rechtsauffassung nicht deutlich oder teilt er den zugrunde liegenden Sachverhalt nicht mit, setzt er sich dem Vorwurf der Leichtfertigkeit dabei eher aus als ein steuerrechtlicher Laie. Auch insoweit gilt allerdings, dass er nicht leichtfertig handelt, wenn er auf die Richtigkeit seiner Rechtsauffassung vertrauen durfte. Dies dürfte jedenfalls dann nicht der Fall sein, wenn der Berater von einer gefestigten höchstrichterlichen Rspr. und von den allgemein publizierten Meinungen abweicht (s. Kohlmann/*Schauf* Rn. 112; für maßgebliche Anhaltspunkte vgl. auch ausf. *Stiller,* Der Rechtsirrtum des Steuerberaters und sein Strafbarkeitsrisiko, 2000, 207–223, zu § 370).

C. Rechtsfolge (Abs. 2)

Nach § 378 Abs. 2 kann die OWi mit einer Geldbuße bis zu 50.000 EUR geahndet werden. Es gelten **41** insoweit die allgemeinen Regeln, sodass nach § 17 Abs. 4 OWiG diese Höhe auch überschritten werden kann, wenn dies nötig ist, um den wirtschaftlichen Vorteil des Täters abzuschöpfen. Zinsvorteile können wirtschaftlicher Vorteil iSd § 17 Abs. 4 OWiG sein und damit abgeschöpft werden. Das kann bei § 378 deshalb von besonderem Interesse sein, weil eine Verzinsung der Steueransprüche nur bei vorsätzlichen Steuerhinterziehungen vorgesehen ist (Klein/*Rüsken* § 235 Rn. 2 ff.) und die Vorschriften über die Verzinsung von Steuernachforderungen gemäß § 233a iVm § 238 Abs. 1 uU nicht ausreichen, um den Vorteil des Täters abzuschöpfen (JJR/*Joecks* Rn. 67; → § 377 Rn. 35). Letzteres ist einerseits auf die durch § 233a Abs. 2 vorgesehene Karenzzeit zurückzuführen und andererseits darauf, dass der durch § 238 Abs. 1 festgeschriebene Zinssatz sechs Prozent pro Jahr beträgt, der Täter aber durchaus höhere Zinsvorteile erzielt oder höhere Sollzinsen erspart haben kann. Sollen Zinsvorteile des Täters abgeschöpft werden, ist deren Vorliegen im Einzelfall zu prüfen; Zinsen gemäß § 233a sind gegenzurechnen (JJR/*Joecks* Rn. 31 mwN).

D. Verjährung

Gemäß § 384 gilt für Taten nach § 378 eine gegenüber der allgemeinen Regelverfolgungsverjährung **42** nach § 31 Abs. 2 OWiG verlängerte fünfjährige Verjährungsfrist (→ § 377 Rn. 13).

E. Selbstanzeige (Abs. 3)

I. Grundsätzliches

Gemäß § 378 Abs. 3 wird ein Bußgeld nicht festgesetzt, wenn der Täter die unrichtigen oder unvoll- **43** ständigen Angaben bei der Finanzbehörde berichtigt oder ergänzt oder unterlassene Angaben nachholt, bevor ihm oder seinem Vertreter die Einleitung eines Straf- oder Bußgeldverfahrens wegen der Tat bekannt gegeben worden ist und eingetretene Steuerverkürzungen bzw. erlangte Steuervorteile erstattet. Es handelt sich um eine Selbstanzeigemöglichkeit, wie sie auch § 371 für die Steuerhinterziehung vorsieht. § 378 Abs. 3 stellt einen Bußgeldbefreiungsgrund dar (Hübschmann/Hepp/Spitaler/*Bülte* Rn. 101 f.). In Bezug auf die Rechtsnatur und den Zweck einer solchen Selbstanzeigemöglichkeit kann auf die Ausführungen zu § 371 (→ Rn. 1 ff.) verwiesen werden.

II. Voraussetzungen

1. Positive Voraussetzungen. Als positive Voraussetzungen formuliert der § 378 Abs. 3 zunächst **44** das Nachholen oder Ergänzen von unrichtigen oder unvollständigen Angaben bzw. das Nachholen unterlassener Angaben. Vorausgesetzt wird also zunächst eine Tat nach § 378 Abs. 1. Welche Anforderungen an die Korrektur zu stellen sind, richtet sich danach, welche Tathandlung der Täter vorgenommen hat. Unrichtige Angaben müssen berichtigt, unvollständige ergänzt und unterlassene nachgeholt werden. Dabei muss die Finanzbehörde durch die Korrektur in die Lage versetzt werden, den Sachverhalt ohne weitere langwierige Nachforschungen und ohne die weitere gutwillige Hilfe des Täters aufzuklären. Die Anforderungen an den Inhalt und die Form der Selbstanzeige entsprechen grds. denen der Selbstanzeige nach § 371 (vgl. dazu ausf. → § 371 Rn. 24 ff.). Dabei muss bei der Erstattung einer bußgeldbefreienden Selbstanzeige der Beschluss des BGH (BGH BeckRS 2010, 16724) berücksichtigt werden. Danach kommt eine Strafbefreiung nach § 371 AO in Fällen von sog Teilselbstanzeigen nicht mehr in Betracht. Vielmehr greift die Rechtsfolge des § 371 nur dann ein, wenn der Erklärende zur Steuerehrlichkeit zurückkehrt und vollständige Angaben macht. Diese Rspr., die sowohl mit der bisherigen Rspr. (vgl. BGH NStZ 1999, 38; BGHSt 35, 37) als auch der ganz hM in der Lit. (vgl. nur MüKoStGB/*Kohler* § 371 Rn. 57 ff. mwN) in Widerspruch steht, kann jedoch nicht uneingeschränkt für die bußgeldbefreiende Selbstanzeige nach § 378 Abs. 3 übernommen werden. Das liegt schon daran, dass eine leichtfertige Steuerverkürzung auch in Fällen möglich ist, in denen der Täter von den steuer-pflichtigen Vorgängen gar nichts weiß (dazu → Rn. 23). Entdeckt der Täter nach der Tat bestimmte steuerpflichtige Vorgänge und erklärt diese nach, so kann die dahingehende Bußgeldfreiheit nicht davon abhängen, ob ihm noch andere steuerpflichtige Vorgänge verborgen geblieben sind. Zumindest also in Fällen der unbewussten Leichtfertigkeit kann der durch den BGH für § 371 entwickelte Ausschluss von Teilselbstanzeigen nicht überzeugen (zur allg. Kritik an dieser Rechtsprechungsänderung vgl. bereits → § 371 Rn. 40 ff.).

45   Wie sich aus § 378 Abs. 3 S. 2 ergibt, müssen erlangte Steuervorteile bzw. eingetretene Steuer-verkürzungen innerhalb einer bestimmten angemessenen Frist entrichtet werden, um eine Geldbuße zu vermeiden. Der Gesetzgeber hat an dieser Stelle ausformuliert, was durch Verweis auf § 371 Abs. 3 aF bereits zuvor als Wirksamkeitsvoraussetzung galt. Anders als in § 371 Abs. 3 geregelt, ist die Selbstanzeige in § 378 Abs. 3 hingegen konsequenterweise nicht von Zinsnachzahlungen abhängig, die bei der leichtfertigen Steuerhinterziehung nicht begründet werden (FG München BeckRS 2014, 96394).

46   **2. Negative Voraussetzungen (Sperrgründe).** Während die positiven Voraussetzungen der buß-geldbefreienden Selbstanzeige nach § 378 Abs. 3 denen des § 371 entsprechen, besteht bei den negati-ven Voraussetzungen ein wesentlicher Unterschied. Während der § 371 diesbezüglich in den letzten Jahren sukzessive ausgeweitet worden ist und nunmehr acht Ausschlussgründe benennt, ist eine buß-geldbefreiende Selbstanzeige nach § 378 Abs. 3 noch immer nur dann ausgeschlossen, wenn dem Anzeigenden oder seinem Vertreter die Einleitung eines Straf- oder Bußgeldverfahrens wegen der Tat bekannt gegeben worden ist. Auch die Ausweitung des Ausschlusses bei Kenntnis eines Beteiligten und nicht nur des Täters sowie seines Vertreters wie in der Neuregelung zu § 371 Abs. 2 Nr. 1b, ist im Hinblick auf § 378 Abs. 3 unterblieben.

47   Es gilt somit, in etwas abgewandelter Form, allein der Ausschlussgrund, der bei der strafbefreienden Selbstanzeige in § 371 Abs. 2 Nr. 1 Buchst. b geregelt ist. Die anderen beiden Ausschlussgründe des § 371 Abs. 2 finden iRd § 378 keine Anwendung (ausf. zu den Voraussetzungen dieses Sperrgrundes → § 371 Rn. 87 ff.; vgl. ebenfalls MüKoStGB/*Kohler* § 371 Rn. 191 ff.). Daraus folgt, dass eine buß-geldbefreiende Selbstanzeige auch dann noch möglich ist, wenn die Tat bereits entdeckt wurde oder ein Amtsträger zur steuerlichen Prüfung oder zur Ermittlung einer Steuerstraftat oder einer SteuerOWi erschienen ist. Eine bußgeldbefreiende Selbstanzeige nach dem Erscheinen der steuerlichen Prüfer ist jedoch mit einem gewissen Risiko behaftet. Das liegt daran, dass die Grenze zwischen einer (bedingt) vorsätzlichen und einer leichtfertigen Steuerverkürzung fließend ist. Daher ist bei der anwaltlichen Beratung zu einer bußgeldbefreienden Selbstanzeige insofern Vorsicht geboten, als dass durch diese nicht Material geliefert werden sollte, welches im Nachhinein zu einer Verurteilung nach § 370 führen kann. Diese kann durch die Selbstanzeige nicht mehr beseitigt werden, da ein Ausschluss nach § 371 Abs. 2 Nr. 1 Buchst. a vorliegt (ähnlich auch *Streck* DStR 1985, 9 (12)).

47a   Ein Gesetzentwurf vom 14.12.2010 (BT-Drs. 17/4182) hingegen sah noch inhaltliche Änderungen in § 378 Abs. 3 vor. Beabsichtigt war eine Erweiterung der Ausschlussgründe. Dazu wurde folgender Wortlaut des § 378 Abs. 3 vorgeschlagen (BT-Drs. 17/4182):

„Eine Geldbuße wird nicht festgesetzt, wenn der Täter gegenüber der Finanzbehörde die unrichtigen Angaben berichtigt, die unvollständigen Angaben ergänzt oder die unterlassenen Angaben nachholt. § 371 Absatz 2 bis 4 gilt entsprechend."

Damit wären sämtliche Ausschlussgründe, die zum damaligen Zeitpunkt für eine Selbstanzeige bei vorsätzlicher Steuerhinterziehung galten, für die leichtfertige Steuerhinterziehung nach § 378 über-nommen worden. Während nunmehr weiterhin allein der Ausschlussgrund Anwendung findet, der bei der strafbefreienden Selbstanzeige in § 371 Abs. 2 Nr. 1 Buchst. b entsprechend geregelt ist (vgl. dazu → § 378 Rn. 47), hätte das Inkrafttreten des Gesetzesentwurfes vom 14.12.2010 dazu geführt, dass eine bußgeldbefreiende Selbstanzeige auch dann nicht mehr möglich gewesen wäre, wenn die Tat bereits entdeckt wurde oder ein Amtsträger zur steuerlichen Prüfung oder zur Ermittlung einer Steuerstraftat oder einer Steuerordnungswidrigkeit erschienen ist.

47b   Der Verweis auf § 371 Abs. 2 hätte außerdem zur Folge gehabt, dass der Streit um die sog kleine Selbstanzeige im Rahmen von § 378 (vgl. dazu sogleich → § 378 Rn. 48 ff.) obsolet geworden wäre. Denn eine Selbstanzeige wäre ohnehin bereits wegen des Ausschlussgrundes in § 371 Abs. 2 Nr. 1 Buchst. a nicht mehr möglich gewesen, sobald das Ergebnis einer Betriebsprüfung vorliegt. Da der

Gesetzgeber in der neuen Fassung vom 16.3.2011 und in der aktuellen Fassung auf einen Verweis auf § 371 Abs. 2 verzichtet hat, bleibt der Streit über die Anforderungen an das Selbstanzeigeverhalten weiterhin aktuell.

Durch die Überarbeitung des Gesetzesentwurfes vom 14.12.2010 und der damit einhergehenden **47c** Bestätigung des aktuellen Inhalts des § 378 Abs. 3 macht der Gesetzgeber nun deutlich, dass eine Anwendung der anderen Ausschlussgründe des § 378 Abs. 2 auf § 371 nicht gewollt ist.

3. Sonderproblem der sog kleinen Selbstanzeige. Da der § 378 keine Entsprechung zum Aus- **48** schlussgrund des § 371 Abs. 2 Nr. 1 Buchst. a kennt, stellt sich die Frage, ob eine bußgeldbefreiende Selbstanzeige in der Weise geschehen kann, dass das Ergebnis einer Betriebsprüfung, aus dem sich steuerliche Verfehlungen ergeben, anerkannt wird. Teilweise wird angenommen, dass das Anerkenntnis eines Betriebsprüfungs-Ergebnisses durch den Stpfl. für diesen eine (sog kleine) Selbstanzeige darstelle (so *Dörn* wistra 1997, 291 (292); *Jestädt* BB 1998, 1394 (1395); wohl auch *Bilsdorfer* StBp 1996, 330 (331); *Kohlmann/Schauf* Rn. 134 ff.). Die (wohl noch) hM hingegen hält allein das Anerkenntnis eines Betriebsprüfungs-Ergebnisses nicht für ausreichend, um von einer Bußgeldbefreiung nach § 378 Abs. 3 AO auszugehen (*Wrengler* DB 1987, 2325 (2328); *Rackewitz* wistra 1997, 135 (137) m. krit. Anm. v. *Dörn* wistra 1997, 291 (292); *Müller* DB 1981, 1480 (1485); *Spriegel* BB 1986, 2310 (2312); Schwarz/ Pahlke/*Weyand* Rn. 18; Kühn/v. Wedelstädt/*Blesinger* Rn. 22; Koch/Scholtz/*Scheurmann-Kettner* Rn. 20).

Die **Rspr.** beurteilt diese Frage uneinheitlich. Der BGH hat im Jahre 1952 entschieden, dass allein das **49** Anerkenntnis des Betriebsprüfungs-Ergebnisses nicht für eine Selbstanzeige nach § 378 Abs. 3 ausreiche. Vielmehr müsse „stets durch die eigene Tätigkeit des Anzeigenden ein wesentlicher Beitrag zur Ermöglichung einer richtigen nachträglichen Steuerfestsetzung geleistet werden" (BGHSt 3, 373). Dem hat sich das OLG Oldenburg im Jahre 1997 ausdr. angeschlossen (OLG Oldenburg wistra 1998, 71). Hingegen hat das OLG Karlsruhe im Jahre 1995 das Anerkennen des Bp-Ergebnisses als bußgeldbefreiende Selbstanzeige iSd § 378 Abs. 3 ausreichen lassen (OLG Karlsruhe wistra 1996, 117, s. die abl. Anm. zu diesem Urteil v. *Rachwitz* wistra 1997, 135 auf der einen und die zust. Anm. v. *Dörn* wistra 1997, 291 auf der anderen Seite).

Praktische Bedeutung erlangt diese Streitfrage im Wesentlichen nur dann, wenn die Steuerverkürzung **50** durch den Steuerprüfer bereits in vollem Umfang aufgedeckt ist, so dass dem Stpfl. kein Spielraum für einen originären Beitrag zur Aufklärung des Sachverhaltes mehr verbleibt. Hat der Steuerprüfer die Tat nämlich nur dem Grunde nach entdeckt, die zur korrekten Steuerfestsetzung erforderlichen Tatsachen aber noch nicht ermittelt, so kann der nach der engeren Ansicht des BGH geforderte „eigene Beitrag" des Stpfl. darin liegen, dass dieser im Folgenden an der Prüfung aktiv durch Aushändigung weiterer Unterlagen oder Beantwortung von Fragen mitwirkt und das Ergebnis der Prüfung anerkennt (vgl. Schwarz/Pahlke/*Weyand* Rn. 18; Klein/*Jäger* Rn. 42 mwN).

Wird der Stpfl. dagegen erst nach der vollständigen Aufklärung der Tat hiervon in Kenntnis gesetzt, so legen Sinn und Zweck der Vorschrift – die Erschließung zusätzlicher Steuerquellen für den Staat – zunächst nahe, dass ab diesem Zeitpunkt eine bußgeldbefreiende Selbstanzeige durch bloße nachträgliche Anerkennung des Betriebsprüfungs-Ergebnisses nicht mehr zulässig ist. Die Vertreter der gegenteiligen Auffassung führen allerdings zu Recht ins Feld, dass der gutgläubige Täter, der bei der Steuerprüfung alle Unterlagen vorlegt und erst danach Kenntnis von der Tat erhält, gegenüber demjenigen Täter benachteiligt werde, der vorhandene Unterlagen noch nicht vollständig zur Verfügung gestellt hat. Diesem stünde dann die Möglichkeit offen, die erforderlichen Unterlagen nachzureichen und somit noch seinen eigenen Beitrag zur Aufklärung zu leisten (vgl. OLG Karlsruhe wistra 1996, 117). *Rackewitz* und *Samson* wenden jedoch ein, dass nicht in jedem Einzelfall ein Anspruch auf die Möglichkeit der Entlastung durch eine Selbstanzeige bestehe (s. *Rackewitz* wistra 1997, 135 (137) mit Verweis auf FGS, 3. Aufl. 1985, Rn. 58 aE). Gegen diese teleologische, auf fiskalischen Erwägungen basierende Betrachtungsweise spricht jedoch, dass iRd § 378 Abs. 3, anders als bei der Selbstanzeige einer Steuerhinterziehung nach § 371, die Tatentdeckung keinen Ausschlussgrund darstellt. Die Möglichkeit der Selbstanzeige wird ausweislich des Wortlautes der Norm einzig durch die Einleitung eines Straf- und Bußgeldverfahrens begrenzt, so dass für den Täter auch nach Tatentdeckung noch Spielraum für die Möglichkeit der Selbstanzeige bestehen muss (so auch Kohlmann/*Schauf* Rn. 136; JJR/*Joecks* Rn. 74). Jedenfalls in den Fällen, in denen der Täter bei der Betriebsprüfung mitgewirkt und alle Unterlagen vollständig vorgelegt hat, ist daher die Anerkennung des Betriebsprüfungs-Ergebnisses für eine Selbstanzeige ausreichend.

III. Wirkung

Eine wirksame Selbstanzeige nach § 378 Abs. 3 führt dazu, dass kein Bußgeld gegen den Anzeigenden **51** verhängt wird. Grds. wirkt diese Selbstanzeige nur relativ, also nur für den Anzeigenden. Eine Bußgeldfreiheit für Dritte entsteht nur in Fällen des § 371 Abs. 4, welcher gemäß § 378 Abs. 3 S. 2 auch bei der bußgeldbefreienden Selbstanzeige Anwendung findet. Zu den Voraussetzungen des § 371 Abs. 4 vgl. → § 371 Rn. 168 ff.

F. Konkurrenzen

I. Mehrfache leichtfertige Steuerverkürzung

52   Bei der Verkürzung von verschiedenen Steuerarten kann sowohl Tateinheit als auch Tatmehrheit vorliegen. Welches von beiden vorliegt, hängt davon ab, ob die Verkürzung der jeweiligen Steuerarten durch eine oder durch mehrere selbstständige Handlungen verursacht wurde. Werden Steuererklärungen für unterschiedliche Steuerarten auf einem Vordruck abgegeben, so kann ein tateinheitliches Geschehen vorliegen. In dem Regelfall, dass die Steuern aufgrund unterschiedlicher Erklärungen bzw. Anmeldungen vorgenommen werden, ist von Tatmehrheit auszugehen (s. dazu Kohlmann/*Schauf* Rn. 151 ff.).

53   Seit der Ablehnung der Rechtsfigur der fortgesetzten Tat durch den BGH im Jahre 1994 (BGHSt 40, 138), die in den Folgejahren auch ausdr. auf das Steuerstrafrecht übertragen wurde (BGHSt 40, 195), wird man auch im Rahmen von § 378 bei der fortgesetzten Begehung von leichtfertigen Steuerverkürzungen von Tatmehrheit ausgehen müssen (so auch *Bonn* wistra 1995, 300 (302); Hübschmann/Hepp/Spitaler/*Bülte* Rn. 127; Kohlmann/*Schauf* Rn. 157).

II. Verhältnis zu § 370

54   Tritt neben einer vorsätzlichen Steuerhinterziehung nach § 370 gleichzeitig eine leichtfertige Steuerverkürzung auf, so gilt der allgemeine Grundsatz des § 21 Abs. 1 S. 1 OWiG, wonach die OWi durch die Straftat verdrängt wird (vgl. → § 377 Rn. 12). Diese Konstellation tritt insbes. dann auf, wenn in der gleichen Steuererklärung teilweise vorsätzlich, teilweise leichtfertig falsche Angaben gemacht werden.

    Die Regelung des § 21 Abs. 1 S. 1 OWiG gilt jedoch nur für den Fall der Tateinheit. Im Falle von Tatmehrheit zwischen § 378 und § 370 kann neben einer Strafe stets auch eine Geldbuße verhängt werden (JJR/*Joecks* Rn. 63).

III. Verhältnis zu den §§ 379–382

55   Eine leichtfertige Steuerverkürzung nach § 378 geht den Gefährdungstatbeständen der §§ 379–382 vor, was in den §§ 379 Abs. 4, 380 Abs. 2, 381 Abs. 2 und 382 Abs. 3 ausdr. klargestellt wird. Dieses gilt jedoch nur soweit, wie eine Tat nach § 378 mit all ihren Voraussetzungen vorliegt. Fehlt es an der Leichtfertigkeit, kann somit zB bei einfach fahrlässigem Verhalten auf § 382 zurückgegriffen werden und zwar auch dann, wenn es zu einer Steuerverkürzung gekommen ist (JJR/*Joecks* Rn. 65).

§ 379 Steuergefährdung

    (1) [1]Ordnungswidrig handelt, wer vorsätzlich oder leichtfertig

1. Belege ausstellt, die in tatsächlicher Hinsicht unrichtig sind,
2. Belege gegen Entgelt in den Verkehr bringt oder
3. nach Gesetz buchungs- oder aufzeichnungspflichtige Geschäftsvorfälle oder Betriebsvorgänge nicht oder in tatsächlicher Hinsicht unrichtig verbucht oder verbuchen lässt

und dadurch ermöglicht, Steuern zu verkürzen oder nicht gerechtfertigte Steuervorteile zu erlangen. [2]Satz 1 Nr. 1 gilt auch dann, wenn Einfuhr- und Ausfuhrabgaben verkürzt werden können, die von einem anderen Mitgliedstaat der Europäischen Gemeinschaften verwaltet werden oder die einem Staat zustehen, der für Waren aus den Europäischen Gemeinschaften auf Grund eines Assoziations- oder Präferenzabkommens eine Vorzugsbehandlung gewährt; § 370 Abs. 7 gilt entsprechend. [3]Das Gleiche gilt, wenn sich die Tat auf Umsatzsteuern bezieht, die von einem anderen Mitgliedstaat der Europäischen Gemeinschaften verwaltet werden.

    (2) Ordnungswidrig handelt, wer vorsätzlich oder leichtfertig

1. der Mitteilungspflicht nach § 138 Abs. 2 nicht, nicht vollständig oder nicht rechtzeitig nachkommt,
1a. entgegen § 144 Absatz 1 oder Absatz 2 Satz 1, jeweils auch in Verbindung mit Absatz 5, eine Aufzeichnung nicht, nicht richtig oder nicht vollständig erstellt,
1b. einer Rechtsverordnung nach § 117c Absatz 1 oder einer vollziehbaren Anordnung auf Grund einer solchen Rechtsverordnung zuwiderhandelt, soweit die Rechtsverordnung für einen bestimmten Tatbestand auf diese Bußgeldvorschrift verweist,
2. die Pflicht zur Kontenwahrheit nach § 154 Abs. 1 verletzt.

    (3) Ordnungswidrig handelt, wer vorsätzlich oder fahrlässig einer Auflage nach § 120 Abs. 2 Nr. 4 zuwiderhandelt, die einem Verwaltungsakt für Zwecke der besonderen Steueraufsicht (§§ 209 bis 217) beigefügt worden ist.

    (4) Die Ordnungswidrigkeit kann mit einer Geldbuße bis zu fünftausend Euro geahndet werden, wenn die Handlung nicht nach § 378 geahndet werden kann.

A. Entwicklung und Bedeutung der Norm

Der heutige § 379 enthält die ursprünglich in getrennten Normen geregelten OWi der § 406 Abs. 1 **1** Nr. 1 und Nr. 2 RAO 1956 und § 413 Abs. 1 Nr. 3 RAO 1956 (zu diesen Normen und deren Vorgeschichte s. *Kalbhenn* BB 1956, 454), welche jedoch bereits durch das 2. AOStrafÄndG (BGBl. 1968 I 953) in dem § 405 RAO 1968 zusammengefasst wurden. Aufgrund dieser Vorgeschichte ist es nur natürlich, dass die in § 379 erfassten SteuerOWi jeweils ihre eigene Geschichte aufweisen (Hübschmann/Hepp/Spitaler/*Bülte* Rn. 4 ff.).

Nach Einführung der AO 1977 wurde der § 379 mehrfach angepasst, insbes. wurde aufgrund voran- **2** schreitender Europäisierung der Abs. 1 durch die S. 2 und 3 ergänzt (für einen ausf. Überblick über die Gesetzesänderungen s. Kohlmann/*Matthes* Rn. 1 ff.). Die jüngste Änderung betrifft die Einführung des § 379 Abs. 2 Nr. 1b nF durch das Gesetz zur Anpassung des nationalen Steuerrechts an den Beitritt Kroatiens zur EU und zur Änderung weiterer steuerlicher Vorschriften (BGBl. 2014 I 1266).

Die Bedeutung der Norm liegt insbes. in der Erfassung von solchen SteuerOWi, welche nicht bereits **3** durch § 378 erfasst werden und nicht in den einzelnen Steuergesetzen (wie zB § 126 Abs. 2 BranntwMonG) oder in §§ 380–382 speziell geregelt sind. Im Gegensatz zu den spezielleren Normen umfasst der Anwendungsbereich des § 379 alle Steuerarten, nicht jedoch Monopolabgaben, für welche der § 126 Abs. 2 BranntwMonG gilt (JJR/*Jäger* Rn. 13; Erbs/Kohlhaas/*Senge* Rn. 1).

§ 379 enthält Gefährdungstatbestände, die **im Hinblick auf die §§ 370, 378 reine Vorbereitungs-** **4** **handlungen** darstellen und somit ohne eigenständige Bußgelddrohung sanktionslos wären (Kohlmann/ *Matthes* Rn. 16). Dies führt zu einem strafrechtlichen Schutz des Steueraufkommens bereits in diesem frühen Vorfeldstadium (*Lohmeyer* INF 1992, 511 (512)). Die Notwendigkeit dieser Erfassung von Vor-feldverhalten wird damit begründet, dass zwischen der Vorbereitungshandlung und dem zeitlich nach-folgenden Versuchsbeginn der Steuerhinterziehung zT erhebliche Zeiträume liegen können (JJR/*Jäger* Rn. 10).

Teilweise wird die Bedeutung des § 379 allein in der Pönalisierung bestimmter Handlungsweisen im **5** Vorfeld von Steuerverkürzungen gesehen (so bspw. Kohlmann/*Matthes* Rn. 16; Erbs/Kohlhaas/*Senge* Rn. 1). Dabei muss jedoch richtigerweise berücksichtigt werden, dass § 379 schon aufgrund der Ent-stehungsgeschichte nicht einseitig interpretiert werden kann (so auch Hübschmann/Hepp/Spitaler/*Bülte* Rn. 14 ff.). Während die Tathandlungen nach Abs. 1 allein Vorbereitungshandlungen für spätere Steuer-verkürzungen erfassen (so auch schon *Lohmeyer* ZfZ 1966, 294 (295) zu § 406 RAO), erfassen die Abs. 2 und 3 auch reinen Verwaltungsungehorsam und dienen somit der Aufwertung der hier erfassten Mit-wirkungspflichten durch Androhung von Bußgeldern (so auch Hübschmann/Hepp/Spitaler/*Bülte* Rn. 14 ff.; zust. Rolletschke/Kemper/*Rolletschke* Rn. 3; Rolletschke SteuerStrafR Rn. 349). Diesen Funktionen entspricht es auch, dass nur in Abs. 1 das Tatbestandsmerkmal der Ermöglichung einer Steuerverkürzung enthalten ist (dazu → Rn. 34 ff.). Dieser Streit ist jedoch rein akademischer Natur und für die Praxis iE irrelevant.

Aufgrund des subsidiären Charakters als Vorfelddelikt ist die **praktische Bedeutung** des § 379 gering **6** (Erbs/Kohlhaas/*Senge* Rn. 1). Das gilt insbes. deshalb, weil es im Anschluss an eine Tat nach § 379 in einer Vielzahl von Fällen zu Steuerverkürzungen kommt und eine Entdeckung der Tat vor Abgabe der Steuererklärung selten stattfindet (vgl. Kohlmann/*Matthes* Rn. 16; Suhr/Naumann/Bilsdorfer Rn. 365).

Es überrascht daher nicht, dass der Steuergefährdung neben der leichtfertigen Steuerverkürzung in den BMF-Statistiken keine eigenständige Bedeutung zukommt.

B. Objektive Voraussetzungen

I. Unzulässige Belege und Falschbuchungen (Abs. 1)

7   **1. Tathandlungen. a) Ausstellen unrichtiger Belege (Abs. 1 Nr. 1). aa) Belege.** Belege im Sinne dieser Vorschrift sind alle Schriftstücke, die geeignet sind, steuerlich erhebliche Tatsachen zu belegen (sog **objektive Beweisbestimmung**) und den Aussteller erkennen lassen (für viele s. Schwarz/ *Weyand* Rn. 3; JJR/*Jäger* Rn. 18). Damit weist der Begriff des Belegs eine enge Verbindung zum Urkundenbegriff auf. Auch die Ausstellererkennbarkeit wird in gleicher Weise definiert.

8   Ebenfalls als Parallele zum Urkundenbegriff wird überwiegend zusätzlich gefordert, dass das Schriftstück zum Beweis im Rechtsverkehr bestimmt sein muss (ausf. Begründung bei Hübschmann/Hepp/ Spitaler/*Bülte* Rn. 22 mwN; aA Erbs/Kohlhaas/*Senge* Rn. 3; offen gelassen bei Rolletschke/Kemper/ *Rolletschke* Rn. 9), sodass reine Entwürfe nicht erfasst sind. Unterschiedlich wird jedoch beurteilt, ob sich diese **subjektive Beweisbestimmung** gerade auf die steuerliche Verwendung beziehen muss. Die hM lässt eine generelle Beweisbestimmung ausreichen und fordert keine spezielle Bestimmung für steuerliche Zwecke (JJR/*Jäger* Rn. 18; Hübschmann/Hepp/Spitaler/*Bülte* Rn. 22; Kohlmann/*Matthes* Rn. 37; Schwarz/Pahlke/*Weyand* Rn. 3). Eine andere Ansicht in der Lit. hingegen fordert eine steuerliche Zweckbestimmung (*Kulla* StBp 1965, 210 (211)). Diese Literaturmeinung kann jedoch nicht überzeugen. Zunächst ist dem Wortlaut der Norm keine solche Einschränkung zu entnehmen. Darüber hinaus ist nicht ersichtlich, warum es auf eine steuerliche Zweckbestimmung ankommen soll. Dem Streit wird jedoch in der Praxis dadurch die Relevanz genommen, dass die Zweckbestimmung – wie auch iRd Urkundendelikte – nicht ausschließlich vom Aussteller, sondern auch vom Verwender gesetzt werden kann (so auch Rolletschke/Kemper/*Rolletschke* Rn. 9; Kohlmann/*Matthes* Rn. 37). Daher hat der Streit idR keine praktischen Auswirkungen.

9   Unter den Begriff der Belege fallen sowohl Eigenbelege (wie zB Fahrtenbücher) als auch Fremdbelege (Wannemacher SteuerStrafR/*Wegner* Rn. 2455). Erfasst sind unstr. klassische Buchungsbelege wie Rechnungen, Lieferscheine, Quittungen über erhaltene Leistungen, Frachtbriefe, Handelsbriefe, Ausfuhrbescheinigungen (vgl. wistra 1989, 190; BayObLG wistra 1989, 316) und Kassenzettel (so auch JJR/ *Jäger* Rn. 20; Kohlmann/*Matthes* Rn. 32; *Pfaff* DStZ 1979, 249 (250) jeweils mit weiteren Beispielen). Fraglich ist jedoch, ob auch sonstige Unterlagen, die eine Steuerverkürzung ermöglichen können wie zB Spendenquittungen, Bescheinigungen über Kuraufenthalte und ärztliche Bescheinigungen als Belege anzusehen sind. Die heute hM bezieht solche Unterlagen in den Begriff der Belege mit ein und nimmt auch in diesen Fällen den Tatbestand des § 379 Abs. 1 Nr. 1 an (Hübschmann/Hepp/Spitaler/*Bülte* Rn. 25; Rolletschke/Kemper/*Rolletschke* Rn. 8; Erbs/Kohlhaas/*Senge* Rn. 3; Koch/Scholtz/*Scheurmann-Kettner* Rn. 4; *Mösbauer* wistra 1991, 41; Wannemacher SteuerStrafR/*Wegner* Rn. 2455). Eine andere, insbes. zur Vorgängernorm § 406 RAO vertretene Ansicht will hingegen diejenigen Schriftstücke aus dem Tatbestand herausnehmen, welche nicht buchungsrelevant sein können (*Kulla* StBp 1965, 210 (211); *Pfaff* DStZ 1979, 249; *Lohmeyer* ZfZ 1966, 294 (295)). Der Zweck der Pönalisierung der Belegfälschung spricht für die von der hM vorgenommene weite Auslegung des Belegbegriffes. § 379 Abs. 1 Nr. 1 soll typische Vorbereitungshandlungen zu Steuerverkürzungen erfassen (dazu bereits → Rn. 4). Eine solche kann in gleicher Weise durch andere, die Verkürzung von Steuern ermöglichende Schriftstücke erreicht werden (mit ähnlicher Argumentation Wannemacher SteuerStrafR/*Wegner* Rn. 2455). Insofern ist der **Begriff des Beleges iSd § 379 Abs. 1 dahingehend auszulegen, dass solche Schriftstücke erfasst sind, welche objektiv geeignet sind, steuerlich erhebliche Tatsachen zu belegen, subjektiv zum Beweis im Rechtsverkehr bestimmt sind und den Aussteller erkennen lassen, unabhängig davon, ob es sich um typische Buchungsunterlagen handelt.**

10   **bb) Unrichtigkeit.** Unrichtig ist ein Beleg, wenn er von den tatsächlichen Gegebenheiten abweicht oder einen anderen als den tatsächlichen Sachverhalt wiedergibt (JJR/*Jäger* Rn. 21; *Pfaff* DStZ 1979, 249 (250)). Zwar ist umstr, ob der Begriff der Unrichtigkeit auch die Unechtheit, also die Falschheit in Bezug auf den Aussteller, umfasst. Im Falle einer solchen Belegfälschung gehen jedoch ohnehin die Urkundendelikte (§§ 267 ff. StGB) dem § 379 gem. § 21 Abs. 1 S. 1 OWiG vor. Faktisch ist die Unrichtigkeit somit auf die sog **schriftliche Lüge** in Bezug auf den Inhalt der Urkunde beschränkt (JJR/*Jäger* Rn. 22; Rolletschke/Kemper/*Rolletschke* Rn. 13; Erbs/Kohlhaas/*Senge* Rn. 6; *Mösbauer* wistra 1991, 41 (42)).

11   Als solche schriftlichen Lügen sind falsche Angaben über Ort und Zeit der Ausstellung oder den zugrundeliegenden Sachverhalt anzusehen. Nicht erfasst sind bloße rechtlich unzutreffende Wertungen oder Einordnungen (Kohlmann/*Matthes* Rn. 40; eine solche unzutreffende Wertung liegt zB vor, wenn eine Privatperson eine Rechnung mit offenem Umsatzsteuerausweis ausstellt, vgl. dazu Wannemacher SteuerStrafR/*Wegner* Rn. 2457). Den häufigsten Fall solcher unrichtigen Belege stellen Gefälligkeitsrechnungen dar.

cc) Ausstellen. Ausstellen meint mehr als das bloße Herstellen, nämlich das Eintreffen im Ver- 12
fügungsbereich des Empfängers (Rolletschke/Kemper/*Rolletschke* Rn. 14; JJR/*Jäger* Rn. 23). Diese
Unterscheidung ist von erheblicher Bedeutung, da die Steuergefährdung erst mit dem Ausstellen vollendet ist und bis zu diesem Zeitpunkt ein – nicht ahndbarer – Versuch vorliegt.

Bei Fremdbelegen ist für das Ausstellen unproblematisch auf den Zugang iSd § 130 BGB abzustellen, 13
sodass ein Beleg dann ausgestellt wurde, wenn er in den Machtbereich des Empfängers gelangt ist (für
viele *Mösbauer* wistra 1991, 41 (42); Wannemacher SteuerStrafR/*Wegner* Rn. 2461). Problematischer ist
der Zugang bei Eigenbelegen. Mangels eines Überganges vom einen Machtbereich in den anderen ist
hier auf den Beginn des Geschäftsganges abzustellen. Ein Eigenbeleg ist somit ausgestellt, wenn er in den
Geschäftsgang gegeben wird (so auch Kohlmann/*Matthes* Rn. 44; Erbs/Kohlhaas/*Senge* Rn. 4; Wannemacher SteuerStrafR /*Wegner* Rn. 2461).

Ein **Gebrauchen** des Beleges durch den Empfänger ist ebenso wenig Voraussetzung wie eine Vor- 14
teilsziehung auf Seiten des Ausstellenden (für diese allgM s. nur Erbs/Kohlhaas/*Senge* Rn. 5; JJR/*Jäger*
Rn. 23).

dd) Täterkreis. Täter des § 379 Abs. 1 Nr. 1 kann jeder sein, es handelt sich insoweit nicht um ein 15
Sonderdelikt von Gewerbetreibenden (für viele JJR/*Jäger* Rn. 24). Somit können zB auch Ärzte und
sogar Privatpersonen den Tatbestand des § 379 Abs. 1 Nr. 1 erfüllen.

Der Empfänger des Beleges erfüllt den Tatbestand des § 379 Abs. 1 Nr. 1 idR nicht. Vielmehr stellt 16
das Empfangen eine notwendige Teilnahme dar. Nur wenn der Empfänger über diesen notwendigen
Beitrag hinaus tätig wird (zB durch Einfordern eines falschen Belegs) kann er Beteiligter iSd § 14 OWiG
sein (*Mösbauer* wistra 1991, 41; JJR/*Jäger* Rn. 24).

b) Entgeltliches Inverkehrbringen von Belegen (Abs. 1 Nr. 2). Die heutige Nr. 2 wurde durch 17
das Gesetz zur Eindämmung missbräuchlicher Steuergestaltung (BGBl. 2006 I 1095) eingefügt. Hintergrund der Einführung war der vermehrt auftretende Handel mit Belegen, insbes. von Tankquittungen
über Internetauktionen, um dem Käufer die ungerechtfertigte Geltendmachung von Betriebsausgaben
oder Werbungskosten zu ermöglichen (*Weyand* PStR 2006, 284; Rolletschke SteuerStrafR Rn. 363;
Melchior DStR 2006, 681 (684)). Zwar kommt in diesen Fällen stets auch eine Strafbarkeit des
Belegverkäufers wegen Beihilfe zur Steuerhinterziehung des Käufers in Betracht, jedoch bestehen
häufig Nachweisprobleme in Bezug auf den Vorsatz des Verkäufers. Daher wurde der § 379 Abs. 1
Nr. 2 als Auffangtatbestand geschaffen, um dem Handel mit Belegen effektiver entgegentreten zu
können (*Weyand* PStR 2006, 284 (285); JJR/*Jäger* Rn. 28; Rolletschke/Kemper/*Rolletschke* Rn. 21 u.
25a).

aa) Belege. Der Begriff des Belegs entspricht demjenigen in § 379 Abs. 1 Nr. 1 (dazu bereits 18
→ Rn. 7 ff.). Allerdings ist hier die Unrichtigkeit nicht vorausgesetzt, sodass sowohl richtige als auch
unrichtige Belege erfasst sind (für viele JJR/*Jäger* Rn. 29).

bb) In-Verkehr-Bringen. Das In-Verkehr-Bringen von Belegen ist gesetzlich nicht näher definiert. 19
Allerdings wird einhellig davon ausgegangen, dass in Anlehnung an die §§ 146, 148 StGB, § 29 BtMG
das In-Verkehr-Bringen dann vorliegt, wenn ein anderer in die Lage versetzt wird, mit dem Beleg nach
Belieben zu verfahren (*Weyand* PStR 2006, 284; JJR/*Jäger* Rn. 30; Rolletschke/Kemper/*Rolletschke*
Rn. 24).

cc) Entgeltlichkeit. Der Begriff des Entgeltes ist in § 11 Abs. 1 Nr. 9 StGB legaldefiniert als jede, in 20
einem Vermögensvorteil bestehende Gegenleistung. Ausreichend sind somit nicht nur Geldleistungen,
sondern auch andere Vermögensvorteile wie Blumen oder Essenseinladungen. Durch das Merkmal der
Entgeltlichkeit soll die Weitergabe aus reiner Gefälligkeit, insbes. im Familien- oder Freundeskreis, aus
dem Tatbestand herausgenommen werden. Auch Fälle, in denen Belege verloren oder unachtsam an
öffentlichen Plätzen liegen gelassen werden, fallen schon aufgrund des Merkmals der Entgeltlichkeit aus
dem Tatbestand heraus (Kühn/v. Wedelstädt/*Blesinger* Rn. 8a; JJR/*Jäger* Rn. 31).

dd) Täterkreis. Wie bei § 379 Abs. 1 Nr. 1 handelt es sich auch bei Nr. 2 um ein Jedermannsdelikt. 21
Insofern ist auch die Rolle des Empfängers ebenso zu beurteilen wie bei § 379 Abs. 1 Nr. 1. Wer einen
Beleg ankauft, erfüllt den Tatbestand des § 379 Abs. 1 Nr. 2 solange nicht, wie sich die Person auf den
notwendigen Beitrag beschränkt.

c) Falschbuchung (Abs. 1 Nr. 3). Die Begehungsvariante der heutigen Nr. 3 war bis zum Gesetz 22
zur Eindämmung missbräuchlicher Steuergestaltungen (BGBl. 2006 I 1095) wortgleich in der Nr. 2
geregelt. Diese Tatbestandsvariante erfasst die Verletzung von dem Stpfl. durch Gesetz auferlegten
Buchungs- und Aufzeichnungspflichten.

aa) Geschäftsvorfälle oder Betriebsvorgänge. Der Tatbestand setzt voraus, dass Geschäftsvorfälle 23
oder Betriebsvorgänge falsch verbucht werden. Mit diesen beiden Tatbestandsvarianten sollten alle
Geschehnisse in einem wirtschaftlichen Unternehmen erfasst werden (Rolletschke/Kemper/*Rolletschke*
Rn. 28). **Geschäftsvorfälle** sind Vorgänge des rechtsgeschäftlichen Liefer- und Leistungsverkehrs des
Unternehmens mit Dritten. **Betriebsvorgänge** hingegen betreffen den unternehmensinternen Werte-

fluss (JJR/*Jäger* Rn. 37; Rolletschke/Kemper/*Rolletschke* Rn. 28; Wannemacher SteuerStrafR/*Wegner* Rn. 2467). Die Unterscheidung mag im Einzelfall schwierig sein, ist jedoch für die Praxis unerheblich, da beide Begriffe gleichberechtigt nebeneinander stehen (so auch JJR/*Jäger* Rn. 37).

24   **bb) Buchungs- oder aufzeichnungspflichtig.** Diese Vorfälle bzw. Vorgänge müssen aufgrund eines Gesetzes buchungs- oder aufzeichnungspflichtig sein.

    Gesetz meint dabei jede Rechtsnorm (§ 4); erfasst sind also neben formellen Gesetzen auch Verordnungen und Rechtsgrundsätze (Klein/*Gersch* § 4 Rn. 1). Verwaltungsanordnungen reichen jedoch ebenso wenig wie gesetzliche Sollvorschriften (Rolletschke/Kemper/*Rolletschke* Rn. 29). Führt jemand Bücher, obwohl er dazu nicht durch Gesetz verpflichtet ist, so gelten generell gem. § 146 Abs. 4 die Ordnungsvorschriften für Buchungen. Daraus wird vereinzelt gefolgert, dass in diesem Fall eine Steuergefährdung nach § 379 Abs. 1 Nr. 3 in Betracht kommt (Suhr/Naumann/Bilsdorfer Rn. 372). Die ganz hM jedoch verneint zu Recht mangels gesetzlicher Pflicht den Tatbestand (*Mösbauer* wistra 1991, 41 (43); Rolletschke/Kemper/*Rolletschke* Rn. 30; JJR/*Jäger* Rn. 38; Wannemacher SteuerStrafR/*Wegner* Rn. 2471). § 146 Abs. 6 soll zwar eine gesetzliche Pflicht zur Ordnungsgemäßheit der freiwilligen Buchführung etablieren, etabliert jedoch keine Pflicht zur Buchführung. Letztere ist jedoch Voraussetzung für die Ahndbarkeit nach § 379 Abs. 1 Nr. 3. Somit kommt der Tatbestand des § 379 Abs. 1 Nr. 3 in Betracht, wenn gegen zwingende Buchungspflichten verstoßen wird und eine Pflicht zur Buchführung besteht.

25   Solche **gesetzlichen Pflichten** finden sich in erster Linie in Handels- oder Steuergesetzen. Die wichtigsten dieser steuerlichen Buchungs- und Aufzeichnungspflichten sind:
- §§ 238 ff., 264 ff. HGB,
- §§ 140 ff.,
- § 22 UStG.

26   Allerdings sind Buchungs- bzw. Aufzeichnungspflichten auch in außersteuerlichen Gesetzen oder Verordnungen enthalten, so bspw.:
- § 8 GwG (Pflicht von Banken zur Aufzeichnung ggf. geldwäscherelevanter Daten),
- § 17 BtMG (Pflicht für Inhaber mit einer Erlaubnis zum Anbau oder Handel mit Betäubungsmitteln),
- § 57a StVZO (Pflicht von Haltern von Kfz, die mit Fahrtenschreibern oder Kontrollgeräten auszurüsten sind),
- § 8 Abs. 1 VerstV (Aufzeichnungspflicht von Versteigerern über die Versteigerungsaufträge).

27   Weitere weniger relevante Pflichten finden sich ua in folgenden Normen:
- § 38 Abs. 3 GewO; § 13 HeimG; § 17 HeimsicherungsV; § 13 f. BtMVV; § 14 BewachV; §§ 6, 8, 9 HeimarbG; § 10 MaBV; § 3 PfandlV; §§ 42, 64, 70, 70a, 85 StrahlenschutzV; §§ 28, 28c RöV (ausf. zu diesen und weiteren Pflichten s. JJR/*Jäger* Rn. 50 ff.).

28   **cc) Nicht- oder Falschverbuchung.** Diese buchungspflichtigen Vorgänge müssen nicht oder in tatsächlicher Hinsicht unrichtig verbucht worden sein.

    Die Tatvariante der **Nichtverbuchung** ist unproblematisch und meint das nicht (rechtzeitige) Verbuchen (*Lohmeyer* INF 1992, 511 (512)). Das kann entweder durch das Unterlassen einzelner Buchungen oder durch vollständiges Unterlassen der Führung von Büchern geschehen.

29   Problematischer ist das Merkmal **„in tatsächlicher Hinsicht unrichtig"**. Unrichtig sind Buchungen dann, wenn der dargestellte Vorgang nicht mit der Wirklichkeit übereinstimmt (Rolletschke/Kemper/*Rolletschke* Rn. 34). Hier entstehen Abgrenzungsprobleme zu einer „nur" unvollständigen Verbuchung. Die **nur unvollständige Verbuchung** durch Weglassen vorgeschriebener Angaben unterfällt nicht dem Tatbestand des § 379 Abs. 1 Nr. 3 (Rolletschke/Kemper/*Rolletschke* Rn. 35). Insbes. § 370 Abs. 1 Nr. 1 (sowie auch §§ 146 Abs. 1, 380) macht deutlich, dass Unrichtigkeit und Unvollständigkeit zwei iRd AO voneinander abzugrenzende Begriffe sind. Da § 379 Abs. 2 ebenfalls den Begriff der Unvollständigkeit aufgreift wird deutlich, dass auch dem § 379 diese Unterscheidung nicht fremd ist. Eine Einbeziehung der fehlenden Vollständigkeit in die Unrichtigkeit würde somit der Systematik des § 379 widersprechen und ist mit Rücksicht auf Art. 103 Abs. 2 GG nicht zulässig (so ausdr. das AG Münster wistra 1999, 114; unter Zustimmung der Lit., vgl. etwa JJR/*Jäger* Rn. 44). Für diese zustimmungswürdige Auffassung der **herrschenden Meinung** spricht auch der Wortlaut der Norm, welcher ausdr. von einer Unrichtigkeit „in tatsächlicher Hinsicht" spricht. Dieses macht deutlich, dass keine rechtliche Unrichtigkeit gemeint ist, welche beim reinen Fehlen vorgeschriebener Angaben angenommen werden könnte.

30   Eine in der Lit. vereinzelt vertretene **abweichende Position** will hingegen die unvollständige Buchung als Unterfall der Nichtbuchung verstehen (Erbs/Kohlhaas/*Senge* Rn. 11). Diese Ansicht kann jedoch nicht überzeugen. Zum einen sprechen – wie dargelegt – der Wortlaut der Norm sowie der Vergleich mit § 370 Abs. 1 Nr. 1, § 146 Abs. 1, § 380 gegen eine Gleichsetzung einer unvollständigen Buchung mit einer Nichtbuchung. Zum anderen würde diese Auffassung dazu führen, dass alltägliche Versehen wie zB die Nichtaufführung einer vollständigen Adresse – bei Erfüllung der übrigen Tatbestandsmerkmale – bußgeldbewährt wären.

Es ist somit mit der herrschenden Meinung davon auszugehen, dass die bloß unvollständige Buchung **31** den Tatbestand nicht erfüllt. Allerdings kann eine unvollständige Buchung durch das Weglassen vorgeschriebener Angaben dazu führen, dass der verbuchte Vorgang nicht mehr mit der Wirklichkeit übereinstimmt und somit unrichtig wird (JJR/*Jäger* Rn. 44).

dd) Täterkreis. Tauglicher **Täter einer Nicht- oder Falschbuchung** ist nach hM jeder, der die **32** Möglichkeit hat, eine Buchung vorzunehmen (JJR/*Jäger* Rn. 45; Rolletschke/Kemper/*Rolletschke* Rn. 27). Eine aA in der Lit. hingegen sieht in dem § 379 Abs. 1 Nr. 3 auch in Form der Falschbuchung ein Sonderdelikt und will daher nur diejenigen als Täter in Betracht kommen lassen, die selbst buchungspflichtig sind (Erbs/Kohlhaas/*Senge* Rn. 7).

Täter des Nicht- oder Falsch-Verbuchen-Lassens kann hingegen nach allgM nur derjenige sein, **33** welcher als Stpfl. oder kraft seiner Stellung (zB als GmbH-Geschäftsführer) für die Buchung und Aufzeichnungspflicht verantwortlich ist (Rolletschke/Kemper/*Rolletschke* Rn. 27; JJR/*Jäger* Rn. 45).

2. Taterfolg (= Ermöglichen einer Steuerverkürzung oder Erlangung ungerechtfertigter **34** **Steuervorteile). a) Verkürzung inländischer Abgaben (Abs. 1 S. 1).** Die Tathandlungen müssen eine Steuerverkürzung oder eine Erlangung von nicht gerechtfertigten Steuervorteilen ermöglichen. Es reicht hierfür bereits die Herbeiführung der Möglichkeit zur Erreichung einer Steuerverkürzung oder nicht gerechtfertigter Steuervorteile, mithin eine nur abstrakte Gefahr für das Steueraufkommen (JJR/*Jäger* Rn. 71; Schwarz/Pahlke/*Weyand* Rn. 7). Es handelt sich somit materiell um ein abstraktes Gefährdungsdelikt Hübschmann/Hepp/Spitaler/*Rüping* Rn. 55). Formell hingegen muss die Möglichkeit, dh die Gefahr, als Erfolg positiv nachgewiesen werden (Rolletschke/Kemper/*Rolletschke* Rn. 16 mit Verweis darauf, dass die Gefahr somit echtes Tatbestandsmerkmal sei). Dabei richten sich die konkreten Anforderungen für einen solchen Nachweis nach der Art des Geschäftsvorfalls (JJR/*Jäger* Rn. 71).

Nicht notwendig ist, dass der Täter subjektiv zum Zweck einer Steuerverkürzung gehandelt hat. Auch **35** ist irrelevant, ob die Steuerverkürzungsmöglichkeit beim Täter oder einem Dritten eintritt (JJR/*Jäger* Rn. 71).

b) Verkürzung ausländischer Abgaben (Abs. 1 S. 2, 3). Im Einklang mit §§ 370 Abs. 6 S. 1 und **36** S. 2, 378 Abs. 1 S. 2 ist der § 379 auf die Einfuhr- und Ausfuhrabgaben sowie Umsatzsteuern bestimmter Drittstaaten erweitert worden, indem dem Abs. 1 die S. 2 und 3 hinzugefügt wurden.

Gem. **§ 379 Abs. 1 S. 2** wird der Tatbestand auch erfüllt, wenn durch die Tathandlung des § 379 **37** Abs. 1 S. 1 Nr. 1 Ein- oder Ausfuhrabgaben verkürzt werden können, die von einem anderen Mitgliedstaat der Europäischen Gemeinschaften (jetzt: „Europäischen Union (EU)", → § 369 Rn. 52) verwaltet werden oder die einem Staat zustehen, dem für Waren aus der EU aufgrund eines Assoziations- oder Präferenzabkommens eine Vorzugsbehandlung gewährt wird. Die Tathandlungen des § 379 Abs. 1 S. 1 Nr. 2 und Nr. 3 sind insoweit nicht bußgeldbewährt. Ebenfalls nicht anwendbar ist § 379, wenn die EU die Präferenzen einseitig gewährt (JJR/*Jäger* Rn. 77).

§ 379 Abs. 1 S. 3 ordnet an, dass „das gleiche gilt", wenn sich die Tat auf Umsatzsteuern bezieht, die **38** von einem anderen Mitgliedstaat der EU verwaltet werden. Diese Verweisung ist nicht eindeutig. Die nächstliegende Deutung geht dahin, dass die Regelung des § 379 Abs. 1 S. 2 insgesamt (insbes. also die Formulierung „Satz 1 Nr. 1 gilt auch dann, …") in Bezug genommen werden soll. Weitere Auslegungsmöglichkeiten werden darin gesehen, dass entweder nur auf den letzten Satzteil des § 379 Abs. 1 S. 2 („§ 370 Abs 7 gilt entsprechend") oder aber auf § 379 Abs. 1 S. 1 verwiesen sein soll (JJR/*Jäger* Rn. 74). In der Lit. wird berechtigterweise überwiegend die erstgenannte Verweisung auf § 379 Abs. 1 S. 2 befürwortet (JJR/*Jäger* Rn. 74). Aus dieser Interpretation folgt die Beschränkung der Erweiterung auf die in § 379 Abs. 1 S. 1 Nr. 1 genannten Konstellationen und damit eine Nichteinbeziehung von § 379 Abs. 1 S. 1 Nr. 2 und Nr. 3 auch in Fällen des § 379 Abs. 1 S. 3. Dieses erscheint schon deshalb sachgerecht, weil nicht ersichtlich ist, warum die in S. 3 aufgeführten Umsatzsteuern einen weitergehenden Schutz genießen sollten als die in S. 2 erfassten Ein- oder Ausfuhrabgaben.

Diese Erweiterung der Bußbarkeit erfasst insbes. Zölle, Abschöpfungen und Einfuhrumsatzsteuer, die **39** ein anderer Mitgliedstaat der EU verwaltet oder die einem solchen zustehen (Rolletschke/Kemper/*Rolletschke* Rn. 17). Durch die Verweisung in § 379 Abs. 1 S. 2 Hs. 2 auf § 370 Abs. 7 gilt das sog „Weltrechtsprinzip" (dazu ausf. → § 370 Rn. 212), sodass auch reine Auslandstaten erfasst sind (vgl. JJR/*Jäger* Rn. 72). Dabei ist die Ahndung nicht davon abhängig, ob die Handlung auch im betreffenden Ausland mit Bußgeld oder Strafe geahndet werden kann (Kohlmann/*Matthes* Rn. 93; Hübschmann/Hepp/Spitaler/*Bülte* Rn. 71).

3. Kausalzusammenhang. Es ist nicht erforderlich, dass die Steuerverkürzung oder die Erlangung **40** nicht gerechtfertigter Steuervorteile ohne die Tathandlung unmöglich wäre. Es reicht, dass die Belege bzw. Buchungen objektiv zu einer Steuerverkürzung beitragen können („ermöglichen").

II. Verstöße gegen Mitwirkungspflichten (Abs. 2)

Nach Abs. 2 handelt ordnungswidrig, wer seinen Mitwirkungspflichten nicht wie gefordert nach- **41** kommt. Anders als in Abs. 1 wird hier gerade keine Ermöglichung einer Steuerverkürzung gefordert, sodass auch bloßer Verwaltungsungehorsam sanktioniert ist. Es handelt sich um reine Begehungsdelikte (Hübschmann/Hepp/Spitaler/*Bülte* Rn. 76).

42   **1. Mitteilungspflicht nach § 138 Abs. 2 (Abs. 2 Nr. 1). a) Pflichten nach § 138 Abs. 2.** Nach § 379 Abs. 2 Nr. 1 handelt ordnungswidrig, wer seiner Pflicht nach § 138 Abs. 2 nicht, nicht vollständig oder nicht rechtzeitig nachkommt. § 138 lautet wie folgt:

§ 138 Anzeigen über die Erwerbstätigkeit

(...)

(2) Steuerpflichtige mit Wohnsitz, gewöhnlichem Aufenthalt, Geschäftsleitung oder Sitz im Geltungsbereich dieses Gesetzes haben dem nach den §§ 18 bis 20 zuständigen Finanzamt nach amtlich vorgeschriebenem Vordruck mitzuteilen:

1. die Gründung und den Erwerb von Betrieben und Betriebsstätten im Ausland;
2. die Beteiligung an ausländischen Personengesellschaften oder deren Aufgabe oder Änderung;
3. den Erwerb von Beteiligungen an einer Körperschaft, Personenvereinigung oder Vermögensmasse im Sinne des § 2 Nummer 1 des Körperschaftsteuergesetzes, wenn damit unmittelbar eine Beteiligung von mindestens 10 Prozent oder mittelbar eine Beteiligung von mindestens 25 Prozent am Kapital oder am Vermögen der Körperschaft, Personenvereinigung oder Vermögensmasse erreicht wird oder wenn die Summe der Anschaffungskosten aller Beteiligungen mehr als 150 000 Euro beträgt.

(3) ¹Mitteilungen nach den Absätzen 1 und 1a sind innerhalb eines Monats nach dem meldepflichtigen Ereignis zu erstatten. ²Mitteilungen nach Absatz 2 sind innerhalb von fünf Monaten nach Ablauf des Kalenderjahres zu erstatten, in dem das meldepflichtige Ereignis eingetreten ist.

43   Sinn und Zweck des § 138 Abs. 2 ist es, die steuerliche Überwachung im Rahmen von Auslandsbeziehungen zu erleichtern, indem der FinBeh. möglichst früh die Prüfung von steuerlichen Auswirkungen solcher Auslandsbeziehungen ermöglicht wird (Rolletschke/Kemper/*Rolletschke* Rn. 39).
§ 138 Abs. 2 Nr. 1 etabliert eine Meldepflicht bzgl. der Gründung und des Erwerbs von Betrieben und Betriebsstätten im Ausland. Diese Norm umfasst auch die Verlegung eines Betriebes oder einer Betriebsstätte ins Ausland (Klein/*Rätke* § 138 Rn. 7).

44   Nach § 138 Abs. 2 Nr. 2 sind Beteiligungen an ausländischen Personengesellschaften oder deren Aufgabe oder Änderung ebenfalls mitteilungspflichtig. Als bußgeldbewährte Eingriffsnorm ist § 138 Abs. 2 insgesamt jedoch restriktiv auszulegen. So kann § 138 Abs. 2 nicht dahingehend interpretiert werden, dass in der Erklärung weitere Informationen abzugeben sind, wie etwa welche Tätigkeit die Personengesellschaft ausübt (so ausdr. das FG Münster EFG 1989, 498; zust. BFH BB 1991, 1037; ebenso Klein/*Rätke* § 138 Rn. 8).

45   Zuletzt bestimmt die Nr. 3 des § 138 Abs. 2, dass der Erwerb von Beteiligungen an einer Körperschaft, Personenvereinigung oder Vermögensmasse iSd § 2 des Körperschaftssteuergesetztes meldepflichtig ist, wenn diese eine bestimmte Bedeutung haben. Diese Pflicht besteht nur dann, wenn durch einen Erwerb entweder bei unmittelbaren Beteiligung erstmals die Grenze von 10 % oder bei einer mittelbaren Beteiligung erstmals die 25 %-Grenze erreicht oder überschritten wird (Klein/*Rätke* § 138 Rn. 9). Wurden diese Grenzen einmal überschritten, müssen weitere Veränderungen dieser Beteiligungen nicht mehr gemeldet werden. Zusätzlich besteht eine Meldepflicht, wenn die Summe der Anschaffungskosten für Auslandsbeteiligungen (nicht notwendig an einer Körperschaft) einen Betrag von 150.000 EUR überschreitet (s. dazu Klein/*Rätke* § 138 Rn. 10).

46   **b) Tathandlung.** Die Tathandlung ist zumeist in einem Unterlassen, nämlich in dem Unterlassen der geforderten Meldung zum gesetzlich bestimmten Zeitpunkt (vgl. § 138 Abs. 3) zu sehen. Jedoch erfasst der Wortlaut ausdr. auch den Fall, dass eine Meldung zwar abgegeben wird, aber unvollständig ist. Während im ersten Fall die Tat mit Ablauf der Frist des § 138 Abs. 3 vollendet ist, wird im Falle der unvollständigen Meldung eine Vollendung bereits mit Zugang der (nicht als solche erkennbaren) unvollständigen Meldung zu sehen sein.
Wird eine Erklärung verspätet vorgenommen, so ist der objektive Tatbestand zwar erfüllt, es liegt jedoch nahe, von einer Verfolgung aus Gründen der Opportunität abzusehen (so auch JJR/*Jäger* Rn. 89 aE).

47   **c) Täterkreis.** Bei § 379 Abs. 2 Nr. 1 handelt es sich um ein Sonderdelikt. Täter kann nur derjenige sein, welcher nach § 138 Abs. 2 meldepflichtig ist. Das sind in erster Linie die Stpfl. (§ 33), also eine natürliche Person mit Wohnsitz (§ 8) oder gewöhnlichem Aufenthalt (§ 9) oder Körperschaften mit Geschäftsleitung (§ 10) oder Sitz (§ 11) im Geltungsbereich der AO. Zu beachten ist jedoch, dass die gesetzlichen Vertreter und Vermögensverwalter (§ 34) sowie Verfügungsberechtigte (§ 35) ebenfalls taugliche Täter des § 379 Abs. 2 Nr. 1 sind (JJR/*Jäger* Rn. 81).

48   **2. Pflicht zur Aufzeichnung des Warenausgangs nach § 144 Abs. 1 und Abs. 2 S. 1 (Abs. 2 Nr. 1a). a) Pflichten nach § 144 Abs. 1 und Abs. 2 S. 1.** Nach § 379 Abs. 2 Nr. 1a, welcher durch G v. 8.12.2010 (BGBl. I 1768 (1793)) in § 379 Abs. 2 eingefügt wurde, handelt ordnungswidrig, wer entgegen § 144 Abs. 1 oder Abs. 2 S. 1, jeweils auch iVm Abs. 5, eine Aufzeichnung nicht, nicht richtig oder nicht vollständig erstellt. § 144 lautet wie folgt:

§ 144 Aufzeichnung des Warenausgangs

(1) Gewerbliche Unternehmer, die nach der Art ihres Geschäftsbetriebs Waren regelmäßig an andere gewerbliche Unternehmer zur Weiterveräußerung oder zum Verbrauch als Hilfsstoffe liefern, müssen den erkennbar für diese Zwecke bestimmten Warenausgang gesondert aufzeichnen.

(2) [1] Aufzuzeichnen sind auch alle Waren, die der Unternehmer

1. auf Rechnung (auf Ziel, Kredit, Abrechnung oder Gegenrechnung), durch Tausch oder unentgeltlich liefert, oder
2. gegen Barzahlung liefert, wenn die Ware wegen der abgenommenen Menge zu einem Preis veräußert wird, der niedriger ist als der übliche Preis für Verbraucher.

[2] Dies gilt nicht, wenn die Ware erkennbar nicht zur gewerblichen Weiterverwendung bestimmt ist.

(3) (...)

(4) (...)

(5) Die Absätze 1 bis 4 gelten auch für Land- und Forstwirte, die nach § 141 buchführungspflichtig sind.

§ 144 verpflichtet gewerbliche Unternehmer zur Aufzeichnung des Warenausgangs. Die Vorschrift **49** begründet neben § 143 (Aufzeichnung des Wareneingangs) eine weitere selbstständige Aufzeichnungspflicht. Sie dient neben der Kontrolle der Betriebsvorgänge auch der Kontrolle des Wareneingangs bei den Abnehmern des Unternehmers (Klein/*Rätke* § 144 Rn. 1). § 144 versetzt die Finanzbehörde zB in die Lage, im Rahmen einer Außenprüfung Warenbewegungen im gewerblichen Bereich zu überprüfen und ggf. Kontrollmitteilungen (§ 194 Abs. 3) zu fertigen (Koenig/*Cöster* § 144 Rn. 2).

Der Begriff der gewerblichen Unternehmer entspricht dem des § 143. Erfasst sind alle Steuerpflichti- **50** gen, die Einkünfte iSd § 15 EStG beziehen (Koenig/*Cöster* § 143 Rn. 5). § 144 verpflichtet jedoch im Gegensatz zu § 143 nur Großhändler (Abs. 1) und über Abs. 5 darüber hinaus auch buchführungspflichtige Land- und Forstwirte (Klein/*Rätke* § 144 Rn. 1). Nicht erfasst werden Unternehmer, die Einzelhandelsgeschäfte tätigen und nur gelegentlich an gewerbliche Abnehmer liefern (Koenig/*Cöster* § 144 Rn. 5). Ohne Bedeutung sind Art und Umfang des Geschäftsbetriebs.

§ 144 Abs. 1 bestimmt, dass nur solche Warenausgänge aufzuzeichnen sind, die erkennbar zum Zweck **51** der Weiterveräußerung oder zum Verbrauch als Hilfsstoffe geliefert werden. Die Begriffe Ware und Hilfsstoffe entsprechen denen in § 143 (Koenig/*Cöster* § 144 Rn. 6). Waren sind danach bewegliche Sachen, die nach der Verkehrsauffassung gewerbsmäßig umgesetzt werden. Es muss sich um körperliche Gegenstände handeln, wobei der Aggregatzustand unerheblich ist, so dass auch feste, flüssige und gasförmige Stoff erfasst werden (Koenig/*Cöster* § 143 R 9 mwN). Keine Waren sind Grundstücke und Rechte. Dies gilt auch dann, wenn die Rechte in einem Papier verbrieft sind und zivilrechtlich wie eine bewegliche Sache behandelt werden (Koenig/*Cöster* § 143 Rn. 9). Gegenstände, die noch rechtlich unselbstständige Bestandteile eines Grundstücks sind (§ 95 BGB), sind dann als Waren zu behandeln, wenn sie durch Trennung bewegliche Sachen werden. Dies gilt zB bei der Ernte von Obst und Gemüse (Koenig/*Cöster* § 143 Rn. 9 mwN). Zu den Waren gehören nach § 143 Abs. 2 auch Rohstoffe, unfertige Erzeugnisse, Hilfsstoffe und Zutaten. Zutaten sind Stoffe, die zur Herstellung einer Ware erforderlich, aber im Vergleich zum Hauptstoff von geringer Bedeutung sind (Koenig/*Cöster* § 143 Rn. 10 mwN).

Waren werden dann erkennbar zum Zwecke der Weiterveräußerung oder zum Verbrauch als Hilfs- **52** stoffe geliefert, wenn dem Aufzeichnungspflichtigen aufgrund seiner beruflichen Erfahrung klar sein muss, dass der Empfänger seiner Lieferung die Waren weiterveräußern wird oder sie als Hilfsstoffe verbraucht (Koenig/*Cöster* § 144 Rn. 6). Unter Lieferung iSd § 144 Abs. 1 ist jeder Mitwirkungsakt des Aufzeichnungspflichtigen zu verstehen, der beim Empfänger zu einem Erwerb iSd § 143 Abs. 2 S. 1 führt (Koenig/*Cöster* § 144 Rn. 6). Der Erwerb iSd § 143 Abs. 2 beruht auf abgeleiteter Verfügungsmacht und muss den Erwerber in die Lage versetzen, die Ware zu verbrauchen oder auf eigene oder fremde Rechnung zu veräußern (Koenig/*Cöster* § 143 Rn. 11).

Um Zweifel über die Aufzeichnungspflicht nach § 144 Abs. 1 auszuschließen (BT-Drs. 6/1982, 125), **53** bestimmt § 144 Abs. 2 S. 1, dass bestimmte Arten von Warenverkäufen stets aufzuzeichnen sind, sofern nicht die Voraussetzungen des § 144 Abs. 2 S. 2 vorliegen (Koenig/*Cöster* § 144 Rn. 10).

§ 144 Abs. 2 S. 1 Nr. 1 ordnet an, dass unbare Lieferungen stets aufzuzeichnen sind. Aufzuzeichnen **54** sind alle Waren, die der Unternehmer auf Rechnung, durch Tausch oder unentgeltlich liefert. § 144 Abs. 2 S. 1 Nr. 2 betrifft Lieferungen gegen Barzahlung, bei denen der Preis für die abgegebene Menge niedriger ist als der übliche Preis.

b) Tathandlung. Die Tathandlung besteht in dem Unterlassen der nach § 144 Abs. 1 oder Abs. 2 **55** S. 1 vorgeschriebenen Aufzeichnung des Warenausgangs.

Der Verweis in § 379 Abs. 2 Nr. 1a auf § 144 Abs. 1 ist eindeutig und wirft insoweit keine Fragen **56** auf.

Problematisch ist hingegen der daneben in § 379 Abs. 2 Nr. 1a enthaltene Verweis auf § 144 Abs. 2, **57** der ausschließlich die in § 144 Abs. 2 S. 1 geregelte Aufzeichnungspflicht in Bezug nimmt, ohne dass zugleich auf die in § 144 Abs. 2 S. 2 getroffene Ausnahmeregelung verwiesen wird. Denn nach § 144 Abs. 2 S. 2 besteht die Aufzeichnungspflicht nach § 144 Abs. 2 S. 1 nicht, wenn die Waren erkennbar nicht zur gewerblichen Weiterverwendung bestimmt sind. Der in § 379 Abs. 2 Nr. 1a fehlende Verweis auf § 144 Abs. 2 S. 2 hat dem Wortlaut nach zur Folge, dass bei Eingreifen dieser Ausnahme eine

Ordnungswidrigkeit nach § 379 Abs. 2 Nr. 1a vorliegt, obwohl überhaupt keine Aufzeichnungspflicht nach § 144 Abs. 2 besteht. Dieses Ergebnis widerspricht erkennbar der Systematik des Gesetzes und dem Sinn und Zweck des § 379.

58 Bei einer gesetzessystematischen Betrachtung qualifiziert § 379 die Verletzung einzelner, nach der AO bestehender Pflichten als Ordnungswidrigkeit. Demnach setzt das Vorliegen einer Ordnungswidrigkeit stets voraus, dass eine einer bestimmten Personengruppe nach der AO auferlegte Pflicht verletzt worden ist. Dies ist in der vorliegend in Rede stehenden Konstellation jedoch nicht der Fall, wenn die Ausnahme des § 144 Abs. 2 S. 2 eingreift und damit eine Aufzeichnungspflicht nicht besteht. Auch der Sinn und Zweck des § 379 sprechen dafür, § 144 Abs. 2 S. 2 im Rahmen von § 379 Abs. 2 Nr. 1a anzuwenden: Durch die Qualifizierung einzelner Pflichtverletzungen als Ordnungswidrigkeit soll diesen Pflichten gerade eine besondere Durchsetzungskraft verliehen werden. Mit diesem Zweck des § 379 ist es unvereinbar, das Vorliegen einer Ordnungswidrigkeit anzunehmen, obwohl nach der einschlägigen Norm, hier § 144, überhaupt keine Pflichtverletzung vorliegt.

59 Vor diesem Hintergrund kann der in § 379 Abs. 1 Nr. 1a fehlende Verweis auf § 144 Abs. 2 S. 2 nur als Redaktionsversehen des Gesetzgebers gewertet werden. Es ist davon auszugehen, dass im Falle des Eingreifens der Rückausnahme in § 144 Abs. 2 S. 2 das Vorliegen einer Ordnungswidrigkeit nach § 379 Abs. 2 ausscheidet.

60 **c) Täterkreis.** Bei § 379 Abs. 2 Nr. 1a handelt es sich wie bei § 379 Abs. 2 Nr. 1 um ein Sonderdelikt. Täter des § 379 Abs. 2 Nr. 1a kann nur sein, wer nach § 144 Abs. 1 aufzeichnungspflichtig ist. Dies sind nur Großhändler (§ 144 Abs. 1) sowie buchführungspflichtige Land- und Forstwirte (§ 144 Abs. 5).

3. Pflicht zur Erhebung und Übermittlung von Daten gem. § 117c Abs. 1

§ 117c Umsetzung innerstaatlich anwendbarer völkerrechtlicher Verpflichtungen

60a (1) [1] Das Bundesministerium der Finanzen wird ermächtigt, zur Erfüllung der Verpflichtungen aus innerstaatlich anwendbaren völkerrechtlichen Vereinbarungen, die der Förderung der Steuerehrlichkeit durch systematische Erhebung und Übermittlung steuerlich relevanter Daten dienen, durch Rechtsverordnungen mit Zustimmung des Bundesrates Regelungen über die Erhebung der nach diesen Vereinbarungen erforderlichen Daten durch in diesen Vereinbarungen dem Grunde nach bestimmte Dritte und ihre Übermittlung nach amtlich vorgeschriebenem Datensatz im Wege der Datenfernübertragung an das Bundeszentralamt für Steuern sowie ihre Weiterleitung an die zuständige Behörde des anderen Vertragsstaates zu treffen. [2] § 150 Absatz 6 Satz 2, 3, 5, 8 und 9 gilt für die Übermittlung der Daten an das Bundeszentralamt für Steuern entsprechend.

(...)

Die durch das YIFM-Steuer-Anpassungsgesetz v. 24.12.2013 (BGBl. I 4318 (4333)) eingeführte Regelung, soll sicherstellen, dass gem. § 117c Abs. 1 zur Erfüllung völkerrechtlicher Verpflichtungen getroffene Regelungen über die Erhebung und Übermittlung von Daten, eingehalten werden.

§ 117c Abs. 1 ermächtigt das BMF zum Erlass von VO, welche die Erhebung und Übermittlung solcher Daten regeln, die im Rahmen internationaler Amtshilfe anderen Staaten zur Verfügung gestellt werden können, wobei die Datenerhebung durch Dritte, insbes. Finanzinstitute, erfolgt und dann über die deutschen Finanzbehörden an die ausländischen Behörden übermittelt wird.

Die durch § 379 Abs. 2 Nr. 1b geschützte Amtshilfe erfolgt im Bereich der Kapitaleinkünfte auf europäischer Ebene maßgeblich auf Grundlage der Zinsinformationsverordnung, welche auf § 45e EStG und der Zinsrichtlinie 2003/48/EG v. 3.6.2003 beruht (näher, auch zur Übermittlung an die USA, Klein/*Rätke* § 117c Rn. 2).

4. Pflicht zur Kontenwahrheit nach § 154 Abs. 1 (Abs. 2 Nr. 2). a) Kontenwahrheit nach § 154 Abs. 1

§ 154 Kontenwahrheit

(1) Niemand darf auf einen falschen oder erdichteten Namen für sich oder einen Dritten ein Konto errichten oder Buchungen vornehmen lassen, Wertsachen (Geld, Wertpapiere, Kostbarkeiten) in Verwahrung geben oder verpfänden oder sich ein Schließfach geben lassen.

(2) [1] Wer ein Konto führt, Wertsachen verwahrt oder als Pfand nimmt oder ein Schließfach überlässt, hat sich zuvor Gewissheit über die Person und Anschrift des Verfügungsberechtigten zu verschaffen und die entsprechenden Angaben in geeigneter Form, bei Konten auf dem Konto, festzuhalten. [2] Er hat sicherzustellen, dass er jederzeit Auskunft darüber geben kann, über welche Konten oder Schließfächer eine Person verfügungsberechtigt ist.

(3) Ist gegen Absatz 1 verstoßen worden, so dürfen Guthaben, Wertsachen und der Inhalt eines Schließfachs nur mit Zustimmung des für die Einkommen- und Körperschaftsteuer des Verfügungsberechtigten zuständigen Finanzamts herausgegeben werden.

61 § 379 Abs. 2 Nr. 2 pönalisiert die Verletzung der Kontenwahrheit nach § 154 Abs. 1. Diese Vorschrift soll die formale Kontenwahrheit sichern und so verhindern, dass die Prüfung steuerlicher Verhältnisse durch die Verwendung falscher oder erdichteter Namen behindert oder erschwert wird (JJR/*Jäger* Rn. 100 mit Verweis auf die Gesetzesbegründung). Nicht erfasst ist dagegen die sog. materielle Kontenwahrheit, dh die Rechtszuständigkeit des Kontoinhabers. Ob der Inhaber das Konto also für eigene oder für fremde Rechnung führt, ist unerheblich (BGH NJW 1995, 261; zust. die Lit., vgl. in Tipke/Lang/*Seer* § 21 Rn. 200; *Carl/Klos* DStZ 1995, 189 (199); Rolletschke/Kemper/*Rolletschke* Rn. 49).

Der Pflicht zur Kontenwahrheit ist dementsprechend schon dann genüge getan, wenn diejenigen, die mit der Bank in Verbindung treten, dieses unter ihrem richtigen Namen tun (BGH NJW 1995, 261).

b) Tathandlung. Unter dem Begriff der Kontenwahrheit versteht § 154 Abs. 1 das Verbot der **62** Errichtung und des Betreibens eines Kontos unter falschem oder erdichtetem Namen. Dieses Verbot gilt auch für die Vornahme von Buchungen, Verwahrung und das Verpfänden von Wertsachen und die Einrichtung eines Schließfaches (*Carl/Klos* DStZ 1995, 289).

Tathandlungen sind somit das Errichten und Betreiben eines Kontos, das Vornehmenlassen einer **63** Buchung, die Verpfändung von Wertsachen und das Anmieten eines Schließfaches unter falschem oder erdichtetem Namen. Dabei ist ein Name **falsch,** wenn er zwar im Rechtsverkehr existent ist, aber einen anderen als den Verfügungsberechtigten ausweist; **erdichtet** ist ein Name hingegen, wenn es sich um eine reine Phantasiebezeichnung handelt, er also frei erfunden ist (*Carl/Klos* DStZ 1995, 289 (299)). Die Verwendung von Künstlernamen ist jedoch solange zulässig, wie dadurch nicht die Identität in Frage gestellt wird (allgM vgl. nur Erbs/Kohlhaas/*Senge* Rn. 22).

Ein **Konto** ist jede für einen Kunden geführte Rechnung über die genannten Gegenstände, in der **64** Zu- und Abgänge der Vermögensgegenstände erfasst werden. Erfasst sind neben Bankkonten insbes. auch Kontokurrentkonten bei Geschäftspartnern (Rolletschke/Kemper/*Rolletschke* Rn. 56; *Carl/Klos* DStZ 1995, 289 (299)). Allerdings werden nur die kundenbezogenen Konten, sog Kundenkonten, erfasst, nicht jedoch Eigenkonten, Anderkonten oder Fremdkonten (*Mösbauer* NStZ 1990, 475 (476)). Nummernkonten werden zwar herrschend als gem. § 154 Abs. 2 S. 1 unzulässig angesehen (vgl. nur Kohlmann/*Matthes* Rn. 140), werden jedoch nicht von § 379 Abs. 2 Nr. 2 erfasst, da dieser gerade nur auf § 154 Abs. 1 verweist (so auch *Carl/Klos* DStZ 1995, 298 (299); Erbs/Kohlhaas/*Senge* Rn. 22).

Ein Konto wird **errichtet,** wenn eine Person oder Gesellschaft zu einem Geschäftspartner in eine **65** laufende Geschäftsverbindung tritt, die von dem Geschäftspartner buch- und rechnungsmäßig in ihrem jeweiligen Stand festgehalten wird (Kohlmann/*Matthes* Rn. 131).

Eine **Buchung** ist eine Gut- oder Lastschrift auf einem kundenbezogenen Konto, welche uüa auch **66** durch Ein- oder Auszahlungen bewirkt werden kann (Rolletschke/Kemper/*Rolletschke* Rn. 57).

Ein **Schließfach** muss bestimmungsgemäß der nicht nur vorübergehenden Aufbewahrung von Wert- **67** sachen dienen. Daher sind Postschließfächer sowie Schließfächer an Bahnhöfen oder Flughäfen nicht erfasst (*Mösbauer* wistra 1991, 41 (Fn. 17); Erbs/Kohlhaas/*Senge* Rn. 24; aA Kohlmann/*Matthes* Rn. 137 der in Einzelfällen auch Postschließfächer erfassen will). Bzgl. des Begriffes der **Wertsache** enthält § 154 Abs. 1 eine Legaldefinition. Wertsachen sind danach Geld, Wertpapiere und Kostbarkeiten (zu diesen Begriffen s. Kohlmann/*Matthes* Rn. 134 ff.).

c) Täterkreis. Das Gebot der Kontenwahrheit gilt nach dem Wortlaut grds. für jedermann. Erfasst ist **68** danach zunächst einmal der Kunde, der die Bank (oder ein ähnliches Institut) beauftragt, ein Konto unter falschem oder erdichtetem Namen zu errichten, eine Buchung vorzunehmen usw (soweit unstr., vgl. nur Rolletschke/Kemper/*Rolletschke* Rn. 51).

Umstr ist jedoch, ob auch derjenige tauglicher Täter ist, bei dem das Konto eingerichtet oder die **69** Buchung vorgenommen wird. Teilweise wird darauf verwiesen, dass § 154 Abs. 1 ausschließlich Gegenseitigkeitsverhältnisse erfasst. Daraus wird sodann gefolgert, dass auch der Kontoführer (in den meisten Fällen die Bank) möglicher Täter der § 379 Abs. 2 Nr. 2, § 154 Abs. 1 sein könne (so auch. *Carl/Klos* DStZ 1995, 298 (299 ff.); JJR/*Jäger* Rn. 110; Klein/*Rätke* § 154 Rn. 3; ähnlich auch v. Briel/Ehlscheid SteuerStrafR/*v. Briel* Rn. 531; Suhr/Naumann/Bilsdorfer Rn. 375; *Mösbauer* NStZ 1990, 475; *Lohmeyer* INF 1992, 511 (513)).

Der Wortlaut ("ein Konto errichten oder eine Buchung vornehmen lässt") spricht jedoch gegen die **70** Erfassung solcher Kontoführer (so auch Wannemacher SteuerStrafR/*Wegner* Rn. 2493; Klein/*Rätke* § 154 Rn. 3). Auch aus systematischen Gesichtspunkten kann eine Einbeziehung von Kontoführern nicht überzeugen. Das liegt daran, dass mit der Pflicht zur Kontenwahrheit der Kunden eine Pflicht des Kontoführers zur Legitimationsprüfung korrespondiert (§ 154 Abs. 2). Die Bußgeldbewehrung gem. § 379 Abs. 2 Nr. 2 bezieht sich nun aber ausdr. nur auf § 154 Abs. 1, nicht jedoch auf die Pflicht nach § 154 Abs. 2. Die für das kontoführende Bankinstitut handelnden Personen sind somit keine tauglichen Täter des § 379 Abs. 2 Nr. 2, können sich jedoch ggf. wegen Beihilfe zur Steuerhinterziehung strafbar machen oder gem. § 379 Abs. 1 S. 1 Nr. 2 der Gefahr eines Bußgeldes ausgesetzt sein (wie hier Rolletschke/Kemper/*Rolletschke* Rn. 52; Kohlmann/*Matthes* Rn. 129; Hübschmann/Hepp/Spitaler/ *Bülte* Rn. 119; Erbs/Kohlhaas/*Senge* Rn. 21). Im Falle vorsätzlichen Handelns des Kontoführers kommt eine Beteiligung an der Steuergefährdung nach § 379 Abs. 2 Nr. 1 (§ 14 OWiG) in Betracht (Erbs/ Kohlhaas/*Senge* Rn. 21). Diesem Vorwurf können Bankmitarbeiter auch nicht mittels des Einwands der professionellen Adäquanz entgehen, da § 154 Abs. 2 gerade verdeutlicht, dass durch die Eröffnung eines Kontos unter falschem Namen auch die Bankmitarbeiter ihre gesetzlichen Berufspflichten verletzen.

d) Problemfälle in der Praxis. In der Praxis ergibt sich die Frage nach einem Verstoß gegen die **71** Pflicht zur Kontenwahrheit insbes. im Rahmen folgender Handlungen:

(1) Geschäftsabwicklung über CpD. Bei einem sog CpD (Conto pro Diverse) muss grds. zwischen **72** bankeninternen und unternehmensinternen CpD differenziert werden:

Bankeninterne CpD stellen interne Sammelkonten dar, die dazu dienen, einen für eine andere Person bestimmten Betrag zu buchen, wenn die Identität dieser anderen Person noch nicht vollständig geklärt ist, diese andere Person kein permanenter Kunde der Bank ist oder der Betrag dieser Person noch nicht genau zugeordnet werden kann oder soll (JJR/*Jäger* Rn. 107). Solche bankeninterne CpD werden auch als bankinterne Verrechnungskonten oder Durchgangskonten bezeichnet (vgl. *Carl/Klos* DStZ 1995, 296 (303)).

Sodann existieren **unternehmensinterne CpD.** Dabei handelt es sich um Sammelkonten, auf denen Zahlungen von und an Geschäftspartner gebucht werden, für die kein eigenes Kundenkonto geführt wird.

73 Fraglich ist, ob eine Abwicklung über solche CpD gegen § 154 Abs. 1 verstößt und somit zu einer OWi nach § 379 Abs. 2 Nr. 2 führen kann. Dabei ist zu berücksichtigen, dass in der Praxis ua aus Erwägungen der Ökonomisierung der Buchhaltung sowie der Kontenübersichtlichkeit ein legitimes Bedürfnis bestehen kann, Sammelkonten zu führen. Aus diesem Grund ist § 379 Abs. 2 Nr. 2 insoweit restriktiv auszulegen. Die Abwicklung von Geschäftsvorfällen über CpD kann daher nur dann als unzulässig bewertet werden, wenn der Name des Beteiligten bekannt oder unschwer ermittelt werden kann **und** für den Beteiligten bereits ein Konto existiert, so dass die og legitimen Gründe für die Verwendung eines CpD nicht gegeben sind. Dies soll allerdings unabhängig davon gelten, ob die Buchung von einer Bank oder einem Unternehmen vorgenommen wird (so ausdr. die Nr. 3 AEAO zu § 154). Für eine bußgeldliche Haftung nach § 379 Abs. 2 Nr. 2 ist aber zu beachten, dass der Kunde über die Buchung auf einem CpD gar nicht verfügen, ihm daher idR auch kein Vorwurf diesbezüglich gemacht werden kann. Der Kontoführer, also die Bank oder das verbuchende Unternehmen, hingegen ist, da § 379 Abs. 2 Nr. 2 nur auf § 154 Abs. 1 verweist, kein tauglicher Täter des § 379 Abs. 2 Nr. 2 (wie hier auch Simon/Vogelberg SteuerStrafR/*Vogelberg* 50 f.). In Bezug auf den Kontoführer kommt nur eine OWi nach § 379 Abs. 1 Nr. 3 wegen falscher oder unrichtiger Verbuchung in Betracht. Jedoch dürfte es sich idR bei der Abwicklung über ein CpD um eine bloß unvollständige Buchung handeln, welche gerade nicht von § 379 Abs. 1 Nr. 3 erfasst wird (dazu bereits → Rn. 29 ff.). Eine Unrichtigkeit der Verbuchung könnte sich folglich allein aus dem Verbot der Abwicklung über CpD bei bestehendem geeignetem Konto ergeben (Simon/Vogelberg SteuerStrafR/*Vogelberg* 50 f.).

74 **(2) Durchführung von Tafelgeschäften.** Als Tafelgeschäfte bezeichnet man solche Rechtsgeschäfte, bei denen Leistung und Gegenleistung an dem Schalter einer Bank sofort und effektiv ohne Einrichtung oder Zwischenschaltung eines Depots erfolgen. Diese Geschäfte sind daher auf Seiten des Bankkunden vollständig anonym. Durch Einführung eines 35%igen Zinsabschlages auf alle Tafelgeschäfte in § 44 Abs. 1 4 Nr. 1 Buchst. a bb EStG ist die Bedeutung solcher Geschäfte jedoch stark zurückgegangen (vgl. zur praktischen Bedeutung auch *Carl/Klos* DStZ 1995, 296 (304)).

75 Bei Tafelgeschäften besteht nach herrschender und zutreffender Meinung keine Pflicht zur Legitimationsprüfung auf Seiten der Banken, sodass auch ein Verstoß des anonym bleibenden Kunden gegen § 154 Abs. 1 ausscheidet (JJR/*Jäger* Rn. 108; *Dahm/Hammacher* DStZ 1992, 753; aA *Carl/Klos* DStZ 1995, 296 (304)). Die Durchführung von Tafelgeschäften stellt folglich keinen Verstoß gegen die Pflicht zur Kontenwahrheit dar. Es ist jedoch zu beachten, dass der BFH ausdr. festgestellt hat, dass ein Anfangsverdacht einer Steuerstraftat bei der Durchführung von Tafelgeschäften dann gerechtfertigt ist, wenn der Bankkunde solche Geschäfte bei dem Kreditinstitut, bei dem er seine Konten und/oder Depots führt, außerhalb dieser Konten und Depots durch Bareinzahlungen und Barabhebungen abwickelt (BVerfG NStZ 2002, 371; BFH NJW 2001, 2997). Dagegen ist der reine Besitz von Tafelpapieren grds. unverdächtig (BVerfG wistra 2005, 21; BFH NJW 2000, 3157; zust. die Lit., vgl. Kohlmann/*Matthes* Rn. 146).

III. Verstöße gegen Auflagen nach § 120 Abs. 2 Nr. 4 (Abs. 3)

§ 120 Nebenbestimmungen zum Verwaltungsakt

(1) Ein Verwaltungsakt, auf den ein Anspruch besteht, darf mit einer Nebenbestimmung nur versehen werden, wenn sie durch Rechtsvorschrift zugelassen ist oder wenn sie sicherstellen soll, dass die gesetzlichen Voraussetzungen des Verwaltungsakts erfüllt werden.

(2) Unbeschadet des Absatzes 1 darf ein Verwaltungsakt nach pflichtgemäßem Ermessen erlassen werden mit

1. einer Bestimmung, nach der eine Vergünstigung oder Belastung zu einem bestimmten Zeitpunkt beginnt, endet oder für einen bestimmten Zeitraum gilt (Befristung),
2. einer Bestimmung, nach der der Eintritt oder der Wegfall einer Vergünstigung oder einer Belastung von dem ungewissen Eintritt eines zukünftigen Ereignisses abhängt (Bedingung),
3. einem Vorbehalt des Widerrufs
   oder verbunden werden mit
4. einer Bestimmung, durch die dem Begünstigten ein Tun, Dulden oder Unterlassen vorgeschrieben wird (Auflage),
5. einem Vorbehalt der nachträglichen Aufnahme, Änderung oder Ergänzung einer Auflage.

(3) Eine Nebenbestimmung darf dem Zweck des Verwaltungsakts nicht zuwiderlaufen.

Bei dem in Abs. 3 enthaltenen Tatbestand wird der Verstoß gegen eine Auflage nach § 120 Abs. 2 **76** Nr. 4 mit einem Bußgeld bedroht. § 120 Abs. 2 Nr. 4 übernimmt für das Steuerverwaltungsrecht die Funktion der allgemeinen Regelung des § 36 VwVfG, wonach Verwaltungsakte mit Nebenbestimmungen erlassen werden können. Eine **Auflage** nach § 120 Abs. 2 Nr. 4 ist eine Nebenbestimmung, in der dem Adressaten ein Tun, Dulden oder Unterlassen vorgeschrieben wird (Rolletschke/Kemper/*Rolletschke* Rn. 66). Die Auflage ist ein selbstständiger, mit dem Hauptverwaltungsakt verbundener Verwaltungsakt (*Mösbauer* wistra 1991, 41 (45)).

Gem. § 379 Abs. 3 muss es sich um einen (Haupt-)Verwaltungsakt handeln, der zu Zwecken der **77** besonderen Steueraufsicht (§§ 209–217) erlassen wurde. Praktische Bedeutung hat der § 379 Abs. 3 somit vor allem im Zoll- und Verbrauchsteuerrecht, da in diesem Bereich wegen der vielfältigen Vergünstigungsmöglichkeiten eine besondere Notwendigkeit für die besondere Steueraufsicht besteht (Kohlmann/*Matthes* Rn. 167; Hübschmann/Hepp/Spitaler/*Bülte* Rn. 134 ff.).

Als **Täter** kommt nur der Adressat des Verwaltungsaktes in Betracht, es handelt sich somit um ein **78** Sonderdelikt (Kohlmann/*Matthes* Rn. 165). Auch ein rechtswidriger Verwaltungsakt ist grds. wirksam, sodass ein Bußgeld grds. auch dann in Betracht kommt, wenn die Auflage rechtwidrig ist (Erbs/Kohlhaas/*Senge* Rn. 29). In solchen Fällen liegt jedoch eine Einstellung nach § 47 OWiG nahe.

C. Subjektive Voraussetzungen

Nach § 379 Abs. 1 und Abs. 2 handelt ordnungswidrig, wer vorsätzlich oder leichtfertig handelt. **79** Bei Abs. 3 reicht bereits einfache Fahrlässigkeit aus. In Bezug auf die Begriffe des Vorsatzes und der Fahrlässigkeit gelten die allgemeinen Ausführungen (vgl. § 15 StGB sowie Göhler/*Gürtler* § 10 OWiG). Zum Begriff der Leichtfertigkeit s. bereits ausf. → § 378 Rn. 20 ff.

Besonderheiten ergeben sich insoweit nicht. Es ist allerdings zu beachten, dass iRd Abs. 1 faktisch nur Leichtfertigkeit in Betracht kommt, da im Falle von Vorsatz zumeist eine Beihilfe zur Steuerhinterziehung vorliegt, die gegenüber der Steuergefährdung vorrangig ist.

D. Rechtsfolge (Abs. 4)

Die Geldbuße kann von 5 EUR (vgl. § 17 Abs. 1 OWiG iVm § 377 Abs. 2) bis zu 5.000 EUR (vgl. **80** § 379 Abs. 4) betragen. Bei fahrlässigem bzw. leichtfertigem (vgl. Göhler/*Gürtler* OWiG § 17 Rn. 13 nwN) Handeln verringert sich der Höchstbetrag auf 2.500 EUR (vgl. § 17 Abs. 2 OWiG).

E. Verjährung

Gemäß § 384 gilt für Taten nach § 379 eine gegenüber der allgemeinen Regelverfolgungsverjährung **81** von zwei Jahren (vgl. § 31 Abs. 2 Nr. 2 OWiG) erhöhte Verjährungsfrist von fünf Jahren (vgl. → § 377 Rn. 13). Der Grund für diese Verlängerung ist darin zu sehen, dass Steuergefährdungen zumeist erst bei einer Außenprüfung aufgedeckt werden (Rolletschke/Kemper/*Rolletschke* Rn. 81; Hübschmann/Hepp/Spitaler/*Bülte* Rn. 158; *Mösbauer* wistra 1991, 41 (47)).

F. Selbstanzeige

Eine mit § 371 oder § 378 Abs. 3 vergleichbare Selbstanzeigemöglichkeit besteht seit dem 2. AO- **82** StrafÄndG (BGBl. 1968 I 953) für die Steuergefährdung nicht mehr. Man mag dieses Fehlen rechtspolitisch bedauern (so zB die Bundessteuerberaterkammer in ihrem Schreiben an das BFM, abgedruckt in DStR 1980, 543), zwingend ist eine gesetzgeberische Änderung jedoch nicht. So hat das BVerfG (SteuerStud 1998, 223) ausdr. festgestellt, dass das Fehlen einer Selbstanzeigemöglichkeit iRd § 379 verfassungsgemäß ist und insbes. nicht gegen Art. 3 Abs. 1 GG verstößt.

Eine andere Frage ist jedoch, ob die Ahndbarkeit nach § 379 ausgeschlossen ist, wenn der Täter eine **83** **Selbstanzeige nach § 371 oder § 378 Abs. 3** erstattet hat und deshalb nicht nach § 370 bzw. § 378 belangt werden kann. Diese Frage hat das BVerfG nicht abschließend geklärt, sondern vielmehr beide Ansichten als verfassungsrechtlich zulässig bezeichnet (eine Entscheidung der Sachfrage hat das BVerfG als Aufgabe der Fachgerichte bezeichnet, vgl. SteuerStud 1998, 223).

Die **Rspr.** (KG wistra 1994, 36; BayObLG NJW 1981, 1055; nicht beanstandet durch BVerfG wistra **84** 1997, 297) und ihr folgend ein **Teil der Lit.** (Rolletschke/Kemper/*Rolletschke* Rn. 80; Klein/*Jäger* Rn. 34; *Dörn* wistra 1995, 7 (9); Hübschmann/Hepp/Spitaler/*Bülte* Rn. 146 ff.; Schwarz/Pahlke/*Weyand* Rn. 22; Kühn/v. Wedelstädt/*Blesinger* Rn. 15; *Bilsdorfer* NJW 1996, 169 (175); Wannemacher SteuerStrafR/*Wegner* Rn. 2903) gehen davon aus, dass im Falle einer wirksamen Selbstanzeige die Ahndbarkeit nach § 379 wieder auflebt, da eine – eigentlich vorrangige – Ahndung nach §§ 370, 378 ausscheidet.

Eine beachtliche **Mindermeinung in der Lit.** (Erbs/Kohlhaas/*Senge* Rn. 33; *Suhr* StBp 1973, 224 **85** (228); Suhr/Naumann/Bilsdorfer Rn. 380; Kohlmann/*Matthes* Rn. 186 ff.; *Seer* SteuerStud 2009, 117 (119)) hingegen will im Falle einer wirksamen Selbstanzeige auch eine Ahndung nach § 379 ausschließen. Dieser Ausschluss wird vor allem mit einem Erst-Recht-Schluss begründet. So müsse eine

Selbstanzeige, die zur Ahndungslosigkeit iRd §§ 370, 378 führt, erst recht zur Ahndungslosigkeit bei dem – vorrangig Vorbereitungshandlungen sanktionierenden – § 379 führen.

86 Letztere Auffassung vermag jedoch nicht zu überzeugen. Zunächst spricht der Wortlaut der Subsidiaritätsklausel gegen einen Ausschluss der Ahndbarkeit nach § 379 im Falle der Selbstanzeige. Nach § 379 Abs. 4 ist die Ahndung gem. § 379 Abs. 1–3 nur dann möglich, wenn die Tat nicht nach § 378 „geahndet werden kann". Im Falle einer Selbstanzeige kann jedoch die Tat gerade nicht gem. §§ 370, 378 AO geahndet werden. Insofern liegt kein ausdr. Ausschluss vor (so auch BayObLG NJW 1981, 1055; Schwarz/Pahlke/*Weyand* Rn. 22 spricht insoweit von einem „eindeutigen Wortlaut"). Der vorgebrachte Erst-Recht-Schluss ist nicht schlüssig. Das liegt daran, dass § 379 nicht allein Vorbereitungshandlungen zu späteren Steuerverkürzungen sanktioniert, sondern zusätzlich eine eigene Schutzrichtung aufweist (*Klos* SteuerStud 1998, 225). Auch würde die Annahme eines solchen Erst-Recht-Schlusses zu einer ungerechtfertigten Bevorzugung desjenigen Täters führen, der es bis zur Steuerhinterziehung „geschafft" hat, ohne sich eines Besseren besonnen zu haben. Diesem Täter würde die Mindermeinung die Möglichkeit der Bußgeldfreiheit nach § 379 mittels Selbstanzeige zubilligen, während der Täter, der noch vor Abgabe seiner Steuererklärung seine Meinung ändert und steuerehrlich wird, diesen Genuss nicht erhält. Auch ein Vergleich mit einem ähnlichen Instrument, dem Rücktritt, vermag die Mindermeinung nicht zu stützen. So würde niemand auf die Idee kommen, eine Strafbarkeit wegen einer (im Rahmen eines Tötungsversuchs bereits vollendeten) Körperverletzung mit dem Argument zu verneinen, dass der Täter strafbefreiend vom Tötungsversuch zurückgetreten sei.

87 Es ist somit mit der herrschenden Meinung grds. davon auszugehen, dass eine Ahndung nach § 379 auch im Falle einer Selbstanzeige nach §§ 371, 378 Abs. 3 noch möglich ist. Allerdings wird in diesen Fällen regelmäßig eine Einstellung gem. § 47 Abs. 1 OWiG in Betracht zu ziehen sein (so auch das BMF in einem Schreiben an die Bundessteuerberaterkammer v. 29.7.1981 (IV A8 – S. 0711 – 3/81), abgedruckt in StWa 1981, 151; ebenso Schwarz/Pahlke/*Weyand* Rn. 22; *Mösbauer* wistra 1991, 41 (46) weist zurecht darauf hin, dass beratende oder verteidigende Anwälte im Falle einer Selbstanzeige daher auf eine solche Einstellung hinwirken sollten).

G. Konkurrenzen

I. Verhältnis zu den §§ 370, 378 (Subsidiarität)

88 § 379 ist gegenüber der leichtfertigen Steuerverkürzung (§ 378) subsidiär, wie § 379 Abs. 4 Hs. 2 ausdr. festlegt. Auch gegenüber einer Steuerhinterziehung (§ 370) ist § 379 subsidiär, was sich bereits aus § 21 Abs. 1 S. 1 OWiG ergibt, wonach im Falle einer gleichzeitigen Verwirklichung einer Straftat und einer OWi nur die Straftat geahndet wird. Voraussetzung für die Subsidiarität ist naturgemäß, dass die Steuerverkürzung durch die gleiche Handlung begangen wurde. Stehen die Taten in Tatmehrheit, ist eine Bußgeldverhängung nach § 379 neben der Bestrafung bzw. Ahndung einer Steuerverkürzung nach § 370 oder § 378 grds. möglich (Rolletschke/Kemper/*Rolletschke* Rn. 74). Entscheidend ist demnach, ob die Steuergefährdung mit der Steuerverkürzung eine natürliche Handlungseinheit bildet. Dabei ist auch zu berücksichtigen, ob der Täter die Steuergefährdung als Teil der geplanten Steuerverkürzung angesehen hat (Kühn/v. Wedelstädt/*Blesinger* Rn. 16). Eine Subsidiarität kann nur dann angenommen werden, wenn dasselbe Rechtsgut, dh dieselbe Steuerart, betroffen ist (Kohlmann/*Matthes* Rn. 199).

89 Die Subsidiarität besteht jedoch nur insoweit, wie die Steuerverkürzung geahndet werden kann. In Fällen, in denen eine Ahndung aus welchem Grund auch immer nicht möglich ist, kommt eine Ahndung nach § 379 in Betracht. Das gilt nach der hier vertretenen Auffassung auch für den Fall einer wirksamen Selbstanzeige nach §§ 371, 378 Abs. 3 (vgl. dazu → § 378 Rn. 43 ff.).

90 Uneinheitlich beantwortet wird jedoch die Frage, ob § 379 in Fällen zur Anwendung kommen kann, in denen das Verfahren wegen der korrespondierenden Steuerverkürzung (zB gem. § 153 StPO oder § 47 Abs. 1 OWiG) eingestellt wurde. Dieses wird zutreffend mit dem Argument verneint, dass der Wortlaut nicht davon spricht, dass die Tat nicht nach § 378 geahndet *wird,* sondern *werden kann.* Es muss somit eine rechtliche Unmöglichkeit der Ahndung nach § 378 bestehen. Eine rein tatsächliche Nichtahndung hingegen reicht nicht aus, um den § 379 wieder „aufleben" zu lassen (wie hier auch Erbs/Kohlhaas/*Senge* Rn. 3; *Suhr* StBp 1973, 224 (227); iErg ebenso Suhr/Naumann/Bilsdorfer Rn. 380). Eine andere Ansicht geht davon aus, dass auch in Fällen, in denen ein Verfahren wegen § 370 oder § 378 unter Anwendung des Opportunitätsprinzips eingestellt worden ist, die Ahndung nach § 379 möglich sei (*Dörn* wistra 1995, 7 (10)).

II. Verhältnis zu den §§ 380–382 (Spezialität)

91 Die §§ 380–382 stellen besondere Steuergefährdungen dar und gehen § 379 aufgrund von Spezialität vor. Ein Bußgeld nach § 379 scheidet also aus, wenn gleichzeitig einer der Tatbestände der §§ 380–382 erfüllt ist (für viele Kohlmann/*Matthes* Rn. 204; *Mösbauer* wistra 1991, 41 (46)).

§ 380 Gefährdung der Abzugsteuern

(1) Ordnungswidrig handelt, wer vorsätzlich oder leichtfertig seiner Verpflichtung, Steuerabzugsbeträge einzubehalten und abzuführen, nicht, nicht vollständig oder nicht rechtzeitig nachkommt.

(2) Die Ordnungswidrigkeit kann mit einer Geldbuße bis zu fünfundzwanzigtausend Euro geahndet werden, wenn die Handlung nicht nach § 378 geahndet werden kann.

A. Bedeutung der Norm

Gemäß § 380 handelt ordnungswidrig, wer entgegen seiner gesetzlichen Verpflichtung vorsätzlich **1** oder leichtfertig Steuerabzugsbeträge nicht, nicht vollständig oder nicht rechtzeitig einbehält oder abführt. Es handelt sich um ein Erfolgsdelikt, das als echtes Unterlassungsdelikt ausgestaltet ist (Rolletschke/Kemper/*Rolletschke* Rn. 5 f.; v. Briel/Ehlscheid SteuerStrafR/*v. Briel* Rn. 537). Geahndet wird somit das Unterlassen der Einbehaltung und der Zahlung an das FA zum Fälligkeitstermin. Aufgrund der Subsidiarität gegenüber den Steuerverkürzungsdelikten ist § 380 ein Auffangtatbestand. Da sich der Normappell erst aus dem Zusammenspiel mit den Einzelsteuergesetzen ergibt, wird § 380 allgemein als Blanketttatbestand angesehen.

Erfasst werden nur sog **Abzugsteuern,** also Steuern, bei denen ein anderer als der Stpfl. die Steuer **2** zunächst einzubehalten und dann an das FA abzuführen hat. Geahndet werden nur die Nichteinbehaltung und die Nichtzahlung von **fremden Steuern.** Es handelt sich also in Fällen des § 380, ähnlich wie bei § 266a StGB, um quasi-Treuhandverhältnisse (vgl. BGHSt 2, 138). Diese Konstellation erscheint dem Gesetzgeber in besonderem Maße risikobehaftet, sodass er eine strafrechtliche Drohung zur Bekräftigung der gesetzlichen Pflicht für angemessen erachtet (*Henneberg* DStR 1980, 63 (68)). Der Hauptanwendungsbereich in der Praxis ist die vom ArbG einzubehaltende und abzuführende LSt des ArbN, erfasst sind aber auch andere Steuerarten, wie zB die Kapitalertragsteuer.

Der – auch gegenüber § 379 – erhöhte Bußgeldrahmen erklärt sich daraus, dass § 380 ein **doppeltes 3 Rechtsgut** aufweist. Vorrangig schützt § 380 das öffentliche Interesse an einem rechtzeitigen und vollständigen Steueraufkommen. Daneben jedoch schützt § 380 auch das Interesse des eigentlich Stpfl. an der Begleichung der Steuer und, damit einhergehend, der Befreiung von der Steuerschuld (vgl. für viele Hübschmann/Hepp/Spitaler/*Rüping* Rn. 7; Rolletschke SteuerStrafR Rn. 405).

B. Tatbestand (Abs. 1)

I. Täterkreis

§ 380 AO ist ein Sonderdelikt; Täter kann nur derjenige sein, der durch Einzelsteuergesetze unmittel- **4** bar zum Steuerabzug verpflichtet wird oder wer für eine solche Person als gesetzlicher oder gewillkürter Vertreter handelt (JJR/*Jäger* Rn. 30). Im Hauptanwendungsfall der LSt ist möglicher Täter demnach nur der ArbG oder dessen Vertreter. Vertreter in diesem Sinne sind vor allem die gesetzlichen Vertreter iSd § 34, also zB die Organe juristischer Personen und Vermögensverwalter sowie Verfügungsberechtigte iSd § 35. Bei gewillkürten Vertretern, wie Betriebsleitern oder Prokuristen, tritt deren Verantwortlichkeit neben die Haftung des originär Abzugsverpflichteten, welcher Normadressat bleibt (Schwarz/Pahlke/*Weyand* Rn. 18).

II. Die einzelnen Verpflichtungen zum Steuerabzug

§ 380 erfasst nur Abzugsteuern. Dabei handelt es sich um folgende Steuerarten:

1. Lohnsteuer (§§ 38, 41a EStG). Die praktisch wichtigste von § 380 erfasste Steuerart ist die **5** LSt, deren Charakter als Abzugsteuer sich aus §§ 38, 41a EStG ergibt. Diese wird vom ArbG einbehalten und für den ArbN ans FA abgeführt. Dabei kommt es auf die zivilrechtliche Wirksamkeit des Arbeitsverhältnisses nicht an (Rolletschke/Kemper/*Rolletschke* Rn. 10). Früher war umstr, ob im Falle der illegalen Arbeitnehmerüberlassung der Entleiher oder der Verleiher für die LSt des Arbeitnehmers haftet (zu diesem Streit s. instruktiv die unterschiedlichen Auffassungen von *Bilsdorfer* DStR 1981, 98 u. 374 und *Meincke* DStR 1981, 226 u. 375). Durch das Urteil des BFH (BB 1982, 1776) hat sich nunmehr die Ansicht durchgesetzt, dass im Steuerrecht – entgegen der arbeitsrechtlichen Regelung in § 10 Abs. 1 AÜG – der Entleiher nicht als ArbG anzusehen ist. Vielmehr haftet der Verleiher als ArbG, während sich die – steuerrechtliche – Haftung des Entleihers nunmehr ausdr. aus § 42d Abs. 6 EStG ergibt. Das bedeutet für § 380, dass im Falle der illegalen Arbeitnehmerüberlassung ausschließlich der Verleiher als möglicher Täter in Betracht kommt (*Bilsdorfer* DStR 1983, 609; Kohlmann/*Matthes* Rn. 26).

2. Kapitalertragsteuer (§§ 43–45d EStG). Bei bestimmten inländischen und ausländischen Kapital- **6** erträgen wird die ESt durch Abzug beim Schuldner durch ein Kreditinstitut oder eine Kapitalgesellschaft erhoben. Diese Fälle der Kapitalertragsteuer sind ebenfalls Abzugsteuern iSd § 380 (Kohlmann/*Matthes* Rn. 8).

7   **3. Bauabzugsteuer (§§ 48–48d EStG).** Auch die im Jahre 2001 zur Eindämmung illegaler Betätigung im Baugewerbe in §§ 48 ff. EStG eingeführte Bauabzugsteuer ist eine Abzugsteuer iSd § 380 (s. dazu ausf. *Kindshofer* PStR 2003, 160).

8   **4. Aufsichtsrat- bzw. Vergütungssteuer (§ 50a EStG).** Abzugsteuern werden ebenfalls in bestimmten Fällen der beschränkten Einkommensteuerpflicht, namentlich der Aufsichtsrat- bzw. Verwaltungsratsteuer bei inländischen Kapitalgesellschaften (§ 50a Abs. 1 EStG) sowie der Vergütungssteuer (§ 50a Abs. 4 EStG), erhoben (Hübschmann/Hepp/Spitaler/*Rüping* Rn. 19).

9   **Keine Abzugsteuer** iSd § 380 ist die **Umsatzsteuer,** bei der es sich um eine eigene Steuerschuld des Unternehmers handelt (*Thoma* BB 1970, 572; Rolletschke/Kemper/*Rolletschke* Rn. 16). Auch die **Versicherungssteuer** ist eine eigene Steuer des Versicherers und somit keine Abzugsteuer (Rolletschke/Kemper/*Rolletschke* Rn. 15).

Zwar eine Abzugsteuer, aber idR nicht nach § 380 ahndbar, ist die **Lohnkirchensteuer,** es sei denn, dass das Landesrecht die Anwendbarkeit des 8. Teils der AO ausdr. anordnet. Eine solche Regelung existiert etwa in Nds., vgl. § 6 Abs. 1 KiStG Nds. (Rolletschke SteuerStrafR Rn. 409; Schwarz/Pahlke/*Weyand* Rn. 9).

III. Tathandlung

10   **1. Verpflichtung Steuerabzugsbeträge einzubehalten und abzuführen.** Die tatbestandsmäßigen Handlungen sind das „Nichtabführen" und das „Nichteinbehalten". **Einbehalten** meint in diesem Zusammenhang das Auszahlen nur des Nettobetrages, mithin des um den abzuführenden Teil gekürzten Betrages, an den bzgl. der übrigen Leistung Berechtigten (Schwarz/Pahlke/*Weyand* Rn. 13). **Abführen** meint die Zahlung an das FA zum Fälligkeitstermin. Dabei kommt es auf den Eingang beim (zuständigen) FA an (Erbs/Kohlhaas/*Senge* Rn. 7). Es handelt sich dabei also um eine Doppelverpflichtung (Rolletschke/Kemper/*Rolletschke* Rn. 22).

11   Der Wortlaut spricht dafür, dass bereits ein Verstoß gegen eine der Pflichten ausreicht, um den Tatbestand zu erfüllen (so auch Rolletschke/Kemper/*Rolletschke* Rn. 25; aA wohl JJR/*Jäger* Rn. 21; Hübschmann/Hepp/Spitaler/*Rüping* Rn. 25). Die hM (Hübschmann/Hepp/Spitaler/*Rüping* Rn. 25; Kühn/v. Wedelstädt/*Blesinger* Rn. 4; *Pfaff* StBp 1983, 9 (10); Erbs/Kohlhaas/*Senge* Rn. 8; Tipke/Lang/*Seer* § 23 Rn. 112; Koch/Scholtz/*Scheuermann-Kettner* Rn. 3) nimmt daher den Tatbestand immer schon dann an, wenn der Täter entweder nicht abführt oder nicht einbehält. Dieses überzeugt bei der Tathandlung des „Nichtabführens", da es keinen Unterschied macht, ob der Täter die nicht abgeführten Gelder einbehält und für sich verwendet oder gar nicht erst einbehält. Der Hauptzweck der Norm besteht in der Sicherung des betreffenden Steueraufkommens. Diese wird jedoch auch durch die isolierte Nichtabführung gefährdet (so auch JJR/*Jäger* Rn. 21; Rolletschke SteuerStrafR Rn. 416).

12   Fraglich ist jedoch, ob auch die isolierte Nichteinbehaltung bei späterer Abführung den Tatbestand erfüllt. Zwar könnte man argumentieren, dass etwas, das nicht einbehalten wurde, auch nicht mehr abgeführt werden kann. Diese Argumentation verkennt jedoch, dass eine Absonderung des einzubehaltenden Betrages nicht stattfinden muss. Werden Beträge nicht einbehalten, aber – aus dem Vermögen des Abführungspflichtigen – abgeführt, wird das Steueraufkommen nicht gefährdet. Es besteht daher kein Grund, eine solche Verhaltensweise mit einem Bußgeld zu belegen (so auch Rolletschke/Kemper/*Rolletschke* Rn. 25; Rolletschke SteuerStrafR Rn. 416; JJR/*Jäger* Rn. 21; Schwarz/Pahlke/*Weyand* Rn. 13, 15). Zu beachten ist dabei jedoch, dass sich in solchen Fällen die abzuführenden Beträge wegen der Auszahlung eines erhöhten Gehalts erhöht haben (dazu *Hoffmann* DB 1986, 467 (469)). Die tatbestandsmäßige Handlung besteht somit faktisch allein in der Nichtabführung. Es ist daher de lege ferenda iSd Normklarheit eine Streichung des Merkmals „einzubehalten" vorzunehmen (ebenso JJR/*Jäger* Rn. 21). Alternativ könnte die Terminologie in Anlehnung an § 266a StGB dahingehend abgeändert werden, dass ein „vorenthalten" gefordert wird.

13   **2. Pflichtverletzung.** Der Verpflichtete muss der Pflicht **nicht, nicht vollständig oder nicht rechtzeitig** nachgekommen sein.

Nichtzahlung meint das vollständige Ausbleiben der Gelder beim FA. **Nicht vollständig** ist eine Zahlung, wenn sie nicht in der sich aus dem Einzelsteuergesetz ergebenden Höhe erfolgt. **Rechtzeitigkeit** meint die Zahlung zum Fälligkeitstermin, der sich aus den Einzelsteuergesetzen ergibt (Kohlmann/*Matthes* Rn. 38). Das ist bei – dem praktisch relevantesten Fall – der LSt der 10. Tag des auf den Anmeldungszeitraum folgenden Kalendermonats (vgl. § 41a Abs. 1 EStG). Jede danach eingehende Zahlung ist verspätet, sodass der Tatbestand erfüllt ist. Insbesondere ist die Schonfrist gem. § 240 Abs. 3 AO nicht relevant (Rolletschke SteuerStrafR Rn. 418; *Pfaff* StBp 1983, 9 (10)). Allerdings liegt bei solchen geringfügigen Verspätungen eine Einstellung nach § 47 Abs. 1 OWiG nahe (so auch Kohlmann/*Matthes* Rn. 39).

IV. Vorsatz oder Leichtfertigkeit

Nach § 379 Abs. 1 und Abs. 2 handelt nur ordnungswidrig, wer vorsätzlich oder leichtfertig handelt. **14**
In Bezug auf die Anforderungen an den Vorsatz kann auf die Ausführungen zu den allgemeinen
Vorschriften verwiesen werden (vgl. § 15 StGB sowie Göhler/*Gürtler* § 10 OWiG). Zum Begriff der
Leichtfertigkeit im Zusammenhang mit SteuerOWi s. bereits ausf. → § 378 Rn. 20 ff. Besonderheiten
ergeben sich insoweit nicht.

C. Weitere Voraussetzungen der Ahndung

I. Auswirkung von Stundungen

Nachträgliche Stundungen können die bereits eingetretene Bußbarkeit auch dann nicht mehr **15**
beseitigen, wenn sie rückwirkend gewährt werden. Das ergibt sich schon aus der allgemeinen
strafrechtlichen Überlegung, dass eine eingetretene Strafbarkeit nur in gesetzlich bestimmten Fällen
nachträglich beseitigt oder aufgehoben werden kann. Eine vor Fälligkeit gewährte Stundung führt
zwar grds. zu einem Herausschieben der Fälligkeit und somit dazu, dass der Tatbestand nicht erfüllt
werden kann. Zu beachten ist jedoch, dass gem. § 222 S. 3 und 4 nunmehr in Fällen von Abzugsteuern keine Stundungen mehr zulässig sind (so auch Rolletschke/Kemper/*Rolletschke* Rn. 29; ausf.
zur Stundung von Abzugsteuern *Gerber* DB 1999, 1729). Diese Regelung wurde im Jahre 1993
eingeführt, nachdem höchstrichterlich entschieden worden war, dass auch Abzugsteuern „Ansprüche
aus einem Steuerschuldverhältnis" bewirkten, mithin Stundungen nach § 222 S. 1 zulässig seien.
Diese Möglichkeit der Stundung von Abzugsteuern sollte durch die neue Gesetzesfassung beseitigt
werden (s. ausf. Hübschmann/Hepp/Spitaler/*v. Groll* § 222 Rn. 8 u. 180 ff.). Teile der Lit. wollen in
dieser Änderung einen Verstoß gegen Art. 3 Abs. 1 GG erkennen und halten § 222 S. 3 daher für
verfassungswidrig (Tipke/Kruse/*Loose* § 222 Rn. 6; Hübschmann/Hepp/Spitaler/*v. Groll* § 222
Rn. 180).

Sollte entgegen der Anweisung des § 222 S. 3, 4 eine Stundung vor Fälligkeit gewährt werden, so **16**
stellt diese Stundung einen Verwaltungsakt dar, der zunächst wirksam ist und somit die Fälligkeit hinaus-
schiebt. In dieser Zeit kann der Tatbestand des § 380 daher nach hier vertretener Auffassung nicht erfüllt
werden (Schwarz/Pahlke/*Weyand* Rn. 16; Rolletschke/Kemper/*Rolletschke* Rn. 29; Rolletschke SteuerStrafR Rn. 419).

II. Einwilligung

Einer Einwilligung des ArbN kommt keine rechtfertigende Wirkung zu, da neben seinen Interessen **17**
auch das öffentliche Interesse an einem rechtzeitigen Steueraufkommen geschützt ist (→ Rn. 3).

III. Tilgungsbestimmungen

In Situationen, in denen der Abführungsschuldner neben der Abzugsteuer noch weitere (eigene) **18**
Steuerschulden beim gleichen FA hat, entsteht die Frage, worauf im Falle einer Zahlung an das FA
geleistet wird. Dieses bestimmt sich vorrangig nach einer etwaigen (ausdr.) Tilgungsbestimmung des
Steuerschuldners.

Fehlt es an einer solchen Tilgungsbestimmung, so wenden die FÄ zT § 366 Abs. 2 BGB analog an
(vgl. *Hoffmann* DB 1986, 467 (470)). Dieses kann im Einzelfall dazu führen, dass die Zahlung nicht zur
Tilgung der Abzugsteuer führt, diese also nicht als abgeführt gilt. Da im Gegensatz zu eigenen Steuern
bei Abzugsteuern die reine Nichtzahlung sanktioniert wird, birgt diese Praxis eine erhebliche Gefahr für
den Abführungsschuldner. Diesem ist daher stets zu raten, eine ausdr. Tilgungsbestimmung zugunsten
der Abzugsteuern abzugeben. Die Gefahr für den Abführungsschuldner wird jedoch dadurch reduziert,
dass die höchstgerichtliche Rspr. bei der Prüfung des Vorliegens einer konkludenten Tilgungsbestimmung recht großzügig ist. So wird, insbes. im Rahmen von § 266a StGB, vom BGH (BB 1982, 1735)
eine täterfreundliche Auslegung der Zahlungserklärung vorgenommen und im Zweifel eine konkludente
Tilgungsbestimmung zugunsten der strafbewährten Pflicht angenommen. Diese Rspr. ist auf die bußgeldbewährte Pflicht des § 380 übertragbar.

IV. Aufrechnung

Steht dem Abzugspflichtigen zum Fälligkeitszeitpunkt ein Gegenanspruch aus anderen Steuerarten **19**
gegen das (gleiche) FA zu, so verwirklicht er den Tatbestand nicht, wenn er die (ordnungsgemäß
einbehaltenen) Abzugsbeträge nicht abführt, sondern aufrechnet. Allerdings müssen die engen Voraussetzungen des § 226 Abs. 3 und 4 vorliegen (Schwarz/Pahlke/*Weyand* Rn. 16).

V. Zahlungsunfähigkeit

20 Als echtes Unterlassungsdelikt ist § 380 dann nicht einschlägig, wenn die geforderte Handlung dem Abführungspflichtigen tatsächlich nicht möglich ist. Liegt eine tatsächliche Zahlungsunfähigkeit idS vor, dass die zur Begleichung der Schuld erforderlichen Mittel nicht zur Verfügung stehen, so scheidet eine Ahndung nach § 380 daher grds. aus. Jedoch ist bei der Prüfung des Vorliegens einer solchen Zahlungsunfähigkeit zu beachten, dass ein Vorrang der Abführungspflicht gegenüber der Auszahlung an den Steuerpflichtigen besteht. So muss zB der ArbG, der aufgrund von Zahlungsengpässen die LSt sonst nicht abführen kann, Teile des Lohns gem. § 38 Abs. 4 EStG einbehalten, um die Zahlungsfähigkeit in Bezug auf die LSt sicher zu stellen (Rolletschke SteuerStrafR Rn. 423; Hübschmann/Hepp/Spitaler/ *Rüping* Rn. 31).

21 Ob die nach Auszahlung des (vollständigen) Nettolohns eingetretene Zahlungsunfähigkeit in Bezug auf die LSt vorhersehbar und damit vorwerfbar war, ist eine Frage des subjektiven Tatbestandes. Objektiv ist der Tatbestand bereits dann erfüllt, wenn die Abführung unterbleibt, weil keine Kürzung um die für die Begleichung der Abzugssteuerschuld benötigten Mittel vorgenommen wurde (so auch *Hoffmann* DB 1986, 467 (471)). Faktisch wird hier somit die Rechtsfigur der „omissio libera in causa" angewandt (vgl. Rolletschke/Kemper/*Rolletschke* Rn. 35; Rolletschke SteuerStrafR Rn. 424). Eine Ahndbarkeit besteht demnach nur dann, wenn die Gefahr des Eintritts der Zahlungsunfähigkeit (zumindest) leichtfertig verkannt wurde.

22 Im Falle des Vorliegens von Insolvenzantragsgründen muss iRd § 380 (parallel zu § 266a StGB) die Vorrangrechtsprechung des BGH (wistra 2006, 17) berücksichtigt werden, sodass grds. ein Vorrang der Verpflichtung zur Abführung der Abzugsteuern gegenüber der Verpflichtung aus § 64 GmbHG besteht. Jedoch ist innerhalb der dreiwöchigen Antragsfrist (vgl. nunmehr § 15a InsO, früher § 64 Abs. 1 GmbHG aF) die Ahndbarkeit nach § 380 wegen des vom BGH geschaffenen Sonderrechtfertigungsgrundes suspendiert (zur Übertragung auf § 380 vgl. Rolletschke/Kemper/*Rolletschke* Rn. 36).

D. Rechtsfolge (Abs. 2)

23 Der Bußgeldrahmen des § 380 wurde im Jahr 2001 durch das Gesetz zur Eindämmung illegaler Betätigung im Baugewerbe (BGBl. 2001 I 226) erheblich erhöht. Gemäß § 380 Abs. 2 kann nunmehr eine Geldbuße von bis zu 25.000 EUR verhängt werden, wobei gem. § 17 Abs. 1 OWiG die Untergrenze iHv 5 EUR gilt. Im Falle von leichtfertigem Verhalten verringert sich die Höchstgeldbuße gem. § 17 Abs. 2 OWiG um die Hälfte auf 12.500 EUR (vgl. Göhler/*Gürtler* OWiG § 17 Rn. 13 mwN).

Bei der Bemessung ist vor allem der Umfang der Tat zu beachten. Danach ist eine verspätete Abführung in aller Regel geringer zu bestrafen als das völlige Unterlassen der Abführung (so auch Hübschmann/Hepp/Spitaler/*Rüping* Rn. 43).

E. Versuch

24 Der Versuch ist gem. § 13 OWiG iVm § 377 Abs. 2 mangels ausdrücklicher Regelung in § 380 nicht ahndbar.

F. Verjährung

25 Gemäß § 384 gilt für Taten nach § 380 eine gegenüber der allgemeinen Regelverfolgungsverjährung von zwei Jahren (vgl. § 31 Abs. 2 Nr. 2 OWiG) erhöhte Verjährungsfrist von fünf Jahren (vgl. → § 377 Rn. 13).

G. Konkurrenzen

26 **§ 380 ist gegenüber den Verkürzungsdelikten gem. §§ 370, 378 subsidiär** (allgM; s. nur Rolletschke/Kemper/*Rolletschke* Rn. 38 ff.). Dabei sind die Verkürzungstatbestände stets dann einschlägig, wenn der Abzugspflichtige nicht nur die Zahlung unterlässt, sondern zuvor auch die bestehende Anzeige falsch oder gar nicht abgibt.

27 Die Subsidiarität gilt entsprechend der hier auch im Rahmen von § 379 vertretenen Auffassung (→ Rn. 89) nicht in Fällen der Nichtahndbarkeit der Verkürzungsdelikte aufgrund einer wirksamen **Selbstanzeige.** Im Rahmen von § 380 gilt dies umso mehr, da dieser keine typischen Vorbereitungshandlungen zu Steuerverkürzungen sanktioniert, sondern im quasi-treuhänderischen Ansatz davon unterschiedlich ist. Daher ist eine Ahndung durch § 380 trotz Selbstanzeige eher möglich als bei § 379 (so auch *Brenner* StW 1981, 147 (150)). Eine Einstellung nach § 47 OWiG ist jedoch in Fällen einer wirksamen Selbstanzeige auch (→ Rn. 89) im Hinblick auf § 380 naheliegend.

28 Eine **Untreue gem. § 266 StGB** zum Nachteil der Steuerbehörde kommt neben § 380 ohne besondere Umstände nicht in Betracht (BGH MDR 1952, 502). Das liegt daran, dass der Abzugspflichtige in keinem Treueverhältnis iSd § 266 StGB zur Steuerbehörde steht (so auch Kohlmann/

Matthes Rn. 62). Zu dem in der Praxis häufig parallel verwirklichten **§ 266a StGB** steht § 380 in Tatmehrheit (BGH wistra 2005, 458; Rolletschke SteuerStrafR Rn. 429).

§ 381 Verbrauchsteuergefährdung

(1) Ordnungswidrig handelt, wer vorsätzlich oder leichtfertig Vorschriften der Verbrauchsteuergesetze oder der dazu erlassenen Rechtsverordnungen

1. über die zur Vorbereitung, Sicherung oder Nachprüfung der Besteuerung auferlegten Pflichten,

2. über Verpackung und Kennzeichnung verbrauchsteuerpflichtiger Erzeugnisse oder Waren, die solche Erzeugnisse enthalten, oder über Verkehrs- oder Verwendungsbeschränkungen für solche Erzeugnisse oder Waren oder

3. über den Verbrauch unversteuerter Waren in den Freihäfen

zuwiderhandelt, soweit die Verbrauchsteuergesetze oder die dazu erlassenen Rechtsverordnungen für einen bestimmten Tatbestand auf diese Bußgeldvorschrift verweisen.

(2) Die Ordnungswidrigkeit kann mit einer Geldbuße bis zu fünftausend Euro geahndet werden, wenn die Handlung nicht nach § 378 geahndet werden kann.

Literatur (Auswahl): *App*, Möglichkeiten des Steuerpflichtigen im Bußgeldverfahren wegen Steuerordnungswidrigkeiten, BuW 1998, 408; *Burhoff*, Steuerordnungswidrigkeiten in der Praxis, PStR 2006, 233; *Esser*, Das Alkoholsteuergesetz mit der verbrauchsteuerrechtlichen Anschlussregelung zum Ende des deutschen Branntweinmonopols, ZfZ 2013, 225; *Jatzke*, Das neue Verbrauchsteuerrecht im EG-Binnenmarkt, BB 1993, 41; *Pfaff*, Die Verbrauchsteuergefährdung (§ 381 AO), StBp 1979, 18; *Seer*, Steuerordnungswidrigkeiten als pönalisiertes Verwaltungsunrecht, SteuerStud 2009, 117; *Voß*, Unordentlichkeiten des Rechts der Ordnungswidrigkeiten im Bereich des Zoll- und Verbrauchsteuerrechts, BB 1996, 1695; *Wessing*, Steuerordnungswidrigkeiten – Gefahr und Chance für die Verteidigung, SAM 2007, 9.

A. Allgemeines

I. Zweck und Anwendungsbereich der Vorschrift

Die Vorschrift sanktioniert **Pflichtverletzungen im Bereich der Verbrauchsteuern,** die im Hinblick auf das von §§ 370, 378 geschützte Rechtsgut, das öffentliche Interesse am rechtzeitigen und vollständigen Aufkommen jeder einzelnen Steuerart (→ § 370 Rn. 3 mwN), besonders gefährlich erscheinen, nach diesen Vorschriften aber nicht geahndet werden können (Kohlmann/*Matthes* Rn. 4). Erfasst werden insbes. solche Fälle, in denen es zu einer Steuerverkürzung noch nicht gekommen ist oder bei denen ein auf Steuerverkürzung gerichteter Schuldvorwurf nicht besteht oder nicht bewiesen werden kann (JJR/*Jäger*/*Ebner* Rn. 2; Klein/*Jäger* Rn. 1). Die Vorschrift normiert ein **abstraktes Gefährdungsdelikt,** das Handlungen betrifft, die wegen ihrer typischen Gefährlichkeit zu einer Steuerverkürzung führen können. Sie steht umfassend im Dienst der besonderen Steueraufsicht nach §§ 209 ff., indem sie eine Vielzahl von teilweise nur durch vielfältige Verweisungen erkennbaren Pflichten im Bereich der Herstellung verbrauchsteuerpflichtiger Waren, sonstiger Betriebsvorgänge und des Warenverkehrs bei Zuwiderhandlung mit Geldbuße bedroht (Hübschmann/Hepp/Spitaler/*Rüping* Rn. 4 f.). **1**

Verbrauchsteuern sind Steuern, die für den Verbrauch einer Ware oder für einen bestimmten Aufwand erhoben werden und typischerweise den Privatkonsum belasten (Kohlmann/*Matthes* Rn. 6; JJR/*Jäger*/*Ebner* Rn. 4, 6; Hübschmann/Hepp/Spitaler/*Rüping* Rn. 9, zur Regelungssystematik der Verbrauchsteuern → § 370 Rn. 508 ff.). Voraussetzung für die Ahndung nach § 381 ist, dass die jeweilige materielle Regelung auf die Vorschrift verweist. Solche Verweisungen enthalten die Bundesgesetze und -verordnungen über Steuern auf **Bier, Branntwein, Kaffee, Schaumwein und Schaumweinzwischenerzeugnisse, Tabak sowie Energieerzeugnisse** (→ Rn. 8, 9). § 381 ist seiner Natur nach nicht auf die bundesgesetzlich geregelten Verbrauchsteuern beschränkt, sondern würde auch die Ahndung von Pflichtverletzungen im Zusammenhang mit nach Landesrecht zu erhebenden örtlichen Verbrauch- und Aufwandsteuern wie der Getränke-, Hunde-, Jagd- und Zweitwohnungsteuer ermöglichen. In den einschlägigen landesrechtlichen Regelungen fehlt jedoch eine Verweisung auf § 381; die Kommunalabgabengesetze enthalten eigene Bußgeldtatbestände, die § 379 nachempfunden sind (§ 8 KAG BW; Art. 16 BayKAG; § 15 Abs. 2 BrdbgKAG; § 5a Abs. 2 HessKAG; § 17 Abs. 2 KAG MV; § 18 Abs. 2 NdsKAG; § 20 Abs. 2 KAG NRW; § 16 Abs. 2 KAG RPf; § 14 Abs. 2 SaarlKAG; § 6 Abs. 2 SächsKAG; § 16 Abs. 2 KAG LSA; § 18 Abs. 2 KAG SH; § 18 ThürKAG). **2**

Die Vorschrift ist **lex specialis** zu § 379. Sie gilt für alle Verbrauchsteuern, die nicht als Einfuhr- oder Ausfuhrabgabe entstehen. Denn fallen Verbrauchsteuern für aus einem Drittstaat in das Gebiet der Europäischen Union eingeführte Waren an, finden die Vorschriften für Zölle entsprechende Anwendung, so dass Zuwiderhandlungen ausschließlich von § 382 erfasst werden; zu den Einzelheiten s. dort. Neben den Verbrauchsteuern für die in → Rn. 2 genannten Erzeugnisse gilt dies auch für die EUSt, die zwar gem. § 21 Abs. 1 UStG eine Verbrauchsteuer iSd AO ist, ihrer Natur nach aber nur als Einfuhrabgabe denkbar ist, und darum gem. § 21 Abs. 2 UStG von der Zollverwaltung erhoben wird. **3**

II. Regelungstechnik

4   Die Ordnungswidrigkeit besteht in der Zuwiderhandlung gegen bestimmte Verhaltenspflichten, die sich aus Verbrauchsteuergesetzen oder den dazu erlassenen Rechtsverordnungen ergeben. § 381 ist damit ein Blankettgesetz, bei dem die Sanktionsnorm, § 381, erst zusammen mit der Ausfüllungsnorm, der Verbrauchsteuerregelung, die Vollvorschrift bildet (KK-OWiG/*Rogall* OWiG Vor § 1 Rn. 15). Die Vorschrift kommt darüber hinaus nur zur Anwendung, wenn ein Verbrauchsteuergesetz oder eine hierzu ergangene Rechtsverordnung für ein bestimmtes Tun oder Unterlassen auf § 381 verweist. Der Tatbestand der Ordnungswidrigkeit ergibt sich damit aus einer doppelten Verweisung: eine Bußgeldvorschrift bilden § 381 und die normkonkretisierende Regelung erst, wenn dies innerhalb der Verbrauchsteuerregelung selbst angeordnet wird, sog **Blankettgesetz mit Rückverweisungsklausel.** Diese Regelungstechnik dient der Rechtssicherheit und -klarheit (BT-Drs. V/1812, 28 zur Vorgängervorschrift des § 407 Abs. 1 RAO). Ziel ist es allgemein, eine bessere Überschaubarkeit der Blankettnorm zu gewährleisten und nicht hinreichend bestimmte Ausfüllungsnormen von deren Anwendungsbereich auszunehmen (KK-OWiG/*Rogall* OWiG Vor § 1 Rn. 17 mwN). Soweit Art. 97 § 20 EGAO für vor dem 1.10.1968 erlassene Gesetze und Rechtsverordnungen die vorgeschriebene Verweisung für entbehrlich erklärt, hat dies keine praktische Bedeutung mehr.

5   Die gewählte Regelungstechnik ist **verfassungsrechtlich unbedenklich;** § 381 verstößt nicht gegen das Bestimmtheitsgebot. Dem Gesetzgeber ist es von Verfassungs wegen nicht untersagt, bei einem Blankettstrafgesetz die Beschreibung des Tatbestandes durch Verweisung auf eine Ergänzung in anderen Gesetzen oder Rechtsverordnungen vorzunehmen, die nicht notwendig von derselben rechtsetzenden Instanz erlassen werden müssen (BVerfG NVwZ-RR 1992, 522). Dem Bestimmtheitsgebot gem. Art. 103 Abs. 2 GG ist genügt, wenn sich die Voraussetzungen für die Ahndung, die Sanktionsart und der Sanktionsrahmen aus dem Blankettgesetz selbst mit hinreichender Deutlichkeit ablesen lassen (stRspr, vgl. nur BVerfG GRUR 2001, 266; BVerfG NJW 1992, 2624). Diesen Voraussetzungen genügt § 381, weil die Vorschrift die unterschiedlichen Tatmodalitäten selbst ausreichend genau umschreibt (iE → Rn. 10 ff.; ebenso JJR/*Jäger/Ebner* Rn. 11; Schwarz/Pahlke/*Webel* Rn. 7; Kohlmann/*Matthes* Rn. 15). Ob das Blankett dabei durch ein förmliches Verbrauchsteuergesetz oder durch eine dazu erlassene Rechtsverordnung konkretisiert wird, spielt keine Rolle.

6   *Voß'* Kritik (BB 1996, 1695, sowie FGJ/, 6. Aufl. 2005, § 381 Rn. 8), der die für die Konkretisierung des Blanketts durch VO erforderliche Ermächtigungsgrundlage vermisst und das Zitiergebot gem. Art. 80 Abs. 1 GG verletzt sieht, weshalb er die in VOen enthaltenen Rückverweisungskataloge für nichtig hält, wird der Struktur des Tatbestandes nicht gerecht. Die Anforderungen, die gem. Art. 80 GG an die konkretisierende VO zu stellen sind, hängen nicht davon ab, ob das Blankett eine Rückverweisungsklausel enthält oder nicht. Die Möglichkeit der Ahndung ergibt sich auch in den Rückverweisungsfällen allein aus dem Zusammenspiel der hinreichend konkreten Blankettnorm und der lediglich konkretisierenden Ausfüllungsnorm. Rechtstechnisch erfolgt die Konkretisierung durch die auf das Blankett verweisende Verordnung. Die Verweisung dient dabei der eindeutigen Zuordnung, wirkt aber selbst nicht sanktionsbegründend (aA jedoch *Voß* BB 1996, 1695; dann aber wäre schon § 381 mangels ausreichender Bestimmtheit verfassungswidrig und es käme auf die ausfüllende VO nicht mehr an). Die Rückverweisungsklausel enthält deshalb keine unzulässige Aufforderung an den Verordnungsgeber, über die Sanktionierbarkeit als solche zu entscheiden, sondern die Aufforderung, eine zulässige Konkretisierung (mit Hilfe der Verweisung) präzise und eindeutig vorzunehmen (vgl. die allg. Erläuterungen des Gesetzgebers zur Blanketttechnik mit Rückverweisungsklausel in BT-Drs. 7/550, 194 zum EGStGB). Es handelt sich um einen technischen Kunstgriff im Interesse der Rechtsklarheit, weshalb die entsprechenden VOen – bezogen auf die Verweisung – weder einer gesonderten Ermächtigung bedürfen noch insoweit dem Zitiergebot genügt werden muss (aA JJR/*Jäger/Ebner* Rn. 11, Klein/*Jäger* Rn. 20, die in § 381 die Ermächtigungsgrundlage und das Zitiergebot in der Erwähnung von § 381 in den jeweiligen VO-Vorschriften gewahrt sehen). Auch das BVerfG hält die Regelungstechnik offenbar nicht für bedenklich (BVerfG NVwZ-RR 1992, 522; ebenso KK-OWiG/*Rogall* OWiG Vor § 1 Rn. 17). In der Vergangenheit bestand durchaus ein Bedürfnis an der mit der Rückverweisungsklausel erreichten Klarheit und Eindeutigkeit, weil die damaligen Verbrauchsteuerregelungen neben steuerrechtlich motivierten Pflichten auch solche lebensmittelrechtlicher Art (zB §§ 9, 10 BierStG idF vor dem BierStG 1993) oder wettbewerbsrechtlicher Herkunft enthielten (Hübschmann/Hepp/Spitaler/*Rüping* Rn. 13).

B. Verbrauchsteuerregelungen mit Rückverweisungsklausel

7   Mit dem Vierten Gesetz zur Änderung von Verbrauchsteuergesetzen v. 15.7.2009 (BGBl. I 1870) sind das BierStG, das SchaumwZwStG, das KaffeeStG und das TabStG sowie mit der Fünften Verordnung zur Änderung von Verbrauchsteuerverordnungen v. 5.10.2009 (BGBl. I 3262) die BierStV, die BrStV, die SchwZwStV, die KaffeeStV und die TabStV grundlegend neu gefasst worden. Das BranntwMonG, das EnergieStG und die EnergieStV wurden bei derselben Gelegenheit umfassend geändert; lediglich die BrennO blieb unverändert, → Rn. 9. Mit dem Gesetz wurde die RL 2008/118/EG des Rates v. 16.12.2008 über das allgemeine Verbrauchsteuersystem und zur Aufhebung der RL 92/12/EWG (ABl.

2009 L 9, 12; zuletzt geändert durch RL 2013/61/EU des Rates v. 17.12.2013 zur Änderung der RL 2006/112/EG und 2008/118/EG hinsichtlich der französischen Regionen in äußerster Randlage, insbes. Mayotte, ABl. 2013 353, 5) – **Verbrauchsteuersystemrichtlinie** – in nationales Recht umgesetzt. Die Richtlinie regelt das Verfahren zur Besteuerung, Beförderung und Lagerung von Tabakwaren, Alkohol und alkoholischen Getränken sowie Energieerzeugnissen und elektrischem Strom und bildet die Rechtsgrundlage für die EU-weite Einführung des IT-Verfahrens EMCS (Exise Movement and Control System), das die bisher übliche Papierdokumentation von Beförderungsvorgängen stufenweise zum 1.1.2011 abgelöst hat. Zugleich wurden die Bestimmungen aktualisiert und die Rechtsvorschriften im Bereich der nicht harmonisierten Kaffeesteuer den harmonisierten Verbrauchsteuern strukturell und inhaltlich weitgehend angeglichen (BT-Drs. 16/12257, 74). Die Steuerentstehung und der Kreis der Steuerschuldner wurden in den Verbrauchsteuergesetzen im Einklang mit der Systemrichtlinie 2008/118/EG mit Ausnahme der Einfuhr aus Drittstaaten jeweils in einer Vorschrift geregelt, und zwar unabhängig davon, ob es sich um rechtmäßige oder unrechtmäßige Tatbestände handelt (vgl. BT-Drs. 16/12257, 79 zu § 15 TabStG). Die auf § 381 verweisenden Ordnungswidrigkeitenvorschriften finden sich wie bisher jeweils am Ende des jeweiligen Regelungswerks und kompilieren die an anderer Stelle spezifizierten Pflichten. Sie sind durch die zahlreichen Verweisungen aus sich heraus kaum verständlich. Das TabStG enthält darüber hinaus gesonderte Bußgeldtatbestände, nämlich § 36 Abs. 3 TabStG betreffend die unerlaubte Abgabe eines zur gewerblichen Herstellung von Zigaretten geeigneten Geräts an Privatpersonen und § 37 TabStG betreffend den Schwarzhandel durch den Erwerb unversteuerter Zigaretten in Stückzahlen von weniger als 1.000. § 37 TabStG verdrängt kraft gesetzlicher Anordnung in Abs. 1 S. 2 insoweit den Straftatbestand der Steuerhehlerei in § 374. Zum 1.1.2011 wurde mit dem Fünften Gesetz zur Änderung von Verbrauchsteuergesetzen v. 21.12.2010 (BGBl. I 2221) die Grundlage für die EU-weite Mindestbesteuerung von Tabakwaren auf den gewichteten durchschnittlichen Kleinverkaufspreis umgestellt und im Bereich der Bier- und Branntweinsteuer für Fälle, in denen nach bisherigem Recht Steuerentlastungen vorgesehen waren, aus Vereinfachungsgründen Steuerbefreiungen eingeführt (BT-Drs. 17/3025, 11). Die Verweisungsnormen blieben davon unberührt. Mit der Verordnung zur Änderung der Energiesteuer- und Stromsteuer-Durchführungsverordnung v. 20.9.2011 ist erstmals auf für Strom eine auf § 381 verweisende Norm geschaffen worden. Zum 1.1.2018 wird das Branntweinmonopol in Umsetzung europarechtlicher Vorgaben abgeschafft und das BranntwMonG durch das AlkStG ersetzt, das sich an der Systematik des Vierten Verbrauchsteueränderungsgesetzes zur Umsetzung der Verbrauchsteuersystemrichtlinie orientiert (zum Ganzen *Esser* ZfZ 2013, 225). Langfristig sollen das SchaumwZwStG, das AlkopopG und ggf. das BierStG in das AlkStG integriert werden (BR-Drs. 792/12, 54). Zu den Verweisungsvorschriften → Rn. 9a.

Folgende Regelungen verweisen derzeit (Stand 1.6.2016) auf § 381 (in alphabetischer Aufstellung):   **8**

§ 30 BierStG Ordnungswidrigkeiten

Ordnungswidrig im Sinn des § 381 Absatz 1 Nummer 1 der Abgabenordnung handelt, wer vorsätzlich oder leichtfertig

1. entgegen § 10 Absatz 3, § 11 Absatz 4 oder § 12 Absatz 2 Bier nicht oder nicht rechtzeitig aufnimmt, nicht oder nicht rechtzeitig übernimmt, nicht oder nicht rechtzeitig befördert oder nicht oder nicht rechtzeitig ausführt oder
2. entgegen § 20 Absatz 4 oder § 21 Absatz 4 Satz 1 und 5 oder Absatz 7 Satz 1 eine Anzeige nicht oder nicht rechtzeitig erstattet.

§ 52 BierStV Ordnungswidrigkeiten

(1) Ordnungswidrig im Sinn des § 381 Absatz 1 Nummer 1 der Abgabenordnung handelt, wer vorsätzlich oder leichtfertig

1. entgegen
   a) § 7 Absatz 1 Satz 1 oder Satz 3 oder Absatz 2 Satz 1 oder Satz 2, jeweils auch in Verbindung mit § 13 Absatz 6, § 14 Absatz 6, § 35 Absatz 2 Satz 2 oder § 39a Absatz 4,
   b) § 8 Absatz 6 Satz 1, auch in Verbindung mit § 13 Absatz 6, § 14 Absatz 6, § 35 Absatz 2 Satz 2, § 37 Absatz 3 Satz 2 oder § 39a Absatz 4,
   c) § 11 Absatz 1 Satz 5, § 30 Absatz 2 oder Absatz 3, § 35 Absatz 1 Satz 1, § 37 Absatz 4 Satz 3, § 38 Absatz 1 Satz 1, § 39a Absatz 2 Satz 2 oder § 41 Absatz 2 Satz 1 oder
   d) § 25 Absatz 4 Satz 1, auch in Verbindung mit § 27 Absatz 4
   eine Anzeige nicht, nicht richtig, nicht in der vorgeschriebenen Weise oder nicht rechtzeitig erstattet,
2. entgegen § 8 Absatz 5 Satz 2, auch in Verbindung mit § 39a Absatz 4 oder § 11 Absatz 1 Satz 1 oder Absatz 3 Satz 2 oder § 39d Absatz 2 eine Anmeldung oder Erklärung nicht, nicht richtig, nicht vollständig, nicht in der vorgeschriebenen Weise oder nicht rechtzeitig abgibt,
3. entgegen § 9 Absatz 1 Satz 1 oder Absatz 2 Satz 1 oder Absatz 3 Satz 1, § 13 Absatz 5 Satz 1 oder 3, jeweils auch in Verbindung mit § 35 Absatz 2 Satz 2, § 14 Absatz 5 Satz 1 oder 3 oder § 37 Absatz 4 Satz 1 oder § 39b Absatz 1 Satz 1 oder Absatz 2 Satz 1 ein Belegheft, ein Buch oder eine Aufzeichnung nicht, nicht richtig, nicht in der vorgeschriebenen Weise oder nicht rechtzeitig führt,
4. entgegen § 17 Absatz 1 Satz 1, § 20 Absatz 2, § 21 Absatz 2, § 22 Absatz 1 Satz 1, auch in Verbindung mit Absatz 3 Satz 1, § 25 Absatz 3 Satz 2 oder Absatz 5 Satz 1, § 26 Absatz 3 Satz 1, § 27 Absatz 2 Satz 3 oder Absatz 3 Satz 1 oder § 28 Absatz 3 Satz 1 eine Übermittlung nicht, nicht richtig, nicht in der vorgeschriebenen Weise oder nicht rechtzeitig vornimmt,

5. entgegen § 17 Absatz 3 Satz 1, auch in Verbindung mit Satz 3, § 18 Satz 1, § 24 Absatz 2 Satz 3, § 25 Absatz 3 Satz 4 oder § 35 Absatz 3, auch in Verbindung mit § 36, einen Ausdruck oder eine Ausfertigung eines Dokuments oder einer Bescheinigung nicht mitführt,

6. entgegen § 17 Absatz 4 Satz 1, auch in Verbindung mit § 25 Absatz 4 Satz 3, § 22 Absatz 4, § 24 Absatz 6 Satz 1 oder § 35 Absatz 3 das Bier nicht, nicht vollständig oder nicht rechtzeitig vorführt,

7. entgegen § 24 Absatz 2 Satz 1, § 25 Absatz 3 Satz 1, § 26 Absatz 2 Satz 1, § 27 Absatz 2 Satz 1 oder § 28 Absatz 2 Satz 1 ein Dokument nicht, nicht richtig oder nicht in der vorgeschriebenen Weise ausfertigt,

8. entgegen § 24 Absatz 3 Satz 1 oder Absatz 4 Satz 2, § 25 Absatz 4 Satz 2, auch in Verbindung mit § 27 Absatz 4, § 28 Absatz 1 Satz 1, § 35 Absatz 4 Satz 1 oder § 45 Absatz 2 ein Dokument oder eine Ausfertigung nicht, nicht richtig oder nicht rechtzeitig vorlegt,

9. entgegen § 24 Absatz 4 Satz 4 einen Rückschein oder eine Sammelanmeldung als Rückschein nicht oder nicht rechtzeitig zurücksendet,

10. entgegen § 25 Absatz 2 Satz 1, § 26 Absatz 2 Satz 3 oder § 27 Absatz 2 Satz 4 eine Unterrichtung nicht, nicht richtig oder nicht rechtzeitig vornimmt oder

11. entgegen § 25 Absatz 7 Satz 1 oder § 27 Absatz 2 Satz 5 eine Eintragung oder einen Vermerk nicht, nicht rechtzeitig oder nicht in der vorgeschriebenen Weise vornimmt,

12. entgegen § 39a Absatz 2 Satz 1 einen Erlaubnisschein nicht oder nicht rechtzeitig zurückgibt.

(2) Ordnungswidrig im Sinn des § 381 Absatz 1 Nummer 2 der Abgabenordnung handelt, wer vorsätzlich oder leichtfertig

1. entgegen § 24 Absatz 5 Satz 2 einen Lieferschein, eine Rechnung oder ein Dokument nicht, nicht rechtzeitig oder nicht in der vorgeschriebenen Weise kennzeichnet oder

2. entgegen § 39d Absatz 1 Satz 2 ein Handelspapier nicht, nicht richtig oder nicht in der vorgeschriebenen Weise beigibt oder

3. entgegen § 45 Absatz 1 Satz 2 einen Hinweis nicht, nicht richtig oder nicht in der vorgeschriebenen Weise anbringt.

§ 158 BranntwMonG Ordnungswidrigkeiten (gültig bis 31.12.2017)

Ordnungswidrig im Sinn des § 381 Absatz 1 Nummer 1 der Abgabenordnung handelt, wer vorsätzlich oder leichtfertig

1. entgegen § 139 Absatz 3, § 140 Absatz 4 oder § 141 Absatz 2 Erzeugnisse nicht oder nicht rechtzeitig aufnimmt, nicht oder nicht rechtzeitig übernimmt, nicht oder nicht rechtzeitig befördert oder nicht oder nicht rechtzeitig ausführt oder

2. entgegen § 149 Absatz 4 oder § 150 Absatz 4 Satz 1 und 5 oder Absatz 7 Satz 1 eine Anzeige nicht oder nicht rechtzeitig erstattet.

§ 67 BrStV Ordnungswidrigkeiten

(1) Ordnungswidrig im Sinn des § 381 Absatz 1 Nummer 1 der Abgabenordnung handelt, wer vorsätzlich oder leichtfertig

1. entgegen § 10 Absatz 1 Satz 1 oder 3 oder Absatz 2 Satz 1 oder 2, jeweils auch in Verbindung mit § 17 Absatz 6, § 18 Absatz 6, § 39 Absatz 2 Satz 2 oder § 46 Absatz 4 eine Anzeige nicht, nicht richtig, nicht in der vorgeschriebenen Weise oder nicht rechtzeitig erstattet,

2. entgegen § 11 Absatz 6, auch in Verbindung mit § 17 Absatz 6, § 18 Absatz 6, § 39 Absatz 2 Satz 2, § 41 Absatz 3 oder § 46 Absatz 4 eine Anzeige nicht, nicht richtig, nicht in der vorgeschriebenen Weise oder nicht rechtzeitig erstattet,

3. entgegen § 13 Absatz 1 Satz 1 oder Absatz 2 Satz 1, auch in Verbindung mit § 48 Absatz 1 Satz 4, eine Anzeige nicht, nicht richtig, nicht in der vorgeschriebenen Weise oder nicht rechtzeitig erstattet,

4. entgegen § 14 Absatz 1 Satz 4, auch in Verbindung mit § 48 Absatz 3 Satz 2 oder § 29 Absatz 4 Satz 1, auch in Verbindung mit § 31 Absatz 3 Satz 4 eine Anzeige nicht oder nicht rechtzeitig erstattet,

5. entgegen § 34 Absatz 2 oder Absatz 3, § 39 Absatz 1 Satz 1, § 41 Absatz 4 Satz 3, § 42 Absatz 1 Satz 1 eine Anzeige nicht, nicht richtig, nicht in der vorgeschriebenen Weise oder nicht rechtzeitig erstattet,

6. entgegen § 46 Absatz 2 Satz 2, § 48 Absatz 2 Satz 2, § 57 Absatz 2 Satz 4 eine Anzeige nicht oder nicht rechtzeitig erstattet,

7. entgegen § 58 Absatz 1 Satz 4, auch in Verbindung mit Absatz 3 eine Anzeige nicht, nicht richtig, nicht in der vorgeschriebenen Weise oder nicht rechtzeitig erstattet,

8. entgegen § 11 Absatz 5 Satz 2, § 14 Absatz 1 Satz 1 oder 2 oder Absatz 3 Satz 2, § 15 Absatz 4 Satz 2, § 35, auch in Verbindung mit § 39 Absatz 1 Satz 2 oder Absatz 2 Satz 2, § 41 Absatz 5, § 42 Absatz 3 oder § 49 Absatz 2, § 58 Absatz 1 Satz 1 oder Absatz 2 Satz 1 eine Anmeldung nicht, nicht richtig, nicht vollständig, nicht in der vorgeschriebenen Weise oder nicht rechtzeitig abgibt,

9. entgegen § 12 Absatz 1 Satz 1 oder Absatz 2 Satz 1 oder 2 oder Absatz 3 Satz 1, auch in Verbindung mit § 47 Absatz 2 Satz 5, § 15 Absatz 4 Satz 3, § 17 Absatz 5 Satz 1 oder 4, jeweils auch in Verbindung mit § 39 Absatz 2, § 18 Absatz 5 Satz 3, § 41 Absatz 4 Satz 1, § 47 Absatz 1 Satz 1 oder Absatz 2 Satz 1, § 48 Absatz 2 Satz 3, § 57 Absatz 3 Satz 1, § 58 Absatz 1 Satz 7 oder Absatz 2 Satz 4 ein Belegheft, ein Buch oder eine Aufzeichnung nicht, nicht richtig, nicht in der vorgeschriebenen Weise oder nicht rechtzeitig führt,

10. entgegen § 21 Absatz 1, § 24 Absatz 2, § 25 Absatz 2, § 26 Absatz 1 Satz 1 oder Absatz 3 Satz 1, § 29 Absatz 3 Satz 2 oder Absatz 5 Satz 1, § 30 Absatz 3 Satz 1, § 31 Absatz 2 Satz 3 oder Absatz 3 Satz 1, § 32 Absatz 3 Satz 1, § 60 Absatz 2 Satz 2 eine Übermittlung nicht, nicht richtig, nicht in der vorgeschriebenen Weise oder nicht rechtzeitig vornimmt,

11. entgegen § 21 Absatz 3 Satz 1 und 3, § 22 Satz 1, § 28 Absatz 2 Satz 2, § 29 Absatz 3 Satz 4, § 39 Absatz 3, auch in Verbindung mit § 40, § 57 Absatz 1 Satz 2, § 60 Absatz 1 Satz 3 einen Ausdruck oder eine Ausfertigung eines Dokuments oder einer Bescheinigung nicht mitführt,

12. entgegen § 21 Absatz 4 Satz 1, auch in Verbindung mit § 29 Absatz 4 Satz 3, § 26 Absatz 4, § 28 Absatz 6 Satz 1, § 39 Absatz 1 Satz 3, § 56 Absatz 4 Satz 2, § 57 Absatz 3 Satz 3 die Erzeugnisse nicht, nicht richtig, nicht vollständig oder nicht rechtzeitig vorführt,

13. entgegen § 28 Absatz 2 Satz 1, § 29 Absatz 3 Satz 1, § 30 Absatz 2 Satz 1, § 31 Absatz 2 Satz 1, § 32 Absatz 2 Satz 1, § 57 Absatz 1 Satz 1, § 60 Absatz 1 Satz 1 ein Dokument nicht, nicht richtig oder nicht in der vorgeschriebenen Weise ausfertigt,

14. entgegen § 28 Absatz 3 Satz 1 oder Absatz 4 Satz 2, § 29 Absatz 4 Satz 2, auch in Verbindung mit § 31 Absatz 4, § 32 Absatz 1 Satz 1, § 39 Absatz 4 Satz 1 ein Dokument oder eine Ausfertigung nicht, nicht richtig oder nicht rechtzeitig vorlegt,

15. entgegen § 28 Absatz 3 Satz 3 oder Absatz 4 Satz 4 einen Rückschein oder eine Sammelanmeldung als Rückschein nicht oder nicht rechtzeitig zurücksendet,

16. entgegen § 29 Absatz 2 Satz 1, § 30 Absatz 2 Satz 3, § 31 Absatz 2 Satz 4, § 60 Absatz 3 eine Unterrichtung nicht, nicht richtig oder nicht rechtzeitig vornimmt oder

17. entgegen § 29 Absatz 7 Satz 1 oder 2, § 31 Absatz 2 Satz 5 eine Eintragung oder einen Vermerk nicht, nicht richtig, nicht in der vorgeschriebenen Weise oder nicht rechtzeitig vornimmt.

(2) Ordnungswidrig im Sinn des § 381 Absatz 1 Nummer 2 der Abgabenordnung handelt, wer vorsätzlich oder leichtfertig

1. entgegen § 28 Absatz 5 Satz 2 einen Lieferschein oder eine Rechnung nicht, nicht richtig oder nicht in der vorgeschriebenen Weise kennzeichnet,

2. entgegen § 28 Absatz 8 Satz 1 oder 2 oder Absatz 9 Satz 2, § 49 Absatz 1 Satz 2 oder § 55 Absatz 1 Satz 1 und 2 ein Handelspapier nicht, nicht richtig oder nicht in der vorgeschriebenen Weise beigibt oder

3. entgegen § 60 Absatz 1 Satz 2 einen Hinweis nicht, nicht richtig oder nicht in der vorgeschriebenen Weise anbringt.

§ 64 EnergieStG Bußgeldvorschriften

Ordnungswidrig im Sinne des § 381 Abs. 1 Nr. 1 der Abgabenordnung handelt, wer vorsätzlich oder leichtfertig

1. entgegen § 3 Absatz 5 eine begünstigte Anlage nicht, nicht richtig oder nicht rechtzeitig anmeldet,

2. entgegen § 9 Absatz 1a, § 15 Abs. 3, § 18 Abs. 3 Satz 1 oder Abs. 6 Satz 1, jeweils auch in Verbindung mit § 34 oder § 40 Abs. 1, oder § 23 Abs. 4 Satz 1 eine Anzeige nicht, nicht richtig, nicht vollständig oder nicht rechtzeitig erstattet,

3. entgegen § 10 Absatz 3, § 11 Absatz 3 oder § 13 Absatz 3 Energieerzeugnisse nicht oder nicht rechtzeitig aufnimmt, nicht oder nicht rechtzeitig übernimmt, nicht oder nicht rechtzeitig befördert oder nicht oder nicht rechtzeitig ausführt,

4. entgegen § 31 Abs. 3 oder § 38 Abs. 3 eine Anmeldung nicht, nicht richtig oder nicht rechtzeitig abgibt oder

5. entgegen § 61 Abs. 2 Satz 3 sich nicht, nicht richtig oder nicht rechtzeitig ausweist, eine Angabe nicht, nicht richtig, nicht vollständig oder nicht rechtzeitig macht oder nicht, nicht richtig, nicht vollständig oder nicht rechtzeitig Hilfe leistet.

§ 111 EnergieStV Ordnungswidrigkeiten

(1) Ordnungswidrig im Sinne des § 381 Abs. 1 Nr. 1 der Abgabenordnung handelt, wer vorsätzlich oder leichtfertig

1. entgegen § 4 Abs. 3 Satz 1, auch in Verbindung mit § 4 Abs. 4, entgegen § 7 Abs. 1 Satz 3, Abs. 2 Satz 2 oder Abs. 4 Satz 1, jeweils auch in Verbindung mit § 8 Abs. 1, entgegen § 11 Absatz 4, § 15 Abs. 2 Satz 3, Abs. 4 Satz 2, Abs. 8, 9 Satz 1, Abs. 10 oder Abs. 11, jeweils auch in Verbindung mit § 109 Abs. 5 Satz 2, entgegen § 19 Abs. 2 Satz 3, Abs. 4 Satz 2 oder Abs. 9 Satz 1, jeweils auch in Verbindung mit § 22, entgegen § 19 Abs. 8 oder Abs. 10, jeweils auch in Verbindung mit § 21 Abs. 3 Satz 3 oder § 22, entgegen § 26 Absatz 6, § 27 Absatz 6, § 36 Absatz 4 Satz 1, auch in Verbindung mit § 36b Absatz 4 oder § 36c Absatz 4, § 37a, § 42 Absatz 4 Satz 4, § 42a Satz 1, § 51 Abs. 4, § 54 Abs. 6, auch in Verbindung mit § 73 Abs. 2 oder § 84 Abs. 2, § 56 Absatz 6 Satz 2 oder Absatz 8, jeweils auch in Verbindung mit § 85 Absatz 7, entgegen § 56 Absatz 10, § 61 Abs. 1 Satz 2, § 64 Abs. 5, § 67 Abs. 4, 6 oder Abs. 8 Satz 1, § 75 Abs. 4, 6 oder Abs. 8 Satz 1, § 79 Abs. 3 oder § 85 Abs. 4 oder Abs. 6 Satz 1 eine Anzeige nicht, nicht richtig, nicht vollständig, nicht in der vorgeschriebenen Weise oder nicht rechtzeitig erstattet,

2. entgegen § 7 Abs. 3, auch in Verbindung mit § 8 Abs. 1, § 15 Abs. 2 Satz 3, auch in Verbindung mit § 109 Abs. 5 Satz 2, § 19 Abs. 2 Satz 3, auch in Verbindung mit § 22, § 23 Absatz 3 Satz 1, § 26 Absatz 4 Satz 1 oder Absatz 8 Satz 2, § 27 Absatz 5 Satz 1, § 40 Abs. 1 Satz 4, § 48 Abs. 2, § 51 Abs. 2 Satz 1 oder Satz 4, § 64 Abs. 2 Satz 1 oder Satz 3, § 67 Abs. 2 Satz 1 oder Satz 3, § 75 Abs. 2 Satz 1 oder Satz 3, § 79 Abs. 2 Satz 1 oder Satz 3, § 85 Abs. 2 Satz 1 oder Satz 3, § 100a Absatz 4 Satz 1, auch in Verbindung mit § 101 Absatz 4, oder § 106 Satz 1 eine Aufzeichnung nicht, nicht richtig oder nicht vollständig führt,

3. entgegen § 15 Abs. 2 Satz 1, auch in Verbindung mit § 109 Abs. 5 Satz 2, § 19 Abs. 2 Satz 1, auch in Verbindung mit § 22, § 40 Abs. 1 Satz 1 oder § 56 Abs. 3 Satz 1 ein Buch nicht oder nicht richtig führt,

4. entgegen § 15 Abs. 2 Satz 6, auch in Verbindung mit § 109 Abs. 5 Satz 2, § 19 Abs. 2 Satz 6, auch in Verbindung mit § 22, § 40 Abs. 1 Satz 7 oder § 56 Abs. 4 Satz 6 ein Buch nicht oder nicht rechtzeitig abliefert,

5. entgegen § 15 Abs. 3 Satz 1, § 19 Abs. 3 Satz 1, auch in Verbindung mit § 22, oder § 56 Abs. 3 Satz 6 eine Zusammenstellung nicht, nicht richtig oder nicht rechtzeitig vorlegt,

6. entgegen § 15 Absatz 3 Satz 2, § 15 Absatz 4 Satz 1, auch in Verbindung mit § 109 Abs. 5 Satz 2, § 19 Absatz 3 Satz 2 oder Absatz 4 Satz 1, jeweils auch in Verbindung mit § 22, § 56 Absatz 5 Satz 1, § 56 Absatz 6 Satz 1, auch in Verbindung mit § 85 Absatz 7, § 85 Absatz 3 Satz 1 oder § 109 Absatz 5 Satz 1 eine Anmeldung, nicht richtig oder nicht rechtzeitig abgibt,

7. entgegen § 15 Abs. 5 Satz 2 oder Satz 3, jeweils auch in Verbindung mit § 109 Abs. 5 Satz 2, § 19 Abs. 5 Satz 2 oder Satz 3, jeweils auch in Verbindung mit § 22, § 40 Abs. 2 Satz 2 oder Satz 3 oder § 56 Abs. 7 Satz 2 oder Satz 3, jeweils auch in Verbindung mit § 85 Absatz 7, ein Buch nicht oder eine Aufzeichnung nicht, nicht richtig oder nicht rechtzeitig aufrechnet, einen Bestand nicht, nicht richtig oder nicht rechtzeitig anmeldet oder ein anderes Energieerzeugnis nicht, nicht richtig oder nicht vollständig einbezieht,

8. entgegen § 27 Absatz 5 Satz 3, § 33 Absatz 3 oder Absatz 4, § 36 Absatz 7 Satz 1 oder Satz 2, § 36b Absatz 2 Satz 5, § 36c Absatz 2 Satz 5, § 57 Absatz 3, auch in Verbindung mit § 57 Absatz 9, § 57 Absatz 7 Satz 1 oder Absatz 15, § 68 Absatz 1 Satz 1, § 69 Absatz 2, auch in Verbindung mit § 69 Absatz 4, 5 oder § 76 Absatz 3 Satz 2, oder § 76 Absatz 1 Satz 1 eine Eintragung, eine Aufzeichnung oder einen Vermerk nicht, nicht richtig, nicht in der vorgeschriebenen Weise oder nicht rechtzeitig vornimmt,

9. entgegen § 28 Absatz 1 Satz 4, § 28b Absatz 3, § 33 Absatz 1, § 36 Absatz 3 Satz 4, § 39 Absatz 1 Satz 1, § 44 Satz 4, § 45 Absatz 2 Satz 3 oder § 57 Absatz 10 Satz 4 ein Dokument nicht mitführt,

10. entgegen § 28b Absatz 4 Satz 1, auch in Verbindung mit § 36 Absatz 4 Satz 3, oder § 34 Absatz 4 Energieerzeugnisse nicht, nicht vollständig oder nicht rechtzeitig vorführt,

11. entgegen § 32 Absatz 4 Satz 2, § 36 Absatz 2 Satz 1, auch in Verbindung mit § 36b Absatz 4 oder § 36c Absatz 4, entgegen § 36a Absatz 2 Satz 3, § 36b Absatz 2 Satz 4, § 36c Absatz 2 Satz 4 oder § 45 Absatz 3 Satz 1 eine Unterrichtung nicht, nicht richtig, nicht in der vorgeschriebenen Weise oder nicht rechtzeitig vornimmt,

12. entgegen § 34 Absatz 1 Satz 1, entgegen § 36 Absatz 3 Satz 3 oder entgegen § 36 Absatz 4 Satz 2, auch in Verbindung mit § 36b Absatz 4 oder § 36c Absatz 4, entgegen § 36 Absatz 5 Satz 1 oder Absatz 7 Satz 2, entgegen § 36a Absatz 3 Satz 1, entgegen § 36b Absatz 2 Satz 3 oder Absatz 3 Satz 1, entgegen § 36c Absatz 2 Satz 3 oder Absatz 3 Satz 1 oder entgegen § 36d Absatz 3 Satz 1 eine Übermittlung oder Mitteilung nicht, nicht richtig, nicht in der vorgeschriebenen Weise oder nicht rechtzeitig vornimmt,

13. entgegen § 36d Absatz 1 Satz 1 oder Absatz 2 Satz 1 oder § 39 Absatz 2 Satz 1 ein Dokument nicht, nicht richtig oder nicht rechtzeitig vorlegt,

14. entgegen § 39 Absatz 2 Satz 3 eine Ausfertigung nicht oder nicht rechtzeitig zurücksendet,

15. entgegen § 44 Satz 1, § 45 Absatz 1 Satz 1 oder § 57 Absatz 10 Satz 1 ein Dokument nicht, nicht richtig, nicht in der vorgeschriebenen Weise oder nicht rechtzeitig ausfertigt,

16. entgegen § 56 Abs. 11, § 67 Abs. 7 oder § 85 Abs. 5 den Erlaubnisschein nicht oder nicht rechtzeitig zurückgibt oder

17. entgegen § 100a Absatz 2 Satz 1, auch in Verbindung mit § 101 Absatz 4 Satz 1, oder entgegen § 101 Absatz 4 Satz 2 eine Selbsterklärung nicht richtig oder nicht vollständig abgibt oder nicht richtig oder nicht vollständig beifügt.

(2) Ordnungswidrig im Sinne des § 381 Abs. 1 Nr. 2 der Abgabenordnung handelt, wer vorsätzlich oder leichtfertig

1. entgegen § 7 Abs. 1 Satz 1, auch in Verbindung mit § 8 Abs. 1, eine Kennzeichnung nicht oder nicht richtig vornimmt,

2. entgegen § 7 Abs. 2 Satz 1, auch in Verbindung mit § 8 Abs. 1, eine Probe nicht oder nicht rechtzeitig untersucht,

3. entgegen § 7 Abs. 4 Satz 2, auch in Verbindung mit § 8 Abs. 1, eine Anlage benutzt oder einen technischen Ablauf anwendet,

4. entgegen § 13 Abs. 4, auch in Verbindung mit § 109 Abs. 5 Satz 2, oder § 17 Abs. 4 ein Energieerzeugnis herstellt, lagert oder entnimmt,

5. entgegen § 57 Abs. 12 Satz 1 den Inhalt einer Sendung nicht oder nicht richtig kennzeichnet,

6. entgegen § 46 Abs. 1 Satz 1 Energieerzeugnisse mischt oder sie als Kraftstoff bereithält, abgibt, mitführt oder verbraucht,

7. entgegen § 46 Abs. 1 Satz 2 einen Kennzeichnungsstoff entfernt oder in seiner Wirksamkeit beeinträchtigt,

8. entgegen § 46 Abs. 2 Satz 1 ein Energieerzeugnis in das Steuergebiet verbringt, in den Verkehr bringt oder verwendet,

9. entgegen § 47 Abs. 2 Satz 1 ein dort genanntes Energieerzeugnis abgibt,

10. entgegen § 47 Abs. 2 Satz 3 Energieerzeugnisse vermischt,

11. entgegen § 48 Abs. 1 Satz 1 oder Satz 2 eine Restmenge beimischt,

12. entgegen § 48 Abs. 3 eine Angabe nicht, nicht richtig oder nicht vollständig macht,

13. entgegen § 57 Abs. 4 Satz 1, auch in Verbindung mit § 57 Abs. 9, oder § 69 Abs. 3 ein Energieerzeugnis übergibt oder verteilt,

14. entgegen § 57 Abs. 16 Satz 1 Nr. 3 oder § 76 Abs. 3 Satz 1 ein Energieerzeugnis abgibt oder liefert,

15. entgegen § 107 Abs. 1 oder Abs. 2 Satz 1 einen Hinweis nicht oder nicht richtig gibt,

16. entgegen § 108 Satz 1 ein Energieerzeugnis nicht oder nicht rechtzeitig abläßt,

17. entgegen § 108 Satz 5 ein Fahrzeug nicht oder nicht rechtzeitig vorführt oder

18. entgegen § 108 Satz 6 ein Energieerzeugnis nicht oder nicht rechtzeitig abliefert.

§ 24 KaffeeStG Ordnungswidrigkeiten

Ordnungswidrig im Sinn des § 381 Absatz 1 Nummer 1 der Abgabenordnung handelt, wer vorsätzlich oder leichtfertig

1. entgegen § 9 Absatz 3 Kaffee nicht oder nicht rechtzeitig aufnimmt, nicht oder nicht rechtzeitig ausführt, nicht oder nicht rechtzeitig liefert oder nicht oder nicht rechtzeitig übernimmt oder

2. entgegen § 17 Absatz 4 Satz 1 und 2 und § 18 Absatz 4 Satz 1 und 5, jeweils auch in Verbindung mit § 3, eine Anzeige nicht oder nicht rechtzeitig erstattet.

§ 44 KaffeeStV Ordnungswidrigkeiten

Ordnungswidrig im Sinn des § 381 Absatz 1 Nummer 1 der Abgabenordnung handelt, wer vorsätzlich oder leichtfertig

1. entgegen § 7 Absatz 1 Satz 1 oder 3 oder Absatz 2 Satz 1 oder 2, jeweils auch in Verbindung mit § 12 Absatz 6, § 25 Absatz 4, § 27 Absatz 3 Satz 2, § 30 Absatz 5 oder § 32 Absatz 4, § 8 Absatz 6, auch in Verbindung mit § 12 Absatz 6, § 25 Absatz 4, § 27 Absatz 3 Satz 2, § 30 Absatz 5 oder § 32 Absatz 4, § 10 Satz 1, § 11 Absatz 1 Satz 3, § 19 Absatz 1 oder 2, den §§ 26, 27 Absatz 4 Satz 1 oder 3 eine Anzeige nicht, nicht richtig, nicht in der vorgeschriebenen Weise oder nicht rechtzeitig erstattet,

2. entgegen § 11 Absatz 1 Satz 1 oder 2 oder Absatz 3 Satz 2, § 36 Absatz 1 Satz 1 eine Anmeldung nicht, nicht richtig, nicht vollständig, nicht in der vorgeschriebenen Weise oder nicht rechtzeitig abgibt,

3. entgegen § 9 Absatz 1 Satz 1 oder Absatz 2 Satz 1 oder 2 oder Absatz 3 Satz 1, § 12 Absatz 5 Satz 1, § 16 Absatz 2 Satz 1 oder 2, § 24 Satz 2, § 25 Absatz 3 Satz 1 oder Satz 3, § 27 Absatz 4 Satz 1, § 30 Absatz 7, § 31 Absatz 1 Satz 2, § 34 Absatz 2 Satz 1 oder 2 ein Belegheft, ein Buch, eine Aufzeichnung oder einen dort genannten Beleg nicht, nicht richtig, nicht in der vorgeschriebenen Weise oder nicht rechtzeitig führt,

4. entgegen § 14 Absatz 2 Satz 3 oder § 15 Satz 1 eine Ausfertigung nicht mitführt,

5. entgegen § 14 Absatz 7 Satz 1, auch in Verbindung mit § 16 Absatz 3, § 17 Absatz 3 oder § 32 Absatz 4, § 24 Satz 2, auch in Verbindung mit § 25 Absatz 4, den Kaffee nicht, nicht richtig, nicht vollständig oder nicht rechtzeitig vorführt,
6. entgegen § 13 Absatz 1 Satz 1 oder § 14 Absatz 2 Satz 1 eine Bescheinigung oder ein Dokument nicht, nicht richtig, nicht in der vorgeschriebenen Weise oder nicht rechtzeitig ausfertigt,
7. entgegen § 13 Absatz 1 Satz 1, § 14 Absatz 2 Satz 4 oder Absatz 3 Satz 1, § 32 Absatz 5 Satz 4 eine Bescheinigung, eine Ausfertigung oder eine Bestätigung nicht, nicht richtig oder nicht rechtzeitig vorlegt,
8. entgegen § 14 Absatz 3 Satz 3 einen Rückschein nicht oder nicht rechtzeitig zurückschickt,
9. entgegen § 14 Absatz 6 Satz 1 oder 2 oder Absatz 8 Satz 2 oder § 36 Absatz 1 Satz 3 eine Eintragung nicht, nicht richtig oder nicht rechtzeitig vornimmt oder
10. entgegen § 14 Absatz 1 ein Begleitdokument nicht verwendet.

§ 10 KernbrStG Bußgeldvorschriften

Ordnungswidrig im Sinn des § 381 Absatz 1 Nummer 1 der Abgabenordnung handelt, wer vorsätzlich oder leichtfertig

1. entgegen § 4 Absatz 1 Satz 1 den Betrieb einer Anlage zur Spaltung von Kernbrennstoffen zur gewerblichen Erzeugung von Elektrizität nicht, nicht richtig, nicht vollständig oder nicht rechtzeitig anmeldet,
2. entgegen § 4 Absatz 3 Satz 1 eine Aufzeichnung nicht, nicht richtig, nicht vollständig oder nicht rechtzeitig führt,
3. einer vollziehbaren Anordnung nach § 4 Absatz 3 Satz 3 zuwiderhandelt oder
4. entgegen § 4 Absatz 5 eine Änderung nicht, nicht richtig, nicht vollständig oder nicht rechtzeitig anzeigt.

§ 35 SchaumwZwStG Ordnungswidrigkeiten

Ordnungswidrig im Sinn des § 381 Absatz 1 Nummer 1 der Abgabenordnung handelt, wer vorsätzlich oder leichtfertig

1. entgegen § 10 Absatz 3, auch in Verbindung mit § 29 Absatz 3, Schaumwein oder ein Zwischenerzeugnis nicht oder nicht rechtzeitig aufnimmt oder nicht oder nicht rechtzeitig übernimmt,
2. entgegen § 11 Absatz 4 oder § 12 Absatz 2, jeweils auch in Verbindung mit § 29 Absatz 3 oder § 32 Absatz 2 Nummer 2, Schaumwein, ein Zwischenerzeugnis oder Wein nicht oder nicht rechtzeitig aufnimmt, nicht oder nicht rechtzeitig übernimmt, nicht oder nicht rechtzeitig befördert oder nicht oder nicht rechtzeitig ausführt oder
3. entgegen
   a) § 20 Absatz 4 oder § 21 Absatz 4 Satz 1 oder Satz 5, jeweils auch in Verbindung mit § 29 Absatz 3, oder
   b) § 21 Absatz 7 Satz 1, auch in Verbindung mit § 29 Absatz 3 oder § 32 Absatz 2 Nummer 2,
eine Anzeige nicht oder nicht rechtzeitig erstattet.

§ 53 SchaumwZwStV Ordnungswidrigkeiten

(1) Ordnungswidrig im Sinn des § 381 Absatz 1 Nummer 1 der Abgabenordnung handelt, wer vorsätzlich oder leichtfertig

1. entgegen
   a) § 7 Absatz 1 Satz 1 oder 3 oder Absatz 2 Satz 1 oder 2, jeweils auch in Verbindung mit § 12 Absatz 6, § 13 Absatz 6, § 34 Absatz 2 Satz 2 oder § 38a Absatz 4,
   b) § 8 Absatz 6, auch in Verbindung mit § 12 Absatz 6, § 13 Absatz 6, § 34 Absatz 2 Satz 2, § 36 Absatz 3 Satz 2, § 38a Absatz 4, § 46 Absatz 2 Satz 3, § 48 Absatz 2 Satz 3 oder § 49 Absatz 2 Satz 3,
   c) § 10 Absatz 1 Satz 1, § 11 Absatz 1 Satz 3, § 29 Absatz 2 oder Absatz 3, § 34 Absatz 1 Satz 1, § 36 Absatz 4 Satz 3, § 37 Absatz 1 Satz 1, § 38a Absatz 2 Satz 2, § 40 Absatz 2 Satz 1 oder 3, § 45 Absatz 3, § 46 Absatz 3 Satz 1 oder § 51 Absatz 3 Satz 1 oder
   d) § 24 Absatz 4 Satz 1, auch in Verbindung mit § 26 Absatz 4 oder § 50 Absatz 1 Satz 2
eine Anzeige nicht, nicht richtig, nicht in der vorgeschriebenen Weise oder nicht rechtzeitig erstattet,
2. entgegen
   a) § 8 Absatz 5 Satz 2, auch in Verbindung mit § 38a Absatz 4,
   b) § 11 Absatz 1 Satz 1 oder Absatz 3 Satz 2, § 32 Satz 1, § 38d Absatz 2 oder § 45 Absatz 1 Satz 1 oder
   c) § 30, auch in Verbindung mit § 34 Absatz 1 Satz 2 oder Absatz 2 Satz 2, § 36 Absatz 5 oder § 37 Absatz 2
eine Anmeldung nicht, nicht richtig, nicht in der vorgeschriebenen Weise oder nicht rechtzeitig abgibt,
3. entgegen
   a) § 9 Absatz 1 Satz 1 oder Absatz 2 Satz 1 oder Absatz 3 Satz 1, § 36 Absatz 4 Satz 1, § 38b Absatz 1 Satz 1 oder Absatz 2 Satz 1, § 40 Absatz 3 Satz 1 oder § 45 Absatz 2 Satz 1,
   b) § 12 Absatz 5 Satz 1 oder 4, jeweils auch in Verbindung mit § 34 Absatz 2 Satz 2 oder
   c) § 47 Absatz 1 Satz 1 oder Absatz 2 Satz 1, auch in Verbindung mit § 48 Absatz 3 oder § 49 Absatz 3
ein Belegheft, ein Buch oder eine Aufzeichnung nicht, nicht richtig, nicht in der vorgeschriebenen Weise oder nicht rechtzeitig führt,
4. entgegen § 16 Absatz 1, § 19 Absatz 2 oder § 20 Absatz 2, jeweils auch in Verbindung mit § 50 Absatz 1 Satz 2, § 21 Absatz 1 Satz 1, auch in Verbindung mit Absatz 3 Satz 1 oder § 50 Absatz 1 Satz 2, § 24 Absatz 3 Satz 3 oder Absatz 5 Satz 1, jeweils auch in Verbindung mit § 50 Absatz 1 Satz 2, § 25 Absatz 3 Satz 1, auch in Verbindung mit § 50 Absatz 1 Satz 2, § 26 Absatz 3 Satz 3, jeweils auch in Verbindung mit § 50 Absatz 1 Satz 2, 27 Absatz 3 Satz 1, auch in Verbindung mit § 50 Absatz 2, oder § 52 Absatz 2 Satz 1 eine Übermittlung nicht, nicht richtig, nicht in der vorgeschriebenen Weise oder nicht rechtzeitig vornimmt,
5. entgegen § 16 Absatz 3 Satz 1 oder 3, auch in Verbindung mit § 50 Absatz 1 Satz 2, § 17 Satz 1, § 23 Absatz 2 Satz 3, § 24 Absatz 3 Satz 4, auch in Verbindung mit § 50 Absatz 1 Satz 2, § 34 Absatz 3, auch in Verbindung mit § 35, § 40 Absatz 1 Satz 2, § 42 Absatz 1 Satz 3 oder § 51 Absatz 1 Satz 2, auch in Verbindung mit § 52 Absatz 1 Satz 1, einen Ausdruck oder eine Ausfertigung eines Dokuments oder einer Bescheinigung nicht mitführt,

6. entgegen § 16 Absatz 4 Satz 1, auch in Verbindung mit § 24 Absatz 4 Satz 3 oder § 50 Absatz 1 Satz 2, § 21 Absatz 4, § 23 Absatz 6 Satz 1, § 34 Absatz 1 Satz 3, § 40 Absatz 3 Satz 3 oder § 51 Absatz 2 Satz 3 den Schaumwein nicht, nicht richtig, nicht vollständig oder nicht rechtzeitig vorführt,

7. entgegen § 23 Absatz 2 Satz 1, § 24 Absatz 3 Satz 1, § 25 Absatz 2 Satz 1 oder § 26 Absatz 2 Satz 1, jeweils auch in Verbindung mit § 50 Absatz 1 Satz 2, § 27 Absatz 2 Satz 1, auch in Verbindung mit § 50 Absatz 2, § 40 Absatz 1 Satz 1, § 42 Absatz 1 Satz 1, § 51 Absatz 1 Satz 1, auch in Verbindung mit § 52 Absatz 1 Satz 1, ein Dokument nicht oder nicht richtig oder nicht in der vorgeschriebenen Weise ausfertigt,

8. entgegen § 23 Absatz 3 Satz 1 oder Absatz 4 Satz 2, § 24 Absatz 4 Satz 2, auch in Verbindung mit § 26 Absatz 4 oder § 50 Absatz 1 Satz 2, § 27 Absatz 1 Satz 1, auch in Verbindung mit § 50 Absatz 2, § 34 Absatz 4 Satz 1 oder § 42 Absatz 2 ein Dokument oder eine Ausfertigung nicht, nicht richtig oder nicht rechtzeitig vorlegt,

9. entgegen § 23 Absatz 3 Satz 3 oder Absatz 4 Satz 4 einen Rückschein oder eine Sammelanmeldung als Rückschein nicht oder nicht rechtzeitig zurücksendet,

10. entgegen § 24 Absatz 2 Satz 1, auch in Verbindung mit § 26 Absatz 4 oder § 50 Absatz 1 Satz 2, § 25 Absatz 2 Satz 3, auch in Verbindung mit § 50 Absatz 1 Satz 2, § 26 Absatz 2 Satz 4, § 42 Absatz 3 Satz 1 oder § 52 Absatz 3 eine Unterrichtung nicht, nicht richtig oder nicht rechtzeitig vornimmt oder

11. entgegen § 24 Absatz 7 Satz 1 oder 2 oder § 26 Absatz 2 Satz 5 eine Eintragung oder einen Vermerk nicht, nicht richtig, nicht in der vorgeschriebenen Weise oder nicht rechtzeitig vornimmt,

12. entgegen § 38a Absatz 2 Satz 1 einen Erlaubnisschein nicht oder nicht rechtzeitig zurückgibt.

(2) Ordnungswidrig im Sinn des § 381 Absatz 1 Nummer 2 der Abgabenordnung handelt, wer vorsätzlich oder leichtfertig

1. entgegen § 23 Absatz 5 Satz 2 einen Lieferschein oder eine Rechnung nicht, nicht richtig oder nicht in der vorgeschriebenen Weise kennzeichnet,

2. entgegen § 38d Absatz 1 Satz 2 ein Handelspapier nicht, nicht richtig, nicht in der vorgeschriebenen Weise oder nicht rechtzeitig beigibt oder

3. entgegen § 42 Absatz 1 Satz 2 oder § 52 Absatz 1 Satz 2 einen Hinweis nicht, nicht richtig oder nicht in der vorgeschriebenen Weise anbringt.

(3) Die Vorschriften des Absatzes 1 Nummer 1 bis 11 und des Absatzes 2 Nummer 1 und 2 gelten auch für Zwischenerzeugnisse im Sinn des § 43.

§ 9 SpaEfV Ordnungswidrigkeiten

Ordnungswidrig im Sinne des § 381 Absatz 1 Nummer 1 der Abgabenordnung handelt, wer vorsätzlich oder leichtfertig entgegen § 4 Absatz 6 Satz 1 oder § 5 Absatz 5 Satz 1 einen dort genannten Nachweis nicht richtig ausstellt oder nicht richtig bestätigt.

§ 20 StromStV Ordnungswidrigkeiten

Ordnungswidrig im Sinn des § 381 Absatz 1 Nummer 1 der Abgabenordnung handelt, wer vorsätzlich oder leichtfertig

1. entgegen § 4 Absatz 2 Satz 1, auch in Verbindung mit § 4 Absatz 7 oder § 13a Absatz 3 Satz 2, entgegen § 11 Absatz 2 Satz 1 oder entgegen § 17c Absatz 4 Satz 1, auch in Verbindung mit § 19 Absatz 4 Satz 1, eine Aufzeichnung nicht, nicht richtig oder nicht vollständig führt,

2. entgegen § 4 Absatz 4, auch in Verbindung mit § 4 Absatz 7 oder § 13a Absatz 3 Satz 2, entgegen § 4 Absatz 5 Satz 2, entgegen § 11 Absatz 4 oder entgegen § 11 Absatz 5 Satz 2 eine Anzeige nicht, nicht richtig, nicht vollständig, nicht in der vorgeschriebenen Weise oder nicht rechtzeitig erstattet,

3. entgegen § 4 Absatz 5 Satz 1 oder entgegen § 11 Absatz 5 Satz 1 einen Erlaubnisschein nicht oder nicht rechtzeitig zurückgibt,

4. entgegen § 4 Absatz 6 eine Anmeldung nicht, nicht richtig oder nicht rechtzeitig abgibt oder

5. entgegen § 17c Absatz 2 Satz 1, auch in Verbindung mit § 19 Absatz 4 Satz 1, oder entgegen § 19 Absatz 4 Satz 2 eine Selbsterklärung nicht richtig oder nicht vollständig abgibt.

§ 36 TabStG Ordnungswidrigkeiten

(1) Ordnungswidrig im Sinn des § 381 Absatz 1 Nummer 1 der Abgabenordnung handelt, wer vorsätzlich oder leichtfertig

1. entgegen § 3 Absatz 3 Satz 2 unterschiedliche Kleinverkaufspreise bestimmt,

2. entgegen § 3 Absatz 4 einen Kleinverkaufspreis nicht oder nicht richtig bestimmt,

3. entgegen § 11 Absatz 3, § 12 Absatz 4 oder § 13 Absatz 2 Tabakwaren nicht oder nicht rechtzeitig aufnimmt, nicht oder nicht rechtzeitig übernimmt, nicht oder nicht rechtzeitig befördert oder nicht oder nicht rechtzeitig ausführt oder

4. entgegen § 33 Absatz 2 eine der dort genannten Tätigkeiten nicht oder nicht rechtzeitig anmeldet.

(2) Ordnungswidrig im Sinn des § 381 Absatz 1 Nummer 2 der Abgabenordnung handelt, wer vorsätzlich oder leichtfertig

1. entgegen § 16 Absatz 1 Tabakwaren in den steuerrechtlich freien Verkehr überführt,

2. entgegen § 24 Absatz 1 Satz 1 oder Satz 2 Kleinverkaufspackungen andere Gegenstände beipackt,

3. einer Vorschrift des § 25 1 Satz 1, Satz 2 oder Satz 4 bis 6 über Packungen im Handel oder den Stückverkauf zuwiderhandelt,

4. entgegen § 26 Absatz 1 den Packungspreis oder den Kleinverkaufspreis unterschreitet, Rabatt oder eine Rückvergütung gewährt, Gegenstände zugibt oder die Abgabe mit dem Verkauf anderer Gegenstände koppelt oder

5. entgegen § 29 Tabakwaren gewerbsmäßig ausspielt.

(3) Ordnungswidrig handelt, wer vorsätzlich oder leichtfertig entgegen § 30 Absatz 2 ein Gerät anbietet oder bereitstellt.

(4) Die Ordnungswidrigkeit kann in den Fällen des Absatzes 3 mit einer Geldbuße bis zu fünfzigtausend Euro geahndet werden.

§ 60 TabStV Ordnungswidrigkeiten

(1) Ordnungswidrig im Sinn des § 381 Absatz 1 Nummer 1 der Abgabenordnung handelt, wer vorsätzlich oder leichtfertig

1. entgegen § 8 Absatz 1 Satz 1 oder 3, jeweils auch in Verbindung mit § 13 Absatz 7, § 14 Absatz 6, § 37 Absatz 2 Satz 1 oder § 46 Absatz 3 eine Anzeige nicht, nicht richtig, nicht in der vorgeschriebenen Weise oder nicht rechtzeitig erstattet,
2. entgegen § 8 Absatz 2 Satz 1, jeweils auch in Verbindung mit § 13 Absatz 7, § 14 Absatz 6 oder § 37 Absatz 2 Satz 1 eine Anzeige nicht, nicht richtig, nicht in der vorgeschriebenen Weise oder nicht rechtzeitig erstattet,
3. entgegen § 8 Absatz 3 Satz 1 oder 2, jeweils auch in Verbindung mit § 13 Absatz 7, § 14 Absatz 6 oder § 37 Absatz 2 Satz 1 eine Anzeige nicht, nicht richtig, nicht in der vorgeschriebenen Weise oder nicht rechtzeitig erstattet,
4. entgegen § 9 Absatz 6, auch in Verbindung mit § 13 Absatz 7, § 14 Absatz 6 oder § 46 Absatz 3, oder § 37 Absatz 1 Satz 1 eine Anzeige nicht, nicht richtig, nicht in der vorgeschriebenen Weise oder nicht rechtzeitig erstattet,
5. entgegen § 11 Satz 1, § 30 Absatz 1 oder 2 oder § 40 Absatz 6 eine Anzeige nicht, nicht richtig oder nicht rechtzeitig erstattet,
6. entgegen § 12 Absatz 1 Satz 3, auch in Verbindung mit § 32 Absatz 8, § 37 Absatz 2 Satz 2 oder § 46 Absatz 3 eine Anzeige nicht oder nicht rechtzeitig erstattet,
7. entgegen § 25 Absatz 4 Satz 1, auch in Verbindung mit § 27 Absatz 4, eine Anzeige nicht oder nicht rechtzeitig erstattet,
8. entgegen § 12 Absatz 1 Satz 1 oder Absatz 3 Satz 2, jeweils auch in Verbindung mit § 32 Absatz 8, § 37 Absatz 2 Satz 2 oder § 46 Absatz 3, § 51 Absatz 1 Satz 1 und Absatz 2 Satz 1 eine Anmeldung nicht, nicht richtig, nicht vollständig, nicht in der vorgeschriebenen Weise oder nicht rechtzeitig abgibt,
9. entgegen § 10 Absatz 1 Satz 1 oder Absatz 3 Satz 1 oder Absatz 3 Satz 2, jeweils auch in Verbindung mit § 32 Absatz 8, § 37 Absatz 2 Satz 2 oder § 46 Absatz 3, § 13 Absatz 6 Satz 1 oder 4, § 14 Absatz 5 Satz 1 oder 3 ein Belegheft, ein Buch oder eine Aufzeichnung nicht, nicht richtig, nicht in der vorgeschriebenen Weise oder nicht rechtzeitig führt,
10. entgegen § 22 Absatz 1 Satz 1, § 25 Absatz 3 Satz 3 oder Absatz 5 Satz 1, § 26 Absatz 3 Satz 1, § 27 Absatz 2 Satz 3 oder Absatz 3 Satz 1, § 28 Absatz 3 Satz 1, § 40 Absatz 2 Satz 2 eine Übermittlung nicht, nicht richtig, nicht in der vorgeschriebenen Weise oder nicht rechtzeitig vornimmt,
11. entgegen § 17 Absatz 3, § 18 Satz 1, § 24 Absatz 2 Satz 3, § 40 Absatz 2 Satz 3 oder Absatz 5 Satz 1 ein Dokument, eine Bescheinigung oder eine Ausfertigung nicht mitführt,
12. entgegen § 17 Absatz 4 Satz 1, auch in Verbindung mit § 25 Absatz 4 Satz 3, § 22 Absatz 4, § 24 Absatz 6 Satz 1, die Tabakwaren nicht, nicht vollständig oder nicht rechtzeitig vorführt,
13. entgegen § 24 Absatz 1 Satz 1 ein Begleitdokument nicht verwendet,
14. entgegen § 5 Absatz 3 Satz 1, auch in Verbindung mit § 8 Absatz 2 Satz 2, § 13 Absatz 2 Satz 3 oder Absatz 8 Satz 2, § 14 Absatz 1 Satz 3 oder § 37 Absatz 1 Satz 3, § 15 Absatz 1 Satz 1, § 24 Absatz 2 Satz 1, § 25 Absatz 3 Satz 1, § 26 Absatz 2 Satz 1, § 27 Absatz 2 Satz 1, § 28 Absatz 3 Satz 1, § 40 Absatz 2 Satz 1 ein Sortenverzeichnis, eine Bescheinigung oder ein Dokument nicht, nicht richtig oder nicht in der vorgeschriebenen Weise ausfertigt,
15. entgegen § 5 Absatz 3 Satz 2 oder 3, jeweils auch in Verbindung mit § 8 Absatz 2 Satz 2, § 13 Absatz 2 Satz 3 oder Absatz 8 Satz 2, § 14 Absatz 1 Satz 3 oder § 37 Absatz 1 Satz 3, § 15 Absatz 1 Satz 1, § 24 Absatz 3 Satz 1 oder Absatz 4 Satz 2, § 25 Absatz 4 Satz 2, auch in Verbindung mit § 27 Absatz 4, oder § 28 Absatz 3 Satz 1 ein Sortenverzeichnis, eine Bescheinigung, ein Dokument oder eine Ausfertigung nicht, nicht richtig oder nicht rechtzeitig vorlegt,
16. entgegen § 24 Absatz 3 Satz 3 oder Absatz 4 Satz 4 einen Rückschein oder eine Sammelanmeldung als Rückschein nicht oder nicht rechtzeitig zurückschickt,
17. entgegen § 25 Absatz 2 Satz 1, auch in Verbindung mit § 27 Absatz 4, § 26 Absatz 2 Satz 3, § 27 Absatz 2 Satz 4, § 40 Absatz 3 Satz 1 eine Unterrichtung nicht, nicht richtig, nicht rechtzeitig oder nicht in der vorgeschriebenen Weise vornimmt oder
18. entgegen § 25 Absatz 7 Satz 1 oder 2, § 27 Absatz 2 Satz 5 eine Eintragung oder einen Vermerk nicht, nicht richtig oder nicht rechtzeitig vornimmt,
19. entgegen § 12 Absatz 1 Satz 1, auch in Verbindung mit § 32 Absatz 8, § 37 Absatz 2 Satz 2 oder § 46 Absatz 3 eine Bestandsaufnahme nicht oder nicht richtig durchführt,
20. entgegen § 34 Absatz 1 Satz 1 oder 4 oder Absatz 2 Satz 1 oder 2 ein Steuerzeichen verwendet,
21. entgegen § 35 Absatz 1 Satz 1 ein Steuerzeichen nicht, nicht richtig oder nicht in der vorgeschriebenen Weise entwertet,
22. entgegen § 35 Absatz 3 Satz 1 oder 2 ein Steuerzeichen nicht oder nicht in der vorgeschriebenen Weise anbringt oder befestigt oder
23. entgegen § 35 Absatz 4 eine Kleinverkaufspackung verwendet.

(2) Ordnungswidrig im Sinn des § 381 Absatz 1 Nummer 2 der Abgabenordnung handelt, wer vorsätzlich oder leichtfertig

1. entgegen § 24 Absatz 5 Satz 2 einen Lieferschein oder eine Rechnung nicht, nicht richtig oder nicht in der vorgeschriebenen Form kennzeichnet,
2. entgegen § 44 Absatz 4 Satz 1 oder 2 ein Deputat nicht oder nicht in der vorgeschriebenen Weise kennzeichnet oder Name und Sitz des Herstellers nicht angibt,
3. entgegen § 40 Absatz 1 Satz 2 einen Hinweis nicht, nicht richtig oder nicht in der vorgeschriebenen Weise anbringt oder
4. entgegen § 47 Absatz 1 Satz 2 ein Handelspapier nicht, nicht richtig oder nicht in der vorgeschriebenen Weise beifügt.

Hinzu kommen die Ordnungswidrigkeiten der **Brennereiordnung** (Anlage zur Branntweinmono- **9** polverordnung) v. 20.2.1998 (BGBl. I 384, gültig ab 4.3.1998), die einer **anderen Regelungstechnik** folgen. Anders als bei den oben angeführten Verbrauchsteuergesetzen und Rechtsverordnungen sind die Ordnungswidrigkeiten hier nicht in einer Vorschrift am Ende der VO zusammengefasst, sondern schließen sich jeweils an die zu sanktionierende Verhaltenspflicht an. Dies erleichtert das Verständnis des Tatbestandes, weil Verweisungen innerhalb der Verordnung vermieden werden, erschwert aber das Auffinden der Bußgeldbewehrung. IE sieht die BrennO folgende Ordnungswidrigkeiten vor, die auf § 381 verweisen:

§ 17 BrennO [Anmeldepflicht; Ordnungswidrigkeit]

(1) [1] Soll der Feinbrand in einer Zeit erfolgen, für die eine Abfindungsanmeldung nicht abgegeben wird, so ist dies der Dienststelle des Hauptzollamts, die die Steueraufsicht ausübt, spätestens 3 Werktage vor dem beabsichtigten Betriebsbeginn nach vorgeschriebenem Muster in doppelter Ausfertigung anzumelden. [2] Die Dienststelle des Hauptzollamts, die die Steueraufsicht ausübt, erteilt eine Genehmigung. [3] Sie kann die angemeldete Betriebszeit auf die zur Durchführung des Feinbrandes angemessene und erforderliche Zeit beschränken.

(2) Ordnungswidrig im Sinne des § 381 Absatz 1 Nummer 1 der Abgabenordnung handelt, wer vorsätzlich oder leichtfertig der Anmeldepflicht nach Absatz 1 Satz 1 zuwiderhandelt.

§ 139 BrennO [Maischfrist; Ordnungswidrigkeit]

(1) In Brennereien, die mehlige Stoffe verarbeiten, darf nur in der Zeit von 6.00 bis 20.00 Uhr oder in der in Einzelfällen vom Hauptzollamt festgesetzten Zeit (Maischfrist) eingemaischt werden.

(2) [1] Als Beginn der Einmaischung gilt der Zeitpunkt, in dem die Verzuckerung der Stärke eingeleitet wird, als Schluss der Einmaischung der Zeitpunkt, in dem das Gärmittel zugesetzt wird. [2] In Zweifelsfällen bestimmt das Hauptzollamt den Zeitpunkt, der als Beginn der Einmaischung zu gelten hat.

(3) Das Hauptzollamt kann die für Maischen aus mehligen Stoffen geltenden Maischfristen auch auf Maischen aus anderen Stoffen ausdehnen.

(4) Ordnungswidrig im Sinne des § 381 Absatz 1 Nummer 1 der Abgabenordnung handelt, wer vorsätzlich oder leichtfertig außerhalb der Maischfrist des Absatzes 1 einmaischt.

§ 161 BrennO [Aufbewahrung der Rohstoffe]

(1) [1] Die zu einer Einmaischung angemeldeten Rohstoffe sind mindestens eine halbe Stunde vor Beginn der Einmaischung und, wenn dieser eine vorbereitete Verarbeitung vorausgeht, vor Beginn dieser Verarbeitung an den angemeldeten Aufbewahrungsort zu verbringen. [2] Von diesem Zeitpunkt ab bis zur Beendigung der Einmaischung dürfen weitere Rohstoffe weder in die Brennerei noch an den Aufbewahrungsort gebracht werden. [3] Die nach Beendigung der Einmaischung an den Aufbewahrungsort gebrachten Rohstoffe dürfen die für die nächste Einmaischung angemeldete Menge nicht überschreiten.

(2) [1] Werden in einer Brennerei die Kartoffeln aus der Wäsche ohne weitere Lagerung in den Dämpfer übergeführt, so kann der Brenner verbindlich angeben, welches Gewicht der Befüllung des Dämpfers für die einzelne Maischung entspricht. [2] Alsdann kann bei der amtlichen Prüfung das Gewicht ohne Verwiegung nach der Füllhöhe des Dämpfers ermittelt werden. [3] Die Angabe des Brenners ist von Zeit zu Zeit durch Verwiegen der einzufüllenden Kartoffeln nachzuprüfen.

(3) Das Hauptzollamt kann weitere Aufsichtsmaßregeln anordnen und für einzelne Brennereien unter sichernden Bedingungen Ausnahmen zulassen.

(4) [1] Nichtmehlige Rohstoffe sind am Tag vor dem ersten Abtrieb bis spätestens 12 Uhr auf das Brennereigrundstück zu verbringen. [2] Auf den Aufbewahrungsgefäßen müssen die Art und Menge der Rohstoffe und der Name des Anmelders angegeben sein. [3] Die Dienststelle des Hauptzollamts, die die Steueraufsicht ausübt, kann Ausnahmen zulassen.

(5) Ordnungswidrig im Sinne des § 381 Absatz 1 Nummer 1 der Abgabenordnung handelt, wer vorsätzlich oder leichtfertig einer Vorschrift des Absatzes 1 oder des Absatzes 4 Satz 1 oder 2 über die Aufbewahrung der Rohstoffe oder Kennzeichnung der Aufbewahrungsgefäße zuwiderhandelt.

§ 162 BrennO [Maischfrist; Ordnungswidrigkeit]

(1) [1] Die Bestimmungen des § 139 und des § 140 Satz 1 über die Maischfrist sowie über die Bereitung und Gärung der Maische sind entsprechend anzuwenden. [2] Es darf nur zu den in der Brenngenehmigung angegebenen Zeiten gemaischt werden.

(2) [1] Die Gärgefäße sind mit der aus den angemeldeten Rohstoffen bereiteten Maische ohne Unterbrechung zu befüllen. [2] Nach dem Zusetzen des Gärmittels darf weitere Maische den Gärgefäßen nicht zugeführt werden.

(3) Ordnungswidrig im Sinne des § 381 Absatz 1 Nummer 1 der Abgabenordnung handelt, wer vorsätzlich oder leichtfertig einer Vorschrift des Absatzes 1 oder 2 über die Maischfrist, das Einmaischen oder die Behandlung der Maische zuwiderhandelt.

§ 163 BrennO [Brennfrist; Ordnungswidrigkeit]

(1) [1] Wegen der Brennfrist gilt die Bestimmung in § 142 Satz 1. [2] Innerhalb der Brennfrist dürfen die Roh- und Feinbrenngeräte nur an den Tagen und zu den Stunden benutzt werden, die in der Brenngenehmigung angegeben sind. [3] Das Hauptzollamt kann die Brennfrist verlängern, für das Abbrennen von Material auch eine unbeschränkte Brennfrist (einen ununterbrochenen Tag- und Nachtbetrieb) zulassen; es kann diese Befugnis auf die Dienststelle des Hauptzollamts, die die Steueraufsicht ausübt, übertragen.

(2) Ordnungswidrig im Sinne des § 381 Absatz 1 Nummer 1 der Abgabenordnung handelt, wer vorsätzlich oder leichtfertig entgegen Absatz 1 Satz 1 außerhalb der Brennfrist brennt oder entgegen Absatz 1 Satz 2 Roh- oder Feinbrenngeräte außerhalb der in der Brenngenehmigung vorgeschriebenen Betriebszeit benutzt.

§ 166 BrennO [Brennbuch]

(1) [1] In Brennereien ist vom Brennereibesitzer ein Brennbuch nach amtlich vorgeschriebenem Vordruck (1225/ 1226) zu führen. [2] Das Hauptzollamt lässt an Stelle des amtlichen Vordrucks auf Antrag widerruflich ein Brennbuch in elektronischer Form zu, wenn steuerliche Belange dadurch nicht beeinträchtigt werden. [3] Die Zulassungsvoraussetzungen werden durch Verwaltungsvorschrift des Bundesministeriums der Finanzen bestimmt. [4] In begründeten Ausnahmefällen kann das Hauptzollamt von der Führung eines Brennbuchs befreien.

(2) Ordnungswidrig im Sinne des § 381 Absatz 1 Nummer 1 der Abgabenordnung handelt, wer vorsätzlich oder leichtfertig entgegen Absatz 1 Satz 1 ein Brennbuch nicht, nicht richtig oder nicht vollständig führt.

§ 168 BrennO [Abfindungsanmeldung; Ordnungswidrigkeit]

(1) [1] Die Herstellung von Branntwein unter Abfindung und die Reinigung des gewonnenen Rohbrandes (Lutter) ist mit einer Abfindungsanmeldung nach amtlich vorgeschriebenem Vordruck anzumelden. [2] Die Abfindungsanmeldung ist vom Brennereibesitzer eigenhändig zu unterschreiben (§ 150 Absatz 3 der Abgabenordnung). [3] Die Erstausfertigung der Abfindungsanmeldung ist spätestens fünf Werktage vor der Betriebseröffnung (§ 134 Absatz 2) dem Hauptzollamt Stuttgart einzureichen. [4] Die Zweitausfertigung verbleibt in der Brennerei und ist zusammen mit der Brenngenehmigung (§ 170) bis zum Ende des angemeldeten Betriebs, im Fall des § 132 bis zur Abfertigung des Branntweins, für die Dienststelle des Hauptzollamts, die die Steueraufsicht ausübt, bereitzuhalten.

(2) [1] Sollen nichtmehlige Rohstoffe (Obststoffe) verarbeitet werden, ist anzugeben, ob sie selbstgewonnen sind. [2] Weiter ist anzugeben, ob die zu verarbeitenden Obststoffe in das Monopolgebiet eingeführt worden sind. [3] Branntwein, der aus anderen Stoffen als aus Wein, Steinobst, Beeren und Enzianwurzeln hergestellt wird und von der Bundesmonopolverwaltung übernommen werden soll, ist in der Abfindungsanmeldung zur Übernahme anzumelden. [4] Ferner ist anzumelden, wenn in Obstbrennereien fremde Rohstoffe im Lohn verarbeitet werden sollen.

(3) Ordnungswidrig im Sinne des § 381 Absatz 1 Nummer 1 der Abgabenordnung handelt, wer vorsätzlich oder leichtfertig entgegen Absatz 1 Satz 3 die Zweitausfertigung der Abfindungsanmeldung oder die Brenngenehmigung nicht bereithält, einer Erklärungspflicht nach Absatz 2 Satz 1 oder 2 oder einer Anmeldepflicht nach Absatz 2 Satz 3 oder 4 zuwiderhandelt.

§ 169 BrennO [Verschiedene Rohstoffe; Ordnungswidrigkeit]

(1) [1] Die Herstellung von Branntwein aus verschiedenen Rohstoffen kann in einer Abfindungsanmeldung für beliebige Zeitabschnitte eines Kalendermonats angemeldet werden. [2] Die Reinigung des Rohbranntweins (Lutter) ist in der Abfindungsanmeldung für den Herstellungsmonat anzumelden, wenn sie im selben oder folgenden Kalendermonat durchgeführt wird. [3] Werden mehlige Rohstoffe am Ende eines Kalendermonats lediglich gemaischt, so ist der Betrieb in der Abfindungsanmeldung für den folgenden Kalendermonat anzumelden.

(2) [1] Die Rohstoffe sind nach Gattung und Menge anzumelden. Sollen Gemische verschiedener Rohstoffgattungen verarbeitet werden, so sind die einzelnen Mischungsbestandteile der Gattung nach anzumelden. [2] Bei der Angabe der Gattungsbezeichnungen dürfen Abkürzungen nicht verwendet werden.

(3) [1] Soll Rohbranntwein oder Vor- und Nachlauf mit Maische oder Material abgetrieben werden, so sind die einzelnen Abtriebe anzumelden. [2] Das gleiche gilt, wenn Vor- und Nachlauf mit einem Feinbrand abgetrieben werden sollen. [3] Ist der Rohbranntwein oder der Vor- und Nachlauf in einer Zeit gewonnen worden, für die die Abfindungsanmeldung nicht gilt, so ist unter Angabe des Alkoholgehaltes auch die Branntweinmenge anzumelden, die den einzelnen Abtrieben zugesetzt wird. [4] Der Zusatz darf nur in der Brennblase erfolgen.

(4) [1] Im Fall der Materialüberwachung ist der gesamte Inhalt eines Vorratsgefäßes zum ununterbrochenen Abtrieb anzumelden. [2] Die Dienststelle des Hauptzollamts, die die Steueraufsicht ausübt, kann Ausnahmen zulassen.

(5) Ordnungswidrig im Sinne des § 381 Absatz 1 Nummer 1 der Abgabenordnung handelt, wer vorsätzlich oder leichtfertig einer Anmeldepflicht nach Absatz 2, 3 Satz 1 bis 3 oder Absatz 4 Satz 1 zuwiderhandelt oder entgegen Absatz 3 Satz 4 den Zusatz von Branntwein nicht in der Brennblase vornimmt.

§ 171 BrennO [Zurücknahme der Abfindungsanmeldung; vorläufige Brenngenehmigung]

(1) [1] Der Brennereibesitzer darf die Abfindungsanmeldung zurücknehmen, wenn er den Betrieb noch nicht eröffnet hat. [2] Er hat die Zurücknahme in der Brenngenehmigung oder, soweit eine solche noch nicht erteilt ist, im Zweitstück der Abfindungsanmeldung zu vermerken, die Dienststelle des Hauptzollamts, die die Steueraufsicht ausübt, und die örtliche Zollstelle unverzüglich zu benachrichtigen und das Zweitstück der Abfindungsanmeldung sowie die Brenngenehmigung der Dienststelle des Hauptzollamts, die die Steueraufsicht ausübt, zurückzugeben.

(2) [1] Muß der angemeldete Betrieb nach seiner Eröffnung unterbrochen oder geändert werden, so hat der Brennereibesitzer dies sofort unter Angabe des Grundes und der Zeit in der Brenngenehmigung zu vermerken und der Dienststelle des Hauptzollamts, die die Steueraufsicht ausübt, und der örtlichen Zollstelle unverzüglich mündlich oder fernmündlich anzuzeigen. [2] Die Dienststelle des Hauptzollamts, die die Steueraufsicht ausübt, stellt den Sachverhalt fest und veranlaßt die Neufestsetzung der Alkoholmenge und der Branntweinsteuer durch die zuständige Zollstelle.

(3) [1] Geht bis zum angemeldeten Zeitpunkt des Betriebsbeginns weder die beantragte Brenngenehmigung noch eine Zurückweisung der Abfindungsanmeldung ein und wünscht der Brennereibesitzer trotzdem den Betrieb zu eröffnen, so ist die Dienststelle des Hauptzollamts, die die Steueraufsicht ausübt, unverzüglich zu unterrichten. [2] Sie kann im Vorgriff eine formlose vorläufige Brenngenehmigung erteilen, die der Brennereibesitzer im Zweitstück der Abfindungsanmeldung zu vermerken hat. [3] Der Brennbetrieb ist dann entsprechend der vorläufigen Brenngenehmigung durchzuführen. [4] Wird die Abfindungsanmeldung von der zuständigen Zollstelle zurückgewiesen, so ist auch die vorläufige Brenngenehmigung hinfällig. [5] In diesem Fall trägt der Brennereibesitzer die Rechtsfolgen, es sei denn, die Abfindungsanmeldung ist aus Gründen, die er nicht zu vertreten hat, zurückgewiesen worden.

(4) Ordnungswidrig im Sinne des § 381 Absatz 1 Nummer 1 der Abgabenordnung handelt, wer vorsätzlich oder leichtfertig einer Anzeigepflicht nach Absatz 1 Satz 2 oder Absatz 2 Satz 1 zuwiderhandelt.

§ 174 BrennO [Abfindungsanmeldung]

(1) ¹ Der Brennereibesitzer kann seine Brennvorrichtung oder Teile davon vorübergehend Stoffbesitzern (§ 9) überlassen. ² Sie können die Brenngeräte auch außerhalb der Brennereiräume benutzen.

(2) ¹ Der Stoffbesitzer hat eine Abfindungsanmeldung nach amtlich vorgeschriebenem Vordruck beim Hauptzollamt Stuttgart abzugeben. ² § 168 Absatz 1 und 2 gilt entsprechend. ³ Die Abfindungsanmeldung ist von ihm eigenhändig zu unterschreiben (§ 150 Absatz 3 der Abgabenordnung). ⁴ Mit der Abgabe der Abfindungsanmeldung tritt der Stoffbesitzer in die Rechte und Pflichten eines Brennereibesitzers ein. ⁵ Beauftragt er den Brennereibesitzer nach Absatz 1 (Beauftragter) mit der Durchführung des Brennens auf Rechnung und Gefahr des Stoffbesitzers, kann er diesem die Angabe der Brennzeiten für Roh- und Feinbrände und die Weiterleitung der Abfindungsanmeldung überlassen.

(3) Der Stoffbesitzer und sein Beauftragter müssen innerhalb der Brennereiräume die Rohstoffe getrennt lagern und abbrennen.

(4) Ordnungswidrig im Sinne des § 381 Absatz 1 Nummer 1 der Abgabenordnung handelt, wer vorsätzlich oder leichtfertig entgegen Absatz 2 Satz 1 die Abfindungsanmeldung nicht oder nicht richtig abgibt oder entgegen Absatz 3 die Rohstoffe nicht getrennt lagert oder abbrennt.

§ 229 BrennO [Anmeldung von Brenngeräten]

(1) Wer ein Brenngerät oder ein sonstiges zur Herstellung oder Reinigung von Branntwein geeignetes Gerät mit einem Raumgehalt von mehr als einem halben Liter erwirbt, hat dieses binnen drei Tagen nach Empfang unter Angabe des Aufstellungsorts und des Zweckes, dem es dienen soll, bei der Zollstelle schriftlich anzumelden.

(2) [aufgehoben]

(3) ¹ Die Anmeldung ist doppelt abzugeben. ² Eine Ausfertigung ist von der Zollstelle mit einer Bescheinigung über die Anmeldung zurückzugeben und nach näherer Bestimmung des Aufsichtsoberbeamten in der Gewerbeanstalt zur Einsicht für die Beamten auszulegen.

(4) ¹ Wird das Gerät an einen anderen Ort aufgestellt, so ist dies spätestens drei Tage nach der Veränderung der Zollstelle anzuzeigen. ² Soll das Gerät oder sollen Teile davon weggegeben werden, so ist nach § 227 zu verfahren.

(5) Das Hauptzollamt kann für Filtergeräte und Destilliergeräte auf Antrag weitere Erleichterungen oder Ausnahmen von der Anmelde- und Anzeigepflicht (Absätze 2 und 4) zulassen, wenn eine mißbräuchliche Verwendung nicht zu befürchten ist.

(6) Ordnungswidrig im Sinne des § 381 Absatz 1 Nummer 1 der Abgabenordnung handelt, wer vorsätzlich oder leichtfertig entgegen Absatz 1 ein Brenngerät oder ein sonstiges dort genanntes Gerät nicht, nicht richtig, nicht vollständig, nicht in der vorgeschriebenen Weise oder nicht rechtzeitig anmeldet.

9a   Das mit Gesetz zu Abschaffung des Branntweinmonopols (**Branntweinmonopolabschaffungsgesetz**) v. 21.6.2013 (BGBl. I 1650) geschaffene AlkStG enthält in seinen ab dem 1.1.2018 geltenden Bußgeldvorschriften in den Absätzen 1 und 2 ebenfalls Verweisungen auf § 381, wobei Abs. 1 im Wesentlichen dem bisherigen § 158 BranntwMonG entspricht:

§ 36 AlkStG Bußgeldvorschriften (Fassung ab 1.1.2018)

(1) Ordnungswidrig im Sinn des § 381 Absatz 1 Nummer 1 der Abgabenordnung handelt, wer vorsätzlich oder leichtfertig

1. entgegen § 14 Absatz 3, § 15 Absatz 4 oder § 16 Absatz 2 ein Alkoholerzeugnis nicht oder nicht rechtzeitig aufnimmt, nicht oder nicht rechtzeitig übernimmt, nicht oder nicht rechtzeitig befördert oder nicht oder nicht rechtzeitig ausführt oder
2. entgegen § 24 Absatz 3, § 25 Absatz 3 Satz 1 oder Satz 4, Absatz 6 Satz 1 oder § 32 Absatz 1 Satz 1 oder Satz 3 eine Anzeige nicht, nicht richtig, nicht in der vorgeschriebenen Weise oder nicht rechtzeitig erstattet.

(2) Ordnungswidrig im Sinn des § 381 Absatz 1 Nummer 2 der Abgabenordnung handelt, wer vorsätzlich oder leichtfertig

1. entgegen § 9 Absatz 1 Satz 3 den in einer Abfindungsbrennerei gewonnenen Alkohol in einen anderen Mitgliedstaat, ein Drittland oder ein Drittgebiet befördert oder
2. entgegen § 32 Absatz 2 Nummer 1 ein Brenn- oder Reinigungsgerät oder entgegen § 32 Absatz 2 Nummer 2 einen anderen Gegenstand oder eine Vorrichtung anbietet, abgibt oder erwirbt.

(3) Ordnungswidrig handelt, wer vorsätzlich oder leichtfertig entgegen § 4 Absatz 2 Satz 1 Alkohol gewinnt oder reinigt.

(4) Ordnungswidrig handelt, wer vorsätzlich oder leichtfertig entgegen § 31 Absatz 2 Satz 1 Alkohol anbietet, handelt oder erwirbt.

(5) Die Ordnungswidrigkeit kann in den Fällen der Absätze 3 und 4 mit einer Geldbuße bis zu zehntausend Euro geahndet werden.

C. Zuwiderhandlungen und Rechtsfolgen

I. Tatbestände des § 381 Abs. 1

10   **1. Pflichten gem. § 381 Abs. 1 Nr. 1.** § 381 Abs. 1 Nr. 1 gestattet die Sanktionierung von Verstößen gegen die zur **Vorbereitung, Sicherung und Nachprüfung der Besteuerung** auferlegten Pflichten. Die Ausfüllungsnormen (→ Rn. 8, 9) verweisen überwiegend auf diesen Tatbestand. Hierzu zählen in erster Linie Verstöße gegen Anzeige-, Anmelde-, Übermittlungs- oder sonstige Erklärungspflichten, aber auch gegen Aufzeichnungs- und Buchführungspflichten sowie gegen besondere Vorgaben zum Transport der Waren, wie das Mitführen bestimmter Begleitpapiere. Die Regelungen sind über weite Strecken einander angeglichen und betreffen im Wesentlichen Informationen über Betriebsverhältnisse, den Bestand an Waren, ihren Untergang, ihren Verlust und ihre Versendung (Kohlmann/ *Matthes* Rn. 26; Hübschmann/Hepp/Spitaler/*Rüping* Rn. 21).

2. Pflichten gem. § 381 Abs. 1 Nr. 2. § 381 Abs. 1 Nr. 2 erfasst Pflichten betreffend die **Verpackung** und **Kennzeichnung** der verbrauchsteuerpflichtigen Erzeugnisse und Waren sowie **Verwendungs- und Verkehrsbeschränkungen.** Einen Verweis auf die Vorschrift enthalten nur § 52 Abs. 2 BierStV, § 67 Abs. 2 BrStV, § 111 Abs. 2 EnergieStV, § 53 Abs. 2 SchaumwZwStV, § 36 Abs. 2 TabStG, § 60 Abs. 2 TabStV und künftig § 36 Abs. 2 AlkStG; im Zusammenhang mit Kaffee findet die Vorschrift keine Anwendung. Verpackung meint die Umhüllung der Ware, Kennzeichnung ihre Deklaration, also der auf dem Erzeugnis oder der Ware angebrachte Nachweis über die steuerlich relevante Verwendung (Hübschmann/Hepp/Spitaler/*Rüping* Rn. 23 f.). Zumeist wird die Kennzeichnung auf der Verpackung erfolgen, so dass beide Varianten zugleich einschlägig sind; die Vorschrift greift aber auch, wenn nur eine Modalität verwirklicht wird (JJR/*Jäger*/*Ebner* Rn. 20). Vorschriften zu Verpackung und Kennzeichnung finden sich vor allem im Tabaksteuerrecht.   11

Die **Abgrenzung** zwischen Pflichten nach Nr. 1 und Nr. 2 ist nicht immer eindeutig, weil sich zB auch Erklärungspflichten als Verkehrsbeschränkung auswirken können (Kohlmann/*Matthes* Rn. 22). Da die normkonkretisierenden Verbrauchsteuerregelungen aber jeweils entweder auf Nr. 1 oder Nr. 2 verweisen, erübrigt sich eine genaue Abgrenzung. Auch Nr. 2 kommt nur zur Anwendung, wenn die erfassten Pflichten und Beschränkungen **steuerlichen Zwecken dienen**, obwohl das Gesetz dies hier – anders als bei Nr. 1 – nicht ausdrücklich betont. Denn das durch § 381 geschützte Verbrauchsteueraufkommen (→ Rn. 1) kann nur durch einen Verstoß gegen Pflichten im Interesse der Besteuerung gefährdet werden (Kohlmann/*Matthes* Rn. 27; JJR/*Jäger*/*Ebner* Rn. 18; Hübschmann/Hepp/Spitaler/ *Rüping* Rn. 22).   12

3. Pflichten gem. § 381 Abs. 1 Nr. 3. § 381 Abs. 1 Nr. 3 **läuft mangels Verweisung** auf diese Vorschrift **leer.** Darüber hinaus ist der innere Grund der Regelung entfallen: Freihäfen sind rechtlich Freizonen, die seit der Neufassung der Verbrauchsteuergesetze durch das Verbrauchsteuer-Binnenmarktgesetzes (BGBl. 1992 I 2150) zum 1.1.1993 zum Erhebungsgebiet der Verbrauchsteuern gehören. Ein Verbrauchs oder Verwendungsverbot iSv Art. 175 ZK besteht nicht mehr, so dass für sie insoweit keine Besonderheiten mehr gelten (JJR/*Jäger*/*Ebner* Rn. 21; Hübschmann/Hepp/Spitaler/*Rüping* Rn. 29 ff.).   13

4. Täterkreis. Als Täter einer Ordnungswidrigkeit nach § 381 Abs. 1 Nr. 1 und 2 kommen nur Personen in Betracht, denen die Erfüllung der durch die Ausfüllungsnormen näher spezifizierten Pflichten obliegt. Täter kann daher insbes. der Betriebsinhaber sein (§ 139), aber auch der von ihm beauftragte Betriebsleiter (§ 214) oder der gem. §§ 34, 35 Erklärungspflichtige. Zur Ahndung eines an der Tat eines Pflichtigen vorsätzlich beteiligten Dritten gem. § 14 Abs. 1 OWiG BayObLG ZfZ 1988, 18.   14

II. Subjektiver Tatbestand

Der Täter muss **vorsätzlich oder leichtfertig** handeln, einfache Fahrlässigkeit genügt nicht. Angesichts der unübersichtlichen Regelungen in den Verbrauchsteuervorschriften wird demjenigen, der nicht regelmäßig mit verbrauchsteuerrechtlichen Angelegenheiten befasst ist, ein solcher Vorwurf nur schwer zu machen sein. Liegt dagegen die berufliche Tätigkeit des Betroffenen gerade auf dem Gebiet des Umgangs mit verbrauchsteuerpflichtigen Erzeugnissen oder Waren, treffen ihn besondere Sorgfaltspflichten bei der Ermittlung und Beachtung der damit verbundenen Pflichten. Bei einer Verletzung dieser Pflichten ist daher regelmäßig von einem zumindest leichtfertigen Handeln auszugehen (Kohlmann/*Matthes* Rn. 35). Gleiches gilt, wenn wegen früherer Zuwiderhandlungen bereits einmal eine Verwarnung ausgesprochen oder von einer Verfolgung gem. § 47 Abs. 1 S. 1 OWiG abgesehen wurde (JJR/*Jäger*/*Ebner* Rn. 26).   15

III. Ahndung

1. Geldbuße. Die Ordnungswidrigkeit kann gem. § 381 Abs. 2 mit einer **Geldbuße** bis 5.000 EUR geahndet werden, wenn die Tat nicht nach § 378 geahndet werden kann, der die Verhängung von Geldbußen bis zu 50.000 EUR ermöglicht. Das gesetzliche Höchstmaß der Geldbuße kann gem. § 17 Abs. 4 OWiG auch überschritten werden, wenn der Täter einen höheren wirtschaftlichen Vorteil aus der Ordnungswidrigkeit gezogen hat, damit die Sanktion dem Willen des Gesetzgebers entsprechend den Vorteil übersteigen kann. Bußgeldbehörde ist die sachlich zuständige Finanzbehörde, § 409.   16

2. Selbstanzeige, Verjährung. Mangels einer Verweisung auf § 371 oder einer § 378 Abs. 3 entsprechenden Regelung kommt eine bußgeldbefreiende **Selbstanzeige** nicht in Betracht. Zur Frage, wieweit eine Ahndung möglich bleibt, wenn eine wirksame Selbstanzeige hinsichtlich einer zugleich   17

verwirklichten Steuerhinterziehung oder leichtfertigen Steuerverkürzung vorliegt, s. die Erläuterungen
zu → § 379 Rn. 83 ff.

18 Die **Verjährung** richtet sich gem. § 377 Abs. 2 nach den allgemeinen Vorschriften, nachdem § 384
auf § 381 keine Anwendung findet. Gem. § 31 Abs. 2 Nr. 2 OWiG verjährt die Verbrauchsteuergefährdung danach in zwei Jahren, bei leichtfertiger Tatbegehung dagegen wegen § 17 Abs. 2 OWiG gem.
§ 31 Abs. 2 Nr. 3 OWiG schon in einem Jahr (→ § 384 Rn. 5). Die Verjährung beginnt, sobald die Tat
beendet ist.

IV. Konkurrenzen

19 Die gleichzeitige Verwirklichung mehrerer Alternativen des § 381 bildet eine Tat. Gegenüber
zugleich begangenen Steuerstraftaten tritt die Ordnungswidrigkeit nach der allgemeinen Regelung des
§ 21 Abs. 1 OWiG zurück. Innerhalb der Steuerordnungswidrigkeiten gilt Folgendes: Soweit Bu-
chungs- und Aufzeichnungspflichten betroffen sind, geht § 381 Abs. 1 Nr. 1 als **lex specialis** der
allgemeinen Steuergefährdung in § 379 Abs. 1 Nr. 2 vor. Kraft ausdrücklicher Anordnung in § 381
Abs. 2 tritt § 381 hinter der leichtfertigen Steuerverkürzung gem. § 378 zurück. Werden Verbrauchsteuern als Einfuhrabgaben erhoben, ist § 382 die speziellere Regelung ggü. § 381. § 382 Abs. 2 ordnet
die Anwendung auf Verbrauchsteuern, auf die Zollvorschriften und die dazu erlassenen Rechtsverordnungen anzuwenden sind, ausdrücklich an (JJR/*Jäger*/*Ebner* Rn. 30). Weil bei § 382 AO einfache
Fahrlässigkeit genügt, § 381 dagegen mindestens Leichtfertigkeit fordert, kann dies zu Ungereimtheiten
führen (Kohlmann/*Matthes* Rn. 43).

§ 382 Gefährdung der Einfuhr- und Ausfuhrabgaben

**(1) Ordnungswidrig handelt, wer als Pflichtiger oder bei der Wahrnehmung der Ange-
legenheiten eines Pflichtigen vorsätzlich oder fahrlässig Zollvorschriften, den dazu erlassenen
Rechtsverordnungen oder den Verordnungen des Rates der Europäischen Union oder der
Europäischen Kommission zuwiderhandelt, die**

**1. für die zollamtliche Erfassung des Warenverkehrs über die Grenze des Zollgebiets der
Europäischen Union sowie über die Freizonengrenzen,**

**2. für die Überführung von Waren in ein Zollverfahren und dessen Durchführung oder für die
Erlangung einer sonstigen zollrechtlichen Bestimmung von Waren,**

**3. für die Freizonen, den grenznahen Raum sowie die darüber hinaus der Grenzaufsicht
unterworfenen Gebiete**

**gelten, soweit die Zollvorschriften, die dazu oder die auf Grund von Absatz 4 erlassenen
Rechtsverordnungen für einen bestimmten Tatbestand auf diese Bußgeldvorschrift verweisen.**

**(2) Absatz 1 ist auch anzuwenden, soweit die Zollvorschriften und die dazu erlassenen
Rechtsverordnungen für Verbrauchsteuern sinngemäß gelten.**

**(3) Die Ordnungswidrigkeit kann mit einer Geldbuße bis zu fünftausend Euro geahndet
werden, wenn die Handlung nicht nach § 378 geahndet werden kann.**

**(4) Das Bundesministerium der Finanzen kann durch Rechtsverordnungen die Tatbestände
der Verordnungen des Rates der Europäischen Union oder der Europäischen Kommission,
die nach den Absätzen 1 bis 3 als Ordnungswidrigkeit mit Geldbuße geahndet werden
können, bezeichnen, soweit dies zur Durchführung dieser Rechtsvorschriften erforderlich ist
und die Tatbestände Pflichten zur Gestellung, Vorführung, Lagerung oder Behandlung von
Waren, zur Abgabe von Erklärungen oder Anzeigen, zur Aufnahme von Niederschriften
sowie zur Ausfüllung oder Vorlage von Zolldokumenten oder zur Aufnahme von Vermerken
in solchen Dokumenten betreffen.**

Literatur (Auswahl): *App,* Möglichkeiten des Steuerpflichtigen im Bußgeldverfahren wegen Steuerordnungswidrigkeiten, BuW 1998, 408; *Jatzke,* Das neue Verbrauchsteuerrecht im EG-Binnenmarkt, BB 1993, 41; *Pauling,* Neue
Systemrichtlinie führt IT-Verfahren EMCS für Besteuerung, Lagerung und Transport verbrauchsteuerpflichtiger Waren
ein, EWS 2009, 171; *Pfaff,* Gefährdung von Eingangsabgaben (§ 382 AO), StBp 1978, 186; *Retemeyer*/*Möller,* Zollstraftaten und Zollordnungswidrigkeiten, AW-Prax 2009, 340; *Seer,* Steuerordnungswidrigkeiten als pönalisiertes Verwaltungsunrecht, SteuerStud 2009, 117; *Voß,* Unordentlichkeiten des Rechts der Ordnungswidrigkeiten im Bereich
des Zoll- und Verbrauchsteuerrechts, BB 1996, 1695; *Weerth*/*Wolffgang,* Die Ausfuhranmeldung – Teil 3, AW-Prax, 03,
276; *Wessing,* Steuerordnungswidrigkeiten – Gefahr und Chance für die Verteidigung, SAM 2007, 9.

A. Allgemeines

I. Normzweck und Regelungstechnik

1 Die Vorschrift schützt die **vollständige Erfassung der Einfuhr- und Ausfuhrabgaben,** indem sie
Zuwiderhandlungen gegen nationales Zollrecht oder Gemeinschaftsrecht sanktioniert, die noch keine

Steuerverkürzung zur Folge haben, aber im Hinblick auf das Zoll- und Steueraufkommen besonders gefährlich erscheinen. Sie dient der zollamtlichen Überwachung des Warenverkehrs über die Grenze des Zollgebiets der EU sowie über die Freizonengrenzen (Kohlmann/*Matthes* Rn. 4). Anders als in § 379 gehört die konkrete Gefährdung der Einfuhr- und Ausfuhrabgaben nicht zum Tatbestand und muss als solche auch nicht festgestellt werden. Die Vorschrift ist vielmehr wie § 381 AO ein **abstraktes Gefährdungsdelikt** und erfasst Handlungen, die wegen ihrer typischen Gefährlichkeit zu einer Steuerverkürzung führen können (Kohlmann/*Matthes* Rn. 4).

Die Deliktsnatur bringt es mit sich, dass auch solche Verhaltensweisen von § 382 erfasst werden, bei **2** denen eine Gefährdung von Abgaben im Einzelfall ausgeschlossen ist. Dies ist namentlich beim Import von zoll- und verbrauchsteuerfreien Waren der Fall, vor allem aber im Bereich der Ausfuhrabgaben. Ausfuhrzölle kennt die EU nicht mehr; allenfalls im Rahmen der gemeinsamen Agrarmarktordnung sind Abgaben gleicher Wirkung möglich, wenn der Weltmarktpreis ausnahmsweise über dem Marktpreis innerhalb der EU liegt und ohne die Abgabe das Warenangebot innerhalb der EU zu verknappen droht (JJR/*Jäger*/*Ebner* Rn. 8). Auch wenn die Entstehung von Abgaben ausgeschlossen ist, treffen den Im- bzw. Exporteur zollrechtliche Verpflichtungen, durch die die zollamtliche Überwachung des Warenverkehrs über die EU-Außengrenzen hinweg sichergestellt werden soll. Diese Verpflichtungen mögen in erster Linie der Kontrolle von Ausfuhrverboten dienen, versetzen die Zollverwaltung aber zugleich in die Lage zu prüfen, ob Abgaben zu entrichten sind oder nicht. Diese Prüfung ist nicht Sache des Pflichtigen, weshalb auch in solchen Fällen Raum für eine Ordnungswidrigkeit gem. § 382 ist (*Werth*/*Wolffgang* AW-Prax 2003, 278 f.; aA Kohlmann/*Matthes* Rn. 10; Hübschmann/Hepp/Spitaler/*Rüping* Rn. 8; Erbs/Kohlhaas/*Senge*/*Hadamitzky* Rn. 1). Das Opportunitätsprinzip wird es allerdings in solchen Fällen vielfach gebieten, von der Ahndung abzusehen (JJR/*Jäger*/*Ebner* Rn. 8), soweit neben den Sanktionsmöglichkeiten des Außenwirtschaftsrechts überhaupt noch Raum für eine Ordnungswidrigkeit nach § 382 bleibt.

§ 382 ist ebenso wie § 381 ein Blankettgesetz: Das inkriminierte Verhalten ergibt sich erst aus der **3** Zusammenschau der Blankettnorm mit den in § 382 Abs. 1 und 2 genannten Ausfüllungsvorschriften, die das in § 382 beschriebene, tatbestandliche Verhalten näher konkretisieren. Die Ahndung von Verstößen ist zudem an die weitere Voraussetzung geknüpft, dass die nationalen Zollvorschriften auf § 382 verweisen, sog **Blankettgesetz mit Rückverweisungsklausel**. Die Vorschrift ist nicht auf Verstöße gegen nationale Zollvorschriften beschränkt, wie sich schon aus § 382 Abs. 1 ergibt. § 382 Abs. 4 ermöglicht es, zum Zwecke der Bußgeldbewehrung auch diejenigen unmittelbar geltenden Vorschriften des Rechts der Union zu benennen, die die Tatbestände des § 382 Abs. 1 konkretisieren. Zur verfassungsmäßigen Unbedenklichkeit der gewählten Regelungstechnik s. die Erläuterungen zu → § 381 Rn. 4–6. Auch die Verweisung auf das supranationale Recht der Europäischen Union begegnet keinen Bedenken. Die Zulässigkeit derartiger Verweisungen ist verfassungsrechtlich anerkannt (BVerfGE 29, 210; BVerfG RIW 1979, 132; zweifelnd Satzger Int. und Europ. StrafR § 9 Rn. 73; Hecker Europäisches StrafR § 7 Rn. 98 ff.). Dies gilt umso mehr, wenn wie hier die Verweisung statisch auf bestimmte Fassungen der Verweisungsnormen erfolgt (BVerfG NVwZ-RR 1992, 522). Auch insoweit gilt, dass die Entscheidung, ob bestimmte supranational normierte Pflichten bußgeldbewehrt sein sollen, durch die Technik der Rückverweisungsklausel nicht dem Verordnungsgeber überlassen ist. Die Grundentscheidung hierüber hat der Gesetzgeber durch die nähere Umschreibung der Pflichten in § 382 Abs. 1 Nr. 1–3 selbst getroffen; konkretisiert wird sie durch die unmittelbar geltenden Ausfüllungsnormen des Rechts der Union. Von Verfassungs wegen ist die Rückverweisungsklausel darum nicht erforderlich. Sie räumt dem Verordnungsgeber auch kein Auswahlermessen hinsichtlich der Sanktionsbewehrung ein, sondern verpflichtet ihn zur Auflistung der einschlägigen Normen im Interesse der Rechtsklarheit, indem dem Rechtsunterworfenen das Auffinden der bußgeldbewehrten Pflichten erleichtert und ihm die Prüfung abgenommen wird, ob die konkrete unionsrechtliche Pflicht nun eine solche nach § 382 Abs. 1 Nr. 1–3 ist oder nicht. Ein Verstoß gegen das Verbot der Wiederholung unmittelbar geltender Rechtsnormen der Union im nationalen Recht liegt darin nicht, weil die Union selbst keine Kompetenz zur Festlegung von konkreten Straf- oder Verwaltungssanktionen hat (ebenso JJR/*Jäger*/*Ebner* Rn. 19).

II. Anwendungsbereich

1. § 382 Abs. 1. Die in Abs. 1 Nr. 1–3 beschriebenen Zuwiderhandlungen müssen sich iE aus **4** Zollvorschriften, dazu erlassenen Rechtsverordnungen oder Verordnungen des Rates der Europäischen Union oder der Europäischen Kommission ergeben. Mit der Fassung v. 25.7.2014 (BGBl. I 1291) entspricht die Terminologie nunmehr vollständig dem Vertrag von Lissabon, mit dem die Union an die Stelle der bislang noch im Gesetz genannten Europäischen Gemeinschaft getreten und deren Rechtsnachfolgerin geworden ist, s. Art. 1 Abs. 3 EUV nF. Auf die Gültigkeit der noch von der Gemeinschaft erlassenen Rechtsakte hat dies keine Auswirkungen (s. iE die Erläuterungen zu → § 369 Rn. 52 ff.). § 382 Abs. 1 erfasst damit Verstöße auf dem Gebiet der Ein- und Ausfuhrabgaben iSd Zollrechts, wie sie in § 1 Abs. 1 S. 3 ZollVG und Art. 4 Nr. 10, 11 ZK definiert sind, nämlich Zölle und Abgaben mit gleicher Wirkung bei der Einfuhr/Ausfuhr von Waren und bei der Einfuhr/Ausfuhr erhobene Abgaben, die im Rahmen der gemeinsamen Agrarpolitik oder aufgrund der für bestimmte landwirtschaftliche Verarbeitungserzeugnisse geltenden Sonderregelungen vorgesehen sind.

5   Normkonkretisierende Regelungen nach nationalem Recht enthält das **Zollverwaltungsgesetz** (ZollVG) v. 21.12.1992 (BGBl. I 2125), zuletzt geändert durch das Gesetz zur Änderung der Verfolgung der Vorbereitung von schweren staatsgefährdenden Gewalttaten v. 12.6.2015 (BGBl. I 926), die **Zollverordnung** (ZollV) v. 23.12.1993 (BGBl. 1993 I 2449; 1994 I 162), zuletzt geändert durch die Fünfte Verordnung zur Änderung von Verbrauchsteuerverordnungen v. 5.10.2009 mWz 1.4.2010 (BGBl. 2009 I 3262), das Gesetz zur Ausführung der zoll- und steuerrechtlichen Bestimmungen des NATO-Truppenstatuts hinsichtlich der in der Bundesrepublik Deutschland stationierten ausländischen Streitkräfte und des Protokolls und der Abkommen betreffend die in der Bundesrepublik Deutschland errichteten internationalen militärischen Hauptquartiere – **Truppenzollgesetz** (TrZollG) v. 19.5.2009, (BGBl. I 1090), sowie die Verordnung zur Durchführung des Truppenzollgesetzes – **Truppenzollverordnung** (TrZollV) v. 24.8.2009 (BGBl. I 2947), beide in Kraft getreten zum 1.11.2009.

6   Das ZollVG enthält darüber hinaus in §§ 31a, b ZollVG weitere Bußgeldtatbestände betreffend die Nichtanmeldung mitgeführter Barmittel.

7   Auf der Ebene des Rechts der Europäischen Union finden sich normkonkretisierende Vorschriften zu § 382 im derzeit noch geltenden **Zollkodex** (ZK – VO (EWG) Nr. 2913/92 des Rates v. 12.10.1992 zur Festlegung des Zollkodex der Gemeinschaften, ABl. 1992 L 302, 1 – wiederholt abgeändert, zuletzt mit VO (EU) Nr. 517/2013 des Rates v. 13.5.2013 zur Anpassung einiger Verordnungen und Beschlüsse in den Bereichen freier Warenverkehr, Freizügigkeit, Gesellschaftsrecht, Wettbewerbspolitik, Landwirtschaft, Lebensmittelsicherheit, Tier- und Pflanzengesundheit, Verkehrspolitik, Energie, Steuern, Statistik, transeuropäische Netze, Justiz und Grundrechte, Recht, Freiheit und Sicherheit, Umwelt, Zollunion, Außenbeziehungen, Außen-, Sicherheits- und Verteidigungspolitik und Organe aufgrund des Beitritts der Republik Kroatien, ABl. 2013 L 158, 1). Bußgeldbewehrte Pflichten enthält auch die hierzu ergangene **Zollkodex-Durchführungsverordnung** (ZK-DVO – VO (EWG) Nr. 2454/93 der Kommission v. 2.7.1993 mit Durchführungsvorschriften zu der VO (EWG) Nr. 2913/92 des Rates zur Festlegung des Zollkodex der Gemeinschaften, ABl. 1993 L 253, 1 – wiederholt abgeändert, zuletzt mit DurchführungsVO (EU) Nr. 2015/428 der Kommission v. 10.3.2015 zur Änderung der VO (EWG) Nr. 2454/93 und der VO (EU) Nr. 1063/2010 hinsichtlich der Ursprungsregeln in Bezug auf das Schema allgemeiner Zollpräferenzen und Zollpräferenzmaßnahmen für bestimmte Länder oder Gebiete, ABl. 2006 L 70, 12). In der nationalen ZollV werden in Umsetzung von § 382 Abs. 4 AO diejenigen Pflichten den ZK und der ZK-DVO benannt, für die eine Bußgeldbewehrung vorgesehen ist, → Rn. 9. Mit dem Inkrafttreten des **Zollkodex der Union – UZK** – (VO (EU) Nr. 952/2013 des Europäischen Parlaments und des Rates v. 9.10.2013 zur Festlegung des Zollkodexes der Union (Neufassung), ABl. 2013 L 269, 1) am 1.5.2016, der den ZK ersetzt, wird eine Anpassung der Verweisungen erforderlich. Zwar enthält Art. 286 Abs. 3 UZK eine Bestimmung, wonach Bezugnahmen auf den mit seinem Inkrafttreten aufgehobenen ZK als solche auf den UZK nach Maßgabe der Entsprechungstabellen im Anhang zu lesen sind. Für straf- und bußgeldrechtliche Zwecke kann dies indessen nicht gelten, weil diese Entscheidung wegen der gewählten Regelungstechnik der Rückverweisungsklauseln (→ Rn. 3) nur der nationale Normgeber treffen kann.

8   **2. § 382 Abs. 2.** § 382 Abs. 2 erstreckt den Anwendungsbereich der Vorschrift auf Ein- und Ausfuhrabgaben im weiteren Sinn, indem auch Verbrauchsteuern erfasst werden, soweit auf sie die Zollvorschriften und dazu erlassenen Rechtsverordnungen sinngemäß anzuwenden sind. Solche Verweisungen auf das Zollrecht finden sich in den Verbrauchsteuergesetzen für **Bier, Branntwein, Energieerzeugnisse, Kaffee, Schaumwein und Schaumweinzwischenerzeugnisse sowie Tabak**, nämlich in § 18 Abs. 3 BierStG, § 147 Abs. 3 BranntwMonG, § 19b Abs. 3 EnergieStG, § 15 Abs. 3 KaffeeStG, § 18 Abs. 3 SchaumwZwStG und § 21 Abs. 3 TabStG (soweit die Steuer nicht durch die Verwendung von Steuerzeichen entrichtet wird), jeweils in der am 1.4.2010 in Kraft getretenen Fassung des Vierten Gesetzes zur Änderung von Verbrauchsteuergesetzen v. 15.7.2009 (BGBl. I 1870), → Rn. 7. Auch die **EUSt** wird von § 382 Abs. 2 erfasst, weil sie gem. § 21 Abs. 2 UStG von der Zollverwaltung erhoben wird.

B. Zollvorschriften mit Rückverweisungsklausel

9   Neben den Truppenzollvorschriften finden sich umfangreiche Verweisungen auf § 382 in § 31 ZollVG und § 30 ZollV. Beide Regelungen sind lang und unübersichtlich und verweisen ihrerseits auf an anderer Stelle iE geregelte zollrechtliche Pflichten. § 30 ZollV enthält neben den Verweisungen innerhalb der ZollV außerdem die von § 382 Abs. 4 vorgesehenen Verweisungen auf die normkonkretisierenden Vorschriften des ZK (Abs. 4–5a) und der ZK-DVO (Abs. 6, 7), → Rn. 7.

§ 31 ZollVG Steuerordnungswidrigkeiten (zuletzt geändert durch Gesetz zur Änderung des Zollverwaltungsgesetzes und anderer Gesetze vom 20.12.1996 [BGBl I 2030] mWv 28.12.1996)

(1) Ordnungswidrig im Sinne des § 382 Absatz 1 Nummer 1 der Abgabenordnung handelt, wer vorsätzlich oder fahrlässig

1. entgegen § 2 Absatz 1 Satz 1 eine Ware außerhalb einer Zollstraße einführt oder ausführt, entgegen § 2 Absatz 2 außerhalb eines Zollflugplatzes landet oder abfliegt, entgegen § 2 Absatz 3 Satz 1 außerhalb eines Zolllandungsplatzes anlegt oder ablegt oder entgegen § 2 Absatz 3 Satz 2 auf einer Zollstraße mit anderen Fahrzeugen oder mit dem Land in Verbindung tritt,
2. entgegen § 3 Absatz 1 eine Ware außerhalb der Öffnungszeiten einführt oder ausführt,
3. entgegen § 10 Absatz 2 in Verbindung mit Absatz 1 Satz 2 auf Verlangen eines Zollbediensteten nicht stehen bleibt oder sich nicht über seine Person ausweist,
4. entgegen § 10 Absatz 2 in Verbindung mit Absatz 1 Satz 3 oder 4 nicht oder nicht rechtzeitig hält, ein Beförderungspapier oder nicht rechtzeitig vorlegt oder einem Zollbediensteten nicht oder nicht rechtzeitig ermöglicht, an Bord oder von Bord zu gelangen, oder
5. entgegen § 10 Absatz 2 in Verbindung mit Absatz 1 Satz 6 eine Angabe nicht, nicht richtig, nicht vollständig oder nicht rechtzeitig macht oder die Entnahme von unentgeltlichen Proben nicht duldet.

(1a) Ordnungswidrig im Sinne des § 382 Absatz 1 Nummer 2 der Abgabenordnung handelt, wer vorsätzlich oder fahrlässig entgegen § 18 Satz 2 oder 3 den Amtsplatz oder einen besonders gekennzeichneten Platz benutzt.

(2) Ordnungswidrig im Sinne des § 382 Absatz 1 Nummer 3 der Abgabenordnung handelt, wer vorsätzlich oder fahrlässig

1. entgegen § 10 Absatz 1 Satz 2 auf Verlangen eines Zollbediensteten nicht stehen bleibt oder sich nicht über seine Person ausweist,
2. entgegen § 10 Absatz 1 Satz 3 oder 4 nicht oder nicht rechtzeitig hält, ein Beförderungspapier nicht oder nicht rechtzeitig vorlegt oder einem Zollbediensteten nicht oder nicht rechtzeitig ermöglicht, an Bord oder von Bord zu gelangen,
2a. entgegen § 10 Absatz 1 Satz 6 eine Angabe nicht, nicht richtig, nicht vollständig oder nicht rechtzeitig macht oder die Entnahme von unentgeltlichen Proben nicht duldet,
3. entgegen § 15 Absatz 1 Satz 1 einen Bau ohne Zustimmung des Hauptzollamts errichtet oder ändert,
4. entgegen § 21 Satz 1 in einer Freizone ohne besondere Erlaubnis des Hauptzollamts wohnt,
5. entgegen § 22 Satz 1 in einer Freizone einen Bau ohne Zustimmung des Hauptzollamts errichtet, wesentlich in seiner Bauart ändert oder anders verwendet,
6. im grenznahen Raum, in einem der Grenzaufsicht unterworfenen Gebiet oder in einer Freizone entgegen § 25 Absatz 1 Satz 1 Handel mit Nichtgemeinschaftswaren oder unversteuerten Waren, die zur Verwendung als Schiffs- oder Reisebedarf bestimmt sind, ohne schriftliche Erlaubnis des Hauptzollamts betreibt.

§ 30 ZollV Steuerordnungswidrigkeiten (zuletzt geändert durch die Fünfte Verordnung zur Änderung von Verbrauchsteuerverordnungen vom 5.10.2009 [BGBl I 3262] gültig ab 1.4.2010)

(1) Ordnungswidrig im Sinne des § 382 Absatz 1 Nummer 1 der Abgabenordnung handelt, wer als Pflichtiger oder bei der Wahrnehmung der Angelegenheiten eines Pflichtigen vorsätzlich oder fahrlässig

1. entgegen § 3 Absatz 2 einen Weiterflug fortsetzt,
2. entgegen § 4a Satz 2, auch in Verbindung mit Satz 3, oder § 9 Absatz 1 nicht dafür Sorge trägt, dass das Wasserfahrzeug das dort genannte Zollzeichen trägt,
3. entgegen § 5 Absatz 2 Satz 1 eine Anzeige nicht erstattet,
4. entgegen § 9 Absatz 2 Satz 1 eine Unterlage nicht aufbewahrt oder
5. einer vollziehbaren Anordnung nach § 9 Absatz 3 zuwiderhandelt.

(2) Ordnungswidrig im Sinne des § 382 Absatz 1 Nummer 2 der Abgabenordnung handelt, wer als Pflichtiger oder bei der Wahrnehmung der Angelegenheiten eines Pflichtigen vorsätzlich oder fahrlässig

1. entgegen § 27 Absatz 2 in Verbindung mit Absatz 3 Satz 1, 2 oder 3 oder Absatz 4 Satz 1, 2 oder 3 oder Absatz 6 oder Absatz 7 Satz 1 oder 2 Schiffs-, Flugzeug- oder Reisebedarf liefert oder bezieht,
2. entgegen § 27 Absatz 10 auf Verlangen Anschreibungen nicht, nicht richtig oder nicht in der vorgeschriebenen Form führt oder diese nicht oder nicht rechtzeitig vorlegt,
3. einer Vorschrift des § 27 Absatz 12 Satz 1, 2, 4 oder 5 über die Lieferung von Schiffs- oder Reisebedarf zuwiderhandelt,
4. entgegen § 27 Absatz 9 Satz 9, auch in Verbindung mit Absatz 13 Satz 1, Waren nicht meldet oder nicht nicht rechtzeitig vorführt.

(3) Ordnungswidrig im Sinne des § 382 Absatz 1 Nummer 3 der Abgabenordnung handelt, wer als Pflichtiger oder bei der Wahrnehmung der Angelegenheiten eines Pflichtigen vorsätzlich oder fahrlässig

1. entgegen § 26 Absatz 6 eine Freizonengrenze überschreitet,
2. entgegen § 26 Absatz 7 einen Grenzpfad ohne Erlaubnis des Hauptzollamts betritt oder
3. entgegen § 28 nicht oder nicht rechtzeitig hält oder einem Zollboot das Borden nicht oder nicht rechtzeitig ermöglicht.

(4) Ordnungswidrig im Sinne des § 382 Absatz 1 Nummer 1 der Abgabenordnung handelt, wer als Pflichtiger oder bei der Wahrnehmung der Angelegenheiten eines Pflichtigen der Verordnung (EWG) Nummer 2913/92 des Rates vom 12. Oktober 1992 zur Festlegung des Zollkodex der Gemeinschaften (ABl. Nummer L 302 S. 1, 1993 Nummer L 79 S. 84, 1996 Nummer L 97 S 38), zuletzt geändert durch Verordnung (EG) Nummer 1791/2006 des Rates vom 20. November 2006 (ABl. Nummer L 363 S. 1), zuwiderhandelt, indem er vorsätzlich oder fahrlässig

1. entgegen Artikel 39 Absatz 1 oder 2 die Zollbehörde nicht oder nicht rechtzeitig unterrichtet, dass eine Verpflichtung zur Beförderung einer Ware nach Artikel 38 Absatz 1 infolge eines unvorhersehbaren Ereignisses oder höherer Gewalt nicht erfüllt werden kann,
2. entgegen Artikel 40 eine eingetroffene Ware nicht gestellt,
3. entgegen Artikel 43 Satz 1 in Verbindung mit Satz 2 für eine gestellte Ware eine summarische Anmeldung nicht oder nicht rechtzeitig abgibt,
4. entgegen Artikel 46 Absatz 1 Satz 1 ohne Zustimmung der Zollbehörde Waren ablädt oder umlädt,

4a. entgegen Artikel 46 Absatz 1 Satz 3 die Zollbehörden nicht oder nicht rechtzeitig unterrichtet,

5. entgegen Artikel 46 Absatz 2 auf Verlangen der Zollbehörde eine Ware nicht ablädt oder auspackt,

5a. ohne Zustimmung der Zollbehörden nach Artikel 47 Waren von dem Ort entfernt, an den sie ursprünglich verbracht worden sind,

6. entgegen Artikel 49 Absatz 1 in Verbindung mit Absatz 2 eine Förmlichkeit, die erfüllt sein muss, damit eine Ware eine zollrechtliche Bestimmung erhält (Anmeldung nach Artikel 59 zur Überführung der Ware in ein Zollverfahren gemäß Artikel 4 Nummer 16 oder Antrag auf Erhalt einer anderen zollrechtlichen Bestimmung gemäß Artikel 4 Nummer 15 Buchstabe b bis d), nicht oder nicht innerhalb der in Artikel 49 Absatz 1 genannten oder nach Artikel 49 Absatz 2 festgesetzten Frist erfüllt,

6a. entgegen Artikel 51 Absatz 1 Waren an anderen als den von den Zollbehörden zugelassenen Orten oder nicht unter den von diesen Behörden festgelegten Bedingungen lagert,

7. entgegen Artikel 168 Absatz 4 Satz 2 der Zollbehörde eine Durchschrift des die Ware begleitenden Beförderungspapiers nicht übergibt oder dieses nicht bei einer von der Zollbehörde dazu bestimmten Person zur Verfügung hält oder

8. entgegen Artikel 168 Absatz 4 Satz 3 der Zollbehörde auf Verlangen eine Ware nicht zur Verfügung stellt.

(5) Ordnungswidrig im Sinne des § 382 Absatz 1 Nummer 2 der Abgabenordnung handelt, wer als Pflichtiger oder bei der Wahrnehmung der Angelegenheiten eines Pflichtigen der Verordnung (EWG) Nummer 2913/92 zuwiderhandelt, indem er vorsätzlich oder fahrlässig

1. entgegen Artikel 76 Absatz 2, auch in Verbindung mit Artikel 77, eine ergänzende Anmeldung nicht nachreicht,

2. entgegen Artikel 87 Absatz 2 der Zollbehörde eine Mitteilung über ein Ereignis nicht macht, das nach Erteilung einer Bewilligung eingetreten ist und sich auf deren Aufrechterhaltung oder Inhalt auswirken kann,

3. entgegen Artikel 96 Absatz 1 Satz 2 Buchstabe a oder Absatz 2, jeweils auch in Verbindung mit Artikel 163 Absatz 3, eine Ware nicht, nicht unter Beachtung der von der Zollbehörde zur Nämlichkeitssicherung getroffenen Maßnahmen, nicht unverändert oder nicht rechtzeitig der Bestimmungsstelle gestellt,

4. entgegen Artikel 105 Satz 1 eine Bestandsaufzeichnung über eine in das Zolllagerverfahren übergeführte oder in eine Freizone des Kontrolltyps II verbrachte Ware nicht, nicht richtig oder nicht vollständig führt,

5. entgegen Artikel 170 Absatz 2 eine dort bezeichnete Ware der Zollbehörde beim Verbringen in eine Freizone des Kontrolltyps I oder ein Freilager nicht gestellt oder entgegen Artikel 170 Absatz 3 auf Verlangen der Zollbehörde eine Ware, die einer Ausfuhrabgabe oder anderen Ausfuhrbestimmungen unterliegt, nicht meldet oder

6. entgegen Artikel 182 Absatz 3 Satz 1 der Zollbehörde eine Mitteilung über eine Wiederausfuhr, eine Vernichtung oder eine Zerstörung einer Ware nicht oder nicht rechtzeitig macht.

(5a) Ordnungswidrig im Sinne des § 382 Absatz 1 Nummer 3 der Abgabenordnung handelt, wer als Pflichtiger oder bei der Wahrnehmung der Angelegenheiten eines Pflichtigen der Verordnung (EWG) Nummer 2913/92 zuwiderhandelt, indem er vorsätzlich oder fahrlässig

1. entgegen Artikel 172 Absatz 1 Satz 2 eine Mitteilung über die Ausübung einer industriellen oder gewerblichen Tätigkeit oder einer Dienstleistung in einer Freizone oder einem Freilager der Zollbehörde nicht oder nicht rechtzeitig macht,

2. entgegen Artikel 176 Absatz 1 Satz 1 in Verbindung mit Satz 2 und 3 eine Bestandsaufzeichnung über eine Ware bei der Ausübung einer Tätigkeit im Bereich der Lagerung, der Be- oder Verarbeitung oder des Kaufs oder Verkaufs von Waren in einer Freizone des Kontrolltyps I oder einem Freilager nicht, nicht richtig, nicht vollständig oder nicht rechtzeitig führt oder

3. entgegen Artikel 176 Absatz 2 Satz 1 im Falle der Umladung einer Ware innerhalb einer Freizone des Kontrolltyps I die Papiere, die die Feststellung der Ware ermöglichen, nicht zur Verfügung der Zollbehörden hält.

(6) Ordnungswidrig im Sinne des § 382 Absatz 1 Nummer 3 der Abgabenordnung handelt, wer als Pflichtiger oder bei der Wahrnehmung der Angelegenheiten eines Pflichtigen der Verordnung (EWG) Nummer 2454/93 der Kommission vom 2. Juli 1993 mit Durchführungsvorschriften zu der Verordnung (EWG) Nummer 2913/92 des Rates vom 12. Oktober 1992 zur Festlegung des Zollkodex der Gemeinschaften (ABl. Nummer L 253 S. 1, 1994 Nummer L 268 S. 32, 1996 Nummer L 180 S. 34, 1997 Nummer L 156 S. 59, 1999 Nummer L 111 S. 88), zuletzt geändert durch Verordnung (EG) Nummer 214/2007 der Kommission vom 28. Februar 2007 (ABl. Nummer L 62 S. 6), zuwiderhandelt, indem er vorsätzlich oder fahrlässig entgegen Artikel 803 der Verordnung (EWG) Nummer 2454/93, auch in Verbindung mit Artikel 806 Satz 1 der Verordnung (EWG) Nummer 2454/93, in einer Bestandsaufzeichnung eine vorgeschriebene Angabe nicht, nicht vollständig oder nicht richtig aufnimmt.

(7) Ordnungswidrig im Sinne des § 382 Absatz 1 Nummer 2 der Abgabenordnung handelt, wer als Pflichtiger oder bei der Wahrnehmung der Angelegenheiten eines Pflichtigen der Verordnung (EWG) Nummer 2454/93 zuwiderhandelt, indem er vorsätzlich oder fahrlässig

1. entgegen Artikel 178 Absatz 4 erster oder zweiter Anstrich bei der Abgabe einer Zollwertanmeldung oder entgegen Artikel 199 Absatz 1 erster oder zweiter Anstrich bei der Abgabe einer Zollanmeldung Angaben nicht, nicht richtig oder nicht vollständig macht oder von einer nicht echte Unterlage vorlegt,

2. entgegen Artikel 219 Absatz 1 Satz 3 das Beförderungspapier auf Verlangen nicht vorlegt,

3. entgegen Artikel 219 Absatz 2 der Abgangsstelle eine Ausfuhranmeldung, eine Anmeldung zur Wiederausfuhr oder ein anderes Dokument gleicher Wirkung nicht zusammen mit der dazugehörigen Versandanmeldung vorlegt,

4. entgegen Artikel 219 Absatz 3 der Zollstelle auf Verlangen eine Unterlage über das vorangegangene Zollverfahren nicht vorlegt,

5. entgegen Artikel 266 Absatz 1 Buchstabe a Nummer i erster Anstrich der zuständigen Zollbehörde ein Eintreffen einer Ware nicht, nicht in der vorgeschriebenen Weise oder nicht rechtzeitig mitteilt,

6. entgegen Artikel 266 Absatz 1 Buchstabe a Nummer i zweiter Anstrich, Nummer ii zweiter Anstrich oder Buchstabe c eine Ware in seiner Buchführung nicht, nicht richtig, nicht vollständig oder nicht rechtzeitig anschreibt,

7. entgegen Artikel 266 Absatz 1 Buchstabe a Nummer ii erster Anstrich der zuständigen Zollbehörde seine Absicht zur Überführung einer Ware in den zollrechtlich freien Verkehr nicht, nicht in der vorgeschriebenen Weise oder nicht rechtzeitig mitteilt,

8. entgegen Artikel 266 Absatz 1 Buchstabe b erster Anstrich der zuständigen Zollbehörde seine Absicht zur Überführung einer Ware in den zollrechtlich freien Verkehr nicht oder nicht in der vorgeschriebenen Weise mitteilt,

9. entgegen Artikel 266 Absatz 1 Buchstabe b zweiter Anstrich eine Ware in seiner Buchführung nicht, nicht richtig oder nicht vollständig anschreibt,

10. entgegen Artikel 273 Absatz 1 Satz 1 Buchstabe a der Überwachungszollstelle eine Mitteilung über die Ankunft einer Ware an dem dafür bezeichneten Ort nicht macht,

11. entgegen Artikel 273 Absatz 1 Satz 1 Buchstabe b in Verbindung mit Satz 2 eine Ware in einer Bestands- aufzeichnung nicht, nicht richtig oder nicht in der vorgeschriebenen Weise anschreibt,

12. entgegen Artikel 273 Absatz 1 Satz 1 Buchstabe c der Überwachungszollstelle eine Unterlage, die die Über- führung einer Ware in das Zolllagerverfahren betrifft, nicht zur Verfügung hält,

12a. [aufgehoben]

13. entgegen Artikel 359 Absatz 1 Satz 1, auch in Verbindung mit Artikel 358 Absatz 5, die Waren während ihrer Beförderung im gemeinschaftlichen Versandverfahren nicht durch die von der Abgangsstelle aus- gehändigten Exemplare Nummer 4 und 5 der Versandanmeldung oder das Versandbegleitdokument be- gleiten lässt,

14. entgegen Artikel 359 Absatz 1 Satz 2, auch in Verbindung mit Artikel 358 Absatz 5, der Durchgangszollstelle eine Sendung nicht oder nicht unter Vorlage der Exemplare Nummer 4 und 5 der Versandanmeldung oder des Versandbegleitdokuments vorführt,

15. entgegen Artikel 359 Absatz 2, auch in Verbindung mit Artikel 358 Absatz 5, bei einer Durchgangszollstelle einen Grenzübergangsschein nach dem Muster in Anhang 46 nicht abgibt,

16. entgegen Artikel 360 Absatz 1 Buchstabe a bis d oder e, jeweils auch in Verbindung mit Artikel 358 Absatz 5,
   a) bei einer Änderung der verbindlichen Beförderungsstrecke,
   b) wenn der Verschluss während der Beförderung aus nicht vom Beförderer zu vertretenen Gründen verletzt wird,
   c) wenn die Waren auf ein anderes Beförderungsmittel umgeladen werden oder
   d) wenn eine unmittelbar drohende Gefahr zum teilweisen oder vollständigen Entladen des Beförderungs- mittels zwingt,

die Exemplare Nummer 4 und 5 der Versandanmeldung oder das Versandbegleitdokument nicht mit einem entsprechenden Vermerk versieht oder sie der nächsten Zollbehörde nicht unter Vorführung der Sendung vorlegt,

17. entgegen Artikel 379 Absatz 4 Satz 2 bei einem unzureichenden Referenzbetrag die Stelle der Bürg- schaftsleistung nicht benachrichtigt,

18. entgegen Artikel 384 Absatz 2 Bescheinigungen der Stelle der Bürgschaftsleistung nicht, nicht recht- zeitig oder nicht vollständig zurückgibt,

19. entgegen Artikel 400 Absatz 1 Satz 2 in Verbindung mit Satz 1 oder entgegen Artikel 912g Absatz 3 Satz 1 in Verbindung mit Absatz 2 Buchstabe b das vorgesehene Feld der Versandanmeldung oder des Kontrollexemplars T5 nicht durch die Angabe des Versandtages vervollständigt oder nicht mit einer Nummer versieht,

20. entgegen Artikel 402 Absatz 1 eine Versandanmeldung nicht oder nicht rechtzeitig vervollständigt,

21. nach dem Versand der Abgangsstelle entgegen Artikel 402 Absatz 3 Satz 1 das Exemplar Nummer 1 der Versandanmeldung oder entgegen Artikel 912g Absatz 3 Satz 3 die Durchschrift des Kontrollexem- plars T5 zusammen mit allen Unterlagen, aufgrund derer das Kontrollexemplar T5 ausgestellt worden ist, nicht oder nicht rechtzeitig übersendet oder übermittelt,

22. entgegen Artikel 408 Absatz 1 Buchstabe a die Bestimmungsstelle über Mehrmengen, Fehlmengen, Vertauschungen oder Unregelmäßigkeiten bei eingetroffenen Sendungen nicht oder nicht rechtzeitig unterrichtet,

23. entgegen Artikel 408 Absatz 1 Buchstabe b, auch in Verbindung mit Artikel 358 Absatz 5, für die eingetroffenen Sendungen der Bestimmungsstelle die Exemplare Nummer 4 und 5 der Versandanmel- dung oder das Versandbegleitdokument nicht oder nicht rechtzeitig zusendet oder der Bestimmungs- stelle das Ankunftsdatum oder den Zustand angelegter Verschlüsse nicht oder nicht rechtzeitig mit- teilt,

24. [aufgehoben]

25. entgegen Artikel 513 Satz 2 nach der Beförderung einer Ware von einem Bewilligungsinhaber zu einem anderen seine Überwachungszollstelle nicht oder nicht rechtzeitig benachrichtigt,

25a. entgegen Artikel 513 Satz 5 in Verbindung mit Anhang 68 Teil A Nummer 2 oder Teil B Abschnitt I Nummer 2 die Überwachungszollstellen vor Beginn der Beförderung einer Ware von einem Bewil- ligungsinhaber zu einem anderen von der beabsichtigten Beförderung unterrichtet,

26. entgegen Artikel 516 Aufzeichnungen oder in Verbindung mit Artikel 529 Bestandsaufzeichnungen nicht richtig oder nicht vollständig führt,

27. entgegen Artikel 530 Absatz 1 Anschreibungen in den Bestandsaufzeichnungen nicht, nicht richtig oder nicht rechtzeitig macht oder

28. bis 30. [aufgehoben]

31. entgegen Artikel 842 Absatz 1 die Anzeige über die Vernichtung oder Zerstörung einer Ware nicht oder nicht rechtzeitig erstattet.

§ 26 TrZollG Ordnungswidrigkeiten

(1) Ordnungswidrig im Sinne des § 382 Absatz 1 Nummer 2 der Abgabenordnung handelt, wer vorsätzlich oder fahrlässig

1. entgegen § 13 Absatz 2 Satz 1 eine dort genannte Ware einer neuen zollrechtlichen Bestimmung zuführt oder ausführt,

2. entgegen § 16 Absatz 1 Satz 1, auch in Verbindung mit Absatz 2, eine Anzeige nicht, nicht richtig, nicht vollständig oder nicht rechtzeitig erstattet oder eine Einfuhrware nicht oder nicht rechtzeitig gestellt,

3. entgegen § 16 Absatz 3 eine Einfuhrware übergibt oder

4. entgegen § 17 Absatz 1 eine Einfuhrware verwendet.

(2) [1] Absatz 1 findet keine Anwendung auf ausländische Streitkräfte oder Hauptquartiere. [2] Die Regelungen des NATO-Truppenstatuts, des Zusatzabkommens und des Unterzeichnungsprotokolls zur Ausübung der Straf- gerichtsbarkeit bleiben unberührt.

§ 28 TrZollV Ordnungswidrigkeiten

Ordnungswidrig im Sinne des § 382 Absatz 1 Nummer 2 der Abgabenordnung handelt, wer vorsätzlich oder fahrlässig:

1. entgegen § 16 Absatz 1 eine Ware einkauft,
2. entgegen § 16 Absatz 3 Satz 1 eine Mitteilung nicht, nicht richtig, nicht vollständig oder nicht rechtzeitig macht,
3. entgegen § 17 Absatz 1 Satz 2 einer vollziehbaren Auflage oder Bedingung zuwiderhandelt,
4. entgegen § 20 Absatz 3 eine Einfuhrware abgibt.

C. Zuwiderhandlungen und Rechtsfolgen
I. Tatbestände des § 382 Abs. 1

10   **1. Pflichten gem. § 382 Abs. 1 Nr. 1.** § 382 Abs. 1 Nr. 1 sanktioniert Pflichtverstöße im Zusammenhang mit der **zollamtlichen Erfassung des Warenverkehrs über die Grenze des Zollgebiets** der Europäischen Union sowie über die Freizonengrenzen. Praktisch betrifft dies das Schicksal der Waren vom Zeitpunkt des Verbringens in das Zollgebiet (Art. 3 ZK = Art. 4 UZK) bis zu dem Zeitpunkt, in dem die Ware ihre zollrechtliche Bestimmung erhält (Kohlmann/*Matthes* Rn. 25), also gem. Art. 4 Nr. 15, Art. 58 ff. ZK in ein Zollverfahren übergeführt, in eine Freizone verbracht, aus dem Zollgebiet wieder ausgeführt, vernichtet oder zerstört oder zugunsten der Staatskasse aufgegeben wird (künftig Art. 5 Nr. 16, Art. 153 ff. UZK). Die in § 31 Abs. 1 ZollVG, § 30 Abs. 1, 4 ZollV aufgeführten Verhaltenspflichten regeln die ordnungsgemäße Beförderung von Waren auf den dafür vorgesehenen Wegen einschließlich der Beachtung der Öffnungszeiten der Zollstellen, die **Gestellung** und summarische Anmeldung der Waren einschließlich der vorgeschriebenen Unterrichtung der Zollbehörden sowie die Verpflichtung, bei der zollamtlichen Prüfung zu kooperieren. Ob die Waren über die Grenzen des Zollgebiets oder über Freizonengrenzen transportiert werden, spielt dabei keine Rolle.

11   **Freizonen** sind gem. Art. 166 ZK (Art. 243 Abs. 1 UZK) Teile des Zollgebiets der Union, die vom übrigen Zollgebiet getrennt sind und in denen Waren als noch nicht oder nicht mehr im Zollgebiet befindlich angesehen werden. Freizonen werden gem. § 20 ZollVG durch Bundesgesetz errichtet und existieren in Deutschland nur in Gestalt von Freihäfen; die in Art. 166 ZK ebenfalls genannten, auf Gebäudeteile beschränkten Freilager gibt es in Deutschland bislang nicht, im UZK sind sie nicht mehr vorgesehen. Der ZK unterscheidet zwei Typen von Freizonen: Art. 168 ZK regelt diejenigen, die einer Umzäunung bedürfen und bei denen der Austausch von Waren mit dem übrigen Zollgebiet nur über die zollamtlich überwachten Ein- und Ausgänge möglich ist (Art. 168 ZK). Freizonen des Kontrolltyps I sind die Freihäfen **Bremerhaven** und **Cuxhaven;** Seeschiffe können danach – jenseits der Fälle des Art. 170 Abs. 2 lit. d ZK (→ § 373 Rn. 32, 45) – ohne Gestellungs- und Anmeldepflichten einen solchen Hafen ansteuern. Die früheren Freihäfen Bremen, Emden, Kiel und Hamburg sind aus wirtschaftlichen Gründen aufgegeben worden (Kohlmann/*Matthes* Rn. 26 mN). Freizonen des Kontrolltyps II unterliegen gem. Art. 168a ZK dem Zolllagerverfahren, wonach zwar auch erst mit der Entfernung der Waren aus dem Lager Zoll anfällt, die Waren aber stets unter zollamtlicher Überwachung stehen und anzumelden und zu gestellen sind, Art. 98 ff. ZK. Freizonen dieses Kontrolltyps sind nicht umzäunt und bestehen in den Freihäfen **Deggendorf** und **Duisburg.** Freizonen des Kontrolltyps II sind nach dem UZK nicht mehr vorgesehen, s. Art. 243 Abs. 3.

12   **2. Pflichten gem. § 382 Abs. 1 Nr. 2.** § 382 Abs. 1 Nr. 2 erfasst Verstöße gegen Vorschriften für die Überführung von Waren in ein **Zollverfahren** und dessen Durchführung oder für die Erlangung einer **sonstigen zollrechtlichen Bestimmung.** Mit der Erlangung der zollrechtlichen Bestimmung ist der Einfuhrvorgang abgeschlossen, wobei die Überführung in ein Zollverfahren neben den übrigen in Art. 4 Nr. 15 ZK genannten Möglichkeiten des Verbringens in eine Freizone oder ein Freilager, der Wiederausfuhr aus dem Zollgebiet der Union, der Vernichtung oder Zerstörung oder der Aufgabe zugunsten der Staatskasse den Hauptregelungsgegenstand des ZK ausmacht. Zu den Zollverfahren der Union zählen gem. Art. 4 Nr. 16 ZK die Überführung in den zollrechtlich freien Verkehr (Art. 79 ff. ZK), die Nichterhebungsverfahren und Zollverfahren mit wirtschaftlicher Bedeutung gem. Art. 94 ff. ZK, zu denen das Versandverfahren (Art. 91 ff. ZK), das Zolllagerverfahren (Art. 98 ff. ZK), die aktive Veredelung (Art. 114 ff. ZK), das Umwandlungsverfahren (Art. 130 ff. ZK), die vorübergehende Verwendung (Art. 137 ff. ZK) und die passive Veredelung (Art. 145 ff. ZK) gehören, und das Ausfuhrverfahren (Art. 161 ZK). Alle Zollverfahren erfordern eine **Anmeldung,** die in Art. 59 ff. ZK geregelt ist und auf deren ordnungsgemäße Vornahme sich ein Großteil der bußgeldbewehrten Pflicht bezieht. Diese Anmeldung ist nicht mit der von § 382 Abs. 1 Nr. 1 AO erfassten summarischen Anmeldung gem. Art. 36a ZK zu verwechseln, die noch vor dem Verbringen der Waren in das Zollgebiet der Union erfolgen muss und mit der die Zollverwaltung möglichst früh in die Lage versetzt werden soll, eine Risikoanalyse durchzuführen (Art. 36b Abs. 1 ZK, Art. 4f–4j ZK-DVO). Zur Neuregelung vgl. Art. 5 Nr. 16, Art. 153 ff. UZK.

13   Die praktisch bedeutsamsten Fälle liegen nach *Möller/Retemeyer* (Bender/Möller/Retemeyer SteuerStrafR/*Möller/Retemeyer* E/III Rn. 234 ff.) im Nichtgestellen von Versandgut bei der Bestimmungsstelle gem. § 30 Abs. 5 Nr. 3 ZollV iVm Art. 96 ZK im Rahmen des externen gemeinschaftlichen Versand-

verfahrens, mit dem Nichtgemeinschaftswaren zwischen zwei Orten innerhalb der Union transportiert werden können. Gestellungspflichtig sind neben dem Inhaber des externen gemeinschaftlichen Versandverfahrens auch der Warenführer und Warenempfänger.

Neben die Zollverfahren nach Unionsrecht tritt die **Truppenverwendung** als nationales Zollver- **14** fahren, die gem. § 2 Abs. 2 S. 2 TrZollG als Zollverfahren und Nichterhebungsverfahren iSd ZK gilt. Sie dient der Ausführung der zoll- und umsatzsteuerrechtlichen Bestimmungen des NATO-Truppenstatuts und der insoweit geschlossenen Abkommen und gilt im deutschen Teil des Zollgebiets der Union. Pflichtverstöße im Zusammenhang mit diesem Zollverfahren werden über die Verweisungen in § 26 TrZollG und § 28 TrZollV sanktioniert.

§ 31 Abs. 1a ZollVG und § 30 Abs. 2 ZollV enthalten weitere Verweisungen auf § 382 Abs. 2 **15** betreffend die unbefugte Benutzung eines Amtsplatzes sowie Verstöße im Zusammenhang mit Schiffs- oder Reisebedarf.

3. Pflichten gem. § 382 Abs. 1 Nr. 3. § 382 Abs. 1 Nr. 3 betrifft Zuwiderhandlungen in **Freizo- 16 nen;** Verweisungen finden sich in § 31 Abs. 2 ZollVG und § 30 Abs. 3, 5a und 6 ZollV. Sanktioniert werden Betretungsverbote, unerlaubtes Wohnen in einer Freizone, bestimmte Verbote im Umgang mit Waren in einer Freizone sowie Zuwiderhandlungen gegen Mitwirkungspflichten bei Zollkontrollen im grenznahen Raum. Der **grenznahe Raum** entspricht dem bisherigen Zollgrenzbezirk (Kohlmann/ *Matthes* Rn. 36) und erstreckt sich gem. § 14 Abs. 1 S. 1 ZollVG am deutschen Teil der Zollgrenze der Union bis zu einer Tiefe von 30 Kilometern und von der seewärtigen Begrenzung des Zollgebiets der Union an bis zu einer Tiefe von 50 Kilometern. Aufgrund der Ermächtigung in § 14 Abs. 1 und 4 ZollVG hat das Bundesministerium der Finanzen in der Verordnung über die Ausdehnung des grenznahen Raumes und die der Grenzaufsicht unterworfenen Gebiete (GrenzAV) die Ausdehnung des grenznahen Raums an der Nord- und Ostseeküste angeordnet sowie bundesweit besondere Landeplätze und andere verkehrsrechtlich zugelassene Flugplätze der Grenzaufsicht unterworfen (BGBl. 1993 I 1132, zuletzt geändert durch VO v. 22.3.2007, BGBl. I 519). Eine Zollgrenze besteht nur zur Schweiz. Zum Begriff der Freizone → Rn. 11.

4. Täterkreis. Als Täter einer Ordnungswidrigkeit nach § 382 Abs. 1 Nr. 1–3 kommen nur Per- **17** sonen in Betracht, denen die Erfüllung der **durch die Ausfüllungsnormen näher spezifizierten Pflichten obliegen** oder die **die Angelegenheiten eines Pflichtigen wahrnehmen.** Wer dies ist, bestimmt sich nach der jeweiligen Vorschrift. Während bei manchen Tatbeständen insbes. nach § 382 Abs. 1 Nr. 3 jedermann tauglicher Täter sein kann (vgl. etwa § 31 Abs. 2 Nr. 1–2a ZollVG), betrifft ein Großteil der Pflichten Gestellungspflichtige iSd ZK und sonstige, im Zusammenhang mit dem Transport von Waren anmelde- und mitteilungspflichtige Personen.

Im Rahmen von § 382 Abs. 1 Nr. 1 spielen vor allem Verstöße gegen die **Gestellungspflicht** eine **18** Rolle, die für das Zollrecht von wesentlicher Bedeutung ist. Durch die Gestellung erhält die Zollbehörde Kenntnis davon, dass Waren eingetroffen sind, und kann sie überprüfen. Im Anschluss müssen sie gem. Art. 48 ZK eine zollrechtliche Bestimmung erhalten, also in ein Zollverfahren überführt, in eine Freizone verbracht, aus dem Zollgebiet wieder ausgeführt, vernichtet oder zerstört oder zugunsten der Staatskasse aufgegeben werden. Zu den Zollverfahren → Rn. 12. Zur Gestellung verpflichtet ist, wer Waren in das Zollgebiet der Union verbracht hat oder wer die Beförderung der Waren nach ihrem Verbringen übernimmt (Verbringer oder Beförderer gem. Art. 40 ZK), unabhängig davon, ob er Kenntnis davon hat, dass er die Waren mitführt. Damit ist auch der LKW-Fahrer gestellungspflichtig, der nicht weiß, dass sich unter den von ihm transportierten Waren versteckte Schmuggelzigaretten verbergen (vgl. EuGH Slg. 2004, I-2141 – Viluckas und Jonusas); die Verhängung eines Bußgeldes gem. § 382 Abs. 1 Nr. 1 iVm § 30 Abs. 4 Nr. 2 ZollV kommt allerdings nur bei zumindest fahrlässigem Handeln in Betracht. In diesen Fällen kann jedoch der den Transport organisierende Hintermann zur Verantwortung gezogen werden, weil ihn ebenfalls eine Gestellungspflicht trifft, wenn er die Durchführung des Transports beherrscht (BGH NStZ 2007, 590). Art. 139 Abs. 1 lit. b UZK regelt seine Gestellungspflicht in Erweiterung der bisherigen Tatbestände künftig ausdrücklich. Für eine Sanktionierung nach § 382 Abs. 1 Nr. 2 bleibt allerdings nur Raum, wenn der Täter mit einfacher Fahrlässigkeit handelt, weil bei vorsätzlicher oder leichtfertiger Tatbegehung § 370 und § 378 vorgehen. Zu den Konkurrenzen → Rn. 29.

Wer Pflichtiger der für die Überführung in ein Zollverfahren notwendigen **Anmeldung** ist, bestimmt **19** sich nach Art. 64 ZK; Vertretung ist zulässig und in Art. 5 ZK näher geregelt. An die Anmeldung knüpfen im Wesentlichen die von § 382 Abs. 1 Nr. 2 erfassten Bußgeldtatbestände. Zur Neuregelung s. Art. 170 UZK.

II. § 382 Abs. 2

Gem. § 382 Abs. 2 finden die Ordnungswidrigkeitentatbestände des § 382 Abs. 1 auch auf Ver- **20** brauchsteuern Anwendung, wenn diese als Einfuhrabgaben erhoben werden und die Zollvorschriften sowie die dazu erlassenen Rechtsverordnungen sinngemäß anzuwenden sind. Die Vorschrift betrifft folglich nur diejenigen Fälle, in denen verbrauchsteuerpflichtige Waren oder Erzeugnisse aus Drittstaaten in das Gebiet der Union eingeführt werden; Verbrauchsteuern auf Waren aus anderen Mitgliedstaaten fallen unter § 381.

21   § 382 Abs. 1 findet auf Verbrauchsteuern nur Anwendung, soweit die Anwendung der Zollvorschriften reicht, sie also nach diesen Vorschriften erhoben werden. Am weitesten ist diese Angleichung bei der **EUSt** verwirklicht; ausgenommen sind gem. § 21 Abs. 2 Hs. 2 UStG nur bestimmte Regelungen im Rahmen der Veredelungsverfahren, die in den Verweisungen auf § 382 Abs. 1 Nr. 2 in § 31 ZollVG und § 30 ZollV ohnehin keine Berücksichtigung gefunden haben (*JJR/Jäger/Ebner* Rn. 41).

22   In den übrigen Verbrauchsteuergesetzen des Bundes werden nur bestimmte Zollvorschriften für anwendbar erklärt und zwar in allen gleichermaßen die Vorschriften für das Erlöschen, ausgenommen das Erlöschen durch Einziehung, das Steuerverfahren, den Zahlungsaufschub sowie die Nacherhebung, den Erlass, die Erstattung in anderen Fällen als nach Art. 220 Abs. 2b und Art. 239 ZK sowie die Fälligkeit, soweit nicht die Tabaksteuer durch Verwendung von Steuerzeichen entrichtet wird (vgl. iE § 18 Abs. 3 BierStG, § 147 Abs. 3 BranntwMonG, § 19b Abs. 3 EnergieStG, § 15 Abs. 3 KaffeeStG, § 18 Abs. 3 SchaumwZwStG, § 21 Abs. 3 TabStG). Nur soweit sich die Verweisungskataloge der § 31 ZollVG und § 30 ZollV auf diese Sachverhalte beziehen, kann wegen der Einfuhr verbrauchsteuerpflichtiger Waren eine Ordnungswidrigkeit vorliegen (*JJR/Jäger/Ebner* Rn. 42). Verstöße gegen die Sonderregelungen der Verbrauchsteuervorschriften werden von § 382 nicht erfasst (*Klein/Jäger* Rn. 18).

III. Subjektiver Tatbestand

23   Der Täter muss **vorsätzlich oder fahrlässig** handeln, einfache Fahrlässigkeit genügt. Den höheren Schutz der Einfuhrabgaben ggü. § 381 rechtfertigt der Gesetzgeber mit ihrer stärkeren Gefährdung im Vergleich zu den Verbrauchsteuern. § 382 richtet sich zudem hauptsächlich an Personen, denen besondere Zollvergünstigungen eingeräumt sind oder die sich in Freizonen und damit in besonderen Gebieten bewegen, weshalb von ihnen ein erhöhtes Maß an Aufmerksamkeit verlangt werden kann. In der Lit. ist diese Ungleichbehandlung im Vergleich zur Verbrauchsteuergefährdung oder zur vollendeten Abgabenverkürzung, vgl. auch §§ 378, 381 jeweils mindestens Leichtfertigkeit voraussetzen, überwiegend auf Kritik gestoßen (*Kohlmann/Matthes* Rn. 41; *Hübschmann/Hepp/Spitaler/Rüping* Rn. 36; *JJR/Jäger/Ebner* Rn. 44 mwN). Den Bedenken kann dadurch Rechnung getragen werden, dass der Vorwurf sorgfaltswidrigen Verhaltens individualisiert ermittelt wird und an denjenigen, der nur gelegentlich Waren importiert, geringere Anforderungen gestellt werden (*Hübschmann/Hepp/Spitaler/Rüping* Rn. 37 mwN).

IV. Ahndung

24   **1. Geldbuße.** Die Ordnungswidrigkeit kann gem. § 382 Abs. 3 mit einer **Geldbuße** bis 5.000 EUR geahndet werden, wenn die Tat nicht nach § 378 geahndet werden kann, der die Verhängung von Geldbußen bis zu 50.000 EUR ermöglicht. Die Regelung entspricht derjenigen in § 381 Abs. 2. Handelt der Täter fahrlässig, kann die Zuwiderhandlung gem. § 17 Abs. 2 OWiG nur mit der Hälfte des angedrohten Höchstbetrages geahndet werden. Das gesetzliche Höchstmaß der Geldbuße kann jedoch gem. § 17 Abs. 4 OWiG auch überschritten werden, wenn der Täter einen höheren wirtschaftlichen Vorteil aus der Ordnungswidrigkeit gezogen hat. Bußgeldbehörde ist die sachlich zuständige Finanzbehörde, § 409.

25   **2. Selbstanzeige, Verjährung.** Mangels einer Verweisung auf § 371 oder einer § 378 Abs. 3 entsprechenden Regelung kommt eine bußgeldbefreiende **Selbstanzeige** wie bei § 381 nicht in Betracht. Zur Frage, wieweit eine Ahndung möglich bleibt, wenn eine wirksame Selbstanzeige hinsichtlich einer zugleich verwirklichten Steuerhinterziehung oder leichtfertigen Steuerverkürzung vorliegt, s. die Erläuterungen zu → § 379 Rn. 83 ff.

26   Die **Verjährung** richtet sich gem. § 377 Abs. 2 nach den allgemeinen Vorschriften. Gemäß § 31 Abs. 2 Nr. 2 OWiG verjährt die Verbrauchsteuergefährdung danach in zwei Jahren. Die Verjährung beginnt, sobald die Tat beendet ist.

3. Nichtverfolgung gem. § 32 ZollVG

§ 32 ZollVG Nichtverfolgung von Steuerstraftaten und Steuerordnungswidrigkeiten, Erhebung eines Zuschlags

(1) Steuerstraftaten und Steuerordnungswidrigkeiten (§§ 369, 377 der Abgabenordnung), die im grenzüberschreitenden Reiseverkehr begangen werden, werden als solche nicht verfolgt, wenn sich die Tat auf Waren bezieht, die weder zum Handel noch zur gewerblichen Verwendung bestimmt sind und der verkürzte Einfuhrabgabenbetrag oder der Abgabenbetrag, dessen Verkürzung versucht wurde, 130 Euro nicht übersteigt.

(2) Absatz 1 gilt nicht, wenn der Täter

1. die Waren durch besonders angebrachte Vorrichtungen verheimlicht oder an schwer zugänglichen Stellen versteckt hält oder

2. durch die Tat den Tatbestand einer Steuerstraftat innerhalb von sechs Monaten zum wiederholten Mal verwirklicht.

(3) Liegt eine im grenzüberschreitenden Reiseverkehr begangene Steuerstraftat oder Steuerordnungswidrigkeit vor, kann in den Fällen einer Nichtverfolgung nach Absatz 1 oder einer Einstellung nach § 398 der Abgabenordnung ein Zuschlag bis zur Höhe der Einfuhrabgaben, höchstens jedoch bis zu 130 Euro erhoben werden.

(4) Die Absätze 1 bis 3 gelten auch bei der Einreise aus einer Freizone.

Das **Schmuggelprivileg** des § 32 Abs. 1 ZollVG begründet ein **Verfolgungshindernis** für leichte **27** Steuerverfehlungen im Reiseverkehr: liegt der in Rede stehende Abgabenbetrag bei maximal 130 EUR muss die Bußgeldbehörde von der Verfolgung absehen. Auch wenn die Vorschrift von verkürzten Abgaben oder dem Versuch der Verkürzung spricht, findet sie über die allgemeine Verweisung auf sämtliche Steuerordnungswidrigkeiten iSv § 377 erst recht auf die abstrakten Gefährdungstatbestände Anwendung, die schon im Vorfeld einer Verkürzung verwirklicht sind. Voraussetzung ist, dass die Tat im **grenzüberschreitenden Reiseverkehr** begangen wurde. Der Begriff ist weit auszulegen und umfasst nicht nur Reisen zu touristischen Zwecken, sondern jeden Personenverkehr über die Zollgrenze, auch den Berufsverkehr. Auf den Beweggrund und den Zweck des Grenzübertritts kommt es nicht an, so dass auch der Reiseschmuggel über die grüne Grenze erfasst wird, solange nicht Waren in einer Menge mitgeführt werden, die die Einfuhr aus geschäftlichen Gründen nahelegen (Kohlmann/*Matthes* Rn. 62; JJR/*Jäger* ZollVG § 32 Rn. 21 f.). Abs. 4 stellt klar, dass die Vorschrift auch bei der Einreise über eine Freizonengrenze Anwendung findet. Zum Begriff der Freizone → Rn. 11.

Das Schmuggelprivileg entfällt unter den Voraussetzungen des Abs. 2. Einfaches Verstecken des **28** Schmuggelguts etwa unter einer mit Druckknöpfen an der Motorhaube befestigten Dämmmatte genügt nicht. Schwer zugänglich ist ein Versteck nur dann, wenn es nur durch den Einsatz technischer Hilfsmittel, unter erheblichem Zeitaufwand oder unter dem Risiko einer Beschmutzung der eingesetzten Zollbeamten auffindbar ist (BayObLG wistra 2001, 113). Die wiederholte Begehung einer Steuerordnungswidrigkeit steht einem Verfahrenshindernis nach Abs. 1 nicht entgegen.

V. Konkurrenzen

§ 382 geht als speziellere Regelung § 381 vor, soweit Verbrauchsteuern als Einfuhrabgaben erhoben **29** werden, § 382 Abs. 2. Hinter der leichtfertigen Steuerverkürzung gem. § 378 tritt § 382 vom Gesetz ausdrücklich angeordnet zurück. Gleiches gilt nach der allgemeinen Regelung des § 21 Abs. 1 OWiG ggü. zugleich begangenen Steuerstraftaten. Weil mit der Nichtgestellung der Ware gem. Art. 202 ZK stets eine Zollschuld entsteht, bleibt für § 382 nur Raum, wenn der Täter nicht vorsätzlich oder leichtfertig gehandelt hat, weil sonst die Verkürzungstatbestände eingreifen (Hübschmann/Hepp/Spitaler/*Rüping* Rn. 44; Kohlmann/*Matthes* Rn. 52).

§ 383 Unzulässiger Erwerb von Steuererstattungs- und Vergütungsansprüchen

(1) Ordnungswidrig handelt, wer entgegen § 46 Abs. 4 Satz 1 Erstattungs- oder Vergütungsansprüche erwirbt.

(2) Die Ordnungswidrigkeit kann mit einer Geldbuße bis zu fünfzigtausend Euro geahndet werden.

Literatur (Auswahl): *Best/Ende,* Fallstrick: § 46 Abs. 4 AO – Abtretung von Steuererstattungsansprüchen an Steuerberater, DStR 2007, 595; *Hütt,* Abtretung von Steuererstattungsansprüchen an Inkassofirmen, AO-StB 2007, 98; *Hütt,* Sicherung von Honoraransprüchen durch Zahlungsanweisung möglich, AO-StB 2007, 128; *Kupka/Schmittmann,* Freiwillige Abtretungen von Einkommensteuererstattungsansprüchen, NZI 2010, 669; *Mink,* Abtretung von Steuererstattungs- und Vergütungsansprüchen nach § 46 AO, DB 1994, 702; *Orthmann-Babel/Bolik,* Praxisprobleme des SEStEG bei der Auszahlung des Körperschaftsteuerguthabens nach § 37 KStG nF, BB 2007, 73; *Pfaff,* Unzulässiger Erwerb von Steuererstattungsansprüchen und Vergütungsansprüchen (§ 383 AO), StBp 1979, 139; *Schelling,* § 383 AO: Unzulässiger Erwerb von Steuererstattungs- und Vergütungsansprüchen, PStR 2007, 283; *Slapio,* Geschäftsmäßiger Erwerb von Steuererstattungsansprüchen nach § 46 Abs. 4 AO, DStR 1994, 1368; *Zimmer,* Die Abtretung von Einkommensteuererstattungen in der Wohlverhaltensphase, ZInsO 2009, 2373.

A. Regelungscharakter

Die Blankettvorschrift des § 383 sanktioniert das in § 46 Abs. 4 S. 1 normierte Verbot des geschäfts- **1** mäßigen Erwerbs von Steuererstattungs- oder Vergütungsansprüchen. Die Vorschrift, die vor allem zur Bekämpfung von Missständen bei der Lohnsteuerhilfe geschaffen wurde (BT-Drs. 7/2852, 47 f. zu den Vorläufervorschriften § 409a iVm § 159 RAO), hat praktische Bedeutung, weil die Abtretung solcher Ansprüche zur Honorarsicherung insbes. bei Steuerberatern vorkommt (Best/Ende DStR 2007, 595) und auch im Rahmen von Nettolohnvereinbarungen ausländischer Arbeitnehmer nicht unüblich ist (Slapio DStR 1994, 1368). Der Bußgeldrahmen, der Geldbußen bis 50.000 EUR ermöglicht, verdeutlicht, welches Gewicht der Gesetzgeber solchen Verstößen beimisst (Rolletschke/Kemper/*Roth*

Rn. 27). § 383 gilt für die Altersvorsorgezulage, die Wohnungsbauprämie und die Arbeitnehmer-Sparzulage entsprechend, → Rn. 17.

B. Die Regelungen im Einzelnen

I. Das Abtretungsverbot gem. § 46 Abs. 4 S. 1

§ 46 Abtretung, Verpfändung, Pfändung

(1) Ansprüche auf Erstattung von Steuern, Haftungsbeträgen, steuerlichen Nebenleistungen und auf Steuervergütungen können abgetreten, verpfändet und gepfändet werden.

(2) Die Abtretung wird jedoch erst wirksam, wenn sie der Gläubiger in der nach Absatz 3 vorgeschriebenen Form der zuständigen Finanzbehörde nach Entstehung des Anspruchs anzeigt.

(3) ¹Die Abtretung ist der zuständigen Finanzbehörde unter Angabe des Abtretenden, des Abtretungsempfängers sowie der Art und Höhe des abgetretenen Anspruchs und des Abtretungsgrundes auf einem amtlich vorgeschriebenen Vordruck anzuzeigen. ²Die Anzeige ist vom Abtretenden und vom Abtretungsempfänger zu unterschreiben.

(4) ¹Der geschäftsmäßige Erwerb von Erstattungs- oder Vergütungsansprüchen zum Zweck der Einziehung oder sonstigen Verwertung auf eigene Rechnung ist nicht zulässig. ²Dies gilt nicht für die Fälle der Sicherungsabtretung. ³Zum geschäftsmäßigen Erwerb und zur geschäftsmäßigen Einziehung der zur Sicherung abgetretenen Ansprüche sind nur Unternehmen befugt, denen das Betreiben von Bankgeschäften erlaubt ist.

(5) Wird der Finanzbehörde die Abtretung angezeigt, so müssen Abtretender und Abtretungsempfänger der Finanzbehörde gegenüber die angezeigte Abtretung gegen sich gelten lassen, auch wenn sie nicht erfolgt oder nicht wirksam oder wegen Verstoßes gegen Absatz 4 nichtig ist.

(6) ¹Ein Pfändungs- und Überweisungsbeschluss oder eine Pfändungs- und Einziehungsverfügung dürfen nicht erlassen werden, bevor der Anspruch entstanden ist. ²Ein entgegen diesem Verbot erwirkter Pfändungs- und Überweisungsbeschluss oder erwirkte Pfändungs- und Einziehungsverfügung sind nichtig. ³Die Vorschriften der Absätze 2 bis 5 sind auf die Verpfändung sinngemäß anzuwenden.

(7) Bei Pfändung eines Erstattungs- oder Vergütungsanspruchs gilt die Finanzbehörde, die über den Anspruch entschieden oder zu entscheiden hat, als Drittschuldner im Sinne der §§ 829, 845 der Zivilprozessordnung.

2   **1. Anwendungsbereich.** Grundsätzlich können gem. § 46 Abs. 1 und 5 auch Ansprüche auf Erstattung von Steuern, Haftungsbeträgen, steuerlichen Nebenleistungen und auf Steuervergütungen abgetreten oder verpfändet werden. **Steuererstattungsansprüche** sind in § 37 Abs. 2 AO und den Einzelsteuergesetzen näher geregelt. Sie zeichnen sich dadurch aus, dass ein Anspruch aus dem Steuerschuldverhältnis ohne rechtlichen Grund erfüllt worden oder der rechtliche Grund später weggefallen ist. Hierzu zählen die Überschüsse aus Vorauszahlungen, wenn die betreffenden Jahressteuerbescheide ergangen sind, etwa bei der ESt, der KapErtrSt oder der USt (Klein/*Ratschow* § 37 Rn. 10 ff.). Erstattungsregelungen enthalten auch die Verbrauchsteuergesetze, zB § 32 TabStG iVm § 48 TabStV (Erstattung bei Aufnahme in ein Steuerlager oder Verbringung in einen anderen Mitgliedstaat, s. iE Flore/Tsambikakis/*Burmann* Rn. 4).

3   Im Unterschied zum Steuererstattungsanspruch wurde die Steuer beim **Steuervergütungsanspruch** im Zeitpunkt der Zahlung zu Recht gezahlt. Vergütungen können demjenigen zustehen, der eine Steuer zwar wirtschaftlich getragen, sie aber nicht als Steuerschuldner entrichtet hat. Sie stellen damit einen Anreiz für ein bestimmtes, wirtschaftlich erwünschtes Verhalten dar (Kohlmann/*Matthes* Rn. 16; JJR/*Lipsky* Rn. 7). Wer Gläubiger einer Steuervergütung ist, bestimmt sich nach den Einzelsteuergesetzen, § 43 S. 1 (s. die Auflistung bei Flore/Tsambikakis/*Burmann* Rn. 6). Wichtigster Fall eines Vergütungsanspruchs ist der Anspruch auf den **Vorsteuerüberschuss** gem. § 16 Abs. 2 UStG (BFH BStBl. II 1985, 488). Soweit vertreten wird, dass § 383 aus Gründen fehlender Tatbestandsbestimmtheit auf diesen Vergütungsanspruch nicht anwendbar sein soll, überzeugt dies nicht und lässt sich insbes. nicht damit begründen, dass der Gesetzgeber die Anwendbarkeit von § 383 auf die Wohnungsbau-Prämie, die Arbeitnehmer-Sparzulage und die Altersvorsorge-Zulage anders als für die Bergmannsprämie und die Investitionszulage schließlich auch ausdrücklich bestimmt habe (so aber JJR/*Lipsky* Rn. 3; Kohlmann/*Matthes* Rn. 17). Die Argumentation übersieht, dass auf den Vorsteuerüberschuss nicht die 2 Vorschriften über die Steuervergütung nicht analog angewendet werden, weil es sich unmittelbar um eine Steuervergütung handelt (BFH BStBl. II 2009, 953, vgl. auch FG Bln-Bbg EFG 2010, 1850). Es bedarf mithin – anders als in den genannten Fällen der Zulagen und Prämien – keiner gesetzgeberischen Entscheidung, ob und in welchem Umfang die Vorschriften über Steuervergütungen Anwendung finden sollen. Ein materieller Grund, den Umsatzsteuererstattungsanspruch aus dem Anwendungsbereich des § 383 auszunehmen, ist nicht ersichtlich (wie hier Rolletschke/Kemper/*Roth* Rn. 4; Tipke/Kruse/*Drüen* § 46 Rn. 2; Koenig/*Koenig* § 46 Rn. 6; vgl. auch Rau/Dürrwächter/*Stadie* UStG § 16 Rn. 127). Vergütungsansprüche enthalten ferner die Verbrauchsteuergesetze (Hübschmann/Hepp/Spitaler/*Rüping* Rn. 10 ff.; JJR/*Lipsky* Rn. 6 ff.). Auch das Kindergeld ist gem. § 31 S. 3 EStG eine Steuervergütung.

4   **2. Abtretungsanzeige.** Auf die Abtretung finden die §§ 398 ff. BGB Anwendung mit einem bedeutsamen Unterschied: während die **Anzeige der Abtretung** ggü. dem Schuldner nach § 409 BGB lediglich einen Rechtsschein setzt, den der Gläubiger gegen sich gelten lassen muss, für die Abtretung selbst aber nicht konstitutiv ist (Erman/*Westermann*, BGB, 14. Aufl. 2014, BGB § 409 Rn. 1), ist sie für die Abtretung der in § 46 genannten Ansprüche gem. § 46 Abs. 2 **Wirksamkeitsvoraussetzung** (BFH

BStBl. II 2005, 238). Ohne wirksame Anzeige ist die Abtretung nicht nur ggü. dem Fiskus, sondern absolut unwirksam (Klein/*Ratschow* § 46 Rn. 10). Die Anzeige muss durch den Zedenten erfolgen oder zumindest in seinem Namen von einem Bevollmächtigten abgegeben werden. Sie ist eine einseitige empfangsbedürftige Willenserklärung, für die die Vorschriften der §§ 133, 157 BGB gelten und die der Form des § 46 Abs. 3 genügen muss (zur verfassungsmäßigen Unbedenklichkeit dieser Wirksamkeitsvoraussetzungen BVerfG NJW 1983, 2435). Die Abtretung kann erst nach der Entstehung angezeigt werden, § 46 Abs. 2 aE; dies gilt auch für die Abtretung künftiger Steuererstattungs- und Vergütungsansprüche, die darüber hinaus erfordert, dass die Entstehung der Forderung möglich erscheint und der abgetretene Anspruch so genau bezeichnet ist, dass er bei seiner Entstehung bestimmbar ist (BFH BStBl. II 2006, 348; Tipke/Kruse/*Drüen* § 46 Rn. 7; Kohlmann/*Matthes* Rn. 22). Zu den gem. § 46 Abs. 3 AO notwendigen Angaben gehört auch der Abtretungsgrund, also eine kurze stichwortartige Kennzeichnung des der Abtretung zugrunde liegenden Lebenssachverhalts (BFH BStBl. II 2002, 402; BStBl. 2014, 507). Auf diese Weise soll dem FA die Möglichkeit zur schnellen und einfachen Prüfung gegeben werden, ob die Abtretung gegen § 46 Abs. 4 verstößt (BFH BStBl. II 2005, 238; BStBl. II 2012, 92; BFH/NV 2013, 498). Für die Verpfändung von Steuererstattungs- und Vergütungsansprüchen gem. §§ 1279 ff. BGB gelten die Formvorschriften entsprechend, § 46 Abs. 6 S. 3.

3. Abtretungsverbot. Gem. § 46 Abs. 4 S. 1 ist die Abtretung unzulässig, wenn der Erwerber sich **5** Erstattungs- oder Vergütungsansprüche **geschäftsmäßig zur Einziehung** oder sonstigen Verwertung abtreten lässt. Ausgenommen ist damit ein Erwerb auf fremde Rechnung, bei dem der Abtretungsempfänger mit dem Zedenten abzurechnen hat (OLG Jena BeckRS 2004, 06554). **Sicherungsabtretungen** sind gem. § 46 Abs. 3 nur Bankunternehmen gestattet (BFH BStBl. II 1986, 124). Verbotswidriges Handeln führt zur **Nichtigkeit der Abtretung,** § 134 BGB, vgl. auch § 46 Abs. 5 AO aE (Klein/*Ratschow* § 46 Rn. 28). Das Verbot dient dem Schutz des Zedenten vor Übervorteilung; es soll Missständen bei der Vorfinanzierung von Erstattungsansprüchen durch unseriöse Kreditgeber begegnet werden. Anlass für das Abtretungsverbot waren vor allem unlautere Praktiken von Lohnsteuerhilfevereinen im Zusammenhang mit dem Lohnsteuer-Jahresausgleich (BFH BStBl. II 1986, 124; zu Genese und Regelungszweck iE Kohlmann/*Matthes* Rn. 1; Hübschmann/Hepp/Spitaler/*Rüping* Rn. 1 ff.). Über die Verweisung in § 46 Abs. 6 S. 3 gilt das Verbot auch für die **Verpfändung.** Trotz der Akzessorietät des Pfandrechts muss der Sicherungszweck bei einer Verpfändung nicht stets im Vordergrund stehen, weil § 1284 BGB den Vertragspartnern bei der Verwertung der gepfändeten Forderung einen erheblichen Gestaltungsspielraum einräumt. Die Verpfändung von Steuererstattungs- und Vergütungsansprüchen zugunsten einer Bank ist deshalb nur dann gem. § 46 Abs. 6 S. 3, Abs. 4 S. 2 zulässig, wenn die Verpfändungsvereinbarung dem Pfandgläubiger im wirtschaftlichen Ergebnis keine weitergehenden Rechte an der verpfändeten Forderung verschafft als bei einer Sicherungsabtretung (BFH BStBl. II 1984, 413; Klein/*Ratschow* § 46 Rn. 33).

Geschäftsmäßig ist eine Tätigkeit, die selbstständig und in Wiederholungsabsicht ausgeübt wird **6** (BFH BStBl. II 1986, 124; Klein/*Ratschow* § 46 Rn. 29; Tipke/Kruse/*Drüen* § 46 Rn. 44; JJR/*Lipsky* Rn. 10; *Schelling* PStR 2007, 284). Geschäftsmäßig ist nicht gewerbsmäßig, so dass es auf die Absicht, einen Gewinn oder sonstigen Vorteil zu erzielen, ebenso wenig ankommt, wie darauf, ob der Erwerb zur Erfüllung oder Sicherung eines Leistungsanspruchs des Zessionars erfolgt (BFH BStBl. II 1999, 430). Ob Geschäftsmäßigkeit vorliegt, beurteilt sich nach den Umständen des Einzelfalls, wobei organisatorische Vorkehrungen, wie vorbereitete Formulare, oder die Zahl der Erwerbsfälle innerhalb eines gewissen Zeitraums Indizien sein können. Die Annahme geschäftsmäßigen Erwerbs bei vier Abtretungen binnen eines Jahres kann rechtlich unbedenklich sein, es ist aber auch nicht ausgeschlossen, schon einen einzigen Erwerb als selbstständig und in Wiederholungsabsicht getätigt zu würdigen (BFH/NV 1995, 473). Gehen einem FA mehrere Abtretungsanzeigen zu, rechtfertigt dies allerdings nicht automatisch den Schluss, dass jeder dieser Anzeigen ein jeweils anderer Erwerbsfall zugrunde liegt. Denn die Abtretung kann auch durch eine einzige dingliche Einigung vorgenommen werden, die erst in mehreren Teilschritten wirksam wird (BFH BStBl. II 2006, 348).

4. Einzelfälle. Das Verbot trifft in der Praxis vor allem **Steuerberater,** denen es dadurch untersagt **7** ist, sich zur Sicherung ihrer Honorarforderungen Steuererstattungs- oder Vergütungsansprüche abtreten zu lassen. An der Geschäftsmäßigkeit fehlt es hier nur ausnahmsweise, wenn der Steuerberater sich Ansprüche nur gelegentlich in besonders begründeten Einzelfällen abtreten lässt (BFH/NV 1989, 210; 1995, 473). Die Forderung der Bundessteuerberaterkammer, auch Personen iSv § 3 StBerG die geschäftsmäßige Einziehung zur Sicherung ihrer Gebührenansprüche zu gestatten, ist bisher nicht Gesetz geworden (Tipke/Kruse/*Drüen* § 46 Rn. 48; *Hütt* AO-StB 2007, 98). Die Praxis behilft sich in diesen Fällen mit Zahlungsanweisungen des Mandanten an das FA zugunsten des Steuerberaters, die nach Nr. 2 S. 3 AEAO zu § 80 von der Finanzverwaltung anerkannt werden (*Best/Ende* DStR 2007, 596).

Zu **Nettolohnvereinbarungen** ausländischer ArbN bestehen zahlreiche Verwaltungsanweisungen **8** der Finanzverwaltung, die die hier übliche Abtretung der ESt-Erstattungsansprüche an den ArbG zT im Anschluss an eine Entscheidung des 7. Senats des BFH als geschäftsmäßig qualifizieren und von einem Verstoß gegen § 46 Abs. 4 S. 1 ausgehen (BFH BStBl. II 1999, 430; vgl. nur FM NRW S 0166 v. September 1995, AO-Kartei NW § 46 AO Karte 802, unter 2.5.1; FM SA DStR 1993, 1749; OFD

Koblenz DStR 1996, 1812 unter 5.1; OFD Hannover 13.12.1999 – S 0166-116 – StH 551, S 0166 – 72 – StO 321 unter 2.2; OFD München 20.10.1993 – S 0166 – 43 St 312 bestätigt durch S 0166 – 21 St 312 v. 23.10.2002, AO-Kartei BY § 46 AO Karte 4, BeckVerw 122410; FM Saarl 2.5.2005 – B/1–1-136/2005 – S 0202, B/1–1-136/2005 – S 0455 und jüngst BayLfSt 26.1.2015 – S 0166.2.1 – 16/8 St 42 Nach den jüngeren Erlassen sind in diesen Fällen häufig auch Zahlungsanweisungen der ArbN zugunsten der ArbG als Umgehung von § 46 zurückzuweisen. Demgegenüber problematisiert die Verfügung der OFD Düsseldorf v. 29.11.2005 (DStZ 2006, 84), die sich mit der steuerrechtlichen Behandlung von Nettolohnvereinbarungen befasst, das Abtretungsverbot nicht, sondern zitiert ältere Rspr., die die Abtretung von Erstattungsansprüchen in diesen Fällen unbeanstandet ließ (BFH BStBl. II 1979, 771). Die dortige Finanzverwaltung akzeptiert solche Abtretungen offenbar, wie sich an den zuletzt vom 6. Senat des BFH entschiedenen Fällen zeigt, bei denen es um die Frage ging, ob die an den ArbG geflossene Einkommensteuererstattung bei ihm im Rahmen des Lohnsteuereinbehalts durch einen Abzug vom laufenden (Brutto)Arbeitslohn oder durch eine Verminderung des laufenden Nettolohns zu berücksichtigen ist (BStBl. II 2010, 148 und Folgeverfahren BFH/NV 2010, 191). Ausweislich des Sachverhalts hatte sich der ArbG die Steuererstattungsansprüche regelmäßig abtreten lassen. Auf die Wirksamkeit dieser Abtretungen ging der BFH mit keinem Wort ein, was an sich nahe gelegen hätte, auch wenn die Frage letztlich nicht entscheidungsrelevant war, weil es nur auf den tatsächlichen Zufluss des Erstattungsbetrages beim ArbG ankam. Vor diesem Hintergrund dürfte von einer höchstrichterlichen Klärung der für die Ordnungswidrigkeit bedeutsamen Vorfrage, ob die Abtretung von Erstattungsansprüchen im Rahmen von Nettolohnvereinbarungen dem Verbot von § 46 Abs. 4 S. 1 unterfällt, nicht sicher auszugehen sein. Auch im Urteil BFHE 251, 1 blieb die Frage unbeantwortet. Die besseren Argumente sprechen für eine teleologische Reduktion der Vorschrift. Die besondere Schutzbedürftigkeit der ArbN vor der vorzeitigen Preisgabe ihrer Erstattungsansprüche besteht in solchen Fällen gerade nicht, müssen sie doch wegen der vorgelagerten und rechtlich unbedenklichen Nettolohnvereinbarung den erhaltenen Betrag umgehend an den ArbG (ggf. im Verrechnungswege) abführen. Eine unkontrollierbare Aufweichung des Verbots ist dabei nicht zu befürchten. Die Fallgruppe ist klar abgrenzbar und das Vorliegen einer Nettolohnvereinbarung für die Finanzverwaltung mindestens so einfach nachzuprüfen, wie die Frage, ob die Abtretung an eine Bank, weil fiduziarisch erfolgt, wirksam ist (→ Rn. 10). Soweit insbes. bei osteuropäischen Arbeitgebern Missbrauchsfälle auftraten (auch der Entscheidung des 7. Senats lag ein Beschäftigungsverhältnis nach polnischem Recht zugrunde, während die neueren Entscheidungen japanische Arbeitnehmer betrafen), indem in den Steuererklärungen der ArbN wahrheitswidrig Beschäftigungszeiten von mehr als sechs Monaten angegeben wurden, um einen ESt-Erstattungsanspruch vorzuspiegeln, der wegen der Abgeltungsfunktion der LSt bei der kürzeren Beschäftigungsdauer nicht bestand (OFD Koblenz DStR 1996, 1812 unter 5.1), ist das Abtretungsverbot ohnehin nicht der geeignete Ansatz einer Missbrauchsbekämpfung. Mangels Erstattungsanspruchs fehlt es schon an einem Gegenstand für die Abtretung, die deshalb ins Leere geht. Aus diesem Grund bleibt auch für die Verfolgung als OWi kein Raum; das Verhalten ist vielmehr gem. § 370 mit Strafe bedroht. Besteht dagegen ein Erstattungsanspruch und sind die Formvoraussetzungen für eine wirksame Abtretung erfüllt, ist die Nichtigkeitsfolge des Verstoßes gegen § 46 Abs. 4 S. 1 bei Abtretungen im Rahmen von Nettolohnvereinbarungen mangels Schutzbedürftigkeit der ArbN nicht gerechtfertigt. Bis Anfang der 1990er Jahre wurden derartige Abtretungen von der Finanzverwaltung insgesamt auch ohne weiteres akzeptiert (*Slapio* DStR 1994, 1368).

9 Ausdrücklich von dem Verbot nach § 46 Abs. 4 ausgenommen ist der in zehn Jahresraten von 2008 bis 2017 auszuzahlende Anspruch auf das **Körperschaftsteuerguthaben** durch die mit dem JStG 2008 eingeführte Regelung des § 37 Abs. 5 S. 10 KStG. Auf diese Weise soll, wie von der Lit. eingefordert (*Ortmann-Babel/Bolik* BB 2007, 76 f.), eine Verbesserung der Finanzierungslage der Unternehmen erreicht werden (BT-Drs. 16/6290, 75).

II. Die Ordnungswidrigkeit gem. § 383

10 **1. Tatbestand.** Bußgeldbewehrt ist nur ein Verstoß gegen § 46 Abs. 4 S. 1, also das Verbot der Abtretung zur Einziehung oder sonstigen Verwertung **erfüllungshalber,** nicht dagegen die Sicherungsabtretung zugunsten eines Bankunternehmens gem. § 46 Abs. 4 S. 2 u. 3 (Kohlmann/*Matthes* Rn. 30; Hübschmann/Hepp/Spitaler/*Rüping* Rn. 18; JJR/*Lipsky* Rn. 11). Zur Verpfändung → Rn. 5. Der Zedent muss sich seiner Forderung ohne weitere Einwirkungsmöglichkeit auf ihre Realisierung begeben. So verhält es sich etwa, wenn sich die Bank aus der abgetretenen Forderung bereits befriedigen darf, bevor der Zedent mit der Verpflichtung zur Rückzahlung in Verzug gerät (BFH BStBl. II 1984, 178; zur Abgrenzung Hübschmann/Hepp/Spitaler/*Rüping* Rn. 19; Kohlmann/*Matthes* Rn. 30 mwN; Rolletschke/Kemper/*Roth* Rn. 21). Die Abgrenzung kann im Einzelfall schwierig sein, etwa wenn der Sicherungszweck nur vorgeschoben wird. Der unzulässige Erwerb setzt ein Handeln auf **eigene Rechnung** voraus, woran es fehlt, wenn der Abtretungsempfänger mit dem Zedenten abzurechnen hat (OLG Jena BeckRS 2004, 06554). Die Finanzverwaltung geht wenig überzeugend auch dann von einem Handeln auf eigene Rechnung aus, wenn sich der Insolvenzverwalter oder Restschuldbefreiungs-Treuhänder formularmäßig Steuererstattungsansprüche abtreten lässt (hierzu *Kupka/Schmittmann* NZI

2010, 669). Erwerb ist in § 383 nicht technisch zu verstehen, weil die gegen das Verbot verstoßende Abtretung nichtig ist und der Zessionar deshalb wirksam nicht erwerben kann (vgl. Hübschmann/ Hepp/Spitaler/*Rüping* Rn. 17). § 383 findet jedoch dann keine Anwendung, wenn der Steuererstattungs- oder Vergütungsanspruch nicht besteht, sondern nur vorgetäuscht wird.

Die Geschäftsmäßigkeit des Handelns ist ein besonderes persönliches Merkmal und macht die Vor- **11** schrift zum **Sondertatbestand** (Klein/*Jäger* Rn. 4; Hübschmann/Hepp/Spitaler/*Rüping* Rn. 6). Die Ahndung ist gem. § 9 OWiG auch möglich, wenn die besonderen persönlichen Merkmale bei einer nicht handlungsfähigen juristischen Person, etwa einem Lohnsteuerhilfeverein, vorliegen, weil sie auf das vertretungsberechtigte handelnde Organ übertragen werden (BayObLG NJW 1994, 2303 zum Verstoß gegen das Rechtberatungsgesetz durch einen Verein). Beteiligen sich mehrere an der Ordnungswidrigkeit, können alle verfolgt werden, auch wenn nur bei einem Beteiligten die notwendigen besonderen persönlichen Merkmale vorliegen, § 377 Abs. 2 iVm § 14 Abs. 1 OWiG.

Nur die **vorsätzliche vollendete Tat** kann geahndet werden, weil § 383 keine Regelung für eine **12** versuchte oder fahrlässige Tatbegehung vorsieht, §§ 10, 13 Abs. 2 OWiG.

2. Ahndung. § 383 ermöglicht die Verhängung einer Geldbuße bis zu 50.000 EUR. Das gesetzliche **13** Höchstmaß kann gem. § 17 Abs. 4 OWiG auch überschritten werden, wenn der Täter einen höheren wirtschaftlichen Vorteil aus der Ordnungswidrigkeit gezogen hat. Bußgeldbehörde ist die sachlich zuständige Finanzbehörde, § 409.

Mangels einer Verweisung auf § 371 oder einer § 378 Abs. 3 entsprechenden Regelung kommt eine **14** bußgeldbefreiende **Selbstanzeige** nicht in Betracht.

Die **Verjährung** richtet sich gem. § 377 Abs. 2 nach den allgemeinen Vorschriften. Gemäß § 31 **15** Abs. 2 Nr. 1 OWiG verjährt der unzulässige Erwerb von Steuererstattungs- und Vergütungsansprüchen danach in drei Jahren. Die Verjährung beginnt, sobald die Tat beendet ist, also idR mit der Anzeige als dem letzten Akt des Erwerbsvorgangs (Hübschmann/Hepp/Spitaler/*Rüping* Rn. 26; JJR/*Lipsky* Rn. 17).

3. Konkurrenzen. Trifft die Ordnungswidrigkeit mit einer Straftat, etwa einem Betrug, zusammen, **16** tritt sie nach der allgemeinen Regel des § 21 Abs. 1 OWiG zurück. Mit anderen Ordnungswidrigkeiten, zB nach dem StBerG, ist Tateinheit möglich, wobei die Sanktion nach dem Gesetz zu bestimmen ist, das die höchste Geldbuße androht, § 377 Abs. 2 iVm § 19 Abs. 2 OWiG. In der Regel dürfte dies § 383 sein (JJR/*Lipsky* Rn. 18). Hinterzieht der Erwerber nachträglich Steuern, indem er den aus der Abtretung vereinnahmten Betrag nicht anmeldet, handelt es sich um verschiedene Taten, die zueinander in Tatmehrheit stehen (Hübschmann/Hepp/Spitaler/*Rüping* Rn. 27).

C. Sinngemäße Anwendung

§ 383 findet kraft ausdrücklicher Anordnung (Art. 103 Abs. 2 GG) gem. § 8 Abs. 2 WoPG auf die **17** Wohnungsbauprämie, gem. § 14 Abs. 3 5. VermBG auf die Arbeitnehmer-Sparzulage und gem. § 96 Abs. 7 EStG auf die Altersvorsorgezulage sinngemäß Anwendung. Das mit dem Steuerbereinigungsgesetz 1999 mWz 1.1.2000 aufgehobene Spar-Prämiengesetz enthielt in § 5b ebenfalls eine Verweisung auf § 383, die jedoch angesichts der Verjährungsfrist von drei Jahren keine Bedeutung mehr hat. Für Bergmannsprämien und die inzwischen ausgelaufene Zulage nach dem Berlinförderungsgesetz fehlt es an Verweisungen auf § 383. Die übrigen Vorschriften lauten iE:

§ 8 WoPG Anwendung der Abgabenordnung und der Finanzgerichtsordnung

(1) ¹Auf die Wohnungsbauprämie sind die für Steuervergütungen geltenden Vorschriften der Abgabenordnung entsprechend anzuwenden. ²Dies gilt nicht für § 108 Absatz 3 der Abgabenordnung hinsichtlich der in § 2 genannten Fristen sowie für die §§ 109 und 163 der Abgabenordnung.

(2) ¹Für die Wohnungsbauprämie gelten die Strafvorschriften des § 370 Absatz 1 bis 4, der §§ 371, 375 Absatz 1 und des § 376 sowie die Bußgeldvorschriften der §§ 378, 379 Absatz 1, 4 und der §§ 383 und 384 der Abgabenordnung entsprechend. ²Für das Strafverfahren wegen einer Straftat nach Satz 1 sowie der Begünstigung einer Person, die eine solche Tat begangen hat, gelten die §§ 385 bis 408, für das Bußgeldverfahren wegen einer Ordnungswidrigkeit nach Satz 1 die §§ 409 bis 412 der Abgabenordnung entsprechend.

(3) In öffentlich-rechtlichen Streitigkeiten über die auf Grund dieses Gesetzes ergehenden Verwaltungsakte der Finanzbehörden ist der Finanzrechtsweg gegeben.

(4) Besteuerungsgrundlagen für die Berechnung des nach § 2a maßgebenden Einkommens, die der Veranlagung zur Einkommensteuer zugrunde gelegen haben, können der Höhe nach nicht durch einen Rechtsbehelf gegen die Prämie angegriffen werden.

§ 14 5. VermBG Festsetzung der Arbeitnehmer-Sparzulage, Anwendung der Abgabenordnung, Verordnungsermächtigung, Rechtsweg

(1) ¹Die Verwaltung der Arbeitnehmer-Sparzulage obliegt den Finanzämtern. ²Die Arbeitnehmer-Sparzulage wird aus den Einnahmen an Lohnsteuer gezahlt.

(2) ¹Auf die Arbeitnehmer-Sparzulage sind die für Steuervergütungen geltenden Vorschriften der Abgabenordnung entsprechend anzuwenden. ²Dies gilt nicht für § 163 der Abgabenordnung.

(3) ¹Für die Arbeitnehmer-Sparzulage gelten die Strafvorschriften des § 370 Absatz 1 bis 4, der §§ 371, 375 Absatz 1 und des § 376 sowie die Bußgeldvorschriften der §§ 378, 379 Absatz 1 und 4 und der §§ 383 und 384 der Abgabenordnung entsprechend. ²Für das Strafverfahren wegen einer Straftat nach Satz 1 sowie der Begünstigung einer Person, die eine solche Tat begangen hat, gelten die §§ 385 bis 408, für das Bußgeldverfahren wegen einer Ordnungswidrigkeit nach Satz 1 die §§ 409 bis 412 der Abgabenordnung entsprechend.

(4) ¹Die Arbeitnehmer-Sparzulage wird auf Antrag durch das für die Besteuerung des Arbeitnehmers nach dem Einkommen zuständige Finanzamt festgesetzt. ²Der Arbeitnehmer hat den Antrag nach amtlich vorgeschriebenem Vordruck zu stellen. ³Die Arbeitnehmer-Sparzulage wird fällig

a) mit Ablauf der für die Anlageform vorgeschriebenen Sperrfrist nach diesem Gesetz,
b) mit Ablauf der im Wohnungsbau-Prämiengesetz oder in der Verordnung zur Durchführung des Wohnungsbau-Prämiengesetzes genannten Sperr- und Rückzahlungsfristen. Bei Bausparverträgen gelten die in § 2 Absatz 3 Satz 1 des Wohnungsbau-Prämiengesetzes genannten Sperr- und Rückzahlungsfristen und zwar unabhängig davon, ob der Vertrag vor dem 1. Januar 2009 oder nach dem 31. Dezember 2008 abgeschlossen worden ist,
c) mit Zuteilung des Bausparvertrags oder
d) in den Fällen unschädlicher Verfügung.

(5) ¹Ein Bescheid über die Ablehnung der Festsetzung einer Arbeitnehmer-Sparzulage ist aufzuheben und die Arbeitnehmer-Sparzulage ist nachträglich festzusetzen, wenn der Einkommensteuerbescheid nach Ergehen des Ablehnungsbescheides geändert wird und dadurch erstmals festgestellt wird, dass die Einkommensgrenzen des § 13 Absatz 1 unterschritten sind. ²Die Frist für die Festsetzung der Arbeitnehmer-Sparzulage endet in diesem Fall nicht vor Ablauf eines Jahres nach Bekanntgabe der geänderten Steuerbescheides. ³Satz 2 gilt entsprechend, wenn der geänderten Einkommensteuerfestsetzung kein Bescheid über die Ablehnung der Festsetzung einer Arbeitnehmer-Sparzulage vorangegangen ist.

(6) Besteht für Aufwendungen, die vermögenswirksame Leistungen darstellen, ein Anspruch auf Arbeitnehmer-Sparzulage und hat der Arbeitnehmer hierfür abweichend von § 1 Satz 2 Nummer 1 des Wohnungsbau-Prämiengesetzes eine Wohnungsbauprämie beantragt, endet die Frist für die Festsetzung der Arbeitnehmer-Sparzulage nicht vor Ablauf eines Jahres nach Bekanntgabe der Mitteilung über die Änderung des Prämienanspruchs.

(7) ¹Die Bundesregierung wird ermächtigt, durch Rechtsverordnung mit Zustimmung des Bundesrates das Verfahren bei der Festsetzung und der Auszahlung der Arbeitnehmer-Sparzulage näher zu regeln, soweit dies zur Vereinfachung des Verfahrens erforderlich ist. ²Dabei kann auch bestimmt werden, dass der Arbeitgeber, das Unternehmen, das Institut oder der in § 3 Absatz 3 genannte Gläubiger bei der Antragstellung mitwirkt und ihnen die Arbeitnehmer-Sparzulage zugunsten des Arbeitnehmers überwiesen wird.

(8) In öffentlich-rechtlichen Streitigkeiten über die auf Grund dieses Gesetzes ergehenden Verwaltungsakte der Finanzbehörden ist der Finanzrechtsweg gegeben.

§ 96 EStG Anwendung der Abgabenordnung, allgemeine Vorschriften

(1) ¹Auf die Zulagen und die Rückzahlungsbeträge sind die für Steuervergütungen geltenden Vorschriften der Abgabenordnung entsprechend anzuwenden. ²Dies gilt nicht für § 163 der Abgabenordnung.

(2) ¹Der Anbieter haftet als Gesamtschuldner neben dem Zulageempfänger für die Zulagen und die nach § 10a Absatz 4 gesondert festgestellten Beträge, die wegen seiner vorsätzlichen oder grob fahrlässigen Pflichtverletzung zu Unrecht gezahlt, nicht einbehalten oder nicht zurückgezahlt worden sind. ²Für die Inanspruchnahme des Anbieters ist die zentrale Stelle zuständig.

(3) Die zentrale Stelle hat auf Anfrage des Anbieters Auskunft über die Anwendung des Abschnitts XI zu geben.

(4) ¹Die zentrale Stelle kann beim Anbieter ermitteln, ob er seine Pflichten erfüllt hat. ²Die §§ 193 bis 203 der Abgabenordnung gelten sinngemäß. ³Auf Verlangen der zentralen Stelle hat der Anbieter ihr Unterlagen, soweit sie im Ausland geführt und aufbewahrt werden, verfügbar zu machen.

(5) Der Anbieter erhält vom Bund oder den Ländern keinen Ersatz für die ihm aus diesem Verfahren entstehenden Kosten.

(6) ¹Der Anbieter darf die im Zulageverfahren bekannt gewordenen Verhältnisse der Beteiligten nur für das Verfahren verwerten. ²Er darf sie ohne Zustimmung der Beteiligten nur offenbaren, soweit dies gesetzlich zugelassen ist.

(7) ¹Für die Zulage gelten die Strafvorschriften des § 370 Absatz 1 bis 4, der §§ 371, 375 Absatz 1 und des § 376 sowie die Bußgeldvorschriften der §§ 378, 379 Absatz 1 und 4 und der §§ 383 und 384 der Abgabenordnung entsprechend. ²Für das Strafverfahren wegen einer Straftat nach Satz 1 sowie der Begünstigung einer Person, die eine solche Tat begangen hat, gelten die §§ 385 bis 408, für das Bußgeldverfahren wegen einer Ordnungswidrigkeit nach Satz 1 die §§ 409 bis 412 der Abgabenordnung entsprechend.

§ 383a Zweckwidrige Verwendung des Identifikationsmerkmals nach § 139a

(1) Ordnungswidrig handelt, wer als nicht öffentliche Stelle vorsätzlich oder leichtfertig entgegen § 139b Abs. 2 Satz 2 Nr. 1 und § 139c Abs. 2 Satz 2 die Identifikationsnummer nach § 139b oder die Wirtschaftsidentifikationsnummer nach § 139c Abs. 3 für andere als die zugelassenen Zwecke erhebt oder verwendet, oder entgegen § 139b Abs. 2 Satz 2 Nr. 2 seine Dateien nach der Identifikationsnummer für andere als die zugelassenen Zwecke ordnet oder für den Zugriff erschließt.

(2) Die Ordnungswidrigkeit kann mit einer Geldbuße bis zu zehntausend Euro geahndet werden.

Literatur (Auswahl): *Braun,* Bürger und Unternehmen werden durchnummeriert, PStR 2007, 65; *Günther,* Übermittlung der LSt-Bescheinigung 2010, EStB 2010, 18; *Kracht,* Steuer-Identifikationsnummer: Eine Kennzahl fürs

Leben, LSW Gr 22, 11; *Nöcker*, Die Steuernummer im Steuerrechtsverkehr, AO-StB 2008, 43; *Polenz*, Umgang mit der Identifikationsnummer nach § 139b AO, RDV 2010, 115; *Weimann*, „Identifikationsmerkmal" (§§ 139a f AO) – Die Vorteile der neuen Steuernummer für die Erhebung der Umsatzsteuer, UStB 2007, 147; *Weyand*, Informationsnummer und Wirtschafts-Identifikationsnummer, INF 2005, 499; *Weyand*, Missbrauch des Identifikationsmerkmals, PStR 2007, 80.

A. Regelungscharakter

§ 383a ist ein Blankettgesetz und sanktioniert die verbotene Verwendung der Steuer-Identifikations-   **1** nummer und der Wirtschafts-Identifikationsnummer. Die Vorschrift gilt seit 16.12.2004 (BGBl. I 3310) und wurde damit erst ein Jahr nach den §§ 139a ff. in die AO eingefügt. Sie soll die strikte Zweckbindung der Identifikationsnummer des § 139b und der Wirtschafts-Identifikationsnummer nach § 139c Abs. 3 absichern (BT-Drs. 15/3677, 47). Weil von den einheitlichen Ordnungsmerkmalen bislang nur die Steuer-Identifikationsnummer des § 139b eingeführt wurde und das auch erst im Jahr 2008 (→ Rn. 4), ist es durch die nachträgliche Schaffung des § 383a nicht zu einer Sanktionslücke gekommen (Schwarz/Pahlke/*Webel* § 383a Rn. 1; *Weyand* INF 2005, 501; *Kracht* LSW Gr 22, 11). Die praktische Bedeutung der Vorschrift ist gering (Kohlmann/*Matthes* § 383a Rn. 4).

B. Die Regelung im Einzelnen

I. Die Identifikationsmerkmale gem. §§ 139a ff.

§ 139a Identifikationsmerkmal

(1) [1] Das Bundeszentralamt für Steuern teilt jedem Steuerpflichtigen zum Zwecke der eindeutigen Identifizierung in Besteuerungsverfahren ein einheitliches und dauerhaftes Merkmal (Identifikationsmerkmal) zu; das Identifikationsmerkmal ist vom Steuerpflichtigen oder von einem Dritten, der Daten dieses Steuerpflichtigen an die Finanzbehörden zu übermitteln hat, bei Anträgen, Erklärungen oder Mitteilungen gegenüber Finanzbehörden anzugeben. [2] Es besteht aus einer Ziffernfolge, die nicht aus anderen Daten über den Steuerpflichtigen gebildet oder abgeleitet werden darf; die letzte Stelle ist eine Prüfziffer. [3] Natürliche Personen erhalten eine Identifikationsnummer, wirtschaftlich Tätige eine Wirtschafts-Identifikationsnummer. [4] Der Steuerpflichtige ist über die Zuteilung eines Identifikationsmerkmals unverzüglich zu unterrichten.

(2) Steuerpflichtiger im Sinne dieses Unterabschnitts ist jeder, der nach einem Steuergesetz steuerpflichtig ist.

(3) Wirtschaftlich Tätige im Sinne dieses Unterabschnitts sind:

1. natürliche Personen, die wirtschaftlich tätig sind,
2. juristische Personen,
3. Personenvereinigungen.

§ 139b Identifikationsnummer

(1) [1] Eine natürliche Person darf nicht mehr als eine Identifikationsnummer erhalten. [2] Jede Identifikationsnummer darf nur einmal vergeben werden.

(2) [1] Die Finanzbehörden dürfen die Identifikationsnummer nur erheben und verwenden, soweit dies zur Erfüllung ihrer gesetzlichen Aufgaben erforderlich ist oder eine Rechtsvorschrift die Erhebung oder Verwendung der Identifikationsnummer ausdrücklich erlaubt oder anordnet. [2] Andere öffentliche Stellen dürfen

1. die Identifikationsnummer nur erheben oder verwenden, soweit dies für Datenübermittlungen zwischen ihnen und den Finanzbehörden erforderlich ist oder eine Rechtsvorschrift die Erhebung oder Verwendung der Identifikationsnummer ausdrücklich erlaubt oder anordnet,
2. ihre Dateien nur insoweit nach der Identifikationsnummer ordnen oder für den Zugriff erschließen, als dies für regelmäßige Datenübermittlungen zwischen ihnen und den Finanzbehörden erforderlich ist,
3. eine rechtmäßig erhobene Identifikationsnummer eines Steuerpflichtigen zur Erfüllung aller Mitteilungspflichten gegenüber Finanzbehörden verwenden, soweit die Mitteilungspflicht denselben Steuerpflichtigen betrifft und die Erhebung und Verwendung nach Nummer 1 zulässig wäre,
4. eine durch ein verbundenes Unternehmen im Sinne des § 15 des Aktiengesetzes rechtmäßig erhobene Identifikationsnummer eines Steuerpflichtigen zur Erfüllung aller Mitteilungspflichten gegenüber Finanzbehörden verwenden, soweit die Mitteilungspflicht denselben Steuerpflichtigen betrifft und die verwendende Stelle zum selben Unternehmensverbund wie die Stelle gehört, die die Identifikationsnummer erhoben hat und die Erhebung und Verwendung nach Nummer 1 zulässig wäre.

[3] Vertragsbestimmungen und Einwilligungserklärungen, die darauf gerichtet sind, eine nach den vorstehenden Bestimmungen nicht zulässige Erhebung oder Verwendung der Identifikationsnummer zu ermöglichen, sind unwirksam.

(3) Das Bundeszentralamt für Steuern[3] speichert zu natürlichen Personen folgende Daten:

1. Identifikationsnummer,
2. Wirtschafts-Identifikationsnummern,
3. Familienname,
4. frühere Namen,
5. Vornamen,
6. Doktorgrad,
7. [aufgehoben]
8. Tag und Ort der Geburt,
9. Geschlecht,
10. gegenwärtige oder letzte bekannte Anschrift,
11. zuständige Finanzbehörden,

12. Auskunftssperren nach dem Bundesmeldegesetz,
13. Sterbetag,
14. Tag des Ein- und Auszugs.

(4) Die in Absatz 3 aufgeführten Daten werden gespeichert, um

1. sicherzustellen, dass eine Person nur eine Identifikationsnummer erhält und eine Identifikationsnummer nicht mehrfach vergeben wird,
2. die Identifikationsnummer eines Steuerpflichtigen festzustellen,
3. zu erkennen, welche Finanzbehörden[8] für einen Steuerpflichtigen zuständig sind,
4. Daten, die auf Grund eines Gesetzes oder nach über- und zwischenstaatlichem Recht entgegenzunehmen sind, an die zuständigen Stellen weiterleiten zu können,
5. den Finanzbehörden die Erfüllung der ihnen durch Rechtsvorschrift zugewiesenen Aufgaben zu ermöglichen.

(5) [1] Die in Absatz 3 aufgeführten Daten dürfen nur für die in Absatz 4 genannten Zwecke verwendet werden. [2] Auskunftssperren nach dem Bundesmeldegesetz sind zu beachten und im Fall einer zulässigen Datenübermittlung ebenfalls zu übermitteln. [3] Der Dritte, an den die Daten übermittelt werden, hat die Übermittlungssperren ebenfalls zu beachten.

(6) [1] Zum Zwecke der erstmaligen Zuteilung der Identifikationsnummer übermitteln die Meldebehörden dem Bundeszentralamt für Steuern für jeden in ihrem Zuständigkeitsbereich mit alleiniger Wohnung oder Hauptwohnung im Melderegister registrierten Einwohner folgende Daten:

1. Familienname,
2. frühere Namen,
3. Vornamen,
4. Doktorgrad,
5. [aufgehoben]
6. Tag und Ort der Geburt,
7. Geschlecht,
8. gegenwärtige Anschrift der alleinigen Wohnung oder der Hauptwohnung,
9. Tag des Ein- und Auszugs,
10. Auskunftssperren nach dem Bundesmeldegesetz.

[2] Hierzu haben die Meldebehörden jedem in ihrem Zuständigkeitsbereich mit alleiniger Wohnung oder Hauptwohnung registrierten Einwohner ein Vorläufiges Bearbeitungsmerkmal zu vergeben. [3] Dieses übermitteln sie zusammen mit den Daten nach Satz 1 an das Bundeszentralamt für Steuern. [4] Die Übermittlung der Daten nach Satz 1 erfolgt ab dem Zeitpunkt der Einführung des Identifikationsmerkmals, der durch Rechtsverordnung des Bundesministeriums der Finanzen auf Grund von Artikel 97 § 5 Satz 1 des Einführungsgesetzes zur Abgabenordnung bestimmt wird. [5] Das Bundeszentralamt für Steuern teilt der zuständigen Meldebehörde die dem Steuerpflichtigen zugeteilte Identifikationsnummer zur Speicherung im Melderegister unter Angabe des Vorläufigen Bearbeitungsmerkmals mit und löscht das Vorläufige Bearbeitungsmerkmal anschließend.

(7) [1] Die Meldebehörden haben im Falle der Speicherung einer Geburt im Melderegister sowie im Falle der Speicherung einer neuen Person, für die bisher keine Identifikationsnummer zugeteilt worden ist, dem Bundeszentralamt für Steuern die Daten nach Absatz 6 Satz 1 zum Zwecke der Zuteilung der Identifikationsnummer zu übermitteln. [2] Absatz 6 Satz 2 bis 5 gilt entsprechend.

(8) Die Meldebehörde teilt dem Bundeszentralamt für Steuern Änderungen der in Absatz 6 Satz 1 Nr. 1 bis 10 bezeichneten Daten sowie bei Sterbefällen den Sterbetag unter Angabe der Identifikationsnummer oder, sofern diese noch nicht zugeteilt wurde, unter Angabe des Vorläufigen Bearbeitungsmerkmals mit.

(9) Das Bundeszentralamt für Steuern unterrichtet die Meldebehörden, wenn ihm konkrete Anhaltspunkte für die Unrichtigkeit der ihm von den Meldebehörden übermittelten Daten vorliegen.

§ 139c Wirtschafts-Identifikationsnummer

(1) [1] Die Wirtschafts-Identifikationsnummer wird auf Anforderung der zuständigen Finanzbehörde[1] vergeben. [2] Sie beginnt mit den Buchstaben „DE". [3] Jede Wirtschafts-Identifikationsnummer darf nur einmal vergeben werden.

(2) [1] Die Finanzbehörden dürfen die Wirtschafts-Identifikationsnummer nur erheben und verwenden, soweit dies zur Erfüllung ihrer gesetzlichen Aufgaben erforderlich ist oder eine Rechtsvorschrift dies erlaubt oder anordnet. [2] Andere öffentliche oder nicht öffentliche Stellen dürfen die Wirtschafts-Identifikationsnummer nur erheben oder verwenden, soweit dies zur Erfüllung ihrer Aufgaben oder Geschäftszwecke oder für Datenübermittlungen zwischen ihnen und den Finanzbehörden erforderlich ist. [3] Soweit die Wirtschafts-Identifikationsnummer andere Nummern ersetzt, bleiben Rechtsvorschriften, die eine Übermittlung durch die Finanzbehörden an andere Behörden regeln, unberührt.

(3) Das Bundeszentralamt für Steuern speichert zu natürlichen Personen, die wirtschaftlich tätig sind, folgende Daten:

1. Wirtschafts-Identifikationsnummer,
2. Identifikationsnummer,
3. Firma (§§ 17 ff. des Handelsgesetzbuchs) oder Name des Unternehmens,
4. frühere Firmennamen oder Namen des Unternehmens,
5. Rechtsform,
6. Wirtschaftszweignummer,
7. amtlicher Gemeindeschlüssel,
8. Anschrift des Unternehmens, Firmensitz,
9. Handelsregistereintrag (Registergericht, Datum und Nummer der Eintragung),
10. Datum der Betriebseröffnung oder Zeitpunkt der Aufnahme der Tätigkeit,
11. Datum der Betriebseinstellung oder Zeitpunkt der Beendigung der Tätigkeit,
12. zuständige Finanzbehörden,
13. Unterscheidungsmerkmale nach Absatz 5a,
14. Angaben zu verbundenen Unternehmen.

(4) Das Bundeszentralamt für Steuern speichert zu juristischen Personen folgende Daten:

1. Wirtschafts-Identifikationsnummer,
2. Identifikationsmerkmale der gesetzlichen Vertreter,
3. Firma (§§ 17 ff. des Handelsgesetzbuchs),
4. frühere Firmennamen,
5. Rechtsform,
6. Wirtschaftszweignummer,
7. amtlicher Gemeindeschlüssel,
8. Sitz gemäß § 11, insbesondere Ort der Geschäftsleitung,
9. Datum des Gründungsaktes,
10. Handels-, Genossenschafts- oder Vereinsregistereintrag (Registergericht, Datum und Nummer der Eintragung),
11. Datum der Betriebseröffnung oder Zeitpunkt der Aufnahme der Tätigkeit,
12. Datum der Betriebseinstellung oder Zeitpunkt der Beendigung der Tätigkeit,
13. Zeitpunkt der Auflösung,
14. Datum der Löschung im Register,
15. verbundene Unternehmen,
16. zuständige Finanzbehörden,
17. Unterscheidungsmerkmale nach Absatz 5a.

(5) Das Bundeszentralamt für Steuern speichert zu Personenvereinigungen folgende Daten:

1. Wirtschafts-Identifikationsnummer,
2. Identifikationsmerkmale der gesetzlichen Vertreter,
3. Identifikationsmerkmale der Beteiligten,
4. Firma (§§ 17 ff. des Handelsgesetzbuchs) oder Name der Personenvereinigung,
5. frühere Firmennamen oder Namen der Personenvereinigung,
6. Rechtsform,
7. Wirtschaftszweignummer,
8. amtlicher Gemeindeschlüssel,
9. Sitz gemäß § 11, insbesondere Ort der Geschäftsleitung,
10. Datum des Gesellschaftsvertrags,
11. Handels- oder Partnerschaftsregistereintrag (Registergericht, Datum und Nummer der Eintragung),
12. Datum der Betriebseröffnung oder Zeitpunkt der Aufnahme der Tätigkeit,
13. Datum der Betriebseinstellung oder Zeitpunkt der Beendigung der Tätigkeit,
14. Zeitpunkt der Auflösung,
15. Zeitpunkt der Beendigung,
16. Datum der Löschung im Register,
17. verbundene Unternehmen,
18. zuständige Finanzbehörden,
19. Unterscheidungsmerkmale nach Absatz 5a.

(5a) [1] Bei jedem wirtschaftlich Tätigen (§ 139a Absatz 3) wird die Wirtschafts-Identifikationsnummer für jede einzelne seiner wirtschaftlichen Tätigkeiten, jeden seiner Betriebe sowie für jede seiner Betriebstätten um ein fünfstelliges Unterscheidungsmerkmal ergänzt, so dass die Tätigkeiten, Betriebe und Betriebstätten des wirtschaftlich Tätigen in Besteuerungsverfahren eindeutig identifiziert werden können. [2] Der ersten wirtschaftlichen Tätigkeit des wirtschaftlich Tätigen, seinem ersten Betrieb oder seiner ersten Betriebstätte wird vom Bundeszentralamt für Steuern hierbei das Unterscheidungsmerkmal 00001 zugeordnet. [3] Jeder weiteren wirtschaftlichen Tätigkeit, jedem weiteren Betrieb sowie jeder weiteren Betriebstätte des wirtschaftlich Tätigen ordnet das Bundeszentralamt für Steuern auf Anforderung der zuständigen Finanzbehörde fortlaufend ein eigenes Unterscheidungsmerkmal zu. [4] Das Bundeszentralamt für Steuern speichert zu den einzelnen wirtschaftlichen Tätigkeiten, den einzelnen Betrieben sowie den einzelnen Betriebstätten des wirtschaftlich Tätigen folgende Daten:

1. Unterscheidungsmerkmal,
2. Wirtschafts-Identifikationsnummer des wirtschaftlich Tätigen,
3. Firma (§§ 17 ff. des Handelsgesetzbuchs) oder Name der wirtschaftlichen Tätigkeit, des Betriebes oder der Betriebstätte,
4. frühere Firmennamen oder Namen der wirtschaftlichen Tätigkeit, des Betriebes oder der Betriebstätte,
5. Rechtsform,
6. Wirtschaftszweignummer,
7. amtlicher Gemeindeschlüssel,
8. Anschrift der wirtschaftlichen Tätigkeit, des Betriebes oder der Betriebstätte,
9. Registereintrag (Registergericht, Datum und Nummer der Eintragung),
10. Datum der Eröffnung des Betriebes oder der Betriebstätte oder Zeitpunkt der Aufnahme der wirtschaftlichen Tätigkeit,
11. Datum der Einstellung des Betriebes oder der Betriebstätte oder Zeitpunkt der Beendigung der wirtschaftlichen Tätigkeit,
12. Datum der Löschung im Register,
13. zuständige Finanzbehörden.

(6) Die Speicherung der in den Absätzen 3 bis 5a aufgeführten Daten erfolgt, um

1. sicherzustellen, dass eine vergebene Wirtschafts-Identifikationsnummer nicht noch einmal für einen anderen wirtschaftlich Tätigen verwendet wird,
2. für einen wirtschaftlich Tätigen die vergebene Wirtschafts-Identifikationsnummer festzustellen,
3. zu erkennen, welche Finanzbehörden zuständig sind,
4. Daten, die auf Grund eines Gesetzes oder nach über- und zwischenstaatlichem Recht entgegenzunehmen sind, an die zuständigen Stellen weiterleiten zu können,
5. den Finanzbehörden die Erfüllung der ihnen durch Rechtsvorschrift zugewiesenen Aufgaben zu ermöglichen.

(7) Die in Absatz 3 aufgeführten Daten dürfen nur für die in Absatz 6 genannten Zwecke verwendet werden, es sei denn, eine Rechtsvorschrift sieht eine andere Verwendung ausdrücklich vor.

2   **1. Zweck und Einführung der Identifikationsmerkmale.** Das Identifikationsmerkmal gem.
§ 139a löst die bislang übliche, von jedem Finanzamt separat vergebene Steuernummer ab; die Identifikationsnummer gem. § 139b ersetzt zugleich gem. § 41b Abs. 2 S. 3 EStG bei ArbN das lohnsteuerliche
Ordnungsmerkmal, die sog eTIN, und wird wohl auch die bislang separaten Kindergeld- und Zulagen-
nummern überflüssig machen (*Nöcker* AO-StB 2008, 44). Die Wirtschafts-Identifikationsnummer soll
später auch die Funktion der USt-Identifikationsnummer gem. § 27a UStG übernehmen und zu einer
Art „Unternehmensnummer" werden, die von den wirtschaftlich Tätigen ggü. den verschiedensten
Behörden genutzt werden kann (BT-Drs. 15/5974, 2). Dadurch soll Bürokratie abgebaut und die
Transparenz des Besteuerungsverfahrens erhöht werden (BT-Drs. 15/1945, 16). Ziel ist insbes. die
eindeutige Identifizierung des Steuerpflichtigen, um Missbrauch bei der Erlangung von steuerlichen Leistungen oder Vergünstigungen vorbeugen zu können. Steuerpflichtige wird da Vortäuschen
einer falschen Identität unmöglich, weil die Finanzämter Daten über die Grenzen der Bundesländer
hinweg schnell und einfach abgleichen können. Das System soll so einen Beitrag zu der aus Art. 3 GG
folgenden Verpflichtung zu einer gleichmäßigen Besteuerung der Steuerpflichtigen leisten (BT-Drs. 15/
1945, 15, vgl. auch *Weimann* UStB 2007, 148). Zu diesem Zweck erhält künftig jede natürliche Person
gem. § 139b Abs. 7 automatisch mit der Geburt durch das Bundeszentralamt für Steuern (BZSt) eine
Identifikationsnummer, die sie **lebenslang** begleitet und die erst nach dem Tod gelöscht wird (gem. § 4
StIDV spätestens 20 Jahre nach Ablauf des Kalenderjahres, in dem der Steuerpflichtige verstorben ist).
Die Wirtschafts-Identifikationsnummer wird dagegen gem. 139c Abs. 1 erst auf Anforderung der
Finanzbehörde bei Aufnahme einer wirtschaftlichen Tätigkeit zugeteilt.

3   **Verfassungsrechtlichen Bedenken** vor dem Hintergrund des mit der Speicherung persönlicher
Daten verbundenen Eingriffs in das Recht des Einzelnen auf **informationelle Selbstbestimmung**
wird durch eine strikte Zweckbindung Rechnung getragen. Die Identifikationsnummer darf nur zu den
in § 139a Abs. 2 genannten Zwecken erhoben und verwendet werden, wobei diese Bestimmungen
nicht disponibel sind; eine Zweckänderung gem. §§ 14 ff. BDSG ist ausgeschlossen (Klein/*Rätke* § 139b
Rn. 3). Einen vergleichbaren Schutz genießt gem. § 139c Abs. 6 die Wirtschafts-Identifikationsnummer
natürlicher Personen; Verstöße gegen die Zweckbestimmung sind gem. § 383a bußgeldbewehrt. Auf
diese Weise wird dem Grundsatz der Verhältnismäßigkeit entsprechend der Grundrechtseingriff auf das
Erforderliche beschränkt, um eine gleichmäßige Besteuerung zu erreichen (vgl. Beermann/Gosch/*Wiese*
§ 139a Rn. 5 ff.). Der streng reglementierte Umgang mit den steuerlichen Identifikationsmerkmalen
genügt damit den vom BVerfG für das Kontenabfrageverfahren aufgestellten Anforderungen an automatisierte Eingriffe in das Recht der informationelle Selbstbestimmung (hierzu Kohlmann/*Matthes*
Rn. 11 ff.) und ist verfassungsgemäß (BFH BStBl. II 2012, 168; ebenso Hübschmann/Hepp/Spitaler/
Rüping Rn. 3 f.; Klein/*Rätke* § 139b Rn. 2). § 139a Abs. 1 S. 2 ordnet zudem an, dass die Identifikationsmerkmale als nicht sprechende Nummern, anders als etwa die eTIN, keine Rückschlüsse auf die
persönlichen Daten des Steuerpflichtigen zulassen dürfen. Dennoch ergeben sich aus der lebenslangen
eindeutigen Identifizierbarkeit Missbrauchsmöglichkeiten, etwa wenn zahlungsunfähige oder -unwillige
Kunden mit ihrer Identifikationsnummer gespeichert werden und auf diese Weise auch nach Jahren und
ggf. unter anderem Namen noch identifizierbar sind (Rolletschke/Kemper/*Kemper* § 383a Rn. 7) oder
wenn die Daten mit weiteren Daten aus dem Arbeits-, Gesundheits- oder Sozialbereich kombiniert und
so Persönlichkeitsprofile erstellt werden. Um diesen Gefahren zu begegnen, wurde der Bußgeldtatbestand geschaffen (BT-Drs. 15/5974, 3).

4   Die **Einführung** der Identifikationsmerkmale setzt erhebliche technische und organisatorische Vorbereitungen für den Datenaustausch und die Datensicherheit voraus, weshalb ihr Zeitpunkt nach Art. 97
§ 5 EGAO durch RechtsVO des BMF bestimmt wird. Für das Identifikationsmerkmal nach § 139b ist
die VO zu Vergabe steuerlicher Identifikationsnummern – Steueridentifikationsnummerverordnung
(StIDV) v. 28.11.2006 (BGBl. I 2726) zum 1.1.2006 in Kraft getreten. Danach ist die Einführung zum
1.6.2007 unter Zugrundelegung des Datenbestandes der Meldebehörden zum Ablauf des 30.6.2007
erfolgt, §§ 1, 3 Abs. 1 StIDV; die Einzelheiten der erstmaligen Erhebung regelt § 139b Abs. 6. Weil die
erforderliche Konsolidierung der Meldedaten aller über 80 Mio. Einwohner länger als erwartet dauerte,
konnte die Vergabe der Identifikationsnummern allerdings nicht wie vorgesehen noch im Jahr 2007
erfolgen, sondern erst im Mai 2008 (*Kracht* LSW Gr 22 S. 11). Als Nebeneffekt konnten die dezentral
geführten Melderegister korrigiert und abgeglichen werden (BT-Drs. 15/5974, 5). Seit Oktober 2008
wird die Identifikationsnummer auf allen ausgehenden Schreiben der Finanzämter in Bezug auf die ESt
zusätzlich zur bisherigen Steuernummer angegeben und ist von den Steuerpflichtigen auf Formularen
und Korrespondenz zur ESt stets mitzuteilen. § 139b Abs. 7 und 8 regelt die Aktualisierung der Daten
über die Meldebehörden.

5   Die Identifikationsnummer wird dem BZSt die Erfüllung seiner Aufgaben etwa im Bereich des
Kontenabrufe durch die FÄ oder der Meldungen der Banken über Freistellungsaufträge erheblich
erleichtern (*Braun* PStR 2007, 67). Wann die Wirtschafts-Identifikationsnummer eingeführt wird, ist
derzeit nicht absehbar (Klein/*Rätke* § 139c Rn. 1).

6   **2. Inhalt der Identifikationsmerkmale.** Unter der **Steuer-Identifikationsnummer** werden gem.
§ 139b Abs. 3 sämtliche, für die **Identifizierung** eine Person erforderlichen Daten gespeichert, also der

Familienname mit Namensbestandteilen, frühere Namen, Vornamen, Doktorgrad, Ordensnamen/ Künstlernamen, Tag und Ort der Geburt, Geschlecht und gegenwärtige Anschrift bzw. Hauptwohnsitz. Hinzu kommen bestimmte, für die ordnungsgemäße **Besteuerung** notwendige Informationen wie das zuständige Finanzamt und – nach ihrer Einführung – Wirtschafts-Identifikationsnummern, soweit sie an natürliche Personen wegen ihrer wirtschaftlichen Betätigung vergeben wurden.

Die für mit der **Wirtschafts-Identifikationsnummer** verbundenen Daten sind in § 139c Abs. 3 bis **7** 5a iE festgelegt, je nachdem, ob es sich um eine wirtschaftlich tätige natürliche Person, eine juristische Person oder eine Personenvereinigung handelt. Natürliche Personen, die mehrere wirtschaftliche Tätigkeiten betreiben, können für jede dieser Tätigkeiten eine eigene Wirtschafts-Identifikationsnummer erhalten; § 139c kennt keine § 139b Abs. 1 S. 1 vergleichbare Beschränkung (Klein/*Rätke* § 139c Rn. 5).

3. Zweckbindung. Die Daten natürlicher Personen werden durch § 139b Abs. 2 und § 139c Abs. 2 **8** streng geschützt. Der Umgang mit ihnen ist nur zu den ausdrücklich im Gesetz genannten Zwecken gestattet oder soweit er von einer anderen Rechtsvorschrift gedeckt ist. Für die Identifikationsnummer muss dies ausdrücklich gestattet werden, bei der Wirtschafts-Identifikationsnummer kann sich die weitere Erhebungs- und Verwendungsbefugnis auch durch Auslegung ergeben (Klein/*Rätke* § 139c Rn. 8). Die AO gestattet die **Erhebung und Verwendung nur zu steuerlichen Zwecken** und autorisiert nichtstaatliche Stellen im Wesentlichen nur, die Daten für den Verkehr mit dem Finanzamt zu speichern und zu verwalten. Hauptanwendungsfall ist die Verpflichtung des Arbeitgebers, die einbehaltene Lohnsteuer unter Angabe der Identifikationsnummer an das Finanzamt zu melden, § 39e Abs. 2–4, § 41b Abs. 1 EStG. Verwendet der Arbeitgeber mangels Kenntnis der Identifikationsnummer ein eigenes Ordnungsmerkmal, ist deren missbräuchliche Verwendung ebenfalls bußgeldbewehrt, § 41b Abs. 2, 2a EStG. Zur Verwendung der Identifikationsnummer bei der Rentenbezugsmitteilung → Rn. 19 ff. Nur bei der Wirtschafts-Identifikationsnummer ist es nichtstaatlichen Stellen gestattet, sie für eigene Zwecke als Ordnungskriterium einzusetzen, nachdem dort ein § 139b Abs. 2 S. 2 Nr. 2 vergleichbares Verbot fehlt (Hübschmann/Hepp/Spitaler/*Rüping* Rn. 26). Die Wirtschafts-Identifikationsnummer zu juristischen Personen und Personenvereinigungen unterliegt keiner Zweckbindung, arg. ex § 139c Abs. 7 (dazu Schwarz/Pahlke/*Webel* Rn. 2).

II. Die Ordnungswidrigkeit gem. § 383a

1. Tatbestand. Schutzgut des § 383a ist das Recht auf informationelle Selbstbestimmung; die strikte **9** gesetzliche Bindung an steuerliche Zwecke wird durch die Bußgeldbewehrung abgesichert. Auf diese Weise soll verhindert werden, dass die Identifikationsnummer als allgemeines Personenkennzeichen zum Erstellen unzulässiger Persönlichkeitsprofile genutzt wird (Kohlmann/*Matthes* Rn. 6). Ordnungswidrig kann nur eine „nicht öffentliche Stelle" handeln. Verstöße von Mitarbeitern der Finanzbehörden und anderer öffentlicher Einrichtungen können über Disziplinarmaßnahmen oder den Schutz des Steuergeheimnisses in § 355 StGB ausreichend geahndet werden (BT-Drs. 15/3677, 47; Kohlmann/*Matthes* Rn. 7; Rolletschke/Kemper/*Kemper* Rn. 16; zweifelnd, ob dieser Schutz ausreicht Hübschmann/ Hepp/Spitaler/*Rüping* Rn. 20).

Die Tathandlung besteht im gesetzeswidrigen **Erheben** oder **Verwenden** der Identifikationsnummer. **10** Es gilt die Begriffsdefinition in § 3 Abs. 3 BDSG (Klein/*Rätke* § 139b Rn. 8): Die Nummer erhebt, wer sich das Identifikationsmerkmal beschafft. Darunter ist ein zielgerichtetes, systematisches Sammeln der Daten zu verstehen (Erbs/Kohlhaas/*Ambs* BDSG § 3 Rn. 16; G/S/*Gola* BDSG § 3 Rn. 24), wobei es keine Rolle spielt, ob sie der Steuerpflichtige oder Dritte beibringen soll; aufgedrängte oder zufällige Informationen fallen jedoch nicht darunter (zu weitgehend Hübschmann/Hepp/Spitaler/*Rüping* Rn. 23, der jedes Erlangen der Identifikationsnummer genügen lässt). Der Begriff des Verwendens entspricht dem Verarbeiten und Nutzen von Daten iSv § 3 Abs. 4 und 5 BDSG und erfasst jeden Umgang mit der gespeicherten Identifikationsnummer, der nicht dem Erheben zuzuordnen ist (Klein/ *Rätke* § 139b Rn. 8; iE ebenso Hübschmann/Hepp/Spitaler/*Rüping* Rn. 27). Auch das in § 139b Abs. 2 S. 2 Nr. 2 gesondert erwähnte Ordnen und Erschließen von Daten zu anderen als vom Gesetz vorgesehenen Zwecken ist eine Form des Verwendens (Schwarz/*Weyand* § 383a Rn. 3). Die Abgrenzung, ob die Daten für die Kommunikation mit dem Finanzamt oder zu eigenen Zwecken sortiert werden, mag im Einzelfall schwierig sein (Hübschmann/Hepp/Spitaler/*Rüping* Rn. 28). Etwas weiterreichend sind die Befugnisse nicht öffentlicher Stellen zum Umgang mit der Wirtschafts-Identifikationsnummer.

§ 383a ermöglicht die Verfolgung von **vorsätzlichem und leichtfertigem Handeln,** einfache **11** Fahrlässigkeit genügt nicht. Den Betroffenen trifft jedoch eine Erkundigungspflicht hinsichtlich der über den Umgang mit der Identifikationsnummer geltenden Vorschriften und Beschränkungen. Kommt er dieser Erkundigungspflicht nicht nach, dürfte je nach Häufigkeit, mit der er mit den Merkmalen zu tun hat, von Leichtfertigkeit auszugehen sein (Rolletschke/Kemper/*Kemper* Rn. 15; JJR/*Lipsky* Rn. 10). Weil der gesetzeswidrige Umgang mit den Daten zum objektiven Tatbestand gehört, lässt ein Irrtum des Täters über die Unzulässigkeit der Erhebung oder Verwendung als **Tatbestandsirrtum** gem. § 377

Abs. 2 iVm § 11 Abs. 1 OWiG den Vorsatz entfallen (JJR/*Lipsky* Rn. 9). Hält der Täter dagegen trotz Kenntnis von der strikten Zweckbindung die weitergehende Verwendung der Daten für erlaubt, unterliegt er einem **Verbotsirrtum** gem. § 11 Abs. 2 OWiG (Hübschmann/Hepp/Spitaler/*Rüping* Rn. 33 f.). Der Nachweis des subjektiven Tatbestands dürfte immer dann schwierig sein, wenn er Kenntnisse über die internen Abläufe des Unternehmens voraussetzt, aus denen sich etwa das unzulässige Ordnen der Daten ergibt. Eindeutige Fälle sind aber dann gegeben, wenn der Datenbestand ggf. versehen mit Zusatzinformationen aus dem Geschäftsbereich des Unternehmens etwa über Lohnpfändungen oder sonstige für Dritte interessante Informationen weitergegeben wird.

12 Die Tatbegehung durch **Unterlassen** ist möglich, etwa wenn durch Lücken in einem Datenverwaltungsprogramm Dritten der unberechtigte Zugriff auf die Identifikationsnummern möglich wurde. Die gem. § 377 Abs. 2 iVm § 8 OWiG erforderliche Garantenstellung folgt aus der vorangegangenen berechtigten Erhebung der Daten (Hübschmann/Hepp/Spitaler/*Rüping* Rn. 29 ff.; JJR/*Lipsky* Rn. 6).

13 Der **Versuch** kann nicht geahndet werden, weil es an einer entsprechenden Anordnung fehlt, § 377 Abs. 2, § 13 Abs. 2 OWiG.

14 **2. Ahndung.** § 383a ermöglicht die Verhängung einer **Geldbuße** bis zu 10.000 EUR. Das gesetzliche Höchstmaß der Geldbuße kann gem. § 17 Abs. 4 OWiG auch überschritten werden, wenn der Täter einen höheren wirtschaftlichen Vorteil aus der Ordnungswidrigkeit gezogen hat. Fällt dem Täter nur leichtfertiges Handeln zur Last, ist das Höchstmaß gem. § 17 Abs. 2 OWiG auf die Hälfte, also 5.000 EUR beschränkt.

15 Mangels einer Verweisung auf § 371 oder einer § 378 Abs. 3 entsprechenden Regelung kommt eine bußgeldbefreiende **Selbstanzeige** nicht in Betracht.

16 Die **Verjährung** richtet sich gem. § 377 Abs. 2 nach den allgemeinen Vorschriften. Gemäß § 31 Abs. 2 Nr. 2 OWiG verjährt die zweckwidrige Verwendung des Identifikationsmerkmals danach in zwei Jahren, auch bei leichtfertiger Tatbegehung.

17 § 383a verdrängt als **lex specialis** die zugleich verwirklichte Bußgeldvorschrift des § 43 Abs. 2 BDSG, die den unbefugten Umgang mit personenbezogenen Daten, die nicht allgemein zugänglich sind, sanktioniert. Dies gilt trotz der erheblich höheren Bußgeldandrohung der allgemeineren Vorschrift, die gem. § 43 Abs. 3 BDSG bis zu 300.000 EUR reicht. Der Straftatbestand des § 44 BDSG, der die unbefugte Erhebung und Verarbeitung nicht allgemein zugänglicher, personenbezogener Daten gegen Entgelt oder in Bereicherungs- oder Schädigungsabsicht unter Strafe stellt, geht dagegen § 21 Abs. 1 OWiG der Ordnungswidrigkeit vor.

18 **3. Verfolgungszuständigkeit.** Die Verfolgungszuständigkeit ist bislang nicht eindeutig geregelt. Die Regelung der AO in § 409 iVm § 387 geht von ihrem Wortlaut her ins Leere, weil die Vorschrift keine zu verwaltende Steuer betrifft; eine gesetzgeberische Klarstellung fehlt trotz entsprechender Mahnungen der Literatur (Hübschmann/Hepp/Spitaler/*Rüping* Rn. 65 ff.; JJR/*Lipsky* Rn. 15 mwN). Verwaltet wird die Steuernummer vom BZSt, so dass sich in entsprechender Anwendung von § 387 Abs. 1 iVm § 36 Abs. 1 OWiG die Zuständigkeit des BZSt begründen ließe (Hübschmann/Hepp/Spitaler/*Rüping* § 383a Rn. 66). Die größere Sach- und Ortsnähe spricht allerdings dafür, die Zuständigkeit wie für die anderen Steuerordnungswidrigkeiten bei der zuständigen Finanzbehörde zu belassen (JJR/*Lipsky* Rn. 16; Rolletschke/Kemper/*Kemper* Rn. 23; aA Kohlmann/*Matthes* Rn. 26), zumal das System der Identifikationsnummern die Erhebung der Steuern vereinfachen soll und damit mittelbar auch deren Verwaltung dient. Zuständig ist danach für den Missbrauch der Identifikationsnummer gem. § 139b die Bußgeld- und Strafsachenstelle des Wohnsitzfinanzamtes, für den Missbrauch der Wirtschafts-Identifikationsnummer künftig die des Sitzes des Unternehmens (ebenso Klein/*Jäger* Rn. 8). Auch der von einer unzuständigen Behörde erlassene Bußgeldbescheid ist jedoch wirksam (JJR/*Randt* § 387 Rn. 26).

C. Schutz der Identifikationsnummer gem. § 50f EStG

19 § 50f EStG sanktioniert den Missbrauch der Identifikationsnummer gem. § 139b im Zusammenhang mit der Mitteilung über Rentenbezüge gem. § 22a EStG. Weil es sich hierbei nicht um steuerliche Zwecke handelt, muss die Verwendung der Identifikationsnummer ausdrücklich durch Gesetz gestattet werden und können Verstöße nur durch einen gesonderten Bußgeldtatbestand geahndet werden. Die gesetzlichen Bestimmungen lauten:

§ 22a EStG Rentenbezugsmitteilungen an die zentrale Stelle

(1) [1]Die Träger der gesetzlichen Rentenversicherung, die landwirtschaftliche Alterskasse, die berufsständischen Versorgungseinrichtungen, die Pensionskassen, die Pensionsfonds, die Versicherungsunternehmen, die Unternehmen, die Verträge im Sinne des § 10 Absatz 1 Nummer 2 Buchstabe b anbieten, und die Anbieter im Sinne des § 80 (Mitteilungspflichtige) haben der zentralen Stelle (§ 81) bis zum 1. März des Jahres, das auf das Jahr folgt, in dem eine Leibrente oder andere Leistung nach § 22 Nummer 1 Satz 3 Buchstabe a und § 22 Nummer 5 einem Leistungsempfänger zugeflossen ist, unter Beachtung der im Bundessteuerblatt veröffentlichten Auslegungsvorschriften der Finanzverwaltung folgende Daten zu übermitteln (Rentenbezugsmitteilung):

1. Identifikationsnummer (§ 139b der Abgabenordnung), Familienname, Vorname und Geburtsdatum des Leistungsempfängers. [2]Ist dem Mitteilungspflichtigen eine ausländische Anschrift des Leistungsempfängers be-

kannt, ist diese anzugeben. [3]In diesen Fällen ist auch die Staatsangehörigkeit des Leistungsempfängers, soweit bekannt, mitzuteilen;

2. je gesondert den Betrag der Leibrenten und anderen Leistungen im Sinne des § 22 Nummer 1 Satz 3 Buchstabe a Doppelbuchstabe aa, bb Satz 4 und Doppelbuchstabe bb Satz 5 in Verbindung mit § 55 Absatz 2 der Einkommensteuer-Durchführungsverordnung sowie im Sinne des § 22 Nummer 5 Satz 1 bis 3. [2]Der im Betrag der Rente enthaltene Teil, der ausschließlich auf einer Anpassung der Rente beruht, ist gesondert mitzuteilen;

3. Zeitpunkt des Beginns und des Endes des jeweiligen Leistungsbezugs; folgen nach dem 31. Dezember 2004 Renten aus derselben Versicherung einander nach, ist auch die Laufzeit der vorhergehenden Renten mitzuteilen;

4. Bezeichnung und Anschrift des Mitteilungspflichtigen;

5. die Beiträge im Sinne des § 10 Absatz 1 Nummer 3 Buchstabe a Satz 1 und 2 und Buchstabe b, soweit diese vom Mitteilungspflichtigen an die Träger der gesetzlichen Kranken- und Pflegeversicherung abgeführt werden;

6. die dem Leistungsempfänger zustehenden Beitragszuschüsse nach § 106 des Sechsten Buches Sozialgesetzbuch;

7. ab dem 1. Januar 2017 ein gesondertes Merkmal für Verträge, auf denen gefördertes Altersvorsorgevermögen gebildet wurde; die zentrale Stelle ist in diesen Fällen berechtigt, die Daten dieser Rentenbezugsmitteilung im Zulagekonto zu speichern und zu verarbeiten.

[2]Die Datenübermittlung hat nach amtlich vorgeschriebenem Datensatz durch Datenfernübertragung zu erfolgen. [3]Im Übrigen ist § 150 Absatz 6 der Abgabenordnung entsprechend anzuwenden.

(2) [1]Der Leistungsempfänger hat dem Mitteilungspflichtigen seine Identifikationsnummer mitzuteilen. [2]Teilt der Leistungsempfänger die Identifikationsnummer dem Mitteilungspflichtigen trotz Aufforderung nicht mit, übermittelt das Bundeszentralamt für Steuern dem Mitteilungspflichtigen auf dessen Anfrage die Identifikationsnummer des Leistungsempfängers; weitere Daten dürfen nicht übermittelt werden. [3]In der Anfrage dürfen nur die in § 139b Absatz 3 der Abgabenordnung genannten Daten des Leistungsempfängers angegeben werden, soweit sie dem Mitteilungspflichtigen bekannt sind. [4]Die Anfrage des Mitteilungspflichtigen und die Antwort des Bundeszentralamtes für Steuern sind über die zentrale Stelle zu übermitteln. [5]Die zentrale Stelle führt eine ausschließlich automatisierte Prüfung der ihr übermittelten Daten daraufhin durch, ob sie vollständig und schlüssig sind und ob das vorgeschriebene Datenformat verwendet worden ist. [6]Sie speichert die Daten des Leistungsempfängers nur für Zwecke dieser Prüfung bis zur Übermittlung an das Bundeszentralamt für Steuern oder an den Mitteilungspflichtigen. [7]Die Daten sind für die Übermittlung zwischen der zentralen Stelle und dem Bundeszentralamt für Steuern zu verschlüsseln. [8]Für die Anfrage gilt Absatz 1 Satz 2 und 3 entsprechend. [9]Der Mitteilungspflichtige darf die Identifikationsnummer nur verwenden, soweit dies für die Erfüllung der Mitteilungspflicht nach Absatz 1 Satz 1 erforderlich ist.

(3) Der Mitteilungspflichtige hat den Leistungsempfänger jeweils darüber zu unterrichten, dass die Leistung der zentralen Stelle mitgeteilt wird.

(4) [1]Die zentrale Stelle (§ 81) kann bei den Mitteilungspflichtigen ermitteln, ob sie ihre Pflichten nach Absatz 1 erfüllt haben. [2]Die §§ 193 bis 203 der Abgabenordnung gelten sinngemäß. [3]Auf Verlangen der zentralen Stelle haben die Mitteilungspflichtigen ihre Unterlagen, soweit sie im Ausland geführt und aufbewahrt werden, verfügbar zu machen.

(5) [1]Wird eine Rentenbezugsmitteilung nicht innerhalb der in Absatz 1 Satz 1 genannten Frist übermittelt, so ist für jeden angefangenen Monat, in dem die Rentenbezugsmitteilung noch aussteht, ein Betrag in Höhe von 10 Euro für jede ausstehende Rentenbezugsmitteilung an die zentrale Stelle zu entrichten (Verspätungsgeld). [2]Die Erhebung erfolgt durch die zentrale Stelle im Rahmen ihrer Prüfung nach Absatz 4. [3]Von der Erhebung ist abzusehen, soweit die Fristüberschreitung auf Gründen beruht, die der Mitteilungspflichtige nicht zu vertreten hat. [4]Das Handeln eines gesetzlichen Vertreters oder eines Erfüllungsgehilfen steht dem eigenen Handeln gleich. [5]Das von einem Mitteilungspflichtigen zu entrichtende Verspätungsgeld darf 50 000 Euro für alle für einen Veranlagungszeitraum zu übermittelnden Rentenbezugsmitteilungen nicht übersteigen.

§ 50f EStG Bußgeldvorschriften

(1) Ordnungswidrig handelt, wer vorsätzlich oder leichtfertig

1. entgegen § 22a Absatz 1 Satz 1 und 2 dort genannte Daten nicht, nicht richtig, nicht vollständig oder nicht rechtzeitig übermittelt oder eine Mitteilung nicht, nicht richtig, nicht vollständig oder nicht rechtzeitig macht oder

2. entgegen § 22a Absatz 2 Satz 9 die Identifikationsnummer für andere als die dort genannten Zwecke verwendet.

(2) Die Ordnungswidrigkeit kann in den Fällen des Absatzes 1 Nummer 1 mit einer Geldbuße bis zu fünfzigtausend Euro und in den übrigen Fällen mit einer Geldbuße bis zu zehntausend Euro geahndet werden.

(3) Verwaltungsbehörde im Sinne des § 36 Absatz 1 Nummer 1 des Gesetzes über Ordnungswidrigkeiten ist die zentrale Stelle nach § 81.

Mit der Dritten VO zur Änderung der Altersvorsorge-Durchführungsverordnung v. 15.1.2009 **20** (BGBl. I 31) wurden die Einzelheiten für den Datenaustausch, die Einzelheiten des Übermittlungsformats, des Datenschutzes und der Datensicherheit geregelt (BR–Drs. 841/08), so dass das mit dem Alterseinkünftegesetz v. 5.7.2004 (BGBl. I 1427) eingeführte automatische Kontrollsystem nunmehr **operabel** ist. Mit gem. § 52 Abs. 38a EStG vorgesehenem Schreiben des BZSt v. 28.11.2008 (BStBl. I 955) waren im dritten Quartal 2009 erstmals die Rentenbezugsmitteilungen für die Veranlagungsjahre 2005 bis 2008 mitzuteilen; ab dem Veranlagungsjahr 2009 gilt die in § 22a Abs. 1 vorgesehene Frist. Ab dem 1.1.2017 gilt § 22a EStG in einer neuen Fassung.

§ 22a Abs. 2 EStG ist eine gesetzliche Regelung iSv § 139b Abs. 2 Nr. 1 Alt. 2, die die Erhebung **21** und Verwendung der Identifikationsnummer für andere Zwecke als den Verkehr mit den Finanzbehörden ausdrücklich anordnet. Mitteilungsempfänger ist mit der zentralen Stelle gem. § 81 EStG die Deutsche Rentenversicherung Bund, früher Bundesversicherungsanstalt für Angestellte (BfA). Anders als bei § 383a wird nur die **zweckwidrige Verwendung der Identifikationsnummer** geahndet. Zum Begriff des Verwendens → Rn. 10.

§ 384 Verfolgungsverjährung

Die Verfolgung von Steuerordnungswidrigkeiten nach den §§ 378 bis 380 verjährt in fünf Jahren.

Literatur (Auswahl): *Brenner,* Strafverfolgungsverjährung und ihre Unterbrechung bei Steuerdelikten, BB 1985, 2041; *v Briel,* Der Beginn der Strafverfolgungsverjährung bei Steuerstraftaten und –ordnungswidrigkeiten, SAM 2006, 115; *Eich,* Strafverfolgungsverjährung der Steuerhinterziehung und der leichtfertigen Steuerverkürzung, KÖSDI 2001, 13036; *Pfaff,* Die Verfolgungsverjährung nach § 384 AO, StBp 1978, 163; *Rainer/Schwedhelm,* Verjährung im Steuerstrafrecht und im Steuerrecht, NWB Fach 13, 747; *Vogelberg,* Das Zusammenspiel von steuerlicher und strafrechtlicher Verjährung, PStR 2001, 223; *Wegner,* Verschärfung des Steuerstrafrechts aufgrund der Liechtenstein-Affäre, PStR 2008, 125; *Weyand,* Auswirkungen der Neuregelung im Ordnungswidrigkeitenrecht auf das steuerliche Bußgeldrecht; INF 1998, 359.

A. Allgemeines

1   § 384 normiert eine **Ausnahme** zum allgemeinen Ordnungswidrigkeitenrecht, indem er für bestimmte Steuerordnungswidrigkeiten eine von § 31 OWiG abweichende, **längere Verjährungsfrist** festlegt. Schon der Gesetzgeber der RAO hielt es für unangemessen, die leichtfertige Steuerverkürzung einer anderen Verjährungsfirst zu unterwerfen als die Steuerhinterziehung, nur weil es sich im einen Fall um eine Ordnungswidrigkeit, im anderen Fall um eine Straftat handle; die Entdeckung der Steuerverkürzung sei in beiden Fällen von denselben Umständen, nämlich oft erst einer Jahre später erfolgenden Außenprüfung abhängig (BT-Drs. 5/1812, 26). Der Täter soll nicht von Verjährung profitieren, wenn ihm letztlich Vorsatz nicht nachgewiesen werden kann (Klein/*Jäger* Rn. 1). Diese Argumentation überzeugt nicht (Hübschmann/Hepp/Spitaler/*Bülte* Rn. 16), abgesehen davon, dass sie sich auf die minderschweren Steuergefährdungstatbestände der §§ 379 und 380 nicht übertragen lässt (Kohlmann/*Matthes* Rn. 3; allg. zur Kritik; Hübschmann/Hepp/Spitaler/*Bülte* Rn. 16 ff.). Die Regelung ist auch deshalb unstimmig, weil § 381 ausgenommen ist, der in bestimmten Konstellationen jedoch § 379 vorgeht, für den die verlängerte Verjährungsfirst gilt (→ Rn. 19; zweifelnd nur Hübschmann/Hepp/Spitaler/*Bülte* Rn. 18).

2   Abgesehen von der Frist bestimmt sich die Verjährung auch der in § 384 genannten Zuwiderhandlung im Übrigen gem. § 377 Abs. 2 nach den **allgemeinen Vorschriften.** Für die nicht ausdrücklich erwähnten Steuerordnungswidrigkeiten gilt dies auch für die Verjährungsfrist, sofern sie nicht ausnahmsweise auf § 384 verweisen.

3   Die Vorschrift betrifft nur die Verfolgungsverjährung. Die **Vollstreckungsverjährung** richtet sich für sämtliche Steuerordnungswidrigkeiten nach § 34 OWiG (hierzu Rolletschke/Kemper/*Hunsmann* Rn. 91 ff.).

B. Die Verjährungsregelungen des OWiG

§ 31 OWiG Verfolgungsverjährung

(1) ¹Durch die Verjährung werden die Verfolgung von Ordnungswidrigkeiten und die Anordnung von Nebenfolgen ausgeschlossen. ²§ 27 Absatz 2 Satz 1 Nummer 1 bleibt unberührt.

(2) Die Verfolgung von Ordnungswidrigkeiten verjährt, wenn das Gesetz nichts anderes bestimmt,

1. in drei Jahren bei Ordnungswidrigkeiten, die mit Geldbuße im Höchstmaß von mehr als fünfzehntausend Euro bedroht sind,
2. in zwei Jahren bei Ordnungswidrigkeiten, die mit Geldbuße im Höchstmaß von mehr als zweitausendfünfhundert bis zu fünfzehntausend Euro bedroht sind,
3. in einem Jahr bei Ordnungswidrigkeiten, die mit Geldbuße im Höchstmaß von mehr als eintausend bis zu zweitausendfünfhundert Euro bedroht sind,
4. in sechs Monaten bei den übrigen Ordnungswidrigkeiten.

(3) ¹Die Verjährung beginnt, sobald die Handlung beendet ist. ²Tritt ein zum Tatbestand gehörender Erfolg erst später ein, so beginnt die Verjährung mit diesem Zeitpunkt.

§ 32 OWiG Ruhen der Verfolgungsverjährung

(1) ¹Die Verjährung ruht, solange nach dem Gesetz die Verfolgung nicht begonnen oder nicht fortgesetzt werden kann. ²Dies gilt nicht, wenn die Handlung nur deshalb nicht verfolgt werden kann, weil Antrag oder Ermächtigung fehlen.

(2) Ist vor Ablauf der Verjährungsfrist ein Urteil des ersten Rechtszuges oder ein Beschluß nach § 72 ergangen, so läuft die Verjährungsfrist nicht vor dem Zeitpunkt ab, in dem das Verfahren rechtskräftig abgeschlossen ist.

§ 33 OWiG Unterbrechung der Verfolgungsverjährung

(1) ¹ Die Verjährung wird unterbrochen durch

1. die erste Vernehmung des Betroffenen, die Bekanntgabe, daß gegen ihn das Ermittlungsverfahren eingeleitet ist, oder die Anordnung dieser Vernehmung oder Bekanntgabe,
2. jede richterliche Vernehmung des Betroffenen oder eines Zeugen oder die Anordnung dieser Vernehmung,
3. jede Beauftragung eines Sachverständigen durch die Verfolgungsbehörde oder den Richter, wenn vorher der Betroffene vernommen oder ihm die Einleitung des Ermittlungsverfahrens bekanntgegeben worden ist,
4. jede Beschlagnahme- oder Durchsuchungsanordnung der Verfolgungsbehörde oder des Richters und richterliche Entscheidungen, welche diese aufrechterhalten,
5. die vorläufige Einstellung des Verfahrens wegen Abwesenheit des Betroffenen durch die Verfolgungsbehörde oder den Richter sowie jede Anordnung der Verfolgungsbehörde oder des Richters, die nach einer solchen Einstellung des Verfahrens zur Ermittlung des Aufenthalts des Betroffenen oder zur Sicherung von Beweisen ergeht,
6. jedes Ersuchen der Verfolgungsbehörde oder des Richters, eine Untersuchungshandlung im Ausland vorzunehmen,
7. die gesetzlich bestimmte Anhörung einer anderen Behörde durch die Verfolgungsbehörde vor Abschluß der Ermittlungen,
8. die Abgabe der Sache durch die Staatsanwaltschaft an die Verwaltungsbehörde nach § 43,
9. den Erlaß des Bußgeldbescheides, sofern er binnen zwei Wochen zugestellt wird, ansonsten durch die Zustellung,
10. den Eingang der Akten beim Amtsgericht gemäß § 69 Absatz 3 Satz 1 und Absatz 5 Satz 2 und die Zurückverweisung der Sache an die Verwaltungsbehörde nach § 69 Absatz 5 Satz 1,
11. jede Anberaumung einer Hauptverhandlung,
12. den Hinweis auf die Möglichkeit, ohne Hauptverhandlung zu entscheiden (§ 72 Absatz 1 Satz 2),
13. die Erhebung der öffentlichen Klage,
14. die Eröffnung des Hauptverfahrens,
15. den Strafbefehl oder eine andere dem Urteil entsprechende Entscheidung.

² Im selbständigen Verfahren wegen der Anordnung einer Nebenfolge oder der Festsetzung einer Geldbuße gegen eine juristische Person oder Personenvereinigung wird die Verjährung durch die dem Satz 1 entsprechenden Handlungen zur Durchführung des selbständigen Verfahrens unterbrochen.

(2) ¹ Die Verjährung ist bei einer schriftlichen Anordnung oder Entscheidung in dem Zeitpunkt unterbrochen, in dem die Anordnung oder Entscheidung unterzeichnet wird. ² Ist das Schriftstück nicht alsbald nach der Unterzeichnung in den Geschäftsgang gelangt, so ist der Zeitpunkt maßgebend, in dem es tatsächlich in den Geschäftsgang gegeben worden ist.

(3) ¹ Nach jeder Unterbrechung beginnt die Verjährung von neuem. ² Die Verfolgung ist jedoch spätestens verjährt, wenn seit dem in § 31 Absatz 3 bezeichneten Zeitpunkt das Doppelte der gesetzlichen Verjährungsfrist, mindestens jedoch zwei Jahre verstrichen sind. ³ Wird jemandem in einem bei Gericht anhängigen Verfahren eine Handlung zur Last gelegt, die gleichzeitig Straftat und Ordnungswidrigkeit ist, so gilt als gesetzliche Verjährungsfrist im Sinne des Satzes 2 die Frist, die sich aus der Strafdrohung ergibt. ⁴ § 32 bleibt unberührt.

(4) ¹ Die Unterbrechung wirkt nur gegenüber demjenigen, auf den sich die Handlung bezieht. ² Die Unterbrechung tritt in den Fällen des Absatz 1 Satz 1 Nummer 1 bis 7, 11 und 13 bis 15 auch dann ein, wenn die Handlung auf die Verfolgung der Tat als Straftat gerichtet ist.

I. Verjährungsfrist

§ 384 legt die Verjährungsfrist abweichend von § 31 Abs. 2 OWiG auf **5 Jahre** fest. Diese Frist gilt **4** nur für die **ausdrücklich genannten Steuerordnungswidrigkeiten** der leichtfertigen Steuerverkürzung (§ 378), der Steuergefährdung (§ 379) und der Gefährdung der Abzugsteuern (§ 380).

Bei den **übrigen Steuerordnungswidrigkeiten der AO,** der Verbrauchsteuergefährdung (§ 381), **5** der Gefährdung der Einfuhr- und Ausfuhrabgaben (§ 382), dem unzulässigen Erwerb von Steuererstattungs- und Vergütungsansprüchen (§ 383) und der zweckwidrigen Verwendung des Identifikationsmerkmals (§ 383a) ist die Verjährungsfrist nach § 31 Abs. 2 OWiG **abhängig von der Höhe des angedrohten Bußgeldes.** Soweit diese Ordnungswidrigkeiten auch mit qualifizierter Fahrlässigkeit (leichtfertig) begangen werden können, ist zu beachten, dass dann gem. § 17 Abs. 2 OWiG im Höchstmaß nur die Hälfte des angedrohten Höchstbetrages verhängt werden kann (KK-OWiG/*Graf* OWiG § 31 Rn. 17; JJR/*Jäger* Rn. 7; Hübschmann/Hepp/Spitaler/*Bülte* Rn. 5). Im Fall der Verbrauchsteuergefährdung und der Gefährdung der Einfuhr- und Ausfuhrabgaben gem. § 381 und § 382 wirkt sich dies auf die Verjährungsfrist aus: eine Vorsatztat lässt eine Ahndung bis 5.000 EUR zu, so dass sie gem. § 31 Abs. 2 Nr. 2 OWiG in zwei Jahren verjährt, während die leichtfertige Tatbegehung nur mit einem Bußgeld von maximal 2.500 EUR geahndet werden kann, so dass sie gem. § 31 Abs. 2 Nr. 3 OWiG in einem Jahr verjährt. Bei der zweckwidrigen Verwendung des Identifikationsmerkmals gem. § 383a unterfallen wegen der höheren Bußgeldandrohung sowohl die vorsätzliche als auch die fahrlässige Tatbegehung § 31 Abs. 2 Nr. 2 OWiG. Zur Verjährung bei Verletzung der Aufsichtspflicht gem. § 130 OWiG Hübschmann/Hepp/Spitaler/*Bülte* Rn. 24 f.

Auch für Steuerordnungswidrigkeiten nach den **Einzelsteuergesetzen** in §§ 26a–c UStG, §§ 50e, f **6** EStG, § 36 Abs. 3, 4 TabStG gelten die allgemeinen Vorschriften der §§ 31 OWiG. Auf Monopolordnungswidrigkeiten gem. § 126 Abs. 2 BranntwMonG findet gem. § 128 Abs. 2 BranntwMonG eine Verjährungsfrist von 5 Jahren Anwendung, für die in § 126 Abs. 1 BranntwMonG geregelten Ordnungswidrigkeiten bleibt es bei § 31 Abs. 2 OWiG. Die Bußgeldandrohung ist mit 5.000 EUR für alle

Monopolordnungswidrigkeiten dieselbe, bei fahrlässiger Begehung, die bei Abs. 2 möglich ist, liegt das Höchstmaß bei 2.500 EUR, was sich jedoch wegen der Sonderregelung des § 128 Abs. 2 BranntwMonG nicht auswirkt. Die längere Verjährung der Ordnungswidrigkeiten nach Abs. 2 rechtfertigt sich dadurch, dass die Taten Buchungsvorgänge betreffen, die regelmäßig erst bei einer Jahre später erfolgenden Bsp. aufgedeckt werden.

7   Kraft ausdrücklicher Anordnung gilt § 384 auch für die **Sondertatbestände** betreffend die Wohnungsbauprämie (§ 8 Abs. 2 WoPG), die Arbeitnehmer-Sparzulage (§ 14 Abs. 3 5. VermBG) und die Altersvorsorgezulage (§ 96 Abs. 7 EStG), soweit §§ 378, 379 entsprechend zur Anwendung kommen; soweit Verstöße in diesem Zusammenhang gem. § 383 verfolgt werden, bleibt es jedoch bei einer Verjährung von drei Jahren (→ § 383 Rn. 17). Ebenfalls eine Verweisung auf § 384 enthält § 5a BergPG hinsichtlich der Bergmannsprämie, der jedoch nicht auf § 383 verweist. Nachdem die Berlin-Zulage 1994 ausgelaufen ist, hat die Verweisung auf § 384 in § 29a BerlinFG keine Bedeutung mehr.

II. Verjährungsbeginn

8   Die Regelungen der §§ 31 ff. OWiG entsprechen hinsichtlich des Beginns, des Ruhens, der Unterbrechung und der Wirkung der Verjährung im Wesentlichen den Strafvorschriften der §§ 78 ff. StGB (JJR/ *Jäger* Rn. 3). Die Verjährung beginnt gem. § 31 Abs. 3 OWiG wie die strafrechtliche Verjährung (§ 78a StGB) mit der **materiellen Beendigung der Tat** (ganz hM, vgl. nur Rebmann/Roth/Hermann/*Förster* OWiG § 31 Rn. 11 f.); die neuerliche Kritik *Bültes*, der darin einen Verstoß gegen das Analogieverbot sieht, weil das Gesetz in § 31 OWiG von Handlung spreche (Hübschmann/Hepp/Spitaler/*Bülte* Rn. 27), übersieht, dass der Begriff der „Handlung" im OWiG – wie sich schon aus § 1 ergibt – den Begriff der Tat im StGB ersetzt, um „die unterschiedliche Bewertung von Straftaten und Ordnungswidrigkeiten besser hervortreten zu lassen" (BT-Drs. 7/550, 341, zum Begriff auch KK-OWiG/*Rogall* OWiG § 1 Rn. 4). Ein sachlicher Unterschied zu §§ 1, 78a StGB besteht nicht. Der Verweis auf § 6 OWiG, der § 8 StGB entspricht, hilft nicht weiter, weil über diese Vorschriften nur das jeweils anwendbare Gesetz im Sinne von § 4 Abs. 1 OWiG, § 2 Abs. 1 StGB bestimmt wird; für den Beginn der Verjährung folgt daraus hier wie dort nichts. Die Wortlautgrenze steht einem weiten Verständnis des Begriffs der „Handlung" ebenso wenig entgegen, wie dem der „Tat" (vgl. dazu Hübschmann/Hepp/Spitaler/*Bülte* § 376 Rn. 56), so dass keine Veranlassung besteht, den Verjährungsbeginn im Ordnungswidrigkeitenrecht anders zu beurteilen als im Strafrecht. Tritt der Tatterfolg erst später ein, ist entsprechen § 78a S. 2 StGB gem. § 31 Abs. 3 S. 2 OWiG dieser Zeitpunkt maßgeblich. Für das Verletzungsdelikt des § 378 ergeben sich für die einzelnen Steuerarten je nach der Art und Weise ihrer Erhebung (Veranlagungs- oder Fälligkeitssteuer) Besonderheiten der Tatbegehung durch aktives Tun oder Unterlassen; auf die Erläuterungen zu § 376 (→ § 376 Rn. 19 ff.) wird verwiesen. Bei den Gefährdungsdelikten fällt die Beendigung mit der Vollendung zusammen. Zuwiderhandlungen gem. § 379 Abs. 1 Nr. 1 und 2 sind mit der Vornahme der Tathandlung vollendet und beendet. Verstößt der Täter gegen § 379 Abs. 1 Nr. 3 durch aktives Tun, indem er entsprechende Anweisungen gibt, tritt Vollendung ein, wenn die falsche Buchung vorgenommen oder die rechtzeitige Buchung unterlassen worden ist; dieser Zeitpunkt ist auch für die Verjährung maßgeblich. Soweit die Gefährdungsdelikte durch Unterlassen begangen werden (§ 379 Abs. 1 Nr. 3 und § 380), kommt es – auch wenn die Handlung fristgebunden ist – darauf an, wie lange die Handlungspflicht fortbesteht. Die Handlungspflicht kann dabei über den Fristablauf hinaus fortbestehen, was insbes. bei der Gefährdung von Abzugsteuern gem. § 380 eine Rolle spielt (Rolletschke/Kemper/*Hunsmann* Rn. 14; JJR/*Jäger* Rn. 18 mwN; aA Hübschmann/Hepp/Spitaler/*Bülte* Rn. 28). Zweifel wirken sich stets zugunsten des Betroffenen aus.

III. Unterbrechung und Ruhen der Verjährung

9   Solange gesetzliche Hinderungsgründe für die Verfolgung der Tat vorliegen, **ruht** die Verjährung gem. § 32 Abs. S 1 OWiG. Anders als im Strafverfahren stellt **Immunität** kein Verfolgungshindernis dar, weil Art. 46 Abs. 2 GG und die meisten Landesregelungen lediglich die Strafverfolgung von Abgeordneten untersagen (Rolletschke/Kemper/*Hunsmann* Rn. 84; Schwarz/Pahlke/*Webel* Rn. 4). In Baden-Württemberg und Berlin, wo die Landesverfassungen jede Untersuchung gegen einen Abgeordneten verbieten, wird zu Beginn der Legislaturperiode die allgemeine Genehmigung zur Durchführung von Bußgeldverfahren erteilt (KK-OWiG/*Gurpe* OWiG § 32 Rn. 16). Die Differenzierung ist gerechtfertigt, weil dem mit einem Bußgeld sanktionierten Verwaltungsunrecht nicht dasselbe Unwerturteil zukommt, wie einer Tat, für die das Gesetz Kriminalstrafe anordnet (JJR/*Jäger* Rn. 20; vgl. auch Nr. 298 S. 1 RiStBV; aA Hübschmann/Hepp/Spitaler/*Bülte* Rn. 33). Zum Ruhen der Verjährung führt jedoch die **Aussetzung** des Verfahrens bis zum rechtskräftigen Abschluss des Besteuerungsverfahrens gem. § 410 Abs. 1 Nr. 5, § 396 Abs. 3. Die Aussetzung kann im Ermittlungsverfahren auch von der StA verfügt werden, § 396 Abs. 2; sie hemmt auch den Ablauf der absoluten Verjährung (hM, vgl. nur Hübschmann/Hepp/Spitaler/*Hellmann* § 396 Rn. 82; JJR/*Jäger* § 396 Rn. 57; zu den Einzelheiten s. die Erläuterungen zu § 396).

Die in § 33 OWiG abschließend aufgelisteten **Unterbrechungsgründe** lassen die Verjährung bis zur 10
absoluten Grenze des § 33 Abs. 3 S. 2 OWiG jeweils von neuem beginnen; zu den Unterbrechungs-
gründen iE Rolletschke/Kemper/*Hunsmann* Rn. 41 ff. Absolute Verjährung tritt mit dem Ablauf des
Doppelten der gesetzlichen Verjährungsfrist, frühestens jedoch nach zwei Jahren ein. Untersuchungshandlungen entfalten nur dann eine Unterbrechungswirkung, wenn die Tat im prozessualen Sinne
soweit individualisiert und konkretisiert ist, dass sie sich von anderen, gleichgelagerten Sachverhalten
unterscheiden lässt (IJR/*Jäger* Rn. 22); maßgeblich ist der prozessuale Tatbegriff gem. § 264 StPO
(Rolletschke/Kemper/*Hunsmann* Rn. 26 ff.). Verfolgungshandlungen gegen eine juristische Person
(§ 30 OWiG) unterbrechen die Verjährung gegen bestimmte Einzelpersonen nicht (*Pfaff* StBp 1978,
163); gleiches gilt bei Ermittlungen gegen einen Einzelkaufmann, der zugleich Geschäftsführer und
Gesellschafter einer unter seinem Familiennamen geführten GmbH ist, für die Verjährung ggü. der
GmbH (OLG Karlsruhe NStZ 1987, 79; zum Ganzen KK-OWiG/*Graf* OWiG § 33 Rn. 123; Hüb-
schmann/Hepp/Spitaler/*Bülte* Rn. 42 f.).

IV. Wirkung der Verjährung

Mit dem Ablauf der Verjährungsfrist tritt nach heute hM ein **Verfolgungshindernis** ein (KK- 11
OWiG/*Graf* OWiG § 31 Rn. 5 f. mwN); die Tat kann gem. § 31 Abs. 1 S. 1 OWiG nicht mehr als
Ordnungswidrigkeit verfolgt werden oder Grund für die Anordnung von Nebenfolgen sein. Bevor nicht
Verfolgungsverjährung eingetreten ist, endet gem. § 171 Abs. 7 auch die Festsetzungsverjährung nicht,
sofern es sich nicht um Verbrauchsteuern oder Einfuhr- und Ausfuhrabgaben handelt. § 171 Abs. 7 hat
allerdings mit der Aufgabe der Rspr. zum Fortsetzungszusammenhang seine praktische Bedeutung weitgehend verloren (Klein/*Rüsken* § 171 Rn. 87). Zur Ablaufhemmung der Festsetzungsverjährung gem.
§ 171 Abs. 5 vgl. *Vogelberg* AO-StB 2007, 249.

§ 385 Geltung von Verfahrensvorschriften

**(1) Für das Strafverfahren wegen Steuerstraftaten gelten, soweit die folgenden Vorschriften
nichts anderes bestimmen, die allgemeinen Gesetze über das Strafverfahren, namentlich die
Strafprozessordnung, das Gerichtsverfassungsgesetz und das Jugendgerichtsgesetz.**

**(2) Die für Steuerstraftaten geltenden Vorschriften dieses Abschnitts, mit Ausnahme des
§ 386 Abs. 2 sowie der §§ 399 bis 401, sind bei dem Verdacht einer Straftat, die unter Vorspiegelung eines steuerlich erheblichen Sachverhalts gegenüber der Finanzbehörde oder einer
anderen Behörde auf die Erlangung von Vermögensvorteilen gerichtet ist und kein Steuerstrafgesetz verletzt, entsprechend anzuwenden.**

Neuere Literatur (Auswahl): *Berchner,* Die Neufassung der AStBV (St) aufgrund des neuen Selbstanzeigerechts,
NZWiSt 2012, 171; *Bilsdorfer,* Anweisungen für das Straf- und Bußgeldverfahren (Steuer) 2006, NWB Fach 13, 1127;
Ebner, Der Steuerberater in der Strafverteidigung (§ 392 AO), SteuerStud 2008, 577; *Ebner,* Vollendung und Beendi-
gung der „Kindergeldhinterziehung", PStR 2013, 231; *Elden,* Steuerhinterziehung aufgrund unberechtigten Kinder-
geldbezugs, FamFR 2013, 4; *Gaede,* Grundkenntnisse des materiellen und formellen Steuerstrafrechts, JA 2008, 88;
Gehm, Neuerungen durch die AStBV (St) 2013, StBW 2013, 35; *Görnitz,* Anweisungen für das Straf- und Bußgeld-
verfahren: „AStBV (St) 2014". ZFN 2014, 45; *Kindler/Wegner,* Täuschungsbedingte Erlangung der Eigenheimzulage,
PStR 2007, 158; *Lehmann,* Anweisungen für das Straf- und Bußgeldverfahren: „AStBV (St) 2010", ZFN 2010, 29;
Mack, Der Steuerstreit und seine Bezüge zum Steuerstrafrecht, Steuerfahndung und Steuerstreit 2007, 29; *Mösbauer,*
Finanzbehördliche Sachverhaltsermittlung bei Verdacht einer Steuerstraftat, DStZ 2000, 512; *Oechsle,* Das System des
Steuerrechts, StuW 1999, 120; *Rau,* Auswirkungen des neuen Selbstanzeigerechts auf die AStBV (St), ZWH 2012, 396;
Rolletschke, Die Steuerhinterziehung des „untreuen" Finanzbeamten, wistra 2005, 250; *Wegner,* Strafbarkeitsrisiken im
Zusammenhang mit dem steuerlichen Familienlastenausgleich, PStR 2012, 225; *Weyand,* Straf- und Bußgeldverfahren
bei Steuerdelikten, LSW Gruppe 22, 147; *Weyand,* AStBV reloaded? – Die Neufassung der Anweisungen für das Straf-
und Bußgeldverfahren (Steuer) 2006, INF 2007, 157; *Weyand,* Neuauflage der Anweisungen für das Straf- und
Bußgeldverfahren (Steuer), wistra 2008, 214; *Weyand,* Anweisungen für das Straf- und Bußgeldverfahren (Steuer) –
AStBV 2009, StuB 2009, 284.

A. Allgemeines

Zur Verfolgung von Straftaten ist allgemein die **Staatsanwaltschaft** berufen. Sie ist auf der Grundlage 1
des **Legalitätsprinzips** (§ 152 StPO) verpflichtet, wegen aller verfolgbarer Straftaten einzuschreiten,
soweit sie ihr bekannt werden, und soweit ein dementsprechender Anfangsverdacht besteht. Diese
grundsätzliche Zuständigkeit **modifiziert** § 386 Abs. 1, in dem der Finanzbehörde bei der Verfolgung
von Steuerstraftaten iSd § 369 Abs. 1 weitgehende Kompetenzen zugebilligt werden. Im Bereich des
Verfahrensrechts gelten hier überdies in den §§ 386 ff. niedergelegte Normen, die vom allgemeinen
Strafprozessrecht teilweise abweichen. § 385 stellt klar, dass trotz dieser Spezialnormen auch im Zusammenhang mit dem Steuerstrafverfahren die allgemeinen Gesetze prinzipiell weiter anzuwenden sind.
Die Bestimmung hat **rein deklarorischen Charakter** (Kohlmann/*Hilgers-Klautzsch* Rn. 2), schon

weil die AO das Verfahrensrecht nicht erschöpfend regelt und ein Rückgriff auf die allgemeinen Bestimmungen deswegen zwingend nötig ist.

B. Anwendungsbereich

2   § 385 Abs. 1 bezieht sich auf Strafverfahren, die **Steuerstraftaten** – und damit infolge des Wortlauts des § 369 Abs. 1 auch **Zollstraftaten** – zum Gegenstand haben. Der Begriff der Steuer- bzw. Zollstraftat ist in § 369 Abs. 1 Nr. 1–4 näher definiert; auf die Erläuterungen dort wird verwiesen. Zu den Steuerstraftaten im Sinne des Gesetzes gehört auch die Verkürzung von Branntweinsteuer, also eine **Monopolstraftat.** Branntweinabgaben sind Verbrauchsteuern (§ 130 BranntwMonG), so dass die Bestimmungen des 8. Teils der AO unmittelbar auf derartige Straftaten Anwendung finden; zum Erschleichen von Übernahmegeld → Rn. 10.

3   Im Zusammenhang mit **Marktordnungszwecken,** auf die sich das MOG bezieht, können auch Abgaben anfallen. Für diese gilt nach § 12 Abs. 1 S. 1 MOG die AO entsprechend. Nach § 37 MOG bleibt jedoch die Staatsanwaltschaft Herrin des Verfahrens. Sie kann nach § 37 Abs. 1 MOG Dienststellen der Zollverwaltung mit den Ermittlungen betrauen. Diese Institutionen müssen, so § 37 Abs. 2 MOG, auch von sich aus entsprechende Ermittlungen aufnehmen, falls der Verdacht auf Zuwiderhandlungen gegen Bestimmungen des Marktordnungsrechts aufkommt; in diesen Fällen stehen ihnen nach Abs. 3 der Bestimmung aber lediglich die allgemeinen Rechte und Pflichten zu, die Ermittlungspersonen der Staatsanwaltschaft (§ 152 GVG) beanspruchen können. Die Zollverwaltung kann Verfahren nach dem MOG damit nicht in eigener Kompetenz betreiben und abschließen. Für gerichtliche Zuständigkeiten bei Straftaten nach § 37 Abs. 1 MOG trifft § 38 Abs. 1 MOG Sonderregelungen.

C. Anwendung des allgemeinen Strafverfahrensrechts

4   In Steuerstrafverfahren gelten neben dem 8. Teil der AO eine **Vielzahl weiterer Gesetze,** von denen § 385 Abs. 1 lediglich drei Rechtsvorschriften **beispielhaft** („namentlich") aufführt. Neben der StPO, dem GVG und dem JGG sind weiterhin etwa zu beachten:

– das Grundgesetz (GG)
– die Menschenrechtskonvention (MRK)
– das Gesetz über die internationale Rechtshilfe in Strafsachen (IRG)
– das Gerichtskostengesetz (GKG)
– das Justizvergütungs- und -entschädigungsgesetz (JVEG; → § 405 Rn. 1 ff.)
– das Gesetz über die Entschädigung von Strafverfolgungsmaßnahmen (StrEG)

und darüber hinaus zahlreiche weitere Bestimmungen (vgl. hierzu die ausführlichen Aufstellungen bei Rolletschke/Kemper/*Kemper* Rn. 32 f. und bei JJR/*Randt* Rn. 12).

5   Daneben gelten auch im Steuerstrafverfahren verschiedene **Verwaltungsanweisungen,** die von den Ermittlungsbehörden – nicht aber von den Gerichten – allgemein beachtet werden müssen (ausführlich Rolletschke/Kemper/*Kemper* Rn. 38 ff.).

6   Hierzu zählen insbesondere die primär an die Staatsanwaltschaften adressierten aber auch im Steuerstrafverfahren relevanten (so wegen der umfangreichen und dichten Regelung völlig zu Recht JJR/*Randt* Rn. 13) „Richtlinien für das Straf- und das Bußgeldverfahren" (**RiStBV;** abgedruckt bei Meyer-Goßner/Schmitt/*Schmitt* StPO im Anh. 12) sowie die „Anordnung über Mitteilungen in Strafsachen" (**MiStra;** ebenfalls wiedergegeben bei Meyer-Goßner/Schmitt/*Schmitt* StPO Anh. 13; zu ihrer Anwendung durch die Finanzbehörde im Steuerstrafverfahren bereits *Weyand* NStZ 1987, 399); die MiStra enthält umfangreiche Informations- und Mitteilungspflichten insbesondere in Bezug auf Personen, die einer Dienst-, Staats-, Standes- oder berufsrechtlichen Aufsicht unterliegen.

7   Gleichfalls Beachtung finden im Steuerstrafverfahren die Richtlinien für den Verkehr mit dem Ausland in strafrechtlichen Angelegenheiten (**RiVASt;** in einer ständig aktualisierten Fassung im Internet zu finden auf der Homepage des Bundesjustizministeriums unter www.bmj.de in der Rubrik „Service/ Fachinformationen"). Die RiVASt enthalten die rechtlichen Möglichkeiten des Amts- und Rechtshilfeverkehrs mit dem Ausland. Sie sind auch in Steuerstrafverfahren, zumal bei Vorgängen, die in Bezug zu Staaten außerhalb der EU stehen, von großer Bedeutung (s. dazu Rolletschke/Kemper/*Kemper* § 399 Rn. 194d).

D. Die Anweisungen für das Steuerstraf- und Bußgeldverfahren (AStBV)

8   Die **Anweisungen für das Steuerstraf- und Bußgeldverfahren (AStBV)** wurden erstmals im Jahre 1984 veröffentlicht (Staatsanzeiger für das Land Hessen 84, 2314; vgl. dazu *v. Fürstenberg* DStR 1985, 455 und 507). Sie richten sich an alle Dienststellen der Finanzverwaltung. Nach verschiedenen Überarbeitungen, die mittlerweile nahezu im Jahresturnus erfolgen, gelten seit dem 1.11.2013 in allen

Bundesländern die **AStBV 2014** (BGBl. 2013 I 1395; s. zu dieser Verwaltungsanweisung aktuell etwa *Berchner* NZWiSt 2012, 171; *Rau* ZWH 2012, 296. Krit zu den AStBV Kohlmann/*Hilgers-Klautzsch* Vor Rn. 3 ff. mwN; *Weyand* wistra 2008, 214; s. zu den Vorgängerfassungen auch *Bilsdorfer* NWB Fach 13, 1127; *Weyand* INF 2007, 157; *Weyand* wistra 2008, 214; *Gehm* StBW 2013, 35). Für die Zollverwaltung gilt entsprechend die am 22.3.2010 neu gefasste Dienstvorschrift für Strafsachen und Bußgeldstellen (StrABuDV, III A 1 – S 0700/09/10035; veröffentlicht zB in der Elektronischen Vorschriftensammlung der Bundesfinanzverwaltung 2010 Nr. 70). Auch die Familienkassen müssen eine eigene Dienstanweisung beachten, die Dienstanweisung zum Kindergeld nach dem Einkommensteuergesetz – DA-KG; v. 29.7.2015; BStBl. I 2015, 584; zu der durch die DA-KG aufgehobenen Vorgängerbestimmung (DA-FamBuStra, BStBl. I 2014, 53) vgl. krit. bereits *Weyand* INF 2007, 157 (160); sa *Wegner* PStR 2012, 225; *Elden* PStR 2013, 5; *Ebner* PStR 2013, 231). Unmittelbare **Außenwirkung** kommt allein diesen Bestimmungen **nicht** zu. Sie binden als interne Verwaltungsanweisungen lediglich die Finanz- und Zollbehörden, an die sie unmittelbar sich richten (Kohlmann/*Hilgers-Klautzsch* Vor Rn. 5 mwN). **Staatsanwaltschaften** und **Gerichte** bleiben von ihnen **unberührt.** Auch der **Beschuldigte** kann sich **nicht** direkt auf ihren Inhalt **berufen.**

Die AStBV sollen der einheitlichen Handhabung des Gesetzes dienen und die reibungslose Zusam- **9** menarbeit der zur Verfolgung von Steuerstraftaten und Steuerordnungswidrigkeiten berufenen Stellen der Finanzbehörden untereinander, mit anderen Stellen der Finanzbehörden sowie mit den Gerichten und Staatsanwaltschaften gewährleisten, so die Einführung zu den gleichlautenden Erlassen der Landesfinanzministerien (vgl. auch Nr. 1 AStBV 2014). Tatsächlich enthalten sie überwiegend eine Ansammlung von Selbstverständlichkeiten, wie sie im Rahmen von Ermittlungsverfahren allgemein beachtet werden müssen, und wiederholen iÜ weitgehend allein den Wortlaut einschlägiger Bestimmungen bzw. umschreiben gleich lautende Formulierungen in den RiStBV. Letztlich sind sie **überflüssig** (*Weyand* INF 2007, 157 (160)). Sie fördern das starre Richtliniendenken, dem die Finanzverwaltung schon im Bereich des Besteuerungsverfahrens allzu oft unkritisch Raum gibt, auch auf dem Gebiet des Steuerstrafrechts. Gerade hier ist aber der unverstellte Blick auf die Umstände des Einzelfalls unverzichtbar, um die adäquate Sachbehandlung zu sichern. Schablonenartige Richtlinien können der stets erforderliche individuelle Betrachtung strafbaren Verhaltens nicht ersetzen. Dennoch ist die ursprünglich teils heftige Kritik an den AStBV (etwa durch *Streck* StV 1982, 244; sa *Hellmann* wistra 1994, 13) mittlerweile völlig verstummt, obwohl ihre **Rechtswidrigkeit** immer noch hervorgehoben wird (JJR/*Randt* Rn. 17 mwN; s. überdies krit. Rolletschke/Kemper/*Kemper* Rn. 37a ff. und Flore/Tsambikakis/*Tsambikakis*/ *Putzke* Rn. 99).

E. Anwendungsbereich des § 385 Abs. 2

Nach früherer hM sollte derjenige, der einen **steuerlich erheblichen Sachverhalt in vollem** **10** **Umfang vortäuschte,** einen **Betrug** (§ 263 StGB) begehen, nicht aber gegen § 370 verstoßen (vgl. etwa BGH wistra 1986, 172; krit. zu dieser Auffassung bereits *Müller* NJW 1977, 747; iÜ → § 370 Rn. 566 f.). § 385 Abs. 2 sollte der Finanzbehörde in diesem Zusammenhang erlauben, Ermittlungen im Auftrag der Staatsanwaltschaft durchzuführen. Mittlerweile stuft der BGH derartige Sachverhalte aber ausnahmslos als **Steuerhinterziehung** ein (s. nur BGH wistra 1994, 194; vgl. auch *Rolletschke* wistra 2005, 250). § 385 Abs. 2 ist damit faktisch nahezu **obsolet** geworden (Hellmann AO-NebenStrafVerfR 68 f.; Kohlmann/*Hilgers-Klautzsch* Rn. 20 mwN).

Sofern die Bestimmung überhaupt noch anwendbar ist, darf die Finanzbehörde bei derartigen „Vor- **11** spiegelungstaten" zwar noch Ermittlungen durchführen. **Eigenständige Kompetenzen** stehen ihr indes **nicht** zu. Sie hat lediglich die Rechtsstellung einer „normalen" Polizeidienststelle (§ 402 Abs. 1), darf also nach Vorgaben der Staatsanwaltschaft den Sachverhalt ermitteln und sich nach Maßgabe der §§ 403, 407 am weiteren Verfahren beteiligen. Eine verfahrensabschließende Entscheidung kann sie aber nicht mehr treffen; dies verbleibt allein Aufgabe der Staatsanwaltschaft.

Angesichts des eindeutigen Wortlauts des § 385 Abs. 2 bezieht sich die verbleibende Ermittlungs- **12** kompetenz der Finanzbehörde allein auf etwaige **Vorspiegelungstaten.** Verwirklicht der Täter tateinheitlich (§ 52 StGB) oder im Rahmen desselben Lebenssachverhalts (§ 264 StPO) weitere Straftatbestände, darf die Finanzbehörde ihre Ermittlungen nicht auf diese anderen Delikte erstrecken (Kohlmann/*Hilgers-Klautzsch* Rn. 21 mwN).

F. Spezielle Regelungen in anderen Gesetzen

Die Vorschriften der AO zum Steuerstrafverfahren gelten aufgrund besonderer gesetzlicher Regelun- **13** gen in gleichem Maße für die Verfolgung **anderer Straftaten und Ordnungswidrigkeiten,** die einen engen Bezug zu den Aufgabenbereichen der Finanzbehörden aufweisen. Auch in diesen Fällen benötigen die Finanzämter – wie im Bereich des Steuerrechts – verwaltungsrechtliche Spezialkompetenz, um über die Vergabe derartiger staatlicher Leistungen zu entscheiden. Hierin liegt ein sachgerechter Ansatzpunkt, den Finanzbehörden gleichfalls die Ahndung straf- und gegebenenfalls bußgeldrechtlicher relevanter Unregelmäßigkeiten in diesen Bereichen zu erlauben; sa Nr. 19 AStBV 2014.

14   IE gelten die Bestimmungen des 8. Teils der AO für

– die Hinterziehung folgender Zulagen und Prämien:
– Altersvorsorgezulagen: § 96 Abs. 7 EStG
– Arbeitnehmersparzulage: § 14 Abs. 3 Vermögensbildungsgesetz
– Arbeitnehmerzulage: § 29a Berlinförderungsgesetz
– Wohnungsbauprämie: § 8 Abs. 2 Wohnungsbauprämiengesetz.

15   – den **Subventionsbetrug** (§ 264 StGB), soweit er sich auf staatliche Leistungen nach § 15 des Investitionszulagengesetz bezieht (s. dazu *Dörn* DStZ 1995, 164):

16   – den **Betrug** (§ 263 StGB) bezüglich der Eigenheimzulage nach dem Eigenheimzulagengesetz (§ 15 Abs. 2 EigZulG, s. dazu BGH wistra 2007, 388; *Kindler/Wegner* PStR 2007, 158) und bezüglich der Investitionszulage nach § 15 InvZulG 2010.

17   Die in den Einzelgesetzen enthaltenen Verweisungen bestimmen jeweils, dass die für das Steuerstrafverfahren geltenden Bestimmungen der §§ 385 ff. in vollem Umfang entsprechend anzuwenden sind. Damit hat die Finanzbehörde bei der Verfolgung dieser Straftaten die **umfassende staatsanwaltschaftliche Stellung,** wie sie § 399 Abs. 1 ihr zubilligt; vgl. die Erläuterungen dort. Sie kann damit nicht nur die Ermittlungen führen, sondern auch den Verfahrensabschluss bestimmen (Kohlmann/*Hilgers-Klautzsch* Rn. 9). Ausnahmen gelten allein nach Maßgabe des § 386 Abs. 3 bzw. Abs. 4, also in Haftsachen und dann, wenn das Ermittlungsverfahren von der Finanzbehörde an die Staatsanwaltschaft **abgegeben** wird bzw. diese von ihrem **Evokationsrecht** Gebrauch macht.

18   Die Ermittlungs- und Strafverfolgungskompetenz der Finanzbehörde erstreckt sich iÜ auch auf die **Begünstigung** (§ 257 StGB) der vorstehend erwähnten Delikte mit Ausnahme der erschlichenen Eigenheimzulage, weil die übrigen Einzelgesetze ebenfalls entsprechende ausdrückliche Verweisungen enthalten. Gleiches gilt begriffsnotwendig für die **Anstiftung** (§ 26 StGB) bzw. die **Beihilfe** (§ 27 StGB) zu diesen Taten.

G. Sachdarstellung (Anklage, Strafbefehl und Urteil), Umfang der prozessualen Tat

19   Die Struktur der steuerstrafrechtlichen Blankettnormen (→ § 369 Rn. 20) hat Auswirkungen auf die Anforderungen an Sachdarstellungen in Anklage (§ 200 Abs. 1 S. 1 StPO), Strafbefehl (§ 409 Abs. 1 Nr. 3 StPO) und Urteil (§ 267 Abs. 1 S. 1 StPO) sowie den Umfang der prozessualen Tat (§ 155 Abs. 1, § 264 Abs. 1 StPO).

I. Anklage

20   Im (konkreten) Anklagesatz (§ 200 Abs. 1 S. 1 StPO) muss die dem Angeklagten zur Last gelegte prozessuale Tat so geschildert und umschrieben sein, dass sie sich von (vorstellbaren) gleichartigen strafbaren Handlungen unterscheiden lässt (Meyer-Goßner/Schmitt/*Meyer-Goßner* StPO § 200 Rn. 7; KK-StPO/*Schneider* StPO § 200 Rn. 3; Löwe/Rosenberg/*Stuckenberg* StPO § 200 Rn. 14, 18). Zum wesentlichen Ergebnis der Ermittlungen gehört eine Darstellung der (Indiz-)Tatsachen, aus denen sich der Tatverdacht und der Schuldumfang ergibt (Meyer-Goßner/Schmitt/*Meyer-Goßner* StPO § 200 Rn. 18; KK-StPO/*Schneider* StPO § 200 Rn. 21 f.; Löwe/Rosenberg/*Stuckenberg* StPO § 200 Rn. 55, 58).

21   Die Unterscheidbarkeit ist bei einer **Steuerhinterziehung** gemäß § 370 Abs. 1 Nr. 1 oder 2 durch die Bezeichnung des relevanten Verhaltens (Abgabe einer Steuererklärung, Unterlassen einer Erklärung), der Steuerart und des Veranlagungszeitraums oder der die Erklärungspflicht auslösenden Umstände (zB Erbfall) gewährleistet. Weitere Angaben zum Sachverhalt sind nicht zwingend erforderlich. Insbes. der letzte Schritt der **Schadensberechnung** (die Gegenüberstellung von geschuldeter und festgesetzter Steuer) muss **nicht dargestellt** sein (BGH NStZ-RR 2009, 340; BGH NZWiSt 2013, 463; BayObLG wistra 1991, 195; BayObLG NStZ 1992, 238; aA OLG Düsseldorf NStZ 1982, 335; *Volk* wistra 1998, 281; Kohlmann/*Hilgers-Klautzsch* Rn. 486; OLG Frankfurt a. M. NStZ-RR 2001, 141 stellt maßgeblich auf Besteuerungsgrundlagen ab; *Bauer* wistra 1991, 56 betont „konkrete Manipulationen" im Vorfeld einer Steuererklärung). Die gesamte Schadensberechnung (Besteuerungsgrundlagen, Anwendung der einschlägigen steuerrechtlichen Vorschriften) ist in das **wesentliche Ergebnis der Ermittlungen** aufzunehmen (BGH NStZ 2013, 409). Insoweit bestehende Mängel betreffen die Informationsfunktion der Anklage; daher hat das Gericht ggf. Hinweise zu geben oder Nachermittlungen zu veranlassen, nicht jedoch die Eröffnung des Hauptverfahrens abzulehnen (BGH NStZ 2013, 409). Um den Beschuldigten ausreichend zu informieren, sollte auf die Darstellung der Schadensberechnung auch nicht verzichtet werden, wenn die Anklage zum Strafrichter erhoben wird (§ 200 Abs. 2 S. 2 StPO). Bei einer **Steuerhehlerei** ist ebenfalls die Schilderung der Tathandlung entscheidend (OLG Hamm BeckRS 2003, 30329455 verlangt darüber hinaus Angaben zu den betroffenen Steueransprüchen; vgl. zu § 259 StGB OLG Hamm wistra 2001, 236; zur Hinweispflicht entsprechend § 265 StPO bei Änderung der Sachlage hinsichtlich der Vortat BGH wistra 2010, 154).

II. Strafbefehl

Die Anforderungen an die Schilderung der Tat in einem **Strafbefehl** (§ 409 Abs. 1 Nr. 3 StPO) **und** 22
im **Anklagesatz** (§ 200 Abs. 1 S. 1 StPO) **entsprechen sich** (Meyer-Goßner/Schmitt/*Meyer-Goßner*
StPO § 409 Rn. 4; Löwe/Rosenberg/*Gössel* StPO § 409 Rn. 9). Daher muss **entgegen
Nr. 87 AStBV** bei Schilderung einer Steuerhinterziehung gemäß § 370 Abs. 1 Nr. 1 oder 2 in einem
Strafbefehl der letzte Schritt der Schadensberechnung (die Gegenüberstellung von geschuldeter und
festgesetzter Steuer) nicht zwingend dargestellt sein (OLG Saarbrücken BeckRS 2014, 17154; BayObLG
NStZ 1992, 403; OLG Karlsruhe wistra 1994, 319; → Rn. 21; aA OLG Düsseldorf NJW 1989, 2145;
OLG Düsseldorf NStZ 1991, 99; *Burkhard* StraFo 2004, 342; Kohlmann/*Hilgers-Klautzsch* § 400
Rn. 105 f.; → § 400 Rn. 13). Gerade im schriftlichen Verfahren kann dies im Einzelfall jedoch sinnvoll
sein, zB um einen nicht verteidigten Adressaten die ausreichende Bewertung des Vorgangs zu ermöglichen. Die Darstellung der Schadensberechnung empfiehlt sich auch, um nach einem etwaigen Einspruch
das weitere Verfahren zu erleichtern, nicht zuletzt im Hinblick auf die Anforderungen an die Darstellung
in den Urteilsgründen (→ Rn. 25).

III. Umfang der prozessualen Tat

Zur prozessualen Tat (§ 264 StPO) gehört das gesamte Verhalten des Beschuldigten, soweit es nach 23
natürlicher Auffassung einen einheitlichen Lebensvorgang darstellt (Meyer-Goßner/Schmitt/*Meyer-
Goßner* StPO § 264 Rn. 2; KK-StPO/*Kuckein* StPO § 264 Rn. 3). Bei Tateinheit handelt es sich immer
um eine prozessuale Tat, bei Tatmehrheit liegen idR verschiedene prozessuale Taten vor (→ § 370
Rn. 553 ff.). Da sich dies nicht unabhängig von der verletzten Strafbestimmung beurteilen lässt, wird bei
der Steuerhinterziehung (§ 370) der Umfang und die Reichweite der prozessualen Tat neben der
einschlägigen Blankettvorschrift maßgeblich durch die sie ausfüllenden Normen des Steuerrechts bestimmt (BGH NStZ-RR 2009, 340; aA *Bauer* wistra 1991, 56).

Eine **einheitliche prozessuale Tat** liegt vor bei **mehrfachen unzutreffenden Angaben** hinsichtlich einer Steuer und eines Veranlagungszeitraums auch noch während einer Betriebsprüfung im Festsetzungsverfahren (BGHSt 36, 105 = BGH NJW 1989, 1615) oder im Rechtsmittelverfahren
(BGHSt 38, 37 = BGH NJW 1991, 3227), (angeklagter) Steuerhinterziehung in **Täterschaft** und
(festgestellter) **Beihilfe** zur Hinterziehung anderer Steuern bei teilidentischen Sachverhalten (BGH
NStZ 1998, 199; *Leplow* PStR 2010, 38: Zahlungsabwicklung durch und Scheinrechnungsstellung
durch/Scheingutschrift an „Service-Unternehmen"), (ungeachtet tatmehrheitlicher Verwirklichung)
Umsatzsteuervoranmeldungen und zugehöriger **Jahreserklärung** (BGHSt 49, 359 = BGH
NStZ 2005, 514; BGHSt 53, 210 = BGH NStZ 2009, 508; BGHSt 53, 221 = BGH NStZ 2009, 510;
wistra 2005, 145; NZWiSt 2013, 478; → § 370 Rn. 348), Lohn- und Einkommensteuerhinterziehung
(*Merz/Ebner,* PStR 2013, 60; aA OLG Zweibrücken BeckRS 2005, 07542), **unrichtiger Steuererklärung und unterlassener Berichtigung** (BGHSt 53, 210 = BGH NStZ 2009, 508; 2008, 411; dazu
Leplow wistra 2008, 384; MüKoStGB/*Schmitz/Wulf* § 370 Rn. 556; aA *Bauer* wistra 2008, 374;
→ § 370 Rn. 309), **Hinterziehung von Einkommensteuer hinsichtlich eines einheitlichen Veranlagungszeitraums** (BGH NStZ-RR 2009, 340: es ist nicht nach Einkunftsarten – oder Besteuerungsgrundlagen – zu differenzieren; aA *Salditt* FS Volk 2009, 637; *Radermacher* AO-StB 2011, 58 und
88) sowie einheitlichen Handlungspflichten (OLG Bamberg BeckRS 2015, 03498: Zollanmeldung von
Zigaretten und Bargeld bei Einreise). Das Verhältnis zwischen **Steuerhehlerei und Vortat** ist entsprechend vergleichbarer Fallgestaltungen bei § 259 StGB zu beurteilen (vgl. KK-StPO/*Kuckein* StPO
§ 264 Rn. 7; → § 374 Rn. 23 ff.). Der Strafklageverbrauch nach **Art. 54 SDÜ** bei einer **einheitlichen
Schmuggelfahrt durch mehrere EU-Staaten** ist unabhängig vom Vorliegen einer oder mehrerer
prozessualer Taten (BGHSt 52, 275 = BGH NJW 2008, 2931; dazu *Rübenstahl* NJW 2008, 2934; *Bender*
wistra 2006, 176; → § 369 Rn. 79, → § 370 Rn. 203; vgl. weiter zu Art. 54 SDÜ und **Umsatzsteuerkarussellen** OLG Köln BeckRS 2010, 00518).

Keine einheitliche prozessuale Tat liegt dagegen vor bei **unterlassener Abgabe verschiedener
Steuererklärungen** (BayObLG wistra 1992, 314; → § 370 Rn. 553), **Lohnsteuerhinterziehung
und Vorenthalten von Sozialversicherungsbeiträgen** auch im Fall einheitlicher Verschleierungshandlungen und entsprechender Organisation betrieblicher Strukturen (BGHSt 35, 14 = BGH
NJW 1988, 1800; BGHSt 37, 10 = BGH NJW 1990, 1924; BGHSt 38, 285 = BGH NJW 1992, 2240;
BGH NStZ 2006, 227; → § 370 Rn. 572), unrichtigen Angaben sowohl im Festsetzungs- als auch im
Beitreibungsverfahren (BGH NStZ-RR 2012, 372 mAnm *Kudlich* ZWH 2013, 113 und *Stahl* NZWiSt
2012, 472) Hinterziehung von Einfuhrabgaben bei Einfuhr und Umsatzsteuerhinterziehung nach Weiterveräußerung (BGH NStZ 2012, 637; 2014, 102 mAnm *Kirch-Heim*) sowie beendeter Steuerhehlerei
und nachfolgendem Raub (bzw. räuberischem Angriff auf Kraftfahrer, Erpressung) zur Rückgewinnung
der betroffenen Gegenstände (BGH NStZ-RR 2002, 98).

Zu Steuerhinterziehung und allgemeinen Straftaten → § 370 Rn. 563 ff. (vgl. BGH NJW 2002, 2924:
Untreue; MüKoStGB/*Schmitz/Wulf* § 370 Rn. 561).

IV. Urteil

24   In den Urteilsgründen ist gemäß § 267 Abs. 1 S. 1 StPO der gesamte äußere und innere Tatbestand der einschlägigen Strafnorm dazulegen (Meyer-Goßner/Schmitt/*Meyer-Goßner* StPO § 267 Rn. 3, 5, 7; KK-StPO/*Kuckein* StPO § 267 Rn. 8). Eine steuerstrafrechtliche **Blankettvorschrift** bildet nur gemeinsam **mit** den sie **ausfüllenden steuerrechtlichen Vorschriften** eine **vollständige Strafnorm** (BGH NJW 2009, 2546; NStZ-RR 2009, 311; BeckRS 2011, 19806; *Jäger* StraFo 2006, 477 mwN; → § 369 Rn. 20). Erst daraus ergibt sich der erforderliche Umfang der in der Hauptverhandlung zu treffenden und im Urteil dazustellenden Feststellungen.

25   Die **Feststellungen** eines Urteils sind nur vollständig, wenn sie neben dem **tatbestandsmäßigen Verhalten** auch den **Taterfolg** vollständig abbilden. Aus den Urteilsgründen muss sich daher ergeben, **in welcher Höhe** ein **Steueranspruch durch das tatbestandsmäßige Verhalten betroffen** ist und **woraus sich** diese **Höhe ergibt** (BGH NJW 2009, 2546; NStZ 2013, 410; wistra 2009, 68; 2015, 147; BeckRS 2010, 23785; 2011, 19806; 2013, 22097; 2014, 23361 zu § 370; BGH NStZ-RR 2009, 311; NJW 2011, 1747 zur Beihilfe zu § 370; BGH BeckRS 2011, 19721 zu § 374; *Harms* NStZ-RR 1998, 97; 1999, 129; *Harms/Jäger* NStZ-RR 2000, 129; NStZ 2001, 181; 2002, 244; *Jäger* NStZ 2005, 552; 2008, 21; StraFo 2006, 477 mwN zur stRspr). Dies setzt eine vollständige Feststellung der **Besteuerungsgrundlagen** voraus. Die Anwendbarkeit steuerrechtlicher Vorschriften und die sich daraus ergebende **Steuerberechnung** müssen (wie andere Rechtsfragen auch) in den Urteilsgründen zwar nicht erläutert werden. Eine vollständige **Berechnungsdarstellung** ist jedoch zu empfehlen, da sie der richterlichen Selbstkontrolle dient und die Nachvollziehbarkeit der Urteilsgründe erleichtert (vgl. BGH NJW 2009, 2546; NStZ-RR 2009, 311; Meyer-Goßner/Schmitt/*Meyer-Goßner* StPO § 267 Rn. 17; enger KK-StPO/*Kuckein* StPO § 267 Rn. 22). Jedenfalls muss das Urteil – auch zum Verkürzungsumfang – aus sich heraus verständlich sein.

26   Im Rahmen der **Beweiswürdigung** hat der Tatrichter zu beachten, dass **Rechtsanwendung** allein Sache des Gerichts ist. Rechtsfragen allgemein und die Anwendung von steuerrechtlichen Vorschriften auf Sachverhalte (insbes. die Berechnung des Steuerschadens) speziell können nicht Ergebnis der Beweisaufnahme (insbes. der Vernehmung von Ermittlungspersonen oder eines Geständnisses) sein. Diese zielt auf die Feststellung von Tatsachen, also die relevanten **Besteuerungsgrundlagen** (BGH NJW 2009, 2546; BGH BeckRS 2010, 23785; BGH NJW 2012, 2599; BGH BeckRS 2014, 23361; BGH wistra 2015, 147 zu § 370; BGH NStZ 2010, 338 zu § 374).

27   Eine Darstellung der für die Ermittlung des Schuldumfangs maßgeblichen Berechnungsgrundlagen soll nach früherer Rspr. nicht erforderlich sein, wenn ein insoweit **geständiger Angeklagter ausreichend sachkundig und selbst zur Berechnung in der Lage** ist (so BGH NStZ 2001, 200; BGH NStZ-RR 2001, 307; BGH BeckRS 2011, 19806). Dies gelte jedoch ausschließlich für die Schadenshöhe (BGH NStZ 2004, 577; wistra 1993, 342).

Solche **Ausnahmen** von den allgemeinen Darstellungsanforderungen sind **nicht gerechtfertigt** (so BGH BeckRS 2010, 23785). Es ist bereits fraglich, unter welchen Umständen ein Angeklagter hinsichtlich welcher Steuerarten ausreichend sachkundig ist und wie sich dies aus den Urteilsgründen nachvollziehbar ergeben kann (vgl. BGH NStZ 2013, 410). Zudem bleibt unklar, wo die Grenze zwischen tatrelevanten und schadensrelevanten Feststellungen zu ziehen ist. Unabhängig davon kann ein Angeklagter nur Tatsachen gestehen, die er hinreichend überblickt, keinesfalls aber Rechtsfragen (BGH BeckRS 2010, 23785; BGH NStZ 2013, 410; BGH NJW 2012, 2599). Ein umfassendes Geständnis des Angeklagten ändert nichts daran, dass für das Revisionsgericht auf Grundlage der Urteilsgründe neben dem Schuldspruch auch der **Schuldumfang nachvollziehbar und überprüfbar** sein muss (BGH NStZ 2009, 467; 2012, 700; 2013, 410; BGH NStZ-RR 2008, 83; 2010, 54; 2010, 336; BGH BeckRS 2010, 28423; 2012, 22152). Mangels Nachvollziehbarkeit und Überprüfbarkeit des Schuldumfangs kann daher auch nicht ausgeschlossen werden, dass ein Urteil auf einem solchen Darstellungsmangel beruht (§ 337 Abs. 1 StPO).

§ 386 Zuständigkeit der Finanzbehörde bei Steuerstrafsachen

(1) ¹Bei dem Verdacht einer Steuerstraftat ermittelt die Finanzbehörde den Sachverhalt. ²Finanzbehörde im Sinne dieses Abschnitts sind das Hauptzollamt, das Finanzamt, das Bundeszentralamt für Steuern und die Familienkasse.

(2) Die Finanzbehörde führt das Ermittlungsverfahren in den Grenzen des § 399 Abs. 1 und der §§ 400, 401 selbständig durch, wenn die Tat
1. ausschließlich eine Steuerstraftat darstellt oder
2. zugleich andere Strafgesetze verletzt und deren Verletzung Kirchensteuern oder andere öffentlich-rechtliche Abgaben betrifft, die an Besteuerungsgrundlagen, Steuermessbeträge oder Steuerbeträge anknüpfen.

(3) Absatz 2 gilt nicht, sobald gegen einen Beschuldigten wegen der Tat ein Haftbefehl oder ein Unterbringungsbefehl erlassen ist.

(4) ¹Die Finanzbehörde kann die Strafsache jederzeit an die Staatsanwaltschaft abgeben. ²Die Staatsanwaltschaft kann die Strafsache jederzeit an sich ziehen. ³In beiden Fällen kann die Staatsanwaltschaft im Einvernehmen mit der Finanzbehörde die Strafsache wieder an die Finanzbehörde abgeben.

Neuere Literatur (Auswahl): *Bach,* Die LGT-Falle: Sitzt der gesetzliche Richter wirklich in Bochum?, PStR 2009, 70; *Bilsdorfer,* Die Entwicklung des Steuerstraf- und Steuerordnungswidrigkeitenrecht, NJW 2008, 1362; *Braun,* Kindergeld und Steuerstrafrecht, PStR 2008, 37; *Brete/Thomsen,* Anspruch auf Beendigung des steuerstrafrechtlichen Ermittlungsverfahrens, wistra 2008, 367; *Buse,* Zuständigkeiten der Finanzkontrolle Schwarzarbeit zur Verfolgung von Steuerstraftaten, AO-StB 2007, 80; *Buse/Bohnert,* Steuerstrafrechtliche Änderungen zur Bekämpfung des Umsatzsteuer- und Verbrauchsteuerbetrugs, NJW 2008, 618; *Durst,* Zum Verhalten bei Einleitung eines Steuerstrafverfahrens, PStR 2012, 274, *Esskandari,* Steuerstrafrecht – Rechtsprechungsübersicht der Strafgerichte 2005/2006, DStZ 2006, 717; *Frank,* Antrag auf Akteneinsicht in die Steuerfahndungsakten, StBp 2005, 309; *Füllsack,* Grundlagen der Strafzumessung, PStR 2005, 91; *Hentschel,* Staatsanwalt und Polizist in Personalunion? – Zur Abschaffung fundamentaler Prinzipien des Strafverfahrensrechts bei der Verfolgung von Steuerstrafsachen, NJW 2006, 2300; *Kaligin,* Rechtswidrige Strukturen im finanzbehördlichen Steuerstrafverfahren, Stbg 2010, 126; *Kutzner,* Strafrechtliche Relevanz steuerberatender Tätigkeit, NWB F 15, 1543; *Kutzner,* Zwischen Besteuerungsverfahren und Steuerstrafverfahren, NWB F 13, 1139; *Rolletschke,* Die finanzbehördlichen Strafverfolgungsorgane, Stbg 2006, 379; *Rolletschke,* Neuere Entwicklungen im Steuerstrafrecht, Stbg 2006, 480; *Rolletschke,* Einleitung des Steuerstrafverfahrens, Stbg 2006, 221; *Rolletschke,* Kirchensteuerbetrug und Steuerhinterziehung durch Ehegatten bei Zusammenveranlagung, HRRS 2008, 383; *Schützeberg,* Zur Hinterziehung von Kirchensteuer und zur verdeckten Gewinnausschüttung im strafrechtlichen Sinne, wistra 2009, 31; *Spatschek,* Bestimmtheit von Strafverfolgungshandlungen, AO-StB 2004, 262; *Spatschek,* Korruption und Steuerstrafrecht, SAM 2012, 100; *Steinbrink/Kröger,* Ein Plädoyer für die längerfristige Observation, PStR 2007, 103; *Theile,* Zur Ermittlungs- und Abschlusskompetenz in Steuerstrafsachen, ZIS 2009, 446; *v. Briel,* Entscheidungen zum Steuerstraf- und -ordnungswidrigkeitenrecht, StraFo 2006, 99; *Vogelberg,* Zuständigkeit und Befugnisse der Finanzverwaltung, PStR 2005, 20; *Wegner,* Checkliste: Rechtshilfe in Steuerstrafsachen, PStR 2008, 9; *Wessing,* Bundesgerichtshof droht Steuerfahndern, SAM 2009, 187; *Wessing/Biesgen,* Der 1. Strafsenat des BGH und das Steuerstrafrecht, NJW 2010, 2689; *Weyand,* Bekämpfung der Korruption im Steuerrecht, BBK Fach 10, 785.

A. Allgemeines

Grundsätzlich obliegt die Verfolgung von Straftaten der Staatsanwaltschaft, die nach Maßgabe des **1** Legalitätsprinzips einschreiten muss, sobald sie von einem möglicherweise strafrechtlich relevanten Sachverhalt Kenntnis erlangt (§ 152 StPO). Dieses allgemeine **Ermittlungs- und Anklagemonopol der Staatsanwaltschaft** erfährt für den Bereich des Steuerstrafverfahrens eine Einschränkung: Nach § 386 Abs. 1 führt die Finanzbehörde hier die Ermittlungen, die sie auf der Grundlage des § 386 Abs. 2 iVm § 399 Abs. 1 auch selbstständig abschließen kann, ohne hierzu die Staatsanwaltschaft einschalten zu müssen. Hintergrund dieser **Modifikation** des staatsanwaltschaftlichen Ermittlungsmonopols sind reine **Zweckmäßigkeitserwägungen** (vgl. ausf. bereits *Klos/Weyand* DStZ 1988, 617). Steuerstrafverfahren gründen stets auf Erkenntnissen, die im Besteuerungsverfahren gewonnen werden. Damit ist die Finanzbehörde bereits mit dem verfahrensgegenständlichen Sachverhalt betraut. Eine effektive Ahndung von Steuerdelikte ist zudem kaum möglich, wenn es den Strafverfolgern an entsprechenden steuerlichen Fachkenntnissen fehlt. Dies gilt auch für die Frage, ob bestimmte Handlungsweisen schon als Straftat oder aber noch als Ordnungswidrigkeit anzusehen sind, die im steuerlichen Bereich gleichfalls durch die Finanzbehörde geahndet werden (§ 409). Ohne die Besteuerungsgrundlagen umfassend zu ermitteln, lässt sich ein iSd § 370 strafrechtlich bedeutsamer Verkürzungserfolg kaum berechnen. Angesichts des Blankettcharakters dieser Strafbestimmung (→ § 369 Rn. 21; → § 370 Rn. 19) hat das materielle Steuerrecht überdies entscheidenden Einfluss auf das Strafrecht.

Folgerichtig billigt die AO der Finanzbehörde eine **Doppelfunktion** zu: Einerseits nimmt sie als **2** **Verwaltungsbehörde** Aufgaben im Besteuerungsverfahren wahr, andererseits tritt sie im Steuerstrafverfahren **funktionell** als **Justizbehörde** auf. Ihre diesbezüglichen Rechte sind lediglich von denen der Staatsanwaltschaft abgeleitet. Die in der Literatur insoweit geführten Streitigkeiten zur Frage, ob es sich hierbei um eine Durchbrechung des allgemeinen Strafprozessrechts, um dessen bloße Modifikation oder um eine Zuständigkeitsübertragung unter Vorbehalt handelt (zum Streitstand umf. *Kohlmann/Hilgers-Klautzsch* § 385 Rn. 3 ff.) ist aus praktischer Sicht ohne Bedeutung. Das Nebeneinander zwischen diesen Stellen gestaltet sich in aller Regel problemlos, zumal Finanzbehörde und Staatsanwaltschaft regelmäßige Kontaktgespräche führen (vgl. Nr. 140 Abs. 1 AStBV 2014), um eine effiziente Bearbeitung von Steuerstrafverfahren zu gewährleisten (vgl. in diesem Zusammenhang aber krit. zu einem Einzelfall, in dem die Zusammenarbeit nicht funktioniert hat, BGH wistra 2009, 363; hierzu wiederum krit. *Fischer* jurisPR-SteuerR 31/2009 Anm. 1; sa *Wessing* SAM 2009, 187; *Wessing/Biesgen* NJW 2010, 2689 (2692)). Überdies ergibt sich ein Ermittlungsmonopol der Finanzbehörde faktisch bereits deswegen, weil steuerstrafrechtlich relevante Sachverhalte in aller Regel ausschließlich von ihr aufgedeckt werden, so dass die Staatsanwaltschaft mangels entsprechender Kenntnisse überhaupt nicht tätig werden kann.

B. Ermittlungsbefugnis der Finanzbehörde

3   Die Finanzbehörde führt die Ermittlungen, sofern eine Steuerstraftat gegeben ist. **Grundvoraussetzung** für ihr Tätigwerden ist damit, dass überhaupt ein Sachverhalt vorliegt, der Anlass zu strafrechtlichen Prüfungen gibt. Insoweit muss also der **Anfangsverdacht** einer Straftat bestehen, der in § 152 Abs. 2 StPO näher definiert wird. Ein Anfangsverdacht besteht hiernach, wenn zureichende tatsächliche Anhaltspunkte auf strafrechtlich relevantes Verhalten schließen lassen. Bloße Behauptungen, Vermutungen oder Vorurteile rechtfertigen einen Anfangsverdacht nicht. Ermittlungsbehörden werden **bei Verdacht** tätig, **nicht auf Verdacht.** Es muss daher anhand der schon vorliegenden Erkenntnisse und nach kriminalistischer Erfahrung zumindest möglich sein, dass ein bestimmtes Vorgehen als Straftat zu werten ist (vgl. weiter JJR/*Jäger* § 397 Rn. 39 ff.).

4   Dieser Verdacht muss sich auf eine **Steuerstraftat** (→ Rn. 7) beziehen. **Allgemeine Straftaten,** die nicht zu diesem Deliktsbereich zählen, begründen **keine eigenständige Ermittlungskompetenz** der Finanzbehörde. Dies gilt auch dann, wenn das Allgemeindelikt mit einem Steuerdelikt zusammen trifft, sei es tateinheitlich (§ 52 StGB) oder aber im Zuge eines einheitlichen Lebenssachverhalts (§ 264 StPO). Erlangt die Finanzbehörde Kenntnis von derartigen Konstellationen, muss sie das Verfahren der Staatsanwaltschaft vorlegen (vgl. Nr. 22, 140 AStBV 2014).

5   Dies bedeutet indes nicht, dass die Finanzbehörde dann überhaupt keine Ermittlungen mehr durchführen kann, ihre Ermittlungskompetenz also generell entfällt (so aber OLG Frankfurt a. M. wistra 1987, 32; sa Kohlmann/*Hilgers-Klautzsch* Rn. 20.2 mwN; *Bilsdorfer* StBp 1990, 118; *Reiche,* wistra 1990, 90). Sie darf einen **Sachverhalt** zumindest solange **untersuchen,** bis feststeht, ob ein Steuer- oder ein Nichtsteuerdelikt erfüllt wurde, bzw. ob Mischformen vorliegen (BGH wistra 1990, 59; Hellmann AO-NebenStrafVerfR 186; Rolletschke/Kemper/*Kemper* Rn. 40, jeweils mwN). Anderenfalls wäre bei derartigen Konstellationen ein Tätigwerden der Finanzbehörde in vollem Umfang ausgeschlossen (sa OLG Braunschweig wistra 1998, 71 m. krit. Anm. *Bender* wistra 1998, 93); die Staatsanwaltschaft könnte deren Fachkompetenz dann überhaupt nicht nutzen, sondern müsste ausschließlich ihre allgemeinen Ermittlungspersonen einschalten. Überdies regelt § 386 nicht die Ermittlungsbefugnis der Finanzbehörde als solche, sondern die Frage, ob ein Verfahren von der Staatsanwaltschaft oder der Finanzbehörde geführt wird, schränkt also Ermittlungskompetenzen in keiner Weise ein (BGH wistra 1990, 59; s. ferner *Pütz* wistra 1990, 212).

6   Entsprechende Aktivitäten der Finanzbehörde sind daher, gleich, ob Steuer- und Nichtsteuerdelikt tateinheitlich zusammentreffen oder lediglich ein einheitlicher Lebenssachverhalt gegeben ist, rechtlich unbedenklich; sie entfalten für beide Deliktsgruppen auch **verjährungsunterbrechende Wirkung** (OLG Braunschweig wistra 1998, 71; Rolletschke/Kemper/*Kemper* Rn. 41). Etwas anderes gilt nur, wenn zwischen der allgemeinen Straftat und einem Steuerdelikt überhaupt kein Zusammenhang besteht, oder aber die Finanzbehörde ausschließlich wegen eines Nichtsteuerdelikts ermitteln würde: In der ersten Alternative besteht eine Zuständigkeit der Finanzbehörde allein für das Steuerdelikt, während die Allgemeinstraftat durch die Staatsanwaltschaft verfolgt werden muss; in der zweiten Alternative entfalten finanzbehördliche Aktivitäten mangels Kompetenzzuweisung keinerlei Wirksamkeit.

I. Verdacht einer Steuerstraftat

7   Die Finanzbehörde wird nach § 386 Abs. 1 bei dem **Verdacht einer Steuerstraftat** tätig. Der Begriff der Steuerstraftat wird in § 369 Abs. 1 definiert. Aus dem dort gewählten Wortlaut wird klar, dass Steuerstraftat in diesem Sinne auch eine Zollstraftat ist; vgl. weiter die Erläuterungen zu → § 369 Rn. 3 ff. Die Ermittlungsbefugnis erstreckt sich überdies auf Taten, die aufgrund sondergesetzlicher Regelung den Steuerstraftaten gleich gestellt sind; vgl. iE → § 385 Rn. 13 ff.

II. Finanzbehörde

8   § 386 Abs. 1 definiert als Finanzbehörde, die iRd Verfolgung von Steuerstraftaten tätig werden darf, (allein) das Hauptzollamt, das Finanzamt, das Bundeszentralamt für Steuern und die Familienkasse. Der im Steuerstrafverfahren zu beachtende Behördenbegriff weicht also von der allgemeinen Behördendefinition des § 6 Abs. 1 ab. **Keine Finanzbehörde** im Sinne dieser Bestimmung sind die **Zollfahndungsämter** oder die **Steuerfahndungsstellen,** desgleichen auch nicht **andere Untergliederungen** der Finanzverwaltung, wie Sach- oder Arbeitsgebiete der Finanzämter oder **Abteilungen** der Oberfinanzdirektionen bzw. Landesfinanzministerien (vgl. bereits *Küster* BB 1980, 1371; sa Rolletschke/Kemper/*Kemper* Rn. 7). Gleichfalls unterfallen **Gemeindesteuerbehörden** nicht dieser gesetzlichen Regelung. Bei der Verkürzung von kommunalen Abgaben obliegt die Strafverfolgung ausschließlich der Staatsanwaltschaft; s. dazu weiter → § 387 Rn. 4.

9   **1. Hauptzollamt.** Das **Hauptzollamt** ist zuständig, soweit eine Straftat Zölle oder Verbrauchsteuern betrifft. In der Bundesverwaltung wurden zum Zwecke der Strafverfolgung **bezirksübergreifende Strukturen** eingerichtet. Hier übernimmt eine Bußgeld- und Strafsachenstelle (BuStra) die strafrecht-

lichen Aufgaben für den Bereich mehrerer Hauptzollämter (vgl. die Verordnung v. 16.2.2007 BGBl. I 202).

2. Finanzamt. Regelmäßig werden nicht alle Finanzämter selbst tätig, wenn in ihrem Zuständigkeits- 10 bereich Hinweise auf Steuerdelikte auftauchen. Alle Bundesländer haben von der Ermächtigung des § 387 Abs. 2 Gebrauch gemacht und **zentrale finanzbehördliche Strafverfolgungsdienststellen** geschaffen, die **Bußgeld- und Strafsachenstellen** (BuStra), die teilweise auch als **Straf- und Bußgeldstellen** (StraBu) bezeichnet werden, und die finanzamtsübergreifend für unterschiedlich große Gebiet zuständig sind; → § 387 Rn. 6 ff.; sa Flore/Tsambikakis/*Nikolaus* Rn. 11 und 19. Grundsätzlich nimmt die BuStra innerhalb der Finanzbehörde alle Aufgaben wahr, die sich aus der Ausübung staatsanwaltschaftlicher Rechte und Pflichten nach § 399 Abs. 1 ergeben. Zu diesem Zweck stehen ihr gegenüber anderen Stellen der Finanzbehörde auch Weisungsrechte zu; vgl. explizit Nr. 17 Abs. 4 AStBV 2014.

3. Bundeszentralamt für Steuern. Das **Bundeszentralamt für Steuern** (BZSt), das seit dem 11 1.1.2006 an die Stelle des früheren Bundesamts für Finanzen getreten ist (vgl. das Gesetz zur Neuorganisation der Bundesfinanzverwaltung und zur Schaffung eines Refinanzierungsregisters v. 22.9.2005, BGBl. I 2809), kann strafrechtliche Funktionen nur ausüben, soweit ihm nach § 5 Abs. 1 FVG Aufgaben zur Verwaltung einer Steuer übertragen wurden. Dies ist bezüglich der Erstattung von Kapitalertragsteuer bzw. von USt geschehen (vgl. weiter Kohlmann/*Hilgers-Klautzsch* Rn. 10 und 33). Weitergehende strafrechtliche Kompetenzen bestehen insoweit aber nicht.

4. Familienkasse. Die **Familienkassen,** die Dienststellen der Bundesagentur für Arbeit und der 12 öffentlichen Arbeitgeber darstellen (vgl. § 72 EStG), sind nach § 386 Abs. 1 auch zur Verfolgung von Straftaten sowie von Ordnungswidrigkeiten nach den §§ 378, 379 berufen, soweit sie im Zusammenhang mit der Gewährung von Kindergeld begangen werden (ausf. Rolletschke/Kemper/*Kemper* Rn. 6; Kohlmann/*Hilgers-Klautzsch* Rn. 10; s. zum Aufgabenbereich der Familienkassen noch *Blesinger* wistra 1996, 255; *Braun* PStR 2008, 37). Bei den Familienkassen wurden – wie im Bereich der Landes- und der Bundesfinanzverwaltung – gleichfalls spezielle BuStra-Stellen geschaffen worden. Insoweit ist gleichfalls eine entsprechende interne **Dienstanweisung** ergangen (Dienstanweisung zum Kindergeld nach dem Einkommensteuergesetz – DA-KG; v. 29.7.2015; BStBl. I 584; krit. in diesem Zusammenhang *Weyand* INF 2007, 157 (160); → § 385 Rn. 8 f.).

5. Vorgesetzte Behörden. Vorgesetzte Behörden, also **Oberfinanzdirektionen,** soweit sie über- 13 haupt noch in den einzelnen Bundesländern bestehen, und **Landesfinanzministerien** sind nicht zur Erforschung von Steuerstraftaten befugt. Sie sind damit **keine Finanzbehörden** iSd § 386 Abs. 1 S. 1 (Rolletschke/Kemper/*Kemper* Rn. 8; vgl. iÜ bereits Klos/*Weyand* DStZ 1988, 617; *Henneberg* BB 1973, 82; *Henneberg* BB 1976, 1777; *Henneberg* BB 1977, 938). Indes übt die Oberfinanzdirektion in den Grenzen des § 8a FVG unstreitig die **Dienstaufsicht** über nachgeordnete Dienststellen aus und kann daher entsprechende allgemeine Anordnungen treffen. Einzelne Stimmen, die schon früh eine spezielle Aufsichtsbehörde für die finanzbehördlichen Ermittlungsorgane gefordert haben (vgl. *Müller-Brühl* DStZ 1991, 712), haben kein Gehör gefunden.

Überdies stehen den vorgesetzten Behörden auf der Basis des § 390 Abs. 2 S. 2 bestimmte **Weisungs-** 14 **befugnisse** bei Kompetenzstreitigkeiten zu; vgl. weiter → § 390 Rn. 33. Schließlich können die vorgesetzten Behörden allgemeine Dienstanweisungen erlassen, eine Kompetenz, die sie mit den AStBV umgesetzt haben (→ § 385 Rn. 8 f. sowie einschränkend Weyand INF 1991, 318). Einzelfallbezogene Weisungen dürfen sie von Gesetzes wegen aber nicht erteilen. Vor allem können sie weder die Bearbeitung von Strafsachen an sich ziehen, noch dürfen sie den sich mit der Sache befassenden Beamten durch einen anderen ersetzen; diese **Devolutiv-** bzw. **Substitutionsrechte,** die § 145 GVG im Bereich der Staatsanwaltschaften für Vorgesetzte schafft, gelten im Steuerstrafverfahren **nicht** (Kohlmann/*Hilgers-Klautzsch* § 385 Rn. 36; Rolletschke/Kemper/*Kemper* Rn. 10 f.), wiewohl es – über faktische – rechtswidrige – derartige Entscheidungen, die es gelegentlich geben soll, keine validen Untersuchungen gibt. In allen Fällen dürfen Anordnungen vorgesetzter Stellen dem **Legalitätsprinzip** (§ 152 StPO) nicht zuwider laufen.

III. Selbstständige Ermittlungskompetenzen der Finanzbehörde

1. Steuerstraftat (§ 386 Abs. 2 Nr. 1). Die selbstständige Ermittlungskompetenz der Finanzbehör- 15 de bezieht sich allein auf **Steuerstraftaten** (→ Rn. 7). Verletzt ein Handeln neben einem Steuerstrafgesetz auch eine Norm des allgemeinen Strafrechts, entfällt deren alleinverantwortliche Zuständigkeit. Hier ist ausschließlich die Staatsanwaltschaft zu verfahrensleitenden und -entscheidenden Maßnahmen berufen. Der **Tatbegriff** bezieht sich dabei nicht nur auf iSd § 52 StGB tateinheitlich verwirklichte Delikte. Maßgebend ist vielmehr der einheitliche Lebenssachverhalt, also die Tat im verfahrensrechtlichen Sinn (§ 264 StPO). So endet etwa die Kompetenz der Finanzbehörde, wenn ein Steuerpflichtiger unter Vorlage von gefälschter Urkunden Steuern hinterzieht, also die Tatbestände der § 267 StGB, § 370 AO verwirklicht, oder aber ein Unternehmen im Zusammenhang mit der Beschäftigung von Schwarzarbeitern Lohn- sowie Umsatzsteuer hinterzieht und gleichzeitig nach § 266a StGB Sozialversicherungs-beiträge verkürzt (s. dazu bereits OLG Zweibrücken NJW 1975, 128; vgl. ferner Nr. 17, 21 AStBV 2014).

16   **2. Abgabenbetrug (§ 386 Abs. 2 Nr. 2).** § 386 Abs. 2 Nr. 2 **erweitert** die Zuständigkeit der Finanzbehörde für selbstständige Ermittlungen auf Taten, die zugleich Steuerstraftaten und (allgemeine) Straftaten darstellen, wenn die **Rechtsverletzung Kirchensteuern** oder andere **öffentliche Abgaben** betrifft, die an **Besteuerungsgrundlagen, Steuermessbeträge** oder **Steuerbeträge anknüpfen,** also auf den sog **Abgabenbetrug** (vgl. noch Nr. 17 Abs. 1 Nr. 2 AStBV 2014).

17   **Hauptanwendungsfall** für die Bestimmung sind Betrügereien zum Nachteil von Industrie- und Handelskammern bzw. von Handwerkskammer. Die hier zu entrichtenden Beiträge orientieren sich am Gewerbesteuermessbetrag, wie er vom Finanzamt festgesetzt wurde und den jeweiligen Körperschaften nach § 31 mitzuteilen ist; vgl. §§ 3 Abs. 3, 4 Nr. 4 IHKG bzw. §§ 106 Abs. 1 Nr. 4, 113 HwO (Rolletschke/Kemper/*Kemper* § 385 Rn. 18). Gleiches gilt für öffentlich-rechtliche Abgaben wie Bei-träge zu Landwirtschaftskammern (JJR/*Randt* Rn. 33), nicht jedoch für Beitragspflichten gegenüber Ärzte- und Apothekerkammern bzw. berufsständischen Versorgungswerken: Zwar sind diese Beiträge häufig abhängig von den Einkünften aus selbstständiger Tätigkeit iSd § 18 EStG; die entsprechenden Mitteilungen werden diesen Stellen aber durch die Berufsangehörigen selbst vorgelegt, nicht jedoch unmittelbar vom Finanzamt übermittelt. Damit verbleibt es gegebenenfalls beim durch die allgemeinen Strafverfolgungsbehörden zu ahndenden Betrug (§ 263 StGB), ohne dass die Finanzbehörden aber hiervon betroffen wären (JJR/*Randt* Rn. 34).

18   Die **Kirchensteuergesetze** (hierzu Koenig/*Koenig* § 1 Rn. 15) von 15 der 16 Bundesländer schlie-ßen bei Kirchensteuerhinterziehungen die Anwendung des 8. Teils der AO aus; eine Ausnahme gilt lediglich für das Land Niedersachsen, wo § 6 Abs. 1 Nds. KiStG eine entsprechende Ahndung zulässt, diese aber nach § 10 Abs. 1 S. 4 des Gesetzes einen ausdrücklichen Strafantrag der betroffenen Religi-onsgemeinschaft voraussetzt. Praktisch wird ein derartiger Strafantrag indes nicht gestellt, so dass die Hinterziehung von Kirchsteuer auch in Niedersachsen folgenlos bleibt. Insbesondere liegt auch in den anderen Bundesländern **kein „Kirchensteuerbetrug"** vor (Rolletschke/Kemper/*Kemper* Rn. 19; ausf. bereits *Rönnau* wistra 1995, 47; s. BGH wistra 2008, 310, *Rolletschke* HRRS 2008, 383; → § 370 Rn. 88), da § 370 für Steuerhinterziehungen eine abschließende Regelung enthält, die weitere straf-rechtliche Schritte ausschließt (ausf. JJR/*Randt* Rn. 31 mwN) Der BGH (wistra 2008, 310) tendiert – in einem *obiter dictum* – anscheinend zur Anwendung des Betrugstatbestandes. Er hält es für möglich, die Anwendung des § 263 StGB kraft einer Annexkompetenz der Länder durch eine modifizierende Auslegung des Art. 4 Abs. 3 EGStGB im Hinblick auf Art. 140 GG, Art. 137 WRV auszuschließen; s. weiter JJR/*Randt* Rn. 31.

19   **3. Vorspiegelungstaten.** In der Vergangenheit stufte der BGH Fälle, in denen **steuerlich erheb-lichen Sachverhalt in vollem Umfang vorgetäuscht** wurden, als **Betrug** (§ 263 StGB) begehen, nicht aber als Steuerhinterziehung (vgl. etwa BGH wistra 1986, 172; krit. hierzu bereits *Müller* NJW 1977, 747). Die Kompetenzen der Finanzbehörde richteten sich dann allein nach § 385 Abs. 2. Nachdem der BGH derartige Sachverhalte ausnahmslos als **Steuerhinterziehung** einstuft (grundlegend BGH wistra 1994, 194), gelten bei solchen Sachverhalten keine Besonderheiten mehr. Es verbleibt bei allgemeinen Regelung des § 386, also der Zuständigkeit der Finanzbehörde (→ § 385 Rn. 10 ff. und → § 370 Rn. 566 ff.).

20   **4. Umfang der Ermittlungskompetenz.** Die Ermittlungskompetenz der Finanzbehörde ist umfas-send und entspricht derjenigen der Staatsanwaltschaft, wie sie die Bestimmungen des Strafprozessrechts regeln; sie ist damit für den Bereich der Steuerdelikte die **Steuerstaatsanwaltschaft** und **Herrin des Steuerstrafverfahrens.** Insbesondere entscheidet ausschließlich die Finanzbehörde über den Umfang und den Ablauf der Ermittlungen (zur frühzeitigen Informationspflicht gegenüber der StA vgl. BGH wistra 2009, 363; zu der Entscheidung *Theile* ZIS 2009, 446; *Wessing* SAM 2009, 187; *Beyer* PStR 2009, 177; *Fischer* jurisPR-SteuerR 31/2009 Anm. 1; *Wessing/Biesgen* NJW 2010, 2689 (2692)). Sie trifft die abschließenden Entscheidungen und kann das einzelne Verfahren auch nach Opportunitätsbestimmun-gen (§ 398 AO, §§ 153, 153a StPO) erledigen, gegebenenfalls mit Zustimmung des zuständigen Gerichts. Sie entscheidet über die mögliche Einschränkung der Strafverfolgung nach §§ 154 ff. StPO. Überdies kann sie nach Maßgabe des § 400 Hs. 1 beim nach § 391 zuständigen Gericht eigenständig einen Strafbefehlsantrag stellen bzw. beantragen, Nebenfolgen iSd § 401 festzusetzen. Insoweit wird auf die Erläuterungen zu den genannten Bestimmungen verwiesen.

C. Verlust der Ermittlungskompetenz – § 386 Abs. 3

21   Die Finanzbehörde **verliert** ihre Stellung als umfassend zuständige Steuerstaatsanwaltschaft kraft Gesetzes, wenn gegen den Beschuldigten nach § 114 StPO ein **Haft- oder ein Unterbringungsbefehl** nach § 126a StPO erlassen worden ist. Eine solche Maßnahme führt zur nach § 386 Abs. 3 zur **Allein-zuständigkeit der Staatsanwaltschaft,** wobei es gleichgültig ist, ob das Gericht seine Anordnung

anschließend wieder unter Auflagen außer Vollzug setzt oder diese nicht vollstreckt werden kann, etwa weil der Beschuldigte flüchtig ist (vgl. auch Nr. 20 AStBV 2014). Die Zuständigkeit der Finanzbehörde ist auf jeden Fall ausgeschlossen, sofern der Haft- bzw. Unterbringungsbefehl „wegen der Tat", also bezüglich der dem Beschuldigten konkret vorgeworfenen Steuerstraftat oder aber wegen desselben Lebenssachverhalts (§ 264 StPO), ergangen ist; s. weiter Flore/Tsambikakis/*Nikolaus* Rn. 39 ff. Erfolgt die Inhaftierung oder Unterbringung in einer anderen Strafsache, tangiert dies die Befugnisse der Finanzbehörde nicht. Der Zuständigkeitswechsel auf der Grundlage des § 386 Abs. 3 erfolgt auch, wenn **mehrere Beschuldigte** in einem Verfahren verfolgt werden, aber nur gegen einen von ihnen eine derartige richterliche Anordnung ergeht (hM; vgl. nur JJR/*Randt* Rn. 37 mwN).

Der **Finanzbehörde,** die iÜ nach Nr. 22 Abs. 1 Nr. 2) AStBV 2014 Ermittlungsverfahren, in denen   **22** ein Haftbefehl angezeigt erscheint, unverzüglich an die Staatsanwaltschaft abgeben soll, stehen auch in Haft- und Unterbringungssachen die sich aus §§ 403 und 407 ergebenden **(Beteiligungs-)Rechte** weiterhin zu (Rolletschke/Kemper/*Kemper* Rn. 44). Auch muss sie deren Ermittlungsersuchen gemäß § 402 nachkommen.

D. Zuständigkeitswechsel – § 386 Abs. 4

Solange die Finanzbehörde das Steuerstrafverfahren in eigener Zuständigkeit führt, unterliegt sie nicht   **23** den Weisungen der Staatsanwaltschaft; sie ist insbes. nicht deren Hilfsorgan. Dementsprechend kann die Staatsanwaltschaft der Finanzbehörde **keine** bestimmten **Ermittlungen** vorschreiben oder einzelfallbezogene **Anweisungen** erteilen (Rolletschke/Kemper/*Kemper* Rn. 15 mwN). Indes besteht das grundsätzliche Ermittlungsmonopol der Staatsanwaltschaft ebenfalls im Steuerstrafrecht fort. Die Kompetenzen der Finanzbehörde sind von denen der Staatsanwaltschaft lediglich abgeleitet, was schon aus § 386 Abs. 4 deutlich wird. Nach dieser Bestimmung kann es auch im Steuerstrafverfahren zu – freiwilligen oder unfreiwilligen – **Zuständigkeitswechseln** zwischen den Ermittlungsbehörden kommen.

I. Abgabe des Strafverfahrens – § 386 Abs. 4 S. 1

Die Finanzbehörde **kann** ein von ihr eigenständig geführtes Ermittlungsverfahren nach § 386 Abs. 4   **24** S. 1 „**jederzeit**" an die Staatsanwaltschaft abgeben, muss also eine eigene **Ermessensentscheidung** treffen. Ein derartiges Vorgehen kommt insbes. in Frage, wenn der konkrete **Einzelfall besondere Umstände** aufweist. Nach Nr. 22 Abs. 1 AStBV 2014 (s. dazu erg. *Fischer* jurisPR-SteuerR 31/2009 Anm. 1) soll eine Abgabe normalerweise erfolgen,

– wenn Maßnahmen der Telekommunikationsüberwachung geboten erscheinen
– wenn **Untersuchungshaft** angezeigt ist
– wenn **besondere verfahrensrechtliche Probleme** sich abzeichnen; als solche kommen etwa umfangreiche Rechtshilfeersuchen an andere Staaten in Betracht
– wenn die einheitliche **Verfolgung des Beschuldigten** wegen des Steuerdelikts und andere Straftaten, die er tatmehrheitlich begangen hat, angemessen erscheint
– wenn eine **Freiheitsstrafe** zu erwarten ist, die nicht im Strafbefehlsweg geahndet werden kann, also eine derartige Sanktion von mehr als einem Jahr Freiheitsentzug oder aber eine Nichtbewährungsstrafe (vgl. § 407 Abs. 2 StPO)
– wenn gegen **Mandatsträger** der Landtage, des Bundestags oder des Europäischen Parlaments, gegen **Diplomaten, Stationierungsstreitkräfte, Jugendliche, Heranwachsende** oder Personen ermittelt wird, deren **Schuldfähigkeit zweifelhaft** erscheint
– wenn ein **Amtsträger der Finanzbehörde** als Täter oder Teilnehmer in Verdacht steht.

Überdies soll die Finanzbehörde nach Nr. 22 Abs. 2 AStBV 2014 die Staatsanwaltschaft unverzüglich   **25** **unterrichten,** wenn ein Ermittlungsverfahren gegen Persönlichkeiten des öffentlichen Lebens geführt wird oder einen besonderen Umfang erreicht, mit anderen Worten: wenn mit öffentlicher Aufmerksamkeit und/oder politischem Druck zu rechnen ist. Gerade bei derartigen Konstellationen ist in der Praxis immer wieder festzustellen, dass Dienststellen der Finanzbehörde eigene Verantwortlichkeiten frühzeitig auf die Staatsanwaltschaft übertragen und so in jeder Hinsicht „lästige" Verfahren in die Verantwortung anderer Ermittlungsstellen überführen.

Allein die Erwartung, dass der Beschuldigte gegen einen von der Finanzbehörde nach § 400 selbst   **26** gestellten Strafbefehlsantrag **Einspruch** einlegen wird, rechtfertigt – entgegen vielfacher praktischer Übung – eine Abgabe **nicht** (*Hardtke/Westphal* wistra 1996, 93; sa Nr. 173 Abs. 3 RiStBV sowie Nr. 84 Abs. 3 AStBV 2014).

„Jederzeit" kann die Abgabe erfolgen, also in jedem Verfahrensstadium zwischen der Verdachts-   **27** schöpfung und dem Verfahrensabschluss (JJR/*Randt* Rn. 53; krit. Flore/Tsambikakis/*Nikolaus* Rn. 53 f. und 57). Eine **besondere Form** schreibt das Gesetz hierfür **nicht** vor. Üblicherweise übersendet die Finanzbehörde die Akten mit einem **Zwischenbericht,** in dem die bisherigen Ermittlungsergebnisse zusammengefasst werden; verpflichtet hierzu ist sie jedoch nicht.

Dieses Abgaberecht korrespondiert mit einer **Übernahmepflicht** der Staatsanwaltschaft, die einem   **28** solchen Ersuchen stets nachkommen muss, die Übernahme mithin nicht verweigern darf, selbst wenn sie aus ihrer Sicht untunlich erscheint. Ein Einvernehmen zwischen den beteiligten Stellen muss nicht bestehen. Allerdings kann sie das Ermittlungsverfahren nach § 386 Abs. 4 S. 3 einverständlich auf die Finanzbehörde rückübertragen (→ Rn. 35)

29   Mit der Abgabe **erlischt** die **selbstständige Ermittlungskompetenz** der Finanzbehörde in vollem Umfang. Ihr verbleiben im Folgenden Verfahren lediglich die sich aus den §§ 403, 407 ergebenden Rechte; Ermittlungsersuchen der Staatsanwaltschaft muss sie iRd § 402 weiter nachkommen. Die eigenständige Ermittlungskompetenz lebt auch nicht mehr auf, wenn die Staatsanwaltschaft ihrerseits das Verfahren nach §§ 154, 154a StPO oder nach § 170 Abs. 2 StPO einstellt (Kohlmann/*Hilgers-Klautzsch* Rn. 6).

II. Das Evokationsrecht der Staatsanwaltschaft – § 386 Abs. 4 S. 2

30   Wie die Finanzbehörde ein Verfahren immer an die Staatsanwaltschaft abgeben kann, hat diese ihrerseits die Möglichkeit, jedes Ermittlungsverfahren, das die Finanzbehörde eigenständig führt, ebenfalls „jederzeit" an sich zu ziehen. Dieses auf § 386 Abs. 4 S. 2 beruhende **Evokationsrecht** kann Staatsanwaltschaft ab dem Zeitpunkt ausüben, zu dem die Finanzbehörde verfahrenseinleitende Schritte vornimmt (§ 397). Die Übernahmemöglichkeit **endet** erst mit einem rechtskräftigen **Verfahrensabschluss**, also dem Eintritt der materiellen Rechtskraft (hM; vgl. etwa Rolletschke/Kemper/*Kemper* Rn. 49; Kohlmann/*Hilgers-Klautzsch* Rn. 25.4, jeweils mwN; LG Braunschweig wistra 1993, 154). Evoziert die Staatsanwaltschaft, verbleiben der Finanzbehörde für das künftige Verfahren lediglich die sich aus §§ 403, 407 ergebenden Rechte. **Ermittlungsaufträge** der Staatsanwaltschaft muss sie nach § 402 weiter erfüllen.

31   Einzelne Stimmen wollen das Evokationsrecht **zeitlich limitieren:** Es soll nur solange ausgeübt werden können, wie das Ermittlungs*verfahren* – also die Ermittlungen selbst – andauern. Ab dem Anbringen des Abschlussvermerks (§ 169a StPO) sei eine Übernahme aber ausgeschlossen (*Liebsch/Reifelsberger* wistra 1993, 325). Diese Auffassung verkennt indes die gesetzlich vorgegebene Kompetenzabstufung zwischen Finanzbehörde und Staatsanwaltschaft (ausf. *Weyand* wistra 1994, 87; s. zuvor bereits *Scheu* wistra 1983, 136). Das umfassende Anklagemonopol der Staatsanwaltschaft (→ Rn. 1) wird von den Bestimmungen der AO im Kern nicht berührt, was bereits aus der Regelung des § 386 Abs. 4 sowie den im gerichtlichen Verfahren teilweise stark eingeschränkten Rechten der Finanzbehörde (vgl. §§ 406, 407) deutlich wird. Das Evokationsrecht der Staatsanwaltschaft besteht mithin zeitlich ohne Einschränkung. Es steht ausschließlich in deren **pflichtgemäßen Ermessen,** ob sie von ihrer Übernahmemöglichkeit Gebrauch macht.

32   Die Übernahme kann selbst durch **konkludentes** Handeln ausgeübt werden (vgl. LG Braunschweig wistra 1993, 154: Rechtsmittelverzicht der Staatsanwaltschaft bei der richterlichen Entscheidung über den Strafbefehlsantrag des Finanzamts), auch zB durch konkrete Ermittlungsanweisungen gegenüber der Steuerfahndung; Formvorschriften enthält das Gesetz jedenfalls nicht (s. weiter Flore/Tsambikakis/*Nikolaus* Rn. 59). In der Regel sollte aber schon aus Gründen der Rechtssicherheit eine **schriftliche Erklärung** zu den Akten gegeben werden (so zu Recht LG Braunschweig wistra 1993, 154). Vor einer endgültigen Übernahmeerklärung kann die Staatsanwaltschaft nach allgemeiner Auffassung iÜ auch Auskünfte über konkrete anhängige Verfahren verlangen bzw. finanzbehördliche Ermittlungsakten zur Prüfung einer Evokation anfordern (Kohlmann/*Hilgers-Klautzsch* Rn. 25.5 mwN).

33   Einigkeit besteht darin, dass das Evokationsrecht **nicht** zur **allgemeinen Kontrolle** der Finanzbehörde missbraucht werden darf. Die Staatsanwaltschaft ist nicht deren Fachaufsichtsbehörde; sie darf daher beispielsweise nicht sämtliche Steuerstrafsachen einer Finanzbehörde an sich ziehen oder die regelmäßige Übersendung von Listen verlangen, in denen sämtliche anhängige Verfahren aufgeführt sind. Andererseits kann die Staatsanwaltschaft ihr Übernahmerecht nur ausüben, wenn sie um die Existenz eines bestimmten Ermittlungsverfahrens überhaupt weiß. Faktisch steht die Evokation damit im Belieben der Finanzbehörde: Unterlässt sie die Weitergabe von Informationen, läuft das Evokationsrecht leer. Kritische Stimmen sprechen daher auch von einer „Leerformel" (Kohlmann/*Hilgers-Klautzsch* Rn. 25.6; sa *Weyand* DStR 1990, 411) bzw. von einem „papierenen Recht" (so schon *Cratz* in Leise/Dietz/Cratz Steuerverfehlungen Rn. 44 (Stand: Februar 1993). Festzuhalten bleibt in diesem Zusammenhang aber, dass Angehörige der Finanzbehörde je nach den Umständen des Einzelfalls eine Verfolgung wegen Strafvereitelung im Amt (§ 258a StGB) riskieren, sofern sie die gebotene Unterrichtung der Staatsanwaltschaft unterlassen (s. beispielhaft BGH wistra 2009, 363; zu dieser Entscheidung *Wessing* SAM 2009, 187).

34   Der Buchstabe des Gesetzes lässt sich in der Praxis nur durch eine enge reibungslose Zusammenarbeit zwischen den beteiligten Dienststellen mit Leben erfüllen (s. dazu weiter *Weyand* wistra 1994, 87 (89 f.)), was indes stark vom Engagement der beteiligten Mitarbeiter anhängt. Dementsprechend schreibt Nr. 140 Abs. 1 AStBV 2014 den Finanzbehörden regelmäßige **„Klimabesprechungen"** mit der Staatsanwaltschaft vor; Nr. 22 Abs. 2 AStBV 2014 statuiert zudem eine Informationspflicht bei bedeutsamen Strafverfahren. Diese theoretische Anweisungslage wird in der Praxis aber nicht immer umgesetzt (exemplarisch wistra 2009, 363; s. dazu *Theile* ZIS 2009, 446), wobei man über die Gründe nur spekulieren kann: Es mag durchaus sein, dass bestimmte Steuerfälle aus strafrechtsfremden Erwägungen

heraus den Strafverfolgungsbehörden entzogen werden sollen (s. etwa *Rüster*, Der Steuerpflichtige im Grenzbereich zwischen Besteuerungs- und Steuerstrafverfahren, 1989, 145 ff.); auch beherrschen manchen Finanzbeamten noch die Vorstellung, das Strafrecht diene allein dem „Flankenschutz des Steuerrechts" (*Rittmann* wistra 1984, 52; *Hildebrandt* DStR 1982, 20), bzw., die ungestörte Abwicklung des Besteuerungsverfahrens dürfe nicht durch strafrechtliche Begleitung gestört werden (s. dazu krit. *Gramich* wistra 1988, 251). Der **Nutzen des Evokationsrechts** ist nach alledem de facto **zweifelhaft**.

III. Erneuter einverständlicher Zuständigkeitswechsel – § 386 Abs. 4 S. 3

§ 386 Abs. 4 S. 3 ermöglicht es der Staatsanwaltschaft, Ermittlungsverfahren wieder an die Finanzbe- **35** hörde **zurückzugeben.** Dies ist sowohl in den Fällen möglich, in denen die Vorgänge zuvor durch die Finanzbehörde abgegeben wurden, wie auch dann, wenn die Staatsanwaltschaft im Vorfeld evoziert hatte. Voraussetzung ist lediglich, dass die beteiligten Stellen eine derartige Rück-Übernahme einvernehmlich vereinbaren. Sie ist damit von der Zustimmung der Finanzbehörde abhängig, die andererseits **auch keinen „Rückforderungsanspruch"** geltend machen kann. Zur erneuten Zuständigkeitsübertragung genügt es, wenn neue Umstände eintreten, die eine abschließende Bearbeitung durch die Finanzbehörde (wieder) möglich erscheinen lassen, also maximal eine Erledigung im Strafbefehlsweg (§ 400) im Raum steht; s. weiter Rolletschke/Kemper/*Kemper* Rn. 54).

IV. Rechtsbehelfe

Der Beschuldigte hat **keine Möglichkeit,** eine Abgabe des Verfahrens durch die Finanzbehörde an **36** die Staatsanwaltschaft anzugreifen. Es handelt sich hierbei um eine rein interne Verfahrenshandlung, die nicht selbstständig angefochten werden kann (Rolletschke/Kemper/*Kemper* Rn. 55; JJR/*Randt* Rn. 50 mwN; diff. Kohlmann/*Hilgers-Klautzsch* Rn. 24.9). Gleiches gilt, wenn die Finanzbehörde trotz eines entsprechenden Antrags des Beschuldigten das Ermittlungsverfahren selbst weiterführt. Hier bleibt ihm – außer einer im Regelfall erfolglosen – Dienstaufsichtsbeschwerde lediglich die Möglichkeit, bei der Staatsanwaltschaft eine Evokation anzuregen. Indes ist diese nicht verpflichtet, zu evozieren. Gegen Evokationsentscheidungen bzw. die Ablehnung der Evokation ist gleichfalls **kein förmliches Rechtsmittel** gegeben (Rolletschke/Kemper/*Kemper* Rn. 49; Kohlmann/*Hilgers-Klautzsch* Rn. 25.9 mwN; Flore/Tsambikakis/*Nikolaus* Rn. 65 mwN).

V. Zuständigkeitswechsel und Steuergeheimnis

Das **Steuergeheimnis** (§ 30), das von allen mit Steuer(straf)sachen betrauten Amtsträgern in allen **37** Verfahrensstadien strikt beachtet werden muss, steht der Abgabe eines Ermittlungsverfahrens an die Staatsanwaltschaft nicht entgegen, wenn einziger Verfahrensgegenstand ein Steuerdelikt ist, oder aber **tateinheitlich** (§ 52 StGB) bzw. im Rahmen **desselben Lebenssachverhalts** (§ 264 StPO) eine Nichtsteuerstraftat vorliegt, etwa weil ein Steuerpflichtiger unter Vorlage gefälschter Unterlagen Steuern verkürzt hat. In beiden Fällen dient die Abgabe der Verfolgung einer Steuerstraftat und ist daher bereits aufgrund der Offenbarungsbefugnis des § 30 Abs. 4 Nr. 1 zulässig (*Hardtke/Westphal* wistra 1996, 91).

Problematisch erscheint aber der Fall, in dem Erkenntnisse über tatmehrheitlich (§ 53 StGB) began- **38** gene Straftaten weiter gegeben werden sollen. Hat der Steuerpflichtige dem Finanzamt diesbezügliche Information in Erfüllung seiner steuerlichen Pflichten übermittelt, schützt ihn § 393 Abs. 2 umfassend vor der weiteren Verwertung der Erkenntnisse; eine Informationsübermittlung und damit auch eine Verfahrensabgabe ist unter dem Aspekt des Steuergeheimnisses unzulässig, es sei denn, eine der in § 30 Abs. 4 und Abs. 5 aufgeführten Offenbarungsmöglichkeiten ist erfüllt (→ § 393 Rn. 57 ff. sowie Flore/Tsambikakis/*Nikolaus* Rn. 74 ff.). Eine spezielle gesetzliche Ausnahme hiervon ergibt sich allein aus § 4 Abs. 5 Nr. 10 S. 2 u. 3 EStG, wonach im Zusammenhang mit Hinweisen auf Korruptionsdelikte die Staatsanwaltschaft zwingend einzuschalten ist (s. dazu ausf. *Spatschek* SAM 2012, 100; *Weyand* BBK Fach 10, 785; krit. Rolletschke/Kemper/*Kemper* Rn. 63).

Erkenntnisse über nichtsteuerliche Straftaten darf die Finanzbehörde damit auf der Basis des § 30 **39** Abs. 4 Nr. 4a nur weitergeben, wenn sie ihre Informationen im Rahmen eines Steuerstrafverfahrens erlangt hat (JJR/*Randt* Rn. 62 f.). Solche Erkenntnisse unterfallen nicht dem Schutz des Steuergeheimnisses (OLG Celle NJW 1990, 1802; *Hardtke/Westphal* wistra 1996, 91 (96)).

§ 387 Sachlich zuständige Finanzbehörde

(1) Sachlich zuständig ist die Finanzbehörde, welche die betroffene Steuer verwaltet.

(2) [1]**Die Zuständigkeit nach Absatz 1 kann durch Rechtsverordnung einer Finanzbehörde für den Bereich mehrerer Finanzbehörden übertragen werden, soweit dies mit Rücksicht auf die Wirtschafts- oder Verkehrsverhältnisse, den Aufbau der Verwaltungsbehörden oder andere örtliche Bedürfnisse zweckmäßig erscheint.** [2]**Die Rechtsverordnung erlässt, soweit die Finanzbehörde eine Landesbehörde ist, die Landesregierung, im Übrigen das Bundesministeri-**

um der Finanzen. ³Die Rechtsverordnung des Bundesministeriums der Finanzen bedarf nicht der Zustimmung des Bundesrates. ⁴Das Bundesministerium der Finanzen kann die Ermächtigung nach Satz 1 durch Rechtsverordnung, die nicht der Zustimmung des Bundesrates bedarf, auf eine Bundesoberbehörde übertragen. ⁵Die Landesregierung kann die Ermächtigung auf die für die Finanzverwaltung zuständige oberste Landesbehörde übertragen.

Neuere Literatur (Auswahl): *Dusch,* Vermischung von Steufa und BuStra als rechtswidrige Konstruktion?, wistra 2013, 129; *Fleischmann,* Rechte und Pflichten der Steuerfahndung und des Steuerpflichtigen bei Steuerfahndungsmaßnahmen, BBK F 27, 2241; *Kaligin,* Rechtswidrige Strukturen im finanzbehördlichen Steuerstrafverfahren, Stbg 2010, 126; *Rolletschke,* Die finanzbehördlichen Strafverfolgungsorgane, Stbg 2006, 379.

1   **1. Allgemeines.** § 387 regelt die **sachliche Zuständigkeit** der Finanzbehörde, die nach Maßgabe des § 386 funktionell zuständig ist. Überdies enthält die Bestimmung im Absatz eine Rechtsgrundlage für die Übertragung von Zuständigkeiten mehrere Behörden auf eine zentrale Finanzbehörde im Wege einer Rechtsverordnung. Nach § 409 findet § 387 auch bei Bußgeldverfahren Anwendung.

2   **2. Sachliche Zuständigkeit.** Das Gesetz knüpft die sachliche Zuständigkeit an die Frage, welche Finanzbehörde die betroffene **Steuer verwaltet.** Betroffene Steuer ist diejenige Abgabe, die im konkreten Fall verkürzt bzw. hinsichtlich derer ein ungerechtfertigter Steuervorteil erlangt wurde. Die Bestimmung gilt trotz des ungenau formulierten Gesetzeswortlauts in gleicher Weise auch für die Steuerstraftaten, bei denen Abgaben nicht zwangsweise tangiert sind, für deren Ermittlung die Finanzbehörde aber nach § 385 zuständig ist, so für den Bannbruch (§ 372), die Steuerhehlerei (§ 374), die Steuerzeichenfälschung (§ 148 StGB) sowie die Begünstigung von Steuerstraftaten (§ 258 StGB; vgl. weiter JJR/*Randt* Rn. 4 mwN).

3   **Innerhalb** der **Finanzverwaltung** gibt Art. 108 GG einen Rahmen zur grundlegenden Aufteilung der Verwaltungszuständigkeiten vor. Die Verwaltung der Zölle, Finanzmonopole, bundesgesetzlich geregelten Verbrauchsteuern, EUSt und EG-Abgaben obliegt nach Art. 108 Abs. 1 GG den Bundesfinanzbehörden (§ 1 FVG), die der übrigen Steuern nach Art. 108 Abs. 2 GG den Ländern (§ 2 FVG), wobei die Länder ihre Verwaltungsaufgaben ganz oder teilweise an die Gemeinden delegieren können, sofern die betroffene Steuer diesen ganz oder teilweise zufließt (Art. 108 Abs. 4 S. 2 GG). Dementsprechend ergeben sich auch eindeutige Strafverfolgungszuständigkeiten für die Bundes- und die Landesfinanzbehörden (vgl. weiter Rolletschke/Kemper/*Kemper* Rn. 2 ff.).

4   Zur Ahndung der Verkürzung von **Gemeindesteuern** sind die Gemeinden nicht selbst zuständig. Zwar enthalten die Kommunalabgabengesetze entsprechende Straftatbestände, vgl. etwa § 13 SaarlKAG, § 17 NwKAG oder Art. 14 BayKAG. Diese Gesetze verweisen jedoch nicht, so Art. 14 BayKAG, oder nicht vollständig auf das Strafverfahrensrecht der AO, wie etwa aus § 13 Abs. 5 SaarlKAG bzw. § 17 Abs. 3 NwKAG deutlich wird. Hier verbleibt die Strafverfolgungskompetenz allein bei der regulären Staatsanwaltschaft.

5   Führt die Tat zur **Verkürzung mehrerer Steuerarten,** so resultiert hieraus auch eine mehrfache sachliche Zuständigkeit, wenn verschiedene Finanzbehörden zu deren Verwaltung berufen sind. Deren Ermittlungsbefugnis erstreckt sich dann auf den gesamten strafrechtlich relevanten Lebenssachverhalt.

6   **3. Abweichende Regelung der Zuständigkeit.** Abweichend von der Grundregel des § 387 Abs. 1 kann es nach Maßgabe des Abs. 2 der Bestimmung zu einer **Zuständigkeitskonzentration** kommen, durch die eine Finanzbehörde für mehrere andere Behörden strafrechtliche Aufgaben übernimmt. Voraussetzung hierfür ist eine entsprechende **Rechtsverordnung,** für deren Erlass ausschließlich die im Gesetz aufgeführten Zweckmäßigkeiterwägungen maßgebend sind. Angesichts des weiten Gesetzeswortlauts ist der jeweilige Verordnungsgeber in seiner Entscheidung, ob er Zuständigkeitskonzentrationen herbeiführt oder nicht, weitestgehend frei. Unzulässig wären lediglich völlig willkürliche Rechtsverordnungen, die letztlich kaum vorstellbar sind. Verordnungsgeber ist für den Bereich der Landesfinanzbehörden die jeweilige Landesregierung, die ihre Kompetenzen ihrerseits auf die jeweilige oberste Landes-(finanz-)behörde übertragen kann. Im Bereich der Bundesfinanzbehörde ergehen derartige Verordnungen durch das Bundesministerium der Finanzen.

7   Alle Bundesländer haben von der Ermächtigung des § 387 Abs. 2 Gebrauch gemacht und **zentrale finanzbehördliche Strafverfolgungsdienststellen** geschaffen, die – je nach Land – als Bußgeld- und Strafsachenstellen **(BuStra)** bzw. Straf- und Bußgeldstellen **(StraBu)** bezeichnet werden (JJR/*Randt* Rn. 22). In kleineren Ländern, etwa im Saarland, existiert lediglich eine einzige BuStra, während die größeren Flächenstaaten mehrere – zum Teil sogar auf bestimmte Steuerarten spezialisierte – derartige Stellen eingerichtet haben, teils auch in Form von eigenständigen Finanzämtern für Fahndung und Strafsachen, so etwa in Nordrhein-Westfalen und Niedersachsen (zu den Länderverordnungen iE vgl. die Übersicht bei JJR/*Randt* Rn. 6). Grundsätzlich nimmt die BuStra innerhalb der Finanzbehörde **alle Aufgaben** wahr, die sich aus der Ausübung staatsanwaltschaftlicher Rechte und Pflichten nach § 399 Abs. 1 ergeben. Zu diesem Zweck stehen ihr gegenüber anderen Stellen der Finanzbehörde auch **Weisungsrechte** zu; vgl. explizit Nr. 17 Abs. 4 AStBV 2014.

Auch in der **Bundesverwaltung** wurden entsprechende bezirksübergreifende Strukturen geschaffen. **8**
Hier übernimmt eine BuStra ebenfalls die strafrechtlichen Aufgaben für den Bereich mehrerer Hauptzollämter (vgl. die VO v. 16.2.2007 BGBl. I 202).

Mit der Zuständigkeitskonzentration verlieren die Finanzbehörden, die zuvor nach § 387 Abs. 1 für **9**
die Verfolgung von Steuerstraftaten zuständig waren, ihre diesbezüglichen Kompetenzen. Ihnen verbleiben allerdings auf der Basis des § 399 Abs. 2 **Restkompetenzen,** vor allem das Recht und die
Pflicht, in Eilfällen im Wege des **ersten Zugriffs** einzugreifen (vgl. Nr. 23 AStBV 2014; s. schon
Weyand DStZ 1988, 191 ff.). Sie dürfen hierbei auch strafprozessuale Maßnahmen anordnen, soweit
Ermittlungspersonen der Staatsanwaltschaft (§ 152 GVG) hierzu befugt wären; auf die Erläuterungen zu
§ 399 wird verwiesen.

4. Kompetenzüberschreitungen und ihre Folgen. Überschreitungen der sachlichen Zuständig- **10**
keit von Finanzbehörden im Zusammenhang mit Steuerstrafverfahren haben idR keine gravierenden
Folgen, da diese Dienststellen selbst keine Entscheidungen bewirken, die in Rechtskraft erwachsen.
Überdies bewirkt die Verletzung der sachlichen Zuständigkeitsregelung nach allgemeiner Auffassung
nicht die Unwirksamkeit oder Unverwertbarkeit getroffener Maßnahmen (Kohlmann/*Hilgers-*
Klautzsch Rn. 57; Klein/*Jäger* Rn. 5; Rolletschke/Kemper/*Kemper* Rn. 32; jeweils mwN). Eine **Aus-**
nahme gilt nur, wenn unstreitig keinerlei steuerstrafrechtliche Kompetenzen bestehen, wie zB für
Dienststellen der Bundesvermögensverwaltung oder der Bundesforstämter. Würden diese Behörden
etwa Strafbefehlsanträge bei Gericht vorlegen, wäre hierüber überhaupt nicht zu entscheiden (Rolletsch-
ke/Kemper/*Kemper* Rn. 32).

Erkennt die agierende Finanzbehörde ihre sachliche Unzuständigkeit, gibt sie das Verfahren an die **11**
zuständige Behörde weiter; Zuständigkeitsmängel werden hierdurch umfassend **geheilt** (Klein/*Jäger*
Rn. 5). Prozesshandlungen unzuständiger Behörden, zB der Antrag auf Erlass eines Strafbefehls nach
§ 400, sind nicht völlig unwirksam. Beantragt etwa die BuStra eines Finanzamts einen Strafbefehl wegen
der Verkürzung von EUSt, so muss der Strafrichter hierüber entscheiden, diesen Antrag also – mangels
Antragskompetenz – als unzulässig verwerfen, sofern die Finanzbehörde ihr Begehren, nach einem
entsprechenden gerichtlichen Hinweis auf die mangelnde Antragskompetenz, nicht zurück nimmt (s.
bereits BGHSt 18, 326). Erlässt er ihn dennoch, wird diese Entscheidung durch die sachliche Unzuständigkeit der antragstellenden Finanzbehörde nicht berührt, der Strafbefehl erwächst mithin in **Rechts-**
kraft, wenn kein Einspruch eingelegt wird (JJR/*Randt* Rn. 25). Entsprechendes gilt, wenn eine
unzuständige Dienststelle der Finanzbehörde Anträge auf Vornahme richterlicher Untersuchungshandlungen stellt, also die Steuerfahndung zB Anträge auf Erlass von Durchsuchungsbeschlüssen vorlegt
(Kohlmann/*Hilgers-Klautzsch* Rn. 64): Auch hier muss der Ermittlungsrichter diesen Antrag zurückweisen (vgl. zur Antragskompetenz verschiedener Stellen der Finanzbehörden bereits *Weyand* DStZ
1988, 191). Dennoch erlassene Durchsuchungsanordnungen sind rechtswirksam; ihre Ergebnisse bleiben
verwertbar.

§ 388 Örtlich zuständige Finanzbehörde

(1) Örtlich zuständig ist die Finanzbehörde,
1. in deren Bezirk die Steuerstraftat begangen oder entdeckt worden ist,
2. die zur Zeit der Einleitung des Strafverfahrens für die Abgabenangelegenheiten zuständig
   ist oder
3. in deren Bezirk der Beschuldigte zur Zeit der Einleitung des Strafverfahrens seinen Wohnsitz hat.

(2) ¹Ändert sich der Wohnsitz des Beschuldigten nach Einleitung des Strafverfahrens, so ist
auch die Finanzbehörde örtlich zuständig, in deren Bezirk der neue Wohnsitz liegt. ²Entspre-
chendes gilt, wenn sich die Zuständigkeit der Finanzbehörde für die Abgabenangelegenheit
ändert.

(3) Hat der Beschuldigte im räumlichen Geltungsbereich dieses Gesetzes keinen Wohnsitz,
so wird die Zuständigkeit auch durch den gewöhnlichen Aufenthaltsort bestimmt.

Neuere Literatur (Auswahl): *Bach,* Die LGT-Falle: Sitzt der gesetzliche Richter wirklich in Bochum?, PStR 2009,
70; *Rolletschke,* Die finanzbehördlichen Strafverfolgungsorgane, Stbg 2006, 379.

A. Allgemeines

Die **Zuständigkeit** der aufgrund des § 387 sachlich zuständigen Finanzbehörde wird durch § 388 in **1**
räumlicher Hinsicht selbstständig und abschließend konkretisiert. Sie gilt für **alle Stadien** eines Steuerstrafverfahrens, betrifft also auch die Zuständigkeit in den Fällen, in denen die Finanzbehörde das
Strafverfahren nicht selbstständig führt, sondern sich an Verfahren der Staatsanwaltschaft beteiligt
(§§ 402, 403), und das gerichtliche Verfahren (§ 407).

2   Die Regelung weicht von der allgemeinen Gerichtsstandbestimmung in den §§ 7–11 StPO teilweise ab. So schafft § 9 StPO den Gerichtsstand des Ergreifungsorts, während § 388 Abs. 1 Nr. 1 Alt. 2 auf den **Entdeckungsort** abstellt. Überdies kreiert § 388 Abs. 1 Nr. 2 eine verfahrensrechtliche Zuständigkeit für die Finanzbehörde, welche im konkreten Fall für die Abgabenangelegenheiten zuständig ist. Der Gesetzgeber hat zudem für den Bereich des Steuerstrafverfahrens auf **Sondervorschriften,** wie sie § 8 Abs. 2 aE (Zuständigkeit nach dem letzten Wohnsitz), § 10 StPO (Zuständigkeit bei Straftaten auf Schiffen und Luftfahrzeugen) sowie § 11 StPO (Zuständigkeit bei Straftaten exterritorialer deutscher Staatsbürger und deutscher Beamten im Ausland) enthalten, **verzichtet.** Diese strafprozessualen Regelungen gelten auch nicht entsprechend (allgM; vgl. nur JJR/*Randt* Rn. 2 mwN; aA Rolletschke/ Kemper/*Kemper* Rn. 3 ff.: Die StPO-Bestimmungen gelten ergänzend im Fall der Lückenhaftigkeit der Regelung des § 388); vielmehr ist gegebenenfalls auf die allgemeine **abgabenrechtliche Ersatzzuständigkeit** des § 24 (s. dazu beispielhaft Koenig/*Wünsch* § 24 Rn. 6 mwN) abzustellen, wonach im Zweifel die Finanzbehörde zuständig ist, in deren Bezirk sich der Anlass für eine Amtshandlung ergibt (Klein/*Jäger* Rn. 1).

3   Die Bestimmung gilt aufgrund des Verweises in § 419 Abs. 1 Nr. 1 auch im **Bußgeldverfahren.** Sie findet, da sie sich explizit an die „Finanzbehörde" richtet, jedoch keine Anwendung auf die Zuständigkeit von Staatsanwaltschaft und Gerichten (JJR/*Randt* Rn. 3). Andererseits beschränkt sie finanzbehördliche Aktivitäten im Bereich des Strafrechts nicht nur auf deren räumliches Umfeld. Die für das Ermittlungsverfahren örtlich zuständige Finanzbehörde kann, wie andere Strafverfolgungsorgane auch, Maßnahmen im gesamten Bundesgebiet treffen, sofern Zwecke des Ermittlungsverfahrens dies gebieten (vgl. Meyer-Goßner/Schmitt/*Schmitt* GVG § 143 Rn. 1 für die vergleichbare Lage bei den Staatsanwaltschaften).

B. Die Zuständigkeit im Einzelnen

4   § 388 Abs. 1 führt insgesamt vier verschiedene Kriterien auf, nach denen eine Finanzbehörde örtlich zuständig ist, während Abs. 2 und 3 ergänzende Bestimmungen enthalten.

I. Zuständigkeit nach dem Tatort

5   Die primäre Zuständigkeit bei Steuerstrafsachen richtet sich – wie im Bereich der allgemeinen Strafverfolgung auch – nach dem **Tatort;** § 386 Abs. 1 Nr. 1 Alt. 1). Nach § 9 Abs. 1 StGB ist die Tat an jedem Ort begangen, an dem der Täter gehandelt hat oder an dem der zum Tatbestand gehörende Erfolg eingetreten ist bzw. nach Vorstellung des Täters eintreten sollte. Damit erfüllen sowohl der **Erfolgs-** wie auch der **Tätigkeitsort** den strafrechtlichen Tatortbegriff (vgl. noch Nr. 24 Abs. 1 AStBV 2014).

6   Bei Steuerdelikten durch aktives Tun ist demgemäß Tatort sowohl der Ort, an dem ein Täter eine unrichtige bzw. unvollständige Steuererklärung erstellt, als auch der Ort, an dem sich die Finanzbehörde befindet, bei der er die falsche Deklaration einreicht, desgleichen der Ort, an dem er die Erklärung zur Post gibt (Kohlmann/*Hilgers-Klautzsch* Rn. 19). Reine Vorbereitungshandlungen, wie etwa das Führen einer unrichtigen Buchhaltung oder das bloße unrichtige Ausfüllen von Erklärungsvordrucken, sind nicht als Tathandlung iSd § 9 Abs. 1 StGB anzusehen (JJR/*Randt* Rn. 9).

7   Bei **Steuerhinterziehung durch Unterlassen** ist Tatort der Sitz des Finanzamts, bei dem die Erklärung hätte abgegeben werden müssen (JJR/*Randt* Rn. 9).

8   Bei sog **Transitdelikten,** wie dem Bannbruch oder dem Schmuggel, bei denen die betroffenen Güter durch die Zuständigkeitsbereich mehrerer Finanzbehörden transportiert werden, ist jede Dienststelle zuständig, deren Bezirk berührt wurde (s. bereits BGH bei *Herlan* GA 1971, 33).

9   Bei **mittäterschaftlicher Begehungsweise,** zB bei der Hinterziehung von USt durch mehrere Personen im Rahmen eines sog „Umsatzsteuerkarussells" ist ein Tatort jeweils da begründet, wo einer der Mittäter gehandelt hat.

10   Die **Teilnahme** (in der Form der Anstiftung, § 26 StGB, oder der Beihilfe, § 27 StGB) an einer Steuerstraftat ist nach § 9 Abs. 2 S. 1 StGB sowohl an dem Ort begangen, an dem die Tat selbst begangen wurde, als auch an dem Ort, an dem der Teilnehmer seinerseits gehandelt hat bzw. – im Falle des Unterlassens – hätte handeln müssen, des Weiteren der Ort, an dem nach seiner Vorstellung die Tat hätte begangen werden sollen.

11   **Anschlusstaten** wie Begünstigung (§ 257 StGB) oder Steuerhehlerei (§ 374) sind eigenständige Straftaten. Sie werden damit (nur) an dem Ort begangen, an dem der Täter die begünstigende oder steuerhehlerische Handlung vornimmt (JJR/*Randt* Rn. 10). Im Einzelfall können sich dann aber abweichende Zuständigkeiten auf der Basis des § 389 ergeben; vgl. die Erläuterungen dort.

12   **Auslandstaten,** etwa die bereits erwähnten staatenübergreifenden „Umsatzsteuerkarusselle", führen in der Bundesrepublik regelmäßig allein zur Strafverfolgung wegen der im Inland verkürzten (USt–) Steuerbeträge; hinterzogene fremdstaatliche Abgaben unterliegen demgegenüber nicht dem deutschen Strafrecht, da die – insoweit zwingend erforderliche – Rechtsverordnung nach § 370 Abs. 6 S. 3 noch immer nicht umgesetzt worden ist (krit. Rolletschke/Kemper/*Kemper* Rn. 14; → § 370 Rn. 209 ff.).

II. Zuständigkeit nach dem Entdeckungsort

Zuständig ist gleichfalls die Finanzbehörde, in deren Bezirk die Straftat **entdeckt** worden ist; § 386   **13**
Abs. 1 Nr. 1 Alt. 2. Entdeckt in diesem Sinn ist eine Tat dann, wenn ein **Amtsträger** der Behörde
mindestens einen Teil des Tatgeschehens (§ 264 StPO) wahrgenommen oder Tatfolgen bemerkt hat
(JJR/*Randt* Rn. 12; Rolletschke/Kemper/*Kemper* Steuerverfehlungen Rn. 18; jeweils mwN). Gleiches
gilt, wenn ihm entsprechende Informationen dienstlich von anderen Behörden oder von Gerichten
übermittelt worden sind, zB nach § 116 (vgl. zu dieser Bestimmung *Löwe-Krahl* PStR 2005, 235; *Löwe-
Krahl* PStR 2007, 11; *Weyand* INF 2007, 397). **Private Kenntniserlangung** genügt demgegenüber
nicht (ausf. Rolletschke/Kemper/*Kemper* Rn. 21), gleichfalls die Entdeckung durch eine Privatperson
(JJR/*Randt* Rn. 16 mwN). Krit zu dieser Tatbestandsalternative im Zusammenhang mit den aktuellen
„Liechtenstein-Fällen" vgl. *Bach* PStR 2009, 70.

Nicht nötig ist, dass der Amtsträger die Tat in ihrem vollen Umfang erkennt, denn die vollständige   **14**
Tataufklärung ist regelmäßig erst im Laufe der sich anschließenden Ermittlungen möglich. Aus diesem
Grund ist auch eine etwaige unrichtige rechtliche Einstufung, etwa die Annahme einer leichtfertigen
Steuerverkürzung iSd § 378 anstelle des in Wahrheit gegebenen Verstoßes gegen § 370, in diesem
Zusammenhang irrelevant. Es genügt bereits ein strafrechtlicher **Anfangsverdacht** iSd § 152 Abs. 2
StPO (Kohlmann/*Hilgers-Klautzsch* Rn. 38). Der Begriff der **Tatentdeckung** ist bei § 388 mithin
anders als beim Ausschlussgrund für eine Selbstanzeige nach § 371 Abs. 2 Nr. 2 zu definieren: Eine
Selbstanzeige ist nur denn nicht strafbefreiend, wenn die Steuerhinterziehung materiell-rechtlich
entdeckt worden ist, während es bei § 388 nur um die rein verfahrensrechtliche Konsequenz der
örtlichen Zuständigkeit geht (Rolletschke/Kemper/*Kemper* Rn. 20; Kohlmann/*Hilgers-Klautzsch*
Rn. 39).

III. Zuständigkeit nach der abgabenrechtlichen Zuständigkeit

Örtlich zuständig für die Verfolgung einer Steuerstraftat ist ebenfalls die Finanzbehörde, die für die   **15**
Abgabenangelegenheit zuständig ist, § 386 Abs. 1 Nr. 2.

Der Begriff der „Abgabenangelegenheit" ist in § 347 Abs. 2 definiert als *„alle mit der Verwaltung der
Abgaben einschließlich der Abgabenvergütungen oder sonst mit der Anwendung der abgabenrechtlichen Vorschriften
durch die Finanzbehörden zusammenhängenden Angelegenheiten einschließlich der Maßnahmen der Bundesfinanzbehörden zur Beachtung der Verbote und Beschränkungen für den Warenverkehr über die Grenze; den Abgabenangelegenheiten stehen die Angelegenheiten der Verwaltung der Finanzmonopole gleich."* Diese Definition gilt
auch für das Steuerstrafverfahren (Rolletschke/Kemper/*Kemper* Rn. 24).

Die Frage der konkreten Zuständigkeit richtet sich nach den allgemeinen steuerrechtlichen Bestim-   **16**
mungen, mithin primär nach den §§ 17–29; vgl. detailliert JJR/*Randt* Rn. 20 ff. Im Einzelfall kann bei
einer Hinterziehung von **Realsteuern** (§ 22) daher das mit der Festsetzung von (Grund- oder Gewerbe-
steuer-)Messbeträgen befasste Finanzamt Strafverfolgungsmaßnahmen betreiben, selbst wenn die Tat
durch die für die Festsetzung und Erhebung der Realsteuer zuständige Gemeindebehörde entdeckt
worden ist (Kohlmann/*Hilgers-Klautzsch* Rn. 47).

Maßgeblich für die Zuständigkeit nach § 388 Abs. 1 Nr. 2 ist der **Zeitpunkt,** zu dem das Straf-   **17**
verfahren eingeleitet worden ist. Dieser Zeitpunkt ist unter Beachtung des § 397 zu bestimmen; vgl.
→ § 397 Rn. 31 ff.

IV. Zuständigkeit nach dem Wohnsitz

Für die Strafverfolgung gleichfalls örtlich zuständig ist die Finanzbehörde in deren Bezirk der   **18**
Beschuldigte seinen **Wohnsitz** hat, § 388 Abs. 1 Nr. 3. Abzustellen ist in diesem Zusammenhang, wie
bei Fällen der allgemeinen Kriminalität (vgl. § 8 StPO), auf den Wohnsitzbegriff des BGB, also der
§§ 7–11 BGB, nicht jedoch auf den Wohnsitzbegriff des § 8, der lediglich abgabenrechtlichen Zwecken
dient, nicht aber allgemeine Fragen der Strafverfolgungszuständigkeit regeln soll (allgM; vgl. etwa JJR/
Randt Rn. 28; Rolletschke/Kemper/*Kemper* Rn. 26; Kohlmann/*Hilgers-Klautzsch* Rn. 58 ff.; jeweils
mwN).

Zur Feststellung, wo der Beschuldigte seinen Wohnsitz hat, muss man demgemäß auf dessen diesbe-   **19**
züglichen rechtsgeschäftlichen Willen abstellen; der Wohnsitz nach dem Steuerrecht und der Wohnsitz
nach dem Steuerstrafrecht können also auseinander fallen (Kohlmann/*Hilgers-Klautzsch* Rn. 62).

Bei **doppeltem oder mehrfachem Wohnsitz** ist jede Wohnsitzfinanzbehörde zuständig. Konflikt-   **20**
fälle werden auf der Grundlage des § 390 gelöst, wonach die Finanzbehörde Vorrang genießt, die
zuerst ein Ermittlungsverfahren eingeleitet hat (**Prioritätsprinzip);** vgl. → § 390 Rn. 6.

Maßgeblich für die Zuständigkeit nach § 388 Abs. 1 Nr. 3 ist gleichfalls der Zeitpunkt, zu dem das   **21**
Strafverfahren eingeleitet worden ist. Dieser Zeitpunkt ist unter Beachtung des § 397 zu bestimmen; vgl.
→ § 397 Rn. 40 ff.

V. Änderung des Wohnsitzes oder der abgabenrechtlichen Zuständigkeit

22   Ändern sich die Zuständigkeitsmerkmale des § 388 Abs. 1 Nr. 2 oder Nr. 2 während des laufenden Steuerstrafverfahrens, greift § 388 Abs. 2 ein. In diesen Fällen ist wahlweise auch die Finanzbehörde zuständig, in der dem Beschuldigte seinen **neuen Wohnsitz** nimmt, oder die für die Abgabenangelegenheit nach dem Wohnsitzwechsel gemäß § 26 zuständig ist. Unverändert bleibt aber die ursprünglich zuständige Behörde weiter zur Strafverfolgung berufen; sa Nr. 24 Abs. 2 AStBV 2014. Auch hier werden Konflikte auf der Basis des in § 390 Abs. 1 verankerten Prioritätsprinzips gelöst; vgl. → § 390 Rn. 6.

VI. Zuständigkeit aufgrund des gewöhnlichen Aufenthalts

23   Hilfsweise kann sich eine Ermittlungszuständigkeit dann ergeben, wenn der Beschuldigte in der Bundesrepublik keinen Wohnsitz, aber einen **gewöhnlichen Aufenthaltsort** innehat, § 388 Abs. 3. Der gewöhnliche Aufenthalt richtet sich nach § 8 Abs. 2 StPO; er besteht an dem Ort, an dem sich jemand freiwillig ständig oder für längere Zeit, wenn auch nicht ununterbrochen, aufhält, ohne dort seinen Wohnsitz zu begründen (Meyer-Goßner/Schmitt/*Schmitt* StPO § 8 Rn. 3). Eine zwangsweise Unterbringung, zB in einer JVA oder einer Heilanstalt, ist mangels Freiwilligkeit kein „gewöhnlicher Aufenthalt" in diesem Sinne (JJR/*Randt* § 388 Rn. 38). Gleiches gilt für einen Krankenhausaufenthalt (Rolletschke/Kemper/*Kemper* § 388 Rn. 31).

VII. Notkompetenzen

24   Bei **Gefahr im Verzug** ist jede Finanzbehörde berechtigt, in ihrem Bezirk erforderliche Amtshandlungen vorzunehmen. Diese nach § 29 im Besteuerungsverfahren allgemein bestehende **Notkompetenz** gilt auch für das Steuerstrafverfahren (JJR/*Randt* Rn. 39). Dies betrifft die Fälle, in denen eine Amtshandlung nicht aufgeschoben werden kann, bis die sonst zuständige Finanzbehörde sie vornehmen könnte. Infrage kommen hier unaufschiebbare Eilmaßnahmen, wie etwa die körperliche Untersuchung (§ 81a StPO) oder Beschlagnahmen und Durchsuchungen (§§ 94, 105 StPO). Diese Eilzuständigkeit endet, sobald die an sich zuständige Behörde Kenntnis von dem Sachverhalt erlangt und selbst aktiv werden kann (Koenig/*Wünsch* § 29 Rn. 8 mwN).

C. Konsequenzen fehlender örtlicher Zuständigkeit

25   Handlungen einer nicht auf der Basis des § 388 örtlich zuständigen Finanzbehörde werden **nicht** aufgrund dieses Zuständigkeitsmangels **unwirksam** (allgM; vgl. JJR/*Randt* Rn. 41; Kohlmann/*Hilgers-Klautzsch* Rn. 74; Rolletschke/Kemper/*Kemper* Rn. 36; jeweils mwN). Derartige Maßnahmen sind lediglich **fehlerhaft**.

Dementsprechend kann der Beschuldigte zwar zB die Teilnahme einer örtlich unzuständigen Finanzbehörde an einer Durchsuchungsmaßnahme ebenso rügen wie deren unzutreffende Beteiligung am gerichtlichen Verfahren nach § 407. Auch der Strafbefehlsantrag (§ 400 Hs. 1) einer unzuständigen Finanzbehörde kann gerügt werden, solange der ursprüngliche Mangel fortbesteht, also bis zum Erlass des Strafbefehls bzw. bis zur Abgabe an die zuständige Staatsanwaltschaft (Kohlmann/*Hilgers-Klautzsch* Rn. 78; Flore/Tsambikakis/*Nikolaus* Rn. 18). Dies gilt in gleichem Sinne auch für richterliche Untersuchungshandlungen, die die örtlich unzuständige Behörde beantragt hat, ohne dass dies von dem zuständigen Richter bemerkt wurde (Rolletschke/Kemper/*Kemper* Rn. 38).

Zuvor durchgeführte Ermittlungsmaßnahmen sind jedoch ebenso **verwertbar** wie Beweismittel, die trotz der örtlichen Unzuständigkeit beschafft wurden. Vor allem verjährungsunterbrechende Maßnahmen (§ 78c StGB) entfalten ihre volle Wirksamkeit (Rolletschke/Kemper/*Kemper* Rn. 38).

§ 389 Zusammenhängende Strafsachen

¹ Für zusammenhängende Strafsachen, die einzeln nach § 388 zur Zuständigkeit verschiedener Finanzbehörden gehören würden, ist jede dieser Finanzbehörden zuständig. ² § 3 der Strafprozessordnung gilt entsprechend.

Neuere Literatur (Auswahl): *Bach,* Die LGT-Falle: Sitzt der gesetzliche Richter wirklich in Bochum?, PStR 2009, 70; *Rolletschke,* Die finanzbehördlichen Strafverfolgungsorgane, Stbg 2006, 379.

1   **1. Allgemeines.** Die Bestimmung **ergänzt** die Vorschrift des § 388 für die Fälle, in denen mehrere zusammenhängende Steuerstraftaten für sich genommen jeweils in den örtlichen Zuständigkeitsbereich unterschiedlicher Dienststellen fallen würden, hierbei aber in einem Zusammenhang stehen; vgl. zudem Nr. 24 Abs. 3 AStBV 2014. § 389 erweitert die Regelung zur örtlichen Zuständigkeit, die aufgrund der Bestimmung bei jeder Finanzbehörde gegeben ist, die für eine der zusammenhängenden Taten zuständig wäre. Bei hieraus resultierenden Doppel- oder Mehrfachzuständigkeiten greift die **Prioritätsregel** des § 390 Abs. 1 ein; vgl. die Erläuterungen dort.

§ 389 betrifft allein die **örtliche Mehrfachzuständigkeit.** Die Bestimmung erlaubt aber keine 2
Verfahrensverbindung in den Fällen, in denen aufgrund steuerrechtlicher Regelungen unterschiedliche
sachliche Zuständigkeiten bestehen, etwa bei der Verkürzung von Monopolabgaben durch einen
„Schwarzbrenner", welche durch die Zollbehörden verfolgt wird, und der parallelen Hinterziehung von
Einkommen- und Umsatzsteuer aus dem Verkauf des Alkohols, was durch die Landesfinanzbehörde
geahndet werden muss (Rolletschke/Kemper/*Kemper* Rn. 3). Halten die beteiligten Landes- und Bundesfinanzbehörden eine einheitliche Verfahrensführung für geboten, bleibt ihnen allein die Möglichkeit,
das Verfahren nach § 386 Abs. 4 S. 1 an die Staatsanwaltschaft abzugeben, die dann einheitliche verfahrenslenkende Entscheidungen treffen kann (JJR/*Randt* Rn. 4).

Die Bestimmung betrifft allein **Steuerstrafsachen.** Fallen diese mit **Nichtsteuerdelikte** zusammen, 3
begeht der Täter etwa eine Steuerhinterziehung in Tateinheit mit Urkundenfälschung (§ 267 StGB),
führt § 389 nicht zu einer Kompetenzerweiterung für die Finanzbehörde. Dieser fehlt in derartigen
Fällen bereits die allgemeine sachliche Zuständigkeit (→ Rn. 7 und → Rn. 15).

Die Norm gilt aufgrund des Verweises in § 410 Abs. 1 Nr. 1 iÜ auch für **Bußgeldverfahren,** die
Steuerordnungswidrigkeiten zum Gegenstand haben.

2. Der Begriff des Zusammenhangs. Die Bestimmung verweist zur Frage, wann ein Zusammen- 4
hang iSd Steuerstrafrechts gegeben ist, auf § 3 StPO, der wie folgt lautet:

„Ein Zusammenhang ist vorhanden, wenn eine Person mehrerer Straftaten beschuldigt wird oder wenn bei einer
Tat mehrere Personen als Täter, Teilnehmer oder der Begünstigung, Strafvereitelung oder Hehlerei beschuldigt
werden."

Die StPO unterscheidet also zwischen dem **persönlichen** und dem **sachlichen Zusammenhang.** 5
Eine Mehrheit von Straftaten kann hiernach entweder durch die Person des Täters oder aber durch das
von ihm begangene Steuerdelikt begründet sein; im Einzelfall ist überdies eine Verbindung beider Arten
denkbar (Meyer-Goßner/Schmitt/*Schmitt* StPO § 3 Rn. 4). Auf die Frage, welches Gewicht der Einzelakt hat, welcher eine Einzelzuständigkeit nach § 388 begründet, kommt es bei der Anwendung des
§ 389 nicht an (Kohlmann/*Hilgers-Klautzsch* Rn. 26).

Ein **persönlicher** Zusammenhang besteht, wenn eine Person im Verdacht steht, mehrere iSd § 264 6
StPO prozessual selbstständige Steuerstraftaten begangen zu haben, also etwa durch die Hinterziehung
mehrerer Steuerarten durch Abgabe falscher Steuererklärungen bei verschiedenen Finanzämtern Liegt
demgegenüber ein einheitlicher Lebenssachverhalt vor, resultiert die Zuständigkeit trotz Tatmehrheit iSd
§ 53 StGB schon aus § 389, ohne dass es der Anwendung des § 389 bedürfte, zB bei der Verkürzung
von ESt, wenn der Täter mehrere falsche Erklärungen für verschiedene Veranlagungszeiträume beim
selben Finanzamt einreicht. Ein weitergehender sachlicher Zusammenhang ist nicht erforderlich (Kohl-
mann/*Hilgers-Klautzsch* Rn. 14).

Ein **sachlicher** Zusammenhang ergibt sich dann, wenn mehrere Personen eine Straftat begehen. Es 7
kommt in diesem Zusammenhang nicht darauf an, ob sie als Täter oder Teilnehmer (Anstifter, Gehilfen)
anzusehen sind oder aber der Begünstigung bzw. der Hehlerei beschuldigt werden: Entscheidend ist
lediglich, dass ein einheitlicher Lebenssachverhalt gegeben ist, also eine Tat im prozessualen Sinn (§ 264
StPO) vorliegt (JJR/*Randt* Rn. 9 mwN).

Eine **Kombination** beider Arten des Zusammenhangs ist im Steuerstrafrecht nur in Ausnahmefällen 8
vorstellbar, etwa dann, wenn ein Unternehmer betriebliche Steuern hinterzieht und dabei von einem
Mitarbeiter unterstützt wird, der seinerseits falsche Steuererklärungen abgibt (Rolletschke/Kemper/
Kemper Rn. 10). Bei solchen Konstellationen wird aber normalerweise die Trennung der verschiedenen
Verfahren geboten sein, schon weil völlig unterschiedliche Ermittlungen geführt werden müssen (vgl.
erg. Kohlmann/*Hilgers-Klautzsch* Rn. 26).

3. Ende des Zusammenhangs. Die Zuständigkeit kraft Sachzusammenhangs **erlischt** im Ermitt- 9
lungsverfahren, wenn der Grund des Zusammenhangs entfällt. Dies kann zB durch den **Tod** eines von
mehreren Beschuldigten geschehen oder durch einen **Wohnsitzwechsel** (vgl. bereits BGH NJW 1962,
499; s. weiter Rolletschke/Kemper/*Kemper* Rn. 11 mwN).

Ist das Verfahren bereits bei **Gericht** anhängig, etwa durch einen auf der Grundlage des § 400 dort 10
vorgelegten Strafbefehlsantrag, verbleibt es bei dessen Zuständigkeit (OLG München NJW 1969, 148;
JJR/*Randt* Rn. 14; Kohlmann/*Hilgers-Klautzsch* Rn. 29). Dies gilt auch, wenn ein Mitangeklagter,
dessen Wohnsitz die Zuständigkeit kraft Sachzusammenhangs begründet, vor Eröffnung des Hauptverfahrens aber nach Anklageerhebung stirbt (OLG Zweibrücken NJW 1979, 827; krit. zur vorschnellen
Annahme eines Sachzusammenhangs *Bach* PStR 2009, 70).

4. Zuständigkeitsmängel. Bei etwaigen **Zuständigkeitsmängeln** gelten die Ausführungen zu 11
→ § 388 Rn. 25 entsprechend. Ermittlungshandlungen einer örtlich unzuständigen Finanzbehörde sind
daher in vollem Umfang wirksam (JJR/*Randt* Rn. 15; Rolletschke/Kemper/*Kemper* Rn. 12). Überdies
würden Zuständigkeitsmängel nur das Verfahren berühren, in dem sie zu verzeichnen sind, nicht also alle
auf der Grundlage des § 389 verbundenen Verfahren (BGH NJW 1986, 1999 (2000)).

§ 390 Mehrfache Zuständigkeit

(1) Sind nach den §§ 387 bis 389 mehrere Finanzbehörden zuständig, so gebührt der Vorzug der Finanzbehörde, die wegen der Tat zuerst ein Strafverfahren eingeleitet hat.

(2) ¹Auf Ersuchen dieser Finanzbehörde hat eine andere zuständige Finanzbehörde die Strafsache zu übernehmen, wenn dies für die Ermittlungen sachdienlich erscheint. ²In Zweifelsfällen entscheidet die Behörde, der die ersuchte Finanzbehörde untersteht.

Neuere Literatur (Auswahl): *Rolletschke,* Einleitung des Steuerstrafverfahrens, Stbg 2006, 221; *Rolletschke,* Die finanzbehördlichen Strafverfolgungsorgane, Stbg 2006, 379.

A. Allgemeines

1   Die Bestimmung löst **Konflikte,** die entstehen können, wenn aufgrund der Regelungen in den §§ 387–389 mehrere Finanzbehörden zur Durchführung eines Steuerstrafverfahrens sachlich bzw. örtlich zuständig sind und entsprechende Untersuchungen nebeneinander geführt werden. Die Regelung will die Effizienz der Ermittlungen sicherstellen, die im Interesse des zügigen und sachadäquaten Verfahrensabschluss zweckmäßigerweise von einer Dienststelle geführt werden sollten.

2   **Voraussetzung** für die Anwendung des § 390 ist einmal, dass verschiedene Finanzbehörden wegen einer Steuerstraftat tätig werden. Abzustellen ist in diesem auf den **strafprozessualen Tatbegriff** (§ 264 StPO), dh auf den offenkundigen einheitlichen geschichtlichen Lebenssachverhalt, der Gegenstand der verschiedenen Ermittlungsverfahren ist (Kohlmann/*Hilgers-Klautzsch* Rn. 17 mwN; Rolletschke/Kemper/*Kemper* Rn. 8). Dementsprechend muss für die Anwendung des § 390 die Identität des Täters sowie das Tatverhalten jedenfalls in groben Zügen feststehen; dies gilt auch, wenn sich das Verfahren – wie etwa bei Schmuggeltaten, die von den Zollbehörden aufgedeckt werden – (noch) gegen Unbekannt richtet, die Tatumstände als solche aber ohne weiteres ersichtlich sind und den Schluss auf einen einheitlichen Lebenssachverhalt zulassen (Rolletschke/Kemper/*Kemper* Rn. 9).

3   Zu einer mehrfachen sachlichen Zuständigkeit kann es insbes. dann kommen, wenn sich die Tat auf **mehrere Steuerarten** bezieht, die von verschiedenen Finanzbehörden verwaltet werden. Dies wird vor allem relevant, wenn die steuerrechtliche Zuständigkeit für einzelne Steuerarten bei bestimmten Finanzämtern konzentriert wird, wie etwa eine Konzentration bei der Veranlagung von Erbschaft- und Schenkungsteuer oder der Grunderwerbsteuer. Verkürzt ein Beschuldigter neben der Hinterziehung einer solchen Steuerart überdies noch Ertragsteuern, für die sein Wohnortfinanzamt zuständig ist, konkurrieren strafrechtliche Zuständigkeiten nach Maßgabe des § 387 Abs. 1. Eine mehrfache örtliche Zuständigkeit kann sich auf der Grundlage des weit gefassten § 388 häufig ergeben.

4   Die Anwendung der Bestimmung ist faktisch auf konkurrierende Landesfinanzbehörden einerseits und mehrfach zuständige unterschiedliche Bundesfinanzbehörden andererseits beschränkt. Es ist angesichts der geltenden Finanzverfassung (→ § 387 Rn. 2 ff.) kaum denkbar, dass wegen derselben Tat im vorstehenden Sinn sowohl Finanz- wie auch Hauptzollämter zur Strafverfolgung berufen sein könnten.

5   § 390 gilt infolge des Verweises in § 410 Abs. 1 Nr. 1 auch in **Bußgeldverfahren,** die Steuerordnungswidrigkeiten zum Gegenstand haben.

B. Der Grundsatz der Priorität

6   § 390 wiederholt die allgemeine Regelung des § 12 Abs. 1 StPO, nach der bei **Mehrfachzuständigkeiten** diejenige Finanzbehörde den Vorrang genießt, die wegen der Tat zuerst ein Strafverfahren eingeleitet hat. Die Bestimmung findet auch Anwendung, wenn eine Finanzbehörde aufgrund der ihr bekannt gewordenen Umstände ein Strafverfahren eröffnet hat, eine andere Dienststelle diesen Sachverhalt aber als mögliche Ordnungswidrigkeit wertet und entsprechend tätig wird (JJR/*Randt* Rn. 11). Die Gegenansicht (vgl. etwa Kohlmann/*Hilgers-Klautzsch* Rn. 15), nach der die Einleitung mehrerer Strafverfahren zwingend notwendig ist, überzeugt angesichts des Gesetzeswortlauts nicht. § 390 verlangt lediglich. dass mehrere Finanzbehörden wegen der Tat iSd § 264 StPO tätig geworden sind, nicht jedoch, dass diese Dienststellen den ihnen bekannten Sachverhalt rechtlich identisch würdigen.

7   Die Frage, ob ein Verfahren eingeleitet wurde, bestimmt sich unter Berücksichtigung des § 397; vgl. → § 397 Rn. 31 ff. sowie *Rolletschke* Stbg 2006, 221. Da nach § 397 Abs. 2 auch der Einleitungszeitpunkt in den Akten vermerkt werden soll (sa Nr. 27 AStBV 2014), ist regelmäßig leicht festzustellen, welcher Dienststelle die **Prioritätsregel** des § 390 Abs. 1 zugutekommt. Verfahrenseinleitungen durch andere Ermittlungsbehörden, also etwa durch die Polizei, die bei Verkehrskontrollen Hinweise auf Hinterziehungen von Kfz-Steuer erlangt, oder durch die Staatsanwaltschaft haben keinen Einfluss auf die Regelung des § 390. Es kommt allein darauf an, welche **Finanzbehörde** iSd § 386 Abs. 1 zuerst tätig geworden ist (JJR/*Randt* Rn. 10). Etwaige verbleibende Problemfälle lassen sich ohne Weiteres auf der Basis des § 390 Abs. 2 lösen.

8   Durch Anwendung der Prioritätsregel **erlischt** die **Zuständigkeit** der **übrigen** beteiligten **Finanzbehörden** nicht; sie ruht lediglich (s. weiter Rolletschke/Kemper/*Kemper* Rn. 3) und kann wieder

aufleben, zB weil sich die verschiedenen Dienststellen später auf der Basis des § 390 Abs. 2 für eine andere Zuständigkeitsverteilung entscheiden (JJR/*Randt* Rn. 2 mwN).

C. Verfahrensübernahme durch andere Finanzbehörde

Die **Prioritätsregel** des § 390 ist, wie auch die Regelung im allgemeinen Strafprozessrecht (vgl. § 12 **9** Abs. 2 StPO) **nicht absolut.** Die beteiligten Stellen können abweichende Zuständigkeiten nach § 390 Abs. 2 S. 1 herbeiführen, sofern das aus der Sicht der Beteiligten sachdienlich ist. Die Frage der Sachdienlichkeit lässt sich nur strikt einzelfallbezogen entscheiden, unterliegt aber andererseits weitgehend der freien Beurteilungen durch die beteiligten Stellen. Derartige Zweckmäßigkeitserwägungen können sinnvoll sein, wenn die später tätig gewordene Finanzbehörde zB bereits umfangreiche Auswertungs- und Ermittlungsarbeiten vorgenommen hat, oder aber sich im Laufe der Ermittlungen ein anderer Ermittlungsschwerpunkt in örtlicher oder sachlicher Hinsicht herausstellt (ausf. Rolletschke/Kemper/*Kemper* Rn. 13). Es **genügen** für eine Zuständigkeitsänderung überdies auch **rein verwaltungsinterne Zweckmäßigkeitserwägungen,** wie etwa größere freie Ermittlungskapazitäten bei einer der betroffenen Ermittlungsdienststellen.

Voraussetzung für eine Änderung der Zuständigkeit nach § 390 Abs. 2 ist ein diesbezügliches **10** Ersuchen der (noch) primär zuständigen Finanzbehörde an eine andere Dienststelle. Nach dem eindeutigen Wortlaut der Bestimmung muss diese Behörde das Ermittlungsverfahren übernehmen, ist also verpflichtet, die Ermittlungen sodann weiterzuführen (JJR/*Randt* Rn. 16). Ihr steht im Anschluss nicht die Möglichkeit zu, das Verfahren ohne weiteres wieder an die zunächst tätig gewordene Dienststelle zurückzugeben; § 390 Abs. 2 S. 1 erlaubt allein einen „**Erstrangverzicht**" (so zu Recht Rolletschke/Kemper/*Kemper* Rn. 15; JJR/*Randt* Rn. 17). Sie kann sich des Verfahrens dann nur noch durch Abgabe an die Staatsanwaltschaft nach § 386 Abs. 4 entledigen, es sei denn, die beteiligten Stellen einigen sich in der Folge auf erneute Verfahrensabgabe bzw. -übernahme. Diese Zuständigkeitsänderung erfolgt dann aber nicht mehr auf der Grundlage des § 390 Abs. 2, wie sich schon aus dem eindeutigen entgegenstehenden Wortlaut der Bestimmung ergibt. Vielmehr lebt in diesen Fällen die noch fortdauernde „ruhende" Kompetenz der übernehmenden Dienststelle wieder auf (→ Rn. 8). Eine Finanzbehörde kann demgegenüber ein anhängiges Strafverfahren nicht von einer anderen Dienststelle gegen deren Willen an sich ziehen. Ein solches Evokationsrecht sieht § 390 nicht vor.

Eine **Weigerung** der ersuchten Dienststelle ist unter dem Aspekt mangelnder Sachdienlichkeit **11** theoretisch denkbar (Rolletschke/Kemper/*Kemper* Rn. 16). In der Praxis werden die beteiligten Stellen indes, wie in Nr. 25 Abs. 3 S. 3 AStBV 2014 auch vorgesehen, sich ins Benehmen setzen und untereinander ein Einverständnis herbeiführen. Bleiben die Finanzbehörden bei ihren unterschiedlichen Standpunkten, muss die vorgesetzte Behörde der ersuchten Stelle tätig werden; → Rn. 13.

Der **Beschuldigte** selbst hat nach einhelliger Auffassung **keinen Anspruch** auf eine **Verfahrens-** **12** **abgabe** (JJR/*Randt* Rn. 16; Rolletschke/Kemper/*Kemper* Rn. 17). Er kann gegenüber den Ermittlungsbehörden zwar entsprechende Anregungen äußern Folgen diese seinen Wünschen nicht, steht ihm aber **kein förmliches Rechtsmittel** zu (Kohlmann/*Hilgers-Klautzsch* Rn. 32). Es verbleibt ihm allein die – regelmäßig folgenlose – **Dienstaufsichtsbeschwerde** (JJR/*Randt* Rn. 16). Auch kann er bei der örtlichen zuständigen Staatsanwaltschaft eine stets mögliche Verfahrensübernahme nach § 386 Abs. 4 S. 1 anregen. Diese ist zu einer solchen Evokation indessen gleichfalls nicht verpflichtet.

D. Entscheidungskompetenz der vorgesetzten Behörde

Können sich die beteiligten Finanzbehörden nicht einigen, entscheidet die **vorgesetzte Behörde** der **13** ersuchten Stelle den Kompetenzstreit, bei bundesländerübergreifenden Zuständigkeitskonflikten also immer die vorgesetzte Behörde in dem Bundesland, in das das Verfahren übernommen werden soll. Hier kommt, je nach dem Behördenaufbau, in den einzelnen Ländern die **Oberfinanzdirektion,** sofern sie noch eingerichtet sind, bzw., beim zweistufigen Aufbau der Landesfinanzverwaltung, die **Landesfinanzministerien** in Frage. Bei den Hauptzollämtern obliegt die Dienst- und Fachaufsicht seit Inkrafttreten des Gesetzes zur Neuorganisation der Zollverwaltung v. 3.12.2015, BGBl. I 2178, nach § 5a FVG der **Generalzolldirektion** (GZD; s. weiter Tipke/Kruse/*Krumm* FVG § 5a Rn. 3 ff.). Vorgesetzte Behörde des Bundeszentralamts für Steuern ist ebenfalls das BMF (§§ 1 Nr. 1, 2 FVG). Die **Familienkassen** sind dem Bundeszentralamt für Steuern untergeordnet (§ 5 Abs. 1 Nr. 11 FVG).

Die Entscheidung der vorgesetzten Behörde ist für die nachgeordneten Dienststellen nicht anfechtbar. **14** Auch der Beschuldigte hat hiergegen keine Rechtsmittelmöglichkeit (JJR/*Randt* Rn. 21 mwN).

§ 391 Zuständiges Gericht

(1) ¹Ist das Amtsgericht sachlich zuständig, so ist örtlich zuständig das Amtsgericht, in dessen Bezirk das Landgericht seinen Sitz hat. ²Im vorbereitenden Verfahren gilt dies, unbeschadet einer weitergehenden Regelung nach § 58 Abs. 1 des Gerichtsverfassungsgesetzes,

nur für die Zustimmung des Gerichts nach § 153 Abs. 1 und § 153a Abs. 1 der Strafprozessordnung.

(2) ¹Die Landesregierung kann durch Rechtsverordnung die Zuständigkeit abweichend von Absatz 1 Satz 1 regeln, soweit dies mit Rücksicht auf die Wirtschafts- oder Verkehrsverhältnisse, den Aufbau der Verwaltungsbehörden oder andere örtliche Bedürfnisse zweckmäßig erscheint. ²Die Landesregierung kann diese Ermächtigung auf die Landesjustizverwaltung übertragen.

(3) Strafsachen wegen Steuerstraftaten sollen beim Amtsgericht einer bestimmten Abteilung zugewiesen werden.

(4) Die Absätze 1 bis 3 gelten auch, wenn das Verfahren nicht nur Steuerstraftaten zum Gegenstand hat; sie gelten jedoch nicht, wenn dieselbe Handlung eine Straftat nach dem Betäubungsmittelgesetz darstellt, und nicht für Steuerstraftaten, welche die Kraftfahrzeugsteuer betreffen.

Neuere Literatur (Auswahl): *Bach,* Die LGT-Falle: Sitzt der gesetzliche Richter wirklich in Bochum?, PStR 2009, 70; *Brause,* Zur Zuständigkeit der allgemeinen und der besonderen Strafkammern, NJW 1979, 802; *Firgau,* Das Zusammentreffen von wirtschafts- und Nichtwirtschaftsstrafsachen, wistra 1988, 140.

A. Allgemeines

1   Spezielle Rechtsmaterien erfordern besondere Kenntnisse bei den mit den Verfahren betrauten Personen. Dies gilt im Besonderen für das Steuerstrafrecht, wo auch die Strafverfolgung nach Maßgabe der §§ 386, 399 in Händen der Finanzverwaltung liegt. Deren örtliche und sachliche Zuständigkeit wird in den §§ 385–390 näher umgrenzt. § 391 trifft (nur) im Bereich der **örtlichen Zuständigkeit** ergänzende Regelungen für den Justizbereich, soweit das Amtsgericht für das Verfahren zuständig ist. Sie sind zwingend (JJR/*Randt* Rn. 8), es sei denn, es bestehen Sonderregelungen auf der Grundlage des § 58 Abs. 1 GVG bzw. des § 391 Abs. 2 (→ Rn. 16 ff.). Die Norm ist dabei im Kontext mit den allgemeinen Regelungen der Gerichtszuständigkeiten im GVG zu sehen. Sie findet infolge der Verweisung in § 410 Abs. 1 Nr. 2 auch für das gerichtliche **Bußgeldverfahren** Anwendung.

B. Gerichtszuständigkeiten

2   Nach § 385 Abs. 1 werden im Steuerstrafverfahren, sofern keine abgabenrechtlichen Sonderregelungen bestehen, prinzipiell **die allgemeinen Strafgesetze** angewendet, ua damit auch die StPO. § 1 StPO bestimmt insoweit, dass für die sachliche Zuständigkeit der Gerichte das GVG beachtet werden muss. Dieses regelt in den §§ 22 ff. GVG die Zuständigkeiten der Amtsgerichte und in den §§ 59 ff. diejenigen der Landgerichte, wobei für den Bereich des Steuerstrafverfahrens insbes. § 74c GVG zu beachten ist, der nähere Regelungen für die Wirtschaftsstrafkammern trifft.

I. Örtliche Zuständigkeit

3   Die örtliche Zuständigkeit ist eine grundlegende Voraussetzung des gerichtlichen Verfahrens. Dementsprechend muss das Gericht **von Amts wegen** bis zur Eröffnung des Hauptverfahrens seine Zuständigkeit überprüfen (§ 16 S. 1 StPO). Nach der Eröffnungsentscheidung kann (allein) der Angeklagte Zuständigkeitsmängel, limitiert bis zum Zeitpunkt seiner Vernehmung zur Sache in der Hauptverhandlung, rügen (§ 16 S. 2 u. 3 StPO).

Einzelheiten zur örtlichen Zuständigkeit regelt die StPO. Nach ihr bestehen

– der **Gerichtsstand des Tatorts** (§§ 7, 10, 10a StPO)
– der **Gerichtsstand des Wohnsitzes** des Angeschuldigten (§§ 8, 11 StPO)
– der **Gerichtsstand des Ergreifungsortes** (§ 9 StPO) und
– der **Gerichtsstand des Sachzusammenhangs** (§ 13 StPO; s. dazu angesichts der „Liechtenstein-Fälle" krit. *Bach* PStR 2009, 70).

4   Sind nach den §§ 7 ff. StPO mehrere Gerichte örtliche zuständig, steht der Staatsanwaltschaft – und damit auch der nach § 399 eigenständig ermittelnden Finanzbehörde – ein **Wahlrecht** zu: Sie kann frei wählen, bei welchem Gericht sie Anklage erhebt, und damit das zuständige Gericht bestimmen (Meyer-Goßner/Schmitt/*Schmitt* StPO Vor § 7 Rn. 10).

5   Sofern Anklagen wegen derselben Tat zu Hauptverfahren bei verschiedenen Gerichten geführt haben, etwa bei Verkürzungshandlungen, die mehrere Steuerarten betreffen (beispielhaft → § 390 Rn. 3), gilt nach § 12 Abs. 1 StPO eine dem § 390 vergleichbare **Prioritätsregelung:** Es ist ausschließlich das Gericht örtlich zuständig, das zeitlich ersten Eröffnungsbeschluss (§ 203 StPO) erlassen hat (Meyer-Goßner/Schmitt/*Schmitt* StPO § 12 Rn. 3). Etwaige Zuständigkeitsstreitigkeiten zwischen den beteiligten Gerichten regelt das gemeinschaftliche obere Gericht, also für mehrere Amtsgerichte desselben Landgerichtsbezirks das LG, für mehrere Landgerichte desselben Oberlandesgerichts das OLG, ansonsten der BGH (vgl. weiter Meyer-Goßner/Schmitt/*Schmitt* StPO § 4 Rn. 14 mwN).

II. Sachliche Zuständigkeit des Amtsgerichts

Das Gericht muss seine sachliche Zuständigkeit in jeder Lage des Verfahrens **von Amts wegen** prüfen **6** (§ 6 StPO). Dies gilt insbes. im Hinblick auf den in Art. 101 GG bzw. § 16 S. 2 GVG verankerten allgemeinen Grundsatz, dass niemand seinem gesetzlichen Richter entzogen werden darf.

In Strafsachen ist grds. das Amtsgericht **umfassend sachlich zuständig.** Dies ergibt sich aus § 24 **7** Abs. 1 GVG. Von diesem Grundsatz bestehen nur **Ausnahmen,** wenn

– die Voraussetzungen der §§ 74 Abs. 2, 74a oder 120 GVG vorliegen (§ 24 Abs. 1 Nr. 1 GVG), was bei Steuerstrafsachen nicht relevant wird
– im Einzelfall eine Straferwartung von **mehr als vier Jahren** Freiheitsentzug oder aber eine **Unterbringung** des Beschuldigten im Raum steht (§ 24 Abs. 1 Nr. 2 GVG); das Amtsgericht darf lediglich einen Strafrahmen von maximal vier Jahren ausschöpfen und Unterbringungen in der Sicherungsverwahrung bzw. in einem psychiatrischen Krankenhaus überhaupt nicht aussprechen (§ 24 Abs. 2 GVG).
– die Staatsanwaltschaft wegen der besonderen Schutzbedürftigkeit eines von der Straftat Verletzten, wegen des **besonderen Umfangs** der Sache oder deren **besonderer Bedeutung** eine Anklageerhebung beim LG für notwendig erachtet (§ 24 Abs. 1 Nr. 3 GVG); gerade die beiden letzten Varianten können in Steuerstrafverfahrens besonders bedeutend sein.

1. Der Strafrichter. Der Strafrichter beim Amtsgericht entscheidet nach Maßgabe des § 25 GVG **8** prinzipiell in allen Verfahren, die Vergehen iSd § 12 Abs. 2 StGB zum Gegenstand haben, nach dem Wegfall des – bislang auf diesem Rechtsgebiet einzigen – Verbrechenstatbestandes des § 370a mithin in sämtlichen Steuerstrafsachen, sofern eine Freiheitsstrafe von nicht mehr als zwei Jahren Freiheitsentzug zu erwarten ist. Ändert sich die Straferwartung im Laufe des Verfahrens, steht indes auch dem Strafrichter die volle Strafgewalt des Amtsgerichts zu; er kann dann also gleichfalls Freiheitsstrafen bis zu vier Jahren verhängen (Meyer-Goßner/Schmitt/*Schmitt* GVG § 25 Rn. 4). Der Strafrichter ist in Steuerstrafsachen mithin insbes. in allen Fällen zuständig, in denen Staatsanwaltschaft bzw. Finanzbehörde (vgl. § 400 Alt. 1) einen **Strafbefehlsantrag** stellen. Er entscheidet in gleicher Weise, wenn der Angeschuldigte gegen einen erlassenen Strafbefehl Einspruch einlegt, und wenn die Staatsanwaltschaft Anklage erhebt. Ein **Strafbefehlsantrag beim Schöffengericht** ist, mit Ausnahme der in § 408a StPO geregelten Fälle, **nicht zulässig** (vgl. weiter diff. JJR/*Randt* Rn. 7).

2. Das Schöffengericht. Dem Schöffengericht steht die Entscheidung in all' den Fällen zu, in denen **9** die Strafrahmenkompetenz des Strafrichters nicht ausreicht (§ 28 GVG). Von Gesetzes wegen ändert sich die Zuständigkeit innerhalb des Amtsgerichts also nicht, wenn angesichts der konkreten Umstände die zu entscheidende Sache besonders umfangreich, rechtlich besonders kompliziert oder besonders bedeutsam ist. Entscheidend für die Frage der Zuständigkeitsverteilung zwischen Strafrichter und Schöffengericht ist einzig die **Straferwartung** (KK-StPO/*Hannich* GVG § 25 Rn. 6 mwN). Der Staatsanwaltschaft bleibt im Einzelfall allein der Weg, wegen der besonderen Bedeutung nach § 24 Abs. 1 Nr. 3 GVG das LG anzurufen, wenn sie eine Entscheidung allein durch den Strafrichter für untunlich erachtet. Allerdings unterliegt die entsprechende Entscheidung der Staatsanwaltschaft der vollen gerichtlichen Überprüfung (Meyer-Goßner/Schmitt/*Schmitt* GVG § 24 Rn. 9). Die angesichts einer realistischen prognostischen Straferwartung willkürliche Anklageerhebung beim Schöffengericht kann überdies eine **Revision** begründen, sofern dieses das Hauptverfahren eröffnet und eine Verurteilung von weniger als zwei Jahren Freiheitsentzug ausspricht (Meyer-Goßner/Schmitt/*Schmitt* GVG § 24 Rn. 12).

Das **erweiterte Schöffengericht** (§ 29 Abs. 2 GVG), bei dem auf Antrag der Staatsanwaltschaft **10** wegen des besonderen Umfangs der Sache ein zweiter Berufsrichter zur Hauptverhandlung hinzugezogen wird, ist gleichfalls zu Entscheidungen nur dann berufen, wenn die Strafrahmenkompetenz des Strafrichters nicht ausreicht. In der Praxis finden sich, schon wegen der knappen Personaldecke bei den Amtsgerichten, jedoch kaum noch entsprechende Anträge der Staatsanwaltschaften (Meyer-Goßner/ Schmitt/*Schmitt* GVG § 29 Rn. 2 ff.).

III. Sachliche Zuständigkeit des Landgerichts

Das LG ist nach § 74 GVG erstinstanzlich zuständig, wenn nicht die Zuständigkeit des Amtsgerichts **11** (§§ 24, 25 GVG) oder die des OLG (§ 120 GVG) gegeben ist. **Besondere Aufgabenzuweisungen** enthalten in diesem Zusammenhang § 74 Abs. 2 GVG, der die Zuständigkeit des Schwurgerichts regelt, § 74a GVG, der die Aufgabenbereiche der Staatsschutzkammer umgrenzt, § 74b GVG für den Bereich der Jugendkammer sowie § 74c GVG, aus dem sich die Zuständigkeiten der Wirtschaftsstrafkammer ergeben. § 74c Abs. 1 Nr. 3 GVG bestimmt insoweit, dass Straftaten nach dem Finanzmonopol-, Steuer- und Zollrecht durch die Wirtschaftsstrafkammern zu ahnden sind.

In **Berufungssachen** entscheidet nicht die große Wirtschaftsstrafkammer, auch wenn die in § 74c Abs. 1 GVG aufgeführten Straftaten verfahrensgegenständlich sind, sondern die **kleine (Berufungs–) Wirtschaftsstrafkammer** (§ 76 Abs. 1 GVG), sofern das Urteil in erster Instanz vom Schöffengericht erlassen worden ist (Meyer-Goßner/Schmitt/*Schmitt* GVG § 74c Rn. 4). Berufungsverhandlungen bei erstinstanzlichen Strafrichterurteilen finden stets vor einer (allgemeinen) kleinen Strafkammer statt, selbst wenn Delikte aus dem Katalog des § 74c GVG betroffen sind.

IV. Besonderheiten bei Verfahren gegen Jugendliche und Heranwachsende

12   Die Zuständigkeit des Jugendgerichts geht in Strafverfahren, die Jugendliche oder Heranwachsende betreffen, stets vor (§§ 41 Abs. 1 Nr. 1, 108 Abs. 1, 102 JGG). Anderes gilt nur, wenn sich Strafsachen gegen Jugendliche bzw. Heranwachsende und zugleich gegen Erwachsene richten und nach § 103 Abs. 1 JGG verbunden sind. In diesem Fall ist die Wirtschaftsstrafkammer zuständig, wenn die Strafsache gegen den Erwachsenen sachlich zum in § 74c GVG umgrenzten Zuständigkeitsbereich der Wirtschaftsstrafkammer gehört, die dann auch nach § 103 Abs. 2 S. 2 JGG für das Verfahren gegen den Jugendlichen bzw. Heranwachsenden zuständig ist.

13   In allen anderen Fällen haben die aus §§ 42, 108 JGG resultierenden besonderen Gerichtsstände für Jugendliche/Heranwachsende angesichts des **Primats des Erziehungsgedankens,** der das Jugendstrafrecht prägt, absoluten Vorrang (Kohlmann/*Hilgers-Klautzsch* Rn. 59 mwN). Die Überlegung, infolge besonderer Sachkompetenz eine möglichst sachgerechte Bestrafung durch ein bei Erwachsenen aufgrund gesetzlicher Sonderregelung zuständiges Gericht herbeiführen zu können, muss hinter diesem Erziehungsgedanken umfassend zurück treten (Rolletschke/Kemper/*Kemper* Rn. 10 mwN). Zuständig ist bei Steuerstrafsachen gegen Jugendliche bzw. Heranwachsende daher stets der **Jugendrichter** bzw. das **Jugendschöffengericht** (JJR/*Randt* Rn. 5).

C. Abweichende Regelungen in Steuerstrafsachen

I. Allgemeines

14   Die vorstehend dargestellten Zuständigkeitsregelungen gelten zunächst für das allgemeine Strafrecht. § 391 trifft wegen der **besonderen Sachkunde,** die zur adäquaten Bearbeitung von Steuerstrafsachen beim entscheidenden Gericht vorhanden sein sollte, abweichende Regelungen. Diese betreffen, wie schon erwähnt, allein die amtsgerichtliche Zuständigkeit. Angesichts der Bestimmung des § 74c GVG, die Steuerdelikte in den Kompetenzbereich der – zumindest regelmäßig – mit entsprechender Sachkenntnis versehenen Wirtschaftsstrafkammern verweist, ist eine entsprechende Regelung für das LG nicht erforderlich.

II. Vorbereitendes Verfahren

15   Bis zum Abschluss der Ermittlungen der Finanzbehörde bzw. der Staatsanwaltschaft, also im **vorbereitenden Verfahren,** gilt die Bestimmung des § 391 nur eingeschränkt. Nach § 391 Abs. 1 S. 2 ist sie nur für die Zustimmung des Gerichts zu beabsichtigten Einstellungen nach §§ 153, 153a StPO zu beachten; ansonsten bleibt der Richter zuständig, der nach allgemeinen Bestimmungen zur Entscheidung berufen ist (Rolletschke/Kemper/*Kemper* Rn. 11). Dies ist insbes. im Zusammenhang mit **Anträgen auf richterliche Untersuchungshandlungen** von Bedeutung, die nach § 162 StPO prinzipiell beim Ermittlungsrichter des Amtsgerichts zu stellen sind, in dessen Bezirk die beantragende Stelle ihren Sitz hat. Die Prüfung derartiger Anträge, die sich zB auf Durchsuchungs- und Beschlagnahmeanordnungen (§§ 98, 102, 103 StPO) oder Sicherstellungsmaßnahmen (§§ 111e, 132 StPO) beziehen können, erfordert idR keine steuerlichen Spezialkenntnisse. Demgegenüber muss das Gericht, um eine verfahrensadäquate Entscheidung bei den erwähnten Anträgen auf Zustimmung zur Einstellung nach §§ 153, 153a StPO treffen zu können, entsprechende Vorkenntnisse aufweisen. Die Frage, ob ein Steuerstrafverfahren aufgrund von Opportunitätsbestimmungen eingestellt werden kann oder nicht, kann nur der Richter beurteilen, der auch sonst in derartigen Verfahren entscheidet (s. weiter JJR/*Randt* Rn. 3).

III. Das Hauptverfahren

16   Für das Hauptverfahren vor dem Amtsgericht ist nach § 391 Abs. 1 S. 1 stets das Amtsgericht örtlich zuständig, in dessen Bezirk **das LG seinen Sitz hat,** das, würde es sich um einen vor der Wirtschaftsstrafkammer iSd § 74c GVG zu verhandelnden Fall handeln, örtlich zuständig wäre. Bei diesem Amtsgericht ist die Entscheidung in Steuerstrafsachen also zentralisiert. Haben mehrere LG ihren Sitz im Bezirk eines Amtsgerichts, etwa wie in München, ist dieses Gericht für sämtliche Steuerstrafsachen dieser LG-Bezirke zuständig.

IV. Abweichende Regelungen auf der Grundlage des § 58 Abs. 1 GVG

17   § 58 Abs. 1 GVG ermächtigt die Landesregierungen, bei einzelnen Amtsgerichten durch **Rechtsverordnung Zuständigkeitskonzentrationen** herbeizuführen. Diese Rechtsverordnungen können Sam-

melzuständigkeiten zB in Bezug auf ermittlungsrichterliche Tätigkeiten, etwa den Erlass von Haftbefehlen, oder hinsichtlich bestimmter Spezialmaterien, etwa Verstöße gegen waffenrechtliche Bestimmungen oder das BtMG, umfassen. In allen Fällen führen die Rechtsverordnungen zu einer zusätzlichen fachlichen Konzentration. Im Hinblick auf den Wortlaut des § 391 Abs. 1 S. 2 gehen diese Bestimmungen der allgemeinen Regelung nach § 391 Abs. 1 vor (Rolletschke/Kemper/*Kemper* Rn. 180; JJR/*Randt* Rn. 15 ff.). Voraussetzung einer Rechtsverordnung ist nach § 58 Abs. 1 GVG, dass die Konzentration Verfahren sachlich fördert bzw. diese durch die Zentralisierung schneller bearbeitet werden können. Es gelten hier also reine **Effizienzgesichtspunkte** (Meyer-Goßner/Schmitt/*Schmitt* GVG § 58 Rn. 3).

Eine vergleichbare Regelung gilt iÜ auch für die Bundesländer, in denen sich mehrere LG mit **18** Wirtschaftsstrafkammern befinden. Nach § 74c Abs. 3 GVG kann die Landesregierung Wirtschaftsstrafsachen einem LG für die Bezirke mehrerer LG zuweisen (vgl. iE JJR/*Randt* Rn. 15 mwN).

V. Abweichende Regelungen auf der Grundlage des § 391 Abs. 2

Gleichfalls auf der Grundlage von Zweckmäßigkeitserwägungen können die Landesregierungen nach **19** § 391 Abs. 2 bei Steuerstrafsachen **Zuständigkeitskonzentrationen** für den Bereich mehrerer Amtsgerichte bei einem Gericht herbeiführen. Denkbar ist etwa, die Zuständigkeit für diesen Deliktsbereich bei dem Amtsgericht herbeizuführen, in dessen Bezirk die Finanzbehörde iSd § 385 ihren Sitz hat. Auch könnte eine entsprechende Verordnung ein Amtsgericht für zuständig erklären, in dessen Bezirk das LG nicht seinen Sitz hat. Die Landesregierungen sind angesichts der weiten Formulierung in ihren Entscheidungen weitestgehend frei (vgl. weiter Rolletschke/Kemper/*Kemper* Rn. 21 ff.). Zu den entsprechenden aktuell aufgrund von Rechtsverordnungen in den einzelnen Bundesländern geltenden Zuständigkeitskonzentrationen, die teils noch auf den Bestimmungen der RAO basieren, vgl. detailliert JJR/*Randt* Rn. 17 ff.).

D. Konzentration in der Geschäftsverteilung

§ 391 regelt nicht nur die Möglichkeit, die Zuständigkeit für Steuerstrafsachen bei einem oder **20** mehreren Gerichten zu zentralisieren. Nach Abs. 3 der Norm „sollen" diese Verfahren **gerichtsintern** weiter auf (eine oder mehrere) Abteilungen konzentriert werden. Die Gerichtspräsidien werden demnach zwar **nicht** zu einer entsprechenden Konzentration **gezwungen;** sei bleiben bei der Geschäftsverteilung in den Grenzen des § 21e GVG daher frei (aA JJR/*Randt* Rn. 29 mwN und Rolletschke/Kemper/*Kemper* Rn. 33, wonach für ein Abweichen von § 391 Abs. 3 stets besondere Rechtfertigungsgründe erforderlich sein sollen; indes widerspricht diese Ansicht dem eindeutigen Wortlaut, vgl. überdies krit. Klein/*Jäger* Rn. 22 ff.). Dennoch spricht schon die Überlegung, solche Spezialstrafsachen bei möglichst sachkundigen und erfahrenen Richtern zu konzentrieren, für die Beachtung der Bestimmung. Die **Praxis** macht dementsprechend auch allgemein Gebrauch von dieser gesetzlichen Möglichkeit und regelt in den gerichtlichen Geschäftsverteilungsplänen entsprechende Sonderzuständigkeiten.

E. Zusammentreffen von Steuer- und Nichtsteuerstraftat

Grundsätzlich gilt die Zuständigkeitskonzentration nach § 391 für alle Verfahren, die Steuerstraftaten **21** iSd § 369 zum Gegenstand haben. Sie wirkt nach § 391 Abs. 4 S. 1 auch, wenn das Verfahren daneben Nichtsteuerdelikte betrifft, wie in der Praxis häufig anzutreffen Insolvenzdelikte (§§ 283 ff. StGB), Betrug (§ 263 StGB), Untreue (§ 266 StGB) oder Beitragsvorenthaltungen (§ 266a StGB). Es ist dabei **unbeachtlich,** ob das **Schwergewicht** des jeweiligen auf der Steuer- oder auf der Nichtsteuerstraftat liegt (JJR/*Randt* Rn. 31). Abzustellen ist lediglich auf die Frage, ob bei demselben Beschuldigten eine tateinheitliche (§ 52 StGB) oder tatmehrheitliche (§ 53 StGB) Begehungsweise mit einem Steuerdelikt vorliegt, bzw. ob bei mehreren Beschuldigten einer auch eine Steuerstraftat begangen haben soll (vgl. weiter Rolletschke/Kemper/*Kemper* Rn. 37 mwN).

Ausnahmsweise entfällt die Zuständigkeitskonzentration, wenn die sachlich stets einfach zu beurteilende Frage zu beantworten ist, ob im konkreten Fall **Kfz-Steuer** hinterzogen worden ist (Klein/*Jäger* **22** Rn. 25); Gleiches gilt, wenn **Verstöße** gegen das **BtMG tateinheitlich** mit dem Steuerdelikt zusammentreffen (§ 391 Abs. 4 Hs. 2; vgl. weiter JJR/*Randt* Rn. 34). Eine Kfz-Steuerhinterziehung betrifft im Normalfall nur **geringfügige Steuerbeträge** (Flore/Tsambikakis/*Brandenstein* Rn. 30) und geht überdies meist mit gewichtigeren Nichtsteuerdelikten einher, etwa Kfz-Diebstahl (§ 242 StGB) oder unerlaubtem Gebrauch eines Kfz (§ 248b StGB; s. weiter Rolletschke/Kemper/*Kemper* Rn. 40; krit. Kohlmann/*Hilgers-Klautsch* Rn. 90 f.). Verkürzt der Täter, zB im Bereich von Speditionen, ausnahmsweise hohe Kfz-Steuerbeträge, wird dies im Normalfall mit weiteren gravierenden Wirtschaftsstraftaten, vor allem mit Beitragsvorenthaltungen (§ 266a StGB), korrespondieren, so dass eine Anklageerhebung zur Wirtschaftsstrafkammer im Raum steht. Im **BtM-Bereich** werden Steuerdelikte regelmäßig reine Begleitstraftaten zu den weit gravierenden Verstößen gegen das BtMG sein (Rolletschke/Kemper/

Kemper Rn. 41); in der Praxis erfolgen hier bezüglich der Steuerstraftaten von vornherein meist Teileinstellungen auf der Grundlage der §§ 154, 154a StPO.

F. Zuständigkeitsmängel und ihre Folgen

23   Das Gericht hat seine örtliche Zuständigkeit bis zur Eröffnungsentscheidung (§ 203 StPO) nach § 16 StPO stets **von Amts wegen** zu prüfen (JJR/*Randt* Rn. 11) und deswegen auch zu kontrollieren, ob durch Staatsanwaltschaft bzw. Finanzbehörde § 391 beachtet worden ist. Gegebenenfalls muss es seine **Unzuständigkeit** im durch **Beschluss** feststellen. Die Staatsanwaltschaft bzw. – soweit ein Strafbefehlsantrag gestellt wurde – auch die Finanzbehörde müssen ihre Anträge dann beim zuständigen Gericht **neu einbringen** (Meyer-Goßner/Schmitt/*Schmitt* StPO § 16 Rn. 4). Nach Eröffnung des Hauptverfahrens kann das Gericht seine Unzuständigkeit nur aufgrund eines entsprechenden Einwands (allein) des Angeklagten aussprechen; in diesem Fall erfolgt – je nach Stand des Verfahrens – ein **Einstellungsbeschluss** nach § 206a StPO oder aber nach Eintritt in die Hauptverhandlung ein **Urteil** auf der Grundlage des § 260 Abs. 3 StPO. Hat der Angeklagte sich bereits zur Sache geäußert, ist ihm der Einwand der Unzuständigkeit abgeschnitten. Erhebt er ihn rechtzeitig, folgt das Gericht ihm aber fälschlicherweise nicht, liegt ein **absoluter Revisionsgrund** vor (§ 338 Nr. 4 StPO).

§ 392 Verteidigung

(1) **Abweichend von § 138 Abs. 1 der Strafprozessordnung können auch Steuerberater, Steuerbevollmächtigte, Wirtschaftsprüfer und vereidigte Buchprüfer zu Verteidigern gewählt werden, soweit die Finanzbehörde das Strafverfahren selbständig durchführt; im Übrigen können sie die Verteidigung nur in Gemeinschaft mit einem Rechtsanwalt oder einem Rechtslehrer an einer deutschen Hochschule im Sinne des Hochschulrahmengesetzes mit Befähigung zum Richteramt führen.**

(2) **§ 138 Abs. 2 der Strafprozessordnung bleibt unberührt.**

Neuere Literatur (Auswahl): *Ahlbrecht/Schlei,* Verteidigung gegen und mit Rechtshilfe, StraFo 2013, 265; *Birkenstock,* Zusammenarbeit mit Strafverteidiger, PStR 1999, 67; *Bornheim,* Rechte von Beschuldigten und Zeugen im Strafverfahren, PStR 1999, 69; *Bülte,* Verwertung von im Ausland erlangten Beweismitteln und Anwendungsvorrang des Unionsrechts als Grenze von Verfahrensrechten im nationalen Strafprozess. ZWH 2013, 219; *Burhoff,* Der Ausschluss des Verteidigers im Strafverfahren (§§ 138a ff. StPO), StRR 2012, 404; *Buse,* Auswirkungen der Regelungen des Gesetzes zur Verständigung im Strafverfahren auf das steuerstrafrechtliche Ermittlungsverfahren, Stbg 2011, 414; *Diversy,* Der Steuerberater im Spannungsverhältnis zwischen Schweigepflicht und Zeugenpflicht im Insolvenzstrafverfahren, ZInsO 2004, 960; *Ebner,* Der Steuerberater in der Strafverteidigung (§ 392 AO), SteuerStud 2008, 577; *Fahr,* Die Neuregelung der Telekommunikationsüberwachung, DStR 2008, 375; *Gehrmann/Kindler,* Checkliste: Durchsuchung und Beschlagnahme in der Kanzlei des Steuerberaters, PStR 2010, 64; *Gehm,* Strafrechtliche Fallstricke für den steuerlichen Berater bei Wahrnehmung seines Mandats, Stbg 2010, 165; *Heise,* Beweisverbote und Völkerrecht: Die Affäre Liechtenstein in der Praxis, HRRS 2009, 540; *Hohenlöchter,* Die Steuerfahndung kommt nicht nur am Dienstag, MBP 2006, 48; *Krekeler,* Die Durchsuchung beim Beschuldigten im Steuerstrafverfahren, PStR 1998, 4; *Krekeler,* Verwertungsverbot bei unterlassener oder verspäteter Belehrung durch Betriebsprüfer, PStR 1999, 230; *Kunz,* Durchsuchung und Beschlagnahme im Steuerstrafverfahren, BB 2000, 438; *Kutzner,* Strafrechtliche Relevanz steuerberatender Tätigkeit, NWB F. 30, 1543; *Ladiges,* Der Hochschullehrer im Strafverfahrensrecht nach der Neuregelung des § 138 Abs. 3 StPO, JR 2013, 294; *Marberth-Kubicki,* Forum: Gemeinsame Empfehlungen zur Praxis der Beiordnung von notwendigen Verteidigern ab dem 1.1.2010; NJW-aktuell 2010, 16; *Nagel,* Verteidigung gegen im Ausland gewonnene Ermittlungsergebnisse, StV 2013, 324; *Park,* Durchsuchung und Beschlagnahme, 3. Aufl. 2015; *Peter,* Durchsuchung und Beschlagnahme beim Steuerberater, SteuerStud 2006, 185; *Prowatke/Beyer,* Die Durchsuchung durch die Steuerfahndung, BBK 2009, 749; *Rolletschke,* Verteidigung im Steuerstrafrecht, Stbg 2005, 404; *Rütters,* Verfassungsmäßige Differenzierung beim Schutz des Zeugnisverweigerungsrechts von Berufsgeheimnisträgern, jurisPR-StrafR 4/2012 Anm. 2; *Schroer,* Rechte und Pflichten des Steuerberaters als Zeuge, INF 2001, 213; *Schwedhelm,* Praxiserfahrungen in der Steuerstrafverteidigung, BB 2010, 731; *Stolz,* Der Steuerberater als Strafverteidiger, PStR 1998, 212; *Thielmann,* „Ihnen ist ein Pflichtverteidiger beizuordnen!" – Zur Belehrung des Verhafteten über die Beiordnung eines Pflichtverteidigers im Haftbefehlsverkündungstermin, HRRS 2013, 283; *Tierel,* Steuerberater als Strafverteidiger, jurisPR-StrafR 9/2010 Anm. 1; *Webel,* Steuerfahndung – Steuerstrafverteidigung, 2. Aufl. 2014; *Weyand,* Fachhochschullehrer als Verteidiger im Strafverfahren, NWB Fach 13, 1043; *Weyand,* Auswirkungen des Ersten Justizmodernisierungsgesetzes auf das Strafverfahren, INF 2004, 758; *Weyand,* Der Insolvenzverwalter – ein Refugium für Geschäftsunterlagen?, ZInsO 2008, 24; *Wöhlers,* Die „unverzügliche" Beiordnung eines Pflichtverteidigers: Gefährdung des Anspruchs auf effektive Verteidigung?, StV 2010, 151.

Übersicht

A. Allgemeines

Das in § 137 StPO postulierte Recht eines jeden Beschuldigten, sich in jeder Lage eines gegen ihn **1** gerichteten Ermittlungsverfahrens des Beistandes eines Verteidigers bedienen zu dürfen, ist Konkretisierung des **Rechtsstaatsprinzips** (Art. 20 Abs. 3 GG) und Ausprägung des jedermann zustehenden **Rechts auf ein faires Verfahren** (Art. 6 Abs. 1 MRK). „In jeder Lage" bedeutet vom Beginn der Ermittlungen an bis hin zu Strafvollstreckungs-, Gnaden oder Wiederaufnahmeverfahren (Meyer-Goßner/Schmitt/*Schmitt* StPO § 137 Rn. 3). Der Beschuldigte ist vor seiner ersten Vernehmung zur Sache über das Recht, einen Verteidiger konsultieren zu dürfen, umfassend zu belehren (§ 136 Abs. 1 S. 2 StPO). Verstöße gegen diese Belehrungspflicht können unter Umständen zu einem umfassenden Verwertungsverbot führen (vgl. iE Meyer-Goßner/Schmitt/*Schmitt* StPO § 137 Rn. 10 und 21, sowie KK-StPO/*Boujong* StPO § 136 Rn. 14 und 28, jeweils mwN).

Allgemeine Regelungen zur Verteidigung enthält die StPO (§§ 137 ff. StPO). Diese Bestimmungen, **2** die wegen der in § 385 enthaltenen Verweisung auch im Steuerstrafverfahren uneingeschränkt gelten, werden für dessen Bereich durch § 392 ergänzt, der einige **Sonderregelungen** trifft (vgl. einführend Rolletschke/Kemper/*Rolletschke* Rn. 2). Für die Verteidigung im **Bußgeldverfahren** gilt § 392 entsprechend (§ 410 Abs. 1 Nr. 3). S. iÜ erg. Nr. 32 ff. AStBV 2014.

I. Grundsätzliche Regelungen

1. Vollmacht. Das Verteidigungsverhältnis zu einem Wahlverteidiger wird dadurch begründet, dass **3** dieser dem Wunsch eines Beschuldigten entsprechend für diesen tätig wird. Eine **besondere Form** für die Beauftragung sieht das Gesetz **nicht** vor. Gleiches gilt für die **Verteidigervollmacht**, die mithin nicht einem Schriftformerfordernis steht. Zum Nachweis des Verteidigerverhältnisses genügt daher auch schlüssiges Handeln des Rechtsbeistandes, so das gemeinsame Auftreten mit dem Mandanten (JJR/*Randt* Rn. 70 mwN). Bestehen im Einzelfall Bedenken, kann aber die Vorlage einer Vollmachtsurkunde verlangt werden (LG Hagen StV 1983, 145: LG München StV 2008, 127).

Im Unterschied hierzu bedarf die **Vertretungsvollmacht**, die benötigt wird, wenn der Verteidiger in **4** der Hauptverhandlung seinen nicht anwesenden Mandanten vertreten will, stets der **Schriftform** (§ 234 StPO). Gleiches gilt für die **Zustellungsvollmacht** (§ 145a StPO).

Eine nach § 80 erteilte Vollmacht gilt allein für steuerrechtliche Verfahren, bezieht angesichts der **5** eindeutigen Formulierung des § 80 Abs. 1 S. 2 ein etwaiges Steuerstrafverfahren jedoch nicht mit ein (Koenig/*Wünsch* § 80 Rn. 4). Auch der für das Besteuerungsverfahren mandatierte Rechtsbeistand benötigt zur Vertretung im Strafverfahren daher stets eine entsprechende gesonderte Vollmacht. Dies gilt umgekehrt in gleicher Weise: Ein Verteidiger kann nicht ohne gesonderte Vollmacht im Besteuerungsverfahren auftreten, selbst wenn es die Besteuerungszeiträume betrifft, die auch Gegenstand des Steuerstrafverfahrens sind (Koenig/*Wünsch* § 80 Rn. 4).

2. Folgen des Mandatsverhältnisses. a) Schweigepflicht und Zeugnisverweigerungsrecht. Dem Verteidiger steht auf der Grundlage des § 53 Abs. 1 Nr. 2 StPO ein umfassendes **Zeugnisver- 6 weigerungsrecht** zu, das sich nach § 53a StPO auch auf seine Berufshelfer erstreckt. Dieses Schweigerecht wird flankiert von der Strafvorschrift des § 203 Abs. 1 Nr. 3 StGB, welche die Verletzung von Berufsgeheimnissen mit Strafe bedroht.

b) Beschlagnahmeverbot. Mit der beruflichen **Schweigepflicht** und dem **Zeugnisverweige- 7 rungsrecht** korrespondiert das **Beschlagnahmeverbot** des § 97 Abs. 1 Nr. 1 StPO (s. dazu ausf. *Park,* Durchsuchung und Beschlagnahme, 3. Aufl. 2015, Rn. 518 ff.; *Gehrmann/Kindler* PStR 2010, 64). Hiernach dürfen schriftliche Mitteilungen, die zwischen dem Beschuldigten und dem Zeugnisverweigerungsberechtigten ausgetauscht worden sind, nicht beschlagnahmt werden. Gleiches gilt für die Aufzeichnungen, die der Berufsangehörige über Mitteilungen oder andere Umstände gemacht hat. **Beschlagnahmefrei** sind daher insbes. mandatsbezogene Vermerke sowie die Handakten des Verteidigers. Gegenstände des Beschuldigten, die dieser dem Zeugnisverweigerungsberechtigten überlässt (wie Geschäftsunterlagen, sonstige Aufzeichnungen), sind grds. ebenfalls beschlagnahmefähig (str., zum Meinungsstand vgl. KK-StPO/*Nack* StPO § 87 Rn. 15 f. Meyer-Goßner/Schmitt/*Schmitt* StPO § 97 Rn. 40 jeweils mwN; *Diversy* ZInsO 2004, 960), zumal dann, wenn die Gegenstände nur übergeben wurden, um sie dem Zugriff der Ermittlungsbehörden zu entziehen. Auch der Verteidiger ist – wie andere Berufsgeheimnisträger – kein Refugium für Unterlagen eines Beschuldigten (*Weyand* ZinsO 2008, 24 mwN).

8   Das Beschlagnahmeverbot des § 97 StPO greift nur dann, wenn sich die Gegenstände im Gewahrsam des Berufsangehörigen selbst befinden; eine Ausnahme gilt allein für **Verteidigerpost** (KK-StPO/*Nack* StPO § 97 Rn. 24 mwN) bzw. Unterlagen, die der Beschuldigte ersichtlich zum Zwecke der Verteidigung angefertigt hat; diese dürfen auch dann nicht beschlagnahmt werden darf, wenn sie sich im Besitz des Beschuldigten befinden (LG Mainz NStZ 1986, 473; OLG München NStZ 2006, 300; Meyer-Goßner/Schmitt/*Schmitt* StPO § 97 Rn. 36 f. mwN).

9   Das Beschlagnahmeverbot **greift** demgegenüber **nicht** ein, wenn der Verteidiger selbst verdächtig ist, sich an den Straftaten seines Mandanten beteiligt zu haben, oder dann, wenn es sich um *producta vel instrumenta sceleris* handelt (§ 97 Abs. 2 S. 3 StPO).

10   **3. Kosten.** Verteidigerauslagen werden nur unter bestimmten Bedingungen von der Staatskasse **erstattet** (vgl. §§ 464a, 467, 467a StPO). Auf die Erläuterungen zu § 408 wird verwiesen; s. zudem Kohlmann/*Hilgers-Klautzsch* Rn. 360 ff. Stellen die Staatsanwaltschaft bzw. die nach §§ 386, 399 selbstständig ermittelnde Finanzbehörde das Ermittlungsverfahren gemäß § 170 Abs. 2 StPO ein, besteht keine Erstattungspflicht, es sei denn, die Voraussetzungen des § 9 StrEG sind erfüllt (s. dazu Meyer-Goßner/Schmitt/*Schmitt* StrEG § 9 Rn. 1 ff.). Verteidigerkosten, die aufgrund von berufsbezogenen Ermittlungsverfahren entstehen, sind unter speziellen Umständen als Werbungskosten bzw. Betriebsausgaben abzugsfähig (BFH DStR 2007, 2254; sa Kohlmann/*Hilgers-Klautzsch* Rn. 368 mwN und Flore/Tsambikakis/*Tsambikakis* Rn. 29).

II. Beschränkung der Verteidigerzahl

11   Die Zahl der (Wahl-)Verteidiger darf **drei** nicht überschreiten (§ 137 Abs. 1 S. 2 StPO). Diese Beschränkung der Verteidigerzahl, die der Prozessverschleppung entgegen wirken will, ist verfassungsgemäß (BVerfG NJW 1975, 1013). Eventuell vom Gericht bestellte **Pflichtverteidiger** werden auf die gesetzliche Limitierung nicht angerechnet, anders aber bei Beiständen, die das Gericht nach § 138 Abs. 2 StPO als Verteidiger explizit zulässt. Sie gilt iÜ auch dann, wenn eine Anwaltssozietät mandatiert wird. Besteht sie aus mehr als drei Berufsangehörigen, muss klargestellt werden, welche dieser Personen als Verteidiger auftritt.

III. Verbot der Mehrfachverteidigung

12   Die **gleichzeitige gemeinschaftliche Verteidigung** mehrerer Beschuldigter durch einen gemeinsamen Verteidiger ist **unzulässig** (§ 146 StPO), selbst wenn die Beschuldigten dem zustimmen würden. Es soll so Interessenkollisionen auf jeden Fall vermieden werden (BVerfG NJW 1977, 1767). Verteidiger in diesem Sinne ist sowohl der Wahl- wie auch der Pflichtverteidiger; das Verbot erstreckt sich gleichermaßen auf Personen, die das Gericht nach § 138 Abs. 2 StPO als Rechtsbeistand zugelassen hat. Das Verbot der Mehrfachverteidigung gilt immer dann, wenn wegen desselben **Lebenssachverhalts** iSd § 264 StPO gegen mehrere Personen ermittelt wird (JJR/*Randt* Rn. 63 mwN). Es greift zudem ein, wenn im selben Verfahren mehrere Personen unterschiedliche Taten bezichtigt werden.

13   Da sich § 146 StPO ausdrücklich auf „Verteidigung" bezieht, also die Tätigkeit im Rahmen eines Ermittlungsverfahren, gilt das Verbot bei der Beratung in rein steuerlichen Dingen nicht, selbst wenn sie strafrechtliche Bezüge aufweisen, also auch nicht für Beratungsgespräche im Zusammenhang mit der Frage, ob und in welcher Form noch Selbstanzeigen iSd § 371 erstatte werden können (Rolletschke/Kemper/*Rolletschke* Rn. 65 mwN).

14   Angehörige einer **Anwaltssozietät** dürfen zwar mehrere Personen verteidigen, auch wenn derselbe Lebenssachverhalt betroffen ist. In diesen Fällen muss aber ausdrücklich klargestellt sein, welcher Berufsangehörige für welchen Beschuldigten tätig wird (Rolletschke/Kemper/*Rolletschke* Rn. 66a).

15   Das Verbot der Mehrfachverteidigung gilt nicht, wenn der Verteidiger mehrere derselben Tat Beschuldigte nacheinander vertritt; die **sukzessive Mehrfachverteidigung** erlaubt das Gesetz. Dies gilt etwa für die Fälle, in denen ein Beschuldigter dem Verteidiger das Mandat entzieht und dieser anschließend für einen Mitbeschuldigten tätig wird, oder das Verfahren gegen einen Beschuldigten rechtskräftig abgeschlossen ist oder der Mittäter verteidigt werden soll (LG Dessau-Roßlau StraFo 2008, 74).

16   **Verstöße** gegen § 146 StPO machen das Verteidigerhandeln nicht ohne weiteres unzulässig (§ 146a Abs. 2 StPO). Vielmehr ist der Verteidiger durch eine entsprechende Entscheidung des für die Haupt-

sache zuständigen Gerichts zurückzuweisen (§ 146a Abs. 1 S. 1 StPO). Handlungen, die er bis zum Zeitpunkt der Zurückweisung vorgenommen hat, bleiben wirksam (§ 146a StPO). Ein entsprechender Beschluss ist iÜ mit der Beschwerde (§ 304 StPO) anfechtbar.

B. Zur Verteidigung Berechtigte

In Steuerstrafverfahren können Angehöriger mehrere Berufsgruppen tätig werden. Der Kreis der nach **17** § 138 Abs. 1 StPO Berechtigten wird durch § 392 erweitert. Eine **Selbstbestellung** des einer Steuerstraftat beschuldigten Rechtsanwalts oder Beraters ist stets **unzulässig** (BVerfG NJW 1998, 2205).

I. Rechtsanwälte

Als Verteidiger tätig werden dürfen zum einen bei einem – beliebigen – deutschen Gericht zugelasse **18** ne **Rechtsanwälte,** auch wenn sie als **Syndikusanwälte** praktizieren (Meyer-Goßner/Schmitt/*Schmitt* StPO § 138 Rn. 2b; krit. Kohlmann/*Hilgers-Klautzsch* Rn. 24).

Der **Rechtsanwalt eines anderen EU-Staates,** eines anderen Vertragsstaates des Abkommens über **19** den europäischen Wirtschaftsraum oder der Schweiz dürfen sich nach dem EuRAG in Deutschland niederlassen und tätig werden. Ist er „niedergelassen" iSd §§ 2 ff. EuRAG, unterliegt er keinen Einschränkungen; anderenfalls darf er vorbehaltlich einer Entscheidung nach § 138 Abs. 2 StPO, als „dienstleistender europäischer Rechtsanwalt", nur im Einvernehmen mit einem im Inland zugelassen Anwalt tätig werden (§ 28 Abs. 1 EuRAG; s. weiter JJR/*Randt* Rn. 22).

Juristische Personen, wie etwa eine Rechtsanwalts-GmbH, können nicht mandatiert werden, da **20** die Aufgaben eines Verteidigers nur durch eine natürliche Person ausgeübt werden dürfen (MeyerGoßner/Schmitt/*Schmitt* StPO § 138 Rn. 8). Das Verteidigungsverhältnis besteht in diesen Fällen nur zu dem Berufsangehörigen, der konkret für den Beschuldigten als Verteidiger auftritt (LG Bonn AnwBl 2001, 300).

II. Angehörige der steuerberatenden Berufe

§ 392 erweitert den Kreis der möglichen Verteidiger in Steuerstrafsachen auf die **Angehörigen der** **21** **steuerberatenden Berufe,** also auf Steuerberater und -bevollmächtigte, Wirtschaftsprüfer und vereidigte Buchprüfer. Diese können in Ermittlungsverfahren, die von der Finanzbehörde nach § 386 Abs. 2 eigenständig geführt werden (→ § 386 Rn. 15 ff.), umfassend als Alleinverteidiger agieren (ausf. Kohlmann/*Hilgers-Klautzsch* Rn. 30 ff.; s. weiter beispielhaft LG Hildesheim DStR 2010, 1592 mAnm *Tierel* jurisPR-StrafR 9/2010 Anm. 1).

Die Verteidigungsbefugnis betrifft das gesamte finanzbehördliche Strafverfahren. Hierzu gehört auch **22** noch der Einspruch gegen einen von der Finanzverwaltung bei Gericht nach § 400 Hs. 1 beantragten Strafbefehl (überwiegende Meinung, vgl. Kohlmann/*Hilgers-Klautzsch* § 400 Rn. 165 ff.; JJR/*Randt* Rn. 24 mwN; aA Rolletschke/Kemper/*Rolletschke* Rn. 19 sowie AG München PStR 2008, 206).

Die Befugnis zur Alleinverteidigung **endet** indes unstreitig, sobald die Staatsanwaltschaft oder das **23** Strafgericht mit einer Steuerstrafsache befasst sind. Ab diesem Zeitpunkt ist nur noch eine gemeinschaftliche Verteidigung mit einem Rechtsanwalt oder Rechtslehrer (→ Rn. 25) oder aber eine ausdrückliche Zulassung nach § 138 Abs. 2 StPO zulässig.

Steuerberatungs- oder Wirtschaftsprüfergesellschaften können als juristische Personen nicht zu **24** Verteidigern gewählt werden (→ Rn. 20).

III. Rechtslehrer

Rechtslehrer an einer deutschen (staatlichen) Hochschule können gleichfalls als Verteidiger gewählt **25** werden, also hauptberufliche Professoren, Honorarprofessoren und Privatdozenten, nicht jedoch ein wissenschaftlicher Assistent oder ein Lehrbeauftragter (s. hierzu *Ladiges* JR 2013, 294). Sie brauchen dabei nicht Angehörige einer juristischen Fakultät zu sein (KK-StPO/*Laufhütte* StPO § 138 Rn. 5). Rechtslehrer an **ausländischen Universitäten** oder privaten deutschen Hochschulen werden von § 138 Abs. 1 StPO nicht erfasst; es verbleibt für diesen Personenkreis indes die von § 138 Abs. 2 StPO eröffnete Zulassungsmöglichkeit.

Zu den Hochschullehrer zählen nach der im Jahre 2004 in Kraft getretenen Neufassung des § 138 **26** Abs. 1 StPO auch **Rechtslehrer an einer Fachhochschule** (zum alten Recht vgl. BGH wistra 2004, 264; s. zudem *Weyand* INF 2004, 758). Voraussetzung in diesem Fall ist aber, dass der Gewählte die Befähigung zum Richteramt erworben hat (Kohlmann/*Hilgers-Klautzsch* Rn. 22). Damit sind die unverzichtbar notwendigen strafprozessualen und -rechtlichen Grundkenntnisse hinreichend sicher gestellt. Weiterhin von der Verteidigertätigkeit ausgeschlossen bleiben damit etwa manche Lehrende an Fachhochschulen für die Rechtspflegerausbildung. Hier werden Professorentitel auch an Dozenten verliehen, die lediglich diesen Ausbildungsgang erfolgreich beendet haben; solche Personen können gleichfalls aber nach § 138 Abs. 2 StPO als Verteidiger zugelassen werden (→ Rn. 29 f.). Andererseits ist nicht notwendig, dass der volljuristisch ausgebildete Fachhochschullehrer sich in seinem Hauptberuf auf strafrechtlichem Gebiet betätigt. Auch alle Rechtsanwälte können schließlich in Strafsachen auftreten; sie müssen nicht spezialisiert sein oder gar Spezialkenntnisse positiv nachweisen (s. erg. *Weyand* NWB F 13, 1043).

IV. Gemeinschaftliche Verteidigung

27   Mit Abgabe der Steuerstrafsache an die Staatsanwaltschaft bzw. das Gericht endet die Befugnis der Angehörigen der steuerberatenden Berufe zur Alleinverteidigung (→ Rn. 21 ff.). Eine **gemeinschaftliche Verteidigertätigkeit** mit einem Rechtsanwalt oder einem Rechtslehrer bleibt aber weiter zugelassen, ohne dass hierfür eine gesonderte Genehmigung der Ermittlungsbehörden oder des Gerichts nötig wäre.

28   Bei einer solchen gemeinschaftlichen Verteidigung stehen jedem der Verteidiger die in → Rn. 51 ff. aufgeführten Verteidigerrechte **uneingeschränkt** und auch alleine zu (Rolletschke/Kemper/*Rolletschke* Rn. 21). **Prozesserklärungen,** etwa im Hinblick auf die Einlegung eines Rechtsmittels, dürfen die Berufsangehörigen aber **nur gemeinschaftlich** mit dem Mitverteidiger abgeben (JJR/*Randt* Rn. 25 mwN). Bei **widerstreitenden Erklärungen** der Verteidiger gebührt den Äußerungen und Entscheidungen des Rechtsanwalts bzw. Rechtslehrers der Vorrang (Rolletschke/Kemper/*Rolletschke* Rn. 23); denn er ist im Gegensatz zu seinem Mitverteidiger uneingeschränkt postulationsfähig.

V. Andere Personen

29   Das Gesetz lässt dem Gericht in § 138 Abs. 2 StPO die Möglichkeit, neben den „geborenen" Verteidigern auch **andere Personen** als Verteidiger zuzulassen. Diese Bestimmung gilt schon aufgrund der allgemeinen Verweisung des § 385 Abs. 1 auch für das Steuerstrafverfahren; der rein deklaratorischen Bestimmung des § 392 Abs. 2 hätte es nicht bedurft.

30   Mithin können in jedem Stadium des gerichtlichen Verfahrens auch Angehörige der steuerberatenden Berufe, ausländische Rechtsanwälte oder Rechtslehrer oder sonstige Personen mit Zustimmung des Gerichts auftreten. Diese Entscheidung steht im **pflichtgemäßen Ermessen** des Gerichts, das nur aufgrund eines entsprechenden – gleichfalls konkludent, zB durch Auftreten in der Hauptverhandlung, möglichen – Antrags nach Anhörung der Staatsanwaltschaft (§ 33 Abs. 2 StPO) durch Beschluss entscheidet, aber dem Gesuch auch konkludent, zB durch Übersendung von Ladungen und dergleichen, entsprechen kann (Meyer-Goßner/Schmitt/*Schmitt* StPO § 138 Rn. 12 mwN). Bei der **Entscheidung** sind einerseits die Bedürfnisse der Rechtspflege, insbes. das Interesse an einem geordneten Verfahren, das nicht durch sachfremde Anträge unnötig belastet werden soll, andererseits aber auch die Wünsche und Bedürfnisse des Beschuldigten abzuwägen. Im Zweifel ist dem Antrag zu **entsprechen,** wenn der Gewählte nicht ersichtlich ohne die nötigen materiellen und verfahrensmäßigen Kenntnisse agieren will und auch sonst keine Bedenken ersichtlich sind (Rolletschke/Kemper/*Rolletschke* Rn. 28; JJR/*Randt* Rn. 30, jeweils mwN). Die ablehnende Entscheidung ist gegebenenfalls mit der Beschwerde (§ 304 StPO) anfechtbar. Die Genehmigung kann zurück genommen werden, wenn sie rechtfehlerhaft war, oder wenn die Zulassungsvoraussetzungen entfallen (KK-StPO/*Laufhütte* StPO § 138 Rn. 11).

C. Pflichtverteidiger

31   Unter bestimmten Voraussetzungen ist die Mitwirkung eines Verteidigers auch im Steuerstrafverfahren kraft Gesetzes zwingend erforderlich. § 140 StPO führt die Fälle der **„notwendigen Verteidigung"** in Form eines Kataloges auf. Die Bestimmung ist ebenfalls Ausprägung des Rechts eines jeden Beschuldigten auf ein faires Verfahren. Er soll bei besonderen sachlichen oder rechtlichen Umständen die Gelegenheit haben, seine Rechte angemessen zu wahren, selbst wenn er die Kosten für einen Wahlverteidiger nicht aufbringen kann. In diesen Fällen erhält er auf Staatskosten einen Pflichtverteidiger.

32   Nicht alle dort erwähnten Gesetzesvarianten sind bei Steuerdelikten praxisrelevant (s. weiter Kohlmann/*Hilgers-Klautzsch* Rn. 56 ff.). IE ist eine Pflichtverteidigerbestellung hier von Amts wegen geboten:

33   – wenn die Hauptverhandlung **in erster Instanz vor dem LG** stattfindet, § 140 Abs. 1 Nr. 1 StPO (→ § 391 Rn. 11); Gleiches soll – über § 140 Abs. 2 StPO – auch bei Verhandlungen vor dem erweiterten Schöffengericht (§ 29 Abs. 2 GVG; s. zur Praxisrelevanz → § 391 Rn. 10) gelten (s. weiter Kohlmann/*Hilgers-Klautzsch* Rn. 58 mwN),

34   – wenn das das Verfahren zu einem **Berufsverbot** (§ 70 StGB) führen kann, § 140 Abs. 1 Nr. 3 StPO. Dies ist dann der Fall, wenn eine rechtwidrige Tat unter grober Verletzung und als Ausfluss der mit einem Beruf oder Gewerbe verbundenen Pflichten begangen worden ist; das bloße Ausnutzen von Möglichkeiten, die sich anlässlich der Berufsausübung ergeben, reicht hierbei nicht aus (s. weiter Fischer StGB § 70 Rn. 3a mwN). Diese Voraussetzung kann etwa vorliegen, wenn Steuerhinterziehungen größeren Ausmaßes im Zusammenhang mit der Beschäftigung von Schwarzarbeitern und unter Verwendung von eigens hierfür gegründeten bzw. eingeschalteten Subunternehmen begangen

werden (sa BGH wistra 1995, 22; wohl aus heutiger Sicht zu weitgehend BGH NJW 1980, 245 für einen Steuerberater, der eigene Steuerpflichten verletzt);

– wenn gegen einen Beschuldigten Untersuchungshaft §§ 112, 112a StPO) oder einstweilige Unter- **35** bringung (§§ 126a, 275a Abs. 5 StPO) vollstreckt wird, § 140 Abs. 1 Nr. 4 StPO. Damit hat jeder Untersuchungsgefangene ein zwingendes Recht auf einen Pflichtverteidiger ab Beginn der Untersuchungshaft; zu dieser Alternative vgl. *Marberth-Kubicki* NJW-aktuell 2010, 16; *Wöhlers* StV 2010, 151; krit. aber *Thielmann* HRRS 2013, 283.

– wenn sich der Beschuldigte seit mindestens **drei Monaten** (auch im Ausland OLG Koblenz NStZ 1984, 868) in **Untersuchungshaft** befunden hat bzw. auf der Grundlage des § 126a StPO einstweilen untergebracht ist und nicht mindestens zwei Wochen vor Beginn einer Hauptverhandlung auf freien Fuß gesetzt worden ist, § 140 Abs. 1 Nr. 5 StPO;

– der bisherige Verteidiger von der Mitwirkung an dem Verfahren **ausgeschlossen** worden ist, § 140 **36** Abs. 1 Nr. 8 StPO;

– wenn wegen der **Schwere der Tat** oder **Schwierigkeiten der Sach- und Rechtslage** die Mit- **37** wirkung eines Verteidigers geboten erscheint, bzw. der Beschuldigte sich ersichtlich **nicht selbst verteidigen** kann, § 140 Abs. 2 StPO.

Eine **Tat** ist **schwer,** wenn eine zu erwartende Rechtsfolge einschneidend bzw. existenzbedrohend ist **38** (KK-StPO/*Laufhütte* StPO § 140 Rn. 21), insbes. dann, wenn eine **Freiheitsstrafe** von mehr als einem Jahr (zur Strafzumessung bei Steuerdelikten → § 370 Rn. 573 ff.; s. weiter BGH wistra 2009, 17 mAnm *Rolletschke/Jope* wistra 2009, 219) oder aber eine **Nichtbewährungsstrafe** im Raum steht, bzw. infolge der neuerlichen Verurteilung ein Bewährungswiderruf im Raum steht. Zwar sollen in diesem Zusammenhang keine starren Grenzen gelten (Meyer-Goßner/Schmitt/*Schmitt* StPO § 140 Rn. 23 mwN). Allerdings zwingt der allgemeine Grundsatz, wonach der Beschuldigte das Recht auf ein (möglichst) faires Verfahren hat, hier zu großzügigen Entscheidungen, so dass im Zweifel eine Pflichtverteidigerbestellung bei anstehenden Freiheitsstrafen im erwähnten Ausmaß die Regel sein sollte, insbes., wenn sie verbüßt werden müssen.

Die **Sachlage** ist **schwierig,** wenn zB eine umfangreiche Beweisaufnahme ansteht (s. weiter Meyer- **39** Goßner/Schmitt/*Schmitt* StPO § 140 Rn. 26 mwN), oder aber besondere Probleme auftreten können, wie etwa die Beurteilung der Glaubwürdigkeit sich widersprechender Zeugenaussagen (OLG Hamm StV 1985, 447) oder die Auseinandersetzung mit einem Sachverständigengutachten (OLG Karlsruhe StV 1991, 199). Eine **schwierige Rechtslage** besteht, wenn die Subsumtion im konkreten Fall selbst für Rechtskundige Schwierigkeiten bereitet, oder aber nicht geklärte Rechtsfragen behandelt werden müssen (vgl. OLG Celle wistra 1986, 233 mAnm *Molketin).* Diese Alternative des § 140 Abs. 2 StPO dürfte bei steuerrechtlichen Bezügen vielfach eingreifen (JJR/*Randt* Rn. 46; diff. Rolletschke/Kemper/ *Rolletschke* Rn. 45), zumal etwa im Zusammenhang mit Problemen der Unternehmensbesteuerung, nicht aber bei lediglich vorgetäuschten Werbungskosten und dergleichen.

Der Beschuldigte kann sich dann **nicht selbst verteidigen,** wenn nicht sicher gewährleistet ist, dass **40** er der Verhandlung wird folgen und seine Interessen wird wahren können. Dies gilt allgemein für Ausländer, die der deutschen Sprache nicht mächtig sind (KK-StPO/*Laufhütte* StPO § 140 Rn. 24), aber auch für Analphabeten und für Personen mit seelischen, körperlichen oder geistigen Gebrechen. Das Gesetz bestimmt in § 140 Abs. 2 S. 2 StPO iÜ explizit, dass tauben oder stummen Beschuldigten auf deren Antrag stets – unabhängig vom Tatvorwurf – ein Pflichtverteidiger beizuordnen ist.

Die Bestellung des Pflichtverteidigers nimmt der **Vorsitzende** der Gerichts vor, das für das Haupt- **41** verfahren zuständig oder bei dem das Verfahren anhängig ist (§ 141 Abs. 4 StPO; s. weiter Kohlmann/ *Hilgers-Klautzsch* Rn. 61 ff.). Der Pflichtverteidiger soll tunlichst aus dem Kreis der Anwälte bestimmt werden, die im konkreten Gerichtsbezirk zugelassen sind (§ 142 Abs. 1 S. 1 StPO). Der Beschuldigte kann einen Anwalt seines Vertrauens benennen, der sodann im Regelfall auch bestellt werden wird, es sei denn, es sprächen gewichtige Gründe dem entgegen (ausf. KK-StPO/*Laufhütte* StPO § 140 Rn. 7; sa Kohlmann/*Hilgers-Klautzsch* Rn. 63); einen Anspruch hierauf hat der Beschuldigte aber nicht.

Die Bestellung kann auf Antrag der Staatsanwaltschaft, auch der nach § 386 Abs. 2 eigenständig **42** agierenden Finanzbehörde (vgl. auch Nr. 32 Abs. 3 AStBV 2014), bereits im Vorverfahren erfolgen, wenn dies aus der Sicht der Ermittlungsbehörden sachangemessen ist (§ 140 Abs. 3 StPO). Verpflichtet zu einer solchen Antragstellung ist die Staatsanwaltschaft aber nicht (Meyer-Goßner/Schmitt/*Schmitt* StPO § 141 Rn. 5). In besonders gelagerten Fällen kann sogar die Bestellung eines zweiten Pflichtverteidigers geboten sein (KG wistra 1994, 281).

D. Verteidigerausschluss

Unter bestimmten Umständen kann der Verteidiger nach Maßgabe der §§ 138a ff. StPO vom Ver- **43** fahren (iÜ auch vom Bußgeldverfahren, vgl. § 46 Abs. 1 OWiG; s. dazu BGH wistra 1992, 228) **ausgeschlossen** werden. Diese Bestimmungen gelten nicht nur für den Wahl-, sondern auch für den Pflichtverteidiger (BGH NJW 1996, 1975), und für Personen, die auf der Basis des § 138 Abs. 2 StPO zur Verteidigung zugelassen sind. Allerdings kommt bei einem Pflichtverteidiger auch die **Rücknahme** der Bestellung in Frage (§ 143 StPO), bei „anderen Personen" die Rücknahme der Genehmigung (Meyer-Goßner/Schmitt/*Schmitt* StPO § 138 Rn. 17 mwN).

I. Ausschlussgründe

44   Die §§ 138a–138b StPO enthalten insgesamt **fünf Ausschließungstatbestände,** deren Aufzählung abschließend und nicht erweiterbar ist (vgl. einführend Kohlmann/*Hilgers-Klautzsch* Rn. 145 ff.; sa *Burhoff* StRR 2012, 404). Sie gelten in jeder Lage des Verfahrens, also auch im Ermittlungsstadium. Auf den Zeugenbeistand sind sie nicht anwendbar (JJR/*Randt* Rn. 56; *Ditges* StB 2000, 264); dieser kann also grds. nicht ausgeschlossen werden.

IE ergeben sich aus dem Gesetz folgende **Ausschlussgründe:**

45   **Beteiligung an der Tat** (§ 138 Abs. 1 Nr. 1 StPO). Notwendig ist insoweit ein dringender oder ein die Eröffnung des Hauptverfahrens rechtfertigender Verdacht einer vorwerfbaren Tatbeteiligung im Sinne der §§ 25–27 StGB, also der Verdacht der Mittäterschaft, der Anstiftung oder der Beihilfe. Nicht erforderlich ist in diesem Zusammenhang, dass gegen den Betroffenen bereits ein Ermittlungsverfahren eingeleitet oder dieses bereits zur Anklagereife gelangt ist (BGH NStZ 1990, 91 m. krit. Anm. *Mehle*). Ein **dringender Tatverdacht** besteht, wenn nach dem jeweiligen Stand der Ermittlungen die Wahrscheinlichkeit groß ist, dass der Verteidiger sich an der seinem Mandanten vorzuwerfenden Tat vorsätzlich (BGH wistra 1993, 181) beteiligt hat (JJR/*Randt* Rn. 57 mwN; sa *Frye* wistra 2005, 86). Das Hauptverfahren wird nach § 203 StPO dann eröffnet, wenn bezüglich des Beschuldigten ein hinreichender Tatverdacht besteht, also bei vorläufiger Tatbewertung eine spätere Verurteilung des auszuschließenden Verteidigers wahrscheinlich ist (vgl. Meyer-Goßner/Schmitt/*Schmitt* StPO § 138a Rn. 14; sa OLG Zweibrücken wistra 1995, 319).

46   **Missbrauch des Verkehrs** mit dem inhaftierten Beschuldigten oder **erhebliche Gefährdung der Sicherheit der Vollzugsanstalt** (§ 138 Abs. 1 Nr. 2 StPO). Dieser Ausschlussgrund ist im Bereich des Steuerstrafverfahrens nur von geringer Bedeutung, da hier die Anordnung von Untersuchungshaft nur in Ausnahmefällen und allein bei Hinterziehungen großen Umfangs erfolgt. Er greift ein, wenn der Verteidiger sein uneingeschränktes Besuchsrecht des inhaftierten Mandanten zB dazu nutzt, diesem unerlaubte Gegenstände, etwa Mobiltelefone, oder unzensierte Briefe dritter Personen zu übergeben, oder aber diesem etwa Ausbruchswerkzeuge aushändigt.

47   Handlungen, die als **Begünstigung** (§ 257 StGB), **Strafvereitelung** (§ 258 StGB) oder **Hehlerei** (§ 259 StGB) zugunsten des Beschuldigten anzusehen sind (§ 138a Abs. 1 Nr. 3 StPO). Notwendig hierbei ist, dass sich die Handlungen des Betreffenden auf die Tat beziehen, die Gegenstand des konkreten Ermittlungsverfahrens ist. Das Gericht braucht für die Frage des Ausschlusses den Nachweis der Haupttat lediglich zu unterstellen und zu prüfen, ob der Verteidiger dann einer der Katalogtaten verdächtig ist, wobei auch der Verdacht einer versuchten Strafvereitelung etwa durch Benennung eines zur Falschaussage bereiten Zeugen. Prozessual zulässiges Verhalten kann unter dem Aspekt der Strafvereitelung niemals zum Verteidigerausschluss führen (Meyer-Goßner/Schmitt/*Schmitt* StPO § 138a Rn. 11 mwN; OLG Düsseldorf wistra 1991, 193).

48   Die **weiteren Ausschlussgründe** des § 138a Abs. 2 StPO (erleichterte Ausschließung bei Verfahren, die sich mit terroristischen Vereinigungen befassen) sowie des § 138b StPO (Ausschließung bei Gefahr für die Sicherheit der Bundesrepublik) sind für das Steuerstrafverfahren nicht relevant.

II. Verfahren

49   Die **Entscheidung** über den Ausschluss trifft das zuständige OLG, das im vorbereitenden Verfahren, also vor Anklageerhebung, aufgrund eines entsprechenden Antrags der Staatsanwaltschaft bzw. der Finanzbehörde tätig wird, iÜ aufgrund eines Vorlagebeschlusses des mit der Sache befassten Gerichts. Nach Erhebung der öffentlichen Klage bis zum rechtskräftigen Verfahrensabschluss entscheidet das OLG auf Vorlage des mit der Sache befassten Gerichts (zu den Anforderungen an einen solchen Vorlagebeschluss vgl. OLG Hamm wistra 1999, 117), die von Amts wegen oder aber – ohne weitere Prüfung durch das Prozessgericht selbst – auf Antrag der Staatsanwaltschaft erfolgt. Die Entscheidung ergeht aufgrund mündlicher Verhandlung (§ 138d Abs. 1 StPO). Gegen den Beschluss des OLG ist die **sofortige Beschwerde** gegeben, die nur binnen einer Woche eingelegt werden kann (§ 138d Abs. 6 StPO). Wirksam ist der Ausschluss mit Rechtskraft der Entscheidung (Meyer-Goßner/Schmitt/*Schmitt* StPO § 138a Rn. 23).

III. Folgen des Verteidigerausschlusses

50   Mit Rechtskraft des Ausschließungsbeschlusses ist der betroffene Verteidiger an jeglicher Tätigkeit in dem konkreten Verfahren **gehindert,** also auch in anschließenden Strafvollstreckungs-, Gnaden- oder Wiederaufnahmeverfahren (Meyer-Goßner/Schmitt/*Schmitt* StPO § 138a Rn. 22). Darüber hinaus darf er an keinem anderen Verfahren mitwirken, in dem der Beschuldigte gleichfalls verfolgt wird (§ 138a Abs. 4 StPO). Mitbeschuldigte kann er ebenfalls nicht verteidigen (§ 138a Abs. 5 StPO).

E. Verteidigerrechte – Verteidigerpflichten

Der Verteidiger tritt als **Beistand** neben den Beschuldigten und handelt **selbstständig** und **allein-** 51
verantwortlich. Das Gesetz gibt ihm daher teilweise Rechte, die über die Rechte des Beschuldigten
hinausgehen, zB das Recht auf umfassende Akteneinsicht. IE sind die folgenden Punkte besonders
hervorzuheben.

I. Verkehrs-, Anwesenheits- und Fragerechte

Der Beschuldigte hat ein **uneingeschränktes Recht,** mit seinem Verteidiger mündlich und schrift- 52
lich in **Kontakt** zu treten bzw. zu stehen, selbst wenn er sich in Haft befindet (§ 148 Abs. 1 StPO).
Dieser Verkehr unterliegt keinerlei Überwachung; die sich aus § 148 Abs. 2 StPO ergebenden Einschränkungsmöglichkeiten sind für das Steuerstrafverfahren nicht relevant. Der **Schriftverkehr** zwischen Verteidiger und inhaftiertem Mandanten darf nicht beschränkt und auch nicht inhaltlich überwacht werden (eine Ausnahme gilt bei einer Postsperre nach § 99 Abs. 1 InsO, die sich gleichfalls auf
Verteidigerpost erstrecken darf, BVerfG StV 2001, 212 mit krit. Anm. *Marberth-Kubicki* StV 2001,
433). Eine **äußere Kontrolle,** ob es sich tatsächlich um Verteidigerpost handelt, ist allerdings zulässig
(Meyer-Goßner/Schmitt/*Schmitt* StPO § 148 Rn. 7 mwN). Auch Besuche des Verteidigers, jedenfalls
zu den anstaltsüblichen Besuchszeiten, müssen einschränkungslos gestattet und ohne Überwachung
durchgeführt werden. Hierzu hat die Justizvollzugsanstalt geeignete Räumlichkeiten zur Verfügung zu
stellen, die weder optisch noch akustisch überwacht werden dürfen (OLG Hamm StV 1985, 241). Bei
diesen Besuchen darf der Verteidiger auch Unterlagen, die der Verteidigung dienen, also Aktenauszüge
oder -doppel, seinem Mandanten übergeben. Gleichfalls unterliegt der Fernsprechverkehr mit dem
Verteidiger keiner Überwachung (s. zu dem Gesamten Meyer-Goßner/Schmitt/*Schmitt* StPO § 148
Rn. 9 ff.).

Der Verteidiger hat neben dem Recht, uneingeschränkt mit seinem Mandanten in Kontakt zu treten, 53
auch weitgehende **Anwesenheitsrechte.** Diese bestehen insbes. bei einer **richterlichen Vernehmung**
des Beschuldigten (§ 168c Abs. 1 StPO), aber auch bei richterlichen Zeugen- und Sachverständigen-
vernehmungen (§ 168c Abs. 2 StPO), desgleichen bei der richterlichen Inaugenscheinnahme (§ 168d
StPO). Dem Beschuldigten kann das ihm ebenfalls prinzipiell zustehende Anwesenheitsrecht bei den
letztgenannten richterlichen Untersuchungshandlungen versagt werden, wenn seine Anwesenheit den
Ermittlungszweck gefährden würde, namentlich dann, wenn ein Zeuge in Gegenwart des Beschuldigten
möglicherweise nicht wahrheitsgemäße Angaben machen würde (§ 168c Abs. 3 StPO). Die Anwesenheitsrechte des Verteidigers bestehen ohne Einschränkungsmöglichkeit; dieser muss also immer die
Gelegenheit haben, der richterlichen Maßnahme beizuwohnen, weshalb er auch rechtzeitig von den
Termin unterrichtet werden muss (§ 168c Abs. 5 StPO). Verstöße hiergegen könne zu Verwertungsverboten führen (Meyer-Goßner/Schmitt/*Schmitt* StPO § 168c Rn. 6).

Ein Recht auf **Teilnahme an Vernehmungen,** auch solchen des Beschuldigten, oder anderen 54
Untersuchungshandlungen der Staatsanwaltschaft bzw. der Polizei (auch der Steuerfahndung) steht dem
Verteidiger nicht zu (s. weiter JJR/*Randt* Rn. 100 ff. mwN). Andererseits **kann** ihm die Anwesenheit
auch **gestattet** werden (s. Nr. 34 Abs. 2 S. 2 AStBV 2014; *Schaefer* MDR 1977, 980). Eine polizeiliche
oder staatsanwaltschaftliche Beschuldigtenvernehmung ohne Beteiligung des Verteidigers wird in der
Praxis kaum stattfinden, zumal der Beschuldigte selbst zu keinen Aussagen verpflichtet ist und seine
Aussagebereitschaft vom anwesenden Verteidiger abhängig machen kann (Rolletschke/Kemper/*Rolletschke* Rn. 73).

Steht dem Verteidiger ein Anwesenheitsrecht zu oder wird seine Anwesenheit gestattet, muss er auch 55
die Möglichkeit haben, **sachdienliche Fragen** zu stellen bzw. **Hinweise** zu geben (so zu Recht
Rolletschke/Kemper/*Rolletschke* Rn. 85; JJR/*Randt* Rn. 102, jeweils mwN). Für die gerichtliche
Hauptverhandlung ist dieses Fragerecht gesetzlich ausdrücklich verankert (§§ 239, 240 StPO). Ungeeig-
nete oder neben der Sache liegende Fragen dürfen dabei zurückgewiesen werden (Meyer-Goßner/
Schmitt/*Schmitt* StPO § 168c Rn. 1).

Die Teilhaberechte der Verteidigung gelten auch im Rahmen von **Rechtshilfemaßnahmen,** wie sie 56
in Steuerstrafverfahren zunehmend häufiger an ausländische Staaten gerichtet werden, und die sowohl
Vernehmungen und allgemeine Auskünfte als auch Durchsuchungen bzw. Beschlagnahmen betreffen
können (s. dazu allgemein *Park,* Durchsuchung und Beschlagnahme, 3. Aufl. 2015, Rn. 79 ff.; ausf. zur
internationalen Rechtshilfe MAH WirtschaftsStR/*Nelles/Ahlbrecht* § 16 Rn. 192 ff.; *Ahlbrecht/Schlei*
StraFo 2013, 265; krit. *Nagler* StV 2013, 324; speziell zur Rechtshilfe in Steuer- und Steuerstrafverfahren
Kohlmann/*Peter* § 399 Rn. 250 ff.). Die **Zulässigkeit** solcher Rechtshilfegesuche richtet sich nach dem
allgemeinen nationalen Ermittlungsrecht, also sowohl der deutschen StPO als auch dem Recht des
ersuchten Staates (grundlegend BGH wistra 2012, 282; dazu krit. *Zehetgruber* NZWiSt 2013, 464; sa
Bülte ZWH 2013, 219)). Dies bedeutet, dass in einem Ersuchen der Staatsanwaltschaft bzw. Finanzbehörde, das sich an die Justiz eines anderen Staates richtet und bspw. richterliche Untersuchungshandlungen zum Gegenstand hat, auf die Bestimmung des § 168c StPO hingewiesen werden muss; nach

Art. 4 Abs. 1 EU-RhÜbk richtet sich die Erledigung von Rechtshilfeersuchen im Normalfall nach dem Recht des ersuchenden Staates, weshalb deutsche Verfahrensgarantien auch hier gelten (BGH NStZ 2007, 417 mAnm *Schuster* StV 2008, 397). Sieht das fremdstaatliche Recht keine entsprechenden Beteiligungs-(vor allem Benachrichtigungs-)rechte vor und benachrichtigt der dort tätige Richter die nach deutschem Recht zwingend zu beteiligenden Personen daher nicht, führt dies nicht ohne weiteres zu einem Rechtsfehler (Meyer-Goßner/Schmitt/*Schmitt* StPO § 168c Rn. 8 sowie § 251 Rn. 50 mwN; KK-StPO/*Wache* StPO § 168c Rn. 21); anders aber, wenn eine nach deutschem Recht unverzichtbare Belehrung nicht vorgenommen (BGH NStZ 1992, 934) oder aber der Verteidiger von der Vernehmung eines Zeugen nicht benachrichtigt wird (BGH NStZ 2007, 417 mAnm *Schuster* StV 2008, 297). Die Prüfung etwaiger **Verwertungsprobleme** obliegt in der Folge stets der innerstaatlichen deutschen Stelle (s. weiter MAH WirtschaftsStR/*Nelles/Ahlbrecht* § 16 Rn. 223; umf. zur Verwertung im Ausland gewonnener Beweismittel *Böse* ZStW 114 (2002), 148; s. ferner Meyer-Goßner/Schmitt/*Schmitt* StPO § 251 Rn. 34a ff.). Bei Fragen der **Verwertbarkeit** ist stets aber auch die **Rechtsordnung des ersuchten Staates** zu berücksichtigen. Eine Unverwertbarkeit kann sich nur aus dessen (inländischer) Rechtsordnung bzw. der Verletzung völkerrechtlicher Grundsätze oder allgemeiner rechtshilferechtlicher Bestimmungen ergeben. Deutschen Gerichten ist dabei eine Prüfung, ob und inwieweit hoheitliche Entscheidungen des ersuchten Staates der dortigen höchstrichterlichen Rspr. entsprechen, regelmäßig **verwehrt** (BGH wistra 2014, 412).

II. Akteneinsichtsrecht

57   Das in § 147 StPO statuierte Recht auf **Akteneinsicht** und **Besichtigung der Beweisstücke** ist das grundlegende Recht eines Verteidigers (s. erg. Nr. 35 AStBV 2014). Eine effiziente und umfassende Verteidigung ist nur möglich, wenn Ermittlungsgegenstand und -ergebnisse vollständig, umfassend und lückenlos bekannt sind (*Burkhard* wistra 1996, 171; s. weiter Kohlmann/*Hilgers-Klautzsch* Rn. 248 ff.).

58   Der Beschuldigte selbst hat ein entsprechendes Akteneinsichtsrecht nicht (Meyer-Goßner/Schmitt/*Schmitt* StPO § 147 Rn. 3 mwN); ihm können aber gemäß § 147 Abs. 7 StPO **Auszüge** und **Abschriften** aus den Akten überlassen werden, wenn auch die Praxis von dieser Möglichkeit regelmäßig keinen Gebrauch macht. Der Verteidiger darf seinem Mandanten die Originalermittlungsakten nicht zugänglich machen. Er muss dafür sorgen, dass diese unbeeinflusst und vollständig bleiben. Vorhandene Unterlagen müssen dem Zugriff des Beschuldigten entzogen werden, allein schon um eine Beweisunterdrückung zu verhindern. Allerdings kann der Verteidiger dem Beschuldigten Fotokopien einzelner Schriftstücke, Aktenauszüge, selbst die Kopie der vollständigen Ermittlungsakte (*Krekeler* wistra 1983, 46; JJR/*Randt* Rn. 89), aushändigen (so schon OLG Frankfurt a. M. NStZ 1981, 144); dies ist zur Überprüfung von Tatvorwürfen und zur sachgemäßen Beratung bzw. Besprechung der Ermittlungsergebnisse auch meist unumgänglich (OLG Zweibrücken NJW 1977, 1699).

59   Das Akteneinsichtsrecht **erstreckt** sich auf die **vollständige Ermittlungsakte** nebst der **Beweismittel, Sachverständigengutachten, Beiakten,** auf die **Auskünfte** aus dem **Bundeszentralregister,** des Weiteren die **Steuerakten** des Beschuldigten einschließlich etwaiger **Fallhefte** des Betriebsprüfers (OLG Rostock wistra 2015, 446; *Burkhard* StV 2000, 526; Kohlmann/*Hilgers-Klautzsch* Rn. 25 ff.) sowie anderer Personen, soweit der Akteninhalt Bezüge zu dem Strafverfahren aufweist und die Bestimmung des § 30 AO beachtet wird. Gleichfalls muss Akteneinsicht in die „**Roten**" oder „**Grünen Bögen**" erteilt werden, welche Betriebsprüfer auch zur strafrechtlichen Beurteilung ihrer Feststellungen anfertigen (*Burkhard* StV 2000, 526; vgl. ausf. zum Umfang des Akteneinsichtsrechts JJR/*Randt* Rn. 84 ff.; *Randt* Steuerfahndungsfall Teil E Rn. 90 ff.). **Nicht** der Akteneinsicht unterliegen lediglich **behördeninterne Vorgänge,** wie etwa Handakten der Staatsanwaltschaft und auch der BuStra (Meyer-Goßner/Schmitt/*Schmitt* StPO § 147 Rn. 13 mwN; krit. hierzu JJR/*Randt* Rn. 86, *Randt* Steuerfahndungsfall Teil E Rn. 100). Dies gilt gleichermaßen für **Prüferhandakten.**

60   Die Akteneinsicht erfolgt regelmäßig, einen entsprechenden Antrag vorausgesetzt, durch **Übersendung** der Unterlagen in die Praxisräume des Verteidigers (§ 147 Abs. 4 StPO), wobei diesem eine in Relation zum Aktenumfang **angemessene Zeitspanne** zur Durchsicht eingeräumt werden muss. **Beweismittel** kann der Verteidiger in den Räumen der Staatsanwaltschaft lediglich „**besichtigen**" (§ 147 Abs. 1 aE StPO) und sich gegebenenfalls Abschriften bzw. Kopien der Beweisunterlagen aushändigen lassen (Meyer-Goßner/Schmitt/*Schmitt* StPO § 147 Rn. 30).

61   Vor Abschluss der Ermittlungen darf eine umfassende Akteneinsicht dann **versagt** werden, wenn diese den **Ermittlungszweck gefährden** könnte (§ 147 Abs. 2 StPO). Dies ist dann der Fall, wenn zB aus den Akten ein bevorstehender Durchsuchungstermin entnommen werden kann, oder zu ersehen ist, dass ein Haftbefehl beantragt werden soll oder aber gegenüber einem flüchtigen Beschuldigten noch vollstreckt werden muss (krit. *Randt* Steuerfahndungsfall Teil E Rn. 105 f.).

Ist der **Abschluss der Ermittlungen** nach § 169a StPO in den Akten vermerkt, muss einem Antrag auf Gewährung von Akteneinsicht prinzipiell gefolgt werden. Grundsätzlich **immer** ist aber Einblick in Niederschriften über **Vernehmungen des Beschuldigten** zu gewähren. Auch darf der Verteidiger stets **Sachverständigengutachten** einsehen, sobald diese vorliegen, und Protokolle über **richterliche Untersuchungshandlungen** zur Kenntnis nehmen, bei denen er ein Anwesenheitsrecht hat (§ 147

Abs. 3 StPO). Hierzu zählen die richterliche Beschuldigtenvernehmung oder die richterliche Einvernahme von Zeugen und Sachverständigen (§ 168c Abs. 1 u. 2 StPO). Die Möglichkeit, Akteneinsicht zu **verweigern,** besteht grds. auch gegenüber dem Verteidiger eines Inhaftierten. In diesem Fall muss der Verteidiger aber – eventuell durch Teilakteneinsicht bzw. durch die Übergabe spezieller Haftsonderbände – über die dem Haftbefehl zugrunde liegenden Tatsachen und Beweismittel informiert werden. Andernfalls darf das Gericht seine Haftentscheidung hierauf nicht stützen und muss den Haftbefehl gegebenenfalls aufheben (BVerfG wistra 1994, 342; krit. Randt Steuerfahndungsfall Teil E Rn. 106).

Die Verweigerung der Akteneinsicht kann prinzipiell **nicht gerichtlich überprüft** – insbes. nicht **62** nach den §§ 23 ff. EGGVG (aA *Burkhard* DStR 2002, 1794 (1796)) – werden, da es sich um eine reine Prozesshandlung handelt (BVerfG NJW 1985, 1019; OLG Saarbrücken wistra 1994, 362; OLG Frankfurt a. M. NStZ-RR 2005, 376; krit. Randt Steuerfahndungsfall Teil E Rn. 108 ff.; JJR/*Randt* Rn. 98). Eine **Ausnahme** gilt nur für die von § 147 Abs. 5 StPO erfassten Fälle. Hiernach kann der Verteidiger bei versagter Akteneinsicht einen Antrag auf gerichtliche Entscheidung stellen, wenn
– die Akteneinsicht auch hinsichtlich der von § 147 Abs. 3 StPO erfassten Aktenbestandteile verwehrt wird
– sich der Beschuldigte in Haft befindet
– die Staatsanwaltschaft den Abschluss der Ermittlungen in den Akten vermerkt hat.

Das Akteneinsichtsrecht besteht auch noch **nach Abschluss des Verfahrens** fort. Dies ist vor allem **63** in Fällen bedeutsam, in denen noch über Rechtsmittel im Besteuerungsverfahren entschieden werden muss (JJR/*Randt* Rn. 96). Gegen abschlägige Entscheidungen der Finanzbehörde ist hier der Rechtsweg zu den Finanzgerichten gegeben (Kohlmann/*Hilgers-Klantzsch* Rn. 292 mwN).

III. Eigene Ermittlungen des Verteidigers

Nach allgemeiner Auffassung darf der Verteidiger **eigene Ermittlungen** durchführen (Rolletschke/ **64** Kemper/*Rolletschke* Rn. 83 f.; Kohlmann/*Hilgers-Klautzsch* Rn. 315 ff.). Er hat dabei keine eigenen Eingriffsbefugnisse, darf aber beispielsweise Zeugen (s. dazu *Neuhaus* ZAP F. 22, 209) befragen, einen Privatdetektiv oder einen Sachverständigen einschalten und auch Mitbeschuldigte befragen. **Zwangsmittel** stehen ihm hierfür **nicht** zur Verfügung; er kann also keine Vorführungen vornehmen oder andere Zwangsmaßnahmen betreiben. Indes sollte schon der Anschein, potentielle Beweismittel beeinträchtigen zu wollen, strikt vermieden werden. Zeugenbeeinflussung – auch deren Versuch – kann schnell zum Vorwurf der (versuchten) Strafvereitelung (§ 258 StGB) und damit auch zu einem Ausschlussverfahren auf der Basis des § 138a StPO führen (Kohlmann/*Hilgers-Klautzsch* Rn. 316). Kommt es hierbei zu den Beschuldigten belastenden Ermittlungsergebnissen, kann der Verteidiger diese uneingeschränkt zurückhalten, muss sie also den staatlichen Ermittlungsbehörden nicht offenbaren (Kohlmann/ *Hilgers-Klautzsch* Rn. 315). Ansonsten kann er, sofern er keine eigenen Untersuchungen durchführt, **Beweiserhebungen** bei der Strafverfolgungsbehörde **beantragen** (§ 163a Abs. 2 StPO). Diese muss entsprechenden Anträgen allerdings nicht folgen.

§ 393 Verhältnis des Strafverfahrens zum Besteuerungsverfahren

(1) [1]Die Rechte und Pflichten der Steuerpflichtigen und der Finanzbehörde im Besteuerungsverfahren und im Strafverfahren richten sich nach den für das jeweilige Verfahren geltenden Vorschriften. [2]Im Besteuerungsverfahren sind jedoch Zwangsmittel (§ 328) gegen den Steuerpflichtigen unzulässig, wenn er dadurch gezwungen würde, sich selbst wegen einer von ihm begangenen Steuerstraftat oder Steuerordnungswidrigkeit zu belasten. [3]Dies gilt stets, soweit gegen ihn wegen einer solchen Tat das Strafverfahren eingeleitet worden ist. [4]Der Steuerpflichtige ist hierüber zu belehren, soweit dazu Anlass besteht.

(2) [1]Soweit der Staatsanwaltschaft oder dem Gericht in einem Strafverfahren aus den Steuerakten Tatsachen oder Beweismittel bekannt werden, die der Steuerpflichtige der Finanzbehörde vor Einleitung des Strafverfahrens oder in Unkenntnis der Einleitung des Strafverfahrens in Erfüllung steuerrechtlicher Pflichten offenbart hat, dürfen diese Kenntnisse gegen ihn nicht für die Verfolgung einer Tat verwendet werden, die keine Steuerstraftat ist. [2]Dies gilt nicht für Straftaten, an deren Verfolgung ein zwingendes öffentliches Interesse (§ 30 Abs. 4 Nr. 5) besteht.

(3) [1]Erkenntnisse, die die Finanzbehörde oder die Staatsanwaltschaft rechtmäßig im Rahmen strafrechtlicher Ermittlungen gewonnen hat, dürfen im Besteuerungsverfahren verwendet werden. [2]Dies gilt auch für Erkenntnisse, die dem Brief-, Post- und Fernmeldegeheimnis unterliegen, soweit die Finanzbehörde diese rechtmäßig im Rahmen eigener strafrechtlicher Ermittlungen gewonnen hat oder soweit nach den Vorschriften der Strafprozessordnung Auskunft an die Finanzbehörden erteilt werden darf.

Neuere Literatur (Auswahl): *Aselmann,* Die Selbstbelastungsfreiheit im Steuerrecht im Lichte der aktuellen Recht-sprechung des Bundesgerichtshofs, NStZ 2003, 71; *Beckemper,* Nemo-tenetur-Grundsatz im Steuerstrafrecht – Verwert-barkeit einer gescheiterten Selbstanzeige?, ZIS 2012, 221; *Besson,* Rechtsstaatlichkeit im Steuerstrafrecht am Beispiel der Wahrung des nemo-tenetur-Grundsatzes durch § 393 Abs. 1 Satz 2 Abgabenordnung (AO), FS Schlüchter, 1998, 159; *Berthold,* Der Zwang zur Selbstbezichtigung aus § 370 Abs. 1 AO und der Grundsatz des nemo tenetur, 1993; *Beulke,* Strafprozessrecht, 13. Aufl. 2016; *Beulke,* Hypothetische Kausalverläufe im Strafverfahren bei rechts-widrigem Vorgehen von Ermittlungsorganen, ZStW 103 (1991), 657; *Bittmann,* Telefonüberwachung im Steuerstraf-recht und Steuerhinterziehung als Vortat der Geldwäsche seit dem 1.1.2008, wistra 2010, 125; *Blesinger,* Steuer-geheimnis im Strafverfahren, wistra 1991, 239; 294; *Blesinger,* Die Einleitung des Steuerstrafverfahrens, wistra 1994, 48; *Blesinger,* Das Steuergeheimnis und Erkenntnisse der Finanzbehörden über Insolvenzdelikte und Straftaten gegen die Gesetzmäßigkeit der Steuererhebung, wistra 2008, 416; *Blumers/Frick/Müller,* Betriebsprüfungshandbuch, 2009; *Böse,* Die Strafbarkeit wegen Steuerhinterziehung und der Nemo-tenetur-Grundsatz, wistra 2003, 48; *Brenner,* Aktuelle Fragen aus der Praxis der Betriebsprüfung – Geringere Schutzwirkung des Steuergeheimnisses auch bei Betriebs-prüfungen, StBp 1975, 277; *Brenner,* Zum Auskunftsverweigerungsrecht der Steuerpflichtigen bei der Betriebsprüfung, BB 1978, 910; *Bruder,* Beweisverwertungsverbote im Steuerrecht und Steuerstrafrecht, 2000; *Bülte,* Die Geldwäschege-setzgebung als Ermächtigungsgrundlage für den Informationsaustausch zwischen den Steuerbehörden und den Straf-verfolgungsorganen, 2007; *Bülte,* Die neuere Rechtsprechung des BGH zur Strafbewehrung von § 153 AO: Prüfstein für Strafrechtsdogmatik und Verfassungsrecht im Steuerstrafrecht, BB 2010, 607; *Buse/Bohnert,* Steuerstrafrechtliche Änderungen zur Bekämpfung des Umsatz- und Verbrauchsteuerbetrugs, NJW 2008, 618ff; *Dierlamm,* Zur Verfassungs-mäßigkeit des § 393 Abs. 2 S. 2 AO unter besonderer Berücksichtigung des Nemo-tenetur-Prinzips, FS Krey, 2010, 27; *Eich,* Rechte und Pflichten im Besteuerungsverfahren nach Einleitung eines Steuerstrafverfahrens, KÖSDI 2009, 16456; *Eidam,* Einschränkende Auslegung des Verwendungsverbots aus § 393 AO im Falle einer Selbstanzeige gem. § 371 AO, wistra 2004, 412; *Eidam,* Neuere Entwicklungen um den Grundsatz der Selbstbelastungsfreiheit, wistra 2006, 11; *Friedenhagen,* Verwertung von Erkenntnissen aus Telekommunikationsüberwachung im Besteuerungsver-fahren, AO-StB 2013, 289; *Geuenich,* Steuerliches Verwertungsverbot analog § 136a StPO bei Zusammentreffen von Außenprüfung und steuerstrafrechtlichen Ermittlungen?, DStZ 2006, 295; *Gotzens/Wegner,* Zur Steuererklärungspflicht nach den Nemo-Tenetur-Entscheidungen des BGH, PStR 2003, 207; *Grezesch,* Steuererklärungspflichten im Straf-verfahren, DStR 1997, 1273; *Harms,* Der verbotene Zwang zur Selbstbelastung im Steuerstrafrecht – eine Bestands-aufnahme aus Sicht des Praktikers, Leitner (Hrsg.) Finanzstrafrecht, 2005, 75; *Heerspink,* Zum Konflikt zwischen der steuerlichen Mitwirkungspflicht des § 4 Abs. 5 Nr. 10 EStG und dem nemo-tenetur-Prinzip, wistra 2001, 441; *Heerspink,* Korruption: Friktionen von Steuerrecht und Strafrecht, AO-StB 2007, 304; *Heinsius,* Folgen der Nicht-abgabe einer Steuererklärung bei Einleitung eines Steuerstrafverfahrens, DStZ 2001, 816; *Hefendehl,* Beweisermittlungs-und Beweisverwertungsverbote bei Auskunfts- und Mitwirkungspflichten, wistra 2003, 1; *Hellmann,* Das Steuerstraf-recht als Testfall des Nemo-tenetur-Prinzips, FS Seebode, 2008, 143; *Hildebrandt,* Verwertungsverbote für Beweismittel oder Tatsachen im Steuerstrafverfahren und im Besteuerungsverfahren, DStR 1982, 20; *Hölzle,* Maßnahmen nach §§ 100a ff. StPO im steuerstrafrechtlichen Ermittlungsverfahren, PStR 2009, 143; *Isensee,* Aussetzung des Steuerstraf-verfahrens – rechtsstaatliche Ermessensdirektiven, NJW 1985, 1007; *Jäger,* Erklärungspflicht trotz Strafverfahrens?, PStR 2002, 49; *Jäger,* Aus der Rechtsprechung des BGH zum Steuerstrafrecht, NStZ 2005, 552; *Jarke,* Das Verwertungsverbot des § 393 Abs. 2 S. 1 AO, wistra 1997, 325; *Jesse,* Das Nebeneinander von Besteuerungs- und Steuerstrafverfahren – Eine kritische Bestandsaufnahme zwischen Wahrheitspflicht und Schweigerecht, DB 2013, 1803; *Joecks,* Abzugsverbot für Bestechungs- und Schmiergelder – Korruptionsbekämpfung durch Steuerrecht?, DStR 1997, 1025; *Joecks,* Ur-kundenfälschung „in Erfüllung steuerlicher Pflichten" (§ 393 Abs. 2 Satz 1 AO)?, wistra 1998, 86; *Joecks,* Der nemo-tenetur-Grundsatz und das Steuerrecht, FS Kohlmann, 2003, 451; *Kasiske,* Tatbegriff und Zwangsmittelverbot bei wiederholter Steuerhinterziehung, Anmerkung zu BGH 1 StR 26/12, HRRS 2013, 225; *Kemper,* Die Offenbarung außersteuerlicher Gesetzesverstöße im Steuerstrafverfahren, wistra 2005, 290; *Kemper,* Der Anfangsverdacht in der Außenprüfung, StBp 2007, 263; *Kirchhof,* Der bestandskräftige Steuerbescheid im Steuerverfahren und im Steuerstraf-verfahren, NJW 1985, 2977; *Kindler,* Anfechtung des Durchsuchungsbeschlusses: Wer zu spät kommt, den bestraft das Finanzgericht, PStR 2012, 140; *Kindler,* Zu den Folgen eines Prüferfehlverhaltens nach § 10 BpO für das Steuerstraf-verfahren, PStR 2011, 44; *Krekeler,* Verwertungsverbot bei unterlassener oder verspäteter Belehrung durch den Betriebsprüfer, PStR 1999, 230; *Leimkuhl-Schulz/Modrzejewski,* Verwirklichung des Nemo-tenetur Grundsatzes trotz steuerlicher Erklärungs- und Mitwirkungspflichten, wistra 2015, 378; *List,* Das Verhältnis von Strafverfahren und Besteuerungsverfahren (§ 393 AO) aus verfassungsrechtlicher Sicht, DB 2006, 469; *Lohmeyer,* Das Verhältnis des Straf-verfahrens zum Besteuerungsverfahren, DStZ 1972, 321; *Lübbersmann,* BFH statuiert Zwang zur Selbstanzeige, PStR 2012, 135; *Lübbersmann,* Verwendungsverbot für Zufallsfunde aus der Telefonüberwachung, PStR 2013, 197; *Madauß,* Selbstanzeige und Schätzung der Besteuerungsgrundlagen, NZWiSt 2014, 126; *Maier,* Reichweite des Verwertungs-verbotes nach § 393 Abs. 2 Nr. 1 AO, wistra 1997, 53f; *Mack,* Schnittstelle Steuerverfahren/Steuerstrafverfahren, Stbg 2012, 440; *Marx,* Nemo tenetur se ipsum accusare?, in FA FS 1999, 673; *Müller,* Kein Zwang zur Selbstbelastung im Steuerstrafverfahren – Reaktionsmöglichkeiten auf Behördenhandeln, AO-StB 2008, 285; *Otto,* Grenzen und Trag-weite der Beweisverbote im Strafverfahren, GA 1970, 289; *Pflaum,* Selbstanzeige nach Prüfungsanordnung und Auswirkungen auf die Mitwirkung während einer Außenprüfung, StBp 2013, 217; *Randt,* Der Steuerfahndungsfall, 2004; *Randt,* Verhältnis zwischen Besteuerungs- und Steuerstrafverfahren, Steuervollzug im Rechtsstaat, 2008, 263; *Ranft,* Das strafrechtliche Verwertungsverbot des § 428 Abs. 2 AO, DStR 1969, 364; *Reichling,* Das Verwendungsverbot aus § 393 Abs. 2 S. 1 AO – Zzgl. Anm. zu BGH HRRS 2014 Nr. 622, HRRS 2014, 473; *Reiter,* „Nemo tenetur se ipsum prodere" und die Steuerpflicht, 2007; *Reiß,* Besteuerungsverfahren und Strafverfahren, 1987; *Rengier,* Aushöh-lung der Schweigebefugnis des auch steuerlich belangten Steuerpflichtigen durch „nachteilige" Schätzung der Besteue-rungsgrundlagen?, BB 1985, 720; *Rogall,* Das Verwendungsverbot des § 393 II AO, FS Kohlmann 2003, 465ff; *Rogall,* Der Beschuldigte als Beweismittel gegen sich selbst, 1977; *Rogall,* Die Missachtung des Verbots der Selbstbelastung im geltenden und kommenden Abgabenrecht, ZRP 1975, 278; *Rolletschke,* Die Abgabe einer unrichtigen Umsatzsteuer-jahreserklärung und das nemo-tenetur-Prinzip, wistra 2004, 246; *Rolletschke,* Die neuere Rechtsprechung zum Neben-einander von Strafverfahren und Besteuerungsverfahren, StV 2005, 355; *Roth,* § 393 Abs. 3 Satz 2 AO: Nutzung strafrechtlicher TKÜ-Daten im Besteuerungsverfahren, DStZ 2014, 880; *Rüster,* Rechtsstaatliche Probleme im Grenz-bereich zwischen Besteuerungsverfahren und Strafverfahren, wistra 1988, 49; *Rüping,* Steuerfahndungsergebnisse und ihre Verwertbarkeit, 1981; *Rüping,* „In dubio pro fisco" im Steuerstrafverfahren – Oder: Das Strafverfahren aus der Sicht der Steuerverwaltung, NStZ 1986, 545; *Rüping,* Beweisverbote im Besteuerungs- und Steuerstrafverfahren, FR 2000, 193; *Sahan,* Keine Steuererklärungspflicht bei Gefahr strafrechtlicher Selbstbelastung, 2006; *Salditt,* Menschenwürde und Steuerpflicht, StuW 2005, 367; *Satzger,* Dreimal „in causa" actio libera in causa, omissio libera in causa und actio illicita in causa, Jura 2006, 513; *Schmidt/Leyh,* Verdacht auf Schmiergeldzahlungen, NWB Nr. 45, 3.11.08, Fach 13, S. 1199; *Schützeberg,* Besteuerungsverfahren: Einfluss von strafrechtlichen Verwertungsverboten, PStR 2010, 22; *Schwedhelm,* Praxiserfahrungen in der Steuerstrafverteidigung, BB 2010, 731; *Seer,* Der Konflikt zwischen dem Schweigerecht des Beschuldigten im Steuerstrafverfahren und seiner Mitwirkungspflicht im Besteuerungsverfahren, StB 1987, 128; *Spriegel,* Steuergeheimnis und nichtsteuerliche Straftat, wistra 1997, 321; *Streck/Spatscheck,* Steuerliche Mitwirkungspflicht trotz Steuerstrafverfahren, wistra 1998, 334; *Stürner,* Strafrechtliche Selbstbelastung und verfahrensförmige Wahrheitsermittlung, NJW 1981, 1757; *Suhr,* Die Mitwirkungspflichten und Mitwirkungsverweigerungsrechte bei einer Außenprüfung nach der AO 1977, StBp 1978, 97; *Talaska,* Mitwirkungspflichten des Steuerpflichtigen im Spannungsfeld von Besteuerungs- und Steuerstrafverfahren, 2006; *Teske,* Die Abgrenzung der Zuständigkeiten und der Beweisverfahren im Besteuerungsverfahren und im Steuerstrafverfahren unter besonderer Berücksichtigung des § 393 AO, 1988; *Teske,* Das Verhältnis von Besteuerungs- und Steuerstrafverfahren unter besonderer Berücksichtigung des Zwangsmittelverbotes (§ 393 Abs. 1 S. 2 und S. 3 AO), wistra 1988, 207; *Tormöhlen,* Strafprozessuales und steuerliches Verwertungsverbot bei unterlassener oder verzögerter Belehrung durch den Betriebsprüfer über das Zwangsmittelverbot, DStZ 2001, 850; *Verrel,* Nemo tenetur – Rekonstruktion eines Verfahrensgrundsatzes, NStZ 1997, 361; 415; *v. Wedelstädt,* Die Änderungen der Abgabenordnung durch das Jahressteuergesetz 2008, DB 2007, 2558; *Wendeborn,* Das Recht der Steuerfahndung gem. §§ 208, 404 AO, 1988; *Wenzel,* Das Verhältnis von Steuerstraf- und Besteuerungsverfahren, 2003; *Wulf,* Steuererklärungspflichten und „nemo tenetur", wistra 2006, 89; *Wulf,* Telefonüberwachung und Geldwäsche im Steuerstrafrecht, wistra 2008, 321; *Wulf,* Die Verschärfungen des Steuerstrafrechts, AG 2009, 75; *Wulf/Ruske,* Steine statt Brot – die Feststellung der Verfassungswidrigkeit des § 393 Abs. 2 Satz 2 AO ist aufgeschoben, Stbg 2010, 443; *Wüstenhagen,* Die Selbstbelastungsfreiheit im Steuerrecht, StStud 2006, 511.

Übersicht

A. Allgemeines: Konzeption, Schutzzweck und Systematik der Vorschrift

§ 393 trifft sowohl Regelungen für das Besteuerungsverfahren als auch für das Strafverfahren. Während § 393 Abs. 1 S. 1 das Verhältnis von Strafverfahren und Besteuerungsverfahren regelt und auf diese Weise die Befugnisse und Pflichten der Verfahrensbeteiligten klarstellt, gehören § 393 Abs. 1 S. 2–4 und Abs. 3 zum *Steuerverfahrensrecht* (Rolletschke/Kemper/*Roth* Rn. 8; Flore/Tsambikakis/*Webel* Rn. 14; **1** aA BFH NJW 2002, 2198 (2199)) und Abs. 2 zum *Strafprozessrecht* (vgl. Hübschmann/Hepp/Spitaler/ *Hellmann* Rn. 128).

2   Notwendig sind die Bestimmungen von § 393 zum Schutz der aus Art. 1 Abs. 1 und Art. 2 Abs. 1 GG hergeleiteten Verfassungsgarantie **„nemo tenetur se ipsum accusare"** (vgl. BVerfGE 38, 105 (113); 55, 144 (150); 56, 37 (49 ff.); 95, 220 (241); BVerfG wistra 2010, 341; EGMR NJW 2002, 499 ff., vgl. auch Art. 14 Abs. 3 IPBR, hierzu *Harms,* Finanzstrafrecht, 2005, 77 f.; *Leimkuhl-Schulz/Modrzejewski,* wistra 2015, 378 (379); *Rogall* 1977, passim; Rolletschke/Kemper/*Roth* Rn. 2 f.; Flore/Tsambikakis/*Webel* Rn. 9; *Wenzel,* Das Verhältnis von Steuerstraf- und Besteuerungsverfahren, 2003, 28 ff.; zur Entwicklung des Grundsatzes *Reiter,* „Nemo tenetur se ipsum prodere" und die Steuerpflicht, 2007, 27 ff.; zur Herleitung aus Art. 6 EMRK EGMR NJW 2002, 499; Flore/Tsambikakis/*Webel* Rn. 9; Kohlmann/*Hilgers-Klautzsch* Rn. 16 ff.; *Wulf* wistra 1998, 89 (90)). Im Besteuerungsverfahren treffen den Stpfl. umfassende Pflichten zur Mitwirkung an der Aufklärung des steuerlich relevanten Sachverhalts (§§ 90, 149, 150; vgl. *Eich* KÖSDI 2009, 16456). Diese Mitwirkungspflichten können im Einzelfall zur Preisgabe sehr persönlicher Informationen, ggf. sogar zur Offenbarung von Straftaten des Stpfl. zwingen (vgl. § 40; ferner Flore/Tsambikakis/*Nikolaus* Rn. 66; Flore/Tsambikakis/*Webel* Rn. 12; *Reichling* HRRS 2014, 473 (474)). Vor dem Gebrauch dieser Daten außerhalb des Steuerverfahrens wird der Stpfl. grds. durch das Steuergeheimnis des § 30 als verfassungsrechtliches Korrelat der steuerlichen Mitwirkungspflicht geschützt (BVerfG wistra 2010, 341). Die Ausgestaltung des Steuergeheimnisses gewährt jedoch keinen umfassenden Schutz vor einer Selbstbelastung mit strafrechtlichen Folgen (BVerfG wistra 2010, 341; zur Entstehungsgeschichte des § 393 JJR/*Joecks* Rn. 1; Kohlmann/*Hilgers-Klautzsch* Rn. 1 ff.; Hübschmann/Hepp/Spitaler/*Hellmann* Rn. 1 ff.; Rolletschke/Kemper/*Roth* Rn. 1; Beermann/Gosch/*Seipl* Rn. 2 ff.).

3   Dieses grundlegende Problem einer Selbstbelastung durch Erfüllung von erzwingbaren Mitwirkungspflichten verschärft sich im Zusammenhang mit einem Steuerstrafverfahren zusätzlich: Das Ermittlungsverfahren und das Besteuerungsverfahren laufen nämlich **gleichzeitig, gleichrangig** und **grds. unabhängig nebeneinander her** (BFH NJW 2002, 847 f.; 2002, 2198 (2199); Kohlmann/*Hilgers-Klautzsch* Rn. 6, 16; Schwarz/Pahlke/*Dumke* Rn. 2; Hübschmann/Hepp/Spitaler/*Hellmann* Rn. 12; Klein/*Jäger* Rn. 1; Flore/Tsambikakis/*Webel* Rn. 3; *Jesse* DB 2013, 1803 (1807); *Reichling* HRRS 2014, 473 (474); Wannemacher SteuerStrafR/*Nossen* Rn. 3963), aber nicht völlig unbeeinflusst voneinander (Kohlmann/*Hilgers-Klautzsch* Rn. 8; *Teske* wistra 1988, 207); der Sachverhalt ist in beiden Verfahren eigenständig zu würdigen, auch wenn sich das FG Feststellungen des Strafgerichts zu eigen machen kann (vgl. BFH ZWH 2013, 512 (514) mAnm *Rolletschke;* Rolletschke/Kemper/*Roth* Rn. 12 ff. auch zu den Ausnahmen*).* Dabei gelten für beide Verfahrensarten die jeweiligen Regelungen zur Sachverhaltsermittlung in der StPO bzw. der AO fort (JJR/*Joecks* Rn. 4 mwN; *Jesse* DB 2013, 1803 (1805); vgl. auch Flore/Tsambikakis/*Webel* Rn. 2 f.). Der Stpfl. ist im Besteuerungsverfahren weiterhin nach den Grundsätzen der steuerverfahrensrechtlichen Sachverhaltsermittlung (§§ 88 ff.) zur Mitwirkung und zu wahrheitsgemäßen Angaben (§ 90 Abs. 1) verpflichtet (BFH DStRE 2002, 248; Kohlmann/*Hilgers-Klautzsch* Rn. 16 ff.; Beermann/Gosch/*Seipl* Rn. 20 ff.). Im Strafverfahren steht ihm dagegen das verfassungsrechtlich abgesicherte Recht gem. §§ 136 Abs. 1 S. 2, 163 Abs. 3, Abs. 4, 163a StPO, §§ 386 Abs. 2, 385 Abs. 1 AO zu, jede aktive Mitwirkung zu verweigern (BVerfGE 56, 37 (49); BVerfG NJW 2005, 352 f.; BVerfG wistra 2010, 341; BGHSt 34, 39 (46); Meyer-Goßner/Schmitt/*Meyer-Goßner* StPO Einl. Rn. 80 mwN; Beermann/Gosch/*Seipl* Rn. 26), sowie ihm alle weiteren strafprozessualen Rechte (Recht auf Verteidigung, Anwesenheitsrechte etc) zustehen. Da Steuerverfahren und Steuerstrafverfahren häufig von der gleichen Behörde geführt werden (Flore/Tsambikakis/*Webel* Rn. 1: Doppelfunktion; vgl. auch Rolletschke/Kemper/*Roth* Rn. 22 ff.) und, soweit die Steuerfahndung/Zollfahndung involviert ist, sogar dieselben Amtsträger tätig werden (vgl. BFHE 151, 324 ff.; Klein/*Jäger* Rn. 1; Flore/ Tsambikakis/*Webel* Rn. 1), sind Konflikte zwischen dem Nemo-tenetur-Grundsatz und mit Mitteln des Verwaltungszwangs (§ 328) auch weiterhin erzwingbaren Mitwirkungspflichten des Stpfl. vorprogrammiert (vgl. JJR/*Joecks* Rn. 4 ff.; Kohlmann/*Hilgers-Klautzsch* Rn. 3 f., 9; Hübschmann/Hepp/Spitaler/ *Hellmann* Rn. 10, 14; *Harms,* Finanzstrafrecht, 2005, 78; *Reichling* HRRS 2014, 473 f.).

4   Dieses und andere Probleme, die sich einerseits aus der umfassenden Mitwirkungspflicht des Stpfl. und andererseits aus dem Nebeneinander der Verfahrensarten ergeben, versucht § 393 zu lösen (BFH/ NV 1997, 166 ff.) und so die Einhaltung **verfassungsrechtlicher Mindeststandards** zu gewährleisten (JJR/*Joecks* Rn. 8; Flore/Tsambikakis/*Webel* Rn. 13; vgl. auch *Reichling* HRRS 2014, 473 (475)), wobei dies aber nur unvollständig gelingt (Kohlmann/*Hilgers-Klautzsch* Rn. 2; Hübschmann/Hepp/Spitaler/ *Hellmann* Rn. 23 ff.; zu den Missbrauchsgefahren Beermann/Gosch/*Seipl* Rn. 31; JJR/*Joecks* Rn. 6; *Schleifer* wistra 1986, 250 f.; zu anderen Lösungsmöglichkeiten Kohlmann/*Hilgers-Klautzsch* Rn. 19 *Reichling* HRRS 2014, 473 (474 f.); Rolletschke/Kemper/*Roth* Rn. 5; Flore/Tsambikakis/*Webel* Rn. 11). Dabei hat sich der Gesetzgeber zweier Mittel bedient: Zum einen statuiert § 393 Abs. 1 S. 2 ein **Zwangsmittelverbot** (→ Rn. 10 ff.), und zum anderen wird durch § 393 Abs. 2 ein strafprozessuales **Verwendungsverbot** normiert (→ Rn. 57 ff.).

5   Für das Besteuerungsverfahren sichert **§ 393 Abs. 3** die **Verwertung strafprozessual gewonnener Erkenntnisse** auch im Hinblick auf das Brief-, Post- und Fernmeldegeheimnis ab und dient daher anders als § 393 Abs. 1 und 2 nicht der Verhinderung einer Selbstbelastung, sondern schafft eine

Ermächtigungsgrundlage für die Informationsverwendung im Steuerverfahren (vgl. BT-Drs. 16/6290, 117; Beermann/Gosch/*Seipl* Rn. 1).

B. Parallelität der Verfahrensarten (§ 393 Abs. 1 S. 1)

Wird gegen einen Stpfl. ein Steuerstrafverfahren eingeleitet, so beginnt der parallele Lauf von Steuer- **6** strafverfahren und Besteuerungsverfahren. Für das Besteuerungsverfahren gelten dabei die allgemeinen Regeln der AO, während im Strafverfahren die Vorschriften der StPO zur Anwendung kommen (Rolletschke/Kemper/*Roth* Rn. 10; vgl. ferner Flore/Tsambikakis/*Webel* Rn. 4 mwN auch zur aA). § 393 soll die Verfahrensarten in eine Konkordanz bringen, die den Zwecken beider Verfahren ebenso gerecht wird wie den Rechten des Stpfl. als Beschuldigtem.

Soweit die Verfahren nebeneinander geführt werden, ist zu beachten, dass nach hL **nicht** das **Meist- 7 begünstigungsprinzip** gilt (Wannemacher SteuerStrafR/*Nossen* Rn. 3966). Die Behörde kann sich also nicht stets auf die Verfahrensvorschriften berufen, die ihr Handeln rechtfertigen würden (Hübschmann/Hepp/Spitaler/*Hellmann* Rn. 62; JJR/*Joecks* Rn. 19; Beermann/Gosch/*Seipl* Rn. 33; aA Klein/*Rüsken* § 208 Rn. 25 mwN), sondern es ist bei jeder Ermittlungshandlung zu bestimmen, ob die Behörde im Straf- oder im Besteuerungsverfahren tätig wird, da sich danach ihre Verfahrensbefugnisse richten: sog **Grundsatz der Zweckrichtigkeit** (Streck/Spatscheck Steuerfahndung Rn. 27; vgl. auch BFH BStBl. II 1987, 440; JJR/*Joecks* Rn. 19; Beermann/Gosch/*Seipl* Rn. 18). Führen die Bußgeld- und Strafsachenstellen oder die Zollbehörden die strafrechtlichen Ermittlungen selbstständig (§ 386 Abs. 2), so stehen ihnen die Kompetenzen der StA zu; sie dürfen dann aber ausschließlich Maßnahmen nach der StPO ergreifen. Die FinBeh. geht bei der Veranlagung nach der AO und bei der Wahrnehmung der Aufgaben aus § 399 Abs. 2 nach der StPO vor. Auch für die Steuerfahndung ist zu unterscheiden: Nach Einleitung des Steuerstrafverfahrens ist sie idR Strafverfolgungsbehörde und deshalb der StPO verpflichtet. Ermittelt sie nach § 208 Abs. 1 Nr. 3, stehen ihr allein die Rechte aus der AO zu (sog strikte Funktionstrennung).

Den FinBeh. kommt nach hL die Pflicht zu, das sog **Transparenzgebot** (Kohlmann (Stand Oktober **8** 2002) Rn. 9) zu erfüllen, also mit „offenem Visier" aufzutreten, dem Bürger mithin deutlich zu machen, in welchem Verfahren er sich befindet (Streck/Spatscheck Steuerfahndung Rn. 29; Beermann/Gosch/ *Seipl* Rn. 32; *Braun* DStZ 1999, 570 f.; hins. Steuerfahndung diff. Hübschmann/Hepp/Spitaler/*Hellmann* Rn. 62 ff.), damit es nicht zu einer Aushöhlung von Verfahrensrechten kommt. Verstößt die Behörde gegen dieses Gebot, so kommt die Bewertung der Ermittlungshandlung als *Täuschung* mit der Folge eines **Verwertungsverbots** in Betracht (hierzu Kohlmann/*Hilgers-Klautzsch* Rn. 10 f.). Zudem darf die FinBeh., insbesondere die Steuerfahndung, nicht willkürlich die Verfahrensart wechseln, um je nach Ermittlungssituation die Befugnisse der AO oder der StPO einsetzen zu können; vielmehr muss sie einen hinreichenden Grund für den Rollenwechsel vorweisen, mithin den sog **Grundsatz der Stetigkeit** beachten (Streck/Spatscheck Steuerfahndung Rn. 28; Wannemacher SteuerStrafR/*Nossen* Rn. 3966; vgl. Tipke/Kruse/*Seer* § 208 Rn. 131). *Nossen* (Wannemacher SteuerStrafR/*Nossen* Rn. 3969) leitet aus einem nicht (rechtzeitig) mitgeteilten Verfahrenswechsel ein Verwertungsverbot her, weil dies nahezu zwangsläufig damit einhergeht, dass Belehrungspflichten über Schweigerechte im Strafverfahren unterlaufen werden.

In der Literatur wird in diesem Zusammenhang zT eine Beschränkung auch der steuerlichen Ermitt- **9** lungsbefugnisse auf jene der StPO (*Wendeborn,* Das Recht der Steuerfahndung gem. §§ 208, 404 AO, 1988, 184 ff.; *Rengier* BB 1985, 723; *Rüping* DStZ 1980, 180), als dem „*kleinsten gemeinsamen Nenner"* gefordert, soweit die steuerlichen Ermittlungsmaßnahmen weiter gehende Eingriffe zulassen, letztlich also auch im Besteuerungsverfahren ein Mitwirkungsverweigerungsrecht angenommen. Eine solche Reduzierung der Eingriffsrechte der FinBeh. verhindere, dass unter dem Deckmantel der steuerlichen Ermittlungen das steuerstrafrechtliche Verfahren geführt wird und so rechtsstaatliche Schranken umgangen werden. Diesen Vorrang des Steuerstrafverfahrens vor dem Besteuerungsverfahren hat die finanzgerichtliche Rechtsprechung (BFH NJW 2002, 847 f.; FG LSA BeckRS 2014, 96402 Rn. 25) jedoch mit Hinweis auf den Wortlaut des § 393 Abs. 1 S. 1 und das Prinzip der steuerlichen Belastungsgleichheit (vgl. BT-Drs. 7/4292, 46; BVerfG NJW 2009, 48 (50) mwN; ferner *Isensee* NJW 1985, 1007; *Kirchhof* NJW 1985, 2977) abgelehnt. Zur Möglichkeit der Übernahme von Ermittlungsergebnissen aus dem Steuerstrafverfahren ins Besteuerungsverfahren Flore/Tsambikakis/*Webel* Rn. 4 mwN.

C. Einschränkung des Steuerverwaltungszwangs (§ 393 Abs. 1 S. 2)

Zur Absicherung der Rechte des Stpfl. als Beschuldigtem im Strafverfahren **verbietet** § 393 Abs. 1 **10** S. 2 die **Erzwingung einer Mitwirkung** auch im Besteuerungsverfahren. Damit kommt dem Stpfl. *faktisch* auch dort die Möglichkeit zur *Mitwirkungsverweigerung* zu (allgM *Reiter,* „Nemo tenetur se ipsum prodere" und die Steuerpflicht, 171; JJR/*Joecks* Rn. 6, 16; Kohlmann/*Hilgers-Klautzsch* Rn. 46; Beermann/Gosch/*Seipl* Rn. 31; Flore/Tsambikakis/*Webel* Rn. 16; *Rogall* FS Kohlmann, 2003, 472). Diese Ausstrahlung des Strafverfahrens auf das Besteuerungsverfahren wird vielfach als „Rangverschiebung" zugunsten des Strafverfahrens angesehen (Kohlmann/*Hilgers-Klautzsch* Rn. 46 mwN). Jedoch ist dieses

„Weigerungsrecht" insofern nicht wie im Strafverfahren abgesichert, als aus einer Mitwirkungsverweigerung steuerlich nachteilige Schlüsse gezogen werden können, etwa im Rahmen einer *Schätzung* (BFHE 215, 12 mwN; Klein/*Jäger* Rn. 1, 20; Kühn/v. Wedelstädt/*Blesinger* Rn. 4; Flore/Tsambikakis/*Webel* Rn. 16; aA *List* DB 2006, 473). Von der tatsächlichen Möglichkeit, seine Mitwirkung zu verweigern, kann der Stpfl. zudem nur Gebrauch machen, wenn er um die Unzulässigkeit der Erzwingbarkeit in der konkreten Situation weiß (Hübschmann/Hepp/Spitaler/*Hellmann* Rn. 104; vgl. auch Beermann/Gosch/*Seipl* Rn. 88). Daher ist er darüber zu **belehren,** dass er nicht zur aktiven Mitwirkung gezwungen werden kann, soweit er sich dadurch steuerstrafrechtlich belasten könnte.

I. Zwangsmittelverbot

11   **1. Persönlicher Anwendungsbereich.** Persönlich ist der **Stpfl. selbst (§ 33)** vom Zwangsmittelverbot ebenso geschützt wie seine **gesetzlichen Vertreter** gem. § 34 und Personen iSd § 35 (Schwarz/Pahlke/*Dumke* Rn. 17 ff.; Rolletschke/Kemper/*Roth* Rn. 54; Flore/Tsambikakis/*Webel* Rn. 29), denn diese sind ebenfalls iSd § 33 Stpfl. (JJR/*Joecks* Rn. 38; Beermann/Gosch/*Seipl* Rn. 79; Kohlmann/*Hilgers-Klautzsch* Rn. 78 f.; *Teske* wistra 1988, 215). Auf § 393 Abs. 1 S. 2 können sich dagegen nicht Personen berufen, die im Besteuerungsverfahren als Dritte mitzuwirken haben (BFH NJW 1998, 1735 (1736); Schwarz/Pahlke/*Dumke* Rn. 18 mwN). Deren Rechte sind durch §§ 101 ff. hinreichend abgesichert (Flore/Tsambikakis/*Webel* Rn. 31; iE ebs Klein/*Jäger* Rn. 12; *Reichling* HRRS 2014, 473 (477)).

12   In diesem Zusammenhang ist jedoch str., ob sich auch derjenige auf § 393 Abs. 1 S. 2 berufen kann, der zur Mitwirkung in Anspruch genommen wird, aber **nicht Stpfl.** ist (so *Teske,* Die Abgrenzung der Zuständigkeiten und der Beweisverfahren im Besteuerungsverfahren und im Steuerstrafverfahren unter besonderer Berücksichtigung des § 393 AO, 1988, 362 f.; *Teske* wistra 1988, 212; Hübschmann/Hepp/Spitaler/*Hellmann* Rn. 81 f.). Bei der Beschränkung des § 393 Abs. 1 S. 1 auf den Stpfl. handelt es sich nach einer in der Lit. vertretenen Ansicht um ein Redaktionsversehen, denn dem Mitwirkungspflichtigen komme kein Auskunftsverweigerungsrecht nach §§ 103, 104 zu, wenn er **Beteiligter** sei (Hübschmann/Hepp/Spitaler/*Hellmann* Rn. 77; Beermann/Gosch/*Seipl* Rn. 81; Flore/Tsambikakis/*Webel* Rn. 32). Dieses Problem stellt sich jedoch tatsächlich nicht (vgl. JJR/*Joecks* Rn. 72): § 393 Abs. 1 S. 2 gilt für den Stpfl. iSd § 33 Abs. 1; also für denjenigen, der als (möglicher) Beteiligter eines Steuerschuldverhältnisses die ihm durch die Steuergesetze auferlegten Pflichten zu erfüllen hat (Pahlke/*Koenig* § 33 Rn. 25). Beteiligte – und damit nicht von §§ 103, 104 geschützt – sind gem. § 78 die am Verwaltungsverfahren teilnehmenden Personen. Damit wird deutlich, dass der Stpfl. das materiell-rechtliche Pendant zur formellen Beteiligtenstellung darstellt (Rolletschke/Kemper/*Roth* Rn. 55). Der iSv § 33 Abs. 1 Beteiligte ist idR auch Stpfl. (AEAO § 78). Nur wenn materielle Pflichten- und formelle Verfahrensstellung auseinander fallen, also unberechtigt Pflichten eingefordert werden, kann sich eine Konfliktsituation ergeben. Wird aber der vermeintlich Pflichtige durch die FinBeh. aufgefordert, Auskunft zu erteilen, wird er als Stpfl. angesprochen und kann sich faktisch auf § 393 Abs. 1 S. 2, 3 berufen (vgl. auch Rolletschke/Kemper/*Roth* Rn. 55).

13   **2. Sachlicher Anwendungsbereich.** Mittel des Verwaltungszwangs zur Sachverhaltsermittlung im Besteuerungsverfahren sind gem. § 393 Abs. 1 S. 2 ausgeschlossen, soweit der Stpfl. dadurch gezwungen würde, sich selbst wegen einer von ihm begangenen Steuerstraftat oder Steuerordnungswidrigkeit zu belasten.

14   **a) Vor Einleitung des Steuerstrafverfahrens.** Mit der Neufassung der RAO in der AO 1977 wurde das seit 1967 in § 428 RAO gesetzlich normierte Zwangsmittelverbot ausgedehnt. Während Verwaltungszwang zuvor nur nach Einleitung des Strafverfahrens unzulässig war, sind nun Zwangsmittel schon mit Vorliegen einer **Gefahr der Selbstbelastung** unzulässig. Diese Situation ist gegeben, wenn eine Erfüllung der Mitwirkungspflichten objektiv (Schwarz/Pahlke/*Dumke* Rn. 22) einen (Anfangs-)Verdacht für die Verfolgung des Stpfl. (persönlich) wegen einer **Steuerstraftat/Steuerordnungswidrigkeit** oder einer sog **Vorspiegelungsstraftat** iSd § 385 begründen oder stützen könnte (JJR/*Joecks* Rn. 21 f.; Schwarz/Pahlke/*Dumke* Rn. 19 f.; Kohlmann/*Hilgers-Klautzsch* Rn. 87; *Eich* KÖSDI 2009, 16456; *Pflaum* StBp 2013, 217 (218); Rolletschke/Kemper/*Roth* Rn. 60; diff. Flore/Tsambikakis/*Webel* Rn. 40 ff.). Daher *beginnt* das Zwangsmittelverbot zu dem Zeitpunkt, in dem eine sanktionsfähige Tat vorliegt (auch Tatbeteiligung, zu den Einzelheiten Flore/Tsambikakis/*Webel* Rn. 36 ff.), und *endet* mit einer rechtskräftigen Entscheidung der Strafverfolgungsorgane, soweit keine Wiederaufnahme des Strafverfahrens gem. § 362 StPO in Betracht kommt (Hübschmann/Hepp/Spitaler/*Hellmann* Rn. 92 ff.). Damit bedeutet eine Einstellung des Verfahrens nach § 153 Abs. 1 StPO oder § 398 nicht das Ende des Zwangsmittelverbots, da hier eine Fortsetzung des Strafverfahrens mangels Rechtskraft grds. noch möglich ist (JJR/*Joecks* Rn. 44; iE ebs Flore/Tsambikakis/*Webel* Rn. 40 f.; diff. Rolletschke/Kemper/*Roth* Rn. 61).

15   Dabei muss es sich um eine Tat handeln, die **vor** der Aufforderung zur Erfüllung der Mitwirkungspflicht begangen worden ist (JJR/*Joecks* Rn. 23; Hübschmann/Hepp/Spitaler/*Hellmann* Rn. 85), an der der Stpfl. iSv §§ 25 ff. StGB, 14 OWiG beteiligt war (JJR/*Joecks* Rn. 23) und deren Verfolgung keine Hindernisse entgegenstehen (Schwarz/Pahlke/*Dumke* Rn. 21b; Rolletschke/Kemper/*Roth* Rn. 57;

Beermann/Gosch/*Seipl* Rn. 70). Eine Gefahr der Selbstbelastung scheidet insofern aus, als die Tat **verjährt** ist oder die Erfüllung der Mitwirkungspflicht **strafbefreiende Wirkung** iSv § 24 StGB, § 371 hat (Hübschmann/Hepp/Spitaler/*Hellmann* Rn. 86; Rolletschke/Kemper/*Roth* Rn. 57; Flore/Tsambikakis/*Webel* Rn. 36; diff. Kohlmann/*Hilgers-Klautzsch* Rn. 89; *Streck/Spatscheck* wistra 1998, 334). Keine Gefahr, zu einer Selbstbelastung gezwungen zu werden, besteht ferner, wenn zwar die Voraussetzungen der Selbstanzeige durch die Mitwirkung noch nicht erfüllt sind, der Stpfl. aber die Straffreiheit noch herbeiführen kann, insbes. zur Nachentrichtung der hinterzogenen Steuern in der Lage ist (JJR/*Joecks* Rn. 22; Rolletschke/Kemper/*Roth* Rn. 58, 78; BFH NZWiSt 2012, 278 mAnm *Rolletschke;* aA *Lübbersmann* PStR 2012, 135 f.; einschränkend jedoch BGHSt 53, 210 (219): selbstverschuldete Zahlungsunfähigkeit bleibt unberücksichtigt). Auch die Möglichkeit zur Selbstanzeige, die lediglich zur Verfolgungsfreiheit und so zur Straffreiheit führt, hat zur Folge, dass keine strafrechtliche Zwangssituation entsteht; § 393 Abs. 1 S. 2 ist nicht anwendbar (*Beckemper* ZIS 2012, 221 (226); Rolletschke/Kemper/*Roth* Rn. 79, 133; aA Wannemacher SteuerStrafR/*Nossen* Rn. 3972).

Die Unzulässigkeit von Zwangsmitteln bei Gefahr der Selbstbelastung **vor Einleitung eines Steuer-** **16** **strafverfahrens** bringt ein strukturelles Problem mit sich: Die FinBeh. wird zu Zwangsmitteln greifen, wenn sich der Stpfl. ohne Begründung oder mit dem pauschalen Verweis auf § 393 Abs. 1 S. 2 weigert, seinen Mitwirkungspflichten nachzukommen. Ist er aber gezwungen, konkrete Tatsachen vorzutragen, anhand derer der Finanzbeamte in der Lage ist zu beurteilen, ob tatsächlich ein Steuerdelikt begangen wurde, so läuft der Schutz des § 393 Abs. 1 S. 2 letztlich leer (JJR/*Joecks* Rn. 26). Es reicht daher in Anlehnung an § 56 StPO (vgl. BGH StV 1986, 282; 1987, 328) aus, wenn der Stpfl. allgemein Umstände **glaubhaft** macht, aus denen sich die Gefahr der Selbstbelastung ergeben könnte (JJR/*Joecks* Rn. 28; Hübschmann/Hepp/Spitaler/*Hellmann* Rn. 99 f.; Klein/*Jäger* Rn. 14; Rolletschke/Kemper/*Roth* Rn. 65; Beermann/Gosch/*Seipl* Rn. 71; Müller AO-StB 2008, 285 (286)). Mithin dürfen an die Erklärung des Stpfl. hinsichtlich der Gefahr der Selbstbelastung keine hohen Anforderungen gestellt werden (Klein/*Jäger* Rn. 8; Beermann/Gosch/*Seipl* Rn. 71; Wannemacher SteuerStrafR/*Nossen* Rn. 3974). Im Hinblick auf die Gefahr einer Selbstbelastung sind die Anforderungen an strafrechtliche Verdachtsmomente niedrig anzusetzen (Kühn/v. Wedelstädt/*Blesinger* Rn. 1, *Pflaum* StB 2013, 217 (221) vgl. auch BVerfG NJW 2002, 1411 (1412)). Die Gefahr der strafrechtlichen Selbstbelastung wird man entgegen der Auffassung des BFH (wistra 2012, 278 (279); ebenso Rolletschke/Kemper/*Roth* Rn. 66) ohne Einleitung eines Steuerstrafverfahrens regelmäßig schon dann annehmen können, wenn die Steuerfahndung gem. § 208 Abs. 1 Nr. 3 ermittelt (JJR/*Joecks* Rn. 29).

Aus der **Berufung** auf das **Zwangsmittelverbot** dürfen im Hinblick auf die ratio legis des § 393 **17** Abs. 1 S. 2 **keine strafrechtlich nachteiligen Schlüsse** gezogen werden (Rolletschke/Kemper/*Roth* Rn. 34; Beermann/Gosch/*Seipl* Rn. 71; vgl. auch Löwe/Rosenberg/*Ignor/Bertheau* StPO § 52 Rn. 40).

Nach dem Wortlaut von § 393 Abs. 1 S. 2 sind steuerrechtliche Zwangsmittel dann unzulässig, wenn **18** der Stpfl. sich durch seine Mitwirkung **selbst** der Gefahr strafrechtlicher Verfolgung aussetzt (Klein/*Jäger* Rn. 12). Insofern stellt sich die Frage, ob der Stpfl. zur Mitwirkung gezwungen werden darf, wenn er durch die Erfüllung seiner Pflichten einen **Angehörigen** der Gefahr steuerstrafrechtlicher Verfolgung aussetzen müsste. §§ 101 ff. bieten dem Stpfl. hier keinen Schutz (Hübschmann/Hepp/Spitaler/*Hellmann* Rn. 78 ff.). *Reiß* (Besteuerungsverfahren und Strafverfahren, 78 ff.) verneint allerdings schon eine Lücke im Schutzbereich des § 393 Abs. 1 S. 2 mit der Begründung, der Angehörige des Stpfl. sei durch § 252 StPO in einem späteren Strafverfahren hinreichend geschützt. Dies reicht jedoch im Hinblick auf die Ablehnung einer Fernwirkung von Verwertungsverboten durch die Rspr. und die Möglichkeit der Verwertung von Angaben in einer richterlichen Vernehmung (vgl. BGH NStZ 2010, 406 (407)) nicht aus (Hübschmann/Hepp/Spitaler/*Hellmann* Rn. 79 mwN). Richtigerweise wird man mit *Hellmann* (Hübschmann/Hepp/Spitaler/*Hellmann* Rn. 81) annehmen müssen, dass zwar das Zwangsmittelverbot auf diesen Fall **nicht auszuweiten** ist, jedoch ein umfassendes **Verwendungsverbot,** nicht nur ein Verbot zur Verwendung zu Beweiszwecken, besteht. Die Rechte des Stpfl. sind dadurch ausreichend geschützt (vgl. Rolletschke/Kemper/*Roth* Rn. 64). Zum einen werden mit dieser Lösung die Besteuerungsinteressen gewahrt, da die für die ordnungsgemäße Besteuerung erforderlichen Daten erhoben werden können. Zum anderen dürften auch die Interessen des Stpfl. so besser gewahrt werden. Er wird nicht vor die Entscheidung gestellt, seine eigenen steuerlichen Interessen wahrzunehmen oder seinen Angehörigen zu schützen, sondern kann unbefangen Angaben machen, die nicht in steuerstrafrechtlichen Ermittlungen verwertet werden oder zu solchen Ermittlungen veranlassen dürfen. Dieser Lösung über ein Verwendungsverbot steht auch nicht der Nemo-tenetur-Grundsatz entgegen, da ein Zwang zur Bezichtigung von Angehörigen so lange nicht verfassungsrechtlich zu beanstanden ist, wie der Betroffene aufgrund des Verwendungsverbots nicht damit rechnen muss, dass sein Angehöriger strafrechtlich verfolgt wird (vgl. BVerfGE 56, 37 (50 f.); BVerfG NJW 2005, 352 f. mwN).

b) Im Steuerstrafverfahren. § 393 Abs. 1 S. 3 bestimmt, dass eine Anwendung von Zwangsmitteln **19** stets unzulässig ist, wenn ein Strafverfahren wegen einer „solchen Tat" gegen den Stpfl. eingeleitet ist. Das Gesetz geht demnach von der unwiderlegbaren Vermutung aus, der Stpfl. könne sich in einer solchen Situation durch eine Mitwirkung selbst belasten (Kohlmann/*Hilgers-Klautzsch* Rn. 94; Flore/

Tsambikakis/*Webel* Rn. 47). Der Stpfl. muss sich daher auch nicht auf die Gefahr einer Selbstbelastung berufen, damit der Einsatz von Zwangsmitteln unzulässig wird (Hübschmann/Hepp/Spitaler/*Hellmann* Rn. 101; Rolletschke/Kemper/*Roth* Rn. 67). Die Frage, wann das Steuerstrafverfahren eingeleitet ist, bestimmt sich nach § 397 (Flore/Tsambikakis/*Webel* Rn. 48 ff.; → § 397 Rn. 11 ff.). In der Praxis werden oftmals Steuerstrafverfahren erst mit Verzögerung eingeleitet, allerdings dem, das Prüfungsklima nicht zu gefährden. Eine verzögerte Einleitung des Strafverfahrens, um weiterhin die Zwangsmittel der AO für strafprozessuale Zwecke einsetzen zu können, dürfte im Hinblick auf Zwangsmittelverbot und Verwertungsverbote eher selten sein (Klein/*Jäger* Rn. 6; vgl. auch *Kindler* PStR 2011, 44).

20   Strittig ist, ob § 393 Abs. 1 S. 3 auch dann Anwendung findet, wenn lediglich ein **Steuerbußgeldverfahren** gegen den Stpfl. geführt wird. Dies wird zT mit dem Hinweis auf den eindeutigen Wortlaut abgelehnt (JJR/*Joecks* Rn. 26). Dieser Auffassung ist *Hellmann* (Hübschmann/Hepp/Spitaler/*Hellmann* Rn. 102) mit den Argumenten entgegengetreten, § 410 Abs. 1 Nr. 4 ordne die Geltung des § 393 auch für das Ordnungswidrigkeitenverfahren an (glA Schwarz/Pahlke/*Dumke* Rn. 26; Rolletschke/Kemper/ *Roth* Rn. 68; Flore/Tsambikakis/*Nikolaus* Rn. 68; Flore/Tsambikakis/*Webel* Rn. 49), und es bedeute einen überflüssigen Formalismus, dem Stpfl. für den Fall der Einleitung eines Ordnungswidrigkeitenverfahrens die Geltendmachung des § 393 Abs. 1 S. 2 aufzuerlegen. Zumindest das letztere Argument überzeugt; die Gefahr einer Selbstbezichtigung wegen einer Ordnungswidrigkeit liegt auf der Hand, wenn das entsprechende Verfahren schon läuft, so dass zumindest eine analoge Anwendung von § 393 Abs. 1 S. 3 für das laufende Ordnungswidrigkeitenverfahren zu befürworten ist.

21   **3. Folgen des Zwangsmittelverbots.** Unter den vorgenannten Bedingungen sind steuerverwaltungsrechtliche **Zwangsmittel** unzulässig; Zwangsmaßnahmen der StPO bleiben im Strafverfahren naturgemäß zulässig (Beermann/Gosch/*Seipl* Rn. 25 ff.; Klein/*Jäger* Rn. 15; Rolletschke/Kemper/*Roth* Rn. 34; Flore/Tsambikakis/*Webel* Rn. 14). Nach hM (BFH wistra 2002, 191 (192); JJR/*Joecks* Rn. 35; Klein/*Jäger* Rn. 11; Schwarz/Pahlke/*Dumke* Rn. 16a) sind von dem Verbot nur die Zwangsmittel gem. § 328, aber auch deren Androhung erfasst (Rolletschke/Kemper/*Roth* Rn. 36). Nicht umfasst ist dagegen die eidesstattliche Versicherung gem. § 284 (BGH NZWiSt 2012, 470 (472); BFH wistra 2002, 191 (192); BeckOK StPO/*Bachler* AO § 393 Rn. 1). Dies ergibt sich schon aus dem ausdrücklichen Verweis des § 393 Abs. 1 S. 2 auf § 328, der die Zwangsmittel *abschließend* aufzählt. Doch die Anwendung von § 284 im Besteuerungsverfahren, das parallel zu einem Strafverfahren geführt wird, ist verfassungsrechtlich problematisch, da uU im Rahmen einer eidesstattlichen Versicherung Erklärungen abgegeben werden, die strafrechtliche Belastungswirkung haben. ZT wird daher eine analoge Anwendung von § 393 Abs. 1 S. 2 auf die **eidesstattliche Versicherung** (Kohlmann/*Hilgers-Klautzsch* Rn. 72 f.; abl. Schwarz/Pahlke/*Dumke* Rn. 16b; Klein/*Jäger* Rn. 23; Rolletschke/Kemper/*Roth* Rn. 40; Flore/Tsambikakis/*Webel* Rn. 26, 46; *Kasiske* HRRS 2013, 225 (227)) angenommen (Beermann/Gosch/*Seipl* Rn. 73: auch Verspätungszuschlag unzulässig; dagegen Flore/Tsambikakis/*Webel* Rn. 20). Eine solche Ausdehnung des Zwangsmittelverbots ist jedoch nicht zwingend. Im Hinblick auf die Rspr. des BVerfG (NJW 2005, 352 f.) liegt es hier näher, ein Verwendungsverbot (→ Rn. 75 ff.) für die Informationen anzunehmen, die im Wege der eidesstattlichen Versicherung erlangt wurden und eine strafrechtliche Belastung zur Folge haben könnten (BGH NZWiSt 2012, 470 (472) mAnm *Stahl; Rübenstahl* PStR 2013, 17 ff.; ebenso Rolletschke/Kemper/*Roth* Rn. 43). Der Inhalt einer eidesstattlichen Versicherung im Beitreibungsverfahren unterliegt nach dem BFH (wistra 2012, 482 (483 f.)) keinem Verwertungsverbot.

22   Nach hM steht die Eröffnung eines Steuerstrafverfahrens der **Schätzung** der Besteuerungsgrundlagen durch die FinBeh nicht entgegen (BFH/NV 2006, 15; DStR 2002, 248 mwN; Rolletschke/Kemper/ *Roth* Rn. 37 ff.; aA *Brenner* BB 1978, 911; *Rogall* ZRP 1975, 281; krit. auch *Seer* StB 1987, 128 (129 ff.); *Wannemacher* SteuerStrafR/*Nossen* Rn. 3983 ff.), denn der Nemo-tenetur-Grundsatz ist im Falle einer ordnungsgemäßen Schätzung nicht berührt, wenn der Stpfl. auch aufgrund der unterlassenen Mitwirkung im Besteuerungsverfahren finanzielle Nachteile erleidet (*Hellmann* FS Seebode, 2008, 147). Die hL geht jedoch davon aus, dass der Stpfl. in diesem Fall so zu behandeln ist, als habe er die Nichterfüllung der Mitwirkungspflichten nicht zu vertreten (JJR/*Joecks* Rn. 36; Schwarz/Pahlke/*Dumke* Rn. 14, 16c; Hübschmann/Hepp/Spitaler/*Hellmann* Rn. 74; *Streck/Spatscheck* wistra 1998, 339 f.). Eine Strafschätzung ist demnach ebenso unzulässig (Hübschmann/Hepp/Spitaler/*Hellmann* Rn. 76; Flore/Tsambikakis/*Webel* Rn. 24; *Wannemacher* SteuerStrafR/*Nossen* Rn. 3990; vgl. auch BFH DStR 2002, 248) wie deren Androhung (Beermann/Gosch/*Seipl* Rn. 57 f.). Macht der Stpfl. zur Vermeidung einer angedrohten Strafschätzung Angaben, so sind diese nach hM im Strafverfahren nicht verwertbar (JJR/*Joecks* Rn. 37; *Eich* KÖSDI 2009, 16456; *Hellmann* FS Seebode, 2008, 148 Rolletschke/Kemper/*Roth* Rn. 38 mwN). Einer Fristsetzung durch die FinBeh gem. § 364b steht nichts entgegen (Klein/*Jäger* Rn. 11; Rolletschke/Kemper/*Roth* Rn. 46; aA JJR/*Joecks* Rn. 37; *Streck/Spatscheck* wistra 1998, 339), da diese lediglich zu einem finanziellen Selbstbelastungszwang führt, der unbeachtlich ist, solange er nicht eine missbräuchliche Strafschätzung unterstützt (vgl. Klein/*Jäger* Rn. 22; *Randt,* Steuervollzug im Rechtsstaat, 263, 267).

23   Das Zwangsmittelverbot umfasst **kein Verbot gesetzmäßiger verwaltungsrechtlicher Nachteile** wie der Versagung von Genehmigungen oder einer Untersagungsverfügung. § 393 Abs. 1 S. 2 schützt den Stpfl. nicht davor, dass seine Mitwirkungsverweigerung in einem anderweitigen Verwaltungsverfahren nachteilig gewürdigt wird (Rolletschke/Kemper/*Roth* Rn. 51). Art. 1 Abs. 1 iVm Art. 2 Abs. 1 GG schützt nur vor strafrechtlicher Selbstbelastung, nicht vor *außerstrafrechtlichen* Folgen einer unterlassenen Mitwirkung (Klein/*Jäger* Rn. 24). Eine Ausnahme wäre hier allenfalls denkbar, wenn die verwaltungsrechtliche Maßnahme als Folge der Mitwirkungsverweigerung existenzvernichtende Wirkung haben kann. Dann folgt der Schutz vor der verwaltungsrechtlichen Maßnahme jedoch unmittelbar aus dem Verfassungsrecht.

Eine **Ausnahme vom Zwangsmittelverbot** soll nach einer Auffassung für die Durchsetzung von 24
Betretungs- und Besichtigungsrechten bestehen (Klein/*Jäger* Rn. 7; ebenso Flore/Tsambikakis/*Webel* Rn. 25). Hier drohe keine Selbstbelastung, weil der Stpfl. nicht zur aktiven Mitwirkung, sondern nur zur Duldung verpflichtet werde. Hieran hat *Joecks* (JJR/*Joecks* Rn. 25; krit. auch *Jesse* DB 2013, 1803 (1809)) zu Recht Zweifel hins. der Fälle geäußert, in denen sich die Gewährung von Besichtigungs- und Betretungsrechten nicht allein in der Duldung der Durchsuchung erschöpft. Daher ist unmittelbarer Zwang lediglich zulässig, um sich Zugang zu Räumlichkeiten oder Dokumenten zu verschaffen (JJR/*Joecks* Rn. 25; Hübschmann/Hepp/Spitaler/*Hellmann* Rn. 72; Rolletschke/Kemper/*Roth* Rn. 52). Nicht zulässig ist dagegen die Anwendung von Zwang gegenüber dem Stpfl., um ihn zur Herausgabe von Beweismitteln zu motivieren, die er unzweifelhaft im Besitz hat. Dies würde nämlich der FinBeh. über das Besteuerungsverfahren Möglichkeiten zur Erlangung von Beweismitteln geben, die die StPO nicht vorsieht. Zwar kann nach § 95 StPO von Zeugen die Herausgabe von Beweismitteln verlangt werden, der Beschuldigte ist aber gerade nicht herausgabepflichtig (*Schwedhelm* BB 2010, 731 (733); ferner Meyer-Goßner/Schmitt/*Schmitt* StPO § 95 Rn. 5; KK-StPO/*Nack* StPO § 95 Rn. 2; iE auch Rolletschke/Kemper/*Roth* Rn. 44), was sich mittelbar auch aus § 95 Abs. 2 S. 2 StPO ableiten lässt.

Umstritten ist die **Reichweite des Zwangsmittelverbots,** also durch welche Faktoren das Verbot 25
ggf. beschränkt wird. Der BFH (NV 1997, 166 (168)) hat hierzu ausgeführt, das Zwangsmittelverbot werde durch den **Sachzusammenhang** bestimmt (so auch Koch/Scholtz/*Scheurmann-Kettner* Rn. 8; Klein/*Jäger* Rn. 14; vgl. ferner *Randt*, Steuervollzug im Rechtsstaat, 263, 267). Damit wendet sich die Judikatur zu Recht gegen eine Ansicht, die die Reichweite des Zwangsmittelverbots formell an Steuerart oder Veranlagungszeitraum (vgl. *Suhr* StBp 1978, 105) ausrichten will. Eine solche Vorgehensweise würde dem strafrechtlich-verfassungsrechtlich orientierten Schutzgedanken der Vorschrift und den Interessen des Stpfl. nicht gerecht (vgl. JJR/*Joecks* Rn. 44). Auch der Wortlaut des § 393 Abs. 1 S. 3 („*wegen einer solchen Tat*“) legt ein strafprozessuales Verständnis iSv § 264 StPO nahe. Es gibt keinen Grund, warum für S. 2 etwas anderes gelten sollte (Hübschmann/Hepp/Spitaler/*Hellmann* Rn. 89 f.).

Sowohl aus systematischen als auch verfassungsrechtlichen Gründen ist daher mit der hM die Reich- 26
weite von § 393 Abs. 1 S. 2 über den **strafprozessualen Tatbegriff** (§ 264 StPO) zu bestimmen (Hübschmann/Hepp/Spitaler/*Hellmann* Rn. 88; JJR/*Joecks* Rn. 42; Kohlmann/*Hilgers-Klautzsch* Rn. 96; Rolletschke/Kemper/*Roth* Rn. 71; *Kasiske* HRRS 2013, 225 (227); Wannemacher SteuerStrafR/*Nossen* Rn. 3994 ff.; aA *Jesse* DB 2013, 1803, 1810, materiell-rechtliche Tat), so dass das Zwangsmittelverbot den *gesamten geschichtlichen Vorgang* erfasst, der mit der Einleitung des Steuerstrafverfahrens gem. § 397 zum Gegenstand strafrechtlicher Ermittlungen wird (Beermann/Gosch/*Seipl* Rn. 86; vgl. Rolletschke/Kemper/*Roth* Rn. 69). Im Regelfall sind damit keine Mitwirkungshandlungen erzwingbar, die der Aufklärung des Steueranspruchs dienen sollen, auf den sich die Steuererklärung bezieht, die Gegenstand des Strafverfahrens ist. Denn Gegenstand einer Steuererklärung ist stets ein einheitlicher Steueranspruch (vgl. Kohlmann/*Hilgers-Klautzsch* Rn. 96). Die Wirkung des Zwangsmittelverbots kann aber im Einzelfall auch über die konkrete Steuererklärung hinausgehen, soweit aus einer Mitwirkung bezüglich anderer Steuererklärungen Rückschlüsse auf den strafbefangenen Steueranspruch möglich sind (JJR/*Joecks* Rn. 30; zu den Auswirkungen auf das materielle Steuerstrafrecht → Rn. 43 ff.).

II. Belehrung

Gemäß § 393 Abs. 1 S. 4 ist der Stpfl. über das Zwangsmittelverbot zu belehren, „*soweit dazu Anlass* 27 *besteht*“. Mit dieser Formulierung ist die Vorschrift über die Belehrungspflicht sehr vage gehalten. Der Finanzausschuss (BT-Drs. 7/4292, 46) war zu Recht der Auffassung, der Stpfl. sei möglichst früh zu belehren, um ihn vor nachteiligen Folgen einer Unkenntnis zu bewahren.

1. Pflicht zur Belehrung. Ein **Anlass zur Belehrung** ist zweifellos gegeben, sobald erstmals 28
Anhaltspunkte dafür erkennbar sind, dass sich der Stpfl. mit der konkret verlangten Mitwirkung wegen einer Steuerstraftat oder Steuerordnungswidrigkeit selbst belasten werde (SchlHFG EFG 2001, 252; JJR/*Joecks* Rn. 40; *Kindler* PStR 2011, 44 (45); Rolletschke/Kemper/*Roth* Rn. 98; Beermann/Gosch/*Seipl* Rn. 90 f.; *Törmöhlen* DStZ 2001, 850). Dies setzt **keinen strafrechtlichen Anfangsverdacht** voraus; ausreichend ist vielmehr, dass aufgrund besonderer Anhaltspunkte oder allgemeiner Erfahrungen die Möglichkeit einer Steuerverkürzung in Betracht kommt (JJR/*Jäger* § 397 Rn. 64), also die Voraussetzungen für sog *Vorfeldermittlungen* iSd § 208 Abs. 1 Nr. 3 vorliegen (vgl. JJR/*Joecks* Rn. 29; ferner Flore/Tsambikakis/*Webel* Rn. 60; diff. Rolletschke/Kemper/*Roth* Rn. 99 f.). In jedem Fall besteht eine Pflicht zur (Wiederholung der) Belehrung nach § 393 Abs. 1 S. 4 bei Einleitung eines Steuerstrafver-

fahrens (BGH NJW 2005, 2723 (2724); ferner Flore/Tsambikakis/*Webel* Rn. 60 f.). Eine anlasslose, abstrakte und formularmäßige Belehrung zu Beginn der steuerrechtlichen Ermittlungen – zB durch ein Merkblatt – ist in der Praxis üblich, reicht aber nicht aus, wenn die Belehrung nicht bei entsprechendem Anlass wiederholt wird (JJR/*Joecks* Rn. 54; Beermann/Gosch/*Seipl* Rn. 91; *Törmöhlen* DStZ 2001, 850 mwN; vgl. auch *Wenzel,* Das Verhältnis von Steuerstraf- und Besteuerungsverfahren, 2003, 42 f.; aA wohl BT-Drs. 7/4292, 46). Denn insofern ist der Wortlaut von § 393 Abs. 1 S. 4 eindeutig: Es ist *bei Anlass* zu belehren (Schwarz/Pahlke/*Dumke* Rn. 31; Hübschmann/Hepp/Spitaler/*Hellmann* Rn. 121; Rolletschke/Kemper/*Roth* Rn. 101). Allenfalls, wenn die nochmalige Belehrung im Ausnahmefall eine bloße Förmelei wäre, kann darauf verzichtet werden (vgl. JJR/*Joecks* Rn. 54). Über seine Rechte im Strafverfahren ist der Beschuldigte dort gesondert zu belehren (Koch/Scholtz/*Scheurmann-Kettner* Rn. 15).

29   Die Belehrung hat stets zu erfolgen, **bevor weitere Ermittlungshandlungen** vorgenommen werden; insbesondere dürfen die Ermittlungen nicht zunächst fortgesetzt werden, um den Verdacht einer Steuerstraftat zu erhärten (BGH NJW 2005, 2723 (2724); JJR/*Joecks* Rn. 56; *Kindler* PStR 2011, 44 (45); Rolletschke/Kemper/*Roth* Rn. 102; vgl. *Bülte,* Die Geldwäschegesetzgebung als Ermächtigungsgrundlage für den Informationsaustausch zwischen den Steuerbehörden und den Strafverfolgungsorganen, 2007, 142 ff.). So hat der Betriebsprüfer die Prüfung zu unterbrechen, die Strafsachenstelle zu unterrichten und erst nach Belehrung und Aktennotiz die Prüfung fortzusetzen (vgl. Blumers/Frick/Müller/*Dannecker,* Betriebsprüfungshandbuch, 2009, K Rn. 70; Kohlmann/*Hilgers-Klautzsch* Rn. 135; *Kindler* PStR 2011, 44 (45); *Mack* Stbg 2012, 440 (441)).

30   Die hM (Hübschmann/Hepp/Spitaler/*Hellmann* Rn. 104; Kohlmann/*Hilgers-Klautzsch* Rn. 143; Schwarz/Pahlke/*Dumke* Rn. 30; Rolletschke/Kemper/*Roth* Rn. 94) geht davon aus, dass sich die Belehrung **inhaltlich** auf den gesamten § 393 Abs. 1 beziehen muss, da die Stpfl. *„hierüber zu belehren"* ist. Nach dem Wortlaut ist der Stpfl. über die **Eigenständigkeit der Verfahren,** den **Fortbestand der steuerlichen Mitwirkungspflichten** und das **Verbot der Zwangsmittelanwendung** sowie über die Möglichkeit, die Mitwirkung zu verweigern, zu belehren. Zumindest in § 10 Abs. 1 S. 4 BpO hat der Verordnungsgeber die Belehrungspflicht offensichtlich enger aufgefasst: Dort ist lediglich vorgeschrieben, dass der Betriebsprüfer bei Auftreten des Verdachts einer Steuerstraftat des Stpfl. diesen, soweit die Feststellungen auch für das Strafverfahren verwendbar sind, darüber zu belehren hat, dass seine *Mitwirkung im Besteuerungsverfahren nicht mehr erzwungen* werden kann. Eine Belehrung über die Eigenständigkeit der Verfahrenszweige schreibt die BpO nicht vor. In der Praxis kommt es jedoch auf diese Frage nicht an, denn nur die *hinsichtlich des Zwangsmittelverbots* fehlerhafte Belehrung kann zu einem **Verwertungsverbot** führen, wenn der Stpfl. sich selbst belastet.

31   Streitig ist, ob in der Belehrung auf die **steuerlichen Folgen** einer Mitwirkungsverweigerung, insbesondere auf die Schätzungsmöglichkeit, hingewiesen werden darf, wie dies in Nr. 29 S. 3 AStBV (St.) 2014 (BStBl. I 2013, 1394 ff.) vorgesehen ist. Schon dieser Hinweis wird zT als bedenklich angesehen, weil die Gefahr bestehe, dass auf diese Weise Druck auf den Stpfl. ausgeübt werde (Kohlmann/*Hilgers-Klautzsch* Rn. 144; iE auch Hübschmann/Hepp/Spitaler/*Hellmann* Rn. 105). Die Judikatur hat eine Aufklärung über die steuerlichen Folgen einer Mitwirkungsverweigerung jedoch zu Recht als unbedenklich angesehen (BGH NStZ 2005, 517; vgl. auch Klein/*Jäger* Rn. 22; Flore/Tsambikakis/*Webel* Rn. 59). Richtigerweise stellt der Hinweis eher eine Belehrung über den Verfahrensablauf dar, zumal in Nr. 29 S. 4 AStBV (St.) 2014 ausdrücklich klargestellt wird, dass der Eindruck zu vermeiden sei, es solle auf den Stpfl. Druck ausgeübt werden (Rolletschke/Kemper/*Roth* Rn. 96; iE auch Kühn/v. Wedelstädt/*Blesinger* Rn. 2).

32   Eine bestimmte **Form** für die Belehrung ist nicht vorgesehen (Hübschmann/Hepp/Spitaler/*Hellmann* Rn. 106; Rolletschke/Kemper/*Roth* Rn. 104; aA Schwarz/Pahlke/*Dumke* Rn. 32: Schriftform). Sie muss jedoch für den konkreten Stpfl. in seiner konkreten Situation **verständlich** sein (Beermann/Gosch/*Seipl* Rn. 92; Rolletschke/Kemper/*Roth* Rn. 104; vgl. auch BGHSt 38, 214), so dass eine mündliche Belehrung einer ausschließlich schriftlichen vorzuziehen ist. Dazu wird idR die Wiederholung des Gesetzeswortlauts nicht ausreichen (Beermann/Gosch/*Seipl* Rn. 92; *Wenzel,* Das Verhältnis von Steuerstraf- und Besteuerungsverfahren, 2003, 44). Zu Zwecken der Beweissicherung sollte die Belehrung zusätzlich schriftlich erfolgen und in Anlehnung an § 10 Abs. 1 S. 5 BpO das Datum und die Uhrzeit aktenkundig gemacht werden (vgl. JJR/*Joecks* Rn. 56; Rolletschke/Kemper/*Roth* Rn. 104). Wird gleichzeitig ein Steuerstrafverfahren eingeleitet, so hat zudem gem. § 397 Abs. 3 eine Belehrung des Beschuldigten über seine strafprozessualen Rechte nach §§ 136, 163a Abs. 4 StPO zu erfolgen (Beermann/Gosch/*Seipl* Rn. 92; Rolletschke/Kemper/*Roth* Rn. 97).

33   Die Pflicht zur Vornahme der Belehrung obliegt dem im Zeitpunkt der Einleitung des Strafverfahrens oder Auftreten des Verdachts im Besteuerungsverfahren sachlich **zuständigen Amtsträger** der FinBeh, der im Besteuerungsverfahren die Mitwirkung verlangt (Schwarz/Pahlke/*Dumke* Rn. 33; Flore/Tsambikakis/*Webel* Rn. 62). Zu belehren sind alle Stpfl., die sich selbst belasten könnten (*Wenzel,* Das Verhältnis von Steuerstraf- und Besteuerungsverfahren, 2003, 46).

34   **2. Folgen der unterlassenen Belehrung oder der Verletzung des Zwangsmittelverbots.** Hinsichtlich der Folgen einer unterlassenen Belehrung ist zu differenzieren:

a) Folgen für das Steuerstrafverfahren. Für das Steuerstrafverfahren hat der BGH die Rspr. zu §§ 136, 136a StPO im Wesentlichen auf § 393 Abs. 1 S. 2 übertragen und damit deutlich gemacht, dass eine Verletzung der Belehrungspflicht, die dem Schutz des Nemo-tenetur-Grundsatzes dient, ein Verwertungsverbot nach sich zieht: Wird der Stpfl. nicht über sein Recht zur Verweigerung der Mitwirkung belehrt, so führt dies im Strafverfahren grds. zu einem Verwertungsverbot der unmittelbar hierdurch erlangten Informationen (vgl. nur BGH NJW 2005, 2723 (2725); vgl. auch BGHSt 38, 214 (218 ff.); Klein/*Jäger* Rn. 41; *Kindler* PStR 2011, 44 (46); Rolletschke/Kemper/*Roth* Rn. 108 mwN; aA Koch/ Scholtz/*Scheurmann-Kettner* Rn. 17). Der BGH (BGH NJW 2005, 2723 (2725)) leitet das Verwertungsverbot zu Recht unmittelbar aus dem **Schutz des Persönlichkeitsrechts** des Beschuldigten und aus dem **Grundsatz des fairen Verfahrens** her. Denn die StPO hat für das Besteuerungsverfahren keine unmittelbare Bedeutung, da deren Normadressaten zumindest formell nicht die Verfahrensbeteiligten im Besteuerungsverfahren sind. Daher kann selbst bei bewusstem Unterlassen der Belehrung entgegen der noch hL (JJR/*Joecks* Rn. 62; Kohlmann/*Hilgers-Klautzsch* Rn. 155; *Krekeler* PStR 1999, 230; ähnl. *Törmöhlen* DStZ 2001, 850) nicht auf § 136a StPO rekurriert und daraus ein Verwertungsverbot hergeleitet werden. Das Verwertungsverbot bei Verletzung der grds. steuerrechtlichen Belehrung von § 393 Abs. 1 S. 4 in rein steuerrechtlichen Ermittlungen ergibt sich vielmehr aus dem Verfassungsrecht (Hübschmann/Hepp/Spitaler/*Hellmann* Rn. 113 f., 121; vgl. BGH NJW 2005, 2723 (2725); so wohl auch Klein/*Jäger* Rn. 41), nämlich aus Art. 2 Abs. 1 iVm Art. 1 Abs. 1, Art. 20 Abs. 3 GG (vgl. BVerfGE 56, 37 (49)). Diese Feststellung ist insofern wichtig, als sie für die Bestimmung der Reichweite und des Anwendungsbereichs des Verwertungsverbots grundlegende Bedeutung hat. Leitet man das Verbot nämlich aus einer analogen Anwendung von § 136a StPO her, so müssen sich seine Grenzen auch an dieser Vorschrift orientieren, die aber nur einen engen Ausschnitt des Nemo-tenetur-Grundsatzes umschreibt, nämlich die Fälle von rechtsstaatswidriger Täuschung und Zwangsanwendung im Strafverfahren. Diese Herkunft lässt keine Interessenabwägung mehr zu. Eine Herleitung unmittelbar aus den og Verfassungsbestimmungen ermöglicht dagegen eine umfassende Gesamtbewertung aller berührten Interessen und Grundrechte; das Beweisverwertungsverbot wird in Anwendung und Reichweite auf diese Weise wertungsoffener.

Für das Beweisverwertungsverbot gelten die allgemeinen Regeln: Ein Verwertungsverbot scheidet für **35** **Spontanäußerungen** nach der Rspr. (vgl. BGH NJW 1990, 461; Rolletschke/Kemper/*Roth* Rn. 108) ebenso aus, wie für den Fall, dass der Stpfl. der Verwertung seiner Angaben als anwaltlich vertretener Beschuldigter im Strafprozess nicht widerspricht (sog **Widerspruchslösung,** vgl. BGH wistra 1995, 271; ferner Klein/*Jäger* Rn. 41; Meyer-Goßner/Schmitt/*Schmitt* StPO § 136 Rn. 25; aA *Fezer* JR 1992, 386) oder, wenn er sein Recht, die Mitwirkung zu verweigern im Zeitpunkt der Mitwirkungshandlung gekannt hat (BGHSt 38, 214 (224); *Kindler* PStR 2011, 44 (46 ff.)). Zutreffend weist *Joecks* (JJR/*Joecks* Rn. 60) jedoch darauf hin, dass es nicht ausreichend ist, um im Wissen um das Mitwirkungsverweigerungsrecht anzunehmen, dass der Stpfl. das Merkblatt erhalten hat. Er muss von der Belehrung Kenntnis genommen und sich im Zeitpunkt seiner Mitwirkung des Zwangsmittelverbots bewusst gewesen sein. Dieses Bewusstsein kann der Stpfl. – selbst bei abstrakter Kenntnis seiner Verfahrensrechte – naturgemäß nur dann entwickeln, wenn er Kenntnis von der Einleitung des Steuerstrafverfahrens gegen sich hat. Die Belehrungspflicht aus § 393 Abs. 1 S. 4 hat in diesem Zusammenhang eine größere Bedeutung als diejenige aus § 136 Abs. 1 StPO, weil die FinBeh. im Besteuerungsverfahren dem Stpfl. bereits in amtlicher Eigenschaft gegenüber getreten ist und – möglicherweise sogar mit Hinweis auf Zwangsmittel – Mitwirkungshandlungen verlangt hat, so dass der Stpfl. bis auf weiteres davon ausgeht, auch bei allen anderen Ermittlungshandlungen dieser Behörde zur Mitwirkung verpflichtet zu sein. Dieser im Besteuerungsverfahren gesetzte Vertrauenstatbestand muss durch die Belehrung wieder beseitigt werden, damit der Stpfl. seine Rechte erkennen und wahrnehmen kann (vgl. Hellmann AO-NebenStrafVerfR 377; Klein/*Jäger* Rn. 41).

Bestehen **Zweifel** darüber, **ob** der Stpfl. **belehrt** worden ist bzw. sein Recht zur Mitwirkungsver- **36** weigerung aus anderen Gründen gekannt hat, so sind von ihm offenbarte Tatsachen und Beweismittel zumindest dann **nicht verwertbar,** wenn keine Anhaltspunkte für eine Belehrung vorliegen und der nach Nr. 45 Abs. 1 RiStBV vorgeschriebene Aktenvermerk nicht gefertigt worden ist (BGH NStZ-RR 2007, 80 f.; weitergehend Meyer-Goßner/Schmitt/*Schmitt* StPO § 136 Rn. 20 mwN, der bei Zweifeln Unverwertbarkeit annimmt; vgl. auch Rolletschke/Kemper/*Roth* Rn. 108).

Weniger Einigkeit besteht in der Frage der sog **Fernwirkung,** also ob Beweismittel, die aufgrund **37** unverwertbarer Informationen erlangt wurden, ihrerseits einem Beweisverwertungsverbot unterliegen. Der **BGH lehnt** eine allgemeine Fernwirkung von Beweisverwertungsverboten **ab** (BGH NJW 2006, 1361 (1363) mwN; ebenso Roxin/Schünemann StVerfR § 24 Rn. 60; Klein/*Jäger* Rn. 42; Rolletschke/Kemper/*Roth* Rn. 115; *Schützeberg* PStR 2010, 22 (23); *Schwedhelm* BB 2010, 731 (732)) und beruft sich hierfür auf die Rspr. des BVerfG (BVerfGE 77, 65 (76); 80, 367 (375); BVerfG NStZ 2011, 103 Rn. 43 mwN), die eine funktionsfähige Strafverfolgung als rechtsstaatlich unverzichtbar hervorhebt. Der BGH hat jedoch deutlich gemacht, dass hier **Ausnahmen** denkbar sind (BGH NJW 1980, 1700 f.): Die Grenzen eines Beweisverwertungsverbots hängen von der konkreten Sachlage und der Art und dem Gewicht des Verbots ab, insbesondere von dem Verhältnis zwischen strafrechtlich geschütztem Rechtsgut und dem durch den Rechtsverstoß bei der Ermittlung beeinträchtigtem Grundrecht (vgl. auch KK-

StPO/*Senge* StPO Vor § 48 Rn. 45 ff.; *Schützeberg* PStR 2010, 22 (23)). Daher geht die hM (KK-StPO/ *Diemer* StPO § 136a Rn. 42; Löwe/Rosenberg/*Gleß* StPO § 136a Rn. 75 f.; vgl. ferner Meyer-Goßner/Schmitt/*Schmitt* StPO § 136a Rn. 31) davon aus, dass eine Fernwirkung und damit eine Unverwertbarkeit solcher Informationen, die aufgrund der Angaben des unbelehrten Stpfl. erlangt wurden, gegeben ist, wenn die *Intensität des Rechtsverstoßes* oder der Rechtsverletzung *im Verhältnis zur Schwere der aufzuklärenden Straftat* so gravierend ist, dass eine Verwertung der mittelbar erlangten Informationen missbräuchlich erscheint (vgl. JJR/*Joecks* Rn. 64; ferner BVerfG NJW 2008, 3053 (3054); BVerfG NStZ 2011, 103 Rn. 43 mwN).

38   In der **Literatur** (*Rüping*, Steuerfahndungsergebnisse und ihre Verwertbarkeit, 1981, 44; *Roxin*/ Schünemann StVerfR § 24 Rn. 47; *Otto* GA 1970, 294) wird zT eine umfassende Fernwirkung von Beweisverwertungsverboten unter Berufung auf die *„fruit of the poisonous tree doctrine"* vertreten: Ein Beweismittel, das unter Ausnutzung von Informationen erlangt wurde, die nicht verwertet werden dürfen, sei ebenfalls grds. unverwertbar. Andere Autoren lassen die weitere Verwertung nur zu, wenn die Beweismittel auch auf rechtmäßigem Wege *(hypothetisch rechtmäßiger Ersatzeingriff)* hätten erlangt werden können (*Volk*, Grundkurs, 5. Aufl. 2006, StPO § 28 Rn. 43; *Tormöhlen* DStZ 2001, 852 mwN) oder machen die Fernwirkung vom Schutzbereich der verletzten Verfahrensvorschrift abhängig (*Beulke*, Strafprozessrecht, 13. Aufl 2016, Rn. 482; *Beulke* ZStW 103 (1991), 657 ff.).

39   Eine **Fernwirkung** nimmt die hM im Steuerstrafrecht zumindest für Fälle an, in denen der Stpfl. über sein Recht zur Verweigerung der Mitwirkung **bewusst getäuscht** wurde (Hübschmann/Hepp/Spitaler/*Hellmann* Rn. 125 f.; JJR/*Joecks* Rn. 64; aA Klein/*Jäger* Rn. 42; vgl. ferner Meyer-Goßner/ Schmitt/*Schmitt* StPO § 136a Rn. 31), also etwa die Konstellationen, in denen der Außenprüfer die Prüfung trotz Auftreten des Verdachts einer Steuerstraftat fortsetzt, um nicht „Prüfungsklima" durch die Belehrung „vergiften" zu müssen (vgl. Kohlmann/*Hilgers-Klautzsch* Rn. 175 ff.). Hier dürften sich aber insofern beweisrechtliche Schwierigkeiten zu Lasten des Stpfl. ergeben, als insofern der Grundsatz indubio-pro-reo nicht gilt (vgl. BGHSt 16, 164 (166 f.); KK-StPO/*Diemer* StPO § 136a Rn. 38; Meyer-Goßner/Schmitt/*Schmitt* StPO § 136a Rn. 32; *Randt* Steuerfahndungsfall C Rn. 564; *Tormöhlen* DStZ 2001, 851).

40   **b) Folgen für das Besteuerungsverfahren.** Der BFH geht in stRspr davon aus, dass ein Unterlassen der nach § 393 Abs. 1 S. 4 vorgeschriebenen Belehrung kein Verwertungsverbot für die aufgrund der weiteren Mitwirkung erlangten Informationen im Besteuerungsverfahren bewirkt (BFH NJW 2002, 2198 (2199); BFH/NV 2007, 1273; 2008, 1441 (1442); 2012, 956 (957); 2014, 487 (488) mAnm *Lübbersmann* PStR 2014, 87; HessFG AO-StB 2006, 142 f.; *Reiter*, „Nemo tenetur se ipsum prodere" und die Steuerpflicht, 2007, 175 f.; Schwarz/Pahlke/*Dumke* Rn. 34; Rolletschke/Kemper/ *Roth* Rn. 109; Flore/Tsambikakis/*Webel* Rn. 63; krit. *Rüping* FR 2000, 195 ff.; aA SchlHFG EFG 2001, 252 (253)). Dabei stützt sich der BFH zum einen auf die systematische Trennung zwischen den Verfahrensarten und zum anderen auf den Gleichheitsgrundsatz aus Art. 3 Abs. 1 GG, der ein Verwertungsverbot im Interesse der Steuergerechtigkeit grds. nicht zulasse (mit berechtigten Zweifeln FG MV wistra 2003, 473 (478)). Offen gelassen hat der BFH jedoch, ob auch bei einer Täuschung iSv § 136a StPO ein Verwertungsverbot im Besteuerungsverfahren ausscheidet (BFH NJW 2002, 2198 (2199 f.); vgl. auch BFH DStR 2006, 2302 (2308 ff.)). In einer späteren Entscheidung hat der BFH nur ergänzt, dass der Begriff der **Täuschung** im Hinblick auf die Begriffsbestimmung durch den BGH eng auszulegen und eine solche nicht gegeben sei, wenn der Amtsträger lediglich eine Aufklärung über Rechte und Tatsachen unterlässt, zu der er nicht verpflichtet ist. Das FG MV (wistra 2003, 473 (477); zust. *Geuenich* DStZ 2006, 296; *Randt*, Steuervollzug im Rechtsstaat, 263, 270 f.) hat jedoch hierzu ausgeführt, dass Aussagen, die unter Verstoß gegen Art. 1 Abs. 1 und Art. 20 Abs. 3 GG erlangt worden sind, nicht verwertet werden dürfen, weil die Verletzung dieser *„unverrückbaren Fundamente eines rechtsstaatlichen Verfahrens"* zu einer Unverwertbarkeit in der gesamten Rechtsordnung führe. Demnach können Angaben, die durch eine bewusste Täuschung des Stpfl. erlangt werden, nicht verwertet werden. Dem ist zu folgen: Lässt der Amtsträger den Stpfl. bewusst unbelehrt, in der Hoffnung, kausal durch den Irrtum des Stpfl. Informationen zur weiteren Ermittlung des Steuersachverhalts zu erhalten, so liegt eine Täuschung und damit ein steuerverfahrensrechtliches Beweisverwertungsverbot vor (so iE *Rüping*, Steuerfahndungsergebnisse und ihre Verwertbarkeit, 1981, 36; Tipke/Kruse/*Tipke* § 88 Rn. 15; JJR/*Joecks* Rn. 61; enger Rolletschke/Kemper/*Roth* Rn. 109: Grenze des § 136a StPO). Vergleichbares gilt nach § 393 Abs. 3 S. 1 für solche Daten, die rechtswidrig im Strafverfahren erlangt worden sind. Diese sind im Besteuerungsverfahren nicht verwertbar (str., → Rn. 108 ff.).

41   Von der Literatur (*Rüping*, Steuerfahndungsergebnisse und ihre Verwertbarkeit, 1981, 36 (41); Hübschmann/Hepp/Spitaler/*Hellmann* Rn. 118; ebenso SchlHFG PStR 2001, 93 f.; vgl. auch Kohlmann/ *Hilgers-Klautzsch* Rn. 167) wird zT ein deutlich **weiter gehendes Beweisverwertungsverbot** angenommen. Schon die objektiv unrichtige oder unterlassene Belehrung soll für ein Verwertungsverbot ausreichen, denn der Nemo-tenetur-Grundsatz sei ein allgemeiner Rechtsgedanke, der auch im Steuerrecht wirksam sei. Unter Verletzung der Belehrungspflicht gewonnene Angaben des Stpfl. seien unverwertbar, weil ihre Gewinnung auf einer steuerrechtlichen Pflichtverletzung beruhe. Diese Auf-

fassung erscheint aber im Hinblick auf den verfassungsrechtlichen Grundsatz der steuerlichen Belastungsgleichheit wenig überzeugend.

c) Folgen einer Zwangsmittelandrohung oder Zwangsmittelanwendung trotz Verbots. 42
Droht ein Amtsträger Zwangsmittel an oder wendet er sie gar an, obwohl ein Zwangsmittelverbot
eingreift, sind die gewonnenen **Tatsachen** und **Beweismittel** in einem Strafverfahren nicht verwertbar
(*Reiter*, „Nemo tenetur se ipsum prodere" und die Steuerpflicht, 2007, 174; JJR/*Joecks* Rn. 62). Dies
ergibt sich ebenso wie das Verwertungsverbot bei einer Verletzung der Belehrungspflicht unmittelbar aus
dem Nemo-tenetur-Grundsatz (Rolletschke/Kemper/*Roth* Rn. 106 mwN; vgl. Hübschmann/Hepp/
Spitaler/*Hellmann* Rn. 112 ff.). Eine **Fernwirkung** wird man im Strafverfahren nur im Falle einer
bewussten Umgehung, also einem **täuschungsähnlichen Verhalten,** annehmen können (→ Rn. 39).
Im Besteuerungsverfahren gilt nach der Rspr. regelmäßig schon **kein Beweisverwertungsverbot,**
soweit der Stpfl. nicht bewusst getäuscht wurde (→ Rn. 40; ferner *Reiter,* „Nemo tenetur se ipsum
prodere" und die Steuerpflicht, 2007, 175 f.).

III. Pflicht zur Abgabe der Steuererklärung trotz begonnenem oder drohendem steuerstrafrechtlichen Ermittlungsverfahren

Im Grundsatz ist die Pflicht zur Abgabe einer vollständigen und wahrheitsgemäßen Steuererklärung 43
durch § 370 strafbewehrt. Aus dem in § 393 Abs. 2 S. 1 zum Ausdruck gebrachten Nemo-tenetur-
Prinzip folgt jedoch, dass Mitteilungen des Stpfl. **im Steuerstrafverfahren** nicht strafbar sind, soweit sie
die dort gegenständlichen Veranlagungszeiträume und Steuern betreffen (JJR/*Joecks* Rn. 45); § 393
Abs. 1 S. 2 gewinnt damit eine materiell-rechtliche Dimension (*Joecks* FS Kohlmann, 2003, 451). Diese
Freiheit des Beschuldigten, sich selbst vor Strafverfolgung zu schützen, findet ihre Grenzen dort, wo
neues Unrecht verwirklicht wird (Klein/*Jäger* Rn. 29 f. mwN; krit. Beermann/Gosch/*Seipl* Rn. 10).
Aber er darf, auch wenn ihm kein allgemeines „Recht zur Lüge" zusteht (hM Meyer-Goßner/Schmitt/
Schmitt StPO § 136 Rn. 18 mwN), schon verwirklichtes Unrecht verschleiern oder verschweigen,
indem er im Strafverfahren unrichtige Angaben macht, soweit er Steuern schon verkürzt hat.

1. Steuererklärungspflichten nach Einleitung des Steuerstrafverfahrens. Wird gegen einen 44
Stpfl. ein **Steuerstrafverfahren,** etwa wegen der Abgabe unrichtiger Umsatzsteuervoranmeldungen
geführt, so *entfällt* für die Dauer des Verfahrens die **Strafbarkeit** der Nichtabgabe der Umsatzsteuerjahreserklärung, da es sich um *eine* prozessuale Tat handelt (BGH NJW 2001, 3638 (3640 f.); BGH 2005,
763 (764); BGH NStZ 2005, 517 (518 f.); BGH wistra 2004, 185; Klein/*Jäger* Rn. 27; Kühn/v. Wedel-
städt/*Blesinger* Rn. 4; vgl. auch *Berthold,* Der Zwang zur Selbstbezichtigung aus § 370 Abs. 1 und der
Grundsatz des nemo tenetur, 1993, 70 ff.). Voraussetzung ist jedoch zudem, dass die Einleitung des
Strafverfahrens dem Stpfl. auch bekannt gegeben worden ist und daher eine strafbefreiende Selbstanzeige
gem. § 371 Abs. 2 Nr. 1b ausscheidet (BGH NStZ 2002, 437 (438); BGH NStZ-RR 2009, 340 (341);
Beckemper ZIS 2012, 221 (224); Rolletschke/Kemper/*Roth* Rn. 78, 82; krit. MüKoStGB/*Schmitz/Wulf*
§ 370 Rn. 313). Auch die Strafbewehrung der Pflicht zur Abgabe der Einkommensteuererklärung ist
suspendiert, wenn für den entsprechenden Veranlagungszeitraum schon vor Ende des allgemeinen
Veranlagungsschlusses ein Strafverfahren wegen des Versuchs einer Steuerhinterziehung eingeleitet
worden ist (BGH NJW 2002, 1733 (1734); 2005, 763 (764); Klein/*Jäger* Rn. 28; vgl. auch *Harms,*
Finanzstrafrecht, 2005, 81 f.).

Dieser Lösung ist *Hellmann* (JZ 2002, 619; Hübschmann/Hepp/Spitaler/*Hellmann* 2005 Rn. 29 ff.; 45
FS Seebode, 2008, 153; vgl. auch Flore/Tsambikakis/*Webel* Rn. 13) mit dem Argument entgegengetreten, die Strafbewehrung der Mitwirkungspflicht könne schon aus fiskalischen Gründen nicht
suspendiert werden, da ansonsten der Verlust des Steueranspruchs drohe; ein *Verwertungsverbot* schütze
die Interessen des Stpfl. hier in hinreichender Weise. Zudem führe der Wegfall der Strafbewehrung
zu einer Besserbehandlung des unredlichen Stpfl. (allg. krit. zu diesem Argument Wannemacher
SteuerStrafR/*Nossen* Rn. 4045 ff.). Doch lässt sich gegen diese Lösung einwenden, dass das Zwangsmittelverbot des § 393 Abs. 1 S. 2 durch ein besonders starkes Zwangsmittel, nämlich die Strafdrohung, umgangen würde, wollte man hier die Mitwirkungspflicht aufrechterhalten (*Aselmann* NStZ
2003, 71 (73 f.)). Daher ist die Annahme einer Suspendierung der Strafbewehrung durch den BGH
zutreffend.

Auch die Argumentation von *Böse* (wistra 2003, 49 ff.), der sich auf den Grundsatz der **omissio libera** 46
in causa (vgl. hierzu Fischer StGB § 13 Rn. 43; *Satzger* Jura 2006, 516 ff.) stützt, begründet kein
anderes Ergebnis. *Böse* vertritt die Auffassung, dem Stpfl., der eine unrichtige Erklärung abgegeben hat,
sei eine Selbstbelastung mit strafrechtlichen Folgen zumutbar, weil er die Zwangslage selbst verschuldet
habe. Dieser Ansatz überzeugt jedoch aus verfassungsrechtlichen Gründen nicht (iE auch Klein/*Jäger*
Rn. 28), weil er nicht berücksichtigt, dass der Nemo-Tenetur-Grundsatz ua auch in der Menschenwürde verankert ist: Die Rechtsfigur der omissio libera in causa basiert auf dem Prinzip, dass derjenige,
der seine Handlungsunfähigkeit selbst herbeigeführt habe, sich auf diese nicht berufen dürfe (vgl.
Rengier StrafR AT § 49 Rn. 11). *Böse* versagt dem Stpfl. aufgrund dieser Überlegung die Berufung auf
den Nemo-tenetur-Grundsatz und damit insofern letztlich auf die Menschenwürde. Da dies einem

fingierten Verzicht auf einen Aspekt der Menschenwürde gleichkäme, ist die Anwendung der Grundsätze der omissio libera in causa in diesem Zusammenhang unzulässig. Es mangelt mithin schon an der Vergleichbarkeit von Handlungsunfähigkeit und Handlungsunzumutbarkeit (aA *Böse* wistra 2003, 47 (49)). Ferner fehlt es dem Stpfl. idR an dem für die Annahme der omissio libera in causa erforderlichen Vorsatz hinsichtlich der Herbeiführung der Selbstbelastungslage (JJR/*Joecks* Rn. 49).

47   Die Abgabe einer unrichtigen Umsatzsteuerjahreserklärung, die **eigenes, neues Unrecht** beinhaltet (→ § 370 Rn. 349 ff.), bleibt dagegen nach hM strafbar (vgl. nur BGH NJW 2001, 3638 (3640 f.); 2009, 1979 (1981 f.); *Hellmann* FS Seebode, 2008, 150; Rolletschke/Kemper/*Roth* Rn. 85; Flore/Tsambikakis/*Webel* Rn. 55: „nur ein Recht auf Passivität"). Dem steht nicht entgegen, dass der Stpfl. im Strafprozess die Unrichtigkeit der Umsatzsteuervoranmeldungen bestreiten darf, denn Verteidigungshandlungen im Strafverfahren stehen nicht der Abgabe einer Steuererklärung gleich (aA noch OLG Frankfurt a. M. wistra 2006, 198; LG Frankfurt a. M. wistra 2004, 78), da Erstere Verfahrenshandlungen im Strafverfahren sind und Letztere die Verletzung einer Erklärungspflicht im Besteuerungsverfahren darstellt (Beermann/Gosch/*Seipl* Rn. 43, 62; *Rolletschke* wistra 2004, 247).

48   **2. Steuererklärungspflichten vor Einleitung des Steuerstrafverfahrens.** Vor der Einleitung eines **Steuerstrafverfahrens** wird die Strafbewehrung der steuerlichen Pflicht zur Abgabe einer richtigen und vollständigen Erklärung nur insoweit *suspendiert,* als der Stpfl. sich durch diese Erklärung hinsichtlich der Steueransprüche *steuerstrafrechtlich* selbst bezichtigen müsste, die Gegenstand der Erklärung sind und eine Strafbefreiung durch eine Selbstanzeige aus rechtlichen oder tatsächlichen Gründen nicht möglich ist (vgl. JJR/*Joecks* Rn. 53). Der BGH (BGH NJW 2009, 1984 (1986)) hat angenommen, dass auch der Stpfl., der mit dolus eventualis eine Steuerhinterziehung durch unrichtige Angaben begangen hat, eine strafbewehrte Berichtigungspflicht gem. § 153 habe und diese solange zu erfüllen habe, wie eine strafbefreiende Selbstanzeige möglich sei. Doch dürfte schon die Verletzung der steuerlichen Berichtigungspflicht im Hinblick auf § 370 Abs. 1 nicht tatbestandlich sein. Zwar besteht die Pflicht zur Berichtigung steuerrechtlich auch dann, wenn der Stpfl. hinsichtlich der unrichtigen Angaben mit dolus eventualis, also ohne Kenntnis handelt (Klein/*Rätke* § 153 Rn. 4 mwN). Aber diese steuerrechtliche Betrachtungsweise kann nicht unbesehen in das Strafrecht übertragen werden. Denn die Verletzung der Berichtigungspflicht ist nur eine Sekundärpflicht zur Aufrechterhaltung der primären Erklärungspflicht und betrifft damit materiell kein anderes Angriffsobjekt als die Primärpflicht. Es handelt sich damit iE nur um die Unterlassung einer Schadenswiedergutmachung, die keinen eigenständigen Unrechtsgehalt hat, der eine Strafbarkeit rechtfertigen würde (eing. hierzu *Bülte* BB 2010, 612; glA JJR/*Joecks* § 370 Rn. 262 ff.; *Wulf* PStR 2009, 190 ff.; → § 370 Rn. 292 ff.).

49   Die Selbstbelastung durch die Offenbarung einer verfolgbaren **Steuerordnungswidrigkeit** hat das BVerfG (BVerfG wistra 1988, 302) für zumutbar gehalten und hierzu ausgeführt, dass § 47 OWiG hinreichende Möglichkeiten zur verfassungsrechtlichen Würdigung der Selbstbelastung gebe (ebenso NJW 2009, 1984 (1987)). Daraus wird man folgern müssen, dass der erkennende 2. Senat des BVerfG eine Einstellung des Ordnungswidrigkeitenverfahrens für angezeigt hielt (vgl. Rolletschke/Kemper/*Roth* Rn. 80; aA Kohlmann/*Hilgers-Klautzsch* Rn. 117 unter Berufung auf BGH wistra 2001, 341).

50   § 393 Abs. 1 S. 2 erlaubt nicht die **Verwirklichung neuen Unrechts** durch Nichtabgabe der Steuererklärung oder unrichtige Angaben in der Erklärung für nachfolgende Besteuerungszeiträume zur Verdeckung schon begangener Straftaten (stRspr BGH NJW 2001, 3638 (3640); 2002, 1733 (1734); 2005, 763 (764); BGH NStZ 2005, 517 (518 f.); JJR/*Joecks* Rn. 46; Klein/*Jäger* Rn. 29 f.; Kühn/v. Wedelstädt/*Blesinger* Rn. 4; Beermann/Gosch/*Seipl* Rn. 46; *Harms,* Finanzstrafrecht, 2005, 82 f.; aA OLG Hamburg NStZ 1996, 557 ff.; Wannemacher SteuerStrafR/*Nossen* Rn. 3981). Die Pflicht zur Abgabe einer vollständigen und wahrheitsgemäßen Steuererklärung für nicht strafbefangene Besteuerungszeiträume bleibt strafbewehrt (BGH NJW 2002, 1733 (1734); 2005, 763 (764); aA *Reiter,* „Nemo tenetur se ipsum prodere" und die Steuerpflicht, 2007, 239 ff.; *Sahan,* Keine Steuererklärungspflicht bei Gefahr strafrechtlicher Selbstbelastung, 2006, 93 ff. mwN).

51   Die fortbestehende Strafbarkeit einer Verletzung der steuerlichen Erklärungspflicht führt häufig zu erheblichen praktischen Problemen durch die sachliche Verflechtung der Veranlagungszeiträume und der damit einhergehenden **Pflicht zur mittelbaren Selbstbelastung** (*Hellmann* FS Seebode, 2008, 153; Beermann/Gosch/*Seipl* Rn. 37; vgl. ferner *Beckemper* ZIS 2012, 221 (222); *Harms,* Finanzstrafrecht, 2005, 80 f.). Die FinBeh. kann aufgrund der nun wahrheitsgemäßen Angaben möglicherweise Rückschlüsse auf die Richtigkeit vorausgegangener Erklärungen ziehen. Nach der hL führt diese Selbstbelastungsgefahr nicht zur Suspendierung von Erklärungspflichten, wohl aber zu einem **Verwendungsverbot,** also einem auch eine **Fernwirkung** umfassenden Verbot der Nutzung der steuerlichen Angaben (Kühn/v. Wedelstädt/*Blesinger* Rn. 4; Klein/*Jäger* Rn. 29; Beermann/Gosch/*Seipl* Rn. 48; Flore/Tsambikakis/*Webel* Rn. 56; Rolletschke/Kemper/*Roth* Rn. 87; *Reichling* HRRS 2014, 473; wohl auch BGH NJW 2005, 763 (764 f.); LG Göttingen wistra 2008, 231 (234); *Harms,* Finanzstrafrecht, 2005, 83 f.). Die von dem Stpfl. für nachfolgende Besteuerungszeiträume gemachten Angaben dürfen daher nur im Besteuerungsverfahren, nicht aber zur Einleitung eines Strafverfahrens gegen ihn verwendet werden. Dieser Schutz des Stpfl. erst auf der Stufe der Beweisverwendung ist nach der Rspr. des BVerfG verfassungsrechtlich hinreichend (BVerfG NJW 2005, 352) und im Hinblick auf die Steuergerechtigkeit

auch sachgerecht (vgl. BVerfG wistra 1988, 302; Hübschmann/Hepp/Spitaler/*Hellmann* Rn. 30; Rolletschke/Kemper/*Roth* Rn. 88; *Jäger* PStR 2002, 49 (50)). Anders als in dem Fall, dass das Steuerstrafverfahren gegen den Stpfl. schon eingeleitet worden ist, besteht vorliegend auch kein Zwangsmittelverbot, das es rechtfertigen würde, schon die Strafbewehrung einer Verletzung der Mitwirkungspflicht entfallen zu lassen.

Auch eine Straflosigkeit der unterlassenen Abgabe der Erklärung wegen **Unzumutbarkeit norm- 52 gemäßen Verhaltens,** wie sie insbesondere von *Joecks* (FS Kohlmann, 2003, 462 f.; JJR/*Joecks* Rn. 53; aber auch *Heinsius* DStZ 2001, 817; aA *Marx* FS FA, 1999, 678; vgl. Beermann/Gosch/*Seipl* Rn. 47) vertreten worden ist, erscheint wenig überzeugend. Die Unzumutbarkeit normgemäßen Verhaltens setzt voraus, dass der Täter aufgrund der bestehenden Erklärungspflicht zur Abgabe einer selbstbelastenden Erklärung gezwungen ist und kein Verwertungsverbot besteht. Ist aber lediglich ungewiss, ob die Strafbewehrung der Steuererklärungspflicht suspendiert ist oder ein Beweisverwertungsverbot besteht, so ist dem Stpfl. normgemäßes Verhalten zuzumuten, er weiß lediglich nicht, ob das Unterlassen der Erklärungsabgabe normgemäß ist. Eine Verletzung des Nemo-tenetur-Prinzips steht damit nicht im Raum, weil der Stpfl. objektiv nicht zur strafrechtlichen Selbstbelastung gezwungen wird.

Die Zwangslage, in der sich der Steuerpflichtige befindet, muss jedoch insofern berücksichtigt 53 werden, als der unterlassende Steuerpflichtige im Einzelfall wegen eines **unvermeidbaren Verbotsirrtums** gem. § 17 StGB straflos gewesen sein könnte. Seit 2004 wird der Steuerpflichtige jedoch kaum mehr eine Unvermeidbarkeit des Irrtums begründen können: Der BGH (BGH NStZ 2002, 436) hat obiter dictum festgestellt, dass die Erklärungspflicht für auf den strafbefangenen Zeitraum folgende Besteuerungszeiträume nicht suspendiert und die Verletzung weiterhin strafbar sei, wenn auch hier eine Lösung der Nemo-tenetur-Problematik über ein Verwendungsverbot lediglich über eine Bezugnahme auf die Rspr. des BVerfG (wistra 1988, 302) angedeutet wurde. Zudem hat der BGH (BGH NStZ-RR 2004, 242 (243); zust. Rolletschke/Kemper/*Roth* Rn. 89) auch einen Lösungsweg, wenn auch einen mangelbehafteten (vgl. MüKoStGB/*Schmitz*/*Wulf* § 370 Rn. 308 ff., 409), im Zusammenhang mit § 393 Abs. 2 S. 2 angedeutet: Der Stpfl. kann die Erklärung auf die jeweils relevanten Beträge reduziert abgeben oder einen Schätzungsvorschlag in hinreichender Höhe machen (vgl. Beermann/Gosch/*Seipl* Rn. 52) und sich gleichzeitig auf § 393 Abs. 1 S. 1 berufen. In diesem Fall ermöglicht er eine Steuerfestsetzung ohne Verkürzung, hält das Risiko eines Rückschlusses auf den strafbefangenen Zeitraum aber gering. In jedem Fall ist dem Stpfl. aber die Abgabe einer Erklärung zuzumuten, die die strafrechtlich relevanten Teile ausklammert. Bezieht sich also das Strafverfahren auf die Kapitalerträge des Vorjahres, so ist es aber keinesfalls unzumutbar, etwa Angaben zu den Gewinnen aus einem Gewerbebetrieb zu machen (vgl. hierzu Beermann/Gosch/*Seipl* Rn. 49 ff.; krit. Wannemacher SteuerStrafR/*Nossen* Rn. 3981).

Problematisch und ungeklärt ist die Frage nach der Suspendierung der Erklärungspflicht in dem Fall, 54 dass für das strafbefangene Jahr **weitere Umsatzsteuervoranmeldungen** abzugeben sind (vgl. Beermann/Gosch/*Seipl* Rn. 44). Hier spricht vieles dafür, die Erklärungspflicht unangetastet zu lassen und den Konflikt zwischen Steuergerechtigkeit und Selbstbelastungsgefahr ebenso zu lösen, wie bei der Erklärung hinsichtlich anderer Besteuerungszeiträume (vgl. *Gotzens*/*Wegner* PStR 2003, 209). Dies gilt zum einen, weil es sich bei jeder Voranmeldung um eine eigenständige strafbewehrte Erklärungspflicht handelt, deren Verletzung neues Unrecht beinhaltet (NJW 2009, 1979 (1982)); die zu erfüllende Anmeldungspflicht ist damit nicht Gegenstand des Strafverfahrens, wenn dieses wegen vorangegangener Unterlassung der Voranmeldung eingeleitet worden ist. Zum anderen entspricht diese Lösung sowohl dem Grundsatz der Steuergerechtigkeit als auch den Vorgaben des BVerfG (BVerfG wistra 1988, 302) zum Schutz vor strafrechtlicher Selbstbelastung, wenn ein strafrechtliches Verwendungsverbot für die weiteren Voranmeldungen angenommen wird.

Das **Verwendungsverbot** gilt **nicht,** soweit eine **strafbefreiende Selbstanzeige** hinsichtlich der in 55 den vorangegangenen Jahren verwirklichten Steuerstraftaten praktisch möglich ist (vgl. aber BGH NJW 2010, 2146 ff.; ferner *Pflaum* StBp 2013, 217 ff.). Kann der Stpfl. seine Strafbarkeit durch die wahrheitsgemäße Erklärung beseitigen, so befindet er sich nicht in der Zwangslage, die der Nemo-tenetur-Grundsatz verhindern soll (BVerfG wistra 1988, 302 f.; BGH NJW 2009, 1984 (1987); JJR/*Joecks* Rn. 53; *Hellmann* FS Seebode, 2008, 149).

Das LG Frankfurt a. M. (wistra 2004, 78 (80)) hat eine Pflicht der FinBeh. zur **qualifizierten** 56 **Belehrung** über die jeweiligen Pflichten zur Abgabe von Erklärungen und Verwendungsverboten bei Mitwirkung angenommen. Nach Ansicht der Kammer gebieten die prozessualen Rechte des Beschuldigten eine Suspendierung der Strafbarkeit nicht nur bezüglich der Nichtabgabe der Erklärung, sondern auch bezüglich der Abgabe einer falschen Erklärung. Diese Auffassung ist nicht haltbar. Zum einen können sich prozessuale Rechte des Beschuldigten nicht auf die Tatbestandlichkeit des Verhaltens auswirken; allenfalls könnte man zu einer Unzumutbarkeit kommen (aber → Rn. 52). Zum anderen begründet das Fehlen einer Belehrung allenfalls einen Verbotsirrtum, möglicherweise einen Entschuldigungsgrund (Beermann/Gosch/*Seipl* Rn. 55) oder ein Verwertungs- bzw. Verwendungsverbot, lässt aber die strafbewehrte steuerrechtliche Pflicht unberührt (vgl. Rolletschke/Kemper/*Roth* Rn. 93).

D. Verwendungsverbot (§ 393 Abs. 2 S. 1)

I. Normzweck und rechtlicher Charakter

57   Gemäß § 393 Abs. 2 dürfen Tatsachen oder Beweismittel, die der StA aus Steuerakten bekannt werden und die der Stpfl. der FinBeh. ohne Kenntnis von der Einleitung des Strafverfahrens in Erfüllung steuerlicher Pflichten offenbart hat, nicht zur Verfolgung von Taten verwendet werden, die keine Steuerstraftaten sind. Die Vorschrift ist mithin an die **Strafverfolgungsorgane** gerichtet.

58   Bei § 393 Abs. 2 handelt es sich nach zutr. hM um ein umfassendes **Verwendungsverbot** (→ Rn. 80 ff.; ferner JJR/*Joecks* Rn. 86 mwN). Klein/*Jäger* Rn. 45 f.; nun auch Kohlmann/*Hilgers-Klautzsch* Rn. 185; unklar BVerfG wistra 2010, 341 (343 f.)), nicht um ein *Verfolgungsverbot* (so aber *Jesse* DB 2013, 1803 (1812) oder nur um ein *Beweisverwertungsverbot* (Hübschmann/Hepp/Spitaler/*Hellmann* Rn. 158). Die Regelung soll den Stpfl. vor einem Zwang zur Selbstbelastung mit strafrechtlichen Folgen als Ergebnis einer Durchbrechung des Steuergeheimnisses schützen und stellt das Korrelat zum Fortbestehen der Mitwirkungspflichten im Besteuerungsverfahren dar (BVerfG wistra 1988, 302 (303); Schwarz/Pahlke/*Dumke* Rn. 36 mwN). § 393 Abs. 2 gilt über § 410 Abs. 1 Nr. 4 auch für die Verfolgung von Nichtsteuerordnungswidrigkeiten (FG Saarlouis BeckRS 2008, 33925; Schwarz/Pahlke/*Dumke* Rn. 37; *Jesse* DB 2013, 1803 (1814); *Reichling* HRRS 2014, 473 (475); Rolletschke/Kemper/*Roth* Rn. 119). Zur Geltung im Disziplinarverfahren Flore/Tsambikakis/*Nikolaus* Rn. 68; Rolletschke/Kemper/*Roth* Rn. 120.

II. Voraussetzungen des Verwendungsverbots

59   **1. Bekanntwerden aus der Steuerakte.** Unter **Steuerakten** sind die Akten des gesamten Besteuerungsverfahrens, einschließlich der Außenprüfung, der Nachschauvorgänge, Rechtsbehelfsverfahren etc als besonders geregelte förmliche Teile des Besteuerungsverfahrens zu verstehen (LG Göttingen wistra 2008, 231 (233); Hübschmann/Hepp/Spitaler/*Hellmann* Rn. 150; Kohlmann/*Hilgers-Klautzsch* Rn. 213; Rolletschke/Kemper/*Roth* Rn. 144; Beermann/Gosch/*Seipl* Rn. 127; *Reichling* HRRS 2014, 473 (475)); ebenso vom Anwendungsbereich umfasst sind die Akten des finanzgerichtlichen Verfahrens (Schwarz/Pahlke/*Dumke* Rn. 53; diff. Hübschmann/Hepp/Spitaler/*Hellmann* Rn. 150). Der Schutzzweck des § 393 Abs. 2 gibt einen „*funktionellen Aktenbegriff*" (Rolletschke/Kemper/*Roth* Rn. 145) vor: Stammen die Informationen mittelbar oder unmittelbar aus dem Steuerverfahren, gelangen also Aktenteile aus dem Steuerverfahren in die Strafverfahrensakte, so nehmen diese Informationen am Schutz der Steuerakte teil (*Reichling* HRRS 2014, 473 (475 f.)). Es kommt nicht darauf an, woher der Strafverfolgungsbehörde die Daten erhalten hat, sondern woher die Tatsachen oder Beweismittel **ursprünglich** stammen (OLG Hamm BeckRS 2015, 04786; Hübschmann/Hepp/Spitaler/*Hellmann* Rn. 153; JJR/*Joecks* Rn. 83; Schwarz/Pahlke/*Dumke* Rn. 55; *Rogall,* Der Beschuldigte als Beweismittel gegen sich selbst, 1977, 488), mithin **ob eine Zweckentfremdung von Daten,** die aufgrund der Mitwirkungspflichten des Stpfl. erlangt wurden, **droht.** Grundsätzlich nicht erfasst sind die Akten der Strafverfolgungsbehörden (Rolletschke/Kemper/*Roth* Rn. 144; vgl. auch Flore/Tsambikakis/*Nikolaus* Rn. 71 ff.)

60   Bei Akten der **Steuerfahndung** ist danach zu differenzieren, in welchem Verfahren und unter Anwendung welcher Verfahrensordnung die Informationen ermittelt wurden (Schwarz/Pahlke/*Dumke* Rn. 54; Rolletschke/Kemper/*Roth* Rn. 144). Vom Anwendungsbereich des § 393 Abs. 2 S. 1 sind auch solche Angaben erfasst, die der Beschuldigte in einem Besteuerungsverfahren gegen einen Dritten zu machen verpflichtet gewesen ist und mit denen er eigene Nichtsteuerstraftaten offenbart (Hübschmann/Hepp/Spitaler/*Hellmann* Rn. 150; Flore/Tsambikakis/*Nikolaus* Rn. 82).

61   **Nicht geschützt** sind solche Aktenbestandteile, die die FinBeh. nach den Regeln der StPO ermittelt haben. Insoweit bedarf der Stpfl. regelmäßig nicht des Schutzes vor einer strafrechtlichen Verwertung solcher Daten. Sobald das Steuerstrafverfahren eingeleitet ist oder der Stpfl. Gefahr läuft, sich steuerstrafrechtlich selbst zu belasten, kann er faktisch die Mitwirkung verweigern und nicht mehr gezwungen werden, zum Steuerstrafverfahren aktiv beizutragen.

62   Als **aus den Steuerakten** bekannt anzusehen ist jede Information, die dem Steuergeheimnis unterliegt. Dies ergibt sich schon aus der Ausnahmeregelung des § 393 Abs. 2 S. 2. Daher unterfallen dem Anwendungsbereich des § 393 Abs. 2 S. 1 auch schriftliche und mündliche Auskünfte, die die FinBeh. aus der Steuerakte erteilt hat (LG Göttingen wistra 2008, 231 (233) Rolletschke/Kemper/*Roth* Rn. 145; vgl. auch OLG Stuttgart wistra 1986, 191 (192); Wannemacher SteuerStrafR/*Nossen* Rn. 4017); Gleiches gilt für durch Vernehmung von Finanzbeamten gewonnene Kenntnisse (JJR/*Joecks* Rn. 83; Rolletschke/Kemper/*Roth* Rn. 145; Beermann/Gosch/*Seipl* Rn. 129; Schwarz/Pahlke/*Dumke* Rn. 55 mwN).

62a   **Nicht aus den Steuerakten bekannt geworden** und damit nicht vom Anwendungsbereich des § 393 Abs. 2 S. 1 erfasst sind Beweismittel und Tatsachen, die der Stpfl. zwar zu den Steuerakten gereicht hat, deren konkrete Existenz den Strafverfolgungsbehörden jedoch nicht durch die Steuerakte bekannt geworden ist. § 393 Abs. 2 S. 1 schützt den Stpfl. nur vor der mittelbaren selbstbelastenden

Wirkung seiner eigenen Mitwirkung im Besteuerungsverfahren, nicht aber vor jeder unmittelbar straf-prozessual belastenden Wirkung von auch steuerlich relevanten Beweismitteln (vgl. BGH NJW 2014, 1975; zu Recht krit. zur Begr. *Reichling* HRR 2014, 473 (480 f.); vgl. auch Rolletschke/Kemper/*Roth* Rn. 127, 160). Das bedeutet, dass **zu den Steuerakten gereichte Quittungen, Bilanzen, Konto-auszüge, Verträge etc** auch dann noch strafrechtlich verwertet werden dürfen, wenn sie Teil der Steuerakte geworden sind, die Strafverfolgungsorgane aber durch sonstige Ermittlungen konkrete Kenntnis von diesen Unterlagen erlangt haben (vgl. BVerfG wistra 2010, 341 (342 f.)). Denn die Schutz-wirkung des § 393 Abs. 2 soll nur den Grundsatz Nemo-tenetur absichern, nicht jedoch dazu führen, dass Beweismittel durch ihre rein formelle Zugehörigkeit zu den Steuerakten vollständig für die Straf-verfolgung gesperrt werden (Rolletschke/Kemper/*Roth* Rn. 126 ff., 147). Unterlagen, die der Stpfl. nicht zur Erfüllung seiner steuerlichen Pflichten anfertigt oder erlangt, etwa aufgrund anderweitiger gesetzlicher Pflichten, sind mithin, soweit sie allgemein beschlagnahmefähig sind, verwertbar (vgl. LG Stuttgart NStZ-RR 2001, 282 f.). Dementsprechend erfasst § 97 InsO nach der Rspr. (OLG Celle wistra 2013, 247 (248)) nicht Bilanzen und Handelsbücher, zu deren Führung eine gesetzliche Ver-pflichtung besteht (vgl. auch Rolletschke/Kemper/*Roth* Rn. 160).

2. In Erfüllung steuerlicher Pflichten offenbarte Tatsachen und Beweismittel. Es dürfen keine **63** **Tatsachen** oder **Beweismittel** (§ 90) verwertet werden, die in Erfüllung der steuerlichen Pflichten offenbart wurden. Wichtig ist in diesem Zusammenhang, dass damit nur Umstände von § 393 Abs. 2 S. 1 erfasst sind, die dem Schutz des Steuergeheimnisses unterliegen (Kühn/v. Wedelstädt/*Blesinger* Rn. 9; *Reichling* HRRS 2014, 473 (476)). Nicht dem Schutz von § 393 Abs. 2 S. 1 unterliegen Unterlagen des Stpfl., die diesem lediglich **zur Erfüllung seiner steuerlichen Mitwirkungspflichten geeignet erschienen,** deren Übergabe an die FinBeh. aber nicht erforderlich war (BGH NStZ 1993, 87 f.; Kühn/v. Wedelstädt/*Blesinger* Rn. 9). Unter **Tatsachen** sind alle inneren und äußeren Vorgänge zu verstehen, die zumindest mittelbar einer sinnlichen Wahrnehmung und damit dem Beweis zugänglich sind (Beermann/Gosch/*Seipl* Rn. 105; Flore/Tsambikakis/*Nikolaus* Rn. 75; *Reichling* HRRS 2014, 473 (476); Rolletschke/Kemper/*Roth* Rn. 124). **Beweismittel** sind solche iSv § 92 sowie alle weiteren Erkenntnisquellen, die geeignet sind, eine im Zusammenhang mit einer nichtsteuerlichen Straftat stehende Tatsache zu beweisen (Schwarz/Pahlke/*Dumke* Rn. 41; Hübschmann/Hepp/Spitaler/*Hell-mann* Rn. 131 f.; Klein/*Jäger* Rn. 48; JJR/*Joecks* Rn. 86; Flore/Tsambikakis/*Nikolaus* Rn. 76).

Der Begriff der Offenbarung ist in Anlehnung an § 30 weit auszulegen (Klein/*Jäger* Rn. 48; Rol- **64** letschke/Kemper/*Roth* Rn. 126; vgl. auch Klein/*Rüsken* § 30 Rn. 59). **Offenbart** iSd § 393 Abs. 2 werden Tatsachen und Beweismittel, wenn sie der Stpfl. oder dessen Vertreter der Finanzverwaltung freiwillig preisgegeben hat, die Kenntnis der Behörde also auf dessen Tätigkeit beruht, weil eine der FinBeh. unbekannte oder nicht sicher bekannte Information bekannt gemacht wird (LG Göttingen wistra 2008, 231 (233); Schwarz/Pahlke/*Dumke* Rn. 44; Hübschmann/Hepp/Spitaler/*Hellmann* Rn. 133; Flore/Tsambikakis/*Nikolaus* Rn. 84; vgl. auch Rolletschke/Kemper/*Roth* Rn. 128). Auch eine Tatsache, die die Finanzverwaltung bislang nur vermutet hat, kann noch offenbart werden (Schwarz/Pahlke/*Dumke* Rn. 44). Irrelevant ist, ob der Stpfl. selbst aktiv gehandelt, einen Dritten mit der Offenbarung beauftragt oder die Kenntnisnahme durch die Behörde lediglich geduldet hat (vgl. Hübschmann/Hepp/Spitaler/*Hellmann* Rn. 133; Kohlmann/*Hilgers-Klautzsch* Rn. 191; Klein/*Jäger* Rn. 48; JJR/*Joecks* Rn. 71; Flore/Tsambikakis/*Nikolaus* Rn. 80; *Reichling* HRRS 2014, 473 (476); Rolletschke/Kemper/*Roth* Rn. 125; Wannemacher SteuerStrafR/*Nossen* Rn. 4019; vgl. auch OLG Stuttgart wistra 1986, 191 (192)).

Da § 393 Abs. 2 S. 1 den Stpfl. vor Selbstbelastungen mit strafrechtlichen Folgen durch Erfüllung **65** seiner Mitwirkungspflichten schützen soll, greift das Verwendungsverbot ausschließlich dann ein, wenn dieser Schutzbereich berührt ist, also der Stpfl. die relevanten Informationen **in Erfüllung seiner steuerlichen Pflichten** preisgegeben hat. Dies ist grds. nur im – nicht zwingend eigenen – Besteue-rungsverfahren, nicht aber im (Steuer-)Straf- oder Bußgeldverfahren der Fall, denn dort besteht kein Zwang zur Mitwirkung (Schwarz/Pahlke/*Dumke* Rn. 45 f.; *Hildebrandt* DStR 1982, 21; Rolletschke/Kemper/*Roth* Rn. 137). Für ein durch die Steuerfahndung geführtes Verfahren gilt auch hier, dass nur in einem nach der AO geführten Verfahren erlangte Informationen geschützt sind.

Grundsätzlich sind zwar alle vom Stpfl. offenbarten Daten, die in der Steuerakte enthalten sind, von **66** § 393 Abs. 2 S. 1 erfasst; dies gilt jedoch nicht für **bewusst wahrheitswidrige Angaben** (Klein/*Jäger* Rn. 49), etwa die Vorlage unechter Urkunden (BGH NStZ 2004, 582) oder unrichtiger Bilanzen (NStZ 1993, 87 f.). Dies ergibt sich zum einen daraus, dass der Stpfl. zu wahrheitsgemäßen Angaben steuer-rechtlich verpflichtet ist, mithin auch nur deren Offenbarung eine Erfüllung der steuerlichen Mit-wirkungspflichten aus § 90 darstellen kann (BGH NJW 2005, 2720 (2723); BGH NStZ 2004, 582; vgl. BVerfG NJW 2005, 352 (353); ferner Schwarz/Pahlke/*Dumke* Rn. 48a; Beermann/Gosch/*Seipl* Rn. 117 ff.; Hübschmann/Hepp/Spitaler/*Hellmann* Rn. 15, 138; *Hellmann* FS Seebode, 2008, 155 f.; Kühn/v. Wedelstädt/Blesinger Rn. 6; Kohlmann/*Hilgers-Klautzsch* Rn. 197; Klein/*Jäger* Rn. 49; JJR/*Joecks* Rn. 74; *Mayer* wistra 1997, 53; *Jarke* wistra 1997, 327; Rolletschke/Kemper/*Roth* Rn. 133; aA: BayObLG wistra 1998, 117; *Spiegel* wistra 1997, 324). Zum anderen spricht auch ein Blick auf § 30 Abs. 5 für diese Auslegung. Denn **vorsätzlich falsche Angaben** gegenüber der FinBeh **unterfallen** schon **nicht dem Steuergeheimnis** (vgl. Rolletschke/Kemper/*Roth* Rn. 136; Beermann/Gosch/*Seipl* Rn. 155; aA Wannemacher SteuerStrafR/*Nossen* Rn. 4042 mwN).

67   Streitig ist, ob der Anwendungsbereich des § 393 Abs. 2 S. 1 auch eröffnet ist, wenn der Stpfl. Informationen zu Allgemeinstraftaten offenbart, obwohl seine **Mitwirkung nicht erzwingbar** gewesen ist (bejahend Schwarz/Pahlke/*Dumke* Rn. 48; *Reichling* HRRS 2014, 473 (476) wohl auch Beermann/ Gosch/*Seipl* Rn. 114; verneinend BVerfG NJW 2005, 352 (353); 2005, 2720 (2723); wistra 2010, 341 (343 f.); JJR/*Joecks* Rn. 71; Flore/Tsambikakis/*Nikolaus* Rn. 90; Rolletschke/Kemper/*Roth* Rn. 130). Für eine Anwendung der Vorschrift spricht deren Wortlaut, wonach der Stpfl. *„in Erfüllung steuerlicher Pflichten"* gehandelt haben muss, und es besteht weitgehende Einigkeit, dass die steuerliche Pflicht als solche mit dem Wegfall der Erzwingbarkeit nicht erlischt. Auch der BGH (BGH NJW 2005, 2720 (2723)) hat angenommen, dass derjenige, der im Rahmen einer **Selbstanzeige** nunmehr wahrheitsgemäße und vollständige Angaben mache, trotz fehlender Erzwingbarkeit und Strafbewehrung der Mitwirkungspflicht steuerliche Pflichten erfülle. Dennoch lehnt die Rspr. zu Recht eine Anwendbarkeit von § 393 Abs. 2 auf Angaben im Rahmen einer Selbstanzeige im Hinblick auf die ratio legis entgegen der hL (JJR/*Joecks* Rn. 76; Hübschmann/Hepp/Spitaler/*Hellmann* Rn. 140; Kohlmann/*Hilgers-Klautzsch* Rn. 203; Beermann/Gosch/*Seipl* Rn. 111 f.; *Blesinger* wistra 2008, 419) ab. § 393 Abs. 2 S. 1 soll den Nemo-tenetur-Grundsatz absichern. Dieses Schutzes bedarf der Stpfl. aber nur insoweit, als er ohne Anwendung der Vorschrift zu einer Handlung gezwungen werden könnte, durch die er sich strafrechtlich selbst belasten müsste. Der Schutzzweck der Vorschrift würde überspannt, wollte man den Stpfl. auch dann schützen, wenn er weiß, dass die Mitwirkung nicht erzwingbar ist (vgl. BGH NJW 2005, 2720 (2723); zust. Flore/Tsambikakis/*Nikolaus* Rn. 91; Rolletschke/Kemper/*Roth* Rn. 133; *Wulf* wistra 2006, 92 f.; krit. Klein/*Jäger* Rn. 49; aA Kühn/v. Wedelstädt/*Blesinger* Rn. 6a; *Eidam* wistra 2004, 412 ff.). Zwar mag auch eine drohende Strafverfolgung, die zur Selbstanzeige motiviert, eine Zwangslage darstellen, aber diese erreicht nicht die erforderliche Intensität, um ein Verwendungsverbot zu rechtfertigen (vgl. auch Flore/Tsambikakis/*Nikolaus* Rn. 93). Dieser einschränkenden Auslegung von § 393 Abs. 2 steht weder Art. 103 Abs. 2 GG entgegen, da das Analogieverbot grds. nicht für das Strafprozessrecht gilt (LK-StGB/*Dannecker* StGB § 1 Rn. 272 ff.), noch der rechtsstaatliche Grundsatz des Vertrauensschutzes (BVerfG NJW 2005, 352 (353)).

68   Auf die Frage, in welchem **Konkurrenzverhältnis** das offenbarte Allgemeindelikt zu der in der Selbstanzeige gegenständlichen Tat steht, kommt es nicht an (*Rolletschke* StV 2005, 41; aA wohl Kohlmann/*Hilgers-Klautzsch* Rn. 203). Zwar ist es richtig, dass die Selbstanzeige in den Fällen ihre Effektivität einbüßt, in denen der Täter einer Steuerhinterziehung wegen dieser Tat nur durch Offenbarung von tateinheitlich begangenen Allgemeindelikten straffrei werden kann, derentwegen er jedoch dann verfolgt werden kann, weil er nicht durch ein Verwendungsverbot geschützt ist (Klein/*Jäger* Rn. 49; vgl. auch BGH wistra 2004, 309 (312 f.)). Aber die Erstreckung des Verwendungsverbots auf solche Informationen, die iRd Selbstanzeige offenbart wurden, würde aus den oben genannten Gründen den Schutzzweck überdehnen. Die Selbstanzeige ist nicht erzwingbar, so dass der Stpfl. insofern des Schutzes nach § 393 Abs. 2 S. 1 nicht bedarf.

69   Nach der Rspr. (BGH NJW 2009, 1984 (1985 f.)) ergibt sich aus § 153 eine strafbewehrte Pflicht zur **Korrektur unrichtiger Angaben** ausnahmsweise auch im Falle einer vorausgehenden Steuerstraftat, wenn der Stpfl. bei Abgabe seiner Erklärung mit dolus eventualis hinsichtlich der Unrichtigkeit oder Unvollständigkeit seiner Angaben gehandelt hat. Folgt man dieser Auffassung, so werden die bei der Berichtigung der Steuererklärung preisgegebenen Tatsachen und Beweismittel in Erfüllung steuerlicher Pflichten iSv § 393 Abs. 2 S. 1 offenbart. Diese Angaben unterfallen demnach dem Verwendungsverbot (*Reichling* HRRS 2014, 473 (476)). Näher liegt es hier jedoch, schon keine strafbewehrte Berichtigungspflicht gem. § 153 anzunehmen (→ Rn. 48; vgl. auch JJR/*Joecks* § 370 Rn. 263; *Bülte* BB 2010, 607 ff.).

70   Von einer Ansicht in der Literatur (Beermann/Gosch/*Seipl* Rn. 114 ff.; Kohlmann/*Hilgers-Klautzsch* Rn. 193) wird angenommen, dass § 393 Abs. 2 S. 1 auch anwendbar sei, wenn der Stpfl. **irrig** eine **Erzwingbarkeit** seiner **Mitwirkung annimmt.** Dem ist jedoch entgegenzutreten: Ein Verwendungsverbot kann bei einem Irrtum nur ausnahmsweise angenommen werden, wenn ein Amtsträger diesen Irrtum durch Täuschung hervorgerufen hat. Dann ergibt sich das Verbot aber unmittelbar aus dem Verfassungsrecht (glA Rolletschke/Kemper/*Roth* Rn. 135; Hübschmann/Hepp/Spitaler/*Hellmann* Rn. 141).

71   Streitig ist ferner, ob auch Daten **in Erfüllung steuerlicher Pflichten** offenbart sind, die der Stpfl. gelegentlich steuerlicher Pflichterfüllung oder bei der Wahrnehmung steuerlicher Rechte preisgibt. Ein Schutz von Angaben im Rahmen eines **Erstattungsantrages** wird von der hM (JJR/*Joecks* Rn. 54; Hübschmann/Hepp/Spitaler/*Hellmann* Rn. 139; Rolletschke/Kemper/*Roth* Rn. 131; aA Kohlmann/ *Hilgers-Klautzsch* Rn. 196; Schwarz/Pahlke/*Dumke* Rn. 49; vgl. auch *Müller* DStR 1986, 701) zu Recht verneint. Ebenso lehnt die hM ein Handeln in Erfüllung steuerlicher Pflichten ab, wenn Beweismittel iRd Steuererklärung vorgelegt werden, deren Vorlage steuerrechtlich nicht verpflichtend ist (BayObLG NStZ 1998, 575 (576); Hübschmann/Hepp/Spitaler/*Hellmann* Rn. 139), oder Informationen steuerrechtlich nicht entscheidungserheblich sind (JJR/*Joecks* Rn. 54). *Seipl* (Beermann/Gosch Rn. 110) hat dagegen zwar vorgebracht, der Stpfl. sei vielfach wirtschaftlich gezwungen, Freistellungsanträge zu

stellen. Vor diesem praktischem Zwang soll der Nemo-tenetur-Grundsatz jedoch nicht schützen (vgl. Klein/*Jäger* Rn. 22), so dass die Anwendung von §393 Abs. 2 S. 1 nicht auf einen außerrechtlichen, rein wirtschaftlichen Zwang gestützt werden kann.

Umstritten ist schließlich, ob eine Erfüllung steuerrechtlicher Pflichten gegeben ist, wenn der Stpfl. **72** zur Minderung seiner Steuerschuld Angaben über **Betriebsausgaben** macht. Stellt die Geltendmachung von Betriebsausgaben selbst eine Steuerstraftat dar, wie etwa, wenn entgegen §4 Abs. 5 Nr. 10 Schmiergelder als Betriebsausgaben geltend gemacht werden, so steht einer Mitteilung an die StA schon im Hinblick auf §30 Abs. 4 Nr. 1, Abs. 2 Nr. 1b nichts entgegen (JJR/*Joecks* Rn. 75; Rolletschke/ Kemper/*Roth* Rn. 132), weil wahrheitswidrige Angaben nicht in Erfüllung steuerlicher Pflichten gemacht werden (aA wohl *Wulf* AG 2009, 76). Werden grds. abzugsfähige Betriebsausgaben geltend gemacht, die mit Allgemeindelikten im Zusammenhang stehen, so nimmt *Joecks* (JJR/*Joecks* Rn. 75) eine Anwendung von §393 Abs. 2 an, da in Erfüllung einer steuerlichen Pflicht gehandelt werde. Der Nemo-tenetur-Grundsatz kann für dieses Ergebnis aber nicht herangezogen werden. Zwar besteht nach §90 Abs. 1 S. 2 eine Pflicht zur Offenlegung aller für die Besteuerung relevanter Tatsachen, also auch steuermindernder Umstände, aber diese Mitwirkungspflicht ist nicht erzwingbar; faktisch stellt sie insofern eine bloße Obliegenheit dar (Rolletschke/Kemper/*Roth* Rn. 132).

3. Vor Einleitung oder in Unkenntnis des Steuerstrafverfahrens oder Steuerordnungswid- 73 rigkeitenverfahrens. Nach §393 Abs. 2 sind nur solche Angaben des Stpfl. vom Anwendungsbereich der Vorschrift erfasst, die dieser vor Einleitung des Steuerstrafverfahrens oder in dessen Unkenntnis gemacht hat. Der Zeitpunkt des Beginns des Steuerstrafverfahrens bestimmt sich nach §397 (Kohlmann/*Hilgers-Kautzsch* Rn. 192; Flore/Tsambikakis/*Nikolaus* Rn. 78; Rolletschke/Kemper/*Roth* Rn. 138; → §397 Rn. 7, 39). Maßgebend für die Frage, ob Tatsachen oder Beweismittel vor Einleitung des Strafverfahrens offenbart wurden, ist nach hM der Zugang der Erklärung bei der FinBeh. (Schwarz/ Pahlke/*Dumke* Rn. 51; JJR/*Joecks* Rn. 81). Wird das Strafverfahren während der Postlaufzeit eingeleitet, so soll es sich nicht mehr um ein Offenbaren vor Einleitung des Strafverfahrens, sondern in dessen Unkenntnis handeln, das aber ebenfalls in den Anwendungsbereich des §393 Abs. 2 fällt. Diese Lösung führt jedoch zu einem Auslegungsproblem, wenn der Stpfl. zwischen Einleitung des Strafverfahrens und Zugang seiner Erklärung Kenntnis von der Verfahrenseinleitung erhält. Daher wird man auf den Zeitpunkt der Abgabe der Erklärung abstellen müssen, um eine klare Abgrenzung zu ermöglichen (glA Rolletschke/Kemper/*Roth* Rn. 140; Beermann/Gosch/*Seipl* Rn. 123).

Die Beschränkung des Verwendungsverbots auf **vor der Einleitung des Steuerstrafverfahrens 74** offenbarte Umstände folgt aus der ratio legis: Nur der Steuerpflichtige, der vom Verwaltungszwang bedroht ist, soll vor einer strafrechtlichen Selbstbelastung geschützt werden (Hübschmann/Hepp/Spitaler/*Hellmann* Rn. 142, 145; Rolletschke/Kemper/*Roth* Rn. 140; *Reichling* HRRS 2014, 473 (477)). Daraus folgt zudem, dass der Gegenstand des Steuerstrafverfahrens und der Gegenstand der Angaben des Stpfl. identisch sein müssen (Kohlmann/*Hilgers-Klautzsch* Rn. 194; Rolletschke/Kemper/*Roth* Rn. 137), also den gleichen Lebenssachverhalt iSv §264 StPO betreffen müssen.

Auch die zweite Tatbestandsalternative des §393 Abs. 2 S. 1 – **in Unkenntnis der Einleitung des 75 Strafverfahrens** – ergibt sich unmittelbar aus dem Telos der Vorschrift: Ebenfalls durch das Verwendungsverbot geschützt wird der Stpfl., der sich in einer Zwangslage glaubt, weil er von dem Beginn des Strafverfahrens noch keine Kenntnis hat. Die irrige Annahme einer Mitwirkungspflicht aus anderen Gründen führt dagegen nicht zur Anwendung des Verwendungsverbots (Hübschmann/Hepp/Spitaler/ *Hellmann* Rn. 144; Rolletschke/Kemper/*Roth* Rn. 139; → Rn. 70). Sobald der Stpfl. Kenntnis davon hat, dass gegen ihn ein Strafverfahren eingeleitet wurde, ist seine Mitwirkung bei der Sachverhaltsermittlung hinsichtlich des Gegenstandes des Strafverfahrens, der dort verfolgten Tat im prozessualen Sinn (§264 StPO), nicht mehr erzwingbar. Er bedarf dann des Schutzes von §393 Abs. 2 S. 1 nicht mehr.

Offenbart er jedoch im Rahmen **anderweitiger, fortbestehender Mitwirkungspflichten** nicht- **76** steuerliche Straftaten, so handelt es sich diesbezüglich um eine Situation **vor Einleitung** des Strafverfahrens, also um einen Fall des §393 Abs. 2 S. 1 (vgl. Beermann/Gosch/*Seipl* Rn. 125; Hübschmann/Hepp/Spitaler/*Hellmann* Rn. 145).

4. Der StA oder dem Gericht in einem Strafverfahren bekannt geworden. Auch wenn der **77** Wortlaut des Gesetzes als **Adressaten** der Vorschrift nur die StA und das Gericht nennt, wendet sich §393 Abs. 2 an alle Strafverfolgungsorgane, insbesondere auch an die Steuerfahndung (Hübschmann/ Hepp/Spitaler/*Hellmann* Rn. 130 f.; *Jesse* DB 2013, 1803 (1812); Flore/Tsambikakis/*Nikolaus* Rn. 69; Rolletschke/Kemper/*Roth* Rn. 118).

Nach hM ist unter **Strafverfahren** iSd §393 Abs. 2 S. 1 nur ein solches wegen einer Steuerstraftat **78** oder ein Steuerbußgeldverfahren zu verstehen (offen gelassen von BVerfG wistra 2010, 341 (342 f.) mwN auch zur aA). *Hellmann* (Hübschmann/Hepp/Spitaler/*Hellmann* Rn. 142) begründet dies mit der Anknüpfung des §393 an §30 Abs. 4 Nr. 4a. *Roth* (Rolletschke/Kemper/*Roth* Rn. 141; glA Schwarz/ Pahlke/*Dumke* Rn. 52) geht davon aus, dass sich diese Beschränkung aus dem Rückbezug auf die Steuerakte ergebe, deren Vorlage nur in einem Steuerstrafverfahren zulässig sei. Erhalte ein Strafverfolgungsorgan in einem Nichtsteuerstrafverfahren Kenntnisse aus der Steuerakte, so sei jedoch ein

Verwertungsverbot unmittelbar aus der Verfassung herzuleiten, soweit der Steuerpflichtige die selbstbelastenden Informationen in Erfüllung seiner steuerlichen Mitwirkungspflichten und der drohenden Sanktionen offenbart habe (Hübschmann/Hepp/Spitaler/*Hellmann* Rn. 156; Rolletschke/Kemper/*Roth* Rn. 143; *Rogall* FS Kohlmann, 2003, 489; aA Flore/Tsambikakis/*Nikolaus* Rn. 116).

79   Gegen eine so restriktive Auslegung des § 393 Abs. 2 S. 1 spricht zwar der Wortlaut des § 393 Abs. 2 S. 1, der anders als § 30 Abs. 4 Nr. 4a, gerade nicht von Strafverfahren wegen einer Steuerstraftat oder Steuerordnungswidrigkeit sondern schlicht von *Strafverfahren* spricht. Doch der Telos der Vorschrift gibt der hM Recht: § 393 Abs. 2 S. 1 soll nicht umfänglich den Nemo-tenetur-Grundsatz schützen, sondern lediglich jene besonderen Risiken vermeiden, die sich für den Stpfl. aus dem Verhältnis zwischen Besteuerungs- und Steuerstrafverfahren im Zusammenhang mit seinen Mitwirkungspflichten ergeben. Soweit es die Weitergabe von Daten unmittelbar aus dem Steuerverfahren in ein Nichtsteuerstrafverfahren betrifft, sind die allgemeinen verfassungsrechtlichen Grundsätze anzuwenden (→ Rn. 85; vgl. auch Rolletschke/Kemper/*Roth* Rn. 143).

79a   Über das Vorliegen eines Verwendungsverbots im Verfahren wegen **Nichtsteuerstraftaten** oder **-ordnungswidrigkeiten** entscheidet die für diese Taten zuständige Verfolgungsbehörde, also die StA oder Verwaltungsbehörde. Daher gilt nach der zutreffenden Rspr. des BFH (wistra 2008, 434; vgl. auch FG BW EFG 2008, 760; Klein/*Jäger* Rn. 45a; *Madauß* NZWiSt 2013, 176 (178)) die Mitteilungspflicht der FinBeh. nach § 4 Abs. 5 Nr. 10 S. 3 EStG fort, auch wenn nach Auffassung des zuständigen Finanzbeamten ein Verwendungsverbot vorliegen sollte.

III. Wirkungen des Verwendungsverbots

80   § 393 Abs. 2 beinhaltet ein Verbot, erlangte Beweismittel zu verwenden. Umstritten ist der Charakter dieses Verbots. Während *Jesse* (DB 2013, 1803 (1812)) von einem **Verfolgungsverbot** spricht, geht *Hellmann* (Hübschmann/Hepp/Spitaler/*Hellmann* Rn. 158) von einem **Verwertungsverbot** und die hM von einem umfassenden **Verwendungsverbot** (BGH NJW 2005, 763 (765); LG Göttingen wistra 2008, 231 (234); Schwarz/Pahlke/*Dumke* Rn. 35d, 59; Kohlmann/*Hilgers-Klautzsch* Rn. 185; JJR/*Joecks* Rn. 62 mwN; Flore/Tsambikakis/*Nikolaus* Rn. 121; Klein/*Jäger* Rn. 45; *Reichling* HRRS 2014, 473 (477); Rolletschke/Kemper/*Roth* Rn. 123, 167) aus.

81   Gegen ein *Verfolgungsverbot*, also ein stets und in jeder Verfahrenslage zu beachtendes Verfolgungshindernis, das auch eine Verfolgung aufgrund von unabhängig erlangten Verdachtsmomenten oder Beweismitteln verbieten würde, sprechen der Wortlaut, kriminalpolitische Erwägungen und der Gleichheitsgrundsatz (vgl. Hübschmann/Hepp/Spitaler/*Hellmann* Rn. 159; *Rogall* FS Kohlmann, 2003, 485 f.). Dass aber ein Verwertungsverbot im herkömmlichen Sinne ausreichend ist, wie es *Hellmann* (Hübschmann/Hepp/Spitaler/*Hellmann* Rn. 178; ebenso Koch/Scholtz/*Scheurmann-Kettner* Rn. 22/1; wohl auch *Hildebrandt* DStR 1982, 24) annimmt und das regelmäßig nicht zu einer Fernwirkung führt (vgl. LG Göttingen wistra 2008, 231 (233)), ist im Hinblick auf den Wortlaut, der von *verwendet*, nicht von *verwertet* spricht, abzulehnen (Kühn/v. Wedelstädt/*Blesinger* Rn. 5; Rolletschke/Kemper/*Rothe* Rn. 167; Simon/Vogelberg SteuerStrafR/*Vogelberg* 156). Auch der BGH (NJW 2005, 763 (765)) spricht von *Verwendungs-* und nicht von Verwertungsverbot, lässt aber ausdrücklich offen, wie weit dieses Verbot im Einzelfall reicht.

82   Zwar rechtfertigt der Wortlaut des § 393 Abs. 2 allein nicht zwingend eine Unterscheidung zwischen dem *Verwertungs*verbot von § 136a StPO und dem *Verwendungs*verbot gem. § 393 Abs. 2, doch spricht die strukturelle Ähnlichkeit zu § 97 Abs. 1 S. 3 InsO dafür, ein umfassendes Verwendungsverbot anzunehmen (zu dieser Parallele auch *Hefendehl* wistra 2003, 1 (6)). Im Gesetzgebungsverfahren zu dieser Regelung in § 109 des Entwurfs der InsO wurde deutlich, dass das dortige Verwendungsverbot umfänglich der Rechtsprechung des Gemeinschuldnerbeschlusses (BVerfGE 56, 37 (50)) gerecht werden sollte. In der Begründung des Gesetzesentwurfs heißt es zwar noch, dass auch solche Informationen nicht *verwertet* werden dürfen, zu denen die Auskunft des Schuldners den Weg gewiesen habe (BT-Drs. 12/2443, 142). Um jedoch unmissverständlich zum Ausdruck zu bringen, dass jede weitere Verwendung der vom Schuldner gemachten Angaben unzulässig ist und auch nicht als Ansatz für weitere Ermittlungen gegen den Stpfl. dienen darf, hat dann aber der Rechtsausschuss des Deutschen Bundestages in seiner Beschlussempfehlung das Wort *verwertet* in *verwendet* abgeändert (BT-Drs. 12/7302, 166), und diese Formulierung wurde Gesetz. Zutreffend stellt *Rogall* (FS Kohlmann, 2003, 479) insofern fest, dass ein *Verwendungs*verbot nach Auffassung des Gesetzgebers deutlich weiter geht als ein *Verwertungs*verbot. Ein **Verwendungsverbot** bedeutet schon sprachlich ein Verbot jeglicher strafprozessualer *Nutzung* von Daten gegen den Stpfl. (*Rogall* FS Kohlmann, 2003, 482; *Reichling* HRRS 2014, 473 (477); vgl. zu § 97 Abs. 1 InsO: LG Stuttgart NStZ-RR 2001, 282 f.).

83   Zudem ergibt sich die Reichweite des Verwendungsverbots aus der ratio legis: Die Regelung des § 393 Abs. 2 S. 1 beinhaltet ein **selbstständiges Verwendungsverbot** (*Reichling* HRRS 2014, 473 (474)). Die Informationen, die Gegenstand der Regelung sind, dürfen unabhängig von einer Pflichtverletzung durch einen Amtsträger nicht verwendet werden. Ein Vergleich mit §§ 136, 136a StPO zur Bestimmung der Reichweite des Verbots ist hier nicht tragfähig (aA Hübschmann/Hepp/Spitaler/*Hellmann* Rn. 178; Erbs/Kohlhaas/*Senge* Rn. 9), da dort das Verwertungsverbot Folge eines Verfahrens-

fehlers ist, während das Verbot in § 393 Abs. 2 S. 1 die Rechtsverletzung durch die Verwendung von Informationen erst begründet, sie also unzulässig macht (vgl. JJR/*Joecks* Rn. 90). Daraus ergibt sich letztlich der sachliche Unterschied: Während der Stpfl. durch § 393 Abs. 1 vor einer strafrechtlichen Selbstbelastung geschützt werden soll, belässt § 393 Abs. 2 S. 1 der FinBeh. die Möglichkeit, den Stpfl. zur strafrechtlichen Selbstbelastung zu zwingen, sichert diesen Zwang aber verfassungsrechtlich durch das Verwendungsverbot ab. Ein solches erst auf der Stufe der Datenverwendung greifendes Verbot liefe leer, wenn der Stpfl. trotz der Belastungsgefahr rechtmäßig gezwungen werden könnte, sich selbst zu belasten und die Verfolgungsorgane die aufgrund dieses Zwangs offenbarten Informationen zur Erlangung von Ermittlungsansätzen auswerten dürften (LG Göttingen wistra 2008, 231 (233); JJR/*Joecks* Rn. 90). Dem steht auch nicht die von *Senge* (Erbs/Kohlhaas/*Senge* Rn. 9) zitierte Rspr. (BGHSt 27, 355 (358); 32, 68 (71); 34, 362 (364)) zum Verwertungsverbot entgegen. Diese besagt lediglich, dass ein Verfahrensfehler durch ein Beweisverwertungsverbot nicht das gesamte Strafverfahren zum Erliegen bringen dürfe. Hier ist aber nicht ein Verfahrensfehler, sondern ein gesetzlich angeordnetes Verwendungsverbot Gegenstand der Betrachtung.

Tatsachen und **Beweismittel,** die dem Anwendungsbereich von § 393 Abs. 2 S. 1 unterfallen, **84** dürfen daher keinesfalls und in keiner Weise zu Ungunsten des Stpfl. verwendet oder weitergegeben werden (Schwarz/Pahlke/*Dumke* Rn. 59a; Beermann/Gosch/*Seipl* Rn. 138; *Blesinger* wistra 1991, 239; vgl. auch LG Göttingen wistra 2008, 231 (233)). Das Verwendungsverbot verbietet alle Ermittlungshandlungen auf Grundlage der nicht verwendbaren Informationen; das gilt für Durchsuchungs- oder Beschlagnahmebeschlüsse ebenso wie für den Erlass von Haftbefehlen (Beermann/Gosch/*Seipl* Rn. 131).

Die hL will ein **Verwendungsverbot** zudem annehmen, wenn die Informationen der StA oder dem **85** Gericht durch Bruch des Steuergeheimnisses in anderer Weise als aus der Steuerakte bekannt geworden sind. Dabei besteht lediglich keine Einigkeit, ob hier § 393 Abs. 2 S. 1 analog anzuwenden ist (so wohl Kohlmann/*Hilgers-Klautzsch* Rn. 217; JJR/*Joecks* Rn. 84; Schwarz/Pahlke/*Dumke* Rn. 55; *Lohmeyer* DStZ 1972, 323 noch zu § 428 Abs. 2 RAO) oder sich das Verwendungsverbot unmittelbar aus den allgemeinen Lehren der Beweisverbote ergibt (*Reiß*, Besteuerungsverfahren und Strafverfahren, 1987, 134 ff.; Hübschmann/Hepp/Spitaler/*Hellmann* Rn. 156; *Rogall* FS 2003, 489).

Streitig ist, ob vom Anwendungsbereich des § 393 Abs. 2 S. 1 auch solche Informationen umfasst **86** sind, die zwar aus der Steuerakte bekannt geworden sind, aber auch auf andere, das Steuergeheimnis nicht betreffende Weise, hätten ermittelt werden können oder nachträglich ermittelt worden sind. Die Verwendbarkeit solcher Beweismittel scheidet nach hL (Schwarz/Pahlke/*Dumke* Rn. 56; JJR/*Joecks* Rn. 85; Hübschmann/Hepp/Spitaler/*Hellmann* Rn. 152; *Brenner* StBp 1975, 277; *Lohmeyer* DStZ 1972, 323) aus, wenn die Informationen aus der Steuerakte erst *„Stein des Anstoßes"* (LG Göttingen wistra 2008, 231 (234); vgl. zu § 97 Abs. 1 InsO: LG Stuttgart NStZ 2001, 282 f.) für die Ermittlungen gewesen sind, durch die die aus der Steuerakte stammenden Informationen nun nochmals erlangt wurden. Ausgewertet werden dürfen dagegen Informationen, die ermittelt wurden, ohne dass die schon zuvor erlangte Kenntnis aus der Steuerakte relevant gewesen wäre.

Dritte schützt die Vorschrift grds. nicht (Kohlmann/*Hilgers-Klautzsch* Rn. 221; JJR/*Joecks* Rn. 87, **87** Schwarz/Pahlke/*Dumke* Rn. 63; Flore/Tsambikakis/*Nikolaus* Rn. 105; Klein/*Jäger* Rn. 87; Rolletschke/Kemper/*Roth* Rn. 152; *Reichling* HRRS 2014, 473 (477)). Daher können offenbarte Umstände, die auf Straftaten Dritter hinweisen oder diesbezüglich als Beweismittel dienen können, verwertet werden. Die uneingeschränkte Mitwirkungspflicht kann verfassungsrechtlich problematisch sein, soweit der Stpfl. gezwungen ist, Umstände zu offenbaren, die auf Straftaten von **Angehörigen** hinweisen. Da dem Stpfl. insofern auch kein Mitwirkungsverweigerungsrecht zusteht, nimmt *Hellmann* (Hübschmann/Hepp/Spitaler/*Hellmann* Rn. 136; glA Rolletschke/Kemper/*Roth* Rn. 152; Beermann/Gosch/*Seipl* Rn. 136) zu Recht insofern eine analoge Anwendung des § 393 Abs. 2 S. 1 an. Es gilt auch hier nicht nur ein Verwertungs-, sondern ein umfassendes Verwendungsverbot (→ Rn. 58).

Das Verwendungsverbot gilt in Strafverfahren wegen Taten, **„die keine Steuerstraftaten"** oder **88** Steuerordnungswidrigkeiten sind (Hübschmann/Hepp/Spitaler/*Hellmann* Rn. 161). Insofern ist jedoch strittig, wie diese Formulierung zu verstehen ist: ZT wird eine streng materiell-rechtlich, **tatbestandliche Betrachtung** des Begriffs der *„Straftat, die keine Steuerstraftat ist"* vertreten. Danach sei eine Verwendung stets nur zur Verfolgung der Steuerstraftat als solcher zulässig. Auf das Konkurrenzverhältnis zwischen Steuer- und Allgemeindelikt komme es nicht an (BayObLG NJW 1997, 600 (601); wistra 1998, 117; *Besson* FS Schlüchter, 1998, 162; Schwarz/Pahlke/*Dumke* Rn. 60a; *Spriegel* wistra 1997, 324; Wannemacher SteuerStrafR/*Nossen* Rn. 4002). Diese Auffassung beruft sich auf die Legaldefinition des § 369, die ein tatbestandliches Verständnis des Begriffs der Steuerstraftat vorgebe. Dem wird eine konkurrenzrechtliche Betrachtung entgegengehalten, die davon ausgeht, dass Allgemeindelikte, die in **Tateinheit** (§ 52 StGB) mit einer Steuerstraftat stehen, nicht in den Anwendungsbereich des Verwertungsverbots fallen (*Blesinger* wistra 1991, 245; *Jarke* wistra 1997, 326; *Meine* wistra 1985, 186; OFD Nürnberg DStR 1988, 748 (749)). Denn diese Taten seien zumindest *auch* Steuerstraftaten. Habe der Gesetzgeber eine Anwendung des Verwendungsverbots auch auf diese tateinheitlichen Allgemeindelikte gewollt, so hätte er die Formulierung *„Tat, die nicht ausschließlich Steuerstraftat ist"* verwendet und damit die Differenzierung des § 386 Abs. 2 Nr. 1, 2 aufgegriffen. Eine noch weiter gehende Ansicht (Hübschmann/Hepp/Spitaler/*Hellmann* Rn. 164 mwN; *Maier* wistra 1985, 53; *Müller* DStR 1986, 699) will alle Allgemeindelikte aus dem Anwendungsbereich des Verwendungsverbots ausnehmen, die zusammen mit einer **Steuerstraftat eine prozessuale Tat** iSv § 264 StPO (vgl. Meyer-Goßner/Schmitt/*Meyer-Goßner* StPO § 264 Rn. 2 ff.) bilden. Der Begriff der Steuerstraftat werde in § 393 Abs. 2 S. 1 in einem strafprozessualen Sinn verwendet. Dafür spreche die Existenz des § 386 Abs. 2 Nr. 2. Diese Vorschrift weist der FinBeh. die selbstständige Verfahrensführung auch insofern zu, als es Verkürzungen von Kirchensteuern oder anderen öffentlichen Abgaben, die an Bemessungsgrundlagen, Steuermessbeträge oder Steuerbeträge anknüpfen, betrifft. Eine Verfolgung dieser Taten, die idR durch dieselben pflicht-widrigen Erklärungen begangen werden, die auch der Steuerhinterziehung zugrunde liegen, wäre in der Praxis kaum möglich, wenn die im Besteuerungsverfahren offenbarten Umstände nicht verwertet werden dürften (so Hübschmann/Hepp/Spitaler/*Hellmann* Rn. 165).

89   Dieses **strafprozessuale Verständnis** engt den Anwendungsbereich des § 393 Abs. 2 allerdings zu sehr ein. Der weite prozessuale Tatbegriff könnte dazu führen, dass auch solche Allgemeindelikte aus dem Anwendungsbereich der Vorschrift herausfallen, zu deren Offenbarung der Stpfl. bei ordnungs-gemäßer Erfüllung der Mitwirkungspflicht gezwungen war. Die Regelung könnte dann ihren Zweck, den Stpfl. vor der Selbstbelastung durch die Erfüllung seiner zwangsweise durchsetzbaren Mitwirkungs-pflichten zu schützen, nicht mehr vollständig erfüllen (*Reichling* HRRS 2014, 473 (478)). Zu weit wird der Schutzbereich jedoch durch die tatbestandliche Auffassung gezogen. § 393 Abs. 2 S. 1 soll nur verhindern, dass der Stpfl. sich durch die Mitwirkung selbst wegen Straftaten belasten muss, die er **vor** der Erfüllung der Mitwirkungspflicht begangen hat. Damit sind solche Allgemeindelikte, die der Stpfl. bei der vermeintlichen Erfüllung seiner Mitwirkungspflichten begeht, die also mit Steuerstraftaten in Tateinheit stehen, idR nicht von der ratio legis des § 393 Abs. 2 erfasst (eing. Rolletschke/Kemper/*Roth* Rn. 71, 149, 164; ferner Rolletschke SteuerStrafR Rn. 872)

90   Das Verbot steht einer Verwendung von Informationen **zugunsten** des Stpfl. nicht entgegen (Rol-letschke/Kemper/*Roth* Rn. 151). Zudem kann der Stpfl. auf den Schutz des § 393 Abs. 2, anders als bei § 136a StPO, **verzichten** (Schwarz/Pahlke/*Dumke* Rn. 62; Rolletschke/Kemper/*Roth* Rn. 153); Vo-raussetzung ist jedoch eine qualifizierte Belehrung über die Folgen eines solchen Verzichts (vgl. Kohlmann/*Hilgers-Klautzsch* Rn. 51).

IV. Durchbrechung des Verwendungsverbots (§ 393 Abs. 2 S. 2)

91   § 393 Abs. 2 S. 2 normiert zum Zwecke der Verfolgung solcher Straftaten, an deren Verfolgung ein **zwingendes öffentliches Interesse** iSv § 30 Abs. 4 Nr. 5 besteht, eine **Ausnahme vom Verwen-dungsverbot.** Danach dürfen Daten von der FinBeh. an die Strafverfolgungsorgane übermittelt und von diesen zur Strafverfolgung verwendet werden, wenn der Stpfl. in Erfüllung seiner erzwingbaren steuerlichen Mitwirkungspflichten Tatsachen oder Beweismittel offenbart, die die Verfolgung einer Nichtsteuerstraftat ermöglichen und an der Verfolgung dieser Tat ein *zwingendes öffentliches Interesse* besteht.

92   **1. Funktion der Ausnahme vom Verwendungsverbot.** In der Vergangenheit ist die Norm als *praktisch bedeutungslos* angesehen worden, da kein Stpfl. schwere Straftaten im Rahmen seiner Mit-wirkungspflicht offenbare (Klein/*Wisser* Rn. 29; *Rüster* wistra 1988, 49 (51 f.)). Mag diese Ansicht für weite Bereiche der Eigentums- oder Betäubungsmittelkriminalität auch zutreffen (vgl. Beermann/Gosch/*Seipl* Rn. 100), so hat der Sachverhalt, über den das LG Göttingen (wistra 2008, 231 ff.; vgl. ferner BVerfG wistra 2010, 341 ff.; *Wulf/Ruske* Stbg 2010, 443 ff.) zu entscheiden hatte, möglicherweise einen tatsächlichen Anwendungsfall der Vorschrift aufgezeigt. Dort hatte der Stpfl. im Besteuerungs-verfahren die näheren Umstände einer Vielzahl von Vertragsverhältnissen offenbart, aus denen sich der Anfangsverdacht einer Straftat nach § 266a StGB in einer großen Zahl von Fällen ergab.

93   § 30 Abs. 4 Nr. 5 wirft Schwierigkeiten auf: Zum einen konnte in Literatur und Rechtsprechung bislang noch nicht abschließend geklärt werden, unter welchen Voraussetzungen ein solches zwin-gendes Verfolgungsinteresse gegeben ist (LG Göttingen wistra 2008, 231 (232); *Bülte,* Die Geld-wäschegesetzgebung als Ermächtigungsgrundlage für den Informationsaustausch zwischen den Steuer-behörden und den Strafverfolgungsorganen, 2007, 109 f.; JJR/*Joecks* Rn. 93 ff.; Rolletschke/Kemper/*Roth* Rn. 154 ff.), da die Vorschrift mit lit. a–c nur Beispielsfälle nennt, in denen **„namentlich"** ein zwingendes öffentliches Interesse gegeben ist. Damit bleiben die Konturen der Offenbarungsbefugnis unklar (JJR/*Joecks* Rn. 71). Zum anderen wird die Verfassungsmäßigkeit der Regelung von der hM wegen einer möglichen Verletzung des Nemo-Tenetur-Grundsatzes bezweifelt (→ Rn. 100 ff.).

94   **2. Voraussetzungen der Ausnahme gem. § 393 Abs. 2 S. 2.** Den wichtigsten Fall des zwingen-den öffentlichen Interesses benennt § 30 Abs. 4 Nr. 5b. Danach ist eine Offenbarung von Tatsachen, die unter das Steuergeheimnis fallen, zur Verfolgung solcher **Wirtschaftsstraftaten** zulässig, *„die nach ihrer Begehungsweise oder des Umfangs des durch sie verursachten Schadens geeignet sind, die wirtschaftliche Ordnung erheblich zu stören oder das Vertrauen auf die ordnungsgemäße Arbeit der Behörden und öffentlichen Einrichtungen erheblich zu erschüttern".*

Unter **Wirtschaftsstraftaten** versteht die hM hier solche, die gem. § 74c GVG in die Zuständig- **95** keit der Wirtschaftsstrafkammern fallen (vgl. *Leimkuhl-Schulz/Modrzejewski*, wistra 2015, 378 (380); Rolletschke/Kemper/*Roth* Rn. 155). Jedoch ist der Anwendungsbereich des § 30 Abs. 4 Nr. 5b durch das Merkmal der Eignung zur Störung der Wirtschaft oder des Vertrauens in die Arbeit von Behörden oder öffentlichen Einrichtungen gegenüber § 74c GVG eingeschränkt. Die Verfolgung einer Tat nach § 74c GVG rechtfertigt nicht stets die Durchbrechung des Steuergeheimnisses (BT-Drs. 7/4292, 46; *Bülte*, Die Geldwäschegesetzgebung als Ermächtigungsgrundlage für den Informationsaustausch zwischen den Steuerbehörden und den Strafverfolgungsorganen, 2007, 109 ff.; JJR/*Joecks* Rn. 110). Die Offenbarung erfordert vielmehr eine **Eignung** der Tat, die **Wirtschaft** zu **stören**, dh die Tat muss Auswirkungen auf das *gesamtwirtschaftliche Gefüge* (Tipke/Kruse/*Drüen* § 30 Rn. 127) durch ein großes Schadensausmaß bei einer Vielzahl von Geschädigten oder erhebliche Auswirkungen für eine Mehrzahl von Wirtschaftsteilnehmern haben können (JJR/*Joecks* Rn. 111). Wann eine solche Störung zu befürchten ist, muss im Einzelfall bestimmt werden (vgl. Nr. 8.3 AEAO zu § 30). Der BGH hat dies in einem Fall von Beschaffungskorruption bei der Bundeswehr angenommen (NJW 1982, 1648 (1649)). Das OLG Stuttgart (wistra 1986, 191 (192)) hat die Eignung bei einem strafbaren Verstoß gegen § 82 GmbHG hingegen abgelehnt. ZT wird von einer Störungseignung erst bei Erreichen eines Schadensbetrages in siebenstelliger Höhe ausgegangen (JJR/*Joecks* Rn. 114). Das NdsFG (EFG 1991, 436 f.) hat jedoch schon eine Subventionserschleichung in Höhe von 350.000 DM ausreichen lassen, um einen Fall von § 30 Abs. 4 Nr. 5b anzunehmen. In der Literatur (Hübschmann/Hepp/Spitaler /*Hellmann* Rn. 189; Tipke/Kruse/*Drüen* § 30 Rn. 127; Rolletschke/Kemper/*Roth* Rn. 155) wird die Bezifferung eines Mindestbetrages zT gänzlich abgelehnt und auf die Gesamtumstände abgestellt. Die Schadenshöhe stellt danach *ein* Indiz für die Eignung der Tat zur Störung des gesamtwirtschaftlichen Gefüges dar, ist aber nicht das einzige Kriterium, an dem die Störungseignung zu messen ist.

Die **Erschütterung des Vertrauens** in die ordnungsgemäße Arbeit von Behörden und öffentlichen **96** Einrichtungen iSv 930 Abs. 4 Nr. 5b ist anzunehmen, wenn das Bekanntwerden der Tat die Verunsicherung der Teilnehmer des allgemeinen wirtschaftlichen Verkehrs zur Folge haben kann (JJR/*Joecks* Rn. 113). Dies wird bei Korruptionsstraftaten gem. §§ 331 ff. StGB regelmäßig angenommen, nicht aber gleichermaßen bei Taten gem. §§ 298, 299 StGB. Während die Korruption von Amtsträgern auch in einzelnen Fällen grds. geeignet ist, das Vertrauen in die Lauterkeit öffentlicher Einrichtungen zu gefährden, wird der Glaube an die Redlichkeit des Geschäftsverkehrs erst bei systematischen Straftaten mit großen Schadenssummen beeinträchtigt. Teilweise wird sogar angenommen, Privatbestechung und Submissionsbetrugtaten würden eine Offenbarung grds. nicht rechtfertigen. Die Reinheit des Wettbewerbs sei kein so hochrangiges Rechtsgut, als so überwiegendes Interesse der Allgemeinheit, dass sein Schutz die Durchbrechung des Steuergeheimnisses rechtfertige (*Joecks* DStR 1997, 1031; glA Beermann/Gosch/*Seipl* Rn. 146). Auch für Insolvenzstraftaten gilt, dass sie nur dann offenbart werden dürfen, wenn das Ausmaß des Schadens oder der aufgewandten kriminellen Energie so außergewöhnlich ist, dass die Tat geeignet erscheint, die Wirtschaft zu schädigen oder das Vertrauen in die Redlichkeit des Geschäftslebens nachhaltig zu erschüttern (*Blesinger* wistra 2008, 416 (420)).

Ebenso unscharf sind die Konturen des Begriffs der **schweren Straftaten,** die unter die Regelung des **97** § 30 Abs. 4 Nr. 5a fallen sollen. Danach ist die Offenbarung zur Verfolgung von *„ Verbrechen und schweren Vergehen gegen Leib und Leben oder gegen den Staat und seine Einrichtungen"* zulässig. Was sich hinter dieser Formulierung verbirgt, ist unklar. Zur Gewährleistung der Verfahrensgarantie auf Schutz vor strafrechtlicher Selbstbelastung ist die Offenbarungsbefugnis jedenfalls sehr eng zu fassen: Es sind allenfalls Offenbarungen zum Zwecke der Verfolgung von Verbrechen gegen das Leben oder die körperliche Unversehrtheit sowie Staatsschutzverbrechen erfasst (*Bülte*, Die Geldwäschegesetzgebung als Ermächtigungsgrundlage für den Informationsaustausch zwischen den Steuerbehörden und den Strafverfolgungsorganen, 2007, 100 ff.; aA Hübschmann/Hepp/Spitaler/*Hellmann* Rn. 184: alle Verbrechen erfasst). Keinesfalls kann hier auf den Katalog des § 138 StGB zurückgegriffen werden, da darin auch Taten enthalten sind, die sich weder gegen das Leben oder die körperliche Unversehrtheit noch gegen elementare Staatsinteressen richten (*Bülte*, Die Geldwäschegesetzgebung als Ermächtigungsgrundlage für den Informationsaustausch zwischen den Steuerbehörden und den Strafverfolgungsorganen, 2007, 98 ff.; vgl. auch Rolletschke/Kemper/*Roth* Rn. 156).

Die Ausnahme vom Verwendungsverbot bezieht sich auf § 30 Abs. 4 Nr. 5 und gilt daher grds. auch **98** für § 30 Abs. 4 Nr. 5c. Danach ist eine Offenbarung und damit möglicherweise auch eine Verwendung von Daten zulässig, wenn die Durchbrechung des Steuergeheimnisses zwingend erforderlich ist, um die Verwaltung (Schwarz/Pahlke/*Schwarz* § 30 Rn. 50; diff. JJR/*Joecks* Rn. 115; Tipke/Kruse/*Drüen* § 30 Rn. 132: nur die Finanzverwaltung) vor einem **erheblichen Vertrauensverlust infolge unwahrer Tatsachenbehauptungen** zu schützen. Voraussetzung ist, dass die Unterrichtung der Öffentlichkeit unumgänglich ist (Schwarz/Pahlke/*Schwarz* § 30 Rn. 50; JJR/*Joecks* Rn. 115). Trotz fehlenden Bezugs zur Strafverfolgung kann diese Tatbestandsvariante Bedeutung für die Frage haben, ob grds. von § 30 Abs. 2 geschützte Tatsachen, die den Strafverfolgungsbehörden aus den Medien oder auf anderem Wege aufgrund einer Richtigstellung seitens der FinBeh bekannt werden, Verwendung in einem Strafverfahren finden dürfen.

99   Darüber hinaus lässt § 393 Abs. 2 S. 2 auch dann eine Verwendung der Informationen zu, wenn in einem anderen als den genannten Fällen ein zwingendes öffentliches Interesse besteht. Eine solche **unbenannte** Ausnahme vom Verwendungsverbot ist insbesondere anzunehmen, wenn das wahrzunehmende öffentliche Interesse von so großer Bedeutung ist, dass es ebenso wichtig ist, wie die Verfolgung erheblicher Straftaten iSd § 30 Abs. 4 Nr. 5a, 5b. Dies wird bei der Rücknahme einer Gestattung der Gewerbeausübung oder einer Gaststättenerlaubnis diskutiert. Insofern ist jedoch sehr sorgfältig abzuwägen, ob diese Verwaltungsvorgänge in ihrer Bedeutung der Strafverfolgung eines Verbrechens gegen Leib und Leben gleich zu achten sind (vgl. BFH BStBl. I 2003, 828; krit. *Blesinger* wistra 2008, 416 (420)). Ähnliches gilt für die Offenbarung zu Zwecken eines Disziplinarverfahrens gegen einen Beamten wegen der Ausübung einer ungenehmigten Nebentätigkeit oder grober Pflichtverletzungen durch Steuerberater. Für § 393 Abs. 2 dürften diese Sonderfälle jedoch keine Bedeutung haben (JJR/*Joecks* Rn. 116).

100   **3. Verfassungswidrigkeit der Ausnahmeregelung.** Abgesehen von diesen schon tatbestandlichen Unklarheiten der Ausnahmebestimmung (LG Göttingen wistra 2008, 231 (236); *Dierlamm* FS Krey, 2010, 34 ff., nimmt daher einen Verstoß gegen das Gebot der Normklarheit an) wird die Regelung auch inhaltlich von der hM zu Recht ua wegen eines die Freiheit von strafrechtlicher Selbstbelastung beinhaltenden Zwangs für **verfassungswidrig** gehalten (LG Göttingen wistra 2008, 231 (234 ff.); *Kühn/v.* Wedelstädt/*Blesinger* Rn. 9; Hübschmann/Hepp/Spitaler/*Hellmann* Rn. 181; JJR/*Joecks* Rn. 97 ff.; MüKoStGB/*Schmitz/Wulf* § 370 Rn. 307; Beermann/*Gosch/Seipl* Rn. 157; *Bülte,* Die Geldwäschegesetzgebung als Ermächtigungsgrundlage für den Informationsaustausch zwischen den Steuerbehörden und den Strafverfolgungsorganen, 2007, 111 ff.; *Sahan,* Keine Steuererklärungspflicht bei Gefahr strafrechtlicher Selbstbelastung, 2006, 152 ff.; *Reichling* HRRS 2014, 473 (478); *Reiß* NJW 1977, 1436 (1437); *„verfassungsrechtliche Bedenken"* auch bei Rolletschke/Kemper/*Roth* Rn. 157; Wannemacher SteuerStrafR/*Nossen* Rn. 4027; aA *Rüster* wistra 1988, 49 (51); Koch/Scholtz/*Scheurmann-Kettner* Rn. 23; BVerfGE 67, 100 (139 ff.) hatte bereits § 30 Abs. 4 Nr. 5 für verfassungsgemäß gehalten).

101   Der BGH (BGH NStZ-RR 2004, 242 (243); BGH NStZ 2006, 210 (214)) hat diese Problematik eines Zwangs zur Selbstbelastung im Falle der Pflicht zur Versteuerung von Bestechungsgeldern gesehen und eine Lösung über die verfassungsmäßige Anwendung von § 393 Abs. 2 S. 2 gesucht: Danach seien bei drohender Selbstbelastung mit strafrechtlichen Folgen geringere Anforderungen an die Erfüllung der Mitwirkungspflichten gem. § 90 zu stellen. Der Stpfl. sei mithin lediglich gezwungen, den Betrag und die Steuerbarkeit der Einkünfte, nicht aber deren Herkunft mitzuteilen. Auf die praktischen Schwächen dieser Lösung hat *Wulf* (wistra 2006, 94; vgl. auch MüKoStGB/*Schmitz/Wulf* § 370 Rn. 308 ff., 409) hingewiesen: Mögen der FinBeh. die unbestimmten Angaben des Stpfl. im Einzelfall zunächst ausreichen, so werden doch spätestens Fragen auftauchen, wenn sich der Amtsträger im Falle regelmäßiger Zahlungen Gedanken über Umsatzsteuer und Gewerbesteuer macht. Handelt es sich bei dem Empfänger ungeklärter Einkünfte um einen Entscheidungsträger einer öffentlichen Stelle, die Großaufträge oder Konzessionen vergibt, so drängt sich darüber hinaus auch eine Verdachtsmitteilung an die StA auf, zumal Finanzbeamte vielfach – vgl. nur §§ 31a, 31b AO; § 4 Abs. 5 Nr. 10 EStG – zur Mitteilung von strafrechtlichen Verdachtsmomenten verpflichtet sind (vgl. BFH NJW 2008, 3517 (3518)). Daher bietet eine Reduzierung der Anforderungen an die Mitwirkungspflichten nur unzureichenden Schutz vor den strafverfahrensrechtlichen Folgen einer Selbstbelastung. Aus diesem Grunde geht *Wulf* (wistra 2006, 89 (95); glA *Reichling* HRRS 2014, 473 (479); ähnl. *Stürner* NJW 1981, 1761) davon aus, dass die Strafbewehrung der Mitwirkungspflicht suspendiert ist, wenn der Stpfl. seine Einkünfte durch solche Straftaten erworben hat, die gem. § 30 Abs. 4 Nr. 5 zu offenbaren wären. Ergänzt werden müsste dieser Wegfall der Strafbarkeit der unterlassenen Mitwirkung allerdings durch die Ausweitung des Zwangsmittelverbots des § 393 Abs. 1 S. 2 auf die Fallkonstellationen des § 393 Abs. 2 S. 2. Andernfalls wäre der Stpfl. zwar nicht durch die drohende Strafbarkeit, aber durch drohende Zwangsmittel faktisch zur Offenbarung verpflichtet (vgl. *Reichling* HRRS 2014, 473 (479)).

102   Diese **Suspendierung der Strafbewehrung** führt jedoch zu verfassungsrechtlichen und praktischen Problemen: § 40 normiert, dass auch durch Straftaten erlangte Einkünfte steuerbar und daher vom Steuerpflichtigen zu erklären sind (→ § 370 Rn. 525; vgl. auch *Leimkuhl-Schulz/Modrzejewski,* wistra 2015, 378 f.). Dies ist auch verfassungsrechtlich nicht zu beanstanden, sondern aus Gründen der Belastungsgleichheit geboten (BVerfG NJW 1996, 2086; *Reichling* HRRS 2014, 473 (474)). Wollte man dem Stpfl. daher die Erklärung dieser Einkünfte erlassen, führte dies zu der verfassungsrechtlich bedenklichen Folge einer Besserstellung beim Erwerb von Einkünften iSd § 30 Abs. 4 Nr. 5 gegenüber redlich erlangten Einkünften (vgl. JJR/*Joecks* Rn. 102; *Reichling* HRRS 2014, 473 (479)). Zudem kann der Stpfl. aufgrund der völlig ungeklärten Konturen der Offenbarungsbefugnis des § 30 Abs. 4 Nr. 5 (vgl. LG Göttingen wistra 2008, 231 (232); *Bülte,* Die Geldwäschegesetzgebung als Ermächtigungsgrundlage für den Informationsaustausch zwischen den Steuerbehörden und den Strafverfolgungsorganen, 2007, 100 ff.) wohl nur in Fällen von Schwerstkriminalität erkennen, wann eine Weitergabe seiner offenbarten Daten an die StA droht und er die Erklärung deshalb unterlassen kann (Hübschmann/Hepp/Spitaler/*Hellmann* Rn. 182; JJR/*Joecks* Rn. 102).

Die zutreffende Schlussfolgerung, die das LG Göttingen (wistra 2008, 231 (234 ff.); vgl. auch *Reichling* **103** HRRS 2014, 473 (479 f.)) aus dem sich ergebenden Selbstbelastungszwang durch drohende Strafverfolgung wegen der zu offenbarenden Tat einerseits und der Strafdrohung bei Nichterklärung andererseits gezogen hat, ist das Verdikt der **Verfassungswidrigkeit** des § 393 Abs. 2 S. 2. Zwar erfordert der Nemo-tenetur-Grundsatz keinen umfassenden Schutz davor, offenbaren zu müssen, eine Straftat begangen zu haben (BVerfGE 56, 37 (50)), aber der Schutz der Menschenwürde gebietet es, dass zumindest die gezwungenermaßen offenbarten Umstände nicht zur Strafverfolgung gegen die betreffende Person verwendet werden dürfen. Ein Zwang zur Selbstbelastung kann daher im Hinblick auf die Steuergerechtigkeit gerechtfertigt sein, nicht aber die Verwendung dieser erzwungenen Offenbarungen (BVerfG wistra 1988, 302). Diese Menschenwürdeverletzung durch die Ausnahme vom Verwendungsverbot in § 393 Abs. 2 S. 2 kann auch nicht durch wie auch immer geartete Verhältnismäßigkeitsabwägungen gerechtfertigt werden (vgl. BVerfGE 67, 213 (228); 75, 369 (379); BVerfG wistra 1988, 302; JJR/*Joecks* Rn. 100 ff.). Dieses grundlegende Element einer rechtstaatlichen Grundordnung verkennt die Begründung des Gesetzesentwurfs (BT-Drs. V/1812, 32), soweit sie ausführt, in den von § 30 Abs. 4 Nr. 5 erfassten Fällen könne ausnahmsweise ein Vorrang der Strafverfolgung gegenüber dem Steuergeheimnis angenommen werden. Der Nemo-tenetur-Grundsatz ist keiner Abwägung zugänglich (LG Göttingen wistra 2008, 231 (236); JJR/*Joecks* Rn. 100 ff.; Hübschmann/Hepp/Spitaler/*Hellmann* Rn. 182). Das LG Göttingen hat die Vorschrift daher gem. Art. 100 Abs. 1 GG zur Entscheidung über die Verfassungsmäßigkeit dem BVerfG vorgelegt. Die 2. Kammer des Zweiten Senats (BVerfG wistra 2010, 341 ff.) hat den Vorlagebeschluss des LG Göttingen jedoch als unzulässig angesehen, so dass eine abschließende Klärung der Frage nach der Verfassungswidrigkeit des § 393 Abs. 2 S. 2 nach wie vor aussteht.

§ 393 Abs. 2 S. 2 stellt nicht die einzige Regelung dar, die eine Verwendung von Daten aus dem **104** Besteuerungsverfahren zu Zwecken der Strafverfolgung ermöglichen soll. Das lässt *Seipl* (Beermann/ Gosch Rn. 101) zu dem Schluss kommen, dass dem Gesetzgeber das *„Bewusstsein für diesen Zusammenhang"* zwischen Mitwirkungspflicht und Steuergeheimnis in dem Bestreben um den Ausbau der FinBeh. zu *„zentralen Ermittlungsstellen"* zunehmend verloren zu gehen scheine. Zu nennen sind in diesem Zusammenhang **§ 31a Abs. 2, § 31b S. 2 und § 4 Abs. 5 Nr. 10 S. 2 EStG.** Doch beinhaltet § 393 Abs. 2 S. 2 ausdrücklich nur eine Ausnahme vom Verwendungsverbot für die Fälle des § 30 Abs. 4 Nr. 5, so dass fraglich ist, wie es um das Verwendungsverbot des § 393 Abs. 2 S. 2 in anderen Fällen steht, in denen das Steuergeheimnis durchbrochen ist. Nimmt man den Wortlaut des § 393 Abs. 2 S. 2 ernst, so ist zwar eine Weitergabe von Daten, die grds. dem Steuergeheimnis unterliegen, gem. § 4 Abs. 5 Nr. 10 EStG, §§ 31a, 31b AO zum Zwecke der Strafverfolgung möglich, aber nach § 393 Abs. 2 S. 1 dürfen diese Daten nicht zur Strafverfolgung verwendet werden, weil sie nicht unter die Ausnahme von § 393 Abs. 2 S. 2 fallen, soweit nicht ein zwingendes öffentliches Interesse iSd § 30 Abs. 4 Nr. 5 gegeben ist.

Für **§ 4 Abs. 5 Nr. 10 S. 2 EStG** löst *Joecks* (DStR 1997, 1030; ebenso *Stahl* KÖSDI 1999, 12026) **105** die Problematik auf, indem er die Vorschrift nur in Fällen der ungerechtfertigten Geltendmachung von Zuwendungsaufwendungen als Betriebsausgaben anwendet. Auf diese Weise kollidiert die Offenbarungspflicht nicht mit § 393 Abs. 2 S. 1, da die betreffenden Angaben nicht in Erfüllung steuerlicher Pflichten gemacht worden sind (vgl. auch BT-Drs. 13/1686, 18). Die hM versteht den Anwendungsbereich des § 4 Abs. 5 Nr. 10 S. 3 EStG jedoch weiter und sieht alle Verdachtsmomente, die auf eine Korruptionstat hindeuten von der Offenbarungspflicht erfasst, unabhängig davon, ob sie mit vom Steuerpflichtigen pflichtwidrig erklärten Betriebsausgaben im Zusammenhang stehen oder nicht (*Randt* BB 2000, 1013; *Stapf* DB 2000, 1099). Für diese Lösung spricht, dass Angaben über Betriebsausgaben nicht erzwungen werden können, so dass eine dem Nemo-tenetur-Grundsatz widersprechende Zwangslage nicht entsteht. § 393 Abs. 2 steht einer Offenbarung nach § 4 Abs. 5 Nr. 10 S. 2 EStG mithin nicht entgegen (Rolletschke/Kemper/*Roth* Rn. 162).

Im Hinblick auf **§ 31a Abs. 2 S. 1 iVm Abs. 1 Nr. 1a, § 31b S. 2** trägt diese Lösung jedoch nicht. **106** § 393 Abs. 2 S. 2 macht nur in den Fällen des zwingenden öffentlichen Interesses iSv § 30 Abs. 4 Nr. 5 eine Ausnahme von dem Verwendungsverbot, nicht aber für alle Fälle der gesetzlich erlaubten Offenbarung (§ 30 Abs. 4 Nr. 2). Damit widersprechen sich insofern §§ 31a, 31b und § 393 Abs. 2 S. 2 inhaltlich (aA Rolletschke/Kemper/*Roth* Rn. 163: §§ 31a, 31b beinhalten Konkretisierungen von § 393 Abs. 2 S. 2): Einerseits muss die FinBeh. Daten übermitteln, um die Strafverfolgung zu ermöglichen und zu unterstützen, andererseits dürften diese Informationen nicht zu diesem Zweck verwendet werden, wenn kein zwingendes Interesse gegeben ist. Unabhängig davon, wie man diesen Konflikt löst, kommt man zu einem unbefriedigenden Ergebnis: Entweder weitet man § 393 Abs. 2 S. 2 entgegen seinem Wortlaut auch auf Fälle aus, in denen die Datenübermittlung nach §§ 31a, 31b zulässig sein soll. Dies dürfte der Intention des Gesetzgebers entsprechen (BT-Drs. 14/8221, 19 f.), widerspricht jedoch dem Wortlaut des § 393 Abs. 2 S. 2 und stellt eine Rechtsfindung contra legem dar. Hält man § 393 Abs. 2 S. 2 auch im Hinblick auf diese Vorschriften für **abschließend** (Randt Steuerfahndungsfall C Rn. 161, 573; iE wohl ebenso Beermann/Gosch/*Seipl* Rn. 153 ff.; *Dörn* DStZ 2001, 736, 798; Herrmann/Heuer/Raupach/*Bahlau/Kempe/Siebehüter* EStG 5/2008 § 4 Rn. 1876 zu § 4 Abs. 5 Nr. 10 S. 3 EStG), so widerspricht dies zwar dem Willen des Gesetzgebers ist aber aus verfassungsrechtlichen Gründen hinzunehmen.

107 Für die letztgenannte Lösung spricht zudem, dass der Gesetzgeber, dem die Problematik der Nicht-anwendbarkeit des § 393 Abs. 2 S. 2 auf § 4 Abs. 5 Nr. 10 EStG bekannt war, bei der Einführung der §§ 31a, 31b keine Ausweitung des § 393 Abs. 2 S. 2 vorgenommen hat. Auch laufen die Offenbarungs-vorschriften nicht vollkommen leer (aA wohl Rolletschke/Kemper/*Roth* Rn. 163), weil man sie in diesem Fall so zu verstehen hat, dass sie eine Ermessenskonkretisierung beinhalten: Soweit die FinBeh. offenbaren darf, muss sie dies tun (vgl. hierzu Nr. 112 Abs. 1 S. 4 AStBV (2010); anders allerdings AEAO zu § 30).

E. Verwendung strafrechtlicher Erkenntnisse im Besteuerungsverfahren (§ 393 Abs. 3)

108 Durch Art. 14 Steuerjahresgesetz 2008 (BGBl. I 3150 (3172)) wurde in § 393 ein Abs. 3 eingefügt. Die Vorschrift beinhaltet Regelungen zur **steuerrechtlichen Verwendbarkeit von Ermittlungs-ergebnissen aus einem Strafverfahren.** Grund für die Regelung ist der Gedanke der Belastungs-gleichheit und die Verhinderung der Besserstellung des unredlichen Stpfl. (BT-Drs. 16/6290, 82).

I. Verwendbarkeit von Erkenntnissen aus dem Strafverfahren im Steuerverfahren

109 Nach § 393 Abs. 3 S. 1 dürfen Daten, die die FinBeh. oder die StA **rechtmäßig** im Rahmen strafrechtlicher Ermittlungen gewonnen haben, in einem **Besteuerungsverfahren** verwendet werden. Es handelt sich dabei um eine **Verwendungsregelung,** die nach Auffassung der Urheber des Gesetzes-entwurfs (BT-Drs. 16/6290, 82) deklaratorischen Charakter haben und lediglich klarstellen sollte, dass im Steuerstrafverfahren durch die FinBeh. oder die StA ermittelte Daten zu Zwecken der Besteuerung verwendet werden dürfen (Kühn/v. Wedelstädt/*Blesinger* Rn. 9; Schwarz/Pahlke/*Dumke* Rn. 64; JJR/*Joecks* Rn. 119; *Buse/Bohnert* NJW 2008, 621; Flore/Tsambikakis/*Webel* Rn. 128). Grundsätzlich wäre die Regelung des § 393 Abs. 3 S. 1 nicht erforderlich gewesen, da zwar jede Verwendung oder Zweck-änderung von Daten durch Hoheitsträger einer Ermächtigungsgrundlage bedarf (BVerfG NJW 1992, 1875 ff. mwN; vgl. auch Löwe/Rosenberg/*Hilger* StPO Vor § 474 Rn. 8), eine solche Eingriffsbefugnis zugunsten der FinBeh. jedoch schon zuvor bestanden hat. Denn soweit es sich um Daten handelt, die im Strafverfahren durch Maßnahmen gewonnen worden sind, die auch die FinBeh. im Besteuerungsver-fahren hätte vornehmen können, reichen die Ermächtigungsgrundlagen in der AO aus, um die Ermitt-lungsergebnisse in das Besteuerungsverfahren zu transferieren (vgl. BGHSt 54, 69 (79) „*hypothetischer Ersatzeingriff*"). Ebenso gerechtfertigt sind Auskünfte aus dem Strafverfahren in das Besteuerungsver-fahren, soweit sie von § 474 Abs. 2 Nr. 1, Abs. 3 StPO (BT-Drs. 16/6290, 82; Kühn/v. Wedelstädt/*Blesinger* Rn. 12; Rolletschke SteuerStrafR Rn. 880: oder gem. § 406e StPO) gedeckt sind. Diesbezüg-lich ist jedoch zu beachten, dass nur solche Auskünfte zwischen den Verfahren erteilt werden dürfen, die zur Feststellung des Steueranspruchs erforderlich sind, der mit der Steuerstraftat zusammenhängt (vgl. *Wulf* wistra 2008, 321 (326)). Auskünfte aus einem Strafverfahren wegen einer Nichtsteuerstraftat an die FinBeh. sind unzulässig.

110 § 393 Abs. 3 S. 1 kommt aber entgegen der in der Begründung des Gesetzesentwurfs der BReg geäußerten Auffassung nicht ausschließlich deklaratorische Bedeutung zu: Die Vorschrift **beschränkt** nämlich die Verwendbarkeit von Daten aus dem Strafverfahren im Besteuerungsverfahren, indem sie **ausschließlich** die Verwendung von Erkenntnissen für zulässig erklärt, die in einem durch die FinBeh. geführten Strafverfahren rechtmäßig gewonnen wurden (*Wulf* wistra 2008, 321 (326)). Zwar spricht die Begründung des Entwurfs mit ihrem ausdrücklichen Hinweis auf die Klarstellungsfunktion der Norm dafür, dass der Gesetzgeber die derzeitige Praxis nicht ändern und die Weitergabe rechtswidrig erlangter Daten nicht ausschließen wollte (so JJR/*Joecks* Rn. 119; Rolletschke/Kemper/*Roth* Rn. 180). Aber der Wortlaut ist eindeutig: § 393 Abs. 3 S. 1 erlaubt ausschließlich die Weitergabe *rechtmäßig gewonnener* Erkenntnisse. Ein Verstoß gegen Verfahrensvorschriften bei der Gewinnung strafverfahrensrechtlicher Beweismittel, die ein Verwertungsverbot für das Strafverfahren nach sich ziehen, schlägt auf das Besteue-rungsverfahren durch und macht einen Datentransfer dorthin unzulässig (Kohlmann/*Hilgers-Klautzsch* Rn. 265; Beermann/Gosch/*Seipl* Rn. 158.3; aA Rolletschke SteuerStrafR Rn. 879; JJR/*Joecks* Rn. 119; Klein/*Jäger* Rn. 62; Flore/Tsambikakis/*Webel* Rn. 129; wohl auch BFH wistra 2015, 479 (481)); BFH wistra 2013, 157 (158). Es besteht insofern ein steuerrechtliches Verwertungsverbot, dessen Prüfung dem FG obliegt (*Wulf* wistra 2008, 326). Ein steuerrechtliches Verwendungsverbot wird man aufgrund strafprozessualer Unverwertbarkeit nicht annehmen können, weil der Wortlaut des § 393 Abs. 3 dies nicht hergibt. Wenn der Gesetzgeber dies nicht gewollt hätte, dann hätte er das im Gesetzes-wortlaut zum Ausdruck bringen müssen. Die Heranziehung der Gesetzesmaterialien für die Auslegung einer Vorschrift ist nur insofern zulässig, als der Wortlaut der Vorschrift für die Ansicht des Gesetzgebers zumindest Anhaltspunkte liefert (vgl. BVerfGE 64, 261 (275) mwN). Solche Indizien fehlen hier jedoch.

111 Für andere Besteuerungsverfahren, die mit Nichtsteuerstraftaten im Zusammenhang stehen, bietet § 393 Abs. 3 S. 1 trotz seines weiten Wortlauts, der von *Strafverfahren* und nicht von *Steuerstrafverfahren* spricht, **keine Ermächtigungsgrundlage** für einen Datentransfer zwischen Straf- und Besteuerungs-

verfahren; es kommt aber § 114 AO iVm § 474 Abs. 2 Nr. 1 StPO als Grundlage in Betracht (vgl. OLG Karlsruhe NZWiSt 2014, 198 ff. mAnm *Gehm*). Steuerliche Erkenntnisse, die mit der Straftat nicht im Zusammenhang stehen, wegen der eine Ermittlungsmaßnahme angeordnet worden ist (steuerliche Zufallsfunde), dürfen **nicht steuerlich** verwertet werden (Kühn/v. Wedelstädt/*Blesinger* Rn. 12; *Wulf* wistra 2008, 321 (326); aA Rolletschke/Kemper/*Roth* Rn. 182).

II. Verwendbarkeit von Erkenntnissen aus besonderen strafprozessualen Ermittlungsmaßnahmen im Steuerverfahren

§ 393 Abs. 3 S. 2 lässt die Übertragung von Daten aus einem von der FinBeh. geführten Steuerstraf- **112** verfahren in das Besteuerungsverfahren zu, wenn es sich um Daten handelt, die unter Einschränkung des Brief-, Post- oder Fernmeldegeheimnisses **rechtmäßig erlangt** worden sind. Rechtswidrig erlangte Daten unterliegen einem strengen (steuerlichen) Verwendungsverbot (FG Hmb EFG 2010, 1338 (1340); Rolletschke SteuerStrafR Rn. 883; eingehend Rolletschke/Kemper/*Roth* Rn. 187; aA wohl Schwarz/ Pahlke/*Dumke* Rn. 66). Die Vorschrift stellt eine Reaktion auf den Beschl. des BFH v. 26.2.2001 (BFH NJW 2001, 2118 ff.; vgl. *Friedenhagen* AO-StB 2013, 289) dar, in dem der VII. Senat zutreffend festgestellt hatte, dass eine Datenweitergabe aus einer TKÜ in das Besteuerungsverfahren unzulässig sei, da hierfür weder eine Befugnisnorm der FinBeh. zur eigenen Beweiserhebung durch TKÜ noch eine Ermächtigungsgrundlage iSd Art. 10 Abs. 2 GG existiere (vgl. *Roth* DStZ 2014, 880 (881 f.)). Die Regelung des § 393 Abs. 3 S. 2 schafft insofern Klarheit, als ein Transfer von Daten aus dem Strafverfahren in das Besteuerungsverfahren möglich ist, soweit die Finanzbehörde die Informationen selbst ermittelt oder zumindest nach der StPO ein Akteneinsichtsrecht, insbes. als Vertreterin des Verletzten der Straftat, hat (vgl. BR-Drs. 16/6290, 82; Kühn/v. Wedelstädt/*Blesinger* Rn. 12; aA Beermann/ Gosch/*Seipl* Rn. 158.9 mwN).

§ 393 Abs. 3 S. 2 erlaubt jedoch **keine uneingeschränkte Übertragung** von Daten: Die FinBeh. **113** dürfen nur solche Informationen aus einer Überwachung von Brief-, Post- oder Fernmeldegeheimnis im Besteuerungsverfahren verwenden, die sie im Rahmen eigener strafrechtlicher Ermittlungen, also wegen Straftaten iSd § 100a Abs. 2 StPO gewonnen haben oder soweit aufgrund der StPO gegenüber der FinBeh. Auskunft erteilt werden darf. Letztere Alternative (§ 393 Abs. 3 S. 2 Alt. 2) ist nur von eingeschränkter eigenständiger Bedeutung, da § 474 StPO iVm § 477 Abs. 2 S. 2 StPO eine Übermittlung von TKÜ-Daten zu Besteuerungszwecken nicht zulässt (vgl. *Wulf* wistra 2008, 326; hierzu *Roth* DStZ 2014, 880 (882): nicht § 477 Abs. 2 S. 2 StPO sondern allenfalls §§ 477 Abs. 2 Nr. 1, 2 StPO iVm §§ 114, 116 AO anwendbar; ferner BFH NZWiSt 2013, 434 f.). Nur Daten aus Brief- oder Postüberwachung im Wege der Akteneinsicht übermittelt werden. Eine Auskunftserteilung für die FinBeh. über § 406e StPO ist unzulässig, da die §§ 474 ff. StPO insofern abschließende Sonderregelungen darstellen (aA *Roth* DStZ 2014, 880 (882 f.)).

Der Wortlaut des § 393 Abs. 3 S. 2 Alt. 1 lässt offen, ob die Daten aus einer TKÜ in **jedem 114** **Besteuerungsverfahren** gegen den Beschuldigten verwendet werden dürfen, auch wenn es nicht die hinterzogene Steuer zum Gegenstand hat: Erwägungen der Belastungsgleichheit sprechen für eine umfassende Verwendung der TKÜ-Daten auch im Besteuerungsverfahren. Aus dem Wortlaut der Vorschrift lässt sich auch keine Beschränkung ableiten (Rolletschke SteuerStrafR Rn. 881). Dennoch steht einer umfassenden steuerlichen Verwertbarkeit die Rechtsprechung des BVerfG (BVerfG NJW 1992, 1875 ff. mwN) entgegen: Die Informationen aus einer TKÜ unterliegen einer strengen Zweckbindung (§ 477 Abs. 2 S. 2 StPO; ferner BVerfG NJW 2004, 999 ff.) und dürfen unmittelbar grds. nicht zu anderen Zwecken als der Verfolgung von Katalogstraftaten verwendet werden (so auch BFH NZWiSt 2013, 434 (435) mAnm *Krug;* ferner *Geuenich* BB 2013, 3048; *Lübbersmann* PStR 2013, 197 f.; *Rolletschke* ZWH 2014, 127 f.; aA Roth DStZ 2014, 880 (884), der allerdings wohl begründete Zweifel an der Verfassungsmäßigkeit des § 393 Abs. 3 S. 2 hegt). Die steuerliche Verwertbarkeit ist damit durch den Verhältnismäßigkeitsgrundsatz auf die Steueransprüche beschränkt, die Gegenstand des Strafverfahrens sind, in dem die in das Fernmeldegeheimnis eingreifende Maßnahme getroffen wurde (Kohlmann/ *Hilgers-Klautzsch* Rn. 271; Kühn/v. Wedelstädt/*Blesinger* Rn. 12; *Hölzle* PStR 2009, 143 (146); Wannemacher SteuerStrafR/*Nossen* Rn. 4094; iE ebenso *Wulf* wistra 2008, 321 (326); vgl. jedoch *Bittmann* wistra 2010, 125 (126 f.); *Eich* KÖSDI 2009, 16456; weitergehend *Friedenhagen* AO-StB 2013, 289 (290): Tateinheit; aA Flore/Tsambikakis/*Webel* Rn. 138: keine Zweckbindung iRd steuerlichen Verwertung).

F. Verfahrensrechtliches

I. Rechtsschutz im Besteuerungsverfahren

Wird trotz des Vorliegens der Voraussetzungen des Zwangsmittelverbots gem. § 393 Abs. 1 S. 2 ein **115** Zwangsmittel iSd §§ 328 ff. angedroht, so ist dagegen Einspruch gem. § 347 Abs. 1 Nr. 1, gegebenenfalls Klage beim FG (§ 40 Abs. 1 FGO) statthaft (Beermann/Gosch/*Seipl* Rn. 159; Rolletschke/Kemper/*Roth* Rn. 201; Flore/Tsambikakis/*Webel* Rn. 15). Die Androhung des Zwangsmittels ist ebenso wie seine Anordnung ein Steuerverwaltungsakt (Klein/*Brockmeyer* § 332 Rn. 3). Mangels aufschiebender Wirkung von Rechtsbehelfen (§§ 361 Abs. 1 AO, 69 FGO) ist es angeraten, zudem einen Antrag auf Aussetzung der Vollziehung zu stellen (§§ 361 Abs. 2 AO, 69 FGO).

116   Gegen die Übermittlung von Daten durch die FinBeh. an die StA oder das Gericht kann der Stpfl. grds. beim FG Rechtsschutz suchen. Es besteht insofern ein Anspruch aus § 1004 BGB analog iVm Art. 2 Abs. 1, Art. 1 Abs. 1 GG (Beermann/Gosch/*Seipl* Rn. 160). Auch hier liegt die Inanspruchnahme von Eilrechtsschutz gem. § 114 FGO nahe. Doch wird Rechtsschutz in der Praxis regelmäßig nicht möglich sein, da der Beschuldigte einerseits erst im Strafverfahren Kenntnis davon erlangen wird, dass Daten aus den Steuerakten an die Strafverfolgungsorgane gelangt sind, und andererseits eine Abgabe der Steuerakten an die für das Steuerstrafverfahren zuständige Behörde oder Stelle kaum zu vermeiden ist.

117   Soweit im Besteuerungsverfahren ausnahmsweise ein Verwertungsverbot – etwa wegen bewusster Täuschung – besteht, muss der Stpfl. dieses im Finanzverwaltungsverfahren, also im Wege des Einspruchs oder im finanzgerichtlichen Verfahren geltend machen (vgl. Schwarz/Pahlke/*Dumke* Rn. 67).

II. Rechtsschutz im Strafverfahren

118   Der Verwertung von Angaben, die der Stpfl. aufgrund der Verletzung der Belehrungspflicht gem. § 393 Abs. 1 S. 4 gemacht hat, muss der Stpfl. als Beschuldigter in der Hauptverhandlung widersprechen, ggf. einen Beschluss nach § 238 StPO herbeiführen; es sind hier die allgemeinen Regeln der §§ 136, 136a StPO anzuwenden (vgl. Meyer-Goßner/Schmitt/*Schmitt* StPO § 136 Rn. 25). Die Verwertung seiner Angaben im Urteil muss er in der Revision mit der Verfahrensrüge angreifen (BGH NJW 2005, 2723 (2725); Beermann/Gosch/*Seipl* Rn. 175; *Suhr* StBp 1975, 277 zu § 428 Abs. 2 RAO).

119   Grundsätzlich haben die Strafverfolgungsorgane das Verwendungsverbot des § 393 Abs. 2 **vAw** zu beachten (Schwarz/Pahlke/*Dumke* Rn. 59; JJR/*Joecks* Rn. 89; Hübschmann/Hepp/Spitaler/*Hellmann* Rn. 172; Rolletschke/Kemper/*Roth* Rn. 204). Ob iRd Revision eine Rüge erforderlich ist, ist umstr (abl. *Ranft* DStR 1969, 367). Da es sich jedoch um einen Verfahrensverstoß, nicht aber um ein Befassungsverbot (vgl. Meyer-Goßner/Schmitt/*Meyer-Goßner* StPO § 344 Rn. 9, Einl. 143) handelt, muss die Verletzung des Verwendungsverbot iSv § 344 Abs. 2 StPO formgerecht gerügt werden (glA Erbs/Kohlhaas/*Senge* Rn. 11; JJR/*Joecks* Rn. 89; *Rogall* FS Kohlmann, 2003, 497; Rolletschke/Kemper/*Roth* Rn. 204).

§ 394 Übergang des Eigentums

¹ Hat ein Unbekannter, der bei einer Steuerstraftat auf frischer Tat betroffen wurde, aber entkommen ist, Sachen zurückgelassen und sind diese Sachen beschlagnahmt oder sonst sichergestellt worden, weil sie eingezogen werden können, so gehen sie nach Ablauf eines Jahres in das Eigentum des Staates über, wenn der Eigentümer der Sachen unbekannt ist und die Finanzbehörde durch eine öffentliche Bekanntmachung auf den drohenden Verlust des Eigentums hingewiesen hat. ² § 10 Abs. 2 Satz 1 des Verwaltungszustellungsgesetzes ist mit der Maßgabe anzuwenden, dass anstelle einer Benachrichtigung der Hinweis nach Satz 1 bekannt gemacht oder veröffentlicht wird. ³ Die Frist beginnt mit dem Aushang der Bekanntmachung.

Neuere Literatur (Auswahl): *Hellmann,* Zum Verfahren bei der Einziehung von zurückgelassenem Schmuggelgut, ZfZ 2000, 2.

1   **1. Allgemeines.** Das allgemeine Straf- bzw. Strafprozessrecht bietet verschiedene Möglichkeiten, Gegenstände, die im Zusammenhang mit einer Straftat stehen, **einzuziehen.** Zum einen lassen die §§ 74 ff. StGB bzw. § 375 Abs. 2 die Einziehung von Gegenständen, die ein (bekannter) Täter zur Tatbegehung verwendet hat bzw. die aus der Tat herrühren, als Nebenstrafe im sog subjektiven Verfahren zu. **Voraussetzung** ist hierbei aber, dass zum einen überhaupt ein Täter ermittelt werden konnte. Zum anderen erfordert die Anwendung der §§ 74 ff. StGB die Entscheidung eines Gerichts, also ein Urteil. Mit **Rechtskraft** dieser Entscheidung geht das **Eigentum** auf den Staat über (§ 74e StGB). Im Einzelfall müssen Fragen der Verhältnismäßigkeit (§ 74b StGB) bzw. – sofern der Einziehungsgegenstand einem Dritten gehört – Fragen der generellen oder individuellen Gefährlichkeit geprüft werden (§ 74 Abs. 2 Nr. 2 StGB). Sofern gegen den Täter ein subjektives Verfahren nicht möglich ist, etwa wegen Schuldunfähigkeit, oder er nicht zu ermitteln ist, können die Strafverfolgungsbehörden auf der Grundlage des § 76a StGB ein objektives Einziehungsverfahren betreiben. Auch hier ist ein gerichtliches Verfahren auf der Basis der §§ 430 ff. StPO zwingende Voraussetzung (vgl. iE die Erl. zu → § 375 Rn. 20 ff.).

2   § 394 schafft demgegenüber im Zusammenhang mit Steuerstrafverfahren eine **deutliche Erleichterung,** da bei Anwendung dieser Bestimmung eine gerichtliche Entscheidung obsolet wird. Gegen die Norm werden im Hinblick auf die fehlende Beteiligung eines Gerichts bei der Einziehungsentscheidung

verfassungsrechtliche Bedenken geäußert (vgl. die ausf. Darstellung bei Kohlmann/*Hilgers-Klautzsch* Rn. 5 ff.), die jedoch nicht durchschlagen (JJR/*Joecks* Rn. 3 f.): denn mit der Einziehung werden weder eine Kriminalstrafe verhängt noch ein persönliches strafrechtliches Unwerturteil gesprochen. Überdies ist, sofern doch noch ein Berechtigter individualisiert werden kann, ein Nachverfahren möglich (→ Rn. 10).

2. Voraussetzungen. Die Bestimmung des § 394 findet **Anwendung,** wenn ein konkreter Täter **3** nicht festgestellt werden konnte, er also unbekannt geblieben ist. **Voraussetzung** ist ferner, dass dieser Unbekannte beim Begehen einer Steuerstraftat **auf frischer Tat** betroffen wurde. Auf frischer Tat betroffen wird, wie bei § 127 StPO, ein Täter, der während oder unmittelbar nach dem Versuch oder der Tatvollendung bemerkt wird (JJR/*Joecks* Rn. 5). Wer den Täter betrifft, ist unerheblich. Es muss also nicht zur Tatentdeckung durch eine Ermittlungsperson der Staatsanwaltschaft oder einen Amtsträger der Finanzbehörde kommen. Es reicht aus, wenn eine Privatperson die Tat bemerkt (Rolletschke/Kemper/ *Rolletschke* Rn. 5; JJR/*Joecks* Rn. 7).

Der Begriff der Steuerstraftat ist allgemein in § 369 Abs. 1 konkretisiert. Die Anwendung des § 394 **4** kommt indes begrifflich nur beim Schmuggel (§ 374), dem Bannbruch (§ 372), der Steuerhehlerei (§ 374), der Fälschung von Steuerzeichen (§§ 148, 149 StGB) sowie bei Monopolverstößen (§ 128 BranntwMonG) in Frage, da die Bestimmung nur Sachen, also körperliche Gegenstände, betrifft. **Hauptaufgriffsorte** dürften dabei regelmäßig **Grenzübergangsstellen** sein. Aber auch im **Inland** kann es durchaus etwa zum Auffinden von Schmuggelware, die weitertransportiert wird, kommen. Erforderlich ist in diesem Zusammenhang stets der begründete Verdacht, dass die betroffene Sache nach vorläufiger Beurteilung auch tatsächlich im Zusammenhang mit einer rechtwidrigen und schuldhaften Tat steht (Rolletschke/Kemper/*Rolletschke* Rn. 4).

Der **Eigentümer** der zurückgelassenen Sache muss **unbekannt** sein. Bei bekannten Eigentümern **5** verbleibt lediglich die Möglichkeit, die Sache auf der Grundlage der §§ 74 ff. StGB, § 375 Abs. 2 AO einzuziehen. Es kommt dabei die Einziehung sowohl täterereigener Gegenstände, etwa der *producta vel instrumenta sceleris* (etwa Schmuggelgut, Tatwaffen, Beförderungsmittel, Computeranlagen und dergleichen), von Beziehungsgegenständen (zB unversteuerte Zigaretten oder unversteuerter Alkohol) wie auch täterfremder Gegenstände (etwa das Funkgerät einer Schmugglerbande; Kohlmann/*Hilgers-Klautzsch* Rn. 27) in Betracht.

Die betroffene Sache muss überdies **beschlagnahmt** oder sonst mit dem Ziel einer Einziehung **6** **sichergestellt** worden sein, wobei Sicherstellung iSd Bestimmung als Oberbegriff bereits die amtliche Ingewahrsamnahme (§ 94 Abs. 1 StPO) sowie die Beschlagnahme (§ 94 Abs. 2 StPO) mit umfasst. Es genügt zur Anwendung des § 394 also auch, dass ein Amtsträger einen Gegenstand, zB Schmuggelware, zunächst als Beweismittel in Gewahrsam nimmt und das Einziehungsverfahren erst später in Gang setzt.

3. Verfahren und Rechtsfolgen. Die Finanzbehörde weist durch eine **öffentliche Bekannt-** **7** **machung** auf den drohenden Eigentumsverlust hin. Das Verfahren richtet sich nach § 10 Abs. 2 S. 1 VwZG. Hiernach erfolgt die Veröffentlichung nicht nur – wie bislang allein üblich – durch einen Aushang an Veröffentlichungstafeln der tätig werdenden Behörde. Diese kann, die Nachricht auch im Bundesanzeiger oder wie zwischenzeitlich verbreitet üblich, im elektronischen Bundesanzeiger publizieren. Sie muss dabei die betroffenen Sachen zweifelsfrei identifizierbar aufführen, den Auffindezeitpunkt spezifizieren und mitteilen, wann die Jahresfrist des § 394 abläuft (vgl. detailliert Kohlmann/*Hilgers-Klautzsch* Rn. 31).

Werden Täter oder Eigentümer innerhalb des Jahres ermittelt oder melden sie sich, scheidet die **8** Anwendung des § 394 aus. Nach Ablauf dieser Frist geht das Eigentum an den sichergestellten bzw. beschlagnahmten Gegenständen kraft Gesetzes auf den Staat über, ohne dass weitere hoheitliche Maßnahmen erforderlich sind.

Unabhängig von einer auf § 394 gründenden Maßnahme bleibt es der Finanzbehörde unbenommen, **9** nach Maßgabe des § 111l Abs. 2 StPO eine **Notveräußerung** anzuordnen, etwa bei verderblichen Waren.

4. Nachverfahren. Meldet sich der Eigentümer einer Sache erst nach Ablauf der Jahresfrist, steht ihm **10** das Recht zu, in analoger Anwendung des § 439 StPO ein **Nachverfahren** zu betreiben (Kohlmann/ *Kutzner* Rn. 38 ff. mwN). Er muss dabei zum einen sein Eigentumsrecht glaubhaft machen und zum anderen dartun, dass er seine Rechte bislang ohne sein Verschulden nicht hat geltend machen können. Zur Glaubhaftmachung genügen in der Regel entsprechende schriftliche Erklärungen (vgl. weiter Meyer-Goßner/Schmitt/*Schmitt* StPO § 26 Rn. 8 ff.). Der Antrag ist nach § 439 Abs. 2 StPO binnen eines Monats nach Kenntnis vom Eigentumsübergang zu stellen, spätestens jedoch zwei Jahre nach diesem Zeitpunkt. Die Zwei-Jahres-Frist ist eine absolute **Ausschlussfrist;** eine Wiedereinsetzung bei Fristversäumnissen ist also nicht möglich (Meyer-Goßner/Schmitt/*Schmitt* StPO § 439 Rn. 40). Stets unberührt bleibt die – praktisch bedeutungslose – Möglichkeit eines betroffenen Dritten, gemäß § 74f StGB Entschädigungsansprüche geltend zu machen.

§ 395 Akteneinsicht der Finanzbehörde

[1]Die Finanzbehörde ist befugt, die Akten, die dem Gericht vorliegen oder im Fall der Erhebung der Anklage vorzulegen wären, einzusehen sowie beschlagnahmte oder sonst sichergestellte Gegenstände zu besichtigen. [2]Die Akten werden der Finanzbehörde auf Antrag zur Einsichtnahme übersandt.

Neuere Literatur (Auswahl): *Burhoff*, Besonderheiten des Rechts auf Akteneinsicht im Steuerstrafverfahren, PStR 2000, 46; *Burhoff*, Akteneinsicht im Besteuerungsverfahren, PStR 2001, 8; *v. Briel*, Steuergeheimnis und Akteneinsicht im Rahmen des § 406e StPO, wistra 2002, 213; *Lesse*, Das Nebeneinander von Besteuerungs- und Steuerstrafverfahren, DB 2013, 1803.

1   **1. Allgemeines.** Die **Finanzbehörde** nimmt im Steuerstrafverfahren weit reichende Rechte wahr. Führt sie die Ermittlungen in den Grenzen der §§ 386, 399 in eigener Zuständigkeit, entspricht ihre Stellung die der Staatsanwaltschaft. In allen anderen Fällen stehen ihr zumindest nach den §§ 403 und 404 umfängliche **Beteiligungs-** und **Anhörungsrechte** zu. Diese Befugnisse werden durch § 395 flankiert. Die Bestimmung stellt zum einen sicher, dass die Finanzbehörde ihre Beteiligungsrechte sachgerecht wahrnehmen kann. Zum anderen verfolgt sie auch steuerliche Zwecke. Das Finanzamt hat regelmäßig großes Interesse daran, verkürzte Steuerbeträge möglichst schnell festzusetzen bzw. weitere Ansprüche zu prüfen, etwa im Zusammenhang mit Haftungsfragen (§ 71) oder der Festsetzung von Hinterziehungszinsen (§ 235). Auch laufende Rechtsbehelfsverfahren oder Stundungs- bzw. Erlassanträge erfordern detaillierte Informationen (JJR/*Lipsky* Rn. 2). Zu allen diesen Zweck ist idR umfassende Aktenkenntnis nötig (vgl. auch Nr. 92 Abs. 3 AStBV 2014).

2   § 395 gilt im **Steuerstrafverfahren** sowie, wegen des Verweises in § 128 BranntwMonG, in Verfahren wegen **Monopolvergehen.** In Verfahren, die **Steuerordnungswidrigkeiten** betreffen, findet die Bestimmung dementgegen **keine Anwendung,** da § 410 keinen entsprechenden Verweis enthält. Hier kann sich die Finanzbehörde indes auf den inhaltsgleichen § 49 Abs. 2 OWiG stützen (s. weiter Flore/Tsambikakis/*Brandenstein* Rn. 35 ff.).

3   **2. Gegenstand der Einsicht bzw. der Besichtigung.** Die Finanzbehörde kann auf der Grundlage des § 395 Akten **einsehen** und **sichergestellte** bzw. **beschlagnahmte Gegenstände besichtigen.**

4   **Akten** iSd Bestimmung sind die vollständigen Ermittlungsakten der Staatsanwaltschaft einschließlich aller bei der Polizei entstandenen Vorgänge, zB Spurenakten oder Ausdrucke (Meyer-Goßner/Schmitt/*Meyer-Goßner* StPO § 199 Rn. 2), sowie, sofern das Verfahren bereits bei Gericht anhängig ist, alle bei Gericht entstandenen Vorgänge einschließlich beigezogener Akten, die etwa über die Vorstrafensituation des Beschuldigten Auskunft geben können (JJR/*Lipsky* Rn. 7). **Handakten** der Staatsanwaltschaft sowie gerichtsinterne Aufzeichnungen, wie bspw. die Sitzungsnotizen des Berichterstatters, unterliegen nicht dem Einsichtsrecht (Rolletschke/Kemper/*Roth* Rn. 11).

5   Die Finanzbehörde ist auch befugt, beschlagnahmte oder sonst sichergestellte **Gegenstände** zu besichtigen. Hierzu zählen alle Sachen, die als Beweismittel für die Untersuchung von Bedeutung sein können (§ 94 StPO) oder als Einziehungsgegenstände in Frage kommen, also etwa beschlagnahmte Geschäftsunterlagen, Buchhaltungen oder Korrespondenzen, aber auch Schmuggelgut, wie Zigaretten oder Alkohol. Das Besichtigungsrecht korrespondiert mit der uneingeschränkten Befugnis, die Räumlichkeiten zu betreten, in denen die Gegenstände aufbewahrt werden, also etwa Asservatenkammern der Polizei oder der Staatsanwaltschaft. Auch darf die Finanzbehörde, sofern für ihre weiteren Aktivitäten erforderlich, über den Wortlaut des Gesetzes hinaus Proben entnehmen, etwa zur Analyse des Gehalts sichergestellter Alkoholika oder zur Bestimmung des Zolltarifs (Rolletschke/Kemper/*Roth* § 394 Rn. 19 mwN).

6   **3. Verfahren.** Das Akteneinsichtsrecht der Finanzbehörde auf der Basis des § 395 ist **absolut** (s. dazu OLG Karlsruhe wistra 2013, 487 mAnm *Braun* PStR 2013, 312 und *Gehm* NZWiSt 2014, 200). Der Staatsanwaltschaft bzw. dem Gericht steht keine Ermessensentscheidung zu, ob die Einsicht gewährt wird oder nicht. Akten, nicht jedoch sichergestellte Gegenstände, werden der Finanzbehörde übersandt, sofern sie dies nach § 395 S. 2 verlangt. Anders als § 147 Abs. 4 StPO, wonach die Aktenübersendung an einen Verteidiger aus wichtigem Grund abgelehnt werden kann, enthält § 395 keine derartige Einschränkung. **Grenzen** findet das Einsichtsrecht allein in der Verfahrensökonomie bzw. der Pflicht, Verfahren, zumal Haftsachen, mit der gebotenen Schnelligkeit zu bearbeiten.

7   Das Gesetz regelt nicht, wie lange die Einsichtnahme andauern darf. Hier ist auf den Einzelfall abzustellen. Einerseits muss man das Interesse der Finanzbehörde berücksichtigen, sich umfassend über den Verfahrensstand zu informieren. Andererseits dürfen durch die Einsicht keine unannehmbaren Verfahrensverzögerungen eintreten. Das **Beschleunigungsgebot** kann daher gegebenenfalls gebieten, Doppelakten anzulegen, um den Akteneinsichtsgesuchen **zeitnah** zu entsprechen. Während einer laufenden Hauptverhandlung scheidet zumindest die Übersendung von Akten im Normalfall aus, weil hier das Interesse, die Sache möglichst schnell zu beenden, absoluten Vorrang genießt (JJR/*Lipsky* Rn. 6). Die Finanzbehörde kann ihr Recht iÜ wiederholt ausüben, soweit dies aus ihrer Sicht angemessen und ermessensgerecht ist.

Wer die Akteneinsicht auf Seiten der Finanzbehörde konkret wahrnehmen darf, ergibt sich aus der **8** Bestimmung nicht. IRd internen Organisationsfreiheit darf das Finanzamt sein Einsichtsrecht auf **alle** bei ihm tätigen **Amtsträger** delegieren (Rolletschke/Kemper/*Roth* Rn. 21). Nr. 92 Abs. 3 AStBV 2014 geht davon aus, dass derartige Handlungen normalerweise durch Mitarbeiter der **BuStra** vorgenommen werden, die aber im Einzelfall auch andere Amtsträger hinzuziehen können, etwa Betriebs- oder Steuerfahndungsprüfer.

4. Rechtsmittel. Zuständig für die Entscheidung über Akteneinsichtsgesuche der Finanzbehörde ist **9** im vorbereitenden Verfahren die Staatsanwaltschaft. Im Zwischen- bzw. im Hauptverfahren trifft der Vorsitzende des mit der Sache befassten Gerichts entsprechende Verfügungen. Nach Abschluss des Verfahrens geht die Entscheidungskompetenz auf die Strafvollstreckungsbehörde über; auch zu diesem Zeitpunkt können vor allem fiskalische Interessen – wie die Entscheidung über Haftungsbescheide oder die Festsetzung von Zinsen – eine Einsichtnahme gebieten.

Ihren **Einsichtsantrag** stellt die Finanzbehörde **formlos.** Wird er von der Staatsanwaltschaft im **10** vorbereitenden Verfahren oder während der Strafvollstreckung abgelehnt, steht dem Finanzamt nur die Möglichkeit zu, eine **Dienstaufsichtsbeschwerde** zu erheben (JJR/*Lipsky* Rn. 15; Kohlmann/*Hilgers-Klautzsch* Rn. 25). Lehnt der Vorsitzende des mit der Sache befassten Gerichts den Antrag ab, ist hiergegen nach allgemeiner Ansicht die Beschwerde nach § 304 StPO gegeben (JJR/*Lipsky* Rn. 15; diff. Kohlmann/*Hilgers-Klautzsch* Rn. 25).

Der **Beschuldigte** selbst kann gegen die Gewährung von Akteneinsicht auf der Grundlage des § 395 **11** **kein Rechtsmittel** einlegen (*v. Briel* wistra 2002, 213; aA Kohlmann/*Hilgers-Klautzsch* Rn. 27). Überdies wird er von derartigen Anträgen bzw. Entscheidungen im Normalfall überhaupt keine Kenntnisse erlangen.

§ 396 Aussetzung des Verfahrens

(1) Hängt die Beurteilung der Tat als Steuerhinterziehung davon ab, ob ein Steueranspruch besteht, ob Steuern verkürzt oder ob nicht gerechtfertigte Steuervorteile erlangt sind, so kann das Strafverfahren ausgesetzt werden, bis das Besteuerungsverfahren rechtskräftig abgeschlossen ist.

(2) Über die Aussetzung entscheidet im Ermittlungsverfahren die Staatsanwaltschaft, im Verfahren nach Erhebung der öffentlichen Klage das Gericht, das mit der Sache befasst ist.

(3) Während der Aussetzung des Verfahrens ruht die Verjährung.

Neuere Literatur (Auswahl): *Bender,* Steueranspruch im Straf- und im Besteuerungsverfahren, AW-Prax 2004, 140; *Bernsmann,* Die Aussetzung des Strafverfahrens nach § 396 AO – missverstanden oder überflüssig: Eine Skizze, FS Kohlmann, 03, 377; *v. Briel,* Effektive Strafverteidigung versus intensive Steuerfahndung, StraFo 2002, 37; *v. Briel,* Unterbrechung und Ruhen der steuerstrafrechtlichen Verfolgungsverjährung, SAM 2007, 207; *Eich,* Hinterziehung von Erbschaft- und Schenkungsteuer, ErbStB 2008, 76; *Faiß,* Parallelität von Steuerstrafverfahren und Besteuerungsverfahren, PStR 2007, 68; *Gehm,* Die Aussetzung des Strafverfahrens gemäß § 396 AO, NZWiSt 2012, 244; *Hardtke,* Die Verjährung im Steuerstrafrecht, AO-StB 2001, 273; *Harms/Heine,* Causa finita? Steuerrecht im Spannungsfeld der Gerichtsbarkeiten, FS Spindler, 2011, 429; *Heß,* Die Strafverfolgungsverjährung bei Steuerhinterziehung und ihre Wechselwirkungen mit der steuerlichen Festsetzungsverjährung, StW 2010, 145; *Hild,* Zu divergierenden Entscheidungen in streitidentischen Straf- und Steuerverfahren, wistra 2016, 59; *Lesse,* Das Nebeneinander von Besteuerungs- und Steuerstrafverfahren, DB 2013, 1803; *List,* Das Verhältnis von Strafverfahren und Besteuerungsverfahren (§ 393 AO) in verfassungsrechtlicher Sicht, DB 2006, 469; *Mellinghoff,* Grundsätze und Grenzen im Besteuerungs- und Steuerstrafverfahren, PStR 2014, 97; *Podewils,* Steuerrechts-„Exegese" durch den Staatsanwalt?, wistra 2015, 257; *Rolletschke,* Die finanzbehördlichen Ermittlungsorgane, Stbg 2006, 379; *Seibel,* Strafjustiz und Steuerrechtsschutz im Spannungsverhältnis, AO-StB 2004, 109; *Sontheimer,* Steuerhinterziehung bei steuerrechtlichen Streit- und Zweifelsfragen, DStR 2014, 357; *Weidemann,* Keine Hemmung der Verfolgungsverjährung bei ermessensfehlerhafter Aussetzung nach § 396 AO, wistra 2004, 195; *Wiese,* § 396 Abs. 1 AO: Aussetzung des Strafverfahrens, PStR 2007, 200; *Weyand,* Wiederaufnahme rechtskräftig abgeschlossener Steuerstrafverfahren, PStR 2007, 189.

A. Allgemeines

Steuerhinterziehung ist ein **Blanketttatbestand,** dh um entscheiden zu können, ob ein bestimmtes **1** Verhalten den Tatbestand des § 370 erfüllt, muss man auch Normen des materiellen Steuerrechts heranziehen (→ § 369 Rn. 19, → § 370 Rn. 21). Straf- und Besteuerungsverfahren stehen nebeneinander. Das Strafgericht hat dabei die Kompetenz, steuerrechtliche Vorfragen in vollem Umfang zu prüfen und zu entscheiden (s. etwa BayObLG wistra 2003, 315; 2004, 239; ausf. Hellmann AO-NebenStrafVerfR 58 ff.; Kohlmann/*Schauf* Rn. 10 ff. mwN; sa *Harms/Heine* FS Spindler, 2011, 429 (430 ff.)). Dies ergibt sich schon aus § 262 Abs. 1 StPO. Zwar spricht diese Bestimmung explizit lediglich die „Beurteilung eines bürgerlichen Rechtsverhältnisses" an; die hier statuierte **umfassende Vorfragenkompetenz des Strafgerichts** (s. dazu bereits BVerfG wistra 1991, 175) gilt nach indes nach allgemeiner Auffassung auch für Verwaltungs- und Besteuerungsverfahren (vgl. nur Meyer-Goßner/Schmitt/*Schmitt* StPO § 262 Rn. 5). Dieses Nebeneinander zweier Verfahrensarten birgt die Gefahr divergierender Entscheidungen:

Denkbar ist etwa, dass der Strafrichter einen Beschuldigten wegen Steuerhinterziehung verurteilt, obwohl die Finanzgerichtsbarkeit den betreffenden Steueranspruch letztlich verneint (vgl. etwa das Beispiel bei *Weyand* PStR 2007, 68). Auch umgekehrte unterschiedliche Entscheidungen sind denkbar (s. beispielhaft BGH NJW 1981, 2071). Derartige Konsequenzen sind misslich und ziehen unter Umständen das allgemeine Vertrauen in die Rechtsicherheit in Frage, die prinzipiell einheitlich erfolgen sollte (s. Kohlmann/*Schauf* Rn. 12 mwN). § 396 soll helfen, solche unterschiedlichen Entscheidungen zu vermeiden (JJR/*Jäger* Rn. 5 mwN). Die Anwendung der Norm ist indes nicht zwingend. Überdies bindet eine finanzgerichtliche Entscheidung den Strafrichter später in keiner Weise (ausf. *Bender* AW-Prax 2004, 140), selbst wenn das Strafverfahren im Hinblick auf ein anhängiges Besteuerungsverfahren ausgesetzt war; seine Vorfragenkompetenz besteht uneingeschränkt weiter fort (JJR/*Jäger* Rn. 5, Rn. 42 mwN; krit. Hellmann AO-NebenStrafVerfR 123 ff.).

2   Im **Bußgeldverfahren** findet § 396 nach § 410 Abs. 1 Nr. 5 entsprechende Anwendung.

B. Aussetzung des Steuerstrafverfahren

3   Im Strafverfahren gilt allgemein das **Beschleunigungsgebot,** wie es in Art. 6 Abs. 1 MRK verankert ist (s. dazu ausf. Rolletschke/Kemper/*Kemper* § 385 Rn. 19 ff.). Die Ausprägung des Rechts eines jeden Beschuldigten auf ein **faires Verfahren** gebietet es, Strafverfahren in jedem Stadium beschleunigt zu bearbeiten und zügig abzuschließen, um den Einzelnen nicht mehr als unbedingt nötig zu belasten (vgl. weiter Meyer-Goßner/Schmitt/*Schmitt* MRK Art. 6 Rn. 7 ff.); aus diesem Grund dürfen Ermittlungsbehörden Strafverfahren nicht grundlos nicht betreiben bzw. unzureichend fördern. § 396 schafft eine Ausnahme von diesem Prinzip: Hiernach kann das Steuerstrafverfahren von Gesetzes wegen ohne Verletzung des Beschleunigungsgebots ausgesetzt werden, wenn die Frage einer etwaigen Strafbarkeit **zwingend** vom Bestehen oder Nichtbestehen eines Steueranspruchs abhängig ist.

I. Strafverfahren wegen Steuerhinterziehung

4   § 396 findet Anwendung auf Verfahren, die den **Vorwurf der Steuerhinterziehung** zum Gegenstand haben, also auf alle in § 370 aufgeführten Tatbestandsalternativen (Rolletschke/Kemper/*Rolletschke* Rn. 8 ff.). Gleiches gilt für den Vorwurf der **Beteiligung** nach §§ 26 und 27 StGB an einer solchen Straftat sowie für die **versuchte Steuerhinterziehung** (Kohlmann/*Schauf* Rn. 23 mwN; JJR/*Jäger* Rn. 11 mwN). Ein Verfahren, das den Vorwurf des Verstoßes gegen § 373 zum Gegenstand hat, kann gleichfalls nach § 396 ausgesetzt werden, denn der hier unter Strafe gestellte **Schmuggel** bildet keinen selbstständigen Tatbestand. § 373 enthält als Qualifikationstatbestand lediglich Strafschärfungsgründe für den Fall, dass Einfuhrabgaben unter erschwerenden Bedingungen hinterzogen werden (→ § 373 Rn. 5 ff.; s. weiter JJR/*Jäger* Rn. 12; Rolletschke/Kemper/*Rolletschke* Rn. 11).

5   § 396 findet gleichfalls Anwendung bei den in § 385 Abs. 2 aufgeführten **Vorspiegelungstaten,** also bei Verfahren wegen allgemeiner Straftaten, bei den die Verfahrensbestimmungen der AO entsprechend angewandt werden müssen (→ § 385 Rn. 10 ff.).

6   **Nicht anwendbar** ist § 396 bei den übrigen in § 369 Abs. 1 definierten Steuerstraftaten (vgl. weiter Kohlmann/*Schauf* Rn. 25 mwN; Rolletschke/Kemper/*Rolletschke* Rn. 12 ff.), namentlich dem **Bannbruch** (§ 372), der **Steuerhehlerei** (§ 374), der **Wertzeichenfälschung** (§ 369 Abs. 1 Nr. 3 iVm §§ 148 ff. StGB) oder der **Begünstigung** einer Steuerstraftat (§ 369 Abs. 1 Nr. 4 iVm § 257 StGB). Gleichfalls ist eine Aussetzung auf der Basis dieser Bestimmung in Verfahren unzulässig, die **Verstöße gegen § 26c UStG** zum Gegenstand haben (*Gehm* NZWiSt 2012, 244 (245)); dieser Tatbestand betrifft lediglich Handlung im Bereich der Steuererhebung, ist von Fragen des materiellen Steuerrechts indes nicht betroffen (JJR/*Jäger* Rn. 12; vgl. weiter die Erläuterungen zu § 26c UStG).

II. Anhängiges Besteuerungsverfahren

7   Voraussetzung für die Anwendung des § 396 ist einmal, dass **parallel** zum Strafverfahren ein **Besteuerungsverfahren** geführt werden kann. Nicht unbedingt erforderlich ist es, dass tatsächlich ein derartiges steuerliches Verfahren durchgeführt wird. Es muss lediglich rechtlich möglich sein (Kohlmann/*Schauf* Rn. 28; *Schuhmann* wistra 1992, 172; aA JJR/*Jäger* Rn. 23 mwN). In der Praxis sind durchaus Fälle zu verzeichnen, in den die Finanzbehörde bereits Strafbefehlsanträge auf der Basis des § 400 Alt. 1 bei Gericht vorlegt, obwohl das Besteuerungsfinanzamt noch keine steuerlichen Konsequenzen aus zuvor durch die Steuerfahndung getroffenen Feststellungen gezogen hat; in diesen Fällen ist eine Aussetzung auf der Grundlage des § 396 zulässig.

8   Weitere Voraussetzung für die Aussetzung des Strafverfahrens nach § 396 ist die **Identität** der beiden Verfahren zugrunde liegenden **Lebenssachverhalte.** Es **genügt nicht,** wenn in einem anderen Besteuerungsverfahren, dem ein ähnlich gelagerter Sachverhalt zugrunde liegt, eine Rechtsfrage zur Entscheidung ansteht, also etwa steuerliche **Musterverfahren** anhängig sind (JJR/*Jäger* Rn. 15). Vielmehr muss es sich in beiden Verfahren um dasselbe konkrete tatsächliche Vorkommnis handeln, bei dem Zeit und Ort bestimmt und identischen sind, mithin um „**denselben Lebenssachverhalt**" iSd § 264 StPO

(Kohlmann/*Schauf* Rn. 26, JJR/*Jäger* Rn. 15, jeweils mwN). Eine **Personenidentität** ist demgegenüber **nicht erforderlich;** Beschuldigter im Strafverfahren und Steuerpflichtiger können also auseinander fallen (allgM; vgl. nur Kohlmann/*Schauf* Rn. 26 mwN), was etwa in den Fällen relevant werden kann, in denen ein angeblich nach § 71 Haftender in einem Steuerstrafverfahren beschuldigt wird, bevor im Besteuerungsverfahren gegenüber dem Steuerpflichtigen selbst geklärt ist, ob überhaupt ein Steueranspruch besteht; Ähnliches gilt bei Strafverfahren gegen Organe juristischer Personen, wenn im Besteuerungsverfahren über das Unternehmen betreffende Rechtsfragen gestritten wird (vgl. weiter Kohlmann/*Schauf* Rn. 27).

Nach dem **rechtskräftigen Abschluss eines Besteuerungsverfahrens** kann § 396 iÜ nicht mehr 9 angewendet werden (JJR/*Jäger* Rn. 24), also dann, wenn ein Steuerbescheid durch Ablauf aller Rechtsbehelfsfristen formell bestandskräftig geworden ist. Gleiches gilt, wenn das Besteuerungsverfahren seinerseits bereits auf der Basis des § 363 Abs. 2 oder des § 76 FGO **ausgesetzt** wurde (BGH NJW 1973, 1562). Demgegenüber hindert die bloße **Aussetzung der Vollziehung** (§ 361 AO, § 69 FGO) die Anwendung des § 396 nicht.

III. Aussetzungsgrund

Die Aussetzung kann erfolgen, wenn die Beurteilung einer Tat als Steuerhinterziehung davon 10 anhängig ist, ob ein Steueranspruch überhaupt besteht, ob Steuern verkürzt oder ob nicht gerechtfertigte Steuervorteile erlangt worden sind (zu den Anforderungen an diese Vorfragenabhängigkeit *Gehm* NZWiSt 2012, 244 (246); ausf. Rolletschke/Kemper/*Rolletschke* Rn. 23; s. ferner *Rolletschke* NZWiSt 2014, 386).

Die Frage, ob ein **Steueranspruch** überhaupt besteht, ist allein nach dem materiellen Steuerrecht zu 11 entscheiden. Es handelt sich hierbei um eine entscheidende Vorfrage zur Beurteilung eines Lebenssachverhalts als Steuerhinterziehung.

Ob **Steuern verkürzt** worden sind, beurteilt sich nach § 370 Abs. 4 S. 1: Diese Voraussetzung ist 12 gegeben, wenn der auf der Basis des materiellen Steuerrechts bestehende Steueranspruch nicht, nicht rechtzeitig oder nicht in voller Höhe festgesetzt worden ist (ausf. → § 370 Rn. 90 ff.).

Steuervorteile sind ihrerseits **ungerechtfertigt** erlangt, wenn eine Rechtsgrundlage für die erreich- 13 te Vergünstigung tatsächlich nicht gegeben ist (→ § 370 Rn. 170 ff.).

Demzufolge findet § 396 dann Anwendung, wenn allein **steuerrechtliche Vorfragen** entschei- 14 dende Auswirkungen auf das Steuerstrafverfahren haben können (JJR/*Jäger* Rn. 22; *Rolletschke* NZWiSt 2014, 386 mwN). Das ist dann der Fall, wenn im Hinblick auf verfahrensrelevante Bestimmungen des materiellen Steuerrechts unterschiedliche Auffassungen ernsthaft vertreten werden, dokumentiert beispielsweise durch divergierende Gerichtsentscheidungen oder Streitigkeiten in der Fachliteratur (Kohlmann/*Schauf* Rn. 43), nicht jedoch schon, wenn der Beschuldigte (nur) Rechtsmittel gegen Steuerbescheide eingelegt, Klage – auch Verfassungsbeschwerde – erhoben hat oder selbst eine bloß abweichende Rechtsauffassung vertritt (sa LG Augsburg wistra 2007, 272; *Wiese* PStR 2007, 200).

Umgekehrt ist eine **Aussetzung ausgeschlossen,** wenn im Strafverfahren lediglich **Beweisschwie-** 15 **rigkeiten** auftauchen (*Rolletschke* NZWiSt 2014, 386; s. bereits *Brenner* BB 1980, 1321). Die Ermittlung des zu beurteilenden Sachverhalts ist stets uneingeschränkte **Aufgabe der Strafverfolgungsorgane.** **Arbeitsüberlastung** bei den Ermittlungsbehörden oder den Gerichten rechtfertigt eine Aussetzung gleichfalls nicht (Rolletschke/Kemper/*Rolletschke* Rn. 30), wie auch **prozessökonomische** Überlegungen sie nicht zulassen (ausf. Kohlmann/*Schauf* Rn. 48 mwN). Bloße tatsächliche Fragen rechtfertigen eine Aussetzung nie (so schon zu Recht *Brenner* BB 1980, 1321 und jetzt auch JJR/*Jäger* Rn. 27).

Gleiches gilt, wenn der konkret Beschuldigte schon aus **anderen Gründen** nicht verfolgt werden 16 kann, etwa wegen **Schuldunfähigkeit** (§ 20 StGB), oder der **subjektive Tatbestand** unstreitig nicht nachweisbar ist, desgleichen bei **fehlender Kausalität** zwischen angeblicher Tathandlung und -erfolg (JJR/*Jäger* Rn. 29).

Nicht anwendbar ist § 396 ebenfalls dann, wenn dem Täter die tateinheitliche (§ 52 StGB) Hin- 17 terziehung mehrerer Steuerarten vorgeworfen wird, der Steueranspruch indes nur bezüglich einer dieser Steuerarten zweifelhaft ist (Kohlmann/*Schauf* Rn. 47); anders jedoch bei Tatmehrheit, weil hier zwingend auf mehrere Strafen erkannt werden muss (§ 53 StGB), wobei sich hier bei derartigen Konstellationen indes regelmäßig eine Lösung auf der Grundlage des § 154 StPO anbieten wird.

Ist allein die **Höhe der Steuerverkürzung** zweifelhaft, erlaubt dies eine Aussetzung ebenfalls nicht 18 (Kohlmann/*Schauf* Rn. 51; s. schon *Schuhmann* wistra 1992, 172 (175); *Schlüchter* JR 1985, 360). § § 396 betrifft allein das „Ob" einer Steuerverkürzung, nicht jedoch das „Wie". Zwar kommt dem Verkürzungserfolg eine entscheidende Auswirkung auf die Frage zu, welche strafrechtlichen Konsequenzen ein Steuerdelikt hat (zur Strafzumessung → § 370 Rn. 575 ff.). Indes müssen Strafgerichte hier immer selbst die nötigen Feststellungen treffen (zur steuerlichen Vorfragenkompetenz der Strafgerichte sa *Harms/Heine* FS Spindel, 2011, 429, (430 ff.)). Dies gilt vor allem in Fällen, in denen die Finanzbehörde Steueransprüche in Form von **Schätzungen** (§ 162) festgesetzt hat. Hier muss der Strafrichter eigenständige Ermittlungen vornehmen und den Verkürzungserfolg gegebenenfalls in Anwendung des Grundsatzes „in dubio pro reo", im Einzelfall gar aufgrund eigener strafrechtsspezifischer Schätzungen, feststellen (JJR/*Jäger* Rn. 28).

IV. Aussetzungsentscheidung

19   Das Strafverfahren „kann" nach § 396 ausgesetzt werden, wenn die vorstehenden Voraussetzungen erfüllt sind. Zu den Formalien → Rn. 32. Die Zurückstellung der weiteren Strafverfolgung steht also **im Ermessen** der Ermittlungsbehörden bzw. der Gerichte (s. etwa BVerfG NStZ 1985, 366 und wistra 1991, 175; OLG Karlsruhe wistra 1985, 168; BayObLG wistra 2004, 239; ausf. (Rolletschke/ Kemper/*Rolletschke* Rn. 38 ff.). Einen **Rechtsanspruch** auf Aussetzung hat der Beschuldigte **in keinem Fall** (BGH wistra 1987, 139; 1988, 196; LG Bonn NJW 1985, 3033; *Rößler* DStZ 1990, 514; Hellmann AO-NebenStrafVerfR 59). Die Praxis macht von der Bestimmung deswegen nur in verschwindend geringem Umfang Gebrauch (s. krit. bereits *Thomas* NJW 1991, 2333 sowie *Seibel* AO-StB 2004, 209).

20   Bei der Ermessenabwägung sind einerseits zu beachten das – schon erwähnte – allgemeine **Interesse an einer einheitlichen Rechtsanwendung,** andererseits die Interessen des Beschuldigten, vor allem das – gleichfalls bereits angeführte – **Beschleunigungsgebot** in Strafsachen (BayObLG wistra 2004, 239; ausf. hierzu auch *Harms/Heine* FS Spindler, 2011, 429 (442); s. noch *Gehm* NZWiSt 2012, 244 (248)). § 396 hat **Ausnahmecharakter.** Überdies ist zu bedenken, dass steuerrechtliche Streitigkeiten, zumal wenn sie bis hin zur Revision zum BFH getrieben werden, sich sehr zeitaufwendig gestalten (vgl. in diesem Zusammenhang besonders Hellmann AO-NebenStrafVerfR 130 f.). Dem Beschleunigungsgebot gebührt regelmäßig Vorrang (JJR/*Jäger* Rn. 37 f.; s. ferner Rolletschke/Kemper/*Kemper* § 385 Rn. 24a), vor allem dann, wenn über bereits länger zurück liegende Sachverhalte entschieden werden muss (s. schon LG Bonn NJW 1985, 3033). Zudem sind allgemeine **Verhältnismäßigkeitserwägungen** anzustellen (ausf. Kohlmann/*Schauf* Rn. 60 mwN; sa Rolletschke/Kemper/*Rolletschke* Rn. 47). In **Haftsachen** kommt die Anwendung des § 396 prinzipiell nicht in Frage (*Meyberg* PStR 2011, 107 (108)).

21   Eine **Aussetzungspflicht** besteht grds. **nicht** (BVerfG wistra 1991, 175; BayObLG wistra 2004, 239; Klein/*Jäger* Rn. 11 mwN; ausf. unter breiter Würdigung der hauptsächlich anlässlich der „Parteispendenaffäre" in den 1980er Jahren des letzten Jahrhunderts veröffentlichten Literatur Kohlmann/*Schauf* Rn. 63; aA aus der Rspr. – soweit ersichtlich – nur OLG Hamm NJW 1977, 283).

V. Weitere Aussetzungsmöglichkeiten

22   Strafverfahren können nicht nur aus der Grundlage des § 396 ausgesetzt werden. Entsprechende Möglichkeiten bieten auch andere Normen.

23   **1. Strafprozessuale Bestimmungen.** Das Strafprozessrecht bietet Aussetzungsmöglichkeiten auf der Basis des – bereits erwähnten – § 262 StPO sowie nach § 154d StPO, die auch im Steuerstrafverfahren neben der Bestimmung des § 396 (theoretisch) anwendbar bleiben (Hellmann AO-NebenStrafVerfR 57 mwN; JJR/*Jäger* Rn. 18). § 396 ist aber als speziellere Vorschrift **vorgreiflich,** dh liegen dessen Voraussetzungen vor, bedarf es nicht eines Rückgriffs auf strafprozessuale Normen (Kohlmann/ *Schauf* Rn. 32).

24   § 262 StPO betrifft dem Wortlaut nach allein Fälle, in denen die strafrechtliche Beurteilung von zivilrechtlichen Vorfragen abhängig ist, wird aber auch auf Vorfragen aus anderen Rechtsgebieten angewandt (Meyer-Goßner/Schmitt/*Schmitt* StPO § 262 Rn. 3 ff.). Das Gericht „kann" nach dieser Bestimmung einem Beteiligten auferlegen, binnen einer bestimmten Frist Klage zu erheben bzw. eine gerichtliche Entscheidung abzuwarten. Es ist aber weder an die Aussetzung noch an die von ihm selbst gesetzte Frist gebunden, sondern muss in jedem Fall den Sachverhalt selbst aufklären, auch wenn sich der Betroffene dem Gerichtsbeschluss nicht beugt (JJR/*Jäger* Rn. 16; Rolletschke/Kemper/*Rolletschke* Rn. 66).

25   § 154d StPO erlaubt demgegenüber der Staatsanwaltschaft, zur Austragung von (zivil- oder verwaltungs-)rechtlichen Vorfragen gleichfalls eine Frist zu setzen, nach deren fruchtlosem Ablauf sie ihrerseits das Ermittlungsverfahren ohne weiteren Ermittlungen einstellen kann; für Vorfragen auf anderen Rechtsgebieten gilt die Bestimmung analog (Meyer-Goßner/Schmitt/*Schmitt* StPO § 154d Rn. 3; Rolletschke/Kemper/*Rolletschke* Rn. 66).

26   Beide Strafprozessvorschriften haben – anders als die Aussetzung nach § 396 (→ Rn. 36) – **keine Auswirkungen auf die Strafverfolgungsverjährung.**

27   **2. Aussetzung des Besteuerungsverfahrens.** Im Besteuerungsverfahren kann die Finanzbehörde nach § 363 Abs. 1 aussetzen, wenn ein **vorgreifliches Rechtsverhältnis** besteht, zB in Form eines **Musterprozesses** (vgl. iE Koenig/*Cöster* § 363 Rn. 6 ff.; sa *Muhler* ZWH 2012, 489 sowie *Gehm* NZWiSt 2012, 244 (250 f.)). Entsprechendes gilt nach § 74 FGO für das **finanzgerichtliche Verfahren.** Dementsprechend ergeben sich in Bezug auf ein anhängiges Steuerstrafverfahren möglicher-

weise wechselseitige Aussetzungskompetenzen (*Rößler* DStZ 1993, 507), was zur Folge hätte, dass das Strafverfahren überhaupt nicht mehr beendet werden könnte (krit. Kohlmann/*Schauf* Rn. 30 mwN). Indes findet § 396 schon dann keine Anwendung mehr, wenn die Finanzbehörde ein Besteuerungsverfahren bis zum rechtskräftigen Abschluss des Strafverfahrens aussetzt (BGH NJW 1973, 1562 (1565)). Umgekehrt kommt eine Aussetzung nach § 74 FGO nicht mehr in Frage, wenn die BuStra von § 396 Gebrauch gemacht hat (BFH 16.3.1993 – X B 204/92, nv). Überdies betreffen §§ 363 AO, 74 FGO vom Sinn her (allein) steuerrechtliche Vorfragen, deren Entscheidung regelmäßig schon aufgrund der Sach- und Fachkompetenz der Finanzbehörde bzw. der Finanzgerichtsbarkeit obliegt. Die Aussetzung eines Besteuerungsverfahrens im Hinblick auf ein anhängiges Steuerstrafverfahren ist daher in der Praxis rein theoretischer Natur (sa JJR/*Jäger* Rn. 19).

3. Europarechtliche Vorfragen. Über die Gültigkeit und Auslegung von Gemeinschaftsrecht ent- **28** scheidet abschließend der EuGH (Art. 267 AEUV; → § 369 Rn. 55). Im Zusammenhang mit der Auslegung zollrechtlicher Bestimmungen können insoweit auch Auswirkungen auf inländische Steuerstrafverfahren auftauchen. In diesen – praktisch äußerst seltenen – Fällen kann eine Aussetzung auf der Grundlage des § 396 iVm Art. 267 AEUV geboten sein (vgl. weiter Kohlmann/*Schauf* Rn. 35; sa *Thomas* NJW 1991, 2233).

C. Verfahren der Aussetzung

Über die Aussetzung eines Steuerstrafverfahrens entscheiden nach § 396 Abs. 2 die ermittelnde **29** **Staatsanwaltschaft** oder das **Gericht**.

I. Zuständigkeit

Im Ermittlungsverfahren obliegt die Entscheidung, ob eine Aussetzung erfolgt, der Staatsanwaltschaft. **30** Führt die Finanzbehörde das Verfahren in den Grenzen der §§ 386, 399 selbstständig durch, steht ihr die Entscheidungsbefugnis zu. Nach Anklagerhebung geht die Entscheidungskompetenz auf das mit der Sache befasste Gericht über.

II. Entscheidung

Die Entscheidung bedarf **nicht des Antrags** eines Verfahrensbeteiligten. Sie ist von Amts wegen **31** **nach pflichtgemäßem Ermessen** zu treffen (s. nur BGH wistra 1987, 139). Der Beschuldigte kann seinerseits aber jederzeit eine entsprechende Anregung gegenüber der entscheidungsbefugten Stelle abgeben (Kohlmann/*Schauf* Rn. 70).

Staatsanwaltschaft bzw. Finanzbehörde entscheiden über eine Aussetzung durch – ansonsten formlose **32** – **Verfügung** (§§ 167, 171 StPO). Im gerichtlichen Verfahren ergeht ein entsprechender **Beschluss**, der entweder in der Hauptverhandlung verkündet oder den Beteiligten außerhalb der Hauptverhandlung zugestellt wird (§ 35 StPO). Eine besondere Form schreibt § 396 nicht vor. Auch inhaltliche Anforderungen sind der Bestimmung nicht zu entnehmen, sodass die Staatsanwaltschaft bzw. die eigenständig agierende Finanzbehörde – anders als das Gericht, das hier den Begründungszwang des § 34 StPO zu beachten hat – keine weitere Begründung abgeben müssen. Sie wird aber regelmäßig verfahrensdienlich sein, um zu dokumentieren, auf welche konkrete steuerrechtliche Vorfrage es im konkreten Einzelfall ankommt (JJR/*Jäger* Rn. 45).

Die Aussetzung erfolgt nach § 396 Abs. 1 prinzipiell **bis zum rechtskräftigen Abschluss des** **33** **Besteuerungsverfahrens.** Die Aussetzungsentscheidung ist aber **jederzeit widerruflich** (JJR/*Jäger* Rn. 47; Kohlmann/*Schauf* Rn. 72; Rolletschke/Kemper/*Rolletschke* Rn. 52, jeweils mwN), etwa dann, wenn eine verfahrenserhebliche steuerrechtliche Vorfrage in einem anderen Rechtsstreit mit der Folge entschieden hat, dass die ursprünglich aufgetretenen Zweifel entfallen.

III. Rechtsmittelmöglichkeiten

Entscheidungen der Ermittlungsbehörden, ein Steuerstrafverfahren auszusetzen bzw. die Aussetzung **34** abzulehnen, sind – wie allgemein alle verfahrensleitenden Entscheidungen – **nicht mit förmlichen Rechtsmitteln anfechtbar** (Rolletschke/Kemper/*Rolletschke* Rn. 55 ff.). Es verbleibt lediglich die stets zulässige **Dienstaufsichtsbeschwerde** (JJR/*Jäger* Rn. 48; Kohlmann/*Schauf* Rn. 76; Klein/*Jäger* Rn. 16; sa *Gehm* NZWiSt 2012, 244 (249)). Auch kann der Beschuldigte bei der Staatsanwaltschaft eine **Evokation** nach § 386 Abs. 4 anregen; verpflichtet zu einer Verfahrensübernahme ist diese aber aufgrund eines derartigen Antrags nicht.

Gleichfalls ist der in diesem Zusammenhang ergehende **Beschluss eines Gerichts nicht anfecht-** **35** **bar,** wie sich aus § 305 StPO ergibt; die Aussetzungsentscheidung steht regelmäßig in einem inneren Zusammenhang mit dem Urteil und bereitet dieses vor (JJR/*Jäger* Rn. 49; Kohlmann/*Schauf* Rn. 79; Klein/*Jäger* Rn. 16; OLG Hamm NJW 1978, 283; OLG Karlsruhe NStZ 1985, 227; LG Lübeck PStR 2000, 99; *Bernsmann* FS Kohlmann, 2003, 377; einschränkend LG Bremen NStZ-RR 2012, 14 m. krit.

Anm. *Weidemann* StV 2013, 379; LG Halle NZWiSt 2014, 385 mAnm *Rolletschke*). Ausnahmsweise ist
eine Anfechtbarkeit aber gegeben, wenn dieser innere Zusammenhang gänzlich fehlt, weil die Aussetzung der Entscheidung nicht dienlich ist und eine reine Verfahrensverzögerung zur Folge hat (ausf. LG
Halle NZWiSt 2014, 385 m. zust. Anm. *Rolletschke*). Eine Verfassungsbeschwerde gegen die Nichtaus-
setzungsentscheidung ist stets unzulässig (BVerfG NStZ 1985, 366 und BVerfG wistra 1985, 147; s. dazu
krit. *Carlé* DStZ 1985, 284; sowie *Söffing* DStZ 1985, 486).

D. Folgen der Aussetzung

36   Wird ein Steuerstrafverfahren nach § 396 ausgesetzt, **ruht** nach Abs. 3 der Bestimmung während der
Aussetzung **die Verjährung** (s. dazu allgemein *Hardtke* AO-StB 2001, 273 sowie *Heß* StW 2010, 145),
beginnend mit dem Tag der Aussetzungsentscheidung (Kohlmann/*Schauf* Rn. 91 mwN). Die allgemeinen Regelungen (§§ § 78, 78b StGB, § 376 AO) gelten dann nicht. Das Ruhen endet, wenn Ermittlungsbehörde ihre Entscheidung aufheben, spätestens aber mit dem **rechtskräftigen Abschluss des
Besteuerungsverfahrens** (JJR/*Jäger* Rn. 61), ohne dass es hier auf (rein deklaratorische) Mitteilungen
über den Verfahrensabschluss ankommen würde.

37   Die Aussetzung nach § 396 hemmt nicht nur den Ablauf der regulären (fünf- bzw. in den Fällen des
§ 376 Abs. 1 zehnjährigen) Verjährungsfrist. Auch die **absolute Verjährungsfrist** des § 78c Abs. 3
StGB, die zehn bzw. – in den von § 376 Abs. 1 erfassten Fällen zwanzig – Jahre beträgt, wird von ihr
beeinflusst (BayObLG wistra 1990, 203; OLG Karlsruhe wistra 1990, 205; *v. Briel* SAM 2007, 207 (211);
Heß StW 2010, 145; JJR/*Jäger* Rn. 57; Kohlmann/*Schauf* Rn. 87; (Rolletschke/Kemper/*Rolletschke*
Rn. 62; Klein/*Jäger* Rn. 18; aA *Grezesch* wistra 1990, 289).

38   Eine **fehlerhafte Aussetzung** hat keine verjährungshemmende Wirkung (AG Münster wistra 2004,
398; LG Cottbus BeckRS 2012, 11687; krit. hierzu bereits *Weidemann* wistra 2004, 195; sa *Gehm*
NZWiSt 2012, 244 (248) sowie Klein/*Jäger* Rn. 20). Dies betrifft sowohl die Fälle, in denen tatsächlich
keine vorgreifliche Steuerrechtsfrage zu klären war, als auch Fälle der fehlerhaften Ermessensausübung
(einschränkend aber Rolletschke/Kemper/*Rolletschke* Rn. 64).

39   Soweit das Steuerdelikt **tateinheitlich** (§ 52 StGB) mit einer Nichtsteuerstraftat begangen wird oder
aber ein **einheitlicher Lebenssachverhalt** (§ 264 StPO) vorliegt, erstreckt sich die verjährungshemmende Wirkung einer Aussetzung allein auf das Steuerdelikt (*Brenner* BB 1980, 1322; aA Kohlmann/
Schauf Rn. 95 mwN; sowie Rolletschke/Kemper/*Rolletschke* Rn. 61; krit. JJR/*Jäger* Rn. 59; Klein/*Jäger*
Rn. 19).

Die **Wiederaufnahme eines rechtskräftig abgeschlossenen Strafverfahrens** kann iÜ auf später
ergehende divergierende finanzgerichtliche Entscheidung nicht gestützt werden (s. dazu ausf. *Weyand*
PStR 2007, 189; sa *Muhler* ZWH 2012, 489 sowie *Mellinghoff* Stbg 2014, 97).

§ 397 Einleitung des Strafverfahrens

**(1) Das Strafverfahren ist eingeleitet, sobald die Finanzbehörde, die Polizei, die Staats-
anwaltschaft, eine ihrer Ermittlungspersonen oder der Strafrichter eine Maßnahme trifft, die
erkennbar darauf abzielt, gegen jemanden wegen einer Steuerstraftat strafrechtlich vorzugehen.**

**(2) Die Maßnahme ist unter Angabe des Zeitpunktes unverzüglich in den Akten zu ver-
merken.**

**(3) Die Einleitung des Strafverfahrens ist dem Beschuldigten spätestens mitzuteilen, wenn
er dazu aufgefordert wird, Tatsachen darzulegen oder Unterlagen vorzulegen, die im Zusammenhang mit der Straftat stehen, derer er verdächtig ist.**

Übersicht

A. Zweck und Bedeutung der Vorschrift

Das **allgemeine Strafverfahrensrecht** (§ 385) setzt den Begriff der Verfahrenseinleitung zwar **1** voraus, es enthält jedoch keine entsprechenden Vorschriften. Vielmehr **orientiert** es **sich an** der Begriffsbestimmung des **§ 397 Abs. 1** (KK-StPO/*Griesbaum* StPO § 160 Rn. 14).

Die besondere Bedeutung der in § 397 enthaltenen Regelungen ergibt sich daraus, dass ein **Steuer-** **2** **strafverfahren** seinen Ausgangspunkt regelmäßig im **Besteuerungsverfahren** nimmt und beide **parallel** geführt werden (→ § 393 Rn. 6). Dies führt zu einem besonderen **Schutzbedürfnis** des Beschuldigten und **Abgrenzungsfragen**, denen auch durch § 397 Rechnung getragen werden soll (*Blesinger* wistra 1994, 48; Rolletschke/Kemper/*Rolletschke* Rn. 6).

Im Bußgeldverfahren wegen einer **Steuerordnungswidrigkeit** gilt die Vorschrift gemäß **§ 410** **3** **Abs. 1 Nr. 6** entsprechend.

Aus **§ 397 Abs. 1** ergibt sich, wodurch ein **Steuerstrafverfahren eingeleitet** wird. Tatsache und **4** Zeitpunkt der Einleitung sind angesichts der daran anknüpfenden **Rechtsfolgen** von erheblicher Relevanz (→ Rn. 49 ff.).

Die aktenmäßige Dokumentation der einleitenden Maßnahme und ihres Zeitpunktes gemäß § 397 **5** **Abs. 2** dient der **Klarstellung** (→ Rn. 44 ff.).

Die Pflicht zur Bekanntgabe der Verfahrenseinleitung gemäß § 397 Abs. 3 ergänzt andere **Informa-** **6** **tionspflichten** (→ Rn. 49).

B. Einleitung des Steuerstrafverfahrens (Abs. 1)

I. Rechtsnatur der Einleitung

Die Durchführung der ersten **Verfolgungsmaßnahme** zieht ohne (weitere) Willensakte oder Erklä- **7** rungen **zwingend** die **Einleitung des Verfahrens** nach sich (*Blesinger* wistra 1994, 48; *Rolletschke* Stbg 2006, 221; Rolletschke/Kemper/*Rolletschke* Rn. 9). Die Verfahrenseinleitung ist keine Voraussetzung für die Durchführung strafrechtlicher Ermittlungen, sondern deren Konsequenz. Sie hängt nicht von der Rechtmäßigkeit der Verfolgungsmaßnahme ab. Ohne Verfolgungsmaßnahme kommt es nicht zur Verfahrenseinleitung, selbst wenn Ermittlungen durchgeführt werden müssten (Rolletschke/Kemper/*Rolletschke* Rn. 13; → Rn. 10).

Es ist daher nicht möglich, die Verfahrenseinleitung selbst zurückzunehmen, aufzuheben, anzufechten **8** oder ihre Rechtswidrigkeit feststellen zu lassen (BFHE 222, 1 = BFH NJW-RR 2009, 212). Geeignete Anknüpfungspunkte bilden nur einzelne Verfolgungsmaßnahmen oder das Betreiben eines Ermittlungsverfahrens (KK-StPO/*Mayer* EGGVG § 23 Rn. 31; Löwe/Rosenberg/*Beulke* StPO § 152 Rn. 38; das ist verfassungsrechtlich nicht zu beanstanden: BVerfG NStZ 1984, 228; BVerfGK 2, 27 = BVerfG NStZ 2004, 447; → Rn. 72; abweichend zB Löwe/Rosenberg/*Erb* StPO § 160 Rn. 67a). Die Rechtmäßigkeit der Verfahrenseinleitung kann inzident zu prüfen sein, wenn sich aus ihr belastende Folgewirkungen ergeben (→ Rn. 62 ff.).

Umgekehrt kann das pflichtwidrige Unterlassen verfahrenseinleitender Maßnahmen von Bedeutung **9** sein, wenn sich daraus begünstigende Folgewirkungen ergeben hätten (*Blesinger* wistra 1994, 48; → Rn. 60 ff.).

Aus **§ 397** ergibt sich keine **Pflicht zur Einleitung** eines Steuerstrafverfahrens. Diese folgt aus den **10** allgemeinen Vorschriften (§§ 152 Abs. 2, 160 Abs. 1, 163 Abs. 1 S. 1, 165 StPO, §§ 385, 399, 402, 404 AO; vgl. *Blesinger* wistra 1994, 48; *Rolletschke* wistra 2007, 89; Nr. 14, 26 AStBV).

II. Anfangsverdacht

11   **1. Bedeutung des Anfangsverdachts.** Die Durchführung von Ermittlungsmaßnahmen mit strafrechtlicher Zielrichtung ist nur rechtmäßig, wenn ein Anfangsverdacht besteht. Zwar wird ein Verfahren auch eingeleitet, wenn diese Voraussetzung nicht erfüllt ist (Klein/*Jäger* Rn. 15; Kohlmann/*Peters* Rn. 7, 17.1, 20; → Rn. 7). Das Bestehen eines Anfangsverdachts kann jedoch insbes. im Zusammenhang mit der Überprüfung von Eingriffsmaßnahmen und belastenden Folgewirkungen einer Verfahrenseinleitung (→ Rn. 8) oder des pflichtwidrigen Unterlassens einleitender Maßnahmen (→ Rn. 9) von Bedeutung sein. Auch für die Frage, welche Verhaltensweisen einen Verfolgungswillen und somit die Annahme zumindest eines Anfangsverdachts zum Ausdruck bringen (→ Rn. 32 f.), kommt es auf dessen Voraussetzungen an.

12   **2. Anfangsverdacht im Steuerstrafrecht, Beispiele.** Ein **Anfangsverdacht** liegt vor, wenn aufgrund konkreter Tatsachen nach kriminalistischer Erfahrung die Möglichkeit besteht, dass eine verfolgbare Straftat begangen wurde. Entfernte Indizien reichen aus, nicht jedoch bloße Vermutungen. Die Strafverfolgungsbehörden haben insoweit auch im Bereich des Steuerstrafrechts einen **Beurteilungsspielraum** (BFHE 222, 1 = BFH NJW-RR 2009, 212; vgl. KK-StPO/*Diemer* StPO § 152 Rn. 8; Löwe/Rosenberg/*Beulke* StPO § 152 Rn. 21 ff.; Löwe/Rosenberg/*Erb* StPO § 160 Rn. 39). Unterschiedlich und differenziert wird beurteilt, wie sich (insbes. disponible und erst zukünftig geltend zu machende) Beweisverwertungs- und Beweisverwendungsverbote auf den Anfangsverdacht auswirken (vgl. Löwe/Rosenberg/*Beulke* StPO § 152 Rn. 26; speziell zu den sog „Liechtenstein-Fällen" → § 370 Rn. 552, → § 371 Rn. 113, 118).

13   Im Gegensatz dazu begründet die „bloße" Möglichkeit einer schuldhaften Steuerverkürzung noch keinen Anfangsverdacht. Sie ermöglicht nur **Vorfeldermittlungen** im Besteuerungsverfahren nach § 208 Abs. 1 Nr. 3 (JJR/*Jäger* Rn. 66; Klein/*Rüsken* § 208 Rn. 40 ff.; Nr. 122, 144 AStBV).

14   Im Rahmen der Prüfung, ob ein Anfangsverdacht vorliegt, können auch im Bereich des Steuerstrafrechts **Vorermittlungen** durchgeführt werden (BFHE 222, 1 = BFH NJW-RR 2009, 212; Nr. 27 AStBV). Zu diesem Zweck dürfen vor allem allgemein zugängliche Informationen herangezogen werden, auch soweit dies zu einem Eingriff in das Recht auf informationelle Selbstbestimmung führt. Andere Ermittlungsmaßnahmen sind nicht zulässig, da sie speziell geregelt sind und zumindest einen Anfangsverdacht voraussetzen (vgl. Löwe/Rosenberg/*Beulke* StPO § 152 Rn. 33). Entsprechendes gilt für steuerrechtliche Vorfeldermittlungen (JJR/*Jäger* Rn. 66; Kohlmann/*Peters* Rn. 7). Diese dürfen erst (wieder) durchgeführt werden, wenn die Vorermittlungen abgeschlossen sind.

15   Ein **Anfangsverdacht besteht, wenn**

– aus einer **Kontrollmitteilung** ersichtliche Beträge in einer Steuererklärung nicht erfasst wurden (*Blesinger* wistra 1994, 48; Kohlmann/*Peters* Rn. 25.1; nicht dagegen eine Kontrollmitteilung als solche, → Rn. 16),
– **Bankkonten verschwiegen, Wareneingänge nicht gebucht** oder **Scheingeschäfte** bzw. **Scheinverträge** abgeschlossen wurden (*Blesinger* wistra 1994, 48),
– **Kapital im Ausland** angelegt ist sowie die **rechtlichen und tatsächlichen Rahmenbedingungen Hinterziehungstaten erleichtern** (OLG Frankfurt a. M. NStZ 1996, 196; anders bei banküblicher Abwicklung, → Rn. 16)
– ein **Honorar aus** einer **„schwarzen Kasse" nicht versteuert** wurde für die **unterlassene Versteuerung** von Honoraren **auch in anderen Besteuerungszeiträumen** (aA LG Köln StV 1983, 275; Kohlmann/*Peters* Rn. 5.1),
– **Barzahlungsquittungen,** die den Bezahlenden nicht erkennen lassen, **veräußert** werden, nicht nur für eine Ordnungswidrigkeit nach § 379 Abs. 1, sondern auch für Beihilfe zur Steuerhinterziehung (JJR/*Jäger* § 379 Rn. 20, 40),
– **Tafelpapiere** gehalten werden und **zusätzliche Anhaltspunkte** für Anonymisierung oder Verschleierung vorliegen, zB Bartransaktionen trotz Existenz eines (Depot-)Kontos, Angabe des Geburtsnamens trotz Verwendung des Ehenamens für steuerliche Zwecke oder Einlösung von Coupons bei ausländischen Banken (BFHE 195, 40 = BFH NJW 2001, 2997; BFH/NV 2006, 709; BVerfG NJW 2002, 1940; 2004, 3171 mwN; nicht dagegen das Halten von Tafelpapieren als solches, → Rn. 16),
– ungeklärte **Differenzen beim Geldverkehr** festgestellt werden, **Vermögenszuwächse nicht aus bekannten Quellen** erklärt werden können, **fingierte** oder **gefälschte Belege** gefunden werden (*Blesinger* wistra 1994, 48; vgl. aber auch BVerfGK 8, 332 = BVerfG wistra 2006, 377),
– **Steuererklärungen nicht mehr abgegeben** werden, für die Aufgabe einer steuerpflichtigen Beschäftigung jedoch keine Anhaltspunkte bestehen (*Blesinger* wistra 1994, 48),
– vor weiteren Ermittlungen noch **aufgeklärt** werden soll, ob **Verfahrensvoraussetzungen** oder **Verfahrenshindernisse** vorliegen, zB Anwendbarkeit des § 376 Abs. 1 (→ § 376 Rn. 6) oder des § 32 Abs. 2 Nr. 2 ZollVG (→ Vorb. § 369 Rn. 20).

Nicht ausreichend ist dagegen   **16**

– das auf einer Betriebsprüfung oder einer von der Steuererklärung abweichenden Veranlagung beruhende **steuerliche Mehrergebnis** als solches (JJR/*Jäger* Rn. 43; *Rolletschke* Stbg 2006, 221) oder die Durchführung von Kalkulationen und Verprobungen im Rahmen einer steuerlichen Überprü*fung (Madauß* NZWiSt 2014, 296),

– eine **Kontrollmitteilung** als solche (Kohlmann/*Peters* Rn. 25; anders bei Nichterfassung darin genannter Beträge in einer bereits eingereichten Steuererklärung, → Rn. 15),

– das Halten von **Tafelpapieren** als solches (BFHE 192, 44 = BFH NJW 2000, 3157; BFHE 195, 40 = BFH NJW 2001, 2997; 2004, 3171; anders bei zusätzlichen Anhaltspunkten für Anonymisierung oder Verschleierung, → Rn. 15),

– eine **Geld- oder Kapitalanlage im Ausland,** die über ein deutsches Kreditinstitut in banküblicher Weise abgewickelt wird (BFHE 194, 26 = BFH NJW 2001, 2573; BFHE 195, 40 = BFH NJW 2001, 2997; aber → Rn. 15, wenn die rechtlichen und tatsächlichen Rahmenbedingungen Hinterziehungstaten erleichtern),

– allein die **allgemeine Erfahrungstatsache,** dass **in bestimmten Bereichen** (unter Billigflaggen fahrende Seeleute, Prostituierte) **Einkünfte nicht versteuert** (OLG Hamburg NJW 1984, 1635; LG Hildesheim wistra 2007, 399; JJR/*Jäger* Rn. 40; Kohlmann/*Peters* Rn. 5.1) oder **Organisations- bzw. Betriebsstrukturen** zur Begehung von Straftaten **genutzt** (BVerfGE 44, 353 = BVerfG NJW 1977, 1489; BVerfG NJW 1995, 2839) werden (→ Rn. 13),

– allein die **unterlassene Geltendmachung** einer Zahlung **als Betriebsausgabe** und **Verweigerung der Empfängerbenennung** (BVerfG NStZ-RR 2005, 207; Kohlmann/*Peters* Rn. 12.6),

– die Ermittlung bislang unbekannter Bankverbindung im Rahmen des sog „Kontenabrufverfahren" (→ § 371 Rn. 90),

– die Verwirklichung eines Straftatbestandes, wenn das **Fehlen** einer **Verfahrensvoraussetzung** oder das **Bestehen** eines **Verfahrenshindernisses nicht zweifelhaft** ist (BFHE 222, 1 = BFH NJW-RR 1920, 212: Selbstanzeige für strafrechtlich verjährten Zeitraum; Kohlmann/*Peters* Rn. 7, 21).

Zu den sog „Lichtenstein-Fällen" → § 370 Rn. 552, → § 371 Rn. 113, 118.

Die Bewertung von **Strafanzeigen** ist häufig schwierig. Der Beurteilungsspielraum der Strafver- **17** folgungsbehörden (→ Rn. 12) hat in diesem Bereich eine besondere Bedeutung. In vielen Fällen ist die Einleitung eines Verfahrens ebenso vertretbar und rechtmäßig wie das Absehen davon. Wichtige Kriterien für die Bewertung einer Anzeige sind das offene Auftreten des Anzeigeerstatters, dessen Interessenlage sowie Detailreichtum, Schlüssigkeit und Zugänglichkeit der Informationen. Gerade bei anonym erstatteten Anzeigen kann es der Verhältnismäßigkeitsgrundsatz gebieten, auf besonders eingriffsintensive Maßnahmen zunächst zu verzichten.

Aus einer **Selbstanzeige** ergibt sich hinsichtlich der offenbarten Tat in aller Regel ein Anfangs- **18** verdacht (BFHE 222, 1 = BFH DStR 2008, 2174; JJR/*Jäger* Rn. 51; *Blesinger* wistra 1994, 48; *Rolletschke* wistra 2007, 89; Stbg 2006, 221; → § 371 Rn. 146; Nr. 11, 132 AStBV; vgl. aber auch Kohlmann/*Peters* Rn. 10.2 einerseits, Rn. 31 andererseits). Er liegt nur dann nicht vor, wenn die fehlende Verfolgbarkeit einer Tat von vornherein feststellbar ist. Dies kann bei einem Verjährungseintritt der Fall sein, insbes. wenn die Anwendung des § 376 Abs. 1 nicht in Betracht kommt. Dagegen wird die durch die Selbstanzeige angestrebte Straffreiheit nur ganz ausnahmsweise von Anfang an offensichtlich sein (*Rolletschke* wistra 2007, 89; *Geuenich* BB 2008, 2505; Nr. 11 AStBV). Für eine auf die Wirksamkeit der Selbstanzeige und fristgemäße Nachzahlung beschränkte Vorprüfung ohne Verfahrenseinleitung ist kein Raum (Nr. 11 AStBV; aA zB *Krieger* DStR 2002, 750).

III. Einleitende Institutionen

In § 397 Abs. 1 sind die **Institutionen,** deren Verfolgungsmaßnahmen zur Verfahrenseinleitung **19** führen, abschließend genannt. Keine Stelle hat einen Vorrang.

Erforderlich (aber auch ausreichend) ist, dass in den Aufgabenbereich dieser Stelle (zumindest auch) **20** die Verfolgung von Steuerstraftaten fällt. Es kommt hingegen nicht darauf an, ob sie im konkreten Fall örtlich und sachlich zuständig ist. Die Verfahrenseinleitung hängt auch nicht davon ab, welche der genannten Stellen die erste Verfolgungsmaßnahme ergreift und ob sie das Verfahrens weiterführt (JJR/ *Jäger* Rn. 13, 176 ff.; Kohlmann/*Peters* Rn. 15.4; *Rolletschke* Stbg 2006, 221).

1. Finanzbehörde. Finanzbehörden iSv § 397 Abs. 1 sind gemäß der ggü. §§ 1 f. FVG spezielleren **21** Vorschrift des § 386 Abs. 1 S. 2 nur das Hauptzollamt (und die Zollämter als Dienststellen, §§ 1 Nr. 4, 12 FVG), das Finanzamt (§§ 2 Abs. 1 Nr. 4, 17 FVG), das Bundeszentralamt für Steuern (§§ 1 Nr. 2, 5 FVG) und die Familienkasse (vgl. → § 386 Rn. 8 ff.; JJR/*Jäger* Rn. 14).

Nicht erfasst sind die **Zollfahndungsämter** und das **Zollkriminalamt.** Ihre Beamten sind jedoch **22** Ermittlungspersonen der Staatsanwaltschaft (→ Rn. 28).

Übergeordnete Behörden (oberste Finanzbehörden des Bundes und der Länder, Oberfinanzdirek- **23** tionen) können selbst keine Verfahren einleiten, als Aufsichtsbehörde jedoch Weisungen erteilen (JJR/ *Jäger* Rn. 19). Einleitend wirkt erst eine Maßnahme der angewiesenen Behörde (→ Rn. 38).

24   Die Finanzbehörde kann die Verfahrenseinleitung **durch jeden Amtsträger** bewirken, auch durch mit dem Veranlagungsverfahren befasste Sachbearbeiter und Außenprüfer (JJR/*Jäger* Rn. 15; Kohlmann/*Peters* Rn. 15.1; Rolletschke/Kemper/*Rolletschke* Rn. 19; *Mösbauer* DStZ 1999, 354; *Rolletschke* Stbg 2006, 221).

25   **2. Polizei.** Zur Polizei gehören alle Dienststellen des Bundes und der Länder, in deren Aufgabenbereich die Verfolgung von Straftaten fällt.

26   **3. Staatsanwaltschaft.** Umfasst sind alle Personen, die (auch im Wege der Devolution) das **Amt der Staatsanwaltschaft** ausüben (§§ 142 Abs. 1, 144, 145 Abs. 1 GVG). Diesen Stellen **übergeordnete Behörden** ohne Befugnis zur Devolution (§§ 145, 147 Nr. 1 und 2 GVG) können selbst keine Verfahren einleiten, als Aufsichtsbehörde jedoch Weisungen erteilen. Einleitend wirkt erst eine Maßnahme der angewiesenen Behörde (→ Rn. 38).

27   **4. Ermittlungspersonen der Staatsanwaltschaft.** Gemäß **§ 152 Abs. 2 GVG** bestimmen die Landesregierungen oder die Landesjustizverwaltungen durch Rechtsverordnung, welche Amtsträger Ermittlungspersonen der Staatsanwaltschaft sind (Übersicht bei Meyer-Goßner/Schmitt/*Schmitt* GVG § 153 Rn. 6). Ermittlungspersonen sind außerdem die in **§§ 19 Abs. 1 S. 2 BKAG, 37 Abs. 3 S. 2 MOG** genannten (insoweit bereits durch § 397 Abs. 1 „Finanzbehörden" und § 404 S. 1 erfassten) Amtsträger, nicht hingegen die nur für bestimmte Deliktsbereiche außerhalb des Steuerstrafrechts bestimmten Hilfsbeamten.

28   Die Beamten der **Zollfahndungsämter** (sowie gemäß § 16 ZFdG des **Zollkriminalamtes**) und der mit der **Steuerfahndung** betrauten Dienststellen der Landesfinanzbehörden sind gemäß **§ 404 S. 2 Hs. 2** ebenfalls Ermittlungspersonen der Staatsanwaltschaft.

29   **5. Strafrichter.** Nur Maßnahmen eines in Strafsachen tätigen Richters führen zur Verfahrenseinleitung.

30   **6. Sonstige Institutionen.** Maßnahmen sonstiger Institutionen, zB in Erfüllung von **Mitteilungspflichten** (zB §§ 93a, 116; ausführlich Kohlmann/*Peters* Rn. 13 ff.) oder im Wege der Aufsicht, können nicht zur Verfahrenseinleitung führen.

IV. Einleitende Maßnahmen

31   Das Strafverfahren wird durch Maßnahmen eingeleitet, die **erkennbar** darauf **abzielen,** gegen **jemanden** wegen einer **Steuerstraftat** strafrechtlich vorzugehen.

32   **1. Aufklärung eines Tatverdachts.** Nach dem Wortlaut des § 397 Abs. 1 muss die Maßnahme dazu dienen, einen **Tatverdacht zu bestätigen.** Jedoch sind neben der Staatsanwaltschaft auch alle anderen mit Steuerstrafverfahren befassten Stellen verpflichtet, **entlastende Umstände** zu ermitteln und aufzuklären (§ 160 Abs. 2 StPO; vgl. KK-StPO/*Griesbaum* StPO § 160 Rn. 22; Löwe/Rosenberg/*Erb* StPO § 160 Rn. 47; Nr. 5 AStBV). Daher kann (und muss ggf. sogar) bereits die einleitende Maßnahme mit der Aufklärung des relevanten Sachverhaltes auch darauf abzielen (BFHE 222, 1 = NJW-RR 2009, 212; *Weyand* wistra 1987, 283). Erfasst ist danach jede Handlung, die dazu geeignet und bestimmt ist, dem Ziel der Bestrafung des Verdächtigen oder der Beseitigung des Verdachts näher zu kommen (BFHE 222, 1 = BFH NJW-RR 2009, 212).

33   Einordnungsschwierigkeiten bestehen bei der **Sachverhaltsaufklärung durch Finanzbehörden,** wenn diese (auch) im **Besteuerungsverfahren** (§§ 93, 96, 97, 200, 208 ff.) oder zur **zollamtlichen Überwachung** (ZollVG) tätig werden können. Verfahrenseinleitende Wirkung hat eine Maßnahme in diesen Fällen, wenn sie **zumindest auch strafrechtlichen Zwecken dient** (aA *Schuhmann* wistra 1992, 293). Dies kann sich aus der Mitteilung eines Tatverdachts, einer Beschuldigtenbelehrung, der Drohung mit strafprozessualen Maßnahmen oder Aktenvermerken ergeben (JJR/*Jäger* Rn. 85 ff.; Kohlmann/*Peters* Rn. 32 ff.; zum sog **„Kontenabrufverfahren"** → § 371 Rn. 90). **Mitteilungen,** die lediglich **weitere Überprüfungen und Kontrollen ermöglichen** sollen, dienen (noch) nicht strafrechtlichen Zwecken (→ Rn. 16, 30).

34   **2. Steuerstraftat.** Nach dem Wortlaut des § 397 Abs. 1 muss sich die Maßnahme auf eine **Steuerstraftat (§ 369 Abs. 1)** beziehen. Bezugspunkt ist jedoch unabhängig von ihrer rechtlichen Würdigung stets die **Tat im prozessualen Sinn** (JJR/*Jäger* Rn. 3; Kohlmann/*Peters* Rn. 19; → § 385 Rn. 23).

35   **3. Erkennbarkeit.** Das Ziel der Maßnahme muss lediglich **objektiv erkennbar** sein, nicht notwendig auch für den Beschuldigten (BFH/NV 1996, 451). Ausreichend ist, dass die Willensbetätigung einen wahrnehmbaren Ausdruck gefunden hat. Die ist auch bei rein behördeninternen Vorgängen (Weisung, Anforderung einer Auskunft oder Akte, Aktenübersendung) der Fall (Kohlmann/*Peters* Rn. 18).

36   **4. Verfahren gegen bekannte und unbekannte Personen.** Strafverfahren sind zwar darauf ausgerichtet, im Ergebnis gegen **individualisierte natürliche Personen** vorzugehen. Gerade zu Beginn eines Verfahrens kann das Ziel jedoch (auch) darin bestehen, den oder die Beschuldigten erst zu ermitteln (vgl. zB BFHE 195, 40 = BFH NJW 2001, 2997; BFH wistra 2002, 350). Daher werden Ermittlungsverfahrens auch gegen (noch) **unbekannte** Personen geführt (Meyer-Goßner/Schmitt/ *Meyer-Goßner* StPO Einl. Rn. 60, StPO § 152 Rn. 5). Eingeleitet iSv § 397 Abs. 1 ist das Strafverfahren jedoch erst dann, wenn sich der Tatverdacht **erkennbar gegen** eine **bestimmte Person** richtet oder gegen diese Maßnahmen ergriffen werden (→ Rn. 41).

5. Förderung des Verfahrens. Angesichts der Schutzfunktion des § 397 Abs. 1 ist es unerheblich, **37** ob das Verfahren durch die einleitende Maßnahme oder danach gefördert wird. Allerdings kann es im Zusammenhang mit belastenden Folgewirkungen der Verfahrenseinleitung von Bedeutung sein, ob es zu unvertretbaren Verzögerungen kam (→ Rn. 9, 11, 64, 68 ff.).

6. Beispiele. Die **Verfahrenseinleitung wird bewirkt** durch **38**
– die **Weisung** einer in § 397 Abs. 1 genannten Institution oder innerhalb einer solchen Institution zur Durchführung von Ermittlungen (Kohlmann/*Peters* Rn. 18), die Weisung einer nicht genannten übergeordneten Institution jedoch erst bei einer Maßnahme der angewiesenen Stelle (→ Rn. 23, 26),
– eine **förmliche Einleitungsverfügung** (BFH/NV 1996, 451: Staatsanwaltschaft; BFHE 222, 1 = BFH NJW-RR 2009, 212: Finanzbehörde; *Rolletschke* Stbg 2006, 221; wistra 2007, 89; Erbs/Kohlhaas/*Senge* Rn. 2), auch ohne Anordnung oder Durchführung weiterer Maßnahmen (Kohlmann/ *Peters* Rn. 28; Rolletschke/Kemper/*Rolletschke* Rn. 61; aA JJR/*Jäger* Rn. 7; *Weyand* wistra 1987, 283; *Blesinger* wistra 1994, 48; Erbs/Kohlhaas/*Senge* Rn. 7),
– **Ermittlungsmaßnahmen,** die nur **nach** der StPO zulässig sind oder auf sie gestützt werden (*Weyand* wistra 1987, 283; Nr. 27 AStBV),
– **Abgabe** und **Übernahme** gemäß **§ 386 Abs. 4** (wenn nicht bereits zuvor förmlich eingeleitet oder Ermittlungen durchgeführt wurden),
– die nur für strafrechtliche Zwecke zulässige Einholung einer **Auskunft** aus dem **Bundeszentralregister** (§ 41 Abs. 1 Nr. 4, Abs. 4 BZRG),
– Aufklärungsmaßnahmen zu der in einer **Selbstanzeige** genannten Tat (BFHE 222, 1 = BFH NJW-RR 2009, 212).

Der Abbruch einer **Außenprüfung** wegen des Verdachts einer Steuerstraftat führt zur Verfahrens- **39** einleitung (Kohlmann/*Peters* Rn. 27.1), ebenso die Unterrichtung der für die Bearbeitung der Steuerstraftat zuständigen Stelle über den Verdacht (§ 10 Abs. 1 S. 1 BpO; Nr. 131). Dagegen zieht die Unterrichtung nur wegen der Möglichkeit der Durchführung eines Strafverfahrens (§ 10 Abs. 1 S. 2 BpO) keine Einleitung nach sich (Rolletschke/Kemper/*Rolletschke* Rn. 56; *Madauß* NZWiSt 2014, 296; anders Kohlmann/*Peters* Rn. 27.1; s. zum Anwendungserlass der obersten Finanzbehörden der Bundesländer *Bach* PStR 2009, 249). Gleiches gilt für einen entsprechenden Hinweis in der Schlussbesprechung gemäß § 201 Abs. 2 (Rolletschke/Kemper/*Rolletschke* Rn. 54; *Schuhmann* wistra 1992, 293; *Mösbauer* DStZ 1999, 354; DB 2001, 836; Erbs/Kohlhaas/*Senge* Rn. 2; Kohlmann/*Peters* Rn. 26.1; Nr. 131 AStBV) oder einen „vorsorglichen" Hinweis des Prüfers bereits im Vorstadium eines Verdachts (vgl. dazu *Madauß* NZWiSt 2014, 296). Siehe weiter zur Außenprüfung *Madauß* NZWiSt 2014, 296; *Peters* DStR 2015, 2583.

V. Einleitungszeitpunkt

Das Verfahren ist in dem Augenblick eingeleitet, in dem die **erste Verfolgungsmaßnahme** durch- **40** geführt wird. Ob und ggf. wie lange vorher ein Amtsträger für sich (dh nicht erkennbar → Rn. 35) den Entschluss dazu gefasst oder die Aufnahme von Ermittlungen pflichtwidrig unterlassen hat, ist ohne Bedeutung. Es kommt auch nicht darauf an, ob das Verfahren durch die einleitende Maßnahme oder danach gefördert wurde (→ Rn. 37).

Gegen einen zunächst unbekannten Beschuldigten ist das Verfahren iSv § 397 Abs. 1 erst dann **41** eingeleitet, wenn sich der Tatverdacht **erkennbar gegen** diesen als **individualisierte Person** richtet oder gegen sie Maßnahmen ergriffen werden (→ Rn. 36). Daraus können sich im Rahmen eines Verfahrens hinsichtlich verschiedener Beschuldigter unterschiedliche Einleitungszeitpunkte ergeben.

Der **Einleitungsvermerk** gemäß **§ 397 Abs. 2** ist nicht konstitutiv. Es hat also keine Auswirkungen, **42** dass die Einleitung gar nicht oder erst verspätet vermerkt wird (→ Rn. 47).

Eine **erneute Verfahrenseinleitung** ist möglich, wenn das zunächst eingeleitete Verfahren ohne **43** Strafklageverbrauch beendet wurde (→ Rn. 71).

VI. Vermerk zur einleitenden Maßnahme (Abs. 2)

Aus Wortlaut und Systematik des Gesetzes ergibt sich, dass der Vermerk zur einleitenden Maßnahme **44** gemäß § 397 Abs. 2 **nicht konstitutiv** ist. Er hat **klarstellende Bedeutung,** über den Einleitungszeitpunkt hinaus vor allem hinsichtlich des Zwecks einer Maßnahme (→ Rn. 2, 33), der Beschuldigten (→ Rn. 36, 41) und der umfassten Taten (JJR/*Jäger* Rn. 116 ff.). Allerdings kann bei ansonsten bestehenden Unklarheiten bezüglich dieser Gesichtspunkte der Vermerk den Verfolgungswillen sowie seinen Umfang zum Ausdruck bringen und so im Ergebnis doch entscheidend sein.

45   Der **Aktenvermerk umfasst** nach dem Wortlaut des § 397 Abs. 2 lediglich die Ermittlungsmaßnahme und deren Zeitpunkt. Aus der Klarstellungsfunktion (→ Rn. 5, 44) ergibt sich jedoch, dass auch die tatsächlichen Grundlagen des Tatverdachts, die Tat (relevantes Verhalten, Steuerart, Besteuerungszeitraum) und der Beschuldigte festzuhalten sind (*Blesinger* wistra 1994, 48; Nr. 30 AStBV). Ausführungen zur rechtlichen Qualifikation sind dagegen nicht erforderlich, da sämtliche Folgewirkungen unabhängig davon sind und Bezugspunkt der Einleitung die prozessuale Tat ist (→ Rn. 34).

46   Eine **Erweiterung** des **Ermittlungsverfahrens** auf bislang nicht umfasste Taten (→ Rn. 34) oder Beschuldigte (→ Rn. 36) ist in einem **ergänzenden Vermerk** festzuhalten.

47   Der Aktenvermerk unterliegt keinen besonderen **Formanforderungen**. Als Dokumentation sollte er zwar von dem Amtsträger abgefasst werden, der die verfahrenseinleitende Ermittlungsmaßnahme durchgeführt hat. Es genügt aber auch ein Vermerk jedes anderen Amtsträgers, der hinreichend zuverlässige Kenntnis von den relevanten Umständen hat (Kohlmann/*Peters* Rn. 37; Erbs/Kohlhaas/*Senge* Rn. 8; enger JJR/*Jäger* Rn. 122: an der Durchführung beteiligt; *Schuhmann* wistra 1992, 293: Maßnahme selbst getroffen). **Unverzüglich** bedeutet „ohne schuldhaftes Zögern" (vgl. § 121 Abs. 1 S. 1 BGB). Der Vermerk ist in die Verfahrensakten aufzunehmen (nicht in die Handakten).

48   **Verstöße** gegen § 397 Abs. 22 sollen nach überwiegender Auffassung keine **Konsequenzen** haben (JJR/*Jäger* Rn. 119; Kohlmann/*Peters* Rn. 37.2). Demgegenüber dürfte ein Verstoß zur Umkehr der Feststellungs-/Beweislast führen (vgl. zu Verletzung von Dokumentationspflichten BVerfGK 16, 1; 19, 318 = BVerfG NJW 2012, 1136).

VII. Bekanntgabe (Abs. 3)

49   **1. Bedeutung und Zweck der Vorschrift.** Die Mitteilungspflicht des § 397 Abs. 3 **ergänzt** die **Belehrungspflichten** gemäß § 393 Abs. 1 S. 4 AO, § 10 Abs. 1 S. 3 und 4 BpO, §§ 136 Abs. 1, 163a Abs. 4 StPO (iVm §§ 385 Abs. 1, 404 S. 1). Wie diese soll sie die **Selbstbelastungsfreiheit** des Beschuldigten schützen. Ihre eigenständige Bedeutung folgt daraus, dass die verschiedenen Belehrungspflichten an unterschiedliche Voraussetzungen geknüpft sind und unterschiedliche Inhalte haben.

50   **2. Voraussetzungen und Durchführung der Bekanntgabe.** Aus dem Gesetz ergibt sich nur, wann die Verfahrenseinleitung **spätestens** mitzuteilen ist. Vor diesem Zeitpunkt können die Strafverfolgungsbehörden (wie allgemein in Ermittlungsverfahren) nach pflichtgemäßem Ermessen (zB wegen Gefährdung der Ermittlungen oder zu erwartender psychischer Belastungen) davon absehen (vgl. Löwe/ Rosenberg/*Erb* StPO § 160 Rn. 35; *Blesinger* wistra 1994, 48; Nr. 28, 37 AStBV; vgl. aber auch *Marx* wistra 1987, 207). Bei Einstellung des Verfahrens gemäß § 170 Abs. 2 S. 1 StPO erfolgt eine Mitteilung nur unter den in § 170 Abs. 2 S. 2 StPO genannten Voraussetzungen (vgl. Meyer-Goßner/Schmitt/ *Schmitt* StPO § 170 Rn. 10; Löwe/Rosenberg/*Graalmann-Scheerer* StPO § 170 Rn. 39; *Schuhmann* wistra 1992, 293; Nr. 80 AStBV).

51   Tatsachen oder Unterlagen stehen „im **Zusammenhang mit der Straftat**", wenn sie geeignet sind, den Beschuldigten auch nur mittelbar zu belasten. Ein Zusammenhang besteht nur dann nicht, wenn solche Wirkungen **sicher ausgeschlossen** werden können. Dies ist nach dem aktuellen Stand des Strafverfahrens zu beurteilen.

52   Es ist **unerheblich, mit welcher Zielrichtung** der Beschuldigte **aufgefordert** wird, Tatsachen darzulegen oder Unterlagen vorzulegen. Praktisch relevant ist die Vorschrift im Besteuerungsverfahren, da strafprozessual eine verpflichtend erscheinende „Aufforderung" zur Darlegung von Tatsachen und Vorlage von Unterlagen unzulässig ist, zumindest aber eine Belehrung gemäß §§ 136 Abs. 1, 163a Abs. 4 StPO erfolgen müsste.

53   Das Gesetz regelt nicht, **welche Institution** die Verfahrenseinleitung **mitteilt.** Sinnvoll ist sowohl die Prüfung als auch die Mitteilung durch die Behörde, die das Strafverfahren führt. Ihr ist der aktuelle Stand des Verfahrens (Beschuldigte, Taten) bekannt und sie kann am besten beurteilen, ob die dazulegenden Tatsachen oder vorzulegenden Unterlagen „im Zusammenhang mit der Straftat" (→ Rn. 51) stehen (vgl. *Blesinger* wistra 1994, 48; Nr. 28 AStBV). Allerdings entscheidet die auffordernde Behörde in eigener Verantwortung, ob eine Mitteilung erfolgen muss.

54   Erforderlich ist nur die **einmalige** Mitteilung der Verfahrenseinleitung. Es kommt nicht darauf an, in welchem Zusammenhang sie erfolgt (*Schuhmann* wistra 1992, 293; *Mösbauer* DB 2001, 836). Nach Erweiterung des Verfahrens muss jedoch ggf. eine **Ergänzung** erfolgen (→ Rn. 35, 45; Nr. 28 AStBV).

55   Ihren Zweck kann die Mitteilung der Einleitung nur erfüllen, wenn sie die Tat (relevantes Verhalten, Steuerart, Besteuerungszeitraum) und den Beschuldigten **umfasst** (insoweit deckungsgleich mit dem Einleitungsvermerk, vgl. → Rn. 44; Nr. 28 AStBV; → § 371 Rn. 88, 98; aA *Weyand* wistra 1987, 283). Nicht zwingend mitzuteilen sind dagegen die verdachtsbegründenden Tatsachen und die verfahrenseinleitende Ermittlungsmaßnahme (aA *Schuhmann* wistra 1992, 293).

56   Die Mitteilung muss, wie sich aus Wortlaut und Zweck der Regelung ergibt, immer **an den Beschuldigten selbst** erfolgen (*Schuhmann* wistra 1992, 293; *Mösbauer* DB 2001, 836; offen *Madauß*

NZWiSt 2014, 296). Eine Selbstanzeige wird jedoch auch durch die Mitteilung an den Vertreter ausgeschlossen (→ Rn. 62; → § 371 Rn. 94, 96).

Für die Mitteilung ist **keine** besondere **Form** vorgesehen (→ § 371 Rn. 94 f.; aA *Schuhmann* **57** wistra 1992, 293; *Mösbauer* DB 2001, 836: mündliche Mitteilung nicht ausreichend). Auch die Dokumentationspflicht des § 397 Abs. 2 erstreckt sich nicht auf sie. Dennoch sollte die Mitteilung schon mit Blick auf die Rechtsfolgen von Verstößen (→ Rn. 58) zur Klarstellung schriftlich erfolgen und zusätzlich ihr Zeitpunkt in der Akte dokumentiert sein (→ § 371 Rn. 94 f.).

3. Rechtsfolgen von Verstößen gegen die Mitteilungspflicht. Verstöße gegen die Mitteilungs- **58** pflicht begründen ein **strafprozessuales Verwertungsverbot,** da sie wesentliche Rechte des Beschuldigten schützt. Insoweit entsprechen die Rechtsfolgen dem eines Verstoßes gegen die Belehrungspflichten gemäß §§ 136 Abs. 1 S. 2, 163a Abs. 4 S. 2 StPO (JJR/*Jäger* Rn. 129; Rolletschke/Kemper/ *Rolletschke* Rn. 71; Kohlmann/*Peters* Rn. 41; *Schuhmann* wistra 1992, 293; *Mösbauer* DB 2001, 836; vgl. aber auch *Blesinger* wistra 1994, 48). Danach steht das Verwertungsverbot zur Disposition des Angeklagten, es bedarf eines Widerspruchs gegen die Verwertung der auf dem Pflichtverstoß beruhenden Beweisergebnisse in der Hauptverhandlung bis zu dem in § 257 Abs. 1 StPO genannten Zeitpunkt, ggf. ist qualifiziert zu belehren (vgl. dazu und zu weiteren Einzelheiten Meyer-Goßner/ Schmitt/*Schmitt* StPO § 136 Rn. 9, 24 ff. sowie ergänzend BGHSt 53, 112 = BGH NJW 2009, 1427; 2009, 3589).

Im **Besteuerungsverfahren** hingegen begründet sogar ein Verstoß gegen § 393 Abs. 1 S. 4 **kein** **59** **Verwertungsverbot** (BFHE 198, 7 = BFH NJW 2002, 2198; BFH/NV 2007, 1273; 2008, 1441; BFH BeckRS 2009, 25015578; wistra 2015, 479; SchlHFG EFG 2005, 678; → § 393 Rn. 40). Entsprechendes gilt, wenn gegen die Mitteilungspflicht aus § 397 Abs. 3 verstoßen wird (vgl. allerdings zur Rechtswidrigkeit einer Prüfungsanordnung FG Bln-Bbg DStRE 2015, 1138). Dagegen soll ein Verstoß gegen § 136a StPO auch im Besteuerungsverfahren ein Verwertungsverbot nach sich ziehen (so FG MV wistra 2003, 473; offen BFHE 198, 7 = BFH NJW 2002, 2198; BFH/NV 2008, 1441; dazu *Schützeberg* PStR 2010, 22). Eine „bewusste Nichtbelehrung" begründet jedoch keine Täuschung (BFH/NV 2008, 1441; BFH BeckRS 2009, 25015578). Ebenfalls kein Verstoß gegen § 136a StPO liegt vor, wenn der Steuerpflichtige zwar ordnungsgemäß nach § 393 Abs. 1 belehrt, jedoch versehentlich mit der „Erinnerung an die Abgabe von Steuererklärungen" formularmäßig auf die Möglichkeit einer Zwangsgeldfestsetzung hingewiesen wurde (BGH NStZ 2005, 517; → § 393 Rn. 31).

C. Rechtsfolgen der Einleitung und der Bekanntgabe

I. Rechtsfolgen im Strafrecht und Strafverfahrensrecht

Mit Einleitung des Verfahrens gegen eine bestimmte Person wird diese zum **Beschuldigten** (Meyer- **60** Goßner/Schmitt/*Schmitt* StPO Einl. Rn. 76; KK-StPO/*Diemer* StPO § 136 Rn. 4).

Der Zeitpunkt der Verfahrenseinleitung kann für die **örtliche Zuständigkeit der Finanzbehörde** **61** von Bedeutung sein (§ 388 Abs. 1 Nr. 2 und 3, Abs. 2, 390 Abs. 1; Nr. 25 AStBV).

Gemäß § 371 Abs. 2 Nr. 1b wird eine **Selbstanzeige** hinsichtlich der Beschuldigten, Steuerarten **62** und Besteuerungszeiträume **ausgeschlossen,** die von der (nicht greifbar rechtswidrigen) Verfahrenseinleitung und ihrer Bekanntgabe umfasst sind (BGH NStZ 2000, 427; NStZ-RR 2009, 340; *Jäger* wistra 2000, 227; *Marx* wistra 1987, 207; *Allgayer* PStR 2009, 207; aA hinsichtlich der Konkretisierungsanforderungen einerseits *Weyand* wistra 1987, 283; andererseits *Salditt* FS Volk, 2009, 637; → § 371 Rn. 98). Insoweit genügt die Mitteilung an den Vertreter (→ Rn. 56; → § 371 Rn. 94). Entsprechendes gilt für das **StraBEG** (BFH BB 2014, 2210 mAnm *Rogge*).

Die Bekanntgabe der Verfahrenseinleitung **unterbricht** gemäß §§ 78c Abs. 1 Nr. 1 StGB, 369 **63** Abs. 2 AO die **Verjährung** (→ § 376 Rn. 85; OLG Hamburg wistra 1987, 189; BayObLG wistra 1990, 243; *Marx* wistra 1987, 207; *Weyand* wistra 1987, 283). Dies gilt nach § 376 Abs. 2 auch, wenn zu diesem Zeitpunkt lediglich der Verdacht einer Ordnungswidrigkeit bestand oder angenommen wurde (für den umgekehrten Fall § 33 Abs. 4 S. 2 OWiG).

Für das Vorliegen und das Maß einer rechtsstaatswidrigen **Verfahrensverzögerung** ist darauf ab- **64** zustellen, ab wann dem Beschuldigten die Ermittlungen bekannt waren (LK-StGB/*Theune* StGB § 46 Rn. 243).

Steuerliche Erklärungs- und Mitwirkungspflichten sind hinsichtlich der **vom Strafverfahren** **65** **umfassten Steuerarten und Besteuerungszeiträume strafrechtlich suspendiert,** soweit sich der Betroffenen in einer Konfliktlage befindet (BGHSt 47, 8 = BGH NJW 2001, 3638; 2002, 1134; 2002, 1733; BGH NStZ 2005, 517; → § 370 Rn. 71, 325, → § 393 Rn. 43). Es besteht jedoch (noch) keine Konfliktlage, wenn und solange der Betroffene einer Strafbarkeit durch Selbstanzeige oder Rücktritt vom Versuch entgehen kann. Beides ist regelmäßig erst durch die Bekanntgabe der Verfahrenseinleitung ausgeschlossen (BGHSt 53, 210 = BGH NJW 2009, 1984; BGH NStZ-RR 2009, 340; vgl. weiter *Allgayer* PStR 2009, 207).

66 Hinsichtlich **nicht** vom Strafverfahren **umfasster Steuerarten und Besteuerungszeiträume** sind Erklärungs- und Mitwirkungspflichten nicht suspendiert, es besteht jedoch ein strafrechtliches **Verwendungsverbot** (BGH NJW 2005, 763; BVerfGK 15, 457; → § 370 Rn. 74, → § 393 Rn. 51).

67 Einleitung (und Bekanntgabe) des Verfahrens dürfen mit Blick auf die genannten Auswirkungen **nicht missbräuchlich hinausgezögert** werden (BGH NJW 2005, 763; *Blesinger* wistra 1994, 48; Kohlmann/*Peters* Rn. 1).

II. Rechtsfolgen im Besteuerungsverfahren

68 Das **Zwangsmittelverbot** (§ 393 Abs. 1 S. 2) gilt stets, soweit gegen den Steuerpflichtigen ein Steuerstrafverfahren eingeleitet worden ist (§ 393 Abs. 1 S. 3; → § 393 Rn. 19).

69 Der Umfang der **Ablaufhemmung** gemäß **§ 171 Abs. 5 S. 2** hängt vom Umfang der Bekanntgabe einer Verfahrenseinleitung ab (BFH/NV 2005, 1961; BFH DStR 2009, 2428; → § 376 Rn. 119).

70 Gemäß **§ 239 Abs. 1 S. 2 Nr. 3** hängt der **Beginn der Festsetzungsfrist** vom rechtskräftigen Abschluss eines den Steueranspruch betreffenden Verfahrens ab. Dies gilt nicht, wenn die Einleitung greifbar rechtswidrig war (BFHE 222, 1 = BFH NJW-RR 2009, 212; → Rn. 8).

71 Nach **§§ 30 Abs. 4 Nr. 4a, 393 Abs. 2** unterliegen (nur) Tatsachen, die der Steuerpflichtige in Unkenntnis der Verfahrenseinleitung offenbart hat oder die bereits vor Verfahrenseinleitung im Besteuerungsverfahren bekannt geworden sind, dem **Steuergeheimnis** bzw. **Verwendungsverbot**.

D. Abschluss des Strafverfahrens

72 Jedes eingeleitete Strafverfahren ist durch Verfügung der Staatsanwaltschaft oder gerichtliche Entscheidung **förmlich abzuschließen** (vgl. zu den in Betracht kommenden Entscheidungsformen JJR/ *Jäger* Rn. 149 ff.). Danach kann erneut ein Verfahren eingeleitet werden (→ Rn. 43). Rechtmäßig ist dies jedoch nur, wenn das abgeschlossene Verfahren nicht zum Strafklageverbrauch geführt hat.

73 Es besteht grds. **kein Anspruch auf Beschleunigung** der Ermittlungen und **Abschluss des Verfahrens** (OLG Frankfurt a. M. NStZ-RR 2008, 78; OLG Hamm BeckRS 2014, 08613; BVerfG BeckRS 2007, 246652; Meyer-Goßner/Schmitt/*Schmitt* EGGVG § 23 Rn. 9; teilweise abweichend Löwe/Rosenberg/*Erb* StPO § 160 Rn. 67a; speziell für Steuerstrafverfahren *Brete/Thomsen* wistra 2008, 370; → Rn. 8).

§ 398 Einstellung wegen Geringfügigkeit

[1]Die Staatsanwaltschaft kann von der Verfolgung einer Steuerhinterziehung, bei der nur eine geringwertige Steuerverkürzung eingetreten ist oder nur geringwertige Steuervorteile erlangt sind, auch ohne Zustimmung des für die Eröffnung des Hauptverfahrens zuständigen Gerichts absehen, wenn die Schuld des Täters als gering anzusehen wäre und kein öffentliches Interesse an der Verfolgung besteht. [2]Dies gilt für das Verfahren wegen einer Steuerhehlerei nach § 374 und einer Begünstigung einer Person, die eine der in § 375 Abs. 1 Nr. 1 bis 3 genannten Taten begangen hat, entsprechend.

A. Verhältnis zu anderen Normen und Bedeutung der Vorschrift

1 Durch § 398 wird eine **Verfahrenseinstellung nach anderen Vorschriften** (§§ 153 ff. StPO, 45, 47 JGG, 385 Abs. 1 AO) **nicht ausgeschlossen** oder eingeschränkt.

2 Insbesondere ist die Vorschrift **neben § 153 Abs. 1 StPO anwendbar** und bietet somit eine weitere Rechtsgrundlage für eine Verfahrenseinstellung wegen Geringfügigkeit ohne gerichtliche Mitwirkung (§ 153 Abs. 1 S. 2 StPO). Zwar setzt § 398 „nur eine geringwertige Steuerverkürzung" oder „nur geringwertige Steuervorteile" voraus. Sachliche Unterschiede zu § 153 Abs. 1 S. 2 StPO („die durch die Tat verursachten Folgen gering") ergeben sich daraus jedoch nicht. Eigenständige Bedeutung könnte § 398 daher allenfalls bei Anwendbarkeit einer erhöhten Mindeststrafe (§§ 373, 374 Abs. 2 S. 1) haben, da § 153 Abs. 1 S. 2 StPO in diesen Fällen die gerichtliche Zustimmung voraussetzt. Allerdings dürfte bei einer erhöhten Mindeststrafe die Schuld des Täters nicht als gering anzusehen sein oder ein öffentliches Interesse an der Verfolgung bestehen (→ Rn. 10, 21 f.; vgl. zur Entwicklung der Vorschriften und den daraus zu ziehenden Konsequenzen *Siegismund/Wickern* wistra 1993, 84; *Malms* wistra 1994, 337; *Weber-Blank* wistra 1995, 134; JJR/*Joecks* Rn. 1 ff.; Hübschmann/Hepp/Spitaler/*Hellmann* Rn. 7, 18, 29). Verfahrensrechtlich bestehen keine Unterschiede zwischen den Vorschriften.

3 Für Taten im grenzüberschreitenden Grenzverkehr ergibt sich aus § 32 Abs. 1 und 4 ZollVG (→ Vorb. § 369 Rn. 20) ein Verfahrenshindernis (JJR/*Joecks* Rn. 8; JJR/*Jäger* ZollVG § 32 Rn. 3, 55). Unter den Voraussetzungen des § 32 Abs. 2 ZollVG bleibt § 398 anwendbar, was sich nicht zuletzt aus § 32 Abs. 3 ZollVG ergibt (JJR/*Jäger* ZollVG § 32 Rn. 51, 57).

B. Verfahren

Von der Verfolgung absehen können nur die **Staatsanwaltschaft** und gemäß § 399 Abs. 1 die **4** **Finanzbehörde,** soweit sie nach § 386 Abs. 2 das Ermittlungsverfahren führt. Die Staatsanwaltschaft muss gemäß § 403 Abs. 4 vor der Einstellung die Finanzbehörde hören (Nr. 92 AStBV).

Nach § 398 kann ausschließlich das **Ermittlungsverfahren** eingestellt werden, da ab dem Zeitpunkt **5** der Anklageerhebung das Gericht Verfahrensherrschaft und Entscheidungsbefugnis hat. Gemäß § 156 StPO ist bis zur Eröffnung des Hauptverfahrens die Rücknahme der Anklage möglich (mit der Kostenfolge des § 467a StPO). Nach Eröffnung des Hauptverfahrens kann gemäß § 153 Abs. 2 StPO eingestellt werden.

Bei **Zusammentreffen** einer Straftat mit einer **Ordnungswidrigkeit** kann entweder insgesamt von **6** der Verfolgung abgesehen oder das Verfahren nur hinsichtlich der Straftat eingestellt und die Tat als Ordnungswidrigkeit verfolgt werden (§§ 21 Abs. 2, 43 OWiG; KK-StPO/*Diemer* StPO § 153 Rn. 10; Löwe/Rosenberg/*Beulke* StPO § 153 Rn. 16; → Rn. 16).

Eine Zustimmung oder Anhörung **des Beschuldigten** ist **nicht erforderlich** (Löwe/Rosenberg/ **7** *Beulke* StPO § 153 Rn. 41).

Für die **Mitteilung an** den **Beschuldigten** gilt § 170 Abs. 2 S. 2 StPO zumindest entsprechend **8** (Löwe/Rosenberg/*Beulke* StPO § 153 Rn. 55).

Aus dem Absehen von der Verfolgung resultiert **kein Strafklageverbrauch** (KK-StPO/*Diemer* StPO **9** § 153 Rn. 41; einschränkend Löwe/Rosenberg/*Beulke* StPO § 153 Rn. 56).

C. Anwendungsvoraussetzungen

I. Erfasste Tatbestände

Steuerhinterziehung iSv § 398 S. 1 ist neben einer Tat nach § 370 zwar auch der gewerbsmäßige **10** Schmuggel gemäß § 373 als Qualifikationstatbestand (JJR/*Joecks* Rn. 101; Rolletschke/Kemper/*Rolletschke* Rn. 8; → § 373 Rn. 5). Allerdings dürften bei Verwirklichung der Qualifikation entweder die durch die Tat verursachten Folgen nicht gering sein oder ein öffentliches Interesse an der Verfolgung bestehen (→ Rn. 2).

Neben der Steuerhehlerei nach § 374 erfasst **§ 398 S. 2** die Begünstigung (§ 257 StGB) einer Person, **11** die eine Steuerhinterziehung (§ 375 Abs. 1 Nr. 1), einen „Bannbruch" nach § 372 Abs. 2, § 373 (§ 375 Abs. 1 Nr. 2) oder eine Steuerhehlerei gemäß § 374 (§ 375 Abs. 1 Nr. 3) begangen hat.

Anwendbar ist § 398 auch über die **Verweisung** in **§ 385 Abs. 2** (→ § 385 Rn. 10). **12**

Die Einstellungsmöglichkeit besteht bei allen Formen der Täterschaft und Teilnahme sowie in Fällen **13** des Versuchs.

Die Aufzählung der erfassten Tatbestände ist eindeutig und abschließend. Auf andere Straftatbestände **14** und bei Zusammentreffen mit solchen ist § 398 nicht anwendbar.

Bei Verwirklichung **anderer Straftatbestände** (oder dem Zusammentreffen mit ihnen) kommt eine **15** Einstellung nach **§ 153 Abs. 1 StPO** in Betracht (→ Rn. 2).

Das **Zusammentreffen** einer Straftat **mit** einer **Ordnungswidrigkeit** steht der Einstellung nicht **16** entgegen. Allerdings kann die Einstellung auf die Straftat beschränkt und die Tat als Ordnungswidrigkeit verfolgt werden (→ Rn. 6).

II. Tatverdacht

Eine Einstellung nach § 398 setzt voraus, dass zumindest ein Anfangsverdacht besteht (Nr. 82 AStBV: **17** „gewisse Wahrscheinlichkeit"). Zwar müssen die Ermittlungen nicht fortgeführt werden, um eine Entscheidung nach § 170 Abs. 2 StPO zu ermöglichen. Allerdings ist nach dieser Vorschrift einzustellen, wenn dies dem aktuellen Erkenntnisstand entspricht und weitere Ermittlungen voraussichtlich keinen hinreichenden Tatverdacht begründen würden. Auch insoweit bestehen keine Unterschiede zu Einstellungen nach § 153 Abs. 1 StPO (vgl. KK-StPO/*Diemer* StPO § 153 Rn. 4; Löwe/Rosenberg/*Beulke* StPO § 153 Rn. 35).

III. Geringwertige Steuerverkürzungen oder Steuervorteile

Für die Geringwertigkeit ist ein **fester Grenzwert** anzusetzen (vgl. aber Nr. 82 AStBV: „insbesonde- **18** re von der Summe der verkürzten Steuern"). Konkreten Tatumständen und individuellen Verhältnissen des Täters kommt in diesem Zusammenhang ebenso keine Bedeutung zu wie zB einer Nachzahlung, auch wenn sie strafzumessungsrechtlich von erheblicher Relevanz sein sollten (→ Rn. 21). Solche Gesichtspunkte spielen allein für die weiteren Einstellungsvoraussetzungen (geringe Schuld des Täters, kein öffentliches Interesse an der Strafverfolgung) eine Rolle (JJR/*Joecks* Rn. 16; Rolletschke/Kemper/ *Rolletschke* Rn. 10; Hübschmann/Hepp/Spitaler/*Hellmann* Rn. 22; Erbs/Kohlhaas/*Senge* Rn. 4; Kohlmann/*Peters* Rn. 32). Eine andere Sichtweise würde die Einstellungsvoraussetzung der Geringwertigkeit faktisch entwerten, obwohl sie in § 398 S. 1 an erster Stelle genannt ist und eindeutig kumulativ neben den weiteren Einstellungsvoraussetzungen erfüllt sein muss. Dies entspricht der absoluten Grenzziehung, die auch bei § 153 Abs. 1 S. 2 StPO für „die durch die Tat verursachten Folgen" vorgenommen wird (vgl. Meyer-Goßner/Schmitt/*Schmitt* StPO § 153 Rn. 16). Daher kommt es bei einer Steuerhinterziehung insbes. nicht auf das Verhältnis des Verkürzungsbetrages zur Höhe gezahlter Steuern oder auf eine Schadenswiedergutmachung an. Es ist auch nicht nach verschiedenen Steuerarten zu differenzieren. Bei Überschreitung des Grenzwertes setzt eine Einstellung ohne Auflage nach § 153 Abs. 1 S. 1 StPO die Zustimmung des Gerichts voraus. Diese zusätzliche gerichtliche Kontrolle begründet keine Zumutungen für die Verfahrensbeteiligten (→ Rn. 20).

19   **Bezugspunkt** ist bei einer vollendeten Steuerhinterziehung nicht der tatbestandliche, sondern der **strafzumessungsrechtlich relevante Schaden** (Rolletschke/Kemper/*Rolletschke* Rn. 9). Tateinheitlich verkürzte Steuern sind zusammenzuzählen (Kohlmann/*Peters* Rn. 34). Bei einer Steuerhinterziehung auf Zeit kommt es auf den verursachten Verzögerungsschaden an. Für Fälle der Steuerhehlerei ist die auf dem Gegenstand lastende Steuer entscheidend, nicht der vom Steuerhehler angestrebte Vorteil (JJR/*Joecks* Rn. 19; Hübschmann/Hepp/Spitaler/*Hellmann* Rn. 26; Kohlmann/*Peters* Rn. 34). Entsprechendes gilt für die Begünstigung (Nr. 82 AStBV). Bei Bannbruch als Vortat ist auf den Wert des Gegenstandes abzustellen (Kohlmann/*Peters* Rn. 35). Bei einem Versuch ist keine Steuerverkürzung eingetreten und kein Steuervorteil erlangt. Es kommt danach allein darauf an, ob die Schuld des Täters als gering anzusehen wäre und kein öffentliches Interesse an der Strafverfolgung besteht (JJR/*Joecks* Rn. 118, 26; aA Hübschmann/Hepp/Spitaler/*Hellmann* Rn. 26: Vorsatz muss ich auf Geringwertigkeit beziehen; Kohlmann/*Peters* Rn. 34).

20   Der **Grenzwert** wird ganz unterschiedlich **beziffert** (umf. Überblick bei Kohlmann/*Peters* Rn. 28 ff.): Die Spanne beginnt bei 50 EUR (Hübschmann/Hepp/Spitaler/*Hellmann* Rn. 24: 100 DM). Dies orientiert sich an der Größenordnung der Geringwertigkeit iSv § 248a StGB (dazu Fischer StGB § 248a Rn. 3a), die wiederum einen wichtigen Anhaltspunkt für die Annahme geringer Folgen iSv § 153 Abs. 1 S. 2 StPO bildet (Meyer-Goßner/Schmitt/*Schmitt* StPO § 153 Rn. 16). Im Mittelfeld werden einerseits 250 EUR als nicht mehr (Erbs/Kohlhaas/*Senge* Rn. 4), andererseits 200–300 EUR allemal als geringwertig (JJR/*Joecks* Rn. 17), mehr als 500 EUR dagegen als rechtsstaatlich bedenklich (Klein/*Jäger* Rn. 4) angesehen. Die Spanne der Vorschläge endet derzeit bei höchstens 5.000 EUR (Kohlmann/*Peters* Rn. 32). In der Praxis stellen Verfolgungsbehörden Verfahren bis zu Verkürzungsbeträgen von 1.500 EUR ein (Rolletschke/*Jope* wistra 2009, 219). Dieser Betrag liegt zu hoch. Zwar zieht Nr. 104 AStBV die Grenze für Ordnungswidrigkeiten bei 5.000 bzw. 10.000 EUR. Das Unrecht einer Straftat wiegt jedoch schwerer als das einer Ordnungswidrigkeit. Bei der Bestimmung des Grenzwertes sollten das gesamte Sanktionssystem und in dessen Zusammenhang die Rechtsprechungsgrundsätze zur Strafzumessung im Bereich des Steuerstrafrechts (vgl. insbes. BGHSt 53, 71 = BGH NStZ 2009, 271) im Blick behalten werden (Rolletschke/*Jope* wistra 2009, 219). Dies spricht für eine engere Orientierung an den Wertgrenzen im Bereich der Eigentums- und Vermögensdelikte. Einstellungen ohne Auflage werden dadurch nicht unmöglich gemacht, sie erfordern gemäß § 153 Abs. 1 S. 1 StPO jedoch die Zustimmung des Gerichts (→ Rn. 18).

IV. Geringe Schuld des Täters

21   Die Schuld des Täters ist gering, wenn sie bei Vergleich mit Vergehen ähnlicher Art nicht unerheblich unter dem Durchschnitt liegt. Eine Strafe im untersten Bereich des in Betracht kommenden Strafrahmens muss angemessen sein (Meyer-Goßner/Schmitt/*Schmitt* StPO § 153 Rn. 4). Die Bemessung der Schuld erfolgt nach **Strafzumessungsgrundsätzen** (§ 46 StGB; Nr. 5 ff. AStBV). Sie ist noch gering, wenn voraussichtlich maximal 20 Tagessätze zu verhängen wären (JJR/*Joecks* Rn. 26; Kohlmann/*Peters* Rn. 40; Rolletschke/Kemper/*Rolletschke* Rn. 15: 10 Tagessätze).

V. Kein öffentliches Interesse an der Strafverfolgung

22   Ein öffentliches Interesse an der Strafverfolgung kann aus general- und spezialpräventiven Gründen bestehen (dazu näher Meyer-Goßner/Schmitt/*Schmitt* StPO § 153 Rn. 7; KK-StPO/*Diemer* StPO § 153 Rn. 14). Bei Geringwertigkeit der Steuervorkürzung oder des Steuervorteils und geringer Schuld des Täters wird es jedoch nur ganz ausnahmsweise anzunehmen sein. Im Bereich des Steuerstrafrechts kommt vor allem in Betracht, dass bestimmte Verhaltensweisen zwar im Einzelfall keine gravierenden Auswirkungen haben, jedoch gehäuft auftreten und dadurch entweder insgesamt erhebliche Folgen nach sich ziehen oder Rechtsverstöße fördern.

§ 398a Absehen von Verfolgung in besonderen Fällen *(neu gefasst mWv 1.1.2015)*

(1) In Fällen, in denen Straffreiheit nur wegen § 371 Absatz 2 Satz 1 Nummer 3 oder 4 nicht eintritt, wird von der Verfolgung einer Steuerstraftat abgesehen, wenn der an der Tat Beteiligte innerhalb einer ihm bestimmten angemessenen Frist

1. **die aus der Tat zu seinen Gunsten hinterzogenen Steuern, die Hinterziehungszinsen nach § 235 und die Zinsen nach § 233a, soweit sie auf die Hinterziehungszinsen nach § 235 Absatz 4 angerechnet werden, entrichtet und**
2. **einen Geldbetrag in folgender Höhe zugunsten der Staatskasse zahlt:**
   a) **10 Prozent der hinterzogenen Steuer, wenn der Hinterziehungsbetrag 100 000 Euro nicht übersteigt,**
   b) **15 Prozent der hinterzogenen Steuer, wenn der Hinterziehungsbetrag 100 000 Euro übersteigt und 1 000 000 Euro nicht übersteigt,**
   c) **20 Prozent der hinterzogenen Steuer, wenn der Hinterziehungsbetrag 1 000 000 Euro übersteigt.**

(2) Die Bemessung des Hinterziehungsbetrags richtet sich nach den Grundsätzen in § 370 Absatz 4.

(3) Die Wiederaufnahme eines nach Absatz 1 abgeschlossenen Verfahrens ist zulässig, wenn die Finanzbehörde erkennt, dass die Angaben im Rahmen einer Selbstanzeige unvollständig oder unrichtig waren.

(4) Der nach Absatz 1 Nummer 2 gezahlte Geldbetrag wird nicht erstattet, wenn die Rechtsfolge des Absatzes 1 nicht eintritt. Das Gericht kann diesen Betrag jedoch auf eine wegen Steuerhinterziehung verhängte Geldstrafe anrechnen.

§ 398a Absehen von Verfolgung in besonderen Fällen (vom 3.5.2011 bis 31.12.2014 geltende Fassung)

In Fällen, in denen Straffreiheit nur deswegen nicht eintritt, weil der Hinterziehungsbetrag 50.000 Euro übersteigt (§ 371 Absatz 2 Nummer 3), wird von der Verfolgung einer Steuerstraftat abgesehen, wenn der Täter innerhalb einer ihm bestimmten angemessenen Frist
1. *die aus der Tat zu seinen Gunsten hinterzogenen Steuern entrichtet und*
2. *einen Geldbetrag in Höhe von fünf Prozent der hinterzogenen Steuer zugunsten der Staatskasse zahlt.*

Neuere Literatur (Auswahl): *Beckemper/Schmitz/Wegner/Wulf,* Zehn Anmerkungen zur Neuregelung der strafbefreienden Selbstanzeige durch das „Schwarzgeldbekämpfungsgesetz", wistra 2011, 281; *Beyer,* Selbstanzeige ab 1.1.2015 – Fallstricke in der Praxis, NWB 2015, 769; *Bittmann,* Anfechtung als Schnittstelle von Strafvollstreckungs- und Insolvenzrecht, wistra 2011, 133; *Erb/Erdel,* Der Referentenentwurf zur Neuregelung der Selbstanzeige – Anmerkungen aus Beratersicht, NZWiSt 2014, 327; *Füllsack/Bürger,* Die Neuregelung der Selbstanzeige, BB 2011, 1239; *Geuenich,* Verschärfung der strafbefreienden Selbstanzeige, NWB 2011, 1050; *Buse,* Die Selbstanzeige ab dem 1.1.2015, DB 2015, 89; *Geuenich,* Neue Spielregeln für die strafbefreiende Selbstanzeige, NWB 2015, 29; *Habammer/Pflaum,* Bleibt die Selbstanzeige noch praktikabel?, DStR 2014, 2267; *Hechtner,* Strafbefreiende Selbstanzeige erster und zweiter Klasse – ein erster Überblick, NWB 2011, 1044; *Heuel/Beyer,* Problemfelder der „neuen Selbstanzeige" – 13 neue Fragen mit Antworten, StBW 2011, 315; *Heuel/Beyer,* Die neue Selbstanzeige zum 1.1.2015, AO-StB 2015, 129; *Hüls/Reichling,* Die Selbstanzeige nach § 371 AO im Spannungsfeld zum Insolvenzrecht, wistra 2010, 327; *Hunsmann,* Die Novellierung der Selbstanzeige durch das Schwarzgeldbekämpfungsgesetz, NJW 2011, 1482; *Hunsmann,* Das Absehen von Strafverfolgung nach § 398a AO in der Verfahrenspraxis, BB 2011, 2519; *Hunsmann,* Neue Herausforderungen für Beratung und Verteidigung, NJW 2015, 113; *Hunsmann,* Zur Bestimmung des Geldbetrags, der Steuer und des Hinterziehungsbetrages in § 398a Abs. 1 Nr. 2 AO; NZWiSt 2015, 130; *Joecks,* Der Regierungsentwurf eines Gesetzes zur Änderung der Abgabenordnung und des Einführungsgesetzes zur Abgabenordnung, DStR 2014, 2261; *Lorenz/Roth,* Insolvenzanfechtung im Steuerstrafrecht: Geldstrafe, Geldauflage, Selbstanzeige, PStR 2011, 129, 130ff; *Mack,* Kritische Stellungnahme zu den geplanten Einschränkungen der Selbstanzeige im Schwarzgeldbekämpfungsgesetz, Stbg 2011, 162; *Neuendorf/Saligmann,* Die geplante Neuregelung der Selbstanzeige und ihre Auswirkungen auf die Praxis, DStZ 2014, 791; *Obenhaus,* Die Verschärfung der Selbstanzeige, Stbg 2011, 166; *Rolletschke,* Die Nachzahlungsfrist des § 371 Abs. 3 AO, DStZ 1999, 287; *Rolletschke/Roth,* Selbstanzeige: Verschärfte Anforderungen durch das Schwarzgeldbekämpfungsgesetz, Stbg 2011, 200; *dies Rolletschke/Roth,* Die neue Selbstanzeige: Lebensbeichte, Sperrbestände, Zuschlag, Vertrauensschutz, StRR 2011, 171; *Rolletschke/Roth,* § 398a Nr. 2 AO: Strafzuschlag einmal oder mehrmals?, Stbg 2014, 459; *Rolletschke/Jope,* Bleibt die strafbefreiende Selbstanzeige nach der geplanten Reform noch handhabbar?, NZWiSt 2014, 259; *Roth,* Die 50.000-Euro-Grenze gem. § 371 Abs. 2 Nr. 3 AO: Nominalbetrag der Steuerhinterziehung oder strafzumessungsrelevanter Schaden?, NZWiSt 2012, 174; *Roth,* Der persönliche Anwendungsbereich des § 398a AO bei Selbstanzeige des Teilnehmers, NZWiSt 2012, 234; *Roth,* Klage auf Rückerstattung des Strafzuschlags iSd § 398a Nr. 2 AO?, ZWH 2013, 7; *Seer/Krumm,* Die Bedeutung des Art. 6 der Europäischen Menschenrechtskonvention für ein steuerverfahrensrechtliches Zuschlagsystem, StuW 2006, 346. *Schauf/Schwartz,* Selbstanzeige im Unternehme nach dem Schwarzgeldbekämpfungsgesetz, ZWH 2011, 85; *Spatscheck/Höll,* Die neue Selbstanzeige nach § 371 AO, StV Heft I 11, I; *Talaska/Bertrand,* Das neue Recht der Selbstanzeige, ZWH 2015, 89; *Thonemann-Micker/Kanders,* Verschärfungen der Selbstanzeige und Handlungsbedarf zur Jahreswende, DB 2014, 2125; *Wulf,* Reform der Selbstanzeige – Neue Klippen auf dem Weg zur Straffreiung, wistra 2015, 166; *Wulf,* Praxishinweise zum Anwendungsbereich der „Selbstanzeige zweiter Klasse" bei Beträgen von mehr als 25 000 EUR (§ 371 Abs. 2 Nr. 3 AO), Stbg 2015, 160; *Wulf/Kamps,* Berichtigung von Steuererklärungen und strafbefreiende Selbstanzeige im Unternehmen nach der Reform des § 371 AO, DB 2011, 1711; *Zanziger,* Die Einschränkungen der Selbstanzeige durch das Schwarzgeldbekämpfungsgesetz – Klärung erster Zweifelsfragen, DStR 2011, 1397; *Zipfel/Holzner,* Novellierung der strafbefreienden Selbstanzeige im Steuerrecht – Der Regierungsentwurf zur Änderung der Abgabenordnung, BB 2014, 2459.

Übersicht

A. Allgemeines

I. Rechtsnatur

1 Das „Selbstanzeigerecht" der AO 1977 wurde erstmals durch das Schwarzgeldbekämpfungsgesetz v. 28.4. (BGBl. 2011 I 676 f.) novelliert. Die Gesetzesänderungen traten am 3.5.2011 in Kraft.

Im Zuge der Gesetzesänderungen wurde ua § 398a neu in die Abgabenordnung eingefügt. Da in Fällen einer Steuerverkürzung von über 50.000 EUR je Steuerart und Besteuerungszeitraum (so BT-Drs. 17/5067, (neu) 25); zu den Auswirkungen des Vorliegens von Tateinheit iSd § 52 StGB vgl. iE → Rn. 119j) ein eigener Sperrtatbestand (§ 371 Abs. 2 Nr. 3) eingriff, konnte eine gleichwohl erstattete Selbstanzeige keine Strafaufhebung iSd § 371 Abs. 1, Abs. 3 mehr bewirken. § 398a sah deshalb gewissermaßen als „Fortsetzungsvorschrift" eine **zwingende Verfahrenseinstellung** in den Fällen vor, in denen der Selbstanzeigeerstatter die weitergehenden tatbestandlichen Voraussetzungen erfüllt. Erklärtes Gesetzesvorbild der Vorschrift sollte § 153a StPO sein (vgl. BT-Drs. 17/5067, (neu) 20).

2 Ausweislich der Gesetzesbegründung sollte § 398a einen Anreiz schaffen, auch in Fällen besonders schwerer Steuerstraftaten Selbstanzeige zu erstatten (vgl. BT-Drs. 17/5067, (neu) 22). Gesetzgeberischer Hintergrund für § 398a war aber das im og Gesetzgebungsverfahren zu Tage getretene Bemühen des BR, zusätzlich zur Steuernachentrichtungsverpflichtung des § 371 Abs. 3 generell das Erfordernis eines „Zuschlags" zu kodifizieren (vgl. BT-Drs. 17/4802, Anl. 3, 1 f.). Die Beschränkung auf die Fälle, in denen die Selbstanzeige allein wegen des Sperrtatbestands des § 371 Abs. 2 Nr. 3 nicht strafaufhebend wirkt, stellte die Kompromisslinie dar, auf die sich die Regierungsfraktionen verständigt hatten (vgl. zB zeitonline v. 25.2.2011 „Schwarz-Gelb begrenzt Straffreiheit bei Steuer-Selbstanzeigen"). ZB *Wulf* (wistra 2015 166 (172)) bezeichnet die zuschlagspflichtige Selbstanzeige iSd § 398a auch als „Selbstanzeige ‚zweiter Klasse' ").

2a Mit dem AO-ÄndG v. 22.12.2014 (BGBl. I 2415 ff.) wurde § 398a mWz 1.1.2015 weiter verschärft. IE wurde die „Einstiegsgrenze" des § 398a – um die Hälfte – auf 25.000 EUR hinterzogene Steuer abgesenkt (§§ 371 Abs. 2 S. 1 Nr. 3, 398a Abs. 1), die Steuernachentrichtungsverpflichtung wurde – parallel zu § 371 Abs. 3 – um eine Hinterziehungszinszahlungsverpflichtung erweitert (§ 398a Abs. 1 Nr. 1), die Höhe des Strafzuschlags staffelt sich künftig nach dem Hinterziehungsbetrag, gleichzeitig wurden die Zuschlagssätze von 10 %, 15 % bzw. 20 % angehoben (§ 398a Abs. 1 Nr. 2 Buchst. a–c). Letztlich wurde der Anwendungsbereich der Vorschrift auf besonders schwere Steuerhinterziehungen iSd § 370 Abs. 3 S. 2 Nr. 2–5 (ohne betragsmäßige Einstiegsgrenze) ausgedehnt (§§ 371 Abs. 2 S. 1 Nr. 4, 398a Abs. 1).

2b Werden die Voraussetzungen des § 398a erfüllt, erwirbt der Selbstanzeigeerstatter einen Anspruch auf Verfahrenseinstellung. Wie bisher begründet § 398a insofern keinen Strafaufhebungsgrund (wie bei § 371), sondern ein strafprozessuales **Verfahrenshindernis** (vgl. Rolletschke/Kemper/*Rolletschke* Rn. 1; *Heuel/Beyer* StBW 2011, 315 (320); *Obenhaus* Stbg 2011, 166 (174); *Füllsack/Bürger* BB 2011, 1239 (1241 f.); *Hunsmann* BB 2011, 2519; *Habammer/Pflaum* DStR 2014, 2267 (2270); ähnl. Klein/*Jäger* Rn. 35; *Kühn/v. Wedelstädt/Blesinger* Rn. 1: Strafverfolgungshindernis; Schwarz/Pahlke/*Dumke* Rn. 1: Strafverfolgungsverbot).

II. Verfassungsmäßigkeit

3 Die Frage der **Verfassungsgemäßheit** eines Zuschlags wurde bereits im Rahmen der Expertenanhörungen des Finanzausschusses am 7.7.2010 und am 21.1.2011 kontrovers diskutiert. Mit der durch das AO-ÄnderungsG (BGBl. 2014 I 2415 ff.) erfolgten Absenkung der „Einstiegsgrenze" auf 25.000 EUR hinterzogener Steuer sowie der Anhebung des Strafzuschlags auf bis zu 20% und der Ausdehnung des Anwendungsbereichs der Vorschrift auf Hinterziehungen in besonders schweren Fällen (§ 370 Abs. 3 S. 2 Nr. 2–5) hat die seinerzeit aufgeworfenen Fragestellungen (so hat zB *Spatscheck* in seiner Stellungnahme v. 18.2.2011, 3 eine Verletzung des Gewaltenteilungsprinzips und des Richtervorbehalts gerügt) weiter an Bedeutung gewonnen.

Ein Verstoß gegen den Richtervorbehalt iSd Art. 92 GG liegt aber allein deshalb nicht vor, weil es **4** sich bei dem Zuschlag nicht um eine Strafe (vgl. *Heuel/Beyer* StBW 2011, 315 (320)), sondern um einen Zuschlag vergleichbar den in den §§ 152, 162 Abs. 4 AO, § 32 ZollVG geregelten handelt. Gerade zu § 32 ZollVG hat der BFH (ZfZ 1982, 176 (178)) aber entschieden, dass es sich weder um eine Strafe noch um eine Geldbuße handelt, weil seine Erhebung nicht von einem Verschulden abhängt. Vielmehr stellt der Zuschlag nach § 32 Abs. 3 ZollVG ein aliud zu Geldstrafe und Geldbuße dar, er ist eine „Abgabe eigener Art" (vgl. Rolletschke/Kemper/*Kemper* ZollVG § 32 Rn. 15 mwN; *Lauritz*, Stellungnahme zum Gesetzentwurf des Schwarzgeldbekämpfungsgesetzes v. 17.2.2011, 4 f.; *Reimer*, Stellungnahme zum Gesetzentwurf des Schwarzgeldbekämpfungsgesetzes, 2 f.).

Allerdings wird man im Hinblick auf die durch das AO-ÄnderungsG in § 398a Abs. 4 S. 2 neu eingeführte Möglichkeit der Anrechnung etwaiger Zuschlagszahlungen auf eine spätere Geldstrafe eine (wenn auch noch unschädliche) Annäherung des Zuschlags an eine Geldstrafe sehen können.

Es liegt auch kein Verstoß gegen das Recht auf ein faires Verfahren (Art. 6 EMRK) vor. So hat der **5** Europäische Gerichtshof für Menschenrechte nicht nur entschieden, dass es einem Staat freistehe, die Finanzbehörden zu ermächtigen, Steuerzuschläge zu verhängen (vgl. EMRH 23.7.2002 – 34.619/97 – Janosevic vs. Schweden, www.ris.bka.gv.at/Dokument.wxe?Abfrage=Justiz&Dokumentnummer=JJT_20020723_AUSL000_000BSW34619_9700000_000). Der EMRH (23.11.2006 – 73.053/01– Jussila vs. Finnland, www.menschenrechte.ac.at/orig/06_6/Jussila.pdf) hat auch ausgesprochen, dass Steuerzuschläge nicht dem Kernbereich des Strafrechts angehören, sodass strafrechtliche Garantien in diesem Bereich nicht voll zur Anwendung kommen. *Seer* wies in seiner Stellungnahme zum Gesetzentwurf des Schwarzgeldbekämpfungsgesetzes vm. 16.2.2011 (S. 7) darauf hin, dass jedenfalls ein 5%iger Zuschlag kein „Strafzuschlag" iSd EMRH-Rspr. darstelle (vgl. dazu allg. Rolletschke/*Roth* Stbg 2011, 200 (206); *Hunsmann* BB 2011, 2519 (2521); Helml Selbstanzeige 185 ff.; krit. zur neuen Gesetzeslage aber Rolletschke/Jope NZWiSt 2014, 259 (261); zum Verhältnis des steuerverfahrensrechtlichen Zuschlagsystems zu Art. 6 EMRK insges. vgl. *Seer/Krumm* StuW 2006, 346 ff.).

Vor dem Hintergrund der erheblichen Belastungswirkungen (Kumulation von Steuernachentrich- **6** tungs- und Zinszahlungspflicht und Strafzuschlag bis zu 20% des Hinterziehungsbetrags) wurde im Zuge des Gesetzgebungsverfahrens zwar vorgeschlagen, eine verfassungskonforme Abmilderung dadurch sicherzustellen, dass die Zuschlagsstufen – entgegen der bisherigen Rechtslage – als echter Staffeltarif verstanden werden (Rolletschke/Jope NZWiSt 2014, 259 (261)). Bei dieser Auslegung wäre immer nur der überschießende Betrag mit dem nächsthöheren Zuschlagsprozentsatz zu multiplizieren. Dem ist der Gesetzgeber ausweislich des Wortlauts und der eindeutigen Gesetzesbegründung jedoch nicht gefolgt (BT-Drs. 18/3018, 14 ff.).

Trotz einer erheblichen Anhebung der § 398a-Zahlungspflichten (bei einem Nacherklärungszeitraum von zehn Jahren kann schon die Zinsbelastung bis zu 60% der Steuernachforderung betragen (*Erb/Erdel* NZWiSt 2014, 327 (329)), liegt mE iErg noch kein Verstoß gegen das **Übermaßverbot** vor. Letztlich erfolgen die Zahlungen nach § 398a freiwillig; zudem wird die Zuschlagshöhe je nach hinterzogener Steuer bemessen wird. Sollten sich in extremen Einzelfällen im Vergleich zur strafrechtlichen Schuld unzumutbar hohe Zuschlagszahlungen ergeben, ließen sich verfassungskonformere Ergebnisse ggf. auch prozessual durch Anwendung der §§ 153 ff. StPO erzielen (vgl. Rolletschke/Roth Selbstanzeige Rn. 528). Auch die in diesem Zusammenhang insbes. kritischen Sachverhalte (Fälle des Kompensationsverbots iSd § 370 Abs. 4 S. 3, der Steuerhinterziehung auf Zeit, der Steuervorteilserlangung und ggf. bei Steuererstattungsbeträgen, vgl. dazu iE → § 371 Rn. 119h; Rolletschke/Kemper/*Rolletschke* Rn. 17 ff., 36 ff.) lassen sich, wenn man insoweit an den tatbestandlichen **Nominalbetrag** der Steuerhinterziehung und nicht an den strafzumessungsrelevanten Schaden anknüpft, über eine Einstellung nach § 153a StPO regeln (vgl. dazu iE *Roth* NZWiSt 2012, 174 (175)). Diese zu einem eingeschränkten Strafklageverbrauch führende Verfahrensbeendigung (s. § 153a Abs. 1 S. 5 StPO) kann ein Selbstanzeigerstatter im Zweifel durch Nichtzahlung des für unverhältnismäßig gehaltenen Zuschlags die Fortführung des Strafverfahrens „erreichen".

In der durch das AO-ÄnderungsG eingeführten Staffelung der Zuschlagsprozentsätze wird man auch **7** keinen Verstoß gegen den allgemeinen **Gleichbehandlungsgrundsatz** (Art. 3 Abs. 1 GG) sehen können (vgl. Rolletschke/Roth Selbstanzeige Rn. 524). Zwar entstehen dadurch zuweilen erhebliche Belastungssprünge (vgl. insoweit zB Rolletschke/Jope NZWiSt 2014, 259 (261)). Die Zuschlagsprozentsätze orientieren sich jedoch an der Höhe der hinterzogenen Steuer und sind damit schuldangemessen gestaffelt. Der Hinterziehungsbetrag stellt anerkanntermaßen das gewichtigste Strafzumessungskriterium dar (BGHSt 58, 50; sa BT-Drs. 18/3018, 14). Dass ein Selbstanzeigerstatter mit geringerer hinterzogener Steuer einen niedrigeren Zuschlagsprozentsatz zahlen muss als ein Täter, der einen höheren Steuerbetrag nicht deklariert hat, ist daher hinreichend sachlich gerechtfertigt.

8   In der neueren Lit. (*Beyer* AO-StB 2013, 130 ff.; *Bülte* NZWiSt 2014, 321 ff.) wird zwar thematisiert, inwieweit § 398a gegen das Verbot der **Doppelbestrafung** verstößt. Ein Verstoß ist aber jedenfalls unproblematisch nicht gegeben, wenn § 398a nach Berichtigung Steuer-/Zins- und Zuschlagszahlung greift. Dann treten die erfüllten Zahlungspflichten an die Stelle der Kriminalstrafe. Zudem handelt es sich bei dem Strafzuschlag nicht um eine Strafe nach nationalem Strafrechtsverständnis, da die Zahlung letztlich freiwillig erfolgt und nicht mit einem schuldfeststellenden öffentlichen Unwerturteil (Verurteilung mit Schuldspruch) einhergeht (Rolletschke/Roth Selbstanzeige Rn. 531).

Nur im Fall einer fehlgeschlagenen Selbstanzeige nebst Zuschlagszahlung kann sich bei einer späteren Wiederaufnahme des Verfahrens mit anschließender Verurteilung die Frage nach einem Verstoß gegen das Verbot der Doppelbestrafung (zunächst Zuschlagseinstellung, anschließend Verurteilung) stellen. Nach nationalem Verständnis fehlt es insoweit jedoch an einer rechtskräftigen ersten „Verurteilung" oder „Bestrafung". Die Zuschlagszahlung iSd § 398a Abs. 1 infolge einer freiwillig erstatteten Selbstanzeige stellt keine Strafe im Rechtssinne dar. Der EuGH legt jedoch zum Teil ein weitergehendes Verständnis des „ne bis in idem"-Grundsatzes nach Art. 50 EU-Grundrechte-Charta zugrunde. Vor diesem Hintergrund wird bei Europäischen Anknüpfungspunkten– etwa dem harmonisierten Umsatzsteuerrecht – ggf. ein Verstoß gegen das Europäische Doppelbestrafungsverbot nicht ausgeschlossen (so *Bülte* NZWiSt 2014, 321 (326); ähnl. *Heuel/Beyer* AO-StB 2015, 129 (136)). Dem lässt sich allerdings die neu eingefügte Anrechnungsvorschrift des § 398a Abs. 4 S. 2 entgegenhalten (vgl. Rolletschke/Roth Selbstanzeige Rn. 533).

B. Kommentierung im Einzelnen

I. Anwendungsbereich

9   § 398a idF des Schwarzgeldbekämpfungsgesetzes (BGBl. 2011 I 676 f.) setzte voraus, dass eine Strafaufhebung iSd § 371 Abs. 1, Abs. 3 alleine am Vorliegen des Sperrtatbestands des § 371 Abs. 2 Nr. 3 scheiterte. Es mussten deshalb zunächst die positive Tatbestandsvoraussetzung des § 371 Abs. 1 („Materiallieferung") vorliegen, zudem durfte – negativ – kein anderer Sperrtatbestand als § 371 Abs. 2 Nr. 3 greifen (vgl. BT-Drs. 17/5067, (neu) 25; *Hechtner* NWB 2011, 1044 (1047); *Rolletschke/Roth* Stbg 2011, 200 (204)).

10   Durch den durch das AO-ÄnderungsG (BGBl. 2014 I 2415 ff.) neu eingefügten § 371 Abs. 2 S. 1 Nr. 4 wurde der sachliche Anwendungsbereich der Vorschrift auf die besonders schweren Fälle iSd § 371 Abs. 3 S. 2 Nr. 2–5 erweitert. Nach dem Willen des Gesetzgebers sollten Selbstanzeigen in diesen Fällen einer „besonderen Strafwürdigkeit" (s. BT-Drs. 18/3018, 12) künftig zuschlagspflichtig sein und nur noch unter den Voraussetzungen des § 398a zu einer Verfahrenseinstellung führen.

11   Da die Sperrtatbestände des § 371 Abs. 2 S. 1 Nr. 3 und 4 einer Strafaufhebung nach §§ 371 Abs. 1, 370 entgegenstehen, kann § 398a bei einer Selbstanzeige nach § 378 Abs. 3 nicht zur Anwendung kommen.

12   § 398a ist lediglich auf **vollendete Steuerhinterziehung**en anwendbar (so zB auch Klein/*Jäger* Rn. 10). Gegen eine Anwendung auf versuchte Steuerhinterziehungen spricht bereits, dass Steuernachentrichtungspflicht (§ 398a Abs. 1 S. 1 Nr. 1) wie Zuschlagszahlungspflicht (§ 398a Abs. 1 Nr. 2) tatbestandlich an „hinterzogene Steuern" anknüpfen.

13   Eine Verfahrenseinstellung nach § 398a kann sowohl im **Ermittlungsverfahren** als auch in einem **gerichtlichen Erkenntnisverfahren** erfolgen (*Hunsmann* BB 2011, 2519 (2525); Helml Selbstanzeige 175; aA wohl Kohlmann/*Schauf* (aF) Rn. 7). Ausweislich des Gesetzeswortlauts ist lediglich die in § 398a Abs. 4 S. 2 angeordnete Anrechnung etwaiger nicht zur Verfahrenseinstellung führender Zuschlagszahlungen auf Geldstrafen durch das Gericht vorbehalten.

14   Das AO-ÄnderungsG (BGBl. 2014 I 2415 ff.) erstreckt den persönlichen Anwendungsbereich der Vorschrift auf den „an der Tat Beteiligten" und umfasst damit unstreitig **Täter** und **Teilnehmer** einer Steuerhinterziehung (vgl. zB *Hunsmann* NZWiSt 2015, 130 (134)).

Der zur Gesetzesfassung des Schwarzgeldbekämpfungsgesetzes (BGBl. 2011 I 676 f.) bestehende Streit, ob § 398a aF, der lediglich den „Täter" in Bezug genommen hat, auf sonstige Tatbeteiligte anwendbar ist, ist damit für die Zukunft entfallen (darstellend Kohlmann/*Schauf* Rn. 10 f.). Diese gesetzgeberische Lösung ist mE aber nicht idS zu verstehen, dass der Gesetzgeber den Meinungsstreit gewissermaßen rückwirkend im gegenteiligen Sinne entschieden hat; vielmehr hat er auch lediglich vermeintliche Streitfragen (zB die eines Strafklageverbrauchs deklaratorisch „geregelt", → Rn. 76 ff.).

15   Da es sich bei § 398a um eine verfahrensrechtliche Vorschrift handelt, verstand die Rspr. und hL den Begriff „Täter" iSd § 398a aF in einem verfahrensrechtlichen Sinn als Beschuldigter (so auch §§ 153 Abs. 1, Abs. 2, 153e Abs. 1 S. 1, 163d, 163e Abs. 1 S. 2, 163f Abs. 1 S. 1, S. 2 StPO; § 398 AO; LG Aachen BeckRS 2014, 23459; Klein/*Jäger* Rn. 50 ff.; Schwarz/Pahlke/*Dumke* Rn. 15; Kohlmann/*Schauf* (aF) Rn. 3; *Zanzinger* DStR 2011, 1397 (1402); *Obenhaus* Stbg 2011, 166 (174); *Rolletschke/Roth* Stbg 2011, 200 (206); wohl auch Stahl Selbstanzeige Rn. 417; ausf. *Roth* NZWiSt 2012, 23 ff.; aA aber zB FM NRW www.iww.de Abruf-Nr. 111881; Simon/Vogelberg SteuerStrafR/*Simon* 229; *Heuel/Beyer*

StBW 2011, 315 (321); *Hunsmann* NJW 2011, 1482 (1487); *Beckemper/Schmitz/Wegner/Wulf* wistra 2011, 281 (287)).

Zur Frage, ob der Zuschlag bei **mehreren Tatbeteiligten** nur einmal oder aber von jedem einzelnen Tatbeteiligten persönlich gezahlt werden muss, → Rn. 34.

Das AO-ÄnderungsG ist am 1.1.2005 in Kraft getreten. § 398a nF findet daher ohne Weiteres auf **16** Selbstanzeigen Anwendung, die nach dem 31.12.2014 24:00 Uhr der zuständigen Finanzbehörde zugegangen sind.

Für zuvor zugegangene – aber nach dem 31.12.2014 24:00 Uhr – bearbeitete Selbstanzeigen stellt sich mE die Frage der Anwendung des milderen Gesetzes (§ 2 Abs. 3 StGB). Auch wenn es sich bei § 398a primär um eine verfahrensrechtliche Vorschrift handelt und § 2 Abs. 3 StGB nur für Vorschriften des materiellen Rechts gilt, darf man insoweit mE den Konnex der §§ 371 Abs. 2 S. 1 Nr. 3 und 4 und § 398a nicht aus den Augen verlieren.

Soweit für die Sperrtatbestände des § 371 Abs. 2 der Grundsatz des milderen Gesetzes gilt (eine vor dem 1.1.2015 0:00 Uhr erstattete Selbstanzeige ist nicht deshalb unwirksam, weil im Zeitpunkt ihrer Bearbeitung der Sperrtatbestand des § 371 Abs. 2 S. 1 Nr. 3 oder 4 nF greifen würde), schlägt dies wegen der Anknüpfung des § 398a an das Vorliegen eines der Sperrtatbestände des § 371 Abs. 2 S. 1 Nr. 3 oder 4 nF auf § 398a durch. Erfüllt eine Steuerhinterziehung die Merkmale eines besonders schweren Falls iSd § 370 Abs. 3 S. 2 Nr. 2–5, so ist der seit dem 1.1.2015 0:00 Uhr existierende Sperrgrund des § 371 Abs. 2 S. 1 Nr. 4 auch dann nicht gegeben, wenn die Wirksamkeit einer vor dem 31.12.2014 24:00 Uhr zugegangenen Selbstanzeige nach dem 31.12.2014 24:00 Uhr erfolgt. Die Wirksamkeitsprüfung der Selbstanzeige hat sich dann vielmehr am Maßstab des § 371 aF auszurichten mit der Folge, dass § 398a mangels des Eingreifens des Sperrgrunds des § 371 Abs. 2 S. 1 Nr. 4 (besonders schwerer Fall iSd § 370 Abs. 3 S. 2 Nr. 2–5) nicht zur Anwendung kommt. Beläuft sich das Verkürzungsvolumen einer Steuerhinterziehung (für einen Veranlagungszeitraum einer Steuerart) auf einen Betrag zwischen 25.001 und 50.000 EUR, so ist die Wirksamkeit einer vor dem 31.12.2014 24:00 Uhr zugegangenen Selbstanzeige nach dem 31.12.2014 24:00 Uhr an § 371 Abs. 2 Nr. 3 aF (Selbstanzeigensperre bei einer Steuerhinterziehung über 50.000 EUR) und nicht an § 371 Abs. 2 S. 1 Nr. 3 (Selbstanzeigensperre bei einer Steuerhinterziehung über 25.000 EUR) zu messen. Der Sperrtatbestand des § 371 Abs. 2 Nr. 3 aF kommt wegen Unterschreitung des Schwellenwerts nicht zur Anwendung, genauso wenig wie die daran anknüpfende Vorschrift des § 398a. Überschreitet der Hinterziehungsbetrag jedoch den seinerzeitigen Schwellenwert von 50.000 EUR, so wäre jedenfalls der Sperrtatbestand des § 371 Abs. 2 (S. 1) Nr. 3 erfüllt. ME wäre es dann dennoch konsequent, den Zuschlagssatz der alten Gesetzesfassung (einheitlich 5 %) und nicht dem neuen Staffeltarif (10 %, 15 % oder 20 %) zu entnehmen.

II. Tatbestandsvoraussetzungen

§ 398a setzt zunächst voraus, dass eine Strafaufhebung iSd § 371 Abs. 1, Abs. 3 alleine daran scheitert, **17** dass ein Sperrtatbestand gem. § 371 Abs. 2 S. 1 Nr. 3 und/oder Nr. 4 vorliegt. Mit anderen Worten: Ein Selbstanzeigenerstatter muss die nach § 371 Abs. 1 erforderlichen Angaben nachgeholt haben und es dürfen keine Sperrtatbestände außer § 371 Abs. 2 S. 1 Nr. 3 und/oder Nr. 4 eingreifen (vgl. BT-Drs. 17/5067, (neu) 22; Rolletschke/Kemper/*Rolletschke* Rn. 13; Schwarz/Pahlke/*Dumke* Rn. 2; Kohlmann/*Schauf* Rn. 2; Beermann/Gosch/*Hoyer* Rn. 1; *Hechtner* NWB 2011, 1044 (1047); *Hunsmann* BB 2011, 2519 (2521)). Darüber hinaus muss die hinterzogene Steuer nebst Zinsen nachgezahlt (§ 398a Abs. 1 Nr. 1) und ein Strafzuschlag nach § 398a Abs. 1 Nr. 2 entrichtet werden.

Bei der Frage der Vollständigkeit der § 371 Abs. 1 ist insbes. zu beachten, dass in der seit dem 1.1.2015 geltende Gesetzesfassung ggf. auch wieder **Teilselbstanzeigen** zulässig sind (s. § 371 Abs. 2 S. 1 Nr. 1 Buchst. a, Buchst. c iVm § 371 Abs. 2 S. 2 (→ § 371 Rn. 42a). Die im Zusammenhang mit steuerlichen Prüfungen stehenden Sperrtatbestände sperren lediglich im Umfang ihrer Prüfungsanordnung/ihres Prüfungsauftrags; sie infizieren – anders als in der Gesetzesfassung des Schwarzgeldbekämpfungsgesetzes (BGBl. 2011 I 676 f.) – nicht mehr außerhalb des Prüfungszeitraums liegende Veranlagungszeiträume. Diese Wiederherstellung der alten Rechtslage schlägt auch auf § 398a durch. Folglich kann für Veranlagungszeiträume, die zwar nach § 371 Abs. 2 S. 1 Nr. 3 und/oder Nr. 4, nicht aber von den begrenzten Ausschlusstatbeständen des § 371 Abs. 2 S. 1 Nr. 1 Buchst. a und Buchst. c gesperrt sind, ein Absehen von der Strafverfolgung nach § 398a erreicht werden.

1. Sperrtatbestand § 371 Abs. 2 S. 1 Nr. 3 (25.000 EUR-Betragsgrenze). § 398a ist anwend- **18** bar, wenn die Straffreiheit einer Selbstanzeige lediglich daran scheitert, dass der Sperrgrund des § 371 Abs. 2 S. 1 Nr. 3 vorliegt. Das ist der Fall, wenn die nach § 370 Abs. 1 verkürzte Steuer oder der zu Unrecht erlangte Steuervorteil einen Betrag von 25.000 EUR je Tat übersteigt (vgl. dazu iE → § 371 Rn. 119e ff.).

2. Sperrtatbestand § 371 Abs. 2 S. 2 Nr. 4 (besonders schwere Fälle). Mit dem AO-Ände- **19** rungsG (BGBl. 2014 I 2415 ff.) wurde der Anwendungsbereich des § 398a auf Fälle erweitert worden, in denen ein in § 370 Abs. 3 S. 2 Nr. 2–5 benannter besonders schwerer Fall der Steuerhinterziehung vorliegt (zu § 371 Abs. 2 S. 1 Nr. 2–5 → § 371 Rn. 119n ff.). Der besonders schwere Fall des großen Ausmaßes wurde insoweit ausgenommen, weil er bereits durch das Schwarzgeldbekämpfungsgesetz (BGBl. 2010 I 676 f.) in einem eigenständigen Sperrtatbestand (§ 371 Abs. 2 Nr. 3), seinerzeit mit einem sich an der Rspr. zum großen Ausmaß orientierenden Betrag (50.000 EUR), mittlerweile im AO-ÄnderungsG mit einem vom Regelbeispiel abweichenden Betrag (25.000 EUR), kodifiziert wurde.

20   **3. Steuernachentrichtung.** Gem. § 398a Abs. 1 Nr. 1 muss der „an der Tat Beteiligte" die zu seinen Gunsten hinterzogenen Steuern innerhalb einer ihm gesetzten angemessenen Frist nachentrichten.

Da die Gesetzesformulierung des § 398a (zumindest teilweise) an § 371 Abs. 3 anknüpft, kann im Grundsatz auf die dort anerkannten Prinzipien für die Steuerberechnung und Fristsetzung zurückgegriffen werden (→ § 371 Rn. 128 ff.). Probleme ergeben sich hier wie dort gerade im Bereich der Kompensationsfälle, der Steuerverkürzungen auf Zeit, der Steuervorteilserlangungen und ggf. im Zusammenhang mit Steueranrechnungsbeträgen.

Die Frage, insoweit der Taterfolg iSd § 370 Abs. 4 oder der (potentiell) einer Strafzumessung zugrunde zu legende Steuerschaden (§ 46 Abs. 2 StGB: verschuldete Auswirkungen der Tat) maßgebend ist, hat der Gesetzgeber in § 398a Abs. 2 für eine Einzelfrage geregelt. Danach soll für die Zuschlagsbemessung (§ 398a Abs. 1 Nr. 2) der Hinterziehungsbetrag nach den Grundsätzen des § 370 Abs. 4 bestimmt werden (→ Rn. 30 ff.). Obwohl sich hieraus jedenfalls kein positiver (mE sogar eher ein negativer) Rückschluss auf die allgemeine Frage der Maßgeblichkeit von Taterfolg oder Steuerschaden (zB für die Steuernachentrichtung nach § 398a Abs. 1 Nr. 1) ziehen lässt, steht zu erwarten, dass die finanzbehördlichen Strafverfolgungsbehörden von einer Allgemeingültigkeit (auch für § 371 Abs. 2 S. 1 Nr. 3) ausgehen werden. Der StS im BMF Meister hat sich dahingehend auf die schriftliche Frage der Abgeordneten Karawanskij für die Bundesregierung geäußert (BT-Drs. 18/3888, 17).

21   **4. Zinszahlung.** Der Gesetzgeber ging zwar bereits idF des Schwarzgeldbekämpfungsgesetzes (BGBl. 2010 I 676 f.) davon aus, dass auch **Zinsen** nachzuentrichten sind (BT-Drs. 17/5067, (neu) 4, 22). Da dies aber seinerzeit nicht ausdrücklich gesetzlich angeordnet war, lag insoweit ein gesetzgeberischer Irrtum vor (vgl. Rolletschke/Kemper/*Rolletschke* Rn. 23; *Geuenich* NWB 2011, 1050 (1056)). Zinsen (§§ 233a, 235) sind grds. als steuerliche Nebenleistungen iSd § 3 Abs. 3 nicht hinterziehbar (hM, → § 370 Rn. 85).

22   Diesen Fehler behob der Gesetzgeber aber mit der Neufassung der §§ 371, 398a (BGBl. 2014 I 2415 ff.). Durch das AO-ÄnderungsG wurden die Zahlungspflichten sowohl bei der „zuschlagfreien" Selbstanzeige iSd § 371 als auch bei der „zuschlagpflichtigen" Selbstanzeige iSd § 398a um eine Hinterziehungszinszahlungspflicht (§ 398 Abs. 1 Nr. 1) erweitert. Ein an der Tat Beteiligter muss auch hier die Hinterziehungszinsen nachzahlen, um ein Absehen von der Strafverfolgung nach § 398a zu erreichen.

Zur Zinsnachzahlungspflicht → § 371 Rn. 167h ff.

23   **5. Zuschlagszahlung. a) Zuschlagszahlungspflicht.** Darüber hinaus muss ein Selbstanzeigeerstatter, dessen Selbstanzeige wegen Überschreitens des in § 371 Abs. 2 (S. 1) Nr. 3 genannten Schwellenwerts bzw. – seit dem 1.1.2015 – wegen Vorliegens eines besonders schweren Falls iSd § 370 Abs. 3 S. 2 Nr. 2–5 (§ 371 Abs. 2 S. 1 Nr. 4) darüber hinaus „freiwillig" einen Zuschlag an die Staatskasse zahlen, der zunächst einheitlich 5 %, seit dem 1.1.2015 gestaffelt nach der Höhe des Hinterziehungsbetrags 10 %, 15 % bzw. 20 % beträgt (§ 398a Abs. 1 Nr. 2). Aufgrund der im Rahmen des Gesetzgebungsverfahrens des Schwarzgeldbekämpfungsgesetzes ausdrücklich formulierten Anleihe an § 153a StPO (BT-Drs. 17/5067, (neu) 20) wird die Zuschlagszahlung auch als „Quasi-Auflage" (*Joecks* SAM 2011, 128 (133)); § 398a insgesamt als „freiwilliges Selbstunterwerfungsverfahren" bezeichnet (*Hunsmann* BB 2011, 2519 (2526); *Hunsmann* NJW 2011, 1482 (1487)).

24   Zuschlagszahlungsverpflichtet ist in der seit dem 1.1.2015 geltenden Gesetzesfassung der „an der Tat Beteiligten", dh, in materiell-rechtlichen Dimensionen sowohl ein **Täter** iSd § 25 StGB als auch ein **Teilnehmer** iSd §§ 26, 27 StGB einer Steuerhinterziehung. Der noch unter der Gesetzesfassung des Schwarzgeldbekämpfungsgesetzes (BGBl. 2010 I 676 f.) bestehende Streit, ob Teilnehmer unter die Vorschrift fallen, ist mit der Gesetzesneufassung zum 1.1.2015 damit bedeutungslos geworden.

Dies bedeutet jedoch nicht, dass § 398a aF, der sich auf den „Täter" bezog, nicht auf Teilnehmer anwendbar war. Da es sich bei § 398a aber um eine verfahrensrechtliche Vorschrift handelt, verstand die Rspr. und hL den Begriff schon seinerzeit in einem verfahrensrechtlichen Sinn als Beschuldigter (so auch §§ 153 Abs. 1, 2, 153e Abs. 1 S. 1, 163d, 163e Abs. 1 S. 2, 163f Abs. 1 S. 1, S. 2 StPO, § 398), sodass die Vorschrift auch auf Teilnehmer anzuwenden war (LG Aachen BeckRS 2014, 23459; Klein/*Jäger* Rn. 50 ff.; Schwarz/Pahlke/*Dumke* Rn. 15; Kohlmann/*Schauf* Rn. 3; *Zanzinger* DStR 2011, 1397 (1402); *Obenhaus* Stbg 2011, 166 (174); Rolletschke/*Roth* Stbg 2011, 200 (206); ausf. *Roth* NZWiSt 2012, 23 ff.; aA aber zB FM NRW www.iww.de Abruf-Nr. 111881; Simon/Vogelberg SteuerStrafR/*Simon* 229; *Heuel/Beyer* StBW 2011, 315 (321); *Hunsmann* NJW 2011, 1482 (1487); *Beckemper/Schmitz/Wegner/Wulf* wistra 2011, 281 (287); offen gelassen von *Zipfel/Holzner* BB 2014, 2459 (2463)). Dass der

Gesetzgeber das AO-ÄnderungsG (BGBl. 2014 I 2415 ff.) zum Anlass für eine Klarstellung nahm, lässt nicht den Rückschluss zu, die Altregelung erfasse wegen des abweichenden Wortlauts nur den Täter im materiell-rechtlichen Sinne.

Auch wenn die Zahlungspflicht dem „an der Tat Beteiligten" auferlegt wird, ist die Leistung durch 25 einen **Dritten** zulässig (→ §371 Rn. 167b; Kohlmann/*Schauf* Rn. 21). Ggf. müssen auch mehrere Tatbeteiligte einen eigenen Strafzuschlag zahlen (vgl. dazu iE → Rn. 35 ff.).

Der mit dem Schwarzgeldbekämpfungsgesetz (BGBl. 2010 I 676 f.) eingeführte (Straf-)Zuschlag belief 26 sich ursprünglich auf einheitlich 5%. Durch das AO-ÄnderungsG (BGBl. 2014 I 2415 ff.) erfolgte eine Staffelung, die sich nach den hinterzogenen Steuern richtet. Dabei verdeutlichen die in der Gesetzesbegründung aufgelisteten Berechnungsbeispiele (BT-Drs. 18/3018, 14 ff.), dass es sich bei den Betragsgrenzen (25.000, 100.000 und 1 Mio. EUR) um **Freigrenzen** und nicht um Freibeträge handeln soll; dh, bei Überschreiten der Grenzen wird der gesamte Betrag (und nicht nur der die jew. Grenze übersteigende Betrag) dem einschlägigen Zuschlags-Prozentsatz unterworfen (vgl. *Zipfel/Holzner* BB 2014, 2459 (2462); *Buse* DB 2015, 89 (93); *Hunsmann* NZWiSt 2015, 130 (132); zur Vorgängervorschrift vgl. Flore/Tsambikakis/*Quedenfeld* Rn. 18; Wannemacher SteuerStrafR/*Schmedding* Rn. 2181; *Hunsmann* BB 2011, 2519 (2522)). Während des laufenden Gesetzgebungsverfahrens wurde zwar vorgeschlagen, eine verfassungskonforme(re) Abmilderung dadurch sicherzustellen, dass die Zuschlagsstufen als echter Staffeltarif verstanden werden *(Rolletschke/Jope* NZWiSt 2014, 259 (261)). Bei dieser Auslegung wäre immer nur der überschießende Betrag mit dem nächsthöheren Zuschlagsprozentsatz zu multiplizieren. Dem ist der Gesetzgeber ausweislich des Wortlauts und der eindeutigen Gesetzesbegründung jedoch nicht gefolgt (Rolletschke/Roth Selbstanzeige Rn. 529).

Bei der Bestimmung der einzelnen Grenzwerte existieren (anders als bei der Frage der Vollständigkeit 27 iSd §371 Abs. 1, → §371 Rn. 44a) **keine Toleranzspannen** (Klein/*Jäger* Rn. 13; Beermann/Gosch/ *Hoyer* Rn. 12; *Hunsmann* BB 2011, 2519 (2522)). Die ggf. 5%ige Toleranzspanne soll dort lediglich dazu dienen, den Schwierigkeiten einer Informationsbeschaffung bei ernsthaftem Bemühen um Rückkehr zur Steuerehrlichkeit Rechnung zu tragen. Die Betragsgrenzen sind hingegen ausdrücklich gesetzlich normiert.

Maßgebend für die Grenzwerte ist im Grundsatz die jew. **Tat** im Sinne einer **Steuerart** und eines 28 **Veranlagungszeitraums** (*Thonemann-Micker/Kanders* DB 2014, 2125 (2131); *Hermann* PStR 2014, 199; *Rolletschke/Jope* NZWiSt 2014, 259 (260); *Hunsmann* NZWiSt 2015, 130 (131); *Talaska/Bertrand* ZWH 2015, 89 (94); *Heuel/Beyer* AO-StB 2015, 129 (135); undeutlich *Erb/Erdel* NZWiSt 2014, 327 (331)). Soweit in der Lit. vereinzelt (*Habammer/Pflaum* DStR 2014, 2267 (2271); offen gelassen *Zipfel/ Holzner* BB 2014, 2459 (2463)) davon ausgegangen wird, die Beitragsgrenze soll sich am Verbund der noch nicht strafverfolgungsverjährten Taten orientieren, ist dies schon mit dem Gesetzeswortlaut nicht vereinbaren. So nimmt der Eingangssatz des §398a „eine Steuerstraftat" in Bezug. Gesetzessystematisch ist insoweit der Zusammenhang zwischen §398a und §371 Abs. 2 S. 1 Nr. 3 zu beachten; §371 Abs. 2 S. 1 Nr. 3 stellt ebenfalls auf die jew. „Tat" ab.

Ausgehend von der zu §371 Abs. 2 Nr. 3 aF ergangenen Rspr. (BGH NZWiSt 2012, 154 (155); so 29 auch bereits Klein/*Jäger* §371 Rn. 75; *Hechtner* NWB 2011, 1044 (1047); krit. mE zu Recht zB Flore/ Tsambikakis/*Wessing* §371 Rn. 140; Schwarz/Pahlke/*Webel* §371 Rn. 121; *Gehm,* Kompendium Steuerstrafrecht, 2. Aufl. 2015, 80; Helml Selbstanzeige 133; Parsch/Nuzinger Selbstanzeigeberatung Rn. 158; *Beckemper/Schmitz/Wegener/Wulf* wistra 2011, 281 (285); *Füllsack/Bürger* BB 2011, 1239 (1241); *Geuenich* NWB 2011, 1050 (1055); *Rolletschke/Roth* StRR 2011, 171 (174); *Hunsmann* PStR 2012, 195) wird man allerdings die zwischen mehreren Steuerhinterziehungen bestehenden materiellrechtlichen Konkurrenzverhältnisse mit einbeziehen und bei **Tateinheit** iSd §52 StGB ein Addition der Verkürzungsbeträge vornehmen müssen (Klein/*Jäger* Rn. 14; *Wulf* Stbg 2015, 160 (162); → §371 Rn. 119i; aA *Hunsmann* NJW 2015, 113 (118); *Hunsmann* NZWiSt 2015, 130 (132); wohl *Heuel/Beyer* AO-StB 2015, 129 (136)).

Gesetzlicher Anknüpfungspunkt für die Berechnung der Zuschlagszahlung ist die nach den Grund- 30 sätzen des §370 Abs. 4 ermittelte hinterzogene Steuer (§398a Abs. 2), mit anderen Worten der Taterfolg. Der zuvor bestehende Meinungsstreit, ob bei der Berechnung des Zuschlags nach §398a Abs. 1 Nr. 2 auf den Taterfolg (Nominalbetrag der Steuerverkürzung/-vorteilserlangung) oder den für die Strafzumessung maßgeblichen Steuerschaden (§46 Abs. 2 StGB: verschuldete Auswirkungen der Tat) abzustellen ist (für den Taterfolg zB AG Stuttgart NZWiSt 2014, 279 (280); Kohlmann/*Schauf* Rn. 6; Stahl Selbstanzeige Rn. 412; *Roth* NZWiSt 2012, 174 (175); für den Steuerschaden zB *Rolletschke/Jope* NZWiSt 14, 259 f.; *Rolletschke/Roth* Stbg 2011, 200 (205 f.); *Erb/Schmitt* PStR 2011, 144), ist damit legislatorisch gesetzlich zugunsten des Nominalbetrags entschieden worden (*Hunsmann* NZWiSt 2015, 130 (131)).

Hieraus lässt sich mE aber nicht im Umkehrschluss folgern, dass im Anwendungsbereich des Schwarzgeldbekämpfungsgesetzes (BGBl. 2014 I 2415 ff.) vom gegenteiligen Rechtsverständnis auszugehen war (aA *Buse* DB 2015, 89 (93)). Der Gesetzgeber hat die Gesetzesnovelle verschiedentlich zum Anlass genommen, den einen oder anderen (vermeintliche) Meinungsdissens in der Lit. zu „entscheiden". „Häufig" kann man dieser „Streitentscheidung" aber nur deklaratorische Bedeutung beimessen (vgl. zB zum Strafklageverbrauch → Rn. 76 ff.).

31   § 398a Abs. 2 ist unmittelbar lediglich auf die Berechnung des Zuschlags nach § 398a Abs. 1 Nr. 2 anzuwenden. Nach der Gesetzessystematik gilt § 398a Abs. 2 nicht für die Steuer- und Zinsnachentrichtung nach § 398a Abs. 1 Nr. 1 (so auch *Beyer* NWB 2015, 769 (775); aA *Klein/Jäger* Rn. 27).

32   Innerhalb der Zuschlagsberechnung nach § 398a Abs. 1 Nr. 2 ist zwar umstritten, ob die Berechnungsregel des § 398a Abs. 2 auf die Zuschlagsberechnung insgesamt, also sowohl auf den anzuwendenden Zuschlagsprozentsatz und den Hinterziehungsbetrag, anwendbar ist (so *Klein/Jäger* Rn. 27; *Hunsmann* NZWiSt 2015, 130) oder sich auf die Prozentsatzbemessung beschränkt (so *Geuenich* NWB 2015, 29 (36)). Für die Praxis der finanzbehördlichen Strafverfolgungsorgane ist die Frage aber durch die Äußerung des StS im BMF Meister (BT-Drs. 18/3888, 17) „geregelt“. Danach soll § 398a Abs. 2 allg. gelten (idS auch *Wulf* Stbg 2015, 160 (163)). Unabhängig davon spricht argumentativ jedoch auch die Gesetzessystematik dafür, auch insoweit den Hinterziehungsbetrags für maßgebend zu halten. § 398a Abs. 2 bezieht sich allg. auf § 398a Abs. 1 (insbes. Nr. 2).

33   Unter Geltung der Gesetzesfassung des Schwarzgeldbekämpfungsgesetzes (BGBl. 2010 I 676 f.) war unstr., dass sich die Zuschlagszahlungspflicht auf die nicht-strafverfolgungsverjährten Zeiträume beschränkte.

    Infolge der durch das AO-ÄnderungsG (BGBl. 2014 I 2415 ff.) erfolgten Einführung eines Mindestberichtigungszeitraums von zehn Kalenderjahren (s. § 371 Abs. 1) stellt sich hingegen die Frage, ob und ggf. inwieweit sich dies auf den **Zuschlagszahlungszeitraum** auswirkt. ME ergeben sich insoweit jedoch keine Änderungen gegenüber dem bisherigen Rechtsverständnis (so auch *Neuendorf/Saligmann* DStZ 2014, 791 (797) *Buse* DB 2015, 89 (93)). Die Zuschlagszahlungspflicht besteht in den Fällen, in denen die Strafaufhebung des § 371 Abs. 1, Abs. 3 allein am Vorliegen eines der beiden Sperrtatbestände des § 371 Abs. 2 S. 1 Nr. 3, Nr. 4 scheitert. Das Bedürfnis für eine entsprechende Strafaufhebung bzw. für den Erwerb eines Einstellungsanspruchs nach § 398a besteht jedoch nur für nicht-strafverfolgungsverjährte Zeiträume; für strafverfolgungsverjährte Steuerhinterziehungen besteht bereits das Strafverfolgungshindernis) Eintritt der Strafverfolgungsverjährung (§ 78 Abs. 1 S. 1 StGB; zur Rechtsnatur s. BVerfGE 25, 269).

34   Bereits unter Geltung des § 398a aF wurde in der Lit. teilweise (*Zanziger* DStR 2011, 1397 (1402); *Wulfs/Kamps* DB 2011, 1711 (1716); *Schauf/Schwartz* ZWH 2011, 85 (89); *Hunsmann* BB 2011, 2519 (2524)) gefordert, die Zuschlagszahlungspflicht auf den Selbstanzeigeerstatter (und in der Höhe) zu beschränken, der (und soweit dieser) aus der Tat einen unmittelbaren wirtschaftlichen Vorteil erlangt hat. Hiergegen spricht jedoch entscheidend der Gesetzeswortlaut. Während die Steuernachentrichtungspflicht an die „zu seinen Gunsten hinterzogenen Steuern“ anknüpft, fehlt diese Anknüpfung bei der Zuschlagszahlungspflicht (so iErg zB LG Aachen BeckRS 2014, 23459; *Beermann/Gosch/Hoyer* Rn. 24; *Stahl* Selbstanzeige Rn. 413; *Beckemper/Schmitz/Wegner/Wulf* wistra 2011, 281 (287); *Roth* NZWiSt 2012, 23 f.). Anders als andere (vorgebliche) Lit.-Meinungsstreitigkeiten griff der Gesetzgeber diesen Meinungsstreit im AO-ÄnderungsG (BGBl. 2014 I 2415 ff.) nicht auf; dies, obwohl die bis dato einzige Gerichtsentscheidung hierzu bereits bekannt war.

35   Die Nicht-Beschränkung der Zuschlagszahlungspflicht führt bei **mehreren Tatbeteiligte** (Mittäter iSd § 25 Abs. 2 StGB, Teilnehmer iSd §§ 26, 27 StGB) zu einer Vervielfachung der Zuschlagszahlung (LG Aachen BeckRS 2014, 23459; *Flore/Tsambikakis/Quedenfeld* Rn. 36; *Beermann/Gosch/Hoyer* Rn. 24; *Wannemacher* SteuerStrafR/*Schmedding* Rn. 2191; *Klein/Jäger* Rn. 25; *Helml* Selbstanzeige 178; *Rolletschke/Roth* Stbg 2014, 459 (461); *Roth* NZWiSt 2012, 23 (24); *Geuenich* NWB 2015, 29 (35); *Hunsmann* NZWiSt 2015, 130 (134)). Soweit dies in der Lit. teilweise (zB Kohlmann/*Schauf* Rn. 12; *Stahl* Selbstanzeige Rn. 418; *Wulfs/Kamps* DB 2011, 1711 (1716)X; *Schauf/Schwartz* ZWH 2011, 85 (89 f.); *Beyer* NWB 2015, 769 (777); *Heuel/Beyer* AO-StB 2015, 129) unter Hinweis auf die gesetzliche Grundkonzeption oder unter dem Aspekt der Verhältnismäßigkeit angezweifelt und deshalb Gesamtschuld angenommen wird, wird dabei insbes. außer Acht gelassen, dass auch das gesetzgeberische Vorbild des § 398a, der § 153a StPO (BT-Drs. 17/5067, (neu) 20) durchaus eine mehrfache, nebeneinander stehende Auflagenzahlung mehrerer Beschuldigter kennt (*Roth* NZWiSt 2012, 23 f.). Die Auflagen iSd § 153a StPO sind zudem keineswegs durch die Höhe des insgesamt bewirkten Schadens begrenzt (so auch Klein/*Jäger* Rn. 63).

36   Empfänger der Zuschlagszahlung ist die **Staatskasse** des jeweiligen Bundeslandes; die Entrichtung an eine gemeinnützige Einrichtung ist – anders als bei § 153a StPO – nicht möglich (*Müller* Selbstanzeige Rn. 1061).

37   Wird eine Zuschlagszahlung nach insolvenzrechtlichen Vorschriften angefochten (nach Zivil-Rspr. unterfallen strafrechtlich veranlasste Geldauflagen und Geldstrafen dem insolvenzrechtlichen Anfechtungsrecht der §§ 129 ff. InsO, vgl. BGH BeckRS 2010, 28431) und von der Staatskasse an den Insolvenzverwalter ausgezahlt, so stellt sich die Frage einer Wiederaufnahme eingestellten Steuerstrafverfahrens. Diese Möglichkeit wird in der Lit. einerseits bejaht (zB *Lorenz/Roth* PStR 2011, 129 (131); *Wollmann* ZInsO 2011, 1521 (1525); *Bittmann* wistra 2011, 133 (134)), andererseits verneint (zB *Hüls/Reichling* wistra 2010, 327 (330)).

    Allg. zu Strafklageverbrauch und Wiederaufnahme → Rn. 76 ff.

38   Die für **Umsatzsteuervoranmeldungen und Lohnsteueranmeldungen** im Anwendungsbereich der zuschlagfreien Selbstanzeige enthaltenen **Sonderregelungen** (§ 371 Abs. 2a) wirken sich auch auf

die zuschlagspflichtige Selbstanzeige aus. So wird in § 371 Abs. 2a S. 1 der Sperrgrund des § 371 Abs. 2 S. 1 Nr. 3 (Hinterziehungsbetrag größer 25.000 EUR) und damit einer der beiden Anknüpfungspunkte des § 398a ausgeschlossen.

Für entsprechende Steuerhinterziehungen kann zuschlagsfrei Selbstanzeige erstattet werden. Dies gilt sowohl für die nach dem 31.12.2014 24:00 Uhr zugegangene Selbstanzeigen so auch für zuvor zugegangene, deren rechtliche Beurteilung erst nach dem 31.12.2014 24:00 Uhr stattfand/stattfindet (Grundsatz der Anwendung des mildesten Gesetzes, § 2 Abs. 3 StGB)

Die Privilegierung der im Zusammenhang mit Umsatzsteuervoranmeldungen und Lohnsteueranmel- **39** dungen begangenen Steuerhinterziehungen schließt aber nicht den Sperrtatbestand des § 371 Abs. 2 S. 1 Nr. 4 (besonders schwere Fälle iSd § 370 Abs. 3 S. 2 Nr. 2–5) ein.

b) Verfahren. § 398a unterscheidet bei der Zahlungsfrist zwar nicht zwischen der Steuer- und Zins- **40** nachentrichtungsfrist des § 398a Abs. 1 Nr. 1 einerseits und der Zuschlagszahlungsfrist des § 398a Abs. 1 Nr. 2 andererseits. Doch auch wenn der Gesetzeswortlaut von „einer Frist" ausgeht, ist ein **einheitlicher Fristablauf nicht zwingend** (so auch Beermann/Gosch/*Hoyer* Rn. 18; *Hunsmann* BB 2011, 2519 (2523); aA Helml Selbstanzeige 191).

Wie bei der Steuer- und Zinsnachentrichtungsfrist des § 398a Abs. 1 Nr. 1 muss auch hier das **41** zuständige Strafverfolgungsorgan zur Zahlung eines konkreten Zuschlags auffordern. Eine **Fristverlängerung** bzw. eine **Ratenzahlung** – über die angemessene Frist hinaus – kann genauso wie bei Steuer- und Zinsnachzahlungspflicht nicht gewährt werden. Eine § 153a Abs. 1 S. 4 StPO vergleichbare Regelung wurde in § 398a gerade nicht kodifiziert.

§ 398a setzt zwingend eine fristgerechte Steuer-, Zins- und Zuschlagszahlung voraus. Soweit inner- **42** halb der angemessenen Fristen keine Vollzahlung erfolgt, ist das Strafverfahren fortzusetzen und das Verfahren ohne erneute Zahlungserinnerung fortzuführen.

III. Rechtsfolgen, Verfahrensfragen

1. Rechtsfolgen, Verfahren. § 398a beinhaltet eine gebundene, keine Ermessensentscheidung **43** (Klein/*Jäger* Rn. 51; Müller Selbstanzeige Rn. 1062). Bei Vorliegen der Tatbestandsvoraussetzungen hat der Selbstanzeigeerstatter einen **Anspruch auf Verfahrenseinstellung** (Klein/*Jäger* Rn. 36; Rolletschke/Kemper/*Rolletschke* Rn. 51 ff.; so wohl auch *Heuel/Beyer* StBW 2011, 315 (319)).

Ob § 398a eine selbstständige Einstellungsvorschrift darstellt Rolletschke/Kemper/*Rolletschke* Rn. 51; **44** Helml Selbstanzeige 169; *Hunsmann* BB 2011, 2519 (2524); *Hunsmann* NJW 2011, 1482 (1487); *Wulf/Kamps* DB 2011, 1711 (1716); *Heuel/Beyer* StBW 2011, 315 (319)) oder, da sie lediglich ein Verfolgungshindernis (wie etwa der Eintritt der Strafverfolgungsverjährung, § 78 S. 1 StGB) begründet, einen hinreichenden Tatverdacht iSd § 170 Abs. 2 StPO ausschließt (*Bülte* NZWiSt 2014, 321), ist umstr. Für die erstgenannte Ansicht lässt sich jedenfalls die Gesetzessystematik (§ 398a ist im steuerstrafrechtlichen Verfahrensrecht der §§ 385 ff. nach der Einstellung wegen Geringfügigkeit – § 398 – verortet-) sowie der Wille des (historischen) Gesetzgeber anführen; die eigenständige Einstellungsvorschrift des § 153a StPO war das gesetzliche Vorbild des § 398a (BT-Drs. 17/5067, (neu) 20). Letztlich dürfte die Frage aber keine praktischen Auswirkungen entfalten.

Die Einstellung nach § 398a (iVm § 170 Abs. 2 StPO) beschränkt sich auf die Verfolgung der **45** betreffenden Tat als Steuerhinterziehung. Sollte die Tat auch einen anderen Straftatbestand erfüllen, bleibt eine diesbzgl. Strafverfolgung von einer Einstellung unberührt. Dies gilt selbst für tateinheitlich begangene Delikte (*Hunsmann* BB 2011, 2519 (2524)), was in der Praxis ohne weiteres zB für eine Urkundenfälschung iSd § 267 StGB gegeben sein kann (→ § 370 Rn. 602).

Sachlich zuständig für die Prüfung der Tatbestandsvoraussetzungen und die Verfahrenseinstellung ist **46** die **Finanzbehörde** (Straf- und Bußgeldsachenstelle als Finanzstaatsanwaltschaft; vgl. Nr. 82 Abs. 4 S. 2 AStBV (St)), was sich in der Gesetzesfassung des AO-ÄndG (BGBl. 2014 I 2415 ff.) auch aus der Wiederaufnahmeregelung des § 398a Abs. 3 (→ Rn. 96 ff.) ergibt. Aufgrund der Bedeutung der einer Selbstanzeige nach § 398a zugrunde liegenden Steuerhinterziehung (hohe Hinterziehungssumme, § 371 Abs. 2 S. 1 Nr. 3; besonders schwere Fälle der Steuerhinterziehung, § 371 Abs. 2 S. 1 Nr. 4 iVm § 370 Abs. 3 S. 2 Nr. 2–5) kommt – nach dem BGH-Selbstanzeigebeschluss BGHSt 55, 180 – eine **Abgabe an die Staatsanwaltschaft** (§ 386 Abs. 4 S. 1) bzw. eine Evokation durch diese (§ 386 Abs. 4 S. 2) in Betracht (vgl. JJR/*Joecks* Rn. 22; Klein/*Jäger* Rn. 75). Dies wird auch von den einschlägigen Verwaltungsanweisungen der Finanzbehörden (Nr. 21 Abs. 2 S. 2 AStBV (St)) betont.

Auch wenn § 398a nach dem erklärten Willen des Gesetzgebers § 153a StPO nachempfunden ist **47** (BT-Drs. 17/5067, (neu) 20), unterliegt eine durch die Straf- und Bußgeldsachenstelle oder Staatsanwaltschaft vorgenommene Einstellung **keinem Richtervorbehalt** (Kohlmann/*Schauf* Rn. 33; *Obenhaus* Stbg 2011, 166 (174); so iErg auch Helml Selbstanzeige 173).

Etwas anderes gilt für die in § 398a Abs. 4 S. 2 normierte Anrechnung von nicht zur Verfahrens- **48** einstellung führenden Zuschlagszahlungen auf Geldstrafen: Sie ist ausschließlich dem Gericht vorbehalten.

49   Sollte die Frage des Vorliegens einer wirksamen zuschlagspflichtigen Selbstanzeige erst in einem bei Gericht anhängigen Strafverfahren bejaht werden, so ist das befasste Gericht (einschließlich des Rechtsmittelgerichts) entscheidungsbefugt (Rolletschke/Kemper/*Rolletschke* Rn. 29). Da § 398a Abs. 1 abweichend von der „Vorbildvorschrift" § 153a StPO keine Zustimmungserfordernisse normiert, ist insoweit auch **keine Zustimmung der Staatsanwaltschaft** erforderlich (Helml Selbstanzeige 174).

50   Eine gerichtliche Einstellung wird durch **Prozessurteil** (§ 260 Abs. 3 StPO) ausgesprochen (*Hunsmann* BB 2011, 2519 (2525)).

51   Obwohl der Gesetzgeber § 153a StPO als gesetzliche Vorbild gesehen hat (BT-Drs. 17/5067, (neu) 20), hat er das Verfahren – anders als bei § 153a StPO – nicht zweistufig (einer vorläufigen Einstellung nach § 153a Abs. 1 S. 1 StPO folgt dort nach Auflagenerfüllung eine endgültige Einstellungsverfügung; vgl. zB Meyer-Goßner/Schmitt/*Schmitt* StPO § 153a Rn. 53), sondern **einstufig** ausgestaltet. Für eine Gesetzesanalogie ist insoweit mE kein Raum; eine planwidrige Lücke ist nicht erkennbar (für ein zweistufiges Verfahren aber zB *Hunsmann* BB 2011, 2519 (2525); *Obenhaus* Stbg 2011, 166 (174)). Durch die Einführung eines zweistufigen „Zahlungsverfahrens" (→ § 371 Rn. 147c) wird es zwar im Zweifel zu einer nicht unerheblichen Verfahrensverzögerung führen. Hierauf wurde aber bereits in der Expertenanhörung hingewiesen (*Hermann* Dt. BT Finanzausschuss Prot. 18/25 S. 79), ohne dass der Gesetzgeber Konsequenzen gezogen hätte.

52   Sollten die Zahlungen des Selbstanzeigeerstatters nicht sämtliche nachzuzahlenden Steuer, die Hinterziehungszinsen und Zuschläge abdecken, so ist das Verfahren für die Taten einzustellen, für die die Zahlung gewissermaßen reicht (*Rolletschke/Roth* Stbg 2011, 200 (206); *Zanziger* DStR 2011, 1397 (1403)). § 398a nimmt eine Steuerstraftat in Bezug und nicht etwa den gesamten Berichtigungsverbund des § 371 Abs. 1 (so auch *Erb/Erdel* NZWiSt 2014, 327 (331)).

53   Anders als vor Selbstanzeigebeschluss (BGHSt 55, 180 ff.) und Inkrafttreten des Schwarzgeldbekämpfungsgesetzes (BGBl. 2010 I 676 f.) ist die „Tat" jedoch nicht teilbar (Müller Selbstanzeige im SteuerstrafR 189; Helml Selbstanzeige 152). Bei Teilzahlung kann also keine Teileinstellung erfolgen.

54   Wenn man die zum Sperrtatbestand des § 371 Abs. 2 (S. 1) Nr. 3 ergangene Rspr. (BGH NZWiSt 2012, 154 (155)), dass Verkürzungserfolge tateinheitlich begangener Steuerhinterziehungen für die Bestimmung der Wertgrenze aufzuaddieren sind, auf die Frage der Zahlungspflichten überträgt, muss eine Einstellung zwingend alle in Tateinheit iSd § 52 StGB stehende Steuerhinterziehungen eines Veranlagungszeitraums umfassen (so auch *Wulf* wistra 2015, 166 (173)).

55   Eine Einstellungsentscheidung nach § 398a ist mit einer Kostenentscheidung zu versehen (§ 464 Abs. 1 StPO). Es handelt sich um eine „eine Untersuchung einstellende Entscheidung" wie zB eine Einstellung nach § 153 ff. StPO (vgl. dazu Meyer-Goßner/Schmitt/*Meyer-Goßner* StPO § 464 Rn. 6). Die Verfahrenskosten sind in entsprechender Anwendung des § 467 Abs. 1 StPO der Staatskasse aufzuerlegen; die notwendigen Auslagen hat analog § 467 Abs. 5 StPO der Täter zu tragen (*Hunsmann* BB 2011, 2519 (2525)).

56   Während das Schwarzgeldbekämpfungsgesetz (BGBl. 2010 I 676 f.) keine Regelung enthielt, wie mit „fehlgeschlagenen" Zahlungen umzugehen ist (zur alten Gesetzeslage vgl. *Roth* PStR 2012, 223 ff.; OFD Nds www.iww.de Abruf-Nr. 1123779), sieht § 398a Abs. 4 idF des AO-ÄnderungsG (BGBl. 2014 I 2415 ff.) nunmehr ausdrücklich vor, dass entrichtete Zuschlagszahlungen, die die Rechtsfolge des § 398a Abs. 1 nicht eintreten lassen, nicht erstattet werden. § 398a ist damit für Beträge nach § 398a Abs. 1 Nr. 2 eine § 153a Abs. 1 S. 6 StPO, § 56f Abs. 3 StGB vergleichbare **gesetzliche Verfallsanordnung** anzusehen (*Joecks* DStR 2014, 2261 (2266)).

57   Der Tatbezug des § 398a Abs. 1 (→ Rn. 28) schlägt zwangsläufig auch auf § 398a Abs. 4 S. 1 durch. Der Verfall erfasst deshalb nicht sämtliche zuschlagszahlungspflichtige Taten, sondern nur diejenige, für die die Zahlung nicht vollständig ausgereicht hat (→ Rn. 52).

58   § 398a Abs. 4 S. 1 greift aber nicht nur im Fall einer originären Teilzahlung. Das Gleiche gilt, sollte sich nachträglich herausstellen, dass mit der Selbstanzeige ein zu niedriger Hinterziehungsbetrag nacherklärt wurde; auch dann würde sich der bisher gezahlte Zuschlag als bloße Teilzahlung darstellen.

59   Darüber hinaus kommt § 398a Abs. 4 S. 1 aber auch im Fall einer verfristeten Vollzahlung zur Anwendung. Soweit innerhalb der angemessenen Frist nur ein Teil des Zuschlags gezahlt und der Restbetrag erst nach Fristablauf entrichtet werden, tritt allein aufgrund der Fristüberschreitung die Rechtsfolge des § 398a Abs. 1, an die § 398a Abs. 4 S. 1 gerade anknüpft (Rolletschke/Roth Selbstanzeige Rn. 595).

60   Kein Fall des § 398a Abs. 4 S. 1 ist hingegen, dass ein Selbstanzeigeerstatter zunächst von einer Zuschlagszahlungspflicht ausging (zB wegen vermeintlicher Überschreitung des Schwellenwerts des § 371 Abs. 2 S. 1 Nr. 3), diese Annahme sich jedoch nach der Zuschlagszahlung als falsch erwies. Dann ist zwar *„die Rechtsfolge des Absatzes 1 nicht"* eingetreten. Dies beruhte jedoch darauf, dass der Selbstanzeigeerstatter bereits mit seiner Steuer- und Zinszahlung Strafaufhebung nach § 371 Abs. 1, Abs. 3 erlangt hat.

61   Vergleichbares gilt, wenn die Fehleinschätzung zwar nicht zur Zuschlagsfreiheit (§ 371 Abs. 2 S. 1 Nr. 3), aber zur Annahme eines zu hohen Zuschlagprozentsatzes führt. Da der Selbstanzeigeerstatter dann jedenfalls einen ausreichenden Zuschlagsbetrag entrichtet hat, bleibt das Verfahren eingestellt, es

fehlt auch hier an der Grundvoraussetzung des § 398a Abs. 4 S. 1, dass *„die Rechtsfolge des Absatz 1 nicht"* eingetreten ist.

Gewissermaßen als Kompensation des in § 398a Abs. 4 S. 1 angeordneten Verfalls sieht § 398a Abs. 4 **62** S. 2 vor, dass entrichtete (Teil-)Beträge auf eine wegen Steuerhinterziehung verhängte Geldstrafe angerechnet werden können. Dies entspricht dem Regelungswerk bei Bewährungswiderrufs (s. § 56f Abs. 3 S. 2 StGB; Rolletschke/Roth Selbstanzeige Rn. 602).

Trotz des Gesetzesworts (Anrechnung bei Verurteilung „wegen Steuerhinterziehung") kommt die **63** Vorschrift auch bei einer Verurteilung wegen Teilnahme an einer Steuerhinterziehung zur Anwendung. § 398a gilt insgesamt für alle „an der Tat Beteiligte".

Die Anrechnungsmöglichkeit beschränkt sich auf Verurteilungen „wegen Steuerhinterziehung". Eine **64** Anrechnung auf Geldstrafen, die wegen anderer Delikte – auch anderer Steuerstraftaten iSd § 369 – verhängt werden (sollen), ist insoweit ausgeschlossen.

§ 398a Abs. 4 S. 2 sieht lediglich bei der Verhängung von **Geldstrafen** eine Anrechnungsmöglichkeit **65** vor. Dies ist zunächst auch naheliegend, da sich hier zwei „gleichartige" in Geld bemessene Zahlungsforderungen gegenüberstehen.

Da die Fälle der zuschlagspflichtigen Selbstanzeigen aber die Regelbeispiele des § 370 Abs. 3 S. 2 **66** ausfüllen, kommt bei einer Nichterfüllung der Zahlungspflichten des § 398a verstärkt die Verhängung einer **Freiheitsstrafe** in Betracht (s. § 370 Abs. 3 S. 1). Eine Anrechnung auf Freiheitsstrafen sieht das Gesetz jedoch anders als § 56f Abs. 3 S. 2 StGB nicht vor. Im Übrigen würde sich aber auch das praktische Problem des Anrechnungsmaßstabs stellen. Eine allgemein gültige, starre Umrechnungsformel dahingehend, dass für alle Angeklagten – unabhängig vom sonstigen Einkommen und Vermögen – ein Zuschlagsbetrag von zB 1.000 EUR einem Tag Freiheitsstrafe entspräche, erschiene jedenfalls nicht sachgerecht (Rolletschke/Roth Selbstanzeige Rn. 606). Ob der Ausschluss einer Anrechnungsmöglichkeit bei Freiheitsstrafen allerdings mit dem Schuldprinzip und dem Gleichheitsgrundsatz des Art. 3 Abs. 1 S. 1 GG vereinbart werden kann, erscheint eher zweifelhaft (*Joecks* DStR 2014, 2261 (2266)). So wird in der Lit. (Rolletschke/Roth Selbstanzeige Rn. 606; Klein/*Jäger* Rn. 70) einerseits die Möglichkeit einer aus der **Verfassung abzuleitenden Anrechnungsmöglichkeit** diskutiert, andererseits (*Hunsmann* NJW 2015, 113 (118)) wird eine analoge Anwendung zB von § 56f Abs. 3 S. 2 StGB bzw. § 26 Abs. 3 S. 2 JGG abgelehnt und auf eine Berücksichtigungsfähigkeit im Rahmen der Strafzumessung (§ 46 Abs. 2 StGB: „Verhalten nach der Tat") verwiesen. Denkbar wäre mE aber auch, die Zuschlagszahlung bereits bei der Strafrahmenwahl contra-indiziell zu berücksichtigen und damit den Weg zu einer Geldstrafe zu eröffnen (s. § 370 Abs. 1).

Eine Anrechnung ist ferner bei einer späteren Verfahrenseinstellung nach **§ 153a StPO** ausgeschlos- **67** sen (*Buse* DB 2015, 89 (93); aA ohne nähere Begründung *Heuel/Beyer* AO-StB 2015, 129 (137)). Eine bloße Geldauflage ist gerade keine mittels Verurteilung verhängte Geldstrafe. Da eine Geldauflage auch keine Strafe im eigentlichen Sinne darstellt, kann man das Erfordernis einer Anrechnungsmöglichkeit nicht mit dem Schuldprinzip begründen. Praktisch wird man das Problem durch eine Berücksichtigung bei der Auflagenbildung lösen (so auch Kohlmann/*Schauf* Rn. 40).

Die Anrechnung kann aufgrund der in § 398a Abs. 4 S. 2 normierten Gerichtszuständigkeit durch **68** **Strafurteil** oder im **Strafbefehlsweg** (§§ 407 ff. StPO) erfolgen.

Zuständiges Gericht für die Anrechnungsentscheidung ist der für die Steuerstraftaten zuständige **69** erstinstanzliche Spruchkörper. Das Gesetz sieht insoweit keine besondere **Anhörung des Angeklagten** – anders als etwa in § 453 Abs. 1 S. 3 StPO – vor (Rolletschke/Roth Selbstanzeige Rn. 613).

Nach dem Gesetzeswortlaut steht die Anrechnungsentscheidung zwar im gerichtlichen **Ermessen 70** (BT-Drs. 18/3018, 16). Insoweit wird man aber eine Vorprägung der Ermessensentscheidung in der Form annehmen, dass anzurechnen ist (so iErg auch *Beyer* NWB 2015, 769 (777); *Heuel/Beyer* AO-StB 2015, 129 (137)).

Ausgehend von den zu § 56f Abs. 3 S. 2 StGB aufgestellten Rechtsgrundsätzen wird man hiervon lediglich dann eine Ausnahme machen können, wenn sich der Selbstanzeigeerstatter die Mittel erst durch strafbare Handlungen verschafft hat (BGH BeckRS 2014, 05846) oder wenn ein besonders krasses negatives Nachtatverhalten vorlag (KG BeckRS 2013, 17690).

Mit der Gesetzesformulierung „auf die Geldstrafe anrechnen" knüpft der Gesetzgeber an die Vollstre- **71** ckungsvorschriften der § 56f Abs. 3 S. 2 StGB und § 51 StGB („anrechnen") an, sodass davon auszugehen ist, dass auch bei § 398a Abs. 4 die Fiktion zur Anwendung kommt, dass die zu verhängende Strafe bereits in Höhe des Anrechnungsbetrages als vollstreckt gilt (Strafvollstreckungslösung). Die Anrechnungsentscheidung ist als Annexentscheidung im Strafurteil nach dem Strafausspruch separat auszusprechen.

Bei der Anrechnung sind alle **bis zum Erlass des erstinstanzlichen Urteils** geleisteten Zuschlags- **72** zahlungen zu berücksichtigen. Auch nach Fristablauf geleistete Zahlungen lassen *„die Rechtsfolge des § 398a Abs. 1 AO nicht eintreten"* und unterfallen deshalb der Verfall- und Anrechnungsvorschrift des § 398a Abs. 4 S. 1, S. 2.

Werden Zuschlagszahlungen nach Verkündung des erstinstanzlichen Urteils, aber **innerhalb der 73** **Rechtsmittelfrist** geleistet, könnte eine Anrechnung auch erst in der Rechtsmittelinstanz erfolgen (Rolletschke/Roth Selbstanzeige Rn. 621).

74   Im (eher) theoretischen Fall, dass der zunächst teilweise gezahlte und nun anzurechnende Strafzuschlag die ausgeworfene Geldstrafe übersteigt, besteht keine Anrechnungsmöglichkeit; es ist dann von einem **Verfall des überschießenden Betrages** zugunsten der Staatskasse des jeweiligen Bundeslandes auszugehen.

75   § 398a Abs. 4 S. 2 gibt lediglich vor, dass eine Anrechnung erfolgen kann. Das Gesetz enthält jedoch keinen **Maßstab für die Anrechnung.** Auch wenn eine Mathematisierung der Straf- bzw. Anrechnungszumessung grds. fremd ist (BGH NStZ 2011, 32), kann insoweit das **Tagessatzsystem** als Anhaltspunkt fungieren (so auch BGHSt 36, 378 für § 56f Abs. 3 S. 2 StGB).

76   **2. Strafklageverbrauch.** Eine Verfahrenseinstellung nach § 398a Abs. 1 nF zieht **keinen Strafklageverbrauch** nach sich (*Joecks* DStR 2014, 2261 (2266); *Thonemann-Micker/Kanders* DB 2014, 2125 (2129)). Unerheblich ist insoweit, ob die Einstellung durch eine Straf- und Bußgeldsachenstelle, die Staatsanwaltschaft oder ein Gericht im Rahmen einer Hauptverhandlung erfolgt (Helml Selbstanzeige 194).

77   Dies gilt nicht nur für die Gesetzesfassung des AO-ÄnderungsG (BGBl. 2014 I 2415 ff.), in der eine Wiederaufnahmemöglichkeit – allerdings beschränkt auf die Erkenntnis der Finanzbehörde, dass die Angaben im Rahmen einer Selbstanzeige unvollständig oder unrichtig waren (§ 398a Abs. 3) – kodifiziert wurde. Das wurde überwiegend auch schon idF des Schwarzgeldbekämpfungsgesetzes (BGBl. 2010 I 676 f.) zu Recht so gesehen (Klein/*Jäger* Rn. 38; Flore/Tsambikakis/*Quedenfeld* Rn. 57; Helml Selbstanzeige 193 ff.; Müller Selbstanzeige im SteuerStrafR 149 ff.; *Heuel/Beyer* StBW 2011, 315 (320); *Wulf/Kamps* DB 2011, 1711 (1716); *Joecks* SAM 2011, 128 (133); *Spatscheck/Höll* StV Heft I 11, I; *Joecks* DStR 2014, 2261 (2266): *„niemand hat bislang ernsthaft behauptet, … § 398a AO führe zu einem Strafklageverbrauch“*). Aus der nunmehr erfolgten deklaratorischen Normierung lässt sich nichts Gegenteiliges schließen (aA *Thonemann-Micker/Kanders* DB 2014, 2125 (2129)).

78   Einen echten Strafklageverbrauch kann es im Grundsatz nur bei einer echten Sachentscheidung des Gerichts geben (vgl. Meyer-Goßner/Schmitt/*Meyer-Goßner* StPO Einl. Rn. 172). Er erwächst aus dem Verbot der Doppelbestrafung (Art. 103 Abs. 2 GG). Bei der Nachentrichtung iSd § 398a Abs. 1 Nr. 1 und der Zuschlagszahlung nach § 398a Abs. 1 Nr. 2 handelt es sich aber nicht um eine Strafe mit schuldfeststellendem Unwerturteil, sondern (zumindest formal) um freiwillige Zahlungen (so ausdr. *Heuel/Beyer* StBW 2011, 315 (320)).

79   Denkbar wäre zwar gewesen, anknüpfend an das gesetzliche Vorbild des § 153a StPO (BT-Drs. 17/5067, (neu) 20) einen (eingeschränkten) Strafklageverbrauch (s. § 153a Abs. 1 S. 5 StPO) zu kodifizieren (*Joecks* DStR 2014, 2261 (2266)). Von dieser Möglichkeit hat der Gesetzgeber aber gerade keinen Gebrauch gemacht (vgl. *Obenhaus* Stbg 2011, 166 (175); *Heuel/Beyer* StBW 2011, 315 (320)). Vor diesem Hintergrund wird man der im AO-ÄnderungsG vorgenommenen Normierung einer Wiederaufnahme in § 398a Abs. 3 lediglich deklaratorischen Charakter beimessen können (aA aber *Erb/Erdel* NZWiSt 2014, 327 (331): *„die Wiederaufnahmemöglichkeit wäre bedeutungslos, träte nicht zuvor durch den Verfahrensabschluss ein Strafklageverbrauch ein“*).

80   Damit beschränkt sich die Wiederaufnahmemöglichkeit aber nicht auf den in § 398a Abs. 3 genannten Grund, dass sich später herausstellt, dass die in der Selbstanzeige enthaltenen Angaben unvollständig oder unrichtig waren. Eine Wiederaufnahme ist zB auch dann möglich, wenn sich nachträglich zeigt, dass die Wirksamkeit der Selbstanzeige am Vorliegen eines anderen Sperrtatbestands scheitert (Rolletschke/Roth Selbstanzeige Rn. 631).

81   Eine Wiederaufnahme ist sowohl **zuungunsten** als auch **zugunsten** des Selbstanzeigeerstatters möglich. Zugunsten des Selbstanzeigeerstatters kommt sie insbesondere dann in Betracht, wenn sich zeigt, dass von einem zu hohen Hinterziehungsbetrag und damit einem zu hohen Zuschlagprozentsatz ausgegangen wurde (→ Rn. 60).

82   § 398a Abs. 3 sieht eine Wiederaufnahme bei besserer Erkenntnis der „Finanzbehörde“ vor. Gemeint sein dürfte damit die Straf- und Bußgeldsachenstelle als finanzbehördliche Staatsanwaltschaft (vgl. § 386 Abs. 1), sodass die Kenntnis anderer Stellen (zB Gericht, Staatsanwaltschaft, Polizei etc) nicht ausreichen würde. Ungeachtet dessen, dass diese Behörden ihre Kenntnis in der Praxis ohnehin der Straf- und Bußgeldsachenstelle weitergeben würden, begrenzt die lediglich deklaratorisch wirkende Vorschrift des § 398a Abs. 3 nicht die allg. bestehende Wiederaufnahmemöglichkeit. Deshalb eröffnet auch die Kenntnis dieser anderen Stellen eine Wiederaufnahme.

83   Das Gesetz stellt die Wiederaufnahme zwar in das Ermessen der Strafverfolgungsbehörden (§ 398a Abs. 3: „Die Wiederaufnahme ist … zulässig“). Aufgrund des Legalitätsprinzips dürfte die Ermessensausübung aber im Sinne einer Wiederaufnahmepflicht vorgeprägt sein. Schließlich handelt es sich bei den einer zuschlagspflichtigen Selbstanzeige zugrunde liegenden Fällen um gewichtige Tatvorwürfe (§ 371 Abs. 2 S. 1 Nr. 3 AO: hohe Hinterziehungsbeträge, § 371 Abs. 2 S. 1 Nr. 4: besonders schwere Fälle).

84   Die Möglichkeit einer Wiederaufnahme besteht bis zum Eintritt der Strafverfolgungsverjährung.

85   **3. Nebenfolgen.** Eine Einstellung nach § 398a – zieht wie die „Vorbildvorschrift“ des § 153a StPO (BT-Drs. 17/5067, (neu) 20) – keine Eintragung im **Bundeszentralregister** nach sich (Rolletschke/Kemper/*Rolletschke* Rn. 61; Kohlmann/*Schauf* Rn. 34; Meyer-Goßner/Schmitt/*Schmitt* StPO § 153a Rn. 60).

Zu erwägen ist aber, ob sich eine Einstellung nach § 398a auf den **Widerruf** einer zur **Bewährung** 86 ausgesetzten Freiheitsstrafe auswirkt (§ 56f Abs. 1 S. 1 Nr. 1 StGB).

Voraussetzung wäre insoweit, dass feststeht, dass der Selbstanzeigeerstatter in der Bewährungszeit eine Straftat begangen hat (BVerfG NStZ 1987, 118). Eine rechtskräftige Verurteilung ist insoweit zwar nicht erforderlich (BVerfG NStZ 1987, 118); ob aber die Zustimmung zu einer Verfahrenseinstellung nach § 153a StPO hinreichen lässt, ist umstr (vgl. zum Streitstand Fischer StGB § 56f Rn. 7a). Wenn man sie nicht für ausreichend erachtet (zB BVerfG NStZ-RR 1996, 168 Ls. 2: *„Die Zustimmung des Betroffenen in StPO § 153a ist für die Annahme und Erfüllung der Auflagen und Weisungen notwendig. Im Übrigen setzt die Einstellung lediglich das Bestehen eines hinreichenden Tatverdachts voraus; sie stützt sich gerade nicht auf die Gewißheit über die Schuld“*; aA OLG Düsseldorf 3 Ws 152/92: *„Bewährungsentscheidungen nach § 56f Abs. 1 Nr. 1 und Abs. 2 StGB können auch ergehen, wenn das Verfahren wegen der neuen Straftat nach § 153a StPO eingestellt worden ist. Voraussetzung dafür ist, daß sich das Gericht die Überzeugung verschafft hat, daß der Verurteilte die Straftat begangen hat.“*) lässt sich jedenfalls aus der „Vorbildvorschrift“ § 153a StPO (BT-Drs. 17/5067, (neu) 20) nichts ableiten. Selbst wenn man den Angaben in einer (zuschlagspflichtigen) Selbstanzeige geständnisgleiche Wirkung zuschreiben würde, ist dieses Geständnis „nur“ gegenüber einer Verwaltungsbehörde, nicht gegenüber einem Richter erfolgt. Die Rspr. (BVerfG NStZ 2005, 204; OLG Köln NStZ 2004, 685; OLG Düsseldorf NJW 2004, 790) nimmt insoweit aber gerade gerichtliche Geständnisse in Bezug (zu den strafprozessualen Auswirkungen einer Verfahrenseinstellung nach § 153a StPO vgl. *Rettenmaier* NJW 2013, 123 (124)).

Wie bei einer zuschlagfreien Selbstanzeige besteht auch bei einer zuschlagpflichtigen Selbstanzeige die 87 Möglichkeit der Durchführung eines **Disziplinarverfahren**s nach Verfahrenseinstellung möglich (Helml Selbstanzeige 191).

Gleiches gilt für die Verfolgung etwa tateinheitlich mitverwirklichter **Nichtsteuerstraftaten** (zB 88 einer Urkundenfälschung iSd § 267 StGB; vgl. Helml Selbstanzeige 191). Die Verfahrenseinstellung nach § 398a (iVm § 170 Abs. 2 StPO) beschränkt sich – wie die Strafaufhebung des § 371 Abs. 1, Abs. 3 – auf den Tatvorwurf der Steuerhinterziehung.

4. Konkurrenzen. Sollte eine Verfahrenseinstellung nach § 398a (iVm § 170 Abs. 2 StPO) letztlich 89 fehlschlagen, zB wegen unzureichender Steuer-, Hinterziehungszins- oder Zuschlagzahlung, so besteht mE grds. auch die Möglichkeit einer **Opportunitätseinstellung** gem. §§ 153 ff. StPO (oder im Einzelfall § 398).

Die fehlgeschlagene Einstellung nach § 398a (iVm § 170 Abs. 2 StPO) steht dem nicht als vorrangige Verfahrensvorschrift (s. § 385 Abs. 1) entgegen (so auch *Hunsmann* BB 2011, 2519 (2526); Wannemacher SteuerStrafR / *Schmedding* Rn. 2194; Helml Selbstanzeige 195; Müller Selbstanzeige SteuerStrafR 148). § 398a weist gegenüber den §§ 153 ff. StPO teilweise einen unterschiedlichen Regelungsgehalt auf. Während die Opportunitätseinstellungen im Bereich leichter bis mittlerer Kriminalität gelten, kommt § 398a gerade bei unrechtsschwereren Steuerhinterziehungen zur Anwendung (§ 371 Abs. 2 S. 1 Nr. 3 und/oder Nr. 4). Zudem unterscheiden sich beide Verfahren teilweise in Bezug auf die Beteiligung des Gerichts (s. §§ 153 Abs. 1 S. 1, 153a Abs. 1 S. 1 StPO) sowie in Bezug auf ihre Folgewirkungen (eingeschränkter Strafklageverbrauch bei § 153a StPO, s. § 153a Abs. 1 S. 5).

Die zuschlagsfreie Selbstanzeige (§ 371) und die zuschlagspflichtige Selbstanzeige (§ 398a) können 90 zwar in Bezug auf verschiedene Taten nebeneinander zur Anwendung kommen (so kann im Veranlagungszeitraum 01 ein Sperrtatbestand iSd § 371 Abs. 2 S. 1 Nr. 3 und/oder Nr. 4 vorliegen, im Veranlagungszeitraum 02 hingegen nicht). Für dieselbe Tat **schließen sich §§ 398a und 371 aber gegenseitig aus** (Beermann/Gosch/ *Hoyer* Rn. 15).

5. Abzugsfähigkeit. Die Frage, ob der 5%ige Zuschlag **steuerlich abzugsfähig** ist, ist weder 91 gesetzlich geregelt noch wurde sie in einem der beiden Gesetzgebungsverfahren des Schwarzgeldbekämpfungsgesetzes (BGBl. 2010 I 676 f.) und des AO-ÄnderungsG (BGBl. 2014 I 2415 ff.) thematisiert.

Für eine Abzugsfähigkeit des Zuschlags spricht zwar, dass er weder eine Strafe noch eine Auflage noch 92 eine Geldbuße darstellt (vgl. §§ 12 Nr. 4 EStG, 4 Abs. 5 Nr. 8 EStG). Möglicherweise mag man die Zuschlagszahlung zu Gunsten der Staatskasse auch mit einer Ausgleichszahlung an das geschädigte Tatopfer vergleichen, die nach BFH-Rspr. (BFHE 224, 140 ff.) abzugsfähig ist.

ME spricht aber entscheidend gegen eine Abzugsfähigkeit, dass § 398a dem § 153a StPO nachempfunden wurde (BT-Drs. 17/5067, (neu) 20; so auch Klein/*Jäger* Rn. 40; Flore/Tsambikakis/ *Quedenfeld* Rn. 59; Wannemacher SteuerStrafR / *Schmedding* Rn. 2188, 2195; *Rolletschke/Roth* Stbg 2011, 200 (206 f.); *Roth* DStR 2011, 1410 f.; *Hunsmann* BB 2011, 2519 (2527); aA Stahl Selbstanzeige Rn. 415). Zu § 153a StPO hat der BFH aber entschieden, dass eine Auflage dann nicht abziehbar ist, wenn sie nicht lediglich der Wiedergutmachung des durch die Tat verursachten Schadens dient (BFHE 222, 448 ff.).

6. Rechtsschutz bei § 398a. a) Rechtsweg. Gegen die Fristsetzung(en) kann (wenn überhaupt) 93 nur der ordentliche Rechtsweg in Betracht kommen. § 398a hat als Strafverfolgungshindernis strafverfahrensrechtlichen Charakter (*Beckemper/Schmitz/Wegner/Wulf* wistra 2011, 281 (288)). Dies zeigt sich allein an der bewussten Anlehnung an § 153a StPO (BT-Drs. 17/5067, (neu) 22) und der Verortung im Strafverfahrensrecht der AO (§§ 385 ff.).

94   So wie in der Lit. gefordert (Rolletschke/Kemper/*Hunsmann* Rn. 65 ff.; Helml Selbstanzeige 197), wird insoweit auch in einer ersten gerichtlichen Entscheidung (LG Aachen BeckRS 2014, 23459) die Beschwerderecht nach §§ 304 ff. StPO für statthaft gehalten.

95   Die vor Inkrafttreten des AO-ÄnderungsG (BGBl. 2014 I 2415 ff.) geführte Diskussion, ob eine **Rückzahlung** von als rechtswidrig empfundenen Zuschlagszahlungen über den Weg einer **zivilrechtlichen Klage** (bereicherungsrechtliche Kondiktionsansprüche) erreicht werden kann (vgl. dazu ausf. *Roth* ZWH 2013, 7 ff.), wurde mit der Neufassung zum 1.1.2015 insoweit hinfällig, als dass § 398a Abs. 4 S. 1 ausdrücklich vorsieht, dass Zahlungen, die nicht zur Verfahrenseinstellung nach § 398a Abs. 1 führen, nicht erstattet werden (so auch *Erb/Erdel* NZWiSt 2014, 327 (332)).

96   **b) Rechtsschutz im Ermittlungsverfahren Verfahrensstadien.** Gegen die im Ermittlungsverfahren erfolgte **Einstellung** bedarf es keines Rechtsschutzes (*Hunsmann* BB 2011, 2519 (2526)). Es fehlt an einem Rechtsschutzbedürfnis. Die Zahlungen sind freiwillig erfolgt. § 398a wird deshalb in der Lit. (*Hunsmann* BB 2011, 2519 (2526)) zu Recht – § 153a StPO vergleichbar – als *„freiwilliges Selbstunterwerfungsverfahren"* bezeichnet.

97   Wird das Ermittlungsverfahrens trotz Vorliegens der Voraussetzungen des § 398a nicht eingestellt, besteht ebenfalls kein Rechtsschutzbedürfnis für einen gesonderten Rechtsbehelf (Rolletschke/Kemper/*Hunsmann* Rn. 69). Die Wirksamkeit der Selbstanzeige wird inzident im strafprozessualen Erkenntnisverfahren entschieden (aA Kohlmann/*Schauf* Rn. 43: Rechtsschutz gegen Anordnung des Geldbetrags).

98   Vergleichbares gilt für eine potentiell unangemessen kurz bemessene Fristsetzung für die Steuernachzahlung/Hinterziehungszinszahlung (Rolletschke/Kemper/*Hunsmann* Rn. 70). Zahlt der Selbstanzeigeerstatter binnen der ihm gesetzten Frist(en), so wird das Verfahren nicht nur eingestellt. Dann belegt die fristgerechte Entrichtung auch nachträglich die Angemessenheit der verfügten Frist(en) (so bereits *Rolletschke* DStZ 1999, 287 (290)) zu § 371 Abs. 3).

Entrichtet der Selbstanzeigeerstatter die Zahlungen nicht (fristgerecht), kommt es zum gerichtlichen Verfahren. Im Zwischenverfahren nach §§ 199 ff. StPO wird summarisch geprüft, ob ein hinreichender Tatverdacht iSd § 170 Abs. 1 StPO besteht. Da das Gericht auch das Vorliegen von Strafverfolgungshindernissen prüft, kommt es nur bei angemessener Fristsetzung zu einer positiven Verurteilungsprognose und eröffnet das Hauptverfahren gem. § 203 StPO (so bereits *Rolletschke* DStZ 1999, 287 (290)). Dieses endet bei unterstelltem Schuldnachweis iÜ im Falle der Angemessenheit – zu Recht – mit einer Verurteilung; bei fehlerhafter und unangemessener Fristsetzung mit einem Freispruch (Rolletschke/Roth Selbstanzeige Rn. 653).

99   Anders als in den vorgenannten Verfahrenskonstellationen ist dem Betroffenen gegen die Verpflichtung zur **Zuschlagszahlung** jedoch Rechtsschutz einzuräumen (so bereits *Hunsmann* NZWiSt 2012, 102 (104)). Insoweit ist **§ 98 Abs. 2 S. 2 StPO analog** anzuwenden (AG Hamburg 28.11.2012 – 234 Gs 40/12; LG Aachen BeckRS 2014, 23459; *Beyer* NWB 2015, 769 (779)). Gegen die Entscheidung des nach § 162 StPO zuständigen Gerichts ist die Beschwerde gem. §§ 304 ff. StPO statthaft (LG Aachen BeckRS 2014, 23459, so auch Rolletschke/Kemper/*Hunsmann* Rn. 72; Kohlmann/*Schauf* Rn. 43; Müller Selbstanzeige im SteuerStrafR 188; *Hunsmann* NZWiSt 2012, 102 (104)).

Glaubt der Selbstanzeigeerstatter, dass seine Selbstanzeige eine zuschlagsfreie iSd § 371 gewesen ist, hilft ihm das „Ausfechten" des Tatvorwurfs im weiteren Strafverfahren nämlich nicht weiter. Ergebnis einer Hauptverhandlung wäre entweder, dass eine wirksame strafbefreiende Selbstanzeige wegen Nichtüberschreitung des Grenzbetrages iHv 25.000 EUR (s. § 371 Abs. 2 S. 1 Nr. 3) und Nichterfüllung eines Regelbeispiels iSd § 370 Abs. 3 S. 2 Nr. 2–5 (s. § 371 Abs. 2 S. 1 Nr. 4) vorliegt und der Angeklagte freigesprochen wird, oder dass dieser wegen der dann unterbliebenen Zuschlagszahlung verurteilt wird. Eine Einstellung des Verfahrens unter den Voraussetzungen des § 398a wäre nicht mehr möglich, da die ja bereits gesetzte (angemessene) Frist zur Zuschlagszahlung zwischenzeitlich fruchtlos abgelaufen sein dürfte und die Zuschlagszahlung selbst – anders als das Erfordernis der Fristsetzung – im weiteren Strafverfahren nicht mehr nachgeholt werden kann.

100   **c) Rechtsschutz im gerichtlichen Verfahren.** Stellt das Gericht im **Zwischenverfahren** fest, dass die Voraussetzungen des § 398a vorliegen bzw. durch Nachholung einer angemessenen Fristsetzung nachträglich eingetreten sind, ist das Verfahren nach § 206a Abs. 1 StPO außerhalb der Hauptverhandlung durch Beschluss wegen Vorliegens eines Verfahrenshindernisses endgültig einzustellen (Rolletschke/Kemper/*Hunsmann* Rn. 74; Kohlmann/*Schauf* Rn. 45). Hiergegen ist eine sofortige Beschwerde statthaft (§§ 206a Abs. 2, 311 StPO), die mangels Beschwer des Angeschuldigten nur der Staatsanwaltschaft bzw. den Ermittlungsbehörden eröffnet ist (Meyer-Goßner/Schmitt/*Meyer-Goßner* StPO § 206a Rn. 10 mwN). Genauso wenig kann der Angeschuldigte gegen die unterbliebene Einstellung des Verfahrens vorgehen. Sie ist einer der Urteilsfällung vorgelagerten Entscheidung vergleichbar (§ 305 S. 1 StPO; *Hunsmann* NZWiSt 2012, 102 (104)).

101   Werden die Voraussetzungen des § 398a erst Hauptverfahren erfüllt bzw. wird die Erfüllung erst während der **Hauptverhandlung** festgestellt, so führt das Vorliegen dieses Verfahrenshindernis ebenfalls zu einer Verfahrenseinstellung und nicht zu einem Freispruch (Schwarz/Pahlke/*Dumke* Rn. 31; *Hunsmann* BB 2011, 2519 (2526)). § 398a lässt den Schuldvorwurf als solchen unberührt. Die Einstellung des Verfahrens ist dann gem. § 260 Abs. 3 StPO im Rahmen der Hauptverhandlung durch Prozessurteil auszusprechen (Rolletschke/Kemper/*Hunsmann* Rn. 75; *Hunsmann* NZWiSt 2012, 102 (104)).

Dagegen kann wieder nur die Staatsanwaltschaft das Rechtsmittel der Berufung oder Revision einlegen (Rolletschke/Roth Selbstanzeige Rn. 658).

Besteht ein Anspruch auf Freispruch, weil sich in der Hauptverhandlung herausstellt, dass der **102** Angeklagte eine zuschlagfreie Selbstanzeige (§ 371) erstattet und die Beträge nach § 371 Abs. 3 bereits geleistet hatte, besteht auch für ihn die Möglichkeit, gegen die ihn dann insoweit beschwerende Verfahrenseinstellung Berufung oder Revision mit dem Ziel des Freispruchs einzulegen (Meyer-Goßner/Schmitt/*Meyer-Goßner* StPO Vor § 296 Rn. 14).

Wird der Angeklagte **verurteilt,** obwohl die Voraussetzungen für eine Verfahrenseinstellung nach **103** § 398a vorlagen, stehen ihm Berufung bzw. Revision offen (Rolletschke/Kemper/*Hunsmann* Rn. 76; Kohlmann/*Schauf* Rn. 45).

Dies führt in der Rechtsmittelinstanz zu einer (erneuten) Überprüfung über das Vorliegen der Voraussetzungen nach § 398a, da das Absehen von Strafverfolgung ein bis zum rechtskräftigen Abschluss des Verfahrens von Amts wegen zu beachtendes Verfolgungshindernis darstellt. Ist bislang die Fristsetzung unterblieben oder unangemessen kurz gewesen, ist das Gericht sogar noch in der Berufungsinstanz zur nachträglichen Fristsetzung befugt (OLG Karlsruhe NStZ-RR 2007, 147 (148) zu § 371 Abs. 3).

d) Rechtsschutz gegen fehlerhafte Anrechnung auf Geldstrafe (§ 398a Abs. 4 S. 2). Die **104** gerichtliche Entscheidung über die Anrechnung von wirkungslosen (Teil-)Zuschlagszahlungen auf die Geldstrafe bestimmt – als **Annexentscheidung zum Urteilsausspruch** – den Umfang der zu vollstreckenden Geldstrafe und ist damit der formellen Rechtskraft zugänglich (OLG Stuttgart NStZ-RR 2012, 190; KG BeckRS 2013, 17690; OLG Düsseldorf BeckRS 2000, 30148184 zu § 56f Abs. 3 S. 2 StGB). Gegen sie muss daher zwingend eine Rechtsschutzmöglichkeit bestehen.

Da die Anrechnungsentscheidung nach der hier vertretenen Vollstreckungslösung als Annexentscheidung (nach dem Strafausspruch) im Strafurteil (oder im Strafbefehl) ausgesprochen wird, ist die Anrechnung mit den urteilsspezifischen Rechtsmitteln der **Berufung** bzw. **Revision** (beim Strafbefehl mittels Einspruch) anzugreifen (anders aber für einen Beschluss nach § 56f Abs. 3 S. 2 StGB OLG Stuttgart NStZ-RR 2012, 190; KG BeckRS 2013, 17690; OLG Düsseldorf BeckRS 2000, 30148184: sofortige bzw. einfache Beschwerde). Im Rahmen der Revision ist – aufgrund der verfahrensrechtlichen Stellung des § 398a – Verfahrensrüge zu erheben (vgl. BGH BeckRS 2007, 04058 für den vergleichbaren Fall der Vollstreckungsanrechnung aufgrund rechtsstaatswidriger Verfahrensverzögerung). Wie bei der Anrechnung im Rahmen der rechtsstaatswidrigen Verfahrensverzögerung kann das Revisionsgericht in entsprechender Anwendung des § 354 Abs. 1a S. 2 StPO über die Anrechnung selbst entscheiden (vgl. BGH NStZ-RR 2008, 208 (209) für die rechtsstaatswidrige Verfahrensverzögerung).

Im Fall fehlerhaft zu hoher Anrechnung gilt zugunsten des Verurteilten das Verschlechterungsverbot **105** (OLG Nürnberg NStZ-RR 2011, 289 (290); OLG Jena BeckRS 2011, 15206; OLG Hamm NStZ 1996, 303 (304) zu § 56f Abs. 3 S. 2 StGB).

§ 399 Rechte und Pflichten der Finanzbehörde

(1) Führt die Finanzbehörde das Ermittlungsverfahren auf Grund des § 386 Abs. 2 selbständig durch, so nimmt sie die Rechte und Pflichten wahr, die der Staatsanwaltschaft im Ermittlungsverfahren zustehen.

(2) ¹Ist einer Finanzbehörde nach § 387 Abs. 2 die Zuständigkeit für den Bereich mehrerer Finanzbehörden übertragen, so bleiben das Recht und die Pflicht dieser Finanzbehörden unberührt, bei dem Verdacht einer Steuerstraftat den Sachverhalt zu erforschen und alle unaufschiebbaren Anordnungen zu treffen, um die Verdunkelung der Sache zu verhüten. ²Sie können Beschlagnahmen, Notveräußerungen, Durchsuchungen, Untersuchungen und sonstige Maßnahmen nach den für Ermittlungspersonen der Staatsanwaltschaft geltenden Vorschriften der Strafprozessordnung anordnen.

Literatur (Auswahl): *Beyer,* Das Evokationsrecht der Staatsanwaltschaft gem. § 386 Abs. 4 Satz 2 AO, AO-StB 2014, 58; *Hentschel,* Staatsanwalt und Polizist in Personalunion? – Zur Abschaffung fundamentaler Prinzipien des Strafverfahrensrechts bei der Verfolgung von Steuerstrafsachen, NJW 2006, 2300; *Klos/Weyand,* Probleme der Ermittlungszuständigkeit und Beteiligungsrechte der Finanzbehörde im Steuerstrafverfahren, DStZ 1988, 615; *Rolletschke,* Die finanzbehördlichen Strafverfolgungsorgane, Stbg 2006, 379; *Rüping,* Ermittlungen der Steuerfahndung und ihre Schranken, DStR 2002, 2020; *Steinhauff,* Berechtigung und Verpflichtung der Strafverfolgungsbehörden zur Einleitung eines Strafverfahrens nach Eingang einer Selbstanzeige, jurisPR-SteuerR 45/2008, Anm. 2; *Törmöhlen,* Die Stellung der BuStrA im Steuerstraf- und Ordnungswidrigkeitenverfahren, AO-StB 2013, 316.

1. Zweck und Anwendungsbereich der Vorschrift. § 399 ergänzt § 386 Abs. 2. Bei selbstständi- **1** ger Bearbeitung der Strafsache stehen der Finanzbehörde (→ Rn. 2) die **Kompetenzen der Staats-**

anwaltschaft zu. Es handelt sich hierbei – wie sich aus § 386 Abs. 4 ergibt – um ein abgeleitetes, nicht um ein originäres Recht (→ § 386 Rn. 2, 23; vgl. auch JJR/*Joecks* Rn. 3; Flore/Tsambikakis/*Webel* Rn. 5). Die Finanzbehörde nimmt die Rechte und Pflichten der Staatsanwaltschaft **an deren Stelle** wahr (Rolletschke/Kemper/*Schützeberg* Rn. 2). Die von ihr vorgenommenen Maßnahmen zur selbstständigen Erforschung des Sachverhalts besitzen jedoch kein geringeres rechtliches Gewicht als die strafprozessualen Maßnahmen der Staatsanwaltschaft (vgl. *Steinhauff* jurisPR-SteuerR 45/2008 Anm. 2). Entsprechend der RiStBV enthalten die **AStBV (St.) 2014** (Anweisungen für das Straf- und Bußgeldverfahren (Steuer), BStBl. I 2013, 1395) Anleitungen für die Verfahrensbehandlung, die die Finanzbehörde zu beachten hat (hierzu Rolletschke/Kemper/*Kemper* § 385 Rn. 35 ff.).

2   **2. Finanzbehörde iSd § 399 Abs. 1.** Zuständig für die Ermittlungen anstelle der Staatsanwaltschaft sind die in § 386 Abs. 1 S. 2 genannten Behörden, dh das Hauptzollamt, das Finanzamt, das Bundeszentralamt für Steuern (BZSt) und die Familienkasse (zum Begriff der Finanzbehörde iSd dritten Abschnitts der AO → § 386 Rn. 8). Danach sind die Zollfahndungsämter und die Steuerfahndungsstellen keine Finanzbehörden im Sinne der §§ 385 ff. Für das Zollfahndungsamt folgt dies schon daraus, dass es – anders das Hauptzollamt und anders als in § 6 Abs. 2 Nr. 5 – in dem Katalog des § 386 Abs. 1 S. 1 nicht genannt ist. Steuerfahndungsstellen sind schon keine eigenen Behörden, sondern lediglich Organisationseinheiten der Finanzämter, innerhalb derer der Vollzug der Aufgaben nach § 385 ff. organisatorisch jedoch den Straf- und Bußgeldstellen übertragen ist (Rolletschke/Kemper/*Kemper* § 386 Rn. 11, Rolletschke/Kemper/*Schützeberg* Rn. 6 mwN; JJR/*Joecks* Rn. 7; Kohlmann/*Matthes* Rn. 4). Die Rechte und Pflichten der Steuer- und Zollfahndung sind darum in § 404 gesondert geregelt (→ § 404 Rn. 13 ff.). Danach haben die Beamten dieser Stellen die Rechte und Pflichten der Polizei nach den Vorschriften der StPO; sie sind Ermittlungspersonen der Staatsanwaltschaft. Gleiches gilt gem. § 14 SchwarzArbG für die Behörden der Zollverwaltung in Gestalt der Finanzkontrolle Schwarzarbeit (FKS).

3   **3. Selbstständige Durchführung des Ermittlungsverfahrens. a) Eingeschränkte Zuständigkeit.** Die **Zuständigkeit** der Finanzbehörde als Staatsanwaltschaft ist sowohl in sachlicher als auch zeitlicher Hinsicht **beschränkt.** Gem. § 386 Abs. 2 setzt sie voraus, dass ausschließlich **Steuerstraftaten** iSv § 369 oder die Verletzung der in § 386 Abs. 2 genannten Strafgesetze (bezogen auf Kirchensteuern oder andere öffentlich-rechtliche Abgaben, die an Besteuerungsgrundlagen, Steuermessbeträge oder Steuerbeträge anknüpfen) Verfahrensgegenstand sind. Maßgeblich ist der prozessuale Tatbegriff gem. § 264 StPO (Kohlmann/*Hilgers-Klautzsch* § 386 Rn. 68; JJR/*Randt* § 386 Rn. 22). Kraft ausdrücklicher gesetzlicher Anordnung gelten die Straf- und Strafverfahrensvorschriften des AO auch für die Wohnungsbauprämie (§ 8 Abs. 2 WoPG), die Arbeitnehmer-Sparzulage (§ 14 Abs. 3 5. VermBG), die Altersvorsorgezulage (§ 96 Abs. 7 EStG) und die Investitionszulage (§ 15 InvZulG 2010). Auch insoweit hat die Finanzbehörde folglich eine Ermittlungsbefugnis und rechtliche Position der Staatsanwaltschaft (vgl. auch Nr. 18, 19 AStBV (St.) 2014).

4   In zeitlicher Hinsicht kann die Finanzbehörde allerdings, wie § 399 Abs. 1 ausdrücklich klarstellt, nur im **Ermittlungsverfahren** als Staatsanwaltschaft agieren und auch dies nur, solange das Verfahren **keine Haftsache** ist. Nach § 386 Abs. 3 endet ihre Zuständigkeit zwar erst mit dem Erlass eines Haftbefehls (aA Kohlmann/*Hilgers-Klautzsch* § 386 Rn. 107: schon kein Antragsrecht). Allerdings wird das Finanzamt das Verfahren regelmäßig schon zur Beantragung des Haftbefehls an die Staatsanwaltschaft abgeben, vgl. auch Nr. 22 AStBV (St.) 2014, *Törmöhlen* AO-StB 2013, 318. Die Zuständigkeit erlischt damit endgültig, auch wenn der Haftbefehl später aufgehoben wird. Die Sache kann im Anwendungsbereich von § 386 Abs. 3 auch nicht an die Finanzbehörde zurückgegeben werden (Kohlmann/*Hilgers-Klautzsch* Rn. 109).

5   Macht die Staatsanwaltschaft von ihrem **Evokationsrecht** nach § 386 Abs. 4 Gebrauch und zieht die Ermittlungen an sich, erlischt die Zuständigkeit der Finanzbehörde als Steuerstaatsanwaltschaft ebenfalls (→ § 386 Rn. 30 ff.). Die Finanzbehörde bleibt in all diesen Fällen gem. § 402 als Ermittlungsbehörde zuständig.

6   **b) Befugnisse. aa) Ermittlung.** Soweit die Finanzbehörde zur Wahrnehmung staatsanwaltschaftlicher Aufgaben berufen ist, hat sie nach § 160 Abs. 1 StPO den **Sachverhalt** selbstständig zu **ermitteln** und alle zulässigen Maßnahmen zu ergreifen, die zur Aufklärung der Straftat geeignet und erforderlich sind (BVerfG NStZ 1996, 45). Sie kann von öffentlichen Behörden Auskunft verlangen und Ermittlungen jeder Art entweder selbst vornehmen oder durch Behörden oder Beamte der Steuerfahndung, aber auch durch die Polizei vornehmen lassen (§ 161 StPO; vgl. auch JJR/*Joecks* Rn. 9; Klein/*Jäger* Rn. 3; Rolletschke/Kemper/*Kemper* Rn. 19; Schwarz/Pahlke/*Dumke* Rn. 6). Ihr steht damit das gesamte Ermittlungsinstrumentarium mit Ausnahme von Haftbefehlsanträgen (→ Rn. 4) offen. Zur Umsetzung der strafprozessualen Möglichkeiten enthalten die AStBV (St.) 2014 (→ Rn. 1) Handreichungen.

7   Die als „Steuerstaatsanwaltschaft" tätige Finanzbehörde unterliegt dem **Legalitätsprinzip** (§ 385 Abs. 1 AO iVm § 152 Abs. 2 StPO), dh sie ist zur Verfolgung der Steuerstraftat verpflichtet. Sie muss einschreiten, sobald sie durch eine – auch **anonyme** (vgl. Nr. 8 RiStBV) – Anzeige oder auf anderem

Wege von einem Tatverdacht Kenntnis erlangt (§ 160 Abs. 1 StPO; Nr. 8 RiStBV). Es besteht – abgesehen von den in § 398, §§ 153 ff. StPO iVm § 399 AO genannten Fällen – **kein Ermessen,** ob eingeschritten werden soll oder nicht (vgl. FG München EFG 2009, 1807). Auf welche Weise die Finanzbehörden Kenntnis von den tatsächlichen Anhaltspunkten für eine Steuerstraftat erlangt haben, ist grds. gleichgültig. Außerdienstlich erlangtes Wissen verpflichtet die Finanzbehörde nur bei schweren (Steuer-)Straftaten zum Einschreiten (str., vgl. JJR/*Jäger* § 397 Rn. 47; wistra 2000, 92). Auch eine **Selbstanzeige nach § 371** berechtigt und verpflichtet die Strafverfolgungsbehörden zur Einleitung eines Strafverfahrens, damit überprüft werden kann, ob der Stpfl. mit Abgabe seiner Berichtigungserklärung tatsächlich Straffreiheit gem. § 371 erlangt hat (BFHE 222, 1 = BFH wistra 2009, 166; *Rolletschke* wistra 2007, 89, vgl. auch Nr. 11 AStBV (St.) 2014).

Auch durch Privatpersonen **rechtswidrig erlangte Steuerdaten** dürfen als Grundlage für die **8** Annahme eines Anfangsverdachts herangezogen oder zum Anlass für weitere Ermittlungen gemacht werden (BVerfG NStZ 2011, 103, VerfGH RhPf NJW 2014, 1434). Der neue Tatbestand der Datenhehlerei (§ 202d StGB, vgl. BT-Drs. 18/5088, am 16.10.2015 vom Bundestag beschlossen, vgl. Plenarprotokoll 18/131 S. 12780) findet auf das Sichverschaffen von Daten zur Strafverfolgungs- oder Besteuerungszwecken keine Anwendung.

Ist die Finanzbehörde nicht mehr zuständig oder wird die Steuer- oder Zollfahndung anstelle der **9** BuStra tätig, so ist ein von diesen Dienststellen beantragter richterlicher Beschluss rechtswidrig, aber nicht nichtig (Klein/*Jäger* Rn. 27; LG Freiburg PStR 2000, 269).

bb) Verfahrensabschluss. Der Finanzbehörde stehen sämtliche Einstellungsmöglichkeiten offen. **10** Ihre Befugnis hierzu folgt unmittelbar aus § 399 Abs. 1, da diese Form des Verfahrensabschlusses im Ermittlungsverfahren erfolgt. Daneben kann die Finanzbehörde kraft ausdrücklicher Regelung in §§ 400, 401 auch selbstständig einen Strafbefehlsantrag stellen oder die Anordnung von Einziehung und Verfall oder die Festsetzung von Geldbußen gegen juristische Personen im selbstständigen Verfahren beantragen (s. dort).

c) Verhältnis zur Staatsanwaltschaft. Die Staatsanwaltschaft kann der Finanzbehörde weder be- **11** stimmte Ermittlungen vorschreiben noch einzelne Weisungen erteilen (→ § 386 Rn. 23; JJR/*Randt* § 386 Rn. 7; Kohlmann/*Matthes* Rn. 10). Sie bleibt aber auch in den von der Finanzbehörde selbstständig betriebenen Fällen insoweit „Herrin des Verfahrens", als sie dieses zur Durchsetzung ihrer Vorstellungen jederzeit nach **§ 386 Abs. 4** an sich ziehen kann.

Damit die Staatsanwaltschaft ihr Recht und ihre Pflicht zur Prüfung einer Evokation in jedem Einzel- **12** fall und in jedem Stadium des Verfahrens sachgerecht ausüben kann, haben die Finanzbehörden die Staatsanwaltschaft über anhängige Ermittlungsverfahren, bei denen eine Evokation nicht fern liegt, frühzeitig zu **unterrichten** (BGHSt 54, 9; *Beyer* AO-StB 2014, 58).

4. Zuständigkeitskonzentration (Abs. 2). Ist einer Finanzbehörde die Zuständigkeit für den **13** Bereich mehrerer Finanzbehörden übertragen worden, so verlieren diese grds. ihre Ermittlungsbefugnis. Abs. 2 ordnet jedoch an, dass trotz der Konzentration auf eine Gemeinsame Strafsachenstelle die an sich zuständige Finanzbehörde das **Recht des ersten Zugriffs** behält und Maßnahmen nach den für Ermittlungspersonen der Staatsanwaltschaft geltenden Vorschriften der StPO anordnen darf. Ihre Stellung entspricht damit – bis auf die Befugnis zur Durchsicht der der Papiere nach § 110 Abs. 1 StPO – derjenigen der Steuer- und Zollfahndung nach § 404 S. 1 AO. *Hellmann* (Hübschmann/Hepp/Spitaler/*Hellmann* Rn. 14 ff.) hält diese Befugnisse für zu weitgehend; eine Pflicht zur Information der Strafverfolgungsorgane innerhalb oder außerhalb der Finanzverwaltung sei ausreichend.

§ 400 Antrag auf Erlass eines Strafbefehls

Bieten die Ermittlungen genügenden Anlass zur Erhebung der öffentlichen Klage, so beantragt die Finanzbehörde beim Richter den Erlass eines Strafbefehls, wenn die Sache zur Behandlung im Strafbefehlsverfahren geeignet erscheint; ist dies nicht der Fall, so legt die Finanzbehörde die Akten der Staatsanwaltschaft vor.

Literatur: *Burhoff,* Der Strafbefehl im Steuerstrafverfahren, PStR 1999, 52; *Dißars,* Der Antrag auf Erlass eines Strafbefehls als Abschluss eines Steuerstrafverfahrens, wistra 1997, 331; *Hentschel,* Staatsanwalt und Polizist in Personalunion? – Zur Abschaffung fundamentaler Prinzipien des Strafverfahrensrechts bei der Verfolgung von Steuerstrafsachen, NJW 2006, 2300; *Hoffmann/Wissmann,* Verurteilung durch Strafbefehl und berufsrechtliche Konsequenzen, PStR 2000, 279; *Joecks,* Erledigung von Steuerstrafverfahren, StraFo 1997, 2; *Kropp,* Erweiterung des schriftlichen Einspruchsverfahrens bei Strafbefehlen, ZRP 2007, 46; *Meyer,* Erledigung von Steuerstrafverfahren außerhalb einer Hauptverhandlung – Praxishinweise, DStR 2005, 1477; *Rolletschke,* Verteidigung im Steuerstrafrecht, Stbg 2005, 404; *Vogelberg,* Zuständigkeit und Befugnisse der Finanzverwaltung, PStR 2005, 20.

1. Zweck und Anwendungsbereich. § 400 ergänzt die Regelungen über die selbstständige Ermitt- **1** lungsbefugnis der Finanzbehörde (§§ 386 Abs. 2, 399) und gibt der Finanzbehörde die Befugnis, das

Ermittlungsverfahren außer durch Einstellung auch durch Strafbefehlsantrag abzuschließen. Die Vorschrift dient der Verfahrensbeschleunigung und der Entlastung der Staatsanwaltschaft (JJR/*Joecks* Rn. 2; Kohlmann/*Hilgers-Klautzsch* Rn. 10; aA Hübschmann/Hepp/Spitaler/*Hellmann* Rn. 3: Beschränkung der staatsanwaltlichen Befugnisse der BuStra, weil diese nicht zur eigenständigen Anklageerhebung befugt ist, ebenso Flore/Tsambikakis/*Ebner* Rn. 1). Sie wird ergänzt durch § 406 Abs. 1, der nach Strafbefehlsantrag durch die Finanzbehörde das Fortbestehen ihrer Zuständigkeit über den Abschluss des Ermittlungsverfahrens hinaus bis zum Einspruch oder zur Anberaumung einer Hauptverhandlung anordnet (→ § 406 Rn. 2 ff.).

2 Das Strafbefehlsverfahren ist in den §§ 407–412 StPO geregelt. Es ist ein vereinfachtes, summarisches Verfahren, das eine Straffestsetzung ohne die Durchführung einer Hauptverhandlung ermöglicht. Es ist nicht allein auf Bagatelldelikte beschränkt; die Mehrzahl der Strafverfahren wird derzeit im Strafbefehlsverfahren abgeschlossen (Meyer-Goßner/Schmitt/*Meyer-Goßner* StPO § 407 Vorb. Rn. 1; krit. zur Praxis im Steuerstrafrecht Hübschmann/Hepp/Spitaler/*Hellmann* Rn. 5 f.). Das vereinfachte Verfahren liegt nicht nur im Interesse der Strafgerichtsbarkeit, sondern auch im Interesse des Beschuldigten. Gerade im Bereich des Steuerstrafrechts können die Täter an einer kosten- und zeitsparenden schriftlichen Erledigung ohne öffentliches Aufsehen interessiert sein (Klein/*Jäger* Rn. 1; Kohlmann/*Hilgers-Klautzsch* Rn. 8; Flore/Tsambikakis/*Ebner* Rn. 2; Schwarz/Pahlke/*Klaproth* Rn. 3).

3 **2. Strafbefehlsantrag. a) Voraussetzungen. Genügender Anlass** zur Erhebung der öffentlichen Klage liegt vor, wenn nach den Ermittlungen der **hinreichende Tatverdacht** einer Steuerstraftat besteht (§ 203 StPO; vgl. auch § 170 Abs. 1 StPO hinsichtlich der Anklageschrift). Hinreichend ist der Tatverdacht, wenn bei vorläufiger Tatbewertung eine Verurteilung wahrscheinlicher erscheint als ein Freispruch (BGHSt 15, 155; 23, 304). Die Anklagebehörde hat dafür eine **Prognoseentscheidung** auf der Grundlage des gesamten Akteninhalts und unter Berücksichtigung der Beweislage zu treffen (Meyer-Goßner/Schmitt/*Meyer-Goßner* § 203 Rn. 2; Hübschmann/Hepp/Spitaler/*Hellmann* Rn. 16 ff.; JJR/*Joecks* Rn. 5; Klein/*Jäger* Rn. 3).

4 Ein Verfahren ist zur Behandlung im Strafbefehlsverfahren **geeignet,** wenn es **ein Vergehen** (§ 12 Abs. 2 StGB) betrifft, was bei Steuerstraftaten nach der Aufhebung des § 370a immer der Fall ist. Das Vorliegen eines besonders schweren Falles iSd § 370 Abs. 3 ändert an der Einordnung als Vergehen nichts (§ 12 Abs. 3 StGB).

5 Weitere Voraussetzung gem. § 407 Abs. 1 S. 2 StPO ist, dass nach dem Ergebnis der Ermittlungen eine **Hauptverhandlung nicht für erforderlich erachtet** wird. Die Finanzbehörde hat bei der Beurteilung dieser Frage einen **Beurteilungsspielraum,** ist bei Vorliegen dieser Voraussetzung allerdings verpflichtet, einen Strafbefehlsantrag zu stellen (Hübschmann/Hepp/Spitaler/*Hellmann* Rn. 34; Kohlmann/*Hilgers-Klautzsch* Rn. 56; JJR/*Joecks* Rn. 19). In der Sache besteht damit kein Unterschied zu § 407 Abs. 1 StPO. Denn auch die Staatsanwaltschaft hat einen Strafbefehlsantrag zu stellen, wenn sie eine Hauptverhandlung nicht für erforderlich hält, § 407 Abs. 1 S. 2 StPO (wie hier Kohlmann/*Hilgers-Klautzsch* Rn. 56; aA JJR/*Joecks* Rn. 19: bei § 407 StPO bestehe Ermessen). Aus Nr. 84 AStBV (St.) 2014 iVm Nr. 175–179 RiStBV ergeben sich Orientierungshilfen, welche Gesichtspunkte zu berücksichtigen sind (Erbs/Kohlhaas/*Senge*/Hadamitzky Rn. 5; vgl. die Zusammenstellung bei Kohlmann/*Hilgers-Klautzsch* Rn. 57 ff.). Bei **Hinterziehungsbeträgen in Millionenhöhe** scheidet ein Strafbefehlsantrag regelmäßig aus, weil bei Steuerverkürzungen in dieser Größenordnung das Informationsinteresse der Öffentlichkeit an der Wahrung der Gleichbehandlung vor Gericht der Erledigung ohne Hauptverhandlung entgegensteht (BGHSt 53, 71 = BGH wistra 2009, 107). Auch bei Vorliegen der Voraussetzungen hat der Beschuldigte keinen Anspruch auf Erledigung seines Verfahrens durch Strafbefehl (Kohlmann/*Hilgers-Klautzsch* Rn. 56).

6 Gegen einen **Heranwachsenden** darf ein Strafbefehl nur dann beantragt oder erlassen werden, wenn dieser in seiner Entwicklung einem Erwachsenen gleichsteht (§ 105 Abs. 4 iVm § 109 Abs. 2 JGG). Beruht die Steuerstraftat auf einer wirtschaftlichen Betätigung, dürfte dies regelmäßig der Fall sein. Gem. Nr. 22 Abs. 1 S. 3 Nr. 6, S. 4, Nr. 154 AStBV (St.) 2014 hat die Finanzbehörde Verfahren gegen Jugendliche und Heranwachsende jedoch sogleich nach § 386 Abs. 4 S. 1 AO an die Staatsanwaltschaft abzugeben.

7 Auch wenn die Finanzbehörde den Strafbefehlsantrag selbstständig stellt, erfolgt die Aktenvorlage über die Staatsanwaltschaft, damit ein Js-Aktenzeichen vergeben werden kann (vgl. hierzu Flore/Tsambikakis/*Ebner* Rn. 6).

8 **b) Mögliche Rechtsfolgen.** Als **Rechtsfolgen der Tat** dürfen nach § 407 Abs. 2 S. 1 Nr. 1 StPO durch Strafbefehl festgesetzt werden: Geldstrafe, Verwarnung mit Strafvorbehalt, Fahrverbot, Verfall, Einziehung, Vernichtung, Unbrauchbarmachung, Bekanntgabe der Verurteilung und Geldbuße gegen eine juristische Person oder Personenvereinigung. Nach § 407 Abs. 2 S. 2 StPO kann gegen einen verteidigten Angeschuldigten Freiheitsstrafe bis zu einem Jahr verhängt werden, wenn deren Vollstreckung zur Bewährung ausgesetzt wird. Gebietet die **Verteidigung der Rechtsordnung** die Vollstreckung einer kurzen Freiheitsstrafe (§ 56 Abs. 3 StGB, → § 56 Rn. 18), scheidet der Erlass eines Strafbefehls aus. In Steuerstrafverfahren kommt dies namentlich in Betracht, wenn sich ein Angeschuldigter an einem komplexen und aufwändigen Täuschungssystem beteiligt hat, das die systematische Verschleierung von Sachverhalten über einen längeren Zeitraum bezweckte (vgl. BGHSt 53, 311 = BGH wistra 2009, 359).

3. Zuständigkeit. a) Antrag. Die **Abschluss- und Antragskompetenz** liegt bei der eigenver- **9** antwortlich ermittelnden Finanzbehörde iSd § 386 Abs. 1 S. 2. Antragsbefugt sind daher nur die BuStra bzw. das HZA, nicht dagegen die Steuer- oder Zollfahndung (Klein/*Jäger* Rn. 7; JJR/*Joecks* Rn. 7; Kohlmann/*Hilgers-Klautzsch* Rn. 29 f., → § 399 Rn. 2). Zur gängigen Praxis der Finanzämter, BuStra und Steufa zusammenzulegen und den sich daraus ergebenden rechtlichen Problemen, insbes. bei sog „Über-Kreuz-Vertretungen" *Hentschel* NJW 2006, 2300. Es ist nicht erforderlich, dass der den Antrag unterzeichnende Beamte der BuStra die **Befähigung zum Richteramt** hat; er sollte aber zumindest eine einem Amtsanwalt vergleichbare rechtliche Ausbildung besitzen (Schwarz/Pahlke/*Klaproth* Rn. 18; BVerfG wistra 1996, 225; vgl. auch BVerfG wistra 1994, 263).

Die Finanzbehörde hat den **Abschluss der Ermittlungen** in der Steuerstrafakte **zu vermerken** **10** (§§ 386 Abs. 1, 399 Abs. 1 iVm § 169a StPO und dem Verteidiger des Beschuldigten unbeschränkt **Akteneinsicht** zu gewähren (§ 147 Abs. 2 und Abs. 6 StPO).

Der Antrag ist **schriftlich** zu stellen, weil Strafbefehlsantrag und Strafbefehl übereinstimmen müssen **11** (Meyer-Goßner/Schmitt/*Meyer-Goßner* StPO § 407 Rn. 6, § 408 Rn. 11). Nach Nr. 176 RiStBV ist es zulässig (und in der Praxis üblich), einen Strafbefehlsentwurf beim Gericht einzureichen und zu beantragen, einen Strafbefehl mit diesem Inhalt zu erlassen.

b) Erlass. Form und Inhalt des Strafbefehls(-antrags) ergeben sich aus § 409 Abs. 1 StPO. Zu den **12** Anforderungen an die Sachverhaltsdarstellung hinsichtlich der **Beschreibung der Steuerstraftat** in einem Strafbefehl → § 385 Rn. 22 und Kohlmann/*Hilgers-Klautzsch* Rn. 105 ff.; Schwarz/Pahlke/*Klaproth* Rn. 19. Ein Strafbefehl, der die Tat entgegen § 409 Abs. 1 Nr. 3 StPO nicht ausreichend beschreibt, ist jedenfalls wirksam, wenn die Umgrenzungsfunktion der Anklage gewahrt ist (OLG Düsseldorf NStZ 1991, 99 = OLG Düsseldorf JR 1991, 385 mAnm *Franzheim;* weitergehend Meyer-Goßner/Schmitt/*Meyer-Goßner* StPO § 409 Rn. 4, KK-StPO/*Maur* StPO § 409 Rn. 23 und Klein/*Jäger* Rn. 8: Wirksamkeit auch bei Zweifeln über die Identität der Tat – aus BGHSt 23, 336 (340) folgt dies jedenfalls nicht; diff. Flore/Tsambikakis/*Ebner* Rn. 21, Kohlmann/*Hilgers-Klautzsch* Rn. 108: Unwirksamkeit bei eklatant schweren Fehlern). In jedem Fall führen Mängel in der Umgrenzungsfunktion bei Einspruch zur Einstellung des Verfahrens.

Sachlich zuständig für den Erlass des Strafbefehls ist der Strafrichter beim Amtsgericht; die **örtliche** **13** **Zuständigkeit** richtet sich nach § 391 Abs. 1 (→ § 391 Rn. 3 ff.).

Gegen die **Ablehnung des Erlasses** des Strafbefehls steht der BuStra die fristgebundene **sofortige** **14** **Beschwerde** zu (§ 408 Abs. 2 iVm § 210 Abs. 2 StPO; → § 406 Rn. 6).

c) Rücknahme. Die Finanzbehörde kann den **Strafbefehlsantrag** bis zum Erlass des Strafbefehls **15** oder – falls der Richter den Strafbefehl nicht erlässt – bis zur Anberaumung der Hauptverhandlung **zurücknehmen,** weil damit ihre Kompetenzen als Steuerstaatsanwaltschaft enden (§ 411 Abs. 3 StPO iVm § 406 Abs. 1). Zwar spricht § 406 Abs. 1 vom Einspruch gegen und nicht vom Erlass des Strafbefehls. Weil die Finanzbehörde aber nur ihren Antrag und nicht den Strafbefehl selbst zurücknehmen kann, geht eine nach Erlass und vor Einspruch erklärte Rücknahme ins Leere (ebenso KK-StPO/*Maur* StPO § 411 Rn. 22). Mit Anberaumung der Hauptverhandlung oder Einspruch geht die Zuständigkeit auf die Staatsanwaltschaft über, die bis zur Verkündung des Urteils die Rücknahme erklären kann, nach Beginn der Hauptverhandlung allerdings nur mit Zustimmung des Angeklagten, § 411 Abs. 3 S. 2, § 303 StPO. Mangels Beschwer stehen dem Angeklagten gegen die Rücknahme des Strafbefehls keine Rechtsmittel zu (Kohlmann/*Hilgers-Klautzsch* Rn. 126).

d) Einspruch. Falls der Angeklagte gegen den Strafbefehl innerhalb von zwei Wochen nach dessen **16** Zustellung **Einspruch** einlegt (§ 410 Abs. 1 StPO), wird **Termin zur Hauptverhandlung** anberaumt (§ 411 Abs. 1 StPO). Damit verliert die BuStra ihre eigenständigen staatsanwaltlichen Befugnisse (§ 406 Abs. 1; → § 406 Rn. 8; → § 407 Rn. 1) und ist auf die Mitwirkungsrechte nach § 407 AO beschränkt. Ob die gem. § 392 Abs. 1 bevollmächtigte Steuerberater oder –bevollmächtigte als Alleinverteidiger Einspruch einlegen kann, ist umstritten (→ § 392 Rn. 22; vgl. JJR/*Randt* § 392 Rn. 24 mwN). Jedenfalls ist es dem Beschuldigten unbenommen, den Berater zur Einlegung des Einspruchs als Vertreter besonders zu ermächtigen (Flore/Tsambikakis/*Tsambikakis* § 392 Rn. 13; Meyer-Goßner/Schmitt/*Schmitt* StPO Vor § 137 Rn. 12).

§ 401 Antrag auf Anordnung von Nebenfolgen im selbständigen Verfahren

Die Finanzbehörde kann den Antrag stellen, die Einziehung oder den Verfall selbständig anzuordnen oder eine Geldbuße gegen eine juristische Person oder eine Personenvereinigung selbständig festzusetzen (§§ 440, 442 Abs. 1, § 444 Abs. 3 der Strafprozessordnung).

1   **1. Zweck und Anwendungsbereich.** Die Vorschrift erweitert ebenso wie § 400 die Befugnisse der Finanzbehörden, wenn diese das Steuerstrafverfahren in eigener Zuständigkeit betreiben. Auch sie soll das Verfahren beschleunigen und die Staatsanwaltschaft entlasten (Klein/*Jäger* Rn. 1; JJR/*Joecks* Rn. 2; aA Hübschmann/Hepp/Spitaler/*Hellmann* Rn. 5: nicht Zweck, sondern bloße Auswirkung der Vorschrift; Flore/Tsambikakis/*Ebner* Rn. 1: überflüssige Klarstellung). Ergänzt wird § 401 durch § 406 Abs. 2. Die praktische Bedeutung der Vorschrift ist gering (Rolletschke/Kemper/*Schützeberg* Rn. 1; Schwarz/Pahlke/*Klaproth* Rn. 1; zu Anwendungsfällen vgl. Kohlmann/*Hilgers-Klautzsch* Rn. 10).

2   **2. Die Regelungen im Einzelnen. a) Selbstständige Anordnung von Nebenfolgen.** Das objektive Verfahren richtet sich nach den §§ 440–442 StPO und den entsprechend anwendbaren §§ 431–436, 439 StPO (vgl. § 440 Abs. 3 StPO).

3   **aa) Materielle Voraussetzungen.** Die **materiell-rechtlichen Voraussetzungen der Einziehung** ergeben sich aus den §§ 74 ff. StGB. Bei Steuerhinterziehung, Bannbruch nach § 373 Abs. 2, § 373 oder Steuerhehlerei können außerdem gem. § 375 Abs. 2 bestimmte Sachen, auf die sich die Straftaten beziehen, sowie benutzte Beförderungsmittel eingezogen werden, s. im Einzelnen dort.

4   Die **Voraussetzungen des Verfalls** sind in §§ 73 ff. StGB und § 29a OWiG geregelt. Danach kann dem Täter der Vermögensvorteil entzogen werden, den er durch die Straftat erlangt hat (§ 73 Abs. 1 S. 1 StGB). Hinsichtlich des erlangten Etwas → StGB § 73 Rn. 17 ff. Hat der Täter aus der Tat etwas erlangt, kommen, weil der Fiskus Verletzter iSv § 73 Abs. 1 S. 2 StGB ist (BGH NStZ 2001, 155), insoweit nur Rückgewinnungshilfe und ein Ausspruch nach § 111i Abs. 2 StPO in Betracht (vgl. KK-StPO/*Schmidt* StPO § 442 Rn. 1). Für Verfall selbst ist nur Raum, wenn der Täter etwas für die Tat erlangt hat, weil dann der Vorrang des Verletzten gem. § 73 Abs. 1 S. 2 StGB nicht gilt, oder wenn das Erlangte die Ansprüche des verletzten Fiskus übersteigt. Gängiges Kommentarbeispiel hierfür ist der wohl eher unpraktische Fall, dass der erlangte Zinsvorteil höher ist als die Hinterziehungszinsen (JJR/*Joecks* Rn. 4 mwN; Klein/*Jäger* Rn. 13). Werden die hinterzogenen Steuern nachentrichtet, wird die Anordnung des Verfalls im Hinblick auf die Härtevorschrift des § 73c Abs. 1 S. 2 StGB idR nach pflichtgemäßem Ermessen nicht in Betracht kommen (BGHSt 47, 260; Klein/*Jäger* Rn. 11; JJR/*Joecks* Rn. 4). Zum verbleibenden Anwendungsbereich vgl. Kohlmann/*Kutzner* Rn. 10; Hübschmann/Hepp/Spitaler/*Hellmann* Rn. 29.

5   **bb) Verfahrensvoraussetzungen.** Die Anordnung im selbstständigen Verfahren ist **nur zulässig,** wenn wegen der Tat aus tatsächlichen Gründen keine bestimmte Person verfolgt oder verurteilt werden kann, wenn das Gericht von Strafe absieht oder wenn das Verfahren nach einer Vorschrift eingestellt wird, die dies nach dem Ermessen der Staatsanwaltschaft, des Gerichts oder im Einvernehmen beider zulässt (§ 76a Abs. 1 und 3 StGB). Sie erfolgt nur auf **Antrag.**

6   Der Antrag steht im **Ermessen** der Finanzbehörde, es gilt das Opportunitätsprinzip (Meyer-Goßner/Schmitt/*Schmitt* StPO § 440 Rn. 3; JJR/*Joecks* Rn. 8; Hübschmann/Hepp/Spitaler/*Hellmann* Rn. 16). Gründe für das Absehen von einem Antrag können insbes. sein, dass zwischen dem Verfahren und dem einzuziehenden Gegenstand kein angemessenes Verhältnis besteht oder der einzuziehende Gegenstand einen so geringen Wert hat, dass sich ein Verfahren nicht lohnt (Kohlmann/*Hilgers-Klautzsch* Rn. 27; Schwarz/Pahlke/*Klaproth* Rn. 15).

7   Der Antrag auf Durchführung des objektiven Verfahrens ist eine Art Klageerhebung und setzt voraus, dass die Anordnung nach dem Ermittlungsergebnis zu erwarten, dh als Ergebnis wahrscheinlich ist (Meyer-Goßner/Schmitt/*Schmitt* StPO § 440 Rn. 4). Seinen **Inhalt** gibt § 440 Abs. 2 StPO vor. Der Antrag muss den Gegenstand so bestimmt bezeichnen, dass die Vollstreckung ohne weiteres möglich ist. Ferner müssen die tatsächlichen und rechtlichen Grundlagen der erstrebten Maßnahme angegeben werden (Meyer-Goßner/Schmitt/*Schmitt* StPO § 440 Rn. 10, § 260 Rn. 39), insbes. warum eine Anordnung im normalen Strafverfahren nicht möglich ist. Im Übrigen muss der Antrag dem Inhalt einer Anklageschrift entsprechen (vgl. die Zusammenstellung der einzelnen Anforderungen bei Kohlmann/*Hilgers-Klautzsch* Rn. 29).

8   Der Antrag ist gem. § 441 Abs. 1 S. 1 StPO an das **Gericht** zu stellen, das im Falle der Strafverfolgung einer bestimmten Person **sachlich und örtlich zuständig** wäre. Örtlich zuständig ist außerdem das Gericht, in dessen Bezirk der Gegenstand sichergestellt worden ist, § 441 Abs. 1 S. 2 StPO (JJR/*Joecks* Rn. 10 ff.; Flore/Tsambikakis/*Ebner* Rn. 14).

9   Die Finanzbehörde kann den **Antrag** in entsprechender Anwendung des § 156 StPO **zurücknehmen,** solange keine Hauptverhandlung anberaumt ist (Kohlmann/*Kutzner* Rn. 19; JJR/*Joecks* Rn. 7). Kommt es zur Hauptverhandlung (§ 441 Abs. 3 StPO), verliert die Finanzbehörde ihre staatsanwaltschaftlichen Befugnisse und die Möglichkeit des selbstständigen Tätigwerdens (§ 406 Abs. 2).

10   **b) Geldbuße gegen eine juristische Person.** Die Finanzbehörde hat gem. § 401 weiterhin die Befugnis, die selbstständige Anordnung einer Geldbuße gegen eine juristische Person oder Personenvereinigung zu beantragen. Voraussetzung ist, dass aus tatsächlichen Gründen keine bestimmte Person verfolgt oder verurteilt wird, so dass die Geldbuße gem. § 30 Abs. 1, 2 OWiG nicht in dem Verfahren gegen die Leitungsperson verhängt werden kann; die Möglichkeit des selbstständigen Verfahrens regelt § 30 Abs. 4 OWiG. Zu den Einzelheiten → OWiG § 30 Rn. 75 ff.

Für das Verfahren gegen die juristische Person oder Personenvereinigung gilt § 444 Abs. 3 StPO, der **11** seinerseits die entsprechende Anwendung der §§ 440, 441 Abs. 1–3 StPO anordnet, → Rn. 6 ff.

§ 402 Allgemeine Rechte und Pflichten der Finanzbehörde

(1) Führt die Staatsanwaltschaft das Ermittlungsverfahren durch, so hat die sonst zuständige Finanzbehörde dieselben Rechte und Pflichten wie die Behörden des Polizeidienstes nach der Strafprozessordnung sowie die Befugnisse nach § 399 Abs. 2 Satz 2.

(2) Ist einer Finanzbehörde nach § 387 Abs. 2 die Zuständigkeit für den Bereich mehrerer Finanzbehörden übertragen, so gilt Absatz 1 für jede dieser Finanzbehörden.

Literatur: *Vogelberg,* Zuständigkeit und Befugnisse der Finanzverwaltung, PStR 2005, 20.

1. Regelungscharakter/Anwendungsbereich. Ist die Finanzbehörde iSv § 386 Abs. 2 nicht selbst **1** gem. § 399 Abs. 1 Steuerstaatsanwaltschaft, bestimmt sich ihre Rechts- und Pflichtenstellung nach den §§ 402, 403. Dadurch soll die Mitwirkung der Finanzbehörden auch in den von der Staatsanwaltschaft geführten Ermittlungsverfahren sichergestellt werden (Hübschmann/Hepp/Spitaler/*Hellmann* Rn. 3).

Der Anwendungsbereich der §§ 402, 403 entspricht dem des § 386 Abs. 2–4 (vgl. hierzu näher die **2** Erläuterungen zu § 386). Danach führt die Staatsanwaltschaft das Ermittlungsverfahren, wenn der Beschuldigte neben Steuerdelikten zugleich andere allgemeine Straftaten begangen hat (§ 386 Abs. 2), gegen den Beschuldigten wegen der Tat ein Haftbefehl oder ein Unterbringungsbefehl erlassen ist (§ 386 Abs. 3), die Finanzbehörde die Strafsache an die Staatsanwaltschaft abgibt (§ 386 Abs. 4 S. 1) oder die Staatsanwaltschaft die Strafsache an sich zieht (Evokationsrecht § 386 Abs. 4 S. 2).

2. Die Regelungen im Einzelnen. a) Polizeiliche Rechte und Pflichten der Finanzbehörde 3 (Abs. 1). aa) Rechte und Pflichten nach der StPO. Sonst zuständige Finanzbehörde iSd § 402 Abs. 1 ist die Finanzbehörde, die sachlich und örtlich zuständig wäre, wenn nicht die Staatsanwaltschaft das Ermittlungsverfahren führen würde (JJR/*Joecks* Rn. 6 mwN). Verliert die Finanzbehörde ihre originäre Ermittlungskompetenz nach § 386 Abs. 1 aufgrund eines der in § 386 Abs. 2–4 genannten Gründe (→ Rn. 2), so stehen ihr in dem von der Staatsanwaltschaft geführten Verfahren dieselben Rechte und Pflichten zu wie den Behörden des Polizeidienstes nach den §§ 161, 163 der StPO.

Nach **§ 161 StPO iVm § 402** kann die Staatsanwaltschaft Ermittlungen jeder Art entweder selbst **4** vornehmen oder durch die Finanzbehörde vornehmen lassen. Die Beamten der Finanzbehörde sind insoweit Ermittlungspersonen der Staatsanwaltschaft (§ 152 Abs. 1 GVG) und verpflichtet, dem Ersuchen oder Auftrag der Staatsanwaltschaft nachzukommen (Schwarz/Pahlke/*Klaproth* § 401 Rn. 1; JJR/*Joecks* Rn. 8; aA Flore/Tsambikakis/*Ebner* Rn. 8: keine Ermittlungspersonen).

Im Rahmen des **§ 163 Abs. 1 StPO** kann die Finanzbehörde auch selbstständig tätig werden. Zu den **5** Maßnahmen des ersten Zugriffs gehören solche der Beweis- und Verfahrenssicherung einschließlich der notwendigen Vernehmungen. Weder der Zeuge noch der Beschuldigte müssen allerdings vor der Finanz- als Polizeibehörde erscheinen (JJR/*Joecks* Rn. 7). Die Finanzbehörde kann einem Tatverdächtigen, bei dem erkennbar der Haftgrund der Fluchtgefahr besteht, auch die vorläufige Festnahme erklären (§§ 127 Abs. 1, 2, § 163a StPO; vgl. auch Nr. 73 Abs. 2 AStBV 2014). Sie hat ihre Erkenntnisse unverzüglich der Staatsanwaltschaft mitzuteilen (§ 163 Abs. 2 S. 1 StPO).

bb) Befugnisse nach § 399 Abs. 2 S. 2. Nach § 402 Abs. 1 stehen der Finanzbehörde auch die sich **6** aus § 399 Abs. 2 S. 2 ergebenden Befugnisse zu. Danach kann sie bei Gefahr im Verzug Beschlagnahmen, Notveräußerungen, Durchsuchungen, Untersuchungen und sonstige Maßnahmen nach den für Ermittlungsbeamte der Staatsanwaltschaft geltenden Vorschriften der StPO (§§ 98 Abs. 1, 111b Abs. 2–105 Abs. 1, 111b Abs. 2 S. 3) anordnen (→ § 399 Rn. 13; → § 387 Rn. 9). *Schützeberg* (Rolletschke/Kemper/*Schützeberg* Rn. 13) hält die Verweisung für überflüssig, weil diese Maßnahmen bereits von den der Finanzbehörde zustehenden polizeilichen Kompetenzen gedeckt seien (aA Flore/Tsambikakis/*Ebner* Rn. 8, der den Finanzbeamten allerdings die Eigenschaft als Ermittlungspersonen der Staatsanwaltschaft abspricht, so dass es einer Normierung der Anordnungsbefugnis bedarf). Richterliche Untersuchungshandlungen kann die Finanzbehörde nicht beantragen (JJR/Joecks Rn. 10; aA Kohlmann/*Hilgers-Klautzsch* Rn. 10); sie kann jedoch ein Tätigwerden des Richters als Notstaatsanwalt gem. § 165 StPO anregen (ebenso Flore/Tsambikakis/*Ebner* Rn. 8). Ein Recht auf Durchsicht der Papiere steht ihr – anders als der Steuerfahndung nach § 404 S. 2 – ebenfalls nicht zu (vgl. auch Nr. 91 Abs. 3 AStBV 2014).

b) Befugnisse der Finanzbehörden bei Zuständigkeitskonzentration (Abs. 2). Bei Zuständig- **7** keitskonzentration bleiben die Befugnisse der sonst zuständigen Finanzbehörde erhalten. Die angeschlossenen Finanzämter behalten das Recht und die Pflicht, beim Verdacht einer Steuerstraftat unaufschiebbare Anordnungen zu treffen (JJR/*Joecks* Rn. 11). Werden die Zuständigkeiten mehrerer Finanzbehörden gem. § 387 Abs. 2 bei einer Gemeinsamen Strafsachenstelle konzentriert, stehen jeder der angeschlossenen Finanzbehörden (Besteuerungsbehörden) die sich aus Abs. 1 ergebenden Befugnisse zu, dh sie können als funktionale Strafverfolgungsorgane (vgl. Nr. 91 Abs. 4 AStBV 2014) die genannten unaufschiebbaren Anordnungen treffen (Kohlmann/*Hilgers-Klautzsch* Rn. 11; JJR/*Joecks* Rn. 11) und auch von der Staatsanwaltschaft ersucht werden, die verkürzte Steuer zu berechnen (Schwarz/Pahlke/ *Klaproth* Rn. 14).

8   **c) Grenzen der Mitwirkung der Finanzbehörde.** Nach dem Wortlaut des § 402 Abs. 1 werden der Finanzbehörde die strafprozessualen Rechte und Pflichten der Polizeibehörden im staatsanwaltlichen Ermittlungsverfahren ohne Einschränkung übertragen. Eine Verpflichtung zur Mitwirkung im Ermittlungsverfahren der Staatsanwaltschaft trifft die Finanzbehörde indes nur, soweit es sich um Steuerstraftaten oder diesen nach § 385 Abs. 2 gleichgestellte Taten handelt. Beim tateinheitlichen (§ 52 StGB) oder tatmehrheitlichen (§ 53 StGB) Zusammentreffen dieser Taten mit allgemeinen Straftaten beschränkt sich die Mitwirkungspflicht der Finanzbehörde nicht auf die Steuerstraftat im materiellen Sinn, sondern erfasst die gesamte prozessuale Tat (ebenso Klein/*Jäger* Rn. 5; Hübschmann/Hepp/Spitaler/ *Hellmann* Rn. 12, 14; Flore/Tsambikakis/*Ebner* Rn. 5; aA JJR/*Joecks* Rn. 12, Kohlmann/*Hilgers-Klautzsch* Rn. 7; Schwarz/*Weyand* Rn. 7).

§ 403 Beteiligung der Finanzbehörde

(1) [1]**Führt die Staatsanwaltschaft oder die Polizei Ermittlungen durch, so ist die sonst zuständige Finanzbehörde befugt, daran teilzunehmen.** [2]**Ort und Zeit der Ermittlungshandlungen sollen ihr rechtzeitig mitgeteilt werden.** [3]**Dem Vertreter der Finanzbehörde ist zu gestatten, Fragen an Beschuldigte, Zeugen und Sachverständige zu stellen.**

(2) **Absatz 1 gilt sinngemäß für solche richterlichen Verhandlungen, bei denen auch der Staatsanwaltschaft die Anwesenheit gestattet ist.**

(3) **Der sonst zuständigen Finanzbehörde sind die Anklageschrift und der Antrag auf Erlass eines Strafbefehls mitzuteilen.**

(4) **Erwägt die Staatsanwaltschaft, das Verfahren einzustellen, so hat sie die sonst zuständige Finanzbehörde zu hören.**

1   **1. Zweck und Bedeutung der Vorschrift.** § 403 ergänzt § 402, wenn das Ermittlungsverfahren von der Staatsanwaltschaft geführt wird. § 402 gewährt der Finanzbehörde Ermittlungsbefugnisse und ermöglicht der Staatsanwaltschaft, sie als Polizeibehörde einzusetzen. § 403 gewährleistet, dass die Finanzbehörde auch dann am Ermittlungsverfahren teilnehmen kann, wenn die Staatsanwaltschaft die Ermittlung selbst oder mit Hilfe der Polizei führt. Auf diese Weise soll sichergestellt werden, dass die Finanzbehörde ihre besondere Sachkunde in jedem Fall in das Ermittlungsverfahren einbringen kann (Kohlmann/*Hilgers-Klautzsch* Rn. 5; JJR/*Joecks* Rn. 2; Hübschmann/Hepp/Spitaler/*Hellmann* Rn. 6; Schwarz/Pahlke/*Klaproth* Rn. 2). Daneben soll die Beteiligung der Finanzbehörde auch die zeitnahe Festsetzung und Nacherhebung der verkürzten Steuerbeträge sicherstellen (JJR/*Joecks* Rn. 2; Kohlmann/*Hilgers-Klautzsch* Rn. 8 sieht in diesem Gesetzeszweck einen Verstoß gegen das Gebot der Verfahrenstrennung). Die Beteiligung der Finanzbehörde im gerichtlichen Verfahren regelt § 407. Flankiert wird § 403 durch das Recht der Finanzbehörde auf Akteneinsicht, § 395.

2   **2. Zu beteiligende Finanzbehörde.** Teilnahmeberechtigt ist die „sonst zuständige Finanzbehörde", dh die Finanzbehörde iSd § 386 Abs. 1 S. 2, die gem. §§ 386 Abs. 2, 399 Abs. 1 für die selbstständige Durchführung des Ermittlungsverfahrens zuständig wäre. Steuer- und Zollfahndung sind insoweit nicht Finanzbehörde (→ § 399 Rn. 2); sie sind auf die in § 404 eingeräumten Befugnisse beschränkt.

3   **3. Befugnisse der Finanzbehörde. a) Teilnahmerechte.** Die Vorschrift berechtigt die Finanzbehörde zur **Anwesenheit** bei allen Ermittlungshandlungen und gewährt ihr bei Vernehmungen über das **Fragerecht** die Möglichkeit zur aktiven Mitwirkung, § 403 Abs. 1 und 2. Bei einer – im steuerstrafrechtlichen Ermittlungsverfahren wohl eher seltenen – ermittlungsrichterlichen Vernehmung eines Minderjährigen ist § 241a StPO zu beachten, § 168e S. 4 StPO. Die Sachleitungskompetenz verbleibt in jedem Fall bei dem zuständigen Richter, Staatsanwalt oder Polizeibeamten, der ungeeignete oder nicht zur Sache gehörende Fragen zurückweisen kann (Hübschmann/Hepp/Spitaler/*Hellmann* Rn. 26; JJR/*Joecks* Rn. 11, 12). Das Fragerecht kann der Finanzbehörde jedoch insgesamt entzogen werden (Flore/Tsambikakis/*Ebner* Rn. 18).

4   Auf die Teilnahme an Erörterungen gem. § 160b StPO erstreckt sich das Recht der Finanzbehörde nach § 403 AO nicht, weil es sich hierbei nicht um Ermittlungshandlungen handelt (aA Bender/Möller/ Retemeyer SteuerStrafR/*Möller/Retemeyer* D IV Rn. 525). Dennoch ist es sinnvoll, solche Gespräche mit der Finanzbehörde zumindest abzustimmen (Flore/Tsambikakis/*Ebner* Rn. 12).

5   Ob das Recht des Beschuldigten, nach § 392 Abs. 1 Hs. 2 neben einem Rechtsanwalt einen Angehörigen der steuerberatenden Berufe zur Verteidiger hinzuzuziehen, als prozessuales Pendant zu dem Anwesenheits- und Fragerecht der Finanzbehörde angesehen werden kann (so Klein/*Jäger* Rn. 3),

erscheint angesichts der eingeschränkten Teilnahmebefugnisse der Verteidigung an Ermittlungshandlungen zweifelhaft (Kohlmann/*Hilgers-Klautzsch* Rn. 7; Hübschmann/Hepp/Spitaler/*Hellmann* Rn. 9).

b) Informationsrechte. Zur Ermöglichung ihrer Teilnahmerechte „soll" die Finanzbehörde über **6** Ort und Zeit geplanter **Ermittlungshandlungen** rechtzeitig informiert werden, § 403 Abs. 1 S. 2. Der Gesetzeswortlaut stellt klar, dass hiervon nur ausnahmsweise abgewichen werden kann, etwa wenn eine Information ohne Gefährdung des Untersuchungszwecks nicht möglich ist (vgl. § 168c Abs. 5 S. 2 StPO; JJR/*Joecks* Rn. 8). Keinesfalls steht die Beteiligung der Finanzbehörde im Ermessen der Staatsanwaltschaft (Kohlmann/*Hilgers-Klautzsch* Rn. 16). Umgekehrt kann aber auch die Finanzbehörde nicht verlangen, dass bei der Durchführung von angekündigten Ermittlungshandlungen auf ihre Wünsche oder die Verfügbarkeit des dortigen Sachbearbeiters Rücksicht genommen wird (Schwarz/Pahlke/*Klaproth* Rn. 8).

§ 403 Abs. 3 schreibt darüber hinaus zwingend vor, dass die Staatsanwaltschaft im Fall der **Klageer- 7 hebung** die Anklageschrift oder den Strafbefehlsantrag mitzuteilen hat. Dies ermöglicht der Finanzbehörde, sich rechtzeitig auf ihre Mitwirkung im gerichtlichen Verfahren (§ 407) vorzubereiten.

Von sich aus kann die Finanzbehörde in jeder Lage des Verfahrens das ihr nach § 395 zustehende **8** Recht auf **Akteneinsicht** geltend machen. Zum Akteneinsichtsrecht des Finanzamts für Zwecke der Besteuerung im Rahmen einer angeordneten Außenprüfung gem. § 111 AO iVm § 474 Abs. 2 StPO vgl. OLG Karlsruhe NStZ-RR 2013, 385.

c) Anhörungsrechte. Beabsichtigt die Staatsanwaltschaft die Einstellung des Verfahrens, so hat sie die **9** Finanzbehörde zuvor zu hören. Nach allgM umfasst Abs. 4 sowohl die Einstellung nach § 398 als auch die Einstellungsmöglichkeiten des allgemeinen Strafverfahrensrechts nach §§ 170 Abs. 2, 153, 153a StPO und den Teilverzicht auf die Strafverfolgung nach §§ 154, 154a StPO, soweit dieser die Steuerstraftat betrifft (JJR/*Joecks* Rn. 15; Hübschmann/Hepp/Spitaler/*Hellmann* Rn. 36; Kohlmann/*Hilgers-Klautzsch* Rn. 31; Erbs/Kohlhaas/*Hadamitzky/Senge* Rn. 6; Klein/*Jäger* Rn. 5). Das Anhörungsrecht soll zum einen der Kontrolle der Staatsanwaltschaft dienen und zum anderen der Finanzbehörde ermöglichen, etwaige Bedenken gegen die von der Staatsanwaltschaft geplante Maßnahme zu äußern (JJR/*Joecks* Rn. 15). Die Staatsanwaltschaft ist gehalten, sich in ihrer Einstellungsverfügung mit Einwendungen der Finanzbehörde auseinander zu setzen (Nr. 90 Abs. 1 S. 4 RiStBV; Kohlmann/*Hilgers-Klautzsch* Rn. 34).

4. Verstöße gegen § 403. Unter Verstoß gegen die Beteiligungsrechte der Finanzbehörde erlangte **10** Beweise sind im weiteren Strafverfahren grds. verwertbar (Hübschmann/Hepp/Spitaler/*Hellmann* Rn. 40; JJR/*Joecks* Rn. 16; Kohlmann/*Hilgers-Klautzsch* Rn. 38; Schwarz/Pahlke/*Klaproth* Rn. 12). Der Finanzbehörde bleibt lediglich die Möglichkeit, **Gegenvorstellung oder Dienstaufsichtsbeschwerde** zu erheben (Klein/*Jäger* Rn. 6; Rolletschke/Kemper/*Kemper* Rn. 15; Hübschmann/Hepp/Spitaler/*Hellmann* Rn. 41 f.; Flore/Tsambikakis/*Ebner* Rn. 26 ff.). Der Beschuldigte hat keinen Anspruch auf Beteiligung der Finanzbehörde (Schwarz/Pahlke/*Klaproth* Rn. 14).

5. (Kein) Klageerzwingungsverfahren durch die Finanzbehörde. Hat die Staatsanwaltschaft das **11** Ermittlungsverfahren trotz ablehnender Stellungnahme der Finanzbehörde eingestellt, so scheidet ein Klageerzwingungsverfahren nach § 172 StPO aus. Die Finanzbehörde nimmt mit der Verwaltung der Steuern nur eine allgemeine Staatsaufgabe wahr und ist damit nicht Verletzter iSd § 172 Abs. 1 S. 1 (Hübschmann/Hepp/Spitaler/*Hellmann* Rn. 45; JJR/*Joecks* Rn. 18; Klein/*Jäger* Rn. 7; Kohlmann/*Hilgers-Klautzsch* Rn. 39 f.; Schwarz/Pahlke/*Klaproth* Rn. 13; Erbs/Kohlhaas/*Hadamitzky/Senge* Rn. 6; Flore/Tsambikakis/*Ebner* Rn. 25; aA nur Bender/Möller/Retemeyer SteuerStrafR/*Möller/Retemeyer* D III Rn. 499). Die Finanzbehörde, die selbst zur Wahrung des Legalitätsprinzips (→ § 399 Rn. 4) verpflichtet ist, kann nicht auf diese Weise dessen Wahrung durch andere (Strafverfolgungs-)Behörden überprüfen lassen (JJR/*Joecks* Rn. 18 mwN).

§ 404 Steuer- und Zollfahndung

¹Die Zollfahndungsämter und die mit der Steuerfahndung betrauten Dienststellen der Landesfinanzbehörden sowie ihre Beamten haben im Strafverfahren wegen Steuerstraftaten dieselben Rechte und Pflichten wie die Behörden und Beamten des Polizeidienstes nach den Vorschriften der Strafprozessordnung. ²Die in Satz 1 bezeichneten Stellen haben die Befugnisse nach § 399 Abs. 2 Satz 2 sowie die Befugnis zur Durchsicht der Papiere des von der Durchsuchung Betroffenen (§ 110 Abs. 1 der Strafprozessordnung); ihre Beamten sind Ermittlungspersonen der Staatsanwaltschaft.

Neuere Literatur (Auswahl): *Anders,* Kontrollbesuche durch den „Flankenschutzfahnder", DStR 2010, 1779; *Bach,* Die LGT-Falle: Sitzt der gesetzliche Richter wirklich in Bochum?, PStR 2009, 70; *Beyer,* Durchsuchung durch die Steuerfahndung, NWB F 13, 1151; *Beyer,* Die Dauer der Durchsicht der Papiere gem. § 110 StPO, AO-StB 2009, 147;

Beyer, Neues zur Zuständigkeitskonkurrenz zwischen Finanzamt und Steuerfahndung; AO-StB 2013, 159; *Bisle,* Der Steuerfahnder als Zeuge in der Hauptverhandlung, PStR 2013, 70; *v. Briel,* Anforderungen an Durchsuchungs- und Beschlagnahmebeschlüsse – Beweisgewinnung durch die Steuerfahndung, SAM 2008, 202; *Burkhard/Adler,* Betriebsprüfung und Steuerfahndungsprüfung, 2001; *Buse,* Der steuerstrafrechtliche Verdacht des Außenprüfers, DB 2011, 1942; *Döpfer,* „Schweigen ist das am schwersten zu widerlegende Argument", FS Streck, 2011, 485; *v. Dorrien,* „Preisgabe" des Informanten: Elemente der Inquisition im Steuerstrafverfahren?, wistra 2013, 374; *Dusch,* Vermischung von Steufa und BuStra als rechtswidrige Konstruktion, wistra 2013, 129; *Durst,* Zum Verhalten bei Einleitung eines Steuerstrafverfahrens, PStR 2012, 274; *Eich,* Durchsuchung und Beschlagnahme durch die Steuerfahndung, KÖSDI 2007, 15524; *Eisolt,* Zulässigkeit von Sammelauskunftsersuchen zu den Nutzern einer Internethandelsplattform, DStR 2012, 1840; *Frommelt/Holenstein/Leitner/Spatschek,* Steuerfahndung im Dreiländereck, 2009; *Gehm,* Zur Rechtmäßigkeit der Verwertung von Beweismitteln im Zuge des Ankaufs von „Steuersünder-CDs", StBW 2014, 228; *Gehrmann/Kindler,* Checkliste: Durchsuchung und Beschlagnahme in der Kanzlei des Steuerberaters, PStR 2010, 64; *Geuenich,* Neue Maßnahmen zur Bekämpfung der grenzüberschreitenden Steuerhinterziehung, NWB 2009, 2396; *Gotzens,* Grenzüberschreitung im Steuerfahndungsverfahren, FS Streck, 2011, 519; *Haensle/Reichold,* Heiligt der Zweck die Mittel? Zur rechtlichen Zulässigkeit des Ankaufs von Steuerdaten, DVBl 2010, 1277; *Heerspink,* Auf ein Neues: Steuer-CD, AO-StB 2010, 155; *Hentschel,* Staatsanwalt und Polizist in Personalunion? – Zur Abschaffung fundamentaler Prinzipien des Strafverfahrensrechts bei der Verfolgung von Steuerstrafsachen, NJW 2006, 2300; *Holewa/Löwe-Krahl,* Die Rentenbezugsmitteilungen erreichen die Finanzämter – eine neue Fahndungswelle?, PStR 2009, 282; *Hornig,* Durchsuchungen bei der Commerzbank, PStR 2014, 103; *Joecks,* Die Verwertung „illegal" beschaffter Daten, SAM 2011, 21; *Jungbluth/Stepputat,* Der „Ankauf von Steuerdaten": Rechtliche Möglichkeiten und ihre Grenzen, DStZ 2010, 781; *Kaligin,* Rechtswidrige Strukturen im finanzbehördlichen Steuerstrafverfahren, Stbg 2010, 126; *Kaligin,* Rechtswidrige Praxis im Steuerstrafverfahren, Stbg 2001, 360; *Kaligin,* Angst vor der Steuerfahndung?, BB 2001, 2142; *Kaligin,* Keine Angst vor Betriebsprüfung und Steuerfahndung, 2. Aufl. 2004; *Katzung/Noel,* Finanzkontrolle Schwarzarbeit (FKS) – „der unbekannte Ermittler", SAM 2013, 82; *Kindler,* Anfechtung des Durchsuchungsbeschlusses: Wer zu spät kommt, den bestraft das Finanzgericht, PStR 2012, 140; *Kölbel,* Zur Verwertbarkeit privat-deliktisch beschaffter Bankdaten, NStZ 2008, 241; *Kramer,* Telekommunikation und Verkehrsdatenabfrage bei Verdacht auf Steuerhinterziehung, NJW 2014, 1561; *Kretschmer,* Das Bankgeheimnis in der deutschen Rechtsordnung – ein Überblick, wistra 2009, 180; *Kusnik,* Sammelauskunftsersuchen der Steuerfahndung zu Kunden von Unternehmen: Was darf die Finanzbehörde?, DB 2015, 697; *Kutzner,* Sammelauskunftsersuchen – Zulässigkeit und Rechtsschutzmöglichkeiten, NWB 2012, 30131; *Lessner,* Sicherstellung und Beschlagnahme von auf dem Server des Providers gespeicherten E-Mails, StB 2012, 252; *Lessner* Der Steuerfahnder als Zeuge vor Gericht, ZFN 2012, 31; *Mack,* Erscheinen der Steuerfahndung in der Beraterpraxis, DStR 2011, 53; *Mellinghoff,* Grundsätze und Grenzen im Besteuerungs- und Steuerstrafverfahren, Stbg 2014, 97; *Löwe-Krahl,* Rotlichtgewerbe: Zeitungsverlage müssen der Steufa Auftraggeber von Annoncen mitteilen, PStR 2013, 289; *Löwe-Krahl,* Internethandel: Auskunftsverpflichtung auch bei Datenspeicherung im Ausland, PStR 2013, 257; *Micker,* Die Anwendung des Steuergeheimnisses auf freiwillige und verpflichtete Anzeigenerstatter, AO-StB 2010, 92; *Müller,* Richtiges Verhalten bei Durchsuchung und Beschlagnahme durch die Steuerfahndung, INF 2007, 77; *Park,* Durchsuchung und Beschlagnahme, 3. Aufl. 2015; *Prowatke/Beyer,* Die Durchsuchung durch die Steuerfahndung, BBK 2009, 749; *Randt,* Der Steuerfahndungsfall, 2005; *Rau,* Sammelauskunftsersuchen: Drittanbieter mit Jahresumsatz von mindestens 17.500 EUR, PStR 2012, 143; *Rau,* Verhältnismäßigkeit eines Auskunftsersuchens der Steufa nach eingestelltem Steuerstrafverfahren, PStR 2013, 99; *Reichling,* Zur Nutzung sog. Steuer-CDs im Strafverfahren und im Besteuerungsverfahren, wistra 2014, 247; *Rolletschke,* Die finanzbehördlichen Steuerverfolgungsorgane, Stbg 2006, 379; *Roth,* Sammelauskunftsersuchen und internationale Gruppenanfragen, 2014; *Rüping,* Ermittlungen der Steuerfahndung und ihre Schranken, DStR 2002, 2020; *Rüping,* Steuerberatung, Steuerhinterziehung und Durchsuchung, DStR 2006, 1249; *Selmer,* Verfassungsrecht und Steuerrecht: Verwertung von Steuerdaten-CDs, JuS 2014, 1053; *Schütte/Schulz,* Die Steuerfahndung: Kriminalpolizei der Landesfinanzverwaltung, Kriminalistik 2004, 451; *Schwedhelm,* Praxiserfahrungen in der Steuerstrafverteidigung, BB 2010, 731; *Schwedhelm.* Der Eingriff der Steuerfahndung: Sieben Regeln zum richtigen Verhalten von Mandant und Berater, DStR 2014, 2; *Tormöhlen,* Steuerstrafrechtliche Verwertungsverbote, AO-Stb 2012, 344; *Trüg,* Steuerdaten-CDs und die Verwertung im Strafprozess, StV 2011, 111; *Vogelberg,* Zuständigkeit und Befugnisse der Finanzverwaltung, PStR 2005, 20; *Vogelberg,* Anlass für Vorfeldermittlungen, PStR 2007, 244; *Wamers,* Das Zollfahndungsdienstgesetz, ZfZ 2003, 259; *Webel,* Steuerfahndung – Strafverteidigung, 2. Aufl. 2014; *v. Wedelstädt,* Sammelauskunftsersuchen – Zulässigkeit, Rechtsschutz, AO-StB 2011, 19; *Wegner,* Bargeldkontrollen bei Auslandsreisen, PStR 2007, 106; *Wegner,* Checkliste: Zum Verdacht einer Steuerstraftat oder -ordnungswidrigkeit im Sinne des § 10 BpO, PStR 2009, 86; *Wegner,* Banken: Zulässige Sammelauskunft oder Ausforschung „ins Blaue hinein"?, PStR 2009, 126; *Weidemann,* Die Zulässigkeit des Sammelauskunftsersuchens aufgrund von § 208 Abs. 1 Nr. 3 AO, wistra 2006, 452; *Weyand,* Informationsweitergabe bei Bargeldkontrollen, PStR 2008, 27; *Weyand,* Neues Geldwäschegesetz, StuB 2008, 830; *Wild,* VGH Rheinland-Pfalz: Verwertung von Steuerdaten-CD in Grenzen zulässig, PStR 2014, 100.

Übersicht

A. Allgemeines

Der Steuer- bzw. Zollfahndung kommt eine **Doppelfunktion** (Klein/*Jäger* Rn. 1) zu: Einerseits ist **1** sie die „Kriminalpolizei" der Finanzbehörde mit entsprechenden strafprozessualen Befugnissen (vgl. → Rn. 70 ff.), andererseits obliegen ihr auch rein steuerliche Aufgaben (→ Rn. 13 ff.). Die Fahndung wird wegen dieser umfangreichen Zuständigkeiten und Kompetenzen häufig misstrauisch beäugt (exemplarisch *Kaligin*, Keine Angst vor Betriebsprüfung und Steuerfahndung, passim) und ist Gegenstand vielfältiger und beständiger Erörterung in der einschlägigen Literatur.

Das **Recht der Steuerfahndung** ist in **zwei Bestimmungen** näher konkretisiert: § 208 beschreibt **2** die Aufgaben dieser Dienststellen sowohl für den Bereich des Besteuerungs- wie des strafrechtlichen Ermittlungsverfahrens, während § 404 ihre Kompetenzen im Steuerstrafverfahren umgrenzt; diese Bestimmung gilt also nur in den Fällen, in denen ein zu beurteilender Sachverhalt strafrechtlicher Verfolgung noch zugänglich ist. Nach Eintritt der Strafverfolgungsverjährung kann auch die Fahndung nur noch mit den für das Besteuerungsverfahren eingeräumten Befugnissen tätig sein.

Die folgende Darstellung gilt sowohl für die Steuer- wie für die Zollfahndung. Abweichungen, die im **3** Bereich der Zollverwaltung gelten, werden an geeigneten Stellen gesondert deutlich gemacht.

B. Organisation und örtliche Zuständigkeit der Steuerfahndung

I. Organisation

Die AO selbst regelt nicht näher, wie Fahndungsdienststellen organisatorisch aufzubauen sind. § 404 **4** spricht – wie § 208 – lediglich global von „mit der Steuerfahndung betrauten Dienststellen der Landesfinanzbehörden" bzw. von den „Zollfahndungsämtern". Es bleibt also Bund und Ländern überlassen, nach welchen Kriterien sie die Fahndung konkret einrichten (vgl. näher Rolletschke/Kemper/*Roth* Rn. 20 ff., 25 ff.).

In den Bundesländern finden sich zzt. **zwei Organisationsmodelle.** Die **Steuerfahndungsstellen 5** sind überall keine selbstständigen Behörden, sondern Teil der jeweiligen Landesfinanzverwaltung. Die meisten Länder haben sich dazu entschlossen, die Steuerfahndung als **unselbstständige Dienststellen** einzelnen Finanzämtern anzugliedern; dabei erstreckt sich der Zuständigkeitsbereich der Fahndung regelmäßig über mehrere Finanzamtsbereiche. Lediglich die Länder Berlin, Niedersachsen und Nordrhein-Westfalen haben **eigenständige Finanzämter** für Fahndung und Strafsachen eingerichtet, die sog „StraFa-Finanzämter"; in Hamburg existiert ein Finanzamt für Prüfungsdienste und Strafsachen (vgl. näher *Rolletschke* Stbg 2006, 379; sowie Tipke/Kruse/*Seer* § 208 Rn. 4 ff.; krit. *Kaligin* Stbg 2010, 126).

Die Organisation der **Zollfahndungsämter** (s. hierzu Rolletschke/Kemper/*Roth* Rn. 22 ff.) resul- **6** tiert aus der grundgesetzlichen Finanzverfassung (Art. 106 Abs. 1 GG iVm Art. 108 Abs. 1 GG). Den Aufbau der Bundesfinanzverwaltung regelt primär das FVG. Gemäß § 1 Abs. 1 Nr. 3 FVG sind die Hauptzollämter sowie die Zollfahndungsämter selbstständige örtliche Bundesfinanzbehörden, deren Sitz nach § 12 Abs. 1 FVG durch die Generalzolldirektion (GZO) bestimmt werden; die Aufgaben der Hauptzollämter bestimmen § 12 Abs. 2 und Abs. 3 FVG.

Umfangreiche weitere Regelungen für den Bereich der **Zollfahndung** trifft das **Zollfahndungs- 7 dienstgesetz** (ZFdG; BGBl. 2002 I 3202, zuletzt geändert durch Art. 4 des Gesetzes zur Neuorganisation der Zollverwaltung v. 3.12.2015, BGBl. I 2178); s. dazu *Wamers* ZfZ 2003, 259;), das als Fahndungsbehörden das **Zollkriminalamt** (ZKA) als Mittelbehörde und die Zollfahndungsämter als örtliche Behörden schafft (§ 1 ZFdG; s. weiter JJR/*Randt* Rn. 7 ff.; Rolletschke/Kemper/*Roth* Rn. 23 f.).

Neben der Verfolgung von Zollstraftaten obliegen dem ZKA bzw. den Zollfahndungsämtern auch die Bekämpfung von Straftaten in anderen Rechtsgebieten, etwa im Bereich des Außenwirtschaft-, Kriegswaffen-, BtM- und Markenrechts, sowie der Geldwäsche; vgl. Tipke/Kruse/*Seer* § 208 Rn. 3; Rolletschke/Kemper/*Roth* Rn. 23, jeweils mwN; speziell zu Bargeldkontrollen, die der Bekämpfung der Geldwäsche dienen, *Wegner* PStR 2007, 106; *Weyand* PStR 2008, 27). Den Zollfahndungsbehörden stellt das ZFdG zur Erfüllung ihrer **präventiven Aufgaben** neben allgemeinen Befugnissen wie der Führung von Sammlungen personenbezogener Daten besondere Mittel der Datenerhebung zur Verfügung. Diese Kompetenzen betreffen aber nicht den strafprozessualen Tätigkeitsbereich, für den allein die Regelungen der StPO gelten. Längerfristige Observationen, Bildaufnahmen und Aufzeichnungen des gesprochenen Worts durch den verdeckten Einsatz technischer Mittel sowie der Einsatz von Vertrauenspersonen sind wegen ihrer Eingriffsintensität grds. nur zur Präventivbekämpfung von Straftaten mit erheblicher Bedeutung bei gewerbs-, gewohnheits- oder bandenmäßiger Begehungsweise zulässig. Weniger gravierende Maßnahmen können die Zollfahndungsämter nunmehr auf der Basis einer diesbezüglichen ausdrücklichen Generalermächtigung in § 26 Abs. 2 ZFdG ergreifen.

II. Hilfsinstitutionen

8   Verschiedene zentrale Stellen unterstützen die einzelnen Landesbehörden (vgl. Rolletschke/Kemper/*Roth* Rn. 35). Das **Bundeszentralamt für Steuern** (BZSt) in Bonn unterhält umfangreiche Datenbanken und agiert als **Informationszentrale Ausland** (IZA) bzw. als zentrale Sammelstelle für umsatzsteuerlich relevante Daten. Hierzu beachtet das BZSt auch allgemein zugänglichen Informationsquellen und wertet zB ausländische Handelsregisterveröffentlichungen, Telefon-, Adress- und Firmenverzeichnisse sowie Zeitungen, Zeitschriften und Internetangebote aus; vgl. weiter BMF-Schreiben v. 7.9.2007 BStBl. I 754 sowie Nr. 138 AStBV 2014.

9   Zur Durchführung kriminaltechnischer Untersuchungen, zB die Prüfung von Urkunden oder Handschriften, kann die Steuerfahndung die Hilfe des ZKA in Anspruch nehmen (§ 3 Abs. 11 ZFdG; sa Nr. 139 Abs. 2 AStBV 2014). Amtshilfe leisten insoweit aber auch die Landeskriminalämter (vgl. Nr. 141 AStBV 2014).

Die früher beim Finanzamt Wiesbaden angesiedelte Informationszentrale für den Steuerfahndungsdienst (IZ-Steufa) wurde im Jahre 2004 aufgelöst; ihre Aufgaben hat das BZSt übernommen.

III. Örtliche Zuständigkeit

10   Die Zollfahndung darf, da sie eine Bundesbehörde darstellt, unstreitig Ermittlungen im gesamten Bundesgebiet vornehmen (JJR/*Randt* Rn. 102). Inwieweit dies auch für Steuerfahndungsstellen gilt, ist strittig. Die hM lässt bundesweite Aktivitäten aller Steuerfahndungsstellen einschränkungslos zu (s. nur Tipke/Kruse/*Seer* § 208 Rn. 41 mwN; zu den unstreitigen landesweiten Kompetenzen vgl. bereits BFH BStBl. III 1963, 49; sa Nr. 124 AStBV 2014). Einzelne Stimmen (vgl. etwa JJR/*Randt* Rn. 104 mwN) verweisen demgegenüber darauf, dass eine Verfolgungskompetenz nur für die Steueransprüche gelte, für die eine verbandsmäßige und örtliche Zuständigkeit bestehe. Indes sieht die AO das Bundesgebiet als Steuerverwaltungseinheit, weshalb Amtshandlungen eines Finanzamts auch durchaus in einem anderen Bundesland durchgeführt werden dürfen. Die Praxis sieht in länderübergreifenden Ermittlungen iÜ keine Probleme.

11   **Auslandsermittlungen** darf die Fahndung grds. nicht vornehmen; die deutschen Hoheitsbefugnisse enden an der Staatsgrenze (Tipke/Kruse/*Seer* § 208 Rn. 40; allg. Meyer-Goßner/Schmitt/*Meyer-Goßner* StPO Einl. Rn. 210). **Ausnahmen** gelten nur dann, wenn der entsprechende Staat Ermittlungshandlungen zustimmt und diese unter Beachtung der einschlägigen Rechtshilfeabkommen vorgenommen werden (vgl. ausf. zur internationalen Rechtshilfe in Steuer- und Steuerstrafsachen JJR/*Joecks* § 399 Rn. 125 ff.; Rolletschke/Kemper/*Kemper* § 399 Rn. 188 ff.; Rolletschke/Kemper/*Roth* Rn. 43 f. und 301 ff.; Flore/Tsambikakis/*Rübenstahl/Adick* 2. Teil Kap. 14, passim; *Park,* Durchsuchung und Beschlagnahme, 3. Aufl. 2015, Rn. 793 ff.; sa Streck/Spatscheck Steuerfahndung Rn. 765 ff. sowie *Wegner* PStR 2007, 9). Eine Missachtung dieses Grundsatzes führt in aller Regel zu einem **Verwertungsverbot** (Tipke/Kruse/*Seer* § 208 Rn. 40; JJR/*Randt* Rn. 106; *Streck/Spatscheck* Steuerfahndung Rn. 786 mwN; sa *Tormöhlen* AO-StB 2012, 344). Auch bei Auslandsermittlungen stehen dem Verteidiger gegebenenfalls Beteiligungsrechte zu (ausf. → § 392 Rn. 56).

C. Sachliche Zuständigkeit

I. Rechtsquellen

12   Nach § 385 gelten für das Steuerstrafverfahren grds. die **allgemeinen Bestimmungen** des Straf- und Strafprozessrechts; → § 385 Rn. 4 ff. Auch Ermittlungstätigkeiten der Fahndung richten sich daher primär nach der StPO. Ergänzend müssen die Fahnder etwaige abweichende Regelungen der AO, das ZFdG, das FVG, die AStBV und auch den AEAO beachten.

II. Aufgaben der Steuerfahndung

Die Aufgaben der Fahndung sind in § 208 normiert (ausf. Randt Steuerfahndungsfall Teil C **13** Rn. 3 ff.). Die Bestimmung hat folgenden Wortlaut:

§ 208 Steuerfahndung (Zollfahndung)

(1) [1] Aufgabe der Steuerfahndung (Zollfahndung) ist
1. die Erforschung von Steuerstraftaten und Steuerordnungswidrigkeiten,
2. die Ermittlung der Besteuerungsgrundlagen in den in Nummer 1 bezeichneten Fällen,
3. die Aufdeckung und Ermittlung unbekannter Steuerfälle.
[2] Die mit der Steuerfahndung betrauten Dienststellen der Landesfinanzbehörden und die Zollfahndungsämter haben außer den Befugnissen nach § 404 Satz 2 erster Halbsatz auch die Ermittlungsbefugnisse, die den Finanzämtern (Hauptzollämtern) zustehen. [3] In den Fällen der Nummern 2 und 3 gelten die Einschränkungen des § 93 Abs. 1 Satz 3, Abs. 2 Satz 2 und des § 97 Absatz 2 nicht; § 200 Abs. 1 Satz 1 und 2, Abs. 2, Abs. 3 Satz 1 und 2 gilt sinngemäß, § 393 Abs. 1 bleibt unberührt.

(2) Unabhängig von Absatz 1 sind die mit der Steuerfahndung betrauten Dienststellen der Landesfinanzbehörden und die Zollfahndungsämter zuständig
1. für steuerliche Ermittlungen einschließlich der Außenprüfung auf Ersuchen der zuständigen Finanzbehörde,
2. für die ihnen sonst im Rahmen der Zuständigkeit der Finanzbehörden übertragenen Aufgaben.

(3) Die Aufgaben und Befugnisse der Finanzämter (Hauptzollämter) bleiben unberührt.

1. Allgemeines. Die eigentlichen Fahndungsangelegenheiten sind in § 208 Abs. 1 aufgeführt sind. **14** Die Fahndung soll demnach insbesondere:

– **Steuerstraftaten** und **Steuerordnungswidrigkeiten erforschen** (§ 208 Abs. 1 Nr. 1) **15**
– die **Besteuerungsgrundlagen ermitteln,** wenn Steuerstraftaten und Steuerordnungswidrigkeiten **16** begangen worden sind (§ 208 Abs. 1 Nr. 2)
– **unbekannte Steuerfälle** aufdecken und ermitteln (§ 208 Abs. 1 Nr. 3). **17**

Zu den in § 208 Abs. 1 umschriebenen Bereichen kommen noch die – strafrechtlich nicht bedeut- **18** samen – Aufgaben nach § 208 Abs. 2 hinzu (s. hierzu Koenig/*Koenig* § 208 Rn. 38 ff.):

– die Durchführung steuerlicher Ermittlungen einschließlich einer (normalen) Außenprüfung, wenn die **19** sonst zuständige Finanzbehörde darum ersucht (§ 208 Abs. 2 Nr. 1)
– kraft Übertragung zu erfüllende Angelegenheiten (§ 208 Abs. 2 Nr. 2; s. dazu JJR/*Randt* Rn. 55). **20**

§ 208 Abs. 1 schreibt demnach die schon erwähnte **Doppelfunktion** der Steuerfahndung fest: Einer- **21** seits ist sie steuerstrafrechtlich tätig, andererseits erfüllt sie auch steuerrechtliche Funktionen (s. dazu Rolletschke/Kemper/*Roth* Rn. 29).

Diese doppelfunktionelle Stellung ist gelegentlich Gegenstand der Kritik geworden (s. etwa Streck/ **22** Spatscheck Steuerfahndung Rn. 50 ff.; *Kaligin* Stbg 2010, 126; *Gotzens* FS Streck, 2011, 519 dagegen zu Recht *Dusch* wistra 2013, 129; Rolletschke/Kemper/*Roth* Rn. 32 ff.). Insbesondere wird der Vorwurf erhoben, die beiden Aufgaben würden von der Steuerfahndung beliebig vermischt (sa JJR/*Randt* Rn. 6); die Beamten würden vor allem die jeweilige Verfahrensarten nach eigenem Gutdünken in der Weise vermengen, dass sie sich stets die für sie günstigsten Regelungen „herauspicken" würden. So würden Beschuldigte unter Androhung abgabenrechtlicher Zwangsmittel (vgl. §§ 328 ff.) oder durch überhöhte Schätzungen (§ 162) dazu bewegt, im Strafverfahren belastende Aussagen zu machen; Mittel des Straf- verfahrens (vor allem Durchsuchungen und Beschlagnahmen) würden andererseits dazu verwendet, für das Besteuerungsverfahren Beweismaterial zu beschaffen.

Wenn in Einzelfällen ein solches Verhalten der Fahnder tatsächlich zu beobachten ist, so verstößt dies **23** evident gegen die gesetzlichen Regelungen. Denn § 393 Abs. 1 bestimmt ganz eindeutig, dass sich bei parallel laufenden Besteuerungs- und Steuerstrafverfahren die Rechte und Pflichten des Beschuldigten nach der jeweiligen Verfahrensart bestimmen; vor allem dürfen die Beamten nicht versuchen, sich den Beschuldigten durch steuerrechtliche Maßnahmen „gefügig" zu machen. Dies würde sein strafprozessual garantiertes Recht, sich selbst nicht zu belasten, unterlaufen. Andererseits muss es den Fahndern auf- grund der gesetzlich vorgesehenen Doppelfunktion ihrer Dienststelle möglich sein, bei nebeneinander herlaufenden Besteuerungs- und Steuerstrafverfahren auch auf abgabenrechtliche Mittel zurückzugrei- fen.

2. Erforschung von Steuerstraftaten und Ordnungswidrigkeiten – § 208 Abs. 1 Nr. 1. Die **24** Erforschung von Steuerstraftaten (§ 369) und -ordnungswidrigkeiten (§ 377) ist die primäre Aufgabe der Steuerfahndung, weshalb man sie auch als **„Steuer-(kriminal-)polizei"** bezeichnen kann. Eine Kompetenzerweiterung auf manche Nichtsteuerdelikte ergibt sich dabei aus §§ 385 Abs. 2 und 386 Abs. 2 Nr. 2.

Dementsprechend muss die Fahndung auf der Basis des strafprozessualen **Legalitätsprinzips** tätig **25** werden, wenn ein **Anfangsverdacht** (§ 152 StPO) in Bezug auf eine Steuerstraftat vorliegt, also zureichende tatsächliche Anhaltspunkte gegeben sind, die auf eine (Steuer-)Straftat schließen lassen.

Bloße Vermutungen vermögen einen derartigen Anfangsverdacht nicht zu begründen (ausf. zum Anfangsverdacht bei Steuerdelikten vgl. JJR/*Jäger* § 397 Rn. 38 ff.).

26 Demgegenüber ist das Bußgeldverfahren vom **Opportunitätsprinzip** geprägt, dh die Finanzbehörde entscheidet nach pflichtgemäßem Ermessen über die Einleitung von Verfolgungsmaßnahmen. Ergeben sich Hinweise auf Steuerordnungswidrigkeiten (§ 377), muss die Fahndung also nicht stets aktiv werden.

27 **3. Die Ermittlung der Besteuerungsgrundlagen – § 208 Abs. 1 Nr. 2.** Steuerstrafrechtliche Ermittlungen der Steuerfahndung lassen sich von steuerrechtlichen Feststellungen kaum trennen: Der Vorwurf, ein Steuerpflichtiger habe eine Steuerhinterziehung begangen, lässt sich allein dann mit der für eine Anklageerhebung (§ 160 Abs. 1 StPO) notwendigen Genauigkeit halten, wenn die zutreffenden Besteuerungsgrundlagen umfassend festgestellt worden sind. Diese Feststellungen lassen sich zwar auch mit strafprozessualen Mitteln, wie Zeugenvernehmungen und/oder Durchsuchungen bzw. Beschlagnahmen treffen. Andererseits stehen der Finanzbehörde auch im Besteuerungsverfahren sehr effiziente Möglichkeiten zur Verfügung, um Sachverhalte auszuforschen. Insbesondere müssen die Beteiligten (§ 78) und andere Personen Auskünfte erteilen und Unterlagen vorlegen (§§ 93 ff.). Die Finanzämter sind dabei gehalten, sich zunächst an die Beteiligten selbst zu halten, ehe sie Dritte ansprechen (§ 93 Abs. 1 S. 3 bzw. § 97 Abs. 2).

28 Im Rahmen von **Ermittlungen der Besteuerungsgrundlagen** durch die Steuerfahndung gilt diese Einschränkung nicht (§ 208 Abs. 1 S. 3). Die Beamten dürfen daher Personen, die nach den §§ 93, 97 auskunfts- bzw. vorlagepflichtig sind, direkt angehen (Koenig/*Koenig* § 208 Rn. 30). Sie können auch sofort die Vorlage von Büchern, Geschäftspapieren und dergleichen verlangen (sa *Rolletschke* ZWH 2014, 158) und Ortsbesichtigungen bzw. Begehungen vornehmen (zum Einsatz derartiger „Flankenschutzfahnder" krit. *Beyer* AO-StB 2013, 159, *Roth* StBW 2013, 320 sowie *Mellinghoff* Stbg 2014, 97; indes sind derartige Aktivitäten iRd Grenzen des Besteuerungsverfahrens ohne weiteres zulässig; vgl. *Kemper* DStZ 2008, 527 sowie *Anders* DStR 2012, 1779; s. weiter Rolletschke/Kemper/*Roth* Rn. 201 ff. Eine Schriftform für Auskunfts- bzw. Vorlageersuchen ist nicht bindend vorgeschrieben; allerdings kann der Betroffene grds. eine schriftliche Bestätigung der Anfrage verlangen (§ 119 Abs. 2 S. 2), die dann auch begründet werden muss (§ 121 Abs. 1). In der Praxis ergehen die Auskunfts- und Vorlageersuchen allein schon aus Gründen der Beweissicherung fast immer schriftlich. Ein **Auskunftsverlangen** im Besteuerungsverfahren ist indes **rechtswidrig,** wenn es den Eindruck erweckt, dass trotz der Einstellung des Ermittlungsverfahrens weiter wegen des Verdachts eines Steuerdelikts ermittelt werde (BFH wistra 2013, 157 mAnm *Rübenstahl* ZWH 2013, 202 und *Geuenich* BB 2013, 744; s. dazu auch *Heine* SteuK 2013, 174; *Rau* PStR 2013, 99; *Werth* HFR 2013, 202).

29 Ermittlungen nach § 208 Abs. 1 Nr. 2 darf die Fahndung auch für **Zeiträume** durchführen, die einer **strafrechtliche Verfolgung nicht mehr zugänglich** sind, zB weil eine wirksame **Selbstanzeige** (§ 371) vorliegt, deren Angaben überprüft werden sollen, ein **Verfahrenshindernis** besteht (zB Tod des Beschuldigten) oder **Strafverfolgungsverjährung** eingetreten ist (Tipke/Kruse/*Seer* § 208 Rn. 24 mwN; Rolletschke/Kemper/*Roth* Rn. 77 ff.; sa BFH BStBl. II 2001, 624).

30 Ihr stehen indes in diesen Fällen strafprozessuale Kompetenzen nicht zu. Sie darf ihre Aktivitäten hier allein auf **steuerverfahrensrechtliche Bestimmungen** stützen (*Tormöhlen* wistra 1993, 174; OLG Köln wistra 1997, 23/; Tipke/Kruse/*Seer* § 208 Rn. 25; Rolletschke/Kemper/*Roth* Rn. 83; krit. zu diesem Problemkreis JJR/*Randt* Rn. 25 ff.).

31 **4. Die Aufdeckung unbekannter Steuerfälle – § 208 Abs. 1 Nr. 3.** Die Finanzbehörden müssen Steuern nach Maßgabe der Gesetze gleichmäßig festsetzen und erheben (§ 85). Dabei ist es kein Geheimnis, dass Steuerhinterziehung ein weit verbreitetes Delikt ist. Steuerlich relevante Sachverhalte werden den Finanzämtern häufig verschwiegen. Entsprechend bestimmt § 208 Abs. 1 Nr. 1 die **Aufdeckung unbekannter Steuerfälle** zu einer weiteren Aufgabe der Steuerfahndung. Sie wird hierbei als Organ der Steueraufsicht allein im Besteuerungsverfahren tätig und erfüllt damit ein wesentliches Gebot der Steuergerechtigkeit (ausf. hierzu Randt Steuerfahndungsfall Teil C Rn. 23 ff. sowie Rolletschke/Kemper/*Roth* Rn. 84 ff.).

32 Kennzeichnend für diese **Vorfeldermittlungen** der Steuerfahndung ist es, dass sich noch **kein konkreter Tatverdacht** gegen bestimmte Personen richtet. Es steht dabei aber nicht ihrem Belieben, in jedem Fall tätig zu werden. Es bedarf nach allgemeiner Meinung eines begründeten Anlasses hierfür. Dieser besteht dann, wenn aufgrund konkreter Momente oder allgemeiner Fahndungserfahrungen eine Untersuchung geboten ist. Konkrete Momente sind dabei Tatsachen, Kenntnisse und aufgedeckte Sachverhaltsgestaltungen. Bloße Vermutungen genügen nicht. Allgemeine Erfahrungen hat die Steuerfahndung dann, wenn sie Ermittlungserkenntnisse aus gleich gelagerten Ermittlungsverfahren besitzt, wenn etwa die Besonderheit des Objektes, die Höhe des Wertes oder bestimmte Personengruppen fahndungsspezifische Schlussfolgerungen zulassen, die die Möglichkeit einer Steuerhinterziehung als nahe liegend erscheinen lassen (ausf. *Vogelberg* PStR 2007, 244; krit. Randt Steuerfahndungsfall Teil C Rn. 29 ff.).

33 Die „steuerlichen" Handlungen der Steuerfahndung müssen überdies den allgemein durch Behörden zu beachtenden **Verhältnismäßigkeitsgrundsatz** beachten (Klein/*Jäger* § 385 Rn. 9 mwN; s. grdl.

BFH BB 2013, 281 mAnm *Geuenich;* hierzu *Löwe-Krahl* PStR 2013, 257; *Roth* Stbg 2013, 451). Dies bedeutet vor allem, dass die Steuerfahndung zur Erfüllung ihrer Aufgaben nur die erforderlichen, geeigneten und verhältnismäßigen Ermittlungshandlungen vornehmen darf, die für den Handlungspflichtigen auch zumutbar und erfüllbar sein müssen. Gerade bei **Sammel- oder Generalersuchen** mit einer sehr großen Zahl von betroffenen Steuerpflichtigen muss das Verbot des Übermaßes auch von der Steuerfahndung sorgfältig beachtet werden (zu Sammelauskunftsersuchen umfassend Rolletschke/Kemper/*Roth* Rn. 258 ff.; *Roth,* Sammelauskunftsersuchen und internationale Gruppenanfragen, 2014; sa *v. Wedelstädt* AO-StB 2011, 19; *Kutzner* NWB 2012, 3031); *Kusnik* DB 2015, 697).

Ermittlungen können etwa angebracht sein, wenn der Steuerpflichtige zwar bekannt ist, jedoch **34** noch keine ausreichenden Anhaltspunkte vorhanden sind, die den Verdacht einer Steuerstraftat bzw. die Verwirklichung eines Steuertatbestands begründen, so bspw. in den folgenden Fällen:

Es gibt Anhaltspunkte, dass Personen Steuertatbestände verwirklicht haben, jedoch sind diese poten- **35** tiellen Steuerpflichtigen dem Finanzamt bisher noch unbekannt.

Sowohl der Steuerpflichtige als auch der Steuertatbestand sind aufgrund der bisherigen Erkenntnisse **36** noch nicht so konkret bestimmbar, dass steuerliche oder steuerstrafrechtliche Ermittlungen aufgenommen werden können. Nach Erfahrungen der Finanzverwaltung bei gleich gelagerten Fallgestaltungen ist jedoch mit Steuerverkürzungen zu rechnen.

Beispiele: Fälle von Schwarzarbeit; Tätigwerden von Unternehmern im Bereich der sog Schattenwirtschaft; bei Personengruppen, die Nebeneinnahmen beziehen, die nicht dem Steuerabzug an der Quelle unterliegen; bei Steuerpflichtigen, die bestimmte kostspielige Wirtschaftsgüter besitzen und diese anonym veräußern wollen und schließlich bei Kapitalanlegern, die über anonymisierte oder verschleierte Kontenbewegungen Geld ins Ausland – insbesondere Steueroasen – bringen.

Ermittlungen „ins Blaue hinein", „auf gut Glück", „Rasterfahndungsmaßnahmen" oder ähnlich vage **37** Eingriffsmaßnahmen sind aber stets nicht gestattet (zur Unzulässigkeit der **„Rasterfahndung"** grdl. BFH DStR 2000, 1511; sa *Matthes* PStR 2007, 166; *Wegner* PStR 2009, 126 sowie BGH BGH/NV 2009, 1586). Andererseits muss sich die Ermittlungspflicht noch nicht so verdichtet haben, dass greifbare Umstände vorliegen, die darauf hindeuten, dass die Angaben des Steuerpflichtigen falsch oder unvollständig sind. Erforderlich ist, dass abstrakte Anhaltspunkte vorliegen, die vermuten lassen, dass unter Berücksichtigung der allgemeinen Erfahrungen der Finanzbehörde ein steuergesetzlicher Tatbestand verwirklicht worden ist (s. schon BFH BStBl. II 1987, 484, ferner *Klos* wistra 1988, 92; *Frick* BB 1988, 109). Ein **konkreter strafprozessualer Anfangsverdacht** (§ 152 Abs. 2 StPO) braucht bei diesen Ermittlungen aber noch **nicht** vorzuliegen. Die Vorfeldermittlungen münden in das Besteuerungsverfahren bzw., sobald auch subjektiver Hinsicht der Anfangsverdacht zu bejahen ist, in das Steuerstrafverfahren ein. Die Rechtsprechung hat das Vorliegen dieser Voraussetzungen schon in verschiedenen Fällen bejaht, wie sich aus der folgenden beispielhaften – bei weitem nicht erschöpfenden – Übersicht ergibt (s. ausf. Tipke/Kruse/*Seer* § 208 Rn. 30 ff. mwN; Koenig/*Koenig* § 208 Rn. 15 ff.; Rolletschke/Kemper/*Roth* Rn. 98; *Vogelberg* PStR 2007, 244):

Die **Zulässigkeit von Vorfeldermittlungen** wurde etwa in einem Fall angenommen, indem in **38** einer Tageszeitung **wertvolle Immobilien** im Ausland über Chiffreanzeigen zum Verkauf angeboten worden sind (FG Hamburg EFG 1987, 275; BFH BStBl. II 1987, 440; sa die bestätigende Entscheidung des BVerfG NJW 1990, 701). In solchen Fällen besteht die allgemeine Erfahrung, dass wegen der steuerlichen Erfassung und Auswertung inländischer Grundstücksgeschäfte ein Anreiz bestehe, unversteuerte Gelder in ausländischen Grundstücken anzulegen. Das sog „Chiffregeheimnis" steht den Ermittlungsbefugnissen der Steuerfahndung nicht entgegen (BVerfG NJW 1990, 701; sa NdsFG EFG 2013, 1979; vgl. hierzu weiter *Löwe-Krahl* PStR 2013, 289 sowie *Rolletschke* ZWH 2014, 158).

Die Steuerfahndung kann an ein **Kreditinstitut** ein Sammelauskunftsersuchen betreffend Provisions- **39** zahlungen an alle in einer bestimmten Zeit für ein Kreditinstitut tätig gewordenen Kreditvermittler richten, wenn die allgemeine – durch konkrete Erkenntnisse – gewonnene Erfahrung besteht, dass verhältnismäßig viele Kreditvermittler ihre Provision nicht versteuert haben (BFH BStBl. II 1987, 484); in diesen Fällen darf aber die Ausführung des Auskunfts- oder Vorlageersuchens für das Kreditinstitut zu keiner unverhältnismäßigen und unzumutbaren Belastung führen; vgl. ausf. JJR/*Randt* Rn. 146 ff. mwN.

Aufgrund von steuerlichen Einzelfällen bestand für die Steuerfahndung eine allgemeine Erfahrung, **40** dass Zahnärzte, die **Goldgeschäfte** mit Scheideanstalten machten, die Einkünfte daraus selten versteuert hatten. Vorfeldermittlungen zur Überprüfung aller potentiell betroffenen Steuerpflichtigen waren zulässig (FG Hamburg EFG 1987, 9).

In einem anderen Fall war die Steuerfahndung aufklärend tätig geworden, wo Makler kostspielige **41** **Segel- und Motorjachten** in einer Zeitschrift angeboten haben; auch hier bestand die abstrakte Vermutung, dass diese Vermögenswerte zumindest vermögensteuerrechtlich nicht erfasst waren (FG Hmb EFG 1987, 275; 1997, 196; BFH BFH/NV 1992, 791).

Im **Bankenbereich** sind auch Vorfeldermittlungen der Steuerfahndung – etwa zur effektiven Durch- **42** setzung der Zinsbesteuerung – zulässig, wie es der BFH in seinem „Zinsurteil" bekräftigt hat (BFH NJW 1997, 1257). Das Gesetz (§ 30a Abs. 2) verbietet den Finanzbehörden lediglich, von den Kreditinstituten zum Zweck der allgemeinen Überwachung die einmalige oder periodische Mitteilung von Konten bestimmter Art oder bestimmter Höhe zu verlangen.

43 Vorfeldermittlungen sind zulässig durch **Anfragen an einen Verhütungsmittelhersteller** über Namen und Anschriften liefernder Apotheker, wenn Betriebsprüfungen bei den abnehmenden Ärzten (Gynäkologen) Hinweise auf Steuerverkürzungen ergeben haben (BFH BStBl. II 2007, 155; s. dazu *Heuermann* StBp 2007, 91).

43a Ein Auskunftsverpflichteter kann sich iÜ **nicht** auf zivilrechtlich getroffene **Datenschutzvereinbarungen** berufen (grdl. BFH BB 2013, 2081 mAnm *Geuenich;* s. hierzu nur *Eisolt* DStR 2012, 1840 und *Löwe-Krahl* PStR 2013, 257). Er muss hiernach insbesondere die ihm zur Verfügung stehenden Möglichkeiten zum Zugriff auf elektronische Daten umfassend zur Erfüllung von ansonsten nach Maßgabe des vorstehenden rechtmäßigen Auskunftsersuchens von Finanzbehörden nutzen. Das gilt vor allem auch für auf ausländischen Servern gespeicherte Daten. In der von BFH entschiedenen Sache forderte die Steufa Auskünfte von einer Internethandelsplattform zu den dort aktiven Anbietern; das Unternehmen hatte sich vergeblich mit dem Hinweis geweigert, die betreffenden Daten befänden sich auf den Servern einer in Luxemburg ansässigen Tochterfirma.

43b Seit Jahren (zur Entwicklung s. *Roth* Stbg 2013, 29) werden den Finanzbehörden immer wieder **Daten-CDs** („Steuer-CDs") angeboten, die Informationen zu Auslandsanlagen bzw. -geschäften von Bankkunden insbesondere aus Liechtenstein, Luxemburg und der Schweiz enthalten (zusammenfassend Rolletschke/Kemper/*Roth* Rn. 172 ff.; sa *Seitz* Ubg 2014, 380 sowie *Gehm* StBW 2014, 228). Ihr mehrfach erfolgter Ankauf wird vielfach kritisiert (s. etwa *Trüg/Habetha* NJW 2008, 887; *Samson/Langrock* wistra 2010, 201; *Jungbluth/Stepputat* DStZ 2010, 781; *Trüg* StV 2011, 111; *Joecks* SAM 2011, 21; *v. Bühren* AnwBl 2012, 906; *Gehm* StBW 2014, 228). Er ist indes **ebenso zulässig** wie ihre Auswertung im Besteuerungs- und im Strafverfahren (grdl. VGH RhPf wistra 2014, 240; hierzu *Wild* PStR 2014, 100; *Wicklein* StV 2014, 469; *Reichling* wistra 2014, 247; krit. *Krug* NZWiSt 2014, 431. S. auch BVerfG wistra 2011, 61 mAnm *Fischer* jurisPR-SteuerR 51/2010 Anm. 1; hierzu weiter *Heerspink* AO-StB 2011, 155; *Joecks* SAM 2011, 21; *Kaiser* NStZ 2011, 383; *Coen* NStZ 2011, 433; *Wohlers* JZ 2011, 252; *Schmidt-Kessler* NWB 2013, 3096; *Lipsky* PStR 2014, 4). Zur Frage, inwieweit Daten einer Steuer-CD zum Tatnachweis genügen, vgl. aber AG Nürnberg wistra 2014, 113.

D. Auslöser einer Steuerfahndungsprüfung

44 Steuerfahndungsprüfungen können durch die unterschiedlichsten Umstände ausgelöst werden (vgl. Streck/Spatscheck Steuerfahndung Rn. 144 ff.).

I. Anzeigen – Allgemeines

45 Regelmäßig steht am Anfang aller Fahndungsprüfungen eine **Anzeige,** wobei diese Mitteilungen aus den unterschiedlichsten Quellen kommen können. So verpflichtet § 116 zB alle Behörden und Gerichte, den Finanzämtern Hinweise auf Steuerdelikte zu offenbaren, eine Verpflichtung, die in der Praxis allerdings häufig ignoriert wird (→ Rn. 61 ff.). Die meisten verfahrensauslösenden Mitteilungen gelangen jedoch aus dem Bereich der Finanzverwaltung selbst zur Steuerfahndung. Auch aus der Bevölkerung gehen Anzeigen bei der Steuerfahndung ein, wobei sich düpierte Geschäftsfreunde oder (ehemalige) Lebenspartner oft durch besonderen Verfolgungseifer auszeichnen. Nach § 158 StPO ist die Steuerfahndung zur **Entgegennahme** solcher Anzeigen berechtigt und **verpflichtet.** Besondere Formvorschriften für die Mitteilungen bestehen nicht.

46 Spezielle Bedeutung erlangt in diesem Zusammenhang die Frage, inwieweit Anzeiger mit einer vertraulichen Behandlung ihrer Informationen rechnen können. Die Rspr. nimmt an, dass das Steuergeheimnis auch den **Informanten** schützt, die Finanzämter seine Identität also auch gegenüber dem betroffenen Steuerpflichtigen nicht preisgeben dürfen (stRspr, vgl. BFH BStBl. II 1985, 571; BStBl. II 1994, 552; BFH/NV 2003, 294; aA NJW 1985, 1971 sowie LG Saarbrücken wistra 2007, 78 m. abl. Anm. *Weyand* PStR 2007, 31; s. allg. zu dieser Problematik *Weyand* PStR 2005, 213; *Micker* AO-StB 2010, 92; *v. Dorrien* wistra 2013, 374). Für den Bereich des Strafverfahrens führt diese Meinung jedoch meist nicht zu einem Identitätsschutz. Zwar haben die Landesjustizminister auch für den Bereich des Strafrechts Richtlinien über die **Zusicherung der Vertraulichkeit** gegenüber Informanten beschlossen (Anlage D zur den RiStBV; abgedruckt bei Meyer-Goßner/Schmitt Anh. Rn. 12). Entsprechende Zusagen kommen aber von vornherein nur im Bereich der Schwer- und Schwerstkriminalität in Betracht. Steuerdelikte erfüllen diese Voraussetzung nur in den Fällen des § 370 Abs. 3 Nr. 5, mithin nur in wenigen Ausnahmefällen. Ansonsten besteht für die Finanzbehörde eine Verpflichtung, gegenüber der Staatsanwaltschaft bzw. den Strafgerichten Auskunft über den Anzeiger zu erteilen. Dieser muss auch aus den Strafakten, die einem Verteidiger spätestens nach Abschluss der Ermittlungen vollständig zum Zwecke der Akteneinsicht zur Verfügung gestellt werden müssen (§ 147 StPO), erkennbar sein; der Beschuldigte kann sich also über den Anzeigeerstatter Gewissheit verschaffen (s. dazu noch BGH wistra 1988, 72).

II. BP und USt-Nachschau

Auch **Außenprüfungen** im Betrieb des Steuerpflichtigen oder bei dessen Geschäftspartnern sowie **47** die auf der Basis des § 27b UStG durchgeführte **Umsatzsteuer-Nachschau** können Anlass zu Ermittlungen sein. Die Steuerfahndung wird den Fall aufgreifen, wenn der Betriebsprüfer mit eigenen Ermittlungen nicht weiterkommt bzw. einen Hinterziehungstatbestand vermutet, weil der geprüfte Steuerpflichtige die Mitwirkung verweigert, unrichtige Angaben macht, die geforderten Unterlagen nicht herausgibt oder zu beseitigen versucht (zu den Mitteilungspflichten der Betriebsprüfung innerhalb der Finanzbehörde vgl. *Wegner* PStR 2009, 86).

III. Kontrollmitteilungen

Kontrollmitteilungen können mitunter weitere Ermittlungen der Steuerfahndung auslösen (ausf. **48** *Randt* Steuerfahndungsfall Teil C Rn. 147 ff.; sa *Wagner* DStZ 2010, 69; *Ritzrow* StBP 2013, 168). Dies gilt insbesondere, wenn Kontrollmitteilungen mit hohen Beträgen in einer Steuerakte auftauchen bzw. die Informationen mit dem Akteninhalt nicht in Einklang zu bringen sind. Ermittlungen drohen zumeist, wenn die betroffene Person als Steuerpflichtiger beim Finanzamt steuerlich nicht erfasst ist, die dem Umfang nach erheblichen verschwiegenen Einkünfte dem gewerblich/freiberuflichen Bereich zuzuordnen sind und der Steuerpflichtige einer Aufforderung zur Abgabe der Steuererklärung nicht Folge leistet.

Kontrollmitteilungen können auch **aus dem Ausland** kommen: so genannte internationale Kontroll- **49** mitteilungen oder Spontanauskünfte. Eine besondere Bedeutung haben Kontrollmitteilungen der Bankenprüfer erlangt, die verstärkt aus CpD-Konten Kundendaten über Kapital und Erträge ausschreiben und versenden.

Regelmäßig fertigen Betriebsprüfer bei Außenprüfungen Kontrollmitteilungen in den folgenden **50** Fällen:

– Abfindungen, Einmalzahlungen, Zuschüsse **51**
– bei Vermutung von fingierten Vorgängen (Scheinfirmen, Scheinrechnungen oder offensichtlich Oh- **52** ne-Rechnung-Geschäfte)
– Provisionen oder ähnliche Vergütungen **53**
– Rechnungen mit ungewöhnlichem Erscheinungsbild (Adressierung, Schrift, Layout; Verwendung **54** unzutreffender Postleitzahlen; fehlende – beim Postversand aber übliche – Faltungen)
– Schmiergeldzahlungen („nützlichen Aufwendungen"; s. dazu *Spatscheck* SAM 2013, 100; *Madauß* **55** NZWiSt 2013, 176) und andere Leistungsvergütungen; vgl. hierzu noch die sich aus § 4 Abs. 5 Nr. 10 S. 2–4 EStG ergebenden Mitteilungspflichten; s. dazu weiter Schmidt/*Heinicke* EStG § 4 Rn. 610 ff.)
– Gewährung von Vorteilen jeglicher Art (Boni, Rabatte) **56**
– bei ungewöhnlichen Zahlungs- und Abwicklungsmodalitäten (etwa Barzahlungen, Barschecks, Über- **57** weisung auf betriebsfremdes Konto, Auslandsüberweisungen)
– Geldschenkungen, Übertragung von Bank- und Sparguthaben, Wertpapierdepots **58**
– unentgeltliche Einräumung bzw. Übertragung von Beteiligungen **59**
– Verzicht von Darlehens- oder anderen Forderungen. **60**

IV. Erkenntnisse anderer finanzbehördlicher oder externer Dienststellen

Gerichte und Behörden sind allgemein **verpflichtet,** die Finanzbehörden auf mögliche Steuerde- **61** likte hinzuweisen. Diese – in der Praxis nicht immer beachtete – Verpflichtung ergibt sich aus § 116 (zu dieser Bestimmung *Löwe-Krahl* PStR 2007, 11; *Weyand* INF 2007, 399; *Löwe-Krahl* FS Samson, 2011, 557; krit. *Madauß* NZWiSt 2014, 100). Meldungen oder Kontrollmaterial der Zollbehörden, namentlich der FKS – „Finanzkontrolle Schwarzarbeit" (s. dazu *Katzung/Noel* SAM 2013, 82), aber auch als Ausfluss von Bargeldkontrollen an den Grenzen (s. dazu *Randt* Steuerfahndungsfall Teil C Rn. 169 f.), der Arbeitsverwaltung (insbesondere der Bekämpfungsstellen gegen die illegale Beschäftigung), der Krankenkassen, der Gewerbeämter sowie der Polizei und auch von (Zivil-)Gerichten führen dementsprechend gleichfalls zum Tätigwerden der Fahndungsdienststellen (s. weiter *Randt* Steuerfahndungsfall Teil C Rn. 153 ff.).

Anlass für eine Fahndungsprüfung ist ferner der **Ermittlungsauftrag** der Strafsachenstelle bzw. **62** der Staatsanwaltschaft, soweit diese Stellen einen Steuerstraftatverdacht erkennen und Ermittlungen durch die Steuerfahndung im Außendienst (etwa im Rahmen einer Durchsuchungsaktion) notwendig sind.

Schließlich kann auch der **interne Informationsfluss** zwischen verschiedenen Dienststellen der **63** Finanzbehörde (*Randt* Steuerfahndungsfall Teil C Rn. 111 ff.) oder auch von einzelnen Amtsträgern (exemplarisch der Hinweis in PStR 2009, 271) Fahndungsmaßnahmen bedingen.

V. Eigenaufgriffe

64   Ermittlungen können ebenfalls durch **Eigenaufgriffe** der Steuerfahndung aufgrund branchentypischer Erfahrungen bzw. gleich gelagerten Sachverhalten entstehen. Beispiele dafür sind die Auswertung chiffrierter Zeitungsannoncen, mögliche Erkenntnisse aus Diebstahlsanzeigen und Versicherungsmeldungen oder sonstige Presseberichte über das Vorhandensein wertvoller Gegenstände, die eine erhebliche steuerliche Auswirkung haben.

65   In jüngster Zeit richten die Steuerfahndungsstellen verstärkt ein Augenmerk auf **Internetangebote.** Vor allem Internet-Plattformen wie Ebay werden mittlerweile jedenfalls stichprobenartig ausgewertet (→ Rn. 43a; beispielhaft BFH BB 2013, 2081 mAnm *Geuenich;* sa die Pressemitteilung der OFD Koblenz PStR 2007, 286). Eine große Zahl von Verkäufern bietet hier regelmäßig Waren und Dienstleistungen an und kann dadurch gewerblich/unternehmerisch tätig werden. Ein Gewerbe wurde von ihnen aber nicht angemeldet. Diese Anbieter sind mit dieser Tätigkeit daher vielfach steuerlich nicht erfasst. Da sie insoweit auch keine Steuererklärungen abgeben, kommt es zu Hinterziehungen von Einkommen-, Umsatz- und oft auch Gewerbesteuer. Die Fahnder überprüfen Angebote insoweit vor allem dann

66   – wenn ein Anbieter **vielfach Auktionen** durchführt (etwa für (Marken-)Bekleidung, von CDs oder DVD's, von Sammlerartikeln, wie etwa Münzen oder Militaria), weil hierin ein deutlicher Hinweis auf gewerbliches Handeln liegen kann (s. weiter *Rau* PStR 2012, 143

67   – wenn **besonders wertvolle Gegenstände** angeboten werden (wie etwa teure Uhren, Schmuckstücke, Yachten, Privatflugzeuge oder Oldtimer-Fahrzeuge), weil derartige Objekte erfahrungsgemäß oft genutzt werden, um Schwarzgeld zu investieren oder vermeintlich unauffällig wieder in den Wirtschaftskreislauf bringen zu können.

VI. Geldwäscheverdachtsanzeigen

68   Als besonders praxisrelevant für den Fahndungszugriff erweisen sich mittlerweile auch Mitteilungspflichten, die im Zusammenhang mit Ermittlungsverfahren bestehen, die unter dem Aspekt der **Verfolgung von Geldwäschestraftaten** (§ 261 StGB) geführt werden (s. dazu ausf. *Randt* Steuerfahndungsfall Teil C Rn. 165 ff.). Hier ist die Finanzverwaltung schon bei Verfahrenseinleitung zu informieren, wenn eine Finanztransaktion möglicherweise steuerlich relevant sein könnte (§ 15 Abs. 2 S. 1 GwG). Durch die Polizei bei den Ermittlungen gewonnene Erkenntnisse bzw. von dieser gesammelte Unterlagen werden spätestens nach Verfahrensabschluss regelmäßig dann auch der Finanzbehörde übermittelt und dort durch die Steuerfahndung ausgewertet (§ 15 Abs. 2 S. 3 GwG). Zu den Folgen von Bargeldkontrollen, die allg. der Bekämpfung der Geldwäsche dienen, s. Kohlmann/*Matthes* Rn. 311 ff.; *Wegner* PStR 2007, 106 sowie *Weyand* PStR 2008, 27.

VII. Selbstanzeigen/strafbefreiende Erklärungen

69   Eine fehlgeschlagene **Selbstanzeige** (§ 371) bzw. eine unplausible **strafbefreiende Erklärung nach dem StraBEG** kann ebenfalls zu Steuerfahndungsermittlungen führen (*Randt* Steuerfahndungsfall Teil C Rn. 295 mwN). Sachbearbeiter der Strafsachenstelle oder Steuerfahnder haben nicht selten die Vermutung, dass derjenige, der eine Steuerhinterziehung in einem bestimmten Umfang anzeigt, noch mehr „zu verbergen" hat. Jedenfalls ist eine Nachkontrolle der bereits erklärten Hinterziehungsbeträge durch die Steuerfahndung nicht ausgeschlossen.

E. Kompetenzen der Steuerfahndung

I. Allgemeines

70   Rechte und Pflichten der Finanzbehörde in von dieser eigenständig in den Grenzen des § 386 Abs. 2 geführten steuerstrafrechtlichen Ermittlungsverfahren ergeben sich aus § 399 Abs. 1: Ihr kommen **staatsanwaltschaftliche Befugnisse** zu; zu der hieraus resultierenden Stellung und ihren Folgen vgl. die Erläuterungen zu § 399. Diese Rechtsstellung nimmt stets die **BuStra-Stelle** wahr (→ § 386 Rn. 10).

71   Für den Bereich der Steuer- bzw. Zollfahndung trifft § 404 ergänzende Bestimmungen. Fahnder haben hiernach in Strafverfahren wegen Steuerdelikten dieselben Rechte und Pflichten wie die Beamten des Polizeidienstes (§ 404 S. 1); sie sind zudem **Ermittlungspersonen** der Staatsanwaltschaft (§ 152 Abs. 2 GVG). Die explizite Verweisung auf § 399 Abs. 2 S. 2, die § 400 S. 2 enthält, hat insoweit primär deklaratorischen Charakter, bewirkt aber überdies, dass die Fahndungsdienststellen den dort angesprochenen Finanzbehörden gleichgestellt werden (*JJR*/*Randt* Rn. 79).

II. Befugnisse

Beamten des Polizeidienstes kommen im Wesentlichen folgende **Befugnisse** zu (ausf. Rolletsch- 72
ke/Kemper/*Roth* Rn. 144 ff.):

– Sie sind gehalten, **Strafanzeigen** entgegen zu nehmen (§ 158 StPO). 73
– Sie haben das Recht, jederzeit und auch ohne besonderen Auftrag der Staatsanwaltschaft oder der 74
Strafsachenstelle alle unaufschiebbaren Maßnahmen zu treffen, wie zB Verdächtige oder Zeugen zu
vernehmen, um der Gefahr vorzubeugen, dass ein möglicherweise strafrechtlich relevanter Sachverhalt
verdunkelt wird (**Recht des ersten Zugriffs,** § 163 StPO).
– Sie haben die Befugnis zur **Durchführung von Ermittlungen jeder Art,** insbesondere im Auftrag 75
und auf Weisung der Strafverfolgungsbehörde (Staatsanwaltschaft oder der Strafsachenstelle); dazu zählt
das Recht, von anderen öffentlichen Behörden Auskunft zu verlangen (§§ 161, 161a StPO). Eine
Weisungsbefugnis steht dabei stets der Behörde zu, welche die Ermittlungen verantwortlich leitet,
also entweder der Staatsanwaltschaft oder der BuStra bei Verfahren, die von der Finanzbehörde eigenverantwortlich geführt werden. Bei etwaigen **Weisungskonflikten** gebührt den Anordnungen der
Staatsanwaltschaft der Vorrang (JJR/*Randt* Rn. 101).
– Sie haben das Recht zur **Vernehmung** des **Beschuldigten,** von **Zeugen** und **Sachverständigen** 76
aufgrund eigener Entschließung (§ 161a StPO). Weder Beschuldigte noch Zeugen müssen indes vor
der Steuerfahndung erscheinen (JJR/*Randt* Rn. 79).
– Sie haben das Recht zur **Identitätsfeststellung** von Personen, die eines Steuerdeliktes verdächtig sind 77
(§ 163b StPO).
– Sie haben das Recht, unter Beachtung des Verhältnismäßigkeitsgrundsatzes Verdächtige **festzuhalten,** 78
zu **durchsuchen** oder diese **erkennungsdienstlich** zu behandeln, wenn eine Identitätsfeststellung
sonst nicht möglich sein sollte (§ 81b StPO).
– Sie haben die Befugnis zur **vorläufigen Festnahme** von auf frischer Tat Betroffenen, wenn sie 79
fluchtverdächtig sind (§ 127 Abs. 1 StPO).
– Sie haben das Recht zur Festnahme von Personen, die Amtshandlungen an Ort und Stelle vorsätzlich 80
stören oder sich rechtmäßigen Anordnungen widersetzen (§ 164 StPO).
– Sie haben das Recht, in **Eilfällen** einen Beschuldigten **zur Festnahme** auszuschreiben (§ 131 Abs. 2 81
StPO), sowie **Suchvermerke** (§ 27 BRZG) beim Bundeszentralregister niederzulegen (Rolletschke/
Kemper/*Roth* Rn. 149).

Als **Ermittlungspersonen** der Staatsanwaltschaft steht dem Fahnder darüber hinaus zu: 82
– das Recht, bei der Durchsuchung die **körperliche Untersuchung** des Beschuldigten zum Zweck der 83
Feststellung verfahrensbedeutsamer Tatsachen vorzunehmen (§ 81a StPO; s. dazu *Park,* Durchsuchungsbeschluss und Beschlagnahme, 3. Aufl. 2015, Rn. 713 ff.);
– das Recht zur Anordnung und Durchführung einer **Durchsuchung** von Wohnungen und Räumen 84
(§§ 102, 103 StPO) sowie der **Beschlagnahme** von Gegenständen, die als Beweismittel für die
Ermittlungen in Frage kommen (§ 98 StPO); zur Möglichkeit der Beschlagnahme von E-Mails, die
beim Provider gespeichert sind, auf der Basis des § 99 StPO vgl. BGH wistra 2009, 280, NJW 2009,
2431; zust. *Park,* Durchsuchung und Beschlagnahme, 3. Aufl. 2015, Rn. 780; sa *Lessner* StB 2012, 252
sowie allg. zu dieser Problematik noch *Schilling/Rudolph/Kuntze* HRRS 2013, 207;
– das Recht zur **Notveräußerung** (§ 111l StPO); 85
– das Recht, bei **Gefahr im Verzug** (§§ 102 ff., 105 Abs. 1 StPO) Durchsuchungsmaßnahmen an- 86
zuordnen, wobei idR der Richtervorbehalt strikt zu beachten ist und derartige Maßnahmen ohne
richterliche Anordnungen der absolute Ausnahmefall sein müssen (Meyer-Goßner/Schmitt/*Schmitt*
StPO § 105 Rn. 2 mwN; *Park,* Durchsuchung und Beschlagnahme, 3. Aufl. 2015, Rn. 399 ff.);
– das Recht, bei Gefahr im Verzug **Sicherheitsleistungen** oder die Bestellung eines **Zustellungs-** 87
bevollmächtigten anzuordnen (§ 132 Abs. 1 StPO);
– das Recht, über die Voraussetzungen des § 127 StPO hinaus einen Beschuldigten vorläufig fest- 88
zunehmen, wenn die Voraussetzungen für den Erlass eines Haft- oder Unterbringungsbefehls vorliegen, sofern Gefahr im Verzug ist (§ 127 Abs. 2 StPO).

Fahnder haben des Weiteren das Recht, die im Rahmen einer Durchsuchung vorgefundenen **Papie-** 89
re, deren Durchsicht sie für geboten halten, **durchzusehen** (§ 404 S. 2 AO iVm § 110 StPO). Der
Begriff „Papier" ist weit zu fassen; unter ihn fallen sowohl Geschäftspapiere, Buchhaltungen und
Bilanzen als auch Filme, Fotografien, Ton- und Datenträger (*Randt* Steuerfahndungsfall Teil C Rn. 337
mwN; sa *Park,* Durchsuchung und Beschlagnahme, 3. Aufl. 2015, Rn. 218 ff.; sowie *Beyer* AO-StB
2009, 147). Gleichfalls können private Papiere verfahrenserheblich sein und unterliegen der Durchsicht
(zur den Grenzender Verwertbarkeit s. BGH NStZ 1987, 569). § 110 Abs. 3 StPO weitet das Durch-
sichtsrecht auch auf **elektronische Speichermedien** aus, die räumlich getrennt aufbewahrt werden,
etwa bei zentralen Rechenzentren, auf die aber vor Ort zugegriffen werden kann (Meyer-Goßner/
Schmitt/*Schmitt* StPO § 110 Rn. 6 ff.; ausf. *Park,* Durchsuchung und Beschlagnahme, 3. Aufl. 2015,
Rn. 782 ff.). **Ziel** der Durchsicht ist immer die Feststellung, ob das betreffende Papier für die Ermitt-

lungen bedeutsam und damit zu beschlagnahmen ist (Meyer-Goßner/Schmitt/*Schmitt* StPO § 110 Rn. 2); anderenfalls muss es sofort herausgegeben werden.

III. Schranken

90   Die Befugnisse der Fahndungsdienststellen gehen nicht über den in § 404 umschriebenen Rahmen hinaus. Die Steuerfahndung kann daher **keine richterlichen Untersuchungshandlungen** (§ 162 StPO) selbst beantragen, was insbesondere für Durchsuchungs- oder Beschlagnahmebeschlüsse gilt (OLG Stuttgart wistra 1991, 190; *Weyand* DStZ 1988, 194; JJR/*Randt* Rn. 84 mwN; Park, Durchsuchung und Beschlagnahme, 3. Aufl. 2015, Rn. 58; aA allein AG Kempten wistra 1986, 271 mit zust. Anm. *Cratz* wistra 1986, 272). Sie hat auch nicht die anderen Rechte der BuStra (→ § 386 Rn. 10), darf mithin im **strafgerichtlichen Verfahren nicht** nach § 407 **mitwirken** und bspw. keine Fragen in der strafgerichtlichen Hauptverhandlung stellen. Schließlich ist sie auch **nicht für die verfahrensabschließenden Entscheidungen,** wie zB Einstellung der Ermittlungen wegen Geringfügigkeit (§§ 153, 153a StPO, § 398 AO) bzw. Einstellung mangels ausreichenden Grundes zur Erhebung der öffentlichen Klage (§ 170 Abs. 2 StPO) zuständig. Steuerfahnder dürfen auch **keinen Antrag auf Erlass eines Strafbefehls** bei Gericht stellen (§ 400). Deshalb sind Zusagen („Deals") im Rahmen strafrechtlicher Zugeständnisse der Steuerfahndung nur mit Vorsicht zu genießen (Rolletschke/Kemper/*Roth* Rn. 146). Den Steuerfahndern ist es ferner verboten, unzulässige Vernehmungsmethoden – Drohung, Täuschung, Ermüdung – anzuwenden (§ 136a StPO). Ihre Pflicht ist es überdies, den Beschuldigten stets und ausreichend über seine strafprozessualen Rechte zu belehren, ferner vor einer Vernehmung den genauen Tatvorwurf darzustellen.

IV. Telefonüberwachung

91   Bei Steuerdelikten (§ 369) kann die **Telekommunikation** nur **überwacht** werden (vgl. ausf. *Kramer* NJW 2014, 1561 mwN)

92   – wenn die **Voraussetzungen des § 370 Abs. 3 S. 2 Nr. 5** gegeben sind, also dann, wenn wegen Mitgliedschaft in einer Bande, die sich zur fortgesetzten Hinterziehung von Verbrauch- oder Umsatzsteuer zusammengetan hat, ermittelt wird, oder

93   – sich die Ermittlungen auf **gewerbsmäßigen, gewaltsamen oder bandenmäßigen Schmuggel** (§ 373) oder

94   – auf **gewerbs- oder bandenmäßige Steuerhehlerei** (§ 374 Abs. 2) beziehen (§ 100a Abs. 2 Nr. 2 StPO; s. weiter JJR/*Joecks* § 399 Rn. 105).

95   In allen anderen Fällen von Steuerstraftaten sind solche Überwachungsmaßnahmen unzulässig es sei denn, der Verdacht der **Bildung einer kriminellen Vereinigung** (§ 129 StGB) zur Begehung derartiger Delikte besteht (JJR/*Joecks* § 399 Rn. 104).

96   **Zufallserkenntnisse,** also Hinweise auf Straftaten, die anlässlich einer rechtmäßigen Telekommunikationsüberwachungsmaßnahme erlangt worden sind, dürfen nur in engen Grenzen verwertet werden, die sich nunmehr aus § 477 Abs. 2 S. 2 StPO ergeben. Eine uneingeschränkte Verwertbarkeit besteht allein dann, wenn die „neue" Straftat gleichfalls eine **Katalogtat** iSd § 100a StPO darstellt (JJR/*Joecks* § 399 Rn. 109). Bei **Nichtkatalogtaten** ist eine unmittelbare Verwertung als Beweismittel unzulässig (Meyer-Goßner/Schmitt/*Schmitt* StPO § 477 Rn. 7 mwN). Die **mittelbare Verwertung** ist hingegen erlaubt. So können entsprechende Erkenntnisse zur Grundlage für weitere Ermittlungen werden (OLG München wistra 2006, 472; Rolletschke/Kemper/*Kemper* § 399 Rn. 183 f. mwN).

97   Das Stellen einer **Hörfalle,** also das Mithören eines Gesprächs unter Billigung der anwesenden Gesprächsteilnehmer, ist kein Fall der Telekommunikationsüberwachung; solche Erkenntnisse können ohne Einschränkung verwertet werden (BGH wistra 1994, 68; 1996, 309; sa Klein/*Jäger* Rn. 54 mwN).

F. Rechtsmittel

98   Bei der Frage, welche **Rechtsmittel** im Einzelfall gegen Fahndungsmaßnahmen ergriffen werden können, muss man auf die Verfahrensart abstellen, in der die handelnde Dienststelle tätig wird.

I. Steuerliche Rechtsmittel

99   Soweit die Steuerfahndung aufgrund von § 208 Abs. 1 Nr. 3 (Aufdeckung und Ermittlung unbekannter Steuerfälle) Ermittlungen durchführt, handelt es sich um **Abgabenangelegenheiten** iSd § 347 bzw. § 33 Abs. 2 S. 1 FGO. Hiergegen ist der Finanzrechtsweg eröffnet (BFH BStBl. II 1986, 359). Dies gilt auch, wenn das Strafverfahren abgeschlossen ist und die Fahndung damit nicht mehr als Strafverfolgungsbehörde tätig wird; bei Versagung von Akteneinsicht nach Verfahrensende muss der Pflichtige daher das Finanzgericht anrufen (s. etwa FG Greifswald EFG 1995, 50). Steuerliche Auskunftsersuchen an fremde Staaten sind gleichfalls im finanzgerichtlichen Verfahren anzugreifen (BFH BStBl. II 1987, 440).

II. Strafprozessuale Rechtsmittel

Werden die Steuerfahndungsbeamten im steuerstrafrechtlichen Ermittlungsverfahren tätig (§ 208 **100** Abs. 1 Nr. 1, 2), so ist gegen ihre Maßnahmen der außergerichtliche Rechtsbehelf des **Einspruchs unzulässig;** auch der Weg zum FG ist dem Betroffenen versperrt (*Kreutziger* DStZ 1987, 346; *Schroth* StV 1999, 117). Hier steht eindeutig die strafrechtliche Funktion im Vordergrund, die auch den Charakter der Tätigkeiten insgesamt prägt. Dies beeinflusst die Rechtsmittelmöglichkeiten entscheidend.

Maßnahmen, die die Fahnder in ihrer Eigenschaft als Ermittlungspersonen der Staatsanwaltschaft mit **101** strafrechtlicher Zielsetzung treffen, unterliegen den **Rechtsmittelvorschriften der StPO.** Allerdings lässt die StPO Rechtsbehelfe gegen Ermittlungsmaßnahmen nur eingeschränkt zu. Sieht das Strafprozessrecht nicht ausdrücklich die Möglichkeit vor, bestimmte Aktivitäten durch Rechtsmittel anzufechten, besteht für den Betroffenen keine Möglichkeit, sich insofern zu wehren. Alle Schritte, die das (strafrechtliche) Urteil über einen Sachverhalt – und damit den Nachweis von Schuld oder Unschuld des Beschuldigten – vorbereiten, also alle **Prozesshandlungen,** sind der direkten gerichtlichen Kontrolle entzogen.

Bei verschiedenen Maßnahmen eröffnet die StPO jedoch eine Rechtsbehelfsmöglichkeit. Die straf- **102** prozessuale **Beschwerde** (§ 304 StPO) ist zB gegeben

– gegen Durchsuchungs- und Beschlagnahmebeschlüsse des Ermittlungsrichters (s. dazu umfassend **103** *Park,* Durchsuchungsbeschluss und Beschlagnahme, 3. Aufl. 2015, Rn. 303 ff.). Die Beschwerde ist in der Regel auch dann noch zulässig, wenn die Durchsuchungs- bzw. Beschlagnahmeanordnung vollzogen und damit an sich erledigt ist. Trotz dieser **prozessualen Überholung** gibt das stets zu beachtende Erfordernis eines effektiven Rechtsschutzes dem Betroffenen immer das Recht, in Fällen tiefgreifender Grundrechtseingriffe deren Berechtigung prüfen zu lassen, selbst wenn sie nicht mehr andauern und die tatsächliche Belastung durch den angefochtenen Hoheitsakt sich nach dem typischen Verfahrensablauf auf eine relativ kurze Zeitspanne beschränkt, in der eine gerichtliche Entscheidung regelmäßig nicht zu erlangen ist. Die Beschwerde gegen eine richterliche Durchsuchungsanordnung darf daher nicht allein deswegen, weil sie vollzogen worden ist und die Maßnahme sich deshalb erledigt hat, unter dem Gesichtspunkt der prozessualen Überholung als unzulässig verworfen werden (grdl. BGH NJW 1997, 2163).

– gegen die **Anordnung einer Durchsuchung** durch Staatsanwaltschaft/BuStra bzw. Steuerfahndung **104** wegen Gefahr im Verzug (§ 98 Abs. 2 S. 2 StPO analog; s. dazu BGH wistra 1999, 109);

– gegen eine **Beschlagnahme** (§ 98 Abs. 2 S. 2 StPO). Der Beschwerde gegen eine Beschlagnahme **105** kommt **kein Suspensiveffekt** zu (§ 307 Abs. 1 StPO). Das Gericht kann aber die Vollziehung der Beschlagnahmeanordnung bis zur endgültigen Entscheidung aussetzen (§ 307 Abs. 2 StPO). In diesem Fall werden die sichergestellten Beweismittel zunächst versiegelt aufbewahrt, dürfen also bis zur Entscheidung über das Rechtsmittel nicht weiter ausgewertet werden;

– gegen die **zwangsweise Vorführung** des Beschuldigten (§ 163a Abs. 3 S. 3 StPO) oder eines Zeugen **106** (§ 161a Abs. 3 S. 1 StPO).

Über den Rechtsbehelf entscheidet der **Ermittlungsrichter,** der der Eingabe entweder abhilft oder **107** die Sache dem Landgericht zur Entscheidung vorlegen muss (§§ 304, 306 Abs. 2 StPO). Dieses ist in den Fällen der zwangsweisen Vorführung sogar originär zuständig (§§ 161a Abs. 3 S. 2, 163a Abs. 3 S. 3 StPO).

Stets besteht die Möglichkeit, im Wege der **Verfassungsbeschwerde** (§ 90 BVerfGG) das BVerfG **108** anzurufen (s. dazu *Park,* Durchsuchung und Beschlagnahme, 3. Aufl. 2015, Rn. 339 ff.); ein solcher Schritt wird jedoch in den seltensten Fällen anzuraten sein. Das BVerfG greift nur besonders gravierende Verstöße und erhebliche Eingriffe in den verfassungsrechtlich geschützten Raum auf. Außerdem sieht sich das BVerfG nicht als zusätzliche Instanz; die Verfassungsbeschwerde kann andere Rechtsmittel nicht ersetzen oder als Mittel zur Umgehung des ordentlichen Rechtswegs dienen (s. schon BVerfGE 2, 287). Führt die Verfassungsbeschwerde im – sehr seltenen – Einzelfall zum Erfolg, darf die Steuerfahndung rechtswidrig erlangtes Beweismaterial nicht verwerten (s. etwa BVerfG NJW 1977, 1489).

III. Dienstaufsichtsbeschwerden

Dem Betroffenen bleiben überdies die formlosen und stets zulässigen Rechtsmittel der **Dienst- 109 aufsichtsbeschwerde** (s. dazu *Park,* Durchsuchung und Beschlagnahme, 3. Aufl. 2015, Rn. 344 ff.) und der **Gegenvorstellung.** Beide Rechtsbehelfe führen nur sehr selten zu einem greifbaren Erfolg und unterliegen zudem auch keiner gerichtlichen Kontrolle. Während die **Gegenvorstellung,** mit der der Beschuldigte nur auf seine gegenteilige Rechtsauffassung verweist, idR keine negativen Konsequenzen für das weitere Verfahren mit sich bringt, belastet die **Dienstaufsichtsbeschwerde** stets das Verfahrensklima (s. dazu *Park,* Durchsuchung und Beschlagnahme, 3. Aufl. 2015, Rn. 348) und führt oft dazu, dass sich die angegriffenen Beamten ihrer Arbeit danach mit besonderer Akribie widmen. Sie kommt daher nur bei einem untragbaren persönlichen Verhalten eines Fahndungsbeamten in Betracht, zB bei beleidigenden Äußerungen, körperlicher Gewalt gegen Personen oder mutwilligen Sachbeschädigungen **(Dienstaufsichtsbeschwerde im engeren Sinn)**. Über sie entscheidet der Dienstvorgesetzte des Beamten, also der Vorsteher des jeweiligen Finanzamts, bei dem die Steuerfahndung angesiedelt ist.

110 Eine Dienstaufsichtsbeschwerde, mit der die Sachbehandlung als solche gerügt werden soll **(Sachaufsichtsbeschwerde)**, ist regelmäßig erfolglos. Nur bei absolut willkürlichen Maßnahmen wird es zu einer Korrektur bzw. Rücknahme verfahrensleitender Schritte kommen.

§ 405 Entschädigung der Zeugen und der Sachverständigen

¹Werden Zeugen und Sachverständige von der Finanzbehörde zu Beweiszwecken herangezogen, so erhalten sie eine Entschädigung oder Vergütung nach dem Justizvergütungs- und -entschädigungsgesetz. ²Dies gilt auch in den Fällen des § 404.

Neuere Literatur (Auswahl): *Bruschke,* Die Entschädigung der Auskunftspflichtigen und Sachverständigen im steuerlichen Verfahren, ZSteu 2005, 324; *Hansen,* Kostenrechtsmodernisierungsgesetz – Änderungen im GKG und das neue JVEG, AnwBl. 2004, 142; *Krekeler,* Der Sachverständige im Steuerstrafverfahren, PStR 2001, 146; *Reckin,* Überblick 2. KostRMoG, AnwBl 2013, 253; *Roth,* Erweiterter Kostenersatz bei Vorlageersuchen, ZWH 2013, 443.

1 **1. Allgemeines.** Mit Wirkung vom 1.7.2004 hat das durch das KostRMoG v. 5.5.2004 (BGBl. I 718) eingeführte Justizvergütungs- und -entschädigungsgesetz **(JVEG)** das zuvor geltende ZSEG abgelöst. Das Gesetz wurde zuletzt durch das 2. Kostenrechtsmodernisierungsgesetz vom 29.7.2013 (BGBl. I 2586) weitreichend geändert (s. weiter *Reckin* AnwBl 2013, 253). § 1 Abs. 1 JVEG regelt den Geltungsbereich des Gesetzes und bestimmt den Kreis der Anspruchsberechtigten, wobei Nr. 1 der Bestimmung ausdrücklich auch eine Ersatzpflicht für die Heranziehung des betroffenen Personenkreises durch die Finanzbehörde schafft. § 405 ist durch diese Formulierung jedoch nicht überflüssig geworden und hat daher nicht nur einen deklaratorischen Charakter (so aber Rolletschke/Kemper/*Roth* Rn. 5 und Klein/*Jäger* Rn. 2). Denn während § 1 Abs. 1 Nr. 1 JVEG seine Geltung auf die Fälle beschränkt, in denen die Finanzbehörde das Ermittlungsverfahren in den Grenzen der §§ 386 Abs. 2, 399 Abs. 1 selbstständig durchführt oder – so § 1 Abs. 3 JVEG – im explizit erteilten Auftrag der Staatsanwaltschaft handelt, gilt § 405 gleichfalls für Verfahren, in denen sie nach § 402 als bloße Ermittlungsbehörde der Staatsanwaltschaft tätig wird (JJR/*Joecks* § 405 Rn. 3). Konsequent erstreckt § 405 S. 2 die **Entschädigungspflicht** auch auf Ermittlungsmaßnahmen der **Steuer- bzw. Zollfahndung** nach Maßgabe des § 404.

2 § 405 betrifft allein **(Steuer-)Straf- und Bußgeldverfahren.** Wird ein Anspruchsberechtigter von der Finanzbehörde im **Besteuerungsverfahren** heran gezogen, richten sich seine Ansprüche ausschließlich nach § 107, in dem die Anwendung des JVEG ebenfalls bestimmt ist (vgl. hierzu ausf. *Bruschke* ZSteu 2005, 324). Zum reinen Besteuerungsverfahren zählt auch die Aufdeckung unbekannter Steuerfälle, die nach § 208 Abs. 1 Nr. 3 zum Aufgabenbereich der Fahndungsdienststellen gehört. Das JVEG gilt nicht für **Amtshilfemaßnahmen** iSd §§ 111 ff., die nach § 115 regelmäßig kostenfrei zu erbringen sind.

3 **2. Regelungen des JVEG.** Das JVEG trifft detaillierte Regelungen zum Entstehen, zur Art und zum Umfang etwaiger Entschädigungsansprüche, die allein von Sachverständigen, Dolmetschern und Übersetzern, ehrenamtlichen Richtern, Zeugen und den Zeugen in ihrer Stellung vergleichbaren Dritten geltend gemacht werden können. Die Regelung ist dem Grunde und der Höhe nach abschließend, dh der Betroffene kann weiter gehende Ansprüche – etwa entgangene Gewinne und dergleichen – nicht einfordern.

4 **a) Zeugen.** Der **Zeuge** ist eine Beweisperson, die in einem nicht gegen sie selbst gerichteten Strafverfahren Auskunft über die Wahrnehmung von Tatsachen gibt (Meyer-Goßner/Schmitt/*Schmitt* StPO Vor § 48 Rn. 1). Die **Auskunftspflicht** gründet auf den allgemeinen Pflichten jedes Staatsbürgers. Jeder Zeuge kann sich bei seiner Einvernahme von einem Rechtsbeistand begleiten und beraten lassen. Hierdurch entstehende Kosten werden aber nicht nach dem JVEG ersetzt. Ausnahmen hiervon gelten allein in engen Grenzen nach § 68b StPO, nach dem einem Zeugen unter bestimmten Umständen ein **Zeugenbeistand** bestellt werden kann; zum Verletztenbeistand vgl. §§ 406f, 406g StPO. Der Zeuge erhält nach § 22 JVEG für seinen ihm aufgrund einer Vernehmung entstehenden **Verdienstausfall** eine maximale Entschädigung von 21 EUR pro Stunde (§ 22 JVEG), mindestens jedoch für jede Stunde 3,50 EUR für die ihm entstandene Zeitversäumnis (§ 20 JVEG), zusätzlich **Fahrtkosten** (§ 5 JVEG) und **Auslagenersatz,** etwa für Übernachtungen oder Fotokopien (§§ 6 f. JVEG; s. weiter Rolletschke/Kemper/*Roth* Rn. 8 ff.).

5 **b) Sachverständige. Sachverständige** zeichnet eine besondere Sachkunde auf einem besonderen Wissensgebiet aus. Sie sollen mit ihren Kenntnissen den nicht sachkundigen Ermittlungsbehörden bzw. dem Gericht durch Vornahme von Untersuchungen oder die Vermittlung von Erfahrungswissen Hilfestellung leisten (Meyer-Goßner/Schmitt/*Schmitt* StPO Vor § 72 Rn. 1 ff.). Diese Unterstützung ist

regelmäßig nicht personengebunden, dh der Sachverständige ist, anders als der Zeuge, austauschbar. Sachverständige haben Anspruch auf eine **leistungsabhängige Vergütung,** die nach Stunden berechnet wird, wobei der Stundensatz je nach Art der Tätigkeit zwischen 65 und 100 EUR variiert; Einzelheiten regelt § 9 JVEG iVm einer zu dieser Bestimmung ergangenen Anlage 1. Besondere überwiegend ärztliche Tätigkeiten werden auf der Grundlage des § 10 JVEG iVm der Anlage 2 zum JVEG mit Festbeträgen honoriert. Auch der Sachverständige hat Anspruch auf Fahrkosten- und Aufwendungsersatz.

Dolmetscher und Übersetzer führt § 405 nicht gesondert auf. Ihre Entschädigung richtet sich **6** daher unmittelbar nach § 9 JVEG. Dolmetscher erhalten pro Stunde 70 EUR (§ 9 Abs. 3 JVEG), Übersetzer nach § 11 JVEG ein je nach Schwierigkeit der Übersetzung variables Zeilenhonorar, das mindestens 1,55 EUR beträgt, und sich bei schwierigen Aufgaben auf 2,05 EUR pro Zeile erhöhen kann. Unter bestimmten Umständen, die in dem durch das 2. Kostenrechtsmodernisierungsgesetz vom 29.7.2013 (BGBl. I 2586) neu eingeführten § 8a JVEG zusammengefasst wurden, können die Honoraransprüche der Genannten gekürzt werden bzw. ganz entfallen; dies gilt insbesondere Unverwertbarkeit der Leistungen wegen mangelhafter Arbeit oder dann, wenn der Betreffende wegen der Besorgnis der Befangenheit abgelehnt werden kann.

c) Dritte, insbesondere Kreditinstitute. Gerade in Steuerstrafverfahren sind Bankauskünfte ein **7** häufig benötigtes und meist unverzichtbares Beweismittel. § 405 enthält selbst keine diesbezüglichen Entschädigungsanweisungen. Indes regelt § 23 JVEG die **Entschädigungsansprüche Dritter,** damit auch die der **Banken.** Hier fallen vor allem Kopierkosten und Arbeitsaufwand ins Gewicht. Kreditinstitute können nach § 7 Abs. 2 JVEG pro Kopie 0,50 EUR (für die ersten 50 Seiten) bzw. 0,15 EUR (für jede weitere Seite) in Rechnung stellen; beim Arbeitsaufwand sind pro eingesetztem Mitarbeiter und von diesem geleisteter Arbeitsstunde maximal 21 EUR ansatzfähig (krit. zu dieser Höchstgrenze Rolletschke/Kemper/*Roth* Rn. 23). Stellt der zur Auskunft Verpflichtete elektronisch gespeicherte Dateien zur Verfügung, werden je Datei 1,50 EUR erstattet (zur Entschädigung bei der unsachgemäßen Aufspaltung von Datenmengen in eine Vielzahl kleiner Dateien s. Rolletschke/Kemper/*Roth* Rn. 21). Kein Ersatzanspruch entsteht, wenn die Bank Unterlagen nicht vervielfältigt, um Ersuchen von Strafverfolgungsbehörden nachzukommen, sondern um die Beschlagnahme von Originalen, zB von Kreditakten, abzuwenden (JJR/*Joecks* Rn. 16).

3. Verfahren bei Entschädigung. Voraussetzung für eine Entschädigung ist, dass der Anspruchs- **8** berechtigte durch die Finanzbehörde zu Beweiszwecken herangezogen, also aufgrund strafprozessualer Bestimmungen (§§ 48 ff., 72 ff., 161a StPO) in Anspruch genommen, wird (JJR/*Joecks* Rn. 5). Werden Zeugenaussagen oder Gutachten im weiteren Verfahren nicht verwertet, bleibt der Entschädigungsanspruch dennoch unberührt. Ausgeübte **Zeugnisverweigerungsrechte** tangieren den Anspruch nicht, dh auch der Zeuge, der sich erfolgreich etwa auf die Voraussetzungen des § 52 StPO beruft, kann eine Entschädigung verlangen, sofern er einer Ladung durch die Finanzbehörden gefolgt ist. **Keine Entschädigungspflicht** entsteht, wenn der Beschuldigte selbst oder durch einen Rechtsbeistand Zeugenaussagen oder Sachverständigengutachten einholt.

Die Entschädigung setzt nach § 2 JVEG einen **Antrag** des Berechtigten voraus, der binnen drei **9** Monaten zu stellen ist. Über diese Frist ist der Anspruchsberechtigte ausdrücklich zu belehren; unterbleibt die Belehrung, führt dies zu einer vereinfachten Wiedereinsetzungsmöglichkeit (§ 2 Abs. 2 S. 2 JVEG). Die Frist beginnt bei Zeugen und Dolmetschern mit dem Ende der mit ihrer Beteiligung geführten Vernehmung, bei Sachverständigen und Übersetzern mit Ablieferung des Gutachtens bzw. der Übersetzung; eine Fristverlängerung ist möglich (§ 2 Abs. 1 S. 3 JVEG). Der **Anspruch verjährt** in drei Jahren mit Ablauf des Kalenderjahres, in dem der Antrag gestellt wurde; etwaige Rückzahlungsansprüche wegen Überzahlungen verjähren drei Jahre nach Ablauf des Jahres, in dem die Zahlung erfolgt ist (§ 2 Abs. 3 und 4 JVEG).

Die Entschädigung wird von der **Finanzbehörde** festgesetzt, die den Anspruchsteller herangezogen **10** hat (JJR/*Joecks* Rn. 11; Rolletschke/Kemper/*Roth* Rn. 25). Auf besonderen Antrag erfolgt eine **gerichtliche Festsetzung** (§ 4 JVEG), die vom Berechtigten oder aber von der Staatskasse beantragt werden kann. Eine besondere Begründung für einen derartigen Antrag verlangt das Gesetz nicht; er wird bspw. in Frage kommen, wenn Streitigkeiten zur Abrechnung bestehen. Zuständig ist hier das für den Sitz der Staatsanwaltschaft bzw. der Finanzbehörde zuständige Landgericht.

Gegen die Entscheidung des Gerichts können der Anspruchsberechtigte und die Staatskasse **Be- 11 schwerde** einlegen, wenn der Wert des Beschwerdegegenstandes 200 EUR übersteigt; das Gericht kann die Beschwerde überdies bei geringeren Werten dann zulassen, wenn eine entscheidungserhebliche Frage von besonderer Bedeutung im Raume steht (§ 4 Abs. 3 JVEG). Der **Finanzgerichtsweg** ist bei Inanspruchnahmen im Rahmen eines Strafverfahrens – anders als bei Anforderungen auf der Basis des § 107 – aber **stets ausgeschlossen** (JJR/*Joecks* Rn. 11; Rolletschke/Kemper/*Roth* Rn. 31 mwN). Gegen die Beschwerdeentscheidung des Landgerichts ist nach § 4 Abs. 5 JVEG die **weitere Beschwerde** zum OLG gegeben, soweit sie infolge grundsätzlicher Bedeutung der relevanten Rechtsfrage ausdrücklich zugelassen worden ist.

§ 406 Mitwirkung der Finanzbehörde im Strafbefehlsverfahren und im selbständigen Verfahren

(1) Hat die Finanzbehörde den Erlass eines Strafbefehls beantragt, so nimmt sie die Rechte und Pflichten der Staatsanwaltschaft wahr, solange nicht nach § 408 Abs. 3 Satz 2 der Strafprozessordnung Hauptverhandlung anberaumt oder Einspruch gegen den Strafbefehl erhoben wird.

(2) Hat die Finanzbehörde den Antrag gestellt, die Einziehung oder den Verfall selbständig anzuordnen oder eine Geldbuße gegen eine juristische Person oder eine Personenvereinigung selbständig festzusetzen (§ 401), so nimmt sie die Rechte und Pflichten der Staatsanwaltschaft wahr, solange nicht mündliche Verhandlung beantragt oder vom Gericht angeordnet wird.

Neuere Literatur (Auswahl): *Hentschel,* Staatsanwalt und Polizist in Personalunion? – Zur Abschaffung fundamentaler Prinzipien des Strafverfahrensrechts bei der Verfolgung von Steuerstrafsachen, NJW 2006, 2300; *Meyer/Kindshofer,* Informationsaustausch durch die Finanzbehörden, PStR 2005, 166.

1   **1. Allgemeines.** Die Norm konkretisiert die **Rechte der Finanzbehörde im weiteren Strafverfahren,** wenn dieses mit einem von dieser gestellten Strafbefehlsantrag auf der Grundlage des § 400 bzw. mit einem Antrag auf Anordnungen im selbstständigen Verfahren nach § 401 abgeschlossen wird. § 406 ergänzt diese Bestimmungen und überträgt der Finanzbehörde weitere beschränkte staatsanwaltschaftliche Kompetenzen für bestimmte Phasen des auf die Antragstellung folgenden gerichtlichen Verfahrens.

2   **2. Mitwirkung im Strafbefehlsverfahren.** Die Finanzbehörde kann nach § 400 in Fällen, die sich aus ihrer Sicht hierzu eignen, nach Maßgabe der §§ 407 ff. StPO bei Gericht den Erlass eines **Strafbefehls** beantragen; vgl. insoweit zunächst die Kommentierung zu § 400. Der Richter muss diesem Antrag jedoch nicht entsprechen, sei es, dass er eine Hauptverhandlung in der konkreten Sache für erforderlich hält, sei es, dass er die dem Strafbefehlsantrag zugrunde liegende Rechtsauffassung nicht teilt oder er eine vom Antrag differierende andere Rechtsfolge für sachverhaltsadäquat hält (§ 408 StPO).

3   In der Regel wird der Richter einen aus seiner Sicht unzureichenden Antrag zunächst der beantragenden Stelle erneut vorlegen und seine **Bedenken** erläutern, um eine Einigung mit der Finanzbehörde zu erreichen und diese zu entsprechenden Korrekturen zu bewegen (Meyer-Goßner/Schmitt/*Meyer-Goßner* StPO § 408 Rn. 13). Verpflichtet hierzu ist aber nicht. Er kann also unmittelbar nach Prüfung des Antrags den Erlass eines Strafbefehls nach § 408 Abs. 2 StPO **ablehnen** oder nach § 408 Abs. 3 StPO **Termin zur Hauptverhandlung** bestimmen. Korrigiert die Finanzbehörde ihren Antrag entsprechend den richterlichen Änderungsvorschlägen, legt sie die Akten mit diesem – neuen – Antrag wiederum dem Gericht vor, das dann antragsgemäß entscheidet. Anderenfalls verbleiben dem Richter die vorstehend aufgeführten Reaktionsmöglichkeiten (Flore/Tsambikakis/*Webel* § 406 Rn. 8 f.). Er kann überdies die Akten der Staatsanwaltschaft mit der Anregung vorlegen, das Verfahren nach § 386 Abs. 4 S. 2 an sich zu ziehen. Eine solche Evokation ist indes kaum praxisrelevant.

4   Kommt die Finanzbehörde den Änderungsvorschlägen des Gerichts nicht nach und beraumt der Richter daher Termin zur Hauptverhandlung an, tritt der Strafbefehlsantrag, der dem Angeschuldigten dann ohne die zunächst beantragte Rechtsfolge zugestellt wird, an die Stelle der **Anklageschrift** (Rolletschke/Kemper/*Kemper* § 406 Rn. 7). Das weitere Verfahren richtet sich nach den allgemeinen Bestimmungen der StPO.

5   Hält das Gericht den **Strafbefehlsantrag** für **unzulässig,** zB weil nach seiner Meinung Verfolgungsverjährung eingetreten ist, oder keine verfolgbare Straftat vorliegt, etwa bei einer wirksamen Selbstanzeige nach § 371, lehnt der Richter den Antrag ab. Dies gilt auch für die Fälle, in denen der Richter den Angeschuldigten für nicht hinreichend verdächtig hält, die ihm vorgeworfene Steuerstraftat begangen zu haben. Die Ablehnungsentscheidung entspricht dem Nichteröffnungsbeschluss im regulären Strafverfahren (§ 204 StPO). Bei einer bloßen unterschiedlichen rechtlichen Bewertung verbleibt dem Gericht aber nur der Weg, einen **Hauptverhandlungstermin** anzusetzen. Dies wird zB relevant, wenn das Gericht ein von der Finanzbehörde als Straftat iSd § 370 eingestuftes Geschehen als von § 378 erfasste Ordnungswidrigkeit ansieht (Rolletschke/Kemper/*Kemper* § 406 Rn. 8).

6   Gegen den Beschluss, einen Strafbefehl nicht zu erlassen, steht der Finanzbehörde **die sofortige Beschwerde** zu (§ 408 Abs. 2 iVm § 210 Abs. 2 StPO; s. weiter Flore/Tsambikakis/*Webel* § 406 Rn. 15), die binnen einer Woche nach Bekanntmachung der Entscheidung (§ 35 StPO) beim Gericht eingelegt werden muss. Das Beschwerdegericht kann, sofern es die Auffassung der Beschwerdeführerin teilt, in einem solchen Fall zwar selbst keinen Strafbefehl erlassen, wohl aber die Sache an das Amtsgericht zurückverweisen (Flore/Tsambikakis/*Webel* § 406 Rn. 15), dass dann entweder den Strafbefehl doch noch erlässt oder aber Termin zur Hauptverhandlung anberaumt (Meyer-Goßner/Schmitt/*Meyer-Goßner* StPO § 408 Rn. 9).

7   Eine **Einstellung des Verfahrens** auf der Grundlage der §§ 153 oder 153a StPO durch das Gericht bleibt gleichfalls möglich. Dieses Vorgehen erfordert jedoch zwingend die Zustimmung der Finanzbehörde, wie sich aus § 399 Abs. 1 iVm §§ 153 Abs. 2, 153a Abs. 2 StPO ergibt (JJR/*Joecks* § 406 Rn. 7.

Beraumt das Gericht einen **Termin** zur Hauptverhandlung an, **endet** die auf § 406 beruhende 8 **Befugnis der Finanzbehörde.** Ihre Rechte richten sich dann ausschließlich nach § 407. Gleiches gilt, wenn gegen den Strafbefehl Einspruch eingelegt worden ist. Ab dann nimmt ausschließlich die Staatsanwaltschaft neben dem Gericht verfahrenslenkende Aufgaben wahr.

3. Mitwirkung im selbstständigen Verfahren. Bestimmte **Nebenfolgen,** wie Einziehung, Verfall 9 oder die Festsetzung einer Geldbuße gegen eine juristische Person oder eine Personenvereinigung (§§ 440, 442 Abs. 1, 444 Abs. 3 StPO), können nach § 401 auf Antrag der Finanzbehörde **im selbstständigen Verfahren** festgesetzt werden; vgl. insoweit die Erläuterungen zu § 401. Dieser stehen nach § 406 Abs. 2 auch hier staatsanwaltschaftliche Beteiligungsrechte zu, nachdem sie einen diesbezüglichen Antrag gestellt hat. Die Stellung entspricht der, wie sie der Finanzbehörde im Strafbefehlsverfahren obliegt. Sie verliert ihre weit reichenden Befugnisse, sobald ein Antrag auf mündliche Verhandlung gestellt wurde oder das Gericht einen entsprechenden Termin bestimmt. Ab diesem Zeitpunkt ergeben sich die finanzbehördlichen Beteiligungsrechte gleichfalls nur noch aus § 407 (Flore/Tsambikakis/*Webel* § 406 Rn. 17).

§ 407 Beteiligung der Finanzbehörde in sonstigen Fällen

(1) [1] **Das Gericht gibt der Finanzbehörde Gelegenheit, die Gesichtspunkte vorzubringen, die von ihrem Standpunkt für die Entscheidung von Bedeutung sind.** [2] **Dies gilt auch, wenn das Gericht erwägt, das Verfahren einzustellen.** [3] **Der Termin zur Hauptverhandlung und der Termin zur Vernehmung durch einen beauftragten oder ersuchten Richter (§§ 223, 233 der Strafprozessordnung) werden der Finanzbehörde mitgeteilt.** [4] **Ihr Vertreter erhält in der Hauptverhandlung auf Verlangen das Wort.** [5] **Ihm ist zu gestatten, Fragen an Angeklagte, Zeugen und Sachverständige zu richten.**

(2) Das Urteil und andere das Verfahren abschließende Entscheidungen sind der Finanzbehörde mitzuteilen.

Neuere Literatur (Auswahl): *Bisle,* Der Steuerfahnder als Zeuge in der Hauptverhandlung, PStR 2013, 70; *Harms,* Die Stellung des Finanzbeamten im Steuerstrafverfahren, Schlüter Gedächtnisschrift, 2002, 451; *Kaligin,* Rechtswidrige Strukturen im finanzbehördlichen Steuerstrafverfahren, Stbg 2010, 126; *Klos/Weyand,* Probleme der Ermittlungszuständigkeit und Beteiligungsrechte der Finanzbehörde im Steuerstrafverfahren, DStZ 1988, 615; *Lessner,* Beteiligung der Finanzbehörde am gerichtlichen Strafverfahren, ZFN 2011, 38; *Meyer/Kindshofer,* Informationsaustausch durch die Finanzbehörden, PStR 2005, 166; *Müller,* Der Zeuge im Steuerstrafverfahren, AO-StB 2007, 162; *Werner,* Der Finanzbeamte als Vertreter und Zeuge in der Hauptverhandlung, PStR 2000, 36.

A. Allgemeines

Gibt die Finanzbehörde von ihr in den Grenzen der §§ 386 Abs. 4, 399 geführte Ermittlungsver- 1 fahren nach § 400 letzter Hs. zum Zwecke der Anklageerhebung an die Staatsanwaltschaft ab oder wird im Zusammenhang mit einem von ihr beantragten Strafbefehl Einspruch eingelegt bzw. durch das Gericht Termin zur Hauptverhandlung anberaumt, **verliert** sie ihre weitgehenden **eigenständigen** staatsanwaltschaftlichen **Befugnisse.** Ihr verbleiben allerdings, wie auf der Grundlage des § 403 im staatsanwaltschaftlichen Ermittlungsverfahren, auch in diesem Verfahrensstadium weitere – eingeschränkte – **Beteiligungsrechte,** deren Umfang § 407 regelt. Sie sollen gewährleisten, dass die besondere Sachkunde der Finanzverwaltung auch im gerichtlichen Verfahren zur Verfügung steht, und den Verfahrensverlauf fördern.

Die Beteiligung der Finanzbehörde steht **nicht im** bloßen **Ermessen** des Gerichts. § 407 ist 2 **zwingend,** dh das Gericht muss die Bestimmung in jedem Stadium des gerichtlichen Verfahrens beachten (Kohlmann/*Hilgers-Klautzsch* Rn. 3), also auch im vorbereitenden Verfahren, etwa bei Maßnahmen nach §§ 168c, 168d StPO, oder im Zusammenhang mit der Eröffnung des Hauptverfahrens. Die Finanzbehörde ist deswegen zu hören, wenn das Gericht nach § 202 StPO vor der Eröffnung des Hauptverfahrens weitere Beweiserhebungen anordnen will. Die Beteiligungsrechte gelten gleichfalls in der Berufungs- und in der Revisionsinstanz (JJR/*Joecks* Rn. 8). Sie werden **flankiert** durch das auf § 395 beruhende Recht des Finanzamts, Einsicht in staatsanwaltschaftliche Ermittlungsvorgänge bzw. dem Gericht vorliegende Akten zu nehmen; vgl. die Erläuterungen dort.

B. Finanzbehörde

Die aus § 407 resultierenden Beteiligungsrechte stehen der nach Maßgabe der §§ 386–390, 402 3 örtlich und sachlich zuständigen Finanzbehörde zu. Nach Nr. 94 Abs. 1 AStBV 2014 obliegt der **BuStra** idR der Wahrnehmung dieser Beteiligungsrechte, wobei Nr. 94 Abs. 3 AStBV 2014 – anders als es der Gesetzeswortlaut verlangt – von einer Pflicht zur Teilnahme ausgeht. Steuer- und Zollfahndung sowie die Veranlagungsfinanzämter haben demgegenüber keine eigenen Beteiligungsrechte; ihre Mitarbeiter kommen lediglich als Zeugen in Frage (ausf. *Klos/Weyand* DStZ 1988, 615 (620); zur Zeugenstellung von Amtsträgern der Finanzbehörde vgl. aktuell *Lessner* ZFN 2011, 38; *Bisle* PStR 2013, 70; s. zudem *Harms* GS Schlüter, 2002, 451). Welcher Beamte die finanzbehördlichen Rechte wahrnimmt, entscheidet das Finanzamt eigenständig im Rahmen seiner **internen Organisationsgewalt.** Die übrigen Verfahrensbeteiligten haben daher nicht das Recht, auf der Teilnahme eines bestimmten Amtsträgers zu bestehen, etwa des Leiters der BuStra oder eines Beamten mit der Befähigung zum Richteramt (Flore/Tsambikakis/*Webel* Rn. 7).

4   Andererseits bleibt es dem Finanzamt unbenommen, im Einzelfall einen Amtsträger mit der Wahrnehmung der Beteiligungsrechte zu betrauen, der sonst nicht als Mitarbeiter der BuStra eingesetzt ist, zB einen Steuerfahndungsbeamten, der mit dem anstehenden Fall besonders vertraut ist. Es wäre also zulässig, einen Steuerfahnder mit der Wahrnehmung der Beteiligungsrechte zu beauftragen, der die betreffenden Ermittlungen durchgeführt hat (Flore/Tsambikakis/*Webel* Rn. 6). Eine solche Maßnahme schließt die **Vernehmung** dieses Beamten als **Zeugen** nicht aus, sofern die nach § 54 StPO erforderliche Aussagegenehmigung vorliegt (Rolletschke/Kemper/*Kemper* Rn. 9; Klein/*Jäger* Rn. 6; sa LG Dresden NStZ 1998, 576 mAnm *Rüping* NStZ 1999, 314). Während einer solchen Zeugenvernehmung muss – anders als bei der zeugenschaftlichen Vernehmung des Sitzungsvertreters der Staatsanwaltschaft (Meyer-Goßner/Schmitt/*Schmitt* StPO Vor § 48 Rn. 17) – auch kein weiterer Amtsträger die Interessen des Finanzamts wahrnehmen, da § 407 – wie erwähnt – lediglich **Beteiligungsrechte nicht** jedoch **-pflichten** schafft (Flore/Tsambikakis/*Webel* Rn. 9). Einer – allerdings eher theoretisch denkbaren – Vernehmung des Vertreters der Finanzbehörden als Sachverständiger wird häufig die auf § 74 StPO gestützte Ablehnungsmöglichkeit entgegenstehen, zumindest dann, wenn der Beamte an den vorangegangenen Ermittlungen beteiligt war (Rolletschke/Kemper/*Kemper* Rn. 9). Die Geltendmachung eines Steueranspruchs kann iÜ – in engen Grenzen – **verwirkt** sein, wenn der Vertreter der Finanzverwaltung in einem Steuerstrafverfahren es unterlässt, eine offensichtlich unrichtige Äußerung des Sitzungsvertreters der Staatsanwaltschaft über die Festsetzung von Steuern zu berichtigen (BFH BB 1985, 580).

C. Beteiligungsrechte

5   Die übrigen Verfahrensbeteiligten können die Wahrnehmung der Beteiligungsrechte **nicht erzwingen.** Entscheidet sich das Finanzamt unter Missachtung der Nr. 94 AStBV 2014, nicht am gerichtlichen Verfahren teilzunehmen, müssen die übrigen Beteiligten dies akzeptieren (JJR/*Joecks* Rn. 9; Rolletschke/Kemper/*Kemper* Rn. 11).

6   Im Regelfall nimmt die Finanzbehörde ihre auf § 407 beruhenden Rechte umfassend wahr. Das Gericht muss ihr die Gelegenheit geben, die aus ihrer Sicht verfahrensrelevanten und entscheidungserheblichen Umstände vorzutragen. „Entscheidung" iSd § 407 ist dabei nicht nur das verfahrensabschließende Urteil. Die Bestimmung betrifft vielmehr **jede gerichtliche Entschließung,** bei deren Erlass die **Sachkunde der Finanzbehörde** bedeutsam sein kann (Kohlmann/*Hilgers-Klautzsch* Rn. 7), zB eine Zwischenentscheidung aus Anlass eines Beweisantrages (§ 244 StPO). Auch zu einer beabsichtigten Einstellung des Verfahrens, etwa nach Maßgabe der Opportunitätsbestimmungen der §§ 153, 153a StPO, oder wegen eines möglichen Verfahrenshindernisses (§ 206a StPO), muss das Finanzamt gehört werden (Rolletschke/Kemper/*Kemper* Rn. 18; Flore/Tsambikakis/*Webel* Rn. 13 f.). Demgegenüber erfordern **rein prozessleitende Entscheidungen,** zB die Verhängung eines Ordnungsgeldes, keine Anhörung, weil dabei finanzbehördliche Interessen mangels Bezugs zu einer Sachentscheidung nicht tangiert werden (Rolletschke/Kemper/*Kemper* Rn. 12).

7   Das Gesetz regelt die Frage, in welcher **Form** das Gericht die Beteiligungsrechte gewährleisten muss, nicht. Im Rahmen einer **Hauptverhandlung** wird es sich anbieten, dem Vertreter der Finanzbehörde eine **mündliche Stellungnahme** zu ermöglichen, worauf er nach § 407 Abs. 1 S. 3 iÜ auf ausdrückliches Verlangen auch ein Recht hat (Flore/Tsambikakis/*Webel* Rn. 15). **Schriftliche Erklärungen** kann das Gericht gleichfalls anfordern, etwa Stellungnahmen zu Einlassungen, Anträgen oder Anregungen, die durch den Verteidiger oder den Beschuldigten selbst schriftlich an das Gericht herangetragen werden. Ein **Formzwang** existiert in keiner Weise. Anderseits besteht die Pflicht des Gerichts zur Anhörung auch dann, wenn es diese für überflüssig hält (JJR/*Joecks* Rn. 9). Zu welchem Zeitpunkt das Gericht eine Stellungnahme einholt, ergibt sich aus § 407 nicht. Insoweit ist abhängig vom Einzelfall zu bestimmen, wann die Anhörung, die auch mehrfach erfolgen darf, zweckmäßig erscheint. Den konkreten Zeitpunkt regelt der Vorsitzende jedenfalls im Rahmen seiner allgemeinen verfahrensleitenden Befugnisse (§ 238 Abs. 1 StPO). Er muss dabei beachten, wann die besondere finanzbehördliche Sachkunde für den Verfahrensverlauf förderlich erscheint. Bei **missbräuchlichem Verhalten,** zB neben der Sache liegende Ausführungen oder ständige Wiederholungen derselben Äußerungen, kann der Vorsitzende dem Vertreter des Finanzamts auch das Wort entziehen (Kohlmann/*Hilgers-Klautzsch* Rn. 19; Flore/Tsambikakis/*Webel* Rn. 19).

8   In der **gerichtlichen Hauptverhandlung** muss der Vertreter der Finanzbehörde spätestens im Zusammenhang mit den Plädoyers der Staatsanwaltschaft und der Verteidigung gehört werden. Das Recht, ein eigenes **Schlusswort** iSd § 258 StPO zu halten, hat er allerdings nicht (Kohlmann/*Hilgers-Klautzsch* Steuerstrafrecht Rn. 19); in der Praxis werden sich Sitzungsvertreter der Staatsanwaltschaft und

Vertreter des Finanzamts vor den Schlussvorträgen der Verfahrensbeteiligten abstimmen, um sicherzustellen, dass finanzbehördliche Belange auch im Plädoyer Berücksichtigung finden.

Fragen an den Angeklagten, Zeugen und Sachverständige richtet der Vertreter der Finanzbehörde bei 9 deren Vernehmungen. Zu welchem **Zeitpunkt** dies geschieht, also etwa nach der Befragung durch die Staatsanwaltschaft oder erst nachdem der Verteidiger Gelegenheit zur Befragung hatte, regelt gleichfalls der Vorsitzende nach Maßgabe des § 238 Abs. 1 StPO. Das Fragerecht besteht unmittelbar, dh der Vertreter der Finanzbehörde richtet seine Fragen direkt an den zu Vernehmenden, nicht aber über den Vorsitzenden oder den Sitzungsvertreter der Staatsanwaltschaft (JJR/*Joecks* Rn. 14; Flore/Tsambikakis/ *Webel* Rn. 21).

D. Informationspflichten

Zur effizienten Wahrnehmung der Beteiligungsrechte muss das Finanzamt über gerichtliche Maß- 10 nahmen auch **umfassend und rechtzeitig informiert** werden. Aus diesem Grund bestimmt § 407 AO, dass das Gericht der Finanzbehörde den Termin zur Hauptverhandlung vorab bekannt geben muss (Flore/Tsambikakis/*Webel* Rn. 23). Gleiches gilt für Termine, an denen **Vernehmungen** durch den **ersuchten oder beauftragten Richter** durchgeführt werden sollen (§§ 223, 233 StPO), wodurch Teile der Hauptverhandlung vorgezogen werden (JJR/*Joecks* Rn. 13).

Verfahrensabschließende Entscheidungen sind der Finanzbehörde nach § 407 Abs. 2 mitzuteilen. 11 Die BuStra erhält dementsprechend Ausfertigungen des Urteils bzw. etwaiger Einstellungsbeschlüsse. So soll zum einen sichergestellt werden, dass die Finanzbehörde über den aktuellen Verfahrensstand umfassend informiert ist. Andererseits wird sie so auch in die Lage versetzt, steuerliche Konsequenzen, wie etwa den Erlass von Zinsbescheiden nach § 235 oder die Prüfung von Haftungsfragen auf der Grundlage des § 71, zu ziehen (Rolletschke/Kemper/*Kemper* Rn. 21). **Eigene Rechtsmittelmöglichkeiten** stehen der Finanzbehörde nicht zu. Sie kann lediglich bei der Staatsanwaltschaft entsprechende Schritte anregen (Kohlmann/*Hilgers-Klautzsch* Rn. 22).

E. Folgen von Verfahrensverstößen

Beteiligt das Gericht die Finanzbehörde entgegen § 407 nicht oder nur in unzureichendem Maße, 12 steht ihr hiergegen **keine förmlichen Rechtsmittel** zu (JJR/*Joecks* Rn. 20; Rolletschke/Kemper/ *Kemper* Rn. 23; Klein/*Jäger* Rn. 9). Dem Finanzamt verbleiben lediglich die **Gegenvorstellung** oder aber eine **Dienstaufsichtsbeschwerde** (Klein/*Jäger* Rn. 9; *Klos/Weyand* DStZ 1988, 615 (620); krit. Rolletschke/Kemper/*Kemper* Rn. 24).

Der **Angeklagte** und auch die **Staatsanwaltschaft** können Verstöße gegen § 407 (allein) unter dem 13 Aspekt der **Verletzung der Aufklärungspflicht** (§ 244 Abs. 2 StPO) rügen (Flore/Tsambikakis/*Webel* Rn. 29). Erfolgreich könnte eine derartige Rüge jedoch nur dann sein, wenn bei Anhörung des Vertreters der Finanzbehörde eine weitere Sachaufklärung zu erwarten gewesen wäre (Meyer-Goßner/ Schmitt/*Meyer-Goßner* StPO § 244 Rn. 80 f.). Bei Verstößen gegen die Mitteilungspflicht des § 407 Abs. 2 scheidet diese Rüge überdies stets aus, weil das Urteil nicht auf dieser Gesetzesverletzung beruhen kann (Flore/Tsambikakis/*Webel* Rn. 30). Die Problematik ist insgesamt aber kaum praxisrelevant, weil die Gerichte § 407 einerseits regelmäßig beachten, andererseits die sich aus dieser Norm ergebenden Rechte der Finanzbehörde rechtlich kaum durchsetzbar sind (Rolletschke/Kemper/*Kemper* Rn. 24).

§ 408 Kosten des Verfahrens

[1] **Notwendige Auslagen eines Beteiligten im Sinne des § 464a Abs. 2 Nr. 2 der Strafprozessordnung sind im Strafverfahren wegen einer Steuerstraftat auch die gesetzlichen Gebühren und Auslagen eines Steuerberaters, Steuerbevollmächtigten, Wirtschaftsprüfers oder vereidigten Buchprüfers.** [2] **Sind Gebühren und Auslagen gesetzlich nicht geregelt, so können sie bis zur Höhe der gesetzlichen Gebühren und Auslagen eines Rechtsanwalts erstattet werden.**

A. Bedeutung der Norm

Der § 408 ergänzt die grundsätzliche Regelung der Kosten und Auslagen im Strafverfahren, welche in 1 den §§ 464 ff. StPO geregelt sind und auch im Steuerstrafverfahren gelten. Die Vorschrift des § 408 trägt der Besonderheit Rechnung, dass anstelle oder neben einer anwaltlichen Beratung im Rahmen des Steuerstrafverfahrens steuerliche Beratung notwendig sein kann. Daher sieht § 392 die Möglichkeit der Verteidigung durch einen Steuerberater, Steuerbevollmächtigten, Wirtschaftsprüfer oder vereidigten Buchprüfer vor (vgl. dazu ausf. → § 392 Rn. 17 ff.). Diese, der StPO fremde Verteidigungsmöglichkeit erfordert eine Regelung, welche die Auslagenerstattung in diesen Fällen regelt und die §§ 464 ff. StPO dahingehend ergänzt. Der Regelungsgehalt des § 408 liegt demnach in einer Erweiterung des § 464a Abs. 2 Nr. 2 StPO auf Auslagen steuerlicher Berater im Steuerstrafverfahren.

Aufgrund des § 410 Abs. 1 Nr. 12 gilt § 408 auch im steuerlichen Bußgeldverfahren.

B. Kosten- und Auslagenerstattung im Allgemeinen

2 Jedes Urteil, jeder Strafbefehl und jede eine Untersuchung einstellende Entscheidung muss nach § 464 StPO eine Bestimmung darüber treffen, wer die Kosten des Verfahrens zu tragen hat. **Kosten** sind dabei die im Strafverfahren, im Sicherungsverfahren und im selbstständigen Verfalls- und Einziehungsverfahren entstandenen Gebühren und Auslagen der Staatskasse (Meyer-Goßner/Schmitt/*Meyer-Goßner* StPO § 464a Rn. 1). Diese Kosten können dem Beschuldigten auferlegt werden, wenn es zu einer Verurteilung kommt.

3 Nach § 464 Abs. 2 StPO trifft das Gericht die Entscheidung darüber, wer die **notwendigen Auslagen** trägt, in dem Urteil oder dem Beschluss, der das Verfahren abschließt. Diese notwendigen Auslagen des Beschuldigten gehören nicht zu den Verfahrenskosten, sondern sind diejenigen Auslagen, die durch Verteidigungsmaßnahmen entstanden sind (Meyer-Goßner/Schmitt/*Meyer-Goßner* StPO § 464a Rn. 5). Auslagen dieser Art sind in § 464a Abs. 2 StPO nicht abschließend genannt. Dazu gehören nach § 464a Abs. 2 StPO insbes. die Gebühren und Auslagen eines Rechtsanwalts, soweit sie nach § 91 Abs. 2 ZPO entstanden sind.

4 Fehlen solche Kosten- oder Auslagenentscheidungen, so verbleiben die Kosten bzw. Auslagen bei demjenigen, bei dem sie entstanden sind. Eine nachträgliche Ergänzung der gerichtlichen Entscheidung ist unzulässig, ein Vorgehen gegen das Fehlen ist gem. § 464 Abs. 3 StPO nur mittels sofortiger Beschwerde möglich.

C. Besonderheiten im Steuerstrafverfahren

I. Erweiterung der notwendigen Auslagen durch § 408

5 § 408 erstreckt die Regelung des § 464a Abs. 2 Nr. 2 StPO auf steuerberatende Berufe.

6 Die Notwendigkeit einer solchen Erweiterung ergibt sich aus der Möglichkeit der Verteidigung durch Angehörige der steuerberatenden Berufe gem. § 392 (dazu ausf. → § 392 Rn. 1 ff.).

1. Einzelverteidigung durch einen Angehörigen steuerberatender Berufe (§ 408 S. 1 Hs. 1).

7 Führt die FinBeh. das Strafverfahren selbstständig durch, so ordnet § 392 S. 1 Hs. 1 an, dass neben den in § 138 StPO genannten Personen auch Angehörige steuerberatender Berufe als Verteidiger gewählt werden können. Führen diese die Verteidigung selbstständig durch, so führt § 408 dazu, dass deren Auslagen unter § 464a Abs. 2 Nr. 2 StPO fallen. Für Steuerberater gilt § 45 StBGebV, welcher das RVG für entspr. anwendbar erklärt. Mangels gesetzlicher Regelung für Wirtschaftsprüfer und vereidigte Buchprüfer gilt für diese gem. § 408 S. 2 ebenfalls das RVG entspr. Eine Auslagenerstattung für die (Allein-)Verteidigung durch Angehörige steuerberatender Berufe richtet sich also stets nach dem RVG (vgl. nur Rolletschke/Kemper/*Kemper* Rn. 14).

8 **2. Mehrere Verteidiger (§ 408 S. 1 Hs. 2).** Grundsätzlich werden bei mehreren Verteidigern mit Ausnahme des Falles des notwendigen Anwaltswechsels die Anwaltskosten nur insoweit erstattet, als sie die **Kosten eines Anwalts** nicht übersteigen (§ 464a Abs. 2 Nr. 2 StPO iVm § 91 Abs. 2 S. 3 ZPO). Unstr. kann ein Rechtsanwalt, der zugleich Steuerberater ist, seine Auslagen daher nur einmal erstattet erhalten (s. nur Kohlmann/*Hilgers-Klautzsch* Rn. 25). Ebenfalls unstr. ist, dass der Grundsatz der Erstattungsbeschränkung dann anwendbar ist, wenn mehrere steuerliche Berater die Verteidigung führen (Kohlmann/*Hilgers-Klautzsch* Rn. 21 mwN). Diese Beschränkung ist nach der Rspr. des BVerfG verfassungsgemäß (BVerfG NJW 2004, 3319).

9 Umstr ist jedoch die **Frage nach der Erstattungsfähigkeit der Kosten einer gemeinschaftlichen Verteidigung durch einen Rechtsanwalt und einen steuerlichen Berater.**

10 Von der **überwiegend vertretenen Auffassung in der Literatur** (Kohlmann/*Hilgers-Klautzsch* Rn. 24; Rolletschke/Kemper/*Kemper* Rn. 22; Hübschmann/Hepp/Spitaler/*Rüping* Rn. 27 f.; Schwarz/Pahlke/*Dumke* Rn. 13; Erbs/Kohlhaas/*Senge* Rn. 2; Klein/*Jäger* Rn. 3) wird § 408 zutreffend dahingehend verstanden, dass er eine Ausnahme zu dem Grundsatz enthält, dass die Erstattung auf die Kosten nur eines Anwalts beschränkt wird (zu diesem Grundsatz vgl. § 92 Abs. 2 S. 3 ZPO). Zur Begründung wird angeführt, dass § 392 das Bedürfnis nach einer Vertretung durch zwei Personen anerkenne. Auch der Wortlaut des § 408 („auch") spreche für ein solches Verständnis. Zuletzt sei nur durch die Erstattung der Kosten beider Verteidiger Waffengleichheit zwischen der FinBeh. und der Staatsanwaltschaft auf der einen und dem Beschuldigten auf der anderen Seite zu ermöglichen. Auf eine etwaige Prüfung, ob die Hinzuziehung eines steuerlichen Beraters im Einzelfall notwendig war, komme es nicht an, vielmehr sei diese stets anzunehmen (JJR/*Lipsky* Rn. 15).

Eine **andere Ansicht** in der Literatur (Koch/Scholtz/*Scheuermann-Kettner* Rn. 7; *Bock* DB 1968, 1326 (1330)) hingegen will den Grundsatz des § 91 Abs. 2 S. 3 ZPO beibehalten und somit in Fällen der gemeinsamen Verteidigung von Rechtsanwalt und Steuerberater nur die Auslagen bis zur Höhe der Kosten für einen der beiden Verteidiger erstatten.

Die **Rechtsprechung** geht, soweit sie sich überhaupt mit diesem Problem beschäftigt, einen Mittel- **11** weg. Sowohl das **KG** (NStZ 1982, 207) als auch das **LG Hildesheim** (15 Qs (OWi) 15/81, nv, in Auszügen abgedruckt bei *Pannicke* StB 1982, 132) gehen davon aus, dass eine Erstattung der Kosten eines steuerlichen Verteidigers nur dann zusätzlich zu den Kosten eines Rechtsanwalts in Betracht kommt, wenn die Beratung durch einen steuerlichen Berater im Strafverfahren **notwendig** sei. Das folge aus dem Grundsatz, dass Verteidigungskosten nur insoweit erstattet würden, wie sie für eine effektive Verteidigung notwendig seien (KG NStZ 1982, 207). An der Notwendigkeit fehle es insbes. dann, wenn die steuerlichen Fragen bereits vor dem Strafverfahren geklärt sind. Diese Auslegung der Gerichte hat das **BVerfG** in einem Nichtannahmebeschluss ausdr. als verfassungsgemäß bezeichnet (BVerfG 2 BvR 591/81, nv, in Auszügen abgedruckt bei *Pannicke* StB 1982, 132).

II. Kosten des Besteuerungs- und des Steuerstrafverfahrens

Ein besonderes Problem der Kostenerstattung im Steuerstrafverfahren ergibt sich daraus, dass be- **12** stimmte Ermittlungen der FinBeh. sowohl im Besteuerungsverfahren als auch im Steuerstrafverfahren verwertet werden. Während die Kosten der steuerlichen Ermittlungen der FinBeh. grds. von der Staats- kasse getragen werden müssen, können die Kosten des Steuerstrafverfahrens (zB im Falle einer Ver- urteilung) vom Beschuldigten zu tragen sein. Es stellt sich daher das **Problem der Abgrenzung der Kosten des Steuerermittlungsverfahrens von denen des Steuerstrafverfahrens** (für eine Aufzäh- lung der einzelnen Kosten im Steuerstrafverfahren s. *Körner* ZfZ 1972, 234). Dazu werden zwei unterschiedliche Auffassungen vertreten:

Nach der **prozessualen Auffassung** ist entscheidend, in welchem Verfahren die Kosten entstanden **13** sind. Je nachdem in welchem Verfahren die Kosten entstanden sind, seien sie diesem einheitlich zuzurechnen. Nach dieser Auffassung wären Kosten von Außenprüfungen nach §§ 193 ff. keine Kosten des Strafverfahrens; wird hingegen die Steuerfahndung tätig, so handelt es sich um Kosten des Steuer- strafverfahrens. Das gelte unabhängig davon, ob aufgrund der Erkenntnisse aus den Ermittlungen auch das andere Verfahren inhaltlich beeinflusst wird (Kohlmann/*Hilgers-Klautzsch* Rn. 9; Rolletschke/Kem- per/*Kemper* Rn. 8; Hübschmann/Hepp/Spitaler/*Rüping* Rn. 24; JJR/*Lipsky* Rn. 9).

Die **materielle Auffassung** hingegen will danach differenzieren, für welches Verfahren die Ergeb- **14** nisse der Ermittlungen verwendet werden. Ausgehend von der Annahme, dass im Steuerstrafverfahren eine Trennung von Steuerfahndung und steuerlicher Ermittlung oft nicht möglich ist, sei allein die Frage entscheidend, für welches Verfahren die Ergebnisse der Prüfungen relevant werden. Werden die Ergeb- nisse sowohl im Besteuerungs- als auch im Strafverfahren verwendet, so soll eine Quotelung vorgenom- men werden, die notfalls durch Schätzung erfolgen soll (so *Henneberg* INF 1970, 161 (163)).

Die **Rspr.** hat sich zu dieser Problematik noch nicht eindeutig geäußert, scheint jedoch zur pro- **15** zessualen Auffassung zu tendieren. So hat der BFH entschieden, dass eine Außenprüfung stets Teil des Besteuerungsverfahrens ist, auch wenn die Ergebnisse im Steuerstrafverfahren verwendet werden (BFH BeckRS 1976, 2203799).

§ 409 Zuständige Verwaltungsbehörde

[1]**Bei Steuerordnungswidrigkeiten ist zuständige Verwaltungsbehörde im Sinne des § 36 Abs. 1 Nr. 1 des Gesetzes über Ordnungswidrigkeiten die nach § 387 Abs. 1 sachlich zustän- dige Finanzbehörde.** [2]**§ 387 Abs. 2 gilt entsprechend.**

1. Bedeutung der Norm. Der § 409 entspricht im Wesentlichen seiner Vorgängernorm (§ 446 **1** RAO) und dient dazu, die für die Verfolgung von SteuerOWi (zum Begriff der SteuerOWi → § 377 Rn. 2 ff.) sachlich zuständige Verwaltungsbehörde gem. § 36 Abs. 1 Nr. 1 OWiG zu bestimmen. § 36 Abs. 1 Nr. 1 OWiG ordnet an, dass stets diejenige Verwaltungsbehörde zuständig ist, welche durch Gesetz als zuständig bestimmt wurde. Dazu verweist § 409 S. 1 auf die Zuständigkeitsregelung des § 387 Abs. 1 und weist die Zuständigkeit für SteuerOWi grds. derselben Verwaltungsbehörde zu, welche auch für Steuerstraftaten zuständig ist.

2. Regelungsgehalt der Norm. a) Grundsatz: Sachliche Zuständigkeit der Finanzbehör- 2 den. Sachlich zuständig ist gem. §§ 409 S. 1, 387 Abs. 1 grds. das FA, das die betroffene Steuer verwaltet. Gem. § 409 S. 2 gilt jedoch § 387 Abs. 2 entsprechend, sodass durch Rechtsverordnung eine anderweitige Zuständigkeitsregelung getroffen werden kann. Aus § 409 scheint somit ein Gleich- lauf der Zuständigkeiten im Steuerstrafverfahren und im steuerlichen Bußgeldverfahren zu folgen. Dieses ist nicht zuletzt deshalb regelmäßig sinnvoll, weil sich die verfahrensgegenständlichen Vorwürfe insbes. im Hinblick auf die Tatbestände des § 370 und des § 378 allein hinsichtlich der subjektiven Voraussetzungen unterscheiden und sich der Vorwurf im Laufe eines Verfahrens leicht vom einen auf den anderen Tatbestand verlagern kann (JJR/*Lipsky* Rn. 3; Kohlmann/*Hilgers-Klautzsch* Rn. 2).

3   Jedoch ist ein solcher Gleichlauf durch § 409 nicht zwingend vorgeschrieben. Denkbar und möglich ist es auch, durch Rechtsverordnungen die sachliche Zuständigkeit auseinander fallen zu lassen. So kann eine Rechtsverordnung iSd § 387 Abs. 2 ausdr. allein Steuerstrafsachen umfassen (zB indem die Verordnung diese bei einer bestimmten FinBeh. bündelt) und SteuerOWi gem. §§ 409 S. 1, 387 Abs. 1 bei den jeweils zuständigen FinBeh. belassen. Ebenfalls möglich wäre es, durch Rechtsverordnung nur einige der SteuerOWi einer für Steuerstraftaten zuständigen besonderen FinBeh. zuzuweisen, die übrigen jedoch bei der nach § 387 Abs. 1 zuständigen FinBeh. zu belassen (JJR/*Lipsky* Rn. 5).

4   **b) Ausnahme: Sachliche Zuständigkeit der Staatsanwaltschaft.** Ermittelt die StA wegen einer Straftat, so ist sie gem. § 40 OWiG, RiStBV Nr. 273 für die Verfolgung der Tat auch unter dem Gesichtspunkt der SteuerOWi zuständig. Stellt die StA das Verfahren ein, so gibt sie das Verfahren gem. § 43 Abs. 1 OWiG an die zuständige FinBeh. ab, soweit Anhaltspunkte dafür vorliegen, dass die Tat als SteuerOWi geahndet werden kann. Auf der anderen Seite kann die StA gem. § 42 OWiG die Verfolgung der SteuerOWi übernehmen, wenn sie eine damit zusammenhängende Straftat verfolgt und dadurch einen Gleichlauf der Verfolgungszuständigkeit herbeiführt (ausf. dazu Rolletschke/Kemper/*Kemper* Rn. 10 f.; JJR/*Lipsky* Rn. 6).

5   **3. Zuständigkeit der Finanzbehörden bei anderen Ordnungswidrigkeiten.** Neben den Steuer-OWi fallen auch andere OWi in den Zuständigkeitsbereich der FinBeh. So sind FinBeh. grds. auch für fahrlässige Aufsichtspflichtverletzungen in Betrieben und Unternehmen gem. § 130 OWiG zuständig, wenn die durch sorgfältige Aufsicht zu verhindernde Zuwiderhandlung eine SteuerOWi oder eine Steuerstraftat war, vgl. § 313 Abs. 3 OWiG iVm § 410 (so auch in Rolletschke/Kemper/*Kemper* Rn. 14).
   Sodann sind die FinBeh. für OWi nach §§ 160–163 StBerG zuständig, was sich ausdrücklich aus § 164 StBerG ergibt. Zur Zuständigkeit iÜ → § 377 Rn. 1.

§ 410 Ergänzende Vorschriften für das Bußgeldverfahren

(1) **Für das Bußgeldverfahren gelten außer den verfahrensrechtlichen Vorschriften des Gesetzes über Ordnungswidrigkeiten entsprechend:**
  1. **die §§ 388 bis 390 über die Zuständigkeit der Finanzbehörde,**
  2. **§ 391 über die Zuständigkeit des Gerichts,**
  3. **§ 392 über die Verteidigung,**
  4. **§ 393 über das Verhältnis des Strafverfahrens zum Besteuerungsverfahren,**
  5. **§ 396 über die Aussetzung des Verfahrens,**
  6. **§ 397 über die Einleitung des Strafverfahrens,**
  7. **§ 399 Abs. 2 über die Rechte und Pflichten der Finanzbehörde,**
  8. **die §§ 402, 403 Abs. 1, 3 und 4 über die Stellung der Finanzbehörde im Verfahren der Staatsanwaltschaft,**
  9. **§ 404 Satz 1 und Satz 2 erster Halbsatz über die Steuer- und Zollfahndung,**
  10. **§ 405 über die Entschädigung der Zeugen und der Sachverständigen,**
  11. **§ 407 über die Beteiligung der Finanzbehörde und**
  12. **§ 408 über die Kosten des Verfahrens.**

(2) **Verfolgt die Finanzbehörde eine Steuerstraftat, die mit einer Steuerordnungswidrigkeit zusammenhängt (§ 42 Abs. 1 Satz 2 des Gesetzes über Ordnungswidrigkeiten), so kann sie in den Fällen des § 400 beantragen, den Strafbefehl auf die Steuerordnungswidrigkeit zu erstrecken.**

A. Regelungsgehalt und Bedeutung der Norm

1   § 410 entspricht weitgehend der Vorgängernorm des § 447 RAO. Nachträglich hinzugefügt wurden die heutigen Nr. 7 und 10 in Abs. 1. § 410 regelt den Verlauf und die Zuständigkeiten im Bußgeldverfahren bei SteuerOWi (so auch Rolletschke/Kemper/*Kemper* Rn. 1). Dabei gilt er nicht nur für die SteuerOWi der AO (§§ 378–383a) sondern auch für SteuerOWi, die in Spezialgesetzen geregelt sind, wie insbes. § 158 BranntwMonG (vgl. hierzu § 128 Abs. 2 BranntwMonG), § 36 TabStG, § 30 BierStG sowie §§ 26a und 26b UStG, also für alle SteuerOWi iSd § 377 (JJR/*Lipsky* Rn. 3; zum Begriff der SteuerOWi und den darunter fallenden Tatbeständen auch → § 377 Rn. 2 ff.).

2   § 410 Abs. 1 stellt klar, dass grds. die verfahrensrechtlichen Vorschriften des OWiG und somit gem. § 46 OWiG auch die allgemeinen Gesetze über das Strafverfahren, also die StPO, das GVG und das JGG, im steuerlichen Bußgeldverfahren entspr. gelten. Zugleich macht § 410 Abs. 1 deutlich, dass diese Geltung nur soweit reicht („gelten außer"), wie in den Nr. 1–12 nichts Anderweitiges geregelt ist. Diese anderweitigen Regelungen ordnen jeweils an, dass besondere Regelungen der AO entspr. anwendbar sind. Diese besonderen Regelungen verdrängen insoweit die allgemeinen Regelungen des OWiG.

3   Aus dieser Verweisungstechnik ergibt sich, dass zunächst die §§ 409–412 anzuwenden sind. Enthalten diese Normen für das steuerliche Bußgeldverfahren keine Regelung, ist sodann auf die in § 410 Abs. 1

Nr. 1–12 genannten Normen des Steuerstrafverfahrens zurückzugreifen, bevor nach § 410 Abs. 1 iVm §§ 35 ff. OWiG von den allgemeinen Gesetzen auszugehen ist (Koch/Scholtz/*Scheurmann-Kettner* Rn. 4).

§ 410 Abs. 2 regelt die Möglichkeit der FinBeh., bei Ermittlungen wegen einer Steuerstraftat den **4** Strafbefehl auf SteuerOWi zu erstrecken, die mit der Straftat zusammenhängen (§ 42 Abs. 1 S. 2 OWiG).

B. Geltung des OWiG und der allgemeinen Verfahrensgesetze (Abs. 1)

§ 410 Abs. 1 ordnet – abgesehen von den einzeln aufgeführten besonderen steuerrechtlichen Normen **4a** – die grundsätzliche Geltung des OWiG an. Daraus folgt zunächst, dass gem. § 46 Abs. 1 OWiG iVm § 410 Abs. 1 die StPO und ihre Nebengesetze sinngemäß gelten. Die sinngemäße Anwendung meint, dass bei der Übertragung der für das Strafverfahren geltenden Vorschriften auf das Bußgeldverfahren die unterschiedliche Bedeutung der beiden Verfahrensarten zu berücksichtigen ist (Göhler/*Seitz* OWiG § 46 Rn. 8).

Zusätzlich gelten die besonderen Bestimmungen des OWiG. Das gilt insbes. für das Opportunitätsprinzip, nachdem die Verfolgungsbehörde nicht in jedem Fall dazu verpflichtet ist, ein Verfahren einzuleiten und zu ermitteln, sondern diese Entscheidung im Ermessen der Behörde liegt (s. dazu ausf. Kohlmann/*Hilgers-Klautzsch* Rn. 31 ff.; vgl. auch → § 377 Rn. 14 ff.).

C. Besonderheiten im steuerlichen Bußgeldverfahren

§ 410 Abs. 1 ordnet sodann in den Nr. 1–12 die entsprechende Geltung von bestimmten steuer- **5** strafrechtlichen Verfahrensnormen an. Diese Verweisung auf eine Vielzahl spezieller Regelungen des Steuerstrafverfahrens führt zu einem weitgehenden Gleichlauf zwischen Bußgeld- und Strafverfahren bei Steuervergehen.

I. (Örtliche) Zuständigkeiten (Nr. 1 und 2)

Die Zuständigkeitsregelungen des Steuerstrafverfahrens in Bezug auf die FinBeh., §§ 388–390, gelten **6** auch für das Bußgeldverfahren. Während die sachliche Zuständigkeit der FinBeh. bereits aus § 409 iVm § 387 folgt, regelt die Verweisung des § 410 Abs. 1 Nr. 1 iVm §§ 388–390 die örtliche Zuständigkeit (zu deren Regelungsgehalt vgl. §§ 388 ff.).

Welches Gericht örtlich zuständig ist, richtet sich nach § 391 iVm § 410 Abs. 1 Nr. 2. Danach ist dasjenige AG zuständig, in dessen Bezirk das LG – und damit abweichend von § 68 OWiG nicht die Verwaltungsbehörde– seinen Sitz hat (JJR/*Lipsky* Rn. 13; ebenfalls → § 391 Rn. 3 ff.).

II. Verteidigung (Nr. 3)

Auch für das steuerliche Bußgeldverfahren gilt die Sonderregelung des § 392 (iVm § 410 Abs. 1 **7** Nr. 3), wonach abweichend von § 138 Abs. 1 StPO auch Angehörige der steuerberatenden Berufe zu Verteidigern gewählt werden können (→ § 392 Rn. 21 ff.). Dabei gilt ebenso wie im Strafverfahren, dass eine alleinige Vertretung durch einen Angehörigen der steuerberatenden Berufe nur solange möglich ist, wie die FinBeh. das Verfahren selbstständig durchführt. Im gerichtlichen Verfahren kann eine solche Verteidigung nur in Gemeinschaft mit einem Rechtsanwalt oder einem Rechtslehrer geführt werden (OLG Hamburg NJW 1981, 934).

Es ist für **das Bußgeldverfahren jedoch abweichend vom Strafverfahren** zu beachten, dass der Betroffene auf sein Recht, auch schon vor der Vernehmung einen Verteidiger zu befragen, nicht hingewiesen werden muss, vgl. § 55 Abs. 2 OWiG (JJR/*Lipsky* Rn. 15).

III. Verhältnis von Bußgeldverfahren und Besteuerungsverfahren (Nr. 4)

Für das Verhältnis zwischen Ordnungswidrigkeitenverfahren und Besteuerungsverfahren gilt die Vor- **8** schrift für das Strafverfahren, § 393, gem. § 410 Abs. 1 Nr. 4 entspr. (zum Inhalt dieser Regelung s. die Erläuterungen zu § 393).

IV. Verfahren (Nr. 5–12)

§ 410 Abs. 1 Nr. 5–12 verweist für das steuerliche Bußgeldverfahren weitestgehend auf die Sonder- **9** regelungen für das Steuerstrafverfahren. So sind im steuerlichen Bußgeldverfahren folgende Normen entspr. anzuwenden:

– § 396 iVm § 410 Abs. 1 Nr. 5 in Bezug auf die Aussetzung des Verfahrens,
– § 397 iVm § 410 Abs. 1 Nr. 6 in Bezug auf die Einleitung des Verfahrens,
– § 399 Abs. 2 iVm § 410 Nr. 7 in Bezug auf die Rechte und Pflichten der FinBeh.,

– §§ 402, 403 Abs. 1, Abs. 3, Abs. 4 iVm § 410 Abs. 1 Nr. 8 in Bezug auf die Stellung der FinBeh. im Verfahren der StA,

– § 404 S. 1 und S. 2 Hs. 1 iVm § 410 Abs. 1 Nr. 9 in Bezug auf die Steuer- und Zollfahndung,

– § 405 iVm § 410 Abs. 1 Nr. 10 in Bezug auf die Entschädigung von Zeugen und Sachverständigen,

– § 407 iVm § 410 Abs. 1 Nr. 11 in Bezug auf die Beteiligung der FinBeh.,

– § 408 iVm § 410 Abs. 1 Nr. 12 in Bezug auf die Kosten des Verfahrens.

In Bezug auf den Inhalt und die Bedeutung dieser entspr. anzuwendenden Normen des Steuerstrafverfahrens kann auf deren Kommentierung verwiesen werden (vgl. §§ 396 ff.).

V. Abweichungen des steuerlichen Bußgeldverfahrens vom Steuerstrafverfahren

10 Während somit weite Teile der Regelungen des Steuerstrafverfahrens auch im steuerlichen Bußgeldverfahren gelten, wird in § 410 auf einige Normen der §§ 388–408 nicht verwiesen.

Nicht anwendbar ist danach § 394, der den Übergang des Eigentums von beschlagnahmten oder sichergestellten Sachen regelt, die bei einer Steuerstraftat zurückgelassen wurden. Diese Vorschrift, die in der Praxis ohnehin von geringer Relevanz ist (vgl. Klein/*Jäger* § 394 Rn. 1), kann im Bußgeldverfahren nicht angewandt werden (Kohlmann/*Kutzner* § 394 Rn. 2).

Ebenfalls **nicht anwendbar ist § 395,** der bestimmt, dass die FinBeh. Akteneinsicht in die gerichtlichen Akten im gleichen Umfang hat, wie ein Verteidiger nach § 147 Abs. 1 StPO. Ein solches folgt im steuerlichen Bußgeldverfahren jedoch aus dem inhaltlich übereinstimmenden § 49 OWiG (JJR/*Lipsky* § 395 Rn. 4).

Nicht von der Verweisung in § 410 Abs. 1 umfasst sind auch **§§ 399 Abs. 1, 400, 403 Abs. 2, 404 S. 2 Hs. 2,** die jeweils Besonderheiten des Steuerstrafverfahrens betreffen, die im Bußgeldverfahren nicht sinnvoll wären und daher durch die allgemeinen Regelungen des OWiG ersetzt werden.

D. Erstreckung des Strafbefehls wegen einer Steuerstraftat auf die Steuerordnungswidrigkeit (Abs. 2)

11 § 410 Abs. 2 regelt, dass die FinBeh. beim Erlass eines Strafbefehls (vgl. § 400) zugleich beantragen kann, dass der Strafbefehl auch auf die SteuerOWi erstreckt wird. Voraussetzung für diese Möglichkeit nach § 410 Abs. 2 ist, dass zwischen der Straftat und der OWi ein Zusammenhang besteht. Ein solcher Zusammenhang wird in Anlehnung an § 42 Abs. 1 S. 2 OWiG dann angenommen, wenn entweder jemand sowohl einer Straftat als auch einer SteuerOWi verdächtigt wird, sog persönlicher Zusammenhang, oder wenn hinsichtlich derselben Tat eine Person einer Straftat und eine andere Person einer SteuerOWi verdächtigt wird, sog sachlicher Zusammenhang (JJR/*Lipsky* Rn. 4; Koch/Scholtz/*Scheurmann-Kettner* Rn. 46). Wird von dieser Möglichkeit Gebrauch gemacht, führt das dazu, dass eine Verbindung zwischen Strafbefehl und Bußgeldbescheid erfolgt, worüber einheitlich durch das Gericht entschieden wird, welches für den Erlass eines Strafbefehls in Steuersachen zuständig ist (Schwarz/Pahlke/*Weyand* Rn. 3). Hinsichtlich des vom Bußgeldverfahren Betroffenen muss somit im Strafbefehlsantrag eine Geldbuße beantragt werden (Koch/Scholtz/*Scheurmann-Kettner* Rn. 46). Die Rechtsstellung des Betroffenen richtet sich weiterhin nach den Regelungen, die für das Bußgeldverfahren gelten, und nicht nach den für das Strafbefehlsverfahren geltenden Vorschriften (vgl. Schwarz/Pahlke/*Weyand* Rn. 3).

§ 411 Bußgeldverfahren gegen Rechtsanwälte, Steuerberater, Steuerbevollmächtigte, Wirtschaftsprüfer oder vereidigte Buchprüfer

Bevor gegen einen Rechtsanwalt, Steuerberater, Steuerbevollmächtigten, Wirtschaftsprüfer oder vereidigten Buchprüfer wegen einer Steuerordnungswidrigkeit, die er in Ausübung seines Berufs bei der Beratung in Steuersachen begangen hat, ein Bußgeldbescheid erlassen wird, gibt die Finanzbehörde der zuständigen Berufskammer Gelegenheit, die Gesichtspunkte vorzubringen, die von ihrem Standpunkt für die Entscheidung von Bedeutung sind.

A. Bedeutung der Norm

1 § 411 enthält eine Sondervorschrift für steuerliche Bußgeldverfahren gegen Angehörige besonderer Berufsgruppen. Entgegen der vorherigen Regelung des § 488 RAO enthält der § 411 heute kein Zustimmungserfordernis mehr, sondern räumt der jeweiligen Berufskammer „nur" die Möglichkeit zur Stellungnahme ein. Diese gesetzliche Verpflichtung zur Einholung einer Stellungnahme dient dem Zweck, den Sachverstand der Berufskammern für das Bußgeldverfahren nutzbar zu machen (BT-Drs. 7/4292, 48; vgl. dazu auch Wannemacher SteuerStrafR/*Gotzens* Rn. 2722). Dieser Sachverstand und das Wissen um die einzelnen Berufspflichten der jeweiligen Berufsgruppen soll insbes. die oftmals schwieri-

gen Abgrenzungen im subjektiven Tatbestand erleichtern (Klein/*Jäger* Rn. 2; Kohlmann/*Hilgers-Klautzsch* Rn. 2; Rolletschke/Kemper/*Kemper* Rn. 2).

§ 411 AO kann sich für den Berufsangehörigen je nach Einzelfall entweder als Privilegierung oder als **2** Benachteiligung (sog „negative Privilegierung"; so treffend Kohlmann/*Hilgers-Klautsch* Rn. 2; ebenso *Bilsdorfer* DStR 1983, 27) erweisen.

Der Zweck dieser Norm bestand ursprünglich in einer Privilegierung der Berufsangehörigen, die zur **3** Wahrung ihrer Unabhängigkeit vor der Verfolgung wegen einer SteuerOWi geschützt werden sollten. Diesem Zweck gemäß sah die Vorgängernorm (§ 448 RAO) vor, dass eine Verfolgung wegen einer SteuerOWi nur dann möglich war, wenn gegen den Berufsangehörigen entweder eine ehrengerichtliche oder berufsgerichtliche Maßnahme verhängt oder ihm durch den Vorstand der Berufskammer eine Rüge erteilt worden war (Kohlmann/*Hilgers-Klautzsch* Rn. 1).

Eine Benachteiligung kann sich nach der heutigen Fassung jedoch beispielsweise dann ergeben, wenn **4** die zuständige Kammer erst durch die Hinzuziehung von dem – dem Verfahren zugrundliegenden – Fehlverhalten des Berufsangehörigen erfährt. In diesen Fällen muss der Betroffene neben der Auseinandersetzung mit der FinBeh. auch mit standesrechtlichen Maßnahmen rechnen (dazu ausf. *Bilsdorfer* DStR 1983, 26; ebenfalls krit. Kohlmann/*Hilgers-Klautzsch* Rn. 2). Eine solche Bekanntgabe von Fehlverhalten der Kammerangehörigen durch staatliche Behörden an die Berufskammern ist grds. nur nach Strafverfahren (vgl. Nr. 23, 24 MiStra, dazu ausf. Schwarz/Pahlke/*Weyand* Rn. 9 f.), nicht jedoch bei Bußgeldverfahren gesetzlich vorgesehen.

B. Voraussetzungen

I. Betroffene Berufsgruppen

Die Berufsgruppen, die in den persönlichen Anwendungsbereich der Norm fallen, sind in § 411 **5** abschließend genannt. Erfasst sind demnach Rechtsanwälte, Steuerberater, Steuerbevollmächtigte, Wirtschaftsprüfer und vereidigte Buchprüfer; mithin alle Berufsgruppen, die unbeschränkt zur steuerlichen Hilfeleistung befugt sind (§ 3 Nr. 1 StBerG). Nicht erfasst sind Berufsgruppen, die nach § 4 StBerG nur zur beschränkten Hilfeleistung in Steuersachen befugt sind, wie insbes. Notare (Kohlmann/*Hilgers-Klautzsch* Rn. 4; Rolletschke/Kemper/*Kemper* Rn. 4; JJR/*Lipsky* Rn. 4).

Die jeweils zuständigen Kammern ergeben sich aus dem Standesrecht, dabei handelt es sich insbes. um **6** die regionale Rechtsanwaltskammer (§ 60 BRAO), die regionale Steuerberaterkammer (§ 73 StBerG) und die Wirtschaftsprüferkammer (§ 58 WPO), s. dazu auch Kohlmann/*Hilgers-Klautzsch* Rn. 7.

II. Steuerordnungswidrigkeit

§ 411 setzt voraus, dass ein Bußgeldbescheid wegen einer SteuerOWi erlassen werden soll. Das **7** bedeutet zunächst, dass eine Stellungnahme auch nur dann eingeholt werden darf, wenn tatsächlich der Erlass eines Bußgeldbescheids beabsichtigt ist. Eine Einholung bereits bei Einleitung des Verfahrens ist nicht geboten. Soll das Bußgeldverfahren eingestellt oder in ein Strafverfahren übergeleitet werden, so findet § 411 ebenfalls keine Anwendung (Rolletschke/Kemper/*Kemper* Rn. 5).

Der Begriff der SteuerOWi ist hier, ebenso wie bei § 377, weit zu verstehen und umfasst nicht nur die **8** §§ 378–383a sondern ua auch § 128 Abs. 2 BranntwMonG (s. zum Begriff der SteuerOWi ausf. → § 377 Rn. 2 ff.).

Zu beachten ist, dass § 411 nur im Rahmen finanzbehördlicher Verfahren gilt. Führt die StA das **9** Bußgeldverfahren durch oder verhängt ein Gericht eine Geldbuße, so ist § 411 nicht anwendbar (Hübschmann/Hepp/Spitaler/*Rüping* Rn. 9; Schwarz/Pahlke/*Weyand* Rn. 8; Wannemacher SteuerStrafR/ *Gotzens* Rn. 2724).

III. Berufsausübung und Beratungsbezug

§ 411 greift nur dann ein, wenn die SteuerOWi in Ausübung des Berufs bei der Beratung in **10** Steuersachen begangen wurde. Eine **Berufsausübung** liegt immer dann vor, wenn durch (wiederholte) Übernahme bestimmter Aufgaben zu erkennen gegeben wird, dass die Erfüllung solcher Aufgaben Inhalt eines Beschäftigungsverhältnisses ist (so bereits RGSt 77, 15). Durch das Erfordernis der Berufsausübung werden zunächst SteuerOWi ausgeschlossen, die der Berufsträger in eigenen steuerlichen Angelegenheiten begangen hat. Ebenfalls nicht erfasst sind Tätigkeiten „bei Gelegenheit" einer Beratung oder im Rahmen privater Gefälligkeiten (Kohlmann/*Hilgers-Klautzsch* Rn. 6; JJR/*Lipsky* Rn. 6; Rolletschke/ Kemper/*Kemper* Rn. 7). Allein die Unentgeltlichkeit führt jedoch nicht zwingend dazu, dass keine Berufsausübung vorliegt, wird jedoch als starkes Indiz diesbezüglich gewertet (vgl. nur Schwarz/Pahlke/ *Weyand* Rn. 4).

Der Begriff der **Steuersachen** ist in § 1 StBerG näher umschrieben und umfasst danach ua auch **11** Monopolsachen, Steuern und Vergütungen nach EU-Recht sowie Steuerstraf- und Steuerbußgeldverfahren.

12   Der Begriff der **Beratung** ist weit auszulegen und umfasst jede Tätigkeit, die steuerliche Hilfestellungen umfasst, also auch die beratende Tätigkeit im Steuerstrafverfahren oder im Rahmen einer steuerlich günstigen Vertragsgestaltung (Hübschmann/Hepp/Spitaler/*Rüping* Rn. 11; Rolletschke/Kemper/*Kemper* Rn. 7).

C. Rechtsfolgen

I. Anhörung durch die Finanzbehörde

13   **1. Pflicht zur Durchführung der Anhörung?** Liegen die Voraussetzungen vor, so enthält § 411 grds. eine Verpflichtung zur Einholung einer Stellungnahme der zuständigen Kammer. Ein Ermessen der FinBeh. besteht insoweit nicht (so auch *Bilsdorfer* DStR 1983, 26; ebenfalls JJR/*Lipsky* Rn. 10, die zutr. darauf hinweist, dass die Norm anderenfalls als Kann-Vorschrift ausgeformt worden wäre).

14   Da jedoch die Vorschrift des § 411 allgemein als eine Privilegierungsnorm verstanden wird (dazu bereits → Rn. 3), stellt sich **die Frage, ob im Falle eines Verzichtes durch den Betroffenen die Einholung der Stellungnahme zu unterbleiben hat oder zumindest davon abgesehen werden kann.**

15   Teilweise wird eine solche Verzichtsmöglichkeit mit dem Argument angenommen, dass die Privilegierung anderenfalls in eine Benachteiligung umschlagen würde, da der Betroffene durch die Hinzuziehung der Kammer neben den ordnungsrechtlichen Maßnahmen auch mit standesrechtlichen Konsequenzen zu rechnen habe. § 411 wolle jedoch – anders als Nr. 23, 24 MiStra – gerade nicht zu einer zusätzlichen standesrechtliche Auseinandersetzung führen, sondern einzig den Sachverstand der Kammern zur möglichen Entlastung des Betroffenen nutzen (bereits → Rn. 1, 3). Verzichtet der Betroffene auf diese Privilegierung, so sei diesem Verzicht auch zu entsprechen (so JJR/*Lipsky* Rn. 10; ebenfalls Kohlmann/*Hilgers-Klautzsch* Rn. 8; Rolletschke/Kemper/*Kemper* Rn. 12; wohl auch *Bilsdorfer* DStR 1983, 26, der jedoch eine neue Gesetzesformulierung vorschlägt).

16   Diese Argumentation wird in Teilen der Literatur (Schwarz/Pahlke/*Weyand* Rn. 5; *Lohmeyer* DB 1988, 1039; Hübschmann/Hepp/Spitaler/*Rüping* Rn. 13 ff.) mit Hinweis auf den Wortlaut der Norm sowie die Nr. 115 Abs. 3 AStBV (St.) 2014 bestritten.

Nr. 115 AStBV (St) 2014 Besonderheiten bei Verfahren gegen Angehörige der rechts- und steuerberatenden Berufe

(1) Soll gegen einen Angehörigen der rechts- und steuerberatenden Berufe wegen einer Steuerordnungswidrigkeit, die er nicht in eigenen Steuerangelegenheiten, sondern in Ausübung seines Berufes bei der Steuerberatung begangen hat, ein Bußgeldbescheid erlassen werden und ist deshalb zuvor der zuständigen Berufskammer Gelegenheit zur Stellungnahme zu geben (§ 411 AO), so sind dieser die Bußgeldakten (Hauptakten) zur Einsicht vorzulegen. Dies gilt auch für die Teile der Akten, die den Steuerpflichtigen oder einen sonst Beteiligten betreffen, wenn sie für die Beurteilung des Falles von Bedeutung sind. Nummer 89 Abs. 2 gilt entsprechend.

(2) Der Kammer ist von der BuStra eine angemessene Frist für die Abgabe der Stellungnahme einzuräumen. Die BuStra hat die Stellungnahme bei ihrer Entscheidung zu berücksichtigen; sie ist jedoch an sie nicht gebunden. Gibt die Kammer keine Stellungnahme ab, so hindert dies den Erlass des Bußgeldbescheids nicht.

(3) Auf die Anhörung der zuständigen Kammer kann auch dann nicht verzichtet werden, wenn der Betroffene dies beantragt.

Der Wortlaut („gibt … Gelegenheit") spreche für eine ermessensunabhängige Pflicht der Einholung der Stellungnahme. Dieses werde durch die klare Anweisung in Nr. 115 Abs. 3 AStBV (St.) 2014 bestätigt, welcher auch dann eine Anhörung der Kammer als zwingend vorschreibt, wenn der Berufsangehörige darauf verzichtet.

In der Praxis wird somit, nicht zuletzt aufgrund der klaren Anweisung der Nr. 115 Abs. 3 AStBV (St.) 2014, unabhängig vom Willen des Betroffenen eine Stellungnahme der zuständigen Berufskammer eingeholt.

17   **2. Verfahren der Anhörung.** Die **FinBeh. muss der Kammer die Bußgeldakten** samt aller Teile der Akten, die den Stpfl. oder einen sonst Beteiligten betreffen, **vorlegen,** soweit diese für eine sinnvolle Stellungnahme notwendig sind (vgl. Nr. 115 Abs. 2 AStBV (St.) 2014). Diese Weitergabe der Akten verstößt nicht gegen das Steuergeheimnis nach § 30, da sie gem. § 30 Abs. 4 Nr. 1 und 2 iVm § 411 gesetzlich angeordnet ist (Rolletschke/Kemper/*Kemper* Rn. 11; Kohlmann/*Hilgers-Klautzsch* Rn. 7; Schwarz/Pahlke/*Weyand* Rn. 5).

18   Sodann muss die Verfolgungsbehörde der Kammer eine **angemessene Frist zur Stellungnahme** einräumen. Diese beträgt im Regelfall zwei Monate (in Anlehnung an die in AEAO zu § 191 Nr. 7 als angemessen anerkannte Frist; wie hier auch Hübschmann/Hepp/Spitaler/*Rüping* Rn. 17).

19   **3. Folgen der unterbliebenen Anhörung.** Unterlässt die FinBeh. die Anhörung oder wartet sie die angemessene Frist nicht ab, so wird dadurch der erlassene Bußgeldbescheid nicht unwirksam (so die ganz überw. Ansicht, vgl. etwa Kohlmann/*Hilgers-Klautzsch* Rn. 9 mwN; Schwarz/Pahlke/*Weyand* Rn. 7; einschr. nur Hübschmann/Hepp/Spitaler/*Rüping* Rn. 21 f.). Der Berufsangehörige kann sich in diesen Fällen jedoch mittels Einspruchs gegen den Bußgeldbescheid im gerichtlichen Verfahren wehren

(Kohlmann/*Hilgers-Klautzsch* Rn. 11). Die Anhörung kann allerdings nachträglich durchgeführt werden.

II. Stellungnahme der Berufskammer

Der Pflicht zur Anhörung durch die Verfolgungsbehörden entspricht keine Pflicht zur Stellungnahme **20** auf Seiten der Kammer. Vielmehr steht es im Ermessen der Berufskammer, sich zu äußern. Die Berufskammer kann sich in ihrer Stellungnahme grds. zu allen Aspekten des Verfahrens äußern, also sowohl zu materiellen Gesichtspunkten als auch zum Verfahren oder zur Höhe des Bußgeldes (vgl. für viele Schwarz/Pahlke/*Weyand* Rn. 6).

Gibt die Berufskammer eine Stellungnahme ab, so ist die Verfolgungsbehörde zwar nicht an deren **21** Wertungen gebunden, hat diese aber zu berücksichtigen. Berücksichtigen meint, dass die Verfolgungsbehörde sich mit der Stellungnahme auseinandersetzen muss. Die Begründung der Behörde sollte somit auf die Argumente der Stellungnahme Bezug nehmen (für viele Rolletschke/Kemper/*Kemper* Rn. 13).

§ 412 Zustellung, Vollstreckung, Kosten

(1) [1] Für das Zustellungsverfahren gelten abweichend von § 51 Abs. 1 Satz 1 des Gesetzes über Ordnungswidrigkeiten die Vorschriften des Verwaltungszustellungsgesetzes auch dann, wenn eine Landesfinanzbehörde den Bescheid erlassen hat. [2] § 51 Abs. 1 Satz 2 und Absatz 2 bis 5 des Gesetzes über Ordnungswidrigkeiten bleibt unberührt.

(2) [1] Für die Vollstreckung von Bescheiden der Finanzbehörden in Bußgeldverfahren gelten abweichend von § 90 Abs. 1 und 4, § 108 Abs. 2 des Gesetzes über Ordnungswidrigkeiten die Vorschriften des Sechsten Teils dieses Gesetzes. [2] Die übrigen Vorschriften des Neunten Abschnitts des Zweiten Teils des Gesetzes über Ordnungswidrigkeiten bleiben unberührt.

(3) Für die Kosten des Bußgeldverfahrens gilt § 107 Absatz 4 des Gesetzes über Ordnungswidrigkeiten auch dann, wenn eine Landesfinanzbehörde den Bußgeldbescheid erlassen hat; an Stelle des § 19 des Verwaltungskostengesetzes in der bis zum 14. August 2013 geltenden Fassung gelten § 227 und § 261 dieses Gesetzes.

A. Bedeutung der Norm

Die Regelung des § 412 entspricht weitgehend der Vorgängernorm § 449 RAO. Der Zweck der **1** Vorschrift besteht in der Anordnung der entspr. anzuwendenden Vorschriften aus dem OWiG, der AO, dem VwZG und dem VwKostG. Somit ergänzt und modifiziert § 412 die generelle Anordnung der Geltung der Vorschriften des OWiG in § 410 Abs. 1 (JJR/*Joecks* Rn. 2).

Der Grund für diese Regelung liegt in dem föderalen Staatsaufbau der BRD, dessen finanzverfassungs- **2** rechtlichen Regelungen den Ländern die Beitreibung bestimmter Steuern auferlegen (Rolletschke/Kemper/*Kemper* Rn. 3). In diesen Fällen wären nach den allgemeinen Vorschriften landesrechtliche Verfahrensvorschriften anzuwenden. Um das Verfahren für die Verfolgung von SteuerOWi bundesweit zu vereinheitlichen, **ordnet § 412 für die Bereiche der Zustellung, Vollstreckung und Kosten die Anwendung von bundesrechtlicher Verfahrensvorschrift an.**

B. Zustellung

I. Allgemeines

Grundsätzlich ist die Zustellung in § 51 OWiG geregelt: **3**

§ 51 OWiG Verfahren bei Zustellungen der Verwaltungsbehörde

(1) [1] Für das Zustellungsverfahren der Verwaltungsbehörde gelten die Vorschriften des Verwaltungszustellungsgesetzes, wenn die Verwaltungsbehörde des Bundes das Verfahren durchführt, sonst die entsprechenden landesrechtlichen Vorschriften, soweit die Absätze 2 bis 5 nichts anderes bestimmen. [2] Wird ein Schriftstück mit Hilfe automatischer Einrichtungen erstellt, so wird das so hergestellte Schriftstück zugestellt.

(2) Ein Bescheid (§ 50 Abs. 1 Satz 2) wird dem Betroffenen zugestellt und, wenn er einen gesetzlichen Vertreter hat, diesem mitgeteilt.

(3) [1] Der gewählte Verteidiger, dessen Vollmacht sich bei den Akten befindet, sowie der bestellte Verteidiger gelten als ermächtigt, Zustellungen und sonstige Mitteilungen für den Betroffenen in Empfang zu nehmen; für die Zustellung einer Ladung des Betroffenen gilt dies nur, wenn der Verteidiger in der Vollmacht ausdrücklich zur Empfangnahme von Ladungen ermächtigt ist. [2] Wird ein Bescheid dem Verteidiger nach Satz 1 Halbsatz 1 zugestellt, so wird der Betroffene hiervon zugleich unterrichtet; dabei erhält er formlos eine Abschrift des Bescheides. [3] Wird ein Bescheid dem Betroffenen zugestellt, so wird der Verteidiger hiervon zugleich unterrichtet, auch wenn eine Vollmacht bei den Akten nicht vorliegt; dabei erhält er formlos eine Abschrift des Bescheides.

(4) Wird die für den Beteiligten bestimmte Zustellung an mehrere Empfangsberechtigte bewirkt, so richtet sich die Berechnung einer Frist nach der zuletzt bewirkten Zustellung.

(5) ¹§ 6 Abs. 1 des Verwaltungszustellungsgesetzes und die entsprechenden landesrechtlichen Vorschriften sind nicht anzuwenden. ²Hat der Betroffene einen Verteidiger, so sind auch § 7 Abs. 1 Satz 1 und 2 und Abs. 2 des Verwaltungszustellungsgesetzes und die entsprechenden landesrechtlichen Vorschriften nicht anzuwenden.

Erlässt eine Bundesbehörde einen Bußgeldbescheid, so ordnet § 51 Abs. 1 OWiG an, dass für die Zustellung grds. die Vorschrift des VwZG gelten. Erlässt jedoch eine Landesbehörde einen Bußgeldbescheid, so wären nach § 51 Abs. 1 S. 1 aE OWiG grds. landesrechtliche Vorschriften über die Zustellung anzuwenden, soweit nicht in § 51 Abs. 2–5 OWiG anderweitiges geregelt ist.

II. Regelung des § 412 Abs. 1

4   Abweichend von der genannten Anordnung des § 51 Abs. 1 S. 1 aE OWiG ordnet § 412 Abs. 1 für das steuerliche Bußgeldverfahren an, dass auch im Falle von Bußgeldbescheiden, die von Landesbehörden erlassen werden, die bundesrechtlichen Regelungen des VwZG anzuwenden sind. § 412 Abs. 1 führt damit die Anwendung der Zustellungsregelungen des VwZG herbei, unabhängig davon, ob eine Landes- oder eine Bundesbehörde zuständig ist (zur örtlichen Zuständigkeit → § 410 Rn. 6; zur sachlichen Zuständigkeit → § 409 Rn. 2 ff.). Diese Regelung gilt nur für Zustellungen durch die FinBeh., nicht hingegen für staatsanwaltliche oder gerichtliche Zustellungen (vgl. Kohlmann/*Hilgers-Klautzsch* Rn. 2).

§ 412 Abs. 1 S. 2 stellt klar, dass § 51 Abs. 1 S. 2 OWiG sowie § 51 Abs. 2–5 OWiG von dieser Sonderregelung unberührt bleiben, mithin der Regelung des § 412 Abs. 1 S. 1 vorgehen.

C. Vollstreckung
I. Allgemeines

5   Das Verfahren der Vollstreckung von Bußgeldbescheiden dient der Durchsetzung der in diesen Bescheiden angeordneten Rechtsfolgen, insbes. der Geldbußen. Für die Vollstreckung von Bußgeldbescheiden gilt grds. § 90 Abs. 1 OWiG.

§ 90 OWiG Vollstreckung des Bußgeldbescheides

(1) Der Bußgeldbescheid wird, soweit das Gesetz nichts anderes bestimmt, nach den Vorschriften des Verwaltungs-Vollstreckungsgesetzes vom 27. April 1953 (BGBl. I S. 157) in der jeweils geltenden Fassung vollstreckt, wenn eine Verwaltungsbehörde des Bundes den Bußgeldbescheid erlassen hat, sonst nach den entsprechenden landesrechtlichen Vorschriften.

(2) ¹Die Geldbußen fließen, soweit das Gesetz nichts anderes bestimmt, in die Bundeskasse, wenn eine Verwaltungsbehörde des Bundes den Bußgeldbescheid erlassen hat, sonst in die Landeskasse. ²Satz 1 gilt für Nebenfolgen, die zu einer Geldzahlung verpflichten, entsprechend.

(3) ¹Ist die Einziehung oder Unbrauchbarmachung einer Sache angeordnet worden, so wird die Anordnung dadurch vollstreckt, daß die Sache dem Betroffenen oder dem Einziehungsbeteiligten weggenommen wird. ²Wird die Sache bei diesen Personen nicht vorgefunden, so haben sie auf Antrag der Verwaltungsbehörde bei dem Amtsgericht eine eidesstattliche Versicherung über den Verbleib der Sache abzugeben. ³§ 883 Abs. 2 und 3 der Zivilprozeßordnung gilt entsprechend.

(4) Absatz 1 gilt für die Vollstreckung eines von der Verwaltungsbehörde festgesetzten Ordnungsgeldes entsprechend.

Danach gilt, dass sich die Vollstreckung von Bußgeldbescheiden bei Bundesbehörden nach den Vorschriften des VwVG richtet. Bei Bußgeldbescheiden der Landesbehörden richtet sich die Vollstreckung hingegen grds. nach landesrechtlichen Regelungen (§ 90 Abs. 1 aE OWiG). Diese Grundregeln gelten jeweils nur insoweit, wie sich aus speziellen Normen des OWiG (wie zB in § 90 Abs. 2, Abs. 3 und §§ 93 ff.) keine Abweichungen ergeben.

II. Regelung des § 412 Abs. 2

6   Bei Bußgeldbescheiden der Landesfinanzbehörden würde sich die Vollstreckung grds. gem. § 410 AO iVm § 90 Abs. 1 aE OWiG nach landesrechtlichen Vorschriften richten. Um eine einheitliche Vollstreckungspraxis herbeizuführen, ordnet § 412 Abs. 2 S. 1 jedoch an, dass unabhängig davon, ob eine Bundes- oder eine Landesbehörde den Bußgeldbescheid erlassen hat, für die Vollstreckung von steuerlichen Bußgeldbescheiden §§ 249–346 gelten (Kohlmann/*Hilgers-Klautzsch* Rn. 8).

7   § 412 Abs. 2 S. 2 ordnet an, dass die sonstigen Regelungen des 9. Abschnitts des 2. Teils des OWiG von dieser Vorschrift unberührt bleiben. Dabei handelt es sich um §§ 89–104 OWiG, also die Regelungen über die Voraussetzungen, Zuständigkeit und das Verfahren bei Vollstreckungen. Erlässt die FinBeh. den Bußgeldbescheid, so ist grds. deren BuStra, nicht deren Vollstreckungsstelle, zuständig (§ 92 OWiG iVm Nr. 121 Abs. 2 S. 1 AStBV (St.) 2014). Der BuStra obliegt in diesen Fällen die Leitung des Vollstreckungsverfahrens (Kohlmann/*Hilgers-Klautzsch* Rn. 9). In Fällen von gerichtlichen Bußgeldentscheidungen ist die StA (und dort der Rechtspfleger) für die Vollstreckung zuständig (Kohlmann/*Hilgers-Klautzsch* Rn. 9.1).

D. Kosten

I. Allgemeines

Die allgemeinen Kostenregelungen für Bußgeldverfahren sind in §§ 105 ff. OWiG geregelt. Diese **8** gelten gem. § 410 grds. auch im steuerlichen Bußgeldverfahren. Sie werden jedoch gem. § 410 Abs. 1 Nr. 12 durch die Regelung des § 408 ergänzt (dazu → § 410 Rn. 9 sowie ergänzend → Rn. 1 ff.).

In § 107 Abs. 4 OWiG wird für das allgemeine Bußgeldverfahren angeordnet, dass bei Bußgeldern, **9** die durch Bundesbehörden angeordnet werden, die Vorschriften der § 14 Abs. 2, §§ 19–22 VwKostG gelten. Bei Bußgeldbescheiden von Landesbehörden gelten hingegen grds. die entspr. landesrechtlichen Regelungen.

II. Regelung des § 412 Abs. 3

§ 412 Abs. 3 ordnet nun abweichend von § 107 Abs. 4 OWiG an, dass sich auch im Falle von **10** Bußgeldbescheiden der Landesfinanzbehörde, die Stundung, der Erlass und die Niederschlagung nach Bundesrecht, namentlich § 14 Abs. 2, §§ 19–21 VwKostG, richten (Kohlmann/*Hilgers-Klautzsch* Rn. 18), weil die Finanzbehörde hierüber im Vollstreckungsverfahren entscheidet.

§ 412 Abs. 3 Hs. 2 ordnet zusätzlich an, dass sich die **Voraussetzungen** für die Stundung, den Erlass **11** und die Niederschlagung entgegen § 107 Abs. 4 OWiG nicht aus § 19 VwKostG iVm § 59 BHO, sondern aus §§ 227 Abs. 1 und 261 ergeben. Im steuerlichen Bußgeldverfahren wird § 19 VwKostG demnach durch § 227 und § 261 ersetzt. § 277 regelt den Erlass von Kosten, wenn eine volle oder teilweise Einziehung unbillig wäre bzw. die Erstattung von bereits gezahlten Beträgen in solchen Fällen. § 261 regelt die Niederschlagung von Kosten, wenn die Erfolglosigkeit der Einziehung oder die Unverhältnismäßigkeit zwischen Kosten der Einziehung und einzuziehendem Betrag feststeht (Kohlmann/*Hilgers-Klautzsch* Rn. 18).

910. Betriebsprüfungsordnung (BpO 2000)
Allgemeine Verwaltungsvorschrift für die Betriebsprüfung

Vom 15. März 2000 (BStBl. I S. 368, ber. S. 480)

Geändert durch Allg. Verwaltungsvorschrift v. 11.12.2001 BStBl. I S. 984, v. 22.1.2008 BStBl. I S. 274 und v. 20.7.2011 BStBl. I S. 710

– Auszug –

§ 10 Verdacht einer Steuerstraftat oder -ordnungswidrigkeit

(1) [1]Ergeben sich während einer Außenprüfung zureichende tatsächliche Anhaltspunkte für eine Straftat (§ 152 Abs. 2 StPO), deren Ermittlung der Finanzbehörde obliegt, so ist die für die Bearbeitung dieser Straftat zuständige Stelle unverzüglich zu unterrichten. [2]Dies gilt auch, wenn lediglich die Möglichkeit besteht, dass ein Strafverfahren durchgeführt werden muss. [3]Richtet sich der Verdacht gegen den Steuerpflichtigen, dürfen hinsichtlich des Sachverhalts, auf den sich der Verdacht bezieht, die Ermittlungen (§ 194 AO) bei ihm erst fortgesetzt werden, wenn ihm die Einleitung des Strafverfahrens mitgeteilt worden ist. [4]Der Steuerpflichtige ist dabei, soweit die Feststellungen auch für Zwecke des Strafverfahrens verwendet werden können, darüber zu belehren, dass seine Mitwirkung im Besteuerungsverfahren nicht mehr erzwungen werden kann (§ 393 Abs. 1 AO). [5]Die Belehrung ist unter Angabe von Datum und Uhrzeit aktenkundig zu machen und auf Verlangen schriftlich zu bestätigen (§ 397 Abs. 2 AO).

(2) Absatz 1 gilt beim Verdacht einer Ordnungswidrigkeit sinngemäß.

Literatur (Auswahl): *Bach,* § 10 BpO: Wenn der Prüfer Verdacht schöpft, PStR 2009, 249; *Beyer,* Wann besteht der Verdacht einer Steuerstraftat bei einer Außenprüfung?, AO-StB 2015, 77; *Bilsdorfer,* Einleitung des Strafverfahrens, PStR 2001, 238; *Bilsdorfer,* Der strafrechtliche Hinweis nach § 201 Abs. 2 AO – ein Anachronismus oder/und wirksamer Verteidigungsansatz, StBp 2002, 25; *Braun,* Betriebsprüfung und Steuerstrafverfahren – Verschärft § 10 BpO 2000 die Situation?, DStR 2001, 320; *Brenner,* Außenprüfer als Strafverfolgungsorgan: Verfolgungsverjährung und Verwertungsverbot, StBp 1979, 121; *Bruschke,* Allgemeine Verwaltungsvorschriften für die Betriebsprüfung, StB 2001, 162; *Burkhard,* Vermerk über Straf- und bußgeldrechtliche Feststellungen, PStR 2003, 61; *Buse,* Der steuerstrafrechtliche Verdacht des Außenprüfers, DB 2011, 1942; *Dörn,* Feststellung von Steuerverkürzungen durch die Außenprüfung, DStR 1995, 558; *Drüen,* Außenprüfung und Steuerstrafverfahren, DStJG 38, 2015, S. 219 ff., *Durst,* Strafrechtliche Aspekte in der Betriebsprüfung – Auswirkungen auf der Prüfungshandlungen, PStR 2016, 165; *Dusch/Rommel,* Strafvereitelung (im Amt) durch Unterlassen am Beispiel von Finanzbeamten, NStZ 2014, 188; *Gehm,* Strafvereitelung im Amt durch Betriebsprüfer, StBp 2006, 105; *Griesel/Mertes,* Rechte und Pflichten: Wenn der Betriebsprüfer ein Strafverfahren einleitet, PStR 2006, 85; *Henneberg,* Der Steuerpflichtige im Spannungsfeld zwischen Besteuerungsverfahren und Strafverfahren, BB 1988, 2181; *Hildebrandt,* Über Betriebsprüfung und Steuerstrafverfahren im Widersinn – Eine Stellungnahme zu den Ausführungen von Streck in BB 1984 S. 199, BB 1984, 1226; *Kemper,* Der Anfangsverdacht in der Außenprüfung – Schnittstelle zwischen Besteuerungs- und Strafverfahren, StBp 2007, 263; *Kindler,* Zu den Folgen eines Prüferfehlverhaltens nach § 10 BpO für das Steuerstrafverfahren, PStR 2011, 44; *Klug,* Zur Rechtmäßigkeit steuerstrafrechtlicher Ermittlungen der Betriebsprüfer, 1998; *Krekeler,* Steuerstrafrechtliche Ermittlungen der Betriebsprüfer, PStR 1999, 131; *Kretzschmar,* Welche Aktenvermerke hat der Betriebs(Außen-)prüfer nach der Einleitung des Steuerstraf(-bußgeld-)verfahrens zu fertigen?, StBp 1983, 265; *Lohmeyer,* Ausgewählte Fragen der steuerlichen Außenprüfung im Blickpunkt des Steuerstraf- und Steuerordnungswidrigkeitenrechts, StB 1984, 7; *Lohmeyer,* Steuerstrafrechtliche Risiken bei der Außenprüfung, Information StW 1987, 173; *Lohmeyer,* Aufdeckung von Steuerverfehlungen bei der Außenprüfung, NWB Fach 13, 737 (6/1989); *Lohmeyer,* Außenprüfung und Steuerfahndung, Information StW 1992, 149; *Mack,* Schnittstelle Steuerverfahren/Steuerstrafverfahren, Stbg 2012, 440; *Madauß,* Außenprüfung und Steuerstrafverfahren – Anmerkung aus der Praxis, NZWiSt 2014, 296; *Meyer,* Steuerstrafrechtliche Probleme der Betriebsprüfung, DStR 2001, 461; *Möllinger,* Das Verhältnis Besteuerungsverfahren ./. Strafverfahren im Bereich der Außenprüfung – Kritische Anmerkungen zu Brenner „Außenprüfer als Strafverfolgungsorgan", StBp 1979, 193; *Mösbauer,* Verdacht einer Steuerordnungswidrigkeit während einer steuerlichen Außenprüfung, StBp 2004, 229; *Müller,* Der Hinweis nach § 201 Abs. 2 AO und das strafrechtliche Verwertungsverbot bei dessen Unterlassung, DStZ 2001, 231; *Nieland,* Unterrichtung der Bußgeld- und Strafsachenstelle bei Betriebsprüfung, AO-StB 2009, 330; *Papperitz,* Von der Betriebsprüfung zur strafrechtlichen Ermittlung – Typische Anlässe und Situationen, DStZ 1987, 55; *Papperitz,* Die Betriebsprüfungsordnung 2000 – Ein Fortschritt oder eher ein Rückschritt?, DB 2001, 1217; *Peters,* Der strafrechtliche Anfangsverdacht im Steuerrecht – Kooperative Vorermittlungen in Grenzfällen, DStR 2015, 2583; *Schneider,* Zur Anzeigepflicht nichtsteuerlicher Straftaten durch Finanzbeamte als Hilfsbeamte der Staatsanwaltschaft, wistra 2004, 1; *Schützeberg,* Besteuerungsverfahren: Einfluss von strafrechtlichen Verwertungsverboten, PStR 2010, 22; *Seer,* Verständigungen an der Schnittstelle von Steuer- und Steuerstrafverfahren, BB 2015, 214; *Stahl,* Steuerstrafrechtliche Problemfelder bei Betriebsprüfungen, KÖSDI 2000, 12445; *Streck,* Betriebsprüfung und Strafverfahren, BB 1980, 1537; *Streck,* Über Betriebsprüfung und Steuerstrafverfahren im Widersinn, BB 1984, 199; *Streck,* Die Außenprüfung, 2. Aufl., 1993; *Suhr,* Besteuerungs-Strafverfahren bei Betriebsprüfungen – Hier: Einleitung des Steuerstrafverfahrens erst bei hinreichendem Tatverdacht?, Strafrechtlicher Hinweis

Ebner

in der Schlussbesprechung (§ 14 Abs. 4 BpO[St]) verfassungswidrig?, StBp 1971, 121; *Talaska*, 10-Punkte-Programm: Steuerstrafrechtliche Gefahrenabwehr in der Betriebsprüfung, PStR 2013, 260; *Steinhauff*, Ab welchem Zeitpunkt besteht nach § 10 Abs. 1 BpO eine Unterrichtungsverpflichtung des Prüfers/der Prüferin gegenüber der Bußgeld- und Strafsachenstelle (BuStra)?, jurisPR-SteuerR 43/2009 Anm. 1; *Webel/Wähnert*, Der Verdacht einer Steuerstraftat während der Außenprüfung – § 10 BpO im Kontext der Digitalisierung, NWB 2014, 3324; *Wegner*, Checkliste: Zum Verdacht einer Steuerstraftat oder -ordnungswidrigkeit i. S. des § 10 BpO, PStR 2009, 86; *Wenzel*, Das Verhältnis von Steuerstraf- und Besteuerungsverfahren unter besonderer Berücksichtigung der Ursächlichkeit des Besteuerungsverfahrens für Beweisverwertungsverbote im Steuerstrafrecht, Diss. 2003; *Weyand*, Zur Bedeutung des strafrechtlichen Vorbehalts nach § 201 Abs. 2 AO, StBp 1988, 93.

A. Normenhistorie und Regelungszweck

Bei der Betriebsprüfungsordnung – BpO 2000 v. 15.3.2000 (BStBl. I 368, ber. 480 = BeckVerw **1** 027626; Begr.: BR-Drs. 748/99, 20) handelt es sich – wie bei den entspr. Vorgängerregelungen (zuletzt BpO v. 17.12.1987, BStBl. I 802, vgl. *Bruschke* StB 2001, 162; *Papperitz* DB 2001, 1217 mwN) – um eine die FVerw. mit Blick auf Art. 3 Abs. 1 GG in erster Linie *intern* bindende **allgemeine Verwaltungsvorschrift** (statt vieler: *Beyer* AO-StB 2015, 77; *Hellmann* AO-NebenStrafVerfR 372), die von der BReg. mit Zustimmung des BRates erlassen wurde (Art. 108 Abs. 7 GG). Die aktuelle BpO idF des Jahres 2000 trat am 24.3.2000 in Kraft und wurde bisher durch weitere allg. VV v. 11.12.2001 (BStBl. I 984 = BeckVerw 110436), v. 22.1.2008 (BStBl. I 274 = BeckVerw 111521) und v. 20.7.2011 (BStBl. I 710 = BeckVerw 252172) geändert bzw. ergänzt. Sie soll neben dem AEAO (BStBl. I 2014, 290 = BeckVerw 281900) auf untergesetzlicher Ebene die Regelungen über die steuerliche Außenprüfung (**§§ 193 ff. AO**, § 42f EStG, § 27b UStG; zur Abgr. zum Instrument der betriebsnahen Veranlagung s. Hübschmann/Hepp/Spitaler/*Schallmoser* AO Vor §§ 193–203 Rn. 202 f.) einschl. der strafrechtlichen Annexvorschriften (insbes. §§ 393, 397 AO) **konkretisieren.** Die Bezeichnung „Betriebsprüfungsordnung" knüpft an die vor Inkrafttreten der AO 1977 in § 162 Abs. 10, 11 (R)AO geregelte „Buch- und Betriebsprüfung" an und ist damit angesichts des nunmehr Gesetz gewordenen Oberbegriffs „*Außenprüfung*" strenggenommen überholt (sa BR-Drs. 748/99, 16; Quedenfeld/Füllsack Steuerstrafsachen/*Braun* Rn. 123 Fn. 200).

Im Regelungsgefüge der BpO 2000 betrifft § 10 die in der Praxis häufig anzutreffende (vgl. nur *Dörn* **2** DStR 1995, 558) und vor dem Hintergrund der primär fiskalischen Ausrichtung der Außenprüfung (vgl. Wannemacher SteuerStrafR/*Schreiber* Rn. 3429) idR schwierig zu bewältigende Konfliktsituation, dass sich im Zuge der steuerlichen Ermittlungen (§ 194 AO) Anhaltspunkte für Steuerstraftaten oder -ordnungswidrigkeiten ergeben (dto. *Krekeler* PStR 1999, 131; sa *Wenzel*, Das Verhältnis von Steuerstraf- und Besteuerungsverfahren unter besonderer Berücksichtigung der Ursächlichkeit des Besteuerungsverfahrens für Beweisverwertungsverbote im Steuerstrafrecht, 2003, 119 („Paradebeispiel"). Es handelt es sich demnach um eine **zentrale Vorschrift** des Rechts der Außenprüfung (*Kemper* StBp 2007, 263 (265)). Dem steht ihre bisweilen eher zurückhaltende Anwendung durch die FVerw. gegenüber. Diesem Phänomen liegt vielfach die **Befürchtung** zugrunde, dass andernfalls das **Prüfungsklima** (weiter) **verschlechtert** bzw. gar (endgültig) „vergiftet" wird (statt vieler *Wegner* PStR 2009, 86; s. bereits *Streck*, Außenprüfung, 1993, Rn. 735 mwN aus dem älteren Schrifttum) und die durch die Betriebsprüfungsstelle abzuarbeitenden **Verfahren faktisch niemals erledigt** werden könnten (vgl. *Buse* DB 2011, 1942: „Prüfungsdruck"; sa *Burkhard/Adler* Betriebsprüfung und Steufa-Prüfung, 2001, AO § 201 Rn. 23; *Drüen* DStJG 38, 2015, 219 (233); *Henneberg* BB 1988, 2181 (2182); *Klug*, Zur Rechtmäßigkeit steuerstrafrechtlicher Ermittlungen der Betriebsprüfer, 1998, 68 f.; *Wenzel*, Das Verhältnis von Steuerstraf- und Besteuerungsverfahren unter besonderer Berücksichtigung der Ursächlichkeit des Besteuerungsverfahrens für Beweisverwertungsverbote im Steuerstrafrecht, 2003, 121). Solche Bedenken mögen aus Prüfersicht im Einzelfall berechtigt sein. Dies rechtfertigt es jedoch nicht, § 10 bewusst (zu) restriktiv zu handhaben (s. die auffallend niedrige Häufigkeitsangabe von *Papperitz* auf dem Dt. Steuerberatertag 1986: „unter 1 v. H. aller Prüfungsfälle" (*Stakemann* Stbg 1987, 3 (7)); zur unterschiedlichen Vorgehensweise in den einzelnen Bundesländern s. *Kaligin*, Betriebsprüfung u. Steufa, 2014, 129). Denn die VV dient nicht nur der **Klarheit und Eindeutigkeit des Außenprüfungsverfahrens** (vgl. *Kindler* PStR 2011, 44 (45); Wannemacher SteuerStrafR/*Schreiber* Rn. 3433; Tipke/Kruse/*Seer* AO Vor § 193 Rn. 27a; *Wegner* PStR 2009, 86) und damit letztlich dem **Schutz des Stpfl.** (vgl. *Beyer* AO-StB 2015, 77; *Burkhard* PStR 2003, 61 (63); *Madauß* NZWiSt 2014, 296; *Möllinger* StBp 1979, 193 (195); *Randt* DStJG 31, 2008, 263, 273; *Wegner* PStR 2009, 86; krit. *Papperitz* DB 2001, 1217 (1222)); ihre Missachtung kann überdies zu straf- und steuerrechtlichen Verwertungsverboten (→ Rn. 7) sowie – uU – zu dem gegen den Prüfer selbst gerichteten Vorwurf der Strafvereitelung (im Amt) durch Unterlassen führen (→ Rn. 8; so zB *Bansemer* wistra 1994, 327; *Beyer* AO-StB 2015, 77; *Bilsdorfer* PStR 2001, 238 (242); *Braun* DStZ 2001, 320 (321); *Drüen* DStJG 38, 2015, 219 (238); *Kemper* StBp 2007, 263 (268) („Damoklesschwert"); *Randt* FS Schaumburg, 2009, 1255 (1257); *Pflaum*, Kooperative Gesamtbereinigung von Besteuerungs- u. Steuerstrafverfahren, 2010, 248 (292); Beermann/Gosch/*Wannemacher/ Seipl* AO § 397 Rn. 15 („Spannungsfeld"); sa *Weyand* wistra 1994, 87 (92); krit. Tipke/Kruse/*Seer* AO Vor § 193 Rn. 29: *„verfehlt, die Ap. zu ‚kriminalisieren' und dahingehend zurückhaltend agierende Außenprüfer sogar strafrechtlich zu verfolgen"*; plastisch *Seer* BB 2015, 214 (217)). Nicht zuletzt deshalb (vgl. *Talaska* PStR

2013, 26) sind die mit **Abs. 1** in Zusammenhang stehenden **„Anwendungsfragen"** durch die Obersten FinBeh. der Länder im Einvernehmen mit dem BMF **im Erlasswege** am 31.8.2009 wie folgt **weitergehend konturiert** worden (BStBl. I 2009, 829 = BeckVerw 228823, Hervorh. v. dort, mBespr *Nieland* AO-StB 2009, 330; sa *Mack* Stbg 2012, 440, *Peters* DStR 2015, 2583 (2587) („Auslegungshilfe") sowie die Indizienkataloge bei *Braun* DStZ 2001, 320 (322) u. *Wenzel*, Das Verhältnis von Steuerstraf- und Besteuerungsverfahren unter besonderer Berücksichtigung der Ursächlichkeit des Besteuerungsverfahrens für Beweisverwertungsverbote im Steuerstrafrecht, 2003, 121 f.; zu den vormals im sog Hartmann-Erlass der OFD Freiburg v. 5.1.1979 (Steuererlasse in Karteiform (StEK) AO 1977 § 201 Nr. 1; Nichtanwendungserlass v. 28.5.1979, StEK AO 1977 § 201 Nr. 2) pilotierten „Aufgriffsgrenzen" s. *Streck*, Außenprüfung, 1993, Rn. 736 u. *Wenzel*, Das Verhältnis von Steuerstraf- und Besteuerungsverfahren unter besonderer Berücksichtigung der Ursächlichkeit des Besteuerungsverfahrens für Beweisverwertungsverbote im Steuerstrafrecht, 2003, 122 ff. (auch zur damaligen Erlasslage in anderen Bundesländern), 129 ff. (H.-Erlass rw.); insges. krit. *Beyer* AO-StB 2015, 77 („keine Patentlösung"), 80; *Drüen* DStJG 38, 2015, 219 (234) („bemerkenswert")):

„Die Problematik, ab welchem Zeitpunkt nach § 10 Abs. 1 BpO eine Unterrichtungsverpflichtung des Prüfers/der Prüferin gegenüber der Bußgeld- und Strafsachenstelle (BuStra) besteht, ist folgendermaßen handzuhaben:

§ 10 Abs. 1 Satz 1 BpO konkretisiert den in den §§ 386 AO, 152 Abs. 2, 160, 163 StPO verankerten allgemeinen strafrechtlichen Grundsatz des Legalitätsprinzips. Danach kann der die Ermittlungspflicht der Strafverfolgungsbehörde begründende Verdacht grundsätzlich nur dann angenommen werden, wenn sich dieser auf zureichende tatsächliche Anhaltspunkte stützen lässt (Anfangsverdacht nach § 152 Abs. 2 StPO).

Vor diesem Hintergrund ist auch die Regelung des § 10 Abs. 1 Satz 2 BpO zu sehen, die eine Unterrichtungspflicht dann begründet, wenn lediglich die Möglichkeit der Durchführung eines Strafverfahrens besteht. Die im Rang den einfachen Gesetzen untergeordnete Verwaltungsvorschrift kann damit dem Prüfer/der Prüferin letztlich aus strafrechtlicher Sicht nicht mehr Pflichten auferlegen, als die Normen der Abgabenordnung bzw. der Strafprozessordnung vorgeben. Aus diesem Grund steht korrespondierend zum Verstoß gegen das Legalitätsprinzip eine Strafvereitelung im Amt nach § 258a StGB nach wie vor nur dann im Raum, wenn trotz konkreter tatsächlicher Anhaltspunkte für eine Steuerstraftat (d. h. trotz Bestehen eines Anfangsverdachts i. S. d. § 152 Abs. 2 StPO) **kein** Kontakt mit der BuStra aufgenommen wird. § 10 Abs. 1 Satz 2 BpO soll demnach klarstellen, dass es für die Bejahung der Unterrichtungspflicht nicht auf die subjektive Einschätzung des Prüfers/der Prüferin hinsichtlich der Durchführung eines Strafverfahrens ankommt. Es soll ähnlich wie bei § 201 Abs. 2 AO sichergestellt werden, dass in allen Fällen, in denen eine Untersuchung durch die BuStra geboten erscheint, diese auch wirklich frühzeitig einbezogen wird. Das Vorhandensein tatsächlicher Anhaltspunkte für das Vorliegen einer Straftat wird aber durch § 10 Abs. 1 Satz 2 BpO nicht entbehrlich, d. h. bloße Vermutungen lösen eine Mitteilungspflicht auch nach dieser Norm nicht aus. Dies zeigt sich auch in der für die Finanzbehörden allgemein geltenden Unterrichtungspflicht nach Nr. 113 Abs. 3 Satz 2 AStBV (St) 2008 (= Nr. 131 Abs. 1. iVm 130 Abs. 3 AStBV 2014, BStBl. I 2013, 1394 = BeckVerw 279250). Danach wird die „Möglichkeit" der Durchführung eines Strafverfahrens auch erst dann angenommen, wenn „Anhaltspunkte" für eine Straf- oder Ordnungswidrigkeit sprechen, die eine Untersuchung des Falles durch die BuStra geboten erscheinen lassen.

Somit ist § 10 Abs. 1 Satz 2 BpO im Lichte des vorhergehenden Satzes 1 und der allgemeinen strafprozessualen Grundsätze dahingehend auszulegen, dass immer nur dann eine Unterrichtungspflicht an die BuStra begründet wird, wenn Anhaltspunkte für die auch nur mögliche Durchführung eines Strafverfahrens vorliegen. Die Schwelle des Anfangsverdachts nach § 152 Abs. 2 StPO muss dabei noch nicht überschritten sein.

In diesem Zusammenhang sind auch die seit 1995 bundesweit geltenden Rationalisierungsgrundsätze bei der Durchführung von Betriebsprüfungen (BMF-Schreiben vom 6. Januar 1995 IV A 8-S 1502-17/94) zu berücksichtigen. Danach hat der Prüfer/die Prüferin eine schwerpunktmäßige Prüfung der jeweiligen Betriebe vorzunehmen. Diese Schwerpunkte hat er/sie grundsätzlich nach sachgerechten Erwägungen zu bestimmen. Soweit das Nichtaufgreifen eines Sachverhalts auf sachgerechten Erwägungen beruht (im Zweifelsfall zu dokumentieren), kann dem Prüfer/der Prüferin daraus kein Nachteil erwachsen. Eine Unterrichtungspflicht gegenüber der BuStra kann nur entstehen, wenn sich ansonsten im Rahmen der Prüfungsvorbereitung oder auch im Laufe der Prüfung tatsächliche Anhaltspunkte für das Vorliegen einer Straftat ergeben.

Grundsätzlich keine tatsächlichen Anhaltspunkte im Sinne der vorgenannten Ausführungen mit der Folge, dass eine Unterrichtungspflicht gegenüber der BuStra ausscheidet, liegen insbesondere für folgende beispielhaft aufgezählte Fälle vor:

– Das Vorliegen und das Auswerten von Kontrollmitteilungen. Die Grenze ist erst überschritten, wenn sich herausstellt, dass die mitgeteilten Zahlungen keinen Niederschlag in der Buchführung gefunden haben und deshalb die Steuer zu niedrig festgesetzt wurde.
– Das bloße Durchführen von Kalkulationen und Verprobungen, wie Geldverkehrsrechnungen, Richtsatzverprobungen, Chi²-Test, Zeit-Reihen-Vergleich usw., auch wenn diese aufgrund vorhandener Differenzen erfolgen. Dies gilt jedoch nur, wenn nicht bereits anderweitige konkrete tatsächliche Anhaltspunkte für das Vorliegen einer Straftat gegeben sind, z. B. wegen Vorliegens von Kontrollmitteilungen steht schon fest, dass Einnahmen nicht vollständig erklärt worden sind.
– Abweichung der Betriebsergebnisse von den amtl. Richtsatzsammlungen.
– Bloße Rückfragen an den Steuerpflichtigen zum objektiv vorliegenden Sachverhalt, um vorhandene Differenzen aufzuklären, die sich z. B. aus Verprobungen, Vorlage von Kontrollmitteilungen usw. ergeben. Erst wenn die Differenzen nicht mit sachgerechten Erwägungen aufgeklärt werden können (auch bei offensichtlicher Verzögerungstaktik durch den Steuerpflichtigen) oder von vornherein unaufklärbar sind, besteht eine Unterrichtungspflicht an die BuStra.
– Bei Aufdecken bloß formeller oder auch kleinerer materieller Buchführungsmängel; die Grenze ist auch hier erst überschritten, wenn weitere tatsächliche Anhaltspunkte für die Verkürzung von Einnahmen vorliegen.
– Wenn offensichtlich kein schuldhaftes und vorwerfbares Verhalten vorliegt oder offensichtlich ist, dass objektive oder subjektive Tatbestandsmerkmale mit der im Straf- und Bußgeldverfahren erforderlichen Gewissheit nicht nachzuweisen sind.

Tatsächliche Anhaltspunkte, welche eine umgehende Unterrichtungspflicht gegenüber der BuStra begründen, werden insbesondere in folgenden beispielhaft aufgezählten Fällen gegeben sein:

– Nach durchgeführter Kalkulation oder Verprobung verbleiben ungeklärte Differenzen von einigem Gewicht, z. B. der Steuerpflichtige erklärt Vermögenszuwachs mit unplausiblen Geldzuflüssen, wie Verwandtendarlehen, Auslandsdarlehen oder Spielbankgewinnen.
– Bei ungebundenen Privatentnahmen, die zur Bestreitung des Lebensunterhalts offensichtlich nicht ausreichen.
– Bei Feststellung schwerwiegender Buchführungsmängel, insbesondere auffälliges Fehlen von sonst allgemein üblichen Belegen.
– Bei Hinweisen auf verschwiegene oder irreführend bezeichnete Bankkonten (Konten auf fingiertem oder fremden Namen).
– Bei in der Bilanz wesentlich zu niedrig bewerteten Aktiv-Beständen sowie bei erheblich zu hoch bewerteten passiven Beständen des Betriebsvermögens.
– Die sich aus Kontrollmitteilungen ergebenden Einnahmen sind in der Buchführung nicht erfasst (s. o.).
– Bei Vorlage einer Selbstanzeige durch den Steuerpflichtigen, egal in welchem Verfahrensstadium.
– Bei konkreten Verdachtsmomenten, dass Belege manipuliert/gefälscht wurden (Achtung: ggf. muss hier bereits wegen Gefahr im Verzug das Strafverfahren unverzüglich eingeleitet werden, damit Originalbelege beschlagnahmt werden können). Hier ist aber, soweit möglich, noch vor Ort (z. B. per Telefon) Kontakt mit der BuStra aufzunehmen.

Grundsätzlich ist festzuhalten, dass in Zweifelsfällen immer eine frühzeitige – auch formlose – Kontaktaufnahme mit der BuStra geboten ist. Dies gilt insbesondere dann, wenn aufgrund der bisher getroffenen Prüfungsfeststellungen erhebliche Nachzahlungen zu erwarten sind und der Verdacht einer Steuerstraftat nicht offensichtlich ausgeschlossen (vgl. Nr. 113 Abs. 4 AStBV (St) (= Nr. 130 Abs. 4 AStBV 2014, BStBl. I 2013, 1394 = BeckVerw 279250)) ist.

Soweit bei offensichtlich leichtfertiger Begehensweise nur der Verdacht einer Ordnungswidrigkeit im Raume steht, kann eine Unterrichtung der BuStra unterbleiben, wenn das aufgrund der Tathandlung zu erwartende steuerliche Mehrergebnis insgesamt unter 5.000 € liegt und nicht besondere Umstände hinsichtlich des vorwerfbaren Verhaltens für die Durchführung eines Bußgeldverfahrens sprechen (analoge Anwendung der Nr. 97 Abs. 3 AStBV (St) [= Nr. 104 Abs. 3 AStBV 2014, BStBl. I 2013, 1394 = BeckVerw 279250]).

Diese Erlasse ergehen im Einvernehmen mit dem Bundesministerium der Finanzen."

B. Tatbestand und Rechtsfolgen

Die VV setzt in Abs. 1 S. 1 voraus, dass während der Außenprüfung tatsächliche Umstände zu Tage **3** getreten sind, die den „Anfangsverdacht" einer Steuerstraftat (bzw. -OWi, Abs. 2) begründen (zu den unterschiedl. Verdachtsstufen *Nieland* AO-StB 2009, 330 (331)). Damit ist das Überschreiten der in § 385 Abs. 1 AO iVm § 152 Abs. 2 StPO allgemein definierten und im AE v. 31.8.2009 (→ Rn. 2) speziell für das Außenprüfungsverfahren *exemplifizierten* (krit. *Streck*, Außenprüfung, 1993, Rn. 736) Verdachtsschwelle gemeint (→ StGB § 258 Rn. 27; → AO § 397 Rn. 11 ff.; s. bereits *Suhr* StBp 1971, 121 (122); *Blumers/Göggerle*, Handbuch des Verteidigers und Beraters im Steuerstrafverfahren, 1989, Rn. 413 („einfacher Tatverdacht"); str. Bsp.: SchlHFG EFG 2005, 678 = BeckRS 2004, 26017268 – Verifizierung von Rechnungen aus einer anonymen Anzeige iRd Außenprüfung zulässig (krit. *Randt* DStJG 31, 2008, 263 (274 f.)); erg. Gußen SteuerStrafR Rn. 386 zu Anhaltspunkten für die Rückdatierung von Belegen, *Mösbauer*, Steuerliche Außenprüfung, 1994, 165 zur (Schutz-)Behauptung eines Spielbankgewinns u. *Webel/Wähnert* NWB 2014, 3325 (3326 ff.) bzw. *Webel/Danielmeyer* StBp 2015, 353 (357 ff.) zur Frage, ab wann bei der *digitalen* Außenprüfung ein Anfangsverdacht bejaht werden kann). Ob hiervon in casu ausgegangen werden muss, richtet sich im Ausgangspunkt nach der objektiven Sachlage und nicht allein nach der subjektiven Einschätzung des Prüfers (so ua *Kindler* PStR 2011, 44 (45); *Meyer* DStR 2001, 461 (462 f.); *Peters* DStR 2015, 2583 (2585); s. aber auch FG Bln-Bbg DStRE 2015, 1138 (1141) (nrkr; Rev. aber den BFH zugelassen, III R 8/15), das sich im dortigen Fall „angesichts des intransparenten Vorgehens" des FA zur Beantwortung der Frage außer Stande gesehen hat). Dabei ist jedoch in den Blick zu nehmen, dass bei der Anfangsverdachtsprüfung stets ein gewisser, wenngleich enger Beurteilungsspielraum eröffnet ist (→ AO § 397 Rn. 12; s. dazu im hiesigen Kontext ua *Beyer* AO-StB 2015, 77 (78); *Madauß* NZWiSt 2014, 296 (297 f.); zumindest missverständlich dagegen *Braun* DStZ 2001, 320 (321) mwN; aA Vogelsang/Stahl BP-HdB/*Stahl*, 2008, M Rn. 17; sa *Kemper* StBp 2007, 263 (267) zu den im Vorfeld durchzuführenden Prüfungsschritten sowie *Peters* DStR 2015, 2583 ff. m. eiger. Bsp.'en). Der Verdacht muss sich zwingend (auch) auf eine Steuerstraftat/-OWi iSd §§ 369 Abs. 1, 386 Abs. 2 AO beziehen (Abs. 1 S. 1: „*Straftat ..., deren Ermittlung der Finanzbehörde obliegt*"; → StGB § 258 Rn. 28; sa Nr. 19 AStBV 2014 (BStBl. I 2013, 1394 = BeckVerw 279250)). Ergibt sich im Zuge der Außenprüfung der Verdacht der Begehung nichtsteuerlicher Straftaten (zB gem. § 15a InsO, §§ 263, 283 ff. StGB), sind *insoweit* die sich aus §§ 30 ff. AO ergebenden, ggf. eingeschränkten (§ 355 StGB!) Offenbarungsbefugnisse zu beachten (vgl. *Meyer* DStR 2001, 461 (466); *Stahl* KÖSDI 2000, 12445 (12452)); außerdem gelten hier § 393 Abs. 2 AO und § 4 Abs. 5 S. 1 Nr. 10 S. 3 EStG (erg. → StGB § 258 Rn. 30 f.; *Gehm* StBp 2006, 105 (106 f.); *Schneider* wistra 2004, 1 (3 ff.)).

Folge des Eingreifens von Abs. 1 S. 1 ist zum einen die **Pflicht** des Prüfers (Abs. 1 S. 1: „*ist*", dh kein **4** Ermessen; vgl. zB Hübschmann/Hepp/Spitaler/*Schallmoser* AO Vor §§ 193–203 Rn. 210 mwN), die gem. §§ 386 Abs. 1, 2, 399 AO für die Durchführung des Strafverfahrens funktionell zuständige FinBeh. (dies ist idR die **BuStra,** vgl. *Schuhmann*, Die neue BpO, 1989, 114) „*unverzüglich*" (dh ohne schuldhaftes Zögern, vgl. § 121 Abs. 1 S. 1 BGB) von dem betr. Sachverhalt **in Kenntnis** zu **setzen** (zu dem dabei *innerdienstlich* eingesetzten „grünen" bzw. „roten Bogen" s. *Burkhard* PStR 2003, 61 (64 ff.); *Hütt* AO-StB 2004, 321; *Krekeler* PStR 1999, 131; *Wabnitz/Janovsky* WirtschaftsStR-HdB/*Kummer,* 3. Aufl. 2007, Kap. 18 Rn. 190; für ein Akteneinsichtsrecht nach § 78 FGO: *Stahl* in Vogelsang/Stahl BP-Handbuch, 2008, M Rn. 17 (zw.)). Zum anderen wird er abweichend vom Wortlaut des Abs. 1 S. 3 *(„hinsichtlich des Sachverhalts, auf den sich der Verdacht bezieht")* idR die **gesamte Außenprüfung** (str.; wie hier Adick/Bülte FiskalStrafR/*Grimsel* Kap. 4 Rn. 85; *Meyer* DStR 2001, 461 (462); *Wannemacher* SteuerStrafR/*Schreiber* Rn. 3439 ff., *Stahl* KÖSDI 2000, 12445 (12446), *Stahl* in Vogelsang/Stahl BP-Handbuch, 2008, M Rn. 18; *Streck* BB 1980, 1537 f., *Streck,* Außenprüfung, 1993, Rn. 732 f., Beermann/Gosch/*Wannemacher/Seipl* AO § 397 Rn. 15.3 u. *Wegner* PStR 2009, 86 (87) die zur Begr. jeweils auf § 264 Abs. 1 StPO abstellen; dto. OFD Hamburg 15.10.1999 – S 0722-2/99-St 42, unter B. II.1.; Kohlmann/*Hilgers-Klautzsch* AO § 393 Rn. 135; Kohlmann/*Peters* AO § 397 Rn. 27; *Krekeler* PStR 1999, 131; ebenso wohl auch *Randt* DStJG 31, 2008, 263 (272 aE); aA BGH NJW 2005, 2723 (2724); *Harle/Olles,* Die moderne Betriebsprüfung, 2014, Rn. 1936; Hübschmann/Hepp/Spitaler/*Schallmoser* AO Vor §§ 193–203 Rn. 212; JJR/*Jäger* AO § 397 Rn. 69; *Kellerbach,* Die Betriebsprüfung, 1981, Rn. 10.4; *Mack,* Steuerfahndung u. Steuerstreit, 2007, 29 (39); *Möllinger* StBp 1979, 193 (195); *Mösbauer,* Steuerliche Außenprüfung, 1994, 168 f.; *Schuhmann,* Die neue BpO, 1989, 115; *Webel/Danielmeyer* StBp 2015, 353 (358); *Zwank* StBp 1978, 145 (151); diff. *Drüen* DStJG 38, 2015, 219 (235 f.); Tipke/Kruse/ *Seer* AO Vor § 193 Rn. 30; unklar *Bilsdorfer* PStR 2001, 238; *Peters* DStR 2015, 2583 (2585); Rolletschke/Kemper/*Rolletschke* AO § 393 Rn. 103) solange sie **unterbrechen** haben, *bis* dem Stpfl. die Einleitung des Steuerstrafverfahrens (**§ 397 AO**) bekannt gegeben und dieser nach Maßgabe von **Abs. 1 S. 4 u. 5** weitergehend belehrt worden ist (die vor Beginn der Außenprüfung ausgehändigten „Hinweise auf die wesentlichen Rechte und Mitwirkungspflichten des Steuerpflichtigen bei der Außenprüfung" (BStBl. I 2013, 1264 = BeckVerw 276900) sind insofern ungenügend, vgl. *Griesel/Mertes* PStR 2006, 85 f.; Kohlmann/*Hilgers-Klautzsch* AO § 393 Rn. 133; *Madauß* NZWiSt 2014, 296 (299); *Stahl* KÖSDI 2000, 12445 (12447); *Stahl* in Vogelsang/Stahl BP-Handbuch, 2008, M Rn. 29; *Wegner* PStR 2009, 86 (87); offen gelassen von *Bilsdorfer* PStR 2001, 238 (240); Rolletschke/Kemper/*Rolletschke* AO § 393 Rn. 101; sa FG Bln-Bbg DStRE 2015, 1138 (1140) wonach Zweifel an der Beachtung der Vorgaben des § 10 BpO zu Prüfungsbeginn zur Aufhebung der Prüfungsanordnung führen können sollen (nrkr; Rev. durch den BFH zugelassen, Az. III R 8/15)); danach gilt § 393 Abs. 1 S. 2, 3 AO. Andernfalls bestünde die Gefahr, dass der Stpfl. trotz einer bereits (verdeckt) erfolgten Verfahrenseinleitung in der irrigen Annahme, nach wie vor uneingeschränkt zur Mitwirkung verpflichtet zu sein (vgl. §§ 90, 93 Abs. 1, 200, 393 Abs. 1 S. 1 AO), *aktiv* weitere Tatsachen aus dem unternehmens-/straftatbezogenen Nexus offenbart, die den gegen ihn bestehenden Verdacht wenigstens mittelbar „als Teilstück in einem mosaikartig zusammengesetzten Beweisgebäude" (BGH NJW 1999, 1413 zu § 55 StPO) erhärten (im Kontext des § 55 StPO sog **Mosaiktheorie,** zusf. – statt vieler – MAH Strafverteidigung/*Bosbach* § 55 Rn. 20 mwN; ähnl. *Stahl* in Vogelsang/Stahl BP-Handbuch, 2008, M Rn. 18; *Suhr* StBp 1971, 121 (125) versucht das Problem über Zumutbarkeitskategorien zu lösen (zw.)). Dies gilt gem. Abs. 1 S. 3 aber nur dann, wenn sich der Verdacht gegen den von der Außenprüfung betroffenen Stpfl. selbst richtet (zum Verdacht gegen Angehörige s. OFD Hamburg 15.10.1999 – S 0722-2/99-St 42, unter B. I.3.; → AO § 393 Rn. 18, zum Verdacht gegen Dritte ua *Wegner* PStR 2009, 86 f.).

5   Außerdem obliegt es dem Prüfer gem. § 399 Abs. 2 AO **sicherzustellen,** dass unaufschiebbare Anordnungen (insbes. die Sicherstellung von Beweismitteln) getroffen werden, um eine (ggf. weitergehende) **Verdunkelung** des Sachverhalts zu **verhüten** (Adick/Bülte FiskalStrafR/*Grimsel* Kap. 4 Rn. 84; Hübschmann/Hepp/Spitaler/*Schallmoser* AO Vor §§ 193–203 Rn. 210; *Möllinger* StBp 1979, 193 (195); sa *Kemper* StBp 2007, 263 (268); unklar *Wenzel,* Das Verhältnis von Steuerstraf- und Besteuerungsverfahren unter besonderer Berücksichtigung der Ursächlichkeit des Besteuerungsverfahrens für Beweisverwertungsverbote im Steuerstrafrecht, 2003, 119/120 (Beamten der Außenprüfung als „Hilfsbeamten der Staatsanwaltschaft")). Das **Steuerstrafverfahren** in jedem Fall unmittelbar selbst **einleiten** muss der Prüfer – unbeschadet der Unterrichtungspflicht gem. Abs. 1 S. 1 – dagegen nicht, obwohl er hierzu gem. §§ 397 Abs. 1, 399 Abs. 2 S. 1 AO unstreitig befugt ist (vgl. zB FG Bln-Bbg DStRE 2015, 1138 (1141) (nrkr; Rev. durch den BFH zugelassen, III R 8/15); Adick/Bülte FiskalStrafR/*Grimsel* Kap. 4 Rn. 84; *Buse* DB 2011, 1942; *Kretzschmar* StBp 1983, 265 f.; Suhr/Naumann/Bilsdorfer Rn. 436 jeweils mwN; tendenziell abl. Hellmann AO-NebenStrafVerfR 372 f.). Stattdessen kann (und sollte) er diese Entscheidung im Regelfall der insoweit fachlich spezialisiert(er)en BuStra bzw. der StA überlassen (vgl. OFD Hamburg 15.10.1999 – S 0722-2/99-St 42, unter B. I.2.; *Bilsdorfer* PStR 2001, 238; *Krekeler* PStR 1999, 131 (132); Tipke/Kruse/*Seer* AO Vor § 193 Rn. 29; zur „Einleitung" des Strafverfahrens durch den Berater s. *Streck,* Außenprüfung, 1993, Rn. 738, zur möglichen Strafbarkeit des Prüfers wegen Strafvereitelung (im Amt) durch Unterlassen → Rn. 8).

6   Die in **Abs. 1 S. 2** in Anknüpfung an Nr. 131 Abs. 1 iVm Nr. 130 Abs. 3 S. 1 AStBV 2014 (BStBl. I 2013, 1394 = BeckVerw 279250) erfolgte Vorverlagerung des Eingreifens von § 10 auf den Zeitpunkt der *„Möglichkeit ..., dass ein Strafverfahren durchgeführt werden muss",* ist im Verhältnis zu Abs. 1 S. 1 **regelungstechnisch missglückt** (ähnl. *Drüen* DStJG 38, 2015, 219 (234 f.); *Wannemacher* SteuerStrafR/*Schreiber* Rn. 3434; *Brenner* in Schröder/Muuss Handbuch der steuerlichen Betriebsprüfung,

2014, Kennz. 6010 S. 6; aA wohl Quedenfeld/Füllsack Steuerstrafsachen/*Braun* Rn. 126). Denn dadurch wird der dort – zuerst – als maßgeblich benannte Parameter des Anfangsverdachts (→ Rn. 3) sogleich wieder außer Kraft gesetzt, was das systematische Verständnis der Norm nicht unerheblich erschwert. Ein stimmiges Auslegungsergebnis lässt danach nur erzielen, wenn man Abs. 1 S. 1 u. 2 *insgesamt* so versteht („zusammenliest"), dass die dem Prüfer in § 10 gegebenen Handlungsanweisungen bereits dann zu befolgen sind, wenn die sich iRd Außenprüfung ergebenden tatsächlichen Umstände – (wiederum) objektiv betrachtet (→ Rn. 3) – zureichenden Anlass für die Einleitung von **Vorermittlungen** iSv **Nr. 13 Abs. 1 AStBV 2014** bieten (ähnl. JJR/*Jäger* AO § 397 Rn. 68 mwN auch aus dem älteren Schrifttum; *Beyer* AO-StB 2015, 77 (78 f.); *Durst* PStR 2016, 165 (166 f.); *Madauß* NZWiSt 2014, 296 (298 f.); Rolletschke/Kemper/*Rolletschke* AO § 393 Rn. 99; aA *Bülte* → StGB § 258 Rn. 27 (Anfangsverdacht stets erf.); *Webel*/*Wähnert* NWB 2014, 3324 (3326); einschr. *Bülte* → AO § 393 Rn. 28: bei Anlass für Vorfeldermittlungen iSv Nr. 12 AStBV 2014; ebenso *Schreiber* in Wannemacher & Partner, SteuerStrafR, 5. Aufl. 2013, Rn. 3437; s. dazu auch *Kemper* StBp 2007, 263 (265); *Mösbauer* (Steuerliche Außenprüfung, 1994, 166) umschreibt diese Situation als „vagen Verdacht"; erg. BGH BB 1972, 1394 = BeckRS 1971, 31122880; einen besonders krassen Verstoß dokumentiert FG Nürnberg EFG 2016, 345 = BeckRS 2016, 94175; unklar *Nieland* AO-StB 2009, 330 (331); *Peters* DStR 2015, 2583 (2585 f. u. 2588 f.); *Rüsken* DStJG 31, 2008, 243 (257 ff.)). Dies steht im Einklang mit Nr. 130 Abs. 3 S. 2 AStBV 2014, wonach eine solche (dort inhaltsgleich aufgegriffene) *„Möglichkeit"* dann besteht, *„wenn für eine Straftat oder Ordnungswidrigkeit Anhaltspunkte sprechen, die zwar noch nicht zureichend sind, um einen Verdacht zu begründen, die jedoch eine Untersuchung des Falles durch die BuStra geboten erscheinen lassen."* Dies lässt offenkundig (noch) mehr Interpretationsspielraum zu, als die von Abs. 1 S. 1 geforderte Anfangsverdachtsprüfung.

C. Folgen eines Verstoßes gegen § 10

Wird gegen den in § 10 aufgestellten Pflichtenkatalog (→ Rn. 4) verstoßen, können daraus sowohl 7 auf strafrechtlicher Ebene (idR zu *bejahen,* grdl. BGH NJW 2005, 2723 (2725)) als auch im Besteuerungsverfahren (idR zu *verneinen,* vgl. zuletzt BFH PStR 2014, 87 = BFH BeckRS 2014, 94392 Rn. 18) **Verwertungsverbote** resultieren (zusf. – statt vieler – *Seer* BB 2015, 214 (217, 218) mwN; sa Hellmann AO-NebenStrafVerfR 375 ff.; *Randt* DStJG 31, 2008, 263 (273 ff.); zur praktischen Handhabung s. *Streck,* Außenprüfung, 1993, Rn. 781 f.; nach FG Bln-Bbg DStRE 2015, 1138 (1140) sollen Zweifel an der Beachtung der Vorgaben des § 10 zu Prüfungsbeginn zudem die Aufhebung der Prüfungsanordnung rechtfertigen (n. rkr.; Rev. durch den BFH zugelassen, III R 8/15)). Hinsichtlich der (weiteren) Einzelheiten kann insofern auf die Kommentierung zu § 393 AO (→ AO § 393 Rn. 34 ff.) verwiesen werden (erg. *Kindler* PStR 2011, 44 (45 ff.), *Klug,* Zur Rechtmäßigkeit steuerstrafrechtlicher Ermittlungen des Betriebsprüfers, 1998, 85 ff.; *Griesel*/*Mertes* PStR 2006, 85 (87 f.), *Schützeberg* PStR 2010, 22 u. *Wegner* PStR 2009, 86 (88 f.); sa Nr. 149 f. AStBV 2014 (BStBl. I 2013, 1394 = BeckVerw 279250)). In der Beraterliteratur wird ein „erst" in der Schlussbesprechung nach **§ 201 Abs. 2 AO,** § 11 Abs. 2 BpO 2000 mitgeteilter strafrechtlicher Vorbehalt als *„Einladung zur Suche nach einem Verwertungsverbot"* (*Bilsdorfer* PStR 2001, 238 (242)) verstanden, da dies idR einen Verstoß gegen § 10 indiziere (vgl. *Beyer* AO-StB 2015, 77 (81); *Burkhard* PStR 2003, 61 (63); *Burkhard* in Burkhard/Adler Betriebsprüfung und Steufa-Prüfung, 2001, AO § 201 Rn. 24; *Drüen* DStJG 38, 2015, 219 (237); *Meyer* DStR 2001, 461 (462); *Stahl* KÖSDI 2000, 12445 (12446); *Stahl* in Vogelsang/Stahl BP-Handbuch, 2008, M Rn. 27; *Talaska* PStR 2013, 260 (265); *Wegner* PStR 2009, 86; krit. auch *Kaligin,* Betriebsprüfung u. Steufa, 2014, 128; erg. Hellmann AO-NebenStrafVerfR 366 ff.; sa BFH BFH/NV 2010, 593 = BeckRS 2009, 25015877 u. *Seer* BB 2015, 214 (217 f.) mwN zur Wirksamkeit einer zuvor erfolgten tatsächlichen Verständigung).

Im Hinblick auf den bei (objektiv, → Rn. 3) *zu später* (s. dazu SSW StGB/*Jahn* StGB § 258 Rn. 15: 8 „Zeitraum von drei Wochen"; str.) bzw. gänzlich *unterlassener* Unterrichtung der BuStra im Raum stehenden Vorwurf der **Strafvereitelung** (im Amt) durch Unterlassen (§§ 258, 258a,) 13 StGB) sind aus praktischer Perspektive in erster Linie die (erhöhten) Anforderungen an den **subjektiven Tatbestand** hervorzuheben (zur str. Frage, ob sich unmittelbar aus Abs. 1 S. 1 eine Garantenpflicht iSv § 13 Abs. 1 StGB ableiten lässt s. *Beyer* AO-StB 2015, 77 (79), *Dusch*/*Rommel* NStZ 2014, 188 (191) u. *Drüen* DStJG 38, 2015, 219 (239) *(jeweils abl.); Gehm* StBp 2006, 105 (107) *(bejaht);* insoweit unklar AE v. 31.8.2009 (→ Rn. 2); die Frage kann letztlich offen bleiben, weil sich der Unterlassungsvorwurf idR auf **§ 399 Abs. 2 S. 1 AO** stützen lassen wird (vgl. auch Hellmann AO-NebenStrafVerfR 364 u. 365 f.); *Bülte* (→ StGB § 258 Rn. 28 f.) stellt auf „§ 386 Abs. 1 Hs. 1" AO und die konkrete „Aufgabenbeschreibung" des einzelnen Prüfers ab, *Schneider* wistra 2004, 1 (2) auf die „§§ 385, 386 II" AO; zu undifferenziert dagegen *Peters* DStR 2015, 2583 (2585); sa *Pflaum,* Kooperative Gesamtbereinigung von Besteuerungs- und Steuerstrafverfahren, 2010, 248 (292); erg. SSW StGB/*Jahn* StGB § 258a Rn. 4 f. zum sich allein auf § 258a Abs. 1 StGB beziehenden *Qualifikationsmerkmal* „als Amtsträger zur Mitwirkung bei dem Strafverfahren … berufen" (auch dies abl. *Drüen* DStJG 38, 2015, 219 (240)). Denn für die Einleitung eines Ermittlungsverfahrens gegen den Prüfer müssen gem. § 258 Abs. 1 StGB zureichende tatsächliche Anhaltspunkte (§ 152 Abs. 2 StPO) dafür bestehen, dass dieser nicht nur die Möglichkeit eines steuerstrafrechtlich relevanten Verhaltens des Stpfl. erkannt und zumindest billigend in Kauf genommen hat (dolus eventualis; *dagegen* wird idR die Einhaltung der im AE v. 31.8.2009 (→ Rn. 2) beispielhaft gemachten Vorgaben sprechen (ähnl. *Beyer* AO-StB 2015, 77 (78); unklar *Wenzel,* Das Verhältnis von Steuerstraf- und Besteuerungsverfahren unter besonderer Berücksichtigung der Ursächlichkeit des Besteuerungsverfahrens für Beweisverwertungsverbote im Steuerstrafrecht, 2003, 138; sa *Ebner* ZWH 3/ 2015, R5 zu den von *Hruschka* beschriebenen praktischen Nöten der BP)), sondern auch dafür, dass er – zusätzlich – mit **direktem Vereitelungsvorsatz** („absichtlich oder wissentlich", dolus directus) handelte (vgl. *Gehm* StBp 2006, 105 (108, 110); SSW StGB/*Jahn* StGB § 258 Rn. 28). Das wird zumeist nicht der Fall sein (dto. *Kemper* StBp 2007, 263 (268); ähnl. *Braun* DStZ 2001, 320 (322); Bsp.: OLG Karlsruhe PStR 2004, 152 = becklink 115862 – *FlowTex;* erg. LG Karlsruhe NJOZ 2005, 3335 u. nachgehend OLG Karlsruhe BeckRS 2007, 16879 zur Verletzung von Amtspflichten bei der Betriebsprüfung im Fall *FlowTex*), wobei die StA angesichts der bekanntermaßen eher zurückhaltenden Handhabung von § 10 (→ Rn. 2) zur Absicherung ihrer Verdachtsprüfung stets die Außenprüfungsakten (bestenfalls samt Handakte) beziehen sollte. Anders ist die Sachlage freilich dann, wenn sich im Rahmen eines gegen den Stpfl. geführten Steuerstrafverfahrens gesetzwidrige Absprachen mit dem Prüfer herausstellen (vgl. die Beschreibung bei *Weyand* wistra 1994, 87 (90)) oder sonst bekannt wird (dies ist in der Praxis seltenst der Fall, vgl. *Kemper* StBp 2007, 263 (264 u. 268)), dass dieser – aus welchen Gründen auch immer (s. etwa *Seer* DStJG 38, 2015, 313 (332) zur Gefahr einer unzulässigen dysfunktionalen Verknüpfung von Besteuerungs- und Strafverfahren) – mit unlauteren Mitteln zugunsten des Stpfl. auf die Einleitung oder Durchführung des Strafverfahrens Einfluss genommen hat (insofern in der Tendenz äußerst problematisch *Brenner* StBp 1979, 121: *„Oft haben es die Außenprüfer … in der Hand, den Steuerhinterzieher vor der Strafe zu schützen. Das Verhalten des Prüfers kann den Verjährungsablauf stoppen, durch sein Unterlassen kann er den Straftäter vor dem Strafrichter bewahren.").* Lässt sich ein derartiges Fehlverhalten nachweisen, steht der Tatvorsatz regelmäßig außer Frage (s. nur Wabnitz/Janovsky WirtschaftsStR-HdB/*Pflaum* Kap. 20 Rn. 180). Unabhängig von dieser Differenzierung steht bei einem Verstoß gegen § 10 stets auch eine **disziplinarische Ahndung** im Raum (vgl. *Drüen* DStJG 38, 2015, 219 (240, Fn. 187); *Dusch/Rommel* NStZ 2014, 188 (192); Wabnitz/Janovsky WirtschaftsStR-HdB/*Pflaum* Kap. 20 Rn. 180).

920. Einkommensteuergesetz (EStG)

In der Fassung der Bekanntmachung vom 8. Oktober 2009 (BGBl. I S. 3366, ber. I 2009 S. 3862)
FNA 611-1

Zuletzt geändert durch Art. 1 Gesetz zur Änderung des Einkommensteuergesetzes zur Erhöhung des Lohnsteuereinbehalts in der Seeschifffahrt vom 24.2.2016 (BGBl. I S. 310)

– Auszug –

§ 50e Bußgeldvorschriften; Nichtverfolgung von Steuerstraftaten bei geringfügiger Beschäftigung in Privathaushalten

(1) [1]Ordnungswidrig handelt, wer vorsätzlich oder leichtfertig entgegen § 45d Absatz 1 Satz 1, § 45d Absatz 3 Satz 1, der nach § 45e erlassenen Rechtsverordnung oder den unmittelbar geltenden Verträgen mit den in Artikel 17 der Richtlinie 2003/48/EG genannten Staaten und Gebieten eine Mitteilung nicht, nicht richtig, nicht vollständig oder nicht rechtzeitig abgibt. [2]Die Ordnungswidrigkeit kann mit einer Geldbuße bis zu fünftausend Euro geahndet werden.

(1a) Verwaltungsbehörde im Sinne des § 36 Absatz 1 Nummer 1 des Gesetzes über Ordnungswidrigkeiten ist in den Fällen des Absatzes 1 Satz 1 das Bundeszentralamt für Steuern.

(2) [1]Liegen die Voraussetzungen des § 40a Absatz 2 vor, werden Steuerstraftaten (§§ 369 bis 376 der Abgabenordnung) als solche nicht verfolgt, wenn der Arbeitgeber in den Fällen des § 8a des Vierten Buches Sozialgesetzbuch entgegen § 41a Absatz 1 Nummer 1, auch in Verbindung mit Absatz 2 und 3 und § 51a, und § 40a Absatz 6 Satz 3 dieses Gesetzes in Verbindung mit § 28a Absatz 7 Satz 1 des Vierten Buches Sozialgesetzbuch für das Arbeitsentgelt die Lohnsteuer-Anmeldung und die Anmeldung der einheitlichen Pauschsteuer nicht oder nicht rechtzeitig durchführt und dadurch Steuern verkürzt oder für sich oder einen anderen nicht gerechtfertigte Steuervorteile erlangt. [2]Die Freistellung von der Verfolgung nach Satz 1 gilt auch für den Arbeitnehmer einer in Satz 1 genannten Beschäftigung, der die Finanzbehörde pflichtwidrig über steuerlich erhebliche Tatsachen aus dieser Beschäftigung in Unkenntnis lässt. [3]Die Bußgeldvorschriften der §§ 377 bis 384 der Abgabenordnung bleiben mit der Maßgabe anwendbar, dass § 378 der Abgabenordnung auch bei vorsätzlichem Handeln anwendbar ist.

Literatur (Auswahl): *Bernhard,* Neue Rechnungsausstellungs- und -aufbewahrungspflichten im Umsatzsteuerrecht – Auswirkungen des Schwarzarbeitsbekämpfungsgesetzes, NWB Fach 7, 2433 (31/2004); *Berwanger,* Private Putzhilfen und Schwarzarbeit, BB-Special 2/2004, 10; *Carlé/Eich,* Schwarzarbeitsbekämpfungsgesetz – Steuerliche und sozialversicherungsrechtliche Hinweise, KÖSDI 2004, 14442; *Fischer,* Das Gesetz zur Intensivierung der Bekämpfung der Schwarzarbeit und damit zusammenhängender Steuerhinterziehung – Neuregelung im Bereich des Steuerrechts, jurisPR-SteuerR 20/2004, Anm. 4; *Joecks,* Bekämpfung der Schwarzarbeit und damit zusammenhängender Steuerhinterziehung, wistra 2004, 441; *Kahlen,* Wohnungseigentum: Beendigung der „Putzhilfen"-Diskussion – Rechtssicherheit für Wohnungseigentumsverwalter, ZMR 2004, 894; *Knapp,* Gesetzlicher Mindestlohn auch für osteuropäische Pflegehilfen – legale Modelle versus Schwarzmarkt, NZA 2015, 851; *Koops/Greulich,* Gesetz zur Intensivierung der Bekämpfung der Schwarzarbeit und damit zusammenhängender Steuerhinterziehung – Teil 1, sj 17–18/2004, 22; *Kossens,* Das Gesetz zur Intensivierung der Bekämpfung der Schwarzarbeit und damit zusammenhängender Steuerhinterziehung, BB-Special 2/2004, 2; *Laitenberger,* Beitragsvorenthaltung, Minijobs und Schwarzarbeitsbekämpfung – Zu den Änderungen des § 266a StGB durch das Gesetz zur Intensivierung der Bekämpfung der Schwarzarbeit und damit zusammenhängender Steuerhinterziehung, NJW 2004, 2703; *Marschner,* Gesetzliche Neuregelungen zur Schwarzarbeit, NWB Fach 15, 2669 (34/2004); *Merker,* Die steuerlichen Regelungen des Gesetzes zur Intensivierung der Schwarzarbeit und damit zusammenhängender Steuerhinterziehung, SteuerStud 2005, 7; *Seibel,* Das Schwarzarbeitsbekämpfungsgesetz – Eine Übersicht über die verfahrensrechtlichen Folgen, AO-StB 2005, 46; *Serafini,* Schwarzarbeitsbekämpfungsgesetz verschärft Rechnungslegungs- und Aufbewahrungspflichten, GStB 2004, 333; *Spatscheck/Wulf/Fraedrich,* Schwarzarbeit heute – die neue Rechtslage aus steuer- und strafrechtlicher Sicht, DStR 2005, 129; *Spatscheck/Fraedrich,* Schwarzarbeit auf dem Bau, NZBau 2007, 673; *Wegner,* Zur Bekämpfung der Schwarzarbeit und einhergehender Steuerhinterziehung, PStR 2004, 117; *Wegner,* Bekämpfung der Schwarzarbeit und damit zusammenhängender Steuerhinterziehung, DB 2004, 758; *Weyand,* Straf- und bußgeldrechtliche Aspekte des „Schwarzarbeitsbekämpfungsgesetzes", INF 2004, 838.

A. Ordnungswidrigkeit nach Abs. 1, 1a

Der in **Abs. 1, 1a** geregelte Bußgeldtatbestand sanktioniert das pflichtwidrige **Unterlassen** der dem 1
BZSt nach Maßgabe der genannten Vorschriften jährlich bis zum 1.3. des Folgejahres zu erstattenden **Mitteilung** über die für die Erhebung der **KapESt** relevanten tatsächlichen Umstände. Adressat sind die die Kapitalerträge auszahlenden Stellen, mit der Folge, dass im Einzelfall uU auch eine Anwendung der

§§ 30, 130 OWiG in Betracht zu ziehen sein kann. Die infolge des Zinsurteils des BVerfG (BVerfGE 84, 239 = BVerfG NJW 1991, 2129) durch das G zur Neuregelung der Zinsbesteuerung – ZinsabschlagG v. 9.11.1992 (BGBl. I 1853; erg. *Lindberg* DStR 1992, 1493) als Annex zu § 45d in das EStG eingefügte Ordnungswidrigkeit (Begr.: BT-Drs. 12/2501, 22) steht in **keinerlei Zusammenhang mit Abs. 2** (sa Korn/*Strunk* Rn. 5; → Rn. 2, 3). Sie hat in der wirtschafts-/steuerstrafrechtlichen Praxis trotz der immensen Bedeutung der KapESt bisher keine messbare Bedeutung erlangt. Hinsichtlich der weiteren Einzelheiten kann daher zB auf die ausführlichere Kommentierung von *Joecks* in Kirchhof/Söhn/Mellinghoff verwiesen werden.

B. Verfolgungshindernis nach Abs. 2 S. 1, 2

I. Normenhistorie und Regelungszweck

2   Die in **Abs. 2** enthaltene Vorschrift wurde durch das Gesetz zur Intensivierung der Bekämpfung der Schwarzarbeit und damit zusammenhängender Steuerhinterziehung v. 23.7.2004 (BGBl. I 1842) mWz **1.8.2004** eingeführt (erg. *Joecks* wistra 2004, 441 (444) u. Kirchhof/Söhn/Mellinghoff/*Joecks* Rn. C 8 aE zur praktisch kaum mehr relevanten Frage nach dem zeitlichen Anwendungsbereich (§ 2 Abs. 3 StGB)). Die ursprünglich in Abs. 2 normierte Bußgelddrohung für Ordnungswidrigkeiten nach Abs. 1 wurde in den dortigen S. 2 verschoben (zur Erstfassung des § 50e s. BT-Drs. 12/2501, 8). Zudem hat die Verwaltung einen deklaratorischen Verweis auf Abs. 2 in **Nr. 108 AStBV (St.) 2014** (BStBl. I 2013, 1394 = BeckVerw 279250) aufgenommen.

3   Zur **Begründung** der bewusst an die ähnlich strukturierten Entkriminalisierungstatbestände in § 32 Abs. 1 ZollVG und – damals – § 30a Abs. 1 S. 2 TabStG 1993 (heute: § 37 Abs. 1 S. 2 TabStG; → TabStG § 37 Rn. 1) angelehnten (s. *Laitenberger* NJW 2004, 2703 (2704): „*Vorbild*") Regelung hat der Gesetzgeber Folgendes ausgeführt (BT-Drs. 15/2573, 36 = BR-Drs. 155/04, 101 f.; erg. *Berwanger* BB-Special 2/2004, 10 ff. zur Rechtslage *vor* der Einführung von Abs. 2):

„Die Neuregelung in Absatz 2 dient dazu, die Nichtanmeldung von solchen geringfügigen Beschäftigungen in Privathaushalten aus der steuerstrafrechtlichen Verfolgung auszunehmen, bei denen der Steueranspruch des Staates durch Erhebung und Abführung eines einheitlichen Pauschsteuersatzes in Höhe von 2 % nach § 40a Abs. 2 EStG befriedigt werden kann. Stattdessen soll in diesen Fällen lediglich eine Verfolgung über die Bußgeldvorschriften der §§ 377 bis 384 der AO erfolgen. Eine bloße Bußgeldbewehrung erscheint angesichts der sehr geringen Höhe des staatlichen Steueranspruchs und des regelmäßig geringen Unrechts- und Schuldgehalts ausreichend, erst recht, wenn man bedenkt, dass der Arbeitgeber einen Teil seiner Aufwendungen nach § 35a EStG von seiner Einkommensteuerschuld wieder abziehen kann.

Damit wird – im Ergebnis – ein grundsätzlicher Gleichklang zur Reichweite der Strafbewehrung des § 266a StGB-E in Verbindung mit § 111 Abs. 1 Nr. 2a, Abs. 1 Satz 2 SGB IV-E hergestellt. Wie dort (im Hinblick auf § 263 StGB) bleibt es allerdings bei der strafrechtlichen Verfolgbarkeit (hier nach § 370 AO), wenn der Steuerpflichtige unrichtige oder unvollständige Angaben gegenüber der zuständigen Behörde macht (siehe näher die Begründung zu § 266a StGB-E).

Die Freistellung von der Strafverfolgung gilt sowohl für den Arbeitgeber als auch für den Arbeitnehmer, der gegenüber dem Finanzamt die geringfügige Beschäftigung verschweigt, namentlich also dem Finanzamt nicht die daraus erzielten Einkünfte mitteilt. Sie greift auch hier nur in dem Umfang, in dem die nicht gemeldeten Einkünfte aus der geringfügigen Beschäftigung im Privathaushalt durch den Pauschsteuersatz nach § 40a Abs. 2 EStG hätten abgegolten werden können. Fehlt es an dieser Voraussetzung, insbesondere weil der Arbeitnehmer mehrere geringfügige Beschäftigungen ausübt, die zusammengerechnet den Betrag von 400 Euro überschreiten (vgl. § 8 Abs. 2 SGB IV), bleibt es bei der geltenden Rechtslage.

Sowohl beim Arbeitgeber als auch beim Arbeitnehmer bleibt es bei der Anwendbarkeit der Bußgeldvorschriften der §§ 377 bis 384 der AO, wodurch in diesen Fällen insbesondere eine Ahndung nach § 378 AO erfolgen kann. Der Gesetzestext stellt explizit klar, dass eine Ahndung nach § 378 AO auch dann möglich ist, wenn der Täter vorsätzlich gehandelt hat; für das konkrete gesetzliche Höchstmaß der Geldbuße gilt insoweit die allgemeine Regelung des § 17 Abs. 2 OWiG, wobei für deren Bemessung im Einzelfall – auch vor dem Hintergrund der Regelung in § 111 Abs. 1 Nr. 2a, Abs. 4 SGB IV – der geringe Umfang der Steuerverkürzung zu berücksichtigen sein wird."

4   Die **systematische Stellung** der im G. v. 23.7.2004 (→ Rn. 2) anfänglich nicht vorgesehenen, erst aufgrund vermehrter öffentlicher Kritik (s. dazu *Berwanger* BB-Special 2/2004, 10; *Carlé/Eich* KÖSDI 2004, 14442; *Laitenberger* NJW 2004, 2703 (2704) jew. mwN) geschaffenen sog **„Putzfrauenklausel"** (*Laitenberger* NJW 2004, 2703 (2704); SSW StGB/*Saliger* StGB § 266a Rn. 20) ist in der Literatur verschiedentlich bemängelt worden, ohne dass jedoch ein geeigneter Alternativvorschlag gemacht worden wäre (s. etwa Korn/*Strunk* Rn. 5: „*an der völlig falschen Stelle*"; *Wegner* DB 2004, 758 (761): „*gesetzessystematische ,Krönung'*"; *Weyand* INF 2004, 838 (840): „*Man ist in diesem Zusammenhang geneigt, von einer gesetzgeberischen Meisterleistung im Sinne mangelnder Systematik und fehlender Übersichtlichkeit zu sprechen.*"). Insbesondere erschiene es vor dem Hintergrund der Anlehnung der Vorschrift an § 32 Abs. 1 ZollVG und § 37 Abs. 1 S. 2 TabStG (→ Rn. 3) weitaus „unstimmiger", diese, wie etwa von Frotscher/Geurts/*Frotscher* Rn. 1, Korn/*Strunk* Rn. 5 oder *Weyand* INF 2004, 838 (840) vorgeschlagen, vom IX. Abschnitt des EStG in den Regelungskomplex der §§ 369 ff. AO zu transplantieren (zur Verortung in § 266a StGB s. *Laitenberger* NJW 2004, 2703 (2704)). Da von den in Abs. 2 S. 1 beschriebenen Konstellationen auf *steuerstrafrechtlicher* Ebene zudem noch in erster Linie die Einkommen- bzw. Lohn-

steuer betroffen ist (→ Rn. 8), lassen sich letztendlich keine durchschlagenden Argumente gegen ihre „Auslagerung" in das EStG anführen. Die Verwaltung behilft sich insoweit pragmatisch mit der Verweisung in Nr. 108 AStBV (St.) 2014 (→ Rn. 2).

Straftatsystematisch handelt es sich bei Abs. 2 S. 1, 2 nach dem insoweit eindeutigen Wortlaut der **5** Norm (*„werden Steuerstraftaten ... als solche nicht verfolgt"* bzw. *„Freistellung von der Verfolgung"*) um ein in jedem Stadium des Verfahrens *von Amts wegen* zu beachtendes **Verfolgungs- bzw. Verfahrenshindernis** (vgl. ua Herrmann/Heuer/Raupach/*Apitz* Rn. 3f., 12f.; *Bernhard* NWB Fach 7, 2433, 2436 (31/ 2004); Blümich/*Lindberg* Rn. 5; → AO Vorb. §§ 369–412 Rn. 20; *Marschner* NWB Fach 15, 2669, 2674 (34/2004); aA *Berwanger* BB-Special 2/2004, 10 (15), Fn. 40: *„besonderer Strafausschließungsgrund"*), das als solches rechtpolitisch freilich unterschiedlich bewertet werden kann (s. zB *Weyand* INF 2004, 838 (840): *„durch die Novelle wird – in einem Nebensatz eines spezialgesetzlichen Bußgeldtatbestands – ohne weiteres allgemein geltendes Straf- und Bußgeldrecht förmlich ausgehebelt ... (Dies) wird ... die Einsicht der Beteiligten, sich rechtswidrig zu verhalten, gegen Null tendieren lassen"*; dagegen statt vieler Herrmann/Heuer/Raupach/ *Apitz* Rn. 12: *„deutliche Entschärfung"*). Es **korrespondiert** auf Ebene des Kernstrafrechts (nur) **in Bezug auf § 266a Abs. 2 StGB** unmittelbar **mit** den in **§ 111 Abs. 1 S. 2 SGB IV** betr. die *Sozialversicherung* (vgl. *Berwanger* BB-Special 2/2004, 10 (13f.); *Joecks* wistra 2004, 441 (444); Kirchhof/ Söhn/Mellinghoff/*Joecks* Rn. C 4; *Koops/Greulich* sj 17–18/2004, 22 (25); *Kossens* BB-Special 2/2004, 2 (6); *Marschner* NWB Fach 15, 2669, 2672 (34/2004); *Merker* SteuerStud 2005, 7f.) und **§ 209 Abs. 1 S. 2 SGB VII** betr. die gesetzliche *Unfallversicherung* (vgl. *Laitenberger* NJW 2004, 2703 (2704)) geschaffenen weiteren Verfolgungshindernissen (erg. SSW StGB/*Saliger* StGB § 266a Rn. 20). In ihrem Zusammenwirken können diese Vorschriften daher – jenseits des als lex generalis verdrängten von **§ 263 StGB** – eine *nahezu* (→ Rn. 6f.) vollständige Straflosigkeit von Nichtanmeldungsdelikten in den Fällen des § 8a SGB IV bewirken (relativierend angesichts der in diesem Kontext ohnedies seit jeher flexibel gehandhabten Reaktionsmöglichkeiten gem. §§ 153, 153a StPO, § 398 AO Kirchhof/Söhn/Mellinghoff/*Joecks* Rn. A 18: *„Danaer-Geschenk"*).

Nach dem klaren und deshalb auch durch (extensive) Auslegung oder gar Analogiebildung (planwidrige Regelungslücke?) nicht weiter ausdehnbaren Wortlaut von Abs. 2 S. 1 bezieht sich das Verfolgungshindernis ausschließlich auf **„Steuerstraftaten (§§ 369 bis 376 der Abgabenordnung)"**. Dies betrifft zum einen die genuinen (vgl. § 369 Abs. 1 Nr. 1, 2 AO) Steuerstraftatbestände der §§ 370–374 AO, also in den hier allein relevanten Nichtanmeldungskonstellationen (→ Rn. 8) **nur § 370 Abs. 1 Nr. 2 AO** (str.; wie hier BT-Drs. 15/2573, 36 = BR-Drs. 155/04, 101; Frotscher/Geurts/*Frotscher* Rn. 19; *Koops/ Greulich* sj 17–18/2004, 22 (24); Littmann/Bitz/Pust/*Stickan* Rn. 3; *Wegner* PStR 2004, 117 (120); *Wegner* DB 2004, 758 (762); *Weyand* INF 2004, 838 (840); tendenziell aA, dh auch auf § 370 Abs. 1 Nr. 1 AO anwendbar: *Berwanger* BB-Special 2/2004, 10 (15) (*„nicht eindeutig"*); *Joecks* wistra 2004, 441 (444); *Spatscheck/Wulf/Fraedrich* DStR 2005, 129 (134) (*„Trennung nicht mit der hinreichenden Genauigkeit durchzuführen"*)); zum anderen sind im Grundsatz auch die in § 369 Abs. 1. Nr. 3, 4 AO zu Steuerstraftaten „gekorenen" kernstrafrechtlichen Deliktstatbestände erfasst, was aufgrund des spezifisch engen Regelungsbereichs von Abs. 2 aber allenfalls für Vergehen gem. **§ 257 StGB** praxisrelevant werden kann. Die vorgenannte Wendung in Abs. 2 S. 1 birgt daher eine gewisse Missinterpretationsgefahr. **Nicht** in den Anwendungsbereich der Vorschrift fällt dagegen die Hinterziehung von **Kirchensteuer,** weil diese – außer im Bundesland Niedersachsen – per se nur unter betrugsstrafrechtlichen Parametern (§ 263 StGB) fassbar ist (iE BGH NStZ 2009, 157 (158f.) mAnm *Ebner* SAM 2008, 221). Daran ändert de lege lata auch der Umstand nichts, dass die KiSt grds. von der einheitlichen Pauschsteuer nach § 40a Abs. 2 S. 1 (→ Rn. 7) miterfasst ist. Dies begründet eine erste (→ Rn. 7, 10), so vom Gesetzgeber wohl nicht bedachte **„Schutzlücke".** Bereits *thematisch* gänzlich außerhalb des Wirkungskreises der Norm stehen sog Analogtaten (vgl. bspw. Nr. 19 Nr. 1 AStBV (St.) 2014 (BStBl. I 2013, 1394 = BeckVerw 279250)) oder die landesrechtlich normierten (Kommunalabgaben-)Hinterziehungstatbestände. Auch eine Strafbarkeit wegen Geldwäsche wird sich – trotz § 261 Abs. 1 S. 2 Nr. 4b, S. 3 StGB – aufgrund von § 261 Abs. 9 S. 2 StGB jedenfalls im Verhältnis zwischen Arbeitgeber und Arbeitnehmer idR nicht begründen lassen.

II. Anwendungsvoraussetzungen

Das Eingreifen des Verfolgungshindernisses (→ Rn. 5) bedingt gem. **Abs. 2 S. 1,** dass ein Fall der **7** LSt-Pauschalierung nach **§ 40a Abs. 2 EStG** gegeben ist. Dies setzt – allem voran – das Vorliegen eines geringfügigen Beschäftigungsverhältnisses voraus, wobei zu beachten ist, dass der Anwendungsbereich des Abs. 2 auf **geringfügige Beschäftigungen in Privathaushalten** iSv § 8a SGB IV beschränkt ist (erg. *vom Stein/Beyer-Petz* DStR 2011, 977). Es muss sich also um ein – nach dem offen ausgestalteten Wortlaut keineswegs allein auf Reinigungsdienstleister spezifizierte, sondern auch andere Hilfskräfte (zB Haushalts-/Kinderbetreuungs-/pflegehilfen, Gärtner, Nachhilfelehrer etc) erfassendes – *Arbeitsverhältnis* (vgl. § 8 Abs. 3 SGB IV, § 2 Abs. 2 TzBfG; erg. *Knapp* NZA 2015, 851 (852); *Krumm* NZWiSt 2015, 102; *Spatscheck/Talaska* AnwBl 2010, 203) in einem *privaten Haushalt* handeln. Letzteres erfordert gem. **§ 8a S. 2 SGB IV,** dass die Vertragsbeziehung *„durch einen privaten Haushalt begründet"* wurde und die Tätigkeit *„sonst gewöhnlich durch Mitglieder des privaten Haushalts erledigt wird".* Daran fehlt es etwa bei

„selbstständig" (§ 15; → Rn. 9, 10) oder für ein gewerbliches Reinigungsunternehmen tätigen Putz-kräften (*Benvanger* BB-Special 2/2004, 10 (15); abl. in Bezug auf für eine Wohnungseigentümergemein-schaft geleistete Putzdienste BSG NZA 2013, 1408; zweifelnd *Kahlen* ZMR 2004, 894 (895); Bsp.: LSG BW BeckRS 2013, 71133 – Raumpflegedienstleistungen in Wohnung und Kanzlei eines RA). Daraus können weitere, bei der Schaffung der Norm anscheinend ebenfalls nicht lokalisierte **„Schutzlücken"** (→ Rn. 6, 10) resultieren. Außerdem darf die in § 8 Abs. 1 Nr. 1 SGB IV statuierte **450 EUR-Grenze** nicht (ggf. summenmäßig, vgl. § 8 Abs. 2 S. 1 SGB IV; erg. BGH NJW 1994, 851) überschritten werden und es muss eine Beitragspflicht zur gesetzlichen Rentenversicherung nach Maßgabe von § 168 Abs. 1 Nr. 1c oder § 172 Abs. 3a SGB VI bestehen, vgl. § 40a Abs. 2 S. 1.

8   Das Verfolgungshindernis bezieht sich nur auf die pflichtwidrige **Verletzung** (dh § 370 Abs. 1 *Nr. 2* AO; → Rn. 6) der in **Abs. 2 S. 1 und 2** näher bezeichneten (lohn-)steuerrechtlichen **Anmeldungs-pflichten** – primär – des Arbeitgebers, aber auch des Arbeitnehmers (zu Letzterem s. Kirchhof/Söhn/Mellinghoff/*Joecks* Rn. C 10–12; s. außerdem § 35a EStG). Den davon zu unterscheidenden Fall, dass die ordnungsgemäß angemeldete LSt nicht, nicht vollständig oder nicht rechtzeitig *abgeführt* wird, erfasst der von Abs. 2 S. 1, 2 nicht tangierte (→ Rn. 10) OWi-Tatbestand des **§ 380 AO** (dto. *Spatscheck/Wulf/Fraedrich* DStR 2005, 129 (133)).

9   **Verfassungsrechtliche Bedenken** gegen die in Abs. 2 S. 1, 2 (nur partiell) vorgenommene Ent-kriminalisierung sind, soweit ersichtlich, bisher nicht geltend gemacht worden (vgl. Kirchhof/Söhn/Mellinghoff/*Joecks* Rn. A 11). Mit Blick auf den allgemeinen Gleichheitssatz (Art. 3 Abs. 1 GG) über-denkenswert erscheint allerdings, dass *„selbstständig"* (§ 15; → Rn. 7, 10) in geringfügigem Umfang in Privathaushalten ausgeübte Beschäftigungen – anders als iÜ identisch ausgestaltete *Arbeits*verhältnisse (§ 19) – ohne erkennbaren Grund nicht von dem Verfolgungshindernis erfasst und damit steuerstraf-rechtlich ungleich behandelt werden.

C. Ordnungswidrigkeit(en) nach Abs. 2 S. 3

10   Die in Abs. 2 S. 3 aufgenommene **Globalverweisung** auf die bei/trotz Eingreifen des Verfolgungs-hindernisses nach Abs. 2 S. 1, 2 weiterhin anwendbaren *„Bußgeldvorschriften der §§ 377 bis 384* (AO) " ist de lege lata zu weit gefasst, da im spezifischen Kontext der Vorschrift idR nur die §§ 377, 378, 380 (→ Rn. 8) und 384 AO virulent werden (können). Das tut der Wirksamkeit von Abs. 2 S. 3 jedoch keinen Abbruch. Zu den Einzelheiten der Verfolgung der Tat als – in praxi in erster Linie – Ordnungs-widrigkeit nach **§ 378 AO** kann im Wesentlichen auf die Kommentierung von *Sahan* (→ AO § 378) verwiesen werden. Hinsichtlich des subjektiven Verkürzungstatbestands ist indes **Abs. 2 S. 3 Hs. 2** besonders hervorzuheben, wonach § 378 AO in Fällen des Abs. 2 S. 1, 2 nicht nur bei leichtfertigem, sondern auch bei *vorsätzlichem* Handeln eingreift; die schlicht fahrlässige Tatbegehung bleibt dagegen weiterhin sanktionslos, wobei ein solcher Fall bei angabegemäß „selbstständig" (§ 15; → Rn. 7, 9) tätigen Arbeitskräften idR *nicht* vorliegen wird (§ 46 Abs. 1 OWiG iVm § 261 StPO), wenn dem „Auftraggeber" keine Gewerbeanmeldung (§ 15 Abs. 1 GewO) vorgelegt wurde, eine (regelmäßige) Rechnungsstellung unterblieben ist (erg. §§ 14c, 19 UStG zu einer evtl. Umsatzsteuerverkürzung) und/oder das „Honorar" in bar zur Auszahlung gelangte. Außerdem muss mit Blick auf die nach § 378 Abs. 3 AO mögliche **bußgeldbefreiende Selbstanzeige** darauf Bedacht genommen werden, dass auf sozial-/unfallversicherungsrechtlicher Ebene weder in Bezug auf § 111 SGB IV noch auf § 209 SGB VII (→ Rn. 5) parallele Selbstanzeigemöglichkeiten vorgesehen sind. Dies kann im Einzelfall allerdings Anlass für eine Opportunitätsentscheidung gem. § 47 Abs. 1 OWiG sein.

11   Die **Zuständigkeit** zur Verfolgung von Steuerordnungswidrigkeiten iSv Abs. 2 S. 3 liegt gem. § 409 AO iVm § 387 AO bei der FinBeh. (ebenso *Weyand* INF 2004, 838 (840)), dh konkret bei der **BuStra** (vgl. § 2 Abs. 1 S. 2 SchwarzArbG; zur Finanzkontrolle Schwarzarbeit des Zolls – FKS – s. Erbs/Kohlhaas/*Ambs* SchwarzArbG § 2 Rn. 1; *Spatscheck/Fraedrich* NZBau 2007, 673 (674)). Ordnungswid-rigkeiten nach § 111 Abs. 1 S. 1 Nr. 2a SGB IV und § 209 Abs. 1 S. 1 Nr. 5 SGB VII (→ Rn. 5) werden dagegen von der jeweiligen Einzugsstelle bzw. dem Unfallversicherungsträger verfolgt, § 112 Abs. 1 Nr. 4 SGB IV, § 210 SGB VII. Die Möglichkeiten der Zusammenarbeit dieser Stellen ergeben sich aus § 113 SGB IV und § 211 SGB VII; zur Zusammenarbeit mit der FKS s. § 2 Abs. 1 S. 3–5 SchwarzArbG sowie – erg. – *Aulmann* NZA 2015, 418 u. *Möller* StBp 2014, 228.

930. Tabaksteuergesetz (TabStG)

Vom 15. Juli 2009 (BGBl. I S. 1870) FNA 612-1-8

Zuletzt geändert durch Art. 6 G zur Umsetzung der RL über Tabakerzeugnisse und verwandte Erzeugnisse vom 4.4.2016 (BGBl. I S. 569)

– Auszug –

§ 37 Schwarzhandel mit Zigaretten

(1) ¹Ordnungswidrig handelt, wer vorsätzlich oder fahrlässig Zigaretten in Verpackungen erwirbt, an denen ein gültiges Steuerzeichen nicht angebracht ist, soweit der einzelnen Tat nicht mehr als 1000 Zigaretten zugrunde liegen. ²Die §§ 369 bis 374 der Abgabenordnung finden keine Anwendung.

(2) Die Ordnungswidrigkeit kann mit einer Geldbuße geahndet werden.

(3) ¹Zigaretten, auf die sich eine Ordnungswidrigkeit nach Absatz 1 bezieht, können eingezogen werden. ²§ 23 des Gesetzes über Ordnungswidrigkeiten ist anzuwenden.

(4) Verwaltungsbehörde im Sinn des § 36 Absatz 1 Nummer 1 des Gesetzes über Ordnungswidrigkeiten ist das Hauptzollamt.

(5) Die Befugnis nach § 56 des Gesetzes über Ordnungswidrigkeiten steht auch Beamten des Polizeidienstes und den hierzu ermächtigten Beamten des Zollfahndungsdienstes zu, die eine Ordnungswidrigkeit nach Absatz 1 entdecken oder im ersten Zugriff verfolgen und sich ausweisen.

Literatur (Auswahl): *Allgayer/Sackreuther*, §§ 52 ff. StGB: Konkurrenzen bei illegaler Einfuhr von Zigaretten, PStR 2009, 44; *BMF*, Verwarnungsgeld beim Kauf von unversteuerten Zigaretten, ZfZ 1994, 222; *Grote*, Überlagerung der Steuerhehlerei durch den Tatbestand der Geldwäsche, ZfZ 2001, 69; *Jäger*, Die Auswirkungen der Osterweiterung der Europäischen Union auf das deutsche Steuerstrafrecht, FS Amelung, 2009, 447; *Lenz/Gerhard*, Erlass der Tabaksteuer bei Zigarettenschmuggel von Verfassungs wegen? – Anm. zu den Beschlüssen des BVerfG vom 30.3.2011 – 1 BvR 1146/08 und 1147/08, StB 2011, 319; *Leplow*, Zigarettenschmuggel, Geldwäsche und Gewinnabschöpfung, PStR 2008, 213; *Middendorp*, Verbringen von Tabakwaren des steuerrechtlich freien Verkehrs anderer Mitgliedstaaten – eine steuerrechtliche Betrachtung unter Berücksichtigung steuerstrafrechtlicher Aspekte, ZfZ 2011, 197; *Retemeyer/Möller*, Zollstraftaten und Zollordnungswidrigkeiten, AW-Prax 2009, 340; *Weidemann*, Tabaksteuerstrafrecht, wistra 2012, 1 (Teil 1), 49 (Teil 2).

A. Normenhistorie und Regelungszweck

Die § 37 unmittelbar vorausgehende, im Wesentlichen inhaltsgleiche Vorschrift des **§ 30a TabStG** **1** **1993** wurde auf Vorschlag des Finanzausschusses des BTages durch Art. 9 Nr. 4 GrenzpendlerG v. 24.6.1994 (BGBl. I 1395) mWz 1.7.1994 nachträglich in das Gesetz eingefügt. Ihre vergleichsweise kurz gehaltene, zur eigentlichen **ratio legis** nichts Konkretes aussagende Begründung (BT-Drs. 12/7427, 40; s. auch BMF ZfZ 1994, 222 u. FG Düsseldorf PStR 2005, 129 = BeckRS 2005, 26018897: *„beschleunigtes ‚Abstrafen' von Schwarzmarktkäufern in großer Zahl in einem zum Strafverfahren vereinfachten Verfahren";* dto. Müller-Gugenberger WirtschaftsStR/*Retemeyer* § 15 Rn. 79) lautet:

„Absatz 1 Satz 1 des neuen § 30a beinhaltet den Ordnungswidrigkeitentatbestand für den Erwerb unversteuerter Zigaretten bis zu einer Menge von 1000 Stück. Absatz 1 Satz 2 stellt sicher, daß eine Tat, die unter den Tatbestand des Satzes 1 fällt und die stets auch eine Steuerstraftat nach § 374 AO darstellt, nur als Steuerordnungswidrigkeit geahndet werden kann. Absatz 2 bestimmt, daß die Ordnungswidrigkeit nach Absatz 1 mit einem Bußgeld bis zu 1000 DM geahndet werden kann. Dieser Bußgeldrahmen ist für die hier erfaßten Fälle ausreichend. Absatz 3 sieht die Einziehung von Zigaretten vor, die Gegenstand einer Ordnungswidrigkeit nach Absatz 1 sind. Die Einziehung ist geboten, weil die Packungen derartiger Zigaretten keine Steuerzeichen tragen und deshalb aufgrund steuerlicher und gesundheitsrechtlicher Vorschriften nicht verkehrsfähig sind. Der Verkehr mit Tabakwarenpackungen ohne Steuerzeichen würde insbesondere die steuerliche Beweisfunktion der Steuerzeichens aushöhlen und damit die Bekämpfung des Schwarzhandels erschweren. Die Absätze 4 und 5 regeln die Befugnisse zur Durchführung des Bußgeld- bzw. Verwarnungsgeldverfahrens."

Durch Art. 1 Nr. 8 12. EuroEG v. 16.8.2001 (BGBl. I 2081) erfolgten begriffliche Anpassungen in **2** § 30a Abs. 1 S. 1 (Erwerb zum eigenen „Bedarf" anstatt zum „Verbrauch" (abw. nach wie vor Müller-Gugenberger WirtschaftsStR/*Retemeyer* § 15 Rn. 78)) und Abs. 3 S. 1 (Einziehungsmöglichkeit betr. „Zigaretten" anstatt – zu weitgehend – „Tabakwaren"; → Rn. 4) TabStG 1993. Ihre heutige Fassung erhielt die in **§ 37** transferierte Vorschrift im Zuge der **aufgrund europarechtlicher Vorgaben** (RL 2008/118/EG des Rates v. 16.12.2008 – VerbrStSystemRL, ABl. 2009 L 9, 12) erfolgten Neufassung des TabStG durch das 4. VerbrStÄndG v. 15.7.2009 (BGBl. I 1870; erg. *Höll* PStR 2011, 50). Dabei wurde in Abs. 1 S. 1 die Wendung „zum eigenen Bedarf" ersatzlos gestrichen, was zu einer nicht unerheblichen Erweiterung des Anwendungsbereichs der Norm geführt hat (→ Rn. 4 aE; insoweit unzutr. BT-Drs. 16/12257, 81: „*Die Vorschrift entspricht dem bisherigen Recht.* "). § 37 trat am **1.4.2010** in Kraft. Ungeachtet dessen nimmt § 23 Abs. 2 S. 1 ZollV nach wie vor auf § 30a TabStG 1993 Bezug.

3 Die zentrale Bedeutung von § 37 liegt in dem etwas versteckt in **Abs. 1 S. 2** normierten, materiell-rechtlich wirksamen **Tatbestandsausschluss** („*Die §§ 369 bis 374 ...* (AO) *finden keine Anwendung*"; aA – dh „Strafaufhebungsgrund" – Beermann/Gosch/*Meyer* AO § 374 Rn. 16; MüKoStGB/*Wegner* AO § 374 Rn. 70; Rolletschke/Kemper/*Kemper* AO § 374 Rn. 68; → Rn. 6) **für Bagatellsteuer-straftaten**, die (*ausschließlich,* vgl. FG Düsseldorf PStR 2005, 129 = BeckRS 2005, 26018897 zu § 30a TabStG 1993; → Rn. 4) **durch** den **Erwerb** von (tabak-)steuerrechtlich bemakelten Zigaretten began-gen werden (allg. zum Tabaksteuerstrafrecht *Weidemann* wistra 2012, 1; 2012, 49; erg. *Allgayer/Sackreuther* PStR 2009, 44; *Leplow* PStR 2008, 213). Dies betrifft insbes. **§ 374 AO** (vgl. BT-Drs. 12/7427, 40; Bender/Möller/Retemeyer SteuerStrafR/*Möller/Retemeyer* C IV Rn. 712, E III Rn. 254, 256; → Rn. 1, 4). Hierdurch wird der in § 21 Abs. 1 S. 1 OWiG angeordnete Vorrang des Strafgesetzes *insoweit* (→ Rn. 6) in dem von Abs. 1 S. 1 gesteckten Rahmen außer Kraft gesetzt (s. auch Kohlmann/ *Hilgers-Klautzsch* AO § 374 Rn. 123 („Umkehrung des Grundsatzes")). Voraussetzung für das Eingreifen dieses sog **Hehlerprivilegs** (verfahrensrechtlich loziertes „Gegenstück": § 32 ZollVG – Schmuggel-privileg; → ZollVG § 32 Rn. 4; → Rn. 11) ist nach dem Gesetzeswortlaut allein, dass der Täter iSv Abs. 1 S. 1 „*ordnungswidrig* (ge)*handelt*" hat, dh er muss diesen OWi-Tatbestand objektiv (→ Rn. 4) und subjektiv (→ Rn. 5) verwirklicht haben. Nicht erforderlich ist dagegen, dass sein Handeln rechtswidrig (§ 377 Abs. 2 AO iVm §§ 15, 16 OWiG) und vorwerfbar (§ 12 OWiG) war oder die Tat als Ordnungs-widrigkeit geahndet wird (§ 410 Abs. 1 Hs. 1 AO iVm § 47 OWiG) bzw. noch verfolgbar ist (§§ 31 ff. OWiG).

B. Tatbestand und Rechtsfolgen

4 **Objektiv** setzt Abs. 1 S. 1 voraus, dass der Täter – maximal – 1.000 Zigaretten in Verpackungen ohne gültiges Steuerzeichen (also nicht lose) erwirbt **(Minima-Schwelle).** Dabei ist hinsichtlich des Tat-objekts besonders zu beachten, dass der Gesetzestext trotz des weitergehenden Regelungsbereichs des TabStG (vgl. § 1 Abs. 1 S. 1, Abs. 2) ausschließlich **„Zigaretten"** (Legaldefinition: § 1 Abs. 1 S. 1 Nr. 2) erfasst. Eine Ausdehnung der Ordnungswidrigkeit – und damit des Tatbestandsausschlusses (→ Rn. 3) – auf *Tabakwaren* im Übrigen, dh auf „Zigarren oder Zigarillos" und „Rauchtabak" (vgl. § 1 Abs. 1 S. 1 Nr. 1, 3, Abs. 4–8), oder gar Waren, die anderen Verbrauchsteuergesetzen unterfallen (zB KaffeeStG), kommt angesichts des eindeutigen, nicht weiter interpretationsfähigen Wortlauts weder *zugunsten* (§§ 258, 258a StGB; erg. SSW StGB/*Jahn* StGB § 258a Rn. 9) noch *zulasten* (Art. 103 Abs. 2 GG, § 3 OWiG) des Täters in Betracht. Gleiches gilt für die zahlenmäßige Begrenzung der erworbenen Zigaretten auf **1.000 Stück** (vgl. § 25 Abs. 2: Kleinverkaufspackung (Schachtel) mind. 19 Stück, dh 1.000 Stück entspr. etwa 52 Schachteln bzw. fünf Stangen (s. auch BayObLGSt 2003, 75 (77))). Das Erfordernis „in Verpackungen ohne gültiges Steuerzeichen" bezieht sich auf die in § 17 angeordnete, auf strafrechtlicher Ebene primär von § 370 Abs. 1 Nr. 3 AO erfasste (Nicht-)Verwendung von **Tabak-steuerbanderolen** (erg. *Ebner/Schlosser* PStR 2016, 118). Hier muss in der Praxis auf die Fälle des § 22 ((Eigen-)Erwerb von Zigaretten durch Privatpersonen in anderen EU-Mitgliedstaaten für den Eigenbe-darf) Bedacht genommen werden, in denen nach materiell-(tabaksteuer-)rechtlichen Vorgaben grds. (s. aber § 22 Abs. 3, 4) weder Abs. 1 S. 1 noch die §§ 369–374 AO eingreifen (vgl. etwa BFHE 234, 571 = DStRE 2012, 62 mAnm *Rüsken,* BFH/PR 2012, 70 – Eigenbedarf bei Geschenk an Familienangehöri-ge; s. auch *Jäger* FS Amelung, 2009, 447 (462 f.); *Weidemann* wistra 2012, 1 (5); erg. OLG Karlsruhe ZfZ 1975, 210 (212) zu § 80 ZG (→ ZollVG § 32 Rn. 5)). Von § 37 erfasst werden soll vielmehr, wie bereits die amtliche Überschrift nahelegt, der *im Bundesgebiet* (vgl. § 5 OWiG) erfolgte (Fremd-)Erwerb von unversteuerten (vgl. § 17 Abs. 1 S. 1) Zigaretten in den in § 19 und – in praxi vor allem – **§ 23** beschriebenen Konstellationen (grdl. *Middendorp* ZfZ 2011, 197; Bsp.: BFH BFH/NV 2013, 1131 = BeckRS 2013, 95050 m. zust. Anm. *Witte* AW-Prax 2014, 80 – Steuerschuldnerschaft trotz unvorsätzli-chem „Verbringen" (Pkw mit doppeltem Boden); erg. BFHE 240, 458 = BFH NZWiSt 2014, 232 zum Begriff des „Empfängers" iSv § 19 S. 2 aF (= § 23 Abs. 1 S. 2) mAnm *Allgayer/Sackreuther* NZWiSt 2014, 235 u. *Weidemann* wistra 2013, 422; nachgehend – in Abw. v. BGH NStZ 2010, 644 – EuGH wistra 2014, 433 = BeckRS 2014, 81090). Unter **„Erwerb"** idS ist der Ankauf oder die sonstige Sich-bzw. Drittverschaffung (zB durch Schenkung) der unversteuerten Zigaretten zu verstehen; insoweit finden die zu § 374 Abs. 1 AO entwickelten Auslegungsgrundsätze (→ AO § 374 Rn. 13 f.) entspre-chende Anwendung. Darauf, ob es sich nach dem Tatplan des *Erwerbers* um einen Beschaffungsvorgang zum eigenen Bedarf (sog **Endverbrauchsteuerhehler**) oder zum Weiterverkauf (sog **Absatz-/Zwi-schensteuerhehler**) handelt, kommt es – anders als bei § 30a Abs. 1 S. 1 TabStG 1993 (→ Rn. 2) – heute weder nach dem Wortlaut noch nach der Gesetzessystematik an (insoweit überholt, da noch an § 30a TabStG 1993 orientiert: Flore/Tsambikakis/*Schuster/Schultehinrichs* AO § 374 Rn. 45; Hüb-schmann/Hepp/Spitaler/*Beckemper* AO § 374 Rn. 80; JJR/*Jäger* AO § 374 Rn. 66; Klein/*Jäger* AO § 374 Rn. 48 (jeweils Schwarzhandel mit Zigaretten „*zum eigenen Bedarf*"; Hervorh. v. hier)). Zu

beachten ist allerdings, dass Abs. 1 S. 1 – und damit der Tatbestandsausschluss – ausschließlich den *Erwerb,* nicht aber die übrigen in § 374 Abs. 1 AO pönalisierten Verhaltensweisen erfasst, sodass der im Anschluss an den Ankauf erfolgende **Absatz** der Zigaretten trotz Abs. 1 S. 2 **nach wie vor als Steuerhehlerei strafbar** ist (so zutr. FG Düsseldorf PStR 2005, 129 = BeckRS 2005, 26018897 zu § 30a TabStG 1993). Insbesondere handelt es sich dabei nicht um eine mitbestrafte – und deshalb straflose – Nachtat, weil die damit korrespondierende Vortat von Abs. 1 S. 1 zur Ordnungswidrigkeit herabgestuft wurde, es also an der erforderlichen *Straftat* als Vortat idS fehlt (erg. BGH NJW 1975, 2109 (2110); Fischer StGB Vor § 52 Rn. 65 f.). Etwas anderes gilt allerdings, falls die Vortat des Erwerbers als Geldwäsche iSv § 261 StGB einzustufen ist (→ Rn. 7).

In **subjektiver Hinsicht** verlangt Abs. 1 S. 1 **Vorsatz** (dh wenigstens *dolus eventualis;* → StGB § 15 **5** Rn. 13 ff.) oder **Fahrlässigkeit** (→ StGB § 15 Rn. 19 ff.). Leichtfertigkeit als gesteigerte Form fahrlässigen Handelns ist – anders als etwa bei § 378 Abs. 1 S. 1 AO (→ AO § 378 Rn. 20 ff.) – nicht erforderlich, verwirklicht den Tatbestand aber gleichermaßen bzw. „erst Recht". Dass der Gesetzgeber ausnahmsweise (vgl. § 10 OWiG) auch die *fahrlässige* Tatbegehung mit Geldbuße bedroht hat, kann zu einer erheblichen **Beweiserleichterung** im Hinblick auf den subjektiven Tatbestand führen (vgl. Bender/Möller/Retemeyer SteuerStrafR/*Möller/Retemeyer* E III Rn. 254 f.; Müller-Gugenberger WirtschaftsStR/*Retemeyer* § 15 Rn. 78 aE).

Der für die Wirkrichtung von § 37 insgesamt maßgebende **Abs. 1 S. 2** schließt nach seinem **Wort- 6 laut** zwar nur die Anwendung der „*§§ 369 bis 374*" AO aus, also der Tatbestände des materiellen Steuerstrafrechts einschließlich der von § 369 Abs. 1 Nr. 3, 4 AO zu Steuerstraftaten „gekorenen" Tatbestände des Kernstrafrechts (→ AO § 369 Rn. 11, 12). Daraus kann indes nicht der weitergehende (Umkehr-)Schluss gezogen werden, dass im Verfahren zur Ahndung einer *Ordnungswidrigkeit* nach Abs. 1 S. 1 die §§ 375, 376 AO gleichsam als übrig gebliebener „Rest" des Ersten Abschnitts des Achten Teils der AO (→ Rn. 12) oder gar die §§ 385 ff. AO weitergelten müssten. Dem stehen nicht nur die andernfalls ad absurdum geführte grundsätzliche Gesetzessystematik zum Verhältnis zwischen Straf- und Ordnungswidrigkeitenrecht entgegen (vgl. § 21 Abs. 1 S. 1 OWiG; → Rn. 3), sondern vor allem die von Abs. 1 S. 2 in ihrer Anwendung ebenfalls nicht ausgeschlossenen **§§ 377 Abs. 2, 410 Abs. 1 Hs. 1 AO**. Ähnliche Auslegungsinterdependenzen birgt die vom Gesetzgeber in Abs. 1 S. 1 zur Festlegung der Minima-Schwelle von 1.000 Zigaretten (→ Rn. 4) eingesetzte **Wendung „soweit".** Damit ist entgegen dem ersten (uU steuerrechtlich vorgeprägten) Eindruck *nicht* gemeint, dass die Strafbarkeit beim Erwerb von bspw. 1.001 Zigaretten – ähnlich einem Steuerfreibetrag – nur für die die Minima-Schwelle übersteigende Menge von *einer* Zigarette eingreift und iÜ eine Ordnungswidrigkeit anzunehmen wäre. Vielmehr ist, wie auch sonst bei der Überschreitung einer *Freigrenze,* dann die Gesamtmenge von 1.001 Zigaretten der (in der Folge ausschließlich) strafrechtlichen Verfolgung zugrunde zu legen. Dies ergibt sich trotz des de facto unglücklich gewählten Wortlauts (eindeutiger wäre die Formulierung „wenn" gewesen) bereits aus dem materiellen/prozessualen Tatbegriff (vgl. § 377 Abs. 2 AO iVm § 19 Abs. 1 OWiG bzw. § 410 Abs. 1 Hs. 1 AO iVm § 46 Abs. 1 OWiG, § 264 Abs. 1 StPO; erg. KK-OWiG/ *Mitsch* OWiG § 19 Rn. 3–5) in Verbindung mit dem in § 21 Abs. 1 S. 1 OWiG statuierten Anwendungsvorrang des Strafgesetzes. Dieses letztlich unzweifelhafte Ergebnis wird durch die ratio legis (→ Rn. 1) zusätzlich untermauert. Praktische Konsequenz hieraus ist ua, dass (uU bewusst mit Blick auf § 37 initiierte) **„gestreckte" Erwerbe** größerer Zigarettenmengen (zB Erwerb von 2000 Zigaretten in zwei Tranchen zu je 1.000 Stück) nicht etwa dazu führen, dass lediglich mehrere (im Bsp.: zwei) tatmehrheitlich (§ 377 Abs. 2 AO iVm § 20 OWiG) verwirklichte Ordnungswidrigkeiten nach Abs. 1 S. 1 vorliegen. Stattdessen kommt es auch insoweit entscheidend darauf an, ob nach den Umständen des Einzelfalls eine Tat im materiell-rechtlichen Sinne (§ 19 OWiG) gegeben ist, etwa weil von einer natürlichen Handlungseinheit oder einer Bewertungseinheit auszugehen ist (s. dazu KK-OWiG/*Mitsch* OWiG § 19 Rn. 8 ff.; Fischer StGB Vor § 52 Rn. 3 ff., 12 ff.).

Gleichwohl kann es in der Praxis zu einer Überlagerung von § 37 durch den Straftatbestand der **7 Geldwäsche** (§ 261 Abs. 1 S. 1, Abs. 2, Abs. 5 StGB) kommen, wenn sich die Tat des *Veräußerers* der Zigaretten unter § 261 Abs. 1 S. 2 Nr. 3 iVm S. 3 StGB (gewerbsmäßiger, gewaltsamer *oder* bandenmäßiger Schmuggel, gewerbs- *oder* bandenmäßige Steuer(zwischen-)hehlerei) subsumieren lässt und der Erwerber nicht iSv § 261 Abs. 9 S. 2 StGB an dieser Vortat beteiligt ist. Hinsichtlich des zuletzt genannten Aspekts greift insbes. die im BGH-Urteil in NJW 2000, 3725 (= NStZ 2000, 653) unter II.1.c aufgestellte **konkurrenzrechtliche Grundregel** nicht ein, wonach § 261 Abs. 9 S. 2 StGB eine Strafbarkeit wegen Geldwäsche auch *„immer dann ausschließt, wenn der Angeklagte* (dh hier: der Erwerber) *bereits* [aufgrund des Erwerbsakts als solchem] *wegen der Beteiligung an einer Katalogtat strafbar ist".* Denn gerade diese Vortat-Strafbarkeit wird durch Abs. 1 S. 2 im Wege eines gesetzlich statuierten Tatbestandsausschlusses (→ Rn. 3) suspendiert, zumal die insofern regelmäßig in Betracht zu ziehende „einfache" Steuerhehlerei ohnedies keine taugliche Geldwäschevortat darstellen würde (erg. → StGB § 261 Rn. 18; SSW StGB/*Jahn* StGB § 261 Rn. 24). Dies hat zur Folge, dass der Zigarettenerwerb in derartigen Konstellationen gem. § 21 Abs. 1 S. 1 OWiG allein unter dem Gesichtspunkt der – trotz der entkriminalisierenden Stoßrichtung des § 37 (→ Rn. 1, 3) eindeutig *nicht* von Abs. 1 S. 2 erfassten – Geldwäsche zu beurteilen ist und die Verfolgungszuständigkeit damit abgesehen von den in §§ 1 Abs. 3c, 12b ZollVG der Zollfahndung zugewiesenen Kompetenzen *insgesamt* auf die Staatsanwaltschaft übergeht, weil es sich bei § 261 StGB nicht um einen Steuerstraftatbestand iSd §§ 369 Abs. 1, 386 Abs. 1 Nr. 1 AO handelt (wie hier *Grote* ZfZ 2001, 69 (71); zur strafbefreienden Selbstanzeige nach § 261 Abs. 9 S. 1 StGB s. → Rn. 13). Um den in § 37 zum Ausdruck kommenden gesetzgeberischen Impetus nicht leerlaufen zu lassen, sollte daher – trotz der Möglichkeit einer evtl. „Ergebniskorrektur" mittels §§ 153, 153a StPO – überdacht werden, den Tatbestandsausschluss in Abs. 1 S. 2 auch auf die Geldwäsche zu erstrecken (zB „*Die §§ 369 bis 374 der Abgabenordnung und § 261 des Strafgesetzbuchs finden keine Anwendung.*").

8   Wird wegen der Tat (§ 46 Abs. 1 OWiG, § 264 StPO) ein auf Abs. 1 S. 1 gestützter Bußgeldbescheid erlassen, tritt gem. § 410 Abs. 1 Hs. 1 AO iVm § 84 Abs. 2 OWiG **Strafklageverbrauch** hinsichtlich des Vergehens nach § 261 StGB nur ein, wenn (nach Einspruchseinlegung) eine rechtskräftige *gerichtliche* Entscheidung über die Tat als Ordnungswidrigkeit ergangen ist; kommt es im Anschluss zur Verurteilung wegen Geldwäsche, hebt das Gericht im Urteil den auf Abs. 1 S. 1 gestützten Bußgeldbescheid gem. § 86 OWiG auf (vgl. Bohnert/Krenberger/Krumm OWiG § 84 Rn. 9 f.; JJR/*Joecks* AO § 378 Rn. 78; KK-OWiG/*Lutz* OWiG § 84 Rn. 3, 10).

9   Auf der **Sanktionsebene** eröffnet **Abs. 2 iVm § 17 Abs. 1, 2 OWiG** einen Bußgeldrahmen von **fünf bis 1.000 EUR** bei *vorsätzlichem* bzw. von fünf bis 500 EUR bei *fahrlässigem* Handeln. Die Höhe der im Einzelfall zu verhängenden Geldbuße wird sich im hiesigen Kontext in erster Linie an der Menge der vom Täter erworbenen Zigaretten bzw. der Höhe der damit auf ihn entfallenden Tabaksteuerverkürzung und an der Vorsatzform (→ Rn. 5) orientieren (vgl. § 377 Abs. 2 AO iVm § 17 Abs. 2–4 OWiG; s. auch BMF ZfZ 1994, 222: Verwarnung (→ Rn. 10, 13) bei bis zu *400* Zigaretten; Bußgeldverfahren bei *401–1000* Zigaretten; Müller-Gugenberger WirtschaftsStR/*Retemeyer* § 15 Rn. 79: „*Nach der … Praxis der Zollverwaltung … Verwarnungsgeld von 15–35 Euro … Bußgeld bis zu 125 Euro*"). Daneben **haftet** der Betroffene gem. **§ 15 Abs. 6 S. 2** für den ihm zuzuordnenden Anteil der hinterzogenen Tabaksteuer. Außerdem unterliegen die inkriminierten Zigaretten (-schachteln/-stangen; → Rn. 3) als sog Beziehungsgegenstände nach Maßgabe von **Abs. 3** der (erweiterten, vgl. § 23 OWiG) **Einziehung** (erg. Flore/Tsambikakis/*Ebner* AO § 375 Rn. 24a zur Parallelregelung des § 375 Abs. 2 AO). Für diesen (nach der Gesetzesintention (→ Rn. 1) *Regel-*)Fall sieht **§ 15 Abs. 6 S. 1** die Möglichkeit vor, von der Festsetzung und Erhebung der von ihm (vgl. § 15 Abs. 5) geschuldeten Tabaksteuer abzusehen (erg. *Lenz/Gerhard* StB 2011, 319). Dies setzt allerdings zusätzlich voraus, dass es sich um eine geringfügige (und idR auch erstmalige) Ordnungswidrigkeit handelt, wegen derer er erfolgreich verwarnt worden ist (§ 56 OWiG).

C. Verfolgungszuständigkeit

10   Die (sachliche) **Zuständigkeit** für die Verfolgung von Ordnungswidrigkeiten nach Abs. 1 S. 1 liegt gem. **Abs. 3** grds. beim **Hauptzollamt.** Dies ist vor dem Hintergrund von § 386 AO nur konsequent. Ist das Verfahren – zB nach einer Verfolgungsübernahme gem. § 410 Abs. 1 Hs. 1 AO iVm § 42 Abs. 1 S. 1 OWiG – bei der **Staatsanwaltschaft** anhängig, ist diese auch für die Ahndung der Ordnungswidrigkeit zuständig (vgl. § 40 OWiG); häufig wird hier aber (insoweit) eine (Rück-)Abgabe gem. § 43 OWiG erfolgen. In Erweiterung von § 57 Abs. 2 OWiG gestattet **Abs. 5** unter den dort genannten Voraussetzungen (nur) die Durchführung des Verwarnungsverfahrens (→ Rn. 9, 13) aus verfahrensökonomischen Gründen auch den Beamten des Polizeidienstes (vgl. § 53 OWiG) und den hierzu gem. § 58 OWiG gesondert ermächtigten Beamten der Zollfahndung (vgl. *Retemeyer/Möller* AW-Prax 2009, 340 (344); erg. § 410 Abs. 1 Nr. 9 iVm § 404 AO; § 26 Abs. 1 (, § 16) ZFdG).

D. Verfahrensrechtliches

11   In **verfahrensrechtlicher Hinsicht** dürfen Erkenntnisse aus **TKÜ-Maßnahmen,** die den/die Veräußerer der bemakelten Zigaretten betreffen (vgl. § 100a Abs. 2 Nr. 2 StPO; ausf. zum Ganzen *Kramer* NJW 2014, 1561 (auch betr. § 100g StPO)), gem. § 410 Abs. 1 Hs. 1 AO, § 46 Abs. 1 OWiG iVm **§ 477 Abs. 2 S. 2 StPO** im Ordnungswidrigkeitenverfahren gegen den Erwerber nicht zu Beweiszwecken, sondern lediglich als *Spurenansatz* verwendet werden (vgl. Meyer-Goßner/Schmitt/*Schmitt* StPO § 477 Rn. 5a; BeckOK StPO/*Wittig* StPO § 477 Rn. 5 jew. mwN). Etwas anderes kann mit Blick auf § 100a Abs. 2 Nr. 1m StPO allerdings dann gelten, wenn sich dieser selbst dem Verdacht der **Geldwäsche** (→ Rn. 7, 12) aussetzt (vgl. *Grote* ZfZ 2001, 69 (71); einschr. BGHSt 48, 240 (243 ff.) = NJW 2003, 1880 (1881 ff.) mit Blick auf § 261 Abs. 9 S. 2 StGB; erg. SSW StGB/*Jahn* StGB § 257 Rn. 30 mwN). Bleibt nach Abschluss der Ermittlungen unklar, ob ein mit „Schmuggelzigaretten" aufgegriffener Betroffener unter den materiell-rechtlich wirkenden Voraussetzungen des Abs. 1 S. 1 oder denjenigen des prozessual wirksamen § 32 ZollVG (→ Rn. 3; erg. Hellmann AO-NebenStrafVerfR 34) gehandelt hat, ist der abschließenden Entscheidung **„in dubio pro reo"** die aus dessen Sicht günstigste Sachverhaltskonstellation zugrunde zu legen.

12   Die Ordnungswidrigkeit nach Abs. 1 S. 1 **verjährt** – vorbehaltlich des Eingreifens etwaiger Ruhens- oder Unterbrechungstatbestände (§§ 32, 33 OWiG) – gem. § 410 Abs. 1 Hs. 1 AO iVm § 31 Abs. 2 Nr. 4 OWiG in **sechs Monaten.** Die Sonderregel des § 384 AO ist nicht einschlägig; auch § 376

Abs. 1 AO gilt – obschon entspr. Anwendungsfälle (zB § 370 Abs. 3 S. 2 Nr. 3 AO) durchaus denkbar wären – trotz der Beschränkung von Abs. 1 S. 2 auf die *„§§ 369 bis 374"* AO (anstatt §§ 369–376 AO) nicht (→ Rn. 6). Die den Verjährungsfristlauf (erstmals) auslösende „Handlung" iSv § 31 Abs. 3 S. 1 OWiG besteht im (tatsächlichen Abschluss des) **Erwerb**(svorgangs) (→ Rn. 4 aE) der inkriminierten Zigaretten.

Eine **bußgeldbefreiende Selbstanzeige** ist **nicht möglich,** weil sich der Regelungsbereich der **13** §§ 371, 378 Abs. 3 AO nicht auf Abs. 1 S. 1 erstreckt bzw. im Wege einer Analogie hierauf erstreckt werden kann (grdl. *Brenner* StW 1981, 147). Letzteres scheitert schon am Fehlen einer planwidrigen Regelungslücke. Auch eine **strafbefreiende Erklärung** iSv § 1 StraBEG ist bzw. war **ausgeschlossen,** weil § 37 nicht in § 6 StraBEG aufgeführt ist. Jedoch können derartige Bemühungen für die Bußgeldbemessung bzw. die Einstufung der Ordnungswidrigkeit als „geringfügig" iSv § 15 Abs. 6 S. 1 TabStG (jeweils → Rn. 9) und die Frage, ob eine (ggf. erneute) Verwarnung (→ Rn. 9, 10) oder gar die Einstellung des Bußgeldverfahrens (§ 47 OWiG) in Betracht kommen, ausschlaggebend sein (s. dazu auch Nr. 104 AStBV 2014, BStBl. I 2013, 1394 = BeckVerw 279250). Steht ein Vergehen der **Geldwäsche** im Raum (→ Rn. 7, 11), ist insoweit allerdings die Chance einer *strafbefreienden* Selbstanzeige nach **§ 261 Abs. 9 S. 1 StGB** eröffnet. Gelingt diese, lebt die Möglichkeit der Ahndung der Tat als OWi nach Abs. 1 S. 1 bereits gem. § 377 Abs. 2 AO iVm **§ 21 Abs. 2 OWiG** wieder auf. Auf den Umstand, dass idealkonkurrierende Delikte generell nicht von der strafbefreienden Wirkung des § 261 Abs. 9 S. 1 StGB erfasst werden (s. dazu SSW StGB/*Jahn* StGB § 261 Rn. 67a), kommt es danach nicht mehr an.

940. Umsatzsteuergesetz (UStG)

In der Fassung der Bekanntmachung vom 21. Februar 2005 (BGBl. I S. 386) FNA 611-10-14

Zuletzt geändert durch Art. 11 und 12 Steueränderungsgesetz 2015 vom 2.11.2015
(BGBl. I S. 1834)

§ 26b Schädigung des Umsatzsteueraufkommens

(1) Ordnungswidrig handelt, wer die in einer Rechnung im Sinne von § 14 ausgewiesene Umsatzsteuer zu einem in § 18 Absatz 1 Satz 4 oder Abs. 4 Satz 1 oder 2 genannten Fälligkeitszeitpunkt nicht oder nicht vollständig entrichtet.

(2) Die Ordnungswidrigkeit kann mit einer Geldbuße bis zu fünfzigtausend Euro geahndet werden.

§ 26c Gewerbsmäßige oder bandenmäßige Schädigung des Umsatzsteueraufkommens

Mit Freiheitsstrafe bis zu fünf Jahren oder mit Geldstrafe wird bestraft, wer in den Fällen des § 26b gewerbsmäßig oder als Mitglied einer Bande, die sich zur fortgesetzten Begehung solcher Handlungen verbunden hat, handelt.

Literatur: *Bielefeld*, Schützen die §§ 26b, 26c UStG das Umsatzsteueraufkommen gegen Karussellgeschäfte?, BB 2004, 2441; *Bielefeld*, Fortbildung des Umsatzsteuerstrafrechts durch den EuGH, wistra 2007, 9; *Bülte*, Möglichkeiten und Grenzen beweiserleichternder Tatbestandsfassungen im Strafrecht, JZ 2014, 603; *Fahl*, Der neue § 370a AO – causa finita?, wistra 2003, 10; *Gehm*, Steuerliche und steuerstrafrechtliche Aspekte des Umsatzsteuerkarussells, NJW 2012, 1257; *Gotzens/Wegner*, Das Steuerverkürzungsbekämpfungsgesetz: Eine erste Einschätzung, PStR 2002, 32; *Harms*, § 370a AO – Optimierung des steuerstrafrechtlichen Sanktionssystems oder gesetzgeberischer Fehlgriff?, FS Kohlmann 2003, 413; *Jäger*, Aus der Rechtsprechung des BGH zum Steuerstrafrecht 2005/2007 – Teil 1, NStZ 2007, 688; *Joecks*, Strafvorschriften im Steuerverkürzungsbekämpfungsgesetz, wistra 2002, 201; *Kruhl*, Reichen die Maßnahmen des Steuerverkürzungsbekämpfungsgesetzes zur Betrugsbekämpfung aus oder ist eine Änderung des Umsatzsteuersystems notwendig?, BB 2002, 1018; *Muhler*, Die Umsatzsteuerhinterziehung, wistra 2009, 1; *Niesken*, Steueränderungsgesetz 2001 und Steuerverkürzungsbekämpfungsgesetz, UR 2002, 53; *Nöhren*, Die Hinterziehung von Umsatzsteuern, 2005; *Reiß*, Gutachten zur Gesetzgebung zum Umsatzsteuerbetrug, Stbg 2004, 113; *Reiß*, Vorsteuerabzug – Achillesverse der Mehrwertsteuer, UR 2002, 561; *Schmidt*, Die Nichtabführung von Umsatzsteuer als Straftat, 2016; *Spatscheck*, Bandenmäßige Umsatzsteuerhinterziehung, FS 25 Jahre Arbeitsgemeinschaft Strafrecht DAV 2008, 378; *Spatscheck/Wulf*, „Schwere" Steuerhinterziehung und Geldwäsche, NJW 2002, 2983; *Webel*, Schädigung des Umsatzsteueraufkommens, PStR 2005, 259; *Wilhelm*, Schutz des Umsatzsteueraufkommens durch §§ 26b, 26c UStG, UR 2005, 474.

Vgl. ferner die Literaturnachweise vor § 370 AO; → AO § 370 Rn. 311.

Übersicht

A. Allgemeines

I. Gesetzeshistorie und Schutzzweck

Die §§ 26b, 26c sind iRd Steuerverkürzungsbekämpfungsgesetzes (StVBG v. 19.12.2001, **1** BGBl. I 3922) mit Geltung ab dem 1.1.2002 eingeführt worden. Mit Art. 10 Nr. 14 des Gesetzes zur Umsetzung der Amtshilferichtlinie sowie zur Änderung steuerlicher Vorschriften (Amtshilferichtlinie-Umsetzungsgesetz − AmtshilfeRLUmsG v. 26.6.2013 mWv 30.6.2013, BGBl. I 1809 (1817)) wurde ein Fehlverweis auf § 18 Abs. 1 S. 3 korrigiert. Zweck des Gesetzespakets im StVBG − in das diese Vorschriften erst auf Vorschlag des Finanzausschusses (BT-Drs. 14/7470, 7; Begr. BT-Drs. 14/7471, 7 f.; *Schmidt*, Die Nichtabführung von Umsatzsteuer, 2016, 24) und ohne sorgfältige Überlegung (so Flore/Tsambikakis/*Gaede* § 26b Rn. 1; Schwaz/Widmann/Radeisen/*Kemper* § 26b Rn. 2 ff. auch zur Begründung im Gesetzesentwurf) eingefügt wurden − ist vornehmlich die **Bekämpfung der organisierten Umsatzsteuerhinterziehung** (zum Schadensausmaß durch USt-Hinterziehungen Rolletschke/Kemper/*Kemper* § 26b Rn. 7 ff.). Durch die Schaffung von Bußgeld- und Straftatbeständen, die schon das vorsätzliche Nichtentrichten einer in einer Rechnung ausgewiesenen Umsatzsteuer sanktionieren, soll im Schutz des Mehrwertsteuersystems der Europäischen Union, das als besonders anfällig für Betrugskriminalität gilt, schon früh angesetzt werden. Auf diese Weise sollen zum einen Wettbewerbsverzerrungen vermieden werden, die durch die faktische Umsatzsteuerbefreiung von Waren im Umsatzsteuer-Karussell entstehen und zum anderen das volkswirtschaftlich so wichtige Umsatzsteueraufkommen gegen erhebliche Gefahren durch kriminelle Organisationen gesichert werden (BT-Drs. 14/7471, 2 f., 7 f.; Beermann/Gosch/*Leonard* § 26b Rn. 2; → § 26c Rn. 3 ff.; Offerhaus/Söhn/ Lange/*Blesinger* § 26c Rn. 4; Rolletschke/Kemper/*Kemper* § 26c Rn. 8; Flore/Tsambikakis/*Gaede* § 26b Rn. 1 f.; *Schmidt*, Die Nichtabführung von Umsatzsteuer, 2016, 13). Die §§ 26b, 26c sollen die **Sanktionslücke schließen**, die sich dadurch ergab, dass Täter im Rahmen von *Umsatzsteuerkarussellen* (→ AO § 370 Rn. 394 ff.; ferner Flore/Tsambikakis/*Gaede* § 26b Rn. 3 f., § 26c Rn. 1 f.; *Schmidt,* Die Nichtabführung von Umsatzsteuer, 2016, 20 ff., 41) durch die ordnungsgemäße Angabe von Umsätzen gezielt die Verfolgung wegen Steuerhinterziehung gem. § 370 AO vermieden, aber dennoch durch die Nichtzahlung ausgewiesener Umsatzsteuer einerseits und Geltendmachung der Vorsteuer andererseits schwerwiegende Schädigungen des Umsatzsteueraufkommens herbeiführten (vgl. *Fahl* wistra 2003, 11; ferner Offerhaus/Söhn/Lange/*Blesinger* § 26b Rn. 8). Erstmalig wird aus diesem Grunde die schlichte Nichtentrichtung der Umsatzsteuer sanktioniert (Rolletschke/Kemper/*Kemper* § 26b Rn. 8; Offerhaus/Söhn/Lange/*Blesinger* § 26b Rn. 3 (auch zu den Unterschieden zu § 380 AO); *Bielefeld* wistra 2007, 12; *Kruhl* BB 2002, 1020; *Nieskens* UR 2002, 53 (73); *Schmidt*, Die Nichtabführung von Umsatzsteuer, 2016, 46 ff., 225; krit. Flore/Tsambikakis/*Gaede* § 26b Rn. 3 ff.). Es ist davon auszugehen, dass bereits im Gesetzgebungsverfahren erkannt worden ist, dass die Sanktionierung über die organisierte Umsatzsteuerkriminalität hinausgeht und auch den „einfachen" Vollstreckungsschuldner erfasst; diese Fällen sollten über § 47 OWiG ausgesondert werden (vgl. Rolletschke/ Kemper/*Kemper* § 26b Rn. 5 f.).

Die **kriminalpolitische Berechtigung** von §§ 26b, 26c wird allerdings bezweifelt (Rolletschke/ **2** Kemper/*Kemper* § 26b Rn. 12 auch zur Verfolgungsstatistik; *Kemper* UR 2014, 673 (679); Reiß/ Kraeusel/Langer/*Törmöhlen* § 26b Rn. 3.2; eingehend *Schmidt*, Die Nichtabführung von Umsatzsteuer, 2016, 45 ff.). Zum Teil werden die Vorschriften als wertungswidersprüchlich, systemwidrig und zu unbestimmt angesehen (*Reiß* Stbg 2004, 113, UR 2002, 561 (566); ebenso Kohlmann/*Schauf* AO § 370 Rn. 1395 und *Wilhelm* UR 2005, 474 (478); mit Zweifeln ebenfalls Rolletschke/Kemper/ *Kemper* § 26b Rn. 6 ff.; zur weiteren Kritik Flore/Tsambikakis/*Gaede* § 26b Rn. 6; krit. zur Platzierung im UStG Rolletschke/Kemper/*Kemper* § 26b Rn. 7, § 26c Rn. 5). Die grundsätzliche Kritik, es werde vornehmlich der Unternehmer getroffen, der mit seiner Umsatzsteuerschuld im Verzug gerät (Reiß/Kraeusel/Langer/*Törmöhlen* § 26b Rn. 3.1; Rolletschke/Kemper/*Kemper* § 26b Rn. 12), erscheint berechtigt, führt aber nicht dazu, dass die Vorschrift verfassungsrechtlich bedenklich wäre. Ebenso abzulehnen ist der Versuch, §§ 26b, 26c zu einem Auffangtatbestand für nicht nachweisbare Fälle der Umsatzsteuerhinterziehung zu degradieren (so aber Rolletschke/Kemper/*Kemper* § 26b Rn. 37, 55 ff., 63; vgl. auch Offerhaus/Söhn/Lange/*Blesinger* § 26b Rn. 10). Ihm ausschließlich eine solche Funktion zuzuschreiben, wäre zum einen verfassungsrechtlich bedenklich, weil hier auf materiellem Wege Beweisprobleme umgangen würden (vgl. *Bülte* JZ 2014, 603 (608)); zum anderen hat der Gesetzgeber − anders als für § 380 AO − gerade keine Subsidiaritätsklausel normiert. Damit spricht die Systematik für ein Nebeneinander von § 26c und § 370 AO (→ Rn. 41). Schließlich begründet erst die wenig plausible Reduzierung des Anwendungsbereichs von §§ 26b, 26c (→ Rn. 19) den Vorwurf, die §§ 26b, 26c seien ineffektiv, weil sie die Fälle nicht erfassten, die das Gesetz mit Sanktion bedrohen sollte: die organisierte Umsatzsteuerkriminalität. Der Schluss von fehlenden Verurteilungen wegen §§ 26b, 26c auf das Fehlen einer Gesetzeslücke (Rolletschke/Kemper/*Kemper* § 26c Rn. 9) ist zumindest gewagt.

II. Struktur

3   Die §§ 26b, 26c sind **abstrakte Gefährdungsdelikte** (wie hier Flore/Tsambikakis/*Gaede* § 26c Rn. 7; aA Rolletschke/Kemper/*Kemper* § 26b Rn. 39): Die Vorschriften stellen die *Gefährdung* des Umsatzsteueraufkommens durch Nichtzahlung trotz Umsatzsteuerausweis unter Strafe. Auch wenn die amtliche Überschrift der Vorschriften (*„Schädigung des Umsatzsteueraufkommens"*) Erfolgsdelikte vermuten lässt, ist für die Vollendung von §§ 26b, 26c nicht erforderlich, dass tatsächlich eine Gefährdung oder gar Schädigung des Umsatzsteueraufkommens gegeben ist. Im Hinblick auf die gesetzgeberische Intention und die Normüberschrift ist jedoch Voraussetzung, dass der Umsatzsteuerausweis in der Rechnung zumindest geeignet ist, einen solchen Schaden herbeizuführen (vgl. zu diesem Schaden durch Steuerausfall Rolletschke/Kemper/*Kemper* § 26b Rn. 19 ff.). Insofern normieren die Vorschriften **potentielle** oder **abstrakt-konkrete Gefährdungsdelikte** (zur Begrifflichkeit BGHSt 46, 212 (223 f.); BGH NJW 1994, 2161 f.), wenn auch der Tatbestand diese Eignung nicht ausdrücklich voraussetzt (→ Rn. 10).

4   Gesetzestechnisch stellen die §§ 26b, 26c Teilblankette dar (vgl. Reiß/Kraeusel/Langer/*Törmöhlen* § 26c Rn. 11) – soweit es §§ 14 und 18 angeht – und formulieren nach hM **echte Unterlassungsdelikte** (Erbs/Kohlhaas/*Senge* AO § 370a Rn. 25; Flore/Tsambikakis/*Gaede* § 26b Rn. 22; wohl auch Wannemacher SteuerStrafR/*Traub* Rn. 1356; aA Reiß/Kraeusel/Langer/*Törmöhlen* § 26b Rn. 10: unechte Unterlassungsdelikte), weil es allein auf die Verletzung der Handlungspflicht ankommt. Täter kann nur sein, wer eine *steuerrechtliche Pflicht* zur Entrichtung der Umsatzsteuer gem. § 18 hat, die das Korrelat zum Ausweis der Umsatzsteuer in einer Rechnung ist. Ob diese Pflicht eine Garantenpflicht iSv §§ 8 OWiG, 13 StGB darstellt (vgl. Offerhaus/Söhn/Lange/*Blesinger* § 26c Rn. 29; Rolletschke/Kemper/*Kemper* § 26c Rn. 49), kann hier offen bleiben. Diese Verpflichtung wird zwar, anders als in § 380 AO, nicht im Gesetzestext ausdrücklich vorausgesetzt, ist aber denknotwendig zu verlangen: Aus einer Nichtentrichtung ohne entsprechende Pflicht kann kein Unrechtsvorwurf hergeleitet werden. Dieser ergibt sich aus der Schaffung einer abstrakten Gefahr für das Umsatzsteueraufkommen durch Eröffnung der Möglichkeit zum Vorsteuerabzug für den Leistungsempfänger. Die §§ 26b, 26c sind **Sonderpflichtdelikte** (vgl. auch Flore/Tsambikakis/*Gaede* § 26b Rn. 38).

5   **Täter** von § 26b und §§ 26b, 26c kann zunächst der ausstellende Unternehmer als Steuerpflichtiger und Umsatzsteuerschuldner – auch bei unrichtigem Steuerausweis (§ 14c) – sein, soweit Unternehmer eine *natürliche Person* ist. Bei *juristischen Personen* ist Täter derjenige, der die steuerrechtlichen Pflichten des Unternehmens wahrzunehmen hat. Dies sind insbes. die *gesetzlichen Vertreter* (§ 34 AO) einer juristischen Person (Geschäftsführer oder Insolvenzverwalter etc), aber auch der *gewillkürte Vertreter* (§ 35 AO), sofern ihm die steuerliche Pflichterfüllung *ausdrücklich* übertragen worden ist (zu den Einzelheiten *Schmidt,* Die Nichtabführung von Umsatzsteuer, 2016, 43 ff.; Reiß/Kraeusel/Langer/*Törmöhlen* § 26b Rn. 15 ff.). Eines Rückgriffs auf §§ 9 OWiG, 14 StGB bedarf es regelmäßig nicht, da die *Pflicht zur Entrichtung* auch beim nach §§ 34, 35 AO Steuerpflichtigen vorliegt (iE ebenso Offerhaus/Söhn/Lange/*Blesinger* § 26b Rn. 6; vgl. auch LG Göttingen wistra 2008, 231 (233)). Wird ein nur intern Beauftragter oder ein *faktischer Geschäftsführer* tätig, kommt eine Haftung gem. § 9 OWiG, § 14 StGB in Betracht (BGH NStZ 2002, 548 (549); vgl. auch Rolletschke/Kemper/*Kemper* § 26b Rn. 65; krit. Flore/Tsambikakis/*Gaede* § 26b Rn. 34); zudem ist eine Haftung von Betriebsbeauftragten als Garanten denkbar (BGHSt 54, 44 ff.). Die interne Aufgabenverteilung bei mehreren Geschäftsführern ist im Außenverhältnis und damit für das Straf- und Bußgeldrecht grds. nicht relevant (Prinzip der Allzuständigkeit, BGHSt 37, 106 (124); vgl. auch *Schmidt,* Die Nichtabführung von Umsatzsteuer, 2016, 94), kann sich aber auf den Vorsatz auswirken (Rolletschke/Kemper/*Kemper* § 26c Rn. 55).

6   Der Versuch von § 26b, §§ 26b, 26c ist nicht strafbewehrt, da die Sanktionierbarkeit des Versuchs weder für § 26b (§ 13 Abs. 2 OWiG) noch für das Vergehen gem. §§ 26b, 26c (§ 12 Abs. 2 StGB) ausdrücklich angeordnet (§ 23 Abs. 1 StGB) ist.

B. Tatbestand des § 26b

7   Für die *Ordnungswidrigkeit* gem. § 26b gilt das **Einheitstäterprinzip** (§§ 377 AO, 14 OWiG). *Täter* ist danach, wer sich an der Ordnungswidrigkeit beteiligt, mithin *jeder* der vorsätzlich an der Begehung einer Tat nach § 26b *mitwirkt* (Offerhaus/Söhn/Lange/*Blesinger* § 26b Rn. 54; krit. Flore/Tsambikakis/*Gaede* § 26b Rn. 38). Voraussetzung ist jedoch, dass ein Sonderpflichtiger, also ein Steuerpflichtiger, sein Vertreter oder Bevollmächtigter (§§ 34, 35 AO) oder nach § 9 OWiG Beauftragter an der Tat beteiligt ist (vgl. Offerhaus/Söhn/Lange/*Blesinger* § 26b Rn. 56). Eine Beteiligung durch Unterlassen ist möglich, soweit der Beteiligte die Sonderpflicht aufweist oder Garant ist; Beteiligung durch aktives Tun ist unabhängig von einer solchen Pflicht möglich (vgl. auch *Schmidt,* Die Nichtabführung von Umsatzsteuer, 2016, 43).

I. Objektiver Tatbestand

8   Die Erfüllung des objektiven Tatbestands von § 26b erfordert den **Umsatzsteuerausweis in einer Rechnung** iSv § 14 *und* die **Nichtentrichtung** der Umsatzsteuer zu einem in § 18 Abs. 1 S. 3 oder

Abs. 4 S. 1, 2 genannten **Fälligkeitszeitpunkt.** Zudem erfordert die Tatbestandserfüllung nach hM, dass der Unternehmer zum Fälligkeitszeitpunkt zur Entrichtung finanziell in der Lage ist (→ Rn. 23). Die Vereinnahmung der USt durch den Täter ist nicht Tatbestandsmerkmal (Reiß/Kraeusel/Langer/ *Törmöhlen* § 26b Rn. 7.1; aA *Stadie* §§ 26b, 26c Rn. 4).

1. In einer Rechnung iSd § 14 ausgewiesene Umsatzsteuer. § 26b setzt zunächst voraus, dass in **9** einer **Rechnung iSd § 14** Umsatzsteuer ausgewiesen ist. § 14 Abs. 1 S. 1 umschreibt die *Rechnung* als *„jedes Dokument, mit dem über eine Lieferung oder sonstige Leistung abgerechnet wird, gleichgültig, wie dieses Dokument im Geschäftsverkehr bezeichnet wird".* § 14 Abs. 4 normiert ferner, welche Einzelangaben eine Rechnung enthalten muss. Erfüllt eine Rechnung alle Anforderungen von § 14, so handelt es sich zweifellos um eine Rechnung iSv § 26b. *Nicht anwendbar* ist die Vorschrift auf Umsatzsteuern, die nicht in einer Rechnung ausgewiesen sind, obwohl der Unternehmer zu ihrem Ausweis verpflichtet gewesen wäre (OR-Geschäfte), da hier *kein Risiko* für das Umsatzsteueraufkommen durch einen *Vorsteuerabzug des Empfängers* entsteht (vgl. Gußen SteuerStrafR Rn. 377; Offerhaus/Söhn/Lange/*Blesinger* § 26b Rn. 22; Rolletschke/Kemper/*Kemper* § 26b Rn. 17, 32).

Streitig ist, ob der Tatbestand erfüllt sein kann, wenn die Voraussetzungen einer Rechnung iSd § 14 **10** Abs. 1 erfüllt sind, es aber an den **notwendigen Mindestangaben** nach § 14 Abs. 4 fehlt. ZT wird dies mit der Begründung bejaht, es komme ausschließlich auf den *Rechnungsbegriff des § 14 Abs. 1* an. Dies ergebe sich daraus, dass der Gesetzgeber die Vorschrift des § 26b zum Schutz des Vorsteueranspruchs vor missbräuchlicher Inanspruchnahme eingeführt habe (Reiß/Kraeusel/Langer/*Törmöhlen* § 26b Rn. 5.1 mwN) *und* jede Verwendung eines Abrechnungspapiers, in dem Umsatzsteuer ausgewiesen ist, das *Potential zur Gefährdung* des Umsatzsteueraufkommens aufweise, das der Gesetzgeber durch die Sanktionsdrohung vermeiden wolle (JJR/*Joecks* AO § 370 Rn. 754; Klein/*Jäger* AO § 370 Rn. 474; iE ebenso *Bielefeld* BB 2004, 2241 (2242); zur Behandlung unterschiedlicher Abrechnungspapiere Rolletschke/ Kemper/*Kemper* § 26b Rn. 30 ff.).

Dieser Ansicht ist jedoch entgegen zu treten: Zwar lässt der Gesetzeswortlaut es zu, § 26b auch dann **11** anzuwenden, wenn die auszweisende Rechnung nicht zum Vorsteuerabzug berechtigt, weil sie die Mindestangaben von § 14 Abs. 4 nicht aufweist. Das ergibt sich daraus, dass § 26b Abs. 1 auf die *„Rechnung im Sinne von § 14"* verweist, während § 15 Abs. 1 Nr. 1 eine *„nach den §§ 14, 14a ausgestellte Rechnung"* voraussetzt. Trotzdem sprechen gewichtige Gründe für eine Beschränkung des Tatbestandes auf nach § 14 ausgestellte Rechnungen (glA Offerhaus/Söhn/Lange/*Blesinger* § 26b Rn. 16; Wannemacher SteuerStrafR/*Traub* Rn. 1355; Flore/Tsambikakis/*Gaede* § 26b Rn. 10 f.; iE auch Rau/Dürrwächter/*Nieskens* § 26b Rn. 17; Rolletschke/Kemper/*Kemper* § 26b Rn. 29; *Schmidt*, Die Nichtabführung von Umsatzsteuer, 2016, 73 f.; *Webel* PStR 2005, 259): Das Verhältnis von **Sanktionswürdigkeit** bzw. **Strafbedürftigkeit** zu Gefährdungswirkung lässt eine Sanktion nur zu, wenn durch das Verhalten des Unternehmers eine *originäre Erhöhung der Gefahr* für das Steueraufkommen durch Auszahlung der Vorsteuer begründet wird (Rolletschke/Kemper/*Kemper* § 26b Rn. 26; iE Offerhaus/Söhn/Lange/ *Blesinger* § 26b Rn. 16). Dem steht auch die Rspr. des BFH (BFHE 233, 94 (97 ff.)) nicht entgegen, nach der für die Anwendung von § 14c Abs. 2 nicht die Anforderungen von § 14 Abs. 4 erfüllt sein müssen. § 26b ist nach seiner Konzeption ein *abstrakt-konkretes Gefährdungsdelikt,* zu dessen Erfüllung es zwar nicht der Feststellung einer über die Tatbestandserfüllung hinausgehenden Gefahr bedarf wie bei einem Erfolgsdelikt (vgl. Fischer StGB Vor § 13 Rn. 19), aber der Nichtvorliegen der Mindestangaben ergibt sich die Gefährdung primär aus der fehlerhaften Gesetzesanwendung durch die FinBeh (Offerhaus/Söhn/Lange/*Blesinger* § 26b Rn. 16, 19; Rolletschke/Kemper/*Kemper* § 26b Rn. 29). Diese Annahme wird auch durch die Überschrift von § 26b gestützt, die *„Schädigung des Umsatzsteueraufkommens"* lautet, und durch die Rspr. des BFH (BFHE 194, 483), die schon eine Steuer*schuld* nach § 14 Abs. 3 aF (§ 14c nF) nur dann angenommen hat, wenn die Rechnung alle Angaben enthielt, die formell den Vorsteuerabzug zulassen. Eine Rechnung iSd § 26b setzt mithin eine **Erfüllung aller Voraussetzungen des § 14** – ggf. in der Form der *elektronischen Rechnung* (§ 14 Abs. 3) oder des fehlerhaften Umsatzsteuerausweises (§ 14c Abs. 1) – voraus (vgl. Offerhaus/Söhn/Lange/*Blesinger* § 26b Rn. 20).

Rechnung ist auch eine **Gutschrift** iSd § 14 Abs. 2 S. 1. § 14 Abs. 2 S. 2 bezeichnet sie ausdrücklich **12** als Rechnung, und von ihr geht eine ebenso große Gefährdung des Umsatzsteueraufkommens aus wie von sonstigen Rechnungen iSd § 14 Abs. 1, 4 (Offerhaus/Söhn/Lange/*Blesinger* § 26b Rn. 16; Rolletschke/Kemper/*Kemper* § 26b Rn. 31; aA Reiß/Kraeusel/Langer/*Törmöhlen* § 26b Rn. 6 *„wegen des Bestimmtheitsgebots"*).

Nicht zwingend für die Anwendung von § 26b ist, dass die Leistung für die Rechnung erteilt wurde, **13** **tatsächlich erbracht** oder nur **ernsthaft vereinbart** worden ist (Offerhaus/Söhn/Lange/*Blesinger* § 26b Rn. 16). In den Fällen des § 14c Abs. 2 S. 2 ist es nicht erforderlich, dass *ein Unternehmer* die Rechnung ausstellt, solange die in § 14 Abs. 4 genannten Voraussetzungen gegeben sind. Im Falle der formell ordnungsgemäßen Rechnung des **Scheinunternehmers** ist damit ein Umsatzsteuerausweis in einer Rechnung iSd § 14 gegeben. Der Anwendung von § 26b kann hier weder entgegengehalten werden, dass keine Berechtigung zum Ausweis der Umsatzsteuer gegeben ist, noch dass der Scheinunternehmer keine vollständige Rechnung ausstellen könne (so aber Flore/Tsambikakis/*Gaede* § 26b

Rn. 12; Offerhaus/Söhn/Lange/*Blesinger* § 26b Rn. 23; Rolletschke/Kemper/*Kemper* § 26b Rn. 35; vgl. auch *Stadie* § 26b Rn. 2). Wird einem Scheinunternehmer die USt-IdNr erteilt, so kann er eine vollständige Rechnung erteilen und damit den *gefährdenden* Vorsteuerabzug durch den Rechnungsempfänger ermöglichen. Aus eben diesem Grund hat der Finanzausschuss (BT-Drs. 14/7471, 8) betont, die Gefahr für das Steueraufkommen ergebe sich gerade daraus, dass die Täter aus der organisierten Wirtschaftskriminalität besonderen Wert auf die Erfüllung aller formellen Voraussetzungen des Vorsteuerabzugs legen.

14   Das von *Bielefeld* (BB 2004, 2441 (2443); ebenso *Wilhelm* UR 2005, 474 (476); ferner Flore/ Tsambikakis/*Gaede* § 26b Rn. 12; Rolletschke/Kemper/*Kemper* § 26b Rn. 35 f.; *Schmidt,* Die Nichtabführung von Umsatzsteuer, 2016, 73 f.) dagegen vorgetragene Argument, eine Rechnung setze eine *tatsächlich erbrachte Leistung* voraus, ist dem Gesetzeswortlaut nicht zu entnehmen und ignoriert den erklärten Willen des Gesetzgebers (BT-Drs. 14/7471, 8) sowie den Umstand, dass in der Begriffsbestimmung der Neufassung von § 14 durch Art. 5 des StÄndG 2003 (BGBl. 2003 I 2645 (2657)) der Begriff des *Unternehmers* gerade gestrichen wurde. § 14 Abs. 2 S. 1 trennt ferner schon redaktionell die Rechnung von dem *Recht zur Ausstellung* einer Rechnung. Zudem ist das oben genannte Argument sachlich nicht zwingend: Es muss nur *„über eine Leistung abgerechnet"* werden; dass sie erbracht wurde, ist nicht erforderlich. Mithin ist auch die Abrechnung über eine Scheinlieferung eine Rechnung iSd § 14 und nicht nur ein *„rechnungsähnliches Abrechnungsdokument"* (iE ebenso *Nöhren,* Die Hinterziehung von Umsatzsteuer, 2005, 79; Reiß/Kreausel/Langer/*Törmöhlen* § 26b Rn. 5.2). Schließlich würde eine gegenteilige Auslegung dazu führen, dass § 26b auf den Großteil der praktisch betriebenen Karussellgeschäfte – bei denen keine Lieferungen stattfinden – nicht anwendbar wäre (vgl. *Bielefeld* BB 2004, 2441 ff.); eine solche Lösung widerspricht also auch aus diesem Grund dem objektiven Gesetzeszweck. Soweit die sich aus einer Abdeckrechnung ergebende Umsatzsteuer nicht gezahlt wird, kommt daher § 26b ebenfalls zur Anwendung (glA Reiß/Kreausel/Langer/*Törmöhlen* § 26b Rn. 5.1; aA Flore/Tsambikakis/*Gaede* § 26b Rn. 12; Rolletschke/Kemper/*Kemper* § 26b Rn. 34).

15   **2. Nichtentrichtung der ausgewiesenen Umsatzsteuer zum Fälligkeitszeitpunkt.** Wird die in der Rechnung ausgewiesene Umsatzsteuer nicht in dem nach § 18 Abs. 1 S. 4 und Abs. 4 S. 1, 2 bestimmten Fälligkeitszeitpunkt entrichtet, so ist der objektive Tatbestand der Ordnungswidrigkeit erfüllt (vgl. Gußen SteuerStrafR Rn. 377). § 26b verwies in seiner bis zum 29.6.2013 geltenden Fassung auf § 18 Abs. 1 S. 3; es handelte sich um einen durch eine Änderung von § 18 Abs. 1 entstandenen Fehlverweis.

Hier sind drei Begehungsweisen möglich: die **Nichtentrichtung** der *Vorauszahlung,* der *laut Jahreserklärung zu leistenden Zahlung* und der ausweislich des *Umsatzsteuerbescheids zu zahlenden Umsatzsteuer.*

16   Hinsichtlich aller Tatbestandsvarianten ist zu beachten, dass nach dem Wortlaut von § 26b nicht nur die Umsatzsteuerschuld im Fälligkeitszeitpunkt gezahlt sein muss, sondern die in Rechnungen ausgewiesenen Umsatzsteuerbeträge. So ist die Vorschrift aber nicht zu verstehen, da nach § 16 Abs. 2 S. 1 bei der Steuerberechnung iRd Voranmeldung die in den Besteuerungszeitraum fallenden Vorsteuerbeträge abzuziehen sind. Demnach kommt § 26b nur insoweit zur Anwendung, wie nach Abzug dieser Beträge noch eine **Umsatzsteuerschuld** verbleibt (allgM; vgl. Rolletschke/Kemper/*Kemper* § 26b Rn. 40 f.; Reiß/Kreausel/Langer/*Törmöhlen* § 26b Rn. 8; Wannemacher SteuerStrafR/*Traub* Rn. 1356).

17   **a) Nichtentrichtung der Vorauszahlungen (§ 18 Abs. 1 S. 4).** Der Unternehmer hat, vorbehaltlich einer Befreiung, die in seinen Rechnungen ausgewiesene Umsatzsteuer gem. § 18 Abs. 1 bis zum zehnten Tag nach Ablauf des Voranmeldungszeitraums an das Finanzamt zu übermitteln **(Umsatzsteuervoranmeldung).** Nach § 18 Abs. 1 S. 3 wird mit Ablauf der Voranmeldungsfrist auch die Vorauszahlung zur Leistung fällig. In diesem Zeitpunkt muss der Unternehmer daher den nach § 16 anzumeldenden Umsatzsteuerbetrag entrichtet haben.

18   Der **Fälligkeitszeitpunkt** richtet sich iÜ nach §§ 224 ff. AO. Besteht im Zeitpunkt der Fälligkeit eine *Aufrechnungslage* gem. § 226 AO, so wird man die Nichtzahlung der Umsatzsteuer als konkludente Aufrechnungserklärung verstehen müssen (aA wohl Reiß/Kreausel/Langer/*Törmöhlen* § 26b Rn. 12; krit. *Schmidt,* Die Nichtabführung von Umsatzsteuer, 2016, 88 f.). Eine Tatbestandserfüllung scheidet insofern aus. Die sog *Schonfrist* des § 240 Abs. 3 AO, die Säumniszuschläge für eine nur dreitätige Verspätung ausschließt, wirkt sich auf den Fälligkeitszeitpunkt nicht aus (JJR/*Joecks* AO § 370 Rn. 759 mwN; Gußen SteuerStrafR Rn. 377; Offerhaus/Söhn/Lange/*Blesinger* § 26b Rn. 27; Rolletschke/ Kemper/*Kemper* § 26b Rn. 45; aA Flore/Tsambikakis/*Gaede* § 26b Rn. 23; Wannemacher SteuerStrafR/*Traub* Rn. 1356; *Wilhelm* UR 2005, 474 (476)). Erfolgt die Zahlung allerdings innerhalb dieser kurzen Frist, dürfte in der Regel eine Einstellung des Verfahrens bzw. ein Absehen von der Verfolgung gem. § 47 OWiG angezeigt sein (vgl. Offerhaus/Söhn/Lange/*Blesinger* § 26b Rn. 49, 52; krit. *Schmidt,* Die Nichtabführung von Umsatzsteuer, 2016, 92). Eine Verschiebung des Fälligkeitszeitpunktes tritt jedoch durch eine *Dauerfristverlängerung* gem. § 46 UStDV ein. Die ggf. zu leistende Sondervorauszahlung gem. § 47 UStDV unterfällt nicht dem Schutzbereich des § 26b, da ihr keine konkreten Umsätze zugrunde liegen und sie gerade dazu dient, ihrerseits eine Gefährdung des Umsatzsteuer-

anspruchs zu verhindern. Sie liegt also noch im Vorfeld einer Gefährdung des künftigen Steueranspruchs (Offerhaus/Söhn/Lange/*Blesinger* § 26b Rn. 28).

Entgegen der hM (vgl. nur *Nöhren,* Die Hinterziehung von Umsatzsteuer, 2005, 67 f.; Flore/Tsambi- **19** kakis/*Gaede* § 26b Rn. 15; Offerhaus/Söhn/Lange/*Blesinger* § 26b Rn. 29; Rolletschke/Kemper/*Kemper* § 26b Rn. 17; Reiß/Kraeusel/Langer/*Tormöhlen* § 26b Rn. 5; *Joecks* wistra 2002, 201; ausführlich *Schmidt,* Die Nichtabführung von Umsatzsteuer, 2016, 79 ff.) ist die **Anmeldung** der Umsatzsteuer nach § 18 Abs. 1 S. 1 **nicht Voraussetzung** für die Erfüllung des Tatbestandes von § 26b (*Fahl* wistra 2003, 11; *Muhler* wistra 2009, 4 f.; ferner Kohlmann/*Ransiek* AO § 370 Rn. 889). Denn *nicht* die *Fälligkeit* der *angemeldeten* USt-Schuld ist nach dem Wortlaut Tatbestandsvoraussetzung, sondern das *Nichtentrichten* der *ausgewiesenen* Umsatzsteuer zum *Fälligkeitszeitpunkt*. Die durch die Nichtentrichtung entstehende abstrakte USt-Gefährdung hängt nicht davon ab, ob die Anmeldung erfolgt, sondern von der Ermöglichung des Vorsteuerabzugs ohne Ausgleich der Umsatzsteuerzahlung. Ein dieser Auslegung entgegenstehender Wille des Gesetzgebers, den die hL für sich in Anspruch nimmt, ergibt sich aus dem Gesetzestext nicht; er widerspräche auch dem Gesetzeswortlaut und wäre mithin unbeachtlich (vgl. hierzu nur BVerfGE 64, 261 (275) mwN; aA Flore/Tsambikakis/*Gaede* § 26b Rn. 16 unter Berufung auf die Vorstellung der Urheber des Gesetzesentwurfs).

In der Regel wird jedoch **kein eigenständiger Anwendungsbereich für § 26b** bestehen, wenn der **20** Unternehmer die Umsatzsteuererklärung verspätet abgibt. Hier greift schon § 370 Abs. 1 Nr. 2 iVm Abs. 4 S. 1 AO ein. Dies gilt nur dann nicht, wenn der Unternehmer seine Anmeldung zu spät abgibt und die Umsatzsteuer dementsprechend zu spät entrichtet. Hierin wird regelmäßig eine Selbstanzeige nach § 371 AO liegen, die die Strafbarkeit aus § 370 AO beseitigen kann (vgl. aber BGH NJW 2010, 2146 ff.). In diesem Fall leben §§ 26b, 26c wieder auf (vgl. Klein/*Jäger* AO § 370 Rn. 14, § 380 Rn. 17; aA Flore/Tsambikakis/*Gaede* § 26b Rn. 43). Dieses Ergebnis ist auch konsequent, weil andernfalls ein Wertungswiderspruch entstehen würde: Derjenige, der zu spät anmeldet und zu spät zahlt, mithin auf diese Weise die Umsatzsteuer gefährdet, könnte gem. § 371 AO straffrei werden, während derjenige, der ordnungsgemäß anmeldet, aber zu spät zahlt gem. § 26b zu sanktionieren wäre. *Blesinger* (in Offerhaus/Söhn/Lange/*Blesinger* § 26b Rn. 31) sieht § 26b von § 370 Abs. 1 AO nicht als verdrängt an und begründet damit die Ausschlusswirkung der Steuerhinterziehung. Diese Argumentation ist jedoch nicht zwingend. Vielmehr liegt es nahe, hier anzunehmen, dass die Gefährdung von Umsatzsteuern des § 26b von der Steuerhinterziehung konsumiert wird; einer Anwendung von § 21 Abs. 1 OWiG bedarf es nicht.

Gaede (PStR 2011, 233 ff.; vgl. auch *Schmidt,* Die Nichtabführung von Umsatzsteuer, 2016, 75 f.) **20a** hat bei der Anwendung des § 26b Abs. 1 Alt. 1 ein grundlegendes Problem aufgeworfen: Mit der Änderung des § 18 Abs. 1 durch das Steuerbürokratieabbaugesetz (BGBl. 2008, 2850 (2855)) wurde hier ein neuer Satz 3 eingeschoben, so dass die Verweisung des § 26b Abs. 1 UStG fehlzugehen scheint. *Gaede* kommt zu dem Ergebnis, dieser **Fehlverweis** führe zur Unanwendbarkeit von § 26b Abs. 1 Alt. 1, weil auch im Ordnungswidrigkeitenrecht das Gesetzlichkeitsprinzip des Art. 103 Abs. 2 GG gilt. Im Steuerstrafrecht hat der BGH (wistra 2001, 263 (264)) solche offensichtlichen Versehen allerdings korrigiert und angenommen, ein offenkundiges redaktionelles Versehen lasse die Strafbarkeit unberührt. Für die Sanktionsfähigkeit spricht vorliegend also, dass es sich bei dem Fehlverweis um ein offensichtliches Redaktionsversehen handelt und Zweifel daran, auf welche Vorschrift § 26b verweisen soll, nicht bestehen (vgl. auch *Tiedemann* ZBB 2005, 190 (192) zu einem ähnlichen Fehlverweis in § 55a KWG). Das BVerfG (BVerfGE 97, 157 (168)) hat in anderem Zusammenhang allerdings angenommen, die Korrektur eines durch ein gesetzgeberisches Versehen entstandenen Fehlverweises, im Wege der Auslegung durch eine *Behörde* sei verfassungswidrig. Ein offensichtlicher Fehlverweis kann jedoch auch nach der Rspr. des BVerfG (BVerfGE 14, 245 (250); BGH wistra 2003, 255 (257); vgl. auch BGH wistra 2001, 263 (264)) zur Wahrung der *„Erfordernisse einer funktionsfähigen Gesetzgebung in Anknüpfung an die überkommene Staatspraxis"* durch eine oberste *Verwaltungsbehörde* berichtigt werden, wenn der materielle Normgehalt hierdurch nicht angetastet wird (vgl. *Tiedemann* ZBB 2005, 190 (192)). Da vorliegend die Sanktion jedoch durch die Steuerbehörde – die keine oberste Verwaltungsbehörde ist – verhängt werden müsste, ist eine Bebußung aufgrund der fehlverweisenden Vorschrift unzulässig. Ob der Richter im Einspruchsverfahren eine Sanktion verhängen könnte, ist zweifelhaft.

Vorliegend wird man drei unterschiedliche Stadien der Gesetzgebung unterscheiden müssen: Zur **20b** **ersten** unproblematischen Fallgruppe gehören Taten, die nach dem 30.6.2013 begangen worden sind. Hier gilt das aktuelle Gesetz, das eine Sanktion nach §§ 26b, 26c rechtfertigt.

Die **zweite** Fallgruppe erfasst die Taten, die zwischen dem 1.1.2009 und dem 30.6.2013 begangen **20c** wurden; sie können aufgrund der fehlerhaften Verweisung, die zum Zeitpunkt der Tatbestand nicht sanktioniert werden, wenn man davon ausgeht, dass die Sanktionsvorschrift der §§ 26b, 18 aufgrund der fehlerhaften Verweisung mit Rücksicht auf Art. 103 Abs. 2 GG keine Sanktion zulässt. Eine Korrektur des § 26b dahingehend, dass S. 4 statt S. 3 zu lesen ist, dürfte – entgegen der Ansicht des BGH – eine verbotene Analogie darstellen. Auch wenn hier natürlich argumentiert werden kann, der Anwendungsbereich von Art. 103 Abs. 2 GG sei mit Blick auf den telos der Norm nicht berührt, weil die Verweisung zwar falsch, aber ihr Sinn völlig unzweifelhaft ist.

20d   Zur **dritten** Gruppe der Taten gehören solche, die vor dem 1.1.2009, also **noch unter Geltung der ursprünglichen Fassung** von §§ 26b, 18 **begangen** wurden. Hier stellt sich die Frage, ob solche Taten nach dem 1.1.2009 noch abgeurteilt werden könnten. Diese Taten durften zwischen dem 1.1.2009 und dem 30.6.2013 nicht sanktioniert werden. Soweit sie nach dem 30.6.2013 sanktioniert werden sollen, kann sich die Behörde bzw. das Gericht (nunmehr) auf eine gesetzliche Grundlage stützen, weil der Verweis durch den Gesetzgeber korrigiert wurde. Hier könnte jedoch der Lex-mitior-Grundsatz (§ 2 Abs. 3 StGB bzw. Art. 49 Abs. 1 S. 3 EU-GRCh) zur Anwendung kommen. Danach kommt bei Änderung des Gesetzes nach Tatbegehung stets das mildeste Gesetz zur Anwendung. Denkbar wäre hier also die Anwendung der Gesetzeslage nach dem 1.1.2009, die keine Sanktion mehr zulässt. Jedoch beruht lex mitior auf dem Gedanken, dass nach einem Wechsel der Auffassung des Gesetzgebers zu Sanktionsbedürftigkeit oder -würdigkeit keine Sanktion mehr aufgrund solcher überholter Vorschriften verhängt werden soll, die nicht mehr dieser gesetzgeberischen Entscheidung entsprechen (vgl. *Dannecker,* Das intertemporale Strafrecht, 1993, 409 ff.; *Tiedemann* ZBB 2005, 190 (191)). Hat der Gesetzgeber jedoch – wie hier – ein Gesetz durch einen legistischen Fehler so verändert, dass es nicht als Grundlage von Sanktion dienen darf, so kann von einer Änderung der gesetzgeberischen Bewertung nicht die Rede sein; damit wäre der Anwendungsbereich von § 2 Abs. 3 StGB nicht eröffnet. Dass dieses Gesetz insofern der teleologischen Auslegung zugänglich ist, dürfte weitgehend unbestritten sein (vgl. *Tiedemann* ZBB 2005, 190 (191) mwN). Unter dieser Prämisse würden solche Taten nach dem zum Zeitpunkt der Tat und auch aktuell (wieder) geltenden Gesetz sanktioniert. Es kommt weder zu einer Verletzung des Rückwirkungs- oder des Analogieverbots noch des Bestimmtheitsgebots. Ob das Milderungsgebot aus § 2 Abs. 3 hier Straffreiheit vorgibt, ist damit noch nicht gesagt und in solchen Fällen korrigierter Fehlverweisungen zumindest im Unionsrecht noch nicht geklärt (vgl. *Böse/Heger* Europäisches StrafR § 5 Rn. 70 f.). Hier wird angenommen, es sei hier nach einem materiellen Maßstab zu entscheiden, es sei „nach dem Schutzzweck und der Angriffsrichtung des Blanketttatbestandes zu fragen und bei gleich bleibendem Tatsubstrat nicht von einer beachtlichen Änderung auszugehen" (*Safferling* IntStrafR § 11 Rn. 72). Auch wenn ein formalistischer Standpunkt mehr Rechtssicherheit bedeutet, erscheint eine solche Vorgehensweise angemessen (vgl. *Böse/Heger* Europäisches StrafR § 5 Rn. 71).

20e   Auch aus **Art. 49 Abs. 1 S. 3 EU-GRCh** wird man hier keine klare Antwort herleiten können. Der unionsrechtliche lex-mitior-Grundsatz hat kein anderes Ziel als die gesetzgeberische Milderungsentscheidung auch demjenigen zugutekommen zu lassen, der seine Tat bereits zuvor begangen hat. Die EU-Grundrechtsgarantie soll ebenfalls verhindern, dass eine Strafe verhängt wird, die der gesetzgeberischen Wertung nicht mehr entspricht.

21   **b) Nichtentrichtung der angemeldeten Jahressteuererklärung oder der Steuerschuld aus dem Steuerbescheid.** Auch durch die Nichtzahlung der in der Jahressteuererklärung oder der im Steuerbescheid festgesetzten Umsatzsteuerschuld kann der Tatbestand des § 26b erfüllt werden. Der Fälligkeitszeitpunkt iSd § 26b ist bei der **Jahressteuererklärung** einen Monat nach dem Eingang der Erklärung, bei einer abweichenden Festsetzung der Umsatzsteuer durch das FA einen Monat nach Bekanntgabe erreicht. Hier sind die Anmeldung durch die Umsatzsteuerjahreserklärung bzw. der Steuerbescheid Tatbestandsvoraussetzung (Flore/Tsambikakis/*Gaede* § 26b Rn. 18 f.; Offerhaus/Söhn/Lange/ *Blesinger* § 26b Rn. 35; *Fahl* wistra 2003, 11).

22   **c) Nachträgliches steuerverwaltungsrechtliches Handeln.** Spätere Änderungen des Steueranspruchs durch Herabsetzung, Erlass oder Stundung berühren die Tatbestandserfüllung in der Regel nicht (Rolletschke/Kemper/*Kemper* § 26b Rn. 43; Offerhaus/Söhn/Lange/*Blesinger* § 26b Rn. 36; *Weyand* INF 2002, 183 (184)). Bei nachträglichen Änderungen der Fälligkeit oder des Steueranspruchs liegt jedoch eine Einstellung nach § 47 OWiG nahe. Wird der Steueranspruch nachträglich reduziert, so kommt keine Sanktion in Betracht, weil es an der Anordnung eines Kompensationsverbots (§ 370 Abs. 4 S. 3 AO) für § 26b fehlt (Offerhaus/Söhn/Lange/*Blesinger* § 26b Rn. 38). Die Berichtigung einer Rechnung gem. § 14c Abs. 2 S. 3–5 hindert die Tatbestandserfüllung nur dann, wenn die Korrektur vor dem Eintritt des Fälligkeitszeitpunkts erfolgt.

23   **d) Zahlungsfähigkeit.** Zudem muss der Unternehmer zum Fälligkeitszeitpunkt in der Lage gewesen sein, die Umsatzsteuer zu entrichten. Der Charakter der **Zahlungsfähigkeit** als ungeschriebenes Tatbestandsmerkmal wird von der hM (JJR/*Joecks* AO § 370 Rn. 760; Reiß/Kraeusel/Langer/*Tormöhlen* § 26b Rn. 10; Offerhaus/Söhn/Lange/*Blesinger* § 26c Rn. 14 f.) darauf gestützt, dass schon eine Unrechtsverwirklichung objektiv nicht gegeben ist, wenn es dem Unterlassenden unmöglich ist, seine Pflicht zu erfüllen. Dem ist im Hinblick auf die neuere Rspr. zu § 266a StGB (BGH NJW 2002, 2480 (2481 f.); OLG Hamm wistra 2003, 73) zuzustimmen, die davon ausgeht, dass regelmäßig die Tatbestandserfüllung ausscheidet, wenn dem Pflichtigen die finanzielle Leistungsfähigkeit fehlt: Die Nichtentrichtung der Umsatzsteuer bei fehlender Leistungsfähigkeit stellt kein typisiertes Unrecht dar. Jedoch wird man auch die umstrittene Rspr. (BGH NJW 2002, 2480 (2481 f.)) auf §§ 26b, 26c übertragen müssen, nach der die pflichtwidrig herbeigeführte Leistungsunfähigkeit **(omissio libera in causa/omittendo)**

den objektiven Tatbestand nicht entfallen lässt (vgl. Offerhaus/Söhn/Lange/*Blesinger* § 26c Rn. 14; Reiß/Kraeusel/Langer/*Tormöhlen* § 26b Rn. 10; Rolletschke/Kemper/*Kemper* § 26c Rn. 29 ff.; *Fischer* StGB § 266a Rn. 15a; SK-StGB/*Hoyer* StGB § 266a Rn. 94 ff.; *Schmidt,* Die Nichtabführung von Umsatzsteuer, 2016, 101 ff.). Der hiergegen erhobene Einwand, es finde insofern eine Tatbestandsausweitung statt, die der BGH in seiner Entscheidung zur *actio libera in causa* (BGHSt 42, 235 (239)) als unzulässig angesehen habe (Wannemacher SteuerStrafR/*Traub* Rn. 1359) greift nicht durch, da die Einschränkung des ungeschriebenen Tatbestandsmerkmals der Unzumutbarkeit naturgemäß nicht in einem Konflikt mit der Wortlautgrenze stehen kann (→ AO § 393 Rn. 46; ferner LK-StGB/*Dannecker* StGB § 1 Rn. 29 ff.; a. A. *Schmidt,* Die Nichtabführung von Umsatzsteuer, 2016, 113). Zum Konflikt zwischen der Masseerhaltungspflicht (§ 64 S. 2 GmbhG) und der Zahlungspflicht vgl. Offerhaus/Söhn/Lange/*Blesinger* § 26b Rn. 60; Reiß/Kraeusel/Langer/*Tormöhlen* § 26b Rn. 10; ferner Hübschmann/Hepp/Spitaler/*Bülte* AO § 380 Rn. 54 ff.

II. Subjektiver Tatbestand

§ 26b kann nur **vorsätzlich** verwirklicht werden (§§ 10 OWiG, 377 Abs. 2 AO). Der Täter muss im **24** Fälligkeitszeitpunkt iSd § 26b – nicht zwingend bei Erstellung der Rechnung – zumindest ernstlich für möglich halten und billigend in Kauf nehmen, dass alle Voraussetzungen des objektiven Tatbestandes erfüllt werden (*Eventualvorsatz;* → StGB § 15 Rn. 13 ff.; ferner Gußen SteuerStrafR Rn. 379; Flore/Tsambikakis/*Gaede* § 26b Rn. 32; Offerhaus/Söhn/Lange/*Blesinger* § 26b Rn. 40 f.). Nach dem Wortlaut des § 26b Abs. 1 sind diese Tatbestandsmerkmale der Umsatzsteuerausweis in einer in seinem Namen ausgestellten *Rechnung* und die *Nichtentrichtung* trotz Erreichen des *Fälligkeitszeitpunkts.* Der Vorsatz muss sich also auch auf den Inhalt der durch die Blankettverweisung in Bezug genommenen Vorschriften des UStG beziehen (vgl. Reiß/Kraeusel/Langer/*Tormöhlen* § 26b Rn. 11).

Da sich die Gefährdung des Umsatzsteueraufkommens letztlich jedoch aus der **Nichtentrichtung 25 der Umsatzsteuerschuld** ergibt, muss der Vorsatz auch diese umfassen. Der Täter handelt nur insofern vorsätzlich, als er weiß oder zumindest ernstlich für möglich hält und sich damit abfindet, dass die Summe der ausgewiesenen Umsatzsteuerbeträge seiner Rechnungen den abziehbaren Vorsteuerbetrag übersteigt (vgl. Offerhaus/Söhn/Lange/*Blesinger* § 26b Rn. 41). Daran kann es etwa fehlen, wenn der Unternehmer aufgrund eines bestehenden Gegenanspruchs von einer Aufrechnungslage ausgeht, diese jedoch tatsächlich aufgrund der strengen Anforderungen der §§ 226 ff. AO nicht vorliegt. Dann liegt ein Tatbestandsirrtum gem. § 11 Abs. 1 OWiG vor, der den Vorsatz entfallen lässt. Hinsichtlich der Nichtzahlung kann der Vorsatz ferner entfallen, wenn der Sonderpflichtige aufgrund der internen Organisation darauf vertraut, dass eine andere Person (Geschäftsführer, Prokurist oÄ) die Zahlung vorgenommen hat (Offerhaus/Söhn/Lange/*Blesinger* § 26b Rn. 41; vgl. ferner Flore/Tsambikakis/*Gaede* § 26b Rn. 32 ff.). Soweit vorsätzliches Handeln aus solchen Gründen nicht gegeben ist, kann jedoch eine Ordnungswidrigkeit gem. § 130 OWiG vorliegen, wenn der Inhaber des Unternehmens seine *Aufsichtspflicht* bezüglich der Erfüllung seiner steuerlichen Pflichten verletzt hat (vgl. auch Flore/Tsambikakis/*Gaede* § 26b Rn. 35; Offerhaus/Söhn/Lange/*Blesinger* § 26b Rn. 43).

Der Vorsatz muss ferner das ungeschriebene Tatbestandsmerkmal der **Zahlungsfähigkeit** umfassen. **26** Glaubt der Täter, er sei zahlungsunfähig, so handelt er ebenso vorsatzlos (§ 11 Abs. 1 OWiG) wie derjenige, der seine Zahlungsunfähigkeit zwar pflichtwidrig, aber unvorsätzlich herbeigeführt hat (vgl. Rolletschke/Kemper/*Kemper* § 26c Rn. 26). Letzteres ergibt sich daraus, dass die Einschränkung des Tatbestandsmerkmals der Unzumutbarkeit durch die *omissio libera in causa/omittendo* die Grenzen des objektiven Tatbestandes betrifft, und diese vom Vorsatz umfasst sein müssen (vgl. Offerhaus/Söhn/Lange/*Blesinger* § 26b Rn. 46, ferner *Fischer* StGB § 266a Rn. 23; *Schmidt,* Die Nichtabführung von Umsatzsteuer, 2016, 154 ff.). Durch einen Irrtum über die Rechtspflicht zur Entrichtung der Umsatzsteuer wird kein vorsatzrelevanter Tatbestandsirrtum, sondern lediglich ein die Schuld betreffender idR vermeidbarer **Verbotsirrtum** begründet (§ 11 Abs. 2 OWiG).

C. Tatbestand des § 26c

§ 26c stellt eine Qualifikation zur Ordnungswidrigkeit des § 26b, letztlich also einen Mischtatbestand **27** (Flore/Tsambikakis/*Gaede* § 26c Rn. 10) dar. Es handelt sich um ein *strafrechtliches Vergehen* (§ 12 Abs. 2 StGB), das Geldstrafe oder Freiheitsstrafe bis zu fünf Jahren zur Folge haben kann. Die erhebliche Verschärfung der Sanktion ggü. dem Grundtatbestand rechtfertigt sich aus der erhöhten Gefährdung für das Steueraufkommen durch die besondere Art der Begehung: Vergehen ist die Schädigung des Steueraufkommens, wenn sie **gewerbsmäßig** oder **durch ein Mitglied einer Bande,** die sich zur fortgesetzten Begehung von Taten gem. § 26b verbunden hat, begangen wird (eingehend zum Bandenbegriff *Schmidt,* Die Nichtabführung von Umsatzsteuer, 2016, 154 ff.). Der Gesetzgeber hat versucht, durch die Einführung eines Straftatbestandes, den der Finanzausschuss für unumgänglich hielt (BT-Drs. 14/7471, 8), die gezielte, organisierte Ausnutzung der Betrugsanfälligkeit des Mehrwertsteuersystems zu bekämpfen, indem er die Strafbarkeitslücke schließt, die hinsichtlich der schlichten Nichtzahlung der

Umsatzsteuer bestand (vgl. auch *Fahl* wistra 2010, 11; *Kruhl* BB 2002, 1020; krit. zum Bestehen dieser „Lücke" Rolletschke/Kemper/*Kemper* § 26b Rn. 11).

I. Täterschaft und Teilnahme

28   Die **Täterschaft** in §§ 26b, 26c richtet sich nach den allgemeinen Regeln von Täterschaft und Teilnahme (vgl. Fischer StGB §§ 25 ff.). *Täter* des *echten Unterlassungsdelikts* kann jeder sein, dem die *Sonderpflicht* zur Entrichtung der Umsatzsteuer auferlegt ist. Dies kann insbes. der Unternehmer oder ein nach §§ 34, 35 AO für ihn verpflichteter Vertreter sein (vgl. Offerhaus/Söhn/Lange/*Blesinger* § 26c Rn. 31 ff.). Bei mehreren Pflichtigen haften diese als Nebentäter oder Mittäter, sofern sie die Pflicht nur gemeinsam erfüllen können (vgl. zu den Einzelheiten Offerhaus/Söhn/Lange/*Blesinger* § 26c Rn. 34).

29   Sowohl bei der gewerbsmäßigen Begehung als auch bei der Begehung als Bandenmitglied handelt es sich um **besondere persönliche Merkmale** (BGH wistra 2005, 227 (228) mwN; Flore/Tsambikakis/ *Gaede* § 26c Rn. 11), die die **Strafe begründen** (Offerhaus/Söhn/Lange/*Blesinger* § 26c Rn. 38), so dass der Beteiligte, der diese Merkmale nicht aufweist, nicht *Täter* sondern nur *Teilnehmer* von §§ 26b, 26c sein kann. Das Fehlen der Gewerbsmäßigkeit oder Bandenmitgliedschaft führt jedoch über § 14 Abs. 4 OWiG nicht zur Strafmilderung, sondern zu Annahme einer Ordnungswidrigkeit, also zu einer Tatbestandsverschiebung (→ Rn. 45a; aA Offerhaus/Söhn/Lange/*Blesinger* § 26c Rn. 38).

II. Gewerbsmäßigkeit/Begehung als Mitglied einer Bande

30   Qualifizierende Tatbestandsmerkmale des § 26c sind die **gewerbsmäßige Begehung** und die Begehung als **Mitglied einer Bande,** die sich zur fortgesetzten Begehung „solcher Handlungen" verbunden hat. Sowohl der Begriff der *Gewerbsmäßigkeit* als auch die *Bandenbegehung* sind typische Qualifikationsmerkmale des Steuerstrafrechts und Vermögensstrafrechts. Da es sich um eine Qualifikation des § 26b handelt, ist die Erfüllung des Grundtatbestandes erforderlich. Dies ist insbes. für den Fall relevant, dass der Sonderpflichtige fortgesetzt die Umsatzsteuer nicht entrichtet. Ist er zur Zahlung nicht in der Lage und hat er diese Unmöglichkeit nicht vorsätzlich herbeigeführt, so scheidet schon § 26b, mithin auch §§ 26b, 26c aus. Da die bandenmäßige Begehung regelmäßig die Gewerbsmäßigkeit einschließt, wird diese *konsumiert* (Offerhaus/Söhn/Lange/*Blesinger* § 26c Rn. 46). Der für § 26c erforderliche **Vorsatz** muss sich auf alle **Qualifikationsmerkmale** beziehen; die Beteiligten müssen also um die Umstände wissen, aufgrund derer ihr Vorgehen als gewerbsmäßig oder bandenmäßig zu klassifizieren ist (vgl. Offerhaus/Söhn/Lange/*Blesinger* § 26c Rn. 25 ff.).

31   **1. Gewerbsmäßige Begehung. Gewerbsmäßigkeit** erfordert nach der allgemein gängigen Definition die Absicht, sich durch wiederholte Tatbegehung des einschlägigen Delikts eine Einnahmequelle von nicht nur unerheblicher Dauer und nicht nur völlig untergeordneter Bedeutung zu schaffen (BGHSt 42, 219 (225)). Dies kann auch schon bei der ersten Tatbegehung gegeben sein (hM; vgl. nur Offerhaus/ Söhn/Lange/*Blesinger* § 26c Rn. 12; Rolletschke/Kemper/*Kemper* § 26b Rn. 23; vgl. ferner BGH NStZ 1995, 85; aA Flore/Tsambikakis/*Gaede* § 26c Rn. 13); ein kriminelles Gewerbe muss nicht betrieben werden (Reiß/Kraeusel/Langer/*Törmöhlen* § 26c Rn. 5), Diese Begriffsbestimmung führt in §§ 26b, 26c zu gewissen Schwierigkeiten: Der Tatbestand wird durch die Nichtentrichtung der Umsatzsteuer erfüllt. Die dadurch entstehende Steuerersparnis stellt nach dem allgemeinen Sprachgebrauch jedoch keine *Einnahmequelle* dar. Daher geht eine Ansicht in der Literatur davon aus, dass Gewerbsmäßigkeit nur im Hinblick auf den Willen des Täters gegeben sein kann, sich eine Einnahme durch die *Partizipation* an dem *fingierten Vorsteuerabzug* zu verschaffen (*Nöhren*, Die Hinterziehung von Umsatzsteuern, 2005, 87; Wannemacher SteuerStrafR/*Traub* Rn. 1363; vgl. auch *Spatscheck/Wulf* NJW 2002, 2986; Reiß/Kraeusel/Langer/*Törmöhlen* § 26c Rn. 6). Nach aA ist das Tatbestandsmerkmal der Gewerbsmäßigkeit in § 26c erweiternd auszulegen: Es reicht danach aus, dass sich der Täter Vermögensvorteile in Form einer **wiederholten Steuerersparnis durch Nichtentrichtung der USt verschaffen** will (Offerhaus/Söhn/Lange/*Blesinger* § 26c Rn. 13; Rolletschke/Kemper/*Kemper* § 26c Rn. 20 f.; *Harms* FS Kohlmann, 2003, 422; iE wohl auch JJR/*Joecks* AO § 370 Rn. 775). Die zur Stützung dieser Auffassung herangezogene Rspr. des OLG Hamm (ZfZ 1957, 339) betrifft zwar den anders gelagerten Fall des gewerbsmäßigen Schmuggels bei dem tatsächlich ein Zufluss in Form des Wertzuwachses des geschmuggelten Gutes vorliegt (Hübschmann/Hepp/Spitaler/*Hellmann* AO § 370a Rn. 19). Die weite Auslegung des Gewerbsmäßigkeitsbegriffs dürfte aber dennoch zum einen der **gesetzgeberischen Intention** gerecht werden und zum anderen die **Wortlautgrenze** nicht überschreiten:

32   Soweit es die **Absicht des Gesetzgebers** betrifft, führt der Finanzausschuss aus, es sollen mit §§ 26b, 26c die Täter sanktioniert werden, die „*sich hemmungslos zu Lasten des Steuerzahlers bereichern*" und die „*erlangten Gelder*" verwenden, um eine Wettbewerbsverzerrung herbeizuführen (BT-Drs. 14/7471, 8; vgl. auch Flore/Tsambikakis/*Gaede* § 26c Rn. 5). Mag man aufgrund der Formulierung „*erlangte Gelder*" auch den Eindruck gewinnen können, es sei dem Gesetzgeber auf die Sanktionierung von Tätern angekommen, die sich eine Einkommensquelle im herkömmlichen Sinne verschafft haben, so macht die Zielrichtung der Verhinderung von Wettbewerbsverzerrungen dennoch eine gegenteilige

Intention deutlich. §§ 26b, 26c sollen den fortgesetzten Missbrauch des Umsatzsteuersystems sanktionieren. Ob es dem Täter dabei darauf ankommt, Vermögenszuwächse durch Gewinne aus Verkäufen unter Umgehung der Umsatzsteuer oder durch die unmittelbare Erlangung der Vorsteuer zu erzielen, ist nicht von Belang.

Im Hinblick auf die Frage nach dem Wortlaut der Vorschrift entfernt sich die Auslegung, auch **33** **Ersparnisse als Einkünfte** anzusehen, zwar von der herkömmlichen Auslegung des Begriffs der Gewerbsmäßigkeit. Aber einen Verstoß gegen das Analogieverbot begründet dies nicht. Denn maßgebend für die durch Art. 103 Abs. 2 GG gezogenen Grenzen ist nicht die herkömmliche Auslegung, sondern der Wortlaut der Strafvorschrift. Daher ist nicht nach dem möglichen Wortsinn des Begriffs der Einkünfte, sondern nach dem Sinn des Wortes gewerbsmäßig zu fragen. *Gewerbe* leitet sich vom Begriff des *Werbens* ab (Duden, Das Herkunftswörterbuch, 4. Aufl. 2007: Gewerbe), das *tätig sein* oder *handeln* bedeutet. Daher kann das Betreiben eines Gewerbes grds. jedes Handeln umfassen. Eine Beschränkung auf Fälle, in denen der Täter konkretisierbare Vermögenszuflüsse erzielt, ergibt sich daher aus dem Gesetzeswortlaut nicht. Eine Verletzung der Wortlautgrenze kommt daher nicht in Betracht, wenn auch ein gewerbsmäßiges Unterlassen vor diesem Hintergrund fragwürdig erscheint. Verfassungsrechtliche Bedenken im Hinblick auf die Bestimmtheit des § 26c iSv Art. 103 Abs. 2 GG, weil der Tatbestand zu weit greife, (*Reiß* UR 2002, 561 (568); dagegen Offerhaus/Söhn/Lange/*Blesinger* § 26c Rn. 18) sind nicht berechtigt, wenn auch im Einzelfall Zweifel an der Verhältnismäßigkeit bestehen könnten (vgl. Rolletschke/Kemper/*Kemper* § 26b Rn. 19)

Diese Anforderungen an die **Gewerbsmäßigkeit** lassen auch nicht befürchten, dass Unternehmer, **34** die durch mangelnde Zahlungsfähigkeit bedingt, fortgesetzt die Umsatzsteuer nicht zahlen, unverschuldet in den Anwendungsbereich der Strafvorschrift geraten (Offerhaus/Söhn/Lange/*Blesinger* § 26c Rn. 14; Rolletschke/Kemper/*Kemper* § 26c Rn. 10). Die Erfüllung des Qualifikationsmerkmals erfordert nicht nur den Vorsatz, sondern die *Absicht im technischen Sinne,* durch die wiederholte Begehung eine Einnahmequelle zu schaffen (vgl. Offerhaus/Söhn/Lange/*Blesinger* § 26c Rn. 26; Rolletschke/Kemper/ *Kemper* § 26b Rn. 20; Reiß/Kraeusel/Langer/*Tormöhlen* § 26c Rn. 12). Dieses subjektive Element des § 26c UStG begrenzt den Tatbestand weitgehend auf den vom Gesetzgeber beabsichtigten Wirkungsbereich der nachhaltigen Umsatzsteuergefährdung durch eine auf Dauer angelegte Begehung. Zudem liegen in Fällen, in denen der Täter die Umsatzsteuer zwar fortgesetzt aber mit nur geringfügiger Überschreitung des Fälligkeitszeitpunktes entrichtet, regelmäßig *vollkommen untergeordnete Vorteile* vor, die lediglich in dem entstehenden Zinsvorteil bestehen (ebenso Flore/Tsambikakis/*Gaede* § 26b Rn. 14).

Diese rein **subjektive Bestimmung der Gewerbsmäßigkeit** (dagegen Flore/Tsambikakis/*Gaede* **35** § 26c Rn. 14) bringt jedoch Beweisschwierigkeiten mit sich, die sich regelmäßig nur auflösen lassen, wenn schon die wirtschaftlichen Ausgangsbedingungen darauf schließen lassen, dass bereits nach dem ersten Zahlungsvorgang die Zahlungsunfähigkeit eintreten wird und eine Tätigkeit am Markt nur möglich ist, weil der Täter nicht gedenkt, die ausgewiesene Umsatzsteuer auch zu zahlen. Die praktische Bedeutung dieser Variante von § 26c dürfte vor dem Hintergrund des vorrangigen § 370 AO begrenzt sein (hierzu Rolletschke/Kemper/*Kemper* § 26c Rn. 29 ff.). Trotzdem besteht zumindest ein Anwendungsbereich für § 26c bei Umsatzsteuerkarussellen und Kettenbetrugskonstellationen (→ AO § 370 Rn. 394 ff.).

2. Begehung der Tat als Mitglied einer Bande. Eine **Bande** setzt den Zusammenschluss von **36** mindestens *drei Personen* voraus, die sich verbunden haben, um *künftig* für eine gewisse Dauer *mehrere selbstständige,* iE noch ungewisse Straftaten *des im Gesetz genannten Deliktstyps* zu begehen (hM; BGHSt 46, 321 (325); BGH NStZ 2004, 398 (399); 2006, 174 (175); Offerhaus/Söhn/Lange/*Blesinger* § 26c Rn. 19, 24; Reiß/Kraeusel/Langer/*Tormöhlen* § 26c Rn. 8; → AO § 370 Rn. 609 ff.; krit. Flore/ Tsambikakis/*Gaede* § 26b Rn. 24 f.). Ein *gefestigter Bandenwille* ist nicht erforderlich. Das stillschweigende Übereinkommen zwischen den Beteiligten, aus der Nichtentrichtung von Umsatzsteuern zumindest Liquidität zu schöpfen, reicht aus (vgl. Offerhaus/Söhn/Lange/*Blesinger* § 26c Rn. 21). Ebenso wenig muss die Begehung von Taten nach § 26b der Hauptzweck des Zusammenschlusses oder gar beteiligter Unternehmen sein (Offerhaus/Söhn/Lange/*Blesinger* § 26c Rn. 20; Rolletschke/Kemper/*Kemper* § 26c Rn. 43; enger JJR/*Joecks* AO § 370 Rn. 773: nur auf Nichtentrichtung der Umsatzsteuer spezialisierte Tätergruppen). Die Bandenmitglieder müssen sich nicht einmal alle persönlich kennen (BGH NStZ 2006, 174 (175) mwN) oder die Taten mittäterschaftlich begehen (Reiß/Kraeusel/Langer/*Tormöhlen* § 26c Rn. 9).

Zur Erfüllung des Qualifikationstatbestandes reicht es aus, wenn sich **ein Bandenmitglied** an einer **37** Tat nach § 26b beteiligt. Dabei muss es sich weder um eine Tat handeln, bei der andere Bandenmitglieder mitwirken, noch muss das Bandenmitglied täterschaftliche Beiträge iSd § 25 StGB erbringen oder unmittelbar an der Tathandlung, der Nichtentrichtung der Steuer mitwirken (Offerhaus/Söhn/ Lange/*Blesinger* § 26c Rn. 21). Jedoch muss der Täter „*als Mitglied der Bande"* handeln, sich also objektiv iRd Bandenabrede halten (LG Berlin StV 2004, 545) und die Tat subjektiv zumindest allgemein der Bande zurechnen; mag er auch konkret auf eigene Rechnung handeln (vgl. Schönke/Schröder/*Perron* StGB § 263 Rn. 188a).

38   In der Literatur wird die hier zugrunde liegende Konstellation eines „bandenmäßigen Unterlassens"
kritisch betrachtet, die schon *„vom Begriff her Befremden"* auslöse (Rolletschke/Kemper/*Kemper* § 26c
Rn. 40). Dieses Befremden ist jedoch unbegründet, wie *Blesinger* (Offerhaus/Söhn/Lange/*Blesinger*
§ 26c Rn. 17; aA Rolletschke/Kemper/*Kemper* § 26c Rn. 41) gezeigt hat: § 26c findet seine Rechtfertigung danach nicht in der bloßen Untätigkeit, sondern in dem Zusammenwirken des nicht zahlenden
Unternehmers einerseits und des Beteiligten, der die Vorsteuer in Anspruch nimmt andererseits. Es
spricht weder systematisch noch kriminalpolitisch etwas dagegen, die gezielte Herbeiführung einer
Gefährdung des Umsatzsteueraufkommens unter besondere Strafe zu stellen. Dies ist vor allem auch
damit zu begründen, dass die Bandenmitglieder durch ihr Zusammenwirken mittels Rechnungsstellung
erst die Pflichtenstellung schaffen, die das Unrecht des Unterlassens begründet.

III. Zahlungsfähigkeit

39   Im Wesentlichen kann für die Frage der Zahlungsfähigkeit als ungeschriebenes Tatbestandsmerkmal
auf die Ausführungen unter → Rn. 23 verwiesen werden. Doch wird, soweit der Nachweis der
Begehung durch ein Bandenmitglied oder der Gewerbsmäßigkeit unter den oben dargestellten Voraussetzungen (→ Rn. 31 ff.) gelungen ist, eine **unvorsätzliche Zahlungsunfähigkeit praktisch ausgeschlossen** sein.

D. Selbstanzeige

40   Eine Selbstanzeige ist bei §§ 26b, 26c **nicht vorgesehen.** § 371 AO gilt nur für § 370 AO; § 378
Abs. 3 AO gilt ebenfalls nicht (glA Klein/*Jäger* AO § 371 Rn. 14; Offerhaus/Söhn/Lange/*Blesinger*
§ 26b Rn. 49; Reiß/Kraeusel/Langer/*Tormöhlen* § 26c Rn. 15; Rolletschke/Kemper/*Kemper* § 26c
Rn. 70 ff.). In der Literatur wird demgegenüber zT vertreten, § 371 AO sei analog auch auf § 26b und
§§ 26b, 26c anzuwenden. Dies wird mit dem Wertungswiderspruch begründet, der entstünde, wenn der
Täter des § 370 AO zurücktreten könne, derjenige, der §§ 26b, 26c verwirklicht, jedoch nicht (Flore/
Tsambikakis/*Gaede* § 26b Rn. 39; JJR/*Joecks* AO § 370 Rn. 785). Dagegen spricht jedoch zum einen
der **mutmaßliche Wille des Gesetzgebers,** der in § 370a S. 2 AO aF nachträglich eine Regelung für
die Selbstanzeige geschaffen hatte (BGBl. 2002 I 2715 (2722)), an §§ 26b, 26c jedoch keine Änderung
vornahm; für die Annahme einer planwidrigen Regelungslücke bestehen daher keinerlei Anhaltspunkte
(vgl. BT-Drs. 14/7471, 8; ferner Offerhaus/Söhn/Lange/*Blesinger* § 26b Rn. 49; iE auch Rolletschke/
Kemper/*Kemper* § 26b Rn. 73; aA Flore/Tsambikakis/*Gaede* § 26b Rn. 33). Zum anderen spricht ein
systematisches Argument gegen eine analoge Anwendung: Für den strukturell ähnlichen § 380 AO ist
ebenfalls keine Möglichkeit der Selbstanzeige vorgesehen (vgl. Hübschmann/Hepp/Spitaler/*Bülte* AO
§ 380 Rn. 86; ferner Klein/*Jäger* AO § 380 Rn. 22; Erbs/Kohlhaas/*Senge* AO § 380 Rn. 17) und bei
§§ 26b, 26c handelt es sich nicht wie bei der Steuerhinterziehung um ein Delikt, das durch eine
unterlassene oder unrichtige Erklärung begangen wird, die korrigiert werden müsste (BGH NStZ-
RR 2014, 310).

E. Konkurrenzen

41   Ist § 26b *gleichzeitig* mit dem Tatbestand eines Strafgesetzes erfüllt, so wird nach § 21 OWiG **nur das
Strafgesetz** angewendet (vgl. auch Gußen SteuerStrafR Rn. 380). Wird § 26b als Begleittat einer
Steuerhinterziehung begangen, so greift § 21 OWiG nicht ein, weil Tatmehrheit vorliegen dürfte, aber
die Ordnungswidrigkeit wird als nicht ins Gewicht fallende mitbestrafte Nachtat konsumiert. IÜ gelten
für die Konkurrenz zwischen mehreren Gesetzesverletzungen gem. § 26b die §§ 19, 20 OWiG (→ AO
§ 378 Rn. 52; Offerhaus/Söhn/Lange/*Blesinger* § 26b Rn. 62 ff.; ferner Flore/Tsambikakis/*Gaede*
§ 26b Rn. 40; daher stehen mehrere Nichtentrichtungen der USt (zB mehrere Vorauszahlungen)
tatmehrheitlich nebeneinander (Offerhaus/Söhn/Lange/*Blesinger* § 26b Rn. 35, 67).

42   Zwischen §§ 26b, 26c und § 370 AO besteht **Idealkonkurrenz** (aA hM, etwa Offerhaus/Söhn/
Lange/*Blesinger* § 26b Rn. 65: Exklusivitätsverhältnis; MüKoStGB/*Schmitz/Wulf* AO § 370 Rn. 448;
vgl. aber Kohlmann/*Ransiek* AO § 370 Rn. 889: Idealkonkurrenz denkbar) mitbestrafte Nachtat AK-
SteuerStrafR/*Schott* AO § 370 Rn. 442: soweit nicht § 370 Abs. 3 Nr. 5 AO zur Anwendung kommt.
In diesem Fall werden §§ 26b, 26c konsumiert; zur Wahlfeststellung zwischen §§ 26b, 26c und § 370
AO vgl. Offerhaus/Söhn/Lange/*Blesinger* § 26c Rn. 47. **Idealkonkurrenz** ist ebenfalls denkbar zu
§§ 283 ff. StGB und § 15a InsO; während zu § 266a StGB und § 380 AO Tatmehrheit gegeben ist
(Offerhaus/Söhn/Lange/*Blesinger* § 26b Rn. 66; vgl. auch BGHSt 38, 285 f.). Zu den Konkurrenzen iE
Fahl wistra 2003, 12.

F. Verjährung

43   Nach § 31 Abs. 2 Nr. 1 OWiG verjährt eine Tat gem. § 26b innerhalb von **drei Jahren** (aA wohl
Reiß/Kraeusel/Langer/*Tormöhlen* § 26b Rn. 19: Anwendung von § 384 AO). Taten gem. §§ 26b, 26c
verjähren innerhalb von **fünf Jahren** (§ 78 Abs. 3 Nr. 4 StGB). Problematisch ist hinsichtlich beider

Delikte, dass die Verjährung gem. §§ 31 Abs. 3 S. 1 OWiG, 78a S. 1 StGB mit der Beendigung der Tat beginnt. Die Beendigung ist nicht schon mit dem Vorliegen aller Tatbestandsmerkmale gegeben, sondern erst, wenn das tatbestandliche Geschehen über die formelle Vollendung hinaus zum tatsächlichen Abschluss gekommen ist (Klein/*Jäger* AO § 376 Rn. 20; Schönke/Schröder/*Eser*/*Bosch* StGB Vor § 22 Rn. 4; vgl. Fischer StGB § 22 Rn. 6), also bei echten Unterlassungsdelikten nach hM erst mit dem Wegfall der Handlungspflicht (OLG Hamburg NStZ 1996, 557 (558); Fischer StGB § 78a Rn. 8 mwN). Die Verjährung beginne damit bei §§ 26b, 26c erst mit dem Erlöschen der Pflicht zur Entrichtung der Umsatzsteuer, etwa durch Zahlung oder Verjährung (§§ 228 ff. AO). Dies führt dazu, dass die Ordnungswidrigkeit aus § 26b frühestens acht und die Straftat gem. §§ 26b, 26c frühestens zehn Jahre nach der Vollendung verjähren, soweit der Steueranspruch nicht aus anderen Gründen erlischt. Zum Teil wird angenommen, die Verjährung müsse schon mit dem Verstreichenlassen des Fälligkeitszeitpunkts beginnen (JJR/*Joecks* AO § 370 Rn. 781; Rolletschke/Kemper/*Kemper* § 26c Rn. 63), doch bieten weder die Gesetzessystematik, noch die kriminalpolitischen Bedürfnisse hierfür einen Anhaltspunkt oder Anlass (vgl. Offerhaus/Söhn/Lange/*Blesinger* § 26b Rn. 69; Rolletschke SteuerStrafR Rn. 491; *Schmidt*, Die Nichtabführung von Umsatzsteuer, 2016, 185): Erklärt der Steuerpflichtige die Steuer, führt sie dann aber nicht ab, so wird man wohl den tatsächlichen Abschluss des Geschehens noch nicht annehmen können, solange die Angelegenheit noch in Kenntnis von Stpfl. und Finanzbehörden „offen ist" (vgl. Hübschmann/Hepp/Spitaler/*Bülte* AO § 376 Rn. 124).

G. Rechtsfolgen

Ordnungswidrigkeiten gem. § 26b können mit **Geldbuße** von bis zu 50.000 EUR geahndet werden. **44** Die Straftat gem. §§ 26b, 26c kann mit **Geldstrafe** oder mit **Freiheitsstrafe** von bis zu fünf Jahren bestraft werden. Bei Bemessung der Geldbuße gelten ebenso die allgemeinen Regeln (§ 17 Abs. 3, 4 OWiG; vgl. auch Rolletschke/Kemper/*Kemper* § 26b Rn. 70 ff.) wie bei der Strafzumessung (§§ 46 ff. StGB). Insbes. ist zu berücksichtigen, ob die Gefährdung des Umsatzsteueraufkommens endgültig in eine Schädigung umgeschlagen ist.

Zudem ist bei der **Abschöpfung** zu beachten, dass der Täter nicht einen Vorteil in Höhe der nicht **45** entrichteten Umsatzsteuer erlangt, sondern lediglich den Zinsvorteil (BGH NJW 2001, 693), wenn sich im Hinblick auf § 370 AO die verkürzte Steuer auch nach dem Gesamtbetrag bestimmt (BGH NJW 2009, 1979 (1984)). Nur der erlangte Zinsvorteil unterliegt der Abschöpfung (JJR/*Joecks* AO § 377 Rn. 33), soweit diese nicht schon durch Verzinsung (§ 235 AO) oder Säumniszuschläge (§ 240 AO) erfolgt (Offerhaus/Söhn/Lange/*Blesinger* § 26b Rn. 72). Für den Verfall nach § 73 StGB gilt das Vorbeschriebene grds. gleichermaßen (vgl. aber BGH wistra 2001, 96 (98); Offerhaus/Söhn/Lange/*Blesinger* § 26b Rn. 72).

Da es sich bei Gewerbsmäßigkeit und Bandenbegehung um **strafbegründende persönliche** **45a** **Merkmale** handelt, kommt dem Beteiligten, der diese Merkmale nicht aufweist, nicht nur eine Strafmilderung nach §§ 28 Abs. 1, 49 StGB zugute, sondern es gilt § 14 Abs. 4 OWiG als lex specialis zu § 28 Abs. 1 StGB (Flore/Tsambikakis/*Gaede* § 26c Rn. 37; Reiß/Kraeusel/Langer/*Tormöhlen* § 26c Rn. 13; aA Offerhaus/Söhn/Lange/*Blesinger* § 26c Rn. 38; Rolletschke/Kemper/*Kemper* § 26c Rn. 51). Das führt allerdings auch dazu, dass der gewerbsmäßig handelnde Teilnehmer strafbar sein kann, während der nicht gewerbsmäßig handelnde Täter ordnungswidrig handelt. Nicht als besonderes persönliches Merkmal im Hinblick auf die Rspr. des BGH (BGHSt 41, 1) die sich aus § 18 ergebende Pflicht zur Steuerentrichtung anzusehen. Sie ist tat- und nicht täterbezogen (BGH bei *Jäger* NStZ 2007, 688 (689)).

In der Begründung zu § 26b hat der Finanzausschuss (BT-Drs. 4/7471, 8) die Problematik des § 47 **46** Abs. 1 OWiG angesprochen und ausgeführt, die FinBeh. könne in Anwendung des **Opportunitäts- prinzips** auf eine Ahndung verzichten, wobei die in § 266a Abs. 5 (Abs. 6 nF) StGB genannten Umstände als Maßstab in Betracht kommen sollen (vgl. Kruhl BB 2002, 1020). Diese Ausführungen belegen, dass der Finanzausschuss bei der Einfügung der §§ 26b, 26c UStG, 370a AO die Dogmatik der Unterlassungsdelikte vernachlässigt hat. Die genannten Voraussetzungen werden kaum vorliegen, wenn der Tatbestand erfüllt ist (vgl. Offerhaus/Söhn/Lange/*Blesinger* § 26b Rn. 51; Flore/Tsambikakis/*Gaede* § 26b Rn. 37, 48; ferner NK-StGB/*Tag* StGB § 266a Rn. 129; SK-StGB/*Hoyer* StGB § 266a Rn. 94): Die Leistungsfähigkeit ist ungeschriebenes Tatbestandsmerkmal. Fehlt sie, kommt es auf ein Absehen von der Verfolgung nicht an. Liegt sie vor oder hat der Betroffene seine Leistungsunfähigkeit **vorsätzlich herbeigeführt,** so würde von ihm eine Täuschung ggü. dem FA verlangt, sollte er darlegen, warum er leistungsunfähig war und dass er sich ernstlich um die Leistung bemüht hat. Es bleibt lediglich der Ansatz, dass eine **nachträgliche** Beseitigung der Umsatzsteuergefährdung durch Entrichtung der Steuer im Rahmen von Opportunitätserwägungen zu berücksichtigen ist (vgl. jedoch OLG Frankfurt a. M. ZIP 2009, 2293 (2295)).

Die juristische Person oder Personenvereinigung selbst kann als **Inhaber** eines Unternehmens oder **47** Betriebs nur unter den Voraussetzungen des § 30 OWiG mit einem Bußgeld belegt werden, dh wenn eine vertretungsberechtigte oder mit der Leitung oder Überwachung beauftragte Person gehandelt hat und damit Pflichten des Verbandes verletzt worden sind oder dieser bereichert werden sollte (vgl.

Offerhaus/Söhn/Lange/*Blesinger* § 26b Rn. 58, 73; Reiß/Kraeusel/Langer/*Tormöhlen* § 26b Rn. 16; → OWiG § 30 Rn. 39 ff.).

H. Verfahren

48   Die FinBeh. sind für die Verfolgung von Taten gem. § 26b (§§ 409 iVm §§ 386 f. AO) und gem. §§ 26b, 26c (iVm §§ 386 f. AO) sachlich zuständig. Gem. § 386 Abs. 2 AO ergibt sich eine Pflicht zur Abgabe des Verfahrens bzw. zur Vorlage an die StA nur, soweit das Verfahren andere als die in § 386 Abs. 2 AO genannten Taten betrifft. Die Rechtsbehelfe richten sich nach den allgemeinen Regeln der §§ 67 ff. OWiG und §§ 296 ff. StPO.

Vom 23. Dezember 1993 (BGBl. I S. 2449, ber. 1994 S. 162) FNA 613-1-14

Zuletzt geändert durch Art. 9 Abs. 10 G zur Neuorganisation der Zollverwaltung vom 3.12.2015
(BGBl. I S. 2178)

– Auszug –

§ 30 Steuerordnungswidrigkeiten

(1) Ordnungswidrig im Sinne des § 382 Abs. 1 Nr. 1 der Abgabenordnung handelt, wer als Pflichtiger oder bei der Wahrnehmung der Angelegenheiten eines Pflichtigen vorsätzlich oder fahrlässig

1. entgegen § 3 Abs. 2 einen Weiterflug fortsetzt,
2. entgegen § 4a Satz 2, auch in Verbindung mit Satz 3, oder § 9 Abs. 1 nicht dafür Sorge trägt, daß das Wasserfahrzeug das dort genannte Zollzeichen trägt,
3. entgegen § 5 Abs. 2 Satz 1 eine Anzeige nicht erstattet,
4. entgegen § 9 Abs. 2 Satz 1 eine Unterlage nicht aufbewahrt oder
5. einer vollziehbaren Anordnung nach § 9 Abs. 3 zuwiderhandelt.

(2) Ordnungswidrig im Sinne des § 382 Abs. 1 Nr. 2 der Abgabenordnung handelt, wer als Pflichtiger oder bei der Wahrnehmung der Angelegenheiten eines Pflichtigen vorsätzlich oder fahrlässig

1. entgegen § 27 Absatz 2 in Verbindung mit Absatz 3 Satz 1, 2 oder 3 oder Absatz 4 Satz 1, 2 oder 3 oder Absatz 6 oder Absatz 7 Satz 1 oder 2 Schiffs-, Flugzeug- oder Reisebedarf liefert oder bezieht,
2. entgegen § 27 Absatz 10 auf Verlangen Anschreibungen nicht, nicht richtig oder nicht in der vorgeschriebenen Form führt oder diese nicht oder nicht rechtzeitig vorlegt,
3. einer Vorschrift des § 27 Abs. 12 Satz 1, 2, 4 oder 5 über die Lieferung von Schiffs- oder Reisebedarf zuwiderhandelt,
4. entgegen § 27 Absatz 9 Satz 9, auch in Verbindung mit Absatz 13 Satz 1, Waren nicht meldet oder nicht oder nicht rechtzeitig vorführt.

(3) Ordnungswidrig im Sinne des § 382 Abs. 1 Nr. 3 der Abgabenordnung handelt, wer als Pflichtiger oder bei der Wahrnehmung der Angelegenheiten eines Pflichtigen vorsätzlich oder fahrlässig

1. entgegen § 26 Abs. 6 eine Freizonengrenze überschreitet,
2. entgegen § 26 Abs. 7 einen Grenzpfad ohne Erlaubnis des Hauptzollamts betritt oder
3. entgegen § 28 nicht oder nicht rechtzeitig hält oder einem Zollboot das Borden nicht oder nicht rechtzeitig ermöglicht.

(4) Ordnungswidrig im Sinne des § 382 Abs. 1 Nr. 1 der Abgabenordnung handelt, wer als Pflichtiger oder bei der Wahrnehmung der Angelegenheiten eines Pflichtigen der Verordnung (EWG) Nr. 2913/92 des Rates vom 12. Oktober 1992 zur Festlegung des Zollkodex der Gemeinschaften (ABl. EG Nr. L 302 S. 1, 1993 Nr. L 79 S. 84, 1996 Nr. L 97 S. 38), zuletzt geändert durch Verordnung (EG) Nr. 1791/2006 des Rates vom 20. November 2006 (ABl. EU Nr. L 363 S. 1), zuwiderhandelt, indem er vorsätzlich oder fahrlässig

1. entgegen Artikel 39 Abs. 1 oder 2 die Zollbehörde nicht oder nicht rechtzeitig unterrichtet, daß eine Verpflichtung zur Beförderung einer Ware nach Artikel 38 Abs. 1 infolge eines unvorhersehbaren Ereignisses oder höherer Gewalt nicht erfüllt werden kann,
2. entgegen Artikel 40 eine eingetroffene Ware nicht gestellt,
3. entgegen Artikel 43 Satz 1 in Verbindung mit Satz 2 für eine gestellte Ware eine summarische Anmeldung nicht oder nicht rechtzeitig abgibt,
4. entgegen Artikel 46 Abs. 1 Satz 1 ohne Zustimmung der Zollbehörde Waren ablädt oder umlädt,
4a. entgegen Artikel 46 Abs. 1 Satz 3 die Zollbehörden nicht oder nicht rechtzeitig unterrichtet,
5. entgegen Artikel 46 Abs. 2 auf Verlangen der Zollbehörde eine Ware nicht ablädt oder auspackt,
5a. ohne Zustimmung der Zollbehörden nach Artikel 47 Waren von dem Ort entfernt, an den sie ursprünglich verbracht worden sind,
6. entgegen Artikel 49 Abs. 1 in Verbindung mit Abs. 2 eine Förmlichkeit, die erfüllt sein muß, damit eine Ware eine zollrechtliche Bestimmung erhält (Anmeldung nach Artikel 59 zur Überführung der Ware in ein Zollverfahren gemäß Artikel 4 Nr. 16 oder Antrag

auf Erhalt einer anderen zollrechtlichen Bestimmung gemäß Artikel 4 Nr. 15 Buchstabe b bis d), nicht oder nicht innerhalb der in Artikel 49 Abs. 1 genannten oder nach Artikel 49 Abs. 2 festgesetzten Frist erfüllt,

6a. entgegen Artikel 51 Abs. 1 Waren an anderen als den von den Zollbehörden zugelassenen Orten oder nicht unter den von diesen Behörden festgelegten Bedingungen lagert,

7. entgegen Artikel 168 Abs. 4 Satz 2 der Zollbehörde eine Durchschrift des die Ware begleitenden Beförderungspapiers nicht übergibt oder dieses nicht bei einer von der Zollbehörde dazu bestimmten Person zur Verfügung hält oder

8. entgegen Artikel 168 Abs. 4 Satz 3 der Zollbehörde auf Verlangen eine Ware nicht zur Verfügung stellt.

(5) Ordnungswidrig im Sinne des § 382 Abs. 1 Nr. 2 der Abgabenordnung handelt, wer als Pflichtiger oder bei der Wahrnehmung der Angelegenheiten eines Pflichtigen der Verordnung (EWG) Nr. 2913/92 zuwiderhandelt, indem er vorsätzlich oder fahrlässig

1. entgegen Artikel 76 Abs. 2, auch in Verbindung mit Artikel 77, eine ergänzende Anmeldung nicht nachreicht,

2. entgegen Artikel 87 Abs. 2 der Zollbehörde eine Mitteilung über ein Ereignis nicht macht, das nach Erteilung einer Bewilligung eingetreten ist und sich auf deren Aufrechterhaltung oder Inhalt auswirken kann,

3. entgegen Artikel 96 Abs. 1 Satz 2 Buchstabe a oder Abs. 2, jeweils auch in Verbindung mit Artikel 163 Abs. 3, eine Ware nicht, nicht unter Beachtung der von der Zollbehörde zur Nämlichkeitssicherung getroffenen Maßnahmen, nicht unverändert oder nicht rechtzeitig der Bestimmungsstelle gestellt,

4. entgegen Artikel 105 Satz 1 eine Bestandsaufzeichnung über eine in das Zolllagerverfahren übergeführte oder in eine Freizone des Kontrolltyps II verbrachte Ware nicht, nicht richtig oder nicht vollständig führt,

5. entgegen Artikel 170 Abs. 2 eine dort bezeichnete Ware der Zollbehörde beim Verbringen in eine Freizone des Kontrolltyps I oder ein Freilager nicht gestellt oder entgegen Artikel 170 Abs. 3 auf Verlangen der Zollbehörde eine Ware, die einer Ausfuhrabgabe oder anderen Ausfuhrbestimmungen unterliegt, nicht meldet oder

6. entgegen Artikel 182 Abs. 3 Satz 1 der Zollbehörde eine Mitteilung über eine Wiederausfuhr, eine Vernichtung oder eine Zerstörung einer Ware nicht oder nicht rechtzeitig macht.

(5a) Ordnungswidrig im Sinne des § 382 Abs. 1 Nr. 3 der Abgabenordnung handelt, wer als Pflichtiger oder bei der Wahrnehmung der Angelegenheiten eines Pflichtigen der Verordnung (EWG) Nr. 2913/92 zuwiderhandelt, indem er vorsätzlich oder fahrlässig

1. entgegen Artikel 172 Abs. 1 Satz 2 eine Mitteilung über die Ausübung einer industriellen oder gewerblichen Tätigkeit oder einer Dienstleistung in einer Freizone oder einem Freilager der Zollbehörde nicht oder nicht rechtzeitig macht,

2. entgegen Artikel 176 Abs. 1 Satz 1 in Verbindung mit Satz 2 und 3 eine Bestandsaufzeichnung über eine Ware bei der Ausübung einer Tätigkeit im Bereich der Lagerung, der Be- oder Verarbeitung oder des Kaufs oder Verkaufs von Waren in einer Freizone des Kontrolltyps I oder einem Freilager nicht, nicht richtig, nicht vollständig oder nicht rechtzeitig führt oder

3. entgegen Artikel 176 Abs. 2 Satz 1 im Falle der Umladung einer Ware innerhalb einer Freizone des Kontrolltyps I die Papiere, die die Feststellung der Ware ermöglichen, nicht zur Verfügung der Zollbehörden hält.

(6) Ordnungswidrig im Sinne des § 382 Abs. 1 Nr. 3 der Abgabenordnung handelt, wer als Pflichtiger oder bei der Wahrnehmung der Angelegenheiten eines Pflichtigen der Verordnung (EWG) Nr. 2454/93 der Kommission vom 2. Juli 1993 mit Durchführungsvorschriften zu der Verordnung (EWG) Nr. 2913/92 des Rates vom 12. Oktober 1992 zur Festlegung des Zollkodex der Gemeinschaften (ABl. EG Nr. L 253 S. 1, 1994 Nr. L 268 S. 32, 1996 Nr. L 180 S. 34, 1997 Nr. L 156 S. 59, 1999 Nr. L 111 S. 88), zuletzt geändert durch Verordnung (EG) Nr. 214/2007 der Kommission vom 28. Februar 2007 (ABl. EU Nr. L 62 S. 6), zuwiderhandelt, indem er vorsätzlich oder fahrlässig entgegen Artikel 803 der Verordnung (EWG) Nr. 2454/93, auch in Verbindung mit Artikel 806 Satz 1 der Verordnung (EWG) Nr. 2454/93, in einer Bestandsaufzeichnung eine vorgeschriebene Angabe nicht, nicht vollständig oder nicht richtig aufnimmt.

(7) Ordnungswidrig im Sinne des § 382 Abs. 1 Nr. 2 der Abgabenordnung handelt, wer als Pflichtiger oder bei der Wahrnehmung der Angelegenheiten eines Pflichtigen der Verordnung (EWG) Nr. 2454/93 zuwiderhandelt, indem er vorsätzlich oder fahrlässig

1. entgegen Artikel 178 Abs. 4 erster oder zweiter Anstrich bei der Abgabe einer Zollwertanmeldung oder entgegen Artikel 199 Abs. 1 erster oder zweiter Anstrich bei der Abgabe einer Zollanmeldung Angaben nicht, nicht richtig oder nicht vollständig macht oder eine nicht echte Unterlage vorlegt,

2. entgegen Artikel 219 Abs. 1 Satz 3 das Beförderungspapier auf Verlangen nicht vorlegt,

3. entgegen Artikel 219 Abs. 2 der Abgangsstelle eine Ausfuhranmeldung, eine Anmeldung zur Wiederausfuhr oder ein anderes Dokument gleicher Wirkung nicht zusammen mit der dazugehörigen Versandanmeldung vorlegt,

4. entgegen Artikel 219 Abs. 3 der Zollstelle auf Verlangen eine Unterlage über das vorangegangene Zollverfahren nicht vorlegt,

5. entgegen Artikel 266 Abs. 1 Buchstabe a Nr. i erster Anstrich der zuständigen Zollbehörde ein Eintreffen einer Ware nicht, nicht in der vorgeschriebenen Weise oder nicht rechtzeitig mitteilt,

6. entgegen Artikel 266 Abs. 1 Buchstabe a Nr. i zweiter Anstrich, Nr. ii zweiter Anstrich oder Buchstabe c eine Ware in seiner Buchführung nicht, nicht richtig, nicht vollständig oder nicht rechtzeitig anschreibt,

7. entgegen Artikel 266 Abs. 1 Buchstabe a Nr. ii erster Anstrich der zuständigen Zollbehörde seine Absicht zur Überführung einer Ware in den zollrechtlich freien Verkehr nicht, nicht in der vorgeschriebenen Weise oder nicht rechtzeitig mitteilt,

8. entgegen Artikel 266 Abs. 1 Buchstabe b erster Anstrich der zuständigen Zollbehörde seine Absicht zur Überführung einer Ware in den zollrechtlich freien Verkehr nicht oder nicht in der vorgeschriebenen Weise mitteilt,

9. entgegen Artikel 266 Abs. 1 Buchstabe b zweiter Anstrich eine Ware in seiner Buchführung nicht, nicht richtig oder nicht vollständig anschreibt,

10. entgegen Artikel 273 Abs. 1 Satz 1 Buchstabe a der Überwachungszollstelle eine Mitteilung über die Ankunft einer Ware an dem dafür bezeichneten Ort nicht macht,

11. entgegen Artikel 273 Abs. 1 Satz 1 Buchstabe b in Verbindung mit Satz 2 eine Ware in einer Bestandsaufzeichnung nicht, nicht richtig oder nicht in der vorgeschriebenen Weise anschreibt,

12. entgegen Artikel 273 Abs. 1 Satz 1 Buchstabe c der Überwachungszollstelle eine Unterlage, die die Überführung einer Ware in das Zollagerverfahren betrifft, nicht zur Verfügung hält,

12a. [aufgehoben]

13. entgegen Artikel 359 Abs. 1 Satz 1, auch in Verbindung mit Artikel 358 Abs. 5, die Waren während ihrer Beförderung im gemeinschaftlichen Versandverfahren nicht durch die von der Abgangsstelle ausgehändigten Exemplare Nummer 4 und 5 der Versandanmeldung oder das Versandbegleitdokument begleiten lässt,

14. entgegen Artikel 359 Abs. 1 Satz 2, auch in Verbindung mit Artikel 358 Abs. 5, der Durchgangszollstelle eine Sendung nicht oder nicht unter Vorlage der Exemplare Nummer 4 und 5 der Versandanmeldung oder des Versandbegleitdokuments vorführt,

15. entgegen Artikel 359 Abs. 2, auch in Verbindung mit Artikel 358 Abs. 5, bei einer Durchgangszollstelle einen Grenzübergangsschein nach dem Muster in Anhang 46 nicht abgibt,

16. entgegen Artikel 360 Abs. 1 Buchstabe a bis d oder e, jeweils auch in Verbindung mit Artikel 358 Abs. 5,
   a) bei einer Änderung der verbindlichen Beförderungsstrecke,
   b) wenn der Verschluss während der Beförderung aus nicht vom Beförderer zu vertretenen Gründen verletzt wird,
   c) wenn die Waren auf ein anderes Beförderungsmittel umgeladen werden oder
   d) wenn eine unmittelbar drohende Gefahr zum teilweisen oder vollständigen Entladen des Beförderungsmittels zwingt,

die Exemplare Nummer 4 und 5 der Versandanmeldung oder das Versandbegleitdokument nicht mit einem entsprechenden Vermerk versieht oder sie der nächsten Zollbehörde nicht unter Vorführung der Sendung vorlegt,

17. entgegen Artikel 379 Abs. 4 Satz 2 bei einem unzureichenden Referenzbetrag die Stelle der Bürgschaftsleistung nicht benachrichtigt,

18. entgegen Artikel 384 Abs. 2 Bescheinigungen der Stelle der Bürgschaftsleistung nicht, nicht rechtzeitig oder nicht vollständig zurückgibt,

19. entgegen Artikel 400 Abs. 1 Satz 2 in Verbindung mit Satz 1 oder entgegen Artikel 912g Abs. 3 Satz 1 in Verbindung mit Abs. 2 Buchstabe b das vorgesehene Feld der Versandanmeldung oder des Kontrollexemplars T5 nicht durch die Angabe des Versandtages vervollständigt oder nicht mit einer Nummer versieht,

20. entgegen Artikel 402 Abs. 1 eine Versandanmeldung nicht oder nicht rechtzeitig vervollständigt,

21. nach dem Versand der Abgangsstelle entgegen Artikel 402 Abs. 3 Satz 1 das Exemplar Nr. 1 der Versandanmeldung oder entgegen Artikel 912g Abs. 3 Satz 3 die Durchschrift des Kontrollexemplars T 5 zusammen mit allen Unterlagen, aufgrund derer das Kontrollexemplar T 5 ausgestellt worden ist, nicht oder nicht rechtzeitig übersendet oder übermittelt,

22. entgegen Artikel 408 Abs. 1 Buchstabe a die Bestimmungsstelle über Mehrmengen, Fehlmengen, Vertauschungen oder Unregelmäßigkeiten bei eingetroffenen Sendungen nicht oder nicht rechtzeitig unterrichtet,

23. entgegen Artikel 408 Abs. 1 Buchstabe b, auch in Verbindung mit Artikel 358 Abs. 5, für die eingetroffenen Sendungen der Bestimmungsstelle die Exemplare Nummer 4 und 5 der Versandanmeldung oder das Versandbegleitdokument nicht oder nicht rechtzeitig zusendet oder der Bestimmungsstelle das Ankunftsdatum oder den Zustand angelegter Verschlüsse nicht oder nicht rechtzeitig mitteilt,

24. [aufgehoben]

25. entgegen Artikel 513 Satz 2 nach der Beförderung einer Ware von einem Bewilligungsinhaber zu einem anderen seine Überwachungszollstelle nicht oder nicht rechtzeitig benachrichtigt,

25a. entgegen Artikel 513 Satz 5 in Verbindung mit Anhang 68 Teil A Nr. 2 oder Teil B Abschnitt I Nr. 2 die Überwachungszollstellen vor Beginn der Beförderung einer Ware von einem Bewilligungsinhaber zu einem anderen nicht von der beabsichtigten Beförderung unterrichtet,

26. entgegen Artikel 516 Aufzeichnungen oder in Verbindung mit Artikel 529 Bestandsaufzeichnungen nicht richtig oder nicht vollständig führt,

27. entgegen Artikel 530 Abs. 1 Anschreibungen in den Bestandsaufzeichnungen nicht, nicht richtig oder nicht rechtzeitig macht oder

28. [aufgehoben]

29. [aufgehoben]

30. [aufgehoben]

31. entgegen Artikel 842 Abs. 1 die Anzeige über die Vernichtung oder Zerstörung einer Ware nicht oder nicht rechtzeitig erstattet.

→ AO § 382 Rn. 1 ff.

960. Zollverwaltungsgesetz (ZollVG)

Vom 21. Dezember 1992 (BGBl. I S. 2125) FNA 613-7

Zuletzt geändert durch Art. 2 Abs. 4 GVVG-Änderungsgesetz vom 12.6.2015 (BGBl. I S. 926)

– Auszug –

§ 32 Nichtverfolgung von Steuerstraftaten und Steuerordnungswidrigkeiten; Erhebung eines Zuschlags

(1) Steuerstraftaten und Steuerordnungswidrigkeiten (§§ 369, 377 der Abgabenordnung), die im grenzüberschreitenden Reiseverkehr begangen werden, werden als solche nicht verfolgt, wenn sich die Tat auf Waren bezieht, die weder zum Handel noch zur gewerblichen Verwendung bestimmt sind und der verkürzte Einfuhrabgabenbetrag oder der Einfuhrabgabenbetrag, dessen Verkürzung versucht wurde, 130 Euro nicht übersteigt.

(2) Absatz 1 gilt nicht, wenn der Täter

1. die Waren durch besonders angebrachte Vorrichtungen verheimlicht oder an schwer zugänglichen Stellen versteckt hält oder
2. durch die Tat den Tatbestand einer Steuerstraftat innerhalb von sechs Monaten zum wiederholten Male verwirklicht.

(3) Liegt eine im grenzüberschreitenden Reiseverkehr begangene Steuerstraftat oder Steuerordnungswidrigkeit vor, kann in den Fällen einer Nichtverfolgung nach Absatz 1 oder einer Einstellung nach § 398 der Abgabenordnung ein Zuschlag bis zur Höhe der Einfuhrabgaben, höchstens jedoch bis zu 130 Euro erhoben werden.

(4) Die Absätze 1 bis 3 gelten auch bei der Einreise aus einer Freizone.

Literatur (Auswahl): *Alexander,* Zollzuschlag im grünen Ausgang, ddz 2007, F 55; *Bail,* Das Zollgesetz 1961 – eine neue Stufe in der Entwicklung des deutschen Zollrechts, ZfZ 1961, 355; *Bender,* Wann ist eine Ware an „schwer zugänglichen Stellen versteckt" (§ 80 Abs. 2 Nr. 1 ZG), ZfZ 1972, 69; *Bender,* Schmuggelprivileg und Zollzuschlag bei Einfuhren über unbesetzte Zollämter, ddz 1988, F 129; *Bender,* Schmuggelprivileg und Zuschlag '97, ZfZ 1997, 110; *Bender,* Zu der negativen Voraussetzung der schweren Zugänglichkeit beim Schmuggelprivileg und zur Wertgrenze als Verfahrenshindernis, wistra 2001, 114; *Bender,* Neuigkeiten im Steuerstrafrecht 2002 für die Zollverwaltung, ZfZ 2002, 146; *Bender,* Böses Erwachen hinterm grünen Ausgang – Zollrechtliche und strafrechtliche Aspekte von Rückwaren und Einkäufen aus Drittstaaten am Beispiel von Schmuck, AW-Prax 2016, 201; *Görtz,* Zollrechtliche Behandlung vorausgesandter oder nachgesandter persönlicher Gebrauchsgegenstände, ddz 2003, F 65; *Harbusch,* Der Wert der Ware im Sinne von § 80 Zollgesetz, ddz 1984, F 49; *Hunsmann,* Das Absehen von Strafverfolgung nach § 398a AO in der Verfahrenspraxis, BB 2011, 2519; *Janovsky,* Die Strafbarkeit des illegalen grenzüberschreitenden Warenverkehrs, NStZ 1998, 117; *Kettner,* Unter Piratenflagge – Strafbarkeit der privaten Einfuhr gefälschter Markenartikel und unerlaubt hergestellter Vervielfältigungsstücke aus Drittländern, BLJ 2007, 117; *Leyser,* § 80 ZG 1961 im Spiegel der Rechtsprechung, ZfZ 1964, 36; *Retemeyer/Möller,* Zollstraftaten und Zollordnungswidrigkeiten, AW-Prax 2009, 340; *Rümelin,* Zollzuschlag und Nichtverfolgung kleiner Zollvergehen im Reiseverkehr, ddz 1961, F 116; *Schwarz,* Der Zollzuschlag im Reiseverkehr, ZfZ 1963, 267; *Schübel,* Strafverfolgung von kleinen Zollvergehen, ZfZ 1961, 289; *Sellnick,* Das Zollgesetz, ZfZ 1961, 225; *Stobbe,* Die Ausnahmen vom Strafverfolgungszwang, ddz 1964, F 112.

A. Normenhistorie und Regelungszweck

§ 32 wurde ursprünglich als **§ 80 Zollgesetz** – ZG v. 14.6.1961 (BGBl. I 737) als *erste* steuer- bzw. **1** zollstrafrechtliche Entkriminalisierungsvorschrift dieser Art (ebenso Rolletschke/Kemper/*Kemper* Rn. 1; → TabStG § 37 Rn. 3; → EStG § 50e Rn. 3) mWz **15.6.1961** in Kraft gesetzt (krit. zur systematischen Stellung *Sellnick* ZfZ 1961, 225 (266): Verortung innerhalb der Strafvorschriften der AO hätte *„nahe gelegen";* dagegen *Bail* ZfZ 1961, 355 (356)). Sie umfasste damals lediglich den heutigen Absätzen 1 und 2 im Wesentlichen entsprechende Regelungen und wurde – in der **ratio legis** zT fragwürdig, aber nach wie vor für die Gesetzesinterpretation aufschlussreich – wie folgt gerechtfertigt (BT-Drs. III/2201, 76 zu § 79 ZG-E; dem zust. ua *Bail* ZfZ 1961, 355 (356 f.); Rolletschke/Kemper/*Kemper* Rn. 6):

„Die Zollvergehen im Reiseverkehr erfordern aus mehreren Gründen ... eine besondere Regelung:

1. Der Täter gerät mehr oder weniger ungewollt, vor allem aber außerhalb seiner normalen Lebens- und Berufsverhältnisse in die Rolle des Steuerpflichtigen, den besondere Pflichten treffen. Dies unterscheidet ihn nicht nur vom gewerblichen Importeur, sondern auch vom Steuerpflichtigen für andere Steuern, wie die Einkommensteuer oder selbst die Kraftfahrzeugsteuer.
2. Tatmotiv ist nicht so sehr der Wunsch, Geld zu ersparen. Dieser Vorteil wird zwar durchaus erstrebt, wichtiger für den Täter ist aber oft der Wunsch, ohne große Scherereien seine Reise fortzusetzen, noch öfter der bekannte

Reiz, ‚dem Zoll ein Schnippchen zu schlagen', und sich damit womöglich später zu brüsten. Auch dieser andere Akzent im Tatmotiv erlaubt eine andere strafrechtliche Behandlung in diesem Sonderfall.

3. Hinzu kommen Erwägungen anderer Art. Ohne eine drastische Personalvermehrung ist es nicht möglich, die hier in Betracht kommenden Straftaten in angemessenem Umfang aufzudecken oder – wenn sie schon aufgedeckt werden – beim Aufgriff so zu verfahren, wie es gesetzlich vorgeschrieben ist. Der Täter muß vernommen werden, seine Personalien müssen so genau festgestellt werden, daß er später erreicht werden kann und seine Vorstrafen ermittelt werden können. Das Unterwerfungsverfahren erfordert noch mehr Arbeit an Ort und Stelle; die grundsätzlich gewährte Bedenkzeit kann meist nicht ausgenutzt werden, weil der Täter seine Reise fortsetzen muß. Jeder einzelne Aufgriff erfordert also beträchtlichen Arbeitsaufwand und entzieht für diese Zeit das Abfertigungspersonal seiner eigentlichen Tätigkeit. Bei Zollstellen mit großem Reiseverkehr führt dies zu so großen Belastungen und sogar Stauungen, daß sich die Beamten gedrängt sehen, kleinere Verstöße einfach zu ‚übersehen'. Damit setzen sie sich der Gefahr aus, selbst wegen Begünstigung im Amt (§ 346 Strafgesetzbuch) bestraft zu werden. Ihren Vorgesetzten, die ein solches Verhalten dulden, droht u. U. eine Bestrafung nach § 357 des Strafgesetzbuchs. In einem Rechtsstaat kann ein solcher Zustand nicht geduldet werden.

Die Abhilfe kann nur radikal sein. Deshalb scheint es angebracht und vertretbar, für Fälle leichterer Art die Strafverfolgung auszuschließen.

Der Ausschluß der Strafverfolgung ist aber nicht vertretbar in Fällen des Absatzes 2.

Nummer 1 trifft den Täter, der besondere Mittel verwendet und sich dadurch besondere Mühe gibt, die Staatsorgane zu täuschen.

Nummer 2 soll vor allem den Täter treffen, der im kleinen Grenzverkehr wiederholt Zollvergehen begeht. Diese Regelung entspricht einem praktischen Bedürfnis. Die Zollbediensteten sind nicht gehalten, in jedem Fall Ermittlungen darüber anzustellen, ob die Voraussetzungen des Absatzes 2 Nr. 2 vorliegen. Derartige Ermittlungen sind wegen des Ausnahmecharakters dieser Vorschrift gegenüber Absatz 1 vielmehr nur dann durchzuführen, wenn konkrete Anhaltspunkte in dieser Hinsicht gegeben sind. Frühere Verstöße solcher Täter sind den in Betracht kommenden Beamten regelmäßig bekannt."

2   Mit Einführung des Zollverwaltungsgesetzes – ZollVG durch das ZollrechtsÄndG v. 21.12.1992 (BGBl. I 2125; Begr.: BT-Drs. 12/3734, 21) wurde das Verfolgungshindernis (→ Rn. 5) in **§ 32 ZollVG** übernommen. In diesem Zuge erfuhr die Vorschrift – *gleichzeitig* sowie im Nachgang *erneut* durch Art. 1 Nr. 13 des G. zur Änderung des ZollVG und anderer Gesetze v. 20.12.1996 (BGBl. I 2030; Begr.: BT-Drs. 13/5737, 9 f.) – wesentliche Anpassungen und Ergänzungen, insbes. mit der Erstreckung von **Abs. 1** auch auf **Steuerordnungswidrigkeiten** und der Übernahme des **Zollzuschlags** aus § 57 Abs. 7 S. 1 ZG in **Abs. 3** (→ Rn. 13; erg. zur Normenhistorie JJR/*Jäger* Rn. 1 mwN). Letzterem liegen folgende, für das Verständnis jener Norm maßgebende Motive zugrunde (BT-Drs. 12/3734, 21):

„Der Zuschlag ist weder Zoll noch Bußgeld oder Säumniszuschlag. Er ist vielmehr eine abgaberechtliche Sanktion, die dazu bestimmt ist, den Reisenden zur Erfüllung seiner Pflichten im Zusammenhang mit der Zollbehandlung anzuhalten und greift nur ein, wenn das Verfolgungshindernis nach Absatz 1 gegeben ist.

Dies unterscheidet die Zuschlagsregelung vom Zollzuschlag nach § 57 Abs. 7 Satz 1 des Zollgesetzes, der gleichrangig neben § 80 des Zollgesetzes stand und deshalb als Zoll eigener Art angesehen wurde.

In der Praxis wurde jedoch der Zollzuschlag nur in den Fällen verhängt, in denen es nicht zu einer Verfolgung nach § 80 Abs. 1 des Zollgesetzes kam. Damit hat sich das Instrument des Zollzuschlags als sanktionsähnliche Maßnahme und Korrelat zum Verfolgungshindernis nach § 80 Abs. 1 des Zollgesetzes herausgebildet.

Diese Praxis wird mit Absatz 3 gesetzlich festgeschrieben und durch den Regelungszusammenhang klargestellt, daß es sich nicht um einen Zoll, sondern um eine abgaberechtliche Sanktion handelt."

3   Die bislang letzte Änderung erfuhr § 32 durch **Art. 9 des 12. EuroEG** v. 16.8.2001 (BGBl. I 2081). Dadurch wurde die Minima-Schwelle in Abs. 1 (→ Rn. 7) im Zuge der Euroumstellung von vormals 250 DM **mWz 1.1.2002** auf – bis dato unverändert – **130 EUR** angepasst.

B. Tatbestand und Rechtsfolgen

4   Die normative Ausgestaltung des in § 32 geregelten sog **Schmuggelprivilegs** (materiell-rechtlich loziertes „Gegenstück": § 37 TabStG – Hehlerprivileg; → TabStG § 37 Rn. 3) erinnert konzeptionell an die strafbefreiende Selbstanzeige nach § 371 AO: So folgen auf die in Abs. 1 vorgenommene tatbestandliche **Typisierung** der vom Gesetzgeber adressierten Bagatellfälle (→ Rn. 7) zunächst zwei **Sperrgründe** in Abs. 2. Im Anschluss eröffnet Abs. 3 die Option eines § 371 Abs. 3 AO ähnelnden monetären **Einfuhrabgabenzuschlags** (→ Rn. 13; vgl. auch §§ 152, 162 Abs. 4, 398a AO). Entscheidender Unterschied zu § 371 AO ist jedoch, dass § 32 bereits *prozessual* (→ Rn. 5) und nicht erst auf materiell-rechtlicher Ebene wirkt (vgl. Hellmann AO-NebenStrafVerfR 34 (37)). Verfassungsrechtliche Bedenken gegen § 32 bestehen insgesamt nicht (iE Hellmann AO-NebenStrafVerfR 38 f.).

I. Verfolgungshindernis (Abs. 1)

5   Abs. 1 statuiert nach allgemeiner, durch den Gesetzeswortlaut und die Materialien (→ Rn. 1) unzweifelhaft belegter Auffassung ein in jedem Verfahrensstadium *von Amts wegen* zu beachtendes, auch Beteiligte (§ 28 Abs. 2 StGB) erfassendes **Verfolgungs- bzw. Verfahrenshindernis** (nur) in Fällen der Verkürzung von Einfuhrabgaben (vgl. BGHSt 18, 40 = BGH NJW 1962, 2211; BayObLGSt 1961, 213 (214); 1961, 275; 1971, 160; 1981, 80 (81); 2000, 121 (123); 2003, 75 (79); Wannemacher Steuer-

StrafR/*Beil* Rn. 1780, 1809; Erbs/Kohlhaas/*Häberle* Rn. 1, 7; Hellmann AO–NebenStrafVerfR 34 (64); *Janovsky* NStZ 1998, 117 (121, 122); JJR/*Jäger* AO § 397 Rn. 81 u. ZollVG § 32 Rn. 3, 48 f.; Müller-Gugenberger WirtschaftsStR/*Retemeyer* § 15 Rn. 76; Rolletschke/Kemper/*Kemper* Rn. 5; Beermann/ Gosch/*Wannemacher/Seipl* AO § 397 Rn. 18). Davon umfasst werden sämtliche *„Steuerstraftaten und Steuerordnungswidrigkeiten (§§ 369, 377 der Abgabenordnung), die im grenzüberschreitenden Reiseverkehr began-gen werden"*. Dies sind (rechtstatsächlich) **im Kern** die **§§ 370 und 378 AO** (Bsp.: BFH DStRE 2007, 789 – „grüner Ausgang" am Flughafen; zur str. Anwdbk. von § 32 auf den Bannbruch s. einerseits *Bender* ZfZ 1997, 110 f. *(bejaht)* u. andererseits JJR/*Jäger* Rn. 15 *(verneint)* mwN; der Streit ist mit Blick auf § 372 Abs. 2 AO (→ AO § 372 Rn. 11) praktisch irrelevant).

Allerdings setzt Abs. 1 weiter einschränkend voraus, dass sich die Tat auf Waren beziehen muss, *„die* **6** *weder zum Handel noch zur gewerblichen Verwendung bestimmt sind und der verkürzte Einfuhrabgabenbetrag oder der Einfuhrabgabenbetrag, dessen Verkürzung versucht wurde, 130 Euro nicht übersteigt"*. Dies führt zum einen dazu, dass – ggf. auch nur in subjektiver Hinsicht („bestimmt"; vgl. JJR/*Jäger* Rn. 25 ff.) – **gewerbliche „Schmuggler"** (im untechnischen, *nicht* auf die Qualifikation in § 373 AO beschränkten Sinne) per se aus dem Anwendungsbereich der Vorschrift **ausscheiden** (erg. OLG Karlsruhe ZfZ 1975, 210 (212) mAnm *Olbertz* zu § 80 ZG – keine kommerzielle Einfuhr bei bloßer Aufwendungserstattung durch Angehörige; dem zust. Bender/Möller/*Retemeyer* SteuerStrafR/*Möller/Retemeyer* C V Rn. 1234).

Darüber hinaus statuiert Abs. 1 eine **Minima-Schwelle** (Betragsgrenze) von (heute, → Rn. 3) max. **7** **130 EUR** (Berechnung exkl. Freimengen, zB nach § 2 EF-VO (vgl. BayObLGSt 2003, 75 (77 f.); erg. Bender/Möller/*Retemeyer* SteuerStrafR/*Möller/Retemeyer* C V Rn. 1061 ff.); Bsp.: Warenwert iHv 684 EUR ≈ 129,96 EUR EUSt (19 %)) bezogen auf die – ggf. gemeinschaftlich iSv § 25 Abs. 2 StGB (s. dazu JJR/*Jäger* Rn. 29) vollendete oder auch nur *versuchte* (§ 22 StGB) – Verkürzung von **Einfuhr-abgaben** iSv § 1 Abs. 1 S. 3 iVm Art. 4 Nr. 10 ZK bzw. Art. 5 Nr. 20 UZK (zB EU-Zoll u. EUSt (§ 21 Abs. 2 UStG) bei Drittlandeinfuhren, insbes. im internationalen Flugverkehr; Beermann/Gosch/ *Wannemacher/Seipl* AO § 397 Rn. 18 stellen dagegen nach wie vor auf den „Warenwert" ab (überholt)). Ob unter den Begriff der Einfuhrabgabe idS auch Verbrauchsteuern zu fassen sind, die *evtl.* noch (vgl. zB § 22 TabStG; erg. → TabStG § 37 Rn. 4) im **privaten Warenverkehr** zwischen den Mitgliedsstaaten entstehen, ist vor dem Hintergrund von § 1 Abs. 1 S. 3 Var. 3, Abs. 2 nicht zweifelsfrei, praktisch allerdings ohne Belang (abl. JJR/*Jäger* Rn. 10, 18, 23, da sich das Attribut „grenzüberschreitend" in Abs. 1 allein auf Drittstaaten beziehe; dafür spricht die Existenz von Abs. 4 (→ Rn. 14); dto. Rolletsch-ke/Kemper/*Kemper* Rn. 9; s. auch *Weidemann* wistra 2012, 1, 5 (analoge Anwendung von § 32)). Gleiches gilt für die nach dem Gesetzeswortlaut nicht eindeutig zu beantwortende Frage, ob sich das Verfolgungshindernis ausschließlich auf in der BRD begangene Taten bezieht oder ob auch **Auslands-taten** erfasst werden. Einer § 370 Abs. 7 AO entsprechenden Regelung im ZollVG bedürfte es insoweit jedenfalls nicht, da § 32 nicht dem materiellen Strafrecht, sondern – wie bspw. auch § 153c StPO – dem Verfahrensrecht zuzuordnen ist (aA Wannemacher SteuerStrafR/*Beil* Rn. 1790; JJR/*Jäger* Rn. 20).

Besonders zu beachten ist, dass das Verfolgungshindernis in Abs. 1 lediglich Steuerstraftaten und **8** -ordnungswidrigkeiten **„als solche"**, dh die Tat iSv § 264 Abs. 1 StPO unter dem Gesichtspunkt der *Steuer*straftat oder -OWi, betrifft. Dies hat zur Konsequenz, dass **idealkonkurrierende** (§ 52 StGB, § 19 OWiG) **nichtsteuerliche Delikte** (zB § 267 StGB, § 24a StVG; zu marken-/urheberrechtl. Verstößen s. *Kettner* BLJ 2007, 117; Rolletschke/Kemper/*Kemper* Rn. 12, 15 f.) trotz Eingreifens von § 32 nach wie vor (weiter-)verfolgt werden *müssen* (§ 152 Abs. 2 StPO; zu den Einstellungsmöglich-keiten gemäß § 153 StPO, § 398 AO bzw. § 153a StPO s. *Bender* AW-Prax 2016, 201 (206)) bzw. *können*, § 47 Abs. 1 S. 1 OWiG (Wannemacher SteuerStrafR/*Beil* Rn. 1787; Dorsch ZollR/*Zimmer-mann* Rn. 4; Erbs/Kohlhaas/*Häberle* Rn. 7; *Janovsky* NStZ 1998, 117 (122); JJR/*Jäger* Rn. 17).

Das Merkmal des **„Reiseverkehrs"** bzw. der „Reise" ist ausgehend von Art. 236 ZKDVO *weit* und **9** ohne Rücksicht auf die Motive des Täters auszulegen (vgl. BGHSt 18, 40 (44) = BGH NJW 1962, 2211 (2212) – auch „Berufsverkehr" eines Hafenarbeiters; BayObLGSt 2003, 75 (79); Dorsch ZollR/*Zim-mermann* Rn. 3; Erbs/Kohlhaas/*Häberle* Rn. 3; JJR/*Jäger* Rn. 21 f.; Rolletschke/Kemper/*Kemper* Rn. 11; aA LG Dresden NStZ-RR 1999, 371 – keine Reise bei Grenzüberschreitung allein zum Kauf zollpflichtiger Waren; erg. Witte/*Kampf* ZK Art. 38 Rn. 7 ff.). Allerdings bewirkt eine mit Blick auf Abs. 1 (bewusst) missbräuchliche mehrmalige Grenzüberquerung („Hin- und Hergehen über die Grenze") *nicht,* dass deshalb mehrere „Reisen" mit der Folge einer Ausdehnung der Minima-Schwelle anzunehmen wären (JJR/*Jäger* Rn. 21 f.).

II. Sperrgründe (Abs. 2)

Die Anwendung des *tatbezogenen* Sperrgrundes nach **Abs. 2 Nr. 1** ist in der Rechtspraxis wesentlich **10** durch die vielfältige Kasuistik der Norm (→ Rn. 11) geprägt, die sich seit ihrem Bestehen (→ Rn. 1) herausgebildet hat. Bei Eingreifen der Vorschrift wird das Tatgeschehen als Ganzes, dh mit Wirkung gegen sämtliche Beteiligte, erfasst (vgl. JJR/*Jäger* Rn. 49; s. aber → Rn. 8). Ungeachtet der kasuistischen Handhabung der Vorschrift muss gesetzessystematisch stets streng zwischen den beiden, sich *alternativ* („oder") gegenüberstehenden Sperrgründen des (1.) **Verheimlichens** der Schmuggelwaren *„durch besonders angebrachte Vorrichtungen"* und (2.) deren **Versteckthalten** *„an schwer zugänglichen Stellen"* unterschieden werden, die jeweils in der *„besondere[n] Stärke des rechtsfeindlichen Willens"* wurzeln (Bay-ObLGSt 1961, 275). Die Annahme **besonders angebrachter Vorrichtungen** setzt voraus, dass zu ihrem Einsatz als Versteck zweckwidrig auf die technische Beschaffenheit von Beförderungsmitteln, Verpackungen oder sonstigen zum Warenschmuggel geeigneten Gegenständen eingewirkt worden ist (Bsp.: Einbau doppelter Böden in Fahrzeugen oder Einnähen der „Schmuggelware" zwischen Stoff und Futter von Kleidungsstücken, vgl. Bender/Möller/Retemeyer SteuerStrafR/*Möller/Retemeyer* C V Rn. 1237; JJR/*Jäger* Rn. 31, 39). An **schwer zugänglichen Stellen** versteckt iSd 2. Alt. ist die Ware, *„wenn sie sich an einer Stelle befindet, an der sie nach der Vorstellung des Reisenden Aussicht hat, bei einer der üblichen, nicht allzu gründlichen Kontrollen von dem prüfenden Zollbeamten nicht entdeckt zu werden"* (Bay-ObLGSt 1961, 275; zusf. *Bender* ZfZ 1972, 69 f.; Bender/Möller/Retemeyer SteuerStrafR/*Möller/Retemeyer* C V Rn. 1238 f. („auch psychische Hemmnisse"); Erbs/Kohlhaas/*Häberle* Rn. 10 (auch „natürliche Körperöffnungen"); JJR/*Jäger* Rn. 35 ff.).

11   Abs. 2 Nr. 1 ist in der Rspr. bisher ua in folgenden **Fallkonstellationen** virulent geworden (chronologische Auflistung; der Klammerzusatz „bejaht/verneint/offen gelassen" bezieht sich auf das *Eingreifen des Sperrgrunds*):
 – BayObLGSt 1961, 213: Raum unter dem Kofferraumboden eines Kfz, wobei die mit einer Schraube befestigte Verkleidung mittels eines Schraubenziehers entfernt werden musste *(bejaht);*
 – BayObLGSt 1961, 275: Raum zwischen Sitzfläche und Bodenblech eines Kfz *(offen gelassen);*
 – OLG Hamm NJW 1962, 828: Raum zwischen den Spiralen der hinteren Sitze seines Pkw *(bejaht);*
 – BayObLGSt 1971, 160: offen im Motorraum eines Pkw („vorne links oben") liegende, mit einer Wolldecke umwickelte und einem Lederriemen verschnürte Flaschen *(verneint);*
 – OLG Bremen NJW 1976, 1326: konstruktiv bedingter Hohlraum unter einer herausziehbaren Schublade unter der Koje auf einem Fischkutter *(verneint);*
 – BayObLGSt 2000, 121 m. zust. Anm. *Bender* wistra 2001, 114: Raum unter der mit einer Art Druckknöpfen an der Motorhaube eines Pkw befestigten Dämmmatte *(verneint).*

12   Unabhängig davon gerät das Verfolgungshindernis aufgrund des *personenbezogenen* Sperrgrunds in **Abs. 2 Nr. 2** für **Wiederholungstäter** auch dann in Wegfall, wenn der Betroffene *„durch die Tat den Tatbestand einer Steuerstraftat innerhalb von sechs Monaten zum wiederholten Male verwirklicht".* Erforderlich ist demnach, dass ein/der (Mit-)Täter oder Teilnehmer während der **Karenzfrist von sechs Monaten ab Vollendung** (Fristberechnung mangels anderw. Regelung entspr. § 108 Abs. 1 AO iVm § 187 Abs. 2 S. 1 BGB, dh der Ereignistag wird mitgezählt) *irgendeiner* (aA Bender/Möller/Retemeyer SteuerStrafR/ *Möller/Retemeyer* C V Rn. 1240; Erbs/Kohlhaas/*Häberle* Rn. 12; diff. Wannemacher SteuerStrafR/*Beil* Rn. 1806) anderen, *zuvor* begangenen Straftat iSd § 369 Abs. 1 AO (nicht: *Ordnungswidrigkeit*) einen weiteren *Steuer*straftatbestand verwirklicht (dh objektiv und subjektiv tatbestandsmäßig gehandelt) hat; dabei muss es sich bei der Vortat weder um eine (gleichfalls) im Reiseverkehr (→ Rn. 9) begangene Steuerstraftat handeln, noch muss diese im (aktuellen) Tatzeitpunkt bereits entdeckt sein (vgl. BGHSt 18, 40 (45) = BGH NJW 1962, 2211 (2212); JJR/*Jäger* Rn. 42 ff., 50; Rolletschke/Kemper/*Kemper* Rn. 26).

III. Zuschlag (Abs. 3)

13   Die sich nach den Vorschriften der AO richtende Festsetzung eines Zuschlags iSv **Abs. 3** kommt nur den Fällen (1.) der Nichtverfolgung gem. Abs. 1 oder (2.) einer Verfahrenseinstellung nach § 398 AO in Betracht. Wie sich aus den Materialen (→ Rn. 2) ergibt, handelt es sich dabei um eine **abgabenrechtliche Sanktion sui generis** (iE JJR/*Jäger* Rn. 52 f., auch zur Vereinbarkeit mit EU-Recht; dto. Bender/Möller/Retemeyer SteuerStrafR/*Möller/Retemeyer* C V Rn. 1242; Dorsch ZollR/*Zimmermann* Rn. 18; Erbs/Kohlhaas/*Häberle* Rn. 13; Müller-Gugenberger WirtschaftsStR/*Retemeyer* § 15 Rn. 77 Rolletschke/Kemper/*Kemper* Rn. 31 ff.; s. auch *Hunsmann* BB 2011, 2519 (2520 aE); aA Hellmann AO-NebenStrafVerfR 36 f.(„strafähnliche Unrechtsfolge")), gegen die gem. § 3 Abs. 3 iVm § 347 Abs. 1 S. 1 Nr. 1 AO der Einspruch statthaft und – in der Folge – der Finanzrechtsweg (§ 33 FGO) eröffnet ist (vgl. BFH BeckRS 1981, 22005836 unter 4. zu § 57 ZG (in BFH NJW 1982, 2280 insoweit n. abgedr.); JJR/*Jäger* Rn. 59; Rolletschke/Kemper/*Kemper* Rn. 41; erg. Wannemacher SteuerStrafR/ *Beil* Rn. 1814 zur Festsetzungsverjährung). Die **Erhöhung** der ohnehin stets zu erhebenden (§ 85 S. 1 AO) Einfuhrabgaben um den Zuschlag bis zu ihrer *doppelten Höhe* (dh um max. 130 EUR, da ansonsten Abs. 1 nicht eingreift (→ Rn. 7); zur Berechnung s. FG München BeckRS 2008, 26026854; *Kettner* BLJ 2007, 117 (120)) ist **ermessensgebunden** („kann"; vgl. § 5 AO). Dass der Zuschlag dabei in der Praxis regelmäßig in der im Einzelfall möglichen Maximalhöhe festgesetzt wird, ist als solches nicht ermessensfehlerhaft (vgl. BFH NJW 1982, 2280 zu § 57 ZG; Bender/Möller/Retemeyer SteuerStrafR/*Möller/ Retemeyer* C V Rn. 1245 f.; JJR/*Jäger* Rn. 54; erg. FG München BeckRS 2008, 26026854 zum Umfang der gerichtlichen Ermessensüberprüfung (§ 102 FGO)). Wird das Verfahren *formal* nicht nach § 398 AO, sondern nach dem dieser Vorschrift im Wesentlichen entsprechenden **§ 153 Abs. 1 StPO** (→ AO § 398 Rn. 2) eingestellt, kann nach dem insoweit eindeutigen Wortlaut des Gesetzes *kein* Zuschlag erhoben werden (aA anscheinend Wannemacher SteuerStrafR/*Beil* Rn. 1810). Umgekehrt kommt die Minima-

Schwelle des Abs. 1 (→ Rn. 7) im Rahmen von § 153a Abs. 1 S. 2 Nr. 2 StPO offenkundig nicht (analog) zum Tragen (vgl. Bender/Möller/Retemeyer SteuerStrafR/*Möller/Retemeyer* C V Rn. 1244 aE).

IV. Entsprechungsklausel (Abs. 4)

Nach der Entsprechungsklausel in Abs. 4 sind die Abs. 1–3 auch auf die Einreise aus einer Freizone **14** iSv Art. 166 ZK bzw. 243 UZK, § 20 anzuwenden. Die praktische Bedeutung dieser Vorschrift ist als vergleichsweise gering einzustufen (erg. *Weerth* ZfZ 2006, 32 zur insges. stagnierenden Bedeutung der Freizonen; s. dazu auch Flore/Tsambikakis/*Traut* AO § 382 Rn. 27; JJR/*Jäger/Ebner* AO § 382 Rn. 33; → Rn. 7, 9).

Sachverzeichnis

Die fett gedruckten Zahlen bezeichnen die Kennziffern des Gesetzes bzw. der Verordnung, die mageren Zahlen
bezeichnen die Paragrafen und die kursiven Zahlen bezeichnen die Randnummern.

Sachverzeichnis

Sachverzeichnis

Sachverzeichnis

Sachverzeichnis

Sachverzeichnis

fette Zahlen = Kennziffer

Sachverzeichnis

Sachverzeichnis

Sachverzeichnis

Sachverzeichnis

Sachverzeichnis

Sachverzeichnis

Sachverzeichnis

Sachverzeichnis

Sachverzeichnis

Sachverzeichnis

Sachverzeichnis

Sachverzeichnis

Sachverzeichnis

Sachverzeichnis

treffend Nachentrichtung **900** 371 *149 ff.*; Rechtsnatur **900** 371 *1 ff.*; rechtswidrige Prüfungsanordnung **900** 371 *77 f.*; Reichweite der Sperrwirkung **900** 371 *55k ff., 75 ff., 86f ff., 98 ff., 103g ff., 119a ff., 119m, 119t*; Sachzusammenhangsrechtsprechung **900** 371 *103b, 103j*; Schädigung des Umsatzsteueraufkommens **940** 26b, 26c *40*; Schätzung der Besteuerungsgrundlagen **900** 371 *38 ff.*; Schwarzhandel mit Zigaretten **930** 37 *13*; Sperrgründe **900** 378 *46 ff.*; Sperrtatbestände **900** 371 *55 ff.*, 398a *18 f.*; Steuerfahndung **900** 404 *69*; Steuergefährdung **900** 379 *76 ff.*; Steuerhinterziehung **900** 370 *47 f.*; steuerliche Prüfung **900** 371 *67 ff.*; Steuernachentrichtung **900** 398a *20*; Steuerordnungswidrigkeiten **920** 50e *10*; steuerstrafrechtliche Ermittlung **900** 371 *123*; Steuerstraftat **900** Vorb. *8 ff.*; Strafklageverbrauch **900** 371 *126 f.*; Stufenselbstanzeige **900** 371 *47 ff.*; Taggenauigleit der Steuerhinterziehungen **900** 371 *36b ff.*; Tatendeckung, Kenntnis **900** 371 *116 ff.*; Tatentdecker **900** 371 *109 ff.*; Tatendeckung **900** 371 *104 ff.*; Teilnehmer **900** 371 *53 f.*; des Teilnehmers **900** 371 *53 f.*; Teilselbstanzeige **900** 371 *40 ff.*; Toleranzgrenze **900** 371 *43 ff.*; Umsatzsteuerhinterziehung **900** 370 *323, 334*; Umsatzsteuervoranmeldungen **900** 398a *38 f.*; Verbrauchsteuergefährdung **900** 381 *16 f.*; verdeckte **900** 371 *14b*; vereinnahmte Mehrsteuern **900** 371 *6*; Verfahrenseinleitung **900** 371 *87*; Verfahrenseinstellung **900** 398a *1 ff.*; Verfassungsmäßigkeit der Regelung **900** 371 *12 f.*; Verwendungsverbot **900** 393 *67 f.*; Vollmacht **900** 371 *14 ff.*; Vollständigkeitgebot **900** 371 *40 ff.*; Widerruf **900** 371 *25a*; Wiederaufleben der Möglichkeit **900** 371 *120 ff.*; Wirkung **160** 19 *67*; **900** 378 *51*; Zahlungsverpflichteter **900** 371 *130 ff.*; Zinszahlung **900** 371 *128 ff., 152 ff.*, 398a *21 f.*; Zinszahlungsfrist **900** 371 *137 ff.*; Zuschlagspflicht **900** 371 *119n ff.*; Zuschlagszahlungspflicht **900** 398a *23 ff.*; zuständige Behörde **160** 19 *71 ff.*; Zweck **900** 371 *4 f.*
Selbstanzeigeverfahren 10 266a *98*
Selbstbedienungsgeschäft 10 246 *9*
Selbstbedienungstankstelle 10 246 *9*
Selbstbelastung, s. Nemo-tenetur-Grundsatz
Selbstbelastungsfreiheit, sozialrechtliche Auskunftspflicht **645** 8 *15 ff.*
Selbstbelastungszwang, Verfassungsmäßigkeit **900** 393 *100 ff.*
Selbstdoping 126 4 *22 ff.*; tätige Reue **126** 4 *32*; Verbot **126** Vorb. *4*; Vorbereitungshandlungen **126** 4 *27 f.*; Vorsatz **126** 4 *30*; Wettbewerbsteilnahme **126** 4 *26*
Selbsthilfe, erlaubte 10 Vorb. *14 ff.*; Anspruchsgefährdung **10** Vorb. *17*; Anspruchslage **10** Vorb. *15*; Erforderlichkeit **10** Vorb. *19*; Fluchtverdacht **10** Vorb. *18*; Hilfe, obrigkeitliche **10** Vorb. *16*; Selbsthilfehandlung **10** Vorb. *18*; Selbsthilfewille **10** Vorb. *18*
Selbsthilfebetrug 10 263 *445 f.*
Selbstläufersystem 770 16 *138 f.*
Selbstschädigungsdelikt 10 263 *6*
Selbstständige Anordnung 10 76a *1*; Einstellung **10** 76a *11*; Ermessen **10** 76a *12*; persönliche Verfolgbarkeit **10** 76a *4*; Rechtsfolge **10** 76a *12*; Sicherungsfunktion **10** 76a *8*; Strafcharakter **10** 76a *3*; Verfahren **10** 76a *13 f.*; Zeitpunkt **10** 76a *7*
Selbstständiges Verfahren, Mitwirkung der Finanzbehörde **900** 406 *9*
Selbstständigkeitspostulat 432 23 *16*
Semiconductor Chip Protection Act 385 10 *2*
Sendeanlage, Missbrauch **735** 148 *9 ff.*; unerlaubte Einfuhr **735** 148 *10*; unerlaubter Besitz **735** 148 *9 f.*
Senderecht 765 106 *41*
Sendeunternehmen 765 108 *15 ff.*; Vervielfältigung von Werken **765** 106 *72*
Separatorenfleisch 505 5 *1*

Serientaten, Gesamtstrafe **10** 53 *4*; Gesamtstrafenbildung **10** 54 *4*
Servicerufnummer 10 263a *23*
Settlement 432 23 *53*
Settlement-Verfahren 375 81 *89*
Sexuelle Ausbeutung, Ausländer **645** 10a *2*
SGB III, Wirtschaftsstrafkammer **40** 74c *28*
Shisha, elektronische **420** 28 *42a*
Sichbereiterklären 10 30 *12, 26 ff.*
Sicherheit, Gläubigerbegünstigung **10** 283c *5*
Sicherheits- und Gesundheitsschutzplan 185 7 *5*
Sicherheitsleistung, Versicherungsvertrag **785** 18 *9 ff.*
Sicherheitsprüfung, biologische **550** 41 *7*
Sicherstellungsvorschriften, beharrliche Zuwiderhandlung **815** 2 *3*; besonders schwere Verstöße **815** 1 *21 ff.*; geringer Unrechtsgehalt **815** 2 *1 f.*; im Spannungsfall **810** Vorb.; **815** 1 *3 ff.*; Verstoß gegen vollziehbare Verfügung **815** 3 *3*; im Verteidigungsfall **810** Vorb.; **815** 1 *3 ff.*; vorsätzliche Zuwiderhandlungen **815** 2 *4 f.*
Sicherungsabtretung, Honorarforderung **10** 203 *118 ff.*; von Steuererstattungsansprüche **900** 383 *5*; von Steuererstattungsansprüchen **900** 383 *10*
Sicherungsbetrug 10 263 *167, 447 ff.*
Sicherungscode 10 202c *5, 29*
Sicherungseigentum 10 246 *7, 13*; Einziehung **10** 74e *8*
Sicherungseinziehung 10 74 *33 ff.*; Entschädigung **10** 74f *4*; Selbstständige Anordnung **10** 76a *8*; Verhältnismäßigkeitsgrundsatz **10** 74b *7*; Vorbehalt **10** 74b *16*
Sicherungsfonds, Geschäftsbericht **775** 332 *43*; verantwortlicher Aktuar **775** 331 *57*
Sicherungsgeber 10 266 *50, 60*
Sicherungskopie 765 106 *82 f.*
Sicherungsmaßnahmen, Aufrechterhaltung **20** 111i *10 f.*
Sicherungsmaßregel 10 70 *2*
Sicherungsnehmer 10 266 *50*
Sicherungsschein, Pauschalreise **355** 147b *13*
Sicherungsvermögen 775 331 *46*; Anlage **775** 332 *25 ff., 38*; Entnahme **775** 332 *30*; Pensionsfonds **775** 332 *39*; Vermögensverzeichnis **775** 332 *29*
Sicherungsverwahrung 10 46 *47*
Sichteinlage 470 54 *31*
Sichtkontrolle, Fisch **505** 6 *2*
Sich-Verschaffen, Geldwäschehandlung **10** 261 *51 f.*
Side-Channel-Angriff 10 202b *7*
Siegel 520 143 *13*, 145 *5*
Siemens/AUB 10 266 *133b, 172a*
Siemens/Enel 10 266 *172a, 200a*
SiGe-Plan 185 7 *5*
SIM-Lock 10 202a *16*
SIM-Lock-Schutz 10 303a *16*
SIM-Lock-Sperre, Aufhebung **10** 263a *30*
Single Supervisory System (SSM) 600 Vorb. *3a*
Skimmers, Versuch **10** 22 *58*
Skimming 10 202a *21*, 263a *28*, 269 *17*
Sklaverei 10 233 *5 ff.*; **150** 96 *20*
Smurfing, Geldwäschehandlung **10** 261 *2*
Sniffer 10 202c *7*
Snus 702 34 *20*
Software 765 106 *15 ff., 64*; Geldwäschegegenstand **10** 261 *14*; Kopierschutz **765** 108b *8*
Soldat, Vorteilsannahme **10** 331 *20*
Solidaritätszuschlag, Hinterziehungszinsentrichtungspflicht **900** 371 *167k*
Solvabilitäts- und Finanzbericht, Veröffentlichung **775** 332 *47*
Solvabilitätskapitalanforderung 775 332 *31*
Solvency II 10 266 *158b*
Somalia, Embargo **160** 17 *18*
Sonderangebote, irreführende Werbung **770** 16 *66a*

Sachverzeichnis

Strohmann 10 266 *22 f.,* 266a *11b, 14a f.,* 299 *11;* **30** 130 *29;* **115** 399 *6;* **615** 17 *13 ff.;* GmbH-Gründung **360** 82 *16;* Insolvenzverschleppung **405** 15a *9;* Umsatzsteuerhinterziehung **900** 370 *367 ff.;* unrichtige Darstellung **760** 313 *8;* Verfall **10** 73 *31b*
Strohmann-Fälle 10 14 *53*
Strohmanngründung 360 82 *49*
StromStV, 20 Ordnungswidrigkeiten **900** 381 *8*
Strukturmissbrauch 375 81 *23*
Stückeverzeichnis 265 37 *14*
Stufenselbstanzeige 900 371 *47 ff.*
Stufenverantwortlichkeit, Lebensmittelrecht **485** 58 *63, 70 ff.*
Stundung von Geldforderungen **10** 265b *23*
Stundungsbetrag 10 263 *458 f.*
StZÄndG 700 Vorb. *4*
Sub-Benchmark-Pfandbriefe 600 Vorb. *5a*
Subjektiver Abfall 10 326 *7*
Submissionsbetrug 10 263 *215*
Subsidiarität 10 52 *16;* der Unterschlagung **10** 246 *19 ff.*
Subsidiaritätsklausel 265 35 *23;* Depotunterschlagung **265** 34 *47;* spezielle **240** 27 *15*
Subunternehmer, Aufsichtspflicht **30** 130 *59;* Beauftragung **661** 404 *3;* Kostenhaftung **661** 404 *13;* mehrstufiges Verhältnis **10** 266a *13a;* Prüfpflicht **661** 404 *10 f.;* scheinselbstständiger **10** 266a *12a*
Subvention 10 264 *15;* EU-Recht **10** 264 *33 ff.;* kommunale **10** 264 *20;* Legaldefinition **10** 264 *15;* Leistungsgewährung **10** 264 *17;* öffentliche Mittel **10** 264 *16*
Subventionsberechtigung 10 264 *87*
Subventionsbetrug 10 6 *3, 8 ff.,* 263 *460 f.,* 264 *1 ff.;* Amtsträger **10** 264 *116 f.;* Anzeigepflicht **10** 258 *40,* 264 *146;* als Auslandstat **10** 6 *8;* Beendigung **10** 264 *144;* Belege **10** 264 *112 ff.;* Bescheinigung **10** 264 *84 ff.;* grober Eigennutz **10** 264 *109 ff.;* großes Ausmaß **10** 264 *107;* als Inlandstat **10** 6 *8;* internationale Dimension **10** 6 *9;* Konkurrenzen **10** 264 *147 ff.;* Leichtfertigkeit **10** 264 *95 ff.;* Mithilfe **10** 264 *123 ff.;* mittelbare Täterschaft **10** 264 *140;* Nebenstrafen **10** 264 *133;* Qualifikation **10** 264 *126;* Regelbeispiele **10** 264 *102 ff.;* Tathandlungen **10** 264 *55 ff.;* tätige Reue **10** 264 *127 ff.;* Tatsachenbegriff **10** 264 *37 ff.;* Ungeschriebenes Tatbestandsmerkmal **10** 264 *60 ff.;* unrichtige Angabe **10** 264 *62;* durch Unterlassen **10** 264 *74 ff.;* unvollständige Angabe **10** 264 *63;* Verfassungsmäßigkeit **10** 264 *7;* Verhältnis zum Betrug **10** 264 *154 ff.;* Verhältnis zum Steuerstrafrecht **10** 264 *157;* Verwendungsbeschränkung **10** 264 *68 f.;* Vollendung **10** 264 *143;* vorteilhafte Angabe **10** 264 *66;* Wirtschaftsstrafkammer **40** 74c *26*
Subventionsempfänger 10 266 *50*
Subventionsgeber, Begriff **10** 264 *8 ff.*
Subventionsleistung, zweckwidrige Verwendung **10** 264 *67 f.*
Subventionsnehmer 10 264 *13*
Subventionsträger 10 264 *12*
Subventionsverfahren 10 264 *14*
Subventionsvergabe, Aufklärungs-/Mitteilungspflichten **10** 264 *75 ff.*
Subventionsvorteil 10 264 *54*
Sudan-Embargo 160 19 *46*
Südsudan-Embargo 160 19 *49*
Sukzessive Tatausführung 10 52 *4*
Surrogationsverfall 10 73 *36 ff.;* Absehen vom ~ **10** 73a *13;* sukzessive Surrogation **10** 73 *39*
Swap 820 38 *30*
Swapgeschäft 10 266 *129d*
Symptomat 10 70 *27*
Syndikusanwalt 10 203 *108*
Synthetische Steine, Begriff **355** 147a *7*

Syrien-Embargo 160 19 *42*
System Schreiber 10 263 *425,* 266 *220*

Tabak zum Selbstdrehen **703** 33 *3 f.,* 34 *6*
Tabakerzeugnisse 125 Vorb. *8, 11;* **420** 28 *42;* **702** Vorb. *1 ff.;* Altersprüfung **702** 34 *43;* Auskunftspflichten **702** 35 *61;* Beschaffenheitsabweichung **702** 34 *40;* Bestrahlung **702** 35 *38 f.;* Bestrahlungsverbot **702** 34 *19;* charakteristisches Aroma **702** 34 *11 f.,* 35 *2;* CMR-Eigenschaften **702** 34 *12;* Einziehung **702** 36 *1 ff.;* Emissionswerte **702** 34 *5 f.;* Gesundheitsschutz **702** 34 *42;* grenzüberschreitender Fernabsatz **702** 34 *2, 43;* Hersteller **703** 33 *7;* Herstellung **702** Vorb. *2;* Importeur **703** 33 *7;* individuelles Erkennungsmerkmal **702** 35 *10, 33 ff.;* **703** 33 *8 ff.;* Informationspflichten **703** 33 *13 f.;* Inhaltsangaben **702** 35 *5;* Inhaltsstoff **703** 33 *7;* Inhaltsstoffverbot **702** 34 *11 ff.;* Inverkehrbringen **702** 34 *2 ff.;* Kennzeichnungspflichten **703** 33 *6 f.;* Mindestmenge **703** 33 *2 f.;* Mitteilungspflichten **702** 35 *57 ff.;* Mitwirkungspflichten **702** 35 *59 f.;* neuartige **702** 34 *29;* Nikotin **703** 33 *7;* oraler Gebrauch **702** 34 *20;* Packungsformen **703** 33 *4 f.;* Pflanzenschutzmittel **702** 35 *4;* Pflanzenschutzmittelverbote **702** 34 *21;* rauchlose **702** 35 *27;* rechtliche Änderungen **702** Vorb. *1 f.;* Rückverfolgbarkeit **702** 35 *11 f., 14;* **703** 33 *11 f.;* zum Selbstdrehen **702** Vorb. *8;* Sicherheitsmerkmal **702** 35 *10 ff., 35 ff.;* Sponsoringverbote **702** 35 *52 f.;* *TabakProdV bis 19.5.2016, ab 20.5.2016 s.* TabakerzV **705;** *TabakV bis 19.5.2016, ab 20.5.2016 s.* TabakerzV **710;** Täuschungsverbote **702** 34 *39 ff.;* Text-Bild-Warnhinweis **702** 35 *22 ff.;* Übergangsregelungen **702** 47 *1 ff.;* **703** 34 *1 ff.;* Untersuchungsverfahren **702** 35 *6 ff.;* verbotene Inhaltsstoffe **702** Vorb. *2;* Verkehrsverbot/-beschränkung **702** 34 *22 ff.;* Verordnungsermächtigung **702** 34 *17 f.;* Verpackung **702** 35 *3;* Warnhinweise **702** Vorb. *2;* Warnhinweispflicht **702** 35 *16 ff.;* Warnhinweispflicht für Altprodukte **702** 35 *28 ff.;* Werbeverbot in audiovisuellen Mediendiensten **702** 35 *54;* Werbeverbot mit qualitativen Zielen **702** 35 *55 f.;* Werbeverbot **702** 35 *49 ff.;* Werbung **702** Vorb. *3;* Zulassungspflicht **702** 34 *29 f.;* Zulassungsverfahren **702** 34 *30;* Zusatzstoff **702** 34 *12*
TabakerzV 702 Vorb. *4;* Anwendungsbereich **703** Vorb. *4*
Tabakproduktverordnung 702 Vorb. *4; Sachverhalte bis 19.5.2016, ab 20.5.2016 s.* TabakerzV **705**
Tabakrichtlinie 703 Vorb. *1*
Tabaksteuer 900 373 *67 ff.;* Nichterhebungsverfahren **900** 373 *68 ff.*
Tabaksteuerbanderole, Nichtverwendung **930** 37 *4*
Tabaksteuerzeichen 900 370 *523 f.;* Steuerhinterziehung **900** 370 *75 ff.;* Steuerverkürzung **900** 370 *147 ff.*
Tabakverordnung, *Sachverhalte bis 19.5.2016, ab 20.5.2016 s.* TabakerzV **710**
Tabakwaren 420 28 *42;* Abgabeverbot **415** 58 *53 ff.;* Begriff **415** 58 *54;* Verbot der Abgabe an Minderjährige **420** 28 *42 f.;* Versandhandel **420** 28 *43a;* Werbeeinschränkung **420** 28 *46*
Tabakwarenautomat 420 28 *43*
TabStG, 36 Ordnungswidrigkeiten **900** 381 *8*
TabStV, 60 Ordnungswidrigkeiten **900** 381 *8*
Tafelgeschäft 265 34 *23;* Begriff **900** 379 *74*
Tafelwasser 545 Vorb. *2*
Taliban 160 Vorb. *28 f.;* Embargo **160** 18 *39 ff.*
Tankkarte, Dienstfahrzeug **10** 263 *35*
Tankstelle 475 24 *16;* Preisauszeichnung **815** 3 *32*
TAN-Verfahren 10 263a *27*
Tänzerin 417 3 *6*
Tanzveranstaltung, öffentliche **420** 28 *18 ff.*
Target2-System, Negativsalden **10** 266 *129g*
Tarifbelastung, Körperschaftsteuer **900** 370 *441*

Sachverzeichnis

Sachverzeichnis

Sachverzeichnis

Sachverzeichnis

Sachverzeichnis

Sachverzeichnis

Sachverzeichnis

Sachverzeichnis